漢書補注

王先謙撰

上

中華書局影印

圖書在版編目(CIP)數據

漢書補注/(清)王先謙撰. —北京:中華書局,1983. 9(2023. 3 重印)
ISBN 978-7-101-01020-6

Ⅰ. 漢… Ⅱ. 王… Ⅲ. ①中國-古代史-西漢時代-紀傳體②漢書-注釋 Ⅳ. K234. 104. 2

中國版本圖書館 CIP 數據核字(2006)第 022523 號

責任印製:管 斌

漢書補注

(全二册)

〔清〕王先謙 撰

*

中華書局出版發行

(北京市豐臺區太平橋西里 38 號 100073)

http://www.zhbc.com.cn

E-mail:zhbc@zhbc.com.cn

北京建宏印刷有限公司印刷

*

787×1092 毫米 1/16 · 110 印張

1983 年 9 月第 1 版 2023 年 3 月第 5 次印刷

印數:8401-8900 册 定價:440.00 元

ISBN 978-7-101-01020-6

影印説明

王先謙的《漢書補注》爲目前《漢書》之最佳注本，它不但資料豐富，而且考證也較翔實，是學習研究西漢史的必備之書。由於此書過去印數較少，目前很難購到。我們根據清光緒二十六年虚受堂刊本影印出版。

中華書局編輯部

一九八一年十一月

前漢補注序例

賜進士出身前翰林院編修國子監祭酒加五級王先謙撰

自顏監注行而班書義顯卓然號爲功臣然未發明者固多而句讀譌誤解釋踳駮之處亦迭見焉良由是書義蘊宏深通貫匪易昔在東漢之世朝廷求爲其學者以馬季長一代大儒尚命伏閣下從孟堅女弟曹大家受讀卽其難可知矣宋明以來校正板本之功爲多

國朝右文興學精琹諸史海內耆古之士承流嚮風研窮班義考正注文箸述美富曠隆往代但以散見諸書學者罕能通習先謙自通籍以來卽究心班書博求其義薈最編摩積有年歲都爲一集命曰漢書補注臧之篋笥時有改訂忽忽六旬炳燭餘明恐不能更有精進忘其固陋舉付梓人自顧材識駑下無以踰越古賢

區區寸心頗謂盡力疏譌之咎仍懼未免匡我不逮敬俟君子

據敘例顏監以前注本五種服虔應劭晉灼臣瓚蔡謨也大氐晉灼於服應外增伏儼劉德鄭氏李斐李奇鄧展文穎張揖蘇林張晏如淳孟康項昭韋昭十四家臣瓚於晉所采外增劉寶一家顏監於五種注本外增荀悅漢紀崔浩漢紀音義郭璞注司馬相如傳三家說（本王鳴盛）顏注發明駮正度越曩哲非卬人鼻息者也其中或引舊文據爲己說以史記索隱證之張蒼傳柱下方書注乃姚察說淮南王安傳會有詔卽訊太子注乃樂產說郊祀志周始與秦國合而別別五百載當復合注乃顏游秦說（本洪頤煊）以文選李善注證之枚乘傳注隱匿謂僻處於東南也乃韋昭說梁下屯兵方十里乃張晏說（本朱一新）以詩王風譜疏證之地理志內雒邑與宗周通封畿注乃臣瓚說舊唐書顏籀傳叔父游秦撰漢書決疑十二卷爲學者所稱師古注漢書多取其義今書中未見（本王鳴盛）此外注文閒用舊說皆爲證明以資識別原其本意非必掩襲前賢或因己說冥符不復割捨尚非巨累至游秦行輩文學歸然在前盜竊遺名有慙德矣今補注所采悉出其人家世儒素昆弟相師先後三人慘歸黃土眘令原隰垂老增唏片羽可珍敢忘護惜宗族講肄朋好往還賞析所存皆登斯輯亦公善之義也

顏注漢書至宋仁宗景祐二年韶州余靖（宋史本傳字安道曲江人）爲祕書丞奏言文字舛譌命與王洙同校靖撰刊誤一書增入江南張佖校說六條（宋祁云漢書中有臣佖者乃張佖江南人歸本朝太祖所收諸僞國圖籍實館閣或召京朝官校對皆題名卷末）所謂景祐刊誤本也嗣又有宋景文公祁合十六家校本至寧宗慶元中建安劉之問又取宋校本更別用十四家本參校又采入蕭該音義司馬貞索隱孫巨源經綸集學官考異章衡編年通載楊

侃兩漢博文漢書刊誤楚漢春秋史義宗本西京雜記朱子文辨正孔武仲筆記三劉刊誤紀年通譜刻之爲建安本（周壽昌云劉之問號元起書前題云建安劉元起刊於家塾之敬室余購得之今存湘潭袁漱六同年芳瑛家顧千里析劉元起與之問爲兩人又訛作之問南監本又作之同）明南監本卽用建安本者也但於注文刊落甚多汲古閣本注文完足而去其敘例又於藝文志張良司馬相如東方朔揚雄賈誼傳後坿臣佖校語六條卽張佖也而三劉刊誤及景祐刊語皆未之采

國朝文教昌明圖書大備乾隆四年

武英殿校刊漢書用監本精校付梓別加考證今補注以汲古本爲主佖說倂入注文遵用官本校定詳載文字異同備錄諸人考證顏監敘例宋劉校語粲然具列庶覽者無遺憾焉

監本列宋景文參校諸本一古本（顏師古未注以前本）二唐本（張唐公家所得唐本）三

江南本金坡遺事云太祖平江南賜本院書三千卷皆紙札精好東原榮氏私記云江南本宣和間尚在御府四舍人院本江南本在舍人院亦曰舍人院本劉之問云景文所據爲十五家按其目實十六殆因舍人院本即江南本之藏舍人院者一本二目故併稱之五湻化本國朝會要云湻化五年七月詔選官分校史記前後漢命陳充阮思道尹少連趙况趙安仁孫何校前後漢畢遣內侍裴愈齎本就杭州鏤板六景德監本國朝會要云咸平中眞宗命刁衎晁迥與丁遜覆校兩漢書板本迴知制誥以陳彭年司其事景德二年七月衎等上言漢書歷代名賢注釋至有章句不同名氏交錯除無考據外博訪羣書徧觀諸本校定凡三百四十九卷籤正三千餘字錄爲六卷以進七景祐刊誤本景祐元年九月祕書丞余靖上言國子監所印兩漢書文字舛譌恐誤後學臣謹參括衆本旁據它書列而辨之望行刊正詔送翰林學士張觀等詳定閒奏又命國子監直講王洙與靖偕赴崇文院讐對二年九月校書畢凡增七百四十一字損二百一十二字改正一千三百二十九字八我公本今不詳何人九燕國本十曹大家本十一陽夏公本十二晏本十三郭本十四姚本十五浙本十六閩本又列建安本參校諸本用宋景文本校定復用諸家參校一熙甯本熙甯七年參知政事趙抃奏新校漢書五十冊及陳繹所著是正文字七卷二卷子古本古字三史館本舊本四國子監本宣和六年本五陳和叔本熙甯中所校六邵文伯本用宋景文本校七謝克念本用景文本校八楊伯時本用謝本校九李彥中本用楊本校十張集賢本張瓌得唐世本校十一王性之本用景德中監本校十二趙德莊本用祕閣本校十三沈公雅本用祕閣本校十四王宣子本用祕閣本校景文校本近儒錢大昕王鳴盛等皆信之惟全祖望以爲南渡末年麻沙坊中不學之徒依託爲之非出景文列有五證見鮚埼亭集外編第四十六卷今案宋說淺陋誠所未免惟劉之問輩曾用以校定則固嘗有是書不出南渡末也

國朝諸儒講求板本之學致力漢書者多用南監本此外如景祐本王念孫父子校閩本錢大昭校明按察司按察使周采提學副使周琉巡海副使柯喬等刊汪本朱一新校明汪文盛刊德藩本葉德輝校明德王刊乾道本宋乾道中刊北監本以上二本先謙校並備搜羅閒有甄采良由文軌同塗衆善咸萃內府精槧前無以加云

三劉刊誤出劉敞與其弟攽子奉世撰宋史敞傳云字原父臨江新喻人不言有此書惟攽傳云字貢父邃史學作東漢刊誤爲人所稱司馬光修資治通鑑專職漢史奉世傳云字仲馮精漢書學而已其實兩漢皆有三劉評論今書已亡賴監本存之斗南補遺援引蕪雜說詳王氏十七史商榷頗有芟取未從割棄蕭該音義采自監本雖非瑰寶亦資印證明代史評大暢競逐空疏

國朝碩學雲興考訂精能超踰前古茲編廣羅衆家去取務慎沈文起疏證一書以後事稽合前言自爲別派今但取有關書義者餘屏不錄

顏監敘例言曲覈古本歸其眞正史記正義論例云史漢文字相承已久若悅字作說閑字作閒智字作知汝字作女早字作蚤緣古字少通共用之史漢本有此古字者乃爲好本劉之問跋建安本漢書云自顏氏後又幾百年向之古字日益改易書肆所刊祇今之世俗字耳識者恨之今得宋景文公所校善本雌黃所加字一從古愚案從古之字如供爲共伺爲司蹤爲縱藏爲臧廂爲箱慰爲尉屢爲婁嗜爲耆屍爲死讓爲攘之類或係最初正文或出聲近通假非由古字之少旣展轉借寫彌久失眞故東京文字不正流弊斯極而許氏說文出焉刊本存眞不宜輒改若槪目爲古字其蔽也愚或乃以爲六書假借之恉則去之愈遠矣

汲古本文字無定如以字作㠯後多作以桓字作桓閒亦作桓及公孫賀等傳贊淵聖御名悉仍其舊或有譌脫乖誤之處並依前式加以注正書雖增新板如逢故惟官本劉宋注文有隔斷顏注者輒爲移易舊處俾免違滯

顏監於雜家傳記擇取綦嚴如太公名字四皓姓氏雖登史志並

就采落可謂愼矣西京雜記亦在屏除之列沈文起詆之引見愚傳中謂雜記不知撰人初無妄說又古事雅語並資多識師古棄而不取而稱引顯相牴牾之楚漢春秋不悟其僞託抑又何也今依沈說仍采雜記此外如飛燕外傳之類概不闌入

王子功臣外戚恩澤侯表所列皆受國封而司馬貞之徒或云名號此大謬矣其不見地志者皆因免侯併省亦有侯表相符而地志不言侯國則班氏失書也其有先國而後縣或一國而前後兩封取覈表志原委咸在疑訟已久特爲揭明

班志地理存前古之軌迹立來史之準繩兼詳水道源流使後人水地相資以求往蹟可謂功存千古者也元魏酈道元水經注一書於漢世水道曲折具存實爲疏證班志而作前人引用不得要領茲編於酈注諸水顚末畢備同郡之水則云自某縣來下入某縣隔郡之水則云自某郡某縣來下入某郡某縣脈絡畢貫臚載無遺更取歷代水地諸書爲之疏通發明訂正訛謬讀者因酈證班卽漢攷古然後遞推諸史上下數千年地理可以了然胸中

律厤天文顔監無注

國朝錢李諸儒洞貫劉術更迭推衍三統以明天文圖籍紛陳管窺積歲補苴闕漏藉竟全功其餘得失之林開卷卽了遠俟百世不煩贅論

光緒二十六年歲次庚子二月初吉識於長沙城北葵園

引用諸書姓氏（非注本書者不列）

蕭該　蘭陵人隋國子博士山陰縣公著漢書音義引見官本

張佖　見上有校說引見官本

宋祁　字子京安州安陸人宋翰林學士承旨謚景文有校說引見官本

劉敞　字原父臨江新喻人宋集賢院學士有刊誤引見官本

劉攽　字貢父敞弟宋中書舍人有刊誤引見官本

劉奉世　字仲馮敞子宋端明殿學士有刊誤引見官本

吳仁傑　字斗南崑山人宋淳熙進士國子學錄著兩漢刊誤補遺

王應麟　字伯厚河南祥符人宋淳祐進士禮部尙書著藝文志攷證

張照　字得天江蘇華亭人官檢討刑部尙書諡文敏見官本攷證

勵宗萬　直隸靜海人官編修刑部侍郎見官本攷證

陳浩　官詹事府詹事見官本攷證

齊召南　字次風浙江天台人官檢討禮部侍郎見官本攷證

杭世駿　字大宗號堇甫浙江仁和人官編修見官本攷證

張永祚　官欽天監博士見官本攷證

顧炎武　字甯人一字亭林江蘇崑山人諸生著日知錄

閻若璩　字百詩山西太原人諸生著潛邱劄記

何焯　字屺瞻江蘇長洲人官編修著讀書記

全祖望　字紹衣一字謝山浙江鄞縣人官庶吉士著經史問答地理志稽疑

王鳴盛　字鳳喈號西莊晚號西沚江蘇嘉定人官光祿寺卿著十七史商榷

錢大昕　字曉徵號辛楣一號竹汀江蘇嘉定人官詹事府詹事著廿二史攷異三史拾遺三統術衍三統術鈐

錢大昭　字晦之一字竹廬大昕弟舉孝廉方正著漢書辨疑

陳景雲　字少章江蘇長洲人縣學生著兩漢訂誤

李銳　字尙之江蘇元和人諸生著三統術注

錢坫 字獻之大昕姪副貢生 著新斠注地理志

姚鼐 字姬傳安徽桐城人官刑部郎中 著惜抱軒筆記

王念孫 字懷祖江蘇高郵人直隸永定河道 著讀書雜志

洪亮吉 字稚存江蘇陽湖人官編修 著四史發伏

段玉裁 字若膺一字懋堂江蘇金壇人舉人四川巫山縣知縣 著地理志校正

劉台拱 字端臨江蘇寶應人官訓導 著漢學拾遺

李賡芸 字生甫號許齋江蘇嘉定人官福建布政使 著炳燭編

沈濤 字西雍浙江嘉興人 著銅熨斗齋四史隨筆

洪頤煊 字筠軒浙江臨海人 著讀書叢錄

汪遠孫 字小米浙江錢塘人 著地理志校本

吳卓信 字立峯一字項儒江蘇常熟人 著地理志補注

梁玉繩 字曜北浙江錢塘人諸生 著人表攷證

王引之 字伯申念孫子官禮部尚書謚文簡 見讀書雜志

沈欽韓 字文起江蘇吳縣人 著漢書疏證

何若瑤 廣東番禺人

徐松 字星伯直隸大興人官編修內閣中書 著西域傳補注地理志集釋

翟云升 字文泉山東萊州人舉人 著校正古今人表

周壽昌 字荇農湖南長沙人官內閣學士 著漢書注補正

汪士鐸 字梅村江蘇上元人舉人 著漢志釋地略

陳澧 字蘭甫廣東南海人舉人 著地理志水道圖說

李光廷 字恢垣廣東番禺人官吏部主事 著漢西域圖考

張文虎 字嘯山江蘇南匯人 著舒藝室隨筆

成蓉鏡 字芙卿江蘇寶應人舉人 著史漢駢枝

俞樾 字蔭甫浙江德清人官編修 著湖樓筆談

同時參訂姓氏

郭嵩燾 字筠仙湖南湘陰人官編修侍郎

朱一新 字蓉生浙江義烏人官編修御史 著漢書管見參訂時書尚未成

李慈銘 字炁伯浙江會稽人進士官御史

繆荃孫 字筱珊江蘇江陰人官編修

沈曾植 字子培浙江嘉興人進士官戶部主事

王闓運 字壬秋湖南湘潭人舉人

瞿鴻禨 字子久湖南善化人官編修侍郎

杜貴墀 字仲丹湖南巴陵人舉人

王啟原 字理菴湖南湘潭人官江華訓導

李楨 字佐周湖南善化人附貢生

葉德輝 字奐彬湖南湘潭人進士官吏部主事

皮錫瑞 字鹿門湖南善化人舉人

蘇輿 字厚康湖南平江人舉人

陶憲曾 字伯成湖南安化人廩生

陶紹曾 字仲南湖南安化人縣學生

王文彬 字運生湖南長沙人縣學生

王先和 字蕙庭湖南長沙人

王先惠 字敬吾湖南長沙人廩生

王先恭 字禮吾湖南長沙人附貢生分省補用知府

王先慎 字慧英湖南長沙人官道州訓導

汲古閣本卷首先謙補注不別立目錄卽用此本卷首目錄以便檢閱惟地理志上旁注一二三地理志下旁注一二共新增五字雖卷帙加多無改舊式

班固前漢書凡百篇總一百二十卷[補注]洪頤煊曰敘傳班氏原目百卷今本一百二十卷蓋師古集注分高紀王子侯表百官公卿表律厤志食貨志郊祀志地理志司馬相如傳嚴安以下傳揚雄傳匈奴傳外戚傳敘傳爲二卷王莽傳爲三卷五行志爲五卷隋書經籍志漢書一百一十五卷太山太守應劭集解顏注視應本又多五卷梁書陸倕傳嘗借人漢書失五行志四卷視顏本五卷又異

十二帝紀一十三卷

八表一十卷

十志一十八卷

七十列傳七十九卷

顏師古注

皇明崇禎十有五年歲在橫艾敦牂如月初吉琴川毛氏開雕索隱曰橫艾壬也爾雅作玄黓今從史記厤書[補注]王鳴盛曰常熟毛氏汲古閣刻本字密行多篇帙縮減簡便可喜但前明南監板有師古敘例此刪去不存則來歷不明

前漢書目錄[補注]盧文弨曰史記漢書書前之有目錄自有板本以來卽有之爲便於檢閱耳然於二史之本旨所失多矣史公之自序卽史記之目錄班氏之敘傳卽漢書之目錄乃後人以其艱於尋求而復爲之條列以繫於首後人又誤認書前之目錄卽以爲作者所自定致有據之妄訾警本書者史記孟荀列傳以兩大儒總搭之何嘗齒涪于一髡一愼到騶奭於其閒哉貨殖等傳以事名篇與八書相類未嘗一一標姓名也譏漢書者以范蠡子貢白圭非漢人而入漢書爲失於限斷其實班氏何嘗爲范蠡諸人立傳卽彼蜀卓宛孔閭里猥瑣之流亦豈屑屑爲之標目與因人立傳者同乎明毛氏梓史記集解葛氏梓漢書正文其前目卽據自序敘傳爲目錄亦爲便於觀者而尚不失其舊在諸本中爲最善矣朱一新曰漢書目錄刊書者以意爲之故各本詳略不同

帝紀一十二卷

年表八卷

本志一十卷

列傳七十卷

顏師古注

帝紀

年表

本志

列傳

坿官本卷首目錄

前漢書敘例〔補注〕洪頤煊曰金樓子聚書篇又使孔昂寫得前漢後漢史記三國志晉陽秋莊子老子肘後方離騷等合六百三十四卷悉在一巾箱中漢書加前字已見於此

唐正議大夫行祕書少監琅邪縣開國子顏師古撰〔補注〕王鳴盛曰舊唐書顏籀字師古齊黃門侍郎之推孫也以字行其先本居琅邪世仕江左之推歷事周齊齊滅始居關中師古貞觀十一年爲祕書少監時太子承乾命師古注漢書解釋詳明承乾表上之太宗命編之祕閣其敘例有云歲在重光律中大呂是謂涂月其書始就重光是辛年當爲貞觀十五年辛丑承乾以十七年被廢爲庶人則此書之成必在十五年矣師古於十九年卒年六十五則書成時年六十一也

儲君體上哲之姿膺守器之重俯降三善博綜九流觀炎漢之餘風究其終始懿孟堅之述作嘉其宏贍以爲服應曩說疏紊尙多蘇晉衆家剖斷蓋尠蔡氏纂集尤爲牴牾〔補注〕王鳴盛曰序述服應蘇晉蔡氏不及臣瓚以蔡全取瓚書也自兹以降蔑足有云悵前代之未周愍將來之多惑顧召幽仄俾竭駑蕪匡正睽違激揚鬱滯將以博喻胄齒遠覃邦國弘敷錦帶啟導青衿曲稟宏規備蒙嘉惠增榮改觀重價流聲斗筲之材徒思罄力駑蹇之足終慙遠致歲在重光律中大呂是謂涂月其書始就不恥狂簡輒用上聞粗陳指例式存揚搉

漢書舊無注解唯服虔應劭等各爲音義自別施行至典午中朝爰有晉灼集爲一部凡十四卷又頗以意增益時辯前人當否號曰漢書集注屬永嘉喪亂金行播遷此書雖存不至江左是以爰自東晉迄于梁陳南方學者皆弗之見有臣瓚者莫知氏族考其時代亦在晉初又總集諸家音義稍以己之所見續厠其末舉駁前說喜引竹書自謂甄明非無差爽凡二十四卷分爲兩帙今之集解音義則是其書而後人見者不知臣瓚所作乃謂之應劭等集解王氏七志阮氏七錄並題云然斯不審耳〔補注〕錢大昕曰隋書經籍志漢書集解音義二十四卷應劭撰依顏說知隋志所載即臣瓚所集非出劭一人隋志多承阮錄舊文則應劭下當有等字殆傳寫失之也晉灼集解不載於隋志則師古所謂東晉訖於梁陳南方學者皆未之見王阮既未著錄故隋志亦遺之也學者又斟酌瓚姓附著安施或云傅族既無明文未足取信蔡謨全取臣瓚一部散入漢書自此以來始有注本但意浮功淺不加隱括屬輯乖舛錯亂實多或迺離析本文隔其辭句穿鑿妄起職此之由與未注之前大不同矣謨亦有兩三處錯意然於學者竟無弘益〔補注〕錢大昕曰據此知不獨服應音義單行即灼瓚兩家亦不注本文之下至謨乃取瓚書散入正文是漢書注本始於東晉顏注蓋依蔡本而稍采它書附益之

漢書舊文多有古字解說之後屢經遷易後人習讀以意刊改傳寫既多彌更淺俗今則曲覈古本歸其眞正一往難識者皆從而釋之

古今異言方俗殊語末學膚受或未能通意有所疑輒就增損流遯忘返穢濫實多今皆刪削克復其舊

諸表列位雖有科條文字繁多遂致舛雜前後失次上下乖方昭穆參差名實虧廢今則尋文究例普更刊整澄蕩愆違審定阡陌就其區域更爲局界非止尋讀易曉庶令轉寫無疑

禮樂歌詩各依當時律呂修短有節不可格以恆例讀者茫昧無復識其斷章解者支離又乃錯其句韻遂使一代文采空韞精奇累葉鑽求罕能通習今並隨其曲折剖判義理歷然易曉更無疑滯可得諷誦闓心順耳

凡舊注是者則無間然具而存之以示不隱其有指趣略舉結約未伸衍而通之使皆備悉至於詭文僻見越理亂眞匡而矯之以祛惑蔽若汎說非當蕪辭競逐苟出異端徒爲煩冗秖穢篇籍蓋無取焉舊所闕漏未嘗解說普更詳釋無不洽通上考典謨旁究

蒼雅非苟臆說皆有援據六蓺殘缺莫覩全文各自名家揚鑣分路是以向歆班馬仲舒子雲所引諸經或有殊異與近代儒者訓義弗同不可追駁前賢妄指瑕纇曲從後說苟會局塗〔補注〕先謙曰官本考證云監本別本俱譌作局塗非也今從古本改今則各依本文敷暢厥指非不考練理固宜然亦猶康成注禮與其書易相偝元凱解傳無係毛鄭詩文以類而言其意可了爰自陳項以訖哀平年載既多綜緝斯廣所以紀傳表志時有不同當由筆削未休尚遺秕稗亦爲後人傳授先後錯雜隨手率意遂有乖張今皆窮波討源搆會甄釋

字或難識兼有借音義指所由不可暫闕若更求諸別卷終恐廢於披覽今則各於其下隨卽翻音至如常用可知不涉疑昧者衆所共曉無煩翰墨

近代注史競爲該博多引雜說攻擊本文至有詆訶言辭掎摭利病顯前修之紕僻騁己識之優長乃效矛盾之仇讎殊乖粉澤之光潤今之注解翼贊舊書一遵軌轍閉絕歧路

諸家注釋雖見名氏至於爵里頗或難知傳無所存具列如左〔補注〕陳浩曰按此另爲一條監本接連前文非是今提行寫朱一新曰監本載景祐二年祕書丞余靖上言顏師古總先儒注解名姓可見者二十五人而爵里年代史闕載者殆半考其附著及舊說所承注釋源流名爵年次謹條件以聞望行刊於本書之末云云則此下注語皆余氏所爲非師古原文也又余靖言注解二十五人史通正史篇亦云二十五家而今本前所列者僅二十三人又天文志引宋均語不在二十三家之內齊召南曰二十五條二十三傳寫之譌不然宋祁謂諸家名氏已附注師古敘例之下益不可解矣王鳴盛曰二十五人者外增師古及張偘也許愼注漢書今不傳引見顏注者尚多不知前五書是何書中所采敘例不列其名洪頤煊曰文紀應注元紀百官公卿表如注並引胡公曰賈誼傳蘇注引胡公漢官胡公卽胡廣當時名位尊故不著其名敘例不載廣名氏爵里又高紀十二年顏注引王楙景紀中三年臣瓚注引王楙楙是西晉以前人敘例亦不載

荀悅字仲豫潁川人後漢祕書監撰漢紀三十卷其事皆出漢書〔補注〕宋祁曰景祐間余靖校本注末有後人取悅所著書入於注本十一字王鳴盛曰案漢紀自序悅益專取班書別加銓次論斷未嘗有所增益其間或小有立異似當各有所據若班書傳刻脫誤處藉此校改者亦間有之然已僅矣

服虔字子愼滎陽人後漢尚書侍郎高平令九江太守初名重改名祇後定名虔〔補注〕朱一新曰新唐書蓺文志有服虔漢書音訓一卷

應劭字仲瑗一字仲援一字仲遠汝南南頓人後漢蕭令御史營令泰山太守〔補注〕朱一新曰廣韻應姓出南頓漢有應曜隱於淮陽山中與四皓俱徵曜獨不至時人語之曰南山四皓不如淮陽一老八代孫劭集解漢書洪頤煊曰風俗通聲音篇引漢書舊注云菰吹鞭也菰者憮也言其節憮威儀又引漢書注云荻角也言其聲音荻荻名自定也師古敘例惟服虔與劭同時餘諸家皆在劭後則劭以前注漢書者亦多矣

伏儼字景宏琅邪人

劉德北海人

鄭氏晉灼音義序云不知其名而臣瓚集解輒云鄭德既無所據今依晉灼但稱鄭氏耳〔補注〕宋祁曰景祐余靖校本云鄭氏舊傳晉灼集注云北海人不知其名而臣

瓚以爲鄭德今書但稱鄭氏洪頤煊曰沛本史記索隱以爲鄭玄案高紀沛公還軍亢父鄭氏曰屬任城郡郡國志任城國不名爲郡王子侯表鄉裴戴侯道鄭氏曰鄉裴音卽非在肥鄉縣南五里肥鄉縣黃初二年置皆在鄭康成後沛本索隱誤也

李斐不詳所出郡縣

李奇南陽人

鄧展南陽人魏建安中爲奮威將軍封高樂鄉侯〔補注〕齊召南曰顧炎武日知錄云敘例列姓氏鄧展文穎下並云魏建安中建安乃獻帝年號雖政出曹氏不得遽名以魏顧說是也朱一新曰魏志文帝紀裴注引典論自敘稱與奮威將軍鄧展願將軍捐棄故伎更受要道者蓋卽其人

文穎字叔良南陽人後漢末荊州從事魏建安中爲甘陵府丞〔補注〕齊召南曰兩漢無府丞官名甘陵改自安帝或如續志太常屬官每陵園令各一人丞及校長各一人則文穎爲甘陵丞不得云爲甘陵府丞也

張揖字稚讓清河人一云河間人〔補注〕先謙曰官本考證云河間訛阿間今改正魏太和中爲博士止解司馬相如傳一卷〔補注〕王鳴盛曰揖所著今傳者有廣雅卷首題魏張揖撰

蘇林字孝友陳畱外黃人魏給事中領祕書監散騎常侍永安衞尉太中大夫黃初中遷博士封安成亭侯〔補注〕宋祁曰景祐余靖校本孝友字下有一云彥友四字安成亭侯無亭字朱一新曰事蹟見三國志劉劭及高堂隆傳注又王肅傳注引魏略以董遇賈洪邯鄲淳薛夏隗禧蘇林樂詳等七人爲儒宗

張晏字子博中山人

如淳馮翊人魏陳郡丞〔補注〕王鳴盛曰廣韻引晉中經簿云魏有陳郡丞馮翊如淳注漢書

孟康字公休安平廣宗人魏散騎常侍弘農太守領典農校尉勃海太守給事中散騎侍郎中書令後轉爲監封廣陵亭侯〔補注〕朱一新曰新唐書藝文志有孟康漢書音義九卷洪頤煊曰史記正義云漢書音義中有全無姓名者裴注史記直云漢書音義今有六卷題曰孟康或曰服虔案鄒陽傳中徒狄自沈於河集解駰案漢書音義曰殷之末世人文選李善注引作服虔司馬相如傳集解駰案漢書音義曰瑕蛤猛氏皆獸名文選注引作孟康

項昭不詳何郡縣人

韋昭字弘嗣吳郡雲陽人吳朝尚書郎太史令中書郎博士祭酒中書僕射封高陵亭侯〔補注〕朱一新曰新唐書藝文志有韋昭漢書音義七卷王鳴盛曰三國志昭傳不言注漢書然昭注國語今存而傳亦無則傳不備也

晉灼河南人晉尚書郎〔補注〕朱一新曰新唐書藝文志有晉灼漢書集注十四卷又音義十七卷

劉寶字道眞高平人晉中書郎河內太守御史中丞太子中庶子吏部郎安北將軍侍皇太子講漢書別有駁義〔補注〕宋祁曰景祐余靖校本云劉寶字道宇高平人晉吏部侍郎餘無說朱一新曰新書藝文志有劉寶漢書駁義二卷先謙曰據宋說眞當作宇郎上多侍字餘無說者駁義外無說也

臣瓚不詳姓氏及郡縣〔補注〕宋祁曰景祐余靖校本云臣瓚不知何姓案裴駰史記序云莫知姓氏韋棱續訓又言未詳而劉孝標類苑以爲于瓚酈元注水經以爲薛瓚姚察訓纂云案庾翼集于瓚爲翼主簿兵曹參軍後爲建威將軍晉中興書云翼病卒而大將于瓚等作亂翼長史江虨誅之于瓚乃是翼將不載有注解漢書然瓚所采衆家音義自服虔孟康以外並因晉亂湮滅不傳江左而高紀中瓚案茂陵書文紀中案漢祿秩令此二書亦復亡失不得過江明此瓚是晉中朝人未喪亂之前故得具其先輩音義及茂陵書漢令等耳蔡謨之江左以瓚二十四卷散入漢書今之注也若謂爲于瓚乃是東晉人年代前後了不相會此瓚非于足可知矣又案穆天子傳目錄云祕書校書郎中傅瓚校古文穆天子傳曰記穆天子傳者汲縣人不準盜發古冢所得書今漢書音義臣瓚所案多引汲書以駁衆家訓義此瓚疑是傅瓚瓚時職典校書故稱臣也顏師古曰後人斟酌瓚姓附之傅族耳既無明文未足取信洪頤煊曰劉昭續漢志注補杜佑通典作于瓚司馬貞索隱李善文選注作傅瓚

郭璞字景純河東人晉贈弘農太守止注相如傳序及游獵詩賦

蔡謨字道明陳畱考城人東晉侍中五兵尚書太常領祕書監都督徐兗青三州諸軍事領徐州刺史左光祿大夫開府儀同三司領揚州牧侍中司徒不拜贈侍中司空謚文穆公〔補注〕朱一新曰公字衍王鳴盛曰晉書本傳謨東晉元帝時始入仕卒於穆帝永和末年七十六謨總應劭以來注班固漢書者爲之集解案師古云謨全取臣瓚一部散入漢書然則謨但襲取也

崔浩字伯深清河人後魏侍中特進撫軍大將軍左光祿大夫司徒封東郡公撰荀悅漢紀音義〔補注〕宋祁曰景祐校本作字伯淵朱一新曰唐人避諱改淵爲深耳新唐書藝文志有崔浩漢書音義二卷編年類別有崔浩漢紀音義三卷

前漢書目錄

漢　蘭　臺　令　史班　固　撰

唐正議大夫行祕書少監琅邪縣開國子顏師古　注

帝紀

表

前漢書卷四十六
列傳第十六
石奮　衞綰
直不疑　周仁
張歐
前漢書卷四十七
列傳第十七文三王
梁孝王武　代孝王參
梁懷王揖
前漢書卷四十八
列傳第十八
賈誼

前漢書卷四十九
列傳第十九
爰盎　鼂錯
前漢書卷五十
列傳第二十
張釋之　馮唐
汲黯　鄭當時
前漢書卷五十一
列傳第二十一
賈山　鄒陽
枚乘子皋　路溫舒
前漢書卷五十二
列傳第二十二
竇嬰　田蚡
灌夫　韓安國
前漢書卷五十三
列傳第二十三景十三王
河間獻王德　臨江哀王閼
臨江閔王榮　魯恭王餘
江都易王非　膠西于王端
趙敬肅王彭祖　中山靖王勝
長沙定王發　廣川惠王越
膠東康王寄　清河哀王乘
常山憲王舜

前漢書卷五十四
列傳第二十四
李廣孫陵　蘇建子武
前漢書卷五十五
列傳第二十五
衞青
霍去病李息　公孫敖　李沮　張次公　趙信　趙食其　郭昌　路博德　趙破奴
前漢書卷五十六
列傳第二十六
董仲舒
前漢書卷五十七上
列傳第二十七上

司馬相如
前漢書卷五十七下
列傳第二十七下
司馬相如
前漢書卷五十八
列傳第二十八
公孫弘　卜式
兒寬
前漢書卷五十九
列傳第二十九
張湯 子安世　安世子延壽
前漢書卷六十

列傳第三十
杜周 子延年　延年子緩　緩弟欽
前漢書卷六十一
列傳第三十一
張騫　李廣利
前漢書卷六十二
列傳第三十二
司馬遷
前漢書卷六十三
列傳第三十三 武五子
戾太子 據　齊懷王 閎
燕剌王 旦　廣陵厲王 胥

昌邑哀王 髆
前漢書卷六十四上
列傳第三十四上
嚴助　朱買臣
吾丘壽王　主父偃
徐樂
前漢書卷六十四下
列傳第三十四下
嚴安　終軍
王褒　賈捐之
前漢書卷六十五
列傳第三十五

東方朔
前漢書卷六十六
列傳第三十六
公孫賀 子敬聲　劉屈氂
車千秋　王訢
楊敞 子惲　蔡義
陳萬年 子咸　鄭弘
前漢書卷六十七
列傳第三十七
楊王孫　胡建
朱雲　梅福
云敞

列傳第六十五

西南夷　南粵王

閩粵王　朝鮮

前漢書卷九十六上

列傳第六十六上

西域

前漢書卷九十六下

列傳第六十六下

西域

前漢書卷九十七上

列傳第六十七上

外戚

前漢書卷九十七下

列傳第六十七下

外戚

前漢書卷九十八

列傳第六十八

元后

前漢書卷九十九上

列傳第六十九上

王莽

前漢書卷九十九中

列傳第六十九中

王莽

前漢書卷九十九下

列傳第六十九下

王莽

前漢書卷一百上

列傳第七十上

敘傳

前漢書卷一百下

列傳第七十下

敘傳

西漢十二帝起高祖元年乙未盡王莽地皇四年癸未合二百二十九年

帝紀一十二十三卷

表八十卷

志十十八卷

列傳七十七十九卷

共一百二十卷

官本跋尾

侍讀臣召南謹言史之良首推遷固固才似若不及遷者然其整齊一代之書文贍事詳與遷書異曲同工要非後世史官所能及故其書初成學者卽已莫不諷誦服虔應劭而下解釋音訓不異注經更魏晉至唐初名家磊落相望而顏師古注折其衷論者以比杜征南注左傳稱爲班氏忠臣不謬也自唐以前書皆手寫而校對極精譌脫相承無過數處其有板本自宋淳化中命官分校三史始也雕板染印日傳萬紙於人甚便人間摹刻以市易者滋多彼此沿襲莫識由來輾轉失眞烏焉成馬故書有板本而讀者甚易亦自有板本而校者轉難固其勢然也以人人所共習之漢書又經師古注釋旨趣畢顯校者似易爲力乃自淳化歷景德景祐熙寧

百年之中三經覆校當時名儒碩學刁衎晁迥余靖王洙所奏刊正增損之條累百盈千積成卷帙三劉刊誤又別爲書陳繹是正文字又在宋祁之後亦足以徵善本難得在北宋時已然矣況自宋至明刻本愈雜學士家校讎之精遠不如北宋以前者哉若國子監所存明人舊板於顏注所引二十三家之說十删其五於慶元所附三劉宋祁諸家之說十存其一卽本書正文字句亦多譌脫則尤板本中至陋者已夫古人撰述旣博不無失檢紀表志傳或彼此乖違郡國官名或後先錯出如高紀書太上皇后書丞相噲將兵文紀書內史欒布景紀書御史大夫靑翟書三輔舉不如法者宣紀書元康元年復高帝功臣後之類皆本書自誤非關後人至如地理溝洫成文鄺元注水經特多援引賈馬淵雲辭賦蕭統輯文選時有異同藝文志言儀禮之經倒十七篇爲七十律歷志載積黍之數增九十分爲一千孔穎達賈公彥並師古同時人而所据書本各別斯則傳寫失眞之明驗也衍文脫字離句辨音三劉於師古注銖較寸量未嘗少假借焉校古人書義當如是爾乾隆四年奉

敕校刊經史如是書尤加詳愼臣照等旣與諸臣遍蒐館閣所藏數十種及

本朝李光地何焯所校再三讐對積歲彌時凡監本脫漏並据慶元舊本補缺訂譌正其舛謬以付開雕稍還古人之舊臣召南復奉

敕編爲考證謹採儒先論說關於是書足以暢顏注所發明刊三劉所未及者條錄以附於每卷云臣召南謹識

又一葉

原任詹事臣陳浩侍讀學士臣董邦達原任侍講學士臣萬承蒼原任庶子臣朱良裘侍讀臣齊召南洗馬臣陸宗楷編修臣孫人龍臣李龍官原任編修臣吳兆雯臣杭世駿御史臣沈廷芳拔貢生臣張本等奉

敕恭校刊

高帝紀第一上

師古曰紀理也統理眾事而繫之於年月者也〔補注〕王先慎曰說文統下云紀也紀下云絲別也凡絲必有端別者尋其端故爲紀淮南泰族訓云繭之性爲絲然非得女工煮以熱湯而抽其統紀則不能成絲禮器鄭注云紀者絲縷之數有紀也此紀字本義引申之爲凡事統紀之稱史記稱本紀班書單用紀字皆紀每帝事實分別統紀之意顏說非先謙曰官本考證云監本刊此六字於第一行下非也今從古本提行顏注紀理也云云郎解此日後凡某紀某傳俱放此王念孫云宋景祐監本無帝字下惠帝紀至平帝紀亦皆無帝字景祐本是也敍傳云述高紀第一下至述平紀第十二皆無帝字又項籍傳云語在高紀總篇言語在某紀者竝同師古注惠紀云下解在高紀總篇注言解在某紀者竝同皆其證先謙案宋乾道本亦無帝字上下字師古分卷加之亦非班氏元書所有官本第一行首列前漢書卷一上六字二行三行低二格列班顏銜名四行低一行格列高帝紀第一上六字五行低三格師古曰紀理也云云今案漢書上不當有前字汲古閣本大題在下循存古式茲刻一依汲古惟因補注增列銜名參同官本餘悉仍舊以存其眞

漢　蘭臺令　史班固撰

唐正議大夫行祕書少監琅邪縣開國子顏師古注

賜進士出身前翰林院編修國子監祭酒加三級臣王先謙補注

高祖荀悅曰諱邦字季邦之字曰國張晏曰禮謚法無以爲功最高而爲漢帝之太祖故特起名焉師古曰邦之字曰國者臣不所避以相代也〔補注〕先謙曰史記云字季索隱案漢書名邦字季此單云字亦又可疑案高祖長兄名伯次名仲不見別名則季亦是名也故項岱云高祖小字季即位易名邦後因諱邦不諱季所以季布猶稱姓先謙案今漢書無此文索隱所云殆漢紀之誤惠棟後漢書補注云洪邁曰之字之義訓變左傳周史以周易見陳侯者陳侯使筮之遇觀之否謂觀六四變爲否也他皆放此棟謂之猶適也適則變矣易繫辭曰惟變所適京房論卦有適變是也避諱改文與卦變同故云之**沛豐邑中陽里人也**應劭曰沛縣也豐其鄉也孟康曰後沛爲郡而豐爲縣師古曰沛者本秦泗水郡之屬縣豐者沛之聚邑耳方言高祖所生故舉其本稱以說之也此下言縣鄉邑告喻之故知邑繫於縣也〔補注〕劉攽曰予謂沛豐郡縣名史官用漢事記錄耳吳仁傑曰史記世家列傳所載邑望大抵書某縣某鄉或略之則曰某縣鮮有列郡縣名者如蕭何沛豐人陳平陽武戶牖人項羽下相人陳涉陽城人此類是也至漢書文景以來諸臣傳始兼列郡縣名如史記張釋之但曰堵陽人衞青但曰平陽人漢書則曰南陽堵陽河東平陽此類是也帝紀比世家列傳加詳故縣邑里名皆具高紀所著縣邑乃史記本文則知所謂沛豐邑者沛縣之豐邑非用漢事紀錄然也春秋傳都曰城邑曰築則都大而邑小至秦商鞅集小都鄉邑聚爲縣故縣有仍用邑名如栒邑左邑之類爲多今地理志沛郡屬縣有豐而不云豐邑此足以知紀所云豐邑非縣名也中陽者里名荀悅漢紀云劉氏遷於沛之豐邑處中陽里而高祖興焉刊誤以沛豐邑中爲連文公是先生兄弟不應爾傳錄者誤也齊召南曰史家記事必用當時地名秦無沛郡沛縣屬泗水郡若全記郡縣必云泗水沛矣時蕭何曹參王陵周勃樊噲夏侯嬰周緤周苛周昌任敖皆同沛縣人而盧綰則同鄉同里故於蕭曹等傳但曰沛人綰傳則曰豐人又曰與高祖同里也師古說是先謙曰沛豐漢縣並屬沛郡沛在今徐州府沛縣東[illegible]豐今徐[illegible]府豐縣治**姓劉氏**師古曰本出劉累而范氏在秦者又爲劉因以爲姓〔補注〕吳仁傑曰索隱因生賜姓若舜生姚墟以爲姚姓封之於虞號有虞氏其後子孫即遂以虞爲姓云虞氏今此云姓劉氏亦其義也案索隱說非也姓與氏相近而不同古者賜姓命氏如賜姓曰董氏曰豢龍析姓氏而二之則固有別矣劉本陶唐後則劉氏非姓當云劉氏出自祁姓此誤自太史公啟之唯唐書世系表言某氏必曰出某姓爲得之然於高祖紀書姓李氏豈仍史文之舊歟先謙曰顏約荀悅漢紀爲注[illegible]下云當戰國時劉氏從於魏遷於沛之豐邑索隱竝取之顏刪此則文義不全吳說近迂詳呂后紀**母媼**文穎曰幽州及漢中皆謂老嫗爲媼孟康曰媼母別名音烏老反師古曰媼女老稱也孟音是矣史家不詳著高祖母之姓氏無得記之故取當時相呼稱號而書之[illegible]好奇[illegible]媼本姓實存史遷肯不詳載即理而言斷可知矣[illegible]先謙曰顏說是皇甫謐等說沈約宋書符瑞志司馬貞[illegible]張守節竝引以注史記今不復取**嘗息大澤之陂**師古曰蓄水曰陂蓋於澤陂隄塘之上休息而寢寐也陂音彼皮反

〔補注〕沈欽韓曰[illegible]**夢與神遇**師古曰遇會也不期而會曰遇[illegible]**是時雷電晦冥**師古曰晦冥皆謂暗也[illegible]**父太公往視則見交龍於上**[illegible]**已而有娠**應劭曰娠動懷任之[illegible]**遂產高祖高祖爲人隆準而龍顏**[illegible]

顴亦曰頟頟之中曰顏曰庭眉目閒亦通曰顏先謙曰注準頰權衡之頰官本作頬是也國策及通鑑音注引同**美須髯**師古曰在頤曰須在頰曰髯髯音人占反**左股有七十二黑子**師古曰今中國通呼爲黶子吳楚俗謂之誌誌者記也〔補注〕宋祁曰注文景德本黶下有黑字余靖等刊誤以史記注爲據刪去**寬仁愛人**〔補注〕先謙曰史記作仁而愛人喜施**意豁如也**師古曰豁然開大之貌音呼活反**常有大度不事家人生產作業**

及壯試吏應劭曰試用補吏〔補注〕先謙曰史記試下有爲字**爲泗上亭長**師古曰秦法十里一亭亭長者主亭之吏也亭謂停留行旅宿食之館〔補注〕齊召南曰史記作爲泗水亭長据後書郡國志云沛有泗水亭亭有高祖碑班固爲文見固集是亭名泗水不名泗上也周壽昌曰北堂書鈔引風俗通云亭吏舊名負弩今改爲亭長或謂亭父漢舊儀云亭長皆調五兵言弩戟弓劍鎧也先謙曰史記正義國語有寓室即今之亭也亭長蓋今里長括地志云泗水亭在徐州沛縣東一百步有高祖廟**廷中吏無所不狎侮**師古曰廷中郡府廷之中廷音定他皆類此〔補注〕周壽昌曰釋名廷停也人所停集之處也讀如本音不必音定先謙曰東方朔傳柏者鬼之廷也與敬徑韻但古音平仄通韻似不必竟讀作定**好酒及色**

常從王媼武負貰酒如淳曰武姓也俗謂老大母爲阿負師古曰劉向列女傳云魏曲沃負者魏大夫如耳之母也此則古語謂老母爲負耳王媼王家之媼也武負武家之母也貰賒也李登呂忱竝音式制反而今之讀者謂與射同乃引地名射陽其字作貰以爲證驗此說非也假令地名爲射自是假借亦猶鮦陽音紂蓮勺音酌當時所呼別有意義豈得即定其字以爲正音乎〔補注〕錢大昭曰酌當作輦監本閩本皆誤**時飲醉臥武負王媼見其上常有怪高祖每酤留飲酒讎數倍**如淳曰讎亦售也〔補注〕宋祁曰一本無常字先謙曰史記作見其上常有龍怪之與此義微異**及見怪歲竟此兩家常折券棄責**師古曰以簡牘爲契券既不徵索故折毀之棄其所負〔補注〕錢大昭曰券當从刀从力者古倦字責南監本閩本竝作負尋注文義負字爲是惟史記作責先謙曰官本責作負

高祖常繇咸陽應劭曰繇者役也文穎曰咸陽今渭北渭城是也師古曰咸陽秦所都繇讀曰傜古通用字〔補注〕劉攽曰常作嘗先謙曰史記亦作常渭城扶風縣故咸陽在今西安府咸甯縣東**縱觀秦皇帝**師古曰縱放也天子出行放人令觀觀音工喚反〔補注〕周壽昌曰顏訓縱爲放言高祖放觀無忌解已明下忽云放人令觀誰放之誰令之乎爲此贅文轉失語氣觀讀如本音先謙曰史記觀下多一觀字正義引包愷云上音館下音官先謙案多一觀字則縱觀上屬爲義今人宮觀之觀去聲觀覽之觀平聲六朝唐人詩賦游觀達觀壯觀等字皆作去聲不可勝數非盡平音**喟然大息曰嗟乎大丈夫當如此矣**師古曰喟歎息貌大息言其歎息之大喟音丘位反〔補注〕周壽昌曰大息之大音泰呂覽高注大長也言長歎息顏訓似滯

單父人呂公孟康曰單音善父音甫師古曰地理志山陽縣也〔補注〕先謙曰史記集解引漢書音義甫作斧音義即孟說也索隱引漢舊儀云呂公汝南新蔡人相經云魏人名文字叔平先謙案此如皇甫謐等造作名字未可爲據單父今曹州府單縣**善沛令辟仇從之客因家焉**師古曰與沛令相善因辟仇亡匿初就爲客後遂家沛也仇讎也音求**沛中豪桀吏聞令有重客皆往賀**師古曰以禮物相慶曰賀**蕭何爲主吏**孟康曰主吏功曹也**主進**文穎曰主賦斂禮進爲之帥也鄭氏曰主賦斂禮錢也師古曰進者會禮之財也字本作賮又作贐音皆同耳古字假借故轉而爲進賮又音才忍反陳遵傳云陳遂與宣帝博數負進帝後詔云可以償博進矣其進雖有別解然而所賭者之財疑充會食義又與此通**令諸大夫曰進不滿千錢坐之堂下**師古曰令號令也大夫客之貴者總稱耳〔補注〕何焯曰下卷詔書有云秦民爵公大夫以上令丞與亢禮諸大夫當謂此也

高祖爲亭長素易諸吏師古曰素故也謂舊時也易輕也音弋豉也〔補注〕先謙曰官本豉下也作反是**乃紿爲謁曰賀錢萬**應劭曰紿欺也師古曰爲謁者書刺自言爵里若今參見尊貴而通名也蓋當時自陳姓名幷列賀錢數耳紿音徒在反**實不持一錢謁入呂公大驚起迎之門**師古曰以其錢多故特禮之〔補注〕沈欽韓曰此或已聞高祖之名非爲萬錢驚起也**呂公者好相人見高祖狀貌因重敬之引入坐上坐**師古曰上坐尊處也令於尊處坐上坐音才臥反次下亦同〔補注〕先謙曰官本次下有如字二字考證云監本脫如字二字從宋本添又監本於顏注本文十刪四五全非古人之舊今並從宋本添補

蕭何曰劉季固多大言少成事高祖因狎侮諸客遂坐上坐無所詘師古曰詘曲懾也音丘勿反**酒闌**文穎曰闌言希也謂飲酒者半罷半在謂之闌**呂公因目固留高祖**師古曰不欲對坐者顯言故動目而留之**竟酒後呂公曰臣少好相人**張晏曰古人相與語多自稱臣自卑下之道也若今人相與言自稱僕也**相人多矣無如季相願季自愛臣有息女願爲箕帚妾**師古曰息生也言己所生之女**酒罷呂媼怒呂公曰公始常欲奇此女與貴人**師古曰奇異也謂顯而異之而嫁於貴人〔補注〕朱子文曰欲字宜在女字之下當曰公始常奇此女欲與貴人於文爲順王念孫曰朱說非也欲字本在奇字上外戚傳霍光夫人顯謂淳于衍云將軍素愛小女成君欲奇貴之語意與此相似史記亦作常欲奇此女與貴人不得移欲字於與貴人上也**沛令善公求之不與何自妄許與劉季呂公曰此非兒女子所知卒與高祖**師古曰卒終也**呂公女即呂后也生孝惠帝魯元公主**服虔曰元長也食邑於魯韋昭曰元諡也師古曰公主惠帝之姊也以其最長故號曰元呂后謂高帝曰張王以魯元故不宜有謀齊悼惠王尊魯元公主爲太后當時竝已謂之元不得爲諡也韋說失之〔補注〕劉攽曰予謂顏舉呂后言以明元非諡未必然

也史家記事或有如此追言謚者貰高欲謀叛與張敖言謂爲高祖公羊公子翬與桓公言吾爲子白隱矣皆此類何焯曰西京人質無文長公主爲元理況曰一代更無稱元者歸乎田成子豈非謚耶韋說無妨勝服何若瑤曰高祖母謚昭靈姊謚宣又謚昭哀元當是謚元訓長魯長不成文當時已謂之元者追書之詞且百官公卿表帝姊妹曰長公主時惠帝未即位不得稱長公主高祖少弟楚王交亦謚元亦可謂最長乎先謙曰諸說皆是服顏非也注白隱公羊作口隱此誤**高祖嘗告歸之田**服虔曰告音如嘷呼之嘷李斐曰休謁之名吉曰告凶曰寧孟康曰古者名吏休假曰告告又音嚳漢律吏二千石有予告有賜告予告者在官有功最法所當得也賜告者病滿三月當免天子優賜其告使得帶印綬將官屬歸家治病至成帝時郡國二千石賜告不得歸家至和帝時予賜皆絕師古曰告者請謁之言謂請休耳或謂之謝謝亦告也假爲嘷嚳二音竝無別義固當依本字以讀之左氏傳曰韓獻子告老禮記曰若不得謝漢書諸云謝病皆同義【補注】先謙曰史集解引孟注綬作紱索隱引師古告音古篤反今本無音**呂后與兩子居田中**【補注】先謙曰史記有耨字**有一老父過請飲**【補注】先謙曰荀紀作乞漿**呂后因餔之**師古曰餔食之餔屈原曰餔其糟是也以食食人亦謂之餔國語曰國中童子無不餔也呂氏春秋曰下壺飧以餔之是也父本請飲后因食之故言餔也餔音必胡反【補注】先謙曰官本引宋祁云餔當作必故反考證云監本脫宋祁一段今從宋本凡三劉刊誤宋祁朱子文諸說別以一圈脫者俱補**老父相后曰夫人天下貴**

人也令相兩子見孝惠帝曰夫人所吕貴者乃此男也師古曰言因有此男故大貴**相魯元公主亦皆貴老父已去高祖適從旁舍來呂后具言客有過相我子母皆大貴高祖問曰未遠乃追及問老父老父曰鄉者夫人兒子皆以君**如淳曰言并得君之貴相也以或作似師古曰如說非也言夫人及兒子以君之故因得貴耳不當作似也鄉讀曰嚮【補注】錢大昭曰史記及論衡骨相篇竝作皆似君如說爲是蓋言相之大貴皆似君耳非謂呂后之貌有類高祖也漢書凡以字皆作吕此獨作以以即似字說文佀象也吕用也隸書厶不成字故加人於左先謙曰荀紀作夫人兒子蒙君之力也與顏說合義得兩存**君相貴不可言高祖乃謝曰誠如父言不敢忘德**師古曰誠實也【補注】周壽昌曰誠猶信也若云信能如父言設辭也顏訓泥**及高祖貴遂不知老父處**【補注】先謙曰遂猶竟也史漢如此用者皆訓竟**高祖爲亭長乃吕竹皮爲冠令求盜之薛治**應劭曰以竹始生皮作冠今鵲尾冠是也求盜者亭卒舊時亭有兩卒一爲亭父掌開閉埽除一爲求盜掌逐捕盜賊薛魯國縣也有作冠師故往治之文穎曰高祖居貧志大取其約省與眾有異韋昭曰竹皮竹筠也今南夷取竹幼時績以爲帳師古曰之往也竹皮筍皮謂筍上所解之籜耳非竹筠也今人亦往往爲筍皮巾古之遺制也韋說失之吕古以字籜音託【補注】周壽昌曰淮南子氾論訓造劉氏之貌冠高注高祖於新豐所作竹皮冠也一曰委貌冠禮記委貌周道也此冠殆仿周制而爲之而御覽六百八十四引三禮圖云長冠竹裏高七寸廣三寸漢高祖以竹皮作之世云劉氏冠楚制禮不記據此則高帝仍以楚制爲之名長冠似不必一如高氏之稱委貌冠也初學記引此同先謙曰後漢輿服志長冠一曰齋冠高七寸廣三寸促漆纚爲之制如板以竹爲裏初高祖微時以竹皮爲之謂之劉氏冠楚冠制也民謂之鵲尾冠非也祀宗廟諸祀則冠之此冠高祖所造故以爲祭服尊敬之至也此下又有委貌冠制與竹皮冠不同明應高二說非薛在今兗州府滕縣南四十里**時時冠之**師古曰愛珍此冠休息之暇則冠之**及貴常冠所謂劉氏冠也**師古曰後遂號爲劉氏冠者即此冠也後詔曰爵非公乘以上不得冠劉氏冠者即此冠**高祖以亭長爲縣送徒驪山**應劭曰秦始皇葬於驪山故郡國送徒士往作文穎曰在新豐南項氏曰故驪戎國也【補注】先謙曰驪山在今西安府臨潼縣東南**徒多道亡自度比至皆亡之**師古曰度音徒各反比音必寐反他皆類此**到豐西澤中亭止飲**師古曰豐邑之西其亭在澤中因以爲名**夜皆解縱所送徒**師古曰縱放也【補注】沈欽韓曰西京雜記高祖將與故人訣去徒卒贈高祖酒二壺鹿肚牛肝各一高祖與樂從者飲酒食肉而去後即帝位朝晡尚食常具此二炙并酒二壺**曰公等皆去吾亦從此逝矣**師古曰逝往也**徒中壯士願從者十餘人高祖被酒**師古曰被

加也被酒者爲酒所加被音皮義反**夜徑澤中**師古曰徑小道也言從小道而行於澤中過故其下曰有大蛇當徑【補注】先謙曰索隱徑舊音經案舊音是也荀紀正作夜行經豐西澤中又禮祭義是故道而不徑注徑步邪趨疾也如本音讀之亦通若訓爲小道則須增文成義顏說非**令一人行前**師古曰行案行也音胡更反【補注】劉攽曰行前但謂最前行耳**行前者還報曰前有大蛇當徑願還高祖醉曰壯士行何畏乃前拔劍斬蛇**【補注】沈欽韓曰三輔黃圖太上皇微時佩一刀長三尺上有銘字難識傳云殷高宗伐鬼方時所作也上皇游豐沛山中寓居窮谷有人冶鑄上皇息其旁問曰鑄何器工笑曰爲天子鑄劍慎勿言曰得公佩劍[illegible]作雜冶之即成神器可克定天下昴星精爲輔佐水衰火盛此爲異兆上皇解匕首投爐中鑄[illegible]劍成殺三牲以釁祭之工問何時得此上皇曰秦昭襄王時予行陌上一野人授予劍云是殷時靈物工即持劍授上皇上皇以賜高祖高祖佩之斬蛇是也及定天下藏於寶庫守藏者見白氣如雲出戶外狀如龍蛇呂后改庫曰靈金藏惠帝即位以此庫貯禁兵器名曰靈金內府晉書輿服志惠帝時武庫火燒之先謙曰史正義引括地志云斬蛇溝源出徐州豐縣中平地故老云高祖斬蛇處至縣西十五里入泡水也**蛇分爲兩道開**【補注】先謙曰史記作徑開**行數里醉困臥**【補注】先謙曰官本困作因史記同周壽昌云監本凌稚隆本亦作因據文義始曰被酒中曰醉末曰醉困臥情事明有次第言醉後行數里而困故臥也困字較因爲勝**後人來至**

蛇所有一老嫗夜哭人問嫗何哭嫗曰人殺吾子人曰嫗子何爲見殺嫗曰吾子白帝子也化爲蛇當道今者赤帝子斬之應劭曰秦襄公自以居西主少昊之神作西畤祠白帝至獻公時櫟陽雨金以爲瑞又作畦畤祠白帝少昊金德也赤帝堯後謂漢也殺之者明漢當滅秦也補注宋祁曰舊本注文無少昊金德也先謙曰史集解引亦有少昊金德也五字西下有戎字是此脫故哭人乃以嫗爲不誠師古曰謂所言不實欲苦之蘇林曰欲困苦辱之師古曰今書苦字或作笞笞擊也音丑之反補注沈欽韓曰呂覽疑似篇梁北梨丘邑丈人有之市而醉歸者梨丘之鬼效其子之狀扶而道苦之與此義同作笞者非先謙曰史記作笞徐廣云一作苦嫗因忽不見師古曰見音胡電反他皆類此後人至高祖覺師古曰覺謂寢寐而寤也音功效反告高祖高祖乃心獨喜自負應劭曰負恃也諸從者日益畏之秦始皇帝嘗曰東南有天子氣補注王啟原曰晉書天文志天子氣內赤外黃四方所發之處當有王者若天子若有游往處其地亦先發此氣或有城門隱隱在氣霧中恆帶殺氣森森然或如華蓋在氣霧中或氣象青衣人無手在日西或如龍馬或雜氣鬱鬱衡天者此皆帝王氣於是東游以猒當之師古曰猒塞也音一涉反補注宋祁曰當史義音丁浪反先謙曰史記無當字索隱引廣雅云厭鎮也當者始皇以其地有天子氣故往游自當之應讀如字高

祖隱於芒碭山澤閒應劭曰芒屬沛國碭屬梁國二縣之界有山澤之固故隱其閒蘇林曰芒音忙遽之忙碭音唐師古曰碭亦音宕所言屬沛國梁國者皆是注釋之人據見在所屬非必本當時稱號境界他皆類此補注錢大昭曰碭當從易先謙曰官本正文及注竝作碭是芒沛郡縣今徐州府永城縣東北甫城集後漢郡改國也碭梁國縣今碭山縣南保山鎮碭山在永城碭山二縣接界史記高祖下有卽自疑亡匿五字呂后與人俱求常得之高祖怪問之呂后曰補注宋祁曰今越本作高祖怪問呂后呂后曰錢大昭曰閩本作高祖怪問呂后呂后曰季所居上常有雲氣補注王先慎曰史正義引顏云京房易兆候云何以知賢人隱四方常有大雲五色具而不雨其下有賢人隱矣故呂后望雲氣而得之今本脫故從往常得季師古曰言隨雲氣所在而求得之高祖又喜沛中子弟或聞之多欲附者矣

秦二世元年應劭曰始皇欲以一至萬示不相襲始者一故稱二世補注錢大昭曰閩本連上不提行二年三年放此先謙曰乾道本明汪文盛本俱不提行史集解引徐廣云高祖時年四十八秋七月陳涉起蘄蘇林曰蘄音機縣名屬沛國補注先謙曰蘄沛郡縣今鳳陽府宿州南蘄縣集至陳補注先謙曰陳淮陽縣今陳州府淮甯縣治自立爲楚王李奇曰秦滅楚楚人怨秦故涉因民之欲自稱楚王從民望也遣武臣張耳陳餘略趙地師古曰凡言略地者皆謂行而取之用功力少八月武臣自立爲趙王郡縣多殺長吏以應涉九月沛令欲以沛應之掾主吏蕭何曹參曰師古曰曹參爲掾蕭何爲主吏君爲秦吏今欲背之帥沛子弟恐不聽願君召諸亡在外者師古曰時苦秦虐政賦役煩多故有逃亡辟吏可得數百人因以劫衆師古曰劫謂威脅之衆不敢不聽乃令樊噲召高祖師古曰噲音快高祖之衆已數百人矣補注先謙曰史記作數十百人於是樊噲從高祖來沛令後悔恐其有變乃閉城城守師古曰城守者守其城也守音狩他皆類此欲誅蕭曹蕭曹恐踰城保高祖師古曰保安也就高祖以自安補注王念孫曰史集解引韋昭曰以爲保鄣案韋顏二說皆失之迂保者依也信二年左傳保於逆旅杜注訓保爲依史記周本紀百姓懷之多從而保歸焉保歸謂依歸也荆燕世家與彭越相保莊子列禦寇篇人將保女矣司馬彪注保附也附亦依也王逸注七諫云依保也高祖乃書帛射城上補注先謙曰官本城上作上城引宋祁曰景德監本作城上考證云監本作射城上非也先謙案史記荀紀皆作城上與沛父老曰天下同苦秦久矣今父老雖爲沛令守諸侯竝起今屠沛師古曰屠謂破取城邑誅殺其人如屠六畜然補注先謙曰今猶卽也史漢今字卽此類皆訓卽沛今共誅令擇可立立之以應諸侯卽室家完師古曰不完全也然父子俱屠無爲也父老乃帥子弟共殺沛令開城門迎高祖欲以爲沛令高祖曰天下方擾諸侯竝起師古曰擾亂也今置將不善補注錢大昭曰令南監本閩本及史記竝作今先謙曰官本令作今是一敗塗地師古曰一見破敗卽當肝腦塗地吾非敢自愛恐能薄師古曰能謂材也能本獸名形似熊足似鹿爲物堅中而強力故人之有賢材者皆謂之能補注劉攽曰能雖獸名安知非此獸有能故以名之不能完父兄子弟師古曰鄉邑之人老及長者父兄之行少及幼者子弟之黨故總而言之補注齊召南曰監本作父子兄弟非也此及史記竝作父兄子弟故師古注云老及長者父兄之行少及幼者子弟之黨也今改正此大事願更擇可者補注錢大昭曰南監本閩本竝作更先謙曰官本作更是史記作願更相推擇可者蕭曹等皆文吏自愛恐事不就師古曰就成也後秦種族其家師古曰誅及種族也盡讓高祖諸父老皆曰平生所聞劉季奇怪當貴且卜筮之莫如劉季最吉高祖數讓衆莫肯爲師古曰數音所角反他皆類此高祖乃立爲沛公孟康曰楚舊僭稱王其縣宰爲公陳涉爲楚王沛公起應涉故從楚制稱曰公祠黃帝祭蚩

尤於沛廷應劭曰黃帝戰於阪泉以定天下蚩尤亦古天子好五兵故祠祭之求福祥也臣瓚曰孔子三朝記云蚩尤庶人之貪者非天子也管仲曰割盧山發而出水金從之出蚩尤受之以作劒戟也師古曰瓚所引者同是大戴禮用兵篇而非三朝記也其餘則如應說沛廷沛縣之廷補注吳仁傑曰劭瓚之說皆非也所祭蓋天星蚩尤之旗案天文志蚩尤之旗類彗而曲象旗見則王者征伐四方時方事征伐故祠之耳封禪書祠八神曰天主地主陰主陽主日主月主四時主而兵主居其一焉兵主所祠則蚩尤之星也武王伐商上祭於畢畢星主兵故師出而祭之事頗類此不然黃帝擒殺蚩尤者也既祠黃帝又祭蚩尤何哉或謂皇覽載蚩尤冢在東平而兵主祠亦在焉則又可疑是不然八神之祠本齊太公作之故皆在齊地兵主之在東平正如天主之在臨淄地主之在梁父後人見祠蚩尤於此遂以冢傅會不足據也況八神以類舉天地陰陽日月四時之外祭星爲宜彼貪越之鬼烏得與其間哉全祖望曰據管子則造兵者黃帝之臣而古言蚩尤與黃帝戰是諸侯之不終者許慎據三朝記以爲造兵非蚩尤乃黃帝賈公彥調劑其說以爲蚩尤與黃帝戰亦造兵之首故漢高祭之夫黃帝使蚩尤造兵則蚩尤是黃帝賢臣如竊黃帝之兵而與戰則不止於庶人之貪者豈可祭也杭世駿力詆吳說謂高祖立蚩尤祠於長安宣帝則祠於壽良後漢詔馬嚴過武庫祭蚩尤不以爲貪鬼且壽乃蚩尤之冢所在豈是星乎藝文志兵家有蚩尤二篇則許吳之說俱不足信愚謂蚩尤爲黃帝造兵自是作者之聖豈有倡亂之理而阪泉之戰傳記有之疑造兵之蚩尤是一人阪泉倡亂之蚩尤又一人如古來作射之人名羿而有

窮之君亦以爲名後世所祭乃造兵之蚩尤非倡亂之蚩尤也且蚩尤冢在壽張見於皇覽而倡亂之蚩尤死於涿鹿誰爲遠道葬之壽張者亦可見蚩尤之有二也蚩尤造兵則以司兵之星名蚩尤高祖所祭自未必是星也先謙曰全說是割盧管子及史集解索隱引並作葛盧此誤**而釁鼓**應劭曰釁祭也殺牲以血塗鼓釁呼爲釁臣瓚曰禮記及大戴禮有釁廟之禮皆無祭事師古曰許慎云釁血祭也然即凡殺牲以血祭者皆爲釁安在其無祭事乎又古人新成鐘鼎亦必釁之豈取釁呼爲義應氏之說亦未允也呼音火亞反補注沈欽韓曰周禮太祝隋釁逆牲鄭云隋釁謂薦血也疏云賈氏云釁釁宗廟馬氏云血以塗鐘鼓鄭不從而以爲薦血祭祀者下文云既祭令徹則此上下皆是祭祀之事何得於中輒有釁廟塗鼓直稱釁何得兼言隋故爲祭祀薦血解之是釁廟塗鐘鼓祭器與薦血之義各別瓚云無祭事是應說釁祭非也釁呼者呼與罅同韻會罅集韻或作呼易解象百果草木皆甲坼鄭注坼呼也陸德明音義呼火訝切趙岐孟子注新鑄鐘殺牲以血塗其釁郤邑人注釁讀爲徽疏云徽爲飾治之義亦塗治其釁郤耳與應義同顏兩駁俱非先謙曰古即則同字故注然則爲然即下並同**旗幟皆赤**師古曰幟幖也音式志反旗旂之屬幟即總稱焉史家字或作識或作志音義皆同補注吳仁傑曰顏注以釁鼓句絕非是案封禪書祠蚩尤釁鼓旗旗字當屬上句讀之先謙曰吳說是也幟是總稱言幟皆赤可矣古書簡要不當有羨文鼓旗並釁上屬爲宜後人習見旗幟字誤絕耳史集解索隱皆如顏讀官本引蕭該音義幟音幟**由所殺蛇白帝子所殺者赤帝子故也**

補注朱子文曰於文爲緐自由所殺蛇以下宜去十字卻添四字當曰旗幟皆赤符媼所言赤帝子故也義自顯然何必更述斬蛇一事王念孫曰下所字涉上所字而衍殺者謂殺蛇者也則殺者上不當有所字文選王命論注引此無所字史記同郊祀志云蛇白帝子而殺者赤帝子也殺者上亦無所字刪史書記闕斠先謙曰朱宋諸說少發明多謬誤載在官本者存之不復致辨**於是少年豪吏如蕭曹樊噲等皆爲收沛子弟得三千人是月項梁與兄子羽起吳田儋與從弟榮橫起齊**服虔曰儋音負擔之擔師古曰音丁甘反**自立爲齊王韓廣自立爲燕王魏咎自立爲魏王**補注沈欽韓曰咎爲周市所立虛位以待咎者四月史記月表謂咎在陳不得歸國十二月陳勝死乃自陳歸立與此所次先後有異**陳涉之將周章西入關至戲**應劭曰章字文陳人也戲弘農湖縣西界也孟康曰水名也蘇林曰在新豐東南三十里師古曰戲在新豐東今有戲水驛其水本出藍田北界橫嶺至此而北流入渭孟蘇說是東越鄭及華陰數百里然始至湖西界應說大失之矣戲音許宜反補注先謙曰後漢郡國志新豐東有戲亭又有戲水並詳地理志京兆新豐下**秦將章邯距破之**蘇林曰邯音酒酣之酣師古曰音下甘反**秦二年十月**文穎曰十月秦正月始皇即位周火德以五勝之法勝火者水秦文公獲黑龍此水德之瑞於是更名河

爲德水十月爲正月謂建亥之月水得位故以爲歲首補注先謙曰文云秦謂十月爲正月顏本以爲說大謬詳見後春正月下**沛公攻胡陵**鄧展曰屬山陽章帝元和五年改爲胡陵補注先謙曰注胡陵官本作胡陸是胡陵在今兗州府魚臺縣東南六十里**方與**鄭氏曰音房預屬山陽郡補注齊召南曰史記本紀此事在上年之末此從月表在二年十月凡漢書月日與史記本紀不同者皆据月表也先謙曰方與在今魚臺縣北史記本紀此事亦在二年齊說誤**還守豐秦泗川監平將兵圍豐**文穎曰泗川今沛郡也高祖更名沛秦時御史監郡若今刺史平其名也師古曰泗川郡川字或爲水其實一也補注何焯曰地理志作泗水郡川字傳寫之誤錢大昭曰周勃傳亦作泗水先謙曰郡有定名無兩作者川水隸寫相似而譌耳顏說非**二日出與戰破之令雍齒守豐十一月沛公引兵之薛秦泗川守壯兵敗於薛**如淳曰秦并天下爲三十六郡置守尉監此泗川有監有守壯其名也**走至戚**鄭氏曰音憂戚之戚如淳曰音將毒反師古曰東海之縣也讀如本字補注齊召南曰胡三省通鑑注云以地理考之沛郡與東海相去頗遠壯兵敗而走未必能至東海之戚班志沛郡有廣戚縣章懷云廣戚故城在今徐州沛縣東恐是走至廣戚之戚也召南案此說足以正顏注之失先謙曰曹參傳攻轅戚及亢父又云遷爲戚公屬碭郡正義戚即轅戚也在今濟甯州嘉祥縣西南即此戚矣**沛公左司馬得殺之**師古曰得者司馬之名補注劉攽曰得得而殺之漢書多以獲爲得王鳴盛曰

史記得下有泗川守壯四字則得者得其人殺之非名周壽昌曰索隱蓋是左司馬曹無傷得泗川守壯而殺之案此說或未然沛公此時左司馬尚有孔聚陳賀唐厲不止曹無傷一人功臣表可證孔聚以執盾前元年從起碭以左司馬入漢陳賀以舍人前元年從起碭以左司馬入漢唐厲亦然 **沛公還軍亢父**鄭氏曰亢音人相抗荅父音甫屬任城郡〔補注〕先謙曰史集解引鄭氏作鄭德亢父東平縣在今濟甯州東南五十里 **至方與趙王武臣爲其將所殺十二月楚王陳涉爲其御莊賈所殺魏人周市略地豐沛使人謂雍齒曰豐故梁徙也**文穎曰晉大夫畢萬封魏今河東河北縣是也其後爲秦所逼徙都今魏郡魏縣是也至文侯孫惠王畏秦復徙都大梁今浚儀縣大梁亭是也故世或言魏惠王或言梁惠王至孫假爲秦所滅轉東徙於豐故曰豐故梁徙也臣瓚曰史記及世本畢萬居魏昭子徙安邑文侯亦居之汲郡古文云惠王之六年自安邑遷於大梁師古曰魏不常都於魏郡魏縣瓚說是也其他則如文氏之釋〔補注〕先謙曰官本注則作即 **今魏地已定者數十城齒今下魏魏以齒爲侯守豐**師古曰封爲侯因令守豐 **不下且屠豐雍齒雅不欲屬沛公**蘇林曰雅素也 **及魏招之卽反爲魏守豐**師古曰爲音于僞反 **沛公攻豐不能取沛公還之沛**〔補注〕朱子文曰當去下沛公二字先謙曰史記還上有病字 **怨雍齒與豐子弟畔之**〔補注〕先謙曰史記沛公怨雍齒與豐子弟叛之聞東陽甯君秦嘉立景駒爲假王在留乃往從之欲請兵以攻豐漢書敘入張耳云云文氣稍隔此改史記而失者 **正月張耳等立趙後趙歇爲趙王**鄭氏曰歇音遏絕之遏蘇林曰歇音毒歇師古曰依本字以讀之不當借音〔補注〕宋祁曰史記徐廣注云歇音烏轄反 **東陽甯君秦嘉立景駒爲楚王**文穎曰秦嘉東陽郡人爲甯縣君景駒楚族景氏駒名也晉灼曰東陽縣也臣瓚曰陳勝傳云凌人秦嘉然卽嘉非東陽人嘉初起於郯號大司馬又不爲甯縣君東陽甯君自一人秦嘉又一人師古曰東陽甯君及秦嘉二人是也東陽者爲其所屬縣名甯君者姓甯時號爲君〔補注〕先謙曰官本注是作目 **在留**師古曰留縣名〔補注〕先謙曰楚國縣在今沛縣東南五十里 **沛公往從之道得張良遂與俱見景駒請兵以攻豐時章邯從陳別將**如淳曰從陳涉將也涉在陳其將相別在他許皆稱陳師古曰從謂追討也尙書曰夏師敗績湯遂從之〔補注〕劉攽曰余謂別將字當屬下句讀之言章邯身從陳而別將定楚耳周壽昌曰顏引書乃商書序語尙應作商書下應有序字顏從其統稱耳先謙曰別將劉說是注他許猶他所古許所同字 **司馬尼將兵北定楚地**如淳曰尼章邯司馬師古曰尼古夷字〔補注〕周壽昌曰尼疑亦秦將司馬其姓非官稱若章邯之司馬當以章邯冠於上不能隔一事爲稱樊噲傳與司馬尼戰碭東上並無章邯事先謙曰周說是史記尼作尼 **屠相**師古曰相縣名〔補注〕先謙曰相沛郡縣在今宿州西北 **至碭東陽甯君**

沛公引兵西與戰蕭西師古曰蕭縣之西〔補注〕先謙曰蕭沛郡縣在今蕭縣西北 **不利還收兵聚留二月攻碭三日拔之**師古曰拔者破城邑而取之言若拔樹木並得其根本也 **收碭兵得六千人與故合九千人三月攻下邑拔之**師古曰下邑縣名〔補注〕先謙曰下邑梁國縣在今碭山縣東 **還擊豐不下四月項梁擊殺景駒秦嘉止薛沛公往見之項梁益沛公卒五千人五大夫將十人**蘇林曰五大夫第九爵名以五大夫爲將凡十人〔補注〕先謙曰弟官本作第名史記作也 **沛公還引兵攻豐拔之雍齒奔魏五月項羽拔襄城還**〔補注〕先謙曰襄城潁川縣今許州襄城縣治 **項梁盡召別將**師古曰別將謂小將別在他所者 **六月沛公如薛**師古曰如往也他皆類此 **與項梁共立楚懷王孫心爲楚懷王**應劭曰六國爲秦所幷楚最無罪爲百姓所思故求其後立爲楚懷王以祖謚爲號順民望也 **章邯破殺魏王咎齊王田儋於臨濟**師古曰破其軍而殺其身〔補注〕先謙曰臨濟漢縣屬樂安前漢陳留平丘縣境在今大名府長垣縣西南 **七月大霖雨**師古曰雨三日以上爲霖 **沛公攻亢父章邯圍田榮於東阿**〔補注〕先謙曰東阿東郡縣今兖州府陽穀縣東北五十里阿城鎮 **沛公與項梁共救田榮大破章邯東阿田榮歸沛公項羽追北**服虔曰師敗曰北韋昭曰古背字也背去而走也師古曰北陰幽之處故謂退敗奔走者爲北老子曰萬物向陽而負陰許愼說文解字云北乖也史記樂書曰紂爲朝歌北鄙之音朝歌者不時北者敗也鄙者陋也是知北卽訓乖訓敗無勞借音韋昭之徒竝爲妄矣〔補注〕王念孫曰說文北乖也從二人相背廣雅背北也背則北爲古背字明矣管子君臣篇爲人君者倍道棄法而好行私謂之亂爲人臣者變故易常而巧官以諂上謂之騰亂至則虐騰至則北北謂背其君也[illegible]以北齊策食人炊骨士無反北之心反北卽反背也北取乖背之義故敗走亦謂之北桓九年左傳以戰而北釋文北嵇康音背吳語吳師大北韋昭注軍敗奔走曰北北古之背字是敗北之北古讀爲背取背而去之之義[illegible]說文訓北爲乖正與此義相合而師古乃云北幽陰之處故謂退敗奔走者爲北其失也鑿矣[illegible]師古不讀北爲背者特以北爲入聲背爲去聲不可合而一之耳不知背北古同聲故北爲古背字而邶二字並從北聲敗北之北亦取乖背之義故嵇康韋昭相承讀而爲背樂書訓北爲敗安知其不讀爲背乎大雅行葦之黃耇台背與翼福爲韻桑柔之職涼善背與極克力爲韻瞻卬之譖始竟背與忒極慝識織爲韻背字皆讀入聲此背北同聲之明證也膠柱之見亦可以廢然而反矣 **至城陽**〔補注〕先謙曰城陽卽濟陰成陽本書成城通作在今曹州府濮州東南 **攻屠其城軍濮陽東**〔補注〕先謙曰濮陽東郡縣在今大名府開州南 **復與章**

邯戰又破之章邯復振李奇曰振整也如淳曰振起也收散卒自振迅而起晉灼曰左氏云振廢滯如說是也守濮陽環水文穎曰決水以自環守爲固也張晏曰依河水以自環繞作壘師古曰文說是也環音宦沛公項羽去攻定陶補注先謙曰定陶濟陰縣在今曹州府定陶縣西北四里八月田榮立田儋子市爲齊王定陶未下沛公與項羽西略地至雍丘補注先謙曰雍丘陳留縣今開封府杞縣治與秦軍戰大敗之斬三川守李由應劭曰三川今河南郡也由李斯子韋昭曰有河洛伊故曰三川也補注周壽昌曰史記李斯傳二世初立趙高曰丞相長男李由爲三川守楚盜陳勝等皆丞相傍縣之子以故楚盜公行過三川城守不肯擊又云及二世案三川之守至則項梁已擊殺之二年七月具斯五刑論腰斬咸陽市是斯被譖因由由死又在斯被刑前還攻外黃外黃未下補注先謙曰外黃陳留縣在今杞縣東項梁再破秦軍有驕色宋義諫不聽秦益章邯兵九月章邯夜銜枚擊項梁定陶師古曰銜枚者止言語讙囂欲令敵人不知其來也周官有銜枚氏枚狀如箸橫銜之繣絜於項繣者結礙也絜繞也蓋爲結紐而繞項也繣音獲絜音頡大破之殺項梁時連雨自七月至九月沛公項羽方攻陳留聞梁死士卒恐乃與將軍呂臣引兵而東徙懷王自盱

台都彭城鄭氏曰音眗怡師古曰眗音許于反補注先謙曰盱台臨淮縣在今泗州盱眙縣東北彭城楚國縣今徐州府銅山縣治呂臣軍彭城東項羽軍彭城西沛公軍碭魏咎弟豹自立爲魏王後九月文穎曰即閏九月也時律歷廢不知閏謂之後九月如淳曰時因秦以十月爲歲首至九月則歲終後九月即閏月師古曰文說非也若以律歷廢不知閏者則當徑謂之十月不應有後九月蓋秦之歷法應置閏者總致之於歲末觀其此意當取左傳所謂歸餘於終耳何以明之據漢書表及史記漢未改秦歷之前迄至高后文帝屢書後九月是知故然非歷廢也補注劉攽曰余謂顏說後九月亦爲未盡秦知置歷有閏何故皆以爲九月乎蓋司馬氏爲史既以秦正月稱十月遂以閏月轉謂之後九月是司馬氏如此敘之非秦法也先謙曰劉注亦襲顏改月之說而謬懷王并呂臣項羽軍自將之㠯沛公爲碭郡長蘇林曰長如郡守也韋昭曰秦名曰守是時改曰長封武安侯將碭郡兵㠯羽爲魯公封長安侯呂臣爲司徒其父呂青爲令尹應劭曰天子曰師尹諸侯曰令尹時去六國尚近故置令尹臣瓚曰諸侯之卿唯楚稱令尹其餘國稱相時立楚之後故置官司皆如楚舊也師古曰瓚說得之章邯已破項梁㠯爲楚地兵不足憂乃渡河北擊趙王歇大破之歇保鉅鹿城補注先謙曰鉅鹿鉅鹿縣今順德府平鄉縣治秦將王離圍之趙數

請救懷王乃㠯宋義爲上將補注先謙曰史記有軍字據下文項羽自立爲上將軍則有軍字是也項羽爲次將范增爲末將北救趙初懷王與諸將約先入定關中者王之師古曰約要也謂言契也自函谷關以西總名關中當是時秦兵彊常乘勝逐北諸將莫利先入關師古曰不以入關爲利言畏秦也獨羽怨秦破項梁奮勢晉灼曰憤激也補注先謙曰史記無勢字願與沛公西入關懷王諸老將皆曰項羽爲人慓悍禍賊師古曰慓疾也悍勇也禍賊者好爲禍害而殘賊也慓音頻妙反又匹妙反悍音胡旦反補注王念孫曰禍賊當從史記作猾賊一切經音義一引三倉云猾黠惡也酷吏傳甯成猾賊任威是也滑賊史記作猾賊與慓悍義相承禍賊則非其義矣隸書禍字或作禍猾字或作猾二形相近故猾誤爲禍漢安帝賜豫州刺史馮煥詔儆輕狡猾猾字作猾是其證儆輕狡猾猶言慓悍猾賊耳晉語齒牙爲猾史記晉世家猾字亦誤作禍[illegible]又酷吏傳徒請召猜禍吏與從事猜禍二字皆猾字之譌辯見史記先謙曰史記慓作慓嘗攻襄城襄城無噍類如淳曰噍音祚笑反無復有活而噍食者也青州俗呼無子遺爲無噍類所過無不殘滅且楚數進取如淳曰楚謂陳涉數進取多所攻取也師古曰楚者總言楚兵陳涉項梁皆是前陳王項梁皆敗孟康曰前陳王陳涉也師古曰孟說非也此言前者

陳王及項梁皆敗今須得長者往非謂涉爲前陳王也安有後陳王乎不如更遣長者扶義而西師古曰扶助也以義自助也扶字或作枎枎亦倚任之意告諭秦父兄秦父兄苦其主久矣今誠得長者往毋侵暴宜可下項羽不可遣獨沛公素寬大長者卒不許羽而遣沛公西收陳王項梁散卒乃道碭孟康曰道由碭補注王念孫曰道即由也[illegible]不當分爲二義後皆放此至陽城與杠里孟康曰二縣名也師古曰杠音江補注齊召南曰胡三省云陽城史記作成陽索隱在濟陰召南案陽城係成陽轉寫之誤不獨史記可證本書曹參傳擊王離軍成陽南又攻杠里大破之即此事也先謙曰齊說是成陽與上碭下成武道里相接陽城則遼遠矣韋昭云在潁川誤杠里非縣名索隱引如淳云秦軍所屯地名是也方輿紀要杠里在成陽西攻秦軍壁破其二軍補注先謙曰史記作秦軍夾壁破魏二軍疑文有譌奪秦三年十月齊將田都畔田榮將兵助項羽救趙沛公攻破東郡尉於成武孟康曰尉郡都尉也師古曰本謂之郡尉至景帝時乃改曰都尉補注先謙曰成武山陽縣今曹州府成武縣治十一月項羽殺宋義并其兵渡河自立爲上將軍諸將黥布等皆屬十二月沛公引兵至栗韋昭曰栗沛郡縣名也補注先謙曰今歸德府夏邑縣治遇剛武

侯應劭曰楚懷王將也功臣表棘蒲剛侯陳武武一姓柴剛武侯宜爲剛侯武魏將也孟康曰功臣表柴武以將軍起薛至霸上入漢中非懷王將又非魏將也例未有稱謚者師古曰史失其名姓唯識其爵號不知誰也不當改剛武侯爲剛侯武應氏以爲懷王將又云魏將無所據矣補注吳仁傑曰剛武侯自是一人固不可改爲陳武若曰陳武爲懷王將無據則不然武侯封棘蒲侯故太史公以蒲將軍目之案項籍傳蒲將軍以兵屬項梁梁死楚懷王以宋義爲上將軍諸別將兵皆屬焉武在別將之數則固嘗爲懷王將矣顏注不悟蒲將軍爲陳武故謂武爲楚將之無據先謙曰史集解引功臣表棘蒲云云屬孟說功臣表柴武云云屬瓚說與此異奪其軍四千餘人并之與魏將皇欣武滿軍合補注齊召南曰功臣表樂平侯衛無擇以隊卒從高祖起沛屬皇訢當卽此皇欣武滿史記作武蒲蒲滿字形相近未知孰是錢大昭曰滿閩本作蒲與史記同先謙曰乾道本作滿汪本作蒲史記武蒲魏申徒攻秦軍破之補注先謙曰史記敘彭越助攻昌邑不利乃還至栗與此先後異至合皇欣等軍後亦不云攻秦軍破之也故齊王建孫田安師古曰建齊襄王子也立四十四年爲秦兵所擊以兵降秦秦虜之遷建於河內遂滅齊下濟北從項羽救趙羽大破秦軍鉅鹿下虜王離走章邯師古曰章邯被破而走二月沛公從碭北攻昌邑補注先謙曰昌邑山陽縣在今兗州府金鄉縣西北四十里遇彭越越助攻昌邑未下沛公西過高陽文穎

曰聚邑名屬陳留圉臣瓚曰陳留傳在雍丘西南補注先謙曰郡國志雍丘有酈生祠高陽亭見水經睢水注引見陳留雍丘下酈食其爲里監門服虔曰音歷異基蘇林曰監門卒也補注沈欽韓曰公羊宣十五年傳何注在邑曰里一里八十戶八家共一巷中里爲校室選其耆老有高德者名曰父老辯護伉健者爲里正田作之時父老及里正旦開門坐塾上晏出後時者不得出暮不持樵者不得入案此則監門乃主啓閉監視者當亦有卒主灑埽監門非卒也史記秦二世曰監門之養不穀於此曰諸將過此者多吾視沛公大度補注先謙曰史記大度作大人長者乃求見沛公沛公方踞牀使兩女子洗師古曰踞反企也洗洗足也踞音據洗音先典反補注朱子文曰吾視沛公大度乃求見沛公方踞牀使兩女子洗乃求見下亦多沛公二字酈生不拜長揖曰師古曰長揖者手自上而極下足下必欲誅無道秦不宜踞見長者於是沛公起攝衣謝之延上坐食其說沛公襲陳留臣瓚曰輕行無鐘鼓曰襲補注先謙曰史記有得秦積粟四字陳留郡也沛公㠯爲廣野君㠯其弟商爲將將陳留兵三月攻開封未拔師古曰開封縣名屬榮陽補注齊召南曰注非也漢時開封縣屬河南郡其榮陽郡至晉始置洪亮吉曰顏前後注地理皆舉漢志此云屬榮陽蓋據見在而言然攷新唐書地理志武德四年徙開封屬汴州師古爲太子承乾注漢書在貞觀中安得尚云開封屬榮陽乎依

漢志應云屬河南依見在應云屬汴州此注可謂前後失據先謙曰攻圍趙賁也開封在今開封府祥符縣南五十里西與秦將楊熊會戰白馬師古曰白馬亦縣名屬東郡補注先謙曰在今衛輝府滑縣東二十里又戰曲遇東文穎曰地名也蘇林曰曲音齲遇音顒師古曰齲音丘羽反補注錢大昭曰郡國志河南中牟有曲遇聚先謙曰在今開封府中牟縣東大破之楊熊走之滎陽師古曰西走也補注先謙曰滎陽河南縣在今開封府滎澤縣西南十七里二世使使斬之以徇師古曰徇行示也司馬法曰斬以徇言使人將行徧示衆士以爲戒四月南攻潁川補注先謙曰史記作潁陽是也潁陽潁川縣在今許州西南屠之因張良遂略韓地文穎曰河南新鄭南至潁川南北皆韓地也以良累世相韓故因之補注先謙曰史記地下有轘轅二字時趙別將司馬卬師古曰卬音五剛反方欲渡河入關沛公乃北攻平陰孟康曰縣名也屬河南魏文帝改曰河陰補注先謙曰在今孟津縣東絕河津南戰雒陽東軍不利從轘轅臣瓚曰險道名也在緱氏東南師古曰直渡曰絕轘音環補注劉台拱曰此與魏豹絕河津義同欲先定關中距卬使不得渡顏訓直渡謬從轘轅當屬下爲句先謙曰雒陽河南縣郡國志緱氏縣有轘轅關至陽城補注先謙曰陽城潁川縣在今河南府登封縣東南三十五里收軍中馬騎六月與南陽守齮戰犨東師古曰犨縣名也齮音蟻犨音昌由反補

注錢大昭曰齮漢紀作呂齮先謙曰犨南陽縣在今汝州魯山縣東南五十里大破之補注王念孫曰大字係後人所加景祐本無史記亦無略南陽郡南陽守走保城守宛師古曰宛南陽之縣也音於元反補注先謙曰今南陽府治沛公引兵過宛西師古曰未拔宛城而兵過宛城西出補注宋祁曰一作過而西陽夏公謂唯作而故師古詳釋之先謙曰史記正作過而西張良諫曰沛公雖欲急入關秦兵尚衆距險師古曰依險阻而自固以距敵今不下宛宛從後擊彊秦在前此危道也於是沛公乃夜引軍從他道還偃旗幟遲明圍宛城三帀服虔曰欲天疾明也文穎曰遲未明也天未明之頃已圍其城矣晉灼曰文說是也師古曰文晉二家得其大意耳此言圍城事畢然後天明明遲於事故曰遲明變爲去聲音丈二反漢書諸言遲某事者義皆類此史記遲字作遂亦徐緩之意也音黎補注王念孫曰今本史記遂作黎索隱黎猶比也謂比至天明也案小司馬說是也黎遲聲相近故漢書作遲黎明遲明皆謂比明也通典兵十一載此事用文穎說又別出一解云黎黑也亦未明之侯也亦非史記南越傳之犂旦一作比旦衞將軍傳之遲明一作黎明漢書作會明則黎之不謂爲黑可知後人皆謂黎明爲將明未明之時與昧爽昧旦同義其讀實由於此此言高祖夜引軍還至宛城比及天明已圍城三帀耳黎亦作犂史記呂后紀帝晨出射太后使人持酖飲趙王犂孝惠還趙王已死徐廣云犂猶比也今本犂下有明字集解內有諸言犂明者將明之時九字皆後人所加犂見史記漢書外戚傳作遲帝還趙王死遲帝還比帝還也史記南越傳犂旦城中皆降伏波犂一作比漢書作遲史記

衞將軍傳遲明行二百餘里一作黎明漢書作會明會亦比及之意魏志張郃傳諸葛亮急攻陳倉帝問郃曰遲將軍到亮得無已得陳倉乎郃對曰比臣未到亮已走矣是遲與比同義服虔以遲明爲欲天疾明文穎以爲未明師古以爲明遲於事故曰遲明皆非是先謙曰文說遲未明也官本無明字是史記偃作更索隱引楚漢春秋云上南攻宛匿旌旗人銜枚馬束舌雞未鳴已圍宛城三帀匿與偃義同言更與情事不合蓋字誤 **南陽守欲自剄** 鄭氏曰剄音姑鼎反以刀割頸爲剄 **其舍人陳恢曰** 文穎曰主廄內小吏官名也蘇林曰藺相如爲宦者令舍人韓信爲侯亦有舍人師古曰舍人親近左右之通稱也後遂以爲私屬官號恢音口回反〔補注〕先謙曰官本注私作司 **死未晚也乃踰城見沛公曰臣聞足下約先入咸陽者王之今足下留守宛宛郡縣連城數十其吏民自以爲降必死故皆堅守乘城** 師古曰乘登也謂上城而守也春秋左氏傳曰授兵登陴 **今足下盡日止攻士死傷者必多引兵去宛宛必隨足下** 〔補注〕劉攽曰案文少足下二字吳仁傑曰史記宛必隨足下後足下前則失咸陽之約攽刊誤云少二字然漢紀亦載此云宛必隨之語簡意足疑漢書但脫一之字耳先謙曰據劉吳所云本書隨下缺足下二字而今本無闕文官本亦同乃仍載此注蓋未審耳 **足下前則失咸陽之約後有彊宛之患爲足下計莫若約降** 師古曰共爲要約許其降也 **封其守因使止守** 師古曰封其郡守爲侯即令守其郡 **引其甲卒與之西諸城未下者聞聲爭開門而待足下足下通行無所累** 師古曰累音力瑞反〔補注〕朱子文曰陳恢說沛公之辭不過百餘字凡稱足下者八其七皆不可去惟今足下留守宛可以削之宜曰臣聞足下約先入咸陽者王今留守宛方簡而勢順 **沛公曰善七月南陽守齮降封爲殷侯封陳恢千戶** 〔補注〕李賡芸曰漢紀作千戶侯封恢千戶猶陳餘在南皮而環三縣不必侯也漢紀侯字蓋衍高紀十一年封薛公千戶亦非侯 **引兵西無不下者至丹水** 〔補注〕先謙曰丹水縣在南陽府淅川縣西 **高武侯鰓襄侯王陵降** 蘇林曰鰓音魚鰓之鰓晉灼曰功臣表戚鰓也王陵安國侯王陵也韋昭曰漢封王陵爲安國侯初起兵時在南陽南陽有穰縣疑襄當爲穰而無禾字省耳臣瓚曰時韓成封穰侯江夏有襄是陵所封也師古曰戚鰓初從郎爲郎以都尉守蘄城非至丹水乃降也此自一人耳不知其姓王陵亦非安國侯者晉說非也韋氏改襄爲穰者蓋亦穿鑿也〔補注〕何焯曰案下云因王陵兵從南陽迎太公呂后於沛亦出武關之道則王陵即安國侯王陵也襄侯則初起所假封爵耳功臣表云以自聚黨定南陽漢王還擊項籍以兵屬從非別一人可知全祖望曰陵聚眾定南陽本傳亦有之張蒼傳陵救蒼之死於南陽是安國侯即襄侯襄當作穰南陽地江夏則不相接矣韓成之封以元年陵是時何妨自稱穰侯乎 **還攻胡陽** 〔補注〕先謙曰胡陽南陽縣地理志作湖陽在今南陽府唐

縣南八十里 **遇番君別將梅鋗** 蘇林曰番音婆豫章番陽縣韋昭曰吳芮初爲番令故號曰番君鋗音呼玄反 **與偕攻析酈** 蘇林曰酈音蹢躅之蹢如淳曰音持益反師古曰析酈二縣名蘇如兩音並同耳析縣今內鄉酈即菊潭縣也〔補注〕劉攽曰析酈之酈師古於高紀則從蘇音蹢如音持益反於吳芮傳則音郎益反於樊噲傳則音直益反皆不同何也及酈商傳則音歷不曉所以先謙曰析宏農縣在今南陽府內鄉縣西北酈南陽縣在內鄉縣東北持直酈皆取酈字雙聲爲音耳 **皆降所過毋得鹵掠** 應劭曰鹵與廣同師古曰毋止之辭也音與無同他皆類此掠音力向反謂略奪也〔補注〕宋祁曰掠舊作力勺反刊誤案經典釋文改勺爲向先謙曰官本作勺 **秦民喜遣魏人甯昌使秦** 〔補注〕先謙曰史記有使者未來四字 **是月章邯舉軍降項羽羽以爲雍王瑕丘申陽下河南** 服虔曰瑕丘縣名申姓陽名也文穎曰姓瑕丘字申陽臣瓚曰項羽傳瑕丘公申陽是瑕丘縣公也師古曰文說非也此申陽即項羽所封河南王者耳何云姓瑕丘乎〔補注〕宋祁曰瑕丘申陽觀羽封諸王處例不稱其鄉里似文穎說勝先謙曰它處皆稱申陽當依羽傳解 **八月沛公攻武關** 應劭曰武關秦南關通南陽文穎曰武關在析西百七十里〔補注〕先謙曰武關詳地理志宏農商縣下 **入秦秦相趙高恐乃殺二世使人來欲約分王關中** 師古曰自與沛公中分關中之地 **沛公不許九月趙高立二世兄子子嬰爲秦王子嬰誅滅趙高遣將將兵距嶢關** 應劭曰嶢音堯嶢山之關李奇曰在上洛北藍田南武關之西 **沛公欲擊之張良曰秦兵尚彊未可輕願先遣人益張旗幟於山上爲疑兵** 師古曰益多也多張旗幟過其人數令敵疑有多兵 **使酈食其陸賈往說秦將啗以利** 師古曰啗者本謂食啗耳音徒敢反以食餧人令其啗食音則改變爲徒濫反今言以利誘之取食爲譬他皆類此〔補注〕錢大昭曰啗與嚪同史記樂毅傳令趙嚪秦以伐齊之利徐廣云嚪進說之先謙曰史記敘用張良計說秦將襲破武關無破嶢關事此班氏据他書增 **秦將果欲連和沛公欲許之張良曰此獨其將欲叛恐其士卒不從不如因其怠懈擊之沛公引兵繞嶢關踰蕢山** 鄭氏曰蕢音匱蘇林曰蕢音蒯師古曰蘇音是也巨怪反〔補注〕先謙曰官本考證云宋敏求云嶢關即藍田關在藍田縣東南九十里蕢山在縣東南二十五里沈欽韓云秦嶢關後周明帝武成元年徙青泥故城側改曰青泥關武帝建德三年改曰藍田關隋大業元年徙復舊所即今關是嶢山在縣南二十里 **擊秦軍大破之藍田南遂至藍田又戰其北秦兵大敗** **元年冬十月** 如淳曰張倉傳云以高祖十月至霸上故因秦以十月爲歲首〔補注〕先謙曰官本倉作蒼是 **五星**

聚于東井 應劭曰東井秦之分野五星所在其下當有聖人以義取天下占見天文志〔補注〕劉攽曰案五星之行水常不能遠日此十月若用正則日已在大火矣水安得與四星俱在東井蓋五星本以秦十月聚東井高帝乃以夏十月入秦也時人欲見漢德應天命故合而言之史承人言不改爾檢史記是年甲午歲在鶉首七月日在鶉火則水從歲星無疑也齊召南曰魏書高允傳允語崔浩曰案星傳金水二星常附日而行冬十月日旦在尾箕昏沒於申南而東井方出於寅北何因背日而行是史官欲神其事不復推之於理浩初謂不然後歲餘謂允曰先所論者本不經心及更考究果如君語以前三月聚東井非十月也高允此論足以發千古之蔽司馬溫公通鑑所以於十月之下從史記直言沛公至霸上不言五星聚井劉攽謂五星本以秦十月聚東井高帝迺以夏十月入秦亦即崔浩前三月之說也周壽昌曰史記高祖紀未書此事天官書云漢之興五星聚於東井未書歲月劉向上封事則明云漢之入秦五星聚於東井陳餘傳甘公曰漢王之入關五星聚東井東井者秦分也先至必王案二世三年八月沛公攻武關入秦所稱引兵西秦民喜者正七月五星聚東井之時故甘公亦止言入關未云至霸上也高氏言史官欲神其事班修漢史自不得不爾顧棟高云武帝太初定厤改用夏正史官因改前年月獨漢元年冬十月失於追改猶仍秦舊故有五星聚東井致高允之疑其實秦之冬十月乃夏正之七月也月初未交中氣猶未離六月纏度日在鶉火與東井秦分鶉首猶是隔宮相望金水二星附日而行故俱得會於此漢初司星者原不錯因後來史官失於追改後人疑爲夏正之十月則日纏析木之次與鶉首秦分隔離七宮金水無會聚之理秦之改時改月無所見此一條致其大彰明較著者也先謙曰謂秦冬十月爲夏正七月亦即太初後改厤之七月也即云秦改時改月止能逆推改作七月不能順數改作正月與謂秦改冬十月爲春正月並無關涉後人承用顏說遂致疑竇橫生不復加察所當釐正五星聚井班氏誤書通鑑從史記刪之是也 沛公至霸上 應劭曰霸上地名在長安東三十里古曰滋水秦穆公更名霸師古曰霸水上故曰霸上即今所謂霸頭〔補注〕先謙曰滋官本作茲是與地理志京兆南陵下注合 秦王子嬰素車白馬係頸以組 應劭曰子嬰不敢襲帝號但稱王耳素車白馬喪人之服組者天子韍也係頸者言欲自殺也師古曰此組謂綬也所以帶璽也韍音弗〔補注〕沈欽韓曰楚策蔡聖侯不以國家爲事子發受命乎先王繫以朱絲而見之自後獻俘皆如此五代史劉守光傳晉王至太原曳劉仁恭以組練獻於太廟是也師古說非先謙曰官本係作繫 封皇帝璽符節 應劭曰璽信也古者尊卑共之左傳襄公在楚季武子使公冶問璽書追而與之秦漢尊者以爲信羣下乃避之師古曰符謂諸所合符以爲契者也節以毛爲之上下相重取象竹節因以爲名將命者持之以爲信 降枳道旁 蘇林曰亭名也在長安東十三里師古曰枳音軹道亭在霸成觀西四里〔補注〕先謙曰史記荀紀枳並作軹索隱枳道亭去霸城觀東四里觀東去霸水百步先謙案注成當作城 諸將或言誅秦王 〔補注〕先謙曰索隱引楚漢春秋曰樊噲請殺之 沛公曰始懷王遣我固以能寬容且人已服降殺

之不祥乃以屬吏 師古曰屬委也音之欲反 遂西入咸陽欲止宮休舍 師古曰舍息也於殿中休息也一曰舍謂屋舍也〔補注〕先謙曰止即息也訓舍爲息於文爲複一說是也己居秦宮而令軍人居舍耳 樊噲張良諫乃封秦重寶財物府庫 〔補注〕沈欽韓曰西京雜記高祖初入咸陽宮周行府庫金玉珍寶不可稱言其尤珍異者有青玉五枝燈高七尺五寸作蟠螭以口銜燈燈然則鱗甲皆動復鑄銅人十二枚坐皆高三尺列在一筵上琴筑笙竽各有所執皆綴花綵儼若生人筵下有二銅管上口高數尺出筵後其一管空一管內有繩大如指使一人吹空管一人紐繩則衆樂皆作有琴長六尺安十三弦二十六徽銘曰璠璵之樂玉管長二尺三寸六孔吹之則見車馬山林隱轔相次吹息亦不復見銘曰昭華之琯有方鏡廣四尺高五尺九寸表裏皆明人照之則見腸胃五藏歷然如硋人有疾病在內掩心而照之則知病之所在又女子有邪心則膽張心動秦始皇以照宮人膽張心動者殺之高祖悉封閉以待項羽羽并將以東後不知所在 還軍霸上蕭何盡收秦丞相府圖籍文書十一月召諸縣豪桀曰父老苦秦苛法久矣 師古曰苛細也音何 誹謗者族耦語者棄市 應劭曰秦法禁民聚語耦對也師古曰族謂誅及其族也棄市者取刑人於市與衆棄之也 吾與諸侯約先入關者王之吾當王關中與父老約法三章耳 〔補注〕何焯曰此約法與上苛法對因紀末有初順民心作三章之約故約字爲讀始厚齋王氏然文紀中宋昌有約法令之語刑法志言約法三章者非一當仍舊也 殺人者死傷人及盜抵罪 服虔曰隨輕重制法也李奇曰傷人有曲直盜臧有多少罪名不可豫定故凡言抵罪未知抵何罪也師古曰抵至也當也服李二說意竝得之自外諸家皆妄解釋故不取也抵音丁禮反〔補注〕先謙曰史集解李奇作李斐臧作賊非 餘悉除去秦法吏民皆按堵如故 應劭曰按按次第堵墻堵也師古曰言不遷動也堵音覩〔補注〕先謙曰史集解引應說按按次第不重按字是 凡吾所以來爲父兄除害非有所侵暴毋恐且吾所以軍霸上待諸侯至而定要束耳 師古曰要亦約〔補注〕先謙曰史記作約 乃使人與秦吏行至縣鄉邑告諭之 師古曰軍中遣人與秦吏相隨徧至諸縣鄉邑而告諭也 秦民大喜爭持牛羊酒食獻享軍士沛公讓不受曰倉粟多不欲費民民又益喜唯恐沛公不爲秦王或說沛公曰秦富十倍天下地形彊今聞章邯降項羽羽號曰雍王王關中即來沛公恐不得有此可急使守函谷關 文穎曰是時關在弘農縣衡嶺今移東在河南穀城縣師古曰今桃林縣南有洪溜澗水即古所謂函谷也其水北流入河夾河之岸尚有舊關餘跡焉穀城即新安〔補注〕宋祁曰南本使字下有兵字先謙曰史記使下亦有兵

字南本是正義引顏注夾河之岸之作西是漢新安屬宏農穀城屬河南二縣接界唐㑹新安入穀城故云穀城卽新安**毋內諸侯軍**〔補注〕錢大昭曰內讀若納**稍徵關中兵以自益距之沛公然其計從之十二月項羽果帥諸侯兵欲西入關關門閉聞沛公已定關中羽大怒使黥布等攻破函谷關**〔補注〕周壽昌曰藝文類聚引楚漢春秋曰沛公西入武關居於灞解先生說上遣將軍守函谷關無內項王大將亞父至關不得入怒曰沛公欲反耶卽令家發薪一束欲燒關門關門乃開案此卽張良傳沛公所稱鯫生也**遂至戲下**〔補注〕宋祁曰南本無下字陽夏公云案前言陳涉之將周章西入關至戲此不合有下字政以下文諸侯罷戲下故於此誤衍此戲水名下文注戲旌麾也王先愼曰宋說非也戲下謂戲水之下上云軍霸上與此云至戲下文相對此云至戲下與下兵罷戲下文正同下文戲亦水名說詳彼**沛公左司馬曹毋傷聞羽怒欲攻沛公使人言羽曰沛公欲王關中令子嬰相珍寶盡有之**〔補注〕先謙曰官本盡作書**欲以求封亞父范增說羽曰**如淳曰亞次也尊敬之次父猶管仲爲仲父〔補注〕劉攽曰管仲自字仲父耳亞父亦甫音也言敬之次父是妄說全祖望曰然則呂不韋稱仲父何也劉偶未之思耳**沛公居山東時貪財好色今聞其入關珍物無所取婦女無所幸此其志不小**〔補注〕宋祁曰南本作此其志大**吾使人望其氣皆爲龍成五色此天子氣急擊之勿失於是饗士旦日合戰**師古曰饗謂飲食也旦日明旦也**是時羽兵四十萬號百萬沛公兵十萬號二十萬**師古曰兵家之法不言實數皆增之**力不敵會羽季父左尹項伯素善張良**師古曰伯者其字也名纏〔補注〕錢大昭曰左尹官名**夜馳見張良具告其實欲與俱去毋特俱死**文穎曰特獨也無爲獨與沛公俱死蘇林曰特但也師古曰蘇說是也但空也空死而無成名〔補注〕朱子文曰夜馳見張良句中宜去一張字考項羽傳中語意同亦無張字**良曰臣爲韓王送沛公不可不告亡去不義乃與項伯俱見沛公沛公與伯約爲婚姻曰吾入關秋豪無所敢取**文穎曰豪秋乃成好舉盛而言也師古曰豪成之時端極纖細適足諭小非言其盛**籍吏民封府庫待將軍**師古曰籍謂爲簿籍**所以守關者備他盜也日夜望將軍到豈敢反邪願伯明言不敢背德項伯許諾卽夜復去戒沛公曰旦日不可不早自來謝項伯還具以沛公言告羽因曰沛公不先破關中兵公巨能入乎**服虔曰巨音渠猶未應得入也師古曰服說非也巨

讀曰詎詎猶豈也〔補注〕沈欽韓曰服說乃古義也荀子修身篇渠然注渠讀爲遽渠遽古字通史記張儀傳蘇君在儀寧渠能乎注渠音詎列子黃帝篇范氏之黨以爲偶然未詎怪也楚策臣以爲王鉅速忘矣是渠詎鉅巨字通顏說謬**且人有大功擊之不祥不如因善之羽許諾沛公旦日從百餘騎見羽鴻門**孟康曰在新豐東十七里舊大道北下坂口名〔補注〕先謙曰鴻門詳地理志京兆新豐下**謝曰臣與將軍戮力攻秦**師古曰戮力幷力也音力竹反又力周反〔補注〕錢大昭曰閩本戮作勠注同說文勠幷力也戮殺也其義迥別書湯誥聿求元聖與之勠力左昭二十五年石經勠力壹心戰國策勠力同憂高注勠力勉力也其字皆從力惟成十三年左傳有戮力同心然唐石經及宋本皆作勠**將軍戰河北臣戰河南不自意先入關能破秦與將軍復相見**師古曰意不自謂得然〔補注〕周壽昌曰不自意言非意所期此不注自明顏注轉晦吳王濞傳條侯至雒陽喜曰七國反吾乘傳至此不自意全語意與此同**今者有小人言令將軍與臣有隙**師古曰隙謂閒隙不言乖離不合**羽曰此沛公左司馬曹毋傷言之不然籍何以生此**〔補注〕錢大昭曰生南監本閩本皆作至王念孫曰生當爲至字之誤也史記項羽紀高祖紀竝作至通鑑漢紀一同周壽昌曰宋景祐本乾道本明汪本俱作生生至字近而譌**羽因留沛公飲范增數目羽擊沛公**師古曰動目以諭之**羽不應范增起出謂項莊曰君王爲人不忍**師古曰莊項羽從弟**汝入以劍舞因擊沛公殺之不者汝屬且爲所虜莊入爲壽**師古曰凡言爲壽謂進爵於尊者而獻無疆之壽**壽畢曰軍中無以爲樂請以劍舞因拔劍舞項伯亦起舞**〔補注〕王念孫曰下句言亦起舞則上句舞上亦當有起字而今本脫之舊本北堂書鈔樂部三[illegible]本御覽兵部七十三鈔[illegible]文選西征賦注引此竝作拔劍起舞史記項羽紀項莊拔劍起舞項伯亦拔劍起舞皆其證**常以身翼蔽沛公樊噲聞事急直入怒甚羽壯之賜以酒噲因譙讓羽**師古曰譙讓以辭相責也譙音才笑反〔補注〕錢大昭曰方言譙讓也齊楚宋衞荊陳之間曰譙自關而西秦晉之間凡言相責讓曰譙讓**有頃沛公起如廁招樊噲出置車官屬**師古曰置畱也不以自隨**獨騎與樊噲靳彊滕公紀成步從閒道走軍**晉灼曰紀成紀通父也服虔曰走音奏師古曰閒空也投空隙而行不公顯也走謂趣向也服音是矣凡此之類音義皆同〔補注〕錢大昭曰滕公夏侯嬰也紀成索隱云漢書作紀通通紀成之子與今本不同**使張良留謝羽羽問沛公安在**師古曰安在何在也他皆類此**曰聞將軍有意督過之**師古曰督謂視責也〔補注〕先謙曰說文督視也廣雅釋詁過責也督過卽謂督責顏釋督不釋過文義未晰**脫身**

去閒至軍師古曰脫免也不敢謁辭苟自免故使臣獻璧羽受之又獻玉斗范增增怒撞其斗起曰吾屬今爲沛公虜矣師古曰撞音丈江反沛公歸數日羽引兵西屠咸陽殺秦降王子嬰燒秦宮室所過無不殘滅秦民大失望羽使人還報懷王懷王曰如約師古曰謂令沛公王關中羽怨懷王不肯令與沛公俱西入關而北救趙後天下約乃曰懷王者吾家所立耳非有功伐何以得專主約師古曰積功曰伐春秋左氏傳曰大夫稱伐本定天下諸將與籍也春正月如淳曰以十月爲歲首而正月更爲三時之月服虔曰漢正月也師古曰凡此諸月號皆太初正麻之後記事者追改之非當時本稱也以十月爲歲首卽謂十月爲正月今此眞正月當時謂之四月耳他皆類此補注王引之曰如說三時之月月當爲首歲有四時自歲首冬十月至十二月已歷一時矣而春夏秋三時更以春正月爲首故曰十月爲歲首正月爲三時之首各本下首字誤作月文義遂不可通金榜禮箋不能釐正而曰三時之月謂三正月非也三時凡九月三正月纔三月耳不得謂之三時且正月謂人正建寅之月不兼天正地正言之何得以爲三正服云漢正月也者上下文皆言項羽事中閒言春正月恐人不知爲何代之正月故注表之曰漢正月也謂事在漢高帝元年之正月也金氏不

達注意而强解之曰謂漢太初改正之月與前襲秦正者不同其說亦非上文秦二世二年及此元年皆先言十月次十一月次十二月次正月俱謂建寅之月爲正月也秦麻以十月爲歲首漢太初麻以正月爲歲首歲首雖異而以建寅之月爲正月則同太初元年正麻但改歲首耳未嘗改月號也顏云以十月爲歲首卽謂十月爲正月上文秦二年十月文注秦謂十月爲正月誤說秦之月號顏說本之非也古者三正迭用夏以寅月爲歲首商以丑月爲歲首周以子月爲歲首而皆謂之正月正者長也十二月之長也獨秦自謂獲水德之瑞於是詔改年始朝賀自十月朔史記麻書謂之秦正以十月又謂之秦正朔漢初襲用之孝文紀所謂今水德始明正十月也然當時以十月爲歲首究未嘗以爲四時之首四時之首惟春耳萬物孳萌於子紐芽於丑引達於寅故夏之寅月商之丑月周之子月皆謂之春若亥月則天地閉塞不可謂之春矣秦始皇紀維二十九年時在中春陽和方起云陽和方起則爲建卯之月可知然則孟春在建寅之月而建亥之月不謂之春不可謂之春則不可以爲正月故史記秦始皇紀漢高惠高后文景紀秦楚之際月表及本書武帝紀元封六年以前凡歲首皆稱十月無以爲正月者其所謂正月則在建寅之月蓋當時麻用顓頊見史記張蒼傳贊及本書律麻志建寅之月顓頊麻之正月也大衍麻議引洪範傳云麻記始於顓頊上元太始閼蒙卽閼逢攝提格之歲畢陬之月朔旦己巳立春七曜俱在營室五度見唐書麻志案爾雅月在甲曰畢正月爲陬畢陬之月正月月在甲也蔡邕明堂月令論引顓頊麻術亦曰天元正月己巳朔旦立春日月俱起於天廟營室五度其以建寅之月爲正月明矣秦及漢初皆用顓頊麻正月安得不建寅乎麻譜最重建元又安得於麻元所起之寅月不謂之

正月而以非麻元所起之亥月爲正月乎請更以十七證明之月令季秋之月合諸侯制百縣爲來歲受朔日鄭注秦以建亥之月爲歲首於是歲終使諸侯及鄉遂之官受此法焉案秦雖以建亥之月爲歲首然月令謂之孟冬若建寅之月爲秦第四月矣而月令謂之孟春且以冠十二月之首則秦所謂正月者仍是建寅之月證一史記秦紀昭襄王四十八年十月韓獻垣雍秦軍分爲三軍武安君歸王齕將伐趙武安皮牢拔之司馬梗北定太原盡有韓上黨正月兵罷復守上黨案先言十月後言正月則十月爲歲首建亥之月正月爲建寅之月證二始皇紀三十七年十月癸丑始皇出游七月丙寅始皇崩於沙邱平臺九月葬始皇酈山六國表秦二世元年十月戊寅大赦罪人十一月爲兔園十二月就阿旁宮其九月郡縣皆反案自十月至九月同在一年之內則十月爲歲首九月爲歲終而十月後之第三月爲正月明矣證三秦楚之際月表二世元年先十月次十一月次十二月次端月索隱二世二年正月也秦諱正故曰端月案月表始十月而端月在其後第三月則建亥之月爲歲首十月而建寅之月爲正月矣若當時謂建亥之月爲正月則端月之名當在十月豈得在十月後之第三月乎證四史記高祖紀十年十月淮南王黥布梁王彭越燕王盧綰荊王劉賈楚王劉交齊王劉肥長沙王吳芮皆來朝長樂宮春夏無事七月太上皇崩櫟陽宮案春夏無事謂自正月至六月皆無事也若當時謂十月爲正月則正月爲孟夏四月六月爲季秋九月紀當言夏秋無事不得言春夏矣證五此紀下文曰十一年二月詔曰令諸侯王通侯皆以十月朝獻案詔云十月朝獻則爲歲首可知若當時謂十月爲正月則何以不云正月朝獻而云

十月乎證六文紀二年十一月癸卯晦日有食之詔曰乃十一月晦日有食之適見於天災孰大焉史記孝文紀同案當時若謂十月爲正月則十一月爲二月詔當云二月晦不得云十一月矣證七文紀又云十五年春黃龍見於成紀上乃下詔議郊祀夏四月上幸雍始郊見五帝若當時謂十月爲正月則夏四月當爲秋七月矣然史記云有司禮官皆曰古者天子夏躬親禮祀上帝於郊於是天子始幸雍郊見五帝以孟夏四月荅禮焉則當時之四月實爲孟夏建巳之月上推正月則孟春建寅之月矣證八文紀又云元年三月詔曰方春和時草木羣生之物皆有以自樂案詔云方春和時則三月爲建辰之月可知三月爲建辰之月則上推正月爲建寅之月若云當時謂正月爲四月則三月當爲六月可謂之夏不可謂之春矣詔何以云春和乎證九賈誼傳單閼之歲四月孟夏庚子日斜服集余舍案單閼之歲文帝六年丁卯歲也據文紀三年冬十月丁酉晦日有食之十一月丁卯晦日有食之下推至五年後九月據文紀及百官公卿表高后八年有後九月爲閏故一章之第三閏至文帝二年爲第四閏五年爲第五閏晦日當在己卯再推至六年三月晦日當在丙子然則四月二十四日當在庚子也若云當時之四月爲今之正月則六年正月有庚戌庚申庚午而無庚子於義不可通矣證十淮南天文篇天一元始正月建寅日月俱入營室五度天一以始建七十六歲日月復以正月入營室五度無餘分名曰一紀案淮南王安元狩元年誅在太初麻未作以前當時猶用顓頊麻而其書所謂正月者在日月俱入營室之月正月令所謂孟春月在營室也非建寅之月而何證十一秦及漢初以十月爲歲首九月爲歲終歸餘於終故閏月謂之後九月史記呂后紀秦楚之際表高祖功

臣侯表建元以來侯表王子侯表將相名臣表及本書高紀異姓諸侯王表王子侯表百官公卿表皆言後九月是也若當時謂十月爲正月則九月爲十二月閏月當爲後十二月矣何以紀表皆言後九月乎證十二本書武紀元光四年冬魏其侯竇嬰有罪棄市春三月乙卯丞相蚡薨而史記魏其武安侯傳曰魏其以十二月晦論棄市渭城其春武安侯病死案十二月謂之冬建丑之月也三月謂之春建辰之月也先冬後春同在一年故有其春之文若當時以建亥之月爲正月則建丑之月爲三月建辰之月爲六月可云其夏不可云其春矣證十三武紀元封元年詔曰其以十月爲元封元年案是年下距太初元年凡六年麻猶未改也若當時謂歲首十月爲正月則詔當云以正月爲元封元年必不稱十月矣證十四武紀又曰太初元年夏五月正麻以正月爲歲首（注謂以建寅之月爲正也未正麻之前謂建亥之月爲正今此以正月爲歲首者史追正其月名何焯讀書記云既曰正麻以正月爲歲首明前此不改月名以建寅之月爲正月矣若前此果謂建亥之月爲正則當云以建寅之月爲正也案何說是也）史記將相名臣表同蓋建寅之月前此本謂之正月而不以爲歲首直至是時始以正月爲歲首也故武紀太初元年以前歲首皆書冬十月而春正月在其後二年以後歲首皆書春正月而冬十月在其後此改歲首而不改月之明證若謂漢初以建亥之月爲正月建寅之月爲四月則史表漢紀當云太初元年以四月爲歲首或云以四月爲正月其義始明何得但云以正月爲歲首而無以別於建亥之正月乎證十五史記秦楚之際表漢元年正月項羽分關中爲漢二月漢王始故沛公三月都南鄭將相名臣表高皇帝元年春沛公爲漢王之南鄭蓋事在正月二月三月故統謂之春也若謂當時以正月爲四月二月爲五月三月爲六月則是夏

而非春矣將相名臣表何以云春乎證十六史記律書說十二律始於十月律中應鍾終於九月律中無射正義漢初依秦以十月爲歲首故起應鍾案律書雖依秦法以十月爲首然但謂之十月不謂之正月其所謂正月乃在律中泰蔟之月然則建寅之月爲正月建亥之月爲十月矣證十七合考諸書則知亥月爲十月寅月爲正月乃當時本稱如是非太初以後記事者所追改也史記叔孫通傳諸侯羣臣皆朝十月索隱案小顏云漢以十月爲正故行朝歲之禮史家追書十月也（[illegible]）案諸書云十月爲歲首不言以十月爲正月古今注亦云羣臣始朝十月也（[illegible]）然則師古追改之說小司馬固已非之矣蓋師古但知正以十月之文以爲秦及漢初之正月必在此月及其不合則以爲後人追改不知所謂正以十月者謂歲首以十月非謂改十月之號爲正月也當時所用顓頊麻術惟以建寅之月爲正月若以亥月爲正月則顓頊麻無此法故當時不能謂十月爲正月也顓頊麻術湮廢已久後世鮮有習之者宜乎昧於秦人月號之所由來而妄生臆說矣且秦及漢初之月號若與太初有異記事者正當存之以表沿革何以改爲子長孟堅身爲漢臣何敢擅改武帝以前之月號乎本書所載高帝文帝詔書及武帝太初以前之詔所稱月號悉與太初麻合（詳見辭）孟堅縱欲遵太初麻法亦安敢舉先帝詔書而改之乎然則追改之說其不足信亦明矣或曰賈山傳願少衰射獵以夏歲二月定明堂造太學脩先王之道師古注時以十月爲歲首則謂夏正之二月爲五月今欲定制度循於古法故特云用夏歲二月也然則漢初謂建卯之月爲五月與夏時之稱二月者不同上推歲首建亥之月當爲正月矣何以必謂當時之正月爲建寅

乎曰夏與漢之二月皆建卯之月也因循先王之道故以三代言之而稱夏歲二月欲明所用之二月合於古耳非謂漢之二月在子月不在卯月也漢紀文帝紀載此文正作歲二月無夏字蓋漢初之二月與夏同故或言夏歲二月或言歲二月義得兩通若漢初以夏之二月爲五月則漢月之名與夏絕殊荀悅不得省夏字矣未可據此以證亥月之爲正月而伸追改之說也近世秦蕙田五禮通考金榜禮箋皆惑於顏氏追改之說故具論之先謙曰張蒼傳緒正律麻以高祖十月始至霸上故因秦時本十月爲歲首不革此紀云令諸王通侯常以十月朝獻叔孫通傳亦云諸侯羣臣朝十月是漢十月即秦十月詳考諸書並無改爲正月之文後漢禮儀志每月朔歲首爲大朝受賀及百官賀正月云云可證西漢未正麻以前則朝歲首之十月既正麻以迄東漢則朝歲首之正月續志又云其每朔唯十月旦從故事者高祖定秦之月元年歲首也據此東漢雖以正月朝賀仍於高祖定秦之十月從朝賀故事尤可證二漢十月之名自開國至中興前後脗合並無改十月爲歲首即謂十月爲正月之事王說精詳極矣其引文紀三月春和魏其冬盡棄市尤確然無疑酷吏傳王溫舒爲河內太守盡十二月郡中無犬吠之盜其頗不得失之旁郡追求會春溫舒頓足嘆曰嗟乎令冬月益展一月足吾事矣上以爲能遷爲中尉據百官表元狩四年河內太守王溫舒爲中尉在太初正麻前十有五年溫舒謂十二月爲冬月不謂之春月也亦其明證矣師古彼注立春之後不復行刑故云然而於此昧昧何也顏謂漢改十月爲正月亦將謂漢移立春節於十月乎自宋至今儒者惑焉不加詳究或更據封禪書高祖十年春有司請令縣常以春三月及

時臘祠社稷以羊彘謂漢臘在春三月爲改時改月之證案史記三字誤文郊祀志作春二月此以仲春及臘月祠社稷即漢舊儀所謂大社大稷一歲各再祠非謂臘在春月也斷句取義誤會史文特舉正之

陽尊懷王爲義帝實不用其命（補注先謙曰陽與佯同史記作佯）**二月羽自立爲西楚霸王**（文穎曰史記貨殖傳曰淮以北沛陳汝南南郡爲西楚彭城以東東海吳廣陵爲東楚衡山九江江南豫章長沙爲南楚羽欲都彭城故自稱西楚孟康曰舊名江陵爲南楚吳爲東楚彭城爲西楚師古曰孟說是也補注先謙曰官本無二月二字考證云句上監本衍二月二字從宋本刪去）

王梁楚地九郡（補注先謙曰九郡全祖望以爲東海泗水會稽南陽黔中東郡碭郡楚郡薛郡錢大昕以爲泗水東海會稽碭郡薛郡鄣郡吳郡東郡劉文淇以爲會稽東陽泗水潁川郡鄣郡薛郡碭郡東郡姚鼐以爲泗水東海東陽會稽碭郡陳郡東郡鄣郡薛郡先謙案秦無陳郡姚据陳涉世家陳守令一語以爲陳係郡名自是誤證劉數潁川鄣郡鄣郎東海潁川韓地此時韓王成尚在史表列於十八王羽不遺之國而疆域固在成未殺以前潁川非羽有且亦非梁楚地也［illegible］鄣吳東陽楚漢間分置錢以實羽初立九郡之數又謂羽於秦三十六郡中實得泗水會稽碭薛四郡而史稱九郡据當時分置郡名數之說俱未安所謂梁楚地九郡應以秦置郡名爲定全說得之未加剖析今更考實其地楚郡一［illegible］泗水郡二［illegible］薛郡三［illegible］東海郡四［illegible］）

也黔中郡五陵秦取楚巫郡及江南爲黔中郡見秦紀楚世家志不載[illegible]以上九郡皆[illegible]秦立郡名又梁楚故地較諸說爲得其實都彭城背約更立沛公爲漢王王巴蜀漢中四十一縣補注先謙曰巴蜀漢中三郡皆秦置都南鄭師古曰即今之梁州南鄭縣補注先謙曰南鄭漢中縣在今漢中府南鄭縣東三分關中立秦三將章邯爲雍王都廢丘孟康曰縣名今槐里是韋昭曰即周時犬丘懿王所都秦欲廢之更名廢丘補注先謙曰槐里扶風縣在今西安府興平縣東南十里司馬欣爲塞王韋昭曰在長安東名桃林塞師古曰取河華之固爲阨塞耳非桃林也塞音先代反都櫟陽蘇林曰櫟音藥師古曰即今之櫟陽縣是其地補注先謙曰櫟陽馮翊縣在今西安府臨潼縣東北七十里董翳爲翟王文穎曰本上郡秦所置項羽以董翳爲王更名爲翟都高奴師古曰今在鄜州界補注先謙曰高奴上郡縣在今延安府膚施縣東唐鄜州今鄜州治顏說非楚將瑕丘申陽爲河南王都洛陽補注先謙曰史記月表韓分爲河南趙將司馬卬爲殷王都朝歌師古曰即今之朝歌縣也補注先謙曰月表魏分爲殷朝歌河內縣在今衛輝府淇縣東北當陽君英布爲九江王都六師古曰六者縣名本古國皋陶之後補注先謙曰六六安縣在今六安州北十二里月表分楚爲四西楚衡山臨江九江也懷王柱國應劭曰柱國上卿官也若相國矣共敖其姓名共敖爲臨江王也孟康曰本南郡改爲臨江國師古曰共音龔都江陵師古曰即今之荆州江陵縣補注先謙曰江陵南郡縣今荆州府江陵縣治番君吳芮爲衡山王都邾文穎曰邾音朱縣名屬江夏補注先謙曰邾即今黃州府黃岡縣治故齊王建孫田安爲濟北王補注先謙曰濟北遼東膠東代常山都闕月表分齊爲三濟北王都博陽即泰山博縣在今泰安府泰安縣東南非汝南博陽徙魏王豹爲西魏王都平陽補注先謙曰平陽河東縣在今平陽府臨汾縣西南徙燕王韓廣爲遼東王補注先謙曰月表燕分爲遼東都無終案右北平縣也今順天府薊州治燕將臧荼爲燕王鄭氏曰荼音荼毒之荼如淳曰音舒師古曰鄭音是也音大胡反都薊師古曰薊即幽州薊縣補注先謙曰薊廣陽縣在今順天府大興縣西南徙齊王田市爲膠東王補注先謙曰月表都即墨案即墨膠東縣也在今萊州府平度州東南齊將田都爲齊王都臨菑師古曰在今青州補注先謙曰臨菑齊郡縣今青州府臨菑縣治徙趙王歇爲代王補注先謙曰月表分趙爲代都代案代郡縣也在今宣化府蔚州東二十里趙相張耳爲常山王補注先謙曰月表都襄國案襄國趙國縣也在今順德府邢臺縣西南漢王怨羽之背約

欲攻之丞相蕭何諫乃止服虔曰稱丞相者錄事追言之夏四月諸侯罷戲下各就國師古曰戲謂軍之旌麾也音許宜反亦讀曰麾先是諸侯從項羽入關者各帥其軍聽命於羽今既受封爵各使就國故總言罷戲下也一說云時從項羽在戲水之上故言罷戲下此說非也項羽見高祖於鴻門已過戲矣又入秦燒秦宮室不復在戲也漢書通以戲爲麾字義見竇田灌韓傳補注顧炎武曰注引一說云時從項羽在戲水之上此說爲是蓋羽入咸陽而諸侯自留軍戲下耳他處固有以戲爲麾者但云罷麾下似不成文王先愼曰史記作兵罷戲下項羽紀索隱云戲音羲水名也言下者如許下洛下然也案上云羽入至戲西鴻門是則軍戲水下今諸侯各受封訖自戲下各就國何須假借文字以爲旌麾之下乎顏說非羽使卒三萬人從漢王楚子諸侯人之慕從者數萬人文穎曰楚子猶言楚人也諸侯人猶諸侯國人補注王念孫曰訓楚子爲楚人於義未安子當爲予字之誤也予即與字[illegible]言楚國與諸國之人皆慕從漢王也史記作楚與諸侯之慕從者數萬人是其明證矣先謙曰史記作與此自作從子改文就義王說亦未安仍以訓楚人爲是詳下卷諸侯子下杜南入蝕中李奇曰蝕音力在杜南如淳曰蝕入漢中道川谷名補注先謙曰官本考證云程大昌雍錄云以地望求之關中南面背礙南山其有微徑可達漢中者惟子午谷在長安正南其次向西則駱谷此蝕中若非駱谷即是子午谷先謙案索隱云孟康音食王劭按說文作鍾器名也地形似器故名之方輿紀要子午谷或曰即古蝕中先謙案秦紀武公縣杜漢爲杜陵縣此時但稱杜在今西安府咸甯縣東南張良辭歸韓漢王送至襃中師古曰即今梁州之襃縣也舊曰襃中言居襃谷之中隋室諱忠改爲襃內補注先謙曰襃中漢中縣在今漢中府襃城縣東南十里因說漢王燒絕棧道師古曰棧即閣也今謂之閣道以備諸侯盜兵亦視項羽無東意如淳曰視音示師古曰言令羽知漢王更無東出之意也漢書多以視爲示古通用字漢王既至南鄭諸將及士卒皆歌謳思東歸師古曰謳齊歌也謂齊聲而歌或曰齊地之歌謳音一侯反補注先謙曰宋書樂志載漢鐃歌十八曲其一巫山高云巫山高高以大淮水深難以逝我欲東歸害梁不爲我集無高曳水何梁湯湯回回臨水遠望泣下沾衣遠道之人心思歸謂之何此歌蓋將士所作曰淮水深者其家在淮上耳多道亡還者師古曰未至南鄭在道即亡歸韓信爲治粟都尉亦亡去蕭何追還之因薦於漢王曰必欲爭天下非信無可與計事者於是漢王齊戒設壇場師古曰齊讀曰齋築土而高曰壇除地爲場拜信爲大將軍問以計策信對曰項羽背約而王君王於南鄭師古曰上王音于放反補注劉攽曰予謂王作如字何害齊召南曰此段語史記但曰韓信與韓王信傳一字不易其上亦無拜大

將軍明文似此策本出於韓王信也漢書韓王信傳直用史記而高紀以爲淮陰語自相矛盾矣**是遷也**如淳曰秦法有罪遷徙之於蜀漢**吏卒皆山東之人日夜企而望歸**師古曰企謂舉足而竦身**及其鋒而用之可以有大功天下已定民皆自寧不可復用**師古曰寧安也各安其處**不如決策東向因陳羽可圖**師古曰圖謂謀而取之**三秦易并之計**應劭曰章邯爲雍王司馬欣爲塞王董翳爲翟王分王秦地故曰三秦**漢王大說**師古曰說讀曰悅**遂聽信策部署諸將**師古曰分部而署置**留蕭何收巴蜀租給軍食**補注錢大昭曰軍下南監本閩本俱有糧字先謙曰官本有糧字**五月**補注先謙曰史記作八月非此所謂及其鋒而用之也**漢王引兵從故道**孟康曰縣名屬武都補注先謙曰在今階州成縣西八十里**出襲雍雍王邯迎擊漢陳倉**補注先謙曰陳倉扶風縣在今鳳翔府寶雞縣東二十里**雍兵敗還走戰好時**孟康曰時音止神靈之所止也好時縣名屬右扶風師古曰即今雍州好時縣補注宋祁曰雍兵敗舊本作雍州兵敗先謙曰好時城今乾州東十里好時村**又大敗走廢丘漢王遂定雍地東如咸陽引兵圍雍王廢丘而遣諸將略地**補注先謙曰史記作略定隴西北地二郡

田榮聞羽徙齊王市於膠東而立田都爲齊王大怒以齊兵迎擊田都都走降楚補注先謙曰史記云殺田都案項羽田儋傳並云都走楚月表亦云都降楚書殺誤也此班氏改正之**六月田榮殺田市自立爲齊王時彭越在鉅野**師古曰鉅野澤名因以爲縣今屬鄆州補注先謙曰鉅野山陽縣在今曹州府鉅野縣南**衆萬餘人無所屬榮與越將軍印因令反梁地越擊殺濟北王安榮遂并三齊之地**服虔曰齊與濟北膠東**燕王韓廣亦不肯徙遼東秋八月臧荼殺韓廣并其地塞王欣翟王翳皆降漢**補注吳仁傑曰漢所爲不即以兩王地爲郡者以三秦同功一體之人雍未下而翟塞降故使之王故地以誘雍耳太史公乃於二年始書翟塞降便書以其地置郡殊失當時廢置先後之意班氏所書於義爲長先謙曰吳謂使王故地史無其事據史記月表置郡在九月本書異姓諸侯王表亦在八月則班書於二年乃統詞非事實也**初項梁立韓後公子成爲韓王張良爲韓司徒羽以良從漢王韓王成又無功故不遣就國與俱至彭城殺之及聞漢王并關中而齊梁畔之羽大怒乃以故吳令鄭昌爲韓王距漢令蕭公角擊彭越**蘇林曰蕭公官號也孟康曰蕭令也時令皆稱公師古曰孟說是也**越敗角兵時張良徇韓地**蘇林曰徇音巡撫其民人也孟康曰徇略也師古曰孟說是音辭峻反補注先謙曰官本是下有也字**遺羽書曰漢欲得關中如約即止不敢復東羽以故無西意而北擊齊九月漢王遣將軍薛歐王吸出武關**師古曰歐音烏垢反吸音翕補注先謙曰歐吸後皆封侯見表**因王陵兵**如淳曰王陵亦聚黨數千人居南陽**從南陽迎太公呂后於沛羽聞之發兵距之陽夏**鄭氏曰音假借之假師古曰即今亳州陽夏縣補注先謙曰陽夏淮陽縣今陳州府太康縣治**不得前**

二年冬十月項羽使九江王布殺義帝於郴文穎曰郴縣名屬桂陽如淳曰郴音綝師古曰說者或以爲史記本紀及漢注云衡山臨江王殺之江中謂漢書言黥布殺之爲錯然今據史記黥布傳四月陰令九江王等行擊義帝其八月布使將追殺之郴又與漢書項羽英布傳相合是則衡山臨江與布同受羽命而殺之者布也非班氏之錯郴綝二字並音丑林反補注先謙曰郴桂陽縣今郴州治**陳餘亦怨羽獨不王己從田榮藉助兵**師古曰藉借也**以擊常山王張耳耳敗走降漢漢王厚遇之陳餘迎代王歇還趙歇立餘爲代王張良自韓間行歸漢漢王以爲成信侯漢王如陝**師古曰陝今陝州陝縣也音式冉反補注先謙曰陝宏農縣今陝州治**鎮撫關外父老**師古曰鎮安也撫慰也

河南王申陽降置河南郡補注先謙曰月表在十一月**使韓太尉韓信擊韓韓王鄭昌降十一月立韓太尉信爲韓王漢王還歸都櫟陽使諸將略地拔隴西**補注先謙曰時隴西屬雍國**以萬人若一郡降者封萬戶**師古曰若者豫及之辭言以萬人或以一郡降者皆封萬戶**繕治河上塞**晉灼曰鼂錯傳秦北攻胡築河上塞師古曰繕補也補注宋祁曰史義云塞先代反北河靈夏州地也秦時繕治齊召南曰河上塞即河上郡之北境與匈奴邊界處非秦時蒙恬所取河南地因河爲塞者也蓋自諸侯叛秦匈奴復稍度河南與中國界於故塞匈奴傳可證也河上郡後爲馮翊前即塞王國此時初得其地即復繕治障塞耳晉灼注以遠在朔方五原者解之非也**故秦苑囿園池令民得田之**師古曰養鳥獸曰苑苑有垣曰囿所以種植謂之園田謂耕作也囿音宥補注何焯曰既反暴政且益足關中食**春正月羽擊田榮城陽榮敗走平原平原民殺之齊皆降楚楚焚其城郭齊人復畔之諸將拔北地虜雍王弟章平赦罪人二月癸未令民除秦社稷立漢社稷施恩德賜民爵**臣瓚曰爵者祿位民賜爵有罪得以減也**蜀漢民給軍事勞苦復勿租稅二歲**師古曰復者除其賦役也音方目反其下並同**關中卒從**

軍者復家一歲舉民年五十㠯上有脩行能帥衆爲善置㠯爲三
老鄉一人〔補注〕沈欽韓曰續志河南尹注循行二百三十脩字易消隸釋北海相景君碑陰亦作循行蓋如孝廉茂才
本察舉人材之目而後遂專名此脩行亦類彼也擇鄉三老一人爲縣三老與縣令丞尉
㠯事相教復勿繇戍師古曰繇讀曰傜〔補注〕宋祁曰百官表云十里一亭亭有長十亭一鄉鄉有三老三老掌
敎化秦制也沈欽韓曰倉頡碑陰衙縣三老上官鳳衙鄉三老時勤此有縣三老鄉三老之證又有郡三老見後書王景父閎爲之
㠯十月賜酒肉三月漢王自臨晉渡河師古曰舊縣名其地居河之西濱東臨晉境本列國
時秦所名也即今之同州朝邑縣界也〔補注〕先謙曰臨晉馮翊縣今同州府大荔縣治魏王豹降將兵從下
河內虜殷王卬置河內郡至脩武〔補注〕先謙曰脩武河內縣今衛輝府獲嘉縣治陳平亡
楚來降漢王與語說之師古曰說讀曰悅使參乘監諸將南渡平陰津蘇林
曰在河陰〔補注〕先謙曰平陰河南縣今河南府孟津縣東至洛陽新城三老董公〔補注〕錢大昭曰此與武五
子傳壺關三老茂皆縣三老也先謙曰史正義引楚漢春秋云董公八十二遂封爲成侯新城河南縣本志作新成續志作新城在
今河南府洛陽縣南遮說漢王曰臣聞順德者昌逆德者亡兵出無名事故

不成蘇林曰名者伐有罪故曰明其爲賊敵乃可服應劭曰爲音無爲之爲布告天下言項羽殺義
帝明其爲賊亂舉兵征之乃可服也鄭氏曰爲音人相爲之爲師古曰應說是也項羽爲無道放殺其主
師古曰殺讀曰弑諸弑君者其例皆同天下之賊也夫仁不㠯勇義不㠯力李奇曰彼有仁
我不能以勇服彼有義我不能以力服文穎曰以用也己有仁天下歸之可不用勇而天下自服己有義天下奉之可不用力而天
下自定師古曰爲義帝發喪此爲行仁義不用勇力文說是也三軍之衆爲之素服㠯告之諸侯
爲此東伐師古曰爲並音于僞反〔補注〕劉攽曰以告之之字衍四海之內莫不仰德此三王
之舉也師古曰三王夏殷周也言以德義取天下則可比蹤於三王漢王曰善非夫子無所聞
於是漢王爲義帝發喪袒而大哭如淳曰袒亦如禮袒踊也師古曰袒謂脫衣之袖也音徒旱反
哀臨三日師古曰衆哭曰臨音力禁反發使告諸侯曰天下共立義帝北面事
之今項羽放殺義帝江南大逆無道寡人親爲發喪兵皆縞素師古曰縞白素也音工老反悉發關中兵收三河士韋昭曰河南河東河內也南浮江漢㠯下
〔補注〕全祖望曰此文史記注不得其說顏氏略之胡三省以爲一軍由三河以攻其北一軍浮江漢以攻其南是矣然本紀不載南
下之軍水經注云高祖二年置長沙黔中郡是蓋南下之軍自漢中出先定二郡而有之長沙乃義帝都黔中則項王南境乘虛取
之所謂南浮江漢也江漢之地過此二郡共敖守南郡漢兵尚未得至其境是足以補遺願從諸侯王服虔曰漢名王
爲諸侯王師古曰服說非也當時漢未有此稱號直言諸侯及王耳自謙言隨諸侯王之後也擊楚之殺義帝者
夏四月田榮弟橫收得數萬人立榮子廣爲齊王羽雖聞漢東既
擊齊欲遂破之而後擊漢漢王㠯故得劫五諸侯兵應劭曰雍翟塞殷韓也如
淳曰塞翟魏殷河南也韋昭曰塞翟韓殷魏也雍時已敗師古曰諸家之說皆非也張良遺羽書云漢欲得關中如約卽止不敢復
東東謂出關之東今羽聞漢東之時漢固已得三秦矣五諸侯者謂常山河南韓魏殷也此年十月常山王張耳降河南王申陽降
韓王鄭昌降二月魏王豹降虜殷王卬皆在漢東之後故知謂此爲五諸侯時雖未得常山之地據功臣表云張耳棄國與大臣歸
漢則亦有士卒也又叔孫通傳云二年漢王從五諸侯入彭城爾時雍王猶在廢丘被圍卽非五諸侯之數也尋此紀文昭然可曉
前賢注釋竝失指趣〔補注〕劉攽曰張耳奉頭鼠竄安得有兵五諸侯者陳餘其一也事見餘傳吳仁傑曰諸侯歸漢者七申陽降卽
以其國爲河南郡鄭昌降卽以其國封韓王信而司馬卬被虜其地自爲河內郡此三人皆以國除不得與諸侯竝張耳與大臣歸
漢不言與兵俱惟塞翟魏有國如故而韓王信常將韓兵從竝趙相陳餘所遣兵是爲五諸侯董敎增曰顏氏牽引諸王以足五數

於義亦非蓋此處五諸侯有河南韓魏殷等而項籍傳贊云遂將五諸侯滅秦又係何人尋其條貫當據故七國以其地言不以其
王言也漢定三秦卽故秦地項羽王楚卽故楚地其餘韓趙魏齊燕爲五諸侯劫五諸侯兵猶後言引天下兵耳故漢伐楚可言五
諸侯楚滅秦亦可言五諸侯也全祖望曰吳氏以史記雖云元年八月降塞翟二王置二郡而漢書云二年六月雍亡後始置河上
渭南中地隴西上郡則前此塞翟必如未亡以是爲史記之誤塞翟未亡足充五諸侯之列不知史記於元年書置二郡者漢滅二
國定其疆漢書於二年書置五郡者漢盡定三秦通正其地界故漢書異姓王表亦云元年八月置二郡與史記同且功臣表云棘
丘侯襄以上郡守擊西魏事在二年三月敬市侯閻澤赤以河上守遷殷相擊項籍事在二年四月則翟塞之不得有其國可見矣
蓋五諸侯者魏王從軍見其傳韓王從軍見異姓王表陳餘以兵從亦見其傳而合齊擊楚則見淮陰傳蓋齊人亦以兵從合殷爲
五諸侯也或謂時漢置河內郡殷不在諸侯之列不知此高紀誤也功臣表闓澤赤遷殷相擊項籍殷尙有相則卬尙有國蓋殷已
降漢故漢爲之命相而以兵來從卬死始置郡耳合史漢陳平傳敘殷王事觀之知殷時尙未亡史漢二本紀及表並誤又曰五諸
侯當爲燕趙韓魏衡山燕趙不奉楚令恐楚既平齊而討之故助漢衡山楚之所貶亦怨楚助漢也周壽昌曰項羽傳亦云劫史記
作部王益之西漢年紀從之荀紀止云漢王率諸侯之師凡五十六萬人無五諸侯三字蓋以其難確指通鑑云漢王以故得率諸
侯兵凡五十六萬人從荀紀不從漢書先謙曰董以五諸侯爲卽天下兵古籍既無是義此與項籍傳五諸侯亦不同雍塞翟常山

河南不在諸侯之列諸說允矣全說前後兩歧而臧荼聽命在韓信破趙之後吳芮在軍並無確證據理考實前說爲近劫有制持之義如項羽爲上將軍諸將黥布皆屬而下文漢王數羽罪云擅劫諸侯兵入關意與此同注二月官本作三月是到外黃補注先謙曰外黃陳留縣在今開封府杞縣東六十里彭越將三萬人歸漢漢王拜越爲魏相國令定梁地漢王遂入彭城收羽美人貨賂置酒高會服虔曰大會也羽聞之令其將擊齊而自以精兵三萬人從魯出胡陵補注先謙曰魯魯國縣今兗州府曲阜縣治至蕭晨擊漢軍大戰彭城靈壁東孟康曰故小縣在彭城南補注沈欽韓曰通鑑作楚又追擊至靈壁東爲是一統志靈壁城在宿州西北元和志靈壁故城在宿州符離縣東北九十里晉書豫州刺史劉喬遣其子祐拒東海王越於蕭縣之靈壁楚漢大戰當在蕭縣界不得與彭城相連矣先謙曰注小縣注本作蕭縣是官本考證云大戰監本譌大敗從宋本改正項羽傳羽從蕭晨擊漢軍而東至彭城大破漢軍漢軍皆走迫之穀泗水漢軍皆南走山楚又追擊至靈壁東睢水上敍次甚明宜依史記彭城下加一及字則不累於詞睢水上師古曰睢音雖大破漢軍多殺士卒睢水爲之不流師古曰殺人多墳於睢水既圍漢王三帀大風從西北起折木發屋揚砂石晝晦師古曰晦暗也楚軍大亂而漢王得與

前漢一上　三五

數十騎遁去過沛使人求室家室家亦已亡不相得漢王道逢孝惠魯元載行楚騎追漢王漢王急推墮二子滕公下收載遂得脫鄭氏曰滕公夏侯嬰也師古曰脫音他活反補注朱子文曰於文多室家二字當日過沛使人求室家亦已亡於不相得句下多漢王二字況下文云漢王急推墮二子足可證前逢孝惠魯元載行爲漢王也審食其從太公呂后閒行反遇楚軍師古曰此審食其及武帝時趙食其讀皆與鄭食其同音異基而近代學者鄭則爲異基審則爲食基趙則食其非也同是人名更無別義就中舛駮何所據依且荀悅漢紀三者竝爲異基字斷可知矣太公呂后本避楚軍乃反與之相遇而見拘執羽常置軍中以爲質諸侯見漢敗皆亡去塞王欣翟王翳降楚殷王卬死呂后兄周呂侯蘇林曰以姓名侯也晉灼曰外戚表周呂令武侯澤也呂縣名封於呂以爲國師古曰周呂封名令武其謚也蘇云以姓名侯非也將兵居下邑師古曰縣名也漢王往從之補注王念孫曰往字後人所加景祐本無史記高祖紀亦無稍收士卒軍碭漢王西過梁地至虞師古曰卽今宋州虞城縣補注先謙曰虞梁國縣在今歸德府虞城縣西南三里謂謁者隨何曰公能說九江王布使舉兵畔楚項王必留擊之得留數月吾取天下必矣

隨何往說布果使畔楚補注朱子文曰此數語中有兩使字皆不必用之覺文理不順況既已曰說九江王說則使在其中矣前當曰公能說九江王布舉兵畔楚後當曰隨何往說布果畔楚文義俱顯耳五月漢王屯滎陽蕭何發關中老弱未傅者悉詣軍服虔曰傅音附孟康曰古者二十而傅三年耕有一年儲故二十三而後役之如淳曰律年二十三傅之疇官各從其父疇學之高不滿六尺二寸以下爲罷癃漢儀注云民年二十三爲正一歲爲衛士一歲爲材官騎士習射御騎馳戰陳又曰年五十六衰老乃得免爲庶民就田里今老弱未嘗傅者皆發之未二十三爲弱過五十六爲老師古曰傅著也言著名籍給公家徭役也服音是也韓信亦收兵與漢王會兵復大振與楚戰滎陽南京索閒破之應劭曰京縣名今有大索小索亭晉灼曰音冊師古曰音求索之索補注何焯曰史記書此戰在六月立太子下此爲得之先謙曰京河南縣解詳地理志在今滎陽縣東南築甬道屬河應劭曰恐敵鈔輜重故築垣牆如街巷也鄭氏曰甬音踊師古曰屬聯也音之欲反以取敖倉粟孟康曰敖地名在滎陽西北山上臨河有大倉補注先謙曰敖倉詳本志河南郡下魏王豹謁歸視親疾師古曰謁請也親謂母也至則絕河津反爲楚師古曰斷其津濟以距漢軍爲音于僞反六月漢王還櫟陽壬午立太子赦罪人令諸侯子在關中者皆集櫟陽爲衛補注劉攽曰諸侯子

前漢一上　三六

謂諸侯國人若上言楚子矣先謙曰劉說是詳下卷引水灌廢丘廢丘降章邯自殺雍州定八十餘縣置河上渭南中地隴西上郡服虔曰河上卽左馮翊也渭南京兆也中地右扶風也師古曰凡新置五郡補注齊召南曰史記置郡卽在二年歲首葢不待章邯自殺地已入漢紀敍於六月葢因廢丘降總言之先謙曰州誤當爲地官本右作在引宋祁曰注文在扶風刊誤改在字作右令祠官祀天地四方上帝山川以時祠之興關中卒乘邊塞李奇曰乘守也師古曰乘登也登而守之義與上乘城同關中大飢米斛萬錢師古曰一斛置萬錢人相食令民就食蜀漢秋八月漢王如滎陽謂酈食其曰緩頰往說魏王豹張晏曰緩頰徐言引譬喻也能下之以魏地萬戶封生師古曰生猶言先生他皆類此補注先謙曰上於謀士輩儍禮稱之陳平傳稱平先生亦其證本書先生或稱先或稱生此類甚多食其往豹不聽漢王以韓信爲左丞相補注李賡芸曰曹參以假左丞相定魏齊右丞相侯酈商遷右丞相賜爵列侯後復以右丞相擊陳豨樊噲亦嘗遷左丞相皆係空名不居其職故公卿表不載與曹參灌嬰俱擊魏食其還漢王問魏大將誰也對曰柏直王曰是口尚乳臭不能當韓信師古曰乳臭言其幼少騎將誰也曰馮敬曰是

秦將馮無擇子也雖賢不能當灌嬰步卒將誰也曰項它師古曰它字與他同竝音徒何反〔補注〕先謙曰官本注何作河曰是不能當曹參吾無患矣九月信等虜豹傳詣滎陽定魏地置河東太原上黨郡信使人請兵三萬人願㠯北舉燕趙東擊齊南絕楚糧道漢王與之

三年冬十月韓信張耳東下井陘擊趙服虔曰井陘山名在常山今爲縣師古曰陘音形斬陳餘獲趙王歇置常山代郡甲戌晦日有食之〔補注〕先謙曰在斗二十度十一月癸卯晦日有食之〔補注〕蘇輿曰兩月再蝕與文三年同文紀朔晦日食春秋如襄二十一年襄二十四年竝頻月朔日蝕歷家以爲前月在交初一度日食則至後月之朔日猶在交之末度未出食竟月行天既帀一來及於日或可更食案古時推步未精故有此異天道轉運古今一理案驗後來𡨋無此事又唐以前不知定朔故日食或不在朔春秋時日食有在晦者亦有先晦一日者差而前也有在朔之二日者差而後也周衰官失置朔無準漢用平朔而史志所書有差而前無差而後者東漢則前後竝差唐以後有時差無日差元以來則有刻差無時差矣先謙曰在虛三度隨何既說黥布布起兵攻楚楚使項聲龍且攻布韋昭曰且音子閭反布戰不勝十二月布與隨何

閒行歸漢漢王分之兵與俱收兵至成皋〔補注〕先謙曰成皋河南縣在今開封府汜水縣西北項羽數侵奪漢甬道漢軍乏食與酈食其謀橈楚權服虔曰橈弱也師古曰音女教而其字從木〔補注〕先謙曰官本而作反是食其欲立六國後㠯樹黨師古曰樹立也漢王刻印將遣食其立之㠯問張良良發八難〔補注〕錢大昭曰八難見良本傳漢王輟飯吐哺師古曰輟止也哺口中所含食也飯音扶晚反哺音步曰豎儒師古曰言其賤劣無智若童豎也幾敗乃公事師古曰幾近也乃汝也公漢王自謂也幾音鉅依反令趣銷印師古曰趣讀曰促促速也他皆類此又問陳平乃從其計與平黃金四萬斤㠯閒疏楚君臣師古曰閒音居莧反次下反閒其音亦同夏四月項羽圍漢滎陽〔補注〕王念孫曰漢下脫王字則文義不明文選幽通賦注引此無王字亦後人以誤本漢書刪之其漢高祖功臣頌注引此正作項羽圍漢王滎陽漢紀通鑑竝作楚圍漢王於滎陽漢王請和割滎陽㠯西者爲漢亞父勸項羽急攻滎陽漢王患之陳平反閒既行羽果疑亞父亞父大怒而去發病死五月將軍紀信曰事急矣臣請誑楚可㠯閒出師古曰閒出投閒隙私出若言閒行微行耳紀信詐爲漢王而王出西門遁是私出也〔補注〕周壽昌曰閒隙也乘隙而出顏注已足乃繁稱多語復添私出二字文義轉隔兵交之際多術者勝此爲私出豈尙有公出者乎於是陳平夜出女子東門二千餘人〔補注〕王先愼曰史記有被甲二字是也下文楚因四面擊之正因其被甲疑爲軍士故擊之耳班氏刪之失其恉矣楚因四面擊之紀信乃乘王車黃屋左纛李斐曰天子車以黃繒爲蓋裏纛毛羽幢也在乘輿車衡左方上注之蔡邕曰以犛牛尾爲之如斗或在騑頭或在衡應劭曰雉尾爲之在左驂當鑣上師古曰纛音毒又徒到反應說非也曰食盡漢王降楚楚皆呼萬歲之城東觀㠯故漢王得與數十騎出西門遁令御史大夫周苛魏豹樅公守滎陽應劭曰樅公者不知其名故曰公蘇林曰音樅木之樅師古曰音千容反羽見紀信問漢王安在曰已出去矣羽燒殺信而周苛樅公相謂曰反國之王難與守城師古曰謂豹先已經畔漢因殺魏豹漢王出滎陽至成皋自成皋入關收兵欲復東轅生說漢王文穎曰轅姓生謂諸生〔補注〕錢大昭曰漢國三老袁良碑云厥先舜苗世爲封君周之興虞閼父典陶正嗣滿爲陳侯至元孫濤塗初氏父字立姓曰袁魯僖公四年爲大夫哀十四年頗作司徒其末或適齊楚而袁生獨留陳當秦之亂隱居河洛高祖破項實從其策案今本左氏傳及石經皆作轅陸氏釋文本作袁穀梁傳注言竝作袁不從車旁唐宰相世系表袁生元孫幹幹八世孫良則良卽袁生之後裔也曰漢與楚相距滎

陽數歲漢常困願君王出武關項王必引兵南走師古曰走亦謂趨嚮也音奏次後亦同王深壁令滎陽成皋閒且得休息使韓信等得輯河北趙地師古曰輯與集同謂和合也詩序曰勞來還定安集之春秋左氏傳曰疊臣輯睦他皆類此連燕齊君王乃復走滎陽如此則楚所備者多力分漢得休息復與之戰破之必矣漢王從其計出軍宛葉閒師古曰葉縣名古葉公之國音式涉反宛縣葉縣之閒也〔補注〕先謙曰葉南陽縣在今南陽府葉縣南三十里與黥布行收兵羽聞漢王在宛果引兵南漢王堅壁不與戰是月彭越渡睢師古曰過睢水也睢音雖與項聲薛公戰下邳〔補注〕先謙曰下邳東海縣在今徐州府邳州東三里破殺薛公羽使終公守成皋而自東擊彭越漢王引兵北擊破終公復軍成皋六月羽已破走彭越師古曰破之而令遁走聞漢復軍成皋乃引兵西拔滎陽城生得周苛羽謂苛爲我將㠯公爲上將軍封三萬戶周苛罵曰若不趨降漢今爲虜矣師古曰若

汝也趨讀曰促〔補注〕先謙曰今卽也若非漢王敵也羽亭周苛師古曰亭謂煮而殺之音普庚反他皆類此并殺樅公而虜韓王信遂圍成皐漢王跳如淳曰跳音逃謂走也史記作逃晉灼曰跳獨出意也師古曰晉說是也音徒彫反〔補注〕朱子文曰傳注之學無事求奇辭達而已漢王跳當從如淳之音史記之說其義甚明唯漢王逃故下文云獨與滕公共車出成皐玉門何乃迂解爲獨出意徒見費力耳何若瑤曰下乃云獨與滕公共車則跳不得遽訓獨出說文跳躍也躍迅也則跳是疾走與燕王傳跳距合亦不必更音逃獨與滕公共車出成皐玉門張晏曰成皐北門〔補注〕先謙曰河水注河水南對玉門言南對知是北門史記徐廣注同或以爲西門者誤北渡河宿小脩武晉灼曰在大脩武城東〔補注〕先謙曰小修武詳志河北修武下自稱使者晨馳入張耳韓信壁而奪之軍乃使張耳北收兵趙地秋七月有星孛于大角李奇曰孛彗類也是謂妖星所已除舊布新也師古曰孛音步內反〔補注〕先謙曰官本注步作布五行志云旬餘乃入漢王得韓信軍復大振八月臨河南鄉師古曰鄉讀曰嚮〔補注〕錢大昭曰鄉當讀爲饗漢紀作王饗師河南先謙曰錢說是也史記亦云引兵臨河南饗軍小修武南此文臨河南句鄉軍小修武句軍小脩武欲復戰郎中鄭忠說止漢王高壘深塹勿戰漢王聽其計使盧綰劉賈將

卒二萬人騎數百蘇林曰綰音已繩綰結物之綰師古曰音烏板反渡白馬津〔補注〕先謙曰白馬津詳志東郡白馬下入楚地佐彭越燒楚積聚師古曰所畜軍糧芻稾之屬也積音子賜反聚音才喻反復擊破楚軍燕郭西師古曰燕縣名古南燕國〔補注〕宋祁曰越本無破字先謙曰燕東郡縣在今衞輝府延津縣東三十五里攻下睢陽外黃十七城〔補注〕先謙曰睢陽梁國縣在今歸德府商邱縣南九月羽謂海春侯大司馬曹咎曰謹守成皐卽漢王欲挑戰愼勿與戰李奇曰挑音徒了反臣瓚曰挑戰擿嬈敵求戰也古謂之致師師古曰李音瓚說是擿音他歷反嬈音乃了反勿令得東而已我十五日必定梁地復從將軍師古曰從就也羽引兵東擊彭越漢王使酈食其說齊王田廣罷守兵與漢和

四年冬十月韓信用蒯通計襲破齊齊王亨酈生東走高密項羽聞韓信破齊且欲擊楚使龍且救齊漢果數挑成皐戰楚軍不出使人辱之數日大司馬咎怒渡兵汜水張晏曰汜水在濟陰界如淳曰汜音祀左傳曰鄙在鄭地汜臣瓚曰高祖攻曹咎於成皐咎渡汜水而戰今成皐城東汜水是也師古曰瓚說得之此水不在濟陰也鄙在鄭地汜釋者又云在襄城則非此也此水舊讀音凡今彼鄉人呼之音祀〔補注〕沈欽韓曰左傳有東汜水南汜水僖二十四年王處於汜注南汜也三十年秦軍汜南杜注此東汜也東汜卽汜水縣南汜許州襄城縣元和志襄王出居此因名襄城士卒半渡漢擊之大破楚軍盡得楚國金玉貨賂大司馬咎長史欣皆自到汜水上漢王引兵渡河復取成皐軍廣武孟康曰於滎陽築兩城相對名爲廣武城在敖倉西三室山上〔補注〕先謙曰秦紀昭王四十三年城河上廣武案有東西廣武城引詳河南滎陽下就敖倉食羽下梁地十餘城聞海春侯破乃引兵還漢軍方圍鍾離眜於滎陽東師古曰眜音莫葛反其字從本末之末〔補注〕先謙曰官本眜作眛錢大昕云說文無眜字當從目作眛惟汲古閣本是聞羽至盡走險阻師古曰走音奏羽亦軍廣武與漢相守丁壯苦軍旅老弱罷轉餉師古曰罷讀曰疲轉運餉饋也音式向反漢王羽相與臨廣武之閒而語〔補注〕何焯曰案藝文類聚閒當作澗周壽昌曰御覽六十九引本書項籍傳云沛公與項籍臨廣武澗而語數籍十罪今亦作閒不作澗西征記曰有三皇山或謂三室山山上有二城東者曰東廣武西者曰西廣武各在山一頭相去二百餘步其間隔深澗漢祖與項籍語處據此作澗爲勝羽欲與漢王獨身挑戰漢王數羽曰師古曰數責其罪也音所具反吾始

與羽俱受命懷王曰先定關中者王之羽負約王我於蜀漢罪一也羽矯殺卿子冠軍自尊罪二也如淳曰卿者卿大夫之號子者子男之爵冠軍人之首也文穎曰卿子時人相褒尊之辭猶言公子也時上將故言冠軍師古曰矯託也託懷王命而殺之也卿子冠軍文說是也羽當已救趙還報李奇曰前受命於懷王往救趙當還反報而擅劫諸侯兵入關罪三也懷王約入秦無暴掠羽燒秦宮室掘始皇帝冢收私其財罪四也師古曰掘而發之收取其財已私自有也掘音其勿反〔補注〕先謙曰官本注下其作具是又彊殺秦降王子嬰罪五也詐阬秦子弟新安二十萬王其將李奇曰章邯等爲王罪六也皆王諸將善地而徙逐故主〔補注〕宋祁曰王諸將善地謂章邯等徙逐故主謂田市趙歇韓廣之屬王先愼曰宋說非也諸將謂燕將臧荼齊將田都趙相張耳之屬下文云令臣下爭畔逆正指數人徙逐故主致起爭端若章邯等爲王已數入六罪矣此宋沿索隱之說而誤令臣下爭畔逆罪七也出逐義帝彭城自都之奪韓王地并王梁楚多自與〔補注〕先謙曰史記作予罪八也使人陰殺義帝江南罪九也夫爲人臣而殺其主殺其已降〔補注〕先謙曰已上其字以文義求之不當有蓋緣上其字

誤衍史記作殺已降無其字爲政不平主約不信天下所不容大逆無道罪十也吾吕義兵從諸侯誅殘賊使刑餘罪人擊公師古曰言輕賤也〔補注〕先謙曰案上文連稱羽此輕賤之詞不得忽稱公下文公則自謂也史記正作使刑餘罪人擊殺項羽何苦乃與公挑戰班氏涉筆誤改而荀紀通鑑從之坐未審耳何苦乃與公挑戰羽大怒伏弩射中漢王漢王傷胸乃捫足曰虜中吾指師古曰捫摸也傷胸而捫足者吕安衆也捫音門中音竹仲反漢王病創臥張良彊請漢王起行勞軍吕安士卒師古曰行音下更反其下亦同〔補注〕朱子文曰此句中多漢王二字當曰漢王病創臥張良彊請起行勞軍毋令楚乘勝漢王出行軍疾甚因馳入成皋十一月韓信與灌嬰擊破楚軍殺楚將龍且追至城陽虜齊王廣齊相田橫自立爲齊王奔彭越漢立張耳爲趙王漢王疾瘉師古曰瘉與愈同愈差也西入關至櫟陽存問父老置酒梟故塞王欣頭櫟陽市師古曰梟縣首於木上〔補注〕宋祁曰欣自剄汜上死矣今梟於此以欣舊都故示之留四日復如軍軍廣武關中兵益出而彭越田橫居梁地往來苦楚兵絕其糧食〔補注〕全祖望曰此田橫二字當因上牽連而衍田橫雖於項王有田榮之怨然是時則項王以橫故喪其大將並二十萬衆於齊橫仇漢不仇楚矣使橫果爲漢苦楚則垓下之師漢亦必召之以壯聲援而事定亦不必亡入島中矣先謙曰全說是也史記當此時彭越將兵居梁地往來苦楚兵絕其糧食通鑑亦云漢王之敗彭城解而西也彭越皆亡其所下城獨將其兵北居河上常往來爲漢游兵擊楚絕其後糧並不及田橫是其證韓信已破齊使人言曰齊邊楚師古曰邊共爲邊界〔補注〕先謙曰史集解引文穎云邊近也較顏說爲優通鑑注誤引爲顏說權輕不爲假王恐不能安齊漢王怒欲攻之張良曰不如因而立之使自爲守春二月遣張良操印立韓信爲齊王師古曰操持也音千高反秋七月立黥布爲淮南王八月初爲算賦如淳曰漢儀注民年十五以上至五十六出賦錢人百二十爲一算爲治庫兵車馬北貉燕人來致梟騎助漢應劭曰北貉國也梟健也張晏曰梟勇也若六博之梟也師古曰貉在東北方三韓之屬皆貉類也音莫客反漢王下令師古曰令敎命也下音胡嫁反他皆類此軍士不幸死者吏爲衣衾棺斂師古曰棺音工喚反斂音力贍反與作衣衾而斂尸於棺轉送其家師古曰轉傳送也四方歸心焉師古曰以仁愛故項羽自知少助食盡韓信又進兵擊楚〔補注〕全祖望曰信蓋自淮北擣其國都當參觀灌嬰

傳羽患之漢遣陸賈說羽請太公羽弗聽漢復使侯公說羽羽乃與漢約中分天下割洪溝吕西爲漢應劭曰在滎陽東南二十里文穎曰於滎陽下引河東南爲鴻溝以通宋鄭陳蔡曹衛與濟汝淮泗會於楚卽今官渡水也〔補注〕錢大昭曰洪當爲鴻注作鴻周壽昌曰文注引溝洫志而誤讀故地勢水道多不可通志本從會字斷句於楚屬下文尤誤在以官渡水爲鴻溝漫無區別史索隱云爲二渠一南經陽武爲官渡水一東經大梁城卽鴻溝今之汴河是也明二渠爲一南一東宋史河渠志云禹於滎陽下分大河爲陰溝至大梁浚儀縣西北復分爲二渠一經陽武縣中牟台下爲官渡水其一爲鴻溝莨若渠語尤詳晰文混舉官渡鴻溝而一之後書郡國志鴻溝下劉昭引文語作注顏復據以注鴻溝皆失於未考先謙曰官本洪作鴻考證云監本注後有索隱引張華及北征記一段案此宋本所無而監本自增者也凡索隱說已見史記不當附麗於此今從宋本刪之吕東爲楚九月歸太公呂后軍皆稱萬歲乃封侯公爲平國將師古曰以其善說能平和邦國〔補注〕錢大昭曰荀紀作平國君沈欽韓曰文選注四十七引楚漢春秋云上欲封侯公匿不肯見曰此天下之辨士所居傾國故號平國君先謙曰官本作君羽解而東歸漢王欲西歸張良陳平諫曰今漢有天下太半韋昭曰凡數三分有二爲大半有一分爲少半〔補注〕先謙曰官本注大亦作太而諸侯皆附楚兵罷食盡師古曰罷讀曰

疲此天亡之時不因其幾而遂取之鄭氏曰幾微也師古曰幾危也〔補注〕周壽昌曰幾猶會也後書吳蓋陳臧列傳論云斯誠雄心尚武之幾注訓幾爲會若今言幾會也鄭訓本易幾者動之微單訓微語意不合顏訓亦隔所謂養虎自遺患也漢王從之

高帝紀第一上終　　漢書一

漢　蘭　臺　令　史班固撰

唐正議大夫行祕書少監琅邪縣開國子顔師古注

賜進士出身前翰林院編修國子監祭酒加三級臣王先謙補注

五年冬十月漢王追項羽至陽夏南師古曰夏音工雅反已解於上止軍與齊王信魏相國越期會擊楚至固陵晉灼曰即固始也師古曰後改爲固始耳地理志固始屬淮陽〔補注〕劉攽曰予謂楚字句當斷至固陵不會爲句先謙曰前漢陽夏固始爲兩縣並屬淮陽國後漢併固始入陽夏故續志云陽夏有固陵聚胡三省通鑑注引徐廣云固陵在陽夏也在今陳州府太康縣西不會楚擊漢軍大破之漢王復入壁深塹而守〔補注〕錢大昭曰塹南監本閩本皆作塹先謙曰官本作塹謂張良曰諸侯不從柰何良對曰楚兵且破未有分地李奇曰信越等未有益地之分師古曰分音扶問反〔補注〕王啟原曰地理志周地下云至襄王以河內賜晉文公又爲諸侯所侵故其分地小則分地是主疆域言當如師古此音扶問反也此紀下言捐地以許兩人則當如三家分知氏之比割地以與信越分當如字其不至固宜師古曰理宜然也君

王能與共天下可立致也師古曰共有天下之地割而封之齊王信之立非君王意信亦不自堅師古曰因信自請爲假王乃立之耳故曰非君王意彭越本定梁地始君王以魏豹故拜越爲相國今豹死越亦望王而君王不早定今能取睢陽以北至穀城皆以王彭越師古曰睢音雖從陳以東傅海與齊王信師古曰傅讀曰附信家在楚其意欲復得故邑能出捐此地以許兩人師古曰捐棄也音弋全反使各自爲戰則楚易敗也於是漢王發使使韓信彭越至皆引兵來十一月劉賈入楚地圍壽春〔補注〕先謙曰壽春九江縣今鳳陽府壽州治漢亦遣人誘楚大司馬周殷殷畔楚以舒屠六如淳曰以舒之眾屠破六縣師古曰六者縣名即上所謂九江王都六者也後屬廬江郡〔補注〕先謙曰官本郡作都舒廬江縣在今廬州府廬江縣西百二十里舉九江兵迎黥布並行屠城父如淳曰並行並擊也師古曰城父縣名父音甫〔補注〕先謙曰城父沛郡縣今潁州府亳州東南七十九里城父村隨劉賈皆會〔補注〕錢大昭曰閩本隨下有何字先謙曰史記作隨何劉賈齊梁諸侯皆大會垓下案隨何無戰功不當列劉賈之上疑史何字本衍文但謂殷布隨劉賈及信越等來會耳項籍傳周殷舉九江兵隨劉賈迎黥布與此隨劉賈義同賈傳周殷反楚佐賈舉九江迎英布兵皆會垓下佐字與隨義亦合皆其證隨下不當有何字明矣閩本迺因史記妄增十二月圍羽垓下應劭曰垓音該李奇曰沛洨縣聚邑名也師古曰洨音衡交反〔補注〕先謙曰續志洨有垓下聚高祖破項羽在今鳳陽府靈璧縣東南羽夜聞漢軍四面皆楚歌應劭曰楚歌者雞鳴歌也漢已略得其地故楚歌者多雞鳴時歌也師古曰楚歌者爲楚人之歌猶言吳歈越吟耳若以雞鳴爲歌曲之名於理則可不得云雞鳴時也高祖令戚夫人楚舞自爲作楚歌豈亦雞鳴時乎知盡得楚地羽與數百騎走是以兵大敗灌嬰追斬羽東城晉灼曰九江縣〔補注〕先謙曰在今鳳陽府定遠縣東南楚地悉定獨魯不下漢王引天下兵欲屠之爲其守節禮義之國乃持羽頭示其父兄魯乃降初懷王封羽爲魯公及死魯又爲之堅守故以魯公葬羽於穀城師古曰即濟北穀城〔補注〕先謙曰以魯公三字語意不完公下當有號字而此奪之史記有號字項羽傳亦云以魯公號皆其證本志東郡臨邑下云莽曰穀城亭續志穀城下云春秋時小穀劉注有項羽冢先謙案據莽名亭之義是穀城在前漢爲臨邑屬地在今泰安府東阿縣北水經濟水注云城西北三里有項王之冢半許毀壞石碣尚存題云項王之墓皇覽云冢去縣十五里謬也今彭城穀陽城西南又有項羽冢非也漢王爲發葬〔補注〕先謙曰官本作喪是哭臨而去師古曰臨音力禁反封項伯等四人爲列侯賜姓劉氏師古曰皆羽之族先有功於漢者〔補注〕錢大昭曰四人射陽侯劉纏平皋侯劉它桃安侯劉襄也其一人漢表未聞史記作元武侯諸民略在楚者皆歸之漢王還至定陶馳入齊王信壁奪其軍初項羽所立臨江王共敖前死子尉嗣立爲王不降遣盧綰劉賈擊虜尉春正月追尊兄伯號曰武哀侯應劭曰兄伯早亡追謚之下令曰楚地已定義帝亡後欲存卹楚眾以定其主齊王信習楚風俗更立爲楚王師古曰更改也王淮北都下邳魏相國建城侯彭越勤勞魏民卑下士卒師古曰言安輯魏地保其人眾也下音胡稼反〔補注〕先謙曰建城侯不見於越傳惟史記高紀四年五年兩作建成侯成城同字常以少擊眾數破楚軍其以魏故地王之號曰梁王都定陶又曰兵不得休八年萬民與苦甚如淳曰與音相干與之與師古曰音弋庶反〔補注〕劉敞曰與讀曰歟助辭王念孫曰文紀朕之不明與嘉之如淳注與發聲也四字師古閞去史記集解引禮撼案如解是也萬民與苦甚萬民苦甚也朕之不明與嘉之朕之不明嘉之也與皆助句之詞本無意義亦不當讀爲歟詳文紀今天下事畢其赦天下殊死以下

如淳曰死罪之明白也左傳曰斬其木而弗殊韋昭曰殊死斬刑也師古曰殊絕也異也言其身首離絕而異處也〔補注〕劉攽曰予案說文漢蠻夷長有罪當殊之然則殊自死刑之名也 於是諸侯上疏曰楚王韓信韓王信淮南王英布梁王彭越故衡山王吳芮張晏曰漢元年項羽立芮爲衡山王後又奪之地謂之番君是以曰故 趙王張敖燕王臧荼昧死再拜言張晏曰秦以爲人臣上書當言昧犯死罪而言漢遂遵之〔補注〕周壽昌曰御覽五百九十四引博物志云漢承秦羣臣上言皆曰昧死言王莽簒位慕法古去昧死改稽首朝臣曰稽首輕宜稽首再拜後書律厤志補注引蔡邕戍邊上章曰臣邕稽首再拜上書皇帝陛下末云臣頓首死罪稽首再拜以聞此可徵王莽改制中興後遂沿之也 大王陛下應劭曰陛升堂之陛王者必有執兵陳於階陛之側羣臣與至尊言不敢指斥故呼在陛下者而告之因卑以達尊之意也若今稱殿下閣下侍者執事皆此類也〔補注〕錢大昭曰閣本升作外周壽昌曰高祖尚未即眞故稱大王時上皇帝尊號故稱陛下 先時秦爲亡道天下誅之大王先得秦王定關中於天下功最多存亡定危救敗繼絕吕安萬民功盛德厚又加惠於諸侯王有功者使得立社稷地分已定而位號比儗亡上下之分師古曰言大王與臣等並稱王是爲比類相儗無尊卑之差別也地分音扶問反 大王功德

前漢一下 三

之著於後世不宣師古曰言位號不殊則功德之著明者不宣於後世也 昧死再拜上皇帝尊號漢王曰寡人聞帝者賢者有也師古曰言賢德之人乃可有帝號 虛言亡實之名非所取也〔補注〕先謙曰史記取作守 今諸侯王皆推高寡人將何吕處之哉諸侯王皆曰大王起於細微滅亂秦威動海內又吕辟陋之地師古曰辟讀曰僻 自漢中行威德誅不義立有功平定海內功臣皆受地食邑非私之也大王德施四海諸侯王不足吕道之〔補注〕先謙曰言非稱頌所能盡 居帝位甚實宜願大王吕幸天下晉灼曰漢儀注民臣被其德以爲僥倖也師古曰倖者吉而免凶可慶幸也故福喜之事皆稱爲幸而死謂之不幸 漢王曰諸侯王幸吕爲便於天下之民則可矣於是諸侯王及太尉長安侯臣綰等三百人師古曰綰盧綰也 與博士稷嗣君叔孫通孟康曰稷嗣邑名 謹擇良日二月甲午上尊號漢王即皇帝位于氾水之陽張晏曰在濟陰界取其氾愛弘大而潤下也師古曰據叔孫通傳曰爲皇帝於定陶則此水在濟陰是也音敷劒反〔補注〕先謙曰濟水注菏水東北出於定陶縣北屈左合氾水氾水西分濟瀆東北逕濟陰郡南

爾雅曰濟別爲濋呂忱曰水決復入爲氾廣異名也氾水又東合於菏瀆昔漢祖既定天下即帝位於定陶氾水之陽氾水之名於是乎在矣 尊王后曰皇后〔補注〕周壽昌曰通鑑尊作更西漢年紀從之案此臣下共尊之不比繼世後由帝詔立后不妨作尊 太子曰皇太子追尊先媼曰昭靈夫人詔曰如淳曰詔告也自秦漢以下唯天子獨稱之 故衡山王吳芮與子二人兄子一人從百粵之兵服虔曰非一種若今言百蠻也 吕佐諸侯誅暴秦有大功諸侯立吕爲王項羽侵奪之地謂之番君師古曰番音蒲何反 其吕長沙豫章象郡桂林南海立番君芮爲長沙王臣瓚曰茂陵書象郡治臨塵去長安萬七千五百里文穎曰桂林今鬱林也師古曰桂林今之桂州境界左右皆是其地非鬱林也〔補注〕劉攽曰長沙封國本無豫章豫章屬淮南檢後十二年注文穎所說疑此豫章字傳寫誤加之先謙曰豫章屬英布見布傳劉說是也象郡桂林南海屬趙佗虛封芮下文所謂南方三郡也桂林秦郡元鼎六年入漢爲鬱林郡又分蒼梧合浦二郡南粵傳可據顏以爲非鬱林蓋誤 又曰故粵王亡諸世奉粵祀秦侵奪其地使其社稷不得血食師古曰祭者尚血腥故曰血食也〔補注〕先謙曰亡諸詳閩粵傳 諸侯伐秦亡諸身帥閩中兵吕佐滅秦如淳曰閩音緡應劭曰音文飾之文師古曰閩越今泉州建安是其地也其人本蛇

前漢一下 四

種故其字從虫如音是也虫音許尾反〔補注〕錢大昕曰古人讀文如民禹貢岷山史記夏紀作汶山後漢有汶山郡亦因岷山得名 項羽廢而弗立今吕爲閩粵王王閩中地勿使失職帝乃西都洛陽〔補注〕王啟原曰定陶爲濟陰郡治續志濟陰郡雒陽東八百里帝即位定陶於洛陽爲東也 夏五月兵皆罷歸家詔曰諸侯子在關中者復之十二歲師古曰復音方目反〔補注〕宋祁曰諸侯子謂諸侯國人若楚子之類先謙曰諸侯子解見下 其歸者半之師古曰各已還其本土者復六歲也〔補注〕先謙曰史記作其歸者復之六歲食之一歲 民前或相聚保山澤不書名數師古曰保守也安守而安之以避難也名數謂戶籍也 今天下已定令各歸其縣復故爵田宅師古曰復還也音扶目反 吏吕文法教訓辨告勿笞辱師古曰辨告者分別義理以曉喻之〔補注〕宋祁曰南本辨告作辭告非是王念孫曰辨讀爲班班告布告也謂以文法教訓布告眾民也王莽傳辨社諸侯孟康注辨布也師古注辨讀曰班又云非五威將帥所班蕭該云班舊作辨韋昭云辨布也音班皆其證[illegible]班或爲辨襄二十五年左傳男女以班劉攽云哀元年蔡人男女以辨[illegible]顏望文生訓而非其本旨 民吕飢餓自賣爲人奴婢者〔補注〕何焯曰據此則不獨以罪沒身始爲官奴婢今賣身券契必云口食不周其來遠矣 皆免爲庶人軍吏卒會赦其亡罪而亡爵及不滿大夫者

皆賜爵爲大夫如淳曰軍吏卒會赦得免罪及本無罪而亡爵級者皆賜爵爲大夫師古曰大夫第五爵也補注劉攽曰予謂有罪者會赦免罪而已不得賜爵也亡罪乃得爲大夫耳先謙曰此錄軍功吏卒皆與有罪會赦亦得賜爵詳文義如說是劉說非也故大夫㠯上賜爵各一級師古曰就加之也級等也其七大夫㠯上皆令食邑臣瓚曰秦制列侯乃得食邑今七大夫以上皆食邑所以寵之也師古曰七大夫公大夫也爵第七故謂之七大夫非七大夫㠯下皆復其身及戶勿事應劭曰不輸戶賦也如淳曰事謂役使也師古曰復其身及一戶之內皆不徭賦也復音方目反補注先謙曰官本注方作扶又曰七大夫公乘㠯上皆高爵也師古曰公乘第八爵補注錢大昭曰賈誼傳雖有長爵不輕得復張晏云長爵高爵也諸侯子及從軍歸者補注劉攽曰諸侯子總謂諸侯國人及字後人妄加之周壽昌曰案此承宋祁言諸侯子謂諸侯國人若楚子之類竊謂楚子諸侯子楚與各諸侯支屬之從軍者非泛言國人故書子以別之此加及字愈可證觀二年六月漢王還櫟陽令諸侯子在關中者皆集櫟陽爲衞若盡爲諸侯國人當數十萬衆櫟陽一縣何能容也功臣表樊侯蔡兼以韓家子還定北地師古云本六國時韓家之諸子也後更姓蔡此足爲諸侯子楚子之一證先謙曰周說亦通然不必泥楚人曰楚子諸侯人曰諸侯子猶今漢人曰漢子回人曰回子番人曰番子耳甚多高爵吾數詔吏先與田宅及所當求於吏者亟與師古曰亟急也音居力反爵或人君上所尊禮師古曰爵高有國邑者則自君其人故云或人君也上謂天子久立補注先謙曰謂早立爵者上屬爲句吏前曾不爲決師古曰有辨說及陳請者不早爲決斷補注先謙曰官本注說作訟是甚亡謂也師古曰亡謂者失於事宜不可以訓異日秦民爵公大夫㠯上令丞與亢禮應劭曰言從公大夫以上民與令丞亢禮亢禮者長揖不拜師古曰異日猶言往日也亢者當也言高下相當無所卑屈不獨謂揖拜也今吾於爵非輕也吏獨安取此師古曰於何得此輕爵之法也補注先謙曰何取輕爵如此也顏訓非且法㠯有功勞行田宅蘇林曰行音行酒之行猶付與也補注先謙曰法謂法令今小吏未嘗從軍者多滿如淳曰多自滿足也補注先謙曰私取田宅以自盈也而有功者顧不得師古曰顧猶反也言若人反顧然背公立私守尉長吏教訓甚不善師古曰守郡守也尉郡尉也長吏謂縣之令長其令諸吏善遇高爵稱吾意師古曰稱副也且廉問有不如吾詔者㠯重論之師古曰廉察也廉字本作覝其音同耳補注先謙曰官本注覝作頰帝置酒雒陽南宮補注先謙曰史正義引括地志云南宮在雒陽縣東北二十六里洛陽故城中輿地志云秦時已有南北宮沈欽韓云更始自洛陽而西馬奔觸北宮鐵柱門光武幸南宮劫非殿蓋秦雖都關中猶放周東都之制上曰

如淳曰蔡邕云上者尊位所在也但言上不敢言尊號耳通侯諸將應劭曰舊曰徹侯避武帝諱曰通侯通亦徹也通者言其功德通於王室也張晏曰後改爲列侯列者見序列也補注先謙曰通鑑作徹侯蓋宋人同改史記作列侯毋敢隱朕如淳曰朕我也蔡邕曰古者上下共之咎繇與帝舜言稱朕屈原曰朕皇考至秦獨以爲尊稱漢遂因之而不改也皆言其情吾所㠯有天下者何項氏之所㠯失天下者何高起王陵對曰張晏曰詔使高官者起故陵先對孟康曰姓高名起臣瓚曰漢帝年紀高帝時有信平侯臣陵都武侯臣起魏相邴吉高帝時奏事有將軍臣陵臣起師古曰張說非也若言高官者起則丞相蕭何太尉盧綰及張良陳平之屬時皆在陵上陵不得先對也補注錢大昭曰漢紀無高起二字張孟說皆不了當是衍文周壽昌曰漢帝年紀一書不傳王陵封安國侯非信平高祖功臣表無都武侯起其人惟南郎侯起孝文時以信平君侯則信平屬之起而高帝時尚未侯也又云魏相邴吉奏高帝時奏事有將軍臣陵臣起考魏相傳好觀漢故事及便宜章奏數條漢興以來便宜行事引高皇所述書有云相國臣何御史大夫臣昌謹與將軍臣陵太子太傅臣通等議而無臣起蓋奏事所輯不止一條孟注或有據張云詔使高官者起語爲不經也先謙曰此條所當闕疑邴吉下脫奏字官本有陳浩云監本魏相邴吉奏下衍事字蓋涉於下文奏事而誤也今從宋本刪之邴吉依本書當作丙陛下嫚而侮人師古曰嫚易也讀與慢同項羽仁而敬人然陛下使人攻城略地所降下者因㠯與之與天下同利也項羽妒賢嫉能有功者害之賢者疑之戰勝而不與人功得地而不與人利此其所㠯失天下也上曰公知其一未知其二夫運籌帷幄之中補注先謙曰史記作運籌策帷帳之中決勝千里之外吾不如子房塡國家撫百姓給餉餽不絕糧道吾不如蕭何師古曰塡與鎭同鎭安也餽亦饋字連百萬之衆戰必勝攻必取補注宋祁曰南本作戰必取勝攻必取捷先謙曰史記漢紀通鑑與此同南本不足據吾不如韓信三者皆人傑吾能用之師古曰傑言桀然獨出也此吾所㠯取天下者也項羽有一范增而不能用此所㠯爲我禽也羣臣說服師古曰說讀曰悅補注宋祁曰此所以此字下疑有其字先謙曰史記有其字漢紀通鑑依本書刪無害文義宋說無謂類如此初田橫歸彭越項羽已滅橫懼誅與賓客亡入海上恐其久爲亂遣使者赦橫曰橫來大者王小者侯師古曰大者謂其長率卽橫身也小者其徒屬也補注先謙曰官本注小者下有謂字徒作從不來且發兵加誅橫懼乘傳詣雒陽如淳曰律四馬高足爲置傳四馬中足爲馳傳四馬下足爲乘傳一馬二馬爲軺傳急者

乘一乘傳師古曰傳者若今之驛古者以車謂之傳車其後又單置馬謂之驛騎傳音張戀反未至三十里自殺上北其節爲流涕發卒二千人以王禮葬焉戍卒婁敬求見說上曰陛下取天下與周異而都雒陽不便不如入關據秦之固上以問張良良因勸上是日車駕西都長安師古曰凡言車駕者謂天子乘車而行不敢指斥也是日即其日也著是日者言從善之速也長安本秦之鄉名高祖作都焉補注齊召南曰史記作是日車駕入都關中是也櫟陽長安俱是關中是日但決計入關營造長安宮殿實則仍居櫟陽故至七年二月書自櫟陽徙都長安也周壽昌曰荀紀云於是上即日車駕西入關治櫟陽宮加治櫟陽宮四字則七年本紀自櫟陽徙都長安語有根拜婁敬爲奉春君張晏曰春歲之始也今婁敬發事之始故號曰奉春君也賜姓劉氏六月壬辰大赦天下秋七月燕王臧荼反補注何焯曰荼項氏所置又負殺故主之罪故懼誅最先反先謙曰月表通鑑與此同史記高紀謂爲十月荀紀在八月上自將征之九月虜荼詔諸侯王視有功者立以爲燕王荊王臣信等十人如淳曰荊亦楚也賈逵曰秦莊襄王名楚故改諱荊遂行於世晉灼曰詩曰奮伐荊楚自秦之先故以稱荊也師古曰晉說是也左傳又云荊尸而舉亦已久矣皆曰太尉長安侯盧綰功最多請

立以爲燕王使丞相噲將兵平代地補注宋祁曰噲是時未爲丞相百官表噲未嘗爲相周壽昌曰漢初有丞相虛封猶後世加銜噲傳噲擊陳豨以將軍遷爲左丞相後以相國擊盧綰表均未載左右丞相之設在孝惠高后時相國之號在高帝十一年而噲先稱之皆虛封也酈商傳遷右丞相復以丞相將兵擊黥布傳以相國代丞相噲擊陳豨商寬並未爲相亦未列表韓信傳使爲假左丞相有假字益可知先謙曰史記云臧荼反攻下代地本書刪之則平代爲無因通鑑考異至云時代地無反者疑噲平代爲誤固是溫公偶有不照亦本書誤刪有以致之也利幾反上自擊破之利幾者項羽將補注先謙曰通鑑胡注引風俗通利姓也姓譜楚公子食采於利後以爲氏羽敗利幾爲陳令降上侯之潁川上至雒陽舉通侯籍召之蘇林曰都以侯籍召之而利幾恐反師古曰普召通侯而利幾自以項羽將故恐懼而反也後九月徙諸侯子關中治長樂宮補注先謙曰通鑑注引程大昌雍錄云長樂宮本秦之興樂宮周回二十里高祖改修而居之在長安城東隅六年冬十月令天下縣邑城張晏曰皇后公主所食曰邑令各自築其城也師古曰縣之與邑皆令築城補注王啟原曰秦始皇三十二年壞城郭故縣邑皆無城至是復令城之也漢時皇后公主食邑雖曰邑而縣又自有邑如高帝沛豐邑人此縣邑則非后公主食邑之邑上文七大夫以上皆令食邑疑邑即指此人告楚王信謀反上問

左右左右爭欲擊之用陳平計乃僞游雲夢韋昭曰在南郡之華容也師古曰夢讀如本字又音莫風反十二月會諸侯于陳楚王信迎謁因執之詔曰天下既安豪桀有功者封侯新立未能盡圖其功師古曰新立言新即帝位也圖謂謀而賞之身居軍九年或未習法令或以其故犯法韋昭曰言未習知法令而犯之者有司因以故犯法之罪罪之故帝愍焉師古曰此說非也言以未習法令之故不知避罪遂致犯刑帝原其本情故加憐之大者死刑吾甚憐之其赦天下補注先謙曰史記執信下云是日大赦天下通鑑作因赦天下田肯賀上曰補注王鳴盛曰田肯史記同索隱云漢紀及漢書作宵劉顯云相傳作肯也案郭忠恕佩觿云漢書田肯本作宵故誤爲宵耳沈欽韓曰顏之推家訓書證篇云江南本皆作宵字沛國劉臻荅梁元帝曰臣家藏舊本以雌黃改宵字爲肯吾至江北見本爲肯甚善陛下得韓信又治秦中師古曰治謂都之也秦中謂關中秦地也秦形勝之國也張晏曰得形勢之勝便也補注先謙曰官本注多韋昭曰地形險固故能勝人十一字帶河阻山縣隔千里鄭氏曰縣音懸師古曰此本古之縣字耳後人轉用爲州縣字乃更加心以別之非當借音佗皆類此補注先謙曰注之下縣字官本作懸是此誤持戟百萬秦得百二焉應劭曰言河山之險與諸侯相縣隔絕千里也所以能禽諸侯者得

天下之利百二也李斐曰河山之險由地勢高順流而下易故天下於秦縣隔千里也持戟百萬秦得百二焉蘇林曰百二得百中之二二萬人也秦地險固二萬人足當諸侯百萬人也師古曰縣隔千里李應得之秦得百二蘇說是也補注先謙曰言河山之阻千里而遙非與諸侯縣隔也猶張良云關中沃野千里耳史索隱引虞喜云百二者得百之二言諸侯持戟百萬秦地險固百倍於天下故云得百二焉言倍之也蓋言秦兵當二百萬也先謙案王敔原云墨子經說倍爲二也論語二吾猶不足言倍於徹虞說是地埶便利其以下兵於諸侯譬猶居高屋之上建瓴水也如淳曰瓴盛水缾也居高屋之上而幡瓴水言其向下之勢易也建音蹇蘇林曰瓴讀曰鈴師古曰如蘇音說皆是建居偃反補注沈欽韓曰管子度地篇云瓴三尺有十分之三里滿四十九者水可走也案瓴甋也詩傳甓令適也屋檐寫水者或以板爲之如說誤先謙曰注謇官本作蹇史集解引如說亦作蹇則謇是誤字夫齊東有琅邪即墨之饒師古曰二縣近海財用之所出南有泰山之固西有濁河之限晉灼曰齊西有平原河水東北過高唐高唐即平原也孟津號黃河故曰濁河也補注先謙曰通鑑胡注孟津在河內去平原甚遠晉說失之拘蓋河流渾濁故謂之濁河也何焯云孟津不在齊界字有誤或是鬲津地理志平原郡有鬲縣平當以爲鬲津北有勃海之利地方二千里持戟百萬縣隔千里之外齊得十二焉應劭曰齊得十之二耳故愍王稱東帝後復歸之卒爲秦所滅

者利鈍之勢異也李斐曰齊有山河之限地方二千里是與天下縣隔也設有持戟百萬之衆齊得十中之二焉百萬十分之二亦二十萬也但文相避故言東西秦其勢敵也蘇林曰十二得十二中之二二十萬人當百萬言齊雖固不如秦二萬乃當百萬也晉灼曰案文考義蘇說是也師古曰蘇晉之釋得其意也秦得百二者二萬人當諸侯百萬人也齊得十二者二十萬人當諸侯百萬也所以言縣隔千里之外者除去秦地而齊乃與諸侯計利便也補注宋祁曰景德本蘇林注文云十二得十中之二萬人無二十當百萬五字景祐刊誤本據史記注當作二十萬人當百萬又余以爲若蘇說已明顏安得更於下解云齊得十二者二十萬人當諸侯百萬也先謙曰史索隱云言齊境闊不啻千里故云千里之外又引虞喜云齊得十二亦如秦得百二故爲東西秦言勢相敵但立文相避故云十二言餘諸侯十萬齊地形勝亦倍於他國當二十萬人先謙案千里之外索隱說是十二虞說是**此東西秦也**補注劉攽曰案文多西字吳仁傑曰漢紀作此亦東秦與刊誤之言脗合通鑑多采漢紀之文於此獨用漢書本語者案上文敘齊秦形勝相埒之意而結之曰此東西秦也非親子弟莫可使王齊者矣熟復之語意脈血法當如是去一西字則不相貫矣如刊誤之意去西字則下文齊字亦所當去故通鑑仍作東西秦先謙曰吳說是胡三省云言齊地形勝與秦亢衡也荀劉刪西字由讀上文百二十二之語未晰耳**非親子弟莫可使王齊者上曰善賜金五百斤上還至雒陽赦韓信封爲淮陰侯**補注齊召南曰此文追敘也據功臣表曹參等以十二月甲申封而淮陰侯之封直至四月則知此文爲追敘矣

甲申始剖符封功臣曹參等爲通侯師古曰剖破也與其合符而分授之也剖音普口反**詔曰齊古之建國也今爲郡縣**補注先謙曰韓信徙王楚後爲齊郡**其復以爲諸侯**師古曰爲國以封諸侯王**將軍劉賈數有大功及擇寬惠脩絜者王齊荆地春正月丙午韓王信等奏請以故東陽郡鄣郡吳郡五十三縣立劉賈爲荆王**文穎曰東陽今下邳也鄣郡今丹陽也吳郡本會稽也韋昭曰鄣郡今故鄣縣也後郡徙丹楊轉以爲縣故謂之故鄣也師古曰鄣音章補注劉攽曰案地理志東陽郡吳皆非秦郡後漢順帝時始分會稽爲吳今此文殊不可曉齊召南曰攽所疑是也但灌嬰傳云破吳郡長吳下得吳守遂定吳豫章會稽又功臣表博陽侯周聚布反定吳郡豈項氏嘗分會稽爲吳及漢定天下復合爲一郡乎攽并疑鄣郡非秦郡非也漢之丹陽即秦之鄣郡也何焯曰文注吳郡本會稽也當以會稽治吳故亦得兩稱吳郡當班氏作書時亦未分也此正與下郯郡義同先謙曰注兩楊字官本並作陽東陽鄣吳並楚漢間所置郡東陽兼有廣陵國臨淮郡地晉志武帝分沛東陽置臨淮郡故臨淮有東陽縣而廣陵國下亦云屬荆也下邳屬東海秦爲郯郡地文說非丹楊郡下云故鄣郡不云秦鄣郡自續志以下皆誤爲秦郡齊說亦非餘詳地理志**以碭郡薛郡郯郡三十六縣立弟文信君交爲楚王**文穎曰薛郡今魯國是也郯郡今東海郯也師古曰郯音談補注劉攽曰郯亦非秦郡錢大昕曰楚元王傳王薛郡東海彭城三十六縣紀作碭郡而傳無之攷地理志梁國故秦碭郡高帝五年爲梁國梁爲彭越所封楚元不能得之當從傳爲是先謙曰史記云分韓信地爲二國也地理志魯國下云故秦薛郡東海郡治郯陳勝傳秦嘉等圍東海守於郯是也楚漢間稱郯郡**壬子以雲中鴈門代郡五十三縣立兄宜信侯喜爲代王以膠東膠西臨淄濟北博陽城陽郡七十三縣立子肥爲齊王**補注劉攽曰膠東濟北皆項氏所建國齊都臨淄可以齊爲臨淄膠西則未有國博陽城陽亦非秦郡此文亦殊不可曉錢大昕曰秦三十六郡無東陽鄣吳郯及膠東膠西臨淄濟北博陽城陽之名蓋楚漢之際諸侯分王其地各自立郡非秦之舊膠東濟北項羽所立國名與齊號爲三齊臨淄即齊都博陽即濟北王都也曹參傳攻破齊歷下軍遂取臨淄還定濟北郡蓋田榮並三齊之後以濟北爲郡師古以爲史追書之者非也英布傳九江廬江衡山豫章郡皆屬焉秦時止有九江郡其餘皆楚漢之際所置謂三十六之外皆非郡者眞契舟求劍之見也先謙曰月表項羽分三齊更名齊爲臨淄然宅處皆稱齊不稱臨淄也膠東濟北二國羽所立而田榮并之博陽濟北王都蓋榮并三齊仍名齊國臨淄膠東濟北博陽皆爲郡而膠西城陽二郡亦於此時分立也**以太原郡三十一縣爲韓國徙韓王信都晉陽**補注先謙曰晉陽太原縣今太原府太康縣治**上已封大功臣三十餘人**補注周壽昌曰荀紀作大功臣封者二十餘人本書張良傳同高帝功臣表六年正月以前封二十七人合韓信二十八人三是二之誤先謙曰通鑑亦作二十餘人此積畫傳寫之誤**其餘爭功未得行封上居南宮從復道上**如淳曰復音複上下有道故謂之複補注先謙曰官本下複作復是**見諸將往往耦語以問張良良曰陛**

下與此屬共取天下今已爲天子而所封皆故人所愛所誅皆平生仇怨今軍吏計功以天下爲不足用徧封師古曰言有功者多而土地少**而恐以過失及誅故相聚謀反耳上曰爲之奈何良曰取上素所不快**師古曰言有舊嫌者也**計羣臣所共知最甚者一人先封以示羣臣三月上置酒封雍齒因趣丞相急定功行封**師古曰趣讀曰促**罷酒羣臣皆喜曰雍齒且侯吾屬亡患矣上歸櫟陽五日一朝太公太公家令說太公曰**補注沈欽韓曰據此則太公有湯沐邑故置家令漢太子公主並有家令列侯有家丞唐六典家丞凡莊宅田園必審其頃畝分其疆界置於籍書若租稅隨其良瘠而爲收斂之數以時入之知家令丞掌食邑也**天亡二日土亡二王皇帝雖子人主也太公雖父人臣也奈何令人主拜人臣如此**

則威重不行。後上朝，太公擁彗，李奇曰：爲恭也，如今卒持帚也。師古曰：彗者所以埽也，音似歲反。補注沈欽韓曰：史記鄒衍如燕，昭王擁彗先驅。管子弟子職「振袵埽席」，此謂拂席施敬也。先謙曰：官本注今作令。迎門卻行。師古曰：卻，退而行也。音丘略反。上大驚，下扶太公。太公曰：「帝，人主，奈何以我亂天下法！」於是上心善家令言，師古曰：晉太子庶子劉寶云，善其發悟己心，因得尊崇父號，非善其令父敬己。賜黃金五百斤。

夏五月丙午，詔曰：「人之至親，莫親於父子，故父有天下傳歸於子，子有天下尊歸於父，此人道之極也。前日天下大亂，兵革並起，萬民苦殃，朕親被堅執銳，師古曰：被堅謂甲冑也，執銳謂利兵也。被音皮義反。自帥士卒，犯危難，平暴亂，立諸侯，偃兵息民，天下大安，此皆太公之教訓也。諸王、通侯、將軍、羣卿、大夫已尊朕爲皇帝，而太公未有號，今上尊太公曰太上皇。」師古曰：太上，極尊之稱也。皇，君也。天子之父，故號曰皇。不預治國，故不言帝也。補注先謙曰：官本考證引蔡邕云：不言帝，非天子也。又案本紀，秦始皇追尊莊襄爲太上皇，已有故事矣。蓋太上者，無上也。皇者，德大於帝。何焯云：皇帝本兼採三皇五帝義。三皇，古之盛天子也。顏說蓋據定陶恭皇、孝德皇諸號以後事臆斷。周壽昌云：古身爲天子，父爲匹夫，惟舜之瞽瞍，未聞尊號。莊襄爲太上皇，是死後追尊，事係創行，因家令一言發之。

秋九月，匈奴圍韓王信於馬邑，信降匈奴。補注先謙曰：馬邑，鴈門縣。信以太原郡爲韓國，本都晉陽，自請移治馬邑，則馬邑是時屬韓國。胡三省云：蓋定襄未置郡，故太原之地北被邊，兼有雁門之馬邑也。今朔平府朔州治。

七年冬十月，上自將擊韓王信於銅鞮，師古曰：縣名也。鞮音丁奚反。補注先謙曰：銅鞮，上黨縣，在今沁州西南。斬其將。補注先謙曰：王喜也，見信傳。信亡走匈奴，與其將曼丘臣、王黃師古曰：姓曼丘，名臣也。曼丘本一姓也，語有緩急耳。曼音萬。補注朱子文曰：攷其文理意義，於信亡走匈奴句下，多一與字。既云信與其將共立趙利爲王，如何卻云收信散兵？信字不當下矣。又信本傳拘於紀文，亦多一王與字，更無義理。傳云信亡走云云，又曰復收信散兵而與信及冒頓謀攻漢。既云信與其將立趙利爲王，如何又云收信散兵而與信？以此觀之，既信亡走匈奴，兵亂，未知所在，其將乃共立趙利爲王，收信散兵，與匈奴共距漢，若去一與字，紀傳皆分明。沈欽韓曰：廣韻丘字注，漢複姓四十四氏，齊有曼丘不擇，別有魏母丘儉，非一姓也。先謙曰：史記作白土曼丘臣、王黃等立趙利爲王，通鑑白土下加人字，此及信傳與字並係誤衍，朱說是也。共立故趙後趙利爲王，師古曰：故趙，六國時趙也。收信散兵，與匈奴共距漢。上從晉陽連戰，乘勝逐北，至樓煩，補注先謙曰：樓煩，鴈門縣，在今代州崞縣東北。時御史成諫，帝不聽，見主父偃傳。會大寒，士卒墮指者什二三，師古曰：十人之中，二三墮指。遂至平城，補注先謙曰：平城，鴈門縣，在今大同府大同縣東。爲匈奴所圍，七日，用陳平祕計得出。應劭曰：陳平使畫工圖美女，閒遣人遺閼氏，云漢有美女如此，今皇帝困厄，欲獻之。閼氏畏其奪己寵，因謂單于曰：漢天子亦有神靈，得其土地，非能有也。於是匈奴開其一角，得突出。鄭氏曰：以計鄙陋，故祕不傳。師古曰：應氏之說出桓譚新論，蓋譚以意測之，事當然耳，非紀傳之所說也。使樊噲留定代地。

十二月，上還過趙，不禮趙王。是月，匈奴攻代，代王喜棄國自歸雒陽，補注沈欽韓曰：史記在八年，表又誤在九年。赦爲合陽侯。辛卯，立子如意爲代王。補注朱一新曰：如意爲代王，本傳及諸侯王表皆不書，蓋以其年幼未之國也。

春，令郎中有罪耐以上請之。應劭曰：輕罪不至于髡，完其耏鬢，故曰耏。古耐字從彡，髮膚之意也。杜林以爲法度之字皆從寸，後改如是。言耐罪已上皆當先請也。耐音若能。如淳曰：耐猶任也，任其事也。師古曰：依應氏之說，耏當音而；如氏之解，則音乃代反，其義亦兩通。而謂頰旁毛也彡，毛髮貌也，音所廉反，又先廉反。而功臣侯表宣曲侯通耏爲鬼薪，則應氏之說斯爲長矣。補注宋祁曰：師古曰依應氏之說，又云彡毛髮貌，余以顏氏之說似不審應意，反誤引說文，不了其義，更有兩通之語。且今說文耏無而音，止於乃代一音耳。案古者能字皆作耐字，亦取堪任其事之意，後世以三足之能爲能，故今人書能無有作耐字者。應云耐音若能之能，耐自然聲近矣，本不爲而音也。顏云耐謂頰旁毛，據說文自訓而字爲頰毛耳，象毛之形，至耐字直釋云罪不至髡，則顏謬意而誤說文明矣。民產子，復勿事二歲。師古曰：勿事，不役使也。補注何焯曰：大亂之後，戶口減半，優之使生聚日滋。

二月，至長安。蕭何治未央宮，補注先謙曰：通鑑胡注，未央宮在長安城西南隅，周回二十八里。元和志云：東距長樂宮一里，中隔武庫。立東闕、北闕、前殿、武庫、大倉。師古曰：未央殿雖南嚮，而上書奏事謁見之徒皆詣北闕，公車司馬亦在北焉。是則以北闕爲正門，而又有東門、東闕，至於西南兩面無門闕矣。蓋蕭何初立未央宮，以厭勝之術，理宜然乎？補注錢大昭曰：注立闕本作治。沈欽韓曰：案黃圖，未央宮四面皆有公車司馬門。王莽曰王路四門。顏謂公車司馬惟在北闕，非也。先謙曰：大官本作太，史記同。集解引關中記，未央東有蒼龍闕，北有元武闕。正義引顏注作故立未央宮，立字不當作治。上見其壯麗，甚怒，謂何曰：「天下匈匈，勞苦數歲，成敗未可知，師古曰：匈匈，喧擾之意。是何治宮室過度也！」何曰：「天下方未定，故可因以就宮室。師古曰：就，成也。且夫天子以四海爲家，非令壯麗亡以重威，補注先謙曰：令字爲贅文，史記、荀紀、通鑑無之，此緣下令字而衍。且亡令後世有以加也。」上說。師古曰：說讀曰悅。自櫟陽徙都長安。置宗正官以序九族。補注錢大

昭曰宮當作官宗正本秦官是時始置先謙曰官本宮作官　夏四月行如雒陽師古曰如往也
八年冬上東擊韓信餘寇於東垣孟康曰眞定也師古曰垣音轅補注王先愼曰史記作韓王信
本書上下文俱書韓王信明此脫王字先謙曰東垣眞定縣後改名眞定在今正定府正定縣南　還過趙趙相貫
高等恥上不禮其王陰謀欲弑上上欲宿心動問縣名何曰柏人
補注先謙曰柏人趙國縣在今順德府唐山縣西　上曰柏人者迫於人也去弗宿十一月
令士卒從軍死者爲槥服虔曰槥音衞應劭曰小棺也今謂之櫝　歸其縣縣給衣衾棺
葬具如淳曰棺音貫謂棺斂之服也臣瓚曰初以槥致其尸於家縣官更給棺衣更斂之也金布令曰不幸死死所爲櫝傳歸
所居縣賜以衣棺也師古曰初爲槥櫝至縣更給衣及棺備其葬具耳不勞改讀音爲貫也金布者令篇者若今言倉庫令也補注
先謙曰注令篇者者當爲名官本不誤　祠吕少牢長吏視葬補注先謙曰長吏謂丞尉也　十二月
行自東垣至師古曰至京師　春三月行如雒陽令吏卒從軍至平城及守
城邑者如淳曰平城左右諸城能堅守也補注先謙曰官本也作者是　皆復終身勿事師古曰復音方目反
爵非公乘吕上毋得冠劉氏冠文穎曰卽竹皮冠也　賈人毋得衣錦繡綺縠

絺紵罽操兵乘騎馬師古曰賈人坐販賣者也綺文繒也卽今之細綾也絺細葛也紵織紵爲布及疏也罽織
毛若今毼及氍毹之類也操持也兵凡兵器也乘駕車也騎單騎也賈音古絺音丑知反紵音佇罽音居例反操音千高反補注錢
大昭曰罽當作𦇧說文罽魚網𦇧西胡毳布也先謙曰通鑑胡注錦織文也繡刺文而五采備者也縠縐紗也　秋八月吏
有罪未發覺者赦之九月行自雒陽至淮南王梁王趙王楚王皆
從
九年冬十月淮南王梁王趙王楚王朝未央宮置酒前殿上奉玉
卮應劭曰飮酒禮器也古以角作受四升古卮字作觗晉灼曰音支師古曰卮飮酒圜器也今尙有之補注沈欽韓曰韓非子外
儲右云今有千金之玉卮而無當不可以盛水則卮是注器有當者也古觶觗皆三升酒器應說受四升誤觗卮音義各別而云卮
作觗未之前聞　爲太上皇壽師古曰進酒而獻壽也已解於上　曰始大人常吕臣亡賴應劭
曰賴者恃也晉灼曰許愼云賴利也無利入於家也或曰江淮之間謂小兒多詐狡獪爲亡賴師古曰晉說是也獪音工外反補注
周壽昌曰亡賴無所恃以資生如今游手白徒也張釋之傳尉亡賴張晏注材無可恃也應說是　不能治產業不
如仲力服虔曰力勤力也　今某之業所就孰與仲多師古曰就成也與亦如也　殿上羣

臣皆稱萬歲大笑爲樂十一月徙齊楚大族昭氏屈氏景氏懷氏
田氏五姓關中與利田宅師古曰利謂便好也屈音九勿反補注先謙曰從婁敬之謀見敬傳　十二
月行如雒陽貫高等謀逆發覺逮捕高等師古曰逮捕謂事相連及者皆捕之也一曰在
道守禁相屬不絕若今之傳送囚耳補注劉攽曰予謂逮者其人存直追取之捕者其人亡當討捕也故有或但言逮或但言捕知
異物也一云逮易辭捕加力也逮徙呼名召之捕加束縛矣　并捕趙王敖下獄詔敢有隨王罪
三族張晏曰父母兄弟妻子也如淳曰父族母族妻族也師古曰如說是也補注何焯曰刑法志孝文詔明指父母妻子同
產爲三族張說爲是如說不惟禍及舉宗復妄增母妻二異姓一言之謀其爲不仁甚矣以今法準之亦如張說錢大昭曰小宗伯
掌三族之別以辨親疏鄭注三族謂父子孫人屬之正名婚禮請期辭曰惟是三族之不虞欲及今三族未有不億度之事而迎婦
也如此所云三族不當有異姓異姓其服皆緦麻不禁嫁女娶妻惟尙書歐陽家以九族爲父族四母族三妻族二其實非也釋親
父之親爲宗族母之親爲母黨妻之親爲妻黨是族與黨秩然有辨若合異姓爲族則名不正矣如失之張亦未爲得也　郎中
田叔孟舒等十人自髡鉗爲王家奴師古曰鉗以鐵束頸也音其炎反　從王就獄
王實不知其謀春正月廢趙王敖爲宣平侯徙代王如意爲趙王

王趙國丙寅前有罪殊死吕下皆赦之二月行自雒陽至賢趙臣
田叔孟舒等十人召見與語漢廷臣無能出其右者師古曰古者以右爲尊言
材用無能過之者故云不出其右也他皆類此補注劉攽曰予謂右者居則貴左用兵則貴右貴右似戰國時俗也㒄仁傑曰用兵
貴右見老子書古凶事尙右兵者凶器尙右蓋以凶禮處之禮乘君之乘車不敢曠左注謂車上貴左乘車貴左兵車貴右也魏公
子從車騎虛左自迎侯生則戰國有時尙左禮少儀論乘兵車云軍尙左左傳韓厥代御居中杜注自非元帥御者皆在中將在左
知兵車之禮惟君及元帥尙右其餘軍將亦尙左而已諸侯王表作左官律顏注漢依上古法朝廷之列以右爲尊故謂仕諸侯爲
左官案土蕃曰今分土而官之是左之也則左官之言在春秋已如此全祖望曰仲虺爲湯左相伊尹以右相先之慶封爲齊左相
崔杼以右相先之不必軍禮也軍禮止楚人尙左故王在左廣中而魯舍中軍季氏將左師則似魯又尙左此皆難強爲之說大抵
位次之間尙右者多　上說師古曰說讀曰悅　盡拜爲郡守諸侯相夏六月乙未晦日
有食之補注先謙曰官本食作蝕五行志既在張十三度
十年冬十月淮南王燕王荊王梁王楚王齊王長沙王來朝夏五
月太上皇后崩如淳曰王陵傳楚取太上皇呂后爲質又項羽歸太公呂后不見歸媼也又上五年追尊母媼爲昭

靈夫人高后時乃追尊爲昭靈后耳漢儀注高帝母兵起時死小黃北後於小黃作陵廟以此二者推之不得有太上皇后崩也李奇曰高祖後母也晉灼曰五年追尊先媪曰昭靈夫人言追尊則明其已亡史記十年春夏無事七月太上皇崩葬櫟陽宮明此長夏五月太上皇后崩八字也又漢儀注先媪已葬陳留小黃師古曰如晉二說皆得之無此太上皇后也諸家之說更有異端適爲煩穢不足采也補注先謙曰通鑑五月太上皇崩於櫟陽宮七月葬太上皇於萬年考異云漢紀五月無后字七月無崩字蓋荀悅時本尚未譌謬故也今從之錢大昭云案盧綰傳云十年秋太上皇崩史記七月太上皇崩櫟陽宮晉說是也荀紀雖較漢書明晰然以盧綰傳史記證之晉灼說爲優周壽昌云趙翼取李說引史記項羽紀羽取漢王父母妻子於沛置之軍中爲質及鴻溝之約羽又歸漢王父母妻子陸機高祖功臣頌侯公伏軾皇媼來歸又楚元王交傳交高祖同父弟顏注言同父而不言同母者異母弟也然案吳王傳朝錯上言稱高祖庶弟元王郎異母豈爲其後母乎至羽紀所云父母妻子不過家屬泛詞連稱及之陸頌則文人沿說尤非事實案高帝紀六年詔尊太公爲太上皇未及太上皇后若有之詔不應闕若未尊號史不應書況書崩不書葬無此體例班氏明有一誤又晉注宋景祐乾道本明汪本同或改長作無案呂覽觀世篇亂世之所以長也注長多也直亮切音仗不當改作無先謙案官本注作無此夏五月太上皇后崩八字也秋七月癸卯太上皇崩葬萬年師古曰三輔黃圖云高祖初居櫟陽故太上皇因在櫟陽十年太上皇崩葬其北原起萬年邑置長丞也補注沈欽韓曰韋元成傳云太上皇

居陵旁立廟而昭靈后等各有寢園後書虞延傳光武東巡過小黃高帝母昭靈后園陵在焉則高祖母不同葬萬年明矣黃圖云其陵在東者太上皇西者昭靈后不足據也赦櫟陽囚死罪以下臣瓚曰萬年陵在櫟陽縣界故特赦之補注先謙曰官本已作巳引宋祁曰已當作以八月令諸侯王皆立太上皇廟于國都補注何焯曰失禮之始至韋元成貢禹始覺其非先謙曰官本有蔡邕曰皇子封爲王者實古諸侯加號稱王故云諸侯王封爲侯者謂之諸侯二十字九月代相國陳豨反鄧展曰東海人名豬曰豨師古曰豨音許豈反上曰豨嘗爲吾使甚有信師古曰爲音于僞反代地吾所急故封豨爲列侯以相國守代今乃與王黃等劫掠代地吏民非有罪也能去豨黃來歸者皆赦之師古曰去謂棄離之而來也補注先謙曰官本赦作舍上自東至邯鄲補注先謙曰邯鄲趙國縣在今廣平府邯鄲縣西南十里上喜曰豨不南據邯鄲而阻漳水補注宋祁曰而舊本作北刊誤據史記改爲而然據漳水不在北也吾知其亡能爲矣趙相周昌奏常山二十五城補注錢大昭曰地理志常山郡縣止十八蓋後又改隸或分析耳亡其二十城請誅守尉師古曰守者郡守尉者郡尉也上曰守尉反乎對曰不上曰是力不足亡罪上令周昌選趙壯

士可令將者白見四人師古曰白於天子而召見也上嫚罵曰師古曰嫚者渫汙也豎子能爲將乎四人慙皆伏地上封各千戶以爲將左右諫曰從入蜀漢伐楚賞未徧行今封此何功上曰非汝所知陳豨反趙代地皆豨有吾以羽檄徵天下兵未有至者師古曰檄者以木簡爲書長尺二寸用徵召也其有急事則加以鳥羽插之示速疾也魏武奏事云今邊有警輒露檄插羽檄音胡歷反今計唯獨邯鄲中兵耳吾何愛四千戶不以慰趙子弟皆曰善又求樂毅有後乎師古曰樂毅戰國時燕將也得其孫叔封之樂鄉補注先謙曰樂毅傳集解引徐廣云在北新城正義信都有樂鄉縣號華成君問豨將皆故賈人補注先謙曰史記問作聞上曰吾知與之矣師古曰與如也言能如之何也補注劉攽曰與猶待也劉敞曰知與之者知所以與之之術也豨將皆故賈人賈人嗜利乃多以金購之宋祁曰吾知與之矣南本知字下有易字王念孫曰顏說甚迂與猶敵也言吾知所以敵之矣作語知與之襄二十五年左傳閭邱嬰與申鮮虞乘而出行及弇中將舍嬰曰崔慶其追我鮮虞曰一與一誰能懼我與敵也懼病也詁方言狹道之中一以敵一雖崔慶之衆不能病我也秦策以此與天下天下不足兼而有也言以此敵天下也史記孫子傳今以君之下駟與彼之上駟取君上駟與彼中駟取君

中駟與彼下駟燕世家龐煖易與耳白起傳廉頗易與淮陰侯傳吾生平知韓信爲人易與耳與皆謂敵也先謙曰王說是乃多以金購豨將師古曰購設賞募也補注先謙曰官本多音構二字豨將多降十一年冬上在邯鄲豨將侯敞將萬餘人游行補注先謙曰敞豨丞相也後爲灌嬰所斬見嬰傳王黃將騎千餘軍曲逆文穎曰今中山蒲陰是也補注先謙曰曲逆中山縣在今保定府完縣東南張春將卒萬餘人度河攻聊城師古曰卽今博州聊城縣補注先謙曰聊城東郡縣在今東昌府聊城縣西北十五里漢將軍郭蒙與齊將擊大破之太尉周勃道太原入定代地師古曰道由太原也補注先謙曰道卽由也見上卷至馬邑馬邑不下攻殘之師古曰殘謂多所殺戮也補注宋祁曰馬邑或作高邑豨將趙利守東垣高祖攻之不下卒罵上怒城降卒罵者斬之補注先謙曰史記作城降令出罵者斬之不罵者原之以見城爲賊守帝雖怒後不改其寬仁大度本書刪之文簡而意晦矣諸縣堅守不降反寇者復租賦三歲春正月淮陰侯韓信謀反長安夷三族將軍柴武斬韓王信於參合師古曰代之縣也補注先謙曰參合代郡縣在今大同府陽高縣東北上還雒陽詔曰代地居常山之北

與夷狄邊趙乃從山南有之〔補注〕先謙曰有之謂以代爲屬地前如意爲代王張敖爲趙王各自爲國敖廢後從如意王趙遂兼有代地而令陳豨以代相國監趙代邊及豨反周昌相如意之國常山以二十城趙不能兼顧故仍分趙代爲二國也遠數有胡寇難以爲國頗取山南太原之地益屬代師古曰少割以益之不盡取也頗音普我反後皆類此〔補注〕先謙曰韓王信反破後太原已復爲郡今頗取以益代故紀稱太原三十一縣而志止縣二十一也代之雲中以西爲雲中郡〔補注〕先謙曰雲中已有郡前屬代國現今取代邊以西地皆復爲郡故代受寇益少則代受邊寇益少矣王相國通侯吏二千石擇可立爲代王者燕王綰相國何等三十三人皆曰子恆賢知溫良請立以爲代王都晉陽如淳曰文紀言都中都又文帝過太原復晉陽中都二歲似遷都於中都也大赦天下二月詔曰欲省賦甚師古曰意甚欲省賦斂也今獻未有程師古曰程法式也吏或多賦以爲獻而諸侯王尤多民疾之師古曰諸侯王賦其國中以爲獻物又多於郡故百姓疾苦之令諸侯王通侯常以十月朝獻〔補注〕沈欽韓曰褚少孫梁世家補云諸侯王朝見天子漢法凡當四見耳始到入小見正月朔旦奉皮薦璧玉賀正月法見蹕臏賜法後三日爲王置酒賜金錢財物後二日復入小見辭去凡留長安不過二十日小見者燕見於禁門內飲於省中非上人所得入也案此制蓋從高帝是年始及郡各以其口數率師古曰率計也〔補注〕劉攽曰率當屬下句大率也王念孫曰顏讀是也文紀云以戶口率置三老孝弟力田常員鹽鐵論未通篇云以口率被墾田而不足鄭注周官大宰云賦口率出錢也率字皆屬上讀先謙曰令郡國皆同之人歲六十三錢以給獻費〔補注〕沈欽韓曰案此於一算之外復歲取六十三錢也又曰蓋聞王者莫高於周文伯者莫高於齊桓師古曰伯讀曰霸皆待賢人而成名今天下賢者智能豈特古之人乎師古曰特獨也患在人主不交故也士奚由進師古曰奚何也今吾以天之靈賢士大夫定有天下以爲一家欲其長久世世奉宗廟亡絕也賢人已與我共平之矣而不與我共安利之可乎賢士大夫有肯從我游者吾能尊顯之布告天下使明知朕意御史大夫昌下相國臣瓚曰周昌已爲趙相御史大夫是趙堯耳〔補注〕何焯曰當時周昌疑以御史大夫行趙相事趙堯特以御史守御史大夫故詔書仍言昌也沈欽韓曰是時未有尚書則凡詔令御史起草付外施行御史大夫爲長故徑下相國也史記三王世家大司馬霍去病請立皇子爲王備載其品式與此正同先謙曰昌字當是誤文何說無據相國酇

侯下諸侯王臣瓚曰茂陵書何封國在南陽酇音贊師古曰瓚說是也而或云何封沛郡酇縣音才何反非也案地理志南陽酇縣云侯國沛郡酇縣不云侯國也又南陽酇者本是春秋時陰國所謂遷陰于下陰者也今爲襄州陰城縣有酇城西見有蕭何廟彼土又有筑水筑水之陽古曰筑陽縣與酇側近連接據何本傳何薨之後子祿無嗣高后封何夫人同爲酇侯小子延爲筑陽侯孝文罷同更封延爲酇侯是知何封國兼得筑陽此明驗也但酇字別有酇音是以沛之酇縣史記漢書皆作酇字明其音同也班固泗水亭碑以蕭何相國所封與何同韻於義無爽然其封邑實在南陽非沛縣也且地理志云王莽改沛酇曰贊治然則沛酇亦有贊音酇鄼相亂無所取信也說者又引江統徂淮賦以爲證此乃統之疏謬不可考覈亦猶潘岳西征以陝之曲沃爲成師所居耳斯例甚多不可具載〔補注〕錢坫曰地理志南陽沛二郡並有酇縣以說文考之南陽縣作鄼沛縣作酇實不同也何封在沛故班固十八侯銘云文昌四友漢有蕭何序功第一受封於酇應劭謂其字音嵯故與何爲韻也其作泗水亭碑亦然惟臣瓚據茂陵書以爲何封在南陽不知封南陽酇者乃何曾孫慶非何也水經注沔水下亦謂何封在南陽益又因臣瓚而誤沈欽韓曰時諸侯王國皆自置二千石非漢官故直使諸侯王知之先謙曰注酇當作鄼鄼音喜在魯地非沛之酇也御史中執法下郡守晉灼曰中執法中丞也其有意稱明德者必身勸爲之駕文穎曰有賢者郡守身自往勸勉令至京師駕車遣之〔補注〕吳仁傑曰文選王融曲水詩序李注引漢書作懿稱錢大昕曰懿稱美稱也與明德對文則懿義爲長古文懿與意通書金縢噫公命馬融本噫作懿云懿猶噫也詩大雅抑篇國語作懿戒小雅抑此皇父箋抑之言噫論語抑與之與蔡邕石經抑作意是懿抑意噫四文可通用也小顏於意稱闕而不解由於未識古音遣詣相國府〔補注〕沈欽韓曰古文苑董仲舒詣公孫宏記室書云願君侯大開蕭相國求賢之路廉選舉之門則此詔實蕭相贊成之選賢授能相國事也故進士皆詣相國公孫宏爲丞相開東閣以延賢人薛宣語朱雲且留東閣以觀四方奇士後此上計秀孝皆集丞相府東京猶集司徒府皆其故事署行義年蘇林曰行狀年紀也〔補注〕劉攽曰義讀曰儀儀謂儀容其年若曰團貌矣吳仁傑曰曲水詩序云興廉舉孝歲時於外府書行議年日夕於中甸李注引此詔文爲釋亦作議刊誤讀作儀與心儀霍將軍女同意儀擬也詔云年老癃病勿遣若年雖老而非癃病不害其爲可用故須擬議其年要之儀議皆通融所云殆據別本之文先謙曰署署書也此與今親供正同署行若云本身並無違礙過犯署儀若云身中面白有無鬚署年若干歲也蘇說當而失之簡劉讀是其年二字蓋衍吳訓儀爲擬則謬矣有而弗言覺免〔補注〕先謙曰免郡守官年老癃病勿遣師古曰癃疲病也音隆三月梁王彭越謀反夷三族師古曰夷平也謂盡誅除之詔曰擇可以爲梁王淮陽王者燕王綰相國何等請立子恢爲梁王子友爲淮陽王罷東郡頗益梁罷潁川郡頗益淮陽〔補注〕錢大昕曰謂分東郡潁川之支縣以

益二國非廢此二郡也夏四月行自雒陽至令豐人徙關中者皆復終身應劭曰太上皇思上欲歸豐高祖乃更築城寺市里如豐縣號曰新豐徙豐民以充實之師古曰徙豐人所居即今之新豐古城是其處復音方目反補注先謙曰注思上官本作思土是五月詔曰粵人之俗好相攻擊前時秦徙中縣之民南方三郡如淳曰中縣之民中國縣民也秦始皇略取彊梁地以爲桂林象郡南海郡故曰三郡補注齊召南曰彊梁地當作陸梁地史記秦始皇紀三十一年略取陸梁地爲桂林象郡南海是也宋本亦誤存說於此使與百粵雜處李奇曰欲以介其間使不相攻擊也會天下誅秦南海尉它居南方長治之晉灼曰長音長吏之長師古曰它古佗字也書本亦或作他竝音徒何反它者南海尉之名也姓趙長治謂爲之長治而治理之也補注先謙曰注長下治字官本作帥是此誤考證云帥字譌師理字譌李今改正甚有文理補注周壽昌曰文理猶條理也禮書貴本之謂文親用之謂理中縣人以故不耗減師古曰耗損也音火到反粵人相攻擊之俗益止俱賴其力今立它爲南粵王使陸賈即授璽綬師古曰即就也就其所居而立之它稽首稱臣六月令士卒從入蜀漢關中者皆復終身師古曰復音方目反秋七月淮南王布反上問諸將滕公言故楚令尹

薛公有籌策上見公補注錢大昭曰南監本閩本竝作上召見先謙曰官本亦作上召見薛公言布形埶上善之封薛公千戶詔王相國擇可立爲淮南王者羣臣請立子長爲王上乃發上郡北地隴西車騎巴蜀材官及中尉卒三萬人應劭曰材官有材力者張晏曰材官騎士習射御騎馳戰陳常以八月太守都尉令長丞會都試課殿最水處則習船邊郡將萬騎行障塞光武時省韋昭曰中尉即執金吾也爲皇太子衞軍霸上布果如薛公言東擊殺荊王劉賈劫其兵度淮擊楚楚王交走入薛上赦天下死罪以下皆令從軍徵諸侯兵上自將以擊布

十二年冬十月上破布軍于會缶孟康曰音會保邑名屬沛國蘄縣蘇林曰缶音嚭晉灼曰蘄縣鄉名也師古曰會音工外反缶音丈瑞反蘇音是也此字本作嚭而轉寫者誤爲缶字耳音保非也黥布傳則正作嚭字此足明其不作缶也補注先謙曰荀紀作嚭史記作甀集解音直僞反地理志沛縣蘄下云嚭鄉高祖破黥布顏注嚭音直恚反字作缶甀皆非直僞直恚丈瑞三音竝同布走令別將追之上還過沛畱置酒沛宮悉召故人父老子弟佐酒應劭曰助行酒補注先謙曰史記作縱酒通鑑從漢書作佐發沛中兒得百二十人教之歌酒酣師古曰酣洽也音胡甘反上擊筑鄧展曰筑音竹應劭曰狀似琴而大頭安弦以竹擊之故名曰筑師古曰今筑形似瑟而細頸也補注先謙曰史正義引應說琴作瑟是也此字誤又引顏說作形似瑟而小細項謂身小於瑟小字不可刪頸項一也自歌曰大風起兮雲飛揚威加海內兮歸故鄉安得猛士兮守四方令兒皆和習之師古曰和音胡臥反上乃起舞忼慨傷懷師古曰忼音口朗反慨音口代反泣數行下師古曰泣目中淚也謂沛父兄曰游子悲故鄉師古曰游子行客也悲謂顧念也吾雖都關中萬歲之後吾魂魄猶思樂沛補注先謙曰官本樂作家引宋祁曰家或作樂案史記作樂思沛且朕自沛公以誅暴逆遂有天下其以沛爲朕湯沐邑師古曰凡言湯沐邑者謂以其賦稅供湯沐之具也補注先謙曰史集解引風俗通義曰漢書注沛人語初發聲皆言其其者楚言也高祖始登帝位教令言其後以爲常爾復其民世世無有所與師古曰復音方目反與讀曰豫沛父老諸母故人日樂飲極歡道舊故爲笑樂師古曰言日日樂飲也樂竝音來各反補注先謙曰史記父老作父兄十餘日上欲去沛父兄固請補注先謙曰史記請下有畱高祖二字畱字似不可去上曰吾人衆多父兄不能給乃去沛中

空縣皆之邑西獻如淳曰獻牛酒也師古曰之往也皆往邑西競有所獻故縣中空無人上畱止張飲三日張晏曰張帷帳也師古曰張音竹亮反沛父兄皆頓首曰沛幸得復豐未得唯陛下哀矜上曰豐者吾所生長極不忘耳師古曰極至也至念之不忘也吾特以其爲雍齒故反我爲魏沛父兄固請之迺并復豐比沛漢別將擊布軍洮水南北蘇林曰洮音兆補注齊召南曰案胡三省謂洮水當在江南甚是但即以零陵郡之洮陽當之零陵去淮南太遠與下文所云追斬布鄱陽者不合也全祖望曰是蓋九江之洮水洮與洮相似而譌布敗於蘄反走其國又敗於洮方思投長沙未至而死於番陽也洮水見水經零陵洮水在長沙國境南何容布得走之與漢兵鬭復任其出境重入淮南國中之番陽也顧祖禹欲以震澤之洮湖當之則在吳王濞國內益謬先謙曰余謂顧說近之此時吳王濞未封地屬荊王劉賈布東并荊地則洮湖在其域中及戰敗乃走番陽耳皆大破之追斬布番陽師古曰番音蒲何反補注先謙曰豫章縣也今饒州府鄱陽縣治周勃定代斬陳豨於當城韋昭曰代郡縣也補注先謙曰在今宣化府蔚縣東詔曰吳古之建國也日者荊王兼有其地師古曰日者猶往日也今死亡後朕欲復立吳王其議可者長沙王臣等言師古曰臣者長沙王之名吳芮之子也今

書本或臣下有芮字者流俗妄加也沛侯濞重厚服虔曰濞音滂濞師古曰音普懿反請立爲吳王已拜上召謂濞曰汝狀有反相因拊其背曰漢後五十年東南有亂豈汝耶應劭曰高祖有聽略反相徑可知至於東南有亂克期五十占者所知也若秦始皇東巡以厭氣後劉項起東南疑當如此耳如淳曰度其貯積足用爲難又吳楚世不賓服師古曰應說是也拊謂摩循之然天下同姓一家汝愼毋反濞頓首曰不敢十一月行自淮南還過魯㠯大牢祠孔子十二月詔曰秦皇帝楚隱王師古曰陳勝也魏安釐王師古曰昭王之子也釐讀曰僖漢書僖謚及福禧字例多爲釐齊愍王師古曰宣王之子爲淖齒所殺趙悼襄王師古曰孝成王之子皆絕亡後其與秦始皇帝守冢二十家楚魏齊各十家趙及魏公子亡忌各五家師古曰亡忌卽信陵君也令視其冢復亡與它事師古曰復音方目反與讀曰豫陳豨降將言豨反時燕王盧綰使人之豨所陰謀師古曰之往也上使辟陽侯審食其迎綰師古曰辟音必亦反食其音異基綰稱疾食其言綰反有端春二月使樊噲周勃將兵擊綰〔補注〕先謙曰史記同官本作三月詔曰燕王綰與吾有故愛之如子聞與陳豨有謀吾㠯爲亡有故使人迎綰綰稱疾不來謀反明矣燕吏民非有罪也賜其吏六百石㠯上爵各一級與綰居去來歸者赦之師古曰先與綰居今能去之來歸漢者赦其罪加爵亦一級詔諸侯王議可立爲燕王者長沙王臣等請立子建爲燕王詔曰南武侯織亦粵之世也立㠯爲南海王文穎曰高祖五年以象郡桂林南海長沙立吳芮爲長沙王象郡桂林南海屬尉佗佗未降遙虛奪以封芮耳後佗降漢十一年更立佗爲南越王自此王三郡芮唯得長沙桂林零陵耳今復封織爲南海王復遙奪佗一郡織未得王之〔補注〕劉攽曰零陵武帝始立郡文說誤矣且始敘高帝封吳芮無零陵之文疑亦傳寫妄加之全祖望曰王隱晉書地道記以爲織封於交阯之嬴𨻶交阯在桂林南尉佗所屬役織安得王之要之無諸之族必其種落東接閩越西接尉佗其所據南武之地蓋在南海境中犬牙交錯故以南海爲國而王之文穎以爲虛封不知文帝時明有南海王反見淮南王安傳傳云前此南海王反先臣使將軍間忌擊之以其軍降處之上淦後復反則非虛封也淮南王長傳亦曰南海王織以璧帛獻皇帝是未滅時又曰南海民處廬江界中反則旣遷後也蓋其地在今汀潮贛之間以其爲無諸之族知其近於汀以其所封爲南海知其近於潮以其遷於廬江之上淦知其近於贛文王二說皆失之三月詔曰吾立爲天子帝有天下十二年于今矣與天下之豪士賢大夫共定天下同安輯之師古曰輯與集同其有功者上致之王〔補注〕周壽昌曰致猶置也置致通用字次爲列侯下乃食邑師古曰謂非列侯而特賜食邑者而重臣之親或爲列侯皆令自置吏得賦斂女子公主如淳曰公羊傳曰天子嫁女於諸侯必使諸侯同姓者主之故謂之公主百官表列侯所食曰國皇后公主所食曰邑帝姊妹曰長公主諸王女曰翁主師古曰如說得之天子不親主婚故謂之公主諸王卽自主婚故其女曰翁主翁者父也言父主其婚也亦曰王主言王自主其婚也高祖荅項羽曰吾翁卽若翁也揚雄方言云周晉秦隴謂父曰翁而臣瓚王楙或云公者比於上爵或云主者婦人尊稱皆失之〔補注〕劉攽曰予謂公主之稱本出秦舊男爲公子女爲公主古者大夫妻稱主故以公配之若謂同姓主之故謂之公主則周之事秦不知用也古之嫁女當如周使大夫爲主何不謂之夫主乎然則謂之王主者猶言王子也謂之翁主者緣公而生耳沈欽韓曰吳起傳公叔爲相尙魏公主李斯傳諸男皆尙秦公主劉云出秦舊是也晉語優施謂里克妻曰主孟韋昭注大夫之妻稱主案公卽君稱帝女食邑卽是封君故稱公主先謙曰此承上文專就王國言之下迺言列侯食邑者也重臣卽謂有功爲王者其親爲列侯若吳郢以長沙柱國侯之類是也女子下公主上當有爲字疑誤倒在下文漢初王國之制皆如漢朝至景帝中五年始天子爲置吏詳百官表爲列侯食邑者皆佩之印賜大第室孟康曰有甲乙次第故曰第也吏二千石徙之長安受小第室入蜀漢定三秦者皆世世復師古曰復音方目反吾於天下賢士功臣可謂亡負矣其有不義背天子擅起兵者與天下共伐誅之師古曰擅專也音上戰反他皆類此布告天下使明知朕意上擊布時爲流矢所中〔補注〕周壽昌曰史集解引三輔故事云高祖被大創十二矢石中通者四卒征英布中流矢崩行道疾疾甚呂后迎良醫醫入見上問醫曰疾可治不醫曰可治〔補注〕宋祁曰舊本及越本並無不醫曰可治五字王念孫曰景祐本作上問醫句醫曰疾可治句無不醫曰可治五字是也上問醫者問疾之可治否也曰疾可治者醫言可治也史記作高祖問醫醫曰病可治是其證後人誤以上問醫曰連讀則下文義不可通故增此五字耳於是上嫚罵之曰〔補注〕朱子文曰於文醫曰可治句下正不須於是二字宜去之吾㠯布衣提三尺取天下師古曰三尺劍也下韓安國傳所云三尺亦同而流俗書本或云提三尺劍劍字後人所加耳〔補注〕先謙曰史記元有劍字班氏刪之荀紀通鑑俱用漢書無劍字此非天命乎命乃在天雖扁鵲何益韋昭曰泰山盧人也名越人魏桓侯時醫也臣瓚曰史記云齊勃海人也魏無桓侯師古曰瓚說是也扁音步典反遂不使治疾賜黃金五十斤罷之呂后問曰

前漢一下 壬

陛下百歲後蕭相國既死誰令代之上曰曹參可問其次曰王陵可然少戇師古曰戇愚也古音下紺反今則竹巷反陳平可以助之陳平知有餘然難獨任周勃重厚少文然安劉氏者必勃也可令為太尉呂后復問其次上曰此後亦非乃所知也師古曰乃汝也言自此之後汝亦終矣不復知之補注沈欽韓曰雜記祝稱卜葬虞夫曰乃乃本夫對妻之詞先謙曰乃者昵近之詞音轉為儞盧綰與數千人居塞下候伺幸上疾愈自入謝師古曰冀得上疾愈自入謝以為己身之幸也夏四月甲辰帝崩于長樂宮臣瓚曰帝年四十二即位即位十二年壽五十三補注沈欽韓曰史記注引皇甫謐曰高祖以秦昭王五十一年生至漢十二年年六十三通典引漢舊儀曰高帝崩三日小斂室中牖下作栗木主長八寸前方後圓圍一尺置牖中望外內張綿絮以鄣外以皓木大如指長三尺四枚纏以皓皮四方置牖中主居其中央七日大斂棺以黍飯羊舌祭之牖中已葬收主為木函藏廟太室中西牆壁埳中杭世駿曰高祖生年乙巳至是年丙午當是六十二先謙曰官本注十二年作十三年盧綰聞之遂亡入匈奴呂后與審食其謀曰諸將故與帝為編戶民師古曰編戶者言列次名籍也編音鞭北面為臣心常鞅鞅師古曰鞅鞅不滿足也音於亮反他皆類此今乃事少主非盡族是天下不安師古曰族謂族誅之是亦此也以故不發喪人或聞以語酈商酈商見審食其曰聞帝已崩四日不發喪欲誅諸將誠如此天下危矣陳平灌嬰將十萬守滎陽補注宋祁曰滎舊本作熒吳仁傑曰惠紀七年發車騎材官詣滎陽太尉灌嬰將高后紀八年產祿等遣穎陰侯灌嬰將兵至滎陽仁傑案史記本傳嬰自擊英布歸以列侯事孝惠呂后后其後呂祿聞齊王舉兵乃遣嬰為大將往擊之嬰行至滎陽乃謀屯兵傳中所載止此一事乃知嬰屯兵滎陽實以呂后八年史記漢書於高惠紀各書之益重出也文紀詔曰前產祿擅遣將軍灌嬰擊齊則嬰此時未為太尉太尉自是周勃孝文立勃為丞相乃以嬰為勃代而惠紀乃書嬰為太尉又誤也通鑑於高帝十二年及孝惠七年皆書嬰屯滎陽二事恐當刪王念孫曰案作熒者是也凡史記漢書中熒陽字作滎者皆後人所改唯此及高后紀景德本二條作熒乃舊本之僅存者而子京未能訂正也段玉裁古文尚書撰異云攷熒澤字古從火不從水周官經其川熒雒譴鄘詩定之方中鄭箋及狄人戰於熒澤左傳閔公二年及狄人戰於熒澤宣十二年及熒澤杜預後序云即左傳所謂熒澤也爾雅注圃田在熒陽釋文凡六熒字皆從火隱元年注虢國今熒陽也釋文云本或作滎非尤為此字起例玉篇焱部熒字下云亦熒陽縣漢韓勑後碑河南熒陽劉寬碑陰河南熒陽鄭烈碑熒陽將封人也字皆從火而唐盧藏用撰書紀信碑嘗以百萬之兵困高祖於熒陽字正從火至今明畫隋書王劭傳上表言符命

曰龍鬭於熒陽者熒字三火明火德之盛也然則熒澤熒陽古無從水者尚書禹貢熒波既豬唐石經及諸本從水釋文亦同者崇文總目云宋開寶中詔以德明所釋乃古文尚書與唐明皇所定今文駮異令太子中舍陳鄂刪定其文改從隸書蓋今文自曉者多故音切彌省然則衞包庸妄改熒作滎而陳鄂和之所當訂正者也至於經典史記漢書水經注熒字多作滎蓋天寶以前確知熒陽熒澤不當從水而其後淺人以為水名不當從火遂爾紛紛改竄然善本亦時有存者又曰說文水部滎字下曰滎濘絕小水也從水熒省聲戶扃切濘字下曰滎濘也從水甯聲[illegible]所引訂正閻若璩潛邱劄記以絕小水為爾雅正絕流曰亂之絕與禹貢泲沇為滎相發明其穿鑿傳會由不知禹貢字本作熒故爾中斷曰絕絕者窮也故引伸為極至之用絕小水者極小水也[illegible]正絕流曰亂者中斷之意也字同而義別矣至熒澤則非小水之名與此言絕小水者無涉樊噲周勃將二十萬定燕代此聞帝崩補注錢大昭曰閩本此作比先謙曰此謂陳平等也史記亦作此荀紀作此四人語意皆顯閩本誤諸將皆誅必連兵還鄉以攻關中師古曰鄉讀曰嚮還嚮猶言反嚮內嚮也大臣內畔諸將外反亡可蹻足待也文穎曰蹻猶翹也如淳曰蹻音如今作樂蹻行之蹻晉灼曰許慎云蹻舉足小高也音矯師古曰晉說是也補注先謙曰蹻史記作翹官本注矯作僑案此文本史記荀紀同通鑑刪之考異云呂后雖暴戾亦安敢一旦盡誅大臣又時陳平不在滎陽樊噲不在代此恐妄說今不取先謙案考異之言與上吳說相發審食其入言之乃以丁未發喪大赦天下五月丙寅葬長陵臣瓚曰自崩至葬凡二十三日長陵在長安北四十里補注沈欽韓曰宋文鑑唐意高廟碑陰記云以麻推之以法除之算外至高帝十二年得五月朔己酉十七日乙丑則丙寅葬日乃十八日也黃圖長陵北去長安城三十五里長陵山東西廣一百二十步高十三丈長陵城周七里百八十步因為殿垣門四出及便殿掖庭諸官寺在中已下蘇林曰下音下書之下鄭氏曰已下棺也師古曰蘇音鄭說是也下音胡亞反皇太子羣臣皆反至太上皇廟羣臣曰帝起細微撥亂世反之正師古曰反還也還之於正道平定天下為漢太祖功最高上尊號曰高皇帝師古曰尊號謚也初高祖不脩文學而性明達好謀能聽自監門戍卒見之如舊初順民心作三章之約天下既定命蕭何次律令補注先謙曰刑法志何攈摭秦法取其宜於時者作律九章韓信申軍法補注先謙曰藝文志兵權謀家韓信三篇又云漢興張良韓信序次兵法凡百八十二家刪取要用定著三十五家張蒼定章程如淳曰章歷數之章術也程者權衡丈尺斗斛之平法也師古曰程法式也補注先謙曰蒼傳云比定律令若百工天下作程品至為丞相卒就之叔孫通制禮儀補注先謙曰通傳定宗廟儀法及稍定漢諸儀法皆通所論著陸賈造新語

補注先謙曰賈傳凡著十二篇每奏一篇帝未嘗不稱善稱其書曰新語又與功臣剖符作誓如淳曰謂功臣表誓使河如帶泰山若厲國乃滅絕補注先謙曰官本泰作太丹書鐵契金匱石室如淳曰金匱猶金縢也師古曰以金爲匱以石爲室重緘封之保慎之義補注先謙曰通鑑胡注以鐵爲契以丹書之謂以丹書盟誓之言於鐵券藏之宗廟雖日不暇給規摹弘遠矣鄧展曰若畫工規模物之摹韋昭曰正員之器曰規摹者如畫工未施采事摹之矣師古曰取喻規摹謂立制垂範也給足也日不暇足言眾事繁多常汲汲也補注先謙曰通鑑引韋注采事作朱土胡注曰不暇給蓋言項羽既平諸侯又叛也

贊曰春秋晉史蔡墨有言陶唐氏既衰荀悅曰唐者帝堯有天下號陶發聲也韋昭曰陶唐皆國名猶湯稱殷商矣臣瓚曰堯初居於唐後居陶故曰陶唐也師古曰三家之說皆非也許慎說文解字云陶丘再成也在濟陰夏書曰東至陶丘陶丘有堯城堯嘗居之後居於唐故堯號陶唐氏斯得之矣其後有劉累學擾龍事孔甲應劭曰擾馴也能順養得其嗜欲也孔甲夏天子也師古曰擾音繞又音饒范氏其後也師古曰晉司空士蔿之孫士會爲晉大夫食采於范因號范氏而大夫范宣子亦曰祖自虞㠯上爲陶唐氏師古曰范宣子卽士會之孫士匄也在夏爲御龍氏師古曰劉累也在商爲豕韋氏師古曰豕韋國名在東郡白馬縣東南在周爲唐杜氏師古曰唐杜二國名也殷末豕韋徙國於唐周成王滅唐遷之於杜爲杜伯杜伯之子隰叔奔晉士會卽隰叔之玄孫也唐太原晉陽縣也杜京兆杜縣也晉主夏盟爲范氏范氏爲晉士師師古曰言晉爲霸主諸夏之盟而范氏爲晉正卿魯文公世奔秦師古曰文公六年晉襄公卒士會與先蔑如秦逆公子雍欲以爲嗣七年以秦師納雍而趙宣子立靈公與秦師戰敗之于刳首先蔑奔秦士會從之後歸于晉其處者爲劉氏師古曰文十三年晉人使魏壽餘僞以魏畔誘士會而納之秦人歸其帑其別族畱在秦者既無官邑而乃復劉累之姓也補注齊召南曰孔穎達左傳疏云士會之帑在秦不顯於會之身復無所辟傳說處秦爲劉氏未知何意討尋上下其文不類深疑此句或非本旨蓋以爲漢室初興捐棄古學左氏不顯於世先儒無以自申劉氏從秦從魏其源本出劉累插注此辭將以媚於世明帝時賈逵上疏曰五經皆無證圖讖明劉氏爲堯後者而左氏獨有明文竊謂前世藉此以求道通故後引之以爲證耳召南案孔疏所見甚卓但加此文於左傳實不始於賈逵且並不始於哀平之世據昭帝元鳳三年符節令眭弘上書言漢家承堯之後則彼時左傳已有此文至劉向頌高祖曰出自唐帝王莽稱漢爲堯後有傳國之運班彪王命論曰帝堯之苗裔皆在其後者也劉向云戰國時劉氏自秦獲於魏文穎曰六國時秦伐魏劉氏隨軍爲魏所獲故得復居魏也師古曰春秋之後周室卑微諸侯彊盛交相攻伐故總謂之戰國秦滅魏遷大梁師古曰秦昭王伐魏魏惠王棄安邑東徙大梁更號曰梁非始皇滅六國之時補注劉敞曰當讀云遷大梁都于豐則與下文合顏解誤矣都于豐補注沈欽韓曰此謂劉之先徙也穀梁僖十六年傳民所聚曰都故周市說雍齒曰豐故梁徙也補注先謙曰見上卷是㠯頌高祖云漢帝本系出自唐帝降及于周在秦作劉涉魏而東遂爲豐公晉灼曰涉猶入也豐公蓋太上皇父其遷日淺墳墓在豐鮮焉師古曰鮮少也音先淺反及高祖卽位置祠祀官則有秦晉梁荆之巫應劭曰先人所在之國悉致祠巫祝博求神靈之意也文穎曰巫掌神之位次者也范氏世仕於晉故祠祀有晉巫范會支庶畱秦爲劉氏故有秦巫劉氏隨魏都大梁故有梁巫後徙豐豐屬荆故有荆巫也世祠天地綴之㠯祀豈不信哉師古曰綴言不絕也由是推之漢承堯運德祚已盛斷蛇著符旗幟上赤協于火德自然之應得天統矣孟康曰十一月天統物萌色赤故云得天統也臣瓚曰漢承堯緒爲火德秦承周後以火代木得天之統序故曰得天統漢初因秦正至太初元年始用夏正不用十一月爲正也師古曰瓚說得之

高帝紀第一下終

惠帝紀第二〔補注〕齊召南曰史記於高祖本紀後孝文本紀前止作呂后本紀以惠帝事附入殊非體制班氏列惠帝紀於高后紀之前義理甚正

漢書二

漢　蘭　臺　令　史班　固　撰

唐正議大夫行祕書少監琅邪縣開國子顏師古注

賜進士出身前翰林院編修國子監祭酒加三級臣王先謙補注

孝惠皇帝荀悅曰諱盈之字曰滿應劭曰禮謚法柔質慈民曰惠師古曰孝子善述父之志故漢家之謚自惠帝已下皆稱孝也臣下已滿字代盈者則知帝諱盈也他皆類此高祖太子也母曰呂皇后帝年五歲高祖初爲漢王二年立爲太子十二年四月高祖崩五月丙寅太子即皇帝位尊皇后曰皇太后賜民爵一級師古曰帝初即位爲恩惠也〔補注〕沈欽韓曰此賜民爵之始趙策趙勝受地諸吏皆益爵三級民能相集者賜家六金是古但賜民金也先謙曰官本注即作嗣中郎郎中滿六歲爵三級四歲二級蘇林曰中郎省中郎也外郎滿六歲二級蘇林曰外郎散郎也〔補注〕何焯曰外郎宜對在中者而言非員外之散郎也後世散郎稱外郎者乃借用舊名姚鼐曰此中郎乃天子禁

中親近之人其所任乃景武以後侍中中常侍之職其言郎中者言郎侍於中非以郎中爲官名也外郎者外廷郎也其所任乃景武以後三署中郎侍郎中之職也後之所云中郎者乃在司馬門中其周廬之外爲外也漢初所云中者宮禁之中而殿署在司馬門中皆爲外矣先謙曰姚解郎中未安案百官表郎中令秦官屬官有大夫郎謁者皆秦官又云郎掌守門戶出充車騎有議郎中郎侍郎郎中皆無員多至千人議郎中郎秩比六百石侍郎比四百石郎中比三百石令以郎中爲名若中大夫令中書謁者令之比是秦世即有郎中叔孫通傳殿下郎中俠陛陛數百人尤漢初有郎中之明證蟣蝨鷂騠瑎灕酈艸議郎無所見汲黯傳臣得爲中郎出入禁闥補過拾遺臣之願也吾丘壽王傳遷侍中中郎東方朔傳上以爲常侍郎遂得愛幸合諸傳參之中郎侍郎親近天子之官郎中較疏郎中即呼爲郎別無外郎之名也此云中郎郎中者蓋漢初之郎中爲中郎官之長故其長官謂之郎中令官署謂之郎中署覷觿亦曰郎中府硯縞蘇說以中郎爲省中郎其義是矣所謂外郎即散郎則叔孫通傳高帝悉以通弟子儒生爲郎此類是也其後於郎中上增議郎中郎侍郎諸官比漢初之中郎而郎中反退居末秩等於漢初之外郎耳中郎不滿一歲一級外郎不滿二歲賜錢萬張晏曰不滿一歲謂不滿四歲之一歲作郎三歲也不滿二歲謂不滿六歲之二歲作郎四歲也師古曰此說非也直謂作郎未經一歲二歲耳〔補注〕劉攽曰此賜爵之差中郎二歲乃當一級今不滿一歲亦一級恩優之也又散郎三歲當賜一級今斷不滿二歲賜錢萬則滿二歲亦賜一級矣姚鼐曰此合十九等之爵不遞加而上故一級貴於萬錢與元年民贖罪賣爵之級不同宦官尚食比郎中應劭曰宦官閹寺也尚主也舊有五尚尚冠尚帳尚衣尚席亦是如淳曰主天子物曰尚主文書曰尚書又有尚符璽郎也漢儀注省中有五尚而內官婦人有諸尚也〔補注〕沈欽韓曰漢舊儀太官尚食用黃金釦器案尚食亦宦官也蘇輿曰郎中疑文誤倒謁者執楯執戟武士騶比外郎應劭曰執楯執戟親近陛衞也武士力士也高祖使武士縛韓信是也騶騶騎也師古曰騶本廐之馭者後又令爲騎因謂騶騎耳〔補注〕沈欽韓曰執楯執戟二者亦郎也滑稽傳優旃呼陛楯郎東方朔曰位不過執戟太子御驂乘賜爵五大夫舍人滿五歲二級師古曰武士騶以上皆舊侍從天子之人也舍人已上太子之官屬賜給喪事者二千石錢二萬六百石已上萬五百石二百石已下至佐史五千如淳曰律有斗食佐史韋昭曰若今曹史書佐也師古曰自五百石已下至於佐史皆賜五千今又言二百石者審備其等也視作斥上者將軍四十金服虔曰斥上壙上也如淳曰斥開也開土地爲冢壙故已開斥言之鄭氏曰四十金四十斤金也晉灼曰近上二千石賜錢二萬此言四十金實金也下凡言黃金眞金也不言黃謂錢也食貨志黃金一斤直萬錢師古曰諸賜言黃金者皆與之金不言黃者一金與萬錢也〔補注〕劉攽曰予謂諸書言若干金則一金萬錢至於賜金若干斤則盡金也先謙曰官本改上作土張照云監本宋本俱作斥上今以服如注意詳之定爲斥土服注斥上壙上也

二上字亦並正周壽昌云斥上蓋當時自有此稱若訓壙更不必加稱壙土此如穿中之類名之曰穿不必曰穿壙中也趙廣漢傳護作平陵方上孟康云壙藏上也方上與斥上事皆一類見張湯傳注不聞作方土也直萬錢官本作直錢萬二千石二十金六百石已上六金五百石已下至佐史二金減田租復十五稅一鄧展曰漢家初十五稅一儉於周十稅一也中間廢今復之也如淳曰秦作阿房之宮收太半之賦遂行至此乃復十五而稅一師古曰鄧說是也復音房目反〔補注〕宋祁曰注文今復之也當作今復復之也周壽昌曰鄧云中間廢今復之也復與廢對舉不必更加復字宋因匡衡傳所更或不可行而復復之也之語故云然爵五大夫吏六百石已上及宦皇帝而知名者有罪當盜械者皆頌繫文穎曰言皇帝者已別仕諸王國也張晏曰時諸侯治民新承六國之後咸慕鄉邑或貪逸豫樂仕諸侯今特爲京師作優裕法也如淳曰知名謂宦人教帝書學亦可表異者也盜者逃也恐其逃亡故著械也頌者容也言見寬容但處曹吏舍不入陛牢也師古曰諸家之說皆非也宦皇帝而知名者謂雖非五大夫爵六百石吏而早事惠帝特爲所知故亦優之所已云及耳非謂凡在京師異於諸王國亦不必在於宦人教書學也左官之律起自武帝此時未有禮記曰宦學事師謂凡仕宦非閹寺也盜械者凡已罪著械皆得稱焉不必逃亡也據山海經貳負之臣相柳之尸皆云盜械其義是也古者頌與容同五大夫第九爵也〔補注〕沈欽韓曰此頌繫即唐律之散禁非謂不入狴牢也先謙曰

宮本注陛作梐是荀紀盜械作刑械頌繫作容繫容頌古通顏沈說是上造㠯上及內外公孫耳孫有罪當刑及當爲城旦舂者皆耐爲鬼薪白粲應劭曰上造爵滿十六者也內外公孫謂王侯內外孫也耳孫者玄孫之子也言去其曾高益遠但從耳聞之也今㠯上造有功勞內外孫有骨血屬㛹施德布惠故事從其輕也城旦者旦起行治城舂者婦人不豫外徭但舂作米皆四歲刑也今皆就鬼薪白粲取薪給宗廟爲鬼薪坐擇米使正白爲白粲皆三歲刑也李斐曰耳孫曾孫也張晏曰公孫宗室侯王之孫也晉灼曰耳孫玄孫之曾孫也諸侯王表在八世師古曰上造第二爵名也內外公孫國家宗室及外戚之孫也耳孫諸說不同據平紀及諸侯王表說梁孝王玄孫之子耳孫耳音仍又匈奴傳說握衍朐鞮單于云烏維單于耳孫以此參之李云曾孫是也然漢書諸處又皆云曾孫非一不應雜兩稱而言之據爾雅曾孫之子爲玄孫玄孫之子爲來孫來孫之子爲昆孫昆孫之子爲仍孫從己而數是爲八葉則與晉說相同仍耳聲相近蓋一號也但班氏唯存古名而計其葉數則錯也㛹音連〔補注〕沈欽韓曰城旦舂本當髡鉗今皆完男鬼薪女白粲也漢舊儀凡有罪男髡鉗爲城旦女爲舂[illegible]皆作五歲完四歲[illegible]歲鬼薪二歲男鬼薪女白粲皆作三歲罪爲司寇司寇男備守女爲作如司寇皆作二歲男爲戍罰作女爲復作皆一歲至[illegible]後周世改爲五等徒自一年至五年唐因隋制徒刑五有一年一年半二年二年半三年民年七十㠯上若不滿十歲有罪當刑者皆完之孟康曰不加肉刑髡鬄也師古曰若預及之言也謂七十㠯上及不滿十歲㠯下皆完之也鬄音他計反〔補注〕先謙曰完謂免也荀紀作免之又曰吏所㠯治民也能盡其治則民賴之故重其祿所㠯爲民也師古曰爲音于僞反今吏六百石㠯上父母妻子與同居及故吏嘗佩將軍都尉印將兵及佩二千石官印者家唯給軍賦他無有所與師古曰同居謂父母妻子之外若兄弟及兄弟之子等見與同居業者若今言同籍及同財也無有所與與讀曰豫〔補注〕先謙曰荀紀作吏六百石以上及故二千石家唯給軍賦役無有所預令郡諸侯王立高廟師古曰諸郡及諸侯王國皆立廟也今書本郡下或有國字者流俗不曉妄加之

元年冬十二月趙隱王如意薨〔補注〕錢大昕曰案班史本紀之例諸侯王薨書名不書諡惠六年齊王肥呂后二年恆山王不疑七年燕王建之類是也而惠元年趙隱王如意文元年楚元王交則兼其諡書之景帝中六年梁王薨則又失書其名矣又諸侯王生不稱諡高帝紀淮南王梁王趙王楚王朝未央宮是也而惠二年齊悼惠王來朝則生而諡之矣丞相相國薨不書姓惠二年相國何五年相國參景二年丞相嘉武帝太初二年丞相慶是也而文二年丞相陳平四年丞相灌嬰成帝綏和二年丞相翟方進又并其姓書之皆義例之不一也民有罪得買爵三十級㠯免死罪應劭曰一級直錢二千凡爲六萬若今贖罪入三十疋縑矣師古曰令出買爵之錢以贖罪〔補注〕王念孫曰民有罪上當有令字高紀令郎中有罪耐以上請之是其例也故師古云令出買爵之錢以贖罪今本脫令字則文義不明御覽封建部一引此已脫令字舊本北堂書鈔封爵部下引此有令字[illegible]周壽昌曰成帝鴻嘉三年令民得買爵賈級千錢蓋視惠帝時每級又減去千錢矣賜民爵戶一級春正月城長安〔補注〕齊召南曰胡三省云漢都長安蕭何雖治宮室未暇築城帝始築之至五年始成召南案功臣表城及宮殿皆少府陽城延所作何焯曰高帝六年令天下縣邑城至惠帝元年乃城長安先使百姓有所保聚而後規拓京師後世所不及也先謙曰通鑑云始作長安城西北方

二年冬十月齊悼惠王來朝獻城陽郡㠯益魯元公主邑尊公主爲太后如淳曰張敖子偃爲魯王故公主得爲太后師古曰此說非也蓋齊王憂不得脫故從內史之言請尊公主爲齊太后㠯母禮事之用悅媚呂太后耳若魯元㠯子爲魯王自合稱太后何待齊王尊之乎據張耳傳高后元年魯元太后薨後六年宣平侯敖薨呂太后立敖子偃爲王㠯母爲太后故也是則偃因母爲齊王太后而得王非因偃乃爲太后也〔補注〕劉攽曰顏說非也悼惠公主兄弟耳雖欲詔呂后而以母事之於理安乎蓋齊內史本詔呂后欲尊公主以漸王張氏故勸王割郡就益魯邑而更號魯元公主爲魯元太后也太后之號雖更魯元之稱不除豈關爲齊王母乎又張偃以母爲太后故封魯王太后非齊益明也先謙曰太后無虛尊之理魯元子偃未王此太后不繫之齊義將何屬齊王尊魯元爲太后特一時權計以圖免禍豈必除魯元之稱而後得爲齊太后乎劉說悼惠公主兄弟固是正理然此時惠帝乃公主親弟尚將爲其壻何有於齊王之虛尊顏說未可駁也城陽楚漢間郡秦瑯邪郡屬地也本志爲城陽國今沂州府莒州春正月癸酉有兩龍見蘭陵家人井中師古曰家人言庶人之家〔補注〕錢大昭曰家人漢紀作人家五行志作有兩龍見於蘭陵廷東里溫陵井中則作人家者是先謙曰蘭陵東海縣在今兗州府嶧縣東五十里乙亥夕而不見隴西地震〔補注〕先謙曰五行志厥四百餘人夏旱郃陽侯仲薨師古曰高帝之兄吳王濞父也〔補注〕齊召南曰案高紀及吳王濞傳並作合陽則屬平原此紀作郃陽則屬左馮翊以王子侯表作合陽證之此郃譌也然水經注已謂是郃陽矣錢大昭曰侯薨不書此何以書高帝親兄且故代王也先謙曰作郃陽是說見地理志秋七月辛未相國何薨師古曰蕭何也

三年〔補注〕先謙曰五行志是年隕石緜諸一春發長安六百里內男女十四萬六千人城長安三十日罷鄭氏曰城一面故速罷㠯宗室女爲公主嫁匈奴單于夏五月立閩越君搖爲東海王應劭曰搖越王句踐之苗裔也帥百越之兵助高祖故封東海在吳郡東南濱海云師古曰即今泉州是其地〔補注〕齊召南曰顏說非也閩越王無諸都冶則泉州地屬閩越矣東海王搖都東甌亦號

東甌王，郎溫州永嘉地，非泉州地也。錢大昭曰：搖，漢紀作繇，字同。漢書繇役字皆作繇。周壽昌曰：越世家句踐後七世至閩君搖，佐諸侯平秦。漢高祖復以搖爲越王，以奉越後。東越、閩君皆其後也。六月，發諸侯王、列侯徒隸二萬人城長安。（補注）何焯曰：諸侯王遠近地異，故豫以六月發之，使各及期而至，其築城仍在春正月。秋七月，都廄災。（補注）沈欽韓曰：黃圖：都廄，天子車馬所在。南越王趙佗稱臣奉貢。師古曰：佗音徒何反。

四年冬十月壬寅，立皇后張氏。師古曰：張敖之女也。史記及漢書無名字，皇甫謐作帝王世紀皆爲惠帝張后及孝文薄后已下別制名焉，至於薄父之徒亦立名字，何從而得之乎？雖欲不博聞，不知陷於穿鑿。（補注）先謙曰：官本注無欲字，引宋祁曰：注文一本不字上有欲字。春正月，舉民孝弟力田者復其身。師古曰：弟者言能己順道事其兄也。弟音徒計反。復音方目反。三月甲子，皇帝冠，（補注）王鳴盛曰：惠帝時年二十。景帝後三年皇太子冠，即武帝也，時年十六。昭紀元鳳四年帝加元服，時年十八。哀紀成帝爲加元服，時年十七。平紀帝崩年十四，始加元服以斂。案古者天子諸侯皆年十二而冠，冠而生子。漢初經典殘闕，天子冠禮無明文，故無定期。赦天下。省法令妨吏民者；除挾書律。應劭曰：挾，藏也。張晏曰：秦律敢有挾書者族。長樂宮鴻臺災。（補注）先謙曰：通鑑注引黃圖：鴻臺，秦始皇二十七年築，高四十丈，上起觀宇，帝嘗射飛鴻於臺上，故號鴻臺。宜陽雨血。（補注）先謙曰：五行志在二年。宜陽，宏農縣，在今河南府宜陽縣西五十里。秋七月乙亥，未央宮凌室災；師古曰：凌室，藏冰之室也。豳詩七月之篇曰「納于凌陰」。（補注）先謙曰：說詳五行志。作十月，漢紀作三月。丙子，織室災。師古曰：主織作繒帛之處。（補注）沈欽韓曰：織室在未央宮，又有東西織室，織作文繡郊廟之服。

五年冬十月，靁；桃李華，棗實。（補注）先謙曰：五行志以爲草妖，又以爲常奧之罰。春正月，復發長安六百里內男女十四萬五千人城長安，三十日罷。夏，大旱。（補注）先謙曰：五行志：江河水少，谿谷水絕。秋八月己丑，相國參薨。師古曰：曹參也。九月，長安城成。（補注）沈欽韓曰：黃圖：城高三丈五尺，下闊一丈五尺，雉高三坂，[illegible]爲周回六十五里。城南爲南斗形，北爲北斗形，至今人呼漢京城爲斗城。漢舊儀：長安城中經緯各長三十二里十八步，地九百七十二頃，八街九陌，三宮九府，三廟，十二門，九市，十六橋。地皆黑壤，今赤如火，堅如石。父老相傳云盡鑿龍首山土爲城，水泉深三十餘丈。地周繞廣三丈，深二丈，石橋各六丈，與街相直。先謙曰：史記二年乃築長安城，四年就半，五年六年城就。索隱引漢宮闕疏：四年築東面，五年築北面。賜民爵，戶一級。師古曰：家長受也。

六年（補注）先謙曰：公卿表：是年置左右丞相。冬十月辛丑，齊王肥薨。令民得賣爵。（補注）先謙曰：官本賣作買。女子年十五已上至三十不嫁，五算。應劭曰：國語越王句踐令國中女子年十七不嫁者，父母有罪，欲人民繁息也。漢律人出一算，算百二十錢，唯賈人與奴婢倍算。今使五算，罪謫之也。孟康曰：或云復之也。師古曰：應說是。（補注）劉攽曰：予謂女子五算，亦不頓謫之，自十五至三十爲五等，每等加一算也。夏六月，舞陽侯噲薨。師古曰：樊噲也。（補注）先謙曰：通侯薨不書，因噲妻呂后女弟，黨於呂氏，特書之，爲劉氏得安幸也。起長安西市，（補注）沈欽韓曰：文選西都賦注：漢宮闕疏曰：長安立九市，其六市在道西，三市在道東。黃圖云：西市在醴泉坊。修敖倉。

七年冬十月，發車騎、材官詣滎陽，師古曰：車，常擬軍興者，若近代之戍車也。騎，常所養馬并其人，使行充騎，若今武馬及所養者主也。材官解在高紀。太尉灌嬰將。（補注）朱一新曰：公卿表及嬰傳，嬰爲太尉在孝文時，此時未爲太尉，紀追書之。春正月辛丑朔，日有蝕之。（補注）先謙曰：五行志在危十三度。夏五月丁卯，日有蝕之，既。師古曰：既，盡也。（補注）沈欽韓曰：西京雜記：惠帝七年夏，雷震南山，大木數千株皆火然，未至其下數十畝地，草皆焦黃。其後百許日，人家就其間得龍骨一具，鮫骨二具。先謙曰：五行志：先晦一日，在七星初。秋八月戊寅，帝崩于未央宮。臣瓚曰：帝年十七即位，即位七年，壽二十四。（補注）先謙曰：史集解引皇甫謐曰：帝以秦始皇三十七年生，崩時年二十三。先謙案：帝十七即位，自是年爲始，得年二十三，瓚說誤也。九月辛丑，葬安陵。臣瓚曰：自崩至葬凡二十四日。安陵在長安北三十五里。師古曰：三輔黃圖云去長陵十里。（補注）沈欽韓曰：御覽四百八十七引楚漢春秋曰：惠帝崩，呂太后欲爲高墳，使從未央宮而見之，諸將諫，不許。東陽侯垂泣曰：陛下見惠帝冢，流涕無已，是傷生也，臣竊哀之。太后乃已。先謙曰：官本注十作五，引宋祁曰：長陵五里，一作十里。安陵爲縣，志屬扶風。

贊曰：孝惠內修親親，外禮宰相，優寵齊悼、趙隱，恩敬篤矣。師古曰：篤，厚也。聞叔孫通之諫則懼然，蘇林曰：諫復道乘衣冠道也。師古曰：懼讀曰瞿。瞿然，失守貌。音居具反。（補注）王念孫曰：懼然，驚懼兒也。叔孫諫築復道事，帝懼曰：急壞之。是也。又吳王濞傳：膠西王瞿然駭。師古注：瞿然，無守之兒。案瞿然即駭兒也，訓爲無守兒，轉失之迂。又鄒陽傳：長君懼然曰：將爲之柰何？師古注：懼讀曰瞿，瞿然，無守之兒。東方朔傳：於是吳王懼然易容。師古注：懼然，失守之兒。案懼然皆驚兒也。師古訓爲失守兒、無守兒者，齊風東方未明篇：狂夫瞿瞿。毛傳云：瞿瞿，無守之兒。此師古注所本。不知傳以下文言不能辰夜，不夙則莫，故以瞿瞿爲無守兒，與此言瞿然者不同也。莊子徐无鬼篇李頤注：瞿然，驚兒。檀弓：曾子聞之，瞿然曰：呼。又曰：公瞿然失席。雜記：見似目瞿，聞名心瞿。皆謂驚兒也。莊子庚桑楚篇：南榮趎懼然顧其後。史記孟子傳：王公大人初見其術，懼然顧化。義竝與瞿然同。說文本作界，云：舉目驚界然也。納曹相國之對而心說，蘇林曰：對，修高帝制度，蕭何法也。師古曰：說讀曰悅。可謂寬仁之主。遭呂太后虧損至德，師古曰：謂殺趙王戮

戚夫人因以憂疾不聽政而崩悲夫

惠帝紀第二終

高后紀第三

漢 蘭臺令史班固撰

唐正議大夫行祕書少監琅邪縣開國子顏師古注

賜進士出身前翰林院編修國子監祭酒加三級臣王先謙補注

高皇后呂氏荀悅曰諱雉之字曰野雞應劭曰禮婦人從夫謚故稱高也師古曰呂后名雉字娥姁故臣下諱雉也姁音許于反〔補注〕吳仁傑曰古者男子稱氏稱名婦人稱姓舜之姓姚四岳稱有鯀在下曰虞舜至虞思之女歸於夏傳則曰二姚齊之姓姜書稱俾爰齊侯呂伋至太公之女歸於周傳則曰邑姜春秋所書無一不然於卿大夫書爵書氏書名書字宰渠伯糾公子益師之類是也於內女外女則必書姓或系以字或系以謚或系以父國或系以夫氏如叔姬成風紀季姜蕩伯姬之類是也陸淳云古者一字不成文辭皆以氏字配之姜氏子氏姒氏配姓也高后紀書氏而不書姓以春秋之法繩之其失昭矣政和中嘗用議臣之請改公主郡縣主爲帝姬宗姬族姬蓋謬認王姬之稱不知春秋之書王姬猶紀季姜以父國云爾徐氏卻埽編載議者之言謂國家趙氏當曰帝趙不得曰帝姬是謬以氏爲姓也左傳有葛嬴懷嬴要當易姬爲嬴乃與古合今命婦疏封止稱父氏而不以姓挈氏亦沿襲之久莫悟其非先謙曰錢大昕養新錄云戰國氏族之學久廢秦改封建雖公族無議貴之律民知有氏不知有

姓高帝起布衣太公以上名字且無考何知族姓所出故項伯婁敬賜姓劉氏以氏爲姓遂爲一代之制史記書姓劉氏此漢制異於三代者後人謂漢堯後本祁姓議史公昧於姓氏之別斯爲誕矣漢爲堯後說本向歆史公時本無此議即云曾見左傳而劉夏劉卷亦載春秋安知漢劉必爲祁姓非姬姓蓋三代以前姓與氏分漢魏以後姓與氏合經漢之世未嘗自言姓祁載筆之臣安得輕議闕姓帝姬之議出於蔡京京固不學而後來議者乃謂趙本嬴姓當稱帝嬴尤爲迂誕**生惠帝佐高祖定天下父兄及高祖而侯者三人**師古曰父謂臨泗侯呂公也兄謂周呂侯澤建成侯釋之**惠帝即位尊呂后爲太后**〔補注〕朱子文曰呂后二字可去當曰惠帝即位尊爲太后**太后立帝姊魯元公主女爲皇后無子取後宮美人子名之以爲太子**〔補注〕何焯曰名之名爲皇后所產子也是少帝非劉氏乃大臣既誅諸呂從而爲之辭耳以其能匡漢祚立太宗功既大故後世不之求備周壽昌曰外戚傳美人視二千石比少上造五行志云皇后亡子後宮美人有男太后使皇后名之而殺其母惠帝崩嗣子立有怨言太后廢之更立呂氏子宏爲少帝案志明曰有男曰嗣子下又云更立呂氏子宏可證太子爲孝惠所生也燕靈王傳云有美人子太后殺之絕後正言燕王美人子即王子也此可例推**惠帝崩太子立爲皇帝**〔補注〕錢大昭曰他紀皆云某日太子即皇帝位此處書法不同蓋呂后臨朝稱制與自立無異且太子是後宮美人之子不旋踵而爲呂后幽廢與恆山王無異故變文

書之年幼太后臨朝稱制師古曰天子之言一曰制書二曰詔書制書者謂爲制度之命也非皇后所得稱今呂太后臨朝行天子事斷決萬機故稱制詔大赦天下迺立兄子呂台產祿台子通四人爲王蘇林曰台音胞胎〔補注〕錢大昭曰四王台呂王產梁王祿趙王通燕王封年不同此總敘之封諸呂六人爲列侯語在外戚傳〔補注〕先謙曰據史記元年封呂平扶柳侯呂種沛侯四年封呂他俞侯呂更始贅其侯呂忿呂城侯八年封呂莊東平侯此言六人爲列侯亦總敘之呂祿爲胡陵侯續建成侯釋之後呂頡爲臨光侯乃婦人不在六人之數

元年春正月詔曰前日孝惠皇帝言欲除三族辠妖言令師古曰罪之重者戮及三族過誤之語以爲妖言今謂重酷皆除之議未決而崩今除之二月賜民爵戶一級初置孝弟力田二千石者一人師古曰特置孝弟力田官而尊其秩欲以勸厲天下令各敦行務本〔補注〕錢大昭曰二千石謂郡國守相也案其文義當是二千石各一人言令各舉一人也若郎以二千石秩加之必不能如此之優顏說非夏五月丙申趙王宮叢臺災師古曰連聚非一故名叢臺蓋本六國時趙王故臺也在邯鄲城中〔補注〕先謙曰五行志以爲趙王幽殺之應立孝惠後宮子強爲淮陽王如淳曰外戚恩澤侯表曰皆呂氏子也以孝惠子侯晉灼曰漢注名長韋昭曰今陳留郡〔補注〕周壽昌曰如引侯表語今表無之又此注宜在壺關侯下強與不疑徑封王未爲侯與以孝惠子侯語尤不合也不疑於二年死強於五年死故皆未列表惟宏朝武三人在恩澤表表稱襄城侯義後立爲帝仍改名宏不疑爲恆山王如淳曰今常山也因避文帝諱改曰常弘爲襄城侯〔補注〕先謙曰史記先名山朝爲軹侯師古曰軹音只武爲壺關侯〔補注〕全祖望曰據恩澤侯表尚有平昌侯大史記云後嗣呂王明爲呂氏之子故本書亦見之異姓王表而封侯之年據恩澤表在五侯之後故史漢本紀並失之秋桃李華

二年春〔補注〕蘇輿曰案下云春正月則此春當作冬功臣表載此事亦但云高后二年無春字詔曰高皇帝匡飭天下師古曰匡正也飭整也飭讀與勑同其字從力諸有功者皆受分地爲列侯師古曰分音扶問反萬民大安莫不受休德師古曰休美也音虛虯反他皆類此朕思念至於久遠而功名不著亡以尊大誼施後世今欲差次列侯功以定朝位師古曰以功之高下爲先後之次〔補注〕王先慎曰高祖已前作元功蕭曹等十八人位次此復詔盡差列侯之功錄第下竟欲以恩結列侯臧于高廟世世勿絕嗣子各襲其功位其與列侯議定奏之

丞相臣平言師古曰陳平謹與絳侯臣勃師古曰周勃曲周侯臣商師古曰酈商潁陰侯臣嬰師古曰灌嬰安國侯臣陵等議師古曰王陵列侯幸得賜餐錢奉邑應劭曰餐與飡同諸侯四時皆得賜餐錢文穎曰飡邑中更名算錢如今長吏食奉自復臘錢即租奉也韋昭曰孰食曰飡酒肴曰錢粟米曰奉稅租一奉祿正所食也四時得間賜是爲飡錢飡小食也師古曰餐飡同一字耳音千安反飡所謂吞食物也餐錢賜廚膳錢也奉邑本所食邑也奉音扶用反〔補注〕宋祁曰江南本文穎注文邑中字上有所食字算錢算故作筭景祐刊誤謂筭非租稅當改爲算錢又韋昭注文稅租字上有或曰字沈欽韓曰唐於月俸之外諸司各有食料錢蓋肇於漢也先謙曰官本注于作千是也陛下加惠以功次定朝位如淳曰功大者位在上功臣侯表有第一第二之次臣請臧高廟奏可春正月乙卯地震羌道服虔曰縣有夷蠻曰道師古曰羌道屬隴西郡〔補注〕先謙曰在今階州西北百六十里武都道山崩師古曰武都道屬武都郡〔補注〕先謙曰道字衍前漢爲武都縣後漢加道耳在今階州成縣西八十里五行志作武都山崩而無羌道夏六月丙戌晦日有蝕之〔補注〕先謙曰五行志同秋七月恆山王不疑薨〔補注〕沈欽韓曰史記立其弟襄城侯山爲常山王更名義荀紀同此傳寫譌落也行八銖錢應劭曰本秦錢質如周錢文曰半兩重如其文即八銖也漢以其太重更鑄莢錢今民間名榆莢錢是也民患其太輕至此復行八銖錢〔補注〕宋祁曰注文莢字一本作鋏非是

三年夏江水溢流民四千餘家師古曰水所漂沒也〔補注〕錢大昭曰江水下脫漢水南監本閩本有漢紀亦作江水漢水溢流周壽昌曰何焯校小板宋本江水下有漢水二字案五行志高后三年夏漢中南郡大水水出流四千餘家則應有漢水二字志八年夏漢中南郡水復出流四千餘家紀八年亦書夏江水漢水溢志云復出者承三年水出而言紀於八年江漢二水幷書則此亦不容漏矣先謙曰汪本官本有漢水二字秋星晝見

四年夏少帝自知非皇后子出怨言皇太后幽之永巷如淳曰列女傳周宣姜后脫簪珥待罪永巷後改爲掖庭師古曰永長也本謂宮中之長巷也〔補注〕先謙曰史記云太后幽殺之詔曰凡有天下治萬民者蓋之如天容之如地上有驩心以使百姓百姓欣然以事其上驩欣交通而天下治今皇帝疾久不已迺失惑惛亂不能繼嗣奉宗廟守祭祀不可屬天下師古曰屬委也音之欲反〔補注〕先謙曰官本考證云監本也字下衍也字今去其議代之羣臣皆曰皇太后爲天下計所以安宗廟社稷甚深頓首奉詔五月丙辰立恆山王弘爲皇帝晉灼曰史記惠帝元年子

不疑爲常山王子山爲襄城侯二年常山王薨即不疑也吕弟襄城侯山爲常山王更名義丙辰立常山王義爲帝義更名弘漢書一之書弘吕爲正也師古曰即元年所立弘爲襄城侯者晉說是也〔補注〕先謙曰外戚傳及異姓王表仍作義五行志秋河南大水

五年春南粵王尉佗自稱南武帝韋昭曰生吕武爲號不稽古也師古曰此說非也成湯曰吾武甚因自號武王佗言武帝亦猶是耳何謂其不稽古乎〔補注〕劉攽曰顏雖引成湯之言然未知湯果自號武王乎聖人者人與之名耳詩謂湯爲武王則亦猶書謂文王爲寧王耳豈自稱之哉史記之言未可信也全祖望曰或謂佗改南海爲南武引南武侯織以證之非也據史記佗未受漢封時自稱南粵武王及僭號自稱南粵武帝此是脫文漏去粵字或謂佗改南海爲南武其說無據蓋南海境中有地名南武當在今潮州汀州之交故織以閩粵之族侯於其地而並非尉佗之臣豈肯取尉佗所改地名以署其國是時織與佗已並爲王則佗欲爲帝又不肯取織封侯之小縣以自名也審矣蓋南海之有南武猶東海之有東武並非佗改南海之名而名之也觀東粵王之反亦自稱爲武帝則知或說非矣先謙曰荀紀通鑑皆作南越武帝全云本書脫文是也古帝王多有生號韋說失之但亂世草澤之雄各自爲制顏氏必以爲稽古亦太泥矣　秋八月淮陽王彊薨九月發河東上黨騎屯北地

六年春星晝見夏四月赦天下秩長陵令二千石應劭曰長陵高祖陵尊之故增其令秩也〔補注〕先謙曰官本考證云劭監本譌作邵今改正　六月城長陵張晏曰起縣邑故築城也師古曰此說非也黃圖云長陵城周七里百八十步因爲殿垣門四出及便殿掖庭諸官寺皆在中是即就陵爲城非止謂邑居也　匈奴寇狄道攻阿陽師古曰狄道屬隴西阿陽天水之縣也今流俗書本或作河陽者非也〔補注〕先謙曰官本考證云狄譌地今改正狄道今蘭州府狄道州治阿陽在今平涼府靜甯州南　行五分錢應劭曰所謂莢錢者〔補注〕宋祁曰分字別本作銖非是武帝時始造五銖錢錢大昭曰者南監本閩本俱作也

七年冬十二月匈奴寇狄道略二千餘人春正月丁丑趙王友幽死于邸己丑晦日有蝕之既〔補注〕先謙曰五行志在營室九度　吕梁王呂產爲相國趙王祿爲上將軍立營陵侯劉澤爲瑯邪王〔補注〕劉攽曰呂后外戚傳惠帝崩呂后泣不下陳平用張辟彊計請以呂祿呂產爲將將兵居南北軍以又云復殺高祖子趙幽王共王燕王遂立諸呂爲王又云病困以祿爲上將軍居北軍梁王產爲相國居南軍又劉澤傳澤王與呂氏同時而此紀太后臨朝便封王諸呂七年但記祿產將南北軍參校前後知此之誤也先謙曰祿產將南北軍係后病困事見史記至外戚傳惠帝崩云云及太后臨朝便封王諸呂皆總敘之詞非誤也　夏五月辛未詔曰昭靈夫人太上皇妃也武哀侯張晏曰高帝兄伯也宣夫人高皇帝兄姊也如淳曰皆追謚號謚不稱其議尊號丞相臣平等請尊昭靈夫人曰昭靈后武哀侯曰武哀王宣夫人曰昭哀后六月趙王恢自殺秋九月燕王建薨〔補注〕錢大昭曰九月荀紀作八月蘇輿曰史記通鑑作九月荀紀誤　南越侵盜長沙遣隆慮侯竈將兵擊之應劭曰竈姓周高祖功臣也隆慮今林慮也後避殤帝諱故改之師古曰慮音廬

八年春封中謁者張釋卿爲列侯孟康曰官官也如淳曰百官表謁者掌賓贊受事灌嬰爲中謁者後常吕閹人爲之諸官加中者多閹人也〔補注〕齊召南曰案張釋卿恩澤侯表作張釋無卿字燕王劉澤傳作張卿無釋字錢大昭曰恩澤侯自張釋卿始張卿張釋傳表互見史記表及後漢書襄楷傳作張澤此又作張釋卿先謙曰匈奴傳作張澤史記作中大謁者張釋古釋澤同字釋其名也卿蓋美稱若言某甫矣　諸中官宦者令丞皆賜爵關內侯食邑如淳曰列侯出關就國關內侯但爵耳其有加愚者與之關內之邑食其租稅宣紀曰德武食邑是也師古曰諸中官凡閹人給事於中者皆是也宦者令丞宦者署之令丞〔補注〕錢大昭曰注愚閩本作異先謙曰官本作異是　夏江水漢水溢流萬餘家〔補注〕先謙曰五行志作漢中南郡水復出流六千餘家南陽沔水流萬餘家　秋七月辛巳皇太后崩于未央宮遺詔賜諸侯王各千金將相列侯下至郎吏各有差大赦天下上將軍祿相國產顓兵秉政師古曰顓讀與專同〔補注〕先謙曰史記高后病甚乃令趙王呂祿爲上將軍居北軍呂王產居南軍爲下文南北軍張本　自知背高皇帝約師古曰非劉氏而王非有功而侯　恐爲大臣諸侯王所誅因謀作亂〔補注〕宋祁曰案蔡邕云皇子封爲王者實古諸侯加號稱王故云諸侯王封爲侯者謂之諸侯　時齊悼惠王子朱虛侯章在京師吕祿女爲婦知其謀迺使人告兄齊王令發兵西章欲與太尉勃丞相平爲內應吕誅諸呂齊王遂發兵又詐瑯邪王澤發其國兵并將而西產祿等遣大將軍灌嬰將兵擊之嬰至滎陽〔補注〕宋祁曰景德本滎作熒先謙曰作熒是也詳見惠紀　使人諭齊王與連和待呂氏變而共誅之師古曰變謂發動也　太尉勃與丞相平謀吕曲周侯酈商子寄與祿善使人劫商令寄紿說祿師古曰紿誑也曰高帝與呂后共定天下劉氏所立九王呂氏所立三王皆大臣之議事吕布告諸侯王諸侯王吕爲宜今太后

崩帝少足下不急之國守藩師古曰之往也迺爲上將將兵留此爲大臣諸侯所疑何不速歸將軍印以兵屬太尉師古曰屬音之欲反請梁王亦歸相國印與大臣盟而之國齊兵必罷大臣得安足下高枕而王千里此萬世之利也祿然其計使人報產及諸呂老人或以爲不便計猶豫師古曰猶獸名也爾雅曰猶如麏善登木此獸性多疑慮常居山中忽聞有聲即恐有人且來害之每豫上樹久之無人然後敢下須臾又上如此非一故不決者稱猶豫焉一曰隴西俗謂犬子爲猶犬隨人行每豫在前待人不得又來迎候故云猶豫也麏音几〔補注〕王念孫曰案猶豫雙聲字猶楚詞之言夷猶耳非謂獸畏人而豫上樹亦非謂犬子豫在人前師古之說皆襲顏氏家訓而誤說見廣雅未有所決祿信寄與俱出遊〔補注〕先謙曰史記遊下有獵字荀紀從漢書通鑑從史記過其姑呂嬃張晏曰嬃音須師古曰呂后妹〔補注〕宋祁曰呂嬃樊噲妻封臨光侯錢大昭曰說文嬃女字也賈侍中說楚人謂姊爲嬃離騷女嬃之嬋媛王逸注屈原姊也詩正義引鄭注周易歸妹以須亦云屈原之姊名女須是須與嬃古字通呂嬃爲呂后姊也王鳴盛曰陳平傳高帝命平斬噲道中計曰噲呂后女弟女須夫則其爲呂后妹甚明嬃蓋姊妹通稱嬃怒曰汝爲將而棄軍呂氏今無處矣師古曰言見誅滅無處所也處字或作類言無種類也

迺悉出珠玉寶器散堂下曰無爲它人守也八月庚申〔補注〕先謙曰通鑑考異云八月當作九月平陽侯窋行御史大夫事師古曰窋曹參子也音竹出反〔補注〕劉攽曰案表及周昌傳高后四年窋爲御史大夫誅諸呂後免則非行也疑此紀誤先謙曰史記通鑑亦作行事公卿表高后八年淮南丞相張蒼爲御史大夫蓋窋前雖眞爲御史大夫高后已詔張蒼代之蒼未任事以前窋尚在官故僅謂之行事參觀紀表可得其實任敖傳云窋誅諸呂後坐事免劉敞誤案文紀勸進已書御史大夫臣蒼知所謂坐事免者仍指高后時言窋雖有誅諸呂功已不預迎立文帝之事矣見相國產計事郎中令賈壽使從齊來〔補注〕先謙曰百官表郎中令無賈壽蓋闕因數產師古曰數責之也因數具反曰王不早之國今雖欲行尚可得邪具以灌嬰與齊楚合從狀告產師古曰齊楚俱在山東連兵西向欲誅諸呂亦猶六國爲從以敵秦故言合從也從音子容反〔補注〕先謙曰史記云乃趣產急入宮平陽侯窋聞其語馳告丞相平太尉勃〔補注〕宋祁曰馳邵本作以勃欲入北軍不得入襄平侯紀通尚符節張晏曰紀通信子也尚主也今符節令也晉灼曰紀信焚死不見其後功臣表云紀通紀成之子以成死事故封侯師古曰晉說是也〔補注〕劉攽曰高祖以善用人得天下豈宜忘紀信之功疑成者即信之一名齊召南曰紀信與紀成自是兩人後儒以信死節最烈沒未得封故疑紀成即信耳不知紀成名字早著於鴻門間道走軍之日其後戰死好時則功臣表有明文非死於滎陽也高祖於功臣以父死節封其子者三人一紀通以父成戰死好時一高景侯周成以父苛守滎陽罵項王死事一高梁侯酈疥以父食其說齊王死事紀信縱公宜有封爵而侯表無之必是其人並無子孫可封晉灼及師古說確有證据攽說非也迺令持節矯內勃北軍師古曰矯詐也詐以天子之命也〔補注〕錢大昭曰內讀爲納下毋內相國產殿門殿門弗內並同勃復令酈寄典客劉揭說祿應劭曰典客今大鴻臚也師古曰揭音竭曰帝使太尉守北軍欲令足下之國急歸將軍印辭去〔補注〕宋祁曰南本作歸印綬去不然禍且起祿遂解印屬典客師古曰屬音之欲反而以兵授太尉勃勃入軍門行令軍中曰爲呂氏右袒爲劉氏左袒師古曰袒脫一衣袖而肉袒也左右者偏脫其一耳袒音徒旱反軍皆左袒勃遂將北軍然尙有南軍〔補注〕吳仁傑曰刑法志京師有南北軍之屯漢南北軍雖號爲兩軍相表裏其實南軍非北軍比也高帝發中尉卒三萬人王溫舒爲中尉請覆脫卒得數萬人北軍尺籍亦云盛矣至若蓋寬饒爲衛司馬衛卒之數不過數千人而已故漢之兵制常以北軍爲重周勃一入北軍而呂產輩束手就戮戾太子不得北軍之助卒敗於丞相之兵兩軍之勢大略可觀先謙曰通鑑胡注班表中壘校尉掌北軍壘門外又有中尉掌徼循京師屬官有中壘寺互等令丞至後漢始置北

軍中候掌監五營劉注舊有中壘校尉領北軍營壘之事中興省中壘但置中候以監五營又據班表中壘以下八校尉皆武帝初置意者武帝以前北軍屬中尉故領中壘令丞等官南軍蓋衛尉所統班表衛尉掌宮門衛屯兵周勃入北軍尙有南軍乃先使曹窋告衛尉毋內呂產殿門然後使朱虛侯逐產殺之未央宮郎中府吏廁中以此知南軍屬衛尉也丞相平召朱虛侯章佐勃勃令章監軍門令平陽侯告衛尉毋內相國產殿門產不知祿已去北軍入未央宮欲爲亂殿門弗內徘徊往來師古曰徘徊猶傍偟不進之意也徘音裴平陽侯馳語太尉勃勃尙恐不勝未敢誦言誅之鄧展曰誦言公言也〔補注〕錢大昕曰史記誦作訟韋昭云訟猶公也迺謂朱虛侯章曰急入宮衞帝章從勃請卒千人入未央宮掖門師古曰非正門而在兩旁若人之臂掖也見產廷中日餔時遂擊產〔補注〕宋祁曰越本邵本竝無日字產走天大風從官亂莫敢鬭者逐產殺之郎中府吏舍廁中如淳曰百官表郎中令掌宮殿門戶故其府在宮中後轉爲光祿勳〔補注〕先謙曰馮唐傳爲郎中署長郎中府即郎中署也章已殺產帝令謁者持節勞章師古曰慰問之章欲奪節謁者不肯章迺從與載因節信馳斬長樂衛尉呂更始師古

曰因謁者所持之節用爲信也章與謁者同車故爲門者所信得入長樂宮還入北軍復報太尉勃勃起拜賀章曰所患獨產今已誅天下定矣辛酉殺呂祿〔補注〕先謙曰官本殺作斬笞殺呂嬃分部悉捕諸呂男女無少長皆斬之師古曰分音扶問反大臣相與陰謀㠯爲少帝及三弟爲王者皆非孝惠子〔補注〕周壽昌曰案前後有兩少帝前之少帝即後宮美人子於高后四年幽死後之少帝爲恆山王弘也亦明前幽死之少帝實爲孝惠子也先謙曰軹侯朝爲恆山王壺關侯武爲淮陽王昌平侯太爲呂王更名呂曰濟川所謂三弟爲王者也史記作少帝及梁淮陽常山王梁是呂之誤時梁王乃呂產也復其誅之尊立文帝語在周勃高五王傳

贊曰孝惠高后之時海內得離戰國之苦君臣俱欲無爲故惠帝拱己師古曰垂拱而治高后女主制政不出房闥師古曰闥宮中小門音他曷反而天下晏然刑罰罕用民務稼穡衣食滋殖師古曰滋益也殖生也

高后紀第三 終

文帝紀第四

漢　蘭　臺　令　史班　固　撰

唐正議大夫行祕書少監琅邪縣開國子顏師古注

賜進士出身前翰林院編修國子監祭酒加三級臣王先謙補注

孝文皇帝荀悅曰諱恆之字曰常應劭曰謚法慈惠愛民曰文〔補注〕宋祁曰景德本民作人周壽昌曰案民作人承唐時舊本非有異也唐諱世作代民作人治作理兩漢書注多如此高祖中子也母曰薄姬如淳曰姬音怡眾妾之總稱漢官儀曰姬妾數百外戚傳亦曰幸姬戚夫人臣瓚曰漢秩祿令及茂陵書姬竝內官也秩比二千石位次婕妤下在八子上師古曰姬者本周之姓貴於眾國之女所以婦人美號皆稱姬焉故左氏傳曰雖有姬姜無棄蕉萃姜亦大國女也後因總謂眾妾爲姬史記云高祖居山東時好美姬是也若姬是官號不應云幸姬戚夫人且外戚傳備列后妃諸官無姬職也如云眾妾總稱則近之不當音怡宜依字讀耳瓚說謬也〔補注〕錢大昭曰六朝人稱妾母爲姨即此意但不知姬有怡音因變文爲姨此俗閒之謬耳釋親妻之姊妹同出爲姨豈可以稱眾妾顏謂姬不當音怡失之李慈銘曰姬妾是一義姬姜是一義二義異音瓚說本當時官書豈容聽造若云因周姓貴而爲婦人美稱何以無稱姜者乎高祖十一年誅陳豨定代地立爲代王〔補注〕宋祁曰越本立字下有子恆二字齊召南曰監本作立子恆爲代王非也帝紀中例不書名宋本作立爲代王下注宋祁曰越本立字下有子恆二字今從宋本都中都〔補注〕先謙曰中都太原縣在今汾州府平遙縣西北先都晉陽見高紀此徙都也十七年秋高后崩張晏曰代王之十七年也諸呂謀爲亂欲危劉氏丞相陳平太尉周勃朱虛侯劉章等共誅之謀立代王語在高后紀高五王傳大臣遂使人迎代王郎中令張武等議〔補注〕先謙曰漢初諸王國羣卿大夫如漢朝此代國之郎中令也下文云張武爲郎中令則漢朝之郎中令故百官公卿表於孝文元年書郎中令張武皆曰漢大臣皆故高帝時將習兵事多謀詐其屬意非止此也師古曰言常有異志也屬意猶言注意也屬音之欲反特畏高帝呂太后威耳今已誅諸呂新喋血京師服虔曰喋音蹀屣履之蹀如淳曰殺人流血滂沱爲喋血師古曰喋音大頰反本字當作蹀蹀謂履涉之耳〔補注〕周壽昌曰案喋自爲喫喋之喋司馬相如傳唼喋荇藻注唼喋鳥食之聲也正借作唼血訓若口唼之也史記魏豹彭越傳唼血乘勝集解引徐廣喋一作唼足證唼喋二字本通至蹀字從足淮南許注蹈也不能以蹀作喋先謙曰史記作啑啑唼同字周說是也㠯迎大王爲名實不可信願稱疾無往㠯觀其變中尉宋昌進曰〔補注〕

先謙曰史索隱引東觀漢記宋楊傳宋義後有宋昌又會稽典錄昌宋義孫也羣臣之議皆非也夫秦失其政豪傑竝起人人自㠯爲得之者㠯萬數然卒踐天子位者劉氏也師古曰卒終也天下絕望一矣高帝王子弟地犬牙相制所謂盤石之宗也師古曰犬牙言地形如犬之牙交相入也〔補注〕先謙曰史索隱云言其國如盤石此語見太公六韜天下服其彊二矣漢興除秦煩苛約法令施德惠師古曰約省也人人自安難動搖三矣夫㠯呂太后之嚴立諸呂爲三王擅權專制然而太尉㠯一節入北軍一呼師古曰呼叫也音火故反他皆類此士皆袒左爲劉氏畔諸呂卒㠯滅之此乃天授非人力也今大臣雖欲爲變百姓弗爲使師古曰爲音于僞反其黨寍能專一邪內有朱虛東牟之親外畏吳楚淮南琅邪齊代之彊方今高帝子獨淮南王與大王大王又長賢聖仁孝聞於天下故大臣因天下之心而欲迎立大王大王勿疑也代王報太后計猶豫未定卜之兆得大橫應劭曰龜曰兆筮曰卦卜以荆灼龜文正橫也占曰大

橫庚庚余爲天王夏啟㠯光服虔曰庚庚橫貌也李奇曰庚庚其繇文也占謂其繇也張晏曰先是五帝官天下老則嬗賢至夏啟始傳嗣能光先君之業文帝亦襲父迹言似啟也師古曰繇音丈救反本作籒籒書也謂讀卜詞〔補注〕宋祁曰江南本注文張晏曰下有橫謂無思不服庚更也更言去諸侯而即帝位也二十字先謙曰史集解引張說有此二十字代王曰寡人固已爲王又何王乎卜人曰所謂天王者乃天子也於是代王乃遣太后弟薄昭見太尉勃勃等具言所㠯迎立王者師古曰說所㠯迎代王之意也〔補注〕王先愼曰者字文義不順當依史記作意字之誤也顏云說所以迎代王之意是唐時所見本尚作意不作者昭還報曰信矣無可疑者代王笑謂宋昌曰果如公言乃令宋昌驂乘師古曰乘車之法尊者居左御者居中又有一人處車之右以備傾側是以戎事則稱車右其餘則曰驂乘驂者三也葢取三人爲名義耳張武等六人乘六乘傳張晏曰傳車六乘也師古曰傳音張戀反詣長安至高陵止〔補注〕先謙曰高陵馮翊縣在今西安府高陵縣西南一里而使宋昌先之長安觀變昌至渭橋蘇林曰在長安北三里〔補注〕先謙曰史索隱引三輔故事咸陽宮在渭北興樂宮在渭南秦昭王通兩宮之間作渭橋長三百八十步又關中記云石柱以北屬扶風石柱以南屬京兆也丞相㠯下皆迎昌還

報代王乃進至渭橋羣臣拜謁稱臣代王下拜太尉勃進曰願請間師古曰間容也猶今言中間也請容暇之頃當有所陳不欲於眾顯論也他皆類此宋昌曰所言公公言之所言私王者無私太尉勃乃跪上天子璽〔補注〕先謙曰史記璽下有符字通鑑同下文亦言璽符則符字當有代王謝曰至邸而議之師古曰郡國朝宿之舍在京師者率名邸邸至也言所歸至也音丁禮反他皆類此閏月己酉入代邸〔補注〕劉攽曰己酉去誅諸呂三十七日矣羣臣從至上議曰丞相臣平太尉臣勃大將軍臣武服虔曰柴武〔補注〕錢大昭曰服說非也若柴武爲大將軍位在御史大夫之上公卿表不應失書攷高五王傳[illegible]王舉兵相國呂產等遣大將軍潁陰侯灌嬰將兵擊之嬰[illegible]使人諭齊王及諸侯與連和灌嬰傳呂祿等以嬰爲大將[illegible]滎陽乃與絳侯等謀風齊王以兵誅諸呂齊兵不前絳侯[illegible]呂嬰自滎陽還與絳侯陳平共立文帝於是益封嬰三千[illegible]尉觀本紀元年詔書益封戶邑者止有太尉勃丞相平將[illegible]無名武之大將軍則其爲灌嬰何疑嬰之大將軍是呂祿[illegible]故公卿表之不載至棘蒲侯柴武爲大將軍其事在三年因[illegible]反遣武擊之事已即罷故表亦不載服氏謂文帝即位之[illegible]有大將軍柴武事失之遠矣先謙曰錢說是也史記亦誤作[illegible]史大夫臣蒼文穎曰張蒼宗正臣郢文穎曰劉郢〔補注〕王念孫曰此及儒林傳郢下皆脫客字史記同諸侯王表王子侯表百官公卿表楚元王傳及史記惠景間侯者表皆作郢客朱虛侯臣章東牟侯臣興

居典客臣揭蘇林曰劉揭也師古曰揭音竭再拜言大王足下子弘等皆非孝惠皇帝子師古曰不詳其有爵位故總謂之子〔補注〕宋祁曰注文不詳南本作不許爲長若云不詳其有爵位則高后已封三王二侯而弘又爲帝非不詳也不當奉宗廟臣謹請陰安侯蘇林曰高帝兄伯妻羹頡侯[illegible]也晉灼曰若蕭何夫人封爲鄼侯也〔補注〕先謙曰陰安魏郡縣在今大名府清豐縣北二十里頃王后[illegible]曰仲名喜爲代王後廢爲郃陽侯子濞爲吳王故追謚[illegible][illegible]子濞爲王追謚爲頃王[illegible][illegible]夫人亦爲鄼侯又宗室[illegible][illegible]漢祠令陰安侯高帝嫂[illegible][illegible]皆曰傾〔補注〕齊召南曰[illegible][illegible]頃王后上有列侯二字[illegible][illegible]王降爲郃陽侯故云列[illegible][illegible]頃王后爲二人封號而[illegible][illegible]令相會先謙案羹頡侯[illegible][illegible]侯二字則爲二人明矣[illegible]作部知上有安字是琅邪王文穎曰劉澤也列侯吏二千石議大王高皇帝子宜爲嗣願大王即天子位代王曰奉高帝宗廟重事也寡人不佞師古曰不

佞不材也不足以稱師古曰稱副也音尺孕反其下皆同願請楚王計宜者蘇林曰楚王名交高帝弟也〔補注〕何焯曰陰安侯頃王后皆婦人琅邪王疏屬帝言請楚王計宜斯識體矣寡人弗敢當。羣臣皆伏固請。代王西鄉讓者三，南鄉讓者再。如淳曰讓羣臣也或曰賓主位東西面君臣位南北面故西鄉坐三讓不受羣臣猶稱宜乃更南鄉坐示變卽君位之漸也師古曰鄉讀曰嚮〔補注〕先謙曰通鑑胡注如說非代王所以再讓之意蓋王入代邸而漢廷羣臣繼至王以賓主禮接之故西鄉羣臣勸進王凡三讓羣臣遂扶王正南面之位王又讓者再則南鄉非王之得已羣臣扶之使南鄉耳遽以爲南鄉坐可乎丞相平等皆曰：「臣伏計之，大王奉高祖宗廟最宜稱，雖天下諸侯萬民皆以爲宜。臣等爲宗廟社稷計，不敢忽。師古曰忽怠忘也〔補注〕劉攽曰忽言輕易也先謙曰劉說是願大王幸聽臣等。臣謹奉天子璽符再拜上。」代王曰：「宗室將相王列侯以爲其宜寡人，〔補注〕王念孫曰其字文義不順當依史記作莫字之誤也[illegible]莫宜寡人言無若寡人之宜者也上文丞相平等曰大王奉高祖宗廟最宜稱雖天下諸侯萬民皆以爲宜故曰宗室將相王列侯以爲莫宜寡人寡人不敢辭。」遂卽天子位。羣臣以次侍。師古曰各依職位使太僕嬰、東牟侯興居先清宮，

應劭曰舊典天子行幸所至必遣靜室令先案行清淨殿中以虞非常〔補注〕王先慎曰東牟侯自請與太僕俱入清宮見高五王傳先謙曰嬰夏侯嬰也史集解引靜室作靜宮胡三省云時羣臣雖奉帝卽位而少帝猶居禁中有所屛除也奉天子法駕迎代邸。如淳曰法駕者侍中驂乘奉車郎御屬車三十六乘皇帝卽日夕入未央宮。夜拜宋昌爲衞將軍，領南北軍，〔補注〕先謙曰史記作鎭撫南北軍張武爲郎中令，行殿中。師古曰行謂案行也音下更反還坐前殿，下詔曰：「制詔丞相、太尉、御史大夫：間者諸呂用事擅權，師古曰間者猶言中間之時也他皆倣此〔補注〕宋祁曰景德本無制詔二字先謙曰官本注倣作類謀爲大逆，欲危劉氏宗廟，賴將相列侯宗室大臣誅之，皆伏其辜。朕初卽位，其赦天下，賜民爵一級，女子百戶牛酒，蘇林曰男賜爵女子賜牛酒師古曰賜爵者謂一家之長得之也女子謂賜爵者之妻也率百戶共得牛若干頭酒若干石無定數也〔補注〕何焯曰後書注姚察云女子謂賜爵者之妻封禪書百戶牛一頭酒十石臣賢案此女子百戶若是戶頭之妻不得更稱爲戶此謂女戶頭卽今之女戶也恩當普洽所以男戶賜爵女戶賜牛酒案此說近之又案昭紀始元元年賜民百戶牛酒元紀初元元年賜吏民五十戶牛酒而別無女子百戶五十戶之文或者吏民但賜牛酒而不賜爵則其妻不別沾賜非女戶也惟章帝元和二年詔書獨槩以經曰無侮鰥寡惠此煢獨加賜河南女子百戶牛酒或當如章懷之說詔書曰河南則止於河南戶所屬不普洽天下與前書中事不同沈欽韓曰顏說襲姚然長男得爵妻得牛酒兩夾丁與妻並不及非普洽之惠也章懷知其不可通以爲此是女戶頭[illegible]但女戶甚少百戶共賜亦難分布予以爲止就鄉亭中百戶率得牛一頭酒十石不限有爵無爵之妻也酺五日。服虔曰酺音蒲文穎曰音步漢律三人以上無故羣飲酒罰金四兩今詔橫賜得令會聚飲食五日也師古曰酺之爲言布也王德布於天下而合聚飲食爲酺服音是也字或作膊音義同〔補注〕宋祁曰酺南本浙本並作餔沈欽韓曰說文酺王者布德大飲酒也周禮族師春秋祭酺案古者無事不飲酒酒誥曰祀茲酒故假祭名以飲酒因謂賜民飲酒爲酺禮器注合錢飲酒爲醵王居明堂之禮仲秋乃命國醵賈公彥云州長黨正飲酒禮皆得官物爲之族師卑不得官物爲禮鄭據禮器明堂禮皆有醵法以不得官酒故須合錢耳然則賜酺卽是合錢醵飲也先謙曰史索隱出錢爲醵出食爲酺又案趙武靈王滅中山酺五日是其所起遠也」

元年冬十月辛亥，皇帝見于高廟。遣車騎將軍薄昭迎皇太后于代。詔曰：「前呂產自置爲相國，呂祿爲上將軍，擅遣將軍灌嬰將兵擊齊，欲代劉氏，嬰留滎陽與諸侯合謀以誅呂氏。呂產欲爲不善，〔補注〕宋祁曰呂產南本浙本無呂字丞相平與太尉勃等謀奪產等軍。朱虛侯章首

先捕斬產。太尉勃身率襄平侯通持節承詔入北軍。典客揭奪呂祿印。〔補注〕宋祁曰呂祿南本浙本無呂字其益封太尉勃邑萬戶，賜金五千斤。丞相平、將軍嬰邑各三千戶，金二千斤。朱虛侯章、襄平侯通〔補注〕王先慎曰東牟侯同時受封賜見傳先謙曰史記有東牟侯劉興居六字邑各二千戶，金千斤。封典客揭爲陽信侯，賜金千斤。」十二月，立趙幽王子遂爲趙王，徙琅邪王澤爲燕王。呂氏所奪齊楚地皆歸之。〔補注〕王啟原曰劉澤王琅邪係奪齊一郡呂台爲呂王以彭城爲國係奪自楚者今諸呂誅呂國廢澤又徙封故仍以其地還齊楚盡除收帑相坐律令。應劭曰帑子也秦法一人有罪並其室家今除此律師古曰帑讀與奴同假借字也〔補注〕先謙曰史記並載詔議本書以入刑法志又云後新垣平謀逆復行三族之誅

正月，有司請蚤建太子，師古曰蚤古以爲早晚字也〔補注〕先謙曰說文早晨也从日在甲上蚤齧人跳蟲蚤蝨或體字此假借通用以爲古字則謬矣所以尊宗廟也。詔曰：「朕既不德，上帝神明未歆饗也，〔補注〕宋祁曰南本浙本無也字先謙曰無也字是也史記亦無天下人民未有㥦志。應劭曰㥦音篋㥦滿也師古曰㥦快也〔補注〕錢大昭曰史記㥦作嗛荀子榮辱篇臭之而無嗛於鼻楊倞注嗛當爲慊蓋義與㥦同今

縱不能博求天下賢聖有德之人而嬗天下焉晉灼曰嬗古禪字而曰豫建太子是重吾不德也師古曰重謂增益也音直用反他皆類此謂天下何師古曰猶言何以稱天下之望其安之師古曰安猶徐也言不宜汲汲耳有司曰豫建太子所以重宗廟社稷不忘天下也上曰楚王季父也春秋高閱天下之義理多矣如淳曰閱猶更歷也明於國家之體吳王於朕兄也淮南王弟也皆秉德以陪朕文穎曰陪輔也（補注）先謙曰史記兄也下有惠仁以好德五字無秉上皆字豈為不豫哉諸侯王宗室昆弟有功臣多賢及有德義者若舉有德以陪朕之不能終是社稷之靈天下之福也今不選舉焉而曰必子師古曰必將傳位於子人其以朕為忘賢有德者而專於子（補注）宋祁曰越本專作傳先謙曰史記亦作專越本誤非所以憂天下也朕甚不取師古曰不取猶言不用此為善也有司固請曰古者殷周有國治安皆且千歲師古曰治安言治理而且安寧也治音丈吏反有天下者莫長焉師古曰言上古以來國祚長久無及殷周者也用此道也師古曰所以能爾者以承嗣相傳故也立嗣必子所

從來遠矣高帝始平天下建諸侯為帝者太祖諸侯王列侯始受國者亦皆為其國祖子孫繼嗣世世不絕天下之大義也故高帝設之以撫海內師古曰設置立也謂立此法也今釋宜建師古曰釋捨也宜建謂適嗣而更選於諸侯宗室非高帝之志也更議不宜師古曰不當更議子啟最長文穎曰景帝名（補注）蘇輿曰史記避諱作子某此紀直書子啟蓋親盡不諱也下文句以啟告朕史記亦刪啟字敦厚慈仁（補注）先謙曰史記通鑑皆作純厚荀紀作敦厚從漢書請建以為太子上乃許之因賜天下民當為父後者爵一級師古曰雖非己生正嫡但為後者即得賜爵（補注）何焯曰當為父後正謂嫡長耳顏注非其曰非己生尤乖於理封將軍薄昭為軹侯師古曰軹音只三月有司請立皇后皇太后曰立太子母竇氏為皇后（補注）何焯曰先建太子後立皇后者時代王王后先卒竇姬乃以子貴也立皇后稱皇太后命得著代之意立太子母上史記有諸侯皆同姓五字蓋周之天子逆后於嬀姜之國今諸侯皆同姓則不可拘以舊制必貴姓也然自此景立王武立衛安於立賤矣此等皆漢事與三代始判分處況此時固亦有長沙王在乎詔曰方春和時草木羣生之物皆有以自樂而吾百姓鰥寡孤獨窮困

之人或阽於死亡服虔曰阽音反坫之坫孟康曰阽音屋檐之檐如淳曰阽近邊欲墮之意師古曰服孟二音竝通（補注）錢大昭曰說文阽壁危也而莫之省憂師古曰省視也為民父母將何如其議所以振貸之師古曰振起也為給貸之令其存立也諸振救振贍其義皆同今流俗作字從貝者非也自別有訓貸音吐戴反又曰老者非帛不煖非肉不飽師古曰煖溫也音乃短反今歲首不時使人存問長老師古曰存省視也又無布帛酒肉之賜將何以佐天下子孫孝養其親今聞吏稟當受鬻者或以陳粟師古曰稟給也鬻淖糜也給米使為糜鬻也陳久舊也小雅甫田之詩曰我取其陳鬻音之六反淖音女教反（補注）先謙曰官本注弱作溺張照云案宋本無溺也二字以溺訓淖理不可通溺字當為泥字之譌豈稱養老之意哉具為令師古曰使其備為條制（補注）先謙曰官本注條作修有司請令縣道師古曰縣或道皆用此制也有蠻夷曰道年八十以上賜米人月一石肉二十斤酒五斗其九十以上又賜帛人二疋絮三斤師古曰絮緜也賜物及當稟鬻米者長吏閱視丞若尉致師古曰長吏縣之令長也若者豫及之詞致者送至也或丞或尉自致之也（補注）先謙曰百官表縣皆有丞尉秩四百石至二百石令長丞尉是為長吏顏以長吏專屬縣令長非

不滿九十嗇夫令史致（補注）先謙曰百官志縣十里一亭十亭一鄉鄉有嗇夫職聽訟收賦稅又云百石以下有斗食佐史之秩是為少吏通鑑胡注引漢官云斗食佐史即斗食令史二千石遣都吏循行蘇林曰取其都吏有德也如淳曰律說都吏今督郵是也閑惠曉事即為文無害都吏師古曰如說是也行音下孟反（補注）周壽昌曰行讀如本字顏音非不稱者督之師古曰循行有不如詔意者二千石察視責罰之（補注）吳仁傑曰督有兩義西域傳督察烏孫康居諸外國此用督察為義晉令云應受杖而體有瘡者督之此蓋決罰之名顏注丙吉傳但云察視非也於文紀亦知其為責罰復兼察視為言隋志載梁杖督之制云督罰大罪無過五十三十小者二十字文周定五刑曰杖刑徒流死徒流之制鞭笞並用笞者笞其臀鞭者鞭其背魏明帝改罰金之令婦人加笞者從督例以其露形體也隋去鞭刑謂鞭之為用殘剝膚體前世鞭笞之刑蓋如此而杖督在鞭笞之外比之為輕笞用竹鞭用生熟革而杖則用荆而已鞭至殘肌膚笞至露形體杖督則不至此殆書所謂扑刑宋子罕親執以扶築者邪然則督為決罰之名由漢以來用之梁陳猶爾唐因隋舊督責鞭罰之制併廢不用顏不及知故言督以察視為義而已說文督同篤音督察也毄擊物也蓋古字少故即以督為毄先謙曰督毄亦假借通用凡此類言古字少者皆謬刑者及有罪耐以上不用此令蘇林曰一歲為罰作二歲刑以上為耐耐能任其罪也師古曰刑謂先被刑也有罪在吏未決者也言八十九十之人雖合加賜其中有被刑罪者不在此賜物令條中也（補注）先謙曰

官本注謂作爲古謂爲同字又據史記孤兒九歲以下亦得賜楚元王交薨四月齊楚地震二十九山同日崩大水潰出師古曰旁決曰潰上湧曰出〔補注〕先謙曰二十九山五行志作山二十九所六月令郡國無來獻施惠天下諸侯四夷遠近驩洽乃脩代來功師古曰自代來時有功者〔補注〕先謙曰官本注末有也字史記作乃循從代來功臣循脩因形似而誤詔曰方大臣誅諸呂迎朕朕狐疑皆止朕師古曰狐之爲獸其性多疑每渡氷河且聽且渡故言疑者而稱狐疑唯中尉宋昌勸朕朕已得保宗廟〔補注〕蘇輿曰史記已作以以已字通然依本書例作吕爲合已尊昌爲衞將軍師古曰尊高也高其官秩其封昌爲壯武侯諸從朕六人官皆至九卿師古曰張武等〔補注〕先謙曰官皆至九卿非詔文詔應云諸從朕六人進秩有差而修史者終言之耳又曰列侯從高帝入蜀漢者六十八人益邑各三百戶吏二千石吕上從高帝潁川守尊等十人食邑六百戶淮陽守申屠嘉等十人五百戶衞尉足等十人四百戶〔補注〕先謙曰公卿表孝文二年書衞尉足史記作定誤也封淮南王舅趙兼爲周陽侯齊王舅駟鈞爲靖郭侯如淳曰邑名也六國時齊有靖郭君靖音

前漢四 八

靜師古曰外戚恩澤侯表云鄔侯駟鈞以齊王舅侯今此云靖郭豈初封靖郭後改爲鄔乎鄔音一戶反又音於度反〔補注〕先謙曰官本注度作庶是史記作清郭侯集解引如注清音靜故常山丞相蔡兼爲樊侯〔補注〕錢大昕曰丞字衍周壽昌曰丞字非衍也此故常山王之丞相也百官表諸侯王國景帝中五年始改丞相曰相此在文帝初宜仍故稱表下書淮南丞相張蒼爲御史大夫郎其例功臣表作常山相無丞字葢省文先謙曰周說是史記亦有丞字二年冬十月丞相陳平薨〔補注〕錢大昕曰丞相薨例書日不書姓惟陳平灌嬰書姓不書日申屠嘉不書日翟方進書姓仍書日詔曰朕聞古者諸侯建國千餘〔補注〕先謙曰史記有歲字義異各守其地吕時入貢民不勞苦上下驩欣靡有違德今列侯多居長安邑遠師古曰所食之邑去長安遠〔補注〕王啓原曰三輔不以封列侯列侯食邑近者距長安數百里遠者且千里數千里惟關內侯則食邑關中比於周之圻內諸侯而降列侯一等此列侯乃徹侯故云邑遠吏卒給輸費苦而列侯亦無繇教訓其民師古曰繇讀與由同其令列侯之國爲吏及詔所止者遣太子李奇曰爲吏謂爲卿大夫者詔所止特以恩愛見畱者〔補注〕周壽昌曰漢制王及列侯長子皆稱太子王母稱太后不必天子也下文詔云已立其子太子遂爲趙王皆是先謙曰官本注末無者字史集解引李奇作張晏語微異十一月癸

卯晦日有食之〔補注〕先謙曰五行志在婺女一度詔曰朕聞之天生民爲之置君吕養治之人主不德布政不均則天示之災吕戒不治師古曰治音直吏反乃十一月晦日有食之適見于天師古曰適讀曰讁讁責也音張革反見音胡電反災孰大焉師古曰災莫大於此〔補注〕何焯曰自秦以來不畏于天至文帝始聞此言朕獲保宗廟吕微眇之身託于士民君王之上〔補注〕先謙曰史記士作兆天下治亂在予一人唯二三執政猶吾股肱也朕下不能治育羣生上吕累三光之明師古曰三光日月星也累音力瑞反其不德大矣令至其悉思朕之過失師古曰令謂此詔書及知見之所不及匄吕啟告朕師古曰匄音葢匄亦乞也啟開也言以過失開告朕躬是則於朕爲恩惠也商書說命曰啟乃心沃朕心及舉賢良方正能直言極諫者吕匡朕之不逮師古曰匡正也逮及也不逮者意慮所不及因各敕吕職任務省繇費吕便民師古曰省減也音所領反繇讀曰徭〔補注〕先謙曰官本繇讀曰徭作繇音傜朕既不能遠德故憪然念外人之有非蘇林曰憪寢視不安貌也孟康曰憪猶介然也非姦非也師古曰孟說是也憪音下板反〔補注〕宋祁曰蘇林注文憪字下當有然字先謙曰官

前漢四 九

本注貌下無也字遠德謂德及遠外人胡越之屬史集解引漢書音義憪下有然字索隱云蘇說葢近其意餘說皆疏是吕設備未息今縱不能罷邊屯戍又飭兵厚衞師古曰飭整也讀與勑同〔補注〕先謙曰官本注末四字作音勑案此謂京師兵衞其罷衞將軍軍〔補注〕先謙曰宋昌所領也太僕見馬遺財足師古曰遺畱也財與纔同纔少也太僕見在之馬今當減畱纔足充事而已餘皆吕給傳置師古曰傳音張戀反置者置傳驛之所因名置也他皆類此〔補注〕宋祁曰傳傳舍置廄置案廣雅云置驛也春正月丁亥〔補注〕沈欽韓曰通典吉禮六齊武帝永平中耕藉田用丁亥王儉以爲亥日經籍無文助教周山文議曰蔡邕月令章句解元辰云甲幹也辰支也有事於天用甲有事於地用辰何佟之云漢文用此日耕藉祠先農後王相承用之非有別義詔曰夫農天下之本也其開藉田應劭曰古者天子耕藉田千畝爲天下先藉者帝王典藉之常也韋昭曰藉借也借民力以治之以奉宗廟且以勸率天下使務農也臣瓚曰景帝詔曰朕親耕后親桑爲天下先本以躬親爲義不得以假借爲稱也藉謂蹈藉也師古曰瓚說是也國語曰宣王卽位不藉千畝虢文公諫斯則藉非假借明矣〔補注〕王啓原曰東方朔傳顧成廟遠無宿宮又有萩竹藉田本紀四年服虔注顧成廟在長安城南此漢藉田定所也孝武耕於上林孝昭耕於鈎盾弄田紀故別著之食貨志云上感賈誼言始開藉田先謙曰官本藉作籍注並同籍古書假借通用故藉或爲籍據注應本作籍韋本作藉注當正作耤說文耤下

云帝耤千畝也古者使民如借故謂之耤从耒昔聲耤下云祭耤也一曰草不編狼藉籍下云簿書也朕親率耕吕給宗廟粢盛師古曰黍稷曰粢在器曰盛粢音咨民謫作縣官及貸種食未入入未備者皆赦之師古曰種者五穀之種也食者所吕為糧食也貸音吐戴反種音之勇反〔補注〕先謙曰官本謫作讁三月有司請立皇子為諸侯王詔曰前趙幽王幽死朕甚憐之已立其太子遂為趙王遂弟辟彊師古曰辟彊言辟禦彊梁者亦猶辟兵辟非耳辟音必亦反彊音其良反一說辟讀曰闢彊讀曰彊闢彊言闢土地也賈誼書曰衞侯朝於周周行人問其名衞侯曰辟彊行人還之曰啟彊辟彊天子之號也諸侯弗得用更其名曰燬則其義兩說竝通他皆類此〔補注〕王先慎曰衞侯事見韓非子外儲說右下賈誼本之顏偶有不照周時尚不許衞侯名辟彊漢初不得取名明矣前說是及齊悼惠王子朱虛侯章東牟侯興居有功可王乃遂立辟彊為河間王〔補注〕先謙曰遂字涉上文而衍章為城陽王興居為濟北王因立皇子武為代王參為太原王揖為梁王〔補注〕朱一新曰諸侯王表代王等均以二月乙卯立與紀差一月五月詔曰古之治天下朝有進善之旌應劭曰旌幡也堯設之五達之道令民進善也如淳曰欲有進者立於旌下言之〔補注〕沈欽韓曰管子桓公問篇舜有告善之旌而主不蔽也文苑英華盧碩畫諫自注兩漢故事文帝三年于永明殿畫屈軼草進善旌誹謗木敢諫鼓獬豸凡五物誹謗之木服虔曰堯作之橋梁交午柱頭也應劭曰橋梁邊板所以書政治之愆失也至秦去之今乃復施也師古曰應說是也〔補注〕沈欽韓曰崔豹古今注程雅問曰堯設誹謗之木何也荅曰今之華表以橫木交柱頭狀如華形似桔槔大路交衢悉施焉或謂之表木以表王者納諫亦以表識衢路秦乃除之漢始設焉今西京謂之交午柱淮南主術訓舜立誹謗之木高注書其善否於華表木也所吕通治道而來諫者也今法有誹謗訞言之罪師古曰高后元年詔除妖言之令今此又有妖言之罪是則中間曾重復設此條也訞與妖同是使衆臣不敢盡情而上無由聞過失也將何吕來遠方之賢良其除之民或祝詛上吕相約而後相謾師古曰謾欺也初為要約共行祝詛後相欺誑中道而止無實事也謾音慢又音莫連反〔補注〕劉攽曰祝詛上以相約漢俗如此猶後漢傳云不直者不敢祝少賓也故吏得以為大逆先謙曰吕與已同劉誤讀史記約下有結字集解引漢書音義云民相結共祝詛上也謾者後謾而止之不畢祝詛也顏說本韋昭見索隱引吏吕為大逆其有他言吏又吕為誹謗此細民之愚無知抵死師古曰抵觸也亦至也朕甚不取自今吕來有犯此者勿聽治九月初與郡守為銅虎符竹使符應劭曰銅虎符

第一至第五國家當發兵遣使者至郡合符符合乃聽受之竹使符皆以竹箭五枚長五寸鐫刻篆書第一至第五張晏曰符以代古之圭璋從簡易也師古曰與郡守為符者謂各分其半右留京師左以與之使音所吏反〔補注〕錢大昭曰說文琥發兵瑞玉為虎文用兵取其威武故玉銅皆用虎先謙曰郡守史記作郡國守相索隱引古今注云銅虎符銀錯書之張晏云銅取其同心也詔曰農天下之大本也民所恃吕生也而民或不務本而事末故生不遂師古曰衣食之絕致有夭喪故不遂其生〔補注〕先謙曰官本注之作乏是朕憂其然故今茲親率羣臣農吕勸之其賜天下民今年田租之半師古曰免不收之

三年冬十月丁酉晦日有食之十一月丁卯晦日有蝕之〔補注〕先謙曰五行志十月在斗二十三度十一月在虛八度詔曰前日詔遣列侯之國辭未行丞相朕之所重其為遂率列侯之國〔補注〕錢大昭曰遂南監本閩本作朕先謙曰官本作朕史記亦作朕遂免丞相勃遣就國十二月太尉潁陰侯灌嬰為丞相〔補注〕錢大昕曰丞相三公除授紀皆不書文三年太尉潁陰侯灌嬰為丞相以罷太尉書也成帝綏和元年以大司馬票騎大將軍衍大字根監本無字為大司馬以罷將軍書也哀帝元壽二年大司馬衞將軍董賢為大司馬丞相孔光為大司徒御史大夫彭宣為大司空以正三公官書也成帝初即位以元舅侍中衞尉陽平侯王鳳為大司馬大將軍領尚書事特書於本紀者著王氏篡國之漸也將相罷免例不書惟建元二年丞相嬰太尉蚡免元壽二年大司馬驃騎將軍丁明免獨書罷太尉官屬丞相夏四月城陽王章薨淮南王長殺辟陽侯審食其師古曰殺之於其家〔補注〕先謙曰詳長傳五月匈奴入居北地河南為寇師古曰北地郡之北黃河之南即白羊所居〔補注〕先謙曰史記作入北地居河南為寇是也此誤倒白羊匈奴王也通鑑胡注此地在北河之南蒙恬所收衞青所奪皆是地也上幸甘泉如淳曰蔡邕云天子車駕所至民臣以為僥幸故曰幸見令長三老官屬親臨軒作樂賜以酒食帛葛越巾佩帶之屬民爵有級數或賜田租之半故因謂之幸也師古曰甘泉在雲陽本秦林光宮〔補注〕宋祁曰注文賜以酒食帛葛越本無酒葛二字先謙曰雲陽馮翊縣也遣丞相灌嬰擊匈奴〔補注〕先謙曰匈奴傳發邊吏車騎八萬詣高奴五行志云發車騎士八萬五千人匈奴去發中尉材官屬衞將軍軍長安上自甘泉之高奴師古曰之往也高奴上郡之縣〔補注〕先謙曰高奴在今延安府膚施縣東因幸太原見故羣臣皆賜之舉功行賞諸民里賜牛酒師古曰里別率賜之復晉陽中都民三歲租師古曰復音方目反〔補注〕先謙曰皆為代王時都留游太原十餘日濟北王興居聞帝之代欲自擊匈奴乃

反發兵欲襲滎陽於是詔罷丞相兵以棘蒲侯柴武爲大將軍臣瓚曰漢帝年紀爲陳武此云柴武爲有二姓〔補注〕先謙曰高紀功臣表俱作陳武史記同將四將軍〔補注〕齊召南曰四將軍昌侯盧卿共侯盧罷師甯侯魏遬深澤侯趙將夜見史記將相名臣表十萬眾擊之祁侯繒賀爲將軍軍滎陽秋七月〔補注〕先謙曰五行志是秋天下旱上自太原至長安詔曰濟北王背德反上詿誤吏民師古曰詿亦誤也音卦〔補注〕錢大昭曰詿誤本史記張儀傳周壽昌曰顏訓本說文特訓誤於文不辭廣雅詿欺也王莽傳臣莽爲受詿上誤朝之罪注亦訓欺爲大逆濟北吏民兵未至先自定及以軍城邑降者皆赦之復官爵師古曰復音扶目反與王興居去來者亦赦之師古曰雖始與興居共反今棄之去而來降者亦赦〔補注〕劉攽曰高帝詔曰與綰居去來歸者赦之今此文亦當云與王興居居去來者赦之蓋脫一居字也先謙曰居字不加文意自明非脫也史記亦作與王興居去來去謂叛去來謂來降集解引徐廣云乍去乍來也顏云棄之去而來降則與字意不了信當如劉說添居字矣八月虜濟北王興居自殺〔補注〕沈欽韓曰西京雜記興居始舉兵大風直東來直吹其旌旗上天入雲而墜城西井中馬皆悲鳴不進左右李廓等諫不聽後遂自殺赦諸與興居反者

四年冬十二月丞相灌嬰薨夏五月復諸劉有屬籍家無所與師古曰復音方目反與讀曰豫〔補注〕先謙曰官本讀曰二字作音字賜諸侯王子邑各二千戶〔補注〕先謙曰五行志六月大雨雪秋九月封齊悼惠王子七人爲列侯〔補注〕錢大昭曰王子侯表悼惠王子十人皆以五月甲寅封此作七人又作九月皆誤王鳴盛曰荀紀同表是紀誤先謙曰高五王傳亦誤作七人絳侯周勃有罪逮詣廷尉詔獄〔補注〕先謙曰坐持兵自衞人告勃反作顧成廟服虔曰廟在長安城南文帝作還顧見城故名之應劭曰文帝自爲廟制度卑狹若顧望而成猶文王靈臺不日成之故曰顧成賈誼曰因顧成之廟爲天下太宗與漢無極如淳曰身存而爲廟若尚書之顧命也景帝廟號德陽武帝廟號龍淵昭帝廟號徘徊宣帝廟號樂游元帝廟號長壽成帝廟號陽池師古曰以還顧見城因即爲名於義無取又書本不作城郭字應說近之〔補注〕先謙曰官本考證云因即爲名監本脫名字今補

五年春二月地震夏四月除盜鑄錢令應劭曰聽民放鑄也〔補注〕先謙曰官本注民放倒更造四銖錢應劭曰文帝以五分錢太輕小更作四銖錢文亦曰半兩今民間半兩錢最輕小者是也〔補注〕先謙曰賈誼賈山皆諫詳食貨志及山傳

六年冬十月桃李華十一月淮南王長謀反廢遷蜀嚴道死雍師古曰遷於蜀郡之嚴道行至扶風雍縣在道而死也〔補注〕王念孫曰案死雍上當更有一道字而今本脫之師古云行至扶風雍縣在道而死此正釋道死雍三字也五行志云淮南王遷嚴道道死雍皆其證先謙曰官本脫正文雍字嚴道今雅州府榮經縣治雍在今鳳翔府鳳翔縣南

七年冬十月令列侯太夫人夫人諸侯王子及吏二千石無得擅徵捕如淳曰列侯之妻稱夫人列侯死子復爲列侯乃得稱太夫人子不爲列侯不得稱也夏四月赦天下六月癸酉未央宮東闕罘罳災如淳曰東闕與其兩旁罘罳皆災也師古曰罘罳謂連闕曲閣也以覆重刻垣墉之處其形罘罳然一曰屏也罘音浮〔補注〕宋祁曰江南本罳作思王念孫曰江南本是也說文無罳字漢書作罘思考工記匠人注作浮思明堂位注作桴思皆古字假借他書或作罘罳者皆因罘字而誤加网也且顏注罘字有音而罳字無音則本作思明矣先謙曰五行志作罘思通鑑胡注古今注云罘罳屏也又云罘者復也罳者思也臣朝君至屏外復思所奏之事於其下孔穎達云屏謂之樹今浮思也釋宮文漢時謂屏爲浮思解者以爲天子外屏人臣至屏俯伏思念其事按匠人城隅謂角浮思也漢時東闕浮思災以此諸文參之則浮思小樓也故城隅闕上皆有之然則屏上亦爲屋以覆屏牆故稱屏曰浮思蘇鶚演義云罘者浮也罳者思也謂織絲之文輕疏虛浮之貌蓋宮殿門闕有此物也余謂蘇鶚之說有見於唐禁中之罘罳唐太和甘露之變宦者奉乘輿決罘罳北出也此罘罳當以舊注爲正

八年夏封淮南厲王長子四人爲列侯〔補注〕先謙曰賈誼諫見誼傳有長星出于東方文穎曰孛彗長三星其占略同然其形象小異孛星光芒短其光四出蓬蓬孛孛也彗星光芒長參參如埽彗長星光芒有一直指或竟天或十丈或三丈或二丈無常也大法孛彗星多爲除舊布新火災長星多爲兵革事

九年春大旱

十年冬行幸甘泉將軍薄昭死鄭氏曰昭殺漢使者文帝不忍加誅使公卿從之飲酒欲令自引分昭不肯使羣臣喪服往哭之乃自殺有罪故言死如淳曰一說昭與文帝博不勝當飲酒侍郎酌爲昭少一侍郎譴呵之時此郎下沐昭使人殺之是以文帝使自殺師古曰外戚恩澤侯表云坐殺漢使者自殺鄭說是也〔補注〕宋祁曰師古注文越本無自殺二字

十一年冬十一月行幸代春正月上自代還夏六月梁王揖薨匈奴寇狄道〔補注〕先謙曰狄道隴西縣今蘭州府狄道州治

十二年冬十二月河決東郡〔補注〕先謙曰詳溝洫志春正月賜諸侯王女邑

各二千戶二月出孝惠皇帝後宮美人令得嫁三月除關無用傳張晏曰傳信也若今過所也如淳曰兩行書繒帛分持其一出入關合之乃得過謂之傳也李奇曰傳棨也師古曰張說是也古者或用棨或用繒帛棨者刻木爲合符也傳音張戀反棨音啟補注沈欽韓曰周官司關注傳如今移過所文書釋名示示也過所至關津以示之也如云兩行書繒帛者乃小宰質劑鄭注所云兩書一札同而別之今之券書釋名莂別也大書札中破別之也此又同周官之傳別以帛書故終軍傳謂之繻今謂之路引詔曰道民之路在於務本朕親率天下農十年于今而野不加辟師古曰辟讀曰闢闢開也補注先謙曰官本注少一闢字歲一不登民有飢色師古曰登成也言五穀一歲不成則眾庶飢餒是無蓄積故也是從事焉尚寡而吏未加務也師古曰從事從農事也吾詔書數下歲勸民種樹師古曰樹謂蓺殖也而功未興是吏奉吾詔不勤而勸民不明也且吾農民甚苦而吏莫之省師古曰省視也將何以勸焉其賜農民今年租稅之半又曰孝悌天下之大順也力田爲生之本也三老眾民之師也廉吏民之表也朕甚嘉此二三大夫之行今萬家之縣云無應令師古曰無孝悌力田之人可應察舉之令豈實人情是吏舉賢之道未備也其遣謁者勞賜三老孝者帛人五匹悌者力田二匹廉吏二百石以上率百石者三匹師古曰自二百石以上每百石加三匹補注先謙曰官本有也字及問民所不便安而以戶口率置三老孝悌力田常員師古曰計戶口之數以率之增置其員廣教化也令各率其意以道民焉師古曰道讀曰導

前漢四　十四

十三年春二月甲寅詔曰朕親率天下農耕以供粢盛皇后親桑以奉祭服其具禮儀師古曰令立耕桑之禮制也夏除祕祝應劭曰祕祝之官移過于下國家諱之故曰祕也補注洪亮吉曰此蓋周禮甸師代王受災眚遺意語在郊祀志五月除肉刑法語在刑法志六月詔曰農天下之本務莫大焉今廑身從事晉灼曰廑古勤字補注先謙曰史記作勤而有租稅之賦是謂本末者無以異也李奇曰本農也末賈也言農與賈俱出租無異也故除田租補注劉攽曰謂疑當作爲字先謙曰史記作爲古謂爲同字劉說非其於勸農之道未備其除田之租稅賜天下孤寡布帛絮各有數

十四年冬匈奴寇邊殺北地都尉卬師古曰功臣表云缾侯孫單以父北地都尉卬力戰死事文帝十四年封與此正合然則卬姓孫而徐廣乃云姓段說者因曰段會宗即卬之玄孫無所據也會宗漢書有傳班固不云是卬後何從而知之乎補注先謙曰通鑑胡注亦云徐廣曰卬姓段而史集解引徐說略與顏同益顏胡採他人說而誤以爲徐也匈奴傳云十四萬騎入朝那蕭關至彭陽騎兵入燒回中宮候騎至雍甘泉遣三將軍軍隴西北地上郡補注齊召南曰上郡將軍昌侯盧卿也北地將軍甯侯魏遬也隴西將軍隆慮侯周竈也見匈奴傳中尉周舍爲衛將軍郎中令張武爲車騎將軍軍渭北車千乘騎卒十萬人上親勞軍勒兵申教令師古曰申謂約束之補注周壽昌曰顏注約束教令於義複申者重也賜吏卒自欲征匈奴羣臣諫不聽皇太后固要上乃止文穎曰要却也哀痛祝誓之言補注朱一新曰監本却作劫先謙曰官本作劫胡三省云力止也較文說爲合於是以東陽侯張相如爲大將軍建成侯董赫內史欒布皆爲將軍補注齊召南曰案功臣表董赫是董渫之子封成侯非建成侯史記成侯赤爲內史欒布爲將軍是也公卿表於是年書內史董赤即依史記欒布傳未嘗爲內史故公卿表不書此文建成侯既衍建字以內史連欒布爲句亦非事實先謙曰齊說固當但董赤爲內史與軍事無涉敘入不倫疑史記誤文故班氏於匈奴傳但書成侯董赤爲將軍而刪欒布然布傳明云孝文時至將軍刪布亦未是也匈奴傳無建字與本表及史記合明此建字傳寫誤衍擊匈奴匈奴走春詔曰朕獲執犧牲珪幣以事上帝宗廟十四年于今歷日彌長以不敏不明師古曰敏材識捷疾而久撫臨天下朕甚自媿師古曰媿古愧字其廣增諸祀壇場珪幣師古曰築土爲壇除地爲場幣祭神之帛補注先謙曰史記壇作墠昔先王遠施不求其報望祀不祈其福右賢左戚先民後己師古曰以賢爲上然後及親也補注先謙曰顏注當在左戚下至明之極也今吾聞祠官祝釐如湻曰釐福也賈誼傳受釐坐宣室是也師古曰釐本字作禧假借用耳同音僖皆歸福於朕躬不爲百姓朕甚媿之夫以朕之不德而專鄉獨美其福補注周壽昌曰鄉音享祭義饗者鄉也燕禮注主國君饗時釋文饗本作鄉後書光武紀三年詔有曰斯皆祖宗之靈士人之力朕曷足以享斯哉與此意同先謙曰周說是也史記作躬享通鑑作專饗百姓不與焉師古曰與讀曰預是重吾不德也師古曰重音直用反其令祠官致敬無有所祈

十五年春黃龍見於成紀師古曰成紀隴西縣補注沈欽韓曰冊府元龜又云日中有王字王洧一百九

前漢四　十五

十五引望氣經同先謙曰成紀在今秦州秦安縣北三十里上乃下詔議郊祀公孫臣明服色
新垣平設五廟文穎曰公孫臣魯人也應劭曰新垣平趙人也師古曰五廟卽下渭陽五帝之廟也〔補注〕先謙曰文
應說本史記語在郊祀志夏四月上幸雍始郊見五帝赦天下修名山
大川嘗祀而絕者有司㠯歲時致禮九月詔諸侯王公卿郡守舉
賢良能直言極諫者上親策之〔補注〕周壽昌曰此漢廷策士之始前此卽位二年詔舉賢良方正能
直言極諫者未聞舉何人至是始以三道策士而鼂錯以高第由太子家令遷中大夫傅納㠯言師古曰傅讀曰敷敷
陳其言而納用之語在鼂錯傳師古曰錯音千故反
十六年夏四月上郊祀五帝于渭陽韋昭曰在渭城師古曰郊祀志云在長安東北非渭城也
韋說謬矣五月立齊悼惠王子六人淮南厲王子三人皆爲王秋九月
得玉杯應劭曰新垣平詐令人獻之刻曰人主延壽令天下大酺明年改元
後元年張晏曰新垣平候日再中以爲吉祥故改元年以求延年之祚也〔補注〕宋祁曰案紀年通譜云史記文紀十七年書
得玉杯曰人主延壽於是天子更始爲元年而不著後字至班固則於此題後元年然則當時玉杯冊中之異但稱元耳史家追書

後字以別初元先謙曰史索隱云秦本紀惠文王十四年更爲元年又汲冢竹書魏惠王亦有後元當取法於此冬十月
新垣平詐覺謀反師古曰㠯詐事發覺自恐被誅因謀反也夷三族春三月孝惠皇后
張氏薨張晏曰后黨於呂氏廢處北宮故不曰崩〔補注〕何焯曰不以后禮喪葬故不曰崩書曰皇后則但退處未嘗廢也張
說仍外戚傳周壽昌曰廢后死不書景帝薄后成帝許后書廢不書死此史例也孝惠后雖廢置別宮究無明詔廢之故仍書薨
詔曰間者數年比不登師古曰比猶頻也又有水旱疾疫之災朕甚憂之
愚而不明未達其咎意者朕之政有所失而行有過與師古曰與讀曰歟音
弋於反下皆類此乃天道有不順地利或不得人事多失和鬼神廢不享
與何㠯致此將百官之奉養或費無用之事或多與何其民食之
寡乏也夫度田非益寡而計民未加益師古曰度謂量計之音徒各反㠯口量地
其於古猶有餘而食之甚不足者其咎安在無乃百姓之從事於
末㠯害農者蕃師古曰末謂工商之業也蕃亦多也音扶元反爲酒醪㠯靡穀者多師古曰醪
汁滓酒也靡散也醪音來高反靡音糜六畜之食焉者眾與細大之義吾未能得其

中師古曰中音竹仲反其與丞相列侯吏二千石博士議之有可㠯佐百姓
者率意遠思〔補注〕蘇輿曰率意猶言極意前詔令三老等率其意以道民亦謂極其意之所至也先謙曰率無極義元
成紀多言悉意是也悉率雙聲故字變爲率耳無有所隱〔補注〕宋祁曰隱字下一有也字錢大昭曰閩本隱下有也字
二年夏行幸雍棫陽宮蘇林曰棫音域張晏曰秦昭王所作也晉灼曰黃圖在扶風六月代王
參薨匈奴和親〔補注〕先謙曰匈奴傳云歲入邊殺略甚眾雲中遼東最甚帝患之乃使使遺書和親詔曰朕
既不明不能遠德使方外之國或不寧息夫四荒之外不安其生
師古曰戎狄荒服故曰四荒言其荒忽去來無常也爾雅曰孤竹北戶西王母日下謂之四荒封圻之內勤勞不
處師古曰圻亦畿字王畿千里不處者不獲安居二者之咎皆自於朕之德薄而不能達
遠也〔補注〕先謙曰史記達遠作遠達間者累年匈奴竝暴邊境多殺吏民邊臣兵
吏又不能諭其內志㠯重吾不德師古曰諭曉告也重音直用反〔補注〕先謙曰官本入作又是史
記作又其作吾夫久結難連兵中外之國將何㠯自寧今朕夙興夜寐勤
勞天下憂苦萬民爲之惻怛不安師古曰惻痛也怛恨也怛音丁曷反〔補注〕先謙曰史記惻怛作

怛惕未嘗一日忘於心故遣使者冠蓋相望結徹於道韋昭曰使車往還故徹如
結也〔補注〕錢大昭曰徹古轍字南監本閩本作轍先謙曰官本正文注竝作轍史記作結軼㠯諭朕志於單于
師古曰單于匈奴天子之號也單音蟬〔補注〕周壽昌曰顏注天子二字失檢匈奴傳解甚明此說爲贅今單于反古
之道師古曰返還也計社稷之安便萬民之利新與朕俱棄細過偕之大
道師古曰偕亦俱也之往也趣也結兄弟之義㠯全天下元元之民師古曰元元善意也和
親㠯定始于今年
三年春二月行幸代〔補注〕先謙曰五行志秋大雨爲災
四年夏四月丙寅晦日有蝕之〔補注〕先謙曰五行志作丙辰在東井十三度五月赦天
下免官奴婢爲庶人行幸雍
五年春正月行幸隴西三月行幸雍秋七月行幸代
六年冬匈奴三萬騎入上郡三萬騎入雲中㠯中大夫令免爲車
騎將軍屯飛狐如淳曰在代郡師古曰中大夫官名其人姓令名免耳此諸將軍下至徐厲皆書姓而徐廣㠯爲

大夫令是官名此說非也據百官表景帝初改衛尉爲中大夫令文帝時無此官而中大夫是郎中令屬官秩比二千石（補注）何焯曰後書郡國志上曲陽故屬常山恆山在西北注引晉地道記云自縣北行四百二十五里恆多山坂名飛狐口案此則飛狐口即代郡之常山關與上曲陽相接者也句注則雁門關沈欽韓曰史集解引蘇林飛狐在上黨者誤元和志自蔚州飛狐縣北入嬀州懷戎縣界即古飛狐口劉琨自代出飛狐口奔于安次亦謂此道明志飛狐峪在山西蔚州廣昌縣北今爲黑石嶺堡蔚州志飛狐口在州南三十里周壽昌曰百官表惠帝七年奉常免師古云免名也此蓋即其人史失姓耳顏云下書姓此亦應是令姓案七年中尉亞夫爲車騎將軍屬國悍爲將屯將軍郎中令張武爲復土將軍張武書姓亞夫悍俱未書姓謂景帝改衛尉爲中大夫令文帝時尚不能稱則英布爲九江王時已稱淮南王景帝大農令武帝太初元年更名大司農而食貨志於衛青擊胡即稱大司農武帝以後尚稱大農武帝始設三輔而景帝後五年詔已稱三輔蓋補稱或追稱此等處班史無定例也似徐說爲正**故楚相蘇意爲將軍屯句注**應劭曰山險名也在雁門陰館師古曰句音章句之句（補注）錢大昭曰漢紀意作隱意隱古通春秋季孫意如公羊傳作隱如沈欽韓曰歐陽忞輿地廣記代州雁門縣有句注山一名西陘山方輿紀要在代州西北二十五里一名句注陘先謙曰匈奴傳云代屯句注趙屯飛狐口**將軍張武屯北地河內太守周亞夫爲將軍**（補注）錢大昕曰景帝中二年始改郡守曰太守此太字衍本傳無太字先謙曰史記亦無太字**次細柳**

服虔曰在長安西北如淳曰長安細柳倉在渭北近石徼張揖曰在昆明池南今有柳市是也臣瓚曰一宿曰宿再宿曰信過信爲次師古曰匈奴傳云置三將軍軍長安西細柳渭北棘門霸上此則細柳不在渭北揖說是也（補注）宋祁曰如淳注文長安字下一有圖字何焯曰屯與次異屯有分地次備調發也沈欽韓曰御覽百九十引三輔故事曰周亞夫軍於細柳今石激是也石激西有細柳倉元和志細柳倉在咸陽西南二十里周亞夫軍細柳此是又細柳原在長安縣西南三十二里別是一細柳案張說在昆明池南者是長安之細柳原非此細柳也**宗正劉禮爲將軍次霸上祝茲侯徐厲爲將軍**（補注）蘇輿曰祝茲侯史記不書名祝茲史表作松茲徐僬厲本書功臣表厲以呂后四年封十一年薨孝文七年康侯悼嗣款局据紀是年厲爲將軍則表載薨年誤厲薨當在六年春後或在明年悼嗣封後爲將屯將軍覘金革無辟禮宜然也自呂后四年至孝文後七年表當云二十七年薨七年上亦奪後字史記絳侯世家及本書周勃傳竝云是年徐厲屯棘門知非紀誤**次棘門**孟康曰在長安北秦時宮門也如淳曰三輔黃圖棘門在橫門外也**吕備胡夏四月大旱蝗**師古曰蝗即螽也食苗爲災今俗呼爲簸蝩蝗音胡光反蝩音鍾（補注）先謙曰官本注蝩作蝗五行志作春天下大旱**令諸侯無入貢弛山澤**師古曰弛解也解而不禁與眾庶同其利**減諸服御損郎吏員發倉庾**應劭曰水漕倉曰庾胡公曰在邑曰倉在野曰庾**吕振民民得賣爵**（補注）先謙曰史索隱引崔浩云富人欲爵貧人

欲錢故聽買賣**七年**（補注）先謙曰五行志正月辛未朔日有食之**夏六月己亥帝崩于未央宮**臣瓚曰帝年二十三即位即位二十三年壽四十六也（補注）先謙曰官本注上三字作二**遺詔曰朕聞之蓋天下萬物之萌生靡不有死**師古曰始生者曰萌**死者天地之理物之自然奚可甚哀**師古曰奚何也**當今之世咸嘉生而惡死厚葬吕破業重服吕傷生吾甚不取且朕既不德無吕佐百姓今崩又使重服久臨**師古曰臨哭也音力禁反下云服臨當臨者音竝同也**吕罹寒暑之數**師古曰罹音離遭也**哀人父子傷長老之志損其飲食絕鬼神之祭祀吕重吾不德**師古曰重音直用反**謂天下何朕獲保宗廟吕眇眇之身託于天下君王之上**師古曰眇眇猶言細末也**二十有餘年矣賴天之靈**（補注）王先慎曰天下當有地字天地之靈與下社稷之福文正相對此脫地字耳史記作賴天地之靈是其證**社稷之福方內安寧**臣瓚曰方四方也內中也猶云中外師古曰此說非也直謂四方之內耳（補注）先謙曰官本注四方之內無四字通鑑注引作四方之內**靡有兵革**師古曰靡無也**朕既不敏常畏過**

行吕羞先帝之遺德師古曰過行行有過失也羞謂忝辱也行音下更反**惟年之久長懼于不終今乃幸吕天年得復供養于高廟朕之不明與嘉之其奚哀念之有**如淳曰得卒天年已善矣晉灼曰若以朕不明當嘉善朕之儉約何哀念之有也師古曰如晉之說非也與讀曰歟音弋於反帝自言或者豈朕見之不明乎以不可嘉爲嘉耳然朕自謂得終天年供養高廟爲可嘉之事無所哀念也今俗語猶然其意可曉矣（補注）劉攽曰與讀曰歟言得以天年供養於高廟我之不明而蒙此歟是可嘉也其奚哀念乎劉敞同王念孫曰天年下脫終字當據如顏注及史記漢紀補史集解引如注曰下有與發聲也四字顏刪之非也此與高紀萬民與苦甚之與皆助句之詞左僖二十三年傳其人能靖者與有幾言能靖者有幾也（與讀曰歟）襄二十九年傳是盟也其與幾何言其幾何也周語若壅其口其與能幾何言能幾何也晉語諸臣之委室而徙退者將與幾人言將幾人也（與讀曰歟）又左昭十七年傳其與不然乎言其不然乎也周語何辭之與有言何辭之有也晉語亡人何國之與有言何國之有也越語如寡人者安與知恥言安知恥也與字皆爲語助**其令天下吏民令到出臨三日皆釋服**師古曰令謂此詔文也**無禁取婦嫁女祠祀飲酒食肉自當給喪事服臨者皆無踐**伏儼曰踐翦也謂無斬衰也孟康曰踐跣也晉灼曰漢語作跣跣徒跣也師古曰孟晉二說是也（補注）沈欽韓曰書序成王踐奄鄭讀踐爲翦釋名三年

之縗曰斬不緝其末直翦斬而已此漢人古義伏說是王先愼曰此及下經帶無過三寸皆指給喪事者言之後漢禮儀志佐史㠯下布衣冠幘經帶無過三寸臨庭中武吏布幘大冠足爲此文無斬衰之確證伏說是旣曰衣冠其無跣足不待言也先謙曰史集解引伏儼作服虔索隱云漢語荀爽所作又案荀紀皆無踐作皆無跣足通鑑亦作跣皆主孟說然不如伏義之長**姪帶無過三寸**補注錢大昭曰姪當爲經南監本閩本及漢紀竝作經先謙曰官本作經史記同**無布車及兵器**應劭曰無以布衣車及兵器也服虔曰不施輕車介士也師古曰應說是也補注李慈銘曰服說是也古之衣車皆有布喪事素車用白布不得禁之此自以陳設車器爲言若如應說則及兵器難解豈有以布蒙兵器者乎**無發民哭臨宮殿中殿中當臨者皆㠯旦夕各十五舉音**補注王先愼曰後漢悉沿此制詳見續志**禮畢罷非旦夕臨時禁無得擅哭臨**補注李慈銘曰史記無下臨字是也非臨時禁宮中無得擅哭哭下自不得再有臨字此誤衍先謙曰荀紀亦無臨字**㠯下**師古曰爲下棺也音義與高紀同補注先謙曰㠯與已同下葬也**服大紅十五日小紅十四日纖七日釋服**服虔曰皆當言大功小功布也纖細布衣也應劭曰紅者中祥大祥以紅爲領緣纖者禫也凡三十六日而釋服矣此以日易月也晉灼曰漢書例以紅爲功也師古曰紅與功同服晉二說是也此喪制者文帝自率己意創而爲之非有取於周禮也何爲以日易月乎三年之喪其實二十七月豈有二十六月

之文禫又無七月也應氏既失之於前而近代學者因循謬說未之思也補注劉攽曰文帝制此喪服斷自已葬之後其未葬之前則服斬衰漢諸帝自崩至葬有百餘日者未葬則服不除矣翟方進傳後母終既葬三十六日起視事此其證也說者遂以日易月又不通計葬之日皆大謬也攷之文帝意既葬除重服制大紅小紅所以漸即吉耳又此內有注云傳曰方進供養後母甚篤以身備漢相不敢踰國家之制何焯曰史索隱以下謂柩已下於壙語尤分明足明三十六日斷自己葬之後矣禮服不講乃有易月之謬說顏劉駁正考是然大紅小紅當如應氏之說閻若璩云漢文此制行之三百七十年魏武帝始令葬畢便除無所爲三十六日之服者後又不知何代以三十六日爲除服期而不論葬與否唐元肅二宗之喪又降三十六日爲二十七日則所謂以日易月者於是爲始案見舊唐書元宗肅宗紀**宅不在令中者皆㠯此令比類從事**師古曰言此詔中無文者皆以類比而行事**布告天下使明知朕意霸陵山川因其故無有所改**應劭曰因山爲藏不復起墳山下川流不過絕就其水名以爲陵號**歸夫人㠯下至少使**應劭曰夫人以下有美人良人八子七子長使少使皆遣歸家重絕人類補注先謙曰荀紀作所幸愼夫人以下至少使得令嫁帝殆有鑒於呂戚之事**令中尉亞夫爲車騎將軍屬國悍爲將屯將軍**師古曰典屯軍以備非常補注朱一新曰案史記將相名臣表作捍索隱云一作悍徐廣云姓徐一名屬卽祝茲侯也據表尙有詹事戎奴亦爲車騎將軍蘇輿曰徐以

悍爲祝茲侯不誤至云一名厲則誤合兩人爲一悍當爲悼形近致誤卽徐厲之子也厲薨悼嗣表文可考不書祝茲侯從其官號耳史表稱屬國悍亦悼之誤**郎中令張武爲復土將軍**如淳曰主穿壙塡瘞事也師古曰穿壙出土下棺也已而實之又卽以爲墳故云復土復反還也音扶目反**發近縣卒萬六千人發內史卒萬五千人**補注先謙曰百官表內史掌理京師之官景帝更名京兆尹**臧郭穿復土屬將軍武**師古曰郎張武也補注先謙曰官本臧作藏**賜諸侯王㠯下至孝悌力田金錢帛各有數**

乙巳葬霸陵師古曰自崩至葬凡七日也霸陵在長安東南

贊曰孝文皇帝卽位二十三年宮室苑囿車騎服御無所增益有不便補注宋祁曰便字下疑有者字**輒弛㠯利民**師古曰弛廢弛音式爾反**嘗欲作露臺召匠計之直百金上曰百金中人十家之產也**師古曰中謂不富不貧補注李慈銘曰史記作中民此避唐諱改蘇輿曰古者言金以斤計斤率二十兩與今以十六兩爲斤者異齊策高誘注二十兩爲一金趙岐孟子梁惠篇注二十兩爲鎰公孫丑篇注古以一鎰爲一金是也食貨志黃金重一斤直錢萬公羊隱五年傳何注百金猶百萬也此百金是金百斤直錢百萬漢金價賤故高祖賜家令則五百金予陳平則四萬金唐太宗以孔穎達等善諫太子賜金一斤觀唐書遂傳是金至唐

價貴矣**吾奉先帝宮室常恐羞之何以臺爲**師古曰今新豐縣南驪山之頂有露臺鄉極爲高顯猶有文帝所欲作臺之處**身衣弋綈**如淳曰弋皂也賈誼曰身衣皂綈師古曰弋黑色也綈厚繒綈音大奚反補注沈欽韓曰後書王符傳注引前書音義云弋厚也集韻黓皂也廣韻又作禊云黑衣按以弋爲皂者據賈誼言自衣皂綈疑皂乃帛之誤說文綈厚繒也則訓弋厚者是也何必定以黑色爲衣乎又古今注云文帝履不借視朝**所幸愼夫人衣不曳地帷帳無文繡㠯示敦朴爲天下先治霸陵皆瓦器不得㠯金銀銅錫爲飾**補注宋祁曰飾舊作飭當從此本沈欽韓曰晉書索綝傳三秦人盜發漢霸杜二陵多獲珍寶愍帝問綝曰漢陵中何乃多耶綝對曰漢天子卽位一年而爲陵天下貢賦三分之一供宗廟一供賓客一充山陵漢武帝饗年久長比崩而茂陵不復容物其樹皆已可拱赤眉取陵中物不能減半於今猶有朽帛委積珠玉未盡此二陵是儉者耳案本紀言如此則是帝崩後臣子違其素志也**因其山不起墳南越尉佗自立爲帝召貴佗兄弟㠯德懷之佗遂稱臣與匈奴結和親後而背約入盜令邊備守不發兵深入恐煩百姓吳王詐病不朝賜㠯几杖羣臣爰盎等諫說雖切常假借納用焉**蘇林曰假音休假借音以物借人之借補注沈欽韓曰風俗通正失篇孝成帝問劉向曰後世

皆言文帝治天下幾至太平其德比周文王此語從何生對曰生於言事文帝禮言事者不傷其意羣臣無大小至卽便從容言上止輦聽之其言可者稱善不可者喜笑而已言事多褒之後人見遺文則以爲然張武等受賂金錢覺更加賞賜以媿其心專務以德化民是以海內殷富興於禮義斷獄數百幾致刑措應劭曰措置也民不犯法無所刑也師古曰斷獄數百者言普天之下死罪人不過數百幾近也音巨衣反[補注]何焯曰貢禹言文帝貴廉潔賤貪汙吏坐贓者皆禁錮賞善罰惡不阿親戚罪白者伏其誅是帝之爲政不專於寬也特刑不濫耳張武舊勛受賂不飾未至大惡故加賜以媿之豈概施諸下姑息成風致貪吏放手哉嗚呼仁哉

文帝紀第四終　漢書四

景帝紀第五　漢書五

漢　蘭臺令史班固撰

唐正議大夫行祕書少監琅邪縣開國子顏師古注

賜進士出身前翰林院編修國子監祭酒加三級臣王先謙補注

孝景皇帝荀悅曰諱啟之字曰開應劭曰禮謚法布義行剛曰景[補注]先謙曰史正義引謚法云繇義而濟曰景文帝太子也[補注]先謙曰史記孝文之中子也餘詳外戚傳母曰竇皇后後七年六月文帝崩丁未太子卽皇帝位[補注]何焯曰文帝以乙巳葬既葬乃卽位也史記云太子卽位於高廟此皆典禮所徵不宜削略沈欽韓曰公羊傳正棺於兩楹之閒然後卽位後世柩前卽位之制乃用公羊說此尙近古尊皇太后薄氏曰太皇太后皇后曰皇太后九月有星孛于西方[補注]先謙曰五行志其本直尾箕末指虛危長丈餘及天漢十六日不見

元年冬十月詔曰蓋聞古者祖有功而宗有德應劭曰始取天下者爲祖高帝稱高祖是也始治天下者爲宗文帝稱太宗是也師古曰應說非也祖始也始受命也宗尊也有德可尊[補注]劉攽曰顏說非也始受命者稱太祖耳有功者亦稱祖商祖甲是也王啟原曰祖有功而宗有德家語廟制篇以爲孔子之言雖不足據後漢書光武紀注引其文而云禮蓋佚禮之文制禮樂各有由歌者所以發德也舞者所以明功也[補注]王啟原曰白虎通云歌者在上舞者在下何歌者象德舞者象功君子上德而下功高廟酎張晏曰正月旦作酒八月成名曰酎酎之言純也至武帝時因八月嘗酎會諸侯廟中出金助祭所謂酎金也師古曰酎三重釀醇酒也味厚故以薦宗廟酎音直救反奏武德文始五行之舞孟康曰武德高祖所作也文始舜舞也五行周舞也武德者其舞人執干戚文始舞執羽籥五行舞冠冕衣服法五行色見禮樂志[補注]錢大昭曰鄭司農注春官大胥云漢大樂律曰卑者之子不得舞宗廟之酎除吏二千石到六百石及關內侯到五大夫子先取適子高七尺以上年二十到三十顏色和順身體修治者以爲舞人先謙曰史索隱應劭云禮樂志文始舞本舜韶舞高祖更名文始示不相襲五行舞本周武舞秦始皇更名五行舞案今言奏武德文始五行之舞者其樂總象武王樂言高祖以武定天下既示不相襲其作樂之始先奏文始以羽籥衣文繡居先次卽奏五行五行卽武舞執干戚而衣有五行之色也孝惠廟酎奏文始五行之舞孝文皇帝臨天下通關梁不異遠方張晏曰孝文十二年除關不用傳令遠近若一除誹謗去肉刑賞賜長老收恤孤獨以遂羣生師古曰遂成也達也減耆欲不受獻師古曰耆讀曰嗜罪人

不帑蘇林曰刑不及妻子師古曰帑讀與孥同〔補注〕錢大昭曰毛詩禮記漢書皆作帑尚書孟子作孥俗字也起於呂忱字林見張參五經文字不誅亾罪不私其利也〔補注〕錢大昭曰案不私其利也五字當從閩本在不受獻之下先謙曰錢說是也史記五字正在不受獻下除宮刑〔補注〕先謙曰史記作除肉刑與上復出自是傳寫誤改且下云重絕人世知非謂肉刑也刑法志不言文帝除宮刑然下文中四年云死罪欲腐者聽之蓋文帝時實有除腐刑事出美人重絕人之世也朕既不敏弗能勝識師古曰敏材智速疾也勝識盡知之此皆上世之所不及而孝文皇帝親行之師古曰上世謂古昔之帝王也德厚侔天地利澤施四海師古曰侔等也音牟靡不獲福明象乎日月而廟樂不稱朕甚懼焉師古曰稱副也音尺孕反其爲孝文皇帝廟爲昭德之舞師古曰昭明也〔補注〕先謙曰詳禮樂志㠯明休德師古曰休美也然后祖宗之功德〔補注〕先謙曰史記有著於竹帛四字施于萬世永永無窮朕甚嘉之其與丞相列侯中二千石禮官具禮儀奏丞相臣嘉等奏曰師古曰申屠嘉陛下永思孝道立昭德之舞㠯明孝文皇帝之盛德皆臣嘉等愚所不及臣謹議世功莫大於高皇帝〔補注〕先謙曰詳文義功上不當有世字史記通鑑俱無史記議下有曰字疑世乃曰字之誤德莫盛於孝文皇帝高皇帝廟宜爲帝者太祖之廟孝文皇帝廟宜爲帝者太宗之廟天子宜世世獻祖宗之廟郡國諸侯宜各爲孝文皇帝立太宗之廟諸侯王列侯使者侍祠天子所獻祖宗之廟張晏曰王及列侯歲時遣使詣京師侍祠助祭如淳曰若光武廟在章陵南陽太守稱使者往祭是也不使侯王祭者諸侯不得祖天子凡臨祭宗廟皆爲侍祭師古曰張說是也既云天子所獻祖宗之廟非謂郡國之廟也〔補注〕先謙曰史記所作歲張云歲時遣使正釋歲字之義顏注漢書本自作所耳請宣布天下制曰可春正月詔曰間者歲比不登民多乏食夭絕天年朕甚痛之郡國或磽陿無所農桑毄畜師古曰磽謂磽埆瘠薄也陿謂褊隘也毄謂食養之畜謂牧放也磽音苦交反陿音狹毄古繫字〔補注〕王念孫曰通典食貨一引磽陿上有地字今本脫當據補地磽陿與下地饒廣對文或地饒廣薦草莽水泉利而不得徙如淳曰莊周云麋鹿食曰薦一曰草稠曰薦深曰莽〔補注〕劉攽曰注麋鹿食曰薦衍一曰字王念孫曰如以薦爲草則薦草莽三字詞意重複余謂薦者聚也言地饒廣而草莽叢其中也薦與荐同襄四年左傳戎狄荐居晉語戎狄荐處韋杜注竝云荐聚也漢書翟義傳薦樹之棘師古注薦讀曰荐荐重也聚

也地饒廣爲句薦草莽爲句水泉利爲句周壽昌曰趙充國傳今虜亾其美地薦草唐書契苾何力傳逐薦草美水以爲生此言草莽之薦水泉之利古人變文以對舉也其議民欲徙寬大地者聽之夏四月赦天下賜民爵一級遣御史大夫青翟至代下與匈奴和親文穎曰姓陶諱青翟臣瓚曰此陶青也莊青翟乃自武帝時人此紀誤師古曰後人傳習不曉妄增翟字耳非本作紀之誤〔補注〕先謙曰通鑑作青胡注青陶舍子青以文後二年爲御史大夫景二年爲丞相見百官表五月令田半租〔補注〕齊召南曰史記除田半租此文令田半租以文帝十三年盡除田租至此年始復收其半租也先謙曰通鑑云三十而稅一秋七月詔曰吏受所監臨以飲食免重受財物賤買貴賣論輕師古曰帝以爲當時律條吏受所監臨賂遺飲食即坐免官爵於法太重而受所監臨財物及賤買貴賣者論決太輕故令更議改之廷尉與丞相更議著令蘇林曰著音著幘之著師古曰蘇音非也著音著作之著音竹筋反廷尉信謹與丞相議曰師古曰丞相申屠嘉〔補注〕錢大昭曰信廷尉名百官表孝文後元年有廷尉信吏及諸有秩受其官屬所監所治所行所將師古曰行謂按察也音下更反〔補注〕先謙曰行謂行事若今署任也顏說非其與飲食計償費勿論師古曰計其所費而償其直勿論罪也它物若買故賤賣故貴皆坐臧爲盜沒入臧縣官師古曰它物謂非飲食者吏遷徙免罷受其故官屬所將監治送財物奪爵爲士伍免之李奇曰有爵者奪之使爲士伍有位者免官也師古曰此說非也謂奪其爵令爲士伍又免其官職即今律所謂除名也謂之士伍者言從士卒之伍也〔補注〕沈欽韓曰此與見爲吏監治受財物者異科以其遷免從罷非威力所劫但官屬送財自不應受耳故惟奪爵而免其坐臧也顏說誤漢法初罪免官重論奪爵已奪爵矣免官何待言乎無爵罰金二斤令沒入所受有能捕告畀其所受臧師古曰畀與也以所受之臧與捕告者也畀音必寐反二年冬十二月有星孛于西南〔補注〕先謙曰通鑑同漢紀作十一月誤令天下男子年二十始傅師古曰舊法二十三今此二十更爲異制也傅讀曰附解在高紀〔補注〕沈欽韓曰本年十五以上出算錢今寬之至二十歲始傅著於版籍也先謙曰史索隱引荀悅云傅正卒也春三月立皇子德爲河間王閼爲臨江王師古曰閼音一曷反餘爲淮陽王非爲汝南王彭祖爲廣川王發爲長沙王夏四月壬午太皇太后崩服虔曰文帝母薄太后也六月丞相嘉薨封故相國蕭何孫係爲列侯師古曰係音胡計反〔補注〕錢大昭曰功臣表孝景二年侯嘉以則弟

紹封二千戶本傳漢紀同係當作嘉秋與匈奴和親

三年冬十二月詔曰襄平侯嘉晉灼曰紀通子也功臣表襄平侯紀通以父功侯孝景三年康侯相夫嗣推其封薨正與此合豈更名嘉乎〔補注〕先謙曰晉說誤詳見表子恢說不孝謀反欲㠯殺嘉大逆無道晉灼曰恢說言嘉知反情而實不知也師古曰此解非也恢說有私怨於其父而自謀反欲令其父坐死也說讀曰悅〔補注〕沈欽韓曰恢說謀反發覺復扳父爲知情故云不孝晉說是顏謂怨其父而謀反欲令連坐豈人情邪其赦嘉爲襄平侯及妻子當坐者復故爵如淳曰律大逆不道父母妻子同產皆棄市今赦其餘子不與恢說謀者復其故爵論恢說及妻子如法春正月淮陽王宮正殿災吳王濞膠西王卬楚王戊趙王遂濟南王辟光師古曰辟音壁又音闢其義兩通〔補注〕先謙曰官本注壁作璧菑川王賢膠東王雄渠皆舉兵反大赦天下遣太尉亞夫師古曰周亞夫大將軍竇嬰將兵擊之斬御史大夫鼂錯㠯謝七國晉灼曰錯音錯置之錯師古曰鼂古朝字二月壬子晦日有食之〔補注〕先謙曰官本食作蝕五行志作壬午晦在胃二度漢紀作辛巳朔諸將破七國斬首十餘萬級追斬吳王濞於丹徒〔補注〕先謙曰丹徒會稽縣今鎮江府丹徒縣東南十八里膠西王卬楚王戊趙王遂濟南王辟光菑川王賢膠東王雄渠皆自殺夏六月詔曰迺者吳王濞等爲逆起兵相脅詿誤吏民吏民不得已師古曰已止也言不得止而從之非本心也今濞等已滅吏民當坐濞等及逋逃亡軍者皆赦之楚元王子蓺等與濞等爲逆師古曰蓺音藝朕不忍加法除其籍毋令汙宗室立平陸侯劉禮爲楚王續元王後孟康曰禮元王子也立皇子端爲膠西王勝爲中山王賜民爵一級

四年春復置諸關用傳出入應劭曰文帝十二年除關無用傳至此復用傳以七國新反備非常〔補注〕先謙曰史記在後九月諸作津夏四月己巳立皇子榮爲皇太子徹爲膠東王六月赦天下賜民爵一級秋七月臨江王閼薨十月戊戌晦日有蝕之〔補注〕劉攽曰此年記事十月在年終誤何焯曰此十月或九月之誤史記是年有後九月然近下中四年亦記十月於年終周壽昌曰何說非也此傳寫誤衍兩日食於兩年耳五行志載景帝朝日食前後綦詳此兩年未載漢紀同益知無其事且紀兩年俱

書春夏秋序獨此無冬字尤其顯證先謙曰通鑑承用漢書胡三省亦糾之

五年春正月作陽陵邑張晏曰景帝作壽陵起邑〔補注〕先謙曰陽陵縣志屬馮翊夏募民徙陽陵賜錢二十萬遣公主嫁匈奴單于

六年冬十二月雷霖雨秋九月皇后薄氏廢

七年冬十一月庚寅晦日有蝕之〔補注〕先謙曰史記在十二月五行志在虛九度春正月廢皇太子榮爲臨江王〔補注〕先謙曰史記云七年冬表作十一月己酉通鑑從之荀紀從本紀二月罷太尉官夏四月乙巳立皇后王氏〔補注〕何焯曰先立皇后而後立太子與文帝故事異丁巳立膠東王徹爲皇太子賜民爲父後者爵一級

中元年〔補注〕先謙曰五行志十二月甲寅晦日有食之夏四月赦天下賜民爵一級封故御史大夫周苛周昌孫子爲列侯師古曰封苛之孫及昌之子也苛昌皆嘗爲御史大夫而從昆弟也故總言之〔補注〕錢大昭曰顏說非功臣表高景侯周成以父苛功爲侯孝文時有罪國除孝景中元年侯應以成孫紹封史記同則應乃苛之曾孫不得謂之孫矣汾陽悼侯周昌再傳至孝文時有罪國除孝景中元年俗本作中二年誤侯左車以昌孫紹封爲安陽侯昌傳亦以左車爲昌孫則左車乃昌孫非昌子也孫子二字當有闕誤王先愼曰史記作封苛孫平爲繩侯昌子左車爲安陽侯顏說本此而誤

二年春二月令諸侯王薨列侯初封及之國大鴻臚奏諡誄策應劭曰皇帝延諸侯王賓王諸侯皆屬大鴻臚故其薨奏其行迹賜與諡及哀策誄文也臣瓚曰景帝此年已置大鴻臚而百官表云武帝太初元年更以大行爲大鴻臚與此錯師古曰誄者述累德行之文音力水反〔補注〕錢大昕曰諡誄死者所用策則初封及之國者所用謂諸侯王薨大鴻臚主奏諡誄列侯初封及之國大鴻臚主奏策也應以策爲哀策非列侯薨及諸侯太傅初除之官大行奏諡誄策如淳曰凡言除者除故官就新官也晉灼曰禮有大行人小行人主諡官故以此名之臣瓚曰大行是官名掌九儀之制以賓諸侯者師古曰大鴻臚者本名典客後改曰大鴻臚大行令者本名行人即典客之屬官也後改曰大行令故事之尊重者遣大鴻臚而輕賤者遣大行也據此紀文則景帝已改典客爲大鴻臚改行人爲大行矣而百官公卿表乃云景帝中六年更名典客爲大行令武帝太初元年更名大行令爲大鴻臚更名行人爲大行令當是表誤〔補注〕劉攽曰史記文景事最略漢書則頗有所錄蓋班氏博采他書成之故於景帝世謂典客爲大鴻臚行人爲大行由它書即武帝時官記景帝世事班氏失於改革耳然則改諸官名在武帝世無疑非表誤也顏氏所疑下文光祿大夫亦景帝所改乎劉敞曰案

景十三王傳河閒獻王蔞猶云大行令奏諡則非表誤也但官名改易未定故史於此追舉最後官名耳武帝初大行王恢李息郎大行令也 王蔞遣光祿大夫弔襚祠賵 應劭曰衣服曰襚祠飲食也車馬曰賵師古曰襚音遂賵音芳鳳反〔補注〕周壽昌曰百官表太初元年更名中大夫爲光祿大夫此亦史臣所追書 視喪事因立嗣子列侯蔞遣大中大夫弔祠視喪事因立嗣其蔞葬國得發民輓喪穿復土治墳無過三百人畢事 師古曰輓謂引車也畢事畢葬事也輓音晚〔補注〕王念孫曰案其蔞葬蔞字涉上文四蔞字而衍諸王侯蔞事已見上文此文則專指葬事言故師古云畢事畢葬事也不當更有蔞字漢紀孝景紀無蔞字先謙曰官本大作太 匈奴入燕〔補注〕先謙曰史記下有遂不和親四字 改磔曰棄市 應劭曰先此諸死刑皆磔於市今改曰棄市自非妖逆不復磔也師古曰磔謂張其尸也棄市殺之於市也謂之棄市者取刑人於市與眾棄之也磔音竹客反 勿復磔三月臨江王榮坐侵太宗廟地〔補注〕蘇輿曰案此郡國諸侯新立之太宗廟 徵詣中尉自殺夏四月有星孛于西北立皇子越爲廣川王寄爲膠東王秋七月更郡守爲太守郡尉爲都尉 師古曰更謂改其號 九月封故楚趙傅相內史前死事者四人子 文穎曰楚相張尚太傅趙夷吾趙相建德內史王悍此四人各諫其王無使反不聽皆殺之故封其子〔補注〕錢大昭曰功臣表皆云四月丁巳封先謙曰史記作夏表是也封下十九字當在前膠東王下傳寫者誤移於此 皆爲列侯甲戌晦日有蝕之〔補注〕先謙曰五行志同

三年冬十一月罷諸侯御史大夫官 師古曰所以抑損其權 春正月皇太后崩 文穎曰景帝母竇太后以帝崩後六年迺亾凡立五十一年武帝建元六年崩今此言皇太后崩誤耳孟康曰此太后崩史記無也臣瓚曰王楙云景帝薄后以此年死疑是也當言廢后而言太后誤也師古曰孟說是也廢后死不書又不言崩瓚解爲謬〔補注〕錢大昭曰七字衍史記漢紀俱無先謙曰官本注解作說 夏旱〔補注〕先謙曰五行志云秋大旱與此異 禁酤酒 師古曰酤謂賣酒也音工護反 秋九月蝗〔補注〕先謙曰說見五行志 有星孛于西北戊戌晦日有蝕之〔補注〕先謙曰五行志幾盡在尾九度 立皇子乘爲清河王〔補注〕錢大昭曰表云三月丁酉立

四年春三月起德陽宮 臣瓚曰是景帝廟也帝自作之諱不言廟故言宮西京故事云景帝廟爲德陽〔補注〕錢大昭曰閩本作陽德宮誤沈欽韓曰謂廟爲宮此古義也春秋經傳毛詩皆然以周有文武世室魯有魯公武公世室故爾雅又云宮謂之室室謂廟也瓚云諱廟言宮文帝何以不諱而賈誼直云顧成廟乎此不通雅故而妄說長安志景帝廟在咸陽縣東北十五里 御史大夫綰奏禁馬高五尺九寸㠯上齒未平不得出關 服虔

曰綰衛綰也馬十歲齒下平〔補注〕蘇輿曰史記平準書益造苑馬以廣用故綰有此奏 夏蝗秋赦徒作陽陵者死罪欲腐者許之 蘇林曰宮刑其創腐臭故曰腐也如淳曰腐宮刑也丈夫割埶不能復生子如腐木不生實師古曰如說是腐音輔〔補注〕何焯曰以腐贖死是則異於使無罪幼童輕絕其世傷天地生物之和者周壽昌曰西漢年紀引作欲腐刑者許之外戚傳許廣漢有罪當死有詔募下蠶室孟康注死罪囚欲就宮者聽之魏志鍾繇言於明帝曰宜如孝景之令其當棄市欲斬右趾者許之是不獨以腐刑贖死也 十月戊午日有蝕之〔補注〕劉攽曰此年記事十月在年終亦誤

五年夏立皇子舜爲常山王〔補注〕錢大昭曰表云三月丁巳立先謙曰史記荀紀通鑑並與紀同表誤 六月赦天下賜民爵一級秋八月己酉未央宮東闕災〔補注〕先謙曰說詳五行志 更名諸侯丞相爲相 師古曰亦所以抑黜之令異於漢朝 九月詔曰法令度量所㠯禁暴止邪也獄人之大命死者不可復生吏或不奉法令㠯貨賂爲市朋黨比周 師古曰比音頻寐反 㠯苛爲察㠯刻爲明令亾罪者失職朕甚憐之 師古曰職常也失其常理也〔補注〕周壽昌曰廣雅釋詁職事也業也周禮天官閒民無常職注謂無事業者言無罪者失其事業無以爲生 有罪者不伏罪姦法爲暴甚亾謂也諸獄疑若雖文致於法而於人心不厭者輒讞之 師古曰厭服也音一贍反讞平議也音魚列反〔補注〕周壽昌曰通典刑四雜議上云廷尉上囚防年繼母陳殺防年父防年因殺陳依律殺母以大逆論帝疑之武帝時年十二爲太子在旁帝遂問之太子荅曰夫繼母如母明不及母緣父之故比之於母今繼母無狀手殺其父則下手之日母恩絕矣宜與殺人者同不宜以大逆論從之正此年事先謙曰若猶及也文致於法者胡三省云謂原情定罪本不至於死而以律文傅致之案如周說所引是也

六年冬十月行幸雍郊五畤十二月改諸官名〔補注〕先謙曰詳百官表 定鑄錢僞黃金棄市律 應劭曰文帝五年聽民放鑄律尚未除先時多作僞金僞金終不可成而徒損費轉相誑燿窮則起爲盜賊故定其律也孟康曰民先時多作僞金故其語曰金可作世世可度費損甚多而終不成民亦稍知其意犯者希因此定律也師古曰應說是 春三月雨雪 師古曰雨音于具反〔補注〕先謙曰說見五行志 夏四月梁王蔞〔補注〕錢大昭曰梁王武不書名疑傳寫者脫之 分梁爲五國立孝王子五人皆爲王五月詔曰夫吏者民之師也車駕衣服宜稱 師古曰稱其官也音尺孕反 吏六百石㠯

上皆長吏也張晏曰長大也六百石位大夫亡度者或不吏服出入閭里與民亡異令長吏二千石車朱兩轓應劭曰車耳反出所以爲之藩屏翳塵泥也二千石雙朱其次乃偏其左輒以簟爲之或用革如淳曰轓音反小車兩屏也師古曰據許愼李登說轓車之蔽也左氏傳云以藩載欒盈即是有郭蔽之車也言車耳反出非矣轓音甫元反軓音方遠反補注先謙曰官本考證云吏訛史從宋本改千石至六百石朱左轓補注沈欽韓曰續志景帝中元五年始詔六百石以上施車轓得銅五朱軓有吉陽筩車騎從者不稱其官衣服下吏出入閭巷亡吏體者二千石上其官屬三輔舉不如法令者應劭曰京兆尹左馮翊右扶風共治長安城中是爲三輔師古曰時未有京兆馮翊扶風之名此三輔者謂主爵中尉及左右內史也應說失之補注劉攽曰此文參錯不序又曰武帝時改主爵中尉爲右扶風主爵中尉初不治民也自武帝以爲治民者惟左右內史此時亦未有三輔此紀文誤耳全祖望曰是時或已分右內史之地以屬中尉與左右內史並治京師亦未可定觀武帝營上林其時亦尚未定三輔而詔中尉左右內史表屬縣草田以償鄠杜之民則中尉已與左右內史並治京師隱然分三輔矣特其後始改定京兆馮翊扶風之名耳先謙曰全說近之然三輔之稱或係史家追改本書此類頗多皆上丞相御史請之補注先謙曰謂請其罪先是吏多軍功車服尙輕故爲設禁又惟

酷吏奉憲失中迺詔有司減笞法定箠令語在刑法志師古曰箠音止蘂反補注先謙曰惟思也六月匈奴入鴈門至武泉入上郡取苑馬如淳曰漢儀注太僕牧師諸苑三十六所分布北邊西邊以郎爲苑監官奴婢三萬人養馬三十萬疋師古曰武泉雲中之縣也養鳥獸者通名爲苑故謂牧馬處爲苑補注先謙曰武泉在今朔平府右玉縣西北境吏卒戰死者二千人秋七月辛亥晦日有蝕之補注先謙曰五行志在軫七度

後元年春正月詔曰獄重事也人有智愚官有上下獄疑者讞有司有司所不能決移廷尉有令讞而後不當讞者不爲失師古曰假令讞訖其理不當所讞之人不爲罪失欲令治獄者務先寬三月赦天下賜民爵一級中二千石諸侯相爵右庶長如淳曰雖有尊官未必有高爵故數有賜爵師古曰右庶長第十一爵也夏大酺五日民得酤酒補注先謙曰中三年因旱禁之五月地震秋七月乙巳晦日有蝕之補注先謙曰五行志先晦一日在翼十七度條侯周亞夫下獄死補注王先愼曰史記亞夫死於中三年是也亞夫免丞相公卿表在中三年本傳亞夫謝病免相頃之上召賜食居無何買葬器事起遂入廷尉不食死玩文法亦不應隔免相後四年侯表孝景三年爲太尉七年爲丞相有罪國除自三年順推至中三年正合七年之數明不當在後元年也此文蓋傳寫誤移之

二年冬十月省徹侯之國晉灼曰文紀遣列侯之國今省之師古曰省音所領反補注周壽昌曰案高紀已屢書徹侯作通侯此仍作徹轉寫偶誤也春匈奴入鴈門太守馮敬與戰死發車騎材官屯師古曰屯鴈門春以歲不登禁內郡食馬粟沒入之師古曰食讀曰飤沒入者沒入其馬補注先謙曰上有春字此不當複出史記匈奴入雁門在三月禁食馬粟在正月皆春月事明下春字爲衍文荀紀刪之是也通鑑亦緣漢書而誤衍夏四月詔曰雕文刻鏤傷農事者也錦繡纂組害女紅者也應劭曰纂今五采屬綷是也組者今綬紛絛是也臣瓚曰許愼云纂赤組也師古曰瓚說是也綷會也會五綵者今謂之錯綵非纂也紅讀曰功綷音子內反絛音它牢反農事傷則飢之本也女紅害則寒之原也夫飢寒並至而能亡爲非者寡矣補注沈欽韓曰說苑反質篇魏文侯問李克曰刑罰之源安生李克曰生於姦邪淫佚之行以下語皆與此詔上文同朕親耕后親桑以奉宗廟粢盛祭服爲天下先不受獻減太官省繇賦師古曰省音所領反繇讀曰傜欲天下

務農蠶素有畜積以備災害師古曰畜讀曰蓄彊毋攘弱眾毋暴寡師古曰攘取也音人羊反老耆以壽終幼孤得遂長師古曰遂成也今歲或不登民食頗寡其咎安在或詐僞爲吏張晏曰以詐僞人爲吏也臣瓚曰律所謂矯枉以爲吏者也師古曰二說並非也直謂詐自稱吏耳補注周壽昌曰張瓚二說近之師古說非也果詐自稱吏則漢律本罪已重尙容其侵牟漁奪哉觀下文云云重在察吏並未云治其詐稱吏也詐僞爲吏數語即詔所云不事官職耗亂者也吏以貨賂爲市漁奪百姓侵牟萬民李奇曰牟食苗根蟲也侵牟食民比之蛑賊也師古曰漁言若漁獵之爲也補注周壽昌曰侵奪無擇曰漁漁獵是兩事顏訓漁爲獵非縣丞長吏也姦法與盜盜甚無謂也李斐曰姦法因法作姦也文穎曰與盜謂盜者當治而知情反佐與之是則共盜無異也師古曰與盜盜者共盜爲盜耳補注錢大昭曰謂閩本作異誤其令二千石各修其職不事官職耗亂者丞相以聞請其罪師古曰秏不明也讀與眊同音莫報反布告天下使明知朕意五月詔曰人不患其不知患其爲詐也不患其不勇患其爲暴也不患其不富患其亡厭也其唯廉士寡欲易足今訾算十以上乃得宦服虔曰訾萬錢算百二十七也應劭曰古者疾吏之

貧衣食足知榮辱限訾十算迺得爲吏十算十萬也賈人有財不得爲吏廉士無訾又不得宦故減訾四算得宦矣師古曰訾讀與貲同它皆類此〔補注〕何焯曰董仲舒所謂選郎吏以富訾指此訾算也司馬相如以訾算爲郎姚鼐曰此所云宦謂郎也漢初郎須有衣馬之飾乃得侍上故以訾算張釋之云久宦減仲之產衞將軍青令舍人具鞍馬絳衣玉具劍是也漢之仕進大抵郎侍及仕州郡及卿府辟召三塗郎乃宦於皇帝者也無訾不得宦於皇帝自可仕郡縣及卿府也至武帝建學校舉孝廉後則郎不必訾算而後登而入羊入粟補郎更甚於昔之訾算皆景帝前所未有應謂限訾十算乃得爲吏不悟此制不通行於凡吏也先謙曰官本監本正文注宦俱作宦下並同廉士算不必眾有市籍不得宦無訾又不得宦朕甚愍之訾算四得宦亡令廉士久失職貪夫長利師古曰長利長獲其利秋大旱

三年春正月詔曰農天下之本也黃金珠玉飢不可食寒不可衣以爲幣用不識其終始師古曰幣者所以通有無易貴賤也間歲或不登意爲末者眾農民寡也其令郡國務勸農桑益種樹可得衣食物師古曰樹植也吏發民若取庸采黃金珠玉者坐臧爲盜韋昭曰發民用其民取庸用其資以顧庸二千

石聽者與同罪皇太子冠賜民爲父後者爵一級甲子帝崩于未央宮臣瓚曰帝年三十二卽位卽位十六年壽四十八遺詔賜諸侯王列侯馬二駟師古曰八匹也吏二千石黃金二斤吏民戶百錢出宮人歸其家〔補注〕王鳴盛曰文帝崩歸夫人以下至少使景帝崩亦出宮人至武昭乃有奉陵之制平帝崩王莽復出媵妾皆歸家復終身師古曰復音方目反二月癸酉葬陽陵臣瓚曰自崩及葬凡十日陽陵在長安東北四十五里

贊曰孔子稱斯民三代之所以直道而行也師古曰此論語載孔子之辭也言此今時之人亦夏殷周之所馭以政化澆壹故能直道而行傷今不然信哉周秦之敝罔密文峻〔補注〕錢大昭曰罔古網字而姦軌不勝師古曰不可勝漢興埽除煩苛與民休息至于孝文加之以恭儉孝景遵業五六十載之間至於移風易俗黎民醇厚師古曰黎眾也醇不澆雜〔補注〕王先慎曰至於二字涉上文而衍御覽八十八引無至於二字周云成康漢言文景美矣

景帝紀第五終　漢書五

武帝紀第六　漢書六

漢　蘭　臺　令　史班固　撰

唐正議大夫行祕書少監瑯邪縣開國子顏師古　注

賜進士出身前翰林院編修國子監祭酒加三級臣王先謙補注

孝武皇帝荀悅曰諱徹之字曰通應劭曰禮諡法威彊叡德曰武〔補注〕先謙曰史正義引諡法云克定禍亂曰武景帝中子也〔補注〕先謙曰史索隱云景十三王傳廣川王以上皆是武帝兄自河間王德以至廣川凡有八人則帝第九也先謙案子長曰伯末曰季居中者皆爲中子非必次二也文帝前后有三男竇后生景帝而史記景紀云孝文之中子也亦其證母曰王美人師古曰外戚傳美人比二千石視少上造年四歲立爲膠東王七歲爲皇太子母爲皇后十六歲後三年正月景帝崩張晏曰武帝以景帝元年生七歲爲太子爲太子十歲而景帝崩時年十六矣師古曰後三年景帝後三年也甲子太子卽皇帝位尊皇太后竇氏曰太皇太后皇后曰皇太后三月封皇太后同母弟田蚡勝皆爲列侯蘇林曰蚡音鼢鼠之鼢師古曰蚡亦鼢鼠字也音扶粉反〔補注〕錢大昭曰說文鼢地行鼠伯勞所作也一曰偃鼠重文作蚡

建元元年師古曰自古帝王未有年號始起於此〔補注〕劉攽曰封禪書云其後三年有司言元宜以天瑞命不宜以一二數推所謂其後三年者蓋盡元狩六年至元鼎三年也然元鼎四年方得寶鼎又無緣先三年而稱之以此而言自元鼎以前之元皆有司所追命其實年號之起在元鼎耳故元封改元則始有詔書矣吳仁傑曰通鑑考異云元鼎年號亦如建元元光皆後來追改案魏司空王朗云古者有年數無年號漢初猶然其後乃有中元後元元改彌數中後之號不足故更假取美名蓋文帝凡兩改元故以前後別之景帝凡三改元故以前中後別之武帝卽位以來大率六年一改元二十七年之間改元者五當時但以一元二元三元四元五元爲別五元之三年有司言元宜以天瑞不宜一二數蓋爲是也時雖從有司之議改一元爲建元二元爲元光三元爲元朔四元爲元狩至五元則未有以名帝意將有所待也明年寶鼎出遂改五元爲元鼎而以是年爲元鼎四年然則謂年號起於元鼎固然謂元鼎爲後來追改者亦不誤也齊召南曰兹論當矣然謂元鼎以前之元皆有司所追命則恐無臣子妄造元號之理蓋必有詔命追稱而今不可考耳冬十月詔丞相御史列侯中二千石二千石諸侯相舉賢良方正直言極諫之士丞相綰師古曰衞綰也奏所舉賢良或治申商韓非蘇秦張儀之言應劭曰申不害韓昭侯相也衞公孫鞅爲秦孝公相封於商號商君

韓非韓諸公子非名也蘇秦爲關東從長張儀爲秦昭王相衞說己抑諸侯李奇曰申不害書執術商鞅爲法賞不失卑刑不諱尊然深刻無恩德韓非兼行申商之術師古曰從音子容反〔補注〕先謙曰官本注商君作秦君又注在請皆罷下考證云執術監本謁執衞宋本無術字亂國政請皆罷奏可春二月赦天下賜民爵一級年八十復二算九十復甲卒張晏曰二算復二口之算也復甲卒不豫革車之賦也師古曰復音方目反行三銖錢師古曰新壞四銖錢造此錢也重如其文見食貨志夏四月己巳詔曰古之立教鄉里以齒朝廷以爵扶世導民莫善於德然則於鄉里先耆艾奉高年古之道也師古曰六十曰耆五十曰艾〔補注〕王念孫曰景祐本然則作然卽古字通以卽爲則今作則者後人不識古字而改之也今天下孝子順孫願自竭盡以承其親外迫公事內乏資財是以孝心闕焉朕甚哀之民年九十以上已有受鬻法師古曰給米粟以爲糜鬻鬻音之六反爲復子若孫令得身帥妻妾遂其供養之事師古曰若者豫及之辭也有子卽復子無子卽復孫也遂中也復音方目反〔補注〕沈欽韓曰漢最重復除故民爵不得過公乘以五大夫當復除也前此文景雖中養老之典未有復卒之令然至九十而復其子孫則邀恩者尚鮮至唐而老者給侍之恩稍寬先謙曰官本注中也

作申也是五月詔曰河海潤千里〔補注〕沈欽韓曰語本公羊僖三十一年傳其令祠官修山川之祠爲歲事孟康曰爲農祈也於此造之歲以爲常故曰爲歲事也師古曰歲以爲常是也總致敬耳非止祈農〔補注〕劉攽曰爲音于僞反謂爲歲事曲加以禮耳先謙曰孟劉說是當下屬爲句曲加禮如淳曰祭禮有所加益赦吳楚七國帑輸在官者應劭曰吳楚七國反時其首事者妻子沒入爲官奴婢武帝哀焉皆赦遣之也師古曰帑讀與孥同秋七月詔曰衞士轉置送迎二萬人鄭氏曰去故置新常二萬人〔補注〕先謙曰饗遣故衞士儀見續漢禮儀志其省萬人罷苑馬以賜貧民師古曰養馬之苑舊禁百姓不得芻牧采樵今罷之〔補注〕蘇輿曰孝景造至是罷議立明堂遣使者安車蒲輪束帛加璧徵魯申公師古曰以蒲裹輪取其安也〔補注〕先謙曰申公事詳儒林傳

二年冬十月御史大夫趙綰坐請毋奏事太皇太后及郞中令王臧皆下獄自殺應劭曰禮婦人不豫政事時帝已自躬省萬機王臧儒者欲立明堂辟雍太后素好黃老術非薄五經因欲絕奏事太后太后怒故殺之丞相嬰太尉蚡免師古曰竇嬰田蚡春二月丙戌朔日有蝕之〔補注〕先謙曰五行志在奎十四度夏四月戊申有如日夜出〔補注〕王念孫曰此言星狀如日而夜出也有下脫星字則文義不明漢紀孝武紀通鑑漢紀九竝作有星如日夜出周壽昌曰案依此紀爲是蓋有物如日夜出既難指爲日又不得名爲星也文獻通考日變載此條無星字會要日變異載此條亦然初置茂陵邑應劭曰武帝自作陵也師古曰本槐里之縣茂鄉故曰茂陵〔補注〕錢大昭曰注之縣二字南監本閩本竝倒轉先謙曰官本作縣之是

三年春河水溢于平原大饑人相食師古曰河溢之處損害田畝故大饑賜徙茂陵者戶錢二十萬田二頃初作便門橋蘇林曰去長安四十里服虔曰在長安西北茂陵東師古曰便門長安城北面西頭門卽平門也古者平便皆同字於此道作橋跨渡渭水以趨茂陵其道易直卽今所謂便橋是其處也便讀如本字〔補注〕沈欽韓曰元和志便橋在京兆府咸陽縣西南架渭水上在長安北茂陵東去長安二十里長安城西門曰便門此橋與門對因號便橋案師古云平便同字攷說文釆古辨字與平字篆作釆者迥別古訓便辨通耳非以平爲便也秋七月有星孛于西北濟川王明坐殺太傅中傅廢遷防陵應劭曰中傅宦者也師古曰防陵漢中縣也今謂之房州〔補注〕錢大昭曰表傳竝作房陵先謙曰今鄖陽府房縣治紀作防乃防之形近誤字胡三省云漢諸王國有太傅秩二千石掌傅王以德義中傅出入王宮在王左右亦主傅教導王梁王傳作中尉閩越圍東甌應劭曰高祖五年立無諸爲閩越王惠帝立搖爲東海王都東甌故號東甌師古曰甌音一侯反〔補注〕周壽昌曰東甌地理志不載續志

會稽郡永甯永和三年以章安縣東甌鄉爲縣今浙江溫州府永嘉縣地東甌告急遣中大夫嚴助持節發會稽兵浮海救之未至閩越走兵還九月丙子晦日有蝕之〔補注〕先謙曰五行志在尾五度

四年夏有風赤如血六月旱秋九月有星孛于東北

五年春〔補注〕先謙曰五行志正月己巳朔日有蝕之罷三銖錢行半兩錢師古曰又新鑄作也置五經博士夏四月平原君薨服虔曰王太后之母武帝外祖母〔補注〕錢大昕曰婦人薨例不書此以外祖母屬尊特書先謙曰官本注太作皇五月大蝗秋八月廣川王越清河王乘皆薨

六年春二月乙未遼東高廟災〔補注〕先謙曰五行志作六月丁酉誤景帝令郡國各立高祖廟故遼東有高廟夏四月壬子高園便殿火師古曰凡言便殿便室便坐者皆非正大之處所以就便安也園者於陵上作之既有正寢以象平生正殿又立便殿爲休息閑宴之處耳說者不曉其意乃解云便殿便室皆是正名斯大惑矣尋石建韋玄成孔光等傳其義可知便讀如本字〔補注〕先謙曰通鑑胡注沈約云漢氏諸陵皆有園寢承秦所爲也說者以爲古前廟後寢以象人主前有朝後有寢也廟以藏主四時祭祀寢有衣冠象生之具以薦新秦始出寢起於墓側漢因不改上素服

五日五月丁亥太皇太后崩〔補注〕先謙曰文帝竇后也五行志六月有星孛于北方秋八月有星孛于東方長竟天〔補注〕先謙曰五行志長星出於東方長終天三十日去占曰是爲蚩尤旗閩越王郢攻南越遣大行王恢將兵出豫章大司農韓安國出會稽擊之〔補注〕先謙曰大行當作大行令此省稱之大司農當爲大農令太初元年始更名大司農百官表可證此類皆史家追書之未至越人殺郢降〔補注〕錢大昭曰越上當有閩字兵還

元光元年臣瓚曰以三星見故爲元光〔補注〕錢大昭曰三當作長先謙曰官本作長冬十一月初令郡國舉孝廉各一人師古曰孝謂善事父母者廉謂清潔有廉隅者〔補注〕俞樾曰謂孝與廉各一人非郡國各一人也漢制有以孝舉者有以廉舉者故元朔元年有司議曰不舉孝當以不敬論不察廉當免是孝重於廉也馮唐傳以孝著爲中郎署長乃唐以孝舉之證湻于長夏承碑察孝不行孔廟置卒史碑乙君察舉守宅除吏孔子十九世孫麟廉並其證衛尉李廣爲驍騎將軍屯雲中中尉程不識爲車騎將軍〔補注〕齊召南曰案公卿表中尉無程不識是時中尉爲張歐又案李廣傳廣爲未央衛尉不識爲長樂衛尉即灌夫傳田蚡所云程李俱爲東西宮衛尉者也此文當云長樂衛尉譌作中尉屯鴈門六月罷夏四月赦天下賜民長子爵一級復

七國宗室前絕屬者師古曰此等宗室前坐七國反故絕屬今加恩赦之更令上屬籍於宗正也復音扶目反

五月詔賢良曰朕聞昔在唐虞畫象而民不犯應劭曰二帝但畫衣冠異章服而民不敢犯也師古曰白虎通云畫象者其衣服象五刑也犯墨者蒙巾犯劓者以赭著其衣犯髕者以墨蒙其髕象而畫之犯宮者扉犯大辟者布衣無領墨謂以墨黥其面也劓截其鼻也髕去膝蓋骨也宮割其陰也扉草屨也劓音牛冀反字或作剕其音同耳髕音頻忍反扉音扶味反〔補注〕先謙曰此語亦見元紀刑法志書大傳云唐虞象刑而民不敢犯苗民用刑而民興相漸孝經援神契云三皇無文五帝畫象三王肉刑本尚書象以典刑之語此今文家說荀子正論篇云世俗之爲說者曰治古無肉刑而有象刑謂此案白虎通五行篇髕象作髕處扉上有履雜二字大傳亦作髕處蒙巾作蒙皁巾與荀子書及楊倞注所引愼子又各不同日月所燭莫不率俾師古曰燭照也率循也俾使也言皆循其職而可使也〔補注〕王引之曰率俾猶率從也詳見經義述聞尚書周之成康刑錯不用師古曰錯置也音千故反德及鳥獸教通四海海外肅昚晉灼曰東夷傳今挹婁地是也在夫餘之東北千餘里大海之濱師古曰周書序云成王既伐東夷肅昚來賀即謂此〔補注〕錢大昭曰古文愼作昚不从日北發渠搜服虔曰地名也應劭曰禹貢析支渠搜屬雍州在金城河關之西西戎也晉灼曰王恢傳北發月支可得而臣似國名也地理志朔方有渠搜縣臣瓚曰孔子三朝記云北發渠搜南撫交阯此舉北以南爲對也禹貢渠搜在雍州西北渠搜在朔方師古曰北發非國名也言北方即可徵發渠搜而役屬之瓚說近是〔補注〕錢大昕曰大戴禮少閒篇海外肅愼北發渠搜氐羌來服之文凡四見而南撫交阯僅一見其文又不相屬則非以南北對舉明矣孔子三見哀公爲三朝記七篇今在大戴記即千乘四代虞戴德誥志小辨用兵少閒七篇也瓚何不攷而妄爲此說乎盧辯注大戴以北發爲北狄地名李善注文選以爲國名與晉灼說同師古改爲徵召之義誤矣然小顏之誤亦自有因公孫宏傳載元光五年制詞有北發渠搜南撫交阯之語明以南北相對訓爲徵召於義似允然此實制詞之誤平津對策略而不言益知其誤而不欲訟言之耳渠搜西域之國以爲北方亦未通於地理新序雜事篇亦云北發渠搜南撫交阯又承武帝制策之誤氐羌徠服師古曰徠古往來之字也氐音丁奚反及星辰不孛日月不蝕山陵不崩川谷不塞麟鳳在郊藪河洛出圖書嗚虖何施而臻此與師古曰虖讀曰呼嗚呼歎辭也臻至也今朕獲奉宗廟夙興以求夜寐以思師古曰夙興早起也夜寐夜久方寐也若涉淵水未知所濟猗與偉與師古曰猗美也偉大也與辭也言美而且大也與讀曰歟音弋於反何行而可以章先帝之洪業休德師古曰章明也洪大也休美也上參堯舜下配三王師古曰三王夏殷周朕之不敏不能遠德師古曰言德不及遠也此子大夫之所睹聞也師古曰子者人之嘉稱大夫舉官稱

也志在優賢故謂之士大夫也睹古覩字賢良明於古今王事之體受策察問咸以書對著之於篇師古曰篇謂竹簡也朕親覽焉於是董仲舒公孫弘等出焉〔補注〕沈欽韓曰通鑑考異云仲舒傳仲舒對策推明孔氏抑黜百家立學校之官州縣舉茂才孝廉皆自仲舒發之今舉孝廉在元光元年十一月若對策在下五月不得云自仲舒發之蓋紀誤也然仲舒對策不知果在何時推建元元年云見於紀故著之洪邁容齋隨筆云案策問中云朕親耕籍勸孝弟崇有德使者冠蓋相望對策曰陰陽錯繆氛氣充塞羣生寡遂黎民未濟必非即位之始年也愚案本傳仲舒於孝景時爲博士武帝即位舉賢良文學則仲舒對策實在建元元年無可疑者又建元六年遼東高廟災高園便殿火五行志仲舒對曰云云本傳在廢爲中大夫時居家推說其意是賢良對策不得反在元光元年也又案公孫弘傳武帝初即位弘年六十以賢良徵嚴助傳武帝善助對擢助爲中大夫則三人皆同歲舉也弘後爲博士免歸元光元年復徵賢良俱非元光元年事

秋七月癸未日有蝕之〔補注〕先謙曰五行志先晦一日在翼八度又云二月丙辰晦日有食之

二年冬十月行幸雍祠五時師古曰五帝之時也春詔問公卿曰朕飾子女以配單于金幣文繡賂之甚厚單于待命加嫚侵盜亡已師古曰待命謂承詔命也嫚與慢同邊境被害朕甚閔之今欲舉兵攻之何如大行王恢建

議宜擊夏六月御史大夫韓安國爲護軍將軍衞尉李廣爲驍騎將軍太僕公孫賀爲輕車將軍大行王恢爲將屯將軍大中大夫李息爲材官將軍〔補注〕先謙曰官本大作太將三十萬衆屯馬邑谷中誘致單于欲襲擊之單于入塞覺之走出六月軍罷將軍王恢坐首謀不進下獄死師古曰首爲此謀而反不進擊匈奴輜重秋九月令民大酺五日

三年春河水徙從頓丘東南流入勃海師古曰頓丘丘名因以爲縣本衞地也地理志屬東郡今則在魏州界也〔補注〕朱一新曰閻若璩云當讀東南二字截住作句下流入勃海另讀先謙曰官本勃作渤注界下也作焉通鑑刪入勃海三字考異云勃海乃在頓丘東此恐誤今不取故閻氏云然頓丘在今大名府淸豐縣西南二十五里夏五月封高祖功臣五人後爲列侯〔補注〕周壽昌曰五人無姓氏注不詳表亦未列考功臣表是年紹封者宣平侯張敖後爲廣陵侯潁陰侯灌嬰孫賢爲臨汝侯餘三人無考然皆以列侯紹封非初封列侯也封上疑脫紹字河水決濮陽氾郡十六師古曰濮陽東郡之縣也水所氾及凡十六郡界也氾音敷劒反〔補注〕先謙曰濮陽在今大名府開州南通鑑考異云河渠書河決瓠子東決鉅野蘇林云在鄄城以南濮陽以北然則瓠子卽濮陽縣境隄名也發卒十萬

救決河〔補注〕沈欽韓曰西京雜記瓠子河決有蛟龍從九子自決中逆上入河噴沫流波數十里起龍淵宮服虔曰宮在長安西作銅飛龍故己冠名也如湻曰三輔黃圖云有龍淵宮今長安城西有其處溝洫志救河決亦起龍淵宮於其旁孟康曰在西平界其水可用淬刀劒特堅利古龍淵之劒取於此水師古曰黃圖云龍淵廟在茂陵東不言宮也此言救決河起龍淵宮則宮不在長安之西矣又漢章帝賜尙書韓稜龍淵劒孟說是也淬音千內反〔補注〕劉攽曰予謂救決河起龍淵宮各自一事非因救河且起宮也顏疑當云龍淵廟案景帝紀起德陽廟亦云德陽宮甯可復謂非德陽廟乎此龍淵宮應如黃圖所說是沈欽韓曰此武帝所自作廟服如說是也長安志漢武帝龍淵廟在興平縣東北十七里元和志漢龍泉廟在興平縣東北二十四里武帝廟號也水經注渭水篇成國故渠又東逕龍泉北渠北故阪北卽龍泉廟又云衞縣河南有龍淵宮蓋武帝起宮於決河之旁龍淵之側故曰龍淵宮此亦本如說溝洫志云云也案溝洫志無龍淵宮自河決瓠子後二十餘歲築宣防宮在元封時非此年也如湻謬耳假若有之卽是武帝崩後郡國行幸處所作原廟或襲龍淵故名非此龍淵宮也至孟康泛引西平界之龍淵元和志蔡州西平縣有龍泉水胴駟淬與河決東郡處懸隔師古誤連上文救決河爲讀又信孟康之說謬矣先謙曰官本考證云章謠帝今改正

四年冬魏其侯竇嬰有罪棄市師古曰以黨灌夫也〔補注〕何焯曰坐矯先帝詔非獨如師古所云黨灌夫也春三月乙卯丞相蚡薨夏四月隕霜殺草〔補注〕先謙曰五行志作隕霜殺草木案荀紀通鑑與此紀同志木字蓋衍五月地震赦天下

五年春正月河間王德薨夏發巴蜀治南夷道〔補注〕先謙曰從唐蒙之謀詳西南夷傳又發卒萬人治雁門阻險師古曰所以爲固用止匈奴之寇〔補注〕劉攽曰予謂治險阻者通道令平易以便伐匈奴耳王念孫曰劉說非也匈奴傳云因邊山險塹谿谷可繕者繕之卽此所云治阻險若謂通道以便伐匈奴則匈奴之入寇亦便矣未聞欲伐人而先自去其阻險者也且上句是治道下句是治阻險各爲一事不得以上句例下句也秋七月大風拔木乙巳皇后陳氏廢捕爲巫蠱者皆梟首〔補注〕王先愼曰外戚傳女子楚服等坐爲皇后巫蠱祠祭祝詛大逆無道相連及誅者三百餘人楚服梟首於市是梟首者止楚服一人皆字當衍八月螟師古曰食苗心之蟲也音莫經反〔補注〕先謙曰說見五行志官本注蟲作蠱徵吏民有明當世之務習先聖之術者縣次續食令與計偕師古曰計者上計簿使也郡國每歲遣詣京師上之偕者俱也令所徵之人與上計者俱來而縣次給之食後世謬誤因承此語遂總謂上計爲計偕闞駰不詳妄爲解說云秦漢謂諸侯朝使曰計偕偕次也晉代有計偕簿又改偕爲階失之彌遠致誤後學〔補注〕宋祁曰舊本正文續作給王念孫曰舊本是也據注云縣次給之食則本作給食明矣平紀亦有縣次給食之語若作續食則義不可通通鑑漢紀十作續食則所見漢書本已誤御覽治道部九引此正作給食通典選舉一同先謙曰官本世作時

六年冬初算商車李奇曰始稅商賈車船令出算〔補注〕先謙曰官本算作等春穿漕渠通渭如湻曰水轉運曰漕師古曰音才到反〔補注〕先謙曰從鄭當時議詳食貨志匈奴入上谷殺略吏民遣車騎將軍衞青出上谷〔補注〕錢大昕曰案是年青自大中大夫爲車騎將軍元朔五年春青爲大將軍公卿表皆不載車騎之號其時猶未甚貴大將軍之失書則傳寫脫漏也騎將軍公孫敖出代輕車將軍公孫賀出雲中驍騎將軍李廣出雁門青至龍城應劭曰匈奴單于祭天大會諸國名其處爲龍城〔補注〕先謙曰據匈奴傳師出在秋獲首虜七百級廣敖失師而還詔曰夷狄無義所從來久間者匈奴數寇邊境故遣將撫師古者治兵振旅因遭虜之方入將吏新會上下未輯晉灼曰入猶還也不得已而用兵言師不踰時也入或作人因其習俗土地之宜而教革之也師古曰晉說非也詔言古者出則治兵入則振旅素練其衆不虧戎律今之出師因遭寇虜方入爲害而將吏新會上下未和故校尉棄軍而奔北也輯與集同代郡將軍敖雁門將軍廣所任不肖師古曰肖似也不肖者言無所象類謂不材之人也〔補注〕先謙曰所任不肖謂不稱其任也故下廷尉非但責其任用不

肖之人拔尉又背義妄行棄軍而北少吏犯禁文穎曰少吏小吏也補注何若瑤曰百官表秩四百石至二百石爲長吏百石以下有卒食佐史之秩爲少吏用兵之法不勤不教將率之過也教令宣明不能盡力士卒之罪也將軍已下廷尉使理正之師古曰下謂以身付廷尉也理法也言以法律處正其罪下音胡嫁反他皆類此而又加法於士卒二者竝行非仁聖之心朕閔衆庶陷害欲刷恥改行師古曰刷除也音所劣反補注錢大昭曰貨殖傳刷會稽之恥注謂拭除之復奉正議厥路亡繇師古曰一陷重刑無因復從正道也繇讀與由同補注先謙曰官本議作義是注無復字其赦雁門代郡軍士不循法者師古曰循從也由也夏大旱蝗補注先謙曰五行志竝同六月補注先謙曰五行志是月有星孛於北方行幸雍秋匈奴盜邊遣將軍韓安國屯漁陽

元朔元年應劭曰朔蘇也孟軻曰后來其蘇蘇息也言萬民品物大繁息也師古曰朔猶始也言更爲初始也蘇息之息非息生義應說失之補注先謙曰以置朔方郡故稱元朔顏說亦非武帝初改之元皆有事實無空言也冬十一月詔曰公卿大夫所使總方略壹統類廣教化美風俗也夫本仁祖義

褒德祿賢勸善刑暴師古曰本仁祖義謂以仁義爲本始五帝三王所繇昌也師古曰五帝伏羲神農黃帝堯舜也三王夏殷周也繇讀與由同朕夙興夜寐嘉與宇內之士臻於斯路師古曰天地四方爲宇臻至也故旅耆老復孝敬師古曰旅耆老者加惠於耆老之人若賓旅也復孝敬者謂優復孝弟之人也復音方目反補注王念孫曰廣雅旅養也郎王制所云養耆老選豪俊講文學師古曰講謂和習之稽參政事祈進民心師古曰祈求也深詔執事興廉舉孝庶幾成風紹休聖緒師古曰休美也緒業也言紹先聖之休緒也故下言昭先帝聖緒夫十室之邑必有忠信三人竝行厥有我師師古曰論語稱孔子云十室之邑必有忠信如丘者焉又曰三人行必有我師焉擇其善者而從之其不善者而改之故詔引焉今或至闔郡而不薦一人師古曰闔閉也總郡之中故云闔郡補注先謙曰官本注總下有一字是闔與合同義太元元攡一闔一合猶一闔也合郡謂總一郡顏訓闔爲閉轉失之迂是化不下究而積行之君子雍于上聞也師古曰究竟也言見壅遏不得聞於天子也雍讀曰壅補注朱一新曰監本注聞下雍作達先謙曰官本作達是通鑑注引亦作達二千石官長紀綱人倫師古曰謂郡之守尉縣之令長將何以佐朕燭幽隱勸元元師古曰燭照也元元善意補注蘇輿曰秦策高注元元善也此顏所本史索隱引陳姚察云古者謂人云善人也因善爲元故云黎元據此則元元亦烝庶通稱古人自有複語耳厲蒸庶師古曰蒸衆也崇鄉黨之訓哉且進賢受上賞蔽賢蒙顯戮古之道也補注沈欽韓曰鶡冠子道端篇進賢受上賞則下不相蔽黃石公下略蔽賢者身受其害其與中二千石禮官博士議不舉者罪有司奏議曰古者諸侯貢士壹適謂之好德服虔曰適得其人再適謂之賢賢三適謂之有功迺加九錫應劭曰一曰車馬二曰衣服三曰樂器四曰朱戶五曰納陛六曰虎賁百人七曰鈇鉞八曰弓矢九曰秬鬯此皆天子制度尊之故事事錫與但數少耳張晏曰九錫經本無文周禮以爲九命春秋說有之臣瓚曰九錫備物伯者之盛禮齊桓晉文猶不能備今三進賢便受之似不然也當受進賢之一錫尚書大傳云三適謂之有功賜以車服弓矢是也師古曰總列九錫應說是也進賢一錫瓚說是也補注沈欽韓曰應說出韓詩外傳禮含文嘉亦有之蘇輿曰白虎通黜陟篇能進善者賜納陛古者人君下賢降階一等而禮之賜之納陛以優之也與大傳不同蓋今文異說不貢士壹則黜爵再則黜地三而黜爵地畢矣李奇曰爵地俱削盡補注先謙曰官本而作則夫附下罔上者死附上罔下者刑與聞國政而無益於民者斥師古曰與讀曰豫斥謂棄逐之在上位而不能進賢者退

補注沈欽韓曰說苑臣術篇引太誓與此四語同此今文太誓也馬融所致疑者五事而趙岐云後得者今僞泰誓悉據馬融所列者補入乃轉漏此四語此所以勸善黜惡也今詔書昭先帝聖緒令二千石舉孝廉所以化元元移風易俗也不舉孝不奉詔當以不敬論張晏曰謂其不勤求士報國不察廉不勝任也當免張晏曰當率身化下今親宰牧而無賢人爲不勝任也奏可十二月江都王非薨春三月甲子立皇后衛氏詔曰朕聞天地不變不成施化陰陽不變物不暢茂師古曰暢通也易曰通其變使民不倦應劭曰黃帝堯舜祖述伏羲神農結網耒耜以日中爲市交易之業因其所利變而通之使民知之不苦倦也師古曰此易下繫之辭也言通物之變故能樂其器用不解倦也補注先謙曰官本注解作懈詩云九變復貫知言之選應劭曰逸詩也陽數九人君當陽言政復禮合於先王舊貫知言之選選善也孟康曰貫道也選數也極天之變而不失道者知言之數也臣瓚曰先王創制易教以救流弊也是以三王之教有文有質九數之多也師古曰貫事也選擇也論語曰仍舊貫此言文質不同寬猛殊用循環復舊擇善而從之瓚說近之也補注沈欽韓曰列子天瑞篇易變而爲一一變而爲七七變而爲九九變者究也乃復變而爲一又莊子天道篇古之語大道者五變而刑名可舉九變而賞罰可言也朕嘉唐虞而樂

殷周據舊㠯鑒新 師古曰追觀舊跡㠯知新政而爲鑒戒 其赦天下與民更始諸逋貸及辭訟在孝景後三年㠯前皆勿聽治 師古曰逋亡也久負官物亡匿不還者皆謂之逋逋音布胡反 秋匈奴入遼西殺太守入漁陽鴈門敗都尉 〔補注〕錢大昭曰敗閩本作殺先謙曰匈奴傳敗漁陽太守軍千餘人又入鴈門殺略千餘人作敗者是也惟都尉太守又異 殺略三千餘人遣將軍衞青出鴈門將軍李息出代獲首虜數千級東夷薉君南閭等 服虔曰穢貊在辰韓之北高句麗沃沮之南東窮于大海晉灼曰薉古穢字師古曰南閭者薉君之名〔補注〕先謙曰官本注在口二十八萬人下薉與濊同魏志夫餘傳國有故城名濊城本濊貊之地又濊傳武帝滅朝鮮置樂浪郡自單單大嶺以西屬樂浪自嶺以東七縣都尉主之皆以濊爲名今不耐濊皆其種也 口二十八萬人降爲蒼海郡 〔補注〕先謙曰食貨志彭吳開道通薉貊朝鮮置滄海郡蒼滄字同平準書作彭吳賈而其事不詳 魯王餘長沙王發皆薨

二年冬賜淮南王菑川王几杖毋朝 師古曰淮南王安菑川王志皆武帝諸父列也故賜几杖焉〔補注〕先謙曰菑川王三字誤衍荀紀不攷而從之通鑑刪攷異曰按諸侯王表菑川王志以元光五年薨齊悼惠王世家高五王傳皆同顏云菑川王志誤也石韞玉云志薨建嗣元朔二年建正新嗣位何爲有几杖之賜恐誤或衍文 春正月詔曰梁王城陽王親慈同生 文穎曰慈愛也 願㠯邑分弟其許之諸侯王請與子弟邑者朕將親覽使有列位焉於是藩國始分而子弟畢侯矣 〔補注〕先謙曰從主父偃策詳偃傳 匈奴入上谷漁陽殺略吏民千餘人遣將軍衞青李息出雲中至高闕 師古曰山名也一曰塞名也在朔方之北 遂西至符離 師古曰幕北塞名也〔補注〕沈欽韓曰方輿紀要符離塞在豐州河西北一統志豐州故城在鄂爾多斯右翼後旗界內 獲首虜數千級收河南地置朔方五原郡 〔補注〕沈欽韓曰一統志朔方故城在鄂爾多斯右翼旗界內前漢郡治三封三封故城在套外黃河西岸九原故城在吳喇忒旗北五原郡治九原縣 三月乙亥晦日有蝕之 〔補注〕先謙曰官本乙作巳五行志作二月乙巳晦在胃三度 夏募民徙朔方十萬口又徙郡國豪傑及訾三百萬㠯上于茂陵 〔補注〕先謙曰此及上立朔方郡皆從主父偃計詳偃傳 秋燕王定國有罪自殺

三年春罷蒼海郡三月詔曰夫刑罰所㠯防姦也內長文所㠯見愛也 晉灼曰長音長吏之長張晏曰長文長文德也師古曰詔言有文德者卽親內而崇長之所以見仁愛之道見謂顯示也見音胡電反〔補注〕王念孫曰困學紀聞云或云古寫本無注漢書內長文三字作而肆赦案舊注皆牽強或說內長文作而肆赦雖無明據而於上下文義甚合下文云其赦天下可證也而與內肆與長赦與文皆字形相近而誤李慈銘曰宋劉昌詩蘆浦筆記云章子厚家藏古本漢書內長文乃是而肆赦王應麟所謂古寫本者蓋卽劉氏之說楊慎從之以爲於下文尤爲貫串然晉灼張晏魏晉時人皆已從內長文之說章惇所藏古本從何得來豈又如梁劉之遴所謂葫蘆中物耶蓋由讀者臆託妄言古本以欺人耳 㠯百姓之未洽于教化朕嘉與士大夫日新厥業祗而不解 師古曰解讀曰懈 其赦天下夏匈奴入代殺太守入鴈門 〔補注〕先謙曰太守共友也據匈奴傳入鴈門在秋 殺略千餘人六月庚午皇太后崩秋罷西南夷 〔補注〕先謙曰從公孫宏之請 城朔方城令民大酺五日

四年冬行幸甘泉夏匈奴入代定襄上郡殺略數千人

五年春大旱 〔補注〕先謙曰五行志同 大將軍衞青將六將軍兵十餘萬人 〔補注〕先謙曰案衞青傳青出師時尚爲車騎將軍立功後始拜大將軍耳游擊將軍蘇建彊弩將軍李沮騎將軍公孫賀輕車將軍李蔡將軍李息張次公凡六將軍也 出朔方高闕獲首虜萬五千級夏六月詔曰蓋聞導民㠯禮風之㠯樂 師古曰風教也詩序曰上㠯風化下 今禮壞樂崩朕甚閔焉故詳延天下方聞之士咸薦諸朝 師古曰詳悉也延引也方道也聞博聞也言悉引有道博聞之士而進於朝也禮記曰隆禮由禮謂之有方之士又曰博聞強識而讓謂之君子一曰方謂方正也〔補注〕王念孫曰案訓方爲道或訓方正皆與聞字義不相屬方聞之士卽博聞之士也廣雅博方廣大也是方與博同義上言禮壞樂崩下言勸學講議洽聞舉遺興禮是武帝欲舉博聞之士以興禮樂非舉賢良方正也若舉賢良方正則建元元年已有詔矣儒林傳亦載此詔齊召南云史記作詳延天下方正博聞之士義甚明㽞當是漢書寫本脫正博二字念孫案齊說亦非史記有正博二字者後人襲取顏注增成意義耳漢書兩載此詔皆作方聞之士且皆本史記則史漢皆無正博二字明矣 其令禮官勸學講議洽聞舉遺興禮㠯爲天下先 師古曰舉遺逸之文而興禮學 太常其議予博士弟子崇鄉黨之化㠯厲賢材焉 師古曰爲博士置弟子既得崇化於鄉黨又㠯獎厲賢材之人 丞相弘請爲博士置弟子員 師古曰公孫弘 學者益廣 〔補注〕何焯曰議發於弘故先著詔書以章人君興起絕學之美而仍不沒其實 秋匈奴入代殺都尉 〔補注〕先謙曰朱央也見匈奴傳

六年（補注）先謙曰五行志十一月癸丑晦日有蝕之漢紀作癸酉 春二月大將軍衛青將六將軍兵十餘萬騎（補注）先謙曰六將軍中將軍公孫敖左將軍公孫賀前將軍趙信右將軍蘇建後將軍李廣彊弩將軍李沮 出定襄斬首三千餘級（補注）先謙曰胡三省云秦法斬首一賜爵一級故因謂斬首爲級 還休士馬于定襄雲中鴈門赦天下夏四月衛青復將六將軍絕幕 應劭曰幕沙幕匈奴之南界也臣瓚曰沙土曰幕直度曰絕師古曰應瓚二說皆是也而說者或云是塞外地名非矣幕者即今之突厥中磧耳李陵歌曰徑萬里兮渡沙幕（補注）先謙曰官本徑萬作經千 大克獲前將軍趙信軍敗降匈奴右將軍蘇建亡軍獨身脫還贖爲庶人六月詔曰朕聞五帝不相復禮三代不同法所繇殊路而建德一也 師古曰復因也音扶目反繇讀與由同 蓋孔子對定公以徠遠 臣瓚曰論語及韓子皆言葉公問政於孔子孔子荅以悅近徠遠今云定公與二書異 哀公以論臣 如淳曰韓非云哀公問政仲尼曰政在選賢（補注）王念孫曰韓子難篇言選賢此言論臣論亦選也齊語論比協材呂氏春秋當染篇善爲君者勞於論人高章注竝云論擇也擇亦選也字本作掄說文掄擇也 景公以節用 如淳曰韓非云齊景公問政仲尼曰政在節財（補注）先謙曰官本注財作用 非期不同所急異務也 李奇曰期要也非要當必不同所急異務不得不然 今中國一統而北邊未安朕甚悼之日者大將軍巡朔方征匈奴斬首虜萬八千級諸禁錮及有過者咸蒙厚賞得免減罪 師古曰有罪者或被釋免或得減輕 今大將軍仍復克獲 師古曰仍頻也 斬首虜萬九千級受爵賞而欲移賣者無所流貤 應劭曰貤音移言軍吏士斬首虜爵級多無所移與今爲置武功賞官爵多者分與父兄子弟及賣與他人也師古曰此說非也許慎說文解字云貤物之重次第也此詔言欲移賣爵者無有差次不得流行故爲置官級也貤音弋賜反今俗猶謂凡物一重爲一貤也（補注）宋祁曰貤音難易之易王念孫曰案貤讀與施于中谷之施同敘傳貤于子孫貤卽施也周南葛覃傳施移也故今人猶謂移封爲貤封喪服傳絕族無施服鄭注在旁而及曰施大傳施作移是施與移通也此言流貤亦取旁及之義故應劭讀爲移若以貤爲重次弟則流貤二字義不相屬且此詔貤字在流字之下若如師古說以爲無有差次不得流行則當移貤字於流字之上仍須加數字以解之而其義始明何其謬也說文以貤爲重次弟物乃貤字之本訓此詔借貤爲流移之移則非重次弟之謂矣沈欽韓曰說文賊遂予也蓋後人通以貤爲賊 其議爲令有司奏請置武功賞官以寵戰士（補注）先謙曰詳見食貨志

元狩元年 應劭曰獲白麟因改元曰元狩也 冬十月行幸雍祠五時獲白麟 師古曰麟麇身牛尾馬足黃色圜蹄一角角端有肉（補注）先謙曰據京房易傳麟腹下黃耳云白麟非黃可知顏說非也麇身當作麕身形近致誤 作白麟之歌（補注）先謙曰歌載郊祀志 十一月淮南王安衡山王賜謀反誅（補注）沈欽韓曰案淮南傳謀反在元朔六年秋紀特以與衡山事相繼故同在是年冬也 黨與死者數萬人十二月大雨雪民凍死 師古曰雨音于具反（補注）先謙曰直云民凍死於文未安五行志作民多凍死明此奪多字 夏四月赦天下丁卯立皇太子（補注）何焯曰因治淮南獄聞武安之謀故立太子 賜中二千石爵右庶長 師古曰第十一等爵 民爲父後者一級詔曰朕聞咎繇對禹曰在知人知人則哲惟帝難之 師古曰尚書咎繇謨載咎繇之辭也帝謂堯也 蓋君者心也民猶支體支體傷則心憯怛 師古曰憯痛也怛悼也憯音千感反怛音丁曷反 日者淮南衡山修文學流貨賂兩國接壤怵於邪說 服虔曰怵音裔應劭曰狃忕也如淳曰怵音怵惕見誘怵於邪說也師古曰作怵者非如說云見誘怵其義是也而音怵惕又非也怵或體訹字耳訹者誘也音如戌亥之戌南越傳曰不可怵好語入朝諸如此例音義同耳今俗猶云相訹而說者或改爲鉥導之鉥蓋穿鑿也訹音先誘反鉥音述（補注）陳景雲曰狃忕二字當乙應氏本蓋以怵爲忕也錢大昭曰怵讀若訹說文訹誘也食貨志善人怵而爲姦邪李奇云怵誘也動心於姦邪也王念孫曰服本怵作忕案釋詁釋文云忕音逝張揖雜字音曳曳與裔同音故服云忕音裔案作忕者是也晉語注狃忕也後漢書馮異傳注狃忕猶慣習也言淮南衡山兩國接壤故習於邪說而謀叛逆也淮南衡山傳贊云剸懷邪辟之計謀爲叛逆此非獨王也亦其俗薄臣下漸靡使然漸靡者習於邪說之謂也又史記漢興以來諸侯表云諸侯驕奢忕邪臣計謀爲淫亂索隱忕音誓忕訓習言習於邪臣之謀彼云忕邪臣計此云忕於邪說其義一也故服應本皆作忕而訓爲狃忕至如本始作怵而訓爲誘怵耳蓋俗書忕字作怵今書傳中忕字多作怵猶怵怵之怵俗作怵也與怵相似而誤若韓長孺傳之怵邪臣浮說南越傳之怵好語則其字皆從术而訓爲誘怵然不可以彼而例此也 而造篡弒此朕之不德詩云憂心慘慘念國之爲虐 師古曰小雅正月之詩也慘慘憂戚之貌 已赦天下滌除與之更始朕嘉孝弟力田哀夫老眊孤寡鰥獨 師古曰眊古髦字八十曰髦髦老稱也一曰眊不明之貌 或匱於衣食甚憐愍焉其遣謁者巡行天下存問致賜 師古曰致送至也行音下更反（補注）周壽昌曰巡行宜讀本音與前循行同後放此顏音非 曰皇帝使謁者 師古曰謁者令使者宣詔書之文 賜縣三老孝者帛人五匹鄉三老弟者力田帛人三匹年九十以上及

鰥寡孤獨帛人二匹絮三斤八十以上米人三石有冤失職使者以聞師古曰職常也失職者失其常業及常理也縣鄉即賜毋贅聚如淳曰贅會也令勿擅徵召贅聚三老孝弟力田也師古曰即就也各遣就其所居而賜之勿會聚也贅音之銳反〔補注〕沈欽韓曰公羊隱元年傳會猶最也何休云最聚也若今聚民爲投最方言萃雜集也東齊曰聚案最贅萃聲同一義也說苑奉使篇梁王贅其羣臣而議其過五月乙巳晦日有蝕之〔補注〕先謙曰五行志在柳六度匈奴入上谷殺數百人

二年冬十月行幸雍祠五畤春三月戊寅丞相弘薨遣驃騎將軍霍去病出隴西至皐蘭應劭曰在隴西白石縣塞外河名也孟康曰山名也師古曰皐蘭山名也霍去病傳云過焉支山千有餘里合短兵鏖皐蘭下則此山也非河名也白石縣在金城又不屬隴西應說竝失之鏖音烏曹反斬首八千餘級夏馬生余吾水中應劭曰在朔方北也〔補注〕先謙曰匈奴傳匈奴聞公孫敖出悉遠其累重于余吾水北則其水在匈奴北邊彼水生馬何關漢事而史紀之應說非也地理志上黨郡有余吾縣水經濁漳水注涑水出發鳩山東逕余吾縣故城北又逕屯留縣北入漳所謂余吾水即此水也余吾在今潞安府屯留縣西南越獻馴象應劭曰馴者教能拜起周章從人意也師古曰馴音巡謂擾也應說是也能言鳥師古曰即鸚鵡也今隴西及南海竝有之萬震南州異物志云有三種一種白一種青一種五色交州以南諸國盡有之白及五色者其性尤慧解益謂此也隋開皇十八年林邑國獻白鸚鵡時以爲異是歲貢士咸試賦之聖皇馭歷屢有茲獻上以幽遐勞費撫慰弗受〔補注〕沈欽韓曰唐書音樂志嶺南有鳥似鸜鵒而稍大乍視之不相分辨籠養久則能言無不通南人謂之吉了開元初廣州獻之言音雄重如丈夫委曲識人情慧於鸚鵡武紀南越獻能言鳥注漢書者皆謂鳥爲鸚鵡若是鸚鵡不得不舉其名而謂之能言鳥鸚鵡秦隴尤多亦不足重所謂能言鳥卽吉了也將軍去病公孫敖出北地二千餘里過居延師古曰居延匈奴中地名也韋昭曰爲張掖縣失之張掖所置居延縣者以安處所獲居延人而置此縣〔補注〕周壽昌曰案後書明帝紀注居延本匈奴地名武帝因以名縣案地理志張掖郡去北地千里括地志居延城在張掖東北一千五百三十里此云出北地二千餘里過居延其道里相合是年置武威酒泉郡想卽於其時名縣但未分置張掖郡耳又案霍去病傳云濟居延葢縣有居延澤在西北故云濟豈匈奴別有一居延哉韋說不誤顏注失之王啟原曰北地六郡之一秦舊郡張掖爲河西五郡之一實在北地之西北居延今爲蒙古額濟納旗地地理志張掖郡居延有居延澤在東北則張掖郡之居延實以居延澤而名非別有居延地其人降漢而置縣以處之也顏監徒見六朝多僑置郡縣意居延亦如此周申韋說是也斬首虜三萬餘級匈奴入鴈門殺略數百人遣衞尉張騫郎中令李廣皆出右北平廣殺匈奴三千餘

人盡亡其軍四千人獨身脫還〔補注〕劉攽曰廣傳無此事而云廣軍幾沒以自當無賞耳疑紀誤及公孫敖張騫皆後期當斬贖爲庶人江都王建有罪自殺膠東王寄薨秋匈奴昆邪王殺休屠王師古曰昆音下門反屠音儲并將其衆合四萬餘人來降置五屬國以處之師古曰凡言屬國者存其國號而屬漢朝故曰屬國〔補注〕齊召南曰杜佑通典云安定上郡天水張掖五原爲五屬國以地理志核之安定屬國都尉治三水上郡屬國都尉治龜茲天水屬國都尉治勇士滿福五原屬國都尉治蒲澤而張掖屬國都尉後書郡國志云武帝置知通典之說甚確但安定天水至元鼎三年始置張掖至元鼎六年始分則此時豈容先置都尉乎胡三省注通鑑云五郡故塞外以隴西北地上郡朔方雲中當之葢有由也先謙曰史正義云以來降之民徙置五郡各依本國之俗而屬於漢故曰屬國以其地爲武威酒泉郡師古曰武威今涼州也酒泉今肅州〔補注〕朱一新曰案地理志武威太初四年開酒泉太初元年開與此不合豈開郡實在太初時紀繫於此乃終言之耶先謙曰當從紀說見志

三年春有星孛于東方〔補注〕先謙曰五行志不載夏〔補注〕先謙曰五行志云大旱五月赦天下立膠東康王少子慶爲六安王封故相國蕭何曾孫慶爲列侯秋匈奴入右北平定襄殺略千餘人遣謁者勸有水災郡種宿麥師古曰秋冬種之經歲乃熟故云宿麥舉吏民能假貸貧民者以名聞師古曰貸音吐戴反〔補注〕先謙曰食貨志遣使虛郡國倉廩以振貧猶不足又募豪富人相假貸卽此事減隴西北地上郡戍卒半〔補注〕先謙曰因三郡益少胡寇故減其半以寬天下之傜發謫吏穿昆明池如淳曰食貨志以舊吏弄法故謫使穿池更發有貲者爲吏也臣瓚曰西南夷傳有越嶲昆明國有滇池方三百里漢使求身毒國而爲昆明所閉今欲伐之故作昆明池象之以習水戰在長安西南周回四十里食貨志又曰時越欲與漢用船戰遂乃大修昆明池也師古曰謫吏吏有罪者罰而役之滇音顛

四年冬有司言關東貧民徙隴西北地西河上郡會稽凡七十二萬五千口縣官衣食振業〔補注〕先謙曰據食貨志以貧民尚不能相救迺徙於關以西及充朔方以南新秦中衣食皆仰給縣官數歲貸與產業會稽自在關東志未言及未知紀誤或志漏也用度不足請收銀錫造白金及皮幣以足用應劭曰時國用不足以白鹿皮爲幣朝覲以薦璧又造銀錫爲白金見食貨志初算緡錢李斐曰緡絲也以貫錢也一貫千錢出算二十也臣瓚曰茂陵書諸賈人末作貰貸置居邑儲積諸物及商以取利

者雖無市籍各以其物自占率緡錢二千而一算此緡錢是儲錢也故隨其用所施施於吏重者其算亦多也師古曰謂有儲積錢者計其緡貫而稅之李說爲是緡音武巾反〔補注〕蘇輿曰說文鍲下云業也賈人占緡卽此鍲字義緡下云釣魚繁也與鍲義別此借緡爲鍲段氏以鍲爲後人增造字非也廣雅釋詁貯本也鍲算也玉篇貯本作鍲案訓業訓本若今商賈成本之謂算緡錢者占度貨物成本直錢若干簿納官稅有不實則緡以法詳見食貨志先謙曰官本吏重作利重是春有星孛于東北夏有長星出于西北〔補注〕先謙曰五行志在四月大將軍衞青將四將軍出定襄〔補注〕先謙曰四將軍前將軍李廣左將軍公孫賀右將軍趙食其後將軍曹襄將軍去病出代各將五萬騎步兵踵軍後數十萬人師古曰踵接也猶言躡其踵青至幕北圍單于斬首萬九千級至闐顏山迺還鄧展曰音塡塞之塡去病與左賢王戰斬獲首虜七萬餘級封狼居胥山迺還師古曰登山祭天築土爲封刻石紀事以彰漢功兩軍士戰死者數萬人〔補注〕王念孫曰戰字後人所加云死者數萬人則戰死可知景祐本無戰字匈奴傳作漢士物故者萬數亦無戰字先謙曰官本士戰二字倒前將軍廣後將軍食其皆後期廣自殺食其贖死如湻曰李廣傳引兵與右將軍食其合軍出東道又曰廣自剄右將軍下吏當死贖爲庶人霍去病傳亦云趙食其爲右將軍平陽侯襄爲後將軍此紀爲誤也師古曰傳寫者誤以右爲後食其音異基

五年春三月甲午丞相李蔡有罪自殺文穎曰李廣從弟坐侵陵壖地天下馬少平牡馬匹二十萬如湻曰貴平牡馬賈欲使人競畜馬〔補注〕先謙曰時競乘牡馬見平準書故平其賈罷半兩錢行五銖錢〔補注〕先謙曰通鑑作罷三銖錢更鑄五銖錢考異云食貨志前已銷半兩錢鑄三銖錢明年以三銖錢輕更鑄五銖錢此誤徙天下姦猾吏民於邊師古曰猾狡也音乎八反六年冬十月賜丞相以下至吏二千石金千石以下至乘從者帛晉灼曰乘騎諸從者也師古曰流俗書本乘上或有公字非也後人妄加之〔補注〕先謙曰官本金上有百字引宋祁曰百金新本無百字案監本金上亦有百字非注者下官本無也字蠻夷錦各有差雨水亡冰師古曰雨音于具反〔補注〕先謙曰說見五行志夏四月乙巳廟立皇子閎爲齊王旦爲燕王胥爲廣陵王師古曰於廟中策命之初作誥服虔曰誥敕王如尚書諸誥也李斐曰今敕封拜諸侯王策文亦是也見武五子傳六月詔曰日者有司以幣輕多姦李奇曰幣錢也輕者若一馬直二十萬是爲幣輕而物重也重難得則用不足而姦生〔補注〕先謙曰食貨志時鑄三銖錢盜鑄者不可勝數有司言三銖錢輕輕錢易作姦卽此所謂幣輕多姦也

馬匹直二十萬自上平之何預幣輕李說謬農傷而末衆師古曰末謂工商也又禁以并之塗李奇曰謂大家兼役小民富者兼役貧民欲平之也文穎曰兼并者食祿之家不得治產兼取小民之利商人雖富不得復兼畜田宅作客耕農也師古曰李說是〔補注〕先謙曰官本以作兼是故改幣以約之李奇曰更去半兩錢行五銖錢皮幣以檢約姦邪〔補注〕先謙曰改幣者改三銖鑄五銖非去半兩也五年紀誤李据爲說未檢志文稽諸往古制宜於今師古曰稽考也音工奚反廢期有月應劭曰禁半兩錢及餘幣物禁之有期月而民未悉從也如湻曰期音朞自往年三月至今年四月朞有餘月矣師古曰如說是而山澤之民未諭師古曰未諭者未曉告示之意夫仁行而從善義立則俗易意奉憲者所以導之未明與師古曰與讀曰歟將百姓所安殊路而撟虔吏因乘埶以侵蒸庶邪孟康曰虔固也撟稱上命以貨賄用爲固尚書曰敓攘矯虔韋昭曰凡稱詐爲矯強取爲虔左傳曰虔劉我邊垂師古曰撟與矯同其字從手矯託也虔固也妄託上命而堅固爲邪惡者也蒸衆也〔補注〕王念孫曰案諸說分撟虔爲二義皆非也呂刑敓攘矯虔周官司刑疏引鄭注曰矯虔謂撓擾春秋傳曰虔劉我邊垂謂劫奪人物以相撓擾也如鄭君說是撟虔爲撓擾之義故與敓攘連文此詔於撟虔吏下卽云乘埶以侵蒸庶又云紛然其擾則撟虔之爲撓擾益明矣何紛然其擾也師古曰擾煩也今遣博士大等六人

分循行天下師古曰褚大也行音下更反〔補注〕先謙曰食貨志褚大徐偃等其四人無考大又見儒林傳存問鰥寡廢疾無以自振業者貸與之師古曰貸音土戴反諭三老孝弟以爲民師〔補注〕王念孫曰諭當爲論字之誤也論選也謂選三老孝弟以爲民師也下云舉獨行之君子舉與論義相近故古書或以論舉連文荀子成相篇云天乙湯論舉當論舉卽選舉也若云論三老孝弟則與以爲民師四字義不相屬矣舉獨行之君子徵詣行在所如湻曰蔡雍云天子以天下爲家自謂所居爲行在所言今雖在京師行所在至耳師古曰此說非也天子或在京師或出巡狩不可豫定故言行在所耳不得亦謂京師爲行在也〔補注〕周壽昌曰帝時方行幸故有徵詣行在所之詔朕嘉賢者樂知其人廣宣厥道士有特招使者之任也李奇曰設士有殊才異行當特招者任在使者分別之詳問隱處亡位及冤失職師古曰無位不被任用也冤屈也失職失其常業也姦猾爲害野荒治苛者舉奏師古曰野荒言田畝不闢也治苛爲政尚細刻〔補注〕先謙曰食貨志云舉并兼之徒守相爲利者此姦猾爲害卽并兼之徒上文撟虔吏卽守相爲利者也郡國有所以爲便者上丞相御史以聞秋九月大司馬驃騎將軍去病薨

元鼎元年應劭曰得寶鼎故因是改元夏五月赦天下大酺五日得鼎汾水上

〔補注〕先謙曰得鼎汾水上五字誤文通鑑刪之考異云漢紀亦云六月得寶鼎於河東汾水上案封禪書欒大封樂通侯之歲其夏六月汾陰巫錦爲民祠魏脽后土營旁得鼎詔曰間者巡祭后土云云武紀元鼎四年十月幸汾陰十一月立后土祠於汾陰脽上六月得寶鼎后土祠旁恩澤侯表元鼎四年四月乙巳樂大封侯然則得鼎應在四年蓋武紀因今年改元而誤擠此得鼎一事耳非兩得鼎於汾水上也濟東王彭離有罪廢徙上庸應劭曰春秋時庸國〔補注〕先謙曰上庸漢中縣在今鄖陽府竹山縣東南

二年冬十一月御史大夫張湯有罪自殺十二月丞相青翟下獄死師古曰莊青翟春起柏梁臺服虔曰用百頭梁作臺因名焉師古曰三輔舊事云以香柏爲之今書字皆作柏服說非〔補注〕先謙曰官本注末有也字三月大雨雪師古曰雨音于具反〔補注〕先謙曰五行志雪平地厚五尺夏大水關東餓死者以千數〔補注〕錢大昭曰據魏相傳是時平原勃海太山東郡溥被災害秋九月詔曰仁不異遠義不辭難師古曰遠近如一是爲仁也不憚艱難是爲義也今京師雖未爲豐年山林池澤之饒與民共之今水潦移於江南迫隆冬至朕懼其飢寒不活江南之地火耕水耨應劭曰燒草下水種稻草與稻并生高七八寸因悉芟去復下水灌之草死獨稻長所謂火耕水耨〔補注〕沈欽韓曰火耕者刈稻了燒其稾以肥土然後耜之稻人職夏以水殄草而芟夷之方下巴蜀之粟致之江陵遣博士中等分循行師古曰行音下更反諭告所抵無令重困師古曰抵至也重音直用反吏民有振救飢民免其戹者具舉以聞

三年冬徙函谷關於新安應劭曰時樓船將軍楊僕數有大功恥爲關外民上書乞徙東關以家財給其用度武帝意亦好廣闊於是徙關於新安去弘農三百里〔補注〕何焯曰五年南越反楊僕始拜樓船將軍事在徙關之後以武帝之雄豈展拓都畿費出臣下之家財乎應注出於流傳非實事也以故關爲弘農縣〔補注〕先謙曰弘農隸弘農郡今陝州靈寶縣南四十里十一月令民告緡者以其半與之孟康曰有不輸稅令民得告言以半與之正月戊子陽陵園火夏四月雨雹師古曰雨音于具反〔補注〕先謙曰五行志三月水冰是月雨雪關東十餘郡人相食與此作雨雹異案聽傳言恆寒之罰雪霜雹三者分敘此事載雪下不載雹下是雪爲正字而雹爲誤文荀紀通鑑作雹並承紀誤關東郡國十餘飢人相食常山王舜薨子敎嗣立有罪廢徙房陵

四年〔補注〕先謙曰是歲置宏農郡冬十月行幸雍祠五時賜民爵一級女子百戶牛酒行自夏陽東幸汾陰師古曰夏陽馮翊之縣也汾陰屬河東汾音扶云反〔補注〕先謙曰夏陽在今同州府韓城縣南二十里汾陰在今蒲州府榮河縣北十一月甲子立后土祠于汾陰脽上蘇林曰脽音誰如淳曰脽者河之東岸特堆掘長四五里廣一里餘高十餘丈汾陰縣治脽之上后土祠在縣西汾在脽之北西流與河合師古曰二說皆是也脽者以其形高起如人尻脽故以名云一說此臨汾水之上地本名鄈音與葵同彼鄉人呼葵音如誰故轉而爲脽字耳故漢舊儀云葵上〔補注〕錢大昭曰說文鄈河東臨汾地卽漢之所祭后土處从邑癸聲鄈正字脽借用字漢舊儀又作葵司馬貞云葵河東呼誰與葵同耳酈道元分鄈耶與脽爲二失之先謙曰官本一里作二里禮畢行幸滎陽還至洛陽詔曰〔補注〕周壽昌曰史記封禪書云過雒陽下詔曰三代邈絕遠矣難存其以三十里地封周後爲周子南君以奉其先祀焉詔語簡略不如此文周摯是班述元文史從刪錄亦一證也祭地冀州服虔曰后土祠在汾陰汾陰本冀州地也周時乃分爲并州爾雅曰兩河間曰冀州〔補注〕先謙曰官本注并作荆瞻望河洛巡省豫州觀于周室邈而無祀師古曰邈遠絕之意詢問耆老迺得孼子嘉〔補注〕宋祁曰景德本無子字其封嘉爲周子南君臣瓚曰汲冢古文謂衞將軍文子爲子南彌牟其後有子南固子南勁紀年勁朝于魏後惠成王如衞命子南爲侯秦并六國衞最後亡疑嘉是衞後故氏子南而稱君也初元五年爲周承休侯元始四年爲鄭公建武十三年此于觀爲衞公師古曰子南其封邑之號以爲周後故總言周子南君瓚說非也例不先言姓而後稱君且自嘉已下皆姓姬氏著在史傳〔補注〕宋祁曰注本舊文作元始三年建武三年此本乃刊誤據平紀改正錢大昭曰此於觀爲衞公閣本此作封建武十三年封姬常爲衞公郡國志衞公國本觀沈欽韓曰鹽鐵論誅秦篇大夫曰先帝大惠紹興其後封嘉潁川號周子南君南與男通左昭十三年傳子產曰鄭伯男也周語富辰曰鄭伯南也書禹貢二百里男邦孔傳男任也白虎通南之爲言任也公羊傳云小國稱伯子男又云春秋伯子男一也董子三代改制篇商合伯子男爲一等周爵五等春秋三等[illegible]一又云杞稱子又稱伯何見殊之小國也案武帝時春秋惟公羊故周子南君之號用公羊杞子伯義直以子男幷爵不取甸男服名也戰國時周之別封稱東周君西周君衞元君亦自侯降號爲君漢制未爲通侯而食邑者皆稱君王啟原曰沈說子南義爲子男是也殷子男國地五十里王制孟子所言是其制周本紀言天子至河南求周苗裔封其後嘉三十里地號曰周子南君則以地言尙不成子南雖君三十里而使同於子男而稱君也元帝時進周承休侯平帝時進鄭公在後漢改衞公之前知非衞子南之後誠以衞後而進衞公西京不應先封鄭公矣先謙曰官本注此作封是注文在下以奉周祀下以奉周祀春二月中山王勝薨夏封方士欒大爲樂通侯位上將軍六月得寶鼎后土祠旁秋馬生渥洼水中李斐曰南陽新野有暴利長當武帝時遭刑屯田敦煌界數於此水旁見羣野

馬中有奇異者與凡馬來飲此水利長先作土人持勒靽於水旁後馬玩習久之代土人持勒靽收得其馬獻之欲神異此馬云從水中出蘇林曰洼音室曲之室師古曰渥音握洼音於佳反〔補注〕沈欽韓曰說文洼深池也蓋在今嘉峪關西方輿紀要云沙州境有渥洼水先謙曰官本注與凡馬下多異字作寶鼎天馬之歌〔補注〕先謙曰二歌並見禮樂志立常山憲王子商爲泗水王〔補注〕先謙曰通鑑胡注泗水統凌泗陽于三縣本屬東海郡帝分爲王國先謙案傳常山王勃王數月廢國除月餘詔立憲王子平爲眞定王商爲泗水王是此紀不能獨書立商爲泗水王商上明奪平爲眞定王五字據表王勃之廢平商之封並在元鼎三年與傳云勃國除月餘合此立下十字當在三年廢徙房陵下無疑此乃史表誤班氏也

五年冬十月行幸雍祠五畤遂踰隴應劭曰隴隴阺坂也師古曰即今之隴山阺音丁禮反〔補注〕先謙曰通鑑胡注在天水郡隴縣三秦記云其坂九曲上隴者七日乃越先謙案隴縣在今秦州清水縣北登空同應劭曰山名也〔補注〕先謙曰郊祀志作空桐史記同通鑑作崆峒胡注唐地理志崆峒在岷州溢樂縣西漢臨洮之地先謙案溢樂即今鞏昌府岷州治西臨祖厲河而還李斐曰音嗟賴〔補注〕錢大昕曰古書厲與賴通祖嗟聲亦相近沈欽韓曰玉篇祖子邪切縣名字从衣不从示河水注河水東北流逕安定祖厲縣城西祖厲川水出祖厲南山西北流注於河明志靖虜衞西南矜蠕夏有祖厲河東北有亥刺河皆注於大河一統志祖厲河在鞏昌府會甯縣南本名庲坌河亦名南河又西北逕靖遠縣界爲祖厲河下流入黃河十一月辛巳朔旦冬至〔補注〕錢大昕曰案自是年至太初元年相距八歲中積二千九百二十二日冬至當在癸亥不得到甲子再以月法收之得積月九十八又二十七日有奇冬至當在十一月二十八日未得置閏於天正前也若用太初之元則辛巳之冬至又後天一日史家特據當時所頒之朔書之耳律歷志載元朔六年甲申朔旦冬至乃太初改歷後逆推之當時未必以爲章首也立泰畤于甘泉天子親郊見師古曰祠太一也見音胡電反〔補注〕先謙曰據郊祀志以十一月朔冬至昒爽郊拜泰一以得鼎推策與黃帝時等也立畤甘泉在十月朝日夕月應劭曰天子春朝日秋夕月朝日以朝夕月以夕臣瓚曰漢儀注郊泰畤皇帝平旦出竹宮東向揖日其夕西南向揖月便用郊日不用春秋也師古曰春朝朝日秋莫夕月蓋常禮也郊泰畤而揖日月此又別儀〔補注〕先謙曰郊祀志朝朝日夕夕月則揖瓚說即此次所定儀詔曰朕以眇身託于王侯之上師古曰眇細末也德未能綏民師古曰綏安也民或飢寒故巡祭后土以祈豐年冀州脽壤迺顯文鼎獲祭於廟師古曰得鼎祠旁祠在脽上故云脽壤壤謂土也文鼎言其有刻鏤之文〔補注〕錢大昭曰祭南監本閻本並作薦先謙曰官本祭作薦是注故作或禮樂志云物發冀州兆蒙祉福即此事也渥洼水出馬朕其御焉戰戰兢兢〔補注〕先謙曰官本誤競競懼不克任思昭天地內惟自新詩云四牡翼翼以

征不服親省邊垂用事所極李斐曰極至也所至者輒祭也師古曰逸詩也〔補注〕劉攽曰予謂親省邊垂詔語耳先謙曰親省二句當如劉說望見泰一修天文禮文穎曰禮祭也晉灼曰禮古禪字也臣瓚曰此年初祭太畤於甘泉此祭天於文禮也祭天則天文從故曰修天文禮也師古曰文晉二說是也朝日夕月郊天文禮之謂也〔補注〕先謙曰說文禪祭天也禮俗字望見泰一謂郊見泰畤修天文禮謂朝日夕月辛卯夜若景光十有二明〔補注〕先謙曰郊祀志云有司云祠上有光禮樂志云光夜燭德信著也易曰先甲三日後甲三日應劭曰先甲三日辛也後甲三日丁也言王者齊戒必自新臨事必自丁寧師古曰此易蠱卦之辭〔補注〕蘇輿曰白虎通祭日用丁與辛何先甲三日辛也後甲三日丁也皆可以接事昊天之日見續漢書禮儀志注正本詔意蓋今文說如此馬鄭說易並以先事布令言之終漢世郊用辛丁仿古郊用上辛丁巳用牲遺意朕甚念年歲未咸登師古曰登謂百穀成飭躬齋戒師古曰飭整也讀與敕同丁酉拜況于郊師古曰況賜也辛夜有光是先甲三日也丁日拜況是後甲三日也故詔引易文〔補注〕錢大昭曰況古貺字僖十五年左傳女承筐亦無貺也釋文本亦作況釋詁貺賜也夏四月南越王相呂嘉反殺漢使者及其王王太后赦天下丁丑晦日有蝕之〔補注〕先謙曰五行志在東井二十三度秋鼃蝦蟇鬪師古曰鼃黽也似蝦蟇而長腳其色青音下媧反蝦音遐蟇音麻黽音莫幸反〔補注〕先謙曰五行志云羣鬪也荀紀云鬪鬪下遣伏波將軍路博德出桂陽下湟水〔補注〕先謙曰通鑑胡注水經匯水出桂陽縣盧聚南出貞女峽合洭水東南過含洭縣南出洭浦關爲桂水山海經以洭水爲湟水徐廣云湟水一名洭水出桂陽通四會樓船將軍楊僕出豫章下湞水鄭氏曰湞音檉孟康曰湞音貞蘇林曰湞音撐柱之撐師古曰蘇音是也音丈庚反〔補注〕先謙曰胡注引應劭云湞水出南海龍川西入秦水水經湞水逕桂陽郡之湞陽縣南而右注秦水歸義越侯嚴爲戈船將軍出零陵下離水張晏曰嚴故越人降爲歸義侯越人於水中負人船又有蛟龍之害故置戈於船下因以爲名也臣瓚曰伍子胥書有戈船以載干戈因謂之戈船也離水出零陵師古曰以樓船之例言之則非爲載干戈也此蓋船下安戈戟以御蛟鼉水蟲之害張說近之〔補注〕劉攽曰船下安戈既難措置又不可以行且今造舟船甚多未嘗有置戈者顏北人不知行船故信張說予謂瓚說是宋祁曰戈船將軍當時所建之官如驃騎虎牙之類是也謂戈船今有之設干戈於船上以禦敵也錢大昭曰張說以嚴爲故越人降爲歸義侯則越字當在歸義上如下文越馳義侯遺之例矣功臣表亦無此侯先謙曰胡注零陵本屬桂陽帝分置郡地理志灕水出零陵縣陽海山東南至廣信入鬱水甲爲下瀨將軍下蒼梧服虔曰甲故越人歸漢者也臣瓚曰瀨湍也吳越謂之瀨中國謂之磧伍子胥書有下瀨船師古曰瀨音賴〔補注〕宋祁曰注文吳越舊本作吳楚錢大昭曰不知其名謂之甲也甲漢紀作祖廣明

先謙曰胡注蒼梧本越地帝始置郡有灕水關皆將罪人江淮㠯南樓船十萬人越馳義侯遺應劭曰亦越人也別將巴蜀罪人發夜郎兵下牂柯江補注沈欽韓曰一統志牂柯江在貴陽府定番州南一名都泥江源出州西北三十里亂山中曰濛潭經州南界地名破藍又南入廣西泗城州界名勝志牂柯江南流入泗城界爲右江至潯州與左江合下番禺入南海先謙曰西南夷傳使馳義侯因犍爲發南夷兵而且蘭君遂反故六年便令征之咸會番禺如淳曰音潘禺尉佗所都師古曰即今之廣州補注先謙曰官本注禺作愚引宋祁曰刊誤本改禺作愚案刊誤是也番禺南海縣今廣州府南海縣治九月補注先謙曰五行志云秋蝗列侯坐獻黃金酎祭宗廟不如法奪爵者百六人丞相趙周下獄死服虔曰因八月獻酎祭宗廟時使諸侯各獻金來助祭也如淳曰漢儀注諸侯王歲以戶口酎黃金於漢廟皇帝臨受獻金金少不如斤兩色惡王削縣侯免國臣瓚曰食貨志南越反時卜式上書願死之天子下詔襃揚布告天下天下莫應列侯以百數莫求從軍至酎飲酒少府省金而列侯坐酎金失侯者百餘人而表云趙周坐爲丞相知列侯酎金輕下獄自殺然則知其輕而不糾擿之也師古曰酎三重釀醇酒也音丈救反補注沈欽韓曰通典丁孚漢儀云酎金律文帝所加以正月朝作酒八月成名酎酒因令諸侯助祭貢金漢律金布令於諸侯列侯各以人口數率千口奉金四兩奇不滿千口至五百以下者皆助酎少府受之又九眞交趾日南則用犀角二長九寸以上若玳瑁甲一鬱林邑用象牙長三尺以上若翡翠各二十准以當金案續志注引漢儀云不滿千口至五百口亦四兩樂通侯欒大坐誣罔要斬西羌衆十萬人反與匈奴通使攻故安圍枹罕鄧展曰枹音鈇罕音漢師古曰枹罕金城之縣也罕讀如本字補注先謙曰胡注故安縣屬涿郡西羌之兵安能至此當作安故先謙案安故隴西縣在今蘭州府狄道州南四十七里枹罕金城縣今蘭州府河州治匈奴入五原殺太守

六年冬十月發隴西天水安定騎士及中尉河南河內卒十萬人遣將軍李息郎中令一自爲征西羌補注錢大昭曰一當作徐百官表元狩六年有郎中令徐自爲先謙曰官本一作徐是平之補注沈欽韓曰後書西羌傳時先零羌與封養牢姐種解仇結盟與匈奴通合兵十餘萬其攻令居安故遂圍枹罕漢遣將軍李息郎中令徐自爲將兵十萬人擊平之始置護羌校尉持節統領焉行東將幸緱氏師古曰河南縣也緱音工侯反補注先謙曰郊祀志公孫卿言見仙人迹緱氏也在今河南府偃師縣南至左邑桐鄉師古曰左邑河東之縣也桐鄉其鄉名也補注先謙曰左邑今絳州聞喜縣治聞南越破㠯爲聞喜縣補注先謙曰聞喜亦河東縣在今聞喜縣西南春至汲新中鄉師古曰汲河內縣新中其鄉名補注先謙曰汲在今衛輝府汲縣西南二十五里得㠯嘉首㠯爲獲嘉縣補注先謙曰獲嘉亦河內縣在今衛輝府新鄉

縣西南十二里馳義侯遺兵未及下上便令征西南夷平之師古曰便音頻面反遂定越地㠯爲南海蒼梧鬱林合浦交阯九眞日南珠厓儋耳郡應劭曰二郡在大海中崖岸之邊出眞珠故曰珠厓儋耳者種大耳渠率自謂王者耳尤緩下肩三寸張晏曰異物志二郡在海中東西千里南北五百里珠崖言珠若崖矣儋耳之云鏤其頰皮上連耳匡分爲數支狀似雞腸累耳下垂臣瓚曰茂陵書珠崖郡治瞫都去長安七千三百一十四里儋耳去長安七千三百六十八里領縣五師古曰儋音丁甘反字本作聸瞫音審補注錢大昭曰賈捐之傳云二郡皆在南方海中洲居廣袤可千里合十六縣戶二萬三千餘始元五年罷儋耳郡并屬珠崖初元三年并罷珠崖先謙曰一十四里官本作二十四里二郡今瓊州府地定西南夷㠯爲武都牂柯越巂沈黎文山郡孟康曰巂音髓本邛都服虔曰今蜀郡北部都尉所治本笮都也臣瓚曰茂陵書沈黎治笮都去長安三千三百三十五里領縣二十一應劭曰文山今蜀郡崏山本冉駹是也補注先謙曰西南夷傳平南夷爲牂柯郡又誅且蘭邛君殺莋侯冉駹皆震恐請臣以邛都爲越巂郡莋都爲沈黎郡冉駹爲文山郡廣漢西白馬爲武都郡錢大昕云宣帝地節三年省文山入蜀郡惟沈黎紀志不言何時省併後書西南夷傳天漢四年併蜀郡爲西部此可補本紀之闕秋東越王餘善反攻殺漢將吏遣橫海將軍韓說中尉王溫舒出會稽師古曰說讀曰悅補注先謙曰東粵傳云說出句章浮海從東方往溫舒出梅領樓船將軍楊僕出豫章擊之補注先謙曰東粵傳僕出武林又遣浮沮將軍公孫賀出九原臣瓚曰浮沮井名在匈奴中去九原二千里見漢輿地圖師古曰沮音子閭反補注先謙曰匈奴傳賀將萬五千騎出九原二千餘里至浮苴井苴沮通用帥軍期至其地因以爲將軍號匈河將軍趙破奴出令居臣瓚曰匈河水名在匈奴中去令居千里見匈奴傳師古曰令音鈴補注先謙曰匈奴傳破奴萬餘騎出令居數千里至匈河水令居金城縣在今涼州府平番縣西北皆二千餘里不見虜而還迺分武威酒泉地置張掖敦煌郡師古曰敦音徒門反補注朱一新曰地理志張掖太初元年開敦煌後元分酒泉置並與此不合且武威酒泉均在太初時開此時尤無從分其地也當是紀誤先謙曰通鑑從武紀徙民㠯實之

元封元年應劭曰始封泰山故改年補注先謙曰注改年官本作改元是冬十月詔曰南越東甌咸服其辜西蠻北夷頗未輯睦師古曰輯與集同集和也朕將巡邊垂擇兵振旅補注先謙曰擇當爲釋字之誤也郊祀志上議曰古者先振兵釋旅然後封禪還祭黃帝冢橋山釋兵涼如封禪書同徐廣云古釋字作澤案古書釋澤通作釋擇不通作因形近致譌耳躬秉武節置十二部將軍親帥師

馬行自雲陽〔補注〕先謙曰雲陽馮翊縣在今邠州淳化縣西南北歷上郡西河五原出長城北登單于臺〔補注〕先謙曰通鑑胡注杜佑云單于臺在雲州雲中縣西北百餘里先謙案唐雲中縣今大同府大同縣治至朔方臨北河勒兵十八萬騎旌旗徑千餘里威震匈奴遣使者告單于曰〔補注〕先謙曰據匈奴傳使者郭吉也南越王頭已縣於漢北闕矣單于能戰天子自將待邊不能亟來臣服師古曰亟急也音居力反何但亡匿幕北寒苦之地爲〔補注〕先謙曰匈奴傳之上有無水草三字匈奴讋焉師古曰讋失氣也音之涉反〔補注〕先謙曰匈奴傳云單于終不肯爲寇於漢邊還祠黃帝於橋山應劭曰在上郡周陽縣有黃帝冢〔補注〕先謙曰地理志上郡陽周下注云橋山在南有黃帝冢應注周陽文誤倒山在今鄜州中部縣北迺歸甘泉東越殺王餘善降詔曰東越險阻反覆爲後世患遷其民於江淮閒遂虛其地

春正月行幸緱氏〔補注〕先謙曰荀紀同封禪書郊祀志作三月通鑑從本紀詔曰朕用事華山至于中嶽文穎曰嵩高也在潁川陽城縣獲駮麃〔補注〕先謙曰封禪書韋昭注楚人謂麋爲麃郊祀志顏注麃鹿屬形似麞牛尾一角見夏后啓母石應劭曰啓生而母化爲石文穎曰在嵩高山下師古曰啓夏禹子也其母塗山氏女也禹治鴻水通轘轅山化爲熊謂塗山氏曰欲餉聞鼓聲乃來禹跳石誤中鼓塗山氏往見禹方作熊慙而去至嵩高山下化爲石方生啓禹曰歸我子石破北方而啓生事見淮南子景帝諱啓今此詔云啓母蓋史追書之非當時文〔補注〕劉攽曰此石本名啓母石武帝避景諱更號夏后母石後人又誤重出啓字非史之追書也沈欽韓曰藝文類聚六引隨巢子云啓生于石御覽三十九嵩高山記云昔有婦女任身三十月生子五歲便入嵩高山學道通神明爲母立祠號開母祠又一百三十五引山海經云太室嵩高陽城西啓母化爲石在焉案中山經郭璞注語非經文唐崔融啓母廟碑記云顧野王輿地志盧元明嵩山記以爲陽翟婦人即上文嵩高記所稱是也案漢開母廟石闕銘云九山甄旅爰納漢山辛癸之閒則固以爲塗山氏也淮南子人間訓僅云禹生于石注云禹母修己感而生禹拆胸而出他無所見師古妄說翌日親登嵩高應劭曰翌明也〔補注〕先謙曰官本作登崇嵩引宋祁曰新本作登嵩高錢大昭云嵩閩本作崇案嵩字說文新附國語韋注嵩古通用崇郊祀志作崈高王念孫云嵩高當依景祐本作崇高崇高即嵩高詳見下御史乘屬在廟旁吏卒咸聞呼萬歲者三服虔曰乘同乘屬官屬也如淳曰漢儀注御史亦有屬晉灼曰天子出御史除二人爲乘曹護車駕荀悅曰萬歲山神稱之也應劭曰嵩高縣有上中下萬歲里師古曰乘屬如晉二說是也乘音食證反〔補注〕沈欽韓曰晉書職官志侍御史二漢所掌有五曹其五曰乘曹掌護駕輿服志護駕御史騎夾左右漢舊儀御史吏員凡三百四十一人分爲吏蟷作少史屬案漢之曹吏有掾有屬見漢碑者不一也先謙曰二入官本作一入案夾護車駕二人是也登禮罔不荅師古曰罔無也言登禮於神無不荅應其令祠官加增太室祠韋昭曰嵩高山有太室少室之山山有石室故以名云禁無伐其草木〔補注〕先謙曰通鑑從紀作草木郊祀志作山木荀紀從之目山下戶三百爲之奉邑名曰崇高師古曰謂之崇者示尊崇之奉音扶用反〔補注〕王念孫曰崇高即嵩高崇又作崈師古注此及郊祀志分崇嵩爲二字非也詔云翌日親登崇高志作崈云以山下戶凡三百封崈高則崇高本是山名而因以爲邑名非以崇奉中嶽而名之也古無嵩字以崇爲之故說文有崇無嵩經傳或作嵩或作崧皆是崇之異文地理志潁川郡崈高下云古文以崈高爲外方山周語融降于崇山韋注崇崇高山也是崇高之嵩本作崇也[illegible][illegible]郊祀志又云祠中嶽泰室於嵩高是邑名之崇高字亦作嵩也爾雅嵩崇高也嵩崇聲近而義同故崇或作嵩列子湯問篇塊然見之若嵩山之阿謂崇山之阿也揚雄河東賦瞰帝唐之嵩高兮謂堯之德崇高也[illegible][illegible]者其字亦作嵩高也山名嵩高本取崇高之義爾雅山大而高崧郭璞云今中嶽嵩高山蓋依此名是也後世小學不明遂以崇高爲泛稱嵩爲中嶽漢靈帝時中郎將堂谿典請改崇高山爲嵩高山[illegible]則已分崇嵩爲二字而魏晉以下皆沿其誤獨給祠復亡所與師古曰復音方目反與讀曰預行遂東巡海上夏四月癸卯上還登封泰山孟康曰王者功成治定告成功於天封崇也助天之高也刻石紀號有金策石函金泥玉檢之封焉應劭曰封者壇廣十二丈高二丈階三等封於其上示增高也刻石紀績也立石三丈一尺其辭曰事天目禮立身目義事親目孝育民目仁四守之內莫不爲郡縣四夷八蠻咸來貢職與天無極人民蕃息天祿永得尚玄酒而俎生魚下禪梁父祀地主示增廣比古制也武帝封廣丈二尺高九尺其下則有滕書祕語在郊祀志〔補注〕錢大昭曰注比古制也比南監本閩本皆作此上還二字爲句先謙曰官本作此是郊祀志云乙卯封泰山下東方通鑑考異云蓋癸卯自海上還乙卯至泰山行事也降坐明堂臣瓚曰郊祀志初天子封泰山泰山東北阯古時有明堂處則此所坐者也明年秋乃作明堂耳〔補注〕先謙曰泰山郡奉高縣下云有明堂在西南四里此漢明堂也東北阯則周明堂郊祀志所謂處險不敞者也詔曰朕目眇身承至尊師古曰眇微細也兢兢焉〔補注〕先謙曰競競官本誤競競通鑑亦作競競惟德菲薄不明于禮樂師古曰菲亦薄也音敷尾反又音靡故用事八神文穎曰武帝祭太一並祭名山於太壇西南開除八通鬼道故言用事八神也一曰八方之神〔補注〕劉攽曰八神則郊祀志所說天主地主兵主陰主陽主日主月主四時主也其祠皆在齊地故始皇東遊海上行禮祠之而武帝亦然先謙曰劉說是遭天地況施應劭曰況賜也施與也言天地神靈乃賜我瑞應著見景象屑然如有聞臣瓚曰聞呼萬歲者三是也〔補注〕宋祁曰姚本云屑先結反與屑同說文云動作切切也一曰

敬也又潔也沈欽韓曰爾雅釋言僁聲也玉篇僁小聲也僁屑通用釋文音屑震于怪物欲止不敢〔補注〕先謙曰下云輯江淮物如淳注物猶神也此怪物猶言神怪震畏敬也遂登封泰山至於梁父然後升禪肅然服虔曰增天之高歸功於天禪闢也廣土地也肅然山名也在梁父張晏曰天高不可及於泰山上立封又禪而祭之冀近神靈也師古曰父讀曰甫〔補注〕蘇輿曰白虎通封禪篇升封增高也升封即登封自新嘉與士大夫更始其㠯十月爲元封元年〔補注〕沈欽韓曰此十月即年首之十月自此以上至建元皆追改紀年之元行所巡至博奉高蛇丘歷城梁父鄭氏曰蛇音移〔補注〕先謙曰博奉高蛇丘梁父泰山縣歷城濟南縣博在今泰安府泰安縣東南奉高在縣東北十七里蛇丘在泰安府肥城縣南歷城今濟南府歷城縣治梁父在今泰安縣南六十里民田租逋賦貸已除師古曰逋賦未出賦者也逋貸官㠯物貸之而未還也貸音吐戴反加年七十㠯上孤寡帛人二匹四縣無出今年算師古曰自博至梁父凡五縣今云四縣毋出算者奉高一縣素㠯供神非算限也賜天下民爵一級女子百戶牛酒行自泰山復東巡海上至碣石文穎曰在遼西絫縣絫縣今罷屬臨榆此石著海旁師古曰碣碣然特立之貌也音其列反〔補注〕宋祁曰絫縣舊作參非先謙曰碣石詳遼西絫縣下自遼西歷北邊九原歸于甘泉〔補注〕先謙曰郊祀志周萬八千里秋有星孛于東井又孛于三台〔補注〕先謙曰五行志作五月齊王閎薨

二年冬〔補注〕沈欽韓曰西京雜記元封二年大寒雪深五尺野鳥獸皆死牛馬蜷縮如蝟三輔人民凍死者十有二三十月行幸雍祠五畤春幸緱氏遂至東萊〔補注〕先謙曰以公孫卿言見神人東萊山夏四月還祠泰山至瓠子臨決河服虔曰瓠子隄名也在東郡白馬蘇林曰在鄄城㠯南濮陽㠯北廣百步深五丈〔補注〕先謙曰河決在元光二年今始臨塞之命從臣將軍㠯下皆負薪塞河隄作瓠子之歌〔補注〕先謙曰歌見溝洫志赦所過徒賜孤獨高年米人四石還作甘泉通天臺長安飛廉館應劭曰飛廉神禽能致風氣者也明帝永平五年至長安迎取飛廉并銅馬置上西門外名平樂館董卓悉銷㠯爲錢晉灼曰身似鹿頭如爵有角而蛇尾文如豹文師古曰通天臺者言此臺高上通於天也漢舊儀云高三十丈望見長安城〔補注〕吳仁傑曰司馬相如傳椎飛廉郭璞云飛廉龍雀也鳥身鹿頭沈存中翰林傳得古銅鉦中間鑄一物有角羊頭其身如篆文傍有篆飛廉字劉原父侍讀得古佩刀其環爲龍身而鳥喙原父謂此赫連勃勃所作大夏龍雀者也勃勃使作銘曰大夏龍雀威服九區然今不見銘處案晉載記勃勃造刀爲龍雀環又於殿前鑄銅爲飛廉不知當時所鑄飛廉之象爲如

何審如郭言龍雀乃飛廉之異名勃勃二之何也存中之鉦有角羊頭恐是鹿非羊其形與龍雀刀不類卻合於景純所謂鹿頭者原父之刀鳥喙乃略與晉說符然一說身似鹿一說鳥身而原父之刀自云龍身又似小異刀銘之文史云大夏神雀名冠神都與原父所記亦不同案陶洪景刀劍錄勃勃造五刀背上有龍雀環兼金鏤作一龍形劉裕破長安得之疑五刀各一銘耳先謙曰郊祀志長安作飛廉桂館甘泉作益壽延壽館以候神人作通天臺招來神仙封禪書作通天莖臺朝鮮王攻殺遼東都尉〔補注〕先謙曰據朝鮮傳涉何也迺募天下死罪擊朝鮮六月詔曰甘泉宮內中產芝九莖連葉應劭曰芝芝草也其葉相連如淳曰瑞應圖王者敬事耆老不失舊故則芝草生師古曰內中謂後庭之室也故云不異下房〔補注〕先謙曰內亦房也詩秦風子有庭內禮樂志云芝生甘泉齋房上帝博臨不異下房賜朕弘休師古曰上帝天也博廣也弘大也休美也言天廣臨不㠯下房爲幽側而隔異之賜㠯此芝是大美也其赦天下賜雲陽都百戶牛酒晉灼曰雲陽甘泉黃帝㠯來祭天圜丘處也武帝常㠯避暑有宮觀故稱都也師古曰此說非也都謂縣之所居在宮側者耳賜不偏其境內故指稱其都非謂天子之都也若㠯有宮觀稱都則非止雲陽矣〔補注〕先謙曰官本注圓作圜禮樂志載歌云玄氣之精回復此都卽謂雲陽爲都也顏謂專指居在宮側者無據作芝房之歌秋作明堂于泰山下〔補注〕先謙曰郊祀志依公玉帶明堂圖作之遣樓船將軍楊僕左將軍荀彘將應募罪人擊朝鮮應劭曰樓船者時欲擊越非水不至故作大船上施樓也又遣將軍郭昌中郎將衛廣發巴蜀兵平西南夷未服者㠯爲益州郡〔補注〕先謙曰滅勞深靡莫降滇王因置郡也詳西南夷傳

三年春作角抵戲應劭曰角者角技也抵者相抵觸也文穎曰名此樂爲角抵者兩兩相當角力角技藝射御故名角抵蓋雜技樂也巴俞戲魚龍蔓延之屬也漢後改名平樂觀師古曰抵者當也非謂抵觸文說是也〔補注〕錢大昭曰刑法志云戰國稍增講武之禮以爲戲樂用相夸視而秦更名角抵蓋古有此戲今復作之沈欽韓曰李斯傳二世在甘泉方作觳抵俳優新書匈奴篇上郎饗胡人大觳抵也此文帝時亦已有之御覽七百五十五漢武故事曰角抵戲六國所造秦并滅天下而增廣之漢興雖罷然猶不都絕至上復採用之任昉述異記秦漢間說蚩尤氏耳鬢如劍戟頭有角與軒轅鬭以角抵人人不能向今冀州有樂名蚩尤戲其民兩兩三三頭戴角而相抵漢造角抵戲蓋其遺製也先謙曰官本注改名作更名角抵以力相角抵當也蓋即今之貫跤述異記所說世俗傳聞之過耳三百里內皆來觀〔補注〕王念孫曰來字後人所加景祐本無御覽工藝部十二引此亦無漢紀作三百餘里內人皆觀先謙曰官本來作采夏朝鮮斬其王右渠降師古曰右渠朝鮮王名㠯其地爲樂浪臨屯玄菟眞番郡臣瓚曰茂陵書臨屯郡治東暆縣去長安六千一百

三十八里十五縣眞番郡治霅縣去長安七千六百四十里十五縣師古曰樂音洛浪音郎番音普安反臘音弋支反霅音丈甲反補注錢大昕曰案地理志無霅縣東臘則樂浪屬縣也昭紀始元五年罷眞番郡王伯厚謂臨屯郡亦始元五年罷然班史無之先謙曰臘誤當從日旁樓船將軍楊僕坐失亡多免爲庶民補注李慈銘曰民當作人它文無曰免爲庶民者蓋緣小顏本避太宗諱於漢書民字皆改作人後人回改此人字亦誤改民耳左將軍荀彘坐爭功棄市師古曰棄市殺之於市也解在景紀秋七月膠西王端薨武都氐人反分徙酒泉郡師古曰不盡徙

四年冬十月行幸雍祠五時通回中道應劭曰回中在安定高平有險阻蕭關在其北通治至長安也孟康曰回中在北地有山險武帝故宮如淳曰三輔黃圖云回中宮在汧也師古曰回中在安定北通蕭關應說是也而云治道至長安非也蓋自回中通道以出蕭關孟如二家皆失之矣回中宮在汧者或取安定回中爲名耳非今所通道補注王鳴盛曰顏說於文義不順蓋自雍通道至回中遂至回中北出蕭關耳沈欽韓曰元和志秦回中宮在鳳翔府天興縣西案後書來歙與祭遵襲略陽伐山開道從番須回中徑至略陽是時祭遵屯汧與雍相連是回中道與回中宮初非異處宮以道得名耳郡國志汧縣有回城名回中劉昭注云漢武由此道北至安定蕭關寰宇記蕭關故城在原州平高縣東南三十里明志隴州西北有回城亦曰回中又西北有回中宮又有番須口即隴山口而原州平高乃固原州蕭關在其東安得云北通蕭關乎遂北出蕭關如淳曰匈奴傳入朝那蕭關蕭關在安定朝那縣也歷獨鹿鳴澤服虔曰獨鹿山名也鳴澤澤名也皆在涿郡遒縣北界也補注沈欽韓曰水經注洛水上承鳴澤渚渚方十五里漢武帝元封四年行幸鳴澤者也方輿紀要獨鹿山在涿州西十五里下有鳴澤先謙曰官本遒作迺是自代而還幸河東春三月祠后土詔曰朕躬祭后土地祇見光集于靈壇一夜三燭服虔曰燭音注師古曰燭謂照也讀如本字幸中都宮殿上見光師古曰中都在太原補注先謙曰此文帝王代時宮其赦汾陰夏陽中都死罪已下賜三縣及楊氏皆無出今年租賦師古曰楊氏河東聚邑名補注先謙曰楊氏鉅鹿縣今趙州甯晉縣治河東郡有楊縣又有皮氏端氏猗氏等縣故師古疑爲河東聚邑名夏大旱民多暍死如淳曰暍音謁師古曰中熱而死也補注先謙曰五行志六月己酉朔日有食之秋匈奴弱可遂臣服遣使說之補注先謙曰匈奴傳使王烏等單于使來死京師匈奴寇邊遣拔胡將軍郭昌屯朔方補注先謙曰匈奴傳及浞野侯屯

五年冬行南巡狩至于盛唐文穎曰案地里志不得疑當在廬江左右縣名也韋昭曰在南郡師古曰

韋說是也補注全祖望曰盛唐在樅陽下云作盛唐樅陽之歌樅陽今桐城寰宇記於桐城縣引水經注曰大雷水東南流逕盛唐戍今本水經注失去江水第四篇故無其文不應小顏生唐初亦不見也文說是沈欽韓曰韋昭所云乃後漢作唐縣屬武陵吳屬南郡晉屬南平者非盛唐先謙曰注里官本作理是通鑑胡注唐地理志壽州有盛唐縣蓋以古地名名縣宋白云壽州六安縣楚之潛也在漢爲盛唐縣西十五里有盛唐山先謙案隋霍州唐改盛唐分置霍山宋改六安望祀虞舜于九嶷應劭曰舜葬蒼梧九嶷山名今在零陵營道文穎曰九嶷山半在蒼梧半在零陵如淳曰舜葬九嶷九嶷在蒼梧馮乘縣故或云舜葬蒼梧也師古曰文說是也嶷音疑其山九峯形埶相似故云九嶷山補注宋祁曰舊本是也下有九字嶷字下無音疑字刊誤據史館本改先謙曰官本注故云作故曰登灊天柱山應劭曰灊音若潛南嶽霍山在灊縣名屬廬江文穎曰天柱在山在灊縣南有祠灊音岑師古曰灊音與潛同應說是補注先謙曰地理志灊續志作潛在今六安州霍山縣東北三十里天柱即霍山在安陸府潛江縣西北二十里自尋陽浮江補注先謙曰尋陽廬江縣在今黃州府黃梅縣北沈約云尋陽因水名縣水南注江通鑑胡注尋陽在江北自晉立尋陽郡於江南之柴桑而江北尋陽之名遂晦親射蛟江中獲之師古曰許慎云蛟龍屬也郭璞說其狀云似蛇而四腳細頸頸有白嬰大者數圍卵生子如一二斛瓮能吞人也補注王念孫曰蛟神物不可得射蛟當讀爲鮫謂江中大魚也說文鮫海魚也皮可飾刀史記秦始皇紀方士徐市等入海求神藥不得乃詐曰常爲大鮫魚所苦故不得至始皇乃令入海者齎捕巨魚具而自以連弩候大魚出射之至之罘射殺一魚事與此相類也鮫爲海魚而江中亦有之者呂氏春秋季夏篇令漁師伐蛟取鼉升龜取黿高注蛟鼉黿皆魚屬中山經曰荊山漳水出焉而東南流注于雎其中多鮫魚是他水中亦有鮫魚也月令呂覽淮南鮫魚字竝作蛟荀子議兵篇楚人鮫革犀兕以爲甲韓詩外傳及淮南兵略篇亦作蛟此言射蛟江中亦是借蛟爲鮫也漢紀孝武紀作親射鮫魚于江中是其證沈欽韓曰一統志射蛟浦在九江府湖口縣東南十里舳艫千里李斐曰舳船後持柂處也艫船前頭刺櫂處也言其船多前後相銜千里不絕也師古曰舳音軸艫音盧補注錢大昭曰說文舳下云漢律名船方長爲舳艫一曰舟尾艫下云一曰船頭薄樅陽而出服虔曰縣名屬廬江師古曰樅音千松反補注先謙曰案樅陽在今安慶府桐城縣東南一百二十里有樅陽上下鎮作盛唐樅陽之歌遂北至琅邪竝海師古曰竝讀曰傍傍依也音步浪反所過禮祠其名山大川春三月還至泰山增封補注先謙曰增封猶郊祀志言修封五年一修甲子祠高祖于明堂以配上帝補注先謙曰郊祀志祠泰一五帝於明堂上坐合高皇帝祠坐對之因朝諸侯王列侯受郡國計師古曰計若今之諸州計帳也補注宋祁曰南本無此注予案太初元年受計於甘泉下注又云若今之諸州計帳疑只當一見夏四月詔曰朕巡荊揚補注先謙曰官本揚作楊輯江淮物如淳曰輯合也物猶

聊也郊祀志所祭祀事也師古曰輯與集同會大海氣鄭氏曰會合海神之氣并祭之㠯合泰山師古曰集江淮之神會大海之氣合致於泰山然後修封總祭饗也上天見象增修封禪師古曰見謂顯示也其赦天下所幸縣毋出今年租賦賜鰥寡孤獨帛貧窮者粟還幸甘泉郊泰畤大司馬大將軍青薨初置刺史部十三州師古曰漢書儀云初分十三州假刺史印綬有常治所常㠯秋分行部御史爲駕四封乘傳到所部郡國各遣一吏迎之界上所察六條〔補注〕齊召南曰案晉志冀幽并兗徐青揚荊豫益涼及朔方交阯所謂十三州也至征和四年又置司隸校尉督察三輔三河弘農何焯曰是時刺史不常厥居至東漢始有治所顏注微誤劉昭續志注謂傳車周流匪有定鎮者得之全祖望曰沈約與劉昭同但刺史行部以秋分則秋分以前當何所居豈羣萃於京師乎則顏說未可非也西京初置刺史官止六百石故志略其治況漢舊儀未必盡誣妄也先謙曰六條詳續志注官本注書作舊是常以作治以考證云監本十二州今正名臣文武欲盡詔曰蓋有非常之功必待非常之人故馬或奔踶而致千里師古曰踶蹋也奔走也奔踶者乘之卽奔立則踶人也踶音徒計反〔補注〕王念孫曰案師古分奔踶爲二義非也踶亦奔也踶之言馳奔踶猶奔馳耳說文趆踶也趆字或作跌史記張儀傳探前跌後索隱言馬之走勢疾也淮南修務篇墨子跌蹏而趨千里高注跌疾行也蹏趨走也蹏與踶同

是疾行謂之踶也馬行疾則能致遠故曰馬或奔踶而致千里馬行疾則恐有覆車之患故下文曰泛駕之馬亦在御之而已若訓踶爲蹋則與下文都不相涉矣士或有負俗之累而立功名晉灼曰負俗謂被世譏論也師古曰累音力瑞反〔補注〕錢大昭曰越絕書云有高世之材者必有負俗之累也夫泛駕之馬師古曰泛覆也音力勇反字本作覂後通用耳覆駕者言馬有逸氣而不循軌轍也〔補注〕錢大昭曰馬有餘氣力乃能敗駕先謙曰官本注力作方跅弛之士如淳曰跅拓也弛廢也士行有卓異不入俗檢而見跅逐者也師古曰跅者跅落無檢局也弛者放廢不遵禮度也跅音土各反弛音式爾反〔補注〕先謙曰官本注拓也作音拓是亦在御之而已師古曰在人所以制御之其令州郡察吏民有茂材異等應劭曰舊言秀才避光武諱稱茂才異等者超等軼羣不與凡同也師古曰茂美也〔補注〕何焯曰史記儒林傳有秀才異等輒以名聞可證茂之爲秀應說是也秀才所由命名則出於管子小匡篇其秀才之能爲士者則足賴也之文先謙曰官本注茂下才作材可爲將相及使絕國者師古曰絕遠之國謂聲教之外六年冬行幸回中春作首山宮應劭曰首山在上郡於其下立宮廟也文穎曰在河東蒲坂界師古曰尋此下詔文及依地理志文說是三月行幸河東祠后土詔曰朕禮首山昆田出珍物化或爲黃金應劭曰昆田首山之下田也武帝祠首山故神爲出珍物化爲黃金祭后土神光

三燭其赦汾陰殊死㠯下賜天下貧民布帛人一匹益州昆明反赦京師亡命令從軍遣拔胡將軍郭昌將㠯擊之〔補注〕先謙曰通鑑胡注杜佑云昆明在越巂西南諸爨所居夏京師民觀角抵于上林平樂館秋大旱蝗〔補注〕先謙曰說見五行志

太初元年應劭曰初用夏正以正月爲歲首故改年爲太初也冬十月行幸泰山十一月甲子朔旦冬至祀上帝于明堂乙酉柏梁臺災〔補注〕先謙曰先是大風發屋說見五行志夏侯始昌傳十二月襢高里伏儼曰山名在泰山下師古曰此高字自作高下之高而死人之里謂之蒿里或呼爲下里者也字則爲蓬蒿之蒿或者既見太山神靈之府高里山又在其旁郎誤以高里爲蒿里混同一事文學之士共有此謬陸士衡不免況其餘乎今流俗書本此高字有作蒿者妄加增耳〔補注〕沈欽韓曰元和志高里山在兗州乾封縣西北二十五里亦曰蒿里山一統志在泰安府西南三里又名亭禪山顏謂死人之里自作蓬蒿之蒿案玉篇薨里黃泉也死人里也說文呼毛反經典爲鮮薨之字內則注薨乾也薨死則槁乾矣以蓬蒿字爲蒿里乃流俗所作耳祠后土東臨勃海望祠蓬萊〔補注〕先謙曰冀至仙人之庭春還受計于甘泉師古曰受郡國所上計簿也若今之諸州計帳二

月起建章宮文穎曰越巫名勇謂帝曰越國有火災卽復大起宮室以厭勝之故帝作建章宮師古曰在未央宮西今長安故城西俗所呼貞女樓者卽建章宮之闕也〔補注〕先謙曰注越巫名勇郊祀志作越人勇之夏五月正歷㠯正月爲歲首師古曰謂以建寅之月爲正也未正歷之前謂建亥之月爲正今此言以正月爲歲首者史追正其月名〔補注〕何焯曰案既曰正歷以正月爲歲首明前此不改月固以建寅之月爲正月矣若前此果謂建亥之月爲正則當云以建寅之月爲正也先謙曰何說是通鑑胡注亦云漢初用秦正以建亥之月爲歲首不謂以建亥之月爲正月也是年合有十五月色上黃數用五張晏曰漢據土德土數五故用五謂印文也若丞相曰丞相之印章諸卿及守相印文不足五字者以之足之〔補注〕先謙曰官本注土數作上數案胡三省引張注以之下有字字是郊祀志更印章以五字張所本也定官名協音律遣因杅將軍公孫敖築塞外服虔曰匈奴地名因所征以名將軍也師古曰杅音羽俱反受降城〔補注〕先謙曰時匈奴左大都尉欲降故以兵應之胡三省云受降城在居延北秋八月行幸安定遣貳師將軍李廣利張晏曰貳師大宛城名〔補注〕先謙曰官本注併入下注文中發天下謫民西征大宛師古曰庶人之有罪謫者也大宛國名宛音於元反〔補注〕先謙曰以不與善馬且殺漢使官本師古上有張晏曰貳師大宛城名九字蝗從東方飛至敦煌〔補注〕先謙曰五行志在夏

二年春正月戊申丞相慶薨師古曰石慶也〔補注〕周壽昌曰百官表作正月戊寅年紀考異云長厤是年二月丙戌朔逆推之正月有戊寅無戊申也宜從表先謙曰通鑑荀紀竝作戊申三月行幸河東祠后土令天下大酺五日膢五日祠門戶比臘如淳曰膢音樓漢儀注立秋貙膢伏儺曰膢音劉殺也蘇林曰膢祭名也貙虎屬常以立秋日祭獸王者亦以此日出臘還以祭宗廟故有貙膢之祭也師古曰續漢書作貙劉膢劉義各通耳臘者冬至後臘祭百神也臘音來盍反〔補注〕劉攽曰膢五日衍五字錢大昭曰諸家以膢為貙膢者立秋行之後漢書劉聖公傳欲以立秋日貙膢時共劫更始是也此膢行於三月恐非其義說文膢楚俗以二月祭飲食也一曰祈穀食新曰離膢䝙膢本其說近之沈欽韓曰韓非子五蠹篇山居而谷汲者膢臘而相遺以水則其節令久矣續志劉昭注亦兩事相混立秋之膢本作劉謂始殺也先謙曰宮本注出臘作出獵是夏四月詔曰朕用事介山祭后土皆有光應文穎曰介山在河東皮氏縣東南其山特立周七十里高三十里其赦汾陰安邑殊死已下〔補注〕先謙曰安邑河東縣在今解州夏縣北五月籍吏民馬補車騎馬師古曰籍者總入籍錄而取之〔補注〕何焯曰此籍馬為伐宛也秋蝗遣浚稽將軍趙破奴應劭曰浚稽山在武威塞北匈奴常取以為障蔽師古曰浚音峻稽音雞〔補注〕先謙曰官本注取作所是胡注據班史有東西浚稽東浚稽山在龍勒水上二萬騎出

前漢六　圭

朔方擊匈奴不還冬十二月御史大夫兒寬卒師古曰兒音五兮反〔補注〕錢大昕曰御史大夫書卒自寬始惟元紀失書陳萬年卒史闕文也御史大夫卒例書姓竟寧元年御史大夫延壽卒不書姓亦闕文

三年春正月行東巡海上〔補注〕先謙曰郊祀志云考神仙之屬未有驗者夏四月還修封泰山禪石閭應劭曰石閭山在泰山下阯南方方士言仙人閭也〔補注〕沈欽韓曰一統志石閭山在泰安府南四十五里遣光祿勳徐自為築五原塞外列城晉灼曰地理志從五原稒陽縣北出石門鄣即得所築城師古曰稒音固〔補注〕錢大昭曰注得闕本作徐西北至盧朐服虔曰匈奴地名張晏曰山名師古曰張說是也朐音劬〔補注〕沈欽韓曰一統志盧朐河今名克魯倫河源出喀爾喀肯特山南直河套北二千里許游擊將軍韓說將兵屯之師古曰說讀曰悅強弩都尉路博德築居延秋〔補注〕先謙曰五行志云秋復蝗匈奴入定襄雲中殺略數千人行壞光祿諸亭障應劭曰光祿勳徐自為所築列城今匈奴從此往壞敗也師古曰漢制每塞要處別築為城置人鎮守謂之候城此即鄣也音之向反又入張掖酒泉殺都尉

四年春貳師將軍廣利斬大宛王首獲汗血馬來應劭曰大宛舊有天馬種蹋石汗血汗從前肩髆出如血號一日千里師古曰蹋石者謂蹋石而有跡言其蹏堅利作西極天馬之歌〔補注〕先謙曰歌見禮樂志秋起明光宮師古曰三輔黃圖云在城中元后傳云成都侯商避暑借明光宮蓋謂此〔補注〕沈欽韓曰程大昌雍錄云漢明光宮有三一在北宮與長樂相連一在甘泉宮中一為尚書奏事之地案尚書奏事明光殿即桂宮之明光宮非有二也周壽昌曰黃圖明光宮在長樂宮後南與長樂宮相屬武帝求仙起明光宮發燕趙美女二千人充之即此宮也哀帝元始元年罷至三秦記云桂宮中有明光殿漢官儀云尚書奏事於明光殿省中以丹朱地曰丹墀尚書伏其下奏事似非此明光宮且稱殿明與宮有異冬行幸回中徙弘農都尉治武關〔補注〕先謙曰武關見高紀稅出入者以給關吏卒食

天漢元年應劭曰時頻年苦旱故改元為天漢以祈甘雨師古曰大雅有雲漢之詩周大夫仍叔所作也以美宣王遇旱災修德勤政而能致雨故依以為年號也〔補注〕先謙曰蕭何傳何曰語曰天漢其稱甚美注其言以漢配天紀元取此應說非官本注少一周字是春正月行幸甘泉郊泰畤三月〔補注〕先謙曰五行志是月天雨白毛行幸河東祠后土匈奴歸漢使者使使來獻夏〔補注〕先謙曰五行志云大旱五月赦天下秋閉城門大搜臣瓚曰漢帝年記六月禁踰侈七月閉城門大搜則搜索踰侈者也李奇曰搜索巫蠱也師古曰時巫蠱未起瓚說是也踰侈者踰法度而奢侈也〔補注〕錢大昭曰閩本注無則搜二字先謙曰諸家說皆非也顧炎武云此與二年及征和元年之大搜同皆搜索姦人非踰侈者也周壽昌云下文二年大搜瓚謂索姦人是年冬又詔關都尉謹察出入征和元年冬大搜瓚注同考淮南子天文訓壬子受制則閉門閭大搜客高注水用事象冬閉固是冬時大搜漢本有此制時則訓孟冬月亦有此兩語大搜蓋起戰國至秦益甚觀李斯商鞅諸傳及淮南子可證漢高混一法稍弛矣孝文除關無用傳則不獨寬於京師武帝復用此法迨巫蠱起而禁益密班紀特書之以記一時苛政昭宣以後不見於史蓋禁已悉除矣發謫戍屯五原

前漢六　圭

二年春行幸東海還幸回中夏五月貳師將軍三萬騎出酒泉與右賢王戰于天山晉灼曰在西域近蒲類國去長安八千餘里師古曰即祁連山也匈奴謂天為祁連祁音巨夷反今鮮卑語尚然〔補注〕齊召南曰案晉灼說是師古說非也此天山即白山括地志云今名折羅漫山在伊州伊吾縣者師古以甘州張掖縣之祁連當之則戰於內地上文不應云出酒泉矣祁連固即天字但此天山遠在西北非前此霍去病所奪之祁連近在內地者也王鳴盛曰寰宇記天山名折羅漫山自伊州北連亘而西至蒲類海東北東西千餘里西河舊事云天山最高冬夏常雪故曰白山山中有好木及鐵匈奴謂之天山過之皆下馬拜又云祁連山在張掖酒泉二郡界上東西二百餘里南北百里有松柏

美水草冬溫夏涼宜畜牧是天山在磧北跨唐伊西庭三州境祁連仕張掖西南二百里兩山相去二千餘里顏氏混而爲一後人地志因之誤矣**斬首虜萬餘級又遣因杅將軍出西河**補注先謙曰不書名非史例將軍下蓋奪公孫敖三字匈奴傳云敖與強弩都尉會涿邪山亡所得**騎都尉李陵將步兵五千人出居延北與單于戰斬首虜萬餘級陵兵敗降匈奴秋止禁巫祠道中者**文穎曰始漢家於道中祠排禍咎移之於行人百姓以其不經今止之也師古曰文說非也祕祝移過文帝久已除之今此總禁百姓巫覡於道中祠祭者耳補注沈欽韓曰周官男巫掌望祀望衍杜子春云望衍謂衍祭也封禪書索隱引李奇云三輔謂山陵間爲衍是衍祭謂山陵間之祭卽此祠道中者也**大搜**臣瓚曰搜謂索姦人也晉灼曰搜巫蠱也師古曰瓚說是**渠黎六國使使來獻**臣瓚曰渠黎西域胡國名補注蘇輿曰渠犁傳載武帝詔危須尉黎樓蘭六國子弟在京師者皆先歸疑卽此六國合渠黎得四國名其二俟考**泰山琅邪羣盜徐敦等阻山攻城**師古曰阻山者依山之險以自固也補注先謙曰官本敦作勃**道路不通遣直指使者暴勝之等衣繡衣杖斧分部逐捕**師古曰杖斧持斧也謂建持之以爲威也分音扶問反補注先謙曰此云勝之等明非一人食貨志直指夏蘭之屬始出蓋亦繡衣直指也咸宣傳使光祿大夫范昆諸部都尉及故九卿張德等衣繡衣持節虎符發兵以興擊通鑑

敘於此時周壽昌云江充傳拜直指繡衣使者督三輔盜賊亦在此時元后傳祖賀爲武帝繡衣御史後書譙元傳元始四年舉元爲繡衣使者持節與太僕任惲等分行天下又趙充國傳客諫充國一旦不合上意遣繡衣來責將軍云云是當日屢遣直指人不盡傳武帝以後亦尙有其事也**刺史郡守已下皆伏誅冬十一月詔關都尉曰今豪傑多遠交依東方羣盜其謹察出入者**

三年春二月御史大夫王卿有罪自殺初榷酒酤如淳曰榷音較應劭曰縣官自酤榷賣酒小民不復得酤也韋昭曰以木渡水曰榷謂禁民酤釀獨官開置如道路設木爲榷獨取利也師古曰榷者步渡橋爾雅謂之石杠今之略彴是也禁閉其事總利入官而下無由以得有若渡水之榷因立名焉韋說如音是也酤音工護反彴音酌補注先謙曰官本注無韋說六字**三月行幸泰山修封祀明堂因受計還幸北地祠常山**補注齊召南曰案此北地非郡名猶言北邊耳常山卽北岳恆山在常山郡上曲陽西北**瘞玄玉**鄧展曰瘞埋也師古曰爾雅曰祭地曰瘞薶薶其物者示歸于地也瘞音於例反**夏**補注先謙曰五行志云大旱**四月赦天下行所過毋出田租秋匈奴入鴈門太守坐畏愞棄市**如淳曰軍法行逗留畏愞者要斬愞音如掾反師古曰又音乃館反補注先謙曰五行志八月天雨白氂

四年補注錢大昭曰後漢西南夷傳是年省沈黎郡幷蜀爲西部**春正月朝諸侯王于甘泉宮發天下七科讁**張晏曰吏有罪一亡人二贅壻三賈人四故有市籍五父母有市籍六大父母有市籍七凡七科也補注先謙曰官本注亡人作亡命通鑑注引同**及勇敢士遣貳師將軍李廣利將六萬騎步兵七萬人出朔方因杅將軍公孫敖萬騎步兵三萬人出鴈門游擊將軍韓說**師古曰說讀曰悅補注先謙曰官本注在出五原下**步兵三萬人出五原彊弩都尉路博德步兵萬餘人與貳師會廣利與單于戰余吾水上連日**補注先謙曰通鑑胡注余吾水在朔方北山海經云北鮮之山鮮水出焉北流注于余吾**敖與左賢王戰不利皆引還夏四月立皇子髆爲昌邑王**孟康曰髆音博晉灼曰許愼曰爲肩髆字補注先謙曰表作六月乙丑荀紀通鑑從紀**秋九月令死罪人贖錢五十萬減死一等**補注陳浩曰案此文天漢四年也至太始二年九月又云募死罪人贖錢五十萬減死一等二文相類一作令一作募一作入一作人必有一譌顧炎武云此一事而重見又同是九月疑衍文也先謙曰官本人作入

太始元年應劭曰言盪滌天下與民更始故以冠元補注先謙曰五行志正月乙巳晦日有食之漢紀同**春正月**

因杅將軍敖有罪要斬補注先謙曰敖傳下吏當斬詐死亡居民間後覺復繫坐妻爲巫蠱族與此微異**徙郡國吏民豪桀于茂陵雲陵**師古曰此當言雲陽而轉寫者誤爲陵耳茂陵帝自所起而雲陽甘泉所居故總使徙豪桀也鉤弋趙倢伃死葬雲陽至昭帝卽位始尊爲皇太后而起雲陵武帝時未有雲陵補注先謙曰通鑑劉雲陵二字顏說以爲雲陽蓋是也荀紀從郡國吏民豪桀于茂陵陵在雲陽又誤衍陵在二字**夏六月赦天下**

二年春正月行幸回中三月詔曰有司議曰往者朕郊見上帝西登隴首獲白麟以饋宗廟渥洼水出天馬泰山見黃金師古曰見音胡電反**宜改故名今更黃金爲麟趾褭蹏以協瑞焉**應劭曰獲白麟有馬瑞故改鑄黃金如麟趾褭蹏以協嘉祉也古有駿馬名要褭赤喙黑身一日行萬五千里也師古曰旣云宜改故名又曰更黃金爲麟趾褭蹏是則舊金雖以斤兩爲名而官有常形制亦由今時吉字金挺之類矣武帝欲表祥瑞故普改鑄爲麟足馬蹏之形以易舊法耳今人往往於地中得馬蹏金金甚精好而形制巧妙褭音奴了反補注劉攽曰案元封六年詔曰朕禮首山昆田出珍物或化爲黃金而此稱泰山似非是所謂黃金爲麟趾褭蹏者蓋用首山金爲之耳故詔先敘三瑞下乃云以協瑞焉**因以班賜諸侯王秋旱九月募死罪人贖錢五十萬減死一等**補注錢大昭曰漢紀亦重載此事蕭望之

傳所引止言天漢四年不云太始二年復有詔也朱一新曰監本死下有罪字非御史大夫杜周卒

三年春正月行幸甘泉宮饗外國客二月令天下大酺五日行幸東海獲赤鴈作朱鴈之歌〔補注〕先謙曰歌載禮樂志幸琅邪禮日成山孟康曰禮日拜日也如淳曰祭日於成山也師古曰成山在東來不夜縣斗入海郊祀志作盛山其音同〔補注〕先謙曰官本注來作萊是登之罘晉灼曰地理志東萊腄縣有之罘山祠師古曰罘音浮腄音直瑞反浮大海山稱萬歲冬賜行所過戶五千錢鰥寡孤獨帛人一匹

四年春三月行幸泰山壬午祀高祖于明堂以配上帝因受計癸未祀孝景皇帝于明堂甲申修封丙戌禪石閭夏四月幸不其如淳曰其音基不其山名因以爲縣應劭曰東萊縣也〔補注〕先謙曰不其在今萊州府即墨縣西南祠神人于交門宮應劭曰神人蓬萊僊人之屬也晉灼曰琅邪縣有交門宮武帝所造若有鄉坐拜者師古曰如有神之景象嚮祠坐而拜也漢注云神並見且白且黑且大且小鄉坐三拜鄉讀曰嚮坐音才臥反作交門之歌夏五月還幸建章宮大置酒赦天下秋七月趙有蛇從郭外入邑與邑中蛇羣鬭孝文廟下服虔曰趙所立孝文廟也邑中蛇死〔補注〕先謙曰五行志以爲趙人江充害衞太子之應冬十月甲寅晦日有蝕之〔補注〕先謙曰五行志在斗十九度十二月行幸雍祠五畤西至安定北地

征和元年應劭曰言征伐四夷而天下和平春正月還行幸建章宮三月趙王彭祖薨〔補注〕先謙曰五行志云夏大旱冬十一月發三輔騎士大搜上林閉長安城門索文穎曰簡車馬數軍實也臣瓚曰搜謂索姦人也上林苑周迴數百里故發三輔車騎入大搜索也漢帝年記發三輔騎士大搜長安上林中閉城門十五日待詔北軍征官多餓死然則皆搜索非數軍實也師古曰文說非也索音山客反〔補注〕先謙曰荀紀通鑑皆作十一日乃解則瓚說所引漢帝年記作十五日者非也十一日迺解巫蠱起

二年春正月丞相賀下獄死〔補注〕先謙曰是春涿郡鐵官鑄鐵銷皆飛上去五行志以爲火變使然與成紀沛郡鐵官鑄鐵鐵不下事同而此紀不載夏四月大風發屋折木閏月諸邑公主陽石公主師古曰諸邑琅邪縣也以封公主故謂之邑陽石北海縣也主公主皆衞皇后之女也陽字或作羊〔補注〕周壽昌曰顏說本百官表序然下陽石公主即不稱陽石邑凡公主封邑地志中並無邑稱諸邑只云諸蓋邑只云蓋其稱邑者若粟邑栒邑高邑馬邑之類並非公主所封大約因縣止一字如諸公主蓋公主名稱不便加邑書之究不曾變地名也雖說本班氏取注此文則泥矣先謙曰官本注主公主作二公主是皆坐巫蠱死夏行幸甘泉秋七月按道侯韓說使者江充等師古曰即上游擊將軍韓說也〔補注〕先謙曰官本注在太子宮下按作按是掘蠱太子宮壬午太子與皇后謀斬充以節發兵與丞相劉屈氂大戰長安師古曰屈音丘勿反又音其勿反氂音力之反死者數萬人庚寅太子亡師古曰謂逃匿也皇后自殺初置城門屯兵更節加黃旄應劭曰時太子亦發節以戰故加其上黃以別之〔補注〕錢大昭曰劉屈氂傳初漢節純赤以太子持赤節故更爲黃旄加上以別之御史大夫暴勝之司直田仁坐失縱勝之自殺仁要斬八月辛亥太子自殺于湖師古曰湖縣名也即今虢州閿鄉湖城二縣皆其地〔補注〕先謙曰湖京兆縣在今陝州閿鄉縣東癸亥地震〔補注〕先謙曰五行志厭殺人九月立趙敬肅王子偃爲平王〔補注〕錢大昭曰平下脫干字南監本閩本皆有孟康云平干今廣平先謙曰官本有干字匈奴入上谷五原殺略吏民

三年春正月行幸雍至安定北地匈奴入五原酒泉殺兩都尉三月遣貳師將軍廣利將七萬人出五原御史大夫商丘成二萬人出西河重合侯馬通四萬騎出酒泉成至浚稽山師古曰音浚雞〔補注〕先謙曰官本成作城與虜戰多斬首通至天山虜引去因降車師〔補注〕先謙曰漢恐車師兵遮馬通別以兵圍車師盡得其王民衆皆引兵還廣利敗降匈奴〔補注〕先謙曰廣利降匈奴在屈氂要斬後書在前者以終上伐匈奴之文夏五月赦天下六月丞相屈氂下獄要斬妻子梟首鄭氏曰妻作巫蠱夫從坐但要斬也師古曰屈氂亦坐與貳師將軍謀立昌邑王〔補注〕宋祁曰妻子舊本無子字王念孫曰妻下子字乃後人依屈氂傳加之也景祐本無子字據鄭氏注云妻作巫蠱夫從坐但要斬也則鄭所見本無子字明矣五行志屈氂坐祝詛要斬妻梟首漢紀云屈氂妻坐爲巫蠱祝詛屈氂要斬妻梟首妻下皆無子字秋蝗九月反者公孫勇胡倩發覺皆伏辜師古曰倩音千見反

四年春正月行幸東萊臨大海二月丁酉隕石于雍二師古曰雍扶風之縣也二者石之數聲聞四百里〔補注〕先謙曰郊祀志雍縣無雲如雷者三或如虹氣蒼黃若飛鳥集棫陽宮南聲聞四百里隕石二黑如鷖敘聲聞於隕石上似聲非隕石之聲五行志隕石雍二天晏亡雲聲聞四百里以聲屬石與此紀同三月

上耕于鉅定服虔曰地名也近東海應劭曰齊國縣也晉灼曰案地理志應說是〔補注〕何焯曰服說亦據溝洫志東海
引鉅定之文不悟東海乃北海之譌耳先謙曰鉅定齊郡縣在今青州府壽光縣西北八十里有巨淀即清水泊還幸泰
山修封庚寅祀于明堂癸巳禪石閭夏六月還幸甘泉秋八月辛
酉晦日有蝕之〔補注〕先謙曰五行志不盡如鉤在亢二度
後元元年〔補注〕劉攽曰案昭帝紀云辭訟在後二年前皆勿聽則當但稱後元年也吳仁傑曰葛魯卿云武帝在位五十
四年屢更年號最後更爲後元謂之後則疑若有極不知諱避何
耶案武帝改元凡十有一未有無年號者在元鼎之前未有年號
尙加追改最後二年何獨無之若但以後元爲稱則如葛公所云
豈應無所諱避疑征和四年之明年改稱征和後元年史公闕略
故但書後元年不復有征和字耳光武以建武三十一年爲建武
中元元年其以建武冒於中元之上則似用征和故事也建武中
元在本紀亦但云中元元年猶幸傳志略載其事宋莒公云今官
書屢經校定學者但見改元復有建武二字輒以意刪去刊誤亦
謂紀無建武誤脫之武紀實大類此又曰昭紀後元元年刊誤曰
檢前後多元字案此固合於文景稱後元之義然祭祀志稱建武
中元元年東夷傳稱建武中元二年皆不去元字則征和後元元
年雖加元字未害理也班於武紀書後元元年於昭宣紀丙吉霍
光傳書後元二年又於霍光傳但書後元年於昭紀但書後二年
必有一繆要之去元字與否義得兩通朱一新曰諸侯王表濟北

王寬以後二年謀反自殺地理志敦煌郡武帝後元年分酒泉置
與刊誤劉說合然他處悉稱後元也先謙曰官本攷證引王禕云
武帝沿文景故事復爲後元然始以後元二字加於年上此爲異
也非史官追書之先謙案王說是也武帝元鼎以後既皆用字冠
元則後元二字亦其年號必無單稱後元年之理時制不同不得
援文景爲例也史書臨文偶從字省以其義通若用此爲疑則謬
矣吳說無據不可從春正月行幸甘泉郊泰畤遂幸安定昌邑王髆薨二月
詔曰朕郊見上帝師古曰見音胡電反次下光景竝見亦同〔補注〕先謙曰官本注次作以巡于北邊
見羣鶴畱止以不羅罔靡所獲獻如淳曰時春也非用羅罔時故無所獲也薦于泰畤
光景竝見其赦天下夏六月御史大夫商丘成有罪自殺師古曰坐於廟
中醉而歌〔補注〕先謙曰顏說據功臣表也公卿表云坐祝詛二者不同侍中僕射莽何羅與弟重合
侯通謀反孟康曰征和三年言重合侯馬通今此言莽明德馬后惡其先人有反易姓莽師古曰莽音莫戶反〔補注〕宋祁
曰案馬亦滿補反易馬爲莽者以二字音同字之聲既不可改故但易其形耳以是知漢雖馬姓亦謂之姥也侍中駙馬
都尉金日磾奉車都尉霍光騎都尉上官桀討之師古曰磾音丁奚反〔補注〕先謙
曰日磾擒何羅而光桀討通也秋七月地震往往涌泉出

二年春正月朝諸侯王于甘泉宮賜宗室二月行幸盩厔五柞宮
晉灼曰盩厔扶風縣也張晏曰有五柞樹因以名宮也師古曰盩音張流反厔音竹乙反〔補注〕沈欽韓曰西京雜記五柞宮有柞樹
皆連抱上枝蔭覆數畝其宮西有青梧觀有三梧桐樹下有石麒麟二枚長安志五柞宮在盩厔縣東南三十八里先謙曰盩厔
縣在今鳳翔府盩厔縣東三十里乙丑立皇子弗陵爲皇太子張晏曰昭帝也後但名弗以二名難
諱故〔補注〕先謙曰先帝墓皆稱陵故不諱陵非謂二名難諱也丁卯帝崩于五柞宮臣瓚曰帝年十七即位即
位五十四年壽七十一〔補注〕錢大昕曰案武帝十六歲即位明年改元壽至七十瓚說誤入殯于未央宮前殿
三月甲申葬茂陵臣瓚曰自崩至葬凡十八日茂陵在長安西北八十里也
贊曰漢承百王之弊高祖撥亂反正文景務在養民至于稽古禮
文之事猶多闕焉孝武初立卓然罷黜百家師古曰百家謂諸子雜說違背六經表
章六經師古曰六經謂易詩書春秋禮樂也遂疇咨海內舉其俊茂師古曰疇誰也咨謀也言謀於
衆人誰可爲事者也與之立功興太學修郊祀改正朔定厤數師古曰正音之成反佗皆
類此〔補注〕周壽昌曰正朔之正宜本音顏音非後放此協音律作詩樂建封禪禮百神紹周

後號令文章煥焉可述後嗣得遵洪業而有三代之風師古曰三代夏殷周
如武帝之雄材大略不改文景之恭儉以濟斯民雖詩書所稱何
有加焉師古曰美其雄材大略而非其不恭儉也

武帝紀第六終　　漢書六

昭帝紀第七

漢　蘭臺令史班固撰

唐正議大夫行祕書少監琅邪縣開國子顏師古注

賜進士出身前翰林院編修國子監祭酒加三級臣王先謙補注

孝昭皇帝荀悅曰諱弗之字曰不應劭曰禮謚法聖聞周達曰昭〔補注〕先謙曰帝名弗陵不諱陵說見武紀武帝少子也母曰趙倢伃師古曰倢接幸也伃美稱也故以名宮中婦官倢音接伃音余字或竝從女〔補注〕錢大昭曰說文婕女字也嬩女字也讀若余二字連文知婕嬩即婕好史記外戚世家尹婕妤韋昭云婕承好助也一曰美好也本以有奇異得幸師古曰謂望氣者言有奇女天子氣及召見手指拳上自披之即時伸及生帝亦奇異文穎曰十四月乃生語在外戚傳武帝末戾太子敗燕王旦廣陵王胥行驕嫚師古曰行音下更反後元二年〔補注〕劉攽曰檢前後文多元字先謙曰劉說非也詳武紀二月上疾病師古曰疾甚曰病遂立昭帝為太子年八歲以侍中奉車都尉霍光為大司馬大將軍受遺詔輔少主明日武帝崩戊辰太子即皇帝位謁高廟帝姊鄂邑公主應劭曰鄂縣名屬江夏公主所食曰邑師古曰鄂音五各反〔補注〕先謙曰即蓋長公主也官本注併入下文注中益湯沐邑為長公主師古曰帝之姊妹則稱長公主儀比諸王又以供養天子故益邑也共養省中伏儼曰蔡邕云本為禁中門閤有禁非侍御之臣不得妄入行道豹尾中亦為禁中孝元皇后父名禁避之故曰省中師古曰省察也言入此中皆當察視不可安也共讀曰供音居用反養音弋亮反他皆類此〔補注〕周壽昌曰文選魏都賦禁臺省中李善注魏武集荀欣等曰漢制王所居曰禁中諸公所居曰省中是漢制原有禁與省之別不自避王禁諱始且昭帝下距元后時甚遠何以遽避禁諱若為班氏追書則班氏時已在中興後更何所忌於王氏而必為之避也大將軍光秉政領尚書事車騎將軍金日磾左將軍上官桀副焉夏六月赦天下〔補注〕劉攽曰是年二月有赦紀失載宣紀及丙吉傳可考秋七月有星孛于東方濟北王寬有罪自殺〔補注〕先謙曰坐詩人倫祝詛賜長公主及宗室昆弟各有差追尊趙倢伃為皇太后起雲陵文穎曰倢伃先葬於雲陽是以就雲陽為起雲陵〔補注〕先謙曰雲陵為縣志屬馮翊冬匈奴入朔方殺略吏民發軍屯西河〔補注〕先謙曰官本考證云監本訛屯河西從宋本改左將軍桀行北邊師古曰行音下更反

始元元年春二月黃鵠下建章宮太液池中如淳曰謂之液者言天地和液之氣所為也臣瓚曰時漢用土德服色尚黃鵠色皆白而今更黃以為上德之瑞故紀之也太液池言承陰陽津液以作池也師古曰如瓚之說皆非也黃鵠大鳥也一舉千里者非白鵠也太液池者言其津潤所及廣也鵠音胡篤反〔補注〕沈欽韓曰西京雜記上為歌曰黃鵠飛兮下建章羽肅肅兮行蹌蹌金為弓兮菊為裳唼喋荷荇出入蒹葭自顧菲薄愧爾嘉祥先謙曰注以為上德之瑞官本上作土是公卿上壽賜諸侯王列侯宗室金錢各有差己亥上耕于鉤盾弄田應劭曰時帝年九歲未能親耕帝籍鉤盾宦者近署故往試耕為戲弄也臣瓚曰西京故事弄田在未央宮中師古曰弄田為宴游之田天子所戲弄耳非為昭帝年幼創有此名〔補注〕齊召南曰案百官表少府屬官有鉤盾令丞後書志鉤盾令一人本注宦者典諸近池苑囿游觀之處則應說是沈欽韓曰唐六典鉤盾署令掌供邦國薪芻之事案此則周禮甸師之職本掌耕籍有田地當在上林旁近以為在未央宮非也王啟原曰鉤盾令既典近池苑自有地可為弄田成紀建始三年虒上小女陳持弓至未央宮鉤盾中是鉤盾在未央宮之證瓚引西京故事弄田在未央宮中是即在鉤盾署言未央舉大名耳沈言弄田在上林非先謙曰官本田下為作謂字通益封燕王廣陵王及鄂邑長公主各萬三千戶夏為太后起園廟雲陵益州廉頭姑繒牂柯談指同竝二十四邑皆反蘇林曰皆西南夷別種名也師古曰竝音伴〔補注〕宋祁曰景德本柯作牁俞樾曰竝古音如傍故史記漢書傍河傍海皆作竝字似不得有伴音此竝字疑扶之誤說文扶竝行也輦字從此讀若伴侶之伴然則顏音伴正扶字之音也扶古字作㚘學者多見㚘少見扶因改扶為㚘耳先謙曰俞說似矣然地理志西南夷傳皆作竝談指同竝牂柯之縣也時蓋隸益州牂柯今遵義府談指在遵義府桐梓縣西南同竝在今曲靖府霑益州北廉頭姑繒不見志遣水衡都尉呂破胡募吏民〔補注〕錢大昭曰西南夷傳百官表破胡作辟胡及發犍為蜀郡犇命擊益州大破之應劭曰舊時郡國皆有材官騎士以赴急難今夷反常兵不足以討之故權選取精勇聞命奔走故謂之奔命李斐曰平居發者二十以上至五十為甲卒今者五十以上六十以下為奔命奔命言急也師古曰應說是也犇古奔字耳犍音虔又音鉅言反〔補注〕俞樾曰材官騎士若令額設兵奔命者臨時選取精勇若今募勇矣此自漢已然先謙曰胡三省云左傳子重子反一歲七奔命奔命者救急之師固不拘五十以上六十以下也有司請河內屬冀州河東屬并州文穎曰本屬司州師古曰本蓋屬京師司隸所部〔補注〕沈欽韓曰史記補田仁傳仁為丞相長史請先刺舉三河是前此置司隸皆屬司隸也地理志河內屬司隸郡國志河內河東并司隸所部則是年改屬冀并權制也洪亮吉曰魏受禪後始置司州漢時不過以司隸部諸郡耳無司州之名也文說誤秋七月赦天下賜民百戶牛酒大雨渭橋絕八月齊孝王孫

劉澤謀反〔補注〕錢大昭曰劉澤書姓以其謀反外之使若異姓然王先愼曰紀例失國書姓齊孝王傳國至孫厲王次昌飲藥自殺亾後見諸侯王表高五王傳錢說非也二年劉辟彊劉長樂皆以茂才爲光祿大夫豈亦因謀反外之乎欲殺靑州刺史雋不疑師古曰雋音材兗反又音辭兗反發覺皆伏誅〔補注〕蘇輿曰上但云劉澤謀反則皆字當衍遷不疑爲京兆尹賜錢百萬〔補注〕先謙曰澤與燕王旦通謀詳不疑及旦傳九月丙子車騎將軍日磾薨閏月遣故廷尉王平等五人師古曰前爲此官今不居者皆謂之故也〔補注〕洪頤煊曰公卿表始元五年軍正王平子心爲廷尉四年棄市前此未嘗爲廷尉疑此誤先謙曰下文軍正廷尉並與表合此云故廷尉足證表脫非紀誤也持節行郡國師古曰行音下更反舉賢良問民所疾苦寃失職者冬無冰

二年春正月大將軍光左將軍桀皆以前捕斬反虜重合侯馬通功〔補注〕錢大昭曰討馬通事在武帝後元元年王念孫曰漢紀孝昭紀重合侯馬通上有侍中僕射莽何羅七字案武紀侍中僕射莽何羅與弟重合侯通謀反日磾光桀討之光日磾傳具載其事則此紀脫去侍中僕射莽何羅七字明矣當據漢紀補封光爲博陸侯桀爲安陽侯以宗室毋在位者舉茂才劉辟彊劉長

樂皆爲光祿大夫辟彊守長樂衞尉師古曰長樂宮之衞尉也〔補注〕沈欽韓曰時無太后而置東宮衞尉妨姦人不軌先謙曰或說霍光遂有是命詳楚元王傳三月遣使者振貸貧民毋種食者師古曰貸音吐戴反其下竝同〔補注〕周壽昌曰毋無同書中無多作毋秋八月詔曰往年災害多今年蠶麥傷所振貸種食勿收責毋令民出今年田租〔補注〕何焯曰稍修文景之政天下所以復安冬發習戰射士詣朔方〔補注〕沈欽韓曰鹽鐵論備胡篇賢良曰今山東之戎馬甲士戍邊郡者絕殊遼遠身在胡越心懷老母案此殆桑弘羊所建調故吏將屯田張掖郡師古曰調謂發選也故吏前爲官職者令其部率習戰射士於張掖爲屯田也調音徒釣反將音子亮反

三年春二月有星孛于西北秋募民徙雲陵賜錢田宅冬十月鳳皇集東海遣使者祠其處十一月壬辰朔日有蝕之〔補注〕先謙曰五行志在斗九度

四年春三月甲寅立皇后上官氏文穎曰上官桀孫安之女赦天下辭訟在後二年前皆勿聽治孟康曰武帝後二年〔補注〕周壽昌曰當作後元二年此無元字省文也紀前書後元二年可證

夏六月皇后見高廟〔補注〕周壽昌曰后時年六歲賜長公主丞相將軍列侯中二千石以下及郎吏宗室錢帛各有差徙三輔富人雲陵賜錢戶十萬秋七月詔曰比歲不登民匱於食師古曰匱乏也流庸未盡還師古曰流庸謂去其本鄉而行爲人庸作往時令民共出馬其止勿出諸給中都官者且減之師古曰中都官京師諸官府冬遣大鴻臚田廣明擊益州〔補注〕先謙曰時益州蠻夷反見杜延年傳廷尉李种坐故縱死罪棄市師古曰縱謂容放之种音沖〔補注〕先謙曰种字季主見公卿表

五年春正月追尊皇太后父爲順成侯夏陽男子張延年師古曰夏陽馮翊之縣〔補注〕先謙曰雋不疑傳作成方遂又云一姓張名延年官本注在要斬下詣北闕自稱衞太子誣罔要斬夏罷天下亭母馬及馬弩關應劭曰武帝數伐匈奴再擊大宛馬死略盡乃令天下諸亭養母馬欲令其繁孳又作馬上弩機關今悉罷之孟康曰舊馬高五尺六寸齒未平弩十石以上皆不得出關今不禁也師古曰亭母馬應說是馬弩關孟說是也〔補注〕沈欽韓曰新書壹通篇禁游宦諸侯及無得出馬關者豈不曰諸侯國衆車騎則力益多案馬不出關之制漢初已有也蘇輿曰禁馬無出關在孝景中四年見景紀六月封皇后父驃騎將軍上

官安爲桑樂侯師古曰樂音來各反〔補注〕齊召南曰案驃騎將軍此與霍光傳同而外戚傳及恩澤侯表公卿表俱作車騎將軍必有一誤先謙曰通鑑作車騎考異云從表傳荀紀同詔曰朕以眇身獲保宗廟師古曰眇微也戰戰栗栗夙興夜寐修古帝王之事通保傅傳孝經論語尚書未云有明文穎曰賈誼作保傅傳在禮大戴記言能通讀之也晉灼曰帝自謂通保傅傳傳未能有所明也臣瓚曰帝自謂雖通舉此四書皆未能有所明此帝之謙也師古曰晉瓚之說皆非也帝自言雖通保傅傳而孝經論語尚書猶未能明也〔補注〕劉攽曰予謂瓚說是李慈銘曰帝自謂雖通接保傅傳授孝經論語尚書皆未能有明當以傳字絕句賈所作保傅傳篇漢世未聞有傳授者昭帝安得習之且冠於孝經諸書之上乎先謙曰昭帝此詔謙言無所通曉何必以通保傅傳自表李說是諸說非也其令三輔太常舉賢良各二人郡國文學高第各一人〔補注〕蘇輿曰據此及鹽鐵論所列賢良文學判然二途或但據鼂錯傳以爲一科者非也文帝時立此名武帝興學之後始定員數至此復申舊制賜中二千石以下至吏民爵各有差罷儋耳眞番郡師古曰儋耳本南越地眞番本朝鮮地皆武帝所置也番音普安反〔補注〕齊召南曰案儋耳郡罷并入珠厓至元帝時珠厓亦罷又案後書東夷傳此年罷臨屯眞番以并樂浪元菟則不惟罷眞番一郡也秋大鴻臚廣明軍正王平擊益州師古曰廣明田廣明〔補注〕

錢大昭曰此卽上文故廷尉王平斬首捕虜三萬餘人獲畜產五萬餘頭〔補注〕先謙曰西南夷傳作五萬餘級獲畜產十餘萬

六年春正月上耕于上林二月詔有司問郡國所舉賢良文學民所疾苦議罷鹽鐵榷酤應劭曰武帝時以國用不足縣官悉自賣鹽鐵酤酒昭帝務本抑末不與天下爭利故罷之〔補注〕先謙曰議罷數者下乃言罷榷酤官耳應說非移中監蘇武蘇林曰移音移廄名也應劭曰移地名監其官也掌鞍馬鷹犬射獵之具如淳曰移爾雅唐棣移也移園之中有馬廄也師古曰蘇音如說是〔補注〕先謙曰官本注在迺還下前使匈奴留單于庭十九歲迺還奉使全節㠯武爲典屬國如淳曰以其久在外國知邊事故令典主諸屬國師古曰典屬國本秦官漢因之掌歸義蠻夷屬官有九譯令後省并大鴻臚賜錢百萬夏旱〔補注〕先謙曰五行志云大旱此無大字避下複文大雩不得舉火臣瓚曰不得舉火抑陽助陰也秋七月罷榷酤官〔補注〕沈欽韓曰鹽鐵論第四十一公卿奏曰賢良文學不明縣官事猥以鹽鐵爲不便請且罷郡國榷酤關內鐵官奏可令民得㠯律占租如淳曰律諸當占租者家長身各以其物占占不以實家長不身自書皆罰金二斤沒入所不自占物及賈錢縣官也師古曰占謂自隱度其實定其辭也占音章贍反下又言占名數其義竝同今猶謂獄訟之辨曰占皆其意也葢武帝時賦斂繁多律外而取今始復舊〔補注〕劉攽曰予謂罷榷酤官令民得以律占租賣酒升四錢共是一事爾以律占租者謂令民賣酒以所得利占而輸其租矣占不以實則論如律也租卽賣酒之稅也賣酒升四錢所以限民不得厚利爾王子侯表旁況侯殷坐貸子錢不占租皆免侯義與此占租同卽如顏說賣酒升四錢無爲所著官旣罷榷酤矣何處賣酒平賣酒升四錢㠯邊塞闊遠取天水隴西張掖郡各二縣置金城郡〔補注〕先謙曰據地理志金城郡領十三縣葢續有增隸詔曰鉤町侯毋波服虔曰鉤音左傳射兩軥之軥應劭曰町音若挺西南夷也毋波其名也今牂柯鉤町縣是也師古曰音劬挺〔補注〕先謙曰句町縣在今臨安府通海縣東北五里胡三省云毋波漢書作亾波亾古無字所見葢別一本官本注在斬首捕虜有功下率其君長人民擊反者斬首捕虜有功其立毋波爲鉤町王大鴻臚廣明將率有功賜爵關內侯食邑

元鳳元年春應劭曰三年中鳳皇比下東海海西樂鄉於是以冠元焉長公主共養勞苦復㠯藍田益長公主湯沐邑泗水戴王前薨㠯毋嗣國除後宮有遺腹子煖師古曰煖音許遠反相內史不奏言上聞而憐之立煖爲泗水王相內

史皆下獄三月賜郡國所選有行義者涿郡韓福等五人帛人五十匹遣歸詔曰朕閔勞㠯官職之事鄧展曰閔哀韓福等不忍勞役以官職之事其務修孝弟㠯教鄉里令郡縣常㠯正月賜羊酒有不幸者賜衣被一襲祠㠯中牢師古曰幸者吉而免凶也故死謂之不幸一稱也猶今言一副也中牢卽少牢謂羊豕也武都氐人反師古曰氐音丁奚反〔補注〕先謙曰武都縣在今階州成縣西古白馬氐地見西南夷傳遣執金吾馬適建龍額侯韓增師古曰姓馬適名建也龍額漢書本或作雒字功臣侯表云弓高壯侯韓頽當子譊封龍雒侯元鼎五年坐酎金免後元元年譊弟子增紹封龍雒侯而荀悅漢紀龍雒皆爲額字崔浩曰雒音洛今河間龍雒村與弓高相近然此旣地名無別指義各依書字而讀之斯則通矣譊音女交反〔補注〕錢大昭曰增表作曾額宣紀作雒竝誤先謙曰譊說之誤字顏失考大鴻臚廣明將三輔太常徒皆免刑擊之蘇林曰是時太常主諸陵縣治民也〔補注〕先謙曰大鴻臚三字誤據表時田廣明已遷衞尉矣夏六月赦天下秋七月乙亥晦日有蝕之旣〔補注〕先謙曰五行志在張十二度乙作己劉向以爲己亥而既其占重孟康注己土亥水也純陰故食爲最重據此則乙字誤八月改始元爲元鳳九月鄂邑長公主燕王旦與左將軍上官桀桀子票騎將軍安御史大夫桑弘羊皆謀反伏誅初桀安父子與大將軍光爭權欲害之詐使人爲燕王旦上書言光罪時上年十四張晏曰武帝崩時八歲卽位於今七歲今年十五師古曰此云初桀安父子與大將軍爭權詐爲燕王上書葢追道前年事耳非今歲也張說非之〔補注〕先謙曰非之官本作失之是覺其詐後有譖光者上輒怒曰大將軍國家忠臣先帝所屬師古曰屬音之欲反敢有譖毀者坐之光由是得盡忠語在霍光傳冬十月詔曰左將軍安陽侯桀票騎將軍桑樂侯安御史大夫弘羊皆數㠯邪枉干輔政師古曰枉曲也以邪曲之事而干求也〔補注〕先謙曰官本弘上有桑字大將軍不聽而懷怨望與燕王通謀置驛往來相約結燕王遣壽西長孫縱之等蘇林曰壽西姓也長名也孫姓縱之名〔補注〕先謙曰官本注在等字上賂遺長公主丁外人謁者杜延年大將軍長史公孫遺等交通私書服虔曰外人主之所幸也晉灼曰漢語字少君師古曰此杜延年自別一人非下諫大夫也〔補注〕先謙曰官本注自別作別自共謀令長公主置酒伏兵殺大將軍光徵立燕王爲天子

大逆毋道故稻田使者燕倉先發覺如淳曰特為諸稻田置使者假與民收其稅入也〔補注〕王先愼曰燕倉子為蓋主舍人故得聞其謀見武五子傳吕告大司農敞師古曰楊敞也敞告諫大夫延年師古曰杜延年杜周之子延年吕聞丞相徵事任宮手捕斬桀文穎曰徵事丞相官屬位差尊掾屬也如淳曰時宮以時事召待詔丞相府故曰丞相徵事張晏曰漢儀注徵事比六百石皆故吏二千石不以贓罪免者為徵事絳衣奉朝賀正月師古曰張說是也丞相少史王壽誘將安入府門如淳曰漢儀注丞相太尉大將軍史秩四百石武帝又置丞相少史秩四百石〔補注〕錢大昭曰下文封延年倉宮壽則其人名壽功臣表作王山壽補史記作王山皆已伏誅吏民得吕安封延年倉宮壽皆為列侯又曰燕王迷惑失道前與齊王子劉澤等為逆抑而不揚〔補注〕周壽昌曰爾雅釋訓抑抑密也言密之而不揚其惡望王反道自新師古曰所為邪僻違失正道欲其旋反而歸正故云反道今迺與長公主及左將軍桀等謀危宗廟〔補注〕先謙曰官本無及字王及公主皆自伏辜其赦王太子建公主子文信及宗室子與燕王上官桀等謀反父母同產當坐者皆免為庶人其吏為桀等所詿誤未發覺在吏者

除其罪師古曰其罪未發未為吏所執持者〔補注〕劉攽曰在吏謂發覺已在吏者

二年夏四月上自建章宮徙未央宮大置酒賜郎從官帛及宗室子錢人二十萬吏民獻牛酒者賜帛人一匹六月赦天下詔曰朕閔百姓未贍師古曰贍足也前年減漕三百萬石師古曰減省轉漕所以休力役也頗省乘輿馬及苑馬師古曰乘輿馬謂天子所自乘以駕車輿者他皆類此〔補注〕先謙曰官本菀作苑是吕補邊郡三輔傳馬張晏曰驛馬也師古曰傳音張戀反其令郡國毋斂今年馬口錢文穎曰往時有馬口出斂錢今省如淳曰所謂租及六畜也〔補注〕沈欽韓曰武帝令亭畜馬故斂民出錢為市直芻秣費也三輔太常郡得吕叔粟當賦如淳曰百官表太常主諸陵別治其縣爵秩如三輔郡矣元帝永光五年令各屬在所郡也師古曰諸應出賦算租稅者皆聽以叔粟當錢物也叔豆也〔補注〕顧炎武曰漢時田租本是叔粟今并口算雜征之用錢者皆令以叔粟當之其獨行於三輔太常郡者不獨為穀賤傷農亦以減漕三百萬石之慮儲偫之乏也何焯曰此事得禹貢甸服本意沈欽韓曰案下六年亦令以叔粟當賦非常制也周壽昌曰以近畿便於輸送若他郡則遠矣

三年春正月泰山有大石自起立上林有柳樹枯僵自起生師古曰僵偃也謂樹枯死偃臥在地者也僵音紀良反〔補注〕先謙曰詳五行志眭弘傳罷中牟苑賦貧民師古曰在滎陽詔曰迺者民被水災頗匱於食朕虛倉廩師古曰倉新穀所藏也廩穀所振入也使使者振困乏其止四年毋漕三年吕前所振貸非丞相御史所請邊郡受牛者勿收責應劭曰武帝始開三邊徙民屯田皆與犂牛後丞相御史復間有所請令敕自上所賜與勿收責丞相所請乃令其顧稅耳夏四月少府徐仁廷尉王平左馮翊賈勝胡皆坐縱反者〔補注〕先謙曰反者侯史吳也事詳杜延年傳仁自殺平勝胡皆要斬冬遼東烏桓反〔補注〕先謙曰烏桓東胡舊部役屬匈奴武帝破匈奴左地徙烏桓於上谷漁陽右北平遼東塞外至是彊盛遂反也吕中郎將范明友為度遼將軍應劭曰當度遼水往擊之故以度遼為官號將北邊七郡郡二千騎擊之〔補注〕齊召南曰匈奴傳明友為度遼將軍將二萬騎出遼東則此七郡應作十郡二千騎正合二萬之數

四年春正月丁亥帝加元服如淳曰元服謂初冠加上服也師古曰如氏以為衣服之服此說非也元首也冠者首之所著故曰元服其下汲黯傳序云上正元服是知謂冠為元服〔補注〕錢大昭曰惠紀皇帝冠與此書法不同沈欽韓

曰大戴禮記孝昭冠辭曰陛下離顯先帝之光耀以承皇天嘉祿欽順仲夏之吉日注古者冠以仲春此夏字為春之誤遵竝大道邪或秉集萬福之休靈始加昭明之元服推遠稚免之幼志注晩弱也猶崇積文武之寵德肅勤高祖之清廟六合之內靡不息陛下永永與天無極博物志載冠辭云陛下摛顯先帝之光耀以承皇天之嘉祿欽奉仲春之吉辰普尊大道之郊域秉率百福之休靈始加昭明之元服推遠沖孺之幼志總積文武之就德肅勤高祖之清廟六合之內靡不蒙德永永與天無極案譙周云周成王十五而冠魯襄公十二年而冠晉侯曰國君十五而生子冠而生子禮也高誘淮南注歲冠十二歲而周天天道十二而備故國十二歲而冠冠而娶十五而生子重國尉也故不從制君今昭帝年十八而冠東京諸帝和帝十三安帝十六順帝十五竝加元服後立皇后昭帝先立后五年而後加元服此大臣不學而廷臣未諍其失可怪也禮四時皆可冠故士冠禮云夏葛屨冬皮屨明不專在春司馬彪禮儀志則以正月甲子若丙子[illegible]孔丙案大戴及博物志帝冠本在二月紀書正月誤耳先謙曰官本注正作加見于高廟賜諸侯王丞相大將軍列侯宗室下至吏民金帛牛酒各有差賜中二千石吕下及天下民爵毋收四年五年口賦如淳曰漢儀注民年七歲至十四出口賦錢人二十三二十錢以食天子其三錢者武帝加口錢以補車騎馬〔補注〕何焯曰貢禹上書言古民無賦算口錢起武帝征伐四夷重賦於民民產子三歲則出口錢故民重困生子輒殺宜令兒七歲去齒乃出口錢年二十乃算如淳所引漢儀注乃元帝以後之制也先謙曰官本注馬下有也字三年吕前逋更賦未入者皆勿收如淳曰更有三品有卒更有踐更有過更古者

正卒無常人皆當迭爲之一月一更是謂卒更也貧者欲得顧更錢者次直者出錢顧之月二千是謂踐更也天下人皆直戍邊三日亦名爲更律所謂繇戍也雖丞相子亦在戍邊之調不可人人自行三日戍又行者當自戍三日不可往便還因便住一歲一更諸不行者出錢三百入官官以給戍者是謂過更也律說卒踐更者居也居更縣中五月乃更也後從尉律卒踐更一月休十一月也食貨志曰月爲更卒已復爲正一歲屯戍一歲力役三十倍於古此漢初因秦法而行之也後遂改易有讁乃戍邊一歲耳逋未出更錢者也師古曰更音工衡反〔補注〕何焯曰如說更有三品有卒更有踐更有過更案其實則二也踐更卽是代人卒更但以月計私得雇直過更則是總代人繇戍以歲計人輸戍邊三日之直於官官爲給與久住之人也蓋卒更卽古者田賦出兵之制戍邊三日則倣力役之制爲之雇更卽雇役之法所昉 令天下酺五日甲戌丞相千秋薨師古曰田千秋

夏四月詔曰度遼將軍明友前㠯羌騎校尉將羌王侯君長㠯下擊益州反虜後復率擊武都反氐今破烏桓斬虜獲生有功師古曰旣斬反虜又獲生口也俘取曰獲其封明友爲平陵侯平樂監傅介子持節使師古曰持節而爲使誅斬樓蘭王安歸首縣北闕封義陽侯〔補注〕先謙曰詳西域傳五月丁丑孝文廟正殿火〔補注〕先謙曰五行志火作災上及羣臣皆素服發中二千石將五校作治六日成師古曰率領五校之士以作治也校音下敎反〔補注〕王禕曰五校謂中壘屯騎越騎射聲虎賁也太常及廟令丞郎吏皆劾大不敬會赦太常轑陽侯德免爲庶人文穎曰轑音料德江德也轑陽在魏郡清淵師古曰會六月赦耳史終言之〔補注〕錢大昭曰百官表始元六年轑陽侯江德爲太常四年坐廟夜郎飲失火免與紀同水經淇水注云昭帝封太常江德爲楡陽侯史記補表作潦陽侯江德田廣明傳殿嗇夫江德封轑陽侯田延年傳上封德轑陽侯而功臣表止有轑陽侯江喜又不言其有罪免官喜不見史傳其爲名德無疑傳寫誤也六月赦天下

五年春正月廣陵王來朝益國萬一千戶賜錢二千萬黃金二百斤劒二安車一乘馬二駟師古曰八匹也夏大旱六月發三輔及郡國惡少年吏有告劾亾者屯遼東如淳曰告者爲人所告也劾者爲人所劾也師古曰惡少年謂無賴子弟也告劾亾者謂被告劾而逃亾〔補注〕先謙曰官本注謂無賴子弟也謂作爲秋罷象郡分屬鬱林牂柯〔補注〕齊召南曰案此文可疑秦置象郡後屬南越漢破南越卽故象郡置日南郡以地理志證之此時無象郡名且日南郡固始終未罷也沈欽韓曰案此云分屬鬱林牂柯者非日南郡也日南極遠不得遙隸牂柯馬氏輿地考云秦之象郡卽今合浦郡是也則是年罷象郡者罷合浦郡也先謙曰官本柯作牁冬十一月大雷十二月庚戌丞相訢薨師古曰王訢也訢亦欣字

六年春正月募郡國徒築遼東玄菟城夏赦天下詔曰夫穀賤傷農師古曰糴多而錢少是爲傷也今三輔太常穀減賤鄭氏曰減音減少之減其令㠯叔粟當今年賦應劭曰太常掌諸陵園皆徙天下豪富民以充實之後悉爲縣故與三輔同賦右將軍張安世宿衞忠謹封富平侯烏桓復犯塞遣度遼將軍范明友擊之

元平元年春二月詔曰天下㠯農桑爲本日者省用罷不急官師古曰謂非要職官〔補注〕先謙曰官本注無官字減外繇師古曰繇讀曰傜耕桑者益眾而百姓未能家給師古曰給足也家家自給足是謂家給也〔補注〕先謙曰官本謂作爲朕甚愍焉其減口賦錢有司奏請減什三上許之甲申晨有流星大如月眾星皆隨西行

夏四月癸未帝崩于未央宮臣瓚曰帝年九歲卽位卽位十三年壽二十二師古曰帝年八歲卽位明年改元改元之後凡十三年年二十一六月壬申葬平陵臣瓚曰自崩至葬凡四十九日平陵在長安西北七十里〔補注〕先謙曰平陵爲縣志屬扶風

贊曰昔周成㠯孺子繼統而有管蔡四國流言之變師古曰四國謂管蔡商奄也流放也武王崩成王幼弱周公攝政四國乃流言曰公將不利於孺子遂致雷風之異成王旣見金縢之冊乃不疑周公事見豳詩及周書大誥孝昭幼年卽位亦有燕盇上官逆亂之謀〔補注〕錢大昭曰盇與蓋同卽長公主成王不疑周公孝昭委任霍光各因其時㠯成名大矣哉承孝武奢侈餘敝師旅之後海內虛耗戶口減半師古曰耗損也音火到反減讀爲減省之減〔補注〕何焯曰武帝之失因事著見所謂不溢美不隱惡也光知時務之要輕繇薄賦與民休息師古曰繇讀曰傜至始元元鳳之間匈奴和親百姓充實舉賢良文學問民所疾苦議鹽鐵而罷榷酤尊號曰昭不亦宜乎

昭帝紀第七終

宣帝紀第八

漢書八

漢　蘭　臺　令　史班　固　撰

唐正議大夫行祕書少監琅邪縣開國子顏師古注

賜進士出身前翰林院編修國子監祭酒加三級臣王先謙補注

孝宣皇帝荀悅曰諱詢字次卿詢之字曰謀應劭曰諡法聖善周聞曰宣補注錢大昭曰帝初名病已元康二年改名詢**武帝曾孫戾太子孫也**韋昭曰以違戾擅發兵故諡曰戾臣瓚曰太子誅江充以除讒賊而事不見明後武帝覺寤遂族充家宣帝不得以加惡諡也董仲舒曰有其功無其意謂之戾無其功有其意謂之罪師古曰瓚說是也補注周壽昌曰說文戾曲也從犬出戶下戾者身曲也漢宣未必忍以惡諡加其祖蓋言身受曲戾不能自伸先謙曰不得以猶不得已也官本舒下有書字**太子納史良娣**服虔曰史姓也良娣官也師古曰太子有妃有良娣有孺子凡三等娣音次第之第**生史皇孫**師古曰以外家姓稱之故曰史皇孫補注先謙曰皇孫名進**皇孫納王夫人生宣帝號曰皇曾孫生數月遭巫蠱事太子良娣皇孫王夫人皆遇害語在太子傳曾孫雖在襁緥**李奇曰襁絡也以繒布爲之絡負小兒緥小兒大藉也孟康曰緥小兒被也師

古曰襁即今之小兒繃也緥孟說是也襁音居丈反緥音保繃音補耕反**猶坐收繫郡邸獄**如淳曰謂諸郡邸置獄也師古曰據漢舊儀郡邸獄治天下郡國上計者屬太鴻臚此蓋巫蠱獄繁收繫者眾故曾孫寄在郡邸獄**而邴吉爲廷尉監**師古曰監者廷尉之官屬補注先謙曰官本邴作丙百官表廷尉有左右監秩千石**治巫蠱於郡邸憐曾孫之亡辜使女徒復作淮陽趙徵卿渭城胡組更乳養**李奇曰復作者女徒也謂輕罪男子守邊一歲女子輭弱不任守復令作於官亦一歲故謂之復作徒也孟康曰復音服謂弛刑徒也有赦令詔書去其鉗釱赭衣更犯事不從徒加與民爲例故當復爲官作滿其本罪年月日律名爲復作也師古曰孟說是也趙徵卿淮陽人胡組渭城人皆女徒也二人更遞乳養曾孫而邴吉傳云郭徵卿紀傳不同未知孰是更音工衡反補注周壽昌曰案此復作女徒或傳其家姓或傳其夫姓故紀傳有異同也**私給衣食視遇甚有恩巫蠱事連歲不決至後元二年**補注劉攽曰案武帝後元二年無赦元年乃有之蓋本云後元年後人誤作後元元年又就元字注二字後又誤爲二耳吳仁傑曰武紀後元二年行幸五柞宮宣紀丙吉傳皆云是年帝幸五柞皇曾孫遭赦則事在二年非元年也後元二年無赦在武紀文則爾案是歲凡再赦六月之赦在昭帝即位之後二月之赦則丙吉傳所載是也傳言吉拒使者使者因劾奏武帝寤曰天使之也因赦天下郡邸獄繫者恩及四海矣所謂遭大赦者指此也紀失於登載貢父亦偶不記其事**武帝疾往來長楊五柞宮**師古曰長楊五柞二宮並在盩厔皆以樹名之帝往來二宮之間也柞字或作莋其音同**望氣者言長安獄中有天子氣上遣使者分條中都官獄**師古曰中都官凡京師諸官府也補注先謙曰條謂錄治之**繫者輕重皆殺之內謁者令郭穰夜至郡邸獄**師古曰百官表云內者署屬少府續漢書志云掌宮中布張諸褻物丁孚漢官云令秩千石蓋當時權爲此使補注劉攽曰謁字衍劉敞同齊召南曰案丙吉傳亦作內謁者未必兩文並誤且據百官表謁者署與內者署並屬少府謁字或非衍也**吉拒閉使者不得入曾孫賴吉得全因遭大赦吉迺載曾孫送祖母史良娣家語在吉及外戚傳後有詔掖庭養視上屬籍宗正**應劭曰掖庭宮人之官有令丞宦者爲之詔敕掖庭養視之始令宗正著其屬籍**時掖庭令張賀嘗事戾太子思顧舊恩**師古曰顧念也**哀曾孫奉養甚謹以私錢供給教書既壯爲取暴室嗇夫許廣漢女**應劭曰暴室宮人獄也今曰薄室許廣漢坐法腐爲宦者作嗇夫也師古曰暴室者掖庭主織作染練之署故謂之暴室取暴曬爲名耳或云薄室者薄亦暴也今俗語亦云薄曬蓋暴室職務既多因爲置獄主治其罪人故往往云暴室獄耳然本非獄名應說失之矣嗇夫者暴室屬官亦猶縣鄉之嗇夫也曬音所懈反又音所智反補注周壽昌曰自鄉嗇

夫外有上林苑嗇夫廄嗇夫暴室嗇夫皆未入百官表其秩大約相類**曾孫因依倚廣漢兄弟及祖母家史氏**師古曰倚音於綺反**受詩於東海澓中翁**服虔曰澓音馥師古曰東海人姓澓字中翁也澓音房福反中讀曰仲**高材好學然亦喜游俠**師古曰喜音許吏反**鬬雞走馬具知閭里姦邪吏治得失數上下諸陵**師古曰諸陵皆據高敞地爲之縣邑在其側帝每周游往來諸陵縣去則上來則下故言上下諸陵補注先謙曰顏說上下太泥諸陵相距遠近不一數往來故云上下耳**周徧三輔**師古曰游行皆至其處**常困於蓮勺鹵中**如淳曰爲人所困辱也蓮勺縣有鹽池縱廣十餘里其鄉人名爲鹵中蓮音輦勺音灼師古曰如說是也鹵者鹹地也今在櫟陽縣東其鄉人謂此中爲鹵鹽池也補注沈欽韓曰唐會要鹵池在京兆府奉先縣大和二年度支奏鹵池側近百里取水柏柴燒灰煎鹽每石灰得一十二斤鹽明志華州蒲城縣西有西鹵池舊產鹽案鹵中即煮鹹爲鹽者也先謙曰蓮勺馮翊縣在今西安府渭南縣東北**尤樂杜鄠之間**師古曰二縣之間也杜屬京兆鄠屬扶風鄠音扈**率常在下杜**孟康曰在長安南師古曰率者總計之言也下杜即今之杜城補注王鳴盛曰渭水注長安南出東頭第一門名覆盎門其南有下杜城應劭云故杜陵之下聚落也其地在杜陵縣之西南鄠縣東北所謂杜鄠之間也若唐之杜城即漢杜陵縣後魏改名杜城者非下杜也**時會朝請舍長安尚冠里**文穎曰吕屬弟尚親

故歲時隨宗室朝會也如淳曰春曰朝秋曰請師古曰舍止也尚冠者長安中里名帝會朝請之時即於此里中止息請音才姓反〔補注〕先謙曰通鑑注引黃圖京兆尹治尚冠里身足下有毛臥居數有光燿師古曰遍身及足下皆有毛每買餅所從買家輒大讎師古曰讎讀曰售〔補注〕錢大昭曰史記高祖紀索隱樂彥云借讎爲售亦以自是怪〔補注〕先謙曰是自倒官本不誤元平元年四月昭帝崩毋嗣大將軍霍光請皇后徵昌邑王六月丙寅王受皇帝璽綬尊皇后曰皇太后癸巳光奏王賀淫亂請廢語在賀及光傳秋七月光奏議曰禮人道親親故尊祖尊祖故敬宗大宗毋嗣擇支子孫賢者爲嗣孝武皇帝曾孫病已師古曰蓋以夙遭屯難而多病苦故名病已欲其速差也後以爲鄙更改諱詢有詔掖庭養視至今年十八師受詩論語孝經操行節儉慈仁愛人可以嗣孝昭皇帝後奉承祖宗子萬姓師古曰天子以萬姓爲子故云子萬姓奏可〔補注〕先謙曰皇太后詔可遣宗正德至曾孫尚冠里舍洗沐賜御府衣太僕以軨獵車奉迎曾孫文穎曰軨獵小車前有曲輿不衣也近世謂之軨獵車也孟康曰今之載獵車也前有曲軨特高大獵時

立其中格射禽獸李奇曰蘭輿輕車也師古曰文李二說皆是時未備天子車駕故且取其輕便耳非藉高大也孟說失之軨音鈴〔補注〕沈欽韓曰曲禮注奇車獵衣之屬正義曰獵車之形今之鈿車是也陳祥道禮書引此軨獵車當之案續志重輞縵輪繆龍繞之一曰閹猪車就齊宗正府〔補注〕錢大昭曰齊讀曰齋庚申入未央宮見皇太后封爲陽武侯師古曰先封侯者不欲立庶人爲天子也〔補注〕先謙曰陽武河南縣已而羣臣奏上璽綬即皇帝位謁高廟〔補注〕先謙曰癸巳廢昌邑王至此漢朝無君二十七日八月己巳丞相敞薨師古曰楊敞也九月大赦天下十一月壬子立皇后許氏賜諸侯王以下金錢至吏民鰥寡孤獨各有差皇太后歸長樂宮〔補注〕何焯曰宣帝秋七月即位十一月太后乃歸長樂宮者懲昌邑前事也先謙曰通鑑胡注漢太后常居長樂宮皇太后自昌邑之廢居未央宮今宣帝既立復居長樂宮也長樂宮初置屯衛〔補注〕周壽昌曰高后紀斬長樂衛尉呂更始武五子傳戾太子發長樂宮衛是長樂在漢初已置衛矣百官表云不常置蓋置而旋廢至是又置之故云初置也先謙曰官本脫長樂宮三字通鑑亦有荀紀作長樂初置屯衛無宮字本始元年春正月募郡國吏民訾百萬以上徙平陵文穎曰昭帝陵遣使

者持節詔郡國二千石謹牧養民而風德化師古曰以德化被於下故云風也詩序曰上以風化下大將軍光稽首歸政上謙讓委任焉論定策功益封大將軍光萬七千戶車騎將軍光祿勳富平侯安世萬戶李斐曰居光祿位以車騎官號尊之無車騎官屬〔補注〕錢大昭曰李說非也百官表元鳳元年光祿勳張安世爲右將軍光祿勳六年遷元平元年右將軍安世爲車騎將軍光祿勳七年遷是安世初爲右將軍光祿勳故表云光祿勳并右將軍也迨改官車騎仍兼光祿勳車騎本非加銜安得謂之無官屬乎詔曰故丞相安平侯敞等居位守職與大將軍光車騎將軍安世建議定策以安宗廟功賞未加而薨其益封敞嗣子忠及丞相陽平侯義師古曰蔡義度遼將軍平陵侯明友師古曰范明友前將軍龍雒侯增師古曰韓增太僕建平侯延年師古曰杜延年太常蒲侯昌師古曰蘇昌諫大夫宜春侯譚師古曰王譚當塗侯平師古曰功臣表云魏不害以捕反者胡倩功封當塗侯其子聖以定策功益封凡二千二百戶今此紀言當塗侯平與表乖錯未知孰是或者有二名乎杜侯屠耆堂蘇林曰姓復陸其祖父復陸支本匈奴胡也歸義爲屬國王從驃騎有功乃更封也〔補注〕錢大昭曰堂字衍功臣表但云屠耆本紀五鳳三年

匈奴虛閭權渠單于死右賢王屠耆堂代立非杜侯也霍光傳亦誤作屠耆堂說者乃謂功臣表脫堂字誤矣長信少府關內侯勝師古曰夏侯勝邑戶各有差封御史大夫廣明爲昌水侯師古曰田廣明後將軍充國爲營平侯師古曰趙充國大司農延年爲陽城侯師古曰田延年少府樂成爲爰氏侯師古曰史樂成光祿大夫遷爲平丘侯師古曰王遷賜右扶風德師古曰周德典屬國武師古曰蘇武廷尉光師古曰李光宗正德師古曰楚元王之曾孫劉辟彊子大鴻臚賢師古曰韋賢詹事畸蘇林曰畸音踦隻之踦師古曰宋踦也音居宜反〔補注〕先謙曰宋踦之踦官本作畸是光祿大夫吉師古曰丙吉京輔都尉廣漢師古曰趙廣漢也三輔郡皆有都尉如諸郡左輔都尉治高陵右輔都尉治郿京輔都尉治華陰灌北爵皆關內侯德武食邑張晏曰舊關內侯無邑也以蘇武守節外國劉德宗室俊彥故特令食邑〔補注〕錢大昕曰案上文右扶風德在蘇武之前宗正德在武之後此文先德後武則是周德非劉德也蘇武傳稱賜爵關內侯食邑三百戶而劉德傳無食邑之文張說似未可信先謙曰韋賢食邑見本傳是食邑不獨德武也夏四月庚午地震詔內郡國舉文學高第各一人師古曰中國爲內郡緣邊有夷狄障塞者爲外郡成帝侍內郡舉方正北邊二十二郡舉勇猛士〔補注〕錢大昭曰成帝侍侍字南監

本閩本竝作時先謙曰官本作時是五月鳳皇集膠東千乘赦天下賜吏二千石諸
侯相下至中都官宦吏六百石爵各有差如淳曰中都官宦吏奄人爲吏者也晉灼曰凡
職在京師者也師古曰二說皆非也中都官謂在京師諸官也宦吏諸奄官也自左更至五大夫師古曰左更第
十二爵也五大夫第九爵也更音工衡反〔補注〕劉敞曰案此賜爵不及中二千石者緣王郎位九侯率已爲關內侯矣齊召南曰案
兩句俱有譌字宣帝以庶人封侯即帝位並未爲王也九侯二字尤不可解據前文自田廣明以下新封五侯而已以文義推之應
作緣帝即位九卿率已爲關內侯即指上文之右扶風德典屬國武廷尉光宗正德大鴻臚賢等也賜天下人爵各
一級〔補注〕錢大昭曰人當作民孝者二級女子百戶牛酒租稅勿收六月詔曰
故皇太子在湖未有號諡師古曰湖縣名也死於湖因即葬焉歲時祠其議諡置園
邑語在太子傳秋七月詔立燕刺王太子建爲廣陽王師古曰刺音來曷反
立廣陵王胥少子弘爲高密王〔補注〕齊召南曰案封廣陽王表作五月封高密王表作十月
二年春以水衡錢爲平陵徙民起第宅應劭曰水衡與少府皆天子私藏耳縣官公作當仰
給司農今出水衡錢言宣帝即位爲異政也晉灼曰食貨志初大司農管鹽鐵官布多故置水衡欲以主鹽鐵及楊可告緡上林財
物眾乃令水衡主上林上林三官主鑄錢也〔補注〕何焯曰於爲人後之恩有加隆也大司農陽城侯田延年
有罪自殺師古曰坐增僦直而自入夏五月詔曰朕以眇身奉承祖宗夙夜惟
念孝武皇帝躬履仁義選明將討不服匈奴遠遁平氏羌昆明南
越百蠻鄉風師古曰鄉讀曰嚮也款塞來享應劭曰款叩也皆叩塞門來服從也如淳曰款寬也請除守塞
者自保不爲寇害也故曰款五原塞師古曰應說是也此汎說夷狄來賓之事非呼韓邪保塞意也建太學修郊祀
定正朔協音律封泰山塞宣房蘇林曰隄名在東郡界李斐曰決河上宮名也張晏曰瓠子隄名師
古曰蘇張二說皆是符瑞應寶鼎出白麟獲功德茂盛不能盡宣而廟樂未
稱師古曰稱副也其議奏有司奏請宜加尊號六月庚午尊孝武廟爲世
宗廟奏盛德文始五行之舞應劭曰宣帝復采昭德之舞爲盛德舞以尊世宗廟也諸帝廟皆常奏文
始四時五行舞也天子世世獻武帝巡狩所幸之郡國皆立廟賜民爵一
級女子百戶牛酒匈奴數侵邊又西伐烏孫烏孫昆彌及公主因
國使者上書師古曰昆彌烏孫王之號也國使者漢朝之使也言昆彌願發國精兵擊匈

奴唯天子哀憐出兵以救公主秋大發興調關東輕車銳卒師古曰調
亦選也銳利也言其勇利也調音徒釣反選郡國吏三百石伉健習騎射者皆從軍師古
曰伉強也音口浪反御史大夫田廣明爲祁連將軍應劭曰祁連匈奴中山名也諸將分部廣明值
此山因以爲號也師古曰祁音上夷反後將軍趙充國爲蒲類將軍應劭曰蒲類匈奴中海名也在
敦煌北晉灼曰匈奴傳有蒲類澤師古曰晉說是也〔補注〕先謙曰蒲類澤即蒲類海如蒲昌海之比水豬不流名爲海子邊地多有
之應晉說一也雲中太守田順爲虎牙將軍及度遼將軍范明友前將軍
韓增凡五將軍兵十五萬騎校尉常惠持節護烏孫兵咸擊匈奴
三年春正月癸亥皇后許氏崩〔補注〕先謙曰爲霍顯藥弒戊辰五將軍師發長
安夏五月軍罷祁連將軍廣明虎牙將軍順有罪下有司皆自殺
晉灼曰田千秋子也廣明坐逗留順坐增虜獲〔補注〕齊召南曰廣明與順皆姓田而順則千秋子也注田上應有順字各本俱誤脫
耳校尉常惠將烏孫兵入匈奴右地大克獲封列侯〔補注〕先謙曰右地謂右谷
蠡王庭大旱〔補注〕先謙曰五行志云東西數千里郡國傷旱甚者民毋出租賦三輔民
就賤者且毋收事盡四年晉灼曰不給官役也師古曰收謂租賦也事謂役使也盡本始四年而止六
月己丑丞相義薨師古曰蔡義
四年春正月詔曰蓋聞農者興德之本也今歲不登已遣使者振
貸困乏其令太官損膳省宰師古曰膳具食也食之善者也宰爲屠殺也省減也漢儀注太宰令屠者
七十二人宰二百人樂府減樂人使歸就農業丞相以下至都官令丞師古曰都
官令丞京師諸署之令丞上書入穀輸長安倉助貸貧民民以車船載穀入關
者得毋用傳師古曰傳傳符也欲穀之多故不問其出入也傳音張戀反〔補注〕周壽昌曰後世關津不稅穀米始此
三月乙卯立皇后霍氏賜丞相以下至郎吏從官金錢帛各有差
赦天下夏四月壬寅郡國四十九地震或山崩水出〔補注〕先謙曰五行志震河
南以東四十九郡北海琅邪壞祖宗廟城郭殺六千餘人詔曰蓋災異者天地之戒也朕承洪
業奉宗廟託于士民之上未能和羣生迺者地震北海琅邪壞祖
宗廟朕甚懼焉丞相御史其與列侯中二千石博問經學之士有

以應變師古曰謂禦塞災異也輔朕之不逮毋有所諱令三輔太常內郡國
舉賢良方正各一人律令有可蠲除以安百姓條奏被地震壞敗
甚者勿收租賦大赦天下上以宗廟墮素服避正殿五日師古曰墮者毀
也音火規反五月鳳皇集北海安丘淳于師古曰二縣皆屬北海郡〔補注〕先謙曰安邱在今青州府
安邱縣西南二十里淳于在今青州府邱縣東北秋廣川王吉有罪廢遷上庸自殺〔補注〕宋祁
曰吉一作去字錢大昭曰坐烹姬不道表傳及漢紀吉皆作去此誤
地節元年應劭曰以先者地震山崩水出於是改年曰地節欲令地得其節〔補注〕沈欽韓曰風俗通正失篇是年天下斷
獄四萬七千餘人春正月有星孛于西方〔補注〕先謙曰五行志去太白二丈所三月假郡國
貧民田師古曰權以給之不常與夏六月詔曰蓋聞堯親九族以和萬國師古曰尚
書堯典云克明峻德以親九族九族既睦平章百姓百姓昭明協和萬邦故詔引之〔補注〕先謙曰官本峻作俊朕蒙遺德
奉承聖業惟念宗室屬未盡而以罪絕若有賢材改行勸善其復
屬使得自新師古曰復音扶目反冬十一月楚王延壽謀反自殺十二月癸
亥晦日有蝕之〔補注〕先謙曰五行志在營室十五度

二年春三月庚午大司馬大將軍光薨詔曰大司馬大將軍博陸
侯師古曰尊之故不名宿衞孝武皇帝三十餘年輔孝昭皇帝十有餘年遭
大難躬秉義率三公諸侯九卿大夫定萬世策以安宗廟天下蒸
庶咸以康寧師古曰蒸庶眾人也康安也〔補注〕先謙曰官本庶作眾庶功德茂盛朕甚嘉之
復其後世疇其爵邑張晏曰律非始封十減二疇者等也言不復減也師古曰復音方目反世世毋
有所與師古曰與讀曰豫功如蕭相國夏四月鳳皇集魯郡〔補注〕齊召南曰案魯是時
尚爲國不得稱郡通鑑但云集魯可謂至慎王念孫曰漢有魯國無魯郡郡字後人所加魯即魯國猶上文言鳳皇集膠東耳通鑑
作鳳皇集魯即用漢書之文非漢書有郡字而通鑑刪之也文選四子講德論注藝文類聚祥瑞部下御覽刑法部十八羽族部二
引此並作鳳皇集魯宋書符瑞志同蘇輿曰當緣下羣或作群傳寫者以形似誤衍羣鳥從之師古曰今流俗書本此下
云戊申立皇太子而後年又有立皇太子事此蓋以元紀云元帝二歲宣帝即位八歲爲皇太子故後人妄於此書加之舊本無也
據疏廣及丙吉傳並云地節三年立皇太子此即明驗而或者妄爲臆說乖於實矣大赦天下五月光祿大
夫平丘侯王遷有罪下獄死〔補注〕錢大昭曰坐平尚書聽請受臧六百萬上始親政事
又思報大將軍功德迺復使樂平侯山領尚書事師古曰霍山光之兄孫而
令羣臣得奏封事以知下情五日一聽事以下各奉職奏事〔補注〕錢大
昭曰聽事下南監本閩本並有自丞相三字先謙曰官本有自丞相三字通鑑同荀紀作丞相以下無自字以傳奏其
言應劭曰敷陳也各自奏陳其言然後試之以官考其功德也師古曰傳讀曰敷〔補注〕先謙曰傳敷古通用據應注疑所見本作
敷與今本異考試功能侍中尚書功勞當遷及有異善厚加賞賜至于
子孫終不改易師古曰言各久其職事也〔補注〕劉攽曰至于子孫謂賞賜逮及子孫非謂侍中尚書官至子孫不改
易也先謙曰顏劉說皆是荀紀變其文作輒厚加賞錫不數改易則本書之指益明樞機周密品式備具〔補注〕
何焯曰久于其任則諳習故事故品式備具也由此尚書權重人主得倚以裁決庶務東漢政歸臺閣不任三公原於宣帝也上
下相安莫有苟且之意也
三年春三月詔曰蓋聞有功不賞有罪不誅雖唐虞猶不能以化
天下今膠東相成勞來不怠師古曰王成也勞來者言慰勉而招延之也小雅鴻鴈之詩序曰勞來還
定安集之勞音盧到反來音盧代反〔補注〕王念孫曰平當傳亦作勞徠勞來雙聲字來亦勞也字本作勑說文曰勑勞也經史通
作來又作徠勞來二字有訓爲勸勉者有訓爲恩勤者孟子滕文公篇勞之來之成帝紀勸農桑出入阡陌致勞來之龔遂傳勞
來訓行郡中皆有畜積此皆訓爲勸勉者也爾雅勞來勤也小雅大東篇職勞不來毛傳來勤也正義以不被勞來爲不見勤故采
薇序曰杕杜以勤歸即是勞來也鴻鴈序曰萬民離散不安其居而能勞來還定安集之此皆訓爲恩勤者也宣紀之勞來對下文
流民八百餘口而言平當傳之勞倈亦承上文行流民而言皆是恩勤之義師古訓爲勸勉已失其指又以倈爲招徠而分勞徠爲
二義愈失之矣流民自占八萬餘口師古曰占者謂自隱度其戶口而著名籍也占音之贍反治有異
等師古曰政治異於常等其秩成中二千石賜爵關內侯〔補注〕先謙曰成事見循吏傳又
曰鰥寡孤獨高年貧困之民朕所憐也前下詔假公田貸種食師古
曰貸音吐戴反其加賜鰥寡孤獨高年帛二千石嚴敎吏謹視遇毋令失
職師古曰職常也失職謂失其常業也令內郡國舉賢良方正可親民者夏四月戊
申立皇太子大赦天下賜御史大夫爵關內侯中二千石爵右庶
長張晏曰自公孫弘後丞相常封列侯第二十等爵故賜御史大夫爵關內侯第十九等爵也右庶長第十一等爵也師古曰張

說非也此以立皇太子國之大慶故特賜御史大夫及中二千石爵耳非常制也天下當為父後者爵一
級賜廣陵王黃金千斤諸侯王十五人黃金各百斤列侯在國者
八十七人黃金各二十斤冬十月詔曰迺者九月壬申地震朕甚
懼焉有能箴朕過失師古曰箴戒也及賢良方正直言極諫之士以匡朕
之不逮師古曰匡正也毋諱有司李奇曰諱避也雖有司在顯職皆言其過勿避之朕既不德不
能附遠是以邊境屯戍未息今復飭兵重屯久勞百姓師古曰飭讀與敕同
飭整也非所以綏天下也其罷車騎將軍右將軍屯兵補注齊召南曰此罷兩將
軍之屯兵非罷將軍官也是時車騎將軍為張安世右將軍為霍禹帝此舉以收霍氏權柄耳又詔池籞未御幸
者假與貧民蘇林曰折竹以繩緜連禁禦使人不得往來律名為籞服虔曰籞在池水中作室可用棲鳥鳥入中則捕
之應劭曰池者陂池也籞者禁苑也臣瓚曰籞者所以養鳥也設為藩落周覆其上令鳥不得出猶苑之畜獸池之畜魚也師古曰
蘇應二說是郡國宮館勿復修治流民還歸者假公田貸種食師古曰貸音吐
戴反種五穀種也音之勇反且勿算事師古曰不出算賦及給繇役十一月詔曰朕既不逮

前漢八　九

導民不明師古曰不逮者意慮不及也反側晨興念慮萬方不忘元元唯恐羞
先帝聖德師古曰羞謂忝辱也故並舉賢良方正以親萬姓歷載臻茲然而
俗化闕焉師古曰多歷年載迄至于今傳曰孝弟也者其為仁之本與師古曰論語載
有若之言與讀曰予其令郡國舉孝弟有行義聞于鄉里者各一人十二月
初置廷尉平四人秩六百石補注先謙曰因路溫舒之疏見溫舒傳及刑法志省文山郡
并蜀師古曰以其縣道隸蜀郡
四年春二月封外祖母為博平君補注先謙曰王夫人之母詳外戚傳故酇侯蕭何
曾孫建世為侯詔曰導民以孝則天下順今百姓或遭衰絰凶災
師古曰衰音千回反而吏繇事使不得葬師古曰繇讀曰傜事謂役使之傷孝子之心朕甚
憐之自今諸有大父母父母喪者勿繇事使得收斂送終盡其子
道補注周壽昌曰後書陳忠傳元初三年有詔大臣得行三年喪服闋還職忠因上言孝宣皇帝舊令人從軍屯及給事縣官者
大父母死未滿三月皆勿繇令得葬送諸依此制據此舊令分析尤詳紀特述其大綱也夏五月補注先謙曰五行志山陽

濟陰雨雹如雞子殺二十人飛鳥皆死詔曰父子之親夫婦之道天性也雖有患禍
猶蒙死而存之師古曰蒙冒也誠愛結于心仁厚之至也豈能違之哉自
今子首匿父母妻匿夫孫匿大父母皆勿坐師古曰凡首匿者言為謀首而藏匿罪人
補注周壽昌曰顏說未晰直言首謀藏匿罪人耳其父母匿子夫匿妻大父母匿孫罪殊
死皆上請廷尉以聞補注何焯曰此詔最得法意非前人不知及此也蓋古者議事以制子首匿父母等固在
所原宥耳父母匿子情雖同而平居失於不教故坐之然猶必上請將權衡其輕重以行法或直原宥之也周壽昌曰鹽鐵論周秦
篇父母之於子雖有罪猶匿之豈不欲服罪子為父隱父為子隱未聞父子之相坐也論語皇侃疏今王法許期親以上得相為隱
不問其罪是也邢昺疏今律大功以上得相容隱告言父祖者入十惡蓋由漢宣此詔推廣之立廣川惠王孫文
為廣川王秋七月大司馬霍禹謀反詔曰迺者東織室令史張赦
應劭曰舊時有東西織室織作文繡郊廟之服令史其主者吏使魏郡豪李竟文穎曰有權埶豪右大家報冠
陽侯霍雲謀為大逆如淳曰報白也師古曰此說非也謂張赦因李竟傳言於霍雲與其謀反耳非告白其罪
也赦既為織室令史身在京師不須令李竟發之據霍禹傳其事明矣補注先謙曰官本注無下令字朕以大將軍

前漢八　十

故抑而不揚冀其自新今大司馬博陸侯禹與母宣成侯夫人顯
及從昆弟冠陽侯雲樂平侯山師古曰據霍光傳雲山皆去病之孫則於禹為子行也今此紀言從
昆弟蓋轉寫者脫子字耳當言從昆弟子也補注洪頤煊曰霍光傳載此詔固作從昆弟子又恩澤侯表言光為山雲之從祖祖父
外戚傳言山雲為去病之孫皆與光傳同惟魏相蕭望之傳言光兄子山為異諸姊妹壻度遼將軍范明
友長信少府鄧廣漢中郎將任勝騎都尉趙平長安男子馮殷等
晉灼曰漢語字子都補注周壽昌曰漢辛延年羽林郎詩云昔有霍家奴姓馮名子都即此馮殷詩中稱金吾子題曰羽林郎殷所
居官職也或謂詔稱男子似非有官職者案漢時有官者亦稱男子功臣表德侯景建以長安大夫封侯劉屈氂傳作長安男子景
建是也又疑霍光傳殷稱監奴不當有官案光傳霍氏奴入御史府欲躢大夫門御史為叩頭謝又云使樂成以小家子得幸將軍
至九卿封侯則以監奴為羽林郎無足異也謀為大逆顯前又使女侍醫淳于衍進藥
殺共哀后師古曰殺讀曰弑共讀曰恭謀毒太子欲危宗廟逆亂不道咸服其
辜補注先謙曰官本服作伏諸為霍氏所詿誤未發覺在吏者皆赦除之八月
己酉皇后霍氏廢九月詔曰朕惟百姓失職不贍遣使者循行郡

國問民所疾苦師古曰行音下更反吏或營私煩擾不顧厥咎朕甚閔之今
年郡國頗被水災已振貸師古曰貸音吐戴反鹽民之食而賈咸貴師古曰賈讀曰
價其下亦同衆庶重困師古曰更增其困也重音直用反其減天下鹽賈又曰令甲死
者不可生文穎曰蕭何承秦法所作爲律令律經是也天子詔所增損不在律上者爲令令甲者前帝第一令也如淳曰
令有先後故有令甲令乙令丙師古曰如說是也甲乙者若今之第一第二篇耳刑者不可息李斐曰息滅也若黥
劓者雖欲改過其創瘢不可復滅也師古曰息謂生長也言劓刖臏割之徒不可更生長亦猶謂子爲息耳李說非也此先
帝之所重而吏未稱師古曰稱副也今繫者或以掠辜若飢寒瘐死獄中
蘇林曰瘐病也囚徒病律名爲瘐如淳曰律囚以飢寒而死曰瘐師古曰瘐病是也此言囚或以掠笞及飢寒及疾病而死如說非
矣瘐音庾字或作瘉其音亦同〔補注〕蘇輿曰掠辜者情罪未得笞掠過當何用心逆人道也朕甚痛之
其令郡國歲上繫囚以掠笞若瘐死者所坐名縣爵里師古曰名其人名也
縣所屬縣也爵其身之官爵也里所居邑里也丞相御史課殿最以聞師古曰凡言殿最者殿後也課居後
也最凡要之首也課居先也殿音丁見反〔補注〕何焯曰令法監繫罪囚管獄官有罰蓋始於宣帝十二月清河王

年有罪廢〔補注〕錢大昭曰坐鳥獸行遷房陵
元康元年春以杜東原上爲初陵更名杜縣爲杜陵徙丞相將軍
列侯吏二千石訾百萬者杜陵三月詔曰迺者鳳皇集泰山陳留
甘露降未央宮朕未能章先帝休烈師古曰章明也休美也烈業也協寍百姓承
天順地調序四時獲蒙嘉瑞賜茲祉福夙夜兢兢靡有驕色內省
匪解永惟罔極師古曰省視也永長也惟思也罔無也極中也帝言內自視察不敢惰怠長思正道恐無其中也解
讀曰懈〔補注〕周壽昌曰極已也永惟罔極言永思之無已正與上匪解對文顏說失之先謙曰官本注正作政書不云乎
鳳皇來儀庶尹允諧師古曰虞書益稷之篇曰簫韶九成鳳皇來儀擊石拊石百獸率舞庶尹允諧言奏樂之
和鳳皇以其容儀來下百獸相率舞蹈是乃衆官之長信皆和輯故神人交暢〔補注〕錢大昭曰不南監本閩本竝作尹先謙曰官本
作尹是其赦天下徒賜勤事吏中二千石以下至六百石爵自中郎
吏至五大夫師古曰賜中郎吏爵得至五大夫自此以上每爲等級而高賜也五大夫第九爵也一曰二千石至五大
夫自此以下而差降〔補注〕劉攽曰爵自中郎吏文誤蓋本云自中更至五大夫傳者誤以更爲吏遂衍出郎字與民爵不過公乘則

賜吏爵自五大夫而上也以中二千石爵中更二千石亦當左更眞比同千石當右庶長六百石則五大夫矣壽本始元年詔文[illegible]
知此說是蘇輿曰爵屬上爲句自中更至五大夫猶本始詔云自左更至五大夫也佐史以上二級民一級
女子百戶牛酒加賜鰥寡孤獨三老孝弟力田帛所振貸勿收夏
五月立皇考廟益奉明園戶爲奉明縣師古曰奉明園卽皇考史皇孫之所葬也本名廣明
後追改也〔補注〕先謙曰奉明京兆縣在今西安府長安縣北復高皇帝功臣絳侯周勃等百三
十六人家子孫令奉祭祀師古曰復音方目反下亦同〔補注〕先謙曰通鑑考異云功臣表詔復家者皆
云元康四年其數非一不容盡訛蓋紀訛耳錢大昕云攷功臣表諸功臣之後詔復家者實百二十三人與紀人數不合或表有脫
漏矣表稱元康四年而紀書於元年葢有司奉詔檢校得實請於朝而復之非一時所易了紀所書者下詔之歲表所書者賜復之
歲也先謙案錢說是官本注次下作以下世世勿絕其毋嗣者復其次秋八月詔曰朕
不明六蓺鬱于大道孟康曰鬱不通也是以陰陽風雨未時其博舉吏民
厥身修正通文學明於先王之術宣究其意者各二人師古曰究盡也〔補注〕
劉攽曰此詔是下丞相御史者故云各二人下云中二千石各一人於文似少潤飾何焯曰宣帝雖不甚用儒然於通經者未嘗不

加勸誘亦武帝家法也沈欽韓曰此詔丞相御史令各舉二人大司馬當亦如丞相御史中二千石各一人冬
置建章衛尉
二年春正月詔曰書云文王作罰刑茲無赦師古曰周書康誥之辭也言文王作法罰
其有亂常違教者則刑之無放釋也今吏修身奉法未有能稱朕意朕甚愍焉其赦
天下與士大夫厲精更始李斐曰今吏已修身奉法矣但不能稱上意耳故赦之師古曰言文王作罰有
犯之者皆刑無赦今我意有所閔閔吏修身奉法矣而未稱其任故特赦之與更始耳李說非也〔補注〕劉攽曰言吏修身奉法未有
能稱朕意故須赦也何則身不修則不能率下法不奉則或阿枉如此則民坐罪者乃無辜安得如文王刑茲無赦也劉敞曰此詔
正謂吏未能修身奉法有稱上意者故特赦之與更始中徼之也顏李以意疑宣帝不當謂吏皆未修身奉法乃斷其辭曲爲釋解
失之遠矣先謙曰攽說是官本注無上耳字二月乙丑立皇后王氏師古曰王奉光女賜丞相
以下至郎從官錢帛各有差三月以鳳皇甘露降集賜天下吏爵
二級民一級女子百戶牛酒鰥寡孤獨高年帛夏五月詔曰獄者
萬民之命所以禁暴止邪養育羣生也能使生者不怨死者不恨

則可謂文吏矣今則不然用法或持巧心析律貳端深淺不平（師古曰析分也謂分破律條妄生端緒呂出入人罪）增辭飾非呂成其罪奏不如實上亦亡繇知（師古曰上者天子自謂也繇讀與由同）此朕之不明吏之不稱四方黎民將何仰哉二千石各察官屬勿用此人吏務平法或擅興繇役飾廚傳稱過使客（韋昭曰廚謂飲食傳謂傳舍言修飾意氣呂稱過使而已師古曰使人及賓客來者稱其意而遣之令過去也稱音尺孕反過者過度之過也）越職踰法呂取名譽譬猶踐薄冰呂待白日豈不殆哉（師古曰殆危也）今天下頗被疾疫之災朕甚愍之其令郡國被災甚者毋出今年租賦又曰聞古天子之名難知而易諱也（補注先謙曰字不常用故難知）今百姓多上書觸諱呂犯罪者朕甚憐之（補注周壽昌曰上書觸諱犯罪漢制無考齊書王慈傳慈以朝堂諱榜非古舊制上表議廢儀曹郎任昉議云班諱之典爰自漢世降及有晉歷代無爽今之諱榜兼明義訓邦之字國實爲前事之徵名諱之重情敬斯極故懸諸朝堂搢紳所聚將使起伏晨昏不違耳目禁避之道昭然易從慈議遂止據昉言是漢故有班諱之典石奮傳石建爲郎中令奏事下建讀之驚恐曰書馬者與尾而五今迺四不足一獲譴死矣據此上書誤

一字猶慮譴死則觸諱之罪當更不輕唐律諸上書若奏事誤犯宗廟諱者杖八十口誤及餘文書誤犯者笞五十又云即爲名字觸犯者徒三年若嫌名及二名偏犯者不坐援此亦可測漢制也）其更諱詢（補注何焯曰宣帝因人有以觸諱犯罪者故更其名然則生而諱名前此已然疑起秦世周壽昌曰更讀曰庚禮記卒哭乃諱左傳周人以諱事神名終將諱之故生稱名死稱諱此宣帝生時詔亦云諱者漢名諱無異稱說文木部秀云上諱謂光武也示部祜云上諱則安帝也許慎卒於建光元年其子沖即於其年奏上說文安帝尚存禮云大夫之所有公諱注辟君諱也是生稱諱也南燕錄慕容德即皇帝位曰漢宣憫吏民犯諱故改名朕今增一備字以爲復名庶開臣子避諱之路是慕容生自稱諱且引孝宣此事）諸觸諱在令前者赦之（師古曰令謂今詔書）冬京兆尹趙廣漢有罪要斬（補注錢大昕曰廣漢傳事在地節三年相校差三歲又公卿表本始三年潁川太守趙廣漢爲京兆尹六年下獄要斬自本始三年數至地節四年恰是六年校之本傳後一年校之本紀又先二年俱不相合周壽昌曰通鑑載此事於元康元年考異云本紀元康二年冬廣漢有罪要斬百官表本始三年廣漢爲京兆尹六年要斬元康元年守京兆彭城太守遺案廣漢傳司直蕭望之劾奏廣漢摧辱大臣望之自司直爲平原太守元康元年自平原太守爲少府然則廣漢死當在元康元年本紀誤也壽昌案考異正本紀之誤固當謂必在元康元年亦有可疑考蕭望之傳望之以大行治禮丞累遷諫大夫丞相司直歲中三遷官至二千石其後霍氏反誅望之寖益任用乃出爲平原太守考霍氏之反在地節四年傳敘望之爲司直在前而云其後霍氏反知爲司直正當此年即劾奏廣漢亦必在此年表於元康元年書平原太守蕭望之爲少府益可知望之爲司直在先一年而廣漢被誅不能踰四年之冬其書守京兆尹遺於元康元年廣漢於四年冬見法遺受任於元康元年春也）

三年春呂神爵數集泰山賜諸侯王丞相將軍列侯二千石金郎從官帛各有差賜天下吏爵二級民一級女子百戶牛酒鰥寡孤獨高年帛三月詔曰蓋聞象有罪舜封之（應劭曰象者舜弟也日呂殺舜爲事舜爲天子猶封之於有鼻之國）骨肉之親粲而不殊（師古曰粲明也殊絕也當明於仁恩不離絕也〔補注〕吳仁傑曰地理志二百里蔡刊誤云蔡讀如蔡蔡叔之蔡案左傳正義周公殺管叔而蔡蔡叔蔡字本粲字隸書改作粲遂失本體說文粲散之也從米殺聲然則粲與蔡皆當作粲粲於說文訓散而昌邑王傳亦載詔文作析而不殊散與析同義則粲之爲粲審矣顏依字釋之疑非王念孫曰師古訓粲爲明骨肉之親明而不殊則文不成義故加數字解之甚矣其鑿也今案粲之言散也言骨肉之親雖分散而終不殊絕也文選求通親親表骨肉之恩爽而不離李善注漢書宣帝詔曰骨肉之親粲而不殊如淳曰粲或爲散是其明證矣武五子傳載此詔作骨肉之親析而不殊析亦散也說文粲粲散之也昭元年左傳周公殺管叔而蔡蔡叔杜注蔡放也釋文上蔡字音素葛反放也說文作粲正義粲爲放散之義故訓爲放也散粲蔡粲語之轉皆謂分散也蔡之爲粲猶翠蔡之爲翠粲矣[illegible]與惠氏同先謙曰官本注當作常）其封故昌邑

王賀爲海昏侯（補注先謙曰事詳賀傳海昏豫章縣）又曰朕微眇時御史大夫丙吉中郎將史曾史玄長樂衞尉許舜侍中光祿大夫許延壽皆與朕有舊恩及故掖庭令張賀輔導朕躬修文學經術恩惠卓異厥功茂焉詩不云乎無德不報（師古曰大雅抑之詩也言受人之德必有報也）封賀所子弟子侍中中郎將彭祖爲陽都侯（如淳曰賀張安世兄有一子早死故呂彭祖爲子師古曰所子者言養弟子呂爲子〔補注〕何焯曰平帝元始元年始著令諸侯王公列侯關內侯亡子而有孫若子同產子者皆得以爲嗣彭祖特以賀舊恩得封殊數也周壽昌曰安世傳內封關內侯彭祖無中郎將三字此無關內侯三等所謂互文以徵實也）追賜賀謚曰陽都哀侯吉曾玄舜延壽皆爲列侯故人下至郡邸獄復作（師古曰謂胡組趙徵卿之輩也復音扶目反〔補注〕先謙曰官本注無音字）嘗有阿保之功（臣瓚曰阿倚保養也）皆受官

祿田宅財物各以恩深淺報之夏六月詔曰前年夏神爵集雍晉灼曰漢注大如鷃爵黃喉白頸黑背腹斑文也師古曰鷃音晏今春五色鳥以萬數飛過屬縣師古曰三輔諸縣也翱翔而舞欲集未下其令三輔毋得以春夏擿巢探卵彈射飛鳥師古曰擿音佗狄反射音食亦反〔補注〕宋祁曰南本飛鳥下有畢年二字具爲令〔補注〕蘇輿曰上疏一事不當言具疑著字音近而譌立皇子欽爲淮陽王

四年春正月詔曰朕惟耆老之人髮齒墮落血氣衰微亦亡暴虐之心今或罹文法拘執囹圄不終天命朕甚憐之自今以來諸年八十以上非誣告殺傷人佗皆勿坐師古曰誣告人及殺傷人皆如舊法其餘則不論〔補注〕何焯曰誣告人與殺傷人同在不以老耄縱舍之科當時誣告之重如此遣大中大夫彊等十二人〔補注〕洪頤煊曰彊李彊也公卿表元康四年太中大夫李彊中君守少府神爵三年少府李彊爲大鴻臚杜陵人素善揚雄爲益州牧見王貢兩龔傳序少府李彊議見蕭望之傳李慈銘曰王貢兩龔傳序所云之李彊當別是一人循行天下師古曰行音下更反存問鰥寡覽觀風俗察吏治得失舉茂材異倫之士二月河東

霍徵史等謀反誅三月詔曰迺者神爵五采以萬數集長樂未央北宮高寢甘泉泰畤殿中及上林苑朕之不逮寡于德厚屢獲嘉祥非朕之任〔補注〕蘇輿曰言非朕所克當其賜天下吏爵二級民一級女子百戶牛酒加賜三老孝弟力田帛人二匹鰥寡孤獨各一匹秋八月賜故右扶風尹翁歸子黃金百斤以奉其祭祀又賜功臣適後師古曰適讀曰嫡承嗣者也或子或孫不拘後裔故總言後也〔補注〕先謙曰官本注在人二十斤下黃金人二十斤丙寅大司馬衞將軍安世薨比年豐穀石五錢師古曰比頻也〔補注〕周壽昌曰食貨志宣帝即位歲數豐穰穀至石五錢農人少利案穀賤傷農不止少利而已此耿壽昌常平倉之法不能不行也

神爵元年應劭曰前年神爵集於長樂宮故改年〔補注〕吳仁傑曰郊祀志明言帝幸河東祠后土有神爵集故改元爲神爵劭舉前年長樂宮事非下文載改元詔曰幸萬歲宮神爵翔集其以五年爲神爵元年案黃圖萬歲宮在汾陰正祠后土處也上文云神爵仍集謂二年集雍三年集泰山四年集長樂也又歷敍金芝奇獸白虎威鳳珍祥之眾末乃言萬歲宮神爵則冠元之意在此不在彼先謙曰官本注改下作元是春正月行幸甘泉郊泰畤三月行幸河東祠后土詔曰朕承宗廟戰戰栗栗惟萬事統未燭厥理師古曰惟思也統緒也燭照也迺元康四年嘉穀玄稷降于郡國服虔曰玄稷黑粟也〔補注〕沈欽韓曰藝文類聚引古今注云元康四年長安雨黑黍粟又云南陽雨豆詔指此神爵仍集師古曰仍頻也金芝九莖產于函德殿銅池中服虔曰金芝色像金也如淳曰函亦含也銅池承霤也晉灼曰以銅作池也師古曰函德殿名也銅池承霤是也以銅爲之函讀與含同〔補注〕先謙曰此漢鐃歌上陵曲所稱甘露初二年芝生銅池中仙人下來飲延壽千萬歲也九眞獻奇獸蘇林曰白象也晉灼曰漢注駒形鱗色牛角仁而愛人師古曰非白象也晉說是矣〔補注〕先謙曰官本鱗作麟是南郡獲白虎威鳳爲寶服虔曰威鳳鳥名也晉灼曰鳳之有威儀者也與尚書鳳皇來儀同意師古曰晉說是朕之不明震于珍物服虔曰震驚也蘇林曰震動也珍物瑞應也師古曰蘇說是也獲珍物而心感動也〔補注〕何焯曰以震爲驚乃與下懼不能任之意協服說是先謙曰震者悚敬之意與武紀震于怪物義同飭躬齋精祈爲百姓師古曰飭與敕同爲音于僞反東濟大河天氣清靜神魚舞河幸萬壽宮神爵翔集服虔曰萬歲宮在東郡平陽縣今有津晉灼曰黃圖汾陰有萬歲宮是時幸河東師古曰晉說是朕之不德懼不能任其以五年爲神爵元年賜天下勤事吏爵二級民

一級女子百戶牛酒鰥寡孤獨高年帛所振貸物勿收行所過毋出田租西羌反發三輔中都官徒弛刑李奇曰弛廢也謂若今徒解鉗鈦赭衣置任輸作也師古曰中都官京師諸官府也漢儀注長安中諸官獄三十六所弛刑李說是也若今徒囚但不枷鎖而責保散役之耳弛音式爾反及應募佽飛射士服虔曰周時度江越人在船下負船將覆之佽飛入水殺之漢因以材力名官如淳曰呂氏春秋荊有茲非得寶劍於干將度江中流兩蛟繞舟茲非拔寶劍赴江刺兩蛟殺之荊王聞之任以執圭後世以爲勇力之官茲佽音相近臣瓚曰本秦左弋官也武帝改曰佽飛官有一令九丞在上林苑中結矰繳以弋鳧鴈歲萬頭以供祀宗廟許愼曰佽便利也便利矰繳以弋鳧鴈故曰佽飛詩曰抉拾既佽者也師古曰取古勇力人以名官熊渠之類是也亦因取其便利輕疾若飛故號佽飛弋鳧鴈事自使佽飛爲之非取飛鳥爲名瓚說失之佽音次〔補注〕周壽昌曰注抉拾詩本作決拾先謙曰官本注度作渡羽林孤兒應劭曰天有羽林大將軍之星林諭若林本之盛羽羽翼鷙擊之意故以名武官焉如淳曰百官表取從軍死事者之子養羽林官教以五兵號曰羽林孤兒少壯令從軍漢儀注羽林從官七百人〔補注〕先謙曰官本諭作喻是胡越騎三河潁川沛郡淮陽汝南材官金城隴西天水安定北地上郡騎士羌騎詣金城夏四月遣後將軍趙充國彊弩將軍許延壽擊西羌

六月有星孛于東方即拜酒泉太守辛武賢爲破羌將軍師古曰即就也就酒泉而拜之不徵入與兩將軍並進師古曰兩將軍即趙充國許延壽詔曰軍旅暴露轉輸煩勞其令諸侯王列侯蠻夷王侯君長當朝二年者皆毋朝師古曰朝來年之正月秋〔補注〕先謙曰五行志云大旱賜故大司農朱邑子黃金百斤以奉祭祀後將軍充國言屯田之計語在充國傳

二年春二月詔曰迺者正月乙丑鳳皇甘露降集京師羣鳥從以萬數朕之不德屢獲天福〔補注〕錢大昭曰屢漢書皆作婁此獨不然誤祗事不怠其赦天下夏五月羌虜降服斬其首惡大豪楊玉酋非首文穎曰羌胡名大帥爲酋如中國言魁非首其名也如淳曰酋音酒醋熟師古曰文說失矣酋者自其魁帥之稱而此酋不當其義也蓋首惡者唱首爲惡也大豪者魁帥也楊玉及酋非皆人名言斬此二人之首級耳既已言大豪不當重言酋且趙充國傳又云酋非楊玉首此其明驗也酋音才由反〔補注〕宋祁曰予案醋非字當爲酋音酒熟鄭注月令酒熟曰酋沈欽韓曰案趙充國傳明年五月充國奏請罷屯振旅還其秋羌若零其斬先零大豪猶非楊玉首蓋充國以五月還兵其時楊玉等未誅觀充國奏甚明紀作五月誤

置金城屬國以處降羌秋匈奴日逐王先賢撣鄭氏曰撣音纏束之纏晉灼曰音田師古曰鄭音是也將人眾萬餘來降使都護西域騎都尉鄭吉迎日逐破車師皆封列侯〔補注〕蘇輿曰先賢撣與吉皆封九月司隸校尉蓋寬饒有罪下有司自殺匈奴單于遣名王奉獻師古曰名王者謂有大名以別諸小王也賀正月始和親師古曰賀來歲之正月

三年春起樂游苑師古曰三輔黃圖云在杜陵西北又關中記云宣帝立廟於曲池之北號樂游案其處則今之所呼樂游廟者是也其餘基尚可識焉蓋本爲苑後因立廟乎樂音來各反〔補注〕何焯曰樂游苑猶景帝之德陽宮皆自作廟也微眇時尤樂杜鄠之間故以杜東原爲初陵而以樂游名苑沈欽韓曰長安志樂游廟在萬安縣南八里亦曰樂游原程大昌雍錄唐曲江本秦隑州至漢爲樂游苑基地最高四望寬敞三月丙午丞相相薨師古曰魏相秋八月詔曰吏不廉平則治道衰今小吏皆勤事而奉祿薄師古曰奉音扶用反其下亦同欲其毋侵漁百姓難矣如淳曰漁奪也謂奪其利便也晉灼曰許慎云捕魚之字也師古曰漁者若言漁獵也晉說是也其益吏百石以下奉十五如淳曰律百石奉月六百韋昭曰若食一斛則益五斗〔補注〕宋祁曰刊誤據後漢志及師古百官表注當云律百石奉月十六斛先謙曰通鑑考異云荀紀云益吏百石以下俸五十斛蓋以十五難曉故改之然詔云以下恐難指五十斛也

四年春二月詔曰迺者鳳皇甘露降集京師嘉瑞並見修興泰一五帝后土之祠祈爲百姓蒙祉福師古曰爲音于僞反鸞鳳萬舉蜚覽翱翔集止于旁師古曰萬舉猶言舉以萬數也蜚古飛字也言鸞鳳飛翔覽觀都邑也〔補注〕先謙曰鐃歌上陵曲滄海之雀赤翅鴻白鴈隨山林作開作合曾不知日月明與此文可互證齋戒之暮神光顯著薦鬯之夕神光交錯師古曰鬯香酒所以祭神或降于天或登于地或從四方來集于壇上帝嘉嚮海內承福師古曰嚮讀曰饗其赦天下賜民爵一級女子百戶牛酒鰥寡孤獨高年帛夏四月潁川太守黃霸以治行尤異秩中二千石如淳曰太守雖號二千石有千石八百石居者有功德茂異乃得滿秩霸得中二千石九卿秩也晉灼曰此直謂二千石增秩爲中二千石耳不謂滿不滿也師古曰如說非也霸舊已二千石矣今增爲中二千石以寵異之此與地節三年增膠東相王成秩其事同耳漢制秩二千石者一歲得一千四百四十石實不滿二千石也其云中二千石者一歲得二千一百六十石舉成數

言之故曰中二千石中者滿也賜爵關內侯黃金百斤及潁川吏民有行義者爵人二級力田一級貞婦順女帛〔補注〕周壽昌曰貞婦順女自古無稱自孝宣有此詔而後世婦女節孝之旌準諸此矣順即孝也孝應屬之婦以其爲女變文稱順也令內郡國舉賢良可親民者各一人五月匈奴單于遣弟呼留若王勝之來朝師古曰呼留若者王之號也勝之其人名〔補注〕先謙曰匈奴傳單于遣弟伊酋若王勝之入漢獻見即其人此作呼留若王譯音無定字也冬十月鳳皇十一集杜陵十一月河南太守嚴延年有罪棄市十二月鳳皇集上林

五鳳元年應劭曰先者鳳皇五至因以改元云春正月行幸甘泉郊泰畤皇太子冠〔補注〕先謙曰通鑑考異云荀紀於元康三年二疏去位事已云皇太子冠至是又重複言之蓋誤也皇太后賜丞相將軍列侯中二千石帛人百匹大夫人八十匹〔補注〕宋祁曰一本作夫丁八十匹先謙曰大讀曰太官本作太下有夫人六十匹五字引宋祁曰一本無此五字又賜列侯嗣子爵五大夫男子爲父後者爵一級夏赦徒作杜陵者冬十二月乙酉朔日有

蝕之〔補注〕先謙曰五行志在婺女十度左馮翊韓延壽有罪棄市〔補注〕錢大昭曰坐誣愬典法大臣欲以解罪

二年春三月行幸雍祠五畤〔補注〕先謙曰通鑑作正月上幸甘泉郊泰畤考異云宣紀作三月荀紀作正月按漢制常以正月郊祀蓋荀悅作紀之時本猶未誤也又楊惲傳云行必不至河東矣蓋時亦幸河東祠后土史脫之也夏四月己丑大司馬車騎將軍增薨師古曰韓增秋八月詔曰夫婚姻之禮人倫之大者也酒食之會所以行禮樂也〔補注〕劉敞曰多樂字陽夏公曰古語多此類非衍字也今郡國二千石或擅爲苛禁禁民嫁娶不得具酒食相賀召由是廢鄉黨之禮令民亡所樂非所以導民也詩不云乎民之失德乾餱以愆師古曰小雅伐木之詩也餱食也愆過也言人無恩德不相飲食則闕乾餱之事爲過惡也乾音干餱音侯勿行苛政〔補注〕周壽昌曰禮郊特牲云昏禮不賀人之序也前漢承周制故郡國二千石禁民嫁娶不得具酒食相賀召至此特詔弛禁也田蚡傳元光四年蚡娶燕王女爲夫人太后詔列侯宗室皆往賀似在武帝時已有賀婚之禮或此奉特詔未通行民間曲禮爲酒食以召鄉黨僚友則婚時具酒食相賀召本古禮也冬十一月匈奴呼遬累

單于帥衆來降師古曰遬古速字累音力追切〔補注〕周壽昌曰功臣表與此同但名爲烏厲溫敦匈奴傳敦未爲單于並不在五單于之列顏注呼遬累其官號也而三年下詔尚稱爲呼遬累單于通鑑考異云或降時自稱單于或紀表二者誤也壽昌謂此亦非誤班紀表就當時著記書之於匈奴傳紀其實耳先謙曰官本切作反封爲列侯十二月平通侯楊惲師古曰惲音於吻反〔補注〕錢大昭曰陽南監本作楊閩本作揚先謙曰官本作楊是坐前爲光祿勳有罪免爲庶人不悔過怨望大逆不道要斬〔補注〕齊召南曰案惲之死在四年此時但與戴長樂相告免官耳通鑑考異已辨此條之誤

三年春正月癸卯丞相吉薨師古曰丙吉也三月行幸河東祠后土詔曰往者匈奴數爲邊寇百姓被其害朕承至尊〔補注〕先謙曰言繼即尊位未能綏定〔補注〕先謙曰官本定作安匈奴虛閭權渠單于請求和親病死右賢王屠耆堂代立骨肉大臣立虛閭權渠單于子爲呼韓邪單于擊殺屠耆堂諸王並自立分爲五單于更相攻擊師古曰更音工衡反死者以萬數畜產大秏什八九師古曰秏損也言十損其八九也秏音呼到反人民飢餓相燔燒以求食師古曰燔焚也音扶元反因大乖亂單于閼氏服虔曰閼氏音焉支子孫昆弟及呼遬累單于名王右伊秩訾且渠當戶以下師古曰伊秩訾且渠當戶皆匈奴官號也訾音子移反且音子余反〔補注〕先謙曰官本注伊作尹將衆五萬餘人來降歸義單于稱臣使弟奉珍朝賀正月北邊晏然靡有兵革之事朕飭躬齋戒師古曰飭與敕同郊上帝祠后土神光並見或興于谷燭燿齊宮十有餘刻師古曰燭亦照也刻者以漏言時也甘露降神爵集已詔有司告祠上帝宗廟三月辛丑鸞鳳又集長樂宮東闕中樹上張晏曰門外闕內行馬之裏樹也〔補注〕先謙曰官本注行作衡飛下止地文章五色留十餘刻吏民並觀朕之不敏懼不能任婁蒙嘉瑞獲茲祉福師古曰婁古屢字書不云乎雖休勿休祗事不怠師古曰周書呂刑之辭雖見褒美勿自以爲有德美當敬於事無怠墮也〔補注〕先謙曰官本注褒作襃墮作惰是公卿大夫其勗焉師古曰勗勉也減天下口錢赦殊死以下賜民爵一級女子百戶牛酒大酺五日加賜鰥寡孤獨高年帛置西河北地屬國以處匈奴降者

四年春正月廣陵王胥有罪自殺匈奴單于稱臣遣弟谷蠡王入侍服虔曰谷音鹿韋昭曰蠡音如麗反師古曰谷服音是也蠡音落奚反〔補注〕先謙曰通鑑考異云按匈奴傳呼韓邪稱臣即遣銖婁渠堂入侍事在明年時匈奴有三單于不知此單于爲誰也以邊塞亡寇減戍卒什二大司農中丞耿壽昌奏設常平倉以給北邊應劭曰壽昌奏令邊郡穀賤時增賈而糴穀貴時減賈而糶名曰常平倉見食貨志〔補注〕先謙曰兩賈字官本作價字同省轉漕賜爵關內侯夏四月辛丑晦日有蝕之〔補注〕王念孫曰晦當爲朔五行志云五鳳四年四月辛丑朔日有食之是爲正月朔慝未作左氏以爲重異則當作朔明矣下文詔曰皇天見異以戒朕躬諸日食不言異而此獨言異亦以其在正月之朔也漢紀孝宣紀通鑑漢紀十九並作朔先謙曰在畢十九度詔曰皇天見異以戒朕躬是朕之不逮吏之不稱也師古曰稱副也以前使使者問民所疾苦復遣丞相御史掾二十四人循行天下師古曰行音下更反舉冤獄察擅爲苛禁深刻不改者

甘露元年春正月行幸甘泉郊泰畤匈奴呼韓邪單于遣子右賢王銖婁渠堂入侍師古曰銖音殊婁音力于反二月丁巳大司馬車騎將軍延

壽文穎曰許延壽〔補注〕錢大昭曰表與漢紀俱作三月夏四月黃龍見新豐丙申太上皇廟火〔補注〕先謙曰五行志作中山太上皇廟災中山二字衍甲辰孝文廟火〔補注〕張照曰兩火字竝應是災字左傳曰火人火之也儱係人火之必記事實故知竝是災字之譌四年未央宮宣室閣火亦然先謙曰五行志作災但本書災火二字義不分析凡言災者志竝在火不炎上傳中不能執人火天火爲說上素服五日冬匈奴單于遣弟左賢王來朝賀

二年春正月立皇子囂爲定陶王師古曰囂音敖詔曰迺者鳳皇甘露降集黃龍登興醴泉滂流〔補注〕吳仁傑曰案漢儒記禮有天降膏露地出醴泉之文故一時遵用其說王充非之曰爾雅甘露時降萬物以嘉謂之醴泉醴泉乃甘露也今儒者或謂從地中出案爾雅釋水章使有醴泉醴泉從地出當於此章言之何故反居四時章中乎然則醴泉甘露本一物也又曰衡陽嘗有甘露降劉貢父云此戾氣所成其名爵錫王定國謂當從博讖者求甘露爵錫之別案汝南先賢傳曰都尉聽事前有甘露降功曹鄭敬曰明府政事未能致甘露但木汁耳又陳群明中松柏林冬月出木醴後主以爲甘露之瑞俗呼爲爵錫貢父所云其出於此王仲任曰欲驗爾雅之甘露以萬物豐熟災害不生此則甘露之驗其言足以泮羣疑也枯槁榮茂師古曰槁音口老反神光竝見咸受禎祥師古曰禎正也祥福也禎音貞其赦天下減民算三十師古曰一算減錢三十也〔補注〕先謙曰漢律人出一算算百二十錢賜諸侯王丞相將軍列侯中二千石金錢各有差賜民爵一級女子百戶牛酒鰥寡孤獨高年帛夏四月遣護軍都尉祿將兵擊珠崖〔補注〕錢大昭曰祿漢紀作張祿先謙曰官本考證云珠崖前後文俱作厓先謙案通鑑亦作張祿秋九月立皇子宇爲東平王〔補注〕錢大昕曰諸侯王表宇囂竝以是年十月乙亥封與紀異冬十二月行幸萯陽宮應劭曰宮在鄠秦文王所起伏儼曰在扶風李斐曰萯音倍師古曰應說李音是也〔補注〕錢大昭曰東方朔傳作倍陽李斐音萯爲倍故字又作倍負倍古通用夏本紀負尾地理志橫尾山古文以爲倍尾月令云王萯生呂覽作王菩穆天子傳注云萯今菩字皆其證也說文鄜右扶風鄠鄉讀若倍鄜鄉郎萯鄉宮在其鄉故以名焉鄜正字萯倍竝段借用耳周壽昌曰玉海百六十六萯陽宮引應劭注宮在鄠秦昭王起此作秦文王微異屬玉觀服虔曰以玉飾因名焉在扶風李奇曰屬玉音鸀鳿其上有此鳥因以爲名晉灼曰屬玉水鳥似鵁鶄以名觀也師古曰晉說是也屬音之欲反〔補注〕周壽昌曰文選西都賦天子乃登屬玉之館觀館字通黃圖云茂陵苑有鶴觀元紀作白鶴館又飛廉桂館史記作蜚廉桂觀成帝紀甲觀畫堂元后傳作甲館畫堂上林䮾氏館史記作䮾氏觀匈奴呼韓邪單于款五原塞師古曰款叩也願奉國珍朝三年正月師古曰欲於甘露三年正月行朝禮詔有司議咸曰聖王之制施德行禮先京師而後諸夏先諸夏而後夷狄詩云率禮不越〔補注〕錢大昭曰毛詩禮作履古禮履通蕭望之傳及韓詩外傳說苑竝引作率禮遂視既發相土烈烈海外有截文穎曰遂徧也發行也言契能使其民率禮不越法度徧承視其教令奉順而行也相土契孫也烈烈威也截整齊也威武之盛烈烈然四海之外率服整齊也師古曰此商頌長發之詩陛下聖德充塞天地光被四表師古曰四表四方之外也匈奴單于鄉風慕義師古曰鄉讀曰嚮舉國同心奉珍朝賀自古未之有也單于非正朔所加王者所客也禮儀宜如諸侯王稱臣昧死再拜位次諸侯王下詔曰蓋聞五帝三王禮所不施不及以政師古曰言荒外之人非禮所設者政刑亦不及今匈奴單于稱北藩臣朝正月朕之不逮德不能弘覆〔補注〕王先慎曰通鑑無逮字以德上屬讀案蕭望之傳亦有逮字其以客禮待之位在諸侯王上〔補注〕何焯曰王者所客議中已發其端待以殊禮則恩自天子出耳先謙曰此從蕭望之議見望之及匈奴傳

三年春正月行幸甘泉郊泰畤匈奴呼韓邪單于稽侯狦來朝應劭曰狦音若訕李奇曰狦音山師古曰稽音古奚反狦音刪又音先安反贊謁稱藩臣而不名賜以璽綬冠帶衣裳安車駟馬黃金錦繡繒絮使有司道單于師古曰道讀曰導導引也先行就邸長安宿長平上自甘泉宿池陽宮上登長平阪如淳曰阪名也在池陽南上原之阪有長平觀去長安五十里師古曰涇水之南原即今所謂眭城阪也〔補注〕沈欽韓曰元和志長平阪在涇陽縣西南五里池陽宮在縣西北八里涇陽縣志阪在縣西南十里長安志長平阪俗名眭城阪師古注作眭城未知孰誤詔單于毋謁師古曰不拜見也其左右當戶之羣皆列觀孟康曰左右當戶匈奴官名蠻夷君長王侯迎者數萬人夾道陳上登渭橋咸稱萬歲單于就邸置酒建章宮饗賜單于觀以珍寶師古曰觀示也二月單于罷歸之長樂衞尉高昌侯忠晉灼曰功臣表董忠〔補注〕錢大昭曰之當作遣南監本閩本竝不誤先謙曰官本作遣車騎都尉昌晉灼曰韓昌騎都尉虎文穎曰不異姓晉灼曰百官表唯記三輔郡以上若此皆不見姓無從知之〔補注〕先謙曰官本注異作知是將萬六千騎送單于居幕南保光祿城孟康曰前光祿徐自爲所築城詔北邊振穀食郅支單于遠遁師古曰郅音質匈奴遂定詔曰

迺者鳳皇集新蔡羣鳥四面行列皆鄉鳳皇立以萬數師古曰行音胡郎反鄉讀曰嚮其賜汝南太守帛百匹新蔡長吏三老孝弟力田鰥寡孤獨各有差賜民爵二級毋出今年租三月己丑丞相霸薨文穎曰黃霸詔諸儒講五經同異太子太傅蕭望之等平奏其議上親稱制臨決焉補注錢大昭曰時與議石渠者易家博士沛施讎黃門郎東萊梁丘臨書家博士千乘歐陽地餘博士濟南林尊譯官令齊周堪博士扶風張山拊謁者陳畱假倉詩家淮陽中尉魯韋元成博士山陽張長安沛薛廣德禮家梁戴聖太子舍人沛聞人通漢公羊家博士嚴彭祖侍郎申輓伊推宋顯許廣穀梁家議郎汝南尹更始待詔劉向梁周慶丁姓中郎王亥其可考者凡二十三人議奏之見於蓺文志者書四十二篇禮三十八篇春秋三十九篇論語十八篇五經雜議十八篇凡一百六十五篇易詩二經獨無議奏班氏失載之耳周壽昌曰後書翟酺傳孝宣論六經於石渠章懷注甘露三年詔講五經於殿中兼平公穀同異上親臨決時更[illegible]穀梁傳故言六經即此事也案前此本始四年四月詔博問經學之士元康元年八月詔云朕不明六蓺鬱於大道琅邪江公傳云興穀梁春秋自元康中始講至甘露元年積十餘歲始明習乃召五經名儒太子太傅蕭望之等大議殿中平公羊穀梁同異各以經處是非據此開講自元康中至是始平議於殿中也劉向傳會初立穀梁春秋徵更生受穀梁講論五經於石渠韋元成傳與太子太傅蕭望之及五經諸儒雜論同異於石渠閣條奏其對皆一時事迺立梁邱易大小夏侯尚書穀梁春秋博士補注錢大昭曰漢紀有公羊春秋左氏傳七字盖誤也劉歆傳可證蘇輿曰穀梁春秋學宣帝爲戾園興詳儒林傳先謙曰梁邱賀大夏侯勝小夏侯建冬烏孫公主來歸應劭曰楚王女解憂

四年夏廣川王海陽有罪廢補注先謙曰坐禽獸行賊殺不辜遷房陵冬十月丁卯未央宮宣室閣火

黃龍元年應劭曰先是黃龍見新豐因以冠元焉師古曰漢注云此年二月黃龍見廣漢郡故改年然則應說非也見新豐者於此五載矣補注劉攽曰案宣帝率四年改元而郊祀志先言改元甘露其夏黃龍見新豐其下乃云後間歲改元黃龍然後又云正月復幸甘泉然則宣帝自追用五年前黃龍改元爾若是年黃龍見史官焉得不書漢注未可據也吳仁傑曰案蘇文忠公云古者有喜則以名物周公得禾以名其書漢武得鼎以名其年叔孫勝狄以名其子嘉禾事固出於當年至叔孫獲長狄僑如及虺也豹也併以是名其三子則可疑孔穎達謂未必其年頓生三子當是追以前事名之黃龍紀元豈其比邪元鼎嘗逆用後四年事然是年始有年號若黃龍則前四年龍見新豐宜即以此年紀元而漢注遂實以廣漢之說彼盖不知有前比也春正月行幸甘泉郊泰畤匈奴呼韓邪單于來朝禮賜如初二月單于歸

國詔曰盖聞上古之治君臣同心舉措曲直各得其所師古曰措置也音千故反是以上下和洽海內康平其德弗可及已師古曰已語終辭朕既不明數申詔公卿大夫務行寬大師古曰申束也謂約束之順民所疾苦師古曰知所疾苦則順其意也將欲配三王之隆明先帝之德也今吏或以不禁姦邪爲寬大縱釋有罪爲不苛或以酷惡爲賢皆失其中師古曰中音竹仲反奉詔宣化如此豈不謬哉補注先謙曰官本謬作繆方今天下少事繇役省減兵革不動而民多貧盜賊不止其咎安在上計簿具文而已師古曰雖有其文而實不副也簿音步戶反其下亦同補注先謙曰而已當屬下讀言雖具文簿而已身圖避其課專務欺謾也顏誤以已爲已從而已斷句則文氣不屬務爲欺謾以避其課師古曰謾誑言也音慢又音莫連反三公不以爲意朕將何任師古曰言無所委任諸請詔省卒徒自給者皆止應劭曰時有請云詔使出者省卒徒以其直自給不復取稾假雖有進入於官非舊章也故絕之張晏曰先是武帝以用度不足宜有以益官者或奉使求不受奉祿自省其徒眾以取其稾者或自給於是姦吏緣以爲利所得多於本祿故絕之如淳曰是時有所省卒徒而羣臣有請之以自給官府者先時聽與之今更悔之不復聽也師古曰應張二說是也

御史察計簿疑非實者按之使真僞毋相亂三月有星孛于王良閣道入紫宮蘇林曰皆星名補注沈欽韓曰晉書天文志王良五星在奎北居河中其四星曰天駟一星曰王良閣道六星在王良前飛道也從紫宮至河神所乘也紫宮垣十五星一曰紫微大帝之坐也天子之常居也夏四月詔曰舉廉吏誠欲得其真也吏六百石位大夫有罪先請秩祿上通足以効其賢材自今以來毋得舉韋昭曰吏六百石者不得復舉爲廉吏也補注王啟原曰吏六百石有罪先請即周禮議貴之遺意周官小司寇注議貴若今時吏墨綬有罪先請是也百官表秩比六百石以上皆銅印墨綬先鄭以爲貴者盖漢制以紫綬爲公靑綬爲卿墨綬比大夫六百石比大夫然有其法而無明文故趙廣漢爲平準令察廉爲陽翟令平準令適秩六百石是先時官秩六百石有舉廉者自有此明詔遂絕矣冬十二月甲戌帝崩于未央宮臣瓚曰帝年十八即位即位二十五年壽四十八補注錢大昕曰諸帝紀書崩之後必書某月日葬某陵惟宣帝紀不書乃於元帝紀書初元元年正月辛丑孝宣皇帝葬杜陵以葬在踰年之後也王鳴盛曰監本作四十二汲古閣本八字誤其實宣帝即位明年乃改元壽四十三監本亦誤先謙曰八官本作三癸巳尊皇太后曰太皇太后師古曰於此已書尊太皇太后而元紀之首又重書之然尊太皇太后及皇太后宜同一時則

元紀爲是而此紀誤重之〔補注〕周壽昌曰宣帝崩于十二月甲戌距癸巳元帝卽位二十日尊太皇太后皇太后皆卽位後禮也元帝未卽位誰爲尊之此條重出非史紀誤重傳寫之失也

贊曰孝宣之治信賞必罰師古曰有功必賞有罪必罰綜核名實政事文學法理之士咸精其能至于技巧工匠器械自元成閒鮮能及之師古曰械者器之總名也一曰有盛爲械無盛爲器鮮少也言少有能及之者鮮音先踐反亦足吕知吏稱其職民安其業也遭值匈奴乖亂推亡固存李奇曰推亡者若紂爲無道天下若之有滅亡之形周武遂推而弊之固存者譬如鄰國吕道涖民上下一心勢必能存因就而堅固之今匈奴內自奮爭有事故宣帝能朝呼韓邪而固存之走郅支單于使遠遁是謂推亡也師古曰尚書仲虺之誥曰推亡固存邦乃其昌言有亡道者則推而滅之有存道者則輔而固之王者如此國乃昌盛故此贊引之〔補注〕先謙曰官本注弊作斃信威北夷師古曰信讀爲申古通用字一說恩信及威竝著北夷〔補注〕先謙曰胡三省云前音是單于慕義稽首稱藩功光祖宗業垂後嗣可謂中興侔德殷宗周宣矣師古曰侔等殷之高宗及周宣王也

宣帝紀第八終　漢書八

元帝紀第九　漢書九

漢　蘭臺令史班固撰

唐正議大夫行祕書少監琅邪縣開國子顏師古注

賜進士出身前翰林院編修國子監祭酒加三級臣王先謙補注

孝元皇帝荀悅曰諱奭之字曰盛應劭曰謚法行義悅民曰元師古曰奭音式亦反宣帝太子也母曰共哀許皇后張晏曰禮婦人從夫謚閔其見殺故兼二謚師古曰共讀曰恭宣帝微時生民閒年二歲宣帝卽位八歲立爲太子師古曰宣帝卽位之明年改元曰本始本始凡四年而改元曰地節地節三年立皇太子若初卽位年二歲則立爲太子時年九歲矣又宣帝以元平元年七月卽位而外戚傳云許后生元帝數月宣帝立爲帝是則卽位時太子未必二歲也參校前後眾文此紀進退爲錯〔補注〕劉攽曰此言年二歲宣帝卽位指論蹤年改元爲卽位耳若春秋諸公也朱一新曰此卽位從改元之年數起則與外戚傳不相違戾矣後贊注云帝年二十七卽位壽四十三當作二十六卽位壽四十二壯大柔仁好儒見宣帝所用多文法吏吕刑名繩下晉灼曰刑刑家名名家也太史公曰法家嚴而少恩名家儉而善失眞師古曰晉說非也劉向別錄云申子學號刑名刑名者以名責實尊君卑臣崇上抑下宣帝好觀其君臣篇繩謂彈治之耳大臣楊惲蓋寬饒等坐刺譏辭語爲罪而誅師古曰惲音於吻反〔補注〕錢大昭曰盇南監本閩本作蓋王念孫曰景祐本盇作盇古字假借也盇寬饒之盇本音公盇反故與盇通藝文類聚鳥部上引韓詩外傳[illegible]後人依本傳改盇爲蓋未達假借之旨周壽昌曰蓋盇古今字漢世作盇唐盇文達碑亦作盇不作蓋也今直隸衡水有盇姓土人向呼合音先謙曰滈祐本作盇官本汪本作盇嘗侍燕從容言師古曰從音千容反陛下持刑太深宜用儒生宣帝作色曰師古曰作動也意怒故動色漢家自有制度本吕霸王道雜之〔補注〕王先愼曰御覽卷八十九引雜下有理字奈何純任德教〔補注〕錢大昭曰任當作任先謙曰官本任作任用周政乎師古曰姬周之政且俗儒不達時宜好是古非今使人眩於名實師古曰眩亂視也音胡眄反不知所守何足委任迺歎曰亂我家者太子也繇是疏太子而愛淮陽王師古曰繇讀與由同曰淮陽王明察好法宜爲吾子而王母張倢伃尤幸上有意欲用淮陽王代太子然吕少依許氏俱從微起故終不背焉黃龍元年十二月宣帝崩癸巳太子卽皇帝位〔補注〕王先愼曰御覽八十九引應劭漢官儀曰孝武

時天子以下未有幘元帝額上有壯髮不欲使人見乃始施幘羣寮隨焉謁高廟尊皇太后曰太皇太后蘇林曰上官后皇后曰皇太后文穎曰卬成王皇后母養元帝者也初元元年春正月辛丑孝宣皇帝葬杜陵臣瓚曰自崩至葬凡二十八日杜陵在長安南五十里也賜諸侯王公主列侯黃金〔補注〕宋祁曰古本無黃字先謙曰荀紀亦無黃字吏二千石已下錢帛各有差大赦天下三月封皇太后兄侍中中郎將王舜為安平侯丙午立皇后王氏已三輔太常郡國公田及苑可省者〔補注〕先謙曰通鑑胡注太常掌諸陵邑故亦有公田及苑振業貧民師古曰振起之令有作業〔補注〕先謙曰振即賑之正字貲不滿千錢者賦貸種食師古曰賦給與之也貸假也貸音土戴反種音之勇反〔補注〕先謙曰胡注引賈公彥云種食者或為種子或為食用官本注戴作載封外祖父平恩戴侯同產弟子中常侍許嘉為平恩侯奉戴侯後文穎曰戴侯許廣漢〔補注〕先謙曰百官表侍中中常侍皆加官西都參用士人東都專以宦者為中常侍夏四月詔曰朕承先帝之聖緒獲奉宗廟戰戰兢兢〔補注〕宋祁曰唐本作栗栗閒者地數動而未靜懼於天地之戒不知所繇

師古曰繇與由同方田作時朕憂蒸庶之失業師古曰蒸眾也臨遣光祿大夫褒等十二人應劭曰自臨面約敕乃遣之循行天下師古曰行音下更反存問耆老鰥寡孤獨困乏失職之民師古曰失職失其常業延登賢俊招顯側陋因覽風俗之化相守二千石誠能正躬勞力師古曰相者諸侯王相也守郡守也宣明教化已親萬姓則六合之內和親庶幾虖無憂矣書不云乎股肱良哉庶事康哉師古曰虞書益稷之辭也言君能任賢股肱之臣皆得良善則眾事安寧布告天下使明知朕意又曰關東今年穀不登民多困乏其令郡國被災害甚者毋出租賦江海陂湖園池屬少府者已假貧民師古曰湖深水勿租賦賜宗室有屬籍者馬一匹至二駟師古曰二駟八匹三老孝者帛五匹弟者力田三匹鰥寡孤獨二匹吏民五十戶牛酒師古曰以五十戶為率共賜之六月已民疾疫令太官損膳減樂府員省苑馬已振困乏〔補注〕先謙曰胡注樂府員大凡八百二十九人武帝所立漢官儀牧師諸苑三十六所分置北邊西邊養馬三十萬匹先謙案此苑馬蓋家馬景帝所造非邊備馬也秋

八月上郡屬國降胡萬餘人亡入匈奴九月關東郡國十一大水饑或人相食轉旁郡錢穀已相救詔曰閒者陰陽不調黎民饑寒無已保治師古曰保安也惟德淺薄不足已充入舊貫之居應劭曰言己德淺薄不足以充舊貫舊貫者常居也師古曰論語稱閔子騫云仍舊貫帝自謙言不足充入先帝之宮室故引以為言也〔補注〕周壽昌曰哀紀云材質不足以假充太子之宮與此語意同先謙曰據下云勿繕治宮館應說是也官本注不足以充舊貫下少舊貫二字其令諸宮館希御幸者勿繕治師古曰繕補也太僕減穀食馬水衡省肉食獸師古曰減謂損其數省者全去之〔補注〕先謙曰百官表太僕掌輿馬水衡都尉掌上林苑禽獸屬焉

二年春正月行幸甘泉郊泰畤賜雲陽民爵一級女子百戶牛酒立弟竟為清河王三月立廣陵厲王太子霸為王詔罷黃門乘輿狗馬師古曰黃門近署也故親幸之物屬焉〔補注〕先謙曰百官表黃門寺屬少府水衡禁囿〔補注〕先謙曰百官表水衡都尉屬官有禁苑等九官令丞宜春下苑孟康曰宮名也在杜縣東晉灼曰史記云葬二世杜南宜春苑中師古曰宜春下苑即今京城東南隅曲江池是少府佽飛外池如淳曰漢儀注佽飛具矰繳以射鳧鴈給祭祀是故有池

也〔補注〕先謙曰佽飛屬少府嚴籞池田蘇林曰嚴飾池上之屋及其地也晉灼曰嚴籞射苑也許慎曰嚴弋射者所蔽也池田苑中田也師古曰晉說是〔補注〕錢大昭曰嚴古嚴字說文嚴雉射所蔽者也籞禁苑也應劭云籞在池水上作室可用棲鳥鳥入則捕之嬡[illegible]覘假與貧民詔曰蓋聞賢聖在位陰陽和風雨時日月光星辰靜黎庶康寧考終厥命師古曰考老也言得壽考終其天命今朕恭承天地託于公侯之上明不能燭德不能綏災異竝臻連年不息乃二月戊午地震于隴西郡〔補注〕錢大昭曰地震事見詔書故於二月不書避重出毀落太上皇廟殿壁木飾〔補注〕錢大昭曰高紀十年八月令諸侯王皆立太上皇廟於國都隴西郡非諸侯王都何以有此廟所未解也又攷惠帝紀令郡諸侯王立高廟此毀落者或是高廟歟壞敗豲道縣城郭官寺及民室屋壓殺人眾師古曰豲道屬天水凡府庭所在皆謂之寺豲音完壓音烏狎反〔補注〕先謙曰豲道在今鞏昌府隴西縣東北山崩地裂水泉湧出〔補注〕先謙曰官本湧作涌天惟降災震驚朕師師古曰師眾也治有大虧咎至於斯夙夜兢兢不通大變深惟鬱悼未知其序師古曰鬱不通之意也序次也閒者歲數不登元元困乏不勝饑寒已陷刑辟朕甚閔之郡

國被地動災甚者無出租賦赦天下有可蠲除減省㠯便萬姓者條奏毋有所諱丞相御史中二千石舉茂材異等直言極諫之士朕將親覽焉夏四月丁巳立皇太子賜御史大夫爵關內侯中二千石右庶長師古曰第十一爵天下當爲父後者爵一級列侯錢各二十萬五大夫十萬師古曰五大夫第九爵六月關東饑齊地人相食秋七月詔曰歲比災害民有菜色師古曰五穀不收人但食菜故其顏色變惡慘怛於心師古曰慘痛也怛悼也已詔吏虛倉廩開府庫振救賜寒者衣今秋禾麥頗傷一年中地再動補注蘇輿曰是年地凡兩震一未書其時地五行志亦未載北海水溢流殺人民陰陽不和其咎安在公卿將何㠯憂之其悉意陳朕過靡有所諱師古曰悉意盡意也靡無也冬詔曰國之將興尊師而重傅故前將軍望之傅朕八年道㠯經書厥功茂焉師古曰茂美也道讀曰導其賜爵關內侯食邑八百戶朝朔望補注先謙曰通鑑考異云按劉向傳云前弘恭石顯奏望之等狀決三月地大震然則望之等黜免在今春地

震前又曰夏客星見昴卷舌間上感悟下詔賜望之爵關內侯望之傳云後數月賜望之爵關內侯蓋紀見望之死在十二月因置此詔於彼上耳十二月中書令弘恭石顯等譖望之令自殺

三年春令諸侯相位在郡守下師古曰此諸侯謂諸侯王也珠厓郡山南縣反補注先謙曰反在元年追書之見賈捐之傳博謀羣臣待詔賈捐之㠯爲宜棄珠厓救民饑饉師古曰穀不熟曰饑蔬不熟曰饉蔬菜也乃罷珠厓夏四月乙未晦茂陵白鶴館災補注錢大昕曰五行志四月乙未孝武園白鶴館災茂陵卽孝武陵也志不書晦以三統術推之是歲四月乙酉朔乙未乃月之十一日非晦日也晦字衍文翼奉傳載此事亦不云晦詔曰迺者火災降於孝武園館朕戰栗恐懼不燭變異咎在朕躬師古曰燭照也羣司又未肯極言朕過㠯至於斯將何㠯寤焉百姓仍遭凶阨無㠯相振師古曰仍頻也加㠯煩擾虖苛吏拘牽微文補注蘇輿曰謂牽合律文比傅成罪宣帝地節詔文所云析律貳端者也元帝不喜刑名洞究吏習如此不得永終性命師古曰永長也朕甚閔焉其赦天下夏旱立長沙煬王弟宗爲王師古曰煬音供養之養也補注錢大昭曰師古南雍本閩本皆作鄭氏先謙曰官本注師古作鄭氏無也字封故海昏侯賀子代宗爲侯六月詔曰蓋聞安民之道本繇陰陽師古曰繇與由同閒者陰陽錯謬風雨不時朕之不德庶幾羣公有敢言朕之過者今則不然媮合苟從未肯極言師古曰媮與偸同朕甚閔焉永惟烝庶之饑寒補注宋祁曰一本無永字遠離父母妻子勞於非業之作衞於不居之宮師古曰不急之事古云非業也補注先謙曰官本注古作故通鑑注引亦作故恐非所㠯佐陰陽之道也其罷甘泉建章宮衞令就農補注宋祁曰唐本監本備字下有各字王念孫曰唐本監本是也各令就農各省費兩各字文義相承漢紀作令各就農亦有各字周壽昌曰時貢禹言諸離宮及長樂宮衞可減大半以寬繇役帝罷甘泉建章兩衞百官表所云不常置也長樂屬太皇太后上官氏故不罷百官各省費師古曰費用之物務減省條奏毋有所諱有司勉之毋犯四時之禁補注先謙曰言所行政事務順四時月令毋得逆犯以致殃咎時陰陽家盛行故有此詔與成帝陽朔二年詔書同意丞相御史舉天下明陰陽災異者各三人於是言事者衆或進擢召見補注何焯曰陰陽月令發於魏相至此言陰陽者遂盛人人自㠯得上意師古曰人人各自以當天子之意補注宋祁曰人人南本只一

个人字王念孫曰南本是也今本多一人字者後人依匡衡傳加之正文只一人字故注申之云人人各自以當天子之意若正文本作人人則無庸注矣匡衡傳人人自以爲得上意師古無注卽其證

四年補注先謙曰五行志皇后曾祖父王伯墓門梓柱卒生枝葉上出屋是歲王莽生春正月行幸甘泉郊泰畤三月行幸河東祠后土赦汾陰徒賜民爵一級女子百戶牛酒鰥寡高年帛行所過無出租賦

五年春正月㠯周子南君爲周承休侯文穎曰姓姬名延年其祖父姬嘉本周後武帝元鼎四年封爲周子南君令奉周祠師古曰承休國在潁川補注先謙曰官本祠作祀是承休縣在今汝州東二十六里位次諸侯王三月行幸雍祠五畤夏四月有星孛于參詔曰朕之不逮序位不明師古曰逮及也言官人之位失其次序衆僚久懬應劭曰懬音曠師古曰懬古曠字曠空也不得其人則職事空廢未得其人元元失望上感皇天陰陽爲變咎流萬民朕甚懼之迺者關東連遭災害饑寒疾疫夭不終命補注宋祁曰刊誤改天作夭蘇輿曰作夭是也冊府百四十三引亦作夭不終命與二年詔考終厥命相對爲文詩不云乎凡民有喪匍匐

赦之師古曰鄘國谷風之詩也言見人有喪禍之事則當盡力以救之匍音步扶反匐音步得反其令太官毋日殺師古曰不得日日宰殺〔補注〕先謙曰官本太作大所具各減半師古曰食具也乘輿秣馬無乏正事而已師古曰秣養也以粟秣食之也正事謂駕供郊祀蒐狩之事非游田者也秣音末罷角抵〔補注〕先謙曰角抵詳武紀上林宮館希御幸者齊三服官李斐曰齊國舊有三服之官春獻冠幘縰爲首服紈素爲冬服輕綃爲夏服凡三如淳曰地理志曰齊冠帶天下胡公曰服官主作文繡以給袞龍之服地理志襄邑亦有服官師古曰齊三服官李說是也縰與纚同音山爾反即今之方目紗也紈素今之絹也輕綃今之輕紗也襄邑自出文繡非齊三服也〔補注〕吳仁傑曰地理志齊郡臨淄縣有服官所謂三服官者蓋言其有官舍三所非謂其爲首服冬服夏服而名官也貢禹論三服官作工各數千人言各則知其非一矣漢紀載此疏乃去各字非也襄邑亦有服官獨不罷蓋所供龍袞之屬禮不可缺至臨淄三官歲輸物不過十笥如冰素方空縠吹綸絮皆輕靡而歲費數鉅萬此因可省者禹又言三工官官費五千萬亦謂每一工官爲費若此如顏李之說三服官以三服爲名則三工官又可名三工之官邪先謙曰吳說是官本襄邑亦有服官句上有云字北假田官李斐曰主假賃見官田與民收其假稅也故置田農之官晉灼曰匈奴傳秦始皇渡河據陽山北假中王莽傳五原北假膏壤殖穀北假地名師古曰晉說是也〔補注〕宋祁曰田官一本作官田非齊召南曰案河水注云自高闕以東夾山帶河陽山以西

皆北假也鹽鐵官常平倉〔補注〕先謙曰鹽鐵官武帝置常平倉宣帝置至是皆罷之博士弟子毋置員以廣學者〔補注〕先謙曰胡注武帝爲博士官置弟子五十人昭帝增滿百人宣帝末增倍之今不限員數以廣學者後數年以用度不足更爲設員千人賜宗室子有屬籍者馬一匹至二駟三老孝者帛人五匹弟者力田三匹鰥寡孤獨二匹吏民五十戶牛酒省刑罰七十餘事〔補注〕周壽昌曰刑法志載元帝初年詔云其令律令可蠲除減者條奏後書梁統傳竊見元哀二帝輕殊死之刑以一百二十三事手殺人者減死一等注東觀記曰元帝初元五年輕殊死刑三十四事哀帝建平元年輕殊死刑八十一事共四十二事手殺人者減死一等據此則定律後又有除省不同紀載也又哀帝紀惟建平二年書大赦天下無省刑事亦非元年附著於此除光祿大夫以下至郎中保父母同產之令應劭曰舊時相保一人有過皆當坐之師古曰特爲郎中以上除此令者所以優之也同產謂兄弟也令從官給事宮司馬中者得爲大父母父母兄弟通籍應劭曰從官謂宦者及虎賁羽林太醫太官是也司馬中者宮內門也司馬主武兵禁之意也籍者爲二尺竹牒記其年紀名字物色縣之宮門案省相應乃得入也師古曰應說非也從官親近天子常侍從者皆是也故此下云科第郎從官司馬門者宮之外門也衛尉有八屯衛候司馬主衛士徼巡宿衛每面各二司馬故謂宮之外門爲司馬門〔補注〕錢大昭曰漢舊儀皇帝起居儀宮司馬內百官案籍出入營衛周廬晝夜誰何周壽昌曰周禮宮正鄭注若今時無引籍不得入宮司馬殿門先謙曰宮司馬中謂宮中及司馬門中也顏以司馬爲宮之外門是應言宮內門非也冬十二月丁未御史大夫貢禹卒〔補注〕錢大昭曰案是年御史大夫陳萬年先卒不知何以不書衛司馬谷吉使匈奴不還師古曰即衛尉八屯之衛司馬〔補注〕先謙曰爲郅支單于所殺

永光元年春正月行幸甘泉郊泰畤〔補注〕先謙曰禮畢留射獵納薛廣德諫即還詳廣德傳赦雲陽徒賜民爵一級女子百戶牛酒高年帛行所過毋出租賦〔補注〕宋祁曰舊本作毋令出租賦二月詔丞相御史舉質樸敦厚遜讓有行者光祿歲以此科第郎從官師古曰始令丞相御史舉此四科人以擢用之而見在郎及從官又令光祿每歲依此科考校定其第高下用知其人賢否也〔補注〕齊召南曰案所云舉光祿四行者郎起於此後漢書吳祐以光祿四行遷膠東侯相注引漢官儀曰淳厚質樸遜讓節儉也蓋漢時朝廷從官俱屬光祿勳自太中大夫中大夫諫大夫及議郎中郎侍郎郎中其員多至千人故令光祿勳第其賢否也何焯曰光祿以此科第郎從官則周官宰夫正歲於宮中羣吏書其能者與其良者以告小宰大宰之餘意也三月詔曰五帝三王任賢使能以登至平而今不治者豈

斯民異哉師古曰言今所治人即五帝三王之眾庶咎在朕之不明亡以知賢也是故壬人在位服虔曰壬人佞人也而吉士雍蔽師古曰吉善也大雅卷阿之詩曰藹藹王多吉士雍讀曰〔補注〕錢大昭曰下脫壅字先謙曰官本有壅字重以周秦之弊民漸薄俗師古曰爲薄俗所漸染也重音直用反〔補注〕先謙曰官本弊作敝去禮義觸刑法豈不哀哉繇此觀之元元何辜師古曰繇讀與由同其赦天下令厲精自新各務農畝無田者皆假之貸種食如貧民師古曰此皆謂遇赦新免罪者也故云如貧人〔補注〕先謙曰官本注人作民賜吏六百石以上爵五大夫勤事吏二級爲父後者民一級〔補注〕宋祁曰越本無爲父後者四字王念孫曰爲父後者四字涉上文而衍景祐本亦無此四字是也漢紀亦無上文以立皇太子故賜天下當爲父後者爵一級此不當有其初元二年正月四年三月永光元年正月二年二月建昭五年三月賜民爵一級皆無爲父後者之文他篇放此女子百戶牛酒鰥寡孤獨高年帛是月雨雪師古曰雨音于具反〔補注〕先謙曰五行志四月日色青白亡景正中時有景亡光至九月日乃有光隕霜傷麥稼秋罷如淳曰當言罷某官某事爛脫失之晉灼曰或無稼字或稼字在秋下稼或作臧或作霖五行志永光元年三月隕霜殺桑九月二日隕霜殺稼天下大饑言傷麥稼秋罷是也師古曰

晉說得之秋者謂秋時所收穀稼也今俗猶謂麥豆之屬爲雜稼云秋罷者言至秋時無所收也〔補注〕劉攽曰如言燭脘是錢大昭曰注南監本閩本臧竝作桑沈欽韓曰荀紀秋七月己未大司馬車騎將軍史高免此言秋罷者或是其事又百官表永光元年分諸陵邑屬三輔則秋罷者罷太常領陵縣周壽昌曰三月去秋尚遠不能謂遂無所收若大饑卽當直書不得以秋罷代之武帝成帝紀書秋罷某事者不一此秋罷下必尚有字如說近是先謙曰官本注臧作桑是

二年春二月詔曰蓋聞唐虞象刑而民不犯師古曰象刑解在武紀殷周法行而姦軌服師古曰軌與宄同亂在外曰姦在內曰軌〔補注〕宋祁曰法行唐本作行法今朕獲承高祖之洪業〔補注〕宋祁曰一本無洪字託位公侯之上夙夜戰栗永惟百姓之急未嘗有忘焉然而陰陽未調三光晻昧師古曰晻與暗同又音烏感反元元大困流散道路盜賊竝興有司又長殘賊失牧民之術是皆朕之不明政有所虧咎至於此朕甚自恥爲民父母若是之薄謂百姓何師古曰言何㠯撫臨百姓其大赦天下賜民爵一級女子百戶牛酒鰥寡孤獨高年三老孝弟力田帛又賜諸侯王公主列侯黃金中二千石㠯下至

中都官長吏各有差吏六百石㠯上爵五大夫勤事吏各二級〔補注〕錢大昭曰爵自五大夫以上爲官爵故必六百石以上乃賜之其勤事吏之二級民爵也三月壬戌朔日有蝕之〔補注〕先謙曰五行志在婁八度詔曰朕戰戰栗栗夙夜思過失不敢荒寍師古曰荒廢也不敢廢事而自寍惟陰陽不調未燭其咎婁敕公卿日望有效師古曰婁古屢字其後亦同至今有司執政未得其中師古曰中音竹仲反施與禁切未合民心師古曰施惠褊薄禁令煩苛〔補注〕蘇輿曰廣雅釋詁切斷也禁切與施與平列爲文鄭崇傳禁切主上與此義同暴猛之俗彌長和睦之道日衰百姓愁苦靡所錯躬師古曰錯置也音千故反是㠯氛邪歲增侵犯太陽師古曰氛惡氣也邪者言非正氣也太陽日也正氣湛掩日久奪光師古曰湛讀與沈同湛掩者見掩而湛沒迺壬戌日有蝕之天見大異㠯戒朕躬師古曰見顯示朕甚悼焉其令內郡國舉茂材異等賢良直言之士各一人夏六月詔曰閒者連年不收四方咸困元元之民勞於耕耘又亾成功困於饑饉亾㠯相救朕爲民父母德不能覆而有其刑甚自傷焉

其赦天下秋七月西羌反遣右將軍馮奉世擊之八月〔補注〕先謙曰五行志天雨草如莎相繆結大如彈丸㠯太常任千秋爲奮威將軍〔補注〕先謙曰馮奉世傳作奮武將軍通鑑從傳荀紀從紀別將五校竝進師古曰別領五校之兵而與右將軍竝進

三年春西羌平軍罷〔補注〕先謙曰賜奉世爵關內侯詳見傳三月立皇子康爲濟陽王夏四月癸未大司馬車騎將軍接薨師古曰王接冬十一月詔曰迺者己丑地動〔補注〕先謙曰五行志冬地震此己丑當屬十一月下中冬二字疑本在己丑上傳寫誤移之中冬雨水大霧師古曰中讀曰仲雨音于具反盜賊竝起吏何不㠯時禁各悉意對師古曰時禁謂月令所當禁斷者也悉盡也冬〔補注〕先謙曰冬字當衍復鹽鐵官博士弟子員師古曰復音扶目反㠯用度不足民多復除師古曰復音方目反無㠯給中外繇役

四年春二月詔曰朕承至尊之重不能燭理百姓婁遭凶咎加㠯邊竟不安師旅在外師古曰婁讀曰屢竟讀曰境賦斂轉輸元元騷動窮困亾聊犯法抵罪夫上失其道而繩下㠯深刑朕甚痛之其赦天下所

貸貧民勿收責三月行幸雍祠五時夏六月甲戌孝宣園東闕災〔補注〕先謙曰五行志云東闕南方災戊寅晦日有蝕之〔補注〕先謙曰五行志在張七度詔曰蓋聞明王在上忠賢布職則羣生和樂方外蒙澤今朕晻于王道師古曰晻讀與暗同夙夜憂勞不通其理靡瞻不眩靡聽不惑師古曰靡無也眩視亂也音胡眄反是㠯政令多還民心未得李奇曰還反也易曰渙汗其大號言王者發號施令如汗出不可復反邪說空進事亾成功此天下所著聞也公卿大夫好惡不同師古曰愛憎各異也或緣姦作邪侵削細民元元安所歸命哉迺六月晦日有蝕之詩不云虖今此下民亦孔之哀師古曰小雅十月之交之詩也孔甚也言災異既多百姓甚可哀愍自今㠯來公卿大夫其勉思天戒愼身修永㠯輔朕之不逮師古曰虞書咎繇謨云愼厥身修思永言當愼修其身思爲長久之道故此詔云愼身修永也今流俗書本永上有職事者後人不曉妄加之耳〔補注〕錢大昭曰注事南監本閩本竝作字先謙曰官本作字是直言盡意無有所諱九月戊子罷衞思后園服虔曰戾太子母也〔補注〕先謙曰官本注在及戾園下及戾園〔補注〕先謙曰建昭五年夏紀書復戾

園秋書復昭靈后武哀王昭哀后衞思后園復既書則罷亦宜書今紀文有衞思后園戾園而無昭靈后武哀王昭哀后葢傳寫奪之荀紀通鑑竝書罷昭靈后武哀王昭哀后亦其明證矣冬十月乙丑罷祖宗廟在郡國者〔補注〕先謙曰此二事皆從貢禹前請諸陵分屬三輔師古曰先是諸陵總屬太常今各依其地界屬三輔以渭城壽陵亭部原上爲初陵服虔曰元帝所置陵也未有名故曰初〔補注〕王念孫曰原字上有北字而今本脫之則不知在何方矣漢紀正作北原上宣紀云以杜東原上爲初陵哀紀云以渭城西北原上永陵亭部爲初陵皆其例也詔曰安土重遷黎民之性師古曰重難也骨肉相附人情所願也頃者有司緣臣子之義奏徙郡國民以奉園陵令百姓遠棄先祖墳墓破業失產親戚別離人懷思慕之心家有不安之意〔補注〕錢大昭曰不安閩本作不自安是以東垂被虛耗之害關中有無聊之民師古曰耗損也音呼到反非久長之策也詩不云虖民亦勞止迄可小康惠此中國以綏四方師古曰大雅民勞之詩也止語助也迄至也康安也言人勞已久至此可以小安逸之施惠京師以及四遠也今所爲初陵者勿置縣邑使天下咸安土樂業亡有動搖之心布告天下令明知之又罷先后父母奉邑應劭曰先后爲其父母置邑守冢以奉祭祀既已久遠又非典制故罷之師古曰奉邑奉音扶用反

五年春正月行幸甘泉郊泰畤三月上幸河東祠后土秋潁川水出流殺人民〔補注〕先謙曰五行志作夏及秋大水潁川汝南淮陽廬江雨壞鄉聚民舍及水流殺人吏從官縣被害者與告晉灼曰從官猶從役從軍也臣瓚曰告休假也師古曰晉說非也從官卽上侍從之官也言凡爲吏爲從官其本縣有被害者皆與休告士卒遣歸冬上幸長楊射熊館師古曰射音食亦反布車騎大獵十二月乙酉毀太上皇孝惠皇帝寢廟園〔補注〕先謙曰以親盡毀詳韋元成傳

建昭元年春〔補注〕先謙曰五行志正月戊辰隕石梁國六三月上幸雍祠五畤秋八月有白蛾羣飛蔽日從東都門至枳道如淳曰三輔黃圖長安城東面北頭門號曰宣平城門其外郭曰東都門也師古曰蛾若今之蠶蛾類也音五何反枳音只枳道解在高紀〔補注〕先謙曰官本注若上有成羣二字引宋祁曰顏注南本唐本竝無成羣二字錢大昭云閩本若字上有成羣二字冬河閒王元有罪廢〔補注〕先謙曰坐賊殺不辜遷房陵罷孝文太后孝昭太后寢園

二年春正月行幸甘泉郊泰畤三月行幸河東祠后土益三河郡太守秩〔補注〕王念孫曰漢紀秩下有中二千石四字是也太守秩二千石益之則爲中二千石下文令三輔都尉大郡都尉秩皆二千石與此文同一例若無中二千石四字則文義不明先謙曰官本郡上有大字戶十二萬爲大郡夏四月赦天下六月立皇子興爲信都王〔補注〕宋祁曰興越本作興予據表傳作興是閏月丁酉太皇太后上官氏崩冬十一月齊楚地震大雨雪師古曰雨音于具反〔補注〕先謙曰五行志云深五尺樹折屋壞淮陽王舅張博魏郡太守京房坐窺道諸侯王以邪意漏泄省中語師古曰道讀曰導〔補注〕先謙曰窺其意而道之諸侯王謂淮陽王欽博要斬房棄市〔補注〕先謙曰房死不在歲末說見傳

三年夏令三輔都尉〔補注〕宋祁曰唐本無都字大郡都尉〔補注〕宋祁曰舊本南本唐本竝無郡字刊誤添秩皆二千石〔補注〕周壽昌曰初比二千石也比二千石穀月百斛二千石穀月百二十斛六月甲辰丞相玄成薨師古曰韋玄成秋使護西域騎都尉甘延壽副校尉陳湯師古

曰言延壽及湯本充西域之使故先言使而後序其官職及姓名撟發戊己校尉屯田吏士及西域胡兵攻郅支單于師古曰撟與矯同矯託也實不奉詔詐以上命發兵故言矯發也戊己校尉者鎮安西域無常治處亦猶甲乙等各有方位而戊與己四季寄王故以名官也時有戊校尉又有己校尉一說戊己位在中央今所置校尉處三十六國之中故曰戊己也郅音質〔補注〕先謙曰官本注矯發作撟發季作李冬斬其首傳詣京師縣蠻夷邸門師古曰縣古懸字也蠻夷邸若今鴻臚客館〔補注〕宋祁曰唐本無門字

四年春正月以誅郅支單于告祠郊廟赦天下羣臣上壽置酒以其圖書示後宮貴人服虔曰討郅支之圖書也或曰單于土地山川之形書也師古曰或說非夏四月詔曰朕承先帝之休烈師古曰休美也烈業也夙夜栗栗懼不克任間者陰陽不調〔補注〕宋祁曰不唐本作未五行失序百姓饑饉惟烝庶之失業臨遣諫大夫博士賞等二十一人循行天下師古曰行音下更反存問耆老鰥寡孤獨乏困失職之人舉茂材特立之士相將九卿其帥意毋怠使朕獲觀教化之流焉〔補注〕先謙曰帥率字通儀禮大射注古文帥皆作率本書或言帥意或言率意或言悉意或言

盡意義竝相近六月甲申中山王竟薨藍田地沙石雍霸水〔補注〕王念孫曰此文當依漢紀通鑑作藍田地震山崩沙石雍霸水此因地震故山崩而沙石雍水也今本脫震山崩三字則敘事不明御覽咎徵部七引此正作地震下文安陵岸崩亦承地震言之安陵岸崩雍涇水水逆流孟康曰安陵岸惠帝陵旁涇水岸也師古曰雍讀曰壅

五年春三月詔曰蓋聞明王之治國也明好惡而定去就崇敬讓而民興行故法設而民不犯令施而民從今朕獲保宗廟兢兢業業匪敢解怠師古曰兢兢慎也業業危也解讀曰懈德薄明晻教化淺微師古曰晻讀與暗同傳不云乎百姓有過在予一人師古曰論語載殷湯伐桀告天下之文也言君天下者當任其憂責其赦天下賜民爵一級女子百戶牛酒三老孝弟力田帛又曰方春農桑興百姓戮力自盡之時也〔補注〕先謙曰官本戮作勠是故是月勞農勸民無使後時師古曰勞農謂慰勉之勞音來到反今不良之吏覆案小罪師古曰覆音方目反〔補注〕宋祁曰唐本無之字徵召證案興不急之事㠯妨百姓〔補注〕周壽昌曰言吏以覆獄小獄牽引證佐徵召多人致百姓廢時失業後世州縣徵政不圖西漢時即已有此使失一時之作㠯終歲之功公卿其明察申敕之師古曰申重也一曰約束之耳〔補注〕何焯曰此今法農忙停訟所始夏六月庚申復戾園壬申晦日有蝕之〔補注〕先謙曰五行志不盡如鉤秋七月庚子復太上皇寢廟園原廟文穎曰高祖已自有廟在長安城中惠帝更於渭北作廟謂之原廟爾雅曰原者再也再作廟也晉灼曰原本也始祖之廟故曰本也師古曰文說是昭靈后武哀王昭哀后衞思后園師古曰昭靈后高祖母也武哀王高祖兄也昭哀后高祖姊也衞思后戾太子母也〔補注〕先謙曰以上疾夢祖宗譴盡復之惟郡國廟遂廢

竟寧元年應劭曰虖韓邪單于願保塞邊竟得㠯安寧故㠯冠元也師古曰據如應說竟讀爲境古之用字境竟實同但此詔云邊垂長無兵革之事竟者終極之言言永安寧也既無兵革中外安寧豈止境上若依本字而讀義更弘通也〔補注〕錢大昭曰應說是顏泥詔中長字故以竟爲終極之言果如其說在漢人文義必曰永寧矣周壽昌曰陳湯傳耿育爲湯訟冤疏云改年垂麻傳之無窮明指竟寧紀元爲單于保塞安邊事顏彼注上書者附著耳通鑑胡注亦引紀元詔駁顏說爲非先謙曰邊垂即境上也顏謂豈止境上與詔意不合諸說並是官本注境竟作竟境春正月匈奴虖韓邪單于來朝〔補注〕宋祁曰虖當作呼詔曰匈奴郅支單于背叛禮義既伏其辜虖韓邪單于

不忘恩德鄉慕禮義師古曰鄉讀曰嚮復修朝賀之禮願保塞傳之無窮邊垂長無兵革之事其改元爲竟寧賜單于待詔掖庭王檣爲閼氏應劭曰郡國獻女未御見須命於掖庭故曰待詔王檣王氏女名檣字昭君文穎曰本南郡秭歸人也蘇林曰閼氏音焉支如漢皇后也師古曰秭音姊〔補注〕梁玉繩曰檣匈奴傳作牆說文無嬙字左傳妃嬙嬪御唐石經本作牆漢書王檣字從爿此紀作檣恐是牆之譌先謙曰此因單于請而賜之皇太子冠賜列侯嗣子爵五大夫師古曰天第九爵下爲父後者爵一級二月御史大夫延壽卒師古曰即繁延壽也繁音蒲何反〔補注〕錢大昭曰延壽不書姓疑脫三月癸未復孝惠皇帝寢廟園孝文太后孝昭太后寢園夏封騎都尉甘延壽爲列侯賜副校尉陳湯爵關內侯黃金百斤五月壬辰帝崩于未央宮臣瓚曰帝年二十七即位即位十六年壽四十三〔補注〕錢大昭曰漢紀元帝即位年二十六據本紀云年二歲宣帝即位則荀紀是毀太上皇孝惠孝景皇帝廟罷孝文孝昭太后昭靈后武哀王昭哀后寢園〔補注〕先謙曰從匡衡之請秋七月丙戌葬渭陵臣瓚曰自崩及葬凡五十五日渭陵在長安北五十六里也

贊曰臣外祖兄弟爲元帝侍中應劭曰元成帝紀皆班固父彪所作臣則彪自說也外祖金敞也如淳曰班固外祖樊叔皮也師古曰應說是語臣曰元帝多材藝善史書應劭曰周宣王太史史籀所作大篆〔補注〕錢大昕曰應說非也漢律太史試學童能諷書九千字以上乃得爲史見藝文志貢禹傳武帝時盜賊起郡國擇便巧史書者以爲右職俗皆曰何以禮義爲史書而仕宦酷吏傳嚴延年善史書所欲誅殺奏成於手中主簿親近史不得聞知益史書者令史所習之書猶言隸書也善史書者謂能識字作隸書耳豈皆盡通史籀十五篇乎外戚傳許皇后聰慧善史書西域傳楚主侍者馮嫽能史書王尊傳少善史書後漢書安帝紀年十歲好學史書皇后紀鄧皇后六歲能史書梁皇后少好史書章八王傳安帝所生母左姬善史書齊武王傳北海敬王睦善史書當世以爲楷則明八王傳樂成靖王黨善史書喜正文字諸所稱善史書者無過諸王后妃嬪侍之流略知隸楷已足成名非眞精通篆籀也魏志管寍傳潁川胡昭善史書與鍾繇邯鄲淳衞顗韋誕竝有尺牘之迹動見模楷則史書之即隸書明矣鼓琴瑟吹洞簫如淳曰簫之無底者〔補注〕何焯曰王褒頌曰原夫簫幹之所生於江南之邱墟洞條暢而罕節標敷紛以扶疏是洞簫以一幹無節故得此名博雅謂簫大者無底小者有底如注非也自度曲被歌聲應劭曰自隱度作新曲因持新曲以爲歌詩聲也荀悅曰被聲能播樂也臣瓚曰度曲謂歌終更授其次謂之度曲西京賦曰度曲未終雲起雪飛張衡舞賦亦曰度終復位次受二八師古曰應荀二說皆是也度音大各反被音皮義反〔補注〕

何焯曰從注中贊說則度讀本音然班之文義先度而後破之於歌則應說爲諦也先謙曰官本無亦曰二字**分刌節度**蘇林曰刌度也知曲之終始節度也韋昭曰刌切也謂能分切句絕爲之節制也師古曰韋說是也刌音千本反**窮極幼眇**師古曰幼眇讀曰要妙**少而好儒及即位徵用儒生委之㠯政貢薛韋匡迭爲宰相**師古曰貢禹薛廣德韋賢匡衡迭互而爲丞相也迭音大結反〔補注〕齊召南曰案貢禹薛廣德止爲御史大夫而贊與韋匡並列漢世以御史大夫爲丞相之副故與丞相並稱兩府其後改丞相曰司徒改御史大夫曰司空遂並爲三公矣蕭望之嘗爲御史大夫後爲前將軍曰吾備位將相亦是此義何焯曰韋賢爲相在昭宣之際則此應謂其子元成也沈欽韓曰御史大夫亦三公之列故得稱宰相師古竟目以丞相謬矣**而上牽制文義優游不斷**師古曰爲文義所牽制故不斷決**孝宣之業衰焉然寬弘盡下**〔補注〕先謙曰謂詔求直言能盡下意**出於恭儉號令溫雅有古之風烈**〔補注〕錢大昭曰閩本風烈下有也字王先慎曰御覽卷八十九引亦有也字

元帝紀第九終

成帝紀第十

漢　蘭　臺　令　史班　固　撰

唐正議大夫行祕書少監琅邪縣開國子顏師古注

賜進士出身前翰林院編修國子監祭酒加三級臣王先謙補注

孝成皇帝荀悅曰諱驁字太孫驁之字曰俊應劭曰謚法安民立政曰成師古曰驁音五到反**元帝太子也母曰王皇后元帝在太子宮生甲觀畫堂**應劭曰甲觀在太子宮甲地主用乳生也畫堂畫九子母如淳曰甲觀觀名畫堂堂名三輔黃圖云太子宮有甲觀師古曰甲者甲乙丙丁之次也元后傳言見於丙殿此其例也而應氏㠯爲在宮之甲地謬矣畫堂但畫飾耳豈必九子母乎霍光止畫室中是則宮殿中通有彩畫之堂室〔補注〕沈欽韓曰應所言指產舍也畫九子母蓋應所目知案玉海晉宮闕名洛陽宮斯堂則百堂蓋此類也周壽昌曰漢宮閣疏云未央宮有畫堂甲觀非常室蓋漢制多以干支立名如律令有甲令乙令丙令計簿有甲帳乙帳漏刻稱甲夜乙夜甲觀可類推顏注是後書清河王慶傳以長別居丙舍後書百官志有丙舍長一人是又有甲舍乙舍等名也**爲世嫡皇孫宣帝愛之字曰太孫**〔補注〕何焯曰漢諸帝高祖宣帝光武興於民間以字著獻帝遜位字亦著焉唯成帝之字則以古無太孫之號宣帝以世嫡故特呼之亦傳爲字後世遂目世嫡皇孫曰太孫也周壽昌曰太孫猶太子之稱如武帝時戾太子之子曰皇孫皇孫之子曰皇曾孫也字非名字之字亦猶宣帝號曰皇曾孫非必即其名號但呼之如此耳太子必立而始稱此未立而即稱則宣帝愛之之故也**寬博謹慎初居桂宮**師古曰三輔黃圖桂宮在城中近北宮非太子宮**上嘗急召太子出龍樓門**張晏曰門樓上有銅龍若白鶴飛廉之爲名也**不敢絕馳道**應劭曰馳道天子所行道也若今之中道師古曰絕橫度也**西至直城門**晉灼曰黃圖西出南頭第二門也**得絕乃度還入作室門上遲之問其故㠯狀對上大說**師古曰說讀曰悅**乃著令令太子得絕馳道云**師古曰言云者此舉著令之文〔補注〕王念孫曰顏說非也云猶焉也足句之詞本無意義封禪書乃令祠官進時犢牢具色食所勝而以木寓馬代駒焉郊祀志焉作云是其證漢書中若是者多矣若必求云字之義則皆不可通**其後幸酒樂燕樂**晉灼曰幸酒好酒也樂燕沈湎也師古曰幸酒晉說是也樂燕樂者論語稱孔子云損者三樂樂驕樂樂逸遊樂燕樂損矣燕樂私之樂也上樂讀如本字又音五孝反下樂音來各反今流俗本無下樂字後人不曉輒去之〔補注〕先謙曰據晉說所見本即無下樂字**上不㠯爲能而定陶恭王有材藝母傅昭儀又愛幸上**

㠯故常有意欲㠯恭王爲嗣賴侍中史丹護太子家輔助有力〔補注〕先謙曰事詳丹傳上亦㠯先帝尤愛太子故得無廢竟寧元年五月元帝崩六月己未〔補注〕錢大昭曰己未誤荀紀作乙未先謙曰通鑑從紀作己未太子卽皇帝位謁高廟尊皇太后曰太皇太后皇后曰皇太后〔補注〕周壽昌曰太皇太后邛成王皇后皇太后王皇后也㠯元舅侍中衛尉陽平侯王鳳爲大司馬大將軍領尙書事〔補注〕先謙曰王氏得權自此始乙未有司言乘輿車牛馬禽獸皆非禮不宜㠯葬奏可七月大赦天下

建始元年春正月乙丑皇曾祖悼考廟災文穎曰宣帝父史皇孫廟〔補注〕先謙曰五行志作皇考廟災蓋奪文荀紀通鑑並作悼考廟立故河閒王弟上郡庫令良爲王如淳曰漢官北邊郡庫官之兵器所藏故置令有星孛于營室〔補注〕先謙曰五行志青白色長六七丈廣尺餘罷上林詔獄師古曰漢舊儀云上林詔獄主治苑中禽獸宮館事屬水衡二月右將軍長史姚尹等使匈奴還去塞百餘里暴風火發燒殺尹等七人〔補注〕先謙曰荀紀作十餘人賜諸

侯王丞相將軍列侯王太后公主王主張晏曰天子女曰公主秩比公也王主王之女也師古曰王主則翁主也王自主婚故曰王主吏二千石黃金宗室諸官吏千石㠯下至二百石及宗室子有屬籍者三老孝弟力田鰥寡孤獨錢帛各有差吏民五十戶牛酒詔曰迺者火災降於祖廟有星孛于東方始正而虧如淳曰言始卽帝之正而有彗星之虧也〔補注〕蘇輿曰此承上二者言天降災以示虧失非專指彗星咎孰大焉師古曰孰有大於此者孰誰也書云惟先假王正厥事師古曰商書高宗肜日載武丁之臣祖己之辭也假至也言先古至道之君遭遇災變則正其行事修德㠯應之羣公孜孜帥先百寮輔朕不逮師古曰孜孜不怠之意孜音兹崇寬大長和睦凡事恕己毋行苛刻師古曰恕者仁也恕己之心㠯度於物其大赦天下使得自新封舅諸吏光祿大夫關內侯王崇爲安成侯應劭曰百官表諸吏得舉法案劾職如御史中丞武帝初置皆兼官所加或列侯將軍卿大夫爲之無員也賜舅王譚商立根逢時爵關內侯夏四月黃霧四塞〔補注〕先謙曰五行志壬寅晨大風從西北起雲氣赤黃四塞天下四月下當有壬寅二字博問公卿大夫無有所諱六月有

青蠅無萬數師古曰言其極多雖欲㠯萬數計之而不可得故云無萬數集未央宮殿中朝者坐服虔曰公卿㠯下朝會坐也晉灼曰內朝臣之朝坐也師古曰朝臣坐之在宮殿中者也服說是矣坐音才臥反秋罷上林宮館希御幸者二十五所八月有兩月相承晨見東方服虔曰相承在上下也應劭曰案京房易傳云君弱如婦爲陰所乘則兩月出〔補注〕先謙曰兩月重見非八月每夜皆然義當書日五行志作八月戊午晨漏未盡三刻明此八月下脫戊午二字九月戊子流星光燭地長四五丈委曲蛇形貫紫宮十二月作長安南北郊罷甘泉汾陰祠是日大風拔甘泉畤中大木十韋㠯上師古曰韋與圍同〔補注〕蘇輿曰韋圍義別此以韋爲圍曹參傳韋津作圍津皆通借字郡國被災什四㠯上毋收田租師古曰什四謂田畝所收十損其四

二年春正月罷雍五畤〔補注〕先謙曰此與前年作郊罷祠並從匡衡之請辛巳上始郊祀長安南郊詔曰迺者徙泰畤后土于南郊北郊朕親飭躬郊祀上帝師古曰飭整也讀與敕同皇天報應神光竝見三輔長無共張繇役之勞師古曰共音居用反張音竹亮反謂供具張設他皆類此〔補注〕宋祁曰姚本注云漢每上雍祀甘泉有千乘萬騎置頓之勞今移祀於南

郊郊故有共帳繇役也錢大昭曰文選東都賦注引張晏云張帷帳也小顏以爲供具張設故不取其說先謙曰宋說故有當作故無南郊郊上郊作北赦奉郊縣長安長陵應劭曰天郊在長安城南地郊在長安城北長陵界中二縣有奉郊之勤故一切竝赦之及中都官耐罪徒師古曰中都官京師諸官府減天下賦錢算四十孟康曰本算百二十今減四十爲八十閏月㠯渭城延陵亭部爲初陵二月詔三輔內郡舉賢良方正各一人師古曰內郡謂非邊郡三月北宮井水溢出〔補注〕先謙曰詳五行志辛丑上始祠后土于北郊丙午立皇后許氏師古曰許嘉女罷六廄技巧官服虔曰倡技巧者也師古曰謂巧藝之技耳非倡樂之技也〔補注〕齊召南曰百官表六廄技巧二官有令有丞屬水衡都尉師古但解技巧未釋六廄於百官表注引漢舊儀郞以太僕之大廄解之恐未爲當此所罷者止言水衡所屬之六廄非太僕所屬也下文又云減乘輿廄馬則太僕所屬者矣先謙曰百官表敘水衡九屬官技巧在六廄上明是二官又云成帝建始二年省技巧六廄官尤其顯證服顏失考耳荀紀作罷少府技巧官殆轉寫之誤少府無技巧官也夏大旱東平王宇有罪削樊亢父縣師古曰樊及亢父東平之二縣也亢音抗父音甫〔補注〕先謙曰樊在今兗州府滋陽縣西南亢父見高紀秋罷太子博望苑文穎曰武帝爲衞太子作此苑令受賓客也〔補注〕先謙曰見武五子傳㠯

賜宗室朝請者師古曰請音才性反減乘輿廄馬

三年春三月赦天下徒賜孝弟力田爵二級諸逋租賦所振貸勿收秋關內大水〔補注〕先謙曰五行志作夏大水三輔霖雨三十餘日郡國十九雨山谷水出凡殺四千餘人壞官寺民舍八萬三千餘所七月虒上小女陳持弓聞大水至走入橫城門闌入尚方掖門服虔曰虒音斯應劭曰虒上地名在渭水邊陳姓也持弓名也無符籍妄入宮曰闌掖門者正門之傍小門也如淳曰橫音光三輔黃圖北面西頭第一門師古曰掖門在兩傍言如人背掖也〔補注〕王先愼曰五行志作十月丁未小女年九歲也先謙曰官本宮作官黃作皇至未央宮鉤盾中〔補注〕周壽昌曰百官表少府官屬鉤盾五丞兩尉顏注鉤盾主苑囿鉤盾中未央宮苑中也吏民驚上城九月詔曰迺者郡國被水災流殺人民多至千數京師無故訛言大水至師古曰訛僞言吏民驚恐奔走乘城師古曰乘登也殆苛暴深刻之吏未息元元冤失職者眾師古曰職常也失其常業遣諫大夫林等循行天下師古曰行音下更反冬十二月戊申朔日有蝕之〔補注〕先謙曰五行志曰食婺女九度夜地震未央宮殿中〔補注〕先謙曰官本中作下詔曰蓋聞天生眾民〔補注〕先謙曰官本考證云宋本無蓋聞二字別本俱有不能相治爲之立君㠯統理之君道得則草木昆蟲咸得其所師古曰昆眾也昆蟲言眾蟲也又許愼說文云二虫爲䖵讀與昆同謂蟲之總名兩義竝通而鄭康成㠯昆蟲爲明蟲失之矣虫音許尾反〔補注〕先謙曰官本謂蟲之總名蟲作虫人君不德謫見天地師古曰言天地見變所以責之災異婁發㠯告不治師古曰婁古屢字也治音丈吏反朕涉道日寡舉錯不中師古曰中當也音竹仲反乃戊申日蝕地震朕甚懼焉公卿其各思朕過失明白陳之女無面從退有後言師古曰虞書益稷之篇云帝曰予違汝弼汝無面從退有後言謂我有違道汝當正之無得對面則順從唯唯退後則有謗讟之言也故此詔引之丞相御史與將軍列侯中二千石及內郡國舉賢良方正能直言極諫之士詣公車朕將覽焉越巂山崩〔補注〕先謙曰官本巂作雋

四年春〔補注〕先謙曰五行志正月癸卯隕石稾四肥累一罷中書宦官臣瓚曰漢初中人有中謁者令孝武加中謁者令爲中書謁者令置僕射宣帝時任中書官弘恭爲令石顯爲僕射元帝即位數年恭死顯代爲中書令專權用事至成帝乃罷其官〔補注〕錢大昭曰瓚說非也百官表少府有中書謁者黃門鉤盾尚方御府永巷內者宦者七官令丞諸僕射署長中黃門皆屬焉又曰成帝建始四年更名中書謁者令爲中謁者令然則漢初但有中書謁者令成帝罷中書之名改爲中謁者令耳豈得謂武帝所加乎僕射亦非孝武始置初置尚書員五人師古曰漢舊儀云尚書四人爲四曹常侍尚書主丞相御史事二千石尚書主刺史二千石事戶曹尚書主庶人上書事主客尚書主外國事成帝置五人有三公曹主斷獄事〔補注〕錢大昭曰漢官儀云尚書四員武帝置成帝加一爲五有侍曹尚書戶曹尚書主客尚書二千石尚書成帝加三公尚書主斷獄事觀漢書光武紀注夏四月雨雪師古曰雨音于具反〔補注〕先謙曰五行志云燕多死五月中謁者丞陳臨殺司隸校尉轅豐於殿中應劭曰豐爲長安令治有能名擢拜司隸校尉臨素與豐有怨見其尊顯畏爲己害弃訟未出使人刺殺〔補注〕錢大昭曰百官表有中書謁者令丞是時令己改爲中謁者則丞亦改矣故有中謁者丞王先愼曰荀紀轅作袁古字通秋桃李實大水河決東郡金隄師古曰金隄者河隄之名今在滑州界冬十月御史大夫尹忠㠯河決不憂職自殺

河平元年春三月〔補注〕先謙曰五行志正二月日赤三月乙未日出黃有黑氣大如錢居日中央詔曰河決東郡流漂二州師古曰兗州豫州之地校尉王延世隄塞輒平〔補注〕先謙曰事見溝洫志其改元爲河平賜天下吏民爵各有差夏四月己亥晦日有蝕之既〔補注〕先謙曰五行志在東井六度詔曰朕獲保宗廟戰戰栗栗未能奉稱師古曰謂不副先帝之業傳曰男教不修陽事不得則日爲之蝕天著厥異辜在朕躬公卿大夫其勉悉心㠯輔不逮師古曰悉盡也逮及也百寮各修其職惇任仁人退遠殘賊師古曰惇厚也遠離也遠音于萬反陳朕過失無有所諱大赦天下六月罷典屬國并大鴻臚秋九月復太上皇寢廟園〔補注〕先謙曰從平當之請

二年春正月沛郡鐵官冶鐵飛語在五行志夏〔補注〕先謙曰五行志四月楚國雨雹大如斧飛鳥死六月封舅譚商立根逢時皆爲列侯〔補注〕蘇輿曰五侯同日封宜著其日據表在乙亥

三年春二月丙戌犍爲地震山崩師古曰犍音其言反又其連反〔補注〕先謙曰五行志柏江山崩捐江山崩地震積二十一日百二十四動雍江水水逆流師古曰雍音壅其下皆同秋八月乙卯晦日有蝕之〔補注〕先謙曰五行志在房光祿大夫劉向校中祕書師古曰言中㠯別外〔補注〕何焯曰

曰向校中祕書大書於帝紀尊經籍也謁者陳農使使求遺書於天下師古曰言令陳農為使而
吏反下使使之求遺書也上使音所讀如本字〔補注〕錢大昭曰吏反下使四字當在音所二字之下先謙曰官本注不誤
四年春正月匈奴單于來朝赦天下徒賜孝弟力田爵二級諸逋
租賦所振貸勿收二月單于罷歸國三月癸丑朔日有蝕之〔補注〕先謙
曰五行志在昴遣光祿大夫博士嘉等十一人〔補注〕錢大昭曰嘉漢紀作孟嘉行舉瀕河
之郡師古曰巡行而舉其狀也瀕水厓也瀕河言傍河也行音下更反瀕音頻又音賓傍音步浪反〔補注〕錢大昭曰瀕與顥同
俗作濱水所毀傷困乏不能自存者財振貸師古曰財與裁同謂量其等差而振貸之〔補注〕
錢大昭曰古財與裁通史記封禪書民里各自財以祠本書作自裁其為水所流壓死不能自葬令
郡國給槥櫝葬埋師古曰槥櫝謂小棺槥音衞櫝音讀已葬者與錢人二千避水它
郡國在所冗食之文穎曰冗散也散廩食使生活不占著戶給役使也如淳曰散著人間給食之官償其直也師
古曰文說是也冗音如勇反食讀曰飤謹遇㠯文理無令失職師古曰勿使失其常理舉惇厚
有行能直言之士壬申長陵臨涇岸崩雍涇水夏六月庚戌楚王

前漢十　六

囂薨山陽火生石中改元為陽朔
陽朔元年應劭曰時陰盛陽微故改元曰陽朔欲陽之蘇息也師古曰應說非也朔始也㠯火生石中言陽氣之始也春
二月丁未晦日有蝕之〔補注〕先謙曰五行志在胃三月赦天下徒冬京兆尹王
章有罪下獄死〔補注〕何焯曰章不言為王鳳所害於體例不能一也
二年春寒詔曰昔在帝堯立羲和之官應劭曰尚書堯典曰乃命羲和羲氏和氏世掌天地
之官命㠯四時之事令不失其序故書云黎民於蕃時雍應劭曰黎眾也時是
也雍和也言眾民於是變化用是太和也韋昭曰蕃多也師古曰此虞書堯典之辭也今尚書作變而此紀作蕃兩說竝通蕃音扶
元反〔補注〕錢大昭曰蕃當音藩河切蘇輿曰段玉裁古文尚書撰異云今文尚書作蕃應用古文尚書讀蕃如變章訓蕃如多則如
今文說不改字案詔意以時雍為授時後事亦今文異說明㠯陰陽為本也今公卿大夫或不
信陰陽薄而小之師古曰謂為輕小之事也所奏請多違時政李奇曰時政月令也傳㠯
不知周行天下如淳曰在位者皆不知陰陽時政轉轉相因故令後人遂不知也師古曰如說非也言遞相因循㠯
所不知之事施設教命周偏天下而欲望陰陽和調豈不謬哉其務順四時月令

三月大赦天下夏五月〔補注〕宋祁曰古本無夏字除吏八百石五百石秩李奇曰除
八百就六百除五百就四百秋關東大水流民欲入函谷天井壺口五阮關者
勿苛留應劭曰天井在上黨高都壺口在壺關五阮在代郡如淳曰阮音近捲反師古曰苛細刻也阮音其遠反苛音何〔補
注〕齊召南曰案地理志代郡無五阮關有五原關疑五阮即五原音之轉耳沈欽韓曰淮南氾論北至飛狐陽原注或曰陽原代郡
廣昌東五阮關是也郡廣昌蔚州縣後漢烏桓傳伏波將軍馬援將三千騎出五阮關掩擊烏桓方輿紀要天井關在澤州南四十五里
當太行絕頂其南即羊腸坂道壺關山在潞安府東南十三里山形似壺古置關於此紫荊關在保定府易州西八十里代州廣昌
縣東北百里或曰即古之五阮關愚謂五阮蓋在飛狐倒馬間非紫荊關也先謙曰官本注何作河流民上疑當有詔字遣諫
大夫博士分行視師古曰行音下更反八月甲申定陶王康薨九月奉使者
不稱師古曰不副上意〔補注〕先謙曰奉使不稱非繫月之事下又無責讁明文書法不合史例疑當在分行視下傳寫誤移之
耳且奉使者上文有諫大夫博士二者下文但言博士不及諫大夫知不與奉使不稱相繫屬也詔曰古之立太
學將㠯傳先王之業流化於天下也儒林之官四海淵原宜皆明
於古今溫故知新通達國體師古曰溫厚也謂厚積於故事也〔補注〕周壽昌曰論語集解溫尋也皇疏

前漢十　七

溫燖也溫是尋繹之義亦是燖煖之義禮記中庸注謂故學之熟矣復時習之謂溫顏注晦故謂之博士否則
學者無述焉為下所輕非所㠯尊道德也工欲善其事必先利其
器師古曰論語載孔子之言也故此詔引焉丞相御史其與中二千石二千石雜舉可
充博士位者使卓然可觀師古曰卓然高遠之貌也是歲御史大夫張忠卒師古
曰史不記其月故書之於歲末其下王駿亦同
三年春三月壬戌隕石東郡八〔補注〕先謙曰五行志二月隕石白馬八此舉郡志舉縣月異夏
六月潁川鐵官徒申屠聖等百八十人〔補注〕錢大昭曰潁川陽城有鐵官殺長吏
盜庫兵自稱將軍經歷九郡〔補注〕周壽昌曰聖等亂不逾月即滅何能經歷九郡所經何郡亦無主名
疑郡是縣誤鴻嘉三年廣漢鄭躬反眾萬人逾年始平不過犯歷四縣可類推也先謙曰周說是也荀紀改為經歷郡國蓋已疑
及此矣遣丞相長史御史中丞逐捕㠯軍興從事皆伏辜師古曰逐捕之事須
有發興皆依軍法秋八月丁巳大司馬大將軍王鳳薨〔補注〕錢大昕曰案大司馬書薨自元
狩六年霍去病始其不書姓亦如丞相例惟陽朔三年大司馬大將軍王鳳永始二年大司馬車騎將軍王音元延元年大司馬大

將軍王商兼書姓四年春正月詔曰夫洪範八政以食爲首師古曰洪範尚書篇名箕子爲周武王所說洪大也範法也八政一曰食蓋王政之所先故以爲首斯誠家給刑錯之本也師古曰言倉廩充盈則家家自足人不犯禁無所用刑也先帝劭農蘇林曰劭音翹精異之意也晉灼曰劭勸勉也師古曰晉說是也其字從力音時召反（補注）錢大昭曰說文劭勉也讀若舜樂韶薄其租稅寵其彊力師古曰謂優寵力田之人令與孝弟同科師古曰謂每同薦舉及加賜也間者民彌惰怠鄉本者少趨末者衆將何以矯之師古曰鄉讀曰嚮矯正也方東作時應劭曰東作耕也師古曰春位在東耕者始作故曰東作虞書堯典曰平秩東作其令二千石勉勸農桑出入阡陌致勞來之師古曰阡陌田間道也南北曰阡東西曰陌蓋秦時商鞅所開也勞來勸勉之意也勞音郎到反來音郎代反書不云乎服田力嗇乃亦有秋應劭曰農夫服田厲其膂力乃有秋收也師古曰此商書盤庚之辭（補注）錢大昭曰嗇古穡字詩伐檀云不稼不穡石經魯詩殘碑作嗇書無逸云先知稼穡之艱難蔡邕石經作嗇商書舍我穡事史記作嗇其最之哉二月赦天下（補注）先謙曰五行志四月雨雪燕雀死秋九月壬申東平王宇薨閏月壬戌御

史大夫于永卒師古曰于定國子

鴻嘉元年春二月詔曰朕承天地獲保宗廟明有所蔽德不能綏刑罰不中衆冤失職趨闕告訴者不絕是以陰陽錯謬寒暑失序師古曰序次也日月不光百姓蒙辜朕甚閔焉師古曰蒙被也書不云乎即我御事罔克耆壽咎在厥躬文穎曰此尚書文侯之命篇中辭也言我周家用事者無能有耆老賢者使國之危亡罪咎在其用事者也師古曰咎在厥躬平王自謂故帝引之以自責耳文氏乃云咎在用事斯失之矣（補注）蘇輿曰今尚書作罔或耆壽俊在厥服隸古定本同據文注以賢者釋俊字則漢末所見本耆壽下有俊字咎在其用事者正釋厥躬之義若如顏駁則當云朕躬而不當云厥躬矣或以爾雅服訓事疑文見本作服亦非詔文所引蓋今文尚書或作克俊下多咎字服作躬與古文異方春生長時臨遣諫大夫理等師古曰天子自臨敕而遣舉三輔三河弘農冤獄公卿大夫部刺史明申敕守相稱朕意焉其賜天下民爵一級女子百戶牛酒加賜鰥寡孤獨高年帛逋貸未入者勿收壬午行幸初陵赦作徒師古曰徒人之在陵作役者以新豐戲鄉爲昌陵縣師古曰戲水之鄉也音許宜反（補注）錢大昭曰郡國志新豐有戲亭御覽二十七引三輔舊事成帝作延陵及起廟竇將軍有青竹田在廟南恐犯蹈之言作陵不便乃徙作昌陵取土十餘里土與粟同價永始元年詔曰作治五年客土疏惡正謂此也奉初陵賜百戶牛酒上始爲微行出張晏曰於後門出從期門郎及私奴客十餘人白衣組幘單騎出入市里不復警蹕若微賤之所爲故曰微行冬黃龍見眞定師古曰本趙國東垣縣也高祖十一年更名眞定

二年春行幸雲陽三月博士行飲酒禮（補注）錢大昭曰漢紀作行鄉飲酒禮周壽昌曰五行志作大射禮通鑑同胡三省注古者天子諸侯大夫士皆有大射之禮博士所行士之射禮也有雊蜚集于庭歷階升堂而雊師古曰蜚古飛字也歷階謂以次而登也（補注）宋祁曰歷階唐本作歷陛先謙曰於博士行禮時蜚集也五行志作歷階荀紀通鑑同明唐本誤後集諸府（補注）先謙曰太常宗正丞相御史大夫車騎將軍之府又集承明殿師古曰在未央宮中詔曰古之選賢傅納以言明試以功師古曰傅讀曰敷敷陳也令其陳言而省納之乃試以事也故官無廢事下無逸民師古曰逸遁也（補注）周壽昌曰逸安也怠惰之意故其字亦作佚逸民廢事對舉見義顏注非教化流行風雨和時百穀用成衆庶樂業咸以康寧朕承鴻業十有餘年數遭水旱疾疫之災黎民婁困

於飢寒師古曰婁古屢字而望禮義之興豈不難哉朕既無以率道師古曰道讀曰導帝王之道日以陵夷師古曰陵丘陵也夷平也言其頹替若丘陵之漸平也又曰陵遲亦言如丘陵之逶遲稍卑下也他皆類此（補注）王念孫曰師古以陵爲丘陵非也陵與夷皆平也文選長楊賦注引薛君韓詩章句曰四平曰陵是丘陵之陵本取陵夷之義非陵夷之取義於丘陵也史記高祖功臣侯年表始未嘗不欲固其根本而枝葉稍陵夷衰微也陵夷衰微四字平列陵夷不可謂如陵之夷猶衰微不可謂如衰之微也陵夷之爲陵遲猶逶夷之爲逶遲故王肅家語注曰陵遲猶陂沱也淮南泰族篇河以逶蛇故能遠山以陵遲故能高逶蛇陵遲相對爲文陵遲不可謂如陵之遲猶逶蛇不可謂如逶之蛇也又說文夌夌徲也其字作夌不作陵則非丘陵之陵益明矣周壽昌曰文選難蜀父老反衰世之陵夷注陵夷即淩遲也本書司馬相如傳注謂弛替也劉向傳注謂卑替也朱博傳注漸廢替也刑法禮樂志張釋之李尋傳注俱訓作頹替顏捬爲臆說轉近迂滯意迺招賢選士之路鬱滯而不通與師古曰與讀曰歟將舉者未得其人也其舉敦厚有行義能直言者冀聞切言嘉謀匡朕之不逮夏（補注）先謙曰五行志五月癸未隕石杜衍三徙郡國豪桀貲五百萬以上五千戶于昌陵賜丞相御史將軍列侯公主中二千石冢地第宅師古曰並於昌陵賜之六

月立中山憲王孫雲客爲廣德王補注錢大昕曰羅願新安志云景十三王傳復立憲王弟孫利鄉侯子雲客是爲廣德夷王諸侯王表雲客以懷王從父弟子紹封獨成帝紀載雲客是憲王孫案雲客之祖孝侯安於憲王爲弟其父戴侯遂於懷王爲從父弟則雲客乃憲王弟孫懷王從父弟子表傳所言是也紀脫一弟字

三年夏四月赦天下令吏民得買爵賈級千錢師古曰賈讀曰價補注蘇輿曰買爵之令始於惠帝孝文時亦令民得賣爵不言賈若干然惠帝時賜爵一級貴於萬錢元年紀云中郎不滿一歲一級外郎不滿二歲賜錢萬是一級一級賜萬錢故知一級貴於萬錢食貨志載武帝時武功爵級十七萬雖武功貴於常爵然爵不甚賤可知其後除千夫五大夫爲吏令伐棘作池供賤役不欲者又令出馬吏民受買爵之病願買者少故至是大賤其賈紀特著之以究一代之變大旱補注先謙曰五行志五月乙亥天水冀南山大石鳴秋八月乙卯孝景廟闕災補注王念孫曰闕上當有北字五行志及漢紀皆作孝景廟北闕災又文紀未央宮東闕罘思災景紀未央宮東闕災元紀孝宣園東闕災皆其例也冬十一月甲寅皇后許氏廢廣漢男子鄭躬等六十餘人攻官寺篡囚徒師古曰逆取曰篡補注周壽昌曰五行志廣漢鉗子謀攻牢篡死罪囚鄭躬等是躬固囚徒爲鉗徒所篡取爲亂非躬之篡囚徒也盜庫兵自稱山君

四年春正月詔曰數敕有司務行寬大而禁苛暴訖今不改一人有辜舉宗拘繫農民失業怨恨者眾傷害和氣水旱爲災關東流冗者眾師古曰冗散失其事業也冗音人勇反青幽冀部尤劇朕甚痛焉未聞在位有惻然者孰當助朕憂之師古曰孰誰也已遣使者循行郡國師古曰行音下更反被災害什四已上民貲不滿三萬勿出租賦逋貸未入皆勿收流民欲入關輒籍內師古曰錄其名籍而內之補注先謙曰官本注名作民所之郡國謹遇以理師古曰之往也務有以全活之思稱朕意秋補注先謙曰五行志雨魚於信都勃海清河河溢被災者振貸之冬廣漢鄭躬等黨與寖廣師古曰寖古浸字浸漸也犯歷四縣眾且萬人拜河東都尉趙護爲廣漢太守發郡中及蜀郡合三萬人擊之或相捕斬除罪師古曰賊黨相捕斬而來者赦其本罪旬月平遷護爲執金吾補注朱一新曰公卿表護爲執金吾在元延元年紀蓋終言之賜黃金百斤

永始元年春補注先謙曰五行志北海出大魚正月癸丑太官凌室火師古曰藏冰之室戊午戾后園闕火補注先謙曰五行志作南闕災官本闕作關夏四月封婕妤趙氏父臨爲成陽侯五月封舅曼子侍中騎都尉光祿大夫王莽爲新都侯六月丙寅立皇后趙氏師古曰趙飛燕也即上所謂婕妤趙氏大赦天下秋七月詔曰朕執德不固謀不盡下師古曰言不博謀於羣下過聽將作大匠萬年師古曰過誤也萬年解萬年也言昌陵三年可成作治五年中陵司馬殿門內尚未加功如淳曰陵中有司馬殿門如生時制也臣瓚曰天子之壙中無司馬殿門也此謂陵上寢殿及司馬門也時皆未作之故曰尚未加功師古曰中陵陵中正寢也司馬殿門內瓚說是也天下虛耗師古曰耗損也音呼到反百姓罷勞師古曰罷讀曰疲客土疏惡服虔曰取他處土以增高爲客土也終不可成朕惟其難怛然傷心師古曰惟思也夫過而不改是謂過矣師古曰論語載孔子之言故詔引之其罷昌陵及故陵補注陳景雲曰及當作反先是劉向諫昌陵事有還復故陵之請而次年詔言侍中衞尉長數白宜早止徙家反故處故處即故陵也反故陵謂仍還渭城延陵周壽昌曰宋王益之西漢年紀考異云汪彥章用南唐本校證作反故陵勿徙吏民補注先謙曰通鑑胡注謂故陵勿起陵邑徙吏民也令天下毋有動搖之心補注先謙曰官

本動作勸立城陽孝王子俚爲王如淳曰俚音里補注先謙曰鴻嘉二年哀王雲薨無後故也八月丁丑太皇太后王氏崩師古曰宣帝王皇后也補注先謙曰五行志九月丁巳晦日有食之

二年春正月己丑大司馬車騎將軍王音薨二月癸未夜星隕如雨補注先謙曰五行志長一二丈繹繹未至地滅至雞鳴止乙酉晦日有蝕之詔曰迺者龍見于東萊日有蝕之天著變異以顯朕郵師古曰郵與尤同謂過也朕甚懼焉公卿申敕百寮深思天誡有可省減便安百姓者條奏所振貸貧民勿收又曰關東比歲不登師古曰比頻也吏民以義收食貧民入穀物助縣官振贍者已賜直如淳曰賜之爵復租賦以爲直師古曰此說非也收食貧人謂收取而養食之助縣官振贍謂出物以助郡縣之官也已賜直謂官賜其所費直也今方更加爵及免賦耳食讀曰飤其百萬以上加賜爵右更師古曰第十四爵也更音工行反補注先謙曰官本行作衡是欲爲吏補三百石其吏也遷二等師古曰先已爲吏則遷二等三十萬以上賜爵五大夫師古曰第九爵也吏亦遷二等民補郎十萬以上家無出租賦三歲萬錢以上一年補注何焯

（曰如此乃不傷國體安桓預下詔書計金授官則市賈矣且安桓爵得至關內侯此亦不至甚濫也）冬十一月行幸雍祠五時（〔補注〕何焯曰建始二年罷雍五時至此始復而於後年總書之）十二月詔曰前將作大匠萬年知昌陵卑下不可爲萬歲居奏請營作建置郭邑妄爲巧詐積土增高多賦斂繇役興卒暴之作（師古曰卒讀曰猝謂急也〔補注〕先謙曰官本注猝作猝是）卒徒蒙辜死者連屬（師古曰屬音之欲反）百姓罷極天下匱竭（師古曰罷讀曰疲匱空也竭盡也）常侍閎前爲大司農中丞數奏昌陵不可成（師古曰閎王閎也）侍中衛尉長數白宜早止徙家反故處（師古曰長湻于長也）朕吕長言下閎章（如湻曰吕衛尉長數白罷故因下閎請奏罷作之章師古曰下音胡稼反）公卿議者皆合長計首建至策（〔補注〕李慈銘曰首建上當更有長字）閎典主省大費（師古曰司農中丞主錢穀顧庸故云典主）民吕康寧閎前賜爵關內侯黃金百斤其賜長爵關內侯食邑千戶閎五百戶萬年佞邪不忠毒流衆庶海內怨望至今不息雖蒙赦令不宜居京師其徙萬年敦煌郡是歲御史大夫王駿卒（師古曰王吉之子也）

三年春正月己卯晦日有蝕之詔曰天災仍重朕甚懼焉（師古曰仍頻也重音直用反）惟民之失職（師古曰失其常業也）臨遣大中大夫嘉等循行天下（師古曰行音下更反）存問耆老民所疾苦其與部刺史舉惇樸遜讓有行義者各一人（〔補注〕先謙曰五行志夏四月大旱）冬十月庚辰皇太后詔有司復甘泉泰時汾陰后土雍五時陳倉陳寶祠（師古曰陳寶祠在陳倉）語在郊祀志（〔補注〕先謙曰官本志作忘）十一月尉氏男子樊並等十三人謀反（師古曰尉氏陳留之縣）殺陳留太守（〔補注〕錢大昭曰太守嚴普也見天文志）劫略吏民自稱將軍徒李譚等五人共格殺並等（〔補注〕先謙曰功臣表載李譚稱忠鍾祖訾順四人無五人通鑑考異云蓋紀誤）皆封爲列侯十二月山陽鐵官徒蘇令等二百二十八人攻殺長吏盜庫兵自稱將軍經歷郡國十九殺東郡太守汝南都尉遣丞相長史御史中丞持節督趣逐捕（師古曰趣讀曰促）汝南太守嚴訢捕斬令等（師古曰訢與欣同令即蘇令〔補注〕周壽昌曰令等以十二月反未久即撲滅何能經歷郡國十九疑有誤天文志五行志俱云經歷郡國四十餘則

尤誤也汝南都尉治汝陰太守治平輿不同治所故平賊有功無罪先謙曰荀紀通鑑皆作郡國十九梅福傳云蘇令之羣蹈藉名都大郡求黨與索隨和而無逃匿之意時朝政不綱官吏弛慢盜賊無忌故至於此十九或非誤也志云四十餘信誤矣）遷訢爲大司農賜黃金百斤

四年春正月行幸甘泉郊泰時神光降集紫殿大赦天下賜雲陽吏民爵女子百戶牛酒鰥寡孤獨高年帛三月行幸河東祠后土賜吏民如雲陽行所過無出田租夏四月癸未長樂臨華殿（〔補注〕先謙曰臨華殿注見五行志）未央宮東司馬門皆災（師古曰東面之司馬門也）六月甲午霸陵園門闕災（〔補注〕先謙曰五行志作東闕南方災）出杜陵諸未嘗御者歸家（〔補注〕何焯曰宣帝之葬至是三十六年矣以無繼嗣故出之）詔曰迺者地震京師火災婁降（師古曰婁古屢字）朕甚懼之有司其悉心明對厥咎（師古曰悉盡也）朕將親覽焉又曰聖王明禮制吕序尊卑異車服吕章有德雖有其財而無其尊不得踰制故民興行（師古曰行音下更反）上義而下利（師古曰以義爲上以利爲下）方今世俗奢僭罔極（師古曰罔無也極中也一曰止也）靡有厭足公卿列侯親屬近臣四方所則（師古曰則法也）未聞修身遵禮同心憂國者也或迺奢侈逸豫務廣第宅治園池多畜奴婢被服綺縠（師古曰被音皮義反）設鐘鼓備女樂車服嫁娶葬埋過制吏民慕效寖吕成俗（師古曰寖漸也）而欲望百姓儉節家給人足豈不難哉詩不云乎赫赫師尹民具爾瞻（師古曰小雅節南山之詩也赫赫盛貌也師尹尹氏爲太師之官也言居位甚高備爲衆庶所瞻仰〔補注〕先謙曰荀紀詩不云乎下多鼓鐘于宮聲聞于外又云十字）其申敕有司吕漸禁之（師古曰謂約束也）青綠民所常服且勿止（師古曰然則禁紅紫之屬）列侯近臣各自省改（師古曰省視也視而改之論語稱曾子曰吾日三省吾身〔補注〕劉攽曰予謂省者減省也改者頓改也）司隸校尉察不變者秋七月辛未晦日有蝕之

元延元年春正月己亥朔日有蝕之（〔補注〕先謙曰五行志長安章城門門牡自亡函谷關次門牡亦自亡）三月行幸雍祠五時夏四月丁酉無雲有雷聲光耀耀四面下至地昏止赦天下秋七月有星孛于東井（〔補注〕先謙曰詳五行志）詔曰迺

者日蝕星隕，讁見于天，大異重仍。師古曰：仍，頻也。重音直用反。在位默然，罕有忠言。今孛星見于東井，朕甚懼焉。公卿大夫、博士、議郎其各悉心惟思變意，明以經對，無有所諱；與內郡國舉方正能直言極諫者各一人，師古曰：令公卿與內郡國各舉一人。〔補注〕宋祁曰：注文南本作內郡國共舉人。北邊二十二郡舉勇猛知兵法者各一人。封蕭相國後喜爲酇侯。〔補注〕宋祁曰：喜字唐本南本並作嘉。予據表傳作嘉是。朱一新曰：功臣表永始元年封，紀繫於元延元年下，與表差四年，疑誤。周壽昌曰：功臣表、蕭何傳俱作何元孫之子南緣長喜紹封，並不作嘉。其名嘉者係何孫，於景帝二年紹封。唐本南本俱誤，宋氏亦失考。冬十二月辛亥，大司馬大將軍王商薨。是歲，昭儀趙氏害後宮皇子。師古曰：趙飛燕之妹。〔補注〕先謙曰：詳外戚傳。

二年春正月，行幸甘泉，郊泰畤。三月，行幸河東，祠后土。〔補注〕先謙曰：通鑑既祭，行遊龍門，登歷觀，陟西岳而歸。夏四月，立廣陵孝王子守爲王。〔補注〕宋祁曰：子守爲王，景德本、史館本、唐本並作子宇爲王。先謙曰：通鑑作守，考異云荀紀守作憲，今從漢書。是溫公所見漢書與今本同也。冬，行幸長楊宮，從胡客大校獵。如淳曰：合軍聚眾，有幡校擊鼓也。周禮校人掌王田獵之馬，故謂之校獵。師古曰：如說非也。此校謂以木自相貫穿爲闌校耳。校人職云六廄成校，是則以遮闌爲義也。校獵者，大爲闌校以遮禽獸而獵取也。軍之幡旗雖有校名，本因部校，此無豫也。〔補注〕劉攽曰：予謂校讀如犯而不校之校，校亦競也，競逐獵也。先謙曰：校獵劉說是。通鑑載此事於三年，考異云：揚雄傳祀甘泉、河東之歲十二月羽獵，雄上校獵賦；明年從上射熊館，還，上長楊賦。然則從胡客校獵當在三年，紀因去年冬有羽獵事致此誤耳。先謙案：此縱禽獸於長楊館，令胡人手搏之，自取其獲，則從當讀曰縱，而小顏無音，失之。宿萯陽宮，師古曰：萯音倍。賜從官。

三年春正月丙寅，蜀郡岷山崩，師古曰：岷音武巾反。雍江三日，江水竭。〔補注〕先謙曰：上流不下，故竭也。五行志云江水逆流，三日乃通。二月，封侍中衞尉淳于長爲定陵侯。三月，行幸雍，祠五畤。

四年春正月，行幸甘泉，郊泰畤。二月，罷司隸校尉官。三月，〔補注〕先謙曰：五行志隕石都關二。行幸河東，祠后土。甘露降京師，賜長安民牛酒。

綏和元年春正月，大赦天下。二月癸丑，詔曰：「朕承太祖鴻業，奉宗廟二十五年，德不能綏理宇內，百姓怨望者眾。不蒙天祐，至今未有繼嗣，天下無所係心。觀于往古近事之戒，禍亂之萌，皆由斯焉。師古曰：萌，始生曰萌。定陶王欣於朕爲子，〔補注〕李慈銘曰：爲子者，爲子行也。古者兄弟之子皆曰子。慈仁孝順，可以承天序，繼祭祀。其立欣爲皇太子。〔補注〕何焯曰：以此詔文觀之，哀帝背大宗，顧私親，其罪於是爲大，因此傷元后之心，奸臣媚惑，借以竊權。國之將亡，未有不甚於倫紀不立者，其徵則又自成帝昧夫婦判合之重，賤者得以色升，自貽絕嗣，並及宗社也。封中山王舅諫大夫馮參爲宜卿侯，〔補注〕錢大昭曰：卿當作鄉。先謙曰：官本卿作鄉。益中山國三萬戶，以慰其意。師古曰：以不得繼統爲帝之後，恐其怨恨。賜諸侯王、列侯金，天下當爲父後者爵，三老、孝弟力田帛，各有差。」又曰：「蓋聞王者必存二王之後，所以通三統也。師古曰：天地人是爲三統。二王之後並己爲三。昔成湯受命，列爲三代，師古曰：夏殷周是爲三代。〔補注〕錢大昕曰：王者存二王之後，並當代爲三。漢承周，周承殷，故以殷周爲二王後，並漢爲三代也。若並夏爲三代，則何不兼求夏後封之？故知此文三代與它處義別。沈欽韓曰：詔文將封殷後，故言湯爲三王之代，錢氏所言不合此處文義。而祭祀廢絕。考求其後，莫正孔吉。臣瓚曰：無若孔吉最正也。其封吉爲殷紹嘉侯。」〔補注〕蘇輿曰：元帝時梅福衡議封孔子子孫奉湯祀，至是采其說。詳福傳。三月，進爵爲公，及周承休侯皆爲公，地各百里。行幸雍，祠五畤。

夏四月，以大司馬票騎大將軍根爲大司馬，文穎曰：王根也。〔補注〕沈欽韓曰：大將軍大字衍，荀紀無大字。先謙曰：官本大將軍下無根字。罷將軍官。御史大夫爲大司空，封爲列侯。益大司馬、大司空奉如丞相。如淳曰：律，丞相、大司馬大將軍奉錢月六萬，御史大夫奉月四萬也。〔補注〕洪亮吉曰：大司馬奉果如丞相，此何得云益？蓋宣帝地節三年置大司馬，不冠將軍，無印綬官屬，疑祿亦少減，故此增益之，與丞相等耳。注引律當屬武帝時制。百官表成帝綏和元年初賜大司馬金印紫綬，四宣帝時有無印綬者，故云初賜，非有加於舊也。秋八月庚戌，中山王興薨。冬十一月，立楚孝王孫景爲定陶王。〔補注〕蘇輿曰：時以定陶王欣爲太子，故別立後以承其宗。定陵侯淳于長大逆不道，下獄死。廷尉孔光使持節賜貴人許氏藥，飲藥死。師古曰：即前所廢皇后許氏也。〔補注〕沈欽韓曰：稱貴人者，雖無位號，猶異凡庶也。始見於李夫人傳，後漢乃以爲次皇后之號。氏下藥字衍。十二月，罷部刺史，更置州牧，秩二千石。

二年春正月，行幸甘泉，郊泰畤。二月，〔補注〕先謙曰：五行志大廄馬生角。壬子，丞相翟方進薨三月〔補注〕先謙曰五行志天水平襄有燕生爵行幸河東祠后土丙戌帝崩于未央宮臣瓚曰帝年二十即位即位二十六年壽四十五師古曰即位明年乃改元耳壽四十六〔補注〕朱一新曰帝三歲宣帝崩懋元帝十六年凡十九歲而元帝崩是年即位踰年改元在位二十六年壽正四十五瓚注不誤所云二十即位者據改元之年言之耳顏氏誤駮皇太后詔有司復長安南北郊四月己卯葬延陵臣瓚曰自崩至葬凡五十四日延陵在扶風去長安六十二里〔補注〕沈欽韓曰長安志延陵在咸陽縣西北十五里

贊曰臣之姑充後宮為婕妤晉灼曰班彪之姑也父子昆弟侍帷幄數為臣言成帝善修容儀升車正立不內顧不疾言不親指師古曰不內顧者謂儼然端嚴不迴眄也不疾言者為輕肆也不親指者為惑下也此三句者本論語鄉黨篇述孔子之事故班氏引之以美成帝今論語云車中不內顧不疾言不親指內顧者說者以為前視不過衡軛旁視不過輢較與此不同輢音於綺反〔補注〕蘇輿曰注今論語不內顧不字當衍論語釋文魯讀車中內顧無不字者從魯讀耳顏引說者云云乃後漢包咸說見何晏集解臨朝淵嘿尊嚴若神可謂穆穆天子之容者矣師古曰禮記云天子穆穆諸侯皇皇大夫濟濟士蹌蹌故此贊引之〔補注〕何焯曰謂有其容爽其德也博覽古今容受直辭公卿稱職奏議可述師古曰稱職克當其任也可述言有文采遭世承平上下和睦然湛于酒色師古曰湛讀曰耽趙氏亂內外家擅朝言之可為於邑師古曰於邑短氣貌讀如本字於又音烏邑又音烏合反他皆類此建始以來王氏始執國命哀平短祚莽遂篡位蓋其威福所由來者漸矣〔補注〕王先慎曰御覽卷八十九引漸作久

成帝紀第十　終　漢書十

哀帝紀第十一　漢書十一

漢　蘭　臺　令　史班　固　撰

唐正議大夫行祕書少監琅邪縣開國子顏師古　注

賜進士出身前翰林院編修國子監祭酒加三級臣王先謙補注

孝哀皇帝荀悅曰諱欣之字曰喜應劭曰恭仁短折曰哀元帝庶孫定陶恭王子也母曰丁姬年三歲嗣立為王長好文辭法律師古曰好長而好之元延四年入朝盡從傅相中尉師古曰三官皆從王入朝時成帝少弟中山孝王亦來朝獨從傅上怪之以問定陶王對曰令〔補注〕周壽昌曰漢律令也此制在令甲諸侯王朝得從其國二千石傅相中尉皆國二千石故盡從之上令誦詩通習能說師古曰說其義他日問中山王獨從傅在何法令不能對令誦尚書又廢師古曰中忘之及賜食於前後飽起下韤係解師古曰食而獨在後飽及起又韤係解也韤音武伐反成帝由此以為不能而賢定陶王數稱其材時王祖母傅太后隨王來朝私賂遺上所幸趙昭儀及帝舅票騎將軍曲陽侯王根昭儀及根見上亡子亦欲豫自結為長久計皆更稱定陶王師古曰更音工衡反勸帝以為嗣成帝亦自美其材為加元服而遣之師古曰為之冠時年十七矣明年使執金吾任宏守大鴻臚持節徵定陶王立為皇太子〔補注〕先謙曰通鑑胡注大鴻臚掌諸侯故任宏守大鴻臚以迎定陶王守者權守也謝曰臣幸得繼父守藩為諸侯王材質不足以假充太子之宮師古曰謙不敢言為太子故云假充若言非正〔補注〕宋祁曰非正新本作非如正陛下聖德寬仁敬承祖宗奉順神祇宜蒙福祐子孫千億之報師古曰大雅假樂之詩曰千祿百福子孫千億言成王宜眾宜人天所保佑求得福祿故子孫眾多也十萬曰億故此謝書引以為言臣願且得留國邸〔補注〕周壽昌曰漢制諸侯王各於京師置邸為入朝時休沐之所謙言願留邸舍不敢入居太子宮旦夕奉問起居俟有聖嗣歸國守藩書奏天子報聞後月餘立楚孝王孫景為定陶王奉恭王祀所以獎厲太子專為後之誼師古曰獎勸使也語在外戚傳綏和二年三月成

帝崩四月丙午太子卽皇帝位謁高廟尊皇太后曰太皇太后皇后曰皇太后大赦天下賜宗室王子有屬者馬各一駟師古曰有屬謂親未盡尚有服者吏民爵百戸牛酒三老孝弟力田鰥寡孤獨帛太皇太后詔尊定陶恭王爲恭皇五月丙戌立皇后傅氏師古曰傅晏女詔曰春秋母以子貴補注先謙曰見公羊隱元年傳尊定陶太后曰恭皇太后丁姬曰恭皇后各置左右詹事食邑如長信宮中宮應劭曰成帝母王太后居長信宮李奇曰傅姬如長信丁姬如中宮也師古曰中宮皇后之宮追尊傅父爲崇祖侯丁父爲襃德侯師古曰傅父傅太后之父丁父丁太后之父封舅丁明爲陽安侯舅子滿爲平周侯追謚滿父忠爲平周懷侯皇后父晏爲孔鄉侯皇太后弟侍中光祿大夫趙欽爲新成侯六月詔曰鄭聲淫而亂樂師古曰鄭國有溱洧之水男女亟於其間聚會故俗亂而樂淫聖王所放師古曰放棄也論語稱孔子曰放鄭聲其罷樂府補注先謙曰武帝元狩三年立樂府此罷鄭聲及不應經法者餘別屬他官曲陽侯根前以大司馬建社稷策益封二千

戸師古曰王根也建議立哀帝爲太子太僕安陽侯舜輔導有舊恩益封五百戸師古曰王舜及丞相孔光大司空氾鄉侯何武益封各千戸師古曰氾音汎詔曰河閒王良喪太后三年補注周壽昌曰時無行三年喪者故特襃獎下又詔博士弟子父母死予寧三年由河閒錫類之仁也爲宗室儀表師古曰儀表者言爲禮儀之表率補注王念孫曰酷吏傳贊亦云其廉者足以爲儀表案立木以示人謂之儀又謂之表說文檥榦也從木義聲經傳通作儀故爾雅云儀榦也呂氏春秋愼小篇注表柱也故德行足以率人者亦謂之儀表緇衣上之所好惡不可不愼也是民之表也鄭注言民之從君如景逐表荀子君道篇君者儀也儀正而景正是儀卽表也管子形勢解篇法度者萬民之儀表也禮義者尊卑之儀表也淮南主術篇言爲文章行爲儀表文六年左傳陳之藝極引之表儀或言儀表或言表儀其義一也師古注此則云言爲禮儀之表率注酷吏傳則云謂有儀形可表明者望文生義而注各不同皆由不知儀表之同爲立木又不知儀爲檥之借字故也益封萬戸又曰制節謹度以防奢淫爲政所先百王不易之道也師古曰言爲常法不可改易諸侯王列侯公主吏二千石及豪富民多畜奴婢田宅亡限與民爭利百姓失職重困不足師古曰失職失其常分也重音直用反其議限列師古曰令條列而爲限禁有司條奏

諸王列侯得名田國中列侯在長安及公主名田縣道關內侯吏民名田皆無得過三十頃如淳曰名田國中者自其所食國中也既收其租稅又自得有私田三十頃名田縣道者令甲諸侯在國名田他縣罰金二兩今列侯有不之國者雖遥食其國租稅復自得田於他縣道公主亦如之不得過三十頃補注何焯曰哀帝行限田之制本善王莽之行王田蓋務以祈勝而致不便於民也先謙曰名田占田也各以名自占諸王侯各有國故得名田國中在長安未就國之列侯與公主止得名田縣道其限制與關內侯吏民同通鑑云自諸侯王列侯公主名田各有限關內侯吏民名田皆毋過三十頃文法微有乖異荀紀云王侯以下至庶人占田不得過三十頃與紀文相應諸侯王奴婢二百人列侯公主百人關內侯吏民三十人年六十以上十歲以下不在數中賈人皆不得名田爲吏如淳曰市井子孫不得爲吏見食貨志犯者以律論諸名田畜奴婢過品皆沒入縣官補注先謙曰以貴戚近習不便詔寢不行齊三服官諸官織綺繡難成害女紅之物皆止無作輸如淳曰紅亦工也其所作已成未成皆止無復作皆輸所近官府也師古曰如說非也謂未成者不作已成者不輸耳補注先謙曰如顏二說非也胡三省云齊三服官及諸織官皆無作難成之物以輸送也除任子令及誹謗詆欺法應劭曰任子令

者漢儀注吏二千石以上視事滿三年得任同產若子一人爲郎不以德選故除之師古曰任者保也詆誣也音丁禮反掖庭宮人年三十以下出嫁之官奴婢五十以上免爲庶人禁郡國無得獻名獸益吏三百石以下奉師古曰奉音扶用反補注先謙曰官本石作而察吏殘賊酷虐者以時退有司無得舉赦前往事補注沈欽韓曰此詔蓋爲司隸解光奏趙氏事發也博士弟子父母死予寧三年師古曰寧謂處家持喪服補注先謙曰官本博士上有前字引宋祁曰前博士一本無前字何焯云漢制之失莫大於仕者不爲父母行服三年達禮於是焉廢其予寧者不過自卒至葬後三十六日而已哀帝既許博士弟子予寧三年何不推之既仕者乎至安帝元初三年鄧太后臨朝初聽大臣二千石刺史行三年喪至建光三年安帝親政官豎不便復議斷之桓帝永興二年初聽刺史二千石行三年喪延熹二年復斷之若公卿則終漢之祚不議行三年喪服也秋補注先謙曰五行志八月男子王褒帶劍入前殿非常室中曲陽侯王根成都侯王況皆有罪補注錢大昭曰坐山陵未成置酒歌舞根就國況免爲庶人歸故郡詔曰朕承宗廟之重戰戰兢兢懼失天心閒者日月亡光五星失行郡國比比地動師古曰比比猶言頻頻也補注先謙曰官本地動作動地迺者河南潁川郡水出流殺

人民壞敗廬舍補注先謙曰五行志綏和二年九月丙辰地震自京師至北邊郡國三十餘壞城郭凡殺四百一十五人當卽此紀所云官本壞敗作敗壞朕之不德民反蒙辜朕甚懼焉已遣光祿大夫循行舉籍師古曰舉其名籍也行音下更反賜死者棺錢人三千師古曰賜錢三千以充棺其令水所傷縣邑及他郡國災害什四以上民貲不滿十萬皆無出今年租賦師古曰什四謂十分損四補注先謙曰官本注十分作什分

建平元年補注周壽昌曰古今注哀帝元年芝生後庖木蘭樹上又仲長統昌言曰漢哀帝時有異物生於長樂宮延於廐後東廡柏樹及永巷南園合歡樹議者以為芝草也羣臣皆賀受賜春正月補注先謙曰五行志丁未隕石北地十赦天下侍中騎都尉新成侯趙欽成陽侯趙訢皆有罪免為庶人師古曰訢欽皆趙昭儀之兄補注先謙曰官本注在徙遼西下徙遼西太皇太后詔外家王氏田非冢塋皆以賦貧民師古曰塋冢域也賦給與也塋音營補注何焯曰自此而王氏家施漸及民矣二月詔曰蓋聞聖王之治以得賢為首其與大司馬列侯將軍中二千石州牧守相舉孝弟惇厚能直言通政事延于側陋可親民者各

一人師古曰言有孝弟惇厚直言通政事之人雖在側陋可延致而任者皆令舉之補注劉攽曰此詔亦是下丞相大司空者王念孫曰案延于側陋四字與上下文義不相屬此四字當別為一句在州牧守相之下而以舉孝弟惇厚能直言通政事可親民者十五字連讀則上下文皆貫通矣據師古注則所見本已與今本同俞樾曰延乃迡字之誤迡古起字惟其起於側陋故能周知民閒疾苦可使親民也迡字經傳罕見因誤作延顏所見本已誤作延故曲為之說而於文勢未合王氏因欲移延下四字於守相下以就文勢義亦未安三月賜諸侯王公主列侯丞相將軍中二千石中都官郎吏金錢帛各有差補注先謙曰五行志九月甲辰隕石虞二冬中山孝王太后媛師古曰馮奉世之女也媛音援補注周壽昌曰中山孝王興元帝子其太后元帝昭儀詳馮奉世傳先謙曰官本注援作爰弟宜鄉侯馮參有罪皆自殺

二年補注先謙曰官本連上文五行志定襄牡馬生駒三足又云建平中豫章有男化為女春三月罷大司空復御史大夫師古曰復音扶目反此下皆同補注先謙曰從朱博之請官本注皆作亦夏四月詔曰漢家之制推親親以顯尊尊師古曰天子之至親當極尊號定陶恭皇之號不宜復稱定陶補注何焯曰去定陶而直稱恭皇以太上皇為比也尊恭皇太后曰帝太太后稱永信宮恭皇后曰帝太后稱中安宮立恭皇廟于京師補注蘇輿曰事詳師丹傳赦天下徙罷州牧復刺史六月庚申帝太后丁氏崩上曰朕聞夫婦一體詩云穀則異室死則同穴師古曰詩王風大車之篇也穀生也穴冢壙也昔季武子成寢杜氏之殯在西階下請合葬而許之師古曰季武子魯大夫季孫宿也成寢新為寢室也事見禮記檀弓附葬之禮自周興焉師古曰禮記稱孔子曰合葬非古也自周公以來未之有改也郁郁乎文哉吾從周師古曰論語稱孔子曰周監於二代郁郁乎文哉吾從周言周觀視夏殷之禮而損益之典文大備吾從周禮也郁郁文章貌孝子事亾如事存帝太后宜起陵恭皇之園遂葬定陶發陳留濟陰近郡國五萬人穿復土師古曰為冢壙也復音扶目反補注先謙曰胡三省云近郡國謂郡國近定陶者待詔夏賀良等言赤精子之讖應劭曰諸以材技徵召未有正官故曰待詔夏姓也賀良名也高祖感赤龍而生自謂赤帝之精良等因是作此讖文補注齊召南曰讖字始見於此高祖以斬白蛇旗幟上赤然張蒼謂漢本水德公孫臣非之至武帝時猶謂以土德王未有言火德者也赤精子之說亦起於此張平子謂讖起哀平之閒信哉漢家厤運中衰當再受命宜改元易號詔曰漢興二百載厤數開元皇天降非材之佑應劭曰哀帝自言不材天降之佑漢國再獲受

命之符朕之不德曷敢不通夫基事之元命必與天下自新師古曰基始也元大也始為大事之命謂改制度也又曰更受天之大命補注蘇輿曰李尋傳作夫受天之大命顏注又曰云云引尋傳語也其大赦天下以建平二年為太初元將元年號曰陳聖劉太平皇帝李斐曰陳道也言得神道聖者劉也如淳曰陳舜後王莽陳之後謬語以明莽當篡立而不知韋昭曰數陳聖劉之德也師古曰如韋二說是也補注先謙曰官本無元將二字引宋祁曰予案王莽傳以二讖文解釋當作太初元將元年後人不曉四字為號輒削去元將二字非是後得唐本元將字果存胡三省云韋說不詭於正如說則近於巫顏以二說為是將安從乎齊召南云宋說是也太初是武帝年號此時何至重紀蓋惑於衛士之說刪立四字年號以示更新其後雖不施行然後世四字年號遂起於此漏刻以百二十為度師古曰舊漏晝夜共百刻今增其二十此本齊人甘忠可所造今賀良等重言遂施行之事見李尋傳補注沈欽韓曰百刻分配十二時一時得八刻二十分今以百二十刻則一時得十刻也五代會要晉天福三年司天監奏漏刻經云晝夜一百刻分為十二時每時有八刻三分之一六十分為一刻一時有八刻二十分隋書天文志梁武帝天監六年武帝以晝夜百刻分配十二辰辰得八刻仍有餘分乃以晝夜為九十六刻一辰有全刻八焉　本朝時憲書用其法每時均八刻每

（刻均十八分無大刻小刻之別蘇輿曰据下詔書施行月餘仍從舊漏至莽竊位復遵行之）七月以渭城西北原上永陵亭部爲初陵勿徙郡國民使得自安八月詔曰待詔夏賀良等（補注錢大昭曰時當作待先謙曰官本時作待）建言改元易號增益漏刻可以永安國家朕過聽賀良等言（師古曰過謬也）冀爲海內獲福卒亡嘉應皆違經背古不合時宜六月甲子制書非赦令也皆蠲除之（如淳曰悔前赦令不蒙其福故收令還之臣瓚曰改元易號大赦天下以求延祚而不蒙福哀帝悔之故更下制書諸非赦罪事皆除之謂改制易號令皆復故也師古曰如釋非也瓚說是矣非赦令也猶言自非赦令耳也語終辭也而讀者不曉輒改也爲他字失本文也補注沈欽韓曰赦令不可追改故不在蠲除之限）賀良等反道惑眾下有司皆伏辜丞相博御史大夫玄孔鄉侯晏有罪（師古曰博朱博玄趙玄晏何晏補注先謙曰何官本作傅是）博自殺玄減死二等論晏削戶四分之一語在博傳（補注先謙曰荀紀亦作二等通鑑作三等胡注減死罪三等爲隸臣妾晏封五千戶削千二百五十）

三年（補注先謙曰五行志東萊平度出大魚）春正月立廣德夷王弟廣漢爲廣平王

癸卯帝太太后所居桂宮正殿火（補注先謙曰五行志作桂宮鴻寧殿災）三月己酉丞相當薨（師古曰平當）有星孛于河鼓夏六月立魯頃王子郚鄉侯閔爲王（蘇林曰郚音魚縣名也屬東海師古曰又音吾補注先謙曰魯頃王子文王晙薨無後以閔紹封）冬十一月壬子復甘泉泰畤汾陰后土祠罷南北郊東平王雲雲后謁安成恭侯夫人放（文穎曰恭侯王崇王太后弟）皆有罪雲自殺謁放棄市（補注先謙曰詳息夫躬傳）

四年春大旱關東民傳行西王母籌（師古曰西王母元后壽考之象行籌又言執國家籌策行於天下補注王念孫曰五行志建平四年正月民驚走持稾或掫一枚傳相付與曰行詔籌案五行志則此紀建平四年春下當有正月二字下文二月封帝太太后從弟侍中傅商爲汝昌侯則此所紀爲正月事明矣漢紀孝哀紀亦有正月二字先謙曰天子將出一人前行清道呼曰傳籌今制尚有之蓋昉自漢世此諺言王母將至爲之傳行詔籌卽其義也元后臨朝成莽篡竊此其先兆而師古以謂元后壽考之象殆不然矣）經歷郡國西入關至京師民又會聚祠西王母或夜持火上屋（李奇曰皆陰爲陽之象）擊鼓號呼相驚恐（師古曰呼音火故反）二月

封帝太太后從弟侍中傅商爲汝昌侯太后同母弟子侍中鄭業爲陽信侯三月侍中駙馬都尉董賢光祿大夫息夫躬南陽太守孫寵皆以告東平王封列侯語在賢傳夏（補注先謙曰五行志四月山陽湖陵雨血）五月賜中二千石至六百石及天下男子爵六月尊帝太太后爲皇太太后秋八月恭皇園北門災冬詔將軍中二千石舉明兵法有大慮者（師古曰慮謂策謀思慮補注先謙曰官本策謀作謀策明作民引宋祁曰民疑當作明先謙案此息夫躬之謀）

元壽元年春正月辛丑朔日有蝕之（補注先謙曰志云不盡如鉤在營室十度）詔曰朕獲保宗廟不明不敏宿夜憂勞未皇寧息（師古曰皇暇也）惟陰陽不調元元不贍（師古曰贍足也）未睹厥咎婁敕公卿庶幾有望（師古曰望其厲精爲治婁古屢字）至今有司執法未得其中（師古曰中音竹仲反）或上暴虐（補注周壽昌曰上與尚同）假埶獲名溫良寬柔陷於亡滅是故殘賊彌長和睦日衰百姓愁怨靡所錯躬（師古曰錯置也音千故反）迺正月朔日有蝕之厥咎不遠在余一人公

卿大夫其各悉心勉帥百寮（師古曰悉盡也寮官也）敦任仁人黜遠殘賊（師古曰敦厚也遠音手萬反補注先謙曰官本注手作于是）期於安民陳朕之過失無有所諱其與將軍列侯中二千石舉賢良方正能直言者各一人大赦天下丁巳皇太太后傅氏崩三月丞相嘉有罪下獄死（師古曰王嘉）秋九月大司馬票騎將軍丁明免（補注周壽昌曰百官表九月大司馬明免十一月韋賞爲大司馬車騎將軍卒十二月董賢爲大司馬衛將軍韋元成傳賞明詩哀帝爲定陶王時賞爲太傅哀帝卽位賞以舊恩爲大司馬車騎將軍而董賢傳云丁明罷以賢代之無韋賞此紀亦未載也先謙曰賞以十一月壬午遷己丑卒止八日故紀不載）孝元廟殿門銅龜蛇鋪首鳴（如淳曰門鋪首作龜蛇之形而鳴呼也師古曰門之鋪首所以銜環者也鋪音普胡反）

二年（補注張照曰監本作元壽二年案帝紀從無此例凡年號元年特書二年以後卽蒙前文未有再書者元壽二字明係於衍文今刪去沈欽韓曰東觀紀梁統對尚書狀曰元壽二年三輔盜賊羣輩並起至燔燒茂陵都邑煙火見未央宮前代所未嘗有其後隴西辛興北地任橫任匡西河漕況越州度郡萬里交結或從遠方四面會合遂攻取庫兵劫略吏人國家開封侯之科以軍法追捕僅能破散也案任橫事在平紀元始中李慈銘曰後書光武紀建武十八年罷州牧置刺史章懷注成帝綏和元年更名牧

公卿表敘亦云元壽二年復爲牧是年失記此事哀帝建平二年復爲刺史元壽二年復爲牧本書春正月匈奴單
于烏孫大昆彌來朝二月歸國單于不說師古曰說讀曰悅語在匈奴傳
夏四月壬辰晦日有蝕之〔補注〕先謙曰五行志在三月五月正三公官分職〔補注〕
先謙曰胡注分職謂大司馬掌兵事大司徒掌人民事大司空掌水土事大司馬衞將軍董賢爲大司
馬丞相孔光爲大司徒御史大夫彭宣爲大司空封長平侯正司
直司隸造司寇職師古曰司直司隸漢舊有之但改正其職掌而司寇舊無今特創置故云造也〔補注〕宋祁曰南
本職字上有官字王啓原曰孝武元狩中置司直掌佐丞相舉不法征和中置司隸校尉從中都官察三輔三河宏農成帝時省校
尉綏和二年復置但名司隸屬大司空比司直武帝以護軍都尉屬大司馬綏和時居大司馬府比司直元壽元年更名司寇見百官表
益以司寇司直司隸比古孤卿也丞相改大司徒司直不改益但稱司直耳司隸去校尉當亦在是時表未析言之護軍都尉舊隸
大司馬今省之而置司寇或司寇卽以官都尉之人爲之故此云造表第云改也事未定六月戊午帝崩
于未央宮臣瓚曰帝年二十卽位卽位六年壽二十五師古曰卽位明年乃改元壽二十六〔補注〕錢大昕曰哀帝年三歲
嗣定陶王元延四年入朝年十七明年立爲皇太子又明年卽位益年十九矣踰年改元壽當二十五朱一新曰帝卽位實十九歲

瓚云二十益據改元之年數之也壽止二十五瓚注不誤秋九月壬寅葬義陵臣瓚曰自崩至葬凡百五日義
陵在扶風去長安四十六里〔補注〕沈欽韓曰元和志義陵在咸陽縣北八里先謙曰通鑑作冬十月壬寅考異云按長厤九月辛酉
朔無壬寅壬寅乃十月十二日又瓚注自崩至葬凡一百五日按帝以六月戊午崩然則葬在十月審矣益本紀月誤
贊曰孝哀自爲藩王及充太子之宮文辭博敏幼有令聞師古曰博廣也
敏疾也令善也聞名也睹孝成世祿去王室權柄外移是故臨朝婁誅大臣
欲彊主威以則武宣師古曰則法也雖性不好聲色時覽卞射武戲應劭曰卞
射皮卞而射也蘇林曰手搏爲卞角力爲武戲也晉灼曰甘延壽傳試卞爲期門師古曰蘇晉二說是卽位痿痺蘇林
曰痿音萎枯之萎如淳曰痿音頭痿弩病兩足不能相過曰痿師古曰痿亦痺病也音人佳反痺音必寐反頭痿者弩名事見晉令
頭音頻痿音雞〔補注〕沈欽韓曰玉篇頭與躋同痿如卧切足跌也集韻頭痿弩名頭痿兩足躋也張弩必以足因爲弩名或作躋然
頭痿弩卽蹶張者也此謂兩足亻亍之狀先謙曰官本注痿音頻痿下有之痿二字案痿音頭痿弩當爲一句末年寖劇
師古曰寖漸也饗國不永哀哉師古曰永長也

哀帝紀第十一　終　　漢書十一

平帝紀第十二　漢書十二

漢　蘭臺令史班固撰

唐正議大夫行祕書少監琅邪縣開國子顏師古注

賜進士出身前翰林院編修國子監祭酒加三級臣王先謙補注

孝平皇帝荀悅曰諱衎之字曰樂應劭曰布綱治紀曰平師古曰衎音口旱反元帝庶孫中山孝王
子也母曰衞姬年三歲嗣立爲王〔補注〕陳景雲曰三歲當從外戚傳作二歲下文云卽皇帝位年
九歲中山入繼大統在嗣王後七載則三歲字誤無疑元壽二年六月哀帝崩太皇太后詔
曰大司馬賢年少不合衆心師古曰董賢其上印綬罷賢卽日自殺〔補注〕
宋祁曰唐本無卽日二字新都侯王莽爲大司馬領尚書事秋七月遣車騎將
軍王舜大鴻臚左咸使持節迎中山王師古曰爲使而持節也使音所吏反辛卯貶
皇太后趙氏爲孝成皇后退居北宮哀帝皇后傅氏退居桂宮師古
曰北宮及桂宮皆在城中而非未央宮中也〔補注〕周壽昌曰北宮廢后所居孝惠張后廢處北宮是也故趙后貶而退居之孔光傳

光議定陶太后宜改築宮何武曰可居北宮上從武言北宮有紫房後道通未央宮傅太后果從復道朝夕至帝所宮在長安城中
周回十里高帝時制度草創孝武增修之中有前殿廣五十步珠簾玉戶如桂宮見西京雜記括地志云在長安西北十三里桂宮
武帝太初四年秋起周帀四十里在未央宮北見黃圖元和志云在長安縣北十三里長安故城中關輔記桂宮通未央宮北中有
光明殿土山複道從宮中西上城西至建章宮西京雜記武帝爲七寶牀雜寶案實屏風列寶帳設於桂宮時人謂之四寶宮成帝
爲太子時初居桂宮後傅太后居之哀帝建平三年帝太太后所居桂宮正殿火是也孔鄉侯傅晏少府董
恭等皆免官爵從合浦師古曰恭董賢之父〔補注〕錢大昭曰公卿表建平四年光祿大夫董恭爲少府元壽
元年遷衞尉二月爲光祿大夫此仍云少府者益是時官職遷徙無常恭是董賢之父當哀帝時不應致仕或以光祿大夫仍爲少
府也九月辛酉中山王卽皇帝位〔補注〕劉攽曰辛酉去哀帝崩六十四日謁高廟大赦
天下帝年九歲太皇太后臨朝大司馬莽秉政百官總己以聽於
莽師古曰聚束曰總總音揔詔曰夫赦令者將與天下更始誠欲令百姓改行
絜己全其性命也性者〔補注〕錢大昭曰性當作往先謙曰官本作往有司多舉奏赦前
事累增罪過誅陷亡辜殆非重信慎刑洒心自新之意也師古曰洒滌也

音先覆反及選舉者其歷職更事有名之士則以爲難保師古曰更經也難保者言己嘗有罪過不可保也更音工衡反廢而弗舉甚謬於赦小過舉賢材之義師古曰論語云仲弓問政孔子對曰赦小過舉賢材故此詔引之〔補注〕先謙曰官本無對字諸有臧及內惡未發而薦舉者皆勿案驗師古曰有臧謂以臧貨致罪令士厲精鄉進師古曰鄉讀曰嚮不以小疵妨大材師古曰疵病也〔補注〕何焯曰此莽羅致屏棄不齒之人被以望外過恩使爲己用耳莽謂諸有臧及內惡未發者不以小疵妨大材曹操亦謂若必廉士而後用則齊桓其何以伯世篡賊所求往往必於其類以爲此屬皆計不反顧不得不奮劾鳴吠以圖富貴一時乃可惟我所使也自今以來有司無得陳赦前事置奏上師古曰置立也置奏上謂立文奏而上陳也上音時掌反有不如詔書爲虧恩以不道論定著令布告天下使明知之

元始元年春正月越裳氏重譯獻白雉一黑雉二師古曰越裳南方遠國也譯謂傳言也道路絕遠風俗殊隔故累譯而後迺通〔補注〕先謙曰莽風益州塞外蠻夷爲之詔使三公以薦宗廟羣臣奏言大司馬莽功德比周公賜號安漢公及太師孔光等皆益封語在莽傳賜天下民爵一級吏在位二百石以上一切滿秩如眞如淳曰諸官吏初除皆試守一歲迺爲眞食全奉平帝即位故賜眞師古曰此說非也時諸官有試守者特加非常之恩令如眞耳非凡除吏皆當試守也一切者權時之事非經常也猶如以刀切物苟取整齊不顧長短縱橫故言一切他皆放此〔補注〕劉攽曰予謂吏俸雖有其名皆不滿其數平帝即位推恩故賜令滿秩如二千石者得兩十百也顏百官表注吏俸差是其注云漢制三公稱萬石其俸月各三百五十斛穀其稱中二千石者月百八十斛二千石者百二十斛比二千石者百斛云云據後漢注所定千石以下歲得多少本數此自建武時所加者非西漢舊事也沈欽韓曰公羊隱三年傳何休云時雖世大夫緣孝子之心不忍便當父位故順古先試一年乃命於宗廟漢法初除試守一歲即眞循其義也王啟原曰著於令者後得援以爲例所謂故事也此一時之恩即今所謂後不爲例者沈所言漢常時之法史明言一切顏說得之立故東平王雲太子開明爲王故桃鄉頃侯子成都爲中山王〔補注〕先謙曰通鑑胡注平帝入奉大宗故立成都以奉孝王後齊召南云成帝立定陶王爲太子即立楚孝王孫景奉定陶恭王祀即此事所本先謙案立開明所以雪東平之冤而收衆望也封宣帝耳孫信等三十六人皆爲列侯〔補注〕先謙曰通鑑考異云紀在元年莽傳在五年案王子侯表皆元年二月丙辰封莽傳誤也胡三省云案表桃鄉侯攸等十五人皆以二月丙辰封不及三十六人之數又無信名莽恢等皆宣帝曾孫也先謙案荀紀作元孫信太僕王惲等二十五人師古曰惲音於吻反前議定陶傅太后尊號守經法不阿指從邪右將軍孫建爪牙大臣大鴻臚咸前正議不阿師古曰左咸後奉節使迎中山王師古曰謂奉持節而爲使及宗正劉不惡〔補注〕朱一新曰案不惡更名容見公卿表執金吾任岑中郎將孔永尚書令姚恂沛郡太守石詡師古曰岑音士林反恂音荀詡音況羽反皆以前與建策東迎即位師古曰帝本在中山出關而迎故曰東迎與讀曰豫奉事周密勤勞賜爵關內侯食邑各有差賜帝徵即位前所過縣邑吏二千石以下至佐史爵各有差又令諸侯王公列侯關內侯亡子而有孫若子同產子者皆得以爲嗣師古曰子同產子者謂養昆弟之子爲子者公列侯嗣子有罪耐以上先請宗室屬未盡而以罪絕者復其屬師古曰復音扶目反〔補注〕先謙曰胡三省云謂袒免以上親以罪絕屬籍者復其屬籍其爲吏舉廉佐史補四百石如淳曰宗室爲吏及舉廉及佐史皆補四百石師古曰此說非也言宗室爲吏者皆令舉廉各從本秩而依廉吏遷之爲佐史者例補四百石天下吏比二千石以上年老致仕者參分故祿以一與之終其身師古曰參三也遣諫大夫行三輔師古曰行音下更反舉籍吏民張晏曰舉錄賦斂之籍而賞之〔補注〕蘇輿曰哀紀遺光祿大夫循行舉籍顏云舉其名籍此義與彼同張專就本文爲說耳先謙曰官本注賞作償是以元壽二年倉卒時橫賦斂者償其直師古曰卒讀曰猝橫音胡孟反義陵民冢不妨殿中者勿發如淳曰陵上有宮牆象生制度爲殿屋故曰殿中師古曰此說非也殿中謂壙中象正殿處天下吏舍亡得置什器儲偫師古曰軍法五人爲伍二伍爲什則共其器物故通謂生生之具爲什器亦猶今之從軍及作役者十人爲火共畜調度也儲積也偫具也偫音丈紀反〔補注〕先謙曰官本舍作民引宋祁曰唐本無吏字周壽昌云吏舍各本作吏民據顏注無釋吏舍之語則作吏民爲是二月置義和官〔補注〕先謙曰義和初置自爲一官劉歆爲之見歆傳莽篡後乃改大司農爲義和秩二千石外史閭師秩六百石應劭曰周禮閭師掌四郊之民時其徵賦也〔補注〕蘇輿曰外史亦周官夏官外史掌書外令班教化禁淫祀放鄭聲乙未義陵寢神衣在柙中丙申旦衣在外牀上文穎曰哀帝陵也衣在寢中今自出在牀上師古曰柙匱也音狎〔補注〕周壽昌曰漢武故事高廟中御衣自篋中出舞於殿上本書王莽傳杜陵便殿乘輿虎文衣廢藏在室匣者出自樹立外堂上良久乃委地二事與此類寢

令吕急變聞師古曰非常之事故云急變用太牢祠夏五月丁巳朔日有蝕之
補注先謙曰五行志在東井大赦天下公卿將軍中二千石舉敦厚能直言者
各一人六月使少傅左將軍豐師古曰甄豐補注宋祁曰傅一作府周壽昌曰百官表元始二年四
月少府左將軍甄豐爲大司空則作少府爲是朱一新曰中山衛姬傳亦作少傅賜帝母中山孝王姬璽
書拜爲中山孝王后賜帝舅衛寶寶弟玄爵關內侯賜帝女弟四
人號皆曰君補注周壽昌曰中山衛姬傳賜帝三妹號爲君莽傳同無四人此四字誤先謙曰通鑑作三人荀紀誤依
本紀食邑各二千戶封周公後公孫相如爲褒魯侯補注先謙曰通鑑作封魯頃公
之八世孫公子寬爲褒魯侯孔子後孔均爲褒成侯奉其祀補注先謙曰均霸曾孫追諡
孔子曰褒成宣尼公補注錢大昭曰宣尼之號始見於此罷明光宮及三輔馳道天
下女徒已論歸家顧山錢月三百如淳曰已論者罪已定也令甲女子犯罪作如徒六月顧山遣
歸說曰爲當於山伐木聽使入錢顧功直故謂之顧山應劭曰舊刑鬼薪取薪於山吕給宗廟今使女徒出錢顧薪故曰顧山也師
古曰如說近之謂女徒論罪已定並放歸家不親役之但令一月出錢三百吕顧人也爲此恩者所吕行太皇太后之德施惠政於

婦人補注沈欽韓曰楊惲傳富郎出錢名山郎則女徒山錢亦名顧山義同也先謙曰顧上應有出字文義乃足疑傳寫奪之通鑑
有出字復貞婦鄉一人師古曰復音方目反鄉一人取其尤最者置少府海丞果丞各一
人師古曰海丞主海稅也果丞掌諸果實也大司農部丞十三人人部一州勸農桑補注
先謙曰通鑑胡注武帝用桑宏羊置大司農部丞數十人分部郡國主均輸鹽鐵今以十三人部十三州太皇太后省
所食湯沐邑十縣屬大司農常別計其租入吕贍貧民秋九月赦
天下徒吕中山苦陘縣爲中山孝王后湯沐邑師古曰陘音形補注先謙曰苦陘縣
故城在正定府無極縣東北二十八里
二年春黃支國獻犀牛應劭曰黃支在日南之南去京師三萬里師古曰犀狀如水牛頭似猪而四足類象
黑色一角當額前鼻上又有小角補注宋祁曰南本顏注一角字上有有甲二字先謙曰莽厚遺其王使獻之詔曰皇帝
二名通于器物孟康曰平帝本名箕子更名曰衎箕用器也故云通于器物今更名合於古制
師古曰更改也使太師光奉太牢告祠高廟夏四月立代孝王玄孫之子
如意爲廣宗王補注先謙曰胡注孝王參孫義改封清河傳匡至孫年宣帝地節四年以罪廢今封如意奉孝王後

江都易王孫盱台侯宮爲廣川王師古曰盱音許于反台音怡補注錢大昕曰諸侯王表廣世王
宮以易王庶孫盱台侯子紹封又景十三王傳平帝時立建弟盱台侯子宮爲廣陵王奉易王後則紀文盱台侯下脫子字矣廣
川廣陵廣世紀表傳互有不同攷廣陵王胥以武帝子封其後絕而更紹至王莽時始廢不容更封它人若廣川國則其時已改爲
信都以封楚孝王孫景未必割其地以封宮也當從表作廣世爲是沈欽韓曰世與川字相似而誤廣世國無可考紀作廣川爲
紹封之王裁數千戶何不可割之有先謙曰沈說是荀紀通鑑並作廣川並無子字據表傳易王非子建武帝元狩二年反誅今立
宮奉易王後廣川惠王曾孫倫爲廣德王補注錢大昕曰諸侯王表倫作楡廣川惠王傳作瘉韻鉆
王子侯表中山靖王傳皆作倫朱一新曰景十三王傳中山靖王後有廣川惠王曾孫倫當即此一人誤繫於靖王傳末劉敞羅願
錢大昕皆有辨詳靖王傳後參攷眾文作倫者是瘉楡俱以形似而譌先謙曰荀紀通鑑並作倫惠王越宣帝地節四年以孫文紹
封傳子海陽甘露四年以罪廢今立倫奉惠王後胡三省云此皆莽以繼絕世惑眾封故大司馬博陸侯霍
光從父昆弟曾孫陽宣平侯張敖玄孫慶忌絳侯周勃玄孫共舞
陽侯樊噲玄孫之子章皆爲列侯復爵師古曰共讀曰恭復音扶福反補注蘇輿曰勃傳作
玄孫之子恭表與紀同賜故曲周侯酈商等後玄孫酈明友等百一十三人

爵關內侯食邑各有差補注錢大昭曰案功臣表明友是商元孫之孫此誤朱一新曰表作猛友先謙曰通
鑑云列侯及關內侯凡百一十七人倂霍陽數之也荀紀誤作一百三十人郡國大旱蝗補注先謙曰五行志云秋
蝗徧天下此在夏志蓋終言之青州尤甚民流亡安漢公四輔三公卿大夫吏民
爲百困乏獻其田宅者二百三十人張晏曰王莽爲太傅孔光爲太師王舜爲太保甄豐爲少
傅是爲四輔莽復兼大司馬馬宮爲司徒王崇爲司空是爲三公補注先謙曰百下脫姓字官本有吕口賦貧民師古
曰計口而給其田宅遣使者捕蝗民捕蝗詣吏吕石㪷受錢師古曰量蝗多少而賞錢天
下民貲不滿二萬及被災之郡不滿十萬勿租稅民疾疫者舍空
邸第爲置醫藥師古曰舍止也賜死者一家六尸吕上葬錢五千四尸吕
上三千二尸吕上二千罷安定呼池苑吕爲安民縣師古曰中山之安定也池
音大河反補注齊召南曰案志中山國無安民縣何也全祖望曰案曰呼沱則是中山非關中況平帝由中山王爲天子故首加恩
於潛藩但中山之安民縣前志續志皆無殆亦不久倂省沈欽韓曰地理志安定縣屬鉅鹿郡非中山案袁宏後漢紀西誅隗囂中
郎將來歙兼領衆軍在安民渭水注略陽川水又西逕略陽道故城北建武八年中郎將來歙與祭遵所部護軍王忠右輔將軍朱

龍將二千人皆持鹵刀斧自安民縣之楊城[illegible]從番須回中伐樹木開山道至畧陽案其行兵之道則安民縣屬安定郡無疑其縣西漢末置東漢初即改幷故兩志俱未詳方輿紀要安民縣在平涼府華亭縣界先謙曰趙一清云續志注安定郡臨涇縣下引謝承書云宣仲為長吏民扳畱改宜民見李固傳而志無此改豈承之妄乎案宜民疑卽安民之譌蓋西京已有是稱不始於宣仲昭以謝說爲妄當矣官本注池作淹起官寺市里募徙貧民縣次給食至徙所賜田宅什器假與犂牛種食師古曰種音之勇反又起五里於長安城中如淳曰民居之里〔補注〕先謙曰官本注在以居貧民下宅二百區以居貧民〔補注〕先謙曰五行志六月隕石鉅鹿二秋舉勇武有節明兵法郡一人詣公車九月戊申晦日有蝕之〔補注〕先謙曰五行志有既字赦天下徒使謁者大司馬掾四十四人持節行邊兵師古曰行音下更反遣執金吾候陳茂假以鉦鼓晉灼曰百官表執金吾屬官有兩丞候司馬應劭曰將帥乃有鉦鼓今茂官輕兵少又但往諭曉之耳所以假鉦鼓者欲重其威也鉦者鐃也似鈴柄中上下通師古曰鉦音征鐃音女交反募汝南南陽勇敢吏士三百人諭說江湖賊成重等二百餘人皆自出送家在所收事如淳曰賊雖自出得還其家而已不得復除尚當役作之也師古曰如說非也言身既自出又各送其家人詣本屬縣邑從賦役耳〔補注〕劉攽曰賊二百皆異縣人既自出故送家在所收事也先謙曰胡三省云劉說是何焯云收事猶今編人里甲當差重從雲陽服虔曰重成重也作賊長帥故從之也賜公田宅〔補注〕蘇輿曰莽傳云予前在大麓始令天下公田口井卽此時事穀梁宣十五年傳古者公田爲居此葢放其制使民卽公田爲廬舍故云賜宅冬中二千石舉治獄平歲一人李奇曰吏治獄平端也

三年〔補注〕沈欽韓曰御覽七百十七引古今注元始三年延陵西園神寢內御戶座前大鏡皆淸液如汗水出狀春〔補注〕先謙曰五行志正月天雨草狀如元帝永光時詔有司爲皇帝納采安漢公莽女師古曰婚禮有納采問名之禮謂采擇其可娶者語在莽傳又詔光祿大夫劉歆等雜定婚禮四輔公卿大夫博士郎吏家屬皆以禮娶親迎立軺併馬服虔曰軺音輜立乘小車也併馬驪駕也師古曰新定此制也併音步鼎反〔補注〕先謙曰官本注輜作謠夏安漢公奏車服制度吏民養生送終嫁娶奴婢田宅器械之品立官稷及學官如淳曰郊祀志曰已有官社未有官稷遂立官稷於官社之後臣瓚曰漢初除秦社稷立漢社稷其後又立官社配以夏禹而不立官稷至此始立官稷光武之後但有官社不立官稷師古曰湻瓚二說皆未盡也初立官稷於官社之後是爲一處今更創置建於別所不相從也

郡國曰學縣道邑侯國曰校〔補注〕沈欽韓曰隸釋溧陽長潘乾校官碑云構修學宮宗懿昭德是縣學名校也校學置經師一人鄉曰庠聚曰序張晏曰聚邑落名也師古曰聚小於鄉聚音才喻反〔補注〕錢大昭曰韋昭曰小於鄉曰聚[illegible]東此顏注所本序庠置孝經師一人陽陵任橫等自稱將軍盜庫兵攻官寺出囚徒大司徒掾督逐皆伏辜安漢公世子宇與帝外家衞氏有謀宇下獄死誅衞氏〔補注〕先謙曰詳莽及外戚傳

四年春正月郊祀高祖以配天宗祀孝文以配上帝改殷紹嘉公曰宋公周承休公曰鄭公詔曰蓋夫婦正則父子親人倫定矣前詔有司復貞婦歸女徒師古曰復音方目反誠欲以防邪辟師古曰辟讀曰僻全貞信及眊悼之人師古曰八十曰眊七年曰悼眊者老稱言其昏暗也悼者未成爲人於其死亡可哀悼也眊音莫報反刑罰所不加聖王之所制也惟苛暴吏多拘繫犯法者親屬婦女老弱構怨傷化百姓苦之師古曰構結也其明敕百僚婦女非身犯法及男子年八十以上七歲以下家非坐不道詔所名捕它皆無得繫張晏曰名捕謂下詔特所捕也〔補注〕俞樾曰禮曲禮八十九十曰耄七年曰悼悼與耄雖有罪不加刑焉此正漢制所本刑法志年八十以上八歲以下當鞠繫者頌繫之八歲亦當作七歲下文又述成帝定令年未滿七歲賊鬬殺人及犯殊死者上請得減死知漢制皆以七歲爲斷周壽昌曰名捕謂詔書所指名令捕者張於名字義未繹先謙曰官本注特作時其當驗者卽驗問師古曰就其所居而問〔補注〕周壽昌曰卽驗問不稽時也豈有長吏就訟者之居而聽訟者情理不合後書光武紀建武三年詔男子八十以上十歲以下及婦人從坐者自非不道詔所名捕皆不得繫當驗問者卽就驗顏說蓋本此然詔語各不同此云卽驗問謂不稽時彼云卽就驗是就所居而問與此有別不能援以爲據也先謙曰周說是荀紀云其當驗問者則驗問古卽則字同荀改卽爲則亦不解爲就所居而問也定著令二月丁未立皇后王氏大赦天下遣太僕王惲等八人置副假節〔補注〕先謙曰胡三省云副副使也惲等持節其副則假之以節分行天下覽觀風俗師古曰行音下更反賜九卿以下至六百石宗室有屬籍者爵自五大夫以上各有差師古曰五大夫第九爵賜天下民爵一級鰥寡孤獨高年帛夏皇后見于高廟加安漢公號曰宰衡應劭曰周公爲太宰伊尹爲阿衡采伊周之尊以加莽賜公太夫人號曰功顯君〔補注〕周壽昌曰帝后之母賜封君自武帝

王皇后母臧兒封平原君始後漢則屢見莽母爲帝后祖母故亦得封君蔡邕獨斷異姓婦女以恩澤封者曰君比長公主封公子安臨皆爲列侯安漢公奏立明堂辟廱應劭曰明堂所以正四時出敎化明堂上圓下方八窗四達布政之宮在國之陽上八窗法八風四達法四時九室法九州十二重法十二月三十六戶法三十六雨七十二牖法七十二風孝經曰宗祀文王於明堂以配上帝上帝謂五時帝太昊之屬黃帝曰合宮有虞曰總章殷曰陽館周曰明堂辟廱者象璧圜雍之以水象敎化流行補注先謙曰官本注作三十六風七十二雨傳寫倒之引宋祁曰注文三十六雨雨字舊作旬七十二風風字舊作候疑此本有誤尊孝宣廟爲中宗孝元廟爲高宗天子世世獻祭補注先謙曰莽尊孝元以悅太后意置西海郡補注齊召南曰案莽所置西海郡在金城郡臨羌縣塞外西北地理志可證西海曰僊海亦曰鮮水海郎今青海也先謙曰莽誘塞外羌獻鮮水海允谷鹽池置官本置上有冬字引宋祁曰新本去冬字周壽昌云據下書冬大風吹長安城東門則此冬字應去徙天下犯禁者處之梁王立有罪自殺補注朱一新曰諸侯王表立廢徙漢中自殺乃元始二年事攷文三王傳立自殺後二年莽白太皇太后封音爲梁王而音之封在元始五年則表與傳符此紀誤先謙曰立坐與衞氏交通分京師置前煇光後丞烈二郡補注先謙曰胡注前煇光蓋領長安以南諸縣後丞烈蓋領長安以北諸縣也更公卿大夫八十一元士

官名位次師古曰更改也及十二州名分界郡國所屬罷置改易天下多事吏不能紀冬大風吹長安城東門屋瓦且盡

五年春正月祫祭明堂應劭曰禮五年而再殷祭壹禘壹祫祫祭者毀廟與未毀廟之主皆合食於太祖師古曰祫音洽諸侯王二十八人列侯百二十人宗室子九百餘人徵助祭師古曰徵召也補注錢大昕曰是時諸侯王見存者城陽王俚菑川王永河間王尚魯王閔趙王隱長沙王魯人廣平王廣漢膠東王殷六安王育眞定王楊泗水王靖廣陽王嘉廣陵王守高密王愼淮陽王縯東平王開明中山王成都楚王紆信都王景廣宗王如意廣世王宮廣德王倫止二十二人王者以是年繼封止以以後故不數禮畢皆益戶賜爵及金帛增秩補吏各有差補注先謙曰胡注已封者益戶未有爵者賜爵已有爵者賜金帛已有秩者增秩未有官者補吏詔曰蓋聞帝王以德撫民其次親親以相及也昔堯睦九族舜惇敘之師古曰虞書堯典云昔在帝堯克明峻德以親九族九族既睦平章百姓咎繇謨曰惇敘九族庶明厲翼言堯能明峻德之士而任用之以陸高祖玄孫之親迺令百姓平和章明舜又厚敘此親使衆庶皆明其敎而自勉勵翼戴上命也故此詔引之補注錢大昭曰注陸閩本作睦先謙曰官本陸作睦是朕以皇帝幼年且統國政師古曰朕者太皇太后自稱也

惟宗室子皆太祖高皇帝子孫及兄弟吳頃楚元之後師古曰吳頃謂高帝之兄仲也初爲代王後廢爲合陽侯而子濞封爲吳王故追謚仲爲吳頃王頃讀曰傾漢元至今十有餘萬人補注先謙曰胡注漢元漢初也雖有王侯之屬莫能相糾師古曰糾謂禁察也或陷入刑罪敎訓不至之咎也傳不云乎君子篤於親則民興於仁師古曰此論語載孔子之辭也言上能厚於親屬則下皆化之起爲仁行也占論語傳聖人之言故爲之傳他皆類此補注錢大昭曰注文爲當作謂先謙曰爲謂通用字其爲宗室自太上皇以來族親各以世氏郡國置宗師以糾之致敎訓焉補注何焯曰時諸侯王皆同編戶民無足憚者然以十餘萬之衆慮諸劉相結起事故陰置其所厚黨於王氏斲喪公室者陰檢束之非敎訓其人也二千石選有德義者以爲宗師考察不從敎令有冤失職者宗師得因郵亭書言宗伯請以聞晉灼曰宗伯宗正也師古曰郵行書舍也言爲書以付郵亭令送至宗伯也郵音尤補注周壽昌曰百官表帝四年始更宗正名爲宗伯是年復於各宗室王侯郡國置宗師一員常以歲正月賜宗師帛各十匹羲和劉歆等四人使治明堂辟廱師古曰爲使者而典其事補注先謙曰四人劉歆平晏孔永孫遷令漢與文王

靈臺周公作洛同符師古曰文王築靈臺周公成雒邑言與之符合太僕王惲等八人使行風俗師古曰行音下更反補注先謙曰八人王惲閻遷陳崇李翕郝黨謝殷逯普陳鳳宣明德化萬國齊同皆封爲列侯徵天下通知逸經古記天文歷算鍾律小學史篇方術本草及以五經論語孝經爾雅敎授者在所爲駕一封軺傳如淳曰律諸當乘傳及發駕置傳者皆持尺五寸木傳信封以御史大夫印章其乘傳參封之參三也有期會累封兩端端各兩封凡四封也乘置馳傳五封也兩端各二中央一也軺傳兩馬再封之一馬一封也師古曰以一馬駕軺車而乘傳傳音張戀反補注沈欽韓曰漢舊儀丞相掾屬以詔使案事御史爲駕一封行故令駕二封姚鼐曰如引律以高紀注所引律合之此所云五封者卽彼所引四馬高足爲置傳也如劉屈氂傳長史乘疾置是也所云四封者中足爲馳傳也所云三封者下足爲乘傳也以緩急別用馬之上下此三等乃出使者及吏二千石所乘故當用御史大夫印封也若軺傳則乘者事輕所在爲駕固不必是御史大夫然印矣如海福從縣道求假軺傳司隸從事爲申屠蟠封傳是也然則後世有以使臣出當名乘傳而稱軺傳者乃是誤也至漢律所云當乘傳謂其爵位使命當乘也發駕置傳謂其爵位非應乘傳特發傳以往迎其人也儒林傳以安車駕駟迎申公弟子二人乘軺傳案申公所乘則所云發者與說文棨傳信也此卽如淳所云尺五寸木遣詣京師至者數千人閭

月立梁孝王玄孫之耳孫音爲王（補注）先謙曰文三王傳作玄孫之曾孫又五行志七月己亥高皇帝原廟毀門災盡冬十二月丙午帝崩于未央宮臣瓚曰帝年九歲即位即位五年壽十四師古曰漢注云帝春秋益壯㠯母衛太后故怨不悅莽自知益疏篡殺之謀由是生因到臘日上椒酒置藥酒中故翟義移書云莽鴆弒孝平皇帝（補注）錢大昭曰注文臘當作臘先謙曰官本臘作臘弒作殺大赦天下有司議曰禮臣不殤君（補注）沈欽韓曰五經異義云許君案禮云臣不殤君子不殤父君無子而不爲立廟是背禮棄義罪之大者也皇帝年十有四歲宜㠯禮斂加元服師古曰斂音力贍反奏可葬康陵臣瓚曰在長安北六十里（補注）沈欽韓曰長安志在咸陽縣西二十五里舊圖經曰康陵在興平原口錢大昭曰孝平爲莽所鴆不書弒者春秋筆內大惡之意惟葬不書日㠯示變例詔曰皇帝仁惠無不顧哀師古曰言帝平生多所顧念哀憐每疾一發氣輒上逆害於言語故不及有遺詔其出媵妾皆歸家得嫁如孝文時故事師古曰媵妾謂從皇后俱來者媵之言送媵音食證反又音孕也（補注）何焯曰出媵妾歸家得嫁者莽欲階此奪孝平皇后之志賴其女賢耳几奸人爲一善事亦必爲其私也錢大昭曰送下南雍本閩本有也字此誤刻於又音孕之下先謙曰官本注也字在送下

贊曰孝平之世政自莽出褒善顯功㠯自尊盛觀其文辭方外百蠻亡思不服師古曰大雅文王有聲之詩曰自東自西自南自北無思不服言武王於鎬京行辟廱之禮自四方來觀者皆感其德化心無不歸服故此贊引之休徵嘉應頌聲並作師古曰休美也徵證也至乎變異見於上民怨於下（補注）王先慎曰御覽八十九引民下有人字莽亦不能文也如淳曰不可復文飾也

平帝紀第十二終　　漢書十二

異姓諸侯王表第一（補注）先謙曰此表全倣史記秦楚之際月表例而增列一綫後年數特月表始秦二世元年此始漢元年爲異耳　漢書十三

漢　蘭　臺　令　史班固　撰

唐正議大夫行祕書少監琅邪縣開國子顏師古　注

賜進士出身前翰林院編修國子監祭酒加三級臣王先謙補注

昔詩書述虞夏之際舜禹受禪師古曰禪字音上扇反積德累功洽於百姓攝位行政考之于天師古曰謂在璿璣玉衡以齊七政考之于天知已合天心不也經數十年然後在位殷周之王乃繇禼稷師古曰繇讀與由同（補注）錢大昭曰說文偰高辛氏之子堯司徒殷之先从人契聲又曰禼蟲也从厹象形讀與偰同禼古文禼是禼即契也先謙曰官本稷作積修仁行義歷十餘世至于湯武然後放殺師古曰殺讀曰弒它皆類此（補注）先謙曰官本注末有也字秦起襄公章文繆獻師古曰言秦之初大起於襄公始爲諸侯至文公繆公獻公更爲章著也襄公莊公之子文公襄公之子也繆公德公之少子獻公靈公之子也（補注）齊召南曰月表秦起襄公章於文繆獻孝之後稍以蠶食六國史記從文繆斷句而獻公下連孝公云獻孝之後則昭王莊襄王皆已包括此表章字下無於字則從獻字斷句蓋秦自獻公以上不過爲西方大國至孝公以還遂驟驟乎有幷吞天下之勢矣王念孫曰獻公在繆公之後十六世而與文繆竝數之既爲不倫且上下句法亦屬參差當斷章文繆爲句獻孝昭嚴爲句孝公即獻公之子也章文繆據春秋時言之獻孝昭莊蠶食六國則據戰國時言之文義甚明師古不以獻孝昭嚴爲句者其意以蠶食六國自孝公始不當幷及於獻耳今案史記六國表秦獻公十九年敗韓魏洛陰（舊本陰誤作陽今據史記集解所引改正）周本紀顯王五年賀秦獻公獻公稱伯秦本紀獻公二十一年與晉戰於石門斬首六萬天子賀以黼黻二十三年與晉戰少梁虜其將公孫痤（舊本晉上有魏字今刪說見史記）則秦之彊實自獻公始六國表序秦始小國僻遠諸夏賓之比於戎狄至獻公之後常雄諸侯此又一證也先謙曰王說是孝昭嚴稍蠶食六國師古曰孝謂孝公也即獻公之子昭謂昭襄王即惠王之子武王之弟也嚴謂莊襄王即昭襄王之孫孝文王之子也後漢時避明帝諱以莊爲嚴故漢書姓及謚本作莊者皆易爲嚴也它皆類此蠶食謂漸吞滅之如蠶食葉也百有餘載至始皇迺幷天下㠯德若彼用力如此其艱難也師古曰囏古艱字也（補注）錢大昭曰尋顏注艱當作囏說文艱土難治也籀文艱从喜周壽昌曰乾道本汪本明德藩本字俱作囏先謙曰官本作囏以德謂殷周用力謂秦也索隱以德即契后稷及秦襄文穆用力謂湯武及始皇襄文穆之德何所考見湯武乃與始皇並以用力稱可謂巨繆秦既稱帝患周之敗㠯爲起於處士

橫議諸侯力爭四夷交侵以弱見奪 服虔曰言因橫議而敗也應劭曰孟軻云聖王不作諸侯恣行處士橫議師古曰處士謂不官於朝而居家者也橫音胡孟反次下橫發其音亦同也 於是削去五等 應劭曰周制公侯伯子男五等爵 墮城銷刃 應劭曰壞其堅城恐復阻以害己也聚天下之兵鑄以為銅人十二不欲令民復逆命也古者以銅為兵師古曰墮音火規反 箝語燒書 應劭曰禁民聚語畏其謗己箝緘也箝與鉗同晉灼曰許慎云箝籋也師古曰晉說是也謂箝籋其口不聽妄言也即所謂禁耦語者也箝音其占反籋音躡 內鉏雄俊外攘胡粵 師古曰攘卻也粵古越字 用壹威權為萬世安 師古曰令威權壹歸於己 然十餘年間猛敵橫發乎不虞 師古曰虞度也意所不度謂之不虞 適戍彊於五伯 師古曰適讀曰謫謫戍謂陳勝吳廣也伯讀曰霸五霸謂昆吾大彭豕韋齊桓晉文也謫音陟厄反 閭閻偪於戎狄 應劭曰周禮二十五家為閭閻音簷門閭外旋下廕謂之步簷也閭閻民陳勝吳廣之屬言其偪秦甚於戎狄也師古曰閭里門也閻里中門也陳勝吳廣本起閭左之戍故總言閭閻應說非也閭左解在陳勝傳偪音逼 嚮應憯於謗議 服虔曰憯音慘應劭曰秦法誹謗者族今陳勝奮臂大呼天下莫不嚮應嚮應之害更憯烈於所謗議也師古曰嚮音響響應者如響之應聲憯痛也服音是也 奮臂威於甲兵 鄉秦之禁適所以資豪桀而速自斃也 師古曰鄉讀曰嚮謂曩時也秦禁謂墮城銷刃箝語燒書之屬是也

是以漢亡尺土之階繇一劍之任五載而成帝業 師古曰繇讀與由同任用也事也補注先謙曰官本注無繇下五字 書傳所記未嘗有焉何則古世相革皆承聖王之烈 師古曰革變也烈謂餘烈也 今漢獨收孤秦之弊鐫金石者難為功摧枯朽者易為力 師古曰鐫琢石也音子全反補注周壽昌曰廣雅鐫鑿也方言鐫琢也晉趙謂之鐫顏注訓石而遺金 其埶然也故據漢受命譜十八王月而列之天下一統迺以年數 應劭曰譜音補項羽為西楚霸王為天下主命立十八王王高祖於蜀漢漢元年諸王畢封各就國始受命之元故以冠表焉張晏曰時天下未定參錯變易不可以年紀故列其月五年誅籍乃以年紀焉補注錢大昕曰長沙王吳芮漢高所封不在十八王之數 訖于孝文異姓盡矣

元		漢		年
		楚		
分	為		衡	山
分	為		臨	江
分	為		九	江
常		趙		山
分		為		代
臨		齊		淄
分	為		濟	北
分	為		膠	東
分	關	雍	中	
分	關	塞	中	
分	關	翟	中	
		燕		
分	為		遼	東
		魏	補注先謙曰月表更	
分		為		殷
		韓		
分	為		河	南

	一月 應劭曰諸王始受封之月也十八王同時稱一月趙歇起已二十七月從為代王皆以月數旁行題都上云補注錢
補注先謙曰高紀十月秦王子嬰降	
	西楚霸王項籍始為天下主命立十八王
	王吳芮始故番君師古曰番音蒲何反
	王共敖始故楚柱國師古曰共讀曰恭
	王英布始故楚將
補注先謙曰月表趙更名常山	王張耳始故趙將
	王趙歇始故趙王
補注先謙曰月表齊更名臨淄	王田都始故齊將
	王田安始故齊將
	王田市始故齊將補注錢大昭曰項羽傳徙齊王田市為膠東王此當云故齊王先謙曰官本作王
	王章邯始故秦將補注先謙曰羽傳王咸陽以西
	王司馬欣始故秦長史補注先謙曰羽傳王咸陽以東至河
	王董翳始故秦都尉補注先謙曰羽傳王上郡
	王臧荼始故燕將師古曰荼音大胡反
	王韓廣始故燕王
名西魏	王魏豹始故魏王補注先謙曰羽傳王河東
	王司馬卬始故趙將補注先謙曰羽傳王河內
	王韓成始故韓王
	王申陽始故楚將

大昭曰此一月據本紀是乙未歲之第五月漢都南鄭獨不著以別於十八王		二月	
	都	二	彭城
	都	二	郴
	都	二	江陵
	都	二	六
	都	二	襄國
二十七	都	二十八	代
	都	二	臨淄
	都	二	博陽
二十	都	二十一	即墨
	都	二	廢丘
	都	二	櫟陽
	都	二	高奴
	都	二	薊
三十	都	三十 補注先謙曰官本注作三十一是	無終
九	都	二十	平陽
	都	二	朝歌
二十二	都	二十三	陽翟
	都	二	雒陽

三月	四月	五月	六月
補注先謙曰此下八格當補五三字一廿九字二三字官本並有	補注先謙曰此下七格補五四字一二十字一四字官本有	補注先謙曰此下七格補五五字一三十一字一五字官本有	六
			六
			六
			六
			六
			三十二
	田榮擊四都降楚 補注齊召南曰史記都下多一都字是	王田榮五始故齊相	二
			田榮擊殺六安屬齊
二十二	二十三	田榮擊殺二十四市屬齊	
補注先謙曰此下四格各補三字官本有	補注先謙曰此下四格各補四字官本有	補注先謙曰此下四格各補五字官本有	六
			六
			六
			六
三十二	三十三	三十四	三十五
二十一	三十二 補注朱一新曰汪本三作二是	二十三	三十四 補注朱一新曰汪本三作二是
三	四	五	六
補注先謙曰此格補廿四官本有	補注先謙曰此補廿五下格補四官本並有	補注先謙曰此補廿六下格補五官本並有	項籍二十七誅成
補注先謙曰此格補三字官本亦脫			六

七月	八月	九月	十月
七	八	九	十
七	八	九	十
七	八	九	十
七	八	九	十
七	八	耳降九漢	代王歇還王趙
三十三	三十四	歇復三十五趙王	歇以陳餘爲代王號安成君 補注先謙曰官本安成作成安是
三	四	五	六
邯守廢丘漢圍之 補注先謙曰官本有七字是月表亦有	八	九	漢拔我十隴西
欣降七漢	屬漢爲渭南河上郡		
翳降七漢	屬漢爲上郡		
補注先謙曰官本有七字是月表亦有	補注先謙曰官本有八字是月表亦有	九	十
臧荼擊殺三十六廣屬燕			
二十五	二十六	二十七	二十八
七	八	九	十
	二	三	王韓信始漢立之 補注先謙曰月表作韓王信
王鄭[illegible]昌[illegible]立之七 補注先謙曰官本王下八字上一格是	八	陽降九漢	屬漢爲河南郡

十一月	十二月	二年 補注先謙曰此大三行當併為一行二年之下月此年一也同	
十二	十二	二年	
十二	十二	二年	
十二	十二		十三 補注先謙曰官本前多二年後多一月
十二	十二	二年	
三十七	三十八		三十九
二	三		四
七	項籍擊榮走平原民殺之		項籍復立故齊王田假為王
十一	漢拔我十二北地	二年	
十一	十二	二年	
二十九	三十		三十一
十二	十二		十三 補注先謙曰官本無三王三字十是多年二月一字四
二	三		四

前漢十三　六

一月	二月	三月 項王三萬人破漢兵五十六萬	四月
一月	二	三	四
一月	二	三	四
	十四	十五	十六
一月	二	三	四
	四十	四十一	四十二
	五	六	七
二	[illegible] 補注先謙曰印下當有楚字楚月表有	王廣始故田榮子橫立之	二
			一 補注先謙曰官本無衍
一月	二	三	四
一月	二	三	四
	豹降三十二為王	從漢三十三伐楚	豹歸三十四畔漢
	卬降十四漢	屬漢為河內郡	
	五	從漢六伐楚	七

前漢十三　七

五月	六月	七月	八月
五	六	七	八
五	六	七	八
十七	十八	十九	二十
五	六	七	八
四十三	四十四	四十五	四十六
八	九	十	十一
三	四	五	六
二 補注先謙曰衍官本無			
漢殺邯屬漢爲中地 五 隴西北地郡			
五	六	七	八
三十五	三十六	三十七	漢將韓信 三十八 擊虜豹
八	九	十	十一

九月	十月	十一月	十二月
九	十	十一	十二
九	十	十一	十二
二十一	二十二	二十三	補注先謙曰官本有二十四三字此脫
九	十	補注先謙曰官本有十一二字此脫月表十二下云布身降漢地屬項籍下布降漢三字當在此行	布降漢
四十七	漢[illegible] 四十八 補注先謙曰月表有屬漢爲郡四字謂爲常山郡也各本脫		
十二 補注先謙曰月表有漢將韓信擊陳餘七字此當有經餘事後乃滅歇餘信傳可論	十二 補注先謙曰後屬漢爲太原郡當移入此格各本俱誤月表可證	屬漢爲太原郡	
七	八	九	十
九	十	十一	十二
屬漢爲河東上黨郡			
十二	二年一月	二	三

三年 補注先謙曰此及下當共爲一行官本不誤	一月	二月	三月
三年	一月	二	三
三年	一月	二	三
	二十五	二十六	二十七
	十一	十二	十三
三年	一月	二	三
	四	五	六

前漢十二　十

四月	五月	六月	七月
漢圖四滎陽 補注先謙曰漢隔當作闈漢官本不誤	五	六	七
四	五	六	七
二十八	二十九	三十	三十一
十四	十五	十六	十七
四	五	六	七
七	八	九	十

前漢十三　十一

八月	九月	十月	十一月
八	九	十	漢將韓信十一擊殺龍且
八	九	十	十一
子尉嗣爲王	二	三	四
			復趙王張耳始漢立之
十八	十九	二十	漢將韓信殺二十一廣屬漢爲郡
八	九	十	十一
十一	十二	三年一月	二

前漢十三 十二

十二月	四年一月	二月	三月
十二	四年一月	二	三
十二	四月一月	二	三
五	六	七	八
二	三	四	五
	齊國	王韓信始漢立之	二
十二	四年一月	二	三
三	四	五	六

前漢十三 十二

四月	五月	六月	七月
四	五	六	七
四	五	六	七
九	十	十一	十二
		更爲淮南王 補注先謙曰王當爲國各本俱誤	王英布始漢立之
六	七	八	九
三	四	五	六
四	五	六	七
七	八	九	十

八月	九月	即皇五年帝位	六年
八	九	漢誅籍王正月韓信始	十二月信廢爲侯
八	九	芮徙十長沙 補注先謙曰据月表衡山屬淮南國	
十三 補注先謙曰月表同官本作二年一月	十四 補注先謙曰月表同官本作二月	十二月漢虜尉 補注先謙曰月表屬漢爲南郡	
二	三月 補注先謙曰月字衍官本不誤月表同	補先曰爲辛之上文書月同 注謙此改月書年始下分年義	三
十	十一	十二月乙丑耳薨	子敖嗣爲王一 補注先謙曰官本無一字
		以太原爲國 補注先謙曰都馬邑也	王韓信始九月信反降匈奴
一			
七	八	徙韓信王楚 補先楚漢四 注謙曰高紀王淮北都下邳月表王屬南郡	
八	[illegible]	後九月王盧綰始故太尉	二
	置梁國	王彭越始 補注先謙曰都定陶	二
十一	十二	四年	信徙五太原
	初置長沙國	二月乙未王吳芮始六月薨	成王臣嗣

七年	八年	九年	二十年（補注先謙曰二字衍）
四	五	六	七
二	補朱新高敖廢三爲侯此入漢本先曰本 注一曰紀張耳傳作九年封功臣侯表敘以九年封列年汪同謙官同		
三	四	五	六
三	四	五	越反，六，誅
二	三	四	五

十一年	十二年	孝惠帝元年（補注先謙曰官本無帝字）	二年
布反，八，誅			
綰反降匈奴（補注錢大昭曰紀在十二年表誤）			
六	七	八	哀王回嗣

三年	四年	五年	六年
二	三	四	五

表 前漢十三 六

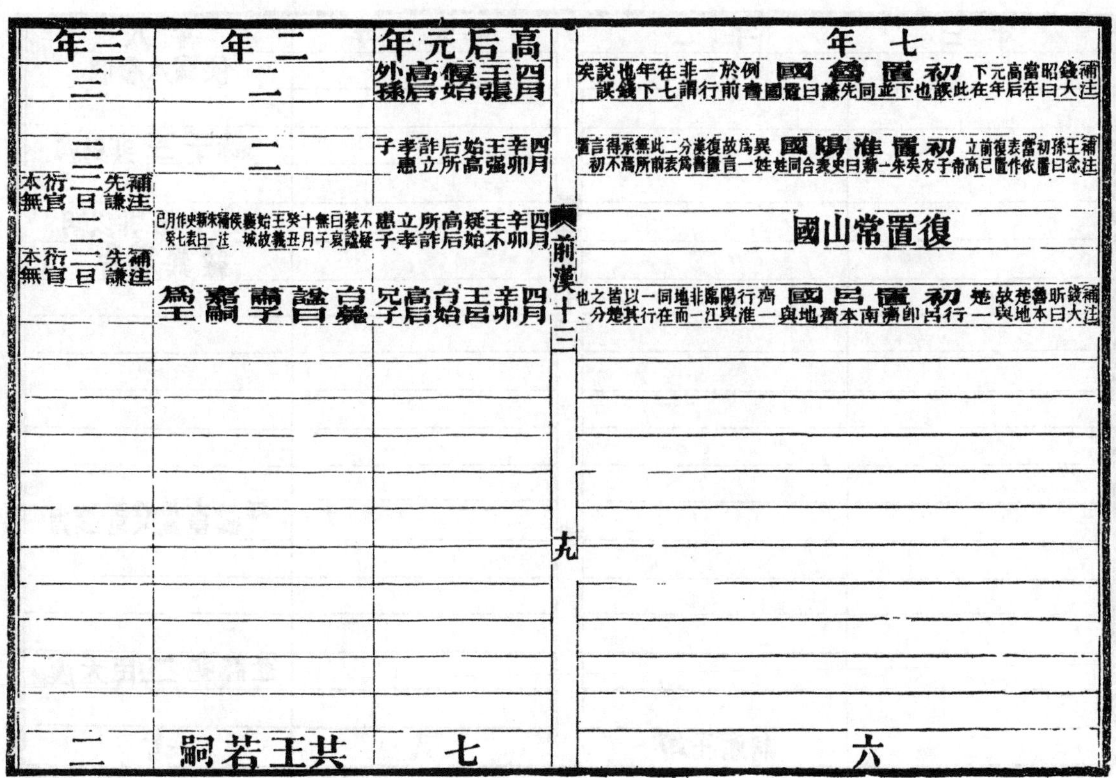

七年	高后元年	二年	三年
初置魯國 補注錢大昭曰當在高后元年下在此誤也下並同先謙曰置國書前行謂七下錢誤例於一非在年也說矣	四月王張偃始高后外孫	二	三
初置淮陽國 補注王念孫曰初當依舊表作復置已高帝子友矣朱一新曰史表合同姓一言舊書爲表前所爲不初異爲故復漢分二此無承得言置	四月辛卯王強始高后所詐立孝惠子	二	三 補注先謙曰二衍官本無
復置常山國	四月辛卯王不疑始高后所詐立孝惠子	不疑薨謚曰哀無子十月癸丑王義始故襄城侯補注朱一新曰史表作七月癸巳	二 補注先謙曰二衍官本無
初置呂國 補注錢大昕曰魯本楚地故與楚一行呂即濟南本齊地與一淮與江一而在行其楚分齊行陽臨非地同一以皆之也	四月辛卯王呂台始高后兄子	薨謚曰肅王	
六	七	共王若嗣	二

表 前漢十三 九

四年：四；四；四；義立爲帝五月丙辰王朝始故軹侯；三（補注先謙曰衍官本無）；三；三

五年：五；五；強薨諡曰五懷無子；二；四（補注先謙曰衍官本無）；四；四

六年：六；六；王武始故壺關侯；三；嘉坐驕廢十一月王呂產始（補注先謙曰下一格官本不誤）；初置梁國（補注[illegible]）；五

七年：七；七；二；四；趙王呂祿始高后兄子；產徙梁十一月丁巳王大始故平昌侯；初置燕國；二月王呂產始（補注朱一新曰丁未史表作七月丙辰）；六

八年：偃廢八爲侯；武以非三子誅；朝以非五子誅；八月漢大臣共誅祿；七月癸丑王呂通八月漢大臣共誅通；漢大臣二共誅產；七

孝文元年：八

二年：靖王產嗣

三年：二

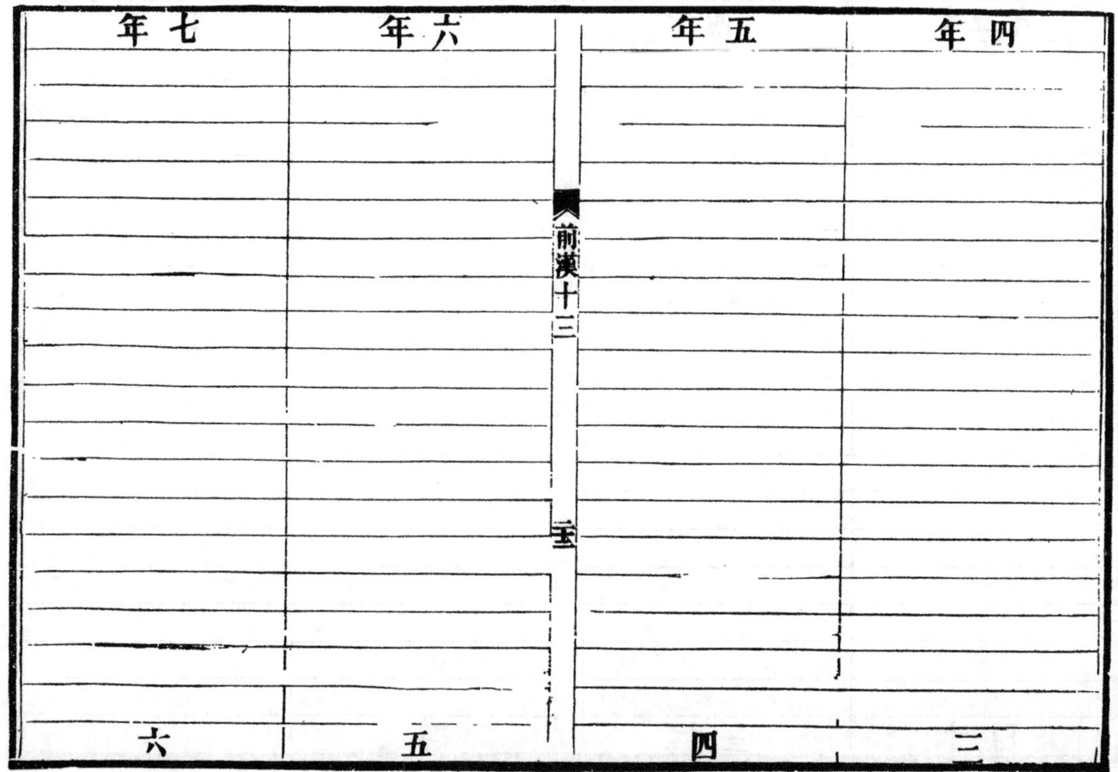

七年	六年	五年	四年
六	五	四	三

前漢十二

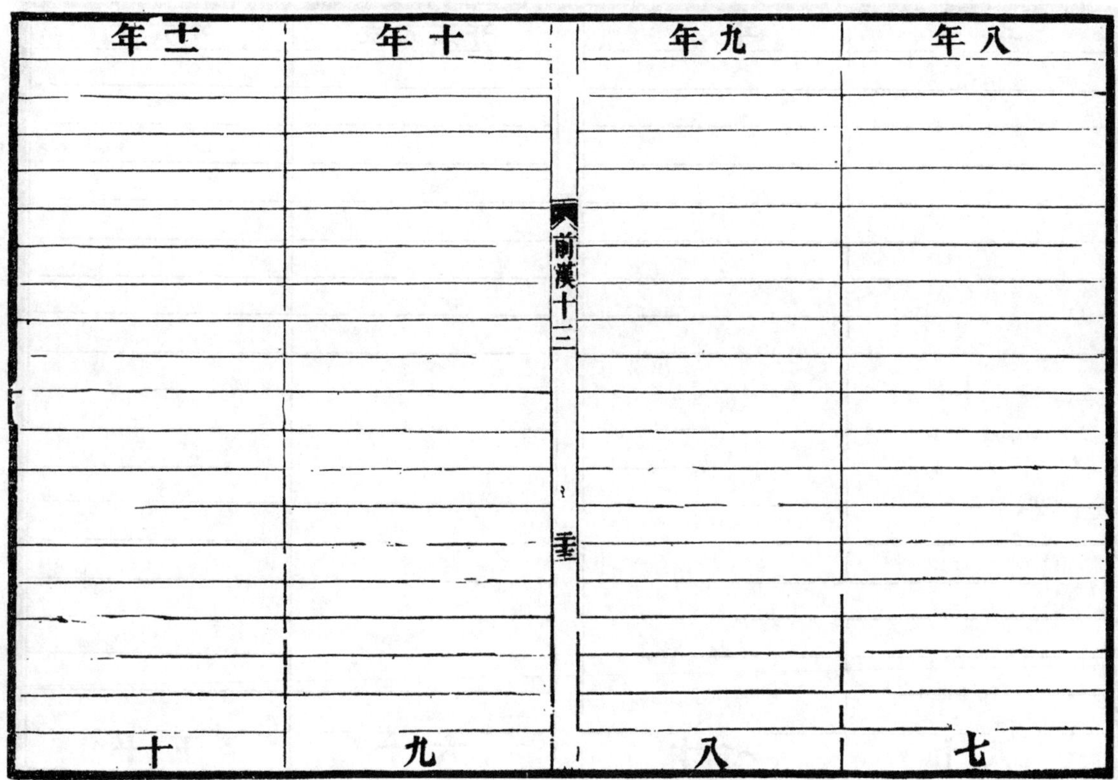

十一年	十年	九年	八年
十	九	八	七

前漢十二

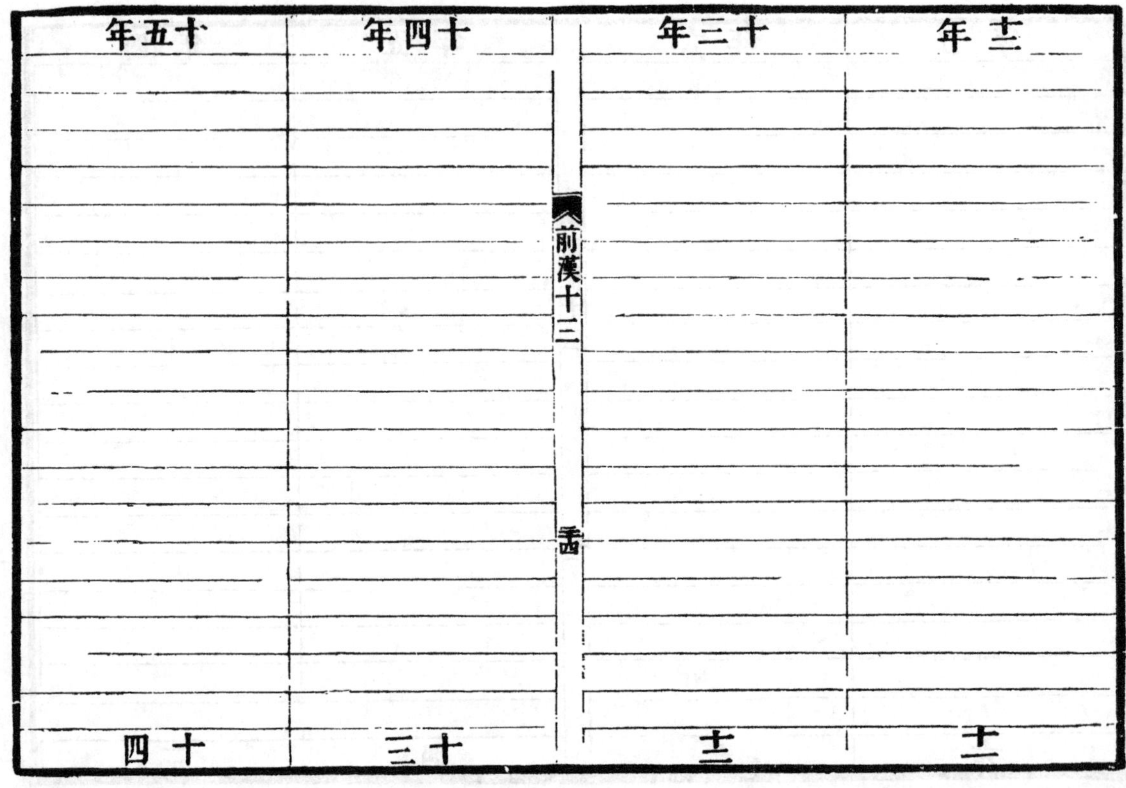
十二年
十三年
十四年
十五年
前漢十三
一五四
十一
十二
十三
十四

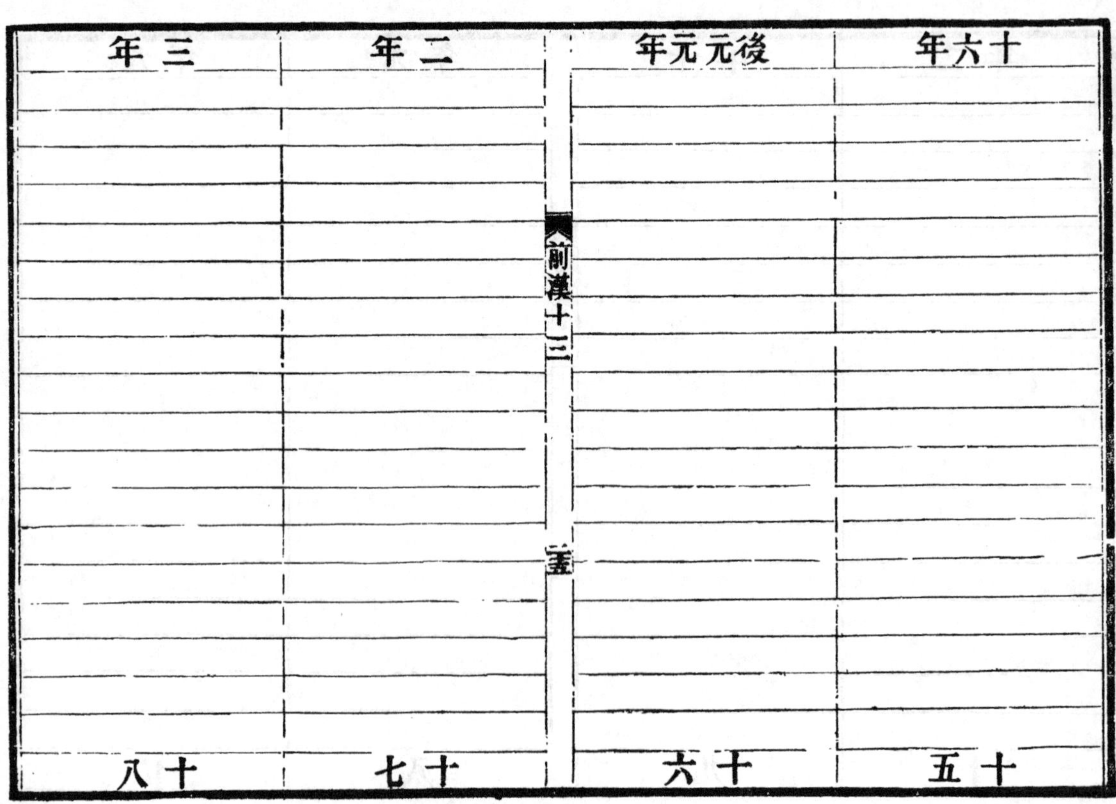
十六年
後元元年
二年
三年
前漢十三
一五五
十五
十六
十七
十八

四年	五年	六年	七年
十九	二十	二十一	來朝薨無 二十二 子國除

異姓諸侯王表第一 終

漢書十三

虛受堂 十六

諸侯王表第二　漢書十四

漢　蘭臺令史班固撰

唐正議大夫行祕書少監琅邪縣開國子顏師古注

賜進士出身前翰林院編修國子監祭酒加三級臣王先謙補注

昔周監於二代師古曰監視也二代夏殷也三聖制法師古曰三聖謂文王武王及周公也立爵五等師古曰公侯伯子男封國八百同姓五十有餘周公康叔建於魯衛各數百里太公於齊亦五侯九伯之地臣瓚曰禮記王制云五國以爲屬屬有長二百一十國以爲州州有伯師古曰五侯五等諸侯也九伯九州之伯也伯長也補注何焯曰左傳但言五侯九伯汝實征之非兼有其地蓋班氏誤也若魯衛各數百里則以方計之耳先謙曰史記漢興以來諸侯年表云太公於齊兼五侯地詩載其制曰介人惟藩大師惟垣大邦惟屏大宗惟翰懷德惟寧宗子惟城毋俾城壞毋獨斯畏師古曰大雅板之詩也介善也藩籬也屏蔽也垣墻也翰幹也懷和也俾使也以善人爲之藩籬謂封周公康叔於魯衛以大師爲垣墻謂封大公於齊也大邦以爲屏蔽謂成國諸侯也大宗以爲楨幹謂王之同姓也能和其德則天下安寧分建宗子則列城堅固城不可使墮壞宗不可使單獨單獨墮壞則畏懼斯至補注先謙曰官本注以爲楨幹爲作謂同所以親親賢賢褒表功德師古曰親賢俱封功德並建關諸盛衰深根固本爲不可拔者也故盛則周邵相其治致刑錯衰則五伯扶其弱與其守師古曰伯讀曰霸此五霸謂齊桓宋襄晉文秦穆吳夫差也補注齊召南曰案五霸之說不一通三代言曰夏昆吾商大彭豕韋周齊桓晉文異姓諸侯王表適戍彊於五伯注是也此文專言周衰故注異解其不數楚莊而數吳夫差者楚僭王未有扶弱之事吳夫差黃池之會嘗共貢職於周也補注先謙曰顏說非也詳見成紀自幽平之後日以陵夷師古曰陵夷言如山陵之漸平夷謂頹替至虖阸陿河洛之閒應劭曰阸者狹也陿者踦區也西迫強秦東有韓魏數見侵暴踦區不安也師古曰阸音於懈反陿音區分爲二周師古曰謂東西二周也有逃責之臺被竊鈇之言服虔曰周赧王負責無以歸之主迫責急乃逃於此臺後人因以名之劉德曰洛陽南宮謻臺是也應劭曰竊鈇謂出至路邊竊取人鈇也師古曰應說非也鈇王者以爲威用斬戮也言周室衰微政令不行於天下雖有鈇鉞無所用之是謂私竊隱藏之耳被音皮義反鈇音膚謻音移又音直移反補注錢大昭曰說文謻離別也周景王作洛陽謻臺沈欽韓曰御覽一百七十七引帝王世紀云周人名其臺曰逃債臺洛陽南宮簃樓是也列子說符人有亡鈇者意其鄰之子動作態度無爲而不竊

虛受堂 一

鉄也鶡冠子王鉄篇王鉄者非一世之器也案此言王者大柄爲人所竊然天下謂之共主如淳曰雖至微弱猶共以爲之主彊大弗之敢傾師古曰言諸侯雖彊大者不敢傾滅周也歷載八百餘年數極德盡既於王赧師古曰既亦盡也赧諡也一曰名也音女版反降爲庶人用天年終號位已絕於天下尚猶枝葉相持莫得居其虛位海內無主三十餘年師古曰秦昭襄王五十二年周初亡五十六年昭襄王卒孝文王立一年而卒莊襄王立四年而卒子政立二十六年而乃并天下自號始皇帝是爲三十五年無主也秦據埶勝之地騁狙詐之兵應劭曰狙伺也因聞伺隙出兵也狙音若蛆反師古曰音千絮反補注王念孫曰應分狙詐爲二義非也狙詐疊韻字狙亦詐也荀子大略篇藍苴路作似知而非楊倞注引趙蕤注長短經知人篇曰姐者類智而非智苴姐竝與狙同狙詐者有似於智故曰藍苴路作似知而非作即詐字也月令毋或作爲淫巧以蕩上心鄭注今月令作爲爲詐僞是也敘傳曰吳孫狙詐申商酷烈狙詐同義酷烈同義是其明證矣朱一新曰聞疑作間汪本亦誤先謙曰官本注聞作間蠶食山東壹切取勝師古曰蠶食解在異姓諸侯王表壹切解在平紀也因矜其所習自任私知姍笑三代盪滅古法師古曰姍古訕字也訕謗也音所諫反又音刪補注錢大昭曰說文姍誹也竊自號爲皇帝而子弟爲匹夫內亡骨肉本

根之輔外亡尺土藩翼之衞陳吳奮其白挺應劭曰白挺大杖也孟子書曰可使制挺以撻秦楚是也師古曰挺音徒鼎反補注先謙曰官本正文作梃注仍作挺劉項隨而斃之故曰周過其歷秦不及期國埶然也應劭曰武王克商卜世三十卜年七百今乃三十六世八百六十七歲此謂過其歷者也秦以諡法少恐後世相襲自稱始皇子曰二世欲以一迄萬今至子而亡此之爲不及期也漢興之初海內新定同姓寡少懲戒亡秦孤立之敗於是剖裂疆土立二等之爵項羽曰漢封功臣大者王小者侯也補注陳景雲曰項羽疑項昭之誤朱一新曰史表集解引作韋昭汪本亦誤功臣侯者百有餘邑尊王子弟大啟九國師古曰九國之數在下也補注周壽昌曰下合長沙計之本十國以吳芮爲異姓止言九國自鴈門㠯東盡遼陽爲燕代師古曰遼陽遼水之陽也補注先謙曰史表鴈門下有太原二字常山以南太行左轉度河濟漸于海爲齊趙師古曰太行山名也左轉亦謂自太行而東也漸入也一曰浸也行音胡剛反漸音子廉反亦讀如本字補注先謙曰漸于海史表作阿甄以東薄海穀泗㠯往奄有龜蒙爲梁楚晉灼曰水經云泗水出魯下縣臣瓚曰穀在彭城泗之下流爲穀水師古曰奄覆也龜蒙二山名補注朱一新曰汪本注下作卞是先謙曰官本下作卞山作水陳浩云案二水名應作二山名

東帶江湖薄會稽爲荊吳文穎曰即今吳也高帝六年爲荊國十年更名吳師古曰荊吳同是一國也北界淮瀕略廬衡爲淮南師古曰瀕水涯也音頻又音賓廬衡二山名也波漢之陽亙九嶷爲長沙鄭氏曰波音陂澤之陂孟康曰亙竟也音古贈反師古曰波漢之陽者循漢水而往也水北曰陽陂音彼皮反又音彼義反九嶷山名有九峯在零陵營道嶷音疑補注先謙曰史表作自陳以西南至九疑東帶江淮穀泗薄會稽爲梁楚吳淮南長沙國班氏剖析更明了諸侯北境周市三垂外接胡越師古曰比謂相接次也三垂謂北東南也比音頻寐反補注朱一新曰汪本北作比是先謙曰官本北作比市作帀是天子自有三河東郡潁川南陽師古曰三河河東河南河內也自江陵㠯西至巴蜀北自雲中至隴西與京師內史凡十五郡補注齊召南曰案師古無注此以秦地計之於三十六郡中得十五郡也內史一河東二河南河內即三川郡三東郡四潁川五南陽六南郡七蜀郡八巴郡九漢中十隴西十一北地十二上郡十三雲中十四以史記言內地北距山以東盡諸侯地推之則上黨郡十五也若計高帝所自立之郡則不止於十五矣公主列侯頗邑其中師古曰十五郡中又往往有列侯公主之邑補注先謙曰史表邑上有食字而藩國大者夸州兼郡連城數十師古曰夸音跨宮室百官同制京師可謂撟枉過其正矣師古曰撟

言矯同枉曲也正曲曰矯言矯秦孤立之敗而大封子弟過於彊盛有失中也補注朱一新曰汪本枉作柱注同先謙曰官本正文注枉竝作枉雖然高祖創業日不暇給孝惠享國又淺高后女主攝位而海內晏如師古曰晏如安然也亡狂狡之憂卒折諸呂之難成太宗之業者亦賴之於諸侯也然諸侯原本㠯大末流濫㠯致溢小者淫荒越法大者睽孤橫逆㠯害身喪國師古曰易睽卦九四爻辭曰睽孤見豕負塗睽孤乖剌之意睽音工攜反故文帝采賈生之議分齊趙景帝用鼂錯之計削吳楚武帝施主父之冊補注錢大昭曰冊與策同下推恩之令使諸侯王得分戶邑㠯封子弟不行黜陟而藩國自析自此㠯來齊分爲七師古曰謂齊城陽濟北濟南菑川膠西膠東也趙分爲六師古曰謂趙平原眞定中山廣川河閒也補注齊召南曰案平原應作平千漢世無平原王平干即武帝征和二年封趙敬肅王小子偃者各本俱訛又史記徐廣注云河閒廣川中山常山清河也此說較師古爲長齊分爲七淮南分三文帝十五年事也趙分爲六至景帝中四年而全梁分爲五則中五年事也師古不數常山清河而數武帝時所封之平干眞定非是梁分爲五師古曰謂梁濟川濟東山陽濟陰也淮南分爲三師古曰謂淮南衡山廬江皇

子始立者大國不過十餘城長沙燕代雖有舊名皆亡南北邊矣如淳曰長沙之南更置郡燕代以北更置緣邊郡其所有饒利兵馬器械三國皆失之矣補注朱一新曰注本矣作也先謙曰官本作也景遭七國之難抑損諸侯減黜其官師古曰謂改丞相曰相省御史大夫廷尉少府宗正博士損大夫謁者諸官長丞員等也武有衡山淮南之謀作左官之律服虔曰仕於諸侯為左官絕不得使仕於王侯也應劭曰人道上右今舍天子而仕諸侯故謂之左官也師古曰左官猶言左道也皆僻左不正應說是也漢時依上古法朝廷之列以右為尊故謂降秩為左遷仕諸侯為左官也補注王鳴盛曰周昌為趙相高帝曰吾極知其左遷漢人尚右則誠然矣若謂自古皆然則師古之妄也男左女右法乎天地顯然當尚左所以有尚右者其說有二吉事尚左凶事尚右吳仁傑據檀弓孔子有姊之喪故拱而尚右又兵車則尚右乘車仍尚左漢初人習於兵革故相沿尚右其說確矣又一說古宮室之制前堂後室室中以東向為尊戶在其東南牖在其西南堂以南面為尊王位在戶外之西牖外之東所謂戶牖之間南鄉坐也人君在堂上自然東為尊西為卑及入戶在室中在東者近戶出入處其勢又以坐西而東向者為尊矣而分侍兩旁者則北為上南為下如漢宮室之制未大變古故周勃田蚡皆自坐東鄉蓋寬饒東向特坐項羽紀沛公見項王鴻門項王東鄉坐亞父南鄉坐沛公北嚮坐張良西嚮侍其坐次尊卑歷然此雖在軍中亦放室中之制耳王先惠曰服說是也兩龔彭宣傳可參證周壽昌曰注王侯宜作王朝設附益之法張晏曰律鄭氏說封諸侯過限曰附益或曰阿媚王侯有重法也師古曰附益者蓋取孔子云求也為之聚斂而附益之之義也皆背正法而厚於私家也補注周壽昌曰或曰十字是解高五王傳贊阿黨之法語誤入於此諸侯惟得衣食稅租不與政事師古曰與讀曰豫至於哀平之際皆繼體苗裔親屬疏遠師古曰言非始封之君皆其後裔也故於天子益疏遠矣生於帷牆之中補注沈欽韓曰帷在旁四垂者言不見外物也不為士民所尊埶與富室亡異而本朝短世國統三絕師古曰謂成哀平皆早崩又無繼嗣是故王莽知漢中外殫微本末俱弱師古曰殫盡也音單亡所忌憚生其姦心因母后之權假伊周之稱顓作威福廟堂之上不降階序而運天下師古曰序謂東西廂顓與專同補注先謙曰官本廂作階詐謀既成補注先謙曰官本詐作作遂據南面之尊分遣五威之吏馳傳天下班行符命漢諸侯王厥角䭬首應劭曰厥者頓也角者額角也稽首首至地也言王莽漸漬威福日久亦值漢之單弱王侯見莽篡弒莫敢怨望皆頓角稽首至地而上其璽綬也晉灼曰厥猶豎也叩頭則額角豎師古曰應說是也䭬音口禮反與稽同補注錢大昭曰說文䭬下首也䭬古稽字先謙曰官本注頟並作額奉上璽韍惟恐在後師古曰韍音弗璽之組也或迺稱美頌德以求容媚豈不哀哉是以究其終始彊弱之變明監戒焉

號謚	屬	始封	子	孫	曾孫	玄孫	六世	七世 張晏曰禮服盡於玄孫故以世數名也
楚元王交 補注先謙曰高紀王碭郡薛郡郯郡三十六縣本傳王薛郡東海彭城三十六縣是	高帝弟 師古曰楚元王帝弟而表居代王前者以封日先後為次也補注先謙曰史表都彭城	六年正月丙午立二十三年薨 補注先謙曰傳同官本三作二	孝文二年夷王郢客嗣四年薨	六年王戊嗣二十一年孝景三年反誅				
			孝景四年文王禮以元王子平陸侯紹封三年薨 補注先謙曰傳作四年誤	七年安王道嗣二十二年薨	元朔元年襄王注嗣十二年薨 補注先謙曰傳作十四年誤	元鼎元年節王純嗣十六年薨	天漢元年王延壽嗣三十二年地節元年謀反誅	
代王喜 補注先謙曰高紀王雲中雁門代郡五十三縣	高帝兄	正月壬子立七年為匈奴所攻棄國自歸廢為郃陽侯孝惠二年薨	高祖十二年十月辛丑王濞以故代王子吳沛侯立四十二年孝景三年反誅 補注先謙曰本傳王三郡五十三城					

齊悼惠王肥

補注先謙曰高紀王膠東膠西臨淄濟北博陽城陽郡七十三縣

高帝子

正月壬子立十三年薨 補注錢大昭曰高五王傳正月立史表作正月甲子諡以高紀壬子是甲子非也

孝惠七年哀王襄嗣十二年薨 補注先謙曰本傳孝文元年薨距嗣位十年二字衍

孝文二年文王則嗣十四年薨亡後

孝文十六年孝王將閭以悼惠王子楊虛侯紹封十一年薨

孝景四年懿王壽嗣二十三年薨

元光四年厲王次昌嗣五年薨亡後 補注先謙曰懿王二十三年薨表傳合是歲在元光四年出厲王當云元光五年嗣爲是

城陽

孝文二年二月乙卯景王章以悼惠王子朱虛侯立二年薨 補注朱一新曰史表作二月文紀作三月通鑑志云[illegible]

四年共王喜嗣八年徙淮南四年復還凡三十三年薨

孝景後元年頃王延嗣二十六年薨 補注先謙曰官本元作六云考證宋本作[illegible]

元狩六年敬王義嗣九年薨

元封三年惠王武嗣十一年薨 補注錢大昭曰閩本作十一年[illegible]

天漢四年荒王順嗣四十六年薨 補注錢大昭曰史表作順

八世 甘露三年戴王恢嗣八年薨

九世 永光元年孝王景嗣二十四年薨

十世 鴻嘉二年哀王雲嗣一年薨亡後 元始元年王俚以雲弟紹封二十五年王莽篡位貶爲公明年廢 補注先謙曰傳作雲兄

濟北

二月乙卯王興居以悼惠王子東牟侯立二年謀反誅

菑川

十六年四月丙寅懿王志以悼惠王子安都侯立爲濟北王十一年孝景四年徙菑川三十五年薨

元光六年靖王建嗣二十年薨

元封二年頃王遺嗣三十五年薨

元平元年思王終古嗣二十八年薨

初元三年考王尚嗣六年薨 補注先謙曰傳作五年此誤是

永光四年孝王橫嗣三十一年薨

八世 元延四年懷王友嗣六年薨 補注先謙曰友傳作交

九世 建平四年王永嗣十二年王莽篡位貶爲公明年廢

濟南

四月丙寅王辟光以悼惠王子扐侯立十一年反誅 師古曰扐音力 補注錢大昭曰悼下脫惠字

淄川悼惠王子武城侯 四月丙寅王賢以悼惠王子武城侯立十一年反誅

補注朱一新曰汪本城作成先謙曰官本作成傳亦作成

膠西 四月丙寅王卬以悼惠王子平昌侯立十一年反誅

膠東 四月丙寅王熊渠以悼惠王子白石侯立十一年反誅 補注先謙曰錢大昭曰傳作雄渠

荊王賈

高帝從父弟 補注先謙曰弟傳作兄

六年正月丙午立六年十二月爲英布所攻亡後

補注朱一新曰上二月當作十一年字之誤 [illegible]

淮南厲王長

高帝子

十一年十月庚午立二十三年孝文六年謀反廢徙蜀死雍

十六年四月丙寅王安以厲王子阜陵侯立四十二年元狩元年謀反自殺 補注先謙曰二當爲三自十六年至元狩元年正得四十三年史表不誤

衡山 四月丙寅王賜以厲王子陽周侯立爲廬江王十二年徙衡山三十三年謀反自殺 補注先謙曰淮南衡山同時發覺自殺三十三當作四十三年

濟北 四月丙寅王勃以厲王子安陽侯立爲衡山王十二年徙濟北十一年薨諡曰貞王

孝景六年成王胡嗣五十四年薨 補注先謙曰傳作式王子侯表同史表作武

天漢四年王寬嗣十一年後二年謀反自殺 補注先謙曰據傳坐詩人倫祠祝上自殺後二年謂後元二年

趙隱王如意 補注先謙曰史表都邯鄲

高帝子

九年四月立十二年爲呂太后所殺亡後 補注朱一新曰如意先王代不書者以年幼未之國也傳亦未書先謙曰如意立四年從於惠帝元年此上年乃高帝紀年也

代王 補注錢大昭曰凡皇帝初封之國表不書名尊省也膠東王陽武侯皆同

高帝子

十一年正月丙子立十七年高后八年爲皇帝

趙共王恢 師古曰共讀曰恭下皆類此

高帝子

十一年三月丙午立爲梁王十六年高后七年徙趙其年自殺亡後 補注朱一新曰史表作十一年二月下王友同先謙曰高紀作三月此是下王友同

趙幽王友

高帝子

十一年三月丙寅立爲淮陽王二年徙趙十四年高后七年自殺

孝文元年王遂以幽王子紹封二十六年孝景三年反誅 補注先謙曰文紀元年十二月立

孝文二年二月乙卯文王辟彊以幽王子立河間十三年薨 補注朱一新曰文紀作三月注本亦作三月此作二月誤史表云都樂城案當作樂成

十五年哀王福嗣一年薨亡後

燕靈王建

高帝子

十一年二月甲午立十五年高后七年薨呂太后殺其子

燕敬王澤

高帝從祖昆弟

高后七年以營陵侯立爲琅邪王二年孝文元年徙燕二年薨

三年康王嘉嗣二十六年薨 補注先謙曰史表同傳作九年薨誤

孝景六年王定國嗣一十四年坐禽獸行自殺 補注先謙曰二十四年元朔元年也傳云元朔中在紀元朔二年九年與史表同此傳作四十二年非也

右高祖十一人吳隨父凡十二人 師古曰吳王濞從其父代王喜在此表中故十二人也

梁懷王揖 補注錢大昭曰賈誼傳作小子勝史記亦作勝先謙曰都定陶

文帝子

二年二月乙卯立十年薨亡後 補注朱一新曰文紀三月立注本作三月不同下家先謙曰文紀十一年薨也十年在位之年

梁孝王武

文帝子

二月乙卯立爲代王三年徙爲淮陽王十年徙梁三十五年薨

孝景後元年共王買嗣七年薨 補注先謙曰孝王子五王同以孝景中六年立兩書後元年嗣首史書王係嗣位例不併敍初立之年閒有參差皆傳寫之家全書各衣可用參稽譜者不違斷言或反以不書中六年副篇探失考之甚也

建元五年平王襄嗣四十年薨

太始元年貞王毋傷嗣十一年薨 補注先謙曰傳貞作頃

始元二年敬王定國嗣四十年薨

初元四年夷王遂嗣六年薨

永光五年荒王嘉嗣十五年薨

陽朔元年王立嗣二十七年元始三年有罪廢徙漢中自殺元始五年二

補注先謙曰平帝紀元始四年與徵以二十七年計之此三年是

八世

月丁酉王音以孝王玄孫之曾孫紹封五年王莽篡位貶爲公明年廢

孝景中六年五月丙戌王明以梁孝王子桓邑侯立七年建元三年坐殺中傅廢遷房陵

濟川

補注先謙曰濟川國後併陳留郡

五月丙戌王彭離以梁孝王子立二十九年元鼎元年坐殺人廢遷上庸

濟東

補注先謙曰元鼎元年廢

五月丙戌哀王定以孝王子立九年薨亡後

山陽

五月丙戌哀王不識以孝王子立七年薨亡後

濟陰

補注先謙曰[illegible]

代孝王參

文帝子

二月乙卯立爲太原王王三年更爲代王七年薨

補注朱一新曰注本二月作三月是紀同王三年汪本無王字是考文紀王薨於孝文後二年距始封正十七年傳作十七年是也此七上脫十字

孝文後三年恭王登嗣二十九年薨

元光三年剛王義嗣十九年元鼎三年徙清河三十八年薨

清河

補注先謙曰傳作四十年誤

太始三年頃王陽嗣二十五年薨

補注先謙曰陽傳作湯

地節元年王年嗣四年坐與同產妹姦廢遷房陵與邑百家

補注先謙曰傳四年作三年誤

元始二年四月丁酉王如意以孝王玄孫之子紹封七年王莽篡位貶爲公明年廢

廣宗

右孝文三人齊城陽兩濟北濟南菑川膠西膠東趙河間淮南衡山十二人隨父凡十五人

河間獻王德

景帝子

二年三月甲寅立二十六年薨

元光六年共王不周嗣四年薨

補注王念孫曰本傳及史表五宗世家作不害是也[illegible]書字或作[illegible]與周[illegible]因誤爲周

元朔四年剛王基嗣十二年薨

補注先謙曰基傳及史表作堪

元鼎四年頃王緩嗣十七年薨

補注先謙曰傳緩作綬史表同孝王天漢四年嗣此以三年薨乃十六年也七字誤

天漢四年孝王慶嗣四十七年薨

補注先謙曰天漢四年至五鳳三年是四十二年非四十七也七當作二傳是此誤

五鳳四年王元嗣十七年建昭元年坐殺人廢遷房陵

建始元年正月丁亥惠王良以孝王子紹封二十七年薨

建平二年王尙嗣十四年王莽篡位貶爲公明年廢

臨江哀王閼

師古曰閼音一曷反

景帝子

三月甲寅立三年薨亡後

魯共王餘

景帝子

三月甲寅立爲淮陽王二年徙魯二十八年薨

補注朱一新曰當作二十七年八字誤先謙曰自前二年至元光六年止二十七年朱說是傳亦誤作八

元朔元年安王光嗣四十年薨

後元元年孝王慶忌嗣三十七年薨

甘露三年頃王封嗣二十八年薨

補注先謙曰傳封作勁

陽朔二年文王睃嗣十九年薨亡後

晉灼曰睃音[illegible]師古曰睃音子緣反補注先謙曰傳十九作十八

江都易王非

師古曰謚法好更故舊曰易

高帝子

補注先謙曰高當作景汪本官本不誤

三月甲寅立爲汝南王二年徙江都二十八年薨

補注先謙曰自前二年至元朔元年正二十八年傳誤八爲七

元朔二年王建嗣六年元狩二年謀反自殺

補注先謙曰國除爲廣陵郡

元始二年四月丁酉王宮以易王庶孫盱眙侯廣世子紹封五年王莽篡位貶爲公明年廢

補注錢大昭曰紀作廣川傳作廣陵案水經[illegible]

建平三年六月辛卯王閔以頃王子部鄉侯紹封十二年王莽篡位貶爲公明年獻神書言莽德封列侯賜姓王

師古曰部音吾又音[illegible]補注[illegible]閔頃王子宜低一格與職行同古本亦誤

趙敬肅王彭祖

景帝子

三月甲寅立爲廣川王四年徙趙六十三年薨

征和元年頃王昌嗣十九年薨

本始元年懷王尊嗣五年薨

地節四年三月甲子哀王高以頃王子紹封四月薨

補注錢大昭曰哀王當與懷王同行此誤下一格

元康元年共王充嗣五十六年薨

元延三年王隱嗣十九年王莽篡位貶爲公明年廢

補注先謙曰隱下脫嗣字官本有

長沙定王發

景帝子

三月甲寅立二十八年薨

元朔二年戴王庸嗣二十七年薨

補注錢大昭曰史表作康王

天漢元年頃王附朐嗣十七年薨

晉灼曰附音符師古曰附讀如本字朐音劬本傳作鮒鮈其音同耳

始元四年剌王建德嗣三十四年薨

黃龍元年煬王旦嗣二年薨亡後

征和二年頃王偃以敬平干肅王小子立十一年薨

補注先謙曰孟康云平干即廣平

元鳳元年繆王元嗣二十四年五鳳二年坐殺謁者會薨不得代

	膠西于王端	中山靖王勝	
	景帝子	景帝子	
	三年六月乙巳立四十七年元封三年薨亡後 補注先謙曰國除爲膠西郡	六月乙巳立四十二年薨 補注先謙曰自前三年至元鼎四年止四十二年傳二作三誤	
		元鼎五年哀王昌嗣二年薨 補注先謙曰元鼎六年作二年薨是也傳作一年誤	
		元封元年康王昆侈嗣二十一年薨 [illegible]	
		征和四年頃王輔嗣三年薨 補注先謙曰征和四年[illegible]	
初元四年孝王宗以剌王子紹封三年薨 補注先謙曰[illegible]		始元元年憲王福嗣十七年薨	
永光二年繆王曾人嗣四十八年薨 補注先謙曰傳作曾人嗣王莽時絕下居攝云云傳不載		地節元年懷王脩嗣十五年薨亡後 補注先謙曰脩傳作循	
居攝二年舜嗣二年王莽篡位貶爲公明年廢		鴻嘉二年八月癸丑廣德夷王雲客以懷王從父弟子紹封一年薨亡後 補注沈欽韓曰紀要[illegible]王雲客國於此	建平三年正月壬寅廣平王漢以夷王弟紹封十三年王莽篡位貶爲公明年廢 補注先謙曰紀傳並作廣漢此表上脫廣字詳傳

膠東王	臨江閔王榮 補注王先慎曰臨王當作臨江	廣川惠王越	
景帝子	景帝子	景帝子	
四年四月乙巳立爲皇太子 補注先謙曰景紀乙作己	七年十一月己酉以故皇太子立三年坐侵廟壖地爲宮自殺 補注朱一新曰景紀十一月作正月史表己酉作乙丑先謙曰國除爲南郡	中二年四月乙巳立十二年薨 補注先謙曰自中二年至建元四年止十二年傳二作三誤	
		建元五年繆王齊嗣四十五年薨 補注先謙曰傳作四十四年誤	
		征和二年王去嗣二十二年本始四年坐亨姬不道廢徙上庸予邑百戶 師古曰忿怒共姬亨責而殺	地節四年五月庚午戴王文以繆王子紹封二年薨
			元康二年王汝陽嗣十五年甘露四年殺人廢徙房陵 補注錢大昭曰紀傳汝陽作海陽是此誤

膠東康王寄

景帝子

四月乙巳立，二十八年薨。

元狩三年，哀王賢嗣，十四年薨。

補注先謙曰傳作十五年誤

元封五年，戴王通平嗣，二十四年薨。

始元五年，頃王音嗣，四年薨。

河平元年，恭王授嗣，十四年薨。

永始三年，王殷嗣，二十年，王莽篡位，貶爲公，明年廢。

補注先謙曰殷事亦見莽傳

元始二年四月丁酉，靜王槐以惠王曾孫、戴王孫子紹封，四年薨。

補注先謙曰[illegible]也

廣德

居攝元年，王赤嗣，三年，王莽篡位，貶爲公，明年廢。

元狩二年七月壬子，恭王慶以膠東康王少子立，三十八年薨。

六安

始元四年，夷王祿嗣，十年薨。

補注先謙曰傳作十年薨當元平元年也此四字衍

本始元年，繆王定嗣，二十三年薨。

補注先謙曰傳作三十二年誤

甘露四年，頃王光嗣，二十七年薨。

陽朔二年，王育嗣，三十年，王莽篡位，貶爲公，明年廢。

清河哀王乘

景帝子

中三年三月丁酉立，十二年薨，亡後。

補注朱一新曰[illegible]作三月

常山憲王舜

景帝子

中五年三月丁巳立，三十二年薨。

補注先謙曰自中五年至元鼎三年三十二年也此傳作三十二年誤

元鼎三年，王勃嗣，坐憲王喪服姦，廢，徙房陵。

元鼎三年，頃王以憲王子紹封二十五年薨。

補注先謙曰元鼎二年作一年五年當作太初元年也傳作十年亦誤

真定

征和四年，烈王偃嗣，十八年薨。

本始三年，孝王由嗣，二十二年薨。

補注先謙曰自本始三年至永光五年計三十三年非二十二也表與傳俱誤由閩本汪本官本並作中傳作由

建昭元年，安王雍嗣，十六年薨。

補注先謙曰傳作二十六年誤

陽朔三年，共王普嗣，十五年薨。

綏和二年，王楊嗣，十六年，王莽篡位，貶爲公，明年廢。

補注先謙曰傳楊作陽

元鼎四年四月甲午，思王商以憲王子立，十年薨。

泗水

太初二年，哀王安世嗣，一年薨，亡後。

太初三年，戴王賀以思王子紹封，二十二年薨。

補注先謙曰自太初三年至始元六年計二十二年是此年下脫二字

元鳳元年三月丙子，勤王綜嗣，三十九年薨。

補注[illegible]

永光三年，戾王駿嗣，三十一年薨。

元延三年，王靖嗣，十九年，王莽篡位，貶爲公，明年廢。

右孝景十四人，楚、濟川、濟東、山陽、濟陰五人隨父，凡十九人。

師古曰：此表列諸王次第與本傳不同者，本傳因母氏之次而盡言所生，表則序其昆弟長幼，又臨江閔王封時年月在後，故不同也。它皆類此。

齊懷王閎

武帝子

元狩六年四月乙巳立，八年，元封元年薨，亡後。

燕剌王旦

武帝子

四月乙巳立，三十七年，元鳳元年，坐謀反，自殺。〔補注〕先謙曰：元狩六年至元鳳元年三十八年，此傳作三十八年，是。本表作三十七年，誤。

本始元年五月，頃王建以剌王子紹封，二十九年薨。〔補注〕先謙曰：宣紀五月作七月。

初元五年，穆王舜嗣，二十一年薨。

陽朔二年，思王璜嗣，二十年薨。〔補注〕先謙曰：傳作二十年，誤。

建平四年，王嘉嗣，十二年，王莽篡位，貶爲公，明年廢。〔補注〕先謙曰：後王莽封嘉扶美侯，賜姓王，見傳，表例不載。

廣陵厲王胥

武帝子

四月乙巳立，六十三年，五鳳四年，坐祝詛上，自殺。〔補注〕先謙曰：元狩六年至五鳳四年六十四年也，此傳作六十年，是誤。

初元二年三月壬申，孝王霸以共王子紹封，十三年薨。

建昭五年，厲王意嗣，十三年薨。〔補注〕先謙曰：傳作三年，是，當建始元年也，十字衍。

建始二年，哀王護嗣，十五年薨，亡後。〔補注〕錢大昭曰：閩本護作獲，官本作護。先謙曰：傳作十六年，是。

元延二年，靖王守以孝王子紹封，十七年薨。〔補注〕先謙曰：傳作二十年，皆誤。元延二年至居攝元年十八年。

居攝二年，王宏嗣，三年，王莽篡位，貶爲公，明年廢。

昌邑哀王髆

武帝子

天漢四年六月乙丑立，十一年薨。〔補注〕先謙曰：宣紀六月作四月。

元始元年，王賀嗣，十二年，徵爲昭帝後，立二十七日，以行淫亂廢，歸故國，予邑三千戶。〔補注〕先謙曰：始元誤倒作元始。

本始元年十月，哀王弘以廣陵厲王子立，八年薨。〔補注〕先謙曰：宣紀十月作七月，傳八年作九年，誤。

元康元年，頃王章嗣，三十四年薨。〔補注〕先謙曰：傳作三十三年，誤。

建始二年，懷王寬嗣，十一年薨。

鴻嘉元年，王愼嗣，二十九年，王莽篡位，貶爲公，明年廢。

右孝武四人，六安、眞定、泗水、平干四人隨父兄，八人。〔補注〕錢大昭曰：閩本兄作凡。先謙曰：官本作凡。

淮陽憲王欽

宣帝子

元康三年四月丙子立，三十六年薨。〔補注〕先謙曰：宣紀四月作七月。

河平二年，文王玄嗣，十六年薨。

元壽二年，王縯嗣，九年，王莽篡位，貶爲公，明年廢。師古曰：縯音羊善反。

東平思王宇

宣帝子

甘露二年十月乙亥立，三十二年薨。〔補注〕先謙曰：宣紀十月作九月，傳作三十三年，誤。

鴻嘉元年，煬王雲嗣，十六年，建平三年，坐祝詛上，自殺。〔補注〕先謙曰：傳作十七年，此誤。

元始元年二月丙辰，王開明嗣，五年薨，亡後。〔補注〕先謙曰：傳作立三年，此誤。

元始元年二月丙辰以東平思王孫桃鄉頃侯子[illegible]奉中山孝王後十一年王莽篡位貶為公明年廢
中山
補注 先謙曰官本烈作列是丙辰作丙戌

居攝元年嚴鄉侯子匡為東平王
補注 先謙曰匡奉嗣明後父信起兵討莽兵敗皆為莽所滅

楚孝王囂
師古曰囂音敖

宣帝子

十月乙亥立為定陶王四年徙楚二十八年薨
補注 先謙曰宣紀作正月立

陽朔元年懷王芳嗣一年薨亡後
補注 先謙曰芳傳作文

陽朔二年思王衍以孝王子紹封十一年薨
補注 先謙曰陽朔二年至建平四年計二十一年傳是此十上脫二字

元壽元年王紆嗣十年王莽篡位貶為公子明年廢
補注 先謙曰子字衍

綏和元年十一月壬子王景以孝王孫立為定陶王奉恭王後三
信都
年建平二年徙信都十三年王莽篡位貶為公明年廢

中山哀王竟

宣帝子

初元二年二月丁巳立為清河王三年徙中山王十三年薨亡後
補注 先謙曰傳五年作三年

右孝宣四人燕王繼絕高密隨父凡六人

定陶共王康

元帝子

永光三年三月立為濟陽王八年徙山陽八年河平四年四月徙定陶凡十九年薨

陽朔三年王欣嗣十四年綏和元年為皇太子
補注 先謙曰十四年傳作十五年是此誤

中山孝王興

元帝子

建昭二年六月乙亥立為信都王十五年陽朔二年徙中山凡三十年薨
補注 先謙曰傳作十四年誤

綏和二年王衎子嗣六年元壽二年立為皇帝
補注 先謙曰六年當為七年傳是此誤

右孝元二人廣陵繼絕凡三人孝成時河間廣德定陶三國孝哀時廣平一國孝平時東平中山廣德廣世廣宗五國皆繼絕

諸侯王表第二 終

王子侯表第三上　漢書十五

漢　蘭臺令史班固撰

唐正議大夫行祕書少監琅邪縣開國子顏師古注

賜進士出身前翰林院編修國子監祭酒加三級臣王先謙補注

大哉聖祖之建業也，後嗣承序，以廣親親。至于孝武，以諸侯王畺土過制，或替差失軌，師古曰：畺亦壃字也。替古僭字。則字當作替。而子弟為匹夫，師古曰：軌，法也。補注錢大昭曰：替顏以為古僭字，則字當作替。輕重不相準，於是制詔御史：「諸侯王或欲推私恩分子弟邑者，令各條上，朕且臨定其號名。」自是支庶畢侯矣。詩云「文王孫子，本支百世」，師古曰：大雅文王之詩也。本，本宗也。支，支子也。言文王有明德，故天祚之，子孫嫡者為天子，支庶為諸侯，皆不絕也。信矣哉！師古曰：侯所食邑皆書其郡縣於下，其有不書者，史失之也。或但言某人嗣，及直書薨，不具年月，皆闕文也。

號謚名 補注先謙曰漢代侯國皆縣雖壯武冠軍意取嘉名仍以氏縣無虛稱也其後或併省不可攷釋者因有爵號侯之疑其謬甚矣	羹頡侯信 服虔曰音戛擊之戛 師古曰音居黠反 補注先謙曰羹頡縣名說見楚元王傳
屬	帝兄子
始封位次	七年中封，十三年，高后元年，有罪，削爵一級，為關內侯。師古曰：不記月日，故云七年中也。
子	
孫	
曾孫	
玄孫	

號謚名	合陽侯喜 補注先謙曰合陽馮翊縣志合作郃說詳志史表喜作仲徐廣云一名嘉嘉又喜之謚	德哀侯廣
屬	帝兄，為代王，匈奴攻代，棄國，廢為侯。	補注錢大昭曰依例當於此格書帝兄子
始封	八年九月丙午封，七年，孝惠二年薨。以子濞為王，諡曰頃王。補注先謙曰高紀七年十二月史表與此同	十二年十一月庚辰，以兄子封，十年薨。一百二十 補注錢大昭曰百二十位次也功臣表朱虛侯章二十七[illegible]缺一百二十七德廣之位次上邳侯郢客百二十八朱虛侯章百二十九德侯則是德侯位次必在朱虛侯之前史表正作百二十七廣讓侯亦見史表
子	十一年十二月，登邑侯沛濞以帝兄子封，十二年為吳王。補注先謙曰沛沛郡縣史表十二月作二月	高后三年，頃侯通嗣，三十四年薨。補注先謙曰孝景三年為宗正見公卿表吳王濞傳
孫		孝景六年，康侯齕嗣，二十四年薨。師古曰：齕音紇，下亦同。補注錢大昭曰閩本作二十八年自孝景六年至元鼎三年計三十八年二表竝誤朱一新曰汪本作三十八年
曾孫		元鼎四年，侯何嗣，五年，坐酎金免。
玄孫		元康四年，廣玄孫長安大夫猛詔復家。泰山 師古曰：大夫，第五爵也。復家，謂蠲賦役也。復音方目反。補注先謙曰後漢表在濟南案後封長[illegible]德下注亦作濟南與齊[illegible]則此泰山二字係衍文[illegible]
六世		
七世		元壽二年五月甲子，侯勳以廣玄孫之孫長安公乘紹封，千戶，九年，王莽篡位，絕。師古曰：公乘，第八爵也。

右高祖

號謚名	上邳侯郢客 補注先謙曰郢客高后二年為宗正見公卿表楚元王傳上邳薛縣在卽邳見泗水注詳魯國薛下
屬	楚元王子
始封	二年五月丙申，一百二十八，封，七年，為楚王。
子	
孫	
曾孫	
玄孫	

朱虛侯章 補注先謙曰朱虛瑯邪縣亦見巨洋水注	齊悼惠王子	五月丙申封八年爲城陽王 百二十九 張晏曰高后二年詔丞相陳平令差第列侯位次高下故王子侯三人有第二年之後皆不第 補注錢大昭曰表不著初封戶數文紀元年益封二千戶					
東牟侯興居 補注先謙曰東牟東萊縣	齊悼惠王子	六年四月丁酉封四年爲濟北王					

右高后

管共侯罷軍 師古曰罷音皮彼反又讀曰疲共讀曰恭下皆類此補注先謙曰管當爲菅齊水注可證史表亦誤索隱誤以榮陽之管城當之	齊悼惠王子	四年五月甲寅封二年薨 補注錢大昭曰文紀作九月	六年侯戎奴嗣二十年孝景二年反誅 補注錢大昭曰二年當爲三年先謙曰史表作三年				
氏丘共侯甯國 補注先謙曰史表作瓜丘索隱瓜丘縣在魏郡甯作寍先謙案志魏郡有斥丘無瓜丘索隱不言漢表文異似氏瓜二字皆斥之譌	齊悼惠王子	五月甲寅封十一年薨	十五年侯偃嗣十年孝景三年反誅				
營平侯信都 補注先謙曰營縣名平其諡也史表上標營字下云平侯其明證也營見淄水注詳齊郡臨淄下	齊悼惠王子	五月甲寅封十年薨	十四年侯廣嗣十一年孝景三年反誅				補注先謙曰索隱漢表在濟南此奪濟南二字
楊丘共侯安 補注先謙曰楊陽通用陽丘齊南縣亦見濟水注史表失載此侯	齊悼惠王子	五月甲寅封十二年薨	十六年侯偃嗣十一年孝景四年坐出國界耐爲司寇 補注先謙曰官本耐作耏				
楊虛侯將閭 補注先謙曰據河水注楊虛即平原樓虛縣史表閭作廬	齊悼惠王子	五月甲寅封十二年爲齊王					
朸侯辟光 師古曰朸音其力反下亦同補注先謙曰朸平原縣亦見河水注史世家誤勒後封城陽頃王子讓	齊悼惠王子	五月甲寅封十二年爲齊南王 補注先謙曰齊當作濟官本不誤史表同					

安都侯志 補注錢大昭曰史正義安都故城在瀛州高陽縣西南三十九里

齊悼惠王子

五月甲寅封十二年爲濟北王

平昌侯卬 補注先謙曰平昌瑯邪縣亦見濰水注索隱云屬平原非世家作昌平侯

齊悼惠王子

五月甲寅封十二年爲膠西王

武成侯賢 補注先謙曰史表成作城通用字案東海南城縣武帝封城陽共王子貞即魯武城也晉爲南武城賢蓋封此後改南城耳

齊悼惠王子

五月甲寅封十二年爲菑川王

白石侯雄渠 補注錢大昭曰史正義白石故城在德州安德縣北二十里索隱以爲金城縣非

齊悼惠王子

五月甲寅封十二年爲膠東王

阜陵侯安 補注先謙曰阜陵九江縣

淮南厲王子

八年五月丙午封八年爲淮南王

安陽侯勃 補注先謙曰安陽汝南縣亦見淮水注後封周左車索隱云屬馮翊非屬漢中者亦非侯國

淮南厲王子

五月丙午封八年爲衡山王

陽周侯賜 補注先謙曰上郡有陽周疑非賜所封志亦不云侯國

淮南厲王子

五月丙午封八年爲廬江王

東城哀侯良 補注先謙曰東城九江縣亦見淮水注後封居股良字誤官本作良史表本傳同

淮南厲王子

五月丙午封七年薨亡後

右孝文

平陸侯禮 補注錢大昕曰表景元年爲宗正先謙曰平陸後爲縣曹封氏之陵樹爲詳志西河東平俱有平陸皆非此侯國史表三千一百六十七戶後封進陽爲王孫審	楚元王子	元年四月乙巳封三年爲楚王 補注先謙曰史表一云乙卯				
休侯富 補注先謙曰史表富一人而休侯紅侯誤分爲二隆紅休楚三傳名王將封劉歆爲紅休侯一云紅郁紅縣先謙案紅郁瑯沛鄉郡亦見穢水注紅休可合爲一侯封地則休紅據壤可知	楚元王子	四月乙巳封三年以兄子楚王戊反免三年侯富更封紅侯六年薨謚曰懿 補注先謙曰史表富謚莊侯一云禮侯錢大昭云表例謚當在封地下史表千七百五十戶蘇輿云侯富二字疑衍	七年懷侯登嗣一年薨 補注先謙曰史表作悼侯澄	中元年敬侯嘉嗣二十四年薨 補注先謙曰史表嘉作發	元朔四年哀侯章嗣一年薨亡後	
沈猷夷侯歲 師古曰沈音審補注先謙曰史表歲作穢千三百八十戶	楚元王子	四月乙巳封二十年薨	建元五年侯受嗣十八年元狩五年坐爲宗正聽請不具宗室耐爲司寇 師古曰受爲宗正人有私請求者受聽許之故於宗室之中事有不具而受獲罪補注先謙曰史表請作謁			補注先謙曰瓠子水注沈沈猷即沈猶史表作猶食邑在千乘高菀縣索隱漢表在高苑此奪高苑二字
宛朐侯埶 師古曰埶音藝補注先謙曰宛朐濟陰縣志作冤句亦見濟水注	楚元王子	四月乙巳封三年反誅				

棘樂敬侯調 補注先謙曰史表戶千二百一十三	楚元王子	三年八月壬子封十六年薨	建元三年恭侯應嗣十五年薨 補注蘇輿曰自建元三年至元光六年止十年十五字衍	元朔元年侯慶嗣十六年元鼎五年坐酎金免		
乘氏侯買 補注先謙曰乘氏濟陰縣亦見濟水注	梁孝王子	中五年五月丁卯封一年爲梁王				
桓邑侯明 補注先謙曰桓邑傳作垣邑	梁孝王子	五月丁卯封一年爲濟川王				

右孝景

兹侯明	河閒獻王子	元光五年正月壬子封四年元朔三年坐殺人自殺 補注先謙曰史表作坐謀反殺人棄市徐廣云一作掠殺人棄市				

安城思侯蒼	宜春侯成〔補注〕先謙曰宜春豫章縣亦見贛水注此當有豫章二字傳寫誤入上行	句容哀侯黨 師古曰句讀爲章句之句	容陵侯福〔補注〕先謙曰容陵長沙縣史表作句陵徐廣云一作容陵明句爲誤字
長沙定王子	長沙定王子	長沙定王子	長沙定王子
六年七月乙巳封十三年薨	七月乙巳封十七年元鼎五年坐酎金免	七月〔補注〕先謙曰己當爲乙汪本官本不誤史表同己巳封二年薨亡後	七月乙巳封十七年元鼎五年坐酎金免
元鼎元年節侯自當嗣			
侯壽光嗣五鳳二年坐與姊亂下獄病死			
豫章〔補注〕先謙曰安城長沙縣志城作成史表同亦見贛水注非豫章		會稽〔補注〕先謙曰句容丹楊縣非會稽	

前漢十五上 九

杏山侯成〔補注〕錢坫曰後書岑彭傳許邯起杏注南陽復陽縣有杏聚郡國志同寰宇記光州仙居縣有杏山仙居於漢爲軑縣屬江夏先謙曰後封楚思王子遺	浮丘節侯不害〔補注〕先謙曰史表作不審蓋誤	廣戚節侯將〔補注〕先謙曰廣戚沛郡縣後封楚孝王子勳史將作擇徐廣云擇一作將明擇爲誤字	丹楊哀侯敢
楚安王子	楚安王子	魯共王子	江都易王子
後九月壬戌封十七年元鼎五年坐酎金免	後九月壬戌封十一年薨	元朔元年十月丁酉封薨〔補注〕先謙曰史表作十一月	十二月甲辰封六年元狩元年薨亡後
	元狩五年侯霸嗣六年元鼎五年坐酎金免	侯始嗣元鼎五年坐酎金免	
	沛		無湖〔補注〕先謙曰無錫同蕪湖赤丹陽郡屬據此丹楊縣乃蕪湖分置官本楊作陽

前漢十五上 十

盱台侯蒙之（補注）先謙曰盱台臨淮縣亦見淮水注史表象之兩見索隱云漢表作蒙之是唐本史漢已歧出	江都易王子	十二月甲辰封十六年元鼎五年坐酎金免				
胡孰頃侯胥行（補注）先謙曰史表胡作湖胥行作胥	江都易王子	正月丁卯封十六年薨	元鼎五年侯聖嗣坐知人脫亡名數以爲保殺人免師古曰脫亡名數謂不占戶籍也以此人爲庸保而又別殺人也			丹陽（補注）先謙曰胡孰見志

秣陵終侯纏（補注）先謙曰史表秣陵作秩陽纏作漣兩見	江都易王子	正月丁卯封元鼎四年薨亡後				
淮陵侯定國	江都易王子	正月丁卯封十六年元鼎五年坐酎金免				淮陵（補注）先謙曰上淮陵史表作雎陵雎水注同當依史表雎陵臨淮縣也下淮陵乃臨淮之誤[illegible]誤爲陵又倒在淮下耳索隱漢表在淮陵則唐本漢書已誤

張梁哀侯仁	梁共王子（補注）先謙曰史表作江都易王子	二年五月乙巳封十三年薨	元鼎三年侯順嗣二十三年征和三年爲奴所殺（補注）先謙曰官本奴上多匈字			
龍丘侯代	菑川懿王子（補注）先謙曰史表作江都易王子	五月乙巳封十五年元鼎五年坐酎金免				琅邪

劇原侯錯（補注）先謙曰劇北海縣亦見巨洋水注	菑川懿王子	九月乙巳封十七年薨（補注）蘇輿曰自元朔二年至元鼎元年止十二年七字誤先謙曰九當爲五汪本官本不誤史表同	元鼎二年孝侯廣昌嗣	戴侯骨嗣（補注）朱一新曰汪本骨作胥是也胥古胥字先謙曰官本作胥	質侯吉嗣	節侯[illegible]嗣
			侯勝[illegible]容嗣（補注）王念孫曰勝容義無所取當是勝客之譌功臣表有樊噲曾孫勝客恩澤表有丙吉元孫勝客急就篇有薛勝客未有名勝容者			

號諡名	屬	始封	子	孫	曾孫	玄孫
懷昌夷侯高遂（補注 先謙曰：史表懷作壞，無昌字。）	菑川懿王子	五月乙巳封，二年薨。	四年，胡侯延年嗣。（補注 先謙曰：史表延下無年字。）	節侯勝時嗣。	侯可置嗣。	
平望夷侯賞（補注 先謙曰：平望，北海縣。）	菑川懿王子	五月乙巳封，七年薨。	元狩三年，原侯楚人嗣，二十六年薨。	太始三年，（補注 蘇輿曰：自太始三年至神爵三年，共三十六年，表作十四，誤。）敬侯光嗣，十四年薨。	神爵四年，頃侯起嗣。	孝侯均嗣。
臨衆敬侯始昌	菑川懿王子	五月乙巳封，三十一年薨。	太始元年，康侯革生嗣，十八年薨。	元鳳三年，頃侯廣平嗣，薨。	原侯農嗣。	節侯臨原理嗣。（補注 先謙曰：臨原，琅邪縣。志臨原注侯國，[illegible]臨[illegible]縣，此侯至莽篡始絕，若是臨衆，志不當無。史表臨衆正作臨原，索隱漢表作臨原，是唐世漢書已誤原為衆，或校者注臨原於下，[illegible]本從而[illegible][illegible]耳。）
			六世 侯且嗣。			

號諡名	屬	始封	子	孫	曾孫	玄孫
			六世 釐侯賢嗣。	七世 侯商嗣，王莽篡位絕。（補注 先謙曰：官本莽作莽，是。）		
葛魁節侯寬（補注 先謙曰：史表同。徐廣云：葛一作莒。）	菑川懿王子	五月乙巳封，八年薨。	元狩四年，侯戚嗣，五年，元鼎三年，坐縛家吏恐猲受賕，棄市。（師古曰：猲謂以威力脅人也。賕，枉法以財相謝。猲音呼葛反。賕音求。補注 先謙曰：史表作坐殺人棄市。）			
益都敬侯胡（補注 先謙曰：巨洋水注，百尺溝西北逕益都城，武帝封菑川懿王子胡為侯國，詳北海益下。）	菑川懿王子	五月乙巳封，薨。	原侯廣嗣。	侯嘉嗣，元鳳三年，坐非廣子免。		
平的戴侯彊（師古曰：的音丁歷反。補注 先謙曰：平的，北海縣。志作平的，史表作平酌，彊作驪，蓋彊之誤。）	菑川懿王子	五月乙巳封，十七年薨。	元狩（補注 先謙曰：官本狩作封，是。蘇輿云：自元封元年至太始三年，止十六年，表誤。）元年，思侯中時嗣，二十年薨。	太始（補注 蘇輿曰：自太始三年至神爵三年，凡三十六年，此作十三，誤。）三年，節侯禹嗣，十三年薨。	神爵四年，頃侯鼻嗣。	釐侯利親嗣。

			六世 侯宣嗣			
劇魁夷侯黑補注先謙曰劇魁北海縣史表黑作墨	菑川懿王子	五年乙巳封十七年薨補注先謙曰汪本官本五年作五月是史表同	元封元年思侯招嗣三年薨補注先謙曰史表招作昭	四年康侯德嗣	孝侯利親嗣補注錢大昭曰與平的釐侯同名且同是菑川懿王後疑有譌字	釐侯嬰嗣

			六世 侯向嗣			
壽梁侯守補注錢大昭曰或說壽梁卽壽良東郡縣	菑川懿王子	五月乙巳封十五年元鼎五年坐酎金免				壽樂

平度康侯行補注先謙曰平度東萊縣行史表作衍	菑川懿王子	五月乙巳封四十七年薨	元鳳元年節侯慶忌嗣三年薨	四年質侯帥軍嗣	頃侯欽嗣	孝侯宗嗣
			六世 侯嘉嗣			

宜成康侯偃	菑川懿王子	五月乙巳封十一年薨	元鼎元年侯福嗣十二年太初元年坐殺弟棄市			平原補注先謙曰宜成濟南縣非平原索隱漢表在平原是唐本已誤後封燕倉
臨朐夷侯奴師古曰朐音劬補注先謙曰史表作衰侯	菑川懿王子	五月乙巳封四十一年薨	戴侯乘嗣	節侯賞嗣補注先謙曰官本賞作質	孝侯信嗣	安侯壽禕嗣師古曰禕音猗補注先謙曰臨朐齊郡縣亦見巨洋水注疑先屬東海又東萊亦有臨朐非侯國

			六世 侯岑嗣			
雷侯豨（補注先謙曰史表豨作稀兩見）	城陽共王弟（補注先謙曰官本弟作子是史表同）	五月甲戌封十五年元鼎五年坐酎金免				東海（補注[illegible]曰雷當作盧沂水注盧川水逕城陽之盧縣武帝封城陽共王子豨爲侯國[illegible]下非東海下念孫云盧[illegible]誤文[illegible]方其[illegible]注盧當爲雷字之誤也隸書盧作[illegible]上半與雷相似故[illegible]互誤或[illegible]古字通[illegible]非也[illegible]在[illegible]當在[illegible]部[illegible]部之字不與[illegible]故[illegible]不云[illegible]之[illegible]兩云字之[illegible]）
東莞侯吉（補注先謙曰東莞琅邪縣亦見沂水注）	城陽共王子	五月甲戌封五年痼病不任朝免				
辟土節侯壯（師古曰辟音闢）	城陽共王子	五月甲戌封三年薨	五年侯明嗣十二年元鼎五年坐酎金免（補注先謙曰史表明作朋兩見[illegible]明字誤）			東海（補注先謙曰史表辟土字衍索隱引漢表在東海同志東海郡辟縣亦無辟土鄉王念孫云[illegible]辟古字通[illegible]二年[illegible]分爲二[illegible]注[illegible]水西南流逕辟城南世謂之辟陽城漢武帝元朔二年封城陽共王子劉壯爲侯國[illegible]辟土者[illegible]也[illegible]之[illegible]城在[illegible]陽[illegible]縣[illegible]相近[illegible]）

尉文節侯丙	趙敬肅王子	六月甲午封五年薨	元狩元年侯犢嗣十年元鼎五年坐酎金免			南郡（補注錢大昕曰丙趙王子封不應遠在南郡沈欽韓曰趙以尉文封廉頗爲信平君尉文自在趙地紀要[illegible]在真定府[illegible]縣西十三里相傳以廉頗名或其封邑[illegible]張守節云尉文蓋[illegible]州地[illegible]）
封斯戴侯胡傷（補注先謙曰封斯常山縣史表作共侯胡陽）	趙敬肅王子	六月甲午封二十五年薨	太初三年原侯如意嗣五十二年薨	甘露四年孝侯宮嗣	侯仁嗣	
榆丘侯受福（補注先謙曰史表作壽福兩見）	趙敬肅王子	六月甲午封十五年元鼎五年坐酎金免				
襄嚵侯建（晉灼曰音内言[illegible]師古曰音士咸反[illegible]補注[illegible]）	趙敬肅王子	六月甲午封十五年元鼎五年坐酎金免				廣平

邯會衍侯仁 [補注]先謙曰邯會魏郡縣		朝節侯義 [補注]沈欽韓曰紀要故朝城在濮州朝城縣南十七里舊唐志昌樂縣有故朝城唐改置縣於此	東城侯遺 [補注]先謙曰東城九江縣但趙地封城疑不在此
趙敬肅王子		趙敬肅王子	趙敬肅王子
六月甲午封薨		六月甲午封十三年薨	六月甲午封十一年元鼎元年為孺子所殺 師古曰孺子奔之號也 [補注]先謙曰史表作有罪國除
哀侯慧嗣	六世 節侯重嗣	元鼎三年戴侯祿嗣	
後元年勤侯賀嗣三十五年薨 [補注]蘇輿曰後元下當更有元字後並同	七世 懷侯蒼嗣薨亡後	侯固城嗣五鳳四年坐酎金少四兩免	
甘露元年原侯張嗣			
釐侯康嗣			

陰城思侯蒼	廣望節侯忠 [補注]先謙曰廣望涿郡縣史表望廣誤倒忠作中上多安字	將梁侯朝平	薪館侯未央 [補注]先謙曰史表薪作新
趙敬肅王子	中山靖王子	中山靖王子	中山靖王子
六年甲午封十七年太初元年薨嗣子有罪不得代 [補注]蘇輿曰十七年當元封元年疑有誤 先謙曰史表作侯蒼有罪國除據思諡此表為得實	六月甲午封三十年薨	六月甲午封十五年元鼎五年坐酎金免	六月甲午封十五年元鼎五年坐酎金免
	天漢四年頃侯中嗣十三年薨		
	始元三年思侯何齊嗣		
	恭侯遂嗣		
	侯閣嗣	涿 [補注]先謙曰滱水注掘溝水逕將涼城東即將梁也武帝封中山靖王子朝平為侯留詳涿郡廣望下將梁屬廣望鄉近蓋國除後併入廣望	涿

陸城侯貞（補注錢大昭曰蜀志中山靖王子貞元狩六年封涿縣陸城亭侯案亭侯建武始有蜀志衍亭字封年譌縣並誤）	中山靖王子	六月甲午封，十五年，元鼎五年，坐酎金免				涿（補注先謙曰陸城中山縣蓋後改隸亦見滱水注志城作成史表作陘城索隱云志屬中山案志中山無陘城縣蜀志先主傳亦作陸城）
薪處侯嘉	中山靖王子	六月甲午封，十五年，元鼎五年，坐酎金免				涿（補注先謙曰薪處中山縣志薪作新表注涿者地析自涿郡國除後隸中山）
蒲領侯嘉	廣川惠王子	三年十月癸酉封，有罪，絕				東海（補注先謙曰蒲領勃海縣亦見濁漳水注東字誤國除後封清河綱王子縣）
西熊侯明	廣川惠王子	十月癸酉封，薨，亡後				
棗彊侯晏（補注先謙曰棗彊清河縣亦見淇水注）	廣川惠王子	十月癸酉封，薨，亡後				
畢梁侯嬰（補注先謙曰官本攺證云監本作卑梁從宋本改錢大昭云閩本作卑朱一新云汪本作卑先謙案作卑是也國除後封高密頃王子都）	廣川惠王子	十月癸酉封，十九年，元封四年，坐首匿罪人為鬼薪				魏
旁光侯殷（補注先謙曰史表作房光）	河閒獻王子	[illegible]				魏
距陽憲侯匄（補注先謙曰史表匄作白）	河閒獻王子	十月癸酉封，十四年薨	元鼎（師古曰）五年（溱音秦）侯溱（補注先）嗣，坐（謙曰史）酎金（表溱作）免（渡兩見）			

蔞節侯退 師古曰蔞音力朱反 補注錢大昭曰後書馮異傳有無蔞亭注云在今饒陽縣東北即其地 先謙曰史表作蔞安侯邈退非名蓋邈是	阿武戴侯豫 補注先謙曰阿武涿郡縣史表戴作潛
河閒獻王子	河閒獻王子
十月癸酉封十六年薨	十月癸酉封二十四年薨
元封元年釐侯嬰嗣二十二年薨 補注朱一新曰汪本作三十二年十二年誤	太初三年敬侯宣嗣二十年薨 補注蘇輿曰自太初三年至始元二年止十八年表作二十誤 先謙曰史表宣作寬
後元年原侯益壽嗣三十一年薨	始元三年節侯信嗣二十三年薨
五鳳元年安侯充世嗣三年薨	神爵元年釐侯嬰齊嗣
四年侯遺嗣二十年建始四年薨亡後 補注蘇輿曰自五鳳四年至建始四年凡二十五年十下奪五字	頃侯黃嗣

	參戶節侯免 補注先謙曰參戶勃海縣史表免作勉
	河閒獻王子
	十月癸酉封十四年薨
六世 侯長久嗣王莽篡位絕	元鳳元年敬侯嚴嗣
	頃侯元嗣
	孝侯利親嗣
	侯度嗣

州鄉節侯禁 補注先謙曰州鄉涿郡縣	
河閒獻王子	
十月癸酉封十一年薨	
元鼎二年思侯齊嗣 補注先謙曰史表齊作惠	侯禹嗣王莽篡位絕 六世 補注朱一新曰汪本禹作禺
元封六年憲侯惠嗣	
釐侯商嗣	
恭侯伯嗣	

平城侯禮	廣侯順
河閒獻王子	河閒獻王子
十月癸酉封六年元狩三年坐恐猲取雞以令買償免復償免爲盜豈 師古曰恐猲取人雞依令買雞以償坐此免侯又犯欺謾故爲贓且也讀曹濁 補注沈欽韓曰攤紀史欽食計償其初論此明取飲食物準令當百價償其臧未償故論臧且也以宗室故不恐猲	十月癸酉封十四年元鼎五年坐酎金免
補注先謙曰濁漳水注成平故城武帝封河閒獻王子禮爲侯國是道元所見漢書本作成平成平勃海縣史表作成平索隱漢表在南皮明此當南皮二字成平南皮道無疑西漢平城一北海侯國封膠東頃王子邑一歷門路河閒王子封當在勃海作平城者後人傳寫誤例也	教海 補注先謙曰廣齊郡縣距河閒遠物海無廣縣不知併入何縣

號謚名	屬	始封	子	孫	曾孫	玄孫
蓋胥侯讓師古曰蓋音公臘反	河間獻王子	十月癸酉封十四年元鼎五年坐酎金免				補注先謙曰索隱云蓋志在太山表在魏郡但史表標蓋胥二字於上胥非[illegible]則蓋胥是縣名太山無蓋胥縣豈小司馬所見本止作蓋耶 魏 愿案侯表蓋侯王信孫受元鼎五年坐酎金免與讓同時國除一地亦不能兩封疑郡名蓋縣亦無蓋胥縣不知免侯後地併入何縣所當闕疑
陰安康侯不害	濟北貞王子	十月補注蘇輿曰自元朔三年至元鼎二年凡十二年一當爲二癸酉封十一年薨	元鼎三年哀侯秦客嗣三年薨亡後補注先謙曰史表秦作客兩見容字蓋誤閩本汪本作客官本考證云宋本作客舊監本作客			補注先謙曰陰安見志史表作陪安陰陪形近致誤也衛不疑亦 魏 封陰安元朔二年封元鼎五年免一陰安不能封兩侯國存疑
榮關侯騫	濟北貞王子	十月癸酉封坐謀殺人會赦免				師古曰茬音仕疑反補注先謙曰史表作榮簡徐廣云一作舊簡 茬平 索隱漢表作榮關在茬平蓋此縣分茬平置茬平東郡縣
周望康侯何補注先謙曰史表望作堅	濟北貞王子	十年補注先謙曰十年當爲十月史表不誤官本同癸酉封八年薨	元狩五年侯當時嗣六年元鼎五年坐酎金免			

號謚名	屬	始封	子	孫	曾孫	玄孫
陪繆侯則補注先謙曰史表則作明	濟北貞王子	十月癸酉封十一年薨	元鼎二年侯邑嗣五年坐酎金免			平原
前侯信師古曰字或作[illegible]音側[illegible]反補注先謙曰史表前作[illegible]徐廣云一作[illegible]索隱[illegible]漢表作[illegible]在平原今平原無[illegible]縣此例非一[illegible]名也先謙案據顏注所小司馬所見本乃顏所稱或作本而顏所見作前之[illegible]本小司馬未之見也王念孫云前即[illegible]之誤隸書[illegible]字作[illegible]因[illegible]爲前[illegible] [illegible]	濟北貞王子	十月癸酉封十四年元鼎五年坐酎金免				平原
安陽侯樂補注先謙曰史表樂作桀	濟北貞王子	十月癸酉封三十八年薨	後元年穰侯延年嗣十六年薨	本始二年康侯記嗣十五年薨	五鳳元年安侯戚嗣	哀侯得嗣薨亡後補注先謙曰平原有安樂無安陽錢大昭云陽當爲樂之證然史表上標安陽非安縣也 平原
五據侯臞丘師古曰臞音劬又音懼補注先謙曰史表臞腹兩見索隱舊作腹音劬劉氏烏雀反	濟北式王子補注先謙曰史表式作貞	十月癸酉封十四年元鼎五年坐酎金免				泰山

號謚名	屬	始封	子	孫	曾孫	郡
富侯龍〔補注〕先謙曰：史表龍作襲。	濟北式王子 補注先謙曰：史表式作貞。	十月癸酉封〔補注〕先謙曰：十六年當元封元年，康字是誤。十六年，元康元年，坐使奴殺人下獄瘐死				
平侯遂〔補注〕先謙曰：索隱志屬河南，先封工師喜，錢大昭以爲距濟北遠，疑非。	濟北式王子〔補注〕先謙曰：史表式作貞。	十月癸酉封，四年，元狩元年，坐知人盜官母馬爲臧，會赦，復作。師古曰：有人盜馬爲臧匿之，雖會赦猶復作。復作者，徒役也。復音扶目反。〔補注〕沈欽韓曰：案漢法若以盜論，則盜官母馬乏軍興當斬，爲臧者減一等，逢赦猶復作一歲刑。				
羽康侯成〔補注〕先謙曰：羽，平原縣。	濟北式王子〔補注〕先謙曰：史表式作貞。	十月癸酉封，六十年薨。〔補注〕蘇輿曰：自元朔三年至地節二年止五十九年，不當云六十。	地節三年，恭侯係嗣	侯棄嗣，王莽篡位絕		
胡母侯楚	濟北式王子〔補注〕先謙曰：索隱自不害以下竄何藥膝丘發明信遂成楚十一人，史是貞王子，而漢表自安陽侯已下是式王子，同是元朔三年十月封，恐因此誤也。先謙案：安陽當爲五據之誤。	二月癸酉〔補注〕先謙曰：二月當爲十月，史表不誤。封，十四年，元鼎五年，坐酎金免				泰山〔補注〕先謙曰：泰山無胡母縣。錢坫云：風俗通胡母姓，本陳胡公之後，公子完奔齊，有齊國，至宣王母弟別封母鄉，遠本胡公，近取母邑，故曰胡母氏。據此則胡母屬齊地無疑。

號謚名	屬	始封	子	孫	曾孫	玄孫
離石侯綰	代共王子	正月壬戌封，後更爲涉侯，坐上書謾，耐爲鬼新。師古曰：謾，欺誑也，音漫。〔補注〕先謙曰：涉，魏郡縣，今本誤沙，說詳地理志。官本新作薪，是。				〔補注〕先謙曰：離石，西河縣，亦見河水注。索隱漢表在上黨，據此奪上黨二字。
邵侯順〔補注〕沈欽韓曰：邵疑鄗之誤。先謙曰：史表順作慎，通用字。	代共王子		正月壬戌封，三十六年，天漢元年，坐殺人及殺凡十六人，以捕匈奴千騎免。師古曰：非云捕得匈奴騎，故私殺人以爲之。〔補注〕沈欽韓曰：順殺匈騎十六人，本當棄市，以捕得匈奴千騎，故減免侯也。武帝時有東郭咸得自首，赦匈奴無謂私殺人當匈奴騎，此殺人兩事欺詐至不道，益但免侯。平先謙曰：此語低一格，官本不誤。			〔補注〕先謙曰：索隱漢表在山陽，此奪山陽二字。
利昌康侯嘉〔補注〕先謙曰：利昌，齊郡縣。	代共王子	正月壬戌封，五十一年薨。〔補注〕蘇輿曰：自元朔三年至元鳳四年，凡五十年，一字衍。	元鳳五年，戴侯樂嗣，十二年薨	元康二年，頃侯萬世嗣	節侯光祿嗣	剌侯殷嗣
			六世　侯換嗣，王莽篡位絕			

號謚名	屬	始封	子	孫	曾孫	郡
蘭侯罷軍〔補注〕先謙曰：史表罷軍作意。	代共王子	五月壬戌封，後更爲武原侯，坐後戴免。〔補注〕先謙曰：五月當爲正月，史表不誤。武原，楚國縣。先封衛莊。				西河〔補注〕先謙曰：蘭見志，索隱云志屬西河，是所見漢表本無西河二字。
臨河侯賢〔補注〕先謙曰：臨河，朔方縣。	代共王子	正月壬戌封，後更爲高俞侯，坐酎金免。				
濕成侯忠 師古曰：濕音它合反。〔補注〕先謙曰：濕當爲隰。隰成，西河縣，亦見河水注。	代共王子	正月壬戌封，後更爲端氏侯，薨，亡後。〔補注〕先謙曰：端氏，河東縣。				
土軍侯郢客 師古曰：土軍，西河之縣也。說者以爲洛陽土軍里，非也。〔補注〕先謙曰：先封宜義。	代共王子	正月壬戌封，後更爲鉅乘侯，坐酎金免。〔補注〕先謙曰：史表作坐與人妻姦棄市，不言更侯。案情罪未明，疑彼文有誤。				

號謚名	屬	始封	子	孫	曾孫	玄孫／郡
皋琅侯遷〔補注〕先謙曰：史表遷作選。	代共王子	正月壬戌封，薨，亡後。				臨淮〔補注〕先謙曰：史表琅作狼…… [illegible]
千章侯遇	代共王子	正月壬戌封，後更爲夏丘侯，坐酎金免。〔補注〕先謙曰：夏丘，沛郡縣。				平原〔補注〕先謙曰：徐廣云千一作斥，索隱引表注同。案：千章，西河縣，代王子封西河者多，平原誤也。
博陽頃侯就〔補注〕先謙曰：史表頃作康。	齊孝王子	三月乙卯封，薨。	侯終古嗣，元鼎五年坐酎金免。〔補注〕先謙曰：史表古作吉，兩見，蓋形近致誤。			濟南〔補注〕先謙曰：史表亦作傅陽，索隱志屬濟南，蓋小司馬所見本無濟南二字。沭水注：沭水逕傅陽縣故城東北，武帝封齊孝王子就爲侯國。據此知道元所見漢書本作傅不作博。濟南博陽縣 [illegible] 濟南文，非齊王子封域，疑道元所見本爲是也。
寧陽節侯恬〔補注〕先謙曰：恬，史表作恢。	魯共王子	三月乙卯封，十二年薨。〔補注〕蘇輿曰：元朔三年至元鳳五年，凡五十一年，二字誤。	元鳳六年，安侯慶忌嗣，十八年薨。	五鳳元年，康侯信嗣。	孝侯匽嗣。	侯方嗣。〔補注〕先謙曰：寧陽，泰山縣，亦見洙水注。索隱表在濟南，此脫濟南二字。

瑕丘節侯政 補注先謙曰據雎水注作敬丘屬沛案史表亦作瑕丘索隱志屬山陽案志不云瑕丘侯國瑕蓋敬之誤道元所見漢書本是也政史表作貞		公丘夷侯順 補注先謙曰公丘沛郡縣	郁桹侯騎 師古曰桹音郎補注沈欽韓曰郁桹即郁郎也一統志郁郎城在兗州府魚臺縣東北八十里春秋時魯邑古者郁郎亭左隱公元年傳杜注郁郎魯邑高平方與縣東南有郁郎亭先謙曰史表作郁狼騎作驕南見騎蘇孳
魯共王子		魯共王子	魯共王子
三月乙卯封五十三年薨 補注蘇輿曰案當云五十二年		三月乙卯封三十年薨	三月乙卯封十四年元鼎五年坐酎金免
元平元年思侯國嗣四年薨	侯六世禹嗣	太始元年康侯置嗣	
本始四年孝侯湯嗣十年薨		地節四年煬侯延壽嗣九年薨	
神爵二年煬侯奉義嗣		五鳳元年思侯賞嗣	
釐侯遂成嗣		侯元嗣王莽篡位絕	

西昌侯敬	陸地侯義	邯平侯順	武始侯昌
魯共王子	中山靖王子	趙敬肅王子	趙敬肅王子
三月乙卯封十四年元鼎五年坐酎金免	三月乙卯封十四年元鼎五年坐酎金免 補注先謙曰史表乙卯作癸酉蓋誤	三月乙卯封十四年元鼎五年坐酎金免 補注先謙曰三月乙卯史表作四月庚辰	四月甲辰封三十四年爲趙王 補注先謙曰史表甲作庚
	辛處 補注先謙曰史表作陸城索隱漢表作陸地在辛處於理爲得靖王子貞封陸城二人不應重封先謙案辛處即蘇廬中山鄉	廣平	魏 補注先謙曰武始見魏志

鄬氏節侯賀（補注先謙曰爲氏鉅鹿縣志作象氏史表亦作象氏韋昭云在鉅鹿也）	趙敬肅王子	四月甲辰封十八年薨（補注先謙曰史表甲作庚）	元封三年思侯安意嗣二十七年薨（補注王念孫曰意當作惪惪古德字與意形相似而誤史表作德又高后功臣表有齊受元孫安德）	始元六年康侯千秋嗣十六年薨	元康元年孝侯漢强嗣	侯鄗嗣王莽篡位絕
易安侯平	趙敬肅王子	四月甲辰封二十年薨（補注先謙曰史表甲作庚）	元封五年康侯種嗣	侯德嗣始元元年坐殺人免		鄗（師古曰鄗音呼各反補注先謙曰索隱志屬涿郡表在鄗）
路陵侯童（補注先謙曰史表作洛陵索隱引漢表同童作章兩見童章形近之誤錢大昭云洛疑昭之誤昭陵長沙縣）	長沙定王子	四年三月乙丑封四年元狩二年坐殺人自殺				南陽
攸輿侯則	長沙定王子	三月乙丑封二十二年太初元年坐篡死罪囚棄市（補注蘇輿曰二十二年當作二十二年）				南陽（補注先謙曰洣水注攸水逕攸縣北武帝封長沙定王子則爲攸輿侯即地理志所謂攸縣者也引攸下攸長沙縣非南陽索隱攸縣本名攸輿漢表在南陽是唐本已誤）

茶陵節侯訢（師古曰茶音塗訢與欣同補注先謙曰史表作欣）	長沙定王子	三月乙丑封十年薨	元鼎二年哀侯湯嗣十一年太初元年薨亡後（補注先謙曰史表湯作陽兩見）			桂陽（補注先謙曰茶陵長沙縣非桂陽亦見洣水注）
建成侯拾	長沙定王子	三月乙丑封元鼎二年坐使行人奉璧皮薦賀元年十月不會免（師古曰以皮薦璧也時以十月爲歲首有賀而不及會也補注先謙曰史表作坐不朝不敬文異義同）				（補注先謙曰索隱漢表在豫章此奪豫章二字見贛水注詳志建成下）
安眾康侯丹（補注先謙曰安眾南陽縣又見湍水注）	長沙定王子	三月乙丑封三十年薨（補注蘇輿曰元朔四年至元封五年止二十年三字誤）	元封六年節侯山柎嗣三十八年薨（師古曰柎音方于反）	地節三年繆侯毋妨嗣	釐侯褒嗣	侯歙嗣（師古曰歙音其禁反又音其錦反補注先謙曰官本無次音字）
		侯崇嗣居攝元年舉兵爲王莽所滅				

號謚名	屬	始封	子	孫	曾孫	玄孫
			侯寵建武二年以崇從父弟紹封	建武十三年侯松嗣		今見 師古曰作表時見爲侯也
葉平侯喜 師古曰葉音式涉反 補注先謙曰葉南陽縣喜史表作嘉兩見平作康	長沙定王子	三月乙丑封十三年元鼎五年坐酎金免				
利鄉侯嬰 補注先謙曰淮水注游水逕利成縣故城東故利鄉也武帝封城陽共王子嬰爲侯國詳東海利成下	城陽共王子	三月乙丑封五年元狩三年有罪免				
有利侯釘 師古曰音丁又音鼎	城陽共王子	三月乙丑封三年元狩元年坐遺淮南王書稱臣棄市				東海 補注先謙曰沭水注倉山上有故城即古有利城武帝封城陽共王子釘爲侯國詳東海即丘下

號謚名	屬	始封	子	孫	曾孫	玄孫
東平侯慶 補注錢大昭曰即元朔元年爲大河郡者甘露二年爲王國	城陽共王子	三月乙丑封五年元狩三年坐與姊姦下獄病死 補注先謙曰史表姊下有妹字				東海
運平侯記 補注先謙曰史表記作訢兩見記蓋誤字	城陽共王子	三月乙丑封十三年元鼎五年坐酎金免				東海
山州侯齒	城陽共王子	三月乙丑封十三年元鼎五年坐酎金免 補注朱一新曰元鼎六年東越反齒將兵居屯坐畏懦誅見兩粵傳				
海常侯福	城陽共王子	三月乙丑封十三年元鼎五年坐酎金免 補注先謙曰福後擊南越有功復封入功臣表				琅邪

騶丘敬侯寬 補注先謙曰史表作鈞丘寬作憲	城陽共王子	三月乙丑封六年薨	元狩四年原侯報德嗣 補注先謙曰史表報作執	侯毋害嗣本始二年坐使人殺兄棄市		
南城節侯貞 補注先謙曰南城即南成東海縣	城陽共王子	三月乙丑封四十二年薨	始元四年戴侯猛嗣二十二年薨	神爵元年元侯尊嗣二年薨	四年釐侯充國嗣	頃侯遂嗣
			六世 侯友嗣王莽篡位絕			
廣陵虒侯裦 晉灼曰虒音斯 補注先謙曰史表虒作常裦作表	城陽共王子	三月乙丑封七年薨	元狩五年侯成嗣六年元鼎五年坐酎金免			

杜原侯皐 補注先謙曰史表作莊原非漢書莊皆改嚴今未改知非莊也	城陽共王子	三月乙丑封十三年元鼎五年坐酎金免				
臨樂敦侯光 [illegible]	中山靖王子	四月甲午封二十年薨	元封六年憲侯建嗣	列侯固嗣	五鳳三年節侯萬年嗣	侯廣都嗣王莽篡竝絕
東野戴侯章	中山靖王子	四月甲午封薨	侯中時嗣太初四年薨亡後			
高平侯喜 補注先謙曰史表喜作嘉兩見錢大昭云元鳳五年又封中山康王子喜爲成侯此是喜父行不應同名當從史表	中山靖王子	四月甲午封十三年元鼎五年坐酎金免				
						平原

號謚名	屬	始封	子	孫	曾孫	玄孫
廣川侯頗 補注先謙曰廣川信都縣	中山靖王子	四月甲午封，十三年，元鼎五年，坐酎金免				
重侯擔 師古曰擔音丁甘反	河間獻王子	四月甲午封，四年，元狩二年，坐不使人爲秋請，免 師古曰請音材姓反				平原 補注先謙曰史表作乎，錢大昭云一作鄗，索隱漢表作童侯，作平原地理志有盧丘，樂表作樂一云劉陵，案漢水注于童鄉故童也亦作于鄉武帝封河間獻王子陰爲侯國據此童與于參于童異名一地于童亦屬勃海與平原接壤孫先謙平原而後改隸勃海耳史表陰兩見又與陽信合疑作陰爲是孫錫昌[illegible]
被陽敬侯燕 師古曰被音皮被反 千乘之縣也 補注先謙曰史表被作披	齊孝王子	四月乙卯封，十三年薨 補注先謙曰官本二作三，是	元鼎五年，釐侯偃嗣，二十八年薨 補注先謙曰史表偃作偃	始元二年，頃侯壽嗣	孝侯定嗣	節侯閎嗣

六世 侯廣嗣，王莽篡位，絕

號謚名	屬	始封	子	孫	曾孫	玄孫
定敷侯越 補注王念孫曰敷謚法所無，索隱單行本作敫，引說文敫讀如躍，而謚法無敫，知爲敫字之譌，敫又譌作敷耳。今本史記改爲敬侯，又改索隱云漢表作敷，說文云敷讀如羅，可笑。先謙曰定勃海縣，亦見河水注	齊孝王子	四月乙卯封，十二年薨	元鼎四年，思侯德嗣，五十一年薨	元康四年，憲侯福嗣	恭侯湯嗣	定侯乘嗣，王莽篡位，絕 補注錢大昭曰乘絕於王莽之世，不得有謚，其定爲國名，豈得更以定爲謚，衍文無疑
稻夷侯定 補注先謙曰稻琅邪縣	齊孝王子	四月乙卯封，薨	簡侯都陽嗣 補注先謙曰史表陽作都，都陽	本始二年，戴侯咸嗣，四十二年薨 補注蘇輿曰本始二年至甘露元年不足四十二年，本始疑太始之誤	甘露元年，頃侯閎嗣	侯永嗣，王莽篡位，絕
山原侯國 補注錢大昭曰山國名，原謚也。說文邑部邮地名，从邑山聲，疑卽此	齊孝王子	四月乙卯封，二十七年薨。五百五十戶	天漢三年，康侯秉嗣，十四年薨	始元三年，安侯守嗣，二十二年薨	侯發嗣	甘露二年，孝侯外入嗣，敎海十八年，建始五年薨 補注蘇輿曰建始無五年，十八年當建昭四年，始乃昭之誤
繁安夷侯忠 補注先謙曰繁安千乘縣	齊孝王子	四月乙卯封，十八年薨	元封四年，侯守嗣 補注先謙曰史表守作壽，案子名壽，漢父必非名壽，作守是也	節侯壽漢嗣	元鳳五年，頃侯嘉嗣	孝侯光嗣

			六世 侯起嗣			
柳宿侯陽已 補注先謙曰：柳，勃海縣。史表作陽無已字。	齊孝王子	四月乙卯封，薨。	敷侯罷師嗣。補注先謙曰：此敷亦數之譌。	于侯自爲嗣。	安侯攜嗣。	繆侯軻嗣。
			六世 侯守嗣，王莽篡位絕。			
雲夷侯信 補注先謙曰：雲，琅邪縣，亦見河水注。詳平原富平下。	齊孝王子	四月乙卯封，十四年薨。	元鼎六年，侯茂發嗣。補注先謙曰：史表茂發作歲發。	太始二年，康侯遂嗣。	釐侯終古嗣。	侯得之嗣，王莽篡位絕。

牟平共侯渫 師古曰：渫音先列反。補注先謙曰：牟平，東萊縣。渫，史表作璪，索隱璪音薛。錢大昭云：後漢劉寵傳、吳志劉繇傳並云孝王少子。	齊孝王子	四月乙卯封，五年薨。	元狩三年，節侯奴嗣，十五年薨。補注王念孫曰：自元狩三年至太始元年凡二十五年，三字誤。景祐本作二十五年。	太始二年，敬侯夏生嗣，一十九年薨。補注先謙曰：官本一作二，是。	地節四年，康侯建嗣，一年薨。	元康元年，孝侯齕嗣。
			六世 釐侯咸嗣。	七世 侯隆嗣，王莽篡位絕。		
柴原侯代 補注先謙曰：柴，泰山縣，亦見汶水注。	齊孝王子	四月乙卯封，三十四年薨。	征和二年，節侯勝之嗣，二十七年薨。	元康二年，敬侯賢嗣。	三年，康侯齊嗣。	恭侯莫如嗣，薨，亡後。
柏暢戴侯終古 補注沈欽韓曰：紀要柏暢亭在趙州臨城縣西十五里，俗譌爲柏楊亭。案史表作柏陽。	趙敬肅王子	五年十一月辛酉封，薨。	侯朱嗣，始元三年薨，亡後。			中山

號諡名	屬	始封	子	孫	曾孫
敬安侯延年 [illegible]	趙敬肅王子	十一月辛酉封，十二年，元鼎五年坐酎金免。			
乘丘節侯將夜　補注先謙曰史表將夜作洋	中山靖王子	三月癸酉封，十一年薨。補注先謙曰三月癸酉史表作十一月辛酉案中山王子封皆同月日此不得獨異本表是	元鼎四年，戴侯德嗣。	侯外人嗣，元康四年坐爲子時與後母亂，免。	補注先謙曰 [illegible]
高丘哀侯破胡	中山靖王子	三月癸酉封，八年，元鼎元年薨，亡後。			
柳宿夷侯蓋　補注沈欽韓曰[illegible]字紀柳宿城在定州望都縣東西十二里紀要今爲六衛堡音譌也在保定府慶都縣東南四十五里	中山靖王子	三月癸酉封，四年薨。	元狩三年，侯蘇嗣，八年，元鼎五年坐酎金免。		補注先謙曰索隱漢表在涿郡此奪涿字

號諡名	屬	始封	子	孫	曾孫	玄孫
戎丘侯讓	中山靖王子	三月癸酉封，十三年，元鼎五年坐酎金免。補注先謙曰二月當作三月史表不誤注本二作三三作二是官本同				
樊輿節侯脩　補注先謙曰樊輿涿郡縣史表脩作條通用字	中山靖王子	三月癸酉封，十六年薨。	後元年，煬侯過倫嗣。	思侯異衆嗣。	頃侯土生嗣。	侯自子嗣，王莽篡位，絕。
曲成侯萬歲	中山靖王子	三月癸酉封，十二年，元鼎五年坐酎金免。補注先謙曰二月當作三月注本官本不誤史表同				涿　補注先謙曰索隱引表注同案涿郡有成縣無曲成東萊曲成縣封蟲達孫皇柔爲侯國元鼎二年方免無並封一地之理且距中山遠是涿或別有曲成縣免後併省耳
安郭于侯傳富　補注先謙曰史表傳富作博	中山靖王子	二月癸酉封，薨。五百二十戶。補注先謙曰二月官本作三月是史表同	釐侯偃嗣。	侯崇嗣，元康元年坐首匿死罪，免。		涿　補注先謙曰涿郡無安郭縣滱水注滱水逕安郭亭南武帝封中山靖王子傳富爲侯國寰地與中山安國縣近覩其後蓋併入安國

安險侯應（補注先謙曰安險中山縣亦見滱水注）	安道侯恢（補注先謙曰史表作安遙誤國除後封揭陽定下注南陽）	夫夷敬侯義（補注先謙曰夫夷零陵縣）
中山靖王子	中山靖王子	長沙定王子
三月癸酉封，十二年，元鼎五年，坐酎金免	三月癸酉封，十二年，元鼎五年，坐酎金免	三月癸酉封，十二年薨
		元鼎五（補注蘇輿曰元鼎五年至五鳳二年當云五十七年）年節侯禹嗣，五十八年薨
		五鳳三年頃侯奉宗嗣
		釐侯慶嗣
		懷侯福嗣

六世
侯商嗣王莽篡位絕

舂陵節侯買（補注先謙曰此舂陵地屬零陵索隱云志屬南陽誤也後書宗室四王傳買封零陵之舂陵鄉孫仁乃徙封南陽白水鄉猶以舂陵爲國名買節侯光武帝之祖一統志舂陵故城在永州府甯遠縣東北）	都梁敬侯定（補注先謙曰都梁零陵縣史表定作遂）	洮陽靖侯狩燕（補注先謙曰史表名狗彘兩見索隱漢表名將燕是小司馬所見本亦不作狩燕也洮陽零陵縣）
長沙定王子	長沙定王子	長沙定王子
六月壬子封，四年薨	六月壬子封，八月薨（補注先謙曰汪本官本八月作八年是）	六月壬子封，七年，元狩六年薨，亡後
元狩三年，戴侯熊渠嗣，五十六年薨（補注錢大昭曰後書同惟景十三王傳作庸）	元鼎元年，頃侯傒嗣（師古曰傒音胡禮反）（補注先謙曰史表傒作係）	
元康元年，孝侯仁嗣（補注錢大昭曰後書城陽共王祉傳文選南都賦注引東觀記並作考侯）	節侯弘嗣	
侯敞嗣	原侯順懷嗣	
建武二年，立敞子祉爲城陽王（補注朱一新曰汪本祉作祉是先謙曰官本作祉）	煬侯容嗣	

六世
侯佗人嗣王莽篡位絕

衆陵節侯賢〔補注〕先謙曰：史表作衆陵，索隱：志屬零陵。而未言漢表作衆陵，則衆是後來傳寫誤字。	長沙定王子	六月壬子封，五十年薨。〔補注〕蘇輿曰：元朔五年至本始三年，凡五十四年，此奪「四」字。	本始四年，戴侯宜定嗣，二十二年薨。〔補注〕蘇輿曰：當云二十一年。	黃龍元年，頃侯慶嗣。	侯骨嗣，王莽篡，位絕。	
終弋侯廣置	衡山王賜子〔補注〕陳景雲曰：衡山賜王疑衡山王賜之誤。但賜坐謀反國除，事在元狩元年，若有子爲列侯，雖不與逆謀，亦應緣坐，不應至元鼎中始以酎金免矣，則衡山賜三字殆皆有誤。先謙曰：史表正作衡山王賜，史文不具，所當闕疑。	六年四月丁丑封，十一年，元鼎五年，坐酎金免。				汝南
麥侯昌	城陽頃王子	元鼎元年四月戊寅封，五年，坐酎金免。				琅邪
鉅合侯發	城陽頃王子	四月戊寅封，五年，坐酎金免。				平原〔補注〕先謙曰：濟水注，巨合水北逕巨合城，武帝封城陽頃王子發爲侯國，在濟南東平陵界，非平原也。詳志濟南歷城下。

昌侯差	城陽頃王子	四月戊寅封，五年，坐酎金免。				琅邪〔補注〕先謙曰：台，見志。先封瑯邪。
蕢侯方師古曰：蕢音口怪反，字或作費，音扶未反，又音祕。〔補注〕王念孫曰：費不音扶味反，亦不音祕，且不與[illegible]。當爲蕢字之誤。[illegible]反，故蕢誤爲[illegible]又音扶未反，又音祕，與費同，故字亦相亂。[illegible]釋文費扶云反，徐扶畏反；爾雅釋文費[illegible]作[illegible]符分反，又扶沸反；方言郭璞注云：蕢音[illegible]，其證也。史表作[illegible]，索隱[illegible]音祕，又扶味反。[illegible]本作[illegible]，是今本後人妄改。[illegible]字異音同[illegible]也。	城陽頃王子	四月戊寅封，五年，坐酎金免。				〔補注〕先謙曰：索隱漢表在琅邪，此奪「琅邪」二字。
虖葭康侯澤師古曰：虖音乎，葭音工遐反。〔補注〕先謙曰：[illegible]濟南有虖[illegible]縣，[illegible]音段，工下反，則段是葭之誤。段葭字同，虖葭則以形近致誤也。史表作虖葭，索隱：漢表作虖葭，志屬琅邪。據此，小司馬所見史表作虖葭，不作[illegible]。殿本作[illegible]，與志字互異，小司馬所得不同。志屬琅邪，[illegible]字爲後傳寫之誤。	城陽頃王子	四月戊寅封，〔補注〕[illegible]曰：自始封至神爵元年止五十六年，表誤。六十二年薨。	神爵元年，夷侯舞嗣。	頃侯閎嗣。		侯永嗣，王莽篡，位絕。
原洛侯敢〔補注〕先謙曰：史表敢作敢。	城陽頃王子	四月戊寅封，二十六年，征和三年，坐殺人棄市。				琅邪〔補注〕先謙曰：史表原作石，索隱引表注同，而不言地名之異，是所見史、漢表本同。

挾術侯昆景（補注先謙曰史表景作吾）	挾釐侯霸（補注先謙曰史表挾作校志琅邪郡有被縣闞駰樂史皆以爲校字索隱校音效志陽說者或以爲琅邪被縣之訛誤悉非又云頃王子二十人校侯名雲挾釐侯名霸史表止十九人疑脫）	朸節侯讓	文成侯光
城陽頃王子	城陽頃王子	城陽頃王子	城陽頃王子
四月戊寅封，十六年，天漢元年薨，亡後。	四月戊寅封，三十五年薨。補注蘇輿曰元鼎元年至始元四年當云三十四年	四月戊寅封，薨。	四月戊寅封，五年，坐酎金免。
	始元五年，夷侯戚嗣，二十一年薨。	侯興嗣，爲人所殺。	
	神爵元年，節侯賢嗣。		
	頃侯思嗣。		
琅邪（補注先謙曰史表作扶滯索隱滯音浸）	孝侯眾嗣，薨，亡後。	平原（補注先謙曰朸見志先封齊悼惠子辟光）	東海（補注先謙曰史表作父城徐廣云一作六索隱志在遼西表在東海案父城潁川縣文城遼西縣是小司馬所見史記本仍作文成不作父城惟城陽王子封域不能遠逮遼西疑東海別有文成縣爲侯國至國除併省）

挍靖侯雲（師古曰挍音效補注先謙曰詳挾釐侯下）	庸侯餘（補注先謙曰餘史表作譚）	翟侯壽	鍾侯應（師古曰鍾音竹連反）
城陽頃王子	城陽頃王子	城陽頃王子	城陽頃王子
四月戊寅封，五年，坐酎金免。補注先謙曰官本脫免字	四月戊寅封，有罪，死。	四月戊寅封，五年，坐酎金免。	四月戊寅封，五年，坐酎金免。
	琅邪	東海	襄賁（師古曰賁音奔又音肥補注先謙曰襄賁東海縣據析置鍾縣以封應國除省併也）

號謚名	屬	始封	子	孫	曾孫	玄孫	郡
彭侯強（補注先謙曰史表名偃兩見）	城陽頃王子	四月戊寅封五年坐酎金免					東海（補注錢坫曰[illegible]郡國志泰山郡有[illegible]海後改屬泰山說文[illegible]作[illegible]本書[illegible]封彭侯彭即[illegible]也亦猶作彭彭先封泰[illegible]其元孫[illegible]今士彭[illegible]正在一地足可取證）
[illegible]節侯息（[illegible]）	城陽頃王子	四月（補注蘇輿曰元鼎元年至元康三年當云五十四年）戊寅封五十五年薨	元康四年質侯守嗣七年薨				
虛水康侯禹（補注先謙曰虛水琅邪縣）	城陽頃王子	四月戊寅封三十八年薨（補注朱一新曰三字誤當作四）	地節元年息侯嗣七年薨（補注蘇輿曰自地節元年至五鳳三年凡十五年七字誤）	五鳳四年侯敞嗣王莽篡位絕			
東淮侯類	城陽頃王子	四月戊寅封五年坐酎金免					北海（補注先謙曰索隱漢表在東海與今本異城陽封國東海是也）

號謚名	屬	始封	子	孫	曾孫	玄孫	郡
拘侯賢（補注先謙曰史表賢作買兩見）	城陽頃王子	四月戊寅封五年坐酎金免					千乘（補注先謙曰史表作枸侯索隱漢表作枸音俱在東海案志枸在扶風與拘別也先謙案本表作拘不作枸在千乘不在東海並與小司馬所見本異又扶風有枸邑縣無拘縣東海有朐縣索隱注文當是案志枸邑在扶風與朐別也傳寫譌倒其文耳當依其說作朐侯下注東海則表志俱符於城陽王子封域亦無不合矣）
消侯不疑（師古曰消音育）	城陽頃王子	四月戊寅封五年坐酎金免					東海（補注先謙曰史表作消侯索隱漢表作消在東海案消水在南陽有消陽縣蓋非也先謙案城陽封域不得至南陽索隱當未是王念孫云濰水注消水出馬耳山北注於濰水馬耳山在今青州府諸城縣西南消水出其縣北過諸城縣西又北入濰水此侯封於消縣聚之以水得名者鄉在琅邪與東海相近故表在東海）
陸元侯何	菑川靖王子	七月（補注朱一新曰史表作四月戊寅誤）辛卯封薨	原侯買嗣	侯延壽嗣五鳳三年坐知女妹夫亡命笞二百首匿罪免（師古曰妹夫亡命又有笞罪而藏匿之坐免也補注沈欽韓曰謂其妹夫有笞二百罪亡命延壽知而首匿故免非謂亡命後又有笞罪也）			壽光（補注先謙曰壽光北海縣蓋當時析[illegible]縣爲侯國後復併省）
廣饒康侯國（補注先謙曰廣饒齊郡縣亦見濟水注）	菑川靖王子	七年（補注先謙曰七年當爲七月史表作十月亦誤）辛卯封五十年薨	地節（師古曰坊音房）三年共侯坊嗣十四年薨（補注先謙曰宮本三作二）	甘露元年侯麟嗣王莽篡位絕（補注錢大昭曰王莽傳有廣饒侯劉京奏符命）			

餅敬侯成 師古曰餅音步于反 補注先謙曰餅琅邪縣先封孫單索隱引韋昭云古餅邑宜本注餅作瓶于作丁是	菑川靖王子	七月辛卯封五十四年薨 補注周壽昌曰成以齊孝王子劉澤與燕刺王謀反告雋不疑收捕澤以聞益封餅侯此當加地益户表漏不敘及朱一新曰自元鼎元年至地節元年止四十八年表誤先謙曰七月史表作十月誤	地節二年頃侯龍嗣五十年薨 補注蘇輿曰地節二年至元康二年止五年十字衍	永康三年原侯融嗣 補注蘇輿曰西漢無永康年號永乃元之誤	侯閔嗣王莽篡位絕	
俞閭煬侯毋害 師古曰俞音喻 補注先謙曰毋害史表作不害	菑川靖王子	七月辛卯封十四年薨 補注朱一新曰自元鼎元年至地節四年實四十九年此誤先謙曰史表作十月誤	地節三年原侯況嗣十年薨	五鳳元年侯瞵嗣十二年初元三年薨亡後 師古曰瞵音鄰		
甘井侯光 補注先謙曰史表光作元	廣川繆王子	七月乙酉封二十五年征和二年坐殺人棄市 補注先謙曰史表作十月誤				鉅鹿
襄隄侯聖 師古曰隄音丁奚反	廣川繆王子	七月乙酉封五十年地節四年坐奉酎金斤十兩少四兩免 補注先謙曰史表作十月誤	始元二年聖子倫以曾祖廣川惠王曾孫為廣德王 補注錢大昭曰始元當作元始曾祖二字疑衍			鉅鹿 補注先謙曰史表作襄陵索隱漢表在鉅鹿志屬河東不言漢表作襄隄是小司馬所見本與史表不異

皐虞煬侯建 師古曰煬音弋向反後皆類此 補注先謙曰皐虞琅邪縣	膠東康王子	元封元年五月丙午封九年薨	太初四年穰侯定嗣十四年薨 補注蘇輿曰自太初四年至本始元年實二十九年表誤先謙曰史表定作處	本始二年節侯襄嗣	釐侯勳嗣	頃侯顯嗣 補注錢大昭曰頃非謚疑頃之譌
六世 侯樂嗣王莽篡位絕						
魏其煬侯昌 補注先謙曰魏其琅邪縣先封竇嬰史表煬作暢	膠東康王子	五月丙午封十七年薨	本始四年原侯傳光嗣三十三年薨 補注蘇輿曰自元封元年始十七年正當太始三年本始為太始之誤太始三年至甘露二年實四十二年此云三十三年亦誤	甘露三年孝侯禹嗣	貫侯蟜嗣 師古曰蟜音矯	侯嘉嗣王莽篡位絕
祝茲侯延年	膠東康王子	五月丙午封五年坐棄印綬出國免				琅邪 補注先謙曰膠水注膠水逕祝茲故城東武帝封膠東康王子延年為侯國詳琅邪黔陬下

高樂康侯 師古曰史失其名也	齊孝王子	不得封年薨亡後				濟南 補注先謙曰高樂勃海縣濟南葢誤國除後以封東平思王孫修
參酘侯則 晉灼曰酘音揔酘師古曰音子弄反又音才公反補注錢大昭曰郡國志泲陰定陶有三酘亭即此參酘	廣川惠王子	不得封年坐酎金免				東海
沂陵侯喜 師古曰沂音牛衣反	廣川惠王子	不得封年坐酎金免				東海
沈陽侯自爲	河閒獻王子	不得封年				勃海

漳北侯寬	趙敬肅王子	不得封年元鳳三年爲奴所殺				魏
南繺侯佗 師古曰繺音力專反	趙敬肅王子	不得封年征和二年坐酎金免				鉅鹿 補注先謙曰南繺見志
南陵侯慶	趙敬肅王子	不得封年後三年坐爲沛郡太守橫恣罔上下獄瘐死 補注朱一新曰後元三年也注本三作二蘇輿曰後元無三年作二是先謙曰官本作二				臨淮
鄗侯舟 補注錢大昭曰南監本閩本有師古曰鄗音呼各反八字朱一新曰汪本有先謙曰官本有	趙敬肅王子	不得封年征和四年坐祝𧦦上要斬 師古曰𧦦古詛字也音側據反				常山 補注先謙曰鄗見志

號謚名	屬	始封	子	孫	曾孫	玄孫
安檀侯福	趙敬肅王子	不得封年後三年坐爲常山太守祝詛上訊未竟病死（師古曰訊謂考問之）				魏
爰戚侯當	趙敬肅王子	不得封年後三年坐與兄廖謀反自殺				濟南（補注先謙曰爰戚山陽縣非濟南後封趙長年）

號謚名	屬	始封	子	孫	曾孫	玄孫
栗節侯樂（補注先謙曰栗沛郡縣）	趙敬肅王子	征和元年封二十七年薨（補注蘇輿曰征和元年至地節三年當云二十六年）	地節四年煬侯忠嗣	侯終根嗣	侯況嗣	
洨夷侯周舍（師古曰洨音交又音爻補注先謙曰洨沛郡縣先封呂產）	趙敬肅王子	元年封薨	孝侯惠嗣	節侯迺始嗣	哀侯勳嗣	侯承嗣

號謚名	屬	始封	子	孫	曾孫	玄孫
猇節侯起（晉灼曰猇音內言鴞師古曰音于虯反補注先謙曰猇濟南縣內言見前襄嚵侯丁）	趙敬肅王子	元年封十三年薨（補注蘇輿曰征和元年至始元五年止十一年三字誤）	始元六年夷侯充國嗣二十年薨	神爵元年恭侯廣明嗣	釐侯固嗣	侯鉅鹿嗣
揤裴戴侯道（鄭氏曰揤裴音卽非在肥鄉縣南五里卽非成也補注先謙曰注成當作城）	趙敬肅王子	元年封十二年薨	元鳳元年哀侯尊嗣	頃侯章嗣	釐侯景嗣	東海（補注先謙曰揤裴魏郡縣非東海）

號謚名	屬	始封	子	孫	曾孫	玄孫
彭侯屈釐（師古曰彭音彭東海縣也屈音丘勿反又音求勿反補注先謙曰彭卽彭也先封秦同及城陽頃王子強）	中山靖王子	二年三月丁巳封三年坐爲丞相祝詛要斬（補注先謙曰彭侯以丞相封則恩澤侯也本傳以澎戶二千二百封）				

右孝武

王子侯年表第三上 終

王子侯年表第三下　漢書十五

漢　蘭　臺　令　史班　固　撰

唐正議大夫行祕書少監琅邪縣開國子顏師古　注

賜進士出身前翰林院編修國子監祭酒加三級臣　王先謙補注

孝元之世亡王子侯者，（補注）齊召南曰：元帝三子，一成帝，一定陶王，其子爲哀帝，一中山王，其子爲平帝，二王更無餘子封侯者也。盛衰終始，豈非命哉！元始之際，王莽擅朝，僞褒宗室，侯及王之孫焉；師古曰：王之孫亦得封侯，謂承鄉侯閎以下是也。居攝而愈多，非其正，故弗錄。師古曰：王莽所封，故不以爲正也。旋踵亦絕，悲夫！

號謚姓名（補注）錢大昕曰：宗室侯例不書姓，此姓字衍文，然北宋本已然。蘇明允謂王莽僞褒宗室，故從異姓例，示天下不得有其國，此不攷其本末而妄爲之說也。昭宣元成哀五朝之侯與王莽何與？即元始之際王子封侯，亦循故事，帝承鄉侯以下二十二人以王孫得封，出於莽之僞褒耳。入居攝所封姓氏未嘗列於表，何故一例誣之乎？	屬	始封	子	孫	曾孫	玄孫
松茲戴侯霸（補注）先謙曰：松茲，廬江縣。	六安共王子	始元（補注）先謙曰：官本作元始，引劉敓曰當爲始元。錢大昕云劉說是也，蘇氏謂此卷皆元始之際王莽僞褒宗室而侯者，正由讀此誤本不能校正耳。五年六月辛丑封，三十二年薨。	神爵二年，共侯始嗣。	頃侯緁嗣。師古曰：緁音于涉反。（補注）先謙曰：官本緁作緁，考證云宋本作緁。錢大昕云緁不成字，閩本作緁。朱一新云汪本作緁。蘇輿云通考作緁。	侯均嗣，王莽篡位，絕。者凡百八十一人。師古曰：此下言免絕者皆是也。	

號謚姓名	屬	始封	子	孫	曾孫	玄孫
溫水侯安國	膠東哀王子	六月辛丑封，十年，本始二年坐上書爲妖言，會赦，免。				
蘭旗頃侯臨朝（補注）先謙曰：旗當爲祺，蘭祺，東海縣。	魯安王子	六月辛丑封，二十二年薨。	神爵二年，節侯去疾嗣，七年薨。	甘露元年，釐侯嘉嗣。	侯位嗣，絕。	
容丘戴侯方山（補注）先謙曰：容丘，東海縣。	魯安王子	六月辛丑封。	頃侯未央嗣。	侯昭嗣，絕。		
良成頃侯文德（補注）先謙曰：良成，東海縣。	魯安王子	六月辛丑封。	共侯舜嗣。	釐侯原嗣。	戴侯元嗣。	侯閔嗣，絕。

蒲領煬侯禄〔補注〕先謙曰蒲領勃海縣先封廣川惡王子嘉	清河綱子〔補注〕齊召南曰綱應作剛諸侯王表可證宋本别本俱誤法未有稱綱者下南曲修市東昌新鄉東陽五侯並剛王子其誤並同蘇輿曰通考作剛	六年五月乙卯封	哀侯推嗣亡後		
			元延三年節侯不識以推弟紹封	侯京嗣免	
南曲煬侯遷〔補注〕先謙曰南曲廣平縣	清河綱王子	五月乙卯封三十年薨	甘露三年節侯江嗣	侯尊嗣免	
高城節侯梁〔補注〕先謙曰高城南郡縣	長沙頃王子	六月乙未封	質侯景嗣	頃侯請士嗣〔補注〕先謙曰後宣帝封復出作諸士	侯馮嗣免

成獻侯喜	中山康王子	元鳳五年十一月庚子封十五年薨	神爵元年頃侯得疵嗣師古曰疵音才斯反	煬侯儋嗣師古曰儋音普等反	哀侯貴嗣建平元年薨亡後		涿郡〔補注〕先謙曰成見志先封蓋漢
新市康侯吉	廣川繆王子	十一月庚子封二十五年薨	甘露三年頃侯義嗣	侯欽嗣			堂陽〔補注〕先謙曰新市鉅鹿縣封時分堂陽置先封王棄之
江陽侯仁	城陽慧王子〔補注〕齊召南曰慧應作惠音近致譌宋本別本俱誤	六年十一月乙丑封十年元康元年坐役使附落免師古曰有聚落來附者輒役使之非法制也					東海
陽武侯	孝武皇帝曾孫	元平元年七月庚申封即日即皇帝位					

右孝昭十二〔補注〕朱一新曰十二總題上數也各處皆無之疑傳寫脫誤

朝陽荒侯聖	廣陵厲王子	本始元年七月壬子封	思侯廣德嗣	侯安國嗣免〔補注〕蘇輿曰通考作安闕		濟南〔補注〕先謙曰朝陽見志
平曲節侯曾	廣陵厲王子	七月壬子封十九年五鳳四年坐父祝詛上免後復封	釐侯臨嗣	侯農嗣免		東海〔補注〕先謙曰平曲見志先封周堅
南利侯昌	廣陵厲王子	七月壬子封五年地節二年坐賊殺人免				汝南〔補注〕先謙曰南利地屬女陽縣見潁水注蓋免侯後併入
安定戾侯賢〔補注〕先謙曰傳作定安誤	燕剌王子	十月壬子封〔補注〕朱一新曰汪本十作七是先謙曰官本作七	頃侯延年嗣	侯昱嗣免		鉅鹿〔補注〕先謙曰安定見志

東襄愛侯寬	廣川繆王子	二年四月壬申封〔補注〕朱一新曰汪本二作三先謙曰官本作三	侯使親嗣建昭元年薨亡後〔補注〕錢大昭曰使當作便便親猶利親也表中參戶平的劇魁三侯皆名利親			信都
宣處節侯章	中山康王子	三年六月甲辰封四年薨	地節三年原侯眾嗣薨亡後			
修市原侯寅	清河綱王子	四年四月己丑封二年薨〔補注〕先謙曰官本二年作三年是	地節三年頃侯千秋嗣	釐侯元嗣	侯雲嗣免	勃海〔補注〕先謙曰修市見志
東昌趮侯成晉灼曰音躁疾師古曰即古躁字也〔補注〕沈欽韓曰諡法好變動民曰躁先謙曰東昌信都縣	清河綱王子	四月己丑封	頃侯親嗣	節侯霸嗣	侯祖嗣免	

新鄉侯豹〔補注〕先謙曰新鄉清河縣王莽傳同地理志作信鄉古字通後封東平煬王子鱧	清河綱王子	四月〔補注〕錢大昭曰乙當作己已下修故侯亦誤朱一新曰汪本作已下同乙丑封四年薨	地節四年釐侯步可嗣	煬侯尊嗣	侯佟嗣元始元年上書言王莽宜居攝莽篡位賜姓王師古曰佟音徒冬反	
修故侯福	清河綱王子	四月乙丑封五年元康元年坐首匿羣盜棄市				清河
東陽節侯弘〔補注〕先謙曰東陽清河縣先封張相如	清河綱王子	四月己丑封十年薨	神爵二年釐侯縱嗣	頃侯迺始嗣	哀侯封親嗣	侯伯造嗣免
新昌節侯慶	燕剌王子	五月癸丑封	頃侯稱嗣	哀侯未央嗣薨亡後		涿〔補注〕先謙曰新昌見志

				元延元年釐侯嫋昌未央弟紹封師古曰嫋音乃了反〔補注〕錢大昭曰說文嫋姌也姌弱長貌	侯晉嗣免〔補注〕先謙曰汪本官本晉作普	
邯⿱艹冓節侯偃師古曰邯音寒⿱艹冓音溝	趙頃王子	地節〔補注〕朱一新曰汪本作二年先謙曰官本作二年蘇輿云以下紀年推之作二是三年四月癸卯封九年薨	神爵三年釐侯勝嗣	頃侯度嗣	侯定嗣免	魏〔補注〕先謙曰志作邯溝
樂陽繆侯說	趙頃王子	四月癸卯封	孝侯宗嗣	頃侯崇嗣	侯鎮嗣免	常山〔補注〕先謙曰樂陽見志
桑中戴侯廣漢〔補注〕先謙曰桑中常山縣	趙頃王子	四月癸卯封	節侯縱嗣	頃侯敬嗣亡後		

				元延二年侯舜邑敬弟紹封十九年免		
張侯嵩	趙頃王子	四月癸卯封八年神爵二年坐賊殺人上書要上下獄瘐死師古曰要上者恬親而不服罪也				常山補注先謙曰張廣平縣非常山先封彤昭
景成原侯雍	河間獻王子補注劉攽曰獻王薨至此六十年不應有未封之子疑誤	四月癸卯封六年薨	元康四年頃侯歐嗣	釐侯禹嗣	節侯福嗣免	勃海補注先謙曰景成見志
平隄嚴侯招師古曰隄音丁奚反	河間獻王子	四月癸卯封一年薨	三年繆侯榮嗣	節侯曾世嗣	釐侯育嗣	侯迺始嗣免鉅鹿補注先謙曰平隄信都縣非鉅鹿

樂鄉憲侯佟	河間獻王子	四年癸卯封九年薨補注先謙曰四年官本作四月	神爵三年節侯蒯嗣	頃侯鄧嗣	釐侯勝嗣	侯地緒嗣免鉅鹿補注先謙曰樂鄉信都縣非鉅鹿
高郭節侯瞌師古曰瞌音一蓋反補注先謙曰高郭涿郡縣	河間獻王子	四月癸卯封薨	孝侯久長嗣	頃侯菲嗣師古曰菲音斐	共侯稱嗣	哀侯霸嗣薨亡後
						鄚元延元年侯眾邑霸弟紹封師古曰河間之縣也音莫補注先謙曰鄚涿郡縣顏說誤
			六世侯發嗣免			

號諡名	屬	始封	子	孫	曾孫	玄孫	郡
樂望孝侯光	膠東戴王子	四年二月甲寅封	釐侯林嗣	侯起嗣免			北海〔補注〕先謙曰樂望見志
成康侯饒	膠東戴王子	二月甲寅封	侯新嗣免				北海〔補注〕先謙曰當作饒康侯成文誤倒北海有饒注云侯國無成縣
柳泉節侯彊	膠東戴王子	二月甲寅封十七年薨	黃龍元年孝侯建嗣	煬侯萬年嗣	侯永昌嗣免		南陽〔補注〕先謙曰柳泉北海縣非南陽
復陽嚴侯延平師古曰復音力目反〔補注〕錢大昭曰南監本閩本力作方蘇輿曰通考平作年先謙曰官本寧平字力作方是	長沙頃王子	元康元年正月癸卯封	煬侯漢嗣	侯道嗣免			南陽〔補注〕先謙曰復陽見志

號諡名	屬	始封	子	孫	曾孫	玄孫	郡
鍾武節侯度〔補注〕錢大昭曰後書劉聖公傳前鍾武侯劉望起兵略汝南遂自立為天子未知度幾世孫表未載先謙曰鍾武江夏縣	長沙頃王子	正月癸卯封	孝侯宣嗣	哀侯霸嗣亡後	元延二年節侯則㠯霸叔父紹封		
高城節侯梁	長沙頃王子	正月癸卯封〔補注〕錢大昭曰此侯見前止始封年月不同重出無疑但始元所封長沙頃王子惟一侯而元康元年與復陽鍾武同日封似宜并彼存此	質侯景嗣	頃侯諸士嗣〔補注〕先謙曰前昭帝封複出作請士	侯馮嗣免		
富陽侯賜〔補注〕先謙曰富陽泰山縣國除後以封東平思王子萌	六安夷王子	二年五月丙戌封二十八年建昭二年坐上書歸印綬免八百戶					

號謚名	屬	始封	子	孫	曾孫	郡
海昏侯賀	昌邑哀王子	二年四月壬子以昌邑王封，四年，神爵三年薨，坐故行淫辟不得置後。[illegible]	初元三年，釐侯代宗以賀子紹封	原侯保世嗣	侯會邑嗣，免，建武後封。補注錢大昭曰傳云今見，爲疑脫今見	豫章　補注先謙曰海昏見志
曲梁安侯敬	平干頃王子	七月壬子封	節侯時光嗣	侯瓠辯嗣，免		魏郡　補注先謙曰曲梁廣平縣，非魏郡
遽鄉侯宣　補注錢坫曰後書杜茂傳茂定封遽鄉侯，攷茂歷封樂鄉、苦陘、廣武、修等地並近常山，然則遽鄉卽遽鄉與	眞定列王子　補注齊召南曰列應作烈，以征和四年嗣眞定王，各本俱誤	四年三月甲寅封，二年薨，亡後				常山
新利侯偃	膠東戴王子	神爵元年四月癸巳封，十一年，甘露四年，坐上書謾，免。復更封戶都侯，建始三年，又上書謾，免。四百戶				

號謚名	屬	始封	子	孫	曾孫	郡
樂信頃侯强	廣川繆王子	三年四月戊戌封	孝侯何嗣	節侯賀嗣	侯涉嗣，免	鉅鹿　補注先謙曰樂信見志
昌成節侯元	廣川繆王子	四月戊戌封，四年薨	五鳳三年，頃侯齒嗣	釐侯應嗣	質侯江嗣，建平三年薨，亡後	信都　補注先謙曰昌成見志
廣鄉孝侯明	平干頃王子	七月壬申封	節侯安嗣	釐侯周齊嗣	侯充國嗣，免	鉅鹿　補注先謙曰廣鄉廣平縣，非鉅鹿
成鄉質侯慶	平干頃王子	七月壬申封，九百戶	節侯霸嗣，鴻嘉三年薨，亡後			廣平　補注先謙曰成鄉見志作城鄉

號謚名	屬	始封	子	孫	曾孫	郡
			元延二年侯果以霸弟紹封十九年免〔補注〕先謙曰免官本作魏			
平利節侯世	平干頃王子	四年三月癸丑封	質侯嘉嗣	釐侯禹嗣	侯旦嗣免	魏郡〔補注〕先謙曰平利廣平縣非魏郡
平鄉孝侯王〔補注〕先謙曰官本王作壬是錢大昭云通考作任	平干頃王子	三月癸丑封	節侯成嗣	侯陽嗣免		魏郡〔補注〕先謙曰平鄉廣平縣非魏郡
平纂節侯梁	平干頃王子	三月癸丑封薨亡後〔補注〕先謙曰後封東平思王孫況				平原

號謚名	屬	始封	子	孫	曾孫	郡
成陵節侯充	平干頃王子	二月癸丑封四百一十戶〔補注〕朱一新曰汪本二月作三月是先謙曰官本作三	侯德嗣鴻嘉二年坐弟與後母亂共殺兄德知不舉不道下獄瘐死			廣平
西梁節侯闢兵	廣川戴王子	三月乙亥封七年薨	甘露三年孝侯廣嗣	哀侯宮嗣	侯敞嗣免	鉅鹿〔補注〕先謙曰西梁信都縣非鉅鹿
歷鄉康侯必勝	廣川繆王子	七月壬子封五年薨	甘露元年頃侯長壽嗣	繆侯宮嗣	侯東之嗣免〔補注〕先謙曰官本東作柬	鉅鹿〔補注〕先謙曰歷鄉見志
陽城愍侯田〔補注〕沈欽韓曰續志中山蒲城縣有陽城先謙曰陽城侯國在汝南縣在潁川疑非平干封域廣平國有陽臺侯國當即封地臺城是二字未知孰是	平干頃王子	七月壬子封	節侯賢嗣	釐侯說嗣	侯報嗣免	

號諡名	屬	始封	子	孫	曾孫	郡
祚陽侯仁	平干頃王子	五鳳元年四月乙未封十三年初元五年坐擅興繇賦削爵一級爲關內侯九百一十戶				廣平
武陶節侯朝	廣川繆王子	七月壬午封	孝侯弘嗣	節侯勳嗣	侯京嗣免	鉅鹿〔補注〕先謙曰武陶見志
陽興侯昌	河間孝王子	十二月癸巳封二十六年建始二年坐朝私留他縣使庶子殺人棄市千三百五十戶〔補注〕沈欽韓曰庶子列侯屬官續志列侯置家丞庶子各一人先謙曰後封東平思王孫寄生				涿郡
利鄉孝侯安	中山頃王子	甘露元年三月壬辰封	戴侯遂嗣	侯固嗣免〔補注〕先謙曰汪本官本固作固		常山〔補注〕先謙曰利鄉涿郡縣蓋先屬常山

號諡名	屬	始封	子	孫	曾孫	郡
都鄉孝侯景	趙頃王子	二年七月辛未封	侯溱嗣免 師古曰溱音臻			東海〔補注〕先謙曰都鄉常山縣非東海
昌慮康侯弘 師古曰慮音力於反	魯孝王子	四年閏月丁亥封	釐侯世嗣	奉侯益嗣免		泰山〔補注〕先謙曰昌慮東海縣非泰山
平邑侯敞	魯孝王子	閏月丁亥封二年初元元年坐殺一家二人棄市〔補注〕先謙曰國除後以封東平思王孫閔				東海
山鄉節侯綰	魯孝王子	閏月丁亥封	侯巨嗣免			東海〔補注〕先謙曰山鄉見志

建陵靖侯遂	魯孝王子	閏月丁亥封，一年薨	黃龍元年，節侯魯嗣	侯連文嗣，免		東海（補注）先謙曰：建陵見志，先封衛綰。
合陽節侯平	魯孝王子	閏月丁亥封，千一百六十戶	孝侯安上嗣，建始元年薨，亡後			東海（補注）先謙曰：東海有合鄉，無合陽。
東安孝侯強	魯孝王子	閏月丁亥封	侯拔嗣，免			東海（補注）先謙曰：東安見志。
承鄉節侯當 師古曰：承音證。	魯孝王子	閏月丁亥封，二千七百戶	侯德天嗣，鴻嘉二年坐恐猲國人，受財臧五百以上，免			東海（補注）先謙曰：東海有承縣，無承鄉，未詳。後封楚孝王孫闓。

建陽節侯咸	魯孝王子	閏月丁亥封	孝侯霸嗣	侯竝嗣，免		東海（補注）先謙曰：建陽見志。
高鄉節侯休	城陽惠王子	十一月壬申封	頃侯興嗣	侯革始嗣，免		琅邪（補注）先謙曰：高鄉見志。
茲鄉孝侯弘	城陽荒王子	十一月壬申封	頃侯昌嗣	節侯應嗣	侯宇嗣，免	琅邪（補注）先謙曰：茲鄉亡志。
藉陽侯顯（補注）先謙曰：官本藉作籍。	城陽荒王子	十一月壬申封，十六年，建昭四年坐恐猲國民取財物，免。六百戶				東海

都平愛侯丘	城陽荒王子	十一月壬申封	恭侯訢免 補注朱一新曰汪本免作嗣是先謙曰官本作嗣	侯堪嗣免		東海 補注先謙曰都平見志
棗原侯山	城陽荒王子	十一月壬申封	節侯蓩嗣	侯妾得嗣薨亡後 補注蘇輿曰通考妾作妾先謙曰官本作妾		琅邪 補注先謙曰琅邪有柔縣無棗縣柔棗形近致誤
箕愿侯文 師古曰愿音願又音原	城陽荒王子	十一月壬申封	節侯驎嗣 師古曰驎音鄰	侯欽嗣免 補注錢大昭曰閩本欽作嶔通考同朱一新曰汪本作嶔先謙曰官本作嶔		琅邪 補注先謙曰箕見志
高廣節侯勳	城陽荒王子	十一月壬申封	哀侯賀嗣	質侯福嗣	侯吳嗣免	琅邪 補注先謙曰高廣見志

卽來節侯佼 師古曰佼音狡	城陽荒王子	十一月壬申封	侯欽嗣免				琅邪 補注先謙曰卽來見志
右孝宣							
膠鄉敬侯漢	高密哀王子	初元元年三月丁巳封七百四十戶	節侯成嗣陽朔四年薨亡後 補注先謙曰國除後以封東平思王孫武				琅邪 補注先謙曰膠鄉北海縣非琅邪後封東平思王孫武
桃煬侯良	廣川繆王子	三月封	共侯敞嗣	侯狗嗣免			鉅鹿 補注先謙曰桃信都縣非鉅鹿
安平釐侯習	長沙孝王子	三月封	侯嘉嗣免				鉅鹿 補注先謙曰安平豫章縣非鉅鹿先封楊敞涿郡有安平非長沙封域

號謚名	屬	始封	子	孫	曾孫	玄孫	地
陽山節侯宗	長沙孝王子	三月封	侯買奴嗣免				桂陽 補注先謙曰陽山見志
庸釐侯談	城陽荒王子	三月封九百一十戶	侯端嗣永光二年坐强姦人妻會赦免				琅邪
昆山節侯光	城陽荒王子	三月封	侯儀嗣免				琅邪 補注先謙曰昆山見志
折泉節侯根	城陽荒王子	三月封	侯詷嗣免				琅邪 補注先謙曰折泉見志

號謚名	屬	始封	子	孫	曾孫	玄孫	地
博石頃侯淵	城陽荒王子	三月封	侯獲嗣免				琅邪 補注先謙曰博石見志
要安節侯勝	城陽荒王子	三月封	哀侯守嗣薨亡後				補注錢大昭曰後書劉盆子傳求軍中城陽景王後得七十餘人惟盆子與前西安侯劉孝最爲近屬表中城陽景王之後有要安無西安疑即此侯西安齊郡縣非琅邪也先謙曰錢說是也國除後封東平思王孫漢 琅邪
房山侯勇	城陽荒王子	三月封五十六年薨 補注朱一新曰汪本薨作免恐誤先謙曰官本作免					琅邪 補注先謙曰房山見志
式節侯憲	城陽荒王子	三月封三百戶	哀侯霸嗣鴻嘉元年薨亡後				泰山 補注先謙曰式見志或以爲當作成

號謚名	屬	始封	子	孫	曾孫	玄孫	郡
			元延元年侯萌以霸弟紹封十九年免（補注）錢大昭曰劉盆子傳云王莽篡位國除				
臨鄉頃侯雲	廣陽頃王子	五年六月封	侯交嗣免				涿（補注）先謙曰臨鄉見志
西鄉頃侯容（補注）錢大昭曰三國志劉放傳容作弘云廣陽頃王子西鄉侯弘後也	廣陽頃王子	六月封	侯景嗣免				涿（補注）先謙曰西鄉見志
陽鄉思侯發	廣陽頃王子	六月封	侯度嗣免				涿（補注）先謙曰陽鄉見志

號謚名	屬	始封	子	孫	曾孫	玄孫	郡
益昌頃侯嬰	廣陽頃王子	永光三年三月封	共侯政嗣	侯福嗣免			涿（補注）先謙曰益昌見志
羊石頃侯回	膠東頃王子	三月封	共侯成嗣	侯順嗣免			北海（補注）先謙曰羊石見志
石鄉煬侯理	膠東頃王子	三月封	侯建國嗣免				北海（補注）先謙曰石鄉見志
新城節侯根	膠東頃王子	三月封	侯霸嗣免				北海（補注）先謙曰新城見志

上鄉侯歆 師古曰歆音龠	膠東頃王子	三月封三十九年免〔補注〕先謙曰官本作二十九年					北海〔補注〕先謙曰上鄉見志
于鄉節侯定	泗水勤王子	三月封	侯聖嗣免				東海〔補注〕先謙曰于鄉見志
就鄉節侯瑋	泗水勤王子	三月封七年薨亡後〔補注〕先謙曰後封東平思王孫不害					東海
石山節侯玄〔補注〕先謙曰石山瑯邪縣	城陽戴王子	三月封	釐侯嘉嗣免〔補注〕陳景雲曰嘉既免不當有謚釐字衍				

都陽節侯音〔補注〕先謙曰都陽東海縣	城陽戴王子	三月封	侯閎嗣免〔補注〕先謙曰官本閎作閎考證云閎宋本作閎				
參封侯嗣〔補注〕陳景雲曰侯再傳始奪則嗣以善終法當有謚今奪去先謙曰參封瑯邪縣侯善終無謚者多疑皆如陳說	城陽戴王子	三月封	侯殷嗣免				
伊鄉頃侯遷〔補注〕先謙曰伊鄉瑯邪縣後封東平思王孫開	城陽戴王子	三月封薨亡後					
襄平侯豐〔補注〕先謙曰襄平臨淮縣	廣陽厲王子〔補注〕劉攽曰廣陽無厲王當是廣陵王	五年三月封四十七年免					

貰鄉侯平（師古曰貰音式制反。補注錢大昭曰臨淮有射陽縣射亦作貰）	梁敬王子	建昭元年正月封，四年病狂自殺				
樂侯義	梁敬王子	正月封，四年坐使人殺人髡爲城旦				

中鄉侯延年（補注先謙曰中鄉山陽縣）	梁敬王子	正月封，四十六年薨				
鄭頃侯罷軍（補注先謙曰鄭山陽縣）	梁敬王子	正月封	節侯駿嗣	侯艮嗣，免		

黃節侯順	梁敬王子	正月封	釐侯中嗣，元壽二年薨	亡後		濟陰（補注先謙曰黃山陽縣此注濟陰蓋封時所隸後改屬山陽）
平樂節侯遷（補注先謙曰平樂山陽縣）	梁敬王子	正月封	侯寶嗣，免			

菑鄉釐侯就	梁敬王子	正月封	侯逢喜嗣，免			濟南（補注先謙曰菑鄉山陽縣非濟南）
東鄉節侯方	梁敬王子	正月封	侯護嗣，免			沛（補注先謙曰東鄉見志）

號謚名	屬	始封	子	孫	曾孫	郡
陵鄉侯訢（補注）沈欽韓曰滇水注應劭曰東武城西南七十里有陵鄉故縣也後漢封太僕梁松爲侯國故世謂之梁侯城遂立侯城縣治也當即此陵鄉	梁敬王子	正月封七年建始二年坐使人傷家丞又貸穀息過律免師古曰以穀貸人而多取其息				沛
溧陽侯欽師古曰溧音栗	梁敬王子	正月封	侯畢嗣免			沛（補注）先謙曰漂陽沛郡縣溧當爲漂說見志顏音誤
釐鄉侯固師古曰釐音力之反	梁敬王子	正月封二十一年鴻嘉四年坐上書歸印綬免四百七十二戶（補注）先謙曰後封東平煬王子褒				沛
高柴節侯發	梁敬王子	正月封	釐侯賢嗣	侯隱嗣免		沛（補注）先謙曰高柴見志

號謚名	屬	始封	子	孫	曾孫	郡
臨都節侯未央（補注）先謙曰臨都沛郡縣	梁敬王子	正月封	侯息嗣免			
高質侯舜（補注）先謙曰高質沛郡縣	梁敬王子	正月封	釐侯始嗣	侯便翁嗣免		
北鄉侯譚（補注）先謙曰北鄉齊郡縣	菑川孝王子	四年六月封四十三年免				
蘭陵節侯宜（補注）先謙曰蘭陵當作蘭陽蘭陽臨淮縣	廣陵孝王子	五年十二月封	共侯譚嗣	侯便強嗣免		

廣平節侯德 〔補注〕先謙曰廣平臨淮縣
廣陵孝王子
十二月封
侯德嗣免 〔補注〕錢大昭曰父子同名必有一誤蘇輿曰通考無子名

博鄉節侯交 〔補注〕先謙曰博鄉九江縣
六安繆王子
竟寧元年四月丁卯封
侯就嗣免

柏鄉戴侯買 〔補注〕先謙曰柏鄉鉅鹿縣
趙哀王子
四月丁卯封
頃侯雲嗣
侯譚嗣免

安鄉孝侯喜 〔補注〕先謙曰安鄉鉅鹿縣
趙哀王子
四月丁卯封
鼇侯胡嗣
侯合衆嗣免

廣鼇侯便
菑川孝王子
四月丁卯封
節侯護嗣
侯宇嗣免
齊 〔補注〕先謙曰廣見志

平節侯服
菑川孝王子
四月丁卯封
侯嘉嗣免
齊 〔補注〕吳卓信曰齊郡無平縣有平廣注曰侯國此脫廣字

右孝元

昌鄉憲侯 〔補注〕先謙曰此與封東平煬王子旦之昌鄉異地
膠東頃王子
建始二年正月封三十年元壽二年坐使家丞封上印綬免

順陽侯其 〔補注〕錢坫曰琅邪有慎鄉縣於膠東爲近慎順古通用字陽葢鄉之誤
膠東頃王子
正月封三十九年免

號謚名	屬	始封	子	孫
樂陽侯獲〔補注〕先謙曰：樂陽當作陽樂。樂東萊縣，距膠東近，膠東王子封當在此。樂陽常山縣，宣帝封趙頃王子說，傳子至曾孫，非獲所得封也。	膠東頃王子	正月封，三十九年免		
平城釐侯邑〔補注〕先謙曰：平城北海縣。	膠東頃王子	正月封	節侯珍嗣	侯理嗣，免
密鄉頃侯林〔補注〕先謙曰：密鄉北海縣。	膠東頃王子	正月封	孝侯欽嗣	侯敞嗣，免
樂都煬侯訢〔補注〕先謙曰：樂都北海縣。	膠東頃王子	正月封	繆侯臨嗣	侯延年嗣，免

號謚名	屬	始封	子	孫
卑梁侯都〔補注〕沈欽韓曰：史記楚世家，吳之邊邑卑梁與楚邊邑鍾離爭桑。鍾離爲鳳陽府臨淮縣，今省入鳳陽。卑梁當在縣東。先謙曰：先封廣川惠王子，疑敘平誤舉。	高密頃王子	正月封，三十九年免		
膠陽侯恁師古曰：恁音女林反。〔補注〕先謙曰：膠陽北海縣。	高密頃王子	正月封，三十九年免		
武鄉侯慶〔補注〕先謙曰：武鄉琅邪縣。	高密頃王子	正月封	侯劭嗣，免	
成鄉釐侯安〔補注〕先謙曰：成鄉北海縣，與封平干頃王子慶之成鄉異地。	高密頃王子	正月封	侯德嗣，免	

麗茲共侯賜〔補注〕先謙曰麗琅邪縣茲字衍	高密頃王子	正月封	侯放嗣免			
寶梁懷侯強	河間孝王子	正月封四年薨亡後				
廣戚陽侯勳〔補注〕錢大昭曰陽當作煬傳云諡曰煬載戶數三千六百此失書朱一新曰汪本作煬先謙曰官本作煬廣戚沛郡縣先封魯共王子將	楚孝王子	河平三年二月乙亥封	侯顯嗣	子嬰居攝元年爲孺子王莽篡位爲定安公莽敗死		
陰平釐侯同〔補注〕先謙曰陰平東海縣	楚孝王子	陽朔二年正月丙午封〔補注〕朱一新曰汪本作二月先謙曰官本作二月	侯詩嗣免			

			承鄉 元始元年二月丙午侯閎以孝王孫封八年免〔補注〕先謙曰承鄉疑東海承縣先封魯孝王子當			
樂平侯訢	淮陽憲王子	闕六月壬〔補注〕朱一新曰元下九字舊自注處移顏注前蘇輿曰易訓輕慢義猶樂記慢易之易顏讀如字亦音似非年封病狂易免師古曰病狂而改易其本性也元壽二年更封共樂侯	外黃 元始元年二月丙辰侯圉以憲王孫封八年免〔補注〕先謙曰外黃陳留縣			
			高陽 二月丙辰侯竝以憲王孫封八年免			
			平陸 二月丙辰侯寵以憲王孫封八年免〔補注〕先謙曰當即尉氏縣之陵樹鄉前封劉禮者也詳陳留郡尉氏下			

號謚名	屬	始封	子			
郚鄉侯閔（師古曰郚音魚，又音吾。補注先謙曰郚鄉，東海縣，後封楚思王子光。）	魯頃王子	四年四月甲寅封，十七年，建平三年爲魯王。	四年，侯延以頃王孫封，八年免。			
建鄉釐侯康（補注先謙曰建鄉，東海縣。）	魯頃王子	四月甲寅封	侯自當嗣，免。			
安丘侯常（補注先謙曰安丘，琅邪縣。先封張說。）	高密頃王子	鴻嘉元年正月癸巳封，二十八年免。				
栗鄉頃侯護（補注先謙曰栗鄉，山陽縣。）	東平思王子	四月辛巳封	侯玄成嗣，免。			

				金鄉 元始元年二月丙辰，侯不害以思王孫封，八年免。（補注先謙曰後漢山陽郡有金鄉縣，蓋移此侯國，復設今爲縣，屬濟寧州。）	
				平通 二月丙辰，侯且以思王孫封，八年免。（補注先謙曰先封楊惲，表在博陽。）	
				西安 二月丙辰，侯漢以思王孫封，八年龔。（補注先謙曰先封城陽荒王子勝，表誤作西安，在琅邪，志屬齊郡。官本龔作免。）	
				湖鄉 二月丙辰，侯開以思王孫封，八年免。（補注陳景雲曰此與金鄉、伊鄉、就鄉並思王孫，同時封，不應二人同名，前後必有一誤。）	

桑丘侯頃 補注王念孫曰桑丘當爲乘丘泰山縣與東平相近中山國北新城縣之桑丘城去東平遠互見前乘丘下

東平思王子

四月辛巳封

陽興 二月丙辰侯寄生以思王孫封八年免 補注先謙曰前封河閒孝王子昌下注涿郡

雩鄉 二月丙辰侯少柏以思王孫封八年免 補注錢大昭曰濟水注汶水東逕東鄉城南左傳所謂[illegible]文[illegible][illegible]于欽乘沈欽韓曰雩鄉城在兗州府魚臺縣西北十一里朱一新曰汪本免作薨先謙曰官本作薨

高樂 二月丙辰侯修以思王孫封八年免 補注先謙曰先封齊孝王子康侯表在濟南志屬勃海

陵陽 二月丙辰侯嘉以思王孫封八年免

平邑 二月丙辰侯閔以思王孫封八年免 補注先謙曰先封魯孝王子敞下注東海

平纂 二月丙辰侯況以思王孫封八年免 補注先謙曰先封平干頃王子梁下注平原官本況作沈

伊鄉 二月丙辰侯開以思王孫封八年免 補注先謙曰先封城陽戴王子遷志屬琅邪

合昌 二月丙辰侯輔以思王孫封八年免

就鄉	膠鄉	宜鄉	昌城
二月丙辰侯不害以思王孫封八年免補注先謙曰先封泗水勤王子瑋表注東海	二月丙辰侯武以思王孫封八年免補注先謙曰先封高密哀王子漢表在琅邪志屬北海	二月丙辰侯恢以思王孫封八年免補注先謙曰先封馮參	二月丙辰侯豐以思王孫封八年免

桃鄉頃侯宣補注先謙曰桃鄉泰山縣	新陽頃侯永補注先謙曰新陽東海縣	陵石侯慶補注先謙曰陵石志無此縣疑陽石之譌陽石東萊縣膠東王子封當在此
東平思王子	魯頃王子	膠東共王子
二年正月戊子封	五月戊子封補注蘇輿曰與上同日五疑正之誤	四年六月乙巳封二十五年免
侯立嗣免	侯級嗣免	

樂安
二月丙辰侯禹以思王孫封八年免補注先謙曰樂安千乘縣

祁鄉節侯賢〔補注〕先謙曰：祁鄉，沛郡縣。	梁夷王子	永始二年五月乙亥封	侯富嗣，免。			
富陽侯萌〔補注〕先謙曰：富陽，泰山縣。	東平思王子	三年三月庚申封，二十三年免。				
曲鄉頃侯鳳	梁荒王子	六月辛卯封，十七年薨。	侯雲嗣，免。			濟南〔補注〕先謙曰：曲鄉，山陽縣，非濟南。
桃山侯欽〔補注〕先謙曰：桃山，泰山縣。	城陽孝王子	四年五月戊申封，二十一年免。				

昌陽侯霸〔補注〕先謙曰：昌陽，臨淮縣。東萊亦有昌陽，距泗水遠。	泗水戾王子	五月戊申封，十一年免。				
臨安侯閔〔補注〕先謙曰：臨安，琅邪縣。	膠東共王子	五月戊申封，十一年免。				
徐鄉侯炔師古曰：炔音桂，字或作快。〔補注〕錢大昭曰：王莽傳、漢紀並作快。	膠東共王子	元延元年二月癸卯封，二十一年，王莽建國元年舉兵欲誅莽，死。				齊〔補注〕先謙曰：徐鄉，東萊縣，非齊。
臺鄉侯昣師古曰：昣音軫。〔補注〕先謙曰：臺鄉，齊郡縣。	菑川孝王子	二年正月癸卯封，十八年免。				

西陽頃侯竝 東平思王子 四月甲寅封 侯偃嗣免 東萊（補注）先謙曰西陽山陽縣非東萊

堂鄉哀侯恢（補注）先謙曰此與封楚思王子護之堂鄉異地 膠東共王子 綏和元年五月戊午封三年薨亡後

安國侯吉（補注）先謙曰安國中山縣 趙共王子 六月丙寅封十六年免

梁鄉侯交（補注）先謙曰梁鄉涿郡縣良梁通用 趙共王子 六月丙寅封十六年免

襄鄉頃侯福 趙共王子 六月丙寅封 侯章嗣免

容鄉釐侯強 趙共王子 六月丙寅封 侯弘嗣免

組鄉侯固 師古曰組音於粉反 趙共王子 六月丙寅封十六年免

廣昌侯賀（補注）先謙曰廣昌代郡縣 河間孝王子 六月丙寅封十六年免

號諡名	屬	始封	子
都安節侯普	河間孝王子	六月丙寅封	侯胥嗣，免
樂平侯永	河間孝王子	六月丙寅封，十六年免	
方鄉侯常得	廣陽惠王子〔補注〕劉攽曰：廣陽亦無惠王，疑是思王。	六月丙寅封，十六年免	
庸鄉侯宰	六安頃王子	三年七月庚午封，十五年免	

右孝成

號諡名	屬	始封	子
南昌侯宇	河間惠王子〔補注〕先謙曰：官本「惠」作「孝」。蘇輿云：通考與今本同。	建平二年五月丁酉封，十二年免〔補注〕朱一新曰：汪本作「十三年」。先謙曰：官本作「十三」。	
嚴鄉侯信	東平煬王子	五月丁酉封，四年坐父大逆免。元始元年復封，六年，王莽居攝二年，東郡太守翟義舉兵立信為天子，兵敗死。〔補注〕錢大昭曰：信二子穀鄉侯章、德廣侯鮪，見翟義傳，當是莽居攝封，故表弗錄。	
武平侯璜	東平煬王子	五月丁酉封，四年坐父大逆免。元始元年復封，居攝二年舉兵死。	
陵鄉侯曾	楚思王子	四年三月丁卯封，至王莽六年，舉兵欲誅莽，死。	

武安侯慢師古曰慢音受補注先謙曰武安魏郡縣	湘鄉侯昌補注先謙曰續志湘鄉屬零陵據此復設今縣屬長沙	方樂侯嘉	宜禾節侯得
楚思王子	長沙王子補注錢大昭曰通考作長沙孝王子此脫孝字	廣陽繆王子補注朱一新曰汪本作廣陵廣陵無繆王先謙曰官本作廣陵	河間孝王子
三月丁卯封二年元壽二年坐使奴殺人免元始元年復封八年免	五月丙午封十一年免	元壽元年五月乙卯封十一年免	二年四月丁酉封
			侯恢嗣免

富春侯玄	陶鄉侯恢	右孝哀補注錢大昭曰燕王澤傳哀帝時繼絕世封澤元孫之孫無終公士歸生爲營陵侯表失載	釐鄉侯褒補注先謙曰先封梁敬王子固表注沛	昌鄉侯且補注先謙曰此與封膠東頃王子憲之昌鄉異地
河間孝王子	東平煬王子		東平煬王子	東平煬王子
四月丁酉封十年免	元始元年二月丙辰封八年補注錢大昭曰南監本閩本有免字此脫先謙曰官本有免字		二月丙辰封八年免	二月丙辰封八年免

新鄉侯鯉（補注先謙曰：先封清河綱王子豹。） 東平煬王子 二月丙辰封，八年免。

部鄉侯光（補注先謙曰：先封魯頃王子閔，志屬東海。） 楚思王子 二月丙辰封，八年免。

新成侯武（補注先謙曰：官本成作城。） 楚思王子 二月丙辰封，八年免。

宜陵侯豐 楚思王子 二月丙辰封，八年免。

堂鄉侯護（補注先謙曰：此與封膠東共王子恢之堂鄉異地。） 楚思王子 二月丙辰封，八年免。

成陵侯由 楚思王子 二月丙辰封，八年免。

成陽侯衆（補注先謙曰：成陽汝南縣，先封趙臨。） 楚思王子 二月丙辰封，八年免。

復昌侯休 楚思王子 二月丙辰封，八年免。

安陸侯平〔補注〕錢大昭曰：後書劉般傳作原鄉侯。先謙曰：江夏縣。	楚思王子	二月丙辰封，八年免。			
梧安侯譽〔補注〕錢大昭曰：後書馬嚴傳注引東觀記，建武三年右扶風曹貢爲梧安侯相，則光武初其國尚存。	楚思王子	二月丙辰封，八年免。			
朝鄉侯充	楚思王子	二月丙辰封，八年免。			
扶鄉侯普〔補注〕錢大昭曰：莽傳有扶恩侯劉貴，師古云不知誰子。侯貴、普形近，疑即此侯，表傳封地微不同，蓋有一誤。	楚思王子	二月丙辰封，八年免。			
方城侯宣〔補注〕先謙曰：方城，廣陽縣。	廣陽繆王子〔補注〕蘇輿曰：王表廣陽無繆王，有思王，當依下文一律作思。	二年四月丁酉封，七年免。			
當陽侯益〔補注〕先謙曰：此非南郡之當陽縣。	廣陽思王子	四月丁酉封，七年免。			
廣城侯逮師古曰：逮音竹二反。〔補注〕錢大昭曰：逮不成字，閩本作[illegible]，注同。依顏音當爲疐之譌。先謙曰：官本作邅。	廣陽思王子	四月丁酉封，七年免。			
春城侯允	東平煬王子	四月丁酉封，七年免。			

號謚名	屬	始封				
昭陽侯賞〔補注〕先謙曰：續志昭陽屬零陵，此復置。紀要：昭陽城在寶慶府東五十里，後漢析昭陵縣置。	長沙刺王子	五年閏月丁酉封，四年免。				
承陽侯景師古曰：承音烝，字或作丞。〔補注〕先謙曰：承陽，長沙縣。	長沙刺王子	閏月丁酉封，四年免。				

號謚名	屬	始封				
信昌侯廣	眞定共王子	閏月丁酉封，四年免。				
呂鄉侯尚	楚思王子	閏月丁酉封，四年免。				

號謚名	屬	始封				
李鄉侯殷	楚思王子	閏月丁酉封，四年免。				
宛鄉侯隆	楚思王子	閏月丁酉封，四年免。				

號謚名	屬	始封				
壽泉侯承	楚思王子	閏月丁酉封，四年免。				
杏山侯遵〔補注〕先謙曰：先封楚安王子成。	楚思王子	閏月丁酉封，四年免。				

右孝平

虛受堂　五九

王子侯表卷第三下終　漢書十五

高惠高后文功臣表第四　漢書十六

漢　蘭　臺　令　史班　固　撰

唐正議大夫行祕書少監琅邪縣開國子顏師古　注

賜進士出身前翰林院編修國子監祭酒加三級臣王先謙補注

自古帝王之興曷嘗不建輔弼之臣所與共成天功者乎師古曰天功天下之功業也虞書舜典曰欽哉惟時亮天功也漢興自秦二世元年之秋楚陳之歲師古曰謂陳涉自稱楚王時也初以沛公總帥雄俊三年然後西滅秦立漢王之號五年東克項羽即皇帝位八載而天下迺平始論功而定封訖十二年侯者百四十有三人補注齊召南曰案此文總計高帝所封並外戚二人王子四人在內故有一百四十三人也十二年宋本作十一月誤監本是時大城名都民人散亡戶口可得而數裁什二三師古曰裁與纔同十分之內纔有二三也是以大侯不過萬家小者五六百戶封爵之誓曰使黃河如帶泰山若厲國以永存爰及苗裔應劭曰封爵之誓國

虛受堂　一

家欲使功臣傳祚無窮也帶衣帶也厲砥厲石也河當何時如衣帶山當何時如厲石言如帶厲國猶永存以及後世之子孫也補注王念孫曰案黃字乃後人所加欲以黃河對泰山耳不知西漢以前無謂河爲黃河者且此誓皆以四字爲句也北堂書鈔藝文類聚封爵部引此皆有黃字則所見本已誤漢紀及吳志周瑜傳有黃字亦後人依誤本漢書加之史表無黃字如淳注高紀引功臣表誓詞云使河如帶大山若厲此引漢表非引史表也史表作如厲漢表作紀厲而亦無黃字則黃字爲後人所加甚明沈欽韓曰御覽兩引楚漢春秋作漢有宗廟爾無絕世與此二語異蓋陸賈之辭在先至文景後大半絕世故掌籍者改其語也於是申以丹書之信重以白馬之盟師古曰丹書解在高紀白馬之盟謂刑白馬歃其血以爲盟也補注沈欽韓曰秋官司約鄭注今俗語有丹書鐵券然則此約誓之詞刻在鐵券也又作十八侯之位次孟康曰唯作元功蕭曹等十八人位次耳高后乃詔作位次下竟師古曰謂蕭何曹參張敖周勃樊噲酈商奚涓夏侯嬰灌嬰傅寬靳歙王陵陳武王吸薛歐周昌丁復蟲達從第一至十八也補注錢大昭曰注蕭曹蕭曹本曹作何朱一新曰汪本作何先謙曰顧炎武云自蕭曹至蟲達爲十八侯當時所尚者戰功而張良陳平皆居中計謀之臣故平列在四十七良列在六十二也至十八侯贊則蕭何第一樊噲第二張良第三周勃第四曹參第五陳平第六張敖第七酈商第八灌嬰第九夏侯嬰第十傅寬第十一靳歙第十二王陵第十三韓信第十四陳武第十五蟲達第十六周昌第十七王吸第十八而無奚涓薛歐丁復此後人論定非復當日之功次矣且韓信已誅

安得復在功臣之位即此可知齊召南云案十八侯贊之後陸機作漢高祖功臣頌共三十一人皆非當日之案功次故師古注依表中所列位次是也沈欽韓云索隱引姚氏云史漢表自蕭何至蟲達同而楚漢春秋則不同者陸賈逮事高祖惠帝時漢書是後定功臣等列及陳平受呂后命而定或已改邑號故人名亦別且高祖初定惟十八侯呂后令陳平終竟已下列侯凡一百四十三人也案古文苑班固十八侯銘蕭何一樊噲二張良三周勃四曹參五陳平六張敖七酈商八灌嬰九夏侯嬰十傅寬十一靳歙十二王陵十三韓信十四[illegible]陳武十五蟲達十六周昌十七王吸十八然考其次的然爲妄者以鄂千秋云蕭何第一曹參次之則蕭曹相連不應反居第五而張良未嘗有戰功不應在第三且使高帝時良已有位次高后方德良不當又退在第六十二也兩韓信見爲王其後楚王信封淮陰又非襄平或紀信之誤[illegible]不[illegible]然紀信前死亦不當以死名參生位[illegible]若然周苛何不預乎反覆推之未可信楚漢春秋爲元定功臣位次也[illegible]先謙案楚漢春秋確非陸賈元書就諸書所稱引悉與正史相違豈有親見時事如斯乖舛而前人取以證史良爲不審

高后二年復詔丞相陳平盡差列侯之功錄弟下竟（補注）先謙曰官本弟作第**臧諸宗廟副在有司**師古曰副貳也其列侯功籍已臧於宗廟副貳之本又在有司**始未嘗不欲固根本而枝葉稍落也故逮文景四五世間流民既歸戶口亦息列侯大者至三**

四萬戶小國自倍師古曰自倍者謂舊五百戶今者至千也曹參初封萬六百戶至後嗣侯宗免時有戶二萬三千是爲戶口蕃息故也它皆類此**富厚如之**師古曰言其貲財亦稍富厚各如戶口之多也**子孫驕逸忘其先祖之艱難多陷法禁隕命亡國云子孫**（補注）錢大昭曰閩本無云字作或亡子孫南監本有或字亡譌爲云閩本是朱一新曰汪本作隕命亡國或亡子孫先謙曰官本與南監本同閩汪本是也**訖於孝武後元之年靡有孑遺耗矣**孟康曰耗音毛無有毛米在者也師古曰孟音是也而解非也孑然獨立貌言無有獨存者至於耗盡也今俗語猶謂無爲耗音毛（補注）周壽昌曰後書馮衍傳飢者毛食李注案衍集毛字作无今俗語然或古亦通乎是耗毛無古通訓案董仲舒傳死者甚眾刑者相望耗矣哀哉師古注耗虛也虛無字轉相訓文選注引蒼頡篇云耗消也越人謂無曰耗佩觿集云河朔謂無曰毛毛讀如謨馬令南唐書查文徽傳越人謨信注謨信無信也閩人語音謨即莫韻會莫無也亦音謨皆一音之轉先謙曰官本無孟注及孟音是也而解非也入字**罔亦少密焉**服虔曰法罔差益密也**故孝宣皇帝愍而錄之乃開廟臧覽舊籍詔令有司求其子孫咸出庸保之中**師古曰庸功庸也保可安信也皆賃作者也（補注）錢大昭曰南監本閩本功上並有賣字朱一新曰汪本有賣字是先謙曰官本有賣字**並受復除或加以金帛**師古曰復音方目反**用章中興之德降及孝成復加卹問稍益衰微不絕如綫**晉灼曰綫今線縷字也音先戰反**善乎杜業之納說也曰昔唐以萬國致時雍之政**師古曰雍和也堯典云黎萌於變時雍故杜業引之也（補注）先謙曰官本考證云案改黎民作黎萌師古避太宗諱也他處俱改民作人萌古與氓同**虞夏以之多羣后饗其已之治**師古曰羣后謂諸侯也恭己無爲也孔子曰無爲而治者其舜也歟夫何爲哉共己正南面而已共讀曰恭（補注）王念孫曰案以下之字涉上下文而衍漢紀孝成紀無**湯法三聖殷氏太平**師古曰三聖謂堯舜禹也（補注）錢大昭曰閩本禹下有三人二字朱一新曰汪本有先謙曰官本有**周封八百重譯來賀**師古曰重譯謂越裳氏也**是以內恕之君樂繼絕世隆名之主安立亡國**師古曰以立亡國之後爲安泰也**至於不及下車德念深矣**張晏曰謂武王入殷未及下車封黃帝之後於薊虞舜之後於陳也**成王察牧野之克顧羣后之勤知其恩結於民心功光於王府也故追述先父之志錄遺老之策高其位大其寓**師古曰寓謂啟土所居也**愛敬飭盡命賜備厚**師古曰飭謹也讀與敕同（補注）蘇輿曰飭盡與備厚對文飭亦備也[illegible]顏訓飭爲謹於此文義不順**於大孝之隆於是爲至至其沒也世主歎其功無民**

而不思所息之樹且猶不伐師古曰謂召伯止於甘棠之下而聽訟人思其德不伐其樹召南甘棠之詩是也**況其廟乎是以燕齊之祀與周並傳**（補注）何焯曰禮記武王克殷封黃帝之後於薊陸德明云黃帝姓姬君奭其後也故燕齊並稱**子繼弟及歷載不墮**師古曰弟代兄位謂之及也墮毀也音火規反**豈無刑辟繇祖之竭力故支庶賴焉**師古曰言國家非無刑辟而功臣子孫得不陷罪辜而能長存者思其先人之力令有嗣續也繇讀與由同（補注）王念孫曰刑辟當爲邪辟字之誤也辟與僻同言燕齊後世豈無邪僻之君皆賴其先祖之功以免於禍也成八年左傳三代之令王皆數百年保天之祿夫豈無辟王賴前哲以免也杜注言三代亦有邪辟之君但賴其先人以免禍耳杜業之說即本於左傳若謂國家豈無刑辟則非其指矣漢紀正作豈無邪辟**迹漢功臣亦皆割符世爵受山河之誓存以著其號亡以顯其魂賞亦不細矣百餘年間而襲封者盡或絕失姓或乏之無主朽骨孤於墓苗裔流於道生爲愍隸死爲轉屍**應劭曰死不能葬故屍流轉在溝壑之中師古曰愍隸者言爲徒隸可哀愍之也（補注）沈欽韓曰文子上仁篇生無乏之用死無傳尸古傳轉通用淮南主術作轉尸注轉棄也**以往況今甚可悲傷**師古曰況譬也**聖朝憐閔詔求其後四方忻忻靡不歸心出入數**

年而不省察，恐議者不思大義，設言虛亡，則厚德掩息，遴柬布章，晉灼曰：許慎云遴，難行也。柬，古簡字也。簡，少也。言今難行封，則得繼絕者少。若然，此必布聞彰於天下也。師古曰：遴讀與吝同。〔補注〕沈欽韓曰：廣雅，亂、嗇、遴，貪也。柬，疑嗇之誤。冊府元龜一百三十一憲宗元和二年錄配饗功臣之後詔曰：詔書屢勤於褒飾，有司不忘於遴簡。直用晉解。先謙曰：簡略也。遴柬，即吝嗇簡略之謂，文自明顯，不煩改字。晉沈說非。厚德，疑德厚誤倒。德厚吝簡，對文。唐詔亦非，晉解也。非所以視化勸後也。師古曰：視讀與示同。三人為眾，雖難盡繼，宜從尤功。孟康曰：言人三為眾，雖難盡繼，取其功尤高者三人繼之，於名為眾矣。服虔曰：尤功，封重者一人也。師古曰：孟說是也。〔補注〕何焯曰：從其尤者，亦非以三人一人為限。孟服二說皆失之。先謙曰：官本注作一人繼之，是。於是成帝復紹蕭何。哀、平之世，增修曹參、周勃之屬，得其宜矣。以綴續前記，〔補注〕王念孫曰：案以綴上當有是字，而今本脫之。諸侯王表敘云：是以究其終始強弱之變，明監戒焉。外戚恩澤侯表敘云：是以別而敘之。皆其例也。究其本末，并序位次，盡于孝文，以昭元功之侯籍云。師古曰：籍謂名錄也。高紀所云通侯籍也。〔補注〕錢大昭曰：閩本無云字。朱一新曰：汪本無云字。

號謚姓名	平陽懿侯曹參〔補注〕先謙曰：平陽，河東縣。
侯狀戶數	以中涓從起沛，至霸上，侯。以將軍入漢，以假左丞相定魏、齊，以右丞相侯，萬六百戶。師古曰：中涓，親近之臣，若謁者、舍人之類。[illegible]
始封	六年十二月甲申封，二年薨。
位次	孟康曰：曹參位第二而表在首，蕭何位第一而表在第十三，表以封前後故也。〔補注〕齊召南曰：表第四層為位次，班本文應大書二字，言參位次第二也。孟康即解此文，漏校。各本俱無，明係脫誤。
子	孝惠六年，靖侯窋嗣，二十九年薨。〔補注〕錢大昭曰：高后時，窋為御史大夫。
孫	孝文後四年，簡侯奇嗣，七年薨。
曾孫	孝景四年，夷侯時嗣，二十三年薨。〔補注〕先謙曰：史索隱衛青傳平陽侯曹壽尚陽信公主，即此人。當是字，謂先謙案武二名。
玄孫	元光五年，共侯襄嗣，十六年薨。〔補注〕先謙曰：武帝時襄為後將軍，見武紀、衛青傳。元光五年至元鼎元年止十五年，六字誤。

	平陽懿侯曹參（續）
六世	元鼎三年，侯宗嗣，二十四年，征和二年，坐與中人姦，闌入宮掖門，入財贖，完為城旦。戶二萬三千。〔補注〕[illegible]
十世	建武二年，侯宏嗣，以本始子舉兵佐軍紹封。〔補注〕錢大昭曰：當作本始。先謙曰：官本作本始。
七世	元康四年，參玄孫之孫杜陵公乘喜詔復家。孟康曰：諸復家皆世世無所與，得傳同產子。〔補注〕錢大昭曰：杜陵，京兆縣，自平陽徙居之。公乘，第八爵。
十一世	侯曠嗣，今見。〔補注〕先謙曰：洪适云漢列侯八百餘人，及光武時在者，平陽、當平二侯耳。
八世	
九世玄孫	元壽二年五月甲子，侯本始以參玄孫之孫杜陵公士紹封，千戶。元始元年，益滿二千戶。〔補注〕錢大昭曰：之下玄孫二字不應用大字。士，公士，一爵。先謙曰：官本玄孫作小字，不誤。

號謚姓名	信武肅侯靳歙　師古曰：歙音翕。〔補注〕先謙曰：地理志無信武縣，後廢也。
侯狀戶數	以中涓從起宛朐，入漢，以騎都尉定三秦，擊項籍，別定江漢，侯，五千三百戶。以將軍攻豨、布。〔補注〕先謙曰：史表作[illegible]
始封	十二月甲申封，九年薨。〔補注〕錢大昭曰：自高帝六年至高后五年薨，凡十九年，脫十字。
位次	十一
子	高后六年，侯亭嗣，二十一年，孝文後三年，坐事國人過律，免。師古曰：事謂役使之也。〔補注〕先謙曰：史表作夷侯亭，疑亭免侯者，未必有謚。
六世	元康四年，歙玄孫之子長安上造安漢詔復家。
孫	
曾孫	
玄孫	

汝陰文侯夏侯嬰

以令史從降沛爲太僕常奉車竟定天下及全孝惠魯元公主侯六千九百戶〔補注〕先謙曰汝陰汝南縣亦見潁水注

十二月甲申封〔補注〕先謙曰降當爲起史表亦誤三十年薨

八

孝文九年夷侯竈嗣七年薨

十六〔補注〕錢大昭曰四閩本作三是朱一新曰汪本作三年共侯賜嗣四十一年薨

元光二年侯頗嗣十八年元鼎二年坐尚公主與父御婢姦自殺〔補注〕朱一新曰二年王本史記作二年先謙曰史傳尚平陽公主坐與父御婢姦自殺同表此下衍御字

玄孫

六世

元康四年〔補注〕錢大昭曰長安京兆縣大夫第五爵嬰玄孫之子長安大夫信詔復家

清河定侯王吸〔補注〕錢大昭曰史表作清陽清河縣也周壽昌曰清陽侯亦謂吸中涓騎將引楚漢春秋作清陽侯王陵王念孫曰河水注作清河所見漢表已誤先謙曰吸出武關迎太公呂后見紀

以中涓從起豐至霸上爲騎郎將入漢以將軍擊項籍侯二千二百戶〔補注〕先謙曰史表作三千一百戶

十二月甲申封二十三年薨〔補注〕錢大昭曰三當從閩本作二先謙曰官本作二

十四

孝文元年哀侯彊嗣七年薨

八年孝侯伉嗣二十年薨師古曰伉音口浪反又音工郎反

孝景五年哀侯不害嗣十九年元光二年薨亡後

元康四年吸玄孫長安大夫充國詔復家

元壽二〔補注〕錢大昭曰年八月大昭曰詔賜吸後者爲吸之代後爵云代後故關內侯不知其世次故不言世不言世

陽陵景侯傅寬〔補注〕先謙曰秦陽陵縣屬馮翊楚漢春秋作陰陵錢大昭云陽陵景帝更名漢初未有也陰陵九江縣

以舍人從起橫陽至霸上爲騎將入漢定三秦屬淮陰定齊爲齊丞相侯二千六百戶〔補注〕先謙曰橫陽益鄉名如酈食其高陽之比史表作魏

十二月甲申封十二年薨

位次十〔師古曰漢列侯位次猶有次諡號姓名與史所記不同者表則具載〕〔補注〕朱一新曰汪本簿二十武下有中字是先謙曰官本作忠武侯

孝惠六年頃侯清嗣二十四年薨〔補注〕先謙曰史表清作靖官本四作二

孝文十五年共侯明嗣十二年薨〔補注〕先謙曰史表明作則

孝景四年侯偃嗣三十一年元狩元年坐與淮南王謀反誅

玄孫

六世

七世

元康四年寬玄孫之孫長陵士伍賞詔復家〔補注〕錢大昭曰如淳云律有罪失官爵稱士伍

廣嚴侯召歐〔師古曰召讀曰邵歐音烏侯反〕〔補注〕先謙曰史表廣嚴作廣莊避明帝諱也地理志廣縣在東莞嚴謚也壯字誤馬二史並誤索隱表不誤小司馬以爲召公係形近致誤廣齊郡縣兩後漢封苗川孝王子便

以中涓從起沛至霸上爲連敖入漢以騎將定燕趙得燕將軍侯二千二百戶

十二月甲申封二十三年薨

二十八

孝文二年戴侯勝嗣九年薨

十一年共侯嘉嗣十後七年薨亡後

三年孝文曾孫

元康四年歐玄孫安陵大夫不識詔復家

廣平敬侯薛歐〔補注〕先謙曰廣平臨淮縣國除後封廣陵孝王子德有廣平國亦非侯國高帝遣歐出武關迎太公呂后見紀後爲典客見公卿表

以舍人從起豐至霸上爲郎入漢以將軍擊項籍鍾離眛侯四千五百戶〔補注〕先謙曰史表爲郎下有中字

十二月甲申封十四年薨

十五

高后元年靖侯山嗣二十年薨

孝文後三年侯澤嗣〔補注〕先謙曰平棘常山縣孝景中三年有罪免中五年澤復封三十二年作二官本三年薨謚十三年曰節侯

元朔四年元康四年歐玄孫長安大夫去病詔復家

元狩元年坐受淮南賂稱臣在赦前免

博陽嚴侯陳濞　補注先謙曰博陽汝南縣史表嚴作壯索隱楚漢春秋名隤

以舍人從碭以刺客將入漢以都尉擊項羽滎陽絕甬道殺追士卒侯　師古曰以楚軍追漢兵者濞殺其士卒也　補注先謙曰從下簿起字史表有

十二月甲申封三十年甍　補注蘇輿曰自高帝六年至孝文後二年爲四十年三十年三字誤

十九

孝文後三年侯始嗣九年坐謀殺人會赦免

孫

孝景中五年始復封二塞年後元年有罪免　補注先謙曰索隱塞在桃林之西案以爲封塞王故地也

元康四年濞曾孫茂陵公乘壽詔復家

堂邑安侯陳嬰　補注先謙曰堂邑臨淮縣

以自定東陽爲將屬楚項梁爲楚柱國四歲項羽死屬漢定豫章浙江都漸定自爲王壯息侯六百戶復相楚元王十二年　師古曰漸水名在丹陽黝縣南蠻中嬰既定諸地而都之時又有壯息者稱僭王嬰復討平也　補注先謙曰史表作都析析卽漸漸亦浙也壯息史作壯窋

十二月甲申封六年甍　補注蘇輿曰自高帝六年至高后四年爲十八年六字蓋十八二字之駁文

八十六

高后五年共侯祿嗣十八年甍

孝文三年侯午嗣尚館陶公主四十八年甍　補注先謙曰史表作夷侯午公主文帝女嫖

元光六年侯季須嗣十三年元鼎元年坐母公主卒未除服姦兄弟爭財當死自殺　補注先謙曰史表作須無季字外戚傳同

曲逆獻侯陳平　補注先謙曰曲逆中山縣亦見滱水注初封戶騶從見傳

以故楚都尉漢王二年初起修武爲都尉以護軍中尉出奇計定天下侯五千戶　補注齊召南曰史表初起作初從是以護軍中尉出奇計作六出奇計錢大昭曰文紀以謀奪呂產等軍益封三千戶

十二月甲申封二十四年甍

四十七

孝文三年共侯買嗣二年甍

五年簡侯悝嗣二十二年甍

孝景五年侯何嗣二十三年元光五年坐略人妻棄市戶萬六千

元康四年平玄孫之子長安簪裛賞詔復家　補注錢大昭曰簪裛第三爵　六世

元始二年詔賜平代後者鳳爵關內侯不言世

孝景中五年侯融以長公主子侯萬五千戶二十九年坐母甍未除服姦自殺　隆慮　補注先謙曰隆慮兩內融史表名作蟜蘇下有會脫行常死五字事在元罪元年也中五年史表同徐廣云案本紀乃前五年表又云戶四千一百二十六與此異

元康四年嬰玄孫之子霸陵公士尊詔復家　六世

酇文終侯蕭何

師古曰酇音贊〔補注〕先謙曰此沛郡之酇字本作鄺後轉寫作酇志注應劭音嵯是也與何曾孫慶所封之酇地音俱別師古不加分晰非也詳見志

以客初從入漢爲丞相守蜀及關中給軍食佐定諸侯爲法令宗廟侯八千戶

正月丙午封九年薨

一

孝惠三年哀侯祿嗣六年薨亡後高后二年封何夫人祿母同爲侯孝文元年罷

〔補注〕朱一新曰史表同有罪免乃封延於筑陽今證以何傳則史表誤先謙曰史記同謚懿侯

筑陽

高后二年定侯延以何少子封孝文元年更爲酇二年薨

師古曰筑音逐〔補注〕先謙曰筑陽南陽縣

煬侯遺嗣一年薨亡後

〔補注〕先謙曰史表後元四年嗣以後嗣位之年逆推之應作孝文四年嗣延之二年薨當作十年薨時代方合

武陽

五年侯則以何孫遺弟紹封二十年有罪免二萬六千戶

〔補注〕先謙曰武陽東海縣封嘉非則也見何傳及史表二字當移入嘉格內國除後以封師丹其犍爲郡之武陽非侯國

孝景二年侯嘉以則弟紹封二千戶七年卒

〔補注〕朱一新曰景紀作係史表謚幽

中二年侯勝嗣二十一年坐不齋耐爲隸臣

師古曰謂當侍祠而不齋也〔補注〕先謙曰公卿表勝由奉常嗣侯史表元朔二年坐不敬絕正二十一年

留文成侯張良

〔補注〕先謙曰留楚國縣亦見濟水注

以廄將從起下邳以韓申都下韓入武關設策降秦王嬰解上與項羽請漢中地常爲計謀侯萬戶

師古曰韓申都即韓王信也楚漢春秋作信都古信申同字〔補注〕先謙曰史表作申徒都徒音同通用申都韓官名顏注誤詳良傳

正月丙午封十六年薨

六十二

師古曰高祖自云傳天下由張良稱其才也敍位次乃以曹參比蕭何校其勳也至於戶數多少或以才德或以功勞亦無定也故擗蕭何位第一戶唯八千張良食萬戶而位過六十它皆類此〔補注〕先謙曰傳乃得之誤

高后三年侯不疑嗣十年孝文五年坐與門大夫殺故楚內史贖爲城旦

師古曰門大夫侯之屬官也〔補注〕錢大昭曰傳作坐不敬先謙曰史表殺上有謀字是

孫

曾孫

玄孫

射陽侯劉纏

師古曰卽項伯也射字或作貰者後人改也〔補注〕先謙曰射陽臨淮縣亦見淮水注

兵初起與諸侯共擊秦爲楚左令尹漢王與項有隙於鴻門纏解難以破羽降漢侯

正月丙午封九年孝惠三年薨嗣子睢有罪不得代

〔補注〕錢大昭曰纏與彭距張越棘丘侯襄鄧弱趙堯六人皆無位次蓋呂后時或以罪免或以身死不得與也陽夏淮陰反誅其不與更不待言

元康四年良玄孫之子陽陵公乘千秋詔復家

六世

元狩三年，共侯慶以何曾孫紹封鄼，二千四百戶，三年薨。〔補注〕先謙曰：鄼，南陽縣。

六年，侯壽成嗣，十年，坐爲太常犧牲瘦免。

地節四年，安侯建世以何玄孫紹封，十四年薨。〔補注〕錢大昕曰：宣紀作曾孫，非。傳亦作玄孫。先謙曰：傳三千戶。

甘露二年，六世　思侯輔嗣

侯獲嗣，永始元年坐使　七世　奴殺人滅死，完爲城旦

永始元年七月癸卯，釐侯喜以何玄孫之子南鑾長紹封，三年薨。　六世　師古曰：繇音力全反。鉅鹿之縣也。〔補注〕錢大昭曰：紀作元延元年。案此云三年薨，四年尊嗣，明紀誤。

永始四年，質侯尊嗣，　七世　五年薨。

綏和元年，質侯章嗣，元始元年，　八世　益封滿二千戶，十三年薨。

王莽居攝元年，侯禹嗣，建國元年，　九世　更爲蕭鄉侯，莽敗，絕。

絳武侯周勃

〔補注〕先謙曰：絳，河東縣。

以中涓從起沛，至霸上，侯。定三秦，食邑，爲將軍，入漢，定隴西，擊項籍，守嶢關，定泗水、東海，侯，八千一百戶。〔補注〕錢大昭曰：世家及傳作八千一百八十戶。文紀以謀奪呂產等軍，益封萬戶。

正月丙午封，三十三年薨。〔補注〕先謙曰：官本作三十二年。

四

孝文十二年，侯勝之嗣，六年有罪，免。〔補注〕先謙曰：傳坐殺人死，國絕。

後二年，侯亞夫以勃子紹封修，十八年有罪，免。師古曰：修讀曰條。〔補注〕朱一新曰：汪本二作三，是。傳云勝之死，後國絕一年，則亞夫紹封在後三年。先謙曰：修，信都縣，亦見祺不注。

孝景後元元年，共侯堅以勃子紹封平曲，十九年薨。〔補注〕朱一新曰：汪本作後元年，是。先謙曰：平曲，東海縣。先封公孫渾邪，後封廣陵厲王子曾。

元朔五年，侯建德嗣，十二年，元鼎五年坐酎金免。

元康四年，勃曾孫槐里公乘廣漢詔復家。

元始二年，侯共以勃玄孫紹封，千戶。〔補注〕錢大昭曰：以傳證之，共紹封非平曲也，當注絳字。平紀亦云玄孫，傳云玄孫之子，小異。

舞陽武侯樊噲

〔補注〕先謙曰：舞陽，潁川縣，亦見濦水注。

以舍人起沛，從至霸上，爲侯。以郎入漢，定三秦，爲將軍，擊項籍，再益封。從破燕，執韓信，侯，五千戶。〔補注〕錢大昭曰：傳云五千四百戶。先謙曰：起沛從當作從起沛。

正月丙午封，十三年薨。

五

孝惠七年，侯伉嗣，九年，高后八年坐呂氏誅。師古曰：伉音口浪反，又音岡。

孝文元年荒侯市人以噲子紹封二十九年薨

老景〔補注〕先謙曰官本老作孝是七年侯它廣嗣中六年坐非子免

元康四年噲曾孫長陵不更勝客詔復家師古曰不更爵名勝客其人名

玄孫

元始二年侯章以噲

六世

玄孫之子紹封千戶

曲周景侯酈商〔補注〕先謙曰曲周廣平縣亦見濁漳水注

以將軍從起岐攻長社以南別定漢及蜀定三秦擊項籍侯四千八百戶〔補注〕錢大昭曰傳作五千一百戶王念孫曰漢下脫中字當依史表補定漢中事見商傳

正月丙午封二十二年薨

六

孝文元年侯寄嗣三十二年有罪免戶萬八千〔補注〕先謙曰以欲取平原君姊爲夫人

孝景中三年繆靖侯堅紹封〔補注〕先謙曰繆不詳其封域所在公卿表同

元光四年康侯遂成嗣〔補注〕先謙曰史表無成字

懷侯世宗嗣〔補注〕先謙曰史表作侯宗元朔三年封

元鼎二年侯終根嗣二十九年後二年坐祝詛上腰斬〔補注〕先謙曰後二年上奪元字

元康四年商玄孫之子

六世

長安公士共詔復家

元始二年詔賜商代後者猛友爵關內侯〔補注〕錢大昭曰平紀作明友明孟古通故明一作猛

潁陰懿侯灌嬰〔補注〕先謙曰潁陰潁川縣亦見潁水注

以中涓從起碭至霸上爲昌文君入漢定三秦食邑以將軍屬韓信定齊淮南及八邑殺項籍侯五千戶〔補注〕錢大昭曰文紀以合誅呂氏益三千戶先謙曰史表八邑作下邑是

正月丙午封二十六年薨

九

孝文五年平侯何嗣二十八年薨

孝景中三年侯彊嗣十三年有罪免戶八千四百〔補注〕先謙曰彊傳作疆史表同此譌

元光二年侯賢臨以嬰孫紹封九年元朔五年坐子傷人汝首匿免千戶〔補注〕先謙曰史表作行賕即此事臨汝先封楊毋害元光二年免以封賢

元康四年嬰曾孫長安官首匿詔復家師古曰官首爵名匿其人名也

元壽二年八月詔賜嬰代後者誼爵關內侯

汾陰悼侯周昌〔補注〕先謙曰汾陰河東縣亦見河水注

初起以職志擊秦入漢出關以內史堅守敖倉以御史大夫侯比清陽侯如淳曰職志官名主旗幟也師古曰志音式吏反補注錢大昭曰清陽侯即清河侯王吸此[illegible]功相表吸位次十四昌十六先謙曰史記清陽侯下有二千八百戶五字以下表例之擊下當有破字以御史大夫下有定補二字史表皆有

正月丙午封十年薨

十六

孝惠四年哀侯開方嗣十六年薨〔補注〕先謙曰史表上標建平二字乃徙封也此脫建平沛郡縣

孝文前五年侯意嗣十三年坐行賕髡爲城旦〔補注〕先謙曰國除後封程嘉

					孝景中二年侯昌以車安陽昌孫紹封八年建元元年有罪免 補注先謙曰安陽汝南縣先封淮南厲王子勃王後免封王音	元康四年昌曾孫沃侯國士伍明詔復家 師古曰明舊有官爵免爲士伍而屬沃侯之國也補注先謙曰漢縣無單名沃者蓋沃臨沃亦非侯國未知何地	
梁鄒孝侯武虎 補注先謙曰梁鄒濟南縣亦見濟水注史表虎作儒	兵初起以謁者從擊破秦入漢定三秦出關以將軍擊定諸侯比博陽侯二千八百戶 補注錢大昭曰博陽侯陳濞也濞位次十九虎二十	正月丙午封十一年薨	二十	孝惠五年侯最嗣五十八年薨	元光三年頃侯嬰齊嗣二十年薨 補注蘇輿曰自元光三年至元鼎三年止十九年此云二十誤史表作元光元年下元鼎四年作元光四年與此異	元鼎四年侯山柎嗣一年坐酎金免 師古曰柎音膚其字從木	玄孫
				元康四年虎玄孫之子夫六世夷侯國公乘充竟詔復家 補注先謙曰夫夷零陵縣			
成敬侯董渫 師古曰渫音先列反字或作㴲補注先謙曰索隱成縣名屬涿郡案洨水注漢封邑在泰山郡後漢所置成縣也詳泰山式下後封成陽荒王子寔如索隱說作成則國除後昭帝以封中山康王子喜亦可通	初起以舍人從擊秦爲都尉入漢定三秦出關以將軍定諸侯比厭次侯二千八百戶 補注錢大昭曰厭次侯爰類位次廿四渫廿五	正月丙午封七年薨	二十五	孝惠元年康侯赤嗣四十四年有罪免戶五千六百孝景中五年赤復封節氏八年薨 補注錢大昭曰匈奴傳作董赫赤赫古通先謙曰索隱節氏縣名	建元四年共侯罷軍嗣五年薨 補注先謙曰史表罷作霸	元光三年侯朝嗣十二年元狩三年坐爲濟南太守與城陽王女通耐爲鬼薪	元康四年渫玄孫平陵公乘誳詔復家

蓼夷侯孔聚 補注先謙曰蓼六安縣索隱家語子文生最字子產說文以最爲積聚字官本作蔡史表同	以執盾前元年從起碭以左司馬入漢爲將軍三以都尉擊項籍屬韓信侯 師古曰前元年謂初起之年即秦胡亥元年後皆類此也項籍者前起漢歲秋及史記所稱孔將軍居左費將注洪仁煥曰漢紀二年沛公將碭郡兵西擊張以申從從侯狀從起碭與孔聚同則前元年乃前多二年非元年也是歲補九月沛公封武安侯趙以封將之成稱元年後王漢中乃復以爲計上之歲爲漢元年而謂此爲前元年且秦始各侯狀及傳中事則知前元年皆胡亥二年顏說非沈欽韓曰執盾見墨子號令篇其名甚古	正月丙午封三年薨 補注先謙曰三年官本作三十年	三十	孝文九年侯臧嗣四十五年元朔三年坐爲太常衣冠道橋壞不得度免 師古曰游衣冠之道補注先謙曰史表作南陵橋壞衣冠車不得度	孫	曾孫	元康四年聚玄孫長安公士宣詔復家
費侯陳賀 師古曰費音扶味反說者以爲季氏邑非也補注先謙曰費東海縣亦見沂水注即季氏邑顏說非史表諡圉侯徐廣云圉或作幽	以舍人前元年從起碭以左司馬入漢用都尉屬韓信擊項籍爲將軍定會稽浙江湖陵侯 補注先謙曰湖陵史表作湖陽	正月丙午封二十二年薨	三十一	孝文元年共侯常嗣二十四年薨	孝景二年侯偃嗣八年有罪免		
						孝景中六年侯最以賀子紹封巢二年薨亡後 補注蘇輿曰史表後元三年元衎薨則距中六年爲四年先謙曰志有居巢廬江縣唐復爲巢縣今廬江府巢縣是也	元康四年賀曾孫茂陵上造僑詔復家

號謚姓名	侯狀戶數	始封	位次	子	孫	曾孫	玄孫
陽夏侯陳豨〔補注〕先謙曰陽夏淮陽縣	以特將將卒五百人，前元年從起宛朐，至霸上，為游擊將軍，別定代，破臧荼，侯	正月丙午封，十年，以趙相國反，自為王，十二年，誅。〔補注〕齊召南曰趙當作代各本俱誤時趙相國周昌非陳豨也					
隆慮克侯周竈〔補注〕先謙曰隆慮河內縣亦見洹水注史表克作哀	以卒從起碭，以連敖入漢，以長鈹都尉擊項籍，侯。如淳曰連敖楚官左傳楚有連尹莫敖其後合為一官號師古曰長鈹長刃兵也為刀而劍形史記作長鈹鈹亦刀耳鈹音丕鈹音披	正月丁未封，三十九年薨	三十四	孝文後三年，侯通嗣，十二年，孝景中元年，有罪，完為城旦。〔補注〕蘇輿曰自文後二年至景中元年十四年二字誤	孫	曾孫	元康四年，竈玄孫陽陵公乘昭詔復家。〔補注〕錢大昭曰史逸其名
陽都敬侯丁復 師古曰復音扶目反〔補注〕先謙曰陽都城陽縣亦見沂水注索隱漢志闕且不可解邳紀志有丁夫人在武帝時應劭以為復後	以越將從起薛，至霸上，以樓煩將入漢，定三秦，屬周呂侯，破龍且彭城，為大司馬，破項籍葉，為將軍，忠臣，侯，七千八百戶。〔補注〕先謙曰史表越作趙	正月戊申封，十九年薨	十七	高后六年，趮侯甯嗣，十三年薨。師古曰趮古躁字也〔補注〕蘇輿曰自高后六年至文十二年止十二年三當作二	孝文十年，侯安城嗣，十五年，孝景二年，有罪，免，戶萬七。〔補注〕先謙曰史表城作成國除後封張彭祖	元康四年，復曾孫臨沂公士賜詔復家	
陽信胡侯呂青〔補注〕先謙曰陽信勃海縣史表作新陽汝南縣新信字通本表文誤倒潁水注新陽高帝封呂青為侯國是其證史表胡作朝青作清朝非謚宜作胡	以漢五年用令尹初從，功比堂邑侯，千戶。〔補注〕錢大昭曰堂邑侯陳嬰也嬰位次八十六青八十七先謙曰史表令尹上有左字	正月壬子封，十年薨	八十七	孝惠四年，頃侯臣嗣，十八年薨。〔補注〕先謙曰史表臣作世	孝文七年，懷侯義嗣，二年薨	九年，惠侯它嗣，十九年薨	孝景五年，共侯善嗣，五年薨

號謚姓名	侯狀戶數	始封	位次	子	孫	曾孫	玄孫
				中三年，侯談嗣，三十五六世年元鼎五年坐酎金薨。〔補注〕先謙曰史表談作譚兩見			元康四年二月，青玄孫長陵大夫陽詔復家
東武貞侯郭蒙〔補注〕先謙曰東武琅邪縣	以戶衛起薛，屬周呂侯，破秦軍杠里，陷楊熊軍曲遇，入漢，為城將，定三秦，以都尉堅守敖倉，為將軍，破項籍，侯，三千戶也。師古曰城將將築城之兵也	正月戊午封，十九年薨	四十一〔補注〕錢大昭曰丙猜位四十一表無二十一疑四當作二	高后六年，侯它嗣，三十一年，孝景六年，有罪，棄市，戶萬一百	孫	曾孫	元康四年，蒙玄孫茂陵公士廣漢詔復家
汁防肅侯雍齒 師古曰汁音什防音方〔補注〕先謙曰汁防廣漢縣說文作什邡官本師古作如淳	以趙將前三年從定諸侯[illegible]〔補注〕[illegible]月表於胡亥三年[illegible]年十月[illegible]元年二年[illegible]三年[illegible]十月至十二月[illegible]位次五十四[illegible]五十七	三月戊子封，九年薨	五十七	孝惠三年，荒侯鉅鹿嗣，三十八年薨。〔補注〕先謙曰史表鉅作巨無鹿字	孝景三年，侯野嗣，十年薨	終侯桓嗣，不得年，元鼎五年，坐酎金免。〔補注〕先謙曰史表作孝景中元六年	元康四年，齒玄孫長安上造章詔復家
棘蒲剛侯陳武 [illegible]	以將軍前元年率將卒二千五百人起薛，別救東阿，至霸上，二歲十月入漢，擊齊歷下軍[illegible]侯。〔補注〕[illegible]	三月丙申封，四十八年，孝文後元年薨。子奇反，誅，不代	十三	子	孫	元康四年，武曾孫雲陽上造嘉詔復家	

都昌嚴侯朱軫〔補注〕先謙曰都昌北海縣亦見灉水注
以舍人前元年從起沛以隊帥先降翟王虜章邯侯
三月庚子封十四年薨
二十三
高后元年剛侯率嗣十五年薨
孝文〔補注〕八年夷侯詘嗣十六年薨先謙曰史表八年作六年誤
孝景元年共侯偃嗣二年薨
三年〔補注〕侯辟彊嗣五年中元年薨亡後先謙曰史表彊作彊兩見是

元康四年軫玄孫昌陵圖公士先詔復家〔補注〕錢坫曰昌侯國當是都昌侯國南安侯宣虎曾孫南安醫襄肥如侯蔡寅曾孫肥如大夫告其例

武彊嚴侯不職〔補注〕先謙曰史表作莊侯莊不識
以舍人從〔補注〕起沛公至霸上以騎將入漢還擊項籍屬丞相寧功侯用將軍擊黥布侯先謙曰公字衍
三月庚子封二十年薨
三十三
高后七年簡侯嬰嗣十九年薨
孝文後二年侯青翟嗣四十七年元鼎二年坐爲丞相建御史大夫陽不直自殺師古曰以獄建之意而不直也〔補注〕先謙曰史表作逮御史大夫湯張湯也此誤
元康四年不職曾孫長安公乘仁詔復家

貰齊合侯傅胡害師古曰貰音式制反〔補注〕錢大昭曰南監本閩本合作侯作侯合先謙曰貰鉅鹿縣亦見濁漳水注作封呂侯為侯國史表作貰侯呂徐廣云呂一作台索隱諡法執心克莊曰齊先謙案合非齊蓋呂誤爲台台誤爲合又倒在合上耳史表本傳作及各本表之字作貰齊侯呂博此表傅胡害乂衍胡字史表國字本作侯合
以越戶將從破秦入漢定三秦以都尉擊項籍侯六百戶功比臺侯〔補注〕錢大昭曰臺侯戴野戴野位次三十五此三十六
三月庚子封二年薨
三十六
六年〔補注〕甚侯方山嗣三十年薨錢大昭曰閩本作二十九年誤先謙曰當本作二十九年
孝文元年煬侯赤嗣十一年薨
十二年康侯遺嗣四十四年薨
元朔五年侯猜嗣八年元鼎元年坐殺人棄市〔補注〕先謙曰史表猜作倩兩見索隱倩音七淨反

元康四年胡害玄孫茂陵公士世詔復家
元壽二年八月詔賜胡害代後者爵太上造〔補注〕朱一新曰汪本一作二是先謙曰官本太作大是

海陽齊信侯搖毋餘〔補注〕先謙曰索隱亦南越縣地理志闕毋餘東越之族先謙案海陽遼西縣此非王子侯司比小司馬謂越人宜封越地未必然也果在何地則不敢臆決耳
以越隊將從破秦入漢定三秦以都尉擊項籍侯千七百戶
三月庚子封九月薨
〔補注〕朱一新曰自高帝六年至孝惠三年實九年也月字誤
三十七
孝惠三年哀侯昭襄嗣九年薨
高后五年康侯建嗣三十年薨
孝景四年哀侯省嗣十年薨亡後
玄孫
元康四年毋餘玄孫之子不更未央詔復家
六世
元壽二年八月詔賜毋餘代後者賢爵關內侯

南安嚴侯宣虎 補注先謙曰南安犍爲縣	以河南將軍漢王三年降晉陽以重將破臧荼侯九百戶 師古曰重將者主將領輜重也重音直用反一曰持重之將也重音直勇反補注先謙曰史表重將作亞將漢表作連將是小司馬所見本異	三月庚子封三十年薨	六十三	孝文九年共侯戎嗣十一年薨	後四年侯千秋嗣十一年孝景中元年坐傷人免戶二千一百	元康四年虎曾孫南安簪褭護詔復家	
肥如敬侯蔡寅 補注先謙曰肥如遼西縣	以魏太僕漢王三年初從以車騎將軍破龍且及彭城侯千戶 補注先謙曰將軍史表作都尉	三月庚子封二十四年薨	六十六 補注錢大昭曰六十六已有鄃侯疑當作六十八表尚有紀通亦六十六則五十六之譌也	孝文三年嚴侯戎嗣十四年薨 補注先謙曰史表戎作成	後元年侯奴嗣七年孝景元年薨亡後	元康四年寅曾孫肥如大夫福詔復家	
曲成圉侯蟲達 補注沈欽韓曰論衡別通篇劍技之家鬬戰必勝者得曲成越女之學也蟲達以劍術擅名也先謙曰曲成東萊縣其初益封夜縣故位次作夜侯夜即掖亦東萊縣也索隱諡法威德剛武曰圉	以西城戶將三十七人從起碭至霸上爲執金吾五年爲二隊將屬周呂侯入漢定三秦以都尉破項籍陳下侯四千戶以將軍擊燕代 補注先謙曰史表西城作曲城執金吾作執珪下有拔之三字	三月庚子封二十二年薨	位次曰夜侯恆 補注先謙曰史表系侯捷二次復封中標垣字索隱捷封垣故位次曰夜侯垣亦誤先謙案位次曰夜侯恆當言垣侯捷在傳寫者移垣于夜侯下仍成一事故索隱以爲誤小司馬指漢表言上蟲達表二字也後人又誤垣爲恆耳垣河東縣	孝文元年侯捷嗣八年有罪免十四年捷復封十八年復免戶九千三百孝景中五年侯捷復封五年薨 補注先謙曰據史表侯捷上奪其字	建元二年侯皋柔嗣二十四年元鼎二年坐爲汝南太守知民不用赤側錢爲賦爲鬼薪 師古曰赤側解在食貨志時並令以赤側爲賦而汝南不遵詔令補注先謙曰皇柔史表作皋柔兩見	曾孫	元康四年達玄孫茂陵公乘宣詔復家
河陽嚴侯陳涓 補注先謙曰河陽河內縣亦見河水注	以卒前元年起碭從以二隊將入漢擊項籍得梁郎將處侯以丞相定齊 補注先謙曰起碭從史表作從起碭得上有身字下無梁字	三月庚子封二十二年薨	二十九	孝文元年侯信嗣三年坐不償人責過六月免 補注沈欽韓曰潛夫論斷訟篇永平時諸侯負責輒有絀削之罰其後皆不敢負民益衍舊制	孫	曾孫	元康四年涓玄孫即丘公士元詔復家

淮陰侯韓信 補注先謙曰淮陰臨淮縣亦見淮水注	初以卒從項梁梁死屬項羽爲郎中至咸陽亡從入漢爲連敖票客蕭何言信爲大將軍別定魏趙爲齊王徙楚擅發兵廢爲侯 師古曰高紀及信傳並云爲治粟都尉此云票客參錯不同或者以其票疾而賓客禮之故云票客也票音頻妙反補注先謙曰史表票作典客索隱漢表作粟客傳字誤粟作治粟都尉或先爲連敖典客故與顏本異	六年封五年十一年坐謀反誅					
芒侯耏跖 師古曰耏音而左氏傳曰宋耏班跖音之亦反補注先謙曰史表直作芒侯昭脫耏跖一代齊召南云此班定史表之誤芒沛郡縣亦見睢水注	以門尉前元年初起碭至霸上爲定武君入漢還定三秦爲都尉擊項羽功侯 補注先謙曰史表定武作武定	六年封三年薨亡後		九年侯昭嗣四年有罪免孝景三年昭以故列侯張將兵擊吳楚復封 補注先謙曰張廣平縣毛封先釋之後封趙頃王子嵩	侯申嗣元朔六年坐尚南宮公主不敬免 師古曰景帝女也		
敬市侯閻澤赤 補注先謙曰敬字誤當依史表作故故市河南縣	以執盾初起從入漢爲河上守遷爲殷相擊項籍侯千戶功比平定侯 補注錢大昭曰平定侯齊受也受五十四此五十五先謙曰史表殷相作假相	四月癸未封三年薨	五十五	九年夷侯無害嗣三十八年薨	孝文後四年戴侯續嗣八年薨	孝景五年侯穀嗣四十年元鼎五年坐酎金免	

號謚姓名	侯狀戶數	始封	位次	子	孫	曾孫	玄孫	元康
				元康四年漂素玄孫之六世子長安上造章世詔復〔補注〕先謙曰：復下脫家字，官本有。				
柳丘齊侯戎〔補注〕先謙曰：索隱縣屬勃海。錢大昭云：勃海有柳縣，非柳丘，小司馬誤。	賜以連敖〔補注〕先謙曰：史從起薛，以三隊〔表無八字三隊作二隊〕將入漢，定三秦，以都尉〔錢大昭云〕破項籍軍，為將軍〔陳涓蟲逢皆為此官〕，侯，千戶。	六月丁亥封，十八年薨。	三十九	高后五年，〔補注〕錢大昭曰：史表侯安國嗣，三十年薨。諡定侯。	孝景四年，敬侯嘉成嗣，十年薨。	後元年，侯角嗣，有罪，免。戶三千。〔補注〕先謙曰：史表作角月。		元康四年，賜玄孫長安公士元生詔復家。
魏其嚴侯周止〔補注〕先謙曰：魏其，琅邪縣。史表止作定。	以舍人從〔補注〕錢大昭曰：閩本起沛，以郎中入漢，為周信侯，定三秦，以為騎郎將，破項籍東城，侯，千戶。〔將作從，非〕	六月丁亥封，八年薨。	十四十四	高后五年，〔補注〕先謙曰：史表簡作開。侯簡嗣，二十九年，孝景三年謀反，誅，國除。〔兩見後封寶嬰〕戶三千。	孫	曾孫		元康四年，止玄孫長陵不更廣世詔復家。
祁穀侯繒賀〔補注〕先謙曰：祁，太原縣。索隱諡法行見中外口穀。	以執盾〔師古曰謂……〕漢王三年初起從……以……騎……戶。[illegible]	六月丁亥封，十三年薨。〔補注〕先謙曰：官本作二十三年。	五十一	孝文十二年，頃侯胡嗣，十七年薨。	孝景六年，侯它嗣，十九年，元光二年，坐射擅罷，免。〔師古曰：方大射而擅自罷去也。補注先謙曰：徐廣云射一作酎。〕	曾孫		元康四年，賀玄孫茂陵公大夫賜詔復家。

號謚姓名	侯狀戶數	始封	位次	子	孫	曾孫	玄孫	元康
平悼侯工師喜〔補注〕錢大昭曰：工師喜史表作沛嘉，兩表公師喜〔一東作公師壹〕。先謙曰：平，河南縣。後封濟北式王子遂。	以舍人〔補注〕錢大昭曰：初從擊破秦，以郎中入漢，以將軍定諸侯守雒陽，侯，比舊侯，戶千三百。〔賀陳賀也。賀三十一。晉三十二〕	六月丁亥封，六年薨。	位次曰聊城侯〔補注〕先謙曰：聊城，東郡縣。 三十二	十二年，靖侯奴嗣，三十一年薨。	孝文十六年，侯執嗣，十九年，孝景中五年，坐匿死罪，會赦，免。戶三千三百。			
魯侯奚涓〔補注〕先謙曰：魯國魯縣。	以舍人從〔補注〕先謙曰：史表侯起沛，至咸陽為郎，入漢，以將軍定諸侯，四千八百戶，功比舞陽侯，死軍事。〔下更有侯字是。誤奚涓一代〕	六年，侯涓〔補注〕先謙曰：史表作重侯涓母侯疵，條云漢書云涓死無子，封母疵是。徐所見本作疵不作底，證之史表作疵是也。母侯則平年女之例誤耳〕封母底為侯，七年薨。〔耳與平勃……海縣〕	七					
城父嚴侯尹恢〔補注〕先謙曰：史表作故城。城父，沛郡縣。	初以謁者從入漢，以將軍擊定諸侯，以右丞相備守淮陽，功比六〔補注〕錢大昭曰：漢以將厭次侯類也，諸侯以類位次。二十四，二十。先謙曰：城父厭次侯，史表頃侯，諸無頃侯，莊二千戶。〔諸莊四字疑衍〕	六年封，九年薨。	二十六	孝惠三年，侯開方嗣，七年，高后三年奪爵，為關內侯。	孫	曾孫	玄孫	
								元康四年，恢玄孫之子〔補注〕先謙曰：此誤，下一格，官本不誤。六世新豐嚴[illegible]詔復家。

任侯張越	棘丘侯襄	河陵頃侯郭亭
補注先謙曰任廣平縣		補注先謙曰史表作阿陵涿郡縣河字誤
以騎都尉漢五年從起東垣擊燕代屬雍齒有功侯爲車騎將軍補注先謙曰史表有功下有侯字是	以執盾隊史前元年從起碭破秦治粟內史入漢以上郡守擊定西魏地功侯補注先謙曰史表治上有以字此奪	以連敖前元年從起單父以塞路入漢還定三秦屬周呂侯以都尉擊項籍功侯師古曰塞路者主遮塞要路以備敵寇也補注先謙曰史表路作疏徐廣曰一作塞路一云以眾入漢中
六年封十六年高后三年坐匿死罪免戶七百五十	六年封十四年高后元年有罪免戶九百七十補注先謙曰史表奪侯爲士伍	七月庚寅封二十四年薨
		二十七
		孝文三年惠侯歐嗣二十二年薨
		孝景二年勝侯客嗣八年有罪免補注錢大昭曰勝非諡史表作侯勝客是
		南 中六年靖侯延居紹封十五年薨補注先謙曰南縣名
		元光六年侯則嗣十七年元鼎五年坐酎金免
		元康四年亭玄孫茂陵公乘賢詔復家

昌武靖信侯單究		高宛制侯丙猜	
補注先謙曰史表究作甯昌武膠東縣		補注先謙曰高宛千乘縣亦見瓠子水注史表宛作苑猜作倩索隱音七淨反	
初以舍人從以郎入漢定三秦以郎騎將軍擊諸侯侯九百戶功比魏其侯補注先謙曰史表騎作中九百下有八十字下丁義亦爲郎騎魏其侯周止也止四十四此四十五		初以客從入漢定三秦以中尉破項籍侯千六百五戶比斥丘侯補注錢大昭曰斥丘侯唐厲也厲四十此四十一先謙曰史表客作舍人	
七月庚寅封十三年薨		七月戊戌封七年薨	
四十五		四十一	
孝惠六年惠侯如意嗣四十三年薨補注先謙曰史表惠作夷	六世	孝惠元年簡侯得嗣三十年薨	六世
孝景中元四年侯賈成嗣十六年薨補注蘇輿曰元字當衍史表多衍元字而此處無之先謙曰史表作康侯	七世 元康四年究玄孫之孫陽陵公乘萬年詔復家	孝文十六年平侯武嗣二十四年薨補注先謙曰史表平作孝	七世 元康四年猜玄孫之孫高宛大夫齮詔復家
元光五年侯德嗣四年元朔三年坐傷人二旬內死棄市戶六百補注沈欽韓曰此在保辜限也唐鬥訟律諸保辜者手足毆傷人限十日以它物毆傷人者二十日以刃及湯火傷人者三十日限內死者猶依殺人論與漢制同先謙曰史表[illegible]		建元元年侯信嗣三年坐出入屬車間免戶三千二百師古曰天子出行陳列屬車而輒至於其間	八世 元始三年猜玄孫之曾孫內詔賜爵關內侯

宣曲齊侯丁義〔補注〕錢大昭曰史記貨殖傳有宣曲任氏	終陵齊侯華毋害〔補注〕先謙曰史表作絳陽王念孫云下有毋害曾孫於陵大夫告則絳陵乃於陵之譌上文[illegible]於陵濟南縣絳陽又絳陵之譌濟水注以爲河東之絳縣非也	東茅敬侯劉釗〔補注〕錢大昭曰續志東平有茅鄉城沈欽韓曰一統志茅鄉城在兗州府金鄉縣西南古茅國周公子所封謂之東茅者以解州平陸縣西南亦有茅城古茅戎之邑別之先謙曰史表釗作劍後有劍釗此作釗是	斥丘懿侯唐厲〔補注〕先謙曰斥丘魏郡縣
以卒從起留以騎將入漢定三秦破籍軍滎陽爲郎騎將破鍾離眛軍固陵侯六百七十戶〔補注〕先謙曰史表郎騎下無將字	以越將從起留入漢定三秦擊臧荼侯七百四十戶從攻馬邑及布	以舍人從起碭至霸上以二隊入漢定三秦以都尉擊項籍破臧荼侯捕韓王信爲將軍邑益千戶〔補注〕先謙曰邑益當作益邑史表不誤二隊即二隊將也	以舍人從起豐以左司馬入漢以亞將攻籍克敵爲東郡都尉擊破籍武城侯爲漢中尉擊布爲斥丘侯千戶師古曰初爲武成侯後更封斥丘〔補注〕先謙曰[illegible]
七月戊戌封三十二年薨	七月戊戌封三十五年薨〔補注〕蘇輿曰自高六年至文三年爲二十五年三字誤	八月丙辰封二十四年薨	八月丙辰封二十年薨〔補注〕蘇輿曰自高六年至文八年爲三十年二當爲三
四十三	四十六	四十八〔補注〕錢大昭曰位次內劉釗張平皆四十八而三十八無人疑當作三十八	四十
孝文十一年侯通嗣十七年有罪赦爲鬼薪戶千一百 孝景中五年通復封發婁十一年有罪免〔補注〕朱一新曰案史表通中五年復封中六年免儀一年十字衍先謙曰發婁縣名	孝文四年共侯勃嗣十六年薨〔補注〕先謙曰史表作勃齊	孝文三年侯吉嗣十二年坐事國人過律免師古曰嗣爵十三年至孝文十六年而免也事國人謂役使之員數〔補注〕蘇輿曰十二年當作十三年先謙曰史表告作吉兩見	孝文九年共侯朝嗣十三年薨
孫	後四年侯祿嗣七年孝景四年坐出界耐爲司寇〔補注〕蘇輿曰[illegible]當爲穀戶千五百	孫	後六年侯賢嗣四十三年薨
元康四年義曾孫陽安公士年詔復家	元康四年曾孫於陵大夫告詔復家〔補注〕錢大昭曰曾孫上脫毋害二字	元康四年釗曾孫鮦陽公乘咸詔復家師古曰釗音紂〔補注〕先謙曰鮦陽汝南縣說詳志	元鼎二年侯尊嗣二年坐酎金免〔補注〕先謙曰史表元鼎五年國除二年當爲四年

（續）	臺定侯戴野〔補注〕先謙曰臺濟南縣亦見濟水注	安國武侯王陵〔補注〕先謙曰安國中山縣國除後封趙共王子吉	（續）
	以舍人從起碭用隊率入漢以都尉擊籍籍死擊臨江屬將軍賈功侯以將軍擊燕代〔補注〕錢大昭曰申屠嘉當爲隊率一作隊帥朱軫爲隊帥是也先謙曰賈劉賈史表無代字	以自聚黨定南陽漢王還擊項籍以兵屬從定天下侯五千戶〔補注〕齊召南曰史表以客從起豐以廐將別定東郡南陽從至霸上云云以陵本傳核之似此表是	
	八月甲子封二十五年薨	八月甲子封二十一年薨	
	三十五	十二	
	孝文四年侯午嗣二十三年孝景三年坐謀反誅〔補注〕先謙曰史表午作才兩見	高后八年哀侯忌嗣一年薨	
	孫	孝文元年終侯斿嗣三十九年薨〔補注〕先謙曰史表斿作游徐廣云一作昭	
元康四年厲曾孫長安公士廣意詔復家	曾孫	建元元年安侯辟方嗣二十年薨	
	元康四年野玄孫長陵上造安昌詔復家	元狩三年侯定嗣八年元鼎五年坐酎金免	元康四年陵玄孫長安公乘襄詔復家

樂成節侯丁禮（補注先謙曰樂成河閒縣）	以中涓騎從起碭爲騎將入漢定三秦爲正奉侯以都尉擊籍屬灌嬰殺龍且更爲樂成侯千戶	八月甲子封二十六年薨	四十二	孝文五年夷侯馬從嗣十八年薨	後七年式侯吾客嗣四十二年薨（補注先謙曰史表作武侯客）	元鼎二年侯義嗣三年坐言五利侯不道棄市戶二千四百（補注先謙曰五利侯欒大）	玄孫
				六世	七世　元康四年禮玄孫之孫長安公士禹詔復家		
辟陽幽侯審食其（補注先謙曰辟陽信都縣）	以舍人初起侍呂后孝惠二歲十月呂后入楚食其侍從一歲侯（補注蘇輿曰二歲漢之二年也據紀事在二年四月史表作沛三年誤）	八月甲子封二十五年爲淮南王長所殺	五十九	孝文四年侯平嗣二十一年孝景二年坐謀反自殺（補注朱一新曰二年史表作三年是）		元康四年食其曾孫茂陵公乘非詔復家	
鄗成制侯周緤（師古曰鄗音呼各反又音苦肯反緤音息列反補注先謙曰史表作蒯成索隱蒯地道記屬北地蒯音苦怪反一音裴小顏音蒯內反據此是小司馬所見顏注漢書亦作蒯不作鄗也宋表作鄗侯傳作蒯侯家此作鄗成是轉寫譌）	以舍人從起沛至霸上入漢定三秦食邑池陽擊項籍滎陽絕甬道從度平陰遇韓信軍襄國楚漢分鴻溝以緤爲信戰不利不敢離上侯二千三百戶（補注先謙曰史表作三千三百戶）	八月甲子封二十七年薨	二十二	侯昌嗣有罪免			長沙（補注朱一新曰此表末格皆不載郡名獨此偶一見之索隱不引此而引地道記疑小司馬所見漢表無長沙二字）

				鄲（師古曰鄲沛之縣也音多補注先謙曰鄲縣見志亦見淮水注）　孝景中元年康侯應以昌弟紹封一年薨	中三年侯仲居嗣三十四年元鼎三年坐爲太常收赤側錢不收完爲城旦（如淳曰食貨志民巧法用之不便又廢也補注先謙曰史表中三年作中二年）	元康四年緤曾孫長安公士禹詔賜黃金十斤復家死亡子復免	沛　元始元年緤玄孫譙以詔[illegible]爲次復爲同產弟子死亡子絕
安平敬侯鄂秋（補注先謙曰豫章安平注云侯國涿郡安平非侯國此蓋豫章之安平也國除後封楊敞鄂秋史表作鄂千秋）	以謁者漢王三年初從定諸侯有功秩舉蕭何功因故侯二千戶（師古曰先以食邑因就封之也事見蕭何傳）	八月甲子封十二年薨	六十一	孝惠三年簡侯嘉嗣九年薨	高后八年頃侯應嗣十四年薨	孝文十四年煬侯寄嗣二十五年薨	孝景後三年侯但嗣十九年元狩元年坐與淮南王安通遺王書稱臣盡力棄市（補注先謙曰史表作與淮南王女陵通）
				元康四年秋玄孫之子　六世　解大夫后詔復家			
北平文侯張蒼（補注先謙曰北平中山縣）	以客從起武陽至霸上爲常山守得陳餘爲代相徙趙相以代相侯爲計相四歲淮南相十四年千二百戶（如淳曰計相官名但知計會補注先謙曰史表及傳作陽武是武陽誤倒）	八月丁丑封五十年薨	六十五	孝景六年康侯奉嗣八年薨	後元年侯類嗣七年建元五年坐臨諸侯喪後免	曾孫	玄孫

元康四年蒼玄孫之子 六世 長安公士蓋宗詔復家

高胡侯陳夫乞〔補注〕先謙曰史表標高胡二字索隱漢志闕是以高胡爲縣名先謙案具若侯狀下亦云氏高胡侯或以爲封高郤非也胡一作湖又史表諡中侯中蓋忠之誤

以卒從起杠里入漢以都尉擊籍將軍定燕戶〔補注〕蘇輿曰燕下奪侯字史表有

六年封二十五年薨

八十二

孝文五年煬侯程嗣薨亡後〔補注〕先謙曰史表煬作殤

元康四年夫乞玄孫長陵公乘勝之詔復家

厭次侯爰類〔補注〕先謙曰索隱厭次晉地道記屬平原爰類史表作元頃諡中侯案厭次平原富平縣也見志

以慎將元年從起留入漢以都尉守廣武功侯 師古曰以謹慎爲將也〔補注〕蘇輿曰慎將蓋其時官名若重將之比顏訓疑非其實先謙曰史表元年上有前字

六年封二十二年薨

二十四

孝文元年侯嗣五年謀反誅〔補注〕先謙曰侯下奪賀字史表兩見

孫

曾孫

玄孫

元康四年類玄孫之子 六世 陽陵公士世詔復家

元始三年類玄孫之孫 七世 萬詔賜爵關內侯

平皋煬侯劉它 師古曰它音徒何反〔補注〕先謙曰平皋河內縣亦見河水注

漢六年以碭郡長初從功比軼侯侯五百八十戶項氏賜姓 師古曰軼音大又音鐵〔補注〕先謙曰軼侯絮朱喬也舊百二十它百二十一史表作功比戴侯實彭祖非也彭祖百二十六

七年十月癸亥封十年薨

百二十一

孝惠五年共侯遠嗣二十四年薨〔補注〕朱一新曰汪本二作三是先謙曰官本作三

孝景元年節侯光嗣十六年薨

建元元年侯勝嗣二十八年元鼎五年坐酎金免

玄孫

六世

元康四年它玄孫之孫 七世 長安簪褭勝之詔復家

復陽剛侯陳胥〔補注〕先謙曰復陽淸河縣亦見淇水注

以卒從起薛以將軍入漢以右司馬擊項籍侯千戶

七年十月甲子封三十一年薨

四十九

孝文十一年共侯嘉嗣十八年薨

孝景六年康侯拾嗣二十三年薨〔補注〕先謙曰官本三作五齊召南云作三非也計孝景六年至元朔元年恰二十五年監本別本誤今從宋本

元朔元年侯彊嗣七年元狩二年坐父拾非嘉子免〔補注〕先謙曰史表彊作疆

元康四年胥曾孫雲陽玄孫簪褭幸詔復家

	陽河齊侯其石〔補注〕先謙曰索隱注云上黨先謙案上黨郡有陽阿縣河字誤齊侯其石史表作齊哀侯而無名沁水注云陽泉水東逕陽泉城南即陽阿縣之故城也高帝封卞訢爲侯國則又不名其石矣
	以中謁者從入漢以郎中騎從定諸侯侯五百戶功比高湖侯〔補注〕錢大昭曰高湖侯陳夫乞也夫乞八十二石八十三
	十一月甲子封三年薨〔補注〕先謙曰官本考證云當作十月甲子復陽及此以十月甲子封後柸至以十月戊辰封知此一字衍朱一新云史表作十月
	八十三
元始元年胥玄孫之六世子傳詔賜帛百疋	十年侯安國嗣五十一年薨
	孝景中四年侯午嗣三十三年薨〔補注〕沈欽韓曰史表云中絕故此下更封埤山
	埤山師古曰埤音脾又音婢補注先謙曰埤山縣名索隱音卑元鼎四年其侯章黃封十三年薨〔補注〕蔡興曰自元鼎四年至元封元年止當云三年十字衍
	元封元年侯仁嗣征和三年坐祝詛要斬

	柏至靖侯許盎〔補注〕先謙曰史表盎作溫
	以駢鄰從起昌邑以說衛入漢以中尉擊籍侯千戶師古曰二馬曰駢駢鄰謂並兩騎爲軍翼也說讀曰稅衛謂軍行初舍止之時主爲衛也補注先謙曰索隱引姚氏駢鄰猶比鄰也
	十月戊辰封十四年高后元年有罪免三年復封六年薨〔補注〕先謙曰史表作七月
	五十八
元康四年石玄孫之子六世長安官大夫益壽詔復家	孝文元年簡侯祿嗣十四年薨
	十五年侯昌嗣三十二年薨〔補注〕先謙曰史表作哀侯昌公卿表孝景後三年爲太常
	元光二年侯安如嗣十三年薨〔補注〕先謙曰史表作共侯如安此脫謚文有倒誤
	元狩三年侯福嗣五年元鼎二年坐爲姦爲鬼薪

	中水嚴侯呂馬童〔補注〕先謙曰中水涿郡縣
	以郎騎將漢元年從好時以司馬擊龍且復共斬項籍侯千五百戶〔補注〕先謙曰從下當有起字史表有
	正月己酉封三十年薨
	百一
元康四年益玄孫之子六世長安公士建詔復家	孝文十年夷侯瑕嗣三年薨〔補注〕先謙曰史表瑕作假
	十二年共侯青眉嗣三十二年薨〔補注〕先謙曰史表十二年作十三年眉作肩
	建元六年靖侯德嗣一年薨
	元光元年侯宜城嗣二十二年元鼎五年坐酎金免〔補注〕先謙曰史表城作成

	杜衍嚴侯王翥如淳曰翥音署師古曰音之庶反補注先謙曰史表作王翳索隱引漢表作翥項羽傳亦作翳是漢表之誤已久杜衍南陽縣亦見淯水注
	以中郎騎漢王二年從起下邳屬淮陰從灌嬰共斬項羽侯千七百戶〔補注〕先謙曰中郎騎史表作郎中騎與楊喜同漢初但有郎中無中郎二年史表作三年
	正月己酉封十八年薨
	百二
六世	高后六年共侯福嗣七年薨
元康四年馬童玄孫之七世孫長安公士建明詔復家	孝文五年孝侯市臣嗣七年薨十二年侯舍嗣二十四年有罪爲鬼薪戶三千四百〔補注〕先謙曰史表舍作翕

杜衍（續）	赤泉嚴侯楊喜	（續）	朝陽齊侯華寄
	赤泉嚴侯楊喜		朝陽齊侯華寄
	以郎中騎漢王二年從起杜屬淮陰後從灌嬰共斬項籍侯千九百戶〔補注〕錢大昭曰後漢楊震碑作憙		以舍人從起薛以連敖入漢以都尉擊項羽復攻韓王信侯千戶〔補注〕先謙曰朝陽濟南縣亦見河水注國除後以封廣陵厲王子聖
	正月己酉封十三年高后元年有罪免二年復封十八年薨		三月壬寅封十二年薨
	百三		六十九
孝景後元年侯郢人以翥子紹封十二年薨〔補注〕先謙曰史表作彊侯徐廣云彊一作景	孝文十二年定侯敷嗣十五年薨〔補注〕先謙曰史表敷作殷	子恢　六世　代復	高后元年文侯要嗣二十一年薨
元光四年侯定國嗣十三年元狩五年有罪免	孝景四年侯毋害嗣六年坐詐紿人臧六百免　臨汝〔補注〕先謙曰東漢有臨汝縣屬豫章郡即此國除後封灌賢　中五年毋害復封十二年元光二年有罪免	子譚　七世　代〔補注〕朱一新曰汪本代下有復字先謙曰官本有復字	孝文十四年侯當嗣三十九年元朔二年坐教人上書枉法耏為鬼薪戶五千
元康四年翥曾孫長安大夫安樂詔復家	曾孫	子並代　永始元　八世　年賜帛百疋	曾孫
	元康四年喜玄孫茂陵不更孟嘗詔賜黃金十斤復家	元始二年求復不得	元康四年寄玄孫奉明大夫定國詔復家〔補注〕先謙曰奉明京兆縣

棘陽嚴侯杜得臣	涅陽嚴侯呂騰	（續）	平棘懿侯林摯
棘陽嚴侯杜得臣	涅陽嚴侯呂騰〔補注〕先謙曰涅陽南陽縣後武帝以封最史表騰作勝		平棘懿侯林摯〔補注〕先謙曰平棘常山縣史表作懿侯執徐廣云漢書作林摯
以卒從起湖陵入漢以郎將迎左丞相軍擊項籍侯二千戶〔補注〕先謙曰棘陽南陽縣亦見清水注	以騎士漢三年從出關以郎中共擊斬項羽侯千五百戶比杜衍侯〔補注〕先謙曰杜衍侯王翥翥百二騰百四		以客從起亢父斬章邯所置蜀守用燕相侯千戶
七月丙申封二十六年薨〔補注〕先謙曰史作丙辰官本同	七年封二十五年孝文五年薨子成實非子不得代		七年封二十四年薨
八十一	百四		六十四
孝文六年侯但嗣四十三年薨〔補注〕先謙曰史表作質侯		元康四年騰玄孫之子六世涅陽不更忠詔復家	孝文五年侯辟彊嗣有罪為鬼薪〔補注〕先謙曰史表彊作疆兩見五年作八年
元光四年懷侯武嗣七年元朔五年薨亡後	孫		
	曾孫		元康四年摯曾孫項圉大夫常贏詔復家死亡子絕〔補注〕先謙曰項汝南縣圉淮陽縣不能合併為一疑有衍文
	玄孫		

深澤齊侯趙將夕 補注先謙曰深澤中山縣涿郡有南深澤地亦相近史表夕作夜

以趙將漢王三年降屬淮陰侯定趙齊楚以擊平城功侯七百戶

八年十月癸丑封十三年高后元年有罪免二年復封二年薨 補注蘇輿曰史表薨作絕下云文十四年復封與此異案薨後不應嗣久無嗣疑此有奪誤

九十八

孝文後二年戴侯頭嗣八年薨

孝景三年侯脩嗣七年有罪耐爲司寇 補注先謙曰史表脩作循兩見

中五年夷胡侯以頭子紹封二十一年元朔五年薨亡後 補注先謙曰夷胡侯當作夷侯胡官本不誤貢縣名

曾孫

元康四年將夕玄孫平陵上造延世詔復家

𢳍頃侯溫疥 師古曰𢳍音荀又音荀疥音介補注王念孫曰說文廣韻玉篇集韻皆無𢳍字當作栒此即右扶風栒邑縣也作𢳍者借字耳說文栒大木可爲鉏柄𥳑衢相倫辭勻二切故顏云栒音荀又音荀也史表作栒郇栒之誤

以燕將軍漢王四年從破曹咎軍爲燕相告燕王荼反侯以燕相國定盧奴千九百戶 補注先謙曰史表綰作奴是

十月丙辰封二十五年薨

九十一

孝文六年文侯仁嗣十七年薨

後七年侯何嗣七年孝景四年薨 補注錢大昭曰自文後七年至景四年止五年此云七年不合史表孝景中元四年侯何有罪國除案薨後不應嗣下又云詔復家則史表爲是先謙曰史表何作河兩見

曾孫

元康四年疥玄孫長安公士福詔復家

歷簡侯程黑 補注先謙曰歷信都縣史表作磨

以趙衛將軍漢王三年從起盧奴擊項羽敖倉下爲將軍攻臧荼有功封千戶

十月癸酉封十四年薨

九十二 補注錢大昭曰九十二有王虞人此當是九十七史表作九十三非說見高陵侯下

高后三年孝侯釐嗣二十二年薨 補注先謙曰史表釐作釐

孝文後元年侯寵嗣十四年孝景中元年有罪免

曾孫

玄孫

元康四年黑玄孫之子六世長安簪褭弘詔復家

元始五年詔賜黑代復者安爵關內侯

武原靖侯衛胠 師古曰胠音袪又音怯補注周壽昌曰索隱漢表胠作怯音怯與顏所見本異先謙曰武原楚國縣國除後封代共王子罷軍

漢七年以梁將軍從初起擊韓信陳豨黥布軍功侯二千八百戶功比高陵侯 補注錢大昭曰高陵侯王虞人也虞人九十二此九十三史表作九十二非先謙曰史表七年作四年

十二月丁未封八年薨

九十三

孝惠四年共侯寄嗣三十七年薨

孝景三年侯不害嗣三十年後二年坐葬過律免 補注錢大昭曰潛夫論景帝時武原侯衛不害坐葬過律奪國邑其事惟少一武字蘇輿曰三十年當作十三年文誤倒

曾孫

元康四年胠玄孫郭公乘堯詔復家 補注先謙曰郭即鏡也扶風縣

槀祖侯陳鍇 師古曰槀音[illegible]

高帝七年爲將從擊代陳豨有功侯六百戶 補注先謙曰史表將下有軍字

十二月丁未封百二十四

七年薨

孝惠三年懷侯嬰嗣十九年薨 補注先謙曰官本三作二

孝文七年共侯應嗣十四年薨

後五年節侯姿嗣三十一年薨 補注先謙曰此以姿爲千秋父也史表侯安下云不得千秋父徐廣云千秋父以元朔元年立

元狩二年侯千秋嗣九年元鼎五年坐酎金免

元康四年鍇玄孫之子六世茂陵公乘主儒詔復家 補注先謙曰官本主作王

宋子惠侯許瘛師古曰瘛音充制反〔補注〕先謙曰宋子鉅鹿縣亦見濁漳水注	以漢三年用趙右林將初擊定諸侯五百三十六戶功比歷侯師古曰林將將士休偁言羽林之將也〔補注〕錢大昭曰歷侯程黑也黑九十七表在此九十九蘇輿曰侯下當更有侯字先謙曰史表右作羽是此誤字顏依文釋之	二月丁卯封四年薨〔補注〕先謙曰官本二作三	九十九	十二年共侯留嗣二十五年薨〔補注〕先謙曰史表留作不疑	孝文十年侯九嗣二十二年孝景中二年坐寄使匈奴買塞外禁物免	曾孫	玄孫
				六世	七世　元康四年瘛玄孫之孫宋子大夫酒詔復家		

猗氏敬侯陳遬師古曰遬古速字〔補注〕先謙曰猗氏河東縣	以舍人從起豐入漢以都尉擊項羽侯千一百戶	三月丙戌封十一年薨	五十　位次曰長陵侯	孝惠七年靖侯支嗣三十四年薨〔補注〕先謙曰史表支作交	孝景三年頃侯羌嗣一年薨亡後〔補注〕先謙曰史表羌作差	元康四年遬曾孫猗氏大夫胡詔賜黃金十斤復家	
清簡侯室中同〔補注〕先謙曰清東郡縣亦見河水注室中同史表作空中脫同徐廣云空一作窒索隱窒中姓見風俗通	以弩將初起從入漢以都尉擊項羽代侯比彭侯戶千〔補注〕錢大昭曰彭侯秦同世同七十此七十一	三月丙戌封五年薨	七十一	孝惠元年頃侯聖嗣二十二年薨	孝文八年康侯鮒嗣五十二年薨	元狩三年共侯古嗣七年薨〔補注〕先謙曰史表古作右	元鼎四年侯生嗣一年坐酎金免

							元康四年同玄孫高宛簪褭武詔復家
彊圉侯留肹〔補注〕先謙曰吳卓信云彊圉涿郡賓彊也先謙案賓彊不得單稱彊闕疑史表圉作簡肹作勝彊作疆蓋誤	以客吏初起從入漢以都尉擊項羽代侯比彭侯千戶〔補注〕錢大昭曰彭侯秦同七十一此七十二	三月丙戌封三年薨	七十二	十一年戴侯章復嗣二十九年薨〔補注〕先謙曰父名章復子不得名復史表無復字是	文侯三年侯復嗣二年有罪免〔補注〕先謙曰史表孝文十三年侯復元年十五年侯復有罪國除是文侯三年當爲孝文十三年	元康四年肹曾孫長安大夫定詔復家	

彭簡侯秦同〔補注〕錢大昭曰索隱漢表在東海今脫王子侯表彭侯偃下注東海又彭侯劉屈釐皆云東海縣然東海無彭縣錢坫曰同玄孫爲費公士費亦屬東海然則彭爲費縣地矣郡國志費縣有祊亭古祊彭字通此彭即祊	以卒從起薛以弩將入漢以都尉擊項羽代侯千戶	三月丙戌封十二年薨	七十	孝文三年戴侯執嗣二十三年薨	孝景三年侯武嗣十一年後元年有罪免	曾孫	元康四年同玄孫費公士壽王詔復家
吳房嚴侯楊武〔補注〕先謙曰吳房汝南縣亦見濯水注	以郎中騎將漢元年從起下邽擊陽夏以騎都尉斬項籍侯七百戶〔補注〕先謙曰史表陽夏作夏陽	三月辛卯封三十二年薨〔補注〕先謙曰史表作二月辛巳	九十四	孝文十三年侯去疾嗣二十六年孝景後三年有罪耏爲鬼〔補注〕先謙曰耏字誤官本作耐史表十三年作十二年後三年作後元元年	元康四年武孫霸陵公乘談詔賜黃金十斤復家亡子絕		談兄孫爲次復亡子絕〔補注〕先謙曰次復猶上云代復

甯嚴侯魏遬 [補注]先謙曰：史表亦作甯。[illegible]是小司馬[illegible]見漢書本甯字下有陽字也。遬，史表作遬，亦見匈奴傳。衛卿河內之脩武縣甯陽，太山縣，非濟南。
以舍人從碭入漢，以都尉擊臧荼功侯，千戶。
四月辛卯封，三十五年薨。
七十八
孝文十六年，共侯連嗣，八年薨。[補注]蘇輿曰：[illegible]
[illegible]侯指嗣，三年[illegible]國除。
曾孫
元康四年，遬玄孫長安公士都詔復家。

昌圉侯旅卿 [補注]先謙曰：昌，琅邪縣，後封城陽頃王子。史表旅作盧，索隱漢表姓張，張卽盧古，張弓字是旅，當爲張，亦見匈奴傳。
以齊將漢王四年從韓信起無鹽，定齊，擊項羽，又擊韓王信於代，侯千戶。
六月戊申封，十四年薨。
百九
孝文十五年，侯通嗣，十一年，孝景三年，坐謀反，誅。
孫
曾孫
元康四年，卿玄孫昌上造光詔賜黃金十斤，復家。

子賜代，死，亡子，絕。有同六世，產子元始二年求不得。

共嚴侯旅罷師 師古曰：共音恭。罷音皮，彼反，又讀曰皮。[補注]先謙曰：共，河內縣，亦見清水注。
以齊將漢王四年從淮陰侯起臨淄，擊項籍，又攻韓王信於平城，有功，侯千二百戶。[補注]先謙曰：史表起下有臨淄二字，是。
六月壬子封，二十六年薨。
百一十四
孝文七年，惠侯黨嗣，八年薨。
十五年，懷侯高嗣，五年薨，亡子。[補注]先謙曰：史表高作商。
元康四年，罷師曾孫霸陵簪褭信詔復家。

闕氏節侯馮解散 [補注]先謙曰：索隱縣名，屬安定。闕氏卽烏氏也，清漳水注以上黨閼與之[illegible]當之，非是。說見閼與[illegible]。史表散作敢。
以代太尉漢王三年降，爲鴈門守，以特將平代反寇，侯千戶。師古曰：大尉，主爵祿之官。[補注]先謙曰：史表作太尉，索隱漢表作太與，音余。
六月壬子封，四年薨。
一百
十二年，共侯它嗣，一年薨，亡後。
孝文二年，文侯遺以它遺腹子嗣，十四年薨。
十六年，共侯勝之嗣，十三年薨，免。
孝景六年，侯平嗣，二十九年，元鼎五年，坐酎金免。[補注]蘇輿曰：二十九年當作三十九年。

安丘懿侯張說 師古曰：說讀曰悅。[補注]先謙曰：安丘，琅邪縣，後封[illegible]。
以卒從起方與，屬魏豹，二歲五月，以執盾入漢，以司馬擊項羽，以將軍定代，侯三千戶。[補注]先謙曰：史表執盾作執鈹，二歲作一歲，三千戶作千戶。
七月癸酉封，十二年薨。
六十七
孝文十二年，共侯奴嗣，十二年薨。[補注]王念孫曰：十二年，景祐本作十三年，是也。孝文十三年至孝景二年，凡十三年。
孝景三年，敬侯執嗣，一年薨。
四年，康侯新嗣，三十一年薨。[補注]先謙曰：史表新作訢。
[illegible]

子賜代，元康四年[illegible]孫之子陽陵上造遺舜詔復。六世。[補注]錢大昭曰：閩本有是家字。先謙曰：官本有家字。

襄平侯紀通 [補注]先謙曰：襄平，臨淮縣，國除，後封廣陵厲王子聖。
父城以將軍從擊破秦，入漢，定三秦，功比平定侯，戰好畤，死事，子通襲成侯位。[補注]錢大昭曰：[illegible]
九月丙午封，十二年薨。[補注]錢大昭曰：孝文元年，以誅諸呂定策益封二千戶。
六十六
孝景中三年，康侯相夫嗣，十九年薨。[補注]錢大昭曰：[illegible]
元朔元年，侯夷吾嗣，十九年，元封元年薨，亡後。
元康四年，通玄孫長安簪褭萬年詔復家。

龍陽敬侯陳署補注先謙曰據汶水注泰山博縣有龍鄉故城高帝封陳署爲侯國是陽字蓋衍史表作龍索隱廬江有龍舒縣蓋其地不若酈說爲長

以卒從漢王元年起霸上以謁者擊項籍斬曹咎侯戶千補注先謙曰官本作千戶

九月補注先謙曰史表作後九月官本己作乙己未封十八年薨

八十四

高后七年侯堅嗣十八年孝文後元年有罪免

平嚴侯張瞻師補注先謙曰史表作繁莊侯張瞻王念孫云前已有平侯工師喜此平卽繁蜀郡縣也繁平聲近而字通若詩之平平左右左傳作便蕃左右矣

以趙騎將漢王五年從擊諸侯比吳房侯千五百戶補注先謙曰吳房侯楊武九十四此九十五史表五年作三年

九年十二月壬寅封八年薨

九十五

孝惠五年康侯悼嗣三十七年薨師古曰悼音[illegible]補注先謙曰史表悼作朐獨一云侯悼

孝景四年侯寄嗣

侯安國嗣不得年元狩元年爲人所殺補注先謙曰史表作中三年

玄孫

元康四年瞻師玄孫之六世子敏上造還城詔復家補注錢大昭曰古繁作緐故譌爲敏

陸量侯須無如淳曰秦始皇本紀所謂陸梁地也補注先謙曰史表作陸梁侯須毋索隱陸梁地今在江南

詔以爲列諸侯自置吏令長受令長沙王補注先謙曰史表無諸字是

三月丙戌封三年薨補注先謙曰史表丙戌作丙辰官本三年作二年

百三十七

十二年共侯桑嗣三十四年薨

孝文後三年康侯慶忌嗣五年薨

孝景元年侯冉嗣四十四年元鼎五年坐酎金免

高景侯周成補注先謙曰史表標高京二字徐廣云一作高景則高景是縣名

父苛以內史從擊破秦爲御史大夫入漢圍取諸侯守榮陽功比辟陽侯驅環籍死事子侯補注錢大昭曰辟陽侯審食其五十九成六十朱一新曰案周昌傳苛以卒史從此云內史誤史表亦作內史

四月戊寅封三十五年孝文後五年謀反下獄死

六十

子

孝景中元年侯繩應以成孫紹封補注先謙曰繩縣名繩澠同字此縣蓋以水氏淄水注可證

侯平嗣元狩四年坐爲太常不繕園屋免補注先謙曰史表不繕治園陵

元康四年無曾孫鄗陽秉鐸聖詔復家師古曰秉鐸武功爵第六級

元康四年成玄孫長安公大夫賜詔復家

離侯鄧弱

四月戊寅封楚漢春秋亦闕成帝時光祿大夫滑堪日旁占驗曰鄧弱以長沙將兵侯補注錢大昭曰四月五字當下一格又漢以下二十二字蓋注文上脫師古曰三字蘇輿曰史表索隱云楚漢春秋亦闕[illegible]成帝時[illegible]此文闕[illegible]是不可[illegible]所見本但有[illegible]侯六字成帝以下蓋班元文也先謙曰史表[illegible]作[illegible]日旁占驗[illegible]與藝文志

義陵侯吳郢補注先謙曰史表郢作程通用字義陵武陵縣

以長沙柱國侯千五百戶

九月丙子封七年薨補注先謙曰史表子作午

百三十四

孝惠四年侯重嗣十年高后七年薨亡後補注先謙曰史表重作種兩見

宣平武侯張敖補注先謙曰索隱楚漢春秋南宮侯張耳此作宣平侯敖敖耳子陳平錄第時耳已薨故也案耳未爲南宮侯僞書不足徵信如此

嗣父耳爲趙王坐相貫高等謀反廢王爲侯

九月封十七年薨補注先謙曰本傳敖高后六年薨自高帝九年至高后六年正十七年下高后二年二是七之誤

三

師古曰張耳及敖並爲無大功蓋以魯元之故呂后曲升之也

高后二年侯偃爲魯王孝文元年復爲侯十五年薨諡其補注先謙曰史表偃上有信平二字徐廣云改封信平下又云以魯嗣王爲南宮侯此竝失載偃與孝惠後宮子彊同時封應在高后元年與始王表異此誤信平即新平淮陽縣南宮說詳張賓下

六年哀侯歐嗣十七年薨補注先謙曰史表六年作十六年

孝景中三年侯王嗣十四年有罪免補注先謙曰王當爲生史表及傳可證

元光三年睢侯廣國以王弟陵紹封十八年薨補注先謙曰史表陵作陽棗公鄉表作睢陵傳同史表誤王亦當作生八當爲七見耳傳

元鼎二年侯昌嗣十二年太初二年坐爲太常乏祠免

師古曰祠事有闕也

元始二年侯慶忌以敖玄孫紹封千戶補注先謙曰据本傳紹封宣平表脫宣平二字

信都者補注先謙曰信都樂昌補注先謙曰東鄉

高后八年四月丁酉侯修以魯太后子封孝文元年以非正免四月丁亥侯受以魯太后子封元年免補注錢大昭曰傳受作壽修作壽皆敖前婦子故云非正

元康四年耳玄孫長陵公乘遂詔復家

東陽武侯張相如補注先謙曰東陽清河縣後封清河綱王子宏臨淮亦有東陽非侯國索隱誤

高祖六年爲中大夫以河間守擊陳豨力戰功侯千三百戶

十一年十二月癸巳封三十二年薨

百一十八

孝文十六年共侯殷嗣五年薨

後五年戴侯安國嗣六年薨

孝景四年哀侯彊嗣十三年建元元年薨亡後

玄孫

元康四年相如玄孫之六世子茂陵公乘宣詔復家

慎陽侯欒說如淳曰慎音震師古曰字本作滇音眞後誤作慎耳滇陽汝南縣名也說讀曰悅補注先謙曰地理志仍作慎亦見淮水注史表欒作樂

淮陰侯韓信舍人告信反侯二千戶補注先謙曰官本作三千戶

十二月甲寅封五十一年薨補注先謙曰官本一作二

百三十一

孝景中六年靖侯願嗣四年薨補注先謙曰史表願下有之字

建元元年侯買之嗣二十二年元狩五年坐鑄白金棄市

曾孫

玄孫

元康四年說玄孫之子六世長安公士通詔復家

開封愍侯陶舍 補注先謙曰開封河南縣亦見渠水注

以右司補注錢馬漢王大昭曰五年初從以中共侯猿尉擊燕麗師百代侯比十四此共侯二千戶百十五

十二月丙辰封，一年薨。

百一十五

十二 補注孝景中年夷侯青嗣四年。先謙曰史表景帝時十八爲丞相薨。

三年節侯偃嗣十七年薨。

元光五年侯睢嗣十八年，元狩五年坐酎金免。補注錢大昭曰元狩當作元鼎。

玄孫

六世

七世

元康四年舍玄孫之孫長安公士元始詔復家

禾成孝侯公孫昔 補注先謙曰據濁漳水注禾成作和城在鉅鹿敬武間史表作昔縣之

以漢五年初從以郎中擊代陳豨侯千九百戶 補注先謙曰史表五年作二年

正月己未封，十年薨。

二百一十七

孝文五年懷侯漸嗣九年薨。

孫

元康四年昔曾孫霸陵公乘廣意詔復家

堂陽哀侯孫赤 補注先謙曰堂陽鉅鹿縣

以中涓從起沛以郎入漢以將軍擊項籍爲惠侯坐守滎陽降楚免復來以郎擊籍爲上黨守擊陳豨侯八百戶

正月己未封，九年薨。

七十七

高后元年侯德嗣四十三年，孝景中六年有罪免。

孫

元康四年赤曾孫霸陵公乘明詔復家

祝阿孝侯高色 補注先謙曰祝阿平原縣亦見濟水注史表色作邑

以客從起齧桑以上隊將入漢以將軍擊魏太原井陘屬淮陰侯度軍破項籍及韓王信侯千八百戶 補注錢大昭曰齧桑如淳曰齧桑邑名補注先謙曰史表乘作桑作蓋誤上有以字入百上無千字

正月己卯封，二十一年薨。

七十四

孝文五年侯成嗣十四年，後三年坐事國人過律免。

曾孫

元康四年色玄孫長陵上造弘詔復家

長脩平侯杜恬 補注先謙曰長脩河東縣史表一云杜恪

以漢二年用御史初從出關以內史擊諸侯攻項籍以惠三年爲廷尉死事侯千九百戶 補注先謙曰攻昌項作史表昌功須比作昌須侯趙衍百七八此公卿表孝惠三年恬爲廷尉下死則云死薨事二字衍

三月丙戌封，四年薨。

四百八

位次百 補注先謙曰信平即新平淮陽縣信平侯

孝惠三年懷侯中嗣十七年薨。

孝文五年侯意嗣二十七年有罪免 補注王念孫曰史表作侯喜是喜與憙古字通此作憙而誤爲意也人表司馬喜中山策作憙

陽平 補注先謙曰陽平東郡縣

孝景中五年侯相夫嗣十三年封，七年元三坐爲太常與大樂令可中當鄭人舞擅繇出闌入關免 師古曰擇可以爲鄭舞而擅從役使之又出闌入關

江邑侯趙堯

以漢五年為御史用奇計徙御史大夫周昌為趙相代昌為御史大夫從擊陳豨功侯六百戶

十一月封〔補注〕錢大昭曰史表作正月辛未封高后元年有罪免

營陵侯劉澤〔補注〕先謙曰營陵北海縣

漢三年為郎中擊項羽以將軍擊陳豨得王黃侯帝從昆弟萬一千戶〔補注〕先謙曰史表云以將軍與高祖疏屬劉氏世為衛尉萬二千戶

十一月封十五年高后七年為琅邪王〔補注〕先謙曰史表七年作六年

八十八

土軍式侯宣義〔補注〕先謙曰土軍西河縣亦見河水注國除後封代共王子郢客史表式作武

高祖六年為中地守以廷尉擊陳豨侯一千一百戶就國後為燕相

二月丁亥封七年薨

百二十三

倍　信成侯〔補注〕先謙曰信成清河縣

孝惠六年孝侯莫如嗣三十五年薨

孝景三年康侯平嗣十九年薨

建元六年侯生嗣八年元朔二年坐與人妻姦免

玄孫

元康四年義玄孫之子六世阿武不更[illegible]詔復家〔補注〕先謙曰阿武涿郡縣

廣阿懿侯任敖〔補注〕先謙曰廣阿鉅鹿縣

以客從起沛為御史守豐二歲擊項籍為上黨守陳豨反堅守侯千八百戶後遷為御史大夫

二月丁亥封十九年薨

八十九

孝文三年夷侯敬嗣一年薨〔補注〕先謙曰史表敬作竟四年敬侯但嗣四十年薨

建元五年侯越人嗣二十一年元鼎二年坐為太常廟酒酸免〔補注〕先謙曰公卿表亦作越人史表奪人字

元康四年敖玄孫廣阿簪褭定詔復家

須昌貞侯趙衍〔補注〕先謙曰須昌東郡縣亦見濟水注

以謁者漢王元年初從起漢中雍軍塞渭上上計欲還衍言從它道道通後為河間守豨反誅都尉相如功侯千四百戶

二月己丑封三十二年薨〔補注〕先謙曰史表作二月己酉官本作三月

百七

孝文十六年戴侯福嗣四年薨

後四年侯不害嗣八年孝景五年有罪免

曾孫

玄孫

六世

七世

元康四年衍玄孫之孫長安簪褭步昌詔復家

臨轅堅侯戚鰓

初從為郎以都尉守鄲城以中尉侯五百戶〔補注〕先謙曰鄲當為斷閩本官本不誤史表同

二月乙酉封六年薨〔補注〕先謙曰官本二月作三月

百一十六

孝惠五年夷侯觸龍嗣三十七年薨

孝景四年共侯中嗣十六年薨〔補注〕先謙曰史表中作忠

建元四年侯賢嗣二十五年元鼎五年坐酎金免

元康四年鰓玄孫梁郎官大夫常詔復家〔師古曰仕梁為郎而有官大夫之爵也〕

元始二年鰓玄孫之孫少詔賜爵關內侯

六世

七世

汲紹侯公上不害〔補注〕先謙曰汲河內縣史表紹作終濟水注汲作波

高祖六年為太僕擊代豨有功侯千三百戶為趙太僕〔補注〕先謙曰史表作趙太傅三百作二百

二月乙酉封三年薨〔補注〕先謙曰乙酉史表作己巳

百二十三

孝惠二年夷侯武嗣二十七年薨

孝文十四年康侯通嗣二十七年薨

建元二年侯廣德嗣九年元光五年坐妻大逆棄市〔補注〕先謙曰史表坐妻精大逆罪頗連廣德

元康四年不害玄孫安陵五大夫常詔復家

甯陵夷侯呂臣〔補注〕先謙曰甯陵陳留縣呂臣亦見高紀

以舍人從起留以郎入漢破曹咎成皋為都尉擊豨功侯千戶

二月辛亥封二十七年薨

七十三

孝文十一年戴侯謝嗣十六年薨〔補注〕先謙曰史表謝作射古字通

孝景四年惠侯始嗣十七年薨〔補注〕蘇輿曰十七年當孝武建元五年史表作孝景五年嗣相距止一年不合疑史表誤上一格

曾孫

元康四年呂臣玄孫南陵公大夫得詔復家

汾陽嚴侯靳彊〔補注〕先謙曰汾陽太原縣亦見汾水注官本作靳彊

以郎中騎千人前三年從起櫟陽擊項羽以中尉破鍾離眛軍功侯〔補注〕先謙曰史表前三年作前二年櫟陽作陽夏

三月辛亥封十一年薨

九十六

高后三年共侯解嗣三十三年薨

孝景五年康侯胡嗣十二年絕不得狀

元鼎五年侯石嗣九年太始四年坐為太常行幸離宮道橋苦惡太僕敬聲繫以謁聞赦免〔補注〕先謙曰史表[illegible]

元康四年彊玄孫長安公乘忠詔復家

戴敬侯祕彭祖 師古曰今見有祕姓讀如祕書而說昭妄為音讀非也〔補注〕先謙曰戴故國後為甾縣屬梁國見汳水注彭祖所封也劉攽據此高帝時有戴縣彭祖國而後併入甾耳史表無祕字

以卒從起沛以卒開沛城門為太公僕以中廄令擊陳豨功侯千二百戶〔補注〕先謙曰一百戶史表作二百戶沛作漢

三月癸酉封十一年薨

百二十六

高后三年共侯憚嗣十二年薨〔補注〕蘇輿曰自高后三年至文七年凡十三年二當為三先謙曰史表憚作悼

孝文八年夷侯安國嗣四十八年薨

元朔五年安侯彰嗣十二年薨〔補注〕先謙曰安侯彰史表作侯安期

元鼎五年侯蒙嗣二十五年後元年坐祝詛上大逆要斬

六世

七世

元康四年彭祖玄孫之孫陽陵大夫政詔復家

衍簡侯翟盱 師古曰盱音況于反〔補注〕周壽昌曰衍濟水注濟瀆又東逕封邱縣北南燕縣之延鄉也高帝封翟盱為侯國是道元所見誤表衍當為延酈音近而譌也御覽一百二引陳留風俗傳云高祖與項氏戰厄於延鄉有翟母者免其難故以延鄉為封邱縣以封翟母焉今表無翟母當即盱母然則盱兼以其母之功不止如侯狀所云矣

以漢王二年為燕令以都尉下楚九城堅守燕侯九百戶

七月己丑封十二年薨

百三十

高后四年祗侯山嗣一年薨〔補注〕先謙曰官本一作二是

六年節侯嘉嗣四十四年薨

建元三年侯不疑嗣十年元朔元年坐挾詔書論耐為司寇 師古曰詔書當奉持之而挾以行故為罪也

元康四年盱玄孫陽陵公乘光詔復家

平州共侯昭涉掉尾 師古曰姓昭涉名掉尾也掉徒弔反〔補注〕錢大昕曰涉當作沙廣韻沙下引作昭沙掉尾以昭沙為複姓先謙曰索隱[illegible]記屬巴郡[illegible]闞云在宣元年傳杜注平州齊地在泰山牟縣西先謙案下有平州侯王唊下注姨父此封地同錢說是

漢四年以燕相從擊項籍還擊臧荼侯千戶

八月甲辰封十八年薨

百一十一

孝文二年戴侯種嗣三年薨〔補注〕先謙曰史表種作福

五年懷侯它人嗣四年薨

九年孝侯馬童嗣二十九年薨

孝景後一年侯昧嗣二十四年元狩五年坐行馳道中免

元康四年掉尾玄孫浩不更福詔復家 補注先謙曰浩蜀郡縣

中牟共侯單右車 補注先謙曰史表作單父聖索隱漢表作單父右車是此人姓單父不疑此本脫父字中牟河南縣
以卒從沛入漢以郎擊布功侯二千二百戶始高祖微時有急給高祖馬故得侯
十二年十月乙未封二十三年薨
百二十五
孝文四年敬侯繒嗣五年薨
十三年戴侯終根嗣三十七年薨 補注先謙曰官本作二十七年
元光二年侯舜嗣十八年元鼎五年坐酎金免 補注朱一新曰二年史表作五年據上文推之史表是
玄孫

元康四年右車玄孫之子六世陽陵不更充國詔復家

邔嚴侯黃極忠 師古曰邔音鉅已反 補注先謙曰邔南郡縣
以羣盜長為臨江將已而為漢擊臨江王及諸侯破布封千戶
十月戊戌封二十七年薨
百十三
孝文十二年夷侯榮成嗣九年薨 補注先謙曰史表作慶侯榮盛
後元五年共侯明嗣三十五年薨 補注蘇輿曰元字衍
元朔五年侯遂嗣八年元鼎元年坐掩搏奪公主馬髡為城旦戶四千 師古曰搏字或作博已解於上 補注先謙曰史表作坐賣宅縣官故貴國除官本掩作揜

元康四年極忠玄孫之六世子邔公乘調詔復家
元始元年賜極忠代後者做爵關內侯

傅陽節侯周聚 補注齊召南曰陳濞既封博陽不應一地兩侯索隱縣屬彭城則此應作傅陽博傅字形近而誤耳先謙曰傅陽楚國縣聚亦見南粵傳
以卒從起豐以隊率入漢擊項籍城皐有功為將軍布反定吳郡侯 補注先謙曰史表從下有起字城作成是
十月辛丑封二十四年薨 補注先謙曰十月史表作十一月
五十三
孝文九年侯遫嗣十五年孝景元年有辠奪爵一級 補注先謙曰案元年史表作中五年
孫
元康四年聚曾孫長陵公乘萬年詔復家

陽羡定侯靈常 補注先謙曰史表作陽義徐廣云一作羡陽羡吳郡縣
以荊令尹漢五年初從擊鍾離眛及陳公利幾從為漢中大夫從至陳取韓信還中尉以擊布侯二千戶 補注先謙曰利幾見高紀
十月壬寅封十四年薨
百一十九
高后七年共侯賀嗣八年薨
孝文七年哀侯勝嗣六年薨亡後
曾孫
元康四年常玄孫南和大夫橫詔復家 補注先謙曰南和廣平縣

下相嚴侯泠耳 師古曰泠音零 補注先謙曰下相臨淮縣亦見睢水注
以客從起沛入漢用兵擊破齊田解軍以楚丞相堅守彭城距布軍功侯二千戶
十月己酉封十八年薨 補注先謙曰史表己酉作乙酉
八十五
孝文三年侯順嗣二十三年孝景三年坐謀反誅 補注先謙曰史表順作慎通用字
孫
曾孫
元康四年耳玄孫長安公士安詔復家

高陵圉侯王虞人〔補注〕先謙曰：索隱縣屬琅邪。史表王虞人作王周。
以騎司馬漢王元年從起廢丘，以都尉破田橫、龍且，追籍至東城，以將軍擊布，侯，九百戶。
十二〔補注〕先謙曰：十二月，史表作十一月。月丁亥封，十年薨。
九十〔補注〕錢大昭曰：九十二有程黑、王虞人二人，依史表，衛胠九十二，程黑九十三，然胠下云功比高陵，則虞人當九十二，胠當九十三，表闕九十七，其程黑與
高后三年，侯弄弓嗣，十八年薨。〔補注〕先謙曰：史表作惠侯并弓。
孝文十三年，侯行嗣，十二年，孝景三年，謀反，誅。

期思康侯賁赫 師古曰：賁音肥。〔補注〕先謙曰：期思，汝南縣，亦見淮水注。
淮南〔補注〕先謙曰：官本一作二。史表：布盡殺其宗族。王英布中大夫，告反，侯，一千戶。
十二月癸卯封，二十九年，孝文十四年薨，亡後。
百三十二
子
孫
曾孫
元康四年，赫玄孫壽春大夫充詔復家。

戚圉侯季必 師古曰：灌嬰傳云季必，今此作季，表傳不同，當有誤。〔補注〕先謙曰：戚屬東郡，觀亦見河水注。又東海亦有戚縣，即晉代所因，索隱以為彼，是也。史表亦作季必，案當作李，詳灌嬰傳。
以騎都尉漢二年初起櫟陽，攻破廢丘，因擊項籍，屬韓信，破齊，攻臧荼，為將軍，擊韓信，侯，千五百戶。
十二月癸卯封，十六年薨。
九十
孝〔補注〕文元年，賁侯長嗣，三年薨。先謙曰：史表少此一代。
四〔補注〕年，躁侯瑕嗣，三十八年薨。先謙曰：史表作齊侯班。
建元三年，侯信成嗣，二十年，元狩五年，坐為太常縱丞相侵神道，為隸臣。師古曰：刑法志罪人獄已決，完為城旦舂，滿三歲為鬼薪白粲，一歲為臣妾，一歲免為庶人。然則男子為隸臣，女子為隸妾也。〔補注〕先謙曰：丞相侵神道，謂李蔡也，見樂安侯下。
元康四年，必玄孫長安公士買之詔復家。

穀〔補注〕先謙曰：穀陽，沛郡縣。史表作穀陵。陽定侯馮谿
以卒前二年起拓，擊籍，定代，為將軍，功侯。〔補注〕先謙曰：史表拓作柘，是。柘，沛郡縣。
正月乙丑封，十二年薨。
百五
孝文七年，共侯熊嗣，十八年薨。
孝景〔補注〕二年，隱侯卯嗣，三年薨。先謙曰：史表卯作卬。
五年〔補注〕，懿侯解中嗣，十二年薨。先謙曰：史表作獻侯解。
建〔補注〕元四年，侯偃嗣。錢大昕曰：嗣下史闕文。
元康四年，谿玄孫之子六世穀陽不更武詔復家。

嚴敬侯許猜 師古曰：猜音千才反。〔補注〕先謙曰：史表嚴作壯，猜作倩。徐廣云：壯一作莊。案莊是也，莊諱為嚴，壯則不諱矣。莊不詳其封地。
以秦將〔補注〕漢二年降從起臨濟，以郎中擊項羽、陳豨，侯，六百戶。先謙曰：史表二年作三年。
正月乙丑封，十年薨。
四百一十二
孝景二年，侯恢嗣，十六年薨。
建元〔補注〕二年，煬侯則嗣，九年薨。周壽昌曰：史表煬作殤。案嗣九年薨，則非殤，作煬是。
元光〔補注〕五年，節侯周嗣，三年薨。先謙曰：史表少此一代。
元朔二年，侯廣宗嗣，十五年，元鼎五年，坐酎金免。
元康四〔補注〕年，猜玄孫之子六世平壽公士任壽詔復家。先謙曰：平壽，北海縣。

號謚姓名	侯狀戶數	始封	位次	子	孫	曾孫	玄孫
成陽定侯奚意〔補注〕先謙曰成陽汝南縣亦見淮水注侯絕後封趙臨史表無奚字	以魏郎漢王二年從起陽武擊項籍屬魏王豹豹反徙屬相國彭越以太原尉定代侯六百戶	正月乙酉封二十六年薨	百一十	孝文十一年侯信嗣二十九年建元年有罪罽〔補注〕先謙曰史表作有罪鬼薪	孫	元康四年意曾孫陽陵公乘通詔復家	
桃安侯劉襄〔補注〕先謙曰桃信都縣國除後封廣川繆王子良	以客從〔補注〕漢王二年起定陶以大謁者擊布侯千戶爲淮南太守項氏親先謙曰史表淮南太守作淮陰守	三月丁巳封七年孝惠七年有罪免二年復封十六年薨〔補注〕先謙曰史表三月作二月	百三十五	孝文十年懿侯舍嗣三十年薨〔補注〕先謙曰史表作哀侯景帝時爲丞相	建元元年厲侯由嗣十三年薨〔補注〕先謙曰史表由作申	元朔二年侯自爲嗣十五年元鼎五年坐酎金免	玄孫
				元康四年襄玄孫之子　六世　長安上造益壽詔復家			
高梁共侯酈疥〔補注〕先謙曰汾水注汾水逕高梁城西高梁帝封酈疥爲侯國地距楊縣不遠引梓河東楊下	父食其以客從破秦以列侯入還定諸侯常使約和諸侯說齊王死事子侯〔補注〕先謙曰入下脫漢字史表有	二月丙寅封六十三年薨〔補注〕杜貴墀曰據傳疥後更食武陽史傳更食武遂止義云武陽謨也武遂郎武隧河間縣此及史表俱失載	六十六	元光三年侯勃嗣〔補注〕先謙曰傳勃作遂	侯平嗣元狩元年坐詐衡山王取金免〔補注〕先謙曰史表事屬侯勃無侯平一代	曾孫	元康四年食其玄孫陽陵公乘賜詔復家

號謚姓名	侯狀戶數	始封	位次	子	孫	曾孫	玄孫
紀信匡侯陳倉	以中涓從起豐以騎將入漢以將軍擊項籍後攻盧綰侯七百戶	六月壬辰封十年薨	八十	高后三年夷侯開嗣二十二年薨〔補注〕先謙曰官本作二十三年	孝文後二年侯煬嗣八年孝景二年反誅〔補注〕先謙曰史表煬作陽	曾孫	玄孫
				元康四年倉玄孫之子　六世　長安公士千秋詔復家			
景嚴侯王競〔補注〕先謙曰史表景作甘泉徐廣云一作景競作竟索隱甘泉疑是甘水	以車司馬漢元年初從起高陵屬劉賈以都尉從軍侯五百戶	六月壬辰封七年薨	百六	孝惠七年戴侯賈粘嗣十九年薨師古曰粘亦黏字〔補注〕先謙曰史表賈粘作莫搖	孝文十一年侯嬰嗣二十二年孝景十年有罪免師古曰嬰音許孕反〔補注〕先謙曰史表嬰作嫖	曾孫	元康四年競玄孫長安公士昌詔復家
張節侯毛釋之〔補注〕先謙曰張廣平縣國除後封耏昭史表毛釋之作毛澤	以中涓從起豐以郎騎入漢還從擊諸侯侯七百戶〔補注〕先謙曰史表騎字在涓下郎下有將字	六月壬辰封二十六年薨	七十九	孝文十一年侯鹿嗣二年薨〔補注〕先謙曰史表侯鹿作夷侯慶錢大昭云篆文慶從鹿今作鹿字壞	十三年侯舜嗣二十三年孝景中六年有罪免	曾孫	元康四年釋之玄孫長安公士景詔復家

煑棗端侯革朱〔補注〕先謙曰濟陰冤朐縣有煑棗城朱所國見濟水注蓋免侯後併入冤朐端侯革朱史表作靖侯赤	以越連敖從起薛別以越將入漢擊諸侯以都尉侯九百戶〔補注〕先謙曰史表越將作郞將是	六月壬辰封七年孝惠七年薨嗣子有罪不得代	七十五	孝文二年康侯式以朱子紹封二十一年薨〔補注〕蘇輿曰自文二年至景中二年當作三十一年先謙曰史表式作武	孝景中二年侯昌嗣三年有罪免〔補注〕錢大昭曰公卿表孝景中煑棗侯乘昌爲奉常乘與革相似而誤	曾孫	元康四年朱玄孫陽陵大夫奉詔復家
傿陵嚴侯朱濞〔補注〕先謙曰傿陵潁川縣	以卒從起豐入漢以都尉擊項籍臧荼侯二千七百戶	十二月封十一年薨	五十一〔補注〕錢大昭曰當從史表作五十二因五十一已有繒賀也	高后四年共侯慶嗣十一年孝文七年薨亡後		元康四年濞曾孫陽陵公士言詔復家	
藏鹵侯張平〔補注〕先謙曰史表作菌莊侯徐廣云菌一作鹵案閩本官本俱作鹵鹵嚴侯是也鹵安定縣史誤爲菌此又誤加藏脫嚴也	以中尉前元年從起單父不入關以擊黥布盧綰得南陽侯二千七百戶〔補注〕先謙曰史表中尉作中涓	十二月封十二年薨	四十八	高后五年侯勝嗣七年孝文四年有罪爲隸臣	〔補注〕先謙曰脫孫字	曾孫	玄孫
				六世 元康四年平玄孫之子長安公士常詔復家			

右高祖百四十七人〔補注〕齊召南曰案應作百三十六人錢大昭曰宣紀元康元年復高皇帝功臣絳侯周勃等百三十六家子孫六當爲七周呂建成二人在外戚羹頡合陽沛德四人在王子凡百五十三人〔補注〕齊召南曰應作凡百四十三人錢大昭曰此用史記原數也序云侯者百四十三人荀紀同則五當爲四

便頃侯吳淺	以父長沙王功侯二千戶	元年九月癸卯封三十七年薨	百三十三	孝文後七年共侯信嗣六年薨	孝景六年侯廣志嗣	侯千秋嗣元鼎五年坐酎金免	元康四年淺玄孫長陵上造長樂詔復家〔補注〕先謙曰南郡編縣便桂陽縣蓋分編置
軑侯黎朱蒼師古曰軑音大又音第〔補注〕先謙曰史表黎朱蒼作利倉索隱漢書作軑侯朱蒼是小司馬所見漢表又異	以長沙相侯七百戶	二年四月庚子封八年薨	百一十〔補注〕錢大昭曰閩本作百二十案王子侯表德哀侯廣位次亦百二十廣實百二十七說見彼表閩本是先謙曰官本作百二十	高后三年孝侯豨嗣二十一年薨	孝文十六年彭祖嗣二十四年薨〔補注〕錢大昭曰彭祖上脫某侯二字	侯扶嗣元封元年坐爲東海太守行過擅發卒爲衞當斬會赦免〔補注〕先謙曰史表扶作秩	玄孫 江夏〔補注〕先謙曰軑見志亦見江水注
				六世 元康四年蒼玄孫之子竟陵簪褭漢詔復家			
平都孝侯劉到〔補注〕先謙曰平都上郡縣	以齊將高祖三年降定齊侯千戶〔補注〕先謙曰史表降字在定齊上此誤倒	五年六月乙亥封十三年薨	百一十〔補注〕錢大昭曰前奚意亦百十此有誤字	孝文三年侯成嗣三十五年孝景後二年有罪免			元康四年到曾孫長安公乘如意詔復家

右孝惠三人

南宮侯張買
以父越人爲高祖騎將從軍以中大夫侯
元年四月丙寅封補注先謙曰史表高后八年侯買坐呂氏事誅國除是也故孝文以南宮封張敖子偃
侯[illegible]戶補注先謙曰史表無此一代是也錢大昭云張生是偃之孫孝武時正爲南宮侯安得復有張買之子名生者爲南宮侯且戶數多寡必張敖之後封隣本大敘有此誤蓋是傳寫者因其並及封地皆同誤移於此
北海補注先謙曰南宮信都縣非北海亦見濁漳水注

梧齊侯陽城延補注先謙曰梧楚國縣史表城作成字同陽城複姓見廣韻
以軍匠從起郟入漢後爲少府作長樂未央宮築長安城先就侯[illegible]
四月乙酉封六年薨
七十六
七年敬侯去疾嗣三十四年薨
孝景中三年靖侯偃嗣十五年薨
元光三年侯戎奴嗣十四年元狩五年坐使人殺季父棄市戶三千三百
玄孫
元康四年延玄孫之子六世梧公士注詔復家

平定敬侯齊受補注先謙曰平定西河縣
以卒從起留以家車吏入漢以驍騎都尉擊項籍得樓煩將用齊丞相侯[illegible]
四月乙酉封九年薨
五十四
孝文二年齊侯市人嗣四年薨
六年共侯應嗣四十一年薨亡後
元光二年康侯延居嗣八年薨補注朱一新曰八年當作十八年
元鼎四年侯昌嗣二年元鼎二年有罪免補注朱一新曰元鼎四年二年誤倒

博成敬侯馮無擇補注吳卓信曰博泰山之縣成敬謚也先謙曰史表標博成二字則博成是縣敬是諡是說非也張守節云括地志兗州博城本漢博城縣先謙案隋志兗郡有博城縣在今泰安府泰安縣東南
以悼武王郎中從高祖起豐攻雍丘擊項籍力戰奉悼武王出滎陽侯師古曰悼武王高后兄周呂侯呂澤也高后追尊曰悼武王
四月己丑封三年薨補注先謙曰史表作四月乙酉
四年侯代嗣八年坐呂氏誅
元康四年受玄孫安平大夫安德詔復家補注先謙曰官本德作聽

沅陵頃侯吳陽師古曰沅音元補注先謙曰沅陵武陵縣
以父長沙王功侯
七月丙申封二十五年薨補注先謙曰史表作十二月壬申封
百三十六
孝文後二年頃侯福嗣十七年薨
孝景中五年哀侯周嗣薨亡後

中邑貞侯朱進補注先謙曰史表作貞侯朱通中邑勃海縣
以執矛從入漢以中尉破曹咎用呂相侯六百戶師古曰爲呂王之相也補注沈欽韓曰[illegible]兵車之法左人持弓右人持矛
四年四月丙申封二十二年薨
孝文後二年侯悼嗣二十一年孝景後三年有罪免

樂成簡侯衛毋擇（補注）先謙曰：史表成作平，毋擇作無擇。官本閩本並作樂平。樂成南陽縣，樂平後漢為東郡縣。

以隊率（補注）先謙曰：史表隊率作隊卒。從起沛，屬皇訢，皇訢卽皇欣，見高紀。以郎擊陳餘，用衛尉侯，六百戶。

四月（補注）先謙曰：官本二作三。丙申封，二年薨。

六年，共侯勝嗣，四十一年薨。

孝景後三年，侯脩嗣，六年，建元六年，坐買田宅不法，有請賕吏，死。（補注）沈欽韓曰：田宅踰制，漢刺史所察第一條也。有讀為又。又以財請賕吏。先謙曰：史表賕作求。

山都貞侯王恬啟（補注）先謙曰：山都南陽縣，亦見沔水注。史表啟作開。

漢五年為郎中柱下令，以衛將軍擊陳豨，用梁相侯。師古曰：柱下令，今主柱下書史也。

四月丙申封，八年薨。

孝文四年，憲侯中黃嗣，二十三年薨。（補注）先謙曰：憲，史表作惠。

孝景四年，敬侯觸龍嗣，二十三年薨。（補注）蘇輿曰：自景四年至元狩四年，凡三十五年，表有誤字。

元狩五年，侯當嗣，八年，元封元年，坐闌入甘泉上林，免。

祝茲夷侯徐厲（補注）先謙曰：史表作松茲，廬江縣，陸[illegible]云屬。以呂后四年封，十一年薨。文呂榮以呂后八年封祝茲，二侯不應同時並封一地。班於表未已明言祝茲在恩澤外戚功臣表之徐厲，從史表作松茲為是，茲傳寫誤耳。

以舍人從沛，以郎中入漢，還，得雍王邯家屬，用常山丞相侯。（補注）先謙曰：史表從下有起字，是。

四月丙申封，十一年薨。

孝文七年，康侯悼嗣，二十九年薨。（補注）先謙曰：後七年也。孝文後六年，厲尚為將軍，未薨，史表亦誤作七年。悼或作悍，見文紀。十一年當為二十七年。

孝景中六年，侯偃嗣，九年，建元六年，有罪，免。

成陰夷侯周信（補注）先謙曰：陰，史記作陶。徐廣云一作陰。

以卒從起單父，為呂后舍人，度呂后淮，用河南守侯，五百戶。師古曰：時有寇難，得度於水，因以免也。

四月丙申封，十六年薨。

孝文十二年，侯勃嗣，十五年，有辠，免。

俞侯呂它 如淳曰：俞音輸。（補注）先謙曰：俞，清河縣，地理志作鄃，亦見河水注。國除後，封欒布。

父嬰以連敖從高祖破秦，入漢，以都尉定諸侯，功比朝陽侯，死事，子侯。（補注）錢大昭曰：朝陽侯，華寄也。它封在高后四年，不入位次內。先謙曰：史表云用太中大夫侯。

四月丙申封，四年，坐呂氏誅。

醴陵侯越（補注）先謙曰：醴陵後漢為縣，屬長沙。

以卒從漢（補注）二年起櫟陽，以卒吏擊項羽，為河內都尉，用長沙相侯，六百戶。先謙曰：史表河內作河南。

四月丙申封，八年，孝文四年，有罪，免。

右高后十二人，扶柳、襄城、軹、壺關、昌平、贅其、滕、昌城、腄、祝茲、建陵十一人在恩澤外戚，洨、沛、信都、樂昌、東平五人隨父，上邳、朱虛、東牟三人在王子，凡三十一人。師古曰：腄音直瑞反。洨音交，又音下交反。（補注）錢大昕曰：案外戚恩澤侯表騰作滕，昌成作呂成。高后十人，五人隨父，共十五人。十人者，扶柳、襄城、軹、壺關、昌平、贅其、滕、呂成、祝茲、建陵也。五人隨父者，腄侯呂通、東平侯呂庀、洨侯呂產（洨之誤洨），皆呂澤子；不其侯呂種、漢陽侯呂祿，皆呂釋之子也。信都侯張侈、樂昌侯張受，別隨父敖在功臣表，故恩澤侯不復數之也。此表失數不其、漢陽，而多一沛，又別出腄，不入隨父之例，與外戚恩澤侯表互異。

陽信夷侯劉揭（補注）先謙曰：陽信，勃海縣，後為武帝姊長公主邑。索隱：漢表在新野，此奪新野二字。又云志屬勃海，恐有二縣，案新野是也。武作陽新，後封鄧[illegible]。

高祖十二年為郎，以典客奪呂祿印，閉殿門止呂產等，共立皇帝，侯，二千戶。

元年十一月辛丑封，十四年薨。（補注）錢大昭曰：本紀作十月辛亥。

十五年，侯中意嗣，十四年，孝景六年，有罪，免。

壯武侯宋昌〔補注〕先謙曰壯武膠東縣
以家吏從高祖起山東以都尉從滎陽食邑以代中尉勸王驂乘入即帝位侯千四百戶
四月辛亥封三十三年孝景中四年有罪奪爵一級爲關內侯

樊侯蔡兼〔補注〕先謙曰樊東平縣
以睢陽令高祖初從阿以韓家子還定北地用常山相侯千二百戶師古曰本六國時韓家之諸子也後更姓蔡也〔補注〕先謙曰從阿從下當有起字史表又誤作起從阿
六月丙寅封十四年薨
十五年康侯客嗣十八年薨〔補注〕先謙曰徐廣云客一作容
孝景中二年共侯平嗣二十一年薨
元朔二年侯辟方嗣元鼎四年坐搏揜完爲城旦

汦陵康侯魏駟晉灼曰汦古柢字師古曰音直夷反〔補注〕先謙曰汦陵史表作波陵索隱漢表波作汦案晉注柢當爲汦與小司馬所見本異
以陽陵君侯
七年三月丙寅封十二年薨亡後

南郎侯起師古曰郎音貞說者云當爲鄭非也〔補注〕先謙曰索隱韋昭云郎音貞一音程李彤云河內有郎亭音頳起史失其姓
以信平君侯
三月丙寅封坐後父故削爵一級爲關內侯師古曰會於廷中而隨父失朝廷以爵之序故削爵也

黎頃侯召奴師古曰召平之子也召讀曰邵〔補注〕先謙曰黎東郡縣史表作黎通用字史表云以齊相召平子侯此顔注所本
以父齊相侯
十年四月癸丑封十一年薨
後五年侯瀆嗣三十五年薨〔補注〕先謙曰史表瀆作澤
元朔五年侯延嗣十九年元封六年坐不出持馬要斬戶千八百師古曰時發馬給軍匿而不出也〔補注〕錢大昭曰潛夫論黎陽侯邵延坐不出持馬身斬國除是其事也黎作黎陽召作邵則傳訛之誤耳

鉼侯孫單師古曰鉼音步丁反〔補注〕先謙曰鉼瑯邪縣國除後以封菑川靖王子成史表鉼作鉼單作鄲
父卬以北地都尉匈奴入力戰死事子侯
十四年三月丁巳封十二年孝景前三年坐反誅

弓高壯侯韓隤當〔補注〕先謙曰弓高信都縣亦見濁漳水注韓王信傳晉灼注同索隱漢表在營陵此奪營陵二字闕本官本有史表壯作莊非若是莊班書已改顯矣
以匈奴相國降侯故韓王子〔補注〕先謙曰史表千二百一十七戶
十六年六月丙子封
不得子嗣侯者年名〔補注〕錢大昭曰史記以則爲穎當子此以則爲穎當孫故云先謙曰史漢本傳並云傳子主孫孫無子失侯則此表是也
元朔五年侯則嗣薨亡後
[illegible]

按道 元封元年五月己卯，愍侯說以横海將軍擊東越侯，十九年爲衞太子所殺。〔補注〕錢大昭曰史表作元鼎六年蓋此紀受封之時表擊出兵之候故不同先謙曰史表已卯作丁卯

延和三年，侯興嗣，四年，坐祝詛上要斬。〔補注〕沈欽韓曰說文征亦作延故延和誤爲延和先謙曰史表興嗣作長代

後元元年，〔補注〕錢大昭曰侯上脫安字本傳有諡 侯曾以興弟紹封，龍額三十一年薨。曾本紀及韓王信傳作增此誤

五鳳元年，〔補注〕宋一新曰增以五鳳二年薨見宣紀信傳及公卿表其子無繇以元年嗣侯元乃三字之誤 思侯寶嗣，鴻嘉元年薨，亡後。

齊〔補注〕先謙曰按道見志

侯敞弓嗣，〔補注〕先謙曰敞弓傳作持弓官本脫弓字 六世，王莽敗絕。

元封元年，〔補注〕先謙曰據增傳此已入成帝時元封蓋元延之誤共傳作岑 節侯共以寶從父昆弟紹封。

襄城哀侯韓嬰 以匈奴相國降侯，〔補注〕先謙曰史表千四百三十二戶 二千戶。韓王信太子之子。 六月丙子封，七年薨。

後七年，侯釋之嗣，三十一年，元朔四年，坐詐疾不從，耐爲隸臣。〔補注〕周壽昌曰史表不有之字不從下有敬二字是也是年上行幸甘泉詐病不從往先謙曰史表釋作譯字通

魏〔補注〕先謙曰韓王傳晉灼注引表同襄城潁川縣非魏郡史表城作成通用字

故安節侯申屠嘉〔補注〕先謙曰故安涿郡縣亦見易水注 孝文二年，舉淮陽守從高祖功，食邑五百戶，用丞相侯，〔補注〕宋一新曰據紀傳舉高祖功臣爲關內侯乃孝文元年事表差一年史表亦作元年則此二字譌先謙曰史表侯一千七百十二戶 後三年四月丁巳封，七年薨。

孝景前三年，侯共嗣，二十二年薨。〔補注〕沈欽韓曰史表作共侯蔑此譌脫

元狩三年，侯臾更封，五年，元鼎元年，坐爲九江太守受故官送，免。〔補注〕先謙曰史表元狩二年安侯臾元年此表云更封上格當有傍安二字而傳寫脫之也二三互異閩本官本俱有滿安二字封城未詳

右孝文十人。軑、鄎、周陽三人在外戚，管、氏、營丘、營平、陽虛、楊丘、朸、安都、平昌、武成、白石、阜陵、安陽、陽周、東城十四人在王子，凡二十七人。師古曰：「鄎音一戶反，又音於庶反。今書本有鄎字者誤。」〔補注〕錢大昕曰：王子侯表管一國，氏丘一國，營平一國，此氏下多營字。先謙曰：官本又下無音字。

高惠高后文功臣表第四終

漢　蘭　臺　令　史　班　固　撰

唐正議大夫行祕書少監琅邪縣開國子顏師古　注

賜進士出身前翰林院編修國子監祭酒加三級臣王先謙補注

昔書稱蠻夷帥服，師古曰：舜典之辭也。言王者德澤廣被，則四夷相率而降服也。詩云徐方既倈，師古曰：大雅常武之詩曰「王猷允塞，徐方既倈」。言周之王道信能充實，則徐方淮夷竝來朝也。倈，古來字。春秋列潞子之爵，應劭曰：潞子離狄內附，春秋嘉之，稱其爵列。許其慕諸夏也。應劭曰：諸盟會也。師古曰：潞音路。補注 先謙曰：官本注會下有開字。漢興至于孝文時，乃有弓高、襄城之封，師古曰：弓高侯穨當，襄城侯桀龍，皆從匈奴來降而得封也。補注 齊召南曰：此襄城侯封於文帝十六年，即韓王信太子之子韓嬰，與韓穨當並時來降，一封弓高，一封襄城者。顏以武帝所封襄城侯桀龍當之，誤。雖自外倈，本功臣後，故至孝景始欲侯降者，丞相周亞夫守約而爭。應劭曰：景帝欲封王皇后兄信，亞夫對高祖之約，非功臣不侯也。師古曰：景帝欲封匈奴降者徐盧等，而亞夫爭之，以為不可，今表所稱，蓋謂此耳，不列王信事也。應說失之。帝黜其議，初開封賞之科，師古曰：不從亞夫之言，竟封也。又有吳楚之事，武興胡越之伐，將帥受爵，應本約矣。師古曰：應高祖非有功不得侯之約。後有承平，補注 錢大昭曰：南監本、閩本作世。先謙曰：官本作世。頗有勞臣，輯而序之，續元功次云。師古曰：輯與集同。元功，謂佐興其帝業者也。補注 何焯曰：是以應本約，故亦謂之功臣。表可續元功之次，元功即高惠高后孝文功臣所謂以昭元功侯籍者也。

號謚姓名	功狀戶數	始封	子	孫	曾孫	玄孫
俞侯欒布 師古曰俞音輸。補注 先謙曰俞即鄃，清河縣，先封呂它。	以將軍吳楚反擊齊侯。補注 錢大昭曰史表戶千八百。	六年四月丁卯封，六年薨。補注 先謙曰賁以中六年嗣，則布當作七年薨，六字誤。	中六年，侯賁嗣，二十二年，元狩六年坐為太常雜犧牲不如令免。[illegible]			
建陵哀侯衛綰 補注 先謙曰建陵東海縣，後封魯孝王子遂。	以將軍擊吳楚用中尉侯。補注 錢大昭曰史表戶千三百一十。	四年丁卯封，二十一年薨。補注 先謙曰四年當為四月，官本不誤，史表同。	元光五年，侯信嗣，十八年，元鼎五年坐酎金免。			
建平敬侯程嘉 補注 先謙曰史表作哀侯。建平沛郡縣，先封周開方，後封杜延年。	以將軍擊吳楚用江都相侯。補注 錢大昭曰戶三千百五十。	四月丁卯封，十八年薨。	元光二年，節侯橫嗣，一年薨。	三年，侯回嗣，四年薨，亡後。		
平曲侯公孫渾邪 師古曰渾音胡溫反，字或作昆，又作混，其音同。補注 先謙曰平曲東海縣，國除後封周堅。案隱漢表在高城，此下奪高城二字，韵錯。李廣傳及史表作昆邪。	以將軍擊吳楚用隴西太守侯。補注 錢大昭曰戶三千二百二十。	四月己巳封，五年，中四年有罪免。	南窌譬屠[illegible]反 元朔五年四月丁卯，侯賀以將軍擊匈奴得王，侯十二年，元鼎五年坐酎金免。補注 先謙曰史表丁卯作丁未，將軍上有騎字。	葛繹 補注 錢大昭曰東海下邳葛嶧山在西，見地理志，此取山以名。闕 太初二年，侯賀復以丞相封，三年，延和二年以子敬聲有罪下獄死。師古曰延亦征字也。補注 先謙曰史表二年下有三月丁卯四字，獲誤為復，官本不誤。延乃征之譌。		

江陽康侯蘇息 補注錢大昭曰索隱云江陽在東海。元鳳六年封城陽頃王子仁爲江陽侯，下亦注東海，然東海無江陽，疑爲有江陽武帝建元六年始開時尚未有也。史記作江陽，齊郡縣，戶二千五百四十七。先謙曰史表作蘇嘉，江水注同。

以將軍擊吳楚用趙相侯。

中二年四月乙巳封八年薨。補注王念孫曰此格當有四月壬申封二年薨八字。史表六年四月壬寅康侯蘇嘉元年，是其證。諡子孫曾俱當遷下一格。先謙曰徐廣云一作哀侯。

建元二年侯朋嗣十六年薨。補注先謙曰史表二作三，朋作明。

元朔六年侯雕嗣十一年元鼎五年坐酎金免。

遽侯橫 師古曰史失其姓，它皆類此。補注先謙曰索隱漢表遽鄉名，在常山，此表無之，且漢表無注鄉名之例，索隱誤。王子侯有遽鄉侯，宜然則以遽鄉立縣也。

父建德以趙相不聽王遂反死事子侯千百七十戶。補注先謙曰史表一百作九百。

中二年四月乙巳封六年後二年有罪棄市。補注周壽昌曰史表但云國除。朱一新曰四月乙巳，景紀作九月乙巳，史表誤己巳。

新市侯王棄之 補注先謙曰史表棄之作康。新市，鉅鹿縣。後封廣川繆王子吉。

父悍以趙內史王遂反不聽死事子侯。補注先謙曰史表悍作慎，兩見。戶一千十四。

四月乙巳封八年薨。

殤侯始昌嗣元光四年爲人所賊殺。補注錢大昭曰史表作後元元年嗣。

商陵侯趙周 補注先謙曰索隱漢表在臨淮，此縣無注，二字地志無，臨淮無商陵。錢大昭云史記申屠嘉傳作高陵侯，瑯邪時高陵侯尚在，以封周。

父夷吾以楚太傅王戊反不聽死事子侯。補注錢大昭曰史表戶千四十五。

四月乙巳封三十六年元鼎五年坐爲丞相知列侯酎金輕下獄自殺。補注朱一新曰紀作九月，下張當居同。

山陽侯張當居 補注先謙曰山陽，河內縣。

父尚以楚相王戊反不聽死事子侯。補注錢大昭曰史表戶千一百二十四。

四月乙巳封二十四年元朔五年坐爲太常擇博士弟子故不以實完爲城旦。補注先謙曰史表擇作程。

安陵侯于軍 補注錢大昭曰潁川鄢陵，李奇云六國時曰安陵。汝南邵陵亦有安陵鄉。

以匈奴王降侯千五百五十戶。補注先謙曰史表五十作一十七。

中三年十一月庚子封十三年建元六年薨亡後。

桓侯賜 補注先謙曰史表作垣，索隱縣屬河東。聖水注以爲涿郡之垣縣。

以匈奴王降侯。

十二月丁丑封。補注先謙曰史表六年賜死不得嗣。

遒侯陸彊 師古曰遒即古遒字，音子修反。涿郡之縣。補注先謙曰亦見巨馬水注，陸作陸，史表遒作遒陸，亦作隆，則陸爲誤字。

以匈奴王降侯千五百七十戶。補注先謙曰史表七十作六十九。

十二月丁丑封。

侯則嗣孝武後元年坐祝詛上要斬。補注先謙曰史表云侯則使巫齊少君祠祝詛上，徐廣云漢書云武後二年，則徐所見本作二，不作元。

容城攜侯徐盧 補注[illegible]
以匈奴王降侯七百戶
十二月丁丑封七年薨
建元二年康侯繼嗣十四年薨 補注周壽昌曰史表繼作綽
元朔三年侯光嗣四十年後元二年坐祝詛上要斬

翕侯僕黚 [illegible]
以匈奴王降侯千一百十戶
十二月丁丑封六年後三年薨亡後

范陽靖侯范代 補注先謙曰易水注代上無范字疑范字緣上范字而誤衍匈奴不得有范姓也史表作端侯代而亦無范字
以匈奴王降侯六千二百戶 補注先謙曰史表戶千一百九十七
十二月丁丑封十四年薨
元光二年懷侯德嗣四年薨亡後
元始二年玄孫政詔賜爵關內侯
涿郡 補注先謙曰范陽見志亦見易水注

翕侯邯鄲
以匈奴王降漢 補注先謙曰漢當爲侯官本不誤史表同
十二月丁丑封六年元光四年坐行來不請長信免 如淳曰長信宮太后所居也師古曰請謁也補注周壽昌曰請朝也春曰朝秋曰請蘇輿曰六年上奪十字
內黃 補注先謙曰索隱引漢表同內黃魏郡縣翕蓋分置國除後封趙信

亞谷簡侯盧它之 [illegible]
以匈奴東胡王降侯故燕王綰子千戶 補注先謙曰史表作千五百戶
中五年四月丁巳封一年薨
後元元年侯種嗣七年薨 補注蘇輿曰後下衍元字先謙曰史表作安侯
建元五年康侯漏嗣七年薨 補注先謙曰史表五作元漏作偏
元光六年侯賀嗣三十九年延和二年坐受衞太子節掠死 師古曰以衞太子擅發兵而賀受其節擬有反心故見考掠而死也補注先謙曰官本擬作疑

塞侯直不疑 補注錢大昭曰傳謚信侯史表戶千四十六
以御史大夫侯前有將兵擊吳楚功
後元年八月封六年薨
建元四年康侯相如嗣十二年薨
元朔四年侯堅嗣十三年元鼎五年坐酎金免 補注先謙曰傳堅作彭祖

右孝景十八人平陸休沈猷紅宛朐棘樂乘氏桓邑八人在王子魏其蓋二人在外戚隆慮一人隨父凡二十九人 師古曰據楚元王傳云休侯富免侯後更封爲紅侯而下子侯表但云休侯富雖述重封又無紅邑其數止七人然此表乃以休及紅列爲二數又稱八人在王子侯是則此表爲誤也補注錢大昕曰案外戚恩澤侯表尚有章武侯竇廣國南皮侯竇彭祖二人

翕侯趙信
以匈奴相國降侯元朔二年擊匈奴功益封千六百八十戶 補注先謙曰史表無國字是官本考證云三年譌二年應從宋本改正先封[illegible]
元光四年十月壬午封六年元朔六年爲右將軍擊匈奴兵敗降匈奴 補注蘇輿曰六年當爲九年先謙曰十月史表作七月右當爲前見衞青及本傳史表不誤
內黃

特轅侯樂
以匈奴都尉降侯，六百五十戶。
元朔元年後九月丙寅封，十三年，元鼎元年薨，亡後。補注蘇輿曰元朔元年史表作元光六年。
南陽 補注先謙曰史表作持裝，索隱漢表裝作轅，在南陽。據此，上一字小司馬所見本無異，今則爲持爲特，莫能定其是非矣。

親陽侯月氏 師古曰氏音支
以匈奴相降侯，六百八十戶。
元朔二年十月癸巳封，五年坐謀反入匈奴，要斬。補注錢大昭曰閩本無元朔二字是。
舞陽 補注先謙曰親與轅同。舞陽潁川縣。王念孫云陽當作陰。地理志水經注言瀙水出南陽舞陰縣，此侯封在瀙水之北，瀙水之南故曰舞陽，而其地則分自舞陰也。舞陽與瀙水皆在舞水南，舞陰在舞水北，則舞陰之不爲舞陽審矣。

若陽侯猛
以匈奴相降侯，五百三十戶。
十月癸巳封，五年坐謀反入匈奴，要斬。
平氏 補注先謙曰平氏南陽縣。

平陵侯蘇建
以都尉從補注先謙曰蘇建傳作校尉，史表作都尉。車騎將軍擊匈奴功侯，元朔五年用游擊將軍從大將軍益封，凡千戶。
三月丙辰封，六年坐爲前將軍與翕侯信俱敗，獨身脫來歸，當斬，贖罪，免。補注先謙曰史表三月作二月，前作右。
武當 補注先謙曰武當南陽縣。平陵蓋分置，後封范明友。

岸頭侯張次公
以都尉從車騎將軍擊匈奴侯，從大將軍益封，凡二千戶。
五月己巳封，五年，元狩元年坐與淮南王女陵姦，受財物，免。師古曰陵淮南王安女名也。補注先謙曰五月己巳史表作六月。
皮氏 補注先謙曰皮氏河東縣，岸頭蓋分置。

涉安侯於單
以匈奴單于太子降侯。
三年四月丙子封，五月薨，亡後。補注朱一新曰五月史表作五年，以匈奴傳核之，史誤。

昌武侯趙安稽 補注周壽昌曰昌武各本作武昌，史表同，惟毛本作昌武。昌武膠東縣，武昌不見志。先謙曰官本作昌武，從同爲是，分自舞陽，國除省併耳。史表諡堅侯，此奪諡。
以匈奴王降侯，以昌武侯從驃騎將軍擊左王，益封。補注先謙曰史表作左賢王，此省文，下同。
四年七月庚申封，二十一年薨。
太初元年，侯充國嗣，四年薨，亡後。
舞陽

襄城侯桀龍 師古曰此龍蓋匈奴名耳，而說者以爲龍桀，非也。補注先謙曰史表作無龍，兩見，一云乘龍，小司馬亦未言漢表所作。乘桀二字形近易譌，顏注此下脫桀字。
以匈奴相國降侯，四百戶。
七月庚申封，三十二年，與浞野侯俱戰死事。
太初三年，侯病已嗣，十五年，後二年坐祝詛上，下獄瘐死。補注先謙曰後元二年或亦稱後二年，下並同。
襄垣 補注先謙曰索隱漢表作襄武侯，案韓嬰亦封襄城侯。地理志襄城在潁川，襄武在隴西，是所據漢書本與顏異，即表注襄垣二字小司馬亦未見也。襄垣上黨縣，蓋分置襄城而後併省，非潁川縣也。

號諡姓名	侯狀戶數	始封	地
安樂侯李蔡	以將軍再擊匈奴得王侯二千戶	四月乙巳封，六年，元狩五年，坐以丞相侵賣園陵道壖地，自殺。補注先謙曰：史表乙巳作丁未，丞相下作侵盜孝景園神道壖地。	昌　補注先謙曰：史表作樂安，索隱漢表作昌。地理志高昌縣在瑯邪，非蔡所封，安樂作樂安是也，濟水注可證。昌上有奪文。據濟水注，濟水自高昌還樂安而至博昌，是高昌、博昌並樂安鄰境，樂安殆分二縣地置，昌上字或高或博，難定。
合騎侯公孫敖	以護軍都尉三從大將軍擊匈奴至右王庭得王侯，元朔六年從大將軍益封，九千五百戶	以五年四月丁未封，至元狩二年，坐將兵擊匈奴與驃騎將軍期後，畏懦當斬，贖罪。師古曰：懦音乃喚反，又曰音而掾反。	高城　補注先謙曰：高城，勃海縣。沈欽韓云：一統志合騎城在天津府鹽山縣北七十五里，今譌為郛堤城。
軹侯李朔　師古曰：軹音只。	以校尉三從大將軍擊匈奴至右王庭得虜閼氏功侯　補注先謙曰：史表下有得王字，是。得虜文不成義。	四月乙卯封，六年，有罪，當免。補注蘇輿曰：六年當元狩四年，史表作元狩元年有罪國除。先謙曰：史表乙卯作丁未，當字衍，官本無。	西安　補注先謙曰：史表作涉軹，索隱漢表軹在西安，無涉字。地理志西安在齊郡，涉軹猶從索隱，然皆屬齊也，故王又有涉安侯。先謙案：衞青傳作涉軹，嘆之涉之誤，此皆當時析置侯國新命之名，國除併省，無可攷。今表作軹，證以衞傳及史表參文無疑。
從平侯公孫戎奴	以校尉三從大將軍擊匈奴至右王庭，為雁行上石山先登，侯，千一百戶	四月乙卯封，三年，元狩二年，坐為上黨太守發兵擊匈奴，不以聞，免。補注陳景雲曰：上黨乃內地，非邊郡，不與匈奴接壤，當從史表作上郡。	樂昌　補注先謙曰：樂昌，東郡縣，從平分置。

號諡姓名	侯狀戶數	始封	地
隨城侯趙不虞	以校尉三從大將軍擊匈奴，攻辰吾先登石纍，侯，七百戶。師古曰：辰吾山之上也，時匈奴軍在焉，山絕水曰纍，音盤。補注先謙曰：石纍，史表作吾累，索隱漢表辰吾地名，漢表作纍。沈欽韓云：纍盤音同，金城郡浩亹水亦曰閤門河。	四月乙卯封，三年，元狩二年，坐為定襄都尉，匈奴敗太守，以聞非實，謾，免。師古曰：謾，誑也，音漫。	千乘　補注先謙曰：史表作隨成，成城通用。衞青傳亦作成。千乘，千乘縣。
博望侯張騫　補注先謙曰：據志本南陽犨之博望鄉，分為縣，騫免侯，後封許舜。	以校尉數從大將軍擊匈奴，知水道，及前使絕國大夏，侯。補注先謙曰：道水當作水道，史表不誤。	六年三月甲辰封，元狩二年，坐以將軍擊匈奴畏懦，當斬，贖罪，免。	
眾利侯郝賢　師古曰：郝音呼各反，又音式亦反。	以上谷太守四從大將軍擊匈奴，首虜千級以上，侯，千一百戶	五月壬辰封，三年，元狩二年，坐為上容太守入戍卒財物計謾，免。師古曰：上財物之計簿而欺謾不實。補注錢大昭曰：閩本容作谷。先謙曰：史表容作谷，戍守作戍卒，計上有上字，是。官本谷卒二字不誤。	姑莫　補注先謙曰：索隱漢表在陽城姑莫。案霍去病傳作終利，眾終古通用，陽城二字衍。國除後封伊即軒，姑莫作姑幕，瑯邪縣，此眾利縣析姑莫置也。
潦悼侯王援訾　補注先謙曰：史表援作煖，下有潦侯次公，潦潦一地，故並注舞陽。	以匈奴趙王降，侯，五百六十戶	元狩元年七月壬午封，二年薨，亡後。	舞陽

從票侯趙破奴	宜冠侯高不識	煇渠忠侯僕朋	下摩侯謼毒尼
師古曰票音頻妙反補注先謙曰史表作從驃因從驃騎得功故以名其侯國		師古曰煇音許圍反補注先謙曰史表作僕多衛青傳同朋多形近而譌	師古曰謼字與呼同補注先謙曰史表摩作麾謼作呼
以司馬再從驃騎將軍擊匈奴得兩王千騎侯二千戶補注先謙曰史表作得兩王子騎將功侯此表于誤千又奪將字	以校尉從驃騎將軍再擊匈奴侯千一百戶故匈奴歸義	以校尉從驃騎將軍再出擊匈奴得王侯從驃騎將軍虜五王益封故匈奴歸義	以匈奴王降封七百戶補注蘇輿曰封疑作侯
二年五月丙戌封九年元鼎五年坐酎金免元封三年以匈奴河將軍擊樓蘭封浞野侯五年太初二年以浚稽將軍擊匈奴為虜所獲軍沒補注先謙曰史表丙戌作丁丑匈河無奴字是武紀匈奴傳衛霍傳俱無此衍依本書志例浞野二字當移於上方此誤	五月庚戌封四年坐擊匈奴增首不以實當斬贖罪免師古曰增加所獲首級之數也補注先謙曰五月庚戌史表作正月己亥	二年二月乙丑封八年薨補注朱一新曰二月似當作五月蘇輿曰上已出二年此二年二字當衍	六月乙亥封九年薨
		元鼎四年侯雷電嗣二十二年延和三年以五原屬國都尉與貳師將軍俱擊匈奴沒補注周壽昌曰雷電匈奴傳注作雷屬國都尉傳作扶駐都尉先謙曰史表無雷字延當爲征下並同	元鼎五年煬侯伊即軒嗣師古曰軒音居言反
			侯冠支嗣神爵三年詔居弋居山坐將家屬闌入惡師居免師古曰惡師地名有官所置居室補注陳景雲曰惡師烏孫國中地名見常惠傳謂違詔而擅家擅居惡師地也馬孫壁附漢然未嘗郡縣其地安得有設官實空事顏注未當
	補注先謙曰昌 昌 昌琅邪縣	補注先謙曰 魯陽 魯陽南陽縣	補注先謙曰 猗氏 猗氏河東縣

前漢十七 十一

濕陰定侯昆邪	煇渠慎侯應疕	河綦康侯烏黎	常樂侯稠雕
師古曰濕音吐合反昆音胡門反補注先謙曰史表昆作渾	師古曰疕音疋履反補注先謙曰史表作悼侯扁訾凡兩見索隱作悼侯應庀庀作疕諡爲必二反先謙案據此本表慎乃悼之譌疕亦不從疒作疕去病傳作雁庇	補注先謙曰史表作烏犁索隱犁漢書作黎與顏注所見本異	補注先謙曰史表侯上多肥字索隱漢書衛青傳作雕離錢大昭云去病傳作調雖注云功臣表作稠雕又與今本不同
以匈奴昆邪王將衆十萬降侯萬戶	以匈奴王降侯	以匈奴右王與渾邪降侯六百戶	以匈奴大當戶與渾邪降侯五百七十戶師古曰當戶匈奴官名也
三年七月壬午封四月薨	七月壬午封五年元鼎三年薨亡後	七月壬午封六年薨	七月壬午封十八年薨
元鼎元年魏侯蘇嗣十年元封五年薨亡後補注朱一新曰四月當作四年補注先謙曰索隱諡法克捷行軍曰魏		元鼎三年侯餘利鞮嗣四十二年本始二年薨亡後師古曰鞮音丁奚反	太初三年侯廣漢嗣六年太始元年薨亡後
補注先謙曰史表作濕陰平原縣亦見河水注濕讀字當作漯去病傳亦作漯 平原	補注先謙曰吳[illegible]曰[illegible]多所封則作煇渠應庀所封則作渠二者當爲名在魯陽今並作煇渠也索隱表及傳亦作煇孔文祥云同是元狩中封則邑分封二人也[illegible]爲[illegible]據索隱[illegible]孔說非也一邑分封二人而又同地名何以區別[illegible]所見作[illegible]之本必[illegible]之表見錢大昕說[illegible] 魯陽	濟南	濟南

前漢十七 十二

邳離侯路博德	以右北平太守從票騎將軍擊左王得重會期虜首萬二千七百人侯千六百戶 師古曰得重得輜重也會期不失期也〔補注〕先謙曰史表左作右得作將索隱將字上屬重者再也會期言再赴期將去聲重平聲與顏注各依文釋之虜首當作首虜史表不誤	四年六月丁卯封十五年太初元年坐見知子犯逆不道罪免				朱虛 〔補注〕先謙曰史表作符離與本傳合索隱但言志屬沛縣亦未引表注此邳離及注朱虛二字疑皆傳寫之誤也
義陽侯衛山	以北地都尉從票騎將軍擊匈奴得王侯千一百戶 〔補注〕先謙曰史表作擊左王得王	六月丁卯封二十六年太始四年坐殺人誣告眾利侯當時棄市罪獄未斷病死 〔補注〕先謙曰史表伊卽軒子				平氏 〔補注〕先謙曰食南陽平氏義陽因鄉爲侯國亦見淮水注後封傅介子魏文帝復置義陽縣見元和志
杜侯復陸支	以匈奴歸義因孰王從票騎將軍擊左王以少破多捕虜三千一百侯千三百戶 〔補注〕錢大昭曰史表杜作壯按宣紀霍光傳並作杜侯作壯誤 〔補注〕先謙曰史表孰作湻與去病傳合此誤三千作二千	六月丁卯封五年薨	元鼎三年侯偃嗣	侯屠耆嗣 〔補注〕齊召南曰宣紀作屠耆堂疑脫堂字先謙曰齊說非也彼堂字衍詳紀	侯宣平嗣	侯福嗣河平四年坐非子免 重平 〔補注〕先謙曰史表重平作東平誤也東平國名重平勃海縣
眾利侯伊卽軒	以匈奴歸義樓剸王從票騎將軍擊左王手劍合侯千一百戶 師古曰軒音居言反〔補注〕先謙曰史表侯上有貫字先封郝賢 師古曰手用劍而合戰也剸音專又音之兗反〔補注〕先謙曰史表左作右手下有自字索隱手自劍合謂手劍其王而合戰	六月丁卯封十四年薨	元封六年侯當時嗣	侯輔宗嗣始元五年薨亡後 〔補注〕先謙曰上眾利侯稱疑下姓注姑與諸姑幕並琅邪縣此縣析自姑幕後併入諸縣並改眾利爲諸也武帝女諸邑公主見本紀在始元五年前是爲諸縣非始元時置之明證		

湘成侯敞屠洛	以匈奴符離王降侯千八百戶	六月丙子封七年元鼎五年坐酎金免 〔補注〕先謙曰史表丙子作丁卯				陽成 〔補注〕先謙曰疑與監居翁所封同而注曰陽成潁川汝南二郡俱有陽城說詳監居翁下
散侯董舍吾 〔補注〕先謙曰史表作董荼吾索隱劉氏荼音大姑反蓋誤其人名余吾余吾匈奴水名先謙案據此知所見漢表不作舍吾也	以匈奴都尉降侯千一百戶	六年丙子封十七年薨 〔補注〕先謙曰六年係六月之誤官本作六月史表作六月丁卯異	太初三年侯安漢嗣	侯賢嗣征和三年坐祝詛二下獄病死 〔補注〕先謙曰二係上之誤		陽成
臧馬康侯雕延年 〔補注〕先謙曰史表作延年兩見無雕字	以匈奴王降侯八百七十戶	六年丙子封五年薨亡後 〔補注〕先謙曰史表六年丙子作六月丁卯亡後作不得置後				朱虛 〔補注〕先謙曰朱虛琅邪縣
膫侯次公 師古曰膫音遼〔補注〕先謙曰膫卽膫也先封王援當史表膫作膫餘詳後舉取下	以匈奴歸義王降侯七百九十戶	元鼎四年六月丙午封五年坐酎金免				舞陽 〔補注〕先謙曰舞陽潁川縣

術陽侯建德	龍侯摎廣德 師古曰：摎音居虯反。補注先謙曰：案隱晉灼云：左傳齊侯圍龍，龍魯邑。史表龍作龍亢，蕭該云廣德所封止是龍，有亢者誤也。王念孫據史表史傳謂有亢字，是疑莫能定。	成安侯韓延年	昆侯渠復絫 師古曰：絫音力追反。補注先謙曰：索隱絫，彥音力委反。
以南越王兄越高昌侯侯，三千戶。	父樂以校尉擊南越死事，子侯，六百七十戶。補注先謙曰：史表樂作世樂。	父千秋以校尉擊南越死事，子侯，千三百八十戶。補注周壽昌曰：南越傳作故濟北相千秋。	以屬國大首渠擊匈奴侯。補注先謙曰：史表首作且，是。
五年三月壬午封，四年，坐使南海逆不道，誅。補注先謙曰：史表作有罪，國除。	三年壬午封，六年，坐酎金免。補注蘇輿曰：年當爲月，史表不誤。	三月壬午封，七年，元封六年，坐爲太常行大行令事留外國書一月，乏興，入穀贖，完爲城旦。師古曰：當有所興發，因其遲留，故闕之。補注先謙曰：史表午作子，非。延年後擊匈奴戰死，見李陵傳。	五月戊戌封。
			侯乃始嗣，地節四年薨，亡後。
下邳 補注先謙曰：下邳東海縣，地理志琅邪東莞下云術水南至下邳入泗，即沭水也。此縣分自下邳，而在術水之陽，故名。		郟 師古曰：音夾。補注先謙曰：成安、郟並屬潁川，成安，郟之鄉聚析置，故注曰郟。後昭帝以封郭忠，時爲縣已久，故彼注曰潁川。索隱志在陳留，誤。	鉅鹿

騏侯駒幾 師古曰：騏音其。補注先謙曰：史表一云騎幾。		梁期侯任破胡 補注先謙曰：梁期，魏郡縣。	膫侯畢取
以屬國騎擊匈奴，捕單于兄，侯，五百二十戶。		以屬國都尉閒出擊匈奴將軍累絺縵等，侯。師古曰：累音力追反，縵音莫漢反。補注先謙曰：史表將軍作得復。	以南越將軍降，侯，五百一十戶。補注先謙曰：史表無軍字。
五月壬子封。		五年辛巳封。補注先謙曰：史表作五年七月辛巳，此不書月，有誤。五年當爲五月，官本作五月。	六年三月乙酉封。
侯督嗣。補注錢大昭曰：公卿表建始元年騏侯駒普爲太常，數月免，普即督也。表不載薨年，史闕文。		侯當千嗣，太始四年，坐賣馬一匹賈錢十五萬，過平，臧五百以上，免。補注蘇輿曰：武紀元狩五年天下馬少，平牡馬匹二十萬。如淳云：貴平其賈以使人競畜此馬。其直故以過平罪之。文犯臧五百以上，免官也。	侯奉義嗣，後二年，坐祝詛上，要斬。
釐侯崇嗣，陽朔二年薨，亡後。	元延元年六月己未，侯詩以崇弟紹封，五百五十戶。		
北屈 補注先謙曰：騏、北屈並河東縣，據表，騏，北屈邑也。			南陽 補注先謙曰：史表屬[illegible]，索隱表在下邳，[illegible]以封次公，又封畢取。先謙案：以封年核之，則是一地。水表誤作縣，史表一作蹤，一作隙，傳寫有誤。[illegible]水表一注[illegible]，一注南陽[illegible]。川南陽[illegible]地近，據索隱先析自[illegible]而[illegible]南陽，故封畢取時[illegible]下邳，則[illegible]表。

將梁侯楊僕（補注）先謙曰中山靖王子朝國除更封詳彼注下	以樓船將軍擊南越椎鋒卻敵侯（補注）先謙曰史表椎作推是	三月乙酉封四年元封四年坐爲將軍擊朝鮮畏懦入竹二萬箇贖完爲城旦師古曰箇枚也音古賀反				
安道侯揭陽定師古曰揭音竭（補注）周壽昌曰史表作揭陽令定南越傳作史定疑史其姓或疑令史官名今此表明稱揭陽令則非令史矣	以南越揭陽令聞漢兵至自定降侯六百戶	三月乙酉封	侯當時嗣（補注）先謙曰後封中山靖王子侯延和四年坐殺人棄市			南陽
隨桃頃侯趙光	以南越蒼梧王聞漢兵至降侯三千戶	四月癸亥封薨	侯昌樂嗣本始元年薨嗣子有罪不得代			元始五年放以光玄孫紹封千戶（補注）先謙曰索隱表在南陽此奪南陽二字
湘成侯監居翁（補注）先謙曰南越傳作湘城城成字同索隱監官也居姓翁名	以南越桂林監聞漢兵破番禺諭甌駱民四十餘萬降侯八百三十戶（補注）先謙曰史表民作兵似誤	五月壬申封	侯益昌嗣五鳳四年坐爲九眞太守盜使人出買犀奴婢臧百萬以上不道誅			（補注）先謙曰索隱表在堵陽此奪堵陽二字閩本官本有睢水注食沛郡相縣疑未可據錢大昭云湘成卽敵屠洛所封彼注陽城此注堵陽或堵陽舊有陽城之名故王莽改堵陽曰陽城也

前漢十七　十七

海常嚴侯蘇弘（補注）先謙曰弘見南越傳	以伏波司馬得南越王建德侯	七月乙酉封七年太初元年薨亡後				（補注）先謙曰索隱漢表在琅邪此奪琅邪二字王子侯海常在琅邪
外石侯吳陽	以故東越衍侯佐繇王功侯千戶（補注）先謙曰史表佐繇王下有斬餘善三字是	元封元年正月壬午封九年薨	太初四年侯首嗣十四年後二年坐祝詛上要斬（補注）蘇輿曰後下當有元字後凡紀武帝年者並同			濟陽（補注）錢大昭曰閩本作濟南先謙曰兩粵傳外石作卯石史表作北石索隱漢表作外石在濟南今表作濟陽誤
下鄜侯左將黃同師古曰鄜音孚（補注）先謙曰史表亦作左將黃同索隱西南夷傳甌駱將左黃同則左是姓恐誤漢表云將黃同則左將是官不疑先謙案小司馬說是惟所見漢表奪左字至傳稱甌駱將左黃同誤以此表甌駱左將則傳文將左二字誤倒無疑	以故甌駱左將斬西于王功侯七百戶（補注）先謙曰官本考證云西于譌西干今改正	四月丁酉封	侯奉漢嗣後二年坐祝詛上要斬			南陽（補注）先謙曰下鄜史表作下酈南陽之酈縣亦見淯水注不當作鄜索隱漢表作鄜自唐已誤
繚嫈侯劉福師古曰繚音聊嫈音於耕反（補注）先謙曰索隱繚音繚繞之繚嫈字林音乙庚反西南夷傳音聊嫈先謙案顏讀繚爲聊卽依傳作音福見兩越傳故海常侯	以校尉從橫海將軍擊南越侯（補注）先謙曰史表南作東是此誤將軍下有說字	正月乙卯封二年有辠免（補注）先謙曰史表作五月				

前漢十七　十六

蘌兒嚴侯轅終古	開陵侯建成	臨蔡侯孫都	東城侯居股
師古曰蘌音御補注先謙曰案騶韋昭云蘌兒在吳越界今爲鄉史表嚴作莊兩粵傳蘌作語轅作根圖語何嚴之地北至於蘌兒在今嘉興府石門縣東南一里 以軍卒斬東越徇北將軍侯	補注先謙曰建成其故侯名其人名數見兩越傳 以故東粵建成侯與繇王斬餘善侯二千戶	補注先謙曰史表亦作孫都南粵傳云封爲臨蔡侯無孫都名未知孰是 以南粵郎漢軍破番禺爲伏波得南粵相呂嘉侯千戶	補注先謙曰史表作居服 以故東粵繇王斬東粵王餘善侯萬戶
閏月癸卯封六年太初元年薨亡後 補注先謙曰徐廣云閏四月	閏月癸卯封	閏月癸卯封	閏月癸卯封二十年延和三年坐衞太子舉兵謀反要斬
	侯祿嗣延和三年坐舍衞太子所私幸女子又祝詛上要斬師古曰舍謂居止也	侯襄嗣太初元年坐擊番禺奪人掠虜死	
	臨淮 補注先謙曰開陵見志建成國除後封成娩彼雖不得封年然坐衞太子事得罪者不得至征和三年也上格三蓋二之誤	河內	九江 補注先謙曰東城見志先封淮南厲王子良東越傳作東成

無錫侯多軍	涉都侯喜	平州侯王唊	荻直侯韓陶
以東粵將軍漢兵至棄軍降侯千戶	補注先謙曰史表侯上有中字嘉作喜兩見沔水注亦作嘉喜字誤 以父棄故南海太守漢兵至以越邑降子侯二千四十戶	如淳曰唊音頰補注先謙曰史表無王字唊見朝鮮傳平州先封昭涉掉尾 以朝鮮將漢兵至降侯千四百八十戶	師古曰荻音狄苴音七余反補注錢大昭曰南監本閩本直作苴先謙曰史表直作苴陶作陰嫌顏注本作苴表元作苴傳寫誤之也朝鮮傳作秋苴秋又荻形近之譌 以朝鮮相將漢兵圍之降侯五百四十戶師古曰爲朝鮮相而將朝鮮兵
元年封 補注先謙曰史表亦閏月日	元年封八年太初二年薨亡後 補注先謙曰二年史表作三年	三年四月丁卯封四年薨亡後	四月丁卯封十九年延和二年薨封終身不得嗣
侯卯嗣延和四年坐與歸義趙文王將兵追反虜到弘農擅棄兵還贖罪免			
會稽 補注先謙曰無錫見志	南陽 補注先謙曰續志南陽筑陽有涉都鄉此分置縣後仍併入	梁父	勃海

讟清侯參
師古曰讟音獲又音胡卦反
以朝鮮尼谿相使人殺其王右渠降侯千戶
六月丙辰封十一年天漢二年坐匿朝鮮亡虜下獄病死
齊
補注先謙曰此縣名讟清而屬齊郡讟詳淄水注

騠茲侯稽谷姑
師古曰騠音大奚反
以小月氏右苴王將衆降侯千九百戶
師古曰苴音子余反補注先謙曰史表作若
四年十一月丁未封三年太初元年薨亡後
補注先謙曰史表丁未作丁卯
琅邪

浩侯王恢
以故中郎將將兵捕得車師王侯
正月甲申封一月坐使酒泉矯制害當死贖罪免
如淳曰律矯詔大害要斬有矯詔害矯詔不害補注先謙曰史表云四年四月封凡三月是此表一月當作三月

瓡讘侯杆者
師古曰瓡讀與狐同讘音之涉反補注先謙曰史表作扞者扞音烏亦音汗明此表作杆為誤字
以小月氏王將軍衆千騎降侯七百六十戶
正月乙酉封二年薨
六月侯勝嗣五年天漢二年薨亡後
補注蘇輿曰據上二年及此五年推之為天漢二年勝嗣當在元封六年月字誤史表正作六年
制所幸封不得嗣
河東
補注先謙曰地志河東有狐讘縣說文同瓡讘字

幾侯張路
師古曰路音格又音各
補注先謙曰朝鮮傳作幾侯長不名張路
以朝鮮王子漢兵圍朝鮮降侯
三年癸未封六年使朝鮮謀反格死
補注先謙曰三年當為三月史表不誤又無格字疑上格字錯入衍文
河東

涅陽康侯最
以父朝鮮相路人漢兵至首先降道死子侯
三月壬寅封五年太初元年薨亡後
補注蘇輿曰自元封四年至太初元年止三年五字誤
齊
補注先謙曰涅陽南陽縣非齊也先封齊後索隱引表注同其叢已久

海西侯李廣利
補注先謙曰東海有海西縣海出之誤說見志
以貳師將軍擊大宛斬王侯八千戶
太初四年四月丁巳封十一年延和三年擊匈奴兵敗降

新時侯趙弟
以貳師將軍騎士斬郁成王首侯
師古曰郁成西域國名也補注先謙曰是郁傳寫之誤顏注不誤官本作郁
四月丁巳封七年太始三年坐為太常鞠獄不實入錢百萬贖死而完為城旦
[illegible]
齊

承父侯續相如

以使西域發外王子弟誅斬扶桑王首虜二千五百人侯千百五十戶

太始三年五月封五年延和四年四月癸亥坐賊殺軍吏謀入蠻夷祝詛上要斬

補注先謙曰後作承父侯注東萊實一地也此征和四年四月誅後四年三月封則相如得罪在三月前矣

東萊

開陵侯成娩

師古曰娩音免又音免補注先謙曰開陵臨淮縣建成開陵更封表不得封年核建成得罪此封在征和二年成娩見匈奴西域傳

以故匈奴介和王將兵擊車師不得封年 補注錢大昭曰不下四字當下一格蘇輿曰擊車師下當有侯字

侯順嗣

質侯褒嗣薨亡後

元延元年六月乙未釐侯級以褒弟紹封千二十戶

侯參嗣王莽敗絕 補注先謙曰官本殿此格

秺侯商丘成

如淳曰秺音嫁鄧反補注先謙曰成及通建並見劉屈氂傳

以大鴻臚擊衛太子力戰亡它意侯二千一百二十戶 補注先謙曰屈氂傳成以擒反將張光侯

延和二年七月癸巳封四年後二年坐為詹事侍祠孝文廟醉歌堂下曰出居安能鬱鬱大不敬自殺 補注先謙曰公卿表成坐祝詛自殺與此異且成以征和二年為御史大夫此云大鴻臚[illegible]表誤

補注先謙曰秺見志

濟陰

後封金日磾

重合侯莽通

以侍郎發兵擊反者如侯侯四千八百七十戶

七月癸巳封四年後二年坐發兵與衛尉潰等謀反要斬 補注先謙曰武紀作何羅後元年坐作亂先謙曰上書二年後元年紀在後元年下是則反誅亦不能遲至後二年當云後元年衛尉潰或作元衛尉徇表不書衛尉潰弟亦衛尉不得為莽通屬

補注先謙曰

勃海

重合見志

德侯景建

以長安大夫從莽通共殺如侯得少傅石德侯三千七百三十五戶

七月癸巳封四年後二年坐共莽通謀反要斬

補注先謙曰志不載

濟南

先封高帝見子廣

題侯張富昌

補注先謙曰題縣名富昌壽幷見戾太子傳

以山陽卒與李壽共得衛李侯八百五十八戶 補注先謙曰官本考證云監本侯字從朱本秦李乃太子二字合誤一字官本作太子是獲反者謂之役詳戾太子傳

九月封四年後二年四月甲戌為人所賊殺

鉅鹿

邘侯李壽

師古曰邘音于

以新安令史得衛太子侯一百五十戶

九月封三年坐為衛尉居守擅出長安界送海西侯至高橋又使吏謀殺方士不道誅之 補注先謙曰李廣利征和作伍邪壽不當書

補注先謙曰邘地屬河內

河內

然王縣亦見沁水注

轑陽侯江喜 師古曰轑音聊補注先謙曰喜及不害昌俱見田廣明傳史表作江德公卿表褚少孫補史記洪水注同明喜字誤	以圉嗇夫捕反者故城父令公孫勇侯千一百二十戶師古曰圉淮陽縣也	二年十一月封 補注錢大昕曰不書月闕文沈欽韓曰昭紀孝文廟火太常轑陽侯德免爲庶人曰爲庶人則不獨免官並奪爵矣中間宜有遷事而表不載不然彼紀衍爲庶人三字也	六年侯仁嗣永光四年坐使家丞上書遝印符隨方士免 補注朱一新曰方士張宗也事見郊祀志符者所剖之符也			清河 補注先謙曰史表作潦陽索隱潦音遼漢表在清河不言此作轑陽是所見本與顏異
當塗康侯魏不害	以圉守尉捕反者淮陽胡倩侯聖與議定策益封凡二千二百戶 補注先謙曰霍光傳作聖宣紀作當塗侯平疑有二名史表作捕淮陽反者公孫勇等下同	十一月封薨 補注錢大昭曰天漢四年爲左馮翊	愛侯聖嗣	刺侯楊嗣	戴侯面嗣	侯堅居嗣居攝二年更爲翼漢侯王莽篡位爲翼新侯莽敗絕 九江 補注先謙曰當塗見志
蒲侯蘇昌	以圉小史捕反者故越王子鄒起侯千二十六戶 補注周壽昌曰田廣明傳昌亦以捕公孫勇侯史褚表同	十一月封	侯夷吾嗣鴻嘉三年坐婢自贖爲民後略以爲婢免			琅邪
丞父侯孫王	以告反者太原白義等侯千一百五十戶	四年三月乙酉封三年始元元年坐殺人會赦免				東萊 補注先謙曰前承父亦注東萊承丞一也續相如國除更封

右孝武七十五人武安周陽長平冠軍平津周子南樂通牧丘富民九人在外戚恩澤南奅龍額宜春陰安發干五人隨父凡八十九人王子不在其中

秺敬侯金日磾 補注先謙曰秺濟陰縣亦見酈子河注史表漢書音義云在濟陰成武先封商丘成	以駙馬都尉發覺侍中莽何羅反侯二千二百一十八戶	始元二年丙子封一日薨 補注朱一新曰當作始元元年九月封昭紀可據日磾以元年薨見昭紀公卿表不得至二年	始元二年侯賞嗣四十二年薨亡後 補注先謙曰據傳謚節侯史表賞作弘	孫	元始四年侯常以日磾曾孫紹侯千戶王莽敗絕	
建平敬侯杜延年	以諫大夫告左將軍等反侯二千戶以太僕與大將軍先定策益封三千三百六十戶 補注朱一新曰據傳三千當作二千先謙曰官本作二千	元鳳元年七月甲子封二十八年薨 補注朱一新曰昭紀作十月據紀及燕王旦傳上官桀等誅在九月則延年等無緣以七月先封然據紀八月乙亥晦日有食之推十月無甲子所當闕疑下同	甘露二年孝侯緩嗣十九年薨	竟寧元年荒侯業嗣三十四年薨	元始二年侯輔嗣	侯憲嗣建武中以先降梁王不得代 濟陽 師古曰梁王劉永也補注先謙曰建平沛郡縣非濟陽
宜城戴侯燕倉	以假稻田使者先發覺左將軍桀等反謀告大司農敞侯侯安削戶六百定七百戶 補注先謙曰史表作以故大將軍幕府軍吏侯邑二千戶	七月甲子封六年薨 補注先謙曰史表云爲汝南太守有能名	元平元年刺侯安嗣四十一年薨	竟寧元年釐侯尊嗣十年薨	陽朔二年煬侯武嗣	侯級嗣 濟陰 補注先謙曰城成古通宜成濟南縣非濟陰先封菑川懿王子偃
				六世 侯舊嗣王莽敗絕		

弋陽節侯任宮

（補注先謙曰弋陽汝南縣）以故丞相徵事手捕反者左將軍桀侯，九百一十五戶。（補注先謙曰史表作故上林尉捕格謀反者左將軍上官桀殺之便門封為侯二千戶）

七月甲子封，三十三年薨。（補注先謙曰官本作二十三年是史表云後為太常及行衛尉事節儉謹信以壽終）

初元二年，剛侯千秋嗣，三十二年薨。（補注錢大昭曰字長伯初元四年為太常）

河平三年，愿侯惲嗣，二年薨。

陽朔元年，孝侯岑嗣，二十四年薨。

元始元年，侯固嗣，更始元年為兵所殺。

商利侯王山壽

（補注先謙曰史表作王山三見無壽字齊人昭紀作王壽）以丞相少史誘反者車騎將軍安入丞相府，侯，九百一十五戶。

七月甲子封，十四年，元康元年，坐為代郡太守故劾十人罪不直，死。（補注蘇輿曰自元鳳元年至元康元年為十六年四當為六先謙曰史表作上書願治民為代太守為人所上書言繫獄當死會赦出為庶人）

徐（補注先謙曰徐臨淮縣）

成安嚴侯郭忠

（補注先謙曰忠見匈奴傳）以張掖屬國都尉匈奴入寇與戰，斬黎汗王，侯，七百二十四戶。

三年二月癸丑封，七年薨。

本始三年，愛侯遷嗣，四年薨。（補注蘇輿曰自本始三年至元康三年為八年四字誤）

元康三年，剌侯賞嗣，四十一年薨。

陽朔三年，鄡侯長嗣。（師古曰鄡音梟）

釐侯萌嗣，薨，亡後。潁川（補注先謙曰成安見志）

六世

居攝元年，侯每以忠玄孫之子紹封，王莽敗，絕。

平陵侯范明友

以校尉擊反氐，後以將軍擊烏桓，獲王，虜首六千二百，侯，與大將軍光定策，益封，凡二千九百二十戶。

四年七月乙巳封，十一年，地節四年，坐謀反，誅。

武當（補注先謙曰武當南陽縣先封蘇建）

義陽侯傅介子

以平樂廄監使誅樓蘭王，斬首，侯，七百五十九戶。（補注朱一新曰傳云七百戶）

七月乙巳封，十三年，元康元年薨。嗣子有罪，不得代。（補注先謙曰史表作子厲代立爭財相告有罪國除）

元始四年，侯長以介子曾孫紹封，更始元年為兵所殺。

平氏（補注先謙曰先封衛山後封屬溫敦）

右孝昭八人，博陸、安陽、宜春、安平、富平、陽平六人在恩澤外戚，桑樂一人隨父，凡十五人。

長羅壯侯常惠

以校尉光祿大夫持節將烏孫兵擊匈奴，獲名王首虜三萬九千級，侯，二千八百五十戶。

本始四年四月癸巳封，二十四年薨。

初元二年，嚴侯成嗣，十六年薨。

建始三年，愛侯邯嗣，五年薨。

河平四年，侯[illegible]嗣，四十九年，建武四年薨，亡後。（[illegible]）

陳（補注先謙曰長羅見陳留志）

爰戚靖侯趙長年

（補注先謙曰史表作趙成索隱云漢表作趙長平是小司馬所見漢書本作平不作年爰戚山陽縣錢大昭云閩本年作平）以平陵大夫告楚王延壽反，侯，千五百三十戶。

地節二年四月癸卯封，十七年薨。

節侯訢嗣

永始四年，侯牧嗣，四十年，建武四年，以先降梁王免。

博成侯張章

以長安男子先發覺大司馬霍禹等謀反，以告期門董忠，忠以聞，侯，三千九百一十三戶。（補注先謙曰：此及下董忠、楊惲、金安上並見霍光傳）

四年八月乙丑封，九年薨。

五鳳元年，侯建嗣，十二年，建始四年，坐尚陽邑公主與婢姦主旁，數醉罵主，免。

補注先謙曰：索隱表在臨淮，與此異。 淮陽

高昌壯侯董忠

以期門受張章言霍禹謀反，告左曹楊惲，侯，再坐法削，戶千一百定七十九戶。

八月乙丑封，十九年薨。

初元二年，煬侯宏嗣，四十一年，建平元年，坐佞邪免。二年，復封故國，三年薨。

元壽元年，侯武嗣，二年，坐父宏前為佞邪免。

建武二年五月己巳，侯永紹封。

補注先謙曰：高昌見 千乘 志，亦見濟水注。

平通侯楊惲

以左曹中郎受董忠等言霍禹等謀，以告侍中金安上，侯，二千五百戶。

八月乙丑封，十年，五鳳三年，坐為光祿勳誹謗政治免。（補注蘇輿曰：十年當五鳳二年，三字誤，據宣紀亦在二年）

補注先謙曰：博陽汝南 博陽 縣，後封東平思王孫旦。

都成敬侯金安上

以侍中中郎將受楊惲言霍禹等反謀，傳言止內霍氏禁闥，侯，千七百七十一戶。（補注錢坫曰：霍光傳及補史記作都城，索隱志屬潁川，案潁川無此縣，地志山陽郡有成都侯國，水經注作郕都，去春秋隱元年郕侯偷京相璠云東郡廩丘縣南三十里有郕鄉故城。補先生曰：蓋封金安上為侯國，成城郕三字同）

八月乙丑封，十一年薨。

五鳳三年，夷侯常嗣，一年薨，亡後。

元始元年，侯欽以安上孫紹封，為王莽所誅。（補注蘇輿曰：誅上當有所字，莽傳云欽自殺）

元始元年，戴侯楊嗣，王莽敗絕。

合陽侯梁喜

以平陽大夫告霍徵史，徵史子信家監廻倫故侍郎鄭尚時謀反，侯，千五百戶。

元康四年二月壬午封，四十一年薨。（補注蘇輿曰：自元康四年至建始元年為三十一年，四字誤）

建始二年，侯放嗣，敗絕。

元始五年，侯萌以喜孫紹封，千戶，王莽敗絕。

補注先謙曰：合陽見 平原 志。

安遠繆侯鄭吉

以校尉光祿大夫將兵迎日逐王降，又破車師，侯，坐法削，戶三百，定七百九十戶。

神爵三年四月壬戌封，十一年薨。

初元元年，侯光嗣，八年，永光三年薨，亡後。

居攝元年，侯永以吉曾孫紹封，千戶，王莽敗絕。（補注錢大昭曰：此當下一格）

補注先謙曰：慎 汝南縣。

歸德靖侯先賢撣

以匈奴單于從兄日逐王率眾降，侯，二千二百五十戶。（師古曰：撣音纏）

四月戊戌封，二十六年薨。

竟寧元年，煬侯富昌嗣，二年薨。

建始二年，侯諷嗣，五十六年薨。

建武二年，侯襄嗣。

侯霸嗣，永平十四年，有罪免。

補注先謙曰：歸德見 汝南 志。

信成侯王定

補注以匈奴 / 錢大烏桓屠 / 昭曰讘單于 / 匈奴子左大 / 傳信將軍率 / 成作眾降侯 / 新城千六百戶 / 王定後坐弟 / 作烏謀反削 / 屬邑百五戶
師古曰 / 讘音莫 / 白反補 / 注沆欽 / 韓曰屠 / 鰲是屠 / 眘之譌 / 軍字衍 / 屠眘少 / 子降漢 / 別一事 / 此匈奴 / 傳呼邀 / 渠烏厲 / 溫敦子 / 左大將 / 乾

五鳳二年九月癸巳封，十二年薨。

初元五年，侯廣漢嗣，三年，永光三年薨，亡後。

元始五年，侯楊以定孫紹封，千戶。（補注先謙曰：官本楊作陽）

補注先謙曰：細陽 汝南縣。

義陽侯厲溫敦 補注先謙曰義陽先封傅介子屬上脫高字

以匈奴謼連累單于率眾降侯千五百戶 師古曰謼與呼同累音力住反補注先謙曰連當爲遬

三年二月甲子封四年坐子伊細王謀反削爵爲關內侯食邑千戶

右孝宣十一人陽都營平平丘昌水陽城爰氏扶陽高平陽城博陽邛成將陵建成西平平恩平昌樂陵平臺樂昌博望樂成二十一人在恩澤外戚樂平冠陽酇周子南君四人隨父凡三十六人

義成侯甘延壽 補注先謙曰義成沛郡縣傳謚壯侯

以使西域騎都尉討郅支單于斬王以下千五百級侯四百戶孫遷益封凡二千戶

竟寧元年四月戊辰封九年薨

陽朔元年煬侯建嗣十九年薨

建平元年節侯遷嗣居攝二年更爲誅郅支侯十四年薨

建國二年侯相嗣建武四年爲兵所殺

騶望忠侯冷廣 師古曰冷音零

以騶沃師古曰 公士告騶音它 男子馬合反補 政謀反注先謙 侯千八曰騶沃 百戶千乘縣

煬嘉元年正月辛丑封薨 補注先謙曰煬宮本作鴻是

侯何齊嗣

王莽敗絕

琅邪 補注先謙曰騶望見志

延鄉節侯李譚 補注先謙曰延鄉千乘縣

以尉氏男子捕得反者樊並侯千戶

補注錢大昭曰成紀稱尉氏男子樊並此尉氏男子四字疑在反者下 永始四年七月己巳封十三年薨 補注朱一新曰己巳在己酉後不當次在前此己巳亦當爲己酉

元始元年侯成嗣王莽敗絕

新山侯禰忠 補注先謙曰新山瑯邪縣

以捕得反者樊並侯千戶

十一月己酉封 補注錢大昕曰李譚以下四人俱以捕樊並功封其三在七月而日不同此十一月亦不當在七月前考成紀事在永始三年十一月疑此十一二字誤合爲七而四年亦三年之譌

童鄉釐侯鍾祖 補注錢大昭曰勃海有章鄉侯國童疑章之誤先謙曰恩澤表有章鄉侯謝殷元始五年閏月封祖子匡尚嗣侯二人不能並封一地錢說非

以捕得反者樊並侯千戶

七月己酉封薨亡後

元始五年侯匡以祖子紹封王莽敗絕

樓虛侯訾順 補注先謙曰樓虛平原縣亦作楊虛詳志

以捕得反者樊並侯千戶

七月己酉封

右孝元一人安平平恩扶陽三人隨父陽平樂安二人在恩澤外戚凡六人孝成五人安昌高陽安陽城陽高陵定陵殷紹嘉宜鄉汜鄉博山十人在恩澤外戚武陽博陽贊騏龍雒開陵樂陵博望樂成安平平阿成都紅陽曲陽高平十五人隨父凡三十人 師古曰領字或作額補注蘇輿曰据下安平當作安成即王崇

景武昭宣元成功臣侯表第五終

漢書十七

外戚恩澤侯表第六　　　漢書十八

漢　蘭　臺　令　史　班　固　撰

唐正議大夫行祕書少監琅邪縣開國子顏師古　注

賜進士出身前翰林院編修國子監祭酒加三級臣王先謙補注

自古受命及中興之君必興滅繼絕修廢舉逸然後天下歸仁四方之政行焉師古曰論語孔子陳帝王之法云審法度修廢官四方之政行焉興滅國繼絕世舉逸人天下之人歸心焉故此序引之也補注先謙曰官本逸人作逸民傳稱武王克殷追存賢聖至乎不及下車師古曰禮記云武王克殷未及下車而封黃帝之後於薊封帝堯之後於祝封帝舜之後於陳此其事也世代雖殊其揆一也高帝撥亂誅暴庶事草創日不暇給然猶修祀六國求聘四皓過魏則寵無忌之墓適趙則封樂毅之後師古曰高紀十二年詔云秦皇帝楚隱王魏安釐王齊愍王趙悼襄王皆絕無後其與秦皇帝守冢二十家楚魏齊各十家趙及魏公子無忌各五家張良傳高帝謂四人曰吾求公公避逃我今公何自從吾兒游乎又高紀十年求樂毅有後乎得其孫叔封之樂鄉號華成君也楚魏齊趙皆舊六國故總云六國四皓須眉皓白故謂之四皓稱號在王貢兩龔鮑傳及其行賞而授位也爵以功爲先後官用能爲次序後嗣共己遵業舊臣繼踵居位師古曰共讀曰恭至乎孝武元功宿將略盡會上亦興文學進拔幽隱公孫弘自海瀕而登宰相師古曰海瀕謂近海之地瀕音頻又音賓於是寵以列侯之爵又疇咨前代詢問耆老初得周後復加爵邑自是之後宰相畢侯矣元成之間晚得殷世以備賓位漢興外戚與定天下侯者二人服虔曰呂后兄周呂侯澤建成侯釋之師古曰與讀曰豫言豫其功也故誓曰非劉氏不王若有亡功非上所置而侯者天下共誅之是以高后欲王諸呂王陵廷爭孝景將侯王氏脩侯犯色師古曰脩音條卒用廢黜是後薄昭竇嬰上官衞霍之侯以功受爵其餘后父據春秋褒紀之義應劭曰春秋天子將納后於紀紀本子爵也故先褒爲侯言王者不取於小國補注沈欽韓曰公羊桓二年傳注紀侯稱侯者天子將娶于紀與之奉宗廟重莫大焉故封之百里明當尊而不臣帝舅緣大雅申伯之意應劭曰申伯周宣王元舅也爲邑於謝後世欲光寵外親者緣申伯之恩援此義爲論也以寖廣博矣師古曰寖漸也補注何焯曰廣博言其濫是以別而敘之補注何焯曰皆不應功臣本約不可傳前二表之後故別敘之

號謚姓名	侯狀戶數	始封	子	孫	曾孫	玄孫
臨泗侯呂公補注先謙曰臨泗無攷北魏志東楚州宿豫郡有臨泗縣疑因漢舊立名也在今徐州府境	以漢王后父賜號補注齊召南曰史表所無然漢世后父無封侯世后父封侯權輿於此班氏據外戚世家以領此表是也	元年封四年薨高后元年追尊曰呂宣王				
周呂令武侯澤補注先謙曰索隱濟陰有呂都縣案台嗣侯封呂王則呂都當卽其地索隱令武謚	以客從入漢定三秦將兵下碭漢王敗彭城往從之佐定天下補注蘇輿曰據例佐定天下下當有侯字下釋之狀衞太上皇下同先謙曰史表云呂后兄	六年正月丙戌封三年薨	侯台嗣高祖九年更封爲酈侯四年高后元年爲呂王二年薨謚曰肅王補注先謙曰史表作酈南陽縣酈馮翊縣[illegible]	[illegible]		
			侯產台弟高后元年四月辛卯封洨六年爲呂王七年爲梁王八年反誅師古曰洨音[illegible]補注先謙曰史表[illegible]			

建成康侯釋之〔補注〕錢大昭曰釋之留侯世家作呂澤史表云呂后兄先謙曰建成沛郡縣國除後封黃霸勃海亦有建成縣非侯國

以客從擊秦漢王入漢使釋之歸豐衛太上皇〔補注〕先謙曰官本考證云擊秦監本譌數奉從宋本改正

六月〔補注〕先謙曰官本六月作六年是四月丙戌封九月薨

孝惠三年侯則嗣七年有罪[illegible]高后元年四[illegible]侯八年侯[illegible]〔補注〕先謙曰史表第一行誤衍字下云康侯少子種奪呂宣王寢園故爲不具侯是此格上失書高字國當爲國之誤沛沛郡縣不具琅邪郡

漢陽侯祿種弟〔補注〕錢大昭曰漢陽屬犍爲武帝始開也地理志漢中郡中都尉治漢陽鄉疑此是先謙曰史表作胡陵山陽縣 高后元年九月丙寅封八年爲趙王追尊康侯曰趙昭王九月反誅

右高祖三人

扶柳侯呂平〔補注〕先謙曰扶柳信都縣

以皇太后姊長姁子侯 師古曰平既呂氏所上不當姓呂蓋史家唯記母族也姁音況于反又音況羽反〔補注〕齊召南曰史表作昌平昌呂形近致誤讀謂史家唯記母姓恐未然

元年四月丙寅封八年反誅

襄城侯義〔補注〕先謙曰襄城潁川縣亦見汝水注

以孝惠子侯〔補注〕王鳴盛曰義輔武太四人見高后紀如淳引表云皆呂氏子也與今本異

四月辛卯封三年爲常山王〔補注〕宋一新曰義初名山爲王更封義爲帝更名宏三當爲二

軹侯朝〔補注〕先謙曰國除後封薄昭說詳彼

以孝惠子侯

四月辛卯封四年爲常山王

壺關侯武〔補注〕先謙曰壺關上黨縣

以孝惠子侯

四月辛卯封六年爲淮陽王

昌平侯太〔補注〕先謙曰大爲當太史表不誤昌平上谷縣

以孝惠子侯

二月癸未封七年爲呂王

贅其侯呂勝〔補注〕先謙曰贅其臨淮縣

以皇太后昆弟子淮陽丞相侯

四月丙申封八年反誅

滕侯呂更始		爲舍人郎中十二歲以都尉屯霸上用楚丞相侯	四月丙申封八年反誅		
呂成侯呂忿	〈補注〉先謙曰成城通用字楚國有呂縣忿所封亦見淮水注	以皇太后昆弟子侯	四月丙申封八年反誅		
祝茲侯呂瑩	師古曰瑩音榮又音烏瞑反〈補注〉先謙曰索隱漢表在瑯邪此下奪瑯邪二字	以皇太后昆弟子侯	八年四月丁酉封九月反誅		
建陵侯張釋寺人	〈補注〉先謙曰索隱漢表在東海此奪東海二字史表作張澤	以大謁者勸王諸呂侯	四月丁酉封九月免		

右高后十人五人隨父凡十五人

軹侯薄昭	〈補注〉先謙曰軹河內縣亦見濟水注朝國除後更封	高祖七年〈補注〉先謙曰史表中上有太字爲郎從軍十七年以中大夫迎帝於代以車騎將軍迎皇太后侯萬戶	元年正月乙巳封十年坐殺使者自殺帝臨爲置後	十一年易侯戎奴嗣三十年薨	建元二年侯梁嗣
鄔侯駟鈞	師古曰鄔音一戶反又音於度反〈補注〉先謙曰鄔太原縣本紀作靖郭史表作清都蓋靖郭之譌	以齊王舅侯	四月辛未封六年坐濟北王興居舉兵反弗救免		
周陽侯趙兼	〈補注〉先謙曰兼國除後封田勝說詳彼下	以淮南王舅侯	四月辛未封六年有罪免		

右孝文三人

章武景侯竇廣國	〈補注〉先謙曰章武勃海縣亦見淇水注	以皇太后弟侯萬一千戶〈補注〉先謙曰史表萬一千百六十九戶	孝文後七年六月乙卯封七年薨	孝景七年共侯定嗣十八年薨〈補注〉先謙曰史表定作完	元光三年侯常生嗣十年元狩元年坐謀殺人未殺免〈補注〉先謙曰史表生作坐兩見

南皮侯竇彭祖
〔補注〕先謙曰南皮勃海縣亦見淇水注
以皇太后兄子侯〔補注〕先謙曰史表六千四百六十戶
六月乙卯封二十一年薨〔補注〕先謙曰官本一作二
建元六年夷侯良嗣五年薨
元光五年侯桑林嗣十八年元鼎五年坐酎金免

魏其侯竇嬰
〔補注〕先謙曰魏其琅邪縣先封周止後封膠東康王子昌
以將軍屯滎陽扞破吳楚七國侯皇太后昆弟子
三年六月乙巳封二十三年元光四年有罪棄市〔補注〕先謙曰史表侯三千三百五十戶

蓋靖侯王信
〔補注〕先謙曰蓋泰山縣說互詳王子侯表索隱漢表在勃海此奪勃海二字
以皇后兄侯
中五年五月甲戌封二十五年薨〔補注〕蘇輿曰自景中五年至元光二年止十三年表誤先謙曰官本二作三
元光三年頃侯充嗣
侯受嗣元鼎五年坐酎金免〔補注〕先謙曰史表無頃侯充一代作元狩三年侯偃元年元鼎五年國除

右孝景四人

武安侯田蚡
〔補注〕先謙曰武安魏郡縣本傳食邑在鄃
以皇太后同母弟侯也〔補注〕錢大昭曰言同母不同父
孝景後三年三月封十年薨
元光四年侯恬嗣五年元朔三年坐衣襜褕入宮不敬免師古曰衣謂著之也襜褕直裾襌衣也襜音昌占反褕音踰〔補注〕先謙曰史表恬作栝兩見

周陽侯田勝
〔補注〕先謙曰索隱縣名屬上郡案上郡乃陽周縣小司馬誤也涑水注涑水西過周陽邑景帝封田勝為侯國地距聞喜不遠引詳河東聞喜下趙兼國除更封
以皇太后同母弟侯
三月封十二年薨
元光六年侯祖嗣八年元狩二年坐當歸軹侯宅不與免〔補注〕蘇輿曰[illegible]周陽侯田彭祖坐當歸軹侯宅而不與免國即此[illegible]祖作彭祖[illegible]先謙曰史表祖作彭祖兩見三作二軹侯作章侯[illegible]文時無軹侯亦無章侯也

長平烈侯衞青
〔補注〕先謙曰長平汝南縣
以將軍擊匈奴取朔方侯後破右賢王益封又封三子皇后弟〔補注〕先謙曰史表朔方下有河南二字
元朔二年二月丙辰封二十三年薨〔補注〕先謙曰史表三月作二月
宜春侯伉[illegible]春[illegible]坐矯制不害免[illegible]王昕[illegible]

陰安侯不疑
〔補注〕先謙曰陰安魏郡縣亦見河水注
四月丁未以青功封十二年元鼎五年坐酎金免

發干侯登
〔補注〕先謙曰東郡縣
四月丁未以青功封坐酎金免

元康四年詔賜青孫錢五十萬復家
永始元年青曾孫玄以長安公乘為侍郎
元始四年賜青玄孫賞爵關內侯

平津獻侯公孫弘	以丞相詔所褒侯三百七十三戶 補注先謙曰傳作六百五十戶與此異	元朔三年十一月乙丑封六年薨 補注洪頤煊曰據公卿表弘爲丞相在元朔五年薨在元狩二年是三當作五六當作四此並誤	元狩三年侯度嗣十三年元封四年坐爲山陽太守詔徵鉅野令史成不遣完爲城旦 補注先謙曰史表度作慶南見			高城 補注先謙曰據傳元始中賜弘子孫之次見爲使者爵關內侯食邑三百戶此關高城勃海縣與傳合
冠軍景桓侯霍去病	以校尉擊匈奴侯後以將軍破祁連迎昆邪王益封皇后姊子	元朔六年四月壬申封七年薨	南陽 元鼎元年哀侯嬗嗣七年薨亡後 師古曰嬗音上戰反補注先謙曰嬗字子侯登泰山暴病死見郊祀志冠軍見志	樂平侯山地節二年四月癸巳以從祖祖父大將軍光功封三千戶四年坐謀反誅 補注先謙曰史表作樂成索隱漢表在平氏志屬南陽今案此作樂平非樂成表亦不言在平氏是所見本異		東郡 補注先謙曰樂平東郡清縣之聚邑所分置詳地理志
				冠陽侯雲山弟三年四月戊申以大將軍光功封千八百戶四年坐謀反誅 補注先謙曰史表仍作冠軍三見志無冠陽疑陽字誤		南陽
周子南君	以周後詔所褒侯三千戶	元鼎四年十一月丁卯封六年薨	元封四年君置嗣二十四年薨 補注先謙曰史表置作買	始元四年君當嗣十六年地節三年坐使奴殺家丞棄市		長社 補注先謙曰長社潁川縣蓋析爲周子南君邑後爲周承休縣仍屬潁川

				元康元年三月丙戌君延年以當弟紹封初元五年正月癸巳更封爲周承休侯位次諸侯王二十九年薨謚曰考	建昭三年質侯安嗣四年薨 補注先謙曰自建昭三年至陽朔元年爲十三年此云四年誤	陽朔二年釐侯世嗣八年薨
			六世 永始二年侯當嗣七年綏和元年進爵爲公地滿百里元始四年爲鄭公王莽纂位爲章平公 補注先謙曰鄭當爲邡詳見平紀	七世 天鳳元年公常嗣建武二年五月戊辰更爲周承休侯 補注錢大昭曰復舊名也戊辰光武紀作庚辰	八世 五年侯武嗣十三年更爲衛公 補注錢大昭曰據表則武乃常之子光武紀郎以更衛公者爲姬常與表異	觀 補注先謙曰觀東郡縣爲衛公國也
樂通侯欒大	以方術詔所褒侯三千戶	四年四月乙巳封五年坐罔上要斬				高平 補注先謙曰高平臨淮縣樂通析高平置後仍省併亦見武紀韋注
牧丘恬侯石慶	以丞相及父萬石積行侯	五年九月丁丑封十年薨	太初三年侯德嗣二年天漢元年坐爲太常失法罔上祠不如令完爲城旦			平原 補注先謙曰平原平原縣牧丘蓋分其地置

富民定侯車千秋	以丞相侯八百戶以遺詔益封凡千六百戶	征和四年六月丁巳封十二年薨	元鳳四年侯順嗣六年本始三年坐爲虎牙將軍擊匈奴詐增虜獲自殺 補注先謙曰史表作擊匈奴不至質誅死			蘄 補注先謙曰蘄沛郡縣

右孝武九人三人隨父凡十二人

博陸宣成侯霍光	以奉車都尉捕反者莽何羅侯二千三百五十戶後以大將軍益封萬七千二百戶 補注先謙曰史表二千餘戶作三千戶萬餘戶作二萬戶	始元二年正月壬寅封十七年薨	地節二年四月癸卯侯禺嗣四年謀反要斬 補注先謙曰禺當爲禹		元始二年四月乙酉侯陽以光從父昆弟之曾孫龍勒士伍紹封三千戶王莽篡位絕	北海河間東郡 師古曰光初封食北海河間後益封又食東郡 補注先謙曰索隱引文穎云博廣陸平取其嘉名無此縣也食邑北海河東環云漁陽有博陸城先謙案環說是也侯國必有縣初封北海食邑在此後乃兼食二郡耳河間東郡誤省作河東
安陽侯上官桀	以騎都尉捕反者莽何羅侯二千三百戶女孫爲皇后	正月壬寅封五年元鳳元年反誅		桑樂侯安 始元五年六月辛丑以皇后父車騎將軍封千五百戶二年反誅 補注先謙曰應上一格官本不誤		蕩陰 師古曰桀所食也 補注先謙曰蕩陰河內縣河水注蓋誤桀爲作桀 千乘 師古曰安所食也
宜春敬侯王訢	以丞相侯子譚與大將軍光定策益封坐法削戶五百定六百八戶	元鳳四年二月乙丑封二年薨	元鳳六年康侯譚嗣四十五年薨 補注朱一新曰褚補史云譚爲屬國都尉	建始三年孝侯咸嗣十八年薨	元延元年釐侯章嗣十八年薨 補注蘇輿曰十字衍自元延元年至建平二年止八年	建平三年侯強嗣二十六年更始元年爲兵所殺 汝南 補注先謙曰宜春見志衞佽國除更封

安平敬侯楊敞 補注先謙曰官本考證云敞姓楊非姓陽各本誤	以丞相侯七百戶與大司馬大將軍光定策益封子忠凡五千五百四十七戶	六年二月乙丑封一年薨	元平元年頃侯忠嗣十一年薨 補注朱一新曰褚補史忠作賁	元康三年侯譚嗣九年五鳳四年坐爲典屬國季父惲有罪譚言誹免 補注朱一新曰褚補史譚作翁君先謙曰官本三作二誹下有謗字		汝南 補注先謙曰豫章縣非汝南先封鄗秋後封長沙孝王子習
富平敬侯張安世	以右將軍光祿勳輔政勤勞侯以車騎將軍與大將軍光定策益封凡萬三千六百四十戶	十一月乙丑封十三年薨	元侯四年愛侯延壽嗣十一年薨 補注先謙曰官本元侯作元康是 陽都 元康三年三月乙未侯彭祖以世父故掖庭令賀有舊恩封千六百戶四年神爵三年爲小妻所殺 補注先謙曰城陽縣先封丁復	甘露三年繆侯敞嗣四年薨 師古曰自敞以下至純皆延壽之嗣也 補注先謙曰敞當爲勃說見傳	初元二年共侯臨嗣十五年薨	思侯放嗣三十六年薨 補注先謙曰放建始四年嗣綏和二年薨止二十六年三字誤 平原 補注先謙曰富平見志
			建平元六年侯純嗣王莽建國四年更爲張鄉侯建武中世爲武始侯 補注先謙曰武始魏郡縣詳見後書純傳			今見 補注齊召南曰班自言作表時此侯見在也監本脫去非是洪邁言侯表惟平陽富平書今見可證
陽平節侯蔡義 補注先謙曰陽平東郡縣亦見河水注國除後封王禁	以丞相侯前爲御史大夫與大將軍光定策益封凡七百戶	元平元年九月戊戌封三年本始四年薨亡後				

右孝昭六人一人桑樂侯隨父凡七人

營平壯侯趙充國	以後將軍與大將軍光定策功侯千二百七十九戶	本始元年八月辛未封二十二年薨	甘露三年質侯弘嗣二十二年薨	建始四年考侯欽嗣七年薨	陽朔三年侯岑嗣十二年元延三年坐父欽詐以長安女子王君侯子爲嗣免戶二千九百四十四 補注先謙曰元始中復封充國曾孫伋爲侯見本傳表失載	濟南 補注沈欽韓曰齊乘營平城在濟南府東三十里即隋唐營城縣
平丘侯王遷	以光祿大夫與大將軍光定策功侯千二百五十三戶	八月辛未封五年地節二年坐平尚書聽請受臧六百萬自殺 補注先謙曰史表王遷家在衛[illegible]爲尚書郎習刀筆之文侍中事昭帝侯下作二千戶 如淳曰律諸爲人請求於吏以枉法而事已行爲聽行者皆爲司寇師古曰有人私請求而聽受之補注先謙曰史表作坐受諸侯王金錢財漏洩中事誅				肥城 補注先謙曰肥城泰山縣

昌水侯田廣明	以鴻臚擊武都反氐賜爵關內侯以左馮翊與大將軍光定策侯二千七百戶	八月辛未封三年坐爲祁連將軍擊匈奴不至期自殺 補注先謙曰期謂所期之地史表作不至質當死義同				於陵 補注先謙曰於陵濟南縣
陽城侯田延年	以大司農與大將軍光定策功侯二千四百五十三戶	八月辛未封二年坐爲大司農盜都內錢三千萬自殺 如淳曰天子錢藏中都內又曰大內				濟陽 補注王念孫曰索隱漢表在濟陰非也濟陰有城陽縣潁川汝南又各有陽城縣城字從土在陽下據此則今本作濟陽乃濟陰之誤此表及宣紀酷吏傳並作陽城則非濟陰之縣矣濟陽是陳留屬縣與陽城成陽皆不相涉

爰氏肅侯便樂成 師古曰杜周傳作史樂成霍光傳作使樂成今此云姓便三者不同疑表誤	以少府與大將軍光定策功侯二千三百二十七戶	八月辛未封一年薨 補注先謙曰官本一作二	本始二年康侯輔嗣三年薨	地節元年哀侯臨嗣二年薨亡子絕	元始五年閏月丁酉侯鳳以樂成曾孫紹封千戶王莽敗絕	單父 補注先謙曰單父山陽縣
扶陽節侯韋賢	以丞相侯七百一十一戶	二年六月甲辰封十年薨 補注宋一新曰據公卿表二年當作三年先謙曰官本作三年	神爵元年共侯玄成嗣九年有罪削一級爲關內侯永光二年二月丁酉復以丞相侯六年薨	建昭三年頃侯寬嗣	元延元年釐侯育嗣	侯湛嗣元始中戶千四百二十王莽敗絕 蕭 補注先謙曰扶陽蕭並沛郡縣據此注分蕭所置湛傳作沈襲諡節侯

平恩戴侯許廣漢 補注先謙曰平恩魏郡縣亦見濁漳水注	以皇太子外祖父昌成君侯五千六百戶	地節三年四月戊申封七年薨亡後	初元元年共侯嘉以廣漢弟子中常侍紹侯二十二年薨	河平二年嚴侯況嗣	鴻嘉二年質侯旦嗣二十九年薨	建國四年侯敞嗣王莽敗絕
高平憲侯魏相	以丞相侯八百一十三戶	地節三年六月壬戌封八年薨	神爵三年侯弘嗣六年甘露元年坐酎宗廟騎至司馬門不敬削爵一級爲關內侯 補注先謙曰史表弘作賓			柘 補注先謙曰高平臨淮縣柘淮陽縣高平益析柘縣置國除後以封王逢時

平昌節侯王無故 補注先謙曰平昌平原縣亦見河水注	以帝舅關內侯六百戶	四年二月甲寅封九年薨	五鳳元年考侯接嗣十六年薨	永光三年釐侯臨嗣二十一年薨	鴻嘉元年侯獲嗣三十八年建武五年詔書復獲 師古曰已失其爵復之也復音方目反	
樂昌共侯王武	以帝舅關內侯六千戶	二月甲寅封十四年薨	甘露二年戾侯商嗣二十七年薨	河平四年侯安嗣十二年元始三年爲王莽所殺		汝南 補注先謙曰樂昌東郡縣非汝南張敖子受國除更封亦見河水注名勝志說同徐廣云汝南細陽之池鄉爲之樂昌本後書張酺傳又一說
陽城繆侯劉德	以宗正關內侯行謹重爲宗室率侯子安民以戶五百贖弟更生罪減一等定戶六百四十戶	四年三月甲辰封十年薨 補注蘇與曰上已出四年此四年二字當衍	五鳳二年節侯安民嗣十八年薨 補注王念孫曰景祐本無十字是也自五鳳二年至初元元年凡九年安民前一年薨	初元元年釐侯慶忌嗣十二年薨	居攝元年侯颯嗣王莽敗絕 師古曰颯音立 補注先謙曰劉德傳名岑宋書武帝紀同疑表有遺誤	汝南 補注先謙曰陽城見志
樂陵安侯史高 補注先謙曰樂陵平原縣見河水注案臨淮樂陵志注侯國疑道元誤	以悼皇考舅子侍中關內侯與發霍氏姦侯二千三百戶 師古曰與讀曰豫	八月乙丑封二十四年薨	永光二年嚴侯術嗣十一年薨	建始二年康侯崇嗣四年薨亡後元延二年六月癸巳侯淑以崇弟紹封亡後	元始四年侯岑以高曾孫紹封王莽敗絕	

		武陽頃侯丹	鴻嘉元年四月庚辰以帝爲太子時輔導有舊恩侯千三百戶七年薨 補注先謙曰官本作十年薨	永始四年煬侯邯嗣十一年薨 補注先謙曰官本作十二年	元壽二年侯獲嗣更始元年爲兵所殺	郯 補注先謙曰武陽郯並東海縣據丹傳武陽國郯之武彊聚是武陽乃武彊聚析置更名也
邛成共侯王奉先 補注先謙曰史表作奉光是	以皇后父關內侯侯二千七百五十戶	元康二年三月癸未封十八年薨	初元二年侯敞嗣二十八年薨	鴻嘉二年侯勳嗣十四年建平二年坐選舉不以實罵廷史大不敬免	元始元年侯堅固以奉光曾孫紹封王莽敗絕	濟陰 補注先謙曰史表亦作邛成山陽有郜成縣蓋即邛成之誤先屬濟陰者說詳志
		安平夷侯舜 補注先謙曰安平當作平安說詳外戚傳	初元元年癸卯以皇太后兄侍中中郎將封千四百戶十三年薨 補注朱一新曰據元紀癸卯上當增三月二字	建昭四年剛侯章嗣十四年薨	陽朔四年釐侯淵嗣二十五年薨	元始五年懷侯買嗣王莽敗絕
將陵哀侯史魯 補注先謙曰史表魯作曾宣紀史丹外戚傳作曾此形近致誤官本作曾	以悼皇考舅子侍中中郎將關內侯有舊恩侯二千二百戶	三月乙未封五年神爵四年薨亡後				

平臺康侯史玄
以悼皇考舅子侍中中郎將關內侯有舊恩侯千九百戶
三月乙未封二十五年薨
建昭元年戴侯憓嗣十九年薨師古曰憓音女林反
鴻嘉二年侯習嗣
常山補注先謙曰平臺見志

博望頃侯許舜補注先謙曰博望南陽縣先封張騫
以皇太子外祖父同產弟長樂衞尉有舊恩侯千五百戶
三月乙未封四年薨
神爵三年康侯敞嗣八年薨補注先謙曰史表敞作延年
甘露三年戾侯黨嗣二十六年薨
河平四年釐侯並嗣薨亡後

元延二年六月癸巳侯報子以並弟紹封千戶王莽敗絕

樂成敬侯許延壽
以皇太子外祖父同產弟侍中關內侯有舊恩侯千五百戶
三月乙未封十年薨補注蘇輿曰自元康二年至甘露元年凡十二年延壽前一年薨當云十一年先謙曰官本十作一
甘露元年思侯湯嗣六年薨
初元二年哀侯常嗣九年薨
平氏補注先謙曰平氏樂成並南陽縣樂成益析平氏置史表作樂平

元延二年節侯恭以常弟紹封千戶
建昭元年康侯去疾嗣二十一年鴻嘉三年薨亡後侯修嗣王莽敗絕

博陽定侯丙吉
以御史大夫關內侯有舊恩功德茂侯千三百三十戶
元康三年二月乙未封八年薨補注朱一新曰據宣紀當作三月
五鳳三年顯嗣二年甘露元年坐酎宗廟騎至司馬門不敬奪爵一級爲關內侯補注朱一新曰褚補表云子翁孟嗣當是顯字先謙曰顯上脫侯字官本有
鴻嘉元年六月己巳康侯昌以吉孫紹
元始二年釐侯並嗣
侯勝客嗣南頓王莽敗絕補注先謙曰南頓博陽並汝南縣博陽益析南頓置傳作王莽時絕與此異

建成定侯黃霸
以丞相侯六百戶侯賞以定陶太后不宜立號益封二千二百戶補注陳景雲曰賞當作輔定陶太后立號事在建平元年乃輔嗣侯後十五年也
五鳳三年二月壬申封四年薨
甘露三年思侯賞嗣三十年薨
陽朔三年忠侯輔嗣二十七年薨補注先謙曰輔以居攝元年薨當爲二十九年
居攝二年侯輔嗣王莽敗絕補注先謙曰輔傳作忠其父名輔子不應復以輔名傳是也
沛補注先謙曰建成屬沛而勃海亦有建成縣洪水注云霸封勃海之縣疑誤

西平安侯于定國
以丞相侯六百六十戶
甘露三年五月甲子封十一年薨
永光四年頃侯永嗣二十四年薨
鴻嘉元年侯恬嗣四十三年更始元年絕
臨淮補注先謙曰西平見志

右孝宣二十人一人陽都侯隨父凡二十一人

陽平頃王侯禁〔補注〕先謙曰：史表名傑。

以皇后父侯，二千六百戶，子鳳以大將軍益封五千四百戶，凡八千戶。

初元元年三月癸卯封，六年薨。

永光〔補注〕蘇輿曰：自永光二年至陽朔二年止二十年，四字衍。二年，敬成侯鳳嗣，二十四年薨。

陽朔三年，釐侯襄嗣，十九年薨。

建平四年，康侯岑嗣，十三年薨。

建國三年，侯莫嗣，十二年，更始元年為兵所殺。

東郡〔補注〕先謙曰：陽平見志。先封蔡義。

安成共侯崇〔補注〕錢大昕曰：漢侯國有兩安成，汝南、豫章，不同。錢大昭曰：兩王崇，一建始封，一元始封。

建始元年二月壬子〔補注〕先謙曰：官本子作年。以皇太后母弟散騎光祿大夫關內侯侯，萬戶，二年薨。

建始三年，靖侯奉世嗣，三十九年薨。

建國二年，侯持弓嗣，王莽敗，絕。

汝南〔補注〕先謙曰：安成見志。

平阿安侯譚

河平二年六月乙亥，以皇太后弟關內侯侯，二千一百戶，十一年薨。

永始元年，刺侯仁嗣，十九年，為王莽所殺。

元始四年，侯述〔補注〕先謙曰：述，外戚傳作術，蓋述術通用，表又譌術為述。嗣，建武二年薨，絕。

沛〔補注〕先謙曰：平阿見志。

成都景成侯商

六月乙亥〔補注〕蘇輿曰：自河平二年至元延三年，計十八年，六當為八。以皇太后弟關內侯侯，二千戶，以大司馬益封二千戶，十六年薨。

元延四年，侯況嗣，四年，綏和二年坐山陵未成置酒歌舞免。

山陽〔補注〕先謙曰：志作城都，成城字通。

建平元年，侯邑以況弟紹封，王莽篡位，為隆信公，與莽俱死。

紅陽荒侯立

六月乙亥封〔補注〕先謙曰：立亦莽所殺也，書薨，史駁文。以皇太后弟關內侯侯，二千一百戶，三十年薨。

元始四年，侯柱嗣，王莽敗，絕。

曾孫 武桓侯泓，建武元年以父丹為將軍戰死，往與上有舊，侯。

南陽〔補注〕先謙曰：紅陽見志。

曲陽煬侯根

六月乙亥，以皇太后弟關內侯〔補注〕錢大昭曰：侯下脫侯字。朱一新曰：下七千當為六千，方與傳合。三千七百戶，再以大司馬益封七千七百戶，哀帝又益二千戶，凡萬二千四百戶，二十一年薨。

建平元年，侯涉嗣，王莽篡位，為直道公，為莽所殺。

九江〔補注〕先謙曰：曲陽見志。

高平戴侯逢時

六月乙亥，以皇太后弟關內侯侯，三千戶，十八年薨。

元延〔補注〕先謙曰：置，外戚傳作買之。四年，侯置嗣，王莽敗，絕。

臨淮〔補注〕先謙曰：高平見志。

樂安 以丞相侯 建昭三年七月癸亥封，七年，建始四年坐顓地盜土免。（侯匡 六百四十七戶）

衡

新都侯莽 以帝舅曼子侯，千五百戶。後篡位，誅。 永始元年五月乙未 侯安元始四年四月甲子以莽功侯二千戶[illegible]（補注錢大昭曰莽故汝南新蔡[illegible]新遷[illegible]）[illegible]病死 侯臨四月甲子以莽功侯二千戶[illegible]位為天子後更宜[illegible]都為統義陽王自殺（補注先謙曰國在汝南[illegible]宜春[illegible]縣曰賞都亭也） 南陽（補注先謙曰莽傳國在新野之都鄉，因為新都縣，屬南陽。）

僮（補注先謙曰僮臨淮縣，安樂鄉見名衡傳，析置縣也。）

右孝元二人，一人安平侯隨父，凡三人。

安昌節侯張禹 以丞相侯，六百戶，益戶二千四百。 河平四年六月丙午封，十七年薨。 建平二年，侯宏嗣，二十一年，始元年為兵所殺。 汝南（補注先謙曰安昌見志）

高陽侯薛宣 以丞相侯，千戶。（補注先謙曰傳作千九百戶，說作千）鴻嘉元年四月庚辰封，五年，永始二年坐西州盜賊群輩免。其年復封，十年，綏和二年坐不忠孝父子賊傷近臣免。（補注先謙曰傳見） 東莞（補注先謙曰高陽琅邪縣，據此析東莞置）

安陽敬侯王舜 以皇太后從弟大司馬車騎將軍侯，千六百戶，益封五百戶。（補注先謙曰安陽汝南縣。先封左周子） 六月己巳封，五年薨。 永始二年，侯舜嗣王公，攝嗣，更封五年，莽篡位，為號和新公，安新公與莽俱死。

成陽節侯趙臨 以皇后父侯，二千戶。 永始元年四月乙亥封，五年薨。 元延二年，侯訢嗣，建平元年坐弟昭儀絕繼嗣，免，徙遼西。 新息（補注先謙曰成陽新息並屬汝南，據此縣分新息置。先封奚意，後封楚思王子宸，汝水注以為非潁川陽城）

新成侯趙欽 以皇太后弟侯，（補注錢大昭曰閩本下注穰字，據南陽縣分置新成，沈欽韓曰一統志新城故城在南陽府鄧州西北七十里，本穰縣地，趙欽所封。先謙曰官本有穰字）綏和二年五月壬辰封，一年，建平元年坐弟昭儀絕繼嗣，免，徙遼西。

高陵共侯翟方進 以丞相侯，千戶，哀帝即位，益子宣五百戶。 永始二年（補注先謙曰官本無八千戶三字，考證云監本衍文，從宋本刪）十一月壬子封，八年薨。 綏和二年，侯宣嗣，十二年，居攝元年，弟東郡太守義舉兵欲討莽，（十一月，官本作十二月）莽滅其宗。 琅邪（補注先謙曰高陵見志）

定陵侯湻于長	以侍中衞尉言昌陵不可成侯千戶皇太后姊子	元延三年二月丙午封二年綏和元年坐大逆下獄死				汝南 補注先謙曰汝南潁川皆有定陵汝水注以爲長國潁川疑誤
殷紹嘉侯孔何齊	以殷後孔子世吉適子侯千六百七十戶後六月進爵爲公也方百里建平二年益戶百二十二 師古曰適讀嫡孔吉之適子也補注先謙曰成紀封孔吉與表異六月紀作三月	綏和元年二月甲子封八年元始二年更爲宋公 補注蘇輿曰據平紀在元始四年與表異				沛 補注先謙曰封在新鄭縣屬汝南非沛也亦見潁水注
宜鄉侯馮參	以中山王舅侯千戶	綏和元年二月甲子封建平元年坐姊中山太后祝詛自殺 補注先謙曰後封東平思王孫恢				
汜鄉侯何武 師古曰汜音凡	以大司空侯千戶哀帝即位益千戶	四月乙丑封十年元始三年爲莽所殺賜謚曰刺	元始四年侯況嗣建國四年薨 補注先謙曰本傳莽篡位免況爲庶人則當云王莽時絕此書建國四年薨是未免之文疑有誤			南陽 補注先謙曰武傳先食琅邪不其哀帝改南陽犨之博望鄉爲侯國

博山簡烈侯孔光	以丞相侯千戶元始元年益萬戶	二年三月丙戌封二年建平二年坐眾職廢免元壽元年五月乙卯復以丞相侯六年薨	元始五年侯放嗣王莽敗絕			順陽 補注先謙曰博山南陽縣故順陽見志後漢仍爲順陽
右孝成十八人安成平阿成都紅陽曲陽高平新都武陽侯八人隨父凡十八人 補注先謙曰官本無侯字						
陽安侯丁明 補注先謙曰陽安汝南縣	以帝舅侯五千戶	綏和二年四月壬寅封七年元始元年爲王莽殺 補注先謙曰莽下脫所字官本有				
孔鄉侯傅晏	以皇后父侯三千戶又益二千戶	四月壬寅封六年元壽二年坐亂妻妾位免徙合浦				夏丘 補注先謙曰夏丘沛郡縣
平周侯丁滿	以帝舅子侯千七百三十九戶	五月己丑封元始三年坐非正免				湖陽 補注先謙曰湖陽南陽縣

高樂節侯師丹
㠯大司馬關內侯侯，二千三十六戶。〔補注〕蘇輿曰：丹傳戶二千一百，舉成數。
綏和二年七月庚午封，一年，建平元年坐漏泄免。元始三年二月癸巳更爲義陽侯，二月薨。
侯業嗣，王莽敗，絕。
新野〔補注〕先謙曰：南陽縣。高樂所食，析新野置。
東海〔補注〕先謙曰：本傳義陽食邑在厚邱中鄉，是析中鄉爲義陽國也。厚丘，東海縣。

高武貞侯傅喜〔補注〕先謙曰：貞侯本莽賜謚，史沿舊文入表，未去之。
以帝祖母皇太太后從父弟大司馬侯，二千三十戶。
建平元年正月丁酉封，十五年薨。
建國二年，侯勁嗣，王莽敗，絕。
杜衍〔補注〕先謙曰：杜衍，南陽縣。

楊鄉侯朱博〔補注〕錢大昭曰：傳作陽鄉。
以丞相侯，二千五十戶，上書以故事不過千戶，還千五十戶。
建元〔補注〕錢大昭曰：元當作平。先謙曰：官本作平。二年四月乙亥封，八年坐誣罔，自殺。
湖陵〔補注〕先謙曰：湖陵，廬江縣。

新甫侯王嘉
以丞相侯，千六十八戶。〔補注〕朱一新曰：嘉傳千一百戶，舉成數。
三年四月丁酉封，三年，元壽元年罔上，下獄瘐死。〔補注〕先謙曰：官本上三字作二。
元始四年，侯崇紹封，王莽敗，絕。
新野

汝昌侯傅商
以皇太太后從父弟封，千戶，後以奉先侯祀益封凡五千戶。
四年二月癸卯封，一年，元壽元年坐外附諸侯免。
元壽二年五月，侯昌以商兄子紹奉祀封，八月坐非正免。
陽穀〔補注〕先謙曰：志無陽穀縣，疑穀陽誤倒。穀陽，沛郡縣，析置汝昌也。錢大昭云：續志東平國須昌故屬東郡，有陽穀城。

陽新侯鄭業〔補注〕錢大昭曰：哀紀、杜鄴、外戚傳俱作陽信，王嘉傳作陽新，信、新通用。先封劉揭。
以皇太太后同母弟子侯，千戶。〔補注〕先謙曰：官本皇太作太皇。
八月辛卯封，二年，元壽二年坐非正免。
新野

高安侯董賢
以侍中駙馬都尉告東平王雲祝詛反逆侯，千戶，後益封二千戶。
建平四年八月辛卯封，二年，元壽二年坐爲大司馬不合眾心，免，自殺。
朱扶〔補注〕先謙曰：志無高安縣，朱扶疑有誤文。

方陽侯孫寵
以騎都尉與息夫躬告東平王反謀侯，千戶。〔補注〕錢大昭曰：本紀作南陽太守。
八月辛卯封，二年，元壽二年坐前爲姦讒，免，徙合浦。
龍亢〔補注〕先謙曰：龍亢，沛郡縣。

宜陵侯息夫躬	以博士弟子因董賢告東平王反謀侯千戶（補注）錢大昭曰本紀作光祿大夫	八月辛卯封二年元壽二年坐祝詛下獄死				杜衍（補注）先謙曰杜衍南陽縣
長平頃侯彭宣	以大司空侯二千七十四戶	元壽二年五月甲子封四年薨	元始四年節侯聖嗣十四年薨	天鳳五年侯業嗣王莽敗絕		濟南（補注）先謙曰長平汝南縣非濟南

右孝哀十三人新成新都平陽營陵德五人隨父凡十八人（補注）錢大昕曰新都侯王莽成帝時封表於成帝既入隨父十八人之內此又見於哀帝下誤矣德侯劉勳見王子侯表營陵侯劉澔生見荆燕吳傳而表不書史之脫漏又成都侯王邑以建平二年紹封汝昌侯傅商以元壽二年紹封亦當在隨父之例而此失數之

扶德侯馬宮	以大司徒侯二千戶	元始元年二月丙辰封王莽簒位爲太子師卒官				贛榆（補注）先謙曰贛榆琅邪縣
扶平侯王崇	以大司空侯二千戶	二月丙辰封三年爲傅婢所毒薨				臨淮

廣陽侯甄豐	以左將軍光祿勳定策安宗廟侯五千三百六十五戶（補注）先謙曰左當作右見公卿表	二月癸巳封王莽簒位爲廣新公後爲王莽所殺				南陽（補注）先謙曰廣陽有廣陽縣此南陽蓋別置
承陽侯甄邯師古曰承音烝	以侍中奉車都尉定策安宗廟功侯二千四百戶	三月癸卯封王莽簒位爲承新公				汝南（補注）先謙曰承陽長沙縣時封長沙剌王子景不能更封此蓋別隸汝南之承陽而後併省者
褒魯節侯公子寬（補注）先謙曰平紀封魯頃公玄孫之玄孫公孫相如與表異	以周公世魯頃公玄孫之玄孫奉周祀侯二千戶	六月丙午封薨	十一月侯相如嗣更姓公孫氏後更爲姬氏			南陽平（補注）先謙曰地理志泰山郡桃山莽曰褒魯蓋即封寬時改名是褒魯即桃山也陽平平陽倒文泰山郡有東平陽縣又有南武陽縣南平二字當有一誤蓋前此桃山係析二縣所分置後改褒魯故仍係之舊縣下耳
褒成侯孔均	以孔子世褒成烈君霸曾孫奉孔子祀侯二千戶（補注）先謙曰魯是曾之誤	六月丙午封				瑕丘（補注）先謙曰瑕丘山陽縣

號諡姓名	侯狀戶數	始封
防鄉侯平晏	以長安少府與劉歆孔永孫遷四人使治明堂辟雍安得萬國驩心功侯各千戶補注先謙曰長安誤當作長樂	五年閏月丁丑封王莽篡位爲就新公
紅休侯劉歆補注先謙曰紅休二地合爲一侯詳休侯富下	以侍中犧和與平晏同功侯補注王先愼曰犧與羲通易繫辭書序包犧氏釋文並云本作羲是其證此大司農更名	閏月丁酉封王莽篡位爲國師公後爲莽所誅

號諡姓名	侯狀戶數	始封
盧鄉侯孔永	以侍中五官中郎將與平晏同功侯	閏月丁酉封王莽篡位爲大司馬
定鄉侯孫遷	以常侍謁者與平晏同功侯	閏月丁酉封

號諡姓名	侯狀戶數	始封
常鄉侯王惲師古曰惲音於粉反	以太僕與閻遷陳崇等八人使行風俗齊同萬國功侯各千戶	閏月丁酉封
望鄉侯閻遷	以鴻臚與王惲同功侯	閏月丁酉封

號諡姓名	侯狀戶數	始封
南鄉侯陳崇補注錢大昭曰續志南陽有南鄉縣	以大司徒司直與王惲同功侯	閏月丁酉封
邑鄉侯李翕	以水衡都尉與王惲同功侯	閏月丁酉封

亭鄉侯郝黨　以中郎將與王惲同功侯　閏月丁酉封

章鄉侯謝殷〔補注〕先謙曰章勃海縣　以中郎將與王惲同功侯　閏月丁酉封

蒙鄉侯逯普師古曰逯音錄字或作逮二姓皆有之　以騎都尉與王惲同功侯　閏月丁酉封王莽篡位爲大司馬

盧鄉侯陳鳳〔補注〕先謙曰盧鄉東萊縣　以中郎將與王惲同功侯　閏月丁酉封

成武侯孫建〔補注〕先謙曰成武山陽縣　以強弩將軍有折衝之威〔補注〕錢大昭曰下脫侯字閩本有先謙曰官本有　閏月丁酉封王莽篡位爲成新公

明統侯侯輔　以騎都尉明爲人後一統之義侯　閏月丁酉封

破胡侯陳馮　以父湯前爲副校尉討郅支單于侯千四百戶　七月丙申封

討狄侯杜勳　以前爲軍假丞手斬郅支單于首侯千戶〔補注〕錢大昭曰陳陽傳假作侯　七月丙申封

右孝平二十二人邛成博陸宣平紅舞陽秺樂陵都成新甫𡊮氏合陽義陽章鄉信成隨桃褒新賞都十七人隨父繼世凡三十九人師古曰據功臣表及王子侯表平帝時無紅侯唯周勃玄孫恭以元始二年紹封絳侯疑紅字當爲絳轉寫者誤耳又功臣表作童鄉侯今此作章鄉二表不同亦當有誤也補注劉攽曰予謂今有虹縣音降然則紅亦有降音也先謙曰地理制名不能隨音變字劉說何其不達

外戚恩澤侯表第六 終

漢書十八

百官公卿表七上

師古曰漢制三公號稱萬石其俸月各三百五十斛穀其稱中二千石者月各百八十斛二千石者百二十斛比二千石者百斛千石者九十斛比千石者八十斛六百石者七十斛比六百石者六十斛四百石者五十斛比四百石者四十五斛三百石者四十斛比三百石者三十七斛二百石者三十斛比二百石者二十七斛一百石者十六斛補注兪樾曰初學記引漢官云秦漢秩有中二千石眞二千石二千石比二千石凡四等比二千石月得粟百石二千石月得粟百二十石眞二千石月得粟百五十石中二千石月得粟百八十石表但有中二千石二千石比二千石而無眞二千石後漢百官志亦然案汲黯傳令以諸侯相秩居淮陽如淳云諸侯王相在郡守上秩眞二千石朱博傳前丞相方進奏罷刺史更置州牧秩眞二千石外戚傳姬娥視中二千石俗華視眞二千石美人視二千石則漢制自有眞二千石初學記所引可補史闕周壽昌曰顏引漢制百官奉自萬石至百石凡十五等而無八百石比八百石五百石比五百石四等續志及續志注引荀綽晉百官表注亦然而本表諫大夫比八百石貢禹傳作八百石黃霸傳宣帝以霸爲潁川太守秩八百石京房傳元帝以房爲魏郡太守秩八百石外戚傳序七子視八百石比右庶長良人視八百石比左庶長又表縣減萬戶爲長秩五百石是不能謂無此四等秩也孝成紀陽朔二年夏五月除吏八百石五百石秩李奇注除八百就六百除五百就四百自是漢制遂除去此四秩後漢及晉猶承之又八百石僅諫大夫一官左右庶長爵不常置五百石僅縣長一官皆易於省并何煌以顏注爲脫漏非也先謙曰千石比千石二者後志止作千石奉月八十斛而無比二千石又比六百石四百石比四百石三者後志作比六百石奉月五十斛四百石奉月四十五斛比四百石奉月四十斛而三百石奉與比四百石同似皆未協事理蓋顏注所引爲是後志又云凡諸受奉皆半錢半穀官本考證云監本直刊顏注於表前非也蓋標題之下有此注耳今從宋本

漢書十九

漢　蘭臺令史班固撰

唐正議大夫行祕書少監琅邪縣開國子顏師古注

賜進士出身前翰林院編修國子監祭酒加三級臣王先謙補注

易敘宓羲神農皇帝作教化民應劭曰宓羲氏始作八卦神農氏爲耒耜黃帝氏作衣裳神而化之使民宜之師古曰見易下繫宓音伏字本作虙轉寫訛謬耳補注先謙曰官本皇作黃是而傳述其官師古曰春秋左氏傳載郯子所說也以爲宓羲龍師名官應劭曰師者長也以龍紀其官長故爲龍師春官爲青龍夏官爲赤龍秋官爲白龍冬官爲黑龍中官爲黃龍張晏曰庖羲將興神龍負圖而至因以名師與官也神農火師火名應劭曰火德也故爲炎帝春官爲大火夏官爲鶉火秋官爲西火冬官爲北火中官爲中火張晏曰神農有火星之瑞因以名師與官也黃帝雲師雲名應劭曰黃帝受命有雲瑞故以雲紀事也由是而言故春官爲青雲夏官爲縉雲秋官爲白雲冬官

爲黑雲中官爲黄雲張晏曰黄帝有景雲之應因以名師與官也**少昊鳥師鳥名**應劭曰金天氏黄帝子青陽也張晏曰少昊之立鳳鳥適至因以名官鳳鳥氏爲歷正玄鳥司分伯趙司至青鳥司開丹鳥司閉師古曰玄鳥燕也伯趙伯勞也青鳥鶬鴳也丹鳥鷩雉也**自顓頊以來爲民師而命以民事**應劭曰顓頊氏代少昊者也不能紀遠始以職事命官也春官爲木正夏官爲火正秋官爲金正冬官爲水正中官爲土正師古曰自此以上皆郯子之辭也**有重黎句芒祝融后土蓐收玄冥之官然已上矣**應劭曰少昊有四叔重爲句芒胲爲蓐收修及熙爲玄冥顓頊氏有子曰黎爲祝融共工氏有子曰句龍爲后土故有五行之官皆封爲上公祀爲貴神師古曰上謂其事久遠也胲音該**書載唐虞之際命羲和四子**應劭曰堯命四子分掌四時之敎化也張晏曰四子謂羲仲羲叔和仲和叔也師古曰事見虞書堯典**順天文授民時咨四岳以舉賢材揚側陋**師古曰四嶽分主四方諸侯者〔補注〕先謙曰此班氏依經爲說明不以爲羲和四子與鄭說異白虎通不著四岳之義以非後王通制也**十有二牧柔遠能邇**應劭曰牧州牧也師古曰柔安也能善也邇近也〔補注〕先謙曰白虎通封公侯篇州有伯唐虞謂之牧者何尚質使大夫往來牧視諸侯故謂之牧旁觔立三人凡十二人**禹作司空平水土**師古曰空穴也古人穴居主穿土爲穴以居人也〔補注〕先謙曰白虎通司空主土不言土言空者空尚主之何況於實以微見著與顏解異

棄作后稷播百穀應劭曰棄臣名也后主也爲此稷官之主也師古曰播謂布種也**卨作司徒敷五敎**應劭曰五敎父義母慈兄友弟恭子孝也師古曰卨音先列反〔補注〕先謙曰白虎通司徒主人不言人言徒者徒衆也重民衆**咎繇作士正五刑**應劭曰士獄官之長張晏曰五刑謂墨劓剕宮大辟也師古曰咎音皋繇音弋昭反墨鑿其額而涅以墨也刖斷足也劓割鼻也剕去髕骨也宮陰刑也大辟殺之也**垂作共工利器用**應劭曰垂臣名也爲共工理百工之事也師古曰共讀曰龔**𦔮作朕虞育草木鳥獸**應劭曰𦔮伯益也虞掌山澤禽獸官名也師古曰𦔮古益字也虞度也主商度山川之事〔補注〕先謙曰史記於是以益爲朕虞漢紀垂爲共工益作朕虞後漢劉陶傳益典朕虞文選注引應劭云垂共工益朕虞本書地理志爲舜朕虞及此文皆以朕虞爲官名乃今文說王莽傳更名水衡都尉曰予虞虞亦用今文義也**伯夷作秩宗典三禮**應劭曰伯夷臣名也典天神地祇人鬼之禮也師古曰秩次也宗尊也主尊神之禮可以次序也**夔典樂和神人**應劭曰夔臣名也師古曰夔音鉅龜反**龍作納言出入帝命**應劭曰龍臣名也納言如今尚書管王之喉舌也師古曰自此以上皆堯典之文〔補注〕錢大昭曰納當爲內書出入亦作出內古內字作入禹貢九江內錫大龜史記內作入左襄九年傳以出內火漢書引內作入先謙曰史記舜紀揚雄傳書箴皆作出入**夏殷亡聞焉**師古曰言夏殷置官事不見於書傳也禮記明堂位曰夏后氏官百殷二百蓋言其大數而無職號

統屬也**周官則備矣**師古曰事見周書周官篇及周禮也**天官冢宰地官司徒春官宗伯夏官司馬秋官司寇冬官司空是爲六卿**師古曰冢宰掌邦治司徒掌邦敎宗伯掌邦禮司馬掌邦政司寇掌邦禁司空掌邦土也**各有徒屬職分用於百事**師古曰言百者舉大數也分音扶問反**太師太傅太保是爲三公**應劭曰師訓也傅覆也保養也師古曰傅相也**蓋參天子坐而議政無不總統故不以一職爲官名又立三少爲之副少師少傅少保是爲孤卿與六卿爲九焉**〔補注〕先謙曰北堂書鈔引許愼五經異義云古周禮說天子立三公曰太師太傅太保無官屬與王同職故曰坐而論道謂之王公又立三少以爲之副少師少傅少保是爲王孤冢宰司徒宗伯司馬司寇司空是謂六卿六卿之屬大夫士庶人在官者凡萬二千許愼謹案周公爲傅召公爲保太公爲師無爲司徒司空文知師保傅三公官名也**記曰三公無官言有其人然后充之**師古曰不必備員有德者乃處之**舜之於堯伊尹於湯周公召公於周是也**〔補注〕先謙曰舜伊尹事經文至顯周禮疏引鄭答趙商云周公左召公右兼師保初時然矣詩大明云惟師尙父是太公爲太師也太公罷周公以太傅遷太師故書序云周公爲師是也顧命云乃同召太保奭是召公爲太保也則周有三公明矣而周禮無其職者禮文王世子曰設四輔及三公不必備

惟其人然則三公得其人則置失其人則闕不必常設是三公無官之證也**或說司馬主天司徒主人司空主土是爲三公**〔補注〕先謙曰韓詩外傳八云三公者何曰司空司馬司徒也司馬主天司空主土司徒主人白虎通云王者受命爲天地人之職故分職以置三公各主其一人以效其功此與上云不以一職爲官名者不同論衡引書大傳有天公地公人公之稱此以分主爲義也三公之外別有九卿二十七大夫八十一元士凡百二十人而列臣備漢世今文家說若五經異義引今尚書夏侯歐陽說及春秋繁露官制象天篇並如此異義又云五帝三王不同物者周之制也則許以今文說爲前代制古文說爲周制月令疏引書傳鄭注以三公領九卿爲夏制考工記鄭注云三公以下百二十人似夏時與許意同說苑君道篇稱湯問伊尹曰三公九卿二十七大夫八十一元士知之有道乎是三公領九卿爲夏制不疑也**四岳謂四方諸侯**〔補注〕先謙曰書大傳四嶽八伯鄭云八伯者據畿外八州畿內不置伯又周禮疏序引鄭注云四岳四時之官主四岳之事始羲和之時堯既分陰陽爲四時命羲仲等爲之官又主方岳之事是主四岳謂之四伯至其死分四岳爲八伯皆王官其八伯惟驩兜共工放齊鯀四人而已其餘四人無文可知此鄭本大傳爲言今文說也入爲天子之卿出即爲諸侯之長國語韋注四岳官名主四岳之祭爲諸侯伯與鄭意同**自周衰官失而百職亂戰國並爭各變異秦兼天下建皇帝之號**張晏曰五帝自以德不及三皇故自去其皇號三王又以德不及五帝自損稱王秦自以德褒

二行故兼稱之〔補注〕先謙曰包誤褒立百官之職漢因循而不革師古曰革改也〔補注〕先謙曰官本無注明簡易隨時宜也其後頗有所改王莽篡位慕從古官而吏民弗安亦多虐政遂以亂亡故略表舉大分師古曰分音扶問反以通古今備溫故知新之義云師古曰論語稱孔子曰溫故而知新可以爲師矣溫猶厚也言厚蓄故事多識於新則可爲師

相國丞相應劭曰丞者承也相者助也皆秦官〔補注〕先謙曰周紀赧王令其相國之秦又云蘇代見韓相國趙世家烈侯相國公仲連秦尚在後表云秦官者以漢繼秦統言之餘可例推金印紫綬掌丞天子助理萬機秦有左右荀悅曰秦本次國命卿二人是以置左右丞相無三公官〔補注〕齊召南曰荀說非也秦置左右丞相始於悼武王二年時秦已稱王數世豈猶守周制次國二卿故事耶且左相右相商湯已然左傳仲虺居薛爲湯左相是其明證但丞相之名始於秦耳高帝即位置一丞相十一年更名相國綠綬孝惠高后置左右丞相〔補注〕先謙曰伊尹先仲虺崔杼慶封皆右相故漢以右爲尊文帝二年復置一丞相〔補注〕錢大昭曰劉屈氂傳武帝征和二年分丞相長史爲兩府以劉屈氂爲左丞相懸右丞相以待賢人此不載其事有兩長史秩千石〔補注〕先謙曰李斯爲郎說秦王拜爲長史是長史秦官漢丞相長史見五行志張湯田叔文三王鄭

當時灌夫景十三王夏侯勝黃霸王嘉外戚傳續志後漢大司徒長史一人哀帝元壽二年更名大司徒〔補注〕錢大昭曰漢官儀王莽時議以漢無司徒官故定三公之號曰大司馬大司徒大司空周壽昌曰史記將相表孝景元年置司徒官是漢初故有司徒至哀帝始加大字先謙曰續志世祖即位爲大司徒去大武帝元狩五年初置司直〔補注〕沈欽韓曰淮南主術訓湯有司直之人其義本此錢大昭曰後漢馬嚴傳云故事州郡所舉上奏司直察能否以懲虛實漢官儀武帝置丞相司直元壽二年改丞相爲大司徒司直如故先謙曰丞相司直見田叔平當馬宮龔勝鮑宣孫寶蕭望之翟方進何武師丹傳大司徒司直見金日磾傳王莽仍爲大司徒司直見莽傳秩比二千石〔補注〕周壽昌曰漢舊儀作二千石掌佐丞相舉不法〔補注〕先謙曰續志世祖即位以武帝故事置司直居丞相府助督錄諸州尋省

太尉秦官應劭曰自上安下曰尉武官悉以爲稱〔補注〕何焯曰宋時以太尉爲武官相呼通稱本應說先謙曰禮月令孟夏之月命太尉贊桀俊鄭注三王之官有司馬無太尉案尚書中侯云舜爲太尉束晳據以難鄭劉昭議其非實始皇紀十年以尉繚爲秦國尉正義若漢太尉之比然則太尉秦稱國尉與白起傳起爲國尉金印紫綬掌武事〔補注〕先謙曰續志掌四方兵事功課歲盡即奏其殿最而行賞罰武帝建元二年省元狩四年初置大司馬應劭曰司馬主武也諸武官亦以爲號以冠將軍之號師古曰冠者加於其上共爲一官也宣帝地節三年置大司馬不冠將軍亦無印綬官屬成帝綏和元年初賜大司馬金印紫綬置官屬祿比丞相去將軍哀帝建平二年復去大司馬印綬官屬冠將軍如故元壽二年復賜大司馬印綬置官屬去將軍位在司徒上〔補注〕王鳴盛曰司馬本次司徒下哀帝以大司馬位在司徒上欲極董賢之位命爲此官帝崩而王莽代賢先謙曰續志世祖即位爲大司馬後改太尉有長史〔補注〕先謙曰續志後漢一人署諸曹事秩千石

御史大夫秦官應劭曰侍御史之率故稱大夫云臣瓚曰茂陵書御史大夫秩中二千石〔補注〕先謙曰始皇紀二十六年有御史大夫劫二世元年有御史大夫臣德秦權琅邪臺碑嶧山泰山等碑皆有御史大夫臣德名結銜在左右丞相下秩甚尊漢列御史大夫於三公即承秦制位上卿銀印青綬掌副丞相〔補注〕錢大昭曰御史大夫亦稱宰相孔光傳云上欲致霸相位自御史大夫貢禹卒及薛廣德免輒欲拜霸又公孫賀等傳贊云若夫丞相御史兩府之士不能正議以輔宰相朱雲傳云御史之官宰相之副九卿之右後漢建武中李通爲大司空其傳云自爲宰相謝病不視事是也蕭望之傳云故事朝奏事會庭中御史大夫差居丞相後有兩丞〔補注〕先謙曰御史丞見爰盎廣川王去傳秩千石一曰中

丞〔補注〕先謙曰續志舊別監御史在殿中密舉非法御史大夫轉司空因別留中爲御史臺率御史中丞見食貨志張湯蕭望之陳咸朱雲于定國龔勝鮑宣李尋薛宣朱博翟方進酷吏佞幸外戚傳在殿中蘭臺掌圖籍秘書〔補注〕先謙曰王莽傳云甘忠可夏賀良讖書臧蘭臺亦蘭臺臧秘書之證外督部刺史內領侍御史員十五人〔補注〕齊召南曰周禮春官之屬御史中士八人則御史始於周上云秦官者謂御史大夫官始於秦也唐六典周官有御史以其在殿柱之間亦謂之柱下史秦改爲侍御史史記張蒼自秦時爲御史主柱下方書即其任也先謙曰侍御史見霍光于定國鮑宣諸葛豐劉輔毋將隆杜鄴王嘉息夫躬杜業嚴延年儒林匈奴王莽傳也受公卿奏事舉劾按章〔補注〕先謙曰續志後漢中丞一人成帝綏和元年更名大司空金印紫綬祿比丞相置長史如中丞官職如故〔補注〕先謙曰續志大司空長史一人千石哀帝建平二年復爲御史大夫元壽二年復爲大司空〔補注〕先謙曰續志世祖即位爲大司空尋去大御史中丞更名御史長史侍御史有繡衣直指服虔曰指事而行無阿私也師古曰衣以繡者尊寵之也出討姦猾治大獄武帝所制不常置〔補注〕錢大昭曰武紀天漢二年遣直指使者暴勝之等衣繡衣杖斧分部逐捕

太傅古官【補注】先謙曰大戴記傳者傳之德義也應劭漢官儀引賈生云古者周公職之續志掌以善導無常職高后元年初置【補注】錢大昭曰王陵金印紫綬後省八年復置【補注】錢大昭曰審食其後省哀帝元壽二年復置【補注】錢大昭曰孔光王莽位在三公上【補注】錢大昭曰三公丞相太尉御史大夫周壽昌曰表不言置官屬孔光傳光爲帝太傅歸老于第官屬案職如故此置官屬之證先謙曰續志後漢太傅一人每帝即位置之薨輒省

太師太保皆古官【補注】沈欽韓曰晉文公時賈佗爲太師楚穆王命潘崇爲太師呂覽直諫篇葆申高誘注葆太葆官也平帝元年皆初置金印紫綬太師位在太傅上【補注】先謙曰太師孔光見光傳太傅王舜見平紀光由太傅遷太師是位在上也太保次太傅【補注】先謙曰續志後漢無

前後左右將軍皆周末官秦因之【補注】齊召南曰沈約宋志周制王立六軍晉獻公作二軍公將上軍將軍之名起此左昭二十八年傳豈將軍食之而有不足孔疏晉使卿爲軍將謂之將中軍將上軍此以魏子將中軍故謂之將軍及六國以來遂以將軍爲官名蓋其原始於此案此說甚當史記封禪書周宣王時有右將軍杜伯然不可爲典要也先謙曰孟子魯欲以慎子爲將軍史記趙世家以李牧爲將軍皆周末時始皇遂以王翦爲將軍伐楚位上卿金印紫綬

漢不常置或有前後或有左右皆掌兵及四夷【補注】先謙曰續志比公者四第一大將軍次驃騎將軍次車騎將軍次衛將軍又有前後左右將軍後漢前後左右將軍皆主征伐事訖皆罷有長史秩千石【補注】先謙曰長史見衞青楊敞丙吉趙充國田延年陳咸谷永匈奴西域傳續志後漢長史一人

奉常秦官掌宗廟禮儀【補注】齊召南曰唐六典漢高名曰太常惠帝復曰奉常景帝又曰太常與此表異据史記叔孫通傳高帝拜通爲太常漢官典職亦云惠帝改太常爲奉常則六典所云自確班表蓋祇標其大略耳先謙曰續志後漢一人掌禮儀祭祀每祭祀先奏其禮儀及行事常贊天子有丞【補注】先謙曰太常丞見終軍韋玄成谷永傳續志後漢丞一人比千石掌凡行禮及祭祀小事總署曹事景帝中六年更名太常應劭曰常典也掌典三禮也師古曰太常王者旌旗也畫日月焉王有大事則建以行禮官主奉持之故曰奉常也後改曰太常尊大之也【補注】劉攽曰顏說太常都非晉語作執秩之官亦是主禮者秩亦猶常也然則古通謂常耳王建太常自是周禮秦何庸知之且禮官主於一旗亦非義矣周壽昌曰漢無極山碑云大尚承書從事大尚郎太常也先謙曰官本注儀作義是屬官有太樂太祝太宰太史太卜太醫六令丞【補注】先謙曰太樂見律麻禮樂志太樂令見表下又見功臣表陽平侯杜相下續志後漢大予樂令一人掌伎樂凡國祭祀掌請奏樂及大饗用樂掌其陳序丞一人太祝見霍光傳續志太祝令一人六百石凡國祭祀掌讀祝及迎送神丞一人掌祝小神事沈欽韓云御覽二百二十九引東觀漢記曰陰猛好學溫良以賢良遷爲太祝令則兩京無雜流官並以孝秀選可知太宰令續志一人六百石掌宰工鼎俎饌具之物凡國祭祀掌陳饌具丞一人太史令見律麻藝文志外戚王莽傳太史丞見律麻志續志太史令一人六百石掌天時星麻凡歲將終奏新年麻凡國祭祀喪娶之事掌奏良日及時節禁忌國有瑞應災異掌記之丞一人太卜見外戚傳太卜令見龜策傳續志有太卜令六百石後省幷太史本秦官見李斯傳太醫令秦官見扁鵲傳續志在少府亦見禮儀志餘詳下又均官都水兩長丞服虔曰均官主山陵上稾輸入之官也如淳曰律都水治渠隄水門三輔黃圖云三輔皆有都水也【補注】何焯曰都水屬太常治都水以內之水故其官曰長山陵所在尤以流水爲急故太常有專責也先謙曰都總也謂總治水之工故曰都水非都以內之水也又諸廟寢園食官令長丞【補注】先謙曰寢令見平紀韋賢傳園令見司馬相如傳長丞見外戚傳食官令見馮參傳廟長丞見王莽傳園長丞見戾太子傳續志後漢高廟令一人六百石守廟掌案行埽除無丞案中興後惟高廟置官西京則諸廟皆有又云先帝陵每陵園令各一人六百石掌守陵園案行埽除丞及校長各一人校長主兵戎盜賊事又每陵食官令各一人六百石掌望晦時節祭祀有廱太宰太祝令丞文穎曰廱主熟食官如淳曰五時在廱故特置太宰以下諸官師古曰如說是也廱右扶風之縣也太宰即是具食之官不當復置饗人也【補注】劉攽曰多有字不然則是又字先謙曰官本有作又陳

浩云案各本俱作又據攽此條則宋以前本作有字也先謙案高帝召故秦祀官復置大祝太宰如其故儀禮見郊祀志五時各一尉【補注】先謙曰續志中興以來省前凡十官不著其名蓋承太卜令言之五時五尉合雍太宰雍太祝令丞爲九加太卜令爲十也又博士及諸陵縣皆屬焉【補注】先謙曰續志太常下云每選試博士奏其能否大射養老大喪皆奏其禮儀每月前晦察行陵廟景帝中六年更名太祝爲祠祀武帝太初元年更曰廟祀【補注】先謙曰續志本注有祠祀令一人後轉屬少府又少府下云祠祀令一人六百石典中諸小祠祀丞一人案後漢太常屬官明有太祝令丞此東西京官名偶同且武帝已改廟祀矣本注誤也初置太卜

博士秦官【補注】齊召南曰沈約宋志案六國時往往有博士案宋志此文所以糾正班表之失也据史記循吏傳公儀休魯博士也以高第爲魯相則魯有博士始見士官矣先謙曰官本連上不提行博士屬太常不提行是博士始見戰國不能稱古官漢又承秦故云秦官未爲失也史記秦博士七十人備員弗用伏生亦爲秦博士掌通古今【補注】錢大昭曰朝錯匡衡皆爲太常掌故疑即博士之類應劭云掌故六百石吏主故事孔光傳是時博士選三科高第爲尚書次爲刺史其不通政事以久次補諸侯太傅先謙曰續志掌教弟子國有疑事掌承問對秩比六百石員多至數十人武帝建元五年初置五經博士【補注】周壽昌曰趙岐孟子題辭云孝文皇帝欲廣游學之路論語孝經孟子爾雅皆置博

士後罷傳記博士獨立五經漢舊儀文帝時博士七十餘人朝服元端章甫冠爲待詔博士本書儒林傳贊云武帝立五經博士書歐陽禮后蒼易楊何春秋公羊而已詩在文景時已立博士楚元王傳文帝時聞申公爲詩精以爲博士儒林傳韓嬰文帝時爲博士轅固景帝時爲博士翟酺謂文帝始置一經博士卽此今本後漢書作始置五經博士玉海引此作一經是宋時後漢書本武帝復立四經故稱五經博士也**宣帝黃龍元年稍增員十二人**補注先謙曰續志本四百石宣帝增秩後漢十四人**元帝永光元年分諸陵邑屬三輔**

王莽改太常曰秩宗

郎中令秦官臣瓚曰主郎內諸官故曰郎中令補注先謙曰始皇紀二世元年趙高爲郎中令後又一郎中令徐廣云趙成錢大昭云括蒼鮑氏云郎與廊同戰國策梧下先生見魏王趨出至郎門而反所謂郎門即郎之門也又段產謂秦新城君曰今臣處郎中無能議君於王而不能使人無議臣於君然則秦昭王時已有郎中之名其職已親近矣[illegible]案鮑說是也周禮大司馬注引司馬法曰鼓聲不過閶鼙聲不過闒鐸聲不過琅卽郎也段借字董仲舒傳游於巖郎之上晉灼曰堂邊廡巖郎謂巖峻之郎也說文廊在新附中古皆用郎**掌宮殿掖門戶**補注先謙曰續志云掌宿衞宮殿門戶典謁署郎更直執戟宿衞門戶考其德行而進退之郊祀之事掌三獻後漢一人**有丞**補注先謙曰續志後漢丞一人比千石**武帝太初元年更名光祿勳**應劭曰光者明也祿者爵也勳功也如淳曰胡公曰勳之言閽也閽者古主門官也光祿

主宮門師古曰應說是也補注何焯曰當從如說勳讀閽今閩越閽猶有此音下更中大夫爲光祿大夫亦以在宮門內耳周壽昌曰玉海引如注郎中令府在宮中先謙曰胡公胡廣王莽傳改光祿勳曰司中**屬官有大夫郎謁者皆秦官**補注先謙曰大夫見秦紀郎謁者並見始皇紀謁者亦見范雎傳**又期門羽林皆屬焉**服虔曰與期門下以微行後遂以名官師古曰羽林亦宿衞之官言其如羽之疾如林之多也一說羽所以爲王者羽翼也**大夫掌論議**補注先謙曰官本不提行此郎中令屬官不提行是續志凡大夫議郎皆掌顧問應對無常事惟詔命所使**有太中大夫**補注先謙曰太中大夫見郊祀律麻志賈誼疏廣李廣衞青張湯東方朔霍光平當龔勝劉輔劉德劉向劉歆夏侯勝孔光王商谷永王嘉石奮周仁張敞蓋寬饒文三王宣元六王翟方進申屠嘉陸賈儒林佞幸西南夷兩粵外戚傳**中大夫諫大夫皆無員多至數十人**補注先謙曰呂覽知度篇趙襄子以膳胥已爲中大夫魏有中大夫須賈是六國時官漢中大夫見郊祀溝洫志張耳曹參朱建灌嬰直不疑鼂錯張釋之汲黯田蚡董仲舒兒寬嚴助朱買臣吾丘壽王主父偃酷吏游俠佞幸匈奴兩粵王莽敘傳**武帝元狩五年初置諫大夫秩比八百石**補注錢大昭曰漢紀秩比六百石先謙曰諫大夫見藝文溝洫志劉向薛廣德王褒王吉貢禹楊敞龔勝鮑宣韋玄成張安世杜延年魏相夏侯勝彭宣翼奉韓延壽王尊王章蓋寬饒劉輔孫寶毋將隆終軍蕭望之馮參宣元六王孔光朱博何武王嘉云敞甘延壽儒林循吏游俠佞幸南越外戚元后王莽敘傳續志後漢有諫議大夫六百石無員齊職儀謂光武增議字則諫議大夫卽諫大夫也**太初元年更名中大夫爲光祿大夫秩比二千石**補注先謙曰光祿大夫見溝洫藝文志韓王信武五子于定國薛廣德平當楚元王常惠傅介子夏侯勝李廣利息夫躬張騫張安世霍光金日磾韋賢蔡義貢禹趙充國京房魏相丙吉張敞王尊諸葛豐孫寶蕭望之蕭育馮奉世段會宗辛慶忌彭宣龔勝翼奉鄭崇匡衡張禹王商史丹傅喜孔光朱博陳咸翟方進王嘉谷永師丹儒林酷吏佞幸匈奴西域外戚元后王莽敘傳續志凡諸國嗣之喪則光祿大夫掌弔後漢無員**太中大夫秩比千石**補注錢大昭曰漢紀太中大夫秩比二千石先謙曰此荀紀誤也**如故**補注劉攽曰此言太中大夫秩比千石如故則中大夫舊小於太中秩無二千石故言更名中大夫爲光祿大夫秩比二千石太中大夫秩比千石也先謙曰續志後漢太中大夫千石無員又有中散大夫六百石無員考蕭由爲中散大夫見蕭望之傳是前漢已有而不見於表**郎掌守門戶出充車騎**補注錢大昕曰班史紀傳稱郎者皆指宿衞之郎非尚書郎也以其分隸五官左右中郎將故又稱三署郎三署者五官中郎一署左中郎一署右中郎一署而統屬於光祿勳焉尚書令丞本少府屬官武帝以後遂爲樞機要地成帝始置尚書員四人而不聞有尚書郎後漢初尚書郎以令史久缺補之光武以孝廉丁邯爲郎邯恥與令史伍稱疾不就職後諸曹郎員益多而職任益重矣**有議郎中郎侍郎郎中皆**

無員多至千人議郎中郎秩比六百石侍郎比四百石郎中比三百石補注先謙曰議郎見藝文郊祀志金日磾陳湯夏侯勝王嘉衞青眭孟孔光翟方進鮑宣孫寶儒林匈奴外戚敘傳中郎見惠紀卜式趙廣漢趙充國傅介子常惠劉向汲黯息夫躬京房蕭望之主父偃翟方進吾丘壽王東方朔翼奉儒林酷吏游俠西域王莽傳侍郎見律麻藝文志劉屈氂傅介子龔勝韋玄成孔光鄭吉辛慶忌東方朔儒林西域傳郎中見惠紀藝文志樊噲主父偃楊惲甘延壽匡衡田叔盧綰劉澤劉德劉向劉敬袁盎叔孫通匈奴傳續志凡郎官皆主更直執戟宿衞諸殿門出充車騎惟議郎不在直中後漢議郎六百石中郎比六百石侍郎比四百石郎中比二百石皆無員**中郎有五官左右三將秩皆比二千石**補注沈欽韓曰齊策靖國君謂齊王曰五官之計不可不日聽也五官屢見管子書即五官命名所自昉先謙曰五官中郎將見儒林王莽傳五官掾見王尊傳續志後漢五官中郎將一人主五官郎左中郎將主左署郎右中郎將主右署郎五官中郎比六百石五官侍郎比四百石五官郎中比三百石無員左右署中郎侍郎郎中見上此表專屬中郎是東西京制稍異**郎中有車戶騎三將**漢儀注郎中令主郎中左右車將主左右車郎左右戶將主左右戶郎也如淳曰主車曰車郎主戶衞曰戶郎補注先謙曰車郎見藝文志亦曰輦郎見劉向傳戶郎見王嘉傳騎郎見張釋之衞青公孫敖傳亦曰郎中騎見功臣表戶將見楊惲傳郎中戶將見蓋寬饒儒林傳郎中騎將見樊噲傳亦曰騎郎將見功臣表蓋寬饒李廣傳

郎中車騎將見辛慶忌傳續志後漢省車戶騎三將秩皆比千石謁者掌賓讚受事員七十
人秩比六百石有僕射應劭曰謁請也白也僕主也補注錢大昭曰闗騶十三州志云謁者秦官皆選孝廉
年未五十曉解賓贊者歲盡拜縣令長史及都官府長史先謙曰
謁者見武紀食貨禮樂藝文志英布灌嬰汲黯終軍王商王嘉蕭
何周勃蕭育辛慶忌主父偃楊惲蕭望之蕭由匡衡馮野王江充
汲黯循吏佞幸西域外戚王莽傳謁者僕射見毋將隆張釋之鼂
錯龔勝傳續志後漢常侍謁者五人比六百石主殿上時節威儀
謁者三十人其給事謁者四百石其灌謁者郎中比三百石掌賓
贊受事及上章報問將大夫以下之喪掌使弔本員七十人中興
但三十人初爲灌謁者滿歲爲給事謁者又謁者僕射一人爲謁
者臺率主謁者天子出奉引秩比千石期門掌執兵送從武帝建元三年初置
比郎無員多至千人補注先謙曰期諸殿門故有期門之號見東方朔傳亦見霍光李廣利趙充國傳介子甘
延壽西域外戚王莽傳有僕射秩比千石補注先謙曰期門僕射後爲虎賁僕射續志後漢虎賁左右僕射各
一人比六百石主虎賁郎習射平帝元始元年更名虎賁郎師古曰賁讀與奔同言如猛獸之奔補注
先謙曰虎賁見王莽傳置中郎將秩比二千石補注先謙曰續志後漢虎賁中郎將主虎賁宿衞所屬有
虎賁中郎侍郎郎中節從之名羽林掌送從次期門武帝太初元年初置補注周壽昌曰

前漢十九上　十

文帝時鄧通爲羽林黃頭郎武帝前已有之先謙曰續志羽林郎
比三百石無員掌宿衞侍從常選漢陽隴西安定北地上郡西河
凡六郡良家補本武帝以便馬從獵還宿殿陛巖下室中故號巖郎名曰建章營騎補注沈欽韓曰蓋武帝起建章
宮置此爲宮衞後更名羽林騎補注先謙曰羽林見霍光趙充國甘延壽外戚王莽傳又取從軍死
事之子孫養羽林官敎以五兵號曰羽林孤兒師古曰五兵謂弓矢殳矛戈戟也補
注先謙曰羽林孤兒見宣紀趙充國孔光傳羽林有令丞補注先謙曰續志後漢有羽林左右丞各一人省令宣
帝令中郎將騎都尉監羽林秩比二千石補注先謙曰中郎將羽林監見霍光傳續志後
漢羽林中郎將比二千石主羽林郎又有羽林左右監各一人比
六百石主羽林左右騎又有騎都尉比二千石無員本監羽林騎
僕射補注先謙曰官本連上不提行是秦官補注先謙曰始皇紀有博士僕射周青臣又有衞令僕射可證自侍
中尚書博士郎皆有補注先謙曰侍中僕射見武紀霍光傳續志侍中下云本有僕射一人中興轉爲祭酒或
置或否此侍中有僕射也又尚書僕射一人六百石署尚書事令
不在則奏下眾事案元帝時石顯爲尚書僕射哀帝時鄭崇爲尚
書僕射孫寶傳尚書僕射唐林又孔光傳兩見王嘉傳一見又佞
幸傳有中書僕射牢梁此尚書有僕射也續志又云博士祭酒一
人六百石本僕射中興轉爲祭酒此博士有僕射也虎賁僕射主虎賁郎習射是又郎僕射見霍光傳此郎有僕射也古者

重武官有主射以督課之補注何焯曰僕射之義如此明已矣秦官不徵諸漢書乃反附會周制耶以射
爲讀如夜音者尤謬軍屯吏騶宰永巷宮人皆有取其領事之號孟康曰皆有僕射隨
所領之事以爲號也若軍屯吏則曰軍屯僕射永巷則曰永巷僕
射補注沈欽韓曰曹操孫子注陳車之法五車爲隊僕射一人十
車爲率官長一人通典五火爲隊五十人有頭則僕射即隊頭也
亦號隊率申屠嘉以材官蹶張遷爲隊率是也其百人爲官長亦
號屯長秦發閭左戍九百人陳勝吳廣皆爲屯長是也先謙曰騶
僕射見續志祠祀令注引漢官宰疑卒之譌字衞卒僕射見褚補
史記王先生傳永巷僕射見廣川王去傳
衞尉秦官補注先謙曰始皇紀有衞尉竭掌宮門衞屯兵師古曰漢舊儀云衞尉寺在宮內胡廣云主宮
闕之門內衞士於周垣下爲區廬區廬者若今之仗宿屋矣補注
錢大昕曰宮門者未央宮門也武帝時李廣爲未央衞尉程不識
爲長樂衞尉表有廣無不識宣帝時霍光長女壻鄧廣漢爲長樂
衞尉范明友爲未央衞尉表有明友無廣漢知表所載惟未央衞
尉也未央長樂二尉分主東西宮孟康云李廣爲東宮程不識爲
西宮予謂長樂宮太后所居太后朝稱東朝似長樂在未央之東
矣未央衞尉諸傳皆單稱衞尉獨李廣范明友稱未央者以別於
長樂也韋元成傳亦稱未央衞尉則以其時始置建章衞尉故亦
稱未央以別之先謙曰官本仗作伏續志云掌宮門衞士宮中徼循事後漢一人有丞補注先謙曰續志後漢有丞一人比

前漢十九上　十一

千石景帝初更名中大夫令補注先謙曰中大夫令見直不疑傳此亦依秦官名始皇紀有中大夫令齊又
有衞尉竭然則秦時中大夫令衞尉本二官也後元年復爲衞尉補注先謙曰王莽傳改衞尉曰太衞屬官
有公車司馬衞士旅賁三令丞師古曰漢官儀云公車司馬掌殿司馬門夜徼宮中天下上事及闕
下凡所徵召皆總領之令秩六百石旅眾也賁與奔同言爲奔走
之任也補注先謙曰官本注闕下上有四方貢獻四字公車司馬
見王莽傳公車令見張釋之外戚傳公車司馬令見東方朔傳公
車丞見儒林外戚傳衞士令見藝文志亦秦官省文稱之曰衞令
李斯傳趙高將弒二世詐詔衞士而始皇紀云遣閻樂至殿門縛
衞令可參證也續志後漢有公車司馬令一人六百石掌宮南闕
門凡吏民上章四方貢獻及徵詣公車者丞一人選曉諱掌知非
法衞士令一人六百石掌南北宮衞士丞各一人省旅賁令衞士
一丞衞士三丞補注先謙曰公車司馬旅賁止一丞不與衞士同別言之後漢省一存二故上引續志云云也又諸
屯衞候司馬二十二官皆屬焉補注先謙曰屯司馬若後漢南宮南屯司馬之比屯衞司馬一官跡
此省文則稱屯司馬或衞司馬屯而爲衞上文衞尉云掌宮門衞
屯兵即其證也衞司馬見元紀陳湯段會宗谷永鄭吉傳介子蓋
寬饒西域傳衞候見馮奉世西域傳候及司馬共二十二官也續
志左右都候各一人丞一人周禮司寤有夜士干寶注今都候之
屬蓋稍變制長樂建章甘泉衞尉皆掌其宮師古曰各隨所掌之宮以名官補注錢大昕曰長樂

宮高帝所築惠帝時呂后居之自後遂爲太后所居之宮武帝時始見長樂衞尉竇甫程不識此官始置於武帝初也其後官長樂衞尉者昭帝時有劉辟彊昌邑王賀時有安樂宣帝時有許舜董忠成帝時有史丹王宏王安韋安世哀帝時有王惲蓋昭宣以後長樂宮常置衞尉矣建章衞尉置於宣帝元康元年罷於元帝初元三年紀居其職者有丙顯金安上皆宣帝朝臣也甘泉衞尉亦罷於初元三年紀而史無置衞尉之文此宮剏於武帝未審何年始立宮衞史亦未見除甘泉衞尉者**職略同**補注先謙曰長樂司馬見律厤志長樂屯衞司馬見馮野王傳此職同長樂戶將見儒林傳建章監見李陵衞青傳此職不同**不常置**

太僕秦官應劭曰周穆王所置也蓋大御衆僕之長中大夫也補注齊召南曰周禮夏官有太僕下大夫二人不得云始於秦也周穆王命伯冏爲太僕耳亦不得云穆王始置此官也表及注並誤**掌輿馬**補注先謙曰續志天子每出奏駕上鹵簿用大駕則執馭**有兩丞**補注先謙曰太僕丞見張敞傳續志後漢丞一人比千石**屬官有大廄未央家馬三令各五丞一尉**師古曰家馬者主供天子私用非大祀戎事軍國所須故謂之家馬也補注沈欽韓曰家馬字見管子問篇武帝以車騎馬乏令封君以下至三百石吏差出牝馬天下亭有畜字馬歲課息家馬之名蓋始於此先謙曰大廄丞見咸宣傳未央廄令見霍光外戚傳家馬官見地理志續志後漢未央廄令一人主乘輿及廄中諸馬舊有六廄皆六百石令中興省約但置一廄案大廄未央家馬及下路軨騎馬駿馬共爲六廄也**又車府路軨騎馬駿馬四**

令丞伏儼曰主乘輿路車又主凡小車軨今之小馬車曲輿也師古曰軨音零補注先謙曰車府令秦官見始皇紀又見藝文志路軨廄在未央宮騎馬廄在長安城外見黃圖騎馬令見嚴安傳駿馬監見傳介子傳續志後漢車府令一人六百石主乘輿諸車丞一人**又龍馬閑駒橐泉騊駼承華五監長丞**如淳曰橐泉廄在橐泉宮下騊駼野馬也師古曰閑闌養馬之所也故曰閑騊駼馬出北海中其狀如馬非野馬也騊音徒高反駼音塗補注沈欽韓曰金日磾傳武帝拜爲馬監蓋失其名黃圖大宛廄在長安城外疑此之龍馬監也又云騊駼廄在長安城外漢官儀承華廄騊駼廄馬皆萬匹令秩六百石先謙曰傳介子傳平樂廄監蘇武傳栘中監不入此表未知何故續志無劉注引古今注云漢安元年置承華廄令秩六百石尙存承華之名耳**又邊郡六牧師菀令各三丞**師古曰漢官儀云牧師諸菀三十六所分置北邊西邊分養馬三十萬頭補注先謙曰續志牧師菀皆令官主養馬分在河西六郡界中中興皆省菀苑通用字**又牧橐昆蹏令丞**應劭曰橐橐佗昆蹏好馬名也蹏音啼如淳曰爾雅曰昆蹏研善升甗者也因以爲廄名師古曰牧橐言牧養橐佗也昆獸名也蹏研者謂其蹏下平也善升甗者謂山形如甑而能升之也蹏即古蹄字耳研音五見反甗音言又音牛偃反補注沈欽韓曰釋獸郭注昆蹏蹏如趼而健上山秦時有騠蹏苑釋文引舍人云騠蹏者蹶蹏也邵晉涵云顏說非應說是**皆屬焉**補注先謙曰王莽傳改太僕曰太御**中太僕**補注先謙曰官本考證云監本於太僕後提行寫非是凡九卿屬官如奉常下博士

光祿勳下大夫郎謁者期門羽林僕射宋本俱不提行今從之中太僕見王尊毋將隆石顯外戚傳**掌皇太后輿馬不常置也**補注先謙曰續志後漢中宮僕一人省太**武帝太初元年更名家馬爲挏馬**應劭曰主乳馬取其汁挏治之味酢可飲因以名官也如淳曰主乳馬以韋革爲夾兜受數斗盛馬乳挏取其上把因名曰挏馬禮樂志丞相孔光奏省樂官七十二人給大官挏馬酒今梁州亦名馬酪爲馬酒晉灼曰挏音挺挏之挏師古曰晉音是也挏音徒孔反補注錢大昭曰說文挏擁引也漢有挏馬官作馬酒先謙曰官本把作肥是**初置路軨**

廷尉秦官應劭曰聽訟必質諸朝廷與衆共之兵獄同制故稱廷尉師古曰廷平也治獄貴平故以爲號補注先謙曰始皇紀有廷尉斯周壽昌云韓詩外傳晉文公使李離爲理呂氏春秋齊宏章爲大理說苑楚廷理新序石奢爲大理是各國皆名理或名大理獨秦稱廷尉也**掌刑辟**補注先謙曰續志掌平獄奏當所應凡郡國讞疑罪皆處當以報**有正左右監秩皆千石**補注先謙曰廷尉正見廣川王張湯黃霸及後書何敞傳大理正見何武傳廷尉監見宣紀淮南王安息夫躬丙吉傳又並見食貨志朱博傳續志後漢正左監各一人省右**景帝中六年更名大理武帝建元四年復爲廷尉宣帝地節三年初置左右平秩皆六百石**補注錢大昭曰不言員數宣紀及刑法志云四人先謙曰廷尉平見刑法志馬宮傳續志後漢左平一人掌平決詔獄省右**哀帝元**

壽二年復爲大理補注先謙曰大理見何武傳**王莽改曰作士**

典客秦官掌諸歸義蠻夷有丞補注先謙曰大鴻臚丞見劉德文三王武五子外戚傳續志後漢丞一人**景帝中六年更名大行令**補注周壽昌曰史記景帝紀無令字沈欽韓曰管子小匡篇請立隰朋爲大行其官尙矣**武帝太初元年更名大鴻臚**應劭曰郊廟行禮讚九賓鴻聲臚傳之也補注先謙曰韋昭辨釋名云鴻大也臚陳序也言大禮陳序於賓客也**屬官有行人譯官別火三令丞**如淳曰漢儀注別火獄令官主治改火之事補注沈欽韓曰論語集解引馬融曰周書月令有更火令按月令解無其事淮南時則訓春服八風水爨其燧火夏服八風水爨柘燧火秋同夏冬爨松燧火疑漢改火之制也先謙曰行人後改大行令大行丞見張敞傳大行治禮丞見蕭望之傳譯官令見儒林傳續志後漢省譯官別火二令丞**及郡邸長丞**師古曰主諸郡之邸在京師者也補注錢大昭曰郡國朝宿之舍在京師者名邸文紀至邸而議之先謙曰續志後漢省郡邸長丞但令郎治郡邸**武帝太初元年更名行人爲大行令**補注先謙曰史記景帝紀中六年更命大行爲行人此再更名也大行見律厤志韋玄成傳續志後漢大行令一人六百石主諸郎又有丞一人治禮郎四十七人**初置別火**補注先謙曰言譯官令丞亦舊有也**王莽改大鴻臚曰典樂初置郡國邸屬少府中屬中尉後屬**

大鴻臚

宗正，秦官，應劭曰周成王之時彤伯入爲宗正也師古曰彤伯爲宗伯不謂之宗正補注何焯曰案宗正亦謂之宗伯王莽緣此以改官名應說非無本但是後儒曲說與周官不合故班氏斷爲秦官**掌親屬，**補注先謙曰續志掌序錄王國嫡庶之次及諸宗室親屬遠近郡國歲因計上宗室名籍若有犯法當髡以上先上諸宗正宗正以聞乃報決**有丞。**補注先謙曰宗正丞見劉德傳續志後漢丞一人比千石**平帝元始四年更名宗伯。**補注周壽昌曰見平紀五年置宗師得郵書宗伯言事殆宗伯之副而非屬也**屬官有都司空令丞，**如淳曰律司空主水及罪人賈誼曰輸之司空編之徒官補注先謙曰都司空見伍被灌夫傳都司空令見儒林傳續志後漢省都司空令丞**內官長丞。**師古曰律麻志主分寸尺丈也補注先謙曰內官見律麻志東方朔傳內官長見眭弘傳**又諸公主家令門尉皆屬焉。**補注先謙曰續志後漢每主家令一人六百石其餘屬吏增減無常**王莽幷其官於秩宗。初，內官屬少府，中屬主爵，後屬宗正。**

治粟內史，秦官，補注先謙曰治粟內史見陳平傳又韓信傳漢王以信爲治粟都尉蓋內史屬官猶沿秦制故以治粟爲稱治粟都尉亦見食貨志**掌穀貨，**補注先謙曰續志掌諸錢穀金帛諸貨幣郡國四時上月旦見錢穀簿其逋未畢各具別之邊郡諸官請調度者皆爲報給損多益寡取相給足**有兩丞。**補注先謙曰丞見宣成紀律麻食貨志陳湯蕭望之循吏酷吏傳續志後漢丞一人比千石部丞一人六百石主帑藏**景帝後元年更名大農令，武帝太初元年更名大司農。屬官有太倉、均輸、平準、都內、籍田五令丞，**孟康曰均輸謂諸當所有輸於官者皆令輸其地土所饒平其所在時賈官更於佗處賣之輸者既便而官有利也補注先謙曰太倉見律麻志太倉令見刑法志續志主受郡國傳漕穀後漢一人六百石丞一人均輸見食貨志千乘均輸官見地理志河東均輸長見黃霸傳蓋均輸事總於司農外郡復有官以董之平準見食貨志王莽傳平準令見趙廣漢傳續志平準令掌知物賈主練染作采色後漢一人六百石丞一人[illegible]都內見王莽傳都內主藏官見張延壽傳都內令見尹翁歸傳桓譚新論云漢之百姓賦歛一歲爲四十餘萬萬吏奉用其半餘二十萬萬藏於都內爲禁財少府所領園地作務之入十三萬萬以供常賜籍田見文紀食貨志**斡官、鐵市兩長丞。**如淳曰斡音筦或作幹斡主也主均輸之事所謂斡鹽鐵而榷酒酤也晉灼曰此竹箭幹之官長也均輸自有令師古曰如說近是也縱作幹讀當以幹持財貨之事耳非謂箭幹也補注先謙曰續志後漢有太倉平準令丞餘均輸等皆省此蓋悉在所省之內**又郡國諸倉農監、都水六十五官長丞皆屬焉。**補注先謙曰齊太倉長見倉公傳甘泉倉長見張敞傳農官倉長見食貨志續志郡有都水官者令長及丞秩

次皆如縣道又云凡郡縣有水池及魚利多者置水官主平水收漁稅此設之外郡前漢遙屬於司農而東京改隸郡國者也又少府下云都水屬郡國此自少府改屬者也本書都水並有長丞無令續志亦無**騪粟都尉，**服虔曰騪音搜狩之搜搜索也補注先謙曰三搜字官本並作蒐是**武帝軍官，不常置。**補注先謙曰騪粟都尉見食貨志蘇武燕剌王李廣利霍光西域傳**王莽改大司農曰羲和，後更爲納言。初，斡官屬少府，中屬主爵，後屬大司農。**

少府，秦官，補注先謙曰始皇紀有少府章邯淮南汜論秦之時頭會箕斂輸于少府**掌山海池澤之稅，以給共養，**應劭曰名曰禁錢以給私養自別爲藏少者小也故稱少府師古曰大司農供軍國之用少府以養天子也供音居用反養音弋亮反補注先謙曰官本注供作共是續志凡山澤陂池之稅名曰禁錢屬少府世祖改屬司農少府掌中服御諸物衣服寶貨珍膳之屬**有六丞。**補注先謙曰續志後漢丞一人比千石省五**屬官有尚書、符節、太醫、太官、湯官、導官、樂府、若盧、考工室、左弋、居室、甘泉居室、左右司空、東織、西織、東園匠十二官令丞，**服虔曰若盧詔獄也鄧展曰舊洛陽兩獄一名若盧主受親戚婦女如淳曰若盧官名也藏兵器品令曰若盧郎中二十人主弩射漢儀注有若盧獄令主治庫兵將相大臣臣瓚曰冬官爲考工主作器械也師古曰太官主膳食湯官主餅餌導官主擇米若盧如說是也左弋地名東園匠主作陵內器物者也補注錢大昭曰十二疑是十六以左右司空分兩官亦是十七沈欽韓曰太醫令丞太常已有之此官先屬太常後屬少府班失刊正先謙曰尚書令見藝文志張安世賈捐之諸葛豐鄭崇翟方進傅喜孔光何並孫寶京房霍光金日磾平當黃霸王嘉師丹循吏外戚王莽傳尚書丞見三王世家符節令見眭弘傳續志云爲符節臺率主符節事凡遣使掌授節後漢一人六百石無丞有尚符璽郎中四人注云舊二人在中主璽及虎符竹符之半有符節令史二百石掌書案符節令郎秦之符璽令李斯傳趙高兼行符璽令事是也太醫監見外戚傳太醫令續志云掌諸醫後漢一人六百石有藥丞方丞各一人太官令續志云掌御飲食後漢一人六百石有左丞主飲食甘丞主膳具湯官丞[illegible]果丞主果各一人太官見霍光召信臣谷永傳太官丞見東方朔傳太官獻丞見張延年傳[illegible]導官見張湯谷永傳導官令續志云主舂御米及作乾糒導擇也後漢一人六百石丞一人屬大司農說文䆃禾也玉篇䆃一莖六穗瑞禾也史記司馬相如傳䆃一莖六穗於庖此作導以擇米爲義亦通用字耳樂府見霍光佞幸傳樂府令見禮樂志若盧獄見王商傳若盧丞見王吉傳[illegible]考工見田蚡傳考工令續志云主作兵器弓弩刀鎧之屬成則傳執金吾入武庫及主織綬諸雜工後漢一人六百石左右丞各一人轉屬太僕左弋郎佐弋始皇紀有佐弋竭左佐字同謂佐助弋射之事因以名官居室見灌夫傳甘泉居室見衛青傳[illegible]左右司空見伍被傳東西織室見貢禹傳東織令史見宣紀東園見孔光霍光

佞幸傳續志後漢又省織室令置丞餘不載官本注十一作十六是又胞人都水均官三長丞師古曰胞人主掌宰割者也胞與庖同（補注）錢大昕曰庖通作胞禮記祭統胞者肉吏之賤者也莊子庚桑楚篇湯以胞人籠伊尹釋文胞本又作庖也先謙曰庖人長丞續志後漢省都水蓋池籞別屬少府孫寶傳民假少府陂澤故亦有都水官續志以都水屬郡國均官見谷永傳沈欽韓云王莽於長安及五都立五均官五穀布帛絲綿之物均官用本價取之此少府均官蓋本主市賈者均官長丞續志不載又上林中十池監師古曰三輔黃圖云上林中池上籞五所而此云十池監未詳其數（補注）先謙曰霍光傳女醫淳于衍夫賞求丞安池監此池監蓋十池監之一續志後漢省上林十池監又中書謁者黃門鉤盾尚方御府永巷內者宦者七官令丞師古曰鉤盾主近苑囿尚方主作禁器物御府主天子衣服也（補注）先謙曰中書謁者令見楊惲王尊傳謁者令見外戚傳中書令見霍光朱雲陳湯京房匡衡游俠佞幸傳續志尚書令一人千石承秦所置武帝用宦者更爲中書謁者令掌凡選署及奏下尚書文書眾事成紀瓚注漢初中人有中謁者令孝武加中謁者令爲中書謁者令先謙案昭帝時有尚書明與中書兩官續志言更尚書爲中書誤也中書兼尚書之任亦謂之中尚書見蓋寬饒傳唐六典自武帝游宴後庭故用宦者司馬遷被刑爲中書令即其任也不言謁者省文洪邁云中書尚書令在西漢爲少府屬官在東漢亦屬少府雖典機要而去公卿甚遠魏晉以來浸以華重唐遂爲三省官長居眞宰相之任黃門令見藝文志

孔光傳續志黃門令宦者主省中諸宦者鉤盾見昭紀五行志陳咸王莽傳鉤盾令見京房傳續志鉤盾令宦者典諸近池苑囿游觀之處尚方見周亞夫朱雲谷永傳續志尚方令掌上手工作御刀劍諸好器物御府見谷永王莽傳御府令見霍光傳續志御府令宦者典官婢作中衣服及補浣之屬永巷見呂后傳後改掖廷掖庭令見宣紀霍光張安世丙吉外戚傳掖庭丞見外戚傳掖庭官吏見陳咸傳續志永巷令宦者典宮婢侍使內者令見劉屈氂孝宣許皇后王莽傳內謁者令見宣帝紀丙吉傳續志內者令掌中布張諸衣物宦者署見東方朔劉歆蘇武翼奉傳宦者令見東平王宇傳宦者丞見外戚傳自黃門下後漢令各一人六百石丞各一人唯內者左右丞各一人宦者令丞見下七官本作八是諸僕射署長中黃門皆屬焉師古曰中黃門奄人居禁中在黃門之內給事者也（補注）先謙曰續志虎賁中郎將有左右僕射主虎賁郎習射又謁者僕射一人爲謁者臺率主謁者又中黃門冗從僕射一人宦者主中黃門冗從此諸僕射袁盎傳有郞署長馮唐傳爲郞中署長儒林傳孟喜爲曲臺署長續志有黃門署長畫室署長玉堂署長丙署長此諸署長也又云中黃門掌給事禁中後漢比百石宦者無員後增比三百石中黃門見霍光江充毋將隆谷永佞幸外戚王莽傳武帝太初元年更名考工室爲考工左弋爲佽飛居室爲保宮甘泉居室爲昆臺永巷爲掖廷佽飛掌弋射有九丞兩尉（補注）先謙曰佽飛見宣紀瓚注在上林中結矰繳弋鳬雁歲萬頭以供宗廟又見趙充國傳保宮見

蘇武儒林傳掖廷亦作掖庭見劉輔韓嫣匈奴傳太官七丞昆臺五丞樂府三丞掖庭八丞（補注）先謙曰續志掖庭宦者掌後宮貴人采女事後漢令一人（前漢即永巷令也後漢分屬二令）六百石左右丞各一人宦者七丞鉤盾五丞兩尉（補注）先謙曰續志省宦者昆臺佽飛三令二十一丞謂三署各一令又宦者七丞昆臺五丞佽飛九丞合之得二十一也成帝建始四年更名中書謁者令爲中謁者令（補注）先謙曰成紀所謂罷中書宦官續志所謂成帝用士人復故也中謁者見賈捐之傳中謁者令見毋將隆外戚傳初置尚書員五人（補注）先謙曰成紀注漢舊儀云尚書四人爲四曹常侍曹尚書主丞相御史事二千石曹尚書主刺史二千石事戶曹尚書主庶人上書事主客曹尚書主外國事成帝置五人有三公曹主斷獄事案尚書僕射別見前僕射下有四丞（補注）先謙曰中謁者丞見成紀續志掌錄文書期會後漢左右丞各一人四百石河平元年省東織更名西織爲織室（補注）先謙曰貢禹傳稱東西織室是織室爲總名省東織故止稱織室耳織室見谷永傳續志後漢省織室令置丞綏和二年哀帝省樂府（補注）先謙曰事見哀紀王莽改少府曰共工（補注）先謙曰共工見劉輔傳又宋弘爲共工見後書弘傳中尉秦官（補注）先謙曰華陽國志有秦中尉田眞黃又趙烈侯官荀欣爲中尉則是官不獨秦有也掌徼循京

師如淳曰所謂遊徼徼循禁備盜賊也師古曰徼謂遮繞也徼音工釣反（補注）先謙曰續志掌宮外戒司非常水火之事月三繞行宮外及主兵器有兩丞候司馬千人師古曰候及司馬及千人皆官名也屬國都尉云有丞候千人西域都護云司馬候千人各二人凡此千人皆官名也（補注）先謙曰中尉丞見表下執金吾候見平紀中司馬見季布傳續志後漢一丞武帝太初元年更名執金吾應劭曰吾者禦也掌執金革以禦非常師古曰金吾鳥名也主辟不祥天子出行職主先導以禦非常故執此鳥之象因以名官（補注）俞樾曰崔豹古今注金吾棒也以銅爲之黃金塗兩末御史大夫司隸校尉亦得執焉御史校尉郡守都尉縣長之類皆以木爲吾據此漢制有金吾有木吾豈得以金吾爲鳥名乎吾實大棒之名以大棒可禦非常故以吾名之執金吾者執此棒也應說參以崔注其義方盡周壽昌曰功臣表曲成侯蟲達從起碭至霸上爲執金吾是漢初本有此官武帝時復故先謙曰王莽傳改名奮武續志後漢因屬官有中壘寺互武庫都船四令丞如淳曰漢儀注有寺互都船獄令治水官也（補注）沈欽韓曰通典引司馬穰苴五人爲伍十伍爲隊一軍凡二百五十隊餘奇爲握奇故一軍以三千七百五十人爲奇兵隊七十有二以爲中壘守地六千尺積尺得四十里以中壘四面乘之一面得地三百步此中壘所本先謙曰武庫見毋將隆董賢傳又雒陽亦有武庫令見魏相傳都船見薛宣王嘉傳續志武庫令主兵器後漢有武庫令丞各一人省中壘寺互都船令丞都船武庫有三丞中壘兩尉（補注）先謙曰續志後

漢中壘尉亦省又式道左右中候候丞及左右京輔都尉尉丞兵卒皆屬焉。應劭曰式道凡三候車駕出還式道候持麾至宮門門乃開師古曰式表也〔補注〕先謙曰式道候見東方朔傳續志本有式道左右中候三人六百石車駕出掌在前清道還持麾至宮門門乃開中興但一人又不常置每出以郎兼式道候事已罷不復屬執金吾又省京輔左右都尉初寺互屬少府中屬主爵後屬中尉自太常至執金吾秩皆中二千石丞皆千石

太子太傅〔補注〕錢大昭曰漢舊儀云皇太子黃金印龜紐印文曰章下至二百石皆爲通官印太傅一人眞二千石禮如師亡新更爲太子師先謙曰太子太傅見食貨志卜式疏廣韋玄成魏相丙吉蕭望之張禹周亞夫叔孫通衞綰夏侯勝師丹石奮儒林循吏外戚傳後漢因續志職掌輔導太子禮如師不領官屬杜佑云漢魏故事太子於二傳執弟子禮皆爲書不曰令少傅稱臣而太傅不稱臣少傅〔補注〕先謙曰太子少傅見夏侯勝匡衡朱雲疏廣馮野王儒林外戚傳後漢因續志亦以輔導爲職悉主太子官屬古官〔補注〕周壽昌曰禮文王世子太傅在前少傅在後書楊終傳禮制人君之子年八歲爲置少傅教之書計以開其明十五置太傅教之經典以道其志胡三省云古世子有三師三少至漢惟太傅少傅耳屬官有太子門大夫應劭曰員五人秩六百石〔補注〕先謙曰門大夫見鼂錯金日磾儒林王莽傳後漢因續志職比郎將劉注引漢官云門大夫二人選四府掾屬與此注微異

庶子應劭曰員五人秩六百石〔補注〕錢大昭曰馮野王傳云爲太子中庶子王商傳同又攷漢舊儀云中庶子五人職如侍中秩六百石庶子秩比四百石如中郎無員亡新改爲中翼子據此則中庶子與庶子有別矣應所注乃中庶子也表於庶子上脫中字庶子下脫庶子二字先謙曰史丹儒林王莽傳亦有中庶子錢說是也太子庶子見蓋寬饒蕭育傅喜傳續志後漢有庶子中庶子二官先馬張晏曰先馬員十六人秩比謁者如淳曰前驅也國語曰句踐親爲夫差先馬先或作洗也〔補注〕先謙曰官本考證云注驅訛驅今改正汲黯傳作洗馬後漢因續志比六百石注引漢官云選郎中補也舍人〔補注〕先謙曰舍人秦官見始皇紀亦見鼂錯鄭當時公孫賀戾太子雋不疑周仁佞幸外戚傳後漢因續志二百石無員更置一舍衞一如三署郎中此外屬官有率更令一家令一倉令一食官令一僕一廄長一中盾一衞率一又云舊有左右戶將別主左右戶直郎後漢省

將作少府秦官掌治宮室〔補注〕先謙曰案即周禮匠人之職功臣表梧齊侯陽城延以軍匠從起後爲少府此將作少府即沿秦官有兩丞左右中候〔補注〕先謙曰中候見張蒼傳續志後漢止丞一人六百石景帝中六年更名將作大匠〔補注〕先謙曰將作大匠見溝洫志翟義陳湯佞幸傳屬官有石庫東園主章左右前後中校七令丞如淳曰章謂大材也舊將作大匠主材吏名章曹掾師古曰今所謂木鍾者蓋章聲之轉耳東園主章掌大材以供東園大匠也〔補注〕先謙曰右校丞見辛慶忌傳續志後漢有左校令右校令各一人掌左右工徒六百石丞各一人又主章長丞師古曰掌凡大木也武帝太初元年更名東園主章爲木工成帝陽朔三年省中候及左右前後中校五丞〔補注〕先謙曰王莽傳有都匠仇延顏注都匠大匠也蓋莽改大匠爲都匠

詹事秦官應劭曰詹省也給也臣瓚曰茂陵書詹事秩眞二千石〔補注〕先謙曰詹事見鄭當時竇嬰韓安國霍去病孔光馬宮外戚傳掌皇后太子家有丞師古曰皇后太子各置詹事隨其所在以名官屬官有太子率更家令丞僕中盾衞率廚廄長丞張晏曰太子稱家故曰家令臣瓚曰茂陵中書太子家令秩八百石應劭曰中盾主周衞徼道秩四百石如淳曰漢儀注衞率主門衞秩千石師古曰掌知漏刻故曰率更自此以上太子之官也更音工衡反〔補注〕錢大昭曰漢舊儀率更令秩千石主庶子舍人更直亡新更爲中更丞一人秩四百石家令千石主倉獄僕秩千石主馬中盾秩四百石主周衞徼循衞率秩比千石丞一人主門衞先謙曰家令見鼂錯疏廣傳率更令家令丞廚廄長丞見王莽傳中盾見敍傳應注徼道乃徼循之誤也循道篆文形近官本無注末五字又中長秋私府永巷倉廄祠祀食官令長丞〔補注〕錢大昭曰漢舊儀食官令秩六百石丞一人先謙曰續志後漢有中宮私府永巷令丞各一人諸宦官皆屬焉師古曰自此以上皆皇后之官成帝鴻嘉三年省詹事官并屬大長秋師古曰省皇后詹事總屬長秋也

長信詹事〔補注〕先謙曰官本提行非掌皇太后宮景帝中六年更名長信少府張晏曰以太后所居宮爲名也居長信宮則曰長信少府居長樂宮則曰長樂少府也〔補注〕先謙曰長信少府見辥廣德平當貢禹韋賢夏侯勝蓋寬饒傳平帝元始四年更名長樂少府〔補注〕周壽昌曰哀紀恭皇太后恭太后各置左右詹事外戚傳傳太后丁后成帝母太皇太后成帝趙后幷四太后各置少府太僕秩皆中二千石先謙曰長樂少府見夏侯勝外戚王莽傳哀帝時傳太后居永信宮有永信少府見王嘉傳

將行秦官應劭曰皇后卿也〔補注〕先謙曰續志承秦將行宦者景帝中六年更名大長秋師古曰秋者收成之時長者恆久之義故以爲皇后官名〔補注〕先謙曰大長秋見外戚傳或用中人或用士人師古曰中人奄人也〔補注〕先謙曰續志後漢因常用宦者職掌奉宣中宮命凡給賜宗親及宗親當謁見者關通之中宮出則從有丞

典屬國秦官掌蠻夷降者〔補注〕先謙曰典屬國見李廣蘇武馮奉世傳武帝元狩三年昆邪王降師古曰昆音下門反復增屬國置都尉丞候千人〔補注〕周壽昌曰武紀元狩二年秋匈奴昆邪王來降置五屬國處之此作三年誤五屬國者安定天水上郡西河五原也宣紀神爵二年置金城屬國以處降羌五

鳳三年置西河北地屬國以處匈奴降者凡屬國皆都尉治之先謙曰屬國都尉見劉歆匈奴西域敘傳屬官九譯令補注先謙曰尚書大傳周成王時越裳氏重九譯而獻白雉故以名官成帝河平元年省并大鴻臚

水衡都尉應劭曰古山林之官曰衡掌諸池苑故稱水衡張晏曰主都水及上林苑故曰水衡主諸官故曰都有卒徒武事故曰尉師古曰衡平也主平其稅入武帝元鼎二年初置掌上林苑補注先謙曰食貨志初大農斡鹽鐵官布多置水衡欲以主鹽鐵及楊可告緡上林財物衆乃令水衡主上林續志武帝置水衡都尉秩比二千石別主上林苑有離宮燕休之處有五丞補注先謙曰水衡丞見龔遂傳屬官有上林均輸御羞禁圃輯濯鍾官技巧六廄辯銅九官令丞如淳曰御羞地名也在藍田其土肥沃多出御物可進者揚雄傳謂之御宿三輔黃圖御羞宜春皆苑名也輯濯船官也鍾官主鑄錢官也辯銅主分別銅之種類也師古曰御宿則今長安城南御宿川也不在藍田羞宿聲相近故或云御羞或云御宿耳羞者珍羞所出宿者止宿之義輯讀與楫同音集濯音直孝反皆所以行船也漢舊儀云天子六廄未央承華騊駼騎馬輅軨大廄也馬皆萬匹據此表太僕屬官以有大廄未央輅軨騎馬騊駼承華而水衡又云六廄技巧官是則技巧之徒供六廄者其官別屬水衡也補注劉攽曰表敘水衡九屬官技巧六廄各一物也後省技巧六廄顏遂謂此都是一官非矣蓋上林自有六廄一令丞主之後六廄等各別有官非此六廄也何焯曰御羞與禁圃連類而言則

前漢十九上 二十

是出珍羞之地名如說在藍田者爲近不得如師古指御宿川以當之也周壽昌曰黃圖御宿苑在長安城南御宿川中漢武帝爲離宮別館禁禦人不得入往來游觀止宿其中故曰御宿三秦記云御宿園顏以羞宿音近當之非先謙曰上林令見張釋之傳續志上林苑令丞各一人輯濯士見劉屈氂傳鍾官見食貨志禁圃元紀作禁圃又衡官水司空都水農倉又甘泉上林都水七官長丞皆屬焉補注劉攽曰都水官處處有之案表少府三輔皆有焉水衡屬官先敘九官令丞矣後列長丞又云上林計令長不當並置然則甘泉上林長是一官甘泉都水是一官自衡官以下凡六官言七者誤也沈欽韓曰漢李翕碑郡有衡官掾衡官有秩先謙曰甘泉倉長見張敞傳上林有八丞十二尉補注先謙曰上林尉見張釋之傳均輸四丞御羞兩丞都水三丞禁圃兩尉甘泉上林四丞補注先謙曰續志後漢又省屬水衡屬官令長丞尉二十餘人蓋謂此也成帝建始二年省技巧六廄官補注先謙曰見成紀王莽改水衡都尉曰予虞初御羞上林衡官及鑄錢皆屬少府補注先謙曰續志後漢省水衡都尉幷其職於少府每立秋貙劉之日輒暫置水衡都尉事訖乃罷之

內史周官秦因之掌治京師景帝二年分置左內史師古曰地理志云武帝建

元六年置左右內史而此表云景帝二年分置表志不同又據史記知志誤矣補注錢大昭曰案公卿表景帝元年中大夫朝錯爲左內史二年左內史朝錯爲御史大夫則分置左右又在景帝之前地理志以爲武帝建元六年分置者固非而此表以爲景二年分置者亦未的也王念孫曰案此本作分置左右內史今本脫右字下文之右內史左內史皆承此句言之據注云地理志武帝置左右內史而此表云景帝分置誤矣則此文本作景帝分置左右內史甚明史記正義論例及北堂書鈔設官部二十八白帖七十六御覽職官部五十引此正作左右內史漢紀孝惠紀通典職官十五竝同右內史武帝太初元年更名京兆尹張晏曰地絕高曰京左傳曰莫之與京十億曰兆尹正也師古曰京大也兆者衆數言大衆所在故云京兆也屬官有長安市廚兩令丞補注先謙曰長安東西市令見食貨志東市令見貨殖傳長安廚見霍光傳郊祀志又都水鐵官兩長丞補注先謙曰鐵官在鄭縣見地理志左內史更名左馮翊張晏曰馮輔也翊佐也屬官有廩犧令丞尉師古曰廩主藏穀犧主養牲皆所以供祭祀也補注先謙曰廩犧見韓延壽谷永傳續志廩犧令六百石掌祭祀犧牲雁鶩之屬漢官曰丞人三百石一中興皆屬河南尹又有都水鐵官雲壘長安四市四長丞皆屬焉補注先謙曰市長見司馬遷傳左馮翊都水見馮參傳鐵官在夏陽見志主爵中尉秦官掌列侯景帝中六年更名都尉補注錢大昭曰案公卿表景帝中五

前漢十九上 二十一

年尚有主爵中尉不疑武帝太初元年更名右扶風張晏曰扶助也風化也治內史右地屬官有掌畜令丞如淳曰尹翁歸傳曰豪彊有論罪輸掌畜官使斫莝東方朔曰益爲右扶風畜牧之所在也補注先謙曰掌畜又見谷永傳又有都水鐵官廄廱廚四長丞皆屬焉如淳曰五畤在廱故有廚補注劉攽曰有當作右上云左都水此爲右都水先謙曰領護三輔都水見劉向息夫躬傳鐵官在雍漆二縣見地理志與左馮翊京兆尹是爲三輔服虔曰皆治在長安城中師古曰三輔黃圖云京兆在尚冠前街東入故中尉府馮翊在太上皇廟西入右扶風在夕陰街北入故主爵府長安以東爲京兆長陵以北爲左馮翊渭城以西爲右扶風也皆有兩丞補注先謙曰內史丞見藝文志右扶風丞見路溫舒傳列侯更屬大鴻臚元鼎四年更置二輔都尉補注錢大昭曰二當作三地理志左馮翊高陵左輔都尉治右扶風郿右輔都尉治不言京輔都尉治缺文也田叔傳少子仁拜爲京輔都尉先謙曰官本二作三京輔都尉亦見霍光蕭由田叔王尊趙廣漢傳案京輔都尉見上中尉下非缺文錢說誤左右輔見食貨志左輔都尉見蕭由傳右輔都尉見王訢翟義酷吏傳都尉丞各一人

自太子太傅至右扶風皆秩二千石丞六百石補注先謙曰續志太子太傅中二千石

護軍都尉，秦官，武帝元狩四年屬大司馬，補注先謙曰：護軍都尉見賈捐之、馮奉世、衛青、陳湯、蕭咸、匈奴、西南夷傳。**成帝綏和元年居大司馬府比司直，哀帝元壽元年更名司寇，平帝元始元年更名護軍。**

司隸校尉，周官，師古曰：以掌徒隸而巡察，故云司隸。補注齊召南曰：案劉昭注後志云「豈卽司寇乎」？案周司寇不名司隸，且秦漢以廷尉更司寇名矣，此說非也。蓋周禮秋官之屬有司隸中士二人，鄭注「隸給勞辱之役者」。漢始置司隸，亦使將徒治道溝渠之事，後稍尊之，使主官府及近郡，此表所謂周官也。錢大昭曰：翟方進傳「故事，司隸校尉位在司直下，初除，謁兩府，其有所會，居中二千石前，與司直並迎丞相、御史」。**武帝征和四年初置。**補注先謙曰：司隸校尉見丙吉、王尊、王章、蓋寬饒、蕭育、匡衡、翟方進、何武、儒林、元后傳。**持節，從中都官徒千二百人，**師古曰：中都官，京師諸官府也。**捕巫蠱，督大姦猾。**師古曰：督謂察視也。**後罷其兵。察三輔、三河、弘農。**補注先謙曰：續志「掌察舉百官以下及京師近郡犯法者」。**元帝初元四年去節。**補注先謙曰：事見諸葛豐傳。**成帝元延四年省。綏和二年，哀帝復置，但為司隸，**補注先謙曰：不云校尉，亦見鮑宣、孫寶傳。**冠進賢冠，**補注沈欽韓曰：四字不合表例，疑注家語攙入。續志中二千石以下皆冠進賢冠。**屬大司空，比司**

直。補注先謙曰：續志後漢司隸校尉一人。

城門校尉補注先謙曰：城門校尉見劉向、陳湯、翟義、丙吉、諸葛豐、王莽傳。**掌京師城門屯兵，**補注先謙曰：周禮司門職也。續志後漢同。**有司馬、**師古曰：八屯各有司馬也。補注先謙曰：後漢因。續志一人，千石。本注主兵。自中壘而下八屯各有司馬，與城門無涉，顏說誤。**十二城門候。**師古曰：門各有候。蕭望之署小苑東門候，亦其比也。補注錢大昭曰：蔡義傳遷覆盎城門候，是其一也。先謙曰：後漢同。續志每門候一人，六百石。**中壘校尉掌北軍壘門內外，掌西域。**師古曰：掌北軍壘門之內，而又外掌西域。補注王念孫曰：顏說非也。此條自城門校尉以下，所掌皆京師及畿輔之事，不當兼掌西域。下條西域都護護西域三十六國，有副校尉，此自別為一官，與中壘校尉無涉。續志「舊有中壘校尉，領北軍營壘之事。武帝置，中興省中壘，但置中候，以監五營」，亦不言兼掌西域也。「西域」當為「四城」，謂掌北軍壘門內外及四城之事也。漢紀孝惠紀「中壘校尉掌北軍壘門內外及掌四城」，是其證。「四」「西」、「城」「域」字相似，又涉下文西域而誤耳。據漢紀則「外」字當屬上讀，舊本北堂書鈔設官部十三引此云「掌北軍壘門內外」，陳禹謨本於此下加「掌西域」三字，又引師古注為證。亦以「外」字上屬。御覽職官部三十八、四十竝同。顏以「外」字屬下讀，亦非。先謙曰：中壘校尉見郊祀志、劉向、劉歆、李尋、韋玄成、丙吉傳。**屯騎校尉掌騎士。步兵校尉掌上林苑門屯兵。越騎校尉掌越騎。**如淳曰：越人內附以為騎也。晉灼曰：取其材力超越也。師古曰：宣紀言佽飛射士、胡越騎，又此有胡騎校尉，如說是。補注何焯曰：騎非越人所長，似晉說是，不當如師古，以下文胡騎此例也。先謙曰：屯騎校尉見佞幸傳，步兵校尉見藝文志、王尊傳，越騎校尉見金日磾、蕭咸、匡衡、敘傳。三校尉後漢同。**長水校尉掌長水宣曲胡騎。**師古曰：長水，胡名也。宣曲，觀名。胡騎之屯於宣曲者。補注王鳴盛曰：顧氏云：長水非胡名也。郊祀志「灞、滻、澇、涇、渭、長水」，以近咸陽，故盡得比山川祠。史記索隱「百官志有長水校尉」，沈約宋書云「營近長水，故名」。水經云長水出白鹿原，今之荊溪水是也。先謙曰：長水校尉見溝洫志、趙充國、陳湯、于定國、蕭育、王莽傳。後漢同。長水、宣曲皆胡騎屯。長水者謂之長水胡騎，屯宣曲者謂之宣曲胡騎，各為營校。劉屈氂傳「如侯持節發長水及宣曲胡騎」，可證。**又有胡騎校尉，掌池陽胡騎，不常置。**師古曰：胡騎之屯池陽者也。補注先謙曰：胡騎校尉見王莽傳。續志後漢胡騎并長水。**射聲校尉掌待詔射聲士。**服虔曰：工射者也。冥冥中聞聲則中之，因以名也。應劭曰：須詔所命而射，故曰待詔射也。補注先謙曰：射聲校尉見陳湯、師丹、王莽傳。**虎賁校尉掌輕車。**補注先謙曰：王莽傳云輕車校尉，郎虎賁校尉也。續志後漢虎賁并射聲。**凡八校尉，皆武帝初置，有丞、司馬。**師古曰：自中壘以下凡八校尉，城門不在此數中。補注錢大昭曰：胡騎不常置，故亦稱七校，刑罰志所謂「武帝內增七校」是也。先謙曰：軍政丞見胡建傳，當是此所謂丞也。校司馬見兩粵傳。續志後漢無校尉，有司馬一人，千石，無丞。**自司隸至虎賁校尉，秩皆二**

千石。補注先謙曰：續志後漢自司隸校尉至各校尉，皆比二千石。

西域都護加官，宣帝地節二年初置，補注先謙曰：據宣紀、西域傳，都護加官始於鄭吉，當是神爵二年，非地節也。吉傳亦云神爵中，而贊又誤為地節。**以騎都尉、諫大夫使護西域三十六國，**補注先謙曰：護西域騎都尉見鄭吉傳，諫大夫使西域都護騎都尉見甘延壽傳，惟段會宗以騎都尉光祿大夫都護西域。**有副校尉，秩比二千石，**補注先謙曰：副校尉見陳湯傳。**丞一人，司馬、候、千人各二人。**補注先謙曰：都護司馬見西域傳。**戊己校尉，元帝初元元年置，**師古曰：甲乙丙丁庚辛壬癸皆有正位，唯戊己寄治耳。今所置校尉亦無常居，故取戊己為名也。有戊校尉，有己校尉。一說戊己居中，鎮覆四方，今所置校尉亦處西域之中，撫諸國也。補注先謙曰：戊己校尉見段會宗、匈奴、西域、王莽傳。**有丞、司馬各一人，候五人，秩比六百石。**補注先謙曰：戊己校尉丞、司馬、候見匈奴傳。又有護羌校尉，見趙充國、辛慶忌、王莽傳。護金城屬國降羌。

奉車都尉掌御乘輿車，補注先謙曰：奉車都尉見武紀、藝文志、蘇建、翼奉、霍去病、孫寶、霍光、儒林、佞幸、外戚、王莽、敘傳。釋名「奉車都尉，奉天子乘輿」。章昭辨云「主乘輿車，尊，不敢言主，故言奉」。**駙馬都尉掌駙馬。**師古曰：駙，副馬也。非正駕車，皆為副馬。一曰駙，近也，疾也。補注先謙曰：駙馬都尉見武紀、賈捐之、金日磾、孔光、杜鄴、王嘉、王商、史丹、佞幸、外戚傳**皆武帝初置秩比二千石**補注先謙曰續志後漢有告無員屬光祿勳**侍中左右曹諸吏散騎中常侍皆加官**應劭曰入侍天子故曰侍中晉灼曰漢儀注諸吏給事中日上朝謁平尚書奏事分爲左右曹魏文帝合散騎中常侍爲散騎常侍也補注錢大昕曰自侍中而下漢書所稱中朝官也亦謂之內朝臣攷高帝時盧綰爲將軍常侍中孝惠時郎侍中皆冠鵔鸃貝帶傅脂粉是漢初已有侍中武帝初嚴助朱買臣皆侍中貴幸用事始與聞朝政厥後衞青霍去病霍光金日磾皆由侍中進而權勢出宰相右矣武帝時霍光韓增皆爲郎遷諸曹侍中宣帝時蘇武杜延年劉安民爲右曹張延壽爲左曹此左右曹之始宣帝時楊惲爲諸吏光祿勳此諸吏之始宣帝時張霸爲散騎中郎將張勃劉更生爲散騎諫大夫此散騎之始司馬相如以訾爲郎事景帝爲武騎常侍則景帝時已有常侍武帝常與侍中常侍武騎及待詔隴西北地良家子能騎射者微行而東方朔亦爲常侍郎然其時未見中常侍之名至元成以後始有元帝時有中常侍許嘉成帝時有中常侍鼂閎成帝欲以劉歆爲中常侍大將軍王鳳以爲不可乃止敘傳班伯爲中常侍哀帝時有中常侍王閎宋宏等皆士人也後漢中常侍竝以宦者爲之非西京舊制矣**所加或列侯將軍卿大夫將都尉尚書太醫太官令至郎中亡員**如淳曰將謂郎將以下也自列侯下至郎中皆得有散騎及中常侍加官是時散騎及常侍各自一官亡員也補注先謙曰此言所加侍中等官皆亡員多至數十人耳非謂散騎常侍各一官亡員也如說誤**多至數十人侍中中常侍得入禁中**補注齊召南曰案表不言置官本末蓋漢官也沈約宋志甚詳若晉志謂黃帝時風后爲侍中則杜佑所云出兵家讖書不足信者先謙曰中常侍見王嘉息夫躬外戚王莽敘傳**諸曹受尚書事**補注沈欽韓曰漢官儀左右曹日上朝謁案武帝後始見亦如尚書五曹而總於領尚書事者杜延年辛慶忌段會宗王章趙卬劉歆皆是也劉安民楊惲陳咸並以郎中爲左右曹又如金涉爲左曹蘇武弟子爲右曹王莽兄永爲諸曹皆不著其官或世家門子便得爲之**諸吏得舉法**補注沈欽韓曰御覽二百二十九引漢官解詁曰士之權貴不過尚書其次諸吏賈山至言選方正之士賢者使爲常侍諸吏此諸吏之始也加諸吏得舉劾殿省吏不法**散騎騎並乘輿車**師古曰並音步浪反騎而散從無常職也補注沈欽韓曰此亦不限本品辛慶忌于永劉向張勃張霸趙平蕭伋等皆是後世散騎常侍本此御覽二百二十四引漢官儀曰秦及前漢置散騎及中常侍各一人散騎騎馬並乘輿車獻可替否**給事中亦加官**師古曰漢官解詁云掌侍從左右無員常侍中**所加或大夫博士議郎**補注錢大昕曰武帝時終軍以謁者給事中宣帝時田延年以大司農給事中杜延年以太僕給事中魏相以御史大夫給事中元帝時蕭望之以關內侯給事中劉更生以宗正給事中成帝時辛慶忌以右將軍給事中哀帝時董賢爲大司馬給事中是三公列將軍九卿皆得加之不止大夫博士議郎也**掌顧問應對位次中常侍中黃門有給事黃門**補注先謙曰給事黃

門見劉向孔光傳給事黃門侍郎見藝文志又黃門侍郎見李尋揚雄傳以志文例之皆以侍郎而給事黃門故蒙此稱也吾丘壽王願養馬黃門蓋亦給事之義矣**位從將大夫**補注王念孫曰案將下有軍字而今本脫之上文云所加或列侯將軍卿大夫是其例也藝文類聚職官部四引此正作將軍大夫漢紀同先謙曰將大夫猶上文大夫將也金日磾傳湯融皆侍中諸曹將大夫顏注將謂中郎將也是將下不應有軍字王說誤從當爲次之譌字以上例之可見**皆秦制**

爵補注錢大昭曰自公士至公乘民之爵也生以爲祿位死以爲號諡凡言賜民爵者即此自五大夫至徹侯則官之爵也成紀永始二年詔曰吏民以義收食貧民其百萬以上加賜爵右更欲爲吏補三百石是爵至十四級與三百石吏相埒矣準是以推九級之五大夫等比百石十級之左庶長等百石十一級之右庶長等比二百石十二級之左更等二百石十三級之中更等比三百石矣故謂之官爵武帝時又有武功爵見食貨志**一級曰公士**師古曰言有爵命異於士卒故稱公士也補注先謙曰公士功臣表凡三十一見**二上造**師古曰造成也言有成命於上也補注先謙曰鼂錯請令民入粟邊六百石爵上造見食貨志又功臣表凡十二見**三簪褭**師古曰以組帶馬曰褭簪褭者言飾此馬也褭音乃了反補注先謙曰官本注無末五字簪褭功臣表凡十二見**四不更**師古曰言不豫更卒之事也更音工衡反補注沈欽韓曰爵五大夫以上方不豫更徭顏說非先謙曰不更見左成十三年傳又功臣表凡八見**五大夫**師古曰列位從大夫補注先謙曰大夫功臣表凡一十見**六官大夫**補注先謙曰官大夫功臣表凡兩見**七公大夫**師古曰加官公者示稍尊也補注沈欽韓曰秦爵公大夫以上令丞與亢禮以其爵第七品亦曰七大夫見曹參夏侯嬰灌嬰傳先謙曰公大夫功臣表凡三見**八公乘**師古曰言其得乘公家之車也補注沈欽韓曰公乘見墨子號令篇先謙曰公乘功臣表凡二十七見**九五大夫**師古曰大夫之尊也補注沈欽韓曰商子境內篇爵五大夫皆有賜邑三百家亦見曹參夏侯嬰樊噲傅寬傳爵至五大夫則復家民爵不得及此者案復者多也蘇輿曰秦爵蒐讀爲五大夫見呂覽長見篇先謙曰食貨志入粟邊四千石爲五大夫功臣表凡二見亦見司馬遷傳**十左庶長十一右庶長**師古曰庶長言爲眾列之長也補注先謙曰左庶長見秦紀卜式桑宏羊徐自爲皆賜焉景帝後元年賜中二千石諸相爵右庶長武帝元狩元年立皇太子賜中二千石爵右庶長**十二左更十三中更十四右更**師古曰更言主領更卒部其役使也更音工衡反補注沈欽韓曰左更中更右更並見秦紀宣帝即位賜二千石左更爵成帝時吏民以義收食貧民其百萬以上加賜爵右更**十五少上造十六大上造**師古曰言皆主上造之士也補注沈欽韓曰大上造即史記之大良造先謙曰大上造功臣表一見**十七駟車庶長**師古曰言乘駟馬之車而爲眾長也補注沈欽韓曰秦紀惠王十二年庶長疾攻趙六國表爲樗里疾參攷紀傳七年疾爲庶長上左右庶長也八年爲右更後則此駟車庶長矣**十八大庶長**師古曰又更尊也補注沈欽韓曰大庶長

見秦紀漢文帝令民入粟於邊萬二千石爲大庶長**十九關內侯**師古曰言有侯號而居京畿無國邑補注沈欽韓曰關內侯見魏楚策管墨已有之秦世所寵入也**二十徹侯**師古曰言其爵位上通於天子補注沈欽韓曰秦昭王封公子市宛公子悝鄧魏冉陶爲諸侯皆在關外卽其比也呂不韋爲文信侯食河內洛陽十萬戶**皆秦制㠯賞功勞****徹侯金印紫綬避武帝諱曰通侯或曰列侯改所食國令長名相**補注先謙曰王莽爲新都侯孔休守新都相見莽傳後志每國置相一人其秩各如本縣本注主治民如令長不臣也但納租於侯以戶數爲限**又有家丞門大夫庶子**補注先謙曰此侯之家丞家丞見丙吉韋賢傳留侯張不疑與門大夫殺楚內史見功臣表袁盎事呂祿爲舍人見盎傳衞將軍舍人百餘人惟田仁任安可用見史記仁傳甘羅年十二爲文信侯少庶子見史記甘茂傳據後志注家丞庶子各一人主侍侯使理家事舊有行人洗馬門大夫共五官此表失載行人洗馬後漢食邑千戶已上置家丞庶子不滿千戶不置家丞又省行人洗馬門大夫**諸侯王高帝初置**師古曰蔡邕云漢制皇子封爲王其實諸侯也周末諸侯或稱王漢天子自以皇帝爲稱故以王號加之總名諸侯王也**金璽盩綬**如淳曰盩音戾盩綠也以綠爲質晉灼曰盩草名也出琅邪平昌縣似艾可染綠因以爲綬名也師古曰晉說是也璽之言信也古者印璽通名今則尊卑有別漢舊儀云諸侯王黃金璽橐佗鈕文曰璽謂刻云某王之璽補注俞樾曰據此知賜匈奴單于印稱璽比之於諸侯王也後漢徐璆傳注引衞宏曰秦以前以金玉銀爲方寸璽秦以來天子獨稱璽又以玉羣下莫敢用其說非也**掌治其國有太傅輔王**補注先謙曰後志成帝時改太傅但曰傅**內史治國民中尉掌武職丞相統衆官羣卿大夫都官如漢朝**補注先謙曰漢初立諸王因項羽所立諸王之制其官職傅爲太傅相爲丞相又有御史大夫及諸卿皆秩二千石百官皆如朝廷國家唯爲置丞相其御史大夫以下皆自置之**景帝中五年令諸侯王不得復治國天子爲置吏改丞相曰相省御史大夫廷尉少府宗正博士官**補注錢大昭曰景紀在中三年**大夫謁者郎諸官長丞皆損其員武帝改漢內史爲京兆尹中尉爲執金吾郎中令爲光祿勳故王國如故**補注先謙曰後志員職皆朝廷爲署不得自置**損其郎中令秩千石改太僕曰僕秩亦千石成帝綏和元年省內史更令相治民如郡太守**補注錢大昭曰孔光傳云孔霸宣帝時遷高密相是時諸侯王相在郡守上**中尉如郡都尉**補注周壽昌曰此從翟方進何武之奏見武傳**監御史秦官掌監郡**補注王鳴盛曰魏志夏侯玄傳玄議時事云秦不師聖道私以御職姦以待下懼宰臣之

不修立監牧以董之畏督監之容曲設司察以糾之宰牧相累監察相司人懷異心上下殊務漢承其緒莫能匡改案宰官卽縣令監牧卽郡守司察卽監郡御史也監在守上似漢之部刺史但每郡皆有又非部刺史比蓋秦變封建爲郡縣恐其權重故每郡置一監一守一尉此上別無統治之者先謙曰紀有秦泗水監平曹參傳攻秦監公軍嚴助傳秦擊越使監祿鑿渠通道皆監御史也南粵傳有桂林監居翁亦郡監治秦制爲之亦稱郡長見灌嬰傳**漢省丞相遣史分刺州不常置**補注先謙曰後志但遣丞相史分刺諸州無常官**武帝元封五年初置**補注王鳴盛曰刺史所統轄者一州中郡國甚多守相二千石皆其屬官得舉劾秩僅六百石治狀卓異始擢守相如魏相傳相爲揚州刺史考案郡國守相多所貶退何武傳武爲刺史所舉奏二千石長吏必先露章服罪者虧除免之不服極法奏之抵罪或至死王嘉傳云司隸部刺史察過悉劾二千石益輕或持其微過言於刺史司隸衆庶知其易危小失意則離畔以守相威權素奪也京房傳房奏考功課吏法時部刺史奏事京師以爲不可行房上弟子曉考功課吏事者中郎任良姚平願以爲刺史元帝以房爲魏郡太守得以考功法治郡房自請願無屬刺史可見守相畏刺史如此朱博傳爲冀州刺史行部吏民數百人遮道自言博使從事赦告吏民欲言縣丞尉者刺史不察黃綬各自詣郡欲言二千石墨綬長吏者使者行部還詣治所其所彈劾如是王褒傳王襄爲益州刺史使褒作中和樂職宣布詩奏褒有軼才王莽傳風公卿奏言州部所舉茂才異等吏率多不稱此雖莽欲攬威柄故云爾要刺史有舉揚人才之任亦可見其權重矣其遷擢也黃霸陳咸張敞王尊馬宮皆由刺史爲太守馮奉世傳子參由渭陵寢中郎超遷代郡太守中郎出爲太守云超遷而刺史則多有以卑秩得之者故京房請以中郎補是職也孔光傳云博士選高第爲尚書次乃爲刺史而滿宣由謁者出爲冀州刺史見賈捐之傳張敞由太僕丞出爲豫州刺史見本傳皆以朝臣卑者充之其歲盡輒奏事京師見翟方進傳注九歲稱職方得爲守相見朱博傳其內遷則如翟方進何武僅得爲丞相司直特丞相之門下屬官各見本傳王尊爲郿令遷益州刺史見本傳令可以徑遷刺史亦由秩卑故也**部刺史掌奉詔條察州**師古曰漢官典職儀云刺史班宣周行郡國省察治狀黜陟能否斷治冤獄以六條問事非條所問卽不省一條強宗豪右田宅踰制以強淩弱以衆暴寡二條二千石不奉詔書遵承典制倍公向私旁詔守利侵漁百姓聚斂爲姦三條二千石不卹疑獄風厲殺人怒則任刑喜則淫賞煩擾刻暴剝截黎元爲百姓所疾山崩石裂祆祥訛言四條二千石選署不平苟阿所愛蔽賢寵頑五條二千石子弟恃怙榮執請託所監六條二千違公下比阿附豪強通行貨賂割損正令也補注王鳴盛曰師古引漢官儀惟一條察強宗豪右其五條皆察二千石而歷考諸傳中凡居此官者率以督察蕃國爲事如高五王傳青州刺史奏淄川王終古罪文三王傳冀州刺史林奏代王年罪武五子傳青州刺史雋不疑知齊孝王孫劉澤等反謀收捕澤以聞亦見不疑傳又昌邑王賀封海昬侯揚州刺史柯奏其罪張敞傳拜冀州刺史既到部而廣川王國羣輩不道賊發不得敞閭王宮搜得之捕格斷頭縣王宮門外因劾奏廣川王餉其戶蓋自賈誼在文帝時已慮諸國難制吳楚反後防禁益嚴部

刺史總率一州故以此爲要務後書郅惲傳惲子壽爲冀州刺史時冀部屬郡多封諸王賓客放縱壽案察之無所容貸迺使部從事專任王國又徙督郵舍王宮外動靜失得卽時騎驛言上奏王罪及劾傳相袁宏後漢紀永甯元年樂城王萇驕淫失度冀州刺史舉奏萇罪至不道然則刺史以察藩國爲事東京猶然兪樾曰漢分天下爲十三部故有部刺史之名所謂部者若唐之言道宋之言路元之言行省也先謙曰後志劉注引六條守利作守吏刻暴作苛暴剝截作剝戮正令作政令二千下有石字皆是官本二千下有石字**秩六百石員十三人成帝綏和元年更名牧秩二千石哀帝建平二年復爲刺史元壽二年復爲牧**補注周壽昌曰陳萬年傳子咸爲御史中丞總領州郡奏事課第諸刺史薛宣傳成帝初爲中丞執法殿中外總部刺史是其時雖省監御史而察州之制仍歸御史中丞韓延壽傳蕭望之遣御史案東郡亦監御史之類朱博傳博奏云前丞相方進奏罷刺史更置州牧秩眞二千石位次九卿九卿缺以高第補其中材則苟自守而已恐功效陵夷姦軌不禁臣請罷州牧置刺史如故奏可此成哀兩朝牧刺史遞改之由元壽二年復爲牧或卽哀紀是年正三公官分職正司直等職事未定帝崩時耶後志不載元壽事先謙曰續志建武十八年復爲刺史十二人各主一州其一州屬司隸校尉諸州常以八月巡行所部郡國錄囚徒考殿最初歲盡詣京師奏事中興但因計吏皆有從事史假佐

郡守秦官補注先謙曰若任鄙爲漢中守王稽爲河東守是也**掌治其郡**補注王鳴盛曰鼂錯傳稱郡守爲主郡吏嚴助傳爲會稽太守帝賜書謂之郡吏**秩二千石**補注錢大昭曰黃霸傳霸爲潁川太守秩比二千石及守京兆尹秩二千石然則此秩下當有比守先謙曰後志亦作二千石**有丞**補注先謙曰太守丞見朱博嚴延年黃霸傳**邊郡又有長史**補注錢大昭曰辛慶忌爲金城長史先謙曰後志丞一人郡爲邊戍者丞爲長史**掌兵馬**補注王鳴盛曰酷吏傳嚴延年爲涿郡太守趙繡稱爲新將注新爲郡將也謂守爲將以其兼領武事也尹翁歸孫寶傳皆有此稱**秩皆六百石景帝中二年更名太守**補注周壽昌曰漢京兆尹雖與外郡太守同職而尹職中二千石太守二千石其太守加秩則晉中二千石其尹外遷太守者爲貶如京兆尹王昌貶爲雁門太守甄遵貶爲河內太守是也左馮翊右扶風與京兆尹同三輔屬官與外郡略同先謙曰王莽傳改郡太守曰大尹

郡尉秦官補注先謙曰若任囂爲南海尉高紀東郡尉是也郡亦有時但置都尉不置太守吾丘壽王爲東郡都尉不復置太守故璽書云連十餘城之守任四千石之重**掌佐守典武職甲卒**補注先謙曰續志掌治民進賢勸功決訟檢姦常以春行所主縣勸民農桑振救乏絕秋冬遣無害吏案訊諸囚平其罪法論課殿最歲盡遣吏上計并舉孝廉郡口二十萬舉一人典兵禁備盜賊**秩比二千石**補注周壽昌曰元紀建昭三年夏令三輔都尉大郡都尉秩皆二千石則不得以比二千石概之也**有丞秩皆六百石**補注先謙曰皆字衍都尉與太守多別治故置丞如太守漢中都尉丞見藝文志樂浪都尉丞見薛宣傳**景帝中二年更名都尉**補注先謙曰王莽傳改都尉曰太尉續志武帝又置三輔都尉各一人譏出入後漢建武六年省諸郡都尉幷職太守無都試之役

關都尉秦官補注先謙曰此函谷關都尉也見武紀金日磾杜欽魏相張敞翟方進何竝辛慶忌循吏酷吏西域傳又地理志敦煌龍勒有陽關玉門關皆都尉治亦關都尉也續志建武中省**農都尉**補注錢大昭曰馮參傳爲上河農都尉敘傳班況亦爲之又地理志張掖番和有農都尉先謙曰續志邊郡置農都尉主屯田殖穀**屬國都尉皆武帝初置**補注周壽昌曰武紀元狩二年置五屬國以其地爲武威酒泉郡自此邊塞皆設都尉如隴西屬之南部都尉酒泉屬之北部都尉東部都尉西部都尉敦煌屬之中部都尉宜禾都尉及田廣明傳之受降都尉皆屬國都尉也先謙曰續志惟邊郡往往置都尉及屬國都尉稍有分縣治民比郡

縣令長皆秦官掌治其縣萬戶以上爲令秩千石至六百石減萬戶爲長秩五百石至三百石補注錢大昭曰漢舊儀云縣戶口滿萬置六百石令多者千石戶不滿萬置四百石三百石長縣令長黃綬皆大冠亡新令長爲宰皆小冠先謙曰續志每縣邑道大者置令一人千石其次置長四百石小者置長三百石較此稍有不同應劭漢官云三邊始孝武皇帝所開縣戶數百而或爲令荊揚江南七郡惟有臨湘南昌吳三令爾

南陽壤中土沃民稠四五萬戶而爲長後志又云縣萬戶以上爲令不滿爲長皆秦制也然則漢世遵用略有改易先謙曰王莽傳改縣令長曰宰**皆有丞尉**補注錢大昭曰隸釋引應劭說大縣有丞左右尉所謂命卿三人小縣一丞一尉者命卿二人漢刻武開明終吳郡府丞而武榮碑稱爲吳郡府卿緜竹江堰碑稱縣丞揵爲王卿隸續平鄉道碑云丞汁邡王卿尉緜竹楊卿丞尉皆稱卿與應說合今漢石刻有祝其卿墳壇上谷府卿墳壇皆縣府丞也先謙曰丞見蕭何朱雲傳尉見張湯梅福尹翁歸王嘉傳後志丞各一人尉大縣二人小縣一人丞署文書典知倉獄尉主盜賊**秩四百石至二百石是爲長吏**師古曰吏理也主理其縣內也**百石以下有斗食佐史之秩**師古曰漢官名秩簿云斗食月奉十一斛佐史月奉八斛也一說斗食者歲奉不滿百石計日而食一斗二升故云斗食也補注先謙曰斗食見始皇紀范雎傳王尊朱博薛宣外戚傳之書佐翟方進傳之小史皆佐史也佐史見咸宣傳官本奉竝作俸字同續志奉同前說劉注引漢書音義云斗食祿日以斗爲計**是爲少吏**補注周壽昌曰案韓延壽傳重使賢長吏嗇夫三老孝弟受其恥卽謂令以下所屬文紀十二年其遣謁者勞賜三老孝者帛人五匹悌者力田二匹析孝者悌者爲兩流如馮唐以孝選爲郎亦其一也食貨志二千石遣令長三老力田是孝弟力田各令所屬皆宜有而表中無之或因人而置無則省也**大率十里一亭亭有長**補注先謙曰續志亭有亭長以禁盜賊本注亭長主求捕盜賊承望都尉劉注引漢官儀云民年二十三爲正一歲以爲衛士一歲爲材

官騎士年五十六老衰乃得免為民就田應合選為亭長風俗通云亭吏舊名負弩改為長或謂亭父案高祖為亭長未至老衰此則漢制然也先謙案亭長又見食貨志項羽韓信朱博酷吏王莽傳又趙廣漢傳有都亭長 **十亭一鄉鄉有三老** 補注錢大昭曰高紀漢二年舉民年五十以上有修行能率衆為善置為三老鄉一人擇鄉三老一人為縣三老與縣令丞尉以事相教復勿繇戍先謙曰三老見高文紀戾太子龔勝京房韓延壽王尊外戚傳 **有秩** 補注錢大昭曰方回續古今攷云周顯王十二年秦初置有秩史商鞅既廢井田比閭鄰里之制亦壞故置有秩史以董之先謙曰有秩見張敞外戚傳續志有秩百石掌一鄉人劉注引漢官云鄉戶五千則置有秩見倉頡廟殽坑君神祠諸碑 **嗇夫游徼** 補注先謙曰嗇夫見鮑宣韓延壽何武朱邑酷吏王莽傳游徼見趙廣漢朱博黃霸胡建傳續志其鄉小者縣置嗇夫一人 **三老掌教化** 補注錢大昭曰方回云假如縣方百里則為方十里者十十亭一鄉當有十鄉鄉三老十人各掌一鄉之教化縣三老當掌縣城中之教化且兼十鄉之事與先謙曰續志凡有孝子順孫貞女義婦讓財救患及學士為民法式者皆為表其門以興善行 **嗇夫職聽訟收賦稅** 補注錢大昭曰鄉戶不滿五千者不置有秩但以嗇夫一人總理之表不言有秩所掌與嗇夫同先謙曰續志皆主知民善惡為役先後知民貧富為賦多少平其差品 **游徼徼循禁賊盜縣大率方百里其民稠則減稀則曠鄉亭亦如之皆秦制也列侯所食縣曰國皇太后皇后公主所食曰邑** 補注王念孫曰皇太后三字後人以意加之也不言皇太后者言后與公主則太后可知漢紀及通典職官十五並作皇后公主所食曰邑黔[illegible]史記呂后紀集解本書高紀注並引如淳曰百官表皇后公主所食曰邑無皇太后三字張晏注高紀亦同周壽昌曰地理志趙至長沙凡二十國邑有其名而莫悉其孰為后公主所食縣除鄂邑蓋長公主昭帝姊諸邑公主武帝女與陽石公主皆坐巫蠱事下獄死見武紀及五行志穎邑公主元帝女稱邑外如魯元公主高帝女館陶長公主文帝女平陽南宮隆慮景帝三女夷安衛長公主陽石皆武帝女館陶敬武宣帝二女平都平陽皆元帝女凡見紀傳可考者並無邑稱鄂邑諸邑穎邑在志中諸一字名無邑字或奪邑後省 **有蠻夷曰道凡縣道國邑千五百八十七** 補注錢大昕曰地理志縣邑千三百一十四道三十二侯國二百四十一合之恰符千五百八十七之數然以每郡國所領縣計之止千有五百七十八蓋史文有脫漏也俞樾曰漢道以轄蠻夷之地紀傳中屢稱縣道道卑於縣也自唐分天下為十五道而道之名始尊 **鄉六千六百二十二亭二萬九千六百三十五凡吏** 補注先謙曰官本凡吏提行 **秩比二千石以上皆銀印青綬** 師古曰漢舊儀云銀印背龜鈕其文曰章謂刻曰某官之章也 補注錢大昭曰漢制天子諸侯王皆為璽三公列侯以下俱為印天子玉璽諸侯王金璽惟太師太傅太保丞相太尉列將軍列侯皆用金印而御史大夫不與焉成帝更名大司空始用金印其它或銀或銅王鳴盛曰二千石文曰章故朱買臣傳云視其印會稽

太守章也比六百石以上皆銅印則但曰印今有僞為銅印作蟲獸形其文或稱章者皆非眞漢印 **光祿大夫無** 師古曰無印綬 **秩比六百石以上皆銅印黑綬大夫博士御史謁者郎無** 師古曰大夫以下亦無印綬 **其僕射御史治書尚符璽者有印綬比二百石以上皆銅印黃綬** 師古曰漢舊儀云六百石四百石至二百石以上皆銅印鼻鈕文曰印謂鈕但作鼻不為蟲獸之形而刻文云某官之印 補注沈欽韓曰漢官儀皇太子黃金印龜鈕印文曰章下至二百石皆為通官印案自此以上印皆取方寸通官印其百石以下則為半印曰半通仲長統傳注引十三州志曰有秩嗇夫得假半章印法言孝至篇不由其德五兩之綸半通之銅亦秦宓仲長統亦云身無半通青綸之命則百石雖假印綬不得爲通官印也[illegible]光武時鮑昱對曰故事通官文書不著姓謂但稱臣名某及某官某名也此通印所用皆單稱名 **成帝陽朔二年除八百石五百石秩綏和元年長相皆黑綬哀帝建平二年復黃綬吏員自佐史至丞相十二萬二百八十五人** 補注俞樾曰周官所載官數但曰人而已如太宰卿一人小宰中大夫二人是也然庾人職曰正校人員選則員之名亦古漢志始有吏員之名功臣表東茅侯吉坐事國人過員免此民以員稱禮樂志琴工員五人云云此工以員稱翼奉傳諸侯王國與其後宮宜為設員此後宮以員稱蓋有定數皆曰員故博士弟子亦稱員王鳴盛曰漢官員多郡國官甚簡而亭長鄉三老嗇夫游徼其非長吏而代長吏治民者又未嘗槩從簡省蓋其時風氣猶樸故能成治若後世之吏員其中固無人才而所謂里長保正總甲牌頭者又烏可多設乎先謙曰官本十二萬作十三萬

百官公卿表七上 終

漢書十九

百官公卿表七下 師古曰此表中記公卿姓名不具及但舉其官而無名或言若干年不載遷免死者皆史之闕文不可得知補注先謙曰官本注末有也字 漢書十九

漢 蘭臺令史班固撰

唐正議大夫行秘書少監瑯邪縣開國子顏師古注

賜進士出身前翰林院編修國子監祭酒加三級臣王先謙補注

相國 丞相 太尉 御史大夫 列將軍 奉常 郎中令 衛尉 太僕 廷尉 典客 宗正 水衡都尉 左內史

大司徒 大行令 治粟內史 中尉 執金吾 左馮翊

太師 大司馬 大司空 太常 光祿勳 中大夫令 大理 大鴻臚 大司農 少府 主爵都尉 右內史 右扶風 京兆尹

太傅

太保

高帝元年

沛相蕭何爲丞相

內史周苛爲御史大夫守滎陽三年死補注錢大昭曰秦內史於漢爲三輔元年地屬塞雍國二年更名渭南河上中地三郡九年復爲內史此時無內史官據昌傳苛以卒史從疑此及下內史皆誤先謙曰此內史官存其名耳據下內史杜佸則非誤也

滕令夏侯嬰爲太僕補注先謙曰據傳嬰起兵從卽爲太僕此斷自元年始

執盾襄爲治粟內史補注先謙曰此功臣表之棘丘侯

職志周昌爲中尉三年遷師古曰志音式異反補注先謙曰志幟同三當爲二見下

內史周苛遷

二

補注先謙曰史表盧綰爲太尉與綰傳東擊項羽以太尉常從合表列於五年誤

補注先謙曰灌嬰傳二年爲御史大夫案周苛死在三年此疑假丞相之比

是年爲中尉

三

四

中尉周昌爲御史大夫六年徙爲趙丞相

五

太尉盧綰後九月爲燕王補注朱一新曰史表罷太尉官

補注先謙曰據灌嬰傳是年爲車騎將軍

郎中令王恬啓補注周壽昌曰功臣表五年爲郎中柱下令蓋沿秦制稱之

廷尉義渠

廣平侯薛歐爲典客師古曰歐音一后反補注錢大昭曰表封侯在六年此從後追稱之

軍正陽咸延爲少府二十一年卒補注先謙曰據功臣表當爲軍匠陽成延此字誤成城通作

中尉丙猜補注先謙曰高宛侯也

[illegible]內史杜恬補注先謙曰據功臣表長修侯杜恬以內史擊諸侯以廷尉侯[illegible]宇衍[illegible]以爲之王印[illegible]內史[illegible]

六

將軍酈商爲衛尉補注先謙曰此商傳所云以將軍爲太上皇衛也

汲侯公上不害爲太僕補注先謙曰此與功臣表侯狀合夏侯嬰自高帝至孝文常爲太僕此或偶一代任

七

博士叔孫通爲奉常三年徙爲太子太傅

八

九

丞相何遷爲相國補注先謙曰何爲相國當從紀傳及表上在十一年

〈虛受堂〉 前漢十九下 二

此誤移前二格

十

符璽御史趙堯爲御史大夫十年免

中地守宣義爲廷尉補注沈欽韓曰地理志高帝九年罷中地郡此當云故中地守先謙曰功臣表亦云六年爲中地守也

十一

絳侯周勃爲太尉後官省補注先謙曰此勃傳所云遷爲太尉也後以相國擊盧綰蓋官省

補注先謙曰據靳歙傳是年爲車騎將軍

衞尉王氏補注先謙曰見蕭何傳

中尉戚鰓師古曰鰓音先才反補注先謙曰臨轅侯也

十二

太子太傅補注齊召南曰據陳平傳是年爲郎中令

廷尉育

叔孫通復爲奉常

前漢十九下 三

孝惠元年

營陵侯劉澤爲衞尉

二

七月辛未相國何薨七月癸巳齊相曹參爲相國補注錢大昭曰傳作齊丞相丞字當有先謙曰夾七只七當儋入

長修侯杜恬爲廷尉補注先謙曰功臣表恬以廷尉死事侯輒詎貯衞

三

四

五

八月己丑相國參薨

六

十月己丑安國侯王陵爲右丞相曲逆侯陳平爲左丞相

絳侯周勃復爲太尉補注先謙曰官本遷上有十年二字是

土軍侯宜義爲廷尉補注先謙曰功臣表義以廷尉擊陳豨侯高帝十一年二月封與上義爲廷尉相郞一年又云就國後爲燕相不言再爲廷尉又云七年薨孝惠六年子莫如嗣是惠帝五年義已薨矣此八字誤衍

表高帝十一年正月封是侯時已爲廷尉又云四年薨孝惠三年子中嗣是悟薨在惠帝二年亦不惠三年爲廷尉也此八字書在高帝十一年下誤移於此

前漢十九下 四

七

奉常免師古曰名免也補注先謙曰文紀有中大夫令免蓋卽其人

辟陽侯審食其爲典客一年遷

高后元年

十一月甲子右丞相陵爲太傅左丞相平爲右丞相典客審食其爲左丞相

上黨守任敖爲御史大夫三年免補注朱一新曰史表趙堯抵罪敖爲御史大夫在孝惠六年據功臣表堯以高后元年免則此表是

二

上邳侯劉郢客爲宗正七年爲楚王

三

四

平陽侯曹窋爲御史大夫五年免補注先謙曰窋譌窟官本從宋本改當下一格

五

六

七

七月辛巳左丞相食其爲太傅

奉常根

廷尉圍補注先謙曰後爲御史大夫

典客劉揭

八

九月丙戌復爲丞相後九月免補注先謙曰通鑑考異云史記將相表

淮南丞相張蒼爲御史大夫四年遷補注先謙曰蒼補官在此年受任

補注先謙曰是年有郎中令賈壽見呂后紀

八年七月辛巳食其爲太傅九月丙戌復爲丞相後九月免此表乃云云以長曆推之八年十月無辛巳九月無丙戌閏月迎代邸羣臣無食其名表皆誤屬壽昌云高后紀八年秋七月辛巳皇太后崩史記七月中高后病甚辛巳崩是七月有辛巳辛巳至丙戌六十六日正值九月是九月有丙戌此長曆誤推耳食其免相據陳平傳在誅諸呂後自不預迎代邸各本以七月辛巳列在七年九月丙戌列在八年皆傳刊之誤宜改正

在明年說詳紀此當上一格又據灌嬰傳是年爲大將軍

孝文元年

十月辛亥右丞相平爲左丞相太尉周勃爲右丞相

十月辛亥將軍灌嬰爲太尉二年遷官省

太中大夫薄昭爲車騎將軍代中尉宋昌爲衞將軍

郎中令張武

河南守吳公爲廷尉補注先謙曰見賈誼傳

八月辛未免

二

十月丞相平薨。十一月乙亥絳侯勃復爲丞相

奉常饒

衞尉足 補注錢大昭曰文紀元年有衞尉足表在二年非

三

十二月丞相勃免乙亥太尉灌嬰爲丞相 補注錢大昕曰文紀作十一月史記作十一月壬子

補注先謙曰據文紀是年棘蒲侯柴武爲大將軍

中郎將張釋之爲廷尉 補注先謙曰釋之傳爲騎郎不調中郎將袁盎請補謁者歷官謁者僕射公車令中大夫中郎將至廷尉考盎傳淮南王遷蜀盎時爲中郎將淮南王之遷在文帝六年約計釋之六年前後方補謁者不應三年爲廷尉又案本傳釋之爲廷尉時中尉條侯見其持議平迺結爲親友亞夫以細柳單拜罷中尉見本傳任文帝後六年則釋之爲廷尉必在其時表誤移於三年

典客馮敬 四年遷

四

十二月乙巳丞相嬰薨。正月甲午御史大夫張蒼爲丞相

御史大夫圍

五

六

七

典客馮敬爲御史大夫

典客靚 師古曰靚與靜同

八

太僕嬰薨

九

廷尉昌

十

廷尉嘉

十一

十二

奉常昌閭

十三

十四

補注先謙曰據文紀是年中尉周舍爲衞將軍郎中令張武爲車騎將軍東陽侯張相如爲大將軍

中尉周舍

內史董赤 補注先謙曰文紀作董赫

十五	十六	後元年	二	三	四	五	六	七	孝景元年
			八月戊戌丞相倉免庚午御史大夫申屠嘉為丞相補注王念孫曰戊戌當為戊辰後二日為庚午也漢紀孝文紀正作戊辰先謙曰官本倉作蒼是						
	淮陽守申屠嘉為御史大夫二年遷		八月庚午開封侯陶青為御史大夫七年遷						
							補注先謙曰據文紀中大夫令免為車騎將軍		補注先謙曰據周亞夫
								奉常信	
									太中大夫
廷尉宜昌補注先謙曰見鼂錯傳		廷尉信補注先謙曰景紀元年有廷尉信蓋代廷尉國之任疑不當在此							廷尉歐師古曰歐讀與
									平陸侯劉禮為宗正二
							補注先謙曰據周亞夫傳是歲為中尉		中尉嘉補注先謙曰周
									中大夫鼂

景元年	二	三	四	五
	六月丞相嘉薨八月丁未御史大夫陶青為丞相			
		中尉周亞夫為太尉五年遷官省		
	八月丁巳左內史朝錯為御史大夫	正月壬子錯有罪要斬	御史大夫介	
傳是歲為車騎將軍		故詹事竇嬰為大將軍		
	奉常斿	故吳相爰盎為奉常殷補注先謙曰官本泰常下更有奉常二字是蓋盎免而殷代也	南皮侯竇彭祖為奉常	安丘侯張歐為奉常補
周仁為郎中令十三年病老免食二千石祿				
				姚丘侯劉舍為太僕師
驅同補注先謙曰案張釋之傳釋之為廷尉事景帝歲餘為淮南相此歐代釋之任也		廷尉勝		
年為楚王補注先謙曰周勃傳文帝後六年以宗正劉禮為將軍文紀同是禮為宗正不自景帝元年始蓋傳寫誤移		德侯劉通為宗正三年薨		
亞夫傳孝景三年以中尉為太尉與太尉表合不傳更有中尉嘉鼂錯傳勒錯時有中尉嘉劾奏錯是嘉以景帝三年為中尉疑亞六遷太尉後嘉代之不久免官而罷維又代之亦傳寫誤移		河間太傅衛綰為中尉四年賜告後為太子太傅補注先謙曰事詳綰傳		
錯為左內史一年遷				

注先謙曰史漢表無安丘侯張歐惟張歐傳云安丘侯張說少子景帝時爲九卿後爲御史大夫此奉常正與景帝時九卿合後官並在武帝時是歐即歐也因係說子誤冠以安丘侯耳

古曰侯表及諸傳皆云桃侯劉此爲姚丘疑誤也補注沈欽韓曰史表亦作桃侯明此姚丘誤

六

六月乙巳丞相青免太尉周亞夫爲丞相

七

太僕劉舍爲御史大夫三年遷

酇侯舊勝爲奉常補注先謙曰功臣表酇侯何下中二年侯勝嗣坐不敬耐爲隸臣顧注謂當侍祠而不齋也勝以景七年爲奉常中二年嗣武陽侯此云酇侯勝爲奉常從其後官書之而又誤也爲奉常而不寮官爵俱側耳

補注先謙曰是年以立皇后案誅大行見外戚傳大行不知何人也

濟南太守郅都爲中尉三年免

中元年

廷尉福

二

中尉補注先謙曰中尉都三年

方免此處不應有中尉二字史文譌闕誤移於此

三

九月戊戌丞相亞夫免御史大夫劉舍爲丞相

太子太傅衛綰爲御史大夫四年遷

煮棗侯乘昌爲奉常補注錢大昕曰功臣表煮棗侯革朱孫昌以孝景中二年嗣侯此一人而姓異廣韻乘姓引煮棗侯乘昌革姓引煮棗侯單朱

四

五

軼侯吳利爲奉常師古曰軼音大又音第補注錢大昕曰功臣表軼侯黎朱蒼至曾孫扶失侯史表作利蓋別無軼侯吳利

少府神

主爵都尉不疑補注齊召南曰直不疑傳但云景帝後元年拜御史大夫此表由主爵都尉衛尉至御史大夫可補傳所不及

六

奉常利更爲太常

中大夫令直不疑更爲衛尉

廷尉瑕更爲大理

補注先謙曰典客更爲大行令此失書

濟南都尉甯成爲中尉四年遷

後元年

七月丙午丞相舍死八月壬辰御史大夫衛綰

八月壬辰衛尉直不疑爲御史大夫三年免

郎中令賀

年	二	三	孝武建元元年	二
蓚丞相補注先謙曰功臣表孝文十年舍嗣桃侯三十年薨其子由以建元元年嗣是舍應薨在後三年竇嬰傳亦云桃侯免相可證死爲免字之譌官本正作免			六月丞相綰免後丙寅魏其侯竇嬰爲丞相補注先謙曰後字蓋衍	十月丞相嬰免三月乙未太常
			武安侯田蚡爲太尉	太尉蚡免官省
注先謙曰功臣表不疑封侯在八月六年薨本傳云武帝即位以過免是不疑免官又三年乃卒非卒於官此三年死死是免之誤			齊相牛抵爲御史大夫師古曰抵音丁禮反	御史大夫趙綰有罪自殺補注
		柏至侯許昌爲太常二年遷		南陵侯趙周爲太常四年免補注先謙曰南陵京兆屬縣不能封關功
			郎中令王臧一年有罪自殺補注先謙曰事見田蚡傳	郎中令石建六年卒補注齊召南曰六年卒當作十六年卒萬石君以
			淮南太守灌夫爲太僕二年爲燕相補注先謙曰南當作陽見本傳	
				大理信
			大行令光	大行令過期
	大農令惠			
	中尉廣意補注先謙曰後又有執金吾郭廣意執金吾即中尉更名疑即此一人而兩任		中尉張歐九年遷補注先謙曰即上張歐	
	主爵都尉奴			
			中尉甯成爲內史下獄論內史印補注先謙曰官本印作印當是	內史石慶

	三	四	五	六
許昌爲丞相				六月癸巳丞相昌免武安侯田
先謙曰見田蚡傳		武強侯嚴青翟爲御史大夫二年坐竇太后喪不辦免補注錢大昭曰趙綰以二年死青翟任當即在是年表書於四年疑非		大農令韓安國爲御史大夫四
臣表張膂傳作高陵				太常定
元朔五年沒歲餘殘亦死而李廣代建爲郎中令兩傳可證且田竇廷辨時郎中令石建分別言兩人事若僅六年安得彼時尚在乎				
				太僕賀三十三年補注先謙曰公孫賀也見本傳年下脫遷字官本亦
		廷尉遷補注周壽昌曰復大理爲廷尉廷尉建	廷尉武	廷尉殷
			大行令王恢補注先謙曰見韓安國傳	
	北地都尉韓安國爲大農令三年遷			大農令殷
				東海太守汲黯爲主爵都尉十
	內史石偏補注錢大昕曰偏當作慶先謙曰慶已見上錢說非	江都相鄭當時爲右內史五年貶爲詹事補注錢大昭曰灌夫傳元光四年有內史鄭當時又當時傳爲右內史以田竇事貶詹事當云六年貶五字誤也		

蚡爲丞相

年病免

脫

一年徙

元光元年

太常王臧

龍西太守李廣爲衞尉補注錢大昭曰廣傳由雲中太守遷

補注先謙曰据武紀是年有中尉程不識

內史充

二

三

補注先謙曰是年王恢下獄死代爲大行

前漢十九下　十五

令者史闕

四

三月乙卯丞相蚡薨五月丁巳平棘侯薛澤爲丞相

九月中尉張歐爲御史大夫五年老病免食上大夫祿補注先謙曰詳本傳

宜平侯張歐爲太常師古曰歐音一后反補注齊召南曰富平侯張歐敖之孫景帝中二年卒不得至元光時錢大昭曰此別一人說見功臣表

五

廷尉翟公補注先謙曰見鄭當

詹事鄭當時爲大農令十一年

故御史大夫韓安國爲中尉一

右內史番係師古曰番音普安反補注先謙曰係後爲河東大守元闕

時傳翟公再爲廷尉表止一見

免

年遷

五年遷御史大夫博士公孫弘爲左內史四年遷

六

太常司馬當時

中尉韓安國爲都尉二年爲將軍補注先謙曰都當爲衞見本傳官本不誤

大行令王

中大夫趙禹爲中尉

元朔元年

二

蓼侯孔臧爲太常三年

坐南陵橋壞衣冠道絕免補注先謙曰臧爲太常見儒林傳

前漢十九下　十六

三

左內史公孫弘爲御史大夫二年遷

衞尉蘇建

中大夫張湯爲廷尉五年遷

少府孟賁中尉李息

左內史李沮四年爲將軍師古曰沮音組右內史賁師古曰音奔

四

宗正劉棄補注錢大昭曰汲黯傳作劉棄疾

少府產

五

十一月乙丑丞相澤免御史大夫公孫弘為丞相

四月丁未河東太守九江番係為御史大夫補注先謙曰據武紀是歲衛青為大將軍

山陽侯張當居為太常坐選子弟不以實免補注沈欽韓曰太常職選博士弟子此子弟誤倒

中尉趙禹為少府中尉殷客補注王念孫曰客當為宏草書之誤也史記淮南衡山傳元朔五年遣中尉宏即訊驗王漢書同索隱云案百官表姓殷則此文之作殷宏甚明

主爵都尉李蔡

主爵都尉汲黯為內史五年免補注先謙曰黯為右內史見本傳此脫右字

六

繩侯周平為太常四年坐不繕園陵免補注先謙曰苛元孫

右北平太守李廣為郎中令五年免

補注先謙曰據趙食其傳武帝立十八年以主爵都尉從大將軍是元朔六年食其已為主爵都尉代李蔡故明年為樂安侯李蔡為御史大夫不書主爵都尉李蔡也此格當有主爵都尉趙食其七字下朱買臣為主爵都尉至三年復書主爵都尉趙食其是食其免後復為此官

元狩元年

樂安侯李蔡為御史大夫一年遷

大行令李息

宗正獨受補注錢大昭曰下劉受當別一人放此不書侯

中尉司馬安補注先謙曰見汲黯鄭當時傳

會稽太守朱買臣為主爵都尉

左內史敞

二

三月戊寅丞相弘薨壬辰御史大夫李蔡為丞相

三

三月壬辰廷尉張湯為御史大夫六年有罪自殺補注王念孫曰此十九字當在二年下方合六年之數代李蔡任不得遷至三年也史表漢紀俱在二年

冠軍侯霍去病為票騎將軍補注先謙曰据武紀在二年此與上下文皆傳寫者誤移下一年

衛尉張騫補注先謙曰武紀在二年又騫傳元朔六年封騫博望侯後二歲為衛尉正當元狩二年且騫二年擊匈奴得罪不應三年尚為官也

廷尉李友廷尉安補注錢大昕曰汲黯傳安四至九卿表前後併此為三先謙曰一年未必三易廷尉亦是誤移下一年廷尉禹補注沈欽韓曰趙禹也傳云嘗中廢已為廷尉

中尉霸

主爵都尉趙食其二年為將軍

四

大將軍衛青為大司馬大將軍票騎將軍霍去病為大司馬票騎將軍

戚侯李信成為太常二年坐縱丞相李蔡侵道免補注宋祁曰據功臣表合在五年

沈猷侯劉受為宗正二年坐聽請不具宗室論大農令顏異二年坐腹非誅補注先謙曰異事見食貨志

河內太守王溫舒為中尉五年遷

中尉丞陽僕為主爵都尉補注先謙曰陽當為楊元鼎五年為樓船將軍官本作揚

定襄太守義縱為右內史二年下獄棄市

五

三月甲午丞相蔡有罪自殺四月乙卯太子少傅嚴青翟為丞相補注

郎中令李敢補注先謙曰廣子

衛尉充國三年坐齋不謹棄市

廷尉司馬安

六

錢大昭曰漢紀乙卯作乙丑少傅作太傅

見廣及霍去病傳

元鼎元年

九月大司馬去病薨補注周壽昌曰紀書大司馬驃騎將軍霍去病薨案元狩四年初置大司馬以冠將軍之號宜帝四年大司馬始不冠將軍此宜從紀當

蓋侯王信爲太常

俞侯欒賁爲太常坐犧牲不如令免補注錢大昭曰賁欒布子史記三王世家是年有太常充王先謙曰此王充也元光三年嗣蓋侯參證世家下格信當爲充宜移入此格

郎中令徐自爲十三年爲光祿勳補注先謙曰太初元年表有郎中令自爲更爲光祿勳此十三年爲光祿勳七字衍文

廷尉霸 補注先謙曰疑郎中尉霸遷

大農令正夫

右內史王朝補注先謙曰見張湯傳作王朝

二

二月壬辰丞相青翟有罪自殺二月辛亥太子太傅趙周爲丞相補注朱一新曰武紀青翟自殺在十二月案下有二月疑表二月上脫十字

三月辛亥太子太傅石慶爲御史大夫三年遷補注周壽昌曰考長曆是年三月丙申朔不得有辛亥當是與趙周二月同日拜也宋王益之云同時不應有兩太子太傅疑此是少傅系丙吉傅太子太傅夏侯勝決吉不死時元康三年疏廣尚爲太子太傅是兩太子太傅漢固有之

廣安侯任越人爲太常坐廟酒酸論師古曰任敖傳及侯表皆云廣阿侯今此爲廣安此表誤補注先謙曰論免國除

中郎將張騫爲大行令三年卒補注先謙曰騫傳作歲餘卒

大農令孔僅補注先謙曰見食貨志

少府當四年下獄死

水衡都尉張罷

右內史蘇縱

前漢十九下 九

三

中尉王溫舒爲廷尉一年復徙中尉

關都尉尹齊爲中尉一年抵罪補注先謙曰見酷吏傳

四

郪侯周仲居爲太常坐不收赤側錢收行錢論師古曰赤側當收而不收乃收見行之錢也戰音多補注先謙曰仲居樑孫赤側錢見食貨志睢陵侯張廣國爲太常補注先謙曰廣國張敖曾孫元光三年封睢陵侯十八年薨子昌元鼎二年嗣侯表未載廣國爲太常且薨在元鼎元年此時別無睢陵侯張廣國其人九字當衍

故少府趙禹爲廷尉四年以老貶爲燕相

宗正劉安國爲大農令客補注先謙曰爲字衍官本無

廷尉王溫舒爲中尉二年免

水衡都尉豹

右內史李信成中大夫兒寬爲左內史三年遷

五

九月辛巳丞相周下獄死丙申御史大夫石慶爲丞相

平曲侯周建德爲太常平陽侯杜相爲太常五年坐擅繇大樂令論師古曰擅役使人也補注先謙曰建

衛尉路博德

前漢十九下 十

德勃孫相功臣表作相夫

六

齊相卜式爲御史大夫一年貶爲太子太傅

大農令張成補注先謙曰成坐東粵反不敢擊畏懦誅見兩粵傳

少府豹爲中尉

元封元年

左內史兒寬爲御史大夫八年卒

水衡都尉閻奉補注先謙曰見酷吏傳

御史中丞咸宣爲左內史六年免師古曰咸音減省之減

二

御史中丞杜周爲廷尉十一年免

故中尉王溫舒爲少府三年徙補注先謙曰三當爲二

三

四

酇侯蕭壽

水衡

少府王溫

成爲太常坐犧牲不如令論

五

大將軍青薨

成安侯韓延年爲太常二年坐畱外國使人入粟贖論補注宋祁曰以景武功臣考之行大行令事畱外國書六月乏興錢大昭曰南監本閩本使人下有自字先謙曰官本使人下有八月二字八蓋六之誤監闕本自字又月之誤上脫六字也此合功臣表讎之乃明太常不主外國事

都尉德遷

舒爲右內史二年免

六

少府德有罪自殺右輔都尉王溫舒行中尉事二年獄族

太初

睢陵侯張昌爲太常

郎中令自爲更爲光

大鴻臚壺充國補注周壽昌曰宜加大行令更

中尉補注周壽昌曰

故左內史咸宣爲右

京兆尹無忌左馮翊殷周補注朱一新曰無忌

元年

二年祿勳坐之祠論

名五字於前先謙曰充國見李廣利傳

疑脫扶風更爲三年執金下獄吾五自殺字

殷周並見史酷吏傳論

二

正月戊寅丞相慶薨閏月丁丑大僕公孫賀爲丞相補注錢大昭曰武紀寅作申

侍中公孫敬聲爲太僕十二年下獄死

大鴻臚商丘成十二年遷

少府王偉中尉補注先謙曰中尉衍文

三

正月膠東太守延廣爲御史大夫補注沈欽韓曰荀紀作膠東相王延廣是

牧丘侯石德爲太常三年坐廟牲瘦入穀贖論

搜粟都尉上官桀爲少府年老免師古曰疑此非上官桀表執也補注先謙曰此又一上官桀從李廣利征大宛以敢深入爲少府見廣利傳非左將軍上官桀處利封侯在四年此亦當在四年傳寫誤試移前一格

四

天漢元年

濟南太守琅邪王卿爲御史大夫二年有罪自殺補注錢大昭曰荀紀作王延年

大司農桑弘羊四年貶爲搜粟都尉

二

新時侯趙弟爲太常五年坐鞫獄不實論補注

故廷尉杜周爲執金

先謙曰功臣表李廣利傳作趙弟年字誤官本作第亦弟之誤

吾一年遷

三

二月執金吾杜周爲御史大夫四年卒

廷尉吳尊

四

弘農太守沛范方渠中翁爲執金吾師古曰古人姓范名方渠字中翁也中讀曰仲

左馮翊韓不害

太始元年

廷尉郭居

大司農補注先謙曰闕文

少府水衡充國都尉守

二

三

三月光祿大夫河東暴勝之公子爲御史大夫三年下獄自殺師古曰公子亦勝之字也後皆類此補注錢大昭曰武

容成侯唯塗光爲太常徙爲安定都尉

直指使者江充爲水衡都尉五年爲太子所斬

四

紀勝之死在征和二年此三年當為四年

江都侯靳石為太常四年坐為調問四故太僕敬聲亂尊卑免補注沈欽韓曰靳石以列侯修調問四為亂尊卑先謙曰官本靳作斬

征和元年

廷尉常

光祿大夫公孫遺守少府

前漢十九下　三五

二

四月壬申丞相賀下獄死五月丁巳涿郡太守劉屈氂為左丞相補注李慈銘曰賀下獄紀作正月表作四月據屈氂傳征和二年春制詔御史故丞相賀明矣誤朱一新曰侯表屈氂以三月丁巳封此五月亦當作三月史表正作三月丁巳先謙曰虛右丞相以待遷見屈氂傳

九月大鴻臚商丘成為御史大夫四年坐祝詛自殺補注先謙曰功臣表成侍祠孝文廟醉歌堂下曰出居安能鬱鬱大不敬自殺與此異

光祿勳韓說少卿為太子所殺

廷尉信

補注先謙曰據外戚傳是年有宗正劉長樂

補注先謙曰據外戚傳是年有執金吾劉敢

京兆尹于已衍坐大逆誅

三

六月壬寅丞相屈氂下獄要斬

邗侯李壽為衛尉坐居守擅出長安界使吏殺人下獄死

廷尉意

高廟郎中田千秋為大鴻臚一年遷

右輔都尉王訢為右扶風九年遷補注先謙曰訢傳訢為右縣輔尉守右扶風武帝拜為員十餘年至昭帝時為御史大夫訢自員除至御史

四

六月丁巳大鴻臚田千秋為丞相

繆侯酈終根為太常十一年坐祝詛誅補注先謙曰功臣表終根元鼎二年嗣侯後二年祝詛上要斬與下表魏不害代任太常之時相符十

光祿勳有祿補注先謙曰官本考證云監本脫祿字從宋本補

大鴻臚戴仁坐祝詛誅淮陽太守田廣明為鴻臚五年遷

前漢十九下　三六

一年當為三年之誤

大夫止九年傳云十餘年自守官時計之也表失職守官年歲

後元元年

守衛尉不害

京兆尹建坐祝詛要斬

二

二月丁卯侍中奉車都尉霍光為大司馬大將軍

二月乙卯搜粟都尉桑弘羊為御史大夫七年坐謀反誅補注周壽昌曰車千秋傳作八年以王訢為御史大夫之年

侍中騎馬都尉金日磾為車騎將軍一年薨太僕上官桀為左將軍七年反誅

當塗侯魏不害為太常六年坐孝文廟風發瓦免

守衛尉遺

太僕幷左將軍補注先謙曰上官桀也據外戚傳元

執金吾郭廣意免補注先謙曰燕王旦傳作廣義又作廣意義字誤也其免當以對燕王使者數語

計之卽八年也作七誤

年前當書太僕上官桀而表脫之

孝昭始元元年

尙書令張安世爲光祿勳六年遷

衛尉天水王莽稚叔三年遷

司隸校尉雒陽李仲季主爲廷尉四年坐誣罔下獄棄市補注先謙曰昭紀仲作种坐故縱死罪也霍光傳亦作种

執金吾河東馬適建子孟任職六年坐殺人下獄自殺補注先謙曰任職二字當衍它處所無

水衡都尉呂辟胡五年爲雲中太守補注先謙曰昭紀辟作破西南夷傳與此同

青州刺史雋不疑爲京兆尹五年病免

二

光祿大夫劉辟彊爲宗正數月卒

三

膠西太守齊徐仁中孫爲少府六年坐縱反者自殺師古曰中讀曰仲補注先謙曰與王平同罪詳杜延年霍光傳

四

衛尉王莽爲右將軍騎尉三年卒騎都尉上官安爲車騎將軍三年反

大鴻臚田廣明爲衛尉五年遷補注先謙曰昭紀元鳳元年書大鴻臚

誅補注齊召南曰昭紀霍光傳並作驃騎將軍先謙曰莽若兼衛尉依例當於第八格書衛尉拜右將軍今旣遷官則將軍下衛尉二字衍也

廣明據此知紀誤

五

軍正齊王平子心爲廷尉四年坐縱道匿謀反者下獄棄市補注先謙曰謀反者侯史吳也詳杜延年霍光傳爲軍正見昭紀道是首之誤字

六

轑陽侯江德爲太常四年坐廟夜郎飲失火免補注錢大昭曰夜古據字先謙曰官本郎在夜上是也錢說非

大將軍司馬楊敞爲大司農四年遷

守京兆尹樊福補注周壽昌曰福爲丁外人射殺見胡建傳據鹽鐵論賢良文學之義福死卽在是年

元鳳元年

九月庚午右扶風王訢爲御史大夫三年遷

光祿勳張安世爲右將軍光祿勳六年遷

光祿勳幷右將軍

諫大夫杜延年爲太僕十五年免

大中大夫劉德爲宗正數月免補注先謙曰爲侍御史劾免後霍光自遷之復爲宗正並見傳

執金吾壺信

中郎將趙充國爲水衡都尉六年遷

左馮翊賈勝胡二年坐縱謀反者棄市補注先謙曰見霍光傳

二

三

中郎將范明友為度遼將軍衛尉十二年遷

衛尉并將軍

廷尉夏國

青州刺史劉德為宗正二十二年薨

光祿大夫蔡義為少府三年遷

衛尉田廣明為左馮翊四年遷

四

正月甲戌丞相千秋薨二月乙丑御史大夫王訢為相補注先謙曰官本考證云相上脫丞字

二月乙丑大司農楊敞為御史大夫二年遷

蒲侯蘇昌為太常十一年坐籍霍山書泄祕書免師古曰以祕書借霍山補注顧炎武曰顏說非也蓋籍沒霍山之書中有祕記當告奏之而輒以示人故以宣泄罪之山傳言山坐寫祕書蘄為藏罪若山之祕書從昌借之昌之罪不止免官而已且如顏說云坐借霍山祕書免足矣何用辭複

河內太守平原趙彭祖為大司農三年卒

京兆尹彭祖

五

十二月庚戌丞相訢薨補注先謙曰官本考證云監本脫十二

鉅鹿太守淮陽朱壽少樂為廷尉坐侍中加元下獄鳳元吏殺棄市補注錢大昭曰閩本加作邪先謙曰官本作邢

詹事韋賢為大鴻臚四年為長信少府

沛國太守李壽為執金吾

月九字從宋本補

六

十一月己丑御史大夫楊敞為丞相補注朱一新曰侯表敞以元鳳六年二月乙丑封此云十一月己丑為丞相敞以丞相侯不應為相在封侯後此當作二月乙丑也史表亦誤作十二月乙丑

十一月少府蔡義為御史大夫一年遷

廷尉李光四年免補注先謙曰見路溫舒霍光傳

河東太守田延年為大司農三年有辠自殺

便樂成為少府四年卒補注先謙曰見杜延年霍光昌邑王賀傳功臣表

右扶風周德補注先謙曰見霍光傳

元平元年

八月己巳丞相敞薨九月戊戌御史大夫蔡義為丞相

九月戊戌左馮翊田廣明為御史大夫三年為祁連將軍補注沈欽韓曰下脫自殺二字先謙曰官本祁作郡是

右將軍安世為車騎將軍光祿勳七年遷水衡都尉趙充國為後將軍水衡都尉光祿大夫韓增為前將軍十三年遷

執金吾延壽補注先謙曰見霍光傳

補注錢大昭曰當補水衛都尉并將軍七字

左馮翊武補注先謙曰据趙廣漢傳是年守京兆尹

孝宣本始元年

守京兆田廣陵相成補注先謙曰田是尹之誤

二

詹事東海宋疇翁孺為大鴻臚二年遷補注先

河南太守魏相為大

博士后倉為少府二年執金吾辟兵三年補注

補注先謙曰据趙廣

三

六月己丑，丞相義薨，甲辰，長信少府韋賢爲丞相。

六月甲辰，大司農魏相爲御史大夫，四年遷。

廷尉李義

諫曰宣紀霍光黃之薦望霸爲並作宋疇此作疇誤

司農一年遷

大司農涓于

少府補注先謙曰[illegible]

先謙曰官本[illegible]

光祿大夫于定國爲水衡都尉，二年遷。

潁川太守趙廣漢爲京兆尹，六年下獄要斬。

漢傳是年守京兆尹

賜

少府不可[illegible]

四

地

水衡都尉

山陽太守梁爲大鴻臚

左馮翊宋疇爲左馮翊，六安相朱山拊爲右扶風，少府宋疇爲左馮翊，一年遷。大鴻臚宋畸坐議不下獄，六年，鳳皇下彭城未至京師，補注先謙曰：宋疇坐鳳皇下彭城未至京師，不美山拊臣足，貶爲泗水太傅，買子見本傳。延三年免。

水衡都尉

節元年

二

三月庚午，大司農光祿大夫[illegible]

侍中中郎將霍禹爲右將軍，一年遷。

光祿大夫于定國爲廷尉，十七年遷。補注先謙曰：大傳作十八年，是。

執金吾鄭元

潁川太守廣爲右扶風，三年。

朱輔爲右扶風，補注沈欽韓曰：二十一官列爲格字[illegible]

三

五月甲申，四月戊申，車騎將軍光[illegible]

六月辛丑

度遼將軍

大司[illegible]

左馮

丞相賢免，六月壬辰，御史大夫魏相爲丞相。

太子太傅丙吉爲御史大夫，八年遷。

[illegible]

衞尉范明友爲光祿勳，一年坐謀反誅。

代郡太守任宮爲太常，四年。

北海太守朱邑爲大司農。

農

白此年也延年孫長字見昌邑王賀傳

翊

四

勃海太守

潁川太守

元康元年

- 年坐人盜茂陵園中物免補注先謙曰見馮奉世傳免官未免侯
- 農四年卒補注先謙曰據邑傳神爵元年卒當云五年卒四字誤
- 龔遂爲水衡都尉補注先謙曰據尹翁歸傳是年守右扶風
- 讓爲左馮翊

二

- 北海太守張延壽爲太僕四年病免補注先謙曰海當爲地見安世傳杜延年代爲北地太守見延年傳
- 平原太守蕭望之爲少府一年徙補注先謙曰望之由平原太守徵入先守少府見傳
- 執金吾廣意
- 東海太守尹翁歸爲右扶風四年卒
- 守京兆尹彭城太守遺補注先謙曰據張敞傳趙廣漢後比更守尹如霸等數人皆不稱職則遺亦在不稱職之列矣
- 少府蕭望之爲左馮翊三年遷

三

- 守京兆尹潁川太守黃霸數月還故官補注先謙曰據張敞傳是年代守京兆尹

四

- 八月丙寅大司馬安世薨
- 蒲侯蘇昌復爲太常六年病免
- 太中大夫李彊中君守少府三年遷師古曰中讀曰仲
- 光祿大夫馮奉世爲水衡都尉十四年遷

神爵元年

- 前將軍韓增爲大司馬車騎將軍
- 中郎將楊惲爲諸吏光祿勳五年免
- 太僕戴長樂五年免補注先謙曰見楊惲傳
- 左馮翊蕭望之爲大鴻臚二年遷
- 大司農王禹四年遷
- 廣陵太守陳萬年爲右扶風五年遷補注先謙曰時廣陵尚爲國不得有太守本傳亦誤
- 膠東相張敞爲京兆尹八年免左馮翊彊三年免

二

- 後將軍充國補注先謙曰據充國傳師還復爲後將軍衛尉據宮紀在是年故復書後將軍其兼官衛尉不書於表益是他宮衛尉非未央衛下書衛尉忠尤明證也
- 衛尉忠
- 南陽太守賢爲執金吾
- 補注先謙曰據韓延壽傳是年守左馮翊

三

- 三月丙午丞相相薨四月戊戌御史大夫丙吉爲丞相
- 七月甲子大鴻臚蕭望之爲御史大夫三年貶爲太子太傅
- 少府李彊爲大鴻臚
- 光祿大夫梁丘賀爲少府
- 東郡太守韓延壽爲左馮翊二年下獄棄市

四

- 河內太守韋玄成爲衛尉二年遷補注先謙曰河內玄成傳作河南

五鳳元年 二

四月己丑大司馬增薨五月彊弩將軍許延壽爲大司馬車騎將軍

補注錢大昭曰閩本有八月壬午太子太傅黄霸爲御史大夫一年遷十八字此脫先謙曰官本有

衞尉韋玄成爲太常二年免補注先謙曰此條及衞尉太僕二條應遞下一格官本不誤

衞尉弘

右扶風陳萬年爲太僕五年遷

大司農王禹爲大鴻臚補注先謙曰見趙王彭祖傳

大司農延 宗正劉丁

守左馮翊渤海太守信

守左馮翊五原太守延壽

三

正月癸卯丞相吉薨二月壬申御史大夫黄霸爲丞相

六月辛酉西河太守杜延年爲御史大夫三年以病賜安車駟馬免

執金吾田聽天三年遷

四

甘露元年

三月丁巳大司馬延壽薨

蒲侯蘇昌復爲太常二年病免

二

五月己丑

執金吾田

守左

三

二月己丑丞相霸薨五月甲午御史大夫于定國爲丞相補注先謙曰官本二作三據宣紀作三是

廷尉于定國爲御史大夫一年遷

五月甲午太僕陳萬年爲御史大夫七年卒

鴈門太守建平侯杜緩爲太常七年坐盜賊多免

博陽侯丙顯爲太僕一年爲建章衞尉補注先謙曰吉子時已奪爵傳上當有故字

聽天爲廷尉三年遷

馮翊廣川相充郎

四

典屬國常惠爲右將軍四年薨

衞尉順

秺侯金賞爲侍中太僕七年遷補注先謙曰金日磾傳宣帝即位賞爲

中山相加守廷尉

執金吾平

右扶風武

京兆尹成

黄龍元年

十二月癸酉侍中樂陵侯史高爲大司馬車騎將軍

太子太傅蕭望之爲前將軍一年爲光祿勳二年免補注先謙曰据望之傳一年爲三字當衍

太僕霍氏有事萌芽上書去妻是賞爲太僕在霍氏未反前也與此異

廷尉解延年

補注錢大昭曰閩本有左馮翊常四字先謙曰官本有

孝元初元元

光祿勳并將軍補注先謙曰六字當移前一格

平昌侯王接爲衞尉五年遷

大鴻臚顧十一年補注先謙曰下闕文

散騎諫大夫劉更生爲宗正二年免大司

淮陽中尉韋玄成爲少府二年爲子太太

水衡都尉補注先謙曰官本有馮奉世三字改證云監本脫從宋本補

太原太守陳遂爲京兆尹一年遷補注先謙曰游俠陳遵祖父

元年

農宏

傅水衡都尉馮奉世爲執金吾二年遷

二

光祿勳賞補注先謙曰此非金賞金賞由太僕爲光祿勳在永元元年表傳可證此別一人

京兆尹陳遂爲廷尉二年卒

大司農充郎補注先謙曰充郎南爲左馮翊

京兆尹代郡范守左馮翊延免

三

執金吾馮奉世爲右將軍三年爲諸吏典屬國二年爲光祿勳補注先謙曰光兼勳益兼戰未

光祿大夫周堪爲光祿勳三年貶爲河東太守

丞相司直南郡李延壽子惠爲執金吾九年遷補注先謙曰見蕭望之傳

淮陽相鄭弘爲右扶風四年遷

前漢十九下　三七

井故周堪貶金賞復爲光祿勳侍中衞尉許嘉爲右將軍五年遷補注先謙曰奉世未遷不得復有一右將軍奉世傳作左將軍許嘉永光三年表同右字誤

四

弋陽侯任千秋長伯爲太常四年以將軍將兵補注先謙曰擊先也見奉世傳

廷尉魏郡尹忠子賓十四年爲諸吏光祿大夫補注先謙曰見韋元成傳

少府延二年免

京兆尹成

五

六月辛酉長信少府貢

河南太守劉彭祖爲左

禹爲御史大夫十二月丁未卒丁巳長信少府薛廣德爲御史大夫一年以病賜安車駟馬免補注先謙曰據廣德傳凡十月

馮翊二年遷太子太傅補注先謙曰嚴彭祖也見儒林傳歷官與此表脗合劉字誤

永光元年

十一月戊寅丞相定國賜金安車駟馬免

七月癸未大司馬高賜金安車駟馬免九月戊子侍中衞尉王接爲大司馬車騎將軍補注先謙曰見馮奉世傳

七月辛亥太子太傅韋玄成爲御史大夫一年遷

太僕金賞爲光祿勳一年卒補注先謙曰此下三格因錯葉俱誤上一格今改正

衞尉雲

故建章衞尉丙顯爲太僕十年免

大司農堯補注先謙曰夏侯勝傳孫堯爲司農表不載夏侯堯疑此是也

侍中中大夫歐陽餘爲少府五年卒補注先謙曰韋元成傳作歐陽地餘儒林傳同此脫地字

二

二月丁酉

二月丁酉右扶風鄭弘

光祿大夫非調爲大司

右扶

隴西太守

前漢十九下　三八

御史大夫韋玄成爲丞相

爲御史大夫五年有罪自殺補注曰大所京本傳皆房傳爲云免不盧人殺言自有大臣殺罪自於例書紀紀今蓋不書也表誤

三

四月癸未大司馬接薨七月壬戌左將軍衞尉許嘉爲大司馬

右將軍奉世爲左將軍光祿勳二年卒侍中中郎將王商爲右將軍十一年遷補注先謙曰商武子

農補注朱一新曰調見溝洫志

風強

五年

馮野王爲左馮翊五年遷

四

車騎將軍

宗正劉[illegible]補注先謙曰四字當下一格

水衡都尉福

光祿大夫琅邪張譚仲叔爲京兆尹四年不勝任免

五

建昭元年

太子少傅匡衡爲光祿勳一年遷

尚書令五鹿充宗爲少府五年貶玄菟太守

右扶風補注先謙曰闕文

二

八月癸亥諸吏散騎光祿匡衡爲御史大夫一年遷補注錢大昭曰光祿下脫勳字

左曹西平侯于永爲光祿勳十六年遷

執金吾李延壽爲衛尉一年遷

左馮翊馮野王爲大鴻臚五年爲上郡太守補注先謙曰以王舅不宜備九卿出

左馮翊郭延

三

六月甲辰丞相玄成薨七月癸亥御史大夫匡衡爲丞相

七月戊辰衛尉李延壽爲御史大夫三年卒一姓繁師古曰繁音蒲元反補注先謙曰官本盤作繁是也陳湯傳作繁谷永傳作繁馮野王傳作李

陽平侯王鳳爲侍中衛尉三年遷

四

中郎將丙禹爲水衡都尉五年補注先謙曰禹

五

吉中子謂爲同字官本作爲

京兆尹王昌稚賓二年轉爲鴈門太守補注先謙曰見王尊傳以逐捕盜賊不能禽制免

竟寧元年

六月己未侍中衛尉王鳳爲大司馬大將軍

七月丙寅太子少傅張譚爲御史大夫三年坐選舉不實免補注沈欽韓曰史表漢紀作三月丙寅按馮野王傳元帝自選第中二千石以譚

爲御史大夫帝崩於五月則七月是傳寫之誤朱一新曰張譚匡衡傳作頓譚

太僕譚

陽城侯劉慶忌[illegible]爲宗正二年遷補注沈欽韓曰慶忌德孫

河南太守召信臣爲少府二年徙中少府安平侯王章子然爲執金吾三年遷補注先謙曰儒林傳梁丘臨代五鹿充宗爲少府此不藏而書

召信臣爲少府疑五鹿之後信臣之前臨誓任藏不久郎免而史失之又信臣傳信臣爲少府以官卒不云再徙官徙蓋卒字之誤章卬成木后兄彝之子

孝成建始元

騏侯駒幾爲太常數月薨補注沈欽韓曰功臣表駒幾孫隘侯岑互興未知孰詳

衛尉王罷軍

常山太守溫順子敎爲右扶風一年遷

弘農太守宋平次君爲京兆尹河南太守畢眾爲左

年 二

宗正劉慶忌爲太常五年病免

執金吾王章爲太使山年疵免補乙先謙曰河平二年書太僕王章爲右將軍疑病免字誤當作邇

蜀郡太守何壽爲廷尉四年徙

大鴻臚淡賞二年徙補注先謙曰賞見王尊傳

右扶風溫順爲少府二年坐買公田與近臣下獄論弋陽侯任千秋長伯爲執金吾一年遷

水衡都尉僑太原太守廉爲右扶風

河東太守杜陵甄少公爲京兆尹二年取爲河南太守補注先謙曰王尊傳作顯遵河內太守與此異

馮翊

三

十二月丁丑丞相衡免

八月癸丑大司馬嘉賜金免

十月乙卯諸吏左曹光祿大夫尹忠爲御史大夫一年坐河決自殺

右將軍王商爲左將軍一年遷執金吾千秋爲右將軍一年遷

宗正劉通補注先謙曰此又一劉通非前爲宗正者

補注先謙曰任千秋遷後執金吾闕書據辛慶忌傳成帝初徵爲光祿大夫遷左曹中郎將至執金吾表不載以時攷之確在是年後坐子殺趙氏左遷酒泉太守

南陽太守王昌爲右扶風三年免

四

三月甲申右將軍王商爲丞相

十一月壬戌少府張忠爲御史大夫六年卒補注先謙曰見王尊孫寶傳

右將軍千秋爲左將軍三年薨長樂衞尉史丹爲右將軍三年遷

河南太守漢爲大鴻臚一年免

東平相鉅鹿張忠子韓爲少府十一月遷補注先謙曰忠爲少府劾免丞相衡見衡傳奏衡以三年十二月免是忠爲少府在三年十二月前而表盡四年下駁文也

守京輔都尉王遵爲京兆尹二年免大鴻臚括賞爲左馮翊九月減死罪一等論補注先謙曰遵當爲尊本傳先守京輔都尉行京兆尹事旬月守京兆尹後爲眞

河平元年

衞尉王玄中都師古曰中讀曰仲

千乘太守東萊劉順爲宗正四年坐使合陽侯畢子免補注周壽昌曰王子表合陽侯平子安上嗣建始元年薨亡後建始爲孝成初元距此五年安能尚有合陽侯此事必有一誤廷尉何壽爲大司農補注先謙曰壽見何武傳

司隸校尉王駿爲少府七年徙執金吾輔

水衡都尉王勳

杜陵韓勳長賓爲左馮翊三年爲少府

不當更書守京輔都尉王尊也此史駿文

二

北海太守安成范延壽子路爲廷尉八年卒補注先謙曰見翟方進傳

漢中太守平原王賞少公爲右扶風三年免

楚相齊宋登爲京兆尹三年貶爲東萊都尉未發坐漏泄省中語下獄自殺補注先謙曰貶坐不暢驗見王章傳

三

右將軍丹爲左將軍十三年薨太僕王章爲右將軍

宜春侯王咸長伯爲太常一年病免平昌侯王臨爲太常六年薨

侍中中郎將王音爲太僕三年遷

右曹光祿大夫辛慶忌爲執金吾四年貶雲中太守補注先謙曰據傳坐小法貶官本貶下多爲字

光祿大夫武爲左馮翊

四

四月壬寅丞相商免

大夫韋安世爲大鴻臚二年爲長樂衞尉補注

侍中奉車都尉金敞爲水衡都尉一年遷補注

司隸校尉王章爲京兆尹一年下獄死補注先

六月丙午諸吏散騎光祿大夫張禹爲丞相

先謙曰賢孫

先謙曰安上子

謙曰據薛宣傳是歲守左馮翊

陽朔元年

侍中水衡都尉金敞爲衛尉四年卒

常山太守劉武爲宗正四年卒

水衡都尉順河內太守甄尊爲右扶風三年遷

弘農太守平陵逢信少子爲京兆尹三年遷陳留太守薛宣爲左馮翊二年遷補注先謙曰信見翟方進傳

二

四月癸卯侍中太僕王音爲御史大夫一年遷

史柱國衛公爲太僕

師古曰姓史名柱國字衛公也

大鴻臚勳

前漢十九下 四三

三

八月丁巳大司馬鳳薨九月甲子御史大夫王音爲大司馬車騎將軍

十一月丁卯諸吏散騎光祿勳于永爲御史大夫二年卒

右將軍王章爲光祿勳數月薨

右扶風甄尊爲太僕

護西城騎都尉韓立子淵爲執金吾五年坐選舉不實免

左曹水衡都尉河內苟參威辟補注先謙曰見陳湯元后傳

四

雲中太守辛慶忌爲光祿勳四年遷補注先謙

京兆尹逢信爲太僕

左馮翊薛宣爲少府

水衡都尉禹太原太

少府王駿爲京兆尹

曰四宿爲一

六年遷

二月遷

守湆于信中君爲右扶風師古曰中讀曰仲

一年遷

鴻嘉元年

三月庚戌丞相禹賜金安車駟馬免四月庚辰御史大夫薛宣爲丞相

正月癸巳少府薛宣爲御史大夫四月庚辰京兆尹王駿爲御史大夫五年卒

光祿勳辛慶忌爲右將軍

平嘉侯史中爲太常六月病免建平侯杜業君都爲太常七年免補注先謙曰緩子見杜欽傳

陽平侯王襄爲衛尉五年徙補注先謙曰襄鳳子

大鴻臚慎

千乘令劉慶忌爲宗正六月坐平都公主殺子貶爲遼東太守補注先謙曰此又一劉慶忌非前由宗正遷太常者劉德傳未嘗云慶忌復爲宗正也

東都太守琅邪王賞中子爲少府四年免師古曰中讀曰仲補注先謙曰東都當爲東郡

太原太守河內鄧義子華爲京兆尹一年爲鉅鹿太守廬江太守趙增壽釋公爲左馮翊一年遷

前漢十九下 四四

二

左馮翊趙增壽爲廷尉五年貶爲常山都尉補注先謙曰見陳湯傳

隴西太守劉威子然爲京兆尹一年卒泗水相茂陵滿黔子橋爲左馮翊四年貶爲漢中都尉

三

右將軍慶忌爲光祿勳，四年遷。光祿勳并將軍。補注先謙曰：至此方兼官。

張掖太守牛商子夏爲右扶風，四年免。

丞相司直翟方進爲京兆尹，三年遷。補注先謙曰：官本丞相上衍都尉一字。

四

中少府韓勳爲執金吾，四年遷。師古曰：中少府，皇后官。補注先謙曰：勳永始二年遷光祿勳，任執金吾止二年，四字誤。

永始元年

南陽太守陳咸爲少府，二年免。

水衡都尉淳于長，三年免。補注先謙曰：傳不云長免官，後遷衞尉，仍稱。

侍中水衡都尉知免當爲遷

二

十月己丑，丞相宣免。十一月壬子，執金吾翟方進爲丞相。

正月乙巳，大司馬音薨。二月丁酉，特進成都侯王商爲大司馬衞將軍。補注王先愼曰：乙巳，成紀作己丑。二月當爲三月之誤。紀載二月乙酉晦，則二月不當有丁酉，明矣。下格正作三月丁酉，尤其明證。

三月丁酉，京兆尹翟方進爲御史大夫，八月貶爲執金吾。補注凌稚隆曰：三月任，十一月貶，居官八月耳，荀紀因之，遂爲秋八月貶，非。十一月壬子，諸吏散騎光祿勳孔光爲御史大夫，七年貶爲廷尉。

諸吏散騎光祿大夫孔光爲光祿勳，九月遷。執金吾韓勳爲光祿勳，六月遷。

太僕逢信爲衞尉，二年免。補注先謙曰：翟方進劾免。

衞尉王嬰爲太僕，三年病免。補注先謙曰：外戚傳嬰嗣侯，爲衞尉，不言爲太僕，蓋脫漏。

長信少府平當爲大鴻臚，三年遷。

御史大夫翟方進爲執金吾，一月遷。

信都太守長安宗正子芒爲京兆尹，二年貶爲河南太守。琅邪太守朱博爲左馮翊，一年遷。補注先謙曰：陽守滿歲爲眞。

三

右將軍辛

少府師丹

琅邪太守

朔方太守

光祿大夫師丹爲少府

東平太傅

河南太守杜陵龐眞爲

慶忌爲左將軍，三年卒。光祿勳韓勳爲右將軍，一年卒。

爲光祿勳，二年遷侍中光祿大夫。

陳慶君卿爲廷尉，一年爲長信少府。

劉宅人爲宗正。左馮翊朱博爲大司農，一年爲犍爲太守。

五月遷。詹事許商爲少府，二年爲侍中光祿大夫。金城太守廉褒子上爲執金吾，一年遷。補注先謙曰：商見儒林傳。

彭宣爲右扶風，一年遷。

孫爲左馮翊，三年遷。補注錢大昭曰：南監本、閩本龐作龐。先謙曰：官本作龐，是。

四

十一月庚申，大司馬商賜金、安車駟馬免。補注先謙曰：以病賜告，見元后傳。

執金吾廉褒爲右將軍，五年免。補注先謙曰：見劉輔、孔光傳。

鄭侯諸尊爲太常，六年薨。

侍中水衡都尉淳于長爲衞尉，三年免。補注錢大昭曰：永始二年詔書已稱侍中衞尉長，則非四年遷。

右扶風彭宣爲廷尉，三年以王國人爲太原太守。

會稽太守沛劉交游君爲宗正，十年。汝南太守嚴訢子慶爲大司農，三年卒。補注先謙曰：十年下闕文。訢遷見成紀永始三年，乃終言之。

護羌校尉尹岑子河爲執金吾，一年遷。補注先謙曰：岑，翁歸子。

光祿大夫潁川師臨子威爲水衡都尉，八年遷。水衡都尉臨爲右扶風，三年爲

司隸校尉何武爲京兆尹，一年貶爲楚內史。

沛郡都尉。補注先謙曰：八年，官本作八月，是。

元延元年

正月壬戌，成都侯商復爲大司馬衞將軍。十二月乙未，遷爲大司馬大將軍，辛亥薨。庚申，光祿

執金吾尹岑爲右將軍，二年薨。補注先謙曰：據尹翁歸傳，岑爲後將軍，不云右也。廉褒爲右將軍，安得復有右將軍？岑爲後將軍，薨後朱博代之，明右乃後字之誤。

大鴻臚平當爲光祿勳，七月坐前議昌陵貶爲鉅鹿太守。曲陽侯王根爲光祿勳，一月遷。補注

護軍都尉甄舜子節爲太僕。東萊太守平陵范隆偉公爲太僕，二年免。

左馮翊龐眞爲少府，四年遷。廣漢太守趙護子夏爲執金吾。補注先謙曰：謂以新郭反，若躬遷，成紀書於鴻嘉四年，亦終言之。

侍中光祿大夫趙彭大伯爲侍中水衡都尉，三年卒。補注先謙曰：敘傳上於是引師丹、許商入爲光祿大夫，班伯遷水衡都尉。案丹爲光祿大夫在是年，而水衡爲趙彭，無伯名，疑表脫誤。

廣陵太守王建爲京兆尹。河南太守徐讓子張爲左馮翊，四年免。

綏和元年

二

勳王根為大司馬票騎將軍

先謙曰上當為勳祿

樂昌侯王安惠公為光祿勳數月病免稱遷先謙曰商子

光祿大夫朱博為廷尉一年遷

太山太守蕭育守大鴻臚數月徙

廣漢太守孫寶為京兆尹一年免補遷先謙曰官本陵作漢本傳同此誤迫乂傳云表為京兆尹三族京師稱之涫于長敗資坐兗此作一年免亦誤

三

廷尉朱博為後將軍二年免

尚書僕射趙亡少平為光祿勳二年為太子太傅稱遷錢大昕曰南監本閩本亡作玄先謙曰官本作玄

護軍都尉任宏偉公為太僕二年徙

沛郡太守何武為廷尉二年遷

九江太守王嘉為大鴻臚三年遷

大司農堯稱遷先謙曰再任

水衡都尉南陽王超

騎軍三年坐涫于長自殺

守鴻臚太山太守蕭育為右扶風三年免

前漢十九下　四七

四

北地太守谷永為大司農一年免

綏

四月丁丑大司馬票騎

三月戊午

廷尉孔光為左將軍一

侍中光祿

成湯侯箍新君僕為衛

駙馬都尉王舜為太僕

御史大夫

侍中光祿

詹事中京兆都尉少陵賈延尉姬豐府信宜初駒為長伯為為京兆

和元年

將軍根史為大司馬七月甲貴賜金安車騎馬免十一月丙寅侍中騎都尉光祿大夫王莽為大司馬稱遷王金孫曰七月當奏十月漢紀通鑑皆作十月先謙曰是歲大司馬始置官屬

廷尉何武為御史大夫四月乙卯為大司空一年免

年遷執金吾王咸為右將軍一年遷補遷先謙曰光居右將軍職咸居後將軍職見光傳

大夫師丹為諸吏散騎光祿勳十一月為太子太傅大司農許商為光祿勳四月遷

尉六月侍中光祿大夫司農趙玄為衛尉二月為中少府稱遷先謙曰玄為司農表中不職或疑郎司農中丞也玄入儒林傳湯官本作賜是

二年病免稱遷先謙曰音子

孔光為廷尉九月遷少府龐真為廷尉二年為長信少府

大夫許商為大司農數月遷太原太守彭宣為大司農一年遷

少府三年太僕宏為執金吾十一月既為代郡太守光祿大夫王藏幼公為執金吾三月遷南賜謝堯長平一年遷稱丞錢大斯曰宏上當觀任字長平下當有為執金吾四字先謙曰鸛當作咸宏咸共任十四乃堯任大鴻成柘被必不足一年衰云一年遷未為得賢中曉官本作平

水衡都副二分為丹州相號汝先諸日州早水之試

尹一年貶為進賜相丞相司山項鄉遂義子賴為左為湖坐遷輿免稱迭錢大斯曰據宣傳任京兆者非宣乃宣弟修不言長信賊文耳鮑宣傳哀帝時郭徵奏兒京兆尹騰修等政哀帝以毅和二年四月卽位修任京兆在元年閻一年貶正當哀帝時

前漢十九下　四八

段是

二

二月壬子丞相方進薨三月丙戌左將軍孔光為丞相

十一月丁卯大司馬莽賜金馬車騎安免庚午左將邢師丹為大司馬四月徙稱遷王念孫曰十一月丁卯漢紀作十月丁巳通鑑作七月丁卯考興云師丹若以十一月為司馬四月從不得以十月馬司空為七月也卯鄭丁丁巳無表月年荀紀誤紙先謙曰

十月癸酉大司馬丹為大司空一年免

右將軍王咸為左將軍十月免衛尉傅喜為右將軍十一月賜金龍太子太傅師丹為左將軍五月遷光祿勳彭宣為右將軍二年遷稱遷沈欽韓曰是年左將軍再易咸不得任十王咸字月十丹誤也帝傳哀為卽位軍左將四哀帝位月卽必在任五月荀

安丘侯劉常為太常四年病賜金百斤安車駟馬免就國

大司農彭宣為光祿勳六月遷衛尉王能為侍中光祿勳二年貶為弘農坐呂寬自殺稱迭錢大所曰弘農下啟太守二字呂寬事見王莽傳先謙曰能當為襲徙為衛尉二月遷此官既與表合又儒林傳有光祿勳王為在哀帝時而表不義故知此能為萬之

太丁中庶子傳喜郤游為衛尉二月遷侍中光祿大夫王龔子卽為衛尉二月遷城門校尉丁望為衛尉三年遷稱迭先讓曰三當為一望丁太后叔父

執金吾謝堯為大鴻臚三年徙

大司農河東梁相子夏一年遷

光祿大夫卯匹興宗君關為教金吾六年卒執金吾河內孫蜚子叔三年遷稱迭沈欽轉曰是年執金吾亦三易六年當為六月先讓曰宗當為崇見兩龔貢為爵郎儀傳

故大僕苟隆為右扶風八月為冀州牧太山馬嘉次君為右扶風一年免

光祿大夫朱博為京兆尹數月遷光龔大夫卿漢游君為京兆尹數月病為中大夫大鴻臚王嘉為京兆尹二年遷稱迭先謙曰漢現郡人見冀勝傳

傅云月徐從此作四月未知孰是

紀在五月至十月遷正傅五月則王咸無十月可知

說也傳言因請立左氏責讓太常博士貶弘農太守與此亦合

孝哀建平元年

四月丁酉侍中光祿大夫傅喜為大司馬

十月壬午京兆尹朱博為大司空

右將軍彭宣為左將軍一年坐與淮陽王婚免補注先謙曰上欲令丁傅處爪牙官故以事免之見本傳

大司農梁相為廷尉二年貶為東海都尉補注先謙曰見王嘉傳傳云免為庶人與此異

大司農左咸一年補注先謙曰咸頭郡人見儒林傳

司隸校尉東海方賞君賓為左馮翊二年遷

二

四月乙未丞相光免御史大夫朱博為丞相八月甲戌有罪自殺十二月甲寅御史大夫平當為丞相補注先謙曰官本作王當考證云案文廖作平當各本俱誤

二月丁丑大司馬喜免陽安侯丁明為大司馬衛將軍

四月戊午大司空博為御史大夫乙亥遷中尉趙玄為御史大夫五月下獄論補注周壽昌曰哀紀罷大司空復御史大夫先謙曰前表趙玄乃中少府此云中尉趙玄疑有誤時中尉已更名執金吾不得復有中尉作中少府是九月乙酉諸吏散騎光祿勳平當為御史大夫二月遷十月丙寅京兆尹王嘉為御史大夫一年遷

光祿勳丁望為左將軍卒執金吾公孫祿為右將軍一年遷

衛尉望為光祿勳一月遷光祿大夫平當為光祿勳四月遷

少府賈延為衛尉十一月還故官執金吾孫雲為衛尉四年遷

城門校尉丁憲于尉為大僕四年遷補注先謙曰憲丁太后叔父遷富為卒四年後不書憲遷官丁姬傳亦云憲為太僕也

大鴻臚衆陽畢申世叔王年徙補注先謙曰申屠作由文三王傳亦作大鴻臚由與後疑官之名相符

衛尉賈延為少府一年遷五官中郎將潁川公孫祿中子為執金吾師古曰中讀曰仲

侍中水衡都尉讓大鴻臚謝堯為扶風一年遷

三

三月己酉丞相當薨

四月丁酉河南太守王崇為御史大夫九月貶右將軍公孫祿為左將軍二年免執金吾嶠望

少府賈延為光祿勳

左馮翊方賞為廷尉

御史大夫王崇為大司農二年遷補注先謙曰食書令涿郡趙昌君仲為少府一年為河內太

光祿大夫東海魏章

潁川太守毋將隆為京兆尹一年遷大司農先

四月丁酉御史大夫王嘉為丞相

補注先謙曰崇駿子

為右將軍一年遷補注錢大昕曰據何武傳武免在元壽元年距此三歲表云四年免誤二先謙曰朱博傳作蟜

三年遷

四年徙

案元壽三年乃衛尉遷四年二字誤也

守將作大匠東海蟜望王君為執金吾三月遷光祿大夫諭育為執金吾一年免補注先謙曰育傳作以壽終於官

子讓為右扶風一年免

咸為左馮翊三年為復土將軍補注先謙曰此復土將軍治傅太后陵事竟部疑然三輔治民不能兼任也咸當作咸官本本作咸

四

三月丁卯諸吏散騎光祿勳賈延為御史大夫一年遷補注先謙曰孔光傳御史大夫賈延免不云又出下無延遷何官之文遷確為免之

諸吏散騎光祿大夫王安為右將軍一年遷

建平侯杜業為太常三年貶為上黨都尉補注先謙曰業傳歲餘左遷上黨都尉此云二年與丙昌代什之年合慈傳誤

陳留太守勃海劉不惡子麗為宗正更名容

光祿大夫龔孫君孟為少府一年遷京兆尹毋將隆為執金吾一年貶為沛郡都尉補注先謙曰恭賢父廈以育事貶

光祿大夫龔勝為右扶風一年歸故官補注先謙曰勝傳止云守右扶風兩表云為右扶風表誤歸敬官寧評勝傳

光祿大夫茂陵申屠博次孫為京兆尹一年遷

元壽元年

三月丙午丞相嘉下獄死七月丙午御史大夫孔光為丞相

正月辛丑大司馬衛將軍明更馬大司務票騎大將軍鄉進孔晏侯傅司為大將馬衛亥軍辛安騎金馬車騎莊免補昌閒齋騎曰票大下衍紀宇衰可證

五月乙卯諸吏光祿大夫孔光為御史大夫二月遷七月丙午氾鄉侯何武為御史大夫二月免補注先謙曰武從前將軍非免也當為徙

御史大夫何武為前將軍二年免

詹事馬宮為光祿勳二年遷

少府董恭為衛尉二月為光祿大夫右扶風弘譚為衛尉一年遷補注先謙曰譚自衛尉為大司農官乃遷非史也課云遷

衛尉孫雲為少府一月陳留太守茂陵耿豐為少府二年為復土將軍京兆尹申屠博為執金吾一年免補注先謙曰一月下說文

光祿大夫沛弘譚巨君為右扶風冬遷

京兆尹南陽翟萌幼中師古曰中讀曰仲

二

九月己卯大司馬明免

八月辛卯

光祿大夫

補注先謙曰官本據二字

十一月壬午諸吏光祿大夫韋賞爲大司馬車騎將軍己丑卒十二月庚子侍中駙馬都尉董賢爲大司馬衛將軍補注先謙曰官本賢孫

光祿大夫彭宣爲御史大夫

南夏常仲齊爲右扶風

二

補注周壽昌曰孝哀崩於元壽二年無三年各書參核同下書皆賢二年事彭宣本紀傳節本在本傳是

五月甲子丞相光爲大司徒九月辛酉爲太傅右將軍馬宮爲

五月甲子大司馬衛將軍賢更爲大司馬六月乙未免庚申新都侯王莽爲大司馬補注周壽昌曰哀紀六月戊午崩並賢傳帶劍後郎被

五月甲子御史大夫宣爲大司空三月病免八月戊午右將軍

安陽侯王舜爲車騎將軍八月遷衛尉王崇爲右將軍二月光

尚陽侯丙昌長壞爲大常二年更爲東都太守補注先謙曰官本都作稻

左曹中郎將甄豐爲光祿勳一年遷

大司農王崇爲衛尉二丹遂建成侯苞輔子元爲衛尉補注先謙曰孫輔

長樂衛尉王惲子敬爲太僕五年遷

故廷尉梁相復爲大理二年坐除吏不次免

復土將軍左咸爲大鴻臚

衛尉弘譚爲大司農

光祿大夫韓容子伯爲執金吾一月免護軍都尉孫建子夏爲

大鴻臚畢由爲右扶風六月貶爲定襄太守

京兆尹清河孫意子承廷尉方賞爲左馮翊一年遷

二年無三年此傳刊之識迄見康縣己卯何建封校來不乙去稽格上二字以其事保之元年改此三字爲二皆可據贊先謙曰官本三作二

大司徒

收自殺是乙未乃己未之誅

王崇爲大司空

祿勳馬宮爲右將軍三月遷光祿勳甄豐爲右將軍六月遷執金吾孫建爲右將軍二年遷

執金吾三月遷

孝平元

二月丙辰太傅孔光爲太師大司馬莽爲太傅大司馬車騎將軍王

二月丙辰大司馬莽遷

侍中奉車都尉甄邯子心爲光

中郎將蕭咸爲大司農一年卒補注先謙曰咸望之子

少府宗伯鳳君房中郎將任岑爲執金吾一年卒補注先謙曰鳳見金

右輔都尉趙侯君向爲右扶風一年免補注先謙曰官本向作向曾義

大司徒司直金欽爲京兆尹一月爲侍中光祿大夫左馬劉張稱注

始元年

舜爲太保車騎將軍補注先謙曰官本二月作三月下格同

祿勳三年遷

安上王嘉外戚傳

傳有車騎將軍趙恢未知卽此趙恢否

先謙曰官本一月作六月

二

二月癸酉大司空王崇爲病免四月丁酉少府左將軍甄豐爲大司空補注先謙曰病免上爲字衍府當作[illegible]

右將軍孫建爲左將軍光祿勳甄邯爲右將軍光祿勳

安昌侯張宏爲太常二年爲越騎校尉補注先謙曰宏禹子

大鴻臚橋仁補注先謙曰仁見儒林傳

光祿大夫孫寶爲大司農數月免

左輔都尉尹賞爲執金吾一年卒補注先謙曰酷吏傳賞數年卒官誤此是說辭傳

中郎將李成子嵩爲水衛都尉大司馬司直滿武褒君孟爲右扶風三年爲冀州牧補注先謙曰辛慶忌子少二茂爲永衛鄉尉表不嶽史無李姓李故卹辛茂之訛

三

城門校尉劉岑子張爲太常二年徙爲宗伯補注沈欽韓曰紘侯陽惡子慶

尚書令潁川鍾元寗君爲大理補注先謙曰見何並傳

補注先謙曰是年有宗正劉宏見外戚平帝王皇后傳此別一人非成帝時王

執金吾長安王駿君公三年遷傳進錄太昭曰

左馮翊匡咸子期

四

補注先謙曰蕭育傳元始四年徵入爲大鴻臚病未到官故表不載

宗正容更爲宗伯一年免

將作大匠謝堯爲右扶風年七十病免賜爵關內侯

京兆尹鍾義左馮翊沛孫信子儒

五

四月乙未太師光薨大司徒宮爲大司馬八月壬午免十二月丙午長樂少府平晏爲大司徒補注沈欽韓曰官傳代

執金吾王駿爲步兵將軍補注先謙曰駿見福義傳

太僕惲爲光祿勳

大鴻臚左咸

太常劉岑爲宗伯大司農尹咸補注先謙曰咸更始子

尚書令南陽鄧馮君侯爲右扶風

宰衛護軍武襄爲京兆尹數月遷中郎將南陽都宗

孔光爲太師兼司徒官荀紀同大司馬乃王莽表誤

子嚴爲左馮翊

[illegible]

百官公卿表七下　終

古今人表第八師古曰但次古人而不表今人者其書未畢故也〔補注〕何焯曰今人則襃貶具於書中雖云總備古今之略要實欲人因古以知今也顏說非錢大昕曰今人不可表表古人以爲今人之鑒俾知貴賤止乎一時賢否著乎萬世失德者雖貴必黜修善者雖賤猶榮後有作者繼此而表之雖百世可知也班序但云究極經傳不云襃貶當代則知此表首尾完具顏蓋未喻班旨梁玉繩曰若表今人則高祖諸帝悉在優劣之中非班所敢出也

漢　蘭臺令　史班固　撰

唐正議大夫行祕書少監琅邪縣開國子顏師古　注

賜進士出身前翰林院編修國子監祭酒加三級臣王先謙補注

自書契之作先民可得而聞者經傳所稱唐虞已上帝王有號諡輔佐不可得而稱矣文穎曰言遠經傳不復稱序也師古曰契謂刻木以記事自唐虞以上帝王有號見於經典其臣佐不可得而稱記也〔補注〕梁玉繩曰諡非諡法解若諡爲洞簫之諡而諸子頗言之雖不考虖孔氏然猶著在篇籍歸乎顯善昭惡勸戒後人故博采焉〔補注〕何焯曰此班以史遷但考信六藝猶有疏略故復著此表存其大都雖百家所言不遺其人也孔子曰若聖與仁則吾

豈敢師古曰此孔子自謙不敢當聖與仁也又曰何事於仁必也聖乎師古曰言能博施於人而濟眾者非止稱仁乃爲聖人也未知焉得仁師古曰言智者雖能利物猶不及仁者所濟遠也〔補注〕錢大昭曰陸德明論語音義云未知鄭音智讀與班同梁玉繩曰王充論衡問孔篇徐幹中論智行篇作智字解皇疏引晉李充亦作智周壽昌曰班引此蓋云尚未能爲智焉得即爲仁也合上所引以證聖仁智三等之序重取智者非抑詞顏注既失本文語氣亦非班引書之旨生而知之者上也學而知之者次也困而學之又其次也困而不學民斯爲下矣師古曰困謂有所不通也又曰中人已上可已語上也師古曰言中庸之人漸於訓誨可以知上智之所知也〔補注〕周壽昌曰顏注中庸訓中人猶言中等尋常之人唐以前中庸二字非佳語本書屢見唯上智與下愚不移師古曰言上智不染於惡下愚雖教無成自此已上皆見論語凡引此者蓋班氏自述所表先聖後仁及智愚之次皆依於孔子者也傳曰譬如堯舜禹稷卨與之爲善則行師古曰傳謂解說經義者也〔補注〕梁玉繩曰出賈誼新書連語鮌讙兜欲與爲惡則誅師古曰鮌檮抏也讙兜渾敦也〔補注〕梁玉繩曰堯放四罪舜流四工時異人殊顏誤仍漢晉諸儒之說併爲一科王先愼曰與下當有之字而傳寫奪之下龍逢比干欲與之爲善則誅于莘崇侯與之爲惡則行文法正同此不當少之字可與爲善不可與爲惡是

謂上智桀紂龍逢比干欲與之爲善則誅師古曰關龍逢桀之臣也王子比干紂之臣也皆直諫而死也于莘崇侯與之爲惡則行師古曰于莘桀之勇人也崇侯紂之佞臣也〔補注〕梁玉繩曰于莘當爲干各本俱譌高誘注呂覽當染篇云干莘桀之邪臣注愼大篇云桀之諛臣此言勇人未知所出表無崇侯傳寫失之見墨子所染韓子說疑及當染諸篇可與爲惡不可與爲善是謂下愚〔補注〕錢大昕曰依此文桀紂當並列九等今表紂與妲己飛廉惡來列九等桀與末喜干莘在八等轉寫之譌齊桓公管仲相之則霸豎貂輔之則亂師古曰豎貂卽寺人貂也可與爲善可與爲惡是謂中人因茲㠯列九等之序究極經傳繼世相次總備古今之略要云張晏曰老子玄默仲尼所師雖不在聖要爲大賢文伯之母達於禮典動爲聖人所歎言爲後世所則而在第四田單以卽墨孤城復强齊之大魯連之博通忽於榮利藺子申威秦王退讓廉頗乃在第五大姬巫怪好祭鬼神陳人化之國多淫祀寺人孟子違於大雅以保其身旣被宮刑怨刺而作乃在第三嫪毒上烝昬亂禮度惡不忍聞乃在第七其餘差違紛錯不少略舉揚較以起失謬獨馳騖於數千歲之中旁觀諸子事業未究而尋遇竇氏之難使之然乎師古曰六家之論輕重不同百行所存趣捨難壹張氏輒申所見掎摭班史然其所論又自差錯且年代久遠墳典隳亡學者舛駮師論分異是以表載古人名氏或與諸書不同今則特有發明用暢厥旨自女媧以下帝鴻以前諸子傳記互有舛駮敘說不同無所取正太要知其古帝之號而已諸人士見於史傳彰灼可知者無待解釋其間幽昧者時復及焉〔補注〕齊召南曰人表差違誠如張說但寺人孟子云云不諒其忠直遭讒而責以保身不諒其正性疾惡而責其譏刺此則顏所云又自差錯者也梁玉繩曰列老子於中上抑異端也郎史公老韓同傳之意如張所規必依唐宋昇入上聖而後可乎廣宏明集載晉釋道安二教論問老子乃無爲之大聖漢書品爲中上詮度險巇答曰孔子號素王未闡載籍稱老爲聖言不關典君子所慚案此表屢經傳寫奪脫尤多原序有崇侯張云有嫪毒宋重修廣韻公字注有齊大夫公幹士字注有士思癸通志氏族略四有司禓拘而今俱無之斯疏脫之驗也學林引表桀在九等張謂田單魯仲連藺相如五等寺人孟子三等史通謂陽處父四等士會高漸離五等鄧三甥荆軻六等邳邴侯秦舞陽七等俱與今異斯奪亦之驗也他若標署譌複時代乖違均由於此豈盡班氏之咎乎

上上
上中
上下
中上
中中
中下
下上
下中
下下

聖人
仁人
智人
愚人

太昊帝宓羲氏張晏曰太昊有天下號也作罔罟田漁以備犧牲故曰宓義氏師古曰宓音伏字本作虙其音同〔補注〕先謙曰此表首伏羲與律厤志世經同亦易春秋之例也白虎通號篇三皇兼數燧人禮記疏引六藝論路史注引世紀諸書並云燧人在伏羲前班表斷自伏羲以來故不數燧人

女媧氏師古曰媧音古蛙反又音瓜〔補注〕錢大昭曰閩本上上文於太昊說文媧古之神聖女化萬物者也先謙曰風俗通引運斗樞云伏羲女媧神農是三皇也列子淮南諸書並引女媧事故班

兼采之

共工氏 師古曰共讀曰龔下皆類此補注先謙曰世經引祭典曰共工氏伯九域言雖有水德在火木之閒非其序也又言郯子據少昊受黃帝黃帝受炎帝炎帝受共工共工受太昊故班序共工於太昊後

容成氏

大廷氏 師古曰廷讀曰庭

柏皇氏 補注先謙曰柏亦作伯

中央氏 補注錢大昭曰闕本無

栗陸氏

驪連氏 補注梁玉繩曰莊子作驪畜

赫胥氏

尊盧氏 補注先謙曰容成以下八氏見莊子胠

篋篇

沌渾氏 師古曰沌音大本反渾音胡本反補注梁玉繩曰渾沌氏見莊子天地篇諸書無作沌渾者惟此一見

昊英氏 補注梁玉繩曰見商子畫策篇及通鑑外紀引六韜

有巢氏 補注梁玉繩曰見外紀引六韜

朱襄氏

葛天氏

陰康氏 補注先謙曰朱襄葛天陰康並見呂覽古樂篇今本陰康誤作陶唐後漢馬融傳李注引作陰康

亾懷氏 師古曰亾讀曰無下皆類此補注梁玉繩曰見管子封禪篇史記封禪書

東扈氏 補注錢大昭曰

困學紀聞引子思子云東戶季子之時道上鴈行而不拾遺餘糧宿諸畝首即此東扈氏梁玉繩曰亦見呂覽有度篇

帝鴻氏 補注梁玉繩曰見左文傳杜注云黃帝路史後紀帝鴻氏繼黃帝者也文選干寶革命論云鴻黃世及路置炎帝前失之案表夾於神農前傳

炎帝神農氏 張晏曰以火德王故號曰炎帝作耒耜故曰神農補注先謙曰世經引易曰庖犧氏沒神農氏作以火承木故爲炎帝

寫譌耳

悉諸 炎帝師補注梁玉繩曰見呂覽尊師篇新序五作悉老

少典 炎帝妃生黃帝補注梁玉繩曰晉語少典取於有蟜氏生黃帝炎帝韋注言生者謂二帝本所生出也此當云生炎帝黃帝衍妃字

列山氏 補注錢

大昕曰禮祭法作厲山氏梁玉繩曰魯語左昭傳並以爲炎帝別號與此異

歸臧氏 補注梁玉繩曰周禮太卜注易正義論並以爲黃帝別號與此異

黃帝軒轅氏 張晏曰以土德王故號曰黃帝作軒冕之服故謂之軒轅補注先謙曰

方雷氏 黃帝妃生玄囂是爲青陽補注先謙曰晉語黃帝子二十二人唯青陽夷鼓皆

倉頡 黃帝史補注梁玉繩曰見呂覽君守淮南本經論衡骨相篇

蚩尤 補注先謙曰据大戴禮用兵篇黃帝紀蚩尤庶人之貪者爲暴莫能伐帝禽殺之其爲

有本紀案古有三皇五帝之說白虎通號篇伏義神農之後或參燧人或參祝融爲三皇以黃帝爲五帝之首諸書撫異皆今文說也班作人表用左傳古文說增入少昊然未以黃帝爲三皇自僞書序以黃帝合義農爲三皇少昊以下爲五帝帝王世紀因之唐宋遂用併爲一說

巳姓青陽方雷氏之甥夷鼓形魚氏之甥班用其說又云玄囂是爲青陽則兼用五帝紀文

纍祖 黃帝妃生昌意師古曰纍音力追反補注先謙曰五帝紀嫘祖爲黃帝正妃生二子其後皆有天下其一曰玄囂是爲青陽降居江水二曰昌意降

黃帝臣之蚩尤別一人見高紀

安皆雙班而謬全垂古義居若水據此纍𥼶一也

彤魚氏 黃帝妃生夷鼓補注先謙曰說見上官本彤作彤是

𢄙母 黃帝妃生倉林師古曰𢄙音暮字從巾卽娒母也補注先謙曰官本娒作嫫是嫫母見呂覽還合篇晉語四母唯青陽與蒼林氏同於黃帝表云𢄙母生蒼林當別有據律厤志又以昌意蒼林爲一人世代遼遠衆說分岐若此之類不能盡合也

封鉅 黃帝師補注梁玉繩曰見史補今上紀封禪書

大塡 黃帝師補注梁玉繩曰荀子大略篇楊注引新序云黃帝學於大塡

大山稽 黃帝師補注梁玉繩曰見淮南覽冥列子黃帝篇案此與封鉅爲帝師未詳所出

力牧 補注先謙曰見五帝紀集解引班固曰黃帝相也疑此脫黃帝相三字

風后 補注先謙曰見五帝紀

鬼臾區 師古曰卽鬼容區也臾容聲相近補注先謙曰見五帝紀封禪書號大鴻

封胡

孔甲 補注梁玉繩曰二人惟見藝文志蓋本七略

岐伯 補注梁玉繩曰見內經素問靈樞封禪書

泠淪氏 服虔曰淪音鯀始造十

少昊帝金天氏 張晏曰以金德王故號曰金天補注先謙曰五帝紀不載見左傳

顓頊

二律者師古曰音零綸補注梁玉繩曰見呂覽古樂說苑修文篇

五鳥

五鳩 補注先謙曰並見左傳疑脫五雉九扈

昌僕 昌意妃 生顓頊 補注先謙曰見大戴禮帝繫篇五帝紀

女祿 顓頊妃

補注先謙曰本官有九黎在顓

帝高陽氏 補注先謙曰有本紀

生老童 補注先謙曰見帝繫篇

嬌極 老童妃 生重黎 補注錢大昭曰帝繫篇老童取高緺產重黎蓋嬌極卽高緺

吳回 補注先謙曰見帝繫篇楚世家此重黎弟帝嚳命復居火正爲祝融者當在下文祝融後

后土

頊下汲古本脫二字案少昊時黎氏九人見楚語

補注梁玉繩曰禮祭法左傳魯語並云共工氏之子句龍爲后土

蓐收 補注梁者曰左傳少皞氏之叔該爲蓐收

玄冥 補注梁玉繩曰左傳少昊氏之叔修及熙爲玄冥

熙 補注梁玉繩曰熙當爲重左傳少昊四

叔重該修熙重爲木正句芒不應獨缺反覆列熙名也至或稱官或稱名古人不拘

柱 補注梁玉繩曰見魯語左傳烈山氏之子爲稷

師昧 補注錢大昕曰左昭傳金天氏有裔子曰昧爲元冥師生允格臺駘此帥味係師昧字形相近而譌

允格

臺駘　師古曰駘音駘補注梁玉繩曰並見左傳

窮蟬　顓頊子生敬康補注先謙曰見帝繫篇五帝紀

大款　顓頊師補注梁玉繩曰未詳通志氏族略四引風俗通云大庭氏後翟云升云亦見路史後紀

柏夷

亮父　顓頊師師古曰父讀曰甫下皆同補注王引之曰呂覽尊師篇海內經並作伯夷父亮卽夷字之誤隸書夷字或作夷形與亮相倣今作伯夷亮父者一本作夷一本作亮而後人誤合之耳路史分伯夷父伯亮父爲二人非也先謙曰伯柏通作字下並同

綠圖　顓頊師補注梁玉繩曰見韓詩外傳五新序五白虎通辟雍章

僑極　玄囂子生帝嚳補注梁玉繩曰見大戴禮五帝德帝繫篇五帝紀

帝嚳

高辛氏　張晏曰少昊以前天下之號象其德顓頊以來天下之號因其名高陽高辛皆所興地名也顓頊與嚳皆以字爲號上古質故也補注先謙曰有本紀

姜原　帝嚳妃生弃補注先謙曰見帝繫篇周本紀

簡逷　帝嚳妃生卨師古曰逷音吐歷反卽簡狄也補注先謙曰見帝繫篇殷本紀

陳豐　帝嚳妃生堯師古曰卽陳鋒

是也

嫄訾 帝嚳妃，生摯。補注先謙曰：並見帝繫篇、五帝紀。

祝融 補注先謙曰：見鄭語、左傳、楚世家。所謂重黎爲高辛火正，甚有功，能光融天下，命曰祝融者。

陸終 祝融子。補注先謙曰：見帝繫篇、楚世家。

此祝融謂吳回。

女潰 陸終妃，生六子：一曰昆吾，二曰參胡，三曰彭祖，四曰會乙，五曰曹姓，六曰季連。補注先謙曰：並見楚世家。潰作隤，乙作人。

廖叔安 師古曰：左氏傳作飂，同音力周反，又力授反。補注先謙曰：見左傳，廖作飂。齊召

南云：地理志注同此義，刊本作之，誤。

舟人 補注錢大昕曰：見鄭語，國名，彭祖之別。

赤松子 帝嚳師。補注梁玉繩曰：見韓詩外傳五、新序五、白虎通辟雍章。

柏招 帝嚳師。補注梁玉繩曰：見呂覽尊師篇。

陶唐氏 張晏曰：翼善傳聖曰堯。補注先謙曰：見本紀。錢大昭云：以前後證之，當脫帝堯二字。先謙案：官本有帝

句望 敬康子，生蟜牛。師古曰：句音鉤，蟜音矯。

帝摯 補注先謙曰：並見帝繫篇、五帝紀。

女皇 堯妃，散宜氏女。補注先謙曰：見帝繫篇。

羲仲

羲叔

朱 堯子。補注先謙曰：見書堯典。

閼伯

共工

驩兜

堯二字据張注知此奪文

和仲 和叔 補注先謙曰並見書堯典

倉舒 隤敳 師古曰隤音頹敳音五來反

檮戭 師古曰音疇演

大臨 尨降 師古曰降音下江反

咎繇 仲容 叔達 補注先謙曰高陽氏才子八愷

伯奮 仲堪 叔獻 季仲 伯虎 仲熊

實沈 補注先謙曰並見左傳 三苗

女志 鯀妃有娎氏女生禹 師古曰娎音所巾反 補注先謙曰見帝繫篇

鯀 補注先謙曰共工下見書堯典

叔豹 季熊 師古曰即左氏傳所謂季狸者也 補注先謙曰高辛氏才子八元倉舒下見左傳

尹壽 堯師 補注梁玉繩曰見新序五荀子大略篇作尹疇韓詩外傳白虎通謂舜師之

被衣 師古曰被音披 補注梁玉繩曰見莊子天地知北遊篇淮南高注堯時隱士

方回 補注梁玉繩曰見淮南俶眞篇堯時隱人案舜七友之一與雒陶等並列疑表不當在此

王兒 師古曰兒音五奚反 補注梁玉繩曰見莊子齊

物論、應帝王、天地篇。作倪字同。高士傳：堯時賢人。

齧缺 補注：梁玉繩曰：見莊子齊物論、應帝王、天地、知北遊、徐無鬼篇，許由之師。

許繇 師古曰：即許由也。補注：先謙曰：見伯夷傳、淮南汎論注。錢大昕云：下子州支父、后戶之

農，皆見莊子讓王篇。表以子州支父與許由、巢父列二等，后戶之農、北人無擇列三等，似爲乖互。案卞隨、務光亦在三等，則巢許支父等亦必三等也。

巢父 補注：梁玉繩曰：見法言問明篇。高士傳：以樹爲巢而寢其上，故號巢父。許由之友。文選注引古史考諸

書謂許由夏常居巢，一號巢父，非也。

子州支父 補注：先謙曰：見莊子讓王、呂覽貴生、尊師篇、五帝紀。

帝舜有虞氏 張晏曰：仁聖盛明曰舜。舜之言充也。補注：先謙曰：有本紀。

娥皇 舜妃。補注：梁玉繩曰：御覽百三十五引尸子：堯妻舜以娥皇，媵之以女英。

敤手 舜妹。師古曰：敤音口果反。流俗書本作擊字者，誤。補注：梁玉繩曰：見列子楊朱篇。說

文作敤首，字通。

女罃 舜妃。師古曰：即女英也。罃音於榮反。補注：梁玉繩曰：五帝紀索隱：世本作女瑩，帝繫舊作女匽。又馬驌繹史本此。下列弃，各本無。

董父后 **戶之農** 補注：先謙曰：董父見左傳，舜賜姓。后字誤連董父下，官本四字爲一行。

姞人 弃妃。師古曰：姞音其乙反。補注：先謙曰：見左傳。梁玉繩云：案傳以姞人有吉義，故曰吉人，此

北人無擇 補注：先謙曰：並見莊子讓王、呂覽離俗篇。

雒陶

續身

柏陽

鼓叟 蟜牛子，生舜。補注：先謙曰：見帝繫篇、五帝紀。

象 舜弟。

商均 舜子。補注：先謙曰：並見五帝紀。官本三人在九等。考證云：監本列第八，今從宋本移列。

帝禹
夏后氏 補注先謙曰有本紀

直作姑人又異
咼
垂
朱斨 補注先謙曰路史云殳一作朱卽指此
柏譽 師古曰譽音弋於反補注先謙曰禮射義注譽或作與古通用字
柏益 補注先謙曰有本紀即大費也
龍
夔 補注先謙曰咼下見書
女趫 禹妃塗山氏女生啟 師古曰趫音丘遙反補注先謙曰見帝繫篇
啟 禹子補注先謙曰見夏紀

東不訾
秦不虛 師古曰雒陶巳下皆舜之支也身或作耳虛或作字並見尸子補注梁玉繩曰陶潛四八目云國策顯歌日舜有七友尸子載雄陶等六人不載靈甫此表並本尸子故無靈甫方同見前先謙日據四八目國策注廣韻徵當作雄身呂覽本味篇作耳韓子說疑篇作丏支友之誤字字之譌
昭明 咼子補注先謙曰見殷紀
奚仲 補注先謙曰夏車正見左傳
相土 昭明子補注先謙曰見殷紀
六卿 補注先謙曰見書甘誓

昌若 相土子補注先

太康

有扈氏 師古曰卽與啟戰于甘者也補注先謙曰見書夏紀

不窋 弃子師古曰窋音竹出反補注先謙曰見周紀
少康 相子補注先謙曰見

胥 補注先謙曰見夏紀
女艾
靡

謙曰見殷紀
根圉 昌若子補注先謙曰殷紀根作曹
有扔君 師古曰扔音仍
武羅
柏因
熊髡
尨圉 師古曰武羅以下四人皆羿之賢臣也尨音尨

中康 太康弟師古曰中讀曰中下皆類此補注先謙曰注次中字當作仲
相 中康子補注先謙曰並見夏紀
后緡 相妃生少康補注先謙曰見左傳

后夔
玄妻 補注先謙曰見左傳齊召南云此文四字連讀
斟灌氏
斟尋氏

啟子民弟五人號五觀補注先謙曰見夏紀梁玉繩云韓子說疑之五觀卽竹書啟季子武觀非太康兄弟五人也潛夫五德志楚語韋注水經巨洋水注同班說
羲和 師古曰卽廢時亂日胤往征之者也補注先謙曰見夏紀
逢門子 補注先謙曰孟子作逢蒙本書王褒傳作逢門子蒙門聲近
殪 師古曰殪音許冀反

羿 師古曰有窮君也
韓浞 師古曰羿之相也浞音七角反補注先謙曰官本七作士
奡 師古曰音五到反楚辭所謂澆者也補注先謙曰羿下見左傳

左傳、夏紀。

二姚 少康妃。〔補注〕先謙曰：見左傳

芬 師古曰：音紛。〔補注〕梁玉繩曰：據索隱引世本、左昭注疏引世紀，芬即槐也。槐見下，此重出。路史後紀已糾之。

〔補注〕先謙曰：並見左傳。

冥 根圉子。〔補注〕先謙曰：見殷紀。

垓 冥子。師古曰：音該。〔補注〕先謙曰：殷紀作振，索隱云世本作核，垓核形近。

虞扂氏 〔補注〕先謙曰：即虞思。有扔下，見左傳。

杼 少康子。師古曰：杼音大呂反。〔補注〕先謙曰：見夏紀。

槐 〔補注〕錢大昕曰：南監本、閩本有「杼子」二字。先謙曰：官本有。見夏紀。

師古曰：二國，夏同姓諸侯，爲羿所滅。〔補注〕先謙曰：並見左傳。

柏封叔 〔補注〕先謙曰：逢門下，見左傳。叔字衍。

芒 槐子。

微 垓子。〔補注〕先謙曰：見殷紀。

泄 〔補注〕先謙曰：當有「芒子」二字。

鞠 不窋子。〔補注〕先謙曰：見周紀。

報丁 微子。

不降 〔補注〕先謙曰：當有「泄子」二字。芒下見夏紀。

扃 不降弟。師古曰：扃音工熒反。

報乙 〔補注〕先謙曰：當有「報丁子」三字。

孔甲 不降子。

劉絫 師古曰：古累字。〔補注〕先謙曰：見左傳、夏

報丙 〔補注〕先

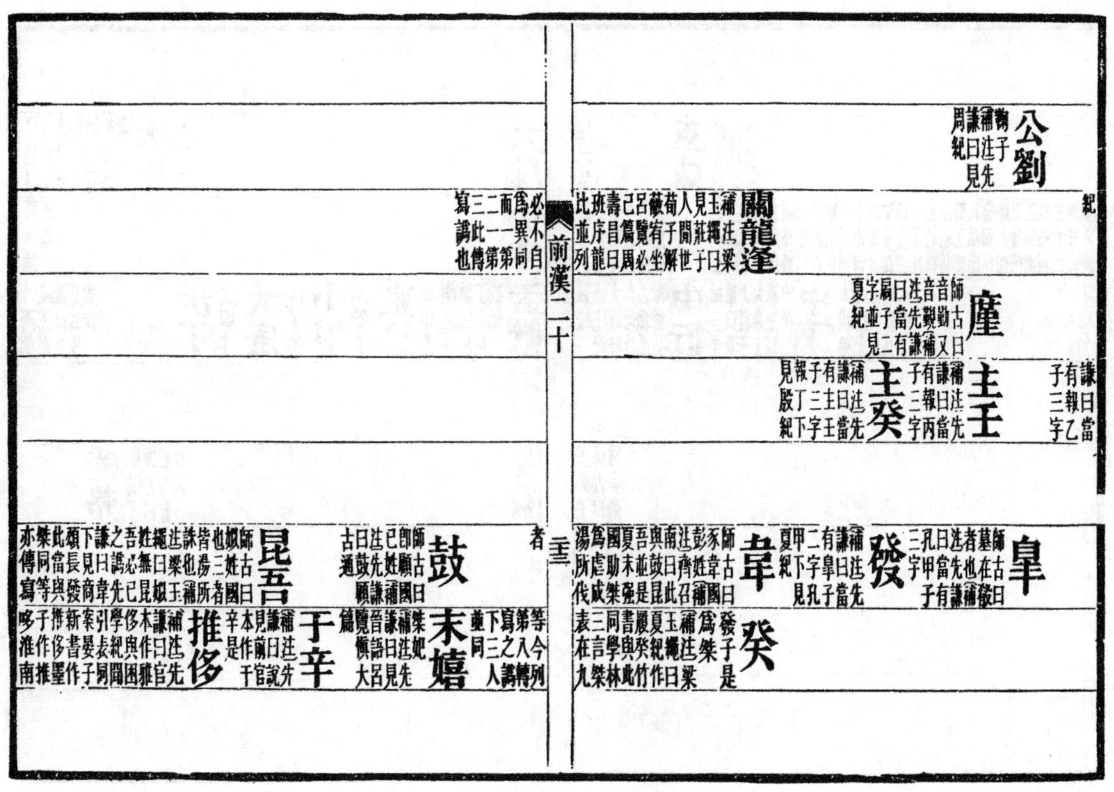

謙曰：當有「報乙子」三字。

公劉 鞠子。〔補注〕先謙曰：見周紀。

紀

關龍逢 〔補注〕梁玉繩曰：見莊子人閒世、荀子解蔽宥坐、呂覽必己篇。周壽昌曰：班序龍、比並列，

廑 師古曰：音勤，又音覲。〔補注〕先謙曰：當有「扃子」二字。並見夏紀。

主壬 〔補注〕先謙曰：當有「報丙子」三字。

主癸 〔補注〕先謙曰：當有「主壬子」三字。報丁下，見殷紀。

皋 師古曰：墓在殽者也。〔補注〕先謙曰：當有「孔甲子」三字。

發 〔補注〕先謙曰：當有「皋子」二字。孔甲下，見夏紀。

韋 師古曰：豕韋國，彭姓。〔補注〕齊召南曰：此與鼓、昆吾並是夏末彊國，助桀爲虐，成湯所伐

癸 發子。是爲桀。〔補注〕梁玉繩曰：夏紀作履癸，竹書與此同。學林三言桀表在九

必不自爲異同，而一第二一第三，此傳寫誤也。

者。

鼓 師古曰：即顧國，已姓。〔補注〕先謙曰：鼓、顧古通。

昆吾 師古曰：妘姓國也。三者皆湯所誅也。〔補注〕梁玉繩曰：妘姓無昆吾，必己之謂。先謙曰：韋下，見商頌長發。此當與桀同等，亦傳寫

等，今列第八，轉寫之誤。下三人並同。

末嬉 桀妃。〔補注〕先謙曰：見晉語、呂覽愼大篇。

干辛 〔補注〕先謙曰：說見前。官本作于辛，是。

推侈 〔補注〕先謙曰：官本作雅侈，與困學紀聞引表同。案晏子、新書作推侈，墨子作推哆，淮南

帝湯 殷商氏 師古曰禹湯皆字三王去唐虞之文從高古之質故夏殷之王皆以名爲號也補注先謙曰有本紀

有莘氏 湯中妃生大丁補注錢大昭曰南監本閩本有師古曰婁與華同七字今脫先謙曰官本有見列女傳

仲䨓 師古曰湯左相也補注先謙曰見左傳殷紀作中䨓孟子稱萊朱

老彭 補注先謙曰見大戴虞戴德篇包咸論語注殷

虞公遂 補注先謙曰殷興而封之見左傳

逢公

柏陵 補注先謙曰見左傳杜注殷諸侯

慶節 公劉子補注先謙曰見周紀

誤移

又作推移皆形近字變

葛伯 師古曰湯所征補注先謙曰見孟子殷紀

尹諧 師古曰湯所誅見孔子家語補注先謙曰見荀子宥坐篇

大丁 補注先謙曰見孟子殷紀

伊尹 補注先謙曰見書殷紀

咎單 師古曰湯臣主土地之

賢大夫

義伯 中伯 師古曰義仲湯之二臣補注先謙曰竝見書序殷紀

卞隨

務光 補注先謙曰竝見秦策

費昌 師古曰費音扶味反補注先謙曰湯御見秦紀

終古 夏太史令補注先謙曰見呂覽先識篇

外丙 大丁弟

中壬

皇僕 慶節子

單音善下皆類此補注先謙曰見書序殷紀

太甲 太丁子

莊子讓王篇

外丙弟補注先謙曰竝見孟子殷紀

沃丁 太甲子

大庚 沃丁弟

小甲 大庚子

雍己 小甲弟補注先謙曰沃丁下見殷紀

差弗 皇僕子師古曰差音楚宜反

大戊 雍己弟

伊陟 師古曰伊尹子也補注先謙曰大戊臣見殷紀

孟獻 益後補注錢大昕曰秦紀作孟戲戲獻聲近

毀隃 差弗子師古曰隃音踰

巫咸 師古曰大戊之臣也

臣扈 師古曰亦湯臣補注錢大昕曰伊陟臣扈當同巫咸列上中轉寫誤也梁玉繩曰商書序湯勝夏時有臣扈故顏云然孔疏謂湯初臣扈不得至後仍在案書君奭列之太戊時非商初臣扈

中衍 補注先謙曰秦大費子大廉大廉玄孫中衍

中丁 大戊弟補注先謙曰殷紀以爲大戊子

可知唐書世系表路史後紀謂臣扈乃仲虺之裔是有二臣扈也

外壬 中丁弟

河亶甲 外壬弟

巫賢 補注先謙曰外壬下見殷紀

祖乙 河亶甲弟補注先謙曰殷紀以爲河亶甲子

祖辛 祖乙子

沃甲 祖辛弟

公非 毁隃子補注先謙曰皇僕下見周紀

辟方 公非子師古曰辟音壁補注先謙曰周紀無索隱引世本作公非辟方皇甫謐云公非字辟方與此異

高圉 辟方子補注先謙曰周紀以爲公非子

祖丁 祖辛子

南庚 沃甲子補注先謙曰見殷紀祖辛下

大彭

夷竢 高圉子師古曰竢與俟同補注先謙曰周紀無索隱引世本作高圉侯侔表似以爲二人而竢與侔又異蓋別有據

亞圉 高圉子

豕韋 補注先謙曰並見鄭語齊召南云二人商伯[illegible]周之國

[illegible]文與下韋上之楊有別愼娄科

陽甲 祖丁子

盤庚 陽甲弟

小辛 盤庚子補注先謙曰殷紀以爲盤庚弟

小乙 小辛弟

補注先謙曰見周紀

雲都 亞圉弟補注先謙曰周紀無集解引世本作亞圉雲都皇甫謐云亞圉字雲都與此異

公祖 亞圉子補注先謙曰周紀稱公叔祖類世表作公組類世本作太公組紺諸盩實一人

武丁 小乙子

傅說 師古曰說讀曰說武丁相也補注先謙曰太甲下見殷紀

甘盤 師古曰武丁師也補注先謙曰見書君奭

祖己 補注先謙曰陽甲下見殷紀

孝己 補注先謙曰高宗太子有孝行高宗惑後妻之言放之見燕策莊子外物荀子性惡篇及文選長笛

劉姓

豕韋 補注錢大昕曰彭姓豕韋爲商滅劉累之後世後承其國爲豕韋氏左傳范宣子云句之祖在商爲豕韋氏者也故言劉姓以別之

大王

亶父 公祖子補注先謙曰見周紀

姜女 大王妃補注先謙曰見詩列女傳

太伯

中雍 補注先謙曰並有世家

王季 補注先謙曰見周紀

大任 王季妃生文王補注先謙曰見詩周紀

微子 紂兄補注先謙曰有世家

箕子

比干 補注先

祖伊 補注先謙曰見殷紀 賦注引世紀

祖庚 武丁子補注先謙曰見殷紀

甲 祖庚弟補注先謙曰見殷紀

馮辛 甲子補注先謙曰殷紀作廩辛

庚丁 馮辛弟補注先謙曰見殷紀

武乙 庚丁子

大丁 武乙子

乙 大丁子補注先謙曰武乙下見殷紀

辛 乙子是爲紂

妲己 紂妃師古曰妲音丁葛反補

謙曰並見殷紀宋世家

伯夷

叔齊 補注先謙曰有列傳

太師摯

膠鬲 補注先謙曰見孟子晉語

亞飯干 師古曰飯音扶晚反

微中 補注先謙曰見孟子呂覽當務篇云微子同母弟者與後微中異

商容 補注先謙曰見禮樂記殷周紀說苑敬慎篇作常樅商常容樅音近字變

三飯繚 師古曰繚音來雕反

師涓 師古曰涓音工玄反補注先謙曰爲紂作淫聲靡樂見殷紀表列四等轉寫之謁

梅伯 補注梁玉繩曰紂諸侯

注先謙曰並見書殷紀

費中 師古曰費音扶味反補注先謙曰見殷紀墨子明鬼篇

飛廉 補注先謙曰秦紀中衍玄孫中潏生飛廉

惡來 補注先謙曰見秦紀當有飛廉子三字

左彊 補注梁玉繩曰見淮南覽冥訓龜筴傳稗云升曰崇侯虎據此補序下

以數諫被醢見楚詞天問惜誓

四飯缺

鼓方叔

播鞉武 師古曰鞉音徒高反

邢侯

鬼侯 補注王念孫曰魯仲連傳作鄂侯九侯徐廣云九一作鬼鄂一作邢殷紀徐注鄂一作邘紀年作九侯邘侯邢邘皆鄂之譌也趙策紂醢鬼侯鄂侯爭之急辨之疾故脯鄂侯即世紀云鄂侯以忠諫死者也

少師陽

擊磬襄 師古曰自師摯已下八人皆紂時奔走分散而去鄭玄以爲周平王時人非也補注先謙曰太師摯下見論語梁玉繩云表及禮樂志與董仲舒對策並以爲紂時人虞翻亦云殷時

伯達

伯适 師古曰适音江闊反

中突

伯邑考 文王子補注先謙曰見管蔡世家

賢人見師字播字注

文王

周氏 補注先謙曰有本紀名昌

大姒 文王妃補注先謙曰見管蔡世家

號中

號叔 師古曰中叔二人皆文王弟也補注梁玉繩曰文王敬友二虢齊十二韓見晉語錢大昕曰君奭篇敘殷周賢臣表皆列二等伊陟臣扈巫賢虢叔在第三後人校刊亂之也仲爲叔兄亦當

中曶 師古曰曶與忽同

楚熊麗 鬻子師古曰鬻讀與彌同補注先謙曰見楚世家梁玉繩云各本子上脫熊字周壽昌云依下熊狂注麗子熊艾注釋子諸人例之非脫也熊國姓不以在名上下有異

大顛

閎夭

散宜生

南宮适 師古曰大顛以下文王之四友也補注梁玉繩曰太顯下見書大傳

叔夜

叔夏

粥熊 師古曰文王師也粥音弋六反補注先謙曰有世家

季隨

季騧 師古曰伯達以下周之八士也騧音瓜補注錢大昭曰國語詢於八虞賈侍中唐尚書並云即論語周八士也

辛甲 補注先謙曰見周紀及集解引劉向別錄

虞侯

芮侯 師古曰二國訟田質於文王者補注先謙曰見周紀

周任 補注先謙曰周大夫見論語左傳

史扁

成叔武

吳周章

芮伯

祭公 師古曰祭音側介反補注梁玉繩曰祭公爲周公子與凡蔣邢茅並封見後此列文王之世未詳馬注論語十亂

師古曰扁音攝補注梁玉繩曰爲爻王卜畋得太公望見文選東方朔非有先生論注引六韜翟云升曰法言吾子作史篇

向摯 殷史補注錢大昭曰閎本作殷太史先謙曰官本作殷太史見呂覽先識篇

文王子

霍叔處 文王子補注先謙曰並見管蔡世家

中雍曾孫補注先謙曰見吳世家

師古曰周同姓之國在圻內者當武王時作旅巢命

巢伯 師古曰南方遠國武王克商而來補注梁玉繩曰二伯並見周書序先謙曰官本來下

武王 文王子補注先謙曰見周紀名發

有榮公晉語周召畢榮並稱表疑榮公蓋祭卽榮之誤

師尙父 補注先謙曰有世家

畢公 文王子補注先謙曰見左傳魏世家

太師庛 補注梁玉繩曰見周紀宋世家庛作疵

邑姜 武王妃補注先謙曰見左傳晉世家注

大姬 武王妃補注先謙曰見左傳周魯語女誤妃

曹叔振鐸 文王子補注先

檀伯達 師古曰武王臣

蘇忿生 師古曰武王司寇蘇公

杜伯 補注先謙曰見左傳晉語周成王滅唐遷之杜爲杜伯

楚熊狂 麗子補注先謙曰見楚世家

有朝字是

廣韻太字注作疵

謙曰有世家

少師彊 補注先謙曰見周紀宋世家

毛叔鄭 文王子補注先謙曰見左傳周書克殷解

滕叔繡 文王子

虞中 周章弟補注先謙曰見吳世家武王封爲虞公

虞閼父 補注先謙曰周陶正見左傳

原公 文王子

杞東樓公 禹後補注先謙曰有世家官本考證云監本誤列第六格從宋本移

季勝 惡來弟補注先謙曰見秦紀趙世家

陳胡公滿 舜後補注先謙曰有

郜子 文王子師古曰郜音告

邘侯 武王子

韓侯

秦女妨 惡來子補注先謙曰秦

周公 文王子補注先謙曰有世家

成王誦 武王子補注先謙曰見周紀

召公 周同姓補注先謙曰有世家

史佚 補注梁玉繩曰逸書克殷解作

世家

衛康叔封 文王子補注先謙曰有世家

聃季載 文王子補注錢大昭曰管蔡世家作冉季字同

君陳 補注梁玉繩曰周公奭子世守

雍子 文王子

鄷侯 文王子

郇侯 文王子師古曰郇音荀補注先謙曰檀伯下見左傳

武王子補注先謙曰並見左傳

齊丁公伋 師尙父子補注先謙曰見齊世家

魯公伯禽 周公子補注先謙曰見魯世家

紀妨作防據旁皋下作女防知此刊本之誤

楚子繹 狂子補注先謙曰見楚世家

孟會 季勝子補注錢大昭曰秦紀趙世家作孟增後文亦作孟增會蓋曾之譌

祿父 紂子補注先謙曰見殷周紀

管叔鮮 文王子

蔡叔 文王子補注先謙曰並見管蔡

尹佚尹益其氏大戴禮保傳篇與太公周召稱四聖

采地見禮壇弓疏引鄭詩譜

芮伯 師古曰周司徒也

唐叔虞 武王子補注先謙曰有世家

凡伯 周公子

蔡中胡 叔度子補注先謙曰世家有

師伯 師古曰周宗伯也尚書作彤伯

應侯 武王子補注先謙曰見左傳

蔣侯 周公子

邢侯 周公子

毛公 師古曰周司空也

右史戎夫 補注錢大昕曰當作左史見逸書史記解穆王時作記表列成王之世非

茅侯 周公子

世家叔下脫度字

師氏 師古曰周大夫也

祝雍 補注梁玉繩曰見大戴禮公符篇

胙侯 周公子

邘叔 補注翟灝曰邘侯見前五等此邘當作陶字之譌也陶叔成王司徒見左傳

祭侯 周公子師古曰祭音側介反補注先謙曰凡伯下見左傳

龍臣 師古曰周武賁氏也尚書作武臣補注梁玉繩曰唐避諱不僅作武或篤彪或篤歌又闘作豹

商子 補注梁玉繩曰見說苑建本篇

晉侯燮 虞子補注先謙曰見晉世家

衛康叔 封子補注錢大昭曰衛世家康叔卒子康伯立叔當為伯

此則以龍代

中桓

南宮髦 師古曰二人亦周大夫也桓髦皆其名也自芮伯以下皆見周書顧命補注先謙曰髦毛通作

康王釗 成王子師古曰釗音之遙反又音工遼反補注先謙曰見周紀

秦旁皐 女防子補注先謙曰見秦紀

陳申公 滿子補注先謙曰陳世家名犀侯

楚熊艾 繹子補注先謙曰見楚世家

宋微中 啟子補注先謙曰表兩微中此注啟子不用史記班必有據蘇轍古史云微子卒世子早死立世子之弟微仲衍自注世以仲為微子之弟失之卽本人表

蔡伯 胡子補注先謙曰見蔡世家名荒

祭公

魯孝公 伯禽子補注梁玉繩曰魯世家律麻志作考公孝字蓋誤

楚熊亶 艾子補注先謙曰見楚世家又作黜

蔡侯宮 伯子補注先謙曰侯宮當為宮侯見蔡世家

辛餘靡 師古曰餘讀與由同補注先謙曰祭公與昭王俱坛漢中辛餘靡游振得王見呂覽音初篇及史正義引世紀

齊乙公 丁公子補注先謙曰見齊世家名得

宋公稽 仲子補注先謙曰見宋世家

衡父 孟增子補注先謙曰見秦紀趙世家

晉武公 燮子補注先謙曰見晉世家名寧族公當作侯

衛孝伯 康伯子補注先謙曰見衛世家

昭王瑕 康王子補注先謙曰見周紀

房后 師古曰

秦大几　旁皐子補注先謙曰見秦紀

魯煬公　孝公子師古曰煬音氏何反補注先謙曰見魯世家

陳柏公　申公弟補注先謙曰陳世家柏作相名皐羊

陳孝公　補注先謙曰見陳世家名突當有申公子三字

穆王滿　昭王子補注先謙曰見周紀

齊癸公　乙子補注先謙曰見齊世家名慈母乙下駁公字

造父　衡父子師古曰造音千到反補注先謙曰見秦紀趙世家

昭王后也補注先謙曰見周語

秦大雒　大乙子補注先謙曰秦紀作大駱乃大几之譌

徐隱王　師古曰即偃王也補注先謙曰見秦紀趙世家

呂侯　師古曰穆王司寇也補注先謙曰即甫侯見周紀竹書尚書呂刑疏

君牙　師古曰穆王司徒也補注梁玉繩曰禮緇衣作君雅

楚熊盤　艾子補注錢大昕曰楚世家熊艾生熊䵣熊䵣生熊勝熊勝以弟熊楊爲後鄒誕生本楊作錫又作煬此熊盤即世家之熊勝也世家以爲艾孫表以爲艾子又以

鉛陵卓子　補注梁玉繩曰韓詩外傳說苑作延陵卓子廣韻陵字注引鉛陵卓子見呂覽而今本呂覽無之

錫爲盤子並與世家異

伯臩　師古曰穆王太僕也臩音居永反補注錢大昕曰臩當作冏轉寫之誤先謙曰見書序周紀

衞嗣伯　孝伯子補注先謙曰見衞世家

衞建　嗣伯子補注先謙曰衞世家作疌伯疑表譌脫

楚熊錫　盤子補注先謙曰楚世家作熊楊

祭公謀父　師古曰祭音側介反補注先謙曰見左傳周語

秦非子　大雒子補注先謙曰見秦紀

宋愍公　共公子補注先謙曰宋世家宋公卒子丁公申立丁公卒子湣公共立此共公

共王伊扈　穆王子補注先謙曰見周紀

魯幽公　煬公子補注先謙曰見魯世家名宰

齊哀公　癸公子補注先謙曰見齊世家名不辰

密母　補注梁玉繩曰密康公母見周語史集解引列女傳云隗氏今本列女傳作魏

係丁公之誤又脫丁公一代

衞靖伯　建子補注先謙曰見衞世家

楚摯紅　渠子補注先謙曰梁玉繩云當依繹史本作楚熊渠錫子下九等熊摯注渠子尤表

晉成侯　武侯子補注先謙曰見晉世家名服人

陳慎侯　孝侯子補注先謙曰見陳世家名圉戎兩侯字當作公

蔡厲侯　宣侯子補注梁玉繩曰見蔡世家宮侯子宣字誤

密康公　補注先謙曰見周語爲共王所滅

懿王堅　穆王子詩作師古曰政道既衰怨刺之詩始作也補注錢大昕曰周紀堅作囏音相近先謙曰詩作亦見周紀

宋煬公　愍公弟補注先謙曰見宋世家名熙

齊胡公　哀公弟補注先謙曰見齊世家名靜

魯魏公　幽公弟補注先謙曰見魯世家名濞

有熊渠之驗熊摯熊紅乃渠二子摯以疾廢紀嗣渠而立史誤合摯紅爲一俗本繆仍之先謙案熊渠應補梁說固當熊紅渠子亦不宜紘補熊渠於前改摯爲熊應合

秦嬴　非子子。補注先謙曰：秦紀大駱生子成，孝王邑之秦，使復續嬴氏祀，號曰秦嬴，是與非子爲兄弟，非非子子也。

衛貞伯　靖伯子。補注先謙曰見衛世家。

魯厲公　魏公子。補注先謙曰見魯世家，名擢。

孝王辟方　共王弟。師古曰：辟音壁。補注先謙曰見周紀。

楚熊摯　渠子。補注先謙曰：見左傳。世表作鷙。有惡疾廢，居夔，爲楚附庸。見正義引宋均注樂緯。

晉厲侯　成侯子。補注先謙曰見晉世家，名福。

宋厲公　愍公子。補注先謙曰見宋世家，名鮒祀。

秦侯　嬴子。補注先謙曰見秦紀。

魯獻公　厲公弟。補注先謙曰見魯世家，名具。

燕惠公　邵公九世。補注先謙曰見燕世家。公作侯。

宋釐公　厲公子。師古曰：釐讀曰僖，下皆類此。補注先謙曰見宋世家，名擧。

衛頃侯　貞伯子。補注先謙曰見衛世家。

楚熊延　摯弟。補注先謙曰見楚世家。

蔡武侯　厲侯子。補注先謙曰見蔡世家。

夷王摺　懿王子。師古曰：摺音燮。補注先謙曰：周紀作燮。

齊武公　厲公子。補注先謙曰見齊世家，名壽。厲當作獻。

杞題公　東樓子。補注梁玉繩曰：杞世家東樓公生西樓公，西樓公生題公。表無西樓，以題爲東樓子，與

齊獻公　胡公弟。補注先謙曰見齊世家，名山。

厲王胡　夷王子。補注先謙曰見周紀。

共伯和　師古曰：共，國名也；伯，爵也；和，共伯之名也。共音恭。而遷史以爲周召二公行政，號曰共和，無所

芮良夫　補注先謙曰：周大夫芮伯，見周語、逸周書、左傳。

宋弗父何　愍公子。補注錢大昭曰：南監本、閩本在上下。先謙曰：官本列上下，此誤。見左傳。

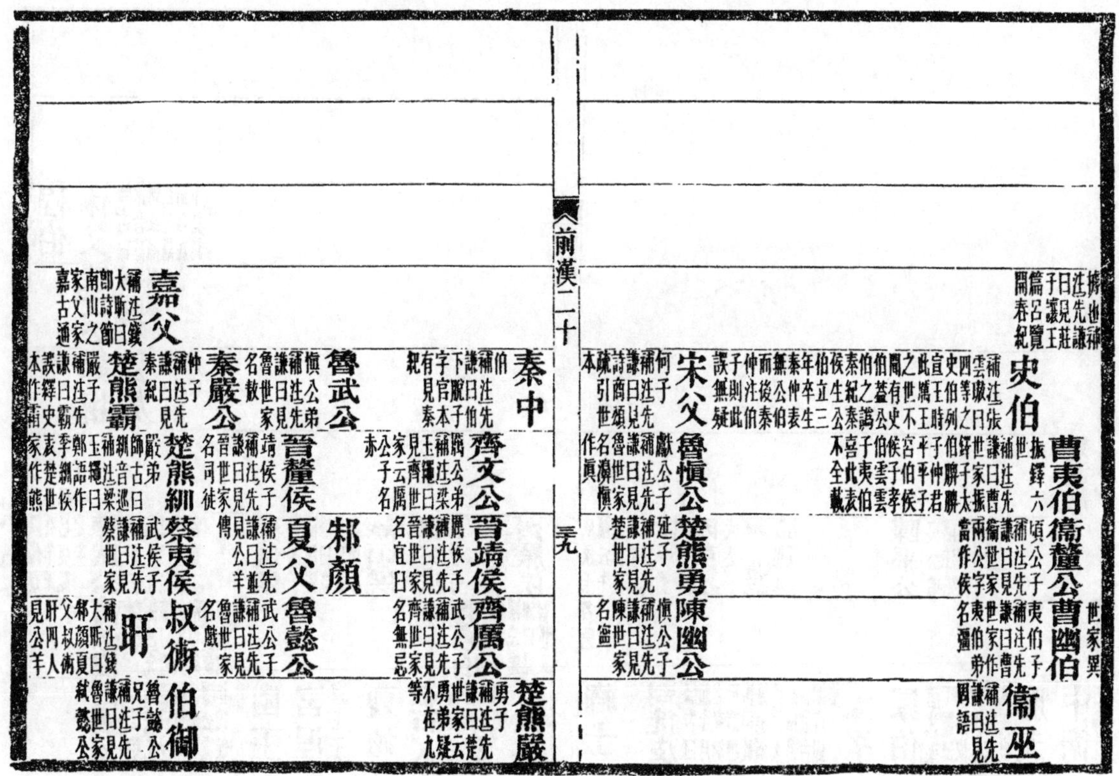

撝也。補注先謙曰：見莊子讓王篇、呂覽開春紀。

世家異

史伯　補注張雲璈曰：四等之史伯列宣王時，此厲王之世不聞有史伯，蓋公伯之譌。秦紀秦侯生公伯，立三年卒，生秦仲。表無公伯，而後秦仲注伯子，則此誤無疑。

曹夷伯　振鐸六世。補注先謙曰：曹世家振鐸子太伯脾，脾子仲君平，平子宮伯侯，侯子孝伯雲，雲子夷伯喜，此表不全載。

衛釐公　頃公子。補注先謙曰見衛世家。兩公字當作侯。

曹幽伯　夷伯子。補注先謙曰：曹世家作夷伯弟，名彊。

衛巫　補注先謙曰見周語。

宋父　何子。補注先謙曰見詩商頌疏引世本。

魯慎公　獻公子。補注先謙曰見魯世家，名濞。愼作眞。

楚熊勇　延子。補注先謙曰見楚世家。

陳幽公　愼公子。補注先謙曰見陳世家，名寧。

秦中　伯。補注先謙曰：伯下脫子字，官本有。見秦紀。

齊文公　厲公子。補注梁玉繩曰：見齊世家，云厲公子，名赤。

晉靖侯　厲侯子。補注先謙曰見晉世家，名宜臼。

齊厲公　武公子。補注先謙曰見齊世家，名無忌。

楚熊嚴　勇子。補注先謙曰：楚世家云勇弟，疑不在九等。

魯武公　愼公弟。補注先謙曰見魯世家，名敖。

邾顏

晉釐侯　靖侯子。補注先謙曰見晉世家，名司徒。

夏父　補注先謙曰：並見公羊傳。

魯懿公　武公子。補注先謙曰見魯世家，名戲。

秦嚴公　仲子。補注先謙曰見秦紀。

楚熊霸　嚴子。補注先謙曰：霸誤，繹史本作霜。

楚熊紃　嚴弟。師古曰：紃音巡。補注梁玉繩曰：鄭語作季紃，年表、楚世家作熊

蔡夷侯　武侯子。補注先謙曰見蔡世家。

叔術

伯御　魯懿公兄子。補注先謙曰見魯世家，弒懿公。

嘉父　補注錢大昕曰：即詩節南山之家父，家、嘉古通。

盱　補注錢大昕曰：邾顏、夏父、叔術、盱四人見公羊。

周宣王靖　厲王子補注先謙曰見周紀周字衍

召虎
方叔
南中
中山父
申伯
尹吉父
韓侯
蹶父　師古曰蹶音居衛反
張中

譚大夫　補注先謙曰見詩大東序
寺人孟子　補注先謙曰見詩巷伯據張晏注元在三等
伯陽父　補注瞿云升曰見周語幽王大夫非老子周紀唐固注始以老子字伯陽亂之
史伯　補注先謙曰見鄭語周太史
師服　補注先謙曰晉大夫見左傳

見楚世家
宋世子士　補注梁玉繩曰家語本姓篇孝經疏作世子勝唐書世系表作世父勝獨此作士蓋出世本而商頌疏引世本宋父生考父無士一代必是脫誤
蔡夷侯　補注錢大昭曰前七等已有蔡夷侯此重出
奄父　造父六世孫補注先謙曰見趙世家

何熊嚴少子熊霜弟細徇音逅通借嚴弟當作厳子或云霜弟
衛武公　釐公子補注先謙曰見衛世家
宋惠公　釐公子補注先謙曰見宋世家名䫿
燕釐侯　十世補注先謙曰見燕世家
宋戴公　惠公子補注梁玉繩曰世家惠公卒子哀公立卒子戴公立是戴公惠公孫哀公子也侯表鑿哀公一代此依

楚熊學　細子補注先謙曰見楚世家學當爲咢
陳釐公　幽子補注先謙曰見陳世家名孝幽下脫公字
晉獻侯　釐侯子補注先謙曰見晉世家名籍
晉繆侯　獻侯子補注先謙曰見晉世家名費
齊成公　文公子補注先謙曰見齊世家名脫
魯孝公　懿公子補注梁玉繩曰世家以爲懿公弟律厤志以爲伯御叔父年表以爲伯御子是

傳叔衛讓國雖未合於正較邾顏則彼善於此表列邾顏夏父七等叔衛盱八等疑傳寫之譌

衛共伯　釐公子補注先謙曰見衛世家名餘爲弟武公所弒

程伯休父　師古曰休音許虯反補注先謙曰召虎下見詩

虢文公　補注先謙曰見周語

鄭桓公友　補注先謙曰有世家

侯表不列哀公又以孫爲子
楚若敖

以傳疑公羊子已莫能定矣
陳武公　釐公子補注先謙曰見陳世家名靈
蔡釐侯　夷侯子補注先謙曰見蔡世家名所事
燕頃侯　十一世補注先謙曰見燕世家
齊嚴侯　成侯子補注先謙曰見齊世家名購兩侯字當作公
陳夷公　武公子補注先謙曰見陳世家名說
陳平公　夷公弟補注先謙曰見陳世家名燮

曹戴伯　幽子補注先謙曰曹世家云幽伯弟名蘇幽下脫伯字
曹惠伯　戴伯子補注先謙曰見曹世家名兕

晉殤公　繆公弟補注先謙曰見晉世家作殤叔繆公當作穆侯
幽王
宮涅　宣王子
褒姒
虢石父
皇父　補注先謙曰幽王下見周紀
卿士
司徒皮　師古曰即十月之交詩所謂蕃維司徒是也補注錢大昕曰蕃音婆古讀皮如婆
太宰
冢伯　補注梁玉繩曰冢當依釋史本作家家其氏也
膳夫
中術

咢子。補注先謙曰：見楚世家，名儀。

內史　師古曰：卽所謂中允膳夫也。補注梁玉繩曰：鄭箋中衍本作中允字也。

掫子　師古曰：掫音側流反。補注先謙曰：鄭箋掫本作棸，棸氏也。

趣馬蹶　師古曰：趣音千後反，蹶音居衞反。補注梁玉繩曰：鄭箋蹶氏。

秦襄公　嚴公子。補注先謙曰：見秦紀。

魯惠公　孝公子。補注先謙曰：見魯世家，名弗湟。

文子　補注梁玉繩曰：藝文志老子弟子，與孔子同時，而稱周平王問，假依託者。檢道德篇平王問一條，無周字，未云寡人敬聞命，其非周王甚審，適考以旁楚平王。士仁篇有王良，更足謚爲楚平時人。班表仍列周平王時，亦疑以傳疑之意。

晉文侯仇　繆侯子。補注先謙曰：見晉世家。

秦文公　襄公子。補注先謙曰：見秦紀。

師氏萬　師古曰：萬讀曰楀，同音九禹反。補注梁玉繩曰：鄭箋萬本作楀，楀氏。先謙曰：皇父以下見詩小雅十月之交，衛樂萬三家詩異文。

申侯　補注先謙曰：見周紀。

也

辛有　補注先謙曰：見左傳。

趙叔帶　奄父子。補注先謙曰：見趙世家。去周如晉，事文侯。

楚霄敖　若敖子。補注先謙曰：見楚世家，作霄敖，名坎。侯表作霄敖。

宋武公　戴公子。補注先謙曰：見宋世家，名司空。

衞嚴公　武公子。補注先謙曰：見衞世家，名楊。

鄭武公　桓公子。補注先謙曰：見鄭世家，名掘突。

燕哀侯　十二世。補注先謙曰：見燕世家。

平王宜臼　補注先謙曰：見周紀。當有幽王子三字。

補注錢大昭曰：陳文公之上闕。本有宋正考父，在三等，南監本脫。先謙曰：官本第三格有宋考正父四字。齊召南云：監本別本俱脫，宋本在第三格，今從之。考正父當作正考父，宋本亦誤。

陳文公　平公子。補注先謙曰：見陳世家，名圉。

晉昭侯　文侯子。補注先謙曰：見晉世家，名伯。

曹繆公　惠公子。補注先謙曰：見曹世家，名武。

燕鄭侯　十三世。補注先謙曰：見燕世家。

潘父　補注先謙曰：見左傳、晉世家。

宋宣公　武公子。補注先謙曰：見宋世家，名力。

曹桓公　繆公子。補注先謙曰：見曹世家，名終生。

曲沃桓叔　晉文侯弟。補注先謙曰：名成師。

蔡共侯　釐公子。補注先謙曰：見蔡世家，名興。梁玉繩云：前稱釐侯，公字誤。

楚蚡冒　宵子。師古曰：蚡音扶粉反。補注先謙曰：見楚

齊釐公　嚴公子。補注先謙曰：見

蔡戴侯　共公子。補注先謙曰：見蔡世家。公當爲侯。

晉孝侯　昭侯子。補注先謙曰：名

宋大金 考父子補注梁玉繩曰據世本世子生正考父正考父生孔父嘉嘉生木金父木金父生祁父祁父生防叔大當爲木表少祁父一代又世次倒異

世家名晌韓非子云諡厲王

宋繆公和 宣公弟補注先謙曰見宋世家

蔡桓侯封人 宣侯子補注先謙曰見蔡世家

齊世家名祿甫官本嚴下脫公字

燕繆侯 十四世補注先謙曰見燕世家

陳桓侯鮑 文侯子補注先謙曰見陳世家兩侯字當作公

蔡宣侯 戴侯子補注先謙曰見蔡世家名措父

千

曲沃嚴伯 桓叔子補注先謙曰名鱓桓叔下見左傳晉世家

魯隱公 惠公子補注先謙曰見春秋經傳魯世家名息姑隱列九等昔人以爲疑廣宏明集二教論諸隱既未自全陷弟不義漢書定評於是爲得先謙案隱創禪讓之端以啟篡弒之禍名成文志實儒賢達班表於亡國喪身之主特列之下愚欲使後世人君知所鑒戒也

臧釐伯 補注先謙曰見春秋經傳梁玉繩云即公子彄字子臧加臧於

邾儀父 補注先謙曰見春秋經傳

展亡駭 補注先謙曰見春秋經傳

鄭嚴公寤生 武公子補注先

公子翬 師古曰翬音暉補注先謙曰見春秋傳魯世家

傳伯之上傳家追言之錢大昕云釐伯當與哀伯同在四等石碏亦當在四等刊本誤下一格

石碏 師古曰碏音千若反補注先謙曰見左傳衞世家官本注千作于

頴考叔

鄭公子呂 補注先謙曰並見左傳

宋司徒皇父

司空牛父 補注先謙曰左傳作司寇

謙曰見左傳鄭世家

叔段 補注先謙曰見詩鄭風春秋經傳

晉鄂侯 孝侯子補注先謙曰見晉世家名郤左傳云孝侯弟史記竹書云孝侯子

衞桓公完 嚴公子

公子州吁 補注先謙曰並見春秋經傳衞世家

曹嚴公亦姑 桓公子師古曰即射姑也補注先謙曰見春秋經傳曹世家亦作夕姑

公子

宰咺 師古曰咺音許遠反補注先謙曰見春秋經傳

芮伯 補注先謙曰見左傳名萬官本缺芮伯二字

楚武王 蚡冒弟補注先謙曰見左傳楚世家名通

穀生 補注先謙曰左傳生作甥

耏班 師古曰耏音而補注先謙曰皇父下見左傳梁玉繩云四人在宋武公世表次春秋初嫌太後

宋殤公 宣公子補注先謙曰名與夷

魯桓公 惠公子補注先謙曰見春秋經傳魯世家名允

宋孔父 大金子補注先謙曰見春秋經

臧哀伯

鄧曼 楚武王夫人補注周壽昌曰同時鄭莊公夫人亦曰鄧曼見

秦憲公 文公子補注梁玉繩曰憲公見始皇紀

桓王林 平王孫洩父子補注先謙曰見周紀

華督 師古曰華音下化反補注先謙曰並見

夫人文姜

衞太子伋

公子壽（補注先謙曰並見衞世家）

桓十一年傳注，班注故楚夫人以別之

魯施父

鬭伯比（補注翟云升曰已見四等宜刪其一）

末索隱引秦紀亦作憲公今本秦紀侯表並作寧公形近致誤史稱文公生靜公不饗國而死靜公太子憲公立是文公子子當作孫

宋嚴公馮（穆公子。補注先謙曰見春秋經傳宋世家）

燕宣公（十五世。補注先謙曰見燕世家，公作侯）

衞宣公晉（桓公子。補注先謙曰見左傳衞世家）

虞公

虞叔（補注先謙曰並見左傳。公求璧叔伐公）

春秋經傳宋世家。梁玉繩云督弑君當在下下

蔡哀侯（桓侯弟。補注先謙曰見左傳蔡世家名獻舞）

晉哀侯（鄂侯子。補注先謙曰名光）

晉小子侯（哀侯子。補注先謙曰並見左傳晉世家）

彭生（補注先謙曰並見春秋傳齊魯世家）

陳厲公（補注先謙曰官本有桓公弟三字是見春秋經傳）

隨季良（補注先謙曰隨賢臣良梁古通）

熊率且比（師古曰率音力出反且音子余反。補注先謙曰鄧曼下見左傳）

鄭祭足（補注先謙曰見春秋經傳鄭世家）

觀丁父

薳章（師古曰薳音于詭反。補注先謙）

楚瑕丘（補注先謙曰文有誤馬驌正作楚屈瑕案與隨少師同列釋史本是也）

隨少師（補注先謙曰並見左傳）

秦出公曼（補注先謙曰見秦紀不云名曼梁玉繩云秦憲公在七等憲史作謚徐廣云一作曼疑皆憲之謂表當有憲公子三字先謙案出公紀作出子）

鄭厲公突（嚴公子）

魯申繻（補注先謙曰臧哀伯下見左傳）

楚保申（補注先謙曰見說苑正諫篇梁玉繩云呂覽直諫作葆申淮南說山作鮑申保葆古通保鮑音近）

家

楚文王（武王子。補注先謙曰見左傳楚世家名貲）

駐甥（補注錢大昭曰南監本閩本駐作騅是先謙曰官本作騅）

聃甥（師古曰聃音乃甘反）

養甥（補注先謙曰三甥見左傳梁玉繩云史通言表列三甥第六今本在五等譌也）

謝丘章（補注梁玉繩曰通志氏族略三引風俗通路史後紀十引盟會圖及廣韻注言周宣王支子食宋謝丘其後爲氏人表魯有謝丘章編）

曰並見左傳

嚴王佗（桓王子。補注先謙曰見左傳周紀）

鄧祁侯（補注先謙曰見左傳梁玉繩云史通品藻篇謂表居第七則今本六等譌）

衞惠公朔（宣公子。補注先謙曰見春秋經傳衞世家）

公子黔牟

魯嚴公同（桓公子。補注先謙曰見春秋經傳魯世家）

補注先謙曰見左傳鄭世家

夫人哀姜（補注先謙曰見春秋經傳）

長狄僑如（補注先謙曰見春秋傳魯世家梁玉繩云獲僑如在魯文之世表列莊公時非）

檢書傳未見。章名，鄭、羅但引人表為說也，以為魯人，並不知所據。

辛甲 補注錢大昭曰：閣本無辛甲，南監本有。翟灝曰：辛甲前列三等，此是辛伯之譌，故與周公黑肩上下相隨，見左傳。

左公子泄 補注先謙曰：並見左傳。梁玉繩云：元表蓋皆七等，謂入中下。錢大昕云：左傳泄作洩，陳洩治表亦作泄，蓋各本左傳如此，唐石經避諱改洩，相沿到今耳。

鄭昭公忽 厲公兄。

周公黑肩 補注先謙曰：見左傳、周紀。

潘和 補注翟云升曰：卽卞和。韓非子：和氏，楚人獻玉者。後漢孔融傳：信如卞和。注引卞本作弁，弁有潘音也。

高渠彌

齊寺人費 師古曰：卽徒人費也。費音祕。補注先謙曰：見左傳、齊世家。王念孫云：徒人費本作侍人費，侍寺同，說詳經義迹。

秦武公 出公兄。補注先謙曰：見秦紀。出公當作出子。

連稱

齊襄公兒 補注先謙曰：兒上脫諸字，當有蘆公子三字。

石之紛如 師古曰：紛音扶云反。補注先謙曰：見左傳。

燕桓侯 十六世。補注先謙曰：見燕世家。

鄭子亹 昭公弟。補注先謙曰：昭公下見左傳、鄭世家。高伯弒君，宜列下下。

管至父 補注先謙曰：並見左傳。

公子亾知 補注先謙曰：並

王青二友 補注翟云升曰：乃王青、王登之二友，謂仲章、胥己也，見韓非外儲，當在戰國時。

齊桓公小白 襄公弟。補注先謙曰：見春秋經傳、齊世家。

齊公子糾 補注先謙曰：見春秋經傳、齊世家。

右公子職 補注錢大昭曰：左公子洩六等，此七等，傳寫之譌。

王子克 補注先謙曰：並見左傳。

雍人稟 見春秋經傳、齊世家。補注先謙曰：雍人稟當作雍稟人，稟古字文誤倒耳。左莊八年傳：無知虐於雍稟，明是地名。稟又作林，音近字通。世家：齊君無知游於雍林，雍林人嘗有怨無知，及其往游，雍林人襲殺無知。足證雍林齊地。而云雍林人嘗有怨無知，則未定主名之詞也。秦紀亦曰：齊雍林人。左昭十一年傳云：齊渠邱實殺無知。賈逵因有雍稟渠邱大夫之注，觀杖杜預觀之，乃云渠邱齊大夫雍稟邑。王念孫血為之說，遂以史記為誤，且謂當史公時，左傳尙未有章句，故誤以雍林為邑名，斯惑之甚矣。

鮒里乙 補注錢大昕曰：家語始

管仲　補注先謙曰有列傳
鮑叔牙
召忽　師古曰召讀曰邵
高傒　師古曰傒音奚補注先謙曰見春秋經傳
蕭叔大心
魯公孫隱　補注李賡芸曰卽左傳公子偃隱偃聲近字通徐偃王亦作徐隱王
顓孫　師古曰顓音上專反補注錢大昕曰卽
紀侯　補注先謙曰見春秋經傳卽大去其國者
紀季　補注先謙曰見春秋經傳紀侯弟
齊伯氏　補注先謙曰見論語
誅篇管仲誅付乙荀子宥坐篇作付里乙卽此鮎里乙也說苑貴德篇作符里
宋愍公捷　補注錢大昭曰南監本閩本注嚴公子三字
南宮萬　補注先謙曰並見春秋經傳宋世家

隰朋　補注先謙曰鮑叔下見左傳
甯戚　補注梁玉繩曰見齊語管子小匡篇呂覽勿躬篇
王子成父　補注先謙曰見左傳梁玉繩云管子小匡呂覽勿躬篇齊魯世家並作城父城
石祁子
原繁
左傳歆孫也梁玉繩曰歆譌从負此次公子偃知非莊二十二年陳顓孫
曹釐公夷　嚴公子補注先謙曰見曹世家
宋桓公
禦說　愍公弟師古曰
寺人貂　補注梁玉繩曰此下四人不當居七等
易牙　補注先謙曰並見左公羊傳管子
常之巫　師古曰齊桓時人也見呂覽補注先謙
子游
猛獲
南宮牛　補注先謙曰並見左傳宋世家
鄭子
嬰齊

宋仇牧　補注先謙曰見春秋經傳
魯曹劌　師古曰劌音居衛反補注先謙曰史記作曹沬有列傳
咸通用字
賓須亡　補注先謙曰見左傳齊語管子大匡諸篇
麥丘人　補注錢大昕曰齊桓公所遇者見韓詩外傳十新序雜事篇
輪邊　師古曰輪扁也扁音翩補注梁玉繩曰見莊子天道淮南道應篇斵輪人名扁
說讀曰悅補注先謙曰見春秋經傳宋世家官本愍下少公字
秦德公　武公弟
曰見知接篇管子小稱作堂巫索隱引作棠巫並音形相近棠其地巫其官也
衛公子
開方　補注先謙曰見管子大匡篇
釐王
胡齊　嚴王子補注先謙曰見周紀
子亹弟補注先謙曰左傳作子儀伋表世家作子嬰齊字衍
傳瑕
晉愍侯　補注先謙曰見左傳
哀侯弟補注先謙曰見左傳晉世家爲曲沃所滅梁玉繩云國滅無謚愍其名當在侯下左傳作晉侯緡侯表作湣緡湣愍閔古字通

楚粥拳　補注先謙曰見左傳
問桓公讀書者
平陵老　補注錢大昕曰齊桓時人見說苑貴德篇
愚公　補注錢大昕曰齊桓時人見說苑政理篇梁玉繩曰列子湯問有平山之愚公別一人
陳公子完　佗子補注先
息嬀　補注梁下繩曰
秦宣公　德公子補注先謙曰並見秦紀
陳宣公杵臼　嚴公弟補注先謙曰見左傳陳世家梁玉繩云嚴公名林見侯表世家表當有傳寫脫之
息侯　補注先謙曰見
曲沃武公　嚴公子補注先謙曰名稱見左傳晉世家梁玉繩云莊伯子誒作公
王子頹
蔿國

謙曰有世家
表列嬀及息侯於第五第七從列女傳同曰自被之說也
燕嚴侯　十七世補注先謙曰見燕世家侯作公
左傳爲楚所滅
惠王
母涼　補注先謙曰見左傳周紀梁玉繩云當有蘊王子三字
邊柏　補注先謙曰見頡下子左傳
號史嚚
號叔　補注翟云升曰殺王子頹之號叔與第三別
鄭文公棱　厲公子補注先謙曰見春秋經傳鄭世家名棱一作名踕梁玉繩云接棱字同古木手通寫
鄭高克　補注先謙曰見左傳
楚杜敖　文王子師古曰即堵敖補注先謙曰見左傳楚世家名囏
公孫素　補注錢大昕曰鄭詩序公子素作詩刺文公高克者
周內史過　補注先謙曰並見左傳
魯禦孫　補注先謙曰禦御通用
陳太子禦寇　補注先謙曰見春秋經傳陳世家

宰孔
魯公子季友　補注先謙曰並見春秋經傳
楚屈桓　師古曰屈音九勿反補注先謙曰它本桓作完是見春秋經傳
召伯廖　補注先謙曰譜叔大心下見左傳
彊鉏　補注先謙曰見左傳鄭伯删之梁玉繩云不當在第六
陳轅濤塗　補注先謙曰見春秋經傳
秦成公　宣公弟補注先謙曰見秦紀
楚申侯　補注先謙曰見左傳
魯公子牙
魯公圉人犖
齊中孫湫　師古曰湫音子小反補注先謙曰見春秋經傳
子般　補注翟云升曰太子不當稱公公字衍
曹昭公班　釐公子作詩補注先
魯閔公啟　嚴公子補注先謙曰並
公子慶父　補注先謙曰公子牙下
魯公子

奚斯　補注先謙曰郎左傳之公子魚
許夫人　補注先謙曰見左傳詩載馳序
謙曰見春秋經傳曹世家錢大昭云鄭詩譜謂昭公好奢而任小人曹之變風始作先謙案詩非公作依周懿王下文之例亦當云詩作
見春秋經傳魯世家
見春秋經傳魯世家
卜齮　師古曰音燈補注先謙曰見左傳
衛弘寅　師古曰寅音演補注錢大昭曰見呂覽忠廉篇淮南繆稱訓韓詩外傳七新序入
先丹木
衛戴公　黔牟子補注先謙曰見左傳衛世家梁玉繩云子當作弟
衛懿公　惠公子補注先謙曰見左傳衛世家名赤
卜偃
羊舌大夫
趙夙　補注先謙曰見左傳趙世家當有叔帶五世孫五字
晉獻公　武公子補注先謙曰見春秋經傳晉世家名詭諸

荀息　補注先謙曰見春秋經傳
辛廖　師古曰廖音聊
史蘇　補注先謙曰先丹木下見左傳
畢萬　畢公後補注先謙曰有世家
史華龍滑　補注先謙曰見左傳衛太史
晉驪姬　補注先謙曰見春秋傳晉語晉世家
宋公子目夷
梁餘子養
魯釐公　補注先謙曰見春秋經傳魯世家名申梁玉繩云當有嚴公子三字
士蔿
卓子　師古曰卓音敕角反補注先謙曰並見春秋經傳晉世家
奚齊
優施　補注先謙曰見晉語
罕夷
臣猛足　補注先謙曰見左傳
梁五
東關五
申生
楚逢伯
補注錢大昕曰太子申生臣見晉語梁玉繩曰臣乃晉之讒

宮之奇
百里奚　補注先謙曰目夷下見左傳
狐突　補注先謙曰卜偃下見左傳
秦繆公　成公弟補注先謙曰見秦紀名任好官本脫成公弟三字
秦繆夫人
衛甯嚴子
富辰
晉冀芮
井伯　補注先謙曰見左傳晉世家錢大昕云或謂井伯即百里奚者非
衛文公　戴公弟補注先謙曰見春秋經傳衞世家名燬
宋襄公　桓公子補注先謙曰見春秋經傳宋世家名茲父
趙孟　夙子生衰師古曰衰音楚危反補注先謙曰即共孟見趙世家疑脫共字
蔡繆公　補注先謙曰公當作侯見左傳蔡世家名盼梁玉繩云當有哀侯子三字
虞公　爲晉所滅太王後　補注先謙曰見五下左傳梁玉繩云與第七等之虞公非一君相距四十餘年也
虢公　爲晉所滅王季後　補注先謙曰見左傳晉世家名醜

奄息
中行　師古曰音戶郎反補注先謙曰音上官本有行字是
鍼虎　師古曰鍼音其炎反補注先謙曰奄息下見詩序左傳官本注
公孫枝　補注先謙曰並見左傳秦紀
繇余　師古曰即由余補注梁玉繩曰見韓子十過呂覽不苟篇韓詩外傳九秦紀
蹇叔
燭之武
慶鄭
韓簡
鄭叔詹
皇武子　補注先謙曰逢伯下見左傳
釐負羈妻　補注先謙曰見
蔡嚴侯　穆侯子補注先謙曰見蔡世家名甲午
燕襄公　十八世補注先謙曰見燕世家
梁卜招父　師古曰招音上
許釐公　補注先謙曰見春秋經傳名業
襄王鄭　補注先謙曰見春秋經傳周紀梁玉繩云當有惠王子三字
晉惠公　獻公子補注先謙曰名夷吾
鄭子華　補注先謙曰見左傳
曹共公　昭公子補注先謙曰見左傳曹世家名襄
惠后　補注先謙曰見左傳周紀
王子帶　補注先謙曰見春秋傳周紀

奕作厥

內史叔興
卜徒父　補注先謙曰蹇叔下見左傳
曹豎侯獳　師古曰獳音乃侯反補注先謙曰見左傳官本豎作堅
左傳周壽昌云梁玉繩依釋史本於羈妻上加羈字爲二人案羈妻明智故班列之與下列辟司徒妻而不列辟司徒同例
避反補注先謙曰見左傳
衛元咺　師古曰咺音許遠反
虢叔　補注錢大昭曰叔當作射南監本闕本不誤先謙曰官本作躬見左傳晉語
里克　補注先謙曰並見春秋經傳晉世家里克疑不在七等
梁伯　補注先謙曰見春秋經傳爲秦所滅
楚成王惲　師古曰左傳作頵音於倫反補注先謙曰當有杜敖弟三字

禽息　補注梁玉繩曰薦百里奚不見納以死悟穆公見後漢朱穆傳注循吏傳引韓詩外傳
王廖　師古曰廖音聊補注梁玉繩曰見文選四子講德論注引韓詩外傳秦紀作內史廖說苑尊賢篇作王
楚子玉
鬭宜申　補注先謙曰並見春秋經傳
叔武　補注先謙曰並見春秋經傳衞世家
宋襄公　成公子補注錢大昭曰前已有宋襄公此當云宋成公襄公子轉寫倒誤先謙曰見春秋經傳宋世家名王臣
晉懷公　惠公子補注先謙曰見左傳晉世家名圉
潘崇　補注先謙曰並見左傳楚世家

甯武子 補注先謙曰見春秋經傳

狐偃 趙衰 師古曰衰音楚危反補注先謙曰趙世家云共孟子 衰妻 介子推 推母 郤穀

子瘳 晉文公 獻公子補注先謙曰見春秋經傳晉世家名重耳 夫人姜氏 補注先謙曰見左傳晉世家 魏犨 畢萬子補注先謙曰見左傳晉魏世家諡武子 顚頡 胥臣 賈佗 師古曰佗音徒何反補注先謙曰與賈季非一人顚頡下見左傳顚頡被發疑不在中上 董因

成大心 欒悼子 補注先謙曰晉欒無悼子適貞子之諡卽欒枝也後韓貞子諡悼子可互證並見左傳 晉李離 補注梁玉繩曰見韓詩外傳二新序節士篇文公之理過聽殺人自拘伏劍死先謙曰有列傳 寺人披 補注先謙曰見左傳晉世家作履鞮 曹文公壽 共公子補注先謙曰見春秋經傳曹世家 燕桓公 十九世補注先謙曰見

鍼嚴子 倉葛 補注先謙曰並見左傳 鄭繆公蘭 文公子補注先謙曰見春秋經傳鄭世家 石臭 師古曰臭音丑略反補注先謙曰見左傳梁玉繩云鄭繆公立後六十餘年臭始見傳蓋譌寫在前當列鄭公孫夏下

齊孝公 桓公子補注先謙曰見春秋經傳齊世家名昭 鄭子臧 補注先謙曰見左傳爲文公所殺

衞成公 文公子補注先謙曰并見左傳衞世家名鄭 曹共公 昭公子補注先謙曰見前重出此傳寫誤增 齊公子無詭 師古曰左氏傳作無虧 齊昭公

補注先謙曰狐匽下見左傳晉世家 舟之僑 補注梁玉繩曰史通品藻篇議表敘晉文臣佐不當置僑於陽處父士會上 荀林父 先軫 狼瞫 師古曰瞫音審 陽處父 補注錢大昕曰史通所見本在第四此在第三宋本之誤 甯嬴

補注先謙曰見晉語 豎頭須 補注先謙曰見左傳韓詩外傳十作里鳧須 齊國嚴子 補注先謙曰名歸父 周內史叔服 補注先謙曰並見春秋經傳 孟明視 西乞術

燕世家 秦康公 繆公子補注先謙曰見春秋經傳秦紀名罃 晉襄公 文公子補注先謙曰見春秋經傳晉世家名驩 邾文公 補注先謙曰名蘧蒢

陳繆公 宣公子補注先謙曰名款 陳共公 繆公子補注先謙曰名朔並見春秋經傳陳世家 魯文公 補注先謙曰見春秋經傳魯世家名興當有釐公子三字

周頃王 王臣 補注先謙曰周字衍見左傳周紀梁玉繩云紀作壬臣誤宋成公之名亦誤爲王臣襄五年楚公子壬夫匡繆正俗謂當作王夫隸辨魯唆碑陰有壬端于行卽王字蓋古壬作壬而王作王故譌亂耳 夏父不忌 補注先謙曰弗忌見左傳魯語錢大昕云古讀弗如不

孝公子補注先謙曰名潘見齊世家云孝公弟子字誤

史騈 師古曰騈音步千反 補注先謙曰見左傳錢大昭云气古乞字三師無白乙丙盎脫

鄭弦高

士會 補注梁玉繩曰史通謂表在五等今第四刑本之譌

繞朝 補注梁玉繩曰韓子說難爲戮於秦

石癸 補注先謙曰即石甲父

公孫壽 補注先謙曰宋公子蕩之子

宋子哀

邾子玃且 師古曰玃音居碧反且子余反

周匡王班 補注先謙曰周字衍見春秋經梁玉繩云當有頃王子三字

齊君舍 昭公子 補注先謙曰見春秋經傳齊世家被殺錢大昕云不當在六等

宋昭公 補注先謙曰見春秋經傳宋世家名杵臼梁玉繩云當有成公子三字

胥申父 補注先謙曰官本作甲父

狐射姑 補注先謙曰並見春秋經傳

楚繆王商臣 補注先謙曰見春秋經傳楚世家梁玉繩云當有成王子三字

前漢二十 三六

叔仲惠伯 補注先謙曰舟之僑下見左傳

宋方叔

嘉子 補注錢大昭曰見孔子世家方防古通嘉子二字誤爲大字

樂豫

蕩意諸 補注先謙曰公孫壽之子死昭公之難

公冉務人

卜楚丘 補注先謙曰魯掌卜大未士會下見左

魯公孫敖 補注先謙曰即文公下見春秋經傳

蔡文公 嚴公子 補注先謙曰見春秋經傳蔡世家兩公字當作侯名申

單襄子

單伯 補注先謙曰春秋莊文經傳兩見疑非人

魯叔孫得臣 補注先謙曰見春秋經傳

秦共公 康公子 補注先謙曰見春秋經傳秦紀

魯宣公 補注先謙曰見春秋經傳魯世家名綏梁玉繩云當有文公子三字

邴歜 師古曰歜音觸

閻職 補注先謙曰無施下並見左傳齊世家

齊懿公商人 補注先謙曰見春秋經傳齊世家梁玉繩云當有昭公弟三字

傳

董狐 補注先謙曰並見左傳

晉趙盾 衰子 補注先謙曰見春秋經傳晉世家

鉏麑 補注先謙曰見左傳晉世家

宋伯夏

叔子 補注先謙曰見孔子世家叔子二字小注誤大字防叔也

鬬伯比 補注錢大昕曰伯比已列五等此蓋因上令尹子文注云鬬伯比子旣譌爲正文而刪子字又意伯比不當在三等而移下一格耳然子文亦不當在莊王時

靈輒

祁彌明 師古曰祁音上尸反 補注先謙曰官本無音字

鄭子良 補注先謙曰汪繩祖云表於鄭穆氏不盡列未必收大季子良疑此乃楚子良之誤故與令尹子文楚子越上下接近楚司馬子良子文之弟越椒之父

晉成公黑臀 靈公弟 補注先謙曰見春秋經傳晉世家錢大昭云當作襄公弟

秦桓公 共公子 補注先謙曰見左傳秦紀

周定王榆 補注先謙曰見左傳周紀周字衍梁玉繩云當有匡王弟三字

晉趙穿 補注先謙曰見左傳晉世家晉字衍此與上二人弑君疑在九等

鄭靈公 補注先謙曰官本有穆公子三字是名夷

晉靈公夷皋 襄公子 補注先謙曰見春秋經傳晉世家

陳靈公 共公子 補注先謙曰見春秋經傳陳世家名平國

前漢二十 三七

令尹子文

楚嚴王 穆公子 補注先謙曰見春秋經傳楚世家名侶

王孫滿

士貞子 補注先謙曰單襄下見左傳

泄冶

孔達 補注先謙曰並見春秋經傳

王子

衞穆公速 補注先謙曰見後七等此傳寫誤增

逢大夫 補注先謙曰見左傳

宋文公鮑 昭公弟 補注先謙曰見春秋經傳宋世家

公子歸生

子公 補注先謙曰靈公下見左傳鄭

夏姬

孔寧

儀行父 補注先謙曰並見春秋傳陳世

楚薳賈　申叔時

箴尹克黃　魏顆 師古曰顆音口果反

伯廖 師古曰廖音聊　晉解陽 補注先謙曰陽揚通作董見左傳　荀尹 補注梁玉繩曰此荀庚轉寫訛其半耳

王札子 補注先謙曰見春秋經傳　魯公子歸生 補注梁玉繩曰此公孫歸父之訛見春秋經傳字子家襄仲子　申舟 補注先謙曰見左傳

翟豐舒 補注先謙曰見左傳射傷君目爲晉所殺發不在七等豐鄭通用字　召伯 師古曰召讀曰邵補注先謙曰即召戴公　毛伯 補注先謙曰並見春秋經傳爲王札子所殺

世家二家人弒靈公當在九等　晉先縠 補注錢大昭曰失當作先先謙曰官本作先見左傳晉世家　楚子越 補注先謙曰見左傳楚世家名椒滅若敖氏

叔孫敖 補注先謙曰有列傳

五參 補注先謙曰五伍通作王孫滿下見左傳　陳應 補注王念孫曰潛夫論愼徵篇楚莊尚陳應爵命管蘇故能中興強霸諸侯則應爲楚莊王臣故列伍參申公之閒翟云升曰應陳彭子當在臧國時

箕鄭 補注先謙曰並見春秋經傳

齊惠公 懿公弟補注先謙曰見春秋經傳齊世家名元

少師慶 補注錢大昕曰楚莊王臣見說苑至公篇

見魏策先謙曰王說是　申公　申培 師古曰培音陪補注梁玉繩曰見呂覽至忠篇殺隨兕而死下申當作子　樂伯 補注先謙曰見左傳　優孟 補注先謙曰有列傳

公子雍 補注先謙曰見左傳晉世家梁玉繩云表列魯文時故知非齊公子雍　秦景公 桓公子補注先謙曰見春秋經傳秦紀　楚鄖公

陳成公 靈公子補注先謙曰見春秋經傳陳世家名午　燕宣公 二十世補注先謙曰見燕世家

士亹 補注先謙曰見楚語莊王使傳太子　鄭襄公堅 靈公子補注先謙曰見春秋經傳鄭世家梁玉繩云子當作弟　衛繆公 成公子補注先謙曰見春秋經傳衛世家名速

鄭公子弃疾 補注先謙曰見春秋經傳穆公庶子去疾梁玉繩云去亦作弃與弃疾形近音鄰義並得通故以去爲弃晉頃公名去疾史侯表作棄與此同　子反 補注先謙曰見春秋經傳

鍾儀 補注先謙曰見左傳梁玉繩云鄖公鍾儀一人各本誤離爲二　楚共王 嚴王子補注先謙曰見春秋經傳楚世家名審　晉郤克 補注先謙曰見春秋經

曹宣公廬 文公子補注先謙曰見春秋經傳曹世家　吳壽夢 中雍後十五世師古曰夢音莫鳳反補注先謙

周簡王夷 定王子補注先謙曰周字衎見春秋經傳周紀　魯成公 宣公子補注先謙曰見春秋經傳魯世家名黑

穀陽豎 補注先謙曰見左傳晉楚世家作陽穀豎

傳晉世家

逄丑父 補注先謙曰見左公羊傳

賓媚人 補注先謙曰見春秋經傳即國佐

范文子士燮 補注先謙曰見左傳士會子

臧宣叔 補注先

辟司徒妻 師古曰辟讀曰壁

荀罃

鄭賈人

日見左傳吳世家翟云升云當作十八世案周章見表當云周章後十五世

鄭悼公 襄公子。補注先謙曰見春秋經傳鄭世家名費

申公巫臣 補注先謙曰見左傳

齊頃公 惠公子。補注先謙曰見春秋經傳齊世家名無野

衛定公 繆公子。補注先謙曰見春秋經傳衛世家名臧

衛孫良夫 補注先謙曰見春秋經傳

中叔

鄭公子班 補注先謙曰見左傳爲子駟所殺

曹成公

負羈

曹鄃時 師古曰郤曹欣時也鄃音許其反

謙曰見春秋經傳名許文仲子

韓獻子厥 補注先謙曰見左傳韓世家索隱引世本韓簡孫

程嬰

桑田巫

伯宗

伯宗妻

秦醫緩

王孫閱 補注梁玉繩曰即周語王孫說閱說古通

燕昭公 二十一世。補注先謙曰見燕世家

于奚 補注先謙曰見左傳

宋共公瑕 文公子。補注先謙曰見春秋經傳宋世家

晉景公 成公子。補注先謙曰見春秋經傳晉世家名獳

宣公弟。補注先謙曰見左傳曹世家

屠顏賈 師古曰即屠岸賈也音工下反。補注先謙曰見趙世家顏岸一音之轉

羊舌 補注先謙曰孫志祖云嬰杵臼之閒豈容復儀羊舌其人衍文無疑

呂相 補注先謙曰辟司徒妻下見左傳

趙朔 盾子。補注先謙曰見左傳趙世家

宋平公 成公子。補注先謙曰見春秋經傳宋世家錢大昭云成當作共

宋蕩子 補注梁玉繩曰蕩澤子山也意諸弟廸子見左文十六年成十五年傳表旋山字或日襄六年子蕩樂欒翟云升日此文七年公子蕩

公孫杵臼 補注先謙曰與

郤至 補注先謙曰見春秋經傳晉世家

郤犨

郤錡 師古曰錡音蟻

中行偃

叔孫僑如 補注先謙曰見

晉厲公 景公子。補注先謙曰見左傳晉世家名州蒲

程嬰並見趙世家

劉康公 補注先謙曰見春秋經傳亦曰王季子

單襄公 補注梁玉繩曰單襄子前列五等此單靖公之謂見左傳襄公子叔向稱單子不忝前

姚句耳 師古曰句音鉤

胥童

欒書 補注先謙曰郤犨下見春秋經傳晉世家

羊魚 補注先謙曰盧文弨云左傳夷羊五亦作夷陽五晉語作夷陽午蓋夷其氏羊五其名

春秋經傳

公子偃 補注先謙曰見春秋經傳以與謀廢立被刺梁玉繩云公子偃有三一魯莊公時大夫一鄭穆公子子游亦在魯成時此與僑如並列是被刺之公子偃也

長魚矯 補注先謙曰見左傳

哲必興單氏故列中上

呂錡

古五吾魚三字通借羊陽午五赤通隋張公禮龍藏寺碑五臺作吾臺晉語暇豫之吾吾韋注吾讀如魚溝漁志吾山水經注入作魚山列子黃帝篇魚語女張注魚當作吾是其證

鮑嚴

子牽補注先謙曰見左傳爲齊靈公所刖

苗賁皇

養由基補注先謙曰見左傳楚鬬伯芬子奔晉爲大夫

向于補注錢大昕曰時宋有向爲向帶當與魚石同在入等此蓋別一人翟云升曰或左昭二十年向行之譌

叔嬰齊補注先謙曰見春秋經傳即子叔聲伯

叔山舟補注李賡芸曰左傳作冉冉舟字形相涉而譌

鄭成

公綸師古曰綸音工頑反左傳作睔音工頓反補注先謙曰鄭世家亦作睔疑綸字誤

宋華元補注先謙曰見左傳華督曾孫

匡句須師古曰句音其于反

羊斟補注先謙曰見左傳

宋魚石補注先謙曰見春秋經傳

孟獻子

前漢二十

補注先謙曰見春秋經傳名蔑

樂正求

鮑國

晉解狐

燕武公二十二世補注先謙曰見燕世家

慶克

國佐補注梁玉繩曰國佐賓出不應此必克慶誤佐之與佐並重人也佐子見左傳

牧中補注先謙曰並見盍丁求益袁之省

鄭廖補注梁玉繩曰鄭乃鄭之誤鄭廖楚之良見左傳

晉悼

祁午

公周補注先謙曰見春秋經傳晉世家襄公曾孫

韓亾忌

楊干補注先謙曰見魏世家左傳作楊干梁玉繩云疑不在六等

子服佗補注梁玉繩曰仲孫它字子服見魯語孟獻子之子諡孝伯其後爲子服氏案表列獻子庶子它而無其適長孟莊子速疑脫

鄭唐補注翟灝曰左傳鄢陵之戰唐苟爲鄭成公右而戰死此傳寫脫苟字

銅鞮

伯華補注先謙曰即羊舌赤

叔梁紇師古曰紇音下結反補注先謙曰見左傳孔子世家

楚工

尹襄

靈王

子申

楚公

祁奚

泄心簡公子補注先謙曰見左傳周紀公嘗作王

公子

羊舌職補注先謙曰叔向父工尹襄下見左傳

魯匠慶補注先謙曰姚句耳下見左傳

秦堇父

魯襄公補注先謙曰見春秋經

王夫補注先謙曰並見春秋經傳

魏絳 補注先謙曰見左傳晉魏世家武子孫悼子子謚昭子
張老
籍偃
汝齊
宋子罕
白戌 補注錢大昭曰白當作向南監本閩本不誤先謙曰官本作向
范宣子 士匄
晉邢蒯

衛柳壯 師古曰壯讀曰莊補注梁玉繩曰見禮檀弓韓詩外傳七
吳諸樊 補注先謙曰吳子遏即諸樊見七等宜刪此存彼
齊晏桓子
楚子囊
鄭師慧 補注先謙曰晏桓子下見左傳
衛大叔儀

狄斯彌 補注先謙曰並見左傳梁玉繩云麗作斯以音近而誤
士鞅 補注先謙曰見春秋經傳晉世家
尹公佗
庾公差
公孫丁
無終子嘉父

傳魯世家名干梁玉繩云當有成公子三字
齊靈公環 頃公子補注先謙曰見春秋經傳齊世家
衛獻公衎 定公子補注先謙曰見春秋經傳衛世家
衛殤公焱 獻公弟師古曰春秋焱作剽補注錢大昕曰殤公被弒

鄭釐公 成公子補注先謙曰見左傳鄭世家名惲
子駟
孫蒯 補注先謙曰並見左傳
朱庶其 補注先謙曰朱當作邾見春秋經傳
鄭尉止 補注先謙曰見左傳子產殺之官本脫此人

程鄭 補注先謙曰見左傳晉世家梁玉繩云晉語稱其端而不逞好諫不隱似不當列下愚盧文弨云疑春秋弒晉厲公之程滑鄭字誤也
西鉏吾 補注先謙曰見左傳錢大昕云宋之能臣似不應列九等

范武子 師古曰據今春秋說范武子即士會也而此重見豈別人乎未詳其說補注梁玉繩曰武之獻字疑誤晉有兩范獻子一士鞅一士富

魯季文子

齊殖綽 補注梁玉繩曰綽非蒯比不當居四等
鄭游販 師古曰販音普板反補注錢大昭曰說文販多白眼也引春秋傳鄭游販字子明是販當從目先謙曰販以奪妻見殺疑不居四等
齊杞梁
殖妻 補注先謙曰殖即梁也亦見列女傳
華州 師古曰即華周補注錢大昭曰周州古字通先謙曰說苑又作華舟
祝佗父 師古曰佗音徒何反補注梁玉繩曰各

公子鱄 補注先謙曰並見春秋經傳
曹武公勝 成公子補注先謙曰見春秋經傳曹世家
鄭簡公嘉 釐公子補注先謙曰見春秋經傳鄭世家
晉陽罕 補注梁玉繩曰各本三字誤分為二罕乃畢之譌陽畢晉大夫見晉語

姜戎駒支
楚令尹子南
觀起 師古曰觀音工喚反補注先謙曰尹公佗下見左傳錢大昕云屈建在七等子南觀起在六等亦必有誤
燕文公 二十三世補注先謙曰見燕世家
魯國歸父 補注梁玉繩曰釋史本刪魯字是也國為析之譌齊析歸父見左襄傳翟云升曰齊國歸父見左僖傳

不當在七等王念孫曰焱當為猋之譌猋剽聲近字通先謙曰見春秋經傳衛世家獻當為定
孫文子 林父補注先謙曰見春秋經傳衛世家
福陽子 妘姓師古曰即偪陽也妘音云
楚屈建 補注先謙曰並見春秋經傳
魯臧堅

衛甯喜 補注先謙曰見春秋經傳

左襄傳士富厝侯奄晉語謂之范獻子或郎其人錢大昕曰潛夫論云劉氏自唐以下漢以上德著於世莫若范會之最盛也斯亦有修己以安人之功奏後書周舉傳詔曰姓倖夷魚忠踰隨管蓋漢時以二人茈稱故管仲范武子俱列二等前四等有士會劉知茂以為班氏原本在

樂王鮒

本佗誤鮀

行人

子員 師古曰員音云

鄭公孫夏 補注先謙曰見春秋經傳

宋華臣

巢牛臣

晉叔魚 補注先謙曰臧堅下見左傳官 本魚作漁

申蒯 補注先謙曰張老下見左傳

子朱

燕懿公 二十四世補注先謙曰見燕世家

晉叔向 第五等者疑別自一人

楚申叔豫

陳不占 補注梁玉繩曰新序義勇篇莊公難聞戰懼之聲恐駭而死亦見御覽四百九十九引韓詩外傳

楚湫舉 師古曰即椒舉補注先謙曰楚語作湫左傳作椒

齊崔杼

宋伊戾 補注先謙曰並見左傳

向母 師古曰向讀曰嚮

士鞅 補注梁玉繩曰士鞅見中下此益士魴之譏士會子袁恭子見春秋經傳

楚康王 共王子補注先謙曰見春秋經傳楚世家名招

慶封 補注先謙曰並見春秋經傳齊世家梁玉繩云崔慶弒君當在下下

齊大史

衞右宰

蘧奄

慶嗣

吳餘祭

三人

蘧伯玉

穀臣 補注梁玉繩曰左傳無臣字呂覽觀表篇作穀臣文選廣絕交論注作穀臣

補注先謙曰子員下見左傳奄即蘧掩

南史氏 補注先謙曰令尹子文下見左傳

厚孳 補注梁玉繩曰左傳作厚成叔呂覽觀表篇作郈成子本書五行志又作后錢大昕曰說文壹古文厚集頌或作郈故郈作后作厚皆省文

鬷蔑 師古曰鬷音子公反補注先謙曰見左傳梁玉繩云齊有鬷蔑此與于皮並列必然明也

趙武 朔子補注先謙曰見春秋經傳趙世家

補注先謙曰見左傳封之族

吳遏 壽夢子補注先謙曰見春秋經傳吳世家即諸樊

師古曰祭音側介反補注先謙曰見左傳吳世家當有遏弟二字

晉平公彪 悼公子補注先謙曰見春秋經傳晉世家

吳季札

衞公

陳文子 補注先謙曰見左傳田齊世家陳完曾孫

子荊

景王貴 靈王子補注先謙曰見左傳周紀

鄭子產 補注先謙曰叔向下見左傳

卞嚴子 補注梁玉繩曰見論語韓詩外傳十新序義勇篇

絳老人

鄭子皮 補注先謙曰見春秋經傳鄭世家

晉亥唐 補注先謙曰見孟子

齊陳桓子 補注先謙白見左傳田齊世家名無宇當有文子子三字

齊嚴公光 靈公子補注先謙曰見春秋經傳齊世家

晏平仲 補注先謙曰有列傳

史趙

魯昭公稠 師古曰稠音直流反補注先謙曰見春秋經傳魯世家梁玉繩云當有襄公子二字

士文伯

秦醫和 補注先謙曰見左傳

衞襄公惡 獻公子補注先謙曰見春秋經

楚夾敖 康王子補注先謙曰見春秋經傳楚世家夾本作郟葬於郟謂之郟敖

臧文中

仲尼　補注先謙曰有世家

太子晉　補注先謙曰見逸周書周靈王太子
左丘明
顔淵
閔子騫
冉伯牛

宰我　補注梁玉繩曰表次文仲昭公時反在其子宣叔後又不列武仲必傳寫之誤錢大昕曰此列卞莊子後必武仲也論語稱武仲智故在智人之列後人嫌其要君改爲文仲又嫌重出並去前文仲名耳
子貢　補注先謙曰有列傳
冉有
季路
子游
子夏

鄭卑湛　師古曰卑音脾湛音甚補注梁玉繩曰左傳釋文裨諶本作湛後書皇后紀注引風俗通云裨又作卑案諶湛古通卑是裨之省當與裨竈同族
行人子羽
馮簡子
子大叔
衞北宮文子

劉定公　補注先謙曰名夏見春秋經傳

晉船人
固來　師古曰郎固乘也補注錢大昕曰新序雜事篇作固桑說苑尊賢篇作古乘與顔注同䌷稠來乘皆桑之譌韓詩外傳作盇胥文選注引作蓋胥蓋盇皆古合切與固桑聲近胥亦聲近也外傳以爲晉平公時人說苑以爲趙簡子時表列亥唐醫和之後蓋據韓詩
舟人
清涓　師古曰涓音工玄反補注梁玉繩曰見御覽六百二十四引尸子
魯謝息　補注先謙曰見左傳
鄭定公　簡公子補注先謙曰見

傳衞世家
曹平公　武公子補注先謙曰見春秋經傳曹世家名頃
補注先謙曰官本有北燕伯款四字梁玉繩云款即簡公見後六等此重出
陳惠公　哀公孫補注先謙曰見春秋經傳陳世家名吳

晉昭公夷　平公子補注先謙曰見春秋經晉世家
燕惠公　一十五世補注先謙曰見燕世家
陳公子招　補注先謙曰見春秋經傳陳世家
周儋
桓伯　補注先謙曰左傳儋作詹
魯南蒯　補注先謙曰見左傳

名員
蔡景侯　文侯子補注先謙曰名同當有文侯子三字
蔡靈侯　補注先謙曰並見春秋經傳蔡世家名般當有景侯子三字
陳哀公弱　成公子補注先謙曰見陳世家
吳餘眛　餘祭弟師古曰眛音秣補注先謙曰見春秋經傳吳世家梁玉繩云傳

仲弓　補注先謙曰左丘明下見論語

曾子　補注周壽昌曰曾子宜列第二傳寫誤入三等其後即列曾晳必無近在二三人將父子先之倒置後理史通讓其進伯牛而抑曾子未經綜覽前後知此誤在唐以前
子張
曾晳
子賤

魯叔孫豹　補注先謙曰公子荊下見左傳
狐丘子林　補注錢大昭曰子產之師呂覽下賢篇作壺丘子林狐壺古字通先謙曰表依呂覽列魯昭公時列子書言列子師之蓋別一人
晉趙文子　補注先謙曰前趙武列中中馬驕以爲重出梁實繩云表不列文子之子則文當作景趙景子見左傳晉語伯樂稱其

公孫楚　補注先謙曰即游楚見左傳
公孫黑　補注先謙曰見春秋經傳
韓宣子厥　補注梁玉繩曰韓厥前列四等此韓宣子起厥子也傳寫譌厥爲大字又厥下子字先謙曰見春秋經傳韓世家
魯叔孫昭子

春秋經傳鄭世家名蠆
燕悼公　二十六世補注先謙曰見燕世家
薳啓疆　補注先謙曰見左傳
申子亹　補注梁玉繩曰申公子亹見楚語亦曰史老

鄭孔張
周原伯魯　補注先謙曰並見左傳

莒子庚輿　補注先謙曰見春秋經傳
晉頃公　昭公子補注先謙曰見春秋經傳晉世家名去疾
宋元公佐　平公子補注先謙曰見春秋經傳宋世家
蔡平侯　景侯子補注先謙曰見春秋經傳蔡世家名廬

稱夷末甚德而度似非下愚且兄弟三人分三等疑傳寫之譌
宋寺人柳
魯豎牛　補注先謙曰並見左傳
楚靈王圍　補注先謙曰見春秋經傳楚世家當有康王弟三字
晉邢侯
雍子

前漢二十　　圭

南容（師古曰南宮縚字子容也）　公冶長　公西華
（纂修先業無謗於國故居中上先謙案景子世家作景叔）
孟釐子　孟懿子　南宮敬叔（師古曰南宮适）　鄭子（補注先謙曰下見孟釐左傳）
楚薳罷（師古曰罷讀曰疲補注先謙曰並見春秋經傳）　吳厥由（師古曰即蹶由）　衞史鼂
左史倚相　申公子亹　申亥（公子）　晉籍談
樊頃子　司徒醜（補注先謙曰並見左傳）　子鼂（補注先謙曰見左傳周紀）
楚公子比　觀從（師古曰音工喚反補注先謙曰下見邢侯左傳）

有若　漆彫啟
老子（補注唐昌元年天寶二年詔改今書人表玄元皇帝升入上聖宋元宗詔升老子史記傳自傳為上上今古表古人列於首一漢人表前俱來本後列惟本之第毛遺各）
師曠
子鉏商（補注先謙曰下見左傳哀十四年作鉏商杜云不必何言公中世在第六未當之列亦不昭公）
周史　大弢（補注梁玉繩曰大史見莊子則陽篇疑大弢）
賓猛（師古曰即賓孟也補注先謙曰見左傳）　蔡悼侯（靈侯孫補注先謙曰見春秋經傳世家名東國）
周悼王猛（景王子補注先謙曰見春秋經傳王猛字扃祁衍）

前漢二十　　圭

澹臺滅明（師古曰澹音大甘反）
四存猶元書班先謙式官本上日上列列傳有
南榮疇（師古曰即南榮趎也古南榮俱作直遮反補注王先謙曰南榮疇見莊子庚桑楚篇作南榮趎）
樊遲　巫馬期
屠蒯　子服惠伯（補注先謙曰下見厥由左傳）　晉荀吳（補注先謙曰見春秋經傳）
蜎子（師古曰蜎音一先反補注先謙曰蜎子見老子弟子文志七本藝文志蓋劉略）　孝成子（補注梁玉繩曰）
（破平義切發土音切俱別義此疑謬）
（補注錢大昭曰南監本閩本等七十有八人及公孫弟子上字之誤先謙曰官本八人之說據此在其嚴本日景俱見春秋經世家齊）
梁丘據（補注先謙曰見左傳世家）　曹桓公（平公子補注先謙曰當為悼公見春秋經傳世家名午）

司馬牛　子羔　原憲　顏路　商瞿（師古曰音劬）　季次（補注錢大昭曰即公晳哀）
公伯寮（補注先謙曰弟子傳作公伯僚）　公肩子（補注先謙曰弟子傳作公肩定一名堅）　子石（補注錢大昭曰即公孫）
禪竈　里析　梓慎　申須（補注先謙曰下見禪竈左傳）
齊虞人（補注先謙曰見孟子左傳）（孝當作老子見周篇先謙曰王穆文亦藝志）　越后父　栢常騫　燕子干（補注梁玉繩曰下父石）
喬款　許男（補注先謙曰梁玉繩云許男斯是升云當許悼公子也見春秋四年定許惟君）（補注先謙曰梁玉繩曰見左傳云嬰子之即晏子篇孔艾）
南宮極（補注先謙曰見左傳震死）　頓子　胡子髡　沈子逞
敬王丐（景王子補注先謙曰悼王之母弟以王兄敬不能終弟居其世王疑先失德反朝夕敬穢下末子等在之蓋傳有歐寫書訛）　楚平王　棄疾（靈王弟補注先謙曰見）

哀季次其字

公肙 補注錢大昭曰鄖公肙孺駁一字

龍梁玉繩曰在平原門之公孫龍與子思玄孫孔窮同時非此人先謙曰見弟子傳

林既 補注錢大昕曰見說苑善說篇齊景公時人

見晏子春秋干當作午

斯無諡故止稱許男先謙案蓋號斯字

陳夏齧 補注先謙曰頓子下並入於吳楚雞父之戰見春秋經傳

春秋經傳楚世家

隰成子 補注先謙曰弟子傳無隰成子翟云升云疑縣成子之譌見弟子傳

北郭騷 補注錢大昕曰見晏子雜篇呂覽士節說苑復恩篇

魏獻子 絳孫 補注先謙曰見左傳魏世家

魯季平子 補注先謙曰見左傳魯世家

費亾極 補注先謙曰見左傳楚世家

顏刻 補注先謙曰商瞿下並見孔子弟子傳

琴牢 補注王引之曰牢本作張後人據家語改之也人表所載皆經傳所有左昭傳及孟子並作琴張莊子大宗師作子琴張無琴牢者論語牢曰子云吾不試故藝鄭注以爲子牢蓋據莊子則陽篇長梧封人問子牢之文然亦不以爲琴張牢與琴張本非一人也惟家語弟子篇始云琴牢衞人字開一字張又序云語云牢曰子云讀者不知爲誰多妄爲之說孔子家語弟子有琴張一名牢字子開亦字張衞人也是琴牢字始見於王子雍所僞撰之家語何得據之而改漢書乎賈逵鄭眾注左傳以琴張爲顓孫師而服虔駁之云子張少孔子四十歆歲孔子是時四十知未有子張趙岐注孟子亦以琴張爲子張云子張善鼓琴號曰琴張如漢書有琴牢則鄭趙服賈諸家何不據以釋牢曰及琴張乎然則人表不作琴牢明甚

逢於何 補注錢大昕曰見晏子諫篇

司馬彌牟

司馬

燕共公 二十七世 補注先謙曰見燕世家

宋樂大心

曹聲公 悼公弟 補注先謙曰見曹世家名野

穰苴 師古曰穰音人羊反苴音子余反 補注先謙曰有列傳

楚伍奢

伍尚

司馬篤 補注錢大昕曰卽左昭二十二年傳司馬烏也非左昭十二年楚靈王大夫司馬督烏篤形近而譌

魏戊

智徐吾

孟丙 補注先謙曰彌牟下見左傳王念孫云孟當爲孟釋文廣頌並作孟丙唐石經始譌爲孟地理志作孟丙此表作孟丙是後人以誤本左傳改之

燕平公 二十八世 補注先謙曰見燕世家

楚太子建 補注先謙曰見左傳楚世家

季公鳥

公叔務人 補注孫志祖曰務人死齊師疑不在八等

寺人僚柤 師古曰柤音側加反

吳僚 餘昧子 師古曰僚音聊 補注先謙曰見春秋經傳吳世家

曹隱公通 平公弟 補注先謙曰見曹世家名通

魯師己

成鱄 師古曰音上兗反 補注先謙曰官本兗作兗是

臧昭伯

閭沒

專諸 補注先謙曰有列傳

厚昭伯 師古曰卽郈昭伯也 補注先謙曰樂大心下見左傳

子家羈 補注先謙曰伍奢下見左傳

汝寬

秦哀公 景公子 補注先謙曰見春秋經傳秦紀

吳夫槩 師古曰夫音扶槩音工代反 補注先謙曰見左傳吳世家

楚子西 補注先謙曰見左傳楚世家

公子閭 補注錢大昕曰卽楚公子閭白公欲以爲王不從被殺者梁玉繩曰左傳並世家淮南繆稱訓作閭繹史據改

吳孫武 補注先謙曰有列傳

申包胥

楚司馬子期

楚昭王 平王子 補注先謙曰見春秋經傳楚世家名軫

吳王闔廬 補注先謙曰見左傳吳越世家名光疑當有遏子二字

徐子章禹 補注先謙曰見春秋經傳

闔蓋譌字

五子胥 補注先謙曰官本作伍案本書姓例作五有列傳

沈尹戌

鍾建 補注先謙曰見左傳

楚郄宛 補注先謙曰見左傳鄢費亾極所譖殺梁玉繩云傳稱宛直而和國人說之疑不在入等

江上丈人 補注梁玉繩曰見呂覽異寶篇吳越春秋越絕書

蔡墨

衞彪傒 師古曰傒音奚

越王允常 夏少康後補注先謙曰見越世家

衞靈公元 襄公子補注先謙曰見左傳衞世家

史魚

楚史皇

王孫萇弘

鄭獻公蠆 定公子補注先謙曰見春秋經鄭世家名蠆疑禹誤

闕且 師古曰且音子余反補注先謙曰見楚語

南子

公叔由于

文子

鑢金 師古曰鑢音慮補注先謙曰申包胥下見左傳鑢一作鑪廬遽古通

員公辛 師古曰員讀曰鄖補注先謙曰成鱄下見左傳翟云升云楚鄖公已見第五宜刪其一

兜欒 元公子補注先謙曰見左傳宋世家亦作名頭曼

宋景公

魯定公 補注先謙曰見春秋經傳魯世家當有昭公弟三字名宋

蒯聵 師古曰蒯音五怪反

中叔圉

屠羊說 師古曰說讀曰悅補注梁玉繩曰見莊子讓王篇韓詩外傳八

宋昭公 補注梁玉繩曰宋有兩昭公前杵曰後得表皆列之此重出

宋朝

祝佗 師古曰佗音徒何反

王孫章 補注錢大昕曰此與員公辛並列楚昭功臣王孫賈也

宋中幾

郳嚴公 補注先謙曰見春秋經傳

彌子瑕 補注先謙曰南子下見左傳

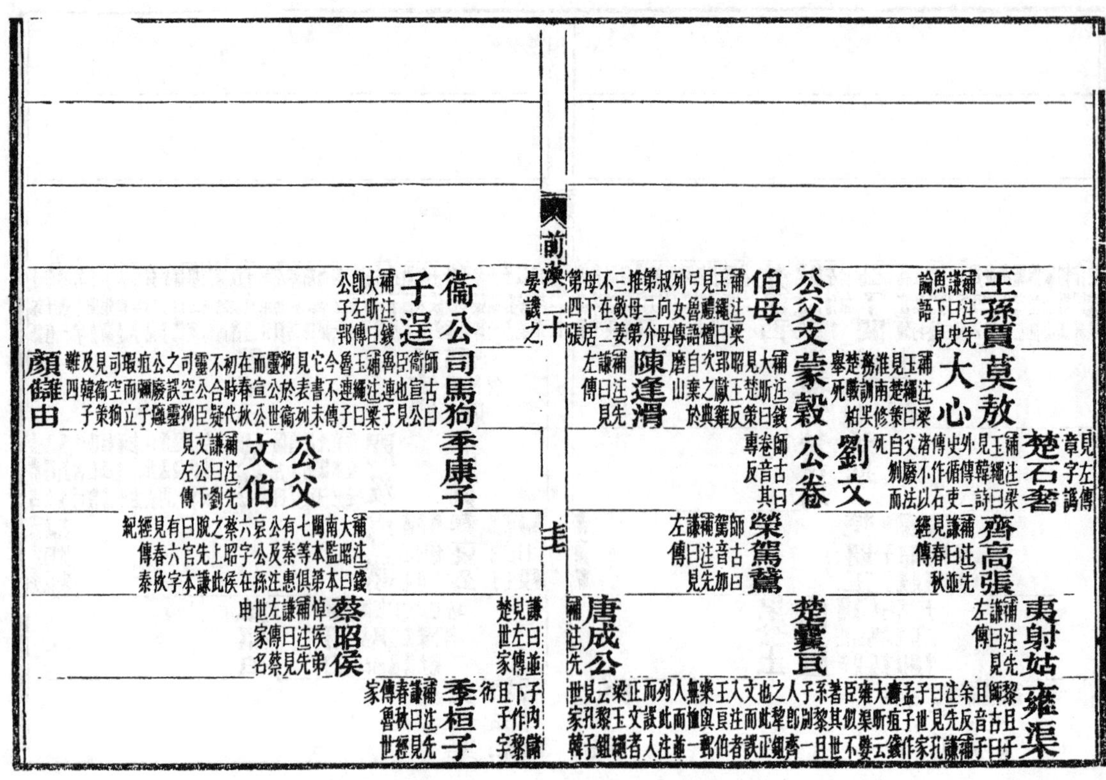

見左傳章字譌

王孫賈 補注先謙曰史魚下見論語

莫敖大心 補注梁玉繩曰見楚策淮南修務訓吳楚戰柏舉死

楚石奢 補注梁玉繩曰見韓詩外傳二史循吏傳作石渚不以父廢法自刎而死

齊高張 補注先謙曰並見春秋經傳

夷射姑 補注先謙曰見左傳

雍渠 黎且子師古曰且音子余反補注先謙曰見孔子世家孟子作癰疽錢大昕云雍渠變臣似不著其世系黎且子剷一人郎齊犂鉏也此正文而誤入注者王頁伯樂與郢無恤一人而並列此注而誤入正文者梁玉繩云黎鉏見孔子世家韓子內儲下作黎且子字衞

公父文伯母 補注梁玉繩曰見禮檀弓魯語列女傳叔向母第二介推母第三敬姜不在二母下居第四張晏識之

蒙穀 補注錢大昕曰見楚策昭王反郢獻雞次之典自棄於磨山

陳逢滑 補注先謙曰見左傳

劉文公卷 師古曰卷音其專反

榮駕鵞 師古曰駕音加補注先謙曰見左傳

楚囊瓦

唐成公 補注先謙曰並見左傳楚世家

衞公子逞 補注錢大昕曰郢左傳公子郢

司馬狗 師古曰衞宣公臣也見魯連子補注梁玉繩曰魯連子今不傳它書未見表列狗於衞靈公世而宣公在春秋初時代不合疑靈公臣司空狗之誤靈公廢瘫疽彌子瑕而立司空狗見衞策及韓子難四

顏讎由

公父文伯 補注先謙曰劉文公下見左傳

季康子

補注錢大昭曰南監本闕本第七等俱有秦惠公及注哀公孫六字在蔡昭侯之上此脫先謙曰官本有六字見春秋經傳秦紀

蔡昭侯 悼侯弟補注先謙曰見左傳蔡世家名申

季桓子 補注先謙曰見春秋經傳魯世家

觀射父 師古曰觀音工喚反補注梁玉繩曰見楚語

補注先謙曰見孟子梁玉繩云即孔子世家之顏濁鄒孔叢記義篇可互證讎賢大夫非齊之顏涿聚也

大夫選 補注錢大昕曰即論語大夫僎

陳司城貞子 補注先謙曰見孟子左傳稱公孫貞子

東野畢 補注錢大昕曰見荀子哀公篇新序雜事五韓詩外傳二

鄭聲公勝 獻公子補注先謙曰見左傳鄭世家

陳懷公 惠公子補注先謙曰見春秋經傳陳世家名柳

晉定公 頃公子補注先謙曰見左傳晉世家名午

曹靖公路 聲公子補注先謙曰侯表作路曹世家作露云聲公弟

顏燭雛 師古曰即顏涿聚子也補注梁玉繩曰顏注子字衍梁父之大盜學於孔子爲齊忠臣爲智伯所禽而死左哀傳之顏庚也亦名顏涿聚說苑正諫主鳥章作燭雛游海章作燭趨晏子外篇作燭鄒集韻作燭雛俱形近通借其子名晉亦見左哀傳先謙曰官本

滕悼公 補注先謙曰見春秋經傳名寧

許幼 補注先謙曰繹史本作許男錢大昕云西都賦許少施巧秦成力折豈即許幼乎

莒郊公 補注先謙曰見春秋經傳著丘公子

范吉射 師古曰射音食亦反

燭作濁

郵亾卹

王良

柏樂 補注梁玉繩曰王良柏樂本四小字誤爲大字三名一人班注以雙定其疑耳郵亾卹見左傳字子良故亦稱郵良孟子秦策稱王良晉語稱伯樂本書敘傳稱良樂案列子說符篇秦穆時有伯樂善相馬蓋因亾卹善御被以蒙之王良亦星名因字子良又曰爲王良也

周舍 補注錢大昕曰見趙世家韓詩外傳七新序

田果 補注錢大昕曰藝文類聚二十九御覽七百二十五引尸子曰齊有田果命其狗曰富命其子曰樂云云梁玉繩曰田果一愚人何以列第六表與周舍爲過並列疑果爲卑字之譌新序義勇篇中牟人田卑不從佛肸之叛趙氏求而貴之辭賞去皆趙簡子時事

趙簡子 武子孫補注先謙曰見春秋經傳趙世家名鞅梁玉繩云文子之孫此云武子孫誤趙無武子也

邾悼公 補注張雲璈曰悼公莊公之父不應列莊公後此必隱公益也見春秋經傳益莊公子

中行寅 師古曰行音戶郎反補注先謙曰董見左傳晉世家

鳴犢

竇犨 補注梁玉繩曰鳴犢見孔子世家竇犨見晉語

陽城胥渠 補注錢大昕曰趙簡子時人見呂覽愛士篇

行人燭過 補注錢大昕曰趙簡子臣見說苑臣術篇梁玉繩曰亦見韓子難二呂覽貴直篇

韓悼子 宣子子補注梁玉繩曰悼當作貞與前欒貞子譌悼子可互證後韓康子注云貞子子此悼爲誤文無疑先謙曰見左傳韓世家

頓子 補注先謙曰此春秋定四年十四年見經之頓子名牂

胡子 補注先謙曰見春秋經傳爲楚所滅名

杞隱公 悼公子補注先謙曰杞世家題公後次謀娶公次武公次靖公次共公次德公次桓公姑容次孝公句次文公益姑次

越句踐 允常子師古曰句音鉤

大夫種 補注先謙曰並見越世家

扁鵲 補注先謙曰有列傳姓秦名越人

董安于 補注先謙曰見左傳晉語趙策

田饒 補注梁玉繩曰見韓詩外傳二去魯哀公相燕故表序於定哀之間外傳七有陳饒說苑尊賢

燕簡公 二十九世補注先謙曰見春秋經傳燕世家名款

嚴先生 師古曰即殺陶朱公者也補注先謙曰見越世家

齊國夏 補注先謙曰見春秋經傳 豹

桑掩胥 補注先謙曰見左傳

辟襄子 補注梁玉繩曰子當爲公辟襄公定見春秋定十二年

小邾子 補注先謙曰見春秋經傳

平公鬱次悼隱成次公公乞據表注悼公子知悼公必已列入疑傳寫脫去十世

杞釐公 隱公子補注先謙曰見杞世家云隱公弟名遂

曹伯陽 爲宋所滅

范蠡 補注先謙曰有列傳

后庸 補注先謙曰見左傳吳語作舌庸

諸稽到 補注先謙曰官本攷證云到當作郢各本俱譌

篇亦作田饒齊策作田需相齊見逐非此人

仇汜 補注錢大昕曰魯之恭士也行年七十其恭益甚說苑敬慎篇作机汜

榮聲期 師古曰即榮啟期也聲或作啟補注先謙曰見列子天瑞淮南主衛齊俗篇錢大昕云聲蒞罄之謌啟罄聲相近王念

秦悼公 惠公弟補注先謙曰見秦紀弟當作子

魯哀公 補注先謙曰見春秋經傳魯世家名蔣梁玉繩云當有定公子三字

齊晏孺子 師古曰即安孺子也

齊悼公陽生 補注先謙曰見左傳齊世家當有晏孺子兄四字

公孫彊 補注先謙曰並見左傳曹世家

苦成

皐如 補注先謙曰諸稽下見吳語

計然 補注先謙曰見貨殖傳

孫云此因隸書啟作啓形與聲近而謬耳據頗注它本固有作啓者矣不必迂其說而以焉謁之也

楚芋尹文 師古曰芋音于具反補注錢大昕曰見新序義勇雜事篇

隰斯彌 補注錢大昕曰見韓子說林篇

燕獻公 三十世補注先謙曰見燕世家

注先謙曰見左傳齊世家名荼當有景公子三字

高昭子 補注梁玉繩曰高昭子即高張已見前此陳昭子之譌故與田恒上下

鮑牧 補注先謙曰見左傳

田恒 陳乞子補注先謙曰見春秋經傳田齊世家當在九等

田乞 完六世孫補注先謙曰見春秋傳田齊世家桓子子

齊簡公壬 補注先謙曰見春秋經齊世家當有悼公子三

葉公子高 補注先謙曰見論語左傳

市南熊宜僚 補注先謙曰見左傳莊子山木徐無鬼則陽篇

大陸子方 補注錢大昕曰即東郭賈也見左傳

相連非重出也陳昭子乞之子恒之兄見左傳名莊

楚白公勝 補注先謙曰見左傳

屈固 補注錢大昕曰見楚世家伍子胥傳即左傳之薳固

楚惠王章 昭王子補注先謙曰見左傳楚世家

申鳴 補注錢大昕曰楚昭王臣見韓詩外傳十說苑立節篇

孔文子

字

諸御鞅 補注先謙曰見左傳田齊世家梁玉繩云諸御官名越世家諸御十人

衞大叔遺

子我 補注梁玉繩曰子我陳恒之下蓋誤置

子行 補注先謙曰並見左傳

衞出

儀封人

嚴善 補注錢大昕曰卽莊善也見新序義勇篇韓詩外傳作莊之善辭其母死白公之難

檀弓

補注梁玉繩曰孔圉已列四等此必南文子之譌故敍於公子郢後猶說苑復恩篇之譌作甯文子也儺纆馳南文見左子衞策傳子之文郢字父南故子南氏禽

公輒 補注先謙曰當有蒯聵子三字

魯太師 補注梁玉繩曰此太師非必師摯注疏但云樂官名或疑表重出非

公儀中子 補注先謙曰並見禮檀弓篇

太叔疾 補注先謙曰見左傳

渾良夫 師古曰渾音下昆反

公明賈

陳轅頗

達巷黨人 補注先謙曰見論語孔子世家卽項橐亦作項託七歲為孔子師見董仲舒傳淮南修務論衡實知篇秦策甘茂傳

皐魚 補注梁玉繩曰見韓詩外傳九立槁而死

孔悝

長沮 師古曰沮音千余反

陳亢 師古曰音商又音抗補注先謙曰官本商作圖是

顏亾父

補注先謙曰見春秋經傳

蔡成公 昭公子補注先謙曰見蔡世家名朔梁玉繩云兩公字當作侯

石乞

狐黶 師古曰卽孟黶補注先謙曰太叔遺下見左傳衞世家官本孟作孟梁玉繩云孟壺贅近壺狐字通史弟子傳作孝黶作孟者是也

朱張

桀溺

子服景伯

齊平公驁

衞簡公 蒯聵

顏隃倫

簡公子補注先

少連 補注先

謙曰並見論語錢大昕云表無柳下惠必栞本厖漏

丈人

何蕢 師古曰蕢音匱

林放

顏夷 補注先謙曰錢大昕云三人皆善御者見韓詩外傳二惟匹父作無父隃倫彼文單名淪耳李廣芸云亾無古通當從毛本作匹者亾字之誤先謙案官本作匹與錢所見本同

補注先謙曰驚當作鶩見田齊世家云簡公弟

厥黨童子 師古曰卽闕黨童子也

謙曰錢大昕云前九等已有蒯瞶此重出蒯瞶謚莊公與此亦不合先謙案蒯瞶不得列出公後此傳寫妄增

原壤

叔孫武叔

楚狂接輿 補注先謙曰儀封人下見論語

陳司敗

陳弃疾 補注翟云升曰楚平王弃疾之外有左襄二十二年令尹子南之子弃疾昭六年宮廢尹弃疾陳當爲楚先謙曰此與商陽並則是檀弓之陳弃疾不如翟說也鄭注陳或作陵其人存疑可耳

革子戚 師古曰卽棘字戚也補注先謙曰官本戚作成字作子是並見論語

衞公孫朝

衞侯起 補注先謙曰見衞世家

陳子禽

工尹

補注梁玉繩曰此子禽乃子車之謂陳子亢是子車弟禮檀弓甚明子亢子車告字與陳人名亢字子禽者判然不同自鄭注檀弓誤云子亢孔子弟子遂切作一人

商陽 補注先謙曰禮鄭注工尹楚官名

屈生晦 師古曰即微生畮也畮古畝字補注先謙曰畮是晦之誤

石國 補注錢大昕曰國當作圃逐衞侯起見左傳

陽膚

周元

陽虎 補注先謙曰見春秋傳魯世家

孟之反 補注先謙曰見論語左傳

師襄子 補注梁玉繩曰見孔子世家韓詩外傳五衞樂師非論語擊磬者故表判然二人僞家語辨樂篇藝韓詩外傳而妄增擊磬爲官之言遂合二襄爲一索隱及朱子集注并仍其誤淮南主衛高注云魯樂太師光誤不但師襄非魯伶官且魯襄職司擊磬豈得稱太師耶

屈生高 師古曰即微生高也

齊黔敖 師古曰即黔敖也補注梁玉繩曰黔姓古讀若禽廣韻音巨金切釋文作其廉反非也

王赤 敬王子補注先謙曰周字衍周紀名仁

晉出公 定公子 補注先謙曰見晉世家名鑿

申棖 補注先謙曰弟子傳作申黨

餓者

互鄉童子

大連 補注先謙曰見禮雜記

師已 補注錢大昕曰前師已列五等此與賓牟賈並列乃師乙之譌

師冕 師古曰即師免補注先謙曰魯太師下見論語梁玉繩云冕字

陳子亢 補注先謙曰詳五等陳子禽下

茀肸 師古曰即佛肸也茀音弼

未見有作免者顏注不可曉疑表是免字注作冕耳

賓牟賈 補注先謙曰並見禮樂記

鄭戴勝之 補注梁玉繩曰鄭乃宋之譌鄭無戴氏也孟子有戴不勝戴盈之疏謂不勝字盈之此又誤爲勝之惟表列魯哀公時太早

公之魚 補注錢大昕曰見孔子世家

陳愍公 爲楚所滅補注先謙曰見陳世家

顏丁

公肩瑕 師古曰即公肩假也補注錢大昕曰見禮檀弓

南郭惠子 補注先謙曰陳弃疾下見檀弓

陳尊己

公山不狃 師古曰即公山不擾也音人九反補注先謙曰原壤下見論語

補注錢大昕曰見荀子法行墨子非儒篇子貢之齊因以見田常

顏柳

姑布子卿 補注錢大昕曰見趙世家韓詩外傳九荀子非相篇善相人

宋桓魋

周豐 補注先謙曰顏丁下見禮檀弓

衞視夷 師古曰即式夷也見呂氏春秋補注梁玉繩曰呂覽長利篇有戎夷未見式夷事式視

宋子韋 補注梁玉繩曰見呂覽制樂淮南道應篇新序四宋景公之史

秦厲臣人 補注先謙曰並見論語梁玉繩云當列下下

共公 悼公子補注先謙曰見秦紀

宋桑羽

公輸般

杞愍公

補注先謙曰梁玉繩云羿本女之譌宋桑女見列女傳陳辨女篇

聲近相借知今本作戎譌也式夷違齊如譽天寒而死高注齊之仁人疑不如班表在前爲確 史畱 補注翟云升曰卽史籀見秦紀畱籀音同周壽昌曰卽史籀也藝文志周宣王太史籀之爲畱古字通省耳先謙曰周說近之而表次時代稍後

補注先謙曰見孟子宋策禮檀弓墨子 離朱 補注梁玉繩曰見列子湯問莊子駢拇天地淮南原道篇黃帝時明目人蓋因孟子之言誤與公輸並列梁書云表有墨翟無楊朱疑鄰爲楊之譌等次時代皆相近

貞定王 元王子補注先謙曰見周紀名介

釐公子補注先謙曰見杞世家名維

樂正子春 補注先謙曰見檀弓 石讐 補注錢大昕曰見說苑敬愼篇 子服子 補注梁玉繩曰子服它生椒椒生回回生何表[illegible]缺回

豫讓 補注先謙曰有列傳 青荓子 師古曰荓音步丁反補注錢大昕曰見呂覽序意篇豫讓之友自殺於汾水梁下 趙襄子 簡子子補注先謙曰見趙世家名無恤

陳太宰喜 補注先謙曰喜是嚭之省 吳行人儀 補注先謙曰並見禮檀弓 鄭鄬魁絫 師古曰鄭人所仵也鄬音雋魁口賄反絫音磊補注先謙曰左哀傳之鄭魁壘

鄭共公丑 哀公弟補注先謙曰見鄭世家云聲公弟 晉定公 昭公孫補注先謙曰官本作昭公子見晉世家梁玉繩云前已列定公當云晉懿公哀公子參校可得

晉哀公忌 補注梁玉繩曰六國表出公後次哀公忌次懿公驕[illegible]

杞釐公 師古曰此不當言釐公字誤也補注先謙曰前已有釐公世家云湣公弟閼路弑湣公代立是爲哀公釐當作哀 鄭哀公易 聲公子補注先謙曰見鄭世家 蔡聲侯產

吳王夫差 太宰嚭 補注先謙曰並見左傳吳越世家

一代此必同也列哀公時在子服景伯後或傳寫失次同謚昭伯見左傳錢大昕曰魯繆公臣有子服厲伯見論衡非韓篇藝文志有子晚子晚服字形亦相似

知過 師古曰卽知果補注先謙曰見趙策晉語

燕考公 三十一世補注先謙曰見燕世家考作孝官本公下多桓字

也鄭謚字絫壘通晉士鄭仵鄭字常衍官本注磊作累

驕晉世家出公死立昭公曾孫哀公驕趙世家作昭公曾孫懿公驕索隱正義引世本云昭公生桓子雍雍生忌忌生懿公驕與世家世系合是忌乃驕之父早死未立哀公或追謚也後晉幽公注云懿公子列不益公寫服去 智伯 補注先謙曰見左傳趙世家

成侯子

惠子 補注梁玉繩曰卽司寇惠子檀弓 公房皮 補注梁玉繩曰廣韻注楚公子房之後或云御覽八百二十八引尸子有宋公敘皮疑是此人

鮑焦 補注梁玉繩曰見燕策[illegible]韓詩外傳一 墨翟 補注梁玉繩曰見齊策孟荀傳 禽屈釐 師古曰卽禽滑釐者是也屈音其勿反又音豆勿反補注梁玉繩曰墨翟弟子見墨子公輸列

魏桓子 獻子曾孫補注先謙曰見魏世家 韓康子 貞子子補注先謙曰見韓世家

齊宣公 平公子補注先謙曰見齊世家名積 蔡元侯 聲侯子補注先謙曰見蔡世家

蔡侯齊 爲楚所滅補注先謙曰並見蔡世家 杞簡公春 爲楚所滅補注先謙曰杞世家哀公卒出公敕立出公卒簡公立

房字謁

子湯闕莊子天下篇先謙曰宮本注豆作丘是

表脫出公一代

高赫 補注梁玉繩曰見韓子難一淮南汜論人閒說苑復思篇趙襄子臣先謙曰世家作高共徐廣云一作赫

田襄子 悼子子補注先謙曰見田齊世家名盤錢大昕云襄子卽田常之子常謚成非悼

衞悼公 出公叔子補注先謙曰見左傳衞世家名黔梁玉繩云子是父之誤

思王

叔襲 定王子補注先謙曰周紀定王崩子哀王去疾立三月弟叔襲殺哀王自立表蓋以哀王卽位日淺故不載

我子

原過 補注錢大昭曰趙襄子臣見趙世家

魯悼公 出公子補注先謙曰見左傳魯世家名甯王鳴盛云悼公哀公子也疑出公卽哀公哀

衞敬公 悼公子補注先謙曰見衞世家名弗

周考哲

任章 補注錢大昕曰魏桓子臣見魏策韓子說林篇

王嵬 思王弟補注先謙曰並見嵬紀周字衍梁玉繩云此表曰考王

考哲安王曰元安烈王曰夷烈顯王曰顯聖皆二字謚不知何出

卒於越故以號之

田俅子 師古曰俅音求

中山武公 周桓公子補注先謙曰見趙世家

燕成公 三十二世補注先謙曰見燕世家

西周桓公 考王弟補注先謙曰見周紀名揭考王封之河南

隨巢子

秦懷公 躁公立補注先謙曰見秦紀立字誤宮本作子梁玉繩云當爲躁公弟

胡非子 補注先謙曰我子下見藝文志墨家

韓武子 康子子補注先謙曰見韓世家

秦躁公 厲公子師古曰躁音千到反補注先謙曰見秦紀

魯元公 悼公子補注先謙曰見魯世家名嘉

衞懷公 敬公弟補注先謙曰見衞世家名亹被弑梁玉繩云懷公上爲敬公子昭公糾在位六年懷公

段干木

魏文侯 桓子孫補注先謙曰見魏世家名都

公季成 補注錢大昕曰魏文侯母弟見新序四

周威公 桓公子補注先謙曰周上脫西字見周紀

田子方 補注先謙曰並見魏世家爲文侯師

弑之表脫昭公懷爲敬弟史無明文未詳所出

周威烈王 考王子補注先謙曰見周紀周字衍名午

司馬庚 補注錢大昕曰見淮南修務篇注云秦大夫或作唐

趙獻侯 襄子兄孫補注先謙曰見趙世家名浣兄伯魯也

甯越 補注梁玉繩曰見呂覽不廣博志諸篇中牟人學十五歲而周威公師之

李克

司馬憙 補注先謙曰見中山策三相中山

趙桓子 襄子弟補注先謙曰見趙世家

東周惠公 威公子補注先謙曰周紀威公卒子惠公立乃封其少子於鞏

鄭幽公 共公子補注先謙曰見鄭世家名巳

太史魏成子

居黍 補注錢大昕曰見呂覽先識篇晉出公之太史說苑權謀篇作屠餘

補注先謙曰並見魏世家梁玉繩云公季成在五等卽魏成子也疑成當作文魏文子相襄王見魏策表誤列文侯時耳

楚簡王 惠王子補注先謙曰見楚世家名中

號東周惠公此注威公子則東當作西蓋表西周惠公威公子下當別有東周惠公惠公子一條傳爲誤劉併爲一下四等有西周武公是西周惠公之子表不應缺西周惠公一代尤其明證矣

宋昭公 景公子補注先謙曰見宋世家梁玉繩云左哀二十六年傳名得世家作特據傳景公無子取得與啟畜諸宮景公卒先立啟後立得世家謂特殺太子自立此又以昭爲景子三書不同

翟黃 補注梁玉繩曰見呂覽下賢自知篇韓

躬吾君 補注梁玉繩曰番吾君見趙世家古文

司馬期 補注梁玉繩曰

燕湣公 三十三世

秦靈公 懷公孫補注先謙曰見秦紀

晉幽公 懿公子補注先

任座 師古曰座音才戈反補注梁玉繩曰見呂覽自知篇魏文侯直臣案任座無作痤者顏音非

李悝 師古曰悝音口回反補注梁玉繩曰見呂覽驕恣篇荀傳魏文侯相

子內儲說下魏世家文侯上鄭

牛畜 番作豣遂誤馬躬字

荀訢

趙公中達 補注先謙曰趙世家公仲連相烈侯達是連形近誤字

田大公和 補注先謙曰田齊世家襄子卒子莊子白立莊子卒和立表脫

見中山策韓子難言死而浮於江翟云升曰說苑正諫篇作司馬子基

樂陽 師古曰即樂羊也補注先謙曰見秦魏中山策樂毅傳

補注先謙曰見燕世家

趙烈侯 獻侯子補注先謙曰見趙世家名籍

謙曰名柳梁玉繩云世家誤以爲哀公子

衛慎公 敬公子補注先謙曰見衛世家名頹官本列在七等梁玉繩云

趙倉堂 補注錢大昕曰即趙倉唐見魏世家武侯傳

屈侯鮒 補注梁玉繩曰見魏世家說苑臣術篇鮒作附

西門豹 補注梁玉繩曰見魏策呂覽樂成篇鄴令

公儀休

徐越 補注先謙曰牛畜下見趙世家

魯穆公 補注先元公子

莊子一代又脫注文莊子子三字

秦簡公 厲公子補注先謙曰見秦紀翟云升云厲當作懷

韓景侯虔 武侯子補注先謙曰見韓世家武侯當爲武子

燕釐公 三十四世補注先謙曰見燕世家

秦惠公 簡公子

慎公父公子適適父敬公當作敬公孫

楚聲王 簡王子補注先謙曰見楚世家名當

元安王驕 威烈王子補注先謙曰見

子思 補注先謙曰孔子孫名伋見孔子世家表無伯魚亦必粱本脫漏

謙曰有列傳

泄柳

申詳 補注先謙曰並見孟子

補注先謙曰見魯世家名顯

費惠公 師古曰費音祕補注梁玉繩曰困學紀聞云即魯季氏之借

顏敢 補注錢大昕曰敢乃般之形近誤字

孫子 補注錢大昕曰藝文志道家有孫子十六篇六國時人非兵家兩孫子也梁玉繩曰見莊子達生篇名休

南宮邊 補注錢大昕曰魯穆公時人說苑至公篇作南宮邊子

列子 補注梁玉繩曰見列子書楚策莊子諸

補注先謙曰見秦紀此又一惠公

趙武公 列侯弟補注先謙曰見趙世家

晉列侯 幽公子補注先謙曰列侯當作烈公見晉世家名止

宋悼公 昭公子補注先謙曰見宋世家名購由

周紀梁玉繩云史名驕疑驕之誤

鄭繻公駘 師古曰繻音聊駘音臺補注先謙曰見鄭世家幽公弟梁玉繩云史作繻公集解繻或作繻皆所諡法無疑繆字之講

王慎 補注梁玉繩曰慎順古字通

長息

公明高 補注先謙曰費惠下見孟子

嚴仲子 補注先謙曰見韓世家聶政傳疑不在四等

篇名禦寇

魏武侯 文侯子補注先謙曰見魏世家名擊

韓列侯 景侯子補注先謙曰見韓世家名取官本列作烈

吳起 補注先謙曰有列傳

韓文侯 補注錢大昭曰南監本閔本俱有列侯子三字先謙曰官本有三字見韓世家

楚悼王 聲王子補注先謙曰見楚世家名疑

韓相俠絫 補注先謙曰見韓世家刺客傳

鄭相駟子陽 補注先謙曰見鄭世家

齊康公 爲田氏所滅補注先謙曰見齊世家

聶政 補注先謙曰有列傳

聶政姊 補注先謙曰見政傳

陽成君 補注錢大昕曰荊臣見呂覽上德篇成作城

趙敬侯宋休公 列侯子補注先謙曰見趙世家名章官本列作烈

宋休公 悼公子補注先謙曰見宋世家名田

孟勝

大監突 補注錢大昕曰秦大夫見呂覽當賞篇

魏惠王 武王子補注先謙曰武王當作武侯見魏世家名罃

晉孝公 列公子補注先謙曰見晉世家名頎列烈同

韓哀侯 文侯子補注先謙曰見韓世家

徐弱 補注錢大昕曰並見呂覽上德篇墨者孟勝爲荊之陽成君而死其弟子徐弱亦死之

徐子 補注錢大昕曰魏策所謂外黃徐子也說太子申勿戰者藝文志儒家有徐子四十二篇

齊桓侯 和子補注先謙曰見田齊世家名午侯當作公官本上多子字

秦出公 惠公子補注先謙曰秦紀作出子

鄭康公乙 爲韓所滅補注先謙曰見鄭世家

白圭 補注梁玉繩曰七國前後兩白圭貨殖傳之白圭當魏文侯時爲魏取中山此周人白姓圭名呂覽載白圭與惠施孟嘗問答韓子言白圭之行隄塞其穴無水難魏策載二事在魏昭王時此魏人白姓丹名圭字表列孟子魏惠王之閒爲魏白圭無疑惟趙岐高誘誤注周人法言云子之治產不似丹圭巳先錯矣

楚肅王 悼王子補注先謙曰見楚世家名臧

孟子 補注先謙曰有列傳

鄒忌

孫臏 師古曰臏音頻忍反

田忌 補注先謙曰鄒忌下見齊策田齊世家

齊威王 田恒侯子補注先謙曰見田齊世家名因齊官本注恒作桓是侯當作公

章子 補注先謙曰見孟子齊策即匡章

趙成侯 敬侯子補注先謙曰見趙世家名種

燕桓公 三十五世補注先謙曰見燕世家

秦獻公 靈公子補注先謙曰見秦紀

韓懿侯 哀侯子補注先謙曰見韓世家

魯共公 繆公子補注先謙曰見魯世家名奮

龐涓 師古曰涓音工玄反補注先謙曰見魏田齊世家

周夷烈王喜 元安王子補注先謙曰見周紀周字衍

晉靖公

任伯 爲韓魏所滅補注先謙曰見晉世家名俱酒此作任伯形近致誤梁玉繩云三晉分其地表不列趙似脫

趙良 補注先謙曰見商君傳

商鞅 補注先謙曰有列傳梁玉繩云疑不在中上

申子 補注先謙曰有列傳名不害

太史儋 補注先謙曰見周秦紀老子傳

大成午 補注先謙曰韓策亦作成趙世家作大戊午徐廣云戊一作成則成字是

趙肅侯 成侯子補注先謙曰見趙世家

秦孝公 獻公子補注先謙曰見秦紀

甘龍

韓昭侯 懿侯子補注先謙曰見韓世家

杜摯 補注錢大昕曰皆秦臣並見商

宋辟公 休公子補注先謙曰見宋世家名辟兵

衞聲公 慎公子補注先謙曰見衞世家名訓

楚唐蔑 補注先謙曰見楚韓世家蔑即蔑亦作昧

燕文公 桓公子

衞成公 聲公子

屈宜咎 補注梁玉繩曰韓世家作臼說苑權謀篇作咎

鐸椒 補注先謙曰見十二侯表藝文志傳左傳者

鄭敖

子華 補注梁玉繩曰莫敖子華見楚策它本作鄭又作鄭尤誤與史扁鵲傳謂鄭作鄭同舊唐志開元十三年以鄭類鄭字改爲莫遂誤莫鄭爲同字矣

史舉 補注錢大昕曰上蔡監

君傳

子桑子 補注錢大昕曰若是子桑伯子似時代不當在此翟云升曰疑呂覽審爲篇子華子之謂或荀子正論篇子宋子之謂宋子宋牼也

被雍 補注翟云升曰即吳越春秋夫差內傳之被離韓雍形近而誤

昭奚恤 補注先謙曰見楚策官本脫奚字

江乙 補注先謙曰見楚策梁玉繩云韓子七術作江乞

沈尹華 補注錢大昕曰見呂覽去宥篇荊威王學書於華

馮赫

三十六世 補注先謙曰見燕世家梁玉繩云文爲桓子史無其文

安陵纏 師古曰纏即纏字也補注梁玉繩曰見說苑權謀篇即燕策之楚安陵君壇也

蘇秦

張儀 補注先謙曰並有列傳

齊宣王 辟彊 威王子補注先謙曰見田齊世家

補注先謙曰見衞世家名遬公當爲侯

楚宣王 肅王子補注先謙曰見楚世家名良夫梁玉繩云子當爲弟

魯康公 補注先謙曰見魯世家名屯錢大昕云當有共公子三字

周顯聖

王扁 夷烈王子師古曰扁音篇補注先謙曰見周紀

宋剔成君 辟公子補注先謙曰見宋世家

嚴蹻 師古曰蹻音居略反補注先謙曰見西南夷傳

門甘茂師事之見楚策

閭丘光 補注錢大昕曰即閭丘先生也齊宣王時人見說苑善說篇孫志祖曰光乃先之譌漢人傳先生每單稱先

閭丘印 補注錢大昕曰見新序五年十八道遮齊宣王求仕

顏歜 師古曰歜音觸

補注錢大昕曰楚策有馮郝說楚王蓋即其人梁玉繩曰東周策趙策有仇赫元作郝秦策公孫郝元作赫可互證

淳于髡 補注先謙曰有列傳

昆辯 師古曰齊人也靖郭君所善見戰國策而呂覽作劇貌辯補注錢大昕曰昆當作皃古貌字呂覽劇乃劑之譌國策劑作齊先謙曰官本善見例

司馬錯 補注先謙曰見秦策秦紀

犀首 補注先謙曰即公孫衍有列傳

公中用 補注錢大昕曰即韓策公仲朋也用是朋之譌

史起 補注先謙曰見

靖郭君 補注先謙曰見齊策孟嘗君傳齊威王子孟嘗父田嬰

於陵子中 補注先謙曰見齊策孟子官本子中作中子是

秦惠王 孝王子補注先謙曰秦紀亦作惠文君孝王當作孝公

魏襄王 惠王子補注先謙曰見魏世家名赫

魯景公 康公子補注先謙曰見魯世家名匽

唐尚 補注錢大昕曰見呂覽士容篇

楚威王 補注先謙曰見楚世家名商梁玉繩云當有宣王子三字

衞平公 成公子補注先謙曰見衞世家兩公字當爲侯

補注先謙曰見齊策呂覽樂成篇亦見溝洫志

王升　補注錢大昕曰齊策所謂王斗先生也古文斗作升字每相亂

尹文子　補注錢大昕曰藝文志名家有尹文子說齊宣王

番君　補注翟云升曰見高帝紀當在秦時先謙曰吳苪漢臣不當入表存疑

蕩疑　師古曰即薄疑也補注先謙曰見呂覽務本韓子七衞篇王念孫云蕩是薄之誤雖亦有蕩姓然據元和姓纂薄姓下引風俗通云衞賢人薄疑則當作薄明矣它書亦無作蕩疑者

魏哀王　襄王子補注先謙曰見魏世家

韓宣王　昭王子補注先謙曰見韓世家即宣惠王昭王當作昭侯

燕易王　三十七世補注先謙曰見燕世家

衞嗣君　平公子補注先謙曰見衞世家

魯平公　景公子補注先謙曰見魯世家名叔

慎靚王　補注先謙曰見周紀名定王念孫云各本皆脫題王二字當依景祐本補

越王無彊　句踐十世爲楚所滅補注先謙曰越世家句踐卒子鼫與立卒子不壽立卒子翁立卒子翳立卒子之侯立卒子無彊立表不具載十爲七字之譌

唐易子　補注梁玉繩曰見韓子外儲說右上載二說一云田子方問弋於唐易鞠一云齊宣王問弋於唐易子疑是唐易氏前後兩人

如耳　補注錢大昕曰見秦策魏世家韓子七

韓襄王　宣王子補注先謙曰見韓世家名倉

周昭文君　補注梁玉繩曰見呂覽論大報更務大諸篇亦曰周文君見東周策

燕王噲　二十八世補注先謙曰見燕世家易王子

赧王延　慎靚王子

衡外儲說右

屈原　補注先謙曰有列傳

西周武公　補注先謙曰見周紀當有惠公子三字

蘇代

補注先謙曰赧同赧見周紀錢大昕云周自思王以後七傳皆在弟八不應赧王轉列六等故知此葉大率誤超二格官本靜作靚字同

子之　補注先謙曰見燕世家竹書錢大昕云燕噲王宜居下下郎楚懷靳尚亦當與鄭袖同等而誤入第七益此數行刊本差錯均應退下兩格

楚懷王　威王子補注先謙曰見楚世家名槐

夫人鄭袖　補注先謙曰見楚策懷王之幸夫人佀稱夫人無所繫屬亦楚懷本列九等之確證

陳軫　補注先謙曰有列傳

蘇厲　補注先謙曰並見國策蘇秦弟

馬犯　補注錢大昕曰見周紀

周景　補注錢大昕曰當作周最亦見周紀翟云升曰或秦始皇紀贊翟景之譌

昭廷　補注梁玉繩曰郎楚懷王良臣昭過也廷過字形近而誤

占尹　補注錢大昕曰當是楚詞之太卜鄭詹尹也周壽昌日文選四五詹兔缺李注詹與占古字同通考異詹作占

宋遺　補注錢大昕曰見楚世家懷王時勇士

令尹子椒

靳尚　補注先謙曰見楚策

特楚詞卜居之詹尹乃楚人鄭詹尹別一人也亦不同時

漁父 補注先謙曰見屈原傳

應曁上官 補注先謙曰官本作應堅翟云升云疑卽周策陽豎

大夫子蘭 補注先謙曰見屈原傳梁玉繩云新序節士篇以上官郎靳尚非是錢大昕云當在第七格 補注錢大昕曰並見新序節士篇作令尹子蘭司馬子椒梁玉繩曰當在下下

魏昭王 哀王子補注先謙曰見魏世家哀當作襄

秦武王 惠王子補注先謙曰見秦紀錢大昕云武王任鄙烏獲皆宜與孟說同等

烏獲

軋子 孟說 補注先謙曰見孟子秦紀

趙武

樗里子 師古曰樗音丑於反補注先謙曰有列傳名疾秦庶長

任鄙 補注先謙曰見秦紀秦力士

聚子 師古曰聚字也補注錢大昕曰疑卽治春秋之夾氏鄒氏也軋夾聚鄒音近翟云升曰字書聚與塳同無聚字之說 師古曰說讀曰悅補注先謙曰見秦紀

魯愍公 平公子補注先謙曰見魯世家作文公索隱世本作湣公

靈王 肅侯子

公羊子

沈子 師古曰魯人也善春秋補注梁玉繩曰見榖梁公羊傳稱子沈子

戚子 補注翟云升曰元和姓纂戚子著書未知所本梁玉繩曰戚疑臧之譌齊伐宋宋使臧子索救於荊荊王不至見宋策

李兌

策

肥義 補注先謙曰見趙世家錢大昕云肥義等在二等

根牟子 補注錢大昕曰根牟子受詩於孟仲子傳孫卿見經典釋文案高子仲梁子傳詩在四等沈子輩傳春秋在五等此在六等有譌梁玉繩曰廣韻注根牟子古賢者著書出風俗通

楚頃襄王 懷王子補注先謙曰見楚世家名橫

田不禮

穀梁子 補注先謙曰並見藝文志

北宮子

申子 補注梁玉繩曰申不害已列四等呂覽審應篇有周申向亦稱申子乃不害之族疑此是

代君章 補注先謙曰武靈王下見趙世家

非班元文以孔父仇牧荀息之例證之可見

萬章

慎子 補注先謙曰見孟荀傳名到

衞懷君 嗣君子補注先謙曰見衞世家

告子

魯子

嚴周 補注先謙曰有列傳

齊愍王 宣王子補注先謙曰見田齊世家名地

甘戊 補注先謙曰卽甘茂有列傳下蔡人梁玉繩云說苑雜言篇作戊古通案官本作甘茂

辥居州

公扈子 補注先謙曰北宮子下見公羊傳錢大昕云以上皆傳春秋者

惠施 補注梁玉繩曰見楚魏策莊子天下篇荀子非十二子篇

公孫龍 補注梁玉繩曰見孟荀

齊襄王 愍王子補注先謙曰見

滕文公

樂正子

尸子

淖齒

宋君偃

補注先謙曰見孟子錢大昕云魏文侯魯繆公費惠公燕昭王皆四等文公亦當與彼同科此刊本之譌

高子　補注先謙曰萬章下見孟子

仲梁子　補注梁玉繩曰見禮檀弓韓子顯學篇儒分爲八有仲梁氏之儒

補注梁玉繩曰見穀梁傳名佼商君師之鞅死佼逃入蜀見藝文志

捷子　補注錢大昕曰捷與接同見孟荀傳藝文志齊人

鄒衍　補注先謙曰見田齊世家孟荀傳齊人

田駢　補注梁玉繩曰見齊策莊子天下荀子非十二子篇孟荀傳齊人

傳趙策列子仲尼篇莊子秋水天下篇

魏公子牟　補注梁玉繩曰見趙策列子仲尼莊子秋水荀子非十二子篇

狐爰　師古曰即狐咺也齊人見戰國策補注梁玉繩曰見齊策呂覽貴直篇閔王斮之

田齊世家名法章

師古曰淖音女敕反字或作卓補注先謙曰見田齊世家

爲齊所滅　補注先謙曰見宋世家

公孫丑　補注先謙曰見孟子梁玉繩云孟子弟子以樂正子爲首表置樂正四等丑第三恐亦刊本誤升一格

孔穿　子思玄孫補注先謙曰見孔子世家

王歜　師古曰歜音觸補注錢大昕曰即田單傳齊人王蠋也說苑立節篇亦作歜

惠盎　補注梁玉繩曰見列子黃帝呂覽順說篇宋人淮南道應篇作惠孟

王孫賈　補注先謙曰見齊策年十五與市人殺淖齒

宋玉　補注先謙曰見屈原傳王逸楚詞注原弟子

嚴辛

唐勒

景瑳

樂毅　補注先謙曰有列傳

燕昭王　三十九世噲子補注先謙曰見燕世家

郭隗　補注先謙曰見燕策

白起　補注先謙曰有列傳

補注先謙曰楚策之莊辛

范雎　補注先謙曰有列傳

蘇不釋　補注先謙曰范燕云表與范雎竝必蔡澤之謂也澤釋古通蔡分爲蘇不二字有列傳

葉陽君　補注錢大昕曰即穰侯弟華陽君也徐廣云華一作葉見秦紀穰侯傳即芊戎

師古曰瑳音千何反即景差也補注先謙曰竝見屈原傳

秦昭襄王　武王弟補注先謙曰見秦紀

燕惠王　四十世昭王子補注先謙曰見燕世家

韓釐王　襄王子補注先謙曰見韓世家名咎

騎劫　補注先謙曰見燕世家

廉頗　補注先

田單　補注先謙曰有列傳梁玉繩云据張注舊列第五今在四等乃後人因張注升之

趙奢　補注先謙曰有列傳

緡高　補注梁玉繩曰見魏策安陵人爲其子守管刎頸而死

涇陽君　補注梁玉繩曰見秦紀穰侯傳即公子市秦昭王母弟與穰侯葉陽涇陽及高陵君公子悝稱四貴表不列高陵傳寫脫之

安陵君　補注錢大昕曰陸當爲陵表與唐雎竝列即魏策安陵君也

唐雎　補注先

穰侯　補注先謙曰有列傳

趙惠文王　武靈王弟補注先謙曰弟當爲子見趙世家名何

陳筮　補注先

魏安釐王　昭王子補注先謙曰見魏世家

魯仲連　補注先謙曰有列傳

謙曰有列傳錢大昕云據張晏說藺相如在五等廉頗何以得列第三世因相如升入二等頗亦安進之

虞卿　補注先謙曰有列傳

公孫弘　師古曰齊人也孟嘗君所使見戰國策補注梁玉繩曰亦見呂覽不侵篇

侯嬴　補注先謙曰見魏公子傳

謙曰見秦楚魏策

謙曰見韓世家釐王時入

孟嘗君　補注先謙曰有列傳

雍門周　補注錢大昕曰見說苑善說篇

魏公子　補注梁玉繩曰脫無忌二字先謙曰有列傳

朱亥　補注先謙曰見魏公子傳

范座　師古曰座音才戈反補注梁玉繩曰見魏世家說苑善說篇作范痤通用

左師觸龍　補注先謙曰見趙策趙世家

燕武成王　惠王子補注先謙曰見燕世家錢大昕云脫四十一世四字

趙孝成王　惠文王子補注先謙曰見趙世家名丹

趙括　補注先謙曰見趙奢傳

韓王安　為秦所滅補注先謙曰見韓世家

藺相如　補注先謙曰有列傳梁玉繩云據張晏注魯連栢如在第五後人安進之

朱英　補注先謙曰見楚策錢大昭云當與毛遂同等謀超一格

平原君　補注先謙曰有列傳

毛遂　補注先謙曰見平原君傳

蒙恬　補注先謙曰有列傳

春申君　補注先謙曰有列傳

秦孝文王　昭襄王子補注先謙曰見秦紀

華陽夫人　補注先謙曰見

龐煖　師古曰煖音許元反又音許遠反補注先謙曰見趙世家李牧傳

楚考烈王　頃襄王子補注先謙曰見楚世家

燕孝王　四十二世武成王子補注先謙曰見燕世家

李園　補注先謙曰見楚策列女傳宜列下下

魯頃公　為楚所滅補注先謙曰見魯世家錢大昕云不當列七等

趙王遷　為秦所滅補注先謙曰見趙世家錢大昕云六國見滅書法宜一例楚燕魏齊之君皆列九等韓趙不應獨殊且王安父

孫卿　補注先謙曰有列傳

王翦　補注先謙曰有列傳錢大昕云當與蒙恬同等

始皇紀呂不韋傳孝文王后

秦嚴襄王　文王子補注先謙曰見秦紀梁玉繩云文上脫孝字

呂不韋　補注先謙曰有列傳

名元

韓桓惠王　釐王子補注先謙曰見韓世家

衛元君　懷君弟補注先謙曰見衛世家

魏景湣王　安釐王子補注先謙曰見魏世家名增

趙悼襄王　孝成王子補注先謙曰見趙世家名偃

桓惠王王遷父悼襄王尚在後何以二王躐居其前此皆刊本錯誤之顯然者

楚幽王　考烈王子補注先謙曰見楚世家名悍

燕栗腹

劇辛　補注先謙曰並見燕趙世家

楚王負芻　為秦所滅補注先謙曰見楚世家

燕王喜　為秦所滅補注先謙曰見燕世家

韓非　補注先謙曰有列傳

燕將渠　補注先謙曰見燕世家

樂閒　補注先謙曰見燕策樂毅傳

高漸離　補注先謙曰見燕策刺客傳史通言漸離居五等今在第四轉寫失之

淳于越　補注先謙曰見始皇紀秦博士

李牧　補注先謙曰有列傳趙將

燕太子丹　補注先謙曰見燕世家刺客傳

鞠武　師古曰鞠音居六反補注先謙曰燕丹太傅見刺客傳

秦始皇　補注先謙曰本紀政名有

李斯　補注先謙曰有列傳

秦武陽　補注先謙曰見燕策刺客傳梁玉繩云史通識武陽居

代王嘉　為秦所滅補注先謙曰見趙世家

秦二世胡亥　補注先

魏王假　為秦所滅補注先謙曰見魏世家

齊王建　為秦所滅補注先謙曰見齊世家

荊軻 補注先謙曰有列傳梁玉繩云史通言軻居六等今列第五轉寫失之

七等今在第六轉寫失之

項梁 補注先謙曰見始皇紀項籍世家

樊於期 補注先謙曰見燕策刺客傳

秦子嬰 補注先謙曰見始皇紀

項羽 補注先謙曰有本紀

衞君角 爲秦所滅補注先謙曰見衞世家宜入九等

謙曰見始皇紀當列九等

趙高

閻樂 補注先謙曰竝見始皇紀

孔鮒 孔穿孫補注先謙曰見孔子世家爲陳涉博士孔光傳穿生順順生鮒

陳勝

吳廣 補注先謙曰竝見陳涉世家

董翳

司馬欣 補注先謙曰竝見項羽紀高祖紀梁玉繩云不列章邯蓋脫

孔襄 孔鮒弟子補注先謙曰子字衍見孔子世家錢大昕云當與孔鮒同等此皆刊本之誤非班意

虛受堂 四

古今人表第八 終　　漢書二十

律歷志第一上 師古曰志記也積記其事也春秋左氏傳曰前志有之　　漢書二十一

漢　蘭　臺　令　史班　固　撰

唐正議大夫行祕書少監琅邪縣開國子顏師古　注

賜進士出身前翰林院編修國子監祭酒加三級臣王先謙補注

虞書曰乃同律度量衡師古曰虞書舜典也同謂齊等所曰齊遠近立民信也自伏戲畫八卦由數起師古曰言萬物之數因八卦而起也補注劉攽曰志言卦起於數顏云數起於卦非也至黃帝堯舜而大備三代稽古法度章焉師古曰三代夏殷周也稽考也考於古事而法度益明周衰官失孔子陳後王之法曰謹權量審法度修廢官舉逸民四方之政行矣師古曰此論語載孔子述古帝王之政曰示後世權謂斤兩也量斗斛也法度丈尺也逸民謂有德而隱處者漢興北平侯張蒼首律歷事師古曰首謂始定也補注錢大昭曰蒼傳云蒼尤好書無所不觀無所不通而尤邃律歷先謙曰晉志漢室初興丞相張蒼首言音律未能審備隋志漢初興也而張蒼定律乃推五勝之法以爲水德實因戰國官失其守後秦滅學其道浸微蒼補綴之未獲詳究孝武帝時樂官考正師古曰更質正其事補注齊召南曰此即禮樂志所云立樂府置協律都尉本志所云造太初歷是也顏注未明至元始中王莽秉政欲燿名譽徵天下通知鐘律者百餘人補注錢大昭曰上餘字當作有平紀元始五年徵天下通知鐘律教授者在所爲駕一封軺傳遣詣京師先謙曰官本不重餘字使義和劉歆等補注先謙曰歆傳以哀帝崩後遷義和平紀元始元年置義和官秩二千石非王莽改爲大司農之義和也典領條奏言之最詳補注先謙曰魏書律麻志王莽世徵天下通鐘律之士劉歆總而條奏之最爲該博故班固取以爲志隋志劉歆典領條奏著其始末理漸研精錢塘律呂古誼云志載律法雖本於歆實爲前古定法歆篤古制作必依古法觀其不用京房六十律可知矣愚案歷代律呂之書至爲紛雜錢氏篤守漢志達其義指所論測黍制器較前人所得爲精故多采用焉故刪其僞辭取正義著于篇師古曰班氏自云作志取劉歆之義也自此已下訖於用竹爲引者事之宜也則其辭焉補注齊召南曰一日備數以下皆劉歆之詞而班氏稍加刪節所謂刪僞辭取正義也是以晉志引此志直云劉歆序論而風俗通義引劉歆鐘律書當亦指此若隋書牛弘傳引劉歆鐘律書春宮秋律百卉必凋秋宮春律萬物必榮云云今志所無是則班氏所刪去者也一曰備數補注先謙曰官本提行攷證云監本接連前文寫非也今另提行二曰和聲三曰審度四曰嘉量五曰權衡參五以變錯綜其數稽之於古今効之

虛受堂 一

於氣物和之於心耳考之於經傳咸得其實靡不協同數者〔補注〕先謙曰官本數下提行一十百千萬也所以算數事物順性命之理也書曰先其算命師古曰逸書也言王者統業先立算數以命百事也本起於黃鐘之數始於一而三之三三積之孟康曰黃鐘子之律也子數一泰極元氣含三爲一是以一數變而爲三也歷十二辰之數十有七萬七千一百四十七而五數備矣孟康曰初以子一乘丑三餘則轉因其成數以三乘之歷十二辰得是積數也五行陰陽變化之數備於此矣〔補注〕先謙曰此算術生鐘律之法詳見行於十二辰下其算法用竹徑一分長六寸二百七十一枚而成六觚爲一握蘇林曰六觚六角也度角至角其度一寸面容一分算九枚相因之數有十正面之數實九其表六九五十四算中積凡得二百七十一枚〔補注〕齊召南曰隋志其算用竹廣二分長三寸正策三廉積二百一十六枚成六觚乾之策也負策四廉積一百四十四枚成方坤之策也觚方皆經十二天地之大數也較此志亦少異沈欽韓曰隋志長三寸三當爲六說文亦云六寸也乾鑿度臥算爲年立算爲日立算皆爲甲旁算亦爲甲左襄三十年傳亥有二首六身下二如身是其日數注云亥字二畫在上併三六爲身如算之六如算六立下亥上二畫豎置身旁鄭乾鑿度立旁此則用法須縱橫置之吳志趙達取盤中隻筯再三從橫之是也梅文鼎古算器考云不知其起於何時宋鄉射禮二算爲純十純則縮而委之有餘純則橫于下一算爲奇奇則又縮諸純下又記云箭籌八十長尺有握此則器與法並見於經但後來乘除布列几案故短用六寸取其便於事唐志九執歷出於西域其算皆以字書不用籌策則中術皆用籌明矣沈彤曰角至角度一寸者謂總二百七十枚內外凡九層每枚一分則九枚有九分並中心一枚一分共一寸也面容一分者謂每枚四面皆一分也相因之數有十者以一分乘一寸而得也正面謂每觚外周之面也表五十四中積凡得二百七十一者以六觚外周共數五十四置爲實另以五十四加內周六共六十爲法相乘得三千二百四十倍六爲十二除之得二百七十加中心一凡得二百七十一枚也徑象乾律黃鐘之一而長象坤呂林鐘之長張晏曰林鐘長六寸韋昭曰黃鐘管九寸十分之一得其一分也〔補注〕先謙曰下云太極中央元氣故爲黃鐘其實一龠故曰乾律黃鐘之一韋說非也其數以易大衍之數五十其用四十九成陽六爻得周流六虛之象也孟康曰以四十九成陽六爻爲乾乾之策數二百一十六以成六爻是爲周流六虛之象也〔補注〕劉台拱曰注是上爻當作觚以四十九加六得五十五又加二百一十六得二百七十一是六觚之數夫推歷生律張晏曰推歷十二辰以生律呂也制器規圓矩方權重衡平準繩嘉量張晏曰準水平量知多少故曰嘉〔補注〕先謙曰制器二字上屬爲句探賾索隱鉤深致遠莫不用焉師古曰賾亦深也索求也度長

短者不失豪氂孟康曰豪兔豪也十豪爲氂師古曰度音大各反〔補注〕沈欽韓曰通卦驗注氂馬尾也十馬尾爲一分量多少者不失圭撮應劭曰圭自然之形陰陽之始也四圭曰撮三指撮之也孟康曰六十四黍爲圭師古曰撮音倉括反〔補注〕沈欽韓曰孫子算經六粟爲圭十圭爲秒十秒爲撮十撮爲勺十勺爲合權輕重者不失黍絫孟康曰絫音壘蠡應劭曰十黍爲絫十絫爲一銖師古曰絫孟音來戈反此字讀亦音纍繼之纍〔補注〕先謙曰官本壘作累隋志云不失黍絲絲蓋累字之誤紀於一協於十長於百大於千衍於萬其法在算術宣於天下小學是則職在太史〔補注〕葉德輝曰釋詁則法也保氏養國子以道乃教之六藝六曰九數鄭司農注九數方田粟米差分少廣商功均輸方程贏不足旁要今有重差夕桀句股也案漢之太史正當周之保氏宣於天下小學是則人人而習之通算法也羲和掌之〔補注〕錢大昭曰此用劉歆原文故言掌於羲和聲者宮商角徵羽也所以作樂者諧八音蕩降人之邪意〔補注〕周壽昌曰降淩本作滌先謙曰官本作滌全其正性移風易俗也八音土曰塤應劭曰世本暴辛公作塤師古曰燒土爲之其形銳上而平底六孔吹之塤音許元反字或作壎其音同耳匏曰笙應劭曰世本隨作笙師古曰匏瓠也列管瓠中施簧管端皮曰鼓師古曰鼓者郭也言郭張皮而爲之〔補注〕宋祁曰郭本作廓竹曰管孟康曰禮樂器記管漆竹長一尺六孔尚書大傳西王母來獻白玉琯漢章帝時零陵文學奚景於泠道舜祠下得白玉琯古以玉作不但竹也絲曰絃石曰磬金曰鐘木曰柷師古曰柷與俶同俶始也樂將作先鼓之故謂之柷狀如漆桶中有椎連底動之令左右擊音昌六反〔補注〕先謙曰官本動作撞考證云撞之別本作動之五聲和八音諧而樂成商之爲言章也物成孰可章度也師古曰度音大各反〔補注〕錢大昭曰漢紀云商者量也物盛而可量度也商量音近而義亦相成說文商从章省聲此志又云聲章於商則章義更精先謙曰風俗通引劉歆鐘律書同白虎通商者張也陰氣開張陽氣始降也案白虎通義亦班所綴輯並取壘韻爲訓角觸也物觸地而出戴芒角也〔補注〕先謙曰鐘律書同白虎通角者躍也陽氣動躍宮中也居中央暢四方唱始施生爲四聲綱也〔補注〕先謙曰鐘律書同白虎通宮者容也含容四時者也徵祉也〔補注〕錢大昕曰徵祉聲相近故徵有祉音物盛大而緐祉也〔補注〕先謙曰鐘律書同白虎通徵者止也陽氣止羽〔補注〕先謙曰說文䨾水音也从雨羽聲是爲五音之羽五音䨾屬水魏晉以來相承作羽宇也物聚臧宇覆之也〔補注〕錢大昭曰月令正義引作宇聚也臧聚宇覆之也案下云聲宇於羽則聚字非是先謙曰鐘律書同白虎通羽者紆也陰氣在上陽氣在下夫聲者中於宮觸於角祉於徵章於商宇於羽故四聲爲宮紀

也協之五行則角爲木五常爲仁五事爲貌商爲金爲義爲言徵爲火爲禮爲視羽爲水爲智爲聽宮爲土爲信爲思㠯君臣民事物言之則宮爲君商爲臣角爲民徵爲事羽爲物唱和有象故言君臣位事之體也五聲之本生於黃鐘之律九寸爲宮補注先謙曰淮南天文訓以三參物三三如九故黃鐘之律九寸而宮音調因而九之九九八十一故黃鐘之數立焉律書黃鐘長八寸十分一宮索隱案上文云律九九八十一故云長八寸十分一而漢書云黃鐘長九寸者九分之寸也劉歆鄭元等皆以長九寸即十分之寸不依此法也朱載堉律呂精義云淮南太史公所謂黃鐘長九寸者以九分爲寸九寸乃八十一分也漢志以十分爲寸九寸乃九十分也京房劉歆荀勗律尺每寸十分據下文云十分爲寸則索隱說是也蔡沈律呂新書云大要律書用相生分數相生之法以黃鐘爲八十一分今以十爲寸法故有八寸一分漢前後志及諸家用審度分數審度之法以黃鐘之長爲九十分亦以十爲寸法故有九十分法雖不同其長短則一故隋志云寸數並同也王元啓史記正譌云黃鐘之管長九寸以漢志攷之本屬十分之寸而律書有九九八十一之說者蓋律呂相生以三分爲損益以三約九則無餘分以三約十則餘分之多後將不可勝計故必以十分之寸均爲九分更以十釐之分均爲九釐豪絲以下皆然然後以三歸之各得其數之整以之制律審度皆有所據驗而不爽也

或損或益㠯定商角徵羽九六相生陰陽之應也律十有二補注先謙曰陽足以統陰故呂亦稱律陽六爲律陰六爲呂律㠯統氣類物一曰黃鐘二曰太族師古曰族音千豆反其下並同補注先謙曰官本無注末四字三曰姑洗四曰蕤賓五曰夷則六曰亡射師古曰亡讀曰無射音亦石反呂㠯旅陽宣氣補注先謙曰旅訓助見下文一曰林鐘二曰南呂三曰應鐘四曰大呂五曰夾鐘六曰中呂師古曰中讀曰仲有三統之義焉其傳曰補注先謙曰言古說相傳如此黃帝之所作也黃帝使泠綸師古曰泠音零綸音倫也補注先謙曰人表作泠淪呂覽作伶倫說苑修文篇作泠倫官本注末無也字自大夏之西應劭曰大夏西戎之國也昆侖之陰補注先謙曰呂覽古樂篇昆侖作阮隃高注阮隃山名山北曰陰宋書律志同風俗通音聲篇及說苑與志同取竹之解谷孟康曰解脫也谷竹溝也取竹之脫無溝節者也一說昆侖之北谷名也晉灼曰谷名是也補注陳浩曰依孟說應以取竹之解谷斷句生字連下文讀然於文義不順如晉說則之字當作往解亦與上文不順當以取竹之解谷生讀其竅厚均者句於文始順先謙曰呂覽取竹於嶰谿之谷則晉說是也句讀當如陳說猶言解谷所生耳應訓生爲治非晉志律之始造以竹爲管取其自然圓虛也生其竅厚均者應劭曰生者治也竅孔也孟康曰竹孔與肉薄厚等也晉灼曰取谷中之竹生而孔外肉厚薄自然均者截㠯爲筩不復加削刮也師古曰晉說是也補注先謙曰呂覽作以生空竅厚鈞者說苑風俗通同鈞均通用但言厚不言薄晉志亦然注增入薄字贅官本孔外肉作肉孔外肉考證云監本注孔字上脫肉字外肉訛外內今改正又截以爲筩監本訛筩從宋本改斷兩節間而吹之㠯爲黃鐘之宮師古曰黃鐘之宮律之最長者補注先謙曰呂覽作斷兩節間其長三寸九分而吹之以爲黃鐘之宮晉志同御覽五百六十五引作其長九寸說苑同李氏光地云黃鐘長八寸一分應鐘長四寸二分此三寸九分即二律相較之數畢氏沅云此三寸九分備有十二律非謂黃鐘止長三寸九分下云以爲黃鐘之長者即長於應鐘之數蓋應鐘十月律秦歲首所中也增長三寸九分而得黃鐘方是十一月律呂紀本因秦法也律呂古誼云黃鐘長八寸一分應鐘長四寸二分其間長三寸九分爲十二筩相生之限也明人有以黃鐘三寸九分立算者大謬若黃鐘止長三寸九分則不成爲黃鐘矣制十二筩㠯聽鳳之鳴師古曰筩音大東反補注錢大昭曰月令疏引此文鳳下有皇字先謙曰呂覽作筒筒筩一字說苑風俗通御覽並作管呂覽云以之阮隃之下聽鳳皇之鳴以別十二律隋志云取竹於嶰谷聽鳳阿閣之下始造十二律焉其雄鳴爲六雌鳴亦六比黃鐘之宮而皆可㠯生之是爲律本師古曰比合也可㠯生之謂上下相生也故謂之律本比音頻寐反補注王念孫曰比黃鐘之宮本作以比黃鐘之宮與上文以爲黃鐘之宮句同一例今本脫以

字舜典及左傳昭二十七年正義文選琴賦注七命注白帖三十一引此並作以比黃鐘之宮呂覽說苑晉志並同先謙曰呂覽云以比黃鐘之宮適合黃鐘之宮皆可以生故曰黃鐘之宮律呂之本至治之世天地之氣合㠯生風天地之風氣正十二律定孟康曰律得風氣而成聲風和乃律調也臣瓚曰風氣正則十二月之氣各應其律不失其序補注錢大昭曰閩本注得上律字作物黃鐘黃者中之色君之服也鐘者種也補注先謙曰律書黃鐘者陽氣踵黃泉而出也白虎通黃者中和之色鐘者動也言陽氣於黃泉之下動養萬物也種踵動皆取同聲字爲訓黃佐樂典云凡聲生於鐘因鐘以名律律自鐘出日均又一義天之中數五韋昭曰一三在上七九在下五爲聲聲上宮五聲莫大焉地之中數六韋昭曰二四在上八十在下六爲律律有形有色色上黃五色莫盛焉故陽氣施種於黃泉孳萌萬物師古曰孳讀與滋同滋益也萌始生補注先謙曰官本注末有也字爲六氣元也㠯黃色名元氣律者著宮聲也補注先謙曰樂典云陽氣潛藏於水土中央故以中色著宮聲也宮㠯九唱六孟康曰黃鐘陽九林鐘陰六言陽唱陰和變動不居周流六虛始於子在十一月補注錢大昭曰乾初九也辰在星紀大呂呂旅也補注錢大昭曰呂旅義同故說文呂篆文作膂言陰大旅助黃鐘

宮氣而牙物也〔補注〕先謙曰白虎通大者大也呂者拒也言陽氣欲出陰不許旅抑拒難之也周語韋注呂覽淮南
天文訓高注皆以旅助爲義與志合牙萌牙也位於丑在十二月〔補注〕錢大昭曰坤六四也辰在元枵太族
族奏也言陽氣大奏地而達物也師古曰奏進也〔補注〕錢大昭曰國語云太簇所以金奏贊陽出
滯亦此意先謙曰律書泰簇者言萬物簇生也故曰泰簇白虎通太亦大也簇者湊也言萬物始大湊地而出也天文訓太簇者簇
而未出也簇簇族字同位於寅在正月〔補注〕錢大昭曰乾九二也辰在娵訾夾鐘〔補注〕錢大昭曰月令疏引
此文夾鐘下有鐘種也夾助也六字言陰夾助太族宣四方之氣而出種物也〔補注〕先謙
曰律書夾鐘者言陰陽相夾廁也白虎通夾者孚甲也言萬物孚甲種類分也天文訓夾鐘者鐘始夾甲也與志義異位於
卯在二月〔補注〕錢大昭曰坤六五也辰在降婁姑洗洗絜也〔補注〕錢大昭曰月令疏引作洗之言絜也荀紀
云姑固也言陽氣洗物辜絜之也孟康曰辜必也必使之絜也〔補注〕先謙曰律書姑洗者言萬物洗生白虎
通姑者故也洗者鮮也言萬物皆去故就新莫不鮮明也天文訓姑洗者陳去而新來也位於辰在三月〔補注〕錢大
昭曰乾九三也辰在大梁中呂言微陰始起未成著於其中〔補注〕王念孫曰著者居也居中以助
陽也史記貨殖傳子贛廢著鬻財於曹魯之間徐廣云子贛傳云廢居著猶居也著讀音如貯漢書廢著作發貯貯與著皆居也著

又音直略反樂記樂著大始而禮居成物著亦居也故鄭注云著之言處也漢紀作中呂陰始起未發居中而助陽也是其證旅
助姑洗〔補注〕錢大昭曰方言脅力也旅有助義故言旅助先謙曰律書中呂者言萬物盡旅而西行也天文訓仲呂者中充
大也義並異宣氣齊物也位於巳在四月〔補注〕錢大昭曰坤上六也辰在實沈蕤賓蕤繼
也賓導也〔補注〕錢大昭曰賓古文儐見鄉飲酒禮注故訓爲導言陽始導陰氣使繼養物也
〔補注〕先謙曰律書蕤賓者言陰氣幼少故曰蕤痿陽不用事故曰賓白虎通蕤者下也賓者敬也言陽氣上極陰氣始起故賓敬之
也天文訓蕤賓者安而賓也位於午在五月〔補注〕錢大昭曰乾九四也辰在鶉首林鐘林君也〔補注〕
錢大昕曰釋詁文言陰氣受任助蕤賓君主種物使長大楙盛也師古曰種物種
生之物楙古茂字也種音之勇反〔補注〕先謙曰律書林鐘者言萬物就死氣林林然白虎通林者眾也言萬物成熟種類眾多也天
文訓林鐘者引而止也官本注字下無也字位於未在六月〔補注〕錢大昭曰坤初六也辰在鶉火夷則則
法也言陽氣正法度而使陰氣夷當傷之物也師古曰夷亦傷〔補注〕先謙曰律書夷
則言陰氣賊萬物也賊一作則白虎通夷傷也則法也言萬物始傷被刑法也天文訓夷則者易其則也位於申在七
月〔補注〕錢大昭曰乾九五也辰在鶉尾南呂南任也言陰氣旅助夷則任成萬物也

〔補注〕先謙曰律書南呂者言陽氣之旅入藏也白虎通南者任也言陰氣尚有任生薺麥也故陰拒之也天文訓南呂者任保大也
位於酉在八月〔補注〕錢大昭曰坤六二也辰在壽星亡射射厭也言陽氣究物而使
陰氣畢剝落之終而復始亡厭已也〔補注〕先謙曰律書無射者陰氣盛用事陽氣無餘也故曰
無射白虎通射者終也言萬物隨陽而終當復隨陰而起無有終已也位於戌在九月〔補注〕錢大昭曰乾上九也
辰在大火應鐘言陰氣應亡射該臧萬物而雜陽閡種也孟康曰該臧塞也陰雜陽
氣臧塞爲萬物作種也晉灼曰外閉曰閡師古曰閡音胡待反下言該閡於亥音訓並同也〔補注〕錢大昕曰應鐘十月之律於消息
爲純陰卦而八卦之位乾在十月是爲陰雜陽氣也坤之上六云龍戰于野其血玄黃而文言傳以爲天地之雜莊氏謂上六之爻
兼有天地雜氣故血有天地之色先謙曰官本孟注該作閡是索隱引亦作閡律書應鐘者陽氣之應不用事也白虎通應者應也
鐘者動也言萬物應陽而動下藏也天文訓應鐘者應其種也位於亥在十月〔補注〕錢大昭曰坤六三也辰在析木
三統者天施地化人事之紀也李奇曰統緒也〔補注〕先謙曰官本紀下無也字此謂黃鐘林鐘太族
三律爲三統十一月乾之初九陽氣伏於地下始著爲一萬物萌動〔補注〕
先謙曰樂典云黃鐘之均應仲冬中氣冬至是也節氣有入他月者中氣必在正數之月何以首冬至陽始生也候氣者求聲氣之

元推步者求律元皆以冬至子半爲定天地之心靜極復動期之日自是周而復始故首之也鐘於太陰〔補注〕先謙曰鐘
鍾義同古書鐘鍾字相亂故黃鐘宅書亦作黃鍾故黃鐘爲天統〔補注〕齊召南曰沈約宋志云班氏所志未能通
律呂本原空煩其文而爲辭費又推九六欲符劉歆三統之數假託非類以飾其說皆孟堅之妄矣召南案此志附會三統誠多穿
鑿然皆劉歆條奏本文而班氏述之非班氏欲符劉歆三統之數也律長九寸〔補注〕先謙曰律呂新書云律書置一而九
三之以爲法實如法得長一寸凡得九寸命曰黃鐘之律夫置一而九三之既爲寸法則七三之爲分法五三之爲釐法三三之爲
毫法一三之爲絲法從可知矣或曰徑圍之分以十爲法而相生之分釐毫絲以九爲法何也曰以十爲法者天地之全數也以九
爲法因三分損益而立也全數者卽十而取九相生者約十而爲九卽十而取九者體之所以立約十而爲九者用之所以行體者
所以定中聲用者所以生十一律也九者所㠯究極中和爲萬物元也易曰立天之
道曰陰與陽師古曰易說卦之辭六月坤之初六陰氣受任於太陽繼養化
柔萬物生長楙之於未令種剛彊大故林鐘爲地統律長六寸〔補注〕
先謙曰月令注林鐘黃鐘之所生三分去一律長六寸六者所㠯含陽之施楙之於六合之
內令剛柔有體也立地之道曰柔與剛師古曰此亦說卦之辭也乾知太始〔補注〕

先謙曰官本太作大坤作成物師古曰此上繫之辭正月乾之九三補注宋祁曰九三當作九二齊召南曰宋說非也自子至午爲乾卦六爻自未至亥爲坤卦六爻此言人生於寅正是乾之九三泰卦三陽之象非九二也萬物棣通孟康曰棣謂通意也師古曰棣音替補注宋祁曰南本有臣瓚曰案陽氣上下相及逮而通之也周壽昌曰冬氣閉藏萬物收斂閉而不通至春初啟蟄物與物相及漸至開通故孟訓通意也棣即隸說文及也亦作逮逮及也郊祀歌䟦行畢逮族出於寅人奉而成之仁目養之義目行之令事物各得其理寅木也爲仁其聲商也爲義故太族爲人統律長八寸象八卦補注先謙曰月令注太蔟者林鐘之所生上三分益一律長八寸律呂古誼云准南子黃鐘之實八十一林鐘之實五十四太族之實七十二是卽黃鐘長九寸林鐘長六寸太族長八寸也宓戲氏之所目順天地通神明類萬物之情也師古曰宓讀與伏同立人之道曰仁與義師古曰此說卦之辭在天成象在地成形師古曰此上繫之辭后目裁成天地之道輔相天地之宜目左右民師古曰此泰卦象辭也后君也謂王者也左右助也左讀曰佐右讀曰佑此三律之謂矣是爲三統其於三正也黃鐘子爲天正師古曰正音之成反下皆類此林鐘未之衝丑爲地正太族寅

前漢二十一上　八

爲人正三正正始是目地正適其始紐於陽東北丑位補注先謙曰丑之爲言紐也十二月斗建之辰位於東北易曰東北喪朋迺終有慶孟康曰未在西南陽也陰而入陽爲失其類也師古曰此坤卦彖辭答應之道也補注先謙曰官本答作荅字同及黃鐘爲宮則太族姑洗林鐘南呂皆目正聲應無有忽微孟康曰忽微若有若無細於髮者也謂正聲無有殘分也補注周壽昌曰孟說非也既云細於髮則亦有而非無也忽微皆數之名孫子算經云度之所起起於忽蠶吐絲爲忽十忽爲絲周髀算經云審定分之無令有纖微趙君卿注纖微細分也元朱世傑算學啟蒙有分氂毫絲忽微纖沙塵埃渺漠等名其小數類析數極詳稱名尙夥明利瑪竇同文算指略同但云自分以下什而析之又云至細之倪惟所立名屈曾發九數通考內歷法云三十度爲宮六十分爲度六十秒爲分六十微爲秒六十纖爲微六十忽爲纖六十芒爲忽六十塵爲芒皆忽微名數之證本志又云有空積忽微又云銖者物繇忽微始曰空積取數之法曰銖此數之可名者班明言算何得謂之若有若無也不復與它律爲役者同心一統之義也非黃鐘而它律雖當其月自宮者則其和應之律有空積忽微孟康曰十二月之氣各目其月之律爲宮非五音之正則聲有高下差降也空積若鄭氏分一寸爲數千補注李光地曰以正聲應者謂太蔟林鐘南呂皆用全聲爲黃鐘之應不用半聲也無有忽微者謂林鐘太蔟有全寸南呂姑洗有全分無有毫氂絲忽之算若它律爲宮則其和應之律必有空積忽微而非全寸全分且或用半聲變聲而非其全聲不得爲正矣忽微爲空積者自毫絲以下非目力所分虛積其算不得其正此黃鐘至尊亡與並也補注先謙曰律呂新書云他律無大於黃鐘故其正聲不爲他律役其半聲當爲四寸五分而前乃云無者以十七萬七千一百四十七之數不可分又三分損益上下相生之所不及故亦無所用也至於大呂之變宮夾鐘之羽仲呂之徵蕤賓之變徵夷則之角無射之商自用變律半聲非復黃鐘矣此其所以至尊而爲君之象然亦非人之所能爲乃數之自然他律雖欲役之而不可得也易曰參天兩地而倚數師古曰易說卦之辭也倚立也參謂奇也兩謂耦也七九陽數六八陰數天之數始於一終於二十有五其義紀之目三故置一得三又二十五分之六凡二十五置終天之數得八十一目天地五位之合終於十者乘之爲八百一十分應歷一統孟康曰十九歲爲一章一統凡八十一章千五百三十九歲之章數黃鐘之實也補注先謙曰八百一十分爲黃鐘之實言中積也繇此之義師古曰繇讀爲由同由用也補注先謙曰官本注爲作與是起十二律之周徑孟康曰律孔徑三分參天之數也圍九分終天之數也補注先謙曰律呂新書云黃鐘十其廣之分以爲長十一其長之分以爲廣故空圍九

前漢二十一上　九

分積八百一十分其數與此相合長九寸積八百一十分則其周徑可以數起矣卽胡安定所謂徑三分四氂六毫圍十分二氂八毫者是也孟氏不察乃謂凡律圍徑不同各以圍乘長而得此數者蓋未之考也律呂古誼云制管之法定積爲先定體次定冪爲後黃鐘之積八百十分此定積也長九寸此定體也積與體俱定則冪自無不定矣故定冪必爲九分也然而轉生十二律則冪定而體與積均無定冪之一定者管體之大小有定也體積之無定者其長短無定也有冪則有周徑周徑依乎冪據志文云云是十二律之周徑卽黃鐘之周徑矣黃鐘之實八百一十分以長九十分除之則分有九分是所謂冪也卽周徑所由起也林鐘之實三百六十分以長六十分除之則分有六分太族之實六百四十分以長八十分除之則分有八分非太族林鐘之冪也非其冪則非其周徑矣以積計之則三百六十分半太族之積六百四十分姑洗之積志以周徑之文屬黃鐘知不以半族姑洗爲太族林鐘矣又云律九寸爲體長八百一十分爲中積此無可損益者也面冪周徑經史未言後儒多言徑三圍九圍冪不能得徑必轉求方冪以周蹠漢斛推之欄觬外圍百則內方六十四倍內方爲外方則外方百二十八卽內圍百矣以此爲率則九十分爲圍卽十一分五十二氂爲方而有三分三氂九毫四絲一忽之徑術雖不同於律體固無別矣是爲長九寸積八百十分之黃鐘若別爲八百十分之量以其所容實之管中斯亦無不合矣自隋時攷律不計中積僅據此志累尺實龠同用中黍之文謂是同等之黍驗而不合則律竟不成不知同等不能相容而中積非以容黍定也又云蔡邕時律法失傳面冪周徑之說不明以徑一周三之法見於周禮

則姑用之而徑三周九不足八百十分之積也漢尺之八百十分非卽古之八百十分也因而以聲爲主抑其高者而下之使復於古焉於是直取中黍千二百粒實管中度其長與徑而非九寸與三分也則易之至必如其數而止既得其徑因命其周制銅籥以傳於後銘云籥一黃鐘之宮長九寸空圍九分容黍千二百粒稱重十二銖兩之爲一合三分損益轉生十一律又著其徑於月令章句曰徑三分計其所積使制爲方龠以容之則方一寸而積千分律數度量權衡俱非漢尺之法矣欲復古音盡捨漢法其曰空圍九分者謂徑三分也三自乘爲方則冪有九分籥豈方邪剡其四隅而謂之九分如實數何是故如漢法之積八百十分始可言其空圍九分空圍非方冪實圜冪也用漢法柰何曰用漢尺一尺七分三釐之度以制律則得矣以所用者漢尺十分之積也置一此積如八十一而一得數十萬乘之爲百二十三萬四千五百六十七分九毫十一釐立方開之以爲尺如尺制九寸之管以實籥黍則八百十分而已得千分吾知空圍必九分也徑必三分三釐一毫四絲也周必十分六釐六毫九絲也漢志所不言者無不可一一補之有功於律豈小哉後人惟知律徑之三分不知籥尺之脩短不問何尺必以三分爲徑大者受黍過多小者受黍過少遂至廢律不敢作胡瑗始悟九分之爲圜冪而名之曰九方分范鎭譏之不有胡銓孰明其旨哉律與籥之相混久矣無不以爲律可名籥籥卽是律者今分別論之曰以三分三釐有奇爲徑者積八百十分之律也以三分爲徑者積六百四十分有奇之籥也庶正法不亂於變法云**地之數始於二終於三十其義紀之以兩故置一得二凡三十置終地之數得六十以地中數六乘之爲三百六十分當期之日林鐘之實**孟康曰林鐘長六寸圍六分以圍乘長得積三百六十分也師古曰期音基謂十二月爲一期也〔補注〕先謙曰以上下文例之林鐘之實下當有也字天文訓其以爲音也一律而生五音十二律而爲六十音因而六之六六三十六故三百六十音以當一歲之日故律歷之數天地之道也此附會三統爲說又與淮南訓義不同**人者繼天順地序氣成物統八卦調八風理八政正八節諧八音舞八佾監八方被八荒以終天地之功故八八六十四其義極天地之變以天地五位之合終於十者乘之爲六百四十分以應六十四卦大族之實也**孟康曰大族長八寸圍八分爲積六百四十分也〔補注〕先謙曰孟說非也律呂古誼云志言三百六十分林鐘之實六百四十分太族之實者特依黃鐘之例備天地人參伍相乘之數於冪無預卽於周徑無預也孟氏上林鐘及此兩注以圍乘長所言圍者冪耶周耶冪一分者周必不止一分而求積者以冪乘不以周乘使孟果以冪乘亦與半太族及姑洗無異況古謂周爲圍耶黃鐘長九寸容千二百黍乃九分爲冪之故則林鐘長六寸而容八百黍太族長八寸而容千六十七黍亦九分爲冪之故使林鐘之冪止六分太族之冪止八分向能容是黍乎夫律非徒積也冪亦係焉止以積而已則黃鐘長八百十分卽冪止一分所容不過數十

黍毋乃空有其積與此所以寍損益其體長不可損益其面冪也律呂新書云此以三律之長自相乘又各因之以十爲此分數黃鐘應歷一統林鐘當期之日太蔟應六十四卦皆倚數配合爲說而已**書曰天功人其代之**師古曰虞書咎繇謨也言聖人稟天造化之功代而行之**天兼地人則天故以五位之合乘焉唯天爲大唯堯則之之象也**師古曰則法也論語稱孔子曰大哉堯之爲君也唯天爲大唯堯則之美帝堯能法天而行化**地以中數乘者陰道理內在中餽之象也**師古曰餽字與饋同易家人卦六二爻辭曰无攸遂在中饋言婦人之道取象於陰無所必遂但居中主饋食而已故云然**三統相通故黃鐘林鐘太族律長皆全寸而亡餘分也天之中數五地之中數六而二者爲合**〔補注〕先謙曰卽下文所謂五六者天地之中合也**六爲虛五爲聲周流於六虛虛者爻律夫陰陽**〔補注〕王先愼曰易繫辭爻也者言乎變者也爻也者效天下之動者也道有變動故曰爻故引伸爲凡有變動之稱律爲陰陽十二律之總名虛者所以載陰陽之氣而出故能變動乎陰陽之律也**登降運行列爲十二而律呂和矣太極元氣函三爲一**孟康曰元氣始起於子未分之時天地人混合爲一故子數獨一也師古曰函讀與含同後皆類此〔補注〕先謙曰官本注末有也字**極中也元始也行於十二辰**〔補注〕先謙曰陳暘樂書云此借十二辰以列三因之算位耳蔡元定以爲張皇鋪衍謬矣**始動於子**〔補注〕先謙曰律書子一分**一參之於丑得三**〔補注〕先謙曰律書丑三分二**又參之於寅得九**〔補注〕先謙曰律書寅九分八索隱孟康云丑三分二寅九分八者並是分之餘數漢書不說也**又參之於卯得二十七**〔補注〕先謙曰律書卯二十七分十六**又參之於辰得八十一**〔補注〕先謙曰律書辰八十一分六十四**又參之於巳得二百四十三**〔補注〕先謙曰律書巳二百四十三分一百二十八**又參之於午得七百二十九**〔補注〕先謙曰律書午七百二十九分五百一十二**又參之於未得二千一百八十七**〔補注〕先謙曰律書未二千一百八十七分一千二十四**又參之於申得六千五百六十一**〔補注〕先謙曰律書申六千五百六十一分四千九十六**又參之於酉得萬九千六百八十三**〔補注〕先謙曰律書酉一萬九千六百八十三分八千一百九十二**又參之於戌得五萬九千四十九**〔補注〕先謙曰律書戌五萬九千四十九分三萬二千七百六十八**又參之於亥得十七萬七千一百四十七**〔補注〕先謙曰律書亥十七萬七千一百四十七分六萬五千五百三十六天文訓十二鐘以副十二月十二各以三成故置一而十一三之爲積分十七萬七千一百四十七黃鐘大數立焉**此陰陽合德氣鐘於子**

化生萬物者也故孳萌於子補注先謙曰律書子者滋也滋者言萬物滋於下也說文子十一月陽氣動萬物滋入以為偁象形滋孳義同釋名子孳也陽氣始萌孳生於下也**紐牙於丑**補注先謙曰律書丑者紐也言陽氣在上未降萬物厄紐未敢出說文丑紐也十二月萬物動用事象手之形時加丑亦舉手時也釋名丑紐也寒氣自屈紐也**引達於寅**補注先謙曰律書寅言萬物始生螾然也索隱螾音引說文寅髕也正月陽氣動去黃泉欲上出陰尚強象宀不達髕寅於下也釋名寅演也演生物也**冒茆於卯**師古曰茆謂叢生也音莫保反補注先謙曰律書卯之為言茂也言萬物茂也說文卯冒也二月萬物冒地而出也象開門之形故二月為天門釋名卯冒也載冒地而出也**振美於辰**補注王念孫曰美當為羨字之誤也淮南主術篇羨者止於度而不足者逮於用文選陸雲為顧彥先贈婦詩佳麗良可羨今本羨字並譌作美羨之言延也三月陽氣方盛句萌奮發萬物莫不振起而延長故曰振羨於辰周官典瑞璧羨鄭仲師曰羨長也考工記玉人璧羨康成曰羨猶延張衡東京賦乃羨公侯卿士薛綜曰羨延也[illegible]人注曰[illegible]羨延也隱元年左傳注作延道是羨為延長之義也太元元數辰戌丑未范望曰辰取其延長是辰亦延長之義也釋名曰辰伸也物皆伸舒而出也伸亦延長之義振羨二字俱是辰字之訓孳萌於子引達於寅冒茆於卯咢布於午昧薆於未申堅於申留孰於酉[illegible]閡於亥此兩字共釋一字若作振美則非其指矣月令正義引作美亦後人以誤本漢志改之續志律書索隱引此並作振羨於辰先謙曰律書辰者言萬物之蜄也索隱蜄或作娠同音白虎通辰者震也說文辰震也三月陽氣動雷電振民農時也並取辰聲之字為訓**巳盛於巳**補注先謙曰律書巳者言萬物

之巳盡也說文巳巳也四月陽氣巳出陰氣巳藏萬物見成文章故巳為蛇象形釋名巳巳也陽氣畢布巳也**咢布於午**蘇林曰咢音愕補注周壽昌曰咢即遻玉篇遻同迕遇也迕遻一字與午音義俱協天文訓午者忤也忤即迕先謙曰律書午者陰陽交故曰午說文午悟也五月陰氣午逆陽冒地而出釋名午仵也陰氣從下上與陽相仵逆也**昧薆於未**師古曰薆蔽也音愛補注先謙曰律書未者言萬物皆成有滋味也說文未味也六月滋味也五行木老於未象木重枝葉也釋名未昧也日中則昃向幽昧也**申堅於申**補注先謙曰律書申者言陰用事申賊萬物賊一作則說文申神也七月陰氣成體自申束从臼自持也釋名申身也物皆成其身體各申束之使備成也**留孰於酉**補注先謙曰律書酉者萬物之老也故曰酉說文酉就也八月黍成可為酎酒古文酉从丣丣為春門萬物已出酉為秋門萬物已入一閉門之象也釋名酉者秀也秀者物皆成也**畢入於戌**補注先謙曰律書戌者言萬物盡滅故曰戌說文戌滅也九月陽氣微萬物畢成陽下入地也釋名戌恤也物當收斂矜恤之也**該閡於亥**補注先謙曰律書亥者該也言陽氣藏於下故該也說文亥荄也十月微陽起接盛陰釋名亥核也收藏百物核取其好惡真偽也亦言物成皆堅核也閡義見上**出甲於甲**補注先謙曰律書甲者言萬物剖符甲而出也說文甲位東方之孟陽氣萌動从木戴孚甲之象釋名甲孚甲也萬物解孚甲而生也**奮軋於乙**師古曰軋音於黠反補注先謙曰律書乙者言萬物生軋軋也說文乙象春草木冤曲而出陰氣尚強其出乙乙也釋名乙軋也自

抽軋而出也**明炳於丙**補注先謙曰律書丙者言陽道著明故曰丙說文丙位南方萬物成炳然陰氣初起陽氣將虧从一入冂一者陽也釋名丙炳也萬物炳然皆著見也**大盛於丁**補注先謙曰律書丁者言萬物之丁壯也故曰丁說文丁夏時萬物皆丁實象形釋名丁壯也物體皆丁壯也**豐楙於戊**補注先謙曰說文戊中宮也象六甲五龍相拘絞也釋名戊茂也物皆茂盛也**理紀於己**補注先謙曰說文己中宮也象萬物辟藏詘形也釋名己紀也皆有定形可紀識也**斂更於庚**補注王念孫曰斂更二字義不相屬諸書亦無訓更為斂者斂當為改字之誤也鄭注月令云庚之言更也萬物皆肅然改更范望注太元元數云庚取其改更皆其證也續志注引作斂亦後人依誤本漢志改之月令正義引此正作改更於庚先謙曰律書庚者言陰氣庚萬物故曰庚說文庚位西方象秋時萬物庚庚有實也釋名庚猶更也庚堅強貌也**悉新於辛**補注先謙曰律書辛者言萬物之辛生故曰辛說文辛秋時萬物成而孰金剛味辛辛痛即泣出从一从辛辛辠也釋名辛新也物初新者皆收成也**懷任於壬**補注先謙曰律書壬之為言任也言陽氣任養萬物於下也說文壬位北方也陰極陽生故易曰龍戰于野戰者接也象人裹妊之形釋名壬任也陰陽交物懷妊也至子而萌也**陳揆於癸**補注先謙曰律書癸之為言揆也言萬物可揆度說文癸冬時水土平可揆度也象水从四方流入地中之形釋名癸揆也揆度而生乃出土也**故陰陽之施化萬物之終始既類旅於律呂又經歷於日辰而變**

化之情可見矣玉衡杓建天之綱也如淳曰杓音猋斗端星也孟康曰斗在天中周制四方猶宮聲處中為四聲綱也師古曰杓音必遙反**日月初纏星之紀也**孟康曰纏舍也二十八舍列在四方日月行焉起於星紀而又周之猶四聲為宮紀也晉灼曰下言斗綱之端連貫營室織女之紀指牽牛之初以紀日月故曰星紀五星起其初日月起其中是謂天之綱紀也師古曰躔踐也音直連反**綱紀之交以原始造設合樂用焉律呂唱和以育生成化歌奏用焉**補注先謙曰大司樂乃奏黃鐘歌大呂節鄭注黃鐘陽聲之首大呂為之合太蔟陽聲第二應鐘為之合姑洗陽聲第三南呂為之合蕤賓陽聲第四函鐘為之合疏云言合者此據十二辰之斗建與日辰相配合皆以陽律為之主陰呂來合之黃鐘子之氣也十一月建焉而辰在星紀大呂丑之氣也十二月建焉而辰在玄枵太蔟寅之氣也正月建焉而辰在娵訾應鐘亥之氣也十月建焉而辰在析木已後皆然又凡樂圜鐘為宮黃鐘為角節鄭注圜鐘夾鐘也夾鐘生於房心之氣房心為大辰天地之明堂函鐘林鐘也林鐘生於未之氣未坤之位或曰天社在東井輿鬼之外天社地神也黃鐘生於虛危之氣虛危為宗廟以此三者為宮用聲類求之**指顧取象然後陰陽萬物靡不條鬯該成**師古曰條達也鬯與暢同**故以成之數忖該之積**孟康曰成之數者謂黃鐘之法數該之積為黃鐘變生十二辰積實之數也忖除也言以法數除積得九寸即黃鐘之長也言該者該眾律之數也師古曰忖音丁

本反〔補注〕劉敞曰故以成之數忖該之積案上言南呂任成萬物然後成之數謂酉也從酉成之數除亥數則得九矣先謙曰數起建子歷九辰至酉五數備成爲律法歷十二辰終亥而辰數該爲律積以成法除該積得九也**如法爲一寸則黃鐘之長也**孟康曰得一寸則所謂得九寸也言一者張法辭〔補注〕先謙曰律書實如法得長一寸索隱實謂以子一乘丑三至亥得十七萬七千一百四十七爲實數如法謂以上萬九千六百八十三之法除實得九爲黃鐘之長言得一者算術設法辭也孟云張法小司馬云設法張設義也晉志合十辰得一萬九千六百八十三謂之成數以爲黃鐘之法又參之律於十二辰得十七萬七千一百四十七謂之該數以爲黃鐘之實實如法而一得黃鐘之律長九寸十二月冬至之氣應焉**參分損一下生林鐘**張晏曰黃鐘長九寸以二乘九得十八以三除之得林鐘六寸其法率如此推當算乃解晉灼曰蔡邕律歷記凡陽生陰曰下陰生陽曰上也〔補注〕齊召南曰晉志校其相生所得與司馬遷同召南案是志本劉歆歆言鐘律專主司馬遷故與呂覽淮南京房三家小異先謙曰晉志物之生莫不函三故十二律空徑三分而上下相生皆損益以三律呂古誼云三分損益乃損益其體長非損益其面冪也實如法得長一寸故黃鐘之實十七萬七千一百四十七寸法萬九千六百八十三以黃鐘之實三分損益則林鐘之實十一萬八千九十八太族之實十五萬七千四百六十四實如法非長九寸六寸八寸乎夫黃鐘之積八百一十分者九分乘九寸之數本長方形卷成圓柱而置管中則爲黃鐘之律矣三分損益卽損益此圓柱也六分乘六寸八分乘八寸亦可

卷不成圓柱而體長面冪不當並有損益故聲皆合三分損益之率而不至於過高隋志言魏安豐王依空圍六分八分之說作律吹之不合黃鐘商徵之聲皆空徑九分乃與均鐘器合卽其證也胡瑗朱載堉所製十二律皆空圍各異謬矣又論中呂當反生黃鐘與京房變律之決不當有及漢志與宅書上下相生各異由所取全律半律不同以五音七音旋宮之法爲相生上下則宮皆下生徵皆上生一下一上至羽與變宮而終則全半俱備不必拘陽下生陰上生之說文繁具詳本書**參分林鐘益一上生太族參分太族損一下生南呂參分南呂益一上生姑洗參分姑洗損一下生應鐘參分應鐘益一上生蕤賓參分蕤賓損一下生大呂**〔補注〕沈欽韓曰大司樂注續志並從淮南作上生隋志梁武帝論云京馬鄭蔡至蕤賓並上生大呂而班志至蕤賓仍以次下生若從班義夾鐘惟長三寸七分有奇律若過促則夾鐘之聲成一調中呂復去調半是過於無調仲春孟夏正相長養不容短促求聲索實班義爲乖錢大昕曰淮南京鄭諸儒以爲蕤賓重上生大呂故自蕤賓而下相生之序與此相反其大呂夾鐘仲呂三律所得分寸皆倍焉晉志云凡聲音之體務在和韻益則加倍損則減半其於本音恆爲無爽然則一上一下者相生之道言重上生者吹候之用也於蕤賓重上生者適會爲用之數故言律者因焉非相生之正也今案律書黃鐘子林鐘丑太簇寅南呂卯姑洗辰應鐘巳蕤賓午大呂未夷則申夾鐘酉無射戌中呂亥陽律自子而戌陰律自丑而亥長短以遞降此相生之序也至以十二律配十二月則大呂丑夾鐘卯中呂巳林鐘未南呂酉應鐘亥六律爲陽聲故不變六呂爲陰聲陰不敵陽故取其倍以配之長於丑卯巳之律故大呂夾鐘中呂皆取其倍然後十二律長短先後適合其節而爲蕤賓重上生乃得此加倍之數此兩法所以不可偏廢也律書黃鐘長八寸十分一云云謂之律數此用倍數也子一分丑三分二云云謂之生鐘分此正數也又案周禮賈疏云子午巳東爲上生子午巳西爲下生東爲陽陽主其益西爲陰陰主其減故上生益下生減春秋孔疏云林鐘夷則南呂無射應鐘皆是子午以東之管下而生之故云下生大呂太蔟夾鐘姑洗中呂蕤賓皆是子午以西之管上而生之故云上生**參分大呂益一上生夷則參分夷則損一下生夾鐘參分夾鐘益一上生亡射參分亡射損一下生中呂陰陽相生自黃鐘始而左旋八八爲伍**孟康曰從子數辰至未得八下生林鐘數未至寅得八上生太族律上下相生皆以此爲率伍耦也八八爲耦〔補注〕先謙曰官本考證云晉志引此文作八八爲位傳寫之譌也樂書云諸儒之論律呂謂陰陽相生自黃鐘始而左旋八八爲伍管以九寸爲法者班氏之說也下生倍實上生四實皆三其法而管又不專以九寸爲法者司馬遷之說也持隔九相生之說以中呂上生黃鐘不滿九寸謂之執始下生去滅上下相生終於南事十二律之外更增六八爲六十律者京房之說也建蕤賓重上生之議至於大呂夾鐘仲呂之律所生分等又皆倍焉者鄭康成之說也隔七爲上生隔八爲下生至於仲呂則孤而不偶蕤賓則踰次無

準者劉向之說也演京房南事之餘而伸之爲三百六十律日當一管各以次生者宋錢樂之之說也斥京房之說而以新舊法分度參之者何承天沈約之說也校定黃鐘每律減三分而以七寸爲法者隋劉焯之論也析毫釐之強弱爲算者梁武帝之法也諸儒之論角立蠭起要之最爲精密者班志而已**其法皆用銅職在大樂太常掌之**〔補注〕錢大昭曰太常屬官有大樂令丞

度者分寸尺丈引也所以度長短也師古曰度音大各反下皆類此**本起黃鐘之長**〔補注〕先謙曰律呂古誼云律長九寸尺長十寸是爲益律九分之一以爲度而去尺十分之一以爲律尺非律不成尺律非度亦不成律志云度本起黃鐘之長明其相爲用也宋范鎮司馬光爭論由尺生律由律生尺之是非歷三十年不決何也**以子穀秬黍中者**孟康曰子北方北方黑謂黑黍也師古曰此說非也子穀猶言穀子耳秬卽黑黍無取北方爲號中者不大不小也言取黑黍穀子大小中者率爲分寸也秬音鉅〔補注〕先謙曰官本無孟注十三字及此說非也四字又無耳字及無取北方爲號六字案爾雅釋草秬黑黍秠一稃二米說文𪎊下云黑黍也一稃二米秬下云𪎊或從禾詩閟宮鄭箋秬黑黍也鬯人鄭注秬如黑黍一稃二米𪎊秠是秬卽秠矣後漢制律用秠明朱載堉議之然秬秠不異律呂古誼云黍之爲物大小雜齊古用中黍後用大黍理亦可通牛宏請用鐵尺奏云上黨之黍有異他鄉其色至烏其形圓重許愼解秬黍體大本異於常今之大者正是其中

累百滿尺卽是會古實龠之外幾賸十餘是宏玫鐵尺已用大黍矣胡瑗制尺一依漢志用秬黍中者累之程子謂胡先生用三等篩子篩之取其中者是也是足明三代用中黍尺也又云度言秬黍而不言一米二米蓋時以秠爲秬言秬述古法用秠從所尙也

一黍之廣度之九十分黃鐘之長〔補注〕齊召南曰舊本附注皇祐冬益州進士房庶言嘗得古本漢志云一黍之起積一千二百黍之廣度之九十分今文脫起積一千二百黍之八字召南案房庶此說范鎭深是之而司馬光力攻其謬光與鎭書有曰房生家有漢書異於今本不知傳於何世而相承積誤由古及今更大儒甚眾曾不悟也其書旣云積一千二百黍之廣何必更云一黍之起此四字將安設施子駿孟堅之書不宜如此宂長也張文虎曰一黍之廣度之九十分左文六年傳疏史記五帝紀正義引大略相同書舜典疏引度之下有千二百黍四字蓋涉下文而誤衍房庶竊之詭云家有古本漢書作一黍之起積一千二百黍之廣以行其說范蜀公深信之不玫甚矣先謙曰官本考證云隋志引此文作度之九十黍爲黃鐘之長案用黍之法見於淮南天文訓說苑辨物篇後魏隋宋諸志說各不同律呂古誼云以尺得百粒之黍實龠則不能容以九寸五分二釐得百粒之黍實龠則能容何也律體與黍體使然也律圖柱黍隋圖以隋圖入圖柱必有隙隙之所侵皆律之分則皆黍之分故不能容也律有積黍亦有積律以八百十分爲積以千二百黍除之得六百七十五釐爲一黍之積此六七五者兼有隙積不可得而知也然不能容則止爲黍積若以千分爲律積千二百黍除之得八百三十三釐三分一爲一黍之積其增多者卽其隙積也增隙積而後能容皆不能合千二百隋圖入圖柱之故也是以八百十分之積當容九百七十二黍以千分爲積則律長不止九十分冪不止九分徑不止三分三釐七毫一絲強法當先求全律之長因以定積八百十分爲一率通積千分爲次率實長九寸自乘再乘得七二九爲三率求得四率通長立積九十萬分立方開之得九寸六分五釐爲通長不盡九十萬分之一千四百六十七分八百七十五釐則棄之以長除積得十分零三十六釐二十六毫九十四絲三十忽爲圓冪餘千分之五十忽亦棄之卽千萬萬之五其方冪有十三分一十釐七十八毫八十七忽強開方得徑則三分六釐二毫強也六七五爲黍實積則所推從橫厚薄術詳本書爲實數側置增加之冪徑中長可容三黍微弱厚可容五黍微弱從側相參約可容十二黍自上至下九十除節隙中可容一二黍故千分而容千二百黍也此積千分者非從制律之度命之乃從容黍之度命之若從制律度命之仍爲八百十分黃鐘之定積也又云或謂容千二百黍之必千分曷不以一尺爲黃鐘則累尺與實管無異黍矣日術有所不能也黃鐘用陽數以成律故長必九寸冪必九分積必八百十分若以一尺爲長而積十分則冪必十分皆陰數矣卽通其長爲九寸而十分之冪不能通爲九分則積亦不能通爲八百十分蓋算律之度長用本數冪用自乘積用再乘惟尺非通分則自乘再乘皆與本數無異若通爲九寸則九寸卽爲本數自乘之得八十一以爲冪法再乘之得七百二十九以爲積法各以積與冪乘之尙安得九分與八百十分乎故古人制律必加一寸以爲度制龠必加一分以爲深而實龠與管期乎千二百而不期乎累尺之黍皆由律之用陽數而非陰數也不然朱載堉附會史

記律書以八十一分爲黃鐘孰云不可彼何以止用九百八十二分爲積乎**一爲一分**〔補注〕王念孫曰一爲一分本作一黍爲一分脫去黍字則文義不明司市疏典同疏合方氏疏大行人疏月令正義左傳文六年正義及隋志史記五帝紀正義引此皆作一黍爲一分漢紀同**十分爲寸十寸爲尺十尺爲丈十丈爲引而五度審矣其法用銅高一寸廣二寸長一丈而分寸尺丈存焉用竹爲引高一分廣六分長十丈其方法矩高廣之數陰陽之象也**孟康曰高一分廣六分一爲陽六爲陰也**分者自三微而成著可分別也寸者忖也尺者蒦也**師古曰蒦音約〔補注〕先謙曰說文蒦一曰度也重文作彠云蒦或从尋尋亦度也**丈者張也引者信也**師古曰信讀曰伸言其長〔補注〕先謙曰信當讀本字下云信天下也明信不得讀爲伸**夫度者別於分忖於寸蒦於尺張於丈信於引引者信天下也職在內官**師古曰內官署名也百官表云內官長丞初屬少府中屬主爵後屬宗正**廷尉掌之**師古曰法度所起故屬廷尉也**量者龠合升斗斛也**師古曰龠音籥合音閤〔補注〕先謙曰隋志龠作籥誤**所以量多少也**師古曰量音力張反〔補注〕先謙曰官本無注**本起於黃鐘之龠用度數審其容**師古曰因度以生量也其容謂其中所容受之多少也**以子穀秬黍中者千有二百實其龠**〔補注〕先謙曰律呂古誼云志言龠積千有二百雖不言面冪周徑然於斛之方圜可想見焉又曰實黍驗律非漢志意也志固云以子穀秬黍中者千有二百實其龠則是制龠先有定積而後以黍實之也實之者曷故量者權之本權合兩龠爲兩重二十四銖故百黍爲銖實龠非千二百黍則權必舛矣黍名中者適滿千二百而已豈必累尺之黍哉又云隋之驗以千二百黍信漢志而失其意者也志之意先爲八百十分之龠而後以千二百黍非以能實千二百黍者便爲八百十分也八百十分之龠黍尺所制確有定數黍則肥瘠不齊肥則盈瘠則歉矣雖中黍能必有定乎**以井水準其槩**孟康曰槩欲其直故以水平之井水清清則平也師古曰槩所以槩平斗斛之上者也音工代反又音工內反**合龠爲合**〔補注〕宋祁曰舊本作十龠杭本作合龠予以後參考之十當作合王鳴盛曰合龠爲合南監汲古閩他本或作十龠爲合尙書堯典疏所引同誤齊召南曰玉海引胡瑗新樂圖日今文訛作十龠唐六典曰二龠爲合然則合龠者二龠也錢大昭曰說文升十龠也此云合龠卽一龠也下云合者合龠之量也故曰合龠爲合廣雅云龠二爲合二當爲一字之誤耳先謙曰隋志亦誤作十龠蔡邕銅籥銘云容黍千二百粒稱重十二銖兩之爲一合志明言千二百黍實一龠矣兩之爲一合與二龠爲合說同廣雅六典是也宋史律歷志一龠容千二百黍爲十二銖則以二千四百黍定爲一兩之則兩者二龠爲兩律呂古誼云合則方九分而深二寸半之則爲龠是錢氏亦以二龠爲合矣**十合爲升十**

升爲斗，十斗爲斛，而五量嘉矣。師古曰：嘉，善也。〔補注〕王鳴盛曰：古尺小於今尺，是以步數、畝數、里數皆古小今大。古量亦小於今量。後書南蠻傳單行日三十里爲程，人日稟五升，李注：古升小，故曰五升也。是後漢時量小於今甚遠。魏志管甯傳注扈累嘉平中年八九十，縣官給稟日五升不足。晉書司馬懿紀與諸葛亮相拒於五丈原，亮使至，帝問諸葛公食可幾米，對曰三四升。帝曰：孔明其能久乎。蜀志亮傳注作食不至數升。宋王楙野客叢書十一歷引周禮廩人注、魏李悝、漢趙充國、匈奴傳及後漢南蠻傳與晉顧臻之言，證古量之小。又引北史庫伏連性吝，家口人食米二升，常有饑色。南北朝量比漢魏前已略大，然比今則尚小。**其法用銅，方尺而圜其外，旁有庣焉。**鄭氏曰：庣音條桑之條。庣，過也。算方一尺，所受一斛，過九氂五豪，然後成斛。今尚方有王莽時銅斛，制盡與此同。師古曰：庣，不滿之處也。音吐彫反。〔補注〕先謙曰：律呂古誼云：以二千倍黃鐘之積爲一斛，此古法也。黃鐘積八百十分，則斛積百六十二萬分。制法以其尺再自乘爲內方，規其外爲圜，故深必一尺。容受不足則微增其方圜，又不足則旁庣以足之。漢斛本於周鬴。周鬴方尺而圜其外，其實一鬴。管子謂升百而成鬴，此圜鬴也。晏子謂齊舊四量豆區鬴鐘，四升爲豆，各自其四，以登於鬴，此方鬴也。圜內容方，則十斗容六十四升，其法皆一六二也。方尺深尺，積千寸，如六十四而一，得一五六二五。故鄭康成謂于今粟米法少二升八十一分升之二十二。攷工記祖沖之云周以千五百六十二寸半爲斛法也。其實周鬴本出於律，周必不以七百八十一分二百五十氂爲黃鐘，則內方固不止一尺，蓋百萬分之外尚有

三萬六千八百分。以此開方，正尺一分一氂有奇。古人止舉大數，故略之也。漢斛亦方尺而圜其外，以百升實之，數猶不足，故有旁庣。知周一百升成鬴亦必然也。又曰：夏侯陽算經引古倉曹云：古者掘地方一尺，深一尺六寸二分，容粟一斛。案此用方體，故分數適足。圜體以萬六千二百分爲冪，方圜率數既無定準，開方爲徑又難適盡，故不能無旁庣也。**其上爲斛，其下爲斗。**孟康曰：其上謂仰斛也，其下謂覆斛之底，受一斗。**左耳爲升，右耳爲合龠。**〔補注〕先謙曰：律呂古誼云：劉徽注九章算經曰：晉武庫中有漢時王莽銅斛，篆書題其旁曰：律嘉量斛，方一尺而圜其外，旁庣九氂五豪，冪一百六十二寸，深一尺，積一千六百二十寸，容十斗。斛底云：律嘉量斗，方一尺而圜其外，旁庣九氂五毫，冪一尺六寸二分，深一寸，積一百六十二寸，容一斗。合龠皆有文字。升居斛旁，合龠在斛耳上。後有讚文，與今律歷志同。此斛於今尺爲深九寸五分五氂，徑一尺三寸六分八氂二毫。案今尺者，杜夔樂尺也。徽注九章向在荀勖制律尺前，故目夔尺爲今尺。勖尺本之銅斛。尺則以勖尺通夔尺，此斛恰深一尺，而徑有一尺四寸三分三氂五毫有奇，此爲內方斜徑。以此徑自乘，得二〇五四九二二二五有奇，開得內方徑一尺一分三氂七絲八忽強。此內方亦容六斗四升弱，則總歸旁庣以足之也。以其十之一爲斗，故底深一寸。升與合龠，徽皆略之。周鬴升居左耳，方三寸，則冪九寸，而深寸八分，適積千六百二十分。漢升殆亦如此。合則方九分而深二寸可也，半之則爲龠耳。**其狀似爵，㠯縻爵祿。**晉灼曰：縻，散也。**上三下二，參天兩地，圜而函方，左一右二，陰陽之象也。其圜象規，其重二鈞，備氣物之數，合萬有一千五百二十。**孟康曰：三十斤爲鈞，鈞萬一千五百二十銖。**聲中黃鐘，始於黃鐘而反覆焉。**孟康曰：反斛聲中黃鐘，覆斛亦中黃鐘之宮。宮爲君也。臣瓚曰：仰斛受一斛，覆斛受一斗，故曰反覆。師古曰：覆音芳目反。〔補注〕先謙曰：官本瓚注覆斛作覆底。律呂古誼云：斛重二鈞，其厚近鎛鐘。何以知之？以其聲中黃鐘之宮耳。一斛之積爲鎛鐘之容，受鐘有欒焉，則應律以二千四十八倍。鎛之重百七十七斤四分斤之三，半之則鎛鐘也。斛少鐘之四十八倍，則重當殺。鐘高尺八寸五分弱，而斛僅深尺，則當大殺。故六十斤即中黃鐘，其厚猶微殺者，以歛一四十八倍之而剸之，適平也。又云：凡尺不論秬秠，皆可制量，用律權一鈞二鈞之重以爲鬴斛，其聲無不中本律之黃鐘，惟其容受不同，則音韻有高下耳。然不能不謂之黃鐘者，各得其律之二千倍，即各積其尺之百六十二萬分，而與法密合也。范景仁誤以周鬴方尺爲八寸之尺，深尺爲十寸之尺，制以爲量，聲不能中黃鐘，乃未明量法之咎。**君制器之象也。龠者，黃鐘律之實也，躍微動氣而生物也。合者，合龠之量也。升者，登合之量也。斗者，聚升之量也。斛者，角斗平多少之量也。夫量者，躍於龠，合於合，登於升，聚於斗，角於斛也。職在太倉，大司農掌之。**師古曰：米粟之量，故在太倉也。〔補注〕錢大昭曰：大司農有太倉令丞。

衡權者：衡，平也；權，重也。衡所㠯任權而均物平輕重也。其道如底，師古曰：底，平也。謂㠯底石厲物令平齊也。底音指。**㠯見準之正，繩之直，左旋見規，右折見矩。其在天也，佐助旋機，**〔補注〕先謙曰：官本機作璣。**斟酌建指，㠯齊七政，**師古曰：七政，日月五星也。**故曰玉衡。**〔補注〕先謙曰：斗魁爲旋機，杓爲玉衡，說詳天文志。**論語云「立則見其參於前也」，**孟康曰：權衡量三等爲參。**在車則見其倚於衡也」。又曰「齊之㠯禮」，此衡在前居南方之義也。權者，銖、兩、斤、鈞、石也，所㠯稱物平施知輕重也。本起於黃鐘之重。一龠容千二百黍，重十二銖，**〔補注〕沈欽韓曰：說苑辨物篇十八黍爲一豆，六豆爲一銖。說文錙六銖也，錘八銖也。禮記儒行注八兩曰錙，正義云算法十黍爲參，十參爲銖，二十四銖爲兩，八兩爲錙。淮南說山訓注與說文同。法言注六兩曰錙，倍錙曰錘。一切經音義引風俗通銖六則錘，二錘則錙。諸說不同，當以鄭注見算法者爲定。隋志古有黍累錘錙鐶鈞鎰之目，歷代差變，其詳未聞。先謙曰：律呂古誼云：制黃鐘之龠，期乎八百十分，不期乎千二百黍。期乎千二百黍者，爲制權也。權以一龠所容爲十二銖，銖以百計，則數齊。十二分之一爲絫，百分之一爲黍，非千二百則權法不立矣。律龠容黍之重，朱載堉謂羊頭山黍中者百粒重二錢五分，二千四百粒重六錢，此所制九百七十六分之龠則然，若八百十分之

律止當重四錢九分八釐載埇尺與古尺尚短匠尺之一分若用匠尺八十一分爲律尺當重五錢一分七釐權有輕重非可預算必依尺制方九分深一寸之龠以千二百黍實其中然後權之方爲定準非單恃權也載埇曾作此龠顧用累尺大黍實之不足千二百遂棄不用竟作一尺之律別以小於累尺者實之令滿權得其重則非矣實律不用累尺黍何以實龠獨必用之邪兩之爲兩二十四銖爲兩十六兩爲斤三十斤爲鈞四鈞爲石忖爲十八易十有八變之象也孟康曰忖度也度其義有十八也黃鐘龠銖兩鈞斤石凡七與下十一象爲十八也張晏曰象易三揲蓍而成一爻十八變具六爻而成一卦〔補注〕錢大昕曰孟說非也一鈞重萬一千五百二十銖以易六十四卦之數除之得一十有八合於易之十八變而成卦也五權之制㠯義立之㠯物鈞之其餘小大之差㠯輕重爲宜圜而環之令之肉倍好者孟康曰謂爲錘之形如環也如淳曰體爲肉孔爲好師古曰錘者稱之權也音直垂反又音直睡反〔補注〕宋祁曰南本爲好字下有肉者環之實好者環之虛十字先謙曰官本注鐘作錘是無又下音字隋志引脫倍字又云趙石勒十八年造建德殿得員石狀如水碓其銘曰律權石重四鈞同律度量衡有辛氏造續成議是王莽時物錘圜而有孔故如環周旋無端終而復始無窮已也銖者物繇忽微始至於成著可殊異也師古曰繇讀與由同由從也〔補注〕先謙曰官本無注十一字兩

者兩黃鐘律之重也李奇曰黃鐘之管重十二銖兩十二得二十四也二十四銖而成兩者二十四氣之象也斤者明也〔補注〕錢大昭曰周頌執競云斤斤其明沈欽韓曰釋訓明明斤斤察也是明與斤同義三百八十四銖易二篇之爻陰陽變動之象也十六兩成斤者四時乘四方之象也鈞者均也陽施其氣陰化其物皆得其成就平均也權與物均重萬一千五百二十銖當萬物之象也四百八十兩者六旬行八節之象也孟康曰六甲爲六旬一歲有八節六甲周行成歲㠯六乘八節得之三十斤成鈞者一月之象也石者大也權之大者也始於銖兩於兩明於斤均於鈞終於石物終石大也四鈞爲石者四時之象也重百二十斤者十二月之象也終於十二辰而復於子黃鐘之象也孟康曰稱之數始於銖終於石石重百二十斤象十二月銖之重本取於子律黃鐘一龠容千二百黍爲十二銖故曰復於子黃鐘之象也千九百二十兩者陰陽之數也三百八十四爻五行之象也四萬六千八十銖者萬一千五百二十物歷四時之象也

而歲功成就五權謹矣權與物鈞而生衡孟康曰謂錘與物鈞所稱適停則衡平也衡運生規規圜生矩矩方生繩繩直生準韋昭曰立準㠯望繩㠯水爲平準正則平衡而鈞權矣是爲五則規者所㠯規圜器械令得其類也矩者所㠯矩方器械〔補注〕錢大昭曰閩本無所以二字令不失其形也規矩相須陰陽位序圜方乃成準者所㠯揆平取正也繩者上下端直經緯四通也準繩連體衡權合德百工繇焉㠯定法式師古曰繇讀與由同由用也〔補注〕先謙曰官本無注輔弼執玉㠯翼天子師古曰翼助也〔補注〕沈欽韓曰江鄰幾雜志錢公輔云玉疑是之字監本之誤先謙曰官本無注詩云尹氏大師秉國之鈞四方是維天子是毗俾民不迷師古曰小雅節南山之詩也言尹氏居太師之官執持國之權量維制四方輔翼天子使下無迷惑也咸有五象其義一也㠯陰陽言之大陰者北方北伏也〔補注〕錢大昭曰五帝紀集解引尸子曰北方者伏方也先謙曰白虎通五行篇北方者伏方也萬物伏藏也陽氣伏於下於時爲冬冬終也物終臧乃可稱水潤下知者謀謀者重故爲權也大陽者南方〔補注〕先謙

曰官本大陰大陽大作太南任也〔補注〕先謙曰白虎通南方者任養之方萬物懷任也陽氣任養物於時爲夏夏假也物假大乃宣平火炎上禮者齊齊者平故爲衡也少陰者西方西遷也陰氣遷落物〔補注〕錢大昭曰白虎通西方者遷方也萬物遷落也於時爲秋秋䪅也師古曰䪅音子由反〔補注〕先謙曰官本無音字物䪅斂乃成孰〔補注〕錢大昭曰鄉飲酒義云西者秋秋之爲言愁也鄭注愁讀爲揫揫斂也金從革改更也義者成成者方故爲矩也少陽者東方東動也〔補注〕錢大昭曰說文東動也先謙曰白虎通東方者動方也萬物始動生也陽氣動物於時爲春春蠢也物蠢生迺動運木曲直仁者生生者圜故爲規也中央者陰陽之內四方之中經緯通達迺能端直於時爲四季土稼嗇蕃息師古曰蕃多也息生也蕃音扶元反〔補注〕先謙曰官本無注信者誠誠者直故爲繩也五則揆物有輕重圜方平直陰陽之義四方四時之體五常五行之象厥法有品各順其方而應其行職在大行鴻臚掌之師古曰平均曲直齊一遠近故在鴻臚書曰予欲聞六律五聲八音七始詠㠯出

內五言女聽師古曰虞書益稷篇所載舜與禹言〔補注〕劉攽曰七始詠以出內五言古文爲在治忽蓋字之變師說不同非孔氏虞書也齊召南曰案七始之文見於此洽州鳩言七律晏子言七音與此稍異漢初安世房中歌曰七始華始肅倡和聲注孟康曰天地四時人之始即用此志語然則漢初所傳尙書其文如此又案天地人三始即黃鐘林鐘太簇前文已明其四時之始則隋時鄭譯荅蘇夔云七調所從出謂姑洗爲春蕤賓爲夏南呂爲秋應鐘爲冬是爲四時始也王先愼曰段玉裁尙書撰異云今本漢書作詠誤也隋志引書予欲聞六律五聲八音七始訓以出納五言實引漢志訓與順通案下文云順以歌詠五常之言正以歌詠釋此詠字段改詠爲訓又釋訓爲順展轉坿會以遷就隋志不知漢志無作訓之本王氏應麟藝文志考困學紀聞引皆作七始詠尤其確證不得據隋志單文以改漢書也七始者鄭注尙書大傳云黃鐘太簇大呂南呂姑洗應鐘蕤賓也案黃鐘子之氣天統也太簇寅之氣人統也大呂丑之氣地統也南呂酉之氣秋也姑洗辰之氣春也應鐘亥之氣冬也蕤賓午之氣夏也禮樂志孟康注敘傳劉德注云七者天地四時人之始即用志文並與鄭合七始詠書某傳作在治忽史記作來始滑集解引鄭注滑作曶此古今文字相傳互異索隱云今文作采政忽大傳班書鄭注皆作七始不作采政則索隱所稱今文未足徵信後人改采作泰遂謂泰政即七政因以泰合七始尤非予者帝舜也言吕律呂和五聲施之八音合之成樂七者天地四時人之始也順吕歌詠五常之言聽之則順乎天地序乎四時應人倫本陰陽原情性風之吕德感之吕樂師古曰吕德化之吕樂動之詩序曰上吕風化下莫不同乎一唯聖人爲能同天下之意故帝舜欲聞之也今廣延羣儒博謀講道修明舊典〔補注〕先謙曰廣延羣儒即上文所云徵通知鐘律者百餘人是也歆條奏之文如此同律審度嘉量平衡鈞權正準直繩立于五則備數和聲吕利兆民貞天下於一同海內之歸也師古曰貞正也易下繫之辭曰天下之動貞夫一者也言皆吕一爲正也又曰天下同歸而殊塗一致而百慮言途雖殊其歸則同慮雖百其致則一也故志引之云爾凡律度量衡用銅者名自名也師古曰取銅之名吕合於同也所吕同天下齊風俗也銅爲物之至精〔補注〕劉攽曰當爲銅之爲物至精宋祁曰當去之字先謙曰晉志作爲物至精不爲燥溼寒暑變其節不爲風雨暴露改其形介然有常有似於士君子之行師古曰介然特異之意是吕用銅也用竹爲引者事之宜也李奇曰引長十丈高一分廣六分唯竹篾柔而堅爲宜耳歷數之起上矣〔補注〕沈欽韓曰晉志炎帝分八節以始農功軒轅紀三綱而闡書契乃使羲和占日常儀占月車區占星氣伶倫造律呂大撓造甲子隸首作算數容成綜斯六術考定氣象建五

行察發斂起消息正閏餘述而著焉謂之調歷史記歷書昔自在古歷建正作於孟春先謙曰上與尙同官本歷下提行傳述顓頊命南正重司天火正黎司地臣瓚曰南正司天則北正當司地不得言火正也古文火字與北相似故遂誤耳師古曰此說非也班固幽通賦云玄黎醇耀於高辛是則黎爲火正也〔補注〕先謙曰歷書同索隱左傳重爲句芒木正黎爲祝融火正此言南者蓋重黎二人元是木火之官兼司天地職而天是陽南是陽位故木亦是陽所以木正爲南正也火是地正亦稱北正者火數二二地數地陰主北方故火正亦稱北正臣瓚以爲古文火字似北未爲得也其後三苗亂德二官咸廢師古曰三苗國名縉雲氏之後爲諸侯者即饕餮也二官重黎也而閏餘乖次孟康曰吕歲之餘日爲閏故曰閏餘次十二次也史推歷失閏則斗建與月名錯也〔補注〕沈欽韓曰閏餘乖次謂不應閏而閏宜閏而失閏也孟陬殄滅孟康曰正月爲孟陬歷紀廢絕閏餘乖錯不與正歲相值謂之殄滅也攝提失方孟康曰攝提星名隨斗杓所指建十二月若歷誤春三月當指辰而乃指巳是爲失方也〔補注〕沈欽韓曰大戴記用兵篇夏桀商紂攝提失方鄒大無紀鄒與陬同即孟陬也先謙曰官本注無是字堯復育重黎之後使纂其業故書曰迺命羲和欽若昊天歷象日月星辰敬授民時歲三百有六旬有六日吕閏月定四時成歲允釐百官眾功皆美師古曰此皆虞書堯典之辭也欽敬若順也昊天言天氣廣大也星四方之中星也辰日月所會也羲氏和氏重黎之後吕其繼掌天地故堯命之使敬順昊天歷象星辰之分節敬記天時吕授下人也匝四時凡三百六十六日而定一歲十二月月三十日正三百六十日則餘六日矣又除小月六日是爲歲有餘十二日未盈三歲便得一月則置閏焉吕定四時之氣節成一歲之歷象則能信理百官眾功皆美也其後吕授舜曰咨爾舜天之歷數在爾躬舜亦吕命禹師古曰事見論語堯曰篇〔補注〕先謙曰官本無注至周武王訪箕子師古曰訪箕子謂滅殷之後〔補注〕先謙曰官本無注箕子言大法九章而五紀明歷法孟康曰歲月日星辰是爲五紀也師古曰大法九章即洪範九疇也其四曰協用五紀也故自殷周皆創業改制咸正歷紀服色從之順其時氣吕應天道三代既沒五伯之末史官喪紀〔補注〕先謙曰歷書史不記時君不告朔疇人子弟分散李奇曰同類之人俱明歷者也如淳曰家業世世相傳爲疇師古曰如說是也〔補注〕宋祁曰南本世世相傳爲疇下有歷年二十二傳之疇官各從其父學也陳浩曰案史記集解亦引如淳此條但作律年二十二云云蓋引漢律文也宋祁所見之南本作歷亦誤王鳴盛曰尙書洪範九疇鄭康成及僞孔傳皆訓疇爲類易否九四疇離祉九家注疇者類也然則李是如非程大昌演繁露又云古字假借疇人即籌人以算數而名尤謬也樂官亦曰疇人則不必定屬治算數者矣周壽昌曰高紀二年如注傳之疇官各

從其父疇學之春語人與人相疇家與家相疇注疇匹也先謙曰索隱韋昭云疇類也又引李注作孟說又引樂彥云疇昔知星人也案訓類匹近之官本無李注十二字顏注七字**或在夷狄**補注沈欽韓曰唐志九執歷者出於西域夢溪筆談西天法羅睺計都皆逆步之乃今之交道也交初謂之羅睺交中謂之計都元志至元四年西域札馬魯丁撰進萬年歷明志論西洋歷云西洋人之來中土者皆自稱歐羅巴人其歷法與回回同而加精密周末疇人子弟分散西域天方諸國接壤西陲非若東南有大海之阻又無極北嚴寒之畏則抱書器而西征勢固便也羲和既失其守古籍之可見者僅有周髀而西人渾蓋通憲之器寒熱五帶之說地圓之理正方之法皆不能出周髀範圍亦可知其源流之所自矣**故其所記有黃帝顓頊夏殷周及魯歷**補注齊召南曰案皆後人依託為之藝文志有黃帝五家歷三十三卷顓頊歷二十一卷又夏殷周魯歷十四卷至魯歷則杜預釋例云今世所謂魯歷不與春秋相符殆好事者為之非眞也沈欽韓曰續志賈逵云古黃帝夏殷周魯冬至日在建星建星即今斗星也五紀論云民間亦有黃帝諸歷不如史官記之明也晉志董巴議云顓頊以今之孟春為元顓頊聖人為歷宗也杜預長歷說自古以來論春秋者多述謬誤或用黃帝以來諸歷以推經傳朔日皆不諧合春秋四十七日蝕黃帝歷得一蝕顓頊歷得八蝕夏歷得十四蝕眞夏歷得一蝕漢末宋仲子集七歷以考春秋其夏周二歷術數皆與藝文志所記不同故更名為眞夏眞周歷殷歷周歷得十三蝕眞周歷得一蝕魯歷得十三蝕唐志大衍中氣議云春秋傳僖公五年正月辛亥朔日南至以周歷推之入壬子蔀第四章以辛亥一分合朔冬至殷歷則壬子蔀首也昭公二十年二月己丑朔日南至周歷得己丑二分殷歷得庚寅一分殷歷南至常在十月晦則中氣後天也周歷蝕朔差經或二日則合朔先天也又合朔議云春秋日蝕有甲乙者三十四殷歷魯歷先一日者十三後一日者三周歷先一日者二十二先二日者九其僞可知矣僖公二十二年十一月己丑朔宋楚戰於泓周殷魯歷皆先一日楚人所赴也昭公二十年六月丁巳晦衞侯與北宮喜盟七月戊午朔盟國人三歷皆先二日衞人所赴也此則列國之歷不可以一術齊矣詩大明正義鄭注尚書為文王受命武王伐紂時日皆用殷歷劉向五紀論載殷歷之法惟有氣朔而已**戰國擾攘秦兼天下未皇暇也亦頗推五勝**孟康曰五行相勝秦以周為火用水勝之**而自以為獲水德乃以十月為正色上黑**師古曰獲水德謂有黑龍之瑞補注沈欽韓曰始皇紀在二十六年宋志祖沖之曰顓頊歷元歲在乙卯秦代所用大衍日度議曰顓頊歷上元甲歷歲正月甲寅辰初合朔立春七曜皆直艮維之首蓋重黎受職於顓頊以及虞夏故本其所由生命曰顓頊其實夏歷也湯作殷歷更以十一月甲子合朔冬至為上元周人因之距羲和千紀昏明中星率差半次夏時直月節者皆當十有二中故因循夏令其後呂不韋得之以為秦法更考中星斷取近距如仲春昏弧中旦建星中以乙卯歲正月己巳合朔立春為上元案呂覽序意惟秦八年歲在涒灘則乙卯歲始皇即位之明年為呂氏據夏歷立法之始及不韋得罪一切去其法不用乃改從上月耳補注先謙曰官本上作尚**漢興方綱紀大基庶事草創襲**

秦正朔補注李銳曰秦以十月為正閏為後九月**以北平侯張蒼言用顓頊歷比於六歷疏闊中最為微近然正朔服色未覩其眞而朔晦月見弦望滿虧多非是至武帝元封七年漢興百二歲矣大中大夫公孫卿壺遂太史令司馬遷等言歷紀壞廢宜改正朔是時御史大夫兒寬明經術**師古曰兒音五奚反**上迺詔寬曰與博士共議今宜何以為正朔服色何上寬與博士賜等議皆曰帝王必改正朔易服色所以明受命於天也創業變改制不相復**師古曰復重也因也音扶目反次下亦同**推傳序文則今夏時也臣等聞學褊陋不能明**補注先謙曰官本聞作問是**陛下躬聖發憤昭配天地**師古曰躬聖者言身有聖德也發憤謂念正朔未定也昭明也**臣愚以為三統之制後聖復前聖者二代在前也今二代之統絕而不序矣唯陛下發聖德宣考天地四時之極則順陰陽以定大明之制為萬世則於是迺詔御史曰迺者有司言歷未定廣延宣問以考星度未能讎也**師古曰讎相當補注先謙曰官本考證云歷書作未能詹也先謙案集解引徐廣云詹一作售索隱云漢書作讎讎即售也故徐作售韋昭云讎比校也鄭德云相應為讎**蓋聞古者黃帝合而不死名察發斂定清濁起五部建氣物分數**應劭曰言黃帝造歷得仙名節會察寒暑致啟分發斂至定清濁起五部五部金木水火土也建氣物分數皆敘歷之意也孟康曰合作也黃帝作歷歷終而復始無窮已也故曰不死名春夏為發秋冬為斂清濁謂律聲之清濁也五部謂五行也天有四時分為五行也氣二十四氣也物萬物也分歷數之分也晉灼曰蔡邕天文志渾天名察發斂以行日月以步五緯臣瓚曰黃帝聖德與神靈合契升龍登仙故曰合而不死題名宿度候察進退史記曰名察宿度謂三辰之度吉凶之驗也補注杭世駿曰致啟分發斂至六字費解以史記注正之作致啟閉分至為明白或發斂疑當作察寒暑啟閉分至理或然也齊召南曰案歷家因此有發斂率謂盈縮也見唐志又史記原文作名察度驗瓚注作名察宿度蓋傳寫之誤也下文又云謂三辰之度吉凶之驗可知瓚說本不訛沈欽韓曰明志古歷以發斂為一章日道發南斂北之細數也案冬至後日行南陸為發夏至後日行北陸為斂周壽昌曰名命也謂黃帝作歷命察發斂及下云云也續志云道之發斂日道發南去極彌遠其景彌長遠長乃極冬乃至焉日道斂北去極彌近其景彌短近短乃極夏乃至焉周髀算經云冬至夏至者日道發斂之所生也趙君卿注發猶往也斂猶還也先謙曰合而不死瓚說是也名命字通周說是也或據封禪書云封禪者合不死之名也以為名字當上屬為句

非也義各有當無庸強爲附會然則上矣補注先謙曰歷書作然蓋尚矣言其所由來遠也書缺樂弛朕甚難之師古曰弛廢也音式爾反依違以惟未能修明師古曰依違不決之意也惟思也補注周壽昌曰依違猶反覆也先謙曰古書修循字多相亂志文作修足正歷書循明之誤其以七年爲元年李奇曰改元封七年爲太初元年遂詔卿遂遷與侍郎尊大典星射姓等師古曰姓射名姓也補注葉德輝曰唐林寶元和姓纂引三輔決錄云漢末鴻臚射服天子以服爲將軍出征姓射名服不祥也改姓謝名威三國志注引云射援其先本姓謝始祖謝服爲將軍出征天子以謝服非令名改爲射子孫氏焉案二說不同以決錄爲是謝姓元和姓纂以爲周宣王舅受封于謝是謝在射前不當改謝爲射且謝服不得謂非令名明裴注誤引此射姓又在射服之前議造漢歷迺定東西補注沈欽韓曰攷工記匠人建國水地以縣鄭注於四角立植而縣以水望其高下置槷以縣眡以景爲規識日出之景與日入之景鄭注日出日入之景其端則東西正也又爲規以識兩端之內規之交乃審也度兩交之間中屈之以指臬則南北正周髀算經東西極二萬三千里其兩端相去正東西中折之以指表正南北鄭注本此隋天文志土圭正影經文闕略先儒解說又非明審祖暅錯綜經注以推地中其法曰先驗昏旦定刻漏分辰次乃立儀表於準平之地名曰南表漏刻上水居日之中更立一表於南表影末名曰中表夜依中表以望北極樞而立北表令參相直三表皆以懸準定乃觀三表直者其立表之地即當子午之正三表曲者地偏僻每觀中表以知所偏中表在西則立表處在地中之西當更向東求地中若中表在東則立表

處在地中之東當更向西求地中取三表直者爲地中之正又以春秋二分之日旦始出東方半體乃立表於中表之東名曰東表令東表與日及中表參相直是日之夕日入西方半體又立表於中表之西名曰西表亦從中表西望西表及日參相直乃觀三表直者即地南北之中也立晷儀補注沈欽韓曰易通卦驗曰冬至日立八神樹八尺之表周髀算經日晷徑千二百五十里下漏刻補注沈欽韓曰隋天文志黃帝創觀漏水制器取則一刻爲一箭冬至互起其首凡有四十一箭晝有朝有禺有中有晡有夕夜有甲乙丙丁戊昏旦有星中每箭各有其數漢興張蒼因循古制猶多疏闊及孝武考定星歷下漏以追天度亦未能盡其理劉向鴻範傳記武帝所用法云冬夏二至之間一百八十餘日晝夜差二十刻大率二至之後九日而增損一刻焉至和帝永元十四年霍融上言官歷率九日增減一刻不與天相應或時差至二刻半不如夏歷漏刻隨日南北爲長短乃詔用夏歷漏刻依日行黃道去極每差二度四分爲增減一刻凡用四十八箭終於魏晉相傳不改以追二十八宿相距於四方補注沈欽韓曰周髀算經立二十八宿以周天歷度之法分度以定則正督經緯而四分之一合各以九十一度十六分度之五於是圓定而正則立表正南北之中央以一游儀希望牽牛中央星出中正表西幾何度各如游儀所至之尺爲度數[illegible]儀[illegible][illegible]圓周一尺應天一度游在於八尺之上故知牽牛八度其次星放此以盡二十八宿度則定矣舉終以定朔晦分至躔離弦望應劭曰躔徑也離遠也臣瓚曰案離歷也日月之所歷也鄧展曰日月踐歷度次也迺以前歷上

元泰初四千六百一十七歲至於元封七年復得閼逢攝提格之歲中冬孟康曰言復得者上元泰初時亦是閼逢之歲歲在甲曰閼逢在寅曰攝提格此爲甲寅之歲也師古曰中讀曰仲補注劉攽曰十七歲當作十一歲張永祚曰案四千六百一十七歲不應干支重逢此不可解齊召南曰案太初元年實丁丑歲通鑑目錄云太初元年彊圉赤奮若丁丑是也若甲寅則在元朔二年前乎此二十四歲矣唐志日度議云漢太初歷元起丁丑命曰閼逢攝提格之歲而實非甲寅可謂至確蓋元封之六年歲在丙子仲冬朔旦甲子冬至復得上古歷元之甲寅耳故後文曰太初元年前十一月甲子朔旦冬至歲在星紀婺女六度又引漢志曰歲名困敦是也錢大昕曰案太初元年太歲在丙子東漢以後術家不知太歲有超辰之法上溯太初之元以爲丁丑非太初本法也其云閼逢攝提格者謂是年歲陰在甲寅也歲陰與太歲皆百四十四歲而超一辰故千六百一十七歲而復其初秦漢之閒多以歲陰紀歲淮南子言太陰在寅名曰攝提格史記貨殖傳太陰在卯之類是也東漢始專用太歲而去其超辰之法於此文多不了了唐一行日度議云漢太初元起丁丑推上之不值甲寅猶以日月五緯復得上元本星度故命曰閼逢攝提格之歲而實非甲寅亦強作解事語觀太初詔書固云年名焉逢攝提格矣安得云實非甲寅乎劉云十七歲當作十一歲亦妄說二劉於推步本無所解宋子京所引景本亦無一不誤今不復辨也李銳曰史記亦云太初元年年名焉逢攝提格徐廣云歲陰在寅左行歲星在丑右行銳案以四分以後之法言之是年歲在丁

丑王引之曰錢說歲陰與太歲案歲陰卽太歲不當分以爲二也皆百四十四歲而超一辰故四千六百一十七歲而復其初引之案太歲超辰之說始於劉歆三統歷當太初元年議造漢歷安得有超辰之法錢說非也今案四千六百一十七歲本作四千五百六十歲此後人以三統歷改之也史記歷書索隱引此已誤凡甲子六十而周周而復始由上元太初甲寅之歲四千五百六十歲立以爲法展轉相承每一元皆如是至於元封七年又逢甲寅故曰復得閼逢攝提格之歲若四千六百一十七歲則得辛亥而非甲寅矣後人因下文三統歷曰凡四千六百一十七歲與一元終故據彼以改此不知前歷乃殷歷與三統歷不同開元占經古今歷積篇劉歆三統歷上元庚戌元法四千六百一十七而黃帝歷上元辛卯則元法四千五百六十顓頊上元乙卯夏歷上元乙丑殷歷上元甲寅周歷上元丁已魯歷上元庚子元法皆與黃帝歷同此云前歷上元泰初閼逢攝提格之歲正所謂殷歷上元甲寅也則當依殷歷元法四千五百六十不當依三統術矣緯候之書多據殷歷大衍歷議曰緯所據者殷歷也易乾鑿度曰歷元名握先紀曰甲子歲甲寅七十六爲一紀二十紀爲一部首注曰此法三部首而一元一元而大歲復於甲寅一部首一千五百二十歲三之則四千五百六十歲矣續漢書律歷志注引樂叶圖曰天元以四千五百六十爲紀甲寅窮此紀卽元也周髀算經注引考靈曜曰請龍甲寅攝提格孳今本孳誤作並依御覽時序部二改四千五百六十歲積反初反復也謂復於冊前也今本作及誤今據初學記人事部上引改正與前歷復得甲寅之歲相合不當如今本所云十一月甲子朔旦冬至日月在建星李奇曰古以建星爲宿今以牽牛爲宿孟康曰建星在牽牛間晉灼曰賈逵論太初

歷冬至日在牽牛初者牽牛中星也古歷皆在建星建星即斗星也太初歷四分法在斗二十六度史官舊法冬夏至常不及太初歷五度四分法在斗二十一度與行事候法天度相應補注宋祁曰建星在斗後十三度在牽牛前十一度當云在斗牛閒孟說非

太歲在子補注王引之曰子當爲寅後人改之也[illegible]歲在寅曰攝提格上言攝提格之歲則下當言大歲在寅蓋所謂前歷者殷歷也黃帝以下六歷惟殷歷元用甲寅[illegible]殷歷上元泰初中冬十一月甲子朔旦冬至[illegible]日月在建星大歲在寅故得閼逢攝提格之歲元封七年與殷歷上元泰初同故復得閼逢攝提格之歲也一元四千五百六十歲爲甲寅者七十有六而惟上元泰初甲寅年冬至七曜皆起於丑宮故以其年爲歷元後漢劉洪上言曰見續漢志甲寅元天正正月夏十一月甲子朔旦冬至七曜之起始於牛初御覽時序部二引尙書考靈曜日月首甲子冬至日月五緯俱起牽牛初青龍甲寅[illegible]攝提格孳建星牽牛皆丑宮之星日月起於丑宮而曰青龍甲寅正與此同法也易乾鑿度曰歷元名握先紀曰甲子歲甲寅御覽天部一引禮稽命徵曰太素十一月閼逢之歲在攝提格之紀其日紀日甲子曰太素十一月卽此所謂十一月甲子朔旦冬至也其曰歲甲寅曰閼逢之歲在攝提格之紀卽此所謂大歲在寅也古人言大歲皆用夏正自元封六年正月至七年前十二月[illegible]爲夏正甲寅年之一歲六年正月日在亥宮歲星在丑宮[illegible]與日隔子宮而晨見東方晨見之月斗建於寅故大歲應之而在寅七年前十一月乃夏正甲寅年之仲冬故曰大歲在寅也[illegible]後人見下文歲術曰數從丙子起又說大初元年引漢志曰歲名困敦遂改寅爲子不知歲名困敦乃漢大初歷之大歲應歲星與日同次之子月者也[illegible]大歲在寅乃殷歷之大歲應歲星晨見之寅月者也在寅則不在子在子則不在寅豈有攝提格之歲而大歲在子者乎錢氏不悟在子之文爲後人所改而見其與攝提格之歲不合乃爲之說曰大歲在子爲大歲攝提格之歲則爲大陰豈知在子本爲在寅卽上文之攝提格而無庸強爲分別乎或曰漢大初歷元固丙子也大歲在子安知非大初歷法而必以爲殷歷而謂其在寅何與曰請以上句日月在建星例之續志載賈逵論曰大初歷冬至日在牽牛古黃帝夏殷周魯冬至日在建星然則日月在建星乃殷歷之交而非大初歷法日月大歲二句相連其皆爲殷歷之法明矣更以下句已得太初本星度例之已得太初本星度謂得殷歷太初之建星則此句以上皆殷歷之法可知豈有上下句皆言殷歷而中閒乃言漢大初歷者乎殷歷紀元爲攝提格之歲大歲安得不在寅乎據漢志及續志謂大史令張壽王挾甲寅元以非漢歷壽王歷迺大史官殷歷也是殷歷爲大史官所有之書元封七年大史令司馬遷與公孫卿壺遂議造漢歷故用大史官殷歷而以甲寅爲元至鄧平造歷更以丙子爲元[illegible]

[illegible]而虧四分日之三去小餘七百五分故壽王挾甲寅元以非之豈得預改殷歷之大歲在寅以從鄧平歷之丙子乎曰司馬遷等議造漢歷何以元用甲寅及鄧平造歷何以又用丙子也曰史記自序曰大初元年十一月甲子朔旦冬至天歷始改謂顓頊歷以立春爲部首今改用冬至爲部首也部首起於十一月甲子朔旦冬至惟殷歷甲寅元而已故曰閼逢攝提格之歲又曰大歲在寅然六歷建元之歲古今不相沿襲若黃帝元用辛卯顓頊用乙卯夏用丙寅殷用甲寅周用丁巳魯用庚子[illegible]歷元所在代有變易殷歷元用甲寅而漢歷因之則無以別於殷歷故又取是年顓頊歷之大歲而以丙子爲元[illegible]以表一代之制作此甲寅丙子之所以不同也史記封禪書說大初元年事曰十一月甲子朔旦冬至推歷者以本統夏漢改歷以正月爲歲首本書武紀則以爲五月正歷蓋漢歷成於鄧平鄧平之歷成於大初元年之五月下文所謂選鄧平等造漢大初歷也歷元之改用丙子必在此時而當司馬遷等議造漢歷則在前此之十一月所謂天歷始改也是時鄧平猶未造歷安得有丙子元法史記歷書載武帝詔曰其更以七年爲大初元年年名焉逢攝提格月名畢聚此詔當亦在十一月議造漢歷之時而云年名焉逢攝提格則是時之歷元惟用甲寅若謂是時已用丙子爲元則詔何以不云游兆困敦而云焉逢攝提格乎是時歷元猶未改爲丙子安得云大歲在子乎曰攝提格之歲卽謂大歲在寅也何須更言大歲在寅乎曰寅者大歲所在之辰攝提格者大歲在寅之號上言其號下指其辰相承爲義也史記天官書曰攝提格歲陰左行在寅尙書考靈曜曰青龍甲寅攝提格孳後書張純傳曰今攝提之歲蒼龍甲寅既言攝提格又言在寅正與此同此志下文引漢志曰歲在大棣名曰敦牂大歲在午亦相承爲義也[illegible]午大歲在寅承上攝提格之歲猶大初本星度承上日月在建星矣考之歷法案之文義大歲在子當爲在寅明甚

已得太初本星度新正。姓等奏不能爲算，師古曰姓卽射姓也**願募治歷者更造密度各自增減以造漢太初歷迺選治歷鄧平及長樂司馬可酒泉候宜君**師古曰可者司馬之名也宜君亦候之名也候官號也故曰東南一尉西北一候**侍郎尊及與民閒治歷者凡二十餘人方士唐都巴郡落下閎與焉**晉灼曰三人姓名也史記歷書唐都分天部而巴郡落下閎運算推歷師古曰姓唐名都方術之士也姓落下名閎巴郡人也都與閎凡二人言三人非也與讀曰豫補注沈欽韓曰天官書昔之明天數者於楚唐昧御覽二百三十五引春秋文耀鉤云楚立唐氏唐史之策上滅蒼雲則唐氏世爲楚史唐都蓋其後也史記自序談爲太史公學天官於唐都[illegible]文選注四十九引益部耆舊傳云閎字長公巴郡閬中人明曉天文地理隱於落[illegible]武帝時友人同縣譙隆薦閎待詔太史更作大初歷拜侍中辭不受元和姓纂作落下仲異先謙曰官本無注言下九字**都分天部**孟康曰謂分部二十八宿爲距度**而閎運算轉歷其**

法㠯律起歷曰律容一龠積八十一寸則一日之分也孟康曰黃鍾律長九寸圍九分以圍乘長得積八十一寸也〔補注〕李光地曰案此所言積寸者面冪九分以九十乘之則積八十一寸也蓋謂長寸爾故與積八百一十分同法若論方面之寸止得八寸十之一論正方之寸則尚不足一百九十分而後滿法也孟云律長九寸圍九分以圍乘長得積孟乃爲徑三圍九之說者其意是以管圍之分當之如此則當云律徑三分或曰圍九分而所謂容一龠者爲賸語矣可悟孟說非也與長相終律長九寸百七十一分而終復師古曰復音扶目反〔補注〕先謙曰官本無注三復而得甲子〔補注〕李銳曰九乘百七十一得一千五百三十九而終復爲一統三之得四千六百一十七而復於甲子爲元夫律陰陽九六爻象所從出也故黃鍾紀元氣之謂律律法也莫不取法焉與鄧平所治同於是皆觀新星度日月行更㠯算推如閎平法法一月之日二十九日八十一分日之四十三先藉半日名曰陽歷不藉名曰陰歷所謂陽歷者先朔月生陰歷者朔而後月迺生平曰陽歷朔皆先旦月生㠯朝諸侯王羣臣便迺詔遷用鄧平所造八十一分律歷罷廢尤疏遠者十七家

〔補注〕沈欽韓曰舊唐志鄧平洛下閎造太初歷非之者十七家涉此而誤用也復使校歷律昏明宦者淳于陵渠〔補注〕錢大昭曰淳于姓陵渠名也復覆太初歷晦朔弦望皆最密日月如合璧五星如連珠孟康曰謂太初上元甲子夜半朔旦冬至時七曜皆會聚斗牽牛分度夜盡如合璧連珠也師古曰言其應候不差也〔補注〕沈欽韓曰唐志傅仁均云治歷之本必推上元日月如合璧五星如連珠夜半甲子朔旦冬至自此七曜散行不復餘分普盡總會如初惟朔分氣分有可盡之理因其可盡即有三端此乃紀其日數之元爾或以爲即夜半甲子朔旦冬至者非也冬至自有常數朔名由於月起月行遲疾非當三端安得即合故必須日月相合與至同者乃爲合朔冬至陵渠奏狀遂用鄧平歷㠯平爲太史丞後二十七年元鳳三年太史令張壽王上書言歷者天地之大紀上帝所爲傳黃帝調律歷漢元年㠯來用之今陰陽不調宜更歷之過也師古曰更改也〔補注〕先謙曰律字當衍詔下主歷使者鮮于妄人詰問壽王不服妄人請與治歷大司農中丞麻光等二十餘人雜候日月晦朔弦望八節二十四氣鈞校諸歷用狀〔補注〕宋祁曰鈞校當作鉤校奏可詔與丞相御史大將軍右將軍史各一人雜候上林清臺〔補注〕先謙曰續志所謂設清臺之候也黃圖云漢靈臺在長安西北八里始曰清臺本爲候者觀陰陽天文之變更名曰靈臺課諸歷疏密凡十一家㠯元鳳三年十一月朔旦冬至盡五年十二月各有第壽王課疏遠案漢元年不用黃帝調歷壽王非漢歷逆天道非所宜言大不敬有詔勿劾復候盡六年太初歷第一即墨徐萬且長安徐禹治太初歷亦第一師古曰且音子余反壽王及待詔李信治黃帝調歷課皆疏闊又言黃帝至元鳳三年六千餘歲丞相屬寶長安單安國安陵桮育治終始蘇林曰桮音布回反師古曰姓桮名育也單音善〔補注〕周壽昌曰終始書名治天文者也藝文志陰陽家有公檮生終始十四篇鄒子終始五十六篇葉德輝曰山海經海內北經蛇巫之山有人操桮而東向立郭注桮或作棓字同桮棓一字王應麟姓氏急就篇棓姓注上引棓育下並引棓生知棓栖爲一姓矣棓生見爰盎傳言黃帝㠯來三千六百二十九歲〔補注〕李銳曰案三千六百二十九以章歲除之得一百九十一適盡其年至朔同日故上文云元鳳三年十一月朔旦冬至也黃帝術上元辛卯至元鳳四年甲辰積二百七十六萬七十三算外入天紀一千二百七十三年入戊子蔀五十七年是元鳳四年直章首寶等說蓋黃

帝術也於太初術元鳳四年入甲子統二十七年閏餘十八與此不合不與壽王合壽王又移帝王錄〔補注〕先謙曰凡官曹平等不相臨敬則爲移書後漢文移字始見於此舜禹年歲不合人年壽王言化益爲天子代禹師古曰化益即伯益〔補注〕周壽昌曰伯益稱化益見易井卦釋文引世本及呂覽求人篇益爲天子代禹或即孟子禹薦益於天益避禹之子等語戰國時附會成之紀年益干啟位啟殺之即此驪山女亦爲天子在殷周閒〔補注〕周壽昌曰此妄語疑戰國時所造唐李筌陰符元義爲驪山老母所傳殆亦本此唐書藝文志通志通考俱載之皆不合經術壽王歷迺太史官殷歷也壽王猥曰安得五家歷師古曰猥曲也又妄言太初歷虧四分日之三去小餘七百五分〔補注〕錢大昕曰黃帝六家之術大略皆與四分同四分以九百四十爲日法九百四十之七百五正四分之三也則壽王術日法亦同四分矣李銳曰太初元年丁丑歲入殷術乙酉蔀二章首入蔀年十九積月二百三十五無閏餘積日六千九百三十九大餘三十九小餘七百五即四分之三是歲至朔同日冬至大餘亦三十九小餘四分之三命大餘乙酉得天正甲子朔旦冬至於太初術是年爲甲子統首氣朔皆無大餘無小餘壽王據殷歷故曰太初虧四分日之三去小餘七百五分沈欽韓曰明天議古之六歷皆以九百四十爲日法太初歷與四分法同故壽王言去小餘七百五分存二百三十五分日之一張守節正義以律書小餘亦爲九

百四十分彼原非太初歷於事則合然非太初日分也張文虎曰般術太初元年入天紀乙酉蔀弟二章首天正甲子朔冬至歲餘二十四朔餘七百五皆合四分之三實如壽王所云而當時欲以太初元年爲歷元須棄此小餘故造爲以律起歷黃鐘九寸九九八十一分爲日法卽以八十一章爲統法於是三統爲一元多於舊法五十七年其歲餘千五百三十九之三百八十五贏於四分之一者小分二五[illegible]積四千六百十七年得千一百五十四分小分二五適合氣日分千五百三十九統四分之三以消此餘分而朔餘五萬七千一百五合百六十八萬六千三百六十日亦適盡無餘乃壽王猶以殷術爭之不知當時承詔定歷有所不得已也**㠯故陰陽不調謂之亂世劾壽王吏八百石**補注沈欽韓曰此成帝未并省以前故太史令猶八百石**古之大夫服儒衣誦不詳之辭作祆言**補注先謙曰官本詳作祥祆作妖古字通用**欲亂制度不道奏可壽王候課比三年下**師古曰比頻也下下獄也音胡稼反補注顧炎武曰謂課居下也下文言竟以下吏乃是下獄顏注非**終不服再劾死更赦勿劾**師古曰更經也音工衡反**遂不更言誹謗益甚竟㠯下吏故歷本之驗在於天自漢歷初起盡元鳳六年三十六歲**補注李銳曰自元封七年起盡元鳳六年止三十年此當云三十歲六字衍**而是非堅定**補注先謙曰言太初歷行之積年爲世傳信也歆因之作三統歷不過參驗經義詳著推法唯是爲異至其歷用太初之術名取兒寬之議參之班氏文義三統之卽太初無可疑者餘詳下卷

前漢二十一上　三三

至孝成世劉向總六歷列是非作五紀論補注沈欽韓曰天文志續志並引之大衍歷議亦稱洪範傳**向子歆究其微眇**師古曰眇細也音莫小反又讀曰妙他皆類此補注錢大昭曰元帝贊窮極幼眇藝文志樂尤微眇顏氏皆讀曰妙易說卦妙萬物而爲言者也王肅本妙作眇音妙是眇本古妙字**作三統歷及譜㠯說春秋推法密要**補注沈欽韓曰晉志劉歆造三統以說左傳辨而非實班固惑之采以爲志杜預長歷說劉子驗造三正歷以修春秋日蝕有甲乙者三十四而三正惟得一蝕比諸家既最疏又六千餘歲輒益一日凡歲當累日爲次而故益之此不可行之甚者[illegible]姜岌云歆歷於春秋日蝕一朔其餘多在二日因附五行傳著朓與側匿之說云春秋時諸侯多失其政故月行恆遲歆不以己歷失天反以己歷寃天宋志三統歷以說春秋屬辭比事雖甚精巧非其實也唐志劉歆以春秋易象推合其數蓋傳會之說宋明天歷議劉歆三統歷復强於古[illegible]故推先儒謂之最疏鄭世子厤議春秋前後千載之間氣朔交食長歷大衍所推近是劉歆班固所說全非也案班氏不知歷故以爲密亦由當時無李淳風劉羲叟者相與切究耳沈括詆斥甚力過矣**故述焉**師古曰自此㠯下皆班氏所述劉歆之說也**夫歷春秋者天時也**補注先謙曰官本夫下提行**列人事而目㠯天時**補注錢大昕曰孔穎達春秋正義云春先於夏秋先於冬舉先可以及後言春可以兼夏言秋足以見冬故舉二字以包四時也先謙曰官本㠯作因**傳曰民受天地之中㠯生所謂命也**師古曰此春秋左氏傳周大夫劉康公之言也中謂中和之氣也補注先謙曰官本注在所謂命也上又無氏周大夫四字**是故有禮誼動作威儀之則㠯定命也能者養㠯之福不能者敗㠯取禍**師古曰之往也往就福也自此㠯上皆劉康公辭補注周壽昌曰敗以取禍與養以之福對文今左傳作能者養之以福疑後人傳寫誤倒五行志引此文同**故列十二公二百四十二年之事㠯陰陽之中制其禮故春爲陽中萬物㠯生秋爲陰中萬物㠯成**補注齊召南曰漢世解春秋名義皆是如此故賈逵服虔之說左氏何休之說公羊並承歆說以陰中陽中爲義**是㠯事舉其中禮取其和歷數㠯閏正天地之中㠯作事厚生皆所㠯定命也**補注錢大昕曰左文八年傳閏以正時[illegible]時以作事[illegible]事以厚生[illegible]生民之道於是乎在矣**易金火相革之卦曰湯武革命順乎天而應乎人**師古曰離下兌上故云金火相革此革卦彖辭**又曰治歷明時**師古曰此革卦象辭補注錢大昕曰虞翻云歷象謂日月星辰也**所㠯和人道也周道既衰幽王既喪天子不**

前漢二十一上　三四

能班朔補注錢大昕曰左桓三年傳杜注經之首時必書王明此歷天王之所班也其或廢法爲常失不班歷故不書王**魯歷不正㠯閏餘一之歲爲蔀首**孟康曰當㠯閏盡歲爲蔀首今失正未盡一歲便㠯爲蔀首也師古曰蔀音剖又音部補注錢大昕曰續志[illegible]至朔同日謂之章同在日首謂之蔀[illegible]**故春秋刺十一月乙亥朔日有食之於是辰在申**孟康曰辰謂斗建臣瓚曰日月之會爲辰師古曰事在襄二十七年**而司歷㠯爲在建戌史書建亥**補注錢大昕曰春秋經冬十有二月乙亥朔日有食之杜注今長歷推十一月朔非十二月傳曰辰在申再失閏若是十二月則爲三失閏故知經誤左傳十一月乙亥朔日有食之辰在申司歷過也再失閏矣杜注周十一月今之九月斗當建戌而在申故知再失閏也**哀十二年亦㠯建申流火之月爲建亥**張晏曰周之十二月夏之十月也再失閏當爲八月建酉而云建申誤也仲尼曰火猶西流司歷過也劉歆徙㠯詩七月流火爲喻不知八月火猶西流也補注李銳曰詩曰七月流火故云建申**而怪蟄蟲之不伏也**補注錢大昕曰左哀十二年傳冬十二月螽季孫問諸仲尼仲尼曰邱聞之火伏而後蟄者畢今火猶西流司歷過也杜注火伏在今十月猶西流言未盡沒知是九月歷官失一閏孔疏云釋例長歷言諸儒皆以爲冬實周之九月而書十二月[illegible]謂之再失閏若如其言乃成三失非但再也今以長歷推春秋此十二月乃夏之九月實周之十一月也此年當有閏而今不置閏此爲失一閏月耳十

二月不應螽故季孫怪之仲尼以爲斗建在戌火星尚未盡沒據今猶見故言猶西流明夏之九月尚可有螽也季孫雖聞仲尼此言猶不即改明年十二月復螽於是始悟十四年春乃置閏欲以補正時歷也傳於十五年書閏月蓋置閏正之欲明十四年之閏於法當在十二年也又曰案五行志劉歆以爲周十二月夏十月也火星既伏蟄蟲皆畢天之見變因物類之宜不得以螽是歲再失閏矣周九月夏七月故傳曰火猶西流司歷過也如歆說則爲三失閏故張杜議之然張以爲在夏之八月杜以爲夏之九月亦不盡同

自文公閏月不告朔，至此百有餘年，莫能正歷數。故子貢欲去其餼羊，孔子愛其禮，師古曰餼生牲也禮人君每月告朔於廟有祭事故用牲子貢見其禮廢而欲去其羊孔子曰賜也汝愛其羊我愛其禮事見論語**而著其法於春秋。經曰：「冬十月朔，日有食之。」傳曰：「不書日，官失之也。天子有日官，諸侯有日御，日官居卿以厎日，禮也。**蘇林曰厎致也師古曰音之履反**日御不失日，以授百官於朝。」言告朔也。**師古曰劉家本有此語補注錢大昕曰左桓十七年傳文服虔云日官日御典歷數者也居卿者使卿居其官以主之重歷數也賈公彥云太史雖下大夫使卿來居之治太史之職與堯典云乃命羲和欽若昊天歷象日月星辰是卿掌歷數明周掌歷數亦是日官杜預云日官天子掌歷者不在六卿之數而位從卿故言居卿也厎平也謂平歷數日官平歷以班諸侯諸侯奉之不失天

時以授百官孔穎達云周禮太史掌正歲年以序事頒告朔於邦國然則天子掌歷者謂太史也太史下大夫非卿故不在六卿之數傳言居卿則是尊之若卿故知非卿而位從卿**元典歷始曰元。**補注錢大昕曰釋詁元始也**傳曰：「元，善之長也。」共養三德爲善，**孟康曰謂三統之微氣也當施育萬物故謂之德師古曰共讀曰供補注錢大昕曰左昭十七年傳文杜注三德謂正直剛克柔克也杜氏本作供養孔疏董遇注本爲共養解云盡共所以養成三德也**又曰：「元，體之長也。」**補注錢大昕曰左襄九年傳文孔疏元者始也長也物得其始爲衆善之長於人則首爲元元是體之長以善爲體知亦善之長也**合三體而爲之原，故曰元。**補注先謙曰原本也續志元以原之本此**於春三月，每月書王，元之三統也。**補注錢大昕曰何休云二月三月皆有王者二月殷之正月也三月夏之正月也王者存二王之後使統其正朔服其服色行其禮樂所以尊先聖通三統師法之義恭讓之禮服虔云孔子作春秋於春每月書王以統三王之正**三統合於一元，故因元一而九三之以爲法，**孟康曰辰有十二其三爲天地人之統老子曰三生萬物是以餘九辰得三氣乃能施化故每辰者以三統之數乘之是謂九三之法得積萬九千六百八十三補注李銳曰置元一一三之得三二三之得九三三之得二十七四三之得八十一五三之得二百四十三六三之得七百二十九七三之得二千一百八十七八三之得六千五百六十一九三之得一萬九千六百八十三爲法**十一三之以爲實。**孟康曰以子數一乘丑三餘次辰亦每三乘之周十一辰得十七萬七千一百四十七補注錢大昕曰律書生鐘分子一分丑三分二寅九分八卯二十七分十六辰八十一分六十四巳二百四十三分一百二十八午七百二十九分五百一十二未二千一百八十七分一千二十四申六千五百六十一分四千九十六酉萬九千六百八十三分八千一百九十二戌五萬九千四十九分三萬二千七百六十八亥十七萬七千一百四十七分六萬五千五百三十六 [illegible] 李銳曰置上一萬九千六百八十三又三之得五萬九千四十九又三之得十七萬七千一百四十七爲實先謙曰周十一辰官本一作二是**實如法得一。**補注錢大昕曰本志以成之數忖該之積如法爲一寸則黃鐘之長也沈欽韓曰梅氏筆算云以數生數是之謂乘皆有法有實有得數以數剖數是之謂除皆有法有實有得數除法以實滿法而成一數故曰實如法得一**黃鐘初九，律之首，陽之變也。**補注錢大昕曰大師鄭注黃鐘初九也下生林鐘之初六林鐘又上生太蔟之九二太蔟又下生南呂之六二南呂又上生姑洗之九三姑洗又下生應鐘之六三應鐘又上生蕤賓之九四蕤賓又下生大呂之六四大呂又上生夷則之九五夷則又下生夾鐘之六五夾鐘又上生無射之上九無射又上生中呂之上六黃鐘長九寸其實一籥下生者三分去一上生者三分益一五下六上乃一終矣案晉志稱淮南京

房鄭元諸儒言上下相生至蕤賓又重上生大呂長八寸二百四十三分寸之百四夷則上生夾鐘長七寸一千一百八十七分寸之千七十五無射上生中呂長六寸萬九千六百八十三分寸之萬二千九百七十四然則大師注文當云蕤賓上生大呂下生夷則上生夾鐘下生無射上生春秋正義引鄭注正與此合今監本蕤賓以下仍依馬班上下生之序誤也周語韋注十一月黃鐘乾初九也十二月大呂坤六四也正月太蔟乾九二也二月夾鐘坤六五也三月姑洗乾九三也四月中呂坤上六也五月蕤賓乾九四也六月林鐘坤初六也七月夷則乾九五也八月南呂坤六二也九月無射乾上九也十月應鐘坤六三也又曰春秋孔疏撰昔所得有七八九六說者謂七爲少陽八爲少陰其爻不變也九爲老陽六爲老陰其爻皆變也周易以變者爲占其連山歸藏以不變爲占李銳曰置十七萬七千一百四十七以一萬九千六百八十三除之得九**因而六之，以九爲法，得林鐘。**孟康曰以六乘黃鐘之九得五十四補注錢大昕曰以九除之仍得六數故林鐘六寸**初六，**補注王念孫曰林鐘下更有林鐘二字林鐘初六與黃鐘初九對文而今本脫之則文義不完當依大師疏引補**呂之首，陰之變也。皆參天兩地之法也。**孟康曰三三而九二三而六參兩之義也補注錢大昕曰賈公彥云黃鐘在子一陽爻生爲初九林鐘在未二陰爻生得爲初六者以陰故退位在未故曰乾貞於十一月子坤貞於六月未也易乾鑿度曰乾貞於十一月子左行陽時六坤貞於六月未右行陰時六以奉順成其歲又云陰卦與陽卦同位者退一辰以爲貞其爻右行間辰而治六辰鄭注陰則退一辰者 [illegible]**上生六而倍之，**

下生六而損之皆㠯九爲法〔補注〕錢大昕曰即本志所云黃鐘三分損一下生林鐘云云也律書以下生者倍其實三其法以上生者四其實三其法今志云上生六而倍之下生六而損之皆以九爲法其法有以異乎曰無以異也上生者三分益一四因而三除之謂得三之四也今則九其法六其實倍六則十二矣九與十二不猶之三與四乎三三而九四三十二下生者三分損一二因而三除之謂得三之二也今則九其法六其實九與六不猶之三與二乎三三而九二三而六李銳曰上生者三分益一下生者三分去一三分益一者當四乘三除今六乘而又倍之即是十二乘十二乘九除猶四乘三除也三分去一者當二乘三除今六乘九除猶二乘三除也其相與之率同也**九六陰陽夫婦子母之道也**孟康曰異類爲子母謂黃鐘生林鐘也同類爲夫婦謂黃鐘㠯大呂爲妻也〔補注〕錢大昕曰孟說非也黃鐘陽林鐘陰陽初九陰初六夫妻之正如孟說乃以黃鐘爲母林鐘爲子失之遠矣**律娶妻**如淳曰黃鐘生林鐘**而呂生子**如淳曰林鐘生太族**天地之情也**〔補注〕錢大昕曰大師鄭注同位者象夫妻異位者象子母所謂律娶妻而呂生子也賈疏同位謂若黃鐘之初九下生林鐘之初六俱是初之弟一夫婦一體是象夫婦也異位象子母謂若林鐘上生太蔟之九二二於弟一爲異位象母子但律所生者爲夫婦呂所生者爲母子十二律呂律所生者常同位呂所生者常異位故云律娶妻而呂生子也**六律六呂而十二辰立矣五聲清濁而十日行矣**李奇曰聲一清一濁合爲二五聲凡十合於十日從甲至癸也孟康曰謂

東方甲乙南方丙丁之屬分在五方故五聲屬焉〔補注〕錢大昕曰大師鄭注黃鐘子之氣也十一月建焉而辰在星紀丑大呂丑之氣也十二月建焉而辰在玄枵子太蔟寅之氣也正月建焉而辰在娵訾亥應鐘亥之氣也十月建焉而辰在析木寅姑洗辰之氣也三月建焉而辰在大梁酉南呂酉之氣也八月建焉而辰在壽星辰蕤賓午之氣也五月建焉而辰在鶉首未林鐘未之氣也六月建焉而辰在鶉火午夷則申之氣也七月建焉而辰在鶉尾巳中呂巳之氣也四月建焉而辰在實沈申無射戌之氣也九月建焉而辰在大火卯夾鐘卯之氣也二月建焉而辰在降婁戌辰與建交錯貿處如表裏然是其合也月令鄭注宮數八十一屬土最濁徵數五十四屬火微清商數七十二屬金濁次宮羽數四十八屬水最清角數六十四屬木清濁中晉志揚子雲曰聲生於日謂甲己爲角乙庚爲商丙辛爲徵丁壬爲羽戊癸爲宮也**傳曰天六地五數之常也天有六氣**張晏曰六氣陰陽風雨晦明也**降生五味**孟康曰月令五方之味酸鹹是也〔補注〕齊召南曰酸鹹之下似應有辛苦甘三字錢大昕曰左昭元年傳文杜注金味辛木味酸水味鹹火味苦土味甘皆由陰陽風雨而生孔疏先儒以爲雨爲木味風爲土味晦爲水味明爲火味陽爲金味而陰氣屬天不爲五味之主此杜所不用也案大宗伯賈疏左傳云天有六氣降生五味五味即五行之味也鄭義太陽不變陰爲金雨爲木風爲土明爲火晦爲水與孔氏所云不同當從賈氏**夫五六者天地之中合**孟康曰天陽數奇一三五七九五在其中地陰數耦二四六八十六在其中故曰天地之中合**而民所受㠯**

生也故曰有六甲辰有五子孟康曰六甲之中唯甲寅無子故有五子〔補注〕錢大昕曰藝文志古五子十八篇注自甲子至壬子說易陰陽**十一而天地之道畢言終而復始太極中央元氣故爲黃鐘其實一龠**〔補注〕錢大昕曰易乾鑿度云有太易有太初有太始有太素太易者未見氣也太初者氣之始也太始者形之始也太素者質之始也炁形質具而未離故曰渾淪渾淪者言萬物相渾成而未相離視之不見聽之不聞循之不得故曰易也易無形畔此明太易無形之時虛豁寂寞不可以視聽尋繫曰易無體此之謂也易變而爲一一主北方氣漸生之始此則太初氣之所生也一變而爲七七主南方陽炁壯盛之始也萬物皆形見焉此則太始氣之所生者也七變而爲九西方陽氣所終究之始也此則太素炁之所生九者氣變之究也乃復變而爲一此一則元氣形見而未分者夫陽氣內動周流終始然後化生一之形炁也一者形變之始輕清者上爲天象形見矣重濁者下爲地質形見矣物有始有壯有究故三畫而成乾象一七九也夫陽則言乾成者陰陽坤成可知矣案劉歆所云太極元氣函三爲一正與此合三者太初太始太素也易變而爲一一者太極也龠者黃鐘律之實也**㠯其長自乘故八十一爲日法**〔補注〕錢大昕曰黃鐘管長九寸九九八十一黃鐘自乘之數李銳曰自此以下說諸數之生多不合算術學者詳之**所㠯生權衡度量禮樂之所繇出也**師古曰繇讀與由同〔補注〕錢大昕曰黃鐘之重生權衡其長生度數其龠生量數先謙曰官本無注**經元一㠯統始易太極之首也**〔補注〕錢大昕曰乾鑿度孔子云易始於太極注氣象未分之時天地之所始也**春秋二㠯目歲**鄧展曰春秋則爲二

矣孟康曰春爲陽中萬物㠯生秋爲陰中萬物㠯成舉春秋㠯目一歲**易兩儀之中也**〔補注〕錢大昕曰易繫辭易有太極是生兩儀虞翻云兩儀謂乾坤也**於春每月書王易三極之統也**〔補注〕錢大昕曰易繫辭傳六爻之動三極之道也**於四時雖亡事必書時月易四象之節也**〔補注〕錢大昕曰公羊傳云春秋雖無事首時過則書首時過則何以書春秋編年四時具然後爲年杜預云雖無事而書首月具四時以成歲也易繫辭兩儀生四象虞翻云四象四時也乾二五之坤成坎離震兌震春兌秋坎冬離夏故兩儀生四象**時月㠯建分至啟閉之分易八卦之位也**張晏曰二至二分立春立夏立秋立冬〔補注〕錢大昕曰杜預云分春秋分也至冬夏至也啟立春立夏閉立秋立冬乾鑿度天地有春夏秋冬之節故生四時四時各有陰陽剛柔之分故生八卦八卦成列天地之道立雷風水火山澤之象定矣其布散用事震生物於東方位在二月巽散之於東南方位在四月立夏離長之於南方位在五月坤養之於西南方位在六月立秋兌收之於西方位在八月乾制之於西北方位在十月立冬坎藏之於北方位在十一月艮終始之於東北方位在十二月立春八卦之氣終則四正四維之分明生長收藏之道備陰陽之體定神明之德通而萬物各以其類成矣孔子云歲三百六十日而天氣周八卦用事各四十五日方備歲焉注斯中鄭自有卦分重舉大數而已也故艮漸正月巽漸四月坤漸七月乾漸九月而各以卦之所言爲月也乾御戌亥在於十月而成九月也乾者天也終而爲萬物始北方萬物所始也故乾位在於十月艮者止物者也故在四時

之終位在十二月巽者陰始順陽者也陽始壯於東南方故位在四月坤者地之道也形正六月四維正紀經緯仲序度畢矣四維正四時之紀則坎離爲經震兌爲緯此四正之卦爲四仲之交序也又京房易占云夏至離王景風用事立秋坤王涼風用事又御覽載五行休王論云立春艮王震相巽胎離沒坤死兌囚乾廢坎休立夏巽王離相坤胎兌沒乾死坎囚艮廢震休立秋坤王兌相乾胎坎沒艮死震囚巽廢離休立冬乾王坎相艮胎震沒巽死離囚坤廢兌休然則震王於春分離王於夏至兌王於秋分坎王於冬至可知

象事成敗易吉凶之効也朝聘會盟易大業之本也故易與春秋天人之道也傳曰龜象也筮數也物生而後有象象而後有滋滋而後有數師古曰左氏傳載韓簡之言也物生則有象有象而滋益滋益乃數起龜以象告吉凶筮以數示禍福〔補注〕錢大昕曰在僖公十五年

是故元始有象一也春秋二也三統三也四時四也合而爲十成五體〔補注〕錢大昕曰一二三四合爲十數以五乘十大衍之數也而道據其一其餘四十九所當用也故蓍以爲數以象兩〔補注〕錢大昕曰王弼云演天地之數者五十也其用四十有九則其一不用也不用而用以之通非數而數以之成斯易之太極也乾鑿度云易一陰一陽合而爲十五之謂道注象者爻之不變動者五象天數奇也十象地數偶也合天地之數乃謂之道大昕案十五卽五十也以五乘十曰五十以五從十曰十五五十者大衍之數五六者天地之中數十五者陰陽之合數陰謂八陽謂七陽變七之九陰變八之六陽動而進變七之九象其氣息也陰動而退變八之六象其氣消也亦合於十五則彖變之數若之一也九六爻之變動者繫曰爻效天下之動也然則連山歸藏占彖本其質性也周易占變者效其流動也五音六律七變由此作焉故大衍之數五十所以成變化而行鬼神也日十干者五音也甲乙角也丙丁徵也戊己宮也庚辛商也壬癸羽也辰十二者六律也六律陰六呂合十二星二十八者七宿也四方各七四七二十八周天也凡五十所以大闔物而出之者也闔亦出也先謙曰官本著作筮考證云筮監本譌著今改正

兩之又以象三三之又以象四四之又歸奇象閏十九孟康曰歲有閏分七分滿十九則爲閏也師古曰奇音居宜反及所據一加之因以再扐兩之師古曰扐音勒〔補注〕劉攽曰兩之得九十八三之得二百九十四四之得一千一百七十六象閏所據一加之爲一千一百九十六兩之爲二千三百九十二錢大昕曰所據一加之十九與一合二十是爲月法之實如日法得一則一月之日數也〔補注〕李銳曰以日法除月法得二十九八十一分之四十三爲一月日數而三辰之會交矣是以能生吉凶孟康曰三辰日月星也軌道相錯故有交會交會卽陰陽有干陵勝負故生吉凶也故易曰天一地二天三地四天五地六天七地八天九地十天數五地數五五位相得而各有合天數二十有五地數三十凡天地之數五十有五此所以成變化而行鬼神也師古曰皆上繫之辭〔補注〕錢大昭曰二十有五者總一三五七九爲二十有五三十者總二四六八十爲三十也錢大昕曰案禮記正義引鄭康成云天一生水於北地二生火於南天三生木於東地四生金於西天五生土於中陽無耦陰無配未得相成地六成水於北與天一并天七成火於南與地二并地八成木於東與天三并天九成金於西與地四并地十成土於中與天五并也大衍之數五十有五五行各氣并氣并而減五惟有五十以五十之數不可以爲七八九六卜筮之占以用之故更減其一故四十有九也又虞仲翔云五位謂五行之位甲乾乙坤相得合木謂天地定位也丙艮丁兌相得合火山澤通氣也戊坎己離相得合土水火相逮也庚震辛巽相得合金雷風相薄也天壬地癸相得合水言陰陽相薄而戰於乾故五位相得而各有合天一至地十此二十字周易本在易有聖人之道四焉之上程子移置天數五地數五之上蓋本漢志并終數爲十九易窮則變故爲閏法孟康曰天終數九地終數十窮終也言閏亦日之窮餘故取二終之數以爲義〔補注〕李銳曰并天九地十得十九爲閏法參天九兩地十是爲會數〔補注〕錢大昕曰三其九得二十七兩其十得二十合爲四十七參天數二十五兩地數三十是爲朔望之會〔補注〕錢大昕曰三其二十五得七十五兩其三十得六十合爲一百三十五以會數乘之則周於朔旦冬至是爲會月孟康曰會月二十七章冬至日與歲復〔補注〕錢大昕曰以會數四十七乘百三十五得六千三百四十五則五百一十三歲之月數也計此二十七章之內積食千八十一餘分俱盡復會於章首故以爲會率也沈欽韓曰續志日行十九周月行二百五十四周復會於端此小會也六千三百四十五爲會月此大會也

九會而復元孟康曰謂四千六百一十七歲之月數也所謂元〔補注〕錢大昕曰以九乘會月得五萬七千一百五月復會於元首所謂九會而終也黃鐘初九之數也經於四時雖亡事必書時月時所以記啟閉也〔補注〕先謙曰官本記作紀月所以紀分至也啟閉者節也分至者中也節不必在其月故時中必在正數之月〔補注〕錢大昕曰太史正歲年以序事鄭注中數曰歲朔數曰年中朔大小不齊正之以閏若今時作歷日矣賈疏中數曰歲朔數曰年者一年之內有二十四氣正月立春節雨水中二月啟蟄節春分中三月清明節穀雨中四月立夏節小滿中五月芒種節夏至中六月小暑節大暑中七月立秋節處暑中八月白露節秋分中九月寒露節霜降中十月立冬節小雪中十一月大雪節冬至中十二月小寒節大寒中皆節氣在前中氣在後節氣一名朔氣中氣在晦則後月閏中氣在朔則前月閏節氣有入前月法中氣無入前月法中氣帀則爲歲朔氣帀則爲年假令十二月中氣在晦則閏十二月十六日得後正月立春節此卽朔數曰年至後年正月一日得啟蟄中此是中數曰歲案中數者自去年冬至數至今年冬至[illegible]分日一而帀也朔數者自今年正月朔[illegible]三百五十四日有奇也以中朔兩數相較則[illegible]故云中朔大小不齊正之以閏也禮記正[illegible]朔數曰年云中數者謂十二月中氣一周總[illegible]之一謂之一歲朔數者謂十二月之朔一周[illegible]之爲年此說最當賈氏以閏月內得後年朔[illegible]只得中氣曰中數其實節氣一帀與中氣一[illegible]

[illegible]云中朔大小不齊，正之以閏者，周天三百六十五度四分度之一，日一日行一度，月一日行十三度十九分度之七，二十四氣通閏分之一氣得十五日，二十四氣分得三百六十度，仍有五度四分度之一，一度更分爲三十二，五度爲百六十，四分度之一者又分爲八分，通前爲百六十八分，二十四氣分之，氣得七分，若然二十四氣，氣有十五日七分，五氣得三十五分，取三十二分爲一日，餘三分，推入後氣，卽有十六日，氣者十五日七分者，故云中朔大小不齊，正之以閏者，月有大小，一年三百五十四日而已，日餘仍有十一日，是以三十三月以後，中氣有[illegible]晦，不置閏則中氣入後月，故須置之，故云正之以閏。李銳曰：節謂大雪十一月節之等，中謂冬至十一月中之等，節不必在其月，中必在其月。**故傳曰：先王之正時也，履端於始，舉正於中，歸餘於終。**〔補注〕周壽昌曰：史記餘作邪。**履端於始，序則不愆；舉正於中，民則不惑；歸餘於終，事則不誖。**師古曰：自此已上，左氏傳之辭也。履端於始，謂步歷之始，已爲術之端首也。舉正於中，謂分一朞爲十二月，舉中氣已正月也。歸餘於終，謂有餘日則歸於終，積而成閏也。誖，乖也，音布內反。〔補注〕錢大昕曰：誖，春秋傳作悖。文元年傳文也。杜注：步歷之始，以爲術之端首，朞之日三百六十有六日，日月之行又有遲速，故必分爲十二月，舉中氣以正月，有餘日則歸之於終，積而爲閏，故言歸餘於終。孔疏：日月轉運於天，猶如人之行步，故推歷謂之步歷。步歷之始，以爲術之端首，謂歷之上元，必以日月全數爲始，於前更無餘分，以此日爲術

前漢二十一上　四十

之端首，故言履端於始也。一日行遲，月行速，凡二十九日過半，月行及日謂之一月。過半者，謂一日於歷法分爲九百四十分，月行及日必四百九十九分，是過半二十九分。[illegible]今一歲氣周，有三百六十五日四分日之一，其十二月一周，惟三百五十四日，是少十一日四分之一，未得氣周。細而言之，一歲止少弱十一日，所以然者，一月有餘分二十九，一年十二月，有餘分三百四十八，是一歲既得三百五十四日，又得餘分三百四十八。其四分日之一，一日爲九百四十分，則四分之爲二百三十五分。今於餘分三百四十八內取二百三十五分，當卻四分日之一，餘分仍有一百一十三，其整日惟有十一日，又以餘分一百一十三減其一日九百四十分，惟有八百二十七分，是一年有餘十日八百二十七分，少一百一十三分，不成十一日也。[illegible]年分一周之日爲十二月，則每月常三十日餘，計月及日爲一月，則每月惟二十九日餘，前朔後朔相去二十九日餘，前氣後氣相去三十日餘，每月參差，氣漸不正，但觀中氣所在，以爲此月之正，取中氣以正月，故言舉正於中也。月朔之與月節，每月隨一日有餘，所有餘日，歸之於終，積成一月，則置之爲閏，故言歸餘於終。又曰：史記、漢書於秦之時及漢未改秦歷之前，屢書後九月。文穎云：時律歷廢，不知閏，謂之後九月。顏云：秦文說非也。若以律歷廢不知閏者，則當徑謂之十月，不應有後九月。蓋秦之歷法，應置閏者總致之於歲末，觀其此意，當取左傳所謂歸餘於終耳。案顏氏於此篇用杜預說，謂有餘日則歸於終，積而成閏，並無置閏在歲終之解。春秋經傳所載有九閏，除襄九年閏月依杜預當作門五日，其餘八閏，惟成十七年閏月乙卯晦，昭二十二年閏月取前城，傳文上有十二月，知此兩閏皆在歲終。襄二十[illegible]文六年閏月不告朔，傳在冬十一月之後，則未知其閏在十一月與十二月與。僖七年閏月惠王崩，哀五年閏月葬齊景公，哀十五年閏月渾良夫與太子入，經傳上有冬字，則未知其閏在十月與十一月與十二月與，俱不得而知也。[illegible][illegible]文元年閏三月，非禮也。劉歆以爲是歲閏餘十三，閏當在十一月後，而在三月，故傳曰非禮也。杜預以爲歷法閏當在僖公末年，誤於今年置閏，蓋時達歷者所譏。案文元年之閏，漢志謂失之前，杜氏謂失之後，非以置閏當在歲終而譏之也。昭二十年閏月殺宣姜，傳文上有八月，下有十月，孔穎達以爲閏在八月後也。此兩閏不在歲終，傳有明文。春秋魯歷雖不正，如以應置歲終者移之或春或秋，恐亦無是事也。秦漢所書後九月，自是秦歷，蓋誤以置閏歲未傳會歸餘於終之文，顏籀所注甚明，後人乃謂古法閏在歲終，失之甚矣。**此聖王之重閏也。以五位乘會數，而朔旦冬至，是爲章月。**〔補注〕李銳曰：以五乘會數四十七，得二百三十五，爲章月。**四分月法，以其一乘章月，是爲中法。**〔補注〕李銳曰：置月法二千三百九十二，以四除之，得五百九十八，卽通法。以乘章月二百三十五，得十四萬五百三十，爲中法。**參閏法爲周至，**〔補注〕李銳曰：參閏法十九，得五十七，爲周至。**以乘月法，以減中法而約之，則六扐之數，爲一月之閏法，其餘七分。此中朔相求之術也。**〔補注〕錢大昕曰：以周至乘月法，得十三萬六千三百四十四，以減中法，餘四千一百八十六，如通法而一，得七分。又曰：此論中月相求之術也。以理論之，四分章中之一得五十七，卽周，四分章月之一得五十八又四分之三，然則五十七个中氣所餘，應有一月四分月之三也。今以通法乘章月，卽中，是四分章月以月法乘之也；以周至乘月法，是四分章中以月法乘之也。又周至乘日法爲元法，中法既以滿元法爲一日，今以周至乘月法，則亦以滿元法得一日矣。置十三萬六千三百四十四，以元法除之，得二十九日，其餘四千六百一十七之二千四百五十一，卽八十一之四十三也。然則兩數相減之餘數四千一百八十六，乃中多於朔之數，而爲一月之閏法審矣。其云六扐之數者，案六扐當作七扐，置四千一百八十六數，以通法除之，得七分，而通法又卽一扐之數，[illegible]數則五百九十八者一扐之數也。則所減之餘爲七扐之數矣。歲有閏餘十九分之七，析之則每月有閏餘二百二十八分之七也。又置四千一百八十六，如日法而一，得五十一日八十一分日之五十五，卽五十七中氣所贏之一月四分月之三。李銳曰：置章中二百二十八，以四除之，得五十七，卽周至。以五十七乘月法二千三百九十二，得十三萬六千三百四十四，爲一月之積分，此四分章中以乘月法，卽如四分月法以乘章中，與四分月法以其一乘章月所得之中法，分粗細正等，故可相減。以一月之積分十三萬六千三百四十四，減一中之積分十四萬五百三十，餘四千一百八十六，爲一月之閏積分，與一月積分求等，得五百九十八，卽通法，以約一月積分，得二百二十八，卽章中，爲一月之閏法，以約一月閏積分，得七，爲一月之閏分。歲閏十九分

前漢二十一上　四十一

之七通之則月閏二百二十八分之七也**朔不得中是謂閏月**(補注)李鋭曰無中氣之月爲閏月先謙曰謂官本作爲**言陰陽雖交不得中不生**(補注)錢大昕曰中氣在晦則後月閏中氣在朔則前月閏故閏月有節氣無中氣**故日法乘閏法是爲統歲**(補注)李鋭曰以日法八十一乘閏法十九得千五百三十九爲統歲**三統是爲元歲**(補注)錢大昕曰統歲千五百三十九以十九乘八十一之數也元歲四千六百十七三統歲之數也李鋭曰三統歲得四千六百一十七爲元歲**元歲之閏陰陽災三統閏法**(補注)錢大昕曰每一元歲中有水旱災歲五十七即三統閏法之數李鋭曰陰陽水旱也**易九戹曰初入元百六陽九次三百七十四陰九**孟康曰易傳也所謂陽九之戹百六之會者也初入元百六歲有戹者則前元之餘氣也若餘分爲閏也易爻有九六七八百六與三百七十四六乘八之數也六八四十八合爲四百八十歲也(補注)錢大昕曰九戹當作无妄蓋字形相涉而譌易雜卦傳无妄災也京房説无妄以爲大旱之卦萬物皆死無所復望應劭云天必先雲而後雷雷而後雨今無雲而雷无望者无所望也萬物無所望於天災異之最大者也漢儒引伸其義故有陽九陰九緯歲災歲之説此亦緯書之類孟氏以爲易傳猶稽覽圖稱中孚傳也谷永傳遭无妄之卦運直百六之災阨論衡明雩篇云災變大抵有二有政治之災有无妄之變德鄷政得災猶至者无妄也德衰政失變應乘者政治也又云无妄之氣歷世時至又云非常之變無妄之氣間而至也水氣間堯旱氣間湯恢國篇云建初孟年無妄氣至須頌篇云成湯加成宣王言宣無妄之災不能虧政寒溫篇云案易無妄之應水旱之至自有期節三國志云公孫淵上孫權表伏惟遭天地之反易遇無妄之運劉淵林注吳都賦引漢書此條正作易无妄可證魏晉時本尚未誤李善注文選屢引此文並作陽九戹則唐時已譌不始於近代矣或並改易爲陽以傳會陽九之文不知水旱之災陽不必九九不獨陽也王引之曰作陽九戹者是也下文孟注一元之中有五陽四陰陽旱陰水九七五三皆陽數也故曰陽九之戹此正釋陽九戹三字陽九戹蓋三統歷篇名也陽戹五陰戹四合之則九水旱之九七五三又皆陽數故以陽九戹名篇三統閏法陽九戹曰者言三統閏法陽九戹篇有云也孟注易傳所謂陽九之戹百六之會者謂三統陽九戹篇所云即易傳所謂陽九之戹也俗本陽字誤而爲易注内易傳下又衍也字讀者遂以易九戹爲易傳何不察之甚也據李注左思魏都賦陸機樂府江淹雜體詩劉琨勸進表袁宏三國名臣序贊曹植王仲宣誄六引漢書皆作陽九戹又無也字足正今本之誤至劉逵吳都賦注易无妄曰災氣有九陽戹五陰戹四合爲九一元之中四千六百一十七歲各以數至漢書律歷志具有其事以上吳都賦注案陽戹五陰戹四合爲九一元之中四千六百一十七歲各以數至此約舉漢志文也而災氣有九則易緯説无妄之語蓋連引易无妄説及漢志非謂易无妄云云亦漢志所有也若漢志陽九戹果爲易无妄之譌則陽九戹曰下亦當有災氣有九四字與吳都賦注所引易无妄之文相同今無此語則非易无妄也且志文若作易无妄則孟顏必釋无妄二字之義何得但云易傳所謂陽九之戹百六之會而不及易

无妄邪錢説非張文虎曰吳都賦注譌作易无妄錢氏據之反以今本漢書作九戹爲誤王氏辨之詳矣乃又據李善注屢引作陽九戹而謂今本易字誤則又好異之過孟康明引易傳所謂陽九之戹百六之會者志文陽戹五陰戹四不得但以陽九戹概之善注自因陽九二字而誤以爲三統歷篇名未足爲據此則錢説緯書之類爲近**次四百八十陽九**孟康曰亦六乘八之數也於易爻六有變故再數也如淳曰六八四十八爲四百八十歲有九年旱**次七百二十陰七**孟康曰九乘八之數也八九七十二爲七百二十歲(補注)先謙曰官本九乘八上有亦字**次七百二十陽七**孟康曰亦九乘八之數也於易爻九變故再數也如淳曰八十歲紀一甲子冬至以八乘九八九七十二故七百二十歲乃有災也**次六百陰五次六百陽五**孟康曰七八爻乘八之數也七乘八得五百六十歲八乘八得六百四十歲合千二百歲也於易爻七八不變氣不通故合而數之各得六百歲也如淳曰爻有七八八六十四七八五十六二爻之數合千二百滿純陰七八不變故通其氣使各六百歲乃有災**次四百八十陰三次四百八十陽三**孟康曰此六乘八之數也六既有變又陰爻也陽奇陰偶故九再數而六四數七八不變數又無偶各一數一元之中有五陽四陰陽旱陰水九七五三皆陽數也故曰陽九之戹如淳曰九六者陽奇陰偶偶故重出覆取上六八四十八故同四百八十歲正以九七五三爲災者從天奇數也易天之數曰立天之道曰陰與陽繫天故取其奇爲災歲數八十歲則甲子冬至一甲子六十日一歲三百六十日八十歲得四百八十甲子又五日五八四十爲四百日又四分日之一八十歲有八十分八十分爲二十日凡四百八十日得七十甲子八十歲合四百八十七甲子餘分皆盡故八十歲則一甲子冬至也(補注)錢大昕曰依三統術四歲而斗分餘一八十歲應餘一千五百三十九分之二十經六千一百五十六歲而餘一日**凡四千六百一十七歲與一元終經歲四千五百六十災歲五十七**孟康曰經歲從百六終陽三也得災歲五十七合爲一元四千六百一十七歲(補注)李鋭曰并陰陽數得五十七爲災歲以減一元四千六百一十七歲餘四千五百六十爲經歲**是以春秋**(補注)錢大昕曰疑脫傳字**曰舉正於中又曰閏月不告朔非禮也閏以正時時以作事事以厚生**師古曰言四時漸差則置閏以正之因順時而命事事得其序則年穀豐熟**生民之道於是乎在矣不告閏朔棄時正也何以爲民**師古曰自此以上皆左氏傳之辭也爲治也(補注)錢大昕曰時正左傳作時政陸德明云爲民如字治也或音于僞反非**故善僖五年春王正月辛亥朔日南至公既視朔遂登觀臺以望而書禮也凡分至啟閉必書雲物爲備故也**(補注)錢大昕曰案杜注周正月今十一月冬至之日日南極視朔親告朔也觀臺上構屋可以遠觀者也朔旦冬至歷數之所始治歷者因此則可以明其術數審別陰陽敘事訓民魯君不能常修此禮故善公之得禮雲物

氣色災變也傳重申周典不言公者日掌官其職素察妖祥逆爲之備周禮注鄭司農云以二至二分觀雲色青爲蟲白爲喪赤爲兵荒黑爲水黃爲豐故曰凡此五物以詔救政先謙曰善官本作魯據杜注疑善字是

至昭二十年二月己丑日南至失閏至在非其月梓愼望氛氣而弗正不履端於始也〔補注〕錢大昕曰案杜注是歲朔旦冬至之歲當言正月己丑朔日南至時史失閏更在二月後故經因史而書正月傳更具於二月記日南至以正歷也孔疏歷法十九年爲一章章首之歲必周之正月朔旦冬至僖五年正月辛亥朔日南至是章首之歲年也計僖公五年至往年合一百三十三年是爲七章今年復爲章首故云是歲朔旦冬至之歲也朔旦冬至謂正月之朔當言正月己丑朔日南至今傳乃云二月己丑日南至是錯名正月爲二月也歷之正法往年十二月宜置閏卽此年正月當是往年閏月此年二月乃是正月故朔日己丑日南至也時史失閏往年錯不置閏閏更在二月之後傳於八月之下乃云閏月戊辰殺宣姜是閏在二月後也不言在八月後而云在二月後者以正月之前當置閏二月之後卽不可故據二月言之時史謂閏月爲正月故經因史而書正月從其誤而書之傳以經之正月實非正月更具於二月記南至之日以正歷之失也日南至者謂冬至也冬至者周之正月之中氣歷法閏月無中氣中氣必在前月之內時史誤以閏月爲正月而置冬至於二月之朔旣不曉歷數故閏月之與冬至悉皆錯也杜下注云時魯侯不行登臺之禮使梓愼望氣是杜意以爲時魯之君臣知此己丑是冬至之日但不知其不合在二月耳服虔云梓愼知失閏二月冬至故獨以二月望氣則服意以爲當時魯人置冬至於正月之內獨梓愼知二月己丑是眞冬至耳其義或當然也

故傳不曰冬至而曰日南至極於牽牛之初日中之時景最長以此知其南至也〔補注〕錢大昕曰馮相氏冬至致日注冬至日在牽牛景丈三尺夏至日在東井景尺五寸此長短之極極則氣至續天文志夏至晷景長尺五寸八分冬至晷景長丈三尺一寸四分晉律歷志冬至日中晷影丈三尺二寸夏至日中晷影尺五寸孔穎達云日之行天有南有北常立八尺之表以候景之短長夏至之景尺有五寸日最長而景最短是謂日北至也自是以後日稍近南冬至之景一丈三尺日最短而景最長是謂日南至也

斗綱之端連貫營室織女之紀指牽牛之初以紀日月故曰星紀五星起其初日月起其中〔補注〕錢大昕曰三統以斗十二度爲星紀之初牽牛初爲星紀之中上元天統之首冬至日月合朔在牽牛五星始見在南斗其時初昏斗杓指子營室見於南方織女見於西北也李銳曰上元之初五星始見去日半次故五星起星紀之初日月起星紀之中

凡十二次日至其初爲節至其中斗建下爲十二辰視其建而知其次〔補注〕錢大昕曰斗建上當有爲中二字蔡邕月令章句云周天三百六十五度四分度之一分爲十二次日至其初爲節至其中爲中氣

故曰制禮上物不過十二天之大數也〔補注〕錢大昕曰左哀七年傳文杜注天有十二次故制禮象之

經曰春王正月傳曰周正月火出於夏爲三月商爲四月周爲五月夏數得天師古曰自此以上左傳之辭〔補注〕錢大昕曰左隱元年及昭十七年傳文

得四時之正也三代各據一統明三統常合而迭爲首師古曰迭互也音大結反此下亦同

登降三統之首周還五行之道也師古曰還讀曰旋

故三五相包而生天統之正始施於子半蘇林曰子之西亥之東其中間也或曰於子半日地統受於丑初臣瓚曰謂分十二辰各有上中下言半謂在中也又受於寅初此謂上也

日萌色赤地統受之於丑初日肇化而黃至丑半日牙化而白人統受之於寅初日孽成而黑至寅半日生成而青〔補注〕錢大昕曰檀弓孔疏春秋緯元命包及樂緯稽耀嘉云夏以十三月爲正息卦受泰注云物之始其色尚黑以寅爲朔殷以十二月爲正息卦受臨注云物之牙其色尚白以雞鳴爲朔周以十一月爲正息卦受復其色尚赤以夜半爲朔此上當有注云物之萌五字建子之月爲正者謂之天統以天之陽氣始生爲當作於下物得陽氣微稍動變故爲天統建丑之月爲地統者以其物已吐牙不爲天氣始動物猶未出不得爲人所施功唯在地中含養萌牙故爲地統建寅之月爲人統者以其物出於地人功當須修理故謂之人統統者本也謂天地人之本也然王者必以此三月爲正者以其此月物生細微又是歲之始生王者繼天理物含養微細又取其歲初爲正朔之始既天地人三者所繼不同故各改正朔不相襲也又公羊隱元年傳何休注云夏以斗建寅之月爲正平旦爲朔法物見色尚黑殷以斗建丑之月爲正雞鳴爲朔法物牙色尚白周以斗建子之月爲正夜半爲朔法物萌色尚赤徐疏凡草物十一月動萌而赤十二月萌牙始白十三月萌牙始出而首黑故各法之故書傳略說云周以至動殷以萌夏以牙注云謂三王之正也至動冬日至物始動也物有三變故正色有三天有三生三死故土有三王王特一生死是故周人以日至爲正殷人以日至三十日爲正夏以日至六十日爲正是故三統三王若循連環周則又始窮則反本故也

天施復於子地化自丑畢於辰如淳曰地以十二月生萬物三月乃畢

人生自寅成於申如淳曰人功自正月至七月乃畢

故歷數三統天以甲子李奇曰夏正月朔日**地以甲辰**韋昭曰殷正月朔日**人以甲申**李奇曰周正月朔日〔補注〕錢大昕曰李章說皆非也三統術天統首日甲子地統首甲辰人統首甲申合於天施地化人生之數故云

孟仲季迭用事爲統首三微之統既著而五行自青始其序亦如之五行與三統相錯傳曰天有三辰地有五行然則三統五星可知也〔補注〕錢大昕曰寅申己亥爲四孟子午卯酉爲四仲丑未辰戌爲四季故甲申曰孟統甲子曰仲統甲辰曰季統淮南天文訓木生於亥壯於卯死於未火生於寅壯於午死於戌金生於巳壯於酉死於丑水生於申壯於子死於辰孟仲季之序葢因於此易乾鑿度云

三王之郊一用夏正天氣三微而成一著三著而成一體方知此之時天地交萬物通故泰益之卦皆夏之正也鄭康成注五日爲一微十五日爲一著故五日有一候十五日成一氣也冬至陽始生積十五日至小寒爲一著至大寒爲二著立春爲三著凡四十五日而成一節故曰三著而成體也正月則泰卦用事故曰成體而郊也

易曰參五以變錯綜其數通其變遂成天下之文〔補注〕先謙曰官本下作地 **極其數遂定天下之象** 師古曰易上繫之辭 **太極運三辰五星於上而元氣轉三統五行於下其於人皇極統三德五事故三辰之合於三統也日合於天統月合於地統斗合於人統五星之合於五行水合於辰星火合於熒惑金合於太白木合於歲星土合於塡星**〔補注〕先謙曰占經塡星占引荊州占云塡星常晨出東方夕伏西方其行歲塡一宿故名塡星天官書正義塡音鎭淮南天文訓作鎭星 **三辰五星而相經緯也天以一生水地以二生火天以三生木地以四生金天以五生土五勝相乘以生小周以乘乾坤之策而成大周陰陽比類交錯相成**〔補注〕錢大昕曰說見下卷 **故九六之變登降於六體**〔補注〕錢大昕曰六體六爻也 **三微而成著三著而成象**〔補注〕李銳曰三三而九 **二象十有八變而成卦**〔補注〕李銳曰二九一十八 **四營而成易爲七十二**〔補注〕錢大昕曰四乘十八之數 **參三統兩四時相乘之數也**〔補注〕錢大昕曰三三而九二四而八八九七十二 **參之則得乾之策**〔補注〕李銳曰三乘七十二得二百一十六 **兩之則得坤之策** 蘇林曰策數也〔補注〕李銳曰二乘七十二得一百四十四 **以陽九九之爲六百四十八以陰六六之爲四百三十二凡一千八十陰陽各一卦之微算策也**〔補注〕李銳曰九乘七十二得六百四十八六乘七十二得四百三十二并之得一千八十 **八之爲八千六百四十而八卦小成引而信之** 師古曰信讀曰伸 **又八之爲六萬九千一百二十天地再之爲十三萬八千二百四十然後大成五星會終**〔補注〕錢大昕曰置此歲數各以星歲數除之得歲星八十周太白四十周鎭星三十二周熒惑十周辰星十五周餘分俱盡李銳曰置一千八十八乘之得八千六百四十又八乘之得六萬九千一百二十又二乘之得十三萬八千二百四十案此五星會終數於算術當以約分入之置歲星歲數一千七百二十八太白歲數三千四百五十六鎭星歲數四千三百二十熒惑歲數一萬三千八百二十四辰星歲數九千二百一十六互約之以歲星歲數一千七百二十八與太白歲數三千四百五十六求等得一千七百二十八以約歲星歲數得一爲歲星約數既得一則與鎭星熒惑辰星歲數不更約又以太白歲數三千四百五十六與鎭星歲數四千三百二十求等得八百六十四以約鎭星歲數得五爲鎭星約數又以太白歲數三千四百五十六與熒惑歲數一萬三千八百二十四求等得三千四百五十六以約太白歲數得一爲太白約數既得一則與辰星歲數不更約又以鎭星約數五與熒惑歲數一萬三千八百二十四辰星歲數九千二百一十六各求等皆得一不約又以熒惑歲數一萬三千八百二十四與辰星歲數九千二百一十六求等得四千六百八以約熒惑歲數得三爲熒惑約數約畢各爲定數歲星定數一太白定數一鎭星定數五熒惑定數三辰星定數九千二百一十六置歲星定數一以太白定數一乘之得一又以鎭星定數五乘之得五又以熒惑定數三乘之得一十五又以辰星定數九千二百一十六乘之得十三萬八千二百四十爲五星俱終之數以歲星歲數除之得八十終以太白歲數除之得四十終以鎭星歲數除之得三十二終以熒惑歲數除之得十終以辰星歲數除之得十五終也 **觸類而長之以乘章歲爲二百六十二萬六千五百六十而與日月會**〔補注〕錢大昕曰以會歲五百一十三除之得五千一百二十會李銳曰以會歲五百一十三與五星會終數求等得四十七卽會數以約會歲得十九卽章歲以章歲乘五星會終數得二百六十二萬六千五百六十以會歲除之得五千一百二十終是月分月食之分與五星俱終 **三會爲七百八十七萬九千六百八十而與三統會**〔補注〕錢大昕曰以統法除之得五千一百二十統李銳曰三乘與日月會數得七百八十七萬九千六百八十以統法一千五百三十九除之亦得五千一百二十終是日分月分食分與五星俱終 **三統二千三百六十三萬九千四十而復於太極上元**〔補注〕錢大昕曰五千一百二十元而爲太極上元李銳曰三乘與三統會數得二千三百六十三萬九千四十以元法四千六百一十七除之亦得五千一百二十終是日分月分食分日名與五星俱終故曰復於太極上元 **九章歲**〔補注〕錢大昕曰一百七十一 **而六之**〔補注〕錢大昕曰一千二十六 **爲法太極上元爲實實如法得一**〔補注〕王念孫曰實如法得一句此下當更有一字張文虎曰萬一千五百二十乃合三百八十四爻之策不得云一陰一陽蓋以千二十六九章歲而六之數除太極上元得二萬三千四十則兩分之爲萬一千五百二十也實如法得一當絕句算家常語淺人誤以一陰連屬遂又於陽上亦增一字王氏謂一下更有一字非也 **陰一陽各萬一千五百二十當萬物氣體之數**〔補注〕李銳曰九乘章歲得一百七十一又六乘之得一千二十六以除二千三百六十三萬九千四十得二萬三千四十半之得一萬一千五百二十 **天下之能事畢矣**

律歷志第一上 終

律歷志第一下　漢書二十一

漢　蘭臺令史班固撰

唐正議大夫行祕書少監琅邪縣開國子顏師古注

賜進士出身前翰林院編修國子監祭酒加三級臣王先謙補注

統母〔補注〕先謙曰官本二字自爲一行不連下齊召南云案各本俱以統母二字連下文日法云云非也統母五步統術紀術歲術世經凡六項乃歷法之標目應另爲一行以挈綱領今改正

日法八十一。孟康曰分一日爲八十一分爲三統之本母也

元始黃鐘初九自乘一龠之數得日法〔補注〕錢大昕曰三統之法本於太初漢志太初法一月之日二十九日八十一分日之四十三積十二月得三百五十四日八十一分之三十此太初之朔實也而史記歷書歷術甲子篇云太初二年大餘五十四小餘三百四十八小司馬以爲太初歷法一月二十九日九百四十分日之四百九十九每兩月合成五十九日又餘五十八今十二月合餘六箇五十八得此三百四十八數其法與四分同太初法每兩月而贏小餘五四分每兩月而贏小餘五十八兩法相課則一章二百三十五月之中太初四分俱贏七日四分日之一而太初尚多小分三百二十四之一也四章而朔餘一謂此續志章帝下詔稱史官用太初鄧平術有餘分一在三百年之域行度轉差浸以謬錯者是也則朔實之不合一也賈逵云太初歷斗分三百八十五分古法斗分即歲餘古人不知歲差故則太初以三百六十五日千五百三十九分日之三百八十五爲歲實也而歷書甲子篇太初二年大餘五小餘八其法亦與四分同謂餘三十二分日之八也兩法相課則四歲之內太初四分俱積千四百六十一日而太初尚贏千五百二十九分之一也四歲而中餘一謂此續志所謂兩歷相課六下一百五十六歲而太初多一日也則歲實之不合二也志載太初以律起歷則日法八十一當爲定率史記係後人所補益或非太初本法耳漢書司馬遷傳稱史記十篇缺有錄無書張晏以爲亡景紀武紀禮書樂書兵書漢興以來將相年表日者列傳三王世家龜策列傳傅靳列傳元成之閒褚先生補缺作武帝紀三王世家龜策日者傳言辭鄙陋非遷本意也案史記無兵書兵疑當作歷志又載太史令張壽王安言太初歷虧四分日之三去小餘七百五分九百四十之七百五正四分之三也則壽王所治歷當以九百四十爲日法壽王治殷歷非太初歷也補史記者殆誤以殷歷爲太初與又曰歷家推氣朔交會諸術以大餘命日以小餘加時有日法而後可定小餘三統以八十一爲本母至推冬至則以統法爲日法以十九乘八十一也推二十四氣以元法爲日法以五十七乘八十一也[illegible]推星見日以見中日法見月日法爲日法又以元法統法乘之也皆起於黃鐘之數也李銳曰此於算術當以統月萬九千三十五與周天五十六萬二千一百二十求等得二百三十五以約統月得日法以約周天得月法案統月爲一統積月周天爲一統積日凡萬九千三十五月中積五十六萬二千一百二十日爲日月相與之率而爲算之道省約爲善故各約之凡八十一月中積二千三百九十二日亦爲日月相與之率也上元之首夜半合朔歷八十一月而又夜半合朔則日法者日分一終之月數也又日法爲月率月法爲日率名月率爲日法日率爲月法者見月求日當以月法乘積月是每月通爲二千三百九十二分故二千三百九十二爲月法月之積分滿八十一成日是每月積八十一分故八十一爲日法也先謙曰錢氏謂褚少孫補歷術甲子篇誤以殷歷爲太初非也少孫生元成間當代歷憲不應不知無舍太初步殷歷之理成氏蓉鏡嘗以甲子篇演校之止數事不合乃刊本之訛其漢太初歷攷云議者以律歷志不紀太初歷疑其術失傳余曰太初歷自元封七年演譔以來至元和二年始廢不行漢書成於建初其時所注之歷猶是元封舊憲棄此不錄而旁徵三統恐無是理劉歆三統作於王莽居攝時班孟堅纂漢書舍西京一代之歷而下錄三統亦非史例竊疑三統即太初志三統即志太初也得八證馬志述歆之言曰歷數三統天以甲子地以甲辰人以甲申孟仲季迭用事爲統首考元封七年御史大夫兒寬等議曰臣愚以爲三統之制唯陛下宣考天地四時之極則順陰陽以定大明之制爲萬世則遂詔議造漢歷是三統之名本於太初故蔡邕以爲孝武皇帝始改正朔歷用太初行之百八十九歲而司馬彪亦以爲自太初元年始用三統歷施行百有餘年其證一也歆又言黃鐘其實一龠以其長自乘八十一爲日法故其術日法八十一月法二千三百九十二志偁落下閎以律起歷律容一龠積八十一寸則一日之分也故黃鐘紀元氣之謂律與鄧平所治同閎平法一月之日二十九日八十一分日之四十三是三統之日法月法即太初之日法月法也其證二也三統歷斗二十六三百八十五分[illegible]牛八賈逵論歷云太初歷斗二十六度三百八十五分牽牛八度又續志曰史官用太初鄧平術有餘分一三統以千五百三十九分之三百八十五爲斗分積至四年得千五百四十分故云有餘分一是三統之統法周天斗分即太初之統法周天斗分也其證三也三統歷元法四千六百一十七世經漢歷太初元年距上元十四萬三千一百二十七歲以元法除之適盡考元封七年詔曰迺以前歷上元泰初四千六百一十七歲正與三統元法數合是三統之元法歷元即太初之元法歷元也其證四也續志元和二年太初失天益遠冬至後天四分日之三今以三統四分兩術校之三統冬至大餘二十七小餘四十七四分冬至大餘二十九小餘八知三統後天四分日之三是三統之求冬至術即太初之求冬至術也其證五也續志又云元和二年太初晦朔弦望差天一日三統術天正癸未朔庚寅上弦戊戌望乙巳下弦辛亥晦四分術天正壬午朔己丑上弦丁酉望甲辰下弦庚戌晦三統晦朔弦望皆差一日是三統之求朔望弦術即太初之求朔望弦術也其證六也三統歷歲術置上元以來年盈歲星歲數除去之不盈者以百四十五乘之以百四十四爲法如法得一歲星太歲百四十四年行百四十五次此超辰之法也太初三統歷元既同世經據三統術推太初元年得太歲在丙子故其引漢志曰歲名困敦而律歷志之說太初厤亦云元封七年太歲在子是三統之太歲超辰亦本於太初故虞恭宗訢議曰太初元年歲在丁丑[illegible][illegible]上極其元當作庚戌而曰丙子言百四十四歲超一辰其證七也三統歷星紀中牽牛初冬至而後漢元和二年詔曰史官用太初鄧平術冬至之日日在斗二十一度而術以爲牽牛中星賈逵亦云太初歷冬至日在牽牛初者牽牛中星也延光論歷張衡周興以爲兩歷相課六千一百五十六歲而太初多一日冬至日直斗而云在牽牛三統術六千一百五十六歲積日二百二十四

萬八千四百八十四分術六千一百五十六歲積日二百二十四萬八千四百七十九兩歷相課三統多一日而衡與則云太初多一日而又上承歆欲以合春秋之文此尤爲三統即太初之明驗其證八也議者曰律歷志稱元封七年中冬十一月甲子朔旦冬至日月在建星賈逵以爲建星即斗星與諸言冬至日在牽牛者不同何與曰志云遂詔卿遂遷與侍郎尊大典星射姓等議造漢歷迺定東西立晷儀下漏刻以追二十八宿相距于四方舉終以定朔晦分至躔離弦望元封七年中冬十一月甲子朔旦冬至日月在建星已得太初本星度據此則冬至日月在建星固公孫卿壺遂司馬遷所定也志又云姓等奏不能爲算願募治歷者更造密度各自增減以造漢太初歷迺選治歷鄧平據此則冬至日在牽牛初固鄧平所更定也故元和詔云史官用太初鄧平術冬至之日日在牽牛中星元稚讖前歷上元泰初四千六百一十七歲至於元封七年此卿遂遷所定也經引漢歷曰太初元年距上元十四萬三千一百二十七歲凡增三十一此鄧平等所加亦同此例然則三統即太初志三統即志太初無可疑矣議者又曰班氏之不錄太初而錄三統抑又何歟曰邊韶言劉歆研幾極深驗之春秋參以易道班氏亦云歆究其微眇作三統歷及譜以說春秋子駿依據太初以參驗經義故孟堅錄之餘詳所箸太初歷譜中

閏法十九因爲章歲合天地終數得閏法〔補注〕錢大昕曰天九地十天地之終數也每歲氣盈五日三百八十五分朔虛五日九百六十九分并之得十日又一千三百五十四分是爲一歲之閏積十九歲共積一百九十日又二萬五千七百二十六分以統法乘一百九十日得二十九萬二千四百一十并入餘分二萬五千七百二十六共三十一萬八千一百三十六爲十九歲之閏積分乃以十九乘月法得數四萬五千四百四十八月法以滿八十一爲日以十九乘之是以統法爲日法也爲法以除閏積分得數七無餘分故以十九年七閏爲一章章首之歲至朔必同日也李銳曰月分一終之年數也上元之首冬至合朔歷十九年而又冬至合朔謂之章凡一章十九年有七閏月故章歲亦即閏法

統法千五百三十九〔補注〕先謙曰官本統法下有一字**以閏法乘日法得統法**〔補注〕錢大昕曰八十一章爲一統又曰李氏光地云案太初法至朔同日爲章交蝕一終爲會分盡日首爲統統首日名復於甲子爲元其日法以八十一爲分又十九之以一千五百三十九爲小分以三百六十五日又小分三百八十五爲日五周天之數以二十九日又小分八百一十七爲月會日之數十二會不盡歲氣而閏餘生焉十九歲七閏則氣朔分齊是爲一章然每月合朔不在周道之交則會而不蝕歷法五月二十三分月之二十而一近交而百三十五月而一當交當交則蝕分盡章首日月雖會於冬至而不當交積二十七章然後朔日冬至交會分窮故謂之會以日法計之一歲全日之外小分三百八十五比之四分歷法而稍贏蓋侵小分四之一也章會至朔之分不在日首積千五百三十九年恰贏小分三百八十五其明年景復則去酉入子四年而景一復初年冬至在子次年冬至在卯三年冬至在午四年冬至在酉第五年始而復於子今千五百三十九歲四年之數未盡冬至當在酉也然有日分所贏四之一者積至此時恰贏小分三百八十五萬四分日之一則冬至已不在酉而在子矣而冬至交會起於日首而無餘分矣故爲一統也然甲子者日名之始必氣朔肇於此日乃得歷本故初統而得甲子次統而得甲辰三統而得甲申三統既盡復値甲子朔夜半冬至揚子雲所謂章會統元與蝕俱沒則後元之端也三統歷劉歆因太初而作者李銳曰統日分一終之年數也以章歲除之得八十一是月分亦終又以會歲除之得三是食分亦終上元之首夜半冬至合朔日月如合璧歷千五百三十九年而又夜半冬至合朔日月如合璧謂之統日月如合璧者令加時在晝即是日食既故爲食分終凡一統積三會八十一章

元法四千六百一十七參統法得元法〔補注〕錢大昕曰三統爲一元案統法爲日行一終章歲爲月行一終朔望之會爲交食一終甲子六旬爲日名一終置元法以統法除之得三周以章歲除之得二百四十三周以朔望之會除元月亦得二百四十三周以六十除一元積日百六十八萬六千三百六十得二萬八千一百六周是日月交會日名俱終故曰元法李銳曰周天五十六萬二千一百二十即統日也與甲子六十求等得二十以約六十得三以三乘周天得一百六十八萬六千三百六十爲一元積日以甲子六十除之盡是日名一終故亦以三乘統法得元法爲日名一終之年數又元法爲統法三之數則日分月分食分亦終上元之首甲子日夜半合朔冬至日月如合璧歷四千六百一十七年而又甲子日夜半合朔冬至日月如合璧故謂之元凡一元積三統九會二百四十三章

會數四十七參天九兩地十得會數〔補注〕錢大昕曰三統歷以五百一十三爲會歲歲有再食有奇經十歲二百三十五分歲之二百十五而食分一終尚未復於天正朔也積五百一十三歲食分四十七終爲章歲者二十有

七而朔閏與會分俱終故曰會數四十七李銳曰以朔望之會一百三十五與章月二百三十五求等得五以約章月得會數凡百三十五月有二十三食爲食分一終凡六千三百四十五月有二十三食者四十七爲食分四十七終也

章月二百三十五五位乘會數得章月〔補注〕錢大昕曰章中二百二十八加七閏月爲一章之月數李銳曰以章歲十九減月周二百五十四餘爲章月凡十九年中積二百三十五月爲年月相與之率章歲爲年率章月爲月率以年率除月率得十二十九分之七爲一年月數又爲一歲月行去日周數又爲一日月行去日度數又以章中月減之餘七爲一章閏月數

月法二千三百九十二推大衍象得月法〔補注〕錢大昕曰以日法除之得二十九日又八十一分之四十三乃從前朔至後朔日分爲一月之日法即今之朔策也半之則從朔至望之日分即今之望策李銳曰以日法除之得二十九八十一分之四十三爲一月日數又爲一月日行度數

通法五百九十八四分月法得通法〔補注〕錢大昕曰以日法除之得大餘七小餘三十一李銳曰以日法除之得七八十一分之三十一爲一弦日數又爲一弦日行度數

中法十四萬五百三十以章月乘通法得中法〔補注〕錢大昕曰以元法除之得三十

又四千六百一十七分之二千二十則一中之日及分也半之爲七萬二千二百六十五即今之氣策李銳曰置一元積日一分百六十八萬六千三百六十五以歲中十二除之得中法凡四千六百一十七中中積十四萬五百三十日爲中日相與之率元法爲中率中法爲日率以中率除日率得三十四千六百一十七分之二千二十爲一中日數又爲一中日行度數

周天五十六萬二千一百二十㠯章月乘月法得周天〔補注〕錢大昕曰以統法除之得三百六十五又千五百三十九分之三百八十五則周天之度也古歷周天三百六十五度四分度之一以一歲日行之數定之故周天亦爲歲周續志云日之所行與運周在天成度在歷成日是也古人未知歲差以天周爲歲周到融沖之以後始分爲二爲弟所謂四分者古今無定率古歷四分而有餘後世四分而不足乾象之術以五百八十九分之百四十五爲斗分紀法不三統以一千五百三十九分之三百八十五爲斗分疑譌是四分有奇也周天以牽牛起算終於南斗二十六度所有零分歸於斗宿之終故曰斗分今志於斗二十六度之下不云餘分若干蓋孟堅修志時偶脫之續志云太初歷斗二十六度三百八十五分十又曰周天餘即一統之日數也置周天五十六萬二千一百二十滿六十去之餘四十從甲子起算外則甲辰日也從甲辰起算外得甲申從甲申起算外得甲子以統首日爲紀三統而復於甲子李銳曰即統日也凡千五百三十九年中積五十六萬二千一百二十日爲年日相與之率統法爲年率周天爲日率以年率除日率得三百六十五千五百三十九分之三百八十五爲一歲日數又爲一歲日行度數

前漢二十一下　五

歲中十二㠯三統乘四時得歲中〔補注〕錢大昕曰歲中者一歲之中氣也李銳曰一歲積十二中

月周二百五十四㠯章月加閏法得月周〔補注〕錢大昕曰以章歲除之得每歲月周十三又十九分之七凡十九歲而餘分盡故曰一章李銳曰凡一章十九年月行二百五十四周以章歲除之得十三又十九分之七爲一歲月行周數又爲一日月行度數

朔望之會〔補注〕先謙曰官本有一字百三十五參天數二十五兩地數三十得朔望之會〔補注〕錢大昕曰春秋正義稱三統之術以五月二十三分月之二十而一食以五乘二十三得一百十五加二十得一百三十五通一月爲二十三分滿百三十五而爲食限通其率則百三十五月有二十三食也與後漢四分術同李銳曰食分一終之月數也凡二十三食中積百三十五月爲食月相與之率二十三爲食率朔望之會爲月率以食率除月率得五月二十三分之二十爲一食食月數上元之首合朔日月如合璧歷百三十五月而又合朔日月如合璧謂之朔望之會

會月六千三百四十五㠯會數乘朔望之會得會月〔補注〕錢大昕曰以章月除之得二十七章則會月者五百一十三歲之月數也以二十三乘以百三十五除得一千八十一是爲六千三百四十五月而有一千八十一食也李銳曰月分食分俱終之月數也上元之首冬至合朔日月如合璧歷六千三百四十五月而又冬至合朔日月如合璧謂之會置會月以章歲乘之章月除之得五百一十三則會歲也凡一會積二十七章

統月〔補注〕錢大昭曰監本閩本統月下有一字先謙曰官本有一字萬九千三十五參會月得統月〔補注〕錢大昕曰一統之月數也以日法乘章月得數亦同李銳曰一元積三統九會則三會爲一統故三會月得統月

元月五萬七千一百五參統月得元月〔補注〕錢大昕曰一元之月數也以月法乘之如日法而一得元日一百六十八萬六千三百六十

章中二百二十八㠯閏法乘歲中得章中〔補注〕錢大昕曰一章之中數也以歲閏減章月得數亦同

統中〔補注〕錢大昭曰監本閩本統中下有一字先謙曰官本有一字萬八千四百六十八㠯日法乘章中得統中〔補注〕錢大昕曰一統之中數也李銳曰八十一章爲統

元中五萬五千四百四參統中得元中〔補注〕錢大昕曰一元之中數也

策餘八千八十什乘元中㠯減周天得策餘〔補注〕張永祚曰案八千八十絕句什乘元中以減周天絕句古本從八千八十什絕句非也錢大昕曰歲三百六十五日四分日之一有奇以乾坤二策三百六十減之餘五

前漢二十一下　六

日四分日之一有奇所謂策餘也以統法乘之得策餘八千八十五乘統法得七千六百九十五加斗分三百八十五合八千八十其以什乘元中減周天者何也蓋周天者一統之日以統中除之每一中氣得三十日去之餘八十八即策餘參統中爲元中什乘元中即是三十乘統中故減之即得李銳曰置一歲六甲子積日三百六十以統法通之得五十五萬四千四十爲六甲子積日分以減周天餘爲策餘以統法除之得五一千五百三十九分之三百八十五爲一歲六甲子外日數什乘元中者十二乘統法爲統中又三十之爲元中是元中即三十六乘統法之數又上十之即是以三百六十乘統法也

周至五十七參閏法得周至〔補注〕錢大昕曰四分章中之一

統母〔補注〕李銳曰統母是紀母之誤下推五星日紀術可證木金相乘爲十二〔補注〕李銳曰天以三生木地以四生金三四一十二是爲歲星小周〔補注〕李銳曰以十二乘見數得萬八千九百九十六歲數除之得十千七百二十八分之千七百一十六爲十二歲之定見數幾及十一故曰小周春秋傳曰十二年是爲一終小周乘巛策〔補注〕先謙曰官本考證云巛古坤字爲千七百二十八〔補注〕李銳曰十二乘百四十四得千七百二十八先謙曰官本千上有一字是爲歲星歲數〔補注〕李銳曰星分一終之歲數也錢大昕曰此下推五星之法數也木三金四皆生數三四乘爲十二木金相乘者金克木也所謂五勝相乘以生小周也水木土天生以巛策乘之金火地生以乾策乘之陰陽

不交不能生也所謂陰陽比類交錯相成也又曰春秋傳曰十二年是謂一終一星終也歲星歲行一次十二年而行天一周故曰小周但十二歲積日四千三百八十三又千五百三十九分之三以日行千七百二十八分度之百四十五率之應行三百六十七度又千七百二十八分度之千三百五十九除行天一周尚贏二度又千七百二十八分度之九百二十七弱積千七百二十八歲而多行一周也以見數論之歲星十二歲而見十一次除去十二歲日周尚餘二日又七百三十萬八千七百十一分日之五百六十一萬八千八百九十八積滿歲數而見數減一也又曰星備云歲星日行十二分度之一十二歲而周天熒惑日行三十三分度之一三十三歲而周天鎮星日行二十八分度之一二十八歲而周天太白日行八分度之一八歲而周天辰星日行一度一歲而周天今以三統小周小復之率推之亦未盡合

見中分二萬七百三十六〔補注〕錢大昕曰一千七百二十八歲之中氣也李銳曰星分一終之中數也

積中十三中餘百五十七〔補注〕錢大昕曰以見中法除見中分得一日積中不盈日中餘又曰歲星一見三百九十八日又七百三十萬八千七百一十一分日之五百十六萬三千一百二以中氣三十日有奇約之應歷十三箇中氣又一千五百八十三分之百五十七也每一見積中十三有奇故見數一千五百八十三則中分二萬七百三十六也李銳曰見中法為見率見中分為中率見中法為見率見中分為中率以見率除中率得積中十三中餘百五十七為一見中數

見中法千五百八十三見數也〔補注〕李銳曰星分一終之見數也錢大昕曰計歲星一千七百二十八歲實見一千五百八十三次因以為見中法盈其法得一則積中也錢大昭曰監本閩本法下有一字先謙曰官本有一字

見閏分萬二千九十六〔補注〕錢大昕曰見閏分者歲數所積之閏分也李銳曰此當以閏法十九除之為星分一終之閏月數今不除即為星分十九終之閏月數也

積月十三月餘萬五千七十九〔補注〕錢大昕曰以章中乘歲數併見閏分為實盈見月法得一名曰積月不盈者曰月餘又法置見中分以章歲乘併閏分亦得積月分又曰歲星一見三百九十八日有奇以每月大餘二十九小餘四十三約之應歷十三箇月又三萬七十七之一萬五千七十九也每一見積十三有半奇故見數一千五百八十三積月分四十萬六千八十以章中乘歲數得三十九萬三千九百八十四閏分一萬二千九十六得此數併也置積月分以十九除之得二萬一千三百七十二閏餘十二則歲數定積月也之李銳曰見月法見閏分為見閏相與之率見月法為見率見閏分為閏率以見率除閏率實不滿法得月餘萬二千九十六為一見閏數以并積中及餘得積月十三及餘為一見月數案月餘以見月法為母中餘以見中法為母母不同不可相并當齊其子同其母然後并之驗見月法為章歲十九乘見中法之數亦以章歲乘中餘百五十七得二千九百八十三此餘亦以見月法為母以并月餘萬二千九十六得月餘萬五千七十九也錢大昭曰監本閩本月餘下有一字先謙曰官本有一字考證云監本誤割積月十三為一行月餘為一行今從宋本移正

見月法三萬七十七〔補注〕錢大昕曰閏餘以滿十九成一月故見數亦以十九通之李銳曰星分十九終之見數也

見中日法七百三十萬八千七百一十一

見月日法二百四十三萬六千二百三十七〔補注〕錢大昕曰以日法乘見月法得見月日法

金火相乘為八又以火乘之為十六〔補注〕李銳曰地以四生金二生火二四如八二八一十六

而小復〔補注〕李銳曰以十六乘復數得三萬四千五百七十六歲數除之得十三千四百五十六分之十六餘分甚微故曰小復

小復乘乾策為三千四百五十六〔補注〕李銳曰十六乘二百一十六得三千四百五十六

是為太白歲數〔補注〕李銳曰晨歲數千九百四十四夕歲數千五百一十二錢大昕曰火二金四二四而八二八十六金火乘者火克金也金水晨夕各一見一伏而後一終不云見而云復者以自晨見復於晨見不得以一見名之也又曰太白一復五百八十四日有奇行星之度亦如之經十復積十六歲而與歲相終所謂小復也以密率推之太白十復凡積日五千八百四十一又九百九十七萬七千三百三十七分日之二百九十七萬六千一百八十三至十六歲之日數則五千八百四十四日又一千五百三十九分日之四也以通率約之計十六歲而過周二度又九百九十七萬七千三百三十七分度之七百二萬七千八十六積三千四百五十六歲而應餘一復數也

見中分四萬一千四百七十二〔補注〕錢大昕曰三千四百五十六歲之中氣也

積中十九中餘四百一十三〔補注〕錢大昕曰太白一復五百八十四日有奇以中氣三十日有奇約之得十九箇中氣又二千一百六十一分之四百十三也一復積中十九有奇故復數二千一百六十一積中四萬一千四百七十二也

見中法二千一百六十一復數〔補注〕錢大昕曰計金星三千四百五十六歲實復二千一百六十一次因以為中法李銳曰一晨見一夕見為一復凡三千四百五十六年有晨見二千一百六十一夕見二千一百六十一也

見閏分二萬四千一百九十二〔補注〕錢大昕曰三千四百五十六歲之閏分也

積月十九月餘三萬二千三十九〔補注〕錢大昕曰以章中乘歲數得七十八萬七千九百六十八併閏分得八十一萬二千一百六十名曰積月分以見月法除之得十九又四萬一千五十九分月之三萬二千三十九則一復五百八十四日有奇所歷之月數也一復積月十九有奇故二千一百六十一復積月四萬二千七百四十五又十九分之五也李銳

曰命積中爲積月又以十九乘中餘得七千八百四十七加見閏分得月餘

見月法四萬一千五十九

晨中分二萬三千三百二十八〔補注〕錢大昕曰以九乘見中分以十六除之得一則晨中分也之乘除理詳後

積中十中餘千七百一十八十一作七〔補注〕李鋭曰此晨見積中錢大昕曰當云積中十又日以見中法除晨中分得積中不盈者爲中餘即金星晨見伏三百二十七日所歷之中氣也一晨見積中十有奇故晨見二千一百六十一積中二萬三千三百二十八也錢大昭曰閩本中餘下有一字先謙曰十一作七四字乃後人校語此下並同官本十作七無注四字

夕中分萬八千一百四十四〔補注〕錢大昕曰以七乘見中分以十六除之得一則夕中分也錢大昭曰閩本分下有一字

積中八中餘八百五十六〔補注〕李鋭曰此夕見積中錢大昕曰以見中法除夕中分得積中不盈者曰中餘即金星夕見伏二百五十七日有奇所歷之中氣也一夕見積中八有奇故夕見二千一百六十一積中萬八千一百四十四也

前漢二十一下　九

晨閏分萬三千六百八〔補注〕錢大昕曰以九乘見閏分以十六除之得晨閏分即太白晨見一千九百四十四歲所積之閏分

積月十一月餘五千一百九十一〔補注〕錢大昕曰以章中乘晨數歲得四十四萬三千二百三十二併晨閏分得四十五萬六千八百四十名曰晨積月分以見月法除之得十一又四萬一千五十九之五千一百九十一則晨見三百二十七日之積月也一見積月十一有奇故見數二千一百六十一積月二萬四千四十四又閏餘四也李鋭曰此晨見積月命晨見積中十爲積月又以十九乘中餘千七百一十八得三萬二千六百四十二加晨閏分得四萬六千二百五十滿見月法得一月共得積月十一月餘五千一百九十一

夕閏分萬五百八十四〔補注〕錢大昕曰以七乘見閏分以十六除之得夕閏分即太白夕見一千五百一十二歲所積之閏分錢大昭曰閩本分下有一字

積月八月餘二萬六千八百四十八〔補注〕錢大昕曰以章中乘夕歲數得三十四萬四千七百三十六併夕閏分得三十五萬五千三百二十名曰夕積月分以見月法除之得八又四萬一千五十九之二萬六千八百四十八則夕見二百五十七日有奇之積月也一見積月八有奇故見數二千一百六十一積月一萬八千七百一又閏餘一也李鋭曰此夕見積月命夕見積中八爲積月又以十九乘中餘八百五十六得萬六千二百六十四加夕閏分得月餘

見中日法九百九十七萬七千三百三十七

見月日法三百三十二萬五千七百七十九

土木相乘而合經緯爲三十〔補注〕李鋭曰天以五生土三生木三五一十五倍之爲三十是爲

鎭星小周〔補注〕李鋭曰以三十乘見數得十二萬五千二百五十以歲數除之得二十八四千三百二十分之四千二百九十幾二十九故曰小周小周乘巛策爲四千三百二十〔補注〕李鋭曰三十乘一百四十四得四千三百二十是爲鎭星歲數〔補注〕錢大昕曰土五木三三五乘爲十五倍之得三十土木乘者木克土也鎭星一見每一歲又十二日有奇而行星十二度有奇約其率則經三十歲凡二十九見而行天一周所謂小周也其實三十歲之中論星度則過一周而有餘論見數尚不能盈二十九之數以術推之三十歲積日一萬九百五十七又一千九百二十七萬五千九百七十五分日之九百七十三萬一千九百二十五以日行四千三百二十分度之百四十五計之應行三百六十七度又一千九百二十七萬五千九百七十五分度之一千五百十六萬二千九百三分有奇是過周二度又一千三百十四萬七千七百七十八分有奇也鎭星二十九見積日一萬九百六十又一千九百二十七萬五千九百七十五分日之二百四十九萬四千八百分以較三十年之積日尚贏

前漢二十一下　十

二日又一千二百三萬八千八百五十分積至四千三百二十歲行天周則積而餘一見數則積而減一兩無餘分而仍復於星紀之初也

見中分五萬一千八百四十〔補注〕錢大昕曰四千三百二十歲之中氣也

積中十二中餘千七百四十〔補注〕錢大昕曰鎭星一見三百七十七日有奇以中氣三十一日有奇約之應歷十二箇中氣又四千一百七十五分之千七百四十也一見積中十二有奇故見數四千一百七十五積中五萬一千八百四十也先謙曰官本中餘下有一字

見中法四千一百七十五見數也〔補注〕錢大昕曰計鎭星四千三百二十歲實見四千一百七十五次因以爲見中法

見閏分三萬二百四十〔補注〕錢大昕曰四千三百二十歲之閏分

積月十二月餘六萬三千三百〔補注〕錢大昕曰以章中乘歲數得九十八萬四千九百六十併見閏分得一百一萬五千二百名曰積月分以見月法除之得十二又七萬九千三百二十五分月之六萬三千三百則一見三百七十七日有奇所歷之月數也一見積月十二有奇故見數四千一百七十五積月五萬三千四百二十一又閏餘十一也李鋭曰命積

中爲積月，又以十九乘中餘得三萬三千六十，加見閏分得月餘。

見月法七萬九千三百二十五

見中日法千九百二十七萬五千九百七十五〔補注〕先謙曰：官本法下有一字。

見月日法六百四十二萬五千三百二十五

火經特成，故二歲而過初，〔補注〕李銳曰：地以二生火。三十二過初爲六十四歲而小周。〔補注〕李銳曰：以六十四乘見數得四十一萬四千一十六，以歲數除之得二十九萬三千八百二十四分之萬三千一百二十，幾三十一，故曰小周。小周乘乾策，則太陽大周爲萬三千八百二十四歲。〔補注〕李銳曰：六十四乘二百一十六得萬三千八百二十四。錢大昕曰：水火與日月同體，所謂坎離者，乾坤之大用，物莫能勝之者，故云特成而無相取勝也。火數二，故二歲而過初也。又曰：熒惑每二歲而行天一周，尚餘二十三有奇，故曰過初。積至六十四歲，則行天三十四周計字衍天一萬三千八百二十四分之七百有四。以術推之，六十四歲之積日二萬三千三百七十六又一千五百三十九分日之十六一千五百三十九分日之十六[illegible]二十九百八十六萬七千三百七十三分旰之三十一萬五百十二也。以日行萬三千八百二十四分之七千三百五十五計之，應行天一萬二千四百三十七度又一萬三千八百二十四分度之一千四百六十，除行三十四周，尚餘十八度又一萬三千

八百二十四分度之八千二百九十五有奇。積萬三千八百二十四歲，凡多行十一周而復其初也。以見數計之，三十見積日二萬三千四百十五又二千九百八十六萬七千三百七十三分日之二千二百六十八萬四百五，以較六十四歲之積日尚贏三十九日又二千九百八十六萬七千三百七十三分日之二千二百三十六萬九千八百九十三。積萬三千八百二十四歲，而見數應少十一次也。錢大昭曰：閩本爲下有一字。先謙曰：官本有一字。是爲熒惑歲數。

見中分十六萬五千八百八十八〔補注〕錢大昕曰：萬三千八百二十四歲之中氣也。

積中二十五，中餘四千一百六十三〔補注〕錢大昕曰：熒惑一見七百八十日有奇，應歷二十五箇中氣又六千四百六十九之四千一百六十三也。一見積中二十五有奇，故見數六千四百六十九，積中十六萬五千八百八十八也。

見中法六千四百六十九見數也。〔補注〕錢大昕曰：計火星萬三千八百二十四歲，實見六千四百九十六次，因以爲見中法。

見閏分九萬六千七百六十八〔補注〕錢大昕曰：萬三千八百二十四歲之閏分。

積月二十六，月餘五萬二千九百五十四〔補注〕錢大昕曰：以章中乘歲數得三百十五萬一千八百七十二，併見閏分得三百二十四萬八千六百四十，以見月法除之，得二十六又十二萬二千九百一十一分月之五萬二千九百五十四，則熒惑一見七百八十日有奇所歷之月數也。一見積月二十六有奇，故見數六千四百六十九，積月一十七萬九百八十一又閏餘一也。李銳曰：命積中爲積月，又以十九乘中餘得七萬九千九十七，加見閏分得十七萬五千八百六十五，滿見月法得一月，共積月六十六，餘爲月餘。

見月法十二萬二千九百一十一二千一作一千。〔補注〕先謙曰：官本二千作一千，無注六字。

見中日法二千九百八十六萬七千三百七十三

見月日法九百九十五萬五千七百九十一

水經特成，故一歲而及初，〔補注〕李銳曰：天以一生水。六十四及初而小復。〔補注〕李銳曰：以六十四乘復數得百八十五萬八千六百二十四，以歲數除之得二百一，九千二百一十六分之六千二百八，幾二百二，故曰小復。小復乘巛策，則太陰大周爲九千二百一十六歲，〔補注〕李銳曰：六十四乘百四十四得九千二百一十六。是爲辰星歲數。〔補注〕李銳曰：晨歲數五千一百八十四，夕歲數四千三十二。錢大昕曰：水生數一，故云一歲而及初也。又曰：水星三復三百四十七日又一億三千四百八萬二千二百九十七分日之九千七百九十

二萬四千二百二十一，以除一歲之日，尚贏十八日六千四百三十八萬三千八百六十六分。積六十四歲，則經二百一復計字衍復又九千二百一十六分之六千二百八也。以術推之，水星二百一復積二萬三千二百九十七又一億三千四百八萬二千二百九十七分日之一億二千四百九十七萬二千五百五十一，以較六十四歲之積日尚少七十八日又千五十萬三千七百十四分。積九千二百十六歲，更得贏九十七復數也。

見中分十一萬五百九十二〔補注〕錢大昕曰：九千二百十六歲之中氣也。

積中三，中餘二萬三千四百六十九〔補注〕錢大昕曰：辰星一復百一十五日有奇，應歷三箇中氣又二萬九千四十一之二萬三千四百六十九也。一復積中三有奇，故復數二萬九千四十一，積中十一萬五百九十二也。先謙曰：官本三千作二千。

見中法二萬九千四十一復數也。〔補注〕錢大昕曰：計辰星九千二百十六歲，實復二萬九千四十一次，因以爲見中法。

見閏分六萬四千五百一十二〔補注〕錢大昕曰：九千二百十六歲之閏分。

積月三，月餘五十一萬四百二十三〔補注〕錢大昕曰：以章中乘歲數得二百一十萬一千二百

四十八併閏分共二百十六萬五千七百六十以見月法除之得三又五十五萬一千七百七十九分之五十一萬四百二十三也一復積月三有奇故復數二萬九千四十一積月十一萬三千九百八十七又閏餘七也李銳曰命積中爲積月又以十九乘中餘得四十四萬五千九百一十一加見閏分得月餘

見月法五十五萬一千七百七十九

晨中分六萬二千二百八〔補注〕錢大昕曰求晨夕中分法與太白同

積中二中餘四千一百二十六〔補注〕錢大昕曰水星晨見伏六十五日有奇所歷之中氣也一晨見積中二有奇故晨見二萬九千四十一積中六萬二千二百八也

夕中分四萬八千三百八十四

積中一中餘萬九千三百四十三〔補注〕錢大昕曰水星夕見伏五十日所歷之中氣也一夕見積中一有奇故夕見二萬九千四十一積中四萬八千三百八十四也先謙曰官本萬上有一字

晨閏分三萬六千二百八十八〔補注〕錢大昕曰求晨夕閏分法亦與太白同此卽辰星晨見五千一百八十四歲之閏分

積月二月餘十一萬四千六百八十二〔補注〕錢大昕曰以章中乘晨歲數得一百十八萬一千九百五十二併晨閏分得一百二十一萬八千二百四十名曰晨積月分以見月法除之得二又五十五萬一千七百七十九分月之十一萬四千六百八十二則晨見六十五日有奇之積月也一見積月二有奇故見數二萬九千四十一積月六萬四千一百十七又閏餘十七也李銳曰命晨積中二爲積月又以十九乘中餘四千一百二十六得七萬八千三百九十四加晨閏分得月餘

夕閏分二萬八千二百二十四〔補注〕錢大昕曰卽辰星夕見四千三十二歲之閏分

積月一月餘三十九萬五千七百四十一〔補注〕錢大昕曰以章中乘夕歲數得九十一萬九千二百九十六併夕閏分得九十四萬七千五百二十以見月法除之得一又五十五萬一千七百七十九分月之三十九萬五千七百四十一則夕見五十日之積月也一見積月一有奇故見數二萬九千四十一積月四萬九千八百六十九又閏餘九也李銳曰命夕積中一爲積月又以十九乘中餘萬九千三百四十三得三十六萬七千五百一十七加夕閏分得月餘

見中日法一億三千四百八萬二千二百九十七

見月日法四千四百六十九萬四千九十九

合太陰太陽之歲數而中分之各萬一千五百二十陽施其氣陰成其物〔補注〕錢大昕曰合乾坤二篇之策數李銳曰太陰歲數卽辰星歲數九千二百一十六也太陽歲數卽熒惑歲數萬三千八百二十四也併之得二萬三千四十半之得萬一千五百二十

以星行率減歲數餘則見數也〔補注〕錢大昕曰歲星歲數千七百二十八減星行率百四十五得千五百八十三鎭星歲數四千三百二十減星行率百四十五得四千一百七十五熒惑歲數萬三千八百二十四減星行率七千三百五十五得六千四百六十九與星見數適合此惟木火土三星爲然金水通率日行一度不用此法也李銳曰星謂木火土三星行率見下五步木土行率皆百四十五火行率七千三百五十五星行率減歲數爲見數者歲數爲日行周數行率爲星行周數於日行周數內減去星行周數餘爲星行去日周數卽見數也

東九西七乘歲數并九七爲法得一金水晨夕歲數〔補注〕宋祁曰一本水作木齊召南曰案金木相距不遠不晨見則夕見故能同符恐無作木字之理錢大昕曰金水晨見伏在東方夕見伏在西方約其率則一晨見十六分之九夕見十六分之七故以九乘歲數十六除之得一則晨歲數也以七乘歲數十六除之得一則夕歲數也依法求得太白晨歲數一千九百四十四夕歲數一千五百一十二辰星晨歲數五千一百八十四夕歲數四千三十二又曰以比例之理論之則十六與九若三千四百五十六與一千九百四十四也十六與七若三千四百五十六與一千五百十二也此以太白歲數而論辰星歲數放此

十六者金水之全分九七者金水晨夕之各分以全分比晨夕分如以全歲數比晨夕歲數亦爲以全分比全歲數若晨夕分與晨夕歲數故二三率可以互得其比例常等今試以十六除歲數以九七乘之其得數必同但先除後乘或除數有畸零卽無以御之故必先乘後除也求晨夕中分及閏分其理亦同李銳曰案此衰分法也九七爲列衰副并九七得十六爲法

以歲中乘歲數是爲星見中分〔補注〕錢大昕曰歲有十二中以乘歲數則歲數之積中也今以爲見中分者五星一見所歷中氣不能無餘分中以見數乘一見之積中以中餘從之所得卽星見中分蓋每中以見數之分通之故一見有若干分化大分爲小分以御畸零也李銳曰以歲中乘晨夕歲數得晨夕中分

星見數是爲見中法〔補注〕錢大昕曰見中分者一見之分見數積則中分亦必積而漸多又中分原以見數乘之故以見數爲中法滿法爲中不滿者則入中日分也

以歲閏乘歲數是爲星見閏分〔補注〕錢大昕曰歲閏十九分之七以乘歲數則歲數之積閏分也今通爲一見之閏分者閏法原以十九分爲一月今以章歲乘見中分是又以一中之分通爲十九分也以併閏分得每見月之細分矣積月多於積中以有閏分故以十九乘中分又加閏分也李銳曰歲閏七一歲閏餘十九分之七也以歲閏乘晨夕歲數得晨夕見閏分

㠯章歲乘見數是爲見月法補注錢大昕曰此變中法爲月法也見中分既以十九乘之見閏分又不盈十九之餘分故見中法亦以十九乘之而爲月法也李銳曰本當以歲閏乘歲數章歲除之爲見閏分卽以見數爲見月法今見閏分省一章歲除故見月法須以章歲通之

㠯元法乘見數是爲見中日法補注錢大昕曰五星之行有順有逆有畱有伏有遲有疾其日行率與所行之度俱不能無零分故立日法以御之因卽以爲度法其日與度兩有分者各以日法乘全數而納其分子兩數相較而贏縮差分卽於此得之此通分之術也其以元法乘者何也中法十四萬五百三十本以元法爲日法故見中日法亦以元法乘之李銳曰見數爲見率見中分爲中率以見率除中率得一見積中又元法爲中率中法爲日率以日率乘一見積中爲實中率爲法法除實得一見積日今不求中閒積中以中法乘見中分爲實元法乘見數爲法而并除亦得一見積日故元法乘見數爲見中日法

㠯統法乘見數是爲見月日法補注錢大昕曰以日法乘見月法所得數亦同李銳曰見月法爲見率見閏分爲閏率以見率除閏率得一見積閏月又日法爲月率月法爲日率以日率乘一見積閏月爲實月率爲法法除實得一見積閏日今不求中閒積閏月以月分乘見閏分爲實日法乘見月法爲法而并除亦得一見積閏日又見月法爲章歲乘見數之數則以日法乘見月法猶以日法乘章歲又乘見數又統法爲日法乘章歲之數則以日法乘章歲又乘見數猶以統法乘見數也

故統法乘見數爲見月日法又統法爲元法三分之一故見月日法亦爲見中日法三分之一

五步補注錢大昕曰此下推五星一見復內順逆遲疾伏畱之術也先謙曰官本二字自爲一行不與下連

木晨始見去日半次補注李銳曰置伏三十三日三百三十三萬四千七百三十七分以行星三度百六十七萬三千四百五十一分減之餘三十度百六十六萬一千二百八十六分半之得去日十五度八十三萬六百四十三分故曰半次凡晨見星在日後

順日行十一分度二補注錢大昕曰陳仁錫本作一誤百二十一日補注李銳曰百二十一日日行亦百二十一度以二乘百二十一以十一除之得星行二十二度以減日行度餘九十九度以加前去日度得去日一百一十四度分如前

始畱二十五日補注李銳曰以日行二十五度加前去日度得去日百三十九度分如前而旋逆日行七分度一八十四日補注李銳曰以七除八十四得星逆行十二度以加日行八十四度得九十六度以加前去日度得去日二百三十五度分如前

復畱二十四日三分補注李銳曰此三分以見中日法爲母凡五步日度下分不言分母者皆以見中日法爲母以日行二十四日三分加前去日度得去日二百五十九度八十三萬六百四十六分

而旋復順日行十一分度二百一十一日有百八十二萬八千三百六十二分而伏補注李銳曰置百一十一日及分以見中日法通日內分得八億一千三百九萬五千二百八十三以二乘之十一除之得一億四千七百八十二萬五千五百六十六分以見中日法除之得星行二十度百六十六萬一千二百八十六分以減日行百一十一度百八十二萬八千三百六十二分餘九十一度十六萬七千七十六分以加前去日度得去日三百五十度九十九萬七千七百二十二分反減一周天三百六十五度百八十二萬八千三百六十五分餘十五度八十三萬六百四十三分則星在日前亦去日半次而伏凡五星伏去日度數與始見去日度數等又周天三百六十五度三百八十五分此分以統法爲母今欲令以見中日法爲母當三因度分又以見數乘之置三百八十五以三因之得一千一百五十五又以見數乘之得百八十二萬八千三百六十五加周天度得周天三百六十五度百八十二萬八千三百六十五分錢大昕曰五星行天以日爲宗星與日同度謂之合合而後伏如月之有合朔也其先合而伏合而仍伏者星近日則爲所掩故距日前後十五度以內竝伏也星與日離離而始見見而順疾疾後稍遲以去日尚近故疾去日少遠故遲也星距於日近一遠三而後始畱如月之上弦也星距日極遠遠與日衡衡而後逆如月之有望也曜錄曨後偕遂行如離後著術也合逆而後畱如月下弦也畱而後旋旋而順遲遲後乃疾亦以去日少遠而遲去日愈近而疾也至是日行追及於星而復爲合伏矣此木土火一見伏之理也續志云月有晦朔星有合見月有弦望星有畱逆其歸一也斯言得之又曰五星在日後晨而始見在日前夕而始見金水之行速於日順行而在日前逆行而在日後兩見伏而一終故有晨夕之率木土火之行不遲於日衡日以後日行速星行遲以速及遲漸近於日亦在日前不云

夕見伏者以晨統夕也四分術推五步以合伏起算後世術家咸宗之三統以晨見起算者彼以與日同度命積度此以去日半次命度其術不同其理一也又曰木晨見在日後十五度奇以伏卻與[illegible]卻[illegible]度相減餘半之得星見時在日後之度卽星伏時在日前之度也五星放此順百二十一日行二十二度去日百一十四度奇畱二十五日去日百三十九度奇逆八十四日退十二度除逆定行十度去日二百三十五度奇畱二十四日三分去日二百五十九度奇順百一十一日有百八十二萬八千三百六十二分行二十度百六十六萬一千二百八十六分去日三百五十度奇則星在日前十五度奇故伏也

凡見三百六十五日有百八十二萬八千三百六十五分除逆定行星三十度百六十六萬一千二百八十六分補注錢大昕曰此日與度分竝以見中日法爲分母五星放此

凡見一歲行一次補注李銳曰并百二十一日二十五日八十四日二十四日三分百一十一日百八十三萬八千三百六十二分得凡見日數并二十二度二十度百六十六萬一千二百八十六分除逆行十二度得凡見定行星度數又此凡見日數與一歲日數同三十度爲一次故曰凡見一歲行一次

而後伏日行不盈十一分度一伏三十三日三百三十三萬四千七百三十七分行星三度百六十七萬三千四百五十一一作三補注先謙曰官本作三分補注錢大昕曰歲有三百六十五日一千五百三十九分日之三百八十五卽七百三十萬八千七百一十一

分日之一百八十二萬八千三百六十五分故云見一歲而伏也歲星歲行一次尚有餘分此擧其大率耳不盈十一分度一當作不盈十一分度二以伏日行星率之置伏日及分通分內子得二億四千四百五十二萬二千二百爲一率伏行度及分通分內子得二千三百五十九萬九千五百八十四爲二率度法十一爲三率推四率得一又二億四千四百五十二萬二千二百分之一千五百七萬三千二百二十四故云不盈十一分度二也伏十六日有奇而與日合又十六日有奇而在日後十五度奇則晨見也李銳曰十一分度一當作十分度一置伏日及分通日內分得二億四千四百五十二萬二千二百爲法伏行度及分通度內分得二千三百五十九萬九千五百八十四以分母一十乘之得二億三千五百九十九萬五千八百四十爲實實不滿法故日不盈十分度一也以星行三度及分減日行三十三度及分餘三十度百六十六萬一千二百八十六分以加前去日度得三百八十度二百六十五萬九千八分滿一周三百六十五度百八十二萬八千三百六十五分去之餘十五度八十三萬六百四十三分又爲去日半次而後見也一見三百九十八日五百一十六萬三千一百二分補注劉敞曰三百九十八日五百一十六萬三千一百二分者通計上文見伏之日分也今作壹見字疑後人妄改之以下文金晨見伏夕見伏推之可知錢大昕曰此通計一見伏日與度之全分而以通率納之也木土火稱一見者以見統伏也金水稱一復者以復該晨夕也上文見中法下分注見數分數其義已明此下又有推五星見復之術劉氏俱未檢照輒疑後人妄改甚違蓋闕之義先謙曰官本一見作壹見下並同行星三十三度三百三十三萬四千七百三十七分通其率故曰日行千七百二十八分度之百四十五補注錢大昕曰以見中日法乘三百九十八日得二千二十九億八百八十六萬六千九百七十八併餘分其二十九億一千四百三萬八十爲法又以見中日法乘三十三度得二億四千一百一十八萬七千四百六十三併餘分其二億四千四百五十二萬二千二百以歲數千七百二十八乘之得四千二百二十五億三千四百三十六萬一千六百爲實法除實得一百四十五術爲以三百九十八日有奇比三十三度有奇若歲數千七百二十八與星行率百四十五也以率相除得歲星每日行萬分度之八百三十九有奇凡十二日而行一度奇也李銳曰以伏日及分加凡見日數得一見日數以伏行度及分加凡見定行星度數得一見行星度數置一見日數行星度數各以見中日法通之日得二千二十九億千四百三萬八十分度得二億四千四百五十二萬二千二百分求等得百六十八萬六千三百六十以約日分得千七百二十八約度分得百四十五此等數以三除之得五十六萬二千一百二十卽周天也金晨始見去日半次補注李銳曰置夕伏十六日百二十九萬五千三百五十二分以行星十四度三百六萬九千八百六十八分加之得三十度四百三十六萬五千二百二十分半之得去日十五度二百一十八萬二千六百一十分逆日行二分度一六日補注李銳曰以二除六日得星逆行三度以加日行六度得九度以加前去日度得去日

二十四度分如前始畱八日補注李銳曰以日行八度加前去日度得去日三十二度分如前而旋始順日行四十六分度三十三四十六日補注李銳曰以三十三乘四十六日以四十六除之得星行三十三度以減日行四十六度餘十三度以加前去日度得去日四十五度分如前爲晨見去日最遠之數順疾日行一度九十二分度十五百八十四日而伏補注李銳曰以一度九十二分度十五通度內分得一百七以乘百八十四日以九十二除之得星行二百一十四度以日行百八十四日減之餘三十度以減前去日度得去日十五度分如前亦去日半次而伏凡見二百四十四日除逆定行星二百四十四度補注錢大昕曰續志云金水承陽先後日下速則先日遲而後畱畱而後逆逆與日違違而後速速與日競競又先日遲速順逆晨夕生焉按金水之行速於日其去日也金星以四十五度水星以二十一度而極故無與日衝之時其逆行而伏亦與木土火小異以其段目論之夕伏西方始與日合日遲星疾故夕見而先日始見極疾遠日而遲遲後而畱斷與日近則逆行而伏又與日合既合而伏乃晨見東方而後日逆而旋畱畱而順行始遲後疾又及於日則復爲伏合而一終木土火以與日衝而逆行以日行及之而伏合金水以退合於日而逆行以星行及日而合伏故不同也論金水一終應先夕而後晨今不然者從木土火之例也又曰金晨見在日後十五度奇逆六日退三度去日二十四度奇畱八日去日三十二度奇順四十六日行三十三度去日四十五度奇順疾百八十四日行二百十四度去日十五度奇故伏也賸行一百四十七度除逆行三[illegible]李銳曰并六日八日四十六日百八十四日得晨凡見日數并行星三十三度二百一十四度除逆行三度得晨凡見定行星度數伏日行一度九十二分度三十三有奇師古曰奇音居宜反下皆類此伏八十三日行星百一十三度四百三十六萬五千二百二十分補注錢大昕曰以率計之當爲日行一度九十二分度三十三又九百九十七萬七千三百三十七分度之七百三十六萬一千九百四十三有奇也伏四十一日二分日一而與日合又四十一日二分日一在日前十五度奇而夕見西方李銳曰置伏日數以見中日法通之得八億二千八百一十一萬八千九百七十一爲法伏行度及分通度內分得一十一億三千一百八十萬四千三百一爲實法除實得一度不盡三億三百六十八萬五千三百三十又以分母九十二乘之得二百七十九億三千九百五萬三百六十復爲實如法而一得三十三不盡六億一千一百一十二萬四千三百一十七故曰日行一度九十二分度三十三有奇又以日行八十三度減星行百一十三度及分餘三十度四百三十六萬五千二百二十分以前去日度反減之餘十五度分如前又爲去日半次而夕見也凡晨見伏三百二十七日行星三百五十七度四百三十六萬五千二百二十分補注李銳曰以晨伏日加晨凡見日數得晨凡見伏日數以晨伏行星度及分加晨凡見定行星度數得凡晨見伏度數夕始見

去日半次〔補注〕李銳曰凡夕見星在日前順日行一度九十二分度十五百八十一日百七分日四十五〔補注〕李銳曰此日度兩有分各以分母通分內子度得百七日得萬九千四百一十二相乘得二百七萬七千八十四為實兩母相乘得九千八百四十四為法法除實得星行二百一十一度以日行百八十一度百七分度四十五減之餘二十九度百七分度六十二此分與前去日度分母不同不可相并乃變之以六十二乘見中日法得六億一千八百五十九萬四千八百九十四以百七除之得五百七十八萬一千二百六十分小分七十四大分以見中日法為母小分以百七為母共得二十九度五百七十八萬一千二百六十分小分七十四以加前去日度得去日四十四度七百九十六萬三千八百七十分小分七十四為夕見去日最遠之數順遲日行四十六分度三一作四〔補注〕錢大昕曰四當作三先謙曰官本作四十三四十六日〔補注〕李銳曰星行三十三度以減日行四十六度餘十三度以減前去日度得去日三十一度分如前始留七日百七分日六十二分〔補注〕李銳曰如法變日下分得日行七度五百七十八萬一千二百六十分小分七十四以減前去日度得去日二十四度二百一十八萬二千六百一十分而旋逆日行二一作三〔補注〕錢大昕曰三當作二先謙曰官本作三分度一六日而伏〔補注〕李銳曰以星逆行三度加日行六度得九度以減前去日度得去日十五度分如前亦去日半次而伏凡見二百四十一日

除逆定行星二百四十一度〔補注〕錢大昕曰金夕見在日前十五度奇順百八十一日百七分日四十五行二百十一度去日四十四度奇順遲四十六日行三十三度去日三十一度奇留七日百七分日六十二分去日二十四度奇逆六日退三度去日十五度奇而伏也李銳曰并百八十一日百七分日四十五四十六日七日百七分日六十二六日得夕凡見日數并二百一十一度三十三度除逆行三度得夕凡見定行星度數伏逆日行八分度七有奇伏十六一作六十日百二十九萬五千三百五十二分行星十四度三百六萬九千八百六十八分〔補注〕錢大昕曰以率計之當為日行八分度七又九百九十七萬七千三百三十七分度之一百九十三萬六千四百三十五也伏八日有奇而與日合又八日有奇在日後十五度奇而晨見東方李銳曰置伏日及分通之得一億六千九十三萬二千七百四十為法星行度及分通之得一億四千二百七十五萬二千五百八十六又以分母八乘之得十一億四千二百二萬六百八十八為實法除實得七不盡千五百四十九萬一千四百八十故曰八分度七有奇也以星行十四度及分加日行十六度及分得三十度四百三十六萬五千二百二十分以前去日度反減之餘十五度分如前又為去日半次而後晨見也一凡夕見伏二百五十七日百二十九萬五千三百五十二一作一分行星二百二十六度六百九十萬七千四百六十九分〔補注〕錢大昕曰一見行二百四十四度除逆行十七度三百六萬九千八百六十八分定行星二百二十六度六百九十萬七千四百六十九分李銳曰以夕伏日及分加夕凡見日數得凡夕見伏日數以夕伏逆行星度及分減夕凡見定行星度得凡夕見伏度數一復五百八十四日百二十九萬五千三百五十二分〔補注〕劉敞曰此又妄改為壹復自是通計晨夕見伏之日分也先謙曰劉說非也辨見上行星亦如之〔補注〕李銳曰并夕晨見伏日度數得一復日度數故曰日行一度〔補注〕錢大昕曰金水之行速於日以有逆行自相除補故與日平行等

土晨始見去日半次〔補注〕李銳曰置伏日及分以行星度及分減之餘三十度八百四十三萬三千六百分半之得去日十五度四百二十一萬六千八百分順日行十五分度一八十七日〔補注〕李銳曰以十五除八十七得星行五度十五分之十二一如法變從見中日法分置十二分以見中日法乘之得二億三千一百三十一萬一千七百以十五除之得千五百四十二萬七百八十共得星行五度千五百四十二萬七百八十分以減日行八十七度餘八十一度三百八十五萬五千一百九十五分以加前去日度得去日九十六度八百七萬一千九百九十五分始留三十四日〔補注〕李銳曰以日行三十四度加前去日度得去日百三十度分如前而旋逆日行八十一分度五

百一日〔補注〕李銳曰以五乘百一以八十一除之得六度八十一分之十九變之置十九分以見中日法乘之得三億六千六百二十四萬三千五百二十五又以八十一除之為分共得星行六度四百五十二萬一千五百二十五分以加日行百一度得百七度四百五十二萬一千五百二十五分以加前去日度得去日二百三十七度千二百五十九萬三千五百二十分復留三十三日八十六萬二千四百五十五分〔補注〕李銳曰以三十三度及分加前去日度得去日二百七十度千三百四十五萬五千九百七十五分而旋復順日行十五分度一八十五日而伏〔補注〕錢大昕曰土晨見在日後十五度奇順八十七日行五度又十五分度之十二即見中日法一千九百二十七萬五千九百七十五分度之一千五百四十二萬七百八十去日九十六度奇留三十四日去日一百三十度奇逆行百一日退六度又八十一分度之十九即四百五十二萬一千五百二十五分去日二百三十七度奇留三十三日八十六萬二千四百五十五分去日二百七十度奇順復八十五日行五度又十五分度之十即一千二百八十五萬六百五十分去日三百四十九度奇則星在日前十五度奇而伏也李銳曰以十五除八十五得五度十五分度之十變之置十分以見中日法乘之得一億九千二百七十五萬九千七百五十以十五除之為分共得星行五度千二百八十五萬六百五十分以減日行八十五度餘七十九度六百四十二萬五千三百二十五分以加前去日度分滿見中日法得一度共得去日三百五十度六十萬五千三百二十五分反減周天三百六十五度四百八十二萬二千一百二十五分餘十五度四百二十一萬六千

八百分亦去日半次而伏求周天度分者如上三因三百八十五又以其見數乘之得周天全度外不成度之分火星放此**凡見三百四十日八十六萬二千四百五十五分除逆定**一多餘字**行星五度四百四十七萬三千九百三十分**補注錢大昕曰自晨見至伏日實行十一度又十五分度之七以日法分通之爲八百九十九萬五千四百五十五分除逆行六度四百五十二萬一千五百二十五分定行五度四百四十七萬三千九百三十分李鋭曰幷八十七日三十四日百一日三十三日及分八十五日得凡見日數幷五度及分又五度及分分滿法成度得十一度八百九十萬五千四百五十五分除逆行六度及分得凡見定行星度數**伏日行不盈十五分度三百三十七日千七百一十七萬一百七十分行星七度八百七十三萬六千五百七十分**補注錢大昕曰土星伏三十五日有奇三上百字衍以日行十五分度之三計之三十七日千七百一十七萬一百七十二分應行星七度一千一百一十四萬四千四百二十四分今尚少二百四十萬七千八百五十四分故云不盈也伏十八日有奇而與日合又十八日奇在日後十五度而晨見東方錢大昭曰閩本無百字李鋭曰以伏日及分通之得七億三千三十八萬一千二百四十五爲法得星度及分通之得一億四千三百六十六萬八千三百九十五以分母十五乘之得二十一億五千五百二十萬五千九百二十五爲實法除實得二不盡六億九千四百二十六萬三

千四百三十五故曰不盈十五分度三也以星行七度及分減日行三十七度及分餘三十度八百四十三萬三千六百分以加前去日度得三百八十度九百三萬八千九百二十五分滿一周三百六十五度四百八十二萬二千一百二十五分去之餘十五度四百二十一萬六千八百分又爲去日半次而後見也**一見三百七十七日千八百三萬二千六百二十五分**補注劉攽曰此壹見與火一見字皆妄與木通計義同**行星十二度千三百二十一萬五百分通其率故曰日行四千三百二十分度之百四十五**補注錢大昕曰以見中日法乘三百七十七日得七十二億六千七百四萬二千五百七十五併餘分共七十二億八千五百七萬五千二百分爲法又以見中日法乘十二度得二億三千一百三十一萬一千七百併餘分共二億四千四百五十二萬二千二百分以歲數四千三百二十乘之得一兆五百六十三億三千五百九十萬四千分爲實法除實得百四十五故曰日行四千三百二十分度之百四十五也以率相除得鎮星每日行萬分度之三百三十五有奇計三十日行一度有奇也李鋭曰幷見伏日度數得一見日度數如法通之日得七十二億八千五百七萬五千二百分星得二億四千四百五十二萬二千二百分求等亦得百六十八萬六千三百六十以約日分得四千三百二十約度分得百四十五**火晨始見去日半次**補注李鋭曰置伏日及分以行星度及分減之餘三十二度七百四十七萬一千六百九

十五分半之得去日十六度三百七十三萬五千八百四十七分半**順日行九十二分度五十三二百七十六日**補注李鋭曰以五十三乘二百七十六得萬四千六百二十八以九十二除之得星行百五十九度以減日行二百七十六度餘百一十七度以加前去日度得去日百三十三度分如前**始留十日**補注李鋭曰以日行十度加前去日度得去日百四十三度分如前**而旋逆日行六十二分度十七六十二日**補注李鋭曰以星逆行十七度加日行六十二度得七十九度以加前去日度得去日二百二十二度分如前**復留十日**補注李鋭曰以日行十度加前去日度得去日二百三十二度分如前**而旋復順日行九十二分度五十三二百七十六日而伏**補注錢大昕曰火晨見在日後十六度奇順二百七十六日行一百五十九度去日百三十三度奇留十日去日百四十三度奇逆六十二日退十七度去日二百二十二度奇留十日去日二百三十二度奇復順二百七十六日行一百五十九度去日三百四十九度奇則星在日前十六度奇而伏也凡云半次者皆舉大分言故十六度奇亦得稱半次李鋭曰以星行度減日行度餘百一十七度以加前去日度得去日三百四十九度分如前反減周天三百六十五度七百四十七萬一千六百九十五分餘十六度三百七十三萬五千八百四十七分半亦去日半次而伏**凡見六百三十四日除逆定行星三百一度**補注錢大昕曰自晨見至伏日實行三百十八度除逆行十七度定行星三百一度李鋭曰幷二百七十六日十日六十二日又十日二百七十六日得凡見日數幷百五十九度又百五十九度除逆行十七度得凡見定行星度數

伏日行不盈九十二分度七十三分補注錢大昕曰下分字衍**伏百四十六日千五百六十八萬九千七百分行星百一十四度八百二十一萬八千五分**補注錢大昕曰以日行九十二分度之七十三計之伏百四十六日千五百六十八萬九千七百分應行百一十六度七百九十萬四千四百分今尚少一度二千九百五十五萬三千七百六十八分故云不盈也以行星度分減日行分得三十二度七百四十七萬一千六百九十五分之卽一千五百三十九分度三百八十五斯謂半分則日行遠於星行之數也伏八十日而與日合又六十六日有奇在日後十六度而晨見東方李鋭曰以伏日及分通之得四十三億七千六百三十二萬六千一百五十八爲法行星度及分通之得三十四億一千三百九萬八千五百二十七以分母九十二乘之得三千一百四十億五百六萬四千四百八十四爲實法除實得七十一不盡三十二億八千五百九十萬七千二百六十六故曰不盈九十二分度七十二也以星行百一十四度及分減日行百四十六度及分餘三十二度七百四十七萬一千六百九十五分以加前去日度得三百八十一度一千一百二十四萬七千五百四十二分半滿一周三百六十五度七百四十七萬一千六百九十五分去之餘十六度三百七十三萬五千八百四十七分半又爲去日半次而後見也**一見七百八十日千五百六十八**

萬九千七百分凡行星四百一十五度八百二十一萬八千五分通其率故日日行萬三千八百二十四分度之七千三百五十五〔補注〕錢大昕曰以見中日法乘七百八十日得二百三十二億九千六百五十五萬九百四十併餘分共二百三十三億一千二百二十四萬六百四十為法以見中日法乘四百一十五度得一百二十三億九千四百九十五萬九千七百九十五併餘分共一百二十四億三百十七萬七千八百又以歲數萬三千八百二十四乘之得一百七十一兆四千六百十五億二千九百九十萬七千二百為實法除實得七千三百五十五故日日行萬三千八百二十四分度之七千三百五十五也以率相除得熒惑每日行萬分度之五千三百二十有奇計二日而行一度奇也李鋭曰如法通日度及分日得二百三十三億一千二百二十四萬六百四十分度得一百二十四億三百一十七萬七千八百分求等亦得百六十八萬六千三百六十以約日分得萬三千八百二十四約度分得七千三百五十五

水晨始見去日半次〔補注〕李鋭曰以夕伏日及分加星逆行及分得三十度五千八百六十六萬二千八百二十分半之得去日十五度二千九百三十三萬一千四百一十分逆日行二度一日〔補注〕李鋭曰以星行二度加日行一度得三度以加前去日度得去日十八度分如前始畱二日〔補注〕李鋭曰以日行二度加前去日度得去日二十度分如前而旋順日行七分度六一多十字七日〔補注〕錢大昕曰十字衍李鋭曰以星行六度減日行七度餘一度以加前去日度得去日二十一度分如前為晨見去日最遠之數先謙曰官本有十字順疾日行一度三分度一一多一字十八日而伏〔補注〕李鋭曰以一度三分度一通之得四分以乘十八日得七十二以三除之得星行二十四度以日行十八度減之餘六度以減前去日度得去日十五度分如前亦去日半次而伏凡見二十八日除逆定行星二十八度〔補注〕錢大昕曰水晨見在日後十五度奇逆一日退二度去日十八度奇畱二日去日二十度奇順七日行六度去日二十一度奇順疾十八日行二十四度去日十五度奇而晨伏東方計晨見行三十度除逆行二度定行二十八度李鋭曰并一日二日七日十八日得晨凡見日數并六度二十四度除逆行二度得晨凡見定行星度數伏日行一度九分度七有奇三十七日一億二千二百二萬九千六百五分行星六十八度四千六百六十一萬一百二十八分〔補注〕錢大昕曰以率計之當為日行一度九分度七又五億五千一百二十二萬七千二百二十一分度之二億二千二百五十四萬一千一百八十三也伏十八日有奇而與日合又十八日有奇在日前十五度奇而夕見西方李鋭曰置伏日及分以見中日法通之得五十億八千三百七萬四千五百九十四為法伏行度及分通之得九十一億六千四百二十萬六千三百二十四為

前漢二十一下　二三

實法除實得一度不盡四十億八千一百一十三萬一千七百三十以分母九乘之得三百六十七億三千一十八萬五千五百七十復為實以法除之得七不盡十一億四千八百六十六萬三千四百一十二故曰九分度七有奇也以日行三十七度及分減星行六十八度及分餘三十度五千八百六十六萬二千八百二十分以前去日度反減之餘十五度分如前又為去日半次而夕見也

凡晨見伏六十五日一億二千二百二萬九千六百五分行星九十六度四千六百六十一萬一百二十八分夕始見去日半次順疾日行一度三分度一十六日二分日一〔補注〕李鋭曰以日度各通分內子日得三十三度得四相乘得百三十二為實母二三相乘得六為法法除實得星行二十二度以日行十六度半減之餘五度半乃以見中日法為分得五度六千七百四萬一千七百五十八分半以加前去日度得去日二十度九千六百三十三萬二千五百五十八分半為夕見去日最遠之數順遲日行七分度六七一作十日〔補注〕李鋭曰以星行減日行餘一度以減前去日度得去日十九度分如前畱一日二分日一〔補注〕李鋭曰[illegible]七百四[illegible]半減前去日度得去日十八度二千九百三十三萬一千四百一十分而旋逆日行二度一日而伏〔補注〕李鋭曰以星逆行二度加日行一度得三度以減前去日度得去日十五度分如前亦去日半次而伏

前漢二十一下　二四

六日除逆定行星二十六度〔補注〕錢大昕曰夕始見在日前十五度奇順十六日二分日一行二十二度去日二十度奇順遲七日行六度去日十九度奇畱一日二分日一去日十八度奇逆一日退二度去日十五度奇而夕伏西方計夕見行二十八度除逆行二度定行二十六度李鋭曰并十六日二分日一七日一日二分日一一日得夕凡見日數并二十二度六度除逆行二度得夕凡見定行星度數伏逆日行十五分度四有奇二十四日行星六度五千八百六十六萬二千八百二十分〔補注〕錢大昕曰以率計之當為日行十五分度四又二億一千四百五十三萬一千六百七十五分度之五百二萬九千九百有二也伏十二日而與日合又十二日日後十五度而晨見東方李鋭曰置伏日以見中日法通之得三十二億一千七百九十七萬五千一百二十為法伏行通之得八億六千三百一十五萬六千[illegible]得百二十九億四千七百三十四萬九千[illegible]不盡七千五百四十四萬八千五百[illegible]奇也以星行六度及分加日行二十四度得三十度及分[illegible]十六萬二千八百二十分以前去日度反減之餘十五度分如前又為去日半次而後晨見也凡夕見伏五十日行星十九度七千五百四十一萬九千四百七十七分〔補注〕錢大昕曰[illegible]行二十八度除逆行六度五千八百六十六萬二千八百二十一分定行星十九度七千五百四十一萬九千四百七十七分

復百一十五日一億二千二百二萬九千六百五分〔補注〕劉敞曰此壹復字亦安與金通計義同行星亦如之故曰日行一度〔補注〕錢大昕曰古人推五星之法疏以爲五星無逆行甘石經乃以熒惑太白爲有逆行三統則五星竝有之班氏采其說著於歷志矣而天文志又非之班氏不知歷法故云然統術〔補注〕先謙曰官本考證云監本連接推日月元統又紀術二字連接推五星見復不知推日月元統推五星見復皆下文之首句也今移正

推日月元統置太極上元以來外所求年〔補注〕李銳曰外所求年者不計所求年盈元法除之〔補注〕李銳曰除之謂除去之上元之首甲子夜半合朔冬至日月如合璧盈元法則事事俱如上元故須除去之餘不盈統者則天統甲子以來年數也〔補注〕錢大昕曰不盈統統當作元李銳曰元餘不盈統爲入甲子統先謙曰錢李改志文竝同惟此條有異盈統除之餘則地統甲辰以來年數也〔補注〕李銳曰元餘在統法以上除去統法餘爲入甲辰統盈統法亦事事如上元惟日名不同故須以三統別之又盈統除之餘則人統甲申以來年數也〔補注〕李銳曰元餘以統法除之尚在統法以上須又除之餘爲入甲申統各以其統首日爲紀〔補注〕李銳曰統首日即甲子甲辰甲申錢大昕曰歲數滿二千三百

六十三萬九千四十而爲太極上元不盈此數者太極上元以來年數也外所求年者步氣朔之術竝以歲前天正經朔起算且如周武王伐紂之歲去上元十四萬二千一百一十歲祇以十四萬二千一百九歲入算算上[illegible]得本年天正朔日故云外所求四分術謂之減一也以元法除之不盡則以統法除不盈統法者入統歲數也甲子甲辰甲申皆統首日名劉洪乾象術曰凡言如[illegible]盈[illegible]約[illegible]滿[illegible]皆求實之除也去及除之取盡之除也

推天正以章月乘人統歲數〔補注〕錢大昕曰人當作入盈章歲得一名曰積月不盈者名曰閏餘〔補注〕李銳曰此今有術也章歲爲所有率章月爲所求率入統歲爲所有數而今有之得積月及閏餘爲所求數也九章今有術曰以所有數乘所求率爲實以所有率爲法實如法而一閏餘十二以上歲有閏〔補注〕李銳曰一歲閏餘十九分之七如年前有閏餘十二則并其年閏餘七滿章歲成月故有閏求地正加積月一求人正加二〔補注〕李銳曰上元起天正故求地正人正當加錢大昕曰歲有積月十二又十九分之七以章月乘積歲則每月通爲十九分加入閏分七也閏分滿十九成一月以章歲除之者以積年所有之閏分收爲整月其有不盡者則歲前所餘之閏分尚未及一月而爲所求年之閏餘也閏餘十二加歲閏七閏餘者歲前所餘歲閏者歲內所餘則滿十九而有閏如在十二以上則歲內有閏而尚剩餘分爲來年閏餘也

推正月朔以月法乘積月盈日法得一名曰積日不盈者名曰小餘〔補注〕李銳曰此亦今有也以日法爲月率月法爲日率積月爲月數而今有之得日數小餘三十八以上其月大〔補注〕李銳曰一月小餘八十一分之四十三如前月有小餘三十八則并其月小餘四十三滿日法成日故其月大積日盈六十除之〔補注〕李銳曰日名六十而周故盈六十除之不盈者名曰大餘數從統首日起算外〔補注〕李銳曰如大餘五數從天統甲子起一甲子二乙丑三丙寅四丁卯五戊辰算外得己巳則朔日也〔補注〕錢大昕曰一月二十九日又八十一分日之四十三以月法乘積月者每日通爲八十一分加小餘四十三也盈日法得一者以每月所積之餘分收爲整日其有不盈者則月前所積之小餘即合朔所命時刻也小餘三十八加月小餘四十三則滿八十一而成日故其月大也大餘者六十甲子之餘小餘者日法之餘大餘以命日算外爲日如甲子統內第一章積日六千九百三十九滿六十去之大餘三十九日甲子至壬寅盡三十九日如子章首癸卯朔也小餘以命時[illegible]大餘有定而小餘無定者以日法有大小也[illegible]以求其次月加大餘二十九小餘四十三〔補注〕李銳曰以日法除月法得大餘二十九小餘四十三小餘盈日法得一從大餘〔補注〕錢大昕曰小餘滿日法成日以并入大餘從讀與縱李銳曰如有大餘二十九小餘四十三加大餘二十九小餘四十三得大餘五十八小餘八十六滿日法八十一得大餘一并入大餘五十八共得大餘五十九小餘五

數除如法〔補注〕錢大昕曰大餘滿六十除之如上法求弦加大餘七小餘三十一〔補注〕李銳曰以日法除通法得大餘七小餘三十一求望倍弦〔補注〕李銳曰求望加大餘十四小餘六十二錢大昕曰弦望小餘以命漏刻四分術以後始有之

推閏餘所在以十二乘閏餘加十得一〔補注〕錢大昕曰加十當作加七盈章中數所得起冬至算外則中至終閏盈〔補注〕李銳曰十二歲中也閏餘本以章歲十九爲母以歲中十二乘之則以章中二百二十八爲母一歲閏餘十九分之七各以十二通之即爲一歲閏餘二百二十八之八十四以十二分之得一中閏餘二百二十八之七故每加七則得一中加滿章中則滿法成月歲中起冬至故數起冬至算外得閏餘所在中氣在朔若二日則前月閏也〔補注〕李銳曰無中氣者爲閏月中氣在朔或二日則前月無中氣故前月閏錢大昕曰閏餘原是十九分內之如干分以十二乘之則每分又化爲十二分故滿章中數爲一月也[illegible]加七得一者每歲中通閏七分以十二乘即是以歲中乘故每中有閏分七得閏分乃中餘於月之數而閏月無中閏餘積而漸多中氣漸向後中氣在晦而閏分滿今加七而盈章中則閏必在此中氣之後如不盈章中知閏分尚未盈一月必層累加之盈章中數而止則中在月終而有閏也閏前之中常在晦閏後之中或在朔或在二日以中日恆盈於月日積此盈數即成閏分故也又曰左文元年傳孔疏云古

今歷法推閏月之術皆以閏餘減章歲餘以歲中十二乘之章閏七而一所得爲積月命起天正算外閏所在也其有進退以中氣定之無中氣則閏月也（此閏分術其理與三統同）古歷十九年爲一章章有七閏八章三年閏九月六年閏六月九年閏三月十一年閏十一月十四年閏八月十七年閏四月十九年閏十二月此據元首初章若干後漸積餘分大率三十二月則置閏不必恆同初章閏月（並疏文）今以三統術推之如入章三年閏餘十四以十二乘得百六十八加七者九則盈章中而餘三（盈章中有餘分則棄去不用所謂不滿法亦得一也）應閏九月入章六年閏餘十六以十二乘得百九十二加七者六則盈章中而餘六應閏六月入章九年閏餘十八以十二乘得二百一十六加七者二則盈章中而餘二應閏二月入章十一年閏餘十三以十二乘得百五十六加七者十一則盈章中而餘五應閏十一月入章十四年閏餘十五以十二乘得百八十加七者七則盈章中而餘一應閏七月入章十七年閏餘十七以十二乘得二百四加七者四則盈章中而餘四應閏四月入章十九年閏餘十二以十二乘得百四十四加七者十二則盈章中而無餘分應閏十二月所推得數並同（正義入章九年閏三月當作二月十四年閏八月當作七月依四分術推之可見）

推冬至以算餘乘人統歲數〔補注〕錢大昕曰算當作策人當作入盈統法得一名曰大餘不盈者名曰小餘〔補注〕李銳曰此亦今有也以統法爲歲率策餘爲大餘率入統歲爲所有率而今有之得大餘除數如法則所求冬至日也〔補注〕錢大昕曰歲三百六十五日千五百三十九分日之三百八十五此從前歲冬至數至今歲冬至之日數也滿六十去之餘

五日四分一有奇以統法分通之則策餘數也故以策餘乘積年如統法而一得所求年冬至日以統首日起算外命之又曰又法以月法乘閏餘如閏法而一日假積日（假積日定積日本劉洪乾象術）以日法除之日定積日不盈者曰小餘與天正朔日小餘相加滿日法從大餘數從天正朔日起算外則所求年冬至日也以理言之冬至後於朔者以有閏餘依異乘同除術閏法與閏餘若月法與月餘則化閏分爲日分（月法除卽月之日分）一故以日法除而得冬至距經朔之積日也（此注大昕所補）

求八節加大餘四十五小餘千一百〔補注〕林文炳曰當作小餘千一十錢大昕曰置策餘八千八十以八除之得千一十是爲每節四十五日又一千五百三十九分日之千一十也李銳曰八節二至二分四立也置周天以八節除之得七萬二百六十五如統法而一得大餘四十五小餘千一十

求二十四氣三其小餘加大餘十五小餘千一十〔補注〕林文炳曰當云求二十四氣加大餘十五三分其小餘千一十蓋傳寫顚倒一分字錢大昕曰林說非也統法得元法三之一三其小餘者以元法爲日法也置八節之小餘千一十以三除之得三百三十六分六十六秒不盡今三其小餘爲三千三十而三分之各得千一十是爲每氣一十五日又四千六百一十七分日之千一十也故云推中部二十四氣皆以元爲法又曰千一十之數三分之則有畸零不可入算故三倍其小餘上云千一十者一千五百三十九分日之餘此云千一十者四千六日十一七分日之餘

推中部二十四氣皆以元爲法〔補注〕錢大昕曰部疑節之譌中法以滿元法爲日故二十四氣亦同李銳曰置周天以二十四氣除之得二萬三千四百二十一二十四分之十六約爲三之二以三通分內子得七萬二百六十五亦以三通統法爲元法除之得大餘十五小餘千一十故曰以元爲法

推五行其四行各七十三日統歲分之七十七〔補注〕宋祁曰十七當作十四錢大昕曰統歲當作統法宋校本無一不誤今並不取李銳曰置周天以五除之得十一萬二千四百二十四以統法除之得七十三千五百三十九之七十七爲五行各用事日數云四行者不數中央四立以後各七十三日及分爲春木夏火秋金冬水用事統歲卽統法

中央各十八日統法分之四百四〔補注〕李銳曰置周天五分之一十一萬二千四百二十四以四除之得二萬八千一百六以統法除之得十八千五百三十九分之四百四爲土行分王四時之日數四立以前各十八日及分爲土王用事

冬至後中央二十七日六百六分〔補注〕李銳曰分至距立各四十五日千一十分以土王十八日四百四分減之餘二十七日六百六分據分至求中央皆當加此日數云冬至者以冬至爲例錢大昕曰此推五行用事日也置一歲積日及斗分五分之得七十三日七十七分以四乘十八日四百四分亦七十三日七十七分也自冬至距立

冬四十五日千一十分加二十七日六百六分則水行之日分已滿而爲中央用事日也又曰星備云立春歲星王七十二（當作）日其色有白光角芒土王三月十八日其色黃而大休則圜廢則內虛立夏熒惑王七十二日色赤角黃土王六月十八日其色黃而大立秋太白王七十二日光芒無角土王九月十八日其色黃而大立冬辰星王七十二日其色白芒角土王十二月十八日其色黃而大星當王相不芒角其邦大弱強國取地大弱失國亡土也

推合晨所在星〔補注〕沈欽韓曰晨與辰通用李銳曰日月之會謂之辰置積日以統法乘之以十九乘小餘而并之〔補注〕李銳曰積日爲統首以來至所求合朔之日數日日行一度統法爲一度積分以統法乘積日所得爲統首以來至所求合朔夜半積度分合朔小餘本以日法爲母以十九乘之亦得統法爲母故可相并所得爲統首以來至所求合朔加時積度分盈周天除去之不盈者令盈統法得一度〔補注〕李銳曰不盈周天者爲所求年冬至至合朔加時積度分以統法除之爲冬至至合朔加時積度及餘數起牽牛算外則合晨所入星度也〔補注〕錢大昕曰合辰謂合朔所入恆星度分也日月合朔乃月行過周追及於日計一月之朔實日行二十九度又千五百三十九分度之八百十七月行三百九十四度千五百三十九分度之千二百有二除周天及斗分尚贏二十九度八百十七分而又與日合推合辰所入星度但以日爲宗者因日先在而月從之又日行一度易於布算故

以統法乘積日，取日法八十一分，每分通爲十九分，其不盈八十一者餉小亦以十九通之，則分同而可徑併，乃以周天除去之，其餘爲今所入度分，如統而一，而得積度也。古歷冬至日在牽牛，故以牽牛起算外命之。

推其日夜半所在星，以章歲乘月小餘，以減合晨度，〔補注〕李銳曰：月小餘爲夜半至合朔加時之日分，卽爲夜半至合朔加時日所行之度分，故以減合晨度，得夜半日所在星。章歲乘月小餘，卽上文十九乘小餘也。**小餘不足者，破全度。**〔補注〕李銳曰：小餘不足，謂合晨度小餘不足減章歲乘月小餘之數，破全度者，去合辰度一下加統法，而後減之。錢大昕曰：月小餘者，合朔小餘也。加時以夜半子起算，如朔無餘分，則先所推入宿度，卽在夜半，不須更求。合朔小餘有如干，則方夜半時，日月俱未入此度，分以日法除統法，卽一度得每分日行千五百三十九分度之十九，乃以章歲乘朔小餘，使日法與度法兩分適等，以減合辰度之小餘，得朔前夜半日在某度若干分也。如朔小餘所乘之數大於合辰度小餘，不及減，則夜半日尚在前一度之某分，故破全度爲千五百三十九分而減之也。

推其月夜半所在星，以月周乘月小餘，盈統法得一度，以減合晨度。〔補注〕錢大昕曰：月之行速於日，以月周乘日法得二萬五百七十四，盈統法而一，得每日行十三度又千五百三十九分度之五百六十七，卽十九分之七。是以朔小餘分，每分通爲二百五十四也。餘小六宿一奇度爾。今小餘有若干，以月周乘之，統法而一，卽爲夜半距合朔月行之度分，以減合辰度，得夜半月所入宿度也。李銳曰：日日行一度，月日行十三度十九分之七，各以十九通之，日得十九，卽章歲；月得二百五十四，卽月周。求日以章歲乘小餘，故求月以月周乘小餘，盈統法爲度，所得爲夜半至合朔加時月所行之度及餘分。

前漢二十一下　兲

推諸加時，以十二乘小餘爲實，各盈分母爲法，〔補注〕李銳曰：此亦今有也。分母爲日分率，十二爲時率，小餘爲所有數，而今有之，得所求時數。**數起於子，算外，則所加辰也。**〔補注〕李銳曰：加辰，卽加時。錢大昕曰：步氣朔術以小餘命時，如日法八十一分十二除之，得六分七十五秒而成一時，數有畸零，難以入算（三統術以統法爲日法十二除不能盡故其法並廢）之，今以十二乘之，則通日法爲九百七十二分，每時各得八十一分，盈分母而得一時也。

推月食，置會餘歲積月，〔補注〕李銳曰：置入統歲，盈會歲五百一十三除去之，不盈者會餘歲也。以章月乘之，盈章歲得一爲積月。今案三統不見會歲之數，當置入統以來積月，盈會月除去之餘，卽會餘歲積月也。**以二十三乘之，盈百三十五除之，**〔補注〕李銳曰：此亦今有也。百三十五爲月率，二十三爲食率，置積月數而今有之，得積食。**不盈者加二十三得一月，盈百三十五數所得，起其正，算外，則食月也。**〔補注〕錢大昕曰：其當作天。李銳曰：不盈者，食餘也。積月以二十三乘，故每加二十三得一月，加滿百三十五則得一食。起其正者，如前推天正則起天正，地正則起地正也。**加時在望日衝辰。**〔補注〕李銳曰：加時，月食所加時也。如日加子而望，則食在午，故曰在望日衝辰。春秋左傳襄二十四年正義云：漢書律歷志載劉歆三統之術，以爲五月二十三分月之二十乃爲一交，交在望前，朔則日食，望則月食，交在望後，望則月食，後月朔則日食，交正在朔則日食既，前後望不食，交正在望則月食既，前後朔不食。今無此文，案正義所云，蓋學三統者依後來術家之說推言之，若三統本術，止以盈百三十五爲有食，初無推交在望前望後之法也。錢大昕曰：此推日月交食之術也。左昭二十一年孔疏云：日月異道，互相交錯，月之一周，必半在日道裏，從外而入內也，半在日道表，從內而出外也，或六入七出，或七入六出，凡十三入出而與日一會。歷家謂之交道，通而計之，一百七十三日有餘而有一交，交在望前，朔則日食，望則月食，交在望後，望則月食，後月朔則日食，此自然之常數也。案月道與黃道相交，正交從黃道北出黃道南，古謂之陽歷，中交從黃道南入黃道北，古謂之陰歷。凡二十七日有奇而月行之出入一終，三統以五月二十三之二十爲朔望之會，則一百七十三日八十一分日之二十七而一會也。術家謂之入食限。又曰：沈括夢溪筆談：黃道與月道如二環相疊而小差，凡日月同在一度相遇，則日爲之蝕，正一度相對，則月爲之虧，雖同一度而黃道與月道不相近，自不相侵，同度而又近黃道月道之交，日月相值，乃相凌掩，正當其交處則蝕而既，不全當交道，則隨其相犯淺深而蝕。凡日蝕，當月道自外而交入於內，則蝕起於西南，復於東北，自內而交出於外，則蝕起於西北而復於東南，日在交東，則蝕其內，日在交西，則蝕其外，蝕既，則起於正西，復於正東。凡月食，月道自外入內，則起於東南，復於西北，自內出外，則蝕起東北，復於西南，月在交東，則蝕其外，月在交西，則

前漢二十一下　卌

蝕其內，蝕既，則起於正東，復於西。交道每月退一度餘，凡一百四十九交而一期，故西天法羅睺計都皆逆步之，乃今之交道也。交初謂之羅睺，中交謂之計都。又曰：會歲百五十三，其食數千八十一，以率相除，得歲有再食五百一十三之五十五也。論算術當云置太極上元以來外所求年，盈會歲去之，不盈者以章月乘之，如章歲而一，名曰積月，不盈者爲閏餘，今但云置會餘歲積月者，以其法易知，略之也，以異乘同除之理論之，月數百三十五則食數二十三，今積月若干，應有積食若干，次在所求年天正以前，故除去之，又積月原以二十三乘之，分滿百三十五而得一食，今除去積食之數，尚有餘分，當更積若干月而盈一食，故每加二十三則命爲一月，從天正起算，滿食分而止，如求次食，加五月二十三之二十，算外命之。又曰：加時在望日衝辰者，月當日衝，正食其時，推得以命時也。推日食亦用此法，今不及者，古以日食爲災，所以重天變，警人君。詩云：彼月而食，則維其常，春秋書日食，不書月食，術家有推月食之術，不及日食細紛緻繁縣皆是也，其實推日食術，卽同月食，其算例詳見春秋日食攷。

紀術

推五星見復，置太極上元以來，盡所求年，〔補注〕李銳曰：盡所求年者，所求年亦置一算。**乘大統見復數，盈歲數得一，則定見復數也。**〔補注〕宋祁曰：景本大統作大終。**不盈者名曰見復餘。**〔補注〕李銳曰：此亦今有也。歲數爲所有率，見復數爲所求率，上元以來年爲所有數，而今有之，得積

見復數見復餘盈其見復數一㠯上見在往年倍一㠯上又在前往年不盈者在今年也補注錢大昕曰今下陳仁錫本脫年字推中朔外所求年者以從歲首起算盡往年即得今年天正朔日推五星盡所求年者以星之見復不皆在歲初必盡所求年除去前所積見復數則所餘者定見復之餘即星見以後之積日積分也[illegible]以見復數乘積年盈歲數得一者以見復數之分通爲一歲之分以歲數之分通爲一見之分如歲星歲數千七百二十八則見數一千五百八十三以法乘除則滿一千五百八十三而爲一年滿一千七百二十八而爲一見亦互乘之術也積年以見復數乘之故見復餘不盈此數者爲見在今年五星皆然歲星太白鎮星歲數竝大於見復數故見復餘有盈見數以上者爲見在往年熒惑歲數倍於見數有奇故有倍一以上者則爲見在前往年辰星歲數少於復數則無見在往年之理也[illegible]李銳曰所求年以見復數乘則每歲得一見復數故每一見復數爲一年歲星太白鎮星歲數其在見復數已上故有見往年者熒惑歲數在其見數倍一以上故有見在前往年者辰星歲數少於復數無見在往年之事推星所一多在字補注先謙曰官本有在字見中次㠯見中分乘定見復數盈見中法得一則積中法也補注錢大昕曰下法字衍不盈者名曰中餘補注李銳曰此亦今有也

見中法爲見率見中分爲中率置定見復數而今有之得積中㠯元中除積中餘則中元餘也㠯章中除之餘則入章中數也㠯十二除之餘則星見中次也補注李銳曰累以元中章中十二除去之者去其重疊也下据中元餘推至日故須先以元中除之以章中除之者下推見月以章月除月元餘故此亦先以章中除之其實以十二除中元餘即爲星見中次一歲十二中周天十二次其數同故曰中次中數從冬至起次數從星紀起算外則星所見中次也補注錢大昕曰歷家以五星會星紀之初爲上元[illegible]星爾時日月合朔在牽牛初五星始見竝在南斗十二度相距半次故曰五星起其初日月起其中也自入上元以來五星行天遲疾不等而每當一見復之始去日竝十五度推五星術先求積中者以中日月躔有定度假如星始見正當冬至日則當在星紀之初若始見在冬至後若干日知其星紀幾何度故求中次竝爲一法也論異乘同除之理見中法者大周之定見復數見中分者大周之積中故見中法與見中分若定見復數與積中如法乘除而得積中其不滿法者則始見在中後之日分故曰中餘也[illegible]置所得積中徑以十二除之算外即可得所見中次今以元中除之者以元首天正至朔同日竝起甲子後條推中日以中元餘變積日易以命算且與求見月同法也積月以有閏故以章月除之今亦以章中除中元餘者亦以推見月之法例之

推星見月㠯閏分乘定見補注李銳曰據上文定見下例增復數二字㠯章歲乘中餘從之補注齊召南曰從之二字必訛以文義推之是并之二字先謙曰從與併同義見上盈見月法得一并積中則積月也不盈者名曰月中餘補注錢大昕曰中字衍李銳曰此亦今有也見月法爲見率見閏分爲閏率置見復數而今有之得積閏月以章歲月中餘從之者中餘本以見中法爲母見月法爲章歲乘見中法之數以章歲乘中餘則亦以見月法爲母母同子齊故可相并一歲正數之月十二與歲中同故積閏加積中得積月㠯元月除積月餘名曰月元餘補注錢大昕曰月元下本無餘字以意加先謙曰汲古官本並有餘字錢豈未見邪㠯章月除月元餘則入章月數也㠯十二除之至有閏之歲除十三入章三歲一閏補注李銳曰以閏分七乘三歲得二十一以十九除之得一閏六歲二閏補注李銳曰以閏分七乘六歲得四十二以十九除之得二閏九歲三閏補注李銳曰以閏分七乘九歲得六十三以十九除之得三閏十一歲四閏補注李銳曰以閏分七乘十一歲得七十七以十九除之得四閏十四歲五閏補注李銳曰以閏分七乘十四歲得九十八以十九除之得五閏十七歲六閏補注李銳曰以閏分七乘十七歲得百一十九以十九除之得六閏十九歲七閏補注李銳曰以閏分七乘十九歲得百三十三以十九除之得七閏不盈者

數起於天正算外則星所見月也補注錢大昕曰推上元以來積月應以章歲乘見中分以見閏分從之以乘定見復數如見月法而一命爲積月此但以閏分乘者以從一歲有中有中氣之月常有十二既得積中即可得積月惟閏月無中氣乃中氣之餘積此閏分故一常多於積中今不求積月但以見閏分乘定見復數如見月法而一即知上元以來其積有幾許閏月以加積中而爲積月乃捷法也其以章歲乘所得中餘者以中餘漸多則中氣移在其月之末星始見不必在其月而或在其後月[illegible]故以中餘化爲閏分[illegible]命日以相併滿法得一以其不滿者則星見在朔後之日分命日月餘也[illegible]以元月除積月亦從甲子起算上命日也積月以有閏不可以十二除故以章月除之[illegible]則不滿章月者計其入章之歲平年除十二閏年加一其不滿十二者則所求年天正至星見以前之積月也推至日補注李銳曰此推星所見中日云至日者舉冬至爲例也㠯中法乘中元餘盈元法得一名曰積日不盈者名曰小餘補注李銳曰此亦今有也以元法爲中率中法爲日率中元餘爲中數而今有之得日數小餘盈二千五百九十七㠯上中大補注李銳曰一中小餘元法分之二千二十若小餘盈二千五百九十七則并二千二十滿元法成日故中大數除積日如法補注李銳曰此以中元餘求積日當數從元首甲子起除謂六十除去之算外則冬至也補注錢大昕曰此所推乃星見前交中氣日舉冬至

以起例假如先推星見中在大寒置積日除如法算外乃大寒日也十二中氣竝倣此中元餘者入元以來之積中以中法乘之則每中化爲日分如元法而一得積日也每中大餘三十小餘二千二十今小餘二千五百九十七以上加二千二十則盈元法而從大餘故其中大也中大三十一日中小三十日中餘分滿法而成日術家謂之沒日四分以後竝有求沒日術三統無之

推朔日已月法乘月元餘盈日法得一名曰積日餘名曰小餘小餘三十八已上月大〔補注〕李銳曰此與推天正術同數除積日如法〔補注〕李銳曰亦數從甲子起算外則星見月朔日也〔補注〕錢大昕曰月元餘者入元以來之積月以月法乘之則化積月爲日分如日法而一爲積日也

推入中次日度數已中法乘中餘已見中法乘其小餘并之盈見中日法得一則入中日入次度數也〔補注〕李銳曰中餘本以見中法爲母前推至日以中法乘積中爲實元法爲法今以中法乘中餘爲實則當以見中法乘元法爲法又前推至日小餘以元法爲母今以見中法乘之亦當以見中法乘元法爲母母同子齊故可相并元法乘見中法得見中日法故盈見中日法得一中次至日數〔補注〕錢大昕曰次當作以次已次初數算外則星所見及日所在度數也〔補注〕錢大昕曰及日當作日及求夕在日後十五度〔補注〕錢大昕曰中餘者不盈見中法之餘以中法乘則以見中法分每分通爲十四萬五百三十也小餘又不盈元法之餘以見中法乘則以見中法分每分通爲四千六百十七也而中法又卽元法乘中日之數故分同而可徑併如見中日法而一則星見入中日數以併中大餘滿六十去之算外星見日也中法以滿元法爲日今以見中法乘其小餘故必盈見中日法而得一日蓋見中日法者元法乘見中法之積也中以至日起算亦舉冬至見例如前條又曰五星晨見後日命度在日前金水夕見先日命度在日後者天行左旋而成晝夜五星隨日右轉而生見復日前乃日已經之度故後日日後乃日未經之度故先日五星始見竝去日半次既得始見日卽知所入宿度無二法也

推入月日數已月法乘月餘已見月法乘其小餘并之盈見月日法得一則入月日數也〔補注〕李銳曰月餘本以見月法爲母前推朔日以月法乘積月爲實日法爲法今以月法乘月餘爲實則當以見月法乘日法爲法又朔日小餘以日法爲母以見月法乘之亦當以見月法乘日法爲法故可并之見月法乘日法與統法乘見中法同統法乘見中法得見月日法故盈見月日法得一并之大餘數除如法則見日也〔補注〕李銳曰并之大餘并朔日大餘也此亦可數起朔日入中日亦可并至日大餘互文也錢大昕曰月餘者不盈見月法之餘以月法乘則以見月法分每分通爲二千三百九十二也小餘又不盈日法之餘以見月法乘則以見月法分每分通爲八十一也而月法又卽日法乘月日之數故分同而徑併如見月日法而一爲星見入月日數以併朔大餘如法算外命日卽與所推星見入中日同也

推後見中加積中於中元餘加後餘於中餘〔補注〕錢大昕曰後下當有中字李銳曰歲星加積中十三中餘百五十七它皆放此盈〔補注〕宋祁曰景本餘盈下有中字先謙曰中字當衍其法得一從中元餘數如法則見一多中字〔補注〕先謙曰官本有中字也〔補注〕錢大昕曰數上當有除字則下當有後字又曰統母之積中中餘一見所歷之中氣及餘分也以加先所推之中元餘及中餘中餘滿見中法從中元餘如法命之卽後見中

推後見月加積月於月元餘加後月餘於月餘〔補注〕李銳曰歲星加積月十三月餘萬五千七十九它放此盈其法得一從月元餘除數如法則後見月也〔補注〕錢大昕曰統母之積月月餘卽一見所歷之月及餘分也以轉加先所推月元餘及月餘卽後見月

推至日及入中次度數如上法〔補注〕錢大昕曰次下當有日字

推朔日及入月數如上法〔補注〕錢大昕曰月下當有日字

推晨見加夕夕見加晨皆如上法

推五步置始見已來日數至所求日各已其行度數乘之〔補注〕李銳曰日度兩無分者直相乘之爲積度如水晨見日行二度一日但以一二相乘得二爲積度也其星若日有分者分子乘全爲實分母爲法〔補注〕李銳曰子有所乘母當報除也如木始見日行十一分度二百二十一日此星有分也以分子二乘全百二十一得二百四十二爲實分母十一爲法得二十二爲積度日有分放此其兩有分者分母分度數乘全分子從之令相乘爲實分母相乘爲法〔補注〕李銳曰分度數三字衍子相乘則母各當報除故相乘爲法而連除如金夕見日行一度九十二分度十五百八十一日百七分日四十五以度分母九十二乘全一度得九十二度分子十五從之共得百七爲度分以日分母百七乘全百八十一日得萬九千三百六十七日分子四十五從之共得萬九千四百一十二爲日分令度分日分相乘得二百七萬七千八百四十四爲實以度分母九十二日分母百七相乘得九千八百四十四爲法除實得二百一十一爲積度實如法得一名曰積度數起星初見星宿所在宿度算外則星所在宿度也〔補注〕李銳曰星宿二字衍錢大昕曰五緯在天遲疾留逆各有本行其日數與行度皆不等以通率求之廛能約其一見所行之中數今欲求某日星實行在某度分應從始見以來起算各以其行度數乘積日其行度有分者以分子乘日數分滿其母得一度以加星始見日所在度滿三百六十五去之

竝餘斗分分少破全度（分母不同者以斗分乘今所分母滿統法得一卽爲斗分）有如法命之卽星所在度也逆順母不同以當行之母乘故分如母而一當行分也畱者承前逆則減之（本劉洪乾象術文）又曰其星日兩有分者以通分之法御之術以分母相乘爲法又各以分母乘全數分子從之兩數相乘爲實實如法而一命爲積度也又曰以算明之如木始見日行十一分度二今行百二十一日此度有分也術以二乘百二十一得二百四十二滿十一而一知行度二十二度也又如金夕見日行一度九十二分十五經百八十一日百七分日四十五此兩有分也術以百七與九十二相乘得九千八百四十四爲法以九十二乘一度併十五得百七又以百七乘百八十一併四十五得一萬九千四百十二兩數相乘得二百七萬七千八十四爲實如法而一得行度二百十一也

歲術推歲所在〔補注〕錢大昭曰歲術二字當另爲一行推歲所在當與下相屬先謙曰官本不誤

置上元已來外所求年盈歲數除去之〔補注〕李銳曰歲星歲數也去之亦去其重疊歲數爲歲分一終元法爲日月元統一終求其俱終之歲以歲數與元法求等得二十七以約歲數得六十四以乘元法得二十九萬五千四百八十八歲而歲星與元俱終又八十乘之得二千三百六十三萬九千四百十而復於太極上元也**不盈者以百四十五乘之以百四十四爲法如法得一名曰積次不盈者名曰次餘**〔補注〕李銳曰此亦今有也以百四十四爲年率百四十五爲次率不盈者爲年數而今有之得積次凡千七百二十八年歲星行百四十五周以周天十二次乘之得千七百四十次則爲千七百二十八年星行千七百四十次也兩數求等得十二以約年數得百四十四爲年率以約次數得百四十五爲次率歲星大率一歲移一辰今百四十四年行百四十五次是一歲行一次外又超一辰計千七百二十八年超十二辰而一周也左傳襄二十八年正義云欲知入次度者以次餘乘一次三十度以百四十四除之今三統亦無此文**積次盈十二除去之**〔補注〕李銳曰十二次一周天故去之**不盈者名曰定次數從星紀起算盡之外則所在次也欲知太歲以六十除餘積次**〔補注〕錢大昕曰餘字衍**餘不盈者數從丙子起算盡之外則太歲日也**〔補注〕錢大昕曰日字誤當云太歲所在左昭九年孔疏云歷家以周天十二次次別爲百四十四分歲星每年行一百四十五分是歲星行一次外剩行一分積百四十四年乃剩行一次按歲星十二歲而一周天尚有剩分滿一千七百二十八年剩一周而復於星紀之初故云積終其不盈歲數者每年通爲百四十五分滿百四十四而爲一次謂之積次卽入歲數以來歲星所行之次定次故以十二去之算外所求年歲星所在也欲知歲星所入次度置次餘以三十乘之滿百四十四得一名曰積度數從次初度起算外所求年歲星入次度（此法本志所闕春秋正義補之依）但歲星行一次既有餘分則如入上元弟一年之末已應漸入玄枵初度以後剩分更多大率一歲之內星行常跨兩次至百三十三年入星紀宮之二十七度半則在星紀之時少在玄枵之時多又星行遲疾畱逆時

時不同今所推者以通率約之不必天正冬至定躔在某次某度也又曰三統歷推上元之始太歲在丙子太歲與歲星恆相應歲星自丑右行太歲自子左行歲星百四十四年而超一次太歲亦百四十四歲而超一辰千七百二十八歲（[illegible]）而超十二辰以六十除歲數餘四十八加一超辰十二則滿六十而復於丙子矣故推太歲與歲星所在通爲一術也自上元訖太初十四萬三千一百二十七歲以歲星歲數除去之（得八十二闕）餘一千四百卌一歲以百四十五乘之以百四十四爲法如法得積次一千四百四十一滿六十去之恰盡故知太初元年太歲在丙子也古法太歲與歲星皆有超辰不盡依六十甲子之次故古人不以干支紀歲而以歲星所在紀歲以歲星在天人所共見非若太歲之必待推算也東漢以後古法失傳乃區太歲與歲星而二之續志太史令虞恭治歷宗訢等議以爲太初元年歲在丁丑上極其元當在庚戌而曰丙子言百四十四歲超一辰凡九百九十三超歲有空行八十二周有奇乃得丙子案歲所超於天元十一月甲子朔旦冬至日月俱超日行一度積三百六十五度四分度一而周天一帀名曰歲從一辰日不得空周天則歲無由超辰此不知古法而妄訾前人之失非定論也太初之元太歲當在丙子而東漢人以爲丁丑由不用超辰故也又曰周禮馮相氏掌十有二歲注歲謂太歲歲星與日同次之月斗所建之辰樂說說歲星與日常應太歲月建以見然則今歷太歲非此也賈疏云太歲在地與天上歲相應而行歲星爲陽右行於天一歲移一辰又分前辰爲一百四十四分而侵一分則一百四十四年跳一辰十二辰帀則總有千七百二十八年十二跳辰帀以此而計之十二歲一小周謂一年移一辰故也千七百二十八年一大周十二跳帀故也歲左行於地一與歲星跳辰年數同此則服虔注春秋龍度天門是也以歲星本在東方謂之龍以辰爲天門故以歲星跳度爲龍度天門也云歲星與日同次之月斗所建之辰者以歲星爲陽人之所見太歲爲陰人所不覩既歲星與太歲雖右行左行不同要行度不異故舉歲星以表太歲言歲星與日同次之月一年之中惟於一辰之上爲法若元年甲子朔旦冬至日月五星俱起於牽牛之初是歲與日同次之月十一月斗建子子有太歲至後年歲星移在子上十二月日月會於玄枵十二月斗建丑丑有太歲自此已後皆然引樂說者證太歲在月建之義也云然則今歷太歲非此也者以今歷太歲歲星北辰太歲無跳辰之義非此經太歲者也王引之曰日字不誤日下蓋脫辰字日辰謂十日十二辰也紀歲必以日辰六十甲子周而復始故謂之太歲日辰爾雅曰太歲在甲曰閼逢此太歲所在之日名也又曰太歲在寅曰攝提格此太歲所在之辰名也淮南天文篇曰太陰所居日爲德辰爲刑太陰所居謂太歲所在也上文日數從丙子起丙子卽太歲所在之日辰李銳曰据積次求太歲是太歲亦百四十四年超一辰也案太歲與歲星常相應歲星自丑而子右行於天太歲自子而丑左行於地歲星在丑則太歲在子歲星在子則太歲在丑推之十二次皆然故周禮鄭注云歲謂太歲歲星與日同次之月斗所建之辰如歲星在丑十一月與日同在丑斗建子太歲在子之類是也太歲日者如太初元年太歲在丙子則其年丙子日爲太歲日鄭注周禮云若今歷日太歲在某月某日某甲是後漢有太歲日也唐杜甫太歲日詩黃鶴注云此是大歷三年正月初三日作攷通鑑目錄大歷三年

戊申正月丙午朔初三戊申與黃鶴說合是唐時尚有太歲日也又案太初元年太歲在丙子又云閼逢攝提格之歲者太初元年太歲㔾丙子後九年至太始二年超一辰太歲日丙戌又百四十四年至建武二十六年庚戌歲以超辰計之太歲當爲辛亥其時當超不超自爾以後太歲一歲一名而不用超辰之法又即以太歲紀年而不用閼逢攝提格之等由是古法亡矣

嬴縮〔補注〕先謙曰官本連上不提行傳曰歲棄其次而旅於明年之次㠯害鳥帑師古曰帑與奴同周楚惡之五星之盈縮不是過也〔補注〕先謙曰官本盈作嬴過次者殃大過舍者災小不過者亡咎〔補注〕錢大昕曰此論五星之縮嬴也天文志超舍而前爲嬴退舍爲縮春秋襄二十八年歲在星紀而淫於玄枵此超舍而嬴也杜注歲星棄星紀之次客在玄枵歲星所在其國有福失次於北禍衝在南南爲朱鳥鳥尾曰帑鶉火鶉尾周楚之分故周王楚子受其咎孔疏云歲星常行之度此年當在星紀星紀是其所居之次也今歲星棄其所居之次乃客處在於明年所居之次言其未應往而往向彼玄枵之次爲寄客也子午之位南北相衝淫於玄枵衝當鶉火南方爲朱鳥之宿帑者細弱之名於人則妻子爲帑於鳥則鳥尾爲帑妻子爲人之後鳥尾亦鳥之後故俱以帑爲言也天之分野鶉火周分鶉尾楚分歲星之衝當此周楚之分故周王楚子受其咎也歲星客在玄枵惟衝鶉火而鶉尾亦有咎者蓋以歲星漸西衝則漸東尾之於鳥猶是一身故衝其身而及其尾此則裨竈能知亦非吾徒所測也次度〔補注〕李銳曰此二字衍

六物者歲時數日月星辰也〔補注〕錢大昕曰數字衍辰者日月之會而建所指也〔補注〕錢大昕曰此論次度與辰爲一物也以列宿所在言之謂之次以日月所會言之謂之辰引春秋傳士文伯語釋之

星紀初斗十二度大雪中牽牛初冬至於夏爲十一月商爲十二月周爲正月〔補注〕錢大昭曰大雪十一月節也時日在斗十二度冬至十一月中也時日在牽牛初度下放此李銳曰無中氣者爲閏月故有中氣則爲正數之月也終於婺女七度〔補注〕錢大昕曰共三十度三百八十五分

玄枵初婺女八度小寒〔補注〕錢大昭曰十二月節中危初大寒於夏爲十二月商爲正月周爲二月〔補注〕錢大昭曰十二月中十二月極寒之時相對爲大小月初寒爲小月半寒爲大終於危十五度〔補注〕錢大昕曰共三十度

諏訾初危十六度立春〔補注〕錢大昭曰正月節中營室十四度驚蟄今日雨水於夏爲正月商爲二月周爲三月〔補注〕齊召南曰案古節氣以驚蟄爲正月中以雨水爲二月節鄭康成月令注云漢始以雨水爲二月節孔穎達春秋疏云太初以後更改氣名以雨水爲正月中驚蟄爲二月節迄今不改據此志云云則是太初節氣猶仍古時至東漢始改雨水於驚蟄之前又改穀雨於清明之後後志可證也錢大昕曰古以啟蟄爲正月中雨水爲二月節夏小正正月啟蟄春秋傳啟蟄而郊杜云啟蟄夏正建寅之月祀天南郊考工記凡冒鼓必以啟蟄之日鄭云啟蟄孟春之中也月令孟春之月蟄蟲始振仲春之月始雨水皆其證也漢改啟蟄曰驚蟄避景帝諱而中節次弟無改三統術亦如之注稱驚蟄今日雨水雨水今日驚蟄者乃東漢所改班氏紀之於史耳月令注漢始亦以驚蟄爲正月中雨水爲二月節孔穎達謂三統歷驚蟄爲二月節說非也蓋始於四分其孝經緯立春十五日爲雨水雨水十五日爲驚蟄緯書出於東漢則中節亦其時所改矣淮南子天文訓先雨水後驚蟄先清明後穀雨疑出後人妄改周書時則篇本[illegible][illegible]不足信終於奎四度〔補注〕錢大昕曰共三十一度

降婁初奎五度雨水今日驚蟄〔補注〕錢大昭曰驚蟄者蟄蟲驚而走出也雨水者言雪散爲雨水也中婁四度春分於夏爲二月商爲三月周爲四月終於胃六度〔補注〕錢大昕曰共三十度

大梁初胃七度穀雨今日清明中昴八度清明今日穀雨於夏爲三月商爲四月周爲五月〔補注〕錢大昭曰穀雨三月節言雨以生百穀也清明三月中言物生清淨明絜終於畢十一度〔補注〕錢大昕曰共三十度易通卦驗以清明爲三月節穀雨爲三月中與今法同當亦四分以後所改

實沈初畢十二度立夏〔補注〕錢大昭曰四月節中井初小滿於夏爲四月商爲五月周爲六月〔補注〕錢大昭曰四月中言物長於此小得盈滿也終於井十五度〔補注〕錢大昕曰共三十一度

鶉首初井十六度芒種〔補注〕錢大昭曰五月節言有芒之穀可稼種也中井三十一度夏至於夏爲五月商爲六月周爲七月〔補注〕錢大昭曰五月中終於柳八度〔補注〕錢大昕曰共三十度

鶉火初柳九度小暑〔補注〕錢大昭曰六月節中張三度大暑於夏爲六月商爲七月周爲八月〔補注〕錢大昭曰六月中就極熱之中分爲大小月初爲小月半爲大也終於張十七度〔補注〕錢大昕曰共三十一度

鶉尾初張十八度立秋〔補注〕錢大昭曰七月節中翼十五度處暑於夏爲七月商爲八月周爲九月〔補注〕錢大昭曰七月中言暑氣將退伏而潛處也終於軫十一度〔補注〕錢大昕曰共三十度

壽星初軫十二度白露〔補注〕錢大昭曰八月節陰氣漸重露濃色白也中角十度秋分於夏爲八月商爲九月周爲十月〔補注〕錢大昭曰八月中終於氐四度〔補注〕錢大昕曰共三十一度

大火初氐五度寒露〔補注〕錢大昭曰九月節言露氣寒將欲凝結也中房五度霜降於夏爲九月商爲十月周爲十一月〔補注〕錢大昭曰九月中終於尾九度〔補注〕錢大昕曰共三十度

析木初尾十度立冬〔補注〕錢大昭曰十月節中箕七度小雪於夏爲十月商爲十一月周爲

十二月補注錢大昭曰十月中以霜雨凝結而雪十月猶小十一月轉大也

終於斗十一度。

補注錢大昕曰其三十一度漢人言十二次宿度者自劉歆而外又有兩家其一則費直周易分野以星紀起斗十度玄枵起女六度娵訾起危十四度降婁起奎二度大梁起婁十度實沈起畢九度鶉首起井十二度鶉火起柳五度鶉尾起張十三度壽星起軫七度大火起氐十一度析木起尾九度其一則蔡邕月令章句云自斗六度至須女二度謂之星紀自須女二度至危十度謂之玄枵自危十度至壁八度謂之豕韋自壁八度至胃一度謂之降婁自胃一度至畢六度謂之大梁自畢六度至井十度謂之實沈自井十度至柳三度謂之鶉首地理志同自柳三度至張十二度謂之鶉火地理志同自張十二度至軫六度謂之鶉尾自軫六度至危八度謂之壽星地理志自東井六度至亢六度謂之壽星之次東井當作軫亢六度亦當作亢八度自亢八度至尾四度謂之大火自尾四度至斗六度謂之析木地理志闕誤尾作危但皆與三統不同按費氏之說見晉書天文志其十二次度多少不倫蓋傳寫譌舛無可取蔡氏所分宿度較之三統率先六度所以然者古人未明歲差之說三統據周末冬至日在牽牛定斗十二度為星紀之初東漢測冬至日躔斗二十一度遂改斗六為星紀之初蓋既以節氣繫於十二次節氣既差而西不得不減宿度以就之矣其實十二次者恆星天之一周二十四氣者黃道之一周當分而為二不當混而為一左傳梓慎稱玄枵虛中裨竈稱婺女玄枵之維首然則虛五度當為玄枵之中婺女一度當為玄枵之初傳文固有明徵推之十二次皆可定矣唐一行日度議以四象分天北正玄枵中虛九度東正大火中房二度南正鶉火中七星七度西正大梁中昴七度三統所定次度似猶未合於古至十二次之名多從

星象取義西陸北陸在天自有定位而冬至日躔歲歲不同由於恆星天亦隨黃道東移漢人未識其故而增減宿度以就節氣誤矣又曰保章氏注引堪輿云寅析木燕也卯大火宋也辰壽星鄭也巳鶉尾楚也午鶉火周也未鶉首秦也申實沈晉也酉大梁趙也戌降婁魯也亥娵訾衛也子玄枵齊也丑星紀吳越也按鄭注十二辰始玄枵終娵訾自北而東而南而西隨天體而左旋赤道之定度也此十二辰始星紀終析木自南而北而西而東從七曜而右旋黃道之行度也李銳曰月令正義引三統歷云大雪日在斗十二度昏壁五度中去日八十四度旦角三度中冬至日在牛初度昏奎十度中去日八十二度旦亢七度中小寒日在婺女八度昏婁十一度中去日八十四度旦氐十二度中大寒日在危初度昏昴二度中去日八十度旦心五度中立春日在危十六度正月中日在室十四度立春昏畢十度中去日九十八度正月中昏井二度中去日九十三度銳案此立春正月中並脫旦中星度二月節日在奎五度昏井二十二度中去日九十七度旦斗五度中春分日在婁四度昏柳五度中去日一百二度旦斗十六度中三月之節日在胃七度昏張十二度中去日一百七度旦斗二十六度中清明日在昴八度昏翼四度中去日一百一十一度旦女二度中四月節日在畢十二度昏軫四度中去日一百一十四度旦虛三度中四月中日在井初度昏角六度中去日一百一十七度旦危六度中五月節日在井十六度昏氐二度中去日一百一十九度旦室二度中五月中日在井三十一度昏房二度中去日一百一十九度旦奎十一度中銳案旦奎中當在六月節緣脫去五月中旦中一條誤在於此奎十一度數亦有誤六月節日在柳九度昏尾七度中去日一百一十九度旦婁八度中銳案旦婁中當在六月中六月中日在張三度昏箕二度中去日一百一十七度旦胃十四度中銳案旦胃中當在七月節七月節日在張十八度昏斗四度中去日一百一十四度旦畢八度中銳案旦畢中當在七月中七月中日在翼十五度昏斗十六度中去日一百一十一度旦井初度中銳案旦井中當在八月節下云井二度兩者必有一誤八月節日在軫十二度昏斗二十六度中去日一百六度旦井二度中八月中日在角十度昏女三度中去日一百六度旦井二十一度中九月節日在氐五度昏虛二度中去日九十七度旦張初度中銳案此旦中有誤九月中日在房五度昏危三度中去日九十三度旦張十八度中銳案此旦中亦有誤十月節日在尾十度昏危十四度中去日八十九度旦翼初度中十月中日在箕七度昏室十度中去日八十六度銳案此脫旦中一條右昏旦中星今三統術無此文以校四分術昏明中星牽後五度蓋三統起牛初四分起牛前五度故也

角十二　亢九　氐十五　房五　心五　尾十八　箕十一

補注齊召南曰案此洛下閎所度星度祇据赤道唐志詳言之其黃道度數自續志始載然後世歷家疏密不一惟黃道度較赤道為易差郭守敬云赤道列舍相距度數歷代所測不同非微有動移則前人所測或未密也今以此文星度校之元史具列唐一行宋皇祐元豐崇甯時所測元至元中用二線所測度分稍有不同然大致不異也則洛下閎之術亦神矣

東七十五度

斗二十六

補注錢大昕曰此下當有三百八十五分六字賈逵云太初歷斗二十六度三百八十五分姜岌云三統以千五百三十九分之三百八十五為斗分蓋周天以牽牛起算終於南斗二十六度所有零分歸於斗度之末故曰斗分此斗分字當是分注後人傳寫失之李銳曰四分以後各術一周全度外不成度之分名曰斗分三統統母無斗分之目術中亦不見其求度數起牛初則餘分三百八十五亦當在斗末也

牛八　女十二　虛十　危十七　營室十六　壁九

北九十八度

補注錢大昕曰此下當有三百八十五分六字

奎十六　婁十二　胃十四　昴十一　畢十六　觜二　參九

西八十度

井三十三　鬼四　柳十五　星七　張十八　翼十八　軫十七

南百一十二度

九章歲爲百七十一歲而九道小終〔補注〕錢大昕曰十九年一章亦是秦漢以前粗率祖沖之掫新率改章法三百九十一年有一百四十四閏以舊法較之則七千四百二十九歲之中舊法當有二千七百三十七閏新法止有二千七百三十六閏此戴法興所詆以爲七千四百二十九年輒失一閏者也中朔與閏本相表裏歲實既減於四分則章法自難因乎古李淳風麟德術乃去章歲之名並氣朔閏餘通爲一術但以氣實與十二朔實相校所多之數卽爲一歲之閏積而不更求齊同之率長慶宣明術雖有章歲章月章閏之名然其所謂章歲者乃歲實也章月者朔實也章閏者一歲之閏分也與古法名同而實異此後無有復言章歲者矣臧元震以章法爲重又稱一大一小爲平朔兩大兩小爲經朔三大三小爲定朔不知經朔卽平朔也平朔有兩大無兩小三大三小皆爲定朔既用定朔則十九年七閏之恆率自不能拘而當時有閏亦不能知也九終千五百三十九歲而大終〔補注〕李光地曰以日法計之一歲全日之外小分三百八十五比之四分歷法而稍贏一千五百三十九分之三百八十五蓋侵小分四之一也章會至朔之分不在日首積之一千五百三十九年卻贏小分三百八十五其明年景復則去酉入子而冬至會起於日首而無餘分矣故爲一統也李鋭曰九八十一章爲一統中積三會三終而與元終〔補注〕李光地曰甲子者日名之始必氣朔肇於此日乃得歷本故初統而得甲子次統而得甲辰三統而得甲申三統既盡復置甲子朔夜半冬至揚子雲所謂章統元與蝕俱沒則後元之統也李鋭曰九會而復元進退於牽牛之前四度

五分九會陽曰九終故日有九道陰兼而成之故月有十九道陽名成功故九會而終〔補注〕錢大昕曰會歲五百十三九之得四千六百一十七卽元法四營而成易故四歲中餘一〔補注〕錢大昕曰每歲三百六十五日千五百三十九分日之三百八十五四歲凡千四百六十一日千五百四十分滿分母復得一日仍餘一數李鋭曰一歲大餘五小餘三百八十五四之小餘滿統法得一從大餘得大餘二十一小餘一四章而朔餘一〔補注〕錢大昕曰每章六千九百三十九日八十一分日之六十一四章凡二萬七千七百五十九日仍餘八十一分日之一爲篇首〔補注〕李鋭曰一章大餘三十九小餘六十三四之大餘滿六十去之小餘滿日法得一從大餘得大餘三十九小餘一案此因四分舊率也四分之術四歲而中無小餘四章而朔無小餘爲蔀首篇首卽蔀首史記歷書有歷術甲子篇八十一章而終一統

一甲子元首漢太初元年〔補注〕先謙曰錢大昕李鋭皆謂今本行列失次古本三統每統各八十一章每九章當爲一行列自甲子元首至丙寅孟止爲一列每章又分三行自甲子元首至丙午爲一行甲辰二統至丙戌爲一行甲申三統至丙寅爲一行以孟中季三字依次分注各行之下是也惜古本無存未便臆改卽今本依例求之當亦瞭然矣十辛酉〔補注〕錢大昕曰甲子統內弟十章首朔旦冬至之日也以下放此十九己未　二十八丁巳　三十七乙卯　四十六壬子

五十五庚戌　六十四戊申　七十三丙午中

甲辰二統〔補注〕錢大昕曰一　辛丑〔補注〕錢大昕曰十　己亥〔補注〕錢大昕曰十九　丁酉〔補注〕錢大昕曰二十八　乙未〔補注〕錢大昕曰三十七　壬辰〔補注〕錢大昕曰四十六　庚寅〔補注〕錢大昕曰五十五　戊子〔補注〕錢大昕曰六十四　丙戌季〔補注〕錢大昕曰七十三

甲申三統〔補注〕錢大昕曰一　辛巳〔補注〕錢大昕曰十　己卯〔補注〕錢大昕曰十九　丁丑文王四十二年〔補注〕錢大昕曰二十八　乙亥微二十六年〔補注〕錢大昕曰魯微公也三十七　壬申〔補注〕錢大昕曰四十六　庚午〔補注〕錢大昕曰五十五　戊辰〔補注〕錢大昕曰六十四　丙寅孟懸二十二年〔補注〕錢大昕曰懸譜作緡七十三

二癸卯〔補注〕錢大昕曰甲子元統弟二首章朔旦冬至之日也以下放此　十一辛丑　二十己亥　二十九丁酉　二十八甲午〔補注〕先謙曰官本二作三是　四十七壬辰　五十六庚寅　六十五戊子〔補注〕宋祁曰景本作戊午　七十四乙酉中

癸未〔補注〕錢大昕曰甲辰統弟二章首也　辛巳　己卯　丁丑　甲戌　壬申

庚午　戊辰　乙丑季

癸亥〔補注〕錢大昕曰甲申統弟二章首也　辛酉　己未〔補注〕宋祁曰景本作乙未　丁巳周公五年〔補注〕宋祁曰景本作丁酉　甲寅　壬子　庚戌　戊申元四年　乙巳孟

三癸未〔補注〕錢大昕曰甲子統　十二辛巳　二十一己卯　三十丙子　三十九甲戌　四十八壬申　五十七庚子〔補注〕先謙曰官本作庚午　六十六丁卯　七十五乙丑中

癸亥〔補注〕錢大昕曰甲辰二統　辛酉　己未　丙辰　甲寅　壬子　庚戌　丁未　乙巳季

癸卯〔補注〕錢大昕曰甲申三統　辛丑　己亥　丙申　甲午　壬辰　庚寅　成十二年　丁亥　乙酉孟

四癸亥初元二年〔補注〕錢大昕曰元統　十三辛酉　二十二戊午　三十一丙辰　四十甲寅　四十九壬子　五十八己酉　六十七丁未

七十六乙巳中
癸卯〔補注〕錢大昕日二統　辛丑　戊戌　丙申　甲午　壬辰　己丑
丁亥　乙酉季
癸未〔補注〕錢大昕日三統　辛巳　戊寅　丙子　甲戌　壬申惠三十八年
己巳　丁卯　乙丑孟
五癸卯河平元年〔補注〕錢大昕日元統　十四庚子　二十三戊戌　三十二丙
申　四十一甲午　五十辛卯　五十九己丑　六十八丁亥
七十七乙酉中
癸未〔補注〕錢大昕日二統　庚辰　戊寅　丙子　甲戌　辛未　己巳
丁卯　乙丑季商太甲元年〔補注〕宋祁日太甲元年當在楚元三年上
癸亥〔補注〕錢大昕日三統　庚申　戊午　丙辰　甲寅獻十五年　辛亥　己
酉　丁未　乙巳孟楚元三年〔補注〕宋祁日景本無三字
前漢二十一下　望
六壬午〔補注〕錢大昕日元統　十五庚辰　二十四戊寅　三十三丙子
四十二癸酉　五十一辛未　六十己巳　六十九丁卯　七十
八甲子中
壬戌〔補注〕錢大昕日二統　庚申　戊午　丙辰　癸丑　辛亥　己酉
丁未　甲辰季
壬寅〔補注〕錢大昕日三統　庚子　戊戌　丙申煬二十四年　癸巳　辛卯
己丑〔補注〕錢大昕日昭二十年春秋昭二十年傳春王二月己丑日南至杜注是歲朔旦冬至之歲也當言正月己丑朔日南
至時史失閏閏更在二月後　丁亥康四年　甲申孟
七壬戌始建國三年〔補注〕錢大昕日元統　十六庚申　二十五戊午　三十四
乙卯〔補注〕先謙日官本三作二　四十三癸丑　五十二辛亥〔補注〕宋祁日改作辛巳
六十一己酉　七十丙午　七十九甲辰中
壬寅〔補注〕錢大昕日二統　庚子　戊戌　乙未　癸巳　辛卯　己丑

丙戌　甲申季
壬午〔補注〕錢大昕日三統　庚辰　戊寅　乙亥　癸酉　辛未　己巳定七
年〔補注〕宋祁日景作十一年　丙寅　甲子孟〔補注〕錢大昕日漢文後三年四分以此爲元首
八壬寅〔補注〕錢大昕日元統　十七庚子　二十六丁酉　三十五乙未
四十四癸巳　五十三辛卯　六十二戊子　七十一丙戌　八
十甲申中
壬午〔補注〕錢大昕日二統　庚辰　丁丑　乙亥　癸酉　辛未　戊辰
丙寅　甲子季
壬戌〔補注〕錢大昕日三統　庚申　丁巳　乙卯　癸丑　辛亥僖五年　戊
申　丙午　甲辰孟
九壬午〔補注〕錢大昕日元統　十八己卯　二十七丁丑　三十六乙亥
四十五癸酉　五十四庚午　六十三戊辰　七十二丙寅　八
前漢二十一下　圖
十一甲子中
壬戌〔補注〕錢大昕日二統　己未　丁巳　乙卯　癸丑　庚戌　戊申
丙午　甲辰季
壬寅〔補注〕錢大昕日三統　己亥　丁酉　乙未　癸巳懿九年　庚寅　戊
子　丙戌　甲申孟元朔六年
推章首朔旦冬至日，置大餘三十九，小餘六十一，〔補注〕李銳日以月法乘章月得
五十六萬二千一百二十如日法而一得六千九百三十九爲積日不盡六十一爲小餘六十去積日不盡三十九爲大餘　數
除如法，各從其統首起。求其後章，當加大餘三十九，小餘六十一，
各盡其八十一章。〔補注〕錢大昕日每章歲積日六千九百三十九又八十一分日之六十一鄉小積日滿六十去
之其餘三十九是爲大餘如元首弟一章甲子朔旦冬至無餘分求弟二章首則加大餘三十九小餘六十一推爲癸卯朔旦冬至
加時在酉也又以大小餘轉加小餘滿日法從大餘大餘滿六十去之得大餘十九小餘四十一推得弟三章首癸未朔旦冬至加
時在巳也

推篇大餘亦如之小餘加一〔補注〕錢大昕曰四章爲一篇凡七十六歲名蔀積日二萬七千七百五十九小餘一以八十一積日滿六十去之得大餘三十九[illegible]
求周至加大餘五十九小餘二十一〔補注〕錢大昕曰五十七歲爲三章即周至之數也積日二萬有八百一十九又八十一分日之二十一以六十去積日得大餘李銳曰四章爲篇三章爲周至置一章大餘三十九小餘六十一四之餘數如法得篇大餘三十九小餘一三之得周至大餘五十九小餘二十一

世經〔補注〕先謙曰官本二字提行不連下文

春秋昭公十七年郯子來朝傳曰昭子問少昊氏鳥名何故師古曰郯國名子其君之爵也郯國即東海郯縣是也朝朝於魯也昭子魯大夫叔孫昭子也名婼對曰吾祖也我知之矣昔者黃帝氏以雲紀故爲雲師而雲名炎帝氏以火紀故爲火師而火名共工氏以水紀故爲水師而水名師古曰共讀曰龔下皆類此太昊氏以龍紀故爲龍師而龍名我高祖少昊摯之立也〔補注〕錢大昭曰摯監本閩本皆作摯先謙曰官本作摯是也下文汲古本亦作摯明此作摯爲誤字左傳亦作摯鳳鳥適至故紀於鳥爲鳥師而鳥名言郯子據少昊受黃帝

黃帝受炎帝炎帝受共工共工受太昊故先言黃帝上及太昊稽之於易炮犧神農黃帝相繼之世可知師古曰炮與庖同也〔補注〕錢大昕曰三統推太極上元之歲爲歷元但邃古之初荒忽無據讖緯所述三皇之名弟已不能盡合故斷自炮犧以來亦易春秋之例也先謙曰官本注末無也字

太昊帝易曰炮犧氏之王天下也言炮犧繼天而王爲百王先首德始於木故爲帝太昊作罔罟以田漁取犧牲師古曰罟音古〔補注〕先謙曰官本無注故天下號曰炮犧氏〔補注〕錢大昕曰帝王世紀云太皞氏有聖德爲百王先帝出于震未有所因故位在東主春象日之明是以稱太皞作罔罟以田漁取犧牲故天下號曰庖犧氏一號黃熊氏郊祀志劉向父子以爲帝出于震故包羲氏始受木德其後以母傳子終而復始自神農黃帝下歷唐虞三代而漢得火焉先謙曰官本與下連文祭典曰共工氏伯九域師古曰祭典即禮經祭法也伯讀與霸同下亦類此〔補注〕周壽昌曰文選策魏公九錫文注引韓詩奄有九域薛君曰九域九州也禮祭法共工氏之霸九州也魯語作霸九有有域字通言雖有水德在火木之間非其序也任知刑以彊故伯而不王秦以水德在周漢木火之閒師古曰志言秦爲閏位亦猶共工不當五德之序周人遷其行序故易不載鄧展曰遷去也以其非次故去之師古曰此指謂共工也遷古遷字其下並同〔補注〕錢大昕曰郊祀志昔共工氏以水德閒于木火與秦同運非其次序故皆不永

炎帝易曰炮犧氏沒神農氏作言共工伯而不王雖有水德非其序也以火承木故爲炎帝教民耕農故天下號曰神農氏〔補注〕錢大昕曰孔穎達云帝系世本皆謂炎帝即神農氏炎帝身號神農代號也譙周古史以爲炎帝與神農各爲一人按神農氏亦稱烈山氏祭法厲山氏之有天下也賈逵鄭玄皆云烈山炎帝之號帝王世紀云神農本起烈山蓋初封烈山爲諸侯後爲天子猶帝堯初爲唐侯也

黃帝易曰神農氏沒黃帝氏作火生土故爲土德與炎帝之後戰於阪泉遂王天下始垂衣裳有軒冕之服鄧展曰凡冠前卑後高故曰軒冕也師古曰此說非也軒軒車也冕冕服也春秋左氏傳曰服冕乘軒也故天下號曰軒轅氏〔補注〕錢大昕曰春秋內事曰軒轅以土德王天下封禪書黃帝得土德黃龍地螾見如淳引呂氏春秋云黃帝之時天先見大螾大螾黃帝曰土氣勝故其色尚黃

少昊帝考德曰少昊曰清師古曰考德者考五帝德之書也清者黃帝之子清陽也是其子孫名摯立〔補注〕齊召南曰案左傳郯子曰我祖少昊摯之立也是少昊名摯此志云名摯立涉彼文而訛者也先謙曰郯子語引見上文立字與上下文作受即位意同非誤也土生金故爲金德天下號曰金天氏周遷其樂故易不載序於行〔補注〕錢大昕曰譙周云金天氏能修太皞之法故曰少皞帝王世紀云少皞帝名摯字青陽姬姓也降居江水有聖德邑于窮桑以登帝位都曲阜故或謂之窮桑帝圖讖所謂白帝朱宣者也位百年而崩[illegible]者史記五帝本紀無金天氏按孔穎達云史記云黃帝正妃生二子其後皆有天下其一曰玄囂是爲青陽降居江水言降居江水謂不爲帝也傳言其以鳥名官則是爲帝明矣故世本及春秋緯皆言青陽即是少皞黃帝之子代黃帝而有天下號曰金天氏[illegible]帝系亦云少皞是黃帝之子今考德謂少昊曰清清似亦以清陽爲少昊矣如劉子駿說則金天氏又非清陽之身乃其子孫此應別爲一帝所據曹植少昊贊云祖自軒轅青陽之裔金德承土儀鳳帝世正用此也大司樂以樂舞教國子舞雲門大卷大咸大磬大夏大濩大武注此周所存六代之樂黃帝曰雲門大卷大咸咸池堯樂也大磬舜樂也大夏禹樂大濩湯樂大武武王樂疏案孝經緯云伏犧之樂曰立基神農之樂曰下謀祝融之樂曰屬讀又樂緯云顓頊之樂曰五莖帝嚳之樂曰六英皇甫謐云少昊之樂曰九淵則伏犧以下皆有樂今此惟存黃帝堯舜禹湯者案易繫辭云黃帝堯舜垂衣裳鄭注云金

天高陽高辛遵黃帝之道無所改作故不述焉則此所不存者義亦然也然鄭據五帝之中而言則三皇之樂不存者以質故也

顓頊帝春秋外傳曰少昊之衰九黎亂德顓頊受之迺命重黎蒼林昌意之子也金生水故爲水德天下號曰高陽氏周遷其樂故易不載序於行〔補注〕錢大昕曰帝王世紀曰顓頊生十年而佐少昊二十而登帝位平九黎之亂以水事紀官南正重司天以屬神火正黎司地以屬民于是民神不雜萬物有序在位七十八年九十一歲歲在鶉火而崩孔穎達云大戴禮五帝德司馬遷五帝紀皆言顓頊帝嚳代則一人春秋緯命歷序顓頊傳九世帝嚳傳八世典籍散亡無以取信

帝嚳春秋外傳曰顓頊之所建帝嚳受之清陽玄囂之孫也生木故〔補注〕錢大昭曰生上脫水字木下衍故字監本閩本皆不誤先謙曰官本作水生木故爲木德天下號曰高辛氏帝摯繼之不知世數周遷其樂故易不載周人禘之〔補注〕錢大昕曰帝王世紀曰帝嚳年十五而佐顓頊四十登位都亳以人事紀官在位七十年年百五歲而崩

唐帝帝系曰帝嚳四妃陳豐生帝堯封於唐蓋高辛氏衰天下歸之木生火故爲火德天下號曰陶唐氏讓天下於虞使子朱處于

丹淵爲諸侯卽位七十載〔補注〕錢大昕曰陳豐史記作陳鋒史記堯立七十年得舜二十年而老令舜攝行天子之政薦之于天堯辟位凡二十八年而崩帝王世紀堯卽位九十八年年百一十八歲

虞帝帝系曰顓頊生窮蟬五世而生瞽叟瞽叟生帝舜處虞之嬀汭師古曰嬀水名也水曲曰汭音人銳反堯嬗目天下師古曰嬗古禪讓字也其下亦同火生土故爲土德天下號曰有虞氏讓天下於禹使子商均爲諸侯卽位五十載〔補注〕錢大昕曰尚書舜生三十登庸二十在位五十載陟方乃死鄭康成以爲生三十年歷試二十年攝位至死五十年舜生一百歲也史記舜生三十堯舉之年五十攝行天子事年五十八堯崩年六十一代堯踐帝位三十九年崩正合百歲之數史遷從孔安國問故其載諸史記者必古文說也姚方興所上舜典孔傳則云三十徵庸三十在位服喪三年其一在三十之數爲天子五十年凡壽百一十二歲與史記不合以是疑其僞也朱子中庸章句又云舜年百有十歲亦據方興本舜典而不數服喪之年爾

伯禹帝系曰顓頊五世而生鯀鯀生禹虞舜嬗目天下土生金故爲金德天下號曰夏后氏繼世十七王四百三十二歲〔補注〕錢大昕曰史記禹之父曰鯀鯀之父曰帝顓頊則禹爲顓頊之孫今據帝系顓頊五世而生鯀則相距六世與史記不同今推得禹受嬗之歲距上元十四萬一千四十八歲入地統九百九十九年封禪書夏得木德青龍止于郊草木暢茂殷得金德銀自山溢周得火德有赤烏之符今秦變周水德之時按史記所推五德以五勝相乘三統以相生爲序故各不同鄭康成毛詩箋以叶光紀爲殷感生帝靈威仰爲周感生帝與此正合夏后氏十七王依史記禹一啟二太康三中康四相五少康六予七槐八芒九泄十不降十一扃十二廑十三孔甲十四皋十五發十六履癸十七

成湯書經湯誓湯伐夏桀金生水故爲水德天下號曰商後曰殷孟康曰初契封商湯居殷而受命故二號〔補注〕周壽昌曰孟說非也鄭氏商頌譜云商契所封地正義云商者成湯一代之大號書盤庚遷于殷僞孔傳云殷亳之別名鄭氏以商自此號殷前未有殷名盤庚殷降大虐鄭注殷者將遷於殷先正其號名又鄭注序云商家自徙此而更號爲殷也是盤庚以前爲商盤庚以後始稱殷不得云二號此文明言後曰殷則前之止曰商不曰殷益可知也

三統上元至伐桀之歲〔補注〕先謙曰官本連上不提行十四萬一千四百八十歲歲在大火房五度故傳曰大火閼伯之星也實紀商人〔補注〕錢大昕曰置距

算積年盈歲星歲數得積終八十一除去之歲餘一千五百十二以百四十五乘之得二十一萬九千二百四十盈百四十四而一得積次一千五百二十二次餘七十二積次盈十二去之餘數十名曰定次起星紀盡壽星得十次算外知歲在大火也又置次餘七十二以三十乘之得二千一百六十如百四十四而一得積度十五起氐五度盡房四度算外知歲在房五度也又曰春秋傳曰陶唐氏之火正閼伯居商邱祀大火而火紀時焉相土因之故商主大火杜云相土契孫商之祖也始代閼伯之後居商邱祀大火襄九年又云后帝不藏遷閼伯于商邱主辰商人是因故辰爲商星杜云商邱宋地主祀辰星辰大火也商人湯先相土封商邱因閼伯故國祀辰星昭元年若然大火商之分星也歲在大火而湯興歲在鶉火而周興故云歲星所在其國有福也又曰又以三統曆徧推得湯伐桀之歲太歲在戊戌入地統一千四百三十一年天正前積月一萬七千六百九十九閏餘四積日五十二萬二千六百六十六小餘六十二爲天正庚戌朔又推冬至積日七千五百一十二小餘一千五百一十二爲丙辰日天正經朔後之七日也又加大餘二十九小餘四十三于朔大小餘則爲地正庚辰朔乃商之正月也後爲成湯方卽世崩歿之時爲天子用事十三年矣〔補注〕錢大昕曰伐桀之世乃入甲辰統第七十六章之第七年也又十三年閏餘分盡則朔旦冬至之歲也商十二月乙丑朔旦冬至〔補注〕李銳曰是歲入甲辰統七十七章首也置上元至伐桀十四萬一千四百八十歲加湯用事十三年共得十四萬一千四百九十三歲滿元法去之餘二千九百八十三歲滿

統法乂去之餘一千四百四十四爲入甲辰統年以章歲除之得七十六算外得七十七章首積月一萬七千八百六十無閏餘積日五十二萬七千四百二十一大餘二十一小餘十九得殷十二月乙丑朔旦冬至成蓉鏡曰置入甲辰統歲數一千四百四十四以策餘八千八十乘之得一千一百六十六萬七千五百二十盈統法一千五百三十九得一冬至積大餘七千五百八十一大餘二十一小餘三百六十一知商十二月乙丑冬至又曰世經推商周漢初朔旦冬至於例當兼用求正月朔求冬至二術錢氏惟周文王四十二年十二月丁丑朔旦冬至則然餘第用求朔一術而已李氏并刪此事今依術補之 **故書序曰成湯既殁太甲元年使伊尹作伊訓伊訓篇曰惟太甲元年十有二月乙丑朔伊尹祀于先王誕資有牧方明** 補注錢大昕曰今文尚書二十九篇無伊訓孔氏壁中古文有之向歆校理祕書得見中古文及平帝時古文尚書立于學官此三統歷所引伊訓武成畢命皆眞古文也東晉梅賾所獻古文尚書與此所引不同以此決其僞也 **言雖有成湯太丁外丙之服以冬至越茀祀先王于方明** 如湻曰覲禮諸侯覲天子爲壇十有二尋加方明于其上孟康曰方明者神明之象也以木爲之方四尺畫六采東青西白南赤北黑上玄下黃補注吳仁傑曰案儀禮諸侯觀於天子爲宮方三百步四門壇十有二尋深四尺加方明於其上方明者木也設六色東方青南方赤西方白北方黑上元下黃此蓋明堂之制也鄭康成但以爲會盟之儀夫明堂所以祀上帝及五帝而因以覲諸侯者也今知其爲會盟之儀而不知其爲明堂是知二五而不識十也明堂者以其加方明於其上壇而不屋故曰明堂宮謂壝土爲埒而已荀卿書曰雖爲之築明堂於塞外使治可矣楊倞注明堂壇也謂巡狩至方嶽之下會諸侯爲壇加方明於其上然則方明之爲明堂先儒其知之矣覲禮一篇載明堂之制爲宮爲門爲壇高深廣袤與夫神明之象圭幣之儀車旂之制諸侯及上介之位天子祀方明拜日禮月祭天祭山丘陵祭川祭地之禮莫不具備且其制簡而易明若舉而行之使天下之人復見三代之盛禮豈不甚可喜仁傑紹興中嘗以先人治命爲圖以獻今藏之祕府云錢大昭曰茀與紼同禮記曰唯祭宗廟爲越紼而行事紼是引車索言不以私喪廢公祀 **以配上帝是朔旦冬至之歲也** 補注錢大昕曰商以十二月爲正故以天正十一月爲十二月以歷推之是歲入地統一千四百四十四年積月一萬七千八百六十無閏餘積日五十二萬七千四百二十一大餘二十一小餘十九推得殷十二月乙丑朔冬至同日入統七十七章首也又曰禮嗣君卽位踰年而改元此稱太甲元年則湯崩當在前年但以此推之則湯有天下至崩殁之時止有十二年不得又云十三矣又按殷十二月乃建子之月在周則爲後年之正月在殷則爲前年之十二月冬至中氣必在建子之月殷時章首朔旦冬至常在前年十二月內歷家步氣朔以天正爲宗或此太甲元年之天正實湯崩年之十二月歷家改其文以從算術非經本文如此也又曰王制喪三年不祭惟祭天地社稷爲越紼而行事鄭云不敢以卑廢尊也越猶躐也紼輴車索也孔穎達以爲私喪卑天地社稷尊雖遭私喪既殯已後若有天地社稷之祭卽行之未葬之前屬紼于輴以備火災祭天地社稷須越躐此紼而往祭所故云越紼六宗山川之神則否其宮中五祀在喪內則亦祭之但祭時不須越紼蓋五祀宮中之神喪時朝夕出入所祭不爲越紼也按王制云越紼漢志云越茀茀與紼古文通用覲禮諸侯覲于天子爲壇十有二尋深四尺加方明于壇上注方明者上下四方神明之象所謂明神也會同而盟明神監之則謂之天之司盟有象者猶宗廟之有主乎然則方明之神惟巡狩會同乃祀之若冬至祀昊天上帝于圜丘以帝嚳配祭法殷人禘嚳而郊冥禘者圜丘之祭故知伊訓所云祀先王者謂帝嚳也不聞別祀方明竊意伊訓所云祀先王者謂冬至越茀圜丘配天之禮其下云誕資有牧方明者以湯崩未葬同軌畢至特舉會同之禮祀方明以盟之有有牧者九州之牧伯顧命太保帥東方諸侯入應門左畢公帥西方入應門右其禮與此正相類祀先王祀方明經文明明二事劉子駿乃誤合爲一耳 **後九十五歲商十二月甲申朔旦冬至亡餘分是爲孟統** 補注錢大昕曰是歲距上元十四萬一千五百八十八歲如統法而一得九十二統九十統爲三十元尚盈二統是天統地統歲數已終天正甲申朔爲人統之首也李銳曰孟統甲申統也置太甲元年入甲辰統一千四百四十四歲加九十五歲得一千五百三十九歲滿統法去之爲入甲申統首 **自伐桀至武王伐紂六百二十九歲故傳曰殷載祀六百** 補注錢大昕曰左宣三年傳文 **殷歷曰當成湯方卽世用事十三年十一月甲子朔旦冬至** 補注李銳曰續志云殷術開闢至獲麟二百七十五萬九千八百八十六歲依殷術說是年至獲麟積一千八十六年以減開闢歲數餘二百七十五萬八千八百爲開闢至是年積年以四分術元法四千五百六十除之得六百五適盡是年入天紀甲子蔀首 **終六府首** 師古曰府首卽蔀首補注錢大昭曰府蔀聲相近 **當周公五年則爲距伐桀四百五十八歲少百七十一歲不盈六百二十九又以夏時乙丑爲甲子計其年迺孟統後五章癸亥朔旦冬至也** 補注李銳曰置太甲元年入甲辰統一千四百四十四歲加一百七十一歲得一千六百一十五歲滿統法去之餘七十六爲入甲申統年以章歲除之得四算外爲入五章首積月九百四十無閏餘積日二萬七千七百五十九大餘二十九小餘一得十一月癸亥朔旦冬至成蓉鏡曰錢氏失推今案以策餘乘積年得六十一萬四千八十盈統法得一冬至積大餘三百九十九大餘三十九小餘十九知冬至與經朔同日 **以爲甲子府首皆非是** 補注錢大昕曰此譏殷歷之失也藝文志有夏殷周魯歷十四卷漢元殷周牒歷十七卷殷歷今不傳然律歷志以張壽王歷卽殷歷則以九百四十爲日法與四分合其推章蔀首比三統歷率後一日至推殷商享國止四百五十八年較三統少九章歲則無稽之言君子所不信也蓋歷家以七十六歲爲一蔀四章卽蔀三統歷亦謂之一篇六蔀首凡四百五十六歲加成湯十三年爲四百六十九年除周受命十一年則四百五十八也殷以十二月爲正則天正常在十二月殷歷云十一月甲

子朔旦冬至蓋誤以爲用夏時也自太甲元年至入孟統之歲凡五章入孟統又終四章共百七十一歲故知殷歷所推乃孟統後五章首也

凡殷世繼嗣三十一王六百二十九歲〔補注〕錢大昕曰殷三十一王依史記次之湯一外丙二中壬三太甲四沃丁五太庚六小甲七雍已八太戊九仲丁十外壬十一河亶甲十二祖乙十三祖辛十四沃甲十五祖丁十六南庚十七陽甲十八盤庚十九小辛二十小乙二十一武丁二十二祖庚二十三祖甲二十四廩辛二十五庚丁二十六武乙二十七太丁二十八帝乙二十九受辛三十止有三十王耳云三十一者蓋兼太丁言之

四分上元至伐桀十三萬二千一百一十三歲其八十八紀甲子府首入伐桀後百二十七歲〔補注〕錢大昕曰四分歷七十六歲爲一蔀二十蔀爲一紀積一千五百二十歲乾鑿度七十六爲一紀二十紀爲一蔀首與四分不同凡紀首皆歲甲寅四分歷三紀爲一元積四千五百六十歲而歲與日俱復其初假如入元初紀首歲在甲寅則次紀首甲戌三紀首甲午終數復始孔氏謂紀首皆歲甲寅者非也乾鑿度考靈耀命歷序歷元皆起甲寅四分歷元起庚辰惟此不同日甲子卽以甲子之日爲初蔀名甲子蔀一也滿七十六歲其後年初日次癸卯卽以癸卯爲蔀首二也從此以後壬午爲蔀三也辛酉蔀四也庚子蔀五也己卯蔀六也戊午蔀七也丁酉蔀八也丙子蔀九也乙卯蔀十也甲午蔀十一也癸酉蔀十二也壬子蔀十三也辛卯蔀十四也庚午蔀十五也己酉蔀十六也戊子蔀十七也丁卯蔀十八也丙午蔀十九也乙酉蔀二十也是一紀之數周而復始紀還然以上詩正義文也續志所載四分歷與此正合孔穎達誤以爲三統歷非也三統有元法統法無紀法今改定作四分今自上元至

伐桀十三萬二千一百一十三歲以紀法除之得八十六紀餘有一千三百九十三歲卽是入後紀之年加百二十七歲滿紀法而一其後年爲八十八紀甲子蔀首也四分之術至後漢始行今劉歆三統歷已著其說豈爾時先已有之歟淮南天文訓所述甲寅元與四分同又曰四分上元在三統上元後九千三百六十七歲計差兩元又七年若依東漢不用超辰之說則元起丁巳歲與周歷合又依此歲數推魯僖公五年入壬子蔀弟四章以辛亥日一分合朔冬至亦與周歷合李銳曰置入四分上元至伐桀一歲數加百二十七歲得十三萬二千二百四十以四分術紀法一千五百二十除之得八十七適盡爲入八十八紀甲子府首案此卽周術也李淳風五經算術注云周術上元丁巳至僖公五年丙寅積二百七十五萬九千七百六十九算依劉歆說伐桀至僖五年積一千九十六歲以減周術積年餘二百七十五萬八千六百七十三爲周術上元至伐桀積年以此四分上元歲數減之餘二百六十二萬六千五百六十爲此四分上元在周術上元後之積年以四分術元會四萬一千四十除之得六十四適盡是此四分上元日月閏積及月食並與周術上元同故曰卽周術也

春秋歷周文王四十二年十二月丁丑朔旦冬至孟統之二會首也〔補注〕錢大昕曰史稱劉子駿作三統歷及譜以說春秋故三統亦曰春秋歷是歲入孟統二十八章首距上元十四萬二千一百一歲距統首五百一十三歲恰滿一會之數會歲五百一十三故云孟統二會首也置入統歲求得積月六千三百四十五無閏餘積日十八萬七千三百七十三大餘五十三小餘二十七知天正丁丑朔又置入統歲求得積日二千六百九十三大餘五十三小餘五百一十三知冬至與經朔同日李銳曰是歲入甲申統二十八章首也置入統年以會歲五百一十三去之適盡故云孟統二會首

後八歲而武王伐紂〔補注〕錢大昕曰先儒推文王受命之年其說有二伏生尚書大傳云文王受命一年斷虞芮之訟二年伐邘三年伐密須四年伐犬夷五年伐耆六年伐崇七年而崩史記周本紀西伯受命明年伐犬戎明年伐密須明年敗耆國明年伐邘明年伐崇侯虎明年西伯崩此本史記詩人道西伯蓋受命之年稱王而斷虞芮之訟十年而崩後其文與書傳微有不同要亦七年崩也鄭康成注洛誥云文王得赤雀武王俯取白魚皆七年是亦同伏生司馬遷以文王受命祇七年也三統歷以文王受命九年而崩賈逵馬融王肅韋昭皇甫謐皆悉同之古文武成篇我文考文王誕膺天命惟九年大統未集[illegible]晚出也亦以受命爲九年二說不同按書序惟十有一年武王伐殷此據觀兵而言也又云武王勝殷殺受以箕子歸作洪範其文曰惟十有三祀王訪于箕子則克商在十三年也依劉歆以文王受命九年而崩後二年觀兵又二年克商與書序洪範之文相應史遷以受命七年崩乃還就其說云九年東觀兵十一年殺紂鄭康成不從史記九年觀兵之說而以文王崩後四年始觀兵其實皆不然也無逸云文王受命惟中身厥享國五十年皇甫謐世紀以文王四十二年歲在鶉火更爲受命之元年然則受命以前四十一年並數受命九年合五十年與無逸正合矣今三統歷推文王四十二年爲章首其後八歲而武王伐紂則文王崩當在其後四歲除[illegible]兵二年年追計受命之歲當在

文王之三十八年又以三統術推文王四十二年歲在析木非鶉火也與謐所紀不同尚書運期授引河圖曰倉帝之治八百二十歲立戊午蔀注云周文王以戊午蔀二十九年受命是類謀云文王比隆興始霸伐崇作靈臺受赤雀丹書稱王制命示王意注云入戊午蔀二十九年時赤雀銜丹書而命之易乾鑿度云入戊午蔀二十九年伐崇作靈臺改正朔布王號于天下受籙應河圖注云受命後五年乃爲此書傳史記俱以伐崇在受命之六年故云受命後五年乃爲此又云亡殷者紂黑期火戊倉精授汝位正昌注云火戊戊午蔀也午爲火必言火戊者木精將王火爲之相戊土也又爲火子又火使其子爲木塞水是助倉精絕殷之象也中候我應云季秋之月甲子赤雀銜丹書入豐止于昌戶再拜稽首受孔穎達以爲受命之月已是季秋至明年乃改元故書序云惟十有一年武王伐殷注云十有一年本文受命而數之是年入戊午蔀四十歲矣是鄭以受命元年爲入戊午蔀三十年故改至十年而四十也又以歷校之入戊午蔀二十九年歲在戊午其年殷九月二十五日得甲子明年乃改元則元年歲在己未至十三年在辛未其年正月六日得甲子譜云以歷校之文王受命十三年辛未之歲殷正月六日殺紂統歷[illegible]是得赤雀之命後年改元之驗也案乾鑿度又云今入天元二百七十五萬九千二百八十歲昌以西伯受命注云受洛書之命爲天子以歷法其年則入戊午蔀二十四年矣歲在癸丑是前校五歲與上不相當者其實當云二百八十五歲以其篇已有入戊午蔀二十九年受籙之言足以可明故略其殘數整言二百八十而不言五也知必加五年當戊午蔀二十九年者乾鑿度入天元二百七十五萬九千二百八十歲以紀

法千五百二十歲除之得一千八百一十五紀餘有四百八十歲卽是入後紀之年其初年還歲甲寅日甲子以甲子癸卯壬午辛酉庚子己卯等六蔀除之餘有二十四年卽是入戊午蔀二十四年更加五年爲二十九年受赤雀之命若推太歲卽以六十除積年其受命之年太歲在戊午若欲知日之所在乘積年爲積日以日行一帀六十除之得日之所在(以上竝詩文王正義文)按易書緯竝以文王受命入戊午蔀以四分法推之湯伐桀百二十七歲而入後紀又更四百八十五歲(六蔀有二十九)而文王受命又十三年而武王克商自伐桀至武王伐紂凡六百二十五歲較三統歷譜少校四歲蓋四分之術行於東漢大率依傍讖緯而爲之孔穎達以爲三統歷者非也三統以一蔀爲一篇志載文王四十二年丁丑朔旦冬至則已入丁酉蔀二十年非戊午蔀矣殷歷以成湯用事十三年爲紀首終六府首至周公攝政五年天正戊午朔旦冬至始入戊午蔀則文王受命之年尙在己卯蔀未到戊午蔀也又曰孔穎達正義又云案三統之術魯隱公元年歲在己未其年前惠公之末年歲在戊午計文王受命是戊午之年下至惠公末年又復戊午當三百六十年矣而雒師謀注云數文王受命至魯公末年三百六十五歲又餘五年者本惟云三百六十耳學者多聞周天三百六十五度因謀而加偏校諸本則無五字也今按三統推武王伐紂之歲歲在辛未而隱公元年止距伐紂四百歲以超辰法推之歲當在甲寅非己未也孔氏正義所云與三統本術皆不合一行大衍議又謂三統以己卯爲克商之歲蓋沿東漢虞恭諸人之說以爲太極上元起庚戌又不用超辰法故斷以爲己卯其實非是

武王〔補注〕先謙曰以上文成湯及伯禹以上例之武王應提行

書經牧誓武王伐商紂水生木故爲木德〔補注〕王鳴盛曰五德相代說出孔子見後書郎顗傳注引易乾鑿度但孔子言三百四歲一德漢志言一代一德歷代運數短長不定如夏商周傳世皆數百年自無既定爲一德三百四歲後忽又更易一德之事則孔子亦言其理而已不必泥漢志是也天下號曰周室

三統上元至伐紂之歲〔補注〕先謙曰官本連上不提行十四萬二千一百九歲在鶉火張十三度〔補注〕錢大昕曰置距算積年以歲星歲數除之得積終八十二除去之其餘四百一十三以百四十五乘之得五萬九千八百八十五盈而四十四而一得數四百一十五名曰積次不盈數一百二十五名曰次餘積次盈十二除去之餘數七起星紀算外知歲在鶉火也又以一次三十度乘次餘得三千七百五十盈百四十四而一得數二十六名曰積度積度起入次初度算外命度自柳九度算至張十二度恰盈二十六數故知歲在張十三度也以六十除積次餘五十有五起丙子算外知歲在辛未上溯文王受命改元之年歲在己未與孔氏詩正義所稱正合文王受命九年而崩再期在大祥而伐紂故書序曰惟十有一年武王伐紂太誓〔補注〕先謙曰以下文故書序曰至作洪範例之太誓上當有作字案書序惟十有一年武王伐殷一月戊午師渡孟津作泰誓周本紀詩人道西伯蓋受命之年稱王而斷虞芮之訟(史公用魯詩說)後七年崩(與大傳文王受命七年而崩合)九年武王觀兵至盟津渡河會八百諸侯還師歸(齊世家云與太公作太誓)居二年聞紂暴虐滋甚乃伐紂十一年十二月戊午師畢渡孟津二月甲子昧爽([illegible])武王至牧野乃誓已克殷後二年問箕子案書序云一月戊午史記云十二月戊午者殷之十二月周之一月古文書序據周正言史記用今文說仍據殷正非有異義戊午距甲子七日不得懸隔兩月古文以戊午爲一月則甲子爲二月今文以戊午爲十二月則甲子爲正月也文王受命七年崩又二年爲九年所謂再期觀兵也還師又二年伐紂則爲十一年書序史記大傳同此今文說三統術蓋據逸周書文王受命九年故云九年而崩以武王再期觀兵爲十一年還歸二年伐紂爲十三年卽於是年訪箕子此古文說惟既以書序十一年伐紂爲觀兵復引序一月戊午師渡孟津與牧誓甲子昧爽之文牽連推算似有未合前人辨論至紛更附鄙見於此八百諸侯會還歸二年乃遂伐紂克殷吕箕子歸十三年也故書序曰武王克殷吕箕子歸作洪範洪範篇曰惟十有三祀王訪于箕子自文王受命而至此十三年歲亦在鶉火〔補注〕李銳曰置伐紂歲定次七次餘一百二十五各減十二得定次七次餘一百一十三命如上得文王受命之歲歲在鶉火故傳曰〔補注〕錢大昭曰春秋外傳周語歲在鶉火則我有周之分壄也〔補注〕錢大昕曰孔安國云周自虞芮質厥成諸侯竝附以爲受命之年至九年而文王卒武王三年服畢觀兵孟津以卜諸侯伐紂之心諸侯僉同乃退以示弱孔疏曰周書云文王受命九年惟暮春在鎬召太子發作文傳其時猶在但未知崩月就如暮春卽崩武王服喪至十一年三月大祥至四月觀兵故今文泰誓亦云四月觀兵也大戴禮云文王十五而生武王則武王少文王十四歲也禮記文王世子云文王九十七乃終武王九十三而終計其終年文王崩時武王已八十三矣八十四卽位至九十三而崩適滿十年不得以十三年伐紂知此十一年者據文王受命而數之必繼文王年者爲其卒父業故也([illegible])史記齊太公世家武王至盟津諸侯不期而會者八百諸侯諸侯皆曰紂可伐也武王曰未可還師與太公作此泰誓司馬遷從孔安國問故親見古文尙書劉子駿亦親見古文者其所載太誓俱與今文同然則今文太誓之非僞悉矣又曰國語韋注歲歲星也鶉火次名周分野也從柳九度至張十七度爲鶉火謂武王始發師東行時殷之十一月二十八日戊子於夏爲十月是時歲星在張十三度張鶉火也按以三統術推殷十一月辛酉朔其月二十八日得戊子韋說是也推歲星所在依法以見數(一千五百八十三)乘積年(十四萬二千一百九)得數二億二千四百九十五萬八千五百四十七如歲數(一千七百二十八)而一得定見數十三萬一百八十四見餘五百九十五不盈見數知見在此年也以見中分([illegible])乘定見數得數二十六億九千九百四十九萬五千四百二十四如見中法而一得積中一百七十萬五千三百三中餘七百七十五以元中([illegible])除積中其餘爲中元餘四萬三千二百八十三以十二除之餘七推得武王伐紂前年歲星見在大暑中鶉火之次又以見閏分(一萬二千九十六)乘定見數得十五億七千四百七十萬五千六百六十四以章歲乘中餘得一萬四千七百二十五幷之得十五億七千四百七十二萬三百八十九如見月法(萬二

前漢二十一下

七十而一得積閏月五萬二千三百五十六月餘八千九百七十七以積閏竝積中得積月一百七十五萬七千六百五十九以元月五萬七千一百五除之其餘爲月元餘四萬四千五百九以章月除之其餘爲入章月數九十四先除去兩閏月以十二除之餘八推得星見在周正九月也又以中法計二四萬五乘中元餘得數六十億六千八百五十萬六千九百九十如元法而一得積日一百三十一萬四千三百八十三大餘二十三小餘六百七十九推得大暑丁亥日以月法乘月元餘得一億六百四十六萬五千五百二十八如日法而一得積日一百三十一萬四千三百八十九大餘二十九小餘十九推得九月癸巳朔大暑在前月二十五日又以中法乘中餘得一億八百九十一萬七千一百五十九見中法乘中小餘得一百七萬四千八百五十七并之得一億九百九十八萬五千六百七盈見中日法十七百一三十萬一八而一得入中日十五小餘三十五萬四千九百四十二推得星見在大暑後十六日入張二度奇又以月法乘月餘得二千一百四十七萬二千九百八十四見月法乘月小餘得五十七萬一千四百六十三并之得二千二百四萬四千四百十七盈見月日法千二二百四四十十七萬萬六而一得入月日九小餘十一萬八千三百十四以十二乘之不滿見月日法推得星見在九月十日壬寅加時在子也自星始見距十二月殷十一月二十八日戊子凡百六日應順行十九度十一分度三以十一分三與前度餘見月日法分十一萬八千三百十四度餘以見月日法爲本中略法三分約之以即後變爲日加見朔通分子母相并推得星在翼三度二千六百七十九萬八千六百七分度之八百六十一萬一百六十五入鶉尾之次韋云在張十三度非也歲在鶉火張十三度舉大率言之耳今以五步推之自前年九月十日壬寅加時子大餘三十八以入曆日大餘并此小餘見月日法分之十一萬八千三百十四星始見張二度奇入次度十五中以入度餘見月日法分之十一萬八千三百十四始順行是時星距張十三度十度見月日法分度之二百三十一萬七千九百二十三以度餘減此見分月其星行率日行十一分度二乃以二度通爲見月日法分爲一率十一日爲二率今所有距張十三度十度奇通分爲三率推四率得積日六十小餘兩見月日法分之一百一十三萬四千七百八十三置始見大餘加積日六十去之得大餘三十八二乘始見小餘加積日小餘得小餘兩見月日法分之一百三十七萬一千四百十一推爲十一月十一日壬寅加時卯星至張十三度又以始見距張十四度十一度奇如法求得積日六十五小餘兩見月日法分之三百五十七萬一千二十與始見大小餘相加得大餘四十三小餘兩見月日法分之三百八十萬七千六百四十八推爲十一月十六日丁未加時酉星盡張十三度順一百二十一日行二十二度與始見大餘入次度相加得大餘三十九小餘見月日法分之十一萬八千三百十四入次度三十七度餘見月日法分之十四萬八千三百十四推爲克商之年周正月十三日癸卯加時子星前留翼六度奇留二十五日至二月九日戊辰加時子大餘四小餘見月日法分之十四萬八千三百十四始逆行是時星距張十三度十度見月日法分度之十一萬八千三百十四其行率日行七分度一乃以見月日法爲一率七日爲二率今距張十三度十度奇通分爲三率推四率得積日七十小餘見月日法分之八十二萬八千一百九十八與始逆大小餘相加得大餘十四小餘見月日法分之一

九十四萬六千五百十二推爲三月上有閏月故二十日戊寅加時辰星盡張十四度至張十三度加七日推爲三月二十七日乙酉加時辰星盡張十三度至張十二度逆八十四日與始逆大餘相加得大餘二十八小餘見月日法分之十一萬八千三百十四退二度與前留度相減得入次度二十五度餘見月日法分之十一萬八千三百十四推爲四月四日壬辰加時子星後留張十二度奇留二十四日三分至四月二十八日丙辰加時子大餘五十二小餘見月日法分之十一萬八千三百十五五步日度分皆以見距日法爲得數三日三分得一分應後畱小餘相加得此復順行是時星距張十三度見月日法分度之二百三十一萬七千九百二十三如法求得積日五小餘兩見月日法分之一百十三萬四千七百八十三與復順大小餘相加得大餘五十七小餘兩見月日法分之一百三十七萬一千四百十三推爲五月四日辛酉加時卯星至張十三度又以復順距張十四度奇如法求得積日十小餘兩見月日法分之三百五十七萬一千二十與復順大小餘相加得大餘二小餘兩見月日法分之三百八十萬七千六百五十推爲五月九日丙寅加時酉星盡張十三度然則是年歲星在張十三度者惟三月戊寅以後日及五月辛酉以後五日有半一爲逆行一爲順行先後僅十七日半至前年十一月壬寅以後順行五日有半又不在此歲內也韋氏以此文之下即承師初發以殷十一月戊子云云誤以歲在鶉火亦在戊子之日由不明歷術故也

師初發以殷十一月戊子日在析木箕七度

補注李銳曰置下所推周正月大餘七小餘二十九減一月大小餘得殷十一月大餘三十七小餘六十七得殷十一月辛酉朔戊子月之二十八日距正月合朔三日小餘二十九置正月合朔積度三百三十七度餘四百二十一減三度餘五百五十一得戊子日夜半積度三百三十三度餘一千四百九命如法得戊子日夜半日在箕六度餘一千四百九其日入箕七度

故傳曰日在析木

補注錢大昕曰國語作析木之津韋昭云津天漢也析木次名從尾十度至斗十一度爲析木其間爲漢津謂戊子日日宿箕七度推武王克商年前殷十一月戊子距統首積日十九萬二百六十四以統法乘之得二億九千二百八十一萬六千二百九十六滿周天去之餘數五十一萬三千八百九十六盈統法得積度三百三十三度餘一千四百九推戊子日夜半日在箕六度太强加時在丑入箕七度

是夕也月在房五度

補注李銳曰戊子後一日己丑距周正月合朔二日小餘二十九置二日以日法通之得一百六十二以小餘二十九并之得一百九十一以月周乘之得四萬八千五百一十四以統法除之得三十一度餘八百五爲己丑夜半至周正月合朔月行度分以減合辰度三百三十七度餘四百二十一得己丑夜半月行積度三百五度餘一千一百五十五命如法得己丑夜半月在心一度是戊子之夕月在房五度也

房爲天駟故傳曰月在天駟

補注錢大昕曰韋昭云天駟房星也謂戊子日月宿房五度案三統歷推克商之歲周正月朔日小餘二十九合辰在箕十度四百二十二分以月周乘朔小餘得七千三百六十六朔旦夜半月行至合朔度分又以二萬五百七十四月每日行度分乘三日戊子距辛卯得六萬一千七百二十二并之爲六萬九千八十八如統法而一得四十四度一千三百七十二分爲自戊子日

至辛卯合朔月行之度分以減合辰度分則戊子日夜半月在氐八度五百七十九分其夕加時在亥月行入房五度一每度一時朔分十五分**後三日得周正月辛卯朔合辰在斗前一度**（補注）李鋭曰是歲入甲申統年五百二十一積月六千四百四十三閏餘十八其年有閏積日十九萬二百六十七大餘七小餘二十九得周正月辛卯朔置積日以統法乘之得二億九千二百八十二萬九百一十三以十九乘小餘得五百五十一并之得二億九千二百八十二萬一千四百六十四滿周天去之餘五十一萬九千六十四以統法除之得積度三百三十七度餘四百二十一數起牽牛算外得正月朔合辰在箕十度距斗一度**斗柄也故傳曰辰在斗柄**（補注）錢大昕曰韋昭云辰日月之會斗柄斗前也謂戊子後三日得周正月辛卯朔于殷爲十二月夏爲十一月是日月合辰斗前一度案推是歲距統積日十九萬二百六十七大餘七小餘二十九以統法乘積日以十九乘小餘并之爲二億九千二百八十二萬一千四百六十四滿周天去之其餘五十一萬九千六十四如統法得積度三百三十七度餘四百二十一推得日月合辰在箕十度少距南斗一度有奇**明日壬辰晨星始見**師古曰晨古晨字也其字從臼臼音居玉反（補注）錢大昕曰案說文晨晨二字有別晨夕之晨从臼晨爲房星从晶當作曟或省作晨此晨星者水星也亦从臼李鋭曰置上元至伐紂歲數以復數二萬九千四十一乘之得四十一億二千六百九十八萬七千四百六十九如歲數九千二百十六而一得定復數四十萬七千八百六十復餘七千三百七十三以見中分十一萬五百九十

前漢二十一下　卅七

二乘定復數得四百九十五億二千三百七十六萬一千一百五十二如見中法而一得積中一百七十萬五千三百四中餘二萬七千六百八十八置積中以元中去之中元餘四萬三千一百八十四以十二去之餘八得晨見在伐紂前年處暑中鶉尾之次又以見閏分十六萬四千五百一十二乘定復數得二百八十八億八千八百八十六萬六千五百七十二以章歲乘中餘得五十二萬六千七十二并之得二百八十八億八千九百三十八萬六千七百四十四如見月法五十五萬一千七百九十而一得積閏月五萬二千三百五十六月餘四十四萬五千四百二十以積閏并積中得積月一百七十五萬七千六百六十置積月以元月去之月元餘四萬四千五百一十以章月去之餘入章月九十五先去兩閏月以十二去之餘九得晨見在十月又以中法乘中元餘得六十億六千八百六十四萬七千五百二十如元法而一得積日一百三十一萬四千四百一十三大餘五十三小餘二千六百九十九命甲子得丁巳處暑又以月法乘月元餘得一億六百四十六萬七千九百二十如日法而一得積日一百三十一萬四千四百一十八大餘五十八小餘六十二命甲子得十月壬戌朔又以中法乘中餘得三十八億九千九十九萬四千六百四十見中法乘中小餘得七千八百三十八萬一千六百五十九并之得三十九億六千九百三十七萬六千二百九十九如見中日法一億三千四百八萬二千二百九十七而一得入中日二十九小餘八千九十八萬九千六百八十六數起處暑中丁巳得晨見在處暑中二十日丙戌又置入中日命爲入次度數起鶉尾初張十八度得晨見在軫十一度又以月法乘月餘得十億六千五百四十四萬四千六百四十見月法乘月小餘得三千四百二十一萬二百九十八并之得十億九千九百六十五萬四千九百三十一如見月日法四千四百六十九萬四千九十九而一得入月日二十四小餘二千六百九十九萬六千五百六十二數起十月朔壬戌得晨見在十月二十五日丙戌又置晨見中大餘五十三加入中日二十九小餘八千九十八萬九千六百八十六又加晨見伏六十五日小餘一億二千二百二萬九千六百五小餘滿見中日法得一大餘盈六十去之得大餘二十八小餘六千八百九十三萬六千九百九十四命甲子得壬辰夕見正月二日也又置入次度二十九度餘八千九十八萬九千六百八十六加晨見伏行星九十六度度餘四千六百六十萬一千一百二十八得積度一百二十五度餘一億二千七百五十一萬九千八百一十四積度滿鶉尾三十度壽星三十一度大火三十度析木三十一度去之餘入次度三命起星紀初斗十二度得夕見在斗十五度**癸巳**（補注）李鋭曰周正月三日**武王始發丙午**（補注）李鋭曰正月十六日**還師**（補注）錢大昕曰還當作逮詩大明疏引作逮師**戊午**（補注）李鋭曰正月二十八日**度于孟津孟津去周九百里師行三十里故三十一日而度明日己未冬至**（補注）李鋭曰入統年五百二十一冬至積大餘二千七百三十五大餘三十五小餘五百一十五得己未冬至月之二十九日也**晨星與婺女伏歷建星及牽牛至於婺女天黿之首**（補注）李鋭曰置上夕見大餘二十八加夕凡見二十六日得大餘五十四命甲子得戊午晨星

前漢二十一下　卅八

夕伏冬至前一日也又置夕見入次度三加夕凡見定行星二十六度得入次度二十九命起次初斗十二度得夕伏在女七度建星即斗見在斗伏在女故曰歷建星牽牛至婺女天黿之首**故傳曰星在天黿**（補注）錢大昕曰韋昭云星辰星也天黿次名亦曰玄枵從須女八度至危十五度爲天黿謂周正月辛卯朔二日壬辰辰星始見三日癸巳武王發行二十八日戊午度孟津距戊子三十一日二十九日己未晦冬至辰星在須女伏天黿之首案推辰星始見依法以復數二萬九千四十一乘積年得四十一億二千六百九十八萬七千四百六十九如歲數九千二百一十六而一得定復數四十萬七千八百六十復餘七千三百七十三以見中分十一萬五百九十二乘定復數得四百九十五億二千三百七十六萬一千一百五十二如見中法而一得積中一百七十萬五千三百四中餘二萬七千六百八十八以元中除積中其餘爲中元餘四萬三千一百八十四以十二除之餘八推武王伐紂前年辰星晨始見在處暑中鶉尾之次又以見閏分十六萬四千五百一十二乘定復數得二百八十八億八千八百八十六萬六百七十二以章歲乘中餘得五十二萬六千七十二相并得二百八十八億八千九百三十八萬六千七百四十四如見月法五十五萬一千七百九十而一得積閏月五萬二千三百五十六月餘四十四萬五千四百二十以積閏并積中得積月一百七十五萬七千六百六十以元月除積月其餘爲月元餘四萬四千五百一十以章月除之其餘入章月九十五先除去兩閏月以十二除之餘九推得星見在周十月也又以中法乘中元餘得六十億六千八百六十四萬七千五百二十如元法而一得積日一百三十一萬四千四百一十三大餘五十三

小餘二千六百九十九推得處暑丁巳日以月法乘月元餘得一億六百四十六萬七千九百二十加日法而一得積日一百三十一萬四千四百十八大餘五十八小餘六十二推得十月壬戌朔又以中法乘中餘得三十八億九千九十九萬四千六百四十見中法乘中小餘得七千八百三十八萬一千六百五十九并之得三十九億六千九百三十七萬六千二百九十九如見中日法一億三千四百八萬二千二百九十七而一得入中日二十九小餘八千九十八萬九千六百八十六推得星見在處暑後三十日入軫十一度奇又以月法乘月餘得十億六千五百四十四萬四千六百四十見月法乘月小餘得三千四百二十一萬二百九十八并之得十億九千九百六十五萬四千九百二十八如見月日法四千四百六十九萬四千九十九而一得入月日二十四小餘二千六百九十九萬六千五百六十二推星見在十月二十五日丙戌加時未也于是置晨始見大餘二十二以朔大餘加入月日六十去之得此小餘見中日法分之八千九十八萬九千六百八十六入月小餘本以見月日法爲母子母各三乘之卽變爲見中日法分以便後之加減加晨見伏六十五日見中日法分之一億二千二百二萬九千六百五小餘滿其法得一大餘盈六十去之得大餘二十八小餘見中日法分之六千八百九十三萬六千九百九十四推爲正月二日壬辰加時午水星夕始見又置入次度二十九卽入中日度餘見中日法分之八千九十八萬九千六百八十六加晨見伏行星九十六度見中日法分之四千六百六十一萬一百二十八得一百二十五度盈次度數去之餘三度度餘見中日法分之一億二千七百五十九萬九千八百十四推爲星始夕見在南斗十五度奇也五步始見順疾十六日兩見中日法分之見中日法卽十二日分以夕始見大餘加十六日乘始見小餘加小餘盈其法得一得大餘四十五小餘兩見中日法分之三百七十九萬一千六百九十一推爲十九日己酉加時子星始順遲以始見入次度及度餘加二十二度經斗除斗分三千二百五十四萬二千三百五十五斗分本以殺法爲日令三乘見數以乘之變爲見中日法分實加二十一度見中日法分之五十三萬九千九百四十二得入次度二十四度餘見中日法分之一億二千八百十三萬九千七百五十六推爲星始順遲在女二度奇是時星距女八度初五度見中日法分度之五百九十四萬二千五百四十一其行率七日行六度乃以六度通爲見中日法分爲率一七日爲二率今距女八度五度奇通分爲三率推四率得五日小餘六見中日法分之七億一千二百一萬九千七十二以始順遲大餘加五日得大餘五十參始順遲小餘加小餘得小餘六見中日法分之七億二千三百三十九萬四千一百四十五推爲二十四日甲寅加時戌星入天黿之次滿七日行六度與始順遲大餘入次度相加得大餘五十二小餘兩見中日法分之三百七十九萬一千六百九十一入次度三十一度餘見中日法分之一億二千八百一十三萬九千七百五十六推爲二十六日丙辰加時子星始畱女八度奇畱一日兩見中日法分之見中日法而旋以之加始畱入小餘得大餘五十三小餘兩見中日法分之一億三千七百八十七萬三千九百八十八推爲二十七日丁巳加時午星始逆行是時星距女八度初見中日法分度之一億二千八百十三萬九千七百五十六其行率日行二度依上法求之不滿法命爲小餘與始逆小餘相加得小餘兩見中日法分之二億六千六百一萬三千七百四十四卽推爲丁巳日加時亥星出天黿之次滿

一日行二度大餘五十四小餘兩見中日法分之一億三千七百八十七萬三千九百八十八推爲二十八日戊午加時午星退在女六度見中日法分度之一億二千八百十三萬九千七百五十六而伏云明日己未冬至晨星與婺女伏不云戊午伏者蓋五星距日十五度以外而見十五度以內而伏若正當十五度則在見伏之交上云始見言自此以後乃見此竟云伏則始伏在其前可知云歷建星及牽牛至于婺女天黿之首者言水星夕見內自二十四日甲寅以後三日又一時在天黿之次以證傳星在天黿也韋云伏天黿之首與本術不合又曰推冬至日置入統歲五百二十一年求得積日二千七百三十五大餘三十五小餘五百一十五自甲申起算外得冬至己未日**周書武成篇惟一月壬辰旁死霸**孟康曰月二日已往月魄死死故言死魄魄月質也師古曰霸古魄字同補注先謙曰官本月魄死死作月生魄死是**若翌日癸巳武王迺朝步自周于征伐紂序曰一月戊午師度于孟津至庚申二月朔日也**補注錢大昕曰置天正朔大餘七小餘二十九以朔大餘二十九小餘四十三加之得大餘三十六小餘七十二推二月庚申朔也又以朔大小餘遞加得閏月大餘六小餘三十四爲庚寅朔三月大餘三十五小餘七十七爲己未朔四月大餘五小餘三十九爲己丑朔孔穎達尚書正義以爲三月庚申朔與歷不合**四日癸亥至牧壄夜陳甲子昧爽而合矣故外傳曰王以二月癸亥夜陳武成篇曰粵若來三**

月補注王引之曰五字連讀說詳經義述聞三當爲二此引書以證上文之二月則當爲二月明矣武成正義引此正作越若來二月逸周書世俘篇同**既死霸粵五日甲子咸劉商王紂**師古曰今文尚書之辭劉殺也**是歲也閏數餘十八正大寒中在周二月己丑晦明日閏月庚寅朔三月二日庚申驚蟄四月己丑朔死霸死霸朔也生霸望也是月甲辰望**補注錢大昕曰推閏月置入統積年以章月乘得十二萬二千四百三十五滿章閏而一得積月六千四百四十三閏餘十八以十二乘閏餘加章閏二而盈章中之數知閏在二月後也又曰推中氣置冬至大餘三十五加中大餘三十又以冬至小餘五百一十五三之得一千五百四十五加中小餘二千二十大餘滿六十去之得大餘五小餘三千五百六十五推得大寒在己丑日也又以中大小餘轉加小餘滿元法從大餘得大餘三十六小餘九百六十八推得驚蟄在庚申日也又曰置四月朔大餘五小餘三十九以大餘十四小餘六十二推得望加之小餘滿日法從大餘得大餘二十小餘二十推得四月甲辰望在十六日也李銳曰置上二月大餘三十六小餘七十二以一月大小餘累加之得閏月大餘六小餘三十四三月大餘三十五小餘七十七四月大餘五小餘三十九又加大餘十四小餘六十二得四月望大餘二十小餘二十各命之得閏月庚寅朔三月己未朔四月己丑朔甲辰望置上冬至大餘三十五小餘五百一十五三乘小餘得小餘一千五百四十五以一中大餘三十小餘二千二十加之得大寒大

餘五小餘三千五百六十五又加得驚蟄大餘三十六小餘九百六十八各命之得己丑大寒二月三十日也庚申驚蟄三月二日也是無中氣者爲閏乙巳旁之故武成篇曰惟四月既旁生霸粵六日庚戌武王燎于周廟翌日辛亥祀于天位粵五日乙卯乃㠯庶國祀馘于周廟師古曰亦今文尚書也祀馘獻于廟而告祀也馘耳曰馘音居獲反〔補注〕錢大昕曰乙巳月十七日庚戌月二十二日辛亥月二十三日乙卯月二十七日案志三引武成皆孔安國所獻壁中之眞古文藝文志所謂中古文也顏師古以其與後出古文不同謂之今文尚書不知伏生所授二十九篇固無武成也孔穎達以爲焚書之後有人僞爲之漢世謂之逸書其後又亡其篇案古文于平帝時因劉歆之請立于學官歆號篤信古文必不引僞書載之歷譜也文王十五而生武王受命九年而崩崩後四年而武王克殷克殷之歲八十六矣後七歲而崩故禮記文王世子曰文王九十七而終武王九十三而終凡武王卽位十一年周公攝政五年正月丁巳朔旦冬至〔補注〕李銳曰是歲入甲申統年五百三十二積月六千五百八十無閏餘積日十九萬四千三百一十三大餘三十三小餘七得正月丁巳朔旦冬至又置入統年以章歲除之得二十八盡爲入二十九章首成蔀銳曰置入甲申統積年五百三十二以策餘乘之得四百二十九

萬八千五百六十盈統法得一冬至積大餘二千七百九十三大餘三十三小餘一百三十三知周正月丁巳朔旦冬至殷歷㠯爲六年戊午距煬公七十六歲入孟統二十九章首也後二歲得周公七年復子明辟之歲是歲二月乙亥朔庚寅望〔補注〕錢大昕曰是歲入統積月六千六百四閏餘十四積日十九萬五千二十一大餘二十一小餘六十七推正月乙巳朔以大餘二十九小餘四十三遞加之得二月大餘五十一小餘二十九爲乙亥朔三月大餘二十小餘七十二爲甲辰朔又曰置二月朔大小餘加大餘十四小餘六十二得二月望爲庚寅十六日也李銳曰是歲入甲申統五百三十四年積月六千六百四閏餘十四加積月一共得積月六千四百五積日十九萬五千五十一得二月大餘五十一小餘二十九加大餘十四小餘六十二得二月望大餘六小餘一十命甲申得二月乙亥朔庚寅望後六日得乙未故召誥曰惟二月既望粵六日乙未又其三月甲辰朔〔補注〕李銳曰置上二月大小餘加大餘二十九小餘四十三得三月大餘二十小餘七十三命甲申得三月甲辰朔三日丙午召誥曰惟三月丙午朏孟康曰朏月出也音敷尾反古文月采篇曰三日曰朏師古曰月采說月之光采其書則亡〔補注〕王應麟曰召誥正義引周書月令云三日粵朏采字疑當作令是歲十二月戊辰晦〔補注〕李銳曰置上三月大小餘其年有閏加一月大小餘者十滿去如法

得十二月大餘十六小餘十六命甲申得十二月庚子朔小餘在三十八巳下其月小是戊辰爲十二月晦周公㠯反政故洛誥篇曰戊辰王在新邑烝祭歲命作策惟周公誕保文武受命惟七年〔補注〕錢大昕曰孔穎達云此歲入戊午蔀五十六年三月云丙午朏以算術計之三月甲辰朔大四月甲戊朔小五月癸卯朔大六月癸酉朔大七月壬寅朔大八月壬申朔小九月辛丑朔大又有閏九月辛未朔小十月庚子朔大十一月庚午朔小十二月己亥朔大計十二月三十日戊辰晦到洛也案戊午蔀之說本諸緯候與三統歷不合亦依三統術推歲入丁酉蔀四十一年三統歷推是歲閏餘十四閏宜在九月後孔疏以爲閏九月但古人置閏有常率如謂入戊午蔀五十六年則是入章十八年閏餘五于法不當有閏矣又孔氏推是歲朔日僅以一大一小之例推之今以大小餘相加得三月甲辰朔大小餘三十二四月甲戌朔小小餘三十四五月癸卯朔大小餘七十七六月癸酉朔大小餘三十九七月癸卯朔小小餘一八月壬申朔大小餘四十四九月壬寅朔小小餘六閏月辛未朔大小餘四十九十月辛丑朔小小餘十一十一月庚午朔大小餘五十四十二月庚子朔小小餘十六成王元年正月己巳朔大小餘五十九孔疏所推未盡密合也成王元年正月己巳朔〔補注〕李銳曰置前年十二月大餘十六小餘十六加一月大小餘得是年正月大餘四十五小餘五十九如法命之得正月己巳朔此命伯禽俾侯于魯之歲也師古曰俾使也封之使爲

諸侯後三十年四月庚戌朔十五日甲子哉生霸師古曰哉始也〔補注〕錢大昕曰是歲距入統積年五百六十四積月六千九百七十五閏餘十五積日二十萬五千九百七十七大餘五十七小餘六十二推得正月辛巳朔大二月辛亥朔小小餘二十五三月庚辰朔大小餘六十八四月庚戌朔小小餘三十四月望應在十六日乙丑小餘十一今云甲子哉生霸豈望以前已可生霸耶李銳曰是歲入甲申統五百六十四年積月六千九百七十五閏餘十五加積月三共得積月六千九百七十八積日二十萬六千六十六大餘二十六小餘三十得四月庚戌朔加大餘十四小餘六十二得望大餘四十一小餘十一如法命之得乙丑望是甲子爲月之十五日在望前一日故顧命曰惟四月哉生霸王有疾不豫甲子王乃洮沬水作顧命師古曰洮盥手也沬洗面也洮音徒高反沬卽頮字也音呼內反〔補注〕錢大昭曰沬顧命作頮馬融云頮類面也說文沬洒面也从水未聲頮古文說文無頮字頮與古文沬相似當卽頮字之譌翌日乙丑成王崩康王十二年六月戊辰朔〔補注〕李銳曰是歲入甲申統五百七十六年積月七千一百二十四閏餘四積日二十一萬三百七十七正月大餘十七小餘七十一二月大餘四十七小餘三十三三月大餘十六小餘七十六四月大餘四十六小餘三十八五月大餘十六無小餘六月大餘四十五小餘四十三七月大餘十五小餘五八月大餘四十四小餘四十八得正月辛丑朔二月辛未朔三月庚子朔四月庚午朔五月庚子朔六月己巳朔七月己亥朔八月戊辰朔然則此

文六月蓋八月之譌三日庚午故畢命豐刑曰惟十月二年〔補注〕先謙曰官本月作有是六月庚午朏王命作策豐刑孟康曰逸書篇名

春秋殷歷皆㠯殷魯自周昭王㠯下亡年數故據周公伯禽㠯下爲紀魯公伯禽推卽位四十六年至康王十六年而薨故傳曰燮父禽父並事康王師古曰燮父晉唐叔虞之子禽父卽伯禽也父讀曰甫甫者男子之美稱言晉侯燮魯公伯禽俱事康王也子考公就立酋師古曰又記此酋者諸說不同而名字或異也下皆放此酋音在由反〔補注〕齊召南曰案此志凡某公某立皆係世本之文其名或異者并記於下則史記世家文也如考公世本名就世家名酋微公世本名茀世家作魏公濆下俱放此周壽昌曰此因世家與世本名異並志之疑當日原書如酋字及下之濆擢嗥戲等字皆小字旁注後人傳鈔譌入正文耳考公世家卽位四年及煬公熙立師古曰及者兄弟相及非子繼父也下皆類此煬公二十四年正月丙申朔旦冬至殷歷㠯爲丁酉距微公七十六歲師古曰煬音弋向反〔補注〕錢大昕曰是歲入孟統三十三章首距統首積年六百八積月七千五百二十無閏餘積日二十二萬二千七十二大餘十二小餘八知天正丙申朔與冬至同日成蓉鏡曰置積年六百八策餘

乘之得四百九十一萬二千六百四十盈統法得一冬至積大餘三千一百九十二大餘十二小餘一百五十二知周正月丙申朔旦冬至世家煬公卽位六十年〔補注〕齊召南曰案世家煬公六年但此志上文既曰煬公二十四年正月丙申朔旦冬至蔀首之歲魯歷必有所據作卽位六十年者是也宋本譌作十六年監本亦從而譌以積年求之煬公二十四年爲蔀首又三十六年而薨歷幽公十四年至微公二十六年復爲蔀首恰符七十六歲之數知本文作六十年無疑卽世家亦於六字下脫十字耳先謙曰官本作十六年不提行子幽公宰立幽公世家卽位十四年及微公茀立濆師古曰茀音弗濆古沸字也〔補注〕先謙曰官本注末無也字微公二十六年正月乙亥朔旦冬至殷歷㠯爲丙子距獻公七十六歲〔補注〕錢大昕曰微公史記作魏公是歲入孟統三十七章首積年六百八十四積月八千四百六十無閏餘積日二十四萬九千八百三十一大餘五十一小餘九知天正乙亥朔成蓉鏡曰置積年六百八十四策餘乘之得五百五十二萬六千七百二十盈統法得一冬至積大餘三千五百九十一大餘五十一小餘一百七十一知周正月乙亥朔旦冬至世家〔補注〕先謙曰官本不提行微公卽位五十年子厲公翟立擢厲公世家卽

位三十七年及獻公具立獻公十五年正月甲寅朔旦冬至殷歷㠯爲乙卯距懿公七十六歲〔補注〕錢大昕曰是歲入孟統四十一章首積年七百六十積月九千四百無閏餘積日二十七萬七千五百九十大餘三十小餘十知天正甲寅朔成蓉鏡曰置積年七百六十策餘乘之得六百一十四萬八百盈統法得一冬至積大餘三千九百九十大餘三十小餘一百九十知周正月甲寅朔旦冬至世家〔補注〕先謙曰官本不提行獻公卽位五十年〔補注〕齊召南曰案世家作三十二年又武公二年世家作九年與此文不符又孝公二十七年世家同而年表云三十八年子愼公埶立嗥師古曰嗥音皮祕反又音吁器反〔補注〕先謙曰官本吁作許愼公世家卽位三十年及武公敖立武公世家卽位二年子懿公被立戲師古曰戲音許宜反懿公九年正月癸巳朔旦冬至殷歷㠯爲甲午距惠公七十六歲〔補注〕錢大昕曰史記獻公三十二年武公九年與歷不合愼史記作眞嗥史記作濞是歲入孟統四十五章首積年八百三十六積月一萬三百四十無閏餘積日三十萬五千三百四十九大餘九小餘十一知天正癸巳朔成蓉鏡曰置積年八百三十六策餘乘之得六百七十五萬四千八百八十盈統法得一冬至積大餘四千三百八十九大餘九小餘二百九知周正月癸巳朔旦冬至

世家〔補注〕先謙曰官本不提行懿公卽位九年兄子柏御立〔補注〕錢大昕曰柏御國語史記俱作伯御柏御世家卽位十一年叔父孝公稱立孝公世家卽位二十七年子惠公皇立〔補注〕杭世駿曰皇世家作弗湟世本作弗皇年表作弗生惠公三十八年正月壬申朔旦冬至殷歷㠯爲癸酉距釐公七十六歲師古曰釐讀曰僖下皆類此〔補注〕錢大昕曰是歲入孟統四十九章首積年九百一十二積月一萬一千二百八十無閏餘積日三十三萬三千一百八大餘四十八小餘十二知天正壬申朔成蓉鏡曰置積年九百一十二策餘乘之得七百三十六萬八千九百六十盈統法得一冬至積大餘四千七百八十八大餘四十八小餘二百二十八知周正月壬申朔旦冬至世家〔補注〕先謙曰官本不提行惠公卽位四十六年子隱公息立〔補注〕錢大昕曰息世本作息姑春秋疏釋文同

凡伯禽至春秋三百八十六年

春秋隱公春秋卽位十一年及桓公軌立〔補注〕錢大昕曰軌史記作允

此元年上距伐紂四百歲〔補注〕黄宗羲曰伐紂之歲據漢志推之斷爲己卯歲若依史記魯世家推之爲

戊子歲然以授時步戊子歲距至元辛巳二千三百三十三年無一合者當從班氏以己卯爲準而後春秋以上之時日乃可得耳錢大昕曰此元年謂隱元年也是歲距上元十四萬二千五百九歲先謙曰官本不提行下至距元公七十六歲皆連文

桓公春秋即位十八年子莊公同立

莊公春秋即位三十二年子愍公啟方立

愍公春秋即位二年及釐公申立釐公五年正月辛亥朔旦冬至〔補注〕錢大昕曰是歲距統首積年九百八十八積月一萬二千二百二十無閏餘積日三十六萬八百六十七大餘二十七小餘十三知天正辛亥朔成蓉鏡曰置積年九百八十八策餘一乘之得七百九十八萬三千四十盈統法得一冬至積大餘五千一百八十七大餘二十七小餘二百四十七知周正月辛亥朔旦冬至殷歷以爲壬子〔補注〕錢大昕曰案隋志載春秋命歷序魯僖公五年天正壬子朔旦日至成公十二年天正辛卯朔旦日至昭公二十年天正庚寅朔旦日至竝與殷歷合蓋乾鑿度考靈曜命歷序諸緯皆殷歷也命歷序言孔子修春秋用殷歷使其數可傳於後距成公七十六歲

是歲距上元十四萬二千五百七十七歲〔補注〕錢大昕曰案自上元盡僖公五年得十四萬二千五百七十七歲凡言距算者皆外所求則七十七歲當作七十六歲得孟統五十三章首〔補注〕李銳

曰置入統年九百八十八以章歲除之得五十二算外爲入五十三章首故傳曰五年春王正月辛亥朔日南至八月甲午晉侯圍上陽章謠云〔補注〕先謙曰章官本作童是丙子之辰〔補注〕錢大昕曰今本左傳無子字龍尾伏辰袀服振振取虢之旂師古曰袀音均又戈均反振音之人反〔補注〕錢大昕曰左傳袀作均陸德明云字書作袀鶉之賁賁天策焞焞火中成軍虢公其奔師古曰賁音奔焞音徒門反又土門反卜偃曰〔補注〕先謙曰官本考證云卜訛上今改正其九月十月之交乎丙子旦日在尾月在策鶉火中必是時也冬十二月丙子〔補注〕李銳曰丙子下當有朔字滅虢〔補注〕錢大昕曰以上僖五年左傳文言歷者以夏時故周十二月夏十月也〔補注〕錢大昕曰案杜注云龍尾尾星也日月之會曰辰日在尾故尾星伏不見鶉火星也賁賁鳥星之體也天策傳說星時近日星微焞焞無光耀也言丙子平旦鶉火中軍事有成功也以星驗推之知九月十月之交謂夏九月十月也交晦朔交會是夜日月合朔于尾月行疾故至旦而過在策孔疏云以三統歷推之此夜是月小餘盡夜半合朔在尾十四度從乙夜半至平旦日行四分度之一月行三度有餘故丙子旦日在尾星月在天策鶉火之次正中也月合孟冬之月日在尾昏危中旦七星中七星則鶉火次之星也今案三統歷自甲申統首盡僖五年十一月積月一萬二千二百三十一積日三十六萬一千一百九十二無小餘以統法乘積日得五億五千五百八十七萬四千四百八十八滿周天去之餘四十九萬九千九百二十八盈統法而一得積度三百二十四度餘一千二百九十二推周十二月丙子夜半無餘分數日月合朔入尾十五度太强孔氏以爲尾十四度疑誤也李銳曰置是年正月積日及小餘加十一月積日三百二十四小餘六十八共得積日三十六萬一千一百九十二大餘五十二無小餘得周十二月丙子朔又以統法乘積日得五億五千五百八十七萬四千四百八十八滿周天去之餘四十九萬九千九百二十八盈統法而一得積度三百二十四度餘一千二百九十二得周十二月朔合辰在尾十五度是歲歲在大火〔補注〕李銳曰置距上元歲數滿歲星歲數去之餘八百八十以百四十五乘之得十二萬七千六百盈百四十四而一得積次八百八十六次餘十六以十二除積次餘十得歲在大火故傳曰晉侯使寺人披伐蒲重耳奔狄師古曰晉侯謂獻公也寺人奄人也披其名也蒲晉邑也公子重耳之所居獻公用驪姬之讒故令披伐之而重耳懼罪出奔也事見春秋左氏傳及國語董因曰君之行歲在大火師古曰董因晉史也本周太史辛有之後以董主史官故爲董氏因其名也〔補注〕錢大昕曰外傳晉語文韋昭云因晉大夫周太史辛有之後也傳曰辛有之二子董之故晉有董史君之行謂魯僖五年重耳出奔時歲在大火又曰置距上元積年滿歲星歲數得積終八十二除去之歲餘八百八十以百四十五乘之得十二萬七千六百盈百四十四而一得積次八百八十六次餘十六以十二除積次餘數十推是歲在大火也又以三十

乘次餘得四百八十盈百四十四而一得積度三起氏五度算外則歲在大火氏八度也後十二年釐之十六歲歲在壽星〔補注〕李銳曰置上定次十次餘十六各加十一得積次二十一次餘二十七積次十二去之餘九得歲在壽星故傳曰重耳處狄十二年而行過衛五鹿乞食於壄人壄人舉凷而與之〔補注〕錢大昭曰凷左氏傳作塊說文凷正字塊或體字子犯曰天賜也後十二年必獲此土歲復於壽星必獲諸侯〔補注〕錢大昕曰晉語載子犯曰天事必象十有二年必獲此土二三子志之歲在壽星及鶉尾其有此土乎天以命矣復于壽星必獲諸侯天之道也韋昭云自軫十二度至氐四度爲壽星之次自張十七度至軫十一度爲鶉尾之次歲在壽星謂得塊之歲魯僖十六年也後十一年歲在鶉尾必有此五鹿之地也魯僖二十七年歲在鶉尾二十八年歲復在壽星晉文公伐衛正月六日戊申[illegible]正時以夏正故歲在鶉尾歲復于壽星謂魯僖二十八年也是歲四月文公敗楚于城濮合諸侯于踐土五月獻俘于王王策命之以爲侯伯故得諸侯案是歲距上元積算十四萬二千五百八十七滿歲數去之歲餘八百九十一以百四十五乘之得十二萬九千一百九十五盈百四十四而一得積次八百九十七次餘二十七以十二除積次餘數九推得是歲在壽星也又以三十乘次餘二十七得八百一十盈百四十四而一得積度五起軫十二度算外歲在軫十七度也後八歲釐

之二十四年也，歲在實沈，秦伯納之，故傳曰董因云「君以辰出，而以參入，必獲諸侯」。補注錢大昕曰外傳晉語文韋昭注辰大火也參伐也參在實沈之次自畢十二度至東井十五度曰實沈案是歲距上元十四萬二千五百九十五歲滿歲數去之歲餘八百九十九以百四十五乘之得十三萬三百五十五盈百四十四而一得積次九百五次餘三十五以十二除積次餘數五得是歲歲在實沈也又以三十乘次餘得千五十盈百四十四而一得積度七起畢十二度算外歲在參一度也李銳曰置上定次九次餘二十七各加八得積次十七次餘三十五積次滿十二去之餘五得歲在實沈

春秋釐公即位三十三年，子文公興立。文公元年，距辛亥朔旦冬至二十九歲。是歲閏餘十三，正小雪，閏當在十一月後，補注錢大昕曰推閏餘置入統積年一千一十七以章月乘之得二十三萬八千九百九十五如章歲而一得積月一萬二千五百七十八閏餘十三于法應閏十一月李銳曰是歲入甲申統一千一十七年積月一萬二千五百七十八閏餘十三其年有閏以二十二乘閏餘得二百八十六加七者十一得二百九十七滿章中二百二十八去之餘六十九置加數十一數起冬至算外得小雪是閏在十一月後又置積月加十共得積月一萬二千五百八十八積日三十七萬一千七百三十四大餘三十四小餘四十二得十一月戊午朔以一月大餘二十九小餘四十三累加前大小餘之得閏月大餘四小餘四十二月大餘三十三小餘四十七如法命之得閏月戊子朔十二月丁巳朔又是年冬至積大餘五千三百三十九大餘五十九小餘六百三十九三乘小餘得小餘一千九百一十七累以一氣大餘十五小餘千一十加之滿去如法得霜降大餘三小餘三千六百四十九小雪大餘三十四小餘一千五十二如法命之得丁亥霜降十一月三十日戊午小雪十二月二日也是無中氣者爲閏而在三月，故傳曰「非禮也」。補注錢大昕曰杜注云于歷法閏當在僖公末年誤于今年三月置閏蓋時達歷者所識孔疏云杜以爲僖三十年閏九月文二年閏正月故言于歷法閏當在僖公末年案杜征南長歷但勘經傳上下日月傳合成之原無當于歷法今以三統衡推之僖二十九年閏餘十六宜有閏僖三十年閏餘四三十一年閏餘十一俱無閏三十二年閏餘十八宜有閏三十三年閏餘六無閏文公元年閏餘十三宜有閏二年閏餘一無閏杜氏長歷無一合者也後五年，閏餘十，是歲亡閏而置閏。閏所以正中朔也。亡閏而置閏，又不告朔，故經曰「閏月不告朔」，言亡此月也。傳曰「不告朔，非禮也」。補注錢大昕曰置入統積年一千二十二以章月乘之得二十四萬一百七十如章歲而一得積月一萬二千六百四十閏餘十無閏[illegible]

春秋文公即位十八年，子宣公倭立。師古曰倭音於危反

宣公，春秋即位十八年，子成公黑肱立。

成公十二年正月庚寅朔旦冬至，補注錢大昕曰是歲距統首積年一千六十四積月一萬三千一百六十無閏餘積日三十八萬八千六百二十六大餘六小餘十四知天正庚寅朔成蓉鏡曰置積年一千六十四策餘乘之得八百五十九萬七千一百二十盈統法得一冬至積大餘五千五百八十六大餘六小餘二百六十六知周正月庚寅朔旦冬至殷曆以爲辛卯，距定公七年七十六歲。補注李銳曰定公下衍七年二字

春秋成公即位十八年，子襄公午立。襄公二十七年，距辛亥百九歲，九月乙亥朔，補注錢大昕曰是歲距統首積年一千九十七積月一萬三千五百六十八閏餘三積日四十萬六百七十四大餘五十四小餘六十二推得周正月戊寅朔二月戊申朔小餘二十四三月丁丑朔小餘六十七四月丁未朔小餘二十九五月丙子朔小餘七十二六月丙午朔小餘三十四七月乙亥朔小餘七十七八月乙巳朔小餘三十九九月乙亥朔小餘一李銳曰是歲入甲申統一千九十七年積月一萬三千五百六十八閏餘三加積月八共得積月一萬三千五百七十六積日四十萬九百一十一大餘五十一小餘一得九月乙亥朔是建申之月也。魯史書「十二月乙亥朔，日有食之」。傳曰「冬十一月乙亥朔，日有食之，於是辰在申，司歷過也，再失閏矣」。言時實行以爲十一月也，不察其建，不考之於天也。補注錢大昕曰杜注云文十一年三月甲子至今年七十一歲應有二十六閏今長歷推得二十四閏通計少再閏二十八年，距辛亥百一十歲，歲在星紀，補注李銳曰置僖公五年歲星定次十次餘十六各加百一十得積次一百二十次餘一百二十六積次滿十二去之適盡得歲在星紀故經曰「春無冰」。傳曰「歲在星紀，而淫於玄枵」。補注錢大昕曰襄二十八年左傳文杜注云星紀在丑斗牛之次玄枵在子虛危之次十八年晉董叔曰天道多在西北是歲歲星在亥至此年十一歲故在星紀明年乃當在玄枵今已在玄枵淫行失次孔疏云三統之歷以庚戌爲上元此年距上元積十四萬二千六百八十六歲置此歲數以歲星歲數一千七百二十八除之得積終八十二去之歲餘九百九十以一百四十五乘歲餘得十四萬三千五十以一百四十四除之得九百九十六爲積次不盡一百二十六爲次餘以十二除之[illegible]得八十三去之盡是謂此年更發初在星紀也欲知入次度者以次餘一百二十六乘一次三十度以百四十四除之得二十六度餘是歲星本平行此年之初已入星紀之次二十六度餘當在婺女四度于法未入于玄枵也三十年，歲在娵訾。補注錢大昕曰左傳歲在娵訾之口其明年乃及降婁案是歲歲餘九百九十二積次九百九十八定次二次餘一百二十八推得歲在娵訾東壁九度太每數轉加一得明年歲在降婁胃三度太强也三十一年，歲在降婁。補注李銳曰置上定次空次餘一百二十六各加二得定次二次餘一百二十八是三十年歲在娵訾又各加一得定次三次餘一百二十九是三十一年歲在降婁是歲

距辛亥百一十三年二月有癸未上距文公十一年會于承匡之歲夏正月甲子朔凡四百四十有五甲子奇二十日爲日二萬六千六百有六旬〔補注〕錢大昕曰是歲謂襄三十年也入統一千一百年積月一萬三千六百五閏餘五積日四十萬一千七百六十七大餘七小餘三十三推得正月辛卯朔小二月庚申朔其月二十四日得癸未杜氏長歷推在二十二日誤又上推文公十一年距入統一千二十七年積月一萬二千七百二閏餘七積日三十七萬五千一百一大餘四十一小餘三推其年正月乙丑朔小二月甲午朔大小餘四十六三月甲子朔小餘八以晉用夏正故絳縣人以爲正月甲子朔李銳曰襄三十年入甲申統一千一百年積月一萬三千六百五閏餘五加積月一共得積月一萬三千六百六積日四十萬一千七百九十六大餘三十六小餘七十六得二月庚申朔其月二十四日癸未置積日加二十四日共得四十萬一千八百二十爲入統至是年二月癸未積日又文公十一年入統一千二十七年積月一萬二千七百二閏餘七加積月二共得積月一萬二千七百四積日三十七萬五千一百六十大餘四十小餘八得夏正月甲子朔置入統至癸未積日以此積日減之餘二萬六千六百六十日以六十甲子除之得四百四十四餘二十日是得四百四十五甲子也故傳曰絳縣老人曰臣生之歲正月甲子朔四百四十有五甲子矣其季於今三之一也師曠曰郤成子會于承匡之

歲也七十三年矣史趙曰亥有二首六身下二如身則其日數也孟康曰下二畫使就身也師古曰杜預云亥字二畫在上併三六爲身如算之六也下亥上二畫豎置身旁〔補注〕錢大昕曰自文十一年盡襄三十年實七十四年而云七十三者文十一年夏正月是周三月今襄三十年周二月實夏十二月尚未盈七十三年也士文伯曰然則二萬六千六百有六旬也春秋襄公卽位三十一年子昭公稠立昭公八年歲在析木十年歲在顓頊之虛玄枵也〔補注〕錢大昕曰昭八年距上元積歲十四萬二千六百九十七滿歲數去之歲餘一千一以百四十五乘之得十四萬五千一百四十五盈百四十四而一得積次一千七次餘一百三十七以十二除積次餘數十一推得歲在析木之津又以三十乘次餘得四千一百一十盈百四十四而一得積度二十八推得歲在斗九度半也又以次轉加得歲餘一千三積次一千九定次一次餘一百三十九推昭十年歲在玄枵危十五度弱李銳曰置襄三十一年歲星定次三次餘一百二十九昭公八年各加八得定次十一次餘一百三十七歲在析木十年又各加二積次滿十二去之得定次一次餘一百二十九歲在元枵十八年距辛亥百三十一歲五月有丙子戊寅壬午火始昬見宋衛陳鄭火〔補注〕錢大昕曰是歲距統首一千一百十九年積月一萬三千八百四十閏餘五積日四十萬八千七百七大餘四十七小餘十三推天正辛未朔小二月庚子朔大小餘五十六三月庚午朔小小餘一十八四月己亥朔大小餘六十一五月己巳朔小小餘二十三其月八日丙子十日戊寅十四日壬午也李銳曰是歲入甲申統一千一百十九年積月一萬三千八百四十閏餘五加積月四共得積月一萬三千八百四十四積日四十萬八千八百二十五大餘四十五小餘二十三得五月己巳朔其月八日丙子十日戊寅十四日壬午二十年春王正月距辛亥百三十三歲是辛亥後八章首也正月己丑朔旦冬至〔補注〕李銳曰是歲入甲申統六十章首也錢大昕曰是歲距統首一千一百二十一年積月一萬三千七百六十五無閏餘積日四十萬九千四百四十五大餘五小餘三十五得天正己丑朔成蓉鏡曰置積年一千一百二十一策餘乘之得九百五萬七千六百八十盈統法得一冬至積大餘五千八百八十五大餘五小餘六百六十五知周正月己丑朔旦冬至失閏故傳曰二月己丑日南至三十二年歲在星紀距辛亥百四十五歲盈一次矣〔補注〕李銳曰置僖公五年歲星定次十次餘十六各加百四十五得積次一百五十五次餘百六十一次餘滿百四十四去之加積次一共得積次一百五十六滿十二去之盡得歲在星紀次餘滿法成一故曰盈一次故傳曰越得歲吳伐之必受其咎〔補注〕錢大昕曰孔穎達云十一年傳稱萇弘對景王曰歲在豕韋言十一年歲星在豕韋也又曰歲在大梁蔡復楚凶謂十三年歲在大梁也十三年距此十九年耳歲星歲行一次十二年而行天一周則二十五年復在大梁從

彼而歷數之則此年始至析木之津而此年數在星紀者歲行一次舉大數耳其實一歲之行有餘一次故劉歆三統之術以爲歲星一千四十四年行天一百四十五次計一千七百二十八年爲歲星歲數言數滿此年剩得行天一周三統之歷以庚戌爲上元從上元至襄二十八年積十四萬二千六百八十六歲置此歲數以歲星歲數一千七百二十八除之得積終八十二去之餘九百九十以一百四十五乘歲餘得十四萬三千五百五十以一百四十四除之得九百九十六爲積次不盡一百二十六爲次餘從襄二十八年至昭十五年合有一十八年歲星年行一次次有一餘以次加次得一千一十四以餘加餘得一百四十四餘數滿法又成一次以從積次得一千一十五也以十二去之餘七命起星紀算外得鶉火是昭十五年歲星在鶉火也計十三年在大梁十五年當在鶉首而在鶉火者由其餘分數滿剩得一次猶如閏餘滿而成月也以十五年歲在鶉火歷而數之則二十七年復在鶉火故此年在星紀也服虔注左傳云歲星在星紀吳越之分野蔡復之歲歲在大梁距此十九年昭十五年有事于武宮之歲龍度天門龍歲星也天門在戌是歲越過故使今年越得歲賈公彥云案括地象天不足西北鬭西爲天門昭十五年歲星正應在鶉首越一次當在鶉火若然天門不在戌者但龍度天門正應在五月日體在鶉首與歲星同次日沒于戌歲星亦應沒由度戌至酉上見而不沒故云龍度天門春秋昭公卽位三十二年及定公宋立定公七年正月己巳朔旦冬至〔補注〕李銳曰是歲入甲申統六十一章首也錢大昕曰是歲距統首積年一千一百四十積月一萬四千一百無閏餘積日四十一萬六千三百八十五大餘四十五小餘十五知正月己巳朔成蓉鏡曰置積年一千一百四十策餘乘之得九百二十一

萬一千二百盈統法得一冬至積大餘五千九百八十五大餘四十五小餘二百八十五知周正月己巳朔旦冬至殷歷曰爲庚午距元公七十六歲

春秋定公卽位十五年子哀公將立〔補注〕先謙曰官本將作蔣是哀公十二年冬十二月流火〔補注〕先謙曰官本作十一月非建戌之月也是月也螽故傳曰火伏而後蟄者畢今火猶西流司歷過也詩曰七月流火〔補注〕錢大昕曰是年經書五月甲辰孟子卒依正月朔爲癸卯推之甲辰當在五月弟四日但既有失閏則甲辰當在三月弟三日然則杜氏謂失一閏者非矣乃再失閏耳孔氏又謂此年當有閏而今不置者亦非十一年爲弟六十二章首則十二年不應置閏閏當在十年十二月後也依經冬十二月螽爲十一月實則九月劉氏謂建申之月者是春秋哀公卽位二十七年自春秋盡哀十四年凡二百四十二年六國春秋〔補注〕先謙曰官本六下提行哀公後十三年遜于邾子悼公曼立盄悼公世家卽位三十七年子元公嘉立元公四年正月戊申朔旦冬至〔補注〕李銳曰是歲入甲申統六十五章首也錢大昕曰是歲距統首一千二百一十六年積月一萬五千四十無閏餘積日四十四萬四千一百四十四大餘二十四小餘十六知

正月戊申朔成蓉鏡曰置積年一千二百十六策餘乘之得九百八十二萬五千二百八十盈統法得一冬至積大餘六千三百八十四大餘二十四小餘三百四知周正月戊申朔旦冬至殷歷曰爲己酉距康公七十六歲元公世家卽位二十一年子穆公衍立顯穆公世家卽位三十三年子恭公奮立恭公世家卽位二十二年子康公毛立〔補注〕錢大昕曰毛史記作屯康公四年正月丁亥朔旦冬至〔補注〕李銳曰是歲入甲申統六十九章首也錢大昕曰是歲距入統積年一千二百九十二積月一萬五千九百八十無閏餘積日四十七萬一千九百三大餘三小餘十七知天正丁亥朔成蓉鏡曰置積年一千二百九十二策餘乘之得一千四十三萬九千三百六十盈統法得一冬至積大餘六千七百八十三大餘三小餘三百十三知周正月丁亥朔旦冬至殷歷曰爲戊子距緡公七十六歲師古曰緡讀與愍同下皆類此康公〔補注〕先謙曰官本不提行至八百六十七歲皆連文世家卽位九年子景公偃立〔補注〕錢大昕曰偃史記作匽景公世家卽位二十九年子平公旅立〔補注〕錢大昕曰旅史記作叔誒平公世家卽位二十年〔補注〕錢大昕曰史記作三十二年子緡公賈立緡公二十

二年正月丙寅朔旦冬至〔補注〕李銳曰是歲入甲申統七十三章首也錢大昕曰是歲距入統積年一千三百六十八積月一萬六千九百二十無閏餘積日四十九萬九千六百六十二大餘四十二小餘十八知天正丙寅朔成蓉鏡曰置積年一千三百六十八策餘乘之得一千一百五萬三千四百四十盈統法得一冬至積大餘七千一百八十二大餘四十二小餘三百四十二知周正月丙寅朔旦冬至殷歷曰爲丁卯距楚元七十六歲緡公世家卽位二十三年子頃公讎立〔補注〕錢大昕曰頃史記作傾頃公表十八年秦昭王之五十一年也秦始滅周周凡三十六王八百六十七歲〔補注〕錢大昕曰周三十六王以史記次之武王一成王二康王三昭王四穆王五共王六懿王七孝王八夷王九厲王十宣王十一幽王十二平王十三五十一年桓王十四二十三年莊王十五十五年釐王十六五年惠王十七二十五年襄王十八二十三年頃王十九六年匡王二十六年定王二十一二十一年簡王二十二十四年靈王二十三二十七年景王二十四二十年悼王二十五不踰年敬王二十六四十二年元王二十七八年定王二十八二十八年哀王二十九立三月思王三十立五月考王三十一十五年威烈王三十二二十四年安王三十三二十六年烈王三十四七年顯王三十五四十八年慎靚王三十六六年赧王三十七五十九年實三十七王秦伯師古曰伯讀曰霸其下亦同昭公〔補注〕先謙曰官本公作王是本紀無天子五年〔補注〕沈欽

韓曰史記正義案王赧卒後天下無主三十五年此則專指秦昭也六國表昭王後王赧五年卒孝文王〔補注〕先謙曰官本不提行至五世四十九歲皆連文本紀卽位一年元年楚考烈王滅魯頃公爲家人周滅後六年也莊襄王本紀卽位三年始皇本紀卽位三十七年二世本紀卽位三年凡秦伯五世四十九歲漢高祖皇帝著紀〔補注〕先謙曰官本漢下提行伐秦繼周木生火故爲火德天下號曰漢距上元年十四萬三千二十五歲〔補注〕先謙曰官本考證云案文不必有年字疑衍歲在大棣之東井二十二度〔補注〕全祖望曰大棣之名不見於十二分野鄭郭杜賈孔邢言分野無及之者但以漢高卽位之年在午考之史記天官書有云敦牂歲歲陰在午星在酉歲陰者太歲也卽所謂鶉首之六度也其云星者歲星也殆所謂大棣之東井二十二度也然則大棣卽壽星之垣不知古人何以皆缺之蓋十二分野閒多別名如元枵一名顓頊之虛大火一名闕伯之虛娵訾一名孟陬則壽星或亦一名大棣但祇見於此更無可考王念孫曰案二十二度當爲二十一度上文云鶉首初井十六度然則鶉首之六度井之二十一度也景祐本作二十二度亦非鶉首之六度也故漢志曰歲在大棣名

曰敦牂太歲在午〔補注〕錢大昕曰六度當作七度置積年以歲星歲數去之歲餘一千三百二十九以百四十五乘之得十九萬二千七百五盈百四十四而一得積次一千三百三十八次餘三十三以十二去積次餘數六命星紀算外得歲在鶉首也以三十乘次餘得九百九十盈百四十四而一得積度六起井十六度算外得歲在東井二十二度太強實鶉首之七度今本七作六誤也歲星在天右行太歲在地左行與斗建相應故歲星在未鶉首太歲必在午也以六十除積次餘十有八起丙子算外得歲在甲午也

八年〔補注〕先謙曰官本不提行至高帝即位十二年連文十一月乙巳朔旦冬至〔補注〕李銳曰是歲距入甲申統七十七章首也錢大昕曰漢初用秦正以夏十月為正月冬至當在二月此云十一月據太初追改時月書之是歲距入統積年一千四百四十四積月一萬七千八百六十無閏餘積日五十二萬七千四百二十一大餘二十一小餘十九知天正乙巳朔成蓉鏡曰置積年一千四百四十四策餘乘之得一千一百六十六萬七千五百二十盈統法得一冬至積大餘七千五百八十一大餘二十一小餘三百六十一知漢十一月乙巳朔旦冬至楚元三年也〔補注〕先謙曰劉歆元王後故兩附著之

故殷歷㠯為丙午距元朔七十六歲

著紀高帝即位十二年

惠帝著紀即位七年

高帝著紀即位八年〔補注〕錢大昭曰帝字誤監本閩本皆作后先謙曰官本作后

文帝前十六年後七年著紀即位二十三年

景帝前七年中六年後三年著紀即位十六年

武帝建元元光元朔各六年元朔六年十一月甲申朔旦冬至〔補注〕李銳曰是歲入甲申統八十一章首也錢大昕曰是歲距入統積年一千五百二十積月一萬八千八百無閏餘積日五十五萬五千一百八十無大餘小餘二十知天正甲申朔成蓉鏡曰置積年一千五百二十策餘乘之得一千二百二十八萬一千六百盈統法得一冬至積大餘七千九百八十無大餘小餘三百八十知漢十一月甲申朔旦冬至殷歷㠯為乙酉距初元七十六歲

元狩元鼎元封各六年〔補注〕先謙曰官本不提行至即位五十四年皆連文漢歷太初元年距上元十四萬三千一百二十七歲〔補注〕齊召南曰案元史三統積年一十四萬四千五百一十一與此文異又案前文曰以前歷上元泰初四千六百一十七歲至于元封七年又不同也前十一月甲子朔

旦冬至歲在星紀婺女六度故漢志曰歲名困敦師古曰敦音頓〔補注〕先謙曰官本注作敦頓也正月歲星出婺女〔補注〕錢大昕曰置積年以元法除之盡推為入元甲子統首日月皆無餘分又置積年以歲星歲數去之歲餘一千三百四十一以百四十五乘之得二十萬七千四百九十五盈百四十四而一得積次一千四百四十次餘一百三十五以十二除積次無餘數則歲在星紀也又以三十乘次餘得四千五十盈百四十四而一得積度二十八起斗十二度算外歲則婺女六度也以六十除積次無餘分知太歲復于丙子故云歲名困敦也又曰推星見術以歲星見數乘上元積年[illegible]得二億二千六百五十七萬一千六百二十四如歲數而一得定見數十三萬一千一百十七見餘一千四百四十八不盈見數是見在本年也以見中分乘定見得二十七億一千八百五十四萬二千一百十二如見中法而一得積中百七十一萬七千五百二十五中餘三十七以元中除積中餘數一推得星始見在大寒中玄枵之次也又以見閏分乘定見得十五億八千五百九十九萬一千二百三十二以章歲乘中餘得七百三并之得十五億八千五百九十九萬一千九百三十五如見月法而一得積閏月五萬二千七百三十一月餘一千六百四十八以積閏并積中得積月百七十七萬二千一百五十六以元月除之餘數一推得星見在歲前十二月也是歲係入元第一年天正甲子朔旦中朔俱無餘分故置不求即命大寒為甲午日中小餘二千二十命十二月癸巳朔小餘四十三乃以中法乘中餘得五百十九萬九千六百一十以見中法乘中小餘得三百二十九萬七千六百六十并之得八百三十

九萬七千二百七十如見中日法得入中日一日餘一百八萬八千五百五十九又以月法乘月餘得三百九十四萬二千十六以見月法乘朔小餘得百二十九萬三千三百十一并之得五百二十三萬五千三百二十七如見月日法得入月日二日餘三十六萬二千八百五十三推得歲星始見在歲前十二月三日乙未加辰丑入婺女九度強然則天正朔前後歲星正在婺女六度與日同次而伏也始見時星距女十二度末三度見中日法分度之六百二十二萬一百五十二[illegible]其行率十一日行二度乃以二度通為見中日法為一率十一日為二率今距女十二度末之三度奇通分為三率推四率得二十一日兩見中日法分之二百六十二萬三千二百七十三以始見大餘朔大餘并入中日為始見大餘加二十一日得大餘五十二兩始見小餘[illegible]加小餘得小餘兩見中日法分之四百八十二萬三百九十一推為十二月二十四日丙辰加辰卯星盡女十二度入虛一度無緣正月歲星在女也張文虎曰案太初元年六歷皆為丁丑而武帝詔以為焉逢攝提格此又云歲名困敦者蓋皆承元封六年為言也元封六年歲星在星紀正月晨見故謂之焉逢攝提格其十一月歲星與日同次故謂之困敦治歷起年前天正冬至又漢初承秦以年前十月為歲首故以太初元年統於元封六年也今依三統術推之元封五年十一月庚子朔即元封六年天正月也十九日戊午冬至日在星紀中牽牛初度歲星在析木二十七度百四十四分之百三十三當斗八度在日後去日十八度有奇晨見三日後當以前月與日同次斗建亥是元封五年當名大淵獻也自冬至順日行四十六日日率十一分度二元封六年正月己亥朔初六日甲辰立春日在顓

嘗初危十六度歲星在星紀斗六度去日五十四度隔次晨見凡歲次晨見皆巳卯丑歲斗建寅天官書所謂攝提格之歲歲陰左行在寅歲星右轉居丑正月與斗牽牛晨出東方也自元封五年冬至前二歲日歲星去日半次始見至六年冬至前三日凡三百六十五日有奇星行一次有奇而入伏限十一月甲子朔旦冬至前卽太初元年日在牽牛初度歲星在婺女六度在日前去日十四度與日同次斗建子是元封六年當名困敦也伏限三十三日有奇順日行三度奇十二月癸巳朔初二日甲午大寒日在玄枵中危初度歲星在婺女九度在日後去日半次晨見順日行四十六日日率十一分度二行星八度十一分之四太初元年正月癸亥朔十八日庚辰雨水三統術以雨水爲二月節日在降婁初奎五度歲星在虛五度去日五十二度隔次晨見斗建卯天官書所謂單閼歲歲陰在卯星在子與婺女虛危晨出也是年十一月戊午朔二十六日甲申小寒二十朝日在玄枵初婺女八度歲星距初見三百四十日矣在危十二度去日二十五度在日前與日同次斗建丑是太初元年當名赤奮若也夫既改用夏正則紀年自當以正月爲斷而鄧平衞定於太初元年五月其年前亥子丑三月猶冠正月之前當時未更定故歆逃三統承其舊文又特言正月歲星出婺女者十二月十七日己酉立春入正月節歲星猶在婺女十一度明自此始爲太初元年也

太初天漢太始征和各四年後二年著紀卽位五十四年

昭帝始元元鳳各六年元平一年著紀卽位十三年

前漢二十一下　五五

宣帝本始地節元康神爵五鳳甘露各四年黃龍一年著紀卽位二十五年

元帝初元二年十一月癸亥朔旦冬至〔補注〕李銳曰是歲入甲子統五章首也錢大昕曰是歲入甲子統積年七十六積月九百四十無閏餘積日二萬七千七百五十九大餘三十九小餘一推天正癸亥朔成蓉鏡曰置入甲子統積年七十六策餘乘之得六十一萬四千八十盈統法得一冬至積大餘三百九十九大餘三十九小餘十九知漢十一月癸亥朔旦冬至**殷歷以爲甲子以爲紀首是歲也十月日食**〔補注〕錢大昕曰置積月以二十三乘之得二萬一千六百二十盈百三十五而一得積會百六十除去之不盈數二十爲會餘加二十三者十一并會餘得二百七十三盈百三十五又去之其餘數三是會在十月朔後也故十月朔日食**非合辰之會不得爲紀首距建武七十六歲**〔補注〕錢大昕曰凡紀首之歲中朔交會分俱盡今以三統術推是歲天正朔距交分已遠朔前蝕朔又入其十月朔日食亦在交前不正當交于法不當爲紀首也距建武七十六歲七字班氏所增入

初元永光建昭各五年竟寧一年著紀卽位十六年〔補注〕先謙曰官本不提行

成帝建始河平陽朔鴻嘉永始元延各四年綏和二年著紀卽位二十六年

哀帝建平四年元壽二年著紀卽位六年

平帝著紀卽位元始五年以宣帝玄孫嬰爲嗣謂之孺子孺子著紀新都侯王莽居攝三年王莽居攝盜襲帝位〔補注〕錢大昕曰自此以下皆班氏所增入非劉歆本文**竊號曰新室始建國五年天鳳六年地皇三年著紀盜位十四年更始帝著紀以漢宗室滅王莽卽位二年赤眉賊立宗室劉盆子滅更始帝**〔補注〕先謙曰志於更始稱帝以光武先爲其臣也云赤眉立宗室盆子滅更始帝明光武非以臣代君也**自漢元年訖更始二年凡二百三十歲光武皇帝著紀**〔補注〕先謙曰官本光武以下提行**以景帝後高祖九世孫受命中興復漢改元曰建武**〔補注〕張文虎曰依前例此改元建武下當有六年十一月壬寅朔旦冬至殷歷以爲癸卯十七字與上元帝二年文相應以終歷志**歲在鶉尾之張度**〔補注〕錢大昕曰建武元年距上元十四萬三千二百五十五歲以歲星歲數除之歲餘一千五百五十九以百四十五乘之得二十二萬六千五十五盈百四十四而一得積次一千五百六十九次餘十九百以十二除積次餘數九從星紀起算外則歲在壽星也又以六十除積次餘數亦九從丙子起算外則太歲在乙酉也志云歲在鶉尾之張度者蓋以太初元年歲在星紀距是歲一百二十八算未盈超辰之限故約略計之以爲當在鶉尾耳若以密率求之則太初改元歲星在婺女六度已是星紀之末歲星每年多行一分至太始二年歲星已度壽星而入大火卽太歲亦超乙酉而在丙戌矣王莽傳建國五年歲在壽星蒼龍癸酉八年歲躔星紀天鳳七年歲在大梁倉龍庚辰厥明年歲在實沈倉龍辛巳據此推至光武建武元年正當在壽星之次此實算也張文虎曰錢氏推建武元年歲星在壽星則是前一年在鶉尾疑此句當在上文更始二年下錯簡在此然求其次度二十四度百四十四分之八十四鶉尾起張十八度今至二十四度餘則已在軫五度去張遠矣

建武三十一年中元二年卽位三十三年

前漢二十一下　五六

三統術鈐〔先謙曰錢氏大昕作三統術衍三卷復爲鈐一卷今以附於後〕

元法鈐

一	二	三	四	五	六	七	八
四六一七	九二三四	一三八五一	一八四六八	二三〇八五	二七七〇二	三二三一九	三六九三六

統法鈐

一	二	三	四	五	六	七	八
一五三九	三〇七八	四六一七	六一五六	七六九五	九二三四	一〇七七三	一二三一二

九　四一五五三

章月鈐
一　二三五
二　四七〇
三　七〇五
四　九四〇
五　一一七五
六　一四一〇
七　一六四五
八　一八八〇
九　二一一五

月法鈐
一　二三九二
二　四七八四
三　七一七六
四　九五六八
五　一一九六〇
六　一四三五二
七　一六七四四
八　一九一三六
九　二一五二八

策餘鈐
一　八〇八〇
二　一六一六〇
三　二四二四〇
四　三二三二〇
五　四〇四〇〇
六　四八四八〇
七　五六五六〇
八　六四六四〇
九　七二七二〇

周天鈐
一　五六二一二〇
二　一一二四二四〇
三　一六八六三六〇
四　二二四八四八〇
五　二八一〇六〇〇
六　三三七二七二〇
七　三九三四八四〇
八　四四九六九六〇
九　五〇五九〇八〇

月周鈐
一　二五四
二　五〇八
三　七六二
四　一〇一六
五　一二七〇
六　一五二四

九　一三八五一

章歲鈐
一　一九
二　三八
三　五七
四　七六
五　九五
六　一一四
七　一三三
八　一五二
九　一七一

日法鈐
一　八一
二　一六二
三　二四三
四　三二四
五　四〇五
六　四八六
七　五六七
八　六四八
九　七二九

會歲鈐
一　五一三
二　一〇二六
三　一五三九
四　二〇五二
五　二五六五
六　三〇七八

七　一七七八
八　二〇三二
九　二二八六

食法鈐
一　二三
二　四六
三　六九
四　九二
五　一一五
六　一三八
七　一六一
八　一八四
九　二〇七

歲星見中法鈐即見數
一　一五八三
二　三一六六
三　四七四九
四　六三三二
五　七九一五
六　九四九八
七　一一〇八一
八　一二六六四
九　一四二四七

歲星歲數鈐
一　一七二八
二　三四五六
三　五一八四
四　六九一二
五　八六四〇
六　一〇三六八
七　一二〇九六
八　一三八二四
九　一五五五二

歲星見中分鈐
一　二〇七三六
二　四一四七二
三　六二二〇八
四　八二九四四
五　一〇三六八〇
六　一二四四一六
七　一四五一五二
八　一六五八八八
九　一八六六二四

歲星見閏分鈐
一　一二〇九六
二　二四一九二
三　三六二八八
四　四八三八四

七　三五九一
八　四一〇四
九　四六一七

朔望之會鈐
一　一三五
二　二七〇
三　四〇五
四　五四〇
五　六七五
六　八一〇
七　九四五
八　一〇八〇
九　一二一五

五 六○四八○
六 七二五七六
七 八四六七二
八 九六七六八
九 一○八八六四
歲星見月法鈐
一 三○○七七
二 六○一五四
三 九○二三一
四 一二○三○八
五 一五○三八五
六 一八○四六二
七 二一○五三九
八 二四○六一六
九 二七○六九三
歲星見中日法鈐
一 七三○八七一一
二 一四六一七四二二
三 二一九二六一三三
四 二九二三四八四四
五 三六五四三五五五
六 四三八五二二六六
七 五一一六○九七七
八 五八四六九六八八

九 六五七七八三九九
歲星見月日法鈐
一 二四三六二三七
二 四八七二四七四
三 七三○八七一一
四 九七四四九四八
五 一二一八一一八五
六 一四六一七四二二
七 一七○五三六五九
八 一九四八八九九六
九 二一九二六一三三
太白見中法鈐卽復數
一 二一六一
二 四三二二
三 六四八三
四 八六四四
五 一○八○五
六 一二九六六
七 一五一二七
八 一七二八八
九 一九四四九
太白歲數鈐
一 三四五六
二 六九一二

三 一○三六八
四 一三八二四
五 一七二八○
六 二○七三六
七 二四一九二
八 二七六四八
九 三一一○四
太白見中分鈐
一 四一四七二
二 八二九四四
三 一二四四一六
四 一六五八八八
五 二○七三六○
六 二四八八三二
七 二九○三○四
八 三三一七七六
九 三七三二四八
太白見閏分鈐
一 二四一九二
二 四八三八四
三 七二五七六
四 九六七六八
五 一二○九六○
六 一四五一五二

七 一六九三四四
八 一九五五三六
九 二一七七二八
太白見月法鈐
一 四一○五九
二 八二一一八
三 一二三一七七
四 一六四二三六
五 二○五二九五
六 二四六三五四
七 二八七四一三
八 三二八四七二
九 三六九五三一
太白見中日法鈐
一 九九七七三三七
二 一九九五四六七四
三 二九九三二○一一
四 三九九○九三四八
五 四九八八六六八五
六 五九八六四○二二
七 六九八四一三五九
八 七九八一八六九六
九 八九七九六○三三
太白見月日法鈐

一 三三二五七七九
二 六六五一五五八
三 九九七七三三七
四 一三三〇三一一六
五 一六六二八八九五
六 一九九五四六七四
七 二三二八〇四五三
八 二六六〇六二三二
九 二九九三二〇一一
鎮星見中法鈐卽見數
一 四一七五
二 八三五〇
三 一二五二五
四 一六七〇〇
五 二〇八七五
六 二五〇五〇
七 二九二二五
八 三三四〇〇
九 三七五七五
鎮星歲數鈐
一 四三二〇
二 八六四〇
三 一二九六〇
四 一七二八〇

五 二一六〇〇
六 二五九二〇
七 三〇二四〇
八 三四五六〇
九 三八八八〇
鎮星見中分鈐
一 五一八四〇
二 一〇三六八〇
三 一五五五二〇
四 二〇七三六〇
五 二五九二〇〇
六 三一一〇四〇
七 三六二八八〇
八 四一四七二〇
九 四六六五六〇
鎮星見閏分鈐
一 三〇二四〇
二 六〇四八〇
三 九〇七二〇
四 一二〇九六〇
五 一五一二〇〇
六 一八一四四〇
七 二一一六八〇
八 二四一九二〇

九 二七二一六〇
鎮星見月法鈐
一 七九三二五
二 一五八六五〇
三 二三七九七五
四 三一七三〇〇
五 三九六六二五
六 四七五九五〇
七 五五五二七五
八 六三四六〇〇
九 七一三九二五
鎮星見中日法鈐
一 一九二七五九七五
二 三八五五一九五〇
三 五七八二七九二五
四 七七一〇三九〇〇
五 九六三七九八七五
六 一一五六五五八五〇
七 一三四九三一八二五
八 一五四二〇七八〇〇
九 一七三四八三七七五
鎮星見月日法鈐
一 六四二五三二五
二 一二八五〇六五〇

三 一九二七五九七五
四 二五七〇一三〇〇
五 三二一二六六二五
六 三八五五一九五〇
七 四四九七七二七五
八 五一四〇二六〇〇
九 五七八二七九二五
熒惑見中法鈐卽見數
一 六四六九
二 一二九三八
三 一九四〇七
四 二五八七六
五 三二三四五
六 三八八一四
七 四五二八三
八 五一七五二
九 五八二二一
熒惑歲數鈐
一 一三八二四
二 二七六四八
三 四一四七二
四 五五二九六
五 六九一二〇
六 八二九四四

七 九六七六八
八 一 一〇五九二
九 一 二四四一六
熒惑見中分鈴
一 一六五八八八
二 三三一七七六
三 四九七六六四
四 六六三五五二
五 八二九四四〇
六 九九五三二八
七 一 一六一二一六
八 一 三二七一〇四
九 一 四九二九九二
熒惑見閏分鈴
一 九六七六八
二 一 九三五三六
三 二 九〇三〇四
四 三 八七〇七二
五 四 八三八四〇
六 五 八〇三〇八
七 六 七四六七六
八 七 七四一四四
九 八 七〇九一二
熒惑見月法鈴

一 一二二九一一
二 二四五八二二
三 三六八七三三
四 四九一六四四
五 六一四五五五
六 七三七四六六
七 八六〇三七七
八 九八三二八八
九 一 一〇六一九九
熒惑見中日法鈴
一 二九八六七三七三
二 五九七三四七四六
三 八九六〇二一一九
四 一 一九四六九四九二
五 一 四九三三六八六五
六 一 七九二〇四二三八
七 二 〇九〇七一六一一
八 二 三八九三八九八四
九 二 六八八〇六三七五
熒惑見月日法鈴
一 九九五五七九一
二 一 九九一一五八二
三 二 九八六七三七三
四 三 九八二二一六四

五 四 九七七八九五五
六 五 九七三四九四六
七 六 九六九〇五三七
八 七 九六四六三二八
九 八 九六〇二一一九
歲星見中法鈴卽後數
一 二九〇四一
二 五八〇八二
三 八七一二三
四 一 一六一六四
五 一 四五二〇五
六 一 七四二四六
七 二 〇三二八七
八 二 三二三二八
九 二 六一三六九
辰星歲數鈴
一 九二一六
二 一 八四三二
三 二 七六四八
四 三 六八六四
五 四 六〇八〇
六 五 五二九六
七 六 四五一二
八 七 三七二八

九 八 二九四四
辰星見中分鈴
一 一 一〇五九二
二 二 二一一八四
三 三 三一七七六
四 四 四二三六八
五 五 五二九六〇
六 六 六三五五二
七 七 七四一四四
八 八 八四七三六
九 九 九五三二八
辰星見閏分鈴
一 六四五一二
二 一 二九〇二四
三 一 九三五三六
四 二 五八〇四八
五 三 二二五六〇
六 三 八七〇七二
七 四 五一五八四
八 五 一六〇九六
九 五 八〇六〇八
辰星見月法鈴
一 五五一七七九
二 一 一〇三五五八

三 一六五五三三七
四 二二○七一一六
五 二七五八八九五
六 三三一○六七四
七 三八六二四五三
八 四四一四二三二
九 四九六六○一一
辰星見中日法鈐
一 一三四○八二二九七
二 二六八一六四五九四
三 四○二二四六八九一
四 五三六三二九一八八
五 六七○四一一四八五
六 八○四四九三七八二
七 九三八五七六○七九
八 一○七二六五八三七六
九 一二○六七四○六七三
辰旱見月日法鈐
一 四四六九四○九九
二 八九三八八一九八
三 一三四○八二二九七
四 一七八七七六三九六
五 二二三四七○四九五
六 二六八一六四五九四

七 三一二八五八六九三
八 三五七五五二七九二
九 四○二二四六八九一
元中鈐
一 五五四○四
二 一一○八○八
三 一六六二一二
四 二二一六一六
五 二七七○二○
六 三三二四二四
七 三八七八二八
八 四四三二三二
九 四九八六三六
元月鈐
一 五七一○五
二 一一四二一○
三 一七一三一五
四 二二八四二○
五 二八五五二五
六 三四二六三○
七 三九九七三五
八 四五六八四○
九 五一三九四五
中法鈐

一 一四○五三○
二 二八一○六○
三 四二一五九○
四 五六二一二○
五 七○二六五○
六 八四三一八○
七 ○九八三七一○
八 一一二四二四○
九 一二六四七七○
二十八宿鈐
牛○○○　女○○八
虛○二○　危○三○
室○四七　壁○六三
奎○七二　婁○八八
胃一○○　昴一一四
畢一二五　觜一四一
參一四三　井一五二
鬼一八五　柳一八九
星二○四　張二一一
翼二二九　軫二四七
角二六四　亢二七六
氐二八五　房三○○
心三○五　尾三一○
箕三二八　斗三三九

三統術衍補先謙曰董氏補衍撰不便分注正文下並附於此

太初元年十一月甲子夜半朔旦冬至

冬至無餘分　周天五十六萬二千一百二十爲歲實以千五

百三十九爲中日法

天正朔無餘分　月法二千三百九十二爲朔實以八十一爲

朔日法

甲子無餘分　甲子六十

交會無餘分　一食五月又二十三分月之二十

歲星距始見一歲又千五百八十三分歲之十　一見一歲又

千五百八十三分歲之百四十五歲星一見三百九十八日五百一十六萬三千一百二分

以見中日法七百三十萬八下七百一十一爲母以母通作分同以周天數如見中日法變分去之滿一歲餘分約命之五星歲

太白距始見一歲又二千一百六十一分歲之五百六十六

一復一歲又二千一百六十一分歲之千二百九十五

鎮星距始見一歲又四千一百七十五分歲之十　一見一歲

又四千一百七十五分歲之百四十五

熒惑距始見一歲又六千四百六十九分歲之五千八百七十

一見二歲又六千四百六十九分歲之八百八十六

辰星距始見二萬九千四十一分歲之六千一百八十三　一

復二萬九千四十一分歲之九千二百一十六

甲子朔旦冬至此當時實測也五步皆即據本法推之其數

當亦由推測而得然後以算術綴之也

求章歲章閏

以月法二千三百九十二變從中日法得四萬五千四百四十

八爲定母以一歲閏餘萬六千七百四十四爲奇數（以朔虚分亦變從中分）（日法得五日九百六十九分加氣盈分五日三百八十五分盈通爲分則閏餘分也）列之

一｜一六七四四　三｜四七八四　十一｜二三九二
二｜四五四四八　一一九六○　商二　八｜一一九六○　二三九二　商二　十九｜二三九二　二　減盡商一
三｜一六七四四　四七八四　商一　十一｜四七八四　二三九二　商一　相等
二｜一一九六○　八｜二三九二

求得等數爲二千三百九十二減盡左行數爲十九以等數約奇數得七爲章閏其左行數十九即章歲爲冬至與天正朔同日無閏餘

求統歲以中日法千五百三十九爲定母以十九歲之冬至小餘千一百五十九爲奇數（十九乘歲餘三百八十五滿中日法去之則小餘也）列之

一｜一一五九　四｜一九
一｜一五三九　三八○　商一　十七｜三八○　一九　商九　相等
四｜一一五九　一九　商三　八十一｜一九　減盡　商一
一｜三八○　十七｜一九

求得左行數爲八十一以乘章歲得千五百三十九即統歲爲冬至與天正朔同在日首無小餘

求元歲以甲子六十爲定母以千五百三十九歲之冬至大餘四十爲奇數（以統法爲母以天數六十去之則大餘也）列之

四○
六○　二○　商一
四○　二○　商一　相等
二○

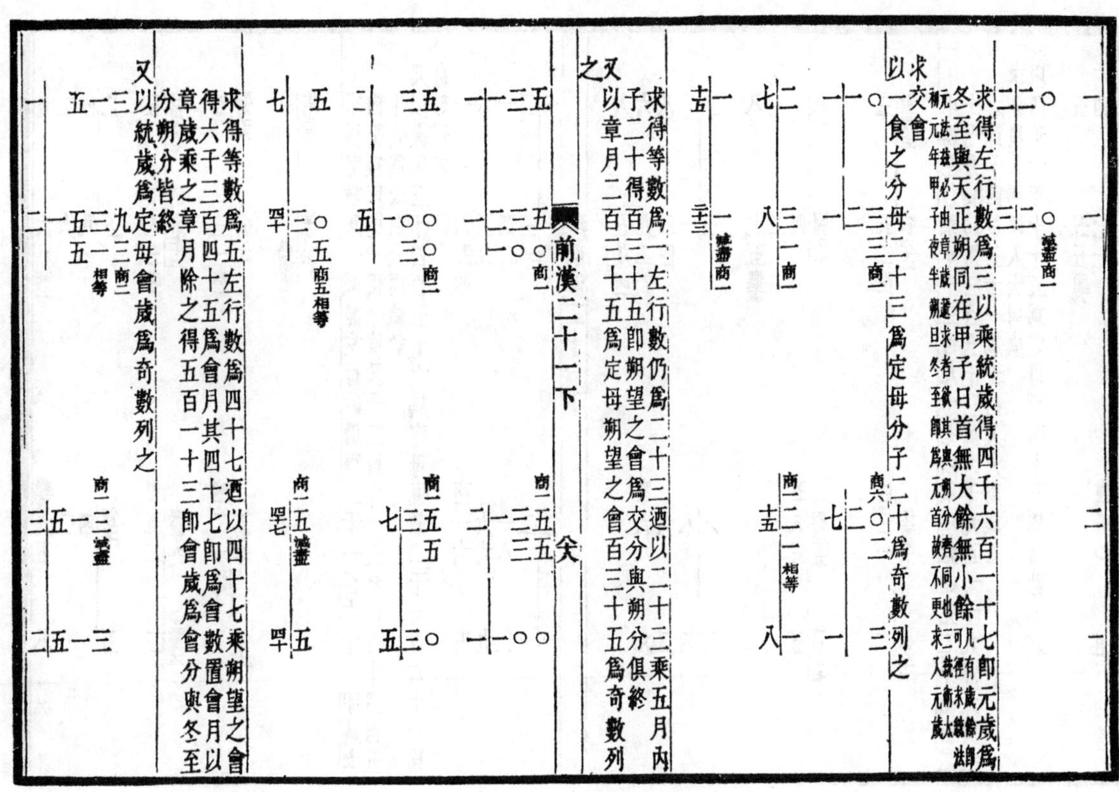
二｜二○　一
三｜二○　減盡商一　一
二
一

求得左行數爲三以乘統歲得四千六百一十七即元歲爲冬至與天正朔同在甲子日首無大餘無小餘（凡有歲餘即可徑求統法元法以必由章歲遞求者欲其與朔分齊同也三統術太初元年甲子夜半朔旦冬至即爲元首故不更求入元歲）

求交會以一食之分母二十三爲定母分子二十爲奇數列之

一｜一○　七｜二　十五｜一
一｜二三　三　商一　八｜三一　商一　二十三｜一　減盡商一
七｜二○二　商六　十五｜二一　商二　相等
一｜三　八｜一

求得等數爲一左行數仍爲二十三迺以二十三乘五月內子二十得百三十五即朔望之會爲交分與朔分俱終又以章月二百三十五爲定母朔望之會百三十五爲奇數列之

一｜一三五　二｜　三五　七｜五
一｜二三五　一○○　商一　五｜一○○　三○　商二　四十｜三○　五　商五　相等
二｜一三五　三五　商一　七｜三五　五　商二　四十七｜五　減盡　商二
一｜一○○　五｜三○　四十｜五

求得等數爲五左行數爲四十七迺以四十七乘朔望之會得六千三百四十五爲會月其四十七即爲會數置會月以章歲乘之章月除之得五百一十三即會歲爲會分與冬至分朔分皆終

又以統歲爲定母會歲爲奇數列之

一｜五一三
二｜一五三九　五一三　商三　相等
三｜五一三　商一　減盡
二｜五一三

求得等數爲五百一十三左行數爲三以三乘會歲仍得千五百三十九爲會分冬至分朔分小餘皆終與統法等三乘之即元歲四千六百一十七而交會亦復於甲子[illegible]

不便求入會歲

求歲星大周及入大周歲

以千五百八十三爲定母百四十五爲奇數列之

五　三三　商十　商一　五二　三
四　八三　四一　三
一　五一　一　一
十　十　十一　十
二　三一　商十　商十　二一　相等　一
一　三　一　一
十二　亘十一　壬百五十二　亘十一
一　一　減盡商一
壹百五十二　壬百八十三

求得等數爲一滅盡左行數仍得千五百八十三卽爲歲星見數以通一見一歲又百四十五分得千七百二十八爲歲星大周歲數

又以大周千七百二十八爲定母見數千五百八十三爲奇數列之

三　八五　商一　商十　三三　五
八　二四　八三
五　七一　一五　一四
一　一　十一　一
三　五二　商一　商十　三一　二
三　四一　一三　一
十一　十二　亘十二　十二

求得左行乘率百四十三以乘星距始見千五百九十三分通分得二十二萬七千七百九十九滿大周去之餘千四百三十一爲歲星入大周歲

求太白大周及入大周歲

以二千一百六十一爲定母千二百九十五爲奇數列之

五　一六　商一　商一　五九　六
九　六六　九二　六
二　一八　二四　八
一　二　一　一
一　一　二　一

九　六八　商二　亘十一　九五　八
二　六　二
四　八　四
二　五　亘十七　五
五　八三　商一　亘十一　商一　五二　亘十一　三
言百卒七　言七十三　亘十九
二　三一　商一　商一　二一　相等
晉五十九　令百十五　千三百五十　令百十一
一　一　減盡商一
千三百五十　千五百八十一

求得等數爲一滅盡左行數仍得二千一百六十一卽爲太白復數以通一復一歲又千二百九十五分得三千四百五十六爲太白大周歲數

又以大周三千四百五十六爲定母復數二千一百六十一爲奇數列之

一　六五　商一　一六　商一　六六　五
六　五九　八六　九
一　四二　一八　二
二　一三　二　一
一　一　二　一

六　五九　商三　六八　九
八　九二　八六　二
八　二四　八　四
二　三一　八　三
八　九五　亘十一
二　四
八　亘十七　商一　八三　亘十五
四　五　亘十七
三　五二　商一　三一　二
亘十五　令六十二　壬百八十七　八百六十二

求得左行乘率千二百九十七以乘星距始見二千七百二十七分通分得三百五十三萬六千九百一十九滿大周去之餘千四百三十一爲太白入大周歲

求鎭星大周及入大周歲

以四千一百七十五爲定母百四十五爲奇數列之

五　五五　商十八　商一　五〇　五
四　七一

一　一　四三　一
一　三十八　一　三十九　三十八
三〇　一五五　商三　商一　三〇五　二五
三十九　二百二十五　二百二十四　二百十五
五　二五五　商四相等　商一五　減盡　五
一百二十四　六百九十一　六百二十五　六百九十一

求得等數爲五減盡左行數得八百三十五卽爲鎭星見數亦卽以爲一歲之分以等數五約百四十五得二十九相加得八百六十一四爲鎭星大周歲數而元術以四千三百二十爲大周四千一百七十五爲見數者欲以合小周乘巛策之數實則鎭星行八百六十四歲凡八百三十五見已無餘分不待四千三百二十歲也

又以八百六十四爲定母八百三十五爲奇數列之

五三八　一
四九　六二　八　一
商一
商三十六　五三三　八　三十九
三二
二九　一

三　二　三十九
九六　商一　二　三十
商三　三五　二　二百十九
六　三十

五　二百十九
六一　商一　二百四十九
商四　五一　一百七十五
二百四十九

求得左行乘率七百一十五以乘星距始見八百三十七分（星距始見一歲又四千一百七十五分歲之十四觀分內又以前等數五約之）得五十九萬八千四百五十五滿大周八百六十四去之餘五百六十七爲鎭星入大周歲

求熒惑大周及入大周歲

以六千四百六十九爲定母八百八十六爲奇數列之

六八八　九六四六　七六七
七六二　商七
商三　六五八八　八　一百十三
七六二七

五八　七六一　二　商二
一百十三　一百十三
商七　五一　八　五百二十三
二　一　一百十三

一　一　一百三十三　商一　二一　二　三十九百二十八
一二　一一　商二　一相等
商一　一　減盡　六百八十六百六十九
一　三十九百二十八

求得等數爲一減盡左行數仍得六千四百六十九卽爲熒惑見數以通一見二歲又八百八十六分得萬三千八百二十四爲熒惑大周歲數

又以大周萬三千八百二十四爲定母見數六千四百六十九爲奇數列之

九六四六　四二八　六八
二八三一
商一
九七六　四六二
商七　六六　一百十五
六八八　二

七二六　八八六　一百四十七
五八　六一　二　一百五十六
商三　七二一　二
五八　一百四十七

二　五一　商七　一一
八五　一千一百三十九
商一　二　一　一
一萬二千八百六十五　一千一百三十九

二　一　一百五十六

求得左行乘率萬二千六百八十五以乘星距始見萬二千三百三十九分（通分納子）得一億五千六百五十二萬二千一百一十五滿大周去之得四千八百八十七爲熒惑入大周歲

求辰星大周及入大周歲

以二萬九千四十一爲定母九千二百一十六爲奇數列之

六一二九　四一三　商三
九〇四　三九一
二九　商六　一　六八　八五八
九十九　三

一　三二九　三三
三九一　三　三九
八五八　五三五　三一五
商一

八五八　五三九三　一　九十九
商二　八三　五二三　五八　三
二百十二　五三五　二百十三

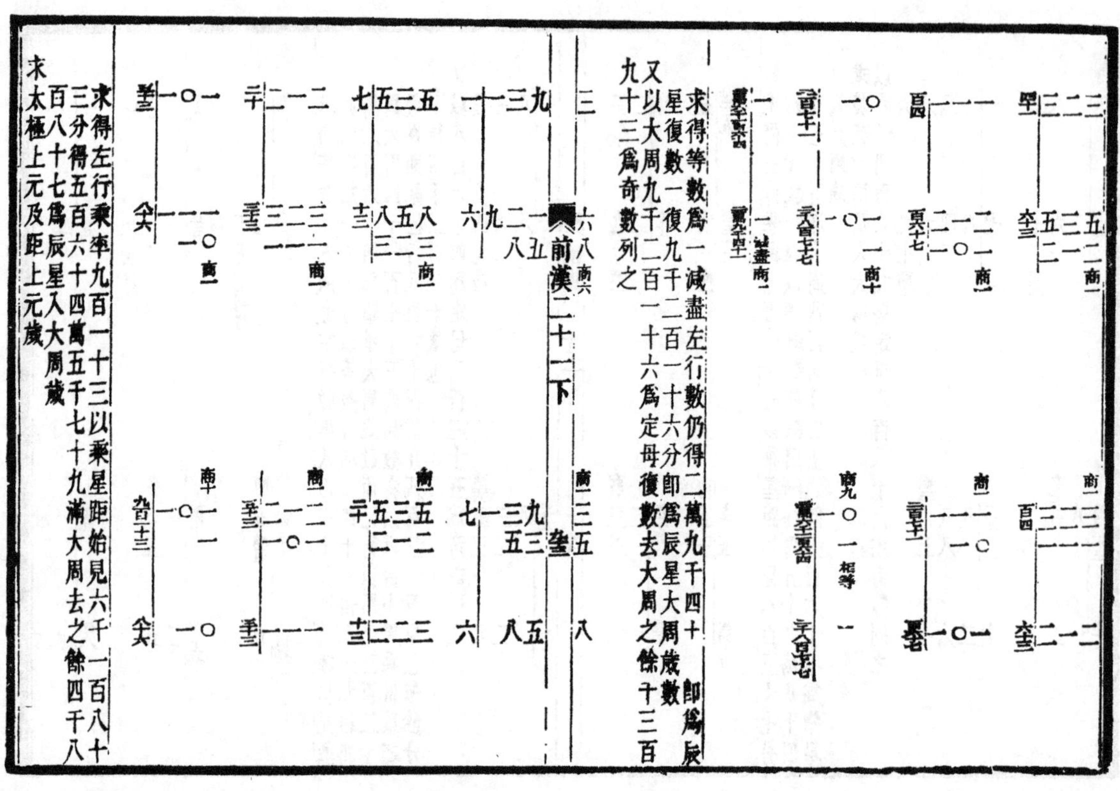

求得等數爲一減盡左行數仍得二萬九千四十即爲辰星復數一復九千二百一十六分即爲辰星大周歲數又以大周九千二百一十六爲定母復數去大周之餘千三百九十三爲奇數列之

前漢二十一下

求得左行乘率九百一十三以乘星距始見六千一百八十三分得五百六十四萬五千七十九滿大周去之餘四千八百八十七爲辰星入大周歲

求太極上元及距上元歲

以五星歲數列之

歲星 一七二八
太白 三四五六
鎮星 四三二〇
熒惑 一三八二四
辰星 九二一六

連環求等歲星與太白求等得千七百二十八約太白爲二與鎮星求等得八百六十四約鎮星爲五與熒惑求等得五百七十六約熒惑爲二千八百六十四與辰星求等得十二約熒惑爲七百二十八約辰星爲八又以太白二與鎮星五求等得一不約又以太白二與辰星八求等得二約辰星爲四又以鎮星五與辰星四求等得一不約又以熒惑四與辰星八求等得四約辰星爲二各爲定母列之

歲星 一七二八
太白 二
鎮星 五
熒惑 四
辰星 二

以諸母連乘得十三萬八千二百四十爲五星會終之歲以五星會終與章歲列之

章歲 一九
五星會終 四〇

前漢二十一下

一一三八二

求等得一不約即以章歲乘五星會終得二百六十二萬六千五百六十爲五星與日月會之歲以日月五星會歲與統法列之

統法 一五三九
日月五星會歲 二六二六五六〇

求等得五百一十三約統法爲三以乘日月五星會歲得七百八十七萬九千六百八十爲日月五星與三統合之歲以日月五星三統會歲與元法列之

元法 四六一七
日月五星三統會歲 七九六八〇

八七

求等得千五百三十九約元法爲三以乘日月五星三統會歲得二千三百六十三萬九千四十爲復於太極上元之歲

以五星歲數與元法錐行列之[illegible]

熒惑四二八三一
壘六一二九
[illegible]七一六四
杳六五四三
蠹八二七一
鑾四六八

連環求等熒惑與辰星得四千六百八約辰星爲二與元法得二十七約元法爲百七十一與太白得三千四百五十六約太白爲一與歲星得千七百二十八約歲星爲一與鎮星得八百六十四約鎮星爲一次求續等熒惑與辰星得二約辰星爲一乘熒惑爲二萬七千六百四十八四星既皆約爲一無衍數元法又無餘[illegible]可不求衍數

迴徑以熒惑數與元法本數列之

七一六四　一
八四六七二五
三六五四
壹五
商一
七一六四六
四五
三六五四五

前漢二十一下　垒

四五　六
三六五四　覔
七二
實商
商一
四五　壹五
七二相等
七二　覔

求得等數爲二十七乘率爲五百一十五迴以熒惑數乘元法約數百七十一得四百七十二萬七千八百八爲衍母[illegible][illegible]以乘率乘元法本數得二百三十七萬七千七百五十五又以等數二十七約熒惑入大周歲四千八百八十七爲百八十一乘之得四億三千三百二十七萬三千六百五十五滿衍母去之得十四萬三千一百二十七爲太初元年距上元歲

三統術詳說先謙曰陳氏澧書中多倒亂志文不便分注亦坿於後

黃鐘以其長自乘故八十一爲日法

統母日法八十一元始黃鐘初九自乘一龠之數得日法

命一日爲八十一分其云黃鐘自乘者黃鐘九寸自乘得八十一此借黃鐘爲說耳其實則因月行二十九日又八十一分日之四十三而與日會故命一日爲八十一分也

以五乘十大衍之數也而道據其一其餘四十九所當用也故著以爲數以象兩兩之又以象三三之又以象四四之又歸奇象閏十九及所據一加之因以再扐兩之是爲月法之實如日法得一則一月之日數也

月法二千三百九十二推大衍象得月法

月行二十九日又八十一分日之四十三而與日會爲月朔以二十九日每日通爲八十一分得二千三百四十九分加入分子四十三共得二千三百九十二分也其云推大衍象者借易以數以爲說耳

周天五十六萬二千一百二十以章月乘月法得周天

當時測定三百六十五日又一千五百三十九分日之三百八十五而日行一周天以三百六十五日每日通爲一千五百三十九分得五十六萬一千七百三十五分加入分子三百八十五共得五十六萬二千一百二十分也其云以章月乘月法得周天者先有周天之數然後有章月之數謂周天數由章月數而得則先後倒置矣章月乘月法適得五十六萬二千一百二十遂借以爲說耳

參天九兩地十是爲會數

會數四十七參天九兩地十得會數

以五位乘會數而朔旦冬至是爲章月

章月二百三十五五位乘會數得章月

閏法十九因爲章歲合天地終數得閏法

章者月朔與冬至同日也一月二十九日又八十一分日之四十三與一歲三百六十五日又一千五百三十九分日之三百八十五兩數不齊故以兩數輾轉相減皆餘十九乃以十九乘八十一得一千五百三十九則兩分母齊同矣又以十九乘分子四十三得八百一十七是爲一千五百三十九分之八百一十七每月二十九日以一千五百三十九分通之得四萬四千

前漢書二十一下　奀

六百三十一分加入分子八百一十七得四萬五千四百四十八分爲一月以三百六十五日乘一千五百三十九分得五十六萬一千七百三十五分加入分子三百八十五得五十六萬二千一百二十分爲一歲兩數相乘得二百五十五億四千七百二十二萬九千七百六十分則歲與月齊同矣然其數太繁故以兩數輾轉相減皆餘二千三百九十二以除二百五十五億四千七百二十二萬九千七百六十分得一千零六十八萬零二百八十分則歲與月已得齊同是爲一章之分數乃以一歲五十六萬二千一百二十除之得十九則爲章歲以一月四萬五千四百四十八除之得二百三十五則爲章月也十二箇月爲一年以十九乘之得二百二十八以減章月二百三十五餘七箇月爲十九歲有七閏也十九歲七閏而月朔與冬至同日因謂十九爲閏法其云閏法十九因爲章歲則倒置矣云合天地終數得閏法則假託易數也其云五位乘會數說見下

十九歲有二百三十五月以十九除二百三十五每歲得十二箇月又十九分月之七

參天數二十五兩地數三十是爲朔望之會

朔望之會百三十五參天數二十五兩地數三十得朔望之會

五月又二十三分月之二十而一食者白道斜交於黃道日月同至相交處則日食日行至此交月行至彼交則月食每歲十二箇月又十九分月之七日行黃道一周必過兩交是六箇月又三十八分月之七而一過交也但黃白之交以漸而移當時測得五箇月又二十三分月之二十而日過一交卽以五箇月又二十三分月之二十爲一食之限其食不食則不定也必過

交之日値朔則日食値望則月食若日過交不値朔望則日雖過交而月不過交仍不食也五箇月又二十三分月之二十而一食以五箇月乘每月二十三分爲一百一十五分加入分子二十爲一百三十五分而一食然以每月二十三分除之不盡乃以二十三乘之爲三千一百零五分是爲二十三食以每月二十三除之得一百三十五箇月也

朔望之會以會數乘之則周于朔旦冬至是爲會月

會月六千三百四十五以會數乘朔望之會得會月一章二百三十五箇月朔望之會一百三十五箇月兩數不齊以二百三十五與一百三十五相乘得三萬一千七百二十五箇月而冬至朔旦日食皆齊同矣然其數太繁故以兩數輾轉相減皆餘五以除三萬一千七百二十五得六千三百四十五箇月而冬至朔旦日食齊同矣故六千三百四十五爲會月也以章月二百三十五除之得二十七章以章歲十九乘二十七得五百一十三歲也其云以會數乘朔望之會而得會月者因章月與朔望之會兩數輾轉相減得五遂不以章月二百三十五與朔望之會一百三十五相乘而但以五除章月二百三十五得四十七以乘朔望之會一百三十五卽得會月六千三百四十五此省乘除之繁也會數四十七本由以五除章月而得之其云參天九兩地十者假託易數也本以二百三十五與一百三十五轉減而得五其云五位者亦假託易數也本先有章月之數後乃以五除之而得會數其云以五位乘會數得章月亦倒言之也

日法乘閏法是爲統歲

統法一千五百三十九以閏法乘日法得統法

統月萬九千三十五參會月得統月一會五百一十三歲而月朔冬至日食同在一日矣然月朔冬至日食不能定在是日之初也乃以一日八十一分與五百一十三歲相乘得四萬一千五百五十三歲則日與會皆盡然其數太繁故以兩數轉相減得二十七乃以二十七除之得一千五百三十九歲以一會五百一十三歲除之得三是三會爲一統也其云以閏法乘日法者因一用日法八十一與會歲五百一十三轉減得二十七以除四萬一千五百五十三而得統法既得此數乃以二十七除會歲得十九此十九亦可以強立一名如會數之例而適有閏法十九遂曰閏法耳以十九乘日法則無四萬一千五百五十三之繁而已得統歲然如此反不明白矣

一統五十六萬二千一百二十日

元法四千六百一十七參統法得元法

元月五萬七千一百五參統月得元月

一統一千五百三十九歲而月朔冬至日食同在一日且在是日之初矣然每統之首日不能定爲甲子日也一歲五十六萬二千一百二十分以一千五百三十九歲乘之得八億六千五百一十萬零二千六百八十分爲一統之分以每日一千五百三十九分除之得五十六萬二千一百二十日爲一統之日乃以甲子六十日乘之得三千三百七十二萬七千二百日而統與甲子俱盡矣然而太繁且久也兩數轉減餘二十以除之得一百六十八萬六千三百六十日爲一元之日而六十甲子亦終矣以一統五十六萬二千一百二十日除之得三是三統爲一元也

歲中十二以三統乘四時得歲中

一歲十二中氣此與三統無涉乃附會耳

章中二百二十八以閏法乘歲中得章中

一歲十二中以十九歲乘之得二百八十八中也

統中萬八千四百六十八以日法乘章中得統中

八十一章爲一統故以八十一乘章中得統中也此八十一者八十一章也非一日八十一分也云日法者假借耳

元中五萬五千四百四參統中得元中

三統爲一元故三乘統中得元中

月周二百五十四以章月加閏法得月周

月行白道周與至朔同日也一月二千三百九十二分以一章二百三十五箇月乘之得五十六萬二千一百二十分是爲一章之分以月行二百五十四周除之得每一周二千二百一十三分又二百五十四分分之十八乃以二百五十四周乘二千二百一十三分得五十六萬二千一百零二分加入十八分爲五十六萬二千一百二十分是爲白道一周之二百五十四倍也此數既爲一章之分是一章二百三十五箇月一章二百五十四箇白道周也

四分月法以其一乘章月是爲中法

參閏法爲周至以乘月法以減中法而約之則六扐之數爲一月之閏法其餘七分此中朔相求之術也

通法五百九十八四分月法得通法

中法十四萬五百三十以章月乘通法得中法

周至五十七參閏法得周至

此爲中月相求之定率也月法二千三百九十二以章月二百三十五乘之得五十六萬二千一百二十爲一章之分以章中二百二十八除之則得一中之分然除之不盡故不除卽以五十六萬二千一百二十分爲一中之分之二百二十八倍也一中之分既加二百二十八倍則一月之分亦加二百二十八倍以二百二十八乘月法二千三百九十二爲五十四萬五千三百七十六也然以兩數皆太繁算法約分可半者半之五十六萬二千一百二十可半而又半故四分之爲十四萬零五百三十也月法乘章月既可四分則先四分月法而乘章月省其數之繁也五十四萬五千三百七十六亦可半而又半故亦四分之爲十三萬六千三百四十四也既可四分故亦先四分章中得五十七而名之曰周至則月法加二百二十八倍者止加五十七倍耳周至五十七實由四分章中而得之其云參閏法得周至者閏法十九參之適得五十七遂以爲參閏法其實非由於參閏法也十四萬零五百三十與十三萬六千三百四十四可以爲月與中相求之率然其數猶繁又以兩數轉相減餘五百九十八而約之故曰以減中法而約之也以五百九十八除十四萬零五百三十得二百三十五爲中之定率又以除十三萬六千三百四十四得二百二十八爲一月之定率中多於月者七故曰其餘七分也云六扐之數爲一月之閏法錢氏云當作七扐非也上文云歸奇象閏十九以再扐兩之是三十八也

六倍之則爲二百二十八也中法十四萬零五百三十此以元法爲日法也以元法四千六百一十七除十四萬零五百三十得三十日又四千六百一十七分日之二千零二十爲一箇中氣之日數及分數也中法十四萬零五百三十分者每日爲一千五百三十九分一歲五十六萬二千一百二十分以十二除之則不盡若以十二乘一歲五十六萬二千一百二十分爲六百七十四萬五千四百四十分爲一歲則每一中爲五十六萬二千一百二十分每日一千五百三十九分亦以十二乘之爲一萬八千四百六十八分如此則太繁乃以約分半之又半之每一歲爲一百六十八萬六千三百六十分每一中爲十四萬零五百三十分每一日爲四千六百一十七分置一中一十四萬零五百三十爲實以每日四千六百一十七分除之得三十日又四千六百一十七分日之二千零二十

策餘八千八十什乘元中以減周天得策餘一歲三百六十五日有奇其三百六十日爲甲子六周餘五日有奇謂之策餘也周天五十六萬二千一百二十分卽一歲之分每日一千五百三十九分共五十五萬四千零四十分以減周天餘八千零八十爲策餘之分三統術不言每日一千五百三十九分故於此假託於元中也三百六十日五十五萬四千零四十分適爲元中五萬五千四百零四之十倍故假託什乘元中而得之也策餘本爲六甲子之餘謂之策餘者六甲子三百六十易乾坤之策亦三百六十此假託易數也

三微而成著三著而成象二象十有八變而成卦四營而成易爲七十二參三統兩四時相乘之數也參之則得乾之策兩之則得坤之策以陽九九之爲六百四十八以陰六六之爲四百三十二凡一千八十陰陽各一卦之微算策也八之爲八千六百四十而八卦小成引而信之又八之爲六萬九千一百二十天地再之爲十三萬八千二百四十然後大成五星會終

歲星一千七百二十八歲而一周太白三千四百五十六歲而一周太白一周適爲歲星之再周也鎮星四千三百二十歲而一周與太白一周三千四百五十六歲相乘得一千四百九十二萬九千九百二十歲以其數太繁乃以鎮星歲數太白歲數展轉相減得八百六十四以除一千四百九十二萬九千九百二十歲得一萬七千二百八十歲而歲星太白鎮星皆周而齊同矣熒惑一萬三千八百二十四歲而一周與歲星太白鎮星皆周一萬七千二百八十歲相乘得二億三千八百八十七萬八千七百二十其數太繁乃以一萬三千八百二十四與一萬七千二百八十兩數轉減餘三千四百五十六以除二億三千八百八十七萬八千七百二十得六萬九千一百二十歲而歲星太白鎮星熒惑皆周而齊同矣辰星九千二百一十六歲而一周與上四星皆周之六萬九千一百二十歲相乘得六億三千七百萬零零九千九百二十其數太繁乃以九千二百一十六歲與六萬九千一百二十歲兩數轉減得四千六百零八以除六億三千七百萬零零九千九百二十得一十三萬八千二百四十歲故一十三萬八千二百

前漢二十一下

四十五星會終也其所言易則皆假託也觸類而長之以乘章歲爲二百六十二萬六千五百六十而與日月會十九歲日月會爲一章置五星會終一十三[illegible]歲以章歲十九除之不盡乃以章歲十九乘[illegible]萬六千五百六十歲爲一十三萬八千二百四十章故五星與日月會也以一會二十七章除之得五千一百二十會[illegible]

三會爲七百八十七萬九千六百八十而與三[illegible]二百六十二萬六千五百六十歲爲五千一[illegible]三會除之不盡乃以三乘之得七百八十七[illegible]歲以統法一千五百三十九歲除之得五千[illegible]星與日月三會也

三統二千三百六十三萬九千四十而復于太極上元七百八十七萬九千六百八十歲爲五千一[illegible]三統除之不盡乃以三乘之得二千三百六[illegible]十歲以元法四千六百一十七歲除之得五[illegible]五星與元法齊同矣

統母木金相乘爲十二是爲歲星小周小周乘巛策爲千七百二十八是爲歲星歲數歲星一千七百二十八歲行天一百四十五周此由於當時測定於是以一周天命爲一千七百二十八分[illegible]乘之得二十五萬零五百六十分以一千七[illegible]每一歲行一百四十五分也乃以一周一千[illegible]實以每一歲一百四十五分除之得十一歲[illegible]歲以十二乘一百四十五分得一千七百四[illegible]十二分故以十二歲爲一小周也日一歲一[illegible]十八歲則日行一千七百二十八周天日行[illegible]周天而歲星行一百四十五周天乃命周天[illegible]八分則日行一周天而歲星行一百四十五[illegible]十八分分爲十二次每一次一百四十四分[illegible]四十五分是行一次又過一分也一歲過一[illegible]歲過一百四十四分而過一次一百四十四[illegible]次也一百四十四歲過一次則一千七百二[illegible]而多一周復於故處也

以歲中乘歲數是爲星見中分見中分二萬七百三十六一歲十二箇中氣以一千七百二十八歲乘[illegible]三十六箇中氣以此爲實以見中法除之則[illegible]箇中氣之數故此總中氣之數謂之見中分[illegible]

星見數是爲見中法見中法一千五百八十三以星行率減歲數餘則見數也積中十三中餘百五十七見者歲星與日會則伏伏後復見也星行率[illegible]二十八歲行天一百四十五周爲歲星行率[illegible]與歲星一會而歲星伏伏而復見但一歲日[illegible]一次又一千七百二十八分之一每歲伏見[illegible]

奇一周天則少一伏一見矣一千七百二十八歲行一百四十五周少一百四十五伏見故以星行率一百四十五減歲數一千七百二十八餘一千五百八十三爲伏見一千五百八十三伏見謂之見數又謂之見中法也一千七百二十八歲有二萬零七百三十六箇中氣以一千五百八十三爲法除之得一十三又一千五百八十三分之一百五十七其一十三爲一十三箇中氣謂之積中其一百五十七謂之中餘也

以歲閏乘歲數是爲星見閏分

見閏分萬二千九十六

一千七百二十八歲有二萬零七百三十六中氣即有二萬零七百三十六箇月矣又每十九歲有七閏以七閏乘一千七百二十八得一萬二千零九十六謂之見閏分以十九歲除之則得閏月之數但十九除之不盡故不除而但以一萬二千零九十六爲閏月之分謂之見閏分也一萬二千零九十六未以十九歲除之則爲閏月之十九倍其二萬零七百三十六箇月亦當乘爲十九倍得三十九萬三千九百八十四箇月加入一萬二千零九十六箇閏月共四十萬零六千零八十箇月是爲一千七百二十八歲內月數之十九倍也

以章歲乘見數是爲見月法

見月法三萬七十七

一千七百二十八歲星見一千五百八十三見欲求一見若干月當以一千五百八十三除一千七百二十八歲內之月數但月數已加十九倍故見數亦當加十九倍其云以章歲乘見數者章歲十九也以十九乘一千五百八十三得三萬零零七十七以此爲法除月數故謂之見月法也

積月十三月餘一萬五千七十九

以見月法三萬零零七十七除月數四十萬零六千零八十得十三箇月謂之積月又三萬零零七十七分月之一萬五千零七十九謂之月餘也

以統法乘見數是爲見月日法

見月日法二百四十三萬六千二百三十七

一見十三箇月又三萬零零七十七分月之一萬五千零七十九以三萬零零七十七乘十三箇月得三十九萬一千零零一加入分子一萬五千零七十九得四十萬零六千零八十是爲一見之月數之三萬零零七十七倍每月二十九日又八十一分日之四十三以二十九日乘每日八十一分加入分子四十三得二千三百九十二是爲每月日數之八十一倍乃以四十萬零六千零八十箇月乘每月二千三百九十二日得九億七千一百三十四萬三千三百六十日以三萬零零七十七倍與八十一倍相乘爲二百四十三萬六千二百三十七倍謂之見月法以此除之得一見三百九十八日又二百四十三萬六千二百三十七分日之一百七十二萬一千零三十四

術云以統法乘見數得見月日法者本以見數與閏法相乘爲見月法又與日法相乘爲見月日法是見數閏法日法三者連乘也日法與閏法相乘得統法又與見數相乘亦是日法閏法見數三者連乘也故得數無異然此與統法無涉也見月日法所求得一見之日數分數即見中日法所求得一見之日數分數也見月日法二百四十三萬六千二百三十七比見中日法七百三十萬零八千七百一十一爲三分之一其分子一百七十二萬一千零三十四比五百一十六萬三千一百零二亦爲三分之一也金土火水四星皆仿此

以元法乘見數是爲見中日法

見中日法七百三十萬八千七百一十一

一見十三箇中氣（此積中也）又一千五百八十三分（此見中法也）中之一百五十七（此中餘也）以十三箇中氣乘每箇中氣一千五百八十三分得二萬零五百七十九加入分子一百五十七得二萬零七百三十六是爲一見之中數之一千五百八十三倍歲五十六萬二千一百二十分十二除之爲每箇中氣之分數但除之不盡即以五十六萬二千一百二十分爲一箇中氣之十二倍求一中日數一統則中與日俱盡一統一萬八千四百六十八箇中氣五十六萬二千一百二十日以統中除統日一箇中氣得三十日又一萬八千四百六十八分日之八千零八十以分母（一萬八千四百六十八分）分子（八千零八十）兩數轉減得四乃以四除分母分子得四千六百一十七分日之二千零二十是爲一箇中氣三十日又四千六百一十七分日之二千零二十也乃以分母四千六百一十七分乘三十日得一十三萬八千五百一十加入分子二千零二十得一十四萬零五百三十是爲一箇中氣日數之四千六百一十七倍[illegible]乃以二萬零七百三十六箇中氣（此積中乘見中法加入中餘之數）乘每箇中氣日數一十四萬零五百三十（此一箇中氣日數之四千六百一十七倍）得二十九

億一千四百零三萬零零八十乃以一千五百八十三倍乘四千六百一十七倍得七百三十萬零八千七百一十一倍爲見中日法以除二十九億一千四百零三萬零零八十日得每一見三百九十八日又七百三十萬零八千七百一十一分日之五百一十六萬三千一百零二

術文云元法乘見數爲見中日法者本以統中一萬八千四百六十八約爲四分之一適得四千六百一十七與元法數同與見數相乘而得見中日法實與元法無涉其數偶合耳

土木相乘而合經緯爲三十是爲鎮星小周小周乘巛策爲四千三百二十是爲鎮星歲數

星行率減歲數餘則見數也鎮星見數四千一百七十五以減歲數餘一百四十五爲行天一百四十五周此亦由於實測也於是以一周天命爲四千三百二十分以一百四十五乘之得六十二萬六千四百分爲總分以四千三百二十歲除之每歲行一百四十五分以三十歲乘之得四千三百五十分較一周四千三百二十分多三十分故以三十歲爲一小周也

見中分五萬一千八百四十

一歲十二中以四千三百二十歲乘之得五萬一千八百四十箇中氣也

見中法四千一百七十五

積中十二中餘千七百四十

日一歲行一周與鎮星一會但鎮星一歲亦行一百四十五分每歲伏見遞遲至將及三十歲一周天則少一伏一見矣四千三百二十歲行一百四十五周少一百四十五伏見故減一百

四十五伏見餘四千一百七十五伏見爲見數謂之見中法也四千三百二十歲有五萬一千八百四十箇中氣以四千一百七十五爲法除之得積中十二又四千一百七十五分之一千七百四十爲中餘

見閏分三萬二百四十

四千三百二十歲有五萬一千八百四十箇中氣即有五萬一千八百四十箇月矣又每十九歲有七閏以七閏乘四千三百二十歲得三萬零二百四十以十九歲一閏除之則得閏月數但十九除之不盡故不除而但以三萬零二百四十爲閏月之分謂之見閏分也是爲閏月數之十九倍其五萬一千八百四十箇月亦當加十九倍得九十八萬四千九百六十箇月加入三萬零二百四十共一百零一萬五千二百是爲鎭星歲數之月數之十九倍也

見月法七萬九千三百二十五

積月十二月餘六萬三千三百

四千三百二十歲鎭星四千一百七十五伏見欲求一見若干月當以四千一百七十五除四千三百二十歲之月數但月數已加十九倍故見數亦加十九倍爲七萬九千三百二十五以此爲法除月數得十二箇月又七萬九千三百二十五分之六萬三千三百爲月餘也

見中日法二千九百二十七萬五千九百七十五

一見十二箇中氣又四千一百七十五分中之一千七百四十以十二箇中氣乘每箇中氣四千一百七十五分得五萬零一百分加入分子一千七百四十得五萬一千八百四十是爲一

見之中數之四千一百七十五倍

一十四萬零五百三十日爲一箇中氣日數之四千六百一十七倍（見前歲星下）乃以五萬一千八百四十箇中氣乘每箇中氣日數一十四萬零五百三十得七十二億八千五百零七萬五千二百日乃以四千一百七十五倍乘四千六百一十七倍得一千九百二十七萬五千九百七十五爲見中日法以除七十二億八千五百零七萬五千二百得每一見三百七十七日又一千九百二十七萬五千九百七十五分日之一千八百零三萬二千六百二十五

見月日法六百四十二萬五千三百二十五

一見十二箇月又七萬九千三百二十五分之六萬三千三百以七萬九千三百二十五乘十二箇月得九十五萬一千九百加入分子六萬三千三百得一百零一萬五千二百是爲一見之月數之七萬九千三百二十五倍

每月之日數八十一倍爲二千三百九十二（見前歲星下）

乃以一百零一萬五千二百箇月乘每月二千三百九十二日得二十四億二千八百三十五萬八千四百爲實以七萬九千三百二十五倍與八十一倍相乘得六百四十二萬五千三百二十五倍謂之見月日法以此除實得一見三百七十七日又六百四十二萬五千三百二十五分日之六百零一萬零八百七十五

火經特成故二歲而過初三十二過初爲六十四歲而小周小周乘乾策則太陽大周爲萬三千八百二十四歲是爲熒惑歲數

熒惑見數六千四百六十九以減歲數得七千三百五十五爲行天七千三百五十五周也以七千三百五十五除一萬三千八百二十四得一歲又七千三百五十五分歲之六千四百六十九是不及二歲而一周二歲則一周而過初也於是以一周天命爲一萬三千八百二十四分以七千三百五十五周乘之得一億零一百六十七萬五千五百二十分以一萬三千八百二十四歲除之每歲行七千三百五十五分也以六十四歲乘之得四十七萬零七百二十分以一周一萬三千八百二十四分除之得三十四周又一萬三千八百二十四分周之七百零四分所差甚微故爲一小周也

見中分十六萬五千八百八十八

一歲十二中以一萬三千八百二十四歲乘之得十六萬五千八百八十八箇中氣也

見中法六千四百六十九

積中二十五中餘四千一百六十三

熒惑一萬三千八百二十四歲行天七千三百五十五周乃命周天爲一萬三千八百二十四分則熒惑每歲行七千三百五十五分也以減一周一萬三千八百二十四分餘六千四百六十九分爲次年所行是爲一歲又一萬三千八百二十四分歲之六千四百六十九而熒惑一周而與日一會則一伏見則一萬三千八百二十四歲得六千四百六十九伏見是爲見數即爲見中法也以除十六萬五千八百八十八箇中氣得積中二十五又六千四百六十九分中之四千一百六十三爲中餘也

見閏分九萬六千七百六十八

一萬三千八百二十四歲有十六萬五千八百八十八箇中氣

卽有十六萬五千八百八十八箇月矣又每十九歲七閏以七乘一萬三千八百二十四歲得九萬六千七百六十八以十九除之則得閏月之數除之不盡故不除卽以爲閏月之數之十九倍也閏月數既爲十九倍則十六萬五千八百八十八箇月亦爲十九倍得三百一十五萬一千八百七十二箇月加入十九倍閏月數九萬六千七百六十八共三百二十四萬八千六百四十箇月爲歲數之月數并閏十九倍也

見月法十二萬二千九百一十一

積月二十六月餘五萬二千九百五十四

一萬三千八百二十四歲熒惑六千四百六十九見當以見數六千四百六十九除一萬三千八百二十四歲之月數但月數已加十九倍故見數亦加十九倍爲一十二萬二千九百一十一以此爲法除三百二十四萬八千六百四十箇月得二十六箇月又一十二萬二千九百一十一分月之五萬二千九百五十四也

見中日法二千九百八十六萬七千三百七十三

一見二十五箇中氣又六千四百六十九分中之四千一百六十三以二十五箇中氣乘每箇中氣六千四百六十九得一十六萬一千七百二十五加入分子四千一百六十三得一十六萬五千八百八十八是爲一見之中數之六千四百六十九倍

一十四萬零五百三十日爲一箇中氣日數之四千六百一十七倍

乃以一十六萬五千八百八十八箇中氣乘每箇中氣日數一十四萬零五百三十得二百三十三億一千二百二十四萬零

六百四十爲實以六千四百六十九倍與四千六百一十七倍相乘得二千九百八十六萬七千三百七十三倍謂之見中日法以法除實得每一見七百八十日又二千九百八十六萬七千三百七十三分日之一千五百六十八萬九千七百

見月日法九百九十五萬五千七百九十一

一見二十六箇月又一十二萬二千九百一十一分月之五萬二千九百五十四以一十二萬二千九百一十一乘二十六箇月得三百一十九萬五千六百八十六加入分子五萬二千九百五十四得三百二十四萬八千六百四十是爲一見之月數之一十二萬二千九百一十一倍每月之日數八十一倍爲二千三百九十二與歲星同乃以三百二十四萬八千六百四十箇月乘每月二千三百九十二日得七十七億七千零七十四萬六千八百八十爲實以一十二萬二千九百一十一倍與八十一倍相乘得九百九十五萬五千七百九十一倍謂之見月日法以法除實得一見七百八十日又九百九十五萬五千七百九十一分日之五百二十二萬九千九百

金火相乘爲八又以火乘之爲十六而小復小復乘乾策爲三千四百五十六是爲太白歲數

見與復其名不同其理則一耳近代所謂金水二星繞日而行即此理也太白三千四百五十六歲復數二千一百六十一以二千一百六十一除三千四百五十六歲得一歲又二千一百六十一分歲之一千二百九十五爲一復之數乃命一歲爲二千一百六十一分加入分子一千二百九十五分共三千四百

五十六分爲一復之分乃置一歲二千一百六十一分以十六歲乘之得三萬四千五百七十六分以一復之分三千四百五十六分除之得十復又三千四百五十六分復之十六是十復爲小復即小周也

見中分四萬一千四百七十二

見中法三千一百六十一

積中十九中餘四百一十三

一歲十二中以三千四百五十六歲乘之得四萬一千四百七十二箇中氣也此所謂見者一晨見一夕見合而謂之一見也三千四百五十六歲而太白二千一百六十一見以除四萬一千四百七十二箇中氣每一見得十九箇中氣又二千一百六十一分中之四百一十三也

見閏分二萬四千一百九十二

見月法四萬一千五十九

積月十九月餘三萬二千三十九

三千四百五十六歲有四萬一千四百七十二箇中氣即有四萬一千四百七十二箇月矣又每十九歲七閏以七乘三千四百五十六歲得二萬四千一百九十二以十九除之則得閏月之數除之不盡故不除即以爲閏月之數之十九倍閏月數既爲十九倍則四萬一千四百七十二箇月亦爲十九倍得七十八萬七千九百六十八加入十九倍閏月二萬四千一百九十二得八十一萬二千一百六十箇月爲三千四百五十六歲之月數之十九倍

三千四百五十六歲太白二千一百六十一見當以見數除三千四百五十六歲之月數而得每見之月數但月數已加十九倍故見數亦加十九倍爲四萬一千零五十九以此爲法除八十一萬二千一百六十箇月得十九箇月又四萬一千零五十九分月之三萬二千零三十九爲月餘也

東九西七乘歲數併九七爲法得一金水晨夕歲數

晨中分二萬二千三百二十八

積中十中餘千七百一十八

晨見者星在日西日未出星先出也夕見者星在日東日已沒星未沒也晨見十六分之九夕見十六分之七者即後世所謂金水二星繞日而行而不以日爲心也

三千四百五十六歲乘十六分之九爲晨見歲數乃先以九乘之得三萬一千一百零四歲後以十六除之得一千九百四十四歲爲晨見歲數以每歲十二中氣乘之得二萬三千三百二十八箇中氣爲晨見中氣之數謂之晨中分以見中法二千一百六十一見除之每一見得十箇中氣又二千一百六十一分中氣之一千七百一十八爲中餘也

夕中分萬八千一百四十四

積中八中餘八百六十五

三千四百五十六歲乘十六分之七爲夕見歲數先以七乘三千四百五十六得二萬四千一百九十二後以十六除之得一千五百一十二歲爲夕見歲數以每歲十二中氣乘之得一萬八千一百四十四箇中氣爲夕見中氣謂之夕中分以見中法二千一百六十

一分中之八百五十六

晨閏分萬三千六百八

積月十一月餘五千一百九十一

晨見一千九百四十四歲有二萬三千三百二十八箇中氣即有二萬三千三百二十八箇月矣又每十九歲有七閏當以十九除一千九百四十四乃以七乘之得晨見歲數之閏數乃先以七乘之得一萬三千六百零八以十九除之不盡乃即以一萬三千六百零八爲閏月數之十九倍閏月數既爲十九倍則二萬三千三百二十八箇月亦以十九乘之得四十四萬三千二百三十二加入十九倍閏月一萬三千六百零八得四十五萬六千八百四十箇月爲一千九百四十四歲月數之十九倍月數既加十九倍則見數亦加十九倍爲四萬一千零五十九爲法除之得十一箇月又四萬一千零五十九分月之五千一百九十一爲月餘也

夕閏分萬五百八十四

積月八月餘二萬六千八百四十八

夕見一千五百一十二歲有一萬八千一百四十四箇中氣即有一萬八千一百四十四箇月矣又每十九歲有七閏以七乘一千五百一十二歲得一萬零五百八十四當以十九除之得閏月之數除之不盡故不除即以爲閏月數之十九倍閏月既爲十九倍則一萬八千一百四十四箇月亦以十九乘之得三十四萬四千七百三十六加入十九倍閏月數共三十五萬五千三百二十箇月爲一千五百一十二歲月數之十九倍乃以見數加十九倍爲四萬一千零五十九爲法除之得八箇月又

四萬一千零五十九分月之二萬六千八百四十八爲月餘也
見月日法三百三十二萬五千七百七十九
一見十九箇月又四萬一千零五十九分（此見法也）月之三萬二千零三十九（此月餘也）以四萬一千零五十九乘十九箇月得七十八萬零一百二十一加入分子三萬二千零三十九得八十一萬二千一百六十是爲一見之月數之四萬一千零五十九倍
每月日數八十一倍爲二千三百九十二日與歲星同乃以八十一萬二千一百六十箇月乘二千三百九十二日得一十九億四千二百六十八萬六千七百二十爲實以八十一倍與四萬一千零五十九倍相乘爲三百三十二萬五千七百七十九倍爲見月法以除之得五百八十四日又三百三十二萬五千七百七十九分日之四十三萬一千七百八十四
見中日法九百九十七萬七千三百三十七
一見十九箇中氣又二千一百六十一分中之四百一十三以十九箇中氣乘每一箇中氣二千一百六十一分得四萬一千零五十九加入分子四百一十三共得四萬一千四百七十二是爲一見之中數之二千一百六十一倍一十四萬零五百三十日爲一箇中氣日數之四千六百一十七倍乃以四萬一千四百七十二箇中氣乘每箇中氣日數一十四萬零五百三十得五十八億二千八百零六萬零一百六十爲實以二千一百六十一倍與四千六百一十七倍相乘得九百九十七萬七千三百三十七倍爲見中日法以法除實得每一見五百八十四日又九百九十七萬七千三百三十七分日之一百二十九萬五千三百五十二

前漢二十一下

水經特成故一歲而及初六十四及初而小復小復乘巛策則太陰大周爲九千二百一十六歲是爲辰星歲數
辰星九千二百一十六歲復數二萬九千四十一本以二萬九千零四十一除九千二百一十六得一復歲數惟法大於實則不必除而但命爲二萬九千四十一分歲之九千二百一十六爲一復之分乃置一歲二萬九千零四十一分以六十四歲乘之得一百八十五萬八千六百二十四以一復之分九千二百一十六除之得二百零一復又九千二百一十六分復之六千二百零八是爲小復即小周也
見中分十一萬五百九十二
九千二百一十六歲一歲十二箇中氣共十一萬零五百九十二箇中氣也
見中法二萬九千四十一
積中三中餘二萬三千四百六十九
九千二百一十六歲而辰星二萬九千四十一見以除十一萬零五百九十二箇中氣每一見得三箇中氣又二萬九千零四十一分中之二萬三千四百六十九也
見閏分六萬四千五百一十二
見月法五十五萬一千七百七十九
積月三月餘五十一萬四百二十三
九千二百一十六歲有一十一萬零五百九十二箇中氣即有一十一萬零五百九十二箇月矣又每十九歲七閏以七乘九千二百一十六得六萬四千五百一十二以十九除之則得閏月之數除之不盡故不除即以爲閏月之數之十九倍閏月數既爲十九倍則一十一萬零五百九十二箇月亦以十九乘之得二百一十萬一千二百四十八爲月數之十九倍加入閏月十九倍六萬四千五百一十二得二百一十六萬五千七百六十爲九千二百一十六歲之月數之十九倍也
九千二百一十六歲辰星二萬九千零四十一見當以見數除九千二百一十六歲之月數而得每見之月數但月數已加十九倍故見數亦加十九倍爲五十五萬一千七百七十九以此爲法除二百一十六萬五千七百六十箇月得三箇月又五十五萬一千七百七十九分月之五十一萬零四百二十三爲月餘也
晨中分六萬二千二百八
積中二中餘四千一百二十六
九千二百一十六歲乘十六分之九爲晨見歲數以九乘之得八萬二千九百四十四以十六除之得五千一百八十四歲爲晨見歲數以每歲十二中氣乘之得六萬二千二百零八箇中氣爲晨見中氣之數謂之晨中分以見中法二萬九千零四十一除之每一見得二箇中氣又二萬九千零四十一分中之四千一百二十六爲中餘也
夕中分四萬八千三百八十四
積中一中餘一萬九千三百四十三
九千二百一十六歲乘十六分之七爲夕見歲數先以七乘九千二百一十六得六萬四千五百一十二後以十六除之得四千零三十二歲爲夕見歲數以每歲十二中氣乘之得四萬八千三百八十四箇中氣謂之夕中分以見中法二萬九千零四十一除之每一見得一箇中氣又二萬九千零四十一分中之一萬九千三百四十三爲中餘也

前漢二十一下

晨閏分三萬六千二百八十八
積月二月餘十一萬四千六百八十二
晨見五千一百八十四歲有六萬二千二百零八箇中氣即有六萬二千二百零八箇月矣又每十九歲有七閏當以十九除五千一百八十四歲乃以七乘之得晨見之閏數先以七乘得三萬六千二百八十八以十九除之不盡乃即以三萬六千二百八十八爲閏月數之十九倍閏月數既爲十九倍則六萬二千二百零八箇月亦以十九乘之得一百一十八萬一千九百五十二加入十九倍閏月數得一百二十一萬八千二百四十爲五千一百八十四歲之月數之十九倍月數既加十九倍則見數亦加十九倍得五十五萬一千七百七十九爲法除之得二月又五十五萬一千七百七十九分月之十一萬四千六百八十二爲月餘也
夕閏分二萬八千二百二十四
積月一月餘三十九萬五千七百四十一
夕見四千零三十二歲有四萬八千三百八十四箇中氣即有四萬八千三百八十四箇月矣又每十九歲有七閏以七乘四千零三十二歲得二萬八千二百二十四以十九除之不盡故不除而即以爲閏月之數之十九倍其四萬八千三百八十四箇月亦以十九乘之得九十一萬九千二百九十六加入十九倍閏月二萬八千二百二十四共九十四萬七千五百二十爲四千零三十二歲之月數之十九倍其見數亦加十九倍得五

十五萬一千七百七十九爲法除之得一月又五十五萬一千七百七十九分月之三十九萬五千七百四十一爲月餘也

見中日法一億三千四百八萬二千二百九十七

一見三箇中氣又二萬九千零四十一分中之二萬三千四百六十九以三箇中氣乘每一箇中氣二萬九千零四十一分得八萬七千一百二十三加入分子二萬三千四百六十九得一十一萬零五百九十二是爲一見之中數之二萬九千零四十一倍

一十四萬零五百三十日爲一箇中氣日數之四千六百一十七倍

乃以一十一萬零五百九十二箇中氣乘每箇中氣日數一十四萬零五百三十日得一百五十五億四千一百四十九萬三千七百六十爲實以二萬九千零四十一倍乘四千六百一十七倍得一億三千四百零八萬二千二百九十七爲見中日法以法除實得每一見一百一十五日又一億三千四百零八萬二千二百九十七分日之一億二千二百零二萬九千六百零五

見月日法四千四百六十九萬四千九十九

一見三箇月又五十五萬一千七百七十九分月之五十一萬零四百二十三以五十五萬一千七百七十九乘三箇月得一百六十五萬五千三百三十七加入分子五十一萬零四百二十三得二百一十六萬五千七百六十是爲一見月數之五十五萬一千七百七十九倍

每月之日數八十一倍爲二千三百九十二日乃以二百一十六萬五千七百六十箇月乘每月二千三百九十二日得五十一億八千零四十九萬七千九百二十爲實以五十五萬一千七百七十九倍乘八十一倍得四千四百六十九萬四千零九十九倍謂之見月日法以法除實得一見一百一十五日又四千四百六十九萬四千零九十九分日之四千零六十七萬六千五百三十五

五步

木晨始見去日半次順日行十一分度二百二十一日始留二十五日而旋逆日行七分度一八十四日復留二十四日三分而旋復順日行十一分度二百一十一日有百八十二萬八千三百六十二分而伏

凡見三百六十五日有百八十二萬八千三百六十五分除逆定行星三十度百六十六萬一千二百八十六分

凡見一歲行一次而後伏日行不盈十一分度一伏三十三日三百三十三萬四千七百三十七分行星三度百六十七萬三千四百五十一分

一見三百九十八日五百一十六萬三千一百二分

行星三十三度三百三十三萬四千七百三十七分

通其率故曰日行千七百二十八分度之百四十五

周天分爲十二次日與歲星合而歲星伏木星行遲日行速日行在歲星東半次則木星見木星在日西故日未出木星先出而晨見也周天爲十二次其半次則周天二十四分之一也十一分度二者十一分度之二也下仿此百八十二萬八千三百六十二分者錢氏云以見中日法爲分母五星仿此是也見中日法七百三十萬零八千七百一十一此七百三十萬零八千七百一十一分日之一百八十二萬八千三百六十二也

始見順行一百二十一日留二十五日逆行八十四日復留二十四日又七百三十萬八千七百一十一分日之二復順行一百一十一日又七百三十萬零八千七百一十一分日之一百八十二萬八千三百六十二共三百六十五日又七百三十萬零八千七百一十一分日之一百八十二萬八千三百六十五也

始順行一百二十一日每日行十一分度之二以一百二十一日乘每日二分得二百四十二分以每度十一分除之得二十二度也

逆行每日七分度之一八十四日得八十四分以每度七分除之得十二度與前順行二十二度相減餘十度也

復順行一百一十一日又七百三十萬零八千七百一十一分日之一百八十二萬八千三百六十二以一百一十一日與七百三十萬零八千七百一十一相乘得八億一千一百二十六萬六千九百二十一加入分子得八億一千三百零九萬五千二百八十三分爲順行日數之七百三十萬零八千七百一十一倍以二分乘之得十六億二千六百一十九萬零五百六十六當以每度十一分除之又以每日七百三十萬零八千七百一十一除之乃以十一與七百三十萬零八千七百一十一相乘得八千零三十九萬五千八百二十一以除之得二十度又八千零三十九萬五千八百二十一分度之一千八百二十七萬四千一百四十六乃命一度爲七百三十萬零八千七百一十一分乃以八千零三十九萬五千八百二十一分爲一率一千八百二十七萬四千一百四十六爲二率七百三十萬零八千七百一十一分爲三率求得四率爲一百六十六萬一千二百八十六分併前順十度爲三十度又七百三十萬零八千七百一十一分度之一百六十六萬一千二百八十六分歲星一見三百九十八日又七百三十萬零八千七百一十一分日之五百一十六萬三千一百零二除順逆與留三百六十五日又七百三十萬零八千七百一十一分日之一百八十二萬八千三百六十五餘三十三日又七百三十萬零八千七百一十一分日之三百三十三萬四千七百三十七分爲伏行之日也

一見行三十三度又七百三十萬零八千七百一十一分度之三百三十三萬四千七百三十七除順行三十度又七百三十萬零八千七百一十一分度之一百六十六萬一千二百八十六分餘三度又七百三十萬零八千七百一十一分度之一百六十七萬三千四百五十一分爲伏行之度分也

通其率云云者以見中日法命一度爲七百三十萬零八千七百一十一分取其入算之細密耳然其數太繁故又爲簡數也算木星歲數本以周天爲一千七百二十八分日一歲行一周木星一歲行一百四十五分以此比例則日一日行一度木星一日行一千七百二十八分度之一百四十五矣

伏行每日不盈十一分度之一者伏行三十三日又七百三十萬零八千七百一十一分日之三百三十三萬四千七百三十七以分母乘三十三日得二億四千一百一十八萬七千四百

六十三加入分子共二億四千四百五十二萬二千二百是爲
伏行日之七百三十萬零八千七百一十一倍
伏行三度又七百三十萬零八千七百一十一分度之一百六
十七萬三千四百五十一以分母乘三度得二千一百九十二
萬六千一百三十三加入分子共二千三百五十九萬九千一十五
百八十四度是爲伏行度之七百三十萬零八千七百一十一
倍以伏行日除伏行度得零零九六五有奇若盈十一分度之
一則以十一除一度得零零九九九有奇此僅得九六五有奇
故不盈十一分度之一也
土晨始見去日半次順日行十五分度一 八十七日始留
三十四日而旋 逆日行八十一分度五 百一日復留三十
三日八十六萬二千四百五十五分而旋 復順日行十五分度
一 八十五日而伏
凡見三百四十日八十六萬二千四百五十五分除逆定行星五
度四百四十七萬三千九百三十分
伏日行不盈十五分度三 三十七日千七百一十七萬一百七
十分
行星七度八百七十三萬六千五百七十分
一見三百七十七日千八百三萬二千六百二十五分
行星十二度千三百二十一萬五百分
通其率故日日行四千三百二十分度之百四十五
此以見中日法一千九百二十七萬五千九百七十五爲分母
順行八十七日留三十四日逆行一百零一日復留三十三日
又一千九百二十七萬五千九百七十五分日之八十六萬二

前漢二十一下

千四百五十五分而旋復順行八十五日共三百四十日又一
千九百二十七萬五千九百七十五分日之八十六萬二千四
百五十五分也始順行八十七日每日行十五分度之一八十
七日得八十七分以每度十五分除之得五度又十五分度之
十二也
逆行一百零一日每日行八十一分度之五以一百零一日乘
每日五分得五百零五分以每度八十一分除之得六度又八
十一分度之一十九也乃以逆行度之分母八十一與順行度
之分母十五相乘爲每度一千二百一十五分順行度之分子
一十二以八十一乘之爲九百七十二分逆行度之分子一十
九以十五乘之爲二百八十五分是爲順行五度又一千二百
一十五分度之九百七十二逆行六度又一千二百一十五分
度之二百八十五每度以一千二百一十五分通之順行五度
通爲六千零七十五分加入分子九百七十二分共得七千零
四十七分逆行六度通爲七千二百九十分加入分子二百八
十五分共得七千五百七十五分相減得逆行五百二十八分
復順行八十五日每日行十五分度之一八十五日得八十五
分以每度十五分除之得五度又十五分度之十以逆行分母
八十一乘之爲一千二百一十五分度之八百一十也減去逆
行五百二十八分得五度又一千二百一十五分度之二百八
十二也乃以分母一千二百一十五爲一率分子二百八十二
爲二率見中日法一千九百二十七萬五千九百七十五爲三
率求得四率四百四十七萬三千九百三十分故云行星五度
四百四十七萬三千九百三十也

下文云一見三百七十七日又一千九百二十七萬五千九百
七十五分日之一千八百零三萬二千六百二十五除順逆與
留三百四十日又一千九百二十七萬五千九百七十五分日
之八十六萬二千四百五十五分餘三十七日又一千九百二
十七萬五千九百七十五分日之一千七百一十七萬零一百
七十也
一見行星十二度又一千九百二十七萬五千九百七十五分
度之一千三百二十一萬零五百分除順行五度又一千九百
二十七萬五千九百七十五分度之四百四十七萬三千九百
三十分得七度又一千九百二十七萬五千九百七十五分度
之八百七十三萬六千五百七十分也
伏行每日不盈十五分度之三者伏行三十七日又一千九百
二十七萬五千九百七十五分日之一千七百一十七萬零一
百七十以分母通三十七日得七億一千三百二十一萬一千
零七十五加入分子得七億三千零三十八萬一千二百四十
五是爲伏行日之一千九百二十七萬五千九百七十五倍伏
行七度又一千九百二十七萬五千九百七十五分度之八百
七十三萬六千五百七十以分母通七度得一億三千四百九
十三萬一千八百二十五加入分子共得一億四千三百六十
六萬八千三百九十五是爲伏行度之一千九百二十七萬五
千九百七十五倍以伏行日除伏行度得零一九有奇若盈十
五分度之三則以三乘一度以十五除之得零二此僅得零一
九有奇故不盈十五分度之三也
通其率云云者以見中日法命一度爲一千九百二十七萬五

前漢二十一下

千九百七十五分取其入算細密耳此又爲簡數也算土星歲
數本以周天爲四千三百二十分見日一歲行一周土星一歲
行一百四十五分以此比例則日一日行一度土星一日行四
千三百二十分度之一百四十五矣
火晨始見去日半次順日行九十二分度五十三二百七十六
日始留十日而旋逆日行六十二分度十七六十二日復
留十日而旋 復順日行九十二分度五十三二百七十六
日而復
凡見六百三十四日除逆定行星三百一度
順行二百七十六日留十日逆行六十二日復留十日復順二
百七十六日共見六百三十四日也
順行二百七十六日每日行九十二分度之五十三以二百七
十六日乘每日五十三分得一萬四千六百二十八分以每一
度九十二分除之得一百五十九度
逆行六十二日每日六十二分度之一十七以六十二日乘每
日一十七分得一千零五十四分以每度六十二分除之得十
七度與順行相減得順行一百四十二度
復順行二百七十六日每日九十二分度之五十三與始見順
行同得一百五十九度與前一百四十二度相加得三百零一
度也
伏日行不盈九十二分度七十三 伏百四十六日千五百六十
八萬九千七百分 行星百一十四度八百二十一萬八千五分
一見七百八十日千五百六十八萬九千七百分 凡行星四百
一十五度八百二十一萬八千五分

一見七百八十日又一千五百六十八萬九千七百分此亦以見中日法二千九百八十六萬七千三百七十三爲分母也除順逆與留六百三十四日餘一百四十六日又二千九百八十六萬七千三百七十三分日之一千五百六十八萬九千七百分爲伏行日數分數也一見行星四百一十五度又二千九百八十六萬七千三百七十三分度之八百二十一萬八千零零五分除見行三百零一度餘一百一十四度又二千九百八十六萬七千三百七十三分度之八百二十一萬八千零零五分爲伏行度分也伏日行不盈九十二分度之七十三者每一度以七十三乘之以九十二除之得零七九有奇伏行一百四十六日又二千九百八十六萬七千三百七十三分日之一千五百六十八萬九千七百分以分母乘日數得四十三億六千零六十三萬六千四百五十八加入分子共得四十三億七千六百三十二萬六千一百五十八日是爲伏行日之二千九百八十六萬七千三百七十三倍伏行一百一十四度又二千九百八十六萬七千三百七十三分度之八百二十一萬八千零零五以分母乘度數得三十四億零四百八十八萬零五百二十二加入分子其得三十四億一千三百零九萬八千五百二十七度是爲伏行度之二千九百八十六萬七千三百七十三倍以四十三億七千六百三十二萬六千一百五十八日除三十四億一千三百零九萬八千五百二十七度得零七七有奇若盈九十二分度之七十三則以七十三乘一度以九十二除之得零七九有奇此僅得零七七有奇故不盈九十二分度之七十三也

通其率故曰日行萬三千八百二十四分度之七千三百五十五

通其率云云者算火星歲數本以周天爲一萬三千八百二十四分日一歲行一周火星一歲行七千三百五十五分以此比例則日一日行一度火星一日行七千三百五十五分矣

金晨始見去日半次逆日行二分度一六日始留八日而旋始順日行四十六分度三十三四十六日順疾日行一度九十二分度十五百八十四日而伏

凡見二百四十四日除逆定行星二百四十四度

始見逆六日留八日順四十六日順疾一百八十四日共二百四十四日也逆行每日二分度之一六日則逆三度順每日行四十六分度之三十三以四十六日乘三十三分得一千五百一十八分以每度四十六分除之得三十三度減前逆行三度得三十度順疾每日行一度又九十二分度之一十五以一度通爲九十二分加入一十五分爲每日行一百零七分以一百八十四日乘之得一萬九千六百八十八分以每度九十二分除之得二百一十四度與前三十度相加得二百四十四度也

伏日行一度九十二分度三十三有奇伏八十三日行星百一十三度四百三十六萬五千二百二十分

凡晨見伏三百二十七日行星三百五十七度四百三十六萬五千二百二十分

分子四百三十六萬五千二百二十分亦以見中日法九百九十七萬七千三百三十七爲分母也一百一十三度以分母通之得一十一億二千七百四十三萬九千零八十一加入分子共得一十一億三千一百八十萬零四千三百零一分以八十三日除之每日行一千三百六十三萬六千一百九十六分有奇以分母九百九十七萬七千三百三十七除之得一度又九百九十七萬七千三百三十七分度之三百六十五萬八千八百五十九有奇乃以分母九百九十七萬七千三百三十七爲一率以分子三百六十五萬八千八百五十九爲二率以每度九十二分爲三率求得四率三十三有奇也見二百四十四日伏八十三日共三百二十七日也見行二百四十四度伏行一百一十三度四百三十六萬五千二百二十分共三百五十七度四百三十六萬五千二百二十分也

夕始見去日半次順日行一度九十二分度十五百八十一日百七分日四十五順遲日行四十六分度三十三四十六日始留七日百七分日六十二分而旋逆日行二分度一六日而伏

凡見二百四十一日除逆定行星二百四十一度

順遲四十六日逆行六日相加得五十二日始順行一百八十一日又一百零七分日之四十五以分母通一百八十一日爲一萬九千三百六十七分加入分子得一萬九千四百一十二分留七日又一百零七分日之六十二以分母通七日爲七百四十九分加入分子得八百一十一分與順行一萬九千四百一十二分相加得二萬零二百二十三分以每日一百零七分除之得一百八十九日與順遲及逆行五十二日相加得二百四十一日也始見順行每日一度又九十二分度之一十五順遲每日四十六分度之三十三乃以兩分母相乘得四千二百三十二爲分母以順遲分母四十六乘順行分子一十五得六百九十分以順行分母九十二乘順遲分子三十三得三千零三十六於是順行爲每日一度又四千二百三十二分度之六百九十以一度通爲四千二百三十二分加入分子得四千九百二十二分順遲爲每日四千二百三十二分之三千零三十六順行一百八十一日又一百零七分日之四十五以一百零七乘一百八十一日得一萬九千三百六十七日加入分子得一萬九千四百一十二日是爲順行日之一百零七倍順遲四十六日亦以一百零七乘之得四千九百二十二日乃以一萬九千四百一十二日乘每日四千九百二十二分得九千五百五十四萬五千八百六十四分以四千九百二十二日乘每日三千零三十六得一千四百九十四萬三千一百九十二分相加得一億一千零四十八萬九千零五十六爲總分本當以分母四千二百三十二除之但日數加一百零七倍乃以一百零七乘分母得四十五萬二千八百二十四以除總分得二百四十四度逆行每日二分度之一行六日得三度以減二百四十四度得二百四十一度也

前漢二十一下

伏逆日行八分度七有奇伏十六日百二十九萬五千三百五十二分行星十四度三百六萬九千八百六十八分

此亦以見中日法九百九十七萬七千三百三十七爲分母也

伏行十六日又九百九十七萬七千三百三十七分日之一百二十九萬五千三百五十二以分母通十六日爲一億五千九百六十三萬七千三百九十二日加入分子得一億六千零九十三萬二千七百四十四是爲伏行日之九百九十七萬七千三百三十七倍伏行十四度又九百九十七萬七千三百三十七分度之三百零六萬九千八百六十八分以分母通十四度爲一億三千九百六十八萬二千七百一十八加入分子得一億四千二百七十五萬二千五百八十六是爲伏行度之九百九十七萬七千三百三十七倍乃以一億六千零九十三萬二千七百四十四日除一億四千二百七十五萬二千五百八十六度得每日行零八八有奇若日行八分度之七以八除七得零八七有奇尙不及八八故爲八分度之七有奇也

凡夕見伏二百五十七日百二十九萬五千三百五十二分行星二百二十六度六百九十萬七千四百六十九分

二百四十一日伏十六日又一百二十九萬五千三百五十二分共二百五十七日又一百二十九萬五千三百五十二分也

見行星二百四十度伏逆行十四度又三百六萬九千八百六十八分以十四度減二百四十度得二百二十六度以三百零六萬九千八百六十六分減九百九十七萬七千三百三十七分得六百九十萬零七千四百六十九分也

一復五百八十四日百二十九萬五千三百五十二分行星亦如之故日日行一度

晨見伏三百二十七日夕見伏二百五十七日又一百二十九萬五千三百五十二分相加得五百八十四日又一百二十九萬五千三百五十二分也

晨見伏行星三百五十七度四百三十六萬五千二百二十分夕見伏行星二百二十六度又六百九十萬零七千四百六十九分相加得五百八十三度又一千一百二十七萬六千八百九十分以九百九十七萬七千三百三十七分收爲一度得五百八十四度又一百二十九萬五千三百五十二分也

水晨始見去日半次　逆日行二度　一日始畱　二日而旋

順日行七分度六　七日　順疾日行一度三分度一　十八日而伏

凡見二十八日除逆定行星二十八度

始見逆行一日畱二日順七日順疾十八日相併得二十八日也

逆行一日二度順行七日每日行七分度之六順疾行十八日每日行一度又三分度之一以兩分母七與三相乘得二十一爲總分母以順疾分母三乘順行分子六得一十八是爲順行每日二十一分度之十八以順行分母七乘順疾分子一得七又以一度通爲二十一分加入分子七得二十八是爲順疾行每日二十八分

以順行七日乘一十八分得一百二十六分以順疾行十八日乘每日二十八分得五百零四分相加得六百三十分以分母二十一除之得三十度減逆行二度得二十八度也

伏日行一度九分度七有奇　三十七日一億二千二百二萬九千六百五分　行星六十八度四千六百六十一萬一百二十八

分此以見中日法一億三千四百零八萬二千二百九十七爲分母也以分母通三十七日爲四十九億六千一百零四萬四千九百八十九加入分子得五十億零八千三百零七萬四千五百九十四爲日數之一億三千四百零八萬二千二百九十七倍爲法以分母通六十八度爲九十一億一千七百五十九萬六千一百九十六加入分子得九十一億六千四百二十萬零六千三百二十四爲度數之一億三千四百零八萬二千二百九十七倍爲實以法除實得一度又五十億零八千三百零七萬四千五百九十四分度之四十億零八千一百一十三萬一千七百三十乃以五十億零八千三百零七萬四千五百九十四爲一率四十億零八千一百一十三萬一千七百三十爲二率以九爲三率求得四率七有奇故爲九分度之七有奇也

凡晨見伏六十五日一億二千二百二萬九千六百五分

見二十八日伏三十七日又一億二千二百零二萬九千六百零五分相併得此數

行星九十六度四千六百六十一萬一百二十八分

見行二十八度伏行六十八度又四千六百六十一萬零一百二十八分相併得此數

夕始見　去日半次　順疾日行一度三分度一　十六日二分日一　順遲日行七分度六　七日始畱一日二分日一而旋　逆日行二度　一日而伏　凡見二十六日除逆定行星二十六度

順疾十六日又二分日之一順遲七日畱一日又二分日之一

逆行一日相併得二十六日也

順疾每日行一度又三分度之一順遲每日行七分度之六以兩分母三分七分相乘得二十一爲總分母以順遲分母七乘順疾分子一得七分以順疾分母三乘順遲分子六得一十八則順疾爲每日行一度又二十一分度之七以一度通爲二十一分加入分子七爲每日行二十八分順遲每日行二十一分度之一十八順疾十六日又二分日之一以二分通十六日得三十二加入分子一得三十三是爲順疾行日數之二倍順遲七日亦爲二倍得十四日乃以三十三日乘每日二十八分得九百二十四分以十四日乘每日一十八分得二百五十二分相加得一千一百七十六分以二乘分母二十一得四十二爲法除之得二十八度減逆行二度得二十六度也

伏逆日行十五分度四有奇二十四日行星六度五千八百六十六萬二千八百二十分

伏逆二十四日行星六度又一億三千四百零八萬二千二百九十七分度之五千八百六十六萬二千八百二十分以分母通六度爲八億四千四百九十三萬七千八百二十加入分子共得八億六千三百一十五萬六千六百零二爲總分當以二十四日除之又當以分母除之乃以二十四日與分母相乘得三十二億一千七百九十七萬五千一百二十八以除總分得零二六八有奇若行十五分度之四以十五除四得零二六六有奇不及零二六八故曰十五分度之四有奇也

凡夕見伏五十日行星十九度七千五百四十一萬九千四百七十七分一復百一十五日一億二千二百二萬九千六百五分行

星亦如之故曰日行一度

見二十六日伏二十四日相併得五十日也見行星二十六度伏逆行六度又五千八百六十六萬二千八百二十分以六度減二十六度得二十度又以一度爲一億三千四百零八萬二千三百九十七分減五千八百六十六萬二千八百二十分餘七千五百四十一萬九千四百七十七分故得十九度七千五百四十一萬九千四百七十七分也

晨見伏六十五日又一億二千二百零二萬九千六百零五分夕見伏五十日相併爲一百一十五日又一億二千二百零二萬九千六百零五分

晨見伏行星九十六度又四千六百六十一萬零一百二十八分夕見伏行星十九度七千五百四十一萬九千四百七十七分九十六度與十九度相併得一百一十五度四千六百六十一萬零一百二十八分與七千五百四十一萬九千四百七十七分相併得一億二千二百零二萬九千六百零五分也

推日月元統置太極上元以來外所求年盈元法除之餘不盈元者則天統甲子以來年數也盈統除之餘則地統甲辰以來年數也又盈統除之餘則人統甲申以來年數也各以其統首爲紀

此推所求之年在天統在地統在人統也太極上元至後之太極上元二千三百六十三萬九千零四十歲其間有五千一百二十元所求之年爲太極上元以來若干年乃減去所求之年不算而算以前之年數故曰外所求年也必算以前之年乃可得所求之年也以前年數滿四千六百一十七年爲一元則天正之月甲子朔夜半冬至日食同於太極

上元之年可以不算故滿一元則除去之滿若干元皆除去不算也除去之餘若干年是入今之元若干年矣一元三統天統之首日甲子地統之首日甲辰人統之首日甲申三統之不同惟首日干支不同耳其餘天正月朔夜半冬至日食並同也一統一千五百三十九年若入今之元不盈此數則入天統之內若滿一統年數而有餘則入地統之內若滿二統年數而有餘則入人統之內也

推天正以章月乘入統歲數盈章歲得一名曰積月不盈者名曰閏餘閏餘十二以上歲有閏求地正加積月一求人正加二

此推入統以來至所求前一歲止得若干月因而知所求歲有閏無閏也前已得積歲此欲得積月以歲求月當用歲月並盡之率十九歲爲一章有二百三十五月而歲月並盡矣故以十九歲爲一率二百三十五月爲二率入統以來若干歲爲三率二三率相乘一率除之得四率則爲入統以來至所求前一年止之月數名曰積月也一率除之不盡則除至月數而止其餘爲十九分月之若干分名曰閏餘也一章十九歲內有七閏欲求一歲之閏分以十九歲除七閏不盡卽以一歲之閏爲七而以一閏月爲十九分而所除不盡之數亦以一月爲十九分正相合也故所求年以前閏餘不盈十九分但在十二分以上卽以所求年之閏餘七分相加得十九則所求年十二箇月之外復有十九分爲一月而有閏若閏餘更在十九分以上除十九分爲一閏其餘又爲後一閏之分矣若所求年之閏餘不及十二分則與所求年之七分相加亦不及十九分則所求年無閏矣天正者建子之月地正者建丑之月人正者建寅之月每一統以統本天正爲首若求地正之月則當於積月數內加一月若求人正之月則當於積月數內加兩月也

推正月朔以月法乘積月盈日法得一名曰積日不盈者名曰小餘小餘三十八以上其月大積日盈六十除之不盈者曰大餘數從統首日起算外則朔日也

此推入統以來至所求前一歲止得若干日及所求年天正月朔之干支前已得積月此欲得積日當用月日並盡之率一月二十九日又八十一分日之四十三以分母通二十九日加入分子得二千三百九十二分則八十一月有二千三百九十二日而月日並盡矣故以八十一月爲一率二千三百九十二日爲二率以入統至所求前一年止之月數爲三率求得四率則爲入統至所求前一年止之日數名曰積日也本以八十一月爲一率其云日法者日法八十一之數同也本以二千三百九十二日爲二率其云月法者月法二千三百九十二之數同也然算數雖同算理則不合矣一率除之不盡則除至日數而止其餘爲八十一分日之若干分名曰小餘也每月既爲二十九日又八十一分日之四十三所求年天正月之前一月既有小餘未盡但在三十八分以上併入所求年天正月之四十三分得八十一分而天正月大矣若更在八十一分以上除八十一分爲月大之三十日其餘又爲後一月之分矣若小餘不及三十八分則併入所求年天正月之四十三分亦不及八十一分爲一日而是月止有二十九日而爲月小矣又欲知所求天正月朔之干支於入統至所求前一年之積日數內盈六十日則干支一周除去之除去之餘不盈六十謂之

大餘者餘分謂之小餘故餘日謂之大餘也大餘第一日與入統第一日之干支同若入天統天統第一日甲子則大餘第一日亦甲子也若入地統地統第一日甲辰則大餘第一日亦甲辰也如入人統人統第一日甲申則大餘第一日亦甲申也數盡大餘之日其外一日卽所求年天正月朔之干支也

求其次月加大餘二十九小餘四十三小餘盈日法得一從大餘數除如法

一月二十九日四十三分求次月合朔則二十九日四十三分也但加小餘四十三與前月小餘相併或盈八十一分爲一日則加大餘一其餘乃爲小餘也其盈六十日除去如上法則得日之干支也

求弦加大餘七小餘三十一求望倍弦

自朔至上弦爲四分月之一一月二十九日四十三分以二十九日四分之得七日餘一日爲八十一分加四十三分共一百二十四四分之得三十一分故加七日又三十一分也自朔至望爲月之半爲弦之倍求望加大餘十四日小餘六十二分也

推閏餘所在以十二乘閏餘加七得一盈章中數所得起冬至算外則中至終閏盈中氣在朔若二日則前月閏也

此推所求年閏在何月也前一年之閏餘在十二分以上與本年閏餘七分盈十九分而有閏矣但必以無中氣之月爲閏一歲有閏餘七分有十二中氣以十二除七不盡故以十二乘七得八十四以每歲之閏餘爲八十四分每一箇中氣閏餘七分也每歲閏餘本爲十九分之七此分子七既以十二乘之則分母十九亦當以十二乘之爲二百二十八則每歲閏餘爲二百

二十八分之八十四矣章歲十九每歲十二中故十二乘十九爲二百二十八章中二百二十八正與同數故借章中爲分母也本年閏餘七分既以十二乘之爲八十四則前年閏餘亦當以十二乘之皆以一分化爲十二分也本年天正冬至以前有若干分至本年第一箇中氣冬至則多七分第二箇中氣小寒則又多七分如是遞加一箇中氣即加七分故曰加七得一也加至二百二十八分則滿一閏之分其中氣在月終後一月無中氣而爲閏月矣故曰中至終閏盈也月之定率爲二百二十八中之定率爲二百三十五中多於月者七閏月合朔之後二百二十八分而爲後月合朔閏前之中氣後二百三十五分而爲閏後之中氣故中氣與合朔或同日或在二日也

推冬至以策餘乘入統歲數盈統法得一名曰大餘不盈者名曰小餘除數如法則所求冬至日也

此推所求年天正冬至之干支及時刻也每一歲三百六十五日又一千五百三十九分日之三百八十五其三百六十日滿六甲子餘五日又一千五百三十九分日之三百八十五以分母通五日加入分子得八千零八十分爲策餘以入統歲數乘之則入統以來策餘也盈一千五百三十九分則得一日云盈統法者統歲亦一千五百三十九故假借其名也既得入統以來策餘若干日其餘分數不盈一日者名曰小餘其日數仍當盈六十日甲子一周則除之其不盈六十者乃名曰大餘故曰除數如法謂如上推正月朔法盈六十除之也大餘第一日于支與統首日干支同大餘外一日爲冬至從大餘第一日干支數至冬至得冬至日之干支也其小餘則是日夜半至冬至之

時刻也一歲五十六萬二千一百二十分不全用者以其數太繁故除去六箇甲子三百六十日而但用五日有奇也此法本當以入統以來積日以每日一千五百三十九分乘之然後以每歲五十六萬二千一百二十分除之除不盡者以每日一千五百三十九分除之而得冬至之日除不盡者爲冬至時刻但其數太繁故不用每歲五十六萬二千一百二十分而但用策餘也

求八節加大餘四十五小餘千一十

一歲三百六十日分爲八節每節四十五日一歲策餘八千零八十分分爲八節每節一千零一十故從冬至求立春則四十五日又一千五百三十九分日之一千零一十也

求二十四氣三其小餘加大餘十五小餘千一十

推中節二十四氣皆以元爲法

八節每一節分爲三氣其大餘四十五可分爲三每節一十五其小餘一千零一十不可分爲三即以一千零一十爲小餘則小餘每一分化爲三分故曰三其小餘也此分子既以三乘之則分母一千五百三十九分亦當以三乘之爲四千六百一十七與元法四千六百一十七正同故曰以元爲法亦假借之數也

推五行其四行各七十三日統歲分之七十七中央各十八日統法分之四百四冬至後中央二十七日六百六分

一歲五十六萬二千一百二十分以五行除之得一十一萬二千四百二十四以每日一千五百三十九分除之得七十三日又一千五百三十九分日之七十七也云統歲者統歲亦一千五百三十九與一日一千五百三十九同數三統麻本以一日爲一千五百三十九分既以八十一爲日法則凡遇一日爲一千五百三十九者皆假統歲言之矣中央土一十一萬二千四百二十四分寄王於四時以四除之得二萬八千一百零六分以每日一千五百三十九分除之得一十八日又一千五百三十九分日之四百零四也冬至至立春四十五日又一千零一十分內減後十八日又四百零四分爲土王日餘二十七日六百零六分爲水王自冬至上至立冬四十五日又一千零一十分皆水王相加爲七十三日又七十七分也春夏秋皆如之

推合晨所在星置積日以統法乘之以十九乘小餘而并之盈周天除去之不盈者令盈統法得一度數起牽牛算外則合晨所入星度也

此推所求年天正合朔時日月所在星度也周天五十六萬二千一百二十分每一度一千五百三十九分日一日行一度置積日以統法乘之者每日以一千五百三十九分通之也其小餘本爲八十一分內之若干分以十九乘小餘者欲以小餘與積日之分相併但積日之分每日一千五百三十九分小餘之分母則八十一以十九乘八十一則得一千五百三十九以十九乘分子即爲一千五百三十九分內之若干分與積日之分齊同可相併也一歲五十六萬二千一百二十分日行一周天故除去之其餘不盈周天者每一千五百三十九分爲一度得若干度則從牽牛數起至數盡則爲合朔前一日日所在之星

度此外一度即合朔之日日所在星度也日月合朔日所在即月所在也

推其日夜半所在星以章歲乘月小餘以減合晨度小餘不足者破全度

前推合晨所在星而合朔不必在夜半此推夜半未合朔時日所在星度也推合朔以積日積日有月之小餘此小餘乃積日之數之仍餘計之月小餘者計日得本積小餘此小餘實由日法而來也本爲前年之餘分日法已盡而月法未盡者遂入於所求年天正朔旦夜半以後故減去月小餘即得夜半日所在也但推合晨以一日爲一千五百三十九分而月小餘以一日爲八十一分故以十九乘月小餘即爲一千五百三十九分之分子與推合晨之分母齊同故可以減合晨之小餘也若月小餘數多合晨小餘數少則取合晨之一度破爲一千五百三十九分乃減之也

推其月夜半所在星以月周乘月小餘盈統法得一度以減合晨度

此推夜半未合朔時月所在星度也一章十九年月行二百五十四周以十九歲除之每歲月行十三周又十九分周之七每歲日行一周月行十三周又十九分周之七則每日日行一度月行十三度又十九分度之七以十九分通十三度加入分子七得二百五十四分也但此以一度爲十九分與推合晨以一千五百三十九爲一度不能齊同必以八十一乘十九分得一千五百三十九爲分母又以八十一乘分子七得五百六十七則爲每日月行十三度又一千五百三十九分度之五百六十七以分母通十三度加入分子則爲二萬零零五百七十四分

然則每日日行一千五百三十九分月行二萬零零五百七十四分也夫二萬零零五百七十四分者乃二百五十四與八十一相乘之數也八十一即月小餘之分母也以二百五十四與月小餘之分母相乘爲每日月行之分度則以二百五十四與月小餘相乘即爲月小餘月行之分數矣故一千五百三十九分而得一度以減合晨度則得夜半月所在星度也二百五十四與月周同數故謂二百五十四爲月周也

推諸加時以十二乘小餘爲實各盈分母爲法數起於子算外則所加辰也

此推每月合朔弦望及冬至八節二十四氣諸加時也推合朔弦望以八十一分爲一日推冬至八節以一千五百三十九分爲一日推二十四氣以四千六百一十七分爲一日皆不可分爲十二時故各分母皆以十二乘之則每一時即以分母爲分數也乃各以十二乘分子以分母除之即得一時除去若干時其算外除不盡者即爲所加時矣

推月食置會餘歲積月以二十三乘之盈百三十五除之不盈者加二十三得一月盈百三十五數所得起其正算外則食月也加時在望日衡辰

一百三十五月而有二十三食一會五百一十三歲共六千三百四十五月而冬至朔旦必日食置入統以來外所求年滿五百一十三歲爲一會除去之其餘爲會餘歲然如此必又以歲求月不如置入統以來積月滿六千三百四十五爲一會除去之其餘即爲會餘歲積月矣乃以一百三十五月爲一率二十三食爲二率會餘歲積若干月爲

三率故以二十三乘會餘積月而以一日三十五除之也除得四率爲若干食即除去之也其餘月數本以二十三乘即爲二十三倍矣一百三十五月有二十三食今月數已加二十三倍故盈一百三十五月止得一食今既不盈一百三十五即不滿一食必加至一百三十五乃滿一食矣餘月爲二十三倍之虛數故加每一月亦爲二十三虛數以加之如虛數二十三乃爲實加一月也加至一百三十五虛數則後一月當食也每一月加二十三而得一百三十五則爲日食若加至一十一有奇爲半月而已滿一百三十五則爲月食也從天正起故日起其正也加時在望日衡辰者日當作月望時月與日衡月衡之辰即日所在也

紀術

推五星見復置太極上元以來盡所求年乘大統見復數盈歲數得一則星定見復數也不盈者名曰見復餘見復餘盈其見復數一以上見在往年倍一以上又在前往年不盈者在今年也

此推五星每一星最後一見始在今年抑在前一年二年也五星各有若干歲數而一見復如木星一千七百二十八年有一千五百八十三見復故以歲數爲一率見復數爲二率太極上元以來盡今年爲三率以三率太極上元以來年數乘二率見復數以一率歲數除之得四率爲自上元以來至今年共有見復若干各爲定見復數也除不盡者名曰見復餘此爲最後一見未盡之數也既以積年乘見復數即無異每年分爲若干分如見復之數故每一見復數即爲一年若所餘雖不盈歲數而多於一見復數則爲一年有奇減去今年一年尚不足也此其初見在前一年也若又倍於見復數有奇則爲二年有奇又減去前一年此其初見在前二年也若不盈一見復數者即是不盈一年是其始見在今年矣

推星所見中次以見中分乘定見復數盈見中法得一則積中也不盈者名曰中餘以元中除積中餘則中元餘也以章中除之餘則入章中數也以十二除之餘則星見中次也中數從冬至起次數從星紀起算外則星所見中次也

既得星始見之年此推始見在其年之某中氣其始見在何次也自上元以來至前一見復其若干年見復名曰定見復數乃求自上元至前見復共有若干中氣共行若干次以每星歲數內若干見（即見中法）爲一率以歲數內若干中氣（即見中分）爲二率今有若干見復（即定見復數）爲三率求得四率即上元至前一見復內中氣之數如不滿法者即不滿一箇中氣名曰中餘也此乃前一見復最後中氣之後之數也十二箇中氣爲一歲故以十二除之其餘若干中氣自冬至數起即得某中氣也星之始見距日十五度今既推得始見在某中氣即知日所在矣日在冬至則星距日十五度在星紀故自星紀數起也數至冬至後第幾中氣爲前見復之末故算外得此次始見之中氣也數至星紀後第幾次爲前見復之末故算外得此次始見之次也以元中除積中以章中前除之者此可以不必如此因推星見月如此故此推見中亦如此耳既得積中是自上元以來至前一見復之末中氣之數故以一元內五萬五千四百零四中除之除去若干元其除不盡者今之一元未滿謂之中元餘也中元餘內有若干章故以一章二百二十八中除之除去若干章其不盡者今

之一章未滿爲入章中數也然後以十二中除之爲一歲也

推星見月以閏分乘定見以章歲乘中餘從之盈見月法得一并積中則積月也不盈者名曰月餘以元月除積月餘名曰月元餘以章月除月元餘餘（此餘字元[illegible]今[illegible]之）則入章月數也以十二除之至有閏之歲除十三入章三歲一閏六歲二閏九歲三閏十一歲四閏十四歲五閏十七歲六閏十九歲七閏不盈者數起於天正算外則星所見月也

既得星始見之中氣此推星始見之月也前所得積中爲自上元至前一見復所積中氣之數夫有一中氣必有一月矣惟閏月無中氣故但推上元至前一見復有閏月若干與積中相併即得月數也此當以每星歲數內若干見爲一率以歲數內若干閏爲二率今有若干見（即定見）爲三率求得四率爲定見內若干閏也歲數內若干見以章歲十九乘之所謂見月法也歲數內若干閏以章歲十九乘之所謂見閏分也皆加十九倍則其率亦同故以見月法爲一率見閏分爲二率定見爲三率求得四率即定見內之閏數併入積中即爲月數也但積中尚有中餘中餘不滿一中而或滿一月故更當以中餘求月夫五星統母以見中分求月當以十九乘見中分而以見月法除之故此中餘亦以十九（即章歲）乘之乃以見月法除之也前之閏分乘定見爲實見閏分本是十九倍此中餘亦加十九倍則實數齊同前以見月法除之此亦以見月法除則法亦同故可併而除之即得積月除不盡則除至月數而止其餘名曰月餘也既得積月是爲上元以來至前一見復之末之月數欲知是今之幾月故以一元五萬七千一百零五箇月除之除去若干元

除不盡者是今之一元未滿故謂之月元餘也月元餘內有若干章故以一章二百三十五箇月除之除不盡者是今之一章未滿爲入章月數也故以入章以來某歲無閏除十二箇月某歲有閏除十三箇月除不盡者爲今年天正數起至某月爲星見以前之月故算外則星見之月也

推至日以中法乘中元餘盈元法得一名曰積日不盈者名曰小餘小餘盈二千五百九十七以上中大數除積日如法算外則冬至也

此當以一元五萬五千四百零四中即中元爲一率二元一百六十八萬六千三百六十日爲二率入今元以來若干中即中元餘爲三率求得四率爲入今元以來至前見復之末若干日但一元五萬五千四百零四中一元一百六十八萬六千三百六十日其數皆太繁一元中數十二分之一得四千六百一十七即元歲數一元日數十二分之一得十四萬零五百三十即中法之數故取其簡者以元法爲一率中法爲二率中元餘爲三率求得四率爲入今元以來至前見復之末積日除不盡者四千六百一十七分日之若干分名曰小餘也每日四千六百一十七分則一中爲三十日又四千六百一十七分日之二千零二十覘朔前統此積日之外尚有小餘若干分則非次日之首交後中氣其小餘入於今星見之中氣之首日今之中氣自有小餘二千零二十分若前之小餘在二千五百九十七以上則相併得四千六百一十七分以上而得一日而今星見之中氣得三十一日而中大矣若小餘不及二千五百九十七分則併入今星見之中氣小餘二千零二十分尚不及四千六百一十七分則不及一日而此中氣止有三十日而中小矣積日後一日交入此次星見之中氣故算外則冬至也云數除積日如法者以六十甲子除積日而知冬至日之干支也

推朔日以月法乘月元餘盈日法得一名曰積日餘名曰小餘小餘三十八以上大月數除積日如法算外則星見月朔日也

既得星見之年月此推其月朔日及干支也當以一元之月朔即月元五萬七千一百零五箇月爲一率一元之日數一百六十八萬六千三百六十日爲二率入今元以來至前見復之末之月爲三率求得四率爲積日但一元之月數日數皆太繁故不用爲一率二率也一月二十九日又八十一分日之四十三欲求月與日俱盡之率則八十一箇月得二千三百九十二日而月與日俱盡故以八十一箇月爲一率二千三百九十二日爲二率取其數之簡捷也八十一與日法同故謂之日法二千三百九十二與月法同故謂之月法其餘不盡者八十一分日之若干分名曰小餘也每日八十一分則一月爲二十九日又八十一分之四十三此積月之外尚有小餘則合朔不在次日之首其小餘入於今星見之月之朔日而今月自有小餘四十三分若前小餘在三十八分以上則相併得八十一分以上而得一日而今月得三十日而月大矣若前月小餘不及三十八分而併入今月小餘不及八十一分不及一日而此月止有二十九日而月小矣積日之後一日交入此次星見之月故算外則月朔也數除積日如法者以六十甲子除積日而得月朔之干支也

推入中次日度數以中法乘中餘以見中法乘其小餘并之盈見中日法得一則入中日入次度數也中以至日數次以次初數算外則星所見日及所在度數也求夕在日後十五度

既得星見在某中氣之後及見於某次此推見於某中氣後若干日及見於某次若干度也前推至日已推盡積中日數矣此推中餘及小餘日數中餘者本爲見中法除不盡之數而不除若除之則當以中法乘之以元法除之而得日數此以元法爲日法也中法十四萬零五百三十以元法四千六百一十七分之得三十日又四千六百一十七分日之二千零二十然則以中餘求日數當以見中法除之以中法乘之又以元法除之也兩除並爲一除則當以見中法與元法相乘爲法除之夫見中法與元法相乘乃見中日法也故以中法乘之以見中日法除之而得日數也小餘者本爲元法除不盡之數而不除然終當以元法除之故并入中餘而除之但除小餘止當以元法爲法而除中餘者以見中法乘元法爲法故先以見中法乘小餘乃并入中餘而除之也除之則是中餘及小餘之日數是爲入中日數矣云中以至巳數者此亦舉冬至爲例猶云中以中日數耳日數若干則從交中氣之日數起數盡日數其外即星見之日也

推入次度數者星所見之次之度數總距日十五度推中氣則知日所在即知星所在故推得入中日數即得入次度數也云次以次初數者以其次之初度數起數盡日數其外即星見之度也云求夕在日後十五度者五星晨見者日未出時星已出是星在日西星所在之度日已行過謂之日前也夕見者日已入星未入是星在日東也星所在之度日未行至謂之日後也

晨見在日西十五度夕見在日東十五度也

推入月日數以月法乘月餘以見月法乘其小餘并之盈見月日法得一則入月日數也并之大餘數除如法則見日也

既得星見在某月朔之後此推見於朔後某日也前推朔日已推盡積月之日數矣此推月餘及小餘之日數夫月餘者見月法除不盡之數而不除者也若除之則當以月法乘之以日法除之而得日數然則以月餘求日數當以見月法除之以日法乘之又以日法除之也兩除并爲一除則當以見月法與日法相乘爲法除之夫見月法與日法相乘乃見月日法也故以月法乘之以見月日法除之而得日數也小餘者本爲日法除不盡之數然終當以日法除之故并入月餘而除之但除小餘止當以日法爲法而除月餘者以見月法乘日法爲法故先以見月法乘小餘乃并入月餘而除之也除之則是月餘及小餘之日數是爲入月日數也并之大餘數除如法者前推朔日之積日是入今元至前星見復之月止之日數以六十甲子除之已有不滿六十之大餘若干日自入今月又有若干日故與大餘相并若滿六十則除去其餘從甲子起數至星見之日而知其日之干支也

推後見中　加積中於中元餘　加後中餘於中餘　盈其法得從中元餘　除數如法則後見中也

此推後見之中氣也推今見中則自入今元至前見若干中爲中元餘不滿一中者爲中餘推後見中則今見若干中亦爲前見之中矣故以今一見之積中五星每一見復積中若干并見紀母加於前中元餘之內以今一見之中餘五星每一見後中餘若干亦見紀母加於前中餘之內

也中餘者本爲不滿見中法之數若滿法則得一中矣今以前之中餘加入今之中餘則或滿見中法而爲一中故加入中元餘之內其餘乃爲中餘也其以章中除之以十二除之諸法皆與推星所見中次法同如法求之則後見之中也

推後見月，加積月於月元餘，加後月餘於月餘，盈其法得一，從月元餘。除數如法，則後見月也。

此推後見之月也推今見月則自入今元至前見若干月爲月元餘不滿一月者爲月餘推後見月則今見若干月亦爲前見之月矣故以今一見之積月（[illegible]）加於前月元餘之內以今一見之月餘（[illegible]）加於前月餘之內也

月餘者本爲不滿見月法之數若滿法則得一月矣今以前之月餘加入今之月餘或滿見月法而爲一月故加入月元餘之內其餘乃爲月餘也其以章月除月元餘以十二除之諸法皆與推星見月法同如法求之則得後見之月也

歲術

推歲所在，置上元以來，外所求年，盈歲數，除去之，不盈者以百四十五乘之，以百四十四爲法，得一名曰積次，不盈者名曰次餘。積次盈十二，除之，不盈者名曰定次。數從星紀起，算盡之外，則所在次也。

歲星一千七百二十八歲行天一百四十五周而復於故處故推歲星所在自上元至所求年前若干歲凡滿一千七百二十八歲除去之其不滿者爲歲星最後所行今若干歲也歲星一百四十四歲行一百四十五次今若干歲當行若干次故以一百四十四歲爲一率一百四十五次爲二率今若干歲爲三率求得四率得所行若干次名曰積次其不滿一次者則爲一百四十四分次之若干分名曰次餘也十二次一周天故盈十二次則除去之不盈者是爲天之第幾次名曰定次也星紀爲第一次故從星紀起算定次若干則至第幾次是爲所求年前一歲歲星所在之次其外則今歲歲星所在之次也

欲知太歲，以六十除積次，餘不盈者，數從丙子起，算盡之外，則太歲所在也。

周天十二次星紀（丑正北）析木（寅東北）大火（卯正東）壽星（辰東南）鶉尾（巳南東）鶉火（午正南）鶉首（未南西）實沈（申西南）大梁（酉正西）降婁（戌西北）諏訾（亥北西）元枵（子正北）日行右旋冬至在星紀子大寒在元枵亥雨水在諏訾戌春分在降婁酉以下仿此一歲而右旋一周也歲星亦右旋第一歲在星紀子第二歲在元枵亥第三歲在諏訾戌第四歲在降婁酉以下仿此十二歲而右旋一周也故古以歲星所在十二次紀年（[illegible]）而不以干支紀歲若以十二支紀歲則子亥戌酉申未午辰卯寅丑倒行矣後人以干支紀歲則不用歲星紀歲而別立太歲之名矣歲星右旋自丑而子太歲左旋則自子而丑歲星在丑則爲子年明年歲星在子則爲丑年又明年歲星在亥則爲寅年又明年歲星在戌則爲卯年以下仿此既用太歲干支紀年則一歲一名（[illegible]）六十歲六十名矣然太歲本與歲星所在之次左右相應歲星在丑乃爲太歲在子歲星在子乃爲太歲在丑也歲星一百四十四歲而行一百四十五次是超過一次則太歲亦當一百四十四歲而超過一辰如第一歲歲星在子太歲爲丑第一百四十四歲歲星行過酉而在申則太歲亦超過辰而爲巳年矣此謂之超辰也若無超辰則欲知所求年太歲干支之名者當以上元以來至所求年前歲星行若干次乃以一百四十五次爲一率一百四十四歲爲二率今有積次若干爲三率求得四率爲積年然後以太歲六十甲子除之除不盡者若干歲從太歲丙子起數盡之而知所求前一歲之干支今既有超辰則太歲十二支與歲星十二次左右相應但知十二次即知十二支矣故置積次而以六十甲子除去之除不盡者若干歲第一歲爲丙子從此數盡之卽知所求前一歲之干支而不必以一百四十五次爲一率一百四十四歲爲二率也

上元第一歲所以爲丙子者是歲歲星在星紀丑也故太歲在子矣其以爲丙子者太初元年太歲在丙子三統術推得上元至太初前一年共十四萬三千一百二十七歲爲法求得積次一千四百四十滿六十去之以六十恰盡故以上元第一年爲丙子也故數丙子起算也

九章歲爲百七十一歲，而九道小終。九終千五百三十九歲而大終。三終而與元終。進退於牽牛之前四度五分。

此推冬至日躔所在也九章爲一會謂之小終九會爲一統謂之大終三統爲一元故曰三終而與元終（[illegible]）之（[illegible]）進退牽牛之前四度五分者歲差密率七十年餘差一度每年差五十一秒續漢志元和二年太史令候日行冬至在斗二十一度四分度之一自元和上推天鳳劉歆作三統術時約七十年歲差將及一度其時冬至日躔當在斗二十二度四分度之一稍弱恰去牽牛前四度稍強斗分一千五百三十九分之三百八十五以斗餘分命之故曰五分也不言在斗而言在牽牛者三統術本乎太初太初術冬至日起牽牛初（[illegible]）而劉歆已測得在斗二十二度四分度之一弱漢人未識歲差不敢改太初舊法故遷就其詞曰進退牽牛前四度五分以爲若五星之有贏縮云爾

推章首朔旦冬至日，置大餘三十九，小餘六十一，數除如法，各從其統首起。求其後章，當加大餘三十九，小餘六十一，各盡其八十一章。

此推每一統第一章第一日之干支也每章六千九百三十九日又八十一分日之六十一以六十甲子除之餘三十九日又八十一分日之六十一也天統第一章首第一日甲子則所餘三十九日之第一日亦甲子第三十九日是壬寅其明日癸卯爲第二章之首故曰一甲子二癸卯也但一章尚有餘分六十一未盡第二章六千九百三十九日又八十一分日之六十一加第一章未盡餘分之六十一得一百二十二分以八十一分除之得一日又八十一分日之四十一其一日加入六千九百三十九日爲六千九百四十日以六十甲子除之餘四十日其第一日是癸卯則第四十日是壬午其明日癸未爲第三章之首故曰三癸未也仍有餘分四十一未盡又入於第四章矣第四章以下皆仿此推之

地統第一章首甲辰日故曰甲辰二統一人統第一章首甲申日故曰甲申三統一餘皆仿此

律歷志第一下

漢書二十一

禮樂志第二

漢　蘭臺令史班固撰

唐正議大夫行祕書少監琅邪縣開國子顏師古注

賜進士出身前翰林院編修國子監祭酒加三級臣王先謙補注

六經之道同歸，而禮樂之用爲急。師古曰六經謂易詩書春秋禮樂也補注先謙曰官本考證云監本於此卷脫注尤多今並從宋本補 治身者斯須忘禮則暴嫚入之矣。師古曰斯須猶須臾 爲國者一朝失禮則荒亂及之矣。人函天地陰陽之氣，有喜怒哀樂之情。師古曰函包容也讀與含同它皆類此 天稟其性而不能節也，師古曰稟謂給與也 聖人能爲之節而不能絕也，故象天地而制禮樂，所以通神明，立人倫，師古曰倫理也 正情性，節萬事者也。人性有男女之情，妒忌之別，補注錢大昭曰別漢紀作心先謙曰禮記經解云昏姻之禮所以明男女之別也其上文言朝覲喪祭鄉飲酒皆志所取裁則此文當作男女之別明矣妒忌以情言疑別與情誤倒 爲制婚姻之禮；有交接長幼之序，爲制鄉飲之禮；有哀死思遠之情，爲制喪祭之禮；有尊尊敬上之心，爲制朝覲之禮。哀有哭踊之節，樂有歌舞之容，師古曰踊跳也哀甚則踊 正人足以副其誠，邪人足以防其失。師古曰副稱也 故婚姻之禮廢，則夫婦之道苦，而淫辟之罪多；孟康曰苦音盬夫婦之道行盬不固也師古曰苦惡也不當假借辟讀曰僻補注王念孫曰孟說是也行盬謂不堅固也司市凡治市之貨賄六畜珍異利者使阜害者使亡鄭注曰利利於民謂物實厚者害害於民謂物行苦者釋文云行遐孟反又如字聶胡剛反苦音古行苦卽行盬唐律雜律曰諸造器用之物及絹布之屬有行濫短狹而賣者杖六十注曰不牢謂之行不眞謂之濫潛夫論浮侈篇曰以完爲蔽以牢爲行行貞牢正棚反今宗俗人謂貨物不牢曰行貨與聶氏胡剛反之音合高郵人言之則下庚反皆古之遺語也小雅四牡傳曰盬不堅固也齊語辨其功苦韋注曰功牢也苦脆也夫婚姻之禮敬慎重正而後親之所以成男女之別而立夫婦之義也婚姻之禮廢則夫婦之道行盬不固而淫辟之端以起故曰夫婦之道盬而淫辟之罪多作苦者假借字耳小顏乃云苦惡也不當假借不知苦惡之苦古正讀如盬食貨志器苦惡如淳曰苦或作盬不攻嚴也是也而小顏彼注又讀爲甘苦之苦矣辨見食貨志先謙曰官本孟注無道字 鄉飲之禮廢，則長幼之序亂，而爭鬭之獄蕃；師古曰蕃亦多也音扶元反他皆類此 喪祭之禮廢，則骨肉之恩薄，而背死忘先者衆；師古曰先者先人謂祖考補注宋祁曰祖考下添也字 朝聘之禮廢，則

君臣之位失，而侵陵之漸起。補注先謙曰自故婚姻至此取經解爲文而略有刪易 故孔子曰：「安上治民，莫善於禮；移風易俗，莫善於樂。」師古曰此孝經載孔子之言也譱古善字補注錢大昭曰說文譱吉也从誩从羊善篆文 禮節民心，樂和民聲，政以行之，刑以防之。禮樂政刑四達而不誖，則王道備矣。師古曰誖乖也音布內反 樂以治內而爲同，李奇曰同於和樂也 禮以修外而爲異；李奇曰尊卑爲異也 同則和親，異則畏敬；和親則無怨，畏敬則不爭。揖讓而天下治者，禮樂之謂也。二者並行，合爲一體。畏敬之意難見，則著之於享獻辭受，登降跪拜；師古曰見謂彰顯也補注沈欽韓曰儀禮之坐皆跪也 和親之說難形，則發之於詩歌詠言，鐘石筦弦。師古曰說讀曰悅形亦見也筦字與管同 蓋嘉其敬意而不及其財賄，美其歡心而不流其聲音。師古曰流移也心不移溢於音聲也 故孔子曰：「禮云禮云，玉帛云乎哉？樂云樂云，鐘鼓云乎哉？」師古曰論語載孔子之言也謂禮以節人爲貴樂以和人爲本玉帛鐘鼓乃其末也補注宋祁曰其末下當添事字先謙曰官本鐘作鍾 此禮樂之本也。故曰：「知禮樂之情者能作，識禮樂之文者能述。作者之謂聖，述者之謂明。明聖者，述作之謂也。」師古曰作謂有所興造也述謂明辨其義而循行也補注宋祁曰景德本循行作修行 王者必因前王之禮，補注先謙曰官本王者下提行陳浩云自六經之道至之謂也統論禮樂大致自王者必因前王之禮以下則禮志本文自樂者聖人之所樂也以下則樂志本文也自今海內更始統論禮樂以結前文監本畫段不明今遇起處另提行寫 順時施宜，有所損益，卽民之心，稍稍制作，師古曰卽就也 至太平而大備。周監於二代，禮文尤具，師古曰監觀也二代夏殷也言周觀夏殷之禮而增損之也 事爲之制，曲爲之防，師古曰言每事立制委曲防閑也補注王念孫曰大事曰事小事曰曲事爲之制禮儀三百也曲爲之防威儀三千也禮器曲禮三千鄭注曰曲猶事也中庸其次致曲注曰曲猶小小之事也淮南繆稱篇察一曲者高誘注曰一曲一事也主術篇曰不偏一曲不黨一事事爲之制曲爲之防相對爲文則曲非委曲之謂 故稱禮經三百，威儀三千。於是教化浹洽，師古曰浹徹也洽霑也浹音子牒反 民用和睦，災害不生，禍亂不作，囹圄空虛，四十餘年。應劭曰囹圄周獄名也師古曰囹獄也圄守也故總言囹圄無繫於周囹音來丁反圄音牛呂反補注王念孫曰小顏分囹圄爲二義非也鄭注月令曰囹圄所以禁守繫者若今別獄矣然則囹圄爲獄名而又取禁守之義不得訓

圄爲獄訓圄爲守也圄之言令圄之言敔也說文曰敔禁也廣雅曰令敔禁也是圄圄皆禁守之義或但謂之圄晏子春秋諫篇曰拘者滿圄怨者滿朝是也月令正義引蔡邕章句曰圄牢也圄止也所以止出入釋名曰圄領也圄禦也領錄囚徒禁禦之也皆誤分圄圄爲二義又案說文曰圄獄也又曰圄圉所以拘罪人是說文圄圄字本作圉說文又曰圉守之也此自訓圉爲守非謂圄圉也小顏蓋用說文而未考其實孔子美之曰郁郁乎文哉吾從周師古曰論語載孔子之言也郁郁文章貌及其衰也諸侯踰越法度惡禮制之害己去其篇籍遭秦滅學遂㠯亂亡漢興撥亂反正日不暇給師古曰撥去亂俗而還之於正道也給足也言事務殷多日日修造尚不能足故無暇也猶命叔孫通制禮儀㠯正君臣之位〔補注〕先謙曰事詳通傳高祖說而歎曰師古曰說讀曰悅吾乃今日知爲天子之貴也㠯通爲奉常遂定儀法師古曰奉常則太常也解在百官公卿表〔補注〕先謙曰通傳定宗廟儀法及稍定漢諸儀法皆通所論著也事在惠帝立復爲奉常時官本則作卽卽則字同未盡備而通終〔補注〕王應麟曰叔孫通禮儀藝文志不載曹襃傳云章和元年正月召襃詣嘉德門令小黃門持班固所上漢儀十二篇又王充論衡曰高祖詔叔孫通制作儀品十六篇齊召南曰案通定朝儀及宗廟儀法具載本傳史記禮書叔孫通頗有增損大抵皆襲秦故自天子稱號下至佐僚及宮室官名少所變改爲得其實賈公彥周禮疏乃謂通作漢禮器制度取法於周不知何所據也通所撰禮制後世罕見惟陳書沈文阿云叔孫定禮尤失前憲蕞㠯不珪致享無帛王公同璧鴻臚奏賀若此數事未聞於古又孔穎達禮記疏曰高祖時皇太子納妃叔孫制禮以爲天子無親迎似其書尙有傳者不可解也至文帝時賈誼㠯爲漢承秦之敗俗廢禮義捐廉恥今其甚者殺父兄盜者取廟器而大臣特㠯簿書不報期會爲故師古曰特但也簿文簿也故謂大事也言公卿但㠯文案簿書報荅爲事也簿音步戶反〔補注〕先謙曰誼傳作而大臣特以簿書不報期會之閒以爲大故此刪節其文耳廣雅釋詁故事也顏訓故爲大事則非至於風俗流溢〔補注〕先謙曰誼傳作俗流失案流溢卽淫泆也流與淫溢與泆字訓並通失則泆消文耳恬而不怪師古曰恬安也謂心㠯爲安㠯爲是適然耳師古曰言正當如此非失道也夫移風易俗使天下回心而鄉道師古曰鄉讀曰嚮類非俗吏之所能爲也夫立君臣等上下使綱紀有序六親和睦如淳曰六親賈誼書㠯爲父也子也從父昆弟也從祖昆弟也曾祖昆弟也族昆弟也〔補注〕先謙曰六親辨見誼傳此非天之所爲人之所設也人之所設不爲不立不修則壞師古曰爲作也漢興至今二十餘年宜定制度興禮樂然後諸侯軌道百姓素樸獄訟衰息師古曰軌道言遵道猶車行之依軌轍也迺草具其儀師古曰草謂創立其事也它皆類此天子說焉師古曰說讀曰悅而大臣絳灌之屬害之故其議遂寑師古曰舊說㠯爲絳謂絳侯周勃也灌謂灌嬰也而楚漢春秋高祖之臣別有絳灌疑昧之文不可明也此旣言大臣則當謂周勃灌嬰也〔補注〕先謙曰案不修則壞以上皆誼爲梁太傅後所上治安策中語漢興以下則誼爲太中大夫時事志因其前後意議相同而統括之至武帝卽位進用英儁議立明堂制禮服㠯興太平師古曰服謂衣服之色也〔補注〕周壽昌曰英儁趙綰王臧也事見武紀禮書云孝文卽位有司議欲定儀禮孝文好道家之學以爲繁禮飾貌無益於治躬化謂何耳故罷去之孝景時官者養交安祿而已莫敢復議今上卽位招致儒術之士令共定儀云會竇太后好黃老言不說儒術師古曰說讀曰悅其事又廢後董仲舒對策言〔補注〕錢大昕曰案仲舒對策已見本傳而志復載其文至四百言王吉疏已見本傳而志復載其文至百五十餘言司馬遷言李陵事已見遷傳而陵傳又載其文百五十言元帝初元二年地震下詔已見本紀而翼奉傳又載其全文王者欲有所爲宜求其端於天天道大者在於陰陽陽爲德陰爲刑天使陽常居大夏而㠯生育長養爲事陰常居大冬而積於空虛不用之處㠯

此見天之任德不任刑也陽出布施於上而主歲功陰入伏藏於下而時出佐陽〔補注〕先謙曰官本藏作臧陽不得陰之助亦不能獨成歲功王者承天意㠯從事故務德教而省刑罰刑罰不可任㠯治世猶陰之不可任㠯成歲也今廢先王之德教獨用執法之吏治民而欲德化被四海故難成也是故古之王者莫不㠯教化爲大務立大學㠯教於國設庠序㠯化於邑師古曰庠序行禮養老之處也教化已明習俗已成〔補注〕先謙曰兩已字官本皆作以以已字同天下嘗無一人之獄矣〔補注〕先謙曰此與下一歲之獄以萬千數乃三策對中語餘皆初對文也至周末世大爲無道㠯失天下秦繼其後又益甚之自古㠯來未嘗㠯亂濟亂大敗天下如秦者也師古曰濟益也〔補注〕王念孫曰案未嘗下脫有字則文義不明當依仲舒傳補習俗薄惡民人抵冒師古曰抵忤也冒犯也言無廉恥不畏懼也抵音丁禮反今漢繼秦之後雖欲治之無可柰何法出而姦生令下而詐起一歲之獄㠯萬千數如㠯湯止沸沸俞甚而無益師古曰俞

進也音踰又音愈它皆類此（補注）錢大昕曰兪古愈字 辟之琴瑟 師古曰辟讀曰譬 不調甚者必解
而更張之迺可鼓也爲政而不行甚者必變而更化之迺可理也
故漢得天下以來常欲善治而至今不能勝殘去殺者失之當更
化而不能更化也古人有言臨淵羨魚不如歸而結網今臨政而
願治七十餘歲矣不如退而更化更化則可善治而災害日去福
祿日來矣是時上方征討四夷銳志武功 師古曰銳利也言一意進求若兵刃之銳利
不暇留意禮文之事至宣帝時琅邪王吉爲諫大夫又上疏言欲
治之主不世出 師古曰言時時而一出難常遇也 公卿幸得遭遇其時未有建萬
世之長策舉明主於三代之隆者也其務在於簿書斷獄聽訟而
已此非太平之基也今俗吏所以牧民者非有禮義科指可世世
通行者也以意穿鑿各取一切 師古曰苟順一時非正道 是以詐僞萌生刑罰
無極質樸日消恩愛寖薄 師古曰寖古浸字浸漸也 孔子曰安上治民莫善於

禮非空言也願與大臣延及儒生述舊禮明王制驅一世之民濟
之仁壽之域 師古曰言以仁道治之皆得其性則壽考也域界也（補注）王鳴盛曰濟字本傳同詩朝隮于西又南山朝隮濟與隮通也監本改躋非先謙曰官本作躋隮躋同濟不通隮王說非濟義較長 則俗何以不若成康壽
何以不若高宗 師古曰成康周之二王太平之時也高宗殷王武丁也有德可尊故曰高宗享國五十九年故云壽
（補注）王念孫曰案古文尚書肆高宗之享國五十有九年今文尚書作百年漢書所引皆今文此云壽若高宗正謂享國百年也漢石經正作百年五行志曰高宗致百年之壽劉向杜欽傳亦云百年論衡氣壽篇曰高宗享國百年周穆王享國百年並未享國之時皆出百三四十歲矣皆與漢石經同則皆用今文尚書也小顏不見今文又未參考他書故引古文五十九年以釋之實與王吉所引不合上文言中宗享國七十五年若高宗享國五十九年則年數不及中宗矣吉何以不言中宗而言高宗乎又王吉傳壽何以不若高宗小顏云高宗享國百年此則承用漢書舊注是以不誤也 上不納其言吉以病去至成
帝時犍爲郡於水濱得古磬十六枚 師古曰濱水涯也音賓 議者以爲善祥
劉向因是說上宜興辟雍設庠序陳禮樂隆雅頌之聲盛揖攘之
容 師古曰攘古讓字（補注）錢大昭曰說文攘推也讓相責讓也纕援臂也曲禮云左右攘辟鄭注攘古讓字然則揖讓字古作攘

譙讓字古作讓攘臂攘羊字古作纕歟 以風化天下如此而不治者未之有也或曰
不能具禮 師古曰或曰者劉向設爲難者之言而後荅釋也 禮以養人爲本如有過差是
過而養人也 師古曰過差猶失錯也 刑罰之過或至死傷今之刑非皋陶之
法也而有司請定法削則削筆則筆 服虔曰言隨君意也師古曰削者謂有所刪去以刀削簡牘也筆者謂有所增益以筆就而書也（補注）沈欽韓曰孔子世家文 救時務也至於禮樂則曰不敢
是敢於殺人不敢於養人也爲其俎豆筦弦之閒小不備因是絕
而不爲是去小不備而就大不備大不備或莫甚焉 師古曰大不備者事之虧失莫甚於此（補注）先謙曰下大不備三字誤衍或古惑字通鑑不重三字或作惑是所見本不誤漢紀刪或莫甚焉備下加也字亦不重三字 夫教化之比於刑法刑法輕是舍所重而急所輕也 師古曰舍廢也
且教化所恃以爲治也刑法所以助治也今廢所恃而獨立其所
助非所以致太平也自京師有誖逆不順之子孫 師古曰誖乖也音布內反 至
於陷大辟受刑戮者不絕繇不習五常之道也 師古曰繇與由同五常仁義禮智信

人性所常行之也（補注）宋祁曰宋本無之字邵本有之 夫承千歲之衰周繼暴秦之餘敝民
漸漬惡俗貪饕險詖不閑義理 師古曰貪甚曰饕言行險曰詖饕音吐高反詖音彼義反 不示
以大化而獨敺以刑罰終已不改 師古曰敺與驅同 故曰導之以禮樂而
民和睦 師古曰孝經載孔子之言也 初叔孫通將制定禮儀見非於齊魯之士
然卒爲漢儒宗業垂後嗣斯成法也成帝以向言下公卿議會向
病卒丞相大司空奏請立辟雍 （補注）先謙曰官本雍作廱 案行長安城南 師古曰行音下更反 營表未作遭成帝崩羣臣引以定謚 孟康曰謚法曰安民立政曰成帝欲立辟廱未就而崩羣臣議謚引爲美謂之成 及王莽爲宰衡欲燿眾庶遂興辟廱因以篡位
海內畔之世祖受命中興撥亂反正 師古曰謂後漢光武帝也 改定京師于土
中 師古曰謂都洛陽 即位三十年四夷賓服百姓家給政教清明 師古曰給足也言家家皆足 迺營立明堂辟廱顯宗即位 李奇曰明帝曰顯宗 躬行其禮宗祀光
武皇帝于明堂養三老五更於辟廱 李奇曰王者父事三老兄事五更詩云三壽作朋鄧展曰

漢直吕一公爲三老用大夫爲五更毋常人行禮乃置師古曰鄭玄說云三老五更謂老人更知三德五事者也更音工衡反蔡邕吕爲更當爲叟叟老人之稱也〔補注〕周壽昌曰案說在獨斷內且謂俗書嫂作㛐證更與叟互通說甚陋不足據疑非邕言先謙曰毋常人行禮官本作每當大行禮威儀既盛美矣然德化未流洽者禮樂未具羣下無所誦說而庠序尚未設之故也孔子曰辟如爲山未成一匱止吾止也師古曰論語載孔子之言匱者織草爲器所吕盛土也言爲山欲成尚少一匱之土止而不爲則其功終已不就如斯之人吾所不能教喻也辟讀曰譬今叔孫通所撰禮儀與律令同錄臧於理官師古曰古書懷藏之字本皆作臧漢書例爲臧耳理官卽法官也法家又復不傳〔補注〕劉攽曰法家當屬上句先謙曰劉說非也藝文志法家者流葢出於理官理官者掌刑法之官法家者習刑法之家也官書無臧於私家之理特禮儀以臧在理官而法家又無講習之者故不傳耳漢典寢而不著民臣莫有言者師古曰寢息也〔補注〕王先慎曰民臣疑本作人臣唐避諱改民爲人此又回改之誤耳先謙曰後書曹褒傳章和元年召褒詣嘉德門令小黃門持班固所上叔孫通漢儀十二篇葢固後迺得之衞宏撰舊儀亦在班氏前是民臣非無言者作志時並未見耳又通沒之後河閒獻王采禮樂古事稍稍增輯至五百餘篇師古曰輯與集同〔補注〕沈欽韓曰藝文志河閒獻王所輯合樂記共二百三十餘篇耳疑五百誤也今學者不能昭見但推士禮吕及天子說義又頗謬異〔補注〕先謙曰藝文志言禮古經及明堂陰陽王史氏記多天子諸侯卿大夫之制猶愈后倉等推士禮而致於天子之說與志文相發合故君臣長幼交接之道寖吕不章師古曰寖漸也樂者聖人之所樂也〔補注〕先謙曰官本樂者下提行而可吕善民心其感人深其移風易俗易師古曰易音弋豉反〔補注〕宋祁曰邵本於感人深上無其字故先王著其教焉師古曰著明也夫民有血氣心知之性而無哀樂喜怒之常應感而動然後心術形焉師古曰言人之性感物則動也術道徑也心術心之所由也形見也是吕纖微癄瘁一作衰之音作而民思憂師古曰癄瘁謂減縮也音子笑反〔補注〕劉攽曰樂聲無癄瘁當依禮讀爲噍殺錢大昕曰樂記作志微噍殺之音鄭氏解志微爲意細似曲當依此文作纖纖與識字形相涉而志又識之古文遂譌爲志耳衰殺聲相近較之瘁字爲長闡諧嫚易之音作而民康樂師古曰闡廣也諧和也嫚易言不急刻也易音弋豉反麤厲猛奮之音作而民剛毅師古曰麤厲抗厲也猛奮發揚也麤古麄字〔補注〕先謙曰官本古下有作字引宋祁曰姚本改古作作字若云麤古麄字非是先謙案宋說有誤文當是姚本改古作或字耳廉直正誠之音作而

民肅敬寬裕和順之音作而民慈愛師古曰裕饒也流辟邪散之音作而民淫亂師古曰辟讀曰僻〔補注〕先謙曰官本注在亂也下先王恥其亂也故制雅頌之聲本之情性稽之度數制之禮儀師古曰稽考也合生氣之和導五常之行師古曰生氣陰陽之氣也導引也使之陽而不散陰而不集師古曰集謂聚滯也剛氣不怒柔氣不懾師古曰懾恐也音之涉反四暢交於中而發作於外師古曰暢通達也皆安其位而不相奪也〔補注〕宋祁曰景本舊無也字足吕感動人之善心而不使邪氣得接焉〔補注〕宋祁曰善心而當作善心也是先王立樂之方也〔補注〕先謙曰自樂者先王之所樂也至此皆用樂記而微刪易其文王者未作樂之時因先王之樂吕教化百姓說樂其俗師古曰說樂其俗使和說而安樂也說讀曰悅樂音來各反然後改作吕章功德易曰先王吕作樂崇德殷薦之上帝吕配祖考師古曰此豫卦象辭也殷盛大也上帝天也言王者作樂崇表其德大薦於天而吕祖考配饗之也昔黃帝作咸池〔補注〕先謙曰呂覽古樂篇黃帝命伶倫與榮將鑄十二鐘以和五音以施英韶以仲春之月乙卯之日日在奎始奏之命之曰咸池顓頊作六莖帝嚳作五英師古曰嚳音酷〔補注〕齊召南曰案六莖五英此與白虎通同又有稱五莖六英者周禮疏引樂緯曰顓頊之樂曰五莖帝嚳之樂曰六英又元結補古樂歌亦作五莖六英先謙曰廣雅釋樂莖作䪫英作韺堯作大章舜作招師古曰招讀曰韶下皆類此〔補注〕先謙曰古樂篇帝堯立命質爲樂乃拌五弦之瑟作以爲十五弦之瑟命之曰大章以祭上帝舜令質修九招六列六英以明帝德案大司樂注黃帝曰雲門大卷又云大章咸池堯樂也樂記注大章堯樂名也周禮闕之或作大卷二注不同據孔賈疏云咸池黃帝之樂堯增修之至周謂之大咸大章堯樂至周謂之大卷更加以雲門之號是雲門大卷一也夏本紀於是禹乃興九招之樂葢舜樂禹復修之禹作夏湯作濩師古曰濩音護〔補注〕先謙曰古樂篇禹命皐陶作爲夏籥九成以昭其功湯命伊尹作爲大濩歌晨露修九招六列以見其善武王作武〔補注〕先謙曰白虎通武王曰象者象太平而作樂示已太平也合曰大武者天下始樂周之征伐行武故詩人歌之曰王赫斯怒爰整其旅當此之時樂文王之怒以定天下故樂其武也文王世子下管象注象周武王伐紂之樂明堂位注象謂周頌武也獨斷云武一章七句奏大武周武所定一代之樂所歌也維清亦稱象者以其同爲象功德故亦有象名也案毛傳維清奏象舞也箋象舞象用兵時刺伐之舞武王制焉似武王時但有舞周公作維清之詩歌以奏之美文王之樂也傳又云武奏大武也箋大武周公作樂所爲舞也此則樂歌樂舞並周公所作以美武王詩詞可證然則歌維清之詩以祀文王則用武王所作之象舞歌武詩以祀武王則用周公所作之大武舞故舊說謂象卽武

並屬武王不與周公之大武洞也必云武王作者舞是武制歌又美武故以歸焉左傳武王克商作武與班蔡義同周公作勺〔補注〕先謙曰勺詩作酌左傳作汋繁露質文篇周公輔成王成文武之制作汋樂以奉天又作汋毛傳酌告成大武也白虎通周公之樂曰酌合曰大武然則歌勺詩舞大武不疑也儀禮禮記皆言舞勺明勺有舞周禮禮記左傳言舞大武蓋勺舞即大武舞耳勺言能勺先祖之道也師古曰勺讀曰酌酌取也〔補注〕錢大昭曰勺漢紀作酌先謙曰白虎通周公曰酌者言周公輔成王能斟酌文武之道而成之也初學記引宋均云周承衰而起斟酌文武之道故曰勺獨斷云勺一章九句告成大武言能酌文武之道以養天下也董仲舒傳云於周莫盛於勺武言以功定天下也〔補注〕王念孫曰功上脫武字則文義不明白帖六十一引此正作以武功定天下漢紀及風俗通義聲音篇今本無武字乃後人依漢書刪之意林引有通典樂一並同濩言救民也〔補注〕先謙曰白虎通湯曰大濩者言湯承衰能護民之急也初學記引宋均云殷承衰而起護先王之道故曰大濩御覽引元命苞云湯之時民大樂其救之於患害故樂名大濩夏大承二帝也師古曰夏大也二帝謂堯舜也〔補注〕先謙曰白虎通禹曰大夏者言禹能順二聖之道而行之故曰大夏也初學記引宋均云禹承二帝之後道重太平故曰大夏其德能大諸夏也御覽引元命苞云禹之時民大樂其駢三聖相繼故夏者大也招繼堯也師古曰韶之言紹故曰繼堯也〔補注〕先謙曰樂記韶繼也白虎通舜曰簫韶者舜能繼堯之道也初學記引宋均云舜繼堯之後循行其道故曰簫韶論語疏

引元命苞云舜之時民樂其紹堯業大司樂作大磬注大磬舜樂也言其德能紹堯之道也韶磬招同字並以紹繼爲義大章章之也師古曰章明也〔補注〕先謙曰白虎通堯曰大章者大明天地人之道也初學記引宋均云堯時仁義大行法度章明故曰大章也五英英華茂也〔補注〕宋祁曰邵本英華無華字先謙曰白虎通帝嚳曰五英者言能調和五聲以養萬物調其英華也御覽引樂緯注云道有英華故曰五英六莖及根莖也師古曰澤及下也〔補注〕先謙曰白虎通顓項曰六莖者言和律呂以調陰陽莖著萬物也義與志同律呂皆六故以調律呂言之御覽引樂緯注云道有根莖故曰六莖咸池備矣師古曰咸皆也池言其包容浸潤也故云備矣〔補注〕先謙曰白虎通黃帝曰咸池者言大施天下之道而行之天之所生地之所載咸蒙德施也北堂書鈔引劉向通義云咸皆也池施也黃帝時道皆施於民也初學記引宋均緯注云咸皆也池音施道施於民故曰咸池也取無不浸潤萬物故定以爲樂名此顏注所本自夏以往其流不可聞已師古曰言歌頌皆亡也已語終辭殷頌猶有存者師古曰謂正考甫所得那以下是周詩既備師古曰謂雅頌皆得其所而其器用張陳〔補注〕先謙曰張陳一義左隱五年傳杜注陳張設也周官具焉師古曰謂大司樂以下諸官所掌典者自卿大夫師瞽以下皆選有道德之人師古曰師樂工瞽無目者朝夕習業以教國子國子者卿大夫之子弟也皆學歌九德

師古曰水火金木土穀謂之六府正德利用厚生謂之三事六府三事謂之九功九功之德皆可歌也故言九德也誦六詩應劭曰六詩者詩有六義一曰風二曰賦三曰比四曰興五曰雅六曰頌習六舞五聲八音之和師古曰六舞謂帗舞羽舞皇舞旄舞干舞人舞也五聲宮商角徵羽也八音金石絲竹匏土革木帗音弗皇音皇故帝舜命夔曰女典樂教胄子師古曰虞書舜典所載也夔舜臣名胄子國子也直而溫師古曰正直溫和也寬而栗師古曰寬大而敬栗剛而無虐師古曰剛毅而不害虐也簡而無敖師古曰簡約而無傲慢也敖讀曰傲〔補注〕宋祁曰簡約而無敖慢也無字當作不字詩言志歌詠言師古曰詠古詠字也在心爲志發言爲詩詠永也永長也歌所以長言之聲依詠律和聲師古曰依助也五聲所以助歌也六律所以和聲也八音克諧師古曰諧亦和也自此以上皆帝舜之言此之謂也又以外賞諸侯德盛而教尊者其威儀足以充目音聲足以動耳詩語足以感心〔補注〕王念孫曰自漢以前無以詩語二字連文者詩語當爲詩謌字之誤也說文歌或作謌五行志怨謗之氣發於謌詠上文和親之說難行則發之於詩歌詠言鍾石筦絃又引堯典詩言志歌詠言云云此文音聲足以動耳承上聲律八音而言詩謌足以感心承上詩謌而言則語爲謌字之誤明矣漢紀孝惠紀正作詩謌足以感心上文詩歌詠言漢紀亦作謌蓋此篇內歌字本皆作謌後人多見歌少見謌故皆改爲歌也此謌字若移讀爲語則後人亦必改爲歌矣故聞其音而德和省其

詩而志正師古曰省視也論其數而法立是以薦之郊廟則鬼神饗作之朝廷則羣臣和立之學官則萬民協聽者無不虛己竦神說而承流師古曰竦敬也說讀曰悅是以海內徧知上德被服其風師古曰被音皮義反言蒙其風化若被服之光煇日新化上遷善而不知所以然至於萬物不夭天地順而嘉應降故詩曰鐘鼓鍠鍠磬管鏘鏘降福穰穰師古曰此周頌執競之詩也鍠鍠和也鏘鏘盛也穰穰多也言周王祭祖考之廟奏樂而八音和盛則神降之福至多也鍠音皇穰音人羊反〔補注〕錢大昭曰今詩鍠作喤鏘作將古字也鏘字說文所無書云擊石拊石百獸率舞師古曰虞書舜典也石謂磬也言樂之和諧也至於擊拊磬石則百獸相率而舞也〔補注〕宋祁曰和諧也應刪去也字鳥獸且猶感應而況於人乎況於鬼神乎故樂者聖人之所以感天地通神明安萬民成性類者也然自雅頌之興而所承衰亂之音猶在師古曰言若周時尚有殷紂之餘聲是謂淫過凶嫚之聲爲設禁焉世衰民散小人乘君子師古曰乘陵也心耳淺薄則邪勝正故書序殷紂斷棄先祖之樂迺作淫聲用變

亂正聲以說婦人師古曰今文周書泰誓之辭也說讀曰悅樂官師瞽抱其器而犇散或適諸侯或入河海師古曰犇古奔字論語云大師摯適齊亞飯干適楚三飯繚適蔡四飯缺適秦鼓方叔入於河播鞉武入于漢少師陽擊磬襄入于海此志所云及古今人表所敘皆謂是也云諸侯者追繫其地非爲當時已有國名而說論語者乃以爲追魯哀公時禮壞樂崩樂人皆去斯亦未允也夫六經殘缺學者異師文義競馳各守所見而馬鄭羣儒皆在班楊之後向歆博學又居王杜之前校其是非不可偏據其漢書所引經文與近代儒家往往乖別既自成義指卽就而通之庶免守株以申賢達之意非苟越異理固然也它皆類此〔補注〕宋祁曰文義競馳姚本作文義舛駁劉攽曰顏云追繫其地是謂周以前未有齊楚秦蔡也不亦謬乎吳仁傑曰案地名齊楚秦蔡雖商紂世固已有之但未爲國號耳然摯干繚缺等實非商人史記禮書言仲尼沒後受業之徒沈湮而不舉或適齊楚或入河海用是考之此八人者蓋魯樂師嘗以雅樂受業於孔子者也故稱師摯之始洋洋盈耳又語魯太師樂此太師摯也學琴於師襄此擊磬襄也案商本紀紂世固嘗有太師少師抱樂器而犇者矣然非摯與陽蓋太師疵少師彊也人表亦列此二人於師摯八人之後然則志文言樂師犇散未爲失之第誤合兩事爲一不當又云或適諸侯或入河海耳齊召南曰案此志本史記殷本紀言紂時太師少師持其祭樂器奔周班氏遂以論語實其事耳先謙曰官本注鞉作鼗魯上無追字夫樂本情性浹肌膚而臧骨髓雖經乎千載其遺風餘烈尚猶不絕至春秋時陳公子完犇齊師古曰完陳厲公子卽敬仲也莊二十二年遇難出奔齊也陳舜之後招樂存焉故孔子適齊聞招〔補注〕先謙曰官本作韶三月不知肉味曰不圖爲樂之至於斯美之甚也師古曰事見論語周道始缺怨刺之詩起〔補注〕何焯曰怨刺起人表注以爲懿王時王澤既竭而詩不能作王官失業雅頌相錯師古曰錯雜也孔子論而定之故曰吾自衞反魯然後樂正雅頌各得其所師古曰事亦見論語是時周室大壞諸侯恣行設兩觀乘大路應劭曰觀闕門邊兩觀也禮諸侯一觀大路天子之車陪臣管仲季氏之屬師古曰陪重也諸侯者天子之臣故其臣稱重臣也季氏魯桓公子季友之後專執國政而奢僭也三歸雍徹八佾舞廷師古曰三歸取三姓女也婦人謂嫁曰歸故曰三歸蓋謂管仲耳雍樂詩也徹饌奏之八佾八列之舞皆僭天子禮也此謂季氏耳〔補注〕先謙曰顏解三歸本論語包注案韓非外儲說管仲相齊曰臣貴矣然而臣貧桓公曰使子有三歸之家曰臣富矣然而臣卑孔子聞之曰泰侈偪上是三歸爲富侈之事論語所謂不儉也韓非又云管仲父出朱蓋青表置鼓而歸家有三歸晏子春秋桓公有管仲身老賞之以三歸澤及子孫是仲自朝歸家有三處桓公之賜永爲世業又在老時知非取三姓女矣周策桓公宮中女市女閭七百仲故爲三歸之

家以掩桓公非說苑善說篇仲築三歸之臺以自傷於民是仲意在爲公分謗未得正君之道三歸之家臺榭侍女情事所有訓歸爲臺名及取女則謬也說苑又云桓公以管仲爲上卿管仲曰貧不能使富桓公賜之齊市租管仲曰蔬不能制近與韓非文異事同市租卽三歸之家所資給耳制度遂壞陵夷而不反師古曰陵夷漸替也解在成帝紀及諸侯王表桑間濮上鄭衛宋趙之聲竝出應劭曰桑間衛地濮上濮水之上皆好新聲師古曰鄭衛宋趙諸國亦皆有淫聲〔補注〕王念孫曰漢紀趙作楚是也自設兩觀乘大路以下皆述春秋時事春秋時未有趙也下文至於六國以下乃及六國時事耳此以楚從疋趙從走二形相似而誤先謙曰樂記鄭音好濫淫志宋音燕女溺志衛音趨數煩志齊音敖辟驕志此四者皆淫於色而害於德是鄭衛宋趙當爲鄭衛宋齊上亦本樂記志並采其文也北魏志鄭宋齊衛流宕不反於是正樂虧矣詳其語氣取裁志文足證唐以前本尚不誤王據誤本漢紀改趙爲楚失之呂覽楚衰作巫音是侈樂非淫聲也內則致疾損壽外則亂政傷民巧僞因而飾之以營亂富貴之耳目師古曰營猶回繞也〔補注〕王念孫曰此顏氏望文生義也營者惑也惑亂富貴之耳目也營字本作營說文曰營惑也從目熒省聲玉篇唯幷胡亭二切或作熒通作營又通作榮漢紀作榮亂富貴之耳目否象傳不可榮以祿虞翻本榮作營言不可惑以祿也莊子人閒世篇而目將熒之向崔本熒作營大戴禮文王官人篇曰煩亂以事而志不營又曰臨之以貨色而不可營楚策曰好利可營

也荀子宥坐篇曰言談足以飾邪營眾是營與惑同義呂氏春秋尊師篇心則無營淮南原道篇精神亂營高注竝曰營惑也亂營猶營亂耳李尋傳爲妻妾役使所營亦謂爲其所惑也顏注訓營爲繞誤與此同營訓爲惑故或謂之營惑庶人以求利列國以相間師古曰間音居莧反故秦穆遺戎而由余去應劭曰西戎也由余其賢也秦欲兼之遺以女樂由余諫而不聽遂去入秦齊人餽魯而孔子行師古曰餽亦饋字論語云齊人餽女樂季桓子受之三日不朝孔子行也至於六國魏文侯最爲好古師古曰魏文侯本晉大夫畢萬之後僭諸侯者而謂子夏曰寡人聽古樂則欲寐及聞鄭衛余不知倦焉子夏辭而辨之終不見納師古曰事見禮樂記自此禮樂喪矣漢興樂家有制氏服虔曰魯人也善樂事也〔補注〕宋祁曰當删也字何焯曰周樂在魯故制氏猶傳其聲律以雅樂聲律世世在大樂官但能紀其鏗鎗鼓舞而不能言其義師古曰鏗鎗金石之聲也鏗音口耕反鎗音初庚反其下亦同〔補注〕先謙曰官本口作立高祖時叔孫通因秦樂人制宗廟樂大祝迎神于廟門奏嘉至李奇曰嘉善也善神之至也〔補注〕錢大昭曰嘉至永至登歌休成永安皆樂章篇名猶古降神之樂也皇帝入廟門奏永至〔補注〕王念孫曰案永至[illegible][illegible]樂二字於義無取

漢紀作禮至是也上言大祝迎神于廟門奏嘉至嘉神之至也此言皇帝入廟門奏禮至謂皇帝以禮至于廟中故下文云以爲行步之節猶古采薺肆夏也禮字古文作礼永字隸書作永二形相似又涉下文永安之樂而誤先謙曰永至者神長至而永享之也漢紀禮至歌二十字一見下永至樂宋志一見南齊志二見隋志四見王氏據漢紀孤證以爲永當作禮誤甚 以爲行步之節猶古采薺肆夏也劉德曰歌樂在逸詩師古曰薺音才私反禮經注司農云肆夏采薺皆樂名或曰皆逸詩謂人君行步以肆夏爲節趨疾於步則以采薺爲節若今時行禮於大學中出以鼓陔爲節案此則讀尚有陔夏玄謂爾雅曰堂上謂之行門外謂之趨然則王至堂而肆夏作出路門而采薺作其反入至應門路門亦如之謂規觶〔補注〕沈欽韓曰樂師或作薺又作茨音並同耳 乾豆上奏登歌師古曰乾豆脯羞之屬 獨上歌不以筦絃亂人聲欲在位者徧聞之猶古清廟之歌也登歌再終下奏休成之樂服虔曰叔孫通所奏作也 美神明既饗也皇帝就酒東廂坐定奏永安之樂美禮已成也又有房中祠樂高祖唐山夫人所作也服虔曰高帝姬也韋昭曰唐山姓也〔補注〕宋祁曰又有當刪又字 周有房中樂〔補注〕宋祁曰周上有曰字何焯曰案有曰字爲是蓋相傳唐山夫人云然而孟堅所見非周之舊特楚聲也與下曰本舜招舞也義同先謙曰詳文義不當有曰字宋何說非也本舜招舞也上曰字亦衍文說見下

至秦名曰壽人凡樂樂其所生禮不忘本高祖樂楚聲故房中樂楚聲也孝惠二年使樂府令夏侯寬備其簫管〔補注〕何焯曰案武帝始立樂府此樂府令疑作大樂令沈欽韓曰日知錄云下云武帝始立樂府此兩收而未貫通者也案樂書亦云孝惠孝文孝景無所增更於樂府習常肄舊而已此以後制追述前事 更名曰安世樂高祖廟奏武德文始五行之舞〔補注〕王念孫曰高祖廟祖字涉上下文而衍景祐本作高廟是也高祖廟之但稱高廟猶孝文帝孝武帝廟之但稱孝文孝武廟也漢書凡稱高祖廟者皆曰高廟景紀曰高廟酎奏武德文始五行之舞文義正與此同其他不可枚舉後漢書章帝紀注鈔本北堂書鈔樂部三陳禹謨本依俗本漢書增祖字初學記樂部上通典樂一引此皆無祖字 孝文廟奏昭德文始四時五行之舞孝武廟奏盛德文始四時五行之舞武德舞者高祖四年作以象天下樂己行武以除亂也文始舞者曰本舜招舞也〔補注〕王念孫曰案此不當有曰字蓋涉下文更名曰而衍通典有曰字亦後人依誤本漢書加之續漢書禮儀志注後漢書明帝紀注藝文類聚樂部三御覽樂部十二引此皆無曰字漢紀同下文五行舞者本周舞也亦無曰字 高祖六年更名曰文始以示不相襲也五行舞者本周舞也秦始皇二十六年更名曰五行也四時舞者孝文所作以明示天下之安和也〔補注〕宋祁曰邵本以明示無明字王念孫曰明字涉下兩明字而衍上言示下言明明亦示也無庸更加明字景祐本作以示天下之安和也無明字宋所見邵本亦無明字通典所引與二本同上文云以示不相襲也亦無明字 蓋樂己所自作明有制也師古曰言自制作也 樂先王之樂明有法也師古曰遵前代之法 孝景采武德舞以爲昭德以尊大宗廟至孝宣采昭德舞爲盛德以尊世宗廟諸帝廟皆常奏文始四時五行舞云高祖六年又作昭容樂禮容樂昭容者猶古之昭夏也主出武德舞蘇林曰言昭容樂生於武德舞〔補注〕劉奉世曰予謂主出者此舞出則主奏之故下文云出用樂者言舞不失節能以樂終也 禮容者主出文始五行舞〔補注〕齊召南曰隋志牛弘曰禮容生於文始矯秦之五行召南案言矯非也蓋禮容樂生於文始五行二舞也故本文云禮容主出文始五行舞 舞人無樂者將至至尊之前不敢以樂也出用樂者言舞不失節能以樂終也大氐皆因秦舊事焉師古曰氐歸也音丁禮反其後字或作抵音義並同 初高祖既定天下過沛與故人父老相樂醉酒歡哀作風起之詩令沛中僮兒百

二十人習而歌之〔補注〕沈欽韓曰樂書高祖過沛詩三侯之章令小兒歌之[illegible] 至孝惠時以沛宮爲原廟師古曰原重也言已有正廟更重立之〔補注〕先謙曰官本注末之作也 皆令歌兒習吹以相和常以百二十人爲員文景之間禮官肄業而已師古曰肄習也音弋二反 至武帝定郊祀之禮祠太一於甘泉就乾位也師古曰言在京師之西北也 祭后土於汾陰澤中方丘也師古曰汾水之旁土特堆起是澤中方丘也祭地以方象地形〔補注〕吳仁傑曰案郊祀志祠官寬舒議親祠后土宜於澤中圜丘於是立后土祠於汾陰然則汾陰之祠實用圜丘今云方丘傳寫誤也封禪書曰天好陰祠之必於高山之下時地貴陽祭之必於澤中圜丘乃知汾陰之議蓋有所祖學者但見周官書奏樂於圜丘方丘以禮神示謂圜丘以象天圜方丘以象地方於是改漢史之文以從周官之制不知武帝祠汾陰之日周官書猶未出也顏依文解釋不以寬舒本議及八神之說考訂其誤通鑑元鼎四年載立后土祠于澤中圜丘此爲不失其實 乃立樂府師古曰始置之也樂府之名蓋起於此哀帝時罷之 采詩夜誦師古曰采詩依古遒人徇路采取百姓謳謠以知政教得失也夜誦者其言辭或祕不可宣露故於夜中歌誦也〔補注〕宋祁曰歌誦下當添之字錢大昭曰顏說非也夜誦員名五人古宮掖之掖亦作夜因誦於宮掖之中故謂之夜誦下文云內有掖庭才人外有上林樂府皆以鄭聲施於朝廷是也後漢馬廖傳

願置章坐側以當贅人夜誦之音章懷注亦誤何焯曰夜誦與祕祝不同豈爲不可宣露哉下文云昏祠至明蓋慮臨祭或倦情獲罪於天神地祇故先敎之夜誦以肄習樂章也周壽昌曰詩辭爲上所欲祕則不得使人誦爲下所欲祕則不得令官采且既誦矣雖夜能終祕乎蓋夜時淸靜循誦易嫺志後云兼給事雅樂用四人夜誦員五人是置官選詩合於雅樂者夜靜誦之魯語云夕省其典刑夜儆百工使無慆淫又云夕序其業夜庀其家事而後即安又云夕而習復夜而計過無憾而後即安知古人習業夜亦不輟先謙曰周說近是**有趙代秦楚之謳㠯李延年爲協律都尉**補注沈欽韓曰御覽五百十二風俗通曰張仲春武帝時人善雅歌與李延年同時每奏新歌莫不稱善又聲音篇云案樂記笛武帝時丘仲所作以荀勗十二笛例之蓋時作此器以協律**多舉司馬相如等數十人造爲詩賦**補注周壽昌曰郊祀志其春既滅南越嬖臣李延年以好音見是爲元鼎六年相如死當元狩五年死後七年延年始得見上定郊祀之樂郎安得而舉之延年傳是時上方興天地諸祠欲造樂令司馬相如等作詩頌延年輒承意弦歌所造詩爲之新聲曲是相如前造詩延年後爲新聲多舉者言舉相如等數十人之詩賦非舉其人也多舉至詩賦爲句爲猶作也言昔相如等所造作之詩賦**略論律呂㠯合八音之調作十九章之歌**補注沈欽韓曰樂書通一經之士不能獨知其辭皆集會五經家相與共講習讀之乃能通知其意多爾雅之文**㠯正月上辛用事甘泉圜丘**師古曰用上辛用周禮郊天日也辛取齊戒自新之義也爲圜丘者取象天形也**使童男女七十人俱歌昏祠至明夜常有神光如流星止集于祠壇天子自竹宮而望拜**韋昭曰以竹爲宮天子居中師古曰漢舊儀云竹宮去壇三里**百官侍祠者數百人皆肅然動心焉安世房中歌十七章**補注齊召南曰案周詩所謂房中樂者人倫始於夫婦故首以關雎鵲巢漢安世房中歌直是祀神之樂故曹魏初改名正始之樂後因繆襲言又改名享神歌也先謙曰官本安下提行陳浩云案此猶郊祀歌十九章宜提行寫不與前文接連**其詩曰**補注劉攽曰案此言房中歌十七章推尋文理不見十七章疑本十二章誤爲十七章也此言房中歌十七章今分別之大孝備矣一章八句七始華始一章十句我定歷數一章八句王侯秉德一章七句海內有姦一章八句大海蕩水所歸高賢愉民所懷依注當有蕩蕩愉愉字大海蕩蕩一章六句安其所一章六句豐草萋一章八句雷震震一章十句桂華一章十句桂華馮馮翼翼此桂華前章之名也古詩皆有章名今此獨兩章存美芳一章八句磑磑即即一章八句嘉薦芳矣一章八句皇皇鴻明一章八句浚則師德一章四句孔容之常一章八句承帝明德一章八句吳仁傑曰安世房中歌十七章刊誤爲區分之一章多或十句八句少或六句四句未有用奇數者獨王侯秉德章一章七句仁傑案既醉詩及下文安其所章皆用疊句此章當云王侯秉德其鄰翼翼其鄰翼翼顯明昭式書本脫誤今改定作八句又大海蕩高賢愉刊誤云依注當有蕩蕩愉愉字故定作大海蕩蕩章一章六句仁傑案大海蕩與大山崔相偶成文又安其所章亦云高賢愉樂民人注言有愉愉之德然則解蕩爲蕩蕩愉爲愉愉自是文勢如此恐止當用三字句讀之亦與下文叶今改定作八句杭世駿曰案舊本監本俱以大孝備矣爲一段粥粥音送爲一段我定歷數爲一段豐草萋爲一段雷震震爲一段都荔遂芳爲一段桂華馮馮翼翼爲一段嘉薦芳矣爲一段皇皇鴻明至末爲一段判然九章與志所云十七章者數不相應今從劉敞分十七章章首俱提行寫

大孝備矣休德昭清補注先謙曰釋詁休美也易象上傳虞注淸猶明也**高張四縣樂充宮庭**晉灼曰四縣樂四縣也天子宮縣師古曰謂設宮縣而高張之縣古懸字補注先謙曰小胥正樂縣之位王宮縣注樂縣謂鐘磬之屬縣於筍簴者宮縣四面皆縣如宮有牆也四面縣故曰四縣廣雅釋詁充滿也**芬樹羽林雲景杳冥**師古曰言所樹羽葆其盛若林芬然眾多仰視高遠如雲日之杳冥也補注先謙曰說文芬草初生其香分布引伸爲眾多意與下羽旄殷盛芬哉芒芒義同下章言神來宴娭此及下二語狀神來羽葆眾盛非謂樂上之飾也司馬相如子虛賦言上拂羽蓋錯翡翠之葳蕤繆繞玉綏眇眇忽忽若神之髣髴唐杜甫渼陂行湘妃漢女出歌舞金支翠旗光有無並本此文爲義**金支秀華庶旄翠旗**張晏曰金支百二十支秀華中主有華豔也旄鐘之旄也文穎曰析羽爲旄翠羽爲之也臣瓚曰樂上眾飾有流遡羽葆以黃金爲支其首敷散若草木之秀華也師古曰金支秀華瓚說是也庶眾也庶旄翠旄謂析五采羽注翠旄之首而爲旄耳補注先謙曰續漢輿服志羽葢華蚤注引徐廣云翠羽葢金華施橑末有二十八枚薛綜云金作華形莖皆低曲支與枝古字通薛所謂莖也秀華其莖秀出也樂記注旄牛尾也後書東平憲王蒼傳注云旄謂注旄於竿首司常云析羽爲旄釋天孫炎注云旄析五采羽注旄上也旄非一故言庶旄羽是翠故曰翠旄瓚注流遡即流蘇遡蘇音轉字變流蘇施於車上見輿服志鐘簴亦有之用綵翠絲紱垂兩旁見舊唐音樂志及樂府雜錄張注百二十疑二十八之誤旄施鐘上於古未聞此一章八句**七始華始肅倡和聲**孟康曰七始天地四時人之始華始萬物英華之始也以爲樂名如六英也師古曰肅敬也言歌者敬而倡諸和之聲補注錢大昭曰七始律歷志引書曰予欲聞六律五聲八音七始詠是也先謙曰官本七下提行注倡作唱七始說見律歷志肅倡和聲相對爲文敬而和也樂記注倡發歌句也**神來宴娭庶幾是聽**師古曰娭戲也言庶幾神來宴戲聽此樂也娭音許其反補注先謙曰招魂娭光眇視王逸注娭戲也此顏所本廣韻引蒼頡云娭婦人賤稱訓作戲者以娭爲嬉借字一切經音義三引蒼頡云嬉戲笑也方言江沅之間戲或謂之嬉廣雅釋詁嬉戲也皆其證矣嬉又與喜通人表末嬉晉語作妹喜是也娭嬉喜轉相通假然則此歌之宴娭與詩燕喜同耳魏志舊唐志引作神來宴饗此不明假借之誼以爲其詩不莊不當施於祀神而改之也官本與下連文**粥粥音送細齊人情**晉灼曰粥粥敬懼貌也細微也以樂送神微感人情使之齊肅也師古曰粥音弋六反補

注〕先謙曰月令注送猶畢也忽乘青玄熙事備成師古曰言還神禮畢忽登青天而去福熙之事皆備成也熙與禧同〔補注〕先謙曰青玄謂天文選謝元暉始出尚書省詩李注青即蒼也梁書朱异傳聖明御宇上感蒼玄蒼玄又青玄變文熙事猶言盛美之事後書竇武傳注熙盛也尚書庶績咸熙律歷志作眾功皆美並其證清思眑眑經緯冥冥蘇林曰眑音窈窕之窈師古曰眑眑幽靜也經緯謂經緯天地〔補注〕先謙曰素問注窈窈冥冥言元遠也言己之清思上達於冥漠之表祀禮咸秩各得理緒故曰經緯冥冥顏云經緯天地非也此一章十句我定歷數人告其心師古曰言臣下各竭其心致誠慤也〔補注〕先謙曰釋名上敕下曰告告覺也使覺悟知己意也顏注與下意隔敕身齊戒施教申申應劭曰敕謹敬之貌師古曰齊讀曰齋〔補注〕先謙曰案官本考證云監本訛甲申今從宋本改正乃立祖廟敬明尊親大矣孝熙四極爰輳師古曰熙亦福也四極四方極遠之處也爾雅曰東至於泰遠西至於邠國南至於濮鉛北至於祝栗謂之四極邠音彬輳字與臻同〔補注〕先謙曰此一章八句王侯秉德〔補注〕先謙曰官本王下提行其鄰翼翼師古曰鄰言德不孤必有鄰也翼翼恭敬也〔補注〕劉敞曰鄰謂近臣也先謙曰劉說是吳氏謂此當疊一句顯明昭式清明鬯矣皇帝孝德師古曰鬯古暢字暢通也竟全大功撫安四極〔補注〕先謙曰此一章七句

海內有姦紛亂東北師古曰謂匈奴詔撫成師武臣承悳師古曰成師言各置郊校師出以律也春秋左氏傳曰成師已出〔補注〕先謙曰顏說非也廣雅釋詁撫安也小司徒注成猶定也師民眾也左桓二年傳命之曰成師杜注謂能成其眾此成師已定之民高祖慮用兵擾之故詔以撫安已定之民而武臣能奉承德意也注官本郊作部是行樂交逆簫勺羣慝晉灼曰簫舜樂也勺周樂也言以樂征伐也師古曰言制定新樂教化流行則逆亂之徒盡交懽也慝惡也勺讀曰酌〔補注〕劉敞曰予謂逆迎也樂音洛言師行而和樂遠邇皆迎也李光地曰簫勺即銷鑠也注誤先謙曰交逆劉說是簫勺李說是楚辭質銷鑠以汋約兮王注銷鑠化其渣滓也戰國策秦劫韓包周則趙自銷鑠與此同意也簫勺與銷鑠同聲字故取相代又簫取肅清之義[illegible]勺取挹取之義[illegible]旳[illegible]訓亦相近唐韓愈詩恩澤誠布濩嚚頑已簫勺則已直用爲銷鑠意不作樂名解矣肅爲濟哉〔補注〕先謙曰行師以嚴肅取濟蓋定燕國師古曰匈奴服從則燕國安靜無寇難也〔補注〕沈欽韓曰燕國謂臧荼也五年臧荼反又利幾反於潁川六年人告楚王信謀反又韓王信降匈奴上文所謂紛亂東北也顏但指匈奴北則然矣何有於東先謙曰此一章八句大海蕩蕩水所歸高賢愉愉民所懷李奇曰愉愉懌也師古曰蕩蕩廣大貌也愉愉和樂貌也懷思也言海以廣大之故眾水歸之王者有和樂之德則人皆思附也〔補注〕先謙曰官本大下提行案劉氏所見本是大海蕩高賢愉不重字與今本異故吳氏以爲當作八句大山崔百卉殖民何貴貴有德師古曰言大山㠯崔嵬之故能生養百卉明君㠯崇高其德故爲萬姓所尊也崔音才回反〔補注〕先謙曰此一章六句安其所樂終產師古曰萬物各安其所而樂終其生也〔補注〕先謙曰官本安下提行注生作產樂終產世繼緒師古曰言傳祚無窮飛龍秋游上天蘇林曰秋飛貌也師古曰莊子有秋駕之法者亦言駕馬騰驤秋秋然也揚雄賦曰秋秋蹌蹌入西園其義亦同讀者不曉秋義或改此秋字爲秝稷之秝失之遠矣高賢愉樂民人師古曰言王者有愉愉之德故使眾人皆安樂〔補注〕先謙曰此一章八句豐草葽女羅施孟康曰葽音四月秀葽葽盛貌也應劭曰女羅兔絲也延於松柏之上異類而猶載之況同姓言族親不可不覆遇也〔補注〕先謙曰官本秀葽下有之字是譆何如誰能回師古曰回亂也言至德之善上古帝皇皆不如之而不可干亂大莫大成教德〔補注〕先謙曰以德道民而成教於天下長莫長被無極師古曰被音皮義反次下亦同〔補注〕先謙曰此一章八句靁震震電燿燿明德鄉治本約服虔曰與臣民之約師古曰鄉方也言王者之威取象靁電明示德義之方而治政本之約約讀曰要〔補注〕先謙曰二說皆非也荀子儒效篇楊注鄉讀曰向廣雅釋詁約少也上有明德則爲眾所向圖治之本所操不在多也治本約澤弘大師古曰政教有常則恩惠溥洽〔補注〕李光地曰大恐久之訛德施大者弘

也世曼壽者久也葢久字則與保壽叶加被寵咸相保師古曰言德政所加人被寵渥則室家老幼皆相保也德施大世曼壽師古曰曼延也〔補注〕先謙曰此一章十句都荔遂芳窅窊桂華蘇林曰窅音窅眑之窅窊音窊下之窊孟康曰窅出窊入都良薜荔之香鼓動桂華也晉灼曰桂華似殿名次下言桂華馮馮翼翼承天之則言樹此香草以絜齊其芳氣乃達於宮殿也臣瓚曰茂陵中書歌都嫞桂英美芳鼓行如此復不得爲殿名師古曰諸家說皆未盡也此言都良薜荔俱有芬芳桂華之形窅窊然也皆謂神宮所有耳窅音一校反窊音一瓜反〔補注〕宋祁曰諸家下添之字先謙曰官本眣作眰校作交孝奏天儀若日月光師古曰言㠯孝道進承於天天神下降故有光〔補注〕宋祁曰有光下添也字先謙曰釋詁儀善也言天善之故神來下降光若日月乘玄四龍回馳北行〔補注〕先謙曰左昭二十九年傳有夏孔甲擾於有帝帝賜之乘龍河漢各二杜注云合爲四此乘四龍也張衡應間玄龍迎夏則陵雲而奮鱗故舉玄言之北行背行與回馳同義北古背字見高紀注羽旄殷盛芬哉芒芒師古曰芬亦謂眾多芒芒廣遠之貌〔補注〕先謙曰說文芒艸耑引伸爲芒昧芒遠意芒芒言羽旄馳行愈遠而不可見非謂廣遠也孝道隨世〔補注〕先謙曰隨世言相承不替漢代諸帝廟號並冠以孝是其義也我署文章師古曰署猶分部也一曰表也〔補注〕先謙曰此一章十句

桂華〔補注〕錢大昭曰此二字是練時日帝臨青陽之類所以記章數也但存桂華美若二章之名其餘俱脫去耳馮馮翼翼承天之則師古曰馮馮盛滿也翼翼眾貌也〔補注〕先謙曰此說非也馮馮翼翼用詩卷阿有馮有翼文與孟子輔之翼之同義百官表張注馮輔也惟天愛民輔翼百姓所以承天易乾元用九乃見天則吾易久遠燭明四極晉灼曰易疆易也久固也武帝自言拓境廣遠安固也師古曰此說非也久猶長也自言疆易遠大耳非武帝時也不得云拓境〔補注〕先謙曰燭明四極謂周知民情官本與下連文慈惠所愛美若休德師古曰若順也休亦美也〔補注〕先謙曰上有慈惠之休德民皆美而順之也杳杳冥冥克綽永福師古曰綽緩也亦謂延長也〔補注〕先謙曰詩角弓傳綽綽寬也克綽猶克寬居上寬仁則杳冥之中永福祐之顏說非此一章八句美芳〔補注〕劉奉世曰桂華美芳皆二詩章名本側注在前篇之末傳寫之誤遂以冠後後詞無美芳亦當作美若矣磑磑即即師象山則孟康曰磑磑崇積也即即充實也師眾也則法也積實之盛眾類於山也師古曰磑音五回反〔補注〕先謙曰文選魯靈光殿賦注磑磑高貌即無充實義古即就同字即即猶就就也呂覽權勳篇就就乎其不肯自是磑磑即即蓋居高思謙之義故眾之來附其象若山基永固也烏呼孝哉案撫戎國〔補注〕先謙曰案即安也荀子書安案同字王制西方曰戎高帝西都先安撫之官本烏作嗚蠻夷竭歡象來致福李奇

曰象譯也蠻夷遣擇致福貢也〔補注〕先謙曰王制南方曰蠻東方曰夷不言北狄者匈奴方為邊患狄官序官象胥注通夷狄之言者曰象蠻夷通使民免兵禍是致福也祭祀歸胙曰致福貢無福義李說非官本注擇作譯是兼臨是愛終無兵革師古曰兼臨言在上位者普包容也〔補注〕先謙曰言匈奴雖彊橫宜施德惠不尚武力此一章八句嘉薦芳矣告靈饗矣告靈既饗德音孔臧師古曰饗字合韻皆音鄉孔甚也臧善也惟德之臧建侯之常承保天休令問不忘師古曰建侯封建諸侯也易屯卦曰利建侯休美也令善也問名也〔補注〕先謙曰此一章八句皇皇鴻明蕩侯休德服虔曰侯惟也臣瓚曰天下蕩平惟帝之休德〔補注〕先謙曰論語泰伯集解引包注蕩蕩廣遠之稱侯與兮同義覩上蕩兮猶蕩蕩大明皇皇然美盛休德蕩蕩然廣遠相耦為文以蕩為天下蕩平增文成義又訓侯為惟意不相屬非也嘉承天和伊樂厥福師古曰伊是也在樂不荒惟民之則師古曰則法也〔補注〕先謙曰此一章六句浚則師德下民咸殖令問在舊孔容翼翼師古曰浚深也師眾也則法也殖生也舊久也翼翼敬也言有深法眾德故能生育羣黎久有善名其容甚敬也〔補注〕先謙曰詩噫嘻浚發爾私釋文浚本作駿浚駿字同故書皐陶謨馬注訓浚為大浚則即大法也高祖約法蕭何造律義主寬仁惟德是師民以生殖老子孔德之容

注孔大也有容乃大廣雅釋詁翼翼盛也訓敬與上文不屬官本浚下題行此一章四句孔容之常承帝之明師古曰帝謂天也下皆類此〔補注〕先謙曰官本孔下提行下民之樂子孫保光師古曰言永保其光寵也承順溫良受帝之光嘉薦令芳壽考不忘師古曰不忘言長久也〔補注〕先謙曰此一章八句承帝明德師象山則師古曰眾象山而為法言不騫不崩雲施稱民永受厥福師古曰言稱物平施其澤如雲也稱音尺孕反承容之常〔補注〕先謙曰此下就後嗣言承有容之常德而無改也承帝之明下民安樂受福無疆師古曰疆竟也下皆類此〔補注〕先謙曰此一章八句

郊祀歌十九章其詩曰

練時日侯有望師古曰練選也〔補注〕先謙曰釋詁侯乃也宋志漢郊祀迎神三言四句一轉韻案牲繭栗以下八句一轉韻也焫膋蕭延四方李奇曰膋腸間脂也蕭香蒿也師古曰以蕭焫脂合馨香也四方四方之神也膋音來彫反焫音人說反〔補注〕先謙曰說文膫牛腸脂也或作膋从勞省聲焫與爇同郊特牲然後焫蕭合羶薌鄭注蕭薌蒿也染以脂合黍稷燒之詩曰取蕭祭脂羶當為馨聲之誤也顏注所本九重開靈之斿師古曰天有九重言皆開門而來降厥福垂惠恩鴻祜休師古曰鴻大也祜福也休美也祜音怙靈之車結玄雲駕飛龍羽旄

紛師古曰紛紛言其多靈之下若風馬師古曰言速疾也左倉龍右白虎師古曰以為衛靈之來神哉沛師古曰沛疾貌音補蓋反〔補注〕先謙曰溝洫志武帝瓠子歌歸舊川兮神哉沛蓋流行意先以雨般裔裔師古曰先以雨言神欲行令雨先驅也般讀與班同班布也裔裔飛流之貌〔補注〕先謙曰乘雲駕龍故先雨史記司馬相如傳班乎裔裔本書班作般郭璞注裔裔羣行貌也顏屬雨言恐非靈之至慶陰陰師古曰言垂陰覆徧於下〔補注〕王念孫曰案慶讀為羌發聲也先謙曰說文陰闇也相放怫震澹心師古曰放怫猶髣髴也澹動也放音昉怫音沸澹音大濫反〔補注〕先謙曰官本沸作弗靈已坐五音飭師古曰飭讀與敕字同謂整也虞至旦承靈億師古曰虞樂也億安也牲繭栗粢盛香尊桂酒賓八鄉應劭曰桂酒切桂置酒中也晉灼曰尊大尊也元帝時大宰丞李元記云以水漬桂為大尊酒師古曰繭栗言角之小如繭及栗之形也八鄉八方之神〔補注〕先謙曰楚辭奠桂酒兮椒漿王注與應同蓋鬱鬯之齊戰國已不用矣靈安留吟青黃服虔曰吟音含師古曰服說非也吟謂歌誦也青黃謂四時之樂也徧觀此眺瑤堂應劭曰眺望也瑤石而似玉者也師古曰以瑤飾堂瑤音遙眾嫭並綽奇麗孟康曰嫭音互嫭好也如淳曰嫭美目貌晉灼曰嫭音坼罅之罅師古曰孟說是也謂供神女樂並好麗也〔補注〕先謙曰揚雄傳知眾嫭之嫉妒兮本此楚辭滂心綽態王注綽猶多也顏如荼兆逐靡應劭曰荼野菅

白華也言此奇麗白如荼也孟康曰兆逐靡者兆民逐觀而猗靡也師古曰菅茅也言美女顏貌如茅荼之柔也荼者今俗所謂蒹錐也荼音塗菅音姦靡音武義反〔補注〕洪亮吉曰詩鄭箋荼茅秀物之輕者飛行無常玩兆逐靡句當取飛行爲義不以柔爲義師古似誤先謙曰此以顏言況其白耳當如應說 **被華文廁霧縠曳阿錫佩珠玉** 如淳曰阿細繒錫細布也師古曰廁雜也霧縠言其輕細若雲霧也〔補注〕錢大昭曰說文緆細布也其字从糸古亦通用錫燕禮云冪用絡若錫鄭注今文錫爲緆先謙曰阿錫互詳司馬相如傳 **俠嘉夜茝蘭芳** 如淳曰佳俠皆美人之稱也嘉夜芳草也師古曰俠與挾同言懷挾芳草也茝即今白芷茝音昌改反〔補注〕先謙曰叔孫通傳殿下郎中俠陛郎夾侍意嘉夜猶言良夜上云昏祠至明是其義也茝蘭迺芳草耳自眾嫭至此言供神女樂之容飾 **澹容與獻嘉觴** 師古曰澹安也容與言閑舒也澹音大濫反

練時日一

帝臨中壇四方承宇 師古曰言天神尊者來降中壇四方之神各承四宇也壇字或作禮讀亦曰壇字加示者神靈之耳下言紫壇嘉壇其義並同〔補注〕劉攽曰予謂此帝指天子耳吳仁傑曰此章言帝臨中壇繼之以青陽朱明西顥元冥四章蓋祠五方帝所歌也師古以帝爲天神刊誤以爲天子皆與志不合此帝謂下方之帝月令中央土是也王念孫曰郊祀志云具

前漢二十二　十三

泰一祠壇五帝壇環居其下猶此歌之言帝臨中壇也又云其下四方地爲餟食猶此歌之言四方承宇也若如劉說以帝爲天子則與四方承宇句義不相屬第十五章云神之揄臨壇宇此云帝臨中壇四方承宇文義相同 **繩繩意變備得其所** 應劭曰繩繩謹敬更正意也孟康曰眾多也臣瓚曰爾雅曰繩繩戒也師古曰瓚說是也 **清和六合制數以五** 張晏曰此后土之歌也土數五〔補注〕劉攽曰制數以五即謂武帝改服色而上黃數用五也王念孫曰此即月令所云其神后土其數五張以爲祭后土之歌是也劉說亦非 **海內安寧興文匽武** 師古曰匽古偃字 **后土富媼昭明三光** 張晏曰媼老母稱也坤爲母故稱媼海內安定富媼之功耳〔補注〕劉攽曰言后土富媼者出漢以土德也顏緣之中壇故疑是祠祭但以堂壇論中央中吳仁傑曰媼當爲煴字之誤也見賈誼新書案字書煴有兩義一曰烟煴天地合氣也一曰鬱煙也富媼以烟煴爲義后土富媼昭明三光即新書天清澈地富煴物時孰之意晏說謬矣沈欽韓曰媼煴形近而謬新書道術篇又云欣憮可安謂之煴反煴爲鬱則煴乃坤厚載物之義釋爲媼母其俗同於小說之后土夫人也王念孫曰郊祀志有司議曰陛下親祠后土宜於澤中圜丘爲五壇而從祠衣上黃又云禪泰山下阯東北肅然山如祭后土禮衣上黃故此歌云后土富媼昭明三光穆穆優游嘉服上黃也劉謂漢以土德故言后土富媼亦非是信如劉說則非祭后土之歌矣何以列於郊祀之二章乎 **穆穆優游嘉服上黃** 孟康曰土色上黃也〔補注〕先謙曰此祀中央黃帝歌

帝臨二

青陽開動根荄以遂 臣瓚曰春爲青陽師古曰草根曰荄遂者言皆生出也荄音該 **膏潤并愛跂行畢逮** 孟康曰跂音岐師古曰并兼也逮及也凡有足而行者稱跂行也 **霆聲發榮壧處頃聽** 晉灼曰壧穴也謂蟄蟲驚聽也師古曰壧與巖同言靁霆始發草木舒榮則蟄蟲處巖崖者莫不頃聽而起頃讀曰傾〔補注〕王念孫曰晉說是也古書多以巖穴連文故說文竇字注楚辭七諫注竝云巖穴也蟄蟲皆穴處故曰霆聲發榮壧處頃聽顏以壧爲巖崖非也蟄蟲處處皆有不當獨指山崖言之先謙曰釋草草謂之榮推言之爲凡物滋長之稱發榮者植物將榮更得雷霆以發動之顏以發字上屬非 **枯槀復產迺成厥命** 師古曰枯槀謂草木經冬零落者也槀音口老反 **眾庶熙熙施及夭胎** 師古曰熙熙和樂貌也施延也少長曰夭在孕曰胎施音弋豉反夭音烏老反 **羣生啿㗡惟春之祺** 服虔曰啿音湛湛露斯如淳曰祺福也師古曰啿㗡豐厚之貌也音徒感反祺音其

青陽三 〔補注〕先謙曰宋志光武平隴蜀增廣郊祀高皇帝配食樂奏青陽朱明西皓玄冥雲翹育命之舞迎時氣五郊春哥青陽夏哥朱明竝舞雲翹之舞秋哥西皓冬哥玄冥竝舞育命之舞季夏哥朱明兼舞二舞據此四哥迺迎時氣之樂歌

鄒子樂 〔補注〕先謙曰官本上空七格下同

前漢二十二　十三

朱明盛長旉與萬物 臣瓚曰夏爲朱明師古曰旉古敷字也旉與言開舒也與音弋於反〔補注〕先謙曰顏說非也與當如字讀與施同義旉與猶敷施書皋陶謨翕受敷施夏紀作翕受普施此謂陽氣盛長普施萬物耳 **桐生茂豫靡有所詘** 師古曰桐讀爲通茂豫美盛而光悅也言草木皆通達而生美悅光澤各無所詘皆申遂也詘音上物反〔補注〕劉攽曰桐幼稚也揚子云師哉師哉桐子之命沈欽韓曰桐侗通法言學行篇注桐侗也侗然未有所知孔安國云侗未成器之人皇侃謂籠侗[illegible]籠東與此義同 **敷華就實既阜既昌** 師古曰敷布也就成也阜大也昌盛也 **登成甫田百鬼迪嘗** 師古曰甫田大田也百鬼百神也迪進也嘗謂歆饗之也言此粢盛皆因大田而登成進於祀所而爲百神所歆饗也迪音大歷反〔補注〕先謙曰官本粢作迪 **廣大建祀肅雍不忘神若宥之傳世無疆** 師古曰若善也宥祐也

朱明四

鄒子樂

西顥沆碭秋氣肅殺 韋昭曰西方少昊也師古曰沆音胡浪反碭音蕩沆碭白氣之貌也〔補注〕王念孫曰韋以顥爲少昊非也西顥謂西方顥天也呂氏春秋有始覽西方曰顥天高注曰金色白故曰顥天淮南天文高注[illegible]作說文顥白皃楚詞曰天白顥顥故曰西顥沆碭秋氣肅殺顏以沆碭爲白氣是也四時之歌春青陽夏朱明秋西顥冬元冥則顥爲白色明矣爾雅曰春

為青陽夏為朱明秋為白藏冬為元英彼言白藏猶此言西顥也若少昊則對大昊以立名非白色之義矣**含秀垂穎續舊不廢**師古曰五穀百草秀穎成實皆因舊苗無廢絕也不榮而實曰秀葉末曰穎廢合韻音發(補注)何焯曰續猶嗣續也不曰登新而曰續舊善言天地生物之心矣**姦偽不萌祆孽伏息隅辟越遠四貉咸服**師古曰四貉猶言四夷辟讀曰僻貉音莫客反(補注)先謙曰貉貊字通孟子大貉小貉穀梁疏作大貊小貊史記匈奴傳以臨胡貉索隱貉即濊也此以濊為貉濊貉即濊貊漢朝鮮地四貉咸服武帝平定朝鮮故云周禮職方云九貉詩韓奕疏引鄭志九貊即九夷也統言之四方皆曰夷析言之夷是東方專稱夷言四貉亦可言四種類不一統舉之詞耳顏說未晰**既畏茲威惟慕純德附而不驕正心翊翊**師古曰純大也言畏威懷德皆來賓附無敢驕怠盡虔敬(補注)宋祁曰虔敬下當添也字先謙曰官本注德下有者字

西顥五 鄒子樂

玄冥陵陰蟄蟲蓋臧師古曰玄冥北方之神也**屮木零落抵冬降霜**孟康曰抵至也至冬而降霜音底師古曰屮古草字(補注)先謙曰官本無音底二字引宋祁曰抵作底**易亂除邪革正異俗**師古曰易變革改也(補注)何焯曰書所謂朔易者其義如此**兆民反本抱素懷樸條理信義望禮**

五嶽師古曰條分也暢也**籍斂之時掩收嘉穀**師古曰籍斂謂收籍田也(補注)先謙曰南齊志祠五帝漢郊祀歌皆四言即指以上諸篇

玄冥六 鄒子樂

惟泰元尊媼神蕃釐李奇曰元尊天也媼神地也祭天燔燎祭地瘞埋也師古曰李說非也泰元天也蕃多也釐福也言天神至尊而地神多福也蕃音扶元反釐讀曰禧(補注)吳仁傑曰泰元媼神果如顏說下文何為復言經緯天地乎泰元者泰一也泰一與天地並而非天也志載天子祠三一天一地一泰一又載其贊饗曰天增授皇帝泰元神策皇帝敬拜泰一又為泰一鋒旗命曰靈旗故此章顯末有泰元及靈旗之文然則媼神字亦當作煴而以鬱煙為義可也煴神者鬱煙以祀神東京賦所謂致高煙乎泰一是已禮祭天以煙為歆神始祀泰一之禮同於祀天故燎熏皇天臯搖泰一揚子雲以為並稱云**經緯天地作成四時精建日月星辰度理陰陽五行周而復始雲風靁電降甘露雨百姓蕃滋咸循厥緒**師古曰蕃多也滋益也循順也緒業也**繼統共勤順皇之德**師古曰共讀曰恭皇皇天也此言天子繼承祖統恭勤為心而順天也**鸞路龍鱗罔不肸飾**蘇林曰肸音墾垐之墾墾飾也師古曰罔無也肸振也謂皆振整而飾之也肸音許乙反**嘉籩列陳庶幾宴享**師古曰嘉籩謂祭祀之籩實也木曰豆竹曰籩享字合韻宜因鄉(補注)先謙曰官本因作音是**滅除凶災列騰八荒**師古曰言威烈之盛踰於八荒(補注)先謙曰官本列作烈是**鐘鼓竽笙雲舞翔翔**(補注)先謙曰曲禮朝廷濟濟翔翔此以狀舞之容**招搖靈旗九夷賓將**師古曰畫招搖於旗以征伐故稱靈旗將猶從也(補注)先謙曰天文志斗杓端有兩星一為招搖郊祀志為伐南越告禱泰一以牡荊畫幡日月北斗登龍以象太一三星為泰一鋒旗命曰靈旗為兵禱則太史奉以指所伐國故有九夷賓將之語賓導也將送也

惟泰元七

建始元年丞相匡衡奏罷鸞路龍鱗更定詩曰

涓選休成臣瓚曰涓除也除惡選取美成者也(補注)錢大昕曰志云奏罷者謂去鸞路句改為涓選休成也下章云奏罷黼繡周張更定詩曰肅若舊典亦謂去黼繡句改為肅若舊典也郊祀志成帝初即位丞相衡等奏定南北郊又言甘泉泰畤紫壇有文章采鏤黼黻之飾后壇仙人祠瘞鸞路騂駒寓龍馬不能得其象於古宜皆勿修故更去鸞路龍鱗黼繡周張二語其餘仍用舊文也監本以涓選休成句屬天地章以肅若舊典屬日出入章此誤之甚者然文獻通考載元豐六年判太常寺陳薦議引郊祀歌涓選休成天地並況證天地合祭之說則北宋本已誤矣沈欽韓曰涓與鐲同詩傳涓絜也瓚說非周壽昌曰案影景祐本慶元

本淩稚隆本毛本皆誤與監本同又各本雖以涓選休成肅若舊典誤冠兩章而標題仍作天地日出入知當日本不誤傳刊失之先謙曰官本移建始以下於惟泰元七下空一格寫移涓選休成四字於更定詩曰下以下章同於齊召南云案監本以涓選休成為下章天地並況之首句又以肅若舊典為下章日出入安窮之首句此大誤也今改正**天地並況惟予有慕**師古曰況賜也(補注)先謙曰郊祀志並祠天一地一泰一所謂三一**爰熙紫壇思求厥路**師古曰熙興也紫壇泰畤紫色也思求降神之路也(補注)先謙曰郊祀志甘泉泰畤紫壇八觚宣通象八方案此繆忌所云開八通之鬼道故曰思求厥路**承禮禋祀緼豫為紛**孟康曰積聚脩飾為此紛華也師古曰緼音於粉反(補注)先謙曰緼即絪緼後書班彪傳注絪緼陰陽和一相扶貌也劉輔傳注豫悅豫也緼豫神享其祀而和悅也楚辭王注紛盛貌**黼繡周張承神至尊**師古曰白與黑畫為斧形謂之黼(補注)先謙曰黼繡見上注周徧張設於壇上**千童羅舞成八溢**師古曰溢與佾同佾列也(補注)先謙曰郊祀志滅南越後始用樂舞益用歌兒千童盛言之**合好効歡虞泰一**師古曰虞與娛同**九歌畢奏斐然殊鳴琴竽瑟會軒朱**師古曰軒朱即朱軒也言總合音樂於軒檻之前(補注)先謙曰郊祀志泰帝即纊祀帝識使素女鼓五十絃瑟悲帝禁不止故破其瑟為二十五絃呂覽古樂篇古朱襄氏之治天下也多風而陽氣畜積果實不成故士達作為五絃瑟以來陰氣以定羣生稿襟之土隆是軒朱謂軒轅朱襄二帝會集也上言

樂器故下言始制樂器之人顏謂卽朱軒則文不成理南齊志軒朱凝會卽承用志語**璆磬金鼓靈其有喜**師古曰璆美玉名以爲磬也喜合韻音許吏反**百官濟濟各敬厥事**〔補注〕宋祁曰邵本厥作其**盛牲實俎進聞膏**師古曰言以牲實俎以薦焫脂則其芬馨達於神所故曰盛牲實俎進聞膏**神奄留臨須搖**晉灼曰須搖須臾也師古曰奄讀曰淹〔補注〕錢大昭曰須搖卽須臾搖臾聲相近先謙曰此留下當有兮字而班氏刪之卽上下文八字七字句皆有兮字無則不成一體此班氏例刪之文下天馬歌及司馬相如傳可互證也**長麗前掞光耀明**孟康曰欲令神宿留言日雖暮長更星在前扶助常有光明也掞或作扶晉灼曰掞卽光炎字也臣瓚曰長麗靈鳥也故相如賦曰前長麗而後矞皇舊說云鸞也張衡思玄賦亦曰前長麗使拂羽師古曰晉瓚二說是也麗音離掞音豔〔補注〕先謙曰官本更作庚下同**寒暑不忒況皇章**晉灼曰況賜也皇君也章明也言長更星終始不改其光神永以此明賜君也臣瓚曰忒差也寒暑不差言陰陽和也以此賜君章賢德也師古曰瓚說是也**展詩應律鋗玉鳴**晉灼曰鋗鳴玉聲也師古曰鋗音火玄反〔補注〕先謙曰展謂展誦之楚辭展詩兮會舞**函宮吐角激徵清發梁揚羽申㠯商**晉灼曰下有梁黃鼓員四人似新造音樂者姓名也師古曰晉說非也自函宮吐角㠯下總言五聲之備耳申重也發梁歌聲繞梁也函與含同**造茲新音永久長**〔補注〕先謙曰官本久作欠引宋祁曰欠當作久**聲氣遠條鳳鳥鶬**師古曰條達也鶬古翔字**神夕奄虞蓋孔享**師古曰虞樂也蓋語辭也孔甚也享合韻音鄉〔補注〕先謙曰南齊志漢世歌篇多少無定皆稱事立文並多八句然後轉韻時有兩三韻而轉其例甚寡卽指此下諸篇而言隋志武帝裁音律之響定郊丘之祭頗雜謳謠非全雅什亦謂此也

天地八

丞相匡衡奏罷黻繡周張更定詩曰肅若舊典師古曰肅敬也若順也〔補注〕先謙曰官本黻作黼是此亦當屬上章**日出入安窮**〔補注〕先謙曰郊祀志朝朝日此其祀神歌**時世不與人同**晉灼曰日月無窮而人命有終世長而壽短**故春非我春夏非我夏秋非我秋冬非我冬**〔補注〕先謙曰言日所歷四時無紀極而人壽不過百年無以齊之**泊如四海之池徧觀是邪謂何**晉灼曰言人壽不能安固如四海徧觀是乃知命甚促謂何當如之何也師古曰泊水貌也音步各反又音魄〔補注〕張照曰案言人之壽命較之於日如四海人如池也日行於天出東入西徧觀居此世者其謂之何作問之辭以起下文欲仙之意也晉灼注未明先謙曰日者傳地不足東南以海爲池枚乘傳朝夕之池謂海中潮汐往來與此四海之池同義言日出入四海徧觀此世諸說皆非謂何當如張說**吾知所樂獨樂六龍六龍之調使我心若**應劭曰易曰時乘六龍以御天武帝願乘六龍仙而升天曰吾所樂獨乘六龍然御六龍得其調使我心若〔補注〕先謙曰吾知所樂獨樂六龍謂日御以六龍行速爲樂也六龍之調使我心若謂見日御之調良使我心善之也應說未是廣雅曰御謂之羲和魏曹植與吳質書思欲抑六龍之首頓羲和之轡本志文而反用之下迺致欲仙意**訾黃其何不徠下**應劭曰訾黃一名乘黃龍翼而馬身黃帝乘之而仙武帝意欲得之曰何不來邪師古曰訾嗟歎之辭也黃乘黃也歎乘黃不來下也訾音咨

日出入九

太一況天馬下師古曰言此天馬乃太一所賜故來下也〔補注〕沈欽韓曰樂書云復次以爲太一之歌歌曲曰太一貢兮天馬下霑赤汗兮沫流赭騁容與兮跇萬里今安匹兮龍與友彼歌辭略舉之非全篇也**霑赤汗沫流赭**應劭曰大宛馬汗血霑濡也流沫如赭也李奇曰沫音靧面之靧晉灼曰沫古靧字也師古曰沫沫兩通沫者言被面如頮也字从水傍午未之未音呼內反沫者言汗流沫出也字从水傍本末之末音亦如之然今書字多作沫面之沫也**志俶儻精權奇**〔補注〕先謙曰後書馮衍傳注俶儻猶卓異也春秋繁露玉英篇權譎也權奇者奇譎非常之意**籋浮雲晻上馳**蘇林曰籋音躡言天馬上躡浮雲也師古曰晻音烏感反言晻然而上馳〔補注〕先謙曰說文晻不明也此本義武班碑晻忽徂逝借晻爲奄方言奄遽也二說竝通**體容與迣萬里**孟康曰迣音逝如淳曰迣超踰也晉灼曰古迾字師古曰孟音非也迣讀與厲同言能厲渡萬里也〔補注〕錢大昕曰晉讀迣爲迾雖據說文卻於文義未協迣當讀如遰鴻雁之遰言去之遠也孟如二說近之**今安匹龍爲友**師古曰言今更無與匹者唯龍可爲之友耳

元狩三年馬生渥洼水中作〔補注〕先謙曰見武紀官本接前空一格

天馬徠從西極涉流沙九夷服師古曰言九夷皆服故此馬遠來也徠古往來字也〔補注〕先謙曰樂書云後伐大宛得千里馬馬名蒲梢次作以爲歌曰天馬來兮從西極經萬里兮歸有德承靈威兮降外國涉流沙兮四夷服中尉汲黯進曰凡王者作樂上以承祖宗下以化兆民今陛下得馬詩以爲歌協於宗廟先帝百姓豈能知其音耶上默然不說丞相公孫弘曰黯誹謗聖制當族案歌詞既異又弘以元狩二年薨不及見太初獲宛馬事則樂書出後人所附益**天馬徠出泉水虎脊兩化若鬼**應劭曰馬毛色如虎脊有兩也師古曰言其變化若鬼神〔補注〕先謙曰官本有兩上有者字**天馬徠歷無草徑千里循東道**張晏曰馬從西而來東也師古曰言馬從西來經行磧鹵之地無草者幾千里而至東道〔補注〕先謙曰官本幾作凡是**天馬徠執徐時**應劭曰太歲在辰曰執徐言得天馬時歲在辰也孟康曰東方震爲龍又青龍宿言以其方來也師古曰應說是也〔補注〕先謙曰太初四年庚辰**將搖舉誰與**

期如淯曰遙遠也搖或作遙師古曰如說非也言當奮搖高舉不可與期也天馬徠開遠門竦予身逝昆侖應劭曰言天馬雖去人遠當豫開門以待之也文穎曰言武帝好仙常庶幾天馬來當乘之往登昆侖也師古曰文說是也〔補注〕先謙曰水經河水注廣武城之西南二十許里水西有馬蹏谷漢武帝得大宛天馬有角故歌曰天馬來兮歷無草徑千里兮循東道胡馬感北風之思遂頓羈絕絆驤首而馳晨發京城夕至敦煌北塞外長鳴而去因名其處曰候馬亭又因此歌而附會也天馬徠龍之媒應劭曰言天馬者乃神龍之類今天馬已來此龍必至之效也游閶闔觀玉臺應劭曰閶闔天門玉臺上帝之所居

天馬十〔補注〕先謙曰官本三字在太初四年後一行案馬生渥注及獲宛馬二事不同時今二章統為天馬十則三字應在後行官本是也

太初四年誅宛王獲宛馬作〔補注〕先謙曰武紀云西極天馬之歌官本此行接觀玉臺注下空一格

天門開詄蕩蕩如淯曰詄讀如迭詄蕩蕩天體堅清之狀也師古曰詄音大結反〔補注〕先謙曰說文詄忘也論語皇疏蕩蕩無形無名之稱也天體廣遠言象俱忘故曰詄蕩蕩穆竝騁以臨饗師古曰言眾神穆然方駕驅騁而臨祠祭光夜燭德信著師古曰神光夜照應誠而來是德信著明〔補注〕先謙曰郊祀志封禪祠其夜若有光所謂光夜

燭也又云已封泰山方士更言蓬萊諸神若將可得上欣然庶幾遇之復東至海上望焉故未云專精厲意逝九閡紛云六幕浮大海也靈寖平而鴻長生豫師古曰神靈德澤所浸溥博無私其福甚大故我得長生之道而安豫也〔補注〕先謙曰八字不成句義平而二字當衍顏注亦未為平字釋義衍文明矣刑法志注寖益也靈寖鴻者靈益大也郊祀志封禪者古不死之名也長生豫言長生可樂大朱涂廣夷石為堂師古曰涂道路也夷平也言通神之路飾以朱丹又甚廣大平夷密石累以為堂〔補注〕先謙曰宋范鎮大報天賦涂大朱以洞闢承用志文明祀天神用此禮也山地多石須平夷之堂明堂也古明堂處險不敞上欲治之故云夷石為堂飾玉梢以舞歌體招搖若永望師古曰梢竽也舞者所持合玉梢以玉飾之也招搖申動之貌永長也梢音所交反招音韶望合韻音亡〔補注〕先謙曰郊祀志禱祠泰一后土用樂舞歌兒封泰山如祠泰一禮禪肅然如祭后土禮盡用樂故有舞歌也為伐南越告禱泰一為泰一鋒旗上畫北斗上云招搖靈旗是也封禪蓋亦用此旗故云體招搖之為言貌也即圖畫意永望者常得望見之此上句中皆有兮字此二句歌下有兮字班氏刪之下月穆穆神裴回四句例同星留俞塞隕光師古曰俞荅也言眾星留神荅我饗薦降其光耀四面充塞也俞音踰〔補注〕先謙曰郊祀志望氣王朔言見填星出如瓜有司曰建封禪天報德星此所謂星留俞也塞讀如塞南越之塞謂賽祭神而星光下照地照紫幄珠熉黃如淯曰熉音殞黃貌也師古曰紫幄饗神之幄也帳上四下而覆曰幄言光照紫幄故其珠色熉熉然而黃也熉音云幡比拔回集貳雙飛常羊文穎曰舞者骨騰肉飛如鳥之回翔而雙集也師古曰常羊猶逍遙也〔補注〕先謙曰郊祀志封禪時縱遠方飛禽及白雉諸物故此云然說文拔翼也釋獸釋文拔本或作翅韋元成傳注貳謂不一也拔飛下皆有兮字假清風二句同月穆穆以金波日華燿以宣明師古曰言月光穆穆若金之波流也宣徧也〔補注〕先謙曰言自夜達旦光景假清風軋忽激長至重觴師古曰軋忽長遠之貌也重觴謂累獻也〔補注〕先謙曰假借也觴饗也神借清風而來其至激疾而長若重疊觴饗也神裴回若留放殣冀親以肆章孟康曰殣音覲師古曰言神靈裴回留而不去故我得覲見冀以親附而陳誠意遂章明之〔補注〕先謙曰淮南兵略訓高注放寄也言神靈裴回若留寄於此函蒙祉福常若期師古曰函包也蒙被也言為神所饗故能包函蒙被祉福應誠而至有常期也寂漻上天知厥時應劭曰言天雖寂漻高遠而知我饗薦之時也漻音來朝反泛泛滇滇從高斿應劭曰泛泛上浮之意也滇滇盛貌也晉灼曰滇音振旅闐闐師古曰滇音徒千反殷勤此路臚所求應劭曰臚陳也言所以殷勤此路乃欲陳所求也師古曰臚音力於反〔補注〕先謙曰所求長生不死佻正嘉吉弘以昌如淯曰佻讀曰肇肇始也〔補注〕先謙曰說文佻愉也言所愉悅嘉美者至正且吉故大以昌也休嘉砰隱溢四方師古曰休美也嘉慶也砰音普萌反砰隱盛意〔補注〕先謙曰文選藉田賦注引字書

云砰大聲也隱與殷同亦聲之大也帝封禪後休嘉眾盛洪聲遠聞溢於四方也官本無音字專精厲意逝九閡如淯曰閡亦陔也淮南子曰若士者謂盧敖曰吾與汗漫期乎九陔之上陔重也謂九天之上也師古曰閡合韻音改又音亥紛云六幕浮大海師古曰紛云興作之貌六幕猶言六合也〔補注〕先謙曰九閡謂天六幕謂地游徧天地浮乎大海與蓬萊諸仙為徒也自永蒙至此每四字下有兮字

天門十一

景星顯見信星彪列如淯曰景星者德星也見無常常出有道之國鎮星為信星居國益地師古曰謂彰著而為行列也〔補注〕先謙曰郊祀志上拜祝祠泰一贊饗曰德星昭衍厥維休祥壽星仍出淵耀光明信星昭見皇帝敬拜泰祝之享是時填星見有司以為天報德星德星即景星也詳見天文志開元占經引五行傳云填星於五常為信故又謂之信星天文志亦云填星曰中央季夏土信也廣雅釋詁彪文也象載昭庭日親以察師古曰象謂縣象也載事也縣象祕事昭顯於庭日來親近甚明察也〔補注〕劉攽曰象載則瑞應車也先謙曰象載當如顏說劉望文生義非也參侔開闔爰推本紀應劭曰參三也言景星光明開闔乃三於日月也晉灼曰侔等也開闔猶開闢也言今之鼎瑞參等於上世師古曰晉說是〔補注〕先謙曰開闔不得謂之開闢晉說亦非也易繫辭闔戶謂之坤闢戶謂之乾阮籍通易論乾以一為闢坤以二為闔楚

謂天問王逸注陰闔而晦陽開而明然則開闔者乾坤陰陽之謂即天地也參伴開闔即謂與天地參爰推本紀推本瑞應以紀元也**汾脽出鼎皇祐元始**師古曰皇大也祐福也脽音誰祐音怙〔補注〕先謙曰汾脽出鼎在元鼎四年景星見在元封元年秋武紀郊祀志可互證此當在元封二年湛祠時追作是歌故下有河龍供鯉馮蠵切和之語**五音六律依韋饗昭**師古曰依韋諧和不相乖離也饗讀曰響昭明也言聲響之明也〔補注〕周壽昌曰依韋即依違也韋違通用先謙曰此下言湛祠用樂**雜變竝會雅聲遠姚**師古曰姚僄姚言飛揚也〔補注〕王念孫曰姚讀爲遙遙亦遠也古人自有複語耳昭二十五年傳遠哉遙遙左荀子榮辱篇其功盛姚遠矣楊倞云姚與遙同是其證注非**空桑琴瑟結信成**張晏曰傳曰空桑爲瑟一彈三歎祭天質故也師古曰空桑地名也出善木可爲琴瑟也〔補注〕何焯曰空桑琴瑟見周禮大司樂夏至祀地示所奏也**四興遞代八風生**應劭曰四時遞代成陰陽八風以生也臣瓚曰舞者四縣代奏也左氏傳曰夫舞者所以節八音而行八風也師古曰瓚說是也八方之風謂東北曰條風東方曰明庶風東南曰清明風南方曰景風西南曰涼風西方曰閶闔風西北曰不周風北方曰廣莫風**般般鐘石羽籥鳴**師古曰般般聲盛也石謂磬也羽籥部舞所持者也般音隱**河龍供鯉醇犧牲**晉灼曰河龍夏之所賜者也供鯉給廚祭也師古曰醇謂色不雜也犧牲牛羊全體者也〔補注〕沈欽韓曰謂河龍出鯉以供祀古鹽歌天公出美酒河伯出鯉魚注以爲夏所賜之龍非**百末旨**

酒布蘭生張晏曰百末末作之末也晉灼曰百日之末酒也芬香布列若蘭之生也師古曰百末百草華之末也旨美也以百草華末雜酒故香且美也事見春秋繁露〔補注〕沈欽韓曰繁露執贄篇天子用暢鬯同積美陽芬香以通之天暢亦取百香之心獨末之[illegible]合之爲一而達其臭氣顏說蓋本此[illegible]之先謙曰官本列作刻引宋祁曰百末作百米布刻作布列**桼尊柘漿析朝酲**應劭曰柘漿取甘柘汁以爲飲也酲病酒也析解也言柘漿可以解朝酲也〔補注〕沈欽韓曰司尊彝注太尊太古之瓦尊也楚詞胹鼈炮羔有柘漿**微感心攸通修名**師古曰言精微所應其心攸遠故得通達成長久之名〔補注〕先謙曰管子修名而督實按實而定名帝欲使精修之名上通冥漠也攸與悠同**周流常羊思所并**師古曰周流猶周行也常羊猶逍遙也思所并思與神道合也下言合所思是也**穰穰復正直往甯**師古曰穰穰多也復猶歸也直當也甯願也言獲福既多歸於正道克當往日所願也復音扶目反甯合韻音寍**馮蠵切和疏寫平**晉灼曰馮馮夷河伯也蠵觜蠵龜屬也師古曰言馮夷命靈蠵使切厲諧和水神令之疏導川潦寫散平均無災害也蠵音弋隨反又音攜〔補注〕先謙曰釋魚二曰靈龜郭注即今觜蠵龜一名靈蠵揚雄傳所云拑靈蠵也一作蠵蠵孫綽望海賦蠵蠵熌爛以映漲唐劉恂嶺表錄異云蠵蠵俗謂之茲夷乃山龜之巨者蓋其物能穴土潰隄故必馮夷與靈蠵相切厲以諧和庶疏瀉得平也武紀元封二年上至瓠子臨決河使從臣皆負薪塞河隄郊祀志畱二日湛祠而去**上天布施后**

土成穰穰豐年四時榮〔補注〕先謙曰此歌亦每四字下有兮字

景星十二

元鼎五年得鼎汾陰作〔補注〕先謙曰武紀得鼎在四年五當作四官本此行連上空一格

齊房產草九莖連葉師古曰齊讀曰齋其下竝同**宮童效異披圖案諜**臣瓚曰宮之童暨致此異瑞也蘇林曰諜譜弟之也〔補注〕宋祁曰第之衍之字先謙曰官本弟作第**玄氣之精回復此都**師古曰玄天也言天氣之精回旋反復於此雲陽之都謂甘泉也〔補注〕先謙曰武紀賜雲陽都百戶牛酒作芝房之歌**蔓蔓日茂芝成靈華**師古曰蔓蔓言其長久日以茂盛也

齊房十三

元封二年芝生甘泉齊房作〔補注〕先謙曰官本連上空一格

后皇嘉壇立玄黃服師古曰壇祭壇也服祭服也〔補注〕先謙曰武紀元鼎四年立后土祠於汾陰脽上**物發冀州兆蒙祉福**晉灼曰得寶鼎於汾陰也臣瓚曰汾陰屬冀州〔補注〕先謙曰武紀詔中亦有祭地冀州之語**沇沇四塞假狄合處**孟康曰沇音兖師古曰沇沇流行之貌也假狄遠夷也合處內附也假即遐字耳其字从

彳彳音丑益反〔補注〕先謙曰狄即逖之省詩舍爾介狄說文狄作逖毛傳狄遠也注作遠夷解非**經營萬億咸遂厥宇**師古曰宇居也言我經營萬方億兆故得咸遂其居〔補注〕先謙曰此得鼎汾陰時作

后皇十四

華爗爗固靈根〔補注〕先謙曰此謂靈之車也華與上金支秀華同義金華下有根莖故云固靈根後書輿服志金根車重翟羽葢者也**神之斿過天門車千乘敦昆侖**師古曰敦讀曰屯屯聚也**神之出排玉房周流雜拔蘭堂**師古曰拔舍止也音步曷反〔補注〕先謙曰官本考證云案如顏注則本文拔字應作召伯所茇之茇先謙案刑法志秋拔舍以苗亦作拔茇正字拔借字**神之行旌容容騎沓沓般縱縱**孟康曰縱音總晉灼曰音人相從勇作惡師古曰容容飛揚之貌沓沓疾行也般相連也縱縱眾也容音勇縱音總一曰容讀如本字從音才公反〔補注〕先謙曰文選東京賦紛焱悠以容裔薛注容裔高低之貌重言之則曰容容裔裔上云裔裔此云容容其義同也官本縱縱作從從注全同貌下有也字**神之徠泛翊翊甘露降慶雲集**如淳曰天文志云若烟非烟若雲非雲郁郁紛紛是謂慶雲師古曰翊音弋入反又音立〔補注〕先謙曰說文翊飛皃**神之揄臨壇宇**師古曰揄引也壇宇謂祭祠壇場及宮室言神引來降臨之也揄音踰**九疑賓夔龍舞**如淳曰九疑舜所葬言召舜爲賓客也夔

典樂龍管納言皆隨舜而來舞以樂神**神安坐鴹吉時**師古曰鴹古翔字也言神安坐回翔皆趣吉時也**共翊翊合所思**師古曰共讀曰恭翊翊敬也**神嘉虞申貳觴**師古曰虞樂也貳觴猶重觴也**福滂洋邁延長**師古曰滂洋饒廣也滂音普郎反洋音羊又音祥**沛施祐汾之阿**師古曰沛音普大反沛然泛貌也阿水之曲隅**揚金光橫泰河**師古曰橫充滿也泰河大河也**莽若雲增陽波**師古曰莽雲貌言光明之盛莽莽然如雲也〔補注〕先謙曰此所謂汎樓船兮濟汾河橫中流兮揚素波也莽若雲言波如雲興魏文帝臨渦賦微風起兮水增波本此陽揚古通**徧臚驩騰天歌**師古曰臚陳也騰升也言陳其歡慶令歌上升於天〔補注〕先謙曰帝自作秋風詞故曰天歌此禮后土祠畢濟汾河作

華爗爗十五

五神相包四鄰如淳曰五帝為太一相也師古曰包含也四鄰四方〔補注〕先謙曰此雲陽始郊見泰一作五神者五帝壇環居其下也四鄰者其下四方地為廄也官本四方下有也字**土地廣揚浮雲扢嘉壇椒蘭芳**孟康曰扢摩也師古曰音公忽反謂摩拭其壇加以椒蘭之芳**璧玉精垂華光**師古曰言禮神之璧乃玉之精英故有光華也〔補注〕先謙曰郊祀志有司奉瑄玉又云祠上有光**益億年美始興**師古曰言福慶方興起也**交於**

神若有承師古曰言神來降臨故盡其肅恭〔補注〕先謙曰郊祀志祭夜有美光及晝黃氣上屬天有司云神靈之休祐福兆祥此所謂若有承也**廣宣延咸畢觴**師古曰言徧延諸神咸歆祭祀畢盡觴爵也**靈輿位偃蹇驤**師古曰神既畢饗則嚴駕靈輿引其侍從之位偃蹇高驤也蹇音居偃反〔補注〕先謙曰位各就其列也訓如中庸天地位焉之位下六龍位義同注非**卉汨臚析奚道**師古曰卉汨疾意也臚陳也析分也奚何也言速自陳列分散而歸無所畱也汨音于筆反〔補注〕錢大昭曰道監本閩本皆作遺先謙曰官本作遺是**淫涤澤洼然歸**師古曰淫久也涤澤澤名言我饗神之後久在涤澤乃洼然而歸也涤音綠洼音烏黃反〔補注〕宋祁曰案淫涤澤洼然歸師古注義似取未安涤當是祿祿之祿淫溢也言神之賜祿洼然廣溢然後歸而上天也先謙曰說文洼深廣也从水㞷聲消作汪

五神十六

朝隴首覽西垠臣瓚曰謂朝於隴首而覽西北也師古曰隴坻之首也垠厓也坻音丁禮反〔補注〕先謙曰武紀太始二年詔云往者朕郊見上帝西登隴首獲白麟以饋宗廟**霱電尞獲白麟**臣瓚曰尞祭五時皆有報應聲若霱光若電也師古曰尞古燎字**爰五止顯黃德**師古曰爰曰也發語辭也止足也時白麟足有五蹏**圖匈虐熏鬻殛**應劭曰熏鬻匈奴本號也師古曰殛窮也一曰殛誅也音居力反**闢流離抑不詳**師古曰流離不得其所者為開道路使之安集違道不詳善者則抑黜之以申懲勸也〔補注〕王念孫曰顏以闢為開以流離為不得其所者則闢流離三字義不相屬故增數字以釋之曰為開道路使之安集其失也迂矣余謂流離者梟也所以喻惡人邶風旄邱篇流離之子陸璣曰流離梟也自關而西謂梟為流離闢之言屏除謂屏除惡人也荀子解蔽篇闢耳目之欲楊注闢屏除也字亦作辟周官小司寇前王而辟先鄭司農注辟除姦人闢流離抑不詳兩句同義皆承上文圖匈虐熏鬻殛而言周壽昌曰詳即祥也詳祥古通**賓百僚山河饗**師古曰百僚百神之官也饗合韻音鄉**掩回轅鬗長馳**如淳曰鬗音樠鬗鬗長貌也師古曰音武元反〔補注〕錢大昭曰說文鬗髮長皃讀若曼先謙曰掩與奄同謂超忽也**騰雨師洒路陂**師古曰洒灑也路陂路傍也言使雨師灑道也洒音灑又音山豉反〔補注〕先謙曰官本豉作跂**流星隕感惟風籋歸雲撫懷心**師古曰懷心懷柔之心也籋音躡〔補注〕先謙曰見流星之隕與好風之感歸塗撫此懷集四夷之心不能忘也葢郎所見言之

朝隴首十七

元狩元年行幸雍獲白麟作〔補注〕先謙曰官本連上空一格

象載瑜白集西服虔曰象載鳥名也師古曰此說非也象載象輿也山出象輿瑞應車也瑜美貌也言此瑞車瑜然色白而出西方也西合韻音先〔補注〕先謙曰官本山作出**食甘露飲榮泉**師古曰駕輿者之所飲食也榮泉言泉有光華〔補注〕劉攽曰此詩四句先敘所見祥瑞之物也象載瑜黑車也白集西雍之麟也甘露榮泉天之所降地之所出也注非**赤鴈集六紛員**師古曰言六者所獲赤鴈之數也紛員多貌也言西獲象輿東獲赤鴈祥瑞多也員音云〔補注〕錢大昭曰紛員即紛紜員云古字通**殊翁雜五采文**孟康曰翁鴈頸也言其文采殊異也〔補注〕沈欽韓曰說文翁頸毛也頸上毛易雜色荀子樂論塤箎翁博翁亦有雜義墨子節葬篇翁繐經亦謂繐之垂如鳥頸毛**神所見施祉福登蓬萊結無極**師古曰見顯示也蓬萊神山也在海中結成也〔補注〕先謙曰武紀所謂朱雁之歌也上自此遂幸琅邪禮日成山登之罘浮大海故末云然

象載瑜十八

太始三年行幸東海獲赤鴈作〔補注〕先謙曰官本連上空一格宋志漢武帝雖頗造新哥然不以光揚祖考崇述正德為先但多詠祭祀見事及其祥瑞而已商周雅頌之體闕焉

赤蛟綏黃華蓋師古曰綏綏赤蛟貌黃華蓋言其上有黃氣狀若蓋也〔補注〕先謙曰綏與蓋對文皆靈車所有也說文綏車中把也繆繞車上其色赤故以赤蛟為比其蓋弓金華黃色故云黃華蓋**露夜零晝晻濭**師古曰晻音烏感反濭音藹晻濭雲氣之貌〔補注〕先謙曰官本藹作靄離騷揚雲霓之晻藹兮晻濭即晻靄之變文故音與靄同而訓為雲氣貌

百君禮六龍位師古曰百君亦謂百神也勺椒漿靈已醉師古曰勺讀曰酌靈既享錫吉祥芒芒極降嘉觴師古曰芒芒廣大貌音莫郎反靈殷殷爛揚光師古曰殷殷盛也爛光貌殷音隱延壽命永未央杳冥冥塞六合澤汪濊輯萬國師古曰塞滿也輯和也天地四方謂之六合汪濊言饒多也濊音於廢反又音烏外反輯與集同靈禗禗象輿轙孟康曰禗音近枲不安欲去也轙待也如淳曰轙僕人嚴駕待發之意也師古曰禗孟音是也轙如說是也轙音儀〔補注〕宋祁曰原本儀作蟻洪亮吉曰爾雅載轡謂之轙郭注車軛上環轡所貫也則轙是載轡之環宜從本訓爲是淮南說山訓高注轙所以縛衡也先謙曰官本如淳曰下無轙字轙音儀三字在師古曰下票然逝旗逶蛇師古曰票然輕舉意也逶蛇旗貌也票音匹遙反蛇音移禮樂成靈將歸託玄德長無衰師古曰言託恃天德冀獲長生無衰竭也〔補注〕先謙曰宋志漢郊祀送神亦三言謂此

赤蛟十九

其餘巡狩福應之事不序郊廟故弗論〔補注〕齊召南曰案藝文志有泰一雜甘泉壽宮歌十四篇宗廟歌詩五篇是亦郊廟樂章也不知何以遺之沈欽韓曰巡狩之事武帝也福應之事宣帝也武帝巡狩詩歌若瓠子盛唐樅陽秋風辭之類宣帝福應若中和樂職宣布之詩又云上顧作歌詩欲興協律之事是也先謙曰藝文志所載即此十九章也十四加五共十九齊未悟耳是時河間獻王有雅材亦以爲治道非禮樂不成因獻所集雅樂天子下大樂官〔補注〕先謙曰宋志所司之官皆曰太樂所以總領諸物不可以一物名太樂漢舊名後漢依讖改太予樂官常存肄之師古曰肄習也音弋二反歲時以備數然不常御常御及郊廟皆非雅聲然詩樂施於後嗣猶得有所祖述昔殷周之雅頌迺上本有娀姜原應劭曰簡狄有娀之女吞燕卵而生契師古曰姜嫄后稷之母也卨稷始生玄王公劉古公大伯王季姜女大任太姒之德師古曰卨殷之始祖稷周之始祖玄王亦殷之先祖承黑帝之後故曰玄王公劉后稷之曾孫也古公亶父即豳公也大伯大王之子王季之兄也王季文王之父也姜女亶甫之妃也大任文王之母也太姒文王之妃武王之母也毛鄭說詩以玄王即卨也此志既言卨又有玄王則玄王非卨一人矣〔補注〕先謙曰官本注上亶父亦作亶甫乃及成湯文武受命武丁成康宣王中興師古曰武丁殷王高宗也周成王武王之子也康王成王之子也宣王厲王之子〔補注〕先謙曰官本注末有也字下及輔佐阿衡周召太公申伯召虎仲山甫之屬師古曰阿衡伊尹職號也周周公旦也召

召公奭也太公師尚父也申伯召武仲山甫皆周宣王臣也〔補注〕先謙曰官本武作虎後人回改君臣男女有功德者靡不褒揚功德既信美矣褒揚之聲盈乎天地之間是以光名著於當世遺譽垂於無窮也今漢郊廟詩歌未有祖宗之事八音調均又不協於鐘律〔補注〕先謙曰官本協作協而內有掖庭材人外有上林樂府皆以鄭聲施於朝廷至成帝時謁者常山王禹世受可間樂〔補注〕錢大昭曰可當作河藝文志河間獻王與毛生等共采諸子言樂事者以作樂記其內史丞王定傳之以授常山王禹是其事也先謙曰官本作河能說其義其弟子宋曅等上書言之師古曰曅音于輒反下大夫博士平當等考試當以爲漢承秦滅道之後賴先帝聖德博受兼聽修廢官立大學河間獻王聘求幽隱修興雅樂以助化時大儒公孫弘董仲舒等皆以爲音中正雅立之大樂春秋鄉射作於學官希闊不講師古曰講謂論習也〔補注〕先謙曰官本無論字故自公卿大夫觀聽者但聞鏗鎗〔補注〕先謙曰官本鏗作鏗是不曉其意而欲以風諭眾庶其道無由師古曰風化也是以行之百有餘年德化至今未成今曅等守習孤學大指歸於興助教化衰微之學興廢在人宜領屬雅樂以繼絕表微師古曰表顯也孔子曰人能弘道非道弘人師古曰論語載孔子之言河間區區不國藩臣師古曰區區小貌也〔補注〕錢大昭曰不疑下字之譌先謙曰官本不作小以好學修古能有所存師古曰存意於禮樂〔補注〕先謙曰謂訪求遺書存其篇籍注非民到于今稱之況於聖主廣被之資師古曰被猶覆也音皮義反〔補注〕宋祁曰況於當作況以修起舊文放鄭近雅述而不作信而好古於以風示海內揚名後世誠非小功小美也事下公卿以爲久遠難分明當議復寢是時鄭聲尤甚黃門名倡丙彊景武之屬富顯於世貴戚五侯定陵富平外戚之家師古曰五侯王鳳以下也定陵淳于長也富平張放淫侈過度至與人主爭女樂〔補注〕先謙曰事見元后傳哀帝自爲定陶王時疾之又性不好音及即位下詔曰惟世俗奢泰文巧而鄭衛之聲興夫奢泰則下不孫而國貧師古曰孫讀曰遜文巧則趨末背本者眾師古曰趨

讀曰趣趣嚮也〔補注〕先謙曰官本趨竝作趍鄭衞之聲興則淫辟之化流師古曰辟讀曰僻也而欲黎庶敦朴家給猶濁其源而求其清流師古曰源水泉之本〔補注〕王念孫曰當作猶濁其源而求清其流今本清其二字倒轉則文義不順豈不難哉孔子不云乎放鄭聲鄭聲淫師古曰論語載孔子之言其罷樂府官郊祭樂及古兵法武樂在經非鄭衞之樂者條奏別屬他官丞相孔光大司空何武奏郊祭樂人員六十二人給祠南北郊大樂鼓員六人嘉至鼓員十人〔補注〕錢大昭曰嘉至樂章名迎神廟門所奏邯鄲鼓員二人騎吹鼓員三人〔補注〕沈欽韓曰宋志建初錄云務成黃爵玄雲遠期皆騎吹曲非鼓吹曲此則列於殿庭者爲鼓吹今之從行鼓吹爲騎吹二曲異也江南鼓員二人〔補注〕先謙曰晉志凡樂章古詞今之存者竝漢世街陌謳謠江南可采蓮之屬也吳歌雜曲竝出江南淮南鼓員四人〔補注〕先謙曰司馬相如傳上林賦云淮南干遮巴俞鼓員三十六人師古曰巴巴人也俞俞人也當高祖初爲漢王得巴俞人竝趫捷善鬬與之定三秦滅楚因存其武樂也巴俞之樂因此始也巴卽今之巴州俞卽今之俞州各其本地〔補注〕沈欽韓曰晉志漢高祖自蜀漢將定三秦閬中范因率賨人以從帝爲前鋒高祖樂其猛銳數觀其舞後使樂人習之閬中有渝水因其所居

故名曰巴渝舞〔補注〕先謙曰官本注俞州作渝州是歌鼓員二十四人楚嚴鼓員一人梁皇鼓員四人〔補注〕沈欽韓曰皇當作王唐志梁孝王築睢城擊鼓爲下杵之節睢陽操用春牘臨淮鼓員三十五人茲邡鼓員三人晉灼曰邡音方〔補注〕先謙曰茲邡蓋卽汁邡茲汁雙聲凡鼓十二員百二十八人朝賀置酒陳殿下應古兵法外郊祭員十三人諸族樂人〔補注〕先謙曰莊子養生主釋文引司馬注族雜也下族歌同兼雲招給祠南郊用六十七人師古曰招讀與翹同〔補注〕錢大昭曰魏志繆襲議云漢有雲翹育命之舞不知所出舊㠯祀天兼給事雅樂用四人夜誦員五人剛別柎員二人給盛德師古曰剛及別柎皆鼓名也柎音膚〔補注〕錢大昭曰盛德卽孝武廟所奏盛德文始四時五行之舞沈欽韓曰隋志掆鼓一曲十二變剛與掆同別拊疑卽搏拊也書大傳以韋爲鼓謂之搏拊亦鼓類先謙曰給盛德三字當下屬主調篪員二人師古曰篪㠯竹爲之七孔亦笛之類也音池聽工㠯律知日冬夏至一人〔補注〕先謙曰此漢世候氣法詳後書律歷志上鐘工磬工簫工員各一人僕射二人主領諸樂人皆不可罷竽工員三人一人可罷師古曰竽笙類也三十六簧音于琴工員五人三人可罷柱工員二人一人可

罷師古曰柱工主箏瑟之柱者繩弦工員六人四人可罷師古曰弦琴瑟之弦繩言主糾合作之也鄭四會員六十二人一人給事雅樂六十一人可罷張瑟員八人七人可罷安世樂鼓員二十人十九人可罷沛吹鼓員十二人〔補注〕先謙曰上文所云沛中僮兒習歌風起之詩吹以相和者也族歌鼓員二十七人陳吹鼓員十三人商樂鼓員十四人〔補注〕沈欽韓曰晉職官志光祿勳統清商令魏少帝紀注每見九親婦女有美色或留以付清商隋百官志太樂署清商署各有樂師員然則商樂蓋倡優之樂也東海鼓員十六人長樂鼓員十三人縵樂鼓員十三人師古曰縵樂雜樂也音漫〔補注〕沈欽韓曰磬師職教縵樂注雜聲之和樂者凡鼓八員百二十八人朝賀置酒陳前殿房中不應經法治竽員五人楚鼓員六人常從倡三十人常從象人四人孟康曰象人若今戲蝦魚師子者也韋昭曰著假面者也師古曰孟說是〔補注〕沈欽韓曰御覽引梁元帝纂要魚龍曼延復有象人則非戲蝦魚師子者矣通典窟礧子亦云魁礧子郎傀儡之戲作偶人以戲善歌舞本喪家樂也漢末始用之於嘉會觀此則不始漢末周壽昌曰象人蓋楚優孟著衣冠爲孫叔敖之比如孟說象物非象人矣先謙曰沈周說竝通

詔隨常從倡十六人秦倡員二十九人秦倡象人員三人詔隨秦倡一人雅大人員九人朝賀置酒爲樂楚四會員十七人巴四會員十二人銚四會員十二人李奇曰疑是鼗韋昭曰銚國名音繇師古曰韋說是也銚音姚〔補注〕吳仁傑曰韋以銚爲國名徧考諸書不知所出說文但謂銚爲田器世本垂作銚莊周書銚鎒於是乎始脩詩庤乃錢鎛又其鎛斯趙毛傳謂錢爲銚銚與鎛相須爲用者故詩人言鎛必以是兼之疑古銚趙通時所罷四會員楚巴齊蔡皆國名則銚之爲趙理或近之或謂前已言邯鄲鼓員此不應駢出案前有淮南鼓員後有楚四會員淮南故楚地其比也沈欽韓曰漢無銚國云鼗得之案多稱四會者通典引漢故事上壽四會曲注言但有鐘鼓而無歌詩魏初作四會有琴筑但無詩雅樂郎郭瓊云明帝青龍二年以長笛食舉第十二古置酒曲代四會又易古詩名曰羽觴行爲上壽曲施用最在前鹿鳴以下十二曲名食舉樂而四會之曲遂廢齊四會員十九人蔡謳員三人齊謳員六人〔補注〕沈欽韓曰陸士衡集有齊謳行竽瑟鐘磬員五人皆鄭聲可罷師學百四十二人其七十二人給大官挏馬酒李奇曰㠯馬乳爲酒撞挏乃成也師古曰挏音動馬酪味如酒而飲之亦可醉故呼馬酒也其七十人可罷大凡八百二十九人其三百八十八人不可罷可領屬大樂其四百四十一人不應經法或

鄭衛之聲皆可罷奏可然百姓漸漬日久又不制雅樂有㠯相變豪富吏民湛沔自若師古曰湛讀曰沈又讀曰耽自若言自如故也〔補注〕錢大昭曰湛沔與沈湎同陵夷壞于王莽今海內更始〔補注〕先謙曰官本今下提行民人歸本戶口歲息師古曰今謂班氏撰書時也息生也〔補注〕先謙曰歸本謂還務本業平其刑辟牧㠯賢良至於家給既庶且富則須庠序禮樂之教化矣師古曰家給解已在前庶衆也論語云孔子曰庶矣哉冉有曰既庶矣又何加焉曰富之曰既富矣又何加焉曰敎之故班氏引之也今幸有前聖遺制之威儀〔補注〕宋祁曰遺制下應添禮字誠可法象而補備之經紀可因緣而存著也孔子曰殷因於夏禮所損益可知也周因於殷禮所損益可知也其或繼周者雖百世可知也師古曰論語載孔子對子張之言也〔補注〕先謙曰官本無雖字引宋祁曰繼周者下當添一雖字先謙案注對作荅今大漢繼周久曠大儀未有立禮成樂此賈宜仲舒王吉劉向之徒〔補注〕先謙曰官本宜作誼是所爲發憤而增嘆也師古曰感嘆也

虛受堂

禮樂志第二　漢書二十二

刑法志第三　漢書二十三

漢　蘭　臺　令　史　班　固　撰

唐正議大夫行祕書少監琅邪縣開國子顏師古注

賜進士出身前翰林院編修國子監祭酒加三級　臣　王先謙補注

夫人宵天地之額應劭曰宵類也頭圓象天足方象地孟康曰宵化也言稟天地氣化而生也師古曰宵義與肖同應說是也故庸妄之人謂之不肖言其狀貌無所象似也顡古貌字〔補注〕錢大昭曰說文皃頌儀也皃或作貌从頁豹省聲沈欽韓曰淮南要略覽取橋掇浸想宵類高注宵物似也懷五常之性師古曰五常仁義禮智信聰明精粹師古曰精細也言其識性細密也粹湻也音先遂反有生之最靈者也爪牙不足㠯供耆欲趨走不足㠯避利害師古曰耆讀曰嗜無毛羽㠯禦寒暑必將役物㠯爲養任智而不恃力此其所㠯爲貴也故不仁愛則不能羣不能羣則不勝物不勝物則養不足羣而不足爭心將作上聖卓然先行敬讓博愛之德者〔補注〕先謙曰說文卓高也衆心說而從之師古曰說讀曰悅從之成羣是爲君矣〔補注〕錢大昭曰荀子王制篇云君者善羣也春秋繁露滅國篇云君者不失其羣者也又曰君者羣也白虎通云君羣也羣下之所歸心也歸而往之是爲王矣師古曰言爭往而歸之也〔補注〕先謙曰荀子正論篇天下歸之謂之王韓詩外傳五王者往也天下往之謂之王穀梁莊三年傳其曰王者民之所歸往也文耀鉤元命苞並有王者往也之文洪範曰天子作民父母爲天下王師古曰洪範周書也聖人取類㠯正名而謂君爲父母明仁愛德讓王道之本也愛待敬而不敗德須威而久立故制禮㠯崇敬作刑㠯明威也聖人既躬明悊之性師古曰躬謂身親有之〔補注〕先謙曰說文悊下云哲或从心必通天地之心制禮作教立法設刑動緣民情而則天象地師古曰則法也故曰先王立禮則天之明因地之性也師古曰春秋左氏傳載鄭大夫子太叔之辭也刑罰威獄以類天之震曜殺戮也師古曰震謂靁電也溫慈惠和㠯效天之生殖長育也〔補注〕先謙曰四句後書應劭傳引之惠和作和惠書云天秩有禮天討有罪師古曰此虞書咎繇謨之辭也秩敘也言有禮者天則進敘之有罪者天則討治之故聖人因天秩而制五禮師古曰五禮吉凶賓軍嘉因天討而作五刑師古曰其

虛受堂　一

說在下也大刑用甲兵張晏曰以六師誅暴亂其次用斧鉞韋昭曰斬刑也〔補注〕王鳴盛曰此數語出晉語班氏據此故以戰守之兵與墨劓等刑合爲一志畢竟刑平時所用兵征討所用二者不可合班氏雖有此作後世諸史無從之者中刑用刀鋸韋昭曰刀割刑鋸刖刑也其次用鑽鑿韋昭曰鑽臏刑也鑿黥刑也師古曰鑽去其臏骨也鑽音子端反臏音頻忍反〔補注〕先謙曰官本忍作刃薄刑用鞭扑師古曰扑杖也音普木反大者陳諸原野師古曰謂征討所殺也小者致之市朝應劭曰大夫以上尸諸朝士以下尸諸市其所繇來者上矣師古曰繇讀與由同自黃帝有涿鹿之戰以定火災鄭氏曰涿鹿在彭城南與炎帝戰炎帝火行故云火災李奇曰黃帝與炎帝戰於阪泉今言涿鹿地有二名也文穎曰國語云黃帝炎帝弟也炎帝號神農火行也後子孫暴虐黃帝伐之故言以定火災律歷志云與炎帝後戰於阪泉涿鹿在上谷今見有阪泉地黃帝祠師古曰文說是也彭城者上谷北別有彭城非宋之彭城也〔補注〕葉德輝曰火災與下水害對文淮南兵略訓炎帝爲火災故黃帝擒之共工爲水害故顓頊誅之先謙曰官本注火炎作火災是顓頊有共工之陳以定水害文穎曰共工主水官也少昊氏衰秉政作害顓頊伐之本主水官因爲水行也師古曰共讀曰龔次下亦同〔補注〕先謙曰官本無次下四字唐虞之際至治之極猶流共工放讙兜竄三苗殛鯀然後天下服師古曰舜受堯

禪而流共工于幽州放讙兜于崇山竄三苗于三危殛鯀于羽山也殛誅也音居力反〔補注〕先謙曰官本讙並作驩夏有甘扈之誓師古曰謂啟與有扈戰于甘之野作甘誓事見夏書扈國今鄠縣是也甘即甘水之上殷周以兵定天下矣師古曰謂湯及武王天下既定戢臧干戈教以文德師古曰戢斂也而猶立司馬之官設六軍之眾師古曰司馬夏官卿掌邦政軍旅屬焉萬二千五百人爲軍王則六軍也〔補注〕先謙曰官本引宋祁曰萬一千邵本作萬二下葢宋所據本非一也因井田而制軍賦地方一里爲井井十爲通通十爲成成方十里成十爲終終十爲同〔補注〕錢大昭曰荀紀終作眾古字通同方百里同十爲封封十爲畿畿方千里有稅有賦師古曰稅者田租也賦謂發斂財也〔補注〕王鳴盛曰案下文即云稅以足食賦以足兵證之顏注則合作有稅有賦又食貨志前一段語意與此正同亦云有稅有賦若作租租即稅也不可通矣先謙曰官本租作賦注發下多賦字引宋祁曰邵姚本云發賦斂之賦也稅以足食賦以足兵故四井爲邑四邑爲丘丘十六井也有戎馬一匹牛三頭四丘爲甸甸六十四井也有戎馬四匹兵車一乘牛十二頭甲士三人卒七十二人干戈備具是謂乘馬之法鄭氏曰甲士在車上也師

古曰乘音食證反其下並同〔補注〕先謙曰荀紀卒上有步字一同百里提封萬井蘇林曰提音秖陳留人謂舉田爲秖李奇曰提舉也舉四封之內也師古曰李說是也提讀如本字蘇音非也說者或以爲積土而封謂之隄封既改文字又失義也〔補注〕王念孫曰諸說皆非也廣雅曰堤封都凡也都凡者猶今人言大凡諸凡也堤與提古字通都凡與提封一聲之轉皆是大數之名提封萬井猶言通共萬井耳食貨志曰地方百里提封九萬頃地理志曰提封田一萬萬四千五百一十三萬六千四百五頃匡衡傳曰樂安鄉本田提封三千一百頃王莽傳曰於是遂營長安城南提封百頃義並與此同若訓提爲舉訓封爲四封而云舉封若干井舉封若干頃則甚爲不詞又東方朔傳曰迺使大中大夫吾邱壽王與待詔能用算者二人舉籍阿城以南盩厔以東宜春以西提封頃畝及其賈直亦謂舉籍其頃畝之大數及其賈直耳若云舉封頃畝則尤爲不詞且上言舉籍下不當復言舉封以此知諸說之皆非也提廣雅作堤蘇林音秖曹憲音時集韻音常支切字作隄引廣雅隄封都凡也李善本文選西都賦提封五萬五臣本及後漢書班固傳並作隄封提封爲都凡之轉其字又通作堤隄則亦可讀爲都奚反凡假借之字依聲託事本無定體古今異讀未可執一顏以蘇林音秖爲非匡謬正俗又謂提封之提不當作隄字且不當讀爲都奚反皆執一之論也先謙曰官本注秖作祇謂之隄封隄作提除山川沈斥城池邑居園囿術路三千六百井臣瓚曰沈斥水田舄鹵也如淳曰術大道也師古曰川謂水之通流者也沈謂居深水之下也斥鹹鹵之地〔補注〕王念孫曰沈當爲

沆胡郎反沆大澤也其字或作吭或作坑或作亢又爲鹽澤之名其字或作航或作沆說文沆大澤也徐鍇傳引博物志曰渟水東方曰都一名沆廣雅曰吭斥澤池也玉篇曰航鹽澤也太平御覽地部四十引述征記曰齊人謂湖曰沆沆與斥同類故志以沆斥連文故薛瓚以爲水田舄鹵漢紀孝文紀作除山川坑斥坑與沆同斥今本作坑墊墊非字蓋因後人改斥誤爲以墊坑爲城池邑居園囿街路三千六百井王制正義引異義左氏說曰賦法積四十五井除山川坑斥斥今本作岸非斥本作厈因省作斥而誤爲岸三十六井定出賦九井此皆其明證矣凡從亢之字隸或作亢故沆字或作沆一誤而爲沆再誤而爲沈顏氏不達乃曰沈謂居深水之下其失甚矣沆坑亢三字諸書或誤爲沆或誤爲沈或誤爲坑或誤爲元而學者莫之能辨也凡從亢從元從亢之字傳寫易致差謬爾雅釋木杭魚毒今本杭誤作杭廣雅釋宮吭遺也今本吭誤作吭齊語至于石杭補音杭苦浪反作杭者非列子黃帝篇纂蒼挨沆釋文坑一本作坑淮南說林篇在於杭者今本伏誤作伉楚辭七諫與麋鹿同坑今本坑誤作坑史記仲尼弟子傳原亢籍正義亢作沆漢紀孝昭紀楚亢陽舉兵於外今本亢誤作沉後漢書光武紀臧宮與延岑戰於沆水注本或作沆水及流水者並非風俗通曰謹案傳曰沆者莽也言其平望莽莽無涯際也沆澤之無水斥鹵之類也今俗語亦曰沆澤數沆字皆是沆字之誤沆與莽聲相近皆大澤之貌說文所謂莽沆大水一曰大澤者也故曰沆者莽也言其平望莽莽無涯際也淮南俶眞篇茫茫沆沆是謂大治高注茫茫沆沆盛貌也茫讀王莽之莽沆讀水出沆沆白之沆徽沆字亦流字之誤茫茫沆流郎莽莽沆沆故高誘以爲盛貌漢書禮樂志西顥沆碭師古曰沆碭白氣之貌也故曰沆讀水也沆流白之沆若作沆沆則非其義矣又兵略篇天化育而無形象地生長而無計量渾渾沆沆孰知其藏沆亦沆之誤沆與象量蕩爲韻渾與沆一聲之轉渾渾沆沆猶言茫茫沆沆耳若作沉沉則義既不合兩韻又不諧矣又爲鹽澤故曰斥鹵之類水經巨馬河注曰督亢溝水東逕督亢澤澤包方城縣風俗通曰沆漭也言乎淫淫漭漭無崖際是其證也太平御覽引作言其平望沆莽無崖際也水經河水注曰濕水東北爲馬常坑坑東

西八十里南北三十里又膠水注曰膠水北歷土山注於海土山以北悉鹽坑數坑字皆坑字之誤北堂書鈔酒食部五引齊地記曰齊有皮邱坑民煑坑水爲鹽是其證也淮南地形篇東南方曰具區曰元澤元者亢之誤瀫靚初學記地部上太平御覽地部一引淮南並作沆是其證也又文選西京賦游鶤高翬絕阬踰斥阬與斥同類皆謂澤也阬卽沆字也故漢書趙充國傳曰出鹽澤過長阬李善注阬音剛失之後書馬融傳彌綸阬澤皋牢陵山陵與山同類阬與澤同類李賢注以阬爲壑亦失之 定出賦六千四百井戎馬四百匹兵車百乘此卿大夫采地之大者也師古曰采官也因官食地故曰采地爾雅曰采寮官也說者不曉采地之義因謂菜地云㠯種菜非也 是謂百乘之家一封三百一十六里提封十萬井定出賦六萬四千井戎馬四千匹兵車千乘此諸侯之大者也是謂千乘之國〔補注〕錢大昭曰漢舊儀九夫爲井四井爲邑四邑爲邱四邱爲乘乘則具車一乘四馬步卒三十六人千乘之國馬四千匹步卒三萬六千人爲三軍大國也次國二軍小國一軍 天子畿方千里提封百萬井定出賦六十四萬井戎馬四萬匹兵車萬乘故稱萬乘之主戎馬車徒干戈素具春振旅㠯搜夏拔舍㠯苗秋治兵㠯獮冬大閱㠯狩師古曰振旅整眾也搜搜擇不任孕者拔舍草止不妨農也苗爲苗除害也治兵觀威武也獮應殺氣也大閱簡車馬也狩火田一曰狩守也圍守而取之拔音步末反〔補注〕先謙曰官本考證云搜周禮及左傳原文俱作蒐案荀紀亦作蒐蒐搜義同字通皆閱擇之意釋天郭注搜索不任者主父偃傳注蒐蒐索也取不孕者任卽孕也顏注作任孕明衍一字拔當爲茇茇舍見大司馬 皆於農隙㠯講事焉師古曰隙空閑也講和習之也〔補注〕宋祁曰邵本習之也無之字 五國爲屬屬有長十國爲連連有帥師古曰長音竹兩反帥音所類反 三十國爲卒卒有正二百一十國爲州州有牧連帥比年簡車師古曰比年頻年也 卒正三年簡徒師古曰徒人眾 羣牧五載大簡車徒此先王爲國立武足兵之大略也周道衰法度墮師古曰墮卽墮字墮毀也音火規反 至齊桓公任用管仲而國富民安公問行伯用師之道師古曰伯讀曰霸 管仲曰公欲定卒伍修甲兵大國亦將修之而小國設備則難㠯速得志矣於是乃作內政而寓軍令焉師古曰寓寄也寄於內政而修軍令也 故卒伍定虖里而軍政成虖郊連其什伍師古曰五人爲伍二伍爲什 居處同樂死生同憂禍福共之故夜戰則其聲相聞晝戰則其目相見緩急

足㠯相死其教已成外攘夷狄內尊天子㠯安諸夏師古曰攘卻也諸夏中國之諸侯也夏大也言大於四夷也攘音人羊反 齊威既沒晉文接之〔補注〕先謙曰官本齊威作齊桓 亦先定其民作被廬之法應劭曰搜於被廬之地作執秩㠯爲六官之法因㠯名之也師古曰被廬晉地也被音皮義反 總帥諸侯迭爲盟主師古曰迭互也音大結反 然其禮已頗僭差又隨時苟合㠯求欲速之功故不能充王制二伯之後寖㠯陵夷師古曰寖漸也陵夷頹替也二伯齊桓公晉文公也伯讀曰霸 至魯成公作丘甲師古曰丘十六井也止出戎馬一匹牛三頭四丘爲甸甸六十四井也乃出戎馬四匹兵車一乘牛十二[illegible]卒七十二人耳今乃使丘出甸賦違常制也一說別[illegible]甲也士農工商四類異業甲者非凡人所能爲而令[illegible]也〔補注〕沈欽韓曰案顏前說襲杜預後說本穀梁聯[illegible]顧炎武左傳補正云周制四丘爲甸旁加一里爲成[illegible]乘步卒七十二人甲士三人則丘得十八人不及一[illegible]合丘出二十五人一甸之中共出百人矣解云丘出[illegible]倍恐未必然葉德輝曰詩南山疏引左傳服虔注云[illegible]爲邱有戎馬一匹牛三頭是曰匹馬邱牛四邱爲甸[illegible]出長轂一乘馬四匹牛十二頭甲士三人步卒七十[illegible]備謂之乘馬據此服引司馬法邱甸之制以明古者[illegible]有甲令邱而作甲雖所出之數不盡如甸賦而要爲[illegible]注云此甸所賦使丘出之則一丘而具一甸之賦是四倍其賦也顏注襲杜失經意矣 哀公用[illegible]別計田畝及家財各爲一賦言不依古制役煩斂重[illegible]輝曰事見左傳哀公十一年本疏引賈逵注云欲令[illegible]一丘之稅井別出馬一匹牛三頭案魯語曰季康子[illegible]尼曰先王制土其歲收田一井出稷禾秉芻缶米不[illegible]惟言一井所出則此云田賦者謂用一井之田賦耳 搜狩治兵大閱之事皆失其正春秋書而譏之㠯存王道於是師旅亟動百姓罷敝師古曰亟屢也音丘吏反罷讀曰疲 無伏節死難之誼孔子傷焉曰㠯不教民戰是謂棄之師古曰論語載孔子之言也非其不素習 故稱子路曰由也千乘之國可使治其賦也而子路亦曰千乘之國攝虖大國之閒加之㠯師旅因之㠯饑饉由也爲之比及三年可使有勇且知方也師古曰皆論語所載也方道也比音必寐反 治其賦兵教㠯禮誼之謂也春秋之後滅弱吞小並爲戰國稍增講武之禮㠯爲戲樂用相夸視師古曰視讀曰示 而秦更名角抵師古曰抵音丁禮反解在武紀〔補注〕先謙曰南齊樂志角抵像形雜伎歷代相承有也其增損緣起事不可詳大略漢世張衡西京賦是其始也似未讀此志者 先王

之禮沒於淫樂中矣雄桀之士因埶輔時作爲權詐㠯相傾覆吳有孫武齊有孫臏師古曰臏音頻忍反魏有吳起秦有商鞅皆禽敵立勝垂著篇籍〔補注〕葉德輝曰四人之書並見藝文志當此之時合從連衡師古曰衡横也戰國時齊楚韓魏燕趙爲從秦國爲衡從音子容反謂其地形南北從長也秦地形東西橫長故爲衡也轉相攻伐代爲雌雄師古曰代亦迭也〔補注〕先謙曰官本無亦字齊愍㠯技擊彊孟康曰兵家之技巧技巧者習手足便器械積機關以立攻守之勝〔補注〕先謙曰孟說本藝文志魏惠㠯武卒奮師古曰奮盛起秦昭㠯銳士勝師古曰銳勇利〔補注〕先謙曰技擊武卒銳士並詳見荀子議兵篇世方爭於功利而馳說者㠯孫吳爲宗時唯孫卿明於王道師古曰孫卿楚人也姓荀字況避漢宣帝之諱故改曰孫卿〔補注〕先謙曰官本字作名是無也字孫卿非避諱詳藝文志而非之曰彼孫吳者上埶利而貴變詐施於暴亂昏嫚之國君臣有閒師古曰言有閒隙不諧和上下離心政謀不良故可變而詐也夫仁人在上爲下所卬師古曰卬讀曰仰猶子弟之衞父兄若手足之扞頭目何可當也師古曰扞禦難也音下旦反〔補注〕先謙曰官本下作卜鄰國望我

歡若親戚芬若椒蘭顧視其上猶焚灼仇讎人情豈肯爲其所惡而攻其所好哉故㠯桀攻桀猶有巧拙㠯桀詐堯若卵投石夫何幸之有師古曰言往必破碎詩曰武王載旆有虔秉鉞如火烈烈則莫我敢遏師古曰殷頌長發之詩也武王謂湯也虔敬也遏止也言湯建號興師本猶仁義雖執戚鉞以敬爲先故得如火之盛無能止也〔補注〕王念孫曰旆本作發今作旆者後人依毛詩改之也荀子議兵篇韓詩外傳並引詩武王載發此志上下文所引皆議兵篇文故其字亦作發發謂興師伐桀也豳風七月箋曰載之言則也武王載發武王則發也律歷志述周武王伐紂之事曰癸巳武王始發與此發字同義毛詩作旆者借字耳毛傳訓旆爲旗非也說見經義述聞據顏氏注云言湯建號興師本由仁義雖執戚鉞以敬爲先興師二字正釋發字而不言載旆則所見本是發字明矣先謙曰官本注無謂字猶作由言㠯仁誼綏民者無敵於天下也若齊之技擊得一首則受賜金〔補注〕先謙曰荀子得一首者則賜贖錙金無本賞矣楊注斬得一首則官賜錙金贖之斬首雖戰敗亦賞不斬首雖勝亦不賞事小敵脃則媮可用也師古曰媮與偷同謂苟且事鉅敵堅則渙然離矣師古曰鉅大也渙然散貌是亡國之兵也魏氏武卒衣三屬之甲服虔曰作大甲三屬竟人身也蘇林曰兜鍪也盆領也髀褌也如淳曰上身一髀褌一脛繳一凡三屬也師古曰如說是也屬聯也音之欲反髀音陛踁即脛字〔補注〕先謙曰官本注盆作盤是操十二石之弩負矢五十个置戈其上冠胄帶劍贏三日之糧師古曰个讀曰箇箇枚也胄兜鍪也冠胄帶劍者著兜鍪而又帶劍也贏謂擔負也音盈〔補注〕先謙曰荀子負下有服字服弩矢箙也此無服字言負矢則有服可知日中而趨百里師古曰中一日之中〔補注〕先謙曰俞樾云日中者自旦至於日中蓋半日而趨百里也若謂一日之中則但云日趨百里足矣先謙案官本注曰下有曰字中試則復其戶利其田宅師古曰中試試之而中科條也復謂免其賦稅也利田宅者給其便利之處也中音竹仲反復音方目反〔補注〕先謙曰試之而中程則用爲武卒優之如此如此則其地雖廣其稅必寡其氣力數年而衰是危國之兵也秦人其生民也陿阸其使民也酷烈師古曰陿地小也阸險固也酷重厚也烈猛威也〔補注〕先謙曰郝懿行云陿阸猶狹隘也謂民生計窮蹙荀子王霸篇生民則致貧隘語意正同案郝說是也劫之㠯埶隱之㠯阸鄭氏曰秦地多隘藏隱其民於隘中也臣瓚曰秦政急峻隱括其民於隘狹之法師古曰鄭說是也〔補注〕劉台拱曰隱如隱民多取食焉之隱秦生民之道陿阸無餘地使之隱約窮困不自聊賴乃重爲殺敵之賞以誘之故荀子又曰阸而用之得而後功之亦此意狃之㠯賞慶道之㠯刑罰師古曰狃串習也音女九反道讀曰導〔補注〕先謙曰荀子道作

鰌蓋卽遒之借字說文遒迫也或作遒遒之以刑罰迫之以刑罰也彊國篇云大燕鰌吾後亦謂迫吾後也班改鰌爲遒傳寫者遂譌爲道耳顏讀道爲導不思刑不可言導也官本九作救使其民所㠯要利於上者非戰無由也功賞相長五甲首而隸五家服虔曰能得著甲者五人首使得隸役五家也如淳曰役隸五家是爲相君長是最爲有數〔補注〕先謙曰比之齊魏最爲有術數也故能四世有勝於天下然皆干賞蹈利之兵庸徒鬻賣之道耳師古曰鬻音育未有安制矜節之理也師古曰矜特也〔補注〕先謙曰官本特作持安制安習制度矜節矜尚節義荀子矜作綦故雖地廣兵彊鰓鰓常恐天下之一合而共軋己也蘇林曰鰓音愼而無禮則葸之葸鰓懼貌也張晏曰軋蹳轢也師古曰鰓音先祀反軋音於黠反至乎齊桓晉文之兵可謂入其域而有節制矣孟康曰入王兵之域而未盡善也然猶未本仁義之統也故齊之技擊不可㠯遇魏之武卒魏之武卒不可㠯直秦之銳士師古曰直亦當也秦之銳士不可㠯當桓文之節制桓文之節制不可㠯敵湯武之仁義故曰善師者不陳師古曰戰陳之義本因陳列爲名而音變耳字則作陳更無別體而末代學者輒改其字旁從車非經史之本

文也今宜依古不從流俗也善陳者不戰善戰者不敗善敗者不亡若夫舜修
百僚咎繇作士師古曰士師理官謂司寇之職也〔補注〕先謙曰官本注末無也字命曰蠻夷猾夏
寇賊姦軌師古曰虞書舜典舜命咎繇之文也猾亂也夏諸夏也寇謂攻剽賊謂殺人在外為姦在內為軌而刑
無所用所謂善師不陳者也湯武征伐陳師誓眾而放禽桀紂師古
曰謂湯誓泰誓牧誓是也所謂善陳不戰者也齊桓南服彊楚使貢周室師古曰謂
僖四年伐楚次于陘責包茅不入王祭不供也北伐山戎為燕開路師古曰謂莊三十年伐山戎以其病燕故
也存亡繼絕功為伯首師古曰謂存三亡國衞邢魯也伯讀曰霸所謂善戰不敗者也
楚昭王遭闔廬之禍國滅出亡師古曰謂定四年吳入郢楚子出涉雎濟江入于雲中也父老
送之王曰父老反矣何患無君父老曰有君如是其賢也師古曰言無有
如此君者相與從之或犇走赴秦號哭請救師古曰謂申包胥如秦乞師也犇古奔字秦人
憐之謂之出兵師古曰謂秦子蒲子武帥車五百乘以救楚也〔補注〕王念孫曰景祐本無憐之二字通典兵一亦無
疑後人所加先謙曰官本謂作為謂為同字二國并力遂走吳師師古曰謂子蒲大敗夫槩王于沂遂射之

子從子西敗吳師于軍祥〔補注〕先謙曰遂當為蘧各本皆誤昭王返國師古曰吳師已歸楚子入郢所謂善
敗不亡者也若秦因四世之勝據河山之阻任用白起王翦豺狼
之徒奮其爪牙禽獵六國以并天下師古曰言如獵之取獸窮武極詐士民
不附卒隸之徒還為敵讎師古曰謂陳勝吳廣英布之徒也猋起雲合果共軋之
師古曰猋疾風也如猋之起言其速也如雲之合言其盛也猋音必遙反斯為下矣凡兵所以存亡繼
絕救亂除害也故伊呂之將子孫有國與商周並師古曰言其同盛衰也至
於末世苟任詐力以快貪殘爭城殺人盈城爭地殺人滿野孫吳
商白之徒皆身誅戮於前而功滅亡於後師古曰孫武孫臏吳起商鞅白起也〔補注〕錢大
昭曰功監本閩本作國先謙曰官本作國是報應之埶各以類至其道然矣漢興高祖
躬神武之材行寬仁之厚總擥英雄以誅秦項任蕭曹之文用良
平之謀騁陸酈之辯明叔孫通之儀文武相配大略舉焉天下既
定踵秦而置材官於郡國師古曰踵因也〔補注〕沈欽韓曰漢官儀民年二十三為正一歲以為衞士一歲

為材官騎士習射御騎馳戰陣八月太守都尉令長相丞尉會都試課殿最水家為樓船亦習戰射行船邊郡太守各將萬騎行鄣
塞烽火追虜材官樓船年五十六衰老乃得免為民京師有南北軍之屯至武帝平百粵內
增七校晉灼曰百官表中壘屯騎步兵越騎長水胡騎射聲虎賁凡八校尉胡騎不常置故此言七也〔補注〕沈欽韓曰中壘
校尉掌北軍壘門又掌西域不領兵故但云七校晉灼言胡騎不常置故七此是在後之制非武帝制也外有樓船皆
歲時講肄修武備云師古曰肄習也音弋二反至元帝時以貢禹議始罷角抵
〔補注〕先謙曰初元五年事而未正治兵振旅之事也古人有言天生五材民並
用之師古曰五材金木水火土也廢一不可誰能去兵〔補注〕先謙曰左傳襄二十七年宋子罕之言也
鞭朴不可弛於家師古曰弛放也音式尒反刑罰不可廢於國征伐不可偃於
天下〔補注〕沈欽韓曰語見呂覽蕩兵篇用之有本末行之有逆順耳孔子曰工欲
善其事必先利其器師古曰論語載孔子之言文德者帝王之利器威武者文
德之輔助也夫文之所加者深則武之所服者大德之所施者博
則威之所制者廣〔補注〕沈欽韓曰以上語出文子三代之盛至於刑錯兵寢者其

本末有序帝王之極功也師古曰刑錯兵寢皆謂置而弗用也〔補注〕何焯曰此兼為建武以還悉罷郡國
都尉之官罷材官樓船士歲時不講肄武備言之昔周之法建三典以刑邦國詰四方師古
曰詰責也音口一反字或作誥音工到反誥謹也以刑治之令謹敕也一曰刑新邦用輕典師古曰新闢地
立君之國其人未習於教故用輕法二曰刑平邦用中典師古曰承平守成之國則用中典常行之法也三
曰刑亂邦用重典師古曰篡殺畔逆之國化惡難移則用重法誅殺之也自此已上皆司寇所職也〔補注〕周壽昌
曰漢避邦為國此出周禮秋官本作新國平國亂國此志引之皆云邦蓋因避邦作國之故後人回改顚倒皆誤作邦下文善人為
國百年避邦字與論語異可證先謙曰官本皆作大五刑墨罪五百劓罪五百宮罪五百刖
罪五百殺罪五百所謂刑平邦用中典者也師古曰墨黥也鑿其面以墨涅之劓截鼻
也宮淫刑也男子割腐婦人幽閉刖斷足也殺死刑也自此以上司刑所職也劓音牛冀反刖音五刮反又音月凡殺人
者踣諸市師古曰踣謂斃之也音妨付反墨者使守門師古曰黥面之人不妨禁衞也劓者使守
關師古曰以其貌毀故遠之宮者使守內師古曰人道既絕於事便也刖者使守囿師古曰驅御禽
獸無足可也完者使守積師古曰完謂不虧其體但居作也積積聚之物也自此以上掌戮所職也其奴男

子入于罪隸李奇曰男女徒總名爲奴女子入舂槁孟康曰主暴燥舂之也韋昭曰舂人槁人也給此二官之役師古曰槁音古老反補注王念孫曰女子入下亦有于字而今本脫之當依周官司厲補凡有爵者與七十者與未齔者皆不爲奴師古曰有爵謂命士已上也齔毀齒男子八歲女子七歲而毀齒矣自此已上司厲所職也周道既衰穆王眊荒命甫侯度時作刑以詰四方師古曰穆王昭王之子也享國既百年而王眊亂荒忽乃命甫侯爲司寇商度時宜而作刑之制以治四方也甫國名也眊音莫報反度音大各反補注先謙曰官本考證云眊古文尚書作耄甫侯作呂侯墨罰之屬千劓罰之屬千髕罰之屬五百宮罰之屬三百大辟之罰其屬二百師古曰髕罰去膝頭骨大辟死刑也髕音頻忍反補注齊召南曰案髕呂刑作剕周禮司刑亦作刖先謙曰荀紀作剕五刑之屬三千師古曰五者之刑凡三千蓋多於平邦中典五百章所謂刑亂邦用重典者也補注何焯曰志中雖序甫刑而無一言及於金贖蓋以唐虞之法止於官府學校鞭朴輕刑而又情法可議者穆王則五刑皆得罰鍰以見衰世慨法不可以訓故從削略而於蕭望之傳中駁難張敞之議致其意焉春秋之時王道寖壞教化不行師古曰寖漸也子產相鄭而鑄刑書師古曰子產鄭大夫公孫僑也鑄刑法於鼎事在昭六年晉叔嚮非之曰師古曰叔嚮晉大夫羊舌肸也遺其書以非之嚮音許兩反昔先王議事以制不爲刑辟李奇曰先議其犯事議定然後乃斷其罪不爲一成之刑著於鼎也師古曰虞舜則象以典刑流宥五刑周禮則三典五刑以詰邦國非不豫設但弗宣露使人知之補注王引之曰議讀爲儀儀度也謂度事之輕重以斷其罪不豫設爲定法也古字多以議爲儀說見經義述聞左傳懼民之有爭心也補注先謙曰杜注法豫設則民知爭端猶不可禁禦是故閑之以誼糾之以政師古曰閑防也糾舉也行之以禮守之以信奉之以仁師古曰奉養也制爲祿位以勸其從師古曰勸其從教之心也嚴斷刑罰以威其淫師古曰淫放也懼其未也故誨之以忠愯之以行晉灼曰愯古竦字也師古曰愯謂獎也又音所項反補注錢大昭曰說文愯懼也从心雙省聲春秋傳曰駟氏愯愯即愯也顏訓愯爲獎非先謙曰官本考證云左傳作聳之以行教之以務師古曰時所急使之以和師古曰悅以使人也臨之以敬蒞之以彊師古曰蒞謂監視也斷之以剛補注先謙曰杜注義斷恩猶求聖哲之上明察之官忠信之長慈惠之師師古曰上謂公侯也官卿佐也長師皆列職之首也民於是乎可任使也而不生禍亂民知有辟則不忌於上並有爭心以徵於書而徼幸以成之

弗可爲矣師古曰辟法也爲治也權移於法故人不畏上以生詐妄徼幸而成巧則弗可治也補注先謙曰杜注因危文以生爭緣徼幸以成其巧僞於義爲斷夏有亂政而作禹刑商有亂政而作湯刑周有亂政而作九刑韋昭曰謂正刑五及流贖鞭朴也補注沈欽韓曰案此肉刑之制非始於禹乃後王之法耳紀年帝芬三十六年作圜土墨子非樂篇湯之官刑有之曰其恆舞於宮是謂巫風呂覽孝行篇商書曰刑三百罪莫重於不孝紀年祖甲二十四年重作湯刑周書嘗麥解四年孟夏王命大正正刑書太史筴刑書九篇以升授大正先謙曰晉志夏后氏之王天下也則五刑之屬三千殷因於夏有所損益又云傳曰殷周之質不勝其文及昭后徂征穆王斯耄爰制刑辟以詔四方奸宄宏多亂離斯永則所謂夏有亂政而作禹刑商有亂政而作湯刑周有亂政而作九刑者也案叔向所云總以作刑爲非治世之政耳下叔世世對上世言也三辟之興皆叔世也師古曰叔世言晚時也補注沈欽韓曰晏子諫篇三辟著於國左傳正義服虔云政衰爲叔世叔世踰於季世季世不能作辟也今吾子相鄭國制參辟鑄刑書孟康曰謂夏殷周亂政所制三辟也將以靖民不亦難乎師古曰靖安也一曰治也詩曰儀式刑文王之德日靖四方師古曰周頌我將之詩也言法象文王之德以爲儀式則四方日以安靖也補注錢大昭曰左傳同今詩作典又曰儀刑文王萬邦作孚師古曰大雅文王詩也孚信也又言法象文王則萬國皆信順也如是何辟之有師古曰若詩所言不宜制刑辟民知爭端矣將棄禮而徵於書師古曰取證於刑書錐刀之末將盡爭之師古曰喻微細亂獄滋豐貨賂並行師古曰滋益也終子之世鄭其敗虖子產報曰若吾子之言僑不材不能及子孫吾以救世也師古曰言雖非長久之法且救當時之敝補注先謙曰唐志古之爲國者議事以制不爲刑辟懼民知爭端也後世作爲刑書惟恐不備俾民之知所避也其爲法雖殊而用心則一皆欲民之無犯也媮薄之政自是滋矣孔子傷之曰導之以德齊之以禮有恥且格導之以政齊之以刑民免而無恥師古曰論語載孔子之言也格正也言用德禮則人有恥而自正尚政刑則下苟免而無恥禮樂不興則刑罰不中刑罰不中則民無所錯手足師古曰亦論語所載孔子之言也禮以治人樂以易俗二者不興則刑罰濫矣錯置矣補注先謙曰官本注無所字末作也是孟氏使陽膚爲士師師古曰亦論語所載陽膚曾子弟子也士師獄官問於曾子師古曰問何以居此職也亦曰上失其道民散久矣如得其情則哀矜而勿喜師古曰此曾子對辭萌俗澆離輕犯於法乃由上失其道非下之過今汝雖得獄情當哀矜之勿自喜也補注宋祁曰自喜姚本刪自字先謙曰官本對作答前萌作言民陵

夷至於戰國韓任申子（補注）先謙曰藝文志法家有申子六篇秦用商鞅（補注）沈欽韓曰魏志商君以法經六篇入說于秦唐律疏議商鞅傳授改法爲律連相坐之法（補注）沈欽韓曰史記衛鞅令民爲什伍相收司連坐不告姦者腰斬造參夷之誅師古曰參夷夷三族增加肉刑大辟有鑿顛抽脅鑊亨之刑師古曰鼎大而無足曰鑊㠯鬻人也（補注）先謙曰晉志秦文初造參夷始皇加之抽脅說又不同至於秦始皇兼吞戰國遂毀先王之法滅禮誼之官專任刑罰躬操文墨師古曰躬身也操執持也音千高反晝斷獄夜理書自程決事日縣石之一服虔曰縣稱也石百二十斤也始皇省讀文書日㠯百二十斤爲程（補注）先謙曰始皇紀上至以衡石量書日夜有呈不中呈不得休息呈與程同而姦邪竝生赭衣塞路囹圄成市天下愁怨潰而叛之漢興高祖初入關約法三章曰殺人者死傷人及盜抵罪蠲削煩苛兆民大說師古曰說讀曰悅其後四夷未附兵革未息三章之法不足㠯禦姦師古曰禦止也於是相國蕭何攈摭秦法師古曰攈摭謂收拾也攈音九問反摭音之石反取其宜於時者作律九章（補注）沈欽韓曰晉志蕭何定律除參夷連坐之罪增部主見知之條益事律興廄戶三篇

合爲九篇當孝惠高后時百姓新免毒蠚人欲長幼養老師古曰蠚音呼各反（補注）先謙曰說文蠚螫也从虫若省聲今作蠚同蕭曹爲相填㠯無爲師古曰言㠯無爲之法塡安百姓也塡音竹刃反從民之欲而不擾亂是㠯衣食滋殖刑罰用稀及孝文卽位躬脩玄默勸趣農桑減省租賦（補注）何焯曰此平刑之本而將相皆舊功臣少文多質懲惡亡秦之政論議務在寬厚恥言人之過失化行天下告訐之俗易師古曰訐面相斥罪也音居謁反（補注）沈欽韓曰論語集解包咸曰訐謂攻發人之陰私顏解本說文先謙曰官本注作訐而相斥罪也吏安其官民樂其業畜積歲增戶口寖息師古曰畜讀曰蓄寖益也息生也風流篤厚禁罔疏闊選張釋之爲廷尉罪疑者予民師古曰從輕斷是㠯刑罰大省至於斷獄四百師古曰謂普天之下重罪者也有刑錯之風卽位十三年齊太倉令淳于公（補注）沈欽韓曰史記太倉公者齊太倉長臨菑人姓淳于名意有罪當刑詔獄逮繫長安師古曰逮及也辭之所及則追捕之故謂之逮一曰逮者在道將送防禦不絕若今之傳送囚也（補注）先謙曰一說是官本詔作防淳于公無男有五女當行會逮罵其女曰

生子不生男緩急非有益也（補注）宋祁曰姚本益也刪去也字先謙曰倉公傳作緩急無可使者文紀與此同其少女緹縈自傷悲泣師古曰緹縈女名也緹音他弟反（補注）先謙曰索隱緹音啼鄒氏音體也迺隨其父至長安上書曰妾父爲吏齊中皆稱其廉平今坐法當刑妾傷夫死者不可復生刑者不可復屬師古曰屬聯也音之欲反雖後欲改過自新其道亡繇也師古曰繇讀與由同由從也妾願沒入爲官婢㠯贖父刑罪使得自新書奏天子（補注）朱子文曰於文書奏下多天子二字前日上書非上於天子而何後日書奏非奏于天子而何若曰書奏天子憐悲其意文字直而美先謙曰此卽用史記文紀文朱強作解事多此類天子憐悲其意（補注）先謙曰倉公傳贊緹縈通尺牘父得以後甯遂下令曰制詔御史蓋聞有虞氏之時畫衣冠異章服㠯爲戮而民弗犯（補注）先謙曰注詳武紀何治之至也今法有肉刑三孟康曰黥劓二則左右趾合一凡三也（補注）宋祁曰姚本二則刪去則字先謙曰二則乃刖之誤而姦不止其咎安在非乃朕德之薄而教不明與師古曰與讀曰歟吾甚自愧故夫訓道不純而愚民陷焉師古曰道讀曰導（補注）先謙曰史記文紀訓作馴馴訓古通詩

曰愷弟君子民之父母師古曰大雅洞酌之詩也言君子有和樂簡易之德則其下尊之如父親之如母也（補注）先謙曰官本簡易作易簡今人有過教未施而刑已加焉或欲改行爲善而道亡繇至師古曰繇讀與由同朕甚憐之夫刑至斷支體刻肌膚終身不息師古曰息生也何其刑之痛而不德也豈稱爲民父母之意哉其除肉刑（補注）先謙曰文紀十三年有㠯易之及令罪人各㠯輕重不亡逃有年而免孟康曰其不亡逃者滿其年數得免爲庶人具爲令師古曰使更爲條制丞相張蒼御史大夫馮敬奏言肉刑所㠯禁姦所由來者久矣陛下下明詔憐萬民之一有過被刑者終身不息及罪人欲改行爲善而道亡繇至於盛德臣等所不及也（補注）先謙曰詳語氣至字下屬則至於二字聯文上云或欲改行爲善而道亡繇至是至字當上屬明矣下引平勃奏云甚盛德臣等所不及也與此文法一例於疑甚之譌臣謹議請定律曰諸當完者完爲城旦舂臣瓚曰文帝除肉刑皆有㠯易之故㠯完易髡㠯笞代劓㠯鈦左右止代刖今既曰完矣不復云㠯完代完也此當言髡者完也（補注）先謙曰官本代刖作代刑引宋祁曰代刑姚本改作代刖先謙案注此當言髡者完也言字應在當字上不

加髡鉗則謂之完男子城旦婦人舂以鈦左右趾代刖尋志文定律實不然說文鈦脛鉗也當黥者髡鉗爲城旦舂當劓者笞三百當斬左止者笞五百當斬右止及殺人先自告及吏坐受賕枉法守縣官財物而即盜之已論命復有笞罪者皆棄市李奇曰命逃亡也復於論命中有罪也晉灼曰命者名也成其罪也師古曰止足也當斬右足者以其辠次重故從棄市也殺人先自告謂殺人而自首得免罪者也吏受賕枉法謂曲公法而受賂者也守縣官財物而即盜之即今律所謂主守自盜者也殺人害重受賕盜物贓汙之身故此三罪已被論名而又犯笞亦皆棄市也今流俗書本笞三百笞五百之上及劓者之下有籍笞字復有笞罪亦云復有籍笞罪皆後人妄加耳舊本無也罪人獄已決完爲城旦舂滿三歲爲鬼薪白粲補注先謙曰鬼薪白粲三歲刑解見惠紀此下並就已論決者言之鬼薪白粲輕於城旦舂已滿三歲得減此刑是鬼薪白粲三歲當城旦舂一歲也鬼薪白粲一歲爲隸臣妾隸臣妾一歲免爲庶人師古曰男子爲隸臣女子爲隸妾鬼薪白粲滿三歲爲隸臣隸臣一歲免爲庶人隸妾亦然也補注先謙曰此自鬼薪白粲遞減故隸臣妾一歲即免爲庶人與下本罪爲隸臣妾者不同注三歲誤當爲一歲隸臣妾滿二歲爲司寇補注先謙曰此本罪爲隸臣妾者功臣表戚侯李信臣坐縱丞相侵道爲隸臣是也司寇一歲及作

如司寇二歲皆免爲庶人如淳曰罪降爲司寇故一歲正司寇故二歲也補注先謙曰漢舊儀司寇男備守女爲作如司寇皆作二歲其亡逃及有罪耐以上不用此令師古曰於本罪中又重犯者也補注宋祁曰罪耐姚本作耐罪前令之刑城旦舂歲而非禁錮者如完爲城旦舂歲數以免李奇曰謂文帝作此令之前有刑者補注宋祁曰如完姚本删如字先謙曰但非須加禁錮並依四歲例免之臣昧死請制曰可補注先謙曰據景紀文帝並除宮刑是後外有輕刑之名內實殺人斬右止者又當死斬左止者笞五百當劓者笞三百率多死師古曰斬右止者棄市故入於死㠯笞五百代斬左止笞三百代劓笞數既多亦不活也補注宋祁曰姚本改入於作人多先謙曰後書崔寔傳右趾者既殞其命笞撻者往往至死雖有輕刑之名其實殺也當此之時民皆思復肉刑官本右作若景帝元年下詔曰加笞與重罪無異孟康曰重罪謂死刑幸而不死不可爲人師古曰謂不能自起居也其定律笞五百曰三百笞三百曰二百猶尚不全至中六年又下詔曰加笞者或至死而笞未畢朕甚憐之其減笞三百曰二百補注沈欽韓曰唐律疏議令律云累決笞杖者不得過二百蓋循漢制笞二百曰一百又曰笞者

所以敎之也其定箠令師古曰箠策也所以擊者也音止蘂反丞相劉舍御史大夫衛綰請笞者箠長五尺其本大一寸其竹也末薄半寸皆平其節補注先謙曰唐志漢用竹後世更以楚當笞者笞臀如淳曰然則先時笞背也師古曰臀音徒門反補注周壽昌曰案漢法先或笞背後但鞭背耳書鞭作官刑鞭扑作教刑杖笞也自是以來鞭杖笞兼用梁天監時尚有制鞭法鞭常鞭三等之差載在令典鞭以皮爲之有生革熟鞾之分至隋始除鞭刑唐太宗覽明堂鍼灸圖見人之五臟皆近背鍼灸失所則其害致死歎曰夫箠者五刑之輕死者人之所重安得犯至輕之刑而或至死乃詔罪人毋鞭背自是鞭刑永除知當日是鞭背非笞背也毋得更人師古曰謂行笞者不更易人也補注周壽昌曰謂更人則力紓行笞者重北齊刑律笞者笞臀而不中易人者承漢法也畢一罪乃更人自是笞者得全然酷吏猶以爲威死刑既重而生刑又輕民易犯之及至孝武即位外事四夷之功內盛耳目之好徵發煩數百姓貧耗師古曰耗損也音呼到反窮民犯法酷吏擊斷姦軌不勝於是招進張湯趙禹之屬條定法令作見知故縱監臨部主之法師古曰見知人犯法不舉告爲故縱而所監臨部主有罪幷連坐也補注先謙曰食貨志自公孫宏以春秋之義繩下張湯以

峻文決理於是見知之法生而廢格沮誹窮治之獄用矣咸宣傳帝作沈命法曰羣盜起不發覺發覺而弗捕滿品者二千石以下至小吏主者皆死緩深故之罪孟康曰孝武欲急刑吏深害及故入人罪者皆寬緩急縱出之誅師古曰吏釋罪人疑以爲縱出則急誅之亦言尚酷其後姦猾巧法轉相比況禁罔寖密師古曰寖漸也其下亦同律令凡三百五十九章補注先謙曰晉志叔孫通益律所不及旁章十八篇張湯越宮律二十七篇趙禹朝律六篇合六十篇又漢事決事集爲令甲以下三百餘篇大辟四百九條千八百八十二事死罪決事比萬三千四百七十二事師古曰比以例相比況也文書盈於几閣典者不能徧睹是以郡國承用者駮師古曰不曉其指用意不同也或罪同而論異姦吏因緣爲市師古曰弄法而受財若市買之交易補注先謙曰官本交作文所欲活則傳生議所欲陷則予死比師古曰傳讀曰附議者咸冤傷之宣帝自在閭閻而知其若此及即尊位廷史路溫舒上疏言秦有十失其一尚存治獄之吏是也語在溫舒傳上深愍焉迺下詔曰閒者吏用法巧文寖深是朕之不德也夫決獄不當使有罪興邪不辜蒙戮晉灼

曰當重而輕使有罪者起邪惡之心也師古曰有罪者更興邪惡無辜者反陷重刑是決獄不平故父子悲恨朕甚傷之今遣廷史與郡鞫獄任輕祿薄如淳曰廷史廷尉史也以囚辭決獄事爲鞫謂疑獄也李奇曰鞫窮也獄事窮竟也師古曰李說是也其爲置廷平秩六百石員四人其務平之以稱朕意於是選于定國爲廷尉補注先謙曰百官表定國爲廷尉在地節元年前一歲本始四年詔律令有可蠲除以安百姓條奏見宣紀北魏志定國爲廷尉集諸法律合二萬六千二百七十二條求明察寬恕黃霸等以爲廷平季秋後請讞時上常幸宣室齋居而決事如淳曰宣室布政教之室也重用刑故齋戒以決事晉灼曰未央宮中有宣室殿師古曰晉說是也賈誼傳亦云受釐坐宣室蓋其殿在前殿之側也齋則居之補注先謙曰官本無晉說是也四字獄刑號爲平矣時涿郡太守鄭昌上疏言聖王置諫爭之臣者非以崇德防逸豫之生也立法明刑者非以爲治救衰亂之起也今明主躬垂明聽雖不置廷平獄將自正若開後嗣補注先謙曰開啟導之意不若刪定律令師古曰刪刊也有不便者則刊而除之律令一定愚民知所避姦吏無所弄矣今不正其本而置廷平以理

其末也政衰聽怠則廷平將招權而爲亂首矣蘇林曰招音翹翹舉也猶賣弄也孟康曰招求也招致權著己也師古曰孟說是也宣帝未及修正補注先謙曰官本考證云正監本訛政今改至元帝初立迺下詔曰夫法令者所以抑暴扶弱欲其難犯而易避也今律令煩多而不約自典文者不能分明而欲羅元元之不逮師古曰羅網也不逮言意識所不及斯豈刑中之意哉師古曰中當也其議律令可蠲除輕減者條奏惟在便安萬姓而已補注先謙曰初元五年省刑法七十餘事除光祿大夫以下至郎中保父母同產之令見元紀至成帝河平中復下詔曰甫刑云五刑之屬三千大辟之罰其屬二百師古曰甫刑即周書呂刑初爲呂侯號曰呂刑後爲甫侯故又稱甫刑今大辟之刑千有餘條律令煩多百有餘萬言奇請它比日以益滋師古曰奇請謂常文之外主者別有所請以定罪也它比謂引它類以比附之稍增律條也奇音居宜反自明習者不知所由師古曰由從也欲以曉喻眾庶不亦難乎於以羅元元之民夭絕亡辜豈不哀哉其與中二千石二千石博士及明習律令者議減死刑及可蠲除約省者令較然易知條奏書不云乎惟刑之恤哉師古曰虞書舜典之辭恤憂也言當憂刑也其審核之務準古法師古曰核究其實也朕將盡心覽焉有司無仲山父將明之材師古曰有司以下史家之言也大雅烝人之詩曰肅肅王命仲山父將之邦國若否仲山父明之將行也否不善也言王有誥命則仲山父行之邦國有不善之事則仲山父明之故引以爲美傷今不能然也不能因時廣宣主恩建立明制爲一代之法而徒鉤摭微細毛舉數事以塞詔而已師古曰毛舉言舉豪毛之事輕小之甚塞猶當者也補注先謙曰注者當在甚字下後書梁統傳疏云元哀二帝輕殊死之刑一百二十三事手殺人者減死一等自是以後著爲常準故人輕犯法吏易殺人又言丞相王嘉輕爲穿鑿虧除先帝舊約成律數年之間百有餘事東觀記云元帝法律少所改更孝成孝哀即位日淺聽斷尚寡丞相王嘉等猥以數年之間虧除先帝舊約據此統奏不專斥嘉也班云有司毛舉塞詔蓋亦即指嘉等但統以輕減爲非班以毛舉爲非用意各別亦足見當日有司去取失宜無所逃責矣是以大議不立遂以至今議者或曰法難數變此庸人不達疑塞治道聖智之所常患者也師古曰塞謂不通也故略舉漢興以來法令稍定而合古便今者漢興之初雖有約法三章網漏

吞舟之魚師古曰言疏闊吞舟謂大魚也然其大辟尚有夷三族之令令曰當三族者皆先黥劓斬左右止補注先謙曰官本止作趾笞殺之梟其首菹其骨肉於市師古曰菹謂醢也菹音側於反補注李光地曰菹醢殷紂之刑楚詞后辛之菹醢兮殷宗用之不長其誹謗詈詛者又先斷舌故謂之具五刑彭越韓信之屬皆受此誅至高后元年乃除三族罪祆言令孝文二年又詔丞相太尉御史法者治之正所以禁暴而衞善人也今犯法者已論而使無罪之父母妻子同產坐之及收補注沈欽韓曰坐者核其輕重減本人一等二等也收者無少長皆棄市也朕甚弗取其議左右丞相周勃陳平奏言補注錢大昕曰公卿表孝文元年十月右丞相陳平爲左丞相太尉周勃爲右丞相八月勃免平獨爲丞相二年十月丞相平薨十一月勃復爲丞相是平勃同爲丞相在元年非二年也文帝紀元年十二月除收帑相坐律正平勃並相之時志云二年誤父母妻子同產相坐及收所以累其心使重犯法也師古曰重難也累音力瑞反補注先謙曰淮南氾論故因太祖以累其心高注累恐也收之之道所由來久矣臣之愚計以爲如其故便文帝復曰朕聞之

法正則民慤罪當則民從師古曰慤謹也音巨角反且夫牧民而道之㠯善者
吏也師古曰道讀曰導導㠯善導之也既不能道又㠯不正之法罪之是法反害於
民爲暴者也師古曰法害於人是法爲暴朕未見其便宜孰計之平勃乃曰陛
下幸加大惠於天下使有罪不收無罪不相坐甚盛德臣等所不
及也臣等謹奉詔盡除收律相坐法其後新垣平謀爲逆復行三
族之誅由是言之風俗移易人性相近而習相遠信矣師古曰論語云孔子
曰性相近習相遠也言人同稟五常之性其所取舍本相近也但所習各異漸漬而移則相遠矣補注先謙曰官本注末矣作也
夫㠯孝文之仁平勃之知猶有過刑謬論如此甚也而況庸材溺
於末流者乎周官有五聽八議三刺三宥三赦之法師古曰刺殺也訊而有罪
則殺之也宥寬也赦舍也謂釋置也五聽一曰辭聽師古曰觀其出言不直則煩二曰色聽師古曰觀
其顏色不直則變三曰氣聽師古曰觀其氣息不直則喘四曰耳聽師古曰觀其聽聆不直則惑五
曰目聽師古曰觀其瞻視不直則亂八議一曰議親師古曰王之親族也補注沈欽韓曰唐律注謂皇帝

袒免㠯上親及太皇太后皇太后緦麻㠯上親皇后小功㠯上親二曰議故師古曰王之故舊也補注沈欽韓曰唐律
疏議謂宿得侍見特蒙接遇歷久者三曰議賢師古曰有德行者也補注沈欽韓曰周官注鄭司農云若今時廉吏有罪
先請是也四曰議能師古曰有道蓺者補注沈欽韓曰說文罷遣有罪也從网能言有賢能而入网即貫遣之五曰
議功師古曰有大勳力者補注沈欽韓曰疏議謂能斬將搴旗推鋒萬里或率眾歸化寧濟一時匡救艱難銘功太常者六
曰議貴師古曰爵位高者也補注沈欽韓曰鄭司農云若今時吏墨綬有罪先請是也七曰議勤師古曰謂盡悴
事國者也補注沈欽韓曰疏議謂大將吏恪居官次夙夜在公若遠使絕域經涉險難者八曰議賓師古曰謂前代之後
王所不臣者也自五聽㠯下至此皆小司寇所職也三刺一曰訊羣臣二曰訊羣吏三曰訊
萬民師古曰訊問也音信三宥一曰弗識二曰過失三曰遺忘師古曰弗識不審也過失
非意也遺忘勿忘也補注先謙曰官本勿作忽是三赦一曰幼弱二曰老眊三曰惷愚師古
曰幼弱謂七歲㠯下老眊謂八十㠯上惷愚生而癡騃者自三刺㠯下至此皆司刺所職也眊讀與耄同惷音丑江反又音貞巷反
補注先謙曰官本又作一凡囚上罪梏拲而桎中罪梏桎下罪梏王之同族拲
有爵者桎㠯待弊師古曰械在手曰梏兩手同械曰拲在足曰桎弊斷罪也自此㠯上掌囚所職也梏音古篤反

拲即拱字也桎音之日反弊音蔽補注周壽昌曰鄭司農注拲者兩手共一木也桎梏者兩手各一木也顏從後鄭說爲長高
皇帝七年補注先謙曰據高紀是年令郎中有罪耐㠯上請之制詔御史獄之疑者吏或不
敢決有罪者久而不論無罪者久繫不決補注先謙曰官本無罪下少一者字自今
㠯來縣道官獄疑者各讞所屬二千石官補注先謙曰讞者平議其罪而上之二千
石官㠯其罪名當報之師古曰當謂處斷也所不能決者皆移廷尉廷尉亦
當報之廷尉所不能決謹具爲奏傅所當比律令㠯聞師古曰傅讀曰附
上恩如此吏猶不能奉宣故孝景中五年復下詔曰諸獄疑雖文
致於法而於人心不厭者輒讞之補注先謙曰此止摘詔末語餘見景紀其後獄吏
復避微文遂其愚心至後元年又下詔曰獄重事也人有愚智官
有上下獄疑者讞有令補注先謙曰謂先已著令讞者已報讞而後不當讞者
不爲失師古曰解並在景紀自此之後獄刑益詳近於五聽三宥之意三年
復下詔曰高年老長人所尊敬也鰥寡不屬逮者人所哀憐也師古

曰屬音之欲反其著令年八十㠯上八歲㠯下及孕者未乳師古曰乳產也音人喻反
師朱儒如淳曰師樂師盲瞽者朱儒短人不能走者當鞠繫者頌繫之師古曰頌讀曰容容寬容之不
桎梏至孝宣元康四年又下詔曰朕念夫耆老之人髮齒墮落血氣
既衰亦無暴逆之心今或羅于文法補注先謙曰官本羅作罹是執于囹圄不
得終其年命朕甚憐之自今㠯來諸年八十非誣告殺傷人它皆
勿坐至成帝鴻嘉元年定令年未滿七歲賊鬭殺人及犯殊死者
上請廷尉㠯聞得減死合於三赦幼弱老眊之人此皆法令稍定
近古而便民者也師古曰近音其靳反孔子曰如有王者必世而後仁善人
爲國百年可㠯勝殘去殺矣師古曰論語載孔子之言此謂若有受命之王必三十年仁政乃成也勝
殘謂勝殘暴之人使不爲惡去殺不行殺戮也言聖王承衰撥亂而起被民㠯德教師古曰被
加也音皮義反變而化之必世然後仁道成焉至於善人不入於室然猶
百年勝殘去殺矣師古曰論語稱子張問善人之道子曰不踐迹亦不入于室也言善人不但修踐舊迹而已固

少自創制然亦不能入聖人之室補注先謙曰官本注無也字此爲國者之程式也今漢道至盛歷世二百餘載師古曰今謂撰志時考自昭宣元成哀平六世之閒斷獄殊死率歲千餘口而一人如淳曰率天下犯罪者千口而有一人死耐罪上至右止三倍有餘李奇曰耐從司寇已上至右止爲千口三人刑古人有言滿堂而飲酒有一人鄉隅而悲泣師古曰鄉讀曰嚮則一堂皆爲之不樂王者之於天下譬猶一堂之上也補注葉德輝曰文選笙賦注引說苑曰古人于天下譬一堂之上今有滿堂飲酒有一人獨索然向隅泣則一堂之人皆不樂韓詩外傳曰衆或滿堂而飲酒有人向隅悲泣則一堂爲之不樂故一人不得其平爲之悽愴於心今郡國被刑而死者歲以萬數天下獄二千餘所補注先謙曰地理志縣邑道侯國一千五百八十七續志注孝武帝置中都官獄二十六所此二千餘所二蓋一字之誤其冤死者多少相覆獄不減一人此和氣所以未洽者也原獄刑所以蕃若此者師古曰蕃多也音扶元反禮教不立刑法不明民多貧窮豪桀務私姦不輒得獄豻不平之所致也服虔曰鄉亭之獄曰犴臣瓚曰獄岸獄訟也師古曰小雅小宛之詩云宜岸宜獄瓚說是也補注沈欽韓曰服虔說本韓詩釋文云岸韓詩作犴云鄉亭之繫曰犴朝廷曰獄風俗通犴司空也案司空即圜土之類說文一說犴野犬犬所以守故謂獄爲犴

書云伯夷降典悊民惟刑師古曰周書甫刑之辭也悊知也言伯夷下禮法以道人人習知禮然後用刑也補注先謙曰世本伯夷作五刑此典禮兼作刑之證大傳引書曰折民以刑則今文作折班用今文據下文意志文作折無疑後人用馬本改悊顏注未審言制禮以止刑猶隄之防溢水也今隄防凌遲禮制未立死刑過制生刑易犯饑寒並至窮斯濫溢豪桀擅私爲之囊橐師古曰有底曰囊無底曰橐言容隱姦邪若囊橐之盛物姦有所隱則狃而寖廣師古曰狃串習也寖漸也狃音女救反此刑之所以蕃也孔子曰古之知法者能省刑本也今之知法者不失有罪末矣師古曰省謂減除之絕於未然故曰本也不失有罪事止聽訟所以爲末補注沈欽韓曰孔叢論列篇子張曰古之知法者與今之知法者異乎孔子曰古之知法者能遠今之知法者不失有罪不失有罪其於怨寡矣能遠則於獄其防深矣寡怨近乎濫防深治乎本又曰今之聽獄者求所以殺之古之聽獄者求所以生之補注沈欽韓曰孔叢子孔子曰古之聽訟者惡其意不惡其人求所以生之不得其所以生乃刑之今之聽訟者不惡其意而惡其人求所以殺是反古之道也與其殺

不辜寧失有罪今之獄吏上下相驅以刻爲明深者獲功名平者多後患諺曰鬻棺者欲歲之疫師古曰鬻賣也疫癘病也鬻音育疫音役補注葉德輝曰淮南說林訓鬻棺者欲民之疾病也據此則諺語相承久矣先謙曰官本癘作厲非憎人欲殺之利在於人死也今治獄吏欲陷害人亦猶此矣凡此五疾補注先謙曰禮教不立一也刑法不明二也民多貧窮三也豪桀務私姦不輒得四也獄豻不平五也上又分承言之獄刑所以尤多者也自建武永平民亦新免兵革之禍人有樂生之慮補注朱子文曰既云新免兵革之禍當曰人有樂生之意意慮字相去不遠此傳寫之誤也與高惠之閒同而政在抑彊扶弱朝無威福之臣邑無豪桀之俠以口率計斷獄少於成哀之閒什八可謂清矣師古曰十少其八也然而未能稱意比隆於古者以其疾未盡除而刑本不正善乎孫卿之論刑也補注先謙曰語見正論篇曰世俗之爲說者以爲治古者無肉刑師古曰治古謂上古至治之時也治音丈吏反有象刑墨黥之屬菲屨赭衣而不純師古曰菲草屨也純緣也衣不加緣示有恥也菲音扶味反純音之允反補注先謙曰墨一名黥此墨黥

謂以墨畫當黥不加刻涅也荀子楊倞注引慎子曰有虞氏之誅以畫跪當黥以草纓當劓以履紨當刖以艾畢當宮又尚書大傳曰唐虞之象刑上刑赭衣不純中刑雜屨下刑墨幪幪巾也案菲屨與屨紨同或草或紨爲屨紨枲也是不然矣以爲治古則人莫觸罪邪豈獨無肉刑哉亦不待象刑矣師古曰人不犯法則象刑無所施也以爲人或觸罪矣而直輕其刑是殺人者不死而傷人者不刑也罪至重而刑至輕民無所畏亂莫大焉凡制刑之本將以禁暴惡且懲其未也師古曰懲止也補注錢大昭曰荀子作徵其未楊倞注曰徵讀爲懲懲未謂將來案徵古懲字魯頌荊舒是懲史記建元以來侯者表引作荊荼是徵殺人者不死傷人者不刑是惠暴而寬惡也故象刑非生治古方起於亂今也如淳曰古無象刑也所有象刑之言者近起今人惡刑之重故遂推言古之聖君但以象刑天下自治補注先謙曰官本生下有於字是荀子亦有凡爵列官職賞慶刑罰皆以類相從者也一物失稱亂之端也師古曰稱宜也音尺孕反補注先謙曰稱權稱也失稱謂失其平德不稱位能不稱官賞不當功刑不當罪不祥莫大矣焉補注錢大昭曰矣字衍荀子及漢紀皆無先謙曰官本無矣字夫征暴誅悖治之威也補注

先謙曰荀子悖作悍威作盛並形近字殺人者死傷人者刑是百王之所同也未有知其所由來者也故治則刑重亂則刑輕李奇曰世所㠯治者乃刑重也所㠯亂者乃刑輕也補注錢大昭曰李說非也楊倞㠯爲治世刑必行則不敢犯故重亂世刑不行則人易犯故輕其說得之犯治之罪固重犯亂之罪固輕也補注先謙曰郝懿行云治期無刑故重亂用哀矜故輕書云刑罰世重世輕此之謂也師古曰周書甫刑之辭也言刑罰輕重各隨其時所謂象刑惟明者補注先謙曰官本考證云象刑監本訛蒙刑今改正言象天道而作刑師古曰虞書益稷曰咎繇方祗厥敘方施象刑惟明言敬其次敘施其法刑皆明白也安有菲屨赭衣者哉孫卿之言既然又因俗說而論之曰補注先謙曰自此㠯下班氏之言禹承堯舜之後自㠯德衰而制肉刑湯武順而行之者㠯俗薄於唐虞故也補注沈欽韓曰通典丁謐論曰堯典象㠯典刑流宥五刑呂刑苗民作五虐之刑爰始淫爲劓刵椓黥案此肉刑在於蚩尤之代而堯舜㠯流放代之故黥劓之文不載唐虞之籍禹承舜禪與堯同治必不釋二聖而遠則兇頑固可知矣湯武之王獨將奚取於呂侯故叔向云三辟之興皆叔世也此則近君子有徵之言矣先謙曰據此文知班以肉刑始於夏禹而叔向所云叔世對上世言之尤其明證丁說辨聰測之詞耳今漢

承衰周暴秦極敝之流俗已薄於三代而行堯舜之刑是猶㠯鞿而御駻突孟康曰㠯繩縛馬口之謂鞿晉灼曰鞿古羈字也如淳曰駻音捍突惡馬也師古曰馬絡頭曰羈也補注先謙曰說文駻馬突也淮南氾論作馯馬高注馯馬突馬也馯即駻之省官本羈作羇絡作駱違救時之宜矣且除肉刑者本欲㠯全民也今去髡鉗一等轉而入於大辟㠯死罔民失本惠矣師古曰罔謂羅網也補注王念孫曰本惠當爲本意字之誤也除肉刑㠯全民文帝之本意也今㠯死罔民則失其本意二字承上本欲㠯全民而言若作本惠則非其指矣漢紀孝成紀作非其本意矣是其證唐魏徵羣書治要所引己誤故死者歲㠯萬數刑重之所致也至乎穿窬之盜忿怒傷人男女淫佚吏爲姦臧師古曰佚讀與逸同若此之惡髡鉗之罰又不足㠯懲也故刑者歲十萬數民既不畏又曾不恥刑輕之所生也故俗之能吏公㠯殺盜爲威專殺者勝任奉法者不治亂名傷制不可勝條是㠯罔密而姦不塞刑蕃而民愈嫚師古曰塞止也蕃多也嫚音扶元反嫚與慢同必世而未仁百年而不勝殘誅㠯禮樂闕而刑不正也豈宜惟思所㠯清原正本之論補注先謙曰豈宜宜也周語豈緊多寵韋注豈辭也刪定律令籑二百章㠯應大辟孟康曰籑音撰補注錢大昕曰說文籑具食也从食算聲或作饌从巽今人撰述字从手乃後人增加其餘罪次於古當生今觸死者皆可募行肉刑李奇曰欲死邪欲腐邪補注王鳴盛曰魏志陳羣議云漢除肉刑而增加笞本興仁惻而死更眾所謂名輕實重也名輕則易犯實重則傷民且殺人償死合於古制至於傷人或殘毀其體而裁翦毛髮非其理也若用古制使淫者下於蠶室盜者刖其足永無淫放穿窬之患矣夫三千之屬雖未可卒復若斯數者時之所患宜先施用漢律所設殊死之罪仁所不及也其餘逮死者可㠯刑代如此則所刑與所生足㠯相貿矣今㠯笞死之法易不殺之刑是重人肢體輕人軀命也其旨本班氏及傷人與盜吏受賕枉法男女淫亂皆復古刑爲三千章詆欺文致微細之法悉蠲除師古曰詆謂誣也音丁禮反補注先謙曰後書陳寵傳寵請令三公廷尉平定律令應經合義者可使大辟二百而耐罪贖罪二千八百并爲三千悉刪除其餘令與班同旨如此則刑可畏而禁易避吏不專殺法無二門輕重當罪民命得全合刑罰之中殷天人之和李奇曰殷亦中順稽古之制成時雍之化成康刑錯雖未可致孝文斷獄庶幾可及詩云宜民宜人受祿

于天師古曰大雅假樂之詩也蓋嘉成王之德云書曰立功立事可㠯永年師古曰今文泰誓之辭也永長也言爲政而宜於民者功成事立則受天祿而永年命所謂一人有慶萬民賴之者也師古曰呂刑之辭也一人天子也言天子用刑詳審有福慶之惠則眾庶咸賴之也

刑法志第三　漢書二十三

食貨志第四上　漢書二十四

漢　蘭　臺　令　史班　固　撰

唐正議大夫行祕書少監琅邪縣開國子顏師古　注

賜進士出身前翰林院編修國子監祭酒加三級　臣王先謙補注

洪範八政一曰食二曰貨食謂農殖嘉穀可食之物（師古曰殖生也嘉善也）貨謂布帛可衣（師古曰衣音於既反）及金刀龜貝所㠯分財布利通有無者也（師古曰金謂五色之金也黃者曰金白者曰銀赤者曰銅青者曰鉛黑者曰鐵刀謂錢幣也龜㠯卜占貝㠯表飾故皆爲寶貨也）二者生民之本（〔補注〕先謙曰日本影唐寫卷子本食貨志民字治字皆缺末筆見黎刻古逸叢書）興自神農之世斲木爲耜煣木爲耒耒㠯之利㠯教天下而食足（師古曰斲斫也煣屈也耒手耕曲木也耜耒端木所㠯施金也耨耘田也耜音似煣音人九反耒音來內反耨音乃搆反〔補注〕宋祁曰煣木當爲揉木煣玉篇曰而九切以火屈木曲案易作揉張照曰案揉者必以火熨則其字從火亦未爲非古字不傳于今者甚多他書引經與本文異者具有當存之以爲經文古今異同之攷不得据今經而駮古史也宋說未必然又案宋本宋祁語至當爲揉木而止

玉篇以下云云今據淩本添錢大昕曰說文煣屈申木也揉字無說文不收當以煣爲正史漢多古字率爲校書人妄改子京猶不免爾何況餘子錢大昭曰耒㠯南雍本閩本作耒耨先謙曰官本㠯作耨據顏注作耨是）日中爲市致天下之民聚天下之貨交易而退各得其所而貨通（師古曰自斲木爲耜㠯至於此事見易上繫辭）食足貨通然後國實民富而教化成黃帝㠯下通其變使民不倦（李奇曰器幣有不便於時則變更通利之使民樂其業而不倦也）堯命四子㠯敬授民時（師古曰四子謂羲仲羲叔和仲和叔也事見虞書堯典也〔補注〕宋祁曰堯典也姚本刪去也字先謙曰唐寫本無也字）舜命后稷㠯黎民祖飢（孟康曰祖始也黎民始飢命棄爲稷官也古文言阻師古曰事見舜典〔補注〕宋祁曰祖饑古文言阻先謙曰五帝紀作黎民始飢徐廣注今文尚書作祖飢孟康本馬融說也宋說與注複出唐寫本事見下有虞書二字）是爲政首禹平洪水定九州（師古曰九州謂冀沇青徐揚荊豫梁雍〔補注〕先謙曰謂禹復九州之舊說詳地理志）制土田各因所生遠近賦入貢棐（應劭曰棐竹器也所㠯盛方曰筐隋曰棐師古曰棐讀與匪同禹貢所謂厥貢漆絲厥篚織文之類是也隋圜而長也隋音他果反〔補注〕先謙曰注禹貢所謂唐寫本作貢篚謂若）楙遷有無萬國作乂（師古曰楙與茂同勉也言勸勉天下遷易有無使之交足則萬國皆治）殷周之盛詩書所述要在安民富而教之故易稱天地之大德曰生聖人之大寶曰位何㠯守位曰仁何㠯聚人曰財（師古曰下繫之辭）財者帝王所㠯聚人守位養成羣生奉順天德治國安民之本也故曰不患寡而患不均不患貧而患不安（〔補注〕先謙曰唐寫本無兩而字）蓋均亡貧和亡寡安亡傾（師古曰論語載孔子之言）是㠯聖王域民（師古曰爲邦域）築城郭㠯居之制廬井㠯均之（師古曰井田之中爲屋廬）開市肆㠯通之（師古曰肆列也）設庠序㠯教之（師古曰庠序禮官養老之處）士農工商四民有業（〔補注〕宋祁曰姚本民作人）學㠯居位曰士闢土殖穀曰農作巧成器曰工通財鬻貨曰商（師古曰鬻賣也鬻音弋六反〔補注〕葉德輝曰公羊成元年傳作邱甲注云古者有四民一曰德能居位曰士二曰闢土殖穀曰農三曰巧心勞手以成器物曰工四曰通財鬻貨曰商疏云四民之言出齊語也卽彼云處士就閒宴處農就田野處工就官府處商就市井是也）聖王量能授事四民陳力受職故朝亡廢官邑亡敖民地亡曠土（師古曰敖謂逸游也曠空也）理民之道地著爲本（師古曰地著謂安土也著音直略反〔補注〕周壽昌曰地著劉宋時謂之土著孝武帝大明初公卿博議有云土著

之人習翫日久通攷田賦二云自東晉寓居江左百姓南奔者竝謂之僑人往往散居無有土著南齊時亦稱土斷皆地著二字變文也）故必建步立畮正其經界（師古曰畮古畝字也〔補注〕先謙曰官本注在上句下）六尺爲步（〔補注〕先謙曰司馬法云六尺爲步釋宮疏引白虎通云人踐三尺法天地人人一舉足爲跬再舉足爲步踐三尺者半步然則六尺爲步蓋通義也）步百爲畮畮百爲夫夫三爲屋屋三爲井井方一里是爲九夫八家共之各受私田百畮公田十畮是爲八百八十畮餘二十畮㠯爲廬舍（師古曰廬田中屋也春夏居之秋冬則去〔補注〕宋祁曰則去當作卽去齊召南曰井田畮數何休注公羊趙岐注孟子范甯注穀梁皆本此志之說惟鄭康成毛詩箋稍爲不同詳見甫田孔疏先謙曰古卽則字同宋說非）出入相友守望相助疾病則救（〔補注〕先謙曰官本則作相是）民是㠯和睦而教化齊同力役生產可得而平也民受田上田夫百畮中田夫二百畮下田夫三百畮歲耕種者爲不易上田休一歲者爲一易中田休二歲者爲再易下田三歲更耕之自爰其處（孟康曰爰於也師古曰更互也音工衡反〔補注〕錢大昕曰春秋左傳晉於是乎作爰田服虔孔晁皆云爰易也說文爰作趄趄田易居也張湯傳傳爰書師古訓爰爲換與易同義

先謙曰大司徒不易之地家百畮一易之地家二百畮再易之地
家三百畮先鄭注不易之地歲種之地美一易之地休一歲乃復
種再易之地休二歲乃復種賈疏家百畮者此謂上地年年佃之
家二百畮者謂年別佃百畮廢百畮家三百畮者以其地薄年年
佃百畮廢二百畮三年再易
乃獨據此則爰訓易甚明　農民戶人〔補注〕王念孫曰案農民戶人本作農民戶一人
二字對下眾男爲餘夫言之下文士工商家受田五口乃當農夫
一人又承此農民戶一人言之今本脫一字則文義不明通典食
貨一無一字亦後人依誤本漢志刪之周官載師注及疏
引此竝作農民戶一人陳氏禮書引同則北宋本尚未誤　己受田
其家眾男爲餘夫亦以口受田如比　師古曰比例也音必寐反〔補注〕先謙曰馬端臨文獻通考
云志言受田之法與大司徒遂人所言略同但言餘夫受田如比
孟子言餘夫二十五畮朱子注俟其壯有室然後更受百畮之地
則此二十五畮者十六以後十九以前所受田也　士工商家受田五口乃當農夫一人此
謂平土可以爲法者也若山林藪澤原陵湻鹵之地　晉灼曰湻盡也舄鹵之田
不生五穀也　各以肥磽多少爲差　師古曰磽磽确也謂瘠薄之田也音口交反〔補注〕沈欽韓曰左襄二十五
年傳正義賈逵云山林之地九夫爲度九度而當一井藪澤之地
九夫爲鳩八鳩而當一井京陵之地九夫爲辨七辨而當一井湻
鹵之地[illegible]九夫爲表六表而當一井彊潦之地[illegible]
[illegible]九夫爲數五數而當一井偃豬之地九夫爲
規四規而當一井原防之地九夫爲町三町而當一井隰皋之地九夫爲牧二牧而當一井先謙曰官本顏注磽字不重　有賦
有稅稅謂公田什一及工商衡虞之入也　師古曰賦謂計口發財稅謂收其田入也什一
謂十取其一也工商衡虞雖不墾殖亦取其稅者工有技巧之作商有行販之利衡虞取山澤之材產也　賦共車馬甲
兵士徒之役　師古曰徒眾也共讀曰供　充實府庫賜予之用稅給郊社宗廟百
神之祀天子奉養百官祿食庶事之費民年二十受田六十歸田
〔補注〕沈欽韓曰案志言六十歸田疑非也一夫受田其長男則爲永業矣苟非戶絕與遷徙不得還於公家餘夫壯有室猶受百畮
之田豈老者不得還授其子而官更追入之乎魏齊以下有還受之限者原以墾荒招亡使定土著之籍公田有限既集其事則任
其營生意非主乎養民也葉德輝曰六十歸田謂歸公田非歸私田也故下文云七十以上上所養也正謂六十歸田以後則上養
之十歲以下十一以上正謂二十以內此時未授田故爲上所長所强沈說非　七十以上上所養也十歲
以下上所長也十一以上上所强也　師古曰勉强勸之令習事也强音其兩反　種穀必
雜五種以備災害　師古曰歲月有宜及水旱之利也種即五穀謂黍稷麻麥豆也〔補注〕先謙曰唐寫本注種上有
兩五字當衍一字存一字各本無五字非也　田中不得有樹用妨五穀　〔補注〕錢大昭曰齊民要術注云

五穀之田不宜樹果諺曰桃李不言下自成蹊匪直妨耕種損禾苗抑亦惰夫之所休息豎子之所嬉游沈欽韓曰管子國軌篇田
中有木者謂之穀賊　力耕數耘收穫如寇盜之至　師古曰力謂勤作之也如寇盜之至謂促遽之甚恐
爲風雨所損　還廬樹桑　師古曰還繞也〔補注〕錢大昕曰還與環同錢大昭曰說文廬寄也秋冬去春夏居釋名寄止曰
廬廬慮也取自覆慮也廬在田中故詩曰中田有廬農功已畢乃居於里　菜茹有畦瓜瓠果蓏　應劭曰木實曰
果草實曰蓏張晏曰有核曰果無核曰蓏臣瓚曰案木上曰果地上曰蓏也師古曰茹所食之菜也畦區也茹音人豫反畦音胡圭
反蓏音來果反〔補注〕葉德輝曰齊民要術引氾勝之書有種桑種芋區種瓜瓠諸法尹都尉書有種芥種葵種薤種蔥諸法二書藝
文志入農家知以上爲農家本業也　殖於疆易　張晏曰至此易主故曰易師古曰詩小雅信南山云中田有廬疆場有瓜
即謂此也〔補注〕先謙曰注場當作場易古字　雞豚狗彘毋失其時女修蠶織則　師古曰彘即豕
五十可以衣帛七十可以食肉在壄曰廬在邑曰里　師古曰廬各在其田中而
里聚居也　五家爲鄰五鄰爲里四里爲族五族爲黨五黨爲州五州爲
鄉鄉萬二千五百戶也鄰長位下士自此以上稍登一級至鄉而
爲卿也　〔補注〕先謙曰地官序官云里宰每里下士一人鄰長五家則一人族師每族上士一人黨正每黨下大夫一人州長
每州中大夫一人鄉大夫每鄉卿一人鄉老二鄉則公一人鄭注王置六鄉則公有三人也賈疏六鄉則卿六人各主一鄉之事又
鄉大夫下云各掌其鄉之政教禁令正月之吉受教灋于司徒退而頒之于其鄉吏使各以教其所治　於里有序而
鄉有庠　〔補注〕宋祁曰於里有序於字下當添是字先謙曰御覽五百三十五引五經通義云殷曰庠周曰序周家又兼用之
鄉爲庠里爲序家爲塾　序以明教　〔補注〕先謙曰白虎通云序者序長幼也又云古之教民者里皆有師里中之老有道
德者爲里右師其次爲左師教里中之子弟以道藝孝悌仁義　庠則行禮而視化焉　師古曰視讀爲示也〔補注〕
宋祁曰注末也字當刪先謙曰說文庠禮官養老也白虎通庠者庠禮義盧文弨云下庠當作詳　春令民畢出在
壄冬則畢入於邑其詩曰四之日舉止同我婦子饁彼南畮　師古曰此
豳詩七月之章也饁餉也四之日周之四月夏之二月也農人無不舉足而耕也則其婦與子同以食來至南畮治田之處而餉之
也饁音于輒反〔補注〕錢大昭曰詩七月篇作舉趾士昏禮皆有枕北止鄭注止足也古文止作趾說文止下基也象艸木出有址故
以止爲足周壽昌曰本書刑法志趾皆作止　又曰十月蟋蟀入我牀下嗟我婦子聿爲
改歲入此室處　師古曰亦七月之章也蟋蟀蛬也今謂之促織聿曰也言寒氣既至蟋蟀漸來則婦子皆曰歲將改
矣而去田中入室處也蛬音拱〔補注〕錢大昭曰詩七月篇聿作曰曰聿古通　所以順陰陽備寇賊習禮

文也春秋出民〔補注〕張文虎曰粵本秋作將是荀紀作春則出民先謙曰官本作將里胥平旦坐於右塾鄰長坐於右塾孟康曰里胥如今里吏也師古曰門側之堂曰塾坐於門側者督促勸之知其早晏防怠情也塾音孰〔補注〕沈欽韓曰里宰職以歲時合耦於耡注云耡者里宰治處若今街彈之室疏云漢時作街彈室檢彈一里之民於此鉦石鄉有都鄉正街彈碑右塾左塾師漢衛鄉宰也公羊傳注其耆老有高德者名曰父老有辯護伉健者爲里正皆受倍田得乘馬田作之時春父老及里正旦開門坐塾上晏出後時者不得出莫不持樵者不得入先謙曰官本下右塾作左塾是畢出然後歸夕亦如之師古曰言里胥鄰長亦待入畢然後歸也〔補注〕先謙曰通考引書大傳云距冬至四十五日始出學傳農事上老平明坐於右塾庶老坐於左塾餘子畢出然後皆歸夕亦如之餘子皆入父之齒隨行兄之齒雁行白虎通云立春而就事朝則坐於里之門餘子皆出就農而後罷夕亦如之皆入而後罷入者必持薪樵輕重相分班白不提挈師古曰班白者謂髮雜色也不提挈者所以優老人也〔補注〕先謙曰官本班作斑通用字大傳又云輕任並重任分斑白者不提挈出入皆如之此之謂造士冬民既入婦人同巷相從夜績〔補注〕葉德輝曰說文巷里中道从䢃从共同巷謂同里耳女工一月得四十五日服虔曰一月之中又得夜半爲十五日凡四十五日也必相從者所以省費燎火同巧拙而合習俗也師古曰省費燎火省燎火之費也燎所以爲明火所以爲溫也燎音

力召反〔補注〕王念孫曰案景祐本燎作尞毛晃增脩禮部韻略黃公紹古今韻會所引並與景祐本同又引顏注尞以爲明火以爲溫今則正文注文皆改爲燎矣男女有不得其所者因相與歌詠各言其傷師古曰怨刺之詩也〔補注〕周壽昌曰公羊宣十四年傳何注男女有所怨恨相從而歌饑者歌其食勞者歌其事此顏注意所本又案爾雅悠傷憂思也詩卷耳傳滭陂箋傷思也各言其傷蓋各述其憂勞之思所謂歌也有思田家作苦歌詠寫懷雖不得所亦未必皆怨刺輶軒美刺并錄似不容過泥爲刺詩是月餘子亦在于序室蘇林曰餘子庶子也或曰未任役爲餘子師古曰未任役者是也幼童皆當受業豈論嫡庶乎〔補注〕先謙曰大傳又云耰耡已藏新穀已入歲時事已畢餘子皆入學白虎通云若既收藏皆入敎學八歲入小學學六甲五方書計之事蘇林曰五方之異書如今祕書學外國書也臣瓚曰辨五方之名及書藝也師古曰瓚說是也〔補注〕顧炎武曰六甲者四時六十甲子之類五方者九州嶽瀆列國之名書者六書計者九數瓚說未盡周壽昌曰此禮記內則之言禮九年敎之數日鄭注朔望與六甲也猶言學數干支也六年敎之數與方名鄭注方名東西郎所云五方也以東西該南北中也十年出就外傳居宿於外學書記郎書計也書文字計籌算也六書九數皆古人小學之所有事也始知室家長幼之節十五入大學學先聖禮樂而知朝廷君臣之禮〔補注〕先謙曰黨正注三時務農將闕於禮至此農隙而敎之尊長養老見孝弟之道也白虎通

云其有賢才美質知學者足以開其心頑鈍之民亦足以別於禽獸而知人倫故無不敎之民其有秀異者移鄉學于庠序庠序之異者移國學于少學〔補注〕何焯曰諸侯之國學爲少學不敢擬天子之大學學也先謙曰官本攷證云案少學卽小學也下文諸侯歲貢少學之異者亦然諸侯歲貢少學之異者於天子〔補注〕先謙曰白虎通諸侯三年一貢士者治道三年有成也諸侯所以貢士於天子者進賢勸善者也學于大學命曰造士李奇曰造成也行同能偶則別之以射師古曰以射試之〔補注〕先謙曰射義天子將祭必先習射于澤澤者所以擇士也白虎通云二人爭勝樂以德養也勝負俱降以崇禮讓故可以選士然後爵命焉孟春之月〔補注〕先謙曰官本孟春作春秋羣居者將散師古曰謂各趣農晦也行人振木鐸徇于路以采詩師古曰行人遒人也主號令之官鐸大鈴也以木爲舌謂之木鐸徇巡也采詩采取怨刺之詩也〔補注〕周壽昌曰公羊宣十四年傳何注男年六十女年五十無子者官衣食之使之民間求詩鄉移於邑邑移於國國以聞於天子故王者不出戶牖而知天下所苦獻之大師比其音律以聞於天子師古曰大師掌音律之官敎六詩以六律爲之音者比謂次之也比音頻二反〔補注〕宋祁曰比謂下當添調字先謙曰宋說是也唐寫本有調字故曰王者不窺牖戶而知天下此先王制土處民富而教之之大略也

故孔子曰道千乘之國敬事而信節用而愛人使民以時師古曰論語載孔子之言道治也舉事必敬施令必信不爲奢侈愛養其民無奪農時〔補注〕先謙曰官本注民作萌是唐寫本並同故民皆勸功樂業先公而後私其詩曰有渰淒淒興雲祁祁雨我公田遂及我私師古曰小雅大田之詩也渰陰雲也淒淒雲起貌也祁祁徐也言陰陽和風雨時民庶慶悅喜其先雨公田乃及私也〔補注〕宋祁曰興雲當改興雨錢大昕曰韓詩外傳引詩亦作興雲祁祁漢無極山碑亦有興雲祁祁雨我公田遂及我私之文葢漢世經師傳授皆然顏之推家訓云詩有渰淒淒興雲祁祁毛傳渰陰雲貌萋萋雲行貌渰已是陰雲何勞復云興雲雲當爲雨俗寫誤爾班固靈臺詩云習習祥風祁祁甘雨此其證也之推仕南北朝雖疑雲爲誤字不聞據他本以正之則六朝本亦皆作興雲矣大雅韓奕篇云祁祁如雲可證祁祁爲雲行貌非轉寫之誤後書左雄傳作興雨祁祁或後人校改先謙曰官本民作萌民三年耕則餘一年之畜師古曰畜讀曰蓄其下並同衣食足而知榮辱廉讓生而爭訟息故三載考績師古曰績功也言主治民者三年一考其功也〔補注〕先謙曰官本民作萌孔子曰苟有用我者期月而已可也三年有成成此功也師古曰論語載孔子之言也用謂使爲政期月可以易俗三年乃得成功也〔補注〕先謙曰白虎通論三考黜陟義云所以三載一考績何三年有成故於是賞

有功黜不肖三考黜陟餘三年食進業曰登鄭氏曰進上百工之業也或曰進上農工諸事業名曰登〔補注〕沈欽韓曰此謂農功畢上場論語新穀既升喪服注升字當爲登登成也此專言五穀成熟耳注非再登曰平餘六年食三登曰泰平二十七歲遺九年食然後㠯德流洽禮樂成焉〔補注〕先謙曰官本㠯德作王德引宋祁曰邵本王德作至德先謙案至德是也故曰如有王者必世而後仁師古曰亦孔子之言也解在刑法志繇此道也師古曰繇讀與由同由用也從也周室既衰暴君汙吏慢其經界師古曰汙謂貪穢也繇役橫作師古曰繇讀曰徭橫音胡孟反政令不信上下相詐公田不治故魯宣公初稅畮〔補注〕劉攽曰稅畮所謂二也春秋譏焉孟康曰春秋謂之履畮履踐民所種好者而取之譏其貪也於是上貪民怨災害生而禍亂作陵夷至於戰國貴詐力而賤仁誼先富有而後禮讓是時李悝爲魏文侯作盡地力之敎師古曰李悝文侯臣也悝音恢〔補注〕周壽昌曰史記作魏用李克藝文志法家有李子三十二篇注云名悝相魏文侯富國彊兵儒家有李克七篇注云子夏弟子爲魏文侯相此志後云行之魏國國㠯富彊則作李悝爲是先謙曰人表李悝三等李克四等㠯爲地方百里提封九萬頃〔補注〕先謙曰提封解詳刑

法志除山澤邑居參分去一爲田六百萬畮治田勤謹則畮益三升服虔曰與之三升也臣瓚曰當言三斗謂治田勤則畮加三斗也師古曰計數而言字當爲斗瓚說是也〔補注〕宋祁曰治田勤謹當作勸謹下不勤同先謙曰唐寫本作勸謹下作不勸不勤則損亦如之地方百里之增減輒爲粟百八十萬石矣〔補注〕姚鼐曰古人大抵計米以石權此志鼂錯云百畮之收不過百石是也計粟以斛量此志趙過代田一歲之收常過縵田畮一斛以上是也惟李悝法以石計粟云百畮歲收畮一石半爲粟百五十石此即鼂錯之百石也蓋粟百五十石得二百斛爲米百石矣又曰糴甚貴傷民韋昭曰此民謂士工商也〔補注〕先謙曰官本謂士下多民字甚賤傷農民傷則離散農傷則國貧故甚貴與甚賤其傷一也善爲國者使民毋傷而農益勸今一夫挾五口治田百畮歲收畮一石半爲粟百五十石除十一之稅十五石餘百三十五石食人月一石半五人終歲爲粟九十石餘有四十五石石三十爲錢千三百五十〔補注〕沈欽韓曰管子國蓄篇中歲之穀糶石十錢大男食四石月有四十之籍大女食三石月有三十之籍吾子食二石月有二十之籍注云古之石准今之三斗三升三合[illegible]以李悝說考之則戰國公量大已倍半穀價亦倍於官子時[illegible]除社閭嘗新春秋之祠用錢三百〔補注〕先謙曰荀子非十二子注引周禮說二十五家爲社說文閭里門也周禮五家爲比五比爲閭閭侶也二十五家相羣侶也立土神於里門里人共祀之嘗新則薦春則祈秋則報皆有祠也餘千五十衣人率用錢三百五人終歲用千五百不足四百五十師古曰少四百五十不足也不幸疾病死喪之費及上賦斂又未與此師古曰與讀曰豫此農夫所㠯常困有不勸耕之心而令糴至於甚貴者也是故善平糴者必謹觀歲有上中下孰上孰其收自四餘四百石張晏曰平歲百畮收百五十石今大孰四倍收六百石計民食終歲長四百石官糴三百石此爲糴三舍一也中孰自三餘三百石張晏曰自三四百五十石也終歲長三百石官糴二百石此爲糴二而舍一也下孰自倍餘百石張晏曰自倍收三百石終歲長百石官糴其五十石云下孰糴一謂中分百石之一小飢則收百石張晏曰平歲百畮之收收百五十石今小飢收百石收三分之二也中飢七十石張晏曰收二分之一大飢三十石張晏曰收五分之一也以此準之大小中飢之率也〔補注〕王鳴盛曰何校飢俱改饑飢饑不同穀不熟曰饑人無食曰飢亦可通用但有飢饉無饑渴先謙曰官本竝作饑故大

孰則上糴三而舍一中孰則糴二下孰則糴一使民適足賈平則止師古曰賈讀曰價小飢則發小孰之所斂李奇曰官以斂臧出糶也〔補注〕宋祁曰糴也姚改也作之字先謙曰唐寫本也作之官本糴作糶中飢則發中孰之所斂大飢則發大孰之所斂而糴之故雖遇饑饉水旱糴不貴而民不散取有餘㠯補不足也行之魏國國㠯富彊及秦孝公用商君壞井田開仟伯師古曰仟伯田閒之道也南北曰仟東西曰伯伯音莫白反〔補注〕宋祁曰仟伯王本伯作陌吳仁傑曰張晏云商鞅開立阡陌令民各有常制其說誤也阡陌開而井田壞正以無常制耳董仲舒云商鞅除井田民得買賣富者田連阡陌貧者無立錐之地故欲限民名田蓋爲是也案井田之制受之於公毋得粥賣故王制有田里不粥之文一夫所耕不出百畝故不受田㠯此爲率二者之制所㠯使民力均一而無貧富之殊至秦不然民田既得買賣又戰得甲首者益田宅五甲首而隸役五家兼并之患自是而起民田多者至㠯千畝爲畔少者乃以百畝爲畔無復限制而井田壞矣先謙曰據吳說此處脫張注乃一條官本考證云朱子開阡陌辨曰說者皆㠯開爲開道之開言秦廢井田而始置阡陌非也案阡陌舊說謂田閒之道蓋即周禮所云遂上之徑溝上之畛洫上之涂澮上之道也其水陸占地不爲田者頗多先王非不惜而虛棄之所以正疆界止侵爭時蓄洩備水旱爲永久之計也商君行苟且之政但見田爲阡

陌所東而耕者限於百畝是以奮然開之以盡人力地利故秦紀鞅傳皆云爲田開阡陌封疆而賦税平蔡澤亦曰決裂阡陌以靜生民之業也急耕戰之賞〔補注〕沈欽韓曰商子外內篇爲國者邊利盡歸於兵市利盡歸於農邊利歸於兵者强市利歸於農者富又慎法篇民之欲利者非耕不得避害者非戰不免境內之民莫不先觱耕戰而後得其所樂又刑賞篇貴富之家必出於兵是故民闘戰而相賀也雖非古道猶旨務本之故傾鄰國而雄諸侯然王制遂滅僭差亡度庶人之富者累鉅萬師古曰鉅大也大萬謂萬萬也累者兼數非止一也言其貲財積累萬萬也而貧者食糟糠有國彊者兼州域而弱者喪社稷至於始皇遂并天下內興功作外攘夷狄收泰半之賦師古曰泰半三分取二發閭左之戍應劭曰秦時以適發之名適戍先發吏有過及贅壻賈人後以嘗有市籍者發又後以大父母父母嘗有市籍者戍者曹輩盡復入閭取其左發之未及取右而秦亡師古曰閭里門也言居在閭門之左者一切發之此閭左之釋應最得之諸家之義煩穢舛錯故無所取也〔補注〕先謙曰官本閭門作里門男子力耕不足糧饟師古曰饟古餉字也〔補注〕先謙曰官本注無也字女子紡績不足衣服竭天下之資財旨奉其政猶未足旨澹其欲也師古曰澹古贍字也贍給也其下竝同〔補注〕宋祁曰也字當刪葉德輝曰文選謝靈運石壁精舍還湖中詩注引許慎注澹猶足也知澹古義通先謙曰注其下竝同官本作下同

海內愁怨遂用潰畔師古曰下逃其上曰潰漢興〔補注〕先謙曰唐寫本此處及宣帝卽位元帝卽位成帝卽位哀帝卽位王莽因漢承平之業俱提行惟文帝卽位至武帝之初二處又不一律蓋後人轉寫改之此唐本猶可想見當日班志面目各卷不異至宋本改爲首尾相銜非復舊式禮樂志今海內更始下官本提行猶其痕迹之未盡泯者也接秦之敝諸侯竝起民失作業而大饑饉凡米石五千〔補注〕周壽昌曰沈彤云前石五十者周景王大錢也重半兩此石五千者莢錢也視李悝時米價已十六七倍壽昌案志明云漢興以爲秦錢重難用更令民鑄莢錢此是接秦之敝恐尚用秦錢未鑄莢錢也人相食死者過半高祖乃令民得賣子就食蜀漢天下既定民亡蓋臧蘇林曰無物可蓋臧自天子不能具醇駟師古曰醇不雜也無醇色之駟謂四馬雜色也〔補注〕宋祁曰越本醇作醇先謙曰平準書作鈞駟索隱鈞色之駟馬漢書作醇醇與純一色也或作騂非案作騂者醇之字誤耳而將相或乘牛車師古曰以牛駕車也上於是約法省禁輕田租什五而稅一量吏祿度官用旨賦於民師古曰纔取足而山川園池市肆租稅之入自天子旨至封君湯沐邑皆各爲私奉養不領於天子之經費師古曰言各收

其所賦稅以自供不入國朝之倉廩府庫也經常也〔補注〕宋祁曰自天子當作自天下齊召南曰案文如作自天下以至封君湯沐邑甚爲不協宋意因下文言不領於天子之經費遂疑此作自天下耳又案平準書原文云自天子以至封君湯沐邑皆各爲私奉養不領於天下之經費文義甚順蓋大司農掌天下之經費若畿輔以內之山川園池市肆租稅則盡入少府爲天子私藏其封君湯沐邑又各收以自供俱不領於大司農也此志作天子之經費子字係傳寫之譌漕轉關東粟旨給中都官歲不過數十萬石師古曰中都官京師諸官府也〔補注〕先謙曰平準書關東作山東索隱說文云漕轉穀也一曰車運曰轉水運曰漕中都猶都內也皆天子之倉府以給中都官者卽今太倉以畜官儲者也孝惠高后之間衣食滋殖文帝卽位躬修儉節思安百姓時民近戰國皆背本趨末賈誼說上曰筦子曰倉廩實而知禮節師古曰筦與管同管子管仲之書也〔補注〕先謙曰賈子無而字下又有衣食足知榮辱六字唐寫本亦無而字民不足而可治者自古及今未之嘗聞古之人曰一夫不耕或受之飢一女不織或受之寒〔補注〕沈欽韓曰呂覽神農之教曰士有當年而不耕者則天下或受其饑矣女有當年而不績者則天下或受其寒矣亦見文子先謙曰賈子受竝作爲生之有時而用之亡度則物力必屈師古曰屈盡也音其勿反古之治天下

至孅至悉也師古曰孅細也悉盡其事也孅與纖同〔補注〕錢大昭曰說文孅鋭細也先謙曰賈子無至孅二字故其畜積足恃今背本而趨末食者甚眾是天下之大殘也師古曰本農業也末工商也言人已棄農而務工商矣其食米粟者又甚眾殘謂傷害也〔補注〕先謙曰官本注無謂字賈子作今背本而以末食者甚眾十字爲句淫侈之俗日日旨長是天下之大賊也殘賊公行莫之或止大命將泛孟康曰泛音方勇反泛覆也師古曰字本作覂此通用也〔補注〕宋祁曰勇當作濫錢大昕曰案方勇卽泛之轉聲說文風从凡聲而汎亦有馮音今人呼帆爲篷亦聲之轉也宋不知古音故疑其誤先謙曰賈子將泛作泛敗案泛者如舟之隨流欲覆酒正疏引泛泛楊舟意同故下文云然唐寫本勇作踵用也作用耳莫之振救師古曰振舉也生之者甚少而靡之者甚多師古曰靡散也音縻〔補注〕先謙曰唐寫本縻作麋天下財產何得不蹷應劭曰蹷傾竭也師古曰蹷音厥漢之爲漢幾四十年矣師古曰幾近也音鉅衣反公私之積猶可哀痛師古曰言年載已多而無儲積〔補注〕先謙曰唐寫本痛下有也字失時不雨民且狼顧鄭氏曰民欲有畔意若狼之顧望也李奇曰狼性怯走喜還顧言民見天不雨今亦恐也師古曰李說是也〔補注〕先謙曰官本憙作喜歲惡不入請賣爵子如淳曰賣爵級又賣子也〔補注〕先謙曰賈子作請賣爵鬻子既聞

耳矣如淳曰聞於天子之耳〔補注〕沈欽韓曰如說非也窮匱之狀毫不動心僅聞之耳耳者且止之辭曹操謂耳非佳語即此意周壽昌曰聞自是聞於耳何煩贅辭耳是語助猶云旣聞之矣先謙曰賈子旣下有或字安有爲天下阽危者若是而上不驚者師古曰阽危欲墜之意也音閻又音丁念反〔補注〕先謙曰注阽危官本作阽危者引宋祁曰注阽危當刪危者案賈子阽危下無者字是也此者字當緣下者字而誤衍世之有飢穰天之行也李奇曰天之行氣不能常孰也或曰行道也師古曰穰豐也音人常反〔補注〕宋祁曰人常當作人掌王念孫曰或說是也世猶歲也史記貨殖傳曰六歲穰六歲旱十二歲一大饑是歲之有飢穰乃天之道也剝彖傳曰君子尙消息盈虛天行也天道說見經義述聞乾行下也天曲禮去國三世釋文盧王云世歲也萬物以歲爲世晏子春秋雜篇曰以世之不足也免粟之食飽謂歲之不足也史記淮南王傳曰萬世之後吾甯能北面臣事豎子乎謂萬歲之後也楚策曰寡人萬歲千秋之後荀子非相篇千世之傳韓詩外傳世作歲是世與歲同義故漢紀孝文紀作歲有飢餓天之常行葉德輝曰穰字平上兩讀廣韻一汝湯切一汝兩切先謙曰賈子作世之有饑荒天下之常也禹湯被之矣師古曰謂禹遭水而湯遭旱也即不幸有方二三千里之旱國胡以相恤師古曰胡何也卒然邊境有急數十百萬之眾國胡以餽之師古曰卒讀曰猝餽亦饋字也〔補注〕先謙曰官本十作千兵旱相乘天下大屈師古曰屈音其勿反有勇力者聚徒而衡擊師古曰衡橫也〔補注〕先謙曰賈子作橫罷夫羸老易子而齩其骨師古曰罷讀曰疲齩齧也音五巧反〔補注〕宋祁曰姚本而齩刪而字齩下狡反先謙曰賈子子下有孫字政治未畢通也遠方之能疑者竝舉而爭起矣師古曰疑讀曰擬擬僭也謂與天子相比擬〔補注〕先謙曰賈子無能字文義自明此能字誤衍顏讀疑爲擬能擬二字甚爲不詞又賈子服疑篇云衣服疑者是謂爭先澤厚疑者是謂爭賞權力疑者是謂爭強彼人者近則冀幸疑則比爭與此遠方疑者爭起文義相發明唐寫本注擬竝作儗迺駭而圖之豈將有及乎師古曰圖謂謀也〔補注〕先謙曰賈子作爲人上者乃試而圖之此用無蓄篇校憂民篇語亦有同者唐寫本無謂字汪本謂作亦夫積貯者天下之大命也苟粟多而財有餘何爲而不成〔補注〕先謙曰賈子作何嚮而不濟以攻則取以守則固以戰則勝懷敵附遠何招而不至師古曰懷來也安也〔補注〕先謙曰賈子懷敵作懷柔無蓄篇夫積貯至此在篇首今下闕末三句同今歐民而歸之農皆著於本師古曰歐亦驅字著音直略反〔補注〕先謙曰官本歐作毆字同使天下各食其力末技游食之民轉而緣南畮師古曰言皆趨農作也則畜積足而人樂其所矣〔補注〕先謙曰今歐民下賈子又在瑰瑋篇此句作則民安性勸業而無縣愆之心無苟得之志行恭儉蓄積而人樂其所矣可以爲富

安天下而直爲此廩廩也李奇曰廩廩危也師古曰言務耕農厚畜積則天下富安何乃不爲而常不足廩廩若此竊爲陛下惜之於是上感誼言始開籍田〔補注〕先謙曰唐寫本籍作藉汪本作耤躬耕以勸百姓〔補注〕劉台拱曰事見前二年春正月丁亥詔書漢興裁二十九年耳而誼疏云漢之爲漢幾四十年遠在其後非由感誼言而然鼂錯復說上曰〔補注〕先謙曰錯傳錯言守邊備塞勸農力本當世急務二事傳止載守邊備塞一事而以勸農力本之奏分載於此聖王在上而民不凍飢者非能耕而食之織而衣之也師古曰食讀曰飤衣音於旣反爲開其資財之道也故堯禹有九年之水湯有七年之旱〔補注〕沈欽韓曰墨翟七患篇夏書曰禹七年水殷書曰湯五年旱然而民不凍飢者其生財密用之節也管子權數篇湯七年旱禹五年水民無檀賣子荀子王霸篇禹十年水湯七年旱莊子秋水篇湯之時八年七旱皆與此異賈子新篇禹有十年之畜故免九年之水湯有十年之積故勝七年之旱與此同而國亡捐瘠者孟康曰肉腐爲瘠捐骨不埋者或曰捐謂民有飢相棄捐者或謂貧乞者爲捐蘇林曰瘠音漬師古曰瘠瘦病也言無相棄捐而瘦病者耳不當音漬也貧乞之釋尤疏僻焉〔補注〕先謙曰唐寫本謂民下無有字捐者作捐也以畜積多而備先具也今海內爲一土地人民之眾不避湯禹〔補注〕劉奉世曰不避湯禹避字未詳宋祁曰言土地人民之眾不讓湯禹也加以亡天災數年之水旱而畜積未及者何也〔補注〕先謙曰官本畜作蓄地有遺利民有餘力生穀之土未盡墾山澤之利未盡出也游食之民未盡歸農也民貧則姦邪生貧生於不足不足生於不農不農則不地著不地著則離鄉輕家民如鳥獸雖有高城深池嚴法重刑猶不能禁也夫寒之於衣不待輕煖師古曰以禦風霜不求靡麗也煖音乃短反飢之於食不待甘旨師古曰旨美也飢寒至身不顧廉恥人情一日不再食則飢終歲不製衣則寒夫腹飢不得食〔補注〕先謙曰唐寫本腹作腸膚寒不得衣雖慈母不能保其子君安能以有其民哉〔補注〕王念孫曰慈母當依景祐本作慈父此以父喻君子喻民則作慈父者是也通典食貨一通鑑漢紀七竝作慈父明主知其然也故務民於農桑薄賦斂廣畜積以實倉廩備水旱故民可得而有也民者在上所以牧之趨利如水走下四方亡擇也師古曰走音奏夫珠玉金銀飢不可食寒不可衣然而眾貴之者以上用之故也其

爲物輕微易臧在於把握可㠯周海內而亡飢寒之患師古曰周謂周徧而游行此令臣輕背其主而民易去其鄉盜賊有所勸亡逃者得輕資也補注先謙曰輕資卽輕齎也說文齎持遺也霍去病傳約輕齎古資齎字通見周禮注粟米布帛生於地長於時聚於力補注王念孫曰粟米布帛之生長與聚皆由人力不當專以聚言之力當爲市市者粟米布帛之所聚故曰聚於市言始而生於地繼而長於時終而聚於市其爲時甚久故曰非可一日成也力字本作力與市相似而誤太平御覽百穀部一引此已誤作力漢紀孝文紀正作市非可一日成也數石之重中人弗勝師古曰中人者處强弱之中也不爲姦邪所利一日弗得而飢寒至是故明君貴五穀而賤金玉今農夫五口之家其服役者不下二人師古曰服事也給公事之役也其能耕者不過百晦百晦之收補注先謙曰唐寫本百晦百晦四字作百百晦晦古人雙疊之字多如此例詩委蛇委蛇與委委佗佗同也不過百石春耕夏耘秋穫冬臧伐薪樵治官府給繇役春不得避風塵夏不得避暑熱秋不得避陰雨冬不得避寒凍四時之閒亡日休息又私自送往迎來弔死問疾養孤長

幼在其中勤苦如此尙復被水旱之災急政暴虐補注王念孫曰景祐本暴虐作暴賦案景祐本是也政讀爲征蜩館𨔣以征賦斂其義同言急其征暴其賦而斂之又不以時也下文賣田宅鬻子孫皆承急征暴賦言之作政者借字耳政字師古無音則已誤讀爲政令之政後人不達而改暴賦爲暴虐失之遠矣白帖八十四引此正作急政暴賦漢紀及通典食貨一通鑑漢紀七竝同先謙曰唐寫本作暴賦賦斂不時朝令而暮改補注王念孫曰改本作得言急征暴賦朝出令而暮已得非謂其朝令而暮改也今作改者後人不曉文義而妄易之耳通典已誤作改漢紀正作朝令暮得當具有者半賈而賣師古曰本直千錢者止得五百也賈讀曰價亡者取倍稱之息如淳曰取一償二爲倍稱師古曰稱舉也今俗所謂舉錢者也於是有賣田宅鬻子孫㠯償責者矣而商賈大者積貯倍息小者坐列販賣師古曰行賣曰商坐販曰賈列者若今市中賣物行也賈音古操其奇贏日游都市師古曰奇贏謂有餘財而畜聚奇異之物也一說字謂殘餘物也音居宜反補注先謙曰官本字作奇是乘上之急所賣必倍師古曰上所急求則其價倍貴故其男不耕耘女不蠶織衣必文采食必粱肉師古曰粱好粟也卽今之粱米補注先謙曰官本粱作粱是下同亡農夫之苦有仟伯之得師古曰仟謂千錢伯謂百錢也伯音莫白反今俗猶謂百錢爲一伯

補注吳仁傑曰此亦田畝之仟佰耳蓋百畝之收不過百石千畝之收不過千石而商賈操奇贏取倍息其所入豈止百石千石之得哉過秦論起仟佰之中言其拔起於隴畝正前所謂仟佰而史記索隱乃以爲千人百人之長亦非也周壽昌曰吳說是也言商賈無農夫之苦有農夫之利卽下所云商人兼并農人也因其富厚交通王侯力過吏埶㠯利相傾千里游敖冠蓋相望乘堅策肥履絲曳縞師古曰堅謂好車也縞皓素也繒之精白者也此商人所㠯兼并農人農人所㠯流亡者也今法律賤商人商人已富貴矣尊農夫農夫已貧賤矣故俗之所貴主之所賤也吏之所卑法之所尊也上下相反好惡乖迕師古曰迕違也好音呼到反惡音烏故反迕音五故反而欲國富法立不可得也方今之務莫若使民務農而已矣欲民務農在於貴粟貴粟之道在於使民㠯粟爲賞罰今募天下入粟縣官得㠯拜爵得㠯除罪如此富人有爵農民有錢粟有所渫師古曰渫散也音先列反此下亦同也補注宋祁曰有所渫下脫矣字先謙曰官本作下同無此亦也三字夫能入粟㠯受爵皆有餘者也取於有餘㠯供上用則貧民之賦可損

師古曰損減也所謂損有餘補不足令出而民利者也順於民心所補者三一曰主用足二曰民賦少三曰勸農功今令民有車騎馬一匹者復卒三人如淳曰復三卒之算錢也或曰除三夫不作甲卒也師古曰當爲卒者免其三人不爲卒者復其錢耳復音方目反車騎者天下武備也故爲復卒師古曰爲音于僞反神農之教曰有石城十仞應劭曰仞五尺六寸也師古曰此說非也八尺曰仞取人申臂之一尋也湯池百步師古曰池城邊池也以沸湯爲池不可輙近喻嚴固之基補注先謙曰官本邊下脫池字基作甚是唐寫本亦作甚帶甲百萬而亡粟弗能守也㠯是觀之粟者王者大用政之本務令民入粟受爵至五大夫㠯上迺復一人耳師古曰五大夫第九等爵也復音方目反此其與騎馬之功相去遠矣爵者上之所擅出於口而亡窮師古曰擅專也粟者民之所種生於地而不乏夫得高爵與免罪人之所甚欲也使天下入粟於邊㠯受爵免罪不過三歲塞下之粟必多矣於是文帝從錯之言補注先謙曰唐寫本無之字令民入粟邊六百石爵上造師古曰上造第二等爵也稍增至

四千石爲五大夫師古曰五大夫第九等爵萬二千石爲大庶長師古曰大庶長第十八等爵也〔補注〕先謙曰平準書於是募民能輸及轉粟於邊者拜爵爵得至大庶長是輸者轉者皆得拜也各㠯多少級數爲差〔補注〕先謙曰爲官本作有錯復奏言陛下幸使天下入粟塞下㠯拜爵甚大惠也〔補注〕先謙曰錯傳又載錯復言陛下幸募民相徙以實塞下使屯戍之事益省輸將之費益寡甚大惠也案此志使天下入粟塞下以拜爵句元文當在募民相徙以實塞下句下屯戍之事益省指募民徙塞下言輸將之費益寡指入粟塞下以拜爵言此下奏文皆與傳中所奏爲一篇而班氏分載入志者竊恐塞卒之食不足用大潦天下粟邊食足㠯支五歲可令入粟郡縣矣師古曰入諸郡縣以備凶災也足支一歲㠯上可時赦勿收農民租如此德澤加於萬民民俞勤農師古曰俞進也音踰又音愈〔補注〕錢大昕曰俞古愈字下文貧弱俞困民俞貧困之俞並同先謙曰唐寫本勤作勸是時有軍役若遭水旱民不困乏天下安寍歲孰且美則民大富樂矣上復從其言迺下詔賜民十二年租稅之半明年遂除民田之租稅後十三歲孝景二年令民半出田租三十而稅一也其後上郡㠯西旱

復修賣爵令而裁其賈㠯招民師古曰賈讀曰價裁謂減省之也〔補注〕先謙曰平準書裁作賤官本無賈讀曰價四字及徒復作得輸粟於縣官㠯除罪師古曰復音房目反解在宣紀〔補注〕沈欽韓曰宣帝時張敞亦理此議而蕭望之駮之語詳望之傳先謙曰官本房作方在作見始造苑馬㠯廣用師古曰苑馬謂爲苑㠯牧馬〔補注〕錢大昭曰邊郡有六牧師苑養馬三十萬匹宮室列館車馬益增修矣然婁敕有司㠯農爲務師古曰婁古屢字也〔補注〕先謙曰官本無也字民遂樂業至武帝之初七十年閒國家亡事非遇水旱則民人給家足〔補注〕先謙曰平準書則民作民則都鄙廩庾盡滿而府庫餘財京師之錢累百鉅萬貫朽而不可校師古曰累百鉅萬謂數百萬萬也校謂計數也〔補注〕先謙曰平準書作累巨萬無百字集解引韋昭云巨萬今萬萬唐寫本計數下有之字太倉之粟陳陳相因師古曰陳謂久舊也充溢露積於外腐敗不可食衆庶街巷有馬仟伯之閒成羣師古曰謂田中之阡陌也乘牸牝者擯而不得會聚孟康曰皆乘父馬有牝馬閒其閒則踶齧故斥出不得會同師古曰言時富饒故恥乘牸牝不必以其踶齧也踶蹋也音大奚反〔補注〕先謙曰平準書牸作字廣雅釋言字乳也又釋獸牸雌也據此字牸義同即謂牝馬之乳子者耳集解引孟說則

下有相字出在會字上此作斥出文義較順守閭閻者食粱肉爲吏者長子孫如淳曰時無事吏不數轉至於長生子孫而不轉職也〔補注〕先謙曰官本長生作生長居官者㠯爲姓號如淳曰貨殖傳倉氏庾氏是也人人自愛而重犯法師古曰重難也先行誼而黜媿辱焉師古曰㠯行誼爲先㠯媿辱相黜也行音下更反〔補注〕先謙曰平準書作而後絀恥辱焉絀黜字同也又太史公贊云先本絀末是先與絀對文明史記後字淺人妄加於是罔疏而民富役財驕溢或至并兼豪黨之徒㠯武斷於鄉曲師古曰特其饒富則擅行威罰也斷音丁喚反〔補注〕先謙曰索隱鄉曲豪富無官位而以威勢主斷曲直故曰武斷也宗室有土公卿大夫㠯下爭於奢侈師古曰有土謂國之宗姓受封邑土地者也室廬車服僭上亡限物盛而衰固其變也是後外事四夷內興功利役費並興而民去本董仲舒說上曰春秋它穀不書至於麥禾不成則書之㠯此見聖人於五穀最重麥與禾也今關中俗不好種麥是歲失春秋之所重而損生民之具也願陛下幸詔大司農使關中民益種宿麥令毋後時師古曰宿麥謂其苗經冬又言古者稅民不過什

一其求易共師古曰共讀曰供次下亦同使民不過三日其力易足民財內足㠯養老盡孝外足㠯事上共稅下足㠯畜妻子極愛故民說從上師古曰說讀曰悅也〔補注〕先謙曰唐寫本說下有而字當據補官本無也字至秦則不然用商鞅之法改帝王之制除井田民得賣買富者田連仟伯貧者亡立錐之地又顓川澤之利管山林之饒師古曰顓與專同管主也荒淫越制踰侈㠯相高邑有人君之尊里有公侯之富小民安得不困又加月爲更卒已復爲正一歲屯戍一歲力役三十倍於古師古曰更卒謂給郡縣一月而更者也正卒謂給中都官者也率計今人一歲之中屯戍力役之事三十倍多於古也更音工衡反及田租口賦鹽鐵之利二十倍於古如淳曰秦賣鹽鐵貴故下民受其困也師古曰既收田租又出口賦而官更奪鹽鐵之利率計今人一歲之中失其資產二十倍多於古也或耕豪民之田見稅什五如淳曰十稅其五師古曰言下戶貧人自無田而耕墾豪富家田十分之中以五輸本田主也故貧民常衣牛馬之衣而食犬彘之食重㠯貪暴之吏刑戮妄加師古曰重音直用反民愁亡聊亡逃山林轉爲盜

賊豬衣牛道斷獄歲㠯千萬數漢興循而未改〔補注〕先謙曰馬端臨云史既言高祖省賦而復言鹽鐵之賦仍秦者蓋當時封國至多山澤之利在諸侯王國者皆循秦賦法取㠯自豐非縣官經費所領也古井田法雖難卒行宜少近古師古曰卒讀曰猝近音其靳反限民名田㠯澹不足師古曰名田占田也各爲立限不使富者過制則貧弱之家可足也塞并兼之路鹽鐵皆歸於民去奴婢除專殺之威服虔曰不得專殺奴婢也〔補注〕宋祁曰專當改作顓字薄賦斂省繇役㠯寬民力然後可善治也仲舒死後功費愈甚〔補注〕先謙曰唐寫本愈作俞案它處作俞此不應獨用愈當據正天下虛耗人復相食師古曰耗音呼到反〔補注〕先謙曰官本注在天下虛耗下武帝末年悔征伐之事迺封丞相爲富民侯韋昭曰沛蘄縣也師古曰欲百姓之殷實故取其嘉名也〔補注〕先謙曰田千秋也見本傳下詔曰方今之務在於力農㠯趙過爲搜粟都尉〔補注〕先謙曰官本考證云搜監本訛挾今改正案百官表作騪過能爲代田一畮三甽師古曰甽壟也音工犬反字或作畎〔補注〕吳仁傑曰案鄭氏注考工記曰古者甽遂之間通水又曰甽上高土謂之代其壟中曰甽繇是言之壟者甽上高土甽者壟中通水之道而非壟也顏於劉向傳忠臣雖在甽畝釋云甽者田中之溝也此㠯爲壟何哉疑有脫文當云甽壟

前漢二十四上　十七

中溝也沈欽韓曰呂覽辨土篇畮欲廣㠯平甽欲小㠯深歲代處故曰代田師古曰代易也古法也后稷始甽田㠯二耜爲耦師古曰併兩耜而耕廣尺深尺曰甽長終畮一畮三甽一夫三百甽而播種於甽中師古曰播布也種謂穀子也〔補注〕先謙曰官本甽中上有三字引宋祁云三甽中姚刪去三字苗生葉㠯上稍耨隴草師古曰耨鉏也〔補注〕王念孫曰苗生葉㠯上稍耨隴草本作苗生三葉㠯上稍壯耨隴草言自生三葉㠯上禾苗稍壯乃耨去隴草而隤其土㠯附苗根也苗生三葉㠯上故曰稍壯今本脫三字則㠯上二字義不可通下文云言苗稍壯每耨輒附根則此文之作稍壯耨隴草甚明今本脫壯字則稍字可刪矣左傳昭元年正義引此正作苗生三葉㠯上稍壯張文虎曰案三字宜有壯字則疑因下文稍壯而衍稍耨云者卽下文所云每耨輒附根蓋㠯漸隤其土[illegible]敘[illegible][illegible]故下云比盛暑隴盡平而根深先謙曰唐寫本鉏下有之字當據補因隤其土㠯附根苗師古曰隤謂下之也音頹〔補注〕先謙曰官本根苗作苗根是故其詩曰或芸或芓黍稷儗儗師古曰小雅甫田之詩儗儗盛貌芸音云芓音子儗音擬芸除草也秄附根也〔補注〕先謙曰官本秄作芓是言苗稍壯每耨輒附根比盛暑隴盡而根深師古曰比音必寐反〔補注〕王念孫曰本作隴盡平而根深言每耨輒隤隴土㠯附苗根及盛暑之時則隴與甽平而苗根深固也今本脫平字則文義不明小雅甫田正義所

引與今本同亦後人依誤本漢書刪之左傳昭元年正義引此正作隴盡平而根深先謙曰官本注八字在比盛暑下能風與旱師古曰能讀曰耐也〔補注〕先謙曰官本注末無也字故儗儗而盛也其耕耘下種田器皆有便巧率十二夫爲田一井一屋故畮五頃鄧展曰九夫爲井三夫爲屋夫百畮於古爲十二頃古百步爲畮漢時二百四十步爲畮古千二百畮則得今五頃用耦犂二牛三人〔補注〕齊召南曰案周禮里宰賈疏曰周時未有牛耕至漢時趙過始敎民牛耕今鄭云合牛耦可知者或周末兼有牛耕至趙過乃絕人耦又案葉少蘊云古耕而不犂後世變爲犂法耦用人犂用牛過特爲增損其數耳非用牛自過始也周必大云疑耕犂起於春秋之世孔子有犂牛之言冉耕字伯牛月令出土牛示農耕早晚案葉周二說是但謂古耕而不犂耕犂起於春秋亦恐未確古藉田之禮曰三推不用犂安用推乎葉德輝曰齊民要術引蔡癸書云武帝㠯趙過爲搜粟都尉敎民耕殖其法三犂共一牛一人將之下種挽耬皆取備焉日種一頃至今三輔猶賴其利說與志不同一歲之收常過縵田畮一斛㠯上師古曰縵田謂不爲畮者也縵音莫幹反〔補注〕先謙曰官本爲畮作爲甽是善者倍之師古曰善爲甽者又過縵田二斛㠯上也過使敎田太常三輔蘇林曰太常主諸陵有民故亦課田種也大農置工巧奴與從事爲作田器二千石遣令長三老力田〔補注〕周壽昌曰力田農官之屬漢時與孝弟并舉有

前漢二十四上　十八

孝弟力田科及里父老善田者受田器學耕種養苗狀蘇林曰爲法意狀也民或苦少牛亡㠯趨澤師古曰趨讀曰趣趣及也澤雨之潤澤也故平都令光敎過以人輓犂師古曰輓引也音晚〔補注〕何焯曰㠯人輓犂似始於此齊召南曰唐夏州都督王方翼爲耦耕法張機鞬力省而見功多宋武允成獻踏犂不用牛㠯人力運之皆人輓犂之遺式也過奏光㠯爲丞敎民相與庸輓犂師古曰庸功也言換功共作也義亦與庸賃同〔補注〕王念孫曰庸者更也迭也代也方言曰庸佽比侹更佚[illegible]代也[illegible]齊曰佚江淮陳楚之間曰侹餘四方之通語也說文庸用也从用庚庚更事也又曰代更也然則庸輓犂者猶言更輓犂代輓犂也昭十六年左傳云昔我先君桓公與商人庸次[illegible]比耦㠯艾殺此地斬其蓬蒿藜藋而共處之是也上文代田二字已明著其訓矣師古謂換功共作與庸賃同義是矣而仍訓庸爲功則未考方言也先謙曰官本注挽作換是率多人者田日三十畮少者十三畮㠯故田多墾闢過試㠯離宮卒田其宮壖地師古曰離宮別處之宮非天子所常居也壖餘也宮壖地謂外垣之內內垣之外也諸緣河壖地廟垣壖地其義皆同守離宮卒閑而無事因令於壖地爲田也壖音而緣反課得穀皆多其旁田畮一斛㠯上〔補注〕顧炎武曰蓋壖地乃久不耕之地地力有餘其收必多所㠯作代田之法也令命家田三輔公田李奇曰令使也命者敎也令離宮卒

教其家田公田也韋昭曰命謂爵命者命家謂受爵命一爵爲公士以上令得田公田優之也師古曰令音力成反又教邊郡及居延城韋昭曰居延張掖縣也時有甲卒也是後邊城河東弘農三輔太常民皆便代田用力少而得穀多至昭帝時流民稍還田野益闢頗有畜積宣帝卽位用吏多選賢良百姓安土歲數豐穰師古曰數音所角反穰音人常反〔補注〕宋祁曰人常當作人掌穀至石五錢農人少利時大司農中丞耿壽昌以善爲算能商功利得幸於上師古曰商度也〔補注〕周壽昌曰九數五曰商功九章算術注求積尺法既得積尺功乃可商先謙曰官本注在利下五鳳中奏言故事歲漕關東穀四百萬斛以給京師師古曰漕水運〔補注〕宋祁曰水運下當添也字用卒六萬人宜糴三輔弘農河東上黨太原郡穀足供京師可以省關東漕卒過半〔補注〕何焯曰此郎後代和糴所本又白增海租三倍〔補注〕周壽昌曰海租稅漁戶郎今漁課漢有海丞官主海稅屬少府故有海租此特增三倍耳王莽初設六筦之令諸采取名山澤衆物者稅之由海租推廣也天子皆從其計御史大夫蕭望之奏言故御史屬徐宮李奇曰御史大夫屬家在東萊言往年加海租魚不出長老皆言武帝時縣官嘗自漁海魚不出後復予民魚迺出夫陰陽之感物類相應萬事盡然今壽昌欲近糴漕關內之穀築倉治船費直二萬萬餘服虔曰萬萬億也〔補注〕先謙曰官本服虔作師古引宋祁曰邵本師古作服虔有動衆之功恐生旱氣民被其災壽昌習於商功分銖之事其深計遠慮誠未足任宜且如故上不聽漕事果便壽昌遂白令邊郡皆築倉以穀賤時增其賈而糴以利農穀貴時減賈而糶名曰常平倉師古曰賈讀曰價〔補注〕王念孫曰穀貴時減其賈而糶今本脫其字宜依上文及御覽引補而糶下有以利民三字上文載李悝說云糴甚貴傷民甚賤傷農故壽昌請以穀賤時增賈而糴以利農穀貴時減賈而糶以利民此民字對農而言下文飢民之三字則兼農而設今脫去以利民三字則語意不完通典食貨十二無此三字亦後人依誤本漢書刪之白帖十一御覽居處部十八引此竝作減其賈而糶以利民漢紀作減賈而糶以贍貧民義亦同也民便之上迺下詔賜壽昌爵關內侯而蔡癸以好農使勸郡國至大官師古曰爲使而勸郡國也使音山史反〔補注〕先謙曰癸邯鄲人官弘農太守見藝文志官本史作吏唐寫本同元帝卽位天下大水關東郡十一尤甚二

年齊地飢穀石三百餘民多餓死琅邪郡人相食在位諸儒多言鹽鐵官及北假田官常平倉可罷孟康曰北假地名也〔補注〕先謙曰始皇紀使蒙恬渡河取高闕據陽山北假中築亭障以逐戎人集解北假地名近五原水經河水注河水南屈逕河目縣在北假中地名也自高闕以來夾山帶河陽山以往皆北假也董祐誠云陽山當卽今鄂爾多斯右翼後旗北河外翁金碩隆迤東達爾德爾諸山河目漢屬五原自阿爾坦山迤東至烏喇特南至黃河皆古北假地毋與民爭利上從其議皆罷之又罷建章甘泉宮衞角抵齊三服官省禁苑以予貧民減諸侯王廟衞卒半又減關中卒五百人轉穀振貸窮乏其後用度不足獨復鹽鐵官成帝時天下亡兵革之事號爲安樂然俗奢侈不以畜聚爲意永始二年梁國平原郡比年傷水災師古曰比頻也〔補注〕先謙曰官本注在人相食下人相食刺史守相坐免哀帝卽位師丹輔政建言古之聖王莫不設井田然後治迺可平師古曰建立也立其議也孝文皇帝承亡周亂秦兵革之後天下空虛故務勸農桑帥以節儉民始充實未有幷兼之害故不爲民田及奴婢爲限師古曰不爲作限制上爲音于僞反今累世承平豪富吏民訾數鉅萬而貧弱俞困蓋君子爲政貴因循而重改作師古曰重難也然所以有改者將以救急也〔補注〕宋祁曰王本所上無然字亦未可詳宜略爲限師古曰詳謂悉盡也天子下其議丞相孔光大司空何武奏請諸侯王列侯皆得名田國中列侯在長安公主名田縣道及關內侯吏民名田皆毋過三十頃諸侯王奴婢二百人列侯公主百人關內侯吏民三十人期盡三年犯者沒入官時田宅奴婢賈爲減賤丁傅用事董賢隆貴皆不便也師古曰丁傅及董賢之家皆不便此事也〔補注〕先謙曰唐寫本無事字詔書且須後師古曰須待也遂寢不行宮室苑囿府庫之臧已侈百姓訾富雖不及文景然天下戶口最盛矣〔補注〕洪亮吉曰元始二年戶一千二百三十三萬三千故地理志戶口皆取元始二年以爲準平帝崩王莽居攝遂篡位王莽因漢承平之業匈奴稱藩百蠻賓服舟車所通盡爲臣妾府庫百官之富天下晏然莽一朝

有之其心意未滿師古曰謂愛惜之意未厭飽也陋小漢家制度㠯爲疏闊師古曰莽㠯漢家制度爲泰疏闊而更之令陋小〔補注〕宋祁曰而更下當添改字陋小下當添也字張照曰顔注非也葢陋小者卽鄙陋之意言鄙陋漢制謂爲疏闊不詳備也宣帝始賜單于印璽與天子同而西南夷鉤町稱王師古曰鉤音鉅于反町音大鼎反莽乃遣使易單于印貶鉤町王爲侯二方始怨侵犯邊境莽遂興師發三十萬眾欲同時十道竝出一舉滅匈奴募發天下囚徒丁男甲卒轉委輸兵器自負海江淮而至北邊如淳曰負背也〔補注〕先謙曰官本注在自負海下使者馳傳督趣師古曰傳音張戀反趣讀曰促海內擾矣又動欲慕古不度時宜師古曰度音大各反分裂州郡改職作官下令曰漢氏減輕田租三十而稅一常有更賦罷癃咸出晉灼曰雖老病者皆復出口算師古曰更音工衡反罷讀曰疲而豪民侵陵分田劫假師古曰分田謂貧者無田而取富人田耕種共分其所收也假亦謂貧人賃富人之田也劫者富人劫奪其稅侵欺之也厥名三十實什稅五也富者驕而爲邪〔補注〕先謙曰驕官本作質貧者窮而爲姦俱陷於辜刑用不錯師古曰錯置也

今更名天下田曰王田奴婢曰私屬皆不得賣買其男口不滿八而田過一井者分餘田與九族鄉黨犯令法至死制度又不定吏緣爲姦天下謷謷然陷刑者眾師古曰謷謷眾口愁聲也音敖後三年〔補注〕先謙曰官本作歲莽知民愁下詔諸食王田及私屬皆得賣買勿拘㠯法然刑罰深刻它政誖亂師古曰誖乖也音布內反邊兵二十餘萬人仰縣官衣食師古曰仰音牛向反用度不足數橫賦斂師古曰數音所角反橫因胡孟反〔補注〕先謙曰官本因作音是民俞貧困常苦枯旱亡有平歲穀賈翔貴晉灼曰翔音常師古曰晉說非也翔言如鳥之回翔謂不離于貴也若暴貴稱騰踊也末年盜賊羣起發軍擊之將吏放縱於外北邊及青徐地人相食雒陽㠯東米石二千莽遣三公將軍開東方諸倉振貸窮乏又分遣大夫謁者教民煮木爲酪服虔曰煮木實或曰如今餌朮之屬也如淳曰作杏酪之屬也師古曰如說是也〔補注〕周壽昌曰木不皆有實朮亦不多有杏酪更非饑歲所常服也王莽傳分教民煮草木爲酪多一草字是也葢猶近世饑歲民屑榆樹爲粥取穀樹汁爲羹之類酪不可食重爲煩擾師古曰重音直用反流民入關者數十萬人置養澹官㠯稟之〔補注〕先謙曰莽傳澹作贍吏盜其稟師古曰稟給也盜其稟者盜所給之物稟音彼甚反〔補注〕先謙曰官本無盜其稟者四字飢死者什七八莽恥爲政所致迺下詔曰予遭陽九之阸百六之會師古曰此歷法應有災歲之期也事在律歷志〔補注〕張文虎曰案律歷志以平帝元始三年𥝌入中統弟六章之十二年自此至王莽建國三年𥝌是爲陽九故莽云然而莽傳建國五年書則云陽九之阸既度百六之會已過也傳贊云餘分閏位亦指此歷志孟康注初入元百六歲有阸者則前元之餘氣也若餘分爲閏也枯旱霜蝗饑饉荐臻蠻夷猾夏寇賊姦軌百姓流離予甚悼之害氣將究矣師古曰究竟盡也〔補注〕先謙曰唐寫本作究竟也謂盡也是歲爲此言㠯至於亡

食貨志第四上　　漢書二十四

漢　蘭　臺　令　史班　固　撰

唐正議大夫行祕書少監琅邪縣開國子顏師古　注

賜進士出身前翰林院編修國子監祭酒加三級臣王先謙補注

凡貨金錢布帛之用夏殷㠯前其詳靡記云〔補注〕齊召南曰案管子言湯㠯莊山之金鑄幣禹㠯歷山之金鑄幣則夏殷時卽有錢幣矣平準書曰自高辛氏之前靡得而記虞夏之幣金爲三品或黃或白或赤或錢或布或刀或龜貝其辭𢍰覈蓋據尚書禹貢之文此志不言蓋因下文有司言古者皮幣一段恐重複也　太公爲周立九府圜法李奇曰圜卽錢也圜一寸而重九兩師古曰此說非也周官太府玉府內府外府泉府天府職內職金職幣皆掌財幣之官故云九府圜謂均而通也〔補注〕宋祁曰周官下當添有字葉德輝曰蔡雲癖談云圜法二字統金錢布帛言之自李奇混解上下兩圜字世遂謂周家錢法皆如孟康所云外圜而內孔方者其誤殊甚觀下文云利於刀則錢中有刀矣不言布者恐混於布帛之布實則周家圜法泉布刀俱有故顏氏舉周官大府以下九職當九府而以圜爲均而通也上圜字主義下圜字主形泉以爲圜法之一函方之泉又爲泉法之一班氏以是爲周家册制故特言之其他作刀形者柄端如肉好若一之環作睥睨形者足閒如火以圜之半環皆不離乎圜而爲函方者之別種謂圜卽錢李奇妄說豈特重九兩之無稽哉德輝案重九兩兩疑銖之誤九兩銅不能約爲徑寸錢夫人知之謬不至此原文當是徑一寸而重九銖故下文云輕重以銖也韋昭注國語言周錢重十二銖意者十二銖重者爲母九銖重者爲子乎　黃金方寸而重一斤〔補注〕王鳴盛曰孫子算經上黃金方寸重一斤白金方寸重一十四兩　錢圜函方孟康曰外圜而內孔方也　輕重㠯銖師古曰言黃金以斤爲名錢則以銖爲重也　布帛廣二尺二寸爲幅長四丈爲匹故貨寶於金利於刀如淳曰名錢爲刀者以其利於民也〔補注〕葉德輝曰蔡雲癖談云圜法之有刀非直利於刀之謂古人銘器往往作執刀狀以昭武事如父癸尊子執刀父丁鼎孫執刀之類不一而足鼎尊勒之以告成功於祖廟泉幣象之以示遺烈於國人其義一也　流於泉如淳曰流行如泉也　布於布如淳曰布於民閒　束於帛李奇曰束聚也〔補注〕王鳴盛曰據此則周人所用貨幣凡有四種或云布亦名錢者天官外府掌邦布之入出鄭康成注布泉也其藏曰泉其行曰布賈疏一物兩名是也而與此處所言布帛之布不同言豈一端而已各有所當也元帝時貢禹言鑄錢采銅民心動搖棄本逐末宜罷鑄錢毋復以幣租稅祿賜皆以布帛及穀使百姓壹意農桑議者以交易待錢布帛不可尺寸分裂禹議亦寢然卽此可見古固有以布帛爲市者而布固非錢也　太公退又行之于齊至管仲相桓公通輕重之權曰歲有凶穰故穀有

貴賤師古曰穰音人常反〔補注〕宋祁曰人常當作人掌先謙曰官本注在歲有凶穰下　令有緩急故物有輕重李奇曰上令急於求米則民重米緩於求米則民輕米　人君不理則畜賈游於市師古曰畜讀曰蓄蓄賈謂賈人之多蓄積者　乘民之不給百倍其本矣師古曰給足也　故萬乘之國必有萬金之賈千乘之國必有千金之賈者利有所幷也計本量委則足矣李奇曰委積也〔補注〕先謙曰上得民所食若干步畝之數則可計本而量其積志引管子文多刪易　然而民有飢餓者穀有所臧也師古曰言富人多臧穀故令貧者食不足也　民有餘則輕之故人君斂之㠯輕民不足則重之故人君散之㠯重李奇曰民輕之時爲斂糴之重之時官爲散也　凡輕重斂散之㠯時則準平〔補注〕王念孫曰景祐本則準平下有守準平三字是也通典食貨十二亦有此三字管子國蓄篇曰故守之以準平使萬室之都必有萬鍾之藏云云是其證何焯曰上準平句其始事也必行之經久而後能有藏蓄守字極有關係近刻脫下守準平句者失之　使萬室之邑必有萬鍾之臧臧繈千萬李奇曰繈落也孟康曰六斛四斗爲鍾繈錢貫也管子曰凶戾糴釜十繈師古曰孟說是也繈音居兩反〔補注〕王鳴盛曰下文賈人緡錢顏亦云緡謂錢貫通典注緡者絲也以貫錢一貫千錢出二十爲算也詩云維絲伊緡宋人亦以千錢爲一貫竊謂同一錢貫而異其名當有大小之別緡既是千錢則一繈當爲百錢也計萬室之邑每室粟一鍾以李悝之言度之可備四五人一月之食每室錢千繈爲錢一萬可備糴穀種及買耒耜器械幷饁饟之用曰必有者明其不可更少實欲其浮於此數也此萬鍾與臧繈皆人君所臧以贍民者萬鍾以備散臧繈以備斂也先謙曰官本注戾作歲是　千室之邑必有千鍾之臧臧繈百萬春㠯奉耕夏㠯奉耘師古曰奉謂供事也　耒耜器械種饟糧食必取澹焉師古曰種五穀之種也饟字與餉同謂餉田之具也〔補注〕宋祁曰取澹當作取贍先謙曰澹贍字同宋說未是後不復出　故大賈畜家不得豪奪吾民矣師古曰畜讀曰蓄豪謂輕侮之也字本作勢葢通用耳〔補注〕周壽昌曰豪強也豪奪猶言強奪先謙曰官本注用下有字字　桓公遂用區區之齊合諸侯顯伯名師古曰伯讀曰霸　其後百餘年周景王時患錢輕將更鑄大錢應劭曰大於舊錢其價重也　單穆公曰不可師古曰單穆公周大夫單旗單音善　古者天降災戾師古曰戾惡氣也一曰戾至也　於是乎量資幣權輕重㠯救民應劭曰資財也量資幣多少有無平其輕重也師古曰凡言幣者皆所以通貨物易有無也故金之與錢皆名爲幣也　民患輕則爲之作重幣㠯行之於是有母權子而行民皆得焉應劭曰母重也其大倍故爲母也子輕也其輕

少半故爲子也民患幣之輕而物貴爲重幣以平之權時而行以廢其輕故曰母權子猶言重權輕也民皆得者本末有無皆得其利也孟康曰重爲母輕爲子若市八十錢物以母當五十以子三十續之若不堪重則多作輕而行之亦不廢重於是乎有子權母而行小大利之應劭曰民患幣重則多作輕錢而行之亦不廢去重者言重者行其貴輕者行其賤也今王廢輕而作重民失其資能無匱乎民若匱王用將有所乏乏將厚取於民師古曰厚猶多也重也民不給將有遠志是離民也師古曰遠志謂去其本居而散忘也補注先謙曰官本忘作亡是且絕民用吕實王府猶塞川原爲潢洿也師古曰原謂水泉之本也潢洿停水也潢音黃洿音一胡反竭亡日矣王其圖之弗聽卒鑄大錢文曰寶貨補注葉德輝曰周語韋昭注唐尚書云大錢重十二銖文曰大錢五十唐君所謂大泉者乃莽時錢非景王所鑄明矣又景王至赧王十三世而周亡後有戰國秦漢幣物改轉不相因先師所不能紀或云大錢文曰寶貨皆非事實云云韋注與漢志不合肉好皆有周郭韋昭曰肉錢形也好孔也補注王鳴盛曰據此則知景王以前錢皆無文肉好亦無周郭矣吕勸農澹不足百姓蒙利焉孟康曰單穆公曰竭無日矣不得復云百姓蒙利焉臣瓚曰但是不聽不鑄大錢耳猶自從其不廢輕此言母子並用故蒙其利也師古曰二

說皆非也單旗雖有此言王終自鑄錢果有便故百姓蒙其利也補注顧炎武曰單穆公諫景王鑄大錢本之周語王勿聽卒鑄大錢此廢輕作重不利於民之事班氏乃續之曰以勸農澹不足百姓蒙利焉失其義矣洪亮吉曰劉秩云錢以平輕重權本末齊威得其術而國以霸周景失其道而人用敝此云蒙利恐未必然孟注是先謙曰官本注但是之是作自秦兼天下幣爲二等黃金吕溢爲名上幣孟康曰二十兩爲溢師古曰改周一斤之制更以溢爲金之名數也高祖初賜張良金百溢此尚秦制也上幣者二等之中黃金爲上而錢爲下也補注先謙曰平準書溢作鎰爲名二字倒官本兼作幷注爲溢下有也字銅錢質如周錢臣瓚曰言錢之形質如周錢唯文異耳文曰半兩重如其文補注葉德輝曰宋洪邁泉志秦半兩下引敦素曰常得此錢徑寸三分重八銖案平準書亦云半兩重如其文而本志又云各隨時而輕重無常是秦錢或有重八銖者漢權八銖今一重一錢五分十二銖則當秦之半兩今世所存秦半兩最薄者重一錢五分最厚者重二錢卽其明證然則敦素所見八銖重者乃其錢之輕者耳先謙曰平準書有爲下幣三字索隱顧氏案古今注云秦錢半兩徑寸二分重十二銖而珠玉龜貝銀錫之屬爲器飾寶臧不爲幣然各隨時而輕重無常漢興吕爲秦錢重難用更令民鑄莢錢如淳曰如榆莢也師古曰莢音頰補注先謙曰集解引志曰鑄榆莢錢榆字蓋裴所加也索隱顧氏案古今注云莢錢重三銖錢譜云文爲漢興黃金

一斤師古曰復周之制更以斤名金補注先謙曰平準書黃金上有一字索隱引臣瓚云秦以一鎰爲一金漢以一斤爲一金一字似不可少而不軌逐利之民畜積餘贏吕稽市物痛騰躍李奇曰稽貯滯也晉灼曰痛甚也言計市物賤豫益畜之物貴而出賣故使物甚騰躍也師古曰不軌謂不循軌度者也言吕其贏餘之財蓄積羣貨使物稽滯在己故市價甚騰貴今書本痛字或作踊者誤耳踊騰一也物不當重累言之畜讀曰蓄補注先謙曰平準書物下作物踊騰句糶米至石萬錢注家並云漢書糶字作躍不云踊字作痛是痛字乃踊形近致誤顏據所見爲定本而不顧文之不詞其偏也集解引晉注作踊甚也亦不作痛索隱引如淳云踊騰猶低昂也低昂者作貴作賤也又云漢書糶作躍者謂物踊貴而價起有如物之騰躍而起也先謙案說文踊跳也躍迅也廣雅釋詁騰上也諸書釋踊騰躍皆爲跳今旣以踊騰躍相貫爲文則是言其物價跳上迅速若今俗云斗漲矣索隱引韋昭云稽畱待也與李說意合晉訓稽爲計非米至石萬錢馬至匹百金天下已平高祖乃令賈人不得衣絲乘車重稅租吕困辱之師古曰欲令務農孝惠高后時爲天下初定復弛商賈之律師古曰弛解也然市井子孫亦不得宦爲吏補注錢大昭曰閩本宦作官南雍本作爲官吏先謙曰官本作爲官吏孝文五年爲錢益多而輕補注先謙曰平準書作莢錢益多輕乃更鑄四銖錢其文爲半兩

除盜鑄錢令使民放鑄師古曰恣其私鑄賈誼諫曰法使天下公得顧租鑄銅錫爲錢敢雜吕鉛鐵爲它巧者其罪黥師古曰顧租謂顧庸之直或租其本補注錢大昭曰錫字疑衍然鑄錢之情非殽雜爲巧則不可得贏師古曰殽謂亂雜也贏餘利也言不雜鉛鐵則無利也殽音爻補注先謙曰官本注贏作亡引宋祁曰亡餘利也姚本改作贏餘利也而殽之甚微爲利甚厚師古曰微謂精妙也言殽雜鉛鐵其術精妙不可覺知而得利甚厚故令人輕犯之姦不可止也補注張照曰顏說非是錢之爲用甚廣一錢之殽其微已甚然總而計之爲利甚厚也非謂其術精妙若精妙卽費本而無利矣先謙曰官本無不可覺知四字夫事有召禍而法有起姦今令細民人操造幣之埶師古曰操持也人人皆得鑄錢也操音千高反各隱屛而鑄作補注周壽昌曰隱避藏也屛私處絕人蹤跡也屛音丙因欲禁其厚利微姦雖黥罪日報其埶不止鄭氏曰報論迺者民人抵罪多者一縣百數及吏之所疑榜笞奔走者甚眾夫縣法吕誘民師古曰縣謂開立之使入陷阱孰積於此師古曰阱穿地以陷獸也積多也阱音才性反曩禁鑄錢死罪積下蘇林曰下報也積累下報論之也張晏曰死罪者多委積於下也師古曰蘇說是也下音胡亞反次後亦同補注先

謙曰次後亦同官本作後同令公鑄錢黥罪積下爲法若此上何賴焉師古曰賴利也
一曰恃也又民用錢郡縣不同或用輕錢百加若干應劭曰時錢重四銖法錢百枚當重
一斤十六銖輕則㠯錢足之若干枚令滿平也師古曰若干且設數之言也干猶箇也謂當如此箇數耳而胡廣云若順也干求也
當順所求而與之矣補注宋祁曰干求也下邵本添合也二字王鳴盛曰凡數之不可知而約略舉之或其文太繁而撮舉之者曰
若干今人猶然曲禮問天子之年對曰始服衣若干尺矣疏云古謂數爲若干鄉射大射數射算云若干純若干奇若干加也干求也
事本不定當如此求之或用重錢平稱不受應劭曰用重錢則平稱有餘不能受也臣瓚曰秦錢重半兩漢
初鑄莢錢文帝更鑄四銖錢秦錢與莢錢皆當廢而故與四銖並行民㠯其見廢故用輕錢則百加若干用重錢雖㠯一當一猶復
不受之是㠯郡縣不同也師古曰應說是也稱音尺孕反法錢不立師古曰法錢依法之錢也吏急而壹之
虖則大爲煩苛而力不能勝縱而弗呵虖則市肆異用錢文大亂
師古曰呵責怒也音火何反補注先謙曰官本注在縱而弗呵虖下苟非其術何鄉而可哉師古曰鄉讀曰
嚮今農事棄捐而采銅者日蕃師古曰蕃多也音扶元反其下亦同釋其耒耨冶鎔
炊炭應劭曰鎔形容也作錢模也師古曰鎔音容補注宋祁曰錢模下姚本添模字姦錢日多五穀不爲

多師古曰言皆采銅鑄錢廢其農業故五穀不多也爲音於僞反不爲多猶言爲之不多也補注王念孫曰顏說甚迂五穀不爲
多多字因上文姦錢日多而衍[illegible]爲音於嫣反不音於僞反爲成也言五穀不成也晉語黍不爲黍稷不爲稷韋注爲成也
廣雅呂氏春秋任地篇種稑禾不爲稑種重禾不爲重言不成稑不成重也墨子襍守篇歲不爲賈子孽產子篇歲適不爲皆言歲
不成也史記天官書風從西北來戎菽爲集解引孟康漢書注爲成也淮南天文篇敦牂之歲禾不爲協洽之歲菽麥不爲本經篇
君臣不和五穀不爲[illegible]續漢書律麻志注引易緯小寒晷未當至而至來年麻不爲穀兩晷當至不至水物雜稻等不爲是不
爲卽不成也此言民皆棄其農事而鑄錢故五穀不成賈子銅布篇采銅者棄其田疇家鑄者捐其農事穀不爲則鄰於飢此尤其
明證矣善人怵而爲姦邪李奇曰怵誘也動心於姦邪也師古曰怵音先律反又音黜愿民陷而
之刑戮師古曰愿謹也刑戮將甚不詳奈何而忽師古曰詳平也忽忽忘也補注宋祁曰忽忘也
姚本改作怠忘也周壽昌曰詳卽書呂刑祥刑之祥書中祥多作詳詳祥古通淮南說山訓六畜生多耳目者不詳高注詳善也
國知患此吏議必曰禁之禁之不得其術其傷必大令禁鑄錢則
錢必重師古曰令謂法令也重則其利深盜鑄如雲而起師古曰言其多棄市之罪
又不足㠯禁矣姦數不勝而法禁數潰銅使之然也師古曰數並音所角反補

注先謙曰賈子銅布篇銅布於下爲天下菑何㠯言之銅布於下則民鑄錢者大抵必雜石鉛鐵焉黥罪日繁此一禍也銅布於下
僞錢無止錢用不信民愈相疑此二禍也銅布於下采銅者棄其田疇家鑄者捐其農事穀不爲則鄰於飢此三禍也故不禁鑄錢
則錢常亂黥罪日積是陷阱也且農事不爲有疑爲菑故民鑄錢不可不禁上禁鑄錢必㠯死罪鑄錢者禁則錢必還重錢重則盜
鑄錢者起則死罪又復積矣銅使之然也與志文皆不同故銅布於天下其爲禍博矣師古曰博大也
補注先謙曰賈子無天字其上文皆作銅布於下下文皆作銅不布下明此天字衍今博禍可除而七福可
致也何謂七福上收銅勿令布則民不鑄錢黥罪不積一矣僞錢
不蓄民不相疑二矣采銅鑄作者反於耕田三矣銅畢歸於上上
挾銅積㠯御輕重師古曰銅積謂多積銅也錢輕則㠯術斂之重則㠯術散之
補注何焯曰此中郎兼寓斂散民粟之術王鳴盛曰與前減價糴增價糴及減糶一意先謙曰此下賈子有則錢必治四字
貨物必平四矣㠯作兵器㠯假貴臣多少有制用別貴賤五矣如淳
曰古者㠯銅爲兵秦銷鋒鍉鑄金人十二是也㠯臨萬貨㠯調盈虛㠯收奇羨師古曰調平均也奇
殘餘也羨饒溢也奇音居宜反羨音弋戰反補注先謙曰賈子奇一作畸或作倍則官富實而末民困六

矣師古曰末謂工商之業也補注先謙曰官本實作貴制吾棄財㠯與匈奴逐爭其民則敵
必懷七矣師古曰末業既困農人敦本倉廩積實布帛有餘則招誘胡人多來降附故言制吾棄財逐爭其人也棄財者
可棄之財逐競也補注宋祁曰則敵必懷當作壞字先謙曰聽民放鑄則是棄財今收銅㠯爲御物之具故曰制吾棄財故善
爲天下者因禍而爲福轉敗而爲功今久退七福而行博禍補注劉奉
世曰今久退七福久當作乃先謙曰賈子久作顧自何謂七福㠯下班氏多刪節其文臣誠傷之上不聽是
時吳㠯諸侯卽山鑄錢富埒天子師古曰卽就也埒等也補注宋祁曰卽就也下當添李奇曰三
字後卒叛逆鄧通大夫也㠯鑄錢財過王者故吳鄧錢布天下補注
葉德輝曰西京雜記云文帝賜鄧通蜀銅山聽自鑄錢文字肉好皆與天子錢同時吳王亦有銅山鑄錢微重文字肉好與漢錢不
異據此則吳鄧所鑄錢悉遵漢制故能流行天下也武帝因文景之畜忿胡粵之害師古曰畜讀曰
蓄卽位數年嚴助朱買臣等招徠東甌事兩粵江淮之閒蕭然煩
費矣師古曰蕭然猶騷然勞動之貌唐蒙司馬相如始開西南夷鑿山通道千餘
里㠯廣巴蜀巴蜀之民罷焉師古曰罷讀曰疲彭吳穿穢貊朝鮮置滄海

郡師古曰彭吳人姓名也本皆荒梗始開通之也故言穿也〔補注〕先謙曰官本考證引通鑑考異曰平準書亦言彭吳賈滅朝鮮置滄海之郡案滅朝鮮置滄海兩事也不知何者出賈之謀則燕齊之間靡然發動及王恢謀馬邑〔補注〕王念孫曰治要引此謀上有設字是也漢伏兵馬邑旁誘單于而擊之王恢實設此謀故曰設謀馬邑今本脫去設字則文義不明史記亦有設字匈奴絕和親侵擾北邊兵連而不解天下共其勞師古曰共猶同〔補注〕錢大昭曰共讀與供同謂供給其勞役也顏訓非張文虎曰平準書共作苦疑共乃苦字爛文干戈日滋行者齎居者送師古曰齎謂將衣食之具以自隨也音子奚反中外騷擾相奉百姓抏獘以巧法師古曰抏訛也謂摧挫也巧法為巧詐以避法也抏音五官反〔補注〕先謙曰索隱鄒氏又音五亂反案抏者耗也消耗之名財賂衰耗而不澹師古曰耗減也澹足也入物者補官出貨者除罪選舉陵夷廉恥相冒師古曰冒蒙也武力進用法嚴令具興利之臣自此而始師古曰謂桑弘羊東郭咸陽孔僅之屬也其後衞青歲以數萬騎出擊匈奴遂取河南地築朔方時又通西南夷道作者數萬人千里負擔餽饟師古曰餽亦饋字饟古餉字率十餘鍾致一石師古曰言其勞費用功重散幣於邛僰以輯之

應劭曰邛屬臨邛僰屬犍為晉灼曰僰音蒲賊反師古曰本西南夷兩種也邛今邛州也僰今僰道縣也輯與集同謂安定也〔補注〕先謙曰邛今四州邛州僰今宜賓縣境數歲而道不通蠻夷因以數攻吏吏發兵誅之〔補注〕宋祁曰發兵誅之當去兵字錢大昭曰南雍本閩本俱不重吏字先謙曰官本不重吏字悉巴蜀租賦不足以更之李奇曰不足用終更其事也韋昭曰更續也師古曰二說並非也悉盡也更償也雖盡租賦不足償其功費也更音庚〔補注〕先謙曰集解引韋昭後復云或曰更償也則顏注仍出韋說迺募豪民田南夷入粟縣官而內受錢於都內服虔曰入穀於外縣而受粟錢於內府也師古曰此說非也都內京師主臧者也百官公卿表大司農屬官有都內令丞也〔補注〕先謙曰官本注縣下有官字東置滄海郡〔補注〕先謙曰平準書作東至滄海之郡案上文已言置滄海郡矣此不當復云置也作至是人徒之費疑於南夷師古曰疑讀曰儗儗謂比也又興十餘萬人築衞朔方師古曰既築其城又守衞之轉漕甚遠自山東咸被其勞費數十百鉅萬師古曰數十萬乃至百萬萬〔補注〕宋祁曰數十下當添萬字張照曰案宋不言注則為正文可知正文有數十無萬字顏注乃言數十萬蓋唐初本有萬字故注如此然平準書亦祇言數十百巨萬也府庫並虛〔補注〕先謙曰平準書作益虛是也並字與益形近而誤迺募民能入奴婢得以終身復為郎增

秩師古曰庶人入奴婢則復終身先為郎者就增其秩也一曰入奴婢少者復終身多者得為郎舊為郎更增秩也及入羊為郎始於此〔補注〕葉德輝曰此疑卜式輸家財事式傳云初式不願為郎上曰吾有羊在上林令子牧之式既為郎布衣屮蹻而牧羊歲餘羊肥息蓋式先入羊而後上知其善牧傳云輸財殆徼詞也此後四年衞青比歲十餘萬眾擊胡師古曰比歲頻歲也〔補注〕王念孫曰羣書治要引此十餘萬眾上有將字是也脫去將字則文義不明史記亦有將字先謙曰比歲謂元朔五年六年斬捕首虜之士受賜黃金二十餘萬斤而漢軍士馬死者十餘萬兵甲轉漕之費不與焉師古曰與讀曰豫於是大司農陳臧錢經用賦稅既竭不足以奉戰士師古曰陳謂列奏之經常也既盡也言常用之錢及諸賦稅並竭盡也有司請令民得買爵及贖禁錮免臧罪〔補注〕先謙曰臧當為減字之誤也免罪不應獨言臧罪平準書作免減罪謂免罪及減罪也臧與減形近而誤武紀云得免減罪尤其明證通鑑誤與本志同請置賞官名曰武功爵臣瓚曰茂陵中書有武功爵一級曰造士二級曰閑輿衞三級曰良士四級曰元戎士五級曰官首六級曰秉鐸七級曰千夫八級曰樂卿九級曰執戎十級曰政戾庶長十一級曰軍衞此武帝所制以寵軍功師古曰此下云級十七萬凡直三十餘萬金今瓚所引茂陵中書止於十一級則計數不足與本文乖矣或者茂陵書說之不

盡也〔補注〕先謙曰集解引瓚說政戾庶長作左庶長其下又引漢書音義云十爵左庶長則此爵為左庶長無疑政戾二字非佳語必不取以名爵也級十七萬凡直三十餘萬金諸買武功爵官首者試補吏先除千夫如五大夫師古曰五大夫舊二十等爵之第九級也至此已上始免繇役故每先選以為吏千夫者武功十一等爵之第七也亦得免役今則先除為吏比於五大夫也〔補注〕劉攽曰直三十餘萬金其價之差殊不可詳也秦爵十八大庶長十九則關內侯武功爵比之減一級入關內侯亦其宜也或說七當作一與茂陵中書合矣予謂賣爵當級級稍增其價豈可例云級十七萬若每級十七萬比至三十餘萬金則一萬七千餘級又非也然則誤衍此萬字蓋武功爵其級十七又曰官首亦武功爵名當讀云買武功爵官首試補吏先除言官首補吏稱試但先除之千夫如五大夫五大夫之制於史無傳以理推之當是補吏不試也周壽昌曰劉謂上萬字衍是也何焯校本謂宋本亦有萬字上顏注引此語亦有萬字先謙曰平準書同則萬字非衍也索隱引大顏云一金萬錢也計十一級級十七萬合百八十七萬金而此云三十餘萬金其數必有誤者顧氏案或解云初一級十七萬自此已上每級加二萬至十七級合成三十七萬也又云官首爵第五位稍高故得試為吏先除用千夫爵第七五大夫舊二十等爵第九言千夫秩比於五大夫故楊僕以千夫為吏殆謂此胡三省云級十七萬者賣爵一級為錢十七萬至二級則三十四萬矣自此以上每級加增王莽時黃金一斤直錢萬以此推之則三十萬金為錢三十餘萬萬矣此當時當武功爵所直

之數也先謙案胡說是其有罪又減二等補注沈欽韓曰有罪者得計其所買之爵減二等也爵得至樂卿師古曰樂卿者武功爵第八等也言買爵唯得至第八也此文止論武功爵級而作注者乃以舊二十等爵解之失其本意故刪而不取以顯軍功軍功多用超等補注周壽昌曰超等超於常等之上今尚沿此名先謙曰平準書作越等大者封侯卿大夫小者郎補注先謙曰平準書郎下有吏字是吏道雜而多端則官職秏廢師古曰秏亂也音莫報反自孫弘以春秋之義繩臣下取漢相補注錢大昭曰南雍本閩本自下俱有公字先謙曰官本有公字平準書亦有張湯以峻文決理為廷尉於是見知之法生而廢格沮誹窮治之獄用矣張晏曰吏見知不舉劾為故縱官有所作廢格沮敗誹謗則窮治之也如淳曰廢格天子文法使不行也誹謂非上所行若顏異反脣之比也師古曰沮上壞之音材汝反補注宋祁曰廢格當改廢閣先謙曰平準書同索隱格音閣官本注上壞作止壞是其明年補注先謙曰據武紀為元狩元年淮南衡山江都王謀反迹見師古曰蹤跡顯見也而公卿尋端治之竟其黨與坐而死者數萬人吏益慘急而法令察師古曰慘毒也察微視也當是時招尊方正賢良文學之士或至公卿大夫公孫弘以宰相布被食

不重味為下先然而無益於俗稍務於功利矣補注先謙曰平準書下上有天字務作騖是說文騖亂馳也其明年補注先謙曰元狩二年票騎仍再出擊胡大克獲師古曰仍頻也渾邪王率數萬眾來降師古曰渾音胡昆反於是漢發車三萬兩迎之師古曰一兩一乘補注先謙曰平準書作二萬兩汲黯傳通鑑同既至受賞賜及有功之士是歲費凡百餘鉅萬先是十餘歲河決灌梁楚地固已數困補注齊召南曰案平準書作河決觀徐廣曰觀縣名屬東郡此文既改觀作灌則當連下梁楚地為句但以事核之此即指元光中河決瓠子東南注鉅野通於淮泗事也瓠子地在濮陽其對岸即觀縣史記作河決觀是也而緣河之郡隄塞河輒壞決費不可勝計其後番係欲省底柱之漕師古曰番姓係名也番音普安反係音工系反補注先謙曰詳溝洫志係音下系反官本作係音系穿汾河渠以為溉田鄭當時為渭漕回遠鑿漕直渠自長安至華陰師古曰回曲繞也音胡內反而朔方亦穿溉渠作者各數萬人歷二三期而功未就補注先謙曰平準書各字在歷上費亦各以鉅萬十數師古曰謂十萬萬也補注宋祁曰謂下當添數字天子為伐胡故盛養馬馬之往來食

長安者數萬匹師古曰食讀曰飤卒掌者補注先謙曰平準書作卒牽掌者言卒之牽馬掌馬者即牧人也關中不足迺調旁近郡師古曰調謂選發之也調音徒釣反而胡降者數萬人皆得厚賞衣食仰給縣官師古曰仰音牛向反次下亦同縣官不給師古曰給足也天子乃損膳解乘輿駟出御府禁藏以澹之補注宋祁曰澹當作贍其明年山東被水災民多飢乏於是天子遣使虛郡國倉廩以振貧猶不足又募豪富人相假貸師古曰貸音土戴反次下亦同補注先謙曰武紀元狩三年舉吏民能假貸者以名聞即此事也尚不能相救迺徙貧民於關以西及充朔方以南新秦中應劭曰秦始皇遣蒙恬攘卻匈奴得其河南造陽之北千里地甚好於是為築城郭徙民充之名曰新秦四方雜錯奢儉不同今俗名新富貴者為新秦由是名也補注齊召南曰應說以河南造陽並解新秦中非也河南即朔方郡及北地上郡之北境名新秦中今河套地也造陽則在上谷之北今宣化府邊外地漢武以其斗辟棄七百里安得徙貧民以充實其中耶史記集解載臣瓚曰秦逐匈奴以收河南地徙民以實之謂之新秦今以地空故復徙民以實之其說甚確先謙曰官本注在七十餘萬口下七十餘萬口補注先謙曰武紀在元狩四年冬作七十二萬五千口衣食皆仰給於縣官數歲貸與產業

使者分部護師古曰分音扶問反冠蓋相望費以億計縣官大空而富商賈補注王念孫曰賈上有大字而今本脫之文選蜀都賦注引此正作富商大賈史記通鑑並同下文云富商大賈亡所牟大利張湯傳云排富商大賈貨殖傳云關中富商大賈皆有大字或墆財役貧孟康曰墆停也晉灼曰墆音滯補注先謙曰官本墆並作滯音下作直吏反引宋祁曰滯財滯字當從土注同王本墆音滯先謙案平準書作蹛集解引漢書音義曰蹛停也一曰貯也此言居積停滯作墆滯蹛字不同其義一也轉轂百數李奇曰轂車也廢居居邑服虔曰居轂於邑也如淳曰居賤物於邑中以待貴也師古曰二說皆未盡也此言或有所廢置有所居蓄而居於邑中以乘時射利也補注沈欽韓曰公羊宣七年傳萬入去籥何去其有聲者廢其無聲者注廢置也置者不去也齊人語與此廢同居讀如奇貨可居之居周壽昌曰志又云賣買居邑即此義先謙曰如沈說是廢即居也於義為複索隱引劉氏云廢出賣也仲尼弟子傳子貢好廢舉索隱廢謂物貴而賣之與顏周說合集解引服說轂作穀承上文轉轂言之此誤封君皆氐首仰給焉晉灼曰氐音抵距之抵服虔曰仰給於商賈言百姓好末作也師古曰二說皆非也封君受封邑者謂公主及列侯之屬也氐首猶俯首也時公主列侯雖有國邑而無餘財其朝夕所須皆俯首而取給於富商大賈後方以邑入償之氐音丁奚反補注先謙曰官本注丁上無音字冶鑄鬻鹽財或累萬金而不佐公家之急黎民重困師古曰重音直用反於

是天子與公卿議更造錢幣以澹用師古曰更改也〔補注〕宋祁曰澹當作贍而摧浮淫并兼之徒是時禁苑有白鹿而少府多銀錫自孝文更造四銖錢至是歲四十餘年從建元以來用少縣官往往即多銅山而鑄錢師古曰就多銅之山而鑄錢也民亦盜鑄不可勝數錢益多而輕臣瓚曰鑄錢者多故錢輕輕亦賤也〔補注〕周壽昌曰輕對重言非賤之謂也鑄錢益多則工省而質薄也觀下云錢益輕薄而物貴可知物益少而貴如淳曰民但鑄錢不作餘物故也有司言曰古者皮幣諸侯以聘享金有三等黃金爲上白金爲中赤金爲下孟康曰白金銀也赤金丹陽銅也〔補注〕先謙曰索隱說文銅赤金也云丹陽銅者神異經云西方金山有丹陽銅也今半兩錢法重四銖鄭氏曰其文爲半兩實爲四銖也〔補注〕先謙曰官本注實下爲作重是而姦或盜摩錢質而取鋊如淳曰錢一面有文一面幕幕爲質民盜摩漫面而取其鋊以更鑄作錢也臣瓚曰許愼云鋊銅屑也摩錢漫面以取其屑更以鑄錢西京黃圖敘曰民摩錢取屑是也師古曰鋊音浴瓚說是也〔補注〕宋祁曰鋊俞玉反先謙曰如瓚二說皆是也平準書質作裏義同鋊作鎔錢益輕薄而物貴則遠方用幣煩費不省乃以白鹿皮方尺緣以繢師古曰繢繡也繪五綵而爲之

〔補注〕先謙曰平準書繢上有藻字徐廣注藻一作紫通鑑亦有官本注在爲皮幣下爲皮幣直四十萬王侯宗室朝覲聘享必以皮幣薦璧然後得行又造銀錫白金如淳曰雜鑄銀錫爲白金〔補注〕先謙曰平準書白上有爲字通鑑同此脫以爲天用莫如龍地用莫如馬人用莫如龜〔補注〕先謙曰索隱易云行天莫如龍行地莫如馬禮云諸侯以龜爲寶故白金三品其一曰重八兩圜之其文龍名曰撰直三千二曰以重差小方之其文馬直五百晉灼曰以半斤之重差爲三品此重六兩則下品重四兩也三曰復小橢之其文龜直三百師古曰橢圜而長也音佗果反〔補注〕劉奉世曰白撰當在其一曰之下衍名字二曰三曰之下皆當有金名史文錯脫姚鼐曰劉說非也重八兩以重差小復小乃白金上有此字故加曰字而白撰乃其名非白金上字如王莽鑄錢文曰小錢曰幺錢曰幼錢曰中錢曰壯錢曰者錢上有此字也葉德輝曰尚書大傳夏后氏死辠罰二千饌周本紀其罰百率索隱云舊本率亦作選即此白選二字所本選鍰聲近故古字通用先謙曰官本考證云案平準書作白選又二曰以重差小平準書無以字先謙案平準書橢作橢索隱顧氏按錢譜文爲龍形隱起肉好皆圜文又作雲霞之象選蘇林音選擇之選包愷及劉氏音息戀反漢書作撰二字音同晉灼案黃圖云直三千三百也其文馬者錢譜肉好皆方隱起馬形肉好之下又有連珠文也其文龜者肉圓好方皆隱起龜

甲文令縣官銷半兩錢更鑄三銖錢重如其文盜鑄諸金錢罪皆死而吏民之犯者不可勝數於是以東郭咸陽孔僅爲大農丞師古曰二人也姓東郭名咸陽姓孔名僅僅音鉅刃反〔補注〕宋祁曰爲大下當添司字先謙曰百官表大農令太初元年更名大司農史文元不必過泥若以例相繩元狩中尙可不添司字也平準書亦作大農通鑑同領鹽鐵事而桑弘羊貴幸咸陽齊之大鬻鹽孔僅南陽大冶皆致產累千金故鄭當時進言之弘羊洛陽賈人之子以心計師古曰不用籌算年十三侍中〔補注〕沈欽韓曰鹽鐵論大夫曰余結髮束脩年十三幸得宿衞給事輦轂案其進葢亦入羊爲郎之類故三人言利事析秋豪矣法既益嚴吏多廢免兵革數動民多買復師古曰入財於官以取優復復音方目反〔補注〕宋祁曰買復當作賈復先謙曰平準書亦作買復及五大夫千夫徵發之士益鮮師古曰鮮少也音先淺反於是除千夫五大夫爲吏不欲者出馬如淳曰千夫五大夫不欲爲吏者令之出馬也故吏皆適令伐棘上林作昆明池師古曰適讀曰讁讁責罰也以其久爲姦利〔補注〕先謙曰索隱故吏先免者皆適令伐棘上林是也上文正言吏多廢免顏說未晰其明年〔補注〕先謙曰武紀擊胡事與造白金

皮幣俱在元狩四年似不應分敘大氐造金幣之議刱於三年成於四年故紀志異也

大將軍票騎大出擊胡賞賜五十萬金軍馬死者十餘萬匹轉漕車甲之費不與焉師古曰與讀曰豫是時財匱師古曰匱空也戰士頗不得祿矣有司言三銖錢輕輕錢易作姦詐迺更請郡國鑄五銖錢周郭其質令不可得摩取鋊孟康曰周帀爲郭文漫皆有〔補注〕錢大昭曰鋊當作鋊鋊銅屑也先謙曰官本鋊作鋊平準書仍作鎔大農上鹽鐵丞孔僅咸陽言師古曰奏上其言也山海天地之臧宜屬少府陛下弗私以屬大農佐賦〔補注〕先謙曰馬廷鸞云孔僅咸陽所言前之屬少府者其利微今改屬大農則其利盡此聚斂之臣飾說以葢其私也願募民自給費因官器作鬻鹽官與牢盆蘇林曰牢價直也今世人言顧手牢如淳曰牢廩食也古者名廩爲牢盆鬻鹽盆也師古曰牢蘇說是也鬻古煮字也〔補注〕先謙曰官本注爲作曰索隱引蘇說作雇手牢盆此無盆字顧手牢不知何語詳其文義當是雇庸價直耳無盆字是也此是官與以煮鹽器作而定其價直故曰牢盆浮食奇民欲擅斡山海之貨師古曰斡謂主領也讀與管同〔補注〕先謙曰官本注與下羨饒也七字併在以致富羨下刪下師古曰三字以致富羨役利細民師古曰羨饒也音弋戰反其沮事之議

不可勝聽敢私鑄鐵器鬻鹽者釱左趾師古曰釱足鉗也音徒計反沒入其器物郡不出鐵者置小鐵官鄧展曰鑄故鐵使屬在所縣使僅咸陽乘傳舉行天下鹽鐵師古曰舉皆也普天之下皆行之也音下更反〔補注〕朱一新曰史記上使作便言以其便屬之也注音上脫行字作官府師古曰主鬻鑄及出納之處也除故鹽鐵家富者爲吏吏益多賈人矣商賈以幣之變多積貨逐利於是公卿言郡國頗被災害貧民無產業者募徙廣饒之地陛下損膳省用出禁錢以振元元寬貸〔補注〕先謙曰平準書有賦字是也無則文不成義而民不齊出南畝師古曰言農人尚少不皆務耕種也商賈滋眾貧者畜積無有皆仰縣官師古曰畜讀曰蓄仰音牛向反〔補注〕先謙曰官本無皆字引宋祁曰無有下當添皆字異時算軺車賈人之緡錢皆有差師古曰異時言往時也軺小車也緡謂錢貫也軺音弋昭反緡音武巾反〔補注〕沈欽韓曰異時者謂元光六年初算商車也先謙曰官本差下有下字引宋祁曰皆有差下姚本作皆有差小平準書無下字請算如故〔補注〕先謙曰武紀元狩四年初算緡錢諸賈人末作貰貸賣買居邑貯積諸物師古曰貰賒也貸假與也貰音式制反貸音土戴反及商以取利者

雖無市籍各以其物自占師古曰占隱度也各隱度其財物多少而爲名簿送之於官也占音之贍反率緡錢二千而算一師古曰率計有二千錢者則出一算〔補注〕先謙曰集解引臣瓚曰此緡錢爲是儲緡錢也故隨其用所施施於利重者其算亦多算百二十錢解詳高紀諸作有租及鑄如淳曰以手力所作而賣之者率緡錢四千算一非吏比者三老北邊騎士軺車一算師古曰比例也身非爲吏之例非爲三老非爲北邊騎士而有軺車皆令出一算比音必寐反商賈人軺車二算如淳曰商賈人有軺車又使多出一算重其賦船五丈以上一算匿不自占占不悉戍邊一歲沒入緡錢師古曰悉盡也有能告者以其半畀之師古曰畀與也音必寐反〔補注〕先謙曰武紀元鼎三年令民告緡者以其半與之已後算緡錢六年矣此行文省併之故賈人有市籍及家屬皆無得名田師古曰一人有市籍則身及家內皆不得有田也〔補注〕沈欽韓曰載師有賈田通典唐制諸以工商爲業者永業口分田各減半給之是賈人亦受田也漢禁其自有之田蓋利其田沒入之也先謙曰官本注在以便農下以便農敢犯令沒入田貨〔補注〕先謙曰平準書作田僮是時豪富皆爭匿財唯卜式數求入財以助縣官天子迺超拜式爲中郎賜爵左庶長田十頃布告天下以風百姓師古曰風讀曰諷初式不願爲官上強拜之稍遷至齊相語自在其傳孔僅使天下鑄作器三年中至大司農列於九卿而桑弘羊爲大司農中丞〔補注〕先謙曰大農屬無中丞中字衍平準書正作大農丞通鑑據漢志錄之胡三省云今置中丞其位當在兩丞上然百官表所無當以平準書爲正胡氏臆說不可據也管諸會計事稍稍置均輸以通貨物〔補注〕王鳴盛曰後書朱暉傳肅宗時尚書張林請復用武帝均輸法暉以爲不可李注武帝作均輸法謂州郡所出租賦并雇運之直官總取之市其土地所出之物官自轉輸於京謂之均輸沈欽韓曰九章術均輸以御遠近勞費鹽鐵論本議篇大夫曰往者郡國諸侯各以其物貢輸往來煩雜物多苦惡或不償其費故郡置輸官以相給運而便遠方之貢故曰均輸文學曰古者賦稅於民因其所工不求所拙農人納其穫女紅效其功今釋其所有責其所無百姓賤賣貨物以便上求閒者郡國或令民作布絮吏留難與之爲市吏之所入非獨齊陶之縑蜀漢之布也亦民間之所爲耳而行姦賣平農民重苦女紅再稅未見輸之均也始令吏得入穀補官郎至六百石師古曰吏更遷補高官郎又就增其秩得至六百石也〔補注〕沈欽韓曰前此鬻爵高者復除而已此乃直任職也黃霸亦以是進然言吏則庶民商賈不得也靈帝懸牓賣官亦由卑至尊如崔烈以卿入錢五百萬爲公也先謙曰官本注末無也字自造白金五銖錢後五歲而赦吏民之坐

盜鑄金錢死者數十萬人其不發覺相殺者不可勝計赦自出者百餘萬人然不能半自出天下大氐無慮皆鑄金錢矣師古曰氐讀曰抵抵歸也大歸猶言大凡也無慮亦謂大率無小計慮耳〔補注〕宋祁曰姚本改耳作也字王念孫曰無慮或作亡慮趙充國傳亡慮萬二千人顏注亡慮大計也案顏以無慮爲大計是也而又云無小計慮則是以無爲有無之無慮爲計慮之慮其失甚矣今案無慮疊韻字也慮古讀若閭溝洫志浩浩洋洋慮殫爲河河渠書慮作閭宣十一年左傳釋文曰無慮如字一音力於反是其證也廣雅曰無慮都凡也高注淮南俶眞篇曰無慮大數名也周髀算經無慮後天十三度十九分度之七趙爽曰無慮者粗計也後書光武紀將作大匠竇融上言園陵廣袤無慮所用李賢曰謂園陵都凡制度也是無慮爲都凡之名非無小計慮之謂也無慮或但謂之慮荀子議兵篇焉慮率用賞慶刑罰執詐而已矣楊倞曰慮大凡也賈誼傳慮亡不帝制而天子自爲者師古曰慮大計也言諸侯皆欲同帝制而爲天子之事是慮亦都凡之意也總計物數謂之無慮故總度事宜亦謂之無慮禮運曰聖人耐以天下爲一家以中國爲一人者非意之也鄭注曰意心所無慮也心所無慮謂心揣其大略也正義乃云謂於無形之處用心思慮失其指矣宣十一年左傳使封人慮事以授司徒杜注曰慮事無慮計功猶言約略計功也正義乃云城築之事無則慮之訖則計功愈失之矣先謙曰官本注抵下不重抵字大歸作大氐犯法者眾吏不能盡誅於是遣博士褚大

徐偃等分行郡國師古曰行音下更反〔補注〕先謙曰大見武紀偃事終見終軍傳舉并兼之徒守相爲利者師古曰守郡守也相諸侯相〔補注〕先謙曰武紀在元狩六年詔云將百姓所安殊路而撟虔吏因乘勢以侵蒸庶邪所謂撟虔吏郎守相爲利者也舉謂舉奏官本注無也字而御史大夫張湯方貴用事減宣杜周等爲中丞師古曰減姓也音減省之減義縱尹齊王温舒等用急刻爲九卿〔補注〕先謙曰減宣以下皆在酷吏傳直指夏蘭之屬始出蘇林曰夏蘭人姓名〔補注〕先謙曰官本注在誅矣下而大農顏異誅矣〔補注〕先謙曰百官表元狩四年大農令顏異二年坐腹非誅六年再書大農令正夫以此文序事推之異誅當在六年徐廣注云元狩四年非也初異爲濟南亭長以廉直稍遷至九卿上與湯既造白鹿皮幣問異異曰今王侯朝賀以倉璧〔補注〕先謙曰官本倉作蒼直數千而其皮薦反四十萬本末不相稱天子不說師古曰說讀曰悅湯又與異有隙及人有告異以它議事下湯治異〔補注〕先謙曰官本重異字與客語客語初令下有不便者李奇曰異與客語道詔令初下有不便處〔補注〕先謙曰此客語文甚明注云異語誤異不應微反脣師古曰葢非之〔補注〕張照曰顏注意雖是而未盡葢異聞客語不敢應而倉卒自禁

不覺微笑而脣褻耳湯奏當異九卿見令不便不入言而腹非師古曰當謂處斷其罪〔補注〕先謙曰官本注在論死下論死自是後有腹非之法比師古曰比則例也讀如字又音必寐反而公卿大夫多諂諛取容天下既下緡錢令〔補注〕錢大昭曰天下之下字疑是子字先謙曰錢說是也官本作天子平準書同而尊卜式百姓終莫分財佐縣官於是告緡錢縱矣師古曰縱放也放令相告言也郡國鑄錢民多姦鑄師古曰謂巧鑄之雜鉛錫〔補注〕宋祁曰鉛錫下當添也字錢多輕而公卿請令京師鑄官赤仄應劭曰所謂子紺錢也如淳曰以赤銅爲其郭也令錢郭見有赤者不知作法云何也〔補注〕先謙曰官本考證云史記作鑄鍾官赤仄注令字應作今舊本亦訛周壽昌云史記仄作側索隱鍾官掌鑄赤仄之錢此云官卽鍾官省文也當時赤仄甫行嚴防私鑄直以官赤仄呼之先謙按集解引如說今錢郭見有赤者作今錢見有赤側者又引漢書音義子紺錢作紫紺錢索隱韋昭云側邊也泉志亦作紫紺錢一當五賦官用非赤仄不得行師古曰充賦及給官用皆令以赤仄白金稍賤民弗寶用縣官以令禁之無益歲餘終廢不行是歲湯死而民不思〔補注〕先謙曰武紀湯死在元鼎二年徐廣注三年非也湯附上罔下當時民之怨嫉豈止不思此史公微文而班因之湯子孫兩漢貴盛雖良史不能無回曲也其後二歲赤仄錢賤民巧法用之不便又廢於是悉禁郡國毋鑄錢專令上林三官鑄〔補注〕齊召南曰三官錢卽水衡錢也據百官表水衡都尉掌上林其屬有均輸鍾官辨銅三令丞鹽鐵論曰廢天下諸錢而專命水衡三官作卽言此事裴駰解史記甚確但混上林均輸爲一官則微訛耳先謙曰水衡都尉諸官置於元鼎六年見百官表上云湯死後二歲此禁令當在元鼎四年通鑑編在二年似未審錢既多而令天下非三官錢不得行諸郡國前所鑄錢皆廢銷之輸入其銅三官而民之鑄錢益少計其費不能相當師古曰言無利唯眞工大姦迺盜爲之師古曰其術巧妙故得利楊可告緡徧天下如淳曰告緡令楊可所告言也師古曰此說非也楊可據令而發動之故天下皆被告中家以上〔補注〕周壽昌曰中家猶文帝所云中人產也今俗亦稱上戶中戶下戶大氐皆遇告杜周治之獄少反者如淳曰治匿緡之罪其獄少有反者蘇林曰反音幡師古曰幡謂從輕而出〔補注〕宋祁曰而出下當添之字迺分遣御史廷尉正監分曹服虔曰分曹職案行也師古曰服說非也曹輩也分輩而出爲使也〔補注〕先謙曰顏說本如淳見索隱引往往卽治郡國緡錢師古曰就其所在而治也〔補注〕先謙曰平準書不重往字往當上屬爲句其重文葢衍得民財物以億計奴婢以千

萬數田大縣數百頃小縣百餘頃宅亦如之於是商賈中家以上大氐破民媮甘食好衣不事畜臧之業師古曰媮苟且也而縣官以鹽鐵緡錢之故用少饒矣益廣開〔補注〕何焯曰當從平準書作益廣關開字誤先謙曰徐廣注元鼎三年徙函谷關於新安東界置左右輔〔補注〕先謙曰百官表元鼎四年更置二輔都尉都尉丞各一人初大農斡鹽鐵官布多〔補注〕先謙曰初者追溯置水衡前事斡誤當作斡平準書作筦同官布謂官錢置水衡欲以主鹽鐵及楊可告緡上林財物衆迺令水衡主上林上林既充滿益廣是時粵欲與漢用船戰逐孟康曰水戰相逐也迺大修昆明池列館環之師古曰環繞也〔補注〕先謙曰平準書館作觀字同治樓船高十餘丈旗織加其上師古曰織讀曰幟音昌志反〔補注〕宋祁曰昌志當改作式志先謙曰官本注在甚壯下幟作幟是平準書作幟甚壯於是天子感之迺作柏梁臺〔補注〕先謙曰武紀在元鼎二年高數十丈宮室之修繇此日麗迺分緡錢諸官而水衡少府太僕大農各置農官往往卽郡縣比沒入田田之師古曰卽就也比謂比者所沒入也其沒入奴婢分諸苑養狗馬禽獸及

與諸宮〔補注〕沈欽韓曰漢舊儀官奴婢及天下貧民貲不滿五千徙置苑中養鹿因收取鹿矢人日五錢到元帝時七十億萬以給軍擊西域官益雜置多如淳曰水衡少府太僕司農皆有農官是爲多也師古曰此說非也謂雜置官員分掌眾事耳非農官也徙奴婢眾而下河漕度四百萬石及官自糴迺足師古曰度計也音大各反所忠言世家子弟富人或鬬雞走狗馬弋獵博戲亂齊民如淳曰世家謂世世有祿秩家也齊等也無有貴賤謂之齊民若今言平民矣晉灼曰中國被教齊整之民也師古曰所姓也忠名也武帝之近臣郊祀志云公孫卿因所忠言寶鼎石慶傳云欲請詔近臣所忠廣川王傳云言漢公卿及幸臣所忠司馬相如傳云所忠往取書考其蹤迹此並一人也而說者或以爲所忠信之人此釋大謬齊等之義如說是也〔補注〕周壽昌曰春秋隱九年俠卒穀梁傳所俠也范注俠名也所其氏後書劉茂傳云小吏所輔注所姓也風俗通曰大夫華所事之後迺徵諸犯令相引數千人名曰株送徒入財者得補郎郎選衰矣應劭曰株根本也送致也如淳曰株幣也諸坐博戲事決爲徒者能入錢得補郎李奇曰先至者爲魁株也師古曰言被牽引者爲其根株所送當充徒役而能入財者即當補郎〔補注〕先謙曰索隱先至之人令之相引似若得其株本則枝葉自窮故曰株送徒是時山東被河災及歲不登數年人或相食〔補注〕先謙曰武紀關東水災在元鼎二年飢人相食在三年此併敘

之方二三千里〔補注〕先謙曰平準書作一二千里天子憐之令飢民得流就食江淮閒欲留留處師古曰流謂恣其行移若水之流至所在有欲往者亦留而處之〔補注〕宋祁曰處之當改處也先謙曰官本注無亦字往疑作住使者冠蓋相屬於道護之師古曰屬聯續也音之欲反下巴蜀粟以振焉〔補注〕先謙曰武紀在元鼎二年明年天子始出巡郡國東度河河東守不意行至不辯自殺〔補注〕宋祁曰不辯當改不辦周壽昌曰辯辦本字亦即辦也說文辯治也辦致力也魏志鍾會傳當何所能一辦耶一辦即一辦本書王尊傳後上行幸雍過虢尊供張如注而辦正作辦此言河東守不意天子行至供張不具遂自殺也行西踰隴隴西守孟康曰踰度也卒倉卒也〔補注〕先謙曰幸河東在元鼎四年西踰隴在五年此併敘之卒從官不得食隴西守自殺於是上北出蕭關從數萬騎行獵新秦中以勒邊兵而歸新秦中或千里無亭徼晉灼曰徼塞也臣瓚曰既無亭候又不徼循無禦邊之備故誅北地太守師古曰晉說是也〔補注〕先謙曰集解引瓚注循作巡是於是誅北地太守以下而令民得畜邊縣孟康曰令得畜牧於邊縣官假馬母三歲而歸及息什一以除告緡用充入新秦中李奇曰邊有官馬今令民能畜官母馬者滿三歲歸之十母馬還官一駒此爲息什一也師古曰官得母馬之息以給用度得充實秦中人故除告緡之令也〔補注〕先謙曰顏注秦中上脫新字除告緡者惟邊縣畜馬得除此令既得寶鼎立后土泰一祠〔補注〕先謙曰此又追敘也得鼎立祠在元鼎四年南越反在五年故下文云明年也公卿白議封禪事而郡國皆豫治道修繕故宮及當馳道縣縣治宮儲設共具師古曰共音居用反而望幸明年南粵反西羌侵邊天子爲山東不澹〔補注〕宋祁曰澹當作贍赦天下囚因南方樓船士二十餘萬人擊粵發三河以西騎擊羌又數萬人度河〔補注〕先謙曰官本度作渡築令居師古曰令音零初置張掖酒泉郡〔補注〕先謙曰據武紀武威酒泉置在元狩二年張掖敦煌分在元鼎二年通鑑從之此酒泉字誤當作敦煌地理志年歲參差蓋誤辨見彼志而上郡朔方西河河西開田官斥塞卒六十萬人戍田之師古曰開田始開屯田也斥塞廣塞令卻初置二郡故塞更廣也以開田之官廣塞之卒戍而田也中國繕道餽糧遠者三千近者千餘里皆仰給大農師古曰仰音牛向反此下並同邊兵不足迺發武庫工官兵器以澹之〔補注〕宋祁曰澹當作贍車騎馬乏縣官錢少買馬難得迺著令令封君以下至三百石吏以

上差出牡馬天下亭〔補注〕錢大昭曰牡當作牝昭帝始元五年罷天下亭母馬是也亭有畜字馬歲課息齊相卜式上書願父子死南粵天子下詔褒揚賜爵關內侯黃金四十斤〔補注〕先謙曰平準書作六十斤田十頃布告天下天下莫應列侯以百數皆莫求從軍至飲酎少府省金李奇曰省視也至嘗酎飲宗廟時少府視其金多少而列侯坐酎金失侯者百餘人〔補注〕先謙曰據表坐酎金失侯者一百六人迺拜卜式爲御史大夫〔補注〕先謙曰百官表在元鼎六年式既在位見郡國多不便縣官作鹽鐵器苦惡如淳曰苦或作盬盬不攻嚴也臣瓚曰謂作鐵器民患苦其不好也師古曰二說非也盬既味苦器又脆惡故總云苦惡也〔補注〕王念孫曰如說是也苦讀與盬同唐風鴇羽傳云盬不攻致也見郡國多不便縣官作鹽鐵爲一句下言鐵器既鹽惡而鹽鐵之價又貴也史記平準書作見郡國多不便縣官作鹽鐵鐵器苦惡賈貴鹽鐵論水旱篇云今縣官作鐵器多苦惡皆其證師古讀苦爲甘苦之苦而以鹽鐵器苦惡連讀斯文不成義矣高惠高后文功臣表云道橋苦惡息夫躬傳云器用鹽惡匈奴傳云不備善而苦惡管子度地篇云取完堅補弊久去苦惡書傳言苦惡者多矣若讀甘苦之苦則其義皆不可通沈欽韓曰鹽鐵論水旱篇賢良曰縣官鼓鑄鐵器大抵多爲大器務應員程不給民用民用鈍弊割草不痛是以農夫作劇得獲者少又曰鹽

鐵賈貴百姓不便貧民或木耕手耨土櫌淡食賈貴師古曰鹽鐵並貴也賈讀曰價或彊令民買之而船有算商者少物貴迺因孔僅言船算事上不說師古曰說音悅(補注)先謙曰官本無注六字漢連出兵三歲誅羌滅兩粵番禺吕西至蜀南者置初郡十七晉灼曰元鼎六年定越地吕為南海蒼梧鬱林合浦交阯九眞日南珠厓儋耳郡定西南夷吕為武都牂柯越嶲沈黎汶山郡及地理志西南夷傳所置犍為零陵益州郡凡十七且吕其故俗治無賦稅(補注)宋祁曰邵本治無賦稅無無字南陽漢中吕往各吕地比給初郡吏卒奉食幣物傳車馬被具師古曰地比謂依其次第自近及遠也比音頻寐反傳音張戀反被音皮義反(補注)先謙曰因初郡無賦稅故令南陽漢中諸地與之比近者各給其費被具文不成義當作傳車駕被具言傳車駕車被馬之物皆具也郊祀志兩言駕被具是其證駕字脫去上半故訛為馬耳平準書亦誤而初郡又時時小反殺吏漢發南方吏卒往誅之閒歲萬餘人師古曰閒歲隔一歲費皆仰大農(補注)宋祁曰邵本費下無皆字大農吕均輸調鹽鐵助賦故能澹之(補注)宋祁曰澹當作贍然兵所過縣縣吕為訾給毋乏而已不敢言輕賦法矣(補注)何焯曰輕史記作擅謂常法正供外擅取諸民吕訾給所過軍也徐廣注擅一

作經謂不顧經常法則此刻輕者傳寫誤也當改作經其明年元封元年卜式貶為太子太傅而桑弘羊為治粟都尉領大農盡代僅斡天下鹽鐵師古曰代孔僅(補注)劉敞曰大司農舊治粟內史耳弘羊為搜粟都尉也宋祁曰領大農當作司農弘羊吕諸官各自市相爭物吕故騰躍而天下賦輸或不償其僦費師古曰僦顧也言所輸賦物不足償其餘顧庸之費也僦音子就反(補注)宋祁曰償其餘當刪餘字迺請置大農部丞數十人分部主郡國各往往置均輸鹽鐵官(補注)錢大昭曰河東有均輸長見黃霸傳郡國有鹽官者三十六有鐵官者五十皆桑弘羊請置先謙曰平準書置上有縣字不可省令遠方各吕其物如異時商賈所轉販者(補注)錢大昭曰販閩本作販先謙曰官本販作販平準書亦作販如異時作貴時文義較明為賦而相灌輸置平準於京師都受天下委輸(補注)葉德輝曰續漢志補注引漢官解詁云委積也郡國所積聚金帛貨賄隨時輸送諸司農曰委輸吕供國用召工官治車諸器皆仰給大農大農諸官盡籠天下之貨物貴則賣之賤則買之如此富商大賈亡所牟大利如淳曰牟取也則反本而萬物不得騰躍故抑天下之物名曰平準(補注)

沈欽韓曰鹽鐵論本議篇文學曰縣官猥發闔門擅市則萬物並收萬物並收則物騰躍騰躍則商賈侔利自市則吏容姦豪而富商積貨儲物以待其急輕賈姦吏收賤吕取貴未見準之平也天子吕為然而許之於是天子北至朔方東封太山巡海上旁北邊吕歸師古曰旁音步浪反所過賞賜用帛百餘萬匹錢金吕鉅萬計皆取足大農弘羊又請令民得入粟補吏及罪吕贖(補注)宋祁曰補吏及罪下當加人字先謙曰平準書作令吏得入粟補官及罪人贖罪令民入粟甘泉各有差吕復終身師古曰復音方目反不復告緡(補注)沈欽韓曰入粟賜復者不再告緡也史記無復字它郡各輸急處(補注)先謙曰索隱謂他郡能入粟輸所在急要之處而諸農各致粟山東漕益歲六百萬石一歲之中太倉甘泉倉滿邊餘穀諸均輸帛五百萬匹民不益賦而天下用饒於是弘羊賜爵左庶長師古曰第十等爵黃金者再百焉師古曰凡再賜百金(補注)先謙曰平準書作再百斤通鑑同是歲小旱上令百官求雨卜式言曰縣官當食租衣稅而已師古曰衣音於既反今弘羊令吏坐市列販物求利師古曰市列謂列肆(補注)宋祁曰列肆下當添也字亨弘羊天乃

雨師古曰亨鬻也音普庚反久之武帝疾病拜弘羊為御史大夫昭帝即位六年詔郡國舉賢良文學之士(補注)宋祁曰之士當刪之字問吕民所疾苦教化之要皆對願罷鹽鐵酒榷均輸官(補注)先謙曰官本榷作權是毋與天下爭利視吕儉節師古曰視讀曰示然後教化可興弘羊難師古曰詰難議者之言也吕為此國家大業所吕制四夷安邊足用之本不可廢也迺與丞相千秋共奏罷酒酤(補注)沈欽韓曰天漢三年初榷酒酤鹽鐵論輕重篇大夫君吕心計策國用構諸侯參吕酒榷則酒榷亦弘羊所建也王莽吕後因其靡穀但禁釀而已不榷酤也弘羊自吕為國興大利伐其功欲為子弟得官怨望大將軍霍光遂與上官桀等謀反誅滅宣元成哀平五世亡所變改(補注)先謙曰宣紀地節四年減天下鹽賈元帝時嘗罷鹽鐵官三年而復之(補注)先謙曰據本紀罷在初元五年復在永光三年貢禹言鑄錢采銅一歲十萬人不耕民坐盜鑄陷刑者多富人臧錢滿室猶無厭足民心動搖棄本逐末耕者不能半姦邪不可禁原起於錢疾其末者絕其本宜

罷采珠玉金銀鑄錢之官，毋復以爲幣，除其販賣租銖之律。師古曰：租銖謂計其所賣物價，平其錙銖而收租也。〔補注〕先謙曰：已上見禹傳而微删併其文。租稅祿賜皆以布帛及穀，使百姓壹意農桑。議者以爲交易待錢，布帛不可尺寸分裂。禹議亦寢。自孝武元狩五年三官初鑄五銖錢，至平帝元始中，成錢二百八十億萬餘云。王莽居攝，變漢制，以周錢有子母相權，〔補注〕沈欽韓曰：周書大匡解「幣租輕，乃作母以行其子，易資貴賤，以均行旅，使無滯」。於是更造大錢，徑寸二分，重十二銖，文曰「大錢五十」。〔補注〕沈欽韓曰：泉志張台曰此錢亦有數種，有對文者，有穿上一星者，有泉字諸畫並方者。葉德輝曰：蔡雲癖談云外府注莽大泉文曰大泉直十五貨泉，國語注引之改從漢志，賈疏亦據漢志正之，固鄭氏誤也。不然，豈康成但見大錢十五一品而漫以爲莽鑄耶？德輝案：朱彝尊曝書亭集有跋新莽錢范云，范形正方，中央輪廓四，其二有文曰大泉五十，卽此錢范也。又造契刀、錯刀。契刀，其環如大錢，身形如刀，長二寸，文曰「契刀五百」。錯刀，以黃金錯其文，曰「一刀直五千」。張晏曰：案今所見契刀、錯刀，形質如大錢，而肉好輪厚異於此。大錢形如大刀環矣。契刀身形員，不長二寸也。其文左曰契，右曰刀，無五百字也。錯刀則刻之作字也，以黃金塡其文，上曰一，下曰刀。二刀泉甚不與志相應也。似扎單差錯，文字磨滅故耳。師古曰：張說非也。王莽錢刀今並尙在，形質及文與志相合，無差錯也。〔補注〕劉奉世曰：當時常得錯刀，文曰「一刀平五千」。當時乃奉世弟，字叔，鄭敞子也。宋祁曰：梅聖俞云飲劉原父家，原父懷二古錢勸酒，其一齊之大刀，長五寸半，其一王莽時金錯刀，長二寸半。詩云：「探懷發二寶，太公新室錢。獨行齊大刀，鎌形末環連。文存半莽齊，皆有模法圓。炙觀金錯刀，一刀平五千。」注云：其文如此。精銅不蠹蝕，肉好鉤婉全。齊召南曰：案「當時乃奉世弟」以下十二字，不應爲奉世語，此南宋本譌也。沈欽韓曰：張台云契刀，台有此錢，但薄於錯刀，刀柄上文曰五百。李孝美云其文鑄成，非陷金也。錢坫款識考：契刀二字在周郭，五百二字在柄，長二寸，字並陽識。錯刀長二寸，文曰一刀平五千，一刀陰識，以黃金錯之，平五千陽識。與五銖錢凡四品，並行。〔補注〕先謙曰：莽傳云民多盜鑄者。莽卽眞，以爲書「劉」字有金刀，迺罷錯刀、契刀及五銖錢，而更作金、銀、龜、貝、錢、布之品，名曰「寶貨」。小錢徑六分，重一銖，文曰「小錢直一」。〔補注〕沈欽韓曰：嘗見小如榆莢，而銅質精好，文分明，非如宋二銖之流也。泉志李孝美曰：莽大小錢文無錢字，而皆曰泉，與食貨志所載不同。案周官注並作泉字，又云泉或作錢[illegible]鄭。段玉裁周禮漢讀考曰：檀弓注古者謂錢曰泉，知漢時謂錢曰泉也。此志文作錢，錢文作泉，不可拘耳。先謙曰：莽傳先但言此與前大錢五十者爲二品並行，而無以下錢云云，其後又云造寶貨五品，語在食貨志，則此下錢貨

銀貨、龜寶、貝貨、布貨共五物也。又云百姓不從，但行小大錢二品而已，明此係兩時事，志則籠統言之。次七分，三銖，曰「幺錢一十」。師古曰：幺，小也，音一堯反。次八分，五銖，曰「幼錢二十」。次九分，七銖，曰「中錢三十」。次一寸，九銖，曰「壯錢四十」。因前「大錢五十」，是爲錢貨六品，直各如其文。黃金重一斤，直錢萬。朱提銀重八兩爲一流，直一千五百八十。師古曰：朱提，縣名，屬犍爲，出善銀。朱音殊。提音上支反。它銀一流直千。是爲銀貨二品。元龜岠冉長尺二寸，孟康曰：冉，龜甲緣也。岠，至也。度背兩邊緣尺二寸也。臣瓚曰：元，大也。〔補注〕沈欽韓曰：樂記「青黑緣者，天子之寶龜」。公羊定八年傳「龜青純」，注：「純，緣也，謂緣甲顢也，千歲之龜青髯。」龜人注：「互物謂有甲㒼胡。」㒼胡卽顢。說文：「顢，頰須也。」龜之㒼胡卽著頰邊處耳。直二千一百六十，爲大貝十朋。蘇林曰：兩貝爲朋。朋直二百一十六，元龜十朋，故二千一百六十也。公龜九寸，〔補注〕王念孫曰：九寸下有「以上」二字，與下侯龜、子龜文同一例，而今本脫之。通典食貨八已與今本同。禮器正義、初學記鱗介部引此皆作「九寸以上」。直五百，爲壯貝十朋。侯龜七寸以上，直三百，爲幺貝十朋。子龜五寸以上，直百，爲小貝十朋。是爲龜寶四品。大貝四寸八分以上，二枚爲一朋，直二百一十六。壯貝三寸六分以上，二枚爲一朋，直五十。幺貝二寸四分以上，二枚爲一朋，直三十。小貝寸二分以上，二枚爲一朋，直十。不盈寸二分，漏度不得爲朋，〔補注〕葉德輝曰：詩菁菁者莪「錫我百朋」，箋云古者貨貝，五貝爲朋，與志異義，蓋鄭所謂古者，非漢時貝値也。率枚直錢三。是爲貝貨五品。大布、次布、弟布、壯布、中布、差布、厚布、〔補注〕葉德輝曰：蔡雲癖談云厚乃序之誤。莽泉貨六品曰小、曰幺、曰幼、曰中、曰壯、曰大。布貨十品，則於大壯閒增其二，曰次、曰弟；於中幼閒增其二，曰差、曰序。所增四名，文異義同。若作厚，則過乎中而幾乎壯矣，豈宜在中之下幼之上乎？序與厚古文相類，傳寫誤也。古文厚作厚。幼布、幺布、小布。小布長寸五分，重十五銖，文曰「小布一百」。自小布以上，各相長一分，相重一銖，文各爲其布名，直各加一百。上至大布，長一寸四分，重一兩，而直千錢矣。是爲布貨十品。師古曰：布亦錢耳。謂之布者，言其分布流行也。〔補注〕宋祁曰：「各加一百」當删「一」字。顧炎武曰：案本文錢布自是二品，而下文復載改作貨布之制，安得謂布卽錢乎？莽傳曰：貨布長二寸五分，廣一寸，直貨錢二十五。今貨布見存，上狹下廣而岐其下，中有一孔，師古當日或未之見也。葉德輝曰：蔡雲癖談云十布文曰小布一百、曰幺布二百、曰幼布三百、曰序布三百、曰

差布五百曰中布丁百曰壯布丌百曰弟布卌百曰次布卌百曰大布黃千中布已下皆用筆算紀大布之黃橫省文橫卽衡也刀曰平泉曰直布曰黃其義一也此莽先後制作之通例先謙曰一寸官本作二寸是 凡寶貨五物六名二十八品鑄作錢布皆用銅殽㠯連錫 孟康曰連錫之別名也李奇曰鉛錫璞名曰連應劭曰連似銅師古曰孟李二說皆非也許愼云鏈銅屬也然則㠯連及錫雜銅而爲錢也此下又云能采金銀銅連錫益知連非錫矣〔補注〕沈欽韓曰連與鉛聲同李奇云鉛錫璞者是也說文云鏈銅屬取大槪耳廣雅玉篇竝云鏈鉛礦也 文質周郭放漢五銖錢云 師古曰放依也音甫往反 其金銀與它物雜色不純好龜不盈五寸貝不盈六分皆不得爲寶貨元龜爲蔡非四民所得居 如淳曰臧文仲居蔡謂此也說謂蔡國出大龜也臣瓚曰蔡是大龜之名也書曰九江納錫大龜大龜又不出蔡國也若龜出楚不可名龜爲楚也師古曰瓚說非也本以蔡出善龜故因名大龜爲蔡耳 有者入大卜受直百姓憒亂其貨不行民私㠯五銖錢市買莽患之下詔敢非井田挾五銖錢者爲惑眾投諸四裔㠯御魑魅於是農商失業食貨俱廢民涕泣於市道坐賣買田宅奴婢鑄錢抵罪者自公卿大夫至庶人不可稱數莽知民愁迺但行小錢直一與大錢五十二品竝行龜貝布屬且寑莽性躁擾不能無爲每有所興造必欲依古得經文國師公劉歆言周有泉府之官收不讎與欲得 師古曰讎讀曰售言賣不售者官收取之無而欲得者官出與之 卽易所謂理財正辭禁民爲非者也 師古曰易下繫辭曰理財正辭禁人爲非曰義言財貨辭訟正乃得人不爲非合事宜〔補注〕先謙曰官本注禁人作禁民 莽乃下詔曰夫周禮有賖貸 師古曰周禮泉府之職曰凡賖者祭祀無過旬日喪紀無過三月凡人之貸者與其有司辨而授之㠯國服爲之息謂人㠯祭祀喪紀故從官賖買物不過旬日及三月而償之其從官貸物者㠯共其所屬吏定價而後與之各㠯其國服事之稅而輸息謂若受園廛之田而貸萬錢者一朞之月出息五百貸音土戴反 樂語有五均 鄧展曰樂語樂元語河閒獻王所傳道五均事臣瓚曰其文云天子取諸侯之士㠯立五均則市無二賈四民常均彊者不得困弱富者不得要貧則公家有餘恩及小民矣〔補注〕沈欽韓曰樂語白虎通引之案周書大聚解市有五均早暮如一送行逆來振乏救窮樂語又本於周書也先謙曰官本注士作土是 傳記各有斡焉今開賖貸張五均設諸斡者所㠯齊眾庶抑并兼也遂於長安及五都立五均官更名長安東西市令及洛陽邯鄲臨甾

宛成都市長皆爲五均司市稱師〔補注〕王念孫曰案稱字涉下四稱字而衍五均司市師者司市師卽上文所云市令市長貨殖傳云王莽㠯王孫卿爲京司市師是也師上不當有稱字文選西都賦注鮑照詠史詩注永明十一年策秀才文注運命論注引此竝作五均司市師無稱字通典食貨十一通鑑漢紀二十九竝作五均司市無稱師二字 東市稱京西市稱畿洛陽稱中餘四都各用東西南北爲稱皆置交易丞五人錢府丞一人工商能采金銀銅連錫登龜取貝者 如淳曰登進也龜有靈故言登 皆自占司市錢府順時氣而取之 師古曰各㠯其所采取之物自隱實於司市錢府也占音之漸反其下竝同 又㠯周官稅民凡田不耕爲不殖出三夫之稅城郭中宅不樹藝者爲不毛 師古曰樹藝謂種樹果木及菜蔬 出三夫之布民浮游無事出夫布一匹其不能出布者宂作縣官衣食之 師古曰宂散也音人勇反衣音於既反食讀曰飤 諸取眾物鳥獸魚鼈百蟲於山林水澤及畜牧者嬪婦桑蠶織紝紡績補縫 師古曰機縷曰紝音人禁反 工匠醫巫卜祝及它方技商販賈人坐肆列里區謁舍 如淳曰居處所在爲區謁舍今之客舍也 皆各自占所爲於其在所之縣官除其本計其利十一分之而㠯其一爲貢敢不自占自占不㠯實者盡沒入所采取而作縣官一歲諸司市常㠯四時中月實定所掌 師古曰中讀曰仲 爲物上中下之賈 師古曰賈讀曰價其下竝同 各自用爲其市平毋拘它所眾民賣買五穀布帛絲緜之物周於民用而不讎者 師古曰讎讀曰售下亦類此也〔補注〕先謙曰官本注無也字 均官有㠯考檢厥實用其本賈取之毋令折錢 師古曰折音上列反 萬物卬貴過平一錢則㠯平賈賣與民 師古曰卬物價起音五剛反亦讀曰仰 其賈氐賤減平者聽民自相與市 師古曰貴既爲卬賤則爲氐音丁奚反〔補注〕先謙曰官本既作卽是 㠯防貴庾者 師古曰庾積也㠯防民積物待貴也 民欲祭祀喪紀而無用者錢府㠯所入工商之貢但賖之 師古曰但空也徒也言空賖與之不取息利也 祭祀無過旬日〔補注〕先謙曰官本無作毋 喪紀毋過三月民或乏絕欲貸㠯治產業者均授之除其費計所得受息毋過歲什一 師古曰均謂各依先後之次除其費謂衣食之費已用者也 羲和魯匡言名山大澤鹽鐵錢

布帛五均賒貸斡在縣官師古曰斡謂主領也[補注]宋祁曰斡南本作幹主領下當添之字唯酒酤獨未斡酒者天之美祿帝王所以頤養天下享祀祈福扶衰養疾百禮之會非酒不行故詩曰無酒酤我師古曰小雅伐木之詩也酤買也言王於族人恩厚要在燕飲無酒則買而飲之[補注]周壽昌曰毛詩酤一宿酒也鄭箋云酤買也班志以酤爲買即鄭所本顏注則本之鄭一說晏子春秋人有酤酒者爲器甚潔清置表甚長而酒酸不售韓非子作宋人有酤酒者皆以酤爲買也先謙曰官本注詩下無也字飲作飲而論語曰酤酒不食師古曰鄉黨所說孔子齊之時也[補注]宋祁曰孔子下當添在字周壽昌曰案論語沽酒市脯不食即此志所云薄惡不誠疑而弗食也志引以證榷酤顏云孔子齋之時不獨有違經旨亦與此志引書之意不合古者齋時不飲酒將酒非由酤出齋時即可食乎先謙曰官本齊作齋二者非相反也夫詩據承平之世酒酤在官和旨便人可以相御也師古曰旨美也御進[補注]先謙曰官本注末有也字論語孔子當周衰亂酒酤在民[補注]宋祁曰在字下一有齊字薄惡不誠是以疑而弗食今絕天下之酒則無以行禮相養放而亡限則費財傷民請法古令官作酒以二千五百石爲一均率開一盧以賣如淳曰酒家開肆待

客設酒鑪故以鑪名肆臣瓚曰盧酒瓮也言開一瓮酒也趙廣漢入丞相府破盧瓮師古曰二說皆非也盧者賣酒之區也以其一邊高形如鍛家盧故取名耳非即謂火盧及酒瓮也此言讐五十釀爲準豈一瓮乎廣漢所破盧及罌盧亦謂所居罌瓮之處耳[補注]劉奉世曰名賣酒爲盧者直此物自有此名耳何必取鍛家盧爲義乎天下物同名者何算而欲一一相附類可乎讐五十釀爲準一釀用麤米二斛麴一斛得成酒六斛六斗各以其市月朔米麴三斛幷計其賈而參分之師古曰參三也以其一爲酒一斛之平除米麴本賈計其利而什分之以其七入官其三及醩截灰炭師古曰截酢漿也音才代反給工器薪樵之費[補注]先謙曰官本工作丁羲和置命士督五均六斡郡有數人皆用富賈洛陽薛子仲張長叔臨菑姓偉等如淳曰姓姓名偉也[補注]宋祁曰叔疑作督洪亮吉曰三人皆見貨殖傳乘傳求利交錯天下師古曰傳音張戀反因與郡縣通姦多張空簿師古曰簿計簿也音步戶反府臧不實百姓愈病莽知民苦之復下詔曰夫鹽食肴之將師古曰將大也一說爲食肴之將帥酒百藥之長嘉會之好鐵曰農之本[補注]錢大昭曰曰疑當作田先謙曰官本曰作田名山大澤饒

衍之臧五均賒貸百姓所取平卬以給澹師古曰卬音牛向反其下並同[補注]宋祁曰澹當作贍鐵布銅冶[補注]錢大昭曰閩本鐵作錢通行有無備民用也此六者非編戶齊民所能家作師古曰家謂家家自作也[補注]先謙曰官本曰下無家字是必卬於市雖貴數倍不得不買豪民富賈即要貧弱先聖知其然也故斡之每一斡爲設科條防禁[補注]先謙曰莽傳斡並作筦犯者辠至死姦吏猾民並侵眾庶各不安生後五歲天鳳元年復申下金銀龜貝之貨頗增減其賈直而罷大小錢改作貨布長二寸五分廣一寸首長八分有奇師古曰奇音居宜反謂有餘也廣八分其圜好徑二分半師古曰好孔也足枝長八分閒廣二分其文右曰貨左曰布重二十五銖直貨泉二十五貨泉徑一寸重五銖文右曰貨左曰泉[補注]葉德輝曰御覽資產部引應劭漢官儀云王莽篡位以劉字金刀罷五銖更作小錢文曰貨泉其文反白水眞人此則世祖中興之瑞也枚直一與貨布二品並行又以大錢行久罷之恐民挾不止迺令民且獨行大錢與新貨泉俱

枚直一並行盡六年毋得復挾大錢矣每壹易錢民用破業而大陷刑莽以私鑄錢死及非沮寶貨投四裔犯法者多不可勝行迺更輕其法私鑄作泉布者與妻子沒入爲官奴婢吏及比伍知而不舉告與同罪師古曰比音頻寐反非沮寶貨民罰作一歲吏免官犯者愈眾及五人相坐皆沒入郡國檻車鐵鎖傳送長安鍾官師古曰鍾官主鑄錢者愁苦死者什六七作貨布後六年匈奴侵寇甚莽大募天下囚徒人奴名曰豬突豨勇服虔曰豬性觸突人故取以喻師古曰東方名豕曰豨一曰豨豕走也音許豈反壹切稅吏民訾三十而取一又令公卿以下至郡縣黃綬吏皆保養軍馬師古曰保者不許其死傷吏盡復以與民師古曰轉令百姓養之民搖手觸禁不得耕桑繇役煩劇師古曰繇讀曰傜也[補注]先謙曰官本注無也字而枯旱蝗蟲相因[補注]王念孫曰蝗蟲本作蟲蝗枯旱蟲蝗相對爲文後人不解蟲螟二字之義故改爲蝗蟲案蟲蝗猶言蟲螟說月亦猶禮言草茅傳言鳥烏荀子言禽犢今人言蟲蟻耳五行志引京房易傳曰厥風微而溫生蟲蝗害五穀月令曰孟夏行春令則蟲蝗爲災[illegible]

蠥說文曰禽獸蟲蝗之怪謂之蠥皆其證也又荆燕吳傳蝗蟲起俠蠥蟘議夏侯勝傳蝗蟲大起皆本作蟲蝗而後人改之凡言蟲蝗者非獨蝗爲災也他蟲亦有焉考五行志自武帝元光五年至征和四年兼有螟蝗之災故夏侯勝總而言之曰蟲蝗大起不得改蟲蝗爲蝗蟲也又酷吏傳河南界中又有蝗蟲蟲字亦後人所加凡漢書之紀蝗猶春秋之書螽也加一蟲字則大爲不詞後漢書酷吏傳引漢書無蟲字又用制作未定上自公侯下至小吏皆不得奉祿而私賦斂貨賂上流獄訟不決吏用苛暴立威旁緣莽禁侵刻小民師古曰旁依也音步浪反富者不得自保貧者無㠯自存起爲盜賊依阻山澤吏不能禽而覆蔽之浸淫日廣師古曰浸淫猶漸染也宅皆類此於是青徐荆楚之地往往萬數戰鬬死亡緣邊四夷所係虜陷罪飢疫人相食及莽未誅而天下戶口減半矣自發豬突豨勇後四年而漢兵誅莽後二年世祖受命盪滌煩苛復五銖錢與天下更始補注周壽昌曰後書五行志云建武六年蜀童謠曰黃牛白腹五銖當復是時公孫述僭號於蜀時人竊言王莽稱黃述欲繼之故稱白五銖漢家貨明遂復也述遂誅滅

贊曰易稱裒多益寡稱物平施師古曰謙卦象辭裒取也言取於多者㠯益少者故萬物皆稱而施與平也裒音薄侯反書云楙遷有無應劭曰楙勉也遷徙也言天下食貨有無相通足也師古曰虞書益稷之辭勸勉天下遷徙有無使相通也周有泉府之官師古曰司徒之屬官也掌市之征布斂市貨之不讐貨之滯於人用者以其價買之而孟子亦非狗彘食人之食不知斂應劭曰養狗彘者使食人之食而不知㠯法度斂之也師古曰孟子孟軻之書言歲豐孰菽粟饒多狗彘食人之食此時可斂之也補注宋祁曰此時下當添則字王應麟曰常平乃古法周官司稼㠯年之上下出斂法出則減價糶斂則增價糴也是非常平乎自鄭氏㠯出其斂法爲解後人遂攻周禮耳孟子書今文作檢惟漢志作斂是也今世言常平出耿中丞不知乃古法先謙曰官本孰作熟無末也字野有餓莩而弗知發鄭氏曰莩音蔈有梅之蔈莩零落也人有餓死零落者不知發倉廩貸之也師古曰莩音頻小反諸書或作殍字音義亦同補注宋祁曰而弗知發當刪而字錢大昭曰今孟子莩作殍張有復古編云受物落上下相付也一曰餓死曰受从爪又別作殍莩竝非先謙曰張說本說文莩即受轉寫之誤人飢腹空而死亦如華秀不實者之受落也官本注貸之下無也字亦同作不同故管氏之輕重服虔曰作輕重貨在管子書李悝之平糴弘羊均輸壽昌常平亦有從徠師古曰言所從徠久矣補注先謙曰官本注徠作來顧古爲之有數吏良而令行師古曰顧思念故民賴其利萬國作乂師古曰乂治也及孝武時國用饒給而民不益賦其次也至于王莽制度失中姦軌弄權官民俱竭亡次矣

食貨志第四下　　漢書二十四

漢　蘭　臺　令　史班　固　撰

唐正議大夫行祕書少監瑯邪縣開國子顏師古　注

賜進士出身前翰林院編修國子監祭酒加三級臣王先謙補注

洪範八政三曰祀（師古曰祀謂祭祀也）祀者所㠯昭孝事祖通神明也旁及四夷莫不修之下至禽獸豺獺有祭（師古曰禮記月令季秋之月豺祭獸孟春之月獺祭魚豺摯搏之獸形似狗獺水居而食魚祭者謂殺之而布列㠯祭其先也豺音仕皆反獺音吐曷反）是㠯聖王為之典禮民之精爽不貳齊肅聰明者神或降之（師古曰爽明也齊讀曰齋齋肅莊敬也）在男曰覡在女曰巫（師古曰巫覡亦通稱耳覡音下狄反〔補注〕宗萬曰案周禮賈公彥春官神仕疏曰男子陽有兩稱名巫名覡女子陰不變直名巫無覡稱然則顏注所云巫覡亦通稱者指男巫而言也）使制神之處位為之牲器使先聖之後能知山川敬於禮儀明神之事者㠯為祝能知四時犧牲壇場上下氏姓所出者㠯為宗（應劭曰上下謂天地之屬神也氏姓王族之別也宗大宗也臣瓚曰宗宗伯也師古曰二說皆非也祝謂主祭之贊詞者積土為壇平地為場氏姓謂神本所出及見所當為主者也宗宗人主神之列位尊卑者也春秋左氏傳曰虢公使祝應宗區享神也又云祝宗用馬於四墉竝非宗伯及大宗也〔補注〕劉敞曰予案春秋外傳曰夏父弗綦為宗自稱曰我為宗伯宗伯非宗何哉何焯曰宗人宗伯之屬周禮春官有都宗人家宗人先謙曰官本注祝宗二字倒）故有神民之官各司其序不相亂也民神異業敬而不黷（師古曰黷汙瀆也黷音讀）故神降之嘉生（應劭曰嘉穀也師古曰嘉生謂眾瑞）民㠯物序（孟康曰各有分敘也〔補注〕王念孫曰序當依楚語作享應劭曰嘉生嘉穀也嘉穀既生則民取之以供粢盛故曰神降之嘉生民以物享也嘉穀不生則民無以供粢盛故楚語又曰嘉生不降無物以享與此文正相應也楚語享字凡四見若云民以物序則義無所取且與無物以享之文不相應孟云各有分敘此則望文生義而非其本旨矣享序篆文相似趙策享萬古之勳史記趙世家享譌作序又涉上文各司其序而誤耳史記歷書亦作民以物享）災禍不至所求不匱（師古曰匱乏也）及少昊之衰九黎亂德（孟康曰少昊時諸侯作亂者也韋昭曰黎氏九人也）民神雜擾不可放物（師古曰放依也物事也放音甫往反）家為巫史享祀無度黷齊明而神弗蠲（師古曰齊讀曰齋蠲絜也）嘉生不降禍災薦臻莫盡其氣（師古曰言不究其性命也）顓頊受之迺命南正重司天㠯

屬神命火正黎司地㠯屬民（應劭曰黎陰官也火數二二地數也故火正司地㠯屬萬民師古曰屬委也㠯其事委之也屬音之欲反）使復舊常亡相侵黷自共工氏霸九州其子曰句龍能平水土死為社祠（師古曰共工氏在太昊炎帝之閒無祿而王故謂之霸句讀曰鉤）有烈山氏王天下其子曰柱能殖百穀死為稷祠（師古曰烈山氏炎帝）故郊祀社稷所從來尚矣（師古曰尚上也謂起於上古）虞書曰舜在璿璣玉衡㠯齊七政（師古曰虞書舜典也在察也璿美玉也璣轉而衡平以玉為璣衡謂渾天儀也七政日月五星也言舜觀察璣衡以齊同日月五星之政度合天意〔補注〕先謙曰辨見天文志）遂類于上帝禋于六宗（孟康曰六宗星辰風伯雨師司中司命一說云乾坤六子又一說天宗三日月星辰地宗三泰山河海或曰天地閒游神也師古曰類以類祭也上帝天也絜精㠯祀謂之禋六宗之義說者多矣乾坤六子其最通乎〔補注〕先謙曰六宗說見下卷又後漢安帝時立六宗祀於雒陽續志注備載六宗之義不更纂稱）望秩于山川徧于羣神（師古曰望謂在遠者望而祭之秩次也羣神丘陵墳衍之屬）揖五瑞（師古曰揖與輯同揖合也五瑞公侯伯子男之瑞玉〔補注〕錢大昭曰尚書作輯史記及魏修孔子廟碑竝作揖古字通）擇吉月日見四嶽諸牧班瑞（師古曰四嶽諸牧謂四方諸侯也班布也）歲二月東巡狩至于岱宗（師古曰狩守也諸侯為天子守土故巡行〔補注〕朱一新曰汪本行作狩是）岱宗泰山也柴望秩于山川（師古曰柴積柴而燔）遂見東后東后者諸侯也（師古曰后君也東方諸侯故謂之東后也）合時月正日同律度量衡（師古曰時四時也月十二月也日三百六十日律六律也度丈尺也量斛斗也衡斤兩也）修五禮五樂（師古曰五禮吉凶賓軍嘉也五樂謂春則琴瑟夏則笙竽季夏則鼓秋則鐘冬則磬也五樂尚書作五玉今志亦有作五玉者五玉即五瑞〔補注〕先謙曰據大傳是五樂封禪書作五玉宜兩存之）三帛二生一死為贄（師古曰三帛玄纁黃也二牲羔鴈也一死雉也贄者所執㠯為禮也〔補注〕朱一新曰汪本生作牲葉德輝曰德藩本作牲先謙曰官本注二牲作二生）五月巡狩至南嶽南嶽者衡山也八月巡狩至西嶽西嶽者華山也十一月巡狩至北嶽北嶽者恆山也皆如岱宗之禮中嶽嵩高也五載一巡狩（師古曰此㠯上皆舜典所載）禹遵之後十三世（〔補注〕先謙曰封禪書作十四案自禹歷啓太康仲康相少康杼槐芒泄不降扃廑而至孔甲竝禹數之為十四志除禹數之則十三也下十三世同）至帝孔甲淫德好神神黷二龍去之（應劭曰夏帝孔甲天賜之乘龍河漢各二其後嫚黷嫚神故龍去之〔補注〕先謙曰孔甲事詳夏紀）其後十三世湯伐桀（〔補注〕齊召南曰案封禪書作其後三

世是也自帝孔甲帝皋帝發至桀祗更三世此文十三世十字當是衍文宋本亦誤欲䙴夏社不可作夏社應劭曰遭大旱七年明德吕薦而旱不止故遷社吕棄代爲稷欲遷句龍德莫能繼故作夏社說不可遷之義也師古曰䙴古遷字夏社尙書篇名今則序在而書亡逸迺䙴烈山子柱而吕周棄代爲稷祠後八世帝太戊有桑穀生於廷一暮大拱師古曰穀卽今之楮樹也其字從木合兩手曰拱〔補注〕沈欽韓曰呂覽制樂篇成湯之時有穀生於庭昏而生比旦而大拱與此同惟作湯爲異書大傳說苑敬愼篇並作七日大拱以爲武丁時韓詩外傳作穀生湯之庭三日而大拱傳記各異當從書序作太戊昏生旦拱理涉怪妄五行志作七日爲是先謙曰官本注併在祇不勝德下刪下師古曰三字懼伊陟曰祇不勝德師古曰伊陟太戊臣伊尹之子太戊修德桑穀死伊陟贊巫咸孟康曰巫咸殷賢臣贊說也謂伊陟說其意也師古曰因此作咸乂四篇事見商書序其篇亦亡逸也〔補注〕先謙曰此句下封禪書有巫咸之興自此始七字索隱尙書伊陟贊於巫咸巫咸臣名今此以巫咸爲巫覡楚詞亦以巫咸主神蓋太史以巫咸是殷臣以巫接神事太戊使禳桑穀之災所以伊陟贊巫咸故云巫咸之興自此始也後十三世〔補注〕先謙曰封禪書作十四案自太戊歷仲丁外壬河亶甲祖乙祖辛沃甲祖丁南庚陽甲盤庚小辛小乙至武丁共十四世除太戊數之爲十三帝武丁得傳說爲相師古曰說讀曰悅〔補注〕先謙曰官本注下曰作爲殷復興焉

稱高宗有雉登鼎耳而雊師古曰雊雉鳴音工豆反武丁懼祖己曰修德武丁從之位吕永寧師古曰事見商書說命及高宗肜日祖己殷之賢臣後五世帝乙嫚神而震死師古曰帝乙武乙也爲韋囊盛血仰而射之號曰射天後遇雷震而死後三世帝紂淫亂武王伐之由是觀之始未嘗不肅祗後稍怠嫚也周公相成王王道大洽制禮作樂天子曰明堂辟雍師古曰明堂辟雍解在平紀諸侯曰泮宮師古曰泮之言半也制度半於天子之辟雍也泮音普半反〔補注〕先謙曰官本注無二之字郊祀后稷吕配天宗祀文王於明堂吕配上帝師古曰郊祀祀於郊也后稷周之始祖也宗尊也文王周始受命之王上帝太微五帝也〔補注〕先謙曰集解引鄭元曰上帝者天之別名也神無二主故異其處避后稷也四海之內各吕其職來助祭天子祭天下名山大川懷柔百神咸秩無文師古曰懷來也柔安也言招來百神而安處之也稱百者言其多也秩序也舊無禮文者皆以次序而祭之五嶽視三公四瀆視諸侯師古曰江河淮濟爲四瀆瀆者發源而注海者也視謂其禮物之數也〔補注〕先謙曰官本注作主而諸侯祭其畺內名山大川師古曰畺境也大夫祭門戶井竈中霤五祀韋昭曰古者穴居故名室中爲

中霤〔補注〕沈欽韓曰韋注卽月令鄭注彼正義云庾蔚之云複謂地上累土爲之穴則穿地也複穴皆開其上取明故雨霤之是以後因名室爲中霤也劉熙釋名古者寢穴後室之霤當今之棟下直室之中古者霤下之處也案古制上棟下宇其形似蓋故穿霤之處適在中也士庶人祖考而已各有典禮而淫祀有禁後十三世世益衰〔補注〕齊召南曰案自成王至幽王歷康昭穆恭懿孝夷厲宣凡十一世封禪書作十四世此文作十三世竝訛禮樂廢幽王無道爲犬戎所敗平王東徙雒邑〔補注〕先謙曰官本邑作陽引宋祁曰越本陽作邑考證云監本作雒邑今從宋本秦襄公攻戎救周列爲諸侯而居西自吕爲主少昊之神作西畤祠白帝其牲用駵駒黃牛羝羊各一云師古曰駵赤馬黑鬣尾也羝牡羊也駵音畱羝音丁奚反〔補注〕沈欽韓曰周禮正祭皆無用馬牲之事也大司馬職喪祭奉詔馬牲鄭云王喪之以馬祭者蓋遣奠也奉猶送也則遣奠始用馬牲校人職云凡將事於四海山川則飾黃駒注云王巡狩過大山川則有殺駒以祈沈禮歟竊謂喪祭之馬牲當亦告於所過山川祭畢因并包之入墓耳古禮僅用之沈辜祈禳或以盟誓高帝刑白馬而盟漢武帝幸瓠子決河湛白馬玉璧是也至匈奴殺馬以祭天戎狄皆然魏書禮志神尊者以馬次以牛元史郊祀志冬至用純色馬一然則秦乃循西戎之俗也其後十四年秦文公東獵汧渭之閒師古曰汧渭二水名汧音牽〔補注〕齊召南曰案

封禪書作其後十六年以十二諸侯年表核之周平王元年秦襄公之八年也初立西畤及文公十年作鄜畤恰十四年此文是也又下文作陳寶後七十一年秦德公立卜居雍封禪書云作鄜畤後七十八年以年表核之自文公作陳寶祠至德公元年正七十一年若自文公作鄜畤計之當作八十年凡此類皆班氏密於史記又下文後四年秦宣公作密畤於渭南封禪書曰德公立二年卒其後六年秦宣公作密畤於渭南以年表核之秦宣公之元年周惠王之二年也宣公四年作密畤此云後四年似亦訂正史記之失卜居之而吉〔補注〕先謙曰索隱引皇甫謐云文公徙都汧也文公夣黃蛇自天下屬地師古曰屬著也音之欲反〔補注〕朱一新曰汪本夣作夢是封禪書亦作夢葉德輝曰藩本作夢先謙曰官本作夢其口止於鄜衍李奇曰鄜音孚三輔謂山阪間爲衍晉灼曰左馮翊鄜縣之衍也師古曰今之鄜州蓋取名於此也文公問史敦師古曰秦之太史也敦其名也〔補注〕先謙曰官本史下無也字敦曰此上帝之徵君其祠之於是作鄜畤用三牲郊祭白帝焉自未作鄜畤而雍旁故有吳陽武畤李奇曰於旁有吳陽地也〔補注〕先謙曰吳陽吳山之陽吳山見下雍東有好畤皆廢無祀或曰自古吕雍州積高神明之隩師古曰土之可居者曰隩音於六反故立畤郊上帝諸神祠皆聚云〔補注〕沈欽韓曰說文畤天地五帝所基址祭地案此卽禮經之郊兆小宗伯職兆五帝於四郊四望

四類亦如之周之故都所在有之而或說以為神明之興諸神祠皆聚非也先謙曰官本無神字**蓋黃帝時嘗用事雖晚周亦郊焉**師古曰晚謂末時也**其語不經見縉紳者弗道**李奇曰縉插也插笏於紳紳大帶也臣瓚曰縉赤白色也紳大帶也左氏傳有縉雲氏師古曰李云縉插是也字本作搢插笏於大帶與革帶之閒耳非插於大帶也或作薦紳者亦謂薦笏於紳帶之閒其義同補注先謙曰封禪書作搢索隱引鄭衆注周禮云搢讀曰薦作縉者借字耳瓚訓非也**作鄜畤後九年文公獲若石云於陳倉北阪城祠之**蘇林曰質如石似肝師古曰陳倉之北阪上城中也云語辭也補注劉敞曰蓋於陳倉北阪上築城作祠祠之下文云集於祠城是也**其神或歲不至或歲數來也常以夜**補注葉德輝曰封禪書來下重來字是來也下屬為句**光煇若流星從東方來**補注周壽昌曰封禪書作東南**集於祠城若雄雉其聲殷殷云野雞夜鳴**師古曰殷殷聲也云傳聲之亂也野雞亦雉也避呂后諱故曰野雞言陳寶若來而有聲則野雞皆鳴以應之也上言雄雉下言野雞史駮文也殷音隱補注顧炎武曰竊謂野雞者野中之雞耳注拘於荀悅云諱雉之字曰野雞夫諱曰恆曰常諱啟曰開史固有言常言開者豈必其皆為恆與啟乎又此文本史記封禪書其上有文曰有雉登鼎耳雊其下文云公孫卿言見仙人迹緱氏城上有物如雉往來城上又云縱遠方奇獸飛禽及白雉竝無所諱而地理志南陽郡有雉縣江夏郡有下雉縣五

行志王音等上言雉者聽察先聞雷聲則漢時未嘗諱雉也陳浩曰案此上文即云若雄雉可為不諱雉之確證王念孫曰其聲殷殷云者殷殷然也上文曰文公獲若石云於陳倉北阪亦謂若石然也僖二十九年左傳介葛盧聞牛鳴曰是生三犧皆用之矣其音云謂其音然也史記周本紀曰其色赤其聲魄云謂其聲魄然也顏曰云傳聲之亂也則誤讀為紛紜之紜矣王引之曰史記封禪書集解如淳曰野雞雉也呂后名雉故曰野雞案雉字見於史記漢書者甚多皆不為呂后諱何獨於此而諱之五行志云有飛雉集於庭又云天水冀南山大石鳴壄雞皆鳴一篇之中既言雉又言野雞正與郊祀志同不應駮文若是之多也蓋書傳中稱野雞者有二一為雉之別名杜鄴傳云野雞著怪高宗深動是也一為野地所畜之雞則此云野雞夜鳴是也易林睽之大壯云鷹飛雉遽兔伏不起狐張很鳴野雞驚駭四句之中而雉與野雞竝見則野雞非雉也又急就篇說飛鳥云鳳爵鴻鵠鴈鶩雉其說六畜則云豭豶狡犬野雞雛然則野雞為常畜之雞矣師古注急就篇云野雞生在山野鷮雉鷚雞天雞山雞之類如此則非常畜者矣何以急就篇數六畜而及之乎野雞夜鳴猶淮南言雄雞野鳴耳見泰族篇郊祀志之雄雉野雞五行志之野雞飛雉皆判然兩物謂野雞避呂后諱者惑於荀悅之說也封禪書作野雞夜雊義與漢書同聲亦鳴也白虎通義禮樂篇云聲者鳴也鄭注論語先進篇云鳴鼓聲其罪以責之淮南兵略篇云彈琴瑟聲鍾竽是聲與鳴同義宋王觀國學林引封禪書曰野雞夜聲又引郊祀志曰野雞夜鳴是王所見史記正作夜聲而今本史記作夜雊雉字集解索隱正義皆無音釋明是後人誤以野雞為雉而妄改之**以一牢祠之名曰陳寶**臣瓚曰陳倉縣有寶夫人祠或一歲二歲與葉君合葉君神來時天為之殷殷雷鳴雉為之雊也補注沈欽韓曰文選羽獵賦注太康記曰秦文時陳倉人獵得獸若彘而不知其名道逢二童子曰櫝弗述索隱引列異傳云此名為媼在地下食死人腦水經注三十一秦文公之世有伯陽者逢二童曰名曰破櫝弗述亦語曰彼二童子名為寶雞得雄者王得雌者霸陳倉人舍櫝弗述逐二童子化為雉雌止陳寶化為石雄如楚止南陽也案臣瓚所云葉君即其止南陽之雄者宋書符瑞志云其後光武興於南陽也**作陳寶祠後七十一年**補注先謙曰封禪書作七十八年此是說見上**秦德公立卜居雍**師古曰即今之雍縣**子孫飲馬於河遂都雍**補注先謙曰故城今在陝西鳳翔縣南**雍之諸祠自此興用三百牢於鄜畤**補注先謙曰索隱秦紀德公元年以犧三百祠鄜畤**作伏祠**孟康曰六月伏日也周時無至此乃有之師古曰伏者謂陰氣將起迫於殘陽而未得升故為藏伏因名伏日也立秋之後以金代火金畏於火故至庚日必伏庚金也**磔狗邑四門**補注沈欽韓曰風俗通俗說狗別賓主善守禦取著四門以辟盜賊**以御蠱災**補注周壽昌曰正義蠱者熱毒惡氣為傷害人故磔狗以禦之案說文梟桀死之鬼亦為蠱左傳昭元年是謂近女室疾如蠱注蠱惑疾是凡厲氣傳疾者皆可謂之蠱也禮月令季春之月九門磔攘以畢春氣說文磔攘祀除厲殃也**後四年**補注先謙曰封禪書作六年此是說見上**秦宣公作密畤於渭南祭青帝後十三年**補注周壽昌曰封禪書作十四**秦穆公立病臥五日不寤**師古曰寤覺也覺音公孝反**寤迺言夢見上帝**師古曰上帝謂天也**上帝命穆公平晉亂史書而藏**

之府師古曰府藏書之處**而後世皆曰上天穆公立九年齊桓公既霸會諸侯於葵丘而欲封禪**師古曰葵丘會在僖九年葵丘在陳留外黃縣東封禪者封土於山而禪祭於地也禪音上戰反解在武紀**管仲曰古者封泰山禪梁父者七十二家**師古曰父音甫補注周壽昌曰莊子曰易姓而王封於泰山禪於梁父者七十有二代其有形兆垠堮勒石凡千八百餘處案志自桓公既霸至桓公乃止管子封禪篇文所記自無懷氏以下十二家其六十家無紀錄也史記注引韓詩外傳云孔子升泰山觀易姓而王可得而數者七十餘人不得而數者萬數也緯書河圖眞記作七十二人許慎說文序作七十有二代**而夷吾所記者十有二焉昔無懷氏封泰山禪云云**鄭氏曰無懷氏古之王者在伏羲前見莊子服虔曰云云在梁父東山名也晉灼曰云云山在蒙陰縣故城東北下有云云亭**虙羲封泰山禪云云**師古曰虙讀曰伏**神農氏封泰山禪云云炎帝封泰山禪云云**李奇曰炎帝神農後**黃帝封泰山禪亭亭**服虔曰亭亭山在牟陰晉灼曰地理志鉅平有亭亭山師古曰晉說是也**顓頊封泰山禪云云帝嚳封泰山禪云云堯封泰山禪云云舜封泰山禪云云禹封泰山禪會稽**補注葉德輝曰封禪書索隱引晉灼云本名茅山吳越春秋禹巡天下登茅山以朝諸侯乃大會計更名茅山為會稽

湯封泰山禪云云周成王封泰山禪於社首應劭曰山名在博縣晉灼曰在鉅平南十二里師古曰晉說是也皆受命然後得封禪〔補注〕沈欽韓曰梁書許懋傳懋議曰臣案舜幸岱宗是爲巡狩而鄭引孝經鉤命決云封於泰山考績柴燎禪乎梁甫刻石紀號此緯書之曲說非正經之通義也依白虎通云封者言附廣也禪者言成功相傳也若以禪授爲義則禹不應傳啟湯不應傳外昺也又禮記云三皇禪奕奕謂盛德也五帝禪亭亭特立獨起於身也三王禪梁父連延不絕父沒子繼也舊書伏羲禪云云黃帝禪亭亭皆不禪奕奕顓頊以下禪云云亦不禪亭亭禹禪云云周成王禪社首異乎禮說皆道聽所得失其本文桓公曰寡人北伐山戎過孤竹應劭曰伯夷國也在遼西令支師古曰令音郎定反支音神祇之祇西伐〔補注〕周壽昌曰此句下封禪書有大夏涉流沙五字東馬縣車上卑耳之山韋昭曰將上山纏束其馬縣鈎其車也卑耳即齊語所謂辟耳〔補注〕沈欽韓曰管子小問篇桓公北伐孤竹未至卑耳之谿十里闟然止瞠然視公曰寡人大惑今者見人長尺而人物其冠右祛衣走馬前疾管仲對曰臣聞登山之神有兪兒者長尺而人物具焉霸王之君興而神見且走馬前疾道也祛衣示前有水也右祛衣示從右方涉也至卑耳之谿有贊水者曰從左方涉其深及冠從右方涉其深至膝桓公立拜管仲於馬前曰仲父之聖至此南伐至召陵師古曰召陵楚地也在汝南召讀曰劭登熊耳山以望江漢師古曰熊耳山在順陽北益陽縣東非禹貢所云導洛自熊耳

者也其山兩峯狀亦若熊耳因以爲名也兵車之會三乘車之會六九合諸侯一匡天下師古曰兵車之會三謂莊十三年會於北杏以平宋亂僖四年侵蔡蔡潰遂伐楚次於陘六年伐鄭圍新城也乘車之會六謂莊十四年會於鄄十五年又會於鄄十六年同盟於幽僖五年會於首止八年盟於洮九年會於葵丘也匡正也一匡天下謂定襄王爲天子之位也一說謂陽穀之會令諸侯云無障谷無貯粟無以妾爲妻天下皆從故云一匡者也諸侯莫違我昔三代受命亦何以異乎於是管仲睹桓公不可窮以辭因設之以事曰古之封禪鄗上黍北里禾所以爲盛應劭曰鄗音臛蘇林曰鄗上北里皆地名也師古曰盛謂以實簠簋江淮閒一茅三脊所以爲藉也服虔曰茅草有三脊也張晏曰謂靈茅也師古曰藉以藉地也音才夜反東海致比目之魚師古曰爾雅云東方有比目魚焉不比不行其名謂之鰈音土盍反西海致比翼之鳥師古曰山海經云崇吾之山有鳥狀如鳧而一翼一目相得乃飛其名曰鶼爾雅曰南方有比翼鳥焉不比不飛其名謂之鶼鶼而管仲乃云西海其說異也然後物有不召而自至者十有五焉今鳳皇麒麟不至嘉禾不生而蓬蒿藜莠茂鴟梟羣翔師古曰蓬蒿藜莠皆穢惡之草梟不祥之鳥也鴟蓋今所謂角鴟也梟土梟也而欲封禪無乃不可乎於是桓

公乃止是歲秦穆公納晉君夷吾其後三置晉國之君平其亂師古曰三立其君謂惠公懷公文公穆公立三十九年而卒後五十年周靈王即位時諸侯莫朝周萇弘迺明鬼神事師古曰萇弘周大夫設射不來不來者諸侯之不來朝者也〔補注〕何焯曰史記作設射貍首貍首者諸侯之不來者徐廣注一名不來射錢大昕曰案禮記射義諸侯以貍首爲節貍首者樂會時也大射儀奏貍首鄭康成云貍之言不來也其詩有射諸侯首不朝者之言因以名篇萇弘所行乃是古禮戰國後禮廢乃疑其神怪爾沈欽韓曰大戴記投壺篇嗟爾不寍侯爲爾不朝於王所故亢而射女彊食食爾曾孫侯氏百福攷工記祭侯之禮以酒脯醢其辭曰惟若寍侯毋或若女不寍侯不屬於王所故抗而射女云云諸侯不臣謂之不寍易曰不寍方來是固王之賔射也御覽七百三十七引六韜曰武王伐殷丁侯不朝太公乃畫丁侯於策三箭射之丁侯病困卜者占云祟在周恐懼乃請舉國爲臣太公使人甲乙日拔丁侯著頭箭丙丁日拔著口箭戊己日拔著腹箭丁侯病稍愈四夷聞各以來貢亦貍首之比依物怪欲以致諸侯諸侯弗從而周室愈微後二世至敬王時晉人殺萇弘李奇曰周爲晉殺之也師古曰春秋左氏傳哀公三年傳稱劉氏范氏世爲婚姻萇弘事劉文公故周與范氏趙鞅以爲討周人殺萇弘也是時季氏專魯旅於泰山仲尼譏之師古曰旅陳也陳禮物而祭之也陪臣祭泰山僭諸侯之禮孔子非之曰嗚乎曾

謂泰山不如林放乎事見論語〔補注〕先謙曰官本嗚乎作嗚呼自秦宣公作密畤後二百五十年而秦靈公於吳陽作上畤祭黃帝作下畤祭炎帝後四十八年周太史儋見秦獻公孟康曰太史儋謂老子也師古曰此亦周之太史名非必老聃老聃非秦獻公時儋音丁甘反又吐甘反〔補注〕葉德輝曰封禪書索隱引韋昭案年表儋在孔子後百餘年非老聃也曰周始與秦國合而別別五百載當復合應劭曰秦伯翳之後也始周孝王封非子爲附庸邑諸秦平王東遷洛邑襄公以兵衛之嘉其勳力列爲侯伯與周別五百載矣昭王時西周君自歸受罪盡獻其邑三十六城此復合也孟康曰謂周封秦爲別秦并周爲合此襄王爲霸始皇爲王也韋昭曰周封秦爲始別謂秦仲也五百歲謂從秦仲至孝公彊大顯王致伯與之親合也師古曰諸家之說皆非也自非子至西周獻邑凡六百五十三歲自仲至顯王二十六年孝公稱伯止有四百二十六歲皆不合五百之數也案史記秦本紀及年表竝云周平王封襄公始列爲諸侯於是始與諸侯通又周本紀及吳齊晉楚諸系家皆言幽王爲犬戎所殺秦始列爲諸侯正與此志符會是乃爲別至昭襄王五十二年西周君自歸獻邑凡五百一十六年是爲合也言五百者舉其成數也〔補注〕先謙曰官本應注西周作西州合七十年而伯王出焉韋昭曰武王昭王皆伯至始皇而王天下師古曰七十當爲十七今史記舊本皆作十七字伯王者指謂始皇

始皇初立政在太后嫪毒未得稱伯自昭王滅周後至始皇九年誅嫪毒止十七年本紀年表其義顯而韋氏乃合武王昭王爲數失之遠矣伯讀曰霸**僭見後七年櫟陽雨金獻公自㠯爲得金瑞故作畦時**

櫟陽而祀白帝師古曰畦時者如種韭畦之形而時於畦中各爲一土封也畦音下圭反〔補注〕錢大昭曰太康地理志云時在櫟陽故城内其時若畦故爲畦時此司馬貞說也較顏注爲優先謙曰案官本無自字引宋祁曰越本獻公下有自字

後百一十歲〔補注〕先謙曰官本一作二封禪書同徐廣注去太史儋言時百二十年**周赧王卒九鼎**

入於秦或曰周顯王之四十二年宋大丘社亡師古曰爾雅云左陵泰丘謂丘左有陵者其名泰丘也郭璞云宋有泰丘蓋㠯丘名此地也〔補注〕先謙曰索隱引應劭曰云亡淪入地非也案亡謂社主亡也郭璞云宋有太丘社以社名此地也顏注作以丘蓋誤**而鼎淪沒於泗水彭城下**〔補注〕沈欽韓曰周策秦興師臨周而求九鼎姚氏考春秋後語在周顯王齊宣王時顏率東借救於齊是九鼎在東周也周紀周君王赧卒周民東亡秦取九鼎寶器而始皇紀二十八年還過彭城齋戒禱祠欲出周鼎泗水則史公敘事自相乖謬以理推之周鼎至重何得輕齎往宋從河南府卻至徐州千二百里乎愚謂九鼎之亡周自亡之虞大國之數甘心也爲宗社之殃又當困乏時銷毀爲貨謬云鼎亡耳左傳正義其鼎有九故稱九鼎召誥正義九牧貢金爲鼎故稱九鼎其實一鼎兩書雜出不類如此先謙曰水經泗水注周顯王四十二年九鼎淪沒泗淵秦始皇時而鼎見於斯水始皇自以德合三代大喜使

數千人沒水求之不得所謂鼎伏也亦云系而行之未出龍齒齧斷其系故語曰稱樂太早絕鼎系當是孟浪之談耳先謙案志文本封禪書既言鼎入於秦又引或說鼎沒泗水正與周秦本紀兩文相應史公敘事固未誤也當時列國分爭紀載互異秦之滅周取鼎自由時人揣度之詞而鼎實未入秦淪沒泗水則係秦人傳聞如此故始皇有禱祠出鼎之事全祖望以爲浮河入渭卽至秦土不得由泗其說是也鼎早不見周自亡之沈說可謂推見至隱顯王四十二年封禪書無此文班氏增之**自赧王卒**

後七年秦莊襄王滅東周周祀絕後二十八年秦并天下稱皇帝

秦始皇帝既卽位或曰黃帝得土德黃龍地螾見應劭曰螾丘蚓也黃帝土德故地見其神蚓大五六圍長十餘丈如淳曰呂氏春秋云黃帝之時天先見大螻大螾黃帝曰土氣勝故其色尚黃師古曰螾音蚓螻音樓謂螻蛄也〔補注〕沈欽韓曰冊府元龜二十一有大螻如羊大螾如虹先謙曰官本丘作蚯音蚓作引**夏得木德青**

龍止於郊草木鬯茂師古曰鬯與暢同**殷得金德銀自山溢**蘇林曰流出也**周得**

火德有赤烏之符師古曰謂武王伐紂師渡孟津之時也尚書中候曰有火自天止於王屋流爲赤烏五至㠯穀俱來〔補注〕宋祁曰渻化本注末云五至之數也無以穀俱來四字葉德輝曰封禪書索隱引尚書中候及呂氏春秋皆作以數俱來蓋穀數二字形譌渻化本之數也二字卽以穀俱來之爛文**今秦變周水德之時**〔補注〕朱一新曰汪本無今

字先謙曰官本無今字考證云監本秦上衍今字從宋本去先謙案始皇紀云方今水德之始又云更名河曰德水以爲水德之始時字無義似作始爲是下文漢當水德之時封禪書時作始亦其證也**昔文公出臘**〔補注〕錢大昭曰臘南雍本閩本皆作獵葉德輝曰德藩本作獵封禪書同先謙曰官本作獵是**獲黑龍此其水德之瑞於是秦更**

名河曰德水㠯冬十月爲年首色尚黑度㠯六爲名張晏曰水北方黑終數六故㠯方六寸爲符六尺爲步〔補注〕葉德輝曰德藩本尚作上先謙曰官本作上始皇紀符法冠皆六寸而輿六尺六尺爲步乘六馬

音上大呂師古曰大呂陰律之始也**事統上法**服虔曰政尚法令也臣瓚曰水陰陰主刑殺故上法**卽帝**

位三年東巡狩郡縣祠騶嶧山蘇林曰騶魯縣也臣瓚曰嶧山在北師古曰嶧音亦〔補注〕先謙曰始皇二十八年也官本瓚作贊**頌功業**師古曰謂刻石自著功業**於是從齊魯之儒生博士七**

十人至於泰山下諸儒生或議曰古者封禪爲蒲車惡傷山之土

石草木師古曰蒲車以蒲裹輪**埽地而祠席用苴稭**應劭曰稭藁本也去皮㠯爲席如淳曰苴讀如租稭讀如戞晉灼曰苴藉也師古曰茅藉也苴字本作蒩假借用**言其易遵也始皇聞此議各乖**

異難施用由此黜儒生師古曰黜退也**而遂除車道上自泰山陽至顛立**

石頌德明其得封也從陰道下師古曰山南曰陽山北曰陰〔補注〕先謙曰官本無下字**禪於**

梁父其禮頗采泰祝之祀雍上帝所用而封臧皆祕之世不得而

記也〔補注〕宋祁曰越本無也字**始皇之上泰山中阪遇暴風雨休於大樹下**〔補注〕先謙曰始皇紀因封其樹爲五大夫**諸儒既黜不得與封禪**師古曰與讀曰豫也〔補注〕先謙曰官本無也字

聞始皇遇風雨卽譏之於是始皇遂東遊海上行禮祠名山川及

八神來僊人羨門之屬應劭曰羨門名子高古仙人也師古曰古亦以僊爲仙字下皆類此〔補注〕宋祁曰注文僊字下當有字字當刪去錢大昭曰來南雍本閩本皆作求朱一新曰汪本來作求是封禪書亦作求葉德輝曰德藩本亦作求先謙曰官本作求**八神將自古而有之或曰太公㠯來作之齊所㠯爲**

齊㠯天齊也蘇林曰當天中央齊也師古曰謂其衆神異如天之腹齊也**其祀絕莫知起時八**

神一曰天主祠天齊天齊淵水居臨菑南郊山下下者師古曰下下謂最下者臨菑城南有天齊水五泉竝出蓋謂此也〔補注〕沈欽韓曰元和志天齊池在青州臨淄縣東南十五里先謙曰封禪書下字不重索隱引顏注作下者謂在下也地理志馮翊谷口有天齊公祠臨菑齊郡之縣今山東臨淄縣治此蓋於谷口望祭之官本注者作

也
二曰地主祠泰山梁父〔補注〕先謙曰祠二山蓋天好陰祠之必於高山之
下時命曰時師古曰名其祭處曰時也〔補注〕先謙曰封禪書高山之下作小山之上命曰時集解引徐廣云一云之下
上時命曰時索隱云此之一云與郊祀志文同是小司馬所見漢書下下多一上字地貴陽祭之必於澤中
圜丘云三曰兵主祠蚩尤蚩尤在東平陸監鄉齊之西竟也師古曰東
平陸縣名也監其縣之鄉名也〔補注〕錢大昭曰續志東平陸有闞亭劉昭云左傳桓十一年會於闞杜預云在須昌縣東南有闞城
博物記云即此亭是也大昭案監與闞古字通齊太公世家有監止有寵焉索隱云左氏監作闞田齊世家亦作監止東平陸與東郡
之壽良接壤故地理志蚩尤祠在壽良先謙曰官本不重蚩尤二字以上下文例之二字當衍東平陸東平國縣今山東汶上縣北
四曰陰主祠三山師古曰三山即下所謂三神山〔補注〕錢大昕曰小司馬引顧氏說東萊曲成參山即此三山者
是也顏注誤沈欽韓曰輿地廣記萊州掖縣有三山案後文亦作參山知非三神山也寰宇記三山在掖縣北五十里海之南先謙
曰地理志曲成有參山祠曲成在今山東掖縣東北五曰陽主祠之罘山韋昭曰之罘山在東萊腄縣師古曰
罘音浮腄音直瑞反〔補注〕宋祁曰姚本注文無之字及縣字沈欽韓曰元和志之罘山在登州文登縣西北一百九十里先謙曰地
理志腄下云有之罘山祠腄在今山東文登縣西六曰月主祠之萊山韋昭曰在東萊長廣也〔補注〕沈欽韓

曰元和志在登州黃縣東南二十里先謙曰之字不當有緣上之字而衍地理志長廣有萊山萊王祠下卷云祠萊山於黃萊山祠
月則是祠在長廣宣帝移祀於黃故兩地俱有祠也長廣今在山東萊陽縣東皆在齊北竝勃海師古曰竝音步
浪反七曰日主祠盛山盛山斗入海韋昭曰盛山在東萊不夜縣斗入海也師古曰斗絕也盛音成
〔補注〕齊召南曰案封禪書作成山此志後文云成山於不夜成山祠日又地理志亦作成山則此文盛字訛也然顏注云盛音成則
唐初本已作盛山矣王念孫曰古字多以盛爲成則盛非譌字繫辭傳成象之謂乾蜀才本成作盛公羊春秋莊八年師及齊師圍成隱五年十年文十二年成竝作盛左傳文十八年以誕盛德正義本盛作成引服虔曰成德謂成兹德秦策今王使成橋守事於韓史記春申君傳成作盛荀子王霸篇以觀其盛楊倞注盛讀爲成
沈欽韓曰元和志成山在掖縣東北一百八十里先謙曰地理志不夜有成山日祠不夜在山東文登縣東北最居齊東北陽〔補注〕宋祁曰新本最作聚錢大昭曰封禪書陽作隅
以迎日出云八曰四時主祠琅邪琅邪在齊東北蓋歲之所始師古曰山海經云琅邪臺在勃海閒謂臨海有山形如臺也〔補注〕齊召南曰琅邪在齊東南海濱非在東北也封禪書作在齊東方可謂至確地理志琅邪郡琅邪有四時祠即此文四時主也顏不言此文北字之訛於地理志注引山海經琅邪臺在琅邪之東於此志注又引山海經臺在勃海閒意欲以勃海解東北二字非也先謙曰琅邪在今山東諸城縣東皆各用牢具祠而
巫祝所損益圭幣雜異焉師古曰言八神牲牢皆同而圭幣各異也自齊威宣時騶子

之徒論著終始五德之運如淳曰今其書有五德終始五德各以所勝爲行秦謂周爲火德滅火者水故自謂水德師古曰騶子即騶衍及秦帝而齊人奏之故始皇采用之而宋毋忌正
伯僑元尚羨門高最後皆燕人爲方僊道韋昭曰皆慕古人之名效爲神仙者也師古曰
自宋毋忌至最後皆其人姓名也凡五人〔補注〕王鳴盛曰案服虔司馬貞說最後者自是謂其在騶子之後耳非姓名其實止四人
顏注謬洪亮吉曰急就篇有仙人宋無忌及魏志管輅傳言宋毋忌之妖即此沈欽韓曰索隱白澤圖云火之精曰宋毋忌蓋其人
火仙也藝文類聚八十引白澤圖同寰宇記鄂州多有大災占之曰東南聖水陂宋無忌遺迹觀察使牛僧孺立廟祀之司馬相如
傳注正伯僑古仙人裴秀冀州記云緱氏仙人廟者昔有王喬犍爲武陽人爲柏人令於此得仙非王子喬也羨門高者秦始皇使
盧生求羨門子高是也先謙曰官本考證云元尚封禪書作充尚羨門高作羨門子高沈濤云元尚當作元谷即列仙傳之元俗也
谷俗之淆篆書谷字與尚字相近訛而爲尚史記又誤元爲充遂不可曉矣列仙傳言元俗河間人亦與燕人相合形解銷
化服虔曰尸解也張晏曰人老而解去故骨如變化也今山中有龍骨世人謂之龍解骨化去應劭曰列仙傳曰崔文子學仙於
王子喬化爲白蜺文子驚引戈擊之俯而見之王子喬之尸也須臾則爲大鳥飛而去師古曰服張二說是也〔補注〕先謙曰官本注
如作節於王子喬下重王子喬三字見之作見爲皆是依於鬼神之事騶衍以陰陽主運晉灼

曰燕昭王築宮師之故作主運之篇也如淳曰今其書有王運五行相次轉用事隨方而爲服也〔補注〕先謙曰燕昭師騶衍作主運
見孟子列傳官本注在諸侯下有王運作有主運方而作方面顯於諸侯而燕齊海上之方士傳
其術不能通然則怪迂阿諛苟合之徒自此興不可勝數也師古曰迂
謂回遠也音于〔補注〕王念孫曰迂讀爲訏說文訏詭譌也字又作謣說文謣妄言也法言問明篇曰謣言敗俗謣好敗則訏謣竝與
迂通妄言與詭譌同義怪迂猶詭怪也周語郤犨見其語迂單子曰迂則誣人迂亦謂詭譌也故賈子禮容語篇迂作訏說義觀經聞下
文曰海上燕齊怪迂之方士又曰言神事如迂誕楊雄傳曰爲怪迂析辯詭辭以撓世事史記孟子荀卿傳曰作怪迂之變義竝同
也自威宣燕昭使人入海求蓬萊方丈瀛洲此三神山者其傳在
勃海中服虔曰其傳書云爾臣瓚曰世人相傳云爾師古曰瓚說是也〔補注〕沈欽韓曰列子湯問篇夏革曰渤海之東幾億
萬里有五山岱輿員嶠方壺瀛洲蓬萊五山之根無所連著常隨潮波上下帝恐流於四極失仙聖之居乃命禺彊使巨鼇十五舉
首而戴之龍伯之國有大人一釣而連六鼇於是岱輿員嶠二山流於北極沈於大海仙聖之播遷巨億計岱輿員嶠已失故但云
三神山也葉德輝曰封禪書集解服虔曰傅音附或曰其傳書云爾按傅傳形近服所見本當作傅故音附或曰傳書別是一義
去人不遠蓋嘗有至者諸僊人及不死之藥皆在焉其物禽獸盡

白而黃金銀爲宮闕未至望之如雲及到三神山反居水下水臨之患且至則風輒引船而去終莫能至云世主莫不甘心焉師古曰甘心言貪嗜之心不能已也及秦始皇至海上則方士爭言之始皇如恐弗及使人齎童男女入海求之船交海中〔補注〕先謙曰交往來相錯也皆以風爲解師古曰自解說云爲風不得至〔補注〕葉德輝曰封禪書索隱引顧野王云皆自解說遇風不至也即顏氏說所本曰未能至望見之焉其明年始皇復游海上至琅邪過恆山從上黨歸後三年〔補注〕先謙曰始皇紀三十二年游碣石考入海方士師古曰考校其虛實也〔補注〕宋祁曰景本碣作碭葉德輝曰封禪書集解服虔曰疑詐故考之又引瓚曰與顏同從上郡歸後五年〔補注〕先謙曰始皇紀三十七年始皇南至湘山遂登會稽並海上師古曰附海而上也並音步浪反上音時掌反幾遇海中三神山之奇藥師古曰幾讀曰冀不得還到沙丘崩臣瓚曰沙丘在鉅鹿縣東北也二世元年東巡碣石並海師古曰並音步浪反南歷泰山至會稽皆禮祠之而刻勒始皇所立石書旁〔補注〕張照曰案宋本刻勒字作胡亥勒監本作刻勒玩上下文俱稱二世而此獨云

胡亥自無此理但刻即勒也漢人文字似不如此率意刻字與胡亥字蓋俱非也齊召南曰案封禪書已作刻勒矣以始皇紀證之二世元年春東行郡縣到碣石並海南至會稽而盡刻始皇所立碣石石旁著大臣從者名以章先帝成功盛德焉案碣石之罘琅邪泰山鄒嶧會稽始皇皆有刻石二世東行則盡刻其石旁也封禪書及此文疑並是盡刻二字之訛錢大昭曰閩本刻作胡亥二字以章始皇之功德師古曰今此諸山皆有始皇所刻石及胡亥重刻其文並具存焉其秋諸侯叛秦三年而二世弒死始皇封禪之後十二年而秦亡諸儒生疾秦焚詩書〔補注〕錢大昭曰閩本秦下有皇字誅滅文學百姓怨其法天下叛之皆說曰〔補注〕葉德輝曰封禪書說作譌謂譌言也始皇上泰山爲風雨所擊〔補注〕先謙曰封禪書風雨上有暴字不得封禪云此豈所謂無其德而用其事者邪昔三代之居皆河洛之閒師古曰謂夏都安邑殷都朝歌周都洛陽〔補注〕先謙曰封禪書皆下有在字故嵩高爲中嶽而四嶽各如其方四瀆咸在山東至秦稱帝都咸陽則五嶽四瀆皆并在東方自五帝以至秦迭興迭衰師古曰迭互也音大結反名山大川或在諸侯或在天子其禮損益世殊不可勝記師古曰代代殊異故不可盡記及

秦并天下〔補注〕先謙曰官本下作子令祠官所常奉天地名山大川鬼神可得而序也於是自崤以東名山五大川祠二師古曰崤即今之陝州二崤也曰太室太室嵩高也恆山泰山會稽湘山水曰泲曰淮師古曰泲音子禮反此本濟水之字〔補注〕宋祁曰邵本湘作相先謙曰地理志會稽郡山陰會稽山在南長沙國益陽湘山在北扶風武功有淮水祠淮不祠於臨淮境而祠於武功亦猶天齊不祠於臨菑而祠於谷口也春以脯酒爲歲禱因泮凍服虔曰解凍也師古曰泮音普半反〔補注〕先謙曰因其時而禱之秋涸凍師古曰涸讀與沍同沍凝也音下故反春則解之秋則凝之春秋左氏傳曰固陰沍寒禮記月令曰孟冬行春令則凍閉不密〔補注〕先謙曰官本固陰作涸陰冬塞禱祠師古曰塞謂報其所祈也音先代反下並同也〔補注〕陳浩曰案塞字封禪書作賽是也以師古注推之似本文原作賽錢大昕曰塞古賽字說文無賽字當依班志下並同先謙曰班志並作塞陳說非其牲用牛犢各一牢具圭幣各異自華以西名山七名川四曰華山薄山薄山者襄山也師古曰說者云薄山在河東一曰在潼關北十餘里而此志云自華以西者則今閿鄉之南山連延西出並得華山之名〔補注〕齊召南曰案水經注襄山在蒲坂縣爲永樂澗水所出然則襄山即古之雷首首陽亦名中條亦名薄山而後人謂之蒲山者也但此志上文明云自華以西名山七蒲山顧在華

東何也師古所云正當闕疑耳先謙曰官本闋作闕岳山岐山吳山鴻冢瀆山瀆山蜀之岷山也師古曰周禮職方氏雍州其山曰岳爾雅亦云河西曰岳說者咸云岳即吳岳也今志有岳山又有吳山則吳岳非一山之名但未詳岳之所在耳徐廣云岳山在武功據地理志武功但有垂山無岳山也岐山即在今岐山縣其山兩岐俗呼爲箭括嶺吳山在今隴州吳山縣鴻冢釋在下岷山在湔氏道〔補注〕先謙曰封禪書吳山作吳岳地理志右扶風汧下云吳山在西古文以爲汧山案即周禮之嶽山也武功下云垂山古文以爲敦物有垂山祠錢坫成蓉鏡皆謂垂岳形近致誤當從之案即今武功山說詳地理志官本岳作嶽水曰河祠臨晉師古曰即今之同州朝邑縣界〔補注〕先謙曰今山西臨晉縣治地理志馮翊臨晉有河水祠沔祠漢中師古曰沔漢水之上名也漢中今梁州是也沔音彌善反〔補注〕先謙曰今陝西漢中南鄭湫淵祠朝那蘇林曰湫淵在安定朝那縣方四十里停水不流冬夏不增不減不生草木湫音將蓼反師古曰此水今在涇州界清澈可愛不容穢濁或諠污輒興雲雨土俗亢旱每於此求之相傳云龍之所居也而天下山川隈曲亦往往有之湫音子由反〔補注〕沈欽韓曰一統志朝那湫在平涼府固原州西南朱一新曰反下汪本衍在涿郡遒縣五字案當在下文鳴澤下史索隱引服虔云鳴澤在涿郡遒縣正義曰遒縣在易州淶水縣北一里故遒城是也澤在遒南據此則五字當在鳴澤下審矣必是顏引服說汪本誤屬入蘇林注下毛本則並此五字脫之也先謙曰官本師古曰上有在涿郡遒縣五字地理志朝那有湫淵祠江水

祠蜀亦春秋泮涸禱塞如東方山川而牲亦牛犢牢具圭幣各異而四大冢鴻岐吳嶽〔補注〕先謙曰索隱案謂四山爲大冢爾雅山頂曰冢蓋亦因鴻冢而爲號也**皆有嘗禾**孟康曰以新穀祭之**陳寶節來祠**服虔曰陳寶神應節來也**其河加有嘗醪**〔補注〕先謙曰其字無義當爲及謂陳寶及河祠祭禮同也**此皆雍州之域近天子都故加車一乘駵駒四霸產豐澇涇渭長水皆不在大山川數**師古曰霸產出藍田豐澇出鄠長水者言其源流長也澇音勞〔補注〕齊召南曰長水名師古注以長水總承霸產等水而言非也封禪書敘長水於霸產下豐澇涇渭上亦可云單言霸產二水源流長乎水經注渭水下云霸水又北長水注之水出杜縣白鹿原西北流謂之荊谿可爲水名之確證沈欽韓曰索隱云百官表有長水校尉沈約云營近長水因以爲名長安志萬年縣荊溪兩京道里記曰荊谿本名長水後秦姚興避諱改**㠯近咸陽盡得比山川祠而無諸加**師古曰加謂車及駵駒之屬**汧洛二淵**〔補注〕先謙曰地理志扶風郁夷有汧水祠郁夷在今陝西隴州西**鳴澤**〔補注〕沈欽韓曰武紀北出蕭關歷獨鹿鳴澤自代而還彼鳴澤固在涿郡遒縣此云以近咸陽則非涿郡之鳴澤也**蒲山嶽壻山之屬**蘇林曰壻音胥韋昭曰音蘇計反師古曰韋說是也〔補注〕周壽昌曰封禪書壻作㟼**爲小山川亦皆禱塞泮涸祠禮不必同而**

雍有日月參辰南北斗熒惑太白歲星填星辰星二十八宿風伯雨師四海九臣十四臣諸布諸嚴諸逐之屬百有餘廟師古曰風伯飛廉也雨師屏翳也一曰屏號而說者乃謂風伯箕星也雨師畢星也此志既言二十八宿又有風伯雨師則知非箕畢也九臣十四臣不見名數所出諸布諸嚴諸逐未聞其義逐字或作逑音求屏並音步丁反〔補注〕劉奉世曰二十八宿既已備而又言參與南北斗蓋衍字也何焯曰參即叄字謂三辰也仲馮誤以參昴當之耳王念孫曰大宗伯以槱燎祀司中司命飌師雨師鄭司農云風師箕也雨師畢也鄭注堯典及獨斷風俗通義並與此同此漢儒相承之舊說若飛廉爲風伯屏翳爲雨師雖見於楚辭注而其名爲祀典所不載不得援以爲據也風伯雨師雖已在二十八宿之中而既有專祀則不得不別言之猶之上文參辰南斗已在二十八宿之中而既有專祀不得不別言之也晉語辰參天之大紀也故與南北斗並有專祀史記封禪書索隱引漢書舊儀曰祭參辰星於池陽谷口是其證大宗伯職既言祀星辰而又言祀司中司命風師雨師其義亦猶是也考封禪書文正與此同劉謂參南斗爲衍字何又讀參辰爲三辰其謬滋甚沈欽韓曰諸布者爾雅祭星曰布淮南汜論羿除天下之害而死爲宗布注祭田爲宗布謂出也一曰今人室中所祀之宗布或曰司命傍布也皮錫瑞曰九臣十四臣疑九臣六十四臣之脫誤九皇六十四民見小宗伯都宗人注又漢舊儀祭九皇六十四民皆古帝王是在漢時嘗列祀典九臣當是九皇之臣六十四臣當是六十四民之臣漢時亦列祀典故志著之葉德輝曰諸嚴當作諸莊避漢明帝諱改字爾

雅釋宮六達謂之莊釋名釋道六達曰莊郎此義也諸逐當作諸遂周禮稻人注遂田首受水小溝也考工記匠人注遂者夫間小溝地官序官注遂謂王國百里外皆主道路言之此諸嚴諸逐謂路神耳遂述古字通顏注云或作逑音求逑當爲述字之誤音求亦當爲音朮之誤南監封禪書諸逐作諸述其沿誤已久矣惟索隱云漢書作遂則小司馬所見漢書逐尚作遂今官本索隱又云漢書作逐必據誤本漢書所改禮記郊特牲饗農及郵表畷道路之神固祀典所不廢也**西亦有數十祠**〔補注〕先謙曰索隱西即隴西之西縣秦之舊都故有祠案索隱說非也西者長安之西數十統詞對上百有餘廟言之地理志西縣下並無一祠也**於湖有周天子祠**〔補注〕先謙曰地理志京兆湖縣有周天子祠二所**於下邽有天神**〔補注〕先謙曰地理志下邽不載**豐鎬有昭明天子辟池**〔補注〕沈欽韓曰周辟雍故地故曰辟池所祀者鎬池君也程大昌雍錄梁載言十道志鎬池一名元阯在昆明池北始皇毀之先謙曰索隱樂彥引河圖云熒惑星散爲昭明**於杜亳有五杜主之祠壽星祠**韋昭曰亳音薄湯所都也臣瓚曰濟陰薄縣是也師古曰杜即京兆杜縣也此亳非湯都也不在濟陰徐廣云京兆杜縣有薄亭斯近之矣〔補注〕朱一新曰五杜主封禪書作三社主先謙曰官本薄縣作亳縣正義角亢在辰爲壽星三月之時萬物始生建於春氣布養各盡其性不罹災夭故壽先謙案地理志京兆杜陵有周右將軍杜主祠四所與三五俱異**而雍菅廟祠亦有杜主**李奇曰菅茅也師古曰菅音姦〔補注〕先謙曰謂雍縣菅縣俱有此廟祠也菅濟南縣

杜主故周之右將軍師古曰墨子云周宣王殺杜伯不㠯罪後宣王田於圃田見杜伯執弓矢射宣王伏弓衣而死故周人尊其鬼而右之蓋謂此也**其在秦中最小鬼之神者也**師古曰其鬼雖小而有神靈也**各㠯歲時奉祠唯雍四畤上帝爲尊**〔補注〕錢大昭曰畤南雍本閩本並作時葉德輝曰德藩本作時先謙曰官本畤作時是四畤四帝總謂上帝祠下文可證索隱引顏氏說以爲四畤兼上帝爲五謬矣此尚述秦舊制未入漢也亦詳地理志雍下**其光景動人民唯陳寶**〔補注〕先謙曰以其有聲光**故雍四畤春㠯爲歲祠禱因泮凍秋涸凍冬賽祠五月嘗駒**〔補注〕先謙曰五月嘗則加駒**及四中之月月祠**師古曰中讀曰仲謂四時之仲月皆祠之**若陳寶節來一祠**〔補注〕宋祁曰新本無若字**春夏用騂秋冬用駵**師古曰騂純赤色也音先營反〔補注〕先謙曰騂駵承駒言之**時駒四匹**師古曰每時用駒四匹而春秋異色**木寓龍一駟**李奇曰寓寄也寄生龍形於木也師古曰一駟亦四龍也〔補注〕宋祁曰李奇注寓寄也晏本作寓木以主之顧炎武曰李說恐非古文偶寓通用偶亦音寓木寓木偶也史記孝武紀作木偶馬而韓延壽傳曰賣偶車馬下里僞物者棄之市道古人用以事神及送死者皆木偶人木偶馬今人代以紙人紙馬又酷吏傳匈奴至爲偶人象郅都索隱曰漢書作寓人可以證寓字之爲偶矣王鳴盛曰封禪書寓作禺索隱禺音偶謂偶其形於木顧說是也後書

劉表傳論言表猶木禺之於人李注如刻木爲人是與偶同矣而其下文又引李奇注自歧其說木寓車馬一駟各如其帝色黃犢羔各四圭幣各有數皆生瘞埋無俎豆之具三年一郊秦以十月爲歲首故常以十月上宿郊見李奇曰上宿上齋戒也〔補注〕宋祁曰越本注云上宿月上旬也錢大昭曰閩本上齋戒作月上旬朱一新曰汪本作月上旬案二本似皆誤史集解引李奇曰宿猶齋戒也据此則原注似當作上月上旬也宿猶齋戒也通權火張晏曰權火㷭火也狀若井挈皋矣其法類稱故謂之權火欲令光明遠照通於祀所也漢祀五時於雍五十里一㷭火如淳曰權舉也師古曰凡祭祀通舉火者或以天子不親至祠所而望拜或以衆祠各處欲其一時薦饗宜知早晏故以火爲之節度也它皆類此〔補注〕錢大昭曰惠士奇云通權火蓋燔柴之遺法甘泉賦欽柴宗祈燎熏皇天舉浩頤樹靈旗樵蒸焜上配藜四施東燭滄海西燿流沙北爌幽都南煬丹厓所謂通權火也惠說是也張如顏三說皆非先謙曰索隱權如字一音爟周禮有司爟爟火官權乃借字拜於咸陽之旁而衣上白其用如經祠云服虔曰經常也西畤畦畤祠如其故上不親往諸此祠皆太祝常主以歲時奉祠之至如它名山川諸神及八神之屬上過則祠去則已郡縣遠方祠者〔補注〕先謙曰封禪書祠下有神字民各自奉祠不領

於天子之祝官祝官有祕祝即有災祥輒祝祠移過於下漢興高祖初起殺大蛇有物曰蛇白帝子而殺者赤帝子也師古曰物謂鬼神也〔補注〕宋祁曰赤帝子也邵本無也字及高祖禱豐枌榆社鄭氏曰枌榆鄉名也社在枌榆晉灼曰枌白榆也社在豐東北十五里師古曰以此樹爲社神因立名也枌音符云反〔補注〕先謙曰官本無音字徇沛〔補注〕先謙曰官本作狗案作徇是爲沛公則祀蚩尤釁鼓旗遂以十月至霸上立爲漢王因以十月爲年首色上赤二年冬東擊項籍而還入關〔補注〕王念孫曰景祐本無冬字是也高紀云二年三月漢王自臨晉渡河六月還櫟陽是高帝以三月東擊楚以六月還入關皆非冬時也又下文詔曰今上帝之祭及山川諸神當祠者各以其時禮祠之如故而高紀云六月令祠官祀天地四方上帝山川以時祠之是詔祠上帝山川諸神亦是夏六月時事非冬也冬字乃後人所加故史記無冬字[illegible]問故秦時上帝祠何帝也對曰四帝有白青黃赤帝之祠〔補注〕何焯曰無黑帝者秦自以水德當其一也高祖曰吾聞天有五帝而四何也莫知其說於是高祖曰吾知之矣迺待我而具五也迺立黑帝祠名曰北時有司進祠上不親往悉召故秦祀官復

置太祝太宰如其故儀禮因令縣爲公社李奇曰猶官社下詔曰吾甚重祠而敬祭今上帝之祭及山川諸神當祠者各以其時禮祠之如故〔補注〕宋祁曰淯化本作各以其禮時祠如故後四歲天下已定詔御史令豐治枌榆社常以時〔補注〕先謙曰封禪書治上有謹字時上有四字春以羊彘祠之令祝立蚩尤之祠於長安〔補注〕葉德輝曰封禪書祝下有官字下祝官作祝官上文悉召秦故祀官祝亦作祝長安置祠祀官女巫〔補注〕宋祁曰邵本無下長安二字其梁巫祠天地天社天水房中堂上之屬〔補注〕錢大昭曰當封禪書作堂南雍本閩本同下云荆巫祠堂下則梁巫祠堂上矣沈欽韓曰後漢桓紀壞郡國諸房祀欒巴傳巴悉毀壞房祀翦理姦巫注云謂爲房堂而祀者朱一新曰汪本作堂葉德輝曰德藩本作堂先謙曰官本作堂晉巫祠五帝東君雲中君巫社巫祠族人炊之屬服虔曰東君以下皆神名也師古曰東君日也雲中君謂雲神也巫社巫祠皆古巫之神也族人炊古主炊母之神也炊謂饎爨也〔補注〕沈欽韓曰東君即東皇太一巫祠者詛楚文云有秦嗣王告於不顯大神巫咸此秦舊典也族人者祭法有族厲炊者禮器注老婦先炊者也葉德輝曰東君雲中君皆見楚詞九歌先謙曰官本考證云族人炊監本訛巫祠皆三字今改正先謙案封禪書作先炊正義古炊母之神秦巫祠社

主巫保族纍之屬師古曰杜主卽上所云五杜主也巫保族纍二神名纍音力追反荆巫祠堂下巫先司命施糜之屬師古曰堂下在堂之下巫先巫之最先者也司命說者云文昌第四星也施糜其先常施設糜鬻者也〔補注〕沈欽韓曰風俗通今民間獨祀司命刻木長尺二寸爲人像行者擔篋中居者別作小屋齊地大尊重之葉德輝曰九歌有大司命少司命卽荆巫祠所本九天巫祠九天師古曰九天者謂中央鈞天東方蒼天東北旻天北方玄天西北幽天西方浩天西南朱天南方炎天東南陽天也其說見淮南子一說云東方旻天東南陽天南方赤天西南朱天西方成天西北幽天北方玄天東北變天中央鈞天也〔補注〕先謙曰官本注浩作皓三輔故事云胡巫祠九天於神明臺皆以歲時祠宮中其河巫祠河於臨晉而南山巫祠南山秦中秦中者二世皇帝也張晏曰以其彊死魂魄爲厲故祠之成帝時匡衡奏罷之〔補注〕宋祁曰舊本河作祠各有時日〔補注〕先謙曰封禪書曰作月其後二歲或言曰周興而邑立后稷之祠師古曰以其有播種之功故令天下諸邑皆祠之〔補注〕周壽昌曰封禪書邑上有郡字至今血食天下師古曰祭有牲牢故言血食偏天下也於是高祖制詔御史其令天下立靈星祠張晏曰龍星左角曰天田則農祥也晨見而祭之〔補注〕先謙曰正義引漢舊儀云五年修復周家舊祠祀后稷於東南爲民祈農報厥功夏則龍星見而始雩龍星左角

爲天田右角爲天庭天田爲司馬教人種百穀爲稷靈者神也辰之神爲靈星以壬辰日祀靈星於東南金勝爲土相也續志言祠后稷而謂之靈星者以后稷又配食星也舊說星謂天田星也一曰龍左角爲天田官主穀祀用壬辰位祠之壬爲水辰爲龍就其類也注引三輔故事長安城東十里有靈星祠官本晨作辰是 **常㠯歲時祠㠯牛高祖十年春有司請令縣常㠯春二月及臘祠稷**〔補注〕王念孫曰稷上脫社字下民里社各自裁以祠卽其證初學記歲時部御覽時序部十八引並作祠社稷史記同先謙曰封禪書二誤三及下有時字 **㠯羊彘**〔補注〕沈欽韓曰漢舊儀官太社及太稷一歲各再祠太祝令常以一太牢使者監祠南向立不拜 **民里社各自裁㠯祠** 師古曰隨其祠具之豐儉也〔補注〕沈欽韓曰祭法大夫以下成羣立社注云大夫不得特立社與民族居百家以上則共立一社今時里社是也又有二十五家爲社則書社是也各自逐便置社耳顏注非 **制曰可文帝卽位十三年下詔曰祕祝之官移過於下朕甚弗取其除之始名山大川在諸侯諸侯祝各自奉祠天子官不領及齊淮南國廢令太祝盡㠯歲時致禮如故**〔補注〕先謙曰正義齊有太山淮南有天柱山 **明年㠯歲比登** 師古曰年穀頻孰也 **詔有司增雍五時路車各一乘駕被具** 師古曰駕車被馬之飾皆具也被音皮義反下亦同 **西時畦時**

寓車各一乘寓馬四匹駕被具河湫漢水玉加各二〔補注〕先謙曰封禪書玉加作加玉正義祭時各加玉璧二枚 **及諸祀皆廣壇場圭幣俎豆㠯差加之魯人公孫臣上書曰始秦得水德及漢受之推終始傳** 鄭氏曰音亭傳師古曰音張戀反謂轉次之〔補注〕先謙曰終始五德之傳也見始皇紀 **則漢當土德土德之應黃龍見宜改正朔服色上黃時丞相張蒼好律歷㠯爲漢迺水德之時**〔補注〕先謙曰封禪書時作始 **河決金隄其符也年始冬十月色外黑內赤** 服虔曰十月陰氣在外黑陽氣尙伏在地故內赤也或曰十月百草外黑內赤也 **與德相應公孫臣言非是罷之明年黃龍見成紀** 師古曰天水之縣也〔補注〕周壽昌曰此文帝十五年事武帝元鼎三年置天水郡顏於文紀注云成紀隴西縣此注云天水縣一紀其時一書其實也 **文帝召公孫臣拜爲博士與諸生申明土德草改歷服色事** 師古曰草謂創造之後例皆同也 **其夏下詔曰有異物之神見於成紀毋害於民歲㠯有年朕幾郊祀上帝諸神** 師古曰幾讀曰冀 **禮官議毋諱㠯朕勞** 師古曰無諱以朕爲勞自言不以爲勞也晉灼曰諱忌難也〔補注〕先謙曰晉注應在顏前或師古二字誤也封禪書朕勞作勞朕文紀同 **有司皆曰古者天子夏親郊祀上帝於郊故曰郊** 師古曰邑外謂之郊 **於是夏四月文帝始幸雍郊見五時**〔補注〕劉攽曰予謂三王之郊一用夏正於時據十月爲歲首故言夏郊也 **祠衣皆上赤趙人新垣平㠯望氣見上言長安東北有神氣成五采若人冠冕焉或曰東北神明之舍西方神明之墓也** 張晏曰神明日也日出東北舍謂陽谷日沒於西故曰墓墓濛谷也師古曰此說非也蓋總言凡神明以東北爲居西方爲冢墓之所故立廟於渭陽者也〔補注〕先謙曰官本所下故作放 **天瑞下宜立祠上帝㠯合符應於是作渭陽五帝廟同宇** 師古曰宇謂屋之覆也言同一屋之下而別爲五廟各立門室也廟記云五帝廟在長安東北也〔補注〕先謙曰據下此祭泰一地祇竝祠五帝而共一牲以高帝配冬至祠泰一夏至祠地祇 **帝一殿面五門**〔補注〕先謙曰封禪書面下有各字 **各如其帝色祠所用及儀亦如雍五時明年夏四月文帝親拜霸渭之會** 如淳曰二水之合也 **㠯郊見渭陽五帝五帝廟臨渭其北穿蒲池溝水** 師古曰蒲池爲池而種蒲蒲字或作滿言其水滿也〔補注〕宋祁曰姚本無下五帝二字錢大昭曰閩本不重五帝二字先謙曰正義引顏注云蒲字或作蘭案括地志云渭北咸陽縣有蘭池始皇逢盜蘭池

者也言穿溝引渭水入蘭池疑蘭字誤作爲蒲是張守節所見漢書注本作蘭不作滿也 **權火舉而祠若光煇然屬天焉** 師古曰屬聯也音之欲反 **於是貴平至上大夫賜累千金而使博士諸生刺六經中作王制** 師古曰刺采取之也音千賜反〔補注〕王鳴盛曰索隱引劉向七錄云文帝所造書有本制兵制服制篇案卽封禪書所謂王制也非今禮記所有王制盧植安以當之彼疏引鄭目錄云名曰王制者以其記先王班爵授祿祭祀養老之法度此於別錄屬制度又鄭荅臨碩云孟子當赧王之際王制之作復在其後鄭意不以王制爲文帝作明矣藝文志禮記百三十一篇七十子後學者所記也大小戴刪取之今存四十九篇王制在此篇內與文帝所作何涉許愼說文自序云壁中書者魯恭王壞孔子宅而得禮記尙書春秋論語孝經禮記亦孔壁中所得其非漢儒作甚明下文武帝得寶鼎命羣臣采封禪尙書周官王制事此王制則是文帝所作蓋文帝原爲封禪作之武帝亦以議封禪采之也 **謀議巡狩封禪事文帝出長門** 如淳曰亭名也〔補注〕葉德輝曰封禪書作長安門集解引徐廣曰在霸陵正義引括地志云長安門故亭在雍州萬年縣東北苑中後館陶公主長門園武帝以長門名宮卽此 **若見五人於道北遂因其直立五帝壇** 鄭氏曰因其所立處㠯立祠也師古曰直猶當也當其處 **祠㠯五牢其明年平使人持玉杯上書闕下獻之平言上曰闕下有寶玉氣來者已視之果**

有獻玉杯者刻曰人主延壽平又言臣候日再中居頃之日卻復中於是始更以十七年爲元年令天下大酺平言曰周鼎亡在泗水中今河決通於泗臣望東北汾陰直有金寶氣（師古曰汾陰直謂正當汾陰也〔補注〕王念孫曰師古以汾陰直三字連讀非也當以直有金寶氣五字連讀直猶特也言東北汾陰之地特有金寶氣也直特古字通史記直墮其履汜下義正同）意周鼎其出乎兆見不迎則不至於是上使使治廟汾陰南臨河欲祠出周鼎人有上書告平所言皆詐也下吏治誅夷平（師古曰夷者平也謂盡平除其家室宗族）是後文帝怠於改正服鬼神之事（師古曰正正朔也服服色也正音之成反）而渭陽長門五帝使祠官領以時致禮不往焉明年匈奴數入邊（師古曰數音所角反）興兵守御（〔補注〕先謙曰封禪書作禦是此誤）後歲少不登數歲而孝景即位十六年（〔補注〕朱一新曰言在位之年）祠官各以歲時祠如故無有所興武帝初即位尤敬鬼神之祀漢興已六十餘歲矣天下艾安（師古曰艾讀曰乂乂治也漢書皆以艾爲乂其義類此也）搢紳之屬皆望天子封禪

改正度也（師古曰正亦正朔度度量也服色度量亙言之耳）而上鄉儒術（師古曰鄉讀曰嚮）招賢良趙綰王臧等以文學爲公卿欲議古立明堂城南以朝諸侯草巡狩封禪改歷服色事未就（師古曰就成也）竇太后不好儒術使人微伺趙綰等姦利事按綰臧綰臧自殺諸所興爲皆廢六年竇太后崩其明年（〔補注〕先謙曰元光元年）徵文學之士明年上初至雍郊見五時後常三歲一郊（〔補注〕先謙曰索隱漢舊儀元年祭天二年祭地三年祭五時三歲一徧皇帝自行）是時上求神君舍之上林中磃氏館（如淳曰磃音蹏鄭氏曰音斯師古曰鄭音是也其字從石從虒〔補注〕先謙曰封禪書孝武紀館作觀古字通磃竝作蹏字不從石當從如讀）神君者長陵女子以乳死見神於先後宛若（孟康曰產乳而死也兄弟妻相謂先後宛若字也師古曰先音蘇見反後音胡搆反古謂之娣姒今關中俗呼爲先後吳楚俗呼之爲妯娌音軸里〔補注〕沈欽韓曰釋名少婦謂長婦曰姒言其先來己所當法似也長婦謂少婦曰娣娣弟也己後來或曰先後太平廣記二百九十一引漢武故事云東方朔娶宛若爲小妻生子三人與朔俱死先謙曰孝武紀死下有悲哀二字）宛若祠之其室民多往祠平原君亦往祠其後子孫以尊顯（應劭曰平原君武帝外祖母也）及上即位則厚禮置祠之內中（〔補注〕先謙曰此磃氏館內中也內中說見下）聞其言不見其人云是時李少君亦以祠竈穀道卻老方見上（如淳曰祠竈可以致福李奇曰穀道辟穀不食之道也）上尊之少君者故深澤侯人主方（如淳曰侯家人主方藥也〔補注〕齊召南曰案深澤侯人封禪書作深澤侯舍人據功臣表武帝初年深澤侯是趙將夕孫胡也先謙曰胡三省云景帝三年將夕孫修嗣侯七年有罪耐爲司寇少君當是爲修舍人案云故深澤侯則胡說是也孝武紀作故深澤侯入以主方入又人字之誤集解引徐廣注進納於天子而主方作入字解又曰一云侯人主方與志文合）匿其年及所生長（師古曰生長謂其郡縣所屬及居止處）常自謂七十能使物卻老（如淳曰物謂鬼物也）其游以方徧諸侯無妻子人聞其能使物及不死更饋遺之（師古曰更音工衡反）常餘金錢衣食人皆以爲不治產業而饒給（師古曰給足也）又不知其何所人愈信爭事之少君資好方（〔補注〕周壽昌曰資藉也好方好爲方也）善爲巧發奇中（如淳曰時時發言有所中師古曰中音竹仲反）常從武安侯宴（〔補注〕先謙曰侯田蚡封禪書孝武紀宴作飲）坐中有年九十餘老人少君迺言與其大父游射處老人爲兒從其

大父識其處（師古曰識記也音式志反）一坐盡驚少君見上上有故銅器問少君少君曰（〔補注〕先謙曰官本不重少君二字引宋祁曰曰字上疑更有少君二字）此器齊桓公十年陳於柏寢（臣瓚曰晏子書柏寢臺名也師古曰以柏木爲寢室於臺之上〔補注〕沈欽韓曰晏子雜篇景公新成柏寢之臺使師開鼓琴齊桓公時無柏寢金樓子立言篇云齊桓公臥於柏寢又本此而謬說）已而案其刻果齊桓公器（師古曰刻謂器上所銘記）一宮盡駭以爲少君神數百歲人也少君言上祠竈皆可致物（師古曰物亦謂鬼物）致物而丹沙可化爲黃金黃金成以爲飲食器則益壽益壽而海中蓬萊僊者迺可見之以封禪則不死黃帝是也臣嘗游海上見安期生（服虔曰古之真人也師古曰列仙傳云安期生琅邪人賣藥東海邊時人皆言千歲也）安期生食臣棗大如瓜（師古曰食讀曰飤〔補注〕先謙曰封禪書孝武紀臣作巨索隱引包愷云巨或作臣案臣是也巨與大意複食臣棗文義較順通鑑亦作臣）安期生僊者通蓬萊中合則見人不合則隱（師古曰合謂道相合）於是天子始親祠竈遣方士入海求蓬萊安期生之屬而事化丹沙諸藥齊爲黃金矣（師古曰齊藥之分齊也音才計反）

久之少君病死天子以爲化去不死也使黃錘史寬舒受其方孟康曰二人皆方士也師古曰錘音直垂反〔補注〕王鳴盛曰封禪書徐廣注錘縣黃縣皆在東萊此說得之黃錘之史其名寬舒觀下文寬舒凡五見而絕不見所爲黃錘者孟說謬周壽昌曰王說是也始皇紀竝勃海以東過黃腄主父偃傳秦始皇使天下飛芻輓粟起於黃腄琅邪負海之郡皆黃腄連稱與勃海琅邪對擧史臣仍之爲黃爲腄未能定也錘地志作腄先謙曰孝武紀封禪書此下有求蓬萊安期生莫能得九字而海上燕齊怪迂之方士多更來言神事矣師古曰更音工衡反亳人謬忌奏祠泰一方如淳曰亳亦薄也下所謂薄忌也晉灼曰濟陰薄縣人也〔補注〕朱一新曰孝武紀作薄誘忌薄誘即亳誘則謬之譌也沈欽韓曰楚辭九歌有東皇太一乾鑿度太一取其數以行九宮四正四維皆合於十五注云太一者北辰之神名也宋均叶徵圖注北極神之別名先謙曰封禪書泰作太同胡三省云據地理志亳屬山陽郡亳作薄謬姓也與繆同曰天神貴者泰一泰一佐曰五帝師古曰謂青帝靈威仰赤帝赤熛怒白帝白招矩黑帝叶光紀黃帝含樞紐也一說蒼帝名靈府赤帝名文祖白帝名顯紀黑帝名玄矩黃帝名神斗古者天子以春秋祭泰一東南郊日一太牢七日師古曰每日以一太牢凡七日祭也〔補注〕朱一新曰孝武紀作用太牢具七日封禪書作用太牢七日當有脫字爲壇開八通之鬼道〔補注〕沈欽韓曰續志注引黃圖上帝壇圜八觚辟神道八通廣各三十步於是天子令太祝立其祠長安城東南郊常奉祠如忌方〔補注〕先謙曰始專爲泰一祠不竝祠五帝其後人上書言古者天子三年一用太牢祠三一天一地一泰一〔補注〕先謙曰天一地一泰一爲神三一郊祀歌云天地竝況維予有慕也天子許之令太祝領祠之於忌泰一壇上如其方後人復有言古天子常以春解祠祠黃帝用一梟破鏡張晏曰黃帝五帝之首也歲之始也梟惡逆之鳥方士虛誕云以歲始祓除凶災令神仙之帝食惡逆之物使天下爲逆者破滅訖竟無有遺育也孟康曰梟鳥名食母破鏡獸名食父黃帝欲絕其類使百吏祠皆用之破鏡如貙而虎眼如淳曰漢使東郡送梟五月五日作梟羹以賜百官以其惡鳥故食之也師古曰解祠者謂祠祭以解罪求福〔補注〕沈欽韓曰論衡解除篇祭祀之禮解除之法衆多非一且以一事效其非也世閒繕治宅舍鑿地掘土功成作畢解謝土神名曰解土爲土偶人以象鬼形令巫祝延以解土神已祭之後心快意喜謂鬼神解謝殃禍除去案此則解祠者祓除之祭也述異記獍狀如虎豹而小始生還食其母孟謂食父者非也禽獸本無父朱一新曰汪本張注歲上有春字是先謙曰孝武紀孟注吏作物冥羊用羊祠〔補注〕沈欽韓曰東山經自尸胡之山至於無皋之山其神狀皆人身而羊角其祠用一牡羊殆所謂冥羊也馬行用一青牡馬泰一皋山山君用牛〔補注〕朱一

新曰封禪書作泰一澤山君地長用牛徐廣云澤一作皋索隱澤山本紀作嶧山澤山君地長謂祭地於嶧山同用太牢故云用牛一新案據索隱云云則武紀當作嶧山而今史武紀仍作皋山則後人以此志改史本文非其舊也又案此志以泰一與皋山君爲二神封禪書索隱亦以太一與澤山君地長爲二神蓋謂地長即澤山君也而武紀正義乃以太一及嶧山君與地長爲三神亦誤先謙曰此又解祠之泰一也此志無地長二字下罷祠亦有皋山山君而無地長則索隱以爲神是也武夷君用乾魚〔補注〕沈欽韓曰寰宇記武夷山在建陽縣北一百二十八里顧野王謂之地仙之宅傳云昔有神人武夷君居此故得名又郡國志漢武好祀天下嶽瀆此山與祭故曰漢祀山陰陽使者以一牛孟康曰陰陽之神也令祠官領之如其方而祠泰一於忌泰一壇旁〔補注〕王鳴盛曰上泰一兩字衍封禪書及武紀無上文已言祠三一於忌泰一壇上此復有言祠黃帝等方故又祠於壇旁也後二年郊雍獲一角獸若麃然師古曰麃鹿屬也形似麞牛尾一角音蒲交反〔補注〕先謙曰封禪書麃作麟後二年者元狩元年據此上文人言解祠諸祀在元朔五年也韋昭云楚人謂麋爲麃有司曰陛下肅祗郊祀上帝報享錫一角獸蓋麟云於是以薦五畤畤加一牛以燎賜諸侯白金以風符應合於天也晉灼曰符瑞也臣瓚曰風示諸侯以此符瑞之應也於是濟北王以爲天子且封禪上書獻泰山及其旁邑天子以它縣償之〔補注〕先謙曰據表濟北成王胡常山王有罪𨗴師古曰𨗴與遷同也天子封其弟眞定以續先王祀而以常山爲郡〔補注〕先謙曰據紀表元鼎三年常山憲王舜子勃有罪徙房陵上更封憲王子平爲眞定王然後五嶽皆在天子之郡〔補注〕先謙曰封禪書郡作邦是此誤華嵩衡本在天子之邦合泰山常山爲五明年齊人少翁以方見上〔補注〕先謙曰通鑑誅文成在元狩四年下云居歲餘云云是見上或在元狩三年上有所幸李夫人〔補注〕沈欽韓曰封禪書孝武紀作王夫人案李廣利以太初元年爲貳師將軍若李夫人以元狩三年卒距太初之元十有五年廣利不應至此時始進用也又南粵滅在元鼎六年此志有云既滅南越釁臣李延年以好音見而李夫人之進以延年歌北方有佳人得召見又在延年後明矣其死安得反在元狩時乎考史記三王世家王夫人者與衛夫人竝幸計其始進當在元光時至元狩二年卒前後相當然外戚傳漢武實悼李夫人惟少翁之誅在元狩中李夫人卒不得有少翁此傳誤也史記作王夫人又一事而兩傳之誤論衡自然篇武帝幸王夫人王夫人死思見其形道士以方術作王夫人形形成出入宮門武帝大驚立而迎之忽不復見又本史記而附益之夫人卒少翁以方蓋夜致夫人及竈鬼之貌云天子自帷中望見焉迺拜少翁爲文成將軍賞賜甚多以客禮禮之文

成言上卽欲與神通宮室被服非象神神物不至迺作畫雲氣車及各以勝日服虔曰甲乙五行相克之日如淳曰如火勝金用丙丁日不用庚辛也補注先謙曰索隱樂彥云畫以勝日者謂畫青車以甲乙畫赤車以丙丁畫元車以壬癸畫白車以庚辛畫黃車以戊己將有水事則乘黃車故云駕車辟惡鬼也集解引如說作漢書音義駕車辟惡鬼又作甘泉宮中爲臺室畫天地泰一諸鬼神而置祭具以致天神居歲餘其方益衰神不至迺爲帛書以飯牛師古曰謂雜草以飯牛也音扶晚反補注先謙曰官本無爲字陽不知言此牛腹中有奇書補注宋祁曰新本去書字王念孫曰案少翁若言牛腹中有書則恐人覺其僞故但言此牛腹中有奇及殺視之乃得帛書而其言甚怪正所以惑人也後人不達而於奇下加書字謬矣景祐本無書字封禪書續孝武紀皆無殺視得書書言甚怪天子識其手師古曰手謂所書手迹補注朱一新曰史手下有書字是也觀顏注則唐初本已誤汪本注迹下有也字先謙曰官本有也字問之果爲書補注先謙曰爲僞古通封禪書孝武紀作僞於是誅文成將軍隱之其後又作柏梁銅柱承露僊人掌之屬矣蘇林曰仙人以手掌擎盤承甘露師古曰三輔故事云建章宮承露盤高二十丈大七圍以銅爲之上有仙人掌承露和玉屑飲之蓋張衡西京賦所云立修莖之

前漢二十五上　三五

仙掌承雲表之清露屑瓊蘂以朝餐必性命之可度也補注先謙曰據武紀通鑑起柏梁臺事在元鼎二年黃圖柏梁臺在長安城中北闕內文成死明年補注先謙曰通鑑在元狩五年天子病鼎湖甚晉灼曰黃圖宮名在京兆地理志湖本在京兆後分屬弘農也補注顧炎武曰宮名是湖當作胡見揚雄傳湖縣絕遠且無行宮先謙曰地理志下駁文當刪巫醫無所不致游水發根言上郡有巫病而鬼下之服虔曰游水縣名發根人姓名晉灼曰地理志游水水名在臨淮淮浦也師古曰二說皆非也游水姓也發根名也蓋因水爲姓也本嘗遇病而鬼下之故爲巫也補注先謙曰官本縣下無名字上召置祠之甘泉及病使人問神君補注先謙曰集解引韋昭云卽病巫之神神君言曰天子無憂病病少瘉強與我會甘泉於是上病瘉遂起幸甘泉病良已孟康曰良已善已謂瘉也補注朱一新曰汪本注良已之已作謂先謙曰官本已作謂是大赦置壽宮神君孟康曰更立此宮也臣瓚曰壽宮奉神之宮也楚辭曰蹇將澹兮壽宮也補注先謙曰封禪書置下有酒字通鑑以置酒壽宮爲句而刪神君二字胡三省云帝置壽宮以奉神君也括地志壽宮在雍州長安縣西北三十里長安故城中神君最貴者曰太一補注先謙曰封禪書同孝武紀作大夫蓋誤其佐曰太禁司命之屬皆從之非可得見聞其言言與人音等時去時來來則

風肅然居室帷中時晝言然常以夜天子祓然後入孟康曰崇絜自除祓然後入也師古曰祓音發勿反補注朱一新曰言天子入常以夜因巫爲主人關飲食補注先謙曰關猶通也所欲飲食巫關白之所欲言行下李奇曰神所欲言上輒爲下之也晉灼曰神君所言行下於巫師古曰晉說是也又置壽宮北宮張羽旗設共具師古曰共讀曰供音居用反以禮神君神君所言上使受書其名曰畫法孟康曰策畫之法也補注先謙曰封禪書孝武紀畫作書集解引孟注作或云策書之法也似孟所見本作書正義書音畫案畫一之法先謙案書無音畫之理張解未當然可推知所見漢書本作畫也其所言世俗之所知也無絕殊者而天子心獨憙其事祕世莫知也師古曰憙讀曰喜喜好也音許吏反補注王念孫曰景祐本憙作喜是也喜樂也音許里反憙好也音許吏反[illegible]獨憙獨好也而景祐本作喜者借字耳注當作喜讀曰憙憙好也音許吏反今本既改正文作憙又互改注內喜憙二字而其義遂不可通御覽神鬼部一引漢書正作喜史記同又賈誼傳遇之有禮故羣臣自喜[illegible]喜亦借字也故師古曰喜讀曰憙音許吏反憙好也好爲志氣也而今本正文亦改爲憙注文喜憙二字亦互改矣[illegible]蘇輿曰案天子心獨憙當句絕與高紀高祖乃心獨喜同一句例其事祕世莫知也對世俗所知之言言其所言淺近皆世所知至其事詭祕非世所知蓋言所受之書不可信頗

前漢二十五上　三六

致微詞此史公語而班因之後三年補注先謙曰案承上文成死明年爲元狩五年言之則後三年爲元鼎二年而下云今郊得一角獸曰狩必非元鼎中言也後三年疑是後一年之誤荀悅諸人皆知後三年之不可通故漢紀卽書於獲麟之下云由是改元朔爲元狩通鑑亦於獲麟下書久之有司又言元宜以天瑞命云云莫能定爲何年事封禪書孝武紀竝作後三年班氏承用之有司言元宜以天瑞不宜以一二數蘇林曰得諸瑞以名年補注朱一新曰汪本年下有耳字先謙曰官本有耳字一元曰建蘇林曰建元元年是二元以長星曰光蘇林曰以有長星之光故曰元光元年補注朱一新曰汪本年下有也字先謙曰官本有也字今郊得一角獸曰狩云如淳曰改元狩元年補注朱一新曰封禪書孝武紀今作三元二字案元光下尚有元朔年號則元狩不得謂之三元先謙曰專舉天瑞故略元朔不言武帝於元狩中追改建元元光元朔元狩於元封追改元鼎係兩次追改其明年補注先謙曰據武紀元鼎四年天子郊雍曰今上帝朕親郊而后土無祀則禮不荅也師古曰荅對也郊天而不祀地失對偶之義一曰關地祇之祀故不爲神所荅應也有司與太史令談祠官寬舒議師古曰談卽司馬談也天地牲角繭栗師古曰牛角之形或如繭或如栗言其小今陛下親祠后土后土宜於澤中圜丘補注沈欽韓曰此與前文天好陰於高山下時地貴陽於澤中圜丘同謬禮器云因

天事天因地事地爲高必因丘陵爲下必因川澤鄭以圜丘方澤解之是也若謂好陰貴陽何不夕日朝月蓋當時廷臣鮮有通禮經者爲五壇壇一黃犢牢具已祠盡瘞而從祠衣上黃師古曰侍祠之人皆著黃衣也於是天子東幸汾陰汾陰男子公孫滂洋等見汾旁有光如絳師古曰滂音普郎反洋音羊也上遂立后土祠於汾陰脽上師古曰脽音誰解在武紀如寬舒等議上親望拜如上帝禮禮畢天子遂至滎陽還過雒陽下詔封周後令奉其祀語在武紀上始巡幸郡縣寖尋於泰山矣鄭玄曰尋用也晉灼曰尋遂往之意也師古曰二說皆非也寖漸也尋就也補注朱一新曰孝武紀索隱侵尋即浸淫故晉曰遂往之意也尋淫聲近假借用耳其春樂成侯登補注齊召南曰通鑑考異云案史記漢書功臣表當爲丁義胡三省云義高祖功臣丁禮之曾孫也召南案封禪書但云樂成侯無登字先謙曰孝武紀亦無登字蓋衍上書言欒大補注何焯曰元鼎五年大坐誣罔腰斬丁義亦坐言五利不道棄市見功臣表欒大膠東宮人服虔曰王家人補注周壽昌曰據此男子亦得宮人稱故嘗與文成將軍同師已而爲膠東王尚方師古曰主方藥補注先謙曰膠東康王寄武帝弟而樂成侯姊爲康王后孟康曰膠東王后也補注先謙曰官本注在無子下康王

寄景帝子無子王死它姬子立爲王而康后有淫行與王不相中相危㠯法師古曰不相可也相危以法謂以罪法相欲傾危也中音竹仲反康后聞文成死而欲自媚於上乃遣欒大入因樂成侯求見言方師古曰言神仙之方天子既誅文成後悔其方不盡及見欒大大說師古曰說讀曰悅大爲人長美言師古曰善爲甘美之言也多方略而敢爲大言處之不疑大言曰臣常往來海中補注先謙曰官本常作嘗見安期羨門之屬顧㠯臣爲賤不信臣師古曰顧念也又㠯爲康王諸侯耳不足與方臣數㠯言康王康王又不用臣臣之師曰黃金可成而河決可塞不死之藥可得僊人可致也然臣恐效文成則方士皆掩口惡敢言方哉師古曰惡音烏謂於何也上曰文成食馬肝死耳補注沈欽韓曰索隱論衡云氣勃而毒盛故食走馬肝殺人儒林傳食肉無食馬肝是也子誠能修其方我何愛乎大曰臣師非有求人人者求之陛下必欲致之則貴其使者令爲親屬㠯客禮待之勿卑使各佩其信印迺可使通言於神人

神人尚肯邪不邪補注先謙曰尚未敢定之詞尊其使然後可致也於是上使驗小方鬬棊補注葉德輝曰封禪書索隱引顧氏案萬畢術云取雞血雜磨針鐵擣和磁石棊頭置局上自相抵擊也據此則鬬棊小方本世所有方士用以惑上耳先謙曰官本考證云棊通鑑作旗考異云封禪書郊祀志俱作棊獨史記孝武紀作旗案漢武故事云欒大嘗於殿前樹旍數百枚令旍自相擊繙繙竟庭中去地十餘丈觀者皆駭然則作旗字者是也先謙案漢紀亦作棊棊自相觸擊是時上方憂河決而黃金不就師古曰鑄黃金不成迺拜大爲五利將軍居月餘得四印補注齊召南曰案得字當依史記作佩以下文大見數月佩六印證之可知得天士將軍地士將軍大通將軍印補注朱一新曰孝武紀大通將軍下誤衍天道將軍四字後人妄加制詔御史昔禹疏九河決四瀆閒者河溢皋陸隄繇不息師古曰皋水旁地廣平曰陸言水汎溢自皋及陸而築作隄防傜役甚多不暇休息朕臨天下二十有八年天若遺朕士而大通焉乾稱飛龍鴻漸于般孟康曰般水涯堆也漸進也武帝云得樂大如鴻進於般一舉千里得道若飛龍在天師古曰飛龍在天乾卦九五爻辭也鴻漸于般漸卦六二爻辭也般山石之安者補注錢大昭曰今本周易作磐案屯初九磐桓利居貞隸釋仲秋下旬碑作般桓知磐字古作般也朕意庶幾與焉

師古曰與讀曰豫其㠯二千戶封地士將軍大爲樂通侯賜列侯甲第童千人乘輿斥車馬帷帳器物㠯充其家師古曰斥不用者也又㠯衞長公主妻之孟康曰衞太子妹如淳曰衞太子姊也師古曰外戚傳云子夫生三女元朔三年生男據是則太子之姊也孟說非也補注何焯曰以衞主妻大者令爲親屬如大所言也周壽昌曰索隱衞后長女故曰長公主非如帝姊曰長公主之例案婁敬傳長公主是魯元公主外戚傳館陶長公主是文帝女嫖一當高帝時一當文帝時皆是也齎金十萬斤補注先謙曰封禪書孝武紀無十字更名其邑曰當利公主天子親如五利之弟補注葉德輝曰南雍本德藩本作第先謙曰官本作第使者存問共給相屬於道師古曰共讀曰供屬及也音之欲反自大主將相㠯下皆置酒其家韋昭曰大主武帝姑竇太后之女也補注周壽昌曰大主若後世稱大長公主矣獻遺之天子又刻玉印曰天道將軍使使衣羽衣夜立白茅上五利將軍亦衣羽衣立白茅上受印㠯視不臣也師古曰羽衣㠯鳥羽爲衣取其神仙飛翔之意也視讀曰示而佩天道者且爲天子道天神也師古曰爲音于僞反道天神道讀曰導於是五利常夜祠其家欲㠯下神補注先謙曰封禪書孝武紀下云神未至而百鬼集

矣然頗能使之後裝治行東入海求其師云大見數月佩六印貴震天下而海上燕齊之閒莫不搤擊師古曰搤捉持也擊古手腕之字也搤音戹〔補注〕先謙曰官本注在能神僊矣下集解引服虔云滿手曰搤而自言有禁方能神僊矣其夏六月汾陰巫錦應劭曰錦巫名爲民祠魏脽后土營旁應劭曰魏故魏國也師古曰汾脽本魏地之境故云魏脽也營謂祠之兆域也〔補注〕先謙曰通鑑胡注引顏說境作壙見地如鉤狀掊視得鼎師古曰掊謂手杷土也音蒲溝反杷音蒲巴反其字從木鼎大異於衆鼎文鏤無款識韋昭曰款刻也師古曰識記也音式志反其下美陽鼎亦同也怪之言吏吏告河東太守勝勝以聞天子使驗問巫得鼎無姦詐迺以禮祠迎鼎至甘泉從上行薦之如淳曰以鼎從行上甘泉將薦之於天師古曰上音時掌反〔補注〕先謙曰封禪書孝武紀作行上案如注似亦作行上通鑑作從上行至中山晏溫如淳曰三輔謂日出清濟爲晏晏而溫乃有黃雲故爲異也師古曰中讀曰仲郎今雲陽之中山也下云合茲中山亦同也〔補注〕錢大昕曰說文晏天清也濟與霽同洪範曰雨曰霽史記作濟沈欽韓曰長安志仲山在雲陽縣西北四十里雲陽宮記曰宮南三十里有仲山俗傳高祖兄仲所居今山有仲子廟淮南繆稱訓暉目知晏注云晏無雲也周壽昌曰封禪書作曣嗢有黃雲焉〔補注〕先謙曰封禪書孝武紀雲下有蓋字是也此脫有鹿過〔補注〕先謙曰封禪書孝武紀鹿作麃上自射之因之以祭云至長安公卿大夫皆議尊寶鼎天子曰閒者河溢歲數不登故巡祭后土祈爲百姓育穀今年豐楙未報鼎曷爲出哉師古曰楙美也言稼穡美也未報者獲年豐而未報賽也一曰雖祈穀而未獲年豐之穀也其下張敞引此詔文云穀嗛未報嗛者少也〔補注〕朱一新曰解當從後說汪本注穀也作報也是先謙曰官本穀作報考證云報字監本訛穀今改正案封禪書孝武紀楙作廡廡亦借訓豐盛有司皆言聞昔泰帝興神鼎一師古曰泰帝者即泰昊伏羲氏也〔補注〕先謙曰索隱云師古以太帝在黃帝之前故也案泰昊無得鼎事泰帝即黃帝也顏說誤詳下一者一統天地萬物所繫象也〔補注〕先謙曰封禪書孝武紀象作終黃帝作寶鼎三象天地人禹收九牧之金師古曰九牧九州之牧也鑄九鼎象九州皆嘗鬺亨上帝鬼神服虔曰以享祀上帝也師古曰鬺亨一也鬺亨煮而祀也韓詩采蘋曰于以鬺之唯錡及釜亨音普庚反〔補注〕何焯曰鬺古烹飪字下亨乃古亨祀字也一之者非亨音香兩反葉德輝曰德藩本亨作亨封禪書同朱一新曰汪本作亨先謙曰官本作亨其空足曰鬲蘇林曰鬲音歷足中空不實者名曰鬲也以象三德如淳曰鼎有三足故也三德三正之德師古曰如說非也三德一曰正直二曰剛克

三曰柔克事見周書洪範饗承天祜師古曰祜福也音怙夏德衰鼎遷於殷殷德衰鼎遷於周周德衰鼎遷於秦秦德衰宋之社亡鼎迺淪伏而不見周頌曰自堂徂基自羊徂牛鼐鼎及鼒不吳不敖胡考之休師古曰周頌絲衣之詩也基門塾之基也鼎絕大者謂之鼐圜弇上謂之鼒吳讙也敖慢也考壽也休美也言執祭事者或升堂室或之門塾視羊牛之牲及舉大小之鼎告其致絜神降之福故獲壽考之美曰何壽之美何壽之美者歎之之言也鼐音乃代反鼒音茲敖讀曰傲〔補注〕朱一新曰史敖作驁武紀吳作虞索隱何承天謂虞當作吳案此作虞者與吳聲相近故假借也或者本文借此虞爲驩娛字周壽昌曰詩載芟胡考之寧傳胡壽也周書謚法彌年壽考曰胡胡考之胡不得訓何也今鼎至甘泉以光潤龍變承休無疆合茲中山有黃白雲降師古曰言鼎至甘泉之後光潤變見若龍之神能幽能明能小能大乘此休福無窮竟也有黃白雲降與初至仲山黃雲之瑞相合也〔補注〕先謙曰封禪書無以字疑衍蓋若獸爲符服虔曰雲若獸在車蓋也晉灼曰蓋辭也符謂鹿也師古曰二說非也蓋發語辭也言甘泉之雲又若獸形以爲符瑞也〔補注〕宋祁曰獸字下疑有之字先謙曰蓋者雲如車蓋若及也獸即謂鹿也言有雲降如車蓋及鹿爲符瑞蓋當上屬爲義上有黃雲焉封禪書本作有黃雲蓋焉是蓋訓車蓋明矣風俗通黃帝與蚩尤戰涿鹿常有五色雲氣金枝玉葉止於帝上因作華蓋與此類也路弓乘矢集獲壇下李奇曰宜言盧弓韋昭曰路大也四矢曰乘師古曰韋說是也又於壇下獲弓矢之應〔補注〕劉奉世曰指謂鹿也言以大弓四矢而後獲之於壇下也義甚通先謙曰顏說無根當如劉說與上文相屬爲義報祠大亨〔補注〕朱一新曰孝武紀亨作饗封禪書作亨唯受命而帝者心知其意而合德焉服虔曰高祖受命知之宜見鼎於其廟也師古曰合德謂與天合德鼎宜視宗禰廣臧於帝庭以合明應師古曰視讀曰示宗謂先帝有德可尊者也禰父廟也帝庭甘泉天神之庭〔補注〕錢大昭曰廣南雍本閩本作廟蓋其字本作庿而譌爲廣耳庿古廟字葉德煇曰德藩本作廟制曰可入海求蓬萊者言蓬萊不遠而不能至者殆不見其氣上迺遣望氣佐候其氣云其秋上雍且郊師古曰雍地形高故云上也音時掌反〔補注〕王念孫曰上雍當從封禪書續孝武紀作上幸雍上謂武帝也且郊者上將郊也下文云上遂郊雍即其證本書言幸雍者多矣此文偶脫幸字師古遂望文生義而爲之說索隱本從師古作上雍皆非或曰五帝泰一之佐也宜立泰一而上親郊之上疑未定齊人公孫卿曰今年得寶鼎其冬辛巳朔旦冬至與黃帝時等師古曰等同也卿有札書師古曰札木簡之薄小者也曰黃帝得寶鼎冕候〔補注〕先謙曰官本候作侯案王念孫云冕侯封禪書

作宛朐續孝武紀作宛侯案冕侯當爲冤句鮪濟陰之縣也地理志郡國志竝作冤句水經濟水篇作冤朐王子侯表楚元王傳竝作宛朐今作冕侯者冤冕形近而誤句侯聲近而通故續孝武紀作宛侯也問於鬼臾區師古曰鬼臾區黃帝臣也藝文志云鬼容區而此志作臾區臾容聲相近蓋一也今流俗書本臾字作申非也鬼臾區對曰黃帝得寶鼎神策是歲己酉朔旦冬至得天之紀終而復始於是黃帝迎日推策晉灼曰迎數之也臣瓚曰日月朔望未來而推之故曰迎日〔補注〕沈欽韓曰素問天元紀大論黃帝問曰願聞五運之主時也何如鬼臾區曰臣積考太始天元冊文曰太虛廖廓肇基化元萬物資始五運終天布氣眞靈總統坤元九星懸朗七曜周旋曰陰曰陽曰柔曰剛幽顯既位寒暑弛張生生化化品物咸章臣斯十世此之謂也又曰天以六爲節地以五爲制周天氣者一期爲一備終地紀者五歲爲一周君火以明相火以位五六相合而七百二十氣爲一紀凡三十歲千四百四十氣凡六十歲而爲一周此所云迎日推策也後率二十歲復朔旦冬至凡二十推三百八十年黃帝僊登于天卿因所忠欲奏之師古曰所忠人姓名也解在食貨志所忠視其書不經師古曰不合經典也疑其妄言謝曰寶鼎事已決矣尚何㠯爲師古曰謂不須更言之卿因嬖人奏之上大說師古曰說讀曰悅迺召問卿對曰受此書申公

〔補注〕錢大昕曰下云申公齊人則非魯之申培公蓋別是一人朱一新曰孝武紀作功封禪書作公申公已死上曰申公何人也卿曰齊人與安期生通受黃帝言無書獨有此鼎書曰漢興復當黃帝之時曰漢之聖者在高祖之孫且曾孫也寶鼎出而與神通封禪封禪七十二王唯黃帝得上泰山封申公曰漢帝亦當上封禪封禪則能僊登天矣〔補注〕王念孫曰景祐本作漢帝亦當上封上封則能僊登天矣是也下文曰秦皇帝不得上封陛下必欲上稍上即無風雨遂上封矣此涉上文兩封禪而誤封禪書續孝武紀竝與景祐本同黃帝萬諸侯而神靈之封君七千應劭曰黃帝時諸侯會封禪者七千人也李奇曰說仙道得封者七千國也張晏曰神靈之封謂山川之守也師古曰張說是也山川之守謂尊山川之神令主祭祀也即國語所云汪芒氏之君守封嵎之山也〔補注〕何焯曰封君七千當如李說此方士自爲地也又慮有斥其妄者故下文又有斷斬之說王念孫曰君當依封禪書作居孝武紀竝作居言黃帝時有萬諸侯而神靈之封居其七千也今本居作君則義不可通蓋居君字形相似又涉注文汪芒氏之君而誤上文昔三代之居皆在河洛之閒史記封禪書居譌作君何謂封君七千如李說案張晏曰神靈之封山川之守也以封字絕句則封下無君字明矣李誤解神靈之封四字謂諸侯萬國而以僊道得封者居其七千耳非若今本作封君七千也居誤爲君而郎以封君連讀則誤之又誤矣天下名山

八而三在蠻夷五在中國〔補注〕宋祁曰渻化本無下中國二字中國華山首山太室山泰山東萊山此五山黃帝之所常游與神會黃帝且戰且學僊患百姓非其道迺斷斬非鬼神者〔補注〕周壽昌曰以事鬼神爲非而議之者百餘歲然後得與神通〔補注〕何焯曰恐其言不驗被誅故遠其期於百餘歲郎後言非少寬暇神不來之意黃帝郊雍上帝宿三月鬼臾區號大鴻死葬雍故鴻冢是也蘇林曰今雍有鴻冢其後黃帝接萬靈明庭明庭者甘泉也所謂寒門者谷口也服虔曰黃帝升仙之處也師古曰谷口仲山之谷口也漢時爲縣今呼之治谷是也㠯仲山之北寒涼故謂此谷爲寒門也〔補注〕沈欽韓曰長安志云雲陽宮記曰冶谷去雲陽宮八十里封禪書所謂谷口也其山出鐵有冶鑄之利入谷便洪潦沸騰飛泉激射兩岸皆峭壁孤豎橫盤坑谷凜然凝沍常如八九月中朱明盛暑晝暫曉凜秋晚候縕袍不煖所謂寒門者也朱一新曰索隱引作冶谷先謙曰作冶是也治字誤谷口馮翊縣黃帝采首山銅鑄鼎於荊山下晉灼曰地理志首山屬河東蒲坂荊山在馮翊懷德縣也鼎既成有龍垂胡頷下迎黃帝師古曰胡謂頸下垂肉也頷其毛也音人占反黃帝上騎羣臣後宮從上龍七十餘人龍迺去〔補注〕朱一新曰汪本作龍迺上去史記同

此脫上字先謙曰官本有上字餘小臣不得上迺悉持龍頷龍頷拔墮黃帝之弓百姓卬望師古曰卬讀曰仰黃帝既上天乃抱其弓與龍頷號故後世因名其處曰鼎湖其弓曰烏號於是天子曰嗟乎誠得如黃帝吾視去妻子如脫屣耳師古曰屣小履脫屣者言其便易無所顧也屣音山爾反拜卿爲郎使東候神於太室上遂郊雍至隴西登空桐〔補注〕先謙曰武紀在元鼎五年幸甘泉令祠官寬舒等具泰一祠壇〔補注〕先謙曰下卷所謂始立泰一祠於甘泉也祠壇放亳忌泰一壇三陔師古曰陔重也三陔三重壇也音該〔補注〕先謙曰封禪書孝武紀陔作垓五帝壇環居其下各如其方黃帝西南除八通鬼道服虔曰坤位在未黃帝從土位泰一所用如雍一時物而加醴棗脯之屬殺一犛牛李奇曰音狸師古曰西南夷長尾髦之牛也一音茅〔補注〕先謙曰官本注在以爲俎豆牢具下㠯爲俎豆牢具而五帝獨有俎豆醴進師古曰具俎豆酒醴而進之一曰進謂雜物之具所㠯加禮也其下四方地爲腏食羣神從者及北斗云師古曰腏字與餟同謂聯續而祭也音竹芮反食讀曰飤〔補注〕沈欽韓曰春官神仕注云圖天神人鬼地示之坐者謂布祭衆寡與

其居句卽此之醊也醊與綴同續志作醊云郊兆八陛陛五十八醊合四百六十四醊外壇五帝陛郭帝七十二醊合三百六十醊是也亦與蕝蕞醊義相通用各異耳樂記其舞行綴遠注作酇正義綴謂酇也酇聚舞人行位之處立表酇以識之說文酇聚也神位亦立表酇依四方宋隋志作攢皇帝到郊壇博士太常引入黑攢朱一新曰封禪書醊作醊孝武紀作餟先謙曰官本注聯作連餟作綴通鑑作醊注引說文醊祭酹也顏注食字下屬爲句是也孝武紀索隱正義讀誤已祠胙餘皆燎之師古曰胙謂祭餘酒肉也其牛色白白鹿居其中彘在鹿中鹿中水而酒之服虔曰水玄酒酒眞酒也晉灼曰此言合牲物而燎之也師古曰言以白鹿內牛中以彘內鹿中又以水及酒合內鹿中補注先謙曰封禪書孝武紀不重白鹿中三字酒作洎徐廣注灌水於釜中曰洎官本注玄酒之酒作湮晉灼注當在上句下祭日以牛祭月以羊彘特師古曰若牛若羊若彘止一牲也泰一祝宰則衣紫及繡五帝各如其色日赤月白十一月辛巳朔旦冬至昒爽師古曰昒爽謂日尚冥蓋未明之時也昒音忽天子始郊拜泰一朝朝日夕夕月師古曰以朝旦拜日爲朝下朝音丈昭反則揖而見泰一如雍郊禮補注劉敞曰則揖當屬上句其贊饗曰天始以寶鼎神策授皇帝朔而又朔終而復始皇帝敬拜見焉師古曰贊饗謂祝辭補注沈欽韓曰春秋繁露

郊祀篇郊祝曰皇皇上帝照臨下土集地之靈降甘風雨庶物羣生各得其所靡今靡古惟予一人某敬拜皇天之祜亦見大戴公冠篇此古祝辭漢所用也今以得寶鼎故別爲辭而衣上黃其祠列火滿壇壇旁亨炊具有司云祠上有光公卿言皇帝始郊見泰一雲陽有司奉瑄玉孟康曰璧大六寸謂之瑄嘉牲薦饗師古曰漢舊儀云祭天養牛五歲至三千斤也補注朱一新曰史正義引作二千斤是夜有美光及晝黃氣上屬天師古曰屬音之欲反太史令談祠官寬舒等曰補注先謙曰談卽司馬遷父寬舒佚其姓神靈之休祐福兆祥宜因此地光域立泰畤壇以明應師古曰明著美光及黃氣之祥應令太祝領秋及臘閒祠二歲天子壹郊見補注朱一新曰汪本二作三先謙曰封禪書通鑑作三是此誤下卷作二歲亦誤又云與雍更祠亦以高祖配其秋爲伐南越告禱泰一以牡荊畫幡日月北斗登龍以象太一三星爲泰一鋒旗李奇曰牡荊作幡柄也如淳曰牡荊荊之無子者皆挈齋之道晉灼曰牡節閒不相當也月暈刻之爲券以畏病者天文志天極星其一明者太一也旁三星三公也畫一星在後三星在前爲泰一鋒旗也師古曰李晉二說是也以牡荊爲幡竿而畫幡爲日月龍及星補注宋祁曰淯化本作泰一絳旗注同越本止云泰一絳無旗字新本云泰一鋒亦無旗王念孫曰

鋒旗之旗後人以意加之也景祐本無旗字注同此謂畫日月北斗登龍於幡上又畫三星於大一之前爲泰一鋒旗命之曰靈旗不得謂之泰一鋒旗也封禪書續孝武紀皆無旗字集解引晉灼云畫一星在後三星在前爲泰一鋒亦無旗字沈欽韓曰抱朴子雜應篇或問辟五兵之道或取牡荊以作六陰神將符符指敵人先謙曰孝武紀上太一作天一案天一是也太一無三星天太形近又此志頻見太一故無能正其誤者天文志前列直斗口三星若見若不見曰陰德或曰天一所謂天一三星也又在紫微垣前故爲泰一之鋒若言前鋒矣三星二在垣內一在垣外後世以二星爲陰德一星爲天一而天一遂無三星晉灼所引象三公之三星迺北極五星之三與此無涉北斗登龍郎所謂北斗七星杓攜龍角也攜連龍角若登之然命曰靈旗爲兵禱則太史奉以指所伐國而五利將軍使不敢入海之泰山祠上使人隨驗實無所見五利妄言見其師其方盡多不讎師古曰讎應當也不讎無驗也上迺誅五利其冬補注先謙曰據武紀則元鼎六年冬也當云明年冬其字誤公孫卿候神河南言見僊人迹緱氏城上補注先謙曰緱氏河南縣有物如雉往來城上天子親幸緱氏視迹問卿得毋效文成五利乎卿曰僊者非有求人主人主者求之其道非少寬暇神不來補注先謙曰封禪書暇作假是言神事

如迂誕師古曰迂回遠也誕大言也積以歲迺可致於是郡國各除道繕治宮館名山神祠所以望幸矣補注先謙曰封禪書矣作也是其春既滅南越嬖臣李延年以好音見上善之下公卿議曰民閒祠有鼓舞樂今郊祀而無樂豈稱乎公卿曰古者祠天地皆有樂而神祇可得而禮或曰泰帝使素女鼓五十絃瑟悲帝禁不止師古曰泰帝亦謂泰昊也不止謂不能自止也補注沈欽韓曰韓非十過黃帝合鬼神於泰山之上作爲淸角淮南覽冥訓昔者師曠奏白雪之音而神物爲之下降注白雪太乙五十絃瑟樂名也抱朴子極言篇黃帝論道養則質玄素二女既云使素女鼓之則黃帝也先謙曰世本庖羲瑟五十絃黃帝損之爲二十五絃王嘉拾遺記黃帝使素女鼓庖羲之瑟滿席悲不能已後破爲七尺二寸二十五絃則爲黃帝不疑顏說誤也故破其瑟爲二十五絃於是塞南越禱祠泰一后土始用樂舞補注先謙曰胡三省云爲伐南越告禱泰一故今賽祠益召歌兒師古曰益多也作二十五絃及空侯瑟自此起蘇林曰作空侯與瑟補注宋祁曰邵本空作坎王念孫曰景祐本空侯作坎侯是也風俗通義曰謹案漢書孝武皇帝命樂人侯調依琴作坎侯坎侯之樂言其坎坎應節奏也侯以姓冠章耳或說空侯取其空中琴瑟皆空何獨坎侯邪斯論是也詩云

坎坎鼓我是其文也據此則應所見漢書正作坎侯[illegible]竽蘇林曰作空侯與瑟此是以空侯釋坎侯非正文本作空侯也今本作空侯者後人誤以蘇注改之耳文選曹植箜篌引注引漢書亦作坎侯坎侯即空侯也故封禪書作空侯其來年冬〔補注〕先謙曰據武紀元封元年上議曰古者先振兵釋旅然後封禪迺遂北巡朔方勒兵十餘萬騎還祭黃帝冢橋山釋兵涼如李奇曰地名也〔補注〕先謙曰封禪書作須如集解徐廣云須一作涼上曰吾聞黃帝不死有冢何也或對曰〔補注〕先謙曰通鑑作公孫卿曰考異云史記漢書皆云或對漢武故事云公孫卿對今取之黃帝已僊上天羣臣葬其衣冠〔補注〕先謙曰通鑑云上數曰吾後升天羣臣亦當葬吾衣冠於東陵乎既至甘泉爲且用事泰山先類祠泰一師古曰且猶將也類祠謂以事類而祭之〔補注〕周壽昌曰類亦祭名書肆類於上帝是也爾雅類作禷先謙曰官本注末之作也自得寶鼎上與公卿諸生議封禪封禪用希曠絕莫知其儀體〔補注〕先謙曰封禪書孝武紀體作禮而羣儒采封禪尚書周官王制之望祀射牛事師古曰天子有事宗廟必自射牲蓋示親殺也事見國語也〔補注〕先謙曰官本注末無也字齊人丁公年九十餘曰封禪者古不死之名也秦皇帝不得上封

陛下必欲上稍上師古曰稍漸也即無風雨遂上封矣上於是迺令諸儒習射牛草封禪儀數年至且行天子既聞公孫卿及方士之言黃帝以上封禪皆致怪物與神通欲放黃帝師古曰放依也音甫往反以接神人蓬萊高世比德於九皇張晏曰三皇之前有人皇九首韋昭曰上古有人皇者九人師古曰韋說是也〔補注〕劉敞曰予謂董仲舒書言周人推神農爲九皇此是矣沈欽韓曰史記九皇氏沒六十四民興六十四民沒三皇興若春秋繁露三代篇之義殷建白統與夏虞爲三代而退唐於五帝之末與高辛高陽黃帝神農爲五帝推庖犧爲九皇恐非此義先謙曰神人蓬萊封禪書孝武紀作神僊人蓬萊士高世高出世主下屬爲義此刪士字則以蓬萊高世四字爲句謂蓬萊之高世士耳而頗采儒術以文之羣儒既已不能辯明封禪事又拘於詩書古文而不敢騁上爲封祠器視羣儒師古曰視讀曰示羣儒或曰不與古同徐偃又曰太常諸生行禮不如魯善師古曰徐偃博士姓名周霸屬圖封事服虔曰屬會也會諸儒圖封事也師古曰周霸亦人姓名也屬音之欲反於是上黜偃霸而盡罷諸儒弗用〔補注〕先謙曰兒寬傳上乃自制儀采儒術以文焉三月〔補注〕宋祁曰本紀作正月迺東幸緱氏禮登中

嶽太室從官在山上聞若有言萬歲云問上上不言問下下不言〔補注〕先謙曰山上下人皆未言是以神之迺令祠官加增太室祠禁毋伐其山木以山下戶凡三百封崈高爲之奉邑師古曰崈古崇字耳以崇奉嵩高之山故謂之崈高奉邑奉音扶用反〔補注〕先謙曰封禪書作崇高獨給祠復無有所與師古曰復音方目反與讀曰豫上因東上泰山如淳曰言易上也泰山從南面直上步道三十里車道百里〔補注〕先謙曰官本易上之上作土泰山草木未生〔補注〕先謙曰封禪書木下有葉字是迺令人上石立之泰山顛師古曰從山下轉石而上也〔補注〕齊召南曰案後書祭祀志引此文注風俗通曰石高二丈一尺刻之曰事天以禮立身以義事父以孝成民以仁四海之內莫不爲郡縣四夷八蠻咸來貢職與天無極人民蕃息天祿永得共四十五字此石立山巔即馬第伯封禪儀記所云封所始皇立石及闕在南方漢武在其北二十餘步者又山下有一石時用五車不能上因置山下爲屋號五車石詳後志注先謙曰官本注末無也字上遂東巡海上行禮祠八神齊人之上疏言神怪奇方者以萬數迺益發船令言海中神山者數千人求蓬萊神人公孫卿持節常先行候名山至東萊言夜見大人長數丈就之則不見見其迹甚大

類禽獸云羣臣有言見一老父牽狗言吾欲見鉅公鄭氏曰天子也張晏曰天子爲天下父故曰鉅公也師古曰鉅大也已忽不見上既見大迹未信及羣臣又言老父則大以爲僊人也宿留海上師古曰宿留謂有所須待也宿音先欲反留音力就反它皆類此與方士傳車師古曰傳音張戀反及閒使求神僊人以千數師古曰閒微也隨閒隙而行也四月還至奉高〔補注〕先謙曰泰山縣上念諸儒及方士言封禪人殊不經難施行師古曰人人殊異又不合經故難以施行〔補注〕先謙曰封禪書重人字天子至梁父禮祠地主至乙卯令侍中儒者皮弁縉紳射牛行事封泰山下東方〔補注〕沈欽韓曰夏官司射祭祀則贊射牲注云烝嘗之禮有射豕者楚語諸侯宗廟之事必自射其牛刲羊擊豕冊府元龜封禪門唐高宗永淳二年詔以今年十月有事嵩嶽議射牛事太常博士裴守眞議曰據周禮及國語郊祀天地天子自射其牲漢武惟封太山令侍中儒者射牛行事至於餘事亦無射牲之文但親春射牲雖是古禮久從廢省不可復行據封禪記禮曰未明十五刻宰人以鸞刀割牲質明而行事比鑾駕至祠所牢牲總畢若令祀前一日射牲事即傷早祀日方始射牲事又傷晚若依漢武故事即非親射之儀事貴隨時不可行用先謙曰通鑑考異云武紀癸卯上還登封泰山蓋癸卯自海上還乙卯至泰山行事也如郊祠泰一

之禮封廣丈二尺高九尺其下則有玉牒書書祕〔補注〕先謙曰封禪故事具續志又云恐所施用非是故祕其事舊唐志元宗問玉牒之文前代帝王何故祕之賀知章對曰玉牒本是通於神明之意前代帝王所求各異或禱年算或思神仙其事微密是故莫知之禮畢天子獨與侍中奉車子侯上泰山服虔曰子侯霍去病子也〔補注〕沈欽韓曰子侯亦云小侯也御覽六百六十三劉向列仙傳曰稷邱公者太山下道士也漢武帝東巡將至太山稷邱公乃冠章甫衣黃擁琴來迎上曰陛下勿上也恐傷足帝必欲上及數里果如言但諱之故祠而還爲稷邱公立祠後戶梁書許懋傳云子侯暴卒厥足用傷指此事也周壽昌曰去病子名嬗字子侯以奉車都尉從駕志不書姓名而官且字之承用史記文亦有封其事皆禁明日下陰道丙辰禪泰山下阯東北肅然山師古曰阯者山之基足音止〔補注〕沈欽韓曰輿地廣記襲慶府鄉兗萊蕪縣有肅然山漢武帝禪肅然即此酉陽雜俎長白山相傳古肅然山案長白山在齊州章邱縣東南三十里距泰山遠非翌日所能至也如祭后土禮天子皆親拜見衣上黃而盡用樂焉〔補注〕先謙曰宋書樂志言盡用者爲盡用宮縣之樂也江淮閒一茅三脊爲神藉〔補注〕先謙曰胡三省云藉薦也案以藉地也五色土益雜封縱遠方奇獸飛禽及白雉諸物頗以加祠兕牛象犀之屬不用〔補注〕朱一新曰封禪書祠作禮孝武紀牛上有旄字皆至泰山然後去〔補注〕先謙曰諸獸本以加祠今竝縱去之封禪祠其夜若有光晝有白雲出封中師古曰雲出於所封之中天子從禪還坐明堂羣臣更上壽師古曰更互也音工衡反〔補注〕吳仁傑曰兒寬傳議巡守封禪之事上以問寬乃自制儀既成拜寬爲御史大夫還登明堂寬上壽云云事在元封元年與志相應然此年祀太山用乙卯丙辰而寬上壽之辭乃云癸亥甲子則似可疑寬言臣聞三代改制屬象相因間者聖統廢絕陛下發憤合指天地志載元封七年議改正朔寬與博士議云云與寬上壽辭大畧相似議既上乃改元太初然則以寬上壽爲元封之元年者非也臣瓚解武紀降坐明堂云泰山東北阯古時有明堂處蓋元封初元猶未有明堂故瓚以古明堂曲爲之解寬上壽之辭所舉當時事月日可以考見大抵皆在元封二年以後如祖立明堂辟雍宗祀太一此謂作堂汝上祠泰一五帝於明堂也事在元封二年又曰六律五聲幽贊聖意神樂四合各有方象此謂立樂府協音律也事在太初元年又曰發祉闓門以候景至癸亥宗祀日宣重光此謂太初元年十一月甲子冬至前一夕也又曰上元甲子肅邑永享此謂甲子朔旦祀上帝於明堂也然則寬之上壽不在元封元年而在太初元年非四月丙辰而十一月甲子也通鑑亦誤書於元封改元之歲先謙曰此初封泰山羣臣上壽情事所必有瓚說此明堂爲古明堂是也吳據兒寬傳以爲上壽在太初元年辨見寬傳下詔改元爲元封〔補注〕王念孫曰景祐本作下詔改元封元年是也此後人以意改之耳武紀詔曰其以十

月爲元封元年封禪書亦曰以今年爲元封元年沈欽韓曰自此以前皆是從後追稱至此始眞改元有號也後世因之先謙曰官本考證云宋本作改元元封元年案封禪書孝武紀竝云有司言寶鼎出爲元鼎以今年爲元封元年在下文五月返至甘泉下語在武紀又曰古者天子五載一巡狩用事泰山諸侯有朝宿地〔補注〕沈欽韓曰據公羊義天子有事於泰山諸侯皆從泰山之下諸侯皆有湯沐之邑諸侯時朝乎天子天子之郊諸侯皆有朝宿之邑左傳正義王制方伯爲朝天子皆有湯沐之邑於天子之縣內然則朝宿之邑亦名湯沐但向京師主爲朝王從王巡狩主爲助祭祭必沐浴隨事立名朝宿湯沐亦互言之耳其令諸侯各治邸泰山下天子既已封泰山無風雨而方士更言蓬萊諸神師古曰更音工衡反若將可得於是上欣然庶幾遇之復東至海上望焉奉車子侯暴病一日死〔補注〕沈欽韓曰索隱新論云武帝出璽印石財有朕兆子侯則沒印帝畏惡故殺之風俗通亦云然顧肖案武帝集帝與子侯家語云道士皆言子侯得仙不足悲此說是也案文心雕龍哀弔篇云霍子侯暴亡帝傷而作詩豈有殺之之理乎上迺遂去竝海上師古曰竝音步浪反上音時掌反北至碣石巡自遼西歷北邊至九原五月迺至甘泉周萬八千里云其秋有星孛於東井後十餘日有星孛於三能師古曰能讀曰台〔補注〕錢大昭曰樂記注云古以能爲三台字王莽傳云三能文馬望氣王朔言候獨見填星出如瓜〔補注〕朱一新曰封禪書填作旗孝武紀旗誤作其瓜作瓠先謙曰官本候作後食頃復入有司皆曰陛下建漢家封禪天其報德星云師古曰德星即填星也言天以德星報於帝〔補注〕張文虎曰填星土也公孫臣說漢以土德王文帝以來用之故謂填星爲德星史記作旗字誤索隱以爲歲星非也先謙曰天文志景星者德星也其狀無常常出於有道之國故禮樂志有景星之歌即指此事有司以填星爲德星之瑞固與土德王無涉也其來年冬〔補注〕先謙曰據武紀元封二年郊雍五帝還拜祝祠泰一師古曰拜而祠之加祝辭贊饗曰德星昭衍厥維休祥師古曰昭明衍大休美也壽星仍出淵燿光明〔補注〕先謙曰官本燿作耀信星昭見皇帝敬拜泰祝之享〔補注〕先謙曰信星亦見禮樂志其春公孫卿言見神人東萊山若云欲見天子天子於是幸緱氏城拜卿爲中大夫遂至東萊宿留之〔補注〕先謙曰官本重東萊二字引宋祁曰淳化本無下東萊二字王念孫云淳化本是也東萊二字不當重見景祐本及史記皆無數日毋所見見大人迹云復遣方士求神人采藥以千數是歲旱天子既出亡名迺禱萬里沙應劭曰萬里沙神祠

也在東萊曲城如淳曰故禱萬里沙曰爲名也補注先謙曰據地理志城當作成過祠泰山鄭氏曰泰山東自復有小泰山臣瓚曰卽今之泰山也師古曰瓚說是也還至瓠子自臨塞決河留二日湛祠而去師古曰湛讀曰沈謂沈祭具於水中也爾雅曰祭川曰浮沈

郊祀志第五下　漢書二十五

漢　蘭　臺　令　史班　固　撰

唐正議大夫行祕書少監琅邪縣開國子顏師古　注

賜進士出身前翰林院編修國子監祭酒加三級臣　王先謙補注

是時既滅兩粵粵人勇之乃言粵人俗鬼師古曰勇之越人名也俗鬼言其土俗尙鬼神之事補注葉德輝曰說文云魕鬼俗也從鬼幾聲淮南傳曰吳人鬼越人魕先謙曰孝武紀作俗信鬼而其祠皆見鬼數有効昔東甌王敬鬼壽百六十歲後世怠嫚故衰耗師古曰耗減也音火到反迺命粵巫立粵祝祠補注先謙曰地理志馮翊雲陽有越巫𩲡鄭祠三所安臺無壇亦祠天神帝百鬼師古曰天帝之神及百鬼補注先謙曰封禪書孝武紀竝作天神上帝而吕雞卜李奇曰持雞骨卜如鼠卜補注沈欽韓曰論衡卜筮篇子路問孔子曰豬肩羊膊可以得兆雚葦藁芼可以得數何必以蓍龜初學記二十九楊方五經鉤沈云東夷之人以牛骨占事御覽七百二十六引春秋後語蘇秦蠡卜隋書西域傳女國有鳥卜然則夷卜用鳥獸多術矣先謙曰正義雞卜法用雞一狗一生祝願訖卽殺雞狗煑熟又祭獨取雞兩眼骨上自有孔裂似人物形則吉不足則凶

今嶺南猶行此法通鑑胡注引范成大桂海虞衡志雞卜南人占法以雄雞雛執其兩足焚香禱所占撲雞殺之拔兩股骨淨洗線束之以竹筳插束處使兩骨相背於筳端執竹再祝左骨爲儂儂我也右骨爲人人所占事也視兩骨之側所有細竅以細竹筳長寸餘徧插之斜直偏正各隨竅之自然以定吉凶其法有十八變大抵直而正或近骨者多吉曲而斜或遠骨者多凶亦有用雞卵卜者握卵以卜書墨於殼記其四維煑熟橫截視當墨處辨殼中白之厚薄以定儂人吉凶上信之粵祠雞卜自此始用師古曰言國家始用公孫卿曰僊人可見上往常遽吕故不見師古曰遽速也音其庶反今陛下可爲館如緱氏城師古曰依其制度也置脯棗神人宜可致且僊人好樓居於是上令長安則作飛廉桂館師古曰飛廉館及桂館二名也補注先謙曰武紀元封二年夏作甘泉通天臺長安飛廉館而無桂館益延壽館黃圖飛廉館在上林又引班固漢武故事云上於長安作飛廉館高四十丈於甘泉作延壽館亦如之甘泉則作益壽延壽館師古曰益壽延壽亦二館名補注齊召南曰館封禪書俱作觀王鳴盛曰黃長睿東觀餘論云史記作益延壽館而近歲雍耀閒耕夫得古瓦首作益延壽三字瓦徑尺字畫奇古卽此館當時瓦也括地志延壽觀在雍州雲陽縣西北八十一里通天臺西八十步正今耀州地也然則當以史記爲正志誤衍一壽字顏云二館非先謙曰本書館觀字同官本注無亦字使卿持節設具而候神人迺

作通天臺師古曰漢舊儀云臺高三十丈望見長安城〔補注〕齊召南曰通天臺封禪書作通天莖臺沈欽韓曰隋書宇文愷傳明堂表曰禮圖云於內室之上起通天之觀八十一尺又云通天臺徑九尺法象以九覆六高八十一尺法黃鍾九九之數案彼所云明堂重屋皆謂之通天臺特漢武著名耳黃圖漢武故事築通天臺於甘泉去地白餘丈望雲雨悉在其下望見長安城上有承露盤仙人掌擎玉杯以承露元鳳閒自毁椽桷皆化爲龍鳳從風雨飛去此妄談也先謙曰索隱漢書並無莖字疑衍案孝武紀亦無莖字置祠具其下將招來神僊之屬於是甘泉更置前殿始廣諸宮室夏有芝生甘泉殿房內中〔補注〕先謙曰武紀及封禪書孝武紀並作內中據禮樂志則齋房也解詳武紀張照以內爲衍文謬天子爲塞河興通天若有光云師古曰爲塞河及造通天臺而有神光之應故赦天下也〔補注〕先謙曰封禪書孝武紀天下有臺字迺下詔赦天下〔補注〕先謙曰官本詔下有甘泉房中生芝九莖八字赦天下下有無令復作四字引宋祁曰南本云迺下詔字下無十二字考證則云案監本及別本乃下詔之下無甘泉房中生芝九莖八字赦天下之下無無令復作四字今從宋本補其明年伐朝鮮〔補注〕先謙曰據武紀元封二年伐朝鮮三年平之此繫於平朝鮮之年夏旱公孫卿曰黃帝時封則天旱乾封三年師古曰三歲不雨暴所封之土令乾也上迺下詔天旱意乾封乎鄭氏曰言適新封則致旱天欲

乾我所封乎〔補注〕沈欽韓曰唐高宗封禪因改元乾封其令天下尊祠靈星焉〔補注〕先謙曰以天旱恐妨農靈星解見上卷明年上郊雍五時通回中道遂北出蕭關歷獨鹿鳴澤師古曰解並在武紀自西河歸幸河東祠后土明年冬上巡南郡至江陵而東登禮灊之天柱山號曰南嶽師古曰灊廬江縣也天柱山在焉武帝以天柱山爲南嶽灊音潛〔補注〕先謙曰官本注無也字浮江自潯陽出樅陽師古曰樅音千庸反過彭蠡禮其名山川北至琅邪並海上師古曰並音步浪反上音時掌反四月至奉高修封焉初天子封泰山泰山東北阯古時有明堂處〔補注〕王鳴盛曰孟子齊宣王問曰人皆謂我毁明堂趙岐注泰山下明堂周天子東巡狩朝諸侯之處齊侵地而得有之是也處險不敞師古曰言其阻阸不顯敞上欲治明堂奉高旁未曉其制度濟南人公玉帶上黃帝時明堂圖師古曰公玉姓也帶名也呂氏春秋齊有公玉丹此蓋其舊族而說者讀公玉爲宿非也單姓玉者後漢司徒玉況自音宿耳〔補注〕錢大昭曰漢韓勑碑陰有公玉虎楊震碑陰有勃海公玉子舉沈欽韓曰隋書宇文愷議案淮南子曰昔者神農之治天下以時嘗穀祀於明堂明堂之制有蓋而無四方風雨不能襲燥溼不能傷遷延而入之則明堂又不始於黃帝黃圖明堂黃帝曰合宮明堂中

有一殿〔補注〕王念孫曰明堂中有一殿明堂下亦當有圖字此圖字統下九句而言今本脫之則文義不明御覽禮儀部十二引此已脫圖字初學記禮部上引作明堂圖中有一殿封禪書孝武紀並同續漢書祭祀志注藝文類聚禮部上初學記居處部並引作圖中有一殿[illegible]法[illegible]堂水經汶水注同四面無壁以茅蓋通水水圜宮垣師古曰圜繞也爲復道上有樓從西南入師古曰復讀曰複〔補注〕先謙曰官本無也字名曰昆侖〔補注〕吳仁傑曰明堂者壇也司儀職曰將會諸侯則命爲壇三成鄭康成曰成猶重也三重者自下差之爲上等中等下等爾雅丘三成爲昆命古之所謂昆侖者蓋如此而公玉帶之類乃爲復道上有樓甚者紛爭於階闥戶牖之閒與夫依倣象數之類不知古所謂明堂者未始施屋室也書曰厥子乃弗肯堂矧肯室蓋公玉帶之前堂未爲屋室之稱如玉堂殿止謂以玉石爲基耳是後乃有畫堂至新莽遂改於未央前殿曰王路堂而名實自此舛矣沈欽韓曰唐志貞觀五年太子中允孔穎達以諸儒立議違古上言曰臣伏尋勑依禮部尚書劉伯莊等議以爲從崑崙道上層祭天又尋後勑云爲左右閣道登樓設祭臣檢六藝羣書百家諸史皆名基上曰堂樓上曰觀未聞重樓之上而有堂名孝經云宗祀文王於明堂不云明樓明觀案郊祀志漢武明堂之制四面無壁上覆以茅祭五帝於上坐祀后土於下防臣以上座正爲基上下防惟是基下旣云無四壁未審伯莊如何上層祭神下有五室且漢武所爲多用方士之說違經背正不可師祖天子從之入以拜祀上帝焉於是上令奉高作明

堂汶上如帶圖師古曰汶水名也出琅邪朱虛作明堂於汶水之上也帶圖公玉帶所上明堂圖汶音問〔補注〕齊召南曰顏注汶水非也胡三省云地理志明堂在奉高縣西南四里卽禹貢浮汶達濟之汶若琅邪汶水入濰而入海非立明堂處及是歲修封〔補注〕先謙曰封禪書是歲作五年則祠泰一五帝於明堂上坐師古曰坐音才臥反合高皇帝祠坐對之服虔曰漢是時未以高祖配天故言光武以來乃配之〔補注〕沈欽韓曰御覽對一百九十四漢武故事曰上自封禪後夢高祖坐明堂羣臣亦夢想於是祀高祖於明堂以配天還作高陵館先謙曰官本注高祖下有時字引劉敞曰案王莽奏事文帝祠泰一已用高祖配矣何謂未乎宋祁曰注文高祖時配天時字當刪封禪書合作令祠后土於下房以二十太牢〔補注〕沈欽韓曰據其祠泰一及五帝高帝后土合用八太牢蓋其外尚有配食者而史不詳也天子從昆侖道入始拜明堂如郊禮畢尞堂下而上師古曰尞古燎字〔補注〕劉敞曰而上字屬下句葉德輝曰封禪書畢上更有禮字又上泰山自有祕祠其顚而泰山下祠五帝各如其方黃帝並赤帝所師古曰與赤帝同處有司侍祠焉山上舉火下悉應之還幸甘泉郊泰時春幸汾陰祠后土〔補注〕宋祁曰姚本春字上有明年二字先謙曰此元封六年也以下文與武紀校之此明年二字當有各本脫明年〔補注〕先謙曰太初元年

幸泰山以十一月甲子朔旦冬至日祀上帝於明堂後每修封〔補注〕宋祁曰越本每作毋新本無後字但云毋修封先謙曰封禪書亦作毋修封禪則毋字是也集解引徐廣云常五年一修耳今適二年故但祠於明堂孝武紀作每修封禪每字亦誤其贊饗曰天增授皇帝泰元神策周而復始皇帝敬拜泰一師古曰自此以上贊祀者辭〔補注〕先謙曰索隱案黃帝得寶鼎神策則泰元者古昔上皇創歷之號案冊府元龜三十六開元十三年封禪禮畢中書令張說進稱賜皇帝太一神策周而復始宋史志眞宗封禪攝中書令王旦跪稱曰天賜皇帝太一神策周而復始皆依倣漢世爲之是泰元即泰一也東至海上考入海及方士求神者莫驗然益遣幾遇之師古曰益多也幾讀曰冀言更遣人求之冀必遇也〔補注〕葉德輝曰封禪書幾正作冀下同乙酉柏梁災〔補注〕沈欽韓曰唐會要漢柏梁殿災後越巫言海中有魚虬尾似鴟激浪即降雨遂作其象於屋以厭火祥先謙曰封禪書徐廣注乙酉十一月二十二日十二月甲午朔上親禪高里師古曰高里山名解在武紀〔補注〕先謙曰官本考證云監本脫解在武紀四字從宋本添祠后土臨勃海將以望祀蓬萊之屬幾至殊庭焉師古曰殊庭蓬萊中仙人庭也幾讀曰冀〔補注〕先謙曰封禪書庭作廷下明庭同孝武紀作庭通鑑作廷上還以柏梁災故受計甘泉〔補注〕葉德輝曰封禪書孝武紀受上有朝字是也下云又朝諸侯甘泉可證先謙曰正義引顧胤云柏梁被燒故受計獻之物於甘泉也

公孫卿曰黃帝就青靈臺十二日燒師古曰就成也造臺適成經十二日即遇火燒黃帝乃治明庭明庭甘泉也方士多言古帝王有都甘泉者其後天子又朝諸侯甘泉甘泉作諸侯邸勇之迺曰粵俗有火災復起屋必以大用勝服之於是作建章宮〔補注〕先謙曰武紀在二月度爲千門萬戶前殿度高未央師古曰度並音大各反其東則鳳闕高二十餘丈師古曰三輔故事云其闕圜上有銅鳳凰〔補注〕沈欽韓曰黃圖鳳皇闕高七十丈五尺[illegible]亦名別風闕又云嶕嶢闕在圜闕門內二百步繁欽建章序云秦漢規模廓然泯毀惟建章鳳闕聳然獨存雖非象魏之制亦一代之巨觀古歌云長安城西有雙闕上有雙銅雀一鳴五穀成再鳴五穀熟案銅雀即銅鳳皇也楊震關輔古語云長安民俗謂鳳皇闕爲貞女樓其西則商中數十里虎圈如淳曰商中商庭也師古曰商金也於序在秋故謂西方之庭爲商庭言廣數十里於菟亦西方之獸故於此置其圈也〔補注〕王念孫曰案商中本作唐中如注本作唐中唐庭也封禪書孝武紀並作唐中索隱如淳云唐庭也今本[illegible]詩云中唐有甓鄭元曰唐堂塗也爾雅以廟中路謂之唐西京賦曰前開唐中彌望廣象是也[illegible]班固西都賦前唐中而後太液後漢書注文選注引漢書並作唐中又引如注云唐庭也是二李司馬所見本並作唐中師古所見本譌作商中如注亦譌作商庭也乃又誤以商庭二字連讀而訓爲西方之庭其失甚矣案書唐商相似故唐譌作商韓詩外傳湻于髡曰昔者揖封生高商而齊人好歌杞梁之妻悲哭而人稱詠與孟子所稱綿駒處於高唐而齊右善歌華周杞梁之妻善哭其夫而變國俗者畧相似高商即高唐之譌其北治大池漸臺高二十餘丈名曰泰液師古曰漸浸也臺在池中爲水所浸故曰漸臺一音子廉反三輔黃圖或爲瀸字瀸亦浸耳〔補注〕宋祁曰泰液湻化本作泰浸據昭紀黃鵠下建章宮太液池無泰浸也沈欽韓曰今本黃圖云高十丈黃圖誤也[illegible]御覽一百七十八漢武帝內傳曰漸臺高二十丈南有璧門三層內殿階陛咸以玉爲之鑄銅鳳皇高五丈飾黃金於樓屋上池中有蓬萊方丈瀛州壺梁象海中神山龜魚之屬師古曰三輔故事云池北岸有石魚長二丈高五尺西岸有石鼈三枚長六尺〔補注〕朱一新曰史集解鼈作龜三作二先謙曰官本州作洲石鼈作石龜通鑑注引顏注作石鼈其南有玉堂璧門大鳥之屬師古曰立大鳥象也〔補注〕沈欽韓曰黃圖玉堂內殿十二門階階皆玉爲之鑄銅鳳高五尺飾黃金棲屋上下有轉樞向風若翔椽首薄以璧玉因曰璧門立神明臺井幹樓高五十丈輦道相屬焉師古曰漢宮闕疏云神明臺高五十丈上有九室恆置九天道士百人然則神明井幹俱高五十丈也井幹樓積木而高爲樓若井幹之形也井幹者井上木欄也其形或四角或

八角張衡西京賦云井幹疊而百層即謂此樓也幹或作韓其義並同〔補注〕先謙曰官本韓作翰引宋祁曰邵本翰作韓錢大昭云案作韓者是說文韓井垣也從韋取其帀也倝聲夏漢改歷〔補注〕先謙曰武紀夏五月正歷以正月爲歲首而色上黃官更印章以五字師古曰解在武紀因爲太初元年是歲西伐大宛蝗大起丁夫人雒陽虞初等應劭曰丁夫人其先丁復本越人封陽都侯夫人其後以詛軍爲功韋昭曰丁姓夫人名也〔補注〕沈欽韓曰西京賦小說九百本自虞初薛綜注小說醫巫厭祝之術凡有九百四十三篇朱一新曰虞初又見藝文志以方祠詛匈奴大宛焉明年有司言雍五畤無牢孰具芬芳不備迺令祠官進畤犢牢具色食所勝孟康曰若火勝金則祠赤帝以白牲也而以木寓馬代駒云〔補注〕宋祁曰南本無木馬二字沈欽韓曰伐宛馬少也先謙曰封禪書云字下有獨五月嘗駒行親郊用駒十字孝武紀作獨五帝用駒行親郊用駒案五月嘗駒見上文孝武紀誤也此刪五月嘗駒而餘文省併於下及諸名山川用駒者悉以木寓馬代獨行過親祠迺用駒它禮如故明年〔補注〕先謙曰武紀太初三年東巡海上考神僊之屬未有驗者方士有言黃帝時爲五城十二樓應劭曰昆侖玄圃五城十二樓仙人之所常居以候神人於

執期鄭氏曰地名也名曰迎年師古曰迎年若云祈年上許作之如方名曰明年師古曰言明其得延年也〔補注〕先謙曰下文兩作延年似延年是也然封禪書亦作命曰明年命即名也孝武紀無命曰二字以明年二字屬下讀當是後人妄刪下諸明年三字史記竝同顏本注又作明年解是明年即延年而有二名固無疑矣上親禮祠上犢黃焉〔補注〕先謙曰封禪書作上親禮祠上帝焉無犢黃二字孝武紀作上親禮祠上帝衣上黃焉公玉帶曰黃帝時雖封泰山然風后封鉅岐伯令黃帝封東泰山韋昭曰風后封鉅岐伯皆黃帝臣也臣瓚曰東泰山在琅邪朱虛界中有小泰山是〔補注〕先謙曰封禪書鉅作巨孝武紀與此同集解引應劭云封鉅黃帝師禪凡山師古曰凡山在朱虛縣見地理志也〔補注〕宋祁曰也字當刪錢大昭曰武帝本紀東至於海登丸山徐廣曰丸一作凡裴駰案地理志丸山在琅邪朱虛縣索隱作凡音扶嚴反正義音桓括地志丸山即丹山在青州臨朐縣界朱虛故縣西北二十里據此則丸凡即是一山其字當爲丸矣合符然後不死天子既令設祠具至東泰山東泰山卑小不稱其聲迺令祠官禮之而不封焉〔補注〕先謙曰地理志琅邪朱虛下云東泰山汶水所出有三山五帝祠其後令帶奉祠候神物復還泰山〔補注〕先謙曰封禪書孝武紀作夏遂還泰山修五年之禮如前〔補注〕宋祁曰南本修皆作脩而加禪祠石

閭石閭者在泰山下阯南方師古曰下基之南面方士言僊人閭也故上親禪焉其後五年〔補注〕先謙曰武紀在天漢三年太初止四年後五年者併太初三年計之復至泰山修封還過祭恆山自封泰山後十三歲而周徧於五嶽四瀆矣〔補注〕先謙曰封禪書作十二歲後五年〔補注〕先謙曰武紀在太始三年天漢止四年後五年者亦併天漢三年計之復至泰山修封東幸琅邪禮日成山登之罘浮大海用事八神延年師古曰解竝在武紀延年即上所謂迎年者又祠神人於交門宮若有鄉坐拜者云師古曰如有神人景象嚮祠坐而拜也事具在武紀鄉讀與嚮同〔補注〕先謙曰武紀在太始四年又上有奪文據紀太始三年無復至泰山修封事修封迺四年志併於一年書之紀稱是年幸不其地理志琅邪不其有太一僊人祠九所及明堂武帝所起後五年〔補注〕先謙曰武紀征和四年此後五年亦併太始四年計之上復修封於泰山東游東萊臨大海是歲雍縣無雲如靁者三師古曰靁古雷字也空有雷聲也〔補注〕錢大昭曰如讀與而同或如虹氣蒼黃若飛鳥集棫陽宮南師古曰棫音域〔補注〕沈欽韓曰黃圖棫陽宮秦昭王所作今在岐州扶風縣東北案岐州置在貞觀七年非黃圖本文聲聞四百里隕石二黑如黳有司㠯爲美

祥㠯薦宗廟而方士之候神入海求蓬萊者終無驗公孫卿猶㠯大人之迹爲解師古曰言見大人之迹以自解說也天子猶羈縻不絕師古曰羈縻繫聯之意馬絡頭曰羈也牛靷曰縻幾遇其眞師古曰幾讀曰冀諸所興如薄忌泰一及三一冥羊馬行赤星五牀寬舒之祠官李奇曰皆祠名〔補注〕先謙曰官本考證云監本訛皆同名今改正案封禪書孝武紀竝無牀字索隱注紀云赤星即上靈星祠靈星龍左角赤故曰赤星五者泰一也三一也冥羊也馬行也赤星也凡五并令祠官寬舒領之五者之外有正泰一后土祠故云六也又注封禪書云郊祀志云祠官寬舒議祠后土爲五壇故謂之五寬舒祠官也一人之說前後互異當以紀注爲正五牀牀字疑後人緣下文五牀山誤加以合下六祠之數封禪書孝武紀宮竝作官是此誤㠯歲時致禮凡六祠皆大祝領之至如八神諸明年凡山它名祠〔補注〕先謙曰言諸者統各祠封禪書同孝武紀諸下有神字蓋衍行過則祠去則已方士所興祠各自主其人終則已祠官不主它祠皆如故甘泉泰一汾陰后土三年親郊祠而泰山五年一修封武帝凡五修封昭帝即位富於春秋未嘗親巡祭云宣帝即位由武帝正統興故立三年尊

孝武廟爲世宗行所巡狩郡國皆立廟告祠世宗廟日有白鶴集後庭㠯立世宗廟告祠孝昭寢有鴈五色集殿前西河築世宗廟神光興於殿旁有鳥如白鶴前赤後青神光又興於房中如燭狀廣川國世宗廟殿上有鍾音門戶大開夜有光殿上盡明上迺下詔赦天下時大將軍霍光輔政上共己正南面師古曰共讀曰恭非宗廟之祀不出〔補注〕先謙曰官本祀作祠十二年〔補注〕錢大昕曰元康四年宣帝即位之十二年也迺下詔曰蓋聞天子尊事天地修祀山川古今通禮也閒者上帝之祠闕而不親十有餘年朕甚懼焉朕親飭躬齊戒親奉祀爲百姓蒙嘉氣獲豐年焉明年正月上始幸甘泉郊見泰畤數有美祥修武帝故事盛車服敬齊祠之禮頗作詩歌其三月幸河東祠后土有神爵集改元爲神爵制詔太常夫江海百川之大者也今闕焉無祠其令祠官㠯禮爲歲事師古曰言每歲常祠之㠯四時祠江海雒水〔補注〕先謙曰地

理志東萊臨朐有海水祠臨淮海陵有江海會祠祈爲天下豐年焉自是五嶽四瀆皆有常禮東嶽泰山於博〔補注〕先謙曰地理志泰山博縣有泰山廟中嶽泰室於嵩高〔補注〕先謙曰地理志作崈高潁川縣班注武帝置以奉太室山是爲中嶽有太室少室山廟南嶽灊山於灊師古曰灊與潛同也〔補注〕齊召南曰案南嶽衡山也自元封五年巡南郡至江陵而東登禮灊之天柱山號曰南嶽於是南嶽之名移於灊山而長沙湘南之衡山自古稱南嶽者反無祠矣先謙曰地理志廬江灊縣天柱山在南有祠西嶽華山於華陰〔補注〕先謙曰地理志京兆華陰太華山在南有祠北嶽常山於上曲陽師古曰上曲陽常山郡之縣也〔補注〕先謙曰地理志上曲陽班注恆山北谷在西北有祠河於臨晉師古曰馮翊之縣也臨河西岸江於江都師古曰廣陵之縣也〔補注〕先謙曰地理志班注有江水祠淮於平氏師古曰南陽之縣也濟於臨邑界中師古曰東郡之縣也〔補注〕先謙曰地理志班注有泲廟皆使者持節侍祠唯泰山與河歲五祠江水四餘皆一禱而三祠云〔補注〕齊召南曰案歐陽修集古錄引漢西嶽華山碑云孝武皇帝修封禪之禮巡省五嶽立祠其下宮曰集靈宮殿曰存僊殿門曰望僊門中宗之世使者持節歲一禱而三祠可爲此文確證但又云所謂集靈宮者他書皆不見惟見此碑則失考耳地理志華陰下自注集靈宮武帝起非明文乎時南郡獲白虎獻其

皮牙爪上爲立祠又以方士言爲隨侯劍寶玉寶璧周康寶鼎立四祠於未央宮中〔補注〕劉敞曰四祠隨侯珠一也劍寶卽斬蛇劍二也玉寶璧卽受命寶和氏璧三也三物皆漢天子世傳者幷周康寶鼎爲四周康寶鼎似汾上所獲鼎也陳浩曰案劉敞注則古本隨侯下有珠字後來本竝脫耳齊召南曰案劉敞解珠劍璧三物竝確惟汾上鼎可疑上文言汾陰寶鼎明曰鼎大異於眾鼎文鏤無款識故但云寶鼎不云周康寶鼎也且四物祠未央宮中竝是宮中寶物若寶鼎則已迎至甘泉祀天之處不得於宮中立祠又後文張敞曰昔寶鼎出於汾脽有司驗脽上非舊藏處則所謂寶鼎者正以不知其來處爲神奇安得指實以周康乎敞說未確周壽昌曰後書禮儀志以玉具隨侯珠斬蛇寶劒授太尉亦隨侯下有珠字之證又祠太室山於卽墨三戶山於下密師古曰卽墨下密皆膠東之縣也〔補注〕齊召南曰案太室山名同中嶽嵩高三戶山名同三戶津山川固有同名異地者但以地理志證之此二山俱誤膠東國卽墨有天室山祠非太室山也下密有三石山祠非三戶山也玩顏注云卽墨下密皆膠東之縣則唐初本必猶未訛錢大昕曰地理志三石山祠汲古本石作台水經注引地理志亦作石沈欽韓曰寰宇記萊州卽墨縣天室山引此作天室一統志在卽墨縣西南三十里亦作天室紀要三固山在萊州府平度州西七十里一名三戶山下密城在濰縣西三十里一統志漢縣在今萊州府昌邑縣東界濰縣界有二下密乃隋所置祠天封苑火井於鴻門如淳曰地理志西河鴻門縣有

天封苑火井祠火從地中出又立歲星辰星太白熒惑南斗祠於長安城旁〔補注〕宋祁曰南本無城字又祠參山八神於曲城師古曰東萊之縣也〔補注〕錢大昕曰地理志作曲成參山卽三山八神之一蓬山石社石鼓於臨朐師古曰臨朐齊郡縣也朐音劬地理志蓬山作達山也〔補注〕錢大昕曰案地理志臨朐有逢山祠注誤逢爲達沈欽韓曰水經注云洋水出石膏山西北石澗口東南逕逢山祠西洋水又東南歷逢山下卽石膏山山麓三成壁立直上山上有石鼓鳴則年凶郭緣生續述征記曰齊地將亂石人輒打石鼓聲聞數十里之罘山於腄成山於不夜萊山於黃應劭曰腄音甀晉灼曰腄不夜黃縣皆屬東萊師古曰腄音丈瑞反〔補注〕先謙曰地理志班注黃有萊山松林萊君祠黃在今山東黃縣東南與上萊山祠異處志東萊惤縣又有百支萊王祠成山祠日萊山祠月又祠四時於琅邪蚩尤於壽良師古曰東郡之縣也〔補注〕先謙曰地理志班注蚩尤祠在西北泲上京師近縣鄠則有勞谷五牀山日月五帝僊人玉女祠〔補注〕沈欽韓曰水經注渭水篇甘水又東得澇水口水出南山澇谷上林賦作潦李善注潦水卽澇水亦作潦谷長安志五牀山在鄠縣境眞誥明星玉女者居華山服玉漿說文引甘氏星經云太白上公妻曰女媊居南斗食厲天下祀之曰明星先謙曰地理志馮翊谷口有五牀山僊人五帝祠扶風陳倉有明星祠卽玉女祠矣雲陽有徑路神祠祭休

屠王也師古曰休屠匈奴王號也徑路神本匈奴之祠也休音許虯反屠音除〔補注〕先謙曰地理志馮翊雲陽有休屠金人及徑路神祠三所又立五龍山僊人祠及黃帝天神帝原水凡四祠於膚施師古曰膚施上郡之縣也〔補注〕先謙曰地理志上郡膚施注有五龍山帝原水黃帝祠四所或言益州有金馬碧雞之神如淳曰金形似馬碧形似雞〔補注〕先謙曰胡三省云後志越嶲郡青蛉縣禺同山俗謂有金馬碧雞水經注曰禺同山神有金馬碧雞光景倏忽可醮祭而致於是遣諫大夫王襃使持節而求之大夫劉更生獻淮南枕中洪寶苑祕之方師古曰洪大也苑祕者言祕術之苑囿也令尚方鑄作事不驗更生坐論京兆尹張敞上疏諫曰願明主時忘車馬之好斥遠方士之虛語師古曰遠音於萬反游心帝王之術太平庶幾可興也後尚方待詔皆罷〔補注〕先謙曰胡三省云此尚方非作器物之尚方尚主也主方藥也司馬相如大人賦詔岐伯使尚方是也是時美陽得鼎獻之師古曰美陽扶風之縣也下有司議多以爲宜薦見宗廟如元鼎時故事張敞好古文字桉鼎銘勒〔補注〕先謙曰官本桉作按而上議曰臣聞周祖始乎后稷后稷封於斄師古曰斄讀與邰同

今武功故城是公劉發迹於豳師古曰今豳州是也大王建國於郊梁師古曰梁山在岐山之東九嵕之西非夏陽之梁山也郊古岐字〔補注〕錢大昭曰說文郊周大王所封在右扶風美陽中水鄉或作岐因岐山以名之文武興於酆鎬師古曰酆今長安城西豐水上也鎬在昆明池北由此言之則郊梁豐鎬之閒周舊居也固宜有宗廟壇場祭祀之臧〔補注〕先謙曰官本祀作祠今鼎出於郊東中有刻書曰王命尸臣官此栒邑師古曰尸臣主事之臣也栒邑即豳地是也栒音荀賜爾旂鸞黼黻琱戈師古曰交龍爲旂鸞謂有鸞之車也黼黻冕服也琱戈刻鏤之戈也琱與凋同尸臣拜手稽首曰敢對揚天子丕顯休命師古曰拜手首至於手也臣愚不足㠯迹古文師古曰尋其文迹竊㠯傳記言之此鼎殆周之所㠯褒賜大臣大臣子孫刻銘其先功臧之於宮廟也昔寶鼎之出於汾脽也河東太守㠯聞詔曰朕巡祭后土祈爲百姓蒙豐年師古曰爲音於僞反今穀嗛未報師古曰嗛少意也言穀稼尙少未獲豐年也嗛音苦簟反鼎焉爲出哉博問耆老意舊臧與服虔曰言鼎豈舊臧於此地師古曰與讀曰歟〔補注〕錢大昭曰意讀與抑同誠欲考得事實也有司驗

脽上非舊臧處鼎大八尺一寸高三尺六寸殊異於衆鼎今此鼎細小又有款識師古曰款刻也識記也音式志反不宜薦見於宗廟制曰京兆尹議是上自幸河東之明年正月鳳皇集祋祤師古曰祋祤馮翊之縣也祋音丁活反又丁外反祤音況矩反〔補注〕宋祁曰況矩反姚本作王矩反先謙曰官本祋祤作祋祤於所集處得玉寶〔補注〕宋祁曰姚本所作是起步壽宮〔補注〕沈欽韓曰黃圖秦步壽宮在新豐縣步高宮西今案其地與秦異秦漢各有步壽宮耳長安志華原縣本漢祋祤之地漢步壽宮在縣東北三里迺下詔赦天下後閒歲鳳皇神爵甘露降集京師師古曰閒歲隔一歲也〔補注〕先謙曰神爵四年赦天下其冬鳳皇集上林迺作鳳皇殿〔補注〕沈欽韓曰黃圖云武帝時後宮八區有鳳皇殿誤也西都賦即無鳳皇殿㠯答嘉瑞師古曰荅應也〔補注〕先謙曰官本荅竝作答明年正月復幸甘泉郊泰畤改元曰五鳳明年幸雍祠五畤其明年春幸河東祠后土赦天下後閒歲改元爲甘露正月上幸甘泉郊泰畤其夏黃龍見新豐建章未央長樂宮鍾虡銅人皆生毛長一寸所師古曰虡神獸名也縣鍾之木刻飾爲之因名曰虡也〔補注〕錢大昭曰所猶許也許所古字通小雅伐木許許說文引作伐木所所沈欽韓曰虡荔鼎錄云宣帝甘露元年建章宮銅人生毛以爲美祥作一金鼎埋之本宮時㠯爲美祥後閒歲正月上郊泰畤因朝單于於甘泉宮後閒歲改元爲黃龍正月復幸甘泉郊泰畤又朝單于於甘泉宮至冬而崩鳳皇下郡國凡五十餘所元帝即位遵舊儀閒歲正月一幸甘泉郊泰畤又東至河東祠后土西至雍祠五畤凡五奉泰畤后土之祠亦施恩澤時所過毋出田租賜百戶牛酒師古曰言有時如此不常然也或賜爵赦罪人元帝好儒貢禹韋玄成匡衡等相繼爲公卿禹建言漢家宗廟祭祀多不應古禮上是其言後韋玄成爲丞相議罷郡國廟自太上皇孝惠帝諸園寢廟皆罷後元帝寢疾夢神靈譴罷諸廟祠上遂復焉後或罷或復至哀平不定語在韋玄成傳

成帝初即位丞相衡御史大夫譚師古曰衡匡衡譚張譚奏言帝王之事莫大乎承天之序承天之序莫重於郊祀故聖王盡心極慮㠯建其

制祭天於南郊就陽之義也瘞地於北郊即陰之象也師古曰祭地曰瘞薶故云瘞地也即就也〔補注〕先謙曰漢紀兩於字作之天之於天子也因其所都而各饗焉往者孝武皇帝居甘泉宮〔補注〕先謙曰皇官本作黃即於雲陽立泰畤祭於宮南今行常幸長安〔補注〕宋祁曰澮化本無行字錢大昭曰閩本無行字郊見皇天反北之泰陰祠后土反東之少陽事與古制殊又至雲陽行谿谷中阸陝且百里〔補注〕張照曰阸陝宋本監本竝作阸陝今仍之然阸陝無通用之義究是誤字周壽昌曰陝應作陿誤脫去兩畫也阸陿兩字本書中屢見先謙曰漢紀作狹汾陰則渡大川有風波舟楫之危師古曰楫音集其字從木〔補注〕宋祁曰建本楫音即涉反此云音集疑非是皆非聖主所宜數乘郡縣治道共張吏民困苦師古曰共讀曰供音居用反張音竹亮反下皆類此百官煩費勞所保之民行危險之地師古曰保養也難㠯奉神靈而祈福祐殆未合於承天子民之意昔者周文武郊於豐鄗〔補注〕沈欽韓曰吳志注江表傳曰嘉禾元年冬羣臣奏議宜修郊祀以承天意權曰郊祀當於土中今非其所於何施此重奏曰王者以天下爲家昔周文武郊於豐鄗非必土中權曰武王伐紂即阼於鄗京而郊其所也文王

未爲天子立郊於鄗見何經典復奏言匡衡言文王郊於鄗[illegible]伯弘十權曰文王德性謙讓處諸侯之位明未郊也經傳無明文匡衡俗儒意說非典籍正義不可用也宋志虞喜志林云吳主糾駁郊祀追貶匡衡凡在見者莫不概然稱善 成王郊於雒邑由此觀之天隨王者所居而饗之可見也甘泉泰畤河東后土之祠宜可徙置長安合於古帝王願與羣臣議定奏可大司馬車騎將軍許嘉等八人以爲所從來久遠宜如故右將軍王商博士師丹議郎翟方進等五十人以爲禮記曰燔柴於太壇祭天也瘞薶於大折祭地也韋昭曰大折謂爲壇於昭晰地也師古曰折曲也言方澤之形四曲折也〔補注〕先謙曰官本大作太 兆於南郊所以定天位也鄧展曰除地爲營埒有形兆也 祭地於大折在北郊就陰位也郊處各在聖王所都之南北書曰越三日丁巳用牲於郊牛二師古曰周書洛誥之辭〔補注〕沈欽韓曰周公加牲告徙新邑顏謬引洛誥此召誥也僞孔傳云以后稷配故二牛正義云禮郊用特牲不應用二牛以后稷配故二牛也案作雒篇乃設丘兆於南郊以祀上帝配以后稷郊特牲正義云郊與配坐皆特牲故下文云養牲必養二帝牛不吉以爲稷牛若孔安國之義后稷配天亦用太牢故召誥注云后稷貶於天有羊豕王商

等以爲告徙新邑加牲非也 周公加牲告徙新邑定郊禮於雒明王聖主事天明事地察天地明察神明章矣天地以王者爲主故聖王制祭天地之禮必於國郊長安聖主之居皇天所觀視也甘泉河東之祠非神靈所饗宜徙就正陽大陰之處違俗復古循聖制定天位如禮便於是衡譚奏議曰陛下聖德怱明上通師古曰怱與聰同 承天之大典覽羣下〔補注〕周壽昌曰各家讀德字通字典字斷句何焯讀明字典字斷句方扶南讀德字通字大字斷句典覽羣下作一句云典察也案典無察訓法言既爲天典命矣注典或訓主主覽猶總覽也亦通 使各悉心盡慮議郊祀之處天下幸甚臣聞廣謀從衆則合於天心〔補注〕宋祁曰南本作合於天下心 故洪範曰三人占則從二人言師古曰洪範周書也〔補注〕蘇輿曰史記宋世家公羊桓二年何注引洪範二人下竝有之字作僞孔注占是今文尚書本有之字此或奪文 言少從多之義也論當往古宜於萬民則依而從之師古曰論議也音來頓反 違道寡與則廢而不行今議者五十八人其五十人言當徙之義皆著於經傳同於上世便於吏民八人不案經蓺考古制而以爲不宜無法之議難以定吉凶太誓曰正稽古立功立事可以永年丕天之大律師古曰今文泰誓周書也稽考也永長也丕奉也律法也言正考古道而立事則可長年享有天下是則奉天之大法也 詩曰毋曰高高在上陟降厥士日監在茲師古曰詩周頌敬之詩也陟升也士事也言無謂天之高而又高遠在上而不加敬天乃上下升降日日監觀於此視人之所爲者耳 言天之日監王者之處也又曰迺眷西顧此維予宅師古曰大雅皇矣之詩也宅居也言天眷然西顧以周國爲居也商紂在東故謂周爲西也 言天以文王之都爲居也宜於長安定南北郊爲萬世基天子從之既定衡言甘泉泰畤紫壇八觚宣通象八方服虔曰八觚如今社壇也師古曰觚角也 五帝壇周環其下又有羣神之壇以尚書禋六宗望山川徧羣神之義紫壇有文章采鏤黼黻之飾及玉女樂師古曰漢舊儀云祭天用六綵綺席六重用玉几玉飾器凡七十女樂即禮樂志所云使童男童女俱歌也〔補注〕沈欽韓曰續志重營皆紫以象紫宮御覽五百二十七漢儀曰玉飾器七千三百物備具 石壇僊人祠瘞鸞路騂駒寓龍馬不能得其象於古臣聞

郊紫壇饗帝之義〔補注〕先謙曰官本紫作柴無壇字何焯云監本作紫壇宋本同以文義求之作柴爲是亦不當有壇字更考善本宋有壇字周壽昌云各本俱作紫壇文義不合宜遵官本如何說先謙案漢紀正作郊柴饗帝之義 埽地而祭上質也歌大呂舞雲門以竢天神歌太蔟舞咸池以竢地祇師古曰此周禮也大呂合於黃鍾黃鍾陽聲之首也雲門黃帝樂也太蔟陽聲次二者也咸池堯樂也〔補注〕齊召南曰顏注誤禮樂志明曰黃帝作咸池安得云堯樂乎沈欽韓曰案此律呂相和爲二調也隋音樂志牛弘曰奏黃鍾歌大呂黃鍾所以宣六氣也耀魄天神最爲尊極故奏黃鍾以祀之奏太蔟歌應鍾太蔟所以贊陽出滯崑崙厚載之重故奏太蔟以祀之 其牲用犢其席槀稭其器陶匏師古曰陶瓦器匏瓠也稭音戛〔補注〕先謙曰官本槀作藁 皆因天地之性貴誠上質不敢修其文也以爲神祇功德至大雖修精微而備庶物猶不足以報功唯至誠爲可致上質不飾〔補注〕朱一新曰汪本致作故是先謙曰官本作故 以章天德紫壇僞飾女樂鸞路騂駒龍馬石壇之屬宜皆勿修衡又言王者各以其禮制事天地非因異世所立而繼之師古曰異世謂前代 今雍鄜密上下畤晉灼曰秦文公宣公所立畤也 本秦侯各以其意所立非

禮之所載術也漢興之初儀制未及定即且因秦故祠復立北時今既稽古建定天地之大禮郊見上帝青赤白黃黑五方之帝皆畢陳各有位饌祭祀備具諸侯所妄造王者不當長遵［補注］沈欽韓曰周官言五帝者多矣郊特牲正義周禮司服云王祀昊天上帝則大裘而冕祀五帝亦如之五帝若非天何爲同服大裘又小宗伯云兆五帝於四郊禮器云饗帝於郊而風雨節寒暑時帝若非天焉能令風雨節寒暑時而賈逵馬融王肅等以五帝非天惟用家語之文謂太皞炎帝黃帝五人帝之屬其義非也案家語五帝篇云孔子曰聞諸老聃曰天有五行水火金木土分時化育以成萬物其神謂之五帝古之王者易代而改號取法五行五行更王終始相生亦象其義故其生爲明王者而死配五行是以太皞配木炎帝配火黃帝配土少皞配金顓頊配水如家語則五帝自爲天之佐非五人帝也郊梁豐鎬之閒周之郊兆壇在焉雖世移禮廢故老相傳自可指識五帝之位豈盡虛誣但秦漢習其名而失其義耳匡衡不博究禮經乃以爲諸侯所妄造使王肅之徒得閒而起憑附漸多紛紜莫定周禮昊天之祭專在圜丘五帝分祭在五郊合享於明堂其祀秩然分明兩爲調停者於郊丘並舉六天遂令五帝終不得伸其尊又非禮也及北時未定時所立師古曰謂高祖之初禮儀未定不宜復修天子皆從焉及陳寶祠由是皆罷明年［補注］先謙曰成紀建始二年上始祀南郊

赦奉郊之縣及中都官耐罪囚徒師古曰中都官京師諸官府也是歲衡譚復條奏長安廚官縣官給祠郡國候神方士使者所祠凡六百八十三所其二百八所應禮及疑無明文可奉祠如故其餘四百七十五所不應禮或復重師古曰復音扶目反重音丈庸反請皆罷奏可本雍舊祠二百三所［補注］齊召南曰案地理志右扶風雍有五時太昊黃帝以下祠三百三所彼作三百此作二百未知孰誤唯山川諸星十五所爲應禮云若諸布諸嚴諸逐皆罷杜主有五祠置其一又罷高祖所立梁晉秦荊巫九天南山萊中之屬［補注］齊召南曰萊中應作秦中宋本監本竝誤也上文高祖時南山巫祠南山秦中秦中者二世皇帝也注張晏曰成帝時匡衡奏罷之正指此文若東萊郡黃縣之萊君祠惤縣之百支萊王祠竝非高祖所立及孝文渭陽孝武薄忌泰一［補注］先謙曰因薄人謬忌所奏祠故曰薄忌泰一三一黃帝冥羊馬行泰一皋山山君武夷［補注］先謙曰上卷尚有陰陽使者疑脫夏后啟母石［補注］宋祁曰本無石字萬里沙［補注］先謙曰官本重萬字引宋祁曰姚本無一萬字八神延年之屬及孝宣參山蓬山之罘成山萊山四時蚩尤勞谷五牀僊人玉女徑路黃帝天神原水之屬皆罷［補注］宋祁曰參山予據孝宣祠參山八神於曲城蓬山於臨朐與此相應不然太山自在五嶽何可罷之陳浩曰案參山據宋祁注則舊本作泰山而祁改爲參山者也今從之先謙曰以上文及地理志證之原上奪一帝字候神方士使者副佐本草待詔七十餘人皆歸家師古曰本草待詔謂以方藥本草而待詔者［補注］周壽昌曰樓護傳護誦醫經本草方術數十萬言是西漢時已有方藥本草一書然藝文志不載非今世所傳之神農本草也明年匡衡坐事免官爵衆庶多言不當變動祭祀者又初罷甘泉泰時作南郊日大風壞甘泉竹宮［補注］朱一新曰竹宮宮名見禮樂志折拔時中樹木十圍以上百餘天子異之以問劉向對曰［補注］宋祁曰向字下當更有向字家人尚不欲絕種祠師古曰家人謂庶人之家也種祠繼嗣所傳祠也況於國之神寶舊時且甘泉汾陰及雍五時始立皆有神祇感應然後營之非苟而已也武宣之世奉此三神禮敬敕備師古曰敕整也神光尤著祖宗所立神祇舊位誠未易動及陳寶祠自秦文公至今七百餘歲矣漢興世世常來光色赤黃長

四五丈直祠而息音聲砰隱野雞皆雊師古曰直當也息止也當祠處而止也砰音普萌反每見雍太祝祠以太牢遣候者乘一乘傳馳詣行在所師古曰報神之來也傳音張戀反［補注］錢大昭曰閩本南雍本無乘一兩字葉德輝曰德藩本無乘一兩字先謙曰官本無乘一兩字以爲福祥高祖時五來文帝二十六來武帝七十五來宣帝二十五來初元元年以來亦二十來此陽氣舊祠也及漢宗廟之禮不得擅議皆祖宗之君與賢臣所共定古今異制經無明文至尊至重難以疑說正也前始納貢禹之議後人相因多所動搖易大傳曰誣神者殃及三世［補注］沈欽韓曰大戴本命篇誣鬼神者罪及二世亦見魯語恐其咎不獨止禹等上意恨之師古曰恨悔也後上以無繼嗣故令皇太后詔有司曰［補注］宋祁曰令字下疑有白字先謙曰永始三年十月事蓋聞王者承事天地交接泰一尊莫著於祭祀孝武皇帝大聖通明始建上下之祀師古曰上下謂天地營泰時於甘泉定后土於汾陰而神祇安之饗國長久子孫蕃滋師古曰蕃音扶元反累世

遵業福流於今今皇帝寬仁孝順奉循聖緒靡有大愆而久無繼嗣思其咎職殆在徙南北郊師古曰職主也咎過主於此也〔補注〕先謙曰官本注在咎職下違先帝之制改神祇舊位失天地之心吕妨繼嗣之福春秋六十未見皇孫師古曰皇太后自謂食不甘味寢不安席朕甚悼焉春秋大復古善順祀師古曰吕復古爲大吕順祀爲善也其復甘泉泰畤汾陰后土如故及雍五畤陳寶祠在陳倉者天子復親郊禮如前又復長安雍及郡國祠著明者且半成帝末年頗好鬼神亦吕無繼嗣故多上書言祭祀方術者皆得待詔祠祭上林苑中長安城旁費用甚多然無大貴盛者谷永說上曰臣聞明於天地之性不可或吕神怪〔補注〕錢大昭曰或古惑字先謙曰官本或作惑下同知萬物之情不可罔吕非類師古曰罔猶蔽〔補注〕宋祁曰注末當添也字先謙曰胡三省云余謂罔欺也欺人以所無曰罔諸背仁義之正道不遵五經之法言而盛稱奇怪鬼神廣崇祭祀之方求報無福之祠〔補注〕宋祁曰祠當作祀先謙曰祠亦祀也通鑑

作祠漢紀作祀及言世有僊人服食不終之藥〔補注〕周壽昌曰不終猶言不死也遙興輕舉如淳曰遙遠也興舉也師古曰遙古遙字也興起也謂起而遠去也登遐倒景如淳曰在日月之上反從下照故其景倒師古曰遐亦遠也〔補注〕宋祁曰注文反字上當添日月二字覽觀縣圃浮游蓬萊李奇曰昆侖九成上有縣圃縣圃之上卽閶闔閶闔天門耕耘五德朝種暮穫晉灼曰翼氏風角五德東方甲南方丙西方庚北方壬中央戊種五色禾於北地而耕耘也〔補注〕朱一新曰汪本北作此是先謙曰官本作此與山石無極師古曰言獲長壽比於山石無窮也黃冶變化晉灼曰黃者鑄黃金也道家言冶丹沙令變化可鑄作黃金也〔補注〕先謙曰官本沙作砂堅冰淖溺晉灼曰方士詐以藥石若陷冰丸投之冰上冰卽消液因假爲神仙道使然也或曰謂冶金令可餌也師古曰或說非也淖濡甚也音女敎反化色五倉之術者李奇曰思身中有五色腹中有五倉神五色存則不死五倉存則不飢皆姦人或眾挾左道懷詐僞吕欺罔世主師古曰左道邪僻之道非正義也聽其言洋洋滿耳若將可遇師古曰洋洋美盛之貌也洋音羊又音祥求之盪盪如係風捕景終不可得師古曰盪盪空曠之貌也盪音蕩是吕明王距而不聽聖人絕而不語師古曰謂孔子不語怪神昔周史萇弘欲吕鬼神之術輔尊靈王會朝諸侯而周室愈微諸侯愈叛楚懷王隆祭祀事鬼神欲吕獲福助卻秦師師古曰卻退音丘略反而兵挫地削身辱國危秦始皇初并天下甘心於神僊之道遣徐福韓終之屬〔補注〕沈欽韓曰抱朴仙藥篇韓眾服菖蒲三年身生毛日視書萬言皆能誦之冬極不寒眾終同字先謙曰梁元帝洞林序云韓終六壬是六壬出自終也楚辭九歎羨韓眾之得一注眾與終同多齎童男童女入海求神采藥因逃不還天下怨恨漢興新垣平齊人少翁公孫卿欒大等皆吕僊人黃冶祭祠事鬼使物入海求神采藥〔補注〕先謙曰官本神作僊貴幸賞賜累千金大尤尊盛至妻公主爵位重絫震動海內師古曰絫古累字元鼎元封之際燕齊之間方士瞋目扼掔言有神僊祭祀致福之術者吕萬數〔補注〕先謙曰官本祀作祠其後平等皆吕術窮詐得誅夷伏辜師古曰詐得謂主上得其詐僞之情至初元中有天淵玉女鉅鹿神人轑陽侯師張宗之姦紛紛復起師古曰轑陽侯江仁也元帝時坐使家丞上印綬隨宗學仙免官轑音遼夫周秦之末三五之隆師古曰三謂三皇五謂五帝〔補注〕劉奉世曰周秦之末三

之隆語有害而理未通疑有誤三五似指三世五世而言謂文之時也尋上文可見宋祁曰顏注三五之隆疑非是余謂五字當作主蓋指漢三主耳新垣平事則文帝時也元鼎元封則武帝之也初元則元帝時也指異代則曰周秦之末於今世則曰三主所隆文意較然明甚師古於漢書他所是正者甚多而不察於此未論也齊召南曰宋說亦非也元帝無求僊事未若劉奉世謂三世文帝五世武帝爲確實已嘗專意散財厚爵祿竦精神舉天下吕求之矣曠日經年靡有毫氂之驗〔補注〕朱一新曰汪本氂作釐葉德輝曰藩本作氂先謙曰官本作釐氂釐字通足吕揆今經曰享多儀儀不及物惟曰不享師古曰周書洛誥之辭也言祭享之道以絜誠若多其容儀而不及禮物則不爲神所享也論語說曰子不語怪神師古曰說謂論語之說也唯陛下距絕此類毋令姦人有吕窺朝者上善其言後成都侯王商爲大司馬衞將軍輔政杜鄴說商曰東鄰殺牛不如西鄰之禴祭師古曰此易既濟九五爻辭也東鄰謂商紂也西鄰周文王也祭謂瀹煮新菜以祭言祭祀之道莫盛修德故紂之牛牲不如文王之蘋藻也瀹音籥〔補注〕先謙曰瀹官本作禴言奉天之道貴吕誠質大得民心也行穢祀豐猶不蒙祐德修薦薄吉必大來古者壇場有常處燎禋有常

用師古曰尞古燎字贊見有常禮犧牲玉帛雖備而財不匱車輿臣役雖動而用不勞是故每奉其禮補注錢大昭曰奉南雍本閩本俱作舉朱一新曰汪本作舉是葉德輝曰作德藩本作舉先謙曰官本作舉助者歡說師古曰助謂助祭也說讀曰悅大路所歷黎元不知師古曰大路天子祭天所乘之車也黎元不知言無僞費不勞於下也補注朱一新曰僞汪本作徭是先謙曰官本作徭今甘泉河東天地郊祀咸失方位違陰陽之宜及雍五畤皆曠遠奉尊之役休而復起繕治共張無解已時皇天著象殆可略知前上甘泉先敺失道師古曰敺與驅字同禮月之夕奉引復迷韋昭曰奉引前導引車祠后土還臨河當渡疾風起波船不可御又雍大雨壞平陽宮垣補注沈欽韓曰黃圖平陽封宮武公二年伐彭戲氏至於華山下居於平陽封宮案史記正義帝王世紀秦寧公都平陽案岐山縣有平陽鄉鄉內有平陽聚括地志云平陽故城在岐州岐山縣西四十六里秦寧公徙都之處宮在岐州平陽故城內攷水經注渭水篇汧水東南逕郁夷縣平陽故城南史記秦寧公二年徙平陽徐廣曰故郿之平陽亭也寰宇記郁夷故城在隴州汧源縣西五十里地道記云郁夷省併郿今以此志核之則云在岐山縣者是也元和志鳳翔府岐山縣本漢雍縣之地迺三月甲子震電災林光宮門孟康曰甘泉一

名林光師古曰林光秦離宮名也漢又於其旁起甘泉宮非一名也補注沈欽韓曰黃圖林光宮胡亥所造從廣各五里在雲陽縣界元和志雲陽宮卽秦之林光宮漢甘泉宮在雲陽縣西北八十里祥瑞未著咎徵仍臻迹三郡所奏皆有變故師古曰迹謂觀其事迹也不荅不饗何以甚此師古曰不荅不當天意不饗不爲天所饗也補注周壽昌曰不荅其誠不饗其祀詩曰率由舊章師古曰大雅假樂之詩也率循也由用也循用舊典之文章也舊章先王法度文王以之交神于祀子孫千億宜如異時公卿之議復還長安南北郊後數年成帝崩皇太后詔有司曰皇帝即位思順天心遵經義定郊禮天下說憙師古曰說讀曰悅懼未有皇孫故復甘泉泰畤汾陰后土庶幾獲福皇帝恨難之卒未得其祐其復南北郊長安如故以順皇帝之意也哀帝即位寢疾博徵方術士京師諸縣皆有侍祠使者盡復前世所常興諸神祠官補注錢大昭曰閩本無諸字凡七百餘所一歲三萬七千祠云明年補注先謙曰哀紀建平三年復令太皇太后詔有司曰皇帝孝順奉承聖業靡有解怠師古曰解讀曰懈而久疾未瘳夙夜唯思殆繼體之君不宜改作其復甘泉泰畤汾陰后土祠如故上亦不能親至遣有司行事而禮祠焉後三年哀帝崩平帝元始五年大司馬王莽奏言王者父事天故爵稱天子補注沈欽韓曰白虎通鉤命決曰天子爵稱也書亡逸篇曰厥兆天子爵孔子曰人之行莫大於孝孝莫大於嚴父嚴父莫大於配天師古曰孝經載孔子之言王者尊其考欲以配天緣考之意欲尊祖推而上之遂及始祖是以周公郊祀后稷以配天宗祀文王於明堂以配上帝禮記天子祭天地及山川歲徧春秋穀梁傳以十二月下辛卜正月上辛郊師古曰豫卜郊之日高皇帝受命因雍四畤起北畤而備五帝未共天地之祀師古曰共讀曰恭孝文十六年用新垣平初起渭陽五帝廟祭泰一地祇以太祖高皇帝配日冬至祠泰一夏至祠地祇皆并祠五帝而共一牲補注宋祁曰牲景德本作特上親郊拜後平伏誅補注錢大昭曰閩本伏下有詐字朱一新曰汪本有詐字葉德輝曰德藩本無詐字

迺不復自親而使有司行事孝武皇帝祠雍曰今上帝朕親郊而后土無祠則禮不荅也於是元鼎四年十一月甲子始立后土祠於汾陰或曰五帝泰一之佐宜立泰一五年十一月癸未始立泰一祠於甘泉二歲一郊補注錢大昭曰二歲南雍本閩本作三歲朱一新曰汪本二作三是卽前所謂甘泉泰畤汾陰后土三年一郊祠也葉德輝曰德藩本作三先謙曰官本作三與雍更祠師古曰更音工衡反亦以高祖配不歲事天皆未應古制建始元年徙甘泉泰畤河東后土於長安南北郊永始元年三月以未有皇孫復甘泉河東祠補注先謙曰元年三月誤也當作三年十月綏和二年以卒不獲祐復長安南北郊建平三年懼孝哀皇帝之疾未瘳復甘泉汾陰祠竟復無福臣謹與太師孔光長樂少府平晏大司農左咸補注洪亮吉曰百官表元始五年大司農爲尹咸若左咸爲大司農則在哀帝時左當作尹傳寫誤耳中壘校尉劉歆太中大夫朱陽博士薛順議郎國由等六十七人議皆曰宜如建始時丞相衡等議復長安南北

郊如故。莽又頗改其祭禮，曰：「周官天墬之祀師古曰：墬，古地字也。下皆類此。〔補注〕錢大昭曰：說文籒文地从隊从土。淮南子墬形訓亦用籒文。樂有別有合。其合樂曰㠯六律、六鐘、五聲、八音、六舞大合樂，祀天神，祭墬祇，祀四望，祭山川，享先妣先祖。師古曰：此周禮春官大司樂之職也。六律，合陽聲者六；鐘㠯六律、六鐘之均也。五聲，宮商角徵羽。八音，金石絲竹匏土革木。六舞，雲門、咸池、大韶、大夏、大護、大武也。大合樂者，偏作之也。先妣，姜嫄也。先祖，先王先公也。〔補注〕朱一新曰：注㠯六律六鐘之均也，律下脫立字，當依周禮注補。先謙曰：官本注護作濩。凡六樂奏六歌，而天墬神祇之物皆至。師古曰：謂一變而致羽物及川澤之祇，再變而致嬴物及山林之祇，三變而致鱗物及丘陵之祇，四變而致毛物及墳衍之祇，五變而致介物及地祇，六變而致象物及天神。〔補注〕朱一新曰：嬴當作羸。先謙曰：官本作羸。四望，蓋謂日月星海也。三光高而不可得親，海廣大無限界，〔補注〕錢大昭曰：闓本廣大下有而字。故其樂同。祀天則天文從，祭墬則墬理從。三光，天文也。山川，地理也。天地合祭，先祖配天，先妣配墬，其誼一也。天墬合精，夫婦判合。祭天南郊，則㠯墬配，一體之誼也。天墬位皆南鄉，同席，師古曰：鄉讀曰嚮。其下竝同。〔補注〕沈欽韓曰：續志，光武建武二年，初制郊兆於雒陽城南七里，天地位其上，各用一犢。中元元年，初營北郊。是光武初以未暇修營，權合天地，亦不取王莽共牢之說。魏王肅僞造尚書家語以難鄭，幷丘郊爲一。唐許敬宗等從肅議，亦不敢言天地合祭。蓋禮云因天事天，因地事地，知合祭禮之所必無者也。墬在東，共牢而食。高帝、高后配於壇上，西鄉，

后在北，亦同席共牢。牲用繭栗，師古曰：謂牛角如繭及栗者，牛之小也。玄酒陶匏。禮記曰天子籍田千畮㠯事天墬，師古曰：畮，古畝字。繇是言之，宜有黍稷。師古曰：繇讀與由同。天地用牲一，燔尞瘞薶用牲一，高帝、高后用牲一。天用牲左，及黍稷燔尞南郊；墬用牲右，及黍稷瘞於北郊。其旦，東鄉再拜朝日；其夕，西鄉再拜夕月。然後孝弟之道備，而神祇嘉享，萬福降輯。師古曰：輯與集同。此天墬合祀，㠯祖妣配者也。其別樂曰〔補注〕宋祁曰：邵本無別字。冬日至，於墬上之圜丘奏樂六變，則天神皆降；夏日至，於澤中之方丘奏樂八變，則墬祇皆出。師古曰：此亦春官大司樂之職也。天神之樂，圜鍾爲宮，黃鍾爲角，太蔟爲徵，姑洗爲羽，雷鼓雷鼗，孤竹之管，雲和之琴瑟，雲門之舞。地祇之樂，函鍾爲宮，太蔟爲角，姑洗爲徵，南呂爲羽，靈鼓靈鼗，孫竹之管，空桑之琴瑟，咸池之舞。先奏是樂以致其神，禮之以玉，然後合樂而祭。天墬有常位，不得常合，〔補注〕沈欽韓曰：唐志賈曾引春秋說云：王者一歲七祭天地，合食於四孟，別於分至。此與王莽之說並時而作者也。此其各特祀者也。陰陽之別於日冬夏至，其會也㠯孟春正月上辛若丁。天子親合祀天墬於南郊，㠯高帝、高后配。陰陽有離合，易曰『分陰分陽，迭用柔剛』。師古曰：易說卦之辭也。陽爲剛，陰爲柔。陽既分則剛柔迭用也。迭，互也，音大結反。㠯日冬至使有司奉祠南郊，高帝配而望羣陽；日夏至使有司奉祭北郊，高后配而望羣陰，皆㠯助致微氣，通道幽弱。師古曰：道讀曰導。當此之時，后不省方，師古曰：謂冬夏日至之時，后，君也；方，常也；不親常務。〔補注〕蘇輿曰：易復象辭「先王以至日閉關，商旅不行，后不省方」。虞翻云：至日，冬至之日。姤象曰「后以施命誥四方」，今隱復下，后不省方。宋衷亦云：自天子至公侯，不省四方之事。是古義竝以方爲四方之事。志此語正用易義。下云天子不親而遣有司，卽不省四方之明驗。顏訓方爲常，失之。故天子不親而遣有司，所㠯正承天順地，〔補注〕宋祁曰：一本作承順天地。復聖王之制，顯太祖之功也。渭陽祠勿復修。羣望未悉定，定復奏。」奏可。三十餘年閒，天地之祠五徙焉。〔補注〕葉德輝曰：德藩本地作墬。先謙曰：官本作墬，下同。

後莽又奏言：「書曰『類於上帝，禋于六宗』。師古曰：虞書舜典也。竝已解於上。歐陽、大小夏侯三家說六宗，皆曰上不及天，下不及墬，旁不及四方，在六者之閒，助陰陽變化，實一而名六，名實不相應。禮記祀典，功施於民則祀之。天文日月星辰，所昭仰也；地理山川海澤，所生殖也。易有八卦，乾坤六子，水火不相逮，靁風不相誖，山澤通氣，然後能變化，既成萬物也。師古曰：乾爲父，坤爲母，震爲長男，巽爲長女，坎爲中男，離爲中女，艮爲少男，兌爲少女，故云六子也。水火，坎離也。靁風，震巽也。山澤，艮兌也。逮，及。誖，亂也。既，盡也。靁，古雷字也。誖音布內反。臣前奏從甘泉泰畤、汾陰后土皆復於南北郊。謹案周官『兆五帝於四郊』，山川各因其方，師古曰：春官小宗伯之職也。兆謂爲壇之營域也。五帝於四郊，謂青帝於東郊，赤帝及黃帝於南郊，白帝於西郊，黑帝於北郊也。各因其方，謂順其所在也。今五帝兆居在雍五畤，不合於古。又日月靁風山澤，易卦六子之尊氣，所謂六宗也。星辰水火溝瀆，皆六宗之屬也。今或未特祀，或無兆居。謹與

太師光大司徒宮羲和歆等八十九人議皆曰天子父事天母事墬今稱天神曰皇天上帝泰一兆曰泰畤而稱地祇曰后土與中央黃靈同又兆北郊未有尊稱宜令地祇稱皇墬后祇兆曰廣畤易曰方以類聚物以羣分師古曰易上繫之辭也方謂所向之地分羣神以類相從爲五部兆天墬之別神中央帝黃靈后土畤及日廟北辰北斗塡星中宿中宮於長安城之未墬兆東方帝太昊青靈句芒畤及雷公風伯廟歲星東宿東宮於東郊兆南方炎帝赤靈祝融畤及熒惑星南宿南宮於南郊兆西方帝少皞白靈蓐收畤及太白星西宿西宮於西郊兆北方帝顓頊黑靈玄冥畤及月廟雨師廟辰星北宿北宮於北郊兆（補注）劉敞曰兆字衍錢大昭曰案周禮春官小宗伯兆五帝於四郊注云兆爲壇之營域說文垗畔也爲四時界祭其中言月廟雨師廟之屬皆在北郊營域之中與上文未墬兆東郊兆西郊兆南郊兆同皆於兆字斷句劉氏乃於郊字斷句而謂兆字衍文誤矣奏可於是長安旁諸廟兆畤甚盛矣莽又言

帝王建立社稷百王不易社者土也宗廟王者所居稷者百穀之主所以奉宗廟共粢盛師古曰共讀與供同人所食以生活也王者莫不尊重親祭自爲之主禮如宗廟詩曰乃立冢土師古曰大雅緜之詩也冢大也土土神謂太社也又曰以御田祖以祈甘雨師古曰小雅甫田之詩也田祖稷神也言設樂以御祭於神爲農求甘雨也禮記曰唯祭宗廟社稷爲越紼而行事李奇曰引棺車謂之紼當祭天地五祀則越紼而行事不以私喪廢公祀師古曰紼引車索也音弗聖漢興禮儀稍定已有官社未立官稷臣瓚曰高帝除秦社稷立漢社稷禮所謂太社也時又立官社配以夏禹所謂王社也見漢祀令而未立官稷至此始立之世祖中興不立官稷相承至今也（補注）沈欽韓曰晉志前漢但置官社而無官稷王莽置官稷後復省故漢至魏但太社有稷而官社無稷通典社者五土之神稷者於五土之中特指原隰之祇遂於官社後立官稷以夏禹配食官社后稷配食官稷稷種穀樹師古曰穀樹楮樹也其子類穀故於稷種徐州牧歲貢五色土各一斗莽篡位二年興神僊事以方士蘇樂言起八風臺於宮中臺成萬金師古曰費直萬金也作樂其上順風作液湯如淳曰藝文志有液湯經其義未聞也（補注）惠士奇曰案內經黃帝問曰上古聖人作湯液醪醴爲而不用何也岐伯曰古聖人之作湯液醪醴者以爲備耳故爲而弗服也中古之世道德稍衰邪氣時至服之萬全當今之世必齊毒藥攻其中鑱石鍼艾治其外形弊血盡而功不立然則古之治病未有毒藥鍼石先有湯液醪醴故謂之醫一天二地三人四時五音六律七星八風九野身形亦應之人出入氣應風順風作湯液者時則訓所謂八服八風水也故王莽起八風臺作樂其上說者謂八方之風朝會太乙豈其然周壽昌曰藝文志經方家有液湯經法三十二卷殆服食之法又種五粱禾於殿中師古曰玉色禾也谷永所謂耕耘五德也（補注）先謙曰官本玉作五是各順色置其方面先鬻鶴髓毒冒犀玉二十餘物漬種師古曰鬻古煮字也髓古髓字也謂鬻取汁以漬穀子也毒音代冒音莫內反（補注）葉德輝曰德藩本作髓先謙曰官本髓作髓引宋祁曰髓景本作髓別本並從左與此本不同又考證云髓監本訛髓注同從宋本改正計粟斛成一金言此黃帝穀僊之術也（補注）錢大昭曰李少君之穀道疑即此也李奇以爲辟穀不食之道非是以樂爲黃門郎令主之莽遂宗鬼神淫祀師古曰宗古崇字至其末年自天地六宗以下至諸小鬼神凡千七百所（補注）錢大昭曰案志中所載鬼神名目悉數之不能終漢自孝武信方士之術所祠神靈鑿空無據者多新莽末年媚神尤甚卒以敗亡非所謂淫祀無福者邪今攷地理志所載得三百八十九所

用三牲鳥獸三千餘種後不能備迺以雞當鶩鴈犬當麋鹿數下詔自以當僊語在其傳（補注）何焯曰終以莽事者權東京之主藉口法祖宗復爲武宣之淫祀俾鑒於莽也

贊曰漢興之初庶事草創唯一叔孫生略定朝廷之儀若迺正朔服色郊望之事數世猶未章焉至於孝文始以夏郊而張倉據水德（補注）先謙曰官本倉作蒼公孫臣賈誼更以爲土德卒不能明孝武之世文章爲盛太初改制而兒寬司馬遷等猶從臣誼之言李奇曰公孫臣賈誼服色數度遂順黃德彼以五德之傳從所不勝服虔曰音亭傳之傳五帝相承代常以金木水火相勝之法若火滅金便以火代金師古曰傳音張戀反秦在水德故謂漢據土而克之劉向父子以爲帝出於震故包羲氏始受木德師古曰包讀曰庖其後以母傳子（補注）周壽昌曰木生火故云以母傳子也終而復始自神農黃帝下歷唐虞三代而漢得火焉故高祖始起神母夜號著赤帝之符旗章遂赤自得天統矣鄧展曰向父子雖有此議時不施行至光武建武二年乃用火德色尚赤耳昔共工氏以水德

閒於木火(師古曰共讀曰龔閒音工莧反)與秦同運非其次序故皆不永由是言之祖宗之制蓋有自然之應順時宜矣究觀方士祠官之變谷永之言不亦正乎不亦正乎(補注)宋祁曰南本無下一句

天文志第六(補注)齊召南曰後志明帝使班固敘漢書而馬續述天文志此志續所撰也故晉志引凡天文以下五句直曰馬續云

漢　蘭　臺　令　史班　固　撰

唐正議大夫行祕書少監琅邪縣開國子顏師古　注

賜進士出身前翰林院編修國子監祭酒加三級臣　王先謙補注

凡天文在圖籍(補注)先謙曰續志星官之書自黃帝始昭昭可知者經星常宿中外官凡百一十八名積數七百八十三星(補注)先謙曰開元占經引有石氏中官石氏外官甘氏中官甘氏外官巫咸中外官志中官外以東西南北四官爲外官也晉志中外之官常明者百二十有四可名者三百二十爲星二千五百微星之數萬一千五百二十晉武帝時太史令陳卓總甘石巫咸三家所著星圖大凡二百八十三官一千四百六十四星以爲定紀張衡靈憲星數同隋志一千五百六十一五星明志一千七百二十五星　國朝乾隆間欽定儀象攷成後編測定恆星大小分爲七等計一等十七星(如婁織[illegible]妊帝[illegible])二等六十九星([illegible]帝閣[illegible])鷄三等三百十二星(如[illegible]少[illegible])四等四百七十五星(如天[illegible])五等七百三十四星(如虎賁[illegible]相[illegible])六等一千五百六十三星(如天皇大帝[illegible]后宮[illegible])氣等十三星共三千八十三星道光甲辰重修續編測定一等十七星二等六十二星三等二百二十二星四等四百八十九星五等八百十四星六等一千六百四十六星氣等九星共三千二百三十九星較乾隆時增一百六十三星少七星蓋恆星高卑上下與七政同自本天下行則自無之有自小而大上行則自有之無自大而小隨時測量數各不同觀自來天官家推算爲精詢萬世準則矣皆有州國官宮物類之象(補注)先謙曰州國謂星所分主十二州諸國官如三公藩臣宮如紫宮閣道物類如槍棓矛盾龜魚雞狗之屬皆是其伏見蚤晚邪正存亡虛實闊陿(孟康曰伏見蚤晚謂五星也日月五星下道爲邪存謂列宿不虧也亡謂恆星不見虛實若天牢星實則囚多虛則開出之屬也闊陿若三台星相去遠近也)及五星所行合散犯守陵歷鬭食(孟康曰合同舍也散五星有變則其精散爲祅星也犯七寸以內光芒相及也陵相冒過也食星月相陵不見者則所蝕也韋昭曰自下往觸之曰犯居其宿曰守經之爲歷突掩爲陵星相擊爲鬭也(補注)先謙曰占經引荊州占云相去一尺內爲合郗萌云二十日以上爲守石氏云五星入度經過宿星光耀犯之爲犯在上犯下爲陵本志敬者不相從也)彗孛飛流日月薄食(張晏曰彗所以除舊布新也孛氣似彗飛流謂飛星流星也孟康曰飛絕迹而去也流光迹相連也日月無光曰薄京房易傳日日月赤黃爲薄或曰不交而食曰薄韋昭曰氣往迫之爲薄虧毀曰食也(補注)先謙曰占經引齊穎云孛芒短其光四出蓬蓬孛孛也彗見其光芒長寒如埽彗又引董仲舒云孛星者彗星之屬也芒偏指曰彗芒氣四出曰孛一說云孛即彗也彗星所散爲孛

春秋言星孛者皆星散也晉志自上而降曰流自下而升曰飛薄食者薄而食之占經引京房易傳云日蝕皆於晦朔有不於晦朔者名曰薄又引韋昭云月氣往迫之爲薄此注引服虔月字**暈適背穴抱珥虹蜺**孟康曰皆日旁氣也適日之將食先有黑之變也背形如背字也穴多作鐍其形如玉鐍也抱氣向日也珥形點黑也如淳曰暈讀曰運虹或作虹蜺讀曰齧螮蝀謂之虹表云雄爲虹雌爲蜺凡氣食日上爲冠爲戴在旁直對爲珥在旁如半環向日爲抱向外爲背有氣刺日爲鐍鐍抉傷也補注錢大昭曰注皆閩本作暈凡氣食日上南雍本閩本食作在王念孫曰孟注當作背形如北字也各本北作背涉上文而誤韋注吳語曰北古之背字說文北乖也從二人相背然則日兩旁氣外向者爲背形與北字相似故云背形如北字也抱珥皆內向之名背鐍皆外向之名背字或作倍鐍字或作譎又作僪呂氏春秋明理篇日有倍僪有暈珥高注皆曰日旁之危氣也在兩旁反出爲倍在上反出爲僪在上內向爲冠兩旁內向爲珥淮南覽冥篇君臣乖心則背譎見於天然則背鐍同義特有在旁在上之分耳莊子天下篇墨者俱誦墨經而倍譎不同謂其各守所見分離乖異也如說以氣刺日爲鐍失之朱一新曰汪本皆作暈先有黑之變也史記集解引黑下有氣字凡氣食日上汪本食作在是先謙曰官本注皆作暈食作在考證云暈監本訛皆從宋本改占經引石氏云日旁有氣員而周帀內赤外青名爲暈呂覽明理篇高注暈讀爲君國子民之君氣圍日周帀有似軍營相守故曰暈左昭三十一年傳日始有謫注謫變氣也周禮占夢注引作日始有適是適卽謫也人事不修天降責怒兆見於日故曰適晉志青赤氣如月

初生背日者爲背日旁如半環向日爲抱青赤氣員而小在日左右爲珥璚者如帶璚在日四方虹蜺日旁氣也占經虹蜺占云色著爲虹色微爲蜺如注云氣刺日迺周禮眡祲之鐫非鐍也**迅雷風祆怪雲變氣**補注先謙曰占經有雲氣占雜氣雲占它志亦雲氣雜氣分列明氣與雲爲二**此皆陰陽之精其本在地而上發于天者也政失於此則變見於彼猶景之象形鄉之應聲**師古曰鄉讀曰響**是以明君覩之而寤飭身正事思其咎謝則禍除而福至自然之符也中宮天極星**補注王念孫曰宮當爲官下文東宮南宮西宮北宮並同史記亦誤作宮先謙曰錢氏大昕史記攷異云下文云紫宮房心權衡咸池虛危此天之五官坐位也可證史公本文皆作官索隱於中宮下引春秋元命包官之爲言宣也古文取音義相協假轉互訓以宣讀官音相近也俗本亦誤作宮由於不知古韻包宮之言中也又可證小司馬元本中宮作中官矣小司馬引元命官云天文有五官官者星官也星座有尊卑若人之官曹列位故曰天官愚案天極星北極五星之一宋志北極五星在紫微宮中北辰最尊者也其紐星爲天樞卽天極矣官本中下提行考證云監本接連前文自然之符也非是今另提行**其一明者泰一之常居也**補注先謙曰天官書索隱引合誠圖云紫微大帝室太一之精也正義云泰一天帝之別名也**旁三星三公或曰子屬**補注先謙曰三星合極星明星爲五晉志三光迭耀而極星不移第一星主月太子也第二星主日帝王也亦太乙之坐謂最赤明者也第三星主五星庶子也彼云太乙卽此泰一宋志作太一云太乙之坐最赤明者卽上云其一明者泰一之常居也隋志北極大星太一之座也第一星主月太子也第二星主日帝王也第三星主五星庶子也所謂第二星者最赤明者也以太一之座屬極星星者謂惟五星闕數其一唐王希明步天歌紫微垣下云中垣北極紫微宮北極五星在其中大帝之座第二珠第三之星庶子居今儀象攷成增三星第一號曰爲太子四爲后宮五天樞它史以北斗杓南三星及魁第一星西三星爲三公與志異子屬卽後世太子庶子之說所由昉也志以後句四星爲後宮故此不云后宮**後句四星末大星正妃餘三星後宮之屬也**補注朱一新曰汪本官作宮是先謙曰官本官作宮天官書亦作宮索隱句曲也援神契云辰極橫后妃四星從大星光明星經以後句四星名爲四輔愚案晉隋志並言抱北極四星曰四輔宋志自注後四星句曲以抱之者帝星也說雖不同而釋後句之義更顯參證索隱後世所稱四輔卽志之正妃後宮而異其說也禮檀弓鄭注帝嚳立四妃象后妃四星其一明者爲正妃餘三小者爲次妃與援神契合其說古而可據或以此四星爲句陳誤矣句陳六星既與四數不符且象與極星相背其口中一星曰天皇大帝天文家云主天子六軍最爲得之不當混指爲後句四星也步天歌紫微垣下云左右四星爲四輔今增一天乙太乙當門路天乙太乙郎天一太一也天一見下太一志不載晉隋宋志有係星衍天官書補目云史公稱巫咸甘石續志劉昭注引黃帝占今其文及三家星占具見開元占經中所載恆星名數多出天官書天文志之外而其書皆在先秦不知遷固何以不載劉逢祿甘石星經正誣謂東漢人取無名小星

增入强以人事定之致多野鄙之名因據史記明文正僞經之失至如天廁諸名則以爲史公删之未盡不知天象不言由人指目豈必古者爲是而後者盡非宋蘇軾所謂南箕與北斗本是家人器天亦豈有之無乃遂自謂是也若以晚出概從棄削不免拘滯難通今於志所有諸星旁采它書證明其義志所無者括以唐王希明步天歌而引儀象攷成新增之數注明其下晉隋宋志有無亦坿注焉新法三垣二十八舍所統諸座與步天歌不同新增之星亦中法所無因坿欽定古今圖書集成所載西步天歌於後並注儀象攷成增減星數以備參考庶古今星象可攬其全班馬無疏畧之嫌而諸志獲貫通之用矣**環之匡衞十二星藩臣皆曰紫宮**補注齊召南曰天官書同但紫宮匡衞十五星西藩七東藩八與太微垣十二星不同晉志可證此與史記並曰十二星何也先謙曰二當爲五藩亦作蕃匡正其內衞扞其外也宋志紫微垣東蕃八星西蕃七星在北斗北左右環列翊衞之象也東蕃近閶闔門第一星爲左樞第二星爲上宰三星曰少宰四星曰上弼一曰上輔五星曰少弼一曰少輔六星爲上衞七星爲少衞八星爲少丞或曰上丞其西蕃近閶闔門第一星爲右樞第二星爲少尉第三星爲上輔第四星爲少輔第五星爲上衞第六星爲少衞第七星爲上丞步天歌紫微垣下云左樞右樞夾南門左八右七十有五上少宰兮上少弼上少衞兮少丞數今上衞增三少衞增八少丞增一前連左樞共八星後邊門東大贊府少尉上輔少輔繼今少尉上輔各增二少輔增一上衞少衞上丞比今[illegible]衞增三[illegible]衞增一上丞增三以及右樞共七星兩藩營衞於茲至索隱引元命包云紫之言此也宮之言中也言天神運動陰陽開閉皆在此中宋均又

以爲十二宮中外位各定總謂之紫宮愚案非也所環之內統曰紫宮因中有紫微大帝之坐天子之常居也見晉隋志故名晉隋志紫宮垣十五星明垣內是紫宮不兼外爲說矣唐李淳風觀象玩占云紫微宮垣十五星一曰長垣一曰天營一曰旗星南兩蕃兩星之間如開閉之象者謂之閶闔門**前列直斗口三星隨北耑銳若見若不見曰陰德或曰天一**〔補注〕先謙曰天官書隨北耑銳作隨北端兌不下無見字索隱直當也隋音他果反北一作比漢志北作比銳謂星形尖邪也案今漢書作北明小司馬所見本異隋隨耑端兌銳字通詩破斧釋文隋形狹而長也正義引星經云陰德二星在紫微宮內尚書西晉志天一一星在紫微宮右星南天帝之神也案陰德二星在垣內天一一星在垣外志併三星數之故謂陰德或曰天一也步天歌紫微垣下云陰德門裏兩黃聚今增尚書以次其位五女史柱史各一星御女四星天柱五大理兩黃陰德邊句陳尾指北極顛句陳六星六甲前天皇獨在句陳裏五帝內座後門是華蓋並杠十六星杠作柄象華蓋形蓋上連連九个星名曰傳舍如連丁案尚書五星今增二女史一星增一柱史一星增二御女四星天柱五星增六大理二星增一鉤陳六星增十天皇大帝一星六甲六星增一五帝內座五星增三華蓋七星杠九星[illegible]傳舍九星增四志不載晉隋宋志有**紫宮左三星曰天槍右四星曰天棓**蘇林曰音棓打之棓師古曰棓音白講反〔補注〕先謙曰天官書四作三索隱棓音皮韋昭音剖詩緯云天槍三星天棓五星石氏星讚云天棓天槍八星備非常之變也晉志天槍三星北斗杓東一曰天鉞天之武備也故在紫宮之左右所以禦難也隋志天棓五星在女牀北天子先驅也一星不具國兵起據此天棓五星云三四皆誤也步天歌紫微垣下云垣外左右各六珠右是內階左天廚階前八星名八穀廚下五箇天棓宿天牀六星兩樞外內廚兩星左樞對案內階六星增十天廚六星增二八穀八星增十四天牀六星增二內廚二星增二志不載晉隋宋志有**後十七星絕漢抵營室曰閣道**〔補注〕齊召南曰此志於經星俱直用天官書閣道星數天官書云六星是也何以言十七星乎晉志亦作六星疑十七二字係傳寫之譌沈欽韓曰晉志以下不著閣道於中宮以去極較遠也先謙曰劉逢祿天官書經星補攷云漢書作十七星六字蓋唐人朱墨校本攷占經又誤作六十七也正義漢天河也直渡曰絕抵至也營室七星天子之宮占經引黃帝占云閣道天子御道也絕漢直紫宮後名曰閣道隋志閣道六星在王良前飛道也從紫宮至河神所乘也一曰閣道主道里天子遊別宮之道也一曰王良旗一曰紫宮旗步天歌奎宿下云河中六箇閣道形今增一附路一星道旁明附路作一增晉隋宋志不載晉隋宋志有營室見下**北斗七星**〔補注〕沈欽韓曰楚辭九歎訊九魁與六神注九魁謂北斗九星天官書索隱引徐整長歷北斗七星星間相去九千里其二陰星不見者相去八千里也**所謂旋璣玉衡以齊七政**〔補注〕王先慎曰索隱尚書旋作璿馬融注璿美玉也璣渾天儀可轉旋故曰旋璣衡其中橫筩以璿爲璣以玉爲衡蓋貴天象也七政者北斗七星各有所主第一曰主日法天第二曰主月法地第三曰命火謂熒惑也第四曰煞土謂塡星也第五曰伐水謂辰星

也第六曰危木謂歲星也第七曰罰金謂太白也日月五星各異故名曰七政案馬說非也此以旋璣玉衡釋北斗七星非以七政釋北斗七星也文耀鉤云斗者天之喉舌玉衡屬杓魁爲璇璣蕭吉五行大義引尚書說云璇璣斗魁四星玉衡杓橫三星合七是琁璣玉衡卽謂北斗七星七政者五行大義引尚書考靈耀七政篇曰日月者時之主五星者時之紀也是七政爲日月五星視斗所建以定四時而日月五星之行不失其躔度故曰以齊七政本書律歷志云衡平也其在天也佐助旋璣斟酌建指以齊七政顏注七政日月五星也與此正合**杓攜龍角**孟康曰杓斗柄也龍角東方宿也攜連也**衡殷南斗魁枕參首**晉灼曰衡斗之中央殷中也〔補注〕先謙曰此言七星定位北斗之杓連於東方龍角之宿衡直當南斗魁枕於參宿之首也分之七星各有名春秋運斗樞云第一天樞第二璇第三璣第四權第五衡第六開陽星經作闓陽第七搖光淮南本經作[illegible]光步天歌紫微垣下云北斗之宿七星明第一主帝爲樞精今增三第二第三璇璣是[illegible]增入第四名權第五衡增三天權開陽搖光六七名增二闓陽搖光左三號天槍[illegible]天樞上天樞卽魁[illegible]衡卽此志之衡[illegible]搖光卽杓[illegible]七合之則衡亦[illegible]在杓中運斗樞云第一至第四爲魁第五至第七爲杓合而爲斗居陰布陽故稱北斗龍角南斗參並見下**用昏建者杓杓自華以西南**孟康曰傳曰斗第七星法太白主杓斗之尾也尾爲陰又其用昏昏陰位在西方故主西南〔補注〕朱一新曰以下文魁第一星法爲日主齊例之此主下當有奪字史集解引皆脫先謙曰正義華華山也言北斗昏建用斗杓星指寅也**夜半建者衡衡殷中州河濟之間**孟康曰假令杓昏建寅衡夜半亦建寅也〔補注〕先謙曰正義言北斗夜半建用斗衡指寅殷當也斗衡黃河濟水之間地也**平旦建者魁魁海岱以東北也**孟康曰傳曰斗魁第一星法爲日主齊魁斗之首首陽也又其用在明陽與明德在東方故主東北方〔補注〕先謙曰正義言北斗旦建用斗魁指寅隨三時所指有三建也自杓攜龍角以下占經引春秋緯同**斗爲帝車運于中央臨制四海**〔補注〕朱一新曰天官書海作鄉**分陰陽建四時均五行移節度定諸紀皆繫於斗**〔補注〕先謙曰淮南天文訓曰冬至則斗北中繩日夏至則斗南中繩帝張四維運之以斗月徙一辰復反其所正月指寅十二月指丑周而復始**斗魁戴筐六星曰文昌宮**晉灼曰似筐故曰戴筐〔補注〕先謙曰天官書筐作匡字同索隱引孝經援神契云文者精所聚昌者揚天紀輔拂並居以成天象故曰文昌宮晉志文昌六星在北斗魁前天之六府也步天歌紫微垣下云文昌斗上半月形依稀分明六箇星今增一文昌之下曰三師太尊只向中台明案三師三星增三太尊一星志不載晉隋宋志有**一曰上將二曰次將三曰貴相四曰司命五曰司祿六曰司災**〔補注〕先謙曰天官書司祿作司中司災作司祿索隱引元命包云上將建威武次將正左右貴相理文緒司祿賞功進士司命主災咎司中主佐理晉志一曰上將大將軍建威武二曰次將尚書正左右三曰貴相太常理文緒四曰司祿司中

司隷賞功進德五曰司命司怪太史主滅咎六曰司寇大理佐理寶所謂一者起斗魁前近內階者也案大宗伯祀司中司命賈疏引武陵太守星傳與天官書同先鄭以司中是三台司命是文昌後鄭以三台文昌皆有司中司命是文昌應有司中一星元命包言司命主災咎則司災統於司命也晉志又合司中於司祿而增出司寇蓋與司災同意 **在魁中貴人之牢** 孟康曰傳曰天理四星在斗魁中貴人牢名曰天理也補注先謙曰晉志魁中四星爲貴人之牢曰天理又有天牢六星在北斗魁下貴人之牢見隋宋志步天歌紫微垣下云天牢六星太尊邊太陽之守四勢前一箇宰相太陽側更有三公柄西偏杓下元戈一星圓今增二天理四星斗裏暗增一輔星近著太陽淡增三案天牢六星今增二太陽守一星增一勢四星共增十九相一星增三三公三星志不載晉隋宋志有元戈輔見下 **魁下六星兩兩而比者曰三能** 蘇林曰能音台 **三能色齊君臣和不齊爲乖戾** 補注先謙曰三台六星詳東方朔傳泰階六符注大宗伯賈疏引武陵太守星傳云三台名天柱上台司命爲太尉中台司中爲司徒下台司祿爲司空晉志西近文昌二星曰上台爲司命主壽次二星曰中台爲司中主宗室東二星曰下台爲司祿主兵步天歌太微垣下云北門西外接三台與垣相對無兵災今共增六上台增二下台增二中台增二 **柄輔星** 孟康曰在北斗第六星旁補注先謙曰天官書無柄字上下魁杓皆承北斗言柄字當有晉志輔星溥乎開陽所以佐斗成功丞相之象也宋志北斗第九星曰輔星在第六星左常見 **明近輔臣親彊斥小疏弱** 蘇林曰斥遠也補注先謙曰言輔星明而

近斗則輔臣親彊輔星小而遠斗則輔臣疏弱也輔星附北斗柄第六星近密大臣之象隋志輔星明而斗不明臣彊主弱斗明輔不明主彊臣弱也 **杓端有兩星一內爲矛招搖** 孟康曰近北斗者招搖招搖爲天矛晉灼曰梗河三星天矛鋒招搖一星耳補注先謙曰晉以天矛天鋒招搖一星誤上引晉灼天矛鋒字非也晉志帝席北三星曰梗河天矛也一曰天鋒其北一星曰招搖一曰矛楯其北一星曰玄戈皆主胡兵招搖與北斗杓間曰天庫案梗河招搖天鋒名稱互混當以此爲正觀象玩占云招搖一星在梗河北次北斗杓端一曰天矛一曰天庫步天歌氐宿下云一箇招搖梗河上梗河橫列三星狀帝席三黑河之西亢池六星近攝提梗河三星今增五帝席三星增一亢池六星今增四志不載隋宋志有晉志無 **一外爲盾天蠭** 晉灼曰外遠北斗也在招搖南一名天蠭補注朱一新曰天官書集解引作一名玄戈先謙曰蠭同鋒天鋒亦名盾也宋志天戈一星又名元戈在招搖北主北方 **有句圜十五星屬杓曰賤人之牢牢中星實則囚多虛則開出** 補注先謙曰句圜曲而圜也索隱其形如連環即貫索星晉志貫索九星在七公前賤人之牢也一曰連索一曰連營一曰天牢主法律禁暴彊也牢口一星爲門欲其開也漢志云十五步天歌天市垣下云垣北九箇貫索星今增三索如橫著七公成天紀恰是七公形數著分明多兩星共增十紀北三星名女牀此座邊依織女旁案七公七星增六十女牀三星志不載晉隋宋志有天紀見下 **天一槍棓矛盾動搖角大兵起** 李奇曰角芒角補注先謙曰此數星或動搖或有芒角及

大皆兵起之象占經引黃帝占云天一星地道也欲其小有光則陰陽和萬物成天一星大而盛水旱不調五穀不成天下大饑人民流亡去其鄉

東宮蒼龍 補注沈欽韓曰宋中興志石氏云東宮青帝其精蒼龍爲七宿其象有角有亢有氐有房有心有尾有箕氐胸房腹箕所糞也 **房心心爲明堂大星天王前後星子屬不欲直直王失計** 補注先謙曰晉志心三星天王正位也中星曰明堂天子位爲大辰主天下之賞罰前星爲太子後星爲庶子心星直則王失勢占經引石氏云星常曲天下安直則天子失計觀象玩占引星贊云心爲天王故置積卒以爲衞步天歌心宿下云心三星中央色最深今共增九下有積卒共十二三三相聚心下是案積卒十二星今共增志不載晉隋宋志有 **房爲天府曰天駟** 補注先謙曰天官書府上奪天字占經引石氏云房爲天府一曰天馬或曰天駟爾雅釋天天駟房也郭注龍爲天馬故房四星爲天駟 **其陰右驂** 補注先謙曰南曰陽北曰陰宋志南二星爲陽環亦曰陽間其南爲太陽道北二星爲陰間亦曰陰環其北曰太陰道南爲左驂次上爲左服北二星爲右驂次下爲右服劉逢祿經星補攷云石氏云兩服之間是中道今中道在右驂服之間 **旁有兩星曰衿** 補注先謙曰天官書亦作衿索隱衿音其炎反衿鈐通借字或徑改爲鈐非晉志房北二小星曰鉤鈐房之鈐鍵天之管籥占經引二十八宿山經云鉤鈐天子御也 **衿北一星曰舝** 晉灼曰舝古轄字補注先謙曰

正義引說文云舝車軸端鍵也又星經云鍵閉一星在房東北掌管籥也是舝即鍵閉矣步天歌房宿下云房四星直上主明堂今增六鍵閉一星斜向上鉤鈐兩箇近其旁罰有三星直鍵上兩咸夾罰似房狀房下一星號爲日從官兩星日下出案罰三星增三東咸四星共增二西咸四星增二日一星增一從官二星增一志不載晉隋宋志有晉志無 **東北曲十二星曰旗** 補注沈欽韓曰正義云左右旗各九星在河鼓左右者非也河鼓在北宮不得涉此晉志天市垣二十二星在房心東北主衡權一曰天旗庭先謙曰正義天市下注云天市垣二十二星在房心東北主國市聚交易之所一曰天旗是張氏亦知旗星之名而於此失之所謂二十二星者宋志東蕃十一星南一曰宋二曰南海三曰燕四曰東海五曰徐六曰吳越七曰齊八曰中山九曰九河十曰趙十一曰魏西蕃十一星南一曰韓二曰楚三曰梁四曰巴五曰蜀六曰秦七曰周八曰鄭九曰晉十曰河間十一曰河中一曰在房心東北主權衡主聚眾又曰天旗庭主斬戮事參證之此二十二星卽旗也志文十二上疑脫二字步天歌天市垣下云魏今增八趙增三九河增一中山增七纔齊共增十二吳越增七今徐宿當東海增四與燕及南海宋國增二分明在左裝河中河間增七晉增一鄭周共增十六秦增二蜀共增二巴增五梁楚求韓地右當垣十一天市宮中子細歌 **旗中四星曰天市** 補注先謙曰天官書此下有中六星曰市樓六字志不應獨刪之蓋傳寫奪文天市四星當即列肆車肆各二星古今異名耳詳見下 **天市中星眾者實其中虛則耗** 補注先謙曰正義耗貧無也市中星聚則歲實稀則歲虛步天歌天市垣下云下元一宮名天市兩面牆

垣二十二當門六箇是市樓〔今增〕門右兩星是車肆〔增二〕兩箇宗正四宗人宗星一雙亦依次帛度兩星屠肆前候星偏在帝座邊帝座一星常光明四箇微茫宦者星以次兩星名列肆〔增四〕斗斛帝前依其次斗是五星斛是四案天市垣中宗正二星〔增三〕宗人四星〔增四〕宗二星帛度二星〔增三〕屠肆二星〔增三〕候一星〔增共八〕帝座一星宦者四星〔增五〕斗五星〔增十一〕斛四星〔增共十七〕志不載蓋統於此文晉隋宋志有〔晉隋宋志無帛度屠肆斗斛〕**房南眾星曰騎官**〔補注〕沈欽韓曰星經騎官二十七星在氐南主天子騎虎賁貴族子弟宿衛之象星眾天下安星少兵起先謙曰步天歌氐宿下云氐下眾星騎官出騎官之眾二十七〔今〕十三三相連十欠一陣車氐下騎官次騎官之下三車騎天輻兩星立陣旁將軍陣裏鎮威霜案陣車三星〔增二〕車騎三星天輻二星〔增一〕騎陣將軍一星志不載晉隋宋志有〔晉隋宋志無天輻〕**左角理**〔補注〕周壽昌曰天官書理作李理法官也姓譜以李爲皋陶理官之後李理古今字**右角將**〔補注〕先謙曰晉志角二星爲天關其間天門也其內天庭也故黃道經其中七曜之所行左角爲天田〔[illegible]〕爲理主刑其南爲太陽道右角爲將主兵其北爲太陰道星經南左角名天津蒼色爲列宿之長北右角爲天門黃色中間名天關步天歌角宿下云角兩星南北正直著〔增共六〕中有平道上天田總是黑星兩相連前有一烏名進賢平道右畔獨淵然案平道二星天田二星〔增共四〕進賢一星〔增九〕志不載晉隋宋志有**大角者天王帝坐廷**〔補注〕先謙曰天官書奪坐字天王卽帝也無坐字則文不成義索隱援神契云大角爲坐候廣雅大角謂之棟星通考引張衡云帝座有五一在紫微一在大角一在心中一在天市垣一在太極宮咸云帝座**其兩旁各有三星鼎足句之曰攝提**晉灼曰如鼎足之句曲也〔補注〕先謙曰正義大角一星在兩攝提間人君之象也攝提六星夾大角大臣之象也步天歌亢宿下云亢四星恰似彎弓狀〔增四〕大角一星直向上〔增共二〕折威七子亢下橫大角左右攝提星三三相連鼎足形〔增共四〕〔增八〕折威下左頓頑星兩箇斜安黃色精頑下二星號陽門色若頓頑直下存案折威七星〔增八〕頓頑二星〔增一〕陽門二星志不載晉隋宋志有**攝提者直斗杓所指以建時節故曰攝提格**〔補注〕先謙曰索隱元命包云攝提之爲言提攜也言能提斗攜角以接於下也晉志攝提星直斗杓之南主建時節伺禨祥案釋天太歲在寅曰攝提格以取此星爲名也律書索隱萬物承陽起故曰攝提格格起也**亢爲宗廟**〔補注〕王念孫曰宗廟本作疏廟天官書亢爲疏廟〔[illegible]〕索隱文耀鉤云亢爲疏廟宋均以爲疏外也晉志亢四星天子之內朝也一曰疏廟隋志皆作疏廟無作宗廟者後人不曉疏字之義而以意改之耳爾雅釋天疏引此已誤**主疾**〔補注〕先謙曰晉志主疾疫**其南北兩大星曰南門**〔補注〕先謙曰夏小正四月初昏南門正南門者星也歲再見壹正晉志南門二星在庫樓南天子外門也步天歌角宿下云南門樓外兩星橫〔今增二〕**氐爲天根主疫**〔補注〕先謙曰釋天天根氐也孫炎云角亢下繫於氐若木之有根步天歌氐宿下云氐四星似斗側量米〔今共增二〕天乳氐上黑一星世人不識稱無名案天乳一星〔增共〕志不載隋宋志有**尾爲九子曰君臣斥絕不和**〔補注〕先謙曰索隱宋均云屬後

宮場故得兼子子必九者取尾有九星也元命包云尾九星箕四星爲後宮之場也案爲曰同義尾爲九子曰君臣與房爲天府曰天駟箕爲敖客曰口舌〔[illegible]〕同一句例猶言爲九子又爲君臣也對天子言故爲君臣皇子眾多亦自有君臣之象或疑君臣爲姬之誤非也斥絕不和與上斥小疏弱同義斥遠也星象相去絕則君臣不和步天歌尾宿下云尾九星如鉤蒼龍尾〔增共〕下頭五點號龜星尾上天江四橫是〔增十一〕尾東一箇名傅說傅說東畔一魚子尾西一星是神宮所以列在后妃中秦傅說〔增一〕天魚神宮各一星志不載晉隋宋志有龜天江見下**箕爲敖客后妃之府曰口舌**〔補注〕先謙曰天官書無后妃之府四字索隱宋均云敖調弄也箕以簸揚調弄爲象又受物有去去來客之象也劉逢祿經星補攷云占經引石氏云一曰天司空爲寓客蓋敖讀如遨遊之遨此石氏本義也詩緯云箕爲天口主出氣詩大東維南有箕載翕其舌是也晉志箕四星亦後宮后妃之府步天歌箕宿下云箕四星形狀似簸箕下三星名木杵箕前一粒是糠皮案杵三星〔增一〕糠一星〔增共〕志不載晉隋宋志有**火犯守角則有戟**〔補注〕錢大昭曰戟閩本作戰火熒惑也朱一新曰汪本作戰天官書亦作戰先謙曰官本一作戰是占經引石氏云熒惑犯左右角大人憂一曰有兵黃帝占云熒惑貫若守左右角大戰**房心王者惡之**〔補注〕先謙曰占經引洛書云熒惑犯房國君出亡黃帝占云熒惑守房三日五日天子車駕有驚演孔圖云熒惑在心則縞素麻衣春秋緯云熒惑守心海內哭

南宮朱鳥權衡〔補注〕沈欽韓曰宋中興志石氏云南宮赤帝其精朱鳥爲七宿井首鬼目柳喙星頸張嗉翼翮軫尾孟康曰軒轅爲權太微爲衡也〔補注〕先謙曰正義權四星在軒轅尾西主烽火備警急案張說非也此乃爟星晉志軒轅西四星曰爟爟者烽火之爟也邊亭之警候宋志同雖在軒轅西不足以當黃龍體之軒轅志分列權衡星甚明不得以爟權形近致誤遂以上烽火之爟星爲權衡之權星也隋志軒轅西四星曰權權者烽火之權也承譌說而不顧其安又謬之甚者矣**衡太微三光之廷**〔補注〕先謙曰索隱宋均云太微天帝南宮也晉志太微爲衡衡主平也又爲天庭劉逢祿經星補攷云衡無星以權得名太微爲朝故衡爲廷三光日月五星也法皆由朝不得入廷也**筐衛十二星藩臣西將東相南四星執法**〔補注〕先謙曰天官書筐作匡此誤加竹索隱合誠圖云太微主法式陳星十二以備武患也宋志引作環衛誤晉志東蕃四星南第一星曰上相其北東太陽門也第二星曰次相其北中華東門也第三星曰次將其北東太陰門也第四星曰上將所謂四輔也西蕃四星南第一星曰上將其北西太陽門也第二星曰次將其北中華西門也第三星曰次相其北西太陰門也第四星曰上相次亦曰四輔也南蕃中二星間曰端門東曰左執法廷尉之象也西曰右執法御史大夫之象也執法所以舉刺凶姦者也步天歌太微垣下云兩面宮垣十星布左右執法是其數左右執法各一星合將相爲十此與晉志以下方位數目不同〔[illegible]〕**中端門左右掖門**〔補注〕先謙曰天官書左右上更有門字晉志左執

之東左掖門也右執法之西右掖門也步天歌太微垣下云上元天庭太微宮昭昭列象布蒼穹端門只是門之中左右執法門西東**掖門內六星諸侯**【補注】先謙曰晉志左執法東一星曰謁者主贊賓客也謁者東北三星曰三公內坐朝會之所居也三公北三星曰九卿內坐主治萬事九卿西五星曰內五諸侯內侍天子不之國也隋宋志同與志六星異步天歌太微垣下云門左皁衣一謁者今增二以次即是烏三公三黑九卿公背旁今增九五黑諸侯卿後行今增七謁者三公九卿志不載**其內五星五帝坐**【補注】先謙曰晉志黃帝坐在太微中含樞紐之神也四帝星夾黃帝坐東方蒼帝靈威仰之神南方赤帝赤熛怒之神西方白帝白招矩之神北方黑帝叶光紀之神步天歌太微垣下云四箇門西主軒屏五帝內座於中正今增黔五帝幸臣太子並內官烏列帝後從東定案內屏四星今增六幸臣太子從官各一星志不載晉隋宋志有**後聚十五星曰哀烏郎位**【補注】王念孫曰曰字本在哀烏下史記作後聚一十五星蔚然曰郎位徐廣云蔚然一云哀烏索隱云漢書作哀烏則哀烏蔚然皆星之貌狀其星昭然所以象郎位也叙此是郎位爲星名而哀烏乃衆星相聚之貌故曰後聚十五星哀烏句曰郎位今本作曰哀烏郎位則哀烏亦似星名矣晉志郎位十五星在帝坐東北亦曰依烏郎府也尤非哀依烏郎王引之曰烏疑當作焉字相似而誤哀焉猶依然也依然猶蔚然也蔚與依皆衆盛之貌小雅出車篇楊柳依依韓詩章句曰依依盛貌說文𤘽𤘽車舝篇依彼平林毛傳曰依茂木貌是也哀依古同聲哀即依也焉者狀事之詞與然同義若小弁惄焉如擣秦誓其心休休焉之類是也衆星相聚依然甚多故曰後聚十五星哀焉先謙曰晉志周官之元士漢官之光祿中散諫議議郎三署郎中是其職也郎主守衞**旁一大星將位也**【補注】先謙曰索隱宋均云爲羣郎之將帥正義中郎將步天歌太微垣下云郎將今增二虎賁居左右常陳郎位居其後常陳七星不相誤郎位陳東十有五今增三案虎賁一星常陳七星今增十七志不載晉隋宋志有**月五星順入軌道**【補注】先謙曰此總太微庭言之軌道循常行之道索隱韋昭云順入從西入也**司其出**【補注】先謙曰錢氏史記攷異云司即伺字**所守天子所誅也**【補注】先謙曰誅責也索隱宋均云司察日月五星所守列宿若請官屬不去十日者於是天子命使誅之**其逆入若不軌道以所犯名之**【補注】先謙曰若及也天官書名作命名命字通**中坐成形**晉灼曰中坐犯帝坐也成形禍福之形見【補注】先謙曰中音竹仲反**皆羣下不從謀也**【補注】朱一新曰天官書無不字正義皆是羣下相從而謀上也則無不字是**金火尤甚**【補注】先謙曰正義若金火逆入不軌道犯帝坐尤甚於月及水土木也**廷藩西有隨星四名曰少微士大夫**【補注】齊召南曰天官書作隋星注隋音他果反此志宋本監本並作隨星蓋誤王念孫曰隨字古音在歌部讀與隋相近䂓䜿故字亦相通隨非誤字也上文前列直斗口三星隨北耑銳索隱亦云隨音他果反淮南齊俗篇闚面於盤水則員於杯則隨隨與橢同橢亦音他果反先謙曰廷藩西太微廷藩衞之外天官書四作五索隱宋均云南北爲

隋隋謂垂下也晉志少微四星在太微西士大夫之位也南第一星處士第二星議士第三星博士第四星大夫步天歌太微垣下云宮外明堂布政宮三箇靈臺候雲雨少微四星西南隅今增共長垣雙雙微西居案明堂三星今增共七靈臺三星今增八長垣四星今增九志不載晉隋元**權軒轅**【補注】朱一新曰權字以下監本汪宋志有空本提行先謙曰官本上不空是**黃龍體**孟康曰形如騰龍【補注】先謙曰正義軒轅十七星在七星北黃龍之體主雷雨之神**前大星女主象旁小星御者後宮屬**【補注】先謙曰晉志南大星女主也次北一星夫人也次北一星妃也其餘諸星皆次妃之屬也女主南小星女御也左一星少民后宗也右一星大民太后宗也案軒轅二角爲司民故周禮天府小司寇並祀之步天歌星宿下云星七星如鉤柳下生今增十五星上十七軒轅形今增十九五上頭四箇名內平平下三星名天相星下天稷橫五靈案內平四星今增一十天相三星今增十二天稷五星今增十七志不載晉隋宋志有星見下**月五星守犯者如衡占**【補注】先謙曰逆入不軌道權衡占同也**東井爲水事**【補注】沈欽韓曰晉志東井八星天之南門黃道所經主水衡事法令所取平也先謙曰廣雅東井謂之鶉首南方朱鳥七宿以井爲首也步天歌井宿下云井八星橫列河中淨今增十八**火入之一星居其左右天子且以火爲敗**【補注】沈欽韓曰此三句史記所無蓋本下文晉灼解禍成井語而錯入之**東井西曲星曰戉**【補注】先謙曰官本作戌齊召南云戌之訛也戉即古鉞字天官書曰其西曲星曰鉞又曰鉞北北河南南河又曰傷成鉞其文甚明晉志鉞一星附井之前主伺淫奢而斬之即解字義此志宋本別本並作戌字非也先謙案隋宋志並作鉞**北北河南南河**【補注】先謙曰天官書北上有鉞字步天歌井宿下云一星名鉞井邊安今增一兩河各三南北正今增北河南河十四天罇三星井上頭罇上橫列五諸侯侯上北河西積水欲覓積薪東畔是今增七鉞下四星名水府水位東邊四星序四瀆橫列南河裏南河下頭是軍市軍市圓十三星中有一箇野雞精孫子丈人市下列各立兩星從東說案天罇三星今增十七五諸侯五星今增二十二積水積薪今增二十四水府四星今增二十八水位四星今增三十二四瀆四星今增三十六軍市十三星今增四十九野雞一星今增五十子二星孫二星丈人二星今增五十六志不載晉隋宋志有積水積薪見下**兩河天闕閒爲關梁**【補注】先謙曰晉志南河北河各三星夾東井一日天高天之關門也主關梁日月五星之常道也天闕者晉志南河南二星曰闕丘主宮門外象魏也正義以爲即天闕互見下**輿鬼鬼祠事中白者爲質**晉灼曰輿鬼五星其中白者爲質【補注】先謙曰劉逢祿經星補攷云鬼祠事當爲主祠事愚按以上東井爲水事例之下鬼字是爲字之誤質同鑕晉志輿鬼五星天目也中央星爲積尸主死喪祠祀事一曰鈇鑕主誅斬觀象玩占云如雲非雲如星非星見氣而已步天歌鬼宿下云鬼四星四方似朱櫃今增四中央白者積尸氣今增五鬼上四星是爟位天狗七星鬼下是外廚六星柳星次天社六星弧東倚社東一星是天紀案爟四星今增九天狗七星今增十六外廚六星今增二十二天社六星今增二十八天紀一星今增二十九志不載晉隋宋志有**火守南北河兵起穀不登故德成衡觀成潢**晉灼曰日月五星不

軫道也衡大微廷也觀占也潢五潢五帝車舍也補注先謙曰天潢見下索隱云德成衡衡則能平物故有德公平者先成形於衡觀成潢爲帝車舍言王者遊觀亦成形於潢也

傷成戉晉灼曰賊傷之占先成形於戉補注先謙曰索隱傷成鉞者傷敗也言王者敗德亦先成形於鉞以言有敗亂則有鉞誅之形案文耀鉤云德成潢敗成鉞其意異也

禍成井晉灼曰東井主水事火入一星居其旁天子且已火敗故曰禍也

誅成質晉灼曰熒惑入輿鬼天質占曰大臣有誅

柳爲鳥喙，主木草補注王念孫曰喙當爲咮字之誤也凡從朱之字隸書多從彖相從字本作咮或作噣通作喙又通作注說文咮鳥口也噣喙也玉篇引曹風候人篇不濡其噣今詩作咮毛傳咮喙也考工記梓人以注鳴者釋文注陟又反韓詩外傳引傳曰鳥之美羽句喙者鳥畏之東方朔傳尻益高者鶴俛喙也師古曰喙鳥觜也音竹救反咮噣注喙古同聲而通用喙則聲遠而不可通天官書作柳爲鳥注注喙古字通則此喙字明是咮字之譌而師古無音則所見本已作喙矣五行志引劉歆說於天文南方喙爲鳥星喙亦咮之譌爾雅咮謂之柳柳鶉火也襄九年左傳咮爲鶉火心爲大火是柳星謂之咮不謂之喙不得言喙爲鳥星爾雅釋文咮豬究反本或作喙許穢反則亦未知喙爲咮之譌也先謙曰據索隱案漢志注作咮是小司馬所見漢書本不誤其作喙者傳寫譌之也爾雅孫炎注咮朱鳥之口柳其星聚也以注爲柳星故主草木晉志柳八星天之廚宰也主尚食和滋味又主雷雨步天歌柳宿下云柳八星曲頭垂似柳旂近上三星號爲酒享宴大酺五星守案酒旗三星志不載晉隋宋志有

七星頸爲員宮，主急事補注先謙曰天官書宮作官又辰星下云七星爲員官則作官者是索隱宋均云頸朱鳥頸也員官喉也物在喉嚨終不久留故主急事晉志七星一名天都主衣裳文繡又主急兵盜賊餘詳上軒轅注

張嗉爲廚，主觴客補注先謙曰釋天鳥張嗉郭注鳥受食之處也晉志張六星主珍寶宗廟所用及衣服又主天廚飲食賞賚之事步天歌張宿下云張六星似軫在星旁張下只有天廟光十四之星冊四方長垣少微雖向上數星倚在太微旁太尊一星直上黃案天廟十四星軫太尊一星志不載晉隋宋志有

翼爲羽翮，主遠客補注先謙曰晉志翼二十二星天之樂府主俳倡戲樂又主外夷遠客負海之賓步天歌翼宿下云翼二十二星大難識上五下五橫著行中心六箇恰似張更有六星在何處三三相連張畔附五箇黑星翼下遊欲知名字是東甌案東甌五星軫志不載晉隋宋志有

軫爲車，主風補注先謙曰索隱宋均云軫四星居中又有二星爲左右轄車之象也軫與巽同位爲風車動行疾似之也晉志軫主車騎主載任有軍出入皆占於軫又主風主死喪廣雅軫謂之鳥琴

其旁有一小星，曰長沙，星星不欲明；明與四星等補注朱一新曰星星微明也先謙曰朱說是也正義亦從長沙斷句志序次諸星名下不著星字則星星當屬下讀明矣星星者白微有光以狀不欲明之象因在軫四星內特言此別之西步天歌所謂長沙一黑中間藏也若明則與軫四星不異故曰明與四星等天官書同其下又云歲陰在辰星居亥以三月居與營室東壁晨出曰青章青青甚章宋史謝靈運傳青青不解久星星行復出青青星星四字即本史文晉志長沙一星在軫中主壽命明則主壽長子孫昌步天歌軫宿下云軫四星恰與翼相近中間一箇長沙子左轄右轄附兩星軍門兩黃近翼是門西四箇土司空門東七烏青丘子青丘之下名器府器府之星三十二以上便是太微宮黃道向上看取是案左轄右轄各一星軍門二星軫土司空四星軫青丘七星增器府三十二星軫志不載晉隋宋志有

若五星入軫中，兵大起補注先謙曰五星謂水火木金土星

軫南衆星曰天庫，庫有五車補注先謙曰天官書天庫下有樓字此脫晉志庫樓十星其六大星爲庫南四星爲樓一曰天庫兵甲之府也旁十五星三三而聚者柱也中央四小星衡也主陳兵步天歌角宿下云最上三星周鼎形角下天門左平星雙雙橫於庫樓上庫樓十星屈曲明今增樓中柱有十五星三三相聚如鼎形今增對其中四星別名衡案周鼎三星天門二星增十平二星增志不載晉隋宋志有諸志不言五車蓋即衡柱諸星後世異名耳

車星角若益衆，及不具，亡處車馬補注朱一新曰言五車星或生芒角或益衆或不具則其占當無以處車馬也

西宮咸池補注吳仁傑曰蒼龍總東方七宿朱鳥元武亦各總其方七宿而言之至咸池則別一星名自在二十八舍之外晉志所謂天潢南三星曰咸池魚囿者豈所以總西方七宿今以咸池與蒼龍朱鳥元武並稱又別參白虎於昴畢後何類例之駁也隸釋華山碑用其說云歲在戊午名曰咸池洪公援志文謂其爲胃昴畢三宿謂歲星以五月與胃昴畢晨出東方而以

午年舍其分故以咸池爲名案古者謂碁爲歲取歲星行一舍十二年周而復始也以史記歲星次舍推之則歲陰在午歲星居酉正當胃昴畢之分然歲星又自有超舍之說案左傳襄公十八年丙午是年歲在豕韋則歲星自居亥而當室壁之分此碑所用歲名以史記歲星次舍言之則可爾沈欽韓曰淮南天文訓咸池者水魚之圍也高注咸池星名水魚天神晉志天潢南三星曰咸池魚囿也先謙曰錢氏史記拾遺云天文訓斗杓爲小歲正月建寅月從左行十二辰咸池爲火歲二月建卯月從右行四仲終而復始蓋斗爲帝車有運轉之象咸池以五車爲匡衛亦有運行之象故古人指其所建以定四時古書言咸池者皆兼五潢五車三柱言之故史公以咸池爲五帝車舍春秋元命包云咸池主五穀其星五者各有所職然則五車即咸池也後人析爲數名僅以三小星當咸池而淮南太史公書遂不能通矣史公以紫宮房心權衡咸池虛危爲天之五宮坐位豈專指三小星而言哉洪景伯謂咸池每歲自卯逆行四仲經星隨璇璣之運不可離其次周流四仲當是其神爾洪亦未解五車隨天轉運昏旦易方各有所指故也參爲白虎在西南未申之隅不當西方正位故史漢不以表西方諸宿或疑西官當有白虎字非也漢儒說易以兌爲虎虞仲翔斥爲俗儒獨以坤爲虎蓋依天象而言

曰天五潢。五潢，五帝車舍。火入，旱；金，兵；水，水補注先謙曰索隱謂火金水入五潢則各致此災宋均云不言木土者木土德星於此不爲害也

中有三柱；柱不具，兵起補注先謙曰晉志五車五星三柱九星在畢北五車者五帝車舍也五帝坐也主天子五兵一曰主五穀豐耗三柱一曰

三泉天子得靈臺之禮則五車三柱均明有常其中五星曰天潢天潢見則月五星入天潢兵起道不通天下亂步天歌畢宿下云畢口斜對五車口今增五共九車有三柱任縱橫車中五箇天潢精增二潢畔咸池三黑星**奎曰封豨**補注先謙曰天官書豨作豕正義西南大星所謂天豕目曰猶爲也**爲溝瀆**補注先謙曰釋天降婁奎婁也孫炎注降下也奎爲溝瀆故稱降觀象玩占云奎主溝瀆故將有陂池江河之事皆占於奎步天歌奎宿下云奎腰細頭尖似破鞋一十六星繞鞋生今增二共外屏七烏奎下橫屏下七星天溷明司空右畔土之精奎上一宿軍南門案外屏七星今增五天溷七星今增四共土司空軍南門各一星志不載晉隋宋志有天溷外屏今增土**婁爲聚衆**補注先謙曰隋志婁三星爲天獄主苑牧犧牲供給郊祀亦爲興兵聚衆觀象玩占云婁聚也故又主興兵聚衆之事星經婁者天獄祿車萬物之所藏收也步天歌婁宿下云婁三星不勻在一頭今增四左更右更烏夾婁天倉六箇婁下頭天庾四星倉東腳婁上十一將軍侯案左更五星今增右更五星今增天倉六星今增一共天庾三星今增三天大將軍十一星共增七志不載晉隋宋志有今增**胃爲天倉其南衆星曰廥積**如淳曰芻稾積爲廥也補注先謙曰晉志胃三星天之廚藏主倉廩五穀府也隋志天苑西六星曰芻稾以供牛馬之食即此廥積也步天歌胃宿下云胃三星鼎足河之次今增天廩胃下斜四星今增三天囷十三如乙形共增二河中八星名大陵陵北九箇天船名陵中積尸一箇星積水船中一黑精案大陵八星共增一二積尸一星天船九星今增積水一星今增志不載晉隋宋志有晉志又云天廩四星在昴南一曰天廥主蓄黍稷以供饗祀隋志天囷十三星在胃南倉廩之屬也主給御糧以方位合之似亦在衆星之內也**昴曰旄頭胡星也爲白衣會**補注先謙曰天官書旄作髦同晉志昴七星主獄事又爲旄頭胡星也昴畢間爲天街天子出旄頭罕畢以前驅此其義也黃道之所經也昴明則天下牢獄平昴六星皆明與大星等大水七星黃兵大起一星亡爲兵喪搖動有大臣下獄及白衣之會大而數盡動若跳躍者胡兵大起觀象玩占云昴爲天耳目又爲白衣聚主兵喪步天歌昴宿下云昴七星一聚實不少今增十三共阿西月東各一星阿下五黃天陰名案天阿一星晉志作天河月一星今增一天陰五星今增六共志不載晉隋宋志有**畢曰罕車**補注先謙曰說文畢罔也索隱爾雅濁謂之畢孫炎謂掩兔之畢或呼爲濁因以名星也特牲饋食禮宗人執畢鄭注畢狀如叉蓋爲其似畢星取名焉步天歌畢宿下云畢恰似丫叉八星出今增十八共文選羽獵賦罕車飛揚注罕畢也東京賦雲罕九斿薛注雲罕旌旗之別名也蓋象畢星爲旗樹於車上故曰罕車**爲邊兵主弋獵**補注錢大昭曰後書蘇竟傳云畢爲天網主網羅無道之君故武王將伐紂上祭於畢求助天也先謙曰晉志畢八星主邊兵主弋獵其大星曰天高一曰邊將主四夷之尉也星明大則遠夷來貢天下安失色則邊兵亂**其大星旁小星爲附耳附耳搖動有讒亂臣在側**補注先謙曰晉志附耳一星在畢下主聽得失伺愆邪察不祥移動佞讒行**昴畢間爲天街其陰陰國陽陽國**孟康曰陰西南象坤維河山已北國也陽河山已南國也補注先謙曰正義天街二星在

昴畢間主國界也街南爲華夏之國街北爲夷狄之國索隱孫炎云畢昴之間日月五星出入要道若津梁觀象玩占云畢主河山以南中國也中國於四海內在東南爲陽昴畢之間陰陽兩界之所分畢爲陽國昴爲陰國似較孟說爲允步天歌畢宿下云附耳畢股一星光今增一共二天街二星畢背傍今增四共六天節耳下八烏幢畢上橫列六諸王王下四皁天高星節下團圓九州城案天節八星諸王六星今增四天高四星今增四九州殊口九星今增十六共一星志不載晉隋宋志有**參爲白虎**補注沈欽韓曰晉志參十星陳氏啓源稽古編云古以爲三星攷工記數伐而爲六星丹元子不數伐而數左右肩股爲七星天官家各有師承古今多不相同先謙曰觀象玩占云參七星伐三星七星爲虎身伐爲虎尾觜爲虎首共爲白虎主西方**三星直者是爲衡石**孟康曰參三星者白虎宿中東西直似稱衡也補注先謙曰天官書集解引孟注無東字晉志參主權衡所以平理也又以爲橫列三將**下有三星銳曰罰**孟康曰在參間上小下大故曰銳晉灼曰三星小邪列無銳形也補注先謙曰集解引小邪作少斜正義罰亦作伐**爲斬艾事**補注先謙曰正義引春秋運斗樞云參伐事主斬艾也**其外四星左右肩股也**補注先謙曰晉志其中三星橫列三將也東北曰左肩主左將西北曰右肩主右將東南曰左足主後將軍西南曰右足主偏將軍故黃帝占參應七將中央三小星曰伐天之都尉也步天歌參宿下云參總有七星觜相侵兩肩雙足三爲心伐有三星足裏深今增十三共九**小三星隅置曰觜觿爲虎首主葆旅事**如淳曰關中俗謂桑榆糵生爲葆晉灼曰禾野生曰旅今之飢民采旅也宋均曰葆守也旅軍旅也言佐參伐斬艾除凶也補注先謙曰晉志觜觿三星爲三軍之候行軍之藏府葆旅收斂萬物明則軍儲盈將得勢隋志動而明盜賊羣行葆旅起動移將有逐者宋志動則盜賊行葆旅起暗則不可用兵案旅有陳義釋詁旅陳也又有寄義後書光武紀注旅寄也儲偫隨軍而行陳列寄頓故謂之旅葆者保守之也故軍行則葆旅起如晉宋說皆失之步天歌觜宿下云觜三星相近作參蘂觜上座旗直指天尊卑之位九相連司怪曲立座旗邊四烏大近井鉞前案座旗九星今增一司怪四星今增六共志不載晉隋宋志有**其南有四星曰天廁天廁下一星曰天矢矢黃則吉青白黑凶**補注先謙曰隋志天廁四星在屏東溷也天矢一星在廁南宋志作天屎步天歌參宿下云玉井四星右足陰屏星兩扇井南襟軍井四星屏上吟左足四星天廁名今增四共八廁下一星天屎沈案玉井四星今增三軍井四星今增二屏二星志不載晉隋宋志有屎無**其西有句曲九星三處羅列一曰天旗二曰天苑三曰九斿**補注先謙曰天官書無列字晉志參旗九星在參西一曰天旗西南九星曰九游天子之旗也天苑十六星昴畢南天子之苑囿養獸之所也步天歌畢宿下云天關一星車腳邊參旗九箇參車間今增十二共旗下直建九斿連今增七斿下十三烏天園九斿天園參腳邊又昴宿下云陰下六烏芻稾營今增營南十六天苑形今增八共十河裏六星名卷舌舌中黑點天讒星礪石舌旁斜四丁案天關一星今增六天園十三星今增六卷舌六星今增七共天讒一星礪石四星志不載晉隋宋志有礪石**其東有**

大星曰狼。狼角變色，多盜賊。〔補注〕先謙曰：晉志狼一星在東井東南，狼爲野將，主侵掠，色有常，不欲動也。下有四星曰弧，直狼。〔補注〕先謙曰：晉志弧九星在狼東南，天弓也，主備盜賊，常向於狼。步天歌井宿下云闕丘兩箇南河東[illegible]巳下一狼光蒙茸[illegible]左邊九箇彎弧弓[illegible]一矢擬射頑狼胸[illegible]。比地有大星曰南極老人。晉灼曰：比地，近地也。〔補注〕先謙曰：天官書比上有狼字。老人見，治安；不見，兵起。常以秋分時候之南郊。〔補注〕先謙曰：晉志老人一星在弧南，一日南極，常以秋分之旦見於景[illegible]春分之夕沒於丁，見則治平主壽昌。步天歌井宿下云有箇老人南極中，春秋出入壽無窮[illegible]。此下天官書有附耳入畢中兵起七字，班氏删之。

北宮玄武，〔補注〕沈欽韓曰：宋中興志石氏云北方黑帝，其精玄武，爲七宿。虛、危。危爲蓋屋，宋均曰：危上一星高，旁兩星下，似蓋屋也。〔補注〕先謙曰：正義云蓋屋二星在危南，主天子所居宮室之官也。危爲架屋，蓋屋自有星，恐文誤也。案星經蓋屋二星在危宿之南，主宮室之事。晉志危三星主天府天市架屋，隋志同。宋志云主天府天市架屋受藏之事。但蓋屋二星距危三星切近，志中諸星渾同，而宅書別異者多矣，何獨蓋屋一星？星官家師承各殊，後世尤加繁密，不得據以糾志也。步天歌危宿下云危三星不直舊先知[illegible]。虛爲哭泣之事。宋均曰：蓋屋之下中無人，但空虛似乎殯宮，故主哭泣也。〔補注〕先謙曰：釋天玄枵虛也，顓頊之虛虛也，北陸虛也，郭注虛在正北，北方黑色，枵之言耗，亦虛意，顓頊水德，位在北方。虛星之名凡四。星經虛二星主廟堂哭泣。步天歌虛宿下云虛上下各一如連珠，命祿危非虛上呈[illegible]虛危之下哭泣星，哭泣雙雙下壘城，天壘圜圓十三星，敗臼四星城下橫，臼西三箇離瑜明。案哭二星[illegible]泣二星[illegible]天壘城十三星[illegible]敗臼四星[illegible]離瑜三星[illegible]志不載，晉隋宋志有[illegible]。其南有眾星，曰羽林天軍。宋均曰：虛危營室陰陽終始之處，際會之間，恆多姦邪，故設羽林爲軍衞。〔補注〕先謙曰：宋志羽林軍四十五星，三三而聚散，出壘壁之南。軍西爲壘，〔補注〕先謙曰：宋志壘壁陣[illegible]十二星，在羽林北，羽林之垣壘[illegible]主天軍。或曰戉。〔補注〕先謙曰：隋志八魁西北三星曰鈇質，一曰鈇鉞。案鈇鉞星正承壘壁之下，故或以壘爲鉞。旁一大星北落。〔補注〕先謙曰：晉志北落師門一星在羽林西南，北者，宿在北方也；落，天之藩落也；師，眾也；師門，猶軍門也。長安城北門曰北落門，以象此也。主非常，以候兵。步天歌室宿下云壘壁陣次十二星，十二兩頭大似升[illegible]陣下分布羽林軍，四十五卒三一爲羣，軍西四星多難論，子細歷歷看區分，三粒黃金名鈇鉞[illegible]一顆眞珠北落門，門東入魁九箇子，門西一宿天綱是，雷旁兩星土功吏，室上騰蛇二十二。案八魁九星[illegible]天綱一星、土功[illegible]吏二星、騰蛇二十二星[illegible]志不載，晉隋宋志有[illegible]。北落若微亡，軍星動角益稀，及五星犯北落，入軍，軍起。火、金、水尤甚。〔補注〕先謙曰：天官書稀作希。星動角益稀，謂動搖生芒角，或益稀少也。上文車星角若益眾，同一句例。火入軍，憂；水，水患；木、土，軍吉。孟康曰：木星土入北落軍則吉也。危東六星，兩兩而比，曰司寇。〔補注〕張文虎曰：上言入軍，此入字贅，當卽金字之誤。〔補注〕先謙曰：天官書作司空。正義危東兩兩相比者，是司命等星也。司空惟一星耳，又不在危東，恐命字誤爲空也。司命二星在虛北，主喪送；司祿二星在司命北，主官；司危二星在司祿北，主危亡；司非二星在危北，主愆過，皆冥司之職。隋宋志觀象玩占略同。祠此云六星爲多，亦無作司寇者。營室爲清廟，〔補注〕先謙曰：國語日月底於天廟，韋注天廟，營室也。天官書營室爲清廟，歲星廟也。曰離宮、閣道。〔補注〕先謙曰：晉志營室二星，天子之宮也。宋志營室一星爲天子宮，一星爲太廟，故置羽林以衞，又爲離宮閣道，故有離宮六星在其側。案此閣道與抵營室之閣道相距遙遠，晉志閣道六星下云天子遊別宮之道，此足當之。步天歌室宿下云室兩星上有離宮出[illegible]繞室三雙有六星[illegible]下頭六箇雷電形。案雷電六星[illegible]志不載，隋宋志有。漢中四星曰天駟。旁一星曰王梁，〔補注〕先謙曰：官本攷證云天官書作王良，晉志亦作王良。案晉志王良五星在奎北，居河中，天子奉車御官也。其四星曰天駟，旁一星曰王良。春秋合誠圖云王良主天馬也。隋宋志及宅書並作王良，下同。王梁策馬，車騎滿野。〔補注〕先謙曰：正義策一星在王良前，主天子僕也。占以動搖移易在王良前，或居馬後，則爲策馬，策馬而兵動也。步天歌奎宿下云五箇吐花王良星[illegible]良星近上一策名。旁有八星，絕漢，曰天橫。〔補注〕先謙曰：官本攷證云橫，天官書作潢。案索隱宋均云天潢，天津也。晉志天津九星，橫河中，主四瀆津梁，所以度神通四方也。步天歌女宿下云天津九箇彈弓形[illegible]兩星入斗河中橫，四箇奚仲天津上，七箇仲側扶筐星。案奚仲四星[illegible]扶筐七星[illegible]志不載，晉隋宋志有[illegible]。天橫旁，江星。江星動，曰人涉水。〔補注〕先謙曰：晉志天江四星在尾北，主太陰，江星不具，天下津河關道不通，明若動搖，大水出。天官書人上無曰字，此衍。杵、臼四星，在危南。〔補注〕先謙曰：宋志杵三星在人星東，臼四星在杵下。步天歌危宿下云上五黑號人星[illegible]三四杵臼形[illegible]人上七烏號車府，府上天鉤九黃晶[illegible]鉤下五鵶字造父，危下四星號墳墓，墓下四星斜虛梁，十箇天錢梁下黃，墓旁兩星名蓋屋，身著烏衣危下宿。案人五星[illegible]車府七星[illegible]造父五星[illegible]墳墓四星[illegible]虛梁四星、天錢十星[illegible]志不載，晉隋宋志有[illegible]蓋屋互見上，鉤星[illegible]互見下。匏瓜，有青黑星守之，魚鹽貴。〔補注〕先謙曰：匏一作瓠。青黑星，客星也。索隱荊州占云匏瓜一名天雞，在河鼓東。正義匏瓜五星在離珠北，天子果園。步天歌女宿下云五箇離珠女星上，敗瓜之上匏瓜生，兩箇各五匏瓜明[illegible]案離珠五星[illegible]敗瓜五星[illegible]志不載，晉隋宋志有[illegible]。南斗爲廟，〔補注〕先謙曰：言南以別於北斗也。詩大東維北有斗，箕斗並見南方，時箕在南，斗在北，故云。〔補注〕先謙曰：晉志北方南斗六星，天廟也。南二星魁，天梁也；中央二星，天相也；北二星，天府庭也。亦爲壽命之期也。宋志南星者，魁星也；北星，杓也。其北建星。建星者，旗也。〔補注〕先謙曰：晉志建星六星在南斗北，亦曰天旗，天之都關也。

南二星天庫也中央二星市也鈇鑕也上二星旗跗也斗建閒三光道步天歌斗宿下云斗六星其狀如北斗今五洪魁上天建六相守增天弁河中建上九斗下圓安十四星雖然名鼈貫索形今十天雞建背雙黑星天籥柄前八黃精狗國四方雞下生天淵十星鼈東邊今增三星更有兩狗斗魁前農家丈人斗下眠天淵色黃狗色元案天弁九星洪增天雞二星三增天籥八星四增狗國四星三增狗二星七洪增農丈人一星志不載晉隋宋志有鼈天淵見下**牽牛爲犧牲**補注先謙曰晉志牽牛六星天之關梁主犧牲事**其北河鼓**補注先謙曰晉志河鼓三星在牽牛北天鼓也主軍鼓主鈇鉞釋天何鼓謂之牽牛渾同言之河又作何郭注今荊楚人呼牽牛星爲擔鼓擔者荷也**河鼓大星上將左左將右右將**補注先謙曰宮本左下將作星引劉敞曰星蓋將字晉志河鼓一曰三武主天子三將軍中央大星爲大將軍左星爲左將軍右星爲右將軍左星南星也所以備關梁而距難也步天歌牛宿下云牛六星近在河岸頭頭上雖然有兩角腹下從來欠一腳今洪增牛下九黑是天田田下三三九坎連牛上直建三河鼓今增鼓上三星號織女四增左旗右旗各九星河鼓兩畔右邊明更有四黃名天桴河鼓直下如連珠羅堰三烏牛東居四箇輦道四漸臺輦道漸臺在何許欲得見時近織女案天田九星今九坎九星今左旗九星三洪增右旗九星十增二天桴四星二增羅堰三星一增輦道五星一增漸臺四星七洪增志不載晉隋宋志有**婺女**補注先謙曰索隱爾雅須女謂之務女或作婺字晉志須女四星天少府也須賤妾之稱婦職之卑者也主布帛裁制嫁娶步天歌女宿下云女四星如箕主嫁娶今增十二

諸國在下陳先從越國向東論東西兩周次二秦雍州南下雙鴈門代國向西一晉申韓魏各一晉北輪楚之一國魏西屯楚城南畔獨燕軍燕西一郡是齊鄭齊北兩邑平原君欲知鄭在越下存十六黃星細區分案十二國十六星在九坎東牛女南齊鄭越晉韓魏楚燕各一星趙周秦代各二星今代志不載隋宋志有**其北織女織女天女孫也**補注先謙曰索隱徐廣曰孫一作名宋志織女三星在天市垣東北一曰在天紀東天女也主瓜果絲帛珍寶又志缺東壁一宿晉志東壁二星主文章天下圖書之祕府也步天歌壁宿下云壁兩星下頭是霹靂壁二今十二增霹靂五星橫著行雲雨次之口四方壁上天廄十圖黃鐵鑕五星羽林旁土公兩星壁下藏案霹靂五星九洪增雲雨四星洪增十天廄十星今增三一星鐵鑕五星雖見宋志占與鈇鑕畧同俗鐵作鈇與鈇形似疑緣鈇鑕譌變此名土公二星一增十志不載晉隋宋志有霹靂雲雨土公

歲星晉灼曰太歲在四仲則歲行三宿太歲在四孟四季則歲行二宿二八十六三四十二而行二十八宿十二歲而周天補注吳仁傑曰淮南書論太陰在四仲四鉤與晉說同則太陰即太歲矣天官書攝提之歲歲陰左行在寅則歲陰亦太歲也淮南書又謂太陰或曰青龍或曰天一則青龍天一亦太歲也凡天官書所謂歲陰淮南書所謂太陰青龍天一皆太歲之異名而天一又謂之陰德其名之不一如此又案淮南書太陰元始建於甲寅又曰天一元始正月建寅則淮南書所謂太陰天一其說蓋本於志所載陰德天一之星也然淮南不名天一爲太歲又自以咸池名之其行度與天一正爾相違天一左行十二次每歲一移終而復始寅年在析木卯年在大火咸池右行十二次凡一歲閒三歷四仲之月寅月在酉卯月在子丑月在午子月在卯此其所以異也洪丞相隸釋云咸池經星不可離次周流四仲當是其神爾仁傑於天一亦云又案淮南書云天一可嚮而不可背故謂鵲巢知所嚮博物志作於後則鵲知太歲義出於此矣以嚮爲背傳寫失之而埤雅乃以天一太歲爲二殆兼采淮南博物志之說而未之抉擇邪王充書載移徙法云抵太歲凶負太歲亦凶則嚮與背皆不可矣大抵陰陽家者流使人拘而多忌而其說又自不一此類是也凌稚隆曰自此以下與史記有異同先謙曰天官書水火金木塡星此五星者天之五佐爲經緯索隱引物理論云歲行一次謂之歲星則十二歲而星一周天也宋志歲星十二年一周天乃約數耳晉說亦非二十八宿度有廣狹而歲星之行自有盈縮豈得十二年一周無差忒乎唐一行始言歲星自商周迄春秋季年率百二十餘年而超一次春秋亂世則其行速時平則其行遲其說尤迂繼乃爲後率前率之術以求之則其說自悖矣今紹興歷法歲星每年行一百四十五分是每年行一次之外有餘一分積一百四十四年賸一次矣然則先儒之說安可信乎餘四星之行固無逆順中間亦豈無差忒一行不復詳言蓋亦知之矣**曰東方春木**補注先謙曰淮南天文訓東方木也其帝太皞其佐句芒執規而治春其神爲歲星其獸爲青龍其音角其日甲乙**於人五常仁也五事貌也仁虧貌失逆春令傷木氣罰見歲星**補注先謙曰占經引洪範五行傳曰歲星者於五常爲仁恩德孝慈於五事爲貌威儀舉動仁虧貌失逆春令則歲星爲災

歲星所在國不可伐可以伐人補注先謙曰占經引石氏同又引荊州占云歲星居次順常其國不可以加兵可以伐無道之國伐之必剋**超舍而前爲贏退舍爲縮贏其國有兵不復縮其國有憂其將死國傾敗**補注先謙曰天官書超作趨索隱趨音聚謂促也正義舍所止宿也將音子匠反案有兵不復與下有軍不復義同謂敗散不還也占經引七曜云超舍而前過其所當舍之宿以上一舍二舍三舍謂之贏退舍以下一舍二舍三舍謂之縮史志皆作超舍無作趨舍者索隱望文生義非也**所去失地所之得地一曰當居不居國亡所之國昌已居之又東西去之國凶不可舉事用兵**補注先謙曰天文訓歲星之所居五穀豐昌其對爲衝歲乃有殃隋志所居久其國有德厚占經引荊州占云歲星所居之宿其國樂所去宿其國饑石氏云若居之又東西南北翔之搖動不雷名曰六排皆陰驚其陽臣下勝其主人主有大憂**安靜中度吉出入不當其次必有天祆見其舍也**補注先謙曰晉志歲星安靜中度吉盈縮失次其國有憂不可舉事用兵又曰進退如度姦邪息變色亂行主無福**歲星贏而東南**孟康曰五星東行天西轉歲星晨見東方行疾則不見不見則變爲祆星**石氏見彗星甘氏不出三月迺生彗本類星末類彗長二丈**補注先謙曰天官書進而東南三月生彗星長二丈類彗甘石並見天官書宋志作石申甘德律歷

志及後書作石申夫天官書同正義訛斷夫字連下文讀疑宋志誤同也嬴東北石氏見覺星甘氏不出三月迺生天棓本類星末銳長四尺補注先謙曰覺星即天棓也隋志歲星之精流爲天棓一名覺星或曰天棓本類星末銳長四丈晉志天棓一名覺星是天棓覺星異名同實天官書其失次舍以下進而東北三月生天棓長四尺末兌與此同隋志作四丈誤也縮西南孟康曰歲星當伏西方行遲早沒變爲祅星也石氏見欃雲如牛韋昭曰欃音參差之參補注先謙曰天官書隋志欃並作攙字通用甘氏不出三月迺生天槍左右銳長數丈縮西北石氏見槍雲如馬甘氏不出三月乃生天欃本類星末銳長數丈補注先謙曰天官書退而西北三月生天欃長四丈末兌退而西南三月生天槍長數丈兩頭兌隋志天槍主捕制或曰攙雲如牛槍雲如馬或曰如槍左右銳長數丈天攙本類星末銳長丈案長下當脫數字或四字石氏槍欃棓彗異狀其殃一也必有破國亂君伏死其辜補注朱一新曰汪本亂作危先謙曰汪本誤也晉志及占經引石氏並作必有破國亂君占經必有上多其出不過三月六字文義較顯餘殃不盡爲旱凶飢暴疾補注先謙曰必有下數語晉志專屬天槍言之無凶字旱飢暴疾皆凶也多凶字不詞志蓋緣下凶字而誤衍暴疾謂疫也占經引石氏云餘殃不盡當有旱飢暴疾疫矣多疫矣二字而亦無凶字至日

行一尺出二十餘日迺入甘氏其國凶不可舉事用兵出而易所當之國是受其殃補注先謙曰日行一尺言其遲出二十餘日迺入則見日久其國有凶易疾過也與日行一尺相對爲文若疾過而別指所當之國實受其殃又曰祅星不出三年其下有軍及失地若國君喪補注宋祁曰三年當作五年錢大昭曰祅俗作妖三閩本作五朱一新曰汪本作五先謙曰槍欃棓彗總名爲祅星晉志以下皆列妖星占經妖星占引甘氏云凡妖星出見長大災深期遠短小災淺期近三尺至五尺期百日五尺至一丈期一年一丈至三丈期三年三丈至五丈期五年五丈至十丈期七年十丈以上期九年審以察之其災必應黃帝占云凡妖星所出形狀不同爲殃如一其出不過一年若三年必有破國屠城其君死亡並與志文證合熒惑晉灼曰常以十月入太微受制而出行列宿司無道出入無常也曰南方夏火補注先謙曰天文訓南方火也其帝祝融其佐朱明執衡而治夏其神爲熒惑其獸爲朱雀其音徵其日丙丁禮也視也禮虧視失逆夏令傷火氣罰見熒惑補注先謙曰占經引五行傳曰熒惑於五常爲禮辨上下之節於五事爲視明察善惡之事也禮虧視失逆夏令則熒惑爲旱災爲火爲疾爲亂爲死喪爲賊爲祅言天怪也逆行一舍二舍爲不祥補注先謙曰言逆行一舍二舍皆爲不祥漢初測候知五星皆有逆行然班氏以爲非正下明言之或以爲至二舍迺不祥非班意也居之三月國有殃五月受兵七月國半亡地九月地太半亡因與俱出入國絕祀補注宋祁曰亡因擬作亡國先謙曰宋說非也天官書作七月半亡地九月太半亡地因與俱出入國絕祀因與俱出入者至九月後因止不去與俱出入也占經引春秋緯云反道若二舍以上居之三月有淫佚五月受夷狄之兵七月半亡地九月大半亡地因與宿俱入俱出國絕祀彼文亦作因尤其確證志作地太半亡特依史文倒之宋見因在亡下欲改亡因爲亡國屬上爲句而不顧文義之不安斯爲謬矣熒惑爲亂爲成爲疾爲喪爲飢爲兵補注錢大昭曰成南雍本閩本及天官書並作賊朱一新曰汪本成作賊是先謙曰官本作賊占經引巫咸曰留一月以上爲憂爲喪爲饑爲兵晉隋志以舍命國爲亂爲賊爲疾爲喪爲饑爲兵所居之宿國受殃殃還至者雖大當小補注先謙曰還至謂速索隱還音旋旋疾也居之久殃乃至者當小反大補注先謙曰謂居之去久殃乃至者當小反大言徵驗利速見也索隱久謂行遲與上文義不合非已去復還居之若居之而角者若動者繞環之及乍前乍後乍左乍右殃愈甚補注先謙曰角與動及繞環爲三天官書作若角動繞環之及乍前乍後左右殃益大晉隋志環繞鉤己芒角動搖變色作前作後作左作右其爲殃愈甚占經引荊州占曰熒惑成句己環繞有芒角如鋒刃令無出宮下殿有伏兵又云熒惑角則主怒一曰熒惑

出則有大兵入則兵散補注先謙曰占經引吳龔天文書作入則兵敗疑誤晉隋宋志亦作兵散周還止息迺爲其死喪補注先謙曰晉隋志吳龔書並作周旋止息乃爲死喪其字衍寇亂在其野者亡地以戰不勝補注先謙曰晉隋志寇亂其野亡地其失行而速兵聚其下順之戰勝東行疾則兵聚于東方西行疾則兵聚于西方其南爲丈夫喪北爲女子喪補注先謙曰占經引石氏云熒惑之東行也急則一日一夜行七寸半其以益此則行疾疾則兵聚於東方西行疾則兵聚於西方其南其北爲有死喪其南丈夫之喪其北女子之喪熒惑天子理也補注先謙曰晉志熒惑又爲理外則理兵內則理政爲天子理也案廣雅熒惑謂之罰星或曰執法占經引荊州占云其行無常司無道之國此星執法以罰無道故曰天子理官故曰雖有明天子必視熒惑所在補注先謙曰明天子察天道以知人事然後伐人之國取亂侮亡之義也索隱此本春秋文耀鉤語太白晉灼曰常以正月甲寅與熒惑晨出東方二百四十日而入入四十日又出西方二百四十日而入入三十五日而復出東方出以寅戌入以丑未也補注先謙曰官本攷證云寅戌當作辰戌曰西方秋金補注先謙曰天文訓西方金也其帝少昊其佐蓐收執矩而治秋其神爲太白其獸白虎其音商其日庚辛義也言也義虧言失逆秋

令傷金氣罰見太白〔補注〕先謙曰占經引五行傳曰太白於五常爲義舉動得宜於五事爲言號令民從義虧言失逆秋令則太白爲變動爲兵爲殺日方南太白居其南日方北太白居其北爲贏侯王不寧用兵進吉退凶日方南太白居其北日方北太白居其南爲縮侯王有憂用兵退吉進凶〔補注〕先謙曰日方南夏至後日方北冬至後也正義引鄭元云方猶向也當出不出當入不入爲失舍不有破軍必有死王之墓有亡國〔補注〕先謙曰天官書其出行十八舍二百四十日而入入東方伏行十一舍百三十日其入西方伏行三舍十六日而出當出不出當入不入是謂失舍不有破軍必有國君之簒與此作墓異占經引石氏作必有死王亡國無之墓有三字一曰天下匽兵壄有兵者所當之國大凶〔補注〕先謙曰雖偭天下匽兵時其野有兵者所當之國大凶也占經引甘氏云以時出而不出時未入而入天下偃兵野有兵者所當之國大凶與此義同惟時未入而入與當入不入異當出不出未當入而入天下匽兵兵在外入〔補注〕先謙曰天官書同當出上有出以辰戌入以丑未八字占經引石氏云太白當出而不出當入而不入天下偃兵兵在外而入惟當入而不入與未當入而入異未當出而出當入而不入天下起兵有至破國〔補注〕先謙曰天官書無天字至字占經引石氏同未當出而出未當入而入天下舉兵所當之國亡〔補注〕先謙曰占經引甘氏云太白未及其時而出不及其時而入天下舉兵所當國亡當期而出其國昌〔補注〕先謙曰占經引石氏同又荊州占云太白出入如度天下昌出東爲東方入爲北方出西爲西方入爲南方〔補注〕先謙曰占經引石氏同天官書作其出東爲東入東爲北方出西爲西入西爲南方所居久其國利易其鄉凶 蘇林曰疾過也一說易鄉而出入也晉灼曰上言出而易言疾過是也〔補注〕先謙曰鄉讀曰嚮國當爲鄉字之誤天官書國作鄉易作疾其鄉利其鄉凶相對爲文占經引三氏云太白所居久其鄉利所居易其鄉凶引荊州占云居宿如度其鄉利易其鄉凶並作其鄉尤明證矣此國字緣上文其國而誤入七日復出將軍戰死入十日復出相死之入又復出人君惡之〔補注〕先謙曰占經引石氏云太白入七日復出相死入十日復出將戰死入又復出人君死惟將相倒置爲異荊州占云今日入明日出其君死之已出三日而復微入三日迺復盛出是爲耎而伏 晉灼曰耎退也不進而伏伏不見也〔補注〕先謙曰索隱耎音奴亂反案郎愞字占經引石氏作懦荊州占作是謂逆伏其下國有軍其衆敗將北〔補注〕先謙曰衆敗則將北不待言於文爲複占經引石氏作其將死荊州占亦云其下之國有敗軍死將不出其軍疑北迺死之誤已入三日又復微出

三日迺復盛入其下國有憂師師雖衆敵食其糧用其兵虜其帥〔補注〕先謙曰天官書及占經引石氏略同出西方失其行夷狄敗出東方失其行中國敗〔補注〕先謙曰天官書晉隋志同占經引石氏云太白出西方失行負海之國敗又云陽爲中國陰爲負海國荊州占云太白出東方失行而北中國敗失行而南負海國敗微異一曰出蚤爲月食晚爲天祆及彗星將發於亡道之國〔補注〕先謙曰天官書色白五芒出早爲月蝕晚爲天矢及彗星將發其國其上文云太白司兵月行及天矢矢皆天之誤蝕譌[illegible]祇譌祆天字同占經引甘氏云太白色白五芒出早爲月食晚爲天妖及彗星將發於無道之國太白出而留桑榆間病其下國 晉灼曰行遲而下也正出舉目平正出桑榆上餘二千里也〔補注〕先謙曰天官書病作疾下同御覽天部引淮南天文訓云日西垂景在樹端謂之桑榆注云言其光在桑榆樹上今淮南子無之上而疾未盡期日過參天病其對國 晉灼曰三分天過其一此戌酉之間也〔補注〕先謙曰天官書期作其晉隋志占經引此志仍作期太白上疾不能未盡一日即過而參天明其爲誤字太白經天天下革民更王 孟康曰謂出東入西出西入東也太白陰星出東當伏東出西當伏西過午爲經天晉灼曰日陽也日出則星亡晝見午上爲經天〔補注〕先謙曰占經引石氏作天下革政民更王天官書作天下革政無民更王三字是爲亂紀人民流亡晝見與日爭明彊國弱小國彊女主昌〔補注〕先謙曰天官書同晉隋宋志自太白經天至此文並與志同太白兵象也出而高用兵深吉淺凶埤淺吉深凶〔補注〕先謙曰天官書及占經引石氏同行疾用兵疾吉遲凶行遲用兵遲吉疾凶〔補注〕先謙曰占經引石氏同石氏又云太白行疾前用兵者善行遲後用兵者善天官書太白行疾疾行遲遲行角敢戰吉不敢戰凶擊角所指吉逆之凶〔補注〕先謙曰占經引石氏云太白赤角用兵敢戰吉不敢戰凶順角所指擊之吉逆之凶進退左右用兵進退左右吉靜凶圜以靜用兵靜吉趮凶〔補注〕先謙曰占經引荊州占云凡我軍在外必視太白太白西與之西東與之東短與之短長與之長陰與之陰陽與之陽翕與之翕張與之張善馴其道以戰大勝當前戰者軍破將死與志文證合趮即當前戰也趮與躁同猶言急也天官書角敢戰動搖躁躁圜以靜靜順角所指吉反之皆凶圜乃圜之誤字圜與角對靜與動搖躁對謂角則敢戰吉動搖急則急吉圜以靜則靜吉反之皆凶也占經引石氏云太白動搖進退左右用兵躁吉靜凶太白圜以靜用兵靜吉躁凶出則兵出入則兵入象太白吉反之凶〔補注〕先謙曰天官書作出則出兵入則入兵無下七字赤角戰〔補注〕先謙曰天官書作赤角有戰下有白角有喪數語志專最兵事爲文故刪之太白者猶軍也而熒惑憂也〔補注〕先謙曰占經熒

惑占引巫咸云熒惑主憂患過惡禍福所由生也故熒惑從太白軍憂離之軍舒〔補注〕先謙曰相隨曰從占經五星占引郗萌云太白乘熒惑軍敗隨熒惑軍憂又引文耀鉤作離之軍卻天官書及正義晉隋宋志引亦作卻此作舒蓋誤出太白之陰有分軍〔補注〕先謙曰占經引黃帝兵法云熒惑出太白之陰若不有分軍必有他急分大軍也出其陽有偏將之戰〔補注〕先謙曰占經引荊州占云出太白之左小戰出太白之左去之三尺軍小敗當其行太白還之破軍殺將〔補注〕王念孫曰還當爲遝字之誤也律歷志癸巳武王始發丙午遝師戊午度于孟津遝與逮同今本誤作還漢書講之墨子非攻篇遝至乎夏王桀今本亦誤作所以遝也釋交逮作遝哀十四年公羊傳經逮作賤漢太尉陳球後碑完祖齊賓爲遝誅討覈作不旋吉成侯州軌碑遝事和熹孝安帝交愍皇后並以遝爲逮又墨子見上逮及也言熒惑行而太白逮之則主破軍殺將也天官書及占經五星占引春秋文耀鉤並作太白逮之又天官書曰熒惑與他星鬭光相逮爲害不相逮不害皆其明證也先謙曰自熒惑從太白下占經引文耀鉤同後引又作環則傳寫所改又荊州占云太白居熒惑之後而相及破軍殺將即逮之之義也辰星殺伐之氣戰鬭之象也〔補注〕先謙曰晉隋志亦爲殺伐之氣戰鬭之象無軍爲刑事與太白俱出東方皆赤而角夷狄敗中國勝與太白俱出西方皆赤而角中國敗夷狄勝〔補注〕先謙曰占經引石氏夷狄作倍海國義同倍猶負也五星分天之中積于東方中國大利

積于西方夷狄用兵者利〔補注〕先謙曰占經引石氏作負海之國用兵者利辰星不出太白爲客辰星出太白爲主人辰星與太白不相從雖有軍不戰〔補注〕先謙曰天官書雖上有野字與下對文占經辰星占引荊州占云太白辰星更迭出入以爲主客太白出而辰星不出太白爲客辰星出而太白不出辰星爲客熒惑出而金水俱不出熒惑爲客無主人有兵雖盛不合戰又石氏云辰星出而與太白不相從雖有軍不戰辰星出東方太白出西方若辰星出西方太白出東方爲格野雖有兵不戰〔補注〕先謙曰自與太白俱出東方下天官書略同索隱辰星出西方辰水也太白出東方太白金也水生金母子不相從故野有軍不戰今母子各出一方故爲格格謂不和同故野雖有兵不戰也辰星入太白中五日乃出及入而上出破軍殺將客勝下出客亡地辰星來抵太白不去將死正其上出破軍殺將客勝下出客亡地視其所指曰名破軍〔補注〕先謙曰天官書無入太白中五日乃出一條來抵太白下更有太白二字正其上出視其所指二其字並作旗索隱旗蓋太白芒角似旌旗正義旗星名有九星案天市垣之天旗及河鼓旁左右旗星與此無涉小司馬以爲太白芒角似旗近之占經引石氏兩旗字作旂旂旗通用字又引石氏云滾星鄧辰入太白中五日而出及入西而出破軍殺將辰星繞環

太白若鬭大戰客勝主人吏死〔補注〕先謙曰占經引荊州占云太白與辰星合太白爲主人辰星爲客則有兵戰客勝若辰星環繞太白主人偏將死據此吏即將也辰星過太白間可椷劍小戰客勝蘇林曰椷音函函容也其間可容一劍也〔補注〕先謙曰天官書及注椷作械占經引春秋緯云過太白間可容劍不戰是椷即容也居太白前旬三日軍罷〔補注〕先謙曰天官書無旬三日三字占經引石氏與此同有出太白後兵起六字出太白左小戰歷太白右數萬人戰主人吏死〔補注〕王念孫曰說文歷過也言過太白右則與下文出太白右無異歷當爲摩字之誤也摩謂相切摩而過也繫辭傳剛柔相摩王注云相切摩也釋文摩京云相磑切也蓋寬饒傳云摩切左右云天官書正作摩太白右占經五星占引石氏同又引春秋文耀鉤云辰星摩太白入相傾此誤三字又引荊州占云辰星從大白光芒相及若摩之其下有數萬人戰出太白右去三尺軍急約戰〔補注〕先謙曰占經引春秋緯作出太白右軍急凡太白所出所直之辰其國爲得位得位者戰勝所直之辰順其色而角者勝其色害者敗晉灼曰鄭色黃而赤倉小敗宋色黃而赤黑小敗楚色赤黑小敗燕色黑黃小敗皆大角勝也〔補注〕先謙曰晉志凡五星所出所行所直之辰其國爲得位得位者歲星以德熒惑有禮塡星有福太白兵強辰星陰陽和所行所直之辰順其色而有角者勝其色害者敗故下云色勝位也晉注官本倉作蒼太白白比狼赤比

心黃比參右肩青比參左肩黑比奎大星〔補注〕先謙曰晉志凡五星有色大小不同各依其行而順時應節色變有類凡青皆比參左肩赤比心大星黃比參右肩白比狼黑比奎大星不失本色而應其四時者吉色害其行凶故下云行勝色也五星色比同不獨太白色勝位晉灼曰有色勝得位也行勝色晉灼曰太白行得度勝有色也行得盡勝之晉灼曰行應天度雖有色得位行盡勝之行重而色位輕星經傳得字作德〔補注〕先謙曰行得上天官書有有位勝無位有色勝無色二句集解引晉注雖誤唯辰星晉灼曰常以二月春分見奎婁五月夏至見東井八月秋分見角亢十一月冬至見牽牛出以辰戌入以丑未二旬而入晨候之東方夕候之西方也曰北方冬水〔補注〕先謙曰天文訓北方水也其帝顓頊其佐元冥執權而治冬其神爲辰星其獸玄武其音羽其日壬癸知也聽也知虧聽失逆冬令傷水氣罰見辰星〔補注〕先謙曰占經辰星占引五行傳曰辰星於五常爲知亂權貪道虧於五事爲聽不惑是非知虧聽失逆冬令則辰星爲變怪爲水災爲四時不和出蚤爲月食晚爲彗星及天妖〔補注〕先謙曰天官書其出入常以辰戌丑未其蚤爲月蝕晚爲彗星及天矢矢亦祆之譌一時不出其時不和四時不出天下大饑〔補注〕先謙曰占經引荊州占云辰星不以時效者刑罰不中一時不效其時不和二時不效風雨不適三時不效水旱不調四時不效

王者憂綱紀天下饑荒人民流亡去其鄉失其時而出爲當寒反溫當溫反寒〔補注〕先謙曰占經引元命包云辰星不以時出當寒反溫四時錯政當出不出是謂擊卒兵大起〔補注〕先謙曰占經引石氏云辰星當出而不出謂之擊卒伏而待兵大起豪傑發與它星遇而鬬天下大亂晉灼曰祆星彗孛之屬也一曰五星〔補注〕先謙曰占經引巫咸云五星鬬天下大亂出於房心間地動〔補注〕先謙曰天官書晉隋宋志及占經引巫咸同

填星晉灼曰常以甲辰元始建斗之歲填行一宿二十八歲而周天也〔補注〕張文虎曰注甲辰元淮南子天文訓作甲寅元占歷皆託始甲寅辰疑寅字之誤先謙曰填與鎮字同說詳律歷志曰中央季夏土〔補注〕先謙曰天文訓中央土也其帝黃帝其佐后土執繩而治四方其神爲鎮星其獸黃龍其音宮其日戊己信也思心也仁義禮智㠯信爲主貌言視聽㠯心爲正故四星皆失填星迺爲之動〔補注〕先謙曰占經引五行傳云填星於五常爲信言行不二於五事爲思心寬容受諫若五常五事皆失填星爲變動爲土工爲女主爲山崩爲地動填星所居國吉未當居而居之若已去而復還居之國得土〔補注〕先謙曰天文訓未當居而居之其國增地歲熟不迺得女子當居不居既已居之又東西去之國失土不迺失女不有土事若女之憂〔補注〕先謙曰不即否字不迺得女子不得土必得女子也反是不失土必失女又不然則有土事及女之憂天官書無不有土事若女之憂句占經引石氏云必有土事若女子之憂居宿久國福厚易福薄〔補注〕先謙曰集解引徐廣云易猶輕速也占經引石氏云居之久福祿厚居之易福祿薄當居不居爲失填其下國可伐得者不可伐〔補注〕先謙曰占經引石氏云是謂黃帝之子主德女主之象宜受而不受者爲失填其下國可伐也德者不可伐也德迺得之誤其贏爲王不盈縮有軍不復〔補注〕先謙曰占經引洛書云填星贏縮九州騷動四方相賊漢含孳云動而盈王者以貪擾不寍不復解具上一曰既已居之又東西去之其國凶不可舉事用兵〔補注〕先謙曰天官書及占經引石氏略同失次而上一舍三舍有王命不成不迺大水失次而下二舍有后慼其歲不復不迺天裂若地動〔補注〕葉德輝曰易復卦先王以至日閉關王弼注冬至陰之復夏至陽之復其歲不復即陰陽失和之謂先謙曰不成下不奉命也天官書上一舍三舍作上二三舍下二舍作下二三宿占經引荊州占云填星失次上及二舍大水出三舍則天裂地陷又云失次逆一舍至二舍其國饑荒人民流亡去其鄉又云離宿一丈之陽女主不用事去宿一丈之陰女主死又引黃帝云西行一舍以上吏棄法令民棄其君與志微異義可互證

凡五星〔補注〕先謙曰官本凡下提行歲與填合則爲內亂與辰合則爲變謀而更事與熒惑合則爲飢爲旱與太白合則爲白衣之會爲水〔補注〕先謙曰天官書作若水占經引巫咸云太白與木星合有白衣之會爲水太白在南歲在北名曰牡牡晉灼曰歲陽也太白陰也故曰牡牡〔補注〕朱一新曰汪本作牝牡是注同先謙曰官本並作牝牡天官書金在南曰牝牡索隱引晉注亦作牝牡年穀大孰太白在北歲在南年或有或亡〔補注〕沈欽韓曰太玄戾上九倉靈之雌不同宿而離失則歲之功乖注蒼靈歲星也其雌謂太白也先謙曰天官書金在北歲偏無熒惑與太白合則爲喪不可舉事用兵與填合則爲憂主孽卿與辰合則爲北軍〔補注〕先謙曰軍敗爲北用兵舉事大敗填與辰合則將有覆軍下師〔補注〕先謙曰下師無義天官書作有覆軍無下師二字五行傳亦但云將有覆軍則下師當衍與太白合則爲疾爲內兵〔補注〕先謙曰自熒惑與太白合以下天官書略同辰與太白合則爲變謀爲兵憂凡歲熒惑填太白四星與辰鬬皆爲戰兵不在外皆爲內亂〔補注〕先謙曰自辰與太白合以下占經引甘氏略同一曰火與水合爲淬晉灼曰火入水故曰淬也〔補注〕先謙曰占經引石氏云浼星與熒惑會冬〻爲刑他時爲淬與金合爲鑠不可舉事用兵〔補注〕沈欽韓曰魏收天象志熒惑犯太白占曰是謂相鑠不可舉事用兵成師以出而喪其雄之象先謙曰占經引荊州占云太白熒惑合去之一尺曰鑠土與金合國亡地與木合則國饑與水合爲雝沮晉灼曰沮音沮溼之沮一水性雝而潛土故曰雝沮一曰雝填也〔補注〕先謙曰天官書作穫而擁閼五行傳云占曰爲壅沮不可舉事用兵〔補注〕先謙曰自一曰以下天官書略同惟不言與木合則國饑以彼上文云木星與土合爲內亂饑也志上文刪饑字故入於此史漢並雜引天官家言而鎔裁不同木與金合鬬國有內亂〔補注〕先謙曰合鬬者合而至於鬬也故別爲一條占經引石氏云太白與歲星鬬所在之國有內亂晉隋宋志合鬬國有內亂野有破軍爲水皆以此併入爲水上非也爲水者迺木與金合非鬬也同舍爲合相陵爲鬬〔補注〕先謙曰天官書陵作凌集解韋昭云突掩爲凌二星相近者其殃大二星相遠者殃無傷也〔補注〕先謙曰占經引海中占作其殃小無傷從七寸㠯內必之韋昭曰必有禍也〔補注〕先謙曰天官書同凡月食五星其國必亡李奇曰謂其分野之國〔補注〕朱一新曰汪本必作皆先謙曰官本作皆晉志同正義孟康云凡星入月見月中爲星蝕月月掩星星滅爲月蝕星也案此總挈下乃析言之歲㠯飢〔補注〕先謙曰占經月占引荊州占云月蝕歲星邦主無人人相食又云月吞歲星其國十二歲而敗天官書月蝕歲星其

宿地饑若亡義微異熒惑㠯亂〔補注〕先謙曰占經引荊州占云月蝕火星天下滅亡期九年塡㠯殺〔補注〕先謙
曰占經引河圖帝覽嬉云月蝕塡星其國以伐亡若以殺亡太白彊國㠯戰〔補注〕先謙曰占經引甘氏云月行宿
太白而蝕彊國戰不勝亡城大將有兩心不出三年辰㠯女亂〔補注〕先謙曰占經引甘氏云月行宿辰星而蝕其國有女
亂而亡國期三年若五年月食大角王者惡之〔補注〕先謙曰天官書作主命者惡之占經引陳卓云月蝕大角
天子死期十三年中凡五星所聚宿其國王天下從歲㠯義從熒惑㠯禮〔補注〕
先謙曰占經引運斗樞云歲星帥五精聚於東方七宿蒼帝以仁宦溫讓起熒惑帥五精聚於南方七宿赤帝以寬明多智略起天
官書義失者罰出歲星禮失罰出熒惑禍福之兆皆以其類相應從塡㠯重韋昭曰謂以威重得〔補注〕先謙曰天官書
其所居五星皆從而聚於一舍其下之國可重致天下可下以字奪正義言其下之國倚重而致天下王氏念孫史記雜志云韋張皆未
曉重字之義重猶厚也厚重二字同義塡星爲土土德厚重[illegible]故五星從塡星則其下之國可以厚重之德致
天下也占經引運斗樞云塡星帥五精聚于中央黃帝以重厚賢聖起又引石氏云塡星所在五星皆從而聚于一舍其下之國可
以重德致天下皆其明證矣從太白㠯兵從辰㠯法㠯法者㠯法致天下也〔補注〕
先謙曰占經引運斗樞云太白帥五精聚于西方七宿白帝以勇武誠信多節義起辰星帥五精聚于北方七宿黑帝以淸平靜潔

通明起天官書殺失者罰出太白刑失者罰出辰星亦以類相應也三星若合是謂驚立絕行晉灼曰有
兵喪故驚改王故曰絕也〔補注〕錢大昕曰立古位字下文作驚位可證周壽昌曰小宗伯掌建國之神位位作立注古者立位同字
古文春秋經公郎位爲公郎立其國外內有兵與喪民人乏飢改立王公四星若
合是謂大湯晉灼曰湯猶盪滌也〔補注〕先謙曰占經引志文同又引晉注云湯與盪同滌也徵異晉隋志俱作太陽蓋
誤宋志仍作大湯其國兵喪並起君子憂小人流五星若合是謂易行有
德受慶改立王者掩有四方子孫蕃昌亡德受罰離其國家滅其
宗廟晉灼曰宗祖廟也百姓離去被滿四方五星皆大其事亦大皆小其
事亦小也〔補注〕先謙曰自三星若合以下天官書及占經引海中占略同[illegible]晉隋宋志同凡五星色
皆圜〔補注〕先謙曰皆圜統下下皆角同白爲喪爲旱赤中不平爲兵靑爲憂爲水
黑爲疾爲多死黃吉皆角赤犯我城黃地之爭白哭泣之聲靑有
兵憂黑水五星同色天下偃兵百姓安寧歌舞㠯行不見災疾五
穀蕃昌〔補注〕先謙曰凡五星下天官書晉隋志同隋志爲憂在靑上蓋誤倒

凡五星

歲緩則不行急則過分逆則占〔補注〕先謙曰緩急以政治言占經引荊州占云君治急歲星行疾緩
者行遲卽其義也此及下五條說本甘氏引見占經各門[illegible]雖五緩字上皆有政字惟塡星條無蓋脫晉志並有政字隋志有
爲政二字逆則占者五星逆行迺用占也

熒惑緩則不出急則不入違道則占

塡緩則不建急則過舍逆則占〔補注〕先謙曰晉隋志並作緩則不還汲古本晉書還下注云一作行
占經作建還建字形近而誤建字無義疑還是也

太白緩則不出急則不入逆則占

辰緩則不出急則不入非時則占

五星不失行則年穀豐昌〔補注〕先謙曰占經引石氏同自凡五星至此官本連文

凡㠯宿星通下之變者維星散句星信則地動孟康曰散在尾北韋昭曰信音申〔補
注〕沈欽韓曰晏子雜篇晏子語柏常騫曰吾見維星絕樞星散地其動乎案志以斗杓後三星爲維星則晏子所云樞星者當卽北

辰樞星晉隋志云房北二小星曰鉤鈐鉤鈐有星及疏拆則地動又造父星西河中九星如鉤狀曰鉤星直[illegible]則地動據此又不
獨極後句星爲然矣有星守三淵天下大水地動海魚出〔補注〕先謙曰廣雅天淵謂之三淵宋
志天淵十星一曰天海在鼈星東占經引郗萌云歲星守天淵天下有大水海水出江河決溢若海魚出荊州占云熒惑入天淵大
旱山焦枯若守之海水出江河決溢若海魚出又云塡星守天淵海水出江決溢若海魚出太白辰星說同故志云有星不言主名
紀星散者山崩不卽有喪〔補注〕先謙曰占經引荊州占云紀星散絕不山崩則主死紀星天紀也[illegible]
鼈星不居漢中川有易者〔補注〕先謙曰占經引石氏云龜五星在尾南鼈十四星在南斗又云龜星常居
漢中則陰陽和雨澤時若不居漢中有大水黃帝占云鼈星常居漢中微而不明則天下和雨澤時若不居漢中則陰陽不和天下
旱易者水道改移或溢或竭辰星入五車大水〔補注〕先謙曰占經引元命包云辰星入五車則水開熒惑
入積水水兵起入積薪旱兵起守之亦然〔補注〕先謙曰占經引甘氏云熒惑守積水兵起
國有木災郗萌云熒惑守積薪多火災若火事旱兵起極後有四星名曰句星斗杓後有三
星名曰維星散者不相從也孟康曰散不復行列而聚也〔補注〕先謙曰句星卽紫宮中之後句四星蓋
絕書天維三星在尾北斗杓後詳其方位積數惟杓後之三公星當之占經引甘氏云三公三星在北斗柄南石氏云三公星天子

輔臣也黃帝占云三公一星去天下危二星去天下亂二公去三天下不治案去卽不相從之謂蓋隱而不見也官本注散作謂淵蓋五車之三柱也晉灼曰柱音注解之注〔補注〕先謙曰蓋者疑詞占經石氏中官占引此文作三淵者五車柱也上文西宮咸池曰天五潢五潢五帝車舍也中有三柱案五車五星三柱九星在畢宿中此三淵在斗宿中遠不相涉諸書亦無以三淵爲卽五車三柱者蓋三淵一名天淵三柱一曰天淵規宋名稱易淆或有以星守爲災之三淵卽五車旁之三淵者班氏旁采異說以存疑耳天紀屬貫索〔補注〕先謙曰占經引石氏云天紀九星在貫索東晉志云九卿也主萬事之紀理怨訟也積薪在北戍西北積水在北戍東北〔補注〕錢大昕曰戍當作戍先謙曰此下亦有南戍北戍之文作戍是錢說非也辯詳下占經引石氏云積薪在積水東南北當作積水在北河西北角亢氐沇州〔補注〕先謙曰晉志十二次班固取三統歷十二次配十二野其言最詳又有費直說周易蔡邕月令章句所言頗有先後魏太史令陳卓更言郡國所入宿度列卓所次云范蠡鬼谷先生張良諸葛亮譙周京房張衡並云角亢氐鄭兗州東郡入角一度東平任城山陰入角六度泰山入角十二度濟北陳留入亢五度濟陰入氐二度東平入氐七度案分野之說至爲雜糅惟卓所次是漢郡縣故備引之房心豫州〔補注〕先謙曰晉志房心宋豫州潁川入房一度汝南入房二度沛郡入房四度梁國入房五度淮陽入心一度魯國入心三度楚國入房四度尾箕幽州〔補注〕先謙曰晉志尾箕燕幽州涼州入箕

中十度上谷入尾一度漁陽入尾三度右北平入尾七度西河上郡北地遼西東入尾十度涿郡入尾十六度渤海入箕一度樂浪入箕三度玄菟入箕六度廣陽入箕九度斗江湖〔補注〕先謙曰九江廬江豫章丹楊諸地皆襟帶江湖故云天官書同牽牛婺女揚州〔補注〕王念孫曰案地理志揚州藪揚州川揚州山又鼂錯傳南攻揚粵景祐本揚字並作楊案景祐本昰也凡揚州字古皆從木不從手徧檢汪本如何武傳之遷楊州太守儒林傳之楊州牧南粵傳之略定楊粵王莽傳之荊楊之民大將軍楊州牧其字皆作楊與景祐本同若他篇則景祐本亦有作揚者至明監本則全書皆作揚矣藝文類聚州部初學記州郡部御覽州郡部三引尙書周官爾雅楊州字皆從木宋本爾雅江南曰楊州字亦從木宋本史記天官書牽牛婺女楊州及夏本紀淮海維楊州楚世家伐庸楊粵三王世家楊州保疆蔡澤傳南收楊越南越傳略定楊越其字亦從木佩觿云楊州柳也亦州名又云案禹貢淮海惟楊州正義云江南其氣燥勁厥性輕揚則非當從木據此則郭氏所見本尙從木也唐許嵩建康實錄引春秋元命包云地多赤楊因取名焉其說雖不足爲據然亦可見楊州字之本從木矣夢溪筆談雜誌觿亦云楊州宜楊荊州宜荊宜自張參五經文字以從木者爲非而唐石經遂定從手旁廣韻揚舉也又州名亦踵張氏之誤禹貢正義引李巡爾雅注云兩河間其氣淸厥性相近故曰冀冀近也濟河間其氣專質厥性信謹故曰兗兗信也淮海間其氣寬舒厥性安徐故曰徐徐舒也江南其氣燥勁厥性輕揚故曰揚揚揚也今本作揚輕也乃後人所改辯見下荊州其氣燥剛厥性彊梁故曰荊荊彊也河南其氣著密厥性安舒故曰豫豫舒也河西其氣蔽壅厥性急凶故曰雍雍壅也案冀近兗信徐舒楊揚荊彊豫舒雍壅皆同聲而異字後人徒以厥性輕揚之語遂謂楊州字當從手旁不知以揚釋楊猶以壅釋雍也若改楊州爲揚州則亦將改雍州爲壅州乎楊州字旣改爲揚則揚揚也之文不可通故又改爲揚輕也以彌縫其闕不知李釋九州皆取同聲之字爲訓輕與揚不同聲也又公羊莊十年疏及爾雅釋文廣韻所引李注皆無揚揚也三字蓋後人改楊爲揚遂刪此三字耳據尙書正義所引有揚輕也三字亦足證後人之妄刪矣公羊疏所引有冀近也豫舒也雍壅也荊彊也兗信也徐舒也㴝要也營均也而無楊揚也爾雅釋文於荊徐營三州末引李注所引六州有冀近也豫舒也雍壅也兗信也徐營也而亦無楊揚也敘向書正義所引揚少一句明是後人所刪今書傳中楊州字改從手旁唯漢魏碑從木人不能改故至今尙存酸棗令劉熊碑出省楊土郃陽令曹全碑兗豫荊楊魏公卿上尊號奏領楊州刺史其字皆從木隸釋所載冀州刺史王純碑出使楊州荊州刺史度尙碑楊賊畔於□□車騎將軍馮緄碑督使徐楊二州此碑今本譌作楊依萬歷本改太尉陳球碑陸梁荊楊陳球後碑剝落荊楊無極山碑楊越之梲□條蕩巴郡太守張納碑楊州寇賊其字亦皆從木王獻之進書訣帖乞食楊州市上其字亦從木足證唐以後歷代相沿之誤先謙曰晉志斗牽牛須女吳越揚州九江入斗一度廬江入斗六度豫章入斗十度丹楊入斗十六度會稽入牛一度臨淮入牛四度廣陵入牛八度泗水入女一度六安入女六度虛危靑州〔補注〕先謙曰晉志虛危齊靑州齊國入虛六度北海入虛九度濟南入危一度樂安入危四度東萊入危九度平原入危十一度菑川入危十四度營室東壁幷州〔補注〕先謙曰晉志營室東壁衞幷州安定入營室一度天水入營室八度隴西入營室四度酒泉入營室十一度張掖入營室

十二度武都入東壁一度金城入東壁四度武威入東壁六度敦煌入東壁八度奎婁胃徐州〔補注〕先謙曰晉志奎婁胃魯徐州東海入奎一度瑯琊入奎六度高密入婁一度城陽入婁九度膠東入婁十度昴畢冀州〔補注〕先謙曰晉志昴畢趙冀州魏郡入昴一度鉅鹿入昴三度常山入昴五度廣平入昴七度中山入昴一度淸河入昴九度信都入昴三度趙郡入畢八度安平入畢四度河間入畢十度眞定入畢十三度觜觿參益州〔補注〕先謙曰晉志觜參魏益州廣漢入觜一度越嶲入觜三度蜀郡入參一度犍爲入參三度牂牁入參五度巴郡入參八度漢中入參九度益州入參七度東井輿鬼雍州〔補注〕先謙曰晉志東井輿鬼秦雍州雲中入東井一度定襄入東井八度鴈門入東井十六度代郡入東井二十八度太原入東井二十九度上黨入輿鬼二度柳七星張三河〔補注〕先謙曰晉志柳七星張周三輔弘農入柳一度河南入七星三度河東入張一度河內入張九度案輔酒河之誤翼軫荊州〔補注〕先謙曰晉志翼軫楚荊州南陽入翼六度南郡入翼十度江夏入翼十二度零陵入軫十一度桂陽入軫六度武陵入軫十度長沙入軫十六度甲乙海外日月不占晉灼曰海外遠甲乙日時不以占之丙丁江淮海岱戊己中州河濟〔補注〕先謙曰官本攷證云戊訛戍今改正庚辛華山以西壬癸常山以北〔補注〕先謙曰以上天官書同一曰甲齊乙東夷丙楚丁南夷戊魏己韓庚秦辛西夷壬燕趙癸北

夷〔補注〕沈欽韓曰淮南天文訓作壬衞癸越先謙曰一曰下占經引石氏同東夷作東海南夷作南蠻燕下無趙字注云一云戊爲韓己爲魏子周丑翟寅趙〔補注〕王念孫曰邯鄲即趙也辰爲邯鄲則寅非趙矣隋蕭吉五行大義引此作寅楚是也天文訓及廣雅並作寅楚先謙曰占經作寅爲趙注云一云丑魏翟梁荆州占寅爲楚卯鄭辰邯鄲〔補注〕先謙曰天文訓作辰晉占經引石氏亦作辰爲晉注班固劉表韓楊並以辰爲邯鄲一云辰爲趙也巳衞午秦未中山〔補注〕沈欽韓曰天文訓作未宋申齊〔補注〕先謙曰占經注一云申爲晉爲魏荆州占申爲晉酉魯戌吳越亥燕代〔補注〕沈欽韓曰天文訓戌趙亥燕

秦之疆候太白占狼弧〔補注〕先謙曰正義太白狼弧皆西方之星故秦占候也吳楚之疆候熒惑占鳥衡〔補注〕先謙曰正義熒惑鳥衡皆南方之星故吳楚占候鳥衡柳星也燕齊之疆候辰星占虛危〔補注〕先謙曰正義辰星虛危皆北方之星故燕齊占候宋鄭之疆候歲星占房心〔補注〕先謙曰正義歲星房心皆東方之星故宋鄭占候晉之疆亦候辰星占參罰〔補注〕先謙曰正義辰星參罰皆北方西方之星故晉占候也及秦幷吞三晉燕代自河山以南者中國〔補注〕先謙曰正義河黃河也山華山也中國於四海內則在東南爲陽陽則日歲星熒惑填星〔補注〕先謙曰正義日陽也歲星屬東方熒惑屬南方填星屬中央皆在南及東爲陽占於街南畢主之〔補注〕先謙曰正義天街二星畢昴主國界街南爲華夏之國則畢星主之陽也其西北則胡貉月氏旃裘引弓之民爲陰〔補注〕先謙曰正義從河山西北及秦晉爲陰也陰則月太白辰星〔補注〕先謙曰正義月陰也太白屬西方辰星屬北方皆在北及西爲陰占於街北昴主之〔補注〕先謙曰正義天街星北爲夷狄之國則昴星主之陰也故中國山川東北流其維首在隴蜀尾沒於勃海碣石〔補注〕先謙曰正義言中國山及川東北流行若南山首在崑崙蔥嶺東北行連隴山至南山華山渡河東北盡碣石山黃河首起崑崙山渭水岷江發源出隴山皆東北東入勃海也是以秦晉好用兵孟康曰秦晉西南維之北爲陰與胡貉引弓之民同故好用兵〔補注〕朱一新曰注孟康集解引作韋昭復占太白太白主中國而胡貉數侵掠獨占辰星辰星出入趮疾常主夷狄其大經也

凡五星早出爲贏贏爲客晚出爲縮縮爲主人〔補注〕沈欽韓曰隋志張子信云五星行四方列宿各有所好惡所居遇其好者則留多行遲見早遇其惡者則留少行速見遲與常數並差少者差至五度多者差至三十許度五星贏縮必有天應見杓〔補注〕先謙曰斗杓居中而運歷指十二辰五星失行則天應隨之而見詳下

太歲在寅曰攝提格〔補注〕先謙曰攝提格解見上寅者太歲所在之辰攝提格者太歲在寅之號錢氏謂志誤以歲陰爲太歲王氏辨之詳矣說具律麻志歲星正月晨出東方石氏曰名監德在斗牽牛〔補注〕先謙曰天官書以攝提格歲歲陰左行在寅歲星右轉居丑正月與斗牽牛晨出東方名曰監德色蒼蒼有光天文訓太陰在寅歲名曰攝提格其雄爲歲星舍斗牽牛以十一月[illegible]前與之晨出東方東井輿鬼爲對占經引許愼注東井輿鬼在未斗牽牛在丑故爲對失次杓早水晚旱〔補注〕朱一新曰失次則應見於杓早則水晚則旱也下皆同天官書其失次有應見柳甘氏在建星婺女〔補注〕先謙曰占經引甘氏云攝提格之歲攝提格在寅歲星在丑以正月與建斗牽牛婺女晨出於東方其失次將有天應見於輿鬼太初歷在營室東壁

在卯曰單閼〔補注〕沈欽韓曰淮南高誘注單盡閼止也陽氣推萬物而起陰氣盡止也二月出石氏曰名降入〔補注〕先謙曰天官書單閼歲歲陰在卯星居子以二月與婺女虛危晨出曰降入大有光索隱降入卽歲星二月晨見東方之名其餘準此天文訓柳七星張爲對在婺女虛危甘氏在虛危失次杓有水災〔補注〕先謙曰六字當在甘氏在虛危上與班氏文例合占經引甘氏云其失次見於張與班異天官書亦云其失次有應見張太

初在奎婁

在辰曰執徐〔補注〕沈欽韓曰高注執蟄徐舒也伏蟄之物皆散舒而出也三月出石氏曰名靑章在營室東壁〔補注〕先謙曰天官書靑章下有靑靑甚章四字正釋靑章之義天文訓翼軫爲對失次杓早旱晚水甘氏同〔補注〕先謙曰占經引甘氏云其失次有應見軫與天官書同太初在胃昴

在巳曰大荒落〔補注〕沈欽韓曰高注荒大也方萬物熾盛而大出霍然落落大布散律書天官書落並爲駱四月出石氏曰名路踵〔補注〕王念孫曰踵本作歱說文歱跟也踵追也義各不同今經傳中足歱字皆作踵而歱字遂廢天官書路踵作跰踵索隱曰天文志作路歱引字詁云歱今作踵是小司馬所見漢志本作歱與史記不同而今本亦作踵則後人依史記改之也漢冀州從事張表碑繼歱相承其字正作歱先謙曰南監本史記索隱歱又誤爲歱在奎婁甘氏同〔補注〕先謙曰天官書與奎婁晨出天文訓舍奎婁角亢爲對占經引甘氏云其失次見於亢與天官書同太初在參罰

在午曰敦牂〔補注〕沈欽韓曰高注敦盛牂壯也言萬物皆盛壯五月出石氏曰名啟明〔補注〕先謙曰天官書作開明索隱云漢志作啟明在胃昴畢失次杓早旱晚水甘氏同〔補注〕先謙

曰天文訓氐房心爲對占經引甘氏云其失次見於房與天官書同太初在東井輿鬼

在未曰協洽〔補注〕沈欽韓曰高注協和洽合也言陰欲化萬物和合六月出石氏曰名長烈〔補注〕先謙曰天官書及占經引甘氏作長列在觜觿參甘氏在參罰〔補注〕先謙曰天文訓尾箕爲對甘氏其失次見於箕與天官書同太初在注張七星

在申曰涒灘〔補注〕沈欽韓曰高注涒大灘修也言萬物皆修其精氣正義引李巡云萬物吐秀傾垂之貌七月出石氏曰名天晉〔補注〕先謙曰天官書作大音汲古南監二本或作天音館本占經引甘氏作大晉在東井輿鬼甘氏在弧〔補注〕先謙曰天文訓斗牽牛爲對甘氏其失次見於牽牛同天官書太初在翼軫

在酉曰作詻爾雅作作噩〔補注〕沈欽韓曰高注零落也正義李巡云萬物皆落枝起之貌先謙曰天官書作作鄂索隱漢志作詻音而恪反爾雅五字漢書無此例非班自注葢校書者誤加之八月出石氏曰名長王〔補注〕先謙曰天官書占經作長王在柳七星張失次杓有女喪民疾〔補注〕先謙曰天文訓須女虛危爲對天官書失次有應見危甘氏在注張失次杓有火太初在角亢

在戌曰掩茂〔補注〕沈欽韓曰高注掩蔽茂冒也言萬物蔽冒九月出石氏曰名天睢在翼軫失次杓水甘氏在七星翼〔補注〕先謙曰天文訓營室東壁爲對甘氏其失次見於東壁同天官書太初在氐房心

在亥曰大淵獻〔補注〕沈欽韓曰高注淵藏獻迎也言萬物終於亥大小深藏窟伏以迎陽十月出石氏曰名天皇〔補注〕沈欽韓曰史記作大章徐廣曰一曰大星索隱云漢志亦作大星此又誤爲天皇先謙曰沈據監本史記耳大星可決爲誤字占經引甘氏作大皇近是在角亢始甘氏在軫角亢〔補注〕先謙曰天文訓奎婁爲對甘氏其失次見於婁同天官書太初在尾箕

在子曰困敦〔補注〕沈欽韓曰高注困混敦沌也言陽氣皆混沌萬物牙櫱也十一月出石氏曰名天宗在氐房始甘氏同〔補注〕先謙曰天官書與氐房心晨出曰天泉與此異天文訓胃昴畢爲對甘氏其失次見於昴同天官書太初在建星牽牛

在丑曰赤奮若〔補注〕沈欽韓曰高注奮起也若順也言陽奮萬物而起之無不順其性也赤陽色又地形訓注赤奮若天神也十二月出石氏曰名天昊在尾箕甘氏在心尾〔補注〕先謙曰天官書名天皓天文訓觜觿爲對甘氏其失次見於參同天官書太初在婺女虛危甘氏太初歷所㠯不同者㠯星贏縮在前各錄後所見也其四星亦略如此〔補注〕先謙曰四星火土金水

古歷五星之推亡逆行者至甘氏石氏經㠯熒惑太白爲有逆行〔補注〕沈欽韓曰隋志秦歷始有金火之逆又甘石並時自有差異漢初測候乃知五星皆有逆行夫歷者正行也

古人有言曰天下太平五星循度亡有逆行日不食朔月不食望夏氏日月傳曰〔補注〕先謙曰占經日占引夏氏日暈圖及月占並引夏氏說卽其人也星占亦閒引之不著其名日月食盡主位也不盡臣位也星傳曰〔補注〕王鳴盛曰星傳不云某氏賈孔經疏中每引武陵太守星傳疑卽其說五行志引星傳又引劉向所引星傳然則星傳漢初已有日者德也月者刑也故曰日食修德月食修刑〔補注〕葉德輝曰李淳風乙巳占引故曰日變修德禮重責躬月變省刑恩從肆赦葢天文家古訓相傳之說然而歷紀推月食與二星之逆亡異熒惑主內亂太白主兵月主刑自周室衰亂臣賊子師旅數起刑罰失中雖其亡亂臣賊子師旅之變內臣猶不治四夷猶不服兵革猶不寢刑罰

猶不錯故二星與月爲之失度三變常見及有亂臣賊子伏尸流血之兵大變乃出甘石氏見其常然因㠯爲紀皆非正行也〔補注〕先謙曰五星皆有逆行三統術詳之班氏采入厤志此以甘石經言逆行爲非是其疏也詩云彼月而食則惟其常此日而食于何不臧詩傳曰月食非常也比之日食猶常也日食則不臧矣〔補注〕葉德輝曰毛傳無此文陳喬樅齊詩遺說攷云此齊詩傳也馬續述天文志續父嚴爲援兄子伏波父子並習齊詩季則當亦傳其家學也謂之小變可也謂之正行非也故熒惑必行十六舍去日遠而顓恣太白出西方進在日前氣盛乃逆行及月必食於望亦誅盛也

國皇星大而赤狀類南極所出其下起兵兵彊其衝不利孟康曰歲星之精散所爲也五星之精散爲六十四變志記不盡也〔補注〕朱一新曰當其衝則不利也汪本不重兵字先謙曰天官書占經引巫咸重兵字又河圖云歲星之精流爲國皇孟說所本下言五星精並同

昭明星大而白無角乍上乍下所出國起兵多變孟康曰形如三足几几上有九

彗上向熒惑之精也〔補注〕先謙曰占經引巫咸云西方有星大而白有角自下觀名曰昭明隋志亦作有角據孟注有角是也無字蓋誤天官書亦誤作無角

五殘星出正東東方之星其狀類辰去地可六丈大而黃 孟康曰星表有青氣如暈有毛塡星之精〔補注〕先謙曰占經引巫咸云可去地六七丈大而白黃帝占云去地可六丈大而赤察之中青隋志同無言黃者天官書無而黃二字

六賊星出正南南方之星去地可六丈大而赤數動有光 孟康曰形如彗芒九角太白之精〔補注〕先謙曰天官書但云賊星正義天賊星者一名六賊是六賊卽賊星異名也

司詭星出正西西方之星去地可六丈大而白類太白 孟康曰星大而有尾兩角熒惑之精也〔補注〕先謙曰天官書及諸書詭作危

咸漢星出正北北方之星去地可六丈大而赤數動察之中青 孟康曰一名獄漢星青中赤表下有三彗從橫亦塡星之精也〔補注〕先謙曰占經引黃帝占及隋志並云類辰星 此四星所出非其方其下有兵衝不利

四塡星出四隅去地可四丈〔補注〕先謙曰占經引巫咸云去地六丈餘荆州占云去地二丈又云四塡星見四隅皆爲兵起其下官本天官書塡作鎭正義亦作鎭 地維臧光亦出四隅去地可二丈 若月始出所見下有亂者亡有德者昌〔補注〕先謙曰占經引荆州占云有星出大而赤出地二三丈如月始出是謂地維藏光黃帝占云出東北隅天下大水出東南隅天下大旱出西南隅則有兵起出西北隅則天下亂兵大起天官書臧作咸

燭星狀如太白其出也不行見則滅所燭城邑亂 孟康曰星上有三彗上出亦塡星之精也〔補注〕先謙曰見則滅隋志及占經引石氏並作見則不久而滅諸書皆不言是塡星之精 如星非星〔補注〕先謙曰官本提行張永祚云監本連上文非也今另提行又星者金之散氣句始出于北方天腥而見景星日有中道皆自爲一段監本並連接寫今俱提行 如雲非雲名曰歸邪 李奇曰邪音虵孟康曰星有兩赤彗上向上有蓋狀氣下連星 歸邪出必有歸國者〔補注〕先謙曰如星非星下占經引作巫咸歸邪出下引作天官書此星晉志以爲瑞氣隋志列之雜妖 星者金之散氣〔補注〕先謙曰官本星者下提行 其本曰人 孟康曰星石也金石相生人與星氣相應也〔補注〕沈欽韓曰史記人作火天文訓天道曰圓地道曰方方者主幽圓者主明明者吐氣者也是故火曰外景幽者含氣者也是故水曰內景盖星爲陽精爲外景史記作火是 星衆國吉少則凶漢者亦金散氣其本曰水星多多水少則旱 孟康曰漢河漢也水生於金多少謂漢星也〔補注〕沈欽韓曰晉志天漢起東方經尾箕之閒謂之漢津乃分爲二道其南經傅說魚天籥天弁河鼓其北經龜貫箕下次絡南斗魁左旗至天津下而合南道乃西南行又分夾匏瓜絡人星杵造父騰蛇王良傅路閣道北端太陵天船卷舌而南行絡五車經北河之南入東井水位而東南行絡南河闕丘天狗天紀天稷在七星南而沒 其大經也

天鼓有音如雷非雷音在地而下及地其所住者兵發其下〔補注〕先謙曰它書有天鳴無天鼓天官書住作往

天狗狀如大流星 孟康曰星有尾旁有彗下有如狗形者亦太白之精〔補注〕朱一新曰集解引孟說彗上有短字先謙曰隋志及占經引並有短字 有聲共下止地類狗〔補注〕錢大昭曰閩本作其先謙曰官本作其 所墮及〔補注〕先謙曰天官書作所墮及炎火索隱炎音豔 望之如火光炎炎中天〔補注〕朱一新曰天官書中作衝案此中當讀爲沖 其下圜如數頃田處上銳見則有黃色〔補注〕先謙曰見天官書作者 千里破軍殺將

格澤者如炎火之狀〔補注〕錢大昭曰閩本無如字 黃白起地而上〔補注〕先謙曰隋志及占經引黃帝占作上黃白從地而上 下大上銳其見也不種而穫不有土功必有大客〔補注〕先謙曰天官書作大害隋志占經並作大客黃帝占云必有客自鄰國來者期一年遠二年明大害誤也

蚩尤之旗類彗而後曲象旗 孟康曰熒惑之精也晉灼曰呂氏春秋云其色黃上白下也〔補注〕先謙曰官本注末無也字占經引黃帝占云本類星而後委曲象旗鬌長可二三丈隋志或曰四望無雲獨見赤雲蚩尤旗也 見則王者征伐四方

旬始出於北斗旁狀如雄雞其怒青黑色象伏鼈 李奇曰怒當首帑晉灼曰帑雌也或曰怒則色青宋均曰怒謂芒角刺出〔補注〕錢大昭曰首南雍本閩本並作言沈欽韓曰御覽二百二十引玄女兵法云北斗之中禽有旬始狀象雄雞制百兵之母能得其術何神不使九天各有表裏三奇六合主威軍士李讀怒爲帑是也帑同鳥帑杜預云鳥尾曰帑先謙曰官本首作言南監本天官書作音帑汲古本作怒當作帑義並通占經引河圖云鎭星之精散爲旬始

枉矢狀類大流星虵行而倉黑望如有毛目然〔補注〕沈欽韓曰呂覽明理篇有游

西東案即枉矢高誘解爲蚍妖非先謙曰隋志辰星之精散爲枉矢攷工記注妖星有枉矢者蚍行有毛目天官書誤毛羽

長庚廣如一匹布著天此星見起兵（補注）沈欽韓曰隋志列雜妖中廣雅太白謂之長庚此亦太白所變**星硃至地則石也**如淳曰硃亦墜也（補注）先謙曰官本星硃下提行天官書下云河濟之間時有墜星

天暒而見景星孟康曰暒精明也有赤方氣與青方氣相連赤方中有兩黃星青方中有一黃星凡三星合爲景星也（補注）何焯曰天暒而見景星當屬下朱一新曰說文夕部有夝字云雨夜而除星見也從夕生聲徐鉉云今俗別作晴非是段氏玉裁云詩星言夙駕韓詩云星者精也案精今晴字孟康曰暒精明也韋昭曰精清朗也郭璞曰暒雨止無雲也古暒夝精皆今之晴字而詩作星韓非子云荆伐秦吳救之軍開三十里雨十日夜星夜星即夜夝也雨夜止星見謂之夝夝星疊韻引申爲晝晴之稱故其字又作暒漢書當亦作精故孟康曰精暒明也今本正文及注文皆後人所改史漢之天精即晶之段借一新案玉篇日部收暒字又收晴字云雨止也精明也無雲也先謙曰官本天暒提行連下文朱引段說是也但天官書作精索隱引韋昭云漢書作暒亦作胜胜正夝字傳寫之誤是志不作精占經引志作胜注云六十占曰晴精明也則唐以前本亦或作晴而皆無作精者尤其明證矣

景星者德星也（補注）先謙曰占經引含文嘉王者有道則德星應之**其狀無常**（補注）先謙曰占經引宋均

云景星大而中空瑞應圖云狀如半月生於晦朔助月爲明與上文孟說皆不同是狀無常之證**常出於有道之國日有中道**（補注）朱一新曰汪本日下提行先謙曰官本提行**月有九行中道者黃道一曰光道**（補注）先謙曰黃光古字通左襄二十年傳陳侯之弟黃公穀作光光黃通故从黃聲如橫廣等字皆與光通釋名光晃也晃晃然也黃晃也猶晃晃象日光色也可釋光道黃道之義**光道北至東井去北極近南至牽牛去北極遠東至角西至婁去極中夏至至於東井北近極故晷短立八尺之表而晷景長尺五寸八分冬至至於牽牛遠極故晷長立八尺之表而晷景長丈三尺一寸四分春秋分日至婁角去極中而晷中**（補注）先謙曰中下而字亦當作故此緣上下文而晷而誤**立八尺之表而晷景長七尺三寸六分**（補注）先謙曰隋志引劉向鴻範傳二至二分景長短與此同**此日去極遠近之差晷景長短之制也**（補注）沈欽韓曰案此以渾天言之也但渾天之體雖繞於地地則中央正平天則北高南下北極高於地三十六度南極下於地三十六度北極之下常見不沒南極之上常沒不見南極去北極一百二十一度餘若逐曲計之則一百八十一度餘若以南北中半言之謂之赤道去南極九十一度餘去北極亦九十一度餘此是春秋分之日道也赤道之北二十四度爲夏至之日道去北極六十七度也赤道之南二十四度爲冬至之日道去南極亦六十七度地與星辰俱有四遊升降自立春地與星辰西遊春分西遊之極地雖西極升降正中從此漸漸而東至春末復正自立夏之後北遊夏至北遊之極地則升降極下至夏至復正立秋之後東遊秋分東遊之極地則升降正中至秋季復正立冬之後南遊冬至南遊之極地則升降極上冬至後復正是地及星辰四遊之義也星辰亦隨地升降故鄭注考靈曜云夏至日道上與四表平下去東井十二度爲三萬里日有九道九道見本志下文欽云月行道與日春東從青道夏南從赤道秋西從白道冬北從黑道立春星辰西遊日則東遊春分星辰西遊之極日東遊之極日與星辰相去三萬里以此推之秋冬做此可知計夏至之日在井星正當嵩高之上以其南遊之極故在嵩高之南萬五千里所以夏至有尺五寸之景也於時日又上極星辰下極故日下去東井三萬里也然鄭四遊之極元出周髀之文但日與星辰四遊相反春分日在婁則婁星極西日體在婁星之東去婁三萬里以度言之十二度也則日沒之時去昏中之星近校十度旦時日極於東去旦中之星遠校十度若秋分日在角則角星極東日體在角星之西去角三萬里則日沒之時去昏中之星遠校十度旦時日極於西去旦中之星近校十度此皆歷乖違於數不合鄭無指解其事有疑案志言晷景長短隋志以爲用劉向鴻範傳所說也二分之景直以率推非因表候定其長知舊唐志開元十二年太史監南宮說擇河南平地以水準繩樹八尺之表而以引度之陽城北至之晷一尺四寸八分弱冬至之晷一丈二尺七寸一分半春秋分其長五尺四寸三分大率五百二十六里二百七十步影差二寸有餘北極差一度半而

先儒以爲日景於地千里而差一寸又乖舛而不同矣**去極遠近難知要以晷景晷景者所以知日之南北也日陽也陽用事則日進而北晝進而長陽勝故爲溫暑陰用事則日退而南晝退而短陰勝故爲涼寒也故日進爲暑退爲寒若日之南北失節晷過而長爲常寒**（補注）錢大昭曰過荀紀作進**退而短爲常燠此寒燠之表也故曰爲寒暑**（補注）葉德輝曰此即土圭測景之灋也說文晷日景也釋名釋天晷規也猶規晝也周禮地官司徒以土圭之灋測土深正日景以求地中日南則景短多暑日北則景長多寒日東則景夕多風日西則景朝多陰鄭注土圭所以致四時日月之景也云測猶度也不知廣深故日測鄭司農云測土深謂南北東西之深也日南謂立表處大南近日也日北謂立表處大北遠日也景夕謂日跌景乃中立表之處大東近日也景朝謂日未中而景中立表之處大西遠日也元謂晝漏半而置土圭表陰陽審其南北景短于土圭謂之日南是地于日爲近南也景長于土圭謂之日北是地于日爲近北也東于土圭謂之日東是地于日爲近東也西于土圭謂之日西是地于日爲近西也如是則寒暑陰風偏而不和是未得其所求凡日景于地千里而差一寸案兩鄭意是據四游之義以釋經本志則但就日晷以測南北極去地之遠近日進而北則地升而近日故晝長爲溫暑日進而南則地偏而遠日故晝短爲涼寒春溫夏暑秋涼冬寒四時之氣皆以日

與地之遠近爲測驗也鄭注寒暑陰風亦是此理先謙曰下文一曰日爲寒溫蓋天官家有此語加故曰以釋之一曰暑長爲潦〔補注〕葉德輝曰說文潦雨水大皃此卽暑過長常寒之理短爲旱〔補注〕葉德輝曰說文旱不雨也論衡明雩篇久暘爲旱此亦暑退短常燠之理奢爲扶鄭氏曰扶當爲蟠齊魯之間聲如酺酺扶聲近蟠止不行也蘇林曰景形奢大也晉灼曰扶附也小臣佞媚附近君子之側也〔補注〕沈欽韓曰通卦驗云暑進爲贏退爲縮稽爲扶贏者賞無功富民重有餘縮者罰無罪貧民重不足扶者諛臣進忠臣退鄭康成注云扶亦作此扶字䟫說文扶竝行也輦字從此讀若伴侶之伴集韻古扶字作扶然則此扶字義當如許說與贏縮之文相配與蟠聲亦近扶者邪臣進而正臣疏君子不足姦人有餘月有九行者黑道二出黃道北赤道二出黃道南白道二出黃道西青道二出黃道東〔補注〕沈欽韓曰續歷志熹平中治歷郎梁國宗整上九道術隋志京房別對云循黃道東行一日一夜行一度三百六十五日有奇而周天又日去赤道表裏二十四度遠寒近暑而中和二分之日去天頂三十六度日去地中四時同度而有寒暑者地氣上騰天氣下降故遠日下而寒近日下而暑非有遠近也猶火居上雖遠而炎在傍雖近而澈通攷引王奕案渾天說黃道九道其初本無是因日行而强名之日行曰黃道黃色之中也黃道卽中道日道居中月五星循左右而行故日道獨黃月行青朱白黑道各兼黃道而言故又謂之九道也是故月道出入於黃道其最遠者去黃道六度月行黃道之內曰陰歷行黃道之外曰陽歷北爲內南爲外然漢志謂黃道北至井去極近南至牽牛去極遠東至角西至婁去極中晉葛洪則謂黃道與赤道東交於角西交於奎南至斗北至井唐志又云黃道春分與赤道交於奎秋分交於軫南至斗北至井與漢志殊何也蓋赤道分天之半今古不易黃道本無定體因日行而爲之名日之行也每歲有差漢志主太初而言此古今所以不同也立春春分月東從青道立秋秋分西從白道立冬冬至北從黑道立夏夏至南從赤道〔補注〕錢大昭曰尚書攷靈曜云萬世不失九道謀鄭注引河圖帝覽嬉與天文志正合廣雅云立春春分東從青道二出黃道東交於房二度中立夏夏至南從赤道二出黃道南交於七星四度中立秋秋分西從白道二出黃道西交於胃十二度中立冬冬至北從黑道二出黃道北交於虛二度中四季之月還從黃道然用之一決房中道〔補注〕宋祁曰朱子文云房字當作於字蓋言月之行其道雖多然皆決於日之中道也故其後云至月行則以晦朔決之又曰日之所行爲中道月五星皆隨之也如此則一決於中道爲允朱一新曰房中道謂房星之中道也史記東宮蒼龍房心索隱引尚書運期授曰房四表之道宋均云四星間有三道日月五星所從出入也先謙曰下文云月出房北出房南占經引京房別對災異云行房乘三道蓋日行常道出房星左右股間故曰房中道宋引朱說非也青赤出陽道白黑出陰道若月失節度而妄行出陽道則旱風出陰道則陰雨

凡君行急則日行疾君行緩則日行遲日行不可指而知也故㠯二至二分之星爲候日東行星西轉冬至昏奎八度中夏至氐十三度中春分柳一度中秋分牽牛三度七分中此其正行也日行疾則星西轉疾事埶然也故過中則疾君行急之感也不及中則遲君行緩之象也至月行則㠯晦朔決之〔補注〕沈欽韓曰隋志其行有遲疾極遲則日行十二度強極疾則日行十四度半強遲則漸疾疾則漸遲二十七日半強而遲疾一終矣又月行之道斜帶黃道十三日有奇在黃道表又十三日有奇在黃道裏表裏極遠者去黃道六度二十七日有奇陰陽一終月令疏歷象之說月一日至四日行最疾日行十四度餘自五日至八日行次疾日行十三度餘自九日至十九日行則遲日行十二度餘自二十日至二十三日又小疾日行十三度自二十四日至於晦行又最疾日行一十四度餘此是月行之大率也二十七日月行一周天至二十九日強半月及於日與日相會乃爲一月考靈曜云九百四十分爲一日二十九日與四百九十九分爲月是一月二十九日之外至第三十日分至四百九十九分月及於日謂九百四十分與四百七十爲半今四百九十九分是過半二十九分也日冬則南夏則北冬至於牽牛夏至於東井日之所行爲中道月五星皆隨之也箕星爲風東北之星也東北地事天位也孟康曰東北陽日月五星起於牽牛故爲天位坤在西南紐於陽爲地統故爲地事也故易曰東北喪朋及巽在東南爲風風陽中之陰大臣之象也其星軫也月去中道〔補注〕先謙曰當言失去字誤也上文月失節度下云月失中道可證移而東北入箕若東南入軫則多風西方爲雨雨少陰之位也月失中道移而西入畢則多雨故詩云月離于畢俾滂沱矣言多雨也星傳曰月入畢則將相有㠯家犯罪者〔補注〕先謙曰占經引劉向洪範傳云月入畢中將若相有以家事坐罪者近期百二十日遠期十月或洪範傳言星者卽稱星傳邪言陰盛也書曰星有好風星有好雨月之從星則㠯風雨言失中道而東西也故星傳曰月南入牽牛南戒民間疾疫〔補注〕錢大昕曰南戒當作南斗先謙曰占經引洪範傳云月入南河戍門民疾疫南河戍門郎南戍也此南戒當爲南戍錢氏以牛斗連文故爲之說疑非荊州占云月行犯牽牛天下牛馬多疾死傳民間渾言之月北入太微出坐北若犯坐則下人謀上〔補注〕先謙曰坐五帝坐也月出其坐北及犯坐象爲下謀上占經引石氏云月入太微中乘東西門若左右掖門而南出端門者皆爲必有反臣一曰月爲風雨日爲寒溫冬至日南極晷長南不極則

溫爲害夏至日北極晷短北不極則寒爲害故書曰日月之行則有冬有夏也政治變於下日月運於上矣日出房北〔補注〕先謙曰官本日作月是爲雨爲陰爲亂爲兵出房南爲旱爲天喪水旱至衝而應〔補注〕沈欽韓曰通卦驗卦氣不至其災各以其衝應之及五星之變必然之効也兩軍相當〔補注〕先謙曰官本兩下提行日暈等力均〔補注〕先謙曰天官書曰誤日晉隋志並云日旁有氣員而周帀內赤外青名爲暈日暈者軍營之象周環帀日無厚薄敵與軍勢齊等卽志所云暈等力均也又云凡占兩軍相當必謹審日月暈氣知其所起畱止遠近應與不應相應等者勢等厚長大有勝薄短小亡勝〔補注〕先謙曰晉隋志大勝小厚勝薄長勝短重抱大破亡〔補注〕先謙曰抱背義俱見上天官書亡作無字同晉隋志抱勝背多勝少有勝無又云日一抱一背爲破走重背大破故重抱大破無抱者抱爲和背爲不和爲分離相去〔補注〕先謙曰晉隋志重抱爲和親抱多親者益多背爲天下不和分離相去背於內者離於內背於外者離於外直爲自立立兵破軍若曰殺將〔補注〕先謙曰隋志青赤氣長而立日旁爲直日旁有一直敵在一旁欲自立從直所擊者勝日旁有二直三抱欲自立者不成順抱擊者勝殺將案天官書云直爲自立立侯王指暈若曰殺將占經引夏氏日暈圖云日旁有一直色黃白潤澤有立侯王又云日暈有直珥爲破軍貫日中爲殺將案貫日與指暈意同志因立侯王不涉軍事刪之並刪指暈者義統於直也若訓及曰訓爲若曰殺將者立兵破軍及爲殺將也天官書若字當在指暈上否則義不可通抱且戴有喜〔補注〕先謙曰晉志日戴者形如直狀其上微起在日上爲戴戴者德也國有喜也一云立日上爲戴青赤氣抱在日上小者爲冠國有喜事圍在中中勝在外外勝〔補注〕先謙曰占經引夏氏云日暈而珥外有一抱所謂圍城者外人勝又引孝經內記云日暈暈中有珥一抱所謂圍城者在中中人勝青外赤中己和相去赤外青中己惡相去〔補注〕先謙曰隋志凡占分離相去赤內青外以和相去青內赤外以惡相去氣暈先至而後去居軍勝先至先去前有利後有病後至後去前病後利後至先去前後皆病居軍不勝〔補注〕先謙曰言後至先去雖居軍不勝居軍謂主人占經雜氣雲占云凡日月暈與氣以先有至畱作者爲勝先去者爲敗與此文相發見而去其後發疾雖勝亡功〔補注〕先謙曰官本疾作病王念孫云天官書作其發疾疾速也言氣暈既見而速去也今本疾或作病涉上文而誤後字亦涉上文而衍景祐本疾字不誤見半日己上功太〔補注〕沈欽韓曰大誤爲太隋志有軍日暈不帀半暈在東東軍勝在西西軍勝南北亦如之朱一新曰太汪本作大先謙曰官本作大白重屈短上下銳李奇曰屈或爲尾韋昭曰短而直者也或曰短屈之虹有者

下大流血〔補注〕先謙曰晉志虹頭尾至地流血之象占經引抱朴子云屈虹見城上其下必大戰流血日暈制勝近期三十日遠期六十日其食食所不利復生生所利〔補注〕先謙曰占經引王朔云日蝕兩敵相當卽從食所擊之大勝殺將洛書云日蝕復生者日光復故也從日蝕生地擊敵破之不然食盡爲主位己其直及日所躔加日時用名其國〔補注〕先謙曰占經引河圖云月蝕盡者主位也不盡者大臣位也近期三月遠期三年天官書作而食益盡爲主位王氏雜志云而讀曰如益卽盡字之誤而衍漢志盡上無益字是也不然二字亦有誤凡望雲氣〔補注〕先謙曰官本提行張永祚云凡望雲氣凡候歲美惡皆自爲一段不相連接監本誤也今於每段俱另提行仰而望之三四百里平望在桑榆上千餘里二千里登高而望之下屬地者居三千里〔補注〕先謙曰天官書千餘里二千里作餘二千里無居字晉隋志凡候氣之法氣初出時若雲非雲若霧非霧髣髴若可見初出森森然若桑榆上高五六尺者是千五百里外平視則千里舉目望卽五百里仰矚中天卽百里內平望桑榆間二千里登高而望下屬地者三千里雲氣有戰居上者勝〔補注〕王念孫曰戰當依天官書作獸字之誤也占經雜雲氣占曰雲氣如伏虎居上者不可攻是其證沈欽韓曰隋志敵上氣如乳虎豹伏者難攻軍上雲如馬頭低尾仰勿與戰軍上雲如狗形勿與戰先謙曰官本戰作獸自華己南氣下黑上赤嵩高三河之郊氣正赤常山己北氣下黑上青勃碣海岱之間氣皆黑江淮之間氣皆白〔補注〕先謙曰晉隋志氣下黑上青作氣青氣皆黑作氣皆正黑徒氣白土功氣黃車氣乍高乍下往往而聚騎氣卑而布卒氣摶如淳曰摶專也摶音徒端反〔補注〕先謙曰晉隋志作土功氣黃白集解引如說作摶專也或曰摶音徒端反前說讀摶爲專後說訓摶爲聚此引併爲一非前卑而後高者疾前方而後高者銳後銳而卑者卻〔補注〕先謙曰天官書作前方而後高兌而卑者卻王氏雜志云下文云氣相遇者卑勝高兌勝方當依晉志作前方而高後銳而卑者卻史記高後二字互易（官本不誤）漢志則高上衍後字高下衍者銳二字愚案隋志與晉同其氣平者其行徐前高後卑者不止而反氣相遇者卑勝高銳勝方〔補注〕王念孫曰遇本作禺禺讀爲偶謂兩氣相敵偶也（讀禺爲偶者古字通管子海王篇禺筴之尹知章曰禺對也史記封禪書禺木禺龍欒車一駟木禺馬二匹以木禺馬代駒孝武紀禺作偶其形於史記作遇索隱曰禺一音偶謂偶其形於木也）又下文遇音偶漢書作禺據此則小司馬所見本正作禺今作遇者後人以史記改之耳（或曰若本作禺而讀爲偶則師古必有音今無音則師古此篇之注甚少而略後人以正文音不知古故無音耳頗之徵）氣來卑而循車道者不過三四日去之五六里見氣來高七八尺者不過五六日去之十餘二十里見氣來高丈餘二丈者不

過三四十日去之〔補注〕先謙曰天官書道作通蓋形近而誤裴駰以爲避漢武諱以轍爲通五六十里見揁雲精白者其將悍晉灼曰揁音霄韋昭曰音髾〔補注〕先謙曰官本無注精與青同下精白天官書作青白是其證其士怯其大根而前絕遠者戰精白其芒低者戰勝其前赤而卬者戰不勝〔補注〕先謙曰天官書芒作前陳雲如立垣〔補注〕先謙曰占經雜雲氣占云有雲如敵人列陣天下兵起杼雲類杼柚雲摶而耑銳〔補注〕先謙曰天官書柚作軸而作兩是索隱兵書云營上雲氣如織勿與戰也案雲摶結而兩耑銳形似杼柚也杓雲如繩者居前竟天其半半天〔補注〕先謙曰索隱劉氏杓音時酌反說文音丁了反許愼注淮南云杓引也晉隋志杼軸雲類軸摶兩端銳杓雲如繩居前亙天其半半天杓蓋杓之誤唐邵諤望氣經杼雲類軸杓雲如繩並以杼雲杓雲爲兩事蜺雲者類鬭旗故〔補注〕先謙曰天官書其蛪者類闕旗故索隱蛪音五結反亦作蜺音同官本此作蜺南監本句故字下屬如官本義長不言謂之蜺雲者以類鬭旗故也晉隋志望氣經並作闕旗鬭與闕形近致誤銳鉤雲句曲〔補注〕先謙曰銳字衍天官書晉隋志皆無正義句音古侯反諸此雲見已五色占〔補注〕先謙曰各以其色驗之天官書占上有合字義亦通而澤摶密其見動人迺有占〔補注〕沈欽韓曰通典雜占云凡氣不積不結散漫一方不能爲災必須和雜殺氣森森然疾起乃可論占先謙曰澤謂雲

前漢二十六　四四

氣潤澤京房易飛候青雲潤澤蔽日在西北爲舉賢良亦其義也天官書密作宓字通兵必起占鬭其直〔補注〕先謙曰天官書占作合是言如此必兵起合鬭其所也晉隋志作而澤摶密其見動人及有兵合鬭其直王朔所候決於日旁〔補注〕朱一新曰天官書漢之爲天數者氣則王朔王朔人姓名先謙曰亦見李廣傳藝文志有漢日旁氣行事占驗殆朔撰邪占經日占中多引朔說日旁雲氣人主象皆如其形已占〔補注〕沈欽韓曰隋志天子氣內赤外黃正四方所發之處當有王者若天子欲有遊往其地亦先發此氣或如城門隱隱在氣霧中恆帶殺氣敵上氣如龍馬或雜色鬱鬱衝天此帝王之氣不可擊故北夷之氣如羣畜穹閭南夷之氣類舟船幡旗〔補注〕王念孫曰天官書文與此同索隱鄒氏云一作弓閭天文志作弓字音穹據此則漢志本作弓而讀爲穹與史記作穹者異文而今本亦作穹則後人以史記改之也案車蓋弓說文謂之穹隆轒轀名攷工記謂之弓釋名云弓穹也張之穹隆然也穹弓聲近而義同故字亦相通先謙曰晉志閭作廬望氣經亦作廬晉隋志東夷氣如樹西夷氣如室屋南夷氣如閣臺或類舟船大水處敗軍場破國之虛下有積泉〔補注〕先謙曰天官書作錢集解徐廣云古作泉字金寶上皆有氣不可不察〔補注〕先謙曰望氣經如藤蔓挂樹者寶氣也紫氛如樓者玉氣也絕氣有銅紅氣有瓊海旁蜃氣象樓臺廣野氣成宮闕然〔補注〕先謙曰望氣經海旁蜃氣如樓閣廣野之氣成宮闕雲氣各象其山川人民所聚積〔補注〕先謙曰上文自華以南云云卽其義史志諸書多以國域山川言之不復具引正義引淮南山氣多勇澤氣多瘖等語是地氣非雲氣也故候息秏者〔補注〕先謙曰息秏卽盈虛消息之謂息生長也秏虛損也董仲舒傳察天下之息秏後漢竇后紀家既廢壞數呼相工問息秏是其義也入國邑視封畺田疇之整治如淳曰蔡邕云麻田曰疇城郭室屋門戶之潤澤次至車服畜產精華實息者吉虛秏者凶〔補注〕先謙曰淮南墬形訓息土人美秏土人醜若煙非煙若雲非雲郁郁紛紛蕭索輪囷是謂慶雲慶雲見喜氣也〔補注〕先謙曰晉志亦曰景雲太平之應若霧非霧衣冠不濡見則其城被甲而趨〔補注〕先謙曰天官書城作域晉志同隋志作衣冠不雨而濡誤此雲氣沈氏以爲霾非也夫雷電蝦虹〔補注〕朱一新曰蝦字說文新附有之玉篇東方赤色也廣韻日朝赤色也郭景純江賦壁立蝦駮李注蝦古霞字又通作瑕楊雄傳噏清雲之流瑕師古注瑕謂日旁赤氣也史記作蝦蓋古借用字先謙曰天官書夫作天辟歷夜明者〔補注〕先謙曰春秋繁露云王言下不從革則秋多霹靂說文震霹靂振物也占經引孝經內記圖日日夜出明臣賊其主奪其家一曰兵起天下飢陽氣之動者也春夏則發秋冬則藏故候書者亡不司〔補注〕先謙曰候書者候而書之左氏傳書其雲物是

前漢二十六　四五

也司讀曰伺天開縣物孟康曰謂天裂而見物象也天開示縣象〔補注〕先謙曰占經引天鏡云天裂見牛馬又引洪範傳云天裂見人鳴有聲至尊憂且驚地動坼絕〔補注〕先謙曰占經引攷異郵云臣恣地裂坼山崩及陁〔補注〕先謙曰天官書陁作徙案崩者陷而下也陁俗陀字一作陁邪貌徙則移動占經引地鏡云山無故自徙天下兵社稷亡川塞谿垘孟康曰垘音罷羅菔謂谿垘崩也蘇林曰垘音伏伏流也如淳曰垘塡塞不通也〔補注〕先謙曰集解引徐廣云土雍曰垘音服孟康云谿谷也垘崩也與此引微異官本無孟注水澹地長澤竭見象〔補注〕朱一新曰天官書地長誤在澤竭下此文用韻若竭與象則失韻矣先謙曰說文澹水搖也占經引崔鴻北燕國錄云龍城東溝竭涸積年夏四月溝中墳起有聲俄而泉涌出閎尚曰溝中墳起所謂深谷爲陵泉涌出所謂百川沸騰陰旺之所致也案此水澹地長也又云水忽自竭邑虛不吉此澤竭見象也城郭門閭潤息槀枯〔補注〕先謙曰官本作枯槀王念孫云枯槀當依景祐本作槀枯槀枯與閭爲韻上下文亦皆用韻也天官書亦誤作枯槀史記攷異已辨之先謙又案孟子是其日夜之所息雨露之所潤潤息二字連文見義天官書潤息作閨臬並形近致誤宮廟廊第人民所次舍俗車服觀民飲食五穀草木觀其所屬倉府廄庫四通之路六畜禽獸所產去就魚鼈鳥鼠觀其所處鬼哭若謼與人逢遌〔補注〕先謙曰天官書作其人逢俉集解俉迎也索隱逢俉謂相

逆而驚也倍亦作迕玉篇遻亦作迕遻也訛言誠然〔補注〕朱一新曰天官書訛作化索隱以化爲訛字之誤案訛本訓化
見釋言此借字非誤字言與然韻謂訛言之興其後必誠有此事明訛言非徒興也凡候歲美惡謹候歲始
〔補注〕先謙曰官本凡下提行歲始或冬至日產氣始萌〔補注〕先謙曰產氣生氣也大宗伯注生其種曰
產臘明日人衆卒歲壹會飲食發陽氣〔補注〕沈欽韓曰荊楚歲時記十二月八日爲臘日諺
曰臘鼓鳴春草生四民月令云過臘一日謂之小歲拜賀君親進椒酒故曰初歲正月旦王者歲首
立春四時之始也四始者候之日〔補注〕先謙曰歲首正月旦日及立春共爲四始迺候歲吉凶之
日也而漢魏鮮集臘明正月旦決八風孟康曰魏鮮人姓名作占候者也〔補注〕朱一新曰臘明謂
臘明日也天官書占歲則魏鮮先謙曰官本注末無也字占經候星善惡占引漢魏鮮正月朔旦八風占集與輯同謂綴合成書
風從南大旱西南小旱西方有兵西北戎叔爲孟康曰戎叔胡豆也爲成也〔補注〕吳
仁傑曰春秋齊侯來獻戎捷穀梁曰戎叔也疏謂管子以戎爲豆然戎叔自后稷時有之非始於齊侯詩曰藝之荏菽爾雅曰戎菽
謂之荏菽郭璞樊光舍人李巡皆云胡豆孫炎云大豆也詩正義謂璞等以戎是夷名故以爲胡豆郎如郭言齊威始布其種則后
稷所種者何時絕乎禮有戎車不可謂之胡車然則戎叔當謂大豆孟說非也沈欽韓曰通卦驗清明風當至不至菽豆不爲與此

爲字義同天文訓禾不爲董子五行順逆篇魚大爲並同也小雨趣兵〔補注〕先謙曰索隱趣音促風從西北來則戎叔
成而又有小雨則其國趣兵起也集解引徐廣云一無小雨字案八風占云西北來有邊兵野豆成野豆成郎戎叔爲也有邊兵
郎趣兵也似無小雨二字是北方爲中歲〔補注〕先謙曰八風占云北來爲中歲有水東北爲上歲韋昭
曰上歲大穰〔補注〕先謙曰官本無注東方大水東南民有疾疫歲惡故八風各與其
衝對課多者爲勝多勝少久勝亟疾勝徐〔補注〕先謙曰廣雅釋言課第也以八方相衝之
風對次第其多少久亟疾徐以定勝負旦至食爲麥食至日跌爲疾〔補注〕錢大昭曰南雍本跌作昳
疾作稷朱一新曰天官書跌作昳說文無昳字新附有之云日昃也大司徒先鄭注景夕謂日跌景釋文跌徒結反左昭五年傳正
義曰跌謂蹉跌而下也玉篇晛訓日跌博雅昃跌也並作跌疾汪本作稷是先謙曰官本疾作稷天官書亦作稷跌至餔
爲黍餔至下餔爲叔下餔至日入爲麻〔補注〕先謙曰占風者以其時知五穀之美惡欲
終日有雲有風有日當其時深而多實〔補注〕先謙曰言欲正月旦終一日有雲風日則一歲
中五穀熟無災害天官書終日下有有雨二字既欲終日有日何又欲終日有雨明二字衍亡雲有風日當其
時淺而少實有雲風亡日當其時深而少實有日亡雲不風當其

時者稼有敗如食頃小敗孰五斗米頃大敗風復起有雲其稼復
起各以其時用雲色占種所宜雨雪寒歲惡是日光明聽都邑人
民之聲聲宮則歲美吉〔補注〕先謙曰天官書美作善商有兵徵旱羽水角歲惡
或從正月旦比數雨〔補注〕先謙曰從旦日比而數之以雨卜歲之法也率日食一升至七
升而極孟康曰正月一日雨而民有一升之食二日雨民有二升之食如此至七日已來驗也〔補注〕沈欽韓曰齊民要術淮
南術曰從冬至日數至來年正月朔日五十日者民食足不滿五十日者日減一斗有餘日日益一斗亦其類也過之不
占數至十二日直其月占水旱孟康曰一日雨正月水也〔補注〕先謙曰天官書直上更有日字文義
較明爲其環域千里內占郎爲天下候竟正月孟康曰月三十日周天歷二十八宿然後
可占天下〔補注〕先謙曰言爲其國占如上所云若爲天下占候當竟正月也天官書郎爲天下作則其爲天下郎與則古通用則其
爲天下者若其爲天下也則與若同義上文風復起有雲天官書作則風復起有雲則亦訓若王氏史記雜志言之甚詳而於此獨
遺之月所離列宿日風雲占其國然必察太歲所在〔補注〕先謙曰索隱韋昭云離歷
也天官書在下更有在字金穰水毀木飢火旱此其大經也正月上甲風從東

方來宜蠶從西方來若旦有黃雲惡〔補注〕先謙曰謂歲惡也冬至短極縣土
炭孟康曰先冬至三日縣土炭於衡兩端輕重適均冬至而陽氣至則炭重夏至陰氣至則土重晉灼曰蔡邕歷律記候鍾律權
土炭冬至陽氣應黃鍾通土炭輕而衡仰夏至陽氣應蕤賓通土炭重而衡低進退先後五日之中〔補注〕先謙曰官本注歷律作律
歷夏至陽氣應陽作陰是天官書引同冬至下而字作日炭動麋鹿解角〔補注〕先謙曰說文麋鹿屬中山經注麋似
鹿而大故麋亦謂之麋鹿冬至麋解角也若鹿則以夏至角解天官書奪麋字則義舛矣蘭根出泉水躍略以
知日至要決晷景〔補注〕先謙曰以晷景知日至上文云日之遠近難知要以晷景是也而縣炭四事亦略可爲要
決之助夫天運〔補注〕先謙曰官本夫下提行三十歲一小變百年中變五百年大
變三大變一紀三紀而大備此其大數也春秋二百四十二年間
日食三十六彗星三見夜常星不見〔補注〕先謙曰恆作常避文帝諱夜中星隕如
雨者各一當是時禍亂輒應周室微弱上下交怨殺君三十六〔補注〕朱一新曰殺同弒古書弒殺多通用亡國五十二諸侯奔走不得保其社稷者不可
勝數自是之後衆暴寡大并小秦楚吳粵夷狄也爲彊伯田氏篡

叁〔補注〕先謙曰官本叁作參下並同 三家分晉並爲戰國爭於攻取兵革遞起城邑數屠因㠯飢饉疾疫愁苦臣主共憂患其察禨祥候星氣尤急如淳曰呂氏春秋荆人鬼越人禨今之巫祝禱祠淫祀之比也晉灼曰禨音珠璣之璣〔補注〕先謙曰官本無晉下九字 近世十二諸侯七國相王〔補注〕先謙曰十二者史記所表十二諸侯七國謂七雄也證以天官書甚明正義以爲漢世吳楚七國謬矣 言從橫者繼踵而占天文者因時務論書傳〔補注〕朱一新曰占天文者天官書作皋唐甘石謂趙尹皋楚唐昧齊甘德魏石申夫 故其占驗鱗雜米鹽亡可錄者〔補注〕先謙曰天官書鱗作凌正義凌雜交亂也米鹽細碎也 周卒爲秦所滅始皇之時十五年間彗星四見久者八十日長或竟天後秦遂㠯兵內兼六國外攘四夷死人如亂麻又熒惑守心及天市芒角色赤如雞血始皇既死適庶相殺二世卽位殘骨肉戮將相太白再經天因㠯張楚並興〔補注〕周壽昌曰張楚陳涉號並興兼項羽之楚而言 兵相跆籍蘇林曰跆音臺登躡也或作蹈〔補注〕先謙曰官本無登至蹈六字天官書作駘藉集解引蘇注亦作駘駘籍並通假字 秦遂㠯亡項羽救鉅鹿枉矢西流枉矢所觸天下之所伐射滅亡象也物莫直於矢今蛇行不能直而枉者執矢者亦不正㠯象項羽執政亂也羽遂合從阬秦人屠咸陽凡枉矢之流㠯亂伐亂也 漢元年十月五星聚於東井〔補注〕先謙曰高紀同 㠯歷推之從歲星也李奇曰歲星先至爲主也〔補注〕劉攽曰案歷太白辰星去日率不能一兩次耳今十月而從歲星於東井非理然則五星以秦之十月聚東井耳秦之十月今七月日當在鶉尾故太白辰星得從歲星也王引之曰此用崔浩前三月聚東井之說見辨其實非也下文客謂張耳曰東井秦地漢王入秦五星從歲星聚當以義取天下是五星聚東井在入秦之月高紀曰秦三年九月趙高立二世兄子子嬰爲秦王下遂云元年冬十月五星聚于東井沛公至霸上秦王子嬰封皇帝璽符節降枳道旁是入秦在十月上與九月相接非建亥之月而何若七月則沛公猶未入秦不足爲受命之符矣史記張蒼傳蒼爲計相時緒正律歷以高祖十月始至霸上因故秦時以十月爲歲首弗革若以十月爲今七月則非秦之歲首矣據秦楚之際月表歲首建十月而終于九月其弟四月避諱改正月爲端月漢高惠文景紀及武紀元封六年以前正月皆在弟四月無以十月爲正月者亦無以七月爲十月者葢秦用顓頊厤自正月建寅至十二月建丑未嘗易其次也豈得謂秦之十月今七月乎見辨

高紀春正月下十月五星聚東井乃事之必無者高允以爲史官欲神其事不復推之於理見辨是也必欲強爲之說以遷就之則謬矣 此高皇帝受命之符也故客謂張耳曰東井秦地〔補注〕錢大昭曰井南雍本閩本作井先謙曰官本作井是 漢王入秦五星從歲星聚當㠯義取天下〔補注〕先謙曰上文云從歲以義 秦王子嬰降於枳道漢王㠯屬吏寶器婦女亡所取閉宮封門還軍次于霸上㠯候諸侯與秦民約法三章民亡不歸心者可謂能行義矣天之所予也五年遂定天下卽帝位此明歲星之崇義東井爲秦之地明効也〔補注〕先謙曰官本効作效 三年秋太白出西方有光幾中晉灼曰幾中近踰身〔補注〕先謙曰官本注末有也字 乍北乍南過期迺入辰星出四孟韋昭曰法當出四仲出四孟爲易主之象也〔補注〕沈欽韓曰天文訓辰星正四時常以二月春分効奎婁以五月夏至効東井輿鬼以八月秋分効角亢以十一月冬至効斗牽牛先謙曰紀不載又是年星孛大角入五行志 是時項羽爲楚王而漢已定三秦與相距滎陽太白出西方有光幾中是秦地戰將勝而漢國將興也〔補注〕朱一新曰汪本無國字 辰星出四孟易王之表也〔補注〕朱一新曰汪本王作主先謙曰官本作主也下誤重也字 後二年漢滅楚 七年月暈圍參畢七重占曰畢昴間天街也街北胡也街南中國也昴爲匈奴參爲趙畢爲邊兵是歲高皇帝自將兵擊匈奴至平城爲冒頓單于所圍七日迺解〔補注〕先謙曰天官書索隱七重者主七日也 十二年春熒惑守心李奇曰心爲天王也 四月宮車晏駕應劭曰天子當晨起早作而方崩殞故稱晏駕云韋昭曰凡初崩爲晏駕者臣子之心猶爲宮車當駕而出耳〔補注〕朱一新曰汪本注猶下爲作謂先謙曰官本作謂爲謂字 孝惠二年天開東北廣十餘丈長二十餘丈地動陰有餘天裂陽不足皆下盛彊將害上之變也其後有呂氏之亂〔補注〕先謙曰以上不入紀 孝文後二年正月壬寅天欃夕出西南孟康曰歲星之精 占曰爲兵喪亂其六年十一月匈奴入上郡雲中漢起三軍㠯衞京師其四月乙

已水木火三合於東井占曰外內有兵與喪改立王公東井秦也八月天狗下梁壄是歲誅反者周殷長安市其七年六月文帝崩其十一月戊戌土水合於危占曰爲雍沮〔補注〕朱一新曰水與土合爲雍沮見上所當之國不可舉事用兵必受其殃一曰將覆軍危齊也其七月火東行行畢陽〔補注〕沈欽韓曰陽天街之南也天象志月蝕在畢直徵垣之陽又云月再犯畢陽皆謂街南環畢東北出而西逆行至昴卽南迺東行占曰爲喪死寇亂畢昴趙也〔補注〕先謙曰以上不入紀是年星孛西方入五行志

孝景元年正月癸酉金水合於婺女占曰爲變謀爲兵憂婺女粵也又爲齊其七月乙丑金木水三合於張占曰外內有兵與喪改立王公張周地今之河南也又爲楚其二年七月丙子〔補注〕先謙曰下云十二月三月此七月是十月之譌是時尚以十月爲歲首不當先七月也火與水晨出東方因守斗占曰其國絕祀至其十二月水火合於斗占曰爲淬〔補注〕朱一新曰火與水合爲淬見上

不可舉事用兵必受其殃一曰爲北軍〔補注〕先謙曰兵敗北也見上用兵舉事大敗斗吳也又爲粵是歲彗星出西南其三月立六皇子爲王〔補注〕朱一新曰王下空格蓋脫文汪本重王字是先謙曰官本重王字原空淮陽汝南河閒臨江長沙廣川其三年吳楚膠西膠東淄川濟南趙七國反吳楚兵先至攻梁膠西膠東淄川三國攻圍齊漢遣大將軍周亞夫等戍止河南㠯候吳楚之敝遂敗之吳王亡走粵粵攻而殺之平陽侯敗三國之師于齊咸伏其辜〔補注〕錢大昕曰是時擊齊者爲將軍欒布平陽侯則布之副也見齊悼惠王傳平陽侯師古以爲曹襄小司馬則以爲曹奇當從小司馬齊王自殺漢兵㠯水攻趙城城壞王自殺六月立皇子二人楚元王子一人爲王王膠西中山楚徙濟北爲淄川王淮陽爲魯王汝南爲江都王七月兵罷天狗下占爲破軍殺將狗又守禦類也天狗所降㠯戒守禦吳楚攻梁梁堅城守遂伏尸流血其下〔補注〕先謙曰景紀二年星孛西南餘不載史記景紀八月彗星出西北熒惑逆行守北辰月出北辰間歲星逆行天庭中

三年填星在婁幾入還居奎奎魯也占曰其國得地爲得填是歲魯爲國

四年七月癸未火入東井行陰〔補注〕沈欽韓曰謂黃道之北晉志井天之南門黃道所經又㠯九月己未入輿鬼戊寅出占曰爲誅罰又爲火災後二年有粟氏事其後未央東闕災

中元年填星當在觜觿參去居東井占曰亡地不迺有女憂其三年〔補注〕王念孫曰中三年在下文則此三年當作二年也占經彗星占中引此正作中二年正月丁亥金木合於觜觿爲白衣之會三月丁酉彗星夜見西北色白長丈在觜觿且去益小〔補注〕錢大昭曰且南雍本閩本作旦先謙曰官本作旦王念孫云案旦當爲且且將也言始出長丈將去則益小至十五日則不見也下文云流星始出小且入大卽其證占經引此正作且去十五日不見占曰必有破國亂君伏死其辜觜觿梁也其五月甲午金木俱在東井戉金去木留守之〔補注〕朱一新曰戉汪本作戊戌是甲午至戊戌凡五日先謙曰官本作戊戌二十日占曰

傷成於戉木爲諸侯誅將行於諸侯也〔補注〕先謙曰官本戉作戌王念孫云案戌當依景祐本作戉戉古鉞字故曰誅將行於諸侯上文傷成戉今本戉譌作戌天官書作鉞是其證上文兩斧戉字亦譌作戌皆當依景祐本作戉其六月壬戌蓬星見西南〔補注〕先謙曰占經引荊州占云蓬星一名王星狀如夜火之光多卽至四五少卽一二一曰蓬星在西南修數丈左右兌出而易處志與後說合在房南去房可二丈大如二斗器色白癸亥在心東北可長丈所甲子在尾北可六丈丁卯在箕北近漢稍小且去時大如桃〔補注〕錢大昭曰且閩本作旦先謙曰官本作旦王念孫云案旦亦當爲且占經妖星占中引此亦作且去御覽咎徵部二同壬申去凡十日占曰蓬星出必有亂臣房心閒天子宮也是時梁王欲爲漢嗣使人殺漢爭臣袁盎漢桉誅梁大臣〔補注〕先謙曰桉官本作按斧戉用梁王恐懼布車入關伏斧戉謝罪然後得免〔補注〕先謙曰以上不入紀

中三年十一月庚午夕金火合於虛相去一寸占曰爲鑠爲喪〔補注〕朱一新曰火與金合爲鑠見上先謙曰紀不載惟書九月星孛西北虛齊也

四年四月丙申金木合於東井占曰爲白衣之會非秦也【補注】錢大昭曰非南雍本閩本作井朱一新曰汪本作井是也先謙曰官本作井紀不載其五年四月乙巳水火合於參占曰國不吉參梁也其六年四月梁孝王死五月城陽王濟陰王死六月成陽公主死出入三月天子四衣白臨邸第

後元年五月壬午火金合於輿鬼之東北不至柳出輿鬼北可五寸占曰爲鑠有喪輿鬼秦也丙戌地大動鈴鈴然民大疫死棺貴至秋止【補注】先謙曰紀書地震廣雅釋訓鈴鈴聲也詩盧令令傳令令纓環聲疏作鈴鈴文選游天台山賦振金策之鈴鈴注鈴鈴策聲蓋策上綴金其聲令丁故亦以鈴鈴爲況此則以鈴鈴狀地動聲也

孝武建元三年三月有星孛於注張歷太微干紫宮至於天漢【補注】錢大昭曰注即柳也釋天咮謂之柳律書注者言萬物之始衰陽氣下注故曰注索隱注咮也天官書柳爲鳥注先謙曰紀不載春秋星孛於北斗齊魯晉之君皆將死亂【補注】王先慎曰文十四年秋七月有星孛入于北斗左傳周內史叔服曰不出七年宋齊晉之君皆將死亂杜注後三年宋弒昭公五年齊弒懿公七年晉弒靈公是魯爲宋字之誤今星孛歷五宿其後濟東膠西江都王皆坐法削黜自殺淮陽衡山謀反而誅

三年四月有星孛於天紀至織女占曰織女有女變天紀爲地震至四年十月而地動其後陳皇后廢【補注】先謙曰紀不載惟書七月星孛西北六年熒惑守輿鬼占曰爲火變有喪是歲高園有火災竇太后崩【補注】先謙曰官本六年提行紀不載書八月星孛東方五行志書星孛東北

元光元年六月客星見于房占曰爲兵起其二年十一月單于將十萬騎入武州漢遣兵三十餘萬㠯待之元光中天星盡搖上㠯問候星者對曰星搖者民勞也後伐四夷百姓勞于兵革【補注】先謙曰官本元光中提行紀並不載

元鼎五年太白入于天苑占曰將㠯馬起兵也一曰馬將㠯軍而死耗其後㠯天馬故誅大宛馬大死於軍【補注】先謙曰紀不載書元狩三四年星變四年入五行志

元鼎中熒惑守南斗占曰熒惑所守爲亂賊喪兵守之久其國絕祀南斗越分也其後越相呂嘉殺其王及太后漢兵誅之滅其國【補注】先謙曰紀不載

元封中星孛于河戍占曰南戍爲越門北戍爲胡門其後漢兵擊拔朝鮮㠯爲樂浪玄菟郡朝鮮在海中越之象也居北方胡之域也【補注】錢大昕曰南戍北戍皆戍字之譌東井西曲星曰戍戍北三星爲北河南三星爲南河所謂南戍北戍也天官書朝鮮之拔星茀於河戍盩亦戍字俗儒不通六書譌寫爲戒僧一行因有兩戒之說謂天下山河之象存乎兩戒且引星傳北戒爲胡門南戒爲越門之文不知爲戍之譌也先謙曰王氏引之史記雜志云單行索隱本及宋本游本並作河戒王本河下缺一字載索隱云天文志武帝元封之中星孛于河戍束遇反今本漢志誤作戌亥之戌占云南戍爲越門北戍爲胡門又曰其河戍即南河北河也字並作戍朱本越本正文作戒所載索隱皆作戍與王本同若汲本及毛刻單行索隱本則皆改爲戒矣引之案作戍者是也說文戍守邊也戍訓守邊故南戍爲越門北戍爲胡門晉隋志並云南河曰南戍北河曰北戍占經南北河戍字前後百餘見皆作戍不作戒其歲星熒惑太白辰星四占並引石氏曰守南河戍蠻夷兵起邊戍有憂太白占引甘氏曰太白守北河戍邊戍有謀流星占引巫咸曰流星犯南河蠻夷兵起防戍有憂彗星占引海中占曰彗星犯南河蠻越將起邊戍有憂然則河戍之戍本作邊戍字明甚上文鉞北北河南南河正義云南河三星北河三星分夾東井南北置而爲戍今本正義戍作戒後人所改戍可證置戒不可證置也南河南戍一曰陽門一曰越門北河北戍一曰陰門一曰胡門置而爲戍者謂置守邊之亭障也故占經石氏中官引黃帝占曰南北河戍一名天高一名天亭義取戍邊之人登高亭以候望也唐志略云一行以爲天下山河之象存於兩戍北戍所以限戎狄南戍所以限蠻夷故星傳北戍爲胡門南戍爲越門案一行所論正取邊戍之義且一行開元中受詔治新歷與司馬貞張守節及作占經之瞿曇悉達皆同時人斷無諸家河戍字不誤而一行獨誤作戒之理自傳寫誤戒文義遂不可通淺人反以作戒者爲正文而改史記之河戍以從之則惑矣惟漢晉隋志未改且戒界二字古不同聲唐以前書無以此二字通用者後人不知戒爲戍之譌而以兩戒爲兩界則誤之又誤也戒於古音屬志部界從介聲屬祭部自顧書以戒界爲一音而宋人遂以兩戒爲兩界矣志祭二部古不相通說見經義述聞總不可用也下錢氏史記攷異誤從作戒之本至作養新錄又謂戒當爲戉戉古鉞字並欲改漢志河戍爲戉案北河在鉞北南河在鉞南則鉞非南北河不得謂南北河爲河鉞也占經石氏中官占引郗萌曰兩河戍與戉俱爲帝闕上爲邊戍之戍下爲斧戉之戉較然甚明若改作兩河戉則不須更言與戉矣且戉止一星何得稱兩河戉乎錢說非也先謙案王說甚晰當從之惟志中河戍南戍北戍之戍南監毛本官本並無誤作戌亥之戌者或所據遞坊行本漢書耳不可不辨星變武紀不載

前漢二十六 至

太初中星孛于招搖。傳曰：「客星守招搖，蠻夷有亂，民死君。」其後漢兵擊大宛，斬其王。招搖，遠夷之分也。［補注］錢大昭曰：傳上南雍本、閩本有星字。朱一新曰：汪本有星字，此脫。先謙曰：官本有星字。紀不載。

孝昭始元中，漢宦者梁成恢及燕王候星者吳莫如見蓬星出西方天市東門，行過河鼓，入營室中。恢曰：「蓬星出六十日，不出三年，下有亂臣戮死於市。」後太白出西方，下行一舍，復上行二舍而下去。太白主兵，上復下，將有戮死者。後太白出東方，入咸池，東下入東井。人臣不忠，有謀上者。後太白入太微西藩第一星，北出東藩第一星，北東下去。太微者，天廷也，［補注］先謙曰：官本廷作庭，下同。太白行其中，宮門當閉，大將被甲兵，邪臣伏誅。熒惑在婁，逆行至奎，法曰「當有兵」。後太白入昴。莫如曰：「蓬星出西方，當有大臣戮死者。太白星入東井太微廷，出東門，漢有死將。」後熒惑出東方，守太白。兵當起，主人不勝。後流星下燕萬載宮極，東去，李奇曰：極，屋梁也。三輔間名爲極。或曰：極，棟也。三輔間名棟爲極。尋棟東去也。廷篤謂之堂前闌楯也。［補注］朱一新曰：注廷汪本作延，是。延篤，後書有傳。先謙曰：官本作延。法曰「國恐，有誅」。［補注］先謙曰：莫如爲燕臣，故稱漢稱國。星變紀不載，書後元二年星孛東方。其後左將軍桀、票騎將軍安與長公主、燕剌王謀作亂，咸伏其辜，兵誅烏桓。

元鳳四年九月，客星在紫宮中斗樞極間。［補注］王念孫曰：樞上本無斗字。樞，左右樞也。極，北極也。北極五星在紫宮中，而左樞、右樞爲紫宮前門，故曰在紫宮中樞極間。後人以樞爲北斗第一星，故加斗字，不知北斗在紫宮外，不得言紫宮中斗樞極間也。占經客星占七引此無斗字。占曰：「爲兵。」其五年六月，發三輔郡國少年詣北軍。五年四月，燭星見奎、婁間。占曰：「有土功，胡人死，邊城和。」其六年正月，築遼東玄菟城。二月，度遼將軍范明友擊烏桓還。

元平元年正月庚子，日出時有黑雲，狀如猋風亂鬊，音舜。［補注］葉德輝曰：士喪禮釋文音舜，又引劉音旬，疑此音上奪師古曰三字。先謙曰：官本猋作炎。案猋當從三犬，亦不從火。猋，飆之通借字。猋風卽飆風也。釋天郭注：猋，暴風從下上。士喪禮巾柶鬊蚤，釋文：鬊，亂髮也。轉出西北，東南行，轉而西，有頃亡。占曰：「有雲如衆風，是謂風師，法有大兵。」其後兵起烏孫，五將征匈奴。［補注］先謙曰：以上不入紀。

二月甲申，晨有大星如月，有衆星隨而西行。乙酉，牂雲如狗，［補注］沈欽韓曰：晉志妖氣二曰牂雲，如狗，爲亂君，爲兵喪。赤色，長尾三枚，夾漢西行。大星如月，大臣之象，衆星隨之，衆皆隨從也。天文以東行爲順，西行爲逆，此大臣欲行權以安社稷。占曰：「太白散爲天狗，爲卒起。［補注］朱一新曰：卒起，星名，太白之星精散而爲天狗及卒起，見史正義。卒起見，禍無時，臣運柄。牂雲爲亂君。」到其四月，［補注］朱一新曰：到猶至也，與下文到其四年正月、二月、三月同例。昌邑王賀行淫辟，立二十七日，大將軍霍光白皇太后廢賀。［補注］先謙曰：紀書大星西行、天狗及下流星不載。

三月丙戌，流星出翼、軫東北，于太微，入紫宮。［補注］朱一新曰：汪本于作干，是。先謙曰：官本作干。始出小，且入大，有光。［補注］先謙曰：官本且作旦，說見上。入有頃，聲如雷，三鳴止。占曰：「流星入紫宮，天下大凶。」其四月癸未，宮車晏駕。

孝宣本始元年四月壬戌甲夜，辰星與參出西方。其二年七月辛亥夕，辰星與翼出，皆爲蚤。占曰「大臣誅」。其後熒惑守房之鉤鈐。鉤鈐，天子之御也。晉灼曰：上言房爲天駟，其陰右驂，旁有二星曰鈐，故曰天子御也。占曰：「不太僕，則奉車，［補注］周壽昌曰：不猶非也。言非太僕卽奉車當之。不黜卽死也。」房、心，天子宮也。房爲將相，心爲子屬也。其地宋，今楚彭城也。

四年七月甲辰，辰星在翼，月犯之。［補注］宋祁曰：翼下當添軫字。先謙曰：翼、軫各爲宿，宋說謬甚。又此占以辰星爲主，占經引帝覽嬉云：月犯辰星，兵大起，上卿死。與此正同也。占曰：「兵起，上卿死，將相也。」是日，熒惑入輿鬼天質。占曰：「大臣有誅者，名曰天賊在大人之側。」［補注］先謙曰：以上不入紀。

地節元年正月戊午乙夜，月食熒惑，孟康曰：凡星入月，見月中，爲星食月；月奄星，星滅，爲月食星。［補注］朱一新曰：此注當在上文月食五星下，今上文無注，是小顏之疏也。熒惑在角、亢。占曰：「憂在宮中非賊而盜也有內亂讒臣在旁其辛酉熒惑入氐中氐天子之宮熒惑入之有賊臣其六月戊戌甲夜客星又居左右角間東南指長可二尺色白占曰有姦人在宮廷間其丙寅又有客星見貫索東北南行至七月癸酉夜入天市芒炎東南指其色白占曰有戮卿一曰有戮王期皆一年遠二年是時楚王延壽謀逆自殺〔補注〕先謙曰官本連下文是

四年故大將軍霍光夫人顯將軍霍禹范明友奉車霍山及諸昆弟賓婚爲侍中諸曹九卿郡守皆謀反咸伏其辜〔補注〕先謙曰紀不載書正月星孛西方及神爵元年星孛東方是歲星孛入五行志

黃龍元年三月客星居王梁東北可九尺長丈餘西指出閣道間至紫宮其十二月宮車晏駕〔補注〕先謙曰王梁卽王良宣紀同

元帝初元元年四月客星大如瓜色青白在南斗第二星東可四尺占曰爲水飢其五月勃海水大溢六月關東大飢民多餓死琅邪郡人相食

二年五月客星見昴分居卷舌東可五尺青白色炎長三寸占曰天下有妄言者其十二月鉅鹿都尉謝君男詐爲神人論死父免官孟康曰姓謝名君男者兒也不記其名直言男耳〔補注〕先謙曰以上不入紀

五年四月彗星出西北赤黃色長八尺所後數日長丈餘東北指在參分後二歲餘西羌反〔補注〕王念孫曰上文言七國反則幷及漢滅七國事言南越及滅南越事下文言夜郎王歆大逆不道則幷及捕殺歆事此不當但言西羌反而不及平羌事也占經彗星占中引此文云西羌反右將軍奉世擊平之今本脫八字當補入先謙曰紀書有星孛於參

孝成建始元年九月戊子有流星出文昌色白光燭地長可四丈大一圍動搖如龍蛇形有頃長可五六丈大四圍所詘折委曲貫紫宮西在斗西北子亥間後詘如環北方不合留一合所〔補注〕朱一新曰汪本一合作一刻是先謙曰官本作刻占曰文昌爲上將貴相是時帝舅王鳳爲大將軍其後宣帝舅子王商爲丞相皆貴重任政鳳妒商譖而罷之商自殺親屬皆廢黜〔補注〕先謙曰紀書此及星孛營室星孛入五行志

四年七月熒惑隃歲星居其東北半寸所如連李〔補注〕周壽昌曰連李卽連理也時歲星在關星西四尺所〔補注〕沈欽韓曰天關一星在五車東南畢西北天門也熒惑初從畢口大星東東北往數日至往疾去遲〔補注〕錢大昭曰上往閩本作注先謙曰官本上往作住占曰熒惑與歲星鬭有病君飢歲至河平元年三月旱傷麥民食榆皮二年十二月壬申太皇太后避時昆明東觀如淳曰食貨志武帝修昆明池列觀環之或曰卽病謝君男故避其時〔補注〕劉奉世曰謝君男死在初元二年太后避時乃河平二年云病何也或說未曉沈欽韓曰史記呂不韋傳太后詐卜當避時徙宮居雍論衡辨祟篇占射事者曰宅有盛衰若歲破直符不知避也夫如是宅盛卽留衰則避之及歲破直符輒舉家移此避時者謂所居衝對於己有刑也後書魯丕傳趙王商嘗欲避疾便時移住學宮丕止不聽奏曰禮諸侯薨於路寢死生有命未有逃避之典也潛夫論浮侈篇巫祝熒惑百姓至使奔走便時去離正宅崎嶇路側風寒所傷姦人所利晉書庾翼傳自武昌移鎭襄陽議者謂其避衰避衰卽避時也周壽昌曰太皇太后邛成王太后也避時避與熒惑觸犯之時因其占有病君也安帝時皇太子驚病不安避幸乳母野王君王聖舍太子廚監邴吉以爲聖舍新繕修犯土禁不可久御見後書來歷傳此足與避時之說相證

十一月乙卯月食塡星星不見時在輿鬼西北八九尺所占曰月食塡星流民千里〔補注〕先謙曰官本連下文是十一月上有四年二字

河平元年三月流民入函谷關

河平二年〔補注〕錢大昭曰前已云河平元年矣此河平二字疑衍十月下旬塡星在東井軒轅南耑大星尺餘歲星在其西北尺所熒惑在其西北二尺所皆從西方來塡星貫輿鬼先到歲星次熒惑亦貫輿鬼十一月上旬歲星熒惑西去塡星皆西北逆行占曰三星若合是謂驚位是謂絕行外內有兵與喪改立王公其十一月丁巳夜郎王歆大逆不道牂柯太守立捕殺歆〔補注〕先謙曰官本連下文是

三年九月甲戌，東郡莊平男子侯毋辟兄弟五人羣黨爲盜〔補注〕劉攽曰莊乃茌朱一新曰毋汪本作毌攻燔官寺縛縣長吏盜取印綬自稱將軍三月辛卯左將軍千秋卒〔補注〕朱一新曰弋陽侯任千秋見百官表右將軍史丹爲左將軍

四年四月戊申梁王賀薨

陽朔元年七月壬子月犯心星占曰其國有憂若有大喪房心爲宋今楚地十一月辛未楚王友薨

四年閏月庚午飛星大如缶出西南入斗下占曰漢使匈奴明年鴻嘉元年正月匈奴單于雕陶莫皋死五月甲午遣中郎將楊興使弔

永始二年二月癸未夜東方有赤色大三四圍長二三丈索索如樹南方有大四五圍〔補注〕劉奉世曰有字下當有氣字或色字脫也錢大昭曰閩本赤下有白字王念孫曰東方有赤白色下亦當有氣字而今本脫之下文東方客之變氣狀如樹木正承此氣字而言御覽咎徵部四氣下引此作東方有赤白色氣是其證又下文一日有兩氣同時起兩氣二字兼上文東南兩方而言則南方有下所脫亦是氣字非色字朱一新曰汪本赤下有白字先謙曰索索猶瑟瑟也索瑟一聲之轉故蕭索或爲蕭瑟索居或爲瑟居其義同也詩旱麓瑟彼柞棫傳瑟衆貌釋名釋樂器瑟施弦張之瑟瑟然也此云索索如樹蓋不獨以狀言且兼聲言矣下行十餘丈皆不至地滅占曰東方客之變氣狀如樹木以此知四方欲動者明年十二月己卯尉氏男子樊並等謀反賊殺陳留太守嚴普及吏民出囚徒取庫兵劫略令丞自稱將軍皆誅死庚子山陽鐵官亡徒蘇令等殺傷吏民篡出囚徒取庫兵聚黨數百人爲大賊踰年經歷郡國四十餘一日有兩氣同時起並見而並令等同月俱發也〔補注〕先謙曰以上不入紀惟是年星隕見紀及五行志

元延元年四月丁酉日餔時天曜晏殷殷如雷聲有流星頭大如缶長十餘丈皎然赤白色從日下東南去四面或大如盂或如雞子燿燿如雨下至昏止郡國皆言星隕春秋星隕如雨爲王者失埶諸侯起伯之異也其後王莽遂顓國柄王氏之興萌於成帝〔補注〕錢大昭曰南監本閩本帝下有時字朱一新曰汪本有時字先謙曰官本有時字是以有星隕之變後莽遂篡國〔補注〕先謙曰星隕不入紀惟星孛見紀及五行志

綏和元年正月辛未有流星從東南入北斗長數十丈二刻所息占曰大臣有繫者其年十一月庚子定陵侯淳于長坐執左道下獄死

二年春熒惑守心二月乙丑丞相翟方進欲塞災異自殺二月丙戌宮車晏駕〔補注〕朱一新曰乙丑成紀百官表俱作壬子二月丙戌汪本作三月是成紀亦作三月先謙曰官本作三月以上不入紀

哀帝建平元年正月丁未日出時有著天白氣廣如一匹布長十餘丈西南行讙如雷西南行一刻而止〔補注〕王念孫曰下西南行三字涉上文而衍御覽咎徵部二引無此三字一刻而止本作一刻所止此後人不知所字之義而妄改之也一刻所猶言一刻許[illegible]言讙聲如雷者一刻許而止也上文云有流星在斗西北子亥間留一刻所又曰有流星從東南入北斗二刻所息皆其證也檀弓注封高尺所正義曰所是不定之辭游俠傳曰原涉居谷口半歲所史記倉公傳曰受讀解驗之可一年所並與此所字同義占經妖星占中引此正作一刻所止名曰天狗傳曰言之不從則有大禍詩妖到其四年正月二月三月民相驚動讙譁奔走傳行詔籌祠西王母又曰從目人當來〔補注〕葉德輝曰從讀如從橫之從人爲橫目之類從目則爲妖先謙曰官本連下文十二月白氣出西南〔補注〕先謙曰官本攷證云監本十上衍建平元年四字從宋本删去從地上至天出參下貫天廁廣如一匹布長十餘丈十餘日去占曰天子有陰病其三年十一月壬子太皇太后詔曰皇帝寬仁孝順奉承聖緒靡有解怠而久病未瘳夙夜惟思殆繼體之君不宜改作春秋大復古其復甘泉泰畤汾陰后土如故

二年二月彗星出牽牛七十餘日傳曰彗所以除舊布新也牽牛

日月五星所從起歷數之元三正之始彗而出之改更之象也其出久者爲其事大也其六月甲子夏賀良等建言當改元易號增漏刻詔書改建平二年爲太初元將元年補注先謙曰官本脫元將二字號曰陳聖劉太平皇帝刻漏以百二十爲度八月丁巳悉復蠲除之賀良及黨與皆伏誅流放其後卒有王莽篡國之禍

元壽元年十一月歲星入太微逆行干右執法占曰大臣有憂執法者誅若有罪二年十月戊寅高安侯董賢免大司馬位歸第自殺補注先謙曰以上不入紀惟建平三年書星孛

西步天歌先謙曰丹元子步天歌宋志宋之新法三垣二十八宿所統諸座與丹元不同新增諸星中法所無恆星有無增減亦與皆歌時有不合此歌垣宿諸座一依新法星名詳備故坿載備攷惟積數閒有不明因取儀象攷成後編恆星之數加案於下庶幾適用明史天文志所采徐光啟崇禎歷書星數與此歌亦未盡合較其同異咸坿注焉

紫微垣歌垣高先論極出地北向須尋不動處欲知眞極本無星列宿皆旋斯獨異近極小星強名極后宮庶子遙相類帝星最明太子次連極五星作斜勢案今庶子四三共入帝下陰德橫兩烏案今三極下四輔承四細案今五句陳七星中甚明案今十六離極三度認最易句陳柄曲句更曲句內微星天皇帝案今一太子上有無名星下

方左樞少宰備案今左樞少宰各一上宰少弼與上弼案今上宰少弼上弼各一少衛上衛連少丞案今少衛九衛四少丞二上其中五位皆朗朗上下衛丞弼次明右邊右樞與左對案今一太乙天乙顯微精案今天乙太乙各一少尉上輔次少輔案今少輔各三上衛少衛共上丞案今上衛少衛上丞各一四少左弼之內五尙書案今七一微一顯三潛行尙書之後小明二左柱右女皆史稱案今三女史柱案今二史一上少丞間曰華蓋四黑兩兩遮北門案今華蓋六星杠九今華蓋七杠有四明志與歌合十弼外六星名天棓其曲似斗雜氣星扶筐四星三與志略暗合扶筐原屬七女星案今十四與一天五天廚五星長方形承六案今星九天鉤五原與志天歌屬合二巨三小近少弼後有一顆無能名六星仰承名天鉤案今五三暗三錯雜陳志迤北第三光獨熒河中六星名造父案今十遙明三暗三微錯雜陳三隅壘壘曰王良八星案原屬今閣道十奎九尖角一珠微遙明良旁一顆名爲策案原屬今一奎策後八星閣道稱案原屬今一奎三暗下連奎宿角二巨三細與策親附路一顆王良下五顆四在適當壁宿上端停王良策星並閣道內有五箇光耀均現斜直形在河虛處一條閣道穿河身名曰傳舍案今九天廚今三星條闊右下七星三公三點與天槍類師師小三案天槍今四六星隱現陽衡三光各天一星天槍今三九十三十六條斗柄之旁隱輔一星天理四星親斗內隱三公三點天理五槍四師三之星少輔鄰文昌六星如半月星下星分八穀東角下一星最光更淸三師四昌七已閒名內階六星微茫兩簇分十案今八穀九星一星最著案今二四志盡紫微垣內星五帝有一帝兩座內階星八少天內八天柱十大理二尙書五女史女御宮八十一天床六明一案今六甲六內廚二天一太一勢八大贊府一丹元天廚四十二讚府太尊皆無三垣歌北斗四星南向軫翼軫之北太微垣中最巨五帝座後小五星斜橫帝旁小星四點攢座前四黑內屛繞十案今垣座後三小橫斜安

太微垣歌三左北曲九稱天紀案今二紀上三星號女牀案今三中山之顯名織女案原屬牛今十巨二細三隅張案七今其左四黑是輦道案原屬今牛十四道前四顆漸臺方兩星南最巨案原屬今十一中閒平道黑星二案今左右九點無名宿角四南方天田二小角上對其頂正向搖光星角下天門一兩黑是星十案今三平星兩白不甚平案九今六其庫樓七星展屛星似角下志今一十樓庫十三今十星入明屛內五小名日衡南門案今小星當腹六小作三柱十案今一樓下馬腹三珠歌九三案宿今亢宿三古無五星名案志今有南門案今小星當腹處二十案今元戈兩端黑十案今六屬左邊無名附兩粒亢上大角懸明今河八棲惟有南星光欲滴角東四星左攝提三垣元戈斜帶梗河三角氐原屬案元三案原屬今右今四角西四星右攝提案九今角進北第三獨異色角下四小日亢池芒熠三案案原屬今陽門今二氐四形如方勝欹斜立亢下遙遙此頭頑四星微遙陽門白氐原屬志歌合星庫樓東角右來侵南門最近南極案十藏志編星少折亢宿四明側斗形案今三無名五點雜來侵上與七公明耀對貫索親類公北有招搖星一案今兩星上與元戈友觀氐下下左復與貫索天市垣外無名壘壘直下正當天市秦氏二小陣車是騎將天輻亦與車同輪三案今平三平二皆車騎三案今二一明二暗騎將軍案今十星一志續續編少三天星孔五帝席四合騎房宿二三諺頤傳夏夜有星象儀一如巨人冠進賢口鼻四星兩鈴是一星微鍵閉言案今十歌房二三頭明下閣然當頭一點鈞鈐一星微鍵閉一案今頭上雙星近者日圜名東咸前曲四是西咸案今一沖冠三暗稱爲罰案今六冠後四黑名東咸案今六前曲當腹兩點積卒是案原屬今心

正中稱明爲太子案今一右後幸臣左從官案今各一謁者一黑在屛左案今三九卿三點案今十二三公三案今三座隅數點名郎位案今八十國星今從十五一簇聯輝珠入綿郎將徵星位之左與更周鼎三小連案原屬今三角位上常陳三可見案今七星十位三四之三志案明三給常陳更二微在上一巨懸三公三小與下應座北一點太陽守也下常相亦同之斗柄前案原屬紫微垣座北陳一太尊天牢守右邊左之原左垣執法上次相案今各二上將次相次將上將右垣執法上一次將案今各一四次上相案今十三長垣四案今上亦四曲三次且相長案今垣一四十星三明二志上與少微相後先三點靈臺一稱白案今十一正當右將長垣一閒前三小稱明堂案今十左外一小名進賢案原屬今十角靈明之際一珠曉微茫可見難名言案明北志五鞭諸編候少五五星諸無候十與歌二合星天市垣歌房心尾箕宿之北天市名垣列兩行中有明星稱帝座案今一候星一位在其旁名宗之類階下名官者案今九宗正雙星俱並光星一顆無名宗之類宗人四小名宗星二小與帝座案今七宗正前左一星細名車肆連樓二珠共鼎河上宗星今七案今六斛四左後前漢九案二帛度屠肆市樓二小偏長帛與上案今五斛四案今六東海皆下二名東齊垣相頡頏首列肆宋二星南垣內與燕爲鴈五行十案今河間東一南海皆徵與茫左州垣之星越稱齊南海中山爲斗行案今九河中肆海徵五徐州右垣星首案今韓垣楚河閒梁九今河巴蜀趙魏秦疆之吳越稱齊楚河中與周鄭首越晉中山河間魏趙徵異光皆揚右上圍八名貫索案今十二閒索上七公首射芒案今星體

稍前相似名從官案今三
心宿歌 更有心三最明顯案今十二中巨旁微當背肩
尾宿歌 接心是尾九點曲案今十三卓如玄角飄風前神宮一星尾內
坐案今一傳說獨立尾之尖案今一天江六點當河隙案今十五魚星一
黑浮江邊案今一龜星有五三略見龜案五今五星今明四志天西去三星河
外繚巨人側身向西北其上正當天市垣
箕宿歌 箕星有四明相等案今四大口如箕正向西當前一點糠星
黑案今何年簸向河之湄少案杵較四續星編
斗宿歌 箕北六星名斗宿案今十一北斗相方柄不如斗下曲圍十三
點形肖其名鼈似龜案今四星今十一今十三明與志歌鼈合十天淵四微鼈所向案今
六狗國小方淵上圓案今七國外雙烏名曰狗案今九其旁相似立
天雞案今五斗背六星稱作建案今十六下五微星若仰盂河中九點
天弁斜案今十五兩簷中高若髻堆一案星較明續志編天少篇天農丈十人二俱農無丈與人合
牛宿歌 牛宿六星大小半案今十二一巨居中上下齊牛上三星是河
鼓案今十二中間一巨三之魁鼓下四星天桴臥蛙表星無表案今此有謂六新出
鼓旁各豎左右旗左旗曲七星皆小案今十九三右旗亦七三揚輝
案今十一二牛前二小名羅堰案今三星四二明與志歌羅合堰堰上瓠瓜四粒珠
作原屬女今十案四瓠一瓠下五星名敗瓜案原今屬女八一一粒等瓠餘並微天
津如弓跨河七有案瀕今屬四女十三九字當二明四小一更欲天津之下十
三小總屬無名不必疑案志載天田續編九星少無天與田歌四合星明
女宿歌 女宿三微一稍白案今九非方非斜形不侔右方數起趙與
越案今一明志趙趙二一趙周楚鄭齊燕一流燕案各今一周明二志楚鄭周一齊並楚爲秦
並周代志案秦今代秦今二各代一四明鄭星方在魏之頭魏韓相並望齊楚

韓案各今一魏十星皆晦此舒胖下爲九坎四可見案原今屬牛四平衡三白
微難求離瑜三點均且直志原一屬離虛三案星今今六二明坎下四微散不收
案星明較續編少珠星珠無五與案歌仲合十今
虛宿歌 虛宿兩星南最明案今十南下圍三天壘城案天壘今十十三九星明今志
五城下四星壁壘陣案原屬今二室十五顆獨有四顆親壁陣東行十
三點彼端亦作小方形星陣頭之下天錢繞原屬稀微四點圓難
成案今四八天明錢志天歌十合一小錢名下二箇名敗日案四星今今五二明與志歌敗合日
日下雙珠莫可名虛東一司命二司危司非二虛上承
三八明無司司二司司名二司二星非司今五二三危星府射天津中間一星點光微奪危上微光
無五志歌星危今合六星車府射天津各司二星危人星只有三星確二上騰蛇六
危宿歌 危宿一危三星若磬折案今十七中間一點光微奪危上微光蓋屋
圍一宿危三星若磬折案今十七中間一星點光微奪危上微光蓋屋
名屋案二今星二今明一志蓋屋西三星墳墓接案八今三箇晦明各自異四
小虛梁墓左貼一志案四今屋墓下雙鳥哭泣臨案三今六屬虛壘四案今明一同土公
墳後歌列壁原屬林原宿屬車屬壘壁室有案四星十案土公星四三公二十字使十二橫遮壘壁南羽林軍
士縱橫列壁壘林軍更烈案今五十四星今十二五當字十明術今二六志十羽軍前統御有天綱案原室十屬今一二
今一日北落師門光更烈一案今星危端臼杵四星懸案今明志杵杵三五星臼今十一二
今日四三星其南敗臼半邊缺
室宿歌 室宿兩箇光耀同案今九今無名一箇頂中衛室旁雙星共三
塵或小或大皆離宮案今十四雷電六星惟右大案今十四霹靂曲五半
六案今騰朧上原十屬四壁案雲雨平方四點小原屬十四壁案鈇鉞三小羽林中
今頭直與騰蛇接其下復與火烏逢星案明較志續入編魁少六八星魁無六
壁宿歌 壁宿二明與室似案今十五二其上三星圍天廄案天廄今十四星明今志
合與歌

三原歌合此下原有一字廢上路一王良一路已見補注原屬奎其中今正與王陣
上良雙烏有土公案今十二火烏十三星兩翼細有古紫微垣一案今
奎宿歌 奎宿十六連勝形案今十九三東北一星芒獨異奎尖上與閣
道通奎下七星外屏樹案今十二屏間五一點不甚明兩箇揚輝屏
畫處六箇天倉繞曲屏案原今屬二婁十七案天溷二黑倉右附案志今天十溷明十七
四星今澗下一明土司空一案今鐵鑕五小倉前地案原今屬五壁水委三
星南極橫三古三無見明案志今有其左一星最明巨星臨右更左更各五
婁宿歌 婁妻三不均光甚均案今十八上一疏下密雜星
點三案今右左天更十更十並若懸弧兩翼分當頭一數點懸弧似其名總曰
大將軍案今十八二弧中一派光殊顯弧背一黑軍南門案原屬奎今一天
庾三點天倉下案今六芻藁六星左獨明原今屬十一畢案
胃宿歌 胃宿三星聚一隅案今八無名兩點胃之餘胃下左更五點
小以案今四明三左天更右下廩見三上位此狀畢更西天廩四星除案今七天囷十三圍一狀
十案今四三明三左天更右下三星光顯殊曲環十六當天苑原今屬三十畢案四北顯南
微正背西更有天圍十三點原今屬十畢九案東征五小勢尤奇大陵
繞入中更朗案今九二當陵之中名積尸案一今天船雜七與陵背
十案九今船中積水看欲無案二今
昴宿歌 昴宿七星天讒下亂落圓珠一簇奇案今二十有明三十志一案今天六讒歌合
遠得鏡之於顏宿其上六箇名卷舌案今十三天讒一點舌尖居天阿
點附天陰上案今一天天陰五星皆隱微案今十一昴東孤月光如晦
月案今二礪石四小拱舌疲案今四廩囷積米堪飽胃讒阿西去致橫
屍
畢宿歌 畢宿八星如小網案今十六二左角一珠光獨明珠邊一顆名
附耳案今五天節九小畢居上案今六八星八明志今七天九州殊域畢之南

圜圍七點依稀像案今十七畢上天街三箇斜一案作今六小點街衛街上五車
截河往五車皆明左右巨案今十四二天潢五星小中放案今天潢旁
三柱柱各三案今九河中細密如指掌車中橫六名諸王案今天
高四小斜方狀案今八下垂九點曰參旗案今十一二旗中九斿與旗
傲案星今明志十六歲少三積池薪三參旗星上無與成成歌池合三觜上天關一顆招案原今屬畢七司怪四
觜宿歌 觜宿三小池當參上案今三觜上天闕一顆招案原今屬畢七司怪四
星明晦半水府相同莫混瞞案原今屬十井二
參宿歌 參宿七星明燭宵兩肩兩足三爲腰參伐下垂三四點案今
共十四六玉井四星右足交案今七玉井下方日軍井案今十二六明志軍今五
屏星二點井南標案今二四顆廁星屏左立屎星一點廁下
拋一案今丈人子孫各二連原人屬子二孫三井六黑垂其老人最巨南望遙
井宿歌 井宿八星形似井案今十七二座子旗三井六案今十二原屬井星明志案今
今積薪九五星其旗宿東五小皆無名今貼旗一下四星整斜五點諸侯
七案今五其上北河兩明並案今七下有積薪一顆名積水左斜今一案點五河左斜
方耀星命原屬十四小若五鬼案河下一四數積星積薪難案今南河似與北河證
十案四今水位四小若仰盂映案十今六一上下微名數顆難一巨當孜訂南井下四星名四
漬一十案四二今闕丘之上與河下天狼最一巨當其南一四七案南一星矢加
弧弧矢野雞一白軍市四旁內外無十野雞三一巨老人獨向天南弧矢
五弧鬼十騰雞張弧軍十案一今三中外無名難究竟人獨向天南
鬼宿歌 鬼宿四星方似櫃十案三今二內外無名積尸氣案今四藏十一二其鑕鑕少二下星五
小爲外廚案今六星二十今五三十案與明志三今二外合二中間一白積尸氣南一星天五
柳宿歌 柳宿曲八名垂柳案今十一歌志二合其五隅上無名三點繫
上飄案今八其上御與文昌對天狗盤七當其南案原今屬六鬼酒旗斜三
橫星頗巨案原今屬十一鬼天社七宿

星宿歌星宿七星大小異案今二十二中間一巨首尾細垂頭曲尾如蝟形其上一白名天紀原屬鬼案紀广作紀今三紀下天稷五箇星表無案今無南隅一顆與紀類

張宿歌張宿六星芒甚小案今十一中如方勝兩角弔軒轅大星當其顯原屬星一十五星龍天矯案今七十六小方內屏藩上居原屬星案今十五轅下御女一星杳案晉志女主南小星女御也原在軒轅十七星內宿端天相有三星原屬星案今十四向右一顆光顛皎三台三座上尤明原屬太微垣案今上台九中台六下台四相與雁行行大道台北二小名天牢見紫微垣案今八明志天牢六星今二與歌合一點太尊牢左照見紫微垣案今一續編無天廟十四星明志天廟十四星無與此歌及續編合

翼宿歌翼宿微星二十二案今二十九上橫五星下無異東甌五小在其南表無案今無明志東甌五星無與表及續編合青丘三箇翼下寄案當有原屬軫三字今十明志青丘七星今三與歌合丘南馬尾橫三星中無案今三見明志有上端一箇尤明巨

軫宿歌軫宿四珠不等方案今九長沙一黑中間藏案今一左右二轄肩之附案今左轄右轄各一一顆無名南向光案續編無軍門二土司空四器府三十二星明志軍門土司空器府俱無與此歌及續編合

南極諸宿據歷書儀象志及

鳥喙西七星古無案今八附白西一星外增一星古無案今二海石西五星古無案今八孔雀西十八星古無案今十五飛魚西七星案今六夾白西三星案今二三角形西三星外增二星案今七蛇腹西四星鶴西十二星案今十四金魚西五星案今六十字架西四星異雀西十二星案今九蛇首西四星案今二南船西五星案今六蜜蜂西四星海山西六星小斗西九星案今十蛇尾西七星古無案今四

補南極諸宿歌南極諸星中未志壁奎之下鳥喙是鳥喙朗朗七星明其上卽是鶴十二[illegible]屬喙東十八孔雀星異雀十二近南極孔雀之上郎波斯見牛宿案今十一三角形上房心次蜜蜂四星三角東軫翼盡頭架十字小斗九星南船南南船五星海州識南船左右十一星海石五星海山六附白夾白黃極邊夾白三星附白一金魚五尾七飛魚蛇首蛇腹星各四欲知蛇尾又七星上邊卽是婁奎壁此星原非見界星利氏西來始能述經天該中亦未言今據歷書爲補足案明志云古無今有者策星旁諸客星萬歷元年新出先大今小南極有星古所未有近年浮海之人至赤道以南往往見之因測其諸皆度其餘增入之星甚多並詳恆星表今案見志者鶴蛇首鳥喙三角形十字架南船蜜蜂海山海石諸星

天文志第六終

漢書二十六

五行志第七上

漢書二十七

漢　蘭臺令史班固撰

唐正議大夫行祕書少監琅邪縣開國子顏師古注

賜進士出身前翰林院編修國子監祭酒加三級臣王先謙補注

易曰天垂象見吉凶聖人象之河出圖雒出書聖人則之師古曰上繫之辭也則效也劉歆以爲虙羲氏繼天而王師古曰虙讀與伏同受河圖則而畫之八卦是也師古曰放效河圖而畫八卦也禹治洪水賜雒書法而陳之洪範是也師古曰取法雒書而陳洪範也補注齊召南曰案易大傳曰河出圖洛出書聖人則之是言圖書二者皆出於伏羲之世故則之以畫八卦即尚書本文祇云天乃錫禹洪範九疇不云錫禹以洛書亦不云禹因洛書陳洪範也以洛書爲洪範始於劉歆父子後儒遂信之聖人行其道而寶其眞降及于殷箕子在父師位而典之師古曰父師即太師殷之三公也箕子紂之諸父而爲太師故曰父師補注先謙曰晉志作典斯大範周既克殷以箕子歸武王親虛己而問焉故經曰惟十有三祀王訪于箕子師古曰祀年也商曰祀自此已下皆周書洪範之文

王迺言曰烏嘑箕子惟天陰騭下民相協厥居我不知其彝倫逌敘服虔曰騭音陟也應劭曰陰覆也陟升也相助也協和也倫理也攸所也言天覆下民王者當助天居我不知居天常理所次序也師古曰騭音質騭定也協和也天不言而默定下人助合其居補注朱一新曰下文天乃錫禹大法九章常事所次即釋天乃錫禹洪範九疇彝倫攸敘也倫當訓事先謙曰官本應注陟作騭服注末無也字顏注末有也字箕子迺言曰我聞在昔鯀陻洪水汩陳其五行應劭曰陻塞也汩亂也水性流行而鯀障塞之失其本性其餘所陳列皆亂故曰亂陳五行也師古曰汩音骨補注何焯曰天一生水水失其性則五行由此皆亂其序列也帝乃震怒弗畀洪範九疇彝倫逌斁師古曰帝謂上帝即天也震動也畀與也疇類也九類即九章也斁敗也音丁故反鯀則殛死禹迺嗣興師古曰殛誅也見棐而死殛音居力反補注朱一新曰汪本棐作誅是先謙曰官本作誅天迺錫禹洪範九疇彝倫逌敘師古曰自此已上洪範之文補注先謙曰官本無此注此武王問雒書於箕子箕子對禹得雒書之意也

初一曰五行師古曰謂之行者言順天行氣次二曰羞用五事師古曰羞進也補注錢大昕曰案古文敬作苟與羞相似羞疑敬之譌也又考藝文志引書云初一日五行次二曰羞用五事言進用五事以順五行也五行藝文二志

皆取劉歆之說則歆所傳尚書本是羞字孔光對日蝕事亦引書羞用五事次三曰農用八政張晏曰農食之本食爲八政首故以農爲名也師古曰此說非也農厚也羞用義例皆同非田農之義也補注朱一新曰顏用尚書注農訓厚蓋孔義也書正義曰鄭元云農讀曰醲醲是農卽醲意故爲厚也張晏王肅皆言農食之本也釋文引馬融云農爲八政之首故以農名之次四曰旪用五紀應劭曰旪合也合成五行爲之條紀也師古曰旪讀曰叶和也補注周壽昌曰韻會叶古文協字先謙曰官本注爲作謂次五曰建用皇極應劭曰皇大極中也次六曰艾用三德應劭曰艾治也治大中之道用三德也師古曰艾讀曰乂次七曰明用稽疑應劭曰疑事明考之於蓍龜次八曰念用庶徵師古曰念思也庶眾也徵應也次九曰嚮用五福畏用六極應劭曰天所㠯嚮樂人用五福所以畏懼人用六極凡此六十五字皆雒書本文所謂天迺錫禹大法九章常事所次者也㠯爲河圖雒書相爲經緯八卦九章相爲表裏昔殷道弛文王演周易師古曰演廣也更廣其文也演音弋善反周道敝孔子述春秋則乾坤之陰陽效洪範之咎徵天人之道粲然著矣漢興承秦滅學之後景武之世董仲舒治公羊春秋始推陰陽爲儒者宗補注

葉德輝曰春秋繁露有陰陽位陰陽終始陰陽義陰陽出入諸篇名蓋卽志文所本宣元之後劉向治穀梁春秋數其旤福傳以洪範師古曰旤古文禍字㠯洪範義傳而說之傳字或作傳讀曰附謂附著補注錢大昕曰或說是也與仲舒錯師古曰錯互不同也至向子歆治左氏傳其春秋意亦已乖矣言五行傳又頗不同補注先謙曰說文乖戾也晉志作其書春秋及五行又甚乖異是㠯攬仲舒別向歆師古曰攬字與擥同謂引取之攬音來敢反傳載眭孟夏侯勝京房谷永李尋之徒所陳行事師古曰眭音息規反說在眭孟傳補注錢大昕曰傳亦當爲傳讀曰附言以仲舒向歆爲主而附載眭孟諸人說也先謙曰官本無顏注訖於王莽舉十二世㠯傳春秋著於篇師古曰傳讀曰附謂比附其事補注先謙曰晉志云博通祥變以傳讎春秋綜而爲言凡有三術其一曰君治以道臣輔克忠萬物咸遂其性則和氣應休徵效國以安二曰君違其道小人在位眾庶失常則乖氣應咎徵效國以亡三曰人君大臣見災異退而自省責躬修德共禦補過則消禍而福至此其大畧也沈約宋志云班固遠采春秋舉遠明近之例也

經曰補注王鳴盛曰志先引經是尚書洪範文次引傳是伏生洪範五行傳文又次引說是歐陽大小夏侯等說當時列於學官博士所習者以下歷引春秋及漢事證之所采皆仲舒向歆說也而歆說與傳說或不同志亦或舍傳說而從歆又采京房易傳甚多今所傳京氏傳中無之蓋非足本閒采眭谷李尋說眭谷語略見傳中尋說無之先謙曰尋說見聽傳下初一曰五行五行一曰水二曰火三曰木四曰金五曰土水曰潤下火曰炎上師古曰皆水火自然之性也木曰曲直師古曰言可揉而曲可矯而直金曰從革張晏曰革更也可更銷鑄也土爰稼穡師古曰爰亦曰也一說爰於也可於其上稼穡也種之曰稼收聚曰穡傳曰田獵不宿服虔曰不得其時也或曰不豫戒曰不宿不戒以其時也補注先謙曰續志劉注引鄭注大傳曰不宿不宿禽也角主天兵周禮四時習兵因以田獵禮志曰天子不合圍諸侯不掩羣過此則暴天物爲不宿禽飲食不享師古曰不行享獻之禮也出入不節奪民農時及有姦謀李奇曰姦謀增賦履畝之事也臣瓚曰姦謀邪謀也師古曰卽下所謂作爲姦詐以奪農時李說是補注先謙曰官本無李說是三字則木不曲直說曰木東方也於易地上之木爲觀師古曰坤下巽上觀巽爲木故云地上之木也其於王事威儀容貌亦可觀者也補注葉德輝曰蕭吉五行大義引洪範傳曰東方易云地上之木爲觀言春時出地之木無不曲直花葉可觀如人威儀容貌也故行步有佩玉之度師古曰玉佩上有雙衡下有雙璜琚瑀㠯雜之衡牙玭珠以納其閒右徵角而左宮羽進則掩之退則揚之然後玉鏘鳴焉是爲行步之節度也璜音黃琚音居瑀音禹玭音步千反補注朱一新曰汪

本玭作蚍是蚍珠卽蠙珠禹貢釋文蠙或作蚍先謙曰注文玭蚍雜見官本皆作玭登車有和鸞之節師古曰和鈴也以金爲之施於衡上鸞亦以金爲鸞鳥而銜鈴焉施於鑣上動皆有聲以爲舒疾之疾也補注朱一新曰汪本衡上有棲衡二字又之疾也疾作節是先謙曰官本有棲衡二字疾作節考證云衡監本訛衡從宋本改田狩有三驅之制師古曰謂田獵三驅也三驅之禮一爲乾豆二爲賓客三爲充君之庖也飲食有享獻之禮師古曰以禮飲食謂之享進爵於前謂之獻出入有名使民㠯時務在勸農桑謀在安百姓如此則木得其性矣若迺田獵馳騁不反宮室飲食沈湎不顧法度師古曰沈湎謂溺於酒食湎音彌善反妄興繇役㠯奪民時作爲姦詐㠯傷民財則木失其性矣蓋工匠之爲輪矢者多傷敗如淳曰揉輪不曲矯矢不直也及木爲變怪臣瓚曰梓柱更生及變爲人形是也是爲木不曲直春秋成公十六年正月雨木冰劉歆㠯爲上陽施不下通下陰施不上達補注王念孫曰兩施字師古無音案陽可言施陰不可言施施皆讀爲弛經傳通以施爲弛弛解也言陰陽俱解故上下不交也開元占經冰占篇引此正作弛故雨而木爲之冰雺氣寒師古曰雺音紛木不曲直也劉向㠯爲冰者陰之盛而水滯

者也〔補注〕先謙曰晉宋志刪而水滯三字隋志作陰之盛而凝滯也先謙案此水字當爲冰凝冰同字冰省作氷傳寫遂誤爲水耳金不從革傳下冰滯尤其明證木者少陽貴臣卿大夫之象也此人將有害則陰氣協木〔補注〕錢大昭曰協南雍本閩本作脅朱一新曰汪本作脅葉德輝曰德藩本作脅先謙曰官本作脅晉宋隋唐志同木先寒故得雨而冰也是時叔孫喬如出奔公子偃誅死師古曰叔孫喬如叔孫宣伯也通於宣公夫人穆姜謀欲作亂不克而出奔齊公子偃宣公庶子成公弟也豫喬如之謀故見誅事竝在十六年冬一曰時晉執季孫行父又執公此執辱之異師古曰行父季文子也十六年秋公會晉侯于沙隨晉受喬如之譖而止公是年九月又信喬如之譖而執行父也〔補注〕沈欽韓曰何休本此說以爲幼君大臣之象成公季孫行父見執于晉之徵或曰今之長老名木冰爲木介〔補注〕先謙曰木介介唐志作樹介者甲兵象也是歲晉有鄢陵之戰楚王傷目而敗師古曰晉楚戰于鄢陵呂錡射恭王中目鄢陵鄭地屬常雨也〔補注〕先謙曰木不曲直與視傳下草妖互見又恆雨互見以文義言屬上當有又字晉志此段全倣漢志屬上有又字亦其證矣

傳曰棄法律逐功臣殺太子以妾爲妻則火不炎上說曰火南方揚光煇爲明者也其於王者南面鄉明而治師古曰鄉讀曰嚮書云知人則悊能官人師古曰虞書咎繇謨之辭悊智也能知其材則能官之所以爲智也故堯舜舉羣賢而命之朝師古曰謂稷卨已下遠四佞而放諸壄師古曰四佞卽四凶也遠離也壄古野字孔子曰浸潤之譖膚受之訴不行焉可謂明矣師古曰論語載孔子之言也浸潤言積漸也膚受謂初入皮膚以至骨髓也賢佞分別官人有序帥由舊章師古曰帥循也由從也用也〔補注〕先謙曰官本無注由下五字敬重功勳殊別適庶師古曰適讀曰嫡如此則火得其性矣若迺信道不篤師古曰篤厚也〔補注〕先謙曰官本無注或燿虛僞讒夫昌邪勝正則火失其性矣自上而降及濫炎妄起師古曰炎讀曰燄災宗廟燒宮館雖興師衆弗能救也是爲火不炎上春秋桓公十四年八月壬申御廩災董仲舒以爲先是四國共伐魯大破之於龍門韋昭曰魯郭門〔補注〕蘇輿曰四國謂齊宋衛燕共伐魯爲魯所敗事在桓十三年經不書地何休公羊注親戰龍門兵攻城池卽本於此百姓傷者未瘳怨咎未復而君臣俱惰內怠政事外侮四鄰非能保守宗廟終其天年者也故天災御廩以戒之〔補注〕沈欽韓曰何休公羊注襲其說劉向以爲御廩夫人八妾所舂米之臧以奉宗廟者也師古曰一娶九女正嫡一人餘者妾也故云八妾〔補注〕沈欽韓曰穀梁傳甸粟而內之三宮三宮米而藏之御廩公羊僖二十年傳何注夫人居中宮右媵居西宮左媵居東宮時夫人有淫行師古曰謂通於齊侯挾逆心師古曰謂欲弒桓公天戒若曰夫人不可以奉宗廟桓不寤與夫人俱會齊師古曰十八年春公會齊侯于濼公與夫人姜氏遂如齊也夫人譖桓公於齊侯師古曰言世子同非吾子齊侯之子〔補注〕周壽昌曰見公羊莊元年傳齊侯殺桓公師古曰齊侯享公公醉使公子彭生乘公拉其幹而殺之公薨於車劉歆以爲御廩公所親耕藉田以奉粢盛者也師古曰黍稷曰粢在器曰盛也棄法度亡禮之應也嚴公二十年夏齊大災師古曰嚴公謂莊公也避明帝諱故改曰嚴凡漢書載謚姓爲嚴者皆類此劉向以爲齊桓好色聽女口以妾爲妻適庶數更師古曰更改也桓公之夫人三王姬徐嬴蔡姬皆無子而桓公好內多寵內嬖如夫人者六人長衛姬生無虧卽武孟也少衛姬生惠公鄭姬生孝公葛嬴生昭公密姬生懿公宋華子生公子雍公與管仲屬孝公於宋襄公以爲太子易牙有寵於衛恭姬因寺人貂以薦羞於公公請立武孟公許之管仲卒五公子皆求立適讀曰嫡下亦同數音所角反〔補注〕先謙曰官本注寺作侍

故致太災〔補注〕錢大昭曰太南雍本閩本作大葉德輝曰德藩本作大先謙曰官本作大桓公不寤及死適庶分爭九月不得葬師古曰魯僖十七年齊桓公卒易牙入因內寵以殺羣吏立無虧孝公奔宋十八年齊立孝公不勝曰公子之徒遂與宋人戰敗齊師于甗立孝公而還八月葬桓公是爲過於九月乃得葬也〔補注〕朱一新曰注曰公子之徒汪本曰作四是先謙曰官本作四公羊傳曰大災疫也〔補注〕沈欽韓曰公羊傳作痢何休云痢者民疾疫也董仲舒以爲魯夫人淫於齊齊桓姊妹不嫁者七人〔補注〕沈欽韓曰管子小匡篇桓公曰寡人不幸而好色而姑姊有不嫁者公羊疏引晏子春秋齊景公問於晏子曰吾先君桓公淫女公子不嫁者九人國君民之父母夫婦生化之本本傷則末夭故天災所予也李奇曰以爲疫殺其民人釐公二十年五月己西西宮災師古曰釐讀曰僖後皆類此〔補注〕錢大昭曰左氏作乙巳南雍本閩本同朱一新曰汪本作乙巳葉德輝曰德藩本作乙巳先謙曰官本作乙巳穀梁以爲愍公宮也以謚言之則若疏故謂之西宮劉向以爲釐立妾母爲夫人以入宗廟師古曰僖公之母謂成風也本非正嫡既爲君而母遂同夫人禮文四年經書夫人風氏薨五年王使榮叔歸含且賵是也故天災愍宮若曰去其

卑而親者將害宗廟之正禮師古曰愍公於僖公爲弟故云卑董仲舒以爲釐娶於楚而齊媵之脅公使立以爲夫人師古曰僖公初娉楚女爲嫡齊女爲媵時齊先致其女脅魯使立爲夫人事見公羊穀梁傳〔補注〕沈欽韓曰此亦可疑左傳宗人釁夏曰周公及武公娶於薛孝惠娶於商自桓以下娶於齊先謙曰官本注娉作聘西宮者小寢夫人之居也〔補注〕沈欽韓曰據何休說則西宮是右媵所居楚女廢在西宮而不見恤悲愁怨曠之所生也後書陳蕃疏曰楚女悲而西宮災若曰妾何爲此宮誅去之意也以天災之故大之曰西宮也左氏以爲西宮者公宮也〔補注〕錢大昭曰左傳無此文蓋左氏說沈欽韓曰此據漢法知之竇嬰傳田蚡云程李俱東西宮衛尉時程不識爲長樂衛尉長樂太后所居曰東宮李廣爲未央衛尉帝所居曰西宮則公宮爲西宮明矣言西知有東東宮太子所居言宮舉區皆災也〔補注〕錢大昭曰區閩本作國先謙曰官本作國宣公十六年夏成周宣榭火師古曰公羊經也成周洛陽也〔補注〕沈欽韓曰此左氏經文公穀竝作災先謙曰注上也字官本作曰是榭者所以臧樂器宣其名也董仲舒劉向以爲十五年王札子殺召伯毛伯師古曰王札子卽王子捷也召伯毛伯周二大夫也召讀曰邵後皆類此天子不能誅天戒若曰不能行

政令何以禮樂爲而臧之〔補注〕沈欽韓曰此說較勝何休以春秋當新王因天災樂器示周不復興之語左氏經曰成周宣榭火人火也〔補注〕周壽昌曰人火也上脫去傳曰二字下文陳災引左氏可證不則經字當作傳前有公羊傳曰後引左氏傳曰可證人火曰火天火曰災榭者講武之坐屋〔補注〕葉德輝曰左傳成周宣榭災疏引服虔注宣揚威武之處與此合則此文所引爲左氏家說也成公三年二月甲子新宮災穀梁以爲宣宮不言謚恭也劉向以爲時魯三桓子孫始執國政宣公欲誅之恐不能使大夫公孫歸父如晉謀未反宣公死三家譖歸父於成公成公父喪未葬聽讒而逐其父之臣使奔齊師古曰三桓謂孟孫叔孫季孫三家俱出桓公之子也公孫歸父東門襄仲之子也歸父欲去三桓以張公室與宣公謀而聘于晉欲以晉人去之而宣公薨成公卽位季文子及臧宣叔乃逐東門氏歸父還復命於介遂出奔齊故天災宣宮明不用父命之象也一曰三家親而亡禮猶宣公殺子赤而立師古曰赤文公太子卽子惡也宣公文公之庶子襄仲殺赤而立宣公亡禮而親天災宣廟欲示去三家也董仲舒以爲成居喪亡哀戚心數興兵戰伐師古曰謂元年作丘

甲二年季孫行父帥師會晉郤克及齊侯戰于鞌三年叔孫僑如帥師圍棘〔補注〕錢大昭曰心閩本作宣予謂心下脫宣字先謙曰上下文俱屬成說宣字不當有故天災其父廟示失子道不能奉宗廟也一曰宣殺君而立不當列於羣祖也襄公九年春宋災劉向以爲先是宋公聽讒逐其大夫華弱出奔魯師古曰華弱華耦之孫也與樂轡少相狎長相優又相謗轡以弓梏弱于朝宋平公怒逐之遂來奔事在襄六年左氏傳曰宋災樂喜爲司城師古曰司城本司空避武公之諱故改其官爲司城先使火所未至徹小屋師古曰恐火及之故徹去塗大屋師古曰大屋難徹故以泥塗之令火至不可焚陳畚軬應劭曰畚草籠也讀與本同軬所以輿土也師古曰軬音居玉反〔補注〕錢大昭曰軬左氏作揭先謙曰官本軬下無音字具綆缶師古曰綆汲索也缶卽盎也綆音工杏反〔補注〕先謙曰官本工作于器師古曰甇之屬也許氏說文解字曰甇備火金之長頸缾也〔補注〕朱一新曰注甇汪本作甕同金作今是先謙曰官本甇作甕金作今畜水潦積土塗師古曰潦行潦也畜讀曰蓄蓄謂障遏聚之也塗泥也繕守備師古曰繕謂補修之也修守禦之備恐因火有它故也表火道師古曰火之所起之道皆立標記也儲正徒師古曰儲偫也正徒役徒也偫音丈紀反郊保之民使奔火所師古曰郊保之民謂郊野之外保聚者也使奔火所共救災也〔補注〕

先謙曰官本注民作人是又飭眾官各慎其職師古曰飭讀與赤同〔補注〕朱一新曰汪本赤作敕是先謙曰官本作敕晉侯聞之問士弱曰師古曰士弱晉大夫士莊伯宋災於是乎知有天道何故對曰古之火正或食於心或食於咮以出入火師古曰咮音竹救反是故咮爲鶉火心爲大火陶唐氏之火正閼伯居商丘祀大火而火紀時焉相土因之故商主大火商人閱其敗之釁必始於火是以知有天道公曰可必乎對曰在道國亂亡象不可知也韋昭曰大亂之君天下復告故無象〔補注〕朱一新曰注汪本下作不是先謙曰官本下作不說曰古之火正謂火官也掌祭火星行火政季春昏心星出東方而咮七星〔補注〕宋祁曰咮邵本作啄先謙曰咮啄字通詳天文志鳥首正在南方則用火季秋星入則止火以順天時救民疾帝嚳則有祝融堯時有閼伯民賴其德死則以爲火祖配祭火星故曰或食於心或食於咮也相土商祖契之曾孫師古曰契讀曰偰音先列反字或作卨其用同耳據諸典籍相土卽卨之孫今云曾孫未詳其意代閼伯後主火星宋其

後也世司其占故先知火災賢君見變能修道㠯除凶亂君亡象天不譴告故不可必也三十年五月甲午宋災董仲舒㠯爲伯姬如宋五年宋恭公卒師古曰伯姬魯宣公女恭姬也成九年歸于宋十五年而宋公卒今云如宋五年則是轉寫誤〔補注〕朱一新曰汪本轉作傳先謙曰官本作傳伯姬幽居守節三十餘年又憂傷國家之患禍積陰生陽故火生災也〔補注〕沈欽韓曰何休本其說云伯姬守禮含悲極思之所生案宋數年內竝無患禍董說非伯姬既能守禮一老婦人何所悲思何更難通惟劉向合鴻範傳殺太子之應劉向㠯爲先是宋公聽讒而殺太子痤師古曰痤宋平公太子也寺人惠牆伊戾譖太子云與楚客盟平公殺之事在襄二十六年痤音在戈反〔補注〕朱一新曰汪本各作客是先謙曰官本作客應火不炎上之罰也左氏傳昭公六年六月丙戌鄭災是春三月鄭人鑄刑書士文伯曰火見鄭其火乎師古曰士文伯晉大夫伯瑕也火未出而作火㠯鑄刑器臧爭辟焉師古曰著刑於鼎故稱刑器法設下爭故云爭辟〔補注〕先謙曰官本著作鑄火而象之不火何爲說曰火星出於周五月而鄭㠯三月作火鑄鼎刻刑辟書㠯爲民約是

爲刑器爭辟故火星出與五行之火爭明爲災其象然也又棄法律之占也不書於經時不告魯也九年夏四月陳火師古曰公羊傳〔補注〕先謙曰官本傳作經董仲舒㠯爲陳夏徵舒殺君楚嚴王託欲爲陳討賊陳國闢門而待之至因滅陳師古曰夏徵舒陳卿夏南即少西氏也徵舒之母通于靈公靈公飲酒于夏氏徵舒遂射而殺之楚子爲夏氏亂故伐陳謂陳人無動將討於少西氏入陳殺夏徵舒轘諸栗門因縣陳事在宣公十一年〔補注〕劉敞曰予案昭九年夏徵舒事且六十歲矣仲舒之言一何謬乎錢大昕曰當云陳公子招殺太子楚靈王託欲爲陳討賊傳寫舛譌校書者妄以意改竄耳劉譏其謬固當然董子明於春秋不應乖舛若此恐非董班元文也先謙曰官本射作討亂上氏作兵夏上殺作役陳臣子尤毒恨甚極陰生陽故致火災劉向㠯爲先是陳侯弟招殺陳太子偃師師古曰招謂陳哀公之弟偃師即哀公子也哀公有廢疾招殺太子而立公子留事在昭八年招音韶皆外事不因其宮館者〔補注〕周壽昌曰言不詳其火之所因竝火何宮館也略之也八年十月壬午楚師滅陳師古曰莊王初雖縣陳納申叔時之諫乃復封陳至此時陳又爲楚靈王所滅春秋不與蠻夷滅中國故復書陳火也師古曰九年火時陳已爲楚縣猶追書陳國者以楚蠻夷不許其滅中夏之國左氏經曰陳災傳曰鄭裨竈曰五年陳將復封師古曰裨竈鄭大夫封五十二年而遂亡子產問其故對曰陳水屬也火水妃也而楚所相也〔補注〕朱一新曰左傳杜注相治也今火出而火陳逐楚而建陳也妃㠯五陳〔補注〕錢大昭曰陳左氏作成南雍本閩本同下文亦云故曰妃以五成朱一新曰汪本作成葉德輝曰德藩本作成先謙曰官本作成故曰五年歲五及鶉火而後陳卒亡楚克有之天之道也說曰顓頊㠯水王陳其族也師古曰陳舜後也舜本出顓頊今茲歲在星紀後五年在大梁大梁昴也金爲水宗得其宗而昌故曰五年陳將復封楚之先爲火正故曰楚所相也天㠯一生水地㠯二生火天㠯三生木地㠯四生金天㠯五生土五位皆㠯五而合而陰陽易位故曰妃㠯五成然則水之大數六火七木八金九土十故水㠯天一爲火二牡木㠯天三爲土十牡土㠯天五爲水六牡火㠯天七爲金四牡金㠯天九爲木八牡陽奇爲牡陰耦爲妃師古曰奇音居宜反故曰

水火之牡也火水妃也於易坎爲水爲中男離爲火爲中女蓋取諸此也自大梁四歲而及鶉火四周四十八歲凡五及鶉火五十二年而陳卒亡火盛水衰故曰天之道也哀公十七年七月己卯楚滅陳昭十八年五月壬午宋衞陳鄭災董仲舒㠯爲象王室將亂天下莫救故災四國言亡四方也又宋衞陳鄭之君皆荒淫於樂不恤國政與周室同行陽失節則火災出是㠯同日災也劉向㠯爲宋陳王者之後師古曰宋微子啓本出殷陳胡公滿有虞苗裔皆王者之後衞鄭周同姓也師古曰衞康叔文王之子鄭桓公宣王之弟時周景王老劉子單子事王子猛師古曰劉子劉獻公摯也單子穆公旗也皆周大夫也猛景王太子單音善尹氏召伯毛伯事王子鼂師古曰尹氏文公圉也召伯莊公奐也毛伯毛得也皆周大夫也子鼂景王庶子也鼂古朝字子鼂楚之出也師古曰姊妹之子曰出及宋衞陳鄭亦皆外附於楚亡尊周室之心後三年景王崩〔補注〕蘇輿曰案春秋景王崩於昭二十二年合本年計之則後五年三當爲五王室亂故天災四國天戒

若曰不救周反從楚廢世子〔補注〕周壽昌曰天官惟王及后世子不會此敘周景王太子猛事稱世子周制也立不正以害王室明同罪也定公二年五月雉門及兩觀災師古曰雉門公宮南門也兩觀謂闕董仲舒劉向以為此皆奢僭過度者也先是季氏逐昭公昭公死于外師古曰謂薨于乾侯定公即位既不能誅季氏又用其邪說淫於女樂而退孔子師古曰齊人歸女樂季桓子勸定公受之君臣相與觀之廢朝禮三日孔子乃行〔補注〕沈欽韓曰雉門兩觀災在定二年退孔子在十五年安可傅會天戒若曰去高顯而奢僭者一曰門闕號令所由出也今舍大聖而縱有罪亡以出號令矣京房易傳曰君不思道厥妖火燒宮哀公三年五月辛卯桓釐宮災董仲舒劉向以為此二宮不當立違禮者也哀公又以季氏之故不用孔子孔子在陳聞魯災曰其桓釐之宮乎以為桓季氏之所出釐使季氏世卿者也四年六月辛丑亳社災師古曰亳社殷社也〔補注〕沈欽韓曰公羊作蒲社蒲是薄之訛耳范甯解引劉向曰戒人君縱恣不能警戒之象董仲舒劉向以為亡國

之社所以為戒也師古曰存其社者欲使君常思敬慎懼危亡也天戒若曰國將危亡不用戒矣春秋火災屢於定哀之間〔補注〕先謙曰官本考證云定哀監本作哀定非也今改正不用聖人而縱驕臣將以亡國不明甚也一曰天生孔子非為定哀也蓋失禮不明火災應之自然象也高后元年五月丙申趙叢臺災劉向以為是時呂氏女為趙王后嫉妒將為讒口以害趙王王不寤焉卒見幽殺惠帝四年十月乙亥〔補注〕蘇輿曰十月惠紀作七月未央宮凌室災師古曰藏冰之室也丙子織室災師古曰織作之室劉向以為元年呂太后殺趙王如意殘戮其母戚夫人是歲十月壬寅太后立帝姊魯元公主女為皇后其乙亥凌室災明日織室災凌室所以供養飲食織室所以奉宗廟衣服與春秋御廩同義天戒若曰皇后亡奉宗廟之德將絕祭祀其後皇后亡子後宮美人有男太后使皇后名之而殺其母惠帝崩嗣子立有怨言太后廢之更立呂氏子弘為少

帝賴大臣共誅諸呂而立文帝惠后幽廢文帝七年六月癸酉未央宮東闕罘罳災師古曰罘思闕之屏也解具在文紀〔補注〕葉德輝曰德藩本思並作罳先謙曰官本作罳劉向以為東闕所以朝諸侯之門也罘罳在其外諸侯之象也漢興大封諸侯王連城數十文帝即位賈誼等以為違古制度必將叛逆先是濟北淮南王皆謀反其後吳楚七國舉兵而誅景帝中五年八月己酉未央宮東闕災先是栗太子廢為臨江王師古曰景帝太子栗姬所生謂之栗太子以罪徵詣中尉自殺丞相條侯周亞夫以不合旨稱疾免後二年下獄死武帝建元六年六月丁酉遼東高廟災〔補注〕錢大昕曰武紀作二月乙未四月壬子高園便殿火董仲舒對曰〔補注〕周壽昌曰仲舒傳居家推說其意主父偃竊其書而奏焉春秋之道舉往以明來是故天下有物視春秋所舉與同比者師古曰比類也音必寐反精微眇以存其意通倫類以貫其理天地之變國家之事粲然皆見亡所疑矣案春秋魯定公哀公時季氏

之惡已孰師古曰孰成也而孔子之聖方盛夫以盛聖而易孰惡季孫雖重魯君雖輕其勢可成也故定公二年五月兩觀災兩觀僭禮之物師古曰兩觀天子之制也天災之者若曰僭禮之臣可以去已見罪徵而後告可去此天意也定公不知省師古曰省察也〔補注〕先謙曰注六字官本無至哀公三年五月桓宮釐宮災二者同事所為一也若曰燔貴而去不義云爾師古曰燔音煩哀公未能見故四年六月亳社災兩觀桓釐廟亳社四者皆不當立〔補注〕沈欽韓曰案桓釐廟親盡當毀此孔子所言者禮運正義何休公羊注天子兩觀外闕諸侯臺門則諸侯不得有闕魯有闕者魯以天子之禮故得有之案郊特牲不言兩觀為僭彼疏云臺上架屋曰臺門則臺門非闕門之差亳社者左氏解云諸侯有之所以戒亡國傳云間于兩社為公室輔正義云左有亳社右有周社卿大夫有大事詢衆庶在其間也二傳亦不譏魯有亳社也天皆燔其不當立者以示魯欲其去亂臣而用聖人也季氏亡道久矣前是天不見災者魯未有賢聖臣雖欲去季孫其力不能昭公是也師古曰前是謂此時之前也見顯示也音胡電反次下並同〔補注〕先謙曰官本注次作以至

定哀迺見之其時可也不時不見天之道也今高廟不當居遼東高園殿不當居陵旁於禮亦不當立〔補注〕何焯曰此貢禹匡衡罷諸廟所本與魯所災同其不當立久矣至於陛下時天迺災之者殆亦其時可也昔秦受亡周之敝而亡以化之漢受亡秦之敝又亡以化之夫繼二敝之後承其下流兼受其猥難治甚矣師古曰猥積也謂積敝也又多兄弟親戚骨肉之連驕揚奢侈師古曰揚謂振揚張大也〔補注〕周壽昌曰揚輕揚也恣睢者衆服虔曰自恣意怒貌也師古曰睢音呼季反〔補注〕先謙曰此連上四字爲句所謂重難之時者也陛下正當大敝之後又遭重難之時甚可憂也故天災若語陛下當今之世雖敝而重難非以太平至公不能治也視親戚貴屬在諸侯遼正最甚者忍而誅之師古曰遠離也謂離正道者也如吾燔遼高廟迺可〔補注〕先謙曰遼下官本有東字是視近臣在國中處旁仄及貴而不正者忍而誅之師古曰仄古側字如吾燔高園殿迺可云爾在外而不正者雖貴如高廟猶災燔之況諸侯乎在內不正者雖貴如高園殿猶燔災之況大臣乎此天意也辠在外者天災外辠在內者天災內燔甚罪當重燔簡罪當輕承天意之道也先是淮南王安入朝始與帝舅太尉武安侯田蚡有逆言其後膠西于王趙敬肅王常山憲王皆數犯法或至夷滅人家藥殺二千石〔補注〕先謙曰據傳云常山王數犯法趙王迫劫告訐二千石其禽滅人家及藥殺二千石則膠西王事也而淮南衡山王遂謀反膠東江都王皆知其謀陰治兵弩欲以應之至元朔六年迺發覺而伏辜〔補注〕先謙曰伏辜在元狩元年即元朔六年後一年發覺在六年淮南衡山傳可證或疑此志文誤非也時田蚡已死不及誅上思仲舒前言使仲舒弟子呂步舒持斧鉞治淮南獄以春秋誼顓斷於外不請師古曰顓與專同不請者不奏待報〔補注〕周壽昌曰仲舒傳仲舒弟子呂步舒不知其師書以爲大愚於是下仲舒吏當死詔赦之此乃復用步舒治獄據淮南王傳是獄所連引與王謀反列侯二千石豪傑數千人皆以罪輕重受誅先謙曰注奏待官本作待奏既還奏事上皆是之太初元年十一月乙酉未央宮柏梁臺災先

是大風發其屋夏侯始昌先言其災日〔補注〕先謙曰亦見始昌傳後有江充巫蠱衛太子事〔補注〕先謙曰誣衛太子爲巫蠱也征和二年春涿郡鐵官鑄鐵鐵銷皆飛上去〔補注〕宋祁曰鐵鐵疑作錢錢齊召南曰案此條及下成帝河平二年正月沛郡鐵官鑄鐵鐵不下其事正同下宋祁竝疑鑄鐵當作鑄錢非也元狩五年以後令天下非三官錢不行安得有外郡鑄錢之事雖涿郡鐵飛武紀不載而涿郡有鐵官地理志有明文矣至河平沛郡鐵散則孝成紀亦載其事不得疑鐵字爲錢字之訛也此火爲變使之然也其三月涿郡太守劉屈氂爲丞相〔補注〕先謙曰說文釐家福也牛尾也此通用字侯表作屈氂與此同紀傳作屈釐總目同則作氂者是也後月巫蠱事興帝女諸邑公主陽石公主師古曰諸琅邪之縣也公主所食曰邑故謂之諸邑陽石北海之縣字亦作羊丞相公孫賀子太僕敬聲平陽侯曹宗等皆下獄死〔補注〕先謙曰侯表宗征和二年坐與中人姦闌入宮掖門入財贖完爲城旦不言爲巫蠱下獄死疑有誤七月使者江充掘蠱太子宮太子與母皇后議恐不能自明乃殺充舉兵與丞相劉屈氂戰死者數萬人太子敗走至湖自殺師古曰湖縣名也即今閿鄉湖城二縣界明年屈氂復坐祝禮要斬師古曰禮古詛字也音側據反妻梟首也成帝河平二年正月沛郡鐵官鑄鐵鐵不下〔補注〕宋祁曰作錢錢不下先謙曰宋說非見上隆隆如雷聲又如鼓音工十三人驚走音止還視地地陷數尺鑪分爲十一鑪中銷鐵散如流星皆上去與征和二年同象其夏帝舅五人封列侯號五侯師古曰譚商立根逢時凡五人〔補注〕王鳴盛曰凌本立作音沈炯云恩澤侯表立與譚商根逢時以河平二年六月乙亥封五人皆皇太后弟音封在鴻嘉元年六月凌本誤成紀亦作立先謙曰官本立作音元舅王鳳爲大司馬大將軍秉政後二年丞相王商與鳳有隙鳳譖之免官自殺明年京兆尹王章訟商忠直言鳳顓權鳳誣章以大逆辠下獄死〔補注〕錢大昭曰辠閩本作章葉德輝曰德藩本作辠妻子徙合浦後許皇后坐巫蠱廢而趙飛燕爲皇后妹爲昭儀賊害皇子成帝遂亡嗣皇后昭儀皆伏辜一曰鐵飛屬金不從革〔補注〕先謙曰金不從革互見昭帝元鳳元年燕城南門災劉向以爲時燕王使邪臣通於漢爲讒賊謀逆亂南門者通漢道也天戒若曰邪臣往來爲姦讒

於漢絕亡之道也燕王不寤卒伏其辜元鳳四年五月丁丑孝文廟正殿災劉向以爲孝文太宗之君與成周宣榭火同義先是皇后父車騎將軍上官安安父左將軍桀謀爲逆大將軍霍光誅之皇后以光外孫年少不知居位如故光欲后有子因上侍疾醫言禁內後宮皆不得進唯皇后顓寢皇后年六歲而立十三年而昭帝崩（補注錢大昭曰外戚傳皇后立十歲而昭帝崩后年十四五云此十三年當作十年三字衍）遂絕繼嗣光執朝政猶周公之攝也是歲正月上加元服（師古曰謂冠也）通詩尚書有明悊之性光亡周公之德秉政九年久於周公上既已冠而不歸政將爲國害故正月加元服五月而災見古之廟皆在城中孝文廟始出居外（補注葉德輝曰黃圖太上皇廟在長安城中高祖廟在長安城中西安門內東太常街此廟在城中之證又云文帝廟號顧成廟不云在何處西漢會要十二引云文帝廟在長安城南此所云居外是也）天戒若曰去貴而不正者宣帝既立光猶攝政驕溢過制至妻顯殺許皇后光聞而不討後遂誅滅宣帝甘露元年四月丙申中山太上皇廟災（補注王念孫曰景祐本無中山二字是也宣紀云甘露元年夏四月丙申太上皇廟火甲辰孝文廟火漢紀火作災皆無中山二字葉德輝曰西漢會要三十引亦無中山二字是宋人所見本皆與景祐本同）甲辰孝文廟災元帝初元三年四月乙未孝武園白鶴館災劉向以爲先是前將軍蕭望之光祿大夫周堪輔政爲佞臣石顯許章等所譖望之自殺堪廢黜明年白鶴館災園中五里馳逐走馬之館（師古曰五里者言其周迴五里）不當在山陵昭穆之地天戒若曰去貴近逸遊不正之臣將害忠良後章坐走馬上林下烽馳逐免官（孟康曰夜於上林苑下舉火馳射也烽或作熢晉灼曰冠首曰烽競走曰逐師古曰孟說是）永光四年六月甲戌孝宣杜陵園東闕南方災劉向以爲先是上復徵用周堪爲光祿勳及堪弟子張猛爲太中大夫石顯等復譖毀之皆出外還是歲上復徵堪領尚書猛給事中石顯等終欲害之園陵小於朝廷闕在司馬門中內臣石顯之象也孝宣

親而貴闕法令所從出也（補注錢大昭曰南雝本閩本闕上有門字葉德輝曰德藩本有門字先謙曰宮本有門字）天戒若曰去法令內臣親而貴者必爲國害後堪希得進見因顯言事事決顯口堪病不能言顯誣告張猛自殺於公車成帝即位顯卒伏辜成帝建始元年正月乙丑皇考廟災（補注周壽昌曰成紀皇曾祖悼考廟災注宣帝父史皇孫廟若皇考廟則孝元廟矣此句明有脫文）初宣帝爲昭帝後而立父廟於禮不正是時大將軍王鳳顓權擅朝甚於田蚡將害國家故天於元年正月而見象也其後寖盛（師古曰寖古浸字浸漸也）五將世權遂以亡道（孟康曰謂王五大司馬也師古曰謂鳳音商根莽也補注先謙曰元后傳云三世據權五將秉政贊亦云羣弟世權更持國柄五將十侯卒成新都案鳳商根大將軍音車騎將軍莽未爲將軍而與鳳等四人同爲五將者以皆爲大司馬故也百官表大司馬初置本以冠將軍之號故得稱之其實惟將軍稱將匈奴傳漢遣田廣明等五將軍出塞匈奴遠遁是以五將少所得是其證也思心傳亦云鳳爲上將秉國政）鴻嘉三年八月乙卯孝景廟北闕災十一月甲寅許皇后廢永始元年正月癸丑大官凌室災戊午戾后園南闕災是時趙飛燕大幸許后既廢上將立之故天見象於凌室與惠帝四年同應戾后衞太子妾遭巫蠱之旣（補注先謙曰官本妾作安）宣帝既立追加尊號於禮不正又戾后起於微賤與趙氏同（補注錢大昭曰同字下南雝本閩本皆有應字先謙曰官本有應字）天戒若曰微賤亡德之人不可以奉宗廟將絕祭祀有凶惡之旣至其六月丙寅趙皇后遂立姊妹驕妒賊害皇子卒皆受誅永始四年四月癸未長樂宮臨華殿及未央宮東司馬門災（補注沈欽韓曰黃圖長樂宮有臨華殿在前殿後武帝建）六月甲午孝文霸陵園東闕南方災長樂宮成帝母王太后之所居也（補注沈欽韓曰班倢伃傳求共養太后長信宮趙昭儀傳奈何令長信得聞之傳昭儀傳成帝母太皇太后稱長信宮水經注長樂宮殿西有長信長秋諸殿玉海引黃圖長樂宮有長信宮蓋長信又長樂之別殿就其見居者名之也）未央宮帝所居也霸陵太宗盛德園也是時太后三弟相續秉政（師古曰謂陽平侯鳳安陽侯音成都侯商相代爲大司馬）舉宗居位充塞朝廷兩宮親屬將害國家（師古曰謂太后家王氏皇后家趙氏故云兩宮親屬）故天象仍見（師古

曰仍重也明年成都侯商薨弟曲陽侯根代爲大司馬秉政後四年根乞骸骨薦兄子新都侯莽自代遂覆國焉哀帝建平三年正月癸卯桂宮鴻寧殿災（補注）沈欽韓曰黃圖桂宮漢武帝造水經注未央宮北卽桂宮也周十餘里舊乘複道用相逕通案孔光傳大司空何武言傳太后可居北宮則桂宮也傳言紫房復道通未央宮者是也因傳太后居此名曰永信宮耳黃圖復云永信宮在甘泉宮絕遠非也帝祖母傅太后之所居也時傅太后欲與成帝母等號齊尊大臣孔光師丹等執政㠯爲不可太后皆免官爵遂稱尊號後三年帝崩傅氏誅滅平帝元始五年七月己亥高皇帝原廟殿門災盡師古曰原廟重廟也（補注）沈欽韓曰盡俗爲燼高皇帝廟在長安城中後㠯叔孫通議復道（補注）先謙曰官本復作複故復起原廟於渭北非正也（補注）葉德輝曰事具叔孫通傳是時平帝幼成帝母王太后臨朝委任王莽將篡絕漢墮高祖宗廟師古曰墮毀也音火規反故天象見也其冬平帝崩明年莽居攝因㠯篡國後卒夷滅

傳曰治宮室飾臺榭師古曰臺有室曰榭內淫亂犯親戚侮父兄則稼穡不成說曰土中央生萬物者也其於王者爲內事宮室夫婦親屬亦相生者也（補注）先謙曰隋志作宮室臺榭夫婦親屬也蓋文有刪易內事謂此古者天子諸侯宮廟大小高卑有制后夫人媵妾多少進退有度九族親疏長幼有序孔子曰禮與其奢也寧儉師古曰論語載孔子之言也若得禮之中而失於奢則不如儉故禹卑宮室師古曰論語載孔子曰禹吾無閒然矣卑宮室而盡力乎溝洫謂勤於治水而所居狹陋也（補注）先謙曰官本乎作於文王刑于寡妻師古曰大雅思齊之詩云刑于寡妻至于兄弟以御于家邦刑法也寡妻謂正嫡也御治也此美文王以禮法接待其妻旁及兄弟宗族又廣以政教治家邦（補注）先謙曰官本無注如此則土得其性矣若迺奢淫驕慢則土失其性亡水旱之災而草木百穀不孰（補注）朱一新曰監本汪本亡作有葉德輝曰德藩本亡作有先謙曰官本亡作無[illegible]考證曰無監本訛有從宋本改正王念孫云景祐本毛本作亡水旱是也此言土失其性則雖無水旱之災而不能成稼穡下文云劉向以爲不書水旱而曰大亡麥禾者土氣不養稼穡不成者也是其證[illegible]此篇但說稼穡不成之事若水旱之災則在後篇水不潤下及厥罰恆陽下後人既改下文之大亡麥禾爲大水亡麥禾故又改此文之亡水旱爲有水旱以從之而不自知其謬也是爲稼穡不成嚴公二十八年（補注）蘇輿曰嚴公上當有春秋二字劉知幾所謂嚴公之上不復以春秋建名遂使漢帝魯公同爲一揆者也案班書體大采輯舊文間致漏畧劉氏毛舉適成隅見耳此下失書春秋者頗多不復出之冬大水亡麥禾（補注）齊召南曰案經但云大無麥禾三家所同竝無大水水字故劉向以屬土不稼穡然玩董仲舒說又似公羊經有大水之文乃今本公羊亦無水字何也王念孫曰景祐本無水字是也後人以下文云董仲舒以爲夫人哀姜淫亂逆陰氣故大水也遂增入水字不知三家經文皆無水字且下文云不書水旱而曰大亡麥禾則大下本無水字明矣董仲舒獨言大水者其意以爲無麥禾由於大水大水由於夫人之淫亂此是揣度之詞非經文實有水字也何注公羊傳云此蓋秋水所傷夫人淫泆之所致卽用仲舒之說董仲舒㠯爲夫人哀姜淫亂師古曰哀姜莊公夫人齊女也逆陰氣故大水也劉向㠯爲水旱當書不書水旱而曰大亡麥禾者土氣不養稼穡不成者也是時夫人淫於二叔內外亡別師古曰二叔謂莊公二弟仲慶父及叔牙又因凶飢一年而三築臺師古曰謂三十一年春築臺于郞夏築臺于薛秋築臺于秦也郞薛秦皆魯地也故

應是而稼穡不成飾臺榭內淫亂之罰云遂不改寤（補注）先謙曰遂竟也四年而死師古曰莊公三十二年薨距大水無麥禾凡四歲也旣流二世師古曰謂子般及閔公皆被殺死奢淫之患也

傳曰好戰攻（補注）先謙曰續志引作攻戰晉宋志與此同輕百姓飾城郭侵邊境則金不從革說曰金西方萬物既成殺氣之始也故立秋而鷹隼擊秋分而微霜降其於王事出軍行師把旄杖鉞誓士衆抗威武所㠯征畔逆止暴亂也詩云有虔秉鉞如火烈烈師古曰商頌長發之詩也虔固也此美殷湯興師出征固持其鉞以誅有罪威力猛盛如火熾烈又曰載戢干戈載櫜弓矢師古曰周頌時邁之詩也戢聚也櫜韜也言天下太平兵不復用故戢斂而韜藏也（補注）先謙曰官本藏作臧動靜應誼（補注）先謙曰晉宋志引誼作宜說以犯難民忘其死師古曰言㠯和悅使人難犯危難不顧其生也易兌卦彖曰說以犯難人忘其死故引之也說讀曰悅（補注）蘇輿曰汪本難犯作雖犯是金得其性矣（補注）葉德輝曰德藩本金上有如此則三字先謙曰官本有如此則三字此脫晉志亦無若迺貪欲恣睢務立威勝師古曰睢音呼季反（補注）先謙曰官

本注在雕下不重民命則金失其性蓋工冶鑄金鐵金鐵冰滯涸堅不成者衆師古曰涸讀與沍同沍凝也音下故反春秋左氏傳曰固陰沍寒〔補注〕劉敞曰冰音凝沈欽韓曰涸當爲涸左傳省文作固郊祀志秋涸凍集韻涸凝也沍固寒也顏謂涸與沍同非朱一新曰疑汪本作凝是先謙曰官本疑作凝及爲變怪〔補注〕錢大昭曰及閩本作乃非是蘇輿曰及下疑當有金字上文及木爲變怪與此一例是爲金不從革左氏傳曰昭公八年春石言於晉晉平公問於師曠師古曰晉掌樂大夫對曰石不能言神或馮焉作事不時怨讟動於民師古曰讟痛怨之言也音讀則有非言之物而言今宮室崇侈民力彫盡怨讟竝興莫信其性師古曰信猶保也性生也一說信讀曰申言不得申其性命也〔補注〕蘇輿曰左傳信作保此因信保形近而誤顏曲爲之說非石之言不亦宜乎於是晉侯方築虒祁之宮師古曰虒祁地在絳西臨汾水虒音斯〔補注〕先謙曰官本考證云絳監本訛絳今改正叔向曰君子之言信而有徵師古曰叔向晉大夫羊舌肸也向音許兩反字亦作嚮其音同〔補注〕先謙曰官本無向音下十二字劉歆以爲金石同類〔補注〕葉德輝曰白虎通五行云金少陰又云金者陰嗇公羊僖十六年傳隕石于宋五何休注石者陰德之專者也據此則金石性皆主陰故劉歆以爲同類也

前漢二十七上　十八

是爲金不從革失其性也劉向以爲石白色爲主屬白祥〔補注〕先謙曰白祥互見成帝鴻嘉三年五月乙亥天水冀南山大石鳴師古曰天水之冀縣南山也聲隆隆如雷有頃止聞平襄二百四十里韋昭曰天水縣墬雞皆鳴師古曰雉也〔補注〕先謙曰此自墬地之雞非雉也說詳郊祀志石長丈三尺廣厚略等師古曰廣及厚皆如其長旁著岸脅去地二百餘丈民俗名曰石鼓石鼓鳴有兵是歲廣漢鉗子謀攻牢師古曰鉗子謂鉗徒也牢係重囚之處篡死辠囚鄭躬等盜庫兵劫略吏民衣繡衣自號曰山君黨與寖廣師古曰寖漸也〔補注〕先謙曰官本無注六字明年冬迺伏誅自歸者三千餘人後四年尉氏樊竝等謀反殺陳留太守嚴普自稱將軍山陽亡徒蘇令等黨與數百人盜取庫兵經歷郡國四十餘〔補注〕周壽昌曰成紀永始三年作經歷郡國十九此作四十餘不合漢郡國共一百三據此當半天下矣成帝時無此大亂明此衍四字皆踰年迺伏誅是時起昌陵作者數萬人徙郡國吏民五千餘戶以奉陵邑作治五年不成迺罷昌陵還徙家師古曰初徙人陪昌陵者令皆還其本居石鳴與晉石言同應師曠所謂民力彫盡傳云輕百姓者也虒祁離宮去絳都四十里昌陵亦在郊墬皆與城郭同占城郭屬金宮室屬土外內之別云〔補注〕先謙曰又一條互見火不炎上下

傳曰簡宗廟不禱祠廢祭祀逆天時則水不潤下說曰水北方終臧萬物者也其於人道命終而形臧精神放越聖人爲之宗廟以收魂氣春秋祭祀以終孝道王者即位必郊祀天地禱祈神祇望秩山川懷柔百神亡不宗事師古曰懷來也柔安也謂招來而祭祀之使其安也宗尊也愼其齊戒致其嚴敬鬼神歆饗多獲福助此聖王所以順事陰氣和神人也至發號施令亦奉天時十二月咸得其氣則陰陽調而終始成如此則水得其性矣若迺不敬鬼神致令逆時〔補注〕朱一新曰致汪本作政是葉德輝曰德藩本作政先謙曰晉志作政則水失其性霧水暴出百川逆溢壞鄉邑溺人民及淫雨傷稼穡是爲水不潤下京房易傳曰顓事有知〔補注〕先謙

前漢二十七上　十九

曰晉宋志作顓事者加誅罰絕理厥災水其水也雨殺人以隕霜大風天黃飢而不損〔補注〕先謙曰飢凶年也損如減膳省費之類茲謂泰厥災水〔補注〕先謙曰晉宋志竝作厥大水水殺人辟遏有德茲謂狂應劭曰辟天子也有德者雍遏不見用也師古曰遏音一曷反〔補注〕先謙曰官本無注末八字厥災水水流殺人已水則地生蟲歸獄不解茲謂追非李奇曰歸罪過於民不罪己也張晏曰謂釋有罪之人而歸無辜者也解止也追非遂非也〔補注〕朱一新曰下文云解舍也即解字之義不必訓爲止厥水寒殺人追誅不解茲謂不理厥水五穀不收大敗不解茲謂皆陰解舍也王者於大敗誅首惡赦其衆不則皆函陰氣師古曰函讀與含同厥水流入國邑隕霜殺穀〔補注〕宋祁曰穀當作菽先謙曰晉宋志作穀桓公元年秋大水董仲舒劉向以爲桓弒兄隱公民臣痛隱而賤桓後宋督弒其君師古曰宋華父督爲太宰弒殤公事在桓公二年諸侯會將討之師古曰謂齊陳鄭也桓受宋賂而歸師古曰謂郜大鼎又背宋諸侯由是伐魯仍交兵結讎伏尸流血百姓愈怨師古曰桓會宋公者五與宋公燕人盟已而背盟伐宋宋公燕人怨而求助齊衛助之桓

公懼而會紀侯鄭伯及四國之師大戰故十三年夏復大水一曰夫人驕淫將弒君陰氣盛桓不寤卒弒死師古曰已解於上也〔補注〕先謙曰官本無注劉歆以爲桓易許田不祀周公師古曰許田魯朝宿之邑而有周公別號桓既篡位遂以許田與鄭而取鄭之祊田故云不祀周公〔補注〕朱一新曰注汪本號作廟是先謙曰官本作廟廢祭祀之罰也〔補注〕沈欽韓曰何休注參用董劉三家之說案歆說非也許田朝宿之邑本非祀周公之所左傳云鄭伯請釋泰山之祀而祀周公此行人之辭爾杜預云後世朝宿邑立周公別廟果爾鄭于祊遂祀泰山乎傳云邑有宗廟先君之主曰都此謂子弟同姓食采得立廟於禮則非也朝宿邑而立廟其義尤無據矣劉歆欲附鴻範傳廢祭祀之文理不可通嚴公七年秋大水亡麥苗〔補注〕周壽昌曰左傳正義云直言無麥苗似旱麥之苗而知麥苗別者蓋此秋是今之五月麥已熟矣不得方云麥苗故知熟麥及五穀之苗皆爲水漂殺也先謙曰官本考證云苗監本訛田今改正董仲舒劉向以爲嚴母文姜與兄齊襄公淫共殺威公〔補注〕錢大昭曰威閩本作桓上文桓字互見此處不應獨作威閩本是葉德輝曰德藩本亦作桓先謙曰官本作桓嚴釋父讎復取齊女未入先與之淫一年再出會於道逆亂臣下賤之之應也〔補注〕沈欽韓曰娶哀姜在二十四年與七年大水事遠十一年秋宋大水董仲舒

以爲時魯宋比年爲乘丘鄑之戰師古曰比年頻年也莊十年公敗宋師于乘丘十一年公敗宋師于鄑乘丘鄑魯地鄑音子移反百姓愁怨陰氣盛故二國俱水〔補注〕沈欽韓曰謂魯宋同在十一年被水公羊傳云外災不書此何以書及我也劉向以爲時宋愍公驕慢睹災不改明年與其臣宋萬博戲婦人在側矜而罵萬萬殺公之應師古曰萬宋大夫也戰敗獲于魯復歸宋又爲大夫與愍公博婦人在側萬曰甚矣魯侯之淑魯侯之美天下諸侯宜爲君者唯魯侯耳愍公矜此婦人妒其言顧曰此虜也爾虜焉故魯侯之美惡乎至萬怒搏愍公絕其脰而死事在莊十二年〔補注〕朱一新曰注爾虜焉故汪本故作知案公羊傳作故何邵公注女嘗執虜於晉侯故稱譽爾春秋繁露韓詩外傳均作知蓋連下七字爲句先謙曰官本作知二十四年大水董仲舒以爲夫人哀姜淫亂不婦陰氣盛也劉向以爲哀姜初入公使大夫宗婦見用幣師古曰宗婦同姓之婦也大夫妻及宗婦見夫人者皆令執幣是踰禮也又淫於二叔公弗能禁臣下賤之故是歲明年仍大水師古曰仍頻也〔補注〕先謙曰官本無注劉歆以爲先是嚴飾宗廟刻桷丹楹以夸夫人臣瓚曰桷椽也韋昭曰楹柱也師古曰莊公二十三年丹桓宮楹二十四年刻桓宮桷將迎夫人故爲盛飾簡宗廟之

罰也師古曰簡慢也〔補注〕沈欽韓曰何休依董說宣公十年秋大水飢董仲舒以爲時比伐邾取邑師古曰比頻也九年秋取根牟公羊傳曰根牟者何邾婁之邑也十年公孫歸父帥師伐邾取繹故云比年也亦見報復兵讎連結百姓愁怨劉向以爲宣公殺子赤而立子赤齊出也師古曰赤母姜氏赤死姜氏大歸齊市人皆哭魯人謂之哀姜故懼以濟西田賂齊師古曰宣既卽位與齊侯會于平州以定其位元年六月齊人取濟西田爲立公故以賂齊也邾子貜且亦齊出也師古曰貜且邾文公之子邾定公也亦齊女所生貜音俱碧反又音钁且音子余反而宣比與邾交兵師古曰比頻也臣下懼齊之威創邾之既師古曰創懲乂也音初亮反〔補注〕先謙曰官本注乂作艾皆賤公行而非其正也成公五年秋大水董仲舒劉向以爲時成幼弱政在大夫前此一年再用師師古曰成三年春公會晉侯宋公衞侯曹伯伐鄭秋叔孫僑如帥師圍棘是也明年復城鄆以彊私家師古曰四年城鄆鄆季氏邑音運仲孫蔑叔孫僑如顓會宋晉陰勝陽師古曰仲孫蔑孟獻子也成五年春仲孫蔑如宋夏叔孫僑如會晉荀首于穀顓與專同專者不秉命于公〔補注〕朱一新曰注汪本秉作稟先謙曰官本作稟襄公二十四年秋大水董仲舒以爲先

是一年齊伐晉襄使大夫帥師救晉師古曰襄二十三年秋齊伐衞遂伐晉八月叔孫豹帥師救晉次于雍榆後又侵齊師古曰二十四年仲孫羯帥師侵齊國小兵弱數敵彊大百姓愁怨陰氣盛劉向以爲先是襄慢鄰國是以邾伐其南師古曰十五年邾人伐我南鄙是也齊伐其北師古曰十六年齊人伐我北鄙是也莒伐其東師古曰十二年莒人伐我東鄙是也百姓騷動後又仍犯彊齊也師古曰十八年公會晉侯宋公衞侯鄭伯同圍齊二十三年救晉二十四年又侵齊是重犯也大水饑穀不成其災甚也〔補注〕沈欽韓曰何休依董說高后三年夏漢中南郡大水水出流四千餘家四年秋河南大水伊雒流千六百餘家汝水流八百餘家八年夏漢中南郡水復出流六千餘家南陽沔水流萬餘家師古曰沔漢水之上也音彌善反是時女主獨治諸呂相王文帝後三年秋大雨晝夜不絕三十五日藍田山水出流九百餘家燕壞民室八千餘所殺三百餘人〔補注〕王念孫曰燕壞民室本作漢水出壞民室今本漢譌作燕孔彪碑漢字作[illegible]其右邊與燕相似而譌又脫水出二字矣漢水出與藍田山水出文同一例若不言水出而但言壞室則敘事不明漢紀孝文紀

止作漢水出壞民室八千餘所先是趙人新垣平目望氣得幸爲上立渭陽五帝廟欲出周鼎目夏四月郊見上帝師古曰事並見郊祀志歲餘懼誅謀爲逆發覺要斬夷三族是時比再遣公主配單于賂遺甚厚師古曰比頻也高祖使劉敬奉宗室女翁主爲冒頓單于閼氏冒頓死其子老上單于初立文帝復遣宗人女爲單于閼氏匈奴愈驕侵犯北邊殺略多至萬餘人漢連發軍征討戍邊元帝永光五年夏及秋大水潁川汝南淮陽廬江雨壞鄉聚民舍及水流殺人先是一年有司奏罷郡國廟是歲又定迭毀師古曰親盡則毀故云迭毀事在韋玄成傳迭音大結反〔補注〕先謙曰官本無注末五字罷太上皇孝惠帝寢廟皆無復修通儒目爲違古制〔補注〕王鳴盛曰末致水災之應觀郊祀志知說出劉向也班志采輯諸書而成郊祀志贊云究觀方士祠官之變谷永之言不亦正乎是以毀廟從郊爲正與此不合刑臣石顯用事師古曰石顯宦者故曰刑臣成帝建始三年夏大水三輔霖雨三十餘日郡國十九雨山谷水出凡殺四千餘人壞官寺民舍八萬三千餘所元年有司奏從甘泉泰畤河東后土于長安南北郊二年又罷雍五畤郡國諸舊祀凡六所〔補注〕先謙曰成紀但書罷雍五畤郊祀志匡衡等復條奏長安廚官縣官給祠郡國候神方士使者所祠凡六百八十三所其四百七十五所不應禮或復重請皆罷奏可是所罷者不止六所凡六下疑有脫文

五行志第七上終　　漢書二十七

漢　蘭　臺　令　史班　固　撰

唐正議大夫行祕書少監琅邪縣開國子顏師古注

賜進士出身前翰林院編修國子監祭酒加三級臣王先謙補注

經曰羞用五事五事一曰貌二曰言三曰視四曰聽五曰思應劭曰思思慮〔補注〕先謙曰官本無注正文思下當有心字注思思慮當作心思慮說詳下貌曰恭言曰從視曰明聽曰聰思曰容應劭曰容通也古文作睿〔補注〕錢大昕曰案伏生傳本作容董子春秋繁露述五行五事云思曰容容者言無不容又云容作聖聖者設也王者心寬大無不容則聖能施設事各得其宜也此志說思心之不容云容寬也孔子曰居上不寬吾何以觀之哉言上不寬大包容臣下則不能居聖位則爲包容之容非睿智字明矣容與恭從聽爲韻鄭氏破容爲睿於義爲短今漢書刊本作睿非容非睿亦失班志之舊王念孫曰錢說是也本志下篇曰宋襄公區霿自用不容臣下正所謂思心之不容也說苑君道篇尹文曰人君之事無爲而能容下大道容衆大德容下聖人寡爲而天下理矣書曰容作聖今本容作睿乃後人所改與上文不合此又一證也今本漢書思曰容本作思心曰容思心說見下應注本作容寬也古文作睿容寬也卽用班氏原文睿與容不同字故別之曰古文作睿若正文本作容而訓爲通則容睿聲義並同何以必別言之乎下文容作聖亦本是容作聖其注文張晏曰容通達以至於聖七字文不成義亦是後人所改也又案上文五曰思本作五曰思心注文應劭曰思思慮本作心思慮此是釋思心二字之義非專釋思字之義下篇曰思心之不容是謂不聖思心者心思慮也此卽應注所本後人旣於正文內刪去心字又改注文心思慮爲思思慮甚矣其妄也其春秋繁露之五曰思思曰容思下無心字亦是後人所刪洪範五行傳曰次五事曰思心思心之不容是謂不聖今本改作文五事曰心離思思之不容是謂不聖據鄭注及續漢書詔書隋書五行志所弨訂正又本志中篇曰劉歆以爲屬思心不容又曰劉歆以爲思心贏蟲孽也下篇曰思心氣毀故有牛禍又曰凡思心傷者病土氣又曰劉歆思心傳曰時則有贏蟲之孽又曰思心失逆土氣又曰貌言視聽思心五事皆失藝文志曰貌言視聽思心失而五行之序亂思下皆有心字蓋古文尙書作五曰思思曰睿睿作聖今文尙書作五曰思心思心曰容容作聖漢書及五行傳春秋繁露說苑皆本今文故與古文不同後人見古文而不見今文故以其所知改其所不知也又本志下篇曰梁孝王田北山有獻牛足上出背上劉向以爲近牛禍內則思慮霿亂外則土功過制故牛𤛊作思慮亦本作思心而後人政之也下文曰周景王思心霿亂敘傳曰思心旣霿牛𤛊告妖漢紀孝景紀曰梁王北獵梁山有獻牛足出背上本志以爲牛𤛊思心稽亂之咎也皆其證矣又律歷志宮爲土爲信爲思思下無心字亦是後人所刪天文志曰塡星曰中央季夏土信也思心也義正與此同下故貌言視聽以心爲土心上亦當有思字漢紀孝武紀曰宮爲土爲信爲思心此尤其明證今本作爲思爲心下爲字涉上而衍恭作

肅從作艾師古曰艾讀曰乂乂治也其下亦同明作悊聽作謀應劭曰上聽則下謀故聽爲謀也〔補注〕王先慎曰鄭康成注大傳五行傳云君貌不恭則不能敬其事君言不從則不能治其事君視不明則是不能瞭其事君聽不聰則是不能謀其事君思心不通則是不能心明其事肅艾悊謀聖皆就君言與下張晏說合其尚書注云君貌恭則臣禮肅君言從則臣職治君視明則臣昭悊君聽聰則臣進謀君思容則臣賢智以肅艾悊謀聖皆就臣言與應說合案上脩其政而臣下化之於休徵之義更爲允當以應注爲長容作聖張晏曰容通達以至於聖休徵孟康曰善行之驗也曰肅時雨若應劭曰居上而敬則雨順之艾時陽若應劭曰君政治則陽順之悊時奧若應劭曰悊明也師古曰奧讀曰燠燠溫也音於六反其下亦同〔補注〕先謙曰官本無注末四字謀時寒若聖時風若師古曰凡言時者皆謂行得其道則寒暑風雨以時應而順之咎徵師古曰言惡行之驗曰狂恆雨若僭恆陽若應劭曰僭僭差〔補注〕先謙曰官本作差僭考證云監本訛潛差今改正舒恆奧若急恆寒若霿恆風若服虔曰霿音人傋霿應劭曰人君瞉霿鄙吝則風不順之也師古曰凡言恆者謂所行者失道則寒暑風雨不時而恆久爲災也霿音莫豆反傋瞉竝音構又音寇〔補注〕錢大昕曰霿蒙聲相近周壽昌曰荀子儒效篇愚陋傋霿注傋音寇傋霿無知也傋亦作溝霿作稖卽霿也先謙曰官本注傋作備傳曰〔補注〕先謙曰官本傳下提行貌之不恭是謂不肅厥咎狂厥罰恆雨厥極惡時則有服妖時則有龜孽師古曰孽音魚列反其下竝同時則有雞旤師古曰旤與禍同時則有下體生上之痾韋昭曰若牛之足反出背上下欲伐上之禍也師古曰痾音阿〔補注〕先謙曰韋說非也五痾皆屬人言此牛旤見思心傳時則有青眚青祥李奇曰內曰眚外曰祥唯金沴水服虔曰沴害也如淳曰沴音拂戾之戾義亦同〔補注〕朱一新曰汪本水作木是葉德輝曰德藩本作木先謙曰官本作木說曰凡草物之類謂之妖〔補注〕先謙曰官本作草木晉志同妖猶夭胎言尚微師古曰夭音烏老反蟲豸之類謂之孽師古曰有足謂之蟲無足謂之豸孽則牙孽矣及六畜謂之旤言其著也〔補注〕葉德輝曰續志引洪範傳曰妖者敗胎也少小之類言其事之尚微也至孽則牙孽也言乎禍則著矣及人謂之痾痾病貌言寖深也師古曰寖漸也〔補注〕先謙曰官本無注甚則異物生謂之眚自外來謂之祥祥猶禎也氣相傷謂之沴沴猶臨莅不和意也每一事云時則㠯絕之言非必俱至或有或亡或在前或在後也孝武時夏侯始昌通五經善推五行傳㠯傳族子夏侯勝下及許商皆㠯教所賢弟子其傳與劉向同唯劉歆傳

獨異貌之不恭是謂不肅肅敬也內曰恭外曰敬人君行已體貌不恭怠慢驕蹇則不能敬萬事失在狂易故其咎狂也師古曰狂易謂狂而易其常性上嫚下暴〔補注〕先謙曰官本嫚作慢則陰氣勝故其罰常雨也水傷百穀衣食不足則姦軌竝作故其極惡也一曰民多被刑或形貌醜惡亦是也風俗狂慢變節易度則爲剽輕奇怪之服師古曰剽音匹妙反故有服妖〔補注〕先謙曰續志引鄭注服貌之飾也水類動故有龜孽如淳曰河魚大上㠯爲魚孽之比〔補注〕先謙曰續志引鄭注龜蟲之生於水而游於春者也屬木案龜孽無證於易巽爲雞雞有冠距文武之貌不爲威儀貌氣毀故有雞旤一曰水歲雞多死及爲怪亦是也上失威儀則下有彊臣害君上者故有下體生於上之痾木色青故有青眚青祥凡貌傷者病木氣木氣病則金沴之衝氣相通也〔補注〕先謙曰續志注引鄭注沴殄也凡貌言視聽思心一事失則逆人之心人心逆則怒木金水火土氣爲之傷傷則衝勝來乘殄之於是神怒人怨將爲禍亂故五行先見變異以告人也及妖孽禍痾眚祥皆其氣類暴作非常爲時怪者也各以物象爲之占也於易震在東方爲春爲木也兌在西方爲秋爲金也離在南方爲夏爲火也坎在北方爲冬爲水也春與秋日夜分寒暑平是㠯金木之氣易㠯相變故貌傷則致秋陰常雨言傷則致春陽常旱也至於冬夏日夜相反寒暑殊絕水火之氣不得相併故視傷常奧聽傷常寒者其氣然也逆之其極曰惡順之其福曰攸好德孟康曰政不順則致妖順則致福也師古曰攸所也所好者德也劉歆貌傳曰有鱗蟲之孽羊旤鼻痾說㠯爲於天文東方辰爲龍星故爲鱗蟲於易兌爲羊木爲金所病故致羊旤與常雨同應此說非是〔補注〕齊召南曰案班書十志半取衷於劉歆惟五行志時糾劉歆之失沈欽韓曰庖人注云羊屬司馬火也故班氏說劉歆非是月令注羊火畜也時尚寒食之以安性也春與秋氣陰陽相敵木病金盛故能相幷唯此一事耳旤與妖痾祥眚同類不得獨異史記師古曰此志凡稱史記者皆謂司馬遷所撰也〔補注〕齊召南曰案單襄公見晉厲公一段史記晉世家不載此國語文也國語本於各國之史記故以史記稱之顏以司馬遷所撰爲解非也下文尚有數處稱史記皆國語文錢

大昕曰此外所引史記如單襄公見晉三郤齊國佐一條晉惠公時童謠一條穀洛水鬭將毀王宮一條周三川震伯陽甫言周將亡一條夏后氏之衰二龍止于夏廷一條季桓子穿井得土缶一條隼集陳廷楛矢貫之石砮一條皆國語之文惟夏后二龍伯陽甫事見周紀土缶楛矢事見孔子世家餘皆無之又戰國及秦二事志稱史記者聞與太史公合而秦昭王三十四年渭水赤始皇二十六年有大人長五丈見於臨洮二世元年天無雲而雷今史記亦無之則班志所云史記非專指太史公書矣古者列國之史俱稱史記周本紀云太史伯陽讀史記陳杞世家云孔子讀史記而漢書藝文志稱仲尼以魯周公之國史官有法故與左邱明觀其史記據行事仍人道因興以立功就敗以成罰有所襃諱貶損不可盡者口授弟子邱明恐弟子各安其意以失其眞故論本事而作傳明夫子不以空言說經也然則邱明所論次者謂之春秋傳國語乃左氏所錄史記舊文故亦可稱史記劉知幾以班志所引不云國語惟稱史記訾其忘本徇末逐近棄遠蓋未識此旨也史遷著書未嘗以史記名之卽孟堅亦未嘗以史記目太史公書小顏攷之未詳爾沈欽韓曰古人以春秋爲史記董子兪序云史記十二公之閒杜預序春秋者魯史記之名也觀此志則兼以外傳爲史記遷書在漢自名太史公書**成公十六年公會諸侯于周單襄公見晉厲公視遠步高**師古曰單襄公周卿士單子朝也晉厲公景公之子也名州蒲單音善〔補注〕蘇輿曰案國語以此事屬柯陵之會據春秋書同盟于柯陵在成十七年此云十六年不合周語簡王十一年諸侯會于柯陵十三年晉侯弒簡王十一年正當成公十六年韋昭云簡王十一年魯成十七年非也左國互岐志用國語也劉知幾以爲春秋史記雜亂難別謂成公卽魯侯今引史記居先成公在下書非魯史而公捨魯名用爲譏議案志文偶脫耳**告公曰晉將有亂魯侯曰敢問天道也抑人故也**師古曰抑發語辭也〔補注〕先謙曰官本無注周語韋注故事也**對曰吾非瞽史**師古曰瞽樂太師史太史**焉知天道吾見晉君之容殆必禍者也夫君子目以定體足以從之**師古曰體定則目安足之進退皆無違也**是以觀其容而知其心矣目以處誼足以步目**師古曰視瞻得其宜行步中其節也**晉侯視遠而足高目不在體而足不步目其心必異矣目體不相從何以能久夫合諸侯民之大事也於是虖觀存亡故國將無咎其君在會步言視聽必皆無讁則可以知德矣**師古曰讁責也無讁謂得其義理無可咎責也**視遠曰絕其誼**〔補注〕蘇輿曰案周語曰作日下同韋注言日日絕其宜也**足高曰棄其德言爽曰反其信**師古曰爽差也**聽淫曰離其名**師古曰淫邪也**夫目以處誼足以踐德**師古曰踐履也所履皆德行也**口以庇信**師古曰庇覆也言行相覆則爲信矣**耳以聽名者也故不可不慎偏喪有咎**師古曰苟喪其一則有咎**既**

喪則國從之師古曰既盡也若盡喪之則國亦亡**晉侯爽二吾是以云**張晏曰視遠一也步高二也**後二年晉人殺厲公凡此屬皆貌不恭之咎云左氏使桓公十三年**〔補注〕錢大昭曰使南雍本閩本皆作傳葉德輝曰德藩本作傳先謙曰官本作傳是**楚屈瑕伐羅鬭伯比送之**師古曰屈瑕卽莫囂也鬭伯比楚大夫羅國名在南郡枝江西**還謂其馭曰莫囂必敗**師古曰莫囂楚官名也字或作敖其音同**舉止高心不固矣**師古曰止足也**遽見楚子以告**師古曰遽速也**楚子使賴人追之弗及莫囂行遂無次且不設備**師古曰無次不爲次列也**及羅羅人軍之大敗莫囂縊死釐公十一年周使內史過賜晉惠公命**師古曰內史過周大夫晉惠公夷吾也諸侯卽位天子則賜命圭以爲瑞**受玉惰**師古曰不敬其事也**過歸告王曰晉侯其無後乎王賜之命而惰於受瑞先自棄也已其何繼之有禮國之幹也敬禮之輿也**師古曰無禮則國不立故謂之幹無敬則禮不行故比之於輿**不敬則禮不行禮不行則上下昏何以長世二十一年晉惠公卒子懷公立晉人殺之更立文公成公十三年晉侯使郤錡乞師于魯將事不敬**師古曰郤錡晉大夫駒伯也乞師欲以伐秦也將事致其君命也錡音牛爾反**孟獻子曰郤氏其亡乎**師古曰孟獻子仲孫蔑〔補注〕葉德輝曰德藩本乎作虖先謙曰官本作虖注末有也字**禮身之幹也敬身之基也**師古曰無禮則身不立不敬則身不安也**郤子無基且先君之嗣卿也受命以求師將社稷是衞而惰棄君命不亡何爲十七年郤氏亡成公十三年諸侯朝王遂從劉康公伐秦成肅公受脤于社不敬**服虔曰脤祭社之肉也盛以蜃器故謂之脤師古曰劉康公成肅公皆周大夫也脤讀與蜃同以出師而祭社謂之宜脤者卽宜社之肉也蜃大蛤也音上忍反〔補注〕錢大昭曰脤當作脤葉德輝曰德藩本作脤字本作祳說文云祳社肉盛以蜃故謂之祳是也假借爲脤先謙曰官本作脤**劉子曰吾聞之民受天地之中以生所謂命也**師古曰劉子卽康公也中謂中和之氣**是以有禮義動作威儀之則**〔補注〕先謙曰官本考證云左傳禮義二字在動作之下**以定命也能者養以之福不能者敗以取旤**師古曰之往也能養生者則定禮義威儀自致於福不能者則喪之以取禍亂〔補注〕齊召南曰案之字訓往與下句取字相對今俗本左傳作能者養之以福非是顏注與杜注孔疏合是古本不訛也監本從俗本左傳亦作能者養之以福今從宋本改正錢大昕曰律歷志引此

文作養以之福此志亦當然阮元曰漢酸棗令劉熊碑作以之是故君子勤禮小人盡力勤禮莫如致敬盡力莫如惇篤敬在養神篤在守業國之大事在祀與戎祀有執膰戎有受脤應劭曰膰祭肉也師古曰膰音扶元反神之大節也師古曰交神之節今成子惰棄其命矣其不反虖五月成肅公卒成公十四年衛定公享苦成叔甯惠子相師古曰定公名臧苦成叔晉大夫郤犨也晉使郤犨如衛故定公享之惠子衛大夫甯殖也相謂贊相其禮苦成叔敖師古曰敖讀曰傲其下並同甯子曰苦成家其亡虖古之爲享食也㠯觀威儀省旤福也師古曰食讀曰飤故詩曰兕觵其觩旨酒思柔匪儌匪傲萬福來求張晏曰觵罰爵也飲酒和柔無失禮可罰罰爵徒觩然而已應劭曰言在位者不儌訐不倨傲也師古曰小雅桑扈之詩也儌謂儌倖也萬福言其多也謂飲酒者不儌倖不儌慢則福祿就而求之也觩音虯儌音工堯反〔補注〕錢大昕曰詩作彼交匪敖春秋傳作匪交匪敖古書彼與匪通詩彼交匪紓荀子勸學篇作匪交匪紓左傳引詩如匪行邁謀杜預云匪彼也葉德輝曰今左傳仍作彼交匪傲與班所據本異杜注云彼之交於事而不惰傲乃萬福之所求是杜所見本不作匪儌匪傲也明左傳文已順毛傳改矣先謙曰官本注倖作幸今夫子傲取旤之道也後

三年苦成家亡師古曰十七年晉攻郤氏長魚矯㠯戈殺郤錡郤犨郤至而滅其家襄公七年衛孫文子聘于魯君登亦登師古曰文子衛大夫孫林父也禮之登階臣後君一等叔孫穆子相師古曰穆子叔孫豹趨進曰諸侯之會寡君未嘗後衛君今吾子不後寡君寡君未知所過吾子其少安師古曰安徐也孫子亡辭亦亡悛容師古曰悛改也音千全反穆子曰孫子必亡爲臣而君過而不悛亡之本也十四年孫子逐其君而外叛師古曰逐其君謂衛獻公出奔齊也外叛謂以戚叛之襄公二十八年蔡景侯歸自晉入于鄭師古曰景侯名固文侯之子也鄭伯享之不敬子產曰蔡君其不免虖師古曰言不免於禍日其過此也君使子展往勞于東門而敖師古曰日謂往日始適晉之時也子展鄭大夫公孫舍之吾曰猶將更之師古曰更改也今還受享而惰迺其心也師古曰言心之所常行也君小國事大國師古曰言身爲小國之君而事於大國而惰敖㠯爲己心將得死虖君若不免必由其子淫而不父師古曰通太子之妻如是者必有子旤三十年爲世子般所殺師古曰般讀與班同襄公三十一

年公薨季武子將立公子裯師古曰裯襄公之子齊歸所生裯音直留反穆叔曰是人也居喪而不哀在慼而有嘉容是謂不度不度之人鮮不爲患師古曰穆叔叔孫穆子也不度不遵禮度也鮮少也音先淺反〔補注〕先謙曰官本無鮮下七字若果立必爲季氏憂武子弗聽卒立之比及葬三易衰衰衽如故衰師古曰衣前曰衽言游戲無已也比音必寐反衰音千同反衽音人禁反是爲昭公立二十五年聽讒攻季氏兵敗出奔死于外師古曰謂薨于乾侯襄公三十一年衛北宮文子見楚令尹圍之儀師古曰北宮文子衛大夫也名佗令尹圍楚恭王之子也時爲令尹文子從衛侯在楚故見之言於衛侯曰令尹似君矣將有它志師古曰謂有爲君之心言語視瞻非其常雖獲其志弗能終也公曰子何㠯知之對曰詩云敬慎威儀惟民之則師古曰大雅抑之詩也則法也言君能慎其威儀乃臣下所法效之〔補注〕先謙曰注末之當作也令尹無威儀民無則焉民所不則㠯在民上不可㠯終也師古曰遂㠯殺君篡國而取敗於乾谿〔補注〕王念孫曰不可以終各本及左傳並同景祐本作何以終世僖十一年左傳禮不行則上下昏何以長世文義與此相似疑向歆所見左傳與今本不同而各本作

不可以終轉是後人以左傳改之也先謙曰此未終言之疑奪文昭公十一年夏周單子會於戚師古曰單子周大夫單成公也戚衛地視下言徐應劭曰視下視不登帶言徐不聞於表著晉叔向曰單子其死虖師古曰叔向晉大夫羊舌肸也向音許兩反朝有著定師古曰朝內列位有定處所謂表著者也著音直庶反又音除〔補注〕錢大昕曰著通作宁門屏之間也周語云大夫士日恪位著以儆其官釋名宁宁也將見君所宁立之處也會有表師古曰會於野設表㠯爲位衣有襘帶有結師古曰襘領之交會也結紳帶之結也襘音工外反會朝之言必聞于表著之位所㠯昭事序也師古曰昭明也〔補注〕先謙曰官本無注字六視不過結襘之中所㠯道容貌也師古曰道讀曰導其下並同言㠯命之容貌㠯明之失則有闕今單子爲王官伯師古曰伯長也而命事於會視不登帶言不過步貌不道容而言不昭矣不道不恭不昭不從無守氣矣師古曰貌正曰恭言正曰從十二月單成公卒昭公二十一年三月葬蔡平公蔡太子朱失位位在卑師古曰不在正嫡之位而以長幼序之魯大夫送葬者歸告昭子師古曰昭子叔孫婼昭子歎曰蔡其亡虖若不亡是君也必不

終詩曰不解於位民之攸塈師古曰大雅假樂之詩也塈息也言在上者能率位不怠則其臣下恃以安息也解讀曰懈塈音許既反今始即位而適卑身將從之十月蔡侯朱出奔楚晉魏舒合諸侯之大夫于翟泉應劭曰水名今洛陽是也師古曰魏舒晉卿魏獻子也事在定公元年志不書者蓋闕文將以城成周魏子涖政師古曰謂代天子大夫為政以臨其事〔補注〕先謙曰官本注末有也字衛彪傒曰將建天子而易位以令非誼也師古曰傒衛大夫建天子謂立天子之居也傒音奚大事奸誼必有大咎師古曰奸犯也音干晉不失諸侯魏子其不免虖是行也魏獻子屬役於韓簡子師古曰簡子亦晉卿韓不信以城周之功役委簡子也屬音之欲反〔補注〕先謙曰官本無注末五字而田於大陸焚焉而死師古曰高平曰陸因放火田獵而見燒殺也說者或以為大陸即鉅鹿北大陸澤也據會於狄泉則其所田處因當在近非大陸澤也〔補注〕吳仁傑曰志所載田於大陸焚而死國語文也內傳亦載此事云田於大陸焚焉還卒於甯觀此則非因獵被焚而卒禮季春出火為焚也注謂焚者焚萊志本指言舒以諸侯之臣而代天子大夫涖政是為貌之不恭故不旋踵而卒大歸不過如此先謙曰官本注無說者下三十四字定公十五年邾隱公朝於魯執玉高其容仰公受玉卑其容俯師古曰隱公邾子益

也玉謂朝者之贄子贛觀焉師古曰子贛孔子弟子端木賜也贛音貢曰以禮觀之二君者皆有死亡焉夫禮死生存亡之體也將左右周旋進退俯仰於是虖取之朝祀喪戎於是虖觀之今正月相朝而皆不度心已亡矣師古曰不度不合法度嘉事不體何以能久師古曰嘉事嘉禮之事謂朝祀也不體不得身體之節高仰驕也卑俯替也師古曰替廢惰也驕近亂替近疾君為主其先亡虖師古曰是年五月定公薨哀公七年秋伐邾以邾子益來也〔補注〕先謙曰亦未終言之以上貌不恭庶徵之恆雨劉歆以為春秋大雨也劉向以為大水隱公九年三月癸酉大雨震電庚辰大雨雪師古曰雨雪雨音于具反大雨雨水也師古曰下雨音于具反後類並同震雷也劉歆以為三月癸酉於歷數春分後一日始震電之時也當雨而不當大雨大雨常雨之罰也於始震電八日之間而大雨雪常寒之罰也〔補注〕先謙曰恆寒並見劉向以為周三月今正月也當雨水雪雜雨雷電未可以發也既已發也〔補注〕劉敞曰也字衍王先慎曰也與矣同義禮祭義可謂能終矣大戴禮曾子大孝篇矣作也中庸民不可得而治矣孟子離婁篇矣作也是也矣二字古本通用隨文為義此謂雷既已發矣則雪不當復降劉以為衍文非也則雪不當復降皆失節故謂之異於易雷以二月出其卦曰豫師古曰坤下震上也言萬物隨雷出地皆逸豫也以八月入其卦曰歸妹師古曰兌下震上也〔補注〕錢大昕曰案孟喜卦氣圖豫二月卦歸妹八月卦言雷復歸入地則孕毓根核保藏蟄蟲師古曰毓字與育同核亦荄字也草根曰荄音該避盛陰之害出地則養長華實發揚隱伏宣盛陽之德入能除害出能興利人君之象也是時隱以弟桓幼代而攝立〔補注〕先謙曰官本代作入公子翬見隱居位已久勸之遂立師古曰公子翬魯大夫羽父也勸殺威公已求為太宰翬音揮〔補注〕先謙曰官本注威作桓隱既不許翬懼而易其辭師古曰反謂桓公云隱欲殺之遂與桓共殺隱天見其將然故正月大雨水而雷電是陽不閉陰出涉危難而害萬物〔補注〕葉德輝曰南齊志引洪範傳曰雷於天地為長子以其首長萬物與之出入故雷出萬物出雷入萬物入夫雷者人君之象入則除害出則興利雷之微氣以正月出其有聲者以二月出以八月入其餘微者以九月入冬三月雷無出者若是陽不避陰則出涉危難而害萬物也

天戒若曰為君失時賊弟佞臣將作亂矣後八日大雨雪陰見間隙而勝陽篡殺之既將成也公不寤後二年而殺昭帝始元元年七月大水雨自七月至十月成帝建始三年秋大雨三十餘日四年九月大雨十餘日〔補注〕先謙曰以上恆雨又二條見聽傳下又互見木不曲直下左氏傳愍公二年晉獻公使太子申生帥師師古曰以伐東山皋落氏公衣之偏衣佩之金玦師古曰偏衣謂左右異色其半象公之服也金玦以金為玦也半環曰玦狐突歎曰時事之徵也衣身之章也佩衷之旗也師古曰狐突晉大夫伯行時為太子御戎也徵澄也章明也旗表也衣所以明貴賤佩所以表中心〔補注〕朱一新曰汪本澄作證是先謙曰官本作證故敬其事則命以始師古曰賞以春夏服其身則衣之純師古曰壹其色用其衷則佩之度師古曰佩玉者君子之常度〔補注〕劉奉世曰欲表其衷則當佩之使合法度世子佩瑜玉而綦組綬今命以時卒閟其事也應劭曰卒盡也閟閉也謂十二月盡時也〔補注〕先謙曰官本應劭作師古衣以尨服遠其躬也師古曰尨雜色也謂偏衣也遠音于萬反其下並同佩以金玦棄其衷也服以遠之時以閟之尨涼冬殺金寒玦

離胡可恃也師古曰涼薄也尨色不能純故曰薄也冬主殺氣金行在西是謂之寒玦形半缺故云離梁餘子養曰帥師者受命于廟受脤於社有常服矣師古曰梁餘子養晉大夫也時爲下軍御軍之常服則韋弁弗獲而尨命可知也死而不孝不如逃之罕夷曰尨奇無常金玦不復君有心矣應劭曰奇奇怪非常意復反也金玦猶玦去不反意也師古曰罕夷晉大夫時爲下軍卿也有心害太子之心也復音扶自反〔補注〕先謙曰官本注猶下玦作決是後四年申生㠯讒自殺近服妖也左氏傳曰〔補注〕蘇輿曰上已言左氏傳劉知幾所謂一言可悉而再列其名是也鄭子臧好聚鷸冠張晏曰鷸鳥赤足黃文以其毛飾冠韋昭曰鷸今翠鳥也師古曰子臧鄭文公子也鷸大鳥即戰國策所云啄蚌者也天之將雨鷸則知之翠鳥自有鷸名而此飾冠非翠鳥也逸周書曰知天文者冠鷸冠蓋以鷸鳥知天時故也禮圖謂之術氏冠鷸音聿又音術鄭文公惡之使盜殺之師古曰時已得罪出奔宋故使盜殺之於陳宋之閒劉向㠯爲近服妖者也一曰非獨爲子臧之身亦文公之戒也初文公不禮晉文師古曰晉文公之爲公子也避驪姬之難而出奔欲之楚過鄭鄭不禮焉又犯天子命而伐滑師古曰僖二十四年鄭公子士及堵俞彌帥師伐滑王使伯服游孫伯如鄭請滑鄭伯不聽而執二子〔補注〕錢大昭曰注士下

南雍本閩本有洩字朱一新曰汪本士下有洩字是先謙曰官本有洩字不尊尊敬上其後晉文伐鄭幾亡國師古曰僖三十年晉侯秦伯圍鄭佚之狐曰國危矣使燭之武見秦伯師乃退也幾音鉅依反〔補注〕先謙曰官本無注末五字昭帝時昌邑王賀遣中大夫之長安多治仄注冠應劭曰今法冠是也李奇曰一曰高山冠本齊冠也謁者服之師古曰仄古側字也謂之側注者言形側立而下注也蔡邕云高九尺鐵爲卷非法冠及高山也卷音去權反〔補注〕錢大昭曰注尺南雍本閩本作寸沈欽韓曰史記鄺食其衣儒衣冠側注徐廣云一名高山冠齊王所服秦以賜謁者朱一新曰汪本作寸是先謙曰官本作寸㠯賜大臣又㠯冠奴劉向㠯爲近服妖也時王賀狂悖師古曰悖惑也音布內反〔補注〕先謙曰官本無注聞天子不豫師古曰言有疾不悅豫也周書顧命曰王有疾不豫弋獵馳騁如故與騶奴宰人游居娛戲驕嫚不敬師古曰騶廄御也宰人主膳者也娛樂也戲音僖冠者尊服奴者賤人賀無故好作非常之冠暴尊象也㠯冠奴者當自至尊墜至賤也師古曰墜墮也音直類反〔補注〕先謙曰官本無注其後帝崩無子漢大臣徵賀爲嗣即位狂亂無道〔補注〕先謙曰官本亂作悖縛戮諫者夏侯勝等〔補注〕先謙曰廣雅釋詁戮辠也於是大臣白皇太后

廢賀爲庶人賀爲王時又見大白狗冠方山冠而無尾鄧展曰方山冠以五采縠爲之樂舞人所服〔補注〕錢大昭曰昌邑王傳云嘗見白犬高三尺無頭其頸以下似人而冠方山冠此服妖亦犬旤也賀㠯問郎中令龔遂遂曰此天戒言在仄者盡冠狗也師古曰言王左右侍側之人不識禮義若狗而著冠者耳冠音工喚反其下亦同去之則存不去則亡矣賀旣廢數年宣帝封之爲列侯復有辠死不得置後又犬旤無尾之效也京房易傳曰行不順厥咎人奴冠天下亂辟無適如淳曰辟君也適適子也師古曰辟音壁適讀曰嫡〔補注〕先謙曰官本無顏注十字妾子拜如淳曰無適子故也又曰君不正臣欲篡厥妖狗冠出朝門〔補注〕先謙曰犬旤互見成帝鴻嘉永始之閒好爲微行出游選從期門郎有材力者及私奴客多至十餘少五六人皆白衣袒幘師古曰袒幘不加上冠〔補注〕沈欽韓曰案袒幘者空頂幘也續漢志幘至孝文乃高顏題續之爲耳崇其巾爲屋末冠童子幘無屋無屋則袒幘也帶持刀劍或乘小車御者在茵上蘇林曰茵車上蓐也御者錯亂更在茵上坐也師古曰車小故御者不得迴避而在天子茵上也茵音因〔補注〕先謙曰官本無注末三字或皆騎出入

市里郊壄遠至旁縣時大臣車騎將軍王音及劉向等數㠯切諫谷永曰易稱得臣無家師古曰損卦上九爻辭言王者臣天下無私家也今陛下棄萬乘之至貴樂家人之賤事厭高美之尊稱好匹夫之卑字如淳曰稱張放家人是爲卑字師古曰爲微行故變易姓名崇聚票輕無誼之人㠯爲私客師古曰票音匹妙反又音頻妙反〔補注〕先謙曰永傳票作僄置私田於民閒畜私奴車馬於北宮數去南面之尊離深宮之固挺身獨與小人晨夜相隨師古曰挺引也烏集醉飽吏民之家師古曰乍合乍離如烏之集亂服共坐溷肴亡別師古曰溷肴謂雜亂也溷音胡困反閔勉遯樂晝夜在路師古曰閔勉猶黽勉言不息也遯樂言流遯爲樂也〔補注〕周壽昌曰遯猶逸也言逸樂也先謙曰永傳作遁字同典門戶奉宿衞之臣執干戈守空宮公卿百寮不知陛下所在積數年矣昔虢公爲無道有神降曰賜爾土田師古曰春秋左氏傳莊公三十二年有神降於莘虢公使祝應宗區史嚚享焉神賜之土田史嚚曰虢其亡乎〔補注〕先謙曰官本嚚作嚚是言將㠯庶人受土田也諸侯夢得土田爲失國祥師古曰僖五年

晉滅虢虢公醜奔京師而況王者畜私田財物爲庶人之事乎補注蘇輿曰劉知幾以此爲直引時談竟無它述云以下不言成帝悛與不悛永谷言效與不效諫詞雖具諸事闕如案志中此類頗多疑皆闕文先謙曰以上服妖左氏傳曰周景王時大夫賓起見雄雞自斷其尾師古曰賓起卽賓孟劉向以爲近雞旤也是時王有愛子子鼂王與賓起陰謀欲立之師古曰子鼂王之庶長子田于北山將因兵衆殺適子之黨師古曰適讀曰嫡嫡子王子猛反後爲悼王王子猛之黨謂劉獻公單穆公補注朱一新曰反注本作及案二本均誤當作也先謙曰官本作及未及而崩三子爭國王室大亂其後賓起誅死師古曰三子謂子鼂子猛及子猛弟敬王丐也劉子遂攻賓起殺之事竝在昭公二十二年補注先謙曰官本無公字子鼂奔楚而敗師古曰昭二十六年邵伯盈逐王子鼂子鼂奔楚定公五年王人殺之於楚京房易傳曰有始無終厥妖雄雞自齧斷其尾宣帝黃龍元年未央殿輅軨中雌雞化爲雄孟康曰輅軨廄名也師古曰百官表太僕屬官有輅軨丞輅與路同軨音零毛衣變化而不鳴不將無距師古曰將謂率領其羣也距雞附足骨鬭時所用刺之元帝初元中丞相府史家雌雞伏子漸化爲雄師古曰初尙伏

子後乃稍稍化爲雄也伏音房富反冠距鳴將永光中有獻雄雞生角者京房易傳曰雞知時知時者當死房以爲已知時恐當之劉向以爲房失雞占雞者小畜主司時起居人師古曰至時而鳴以爲人起居之節小臣執事爲政之象也言小臣將秉君威以害正事猶石顯也竟寧元年石顯伏辜此其效也一曰補注沈欽韓曰終竟元后事則非劉向豈班彪乎石顯何足以當此昔武王伐殷至于牧壄誓師曰古人有言曰牝雞無晨牝雞之晨惟家之索今殷王紂惟婦言用師古曰周書牧誓之辭晨謂晨時鳴也索盡也言婦人爲政猶雌雞而代雄鳴是喪家之道也索音思各反補注先謙曰官本無注末五字繇是論之師古曰繇讀與由同補注先謙曰官本無注黃龍初元永光雞變迺國家之占妃后象也孝元王皇后以甘露二年生男立爲太子妃王禁女也黃龍元年宣帝崩太子立是爲元帝王妃將爲皇后故是歲未央殿中雌雞爲雄明其占在正宮也不鳴不將無距貴始萌而尊未成也至元帝初元元年將立王皇后先以爲婕妤三月癸卯制書曰其封婕妤父丞相少史王禁爲陽平侯位特進丙午立王婕妤爲皇后明年正月立皇后子爲太子故應是丞相府史家雌雞爲雄其占卽丞相少史之女也伏子者明已有子也冠距鳴將者尊已成也永光二年陽平頃侯禁薨子鳳嗣侯爲侍中衞尉元帝崩皇太子立是爲成帝尊皇后爲皇太后以后弟鳳爲大司馬大將軍領尚書事上委政無所與師古曰與讀曰豫言政皆出鳳天子不豫王氏之權自鳳起故於鳳始受爵位時雄雞有角明視作威師古曰視讀曰示顓君害上師古曰顓與專同其下類此危國者從此人始也其後羣弟世權以至於莽遂篡天下卽位五年王太后迺崩此其效也京房易傳曰賢者居明夷之世知時而傷師古曰易之明夷卦曰明入地中明夷夷傷也離下坤上言日在地中傷其明也知時謂知天時者也賢而被傷故取明夷之義或衆在位師古曰言虛僞無實之人矯惑於衆在職位也厥妖雞生角雞生角時主獨補注朱一新曰獨角與政靜鳴榮均

韻語又曰婦人顓政國不靜牝雞雄鳴主不榮故房以爲已亦在占中矣補注先謙曰以上雞禍成公七年正月鼷鼠食郊牛角師古曰鼷小鼠也卽今所謂甘鼠者鼷音奚改卜牛又食其角劉向以爲近靑祥亦牛旤也不敬而傋霿之所致也補注錢大昭曰上服音霿爲人傋霿本此先謙曰官本傋作備牛旤互見昔周公制禮樂成周道故成王命魯郊祀天地以尊周公至成公時三家始顓政魯將從此衰天愍周公之德痛其將有敗亡之旤故於郊祭而見戒云鼠小蟲性盜竊鼷又其小者也牛大畜祭天尊物也角兵象在上君威也小小鼷鼠食至尊之牛角象季氏乃陪臣盜竊之人將執國命以傷君威而害周公之祀也改卜牛鼷鼠又食其角天重語之也師古曰重音直用反成公怠慢昏亂遂君臣更執于晉師古曰更互也十年秋公如晉晉人以公爲貳於楚故止公至十一年三月乃得歸十六年秋公會晉侯於沙隨晉受叔孫僑如之譖而止公是年九月又信僑如之譖執季孫行父舍之於苕丘十二月乃得歸故云君臣更執也更音工衡反至于襄公晉爲溴梁之

會師古曰襄十六年晉平公會諸侯于湨梁湨梁者湨水之梁也湨水出河內軹縣東南至溫入河湨音工覓反〔補注〕錢大昭曰閩本晉下有侯字天下大夫皆奪君政師古曰湨梁之會諸侯皆在而魯叔孫豹晉荀偃宋向戌衛甯殖鄭公孫蠆小邾之大夫盟是奪其君政也其後三家逐昭公卒死于外師古曰已解於上幾絕周公之祀師古曰幾音鉅衣反〔補注〕先謙曰官本無注董仲舒㠯爲鼷鼠食郊牛皆養牲不謹也京房易傳曰祭天不慎厥妖鼷鼠齧郊牛角定公十五年正月鼷鼠食郊牛牛死劉向㠯爲定公知季氏逐昭公辠惡如彼親用孔子爲夾谷之會齊人倈歸鄆讙龜陰之田師古曰夾谷齊地也一名祝其定公十年公與齊侯會於夾谷齊侯欲使萊人㠯兵劫公孔子㠯公退命士衆兵之齊侯乃止又欲㠯盟要公孔子不欲使茲無還㠯辭對又欲詐享公孔子又距而不受於是齊人乃服先是季氏之臣陽貨㠯鄆讙龜陰之田奔齊至此會乃㠯歸我鄆讙二邑名龜陰龜山之陰夾音頰讙音驩聖德如此反用季桓子淫於女樂而退孔子無道甚矣師古曰桓子季平子之子季孫斯也女樂已解於上詩曰人而亡儀不死何爲師古曰衛詩相鼠之篇也無儀無禮儀也〔補注〕先謙曰官本注無儀作亡儀是是歲五月定公薨牛死之應也

京房易傳曰子不子鼠食其郊牛哀公元年正月鼷鼠食郊牛劉向㠯爲天意汲汲於用聖人逐三家故復見戒也師古曰聖人孔子也見顯也〔補注〕先謙曰官本無注哀公年少不親見昭公之事故見敗亡之異已而哀不寤身奔於粵此其效也師古曰哀二十七年公欲㠯越伐魯而去三桓公如公孫有山氏因遜於邾遂如越國人施罪於公孫有山氏而立哀公之子悼公昭帝元鳳元年九月燕有黃鼠銜其尾舞王宮端門中師古曰宮之正門王往視之鼠舞如故王使吏㠯酒脯祠鼠舞不休一日一夜死近黃祥〔補注〕先謙曰黃祥互見此條已采入思心傳黃祥下不應重出此班氏失刪時燕剌王旦謀反將死之象也其月發覺伏辜京房易傳曰誅不原情厥妖鼠舞門師古曰不原情者不得其本情〔補注〕葉德輝曰開元占經百十六引京房曰鼠無故舞邑門外厥君亡於廷中道上其邑有大兵成帝建始四年九月長安城南有鼠銜黃蒿柏葉上民冢柏及榆樹上爲巢桐柏尤多師古曰桐柏本亭名衞思后於其地葬也巢中無子皆有乾鼠矢數十時議臣㠯爲恐有水災〔補注〕葉德輝曰開元占經百十六引京房曰鼠無故巢木上邑且大水鼠盜竊小蟲夜出晝匿今晝去穴而登木象賤人將居顯貴之位也桐柏衞思后園所在也其後趙皇后自微賤登至尊與衞后同類趙后終無子而爲害明年有鳶焚巢殺子之異也師古曰鳶鴟也音弋全反天象仍見甚可畏也師古曰仍頻也〔補注〕先謙曰官本無上及此兩注一曰皆王莽竊位之象云京房易傳曰臣私祿罔辟李奇曰辟君也擅私爵祿誣罔其君厥妖鼠巢〔補注〕先謙曰以上青祥又二條互見言傳視傳下一條互見皇極傳下又青眚一條互見聽傳下文公十三年大室屋壞〔補注〕先謙曰官本大作太下同近金沴木木動也先是冬釐公薨十六月迺作主師古曰主廟主也僖公三十三年十二月薨至文二年二月迺作主閒有一閏故十六月也後六月又吉禘於太廟而致釐公師古曰禘祭也二而祭之文二年八月而禘距作主六月也致謂外其主於廟〔補注〕朱一新曰汪本一作一一外作升是先謙曰官本二一作一一外作升春秋譏之經曰大事於太廟躋釐公師古曰躋音子奚反又音子詣反左氏說曰太廟周公之廟饗有禮義者也祀國之大事也惡其亂國之大事於太廟故言

大事也躋登也登釐公於愍公上逆祀也釐雖愍之庶兄嘗爲愍臣臣子一例不得在愍上又未三年而吉禘前後亂賢父聖祖之大禮內爲貌不恭而狂外爲言不從而僭故是歲自十二月不雨至于秋七月後年若是者三而大室屋壞矣前堂曰太廟中央曰太室屋其上重屋尊高者也象魯自是陵夷將墮周公之祀也師古曰墮毀也音火規反穀梁公羊經曰〔補注〕蘇輿曰經當作傳以前後例之可見世室魯公伯禽之廟也周公稱太廟魯公稱世室大事者祫祭也師古曰祫合也毀廟及未毀廟之主皆合祭於太祖躋釐公者先禰後祖也景帝三年十二月吳二城門自傾大船自覆劉向㠯爲近金沴木木動也先是吳王濞㠯太子死於漢稱疾不朝陰與楚王戊謀爲逆亂城猶國也其一門名曰楚門一門曰魚門吳地㠯船爲家㠯魚爲食天戒若曰與楚所謀傾國覆家吳王不寤正月與楚俱起兵身死國亡〔補注〕王鳴盛曰范成大吳郡志城郭篇閶

門亦名破楚門而無所謂楚門魚門者要之二門必當在蘇州府治吳長洲元和三縣地此志特因吳本屬吳國濞又常東渡之吳雷十日去故此下文遂以二門之傾爲濞亡之兆濞都廣陵不都吳若據此誤認濞之所都卽今蘇州府治則非矣沈欽韓曰越絕書楚門春申君所造楚人從之故爲楚門魚門越絕作巫門京房易傳曰上下咸誖厥妖城門壞師古曰誖惑也音布內反宣帝時大司馬霍禹所居第門自壞時禹內不順外不敬見戒不改卒受滅亡之誅哀帝時大司馬董賢第門自壞時賢以私愛居大位賞賜無度驕嫚不敬大失臣道見戒不改後賢夫妻自殺家從合浦補注先謙曰以上金沴木又一條互見視傳下

傳曰言之不從是謂不艾師古曰艾讀曰乂補注先謙曰官本無注厥咎僭厥罰恆陽補注先謙曰晉志亦作陽下同續志宋志作暘厥極憂時則有詩妖時則有介蟲之孽補注先謙曰介蟲之孽從劉歆入聽傳下時則有犬旤時則有口舌之痾時則有白眚白祥惟木沴金補注先謙曰此下並無說曰二字上已見不重出

言之不從從順也是謂不乂乂治也孔子曰君子居其室出其言不善則千里之外違之況

其邇者虖師古曰易上繫之辭也邇近也詩云如蜩如螗如沸如羹師古曰大雅蕩之詩也蜩蟬也螗蝘也卽蛁蟟也謂政無文理虛言蹲沓如蜩螗之鳴湯之沸渻羹之將孰也蜩音調螗音唐蝘音偃蛁音貂蟟音聊渻音下館反補注先謙曰官本蹲作噂是言上號令不順民心虛譁憒亂則不能治海內失在過差故其咎僭僭差也刑罰妄加羣陰不附則陽氣勝故其罰常陽也旱傷百穀則有寇難上下俱憂故其極憂也君炕陽而暴虐師古曰凡言炕陽者枯涸之意謂無惠澤於下也炕音口浪反臣畏刑而柑口師古曰柑籥也音其廉反籥音女涉反補注先謙曰官本柑作拑晉志作箝則怨謗之氣發於謌謠故有詩妖介蟲孽者謂小蟲有甲飛揚之類陽氣所生也於春秋爲螽今謂之蝗皆其類也補注先謙曰續志引鄭注蝝螽蜩蟬之類蟲之生於火而藏於秋者也屬金於易兌爲口犬以吠守而不可信言氣毀故有犬旤一曰旱歲犬多狂死及爲怪亦是也及人則多病口喉欬者故有口舌痾金色白故有白眚白祥凡言傷者病金氣金氣病則木沴之其極憂者順之其福曰康寧劉歆言傳曰時有毛蟲之孽說以爲於天文西方參爲虎星故爲毛蟲補注先謙曰下取證皆毛蟲之孽明班氏不以伏傳爲然宋志云言之不從有介蟲之孽劉歆以爲毛蟲視之不明有嬴蟲之孽劉歆以爲羽蟲案月令夏蟲羽秋蟲毛宜如歆說是以舊史從之

史記周單襄公與晉郤錡郤犨郤至齊國佐語師古曰單襄公解已在前郤錡駒伯也郤犨苦成叔也郤至昭子卽溫季也國佐齊大夫國武子也補注先謙曰官本注少大夫二字告魯成公曰晉將有亂三郤其當之虖夫郤氏晉之寵人也三卿而五大夫補注錢大昭曰二閩本作三朱一新曰汪本二作三是葉德輝曰德藩本作二可以戒懼矣高位實疾顚厚味實腊毒師古曰顚仆也腊久也言位高者必速顚仆也味厚者爲毒久補注朱一新曰今本國語顚作僨誤明道本國語作顚與此合韋昭注腊亟也今郤伯之語犯叔迂季伐師古曰伯駒伯也叔苦成叔也季溫季也犯侵也迂夸誕也伐矜尚也犯則陵人迂則誣人伐則掩人有是寵也而益之以三怨其誰能忍之雖齊國子亦將與焉師古曰與讀曰豫豫於禍補注先謙曰官本無注立於淫亂之國而好盡言以招人過蘇林曰招音翹招舉也師古曰盡言猶極言也補注沈欽韓曰宋祁校此云考他書未獲爲翹之意淮南主術訓力

招城關注招舉也呂覽慎大篇孔子之勁舉國門之關是招爲舉義也唐六典兵部員外郎試武舉七日舉重注云謂翹關率以五次爲上第是招關卽翹關王逸楚詞注以手曰招以言曰召毛詩傳招招號召之貌蓋招本訓召無用力軒舉意故須讀招爲翹賈誼過秦論招八州蘇林音翹則知訓舉者皆讀爲翹也先謙曰招翹字訓通雲翹卽雲招見禮樂志怨之本也唯善人能受盡言齊其有虖師古曰言無善人不能受盡言十七年晉殺三郤十八年齊殺國佐凡此屬皆言不從之咎云

晉穆侯以條之役生太子名之曰仇師古曰穆侯僖侯之孫也條晉地也蓋以敵來侵己當戰時而生故取仇怨之義以名子補注蘇輿曰晉上當有左氏傳三字劉知幾譏其下宣六年鄭曼滿與伯廖語事爲遺左氏而無言不知應在此處也其弟以千晦之戰生名之曰成師師古曰太子之弟卽桓叔也晦古畝字也千晦亦地名意取能成其師衆也師服曰異哉君之名子也師古曰師服晉大夫夫名以制誼誼以出禮師古曰先制義理然後立名義理既定禮由之出禮以體政政以正民師古曰政以禮成俗所以正是以政成而民聽易則生亂師古曰反易禮義則亂生也嘉耦曰妃怨耦曰仇古之命也師古曰本自古昔而有此名今君名太子曰仇弟曰成師始兆亂矣兄其替虖師古曰替廢也

及仇嗣立是爲文侯文侯卒子昭侯立封成師于曲沃號桓叔師古曰昭侯國亂身危不能自安故封成師爲曲沃伯也桓謚也昭侯叔父故謂之叔也後晉人殺昭侯而納桓叔不克師古曰事不遂〔補注〕先謙曰官本無注復立昭侯子孝侯桓叔子嚴伯殺之晉人立其弟鄂侯鄂侯生哀侯嚴伯子武公復殺哀侯及其弟滅之而代有晉國師古曰武始幷晉國故稱公也事在桓三年宣公六年鄭公子曼滿與王子伯廖語欲爲卿師古曰曼滿伯廖皆鄭大夫也廖音聊伯廖告人曰無德而貪其在周易豐之離張晏曰離下震上豐上六變而之離曰豐其屋蔀其家也弗過之矣師古曰言無道德而大其屋不過三歲必滅亡也間一歲鄭人殺之師古曰間一歲者中間隔一歲襄公二十九年齊高子容與宋司徒見晉知伯汝齊相禮師古曰高子容齊大夫高止也宋司徒華定知伯晉大夫荀盈也汝齊晉大夫司馬侯也賓出汝齊語知伯曰二子皆將不免子容專司徒侈皆亡家之主也師古曰專自是也侈奢泰專則速及侈將吕其力敝專則人實敝之將及矣九月高子出奔燕〔補注〕葉德輝曰敝左傳作斃蘇輿曰春秋云高子出奔北燕此燕上當有北字史通引此文亦有北此脫也襄公三十一年正月魯穆叔會晉歸告孟孝伯曰趙孟將死矣師古曰穆叔卽叔孫穆子也孟孝伯魯大夫仲孫羯也趙孟晉卿趙文子也名武前年十月穆叔與武同會澶泉至此年正月乃歸其語偸不似民主師古曰偸苟且且年未盈五十而諄諄焉如八九十者弗能久矣師古曰諄諄重頓之貌也諄音之閏反若趙孟死爲政者其韓子虖師古曰韓子韓宣子也名起吾子盍與季孫言之可吕樹善君子也師古曰季孫謂季武子也名宿言韓起有君子之德方執晉政可素厚之吕立善也孝伯曰民生幾何誰能毋偸師古曰幾何言無多時也幾音居豈反朝不及夕將焉用樹穆叔告人曰孟孫將死矣吾語諸趙孟之偸也而又甚焉九月孟孝伯卒昭公元年周使劉定公勞晉趙孟師古曰周周景王也劉定公周卿也食邑於劉名夏是時孟與諸侯會於虢故就而勞之因曰子弁冕吕臨諸侯盍亦遠續禹功而大庇民乎師古曰時館於洛汭因見河洛而美禹功故言之也弁冕冠也言今服冠冕有國家何不追續禹功而庇蔭其人乎對曰老夫罪戾是懼〔補注〕周壽昌曰古者七十致仕自稱曰老夫今趙孟年未盈五十迺對王朝之卿自稱老夫故劉子

料其不復年焉能恤遠吾儕偸食朝不謀夕何其長也師古曰儕等也言且得食而已苟免目前不能念其長久也儕音仕皆反劉子歸吕語王曰諺所謂老將知而耄及之者其趙孟之謂虖師古曰諺俗所傳言也八十曰耄亂也言人年老閱歷既多謂將益智而又耄亂也爲晉正卿吕主諸侯而儕于隸人朝不謀夕棄神人矣神怒民畔何吕能久師古曰言其自比賤隸而無恤下之心人爲神主故神人皆去也趙孟不復年矣師古曰謂其卽死不復見明年是歲秦景公弟后子奔晉師古曰后子卽公子鍼趙孟問秦君何如對曰無道趙孟曰亡虖對曰何爲一世無道國未艾也師古曰艾讀曰刈刈絕也國于天地有與立焉師古曰言在天地之閒多欲輔助相與共成立之不數世淫弗能敝也趙孟曰天虖〔補注〕錢大昭曰天宋板左氏傳作天王念孫曰天當從景祐本作天下文其幾何正承天字言之今本左傳亦譌作天昭元年唯唐石經不誤對曰有焉趙孟曰其幾何師古曰言當幾時也音居豈反〔補注〕先謙曰官本無注末四字對曰鍼聞國無道而年穀和孰天贊之也鮮不五稔師古曰贊佐助之也鮮少也稔孰也穀孰爲一稔言少尙當五年多則或不啻也稔音人甚反趙孟視蔭曰朝夕不相及誰能待五師古曰蔭謂日之蔭影也趙孟自吕年暮朝不及夕故言五年不可待也蔭讀與陰同后子出而告人曰趙孟將死矣主民玩歲而愒日其與幾何師古曰玩愛也愒貪也與幾何言不能久也愒音口蓋反〔補注〕朱一新曰景祐本玩作忨說文忨貪也引傳忨時而潵日冬趙孟卒昭五年秦景公卒昭公元年楚公子圍會盟師古曰圍楚恭王之子也時爲楚令尹與齊宋衞陳蔡鄭會于虢設服離衞張晏曰設服者設人君之服離衞者二人執戈在前也師古曰離列人君之侍衞也魯叔孫穆子曰楚公子美矣君哉師古曰穆子叔孫豹也言其服美似人君也伯州犂曰此行也辭而假之寡君師古曰伯州犂楚太宰也言受楚王之命假吕此禮耳蓋爲其令尹文過鄭行人子羽曰假不反矣師古曰行人官名子羽公孫揮字也假不反矣言將遂爲君伯州犂曰子姑憂子晳之欲背誕也應劭曰子晳攻殺伯有今又背盟欲復作亂也師古曰子晳鄭大夫公孫黑也背誕者背命放誕欲爲亂也子羽曰假而不反子其無憂虖師古曰言子且自憂此無憂令尹不反戈也令尹將圍爲君則楚國有難子亦有憂也齊國子曰吾代二子閔矣應劭曰閔憂也二子伯州犂行人子羽也師古曰國子齊大夫國弱也二子謂王子圍及伯州犂也圍吕是年簒位而不能令終州犂亦爲圍所殺故言可閔應說非也

陳公子招曰不憂何成二子樂矣應劭曰言國有憂已乃得㠯成功也師古曰招陳公子哀公弟也言因憂㠯成事事成而樂也招音韶衞齊子曰苟或知之雖憂不害師古曰齊子衞大夫齊惡也言先知爲備雖有憂難無所損害退會子羽告人曰齊衞陳大夫其不免乎國子代人憂子招樂憂齊子雖憂弗害夫弗及而憂與可憂而樂與憂而弗害皆取憂之道也師古曰弗及而憂謂憂不及已而妄憂也太誓曰民之所欲天必從之師古曰太誓周書也三大夫兆憂矣能無至乎師古曰兆憂謂開憂兆也〔補注〕蘇輿曰案能無至乎語意未全左傳作三大夫兆憂憂能無至乎矣葢憂之誤文先謙曰官本考證曰三監本訛二今改正言㠯知物其是之謂矣師古曰物類也察其所言㠯知禍福之類昭公十五年晉籍談如周葬穆后師古曰籍談晉大夫也穆后周景王之后謚穆也既除喪而燕師古曰燕與宴同王曰諸侯皆有㠯填撫王室晉獨無有何也師古曰填撫王室謂獻器物也填音竹刃反籍談對曰諸侯之封也皆受明器於王室故能薦彝器師古曰明器明德之器也彝器常可寶用之器也晉居深山戎翟之與鄰拜戎不暇其何㠯獻器王曰叔氏其忘諸乎師古曰叔籍談字也一曰叔父之使故謂之叔氏也叔父唐叔成王之母弟其反亡分乎師古曰分音扶問反〔補注〕周壽昌曰分者分賚玉於伯叔之國上所謂受明器也宜平聲讀顏音誤昔而高祖司晉之典籍師古曰而亦汝㠯爲大正故曰籍氏女司典之後也何故忘之籍談不能對賓出王曰籍父其無後乎數典而忘其祖師古曰忘祖業籍談歸㠯語叔嚮叔嚮曰王其不終乎吾聞所樂必卒焉師古曰言志之所樂終於此事今王樂憂若卒㠯憂不可謂終王一歲而有三年之喪二焉師古曰爲太子三年妻死三年乃娶達子之志言三年之喪二后及太子也於是乎㠯喪賓燕又求彝器樂憂甚矣三年之喪雖貴遂服禮也師古曰遂猶竟王雖弗遂燕樂已早師古曰天子除喪當在卒哭今適既葬故譏其早也禮王之大經也一動而失二禮無大經矣師古曰經謂常法也既不遂服又即宴樂是失二禮言㠯考典典㠯志經師古曰考成也志記也忘經而多言舉典將安用之〔補注〕先謙曰此末終言之疑奪文哀公十六年孔丘卒公誄之曰旻天不弔不慭遺一老俾屏予一人應劭曰慭且辭也言

前漢二十七中之上　廿

旻天不善於魯不且遺一老使屏蔽我一人也師古曰慭音魚覲反〔補注〕錢大昭曰旻天南雍本閩本作旻天注同先謙曰官本竝作旻天子贛曰君其不歿於魯乎夫子之言曰禮失則昏名失則愆師古曰夫子謂孔子也昏謂惑也愆過也失志爲昏失所謂愆生弗能用死而誄之非禮也稱予一人非名也師古曰天子自稱曰予一人非諸侯之號故云非名君兩失之二十七年公孫于邾師古曰孫讀曰遜遂死於越師古曰已解於上〔補注〕先謙曰以上言不從庶徵之恒陽劉向㠯爲春秋大旱也其夏旱雩祀謂之大雩不傷二穀謂之不雨京房易傳曰欲德不用茲謂張孟康曰欲得賢者而不用人君徒張此意厥災荒荒旱也其旱陰雲不雨變而赤因而除師出過時茲謂廣李奇曰廣音曠韋昭曰謂怨曠也其旱不生上下皆蔽茲謂隔其旱天赤三月〔補注〕朱一新曰汪本三作二時有雹殺飛禽上緣求妃茲謂僭師古曰緣歷也言歷衆處而求妃妾也其旱三月大溫亡雲居高臺府茲謂犯陰侵陽其旱萬物根死數有火災庶位踰節茲謂僭其旱澤物枯爲火所傷釐公二十一年夏大旱董仲舒劉向㠯爲齊威既死〔補注〕先謙曰官本威作桓諸侯從楚釐尤得楚心楚來獻捷釋宋之執師古曰謂此年楚執宋公㠯伐宋冬使宜申來獻捷十二月盟于薄釋宋公也外倚彊楚炕陽失衆又作南門勞民興役師古曰南門本名稷門更改高大而作之事在二十年諸雩旱不雨略皆同說宣公七年秋大旱是夏宣與齊侯伐萊師古曰萊國即東萊黃縣也〔補注〕葉德輝曰御覽時序部引洪範傳曰魯宣公七年秋大旱是時公與齊侯伐萊夫伐國亢節也師徒百姓所不欲也故應是而大旱也襄公五年秋大雩先是宋魚石犇楚師古曰犇古奔字也事在成十五年魚石宋左師也公子目夷之曾孫也楚伐宋取彭城㠯封魚石師古曰事在成十八年鄭畔于中國而附楚師古曰自鄢陵戰後鄭遂不服故諸侯屢侵伐之襄與諸侯共圍彭城師古曰謂襄元年使仲孫蔑會晉欒黶宋華元衞甯殖曹人莒人邾人滕人薛人圍彭城城鄭虎牢㠯禦楚師古曰事在二年武牢本鄭邑時已屬晉葢追言之是歲鄭伯使公子發來聘師古曰公子發鄭穆公之子子產之父也字子國使大夫會吳于善道師古曰使仲孫蔑會吳也善道地名〔補注〕先謙曰官本地名作吳地外結二國內得鄭聘有炕陽動衆之應八年九月大雩時

前漢二十七中之上　廿一

作三軍季氏盛師古曰萬二千五百人爲軍魯本立上下二軍皆屬於公有事則三卿遞帥之而征伐今季氏欲專其人故增立中軍三卿各主其一也事在十一年二十八年八月大雩先是比年晉使荀吳齊使慶封來聘也師古曰比年頻年也荀吳晉大夫卽荀偃之子也二十六年晉侯使來聘慶封齊大夫也二十七年齊侯使來聘是夏邾子來朝襄有炕陽自大之應昭公三年八月大雩劉歆㠯爲昭公卽位年十九矣猶有童心居喪不哀炕陽失衆六年九月大雩先是莒牟夷㠯二邑來犇師古曰事在五年牟夷莒大夫也二邑謂牟婁及防茲也莒怒伐魯叔弓帥師距而敗之昭得入晉師古曰叔弓魯大夫時昭公適欲朝晉而遇莒人來討將不果行叔弓既敗莒師公乃得去故傳云成禮大國㠯爲援好也外和大國內獲二邑取勝鄰國有炕陽動衆之應十六年九月大雩先是昭公母夫人歸氏薨昭不慼又大蒐于比蒲師古曰事在昭十一年歸氏胡國之女歸姓卽齊歸也齊謚也蒐謂聚衆而田獵也比蒲魯地名比音毗〔補注〕先謙曰官本無注末三字晉叔嚮曰魯有大喪而不廢蒐國不恤喪不忌君也君亡慼容不顧親也殆其失國與三年同占

二十四年八月大雩劉歆㠯爲左氏傳二十三年邾師城翼還經魯地師古曰翼邾邑也經者道出其中也魯地謂武城也魯襲取邾師獲其三大夫師古曰謂徐鉏丘弱茅地也邾人愬于晉晉人執我行人叔孫婼師古曰叔孫昭子也婼音丑略反是春迺歸之二十五年七月上辛大雩季辛又雩旱甚也劉歆㠯爲時后氏與季氏有隙師古曰后氏郈昭伯也季氏季平子也季郈之雞鬭季氏芥其雞郈子爲之金距平子怒益宮於郈氏且責讓之故郈昭伯怨之又季氏之族有淫妻爲讒使季平子與族人相惡皆共譖平子師古曰謂平子庶叔父公鳥之妻季姒與饔人檀通而譖季氏之族人季公亥公思展故平子殺思展㠯故族人皆怨之子家駒諫曰讒人㠯君徼幸不可師古曰子家駒卽子家懿伯莊公之玄孫也一名羈昭公遂伐季氏爲所敗出犇齊定公十年九月大雩〔補注〕蘇輿曰據春秋經定十年無大雩事其書九月大雩在定七年十疑七之譌史通作十二年案十二年經但書秋大雩班氏所引悉經元文不當改秋爲九月史通亦誤也先是定公自將侵鄭歸而城中城二大夫帥師圍鄆師古曰事並在六年中城魯之邑也二大夫謂季孫斯仲孫何忌嚴公三十一年冬不雨是

歲一年而三築臺師古曰是年春築臺于郎夏築臺于薛秋築臺于秦秦郎薛皆魯地奢侈不恤民釐公二年冬十月不雨三年春正月不雨夏四月不雨六月雨先是者嚴公夫人與公子慶父淫而殺二君師古曰慶父桓公之子莊公弟也二君謂子般及閔公〔補注〕宋祁曰朱子文云者字宜去國人攻之夫人遜于邾慶父犇莒釐公卽位南敗邾師古曰謂元年公敗邾師于偃東敗莒獲其大夫師古曰謂元年公子友帥師敗莒師于酈獲莒挐也有炕陽之應文公二年自十有二月不雨至于秋七月文公卽位天子使叔服會葬師古曰叔服周之內史也叔氏服字會葬葬僖公毛伯賜命師古曰亦天子使之也毛伯周之卿士毛國伯爵也賜命者賜㠯命圭爲瑞信也又會晉侯于戚師古曰謂大夫公孫敖會之也戚衞邑在頓丘衞縣西公子遂如齊納幣師古曰納玄纁之幣謂公爲婚於齊又與諸侯盟師古曰謂公孫敖會宋公陳侯鄭伯晉士穀盟于垂隴也垂隴鄭地上得天子外得諸侯沛然自大師古曰沛音普大反躋釐公主大夫始顓事師古曰謂季孫行父也顓讀與專同〔補注〕先謙曰官本注無末五字十年自正月不雨至于秋七月先是公子遂會四國而救鄭師古曰謂九年楚人伐鄭公子遂會晉人宋人衞人許人㠯救之

楚使越椒來聘師古曰越椒楚大夫名也事亦在九年秦人歸襚師古曰謂九年秦人來歸僖公及成風之襚也凡問喪者衣服曰襚成風僖公之母也成謚也風姓也襚音遂有炕陽之應十三年自正月不雨至于秋七月先是曹伯杞伯滕子來朝師古曰十一年曹伯來朝十二年杞伯滕子來朝郕伯來犇師古曰事在十二年郕國伯爵也秦伯使遂來聘師古曰事在十二年遂秦大夫名卽左氏所謂西乞術〔補注〕錢大昭曰術遂古字通季孫行父城諸及鄆師古曰事在十二年諸鄆二邑名也諸卽琅邪諸縣也二年之閒五國趨之內城二邑炕陽失衆一曰不雨而五穀皆孰異也文公時大夫始顓盟會公孫敖會晉侯又會諸侯盟于垂隴故不雨而生者陰不出氣而私自行㠯象施不由上出臣下作福而私自成一曰不雨近常陰之罰君弱也惠帝五年夏大旱江河水少谿谷絕先是發民男女十四萬六千人城長安是歲城迺成文帝三年秋天下旱是歲夏匈奴右賢王寇侵上郡詔丞相灌嬰發車騎士八萬五千人詣

高奴師古曰即上郡之縣擊右賢王走出塞其秋濟北王興居反使大將軍討之皆伏誅〔補注〕先謙曰皆字疑衍後六年春天下大旱先是發車騎材官屯廣昌師古曰武都之縣〔補注〕齊召南曰案注非也廣昌縣屬代郡地理志甚明至武都郡武帝元鼎六年始置文帝時豈容有其地乎葉德輝曰武代都郡形近傳寫致誤是歲二月復發材官屯隴西後匈奴大入上郡雲中烽火通長安三將軍屯邊師古曰謂呂中大夫令免為車騎將軍屯飛狐故楚相蘇意為將軍屯句注將軍張武屯北地又三將軍屯京師師古曰謂河內太守周亞夫為將軍次細柳宗正劉禮為將軍次霸上祝茲侯徐厲為將軍次棘門景帝中三年秋大旱武帝元光六年夏大旱是歲四將軍征匈奴師古曰謂車騎將軍衛青出上谷騎將軍公孫敖出代輕車將軍公孫賀出雲中驍騎將軍李廣出鴈門元朔五年春大旱是歲六將軍眾十餘萬征匈奴師古曰謂衛青將六將軍兵也六將軍者衛尉蘇建為游擊將軍左內史李沮為彊弩將軍大僕公孫賀為騎將軍代相李蔡為輕車將軍俱出朔方大行李息岸頭侯張次公為將軍出右北平元狩三年夏大旱是歲發天下故吏伐棘上林〔補注〕朱一新曰見刑法志穿昆明池天漢元年夏大旱其三年夏大旱

先是貳師將軍征大宛還天漢元年發適民師古曰適讀曰謫二年夏三將軍征匈奴師古曰謂貳師將軍三萬騎出酒泉因杅將軍出西河騎都尉李陵將步兵五千人出居延北也李陵沒不還征和元年夏大旱是歲發三輔騎士閉長安城門大搜始治巫蠱明年衛皇后太子敗昭帝始元六年大旱先是大鴻臚田廣明征益州暴師連年宣帝本始三年夏大旱東西數千里先是五將軍眾二十萬征匈奴師古曰本始三年御史大夫田廣明為祁連將軍後將軍趙充國為蒲類將軍雲中太守田順為武牙將軍及渡遼將軍范明友前將軍韓增凡五將軍兵十五萬騎校尉常惠持節護烏孫兵咸擊匈奴是為二十萬眾也〔補注〕先謙曰官本渡作度考證云度監本訛渡今改正神爵元年秋大旱是歲後將軍趙充國征西羌成帝永始三年四年夏大旱〔補注〕先謙曰此下有脫文以上恒陽

左氏傳晉獻公時童謠曰丙之晨〔補注〕王念孫曰景祐本丙下有子字案景祐本是也丙子之晨正與丙子旦之文相應且此謠皆以四字為句也若但云丙之晨何以知其必為丙子乎此志所論左傳事文皆本於劉歆蓋歆所見傳文丙下有子字故所引如是自賈服以下諸本皆脫子字故釋文正義不言他本有子字而晉語亦作丙之晨韋注丙丙子也則晉語亦脫子字矣若今本漢書無子字則後人依左傳刪之耳律麻志引傳作丙子之晨正與此志同足徵景祐本之不謬律麻志亦本於劉歆也朱一新曰景祐本固不謬若以為歆所見左傳本如此則非歆特因下文有丙子旦等語遂增子字漢人引經傳增減其文者甚多未可據以斷原本如此又王氏謂此謠皆以四字為句亦非謠辭安可執此以律也龍尾伏辰袀服振振取虢之旂師古曰徒歌曰謠袀服黑衣振振袀服之貌也袀音匀又音弋春反振音只人反〔補注〕先謙曰官本匀作均鶉之賁賁天策焞焞火中成軍虢公其犇師古曰犇音奔焞音吐敦反又音敦犇古奔字〔補注〕先謙曰官本注上犇字作賁是無末四字是時虢為小國介夏陽之阸怙虞國之助師古曰介隔也〔補注〕王念孫曰介怙皆恃也說見史記十二諸侯年表亢衡于晉有炕陽之節失臣下之心晉獻伐之問於卜偃曰吾其濟乎師古曰卜偃晉大夫主卜者〔補注〕先謙曰官本乎作虖偃以童謠對曰克之十月朔丙子旦日在尾月在策鶉火中必此時也冬十二月丙子朔晉師滅虢虢公醜奔周周十二月夏十月也言天者以夏正史記晉惠公時童謠曰〔補注〕沈欽韓曰晉世家之文偶與此同疑今本外傳脫去恭太子更葬兮後十四年晉亦不昌昌迺在其

兄是時惠公賴秦力得立立而背秦內殺二大夫師古曰謂里克丕鄭國人不說師古曰說讀曰悅及更葬其兄恭太子申生而不敬故詩妖作也後與秦戰為秦所獲立十四年而死晉人絕之更立其兄重耳是為文公遂伯諸侯師古曰伯讀曰霸〔補注〕先謙曰官本無注左氏傳文成之世童謠曰鸜之鵒之公出辱之師古曰鸜音劬鵒音欲鸜鵒之羽公在外野往饋之馬師古曰饋亦餽字〔補注〕先謙曰官本無注鸜鵒跦跦公在乾侯臣瓚曰乾侯在魏郡斥丘縣師古曰跦跦跳行貌也跦音誅乾音干徵褰與襦師古曰徵求也褰袴也言公出外求袴襦之服鸜鵒之巢遠哉搖搖師古曰搖搖不安之貌〔補注〕錢大昭曰春秋傳作遙遙說文無遙字當從漢志王念孫曰以搖搖為不安貌則與遠字義不相屬顏說非也搖搖即遠貌遠哉搖搖猶言殆哉岌岌耳裯父喪勞宋父以驕師古曰父讀曰甫者男子之通號故云裯甫宋甫也言昭公欲去季氏不遂而出故曰喪勞定公無德於下坐致君位故曰以驕〔補注〕朱一新曰裯今左傳作稠阮元云石經宋本岳本左傳俱作裯與漢志合先謙曰官本裯甫宋甫二甫字竝作父鸜鵒鸜鵒往歌來哭師古曰謂昭公生時出奔死乃以喪歸之至昭公時有鸜鵒來巢公攻季氏敗出奔齊居外

野次乾侯八年死于外歸葬魯昭公名裯公子宋立是爲定公元帝時童謠曰井水溢滅竈煙灌玉堂流金門至成帝建始二年三月戊子北宮中井泉稍上溢出南流象春秋時先有鸜鵒之謠而後有來巢之驗井水陰也竈煙陽也玉堂金門至尊之居象陰盛而滅陽竊有宮室之應也王莽生於元帝初元四年至成帝封侯爲三公輔政因以篡位成帝時童謠曰燕燕尾涏涏師古曰涏涏光澤貌也音徒見反〔補注〕先謙曰官本涏涏作涎涎是下同張公子時相見木門倉琅根燕飛來啄皇孫皇孫死燕啄矢其後帝爲微行出遊常與富平侯張放俱稱富平侯家人過河陽主作樂〔補注〕何焯曰河陽當作陽阿注家未及舉正王念孫曰外戚傳孝成趙皇后本長安宮人屬陽阿主家學歌舞號曰飛燕成帝嘗微行出過陽阿主作樂見飛燕而說之師古曰陽阿平原之縣也案地理志陽阿縣屬上黨師古以陽阿爲平原之縣失之今俗書阿字作河又或爲河陽皆後人所妄改耳文選曹植箜篌引陽阿奏奇舞李善注引外戚傳漢紀孝成紀亦作陽阿則作河陽者誤也互見高祖功臣表陽河下見舞者趙飛燕而幸之故曰燕燕尾涏涏美好貌也張公子謂富平侯也木門倉琅根謂宮門銅鍰師古曰門之鋪首及銅鍰也銅色青故曰倉琅鋪首銜環故謂之根鍰讀與環同言將尊貴也後遂立爲皇后弟昭儀賊害後宮皇子卒皆伏辜所謂燕飛來啄皇孫皇孫死燕啄矢者也成帝時謌謠又曰邪徑敗良田讒口亂善人桂樹華不實黃爵巢其顛故爲人所羨今爲人所憐桂赤色漢家象〔補注〕先謙曰官本考證云當作象漢家從宋本移正然正文仍作漢家象華不實無繼嗣也王莽自謂黃象黃爵巢其顛也〔補注〕先謙曰以上詩妖嚴公十七年冬多麋劉歆以爲毛蟲之孽爲災劉向以爲麋色青近青祥也〔補注〕先謙曰青祥互見麋之爲言迷也蓋牝獸之淫者也是時嚴公將取齊之淫女其象先見天戒若曰勿取齊女淫而迷國嚴不寤遂取之夫人既入淫於二叔終皆誅死師古曰謂慶父縊死叔牙鴆卒齊人殺哀姜也幾亡社稷師古曰謂子般閔公前後見殺而齊侯欲取魯國也幾音鉅依反〔補注〕沈欽韓曰何休云象魯爲鄭瞻所迷惑此不過以自實上佞人來之語子政之語猶爲近情先謙曰官本注無末

五字董仲舒指略同京房易傳曰廢正作淫大不明國多麋〔補注〕沈欽韓曰范甯引京房作爲火不明則國多麋疏云視與禮同配南方言火不明猶言視與禮不明也又曰震遂泥李奇曰從三至五有坎象坎爲水四爲泥在水中故曰震遂泥泥者泥溺於水不能自拔道未光也或以爲溺於淫女故其妖多麋麋迷也師古曰此易震卦九四爻辭也泥音乃計反〔補注〕沈欽韓曰虞翻注坤土得雨爲泥位在坎中故遂泥也厥咎國多麋昭帝時昌邑王賀聞人聲曰熊視而見大熊左右莫見以問郎中令龔遂遂曰熊山野之獸而來入宮室王獨見之此天戒大王恐宮室將空危亡象也賀不改寤後卒失國〔補注〕先謙曰以上蟲之孽左氏傳襄公十七年十一月甲午宋國人逐猘狗師古曰猘狾也音征例反〔補注〕錢大昭曰今左氏傳作瘈狗說文無瘈字當依此作猘朱一新曰左傳釋文云字林作狾說文引傳亦作狾猘狗入於華臣氏師古曰華臣華元之子也國人從之臣懼遂奔陳先是臣兄閱爲宋卿師古曰爲右師閱卒臣使賊殺閱家宰遂就其妻宋平公聞之曰臣不唯其宗室是暴大亂宋國之政欲逐之左師向戌曰大臣不順國之恥也不如蓋之師古曰向戌宋桓公曾孫也蓋謂覆掩其事也公迺止華臣炕暴失義內不自安故犬禍至以奔亡也高后八年三月祓霸上師古曰祓者除惡之祭也音廢還過枳道〔補注〕錢大昭曰枳道即軹道見物如倉狗橶高后掖師古曰橶謂拘持之也橶音戟拘音居足反〔補注〕錢大昭曰說文撠戟持也拘當作挶忽而不見卜之趙王如意爲祟遂病掖傷而崩先是高后鴆殺如意支斷其母戚夫人手足搉其眼以爲人彘師古曰搉謂敲擊去其精也搉音口角反凡言彘者皆豕之別名〔補注〕錢大昭曰服當作眼南雍本閩本不誤葉德輝曰德藩本作眼先謙曰官本作眼文帝後五年六月齊雍城門外有狗生角師古曰雍城門者齊門名也春秋左氏傳平陽之役趙武及秦周伐雍門之荻是也〔補注〕劉敞曰平陽當作平陰朱一新曰注伐雍門之荻汪本作萩是先是帝兄齊悼惠王亡後帝分齊地立其庶子七人皆爲王師古曰謂齊孝王將閭濟北王志菑川王賢膠東王雄渠膠西王卬濟南王辟光并城陽恭王喜是爲七王兄弟並彊有炕陽心故犬禍見也犬守御角兵象在前而上鄉者也師古曰鄉讀曰嚮次下亦同〔補注〕先謙曰官本注次作此犬不當生角猶諸侯不當舉兵鄉京師也天之戒

人蚤矣師古曰蚤古早字〔補注〕先謙曰官本無注諸侯不寤後六年吳楚畔濟南膠西膠東三國應之舉兵至齊齊王猶與城守師古曰與讀曰豫三國圍之會漢破吳楚因誅四王故天狗下梁而吳楚攻梁狗生角於齊而三國圍齊漢卒破吳楚於梁誅四王於齊京房易傳曰執政失下將害之厥妖狗生角君子苟免小人陷之厥妖狗生角景帝三年二月邯鄲狗與彘交悖亂之氣近犬豕之禍也師古曰悖惑也音布內反此下亦同〔補注〕先謙曰官本無注是時趙王遂悖亂與吳楚謀爲逆遣使匈奴求助兵卒伏其辜犬兵革失衆之占如淳曰犬吠守似兵革外附它類失衆也豕北方匈奴之象逆言失聽交於異類吕生害也京房易傳曰夫婦不嚴厥妖狗與豕交茲謂反德國有兵革成帝河平元年長安男子石良劉音相與同居師古曰二人共止一室有如人狀在其室中擊之爲狗走出去後有數人被甲持兵弩至良家良等格擊或死或傷皆狗也自二月至

前漢二十七中之上　二六八

六月乃止鴻嘉中狗與彘交〔補注〕先謙曰以上犬既此未終言之疑奪文又一條互見貌傳左氏昭公二十四年十月癸酉王子鼂吕成周之寶圭湛于河師古曰吕祭河也爾雅曰祭川曰浮沈湛讀曰沈後皆類此幾吕獲神助師古曰幾讀曰冀甲戌津人得之河上陰不佞取將賣之則爲石師古曰陰不佞周大夫也是時王子鼂篡天子位萬民不鄉號令不從師古曰鄉讀曰嚮故有玉變近白祥也癸酉入而甲戌出神不享之驗云玉化爲石貴將爲賤也後二年子鼂犇楚而死史記秦始皇帝三十六年鄭客從關東來至華陰望見素車白馬從華山上下知其非人道住止而待之遂至師古曰於道上住而待此車馬持璧與客曰爲我遺鎬池君張晏曰武王居鎬鎬池君則武王也武王伐商故神云始皇荒淫若紂矣今亦可伐也孟康曰長安西南有鎬池師古曰鎬池在昆明池北此直江神告鎬池之神云始皇將死耳無豫於武王也張說失矣因言今年祖龍死蘇林曰祖始也龍人君象謂始皇也忽不見鄭客奉璧卽始皇二十八年過江所湛璧也與周子鼂同應是歲石隕于東郡民或刻其

石曰始皇死而地分此皆白祥炕陽暴虐號令不從孤陽獨治羣陰不附之所致也一曰石陰類也陰持高節臣將危君〔補注〕先謙曰晉志作爲君案危是趙高李斯之象也始皇不畏戒自省反夷滅其旁民而燔燒其石〔補注〕蘇輿曰秦紀云盡取石旁居人誅之是歲始皇死後三年而秦滅孝昭元鳳三年正月泰山萊蕪山南匈匈有數千人聲民視之有大石自立高丈五尺大四十八圍入地深八尺三石爲足石立處有白烏數千集其旁眭孟吕爲石陰類下民象泰山岱宗之嶽王者易姓告代之處當有庶人爲天子者孟坐伏誅京房易傳曰復崩來無咎師古曰復卦之辭也今易崩字作朋也〔補注〕錢大昭曰陸德明易釋文云朋京房本作崩先謙曰注末也字官本作字自上下者爲崩厥應泰山之石顚而下師古曰顚隊也聖人受命人君虜又曰石立如人庶士爲天下雄立於山同姓〔補注〕朱一新曰言立於山則爲同姓將興之象也下同平地異姓立於水聖人於澤小人天漢元年三月天雨白毛

前漢二十七中之上　二六九

三年八月天雨白氂師古曰凡言氂者毛之彊曲者也音力之反京房易傳曰前樂後憂厥妖天雨羽又曰邪人進賢人逃天雨毛〔補注〕沈欽韓曰晉志復引其易妖曰天雨毛羽貴人出走先謙曰以上白祥又二條互見金不從革下二條互見視傳皇極傳下史記周威烈王二十三年九鼎震孟康曰威烈一王之謚也六國時也師古曰卽赧王之高祖也金震木動之也是時周室衰微刑重而虐號令不從吕亂金氣鼎者宗廟之寶器也宗廟將廢寶鼎將遷故震動也是歲晉三卿韓魏趙篡晉君而分其地威烈王命吕爲諸侯天子不恤同姓而爵其賊臣天下不附矣後三世周致德祚於秦晉灼曰赧王奔秦獻其邑此謂致德祚也〔補注〕陳景雲曰後三世謂顯王之世也致德祚謂顯王九年致文武胙於秦也以胙爲祚傳寫失之晉說非其後秦遂滅周而取九鼎九鼎之震木沴金失衆甚成帝元延元年正月長安章城門門牡自亡晉灼曰西出南頭第一門也牡是出籥者師古曰牡所吕下閉者也亦吕鐵爲之非出籥也函谷關次門牡亦自亡韋昭曰函谷關邊小門也師古曰非行人出入所由蓋關司曹府所在之門也京房易傳曰飢而不

損茲謂泰厥災水厥咎牡亡妖辭曰關動牡飛辟爲亡道臣爲非厥咎亂臣謀篡李奇曰易妖變傳辭故谷永對曰章城門通路寢之路函谷關距山東之險城門關守國之固固將去焉故牡飛也〔補注〕先謙曰以上木沴金

五行志第七中之上終

五行志第七中之下

漢　蘭　臺　令　史班　固　撰

唐正議大夫行祕書少監琅邪縣開國子顏師古　注

賜進士出身前翰林院編修國子監祭酒加三級臣　王先謙補注

傳曰視之不明是謂不悊厥咎舒厥罰恆奧師古曰奧讀曰燠燠煗也音於六反其下竝同〔補注〕先謙曰官本注不重燠字諸史志奧竝作燠此借字厥極疾韋昭曰㠯疾爲罰時則有草妖時則有蠃蟲之孽師古曰蠡螟之類無鱗甲毛羽故謂之蠃蟲也音郞果反〔補注〕先謙曰下文明言謂螟螣之類若蠡則與蝗同爲介蟲已見言傳下顏說誤也時則有羊旤時則有目痾時則有赤眚赤祥惟水沴火〔補注〕先謙曰水沴火無證視之不明是謂不悊悊知也詩云爾德不明㠯亡陪亡卿不明爾德㠯亡背亡仄師古曰大雅蕩之詩也言不別善惡有逆背傾仄者有堪爲卿大夫者皆不知之也仄古側字言上不明暗昧蔽惑則不能知善惡親近習長同類師古曰習狎也近狎者則親愛之同類者則長益也亡功者受賞有罪者不殺百官

廢亂失在舒緩故其咎舒也〔補注〕葉德輝曰隋志引劉向五行傳曰視不明用近習賢者不進不肖不退百職廢壞庶士不從其過在政教舒緩與此志文異而義同盛夏日長暑㠯養物政弛緩故其罰常奧也奧則冬溫春夏不和傷病民人故極疾也誅不行則霜不殺草繇臣下則殺不㠯時師古曰繇讀與由同言誅罰由於臣下〔補注〕先謙曰官本奪讀與由同四字故有草妖凡妖貌則㠯服言則㠯詩聽則㠯聲視則㠯色者〔補注〕先謙曰晉志視下則作不是也傳說謂服妖與貌詩妖與言鼓妖與聲皆相應視當與色應此草妖非色是視不以色矣所以然者以五色分在眚祥也若仍作則字則理不可通五色物之大分也在於眚祥〔補注〕先謙曰官本考證云眚監本訛青從宋本改正故聖人㠯爲草妖失秉之明者也師古曰謂失所執之權也音彼命反〔補注〕沈欽韓曰秉晉志引作物柄先謙曰官本注無末四字續志引鄭注視之物可見者莫衆於草溫奧生蟲故有蠃蟲之孽謂螟螣之類師古曰螟食苗心螣食苗葉之蟲也螟音冥螣音徒得反當死不死未當生而生或多於故而爲災也劉歆㠯爲屬思心不容〔補注〕先謙曰容官本作睿於易剛而包柔爲離師古曰兩陽居外一陰在內故云剛包柔離爲火爲目羊上角

下號〔補注〕錢大昭曰號南雍本作䖀葉德輝曰德藩本作䖀先謙曰官本作䖀晉志同剛而包柔羊大目而不精明視氣毀故有羊旤一曰暑歲羊多疫死及爲怪亦是也及人則多病目者故有目痾火色赤故有赤眚赤祥凡視傷者病火氣火氣傷則水沴之其極疾者順之其福曰壽李奇曰於六極之中爲疾者逆火氣致疾病也能順火氣則旤更爲福劉歆視傳曰有羽蟲之孼雞旤說㠯爲於天文南方喙爲鳥星〔補注〕先謙曰官本考證云喙監本訛啄陳浩云案天文志柳爲鳥喙從宋本改正先謙案喙當爲咮詳天文志喙又作咮晉志作朱張二字朱洒咮之誤咮張同爲鳥星也故爲羽蟲旤亦從羽故爲雞雞於易自在巽說非是〔補注〕先謙曰言雞說非是羽蟲之說班氏固采之庶徵之恆奧劉向㠯爲春秋亡冰也小奧不書無冰然後書〔補注〕王念孫曰無當依上下文作亡此後人依春秋改之也凡漢書無字皆作亡其或作無者即是後人所改他皆放此舉其大者也京房易傳曰祿不遂行茲謂欺厥咎奧雨雪四至而溫臣安祿樂逸茲謂亂奧而生蟲知罪不誅茲謂舒其奧夏則暑殺人冬則物華實重過不誅茲謂亡徵其咎當寒而奧六日也桓公十五年春亡冰劉向㠯爲周春今冬也先是連兵鄰國三戰而再敗也師古曰三戰者謂十年齊侯衛侯鄭伯來戰于郎十二年與鄭師伐宋戰于宋十三年會紀侯鄭伯及齊侯宋公衛侯燕人戰也再敗者謂郎之戰穀梁傳曰吾敗也又宋之戰穀梁亦曰諱敗舉其可道者也據左氏傳公羊穀梁亦曰無冰竝在十四年今此云十五年未詳其意內失百姓外失諸侯不敢行誅罰鄭伯突篡兄而立公與相親師古曰突鄭莊公子即厲公也兄謂太子忽即昭公也莊公旣卒突因宋莊公之寵而得立遂使昭公奔衛故云篡兄也公與相親者謂十五年突爲祭仲所逐奔蔡遂居櫟而昭公入公再與諸侯伐鄭謀納厲公長養同類不明善惡之罰也師古曰言桓篡立與突志同故曰長養同類董仲舒㠯爲夫人不正陰失節也師古曰夫人姜氏通于齊侯故云不正〔補注〕沈欽韓曰范甯解依董義成公元年二月無冰董仲舒㠯爲方有宣公之喪君臣無悲哀之心而炕陽作丘甲師古曰時宣公薨始踰年故云有喪也丘甲解在刑法志劉向㠯爲時公幼弱政舒緩也〔補注〕沈欽韓曰何休不用董劉之說云季孫行父專政所致楊疏駁之云桓十四年季氏不專政亦無冰襄公二十八年春無冰劉向㠯爲先

是公作三軍有侵陵用武之意師古曰作三軍者季氏欲專其權非公本意此說非也侵陵用武者謂入鄆取邿也邿音詩於是鄰國不和伐其三鄙師古曰謂十二年三月十四年夏莒人伐我東鄙十五年夏齊侯伐我北鄙秋邾人伐我南鄙十六年二月齊侯伐我北鄙被兵十有餘年因之㠯饑饉百姓怨望臣下心離公懼而弛緩不敢行誅罰師古曰弛放也音式爾反楚有夷狄行公有從楚心不明善惡之應師古曰有從楚心謂二十八年公朝于楚董仲舒指略同一曰水旱之災寒暑之變天下皆同故曰無冰天下異也桓公殺兄弒君外成宋亂與鄭易邑背畔周室師古曰隱攝公位又桓之兄故云殺兄弒君也成宋亂者謂宋華父督弒其君殤公及其大夫孔父㠯郜大鼎賂公公會齊侯鄭伯于稷而平其亂也與鄭易邑謂㠯太山之田易許田也許田者魯朝宿之邑也而㠯與鄭明魯之不朝於王故云背畔周室成公時楚橫行中國師古曰謂成二年楚師侵衞遂侵我師于蜀六年七月楚公子嬰齊帥師伐鄭九年嬰齊帥師伐莒十五年楚子伐鄭十六年楚子與晉侯鄭伯戰于鄢陵十八年楚子伐宋王札子殺召伯毛伯師古曰王札子即王子捷也召伯毛伯皆周大夫也今春秋經王札子殺召伯毛伯事在宣十五年而此言成公時未達其說召讀曰邵〔補注〕錢大昕曰漢儒言無冰之災由誅罰不行失在前而應在後成公元年無冰距宣十五年僅三載故援以爲驗非有誤也晉敗天子之師于貿戎師古曰貿戎戎別種也公羊傳成元年王師敗績于貿戎孰敗之蓋晉敗之貿音莫侯反〔補注〕先謙曰官本侯作候天子皆不能討襄公時天下諸侯之大夫皆執國權師古曰謂襄十六年會于溴梁諸侯之大夫盟皆類此君不能制漸將日甚善惡不明誅罰不行周失之舒秦失之急故周衰亡寒歲秦滅亡奧年武帝元狩六年冬亡冰先是比年遣大將軍衛青霍去病攻祁連絕大幕師古曰比頻也祁連山名也幕沙磧也直度曰絕祁音上夷反〔補注〕先謙曰官本注無比頻也三字及末五字窮追單于斬首十餘萬級還大行慶賞乃閔海內勤勞是歲遣博士褚大等六人持節巡行天下師古曰行音下更反〔補注〕先謙曰官本無注存賜鰥寡假與乏困舉遺逸獨行君子詣行在所郡國有㠯爲便宜者〔補注〕齊召南曰孝武紀作郡國有以爲便者無宜字上丞相御史㠯聞天下咸喜昭帝始元二年冬亡冰是時上年九歲大將軍霍光秉政始行寬緩欲㠯說下師古曰說讀曰悅〔補注〕先謙曰以上恆奧僖公三十三年

十二月隕霜不殺草劉歆目爲草妖也劉向目爲今十月周十二月於易五爲天位爲君位〔補注〕錢大昭曰閩本無下爲字朱一新曰汪本無下爲字九月陰氣至五通於天位其卦爲剝師古曰坤下艮上剝落萬物始大殺矣明陰從陽命臣受君令而後殺也今十月隕霜而不能殺草此君誅不行舒緩之應也是時公子遂顓權師古曰公子遂莊公之子即東門襄仲也時爲卿專執國政也三桓始世官師古曰謂父子相繼爲卿也天戒若曰自此之後將皆爲亂矣文公不寤其後遂殺子赤三家逐昭公師古曰竝已解於上董仲舒指略同京房易傳曰臣有緩茲謂不順厥異霜不殺也〔補注〕沈欽韓曰范甯引京房曰君假與臣權隕霜不殺草與此小異先謙曰此條引向董說與恆奧互通書序曰伊涉相太戊亳有祥桑穀共生師古曰商書咸乂之序也其書亡伊陟伊尹子也太戊太甲孫也亳殷所都也桑穀二木合而共生穀音穀〔補注〕先謙曰官本涉作陟是傳曰俱生乎朝七日而大拱師古曰兩手合爲拱音久勇反〔補注〕先謙曰官本無注末四字伊陟戒目修德而木枯劉向目爲殷道既衰高宗承敝而起盡涼

陰之哀天下應之師古曰涼信也陰默也言居哀信默三年不言也涼讀曰諒一說涼陰謂居喪之廬也謂三年處於廬中不言涼音力羊反據今尚書及諸傳記太戊卒子仲丁立卒弟何亶甲立卒子祖乙立卒子盤庚立卒小乙之子武丁立是爲高宗桑穀自太戊時生涼陰乃高宗之事而此云桑穀即高宗時出其說與尚書大傳不同未詳其義也或者伏生差謬〔補注〕錢大昕曰此自劉向差謬非伏生誤也郊祀志亦以桑穀爲太戊事王鳴盛曰志引書序大傳伊陟相太戊事下又引劉向說爲武丁時事此向之誤班氏聊存異說沈欽韓曰說苑敬慎篇與大傳同爲高宗時顏少見多怪耳注中不同不字當衍先謙曰官本注哀作喪何作河是桑穀生本有二說故班氏兩引之下文一曰以下則以木鳥併爲武丁事也既獲顯榮怠於政事國將危亡故桑穀之異見桑猶喪也〔補注〕葉德輝曰公羊文二年傳虞主用桑何休注桑猶喪也儀禮士喪禮鬠笄用桑鄭注桑之爲言喪也皆取同聲爲訓穀猶生也〔補注〕葉德輝曰詩大車穀則異室傳穀生也小宛自何能穀箋同晉語是焚穀也韋昭注穀所仰以生也亦以生訓穀殺生之秉失而在下師古曰秉音彼命反〔補注〕先謙曰官本無注近草妖也一曰野木生朝而暴長小人將暴在大臣之位危亡國家象朝將爲虛之應也師古曰虛讀曰墟書序又曰〔補注〕先謙曰此因一說而牽連及之與草妖無涉高宗祭成湯有蜚雉登鼎耳而雊師古曰商書高宗肜日之序也蜚古飛字雊音工豆反祖己曰惟先假王正厥事師古曰祖己殷賢臣假大也言先代大道之王能正其事而災異銷也〔補注〕先謙曰官本考證云假古文格傳至道之王劉向目爲雉雊鳴者雄也目赤色爲主於易離爲雉雉南方近赤祥也劉歆目爲羽蟲之孽〔補注〕先謙曰赤祥羽蟲之孽互見易有鼎卦師古曰巽下離上也鼎宗廟之器主器奉宗廟者長子也野鳥自外來入爲宗廟器主是繼嗣將易也一曰鼎三足三公象而目耳行師古曰鼎非舉耳不得行故云目耳行野鳥居鼎耳小人將居公位敗宗廟之祀野木生朝野鳥入廟敗亡之異也武丁恐駭謀於忠賢修德而正事內舉傅說授目國政師古曰武丁夢得賢相乃目所夢之像使求之得於傅巖立目爲相作說命三篇說讀曰悅外伐鬼方目安諸夏師古曰鬼方絕遠之地一曰國名夏大也中國大於戎狄故曰諸夏故能攘木鳥之妖致百年之壽師古曰攘却也音人羊反〔補注〕先謙曰官本無注所謂六沴作見若是共御五福迺降用章于下者也師古曰共讀曰恭御讀曰禦言恭己目禦災也一說御治也恭治其事也〔補注〕王念孫曰下文云改行循正共御厥罰又云人君能循政共御

厥罰則禦災之說是也故鄭注五行傳共御曰御止也一說非是一曰金沴木曰木不曲直〔補注〕先謙曰二事互見僖公三十三年十二月李梅實〔補注〕沈欽韓曰范甯引京房曰從叛者茲謂不明厥妖木冬實劉向目爲周十二月今十月也李梅當剝落今反華實近草妖也先華而後實不書華舉重者也陰成陽事象臣顓君作威福一曰冬當殺反生象驕臣當誅不行其罰也故冬華華者〔補注〕王念孫曰故冬華華者景祐本作故冬華者是也華字不宜疊朱一新曰此當以故冬華爲句冬華爲句上文冬當殺反生釋冬華之義也華者二字屬下爲句臣邪謀有端而不成正釋華字之義王氏誤以故冬華華者連讀故謂景祐本爲是實不然也景祐本固遠勝諸本此條似不若今本爲長象臣邪謀有端而不成至於實則成矣是時僖公死公子遂顓權文公不寤後有子赤之變一曰君舒緩甚奧氣不臧則華實復生董仲舒目爲李梅實臣下彊也記曰〔補注〕葉德輝曰此即藝文志劉向五行傳記之說不當華而華易大夫不當實而實易相室應劭曰冬木王木相故象大臣冬實者變置丞相與宮室也但華則變大夫也師古曰相室猶言相國謂宰相也合韻故言相室相室者相王室冬水王木

相故象大臣劉歆以爲庶徵皆以蟲爲孽思心羸蟲孽也〔補注〕先謙曰班從歆說以羸蟲孽入思心傳故此無證李梅實屬草妖惠帝五年十月桃李華棗實昭帝時上林苑中大柳樹斷仆地一朝起立生枝葉有蟲食其葉成文字曰公孫病已立又昌邑王國社有枯樹復生枝葉眭孟以爲木陰類下民象當有故廢之家公孫氏從民間受命爲天子者昭帝富於春秋霍光秉政以孟妖言誅之後昭帝崩無子徵昌邑王賀嗣位狂亂失道光廢之更立昭帝兄衞太子之孫是爲宣帝帝本名病已京房易傳曰枯楊生稊師古曰大過九二爻辭也稊楊秀之始生者音徒奚反枯木復生人君亡子〔補注〕葉德輝曰開元占經百十二引京房易候曰枯楊生荑斷枯復生天辟當之又引京房易傳曰枯楊生華國后當之文與此不同元帝初元四年皇后曾祖父濟南東平陵王伯墓門梓柱卒生枝葉上出屋孟康曰王伯莽之祖也師古曰莽高祖父也故下云高祖考卒讀曰猝猝暴也劉向以爲王氏貴盛將代漢家之象也後王莽簒位自說之曰初元四年莽生之歲也當漢九世火德之戹而有此祥興於高祖考之門門爲開通梓猶子也言王氏當有賢子開通祖統起於柱石大臣之位受命而王之符也建昭五年兗州刺史浩賞禁民私所自立社張晏曰民間三月九月又社號曰私社臣瓚曰舊制二十五家爲一社而民或十家五家共爲田社是私社師古曰瓚說是〔補注〕葉德輝曰禮祭法太社皇社國社侯社置社皆王侯大夫自立及爲百姓立者此官社也民私立者謂之私社先謙曰官本注又作立山陽橐茅鄉社有大槐樹師古曰橐縣名也屬山陽郡茅鄉橐縣之鄉也橐音拓〔補注〕錢大昭曰杜預曰茅鄉在高平昌邑縣西吏伐斷之其夜樹復立其故處成帝永始元年二月河南街郵樗樹生支如人頭師古曰郵謂行書之舍樗樹似柂樗音丑余反柂音丑倫反眉目須皆具亡髮耳哀帝建平三年十月汝南西平遂陽鄉柱仆地生支如人形師古曰仆頓也音赴〔補注〕先謙曰官本無注身青黃色面白頭有頿髮稍長大凡長六寸一分京房易傳曰王德衰下人將起則有木生爲人狀哀帝建平三年〔補注〕蘇輿曰案上已云哀帝建平三年劉知幾所謂哀曰建平

同年必錄者也但中廁京房易傳竝非連文劉氏所譏無害宏旨零陵有樹僵地師古曰僵偃也音疆〔補注〕先謙曰官本注無末二字圍丈六尺長十丈七尺民斷其本長九尺餘皆枯三月樹卒自立故處師古曰卒讀曰猝京房易傳曰棄正作淫厥妖木斷自屬師古曰屬連續也音之欲反〔補注〕先謙曰官本注無末四字妃后有顓木仆反立斷枯復生師古曰顓謂專寵天辟惡之如淳曰天辟謂天子也師古曰辟音壁〔補注〕蘇輿曰左昭七年傳魯衞惡之杜注受其凶惡此云天辟惡之語意一例又天文志入又復出人君惡之義同先謙曰官本無顏注六字元帝永光二年八月天雨草而葉相摎結大如彈丸師古曰摎繞也摎音居虯反〔補注〕王念孫曰葉本作莎莎即爾雅所謂薃侯莎者也天雨草而莎者而讀曰如謂天雨草其狀如莎也草必有狀故曰如莎下文又云天雨草狀如永光時不得泛言雨草也相摎結者謂其草皆互相摎結不專指葉言之後人不知而之讀爲如遂不得其解而改莎爲葉其失甚矣而莎二字師古皆無音釋則所見已是誤本御覽咎徵部四引此與今本同漢紀孝元紀云永光二年天雨草如莎相摎結如彈丸孝平紀云元始三年天雨草狀如莎相摎結如彈丸皆本漢志今據以訂正先謙曰官本摎竝作樛平帝元始三年正月天雨草狀如永光時京房易傳曰君吝於祿信衰賢去〔補注〕周壽昌曰此即前所云祿不遂行也厥妖天雨草〔補注〕先謙曰以上草妖昭公二十五年夏有鸜鵒來巢劉歆以爲羽蟲之孽其色黑又黑祥也視不明聽不聰之罰也劉向以爲有蜚有蜮不言來者氣所生所謂眚也師古曰此蜚謂負蠜也其爲蟲臭惡短弧即今所謂水弩也隱元年有蜚莊十八年有蜮蜚音翡蜮音域蜚亦作䖨其音同耳鸜鵒言來者氣所致所謂祥也鸜鵒夷狄穴藏之禽來至中國不穴而巢陰居陽位師古曰今之鸜鵒中國皆有依周官而言但不踰濟水耳左氏以爲魯所常無故異而書之而此云夷狄禽未喻其意又此鳥本亦巢居不皆穴處也書巢者著其居止字乳不即去也象季氏將逐昭公去宮室而居外野也鸜鵒白羽旱之祥也穴居而好水黑色爲主急之應也天戒若曰既失衆不可急暴急暴陰將持節陽以逐爾去宮室而居外野矣昭不寤而舉兵圍季氏爲季氏所敗出犇于齊遂死于外野董仲舒指略同景帝三年十一月有白頸烏與黑烏羣鬬楚國呂縣白頸不勝墯泗水中死者數千劉向以爲近白黑祥也時楚王戊暴逆無道

師古曰戊元王之孫也刑辱申公與吳王謀反烏羣鬬者師戰之象也白頸
者小明小者敗也墮於水者將死水地王戊不寤遂舉兵應吳與
漢大戰兵敗而走至於丹徒爲越人所斬墮死於水之效也補注劉奉
世曰死於丹徒者吳王濞耳向說誤京房易傳曰逆親親厥妖白黑烏鬬於國昭帝
元鳳元年有烏與鵲鬬燕王宮中池上烏墮池死近黑祥也補注先謙
曰以上黑祥三白祥一互見時燕王旦謀爲亂遂不改寤伏辜而死楚燕皆骨
肉藩臣以驕怨而謀逆俱有烏鵲鬬死之祥行同而占合此天人
之明表也燕一烏鵲鬬於宮中而黑者死楚以萬數鬬於野外而
白者死象燕陰謀未發獨王自殺於宮故一烏水色者死楚炕陽
舉兵軍師大敗於野故眾烏金色者死天道精微之效也京房易
傳曰專征劫殺厥妖烏鵲鬬昭帝時有鵜鶘或曰禿鶖師古曰鵜鶘即汙澤
也一名淘河腹下胡大如數升囊好羣入澤中抒水食魚因名禿鶖亦水鳥也鵜音大奚反鶘音胡鶖音秋集昌邑王

殿下王使人射殺之劉向以爲水鳥色青青祥也補注先謙曰青祥互見時
王馳騁無度慢侮大臣不敬至尊有服妖之象師古曰謂多治仄注冠又以冠奴也
故青祥見也野鳥入處宮室將空王不寤卒以亡京房易傳曰辟
退有德厥咎狂厥妖水鳥集于國中師古曰辟君也成帝河平元年二月
庚子泰山山桑谷有鳶焚其巢師古曰鳶鴟也音緣男子孫通等聞山中羣
烏鳶鵲聲往視見巢爇盡墮地中師古曰爇古然字補注先謙曰官本地作池有三鳶
鷇燒死師古曰鳥子新生而哺者曰鷇音口豆反又音工豆反樹大四圍巢去地五丈五尺
太守平以聞鳶色黑近黑祥補注先謙曰黑祥互見貪虐之類也易曰鳥焚
其巢旅人先笑後號咷師古曰旅卦上九爻辭也咷音逃泰山岱宗五嶽之長王
者易姓告代之處也天戒若曰勿近貪虐之人聽其賊謀將生焚
巢自害其子絕世易姓之禍其後趙蜚燕得幸立爲皇后弟爲昭
儀姊妹專寵聞後宮許美人曹偉能生皇子也師古曰曹偉能宮人姓名也偉能一

名宮見外戚傳昭儀大怒令上奪取而殺之皆并殺其母成帝崩昭儀自
殺事乃發覺趙后坐誅此焚巢殺子後號咷之應也一曰王莽貪
虐而任社稷之重卒成易姓之禍云京房易傳曰人君暴虐鳥焚
其舍鴻嘉二年三月博士行大射禮有飛雉集于庭歷階登堂而
雊後雉又集太常宗正丞相御史大夫大司馬車騎將軍之府又
集未央宮承明殿屋上時大司馬車騎將軍王音待詔寵等上言
天地之氣以類相應師古曰以經術待詔其人名寵不記姓也流俗書本寵上輒加孫字非也譴告人
君甚微而著雉者聽察先聞雷聲故月令以紀氣師古曰謂季冬之月云雉雊雞乳也
經載高宗雊雉之異師古曰已解於上以明轉禍爲福之驗今雉以博
士行禮之日大眾聚會飛集於庭歷階登堂萬眾睢睢師古曰睢睢仰目視貌也音呼惟反補注先謙曰官本音上有睢字驚怪連日徑歷三公之府太常宗正典宗
廟骨肉之官然後入宮其宿留告曉人具備深切師古曰宿音先就反留音力救

反雖人道相戒何以過是後帝使中常侍鼂閎詔音曰聞捕得雉
毛羽頗摧折類拘執者得無人爲之師古曰言人放此雉故欲爲變異者音復對曰
陛下安得亡國之語不知誰主爲佞讇之計師古曰讇古諂也補注朱一新曰注汪本
也作字是先謙曰官本也上有字字誣亂聖德如此者左右阿諛甚眾不待臣音復
讇而足師古曰足益也音子喻反公卿以下保位自守莫有正言如令陛下覺
寤懼大禍且至身深責臣下繩以聖法臣音當先受誅豈有以自
解哉今即位十五年繼嗣不立日日駕車而出泆行流聞師古曰言帝行
多驕泆醜惡流布聞於遠方也海內傳之甚於京師外有微行之害內有疾病之
憂皇天數見災異師古曰見顯示欲人變更終已不改天尚不能感動陛
下臣子何望獨有極言待死命在朝暮而已如有不然老母安得
處所尚何皇太后之有高祖天下當以誰屬乎如淳曰老母音之老母也當隨已受
罪誅也又謂已言深切觸悟人主積恚而死必行之誅不能復顧太后也師古曰如說非也此言總屬於成帝耳不然者謂不如所

諫而自修改也老母帝之母即太后也言帝不自修改國家危亡太后不知處所高祖天下無所付屬也屬音之欲反〔補注〕王念孫曰顏說非也終已不改見上文此言如有不然者不然謂非常之變也非常之變即師古所謂危亡也故下文即云老母安得處所高祖天下當以誰屬師古以不然爲不從諫則與下文不相貫注故又加國家危亡四字以聯合上下耳言漢家如有非常之變則太后不知處所高祖天下無所付屬也古謂非常之變曰不然墨子辭過篇府庫實滿足以待不然言足以待非常也漢書司馬相如傳發巴蜀之士各五百人以奉幣衞使者不然張揖曰不然之變也先謙曰言人尚不知處所何論尊號官本注無罪字 宜謀於賢知克己復禮吕求天意繼嗣可立災變尚可銷也成帝綏和二年三月天水平襄有燕生爵哺食至大俱飛去師古曰哺音蒲固反食讀曰飤謂與母俱去 京房易傳曰賊臣在國厥咎燕生爵諸侯銷一曰生非其類子不嗣世〔補注〕先謙曰以上羽蟲之孽又一條互見草妖下

史記魯定公時季桓子穿井得土缶中得蟲若羊師古曰缶盎也即今之盆〔補注〕蘇輿曰魯語作其中有羊焉 近羊禍也羊者地上之物幽於土中象定公不用孔子而聽季氏暗昧不明之應也一曰羊去野外而拘土缶者象魯君失其所而拘於季氏季氏亦將拘於家臣也是歲季氏家臣

陽虎囚季桓子後三年陽虎劫公伐孟氏兵敗竊寶玉大弓而出亡師古曰寶玉謂夏后氏之璜大弓謂封父之繁弱皆魯始封之分器所受於周也定八年陽虎作亂不克竊之而入讙陽關吕叛〔補注〕先謙曰以上羊旤 左氏傳魯襄公時宋有生女子赤而毛棄之隄下宋平公母共姬之御者見而收之師古曰平公宋共公之子也名成共讀曰恭 因名曰弃長而美好納之平公生子曰佐後宋臣伊戾讒太子痤而殺之師古曰事在襄二十六年痤音才戈反 先是大夫華元出奔晉師古曰華元奔在成十五年〔補注〕先謙曰官本考證云案舊本作襄十七年非也今從汲古閣本改正先謙案官本注華元奔三字作事字 華弱奔魯師古曰事在襄六年 華臣奔陳師古曰事在襄十七年 華合比奔衞師古曰事在昭六年據今春秋合比奔在殺太子痤後而志總言先是未詳其意〔補注〕先謙曰注官本痤作痤是 劉向吕爲時則火災赤眚之明應也京房易傳曰尊卑不別厥妖女生赤毛惠帝二年天雨血於宜陽一頃所劉向吕爲赤眚也時又冬雷桃李華常奧之罰也是時政舒緩諸呂用事讒口妄行殺三皇子建立非嗣師古曰三皇子謂趙隱王如意趙幽王友趙恭王恢皆高帝子也建立非嗣謂立後宮美人子爲嗣 及不當立之王孟康曰呂氏三王也 退王陵趙堯周昌師古曰惠帝六年王陵爲右丞相惠帝崩呂后欲廢陵遷爲太傅實奪之相權高祖吕趙堯爲御史大夫高后元年怨堯前定趙王如意之策乃抵堯罪周昌爲趙相趙王見鴆殺昌謝病不朝見三歲而薨 呂太后崩大臣共誅滅諸呂僵尸流血京房易傳曰歸獄不解〔補注〕先謙曰官本考證云獄監本訛嶽從宋本改正 茲謂追非厥咎天雨血茲謂不親民有怨心不出三年無其宗人又曰佞人祿功臣僇天雨血師古曰僇古戮字 哀帝建平四年四月山陽湖陵雨血廣三尺長五尺大者如錢小者如麻子後二年帝崩王莽擅朝誅貴戚丁傅大臣董賢等皆放徙遠方與諸呂同眾〔補注〕錢大昭曰眾南雍本閩本作象朱一新曰汪本作象是葉德輝曰德藩本作象先謙曰官本作象 誅死者少雨血亦少〔補注〕先謙曰以上赤眚赤祥又一條互見草妖下

傳曰聽之不聰是謂不謀厥咎急厥罰恆寒厥極貧時則有鼓妖時則有魚孽時則有豕禍時則有耳痾時則有黑眚黑祥惟火沴

水聽之不聰是謂不謀言上偏聽不聰下情隔塞則不能謀慮利害失在嚴急故其咎急也盛冬日短寒吕殺物政促迫故其罰常寒也寒則不生百穀上下俱貧故其極貧也君嚴猛而閉下臣戰栗而塞耳則妄聞之氣發於音聲故有鼓妖〔補注〕葉德輝曰南齊志引五行聽傳曰不聰之象見則妖生於耳以類相動故曰有鼓妖也一曰聲屬 寒氣動故有魚孽雨吕龜爲孽服虔曰多雨則龜多出 龜能陸處非極陰也魚去水而死極陰之孽也於易坎爲豕豕大耳而不聽察聽氣毀故有豕禍也一曰寒歲豕多死及爲怪亦是也及人則多病耳者故有耳痾水色黑故有黑眚黑祥凡聽傷者病水氣水氣病則火沴之其極貧者順之其福曰富劉歆聽傳曰有介蟲孽也庶徵之恆寒劉向吕爲春秋無其應〔補注〕先謙曰劉歆一條互見貌傳 周之末世舒緩微弱政在臣下奧煖而已故籍秦吕爲驗師古曰籍假借〔補注〕先謙曰官本注下有也字 秦始皇帝即位尚幼委政太后太后

淫於呂不韋及嫪毐師古曰嫪或音居虯反嫪姓也毐名也許愼說曰爲嫪毐士之無行者嫪音郞到反毐音烏改反與今史記漢書本文不同且摎樂之姓又非嫪也故當依本字㠯讀封毐爲長信侯㠯太原郡爲毐國宮室苑囿自恣政事斷焉故天冬雷㠯見陽不禁閉㠯涉危害舒奧迫近之變也始皇既冠毐懼誅作亂始皇誅之斬首數百級大臣二十人皆車裂㠯徇夷滅其宗遷四千餘家於房陵是歲四月寒民有凍死者數年之閒緩急如此寒奧輒應此其效也劉歆㠯爲大雨雪及未當雨雪而雨雪及大雨雹隕霜殺叔草皆常寒之罰也劉向㠯爲常雨屬貌不恭〔補注〕先謙曰官本叔作菽貌不恭互見京房易傳曰有德遭險茲謂逆命厥異寒誅過深〔補注〕先謙曰晉宋志誅下有罰字其下又云誅罰過深之應明此脫罰字當奧而寒盡六日亦爲雹害正不誅茲謂養賊寒七十二日殺蜚禽師古曰蜚讀曰飛道人始去茲謂傷服虔曰有道之人去其寒物無霜而死涌水出戰不量敵茲謂辱命其寒雖雨物不茂聞善不

予厥咎聾桓公八年十月雨雪周十月今八月也未可㠯雪劉向㠯爲時夫人有淫齊之行而桓有妬媢之心師古曰媢謂夫妬婦也音莫報反〔補注〕錢大昭曰媢閩本作娟沈欽韓曰召南小星箋云以色曰妬以行曰忌說文妬婦妬夫也媢夫妬婦也書傳通用禮記大學注媢妬也葉德輝曰德藩本作媢五宗世家索隱引三蒼郭注云媢丈夫妬也與說文合志作媢字是先謙曰官本作媢無注末四字夫人將殺其象見也師古曰謂欲殺桓公桓不覺寤後與夫人俱如齊而殺死凡雨陰也雪又雨之陰也出非其時迫近象也董仲舒㠯爲象大人專恣陰氣盛也〔補注〕先謙曰大官本作夫是釐公十年冬大雨雪〔補注〕錢大昕曰劉知幾議此條以爲科條不整尋繹難知蓋知幾所見本誤雪爲雹因據誤文妄生駮難不知班史敘恆寒以雪爲首而霜次之雹又次之釐公十年冬大雨雪此左氏穀梁經文故引劉向說次引公羊經作大雨雹兼采董仲舒說蓋以經有異文特附出之其餘書大雨雹者別見於後班史義例之精如此今南北監本俱作大雨雪與左穀經文正合乃歎今本固有勝於古本者而古人讀書粗率轉或不如後人之精審也劉向㠯爲先是釐公立妾爲夫人陰居陽位陰氣盛也公羊經曰大雨雹董仲舒㠯爲公脅於齊桓公立妾爲夫人不

敢進羣妾師古曰已解於上故專壹之象見諸雹皆爲有所漸脅也孟康曰謂陰氣漸脅行專壹之政云昭公四年正月大雨雪劉向㠯爲昭取於吳而爲同姓謂之吳孟子師古曰魯與吳俱姬也周禮同姓不爲婚故諱不稱吳姬而云孟子也取讀曰娶君行於上臣非於下又三家已彊皆賤公行慢侮之心生師古曰侮古侮字董仲舒㠯爲季孫宿任政陰氣盛也師古曰季孫宿季武子也〔補注〕沈欽韓曰何休從董說劉向㠯爲取吳孟子蓋約畧昭公除喪後娶也而何休以爲十年經去冬二傳無冬字蓋昭公取吳孟子之年尤誕文帝四年六月大雨雪後三歲淮南王長謀反發覺遷道死師古曰遷於蜀未至而死於雍故曰道死京房易傳曰夏雨雪戒臣爲亂〔補注〕葉德輝曰開元占經百一引京房易候曰夏雨雪司馬爲亂文與此異景帝中六年三月雨雪其六月匈奴入上郡取苑馬吏卒戰死者二千餘人明年條侯周亞夫下獄死武帝元狩元年十二月大雨雪民多凍死是歲淮南衡山王謀反發覺皆自殺使者行郡國治黨與師古曰行音下更反〔補注〕先謙曰官本無注坐死者數萬人元鼎二

年三月雪平地厚五尺〔補注〕王念孫曰案上下皆言雨雪則此亦當有雨字類聚御覽咎徵部五引此正作雨雪是歲御史大夫張湯有罪自殺丞相嚴青翟坐與三長史謀陷湯師古曰謂朱買臣爲丞相長史王朝及邊通皆守丞相長史也青翟自殺三長史皆棄市元鼎三年〔補注〕蘇輿曰上文有元鼎二年劉知幾所謂武稱元鼎每歲皆書者也然事各有指文不相屬與上哀帝建平三年正同三月水冰四月雨雪關東十餘郡人相食是歲民不占緡錢有告者㠯半畀之師古曰言政急刻也占音之贍反元帝建昭二年十一月齊楚地大雪深五尺是歲魏郡太守京房爲石顯所告坐與妻父淮陽王舅張博博弟光勸視淮陽王㠯不義師古曰視讀曰示博要斬光房棄市御史大夫鄭弘坐免爲庶人成帝卽位顯伏辜淮陽王上書冤博辭語增加師古曰言博本爲石顯所冤增加其語故陷罪家屬徙者復得還建昭四年三月雨雪燕多死〔補注〕王念孫曰建昭四年當爲成帝建始四年今本作建昭者涉上文元帝建昭二年而誤又脫成帝二字據下文云其後許后坐祝詛廢則爲成帝時事明矣且下文陽朔四年上無成帝二字卽蒙此文而省也三月本作四月後人以

下文谷永對云皇后桑蠶以治祭服正以是日大寒雨雪故改四月爲三月不知漢時行親蠶禮亦有用四月者續漢書禮儀志三月皇后帥公卿諸侯夫人蠶注云案谷永對稱四月壬子皇后蠶桑之日也則漢桑亦用四月據此則志文本作四月明矣成紀云建始四年夏四月雨雪此尤其明證谷永對曰皇后桑蠶㠯治祭服共事天地宗廟師古曰共讀曰恭正㠯是日疾風自西北大寒雨雪壞敗其功㠯章不鄉師古曰言不當天心鄉讀曰嚮宜齊戒辟寢㠯深自責師古曰齊讀曰齋辟讀曰避請皇后就宮扃閉門戶毋得擅上師古曰扃與隔同擅上謂輒至御所也上音時掌反一日擅專也上謂天子也讀如本字勿令皇后專固天子且令衆妾人人更進㠯時博施皇天說喜師古曰更音工衡反說讀曰悅庶幾可㠯得賢明之嗣卽不行臣言災異兪甚（補注）先謙曰官本兪作愈天變成形臣雖欲復捐身關策不及事已師古曰言雖欲弃捐其身不懷顧慮極陳計策關說天子亦無所及（補注）先謙曰弃捐官本作捐棄其後許后坐祝詛廢陽朔四年四月雨雪燕雀死後十六年許皇后自殺（補注）周壽昌曰成紀鴻嘉三年皇后許氏廢許后傳廢後九年上憐許氏云云后旋自殺是后死在元延三年距此十二年距帝崩亦止十五年不得云十六年也先謙曰以上雪

前漢二十七中之下　十四

定公元年十月隕霜殺菽師古曰菽大豆劉向㠯爲周十月今八月也消卦爲觀師古曰坤下巽上也（補注）周壽昌曰各本消作於案作消者是也觀爲八月辟卦京房上封事有曰辛酉以來少陰倍力而乘消息注孟康云房以消息卦爲辟辟君也消卦曰太陰姤遯否觀剝坤息卦曰太陽復臨泰大壯夬乾此八月消卦爲觀息卦爲大壯也葉德輝曰德藩本作於先謙曰官本作於陰氣未至君位而殺誅罰不由君出在臣下之象也是時季氏逐昭公公死于外定公得立故天見災㠯視公也師古曰視讀曰示釐公二年十月隕霜不殺草爲嗣君微失秉事之象也師古曰謂襄仲專權殺嫡立庶公室遂弱秉音彼命反（補注）先謙曰官本無注末五字其後卒在臣下則災爲之生矣異故言草災故言菽重殺穀師古曰㠯其事爲重不比於殺草也一曰菽草之難殺者也言殺菽知草皆死也言不殺草知菽亦不死也董仲舒㠯爲菽草之彊者天戒若曰加誅於彊臣言菽㠯微見季氏之罰也武帝元光四年四月隕霜殺草木先是二年遣五將軍三十萬衆伏馬邑下師古曰謂御史大夫韓安國爲護軍將軍衛尉李廣爲驍騎將軍太僕公孫賀爲輕軍將軍大行王恢爲將屯將軍太中大夫李息爲材官將軍欲襲單于單于覺之而去自是始征伐四夷師出三十餘年天下戶口減半京房易傳曰興兵妄誅茲謂亡法厥災霜夏殺五穀冬殺麥誅不原情茲謂不仁其霜夏先大雷風冬先雨迺隕霜有芒角賢聖遭害其霜附木不下地佞人依刑茲謂私賊其霜在草根土隙閒不敎而誅茲謂虐其霜反在草下元帝永光元年三月隕霜殺桑九月二日隕霜殺稼（補注）先謙曰晉宋志云班固書九月二日明未可以傷穀也天下大飢是時中書令石顯用事專權與春秋定公時隕霜同應成帝卽位顯坐作威福誅（補注）先謙曰以上霜釐公二十九年秋大雨雹（補注）沈欽韓曰范甯解依劉向而何休以爲夫人專愛之所生劉向㠯爲盛陽雨水溫煖而湯熱陰氣脅之不相入則轉而爲雹盛陰雨雪凝滯而冰寒陽氣薄之不相入則散而爲霰師古曰霰雨雪雜下音先見反故沸湯之在閉器而湛於寒泉則爲冰孟康曰投湯器中㠯沈寒泉而成也師古曰湛讀曰沈及雪

前漢二十七中之下　十五

之銷亦冰解而散此其驗也故雹者陰脅陽也霰者陽脅陰也（補注）先謙曰官本脅陰作薄陰春秋不書霰者猶月食也釐公末年信用公子遂遂專權自恣將至於殺君故陰脅陽之象見釐公不寤遂終專權後二年殺子赤立宣公師古曰公子遂東門襄仲也赤文公太子卽惡也（補注）劉敞曰案自僖公末年至文公卒凡二十三年今言二年誤也左氏傳曰聖人在上無雹雖有不爲災說曰凡物不爲災不書書大言爲災也凡雹皆冬之愆陽夏之伏陰也師古曰愆過也過陽冬溫也伏陰夏寒也昭公三年大雨雹是時季氏專權脅君之象見昭公不寤後季氏卒逐昭公元封三年（補注）蘇輿曰元封上當有武帝二字劉知幾所謂首列元封年號不詳漢代何君者也然此文偶脫耳劉用爲譏適以自形其淺陋十二月雷雨雹大如馬頭宣帝地節四年五月山陽濟陰雨雹如雞子深二尺五寸殺二十人蜚鳥皆死師古曰蜚讀曰飛（補注）先謙曰官本無注其十月大司馬霍禹宗族謀反誅霍皇后廢（補注）王念孫曰十月當爲七月宣紀百官表及漢紀通鑑載誅霍禹事皆在七月御覽咎徵部五引此志亦作

七月其霍皇后廢上原有八月二字後人以八月不當在十月後故刪北二字而不知十月爲七月之譌也宣紀及漢紀通鑑載廢霍后事皆在八月御覽引此志亦云八月霍皇后廢　成帝河平二年四月楚國雨雹大如斧蜚鳥死〔補注〕先謙曰此未終言之疑奪文以上雹總曰恆寒　左傳曰釐公三十二年十二月己卯晉文公卒庚辰將殯于曲沃出絳柩有聲如牛劉向以爲近鼓妖也喪凶事聲如牛怒象也將有急怒之謀以生兵革之禍是時秦穆公遣兵襲鄭而不假道還晉大夫先軫謂襄公曰秦師過不假塗請擊之師古曰先軫即原軫遂要崤阸師古曰即今之二崤山也以敗秦師匹馬觭輪無反者服虔曰觭音奇偶之奇師古曰觭隻也言盡虜獲之觭音居宜反操之急矣師古曰操持也謂執持所虜獲也操音千高反〔補注〕先謙曰官本注無末五字晉不惟舊而聽虐謀結怨彊國四被秦寇禍流數世凶惡之效也師古曰舊者謂晉襄之父文公本爲秦所納而得國是舊恩也虐謀先軫之計也四被秦寇謂魯文二年秦孟明視帥師伐晉三年秦伯伐晉濟河焚舟取王官及郊十年秦伯伐晉取北徵十二年秦伯伐晉取羈馬禍流謂自襄公至厲公凡五君與秦構難也

哀帝建平二年四月乙亥朔〔補注〕錢大昭曰公卿表作乙未御史大夫朱博爲丞相少府趙玄爲御史大夫〔補注〕錢大昭曰公卿表元由中尉遷非少府也臨延登受策有大聲如鐘鳴師古曰延入而登殿也漢舊儀云丞相御史大夫初拜皇帝延登親詔也〔補注〕王念孫曰案臨延登受策本作臨拜延登受策今本脫去拜字則文義不完通鑑無拜字則所見漢書本已然世說新語言語篇注引此正作臨拜延登受策朱博傳亦云博元竝拜於前殿延登受策有音如鐘聲先謙曰官本鍾作鐘殿中郎吏陛者皆聞焉師古曰陛者謂執兵列於陛側上以問黃門侍郎楊雄李尋尋對曰洪範所謂鼓妖者也師法以爲人君不聰爲眾所惑空名得進則有聲無形不知所從生其傳曰歲月日之中則正卿受之〔補注〕沈欽韓曰洪範傳凡六沴之作歲之朝月之朝日之朝則后王受之歲之中月之中日之中則正卿受之歲之夕月之夕日之夕則庶民受之注自正月盡四月爲歲之朝自五月盡八月爲歲之中自九月盡十二月爲歲之夕上旬爲月之朝中旬爲月之中下旬爲月之夕平旦至食時爲日之朝禺中至日跌爲日之中晡時至黃昏爲日之夕案此爲四月乙亥朔實歲月日之朝李尋所對猶未敢正言哀帝之咎耳今以四月日加辰巳有異是爲中焉正卿謂執政大臣也宜退丞相御史以應天變然雖不退不出期年其人自蒙其咎師古曰期年十二月也蒙猶被也期音基〔補注〕先謙曰官本注無末三字楊雄亦以爲鼓妖聽失之象也朱博爲人彊毅多權謀宜將不宜相恐有凶惡亟疾之怒師古曰亟急也音居力反八月博玄坐爲姦謀博自殺玄減死論京房易傳曰令不修本下不安金毋故自動若有音史記秦二世元年天無雲而雷劉向以爲雷當託於雲猶君託於臣陰陽之合也二世不恤天下萬民有怨畔之心是歲陳勝起天下畔趙高作亂秦遂以亡一曰易震爲雷爲貌不恭也〔補注〕先謙曰以上鼓妖此條應在左傳後哀帝前蓋誤倒又貌不恭互見史記秦始皇八年河魚大上劉向以爲近魚孽也是歲始皇弟長安君將兵擊趙反死屯留軍吏皆斬遷其民於臨洮師古曰本使長安君擊趙至屯留而謀反作亂故賜長安君死斬其軍吏遷其黔首也屯留上黨縣也臨洮即今之洮州也屯音純洮音土高反明年有嫪毒之誅〔補注〕先謙曰毒官本作毐是魚陰類民之象逆流而上者民將不從君令爲逆行也其在天文魚星中河而處車騎滿野〔補注〕先謙曰開元占經石氏外官占引石氏曰魚一星在尾後河中入十四度去極百二十二度在黃道外十二度也又引黃帝占曰魚星常居河旁中河而處則兵起

至于二世暴虐愈甚終用急亡京房易傳曰眾逆同志厥妖河魚逆流上武帝元鼎五年秋蛙與蝦蟇羣鬬師古曰蛙音胡媧反蝦音遐蟇音麻〔補注〕先謙曰媧官本作蝸是歲四將軍眾十萬征南越師古曰謂伏波將軍路博德出桂陽下皇水樓船將軍楊僕出豫章下湞水歸義越侯嚴爲戈船將軍出零陵下離水田甲爲下瀨將軍下蒼梧〔補注〕先謙曰官本皇作湟離作灕開九郡師古曰謂得越地以爲南海蒼梧鬱林合浦交趾九真日南珠崖儋耳郡也成帝鴻嘉四年秋雨魚于信都〔補注〕王鳴盛曰漢紀作新都新都見王莽傳乃謂新野之都鄉地理志本無此縣辨詳後漢紀誤也長五寸以下成帝永始元年春北海出大魚長六丈高一丈四枚哀帝建平三年東萊平度出大魚師古曰平度東萊之縣長八丈高丈一尺七枚皆死京房易傳曰海數見巨魚邪人進賢人疏師古曰數音所角反〔補注〕先謙曰以上魚孽桓公五年秋螽師古曰螽即阜螽即今之蝩蟲也螽音終蝩音之庸反劉歆以爲貪虐取民則螽介蟲之孽也與魚同占劉向以爲介蟲之孽屬言不

從補注先謙曰言傳互見是歲公獲二國之聘取鼎易邑師古曰二國宋鄭也宋以郜鼎賂公鄭以泰山之田易許田也興役起城師古曰謂五年夏城祝丘也諸蠡略皆從董仲舒說云補注先謙曰以上蠡向說即董說也不同則出董嚴公二十九年有蜚劉歆以爲負蠜也性不食穀食穀爲災介蟲之孽師古曰蜚音伏味反蠜音煩劉向以爲蜚色青近青眚也補注先謙曰青眚互見非中國所有南越盛暑男女同川澤淫風所生爲蟲臭惡師古曰蜚者中國所有非南越之蜚未詳向所說補注葉德輝曰公羊莊二十九年傳秋有蜚何休注蜚者臭惡之蟲也象夫人有臭惡之行言有者南越盛暑所生非中國之所有據此則何注亦用班說矣春秋南越未入版圖故云非中國顏說誤是時嚴公取齊淫女爲夫人既入淫於兩叔故蜚至天戒若曰今誅絕之尚及不將生臭惡聞於四方嚴不寤其後夫人與兩叔作亂二嗣以殺師古曰二嗣謂子般及閔公也卒皆被辜師古曰謂二叔哀姜皆不得其死也已解於上董仲舒指略同釐公十五年八月蠡劉向以爲先是釐有鹹之會後城緣陵師古曰僖十二年公會齊侯宋公陳侯衛侯鄭伯許男曹伯于鹹鹹衛地十四年而與諸侯城緣陵緣陵杞邑也補注先謙曰官本二作三是歲復以兵車爲牡丘會使公孫敖帥師及諸侯大夫救徐師古曰十五年公會齊侯宋公陳侯衛侯鄭伯許男曹伯盟于牡丘遂次于匡公孫敖帥師及諸侯之大夫救徐公孫敖孟穆伯也諸侯之大夫即所與會諸侯也時楚伐徐故救之兵比三年在外師古曰比頻也文公三年秋雨蠡于宋劉向以爲先是宋殺大夫而無罪師古曰謂僖二十五年經書宋殺其大夫不書名以其無罪有暴虐賦斂之應師古曰謂宋昭公也穀梁傳曰上下皆合言甚師古曰上下皆合蠡之多董仲舒以爲宋三世內取師古曰三世謂襄公成公昭公也內取於國之大夫也事見公羊傳取讀曰娶補注葉德輝曰公羊僖二十五年傳宋殺其大夫何以不名宋三世無大夫三世內娶也何休注三世謂慈父王臣處曰也內娶大夫女也言無大夫者禮不臣妻之父母國內皆臣無娶道故絕大夫名正其義也外小惡正之者宋以內娶故公族以弱妃黨益彊大夫專恣殺生不中師古曰中音竹仲反故蠡先死而至劉歆以爲蠡爲穀災卒遇賊陰隊而死也八年十月蠡時公伐邾取須朐城郚師古曰須朐邾邑郚魯邑也事竝在文七年朐音鉅俱反郚音吾宣公六年八月蠡劉向以爲先是時宣伐莒向師古曰事在四年向莒邑也向音餉補注蘇輿曰案向上當有取字公羊何注先是宣公伐莒取向公比如齊所致即本於此後比再如齊謀伐萊師古曰比頻也謂四年秋及五年春公如齊七年公會齊侯伐萊是也補注先謙曰官本注無比頻也三字十三年秋蠡公孫歸父會齊伐莒師古曰事在十一年歸父東門襄仲子也字子家父讀曰甫補注蘇輿曰案公孫上當有先是二字十五年秋蠡宣亡熟下云宣亡熟歲數有軍旅即承此言之公羊何注先是歲饑而使歸父會齊人伐莒是也歲數有軍旅襄公七年八月蠡劉向以爲先是襄興師救陳師古曰謂五年楚伐陳公會晉侯宋公衛侯鄭伯齊太子光救陳也滕子郯子小邾子皆來朝師古曰六年滕子來朝七年郯子來朝小邾子來朝夏城費師古曰亦七年之夏費魯邑也音祕哀公十二年十二月蠡是時哀用田賦師古曰言重斂也解在刑法志劉向以爲春用田賦冬而蠡十三年九月蠡十二月蠡比三蠡虐取於民之效也師古曰比頻也補注先謙曰官本無注劉歆以爲周十二月夏十月也火星既伏蟄蟲皆畢天之見變因物類之宜不得以蠡是歲再失閏矣周九月夏七月故傳曰火猶西流司曆過也宣公十五年冬蝝生師古曰爾雅曰蝝蝮蜪說者以爲蠡蝗之類蝮音蒲北反又音服蜪音徒高反劉歆以爲蝝蚍蠹之有翼者孟康曰蚍蠹音蚍蜉補注沈欽韓曰說苑說叢篇蠹蝝仆柱梁蚊蝱走牛羊劉向以爲飛蟻者是矣爾雅翼云螱飛螘蓋柱中白蟻之所化白螘狀如蟻卵凡斬木不以時木未及燥而作柱或柱礎去地不高則是物生其中以泥爲房屈曲而上往往變化生羽遇天晏溫羣隊而出飛亦不能高尋則脫翼藉藉在地而死矣魯宣公十五年冬蝝生劉歆謂即是物又董仲舒說蝗子也說者亦多以蝝爲蠡螟之類失之愈遠鄉蠑孫以案魯語蟲舍蚳蝝是蟻子則蝝亦蟻類可知食穀爲災黑眚也補注先謙曰此傳黑眚黑祥無證劉歆以蝝生當之唐以前史志言黑氣宋明史志有黑眚則物象黑氣也又黑祥四條互見視傳下一條互見皇極傳下董仲舒劉向以爲蝝螟始生也一曰螟始生補注葉德輝曰下螟爲蝗之誤既云一曰則非螟明矣爾雅釋蟲蝝蝮陶左傳疏引李巡注云蝗子也郭注亦云蝗子未有翅者則是蝗始生無疑說文蝝復陶也劉歆說蝝蚍蜉子董仲舒說蝗子也据許氏是以蝝蝗爲二物故劉董竝引也說文又云蠹蚍蠹也从䖵橐聲蜉或从虫从孚是本志蚍蠹即說文引劉之蚍蜉禮內則注又作蜱蜉皆假借字蝝亦名螟者呂氏春秋不屈篇蝗螟農夫得而殺之高誘注蝗蠡也食心曰螟食葉曰螣則螟蝗實一物二名蝝即蝗之小者諸書稱引不同蓋各就其大小名之非異物也是時民患上力役解於公田師古曰解讀曰懈宣是時初稅畝稅畝就民田畝擇美者稅其什一亂先王制

而爲貪利故應是而蝝生屬蠃蟲之孽補注先謙曰蠃蟲孽見思心傳景帝中三年秋蝗先是匈奴寇邊中尉不害將車騎材官士屯代高柳師古曰魏不害補注沈欽韓曰景紀匈奴傳及百官表俱無可考顏云魏不害蓋誤以征和二年所封當塗侯魏不害爲景帝時也武帝元光五年秋螟六年夏蝗先是五將軍衆三十萬伏馬邑欲襲單于也師古曰已解于上是歲四將軍征匈奴師古曰謂車騎將軍衛青出上谷騎將軍公孫敖出代輕車將軍公孫賀出雲中驍騎將軍李廣出雁門也補注先謙曰官本作驍騎將軍公孫敖齊召南云案公孫敖爲騎將軍非驍騎將軍也驍字衍元鼎五年秋蝗是歲四將軍征南越師古曰已解於上及西南夷師古曰越騎義侯遺將巴蜀罪人發夜郎兵征西南夷平之補注先謙曰官本注騎作馳是開十餘郡師古曰定越地爲九郡定西南夷爲武都牂柯越嶲沈黎汶山郡凡十四郡元封六年秋蝗先是兩將軍征朝鮮師古曰二年樓船將軍楊僕左將軍荀彘將應募罪人擊之開三郡師古曰武紀云以其地爲樂浪臨屯玄菟眞番郡是四郡也而此云三蓋傳寫志者誤補注先謙曰官本注菟作兔太初元年夏蝗從東方蜚至敦煌師古曰蜚讀曰飛補注先謙曰官本無注三年秋復蝗元年貳師將軍征大宛天下

奉其役連年征和三年秋蝗四年夏蝗補注蘇輿曰以上文例之四年夏下當有復字先是一年三將軍衆十餘萬征匈奴師古曰謂三年貳師將軍廣利將七萬人出五原御史大夫商丘成二萬人出西河重合侯馬通四萬騎出酒泉征和三年補注蘇輿曰遺三將軍亦在征和三年此承上四年言之征和三年四字當衍貳師七萬人沒不還平帝元始二年秋蝗徧天下是時王莽秉政補注先謙曰以上介蟲之孽劉歆以爲與魚同占班氏從之左氏傳曰嚴公八年齊襄公田于貝丘師古曰貝丘齊地見豕從者曰公子彭生也公怒曰射之豕人立而嘑公懼墜車傷足喪屨劉向以爲近豕禍也先是齊襄淫於妹魯桓公夫人使公子彭生殺威公補注先謙曰官本威作桓又殺彭生以謝魯公孫無知有寵於先君襄公絀之師古曰無知僖公弟夷仲年之子也於襄公從父昆弟先君卽僖公無知帥怨恨之徒攻襄於田所師古曰怨恨之徒謂連稱管至父久戍葵丘也襄匿其戶閒足見於戶下遂殺之傷足喪屨卒死於足虐急之效也昭帝元鳳元年燕王宮永巷中豕出圂壞都竈師古曰圂者養豕之牢也都竈

烝炊之大竈也圂音胡頓反銜其鬴六七枚置殿前晉灼曰鬴古文釜字劉向以爲近豕禍也時燕王旦與長公主左將軍謀爲大逆誅殺諫者暴急無道竈者生養之本豕而敗竈陳鬴於庭鬴竈將不用宮室將廢辱也燕王不改卒伏其辜京房易傳曰衆心不安君政厥妖豕入居室補注葉德輝曰開元占經百十九引京氏曰豕入君室中其社屋君且亡又曰豕無故入君室屋且有女憂爲亂文竝與此異先謙曰以上豕禍史記魯襄公二十三年穀洛水鬭補注朱一新曰洛當作雒下同將毀王宮劉向以爲近火沴水也周靈王將擁之補注朱一新曰擁當作雍雍卽壅也漢書凡壅皆作雍下同有司諫曰補注沈欽韓曰案外傳是太子晉諫而云有司非也周本紀無其事益明史記爲別有所據非遷書矣不可長民者不崇藪不墮山不防川不竇澤師古曰長萌爲萌之長也崇聚也藪謂澤之無水者墮毀也防止也竇穴也墮音火規反補注先謙曰官本注萌作民顏避諱作萌爲是今吾執政毋乃有所辟服虔曰音邪辟之辟補注朱一新曰國語辟作避韋注避違也避蓋誤文文選西征賦注引亦作辟藝文類聚水部引作僻而滑夫二川之神師古曰滑亂也音骨使至于爭明臣瓚曰明水道也師古曰明謂

神靈補注朱一新曰國語韋注明精氣也以防王宮室王而飾之毋乃不可乎師古曰言爲欲防固王宮使水不得毀故遏飾二川補注王先慎曰顏說非防當作妨聲之誤也說文妨害也以妨王宮室連上爲句謂二川之神因爭明以害王之宮室而王飾其宮室也周語作妨不誤又懼及子孫王室愈卑王卒擁之以傳推之以四瀆比諸侯穀洛其次卿大夫之象也師古曰穀洛皆大水故爲四瀆之次爲卿大夫將分爭以危亂王室也是時世卿專權儋括將有篡殺之謀師古曰儋括儋季之子簡王之孫也篡殺之謀謂除喪服將見靈王過庭而歎曰嗚呼必有此夫如靈王覺寤匡其失政師古曰匡正也懼以承戒則災禍除矣不聽諫謀簡嫚大異師古曰諫謀謂單公子愆旗聞儋括之言恐必爲害請殺之王不聽也簡嫚大異謂不憂穀洛任其私心塞埤擁下師古曰埤卑也音婢以逆水埶而害鬼神後數年有黑如日者五是歲蚤霜靈王崩景王立二年儋括欲殺王而立王弟佞夫佞夫不知景王并誅佞夫師古曰事在襄三十年補注先謙曰官本三作二及景王死五大夫爭權或立子猛或立子朝王室大亂師古曰五大夫謂劉子單子尹氏召伯毛伯也已解於上京房

易傳曰天子弱諸侯力政師古曰政亦征也言專以武力相征討一說諸侯之政當以德禮今王室微弱文教不行遂乃以力爲政相攻伐也（補注）王念孫曰力政又見藝文志游俠南粵吾邱壽王東方朔傳案政讀爲征謂以力相征伐也若讀政令之政則力政二字義不相屬必須改作以力爲政四字而其義始明矣逸周書度訓篇曰力爭則力政力政則無讓大載記用兵篇曰諸侯力政不朝於天子義並與此同古字多以政爲征不可枚舉也項籍傳贊曰霸王之國欲以力征其字正作征吳語曰將不長弟以力征一二兄弟之國厥異水闕史記曰秦武王三年渭水赤者三日昭王三十四年渭水又赤三日劉向以爲近火沴水也秦連相坐之法棄灰於道者黥孟康曰商鞅爲政以棄灰於道必坋人坋人必鬬故設黥刑以絕其原也臣瓚曰棄灰或有火火則燔廬舍故刑之也師古曰孟說是也坋音蒲頓反罔密而刑虐加以武伐橫出殘賊鄰國至於變亂五行氣色謬亂天戒若曰勿爲刻急將致敗亡秦遂不改至始皇滅六國二世而亡昔三代居三河河洛出圖書師古曰謂夏都安邑即河東也殷都朝歌即河內也周都洛陽即河南也秦居渭陽而渭水數赤師古曰數音山角反（補注）先謙曰官本無注瑞異應德之效也京房易傳曰君湎于酒淫于色師古曰湎流也音莫踐反（補注）先謙曰官本注在淫于色上賢人潛國家危厥異流水赤也（補注）先謙曰以上火沴水

五行志第七中之下　漢書二十七

五行志第七下之上　漢書二十七

漢　蘭　臺　令　史班　固　撰

唐正議大夫行祕書少監琅邪縣開國子顏師古　注

賜進士出身前翰林院編修國子監祭酒加三級臣王先謙補注

傳曰思心之不容是謂不聖厥咎霿師古曰霿音莫豆反（補注）先謙曰隋志霿作瞀厥罰恆風厥極凶短折時則有脂夜之妖時則有華孽時則有牛禍時則有心腹之痾時則有黃眚黃祥時則有金木水火沴土思心之不睿（補注）先謙曰官本作容是謂不聖思心者心思慮也睿寬也孔子曰居上不寬吾何以觀之哉師古曰論語載孔子之言言上不寬大包容臣下則不能居聖位貌言視聽以心爲主四者皆失則區霿無識師古曰區音口豆反霿音莫豆反其下並同（補注）錢大昭曰案區霿即傋霿先謙曰官本無注末九字故其咎霿也雨旱寒奧亦以風爲本師古曰奧音於六反四氣皆亂故其罰常風也常風傷物故其極凶短折也傷人曰凶禽獸曰短屮木曰折師古曰屮古草字一曰凶夭也兄喪弟曰短父喪子曰折（補注）先謙曰大傳鄭注殖氣失則於人爲凶短折未齔曰凶未冠曰短未昏曰折在人腹中肥而包裹心者脂也心區霿則冥晦故有脂夜之妖師古曰脂妖及夜妖（補注）沈欽韓曰大傳注夜讀曰液液謂以脂液汗人也志於後一曰夜妖者方讀作夜案脂液之妖如孔甲蘢漦之類晉志以晝夜精志以魄[illegible]當之非也先謙曰官本裹作裏一曰有脂物而夜爲妖若脂水夜汗人衣淫之象也一曰夜妖者雲風並起而杳冥故與常風同象也溫而風則生螟螣師古曰螣音徒得反有裸蟲之孽師古曰裸亦臝字也從衣果聲劉向以爲於易巽爲風爲木卦在三月四月（補注）錢大昕曰易乾鑿度巽位在四月又云巽漸三月蓋立夏巽始用事在三月四月之間繼陽而治主木之華實風氣盛至秋冬木復華故有華孽（補注）先謙曰秋冬木華已見視傳下故此無證一曰地氣盛則秋冬復華一曰華者色也土爲內事爲女孽也（補注）葉德輝曰隋志引五行傳云華者猶榮華容色之象也以色亂國故謂華孽先謙曰晉志女上爲作謂是於易坤爲土爲牛牛大心而不能思慮思心氣毀故有

牛禍一曰牛多死及爲怪亦是也〔補注〕沈欽韓曰新唐志京房易傳曰牛少者穀不成又傳曰金革動魏書靈徵志轉輸煩則牛生禍及人則多病心腹者故有心腹之痾土色黃故有黃眚黃祥凡思心傷者病土氣土氣病則金木水火沴之故曰時則有金木水火沴土不言惟而獨曰時則有者非一衝氣所沴明其異大也其極曰凶短折順之其福曰考終命師古曰壽考而終其命劉歆思心傳曰時則有贏蟲之孽謂螟螣之屬也庶徵之常風劉向以爲春秋無其應釐公十六年正月六鶂退蜚過宋都師古曰鶂音五狄反左氏傳曰風也劉歆以爲風發於它所至宋而高鶂高蜚而逢之則退經以見者爲文故記退蜚傳以實應著言風常風之罰也象宋襄公區霿自用不容臣下逆司馬子魚之諫而與彊楚爭盟師古曰子魚公子目夷也桓公之子而爲司馬爭盟謂爲鹿上之盟以求諸侯於楚子魚諫曰小國爭盟禍也公不聽之後六年爲楚所執師古曰僖二十一年楚執宋公以伐宋距六鶂退飛凡六年應六鶂之數云京房易

傳曰潛龍勿用師古曰乾初九爻辭眾逆同志至德迺潛厥異風其風也行不解物不長師古曰不解物謂物逢之而不解散也不長所起者近也雨小而傷政悖德隱茲謂亂厥風先風不雨大風暴起發屋折木守義不進茲謂耄〔補注〕先謙曰晉宋志耄作眊是厥風與雲俱起折五穀莖臣易上政茲謂不順厥風大猋發屋師古曰猋疾風也音必遙反賦歛不理茲謂禍厥風絕經紀如淳曰有所破壞絕匹帛之屬也晉灼曰南北爲經東西爲緯絲因風暴亂不端理也〔補注〕先謙曰官本紀作緯據注文官本是也止卽溫溫卽蟲侯專封茲謂不統厥風疾而樹不搖穀不成辟不思道利茲謂無澤師古曰道讀曰導不思導示於下而安利之厥風不搖木〔補注〕先謙曰宋志木作水晉志作木注一作木旱無雲傷禾公常於利茲謂亂師古曰公上爵也常於利謂心常求利也厥風微而溫生蟲蝗害五穀棄正作淫〔補注〕先謙曰晉志正作政茲謂惑厥風溫螟蟲起害有益人之物侯不朝茲謂叛厥風無恆地變赤而殺人〔補注〕先謙曰晉宋志而作雨文帝二年六月淮南王都壽春大風毀民室殺人劉向以

爲是歲南越反攻淮南邊淮南王長破之後年入朝殺漢故丞相辟陽侯上赦之歸聚姦人謀逆亂自稱東帝見異不寤後遷于蜀道死廱文帝五年吳暴風雨壞城官府民室時吳王濞謀爲逆亂天戒數見終不改寤後卒誅滅五年十月楚王都彭城大風從東南來毀市門殺人是月王戊初嗣立後坐淫削國與吳王謀反刑僇諫者師古曰謂楚相張尚太傅趙夷吾也僇古戮字下皆類此〔補注〕先謙曰官本無注末四字吳在楚東南天戒若曰勿與吳爲惡將敗市朝王戊不寤卒隨吳亡昭帝元鳳元年燕王都薊大風雨師古曰薊縣名燕國之所都拔宮中樹七圍以上十六枚〔補注〕周壽昌曰枚幹也枝曰條幹曰枚壞城樓燕王旦不寤謀反發覺卒伏其辜〔補注〕先謙曰以上恆風釐公十五年九月己卯晦〔補注〕沈欽韓曰二傳竝以爲晦冥左傳以爲晦日正義云杜預以長歷推己卯晦九月三十日春秋值朔書朔值晦書晦無義例也案董仲舒以夷伯爲陪臣劉向以當夜妖皆非震夷伯之廟師古曰夷伯司空無駭之後本魯公族也號展氏劉向以爲晦暝也震雷也夷

伯世大夫正書雷〔補注〕先謙曰官本書作晝是其廟獨冥師古曰冥暗也天戒若曰勿使大夫世官將專事暝晦〔補注〕先謙曰晉宋志將下竝有令字明年公子季友卒果世官師古曰謂季友之孫行父仍執政專國自此以後常爲卿政在季氏至成公十六年六月甲午晦〔補注〕沈欽韓曰公羊仍以爲晦冥穀梁晝暝若果白日晦冥則不能克期戰左傳云陳不違晦明晦日矣正晝皆暝陰爲陽臣制君也成公不寤其冬季氏殺公子偃師古曰偃爲季文子所殺也已解於上季氏萌於釐公師古曰萌喻草木始生也言其始有成權〔補注〕朱一新曰汪本注成作威是先謙曰官本作威大於成公此其應也董仲舒以爲夷伯季氏之孚也師古曰孚信也所信任之臣也陪臣不當有廟震者雷也晦暝雷擊其廟明當絕去僭差之類也向又以爲此皆所謂夜妖者也劉歆以爲春秋及朔言朔及晦言晦〔補注〕朱一新曰歆說本左傳其晦朔之說則爲杜預注所本人道所不及則天震之展氏有隱慝故天加誅於其祖夷伯之廟以譴告之也成公十六年六月甲午晦晉侯及楚子鄭伯戰于鄢陵皆月晦云〔補注〕先謙曰以

上脂夜妖隱公五年秋螟董仲舒劉向㠯爲時公觀漁于棠貪利之應也師古曰棠魯地也陳漁者之事而觀之也劉歆㠯爲又逆臧釐伯之諫師古曰臧僖伯公子彄也孝公之子諫觀漁貪利區霿㠯生蠃蟲之孼也八年九月螟時鄭伯㠯邴將易許田師古曰鄭祀泰山之邑也音彼命反已解於上〔補注〕先謙曰官本注鄭作邴是有貪利心京房易傳曰臣安祿〔補注〕先謙曰晉志祿下有位字茲謂貪厥災蟲蟲食根德無常茲謂煩蟲食葉不絀無德蟲食本與東作爭茲謂不時師古曰奪農時也蟲食節〔補注〕先謙曰晉志節作孼蔽惡生孼蟲食心師古曰蔽謂惡人蔽君之明謂災孼也〔補注〕朱一新曰注謂災孼也汪本謂作爲是葉德輝曰爾雅釋蟲食苗心螟食葉蟘食節賊食根蟊孫炎注皆政貪所致因以爲名義本此先謙曰官本作爲嚴公六年秋螟董仲舒劉向㠯爲先是衞侯朔出奔齊齊侯會諸侯納朔師古曰朔謂惠公也桓十六年以左公子洩右公子職立公子黔牟故惠公奔齊至莊五年會齊人宋人蔡人伐衛而納惠公也〔補注〕朱一新曰汪本注洩作泄是先謙曰官本作泄許諸侯賂師古曰諸國各有賂齊人歸衞寶魯受之師古曰以伐衛所獲之寶來歸魯〔補注〕朱一新曰衛寶亦公穀說左氏作俘貪利應也

文帝後六年秋螟是歲匈奴大入上郡雲中烽火通長安遣三將軍屯邊三將軍屯京師師古曰竝已解於上〔補注〕先謙曰以上蠃蟲孼又一條互見皇極傳下宣公三年郊牛之口傷改卜牛牛死劉向㠯爲近牛禍也是時宣公與公子遂謀共殺子赤而立師古曰已解於上也〔補注〕先謙曰官本注無也字又㠯喪娶師古曰宣元年正月公子遂如齊逆女三月遂以夫人婦姜至自齊時成公喪制未除〔補注〕先謙曰官本注成作文區霿昏亂亂成於口幸有季文子得免於禍天猶惡之生則不饗其祀師古曰謂郊牛傷死是天不欲饗其祀死則災燔其廟師古曰成三年新宮災新宮者宣之廟也以其新成故謂之新宮董仲舒指略同秦孝文王五年斿朐衍有獻五足牛者師古曰朐衍地名在北地朐音許于反〔補注〕齊召南曰案斿當作遊傳寫訛耳但孝文王卽位祇一年遂卒安得有五年也此文可疑劉向㠯爲近牛禍也先是文惠王初都咸陽〔補注〕錢大昕曰史記惠文王十三年始都咸陽卽惠王也此作文惠誤廣大宮室南臨渭北臨涇思心失逆土氣足者止也戒秦建止奢泰將致危亡如淳曰建立基止泰奢泰〔補注〕朱一新曰汪本注末泰作也先謙曰官本作也秦遂

不改至於離宮三百復起阿房未成而亡一曰牛㠯力爲人用足所㠯行也其後秦大用民力轉輸起負海至北邊師古曰負海猶言背海也天下叛之京房易傳曰興繇役奪民時厥妖牛生五足景帝中六年梁孝王田北山有獻牛足上出背上劉向㠯爲近牛禍先是孝王驕奢起苑方三百里〔補注〕先謙曰官本苑作菀宮館閣道相連三十餘里納於邪臣羊勝之計欲求爲漢嗣刺殺議臣爰盎事發負斧歸死既退歸國猶有恨心內則思慮霿亂外則土功過制故牛既作足而出於背下奸上之象也師古曰奸犯也音干猶不能自解發疾暴死又凶短之極也〔補注〕先謙曰以上牛既又二條互見貌傳左氏傳昭公二十一年春周景王將鑄無射鐘師古曰鐘聲中無射之律也射音弋石反泠州鳩曰應劭曰泠官也州鳩名也師古曰樂官曰泠後遂以爲氏泠音零其字從水王其㠯心疾死乎夫天子省風㠯作樂應劭曰風土地風俗也省中和之風以作樂然後可移惡風易惡俗也臣瓚曰省風俗之流遯作樂以救其敝也師古曰應說是也省觀也〔補注〕先謙曰官本

遯作遁敝作弊小者不窕大者不摦師古曰窕輕小也摦橫大也窕音它堯反摦音胡化反〔補注〕朱一新曰左傳摦從木旁摦則不容心是㠯感感實生疾今鍾摦矣王心弗戡孟康曰古堪字〔補注〕錢大昭曰戡閩本作戓說文戓殺也從戈今聲郭注爾雅引書西伯堪黎堪戓同朱一新曰汪本作戓是葉德炯曰德藩本作戓先謙曰官本作戓其能久乎劉向㠯爲是時景王好聽淫聲適庶不明師古曰適讀曰嫡謂太子壽卒王立子猛爲嗣後又欲立子朝也思心霿亂明年㠯心疾崩近心腹之痾凶短之極者也昭二十五年春魯叔孫昭子聘于宋元公與燕飲酒樂語相泣也師古曰昭子叔孫婼也元公宋平公子也相泣相對而俱泣也樂祁佐師古曰樂祁宋司城子梁也佐佐酒告人曰今茲君與叔孫其皆死乎吾聞之哀樂而樂哀皆喪心也師古曰哀樂可樂而反哀也樂哀可哀而反樂也喪失之也心之精爽是謂魂魄魂魄去之何㠯能久冬十月叔孫昭子死十一月宋元公卒〔補注〕先謙曰五痾惟心有證昭帝元鳳元年九月燕有黃鼠銜其尾舞王宮端門中〔補注〕齊召南曰案此事已見於中上卷內引京房易傳亦同此一事重見未及刊除者也往視之〔補注〕先謙曰貌傳下

往上有王字此脫鼠舞如故王使夫人以酒脯祠〔補注〕王念孫曰案夫人二字有誤夫人在宮中不當使至端門祠鼠上文記此事云王使吏以酒脯祠鼠吏字是也鼠舞不休夜死〔補注〕錢大昕曰搜神記載此事云一日一夜死此當有脫字先謙曰貌傳下作一日一夜死黃祥也時燕剌王旦謀反將敗死亡象也其月發覺伏辜京房易傳曰誅不原情厥妖鼠舞門成帝建始元年四月辛丑夜西北有如火光壬寅晨大風從西北起雲氣赤黃四塞天下終日夜下著地者黃土塵也是歲帝元舅大司馬大將軍王鳳始用事又封鳳母弟崇爲安成侯食邑萬戶庶弟譚等五人賜爵關內侯食邑三千戶師古曰譚商音根逢時凡五人復益封鳳五千戶悉封譚等爲列侯是爲五侯哀帝卽位封外屬丁氏傅氏周氏鄭氏凡六人爲列侯師古曰外戚傳傅太后弟子喜封高武侯晏封孔鄉侯商封汝昌侯同母弟子鄭業爲陽信侯丁太后兄明封陽安侯子滿封平周侯傅氏鄭氏侯者四人丁氏侯者二人今此言六人爲列侯其數是也傅氏丁氏鄭氏則有之而不見周氏所出志傳不同未詳其意〔補注〕周壽昌曰注引傅氏封三人鄭氏封一人丁氏封二人已是六人當時外戚

前漢二十七下之上　六

並無周氏或因丁明子滿封平周侯而誤衍周氏兩字也晉志引此無周氏並無鄭氏楊宣對曰五侯封日天氣赤黃丁傅復然服虔曰楊宣諫大夫也此殆爵土過制傷亂土氣之祥也京房易傳曰經稱觀其生師古曰易觀卦上九爻辭言大臣之義當觀賢人知其性行〔補注〕蘇輿曰性生字同推而貢之否則爲聞善不與茲謂不知師古曰徒知之而已不能進助也厥異黃厥咎聾厥災不嗣黃者日上黃光不散如火然有黃濁氣四塞天下蔽賢絕道故災異至絕世也經曰良馬逐師古曰此易大畜九三爻辭逐進也言大臣得賢者謀〔補注〕朱一新曰言得賢者與謀也當顯進其人否則爲下相攘善師古曰攘卻也言不進達之也一曰攘因也因而竊取曰攘音人羊反茲謂盜明厥咎亦不嗣至於身僇家絕師古曰僇古戮字〔補注〕先謙曰以上黃祥又一條互見皇極傳下史記周幽王二年周三川皆震應劭曰震地震三川竭也師古曰三川涇渭洛也洛卽漆沮也川自震耳故將壅塞非地震也劉向以爲金木水火沴土者也伯陽甫曰服虔曰周太史周將亡矣天地之氣不過其序〔補注〕蘇輿曰過史記國語竝作失若過其序

民亂之也陽伏而不能出陰迫而不能升應劭曰迫陰迫陽使不能升也〔補注〕朱一新曰升國語作烝升烝同訓於是有地震今三川實震是陽失其所而填陰也應劭曰失其所失其道也填陰爲陰所填不得升也師古曰填音竹刃反陽失而在陰原必塞師古曰原謂水泉之本也原塞國必亡〔補注〕朱一新曰今本國語脫此五字明道本有之夫水土演而民用也應劭曰演引也所以引出土氣者也師古曰演音衍〔補注〕朱一新曰國語韋注水土氣通爲演演猶潤也演則生物民得用之土無所演〔補注〕朱一新曰今本國語土上衍水字脫所字皆誤也史周本紀說苑辨物篇皆與此同而民之財用不亡何待昔伊雒竭而夏亡河竭而商亡今周悳如二代之季其原又塞〔補注〕朱一新曰國語原上有川字國塞必竭川竭山必崩〔補注〕朱一新曰國語此五字在亡之徵也下夫國必依山川山崩川竭亡之徵也若國亡不過十年數之紀也是歲三川竭〔補注〕錢大昭曰二閩本作三朱一新曰汪本二作三史記國語皆作三葉德輝曰德藩本作三後又會三川竭而幽王亡作三是也先謙曰官本作三岐山崩劉向以爲陽失在陰者謂火氣來煎枯水故川竭也山川連體下竭上崩事埶然也時幽王暴虐

前漢二十七下之上　七

妄誅伐不聽諫迷於褒姒廢其正后師古曰褒姒褒人所獻之女也正后申后也蓋白華之詩所爲作也廢后之父申侯與犬戎共攻殺幽王一曰其在天文水爲辰星辰星爲蠻夷月食辰星國以女亡幽王之敗女亂其內夷攻其外京房易傳曰君臣相背厥異名水絕師古曰有名之水文公九年九月癸酉地震劉向以爲先是時齊桓晉文魯釐二伯賢君新沒師古曰齊桓晉文二伯也魯僖賢君也伯讀曰霸周襄王失道師古曰謂避叔帶之難而出奔失爲君之道楚穆王殺父師古曰穆王商臣也殺其父成王也諸侯皆不肖權傾於下天戒若曰臣下彊盛者將動爲害後宋魯晉莒鄭陳齊皆殺君師古曰文十六年宋人殺其君杵臼十八年襄仲殺惡宣二年晉趙盾殺其君夷皐文十八年其宣四年鄭公子歸生弒其君夷十年陳夏徵舒殺十八年齊人殺其君商人諸震略皆從董仲舒說也京房易傳曰臣事雖正專必震其震於水則波於木則搖於屋則瓦落大經在辟而易臣茲謂陰動服虔曰經常也辟音刑辟之辟蘇林曰大經五行之常經也在辟罪陰犯殺其上也師古曰辟讀曰僻謂常法僻壞

而易臣也厥震搖政宮大經搖政茲謂不陰厥震搖山山出涌水嗣子無德專祿〔補注〕王念孫曰御覽咎徵部七引此專祿上有臣字是也此言嗣子無德而臣專祿則地震故上文云臣事雖正專必震也臣專祿故曰茲謂不順若無臣字則義不可通茲謂不順厥震動丘陵涌水出襄公十六年五月甲子地震劉向㠯爲先是雞澤之會諸侯盟大夫又盟師古曰雞澤衛地也襄三年公會單子晉侯宋公衛侯鄭伯莒子邾子齊世子光己未同盟于雞澤陳侯使袁僑如會戊寅叔孫豹及諸侯大夫及陳袁僑盟也〔補注〕朱一新曰汪本注大上有之字此脫是歲三月諸侯爲溴梁之會〔補注〕朱一新曰溴當作湨而大夫獨相與盟師古曰經書諸大夫盟謂晉宋衛鄭曹莒邾薛杞小邾之大夫五月地震矣其後崔氏專齊欒盈亂晉良霄傾鄭閽殺吳子燕逐其君楚滅陳蔡師古曰崔氏齊卿崔杼也欒盈晉大夫欒桓子之子懷子也二十一年奔楚二十三年復入于晉而作亂良霄鄭大夫伯有也三十年子皙以駟氏之甲伐而焚之伯有奔廱梁遂奔許晨自墓門之竇入介于襄庫以伐舊北門駟帶率國人伐之伯有死于羊肆閽守門者也吳子餘祭也吳人伐越獲俘焉以爲閽使守舟二十九年餘祭觀舟閽以刀殺之燕北燕國也昭三年冬燕大夫殺公之外嬖公懼奔齊昭八年楚師滅陳十一年楚滅蔡也昭公十九年五月己

卯地震劉向㠯爲是時季氏將有逐君之變其後宋三臣曹會皆㠯地叛師古曰二十年宋華亥向寧華定出奔陳二十一年自陳入于宋南里㠯叛曹會大夫公孫會也二十年自鄸出奔宋穀梁傳曰自鄸者專鄸也鄸會之邑也鄸音莫風反蔡莒逐其君吳敗中國殺二君師古曰昭二十一年蔡人信費無極之言出蔡侯朱朱出奔楚二十三年莒子庚輿虐而好劒國人患之秋七月烏存帥國人以逐之庚輿出奔魯戊辰吳敗楚頓胡沈蔡陳許之師於雞父胡子髡沈子逞滅是也二十三年八月乙未地震劉向㠯爲是時周景王崩劉單立王子猛尹氏立子朝師古曰已解於上其後季氏逐昭公黑肱叛邾師古曰黑肱邾大夫也三十一年經書邾黑肱以濫來奔濫邾邑吳殺其君僚師古曰二十七年吳公子光使專設諸抽劒刺王是也宋五大夫晉二大夫皆㠯地叛師古曰定十年宋公之弟辰暨仲佗石彄出奔陳十一年春辰及仲佗石彄公子地自陳入於蕭以叛秋宋樂大心自曹入於蕭十三年晉荀寅士吉射入朝歌以叛哀公三年四月甲午地震劉向㠯爲是時諸侯皆信邪臣莫能用仲尼盜殺蔡侯齊陳乞弑君師古曰哀四年經書盜殺蔡侯申左氏傳曰蔡昭侯將如吳諸大夫恐其又遷也公孫翩逐而射之入於家人而卒陳乞齊大夫陳僖子也六年乞殺其君荼荼景公之子安孺子也荼音大胡反〔補注〕先謙曰官本無注末五字惠帝二年正月地震隴西厭四百餘家師古曰厭音一甲反次下亦同武帝征和二年八月癸亥地震厭殺人宣帝本始四年四月壬寅地震河南㠯東四十九郡北海琅邪壞祖宗廟城郭殺六千餘人元帝永光三年冬地震綏和二年九月丙辰地震〔補注〕王念孫曰案綏和上脫成帝二字自京師至北邊郡國三十餘壞城郭凡殺四百一十五人釐公十四年秋八月辛卯沙麓崩穀梁傳曰林屬於山曰麓師古曰屬聯也音之欲反沙其名也劉向㠯爲臣下背叛散落不事上之象也先是齊桓行伯道會諸侯師古曰伯讀曰霸其下亦同〔補注〕先謙曰官本無注事周室管仲既死桓德日衰天戒若曰伯道將廢諸侯散落政逮大夫陪臣執命臣下不事上矣桓公不寤天子蔽晦師古曰被掩蔽而暗也及齊威死〔補注〕葉德輝曰德藩本作齊桓先謙曰官本作桓天下散而從楚王札子殺二大夫師古曰二大夫召伯毛伯也晉敗天子之師師古曰謂敗之於貿戎也已解於上也〔補注〕先謙曰官本

無末也字莫能征討從是陵遲公羊㠯爲沙麓河上邑也董仲舒說略同一曰河大川象齊大國桓德衰伯道將移於晉文故河爲徙也左氏㠯爲沙麓晉地〔補注〕朱一新曰案此謂治左氏者之說耳非左氏本文也沙山名也地震而麓崩不書震舉重者也伯陽甫所謂國必依山川〔補注〕朱一新曰杜注左傳用此說山崩川竭亡之徵也不過十年數之紀也至二十四年晉懷公殺於高梁師古曰懷公謂子圉惠公之子也文公入國而使殺之高梁晉地京房易傳曰小人剝廬師古曰剝卦上九爻之辭厥妖山崩茲謂陰乘陽弱勝彊成公五年夏梁山崩穀梁傳曰廱河三日不流師古曰廱讀曰壅晉君帥羣臣而哭之迺流師古曰從伯宗用輦者之言劉向㠯爲山陽君也水陰民也天戒若曰君道崩壞下亂百姓將失其所矣哭然後流喪亡象也梁山在晉地自晉始而及天下也後晉暴殺三卿厲公㠯弑師古曰三卿謂郤犨郤錡郤至也厲公殺之而欒書中行偃又弑厲公事在成十七年溴梁之會天下大夫皆執國政師古曰已解於上

其後孫甯出衛獻師古曰孫孫林父甯甯殖皆衛大夫也衛獻公定公之子也名衎獻公戒二子食日旰不召而射鴻於囿二子怒因作亂公如鄄遂出奔齊孫氏追之敗公徒於柯澤事在襄十四年三家逐魯昭單尹亂王室師古曰莊解於上董仲舒說略同劉歆以爲梁山晉望也崩弛崩也師古曰言漸解散也弛音式爾反（補注）先謙曰官本弛作弛古者三代命祀祭不越望吉凶禍福不是過也國主山川山崩川竭亡之徵也美惡周必復師古曰復音扶目反是歲歲在鶉火至十七年復在鶉火欒書中行偃殺厲公而立悼公高后二年正月武都山崩殺七百六十人地震至八月迺止文帝元年四月齊楚地山二十九所同日俱大發水潰出（補注）王念孫曰案此當依漢紀孝文紀作齊楚地震山崩二十九所同日俱大發水潰出此因地震故山崩而水潰出也且上下文皆紀山崩之事則此亦當有崩字明矣文紀亦云齊楚地震二十九山同日崩大水潰出劉向以爲近水沴土也天戒若曰勿盛齊楚之君今失制度將爲亂後十六年帝庶兄齊悼惠王之孫文王則薨無子帝分齊地立悼惠王庶子六人皆爲王師古曰謂齊孝王將閭濟北王志菑川王賢膠東王雄渠膠西王卬濟南王辟光

賈誼鼂錯諫以爲違古制恐爲亂至景帝三年齊楚七國起兵百餘萬漢皆破之春秋四國同日災師古曰宋衛陳鄭漢七國同日衆山潰咸被其害不畏天威之明效也成帝河平三年二月丙戌犍爲柏江山崩捐江山崩（補注）沈欽韓曰水經注江水東南逕南安縣西有熊耳峽連山競險接嶺爭高漢河平中山崩地震江水逆流也案柏江捐江今無其名不可考皆廱江水師古曰廱讀曰壅次下亦同江水逆流壞城殺十三人地震積二十一日百二十四動元延三年正月丙寅蜀郡岷山崩廱江江水逆流三日迺通劉向以爲周時岐山崩三川竭而幽王亡岐山者周所興也漢家本起於蜀漢今所起之地山崩川竭星孛又及攝提大角從參至辰如淳曰孛星尾長及攝提大角始發於參至辰也殆必亡矣其後三世亡嗣王莽篡位（補注）先謙曰以上金木水火沴土

傳曰皇之不極（補注）先謙曰續志劉注云大傳皇作王鄭注王君也不名體而言王者五事象五行則王極象天也是謂不建厥咎眊服虔曰眊音老耄（補注）先謙曰續志注云大傳作瞀鄭注瞀與思心之咎同耳故傳曰眊眊亂也君臣不立則上下亂矣厥罰恆陰厥極弱時則有射妖時則有龍蛇之孽時則有馬禍時則有下人伐上之痾（補注）先謙曰續志注引鄭注夏侯勝說伐宜爲代書亦或作代陰陽之神曰精氣情性之神曰魂魄君行不由常侜張無度則是魂魄傷也王極氣先之病也天於不中之人恆耆其毒增以爲病將以開賢代之也案勝傳作伐上鄭說未詳所出續志亦作伐時則有日月亂行星辰逆行皇之不極是謂不建皇君也極中建立也人君貌言視聽思心五事皆失不得其中則不能立萬事失在眊悖故其咎眊也師古曰眊不明也悖惑也音布內反王者自下承天理物雲起於山而彌於天師古曰彌滿也天氣亂故其罰常陰也一曰上失中則下彊盛而蔽君明也易曰亢龍有悔貴而亡位高而亡民賢人在下位而亡輔師古曰乾上九文言也如此則君有南面之尊而亡一人之助故其極弱也盛陽動進輕疾服虔曰陽行輕且疾也禮春而大射以順陽氣韋昭曰將祭與羣臣射謂之大射上微弱則下奮動

故有射妖易曰雲從龍師古曰乾九五文言又曰龍蛇之蟄以存身也師古曰下繫辭也陰氣動故有龍蛇之孽於易乾爲君爲馬馬任用而彊力君氣毀故有馬禍一曰馬多死及爲怪亦是也（補注）沈欽韓曰隋志引洪範五行傳曰逆天氣故馬多死又曰馬者兵象將有寇戎之事故馬爲怪君亂且弱人之所叛天之所去不有明王之誅則有篡弒之禍故有下人伐上之痾凡君道傷者病天氣不言五行沴天而曰日月亂行星辰逆行者爲若下不敢沴天猶春秋曰王師敗績于貿戎不言敗之者以自敗爲文尊尊之意也劉歆皇極傳曰有下體生上之痾說以爲下人伐上天誅已成不得復爲痾云皇極之常陰劉向以爲春秋亡其應一曰久陰不雨是也劉歆以爲自屬常陰昭帝元平元年四月崩亡嗣立昌邑王賀賀卽位天陰晝夜不見日月賀欲出光祿大夫夏侯勝當車諫（補注）錢大昕曰此事又見勝傳曰天久陰而不雨臣下有謀上者陛下欲何之

賀怒，縛勝吕屬吏（師古曰屬委也音之欲反補注先謙曰官本無注）吏白大將軍霍光。光時與車騎將軍張安世謀欲廢賀，光讓安世吕爲泄語，安世實不泄。召問勝，勝上洪範五行傳曰「皇之不極，厥罰常陰，時則有下人伐上」，不敢察察言（臣瓚曰不敢察察明言之）故云臣下有謀。光、安世讀之，大驚，吕此益重經術士。後數日卒共廢賀，此常陰之明效也。京房易傳曰：「有蜺、蒙、霧。霧，上下合也。蒙，如塵雲。蜺，日旁氣也。其占曰：后妃有專，蜺再重，赤而專，至衝旱（孟康曰專員也若五月再重赤而員至十一月旱也）。妻不壹順，黑蜺四背，又白蜺雙出日中。妻吕貴高夫，茲謂擅陽，蜺四方，日光不陽，解而溫（服虔曰蒙氣解而溫）。內取茲謂禽（服虔曰人君內淫於骨肉也臣瓚曰人君取於國中也師古曰取如禮記聚麀之聚瓚說非補注沈欽韓曰內取當從瓚說公羊傳宋三世內娶禮坊記諸侯不下漁色鄭注內取國中爲下漁色先謙曰官本無瓚注及瓚說非三字），蜺如禽，在日旁。吕尊降妃，茲謂薄嗣，蜺直而塞，六辰廼除，夜星見而赤（韋昭曰六辰謂從卯至申）。女不變始，茲謂乘夫（孟康曰始貴高

於夫終行此不變也），蜺白在日側，黑蜺果之，氣正直（師古曰果謂干之也）。妻不順正，茲謂擅陽，蜺中窺貫而外專。夫妻不嚴茲謂媟（韋昭曰媟言媟慢也師古曰音先列反），蜺與日會。婦人擅國茲謂頃（師古曰頃讀曰傾），蜺白貫日中，赤蜺四背（服虔曰蜺背日）。適不荅茲謂不次（服虔曰言適妻不見荅也臣瓚曰夫不接妻謂不荅師古曰適讀曰嫡荅報也言妻有承順之心不見報荅也一曰荅對也言不以恩意接對之補注先謙曰官本謂作爲），蜺直在左，蜺交在右。取於不專，茲謂危嗣，蜺抱日兩未及。君淫外茲謂亡，蜺氣左日交於外。取不達茲謂不知，蜺白奪明而大溫，溫而雨（師古曰取讀曰聚）。尊卑不別茲謂媟，蜺三出三已，三辰除（韋昭曰若從寅至辰也蜺旦見西晏則雨），除則日出且雨。臣私祿及親，茲謂罔辟（韋昭曰辟君也師古曰辟音壁其下竝同補注先謙曰官本無顏注），厥異蒙，其蒙先大溫，已蒙起，日不見。行善不請於上，茲謂作福，蒙一日五起五解。辟不下謀，臣辟異道，茲謂不見，上蒙下霧，風三變而俱解。立嗣子疑，茲謂動欲，蒙赤，日不明。德不序，茲謂不聽，蒙，日不明，溫而民病。德不試，空言祿（師古曰試用也），茲謂主窳臣夭（孟康曰謂君情窳用人不以次第爲夭也師古曰窳音庾），蒙起而白。君樂逸人，茲謂放，蒙，日青，黑雲夾日，左右前後行過日。公不任職，茲謂怙祿，蒙三日，又大風五日，蒙不解。利邪吕食，茲謂閉，上蒙，大起白雲如山行蔽日。公懼不言道（補注先謙曰懼疑拒聲近而譌拒下使不言道所謂閉下也作懼則無義），茲謂閉下（補注先謙曰官本考證云閉監本譌蔽案此與前文閉上相對宋本作閉是也從之），蒙大起，日不見，若雨不雨，至十二日解，而有大雲蔽日。祿生於下，茲謂誣君，蒙微而小雨，已乃大雨。下相攘善，茲謂盜明，蒙黃濁。下陳功，求於上，茲謂不知，蒙微而赤，風鳴條，解復蒙。下專刑，茲謂分威，蒙而日不得明。大臣厥小臣，茲謂蔽，蒙微，日不明，若解不解，大風發，赤雲起而蔽日。眾不惡惡，茲謂閉，蒙，尊卦用事（孟康曰尊卦乾坤也臣瓚曰京房謂之方伯卦震兌坎離也師古曰孟說是補注先謙曰官本注末有也字），三日而起，日不見。漏言亡喜，茲謂下厝用（師古曰厝音千各反），蒙微，日無光，有雨

雲雨不降。廢忠惑佞，茲謂亡，蒙，天先淸而暴，蒙微而日不明。有逸民，茲謂不明，蒙濁，奪日光。公不任職，茲謂不紬，蒙白，三辰止，則日青，青而寒，寒必雨。忠臣進善君不試，茲謂遏（師古曰試用也），蒙，先小雨，雨已蒙起，微而日不明。惑眾在位，茲謂覆國，蒙微而日不明，一溫一寒，風揚塵。知佞厚之茲謂庳，蒙甚而溫。君臣故弼，茲謂悖（師古曰弼猶相戾也悖惑也），厥災風雨霧，風拔木，亂五穀，已而大霧。庶正蔽惡，茲謂生孽災，厥異霧。」此皆陰雲之類云（補注先謙曰以上恆陰）。嚴公十八年「秋，有蜮」。劉向吕爲蜮生南越。越地多婦人，男女同川，淫女爲主，亂氣所生，故聖人名之曰蜮。蜮猶惑也，在水旁，能射人，射人有處，甚者至死（師古曰以氣射人也）。南方謂之短弧（師古曰卽射工也亦呼水弩補注沈欽韓曰陸璣疏一名射影人在岸上影在水中投人影則殺之南人將入水先以瓦石投水中令水濁然後入或曰含沙射人皮肌其瘡如疥是也葉德輝曰毛詩何人斯疏引洪範傳曰蜮如鼈三足生于南越南越婦人多淫故其地多蜮淫女惑亂之氣所生也開元占經百二十引五行傳曰詩云爲鬼

爲蜮則不可得蓋氣精也近射妖死亡之象也時嚴將取齊之淫女故蜮至天戒若曰勿取齊女〔補注〕先謙曰官本取作娶將生淫惑篡弒之禍嚴不寤遂取之入後淫於二叔二叔以死兩子見弒夫人亦誅師古曰竝解于上劉歆以爲蜮盛暑所生非自越來也〔補注〕沈欽韓曰紀年晉獻公二年王子頹亂王居於鄭鄭人入王府多取玉玉化爲蜮射人御覽九百五十抱朴子曰射工蟲冬天蟄於谷間大雪時索之此蟲所在其雪不積畱氣起如灼蒸當掘之不過入地一尺則得也陰乾末帶之夏天自辟射工也徵諸書傳歆言亦有理京房易傳曰忠臣進善君不試厥咎國生蜮師古曰試用也〔補注〕蘇輿曰范甯集解引易傳試作識先謙曰官本無注史記魯哀公時有隼集于陳廷而死師古曰隼鷙鳥即今之鶻也說者以爲鶚失之矣廷朝廷也鶻字音胡骨反楛矢貫之應劭曰楛木名師古曰音怙其木堪爲箭笴今幽以北皆用之土俗呼其木爲楛子也石砮應劭曰砮鏃也音奴又乃互反長尺有咫張晏曰八寸曰咫陳閔公使使問仲尼師古曰閔公名周懷公之子〔補注〕錢大昭曰魯語作陳惠公韋昭曰惠公陳哀公之孫悼太子之子也仲尼曰隼之來遠矣昔武王克商通道百蠻使各以方物來貢肅慎貢楛矢臣瓚曰肅慎東北夷石砮

長尺有咫先王分異姓以遠方職使毋忘服師古曰服事也故分陳以肅慎矢試求之故府果得之師古曰得昔所分之矢於府藏中劉向以爲隼近黑祥貪暴類也〔補注〕先謙曰黑祥互見矢貫之近射妖也死於廷國亡表也象陳眊亂不服事周師古曰眊音莫報反而行貪暴將致遠夷之禍爲所滅也是時中國齊晉南夷吳楚爲彊師古曰中國則齊晉爲彊南夷則吳楚爲彊陳交晉不親附楚不固數被二國之禍後楚有白公之亂師古曰白公楚平王太子建之子勝也建遇讒奔鄭而死勝在吳子西召之使處吳境爲白公吳人伐慎白公敗之請以戰備獻因作亂子西子期皆死事在哀十六年陳乘而侵之師古曰白公之亂陳人恃其聚而侵楚事見哀十七年卒爲楚所滅師古曰陳閔公之二十年獲麟之歲也其二十四年而爲楚所滅〔補注〕先謙曰以上射妖又一條見下史記夏后氏之衰有二龍止於夏廷而言余褒之二君也師古曰褒古國名夏帝卜殺之去之止之莫吉卜請其漦而藏之乃吉應劭曰漦沫也鄭氏曰漦音牛齝之齝師古曰去謂驅逐也止謂拘留也去音丘呂反漦音丑之反於是布幣策告之師古曰奠幣爲禮讀策辭而告之也說者以爲策者糈米蓋失之矣

龍亡而漦在乃匵去之師古曰匵匱也去藏也匵音讀去音丘呂反其後夏亡傳匵於殷周三代莫發至厲王末發而觀之漦流于廷不可除也厲王使婦人贏而譟之應劭曰羣呼曰譟師古曰譟音先到反漦化爲玄黿韋昭曰玄黑黿蚖蜴也似蛇而有足師古曰黿似鼈而大非蛇及蜥蜴〔補注〕朱一新曰史索隱引亦作蚖說文榮蚖蜥蜴故韋昭訓爲蜥蜴葉德輝曰玉燭寶典引爾雅榮螈黿蜥蜴蝘蜓守宮舍人注榮螈名黿一名蜥蜴又名蝘蜓蝘蜓又名守宮也是舍人所據本榮螈下有黿字榮螈黿蜥蜴皆是一物韋注不爲無本入後宮處妾遇之而孕師古曰處妾宮中之童女生子懼而棄之宣王立女童謠曰檿弧萁服實亡周國服虔曰檿檿桑也師古曰女童謠閭里之童女爲歌謠也檿山桑之有點文者也木弓曰弧服盛箭者即今之步叉也其草似荻而細織之爲服也檿音一簟反其音基荻音敵〔補注〕先謙曰官本無服注後有夫婦鬻是器者宣王使執而僇之師古曰鬻賣也音弋六反既去見處妾所棄妖子聞其夜號哀而收之遂亡奔褒後褒人有罪入妖子以贖是爲褒姒幽王見而愛之生子伯服王廢申后及太子宜咎而立褒姒伯服代之廢后之父申侯與繒西畎戎共攻

殺幽王師古曰畎戎即犬戎亦曰昆夷詩曰赫赫宗周褒姒威之師古曰小雅正月之詩也赫赫盛貌也宗周鎬京也威滅也音呼悅反劉向以爲夏后季世周之幽厲皆誖亂逆天師古曰誖感也音布內反〔補注〕先謙曰官本無注故有龍黿之怪近龍蛇孽也漦血也一曰沫也檿弧桑弓也萁服蓋以萁草爲箭服近射妖也〔補注〕先謙曰射妖互見女童謠者禍將生於女國以兵寇亡也師古曰因婦人以致兵寇也左氏傳昭公十九年龍鬭於鄭時門之外洧淵師古曰時門鄭城門也洧泉洧水之泉也洧水出滎陽密縣東南至潁川長平入潁也劉向以爲近龍孽也鄭以小國攝乎晉楚之閒師古曰攝收持之〔補注〕先謙曰官本注之作也重以彊吳師古曰重音直用反〔補注〕先謙曰官本無注鄭當其衝不能修德〔補注〕蘇輿曰劉知幾云案昭之十九年晉楚連盟干戈不作吳雖強暴未擾諸華鄭無外虜非子產之力也又吳爲遠國僻在江干必略中原當以楚宋爲始鄭居河潁地匪夷庚謂當要衝殊爲乖角將鬭三國以自危亡師古曰言若不修德則三國伐之必危亡是時子產任政內惠於民外善辭令以交三國鄭卒亡患能以德消變之效也京房易傳曰衆心不安厥妖

龍鬬〔補注〕葉德輝曰隋志引洪範傳曰龍獸之難害者也天之類君之象天氣害君道傷則龍亦害鬬者兵革之象也惠帝二年正月癸酉旦有兩龍見於蘭陵廷東里溫陵井中師古曰蘭陵縣之廷東里也溫陵人姓名也〔補注〕先謙曰官本考證云孝惠紀作見蘭陵家人井中至乙亥夜去劉向以爲龍貴象而困於庶人井中象諸侯將有幽執之禍〔補注〕葉德輝曰隋志引洪範傳曰龍陽類貴之象也上則在天下則在地不當見庶人邑里室家井中幽深之象也諸侯且有幽執之禍皇不建之咎也其後呂太后幽殺三趙王諸呂亦終誅滅京房易傳曰有德遭害厥妖龍見井中〔補注〕沈欽韓曰此下脫成帝時黑龍見東萊事又曰行刑暴惡黑龍從井出左氏傳魯嚴公時有內蛇與外蛇鬬鄭南門中內蛇死劉向以爲近蛇孽也先是鄭厲公劫相祭仲而逐兄昭公代立師古曰厲公母宋廱氏之女也祭仲祭封人仲足也桓十一年宋人執祭仲曰不立突將死仲乃與宋盟而立厲公昭公奔衞祭音側介反後厲公出奔昭公復入師古曰桓十五年厲公與祭仲之壻廱糾謀殺祭仲不克五月出奔蔡六月昭公復歸于鄭九月厲公殺檀伯而居櫟也死弟子儀代立師古曰桓十七年高渠彌弒昭公而立其弟子亹十八年齊人殺子亹祭仲乃立亹之弟儀也厲公自外劫大夫傅瑕使僇子儀師古曰傳瑕鄭大夫也莊十四年厲公自櫟侵鄭獲傳瑕與之盟於是傳瑕殺子儀而納厲公也〔補注〕先謙曰官本注末無也字此外蛇殺內蛇之象也蛇死六年而厲公立〔補注〕葉德輝曰後漢書楊賜傳注引洪範五行傳曰初鄭厲公相祭仲而簒兄昭公立爲鄭君後雍糾之亂厲公出奔鄭人立昭公既立內蛇與外蛇鬬鄭南門中內蛇死是時傳瑕仕於鄭欲納厲公故內蛇死者昭公將敗厲公將勝之象也是時昭公宣布恩施以撫百姓舉賢崇德以屬羣臣觀察左右以省奸謀則內變不得生外謀無由起矣昭公不覺果殺於傳瑕二子死而厲公入此其效也詩曰維虺維蛇女子之祥鄭昭公殆以女子敗也嚴公聞之問申繻曰猶有妖乎師古曰申繻魯大夫也繻音須對曰人之所忌其氣炎以取之師古曰炎音弋贍反〔補注〕錢大昕曰今左氏傳炎作燄陸德明本亦是炎字妖由人興也人亡釁焉妖不自作人棄常故有妖師古曰已解於上京房易傳曰立嗣子疑厥妖蛇居國門鬬左氏傳文公十六年夏有蛇自泉宮出師古曰泉宮卽泉臺入于國如先君之數劉向以爲近蛇孽也泉宮在囿中公母姜氏嘗居之蛇從之出象宮將不居也詩曰維虺維蛇女子之祥師古曰小雅斯干之詩又

蛇入國國將有女憂也如先君之數者公母將甍象也秋公母甍公惡之乃毀泉臺夫妖孽應行而自見非見而爲害也文不改行循正共御厥罰師古曰共讀曰恭御讀曰禦又讀如本字而作非禮以重其過師古曰重音直用反〔補注〕先謙曰官本無注後二年甍公子遂殺文之二子惡視而立宣公師古曰惡卽子赤也視其母弟文公夫人大歸于齊師古曰本齊女故出而歸齊所謂哀姜者也武帝大始四年七月趙有蛇從郭外入與邑中蛇鬬孝文廟下邑中蛇死後二年秋有衞太子事事自趙人江充起〔補注〕先謙曰以上龍蛇之孽左氏傳定公十年宋公子地有白馬駟師古曰地宋元公子也四馬曰駟公嬖向魋欲之師古曰公謂景公卽地之兄也魋宋司馬桓魋也向音式尚反魋音大回反公取而朱其尾鬣師古曰鬣領上鬣也音力涉反以予之地怒使其徒抶魋而奪之師古曰抶擊也音丑失反魋懼將走公閉門而泣之目盡腫公弟辰謂地曰子爲君禮不過出竟君必止子師古曰辰亦元公子也言若見君怒懼而出奔是爲臣之禮也竟讀曰境也〔補注〕先謙曰官本無注末也字地出奔陳公弗止辰爲之請不聽辰曰是我迋吾兄也應劭曰迋音君狂臣瓚曰迋音九放反師古曰二說皆非也迋欺也音求往反〔補注〕先謙曰官本無應瓚二注及二說皆非也五字吾以國人出君誰與處遂與其徒出奔陳明年俱入于蕭以叛大爲宋患師古曰蕭宋邑近馬禍也史記秦孝公二十一年有馬生人昭王二十年牡馬生子而死劉向以爲皆馬禍也孝公始用商君攻守之法東侵諸侯至於昭王用兵彌烈師古曰烈猛也其象將以兵革抗極成功而還自害也牡馬非生類妄生而死猶秦恃力彊得天下而還自滅之象也一曰諸畜生非其類子孫必有非其姓者〔補注〕葉德輝曰德藩本曰上有一字先謙曰官本有一字是至於始皇果呂不韋子京房易傳曰方伯分威厥妖牡馬生子亡天子〔補注〕錢大昕曰接神記作上無天子王念孫曰開元占經馬占引此亡上有上字是也上無天子語出公羊傳沈欽韓曰續漢志及晉志引京房有上字此脫先謙曰官本天子作天下諸侯相伐厥妖馬生人文帝十二年有馬生角於吳角在耳前上鄉師古曰鄉讀曰嚮次下亦同右角長三

寸左角長二寸皆大二寸劉向以爲馬不當生角猶吳不當舉兵鄉上也是時吳王濞封有四郡五十餘城師古曰高紀云六年春以故東陽郡鄣郡吳郡五十三縣立劉賈爲荊王十二年十月詔曰吳古之建國日者荊王兼有其地今死無後朕欲復立吳王長沙王臣等請立沛侯爲吳王而荊燕吳傳云荊王劉賈爲黥布所殺無後上患會稽輕悍無壯王塡之乃立濞爲吳王王三郡五十三城是則濞之所封賈本地也止有三郡荊燕吳傳與紀罔矣今此云四郡未詳其說若以買本不得會稽濞加一郡者則不得言五十三城也〔補注〕顧炎武曰四郡當作三郡古四字積畫以成與三易混猶左傳陳蔡不羹三國爲四國也錢大昕曰高紀六年以故東陽郡鄣郡吳郡五十三城立劉賈爲荊王吳濞所封卽賈故地故傳云王三郡五十三城而伍被傳云吳王王四郡之眾此志亦云四郡者楚漢之際會稽嘗析爲吳郡灌嬰傳度江破吳郡長吳下得吳守遂定吳豫章會稽郡此有會稽又有吳郡之證吳王濞傳上患吳會稽輕悍亦兩郡兼舉也吳郡本會稽所分言吳可以包會稽高帝紀單稱吳郡則爲三郡此兼舉吳會故言四郡也朱一新曰注罔汪本作同是先謙曰官本作同內懷驕恣變見於外天戒早矣王不寤後卒舉兵誅滅京房易傳曰臣易上政不順厥妖馬生角茲謂賢士不足又曰天子親伐馬生角成帝綏和三年二月〔補注〕朱一新曰汪本作二年葉德輝曰德藩本作二年先謙曰官本作二年大廄馬生角在左耳前圍長各二寸是時王莽爲大司馬害上之萌自此始矣師古曰萌若草木之始生也哀帝建平二年定襄牡馬生駒三足隨羣飲食太守以聞馬國之武用三足不任用之象也後侍中董賢年二十二爲大司馬居上公之位天下不宗哀帝暴崩成帝母王太后召弟子新都侯王莽入收賢印綬賢恐自殺莽因代之竝誅外家丁傅又廢哀帝傅皇后令自殺發掘帝祖母傅太后母丁太后陵更以庶人葬之辜及至尊大臣微弱之禍也〔補注〕先謙曰以上馬禍文公十一年敗狄于鹹師古曰鹹魯地也穀梁公羊傳曰長狄師古曰防風之後漆姓也國號鄋瞞鄋音所求反瞞音莫干反〔補注〕葉德輝曰初學記人部引洪範五行傳曰長狄之人長蓋五丈餘也兄弟三人一者之魯師古曰僑如也來伐魯爲叔孫得臣所獲一者之齊師古曰榮如也齊襄公二年伐齊爲王子成父所獲一者之晉師古曰焚如也宣十五年晉滅潞國而獲之皆殺之身橫九畮師古曰畮古畝字斷其首而載之眉見於軾師古曰軾車前橫木何以書記異

前漢二十七下之上　十八

也劉向以爲是時周室衰微三國爲大可責者也天戒若曰不行禮義大爲夷狄之行將致危亡其後三國皆有篡弒之禍師古曰謂魯文公薨襄仲弒惡及視而立宣公齊連稱管至父弒襄公而立無知晉欒書中行偃弒厲公而立悼公〔補注〕陳景雲曰齊襄之弒在魯莊公八年去文公遠矣此當謂邴歜閻職弒懿公事近下人伐上之痾也劉歆以爲人變屬黃祥一曰屬贏蟲之孽〔補注〕先謙曰黃祥贏蟲之孽互見一曰天地之性人爲貴凡人爲變皆屬皇極下人伐上之痾云〔補注〕先謙曰因此類記人變京房易傳曰君暴亂疾有道厥妖長狄入國又曰豐其屋下獨苦師古曰豐其屋易豐卦上六爻辭也豐大也長狄生世主虜史記秦始皇帝二十六年有大人長五丈足履六尺皆夷狄服凡十二人見于臨洮師古曰隴西之縣也音吐高反天戒若曰勿大爲夷狄之行將受其禍是歲始皇初并六國反喜以爲瑞銷天下兵器作金人十二以象之遂自賢聖〔補注〕錢大昭曰賢聖閩本作聖賢燔詩書阬儒士奢淫暴虐務欲廣地南戍五嶺北築長城以備胡越師古曰五嶺解在張耳陳餘傳塹山塡谷西起臨洮東至遼東徑數千里故大人見於臨洮明禍亂之起後十四年而秦亡亡自戍卒陳勝發史記魏襄王十三年魏有女子化爲丈夫〔補注〕葉德輝曰太平御覽妖異部引洪範傳曰魏襄王十三年張儀詐得罪于秦而去相魏將爲秦而欺奪魏君是歲魏有女子化爲丈夫者天若語魏曰勿用張儀陰變爲陽臣將爲君是時魏王亦覺之不用儀儀免去歸秦魏無害京房易傳曰女子化爲丈夫茲謂陰昌賤人爲王丈夫化爲女子茲謂陰勝厥咎亡一曰男化爲女宮刑濫也如淳曰宮刑之行大濫也〔補注〕先謙曰官本無注女化爲男婦政行也哀帝建平中豫章有男子化爲女子嫁爲人婦生一子長安陳鳳言此陽變爲陰將亡繼嗣自相生之象一曰嫁爲人婦生一子將復一世乃絕哀帝建平四年四月山陽方與女子田無嗇生子師古曰方與者山陽之縣也女子姓田名無嗇方與音房豫先未生二月兒嗁腹中及生不舉葬之陌上三日人過聞嗁聲母掘收養平帝元始元年二月朔方廣牧女子趙

前漢二十七下之上　十九

春病死師古曰廣牧朔方之縣也姓趙名春歛棺積六日師古曰歛音力贍反棺音工喚反【補注】先謙曰官本無注出在棺外自言見夫死父曰【補注】王念孫曰案見夫死父當作見死夫死父今脫一死字則文不成義漢紀孝平紀作見死夫與父是其證葉德輝曰西漢會要三十引亦云見夫死父按文義猶言見夫故父耳下文年二十七不當死亦一人之辭王說非也年二十七不當死太守譚以聞京房易傳曰幹父之蠱有子考亡咎韋昭曰蠱事也子能正父之事是爲有子故考不爲咎累師古曰易蠱卦初六爻辭也子三年不改父道思慕不皇亦重見先人之非師古曰言父有不善之事當速改之若唯思慕而已無所變易是重顯先人之非也一曰三年之內但思慕而已不暇見父之非故不改也重音直用反【補注】周壽昌曰禮郊特牲疏引賀氏云重難也史記司馬相如傳索隱重猶難也此重亦當訓難顏注不合不則爲私厥妖人死復生一曰至陰爲陽下人爲上六月長安女子有生兒兩頭異頸面相鄉四臂共匈俱前鄉師古曰鄉讀曰嚮尻上有目長二寸所京房易傳曰睽孤見豕負塗師古曰易睽卦上九爻辭也睽孤乖剌之意也塗泥也睽音苦攜反厥妖人生兩頭下相攘善妖亦同人若六畜首目在下茲謂亡上正將變更

凡妖之作以譴失正各象其類二首下不壹也足多所任邪也【補注】王念孫曰下不壹當爲上不壹人首在上故上不專壹則人生二首上文所謂各象其類也今作下者涉上下文諸下字而誤漢紀作二首上不一也是其證足多當爲手多此承上文四臂共匈而言故曰手多今作足者亦涉下文足字而誤漢紀作手多下僭濫也開元占經人占篇引此志作手多所任邪也是其證足少下不勝任或不任下也凡下體生於上不敬也上體生於下媟瀆也生非其類淫亂也人生而大上速成也生而能言好虛也羣妖推此類不改乃成凶也景帝二年九月膠東下密人年七十餘生角角有毛時膠東膠西濟南齊四主【補注】朱一新曰汪本主作王是先謙曰官本作王有舉兵反謀謀由吳王濞起連楚趙凡七國下密縣居四齊之中師古曰四齊即上所云膠東膠西濟南齊也本皆齊地故謂之四齊角兵象上鄉者也師古曰鄉讀曰嚮次下亦同【補注】先謙曰官本無注老人吳王象也年七十七國象也天戒若曰人不當生角猶諸侯不當舉兵以鄉京師也禍從老人生七國俱敗云諸侯不寤明年吳王先起諸侯從之

七國俱滅京房易傳曰冢宰專政厥妖人生角成帝建始三年十月【補注】王念孫曰十月當爲七月字之誤也成紀建始三年秋關內大水七月虒上小女陳持弓闌入橫城門云云是其證開元占經人占篇引五行志正作七月丁未京師相驚言大水至渭水虒上小女陳持弓年九歲師古曰虒上地名也音斯走入橫城門入未央宮尚方掖門殿門門衞戶者莫見【補注】王念孫曰門衞戶者當作門戶衞者言門戶之衞者皆莫之見也今作門衞戶者則文不成義開元占經引此正作門戶衞者葉德輝曰門衞卽衞尉者掌宮門衞屯兵見百官表續志本注謂之宮門衞士是也戶者郎司戶之人耳志文不誤王說非也至句盾禁中而覺得師古曰句盾少府之署覺得事覺而見執得也【補注】王念孫曰此當作至句盾禁中句覺而得句卽師古所謂事覺而見執也今作而覺得亦文不成義漢紀孝成紀正作覺而得民以水相驚者陰氣盛也小女而入宮殿中者下人將因女寵而居有宮室之象也名曰持弓有似周家檿弧之祥易曰弧矢之利以威天下師古曰下繫之辭也是時帝母王太后弟鳳始爲上將秉國政天知其後將威天下而入宮室故象先見也其後王氏兄弟父子五侯秉

權至莽卒篡天下蓋陳氏之後云京房易傳曰妖言動衆茲謂不信路將亡人司馬死成帝綏和二年八月庚申鄭通里男子王褒師古曰鄭縣之通里衣絳衣小冠帶劍入北司馬門殿東門師古曰入北司馬門又入殿之東門也上前殿入非常室中如淳曰殿上室名【補注】沈欽韓曰黃圖漢宮殿疏曰未央宮有非常室解帷組結佩之師古曰組綬類所以係帷又垂以爲飾也佩帶之招前殿署長業等曰【補注】沈欽韓曰百官表諸僕射署長皆屬少府天帝令我居此業等收縛考問褒故公車大誰卒應劭曰在司馬殿門掌讙呵者也服虔曰衞士之師也著樊噲冠師古曰大誰者主問非常之人云姓名是誰也而應氏乃以讙讙爲義云大讙呵不當厥理後之學者輒改此書誰字爲讙違本文矣大誰本以誰何稱因用名官有大誰長今此卒者長所領士卒也【補注】沈欽韓曰莊子天運篇子生五月而能言不至乎孩而始誰郭象注誰者別人之意也案掌門衞者見人輒呵問曰誰故取以爲名大誰長屬公車司馬令病狂易師古曰謂病狂而變易其常也不自知入宮狀下獄死是時王莽爲大司馬哀帝卽位莽乞骸骨就第天知其必不退故因是而見象也姓名章服甚明徑上前殿路寢入室取組而佩之

稱天帝命然時人莫察後莽就國天下寃之哀帝徵莽還京師明年帝崩莽復爲大司馬因是而篡國哀帝建平四年正月補注錢大昭曰閩本作五月民驚走持槀或掫一枚如淳曰掫麻幹也師古曰槀禾稈也音工老反掫音鄒又音側九反補注先謙曰官本工作二傳相付與曰行詔籌道中相過逢多至千數或被髮徒踐師古曰徒踐謂徒跣也補注先謙曰官本徙作徒是或夜折關或踰牆人或乘車騎奔馳㠯置驛傳行經歷郡國二十六至京師其夏京師郡國民聚會里巷仟伯設祭張博具師古曰博戲之具補注錢大昭曰仟伯卽阡陌也閩本無祭字朱一新曰汪本無祭字先謙曰官本作阡陌下同歌舞祠西王母又傳書曰母告百姓佩此書者不死不信我言視門樞下當有白髮師古曰樞門扇所由開閉者也音昌于反補注先謙曰官本注無末四字至秋止是時帝祖母傅太后驕與政事師古曰與讀曰豫故杜鄴對曰春秋災異㠯指象爲言語籌所㠯紀數民陰水類也水㠯東流爲順走而西行反類逆上象數度放溢妄㠯相予違忤民心之應也西王母婦人之稱博奕男子之事於街巷仟伯明離闌內師古曰闌門橛也音魚列反與疆外師古曰與讀曰豫臨事盤樂炕陽之意白髮衰年之象體尊性弱難理易亂門人之所由樞其要也居人之所由制持其要也其明甚著補注王念孫曰其當爲甚謂所陳災異之象甚明甚著也漢紀孝哀紀作甚明著是其證今外家丁傅竝侍帷幄布於列位有罪惡者不坐辜罰亡功能者畢受官爵皇甫三桓詩人所刺春秋所譏亡㠯甚此師古曰皇甫周卿士之字也用后嬖寵而處職位詩人刺之事見小雅十月之交篇指象昭昭㠯覺聖朝柰何不應後哀帝崩成帝母王太后臨朝王莽爲大司馬誅滅丁傅一曰丁傅所亂者小此異乃王太后莽之應云補注先謙曰以上下人伐上之痾

五行志第七下之上終　漢書二十七

漢　蘭臺令史班固撰

唐正議大夫行祕書少監琅邪縣開國子顏師古注

賜進士出身前翰林院編修國子監祭酒加三級臣王先謙補注

隱公三年二月己巳日有食之穀梁傳曰言日不言朔食晦公羊傳曰食二日董仲舒劉向㠯爲其後戎執天子之使師古曰凡伯周大夫也隱七年天王使凡伯來聘戎伐凡伯于楚丘以歸鄭獲魯隱師古曰公羊傳隱六年春鄭人來渝平渝平墮城也曰吾成敗矣吾與鄭人未有成狐壤之戰隱公獲焉何以不言戰諱獲也補注王鳴盛曰狐壤之戰自是隱爲公子時事故洪邁譏之朱一新曰注渝平當作輸平左氏作渝公羊作輸此引公羊傳文下墮城汪本作爲成爲字誤成字是先謙曰官本作墮成滅戴師古曰十年秋宋人蔡人衛人伐戴鄭伯伐取之戴國今外黃縣東南戴城是也讀者多誤爲載故隨室置載州焉補注先謙曰官本隨作隋衛魯宋咸殺君師古曰四年衛州吁殺其君完十一年羽父使賊殺公于寪氏桓二年春宋督弑其君與夷左氏劉歆㠯爲正月二日燕越之分野也補注錢大昕曰越本或作趙者誤也劉歆說春秋日食各占其分野之國蓋本左氏去魯地如衛地之旨而推衍之如周正月日在星紀爲吳越分其前月日在析木爲燕分故正月朔食以燕當之二月爲齊越三月爲齊衛四月爲魯衛五月爲魯越六月爲晉趙七月爲秦晉八月爲周秦九月爲周楚十月爲楚鄭十一月爲宋鄭十二月爲宋燕也若食在晦者則以本月及後月日所在分野之二國占之如嚴公十八年三月食劉以爲食在晦宣公十七年六月食劉亦以爲在三月晦故皆云魯衛分三月之晦與四月之朔等也凡日所躔而有變則分野之國失政者受之師古曰躔踐也音纏人君能修政共御厥罰則災消而福至師古曰共讀曰恭御讀曰禦又讀如本字不能則災息而禍生師古曰息謂蕃滋也故經書災而不記其故蓋吉凶亡常隨行而成禍福也周衰天子不班朔師古曰班布也魯歷不正置閏不得其月月大小不得其度史記曰食或言朔而實非朔補注錢大昭曰南雍本閩本作日先謙曰官本作日是或不言朔而實朔或脫不書朔與日皆官失之也京房易傳曰亡師茲謂不御厥異日食其食也既竝食不一處誅眾失理茲謂生叛厥食既光散縱畔茲謂不明厥食先大雨三日雨除而寒寒卽食專祿不封茲

謂不安厥食既先日出而黑光反外燭韋昭曰中無光四邊有明外燭君臣不通茲謂亡厥蝕三既同姓上侵茲謂誣君厥食四方有雲中央無雲其日大寒公欲弱主位茲謂不知厥食中白青四方赤已食地震諸侯相侵茲謂不承厥食三毀三復君疾善下謀上茲謂亂厥食既先雨雹殺走獸弒君獲位茲謂逆厥食既先風雨折木日赤內臣外鄉茲謂背師古曰鄉讀曰嚮厥食食且雨地中鳴韋昭曰地中有聲如鳴耳或曰如狗子聲冢宰專政茲謂因厥食先大風食時日居雲中四方亡雲伯正越職茲謂分威師古曰伯讀曰霸正者長帥之稱厥食日中分諸侯爭美於上茲謂泰厥食日傷月食半天營而鳴韋昭曰食半謂食望也臣瓚曰月食半謂食月之半也月食常以望不爲異也賦不得茲謂竭厥食星隨而下受命之臣專征云試厥食雖侵光猶明師古曰試用也自擅意也一說試與弒同謂欲弒君〔補注〕朱一新曰試謂試其端專征則僭端見但事未成耳故云厥食雖侵光猶明一說未當下方言弒君也若文王臣獨誅紂矣韋昭曰是時紂臣尚未欲誅紂

獨文王之臣欲誅之小人順受命者征其君云殺厥食五色至大寒隕霜師古曰殺亦讀曰弒若紂臣順武王而誅紂矣韋昭曰紂惡益甚其臣欲順武王而誅紂諸侯更制茲謂叛師古曰更改也厥食三復三食食已而風地動適讓庶茲謂生欲師古曰適讀曰嫡厥食日失位光晻晻月形見師古曰晻音烏感反見音胡電反酒亡節茲謂荒厥蝕乍青乍黑乍赤明日大雨發霧而寒凡食二十占其形二十有四改之輒除不改三年三年不改六年六年不改九年推隱三年之食貫中央上下竟而黑臣弒從中成之形也後衞州吁弒君而立桓公三年七月壬辰朔日有食之既董仲舒劉向以爲前事已大後事將至者又大則既先是魯宋弒君魯又成宋亂易許田亡事天子之心楚僭稱王後鄭岠王師〔補注〕先謙曰官本岠作拒考證云拒監本別本俱訛岠從宋本改正射桓王師古曰竝已解於上又二君相篡師古曰謂厲公奔蔡而昭公入高渠彌殺昭公而立子亹劉歆以爲六月趙與晉分晉灼曰周之六月今之四月始去畢而入參參晉分也畢趙也日行去趙遠入晉分多故曰與計二十八宿分其次度其月及所屬下皆以爲例先是晉曲沃伯再弒晉侯師古曰曲沃伯本桓叔成師之封號也其後遂繼襲焉魯惠公三十年大夫潘父殺昭侯而納成師不克晉人立孝侯惠之四十五年成師之子曲沃莊伯伐翼殺孝侯也是歲晉大亂師古曰桓三年莊伯之子曲沃武公伐翼逐翼侯于汾隰夜獲而殺之滅其宗國師古曰桓八年曲沃武公滅翼遂并其國京房易傳以爲桓三年日食貫中央上下竟而黃臣弒而不卒之形也後楚嚴稱王兼地千里師古曰楚武王荊尸久已見傳今此言莊始稱王未詳其說〔補注〕沈欽韓曰劉知幾史通云楚自武王稱王歷文成穆至嚴已四世而嚴之霸去桓公三年將百年十七年十月朔日有食之穀梁傳曰言朔不言日食二日也劉向以爲是時衞侯朔有罪出奔齊師古曰朔衞惠公也桓十六年經書衞侯朔出奔齊公羊傳曰得罪乎天子穀梁傳曰天子召而不往也天子更立衞君師古曰謂公子黔牟〔補注〕先謙曰官本謂作衞朔藉助五國舉兵伐之而自立王命遂壞師古曰莊五年冬公會齊人宋人陳人蔡人伐衞莊六年春王人子突救衞夏衞侯朔入放公子黔牟于周是也魯夫人淫失於齊卒殺威公師古曰失讀曰佚董仲舒以爲言朔不言日惡魯桓且有夫人

之禍將不終日也劉歆以爲楚鄭分嚴公十八年三月日有食之穀梁傳曰不言日不言朔夜食張晏曰日夜食則無景立六尺木不見其景以此爲候〔補注〕葉德輝曰開元占經九引易萌氣樞曰日夜蝕者天中無影言日當夜食建八尺竹覘其無影蝕不可見故以表候之耳此與張說同蓋古法也史推合朔在夜〔補注〕先謙曰官本史下有記字考證云監本無記字宋本有從之明旦日食而出出而解孟康曰夜食地中出而止是爲夜食劉向以爲夜食者陰因日明之衰而奪其光象周天子不明齊桓將奪其威專會諸侯而行伯道師古曰伯讀曰霸〔補注〕先謙曰官本無注其後遂九合諸侯師古曰解在郊祀志天子使世子會之師古曰僖五年齊侯宋公陳侯衞侯鄭伯許男曹伯會王太子于首止是〔補注〕先謙曰官本注末有也字此其效也公羊傳曰食晦董仲舒以爲宿在東壁魯象也後公子慶父叔牙果通於夫人以劫公〔補注〕先謙曰官本劫作弒是劉歆以爲晦魯衞分二十五年六月辛未朔日有食之董仲舒以爲宿在畢主邊兵夷狄象也後狄滅邢衞師古曰春秋閔元年狄伐邢二年狄滅衞其後竝爲齊所立而邢遷于夷儀衞遷于楚丘劉歆以

爲五月二日魯趙分二十六年十二月癸亥朔日有食之董仲舒以爲宿在心心爲明堂文武之道廢中國不絕若綫之象也師古曰綫縷也音先箭反劉向以爲時戎侵曹師古曰事在莊二十四年魯夫人淫於慶父叔牙將以弒君故比年再蝕以見戒師古曰比頻也見顯也〔補注〕先謙曰官本無注劉歆以爲十月二日楚鄭分三十年九月庚午朔日有食之董仲舒劉向以爲後魯二君弒師古曰謂子般爲圉人所殺閔公爲卜齮所殺也夫人誅師古曰哀姜爲齊人所殺兩弟死師古曰謂叔牙及慶父也狄滅邢師古曰已解於上徐取舒師古曰僖三年徐人取舒舒國名也在廬江舒縣也晉殺世子師古曰僖五年晉侯殺其太子申生楚滅弦師古曰僖五年楚人滅弦弦國名也在弋陽劉歆以爲八月秦周分僖公五年九月戊申朔日有食之董仲舒劉向以爲先是齊桓行伯江黃自至師古曰伯讀曰霸江黃二國名也僖二年齊侯宋公江人黃人盟于貫傳曰服江黃也江國在汝南安陽縣黃國在弋陽縣〔補注〕先謙曰官本無伯讀曰霸四字南服彊楚師古曰僖四年齊侯以諸侯之師侵蔡遂伐楚盟于邵陵其後不內自正而外執陳大夫則陳楚不附師古曰邵陵盟後以陳轅濤塗爲誤軍而執之陳不服罪故伐之楚自是不復通〔補注〕先謙曰官本注邵作召鄭伯逃盟師古曰僖五年秋齊侯與諸侯盟于首止鄭伯逃歸不盟諸侯將不從桓政故天見戒其後晉滅虢師古曰事在僖五年楚國許〔補注〕朱一新曰汪本國作圍是葉德輝曰德藩本作圍先謙曰官本作圍諸侯伐鄭師古曰事竝在僖六年晉弒二君師古曰謂里克弒奚齊及卓子狄滅溫師古曰溫周邑也僖十年狄滅之楚伐黃師古曰僖十一年黃不歸楚貢故伐之桓不能救劉歆以爲七月秦晉分十二年三月庚午朔日有食之〔補注〕齊召南曰案僖十二年經無朔字王引之曰朔衍字也檢左氏公羊穀梁皆無朔字春秋日食言日不言朔者凡七公羊以爲二日穀梁以爲晦日故下文云穀梁晦七公羊二日七一隱公三年二月己巳二僖公十二年三月庚午三文公元年二月癸亥公羊衍朔字辨見經義述聞四宣公八年七月甲子五宣公十年四月丙辰六宣公十七年六月癸卯七襄公十五年八月丁巳也此七者皆言日不言朔故或以爲晦日或以爲二日若有朔字則非晦亦非二日而穀梁之晦公羊之二日皆不得有七矣且下文曰春秋日食三十六左氏以爲朔十六今偏數上下文劉歆以爲朔者已滿十六之數若僖公十二年三月庚午日食又書朔而歆無異辭則以爲朔者十七與下文不符矣三月當爲二日凡春秋日食不書朔者劉歆皆實指其晦朔與二日若隱公三年二月己巳日食劉歆以爲正月二日嚴公十八年三月日食劉歆以爲晦僖

公十五年五月日食劉歆以爲二月朔文公元年二月癸亥日食劉歆以爲正月朔宣公十七年六月癸卯日食劉歆以爲三月晦朓襄公十五年八月丁巳日食劉歆以爲五月二日是也今僖公十二年三月庚午日食不書朔則歆亦當實指其晦朔與二日不當但言三月也下文曰左氏以爲二日十八又曰當春秋時侯王率多縮朒不任事故食二日仄慝者十八今偏數上下文劉歆以爲二月者十六哀公十四年五月庚申朔日有食之劉歆以爲三月二日齊衞分此獲麟後事不在日食三十六之數內也歲不尚缺其二蓋一爲僖公十二年三月二日一爲宣公十年四月二日也不然則凡言劉歆以爲者月日皆與經文不同若經文言三月而歆無異辭則但言齊衞分可矣[illegible]分何須重複經文而言三月乎董仲舒劉向以爲是時楚滅黃師古曰事在十二年夏狄侵衞鄭師古曰僖十三年狄侵衞十四年狄侵鄭莒滅杞師古曰僖十四年諸侯城緣陵公羊傳曰曷爲城杞滅也孰滅之蓋徐莒也〔補注〕蘇輿曰劉知幾云如中壘所釋以公羊爲本左氏襄公二十九年晉平公時杞尚在云劉歆以爲三月齊衞分十五年五月日有食之劉向以爲象晉文公將行伯道師古曰伯讀曰霸〔補注〕先謙曰官本無注後遂伐衞執曹伯敗楚城濮師古曰事竝在二十八年再會諸侯師古曰二十八年五月盟于踐土冬會于溫召天王而朝之師古曰晉侯不欲就朝王故召王使來經書天王狩于河陽此其效也日食者臣之惡也夜食者掩其罪也以爲上亡明王桓文能行伯道攘夷狄安中國師古曰伯讀曰霸攘卻也〔補注〕先謙曰官本無注雖不正猶可蓋春秋實與而文不與之義也董仲舒以爲後秦獲晉侯師古曰晉侯夷吾也僖十五年十一月晉侯及秦伯戰于韓秦獲晉侯以歸也齊滅項師古曰事在公羊傳僖十七年項國今項城縣是也〔補注〕朱一新曰左氏謂魯滅項以爲齊滅者二傳之說楚敗徐于婁林師古曰事在僖十五年冬婁林徐地劉歆以爲二月朔齊越分文公元年二月癸亥日有食之董仲舒劉向以爲先是大夫始執國政師古曰謂東門襄仲也公子遂如京師師古曰事在僖三十年報宰周公之聘後楚世子商臣殺父齊公子商人弒君皆自立師古曰已解於上宋子哀出奔師古曰宋子哀宋卿高哀也不義宋公而來奔魯事在文十四年晉滅江師古曰春秋文四年楚人滅江今此云晉未詳其說〔補注〕蘇輿曰劉知幾亦云今云晉滅其說無取且江居南齊與楚爲鄰晉處北方去江殊遠稱晉所滅其理難通案晉字直是誤文疑班書本作宋子哀出奔魯楚滅江滅六魯晉形近因誤魯爲晉[illegible]校書者妄移楚字於滅六上耳楚滅六師古曰六國名也在廬江六縣文五年楚人滅之大夫公孫敖叔彭生竝專會盟師古曰文七年冬公孫敖如莒蒞盟十一年叔彭生會郤

缺于承匡公孫敖孟穆伯叔彭生叔仲惠伯也劉歆㠯爲正月朔燕越分十五年六月辛丑朔日有食之董仲舒劉向㠯爲後宋齊莒晉鄭八年之閒五君殺死師古曰文十六年宋弒其君杵臼十八年夏齊人弒其君商人冬莒弒其君庶其宣二年晉趙盾弒其君夷皋四年鄭公子歸生弒其君夷也楚滅舒蓼〔補注〕沈欽韓曰舒蓼事在宣八年胡可以十五年日食應之不得已當言滅庸耳雄針劉歆㠯爲四月二日魯衛分宣公八年七月甲子日有食之既董仲舒劉向㠯爲先是楚商臣弒父而立至于嚴王遂彊諸夏大國唯有齊晉齊晉新有篡弒之禍內皆未安故楚乘弱橫行八年之閒六侵伐而一滅國師古曰六侵伐者謂宣元年侵陳三年侵鄭四年伐鄭五年伐鄭六年伐鄭八年伐陳也一滅國者謂八年滅舒蓼也伐陸渾戎觀兵周室師古曰宣三年楚子伐陸渾之戎遂至于洛觀兵于周疆觀兵者示威武也後又入鄭鄭伯肉袒謝罪北敗晉師于邲流血色水師古曰事竝在十二年邲鄭地色水謂血流入水而變水之色也邲音蒲必反圍宋九月析骸而炊之師古曰事在十五年炊爨也言無薪樵示困之甚也劉歆㠯爲十月二日楚鄭分十年四月丙辰

日有食之董仲舒劉向㠯爲後陳夏徵舒弒其君師古曰弒靈公也事在十年楚滅蕭師古曰蕭宋附庸國也事在十二年晉滅二國師古曰謂十五年滅赤狄潞氏十六年滅赤狄甲氏王札子殺召伯毛伯師古曰事在十五年劉歆㠯爲二月魯衛分〔補注〕錢大昕曰月當作日謂食在四月二日也經書四月丙辰而不言朔故知食二日王引之曰二月當爲二日蓋周之四月今二月是月二日日躔東壁而入奎東壁衛也奎魯也故曰魯衛分若作二月則義不可通周之二月今十二月十二月二日日躔去須女而入虛當言越齊分不當言魯衛分矣自僖公十二年三月之二日譌爲三月宣公十年四月之二日譌爲二月而左氏以爲二日之十八遂缺其二矣此月日之譏也十七年六月癸卯日有食之董仲舒劉向㠯爲後邾支解鄫子師古曰十八年邾人戕鄫子于鄫支解而節斷之謂解其四支斷其骨節晉敗王師于貿戎師古曰事在成元年〔補注〕齊召南曰貿戎與王師戰此實事也以王師自敗爲文此書法也若實晉人經可易爲戎乎此穿鑿也敗齊于鞌師古曰事在成二年劉歆㠯爲三月晦朓魯衛分服虔曰朓相規也日晦食爲朓臣瓚曰志云晦而月見西方曰朓以此名之非日食晦之名也師古曰朓音佗了反成公十六年六月丙寅朔日有食之董仲舒劉向㠯爲後晉敗楚鄭于鄢陵師古曰事在十六年鄢陵鄭地執

魯侯師古曰已解於上劉歆㠯爲四月二日魯衛分十七年十二月丁巳朔日有食之董仲舒劉向㠯爲後楚滅舒庸師古曰事在十七年日食之後舒庸蓋羣舒之一種楚與國也晉弒其君師古曰謂厲公也事在十八年宋魚石因楚奪君邑師古曰魚石宋大夫也十五年出奔楚至十八年楚伐宋取彭城而納之莒滅鄫齊滅萊師古曰事竝在襄六年鄫萊皆小國鄭伯弒死師古曰鄭僖公也襄七年會于鄬其大夫子駟使賊夜殺之而以虐疾赴鄬音蔿〔補注〕先謙曰官本虐作瘧蔿作爲劉歆㠯爲九月周楚分襄公十四年二月乙未朔日有食之董仲舒劉向㠯爲後衛大夫孫甯共逐獻公立孫剽孟康曰剽音驃師古曰孫林父甯殖逐獻公襄十四年四月出奔齊而立剽剽穆公之孫也剽又音匹妙反劉歆㠯爲前年十二月二日宋燕分十五年八月丁巳日有食之〔補注〕錢大昭曰丁巳下閩本有朔字董仲舒劉向㠯爲先是晉爲雞澤之會諸侯盟又大夫盟後爲溴梁之會諸侯在而大夫獨相與盟師古曰竝已解於上君若綴斿不得舉手應劭曰斿旌旗之流隨風動搖也師古曰言爲下所執隨人東西也〔補注〕朱一新曰汪本注流作旒先謙曰官本作旒劉歆㠯爲五月

二日魯趙分二十年十月丙辰朔日有食之董仲舒㠯爲陳慶虎慶寅蔽君之明師古曰二慶竝陳大夫也襄二十年陳侯之弟黃出奔楚將出呼於國曰慶氏無道求專陳國暴蔑其君而去其親五年不滅是無天也邾庶其有叛心師古曰庶其邾大夫後庶其㠯漆閭丘來奔師古曰事在二十一年漆及閭丘邾之二邑陳殺二慶師古曰二十三年陳侯如楚公子黃訴二慶楚人召之慶氏以陳叛楚屈建從陳侯圍陳遂殺二慶也劉歆㠯爲八月秦周分二十一年九月庚戌朔日有食之董仲舒㠯爲晉欒盈將犯君後入于曲沃師古曰已解於上劉歆㠯爲七月秦晉分十月庚辰朔日有食之董仲舒㠯爲宿在軫角楚大國象也後楚屈氏譖殺公子追舒師古曰公子追舒楚令君子南也二十二年楚殺之齊慶封脅君亂國師古曰慶封齊大夫也二十七年使盧蒲嫳帥甲攻崔氏殺成及彊盡俘其家崔杼縊而死自是慶封當國專執政也劉歆㠯爲八月秦周分二十三年二月癸酉朔日有食之董仲舒㠯爲後衛侯入陳儀師古曰衛侯衎也前爲孫甯所逐二十五年入于陳儀陳儀衛邑左傳云夷儀甯喜弒其君剽師古曰二十六年甯喜殺剽而衎入于衛喜甯殖子也劉歆

㠯爲前年十二月二日宋燕分二十四年七月甲子朔日有食之旣劉歆㠯爲五月魯趙分八月癸巳朔日有食之董仲舒㠯爲比食又旣師古曰比頻也象陽將絕孟康曰陽君也夷狄主上國之象也〔補注〕先謙曰官本上作中後六君弒師古曰謂二十五年齊崔杼殺其君光二十六年衞甯喜弒其君剽二十九年閽殺吳子餘祭三十年蔡太子班弒其君固三十一年莒人弒其君密州昭元年楚令尹子圍入問王疾縊而殺之楚子果從諸侯伐鄭師古曰二十四年冬楚子蔡侯陳侯許男伐鄭滅舒鳩師古曰二十五年楚屈建帥師滅舒鳩舒鳩亦羣舒一種〔補注〕先謙曰官本注末有也字魯往朝之師古曰二十八年公如楚卒主中國師古曰謂楚靈王以昭四年與諸侯會于申伐吳討慶封師古曰慶封以二十八年爲慶舍之難自齊出奔魯遂奔吳至申之會楚靈王伐吳執慶封而殺之劉歆㠯爲六月晉趙分二十七年十二月乙亥朔日有食之董仲舒㠯爲禮義將大滅絕之象也時吳子好勇使刑人守門師古曰吳子卽餘祭也刑人閽者蔡侯通於世子之妻師古曰卽蔡侯固爲太子所殺者也莒不早立嗣師古曰卽密州也生去疾及展輿旣立展輿又廢之後閽戕吳子師古曰戕傷也它國臣來弒君曰戕音牆〔補注〕先謙曰官

本無注末二字蔡世子般弒其父莒人亦弒君而庶子爭師古曰展輿因國人攻其父而殺之展輿卽位去疾奔齊明年去疾入而展輿出奔吳竝非嫡嗣故云庶子爭劉向㠯爲自二十年至此歲八年間日食七作禍亂將重起師古曰重音直用反故天仍見戒也師古曰仍頻也後齊崔杼弒君師古曰已解於上〔補注〕先謙曰官本無注宋殺世子師古曰宋平公太子痤也事在二十六年北燕伯出奔孟康曰有南燕故言北燕南燕姞姓北燕姬姓也師古曰昭三年北燕伯款出奔齊鄭大夫自外入而篡位師古曰謂伯有也已解於上〔補注〕先謙曰官本無注末四字指略如董仲舒劉歆㠯爲九月周楚分昭公七年四月甲辰朔日有食之董仲舒劉向㠯爲先是楚靈王弒君而立會諸侯師古曰已解於上執徐子滅賴師古曰申之會楚人執徐子遂滅賴後陳公子招殺世子師古曰招成公子哀公弟也昭八年經書陳侯之弟招殺陳太子偃師偃師卽哀公之子也招音韶楚因而滅之師古曰偃師之死哀公縊其九月楚公子棄疾奉偃師之子孫吳圍陳遂滅之又滅蔡師古曰十一年楚師滅蔡也執太子有以歸用之後靈王亦弒死師古曰十三年楚公子比弒其君虔于乾谿是也劉歆㠯爲二月魯衞分〔補注〕錢大昕曰月當作日與宣十年同

傳曰晉侯問於士文伯曰誰將當日食師古曰士文伯晉大夫伯瑕對曰魯衞惡之〔補注〕朱一新曰左傳釋文惡讀如字杜注謂受其罪也衞大魯小公曰何故對曰去衞地如魯地於是有災其衞君乎魯將上卿是歲八月衞襄公卒十一月魯季孫宿卒晉侯謂士文伯〔補注〕葉德輝曰德藩本有曰字先謙曰官本有曰字吾所問日食從矣可常乎師古曰從謂如士文伯之言也可常謂常可以此占之下〔補注〕朱一新曰汪本注下作不是先謙曰官本作不對曰不可六物不同民心不壹事序不類官職不則同始異終胡可常也詩曰或宴宴居息或盡顇事國如淳曰顇古悴字也師古曰小雅北山之詩也宴宴安息之貌也盡悴言盡力而悴病也〔補注〕葉德輝曰宴宴今詩作燕燕陳喬樅齊詩遺說攷劉歆述士文伯引詩語與今左傳異知其從魯詩之文也其異終也如是公曰何謂六物對曰歲時日月星辰是謂公曰何謂辰對曰日月之會是謂公曰詩所謂此日而食于何不臧何也師古曰小雅十月之交之詩也臧善也對曰不善政之謂也國無政不用善則自取適于日月之災師古曰適讀曰讁故政不可不愼也

務三而已一曰擇人二曰因民三曰從時〔補注〕蘇輿曰公曰詩所謂云云至此左傳在前問魯將上卿下此參錯其文此推日食之占循變復之要也易曰縣象著明莫大於日月師古曰上繫之辭也是故聖人重之載于三經師古曰謂易詩春秋於易在豐之震曰豐其沛日中見昧折其右肱亡咎服虔曰日中而昏也師古曰此豐卦九三爻辭也言遇此災則當退去右肱之臣乃免咎於詩十月之交則著卿士司徒下至趣馬師氏咸非其材師古曰十月之交詩曰皇父卿士番維司徒橜維趣馬楀維師氏豔妻煽方處司徒地官卿也掌邦教趣馬中士也掌王馬之政師氏中大夫也掌司朝得失之事番橜楀皆氏也美色曰豔豔妻褒姒也豔或作閻閻亦嬪妾之姓也煽熾也詩人刺王淫於色故皇父之徒皆用后寵而處職位不已德選也趣音千后反橜音居衞反楀音居禹反番音扶元反〔補注〕先謙曰官本注橜竝作蹶同於右肱之所折協於三務之所擇明小人乘君子陰侵陽之原也十五年六月丁巳朔日有食之劉歆㠯爲三月魯衞分〔補注〕錢大昕曰魯當作齊三月朔爲齊衞分若云魯衞則當食於四月矣依三統術推得是年三月丁巳朔王引之曰魯當爲齊周之三月今正月是月之朔日躔去危而入營室危齊也營室衞也故曰齊衞分若作魯則爲奎之分野奎爲二月之朔日

躔所在非正月之宿矣

十七年六月甲戌朔日有食之董仲舒以爲時宿在畢晉國象也晉厲公誅四大夫失衆心以弒死師古曰四大夫謂三郤及胥童也胥童非厲公所誅以導亂而死故總書四大夫厲公竟爲欒書中行偃所殺後莫敢復責大夫六卿遂相與比周專晉國君還事之師古曰六卿謂范氏中行氏智氏韓魏趙也日比再食其事在春秋後故不載於經劉歆以爲魯趙分〔補注〕錢大昕曰魯當作晉六月日在實沈爲晉分其前月日在大梁爲趙分六月朔爲晉趙分五月朔爲魯趙分二文錯謬故特辯之左氏傳平子曰師古曰季平子唯正月朔慝未作日有食之於是乎天子不舉伐鼓於社諸侯用幣於社伐鼓於朝禮也其餘則否太史曰在此月也日過分而未至三辰有災百官降物君不舉避移時樂奏鼓祝用幣史用辭嗇夫馳庶人走此月朔之謂也當夏四月是謂孟夏說曰正月謂周六月夏四月正陽純乾之月也慝謂陰爻也冬至陽爻起初故曰復至建巳之月爲純乾亡陰爻而陰侵陽爲災重故伐鼓用幣責陰之禮降物素服也不舉去樂也避移時避正堂須時移災復也〔補注〕先謙曰須待也嗇夫掌幣吏庶人其徒役也劉歆以爲六月二日魯趙分〔補注〕錢大昕曰魯當作晉王引之曰六月當爲五月周之五月今三月是月二日日躔去婁而入胃婁魯也胃趙也故曰魯趙分嚴公二十五年六月辛未朔日有食之劉歆以爲五月二日魯趙分是其證也若作六月則爲今之四月四月之朔日躔去畢而入參當云趙晉不當云魯趙矣且凡歆以爲某月者皆與經不同經云六月則歆之所定必非六月也先謙曰王說是

二十一年七月壬午朔日有食之董仲舒以爲周景王老劉子單子專權師古曰已解於上蔡侯朱驕君臣不說之象也師古曰蔡侯朱蔡平公之子說讀曰悅後蔡侯朱果出奔師古曰昭二十一年出奔楚劉子單子立王猛劉歆以爲五月二日魯趙分

二十二年十二月癸酉朔日有食之董仲舒以爲宿在心天子之象也後尹氏立王子朝天王居于狄泉師古曰天王敬王也避子朝之難故居狄泉劉歆以爲十月楚鄭分

二十四年五月乙未朔日有食之董仲舒以爲宿在胃魯象也後昭公爲季氏所逐劉向以爲自十五年至此歲十年間天戒七見人君猶不寤後楚殺戎蠻子師古曰昭十六年楚子誘戎蠻子殺之戎蠻國在河南新城縣晉滅陸渾戎師古曰十七年晉荀吳帥師滅陸渾之戎其地今陸渾縣是也盜殺衛侯兄師古曰衛靈公兄也名縶二十年爲齊豹所殺以豹不義故貶稱盜所謂求名而不得〔補注〕先謙曰官本注末有也字蔡莒之君出奔師古曰蔡君朱也莒君庚與也二十三年出奔魯〔補注〕先謙曰官本與作輿是吳滅巢師古曰二十四年吳滅巢巢吳楚閒小國即居巢城是也公子光殺王僚師古曰事在二十七年宋三臣以邑叛其君師古曰二十一年宋華亥向寧華定入于宋南里以叛是也它如仲舒劉歆以爲二日魯趙分是月斗建辰左氏傳梓慎曰將大水師古曰梓慎魯大夫昭子曰旱也師古曰叔孫昭子日過分而陽猶不克克必甚能無旱乎孟康曰謂春分後陰多陽少爲不克陽勝則盛故言甚陽不克莫將積聚也蘇林曰莫莫爾不勝爲積聚也是歲秋大雩旱也二至二分日有食之不爲災日月之行也春秋分日夜等故同道冬夏至長短極故相過相過同道而食輕不爲大災水旱而已

三十一年十二月辛亥朔日有食之董仲舒以爲宿在心天子象也時京師微弱後諸侯果相率而城周師古曰定元年晉魏舒合諸侯之大夫于狄泉以城周是也宋中幾亡尊天子之心而不衰城師古曰中幾宋大夫衰音初爲反一曰衰讀曰蓑蓑城謂以差次受功賦也蓑音先和反中讀曰仲劉向以爲時吳滅徐師古曰事在昭三十年而蔡滅沈師古曰定四年蔡公孫姓帥師滅沈楚圍蔡吳敗楚入郢昭王走出師古曰事並在定四年劉歆以爲二日宋燕分〔補注〕先謙曰錢氏大昕所見本作二月云當作日又引陳詩庭云南雍本作日今案官本作日與汲古本同

定公五年三月辛亥朔日有食之〔補注〕蘇輿曰案三月當作正月字之誤也春秋經作正月說見下董仲舒劉向以爲後鄭滅許師古曰六年鄭游速帥師滅許以許男斯歸魯陽虎作亂竊寶玉大弓季桓子退仲尼宋三臣以邑叛師古曰已解於上劉歆以爲正月二日燕趙分〔補注〕錢大昕曰趙當作越王引之曰周之正月今十一月是月二日日躔去箕而入斗箕燕也斗越也故曰燕越分若作趙則爲胃之分野胃爲三月之朔日躔所在非十一月之宿矣此國名之誤也蘇輿曰案趙字不誤乃正月爲三月之誤也春秋經本作正月辛卯朔日有食之此傳上文三月當作正月此正月當作三月轉寫互誤班所據本春秋經前後無一異者歆凡出某月二字所推皆與經異

此以經作正月故云三月二日否則贅矣且三月適趙分天文志辰邯鄲[illegible]在辰曰執徐三月出卯正本作三之顯證錢工不據以正今本月分之誤轉改趙爲越失之十二年十一月丙寅朔日有食之董仲舒劉向㠯爲後晉三大夫㠯邑叛辥弒其君師古曰十三年晉趙鞅入于晉陽以叛荀寅士吉射入朝歌以叛辥殺其君比補注先謙曰官本注殺作弒楚滅頓胡師古曰十四年楚公子結帥師滅頓以頓子牂歸十五年楚人滅胡以胡子豹歸越敗吳師古曰十四年五月於越敗吳于檇李是也檇音醉衞逐世子師古曰十四年衞太子蒯聵出奔宋劉歆㠯爲十二月二日楚鄭分補注錢大昕曰當作十月二字衍十月朔爲楚鄭分十二月則爲宋燕分矣王引之曰周之十月今八月八月二日日躔去軫而入角軫楚也角鄭也故曰楚鄭分桓公十七年十月朔日有食之劉歆以爲楚鄭分是其證也若作十二月則爲今之十月十月之朔日躔去心而入尾當云宋燕分不當云楚鄭分矣十五年八月庚辰朔日有食之董仲舒㠯爲宿在柳周室大壞夷狄主諸夏之象也明年中國諸侯果累累從楚而圍蔡師古曰哀元年楚子陳侯隨侯許男圍蔡是也累讀曰纍纍不絕之貌蔡恐遷于州來師古曰哀二年十一月蔡遷于州來州來楚邑今下蔡縣是補注先謙曰官本注是下有也字晉人執戎蠻子歸于楚師古曰哀公四年晉人執戎蠻子赤歸于楚京師楚也師古曰言以楚爲京師補注沈欽韓曰因歸字與歸於京師相同遂以楚爲京師何休又甚爲之詞云晉人執戎蔓子不歸天子而歸於楚惡晉背叛當誅之然傳文嫌與成十五年晉侯執曹伯歸於京師同文故稱晉人稱戎蠻子名以避之非眞京師楚也劉向㠯爲盜殺蔡侯師古曰哀四年蔡公孫翩殺蔡侯申翩非大夫故賤之而書盜齊陳乞弒其君而立陽生師古曰哀六年齊陳乞弒其君荼荼即景公之子也陽生荼之兄卽悼公也荼音塗補注先謙曰官本無荼音塗三字孔子終不用劉歆㠯爲六月晉趙分

哀公十四年五月庚申朔日有食之在獲麟後劉歆㠯爲三月二日齊衞分

凡春秋十二公二百四十二年日食三十六補注先謙曰官本與上連文不提行穀梁㠯爲朔二十六晦七夜二二日一公羊㠯爲朔二十七二日七晦二左氏㠯爲朔十六二日十八晦一補注錢大昕曰案劉歆所說隱三年莊二十五年二十六年文十五年宣八年十年成十六年襄十四年十五年二十三年昭七年十七年二十一年二十四年三十一年定五年十二年哀十四年皆食在二日正合十八之數至莊十八年宣十七年兩食皆在晦此云晦一當是誤二爲一也經書日食三十有六並十四年一食數之實三十有七除去食晦與二日者則朔食蓋十有七此云十六亦恐誤不書日者二補注王鳴盛曰七國及秦代生民之禍甚烈宜有日食而志無之史失其官不可考耳先謙曰周定王二十六年考王六年威烈王十六年安王二十年烈王元年七年赧王十四年日蝕見史記年表惟秦莊襄王三年日蝕見秦紀志不錄者七國喪亂其應殆不勝書以爲史不可考則非也

高帝三年十月甲戌晦日有食之在斗二十度燕地也後二年燕王臧荼反誅立盧綰爲燕王後又反敗十一月癸卯晦日有食之在虛三度齊地也後二年齊王韓信徙爲楚王明年廢爲列侯後又反誅九年六月乙未晦日有食之既在張十三度

惠帝七年正月辛丑朔日有食之在危十三度谷永㠯爲歲首正月朔日是爲三朝補注錢大昕曰案漢初以十月建亥爲歲首正月非歲首也尊者惡之五月丁卯先晦一日日有食之幾盡師古曰幾音鉅依反後皆類此在七星初補注葉德輝曰西漢會要引星下無初字劉向㠯爲五月微陰始起而犯至陽其占重至其八月宮車晏駕有呂氏詐置嗣君之害京房易傳曰凡日食不㠯晦朔者名曰薄人君誅將不㠯理或賊臣將暴起日月雖不同宿陰氣盛薄日光也

高后二年六月丙戌晦日有食之七年正月己丑晦日有食之既在營室九度爲宮室中時高后惡之曰此爲我也明年應師古曰謂高后崩也

文帝二年十一月癸卯晦日有食之在婺女一度三年十月丁酉晦日有食之在斗二十三度補注錢大昕曰閩本作二十二度葉德輝曰德藩本作二十三度西漢會要二十九引亦作二十三度先謙曰官本考證云宋本作二十二度十一月丁卯晦日有食之在虛八度後四年四月丙辰晦補注齊召南曰文紀作丙寅日有食之在東井十三度七年正月辛未朔日有食之補注齊召南曰文紀未書

景帝三年二月壬午晦補注齊召南曰景紀作壬子日有食之在胃二度補注齊召南曰紀於四年十月戊戌晦書食志不書七年十一月庚寅晦日有食之在虛九度中元年十二月甲寅晦日有食之補注齊召南曰景紀未書中二年九月甲戌晦日有食之三年九月戊戌晦日有食之幾盡在尾九度補注齊召南曰紀於中四年十月戊

午書食志不書六年七月辛亥晦日有食之在軫七度後元年七月乙巳先晦一日〔補注〕齊召南曰紀但言晦不言先晦一日日有食之在翼十七度〔補注〕先謙曰史記景帝紀後三年日月皆蝕赤五日十二月日如紫本書景紀及志皆不載武帝建元二年二月丙戌朔日有食之在奎十四度劉向㠯爲奎爲卑賤婦人後有衞皇后自至微興卒有不終之害師古曰皇后自殺不終其位也三年九月丙子晦日有食之在尾二度五年正月己巳朔日有食之〔補注〕齊召南曰武紀不書元光元年二月丙辰晦日有食之〔補注〕齊召南曰紀不書七月癸未先晦一日日有食之在翼八度劉向㠯爲前年高園便殿災與春秋御廩災後日食於翼軫同其占內有女變外爲諸侯其後陳皇后廢江都淮南衡山王謀反誅日中時食從東北過半晡時復元朔二年二月乙巳晦日有食之〔補注〕齊召南曰紀作三月乙亥晦在胃三度六年十一月癸丑晦日有食之〔補注〕齊召南曰紀不書元狩元年五月乙巳晦日有食之在柳六度

京房易傳推㠯爲是時日食從旁右法曰君失臣明年丞相公孫弘薨日食從旁左者亦君失臣從上者臣失君從下者君失民元鼎五年四月丁丑晦日有食之在東井二十三度元封四年六月己酉朔日有食之〔補注〕齊召南曰紀不書太始元年正月乙巳晦日有食之〔補注〕齊召南曰紀不書四年十月甲寅晦日有食之在斗十九度征和四年八月辛酉晦日有食之不盡如鉤在亢二度晡時食從西北日下晡時復昭帝始元三年十一月壬辰朔日有食之在斗九度燕地也後四年燕剌王謀反誅元鳳元年七月己亥晦日有食之〔補注〕齊召南曰昭紀作乙亥幾盡在張十二度劉向㠯爲己亥而既其占重孟康曰己土亥水也純陰故食爲最重也日食盡爲既後六年宮車晏駕卒㠯亡嗣宣帝地節元年十二月癸亥晦日有食之在營室十五度五鳳元年十二月乙酉朔日有食之在婺女十度四年四月辛丑朔〔補注〕齊召南曰宣紀朔作晦日有食之在畢十九度是爲正月朔慝未作左氏㠯爲重異元帝永光二年三月壬戌朔日有食之在婁八度四年六月戊寅晦日有食之在張七度建昭五年六月壬申晦日有食之不盡如鉤因入成帝建始三年十二月戊申朔日有食之其夜未央殿中地震谷永對曰日食婺女九度占在皇后地震蕭牆之內咎在貴妾師古曰蕭牆謂門屏也蕭肅也人臣至此加肅敬也二者俱發明同事異人共掩制陽將害繼嗣也亶日食則妾不見師古曰亶讀曰但下例竝同亶地震則后不見異日而發則似殊事亡故動變則恐不知是月后妾當有失節之郵師古曰郵與尤同尤過也故天因此兩見其變若曰違失婦道隔遠眾妾師古曰遠音于萬反妨絕繼嗣者此二人也〔補注〕先謙曰二人謂許皇后班婕妤永傳所云建始河平之際許班之貴頃動前朝者也此永應直言詔對後上特復問永永對云云杜欽對亦曰日㠯戊申食時加未戊未土也中宮之部其夜殿中地震此必適妾將有爭寵相害而爲患者師古

曰適讀曰嫡人事失於下變象見於上能應之司德則咎異消忽而不戒則禍敗至師古曰忽怠忘〔補注〕先謙曰官本無注應之非誠不立非信不行〔補注〕先謙曰文與欽傳大同河平元年四月己亥晦日有食之不盡如鉤〔補注〕葉德輝曰本紀無末四字在東井六度劉向對曰四月交於五月月同孝惠日同孝昭〔補注〕何焯曰孝惠時以十月爲歲首今食於夏正之四月雖變之大者月固不同也東井京師地且既其占恐害繼嗣日蚤食時從西南起三年八月乙卯晦日有食之在房四年三月癸丑朔日有食之在昴陽朔元年二月丁未晦日有食之在胃永始元年九月丁巳晦日有食之〔補注〕齊召南曰成紀不書谷永㠯京房易占對曰元年九月日蝕酒亡節之所致也〔補注〕葉德輝曰開元占經九引京房易傳曰人君荒酒無節則日蝕作青作黑作赤先謙曰官本蝕作食獨使京師知之四國不見者若曰湛湎于酒君臣不別禍在內也師古曰湛讀曰沈又讀曰耽也〔補注〕先謙曰官本注無也字永始二年二月乙酉晦日有食之谷永㠯京房易占對曰今年二

月日食賦斂不得度民愁怨之所致也所𠚤使四方皆見京師陰蔽者若曰人君好治宮室大營墳墓賦斂茲重而百姓屈竭師古曰茲益也屈盡也音其勿反〔補注〕先謙曰屈竭同訓荀子榮辱王制禮論等篇注屈竭也淮南原道訓悅兮忽兮用不屈兮不屈猶不竭禍在外也三年正月己卯晦日有食之四年七月辛未晦日有食之元延元年正月己亥朔日有食之哀帝元壽元年正月辛丑朔日有食之不盡如鉤在營室十度與惠帝七年同月日二年三月壬辰晦〔補注〕齊召南曰哀紀作夏四月日有食之平帝元始元年五月丁巳朔日有食之在東井二年九月戊申晦日有食之既〔補注〕朱一新曰平紀無既字

凡漢著紀〔補注〕先謙曰官本連上不提行十二世二百一十二年日食五十三朔十四晦三十六先晦一日三

成帝建始元年〔補注〕先謙曰官本連上不提行八月戊午晨漏未盡三刻有兩月重見京房易傳曰婦貞厲月幾望君子征凶師古曰小畜上九爻辭也幾音鉅依反

言君弱而婦彊爲陰所乘則月竝出晦而月見西方謂之朓朔而月見東方謂之仄慝孟康曰朓者月行疾在日前故早見仄慝者行遲在日後當沒而更見師古曰朓音吐了反〔補注〕錢大昕曰周禮疏引尚書五行傳作側匿先謙曰匿正字慝借字亦作縮朒說文晦而月見西方謂之朓朔而月見東方謂之縮朒側與縮匿與朒聲近義同仄慝則侯王其肅朓則侯王其舒劉向𠚤爲朓者疾也君舒緩則臣驕慢故日行遲而月行疾也〔補注〕先謙曰後漢盧植傳植封事云五行傳曰日晦而月見謂之朓王侯其舒此謂君政舒緩故日食晦也與向說同仄慝者不進之意君肅急則臣恐懼故日行疾而月行遲〔補注〕先謙曰官本故作放不敢迫近君也不舒不急𠚤正失之者食朔日劉歆𠚤爲舒者侯王展意顓事臣下促急故月行疾也〔補注〕先謙曰後書鄭興傳興疏云夫日月交會數應在朔而頃年日食每多在晦先時而合皆月行疾也日君象而月臣象君亢極則臣下促迫故行疾也與歆說同肅者王侯縮朒不任事服虔曰朒音忸怩之忸鄭氏曰不任事之貌也師古曰朒音女六反臣下弛縱故月行遲也師古曰弛放也音式爾反〔補注〕先謙曰官本無注十字當春秋時侯王率多縮朒不任事故食二日仄慝者十八食晦日朓者一此其效也考之漢家食晦朓者三十六終亡二日仄慝者歆說信矣此皆謂日月亂行者也元帝永光元年四月日色青白亡景韋昭曰日下無景也無景謂唯質見耳正中時有景亡光韋昭曰無光曜也是夏寒至九月日乃有光〔補注〕先謙曰元紀不載亦見劉向傳京房易傳曰美不上人茲謂上弱厥異日白七日不溫順亡所制茲謂弱孟康曰君順從於臣下無所能制日白六十日物亡霜而死天子親伐茲謂不知日白體動而寒弱而有任茲謂不亡日白不溫明不動辟譖公行茲謂不伸孟康曰辟君也有過而公行之厥異日黑大風起天無雲日光晻師古曰晻與闇同也〔補注〕先謙曰官本無注末也字不難上政茲謂見過日黑居仄大如彈丸成帝河平元年正月壬寅朔日月俱在營室時日出赤二月癸未日朝赤且入又赤夜月赤甲申日出赤如血亡光漏上四刻半乃頗有光燭地赤黃食後乃復京房易傳曰辟不聞道茲謂亡厥異日赤三

月乙未日出黃有黑氣大如錢居日中央京房易傳曰祭天不順茲謂逆厥異日赤其中黑聞善不予茲謂失知厥異日黃夫大人者與天地合其德與日月合其明故聖王在上總命羣賢𠚤亮天功師古曰虞書舜典帝曰咨二十有二人欽哉惟時亮天功謂救六官十二牧四嶽令各敬其職事信定其功順天道也故志引之〔補注〕先謙曰官本注六作九是則日之光明五色備具燭燿亡主有主則爲異應行而變也色不虛改形不虛毀觀日之五變足𠚤監矣故曰縣象著明莫大乎日月此之謂也〔補注〕先謙曰以上日月亂行日光有異附見又哀帝元壽元年月行失道見李尋傳志不載

嚴公七年四月辛卯夜恆星不見夜中星隕如雨董仲舒劉向𠚤爲常星二十八宿者〔補注〕葉德輝曰穀梁莊七年傳范甯注引劉向曰隕者象諸侯隕墜失其所也又中夜而隕者象不終其性命中道而落文與此向說同惟董說夜中爲異故下重言劉向以爲云云人君之象也眾星萬民之類也列宿不見象諸侯微也眾星隕墜民失其所也夜中者爲中國也不及地而復象齊桓起而救存之也鄉

亡桓公星遂至地中國其良絕矣（師古曰鄉讀曰嚮中國中夏之國也良猶信也）劉向以爲夜中者言不得終性命中道敗也或曰象其叛也言當中道叛其上也天垂象以視下（師古曰視讀曰示）將欲人君防惡遠非愼卑省微以自全安也（師古曰遠離也省視〔補注〕先謙曰官本也字在注末）如人君有賢明之材畏天威命若高宗謀祖己（師古曰謂殷之武丁有雊雉之異而祖己訓諸王作高宗肜日高宗之訓）成王泣金縢（師古曰武王有疾周公作金縢之書爲王請命王翌日乃瘳後武王崩成王即位管蔡流言而周公居東天大雷電以風禾盡偃大木斯拔王啓金縢乃得周公代武王之說王執書以泣遣使者逆公王出郊天乃雨反風禾則盡起）改過修正立信布德存亡繼絕修廢舉逸下學而上達（師古曰下學謂博謀於羣下也上達謂通於天道而畏威）裁什一之稅復三日之役（師古曰古之田租十稅其一歲役兆庶不過三日也）節用儉服以惠百姓則諸侯懷德士民歸仁災消而福興矣遂莫肯改寤法則古人而各行其私意終於君臣乖離上下交怨自是之後齊宋之君弒（師古曰莊八年齊無知弒其君諸兒十二年宋萬弒其君捷也）譚遂邢衛之國滅

（師古曰十年齊侯滅譚十三年齊人滅遂閔二年狄人入衛僖二十五年衛侯燬滅邢）宿遷於宋（師古曰莊十年宋人遷宿蓋取其地也宿國東平無鹽縣是〔補注〕先謙曰官本注末有也字）蔡獲於楚（師古曰莊十年荊敗蔡師于莘以蔡侯獻舞歸也）晉相弒殺五世乃定（師古曰謂殺奚齊卓子及懷公也自獻公以至文公反國凡易五君乃定）此其效也左氏傳曰恆星不見夜明也星隕如雨與雨偕也劉歆以爲晝象中國夜象夷狄夜明故常見之星皆不見象中國微也星隕如雨如而也星隕而且雨故曰與雨偕也（〔補注〕葉德輝曰公羊傳云如雨者非雨也又云不修春秋曰雨星則是無雨也穀梁傳亦云其隕也如雨均與左傳異義劉歆古文學故與左傳同）明雨與星隕兩變相成也洪範曰庶民惟星易曰雷雨作解（師古曰解卦象辭也）是歲歲在玄枵齊分壄也夜中而星隕象庶民中離上也雨以解過施復從上下象齊桓行伯復興周室也（師古曰伯讀曰霸〔補注〕先謙曰官本無注）周四月夏二月也日在降婁魯分壄也先是衛侯朔奔齊衛公子黔牟立齊帥諸侯伐之天子使使救衛（師古曰已解於上）魯公子溺專政會齊以犯王命（師古曰溺魯大夫名也莊三年溺會齊師伐衛疾其專命故貶而去族天子救衛而溺伐之故云犯王命〔補注〕先謙曰官本正文專作顓）嚴弗能止卒從而伐衛逐天王所立（師古曰謂放黔牟也）不義至甚而自以爲功名去其上（〔補注〕葉德輝曰宋本名作民德藩本亦作民先謙曰官本名作民是）政繇下作（師古曰繇讀與由同次下亦同〔補注〕先謙曰官本無注）尤著故星隕於魯（〔補注〕朱一新曰尤過也尤著者言其過甚著）天事常象也成帝永始二年二月癸未夜過中星隕如雨長一二丈繹繹未至地滅（師古曰繹繹光采貌）至雞鳴止谷永對曰日月星辰燭臨下土其有食隕之異則遐邇幽隱靡不咸睹星辰附離于天猶庶民附離王者也王者失道綱紀廢頓下將叛去故星叛天而隕以見其象春秋記異星隕最大自魯嚴以來至今再見臣聞三代所以喪亡者皆繇婦人羣小湛湎於酒（師古曰湛讀曰沈又讀曰耽其下亦同）書云乃用其婦人之言四方之逋逃多罪是信是使（師古曰周書泰誓也言紂惑於妲己而昵近亡逃罪人信用之〔補注〕錢大昭曰此牧誓文也志及谷永傳注師古竝以爲泰誓疑誤）詩曰赫赫

宗周褒姒威之（師古曰小雅正月之詩也已解於上威音許悅反）顛覆厥德荒沈于酒（師古曰大雅抑之詩也刺王傾敗其德荒廢政事而耽酒〔補注〕朱一新曰沈當作湛師古上文注云其下亦同正謂此湛字也今作沈者後人誤改）及秦所以二世而亡者養生大奢奉終大厚方今國家兼而有之社稷宗廟之大憂也京房易傳曰君不任賢厥妖天雨星文公十四年七月有星孛入于北斗董仲舒以爲孛者惡氣之所生也謂之孛者言其孛孛有所妨蔽闇亂不明之貌也北斗大國象後齊宋魯莒晉皆弒君（師古曰文十四年齊公子商人弒其君舍十六年宋人弒其君杵臼十八年襄仲殺惡及視莒弒其君庶其宣二年晉趙穿攻靈公於桃園）劉向以爲君臣亂於朝政令虧於外則上濁三光之精五星贏縮變色逆行甚則爲孛北斗人君象孛星亂臣類篡殺之表也星傳曰魁者貴人之牢（〔補注〕先謙曰天理四星在斗魁中爲貴人之牢詳天文志）又曰孛星見北斗中大臣諸侯有受誅者一曰魁爲齊晉夫彗星較然在北斗中天之視人顯矣（師古曰視讀曰示）史之有占明

矣時君終不改寤是後宋魯莒晉鄭陳六國咸弒其君師古曰宋魯莒晉已解於上宣四年鄭公子歸生弒其君夷十年陳夏徵舒弒其君平國齊再弒焉師古曰再弒者謂向人殺舍而閻職等又殺商人〔補注〕先謙曰官本向作商是中國既亂夷狄竝侵兵革從橫楚乘威席勝深入諸夏師古曰謂邲戰之後六侵伐師古曰謂宣十二年春楚子圍鄭夏與晉師戰于邲晉師敗績十三年楚子伐宋十四年楚子圍宋成二年楚師侵衛遂侵魯師于蜀成六年楚公子嬰齊帥師伐鄭一滅國師古曰謂宣十二年楚子滅蕭觀兵周室師古曰已解於上晉外滅二國師古曰謂宣十五年晉滅赤狄潞氏十六年滅赤狄甲氏也內敗王師師古曰謂成元年晉敗王師于貿戎是也又連三國之兵大敗齊師于䢴師古曰謂成二年晉郤克會魯季孫行父衛孫良夫曹公子首及齊侯戰于䢴齊師敗績䢴齊地追亡逐北東臨海水師古曰謂逐之三周華不注又從之入自丘輿擊馬陘東至海濱也威陵京師武折大齊皆孛星炎之所及流至二十八年師古曰炎音弋贍反其下竝同〔補注〕錢大昭曰炎與焱同後流炎芒炎放此朱一新曰謂自文十四年星孛之時至成六年楚公子嬰齊帥師伐鄭適得二十八年星傳又曰彗星入北斗有大戰其流入北斗中得名人孟康曰謂得名臣也不入失名人宋華元

賢名大夫大棘之戰華元獲於鄭師古曰宣二年宋華元帥師及鄭公子歸生戰于大棘宋師敗績獲華元大棘宋地傳舉其效云左氏傳曰有星孛北斗周史服曰不出七年宋齊晉之君皆將死亂師古曰史服周內史叔服也劉歆㠯爲北斗有環域四星入其中也斗天之三辰綱紀星也宋齊晉天子方伯中國綱紀彗所㠯除舊布新也斗七星故曰不出七年至十六年宋人弒昭公師古曰即杵臼十八年齊人弒懿公師古曰即商人宣公二年晉趙穿弒靈公昭公十七年冬有星孛于大辰董仲舒㠯爲大辰心也心在明堂天子之象〔補注〕先謙曰官本在作爲是後王室大亂三王分爭此其效也師古曰三王已解於上劉向㠯爲星傳曰心大星天王也其前星太子後星庶子也尾爲君臣乖離孛星加心象天子適庶將分爭也師古曰適讀曰嫡〔補注〕先謙曰官本無注其在諸侯角亢氏陳鄭也房心宋也後五年周景王崩王室亂大夫劉子單子立王猛尹氏召伯毛伯立子鼂子鼂楚出

也師古曰姊妹之子曰出時楚彊宋衛陳鄭皆南附楚王猛既卒敬王即位子鼂入王城天王居狄泉莫之敢納五年楚平王居卒子鼂奔楚王室乃定後楚帥六國伐吳吳敗之于雞父殺獲其君臣師古曰昭二十三年楚薳越帥師及頓胡沈蔡陳許之師與吳師戰于雞父楚師敗績胡子髡沈子逞滅獲陳大夫夏齧雞父楚地也父讀曰甫〔補注〕先謙曰官本髡作髠蔡怨楚而滅沈楚怒圍蔡吳人救之遂爲柏舉之戰敗楚師屠郢都妻昭王母鞭平王墓師古曰沈楚之與國定四年四月蔡公孫姓帥師滅沈以沈子嘉歸秋楚爲沈故圍蔡冬吳興師以救之與楚戰于柏舉楚師敗績庚辰吳入郢君舍乎君室大夫舍乎大夫室妻楚王之母撻平王之墓也此皆孛彗流炎所及之效也左氏傳曰有星孛于大辰西及漢申繻曰彗所㠯除舊布新也師古曰申繻魯大夫天事恆象今除於火火出必布焉諸侯其有火災乎梓慎曰往年吾見〔補注〕朱一新曰左傳見下有之字是其徵也火出而見今茲火出而章必火入而伏其居火也久矣其與不然乎火出於夏爲三月於商爲四月於周爲五月夏數

得天若火作其四國當之在宋衛陳鄭乎宋大辰之虛陳太昊之虛鄭祝融之虛師古曰虛讀皆曰墟其下竝同皆火房也星孛及漢〔補注〕朱一新曰今本左傳作天漢者非阮元云朱本左傳天作及漢水祥也衛顓頊之虛其星爲大水水火之牡也張晏曰水以天一爲地二牡丙與午南方火也子及壬北方水也又其配合其㠯丙子若壬午作乎水火所㠯合也若火入而伏必㠯壬午不過見之月明年夏五月火始昏見丙子風梓慎曰是謂融風火之始也張晏曰融風立春木風也火之母也火所始生也淮南子曰東北曰炎風高誘以爲艮氣所生也炎風一曰融風七日其火作乎張晏曰自丙子至壬午凡七日既其配合之日又火以七爲紀戊寅風甚壬午太甚師古曰太甚者又更甚也宋衛陳鄭皆火劉歆㠯爲大辰房心尾也八月心星在西方孛從其西過心東及漢也宋大辰虛謂宋先祖掌祀大辰星也陳太昊虛虙羲木德火所生也師古曰虙讀與伏同〔補注〕先謙曰官本注在木德下鄭祝融虛高辛氏火正也故皆爲火所舍衛顓頊虛星爲大水營室也天星既然又四國

失政相似及爲王室亂皆同哀公十三年冬十一月有星孛于東方董仲舒劉向㠯爲不言宿名者不加宿也（孟康曰不在二十八宿之中也）㠯辰乘日而出亂氣蔽君明也明年春秋事終一日周之十一月夏九月日在氐出東方者軫角亢也軫楚角亢陳鄭也或曰角亢大國象爲齊晉也其後楚滅陳（師古曰襄十七年楚公孫朝帥師滅陳也）田氏簒齊（師古曰齊平公十三年春秋之傳終矣平公二十五年卒卒後七十年而康公爲田和所滅）六卿分晉（師古曰晉出公八年春秋之傳終矣出公十七年卒卒後八十年至靜公爲韓魏趙所滅而三分其地蓋晉之衰也六卿擅權其後范氏中行氏智氏滅而韓魏趙兼其土田人衆故總言六卿分晉也〔補注〕先謙曰官本注靜作靖是）此其效也劉歆㠯爲孛東方大辰也不言大辰旦而見與日爭光星入而彗猶見是歲再失閏十一月實八月也日在鶉火周分野也十四年冬有星孛在獲麟後劉歆㠯爲不言所在官失之也高帝三年七月有星孛于大角旬餘乃入（〔補注〕先謙曰高紀無四字）劉向㠯爲是時項羽爲楚王伯諸侯（師古曰伯讀曰霸〔補注〕先謙曰官本無注）而漢已定三秦與羽相距滎陽天下歸心於漢楚將滅故彗除王位也一曰項羽阬秦卒燒宮室弒義帝亂王位故彗加之也文帝後七年九月有星孛于西方其本直尾箕末指虛危長丈餘及天漢十六日不見（〔補注〕先謙曰載見景紀）劉向㠯爲尾宋地今楚彭城也箕爲燕又爲吳越齊宿在漢中負海之國水澤地也是時景帝新立信用鼂錯將誅正諸侯王其象先見後三年吳楚四齊與趙七國舉兵反（師古曰四齊膠東膠西菑川濟南也）皆誅滅云武帝建元六年六月有星孛于北方（〔補注〕先謙曰武紀不載）劉向㠯爲明年淮南王安入朝與太尉武安侯田蚡有邪謀而陳皇后驕恣其後陳后廢而淮南王反誅八月長星出于東方長終天三十日去占曰是爲蚩尤旗見則王者征伐四方其後兵誅四夷連數十年元狩四年四月長星又出西北是時伐胡尤甚元封元年五月（〔補注〕朱一新曰武紀作秋）有星孛于

東井又孛于三台其後江充作亂京師紛然此明東井三台爲秦地效也宣帝地節元年正月有星孛于西方去太白二丈所劉向㠯爲太白爲大將彗孛加之掃滅象也明年大將軍霍光薨後二年家夷滅成帝建始元年正月有星孛于營室青白色長六七丈廣尺餘劉向谷永㠯爲營室爲後宮懷任之象（〔補注〕先謙曰官本任作姙下同姙俗字當作任）彗星加之將有害懷任絕繼嗣者一曰後宮將受害也其後許皇后坐祝詛後宮懷姙者廢趙皇后立妹爲昭儀害兩皇子上遂無嗣趙后姊妹卒皆伏辜元延元年七月辛未有星孛于東井踐五諸侯（孟康曰五諸侯星名）出河戍北率行軒轅太微後日六度有餘晨出東方十三日夕見西方犯次妃長秋斗填蠭炎再貫紫宮中（〔補注〕先謙曰長秋見百官表此謂皇后星位也天文志中宮後句四星末大星正妃餘三星後宮之屬也天官書索隱引援神契云辰極橫后妃四星從禮檀弓鄭注后妃四星其一明者爲正妃餘三小者爲次妃言孛星犯次妃長秋又犯北斗又犯填星再貫紫宮次妃長秋在紫宮中故此云再貫也蠭與鋒同見藝文志及各傳注炎俗作燄鋒炎猶下言芒炎矣）大火當後達天河除於妃后之域（〔補注〕先謙曰當字宜衍彗有除舊布新之義在妃后之域縱橫馳騖若埽除然）南逝度犯大角攝提至天市而按節徐行（服虔曰謂行遲）炎入市中旬而後西去五十六日與倉龍俱伏谷永對曰上古㠯來大亂之極所希有也察其馳騁驟步芒炎或長或短所歷奸犯（師古曰奸音干）內爲後宮女妾之害外爲諸夏叛逆之禍（〔補注〕先謙曰此永傳所謂七月辛未彗星橫天也杜鄴傳云永言彗星之占語在五行志卽此內有二句轉不如本傳之詳）劉向亦曰三代之亡攝提易方秦項之滅星孛大角是歲趙昭儀害兩皇子後五年成帝崩昭儀自殺哀帝卽位趙氏皆免官爵徙遼西哀帝亡嗣平帝卽位王莽用事追廢成帝趙皇后哀帝傅皇后皆自殺外家丁傅皆免官爵徙合浦歸故郡平帝亡嗣莽遂簒國釐公十六年正月戊申朔隕石于宋五是月六鶂退飛過宋都董仲舒劉向㠯爲象宋襄公欲行伯道將

自敗之戒也師古曰伯讀曰霸（補注）先謙曰官本無注石陰類五陽數自上而隕此陰而陽行欲高反下也石與金同類色以白爲主近白祥也鶂水鳥六陰數退飛欲進反退也其色青青祥也屬於貌之不恭（補注）先謙曰白祥青祥互見天戒若曰德薄國小勿持炕陽欲長諸侯與彊大爭必受其害襄公不寤明年齊威死伐齊喪師古曰僖十七年齊桓公卒十八年宋襄公以諸侯伐齊（補注）先謙曰官本威作桓下同執滕子圍曹師古曰十九年三月宋人執滕子嬰齊秋宋人圍曹爲盂之會與楚爭盟卒爲所執後得反國師古曰二十一年春爲鹿上之盟秋會于盂於是楚執宋公以伐宋冬會于薄以釋之鹿上盂薄皆宋地不悔過自責復會諸侯伐鄭與楚戰于泓軍敗身傷爲諸侯笑師古曰二十二年夏宋公衛侯許男滕子伐鄭十一月宋公及楚人戰於泓宋師敗績公傷股門官殲焉二十三年卒傷於泓故也泓水名也音於宏反左氏傳曰隕石星也鶂退飛風也宋襄公以問周內史叔興曰是何祥也吉凶何在對曰今茲魯多大喪明年齊有亂師古曰今茲謂此年君將得諸侯而不終退而告人曰是陰陽

之事非吉凶之所生也吉凶繇人吾不敢逆君故也師古曰繇讀與由同（補注）先謙曰官本無注是歲魯公子季友鄫季姬公孫茲皆卒師古曰僖十六年三月公子季友卒四月季姬卒七月公孫茲卒季姬魯女適鄫者也公孫茲叔孫戴伯也明年齊威死適庶亂師古曰適讀曰嫡（補注）先謙曰官本無注宋襄公伐齊行伯卒爲楚所敗師古曰已解於上伯讀曰霸（補注）先謙曰官本無注劉歆以爲是歲歲在壽星其衝降婁師古曰降音胡江反降婁魯分壄也故爲魯多大喪正月日在星紀厭在玄枵玄枵齊分壄也石山物齊大嶽後師古曰齊姜姓也其先爲堯之四嶽四嶽分掌四方諸侯五石象齊威卒而五公子作亂師古曰五公子謂無虧也元也昭也潘也商人也故爲明年齊有亂庶民惟星隕於宋象宋襄將得諸侯之眾而治五公子之亂星隕而鶂退飛故爲得諸侯而不終六鶂象後六年伯業始退執於盂也師古曰伯讀曰霸（補注）先謙曰官本無注民反德爲亂亂則妖災生言吉凶繇人然后陰陽衝厭受其咎齊魯之災非君所致故曰吾不敢逆君故也京房易傳曰距諫自彊茲謂卻行厥異鶂退飛適當黜則鶂退飛師古曰適讀曰嫡

惠帝三年隕石緜諸一師古曰緜諸道也屬天水郡也（補注）先謙曰官本一作壹武帝征和四年二月丁酉隕石雍二天晏亡雲聲聞四百里師古曰雍扶風之縣也晏天清也元帝建昭元年正月戊辰隕石梁國六成帝建始四年正月癸卯隕石槀四肥累一孟康曰皆縣名也故屬眞定師古曰槀音工老反累音力追反（補注）葉德輝曰本紀不載陽朔三年二月壬戌（補注）朱一新曰成紀作三月隕石白馬八師古曰東郡之縣名鴻嘉二年五月癸未隕石杜衍三師古曰南陽之縣名元延四年三月隕石都關二師古曰山陽之縣名（補注）先謙曰杜鄴傳谷永言隕石之占語在五行志此未見哀帝建平元年正月丁未隕石北地十其九月甲辰隕石虞二師古曰梁國之縣名平帝元始二年六月隕石鉅鹿二自惠盡平隕石凡十一皆有光燿雷聲成哀尤屢（補注）朱一新曰隕石十一惟征和四年陽朔三年二者見於本紀餘皆不載先謙曰以上星辰逆行星隕隕石附見

五行志第七下之下　　漢書二十七

漢　蘭　臺　令　史班　固撰

唐正議大夫行祕書少監琅邪縣開國子顏師古注

賜進士出身前翰林院編修國子監祭酒加三級臣王先謙補注

昔在黃帝作舟車吕濟不通（補注）先謙曰御覽舟部引世本共鼓貨狄作舟注云黃帝二臣釋名黃帝造車故號軒轅氏易繫辭舟楫之利以濟不通旁行天下師古曰旁行謂四出而行之（補注）先謙曰廣雅釋詁旁廣也亦與方通用齊語以方行於天下韋注方猶橫也廣橫一義方制萬里畫壄分州師古曰方制制爲方域也畫謂爲之界也壄古野字畫音獲（補注）王先慎曰廣雅釋詁方始也言黃帝徧行天下始裁制萬里區別州野顏說誤先謙曰說文州疇也疇其土而生之釋名州注也郡國所注仰得百里之國萬區（補注）先謙曰御覽封建部引東觀漢記博士丁恭等議云古帝王封諸侯不過百里故利以建侯取法於雷黃帝紀置左右大監監於萬國封禪書黃帝時萬諸侯是故易稱先王吕建萬國親諸侯師古曰易比卦象辭（補注）王念孫曰建上本無以字此後人依易象傳加之也孟堅引易以證上文百里之國萬區加一以字則累於詞矣景祐本無以字書云協和萬國師古曰虞書堯典之辭也此之謂也堯遭洪水（補注）錢坫曰說文洪洚水也洚水不遵道也史記作鴻水字通褱山褱陵師古曰褱字與古懷字同懷包也褱駕也言水大汎溢包山而駕陵也（補注）錢坫曰褱古正字注遠孫曰北宋本無古字二字天下分絕爲十二州師古曰九州之外有幷州幽州營州故曰十二水中可居者曰州洪水汎大各就高陸人之所居凡十二處（補注）宋祁曰注文南本無九州以下十五字景本無注末凡十二處四字錢坫曰九州之名禹貢周官而下又有爾雅冀州之外有幽州以青州爲營州無梁州郭璞以爲是殷制說苑以營州爲青州餘與爾雅同尚書十二州僞孔傳以爲禹治水之後舜分冀州爲幽州幷州青州爲營州與此云云不合非也先謙曰谷永奏云堯遭洪水之災天下分絕爲十二州堯典肇十有二州鄭注舜以青州越海而分齊爲營州冀州南北太遠分衞爲幷州燕以北爲幽州新置三州幷舊爲十二州說與此同時舜攝政堯尚在故此言堯也馬融以爲禹平水土置九州舜分爲十二州在九州後此古文異說非是王應麟通鑑地理通釋云舜典言肇十二州咨十二牧而後命禹平水土當以漢志爲正使禹治之水土既平更制九州（補注）先謙曰陳辭道禮書云禮言共工霸九州黃帝書言地有九州則堯以前九州耳及水土既平禹又卽舊域而辨之以爲九州故書言禹別九州傳言貢金九牧也列五服師古曰其數在下也任土作貢師古曰任其土地所有以定貢賦之差也（補注）錢坫曰貢其書篇名也先謙曰志明言任土作貢又據溝洫食貨兩志貢皆作貢賦解錢說謬曰禹敷土師古曰敷分也

謂分別治之自此以下皆是夏書禹貢之文（補注）先謙曰敷夏紀作傅段玉裁成蓉鏡定敷爲古文傅爲今文案下敷淺原志仍作敷而豫章歷陵下云傅易山古文以爲傅淺原是古文作傅不必定作敷今文作敷不必定作傅班氏世傳夏侯尚書三家異字亦有與古文合者詳皮錫瑞今文尚書攷證且漢書本多段借古字不得執一二異字以爲今古文尚書之證段云班用今文淺人改傅爲敷成云班用古文故作敷不作傅皆非也至班氏學宗今文兼采古文後書稱其學無常師縣然可證此志所用古文皆特著之下云古文以爲及桑欽所言是也餘稱禹貢皆是今文蓋地理之學或今文說解不全或後儒徵引較塙學問之塗日開擇善而從通人不廢以大體論後漢皆祖述今文其古文雖立學官尊信者少至鄭氏以大儒倡明古文舉世爭趨風會一變千載以下今文一綫殆將廢絕就其時代推究義例猶存舊觀徒比附較論於文字異同轉失之矣隨山栞木奠高山大川師古曰栞古刊字也奠定也言禹隨行山之形狀而刊斫其木以爲表記決水通道故高山大川各得安定也（補注）錢坫曰奠祭也先謙曰官本安定也作其安定說文栞槎識也引書隨山栞木夏紀作行山表木用故訓代經也紀奠作定足徵錢說之非冀州既載師古曰兩河閒曰冀州載始也冀州堯所都故禹治水自冀州始也（補注）汪遠孫曰禹貢釋文引韋昭曰載事也與鄭注尚書合先謙曰呂覽有始篇兩河之閒爲冀州晉也高誘注東至清河西至西河顏及張守節史正義並從載字斷句說者謂夏紀作禹行自冀州始訓載爲始是今文說案史記始下仍有冀州既載句則上句史公敘述之詞不必執爲今文訓始之證壺口治梁及岐師古曰壺口山在河東梁山在夏陽岐山在美陽卽今之岐州岐山縣箭括嶺也禹循山而西治衆水（補注）先謙曰本志馮翊夏陽下云梁山在西北壺口岐山見下道山既脩太原至于嶽陽師古曰太原卽今之晉陽是也嶽陽在太原西南（補注）汪遠孫曰案說文嶽岳一字先謙曰晉陽今太原府太原縣嶽卽太嶽見道山覃懷底績至于衡章師古曰覃懷近河地名也底致也績功也衡章謂章水橫流而入河也言禹於覃懷致功以至衡章也底音之履反（補注）錢坫曰章字同漳漳水過鄴縣以下稱衡漳汪遠孫曰底當作厎先謙曰夏紀底績作致功鄭注衡漳水橫流入河覃懷爲縣名屬河內索隱河內有懷縣今驗地無名覃者蓋覃懷二字當時共爲一地之名先謙案鄭讀衡爲橫用今文說馬融以衡漳爲二水名王肅從之此古文說上黨長子下云鹿谷山濁漳水所出東至鄴入清漳沾下云大黽谷清漳水所出東北至阜成入大河厥土惟白壤師古曰柔土曰壤（補注）錢坫曰釋名壤瀼也肥濡意也依字厥應作昏經典通借厥先謙曰夏紀厥改其下並同下無惟字厥賦上上錯師古曰賦者發斂土地所生之物以供天子也上上第一也錯雜也言賦第一又雜出諸品也（補注）先謙曰夏紀無厥字厥田中中師古曰言其高下之形摠於九州之中爲第五也一曰爲其肥瘠之等差也它皆類此（補注）皮錫瑞曰敘傳云坤作墬埶高下九則劉德注九則九州土田上中下九等也班氏以高下九則屬墬埶則顏前說爲正先謙曰夏紀無厥字恒衞既從大陸既作師古曰恒衞二水名恒水出恒山衞水在靈壽大陸澤名

在鉅鹿北言恒衛之水各從故道大陸之澤已可耕作也補注先謙曰夏紀作改爲常山上曲陽下云恒水出東入滱靈壽下云衛水出東北入滹池大陸見道川淮南墬形訓晉之大陸趙之鉅鹿高注大陸魏獻子所游焚焉而死者是也鉅鹿廣阿澤禹貢大陸郎趙之鉅鹿鄭志荅張逸云鉅鹿今廣河澗之澤與班高合今文說也惟周禮疏所引鄭注用爾雅十藪晉有大陸以釋禹貢失之餘詳鉅鹿**鳥夷皮服**師古曰此東北之夷搏取鳥獸食其肉而衣其皮也一說居在海曲被服容止皆象鳥也補注先謙曰大戴禮五帝紀說苑竝作鳥裴駰史集解引鄭注云東北之民搏食鳥獸者也此顏前說所本鄭王本尚書作鳥今古文同唐石經誤島後人遂附夏紀改之**夾右碣石入于河**師古曰碣石海邊山名也言禹夾行此山之右而入于河逆上也補注先謙曰夏紀河作海徐廣云海一作河河字是碣石見下道山**沛河惟兗州**師古曰沛本濟水之字從水朿聲言此州東南據濟水西北距河朿音姊補注先謙曰呂覽有始篇河濟之閒爲兗州衞也高注河出其北濟經其南說文沛下云沇也從水朿聲濟下云水出常山房子贊皇山東入泜從水齊聲志文於房子之水作濟餘皆作沛與說文合惟濟陰濟南濟陽之類作濟以郡縣之名世俗相沿不能改而從古也夏紀作濟亦三家尚書之本有異王應麟漢藝文志考證以濟爲字誤是也成蓉鏡以濟沛爲今古文異殆非夏紀惟作維而惟豫州惟梁州惟雍州竝作惟本志通作惟下文濰淄亦作惟而琅邪朱虛箕下濰水作維靈門折泉橫下濰水作淮初無一定成據夏紀作維謂惟古文維今文引匡謬正俗云古文尚書爲惟今文尚書變維爲證復

據說文引夏書濰淄其道以濰爲古文又因夏紀作濰而以濰爲今文惟爲古文展轉紛紜徒形詞費周禮古文之學濰字作維毛詩維字韓詩作惟近人據此爲今古文之辨要是偏端無與大體也下文道沇水及河東垣下自注沇水所出天文志角亢氐沇州竝作沇知此兗字後人妄改夏紀亦作沇州**九河既道**師古曰九河河水分爲九各從其道爾雅曰徒駭太史馬頰覆鬴胡蘇簡絜鉤般鬲津是曰九河一說道讀曰導導治也補注先謙曰九河見道川亦詳溝洫志**雷夏既澤雍沮會同**師古曰雷夏澤名在濟陰城陽西北言此澤還復其故而雍沮二水同會其中也沮音千余反補注齊召南曰注城陽當作成陽尚書疏亦訛城字蓋人傳寫誤添土旁耳此成陽有堯冢靈臺漢時故縣在今濮州東南曹州東北若城陽國則在今莒州非雷夏澤所在也先謙曰本志濟陰成陽下云雷澤在西北鄭注雍水沮水相觸而入澤中今古文雍皆不從水枚本改濰**桑土既蠶是降丘宅土**師古曰降下也宅居也言此地宜桑先時人衆避水皆上丘陵今水害除得以蠶織故皆下丘居平土也補注先謙曰夏紀作於是民得下丘居土段玉裁云風俗通義引尚書民乃降丘度土足證今文作度史遷改居如度西曰柳谷改居西也班志作宅土後人用古文改之案此班用夏侯尚書與古文合非後人所改**厥土黑墳**師古曰色黑而墳起也墳音扶粉反補注錢坫曰方言青幽之閒凡土高而且大者謂之墳**屮繇木條**師古曰屮古草字也繇悅茂也條脩暢也繇音弋昭反補注先謙曰夏紀作草繇木條同惟班作屮全書多如此非今古文之異說文蘇下引夏書曰厥艸惟

繇知有厥惟者古文無者今文**厥田中下**師古曰第六也補注宋祁曰正文厥字別本無先謙曰下文無厥字別本是也夏紀亦無**賦貞**師古曰貞正也州第九賦亦正當也補注劉敞曰田中下而言厥賦貞乃第六明矣自孔氏固誤之何焯曰賦乃與田正當不謂與州也王先愼曰此當連下作字爲句集解引鄭云貞正也治此州正作不休十三年乃有賦與八州同言功難也其賦下下顏訓作爲治水誤禹貢言作者皆謂耕作若訓治水其文不當在降丘宅土下九州之賦惟缺下下兗賦至少固當第九劉何說亦非**作十有三年迺同**師古曰治水十三年迺同於它州言用功多也補注先謙曰夏紀同馬鄭本亦作年是今古文同枚改載皮錫瑞云河渠書引夏書曰禹抑鴻水十三年過家不入門魏志高堂隆傳洪水滔天使鯀治之績用不成乃舉文命隨山刊木前後歷年二十二載合禹十三年與鯀九年計之今文說也馬注禹治水三年八州平故堯以爲功而禪舜是十二年而八州平十三年而兗州平十三年竝鯀九年數之蓋古文異說**厥貢漆絲**師古曰貢獻也地宜漆林又善蠶絲故以獻也補注錢坫曰漆應作桼借水名爲之**厥棐織文**師古曰棐與篚同篚竹器筐屬也織文錦綺之類盛於筐篚而獻之補注先謙曰夏紀棐作篚本書通作棐竝借字依說文當作匪官本注篚缺末筆猶承舊本**浮于沛漯通于河**師古曰浮以舟渡也沛漯二水名漯水出東郡東武陽由水入水曰通漯音它合反補注宋祁曰漯疑作濕注同徐松曰應作濕先謙曰夏紀亦作通枚改達平原高唐下云桑欽言漯水所出東郡東武陽下云禹治漯水東北至千乘入海班氏兼采今

古文也漢隸變古此作漯亦班用今文之證成蓉鏡又以爲後人據夏紀枚書所改非矣**海岱惟青州**師古曰東北據海西南距岱岱即太山也補注先謙曰本志泰山博下云岱山在西北夏紀正義舜分青州爲營州遼西及遼東**嵎夷既畧惟甾其道**師古曰嵎夷地名也郎陽谷所在畧言用功少也惟甾二水名皆復故道也惟水出琅邪箕屋山甾水出泰山萊蕪縣惟字今作濰甾字或作淄古今通用也一曰道讀曰導導治也補注錢坫曰陽谷郎暘谷亦云湯谷竝字通蘇輿曰顏用馬訓見集解引說文畧下云經畧土地也廣雅釋詁畧治也先謙曰說文堣下引書宅堣夷此古文作堣班作嵎與夏紀同用今文也一作禺鐵見說文嵎下與釋文引史記及考靈曜一作禺鐵見索隱引今文尚書及帝命驗書正義引夏侯等書一作郁夷皆今文也禺嵎之省文夷通借作銕銕古文鐵字鐡又鐵之譌文耳琅邪箕下云維水北至都昌入海泰山萊蕪下云甾水東至博昌入沛案志文彼作維水此仍作惟不雜出**厥土白墳海瀕廣潟**師古曰瀕水涯也潟鹵鹹之地瀕音頻又音賓潟音昔補注先謙曰夏紀同作潟用今文瀕作濱俗字史集解釋文引鄭注竝云斥謂地鹹鹵是鄭本作斥用古文志下又作舄迺潟之省陳奐云㡿讀爲開拓之拓言海濱地廣可以煑鹹㡿本字舄段借閟宮傳舄大貌此取廣㡿之誼也**田上下賦中上**師古曰田第三賦第四補注先謙曰夏紀同**貢鹽絺海物惟錯**師古曰葛之精者曰絺海中物產旣多故雜獻補注宋祁曰獻下當添也字先謙曰夏紀貢上有厥字後人妄增史公以其代厥不得有厥字明矣**岱畎絲枲**

鉛松怪石師古曰畎小谷也枲麻屬也鉛青金也怪石石之次玉美好者也言岱山之谷出絲枲鉛松怪石五種皆獻之畎音工犬反補注先謙曰說文畎作く古文作畎釋名釋山云山下根之受霤處曰畎**萊夷作牧厥棐檿絲**師古曰萊山之夷地宜畜牧檿桑也食檿之蠶絲可以弦琴瑟檿音烏簟反補注劉敞曰貢絺絲不特言棐檿絲言棐而敘萊夷之下明此萊夷之貢先謙曰夏紀作改爲檿作酓蓄三家尚書異文**浮于汶達于泲**師古曰汶水出泰山郡萊蕪縣原山言渡汶水西達于泲也汶音問補注王念孫曰達本作通凡古文尚書言達于某水者今文尚書皆作通漢書皆用今文故亦作通上文通于河是也史記亦作通其閒有作達者皆後人以古文改之先謙曰此入泲之汶與瑯邪朱虛出東泰山入濰之汶有別見道川下

海岱及淮惟徐州師古曰東至海北至岱南及淮**淮沂其乂蒙羽其蓺**師古曰淮沂二水已治蒙羽二山皆可種蓺也淮出大復山沂出泰山沂音牛依反補注齊召南曰案志沂水出泰山郡蓋縣然泰山乃郡名非謂沂水出泰山之麓也注與淮出大復對言竟似沂出東岳矣先謙曰淮沂見道川本志泰山蒙陰下云蒙山在西南東海祝其下云羽山在南段玉裁云乂今文當作艾於漢石經鴻範殘字知之案漢人引書艾乂互見石經亦一家之學漢書不必盡與之同也夏紀乂改治**大壄既豬東原底平**師古曰大野澤也豬停水也東原地名底致也言大野之水既已停蓄也東原之地致功而平可耕稼也補注先謙曰官本底作底下並同停蓄作渟蓄山陽鉅壄下云大壄澤在北案說文壄

下云古文野夏紀豬作都集解引鄭注云今東平郡即東原**厥土赤埴墳草木漸包**師古曰埴黏土也漸包言相漸及包裹而生補注先謙曰漸包夏紀同今文也釋文埴鄭作戠徐鄭王皆讀曰熾韋昭音試說文蔪下引書草木蔪苞是古文作戠蔪苞**田上中賦中中**師古曰田第二賦第五補注先謙曰夏紀同田上衍其字**貢土五色**師古曰王者取五色土封以爲太社此州畢貢之言備有補注先謙曰正義引太康地記城陽姑幕有五色土封諸侯錫之茅土用爲社即禹貢徐州土也又寰宇記云徐州歲貢五色土各一斗出彭城縣北三十五里赭土山夏紀土上有雒字**羽畎夏狄嶧陽孤桐**師古曰羽畎羽山之谷也夏狄狄雉之羽可爲旌旄者也羽山之谷出焉嶧陽嶧山之陽也山南曰陽孤桐特生之桐也可爲琴瑟嶧山之南生焉嶧音驛補注先謙曰東海下邳下云葛嶧山在西古文以爲嶧陽夏紀狄作翟毛詩衛風右手秉翟韓詩今文作狄據此翟狄古通成蓉鏡以作狄爲古文非也班用古文以嶧陽爲山名說文及史集解引鄭注以嶧爲山名顏用以注志與班恉不合**泗瀕浮磬**師古曰泗水之涯浮出好石可爲磬也泗水出濟陰乘氏縣補注先謙曰官本考證云泗監本訛四今改正先謙案泗水出魯國卞顏注未審見下道川夏紀瀕作濱**淮夷蠙珠臮魚**師古曰淮夷淮水上之夷也蠙珠珠名臮及也言其地出珠及美魚也蠙音步千反字或作玭補注先謙曰說文玭珠也宋宏云淮水中出玭珠玭珠之有聲者重文作蠙案馬注以淮夷爲二水名古文說鄭注淮水之上夷民與宋宏合用今文說也夏紀亦作蠙索隱云一作玭是

史漢二書皆有兩作傳本岐出非今古文異臮古暨字**厥棐玄纖縞**師古曰玄黑也纖細繒也縞鮮支也即今所謂素者也言獻黑細繒及鮮支也補注劉敞曰此棐亦屬淮夷**浮于淮泗達于河**師古曰渡二水而入于河補注王念孫曰河當依說文作菏顏依文作解而不知其謬也又下文山陽郡湖陵禹貢浮于淮泗[illegible]通于河水在南河亦當作菏尚書史記皆譌作河自韻會舉要始正其誤而近世閻若璩胡渭言之益詳毋庸復辨地理志菏字多作荷下文道荷澤又東至于荷及濟陰郡下云禹貢荷澤在定陶東是也水經注亦作荷[illegible]五經文字云菏古本亦作荷先謙曰達字誤當作通夏紀作通山陽湖陵下亦作通荷水見道川**淮海惟揚州**師古曰北據淮南距海補注汪遠孫曰揚當從木旁凡地名姓名字皆作楊先謙曰汪說是也詳見天文志**彭蠡既豬陽鳥逌居**師古曰彭蠡澤名在彭澤縣西北陽鳥隨陽之鳥也言彭蠡之水既已蓄聚則鴻雁之屬所共居之蠡音禮補注先謙曰彭蠡見道川夏紀豬作都逌作攸說文逌讀若攸漢書多古字攸並作逌**三江既入震澤底定**師古曰三江謂北江中江南江也震澤在吳西即具區也底致也言三江既入則震澤致定補注先謙曰本志會稽吳下云南江在南東入海具區澤在西古文以爲震澤中江北江見道川夏紀底作致**篠簜既敷**師古曰篠小竹也簜大竹也敷謂布地而生也篠音先了反簜音蕩補注先謙曰篠當爲筱疑後人據枚書改之說文筱箭屬簜可爲幹筱可爲矢夏紀作竹箭既布**屮夭木喬**師古曰夭盛貌也喬上竦也夭音於驕反喬音

橋又音驕補注先謙曰夏紀多兩其字兩惟字後人妄增**厥土塗泥**師古曰瀸洳溼也**田下下賦下上上錯**師古曰田第九賦第七又雜出諸品補注先謙曰夏紀重上字錯改雜**貢金三品**師古曰金銀銅補注先謙曰鄭注銅三色也三色者青白赤顏用僞孔說**瑤琨篠簜齒革羽毛**師古曰瑤琨皆美玉名也齒象齒也革犀革也羽旌謂衆鳥之羽可爲旌者也琨音昆補注先謙曰說文琨或體夏紀作瑻亦三家本異篠當爲筱筱簜紀作竹箭毛作旌顏注作羽旄足證毛字後人妄改下荊州正作羽旄枚書下有惟木二字史漢無明衍文**鳥夷卉服**師古曰鳥夷東南之夷善捕鳥者也卉服絺葛之屬補注先謙曰夏紀作島夷後人妄改**厥棐織貝**師古曰織謂細布也貝水蟲也古以爲貨補注劉敞曰予謂織貝特敘鳥夷之下明鳥夷之棐也緝貝爲布如厚繒今亦有之貝木名也先謙曰顏用僞孔說集解引鄭注云貝錦名詩云成是貝錦劉以貝爲木名亦非**厥包橘柚錫貢**師古曰柚似橘而大其味尤酸橘柚皆不耐寒故包裹而致之也錫貢者須錫命而獻之言不常來也柚音弋救反補注先謙曰夏紀亦作包今文也古文作苞見說文柚下及詩木瓜箋引史集解引鄭注錫貢有錫則貢之或時乏則不貢錫所以柔金也皮錫瑞云史記錫大龜錫土姓皆改作賜惟此與錫貢磬錯作錫蓋今文說當爲貢錫顏引王肅說以注漢志非**均江海通于淮泗**師古曰均平也通淮泗而入江海故云平補注先謙曰夏紀同志多于字集解引鄭注均讀曰沿沿順水行也釋文沿鄭本作松松是沿之誤馬本作均云均平顏用馬說孫星衍

云均蓋徇字一切經音義引三蒼云循古文作徇與浴義合**荆及衡陽惟荆州**師古曰北據荆山南及衡山之陽也補注先謙曰荆衡見道山**江漢朝宗于海**師古曰江漢二水歸入于海有似諸侯朝於天子故曰朝宗宗尊也補注先謙曰江漢見道川閻若璩云江所歷之州曰梁曰荆曰揚漢所歷之州曰梁曰豫曰荆**九江孔殷**師古曰孔甚也殷中也言江水於此州界分爲九道甚得地形之中補注先謙曰九江見道川夏紀孔殷作甚中今文說鄭注殷猶多也九江從山谿兩出其孔衆多古文說**沱灊既道雲夢土作乂**師古曰沱灊二水名自江出爲沱自漢出爲灊雲夢澤名言二水既從其道則雲夢之土可爲畋魚之治也沱音徒何反灊音潛一曰道讀曰導導治也補注先謙曰官本注畋魚作畋畝是南監本同本志南郡枝江下云江沱出西東入江灊水不見志攷書作潛夏紀作涔古潛涔通用毛詩潛有多魚韓詩作涔非今古文異也雲夢土一本作雲土夢夏紀索隱單行本出雲土夢三字云雲土夢二澤名引韋昭云雲土今爲縣屬江夏地理志江夏有雲杜縣是其證也是小司馬史記本及韋昭漢書音義本並作雲土夢古土杜通用皮錫瑞云王逸楚詞注夢澤中也楚人名澤中謂夢中左傳江南之夢即江南之澤雲土夢亦即雲土澤耳其說是也又案史記各本作雲夢土爲治顏注漢書亦作雲夢土明史漢又皆有作雲夢土者成蓉鏡云雲夢本一藪見周官爾雅呂覽戰國策淮南墬形訓鹽鐵論說文宋玉高唐賦司馬相如子虛賦或單稱雲見左定傳或單稱夢見左宣昭傳杜預云楚之雲夢跨江南北是也雲夢土作乂者蓋雲夢爲地至廣其中有澤有土當洪水汎濫皆在巨浸中至是而水瀦於澤其土乃可治書雲夢土作乂正以著澤之底定耳周官爾雅所記者雲夢澤而楚王宋玉所遊者則雲夢土矣先謙案南郡華容下云雲夢澤在南正應禹貢而雲杜縣名必本雲土明出三家異本凡志用古文尚書皆明著古文及桑欽說今志不言其非今古文異可知矣小司馬以雲夢爲二澤李吉甫諸儒並說江北爲雲江南爲夢非是**厥土塗泥田下中賦上下**師古曰田第八賦第三補注先謙曰夏紀同**貢羽旄齒革金三品**師古曰自金以上所貢與揚州同補注先謙曰夏紀同**杶幹栝柏厲砥砮丹**師古曰杶木似樗而實幹柘也栝木柏葉而松身厲磨也砥其尤細者也砮石名可爲矢鏃丹赤石也所謂丹沙者也杶音丑倫反栝音古活反砥音指又音祗砮音奴補注先謙曰官本祗作抵是釋文杶又作櫄說文櫄或體史漢同作杶考工記注禹貢荆州貢櫄幹栝柏夏紀厲作礪俗字**惟箘簵楛三國厎貢厥名**師古曰箘簵竹名楛木名也皆可爲矢言此州界本有三國致貢斯物其名稱美也箘音囷簵音路楛音枯補注先謙曰官本注枯作怙是說文簵下引夏書曰惟箘簵枯簵下云簵古文枯下云槁也夏書曰惟箘輅枯上枯木名也夏紀簵作簬楛同徐廣注一作箭足杆卽楛也音怙先謙案史漢用今文作楛則枯是古文作簬者或夏侯尚書與古文合耳皮錫瑞云夏紀篠簜作竹箭故箘一作箭足蓋路之壞字鄭以厥名屬下讀古文異說**包匭菁茅**師古曰匭柙也菁菜也可以爲葅茅可以縮酒苞其茅匭其菁而獻之匭音軌菁音精補注先謙曰晉志零陵泉陵縣有香茅古貢之以

縮酒正義括地志辰州盧溪縣西南三百五十里有包茅山山際出包茅有刺而三脊因名**厥棐玄纁璣組**師古曰玄黑色纁絳也璣珠之不圜者組綬類也纁音勳璣音機又音祈**九江納錫大龜**師古曰大龜尺有二寸出於九江錫命而納不常獻也補注先謙曰下文納並作內此後人據枚書改納錫史記作入賜以詁訓代也皮錫瑞云錫大龜三字當連讀蓋天子錫諸侯之大龜禮樂記青黑緣者天子之寶龜也從之以牛羊之羣則所以贈諸侯也公羊傳言寶玉大弓有龜青純公羊以寶卽寶龜與樂記合是古天子有錫諸侯寶龜之禮納錫大龜謂納此錫諸侯之大龜史記作入賜亦謂入此賜諸侯之大龜也**浮于江沱灊漢逾于洛至于南河**師古曰逾越也言渡四水而越洛乃至南河也南河在冀州南補注王念孫曰洛本作雒此後人以俗本尚書改之也凡伊雒瀍澗之雒字從隹旁各涇渭洛之洛字從水旁各一爲豫州川一爲雍州浸載在職方不相假借故說文水部洛字注內但有雍州之洛而無豫州之雒今經傳中伊雒之雒多作洛者後人惑於魏文帝之言而改之也尚書有豫州之雒無雍州之洛其字古今文皆作雒而今本作洛則又衞包以俗書改之也此志宏農郡上雒下云禹貢雒水出冢領山東北至鞏入河豫州川左馮翊褱德下云洛水東南入渭雍州寖其秩然不紊如此而後人猶改雒爲洛茀思之甚也然下文之伊雒瀍澗其川熒雒[illegible]及宏農郡盧氏黽池新安上雒四縣下之雒字河南郡穀城下之雒字則仍然未改幸其參差不一猶可考見班氏原文雒洛二字之辯古文尚書撰異言之甚詳今舉其大畧如此先謙曰夏紀灊漢作涔于漢于字衍[illegible]涔灊字同逾于洛夏紀作踰于洛下逾並作踰**荆河惟豫州**師古曰西南至荆山北距河水補注先謙曰官本考證云荆山監本訛荆州從宋本改正**伊雒瀍澗既入于河**師古曰伊出陸渾山雒出冢領山瀍出穀成山澗出黽池山四水皆入河補注先謙曰伊雒瀍澗並見道川**榮波既豬**師古曰榮沇水泆出所爲也即今榮澤是也波亦水名言其水並已遏聚矣一說謂榮水之波補注先謙曰榮古从火作熒左隱元年傳釋文本或作榮非[illegible]異夏紀作榮播既都案職方其浸波溠鄭注波讀爲播是波即播鄭以今文讀古文也說文潘水名在河南榮陽陳喬樅云漢書作波乃潘之段借詩番爲司徒人表作司徒皮儀禮既夕篇設披鄭注今文披皆爲藩是其證先謙案此水本字作潘段字作播志作波者班特用古文改之俾後人曉然於職方之波即禹貢之播耳班學無常師於此益見顏引一說非索隱訓潘爲播益尤謬**道荷澤被盟豬**師古曰荷澤在湖陵盟豬亦澤名在荷之東北言治荷澤之水衍溢則使被及盟豬不常入也道讀曰導荷音歌被音被馬之被盟音孟補注先謙曰荷荷通用見上荷澤在濟陰見道川顏云澤在湖陵者其流也本志梁國睢陽下云盟諸澤在東北案大傳作孟諸周禮作望諸則諸豬非今古文異班豬諸並用亦如上雒水雒雒兩作之例夏紀作明都段玉裁云明盟孟望古音皆讀如芒**厥土惟壤下土墳壚**師古曰高地則壤下地則墳壚謂土之剛黑者也音盧補注先謙曰夏紀無惟字**田中上賦錯上中**師古曰田第四賦第二雜出第一補注先謙曰官本注雜上有又字南監

本同貢漆枲絺紵棐纖纊師古曰紵織紵爲布及練也纖纊細綿也紵音佇纊音曠補注宋祁曰練涫化本作
疎先謙曰夏紀枲作絲蓋亦三家文異揚雄豫州箴作枲又紀纊作絮故訓字既夕記注纊新絮也錫貢磬錯師古曰錯
治玉之石磬錯言可以治磬也亦待錫命而貢補注宋祁曰注末貢下當添之字皮錫瑞曰夏紀錫不改賜或亦當如鄭注貢錫之
義浮于洛入于河師古曰因洛入河也補注先謙曰段玉裁云入蓋通之誤唐本已然夏紀作達亦通之誤華
陽黑水惟梁州師古曰東據華山之南西距黑水岷嶓既蓺沱灊既道師古曰岷岷山也嶓
嶓冢山也言水已去二山之土皆可種蓺沱灊二水治從故道也岷音旻嶓音波道讀曰導補注宋祁曰岷疑作嶓注同錢大昭曰
岷閩本作嶓注同下文岷山皆作嶓閩本是蘇輿曰說文作𡶒岷卽𡶒消段玉裁謂古文尚書作𡶒今文作汶案漢志作岷或作嶓
[illegible]阺亦作汶[illegible]又作文[illegible]傳夏紀作汶而河渠書作岷參差不一如此未可據爲今古文之辨先謙曰岷嶓見道山沱
見道川本志巴郡宕渠下云灊水西南入江夏紀灊作涔蔡蒙旅平和夷底績師古曰蔡蒙二水名旅陳也旅
平言已平治而陳祭也和夷地名亦以致功可耕稼也補注蘇輿曰顏訓旅平爲平治而陳祭既倒經文且禹貢三言旅皆屬山言
治畢陳祭山川皆同何獨於山舉之竊謂旅陳也陳列也洪水泛濫山沒於水水歸山出表識可驗粲然陳列而平治也故下以刊
旅並言荊岐既旅義亦同先謙曰官本注水作山是南監本同蜀郡青衣下有蒙山和郎桓水見下厥土青黎師古曰色

青而細疏補注先謙曰夏紀黎作驪田下上賦下中三錯師古曰田第七賦第八又雜出第七至第九凡三品
貢璆鐵銀鏤砮磬師古曰璆美玉也鏤剛鐵也砮磬石也璆音虯熊羆狐貍織皮師古曰織皮謂
罽也言貢四獸之皮又貢維罽補注先謙曰官本維作雜是南監本同西頃因桓是徠師古曰西頃山名在臨洮
西南桓水名也言治西頃山因桓水是來無它道也頃讀曰傾補注先謙曰西頃見道山蜀郡下云桓水出蜀山西南行羌中入南
海鄭注以織皮西頃爲句以桓是爲隴阪名與史漢句讀不同乃古文異說浮于灊逾于沔師古曰漢上曰沔音
莫踐反補注先謙曰夏紀灊作潛後人妄改仍當爲涔沔水一名沮水與漾水合故漾兼沔稱沔見道川入于渭亂于
河師古曰正絕流曰亂補注先謙曰渭見道川黑水西河惟雍州師古曰西據黑水東距西河西河卽龍門
之河也在冀州西故曰西河補注先謙曰揚雄雍州箴黑水西河橫截崑崙邪指閶闔畫爲雍垠弱水既西師古曰治
使西流至合黎補注先謙曰弱水見道川涇屬渭汭師古曰屬逮也水北曰汭言治涇水入于渭也屬音之欲反汭音芮
又音而悅反補注先謙曰涇水見道川說文水相入曰汭漆沮既從酆水逌同師古曰漆沮卽馮翊之洛水也
酆水出鄠之南山言漆沮既從入渭酆水亦來同也逌古攸字也攸所也沮音七余反補注先謙曰漆沮酆見道川荊岐既
旅師古曰荊岐二山名荊在岐東言二山治畢已旅祭也補注先謙曰荊岐見道山終南惇物至于鳥鼠

師古曰終南惇物二山皆在武功鳥鼠山在隴西首陽西南自終南西出至于鳥鼠也補注先謙曰本志扶風武功下云大壹山古
文以爲終南垂山古文以爲敦物皆在縣東夏紀惇作敦鳥鼠見道山原隰底績至于豬壄師古曰高平曰
原下溼曰隰豬壄地名言皆致功也補注先謙曰武威武威下云休屠澤在東北古文以爲豬壄澤夏紀作都野三危既
宅三苗丕敘師古曰三危山名已可居也三苗本有苗氏之族徙居於此分而爲三故言三苗今皆大得其次敘補注
先謙曰夏紀宅作度丕敘作大序丕大故訓字御覽引河圖括地象云三危山在鳥鼠之西南與汶山相接地道記云三苗所處今
安西州五帝紀三苗在江淮荊山舜遷三苗于三危故雍州有三苗也厥土黃壤田上上賦中下師古
曰田第一賦第六貢球琳琅玕師古曰球琳皆玉名琅玕石似珠者也球音求又音虯琳音林琅音郎玕音干補注
先謙曰夏紀球作璆蓋三家異字論衡率性篇禹貢曰璆琳琅玕此則土地所生眞玉珠段玉裁云眞玉謂球琳眞珠謂琅玕此今
文說也釋文琳又作玪鄭注璆美玉玪美石案說文玪下云玪塾石之次玉者鄭訓美石則其本琳必作玪此古文異說浮于
積石至于龍門西河師古曰積石山在金城西南龍門山在河東之西界皆河水所經補注先謙曰積石龍門
見道川會于渭汭師古曰逆流曰會自渭北涯逆流西上織皮昆崘析支渠叟西戎卽
敘師古曰昆崘析支渠叟三國名也言此諸國皆織皮毛各得其業而西方遠戎竝就次敘也叟讀曰搜補注宋祁曰姚本各得

其下添事字次字改作此先謙曰夏紀崘作侖叟作搜敘作序案昆崘山祠見金城臨羌昆侖障見敦煌廣至竝不從山溝洫志亦
作侖朔方渠搜縣亦不作叟西域傳贊云書曰西戎卽序言禹就而序之又敘傳西戎卽序夏后是表亦不作敘字皆通用非今古
文異道汧及岐至于荊山師古曰自此以下更說所治山水首尾之次也治山通水故舉山言之汧山在汧縣
西道讀曰導後皆類此汧音苦堅反補注先謙曰夏紀道下有九山二字本志扶風汧下云吳山在西古文以爲汧山美陽下云岐
山在西北馮翊褱德下云北條荊山在南逾于河師古曰郎梁山龍門壺口雷首至于大嶽師古曰自
壺口雷首而至大嶽也雷首在河東蒲阪南大嶽卽所謂嶽陽者補注先謙曰官本大作太南監本同本志河東北屈下云壺口山
在東南蒲反下云雷首山在南彘下云霍太山在東底柱析城至于王屋師古曰底柱在陝縣東北山在河中
形若柱也析城山在濩澤西南王屋山在垣縣東北補注先謙曰夏紀底作砥下同底柱見道川本志河東濩澤下云析城山在西
南垣下云王屋山在東北太行恒山至于碣石入于海師古曰太行山在河內山陽西北恒山在上曲
陽西北言二山連延東北接碣石而入于海行音胡郎反補注先謙曰本志河內壄王下云大行山在西北常山上曲陽下云恒山
北谷在西北右北平驪成下云大揭石山在西南西頃朱圉鳥鼠至于太華師古曰朱圉山在漢陽冀
縣南大華卽今華陰山補注宋祁曰陰山姚本作陽山先謙曰官本頃作傾南監本同本志隴西臨洮下云西頃山在西南天水冀

下云朱圉山在縣南梧中聚京兆華陰下云太華山在南**熊耳外方桐柏至于倍尾**師古曰熊耳在陝東外方在潁川故縣即崇高也桐柏在平氏東南倍尾在安陸東北言四山相連也倍讀曰陪〔補注〕先謙曰本志宏農盧氏下云熊耳山在東潁川崈高下云古文以崇高爲外方山南陽平氏下云桐柏大復山在東南江夏安陸下云橫尾山在東北古文以爲倍尾夏紀作負尾三家異文**道嶓冢至于荊山**師古曰嶓冢山在梁州南此荊山在南郡臨沮東北嶓音波〔補注〕先謙曰官本此作北齊召南云南北當作西北各本俱誤先謙案顏言此者以別於北條荊山本志隴西西下云禹貢嶓冢山南郡臨沮下云南條荊山在東北**內方至于大別**師古曰內方在荊州大別在廬江安豐也〔補注〕先謙曰本志江夏竟陵下云章山在東北古文以爲內方山六安安豐下云大別山在西南皮錫瑞云自杜預始疑大別不在安豐元和志遂以翼際山當之非古義**嶓山之陽至于衡山**師古曰嶓山在蜀郡湔氏西衡山在長沙湘南之東南嶓山江所出衡山江所經〔補注〕齊召南曰此本孔傳之誤也衡山湘水所經北去岷江甚遠安得謂江所經乎先謙曰本志蜀郡湔氏下云嶓山在西徼外長沙湘南下云衡山在東南**過九江至于敷淺原**師古曰敷淺原一名博陽山在豫章歷陵南〔補注〕先謙曰官本博作傳是引宋祁曰傳陽尚書注作博陽一本作溥陽案南監本亦作博陽九江見下本志豫章歷陵下云傳易山古文以爲傳淺原**道弱水至于合藜餘波入于流沙**師古曰合藜山在酒泉流沙在敦煌西〔補注〕先謙曰官本藜作黎南監本同道下夏紀有九川二字本志張掖刪丹下云桑欽以爲道弱水自此西至酒泉合黎居延下云居延澤在東北古文以爲流沙說文溺水自張掖刪丹西至酒泉合黎餘波入于流沙桑欽所說全用志文案釋文弱本作溺疑古文作溺班氏從俗特以今文易之水經注禹貢山水澤地篇作合離**道黑水至于三危入于南海**師古曰黑水出張掖雞山南流至敦煌過三危山又南流而入于南海〔補注〕先謙曰本志益州滇池下云有黑水祠禹貢山水澤地篇三危山在敦煌縣南**道河積石至于龍門**師古曰積石山在河關西羌中龍門山在夏陽北言治河施功自積石起鑿山穿地以通其流至龍門山也〔補注〕先謙曰本志金城河關下云積石山在西南羌中河水行塞外東北入塞內至章武入海馮翊夏陽下云龍門山在北**南至于華陰東至于厎柱**師古曰自龍門南流以至華陰又折而東經厎柱〔補注〕先謙曰夏紀無兩于字志京兆有華陰縣禹貢山水澤地篇砥柱山在河東大陽縣東河中**又東至于盟津**師古曰盟讀曰孟孟津在洛陽之北都道所湊故號孟津孟長大也〔補注〕先謙曰夏紀同校書作孟津**東過洛汭至于大伾**師古曰洛汭洛入河處蓋今所謂洛口也山再重曰伾大伾山在成皋伾音平鄙反〔補注〕錢坫曰洛水入河處在今河南開封府汜水縣西北先謙曰溝洫志作雒內此洛字後人所改汭內通作夏紀作大邳溝洫志亦作伾禹貢山水澤地篇大伾在河南成皋縣北**北過降水至于大陸**師古曰降水在信都大陸在鉅鹿〔補注〕先謙曰官本注降作洚南監本正文注

亦作洚上黨郡屯留下云桑欽言絳水出西南東人海當作入瀆河水注引鄣作信都國信都下云禹貢絳水入海郡國志亦云信都有絳水字並作絳此作降後人所改夏紀作降索隱云地理志從糸作絳尤其明證鉅鹿鉅鹿下云大陸澤在北案志云桑欽以絳水爲入漳古文說信都下絳水入海今文說**又北播爲九河**師古曰播布也〔補注〕先謙曰志九河有三勃海成平下云虖池河民曰徒駭河東光下云有胡蘇亭平原鬲下云平當以爲鬲津**同爲逆河入于海**師古曰同合也九河又合而爲一名爲逆河言相迎受也海即勃海是也〔補注〕宋祁曰迎改作逆錢大昕曰逆當作迎迎逆聲相近義亦不異宋改迎爲逆於義雖通終失班氏之舊先謙曰溝洫志作迎河勃海郡莽曰迎河南皮莽曰迎河亭此作迎河無疑夏紀河渠書作逆河又太史公云東闚洛汭大伾迎河足證夏紀河渠書之逆河後人據古文改之**嶓冢道漾東流爲漢**師古曰漾水出隴西氐道東流過武關山南爲漢禹治漾水自嶓冢始也漾音恙〔補注〕先謙曰說文漾下云從水羕聲瀁下云古文從養夏紀作瀁蓋兼存古文志作漾用今文下作養亦兼錄古文養即瀁之省也嶓冢見上本志隴西氐道下云養水所出東至武都爲漢武都武都下云漢水受氐道水一名沔過江夏謂之夏水入江**又東爲滄浪之水**師古曰出荊山東南流爲滄浪之水即漁父所歌者也浪音琅〔補注〕皮錫瑞曰文選南都賦流滄浪而爲隍廓方城而爲墉李注引左傳方城以爲城漢水以爲池是滄浪即漢之別流馬鄭皆以爲夏水蓋今古文說不異沔水注以武當之千齡洲當之非是先謙曰夏紀滄作蒼**過三澨至于大別**師古曰三澨水在江夏竟陵澨音筮〔補注〕先謙曰禹貢山水澤地篇三澨地在南郡邔縣北沱注云馬鄭王孔咸以爲三澨水名許愼言澨者埤增水邊土人所止也左傳有句澨漳澨薳澨服虔或謂之邑又謂之地京相璠杜預云水際及邊地名也今南陽淯陽二縣間有南澨北澨諸儒之論水陸相半惟鄭玄及劉澄之言在竟陵縣界**南入于江**師古曰觸大別山而南入江也**東匯澤爲彭蠡**師古曰匯迴也又東迴而爲彭蠡澤也匯音胡賄反〔補注〕先謙曰豫章彭澤下云彭蠡澤在西**東爲北江入于海**師古曰自彭蠡江分爲三遂爲北江而入海〔補注〕何焯曰史記注孔安國云自彭蠡江分爲三道入震澤遂爲北江而入海案入震澤之語最爲謬妄顏削去得之先謙曰會稽毗陵下云北江在北東入海**嶓山道江東別爲沱**師古曰別而出也江東南流沱東行也沱音徒河反〔補注〕先謙曰本志蜀郡湔氏下云嶓山在西徼外江水所出東南至江都入海郫下云禹貢江沱在西東入大江**又東至于醴**師古曰醴水在荊州〔補注〕先謙曰馬鄭注本及夏紀同是今古文並作醴校書作澧唐石經以下從之非集解引鄭注云醴陵名大阜曰陵長沙有醴陵縣**過九江至于東陵**師古曰東陵地名〔補注〕先謙曰廬江尋陽下云九江在南皆東合爲大江又金蘭西北有東陵鄉先謙案此九江今文說禹貢山水澤地篇九江地在長沙下雋縣西北本山海經洞庭九江爲文桑欽古文說也班鄭皆不用之**東迆北會于匯**師古曰迆溢也東溢分流都共北會彭蠡也迆音弋爾反〔補注〕先謙曰匯謂震澤東迆者北會于震澤出爲南江詳會稽吳下

東爲中江入于海師古曰亦自彭蠡出〔補注〕先謙曰自震澤出丹揚蕪湖下云中江出西南東至陽羨入海**道沇水東流爲泲**師古曰泉出王屋山名爲沇流去乃爲泲也沇音弋䜌反〔補注〕宋祁曰沇音一作流**入于河軼爲滎**師古曰軼與溢同言泲水入河並流而南截河又並流溢出乃爲滎澤一曰軼過也音逸〔補注〕先謙曰本志河東垣下云沇水所出東南至武德入河軼出滎陽北地中又東至琅槐入海**東出于陶丘北**師古曰陶丘丘再重也在濟陰定陶西南〔補注〕先謙曰濟陰定陶下云禹貢陶丘在西南陶丘亭**又東至于荷**師古曰即荷澤〔補注〕段玉裁曰此謂定陶之菏澤非謂湖陵之菏水也先謙曰濟陰郡下云荷澤在定陶東**又東北會於汶**師古曰濟與汶合〔補注〕汪遠孫曰於當作于尚書作于不作於先謙曰此浮汶通泲之汶也泰山萊蕪下云原山禹貢汶水出西南入泲桑欽所言**又北東入于海**師古曰北折而東也〔補注〕先謙曰夏紀作又東北**道淮自桐柏**〔補注〕先謙曰本志南陽平氏下云桐柏大復山淮水所出東南至淮陵入海**東會于泗沂東入于海**〔補注〕先謙曰魯國卞下云泗水東南至方與入泲濟陰乘氏下云泗水東南至睢陵[illegible][illegible]入淮泰山蓋下云沂水南至下邳入泗**道渭自鳥鼠同穴**〔補注〕先謙曰本志隴西首陽下云鳥鼠同穴山渭水所出東至船司空入河**東會于酆**〔補注〕先謙曰扶風鄠下云酆水出東南北過上林苑入渭**又東至于涇**〔補注〕先謙曰安定涇陽下云开頭山在西涇水所出東南至陽陵入渭至當作會夏紀同**又東過漆沮入于河**〔補注〕先謙曰扶風漆下云漆水在縣西北地直路下云沮水出西東入洛馮翊褱德下云洛水東南入渭說者以爲漆沮**道洛自熊耳**〔補注〕汪遠孫曰洛當作雒先謙曰本志宏農上雒下云雒水出冢領山東北至鞏入河熊耳獲輿山在東北**東北會于澗瀍**〔補注〕先謙曰宏農新安下云澗水在東南入雒河南穀成下云瀍水出朁亭北東南入雒**又東會于伊又東北入于河**〔補注〕先謙曰宏農盧氏下云伊水出東北入雒**九州逌同**師古曰各以其所而同法〔補注〕蘇輿曰顏說非逌攸字同此攸訓所不可通說文攸行水也戴侗六書故引唐本水行攸攸也案當作行水攸攸行水順其性則安流攸攸而入於海正與此攸攸義合九州之水皆攸行而會同於海承上文言之史公於禹貢攸皆改所惟此作攸而於句上加於是二字明不訓攸爲所顏說失其指矣**四奧既宅**師古曰奧讀曰墺謂土之可居者也宅亦居也言四方之土已可定居也墺音於六反〔補注〕先謙曰夏紀亦作奧大傳壇四奧是今文作奧說文墺四方之土可定居者也玉篇土部引夏書四墺既宅蓋古文作墺夏紀宅改居**九山栞旅**師古曰九州之山皆已栞木通道而旅祭也〔補注〕先謙曰夏紀亦作栞今文同枚書作刊皮錫瑞云史記道九山則禹貢之山實有九數非謂九州之山以經攷之汧及岐至于荊山一也壺口雷首至于大嶽二也厎柱析城至于王屋三也大行恆山至于碣石四也西頃朱圉鳥鼠至于太華五也熊耳外方桐柏至于陪尾六也嶓冢至于荊山七也內方至于大別八也嶓山之陽至于衡山九也其數適合蓋山之

數不止於九而脈絡相承數山實止一山故可合爲一山觀經文皆自某山至於某山此數山可合爲一山之證**九川滌原**師古曰九州泉源皆已淸滌無壅塞〔補注〕先謙曰九川弱水一黑水二河三漾四江五沇六淮七渭八洛九也史公弱水上增九川二字則九川非九州泉源可知**九澤既陂**師古曰九州陂澤皆已遏障無決溢〔補注〕先謙曰皮錫瑞云九山九川皆實有九則九澤亦當實有九數非謂九州之澤也以經攷之雷夏一大壄二彭蠡三震澤四雲夢五滎波六荷澤七盟豬八豬壄九適符九數雷夏彭蠡震澤荷澤禹貢明著澤名雲夢盟豬大壄皆爲澤見職方滎澤見左傳豬壄澤見水經其或一州無澤或一州二澤三澤蓋無一定非如職方所在一州一澤也**四海會同**師古曰四海之內皆同會京師〔補注〕先謙曰官本注無皆字引宋祁曰之內下姚本有皆字**六府孔修**師古曰水火金木土穀皆甚治〔補注〕先謙曰夏紀孔改甚**庶土交正厎愼財賦**師古曰言衆土各以其所出交易有無而不失正致愼貨財以供貢賦〔補注〕先謙曰夏紀庶改衆厎改致集解引鄭注衆土美惡及高下得其正矣顏說非**咸則三壤成賦中國**師古曰言皆隨其土田上中下三品而成其賦於中國也中國京師也〔補注〕先謙曰官本注田作地下有自字引宋祁曰邵本其土地下自字作田南監本與此本同史集解引鄭注中國二字屬下爲句古文說也王褒四子講德論云咸則三壤顏與鄭讀不同蓋襲漢人舊說**錫土姓祇台德先不距朕行**師古曰台養也言封諸侯賜之土田因以爲姓所敬養者惟德爲先故無距我之行也台音怡〔補注〕先謙曰夏紀錫作賜集解引鄭注祇台訓敬悅顏注不同蓋亦襲漢人舊說**五百里甸服**師古曰規方千里最近王城者爲甸服則四面五百里也甸之爲言田也主爲王者治田〔補注〕先謙曰夏紀云令天子之國以外五百里甸服皮錫瑞云此言甸服在帝畿千里之外如職方甸服在王畿千里之外也其外侯綏要荒各五百里五服四面相距方五千里加帝畿千里則六千里賈逵馬融以爲中國方六千里蓋同史公之說然史公意以爲帝畿之外乃爲五百里甸服納總之屬即在五百里甸服中而馬注云甸服之外每百里爲差所納總銍秸粟米者是甸服之外特爲此數其侯服之外每言三百里二百里者還就其服之內別爲名耳非是服外更有其地也甸服之外五百里至城千里其侯綏要荒服各五百里是面三千里相距爲方六千里據此則馬意以爲五百里甸服即是帝畿千里甸服外乃別有納總之屬雖皆云六千里而其義稍異**百里賦內總**師古曰自此以下說甸服之內以差言之也總禾槀揔入也內讀曰納下皆類此〔補注〕先謙曰官本注揔作總南監本同夏紀內作納通用字下同**二百里納銍**師古曰銍謂所刈即禾穗也銍音窒〔補注〕錢大昭曰納南監本閩本作內上下文皆爲內此納字誤先謙曰官本作內**三百里內戛服**師古曰戛槀也言服者謂有役則服之耳戛音工黠反〔補注〕錢坫曰戛夏紀作稭依義即稭字也別作秸耳禮器注又作鞂亦別字此則借用戛戟字陳奐曰戛服書作秸服二字連文得義斷去其槀又去其穎謂之秸帶稃言謂之秸服秸者實也秸服者粟之皮也服輿稃聲相近自僞孔傳誤秸爲槀而顏又誤解服字耳**四百里**

粟五百里米師古曰精者納少麤者納多五百里侯服師古曰此次甸服之外方五百里也侯候也主斥候而服事也百里采師古曰又說侯服內之差次也采事也王事則供之不主一也二百里男國師古曰男之言任任王事者〔補注〕先謙曰夏紀作任國任男通用字今文男皆作任此疑後人據校書改之王莽傳莽封王氏女皆爲任用今文尚書制爵也莽下書曰在采任諸侯是謂維翰三百里諸侯師古曰三百里同主斥候故合而言之爲一等〔補注〕先謙曰夏紀校書亦作三疑三當爲二五百里綏服師古曰此又次侯服外之五百里也綏安也言其安服王者政教〔補注〕先謙曰夏紀五上增侯服外三字三百里揆文教師古曰揆度王者文教而行之也三百里皆同二百里奮武衛師古曰奮其武力以衞王者二百里皆同五百里要服師古曰此又次綏服外之五百里也要以文教要來之也要音一遙反〔補注〕先謙曰夏紀五上增綏服外三字三百里夷師古曰夷易也言行平易之法也三百里皆同二百里蔡師古曰蔡法也遵刑法而已二百里皆同〔補注〕先謙曰顏用馬說鄭注蔡之言殺減殺其賦義異五百里荒服師古曰又次要服外五百里此五服之最在外者也荒言其荒忽各因本俗〔補注〕先謙曰夏紀五上增要服外三字三百里蠻師古曰蠻謂以文德蠻幕而覆之三百里皆同〔補注〕先謙曰正義引馬融云蠻慢也禮簡怠慢來不距去不禁與顏說異二百里流師古曰任其流移不考詰也三百里皆同〔補注〕劉敞曰予謂唐虞九州州方千里通三千里也

前漢二十八上　十五

要荒乃在九州外矣夷者言稍以夷禮通之於春秋譬杞莒也蔡讀如蔡蔡叔之蔡蠻者兼言蠻俗矣於春秋譬楚越也流讀如流其工之流此兩者之分夷近而蠻遠蔡輕而流重王制曰千里之外曰采曰流采亦當作蔡聲之誤耳東漸于海西被于流沙朔南暨聲教訖于四海師古曰漸入也被加也朔北方也訖盡也言東入于海西加流沙北方南方皆及聲教盡於四海也一曰漸浸臮及也〔補注〕先謙曰官本臮並作洎引宋祁曰洎疑作臮註同皮錫瑞云賈捐之傳以朔南暨聲教爲句荀悅漢紀亦云北盡朔裔南暨聲教後漢杜篤傳朔南暨聲諸夏建和是兩漢人皆以朔南暨聲教爲句近人於暨字斷句非古義也且漢志作臮又何以解乎禹錫玄圭告厥成功師古曰玄天色也堯以禹治水功成故賜玄圭以表之也自此以上皆禹貢之文〔補注〕先謙曰官本天作水南監本亦作天夏紀云於是帝錫禹玄圭以告成功于天下後受禪於虞爲夏后氏殷因於夏亡所變改〔補注〕陳奐曰爾雅釋地說者以爲殷制周既克殷監於二代而損益之定官分職改禹徐梁二州合之於雍青師古曰省徐州以入青州幷梁州以合雍州分冀州之地以爲幽幷〔補注〕何焯曰周禮注此州界揚荊豫兗雍冀與禹貢畧同青州則徐州地也幽幷則青冀之北也無徐梁梁屬於雍猶幽幷之屬於冀也故周官有職方氏師古曰夏官之屬也職主也主四方之土地掌天下之地辯九州之國東南曰

揚州其山曰會稽師古曰在山陰縣〔補注〕先謙曰本志會稽山陰下云會稽山在南揚州山藪曰具區師古曰藪大澤也具區在吳也〔補注〕先謙曰官本注末無也字會稽吳下云具區澤在西揚州藪川曰三江寖曰五湖師古曰寖古浸字也川水之通流者也浸謂引以灌溉者五湖在吳〔補注〕汪遠孫曰寖隸省作浸俗作寖先謙曰會稽吳下南江毗陵下北江丹陽蕪湖下中江並云揚州川郎禹貢三江也五湖志不載錢坫云今松江也亦名笠澤春秋傳魯哀公十七年吳越戰于笠澤史記孔子列傳及越絕作戰于五湖是也今蘇州府吳江縣東有水通澱泖諸湖者皆是其利金錫竹箭民二男五女畜宜鳥獸師古曰鳥孔翠之屬獸犀象之屬穀宜稻正南曰荊州其山曰衡藪曰雲夢川曰江漢〔補注〕先謙曰本志長沙湘南下云衡山在東南荊州山南郡華容下云雲夢澤在南荊州藪江漢朝宗于海禹貢在荊州志不言寖曰潁湛師古曰潁水出陽城陽乾山宜屬豫州許愼又云湛水豫州浸竝未詳也湛音直林反又音直減反〔補注〕先謙曰潁川陽城下云陽乾山潁水所出至下蔡入淮荊州浸湛水志不載據汝水注湛水源出南陽犨至潁川昆陽入汝酈注云周禮荊州其浸潁湛鄭元云未聞蓋偶有不照也今考地則不乖其土言水則有符經文矣其利丹銀齒革民一男二女畜及穀宜與揚州同河南曰豫州其山曰華師古曰即華陰之華山也連延東出故屬豫州〔補注〕先謙曰本志京兆華陰下云太華山在南豫州山

前漢二十八上　十六

藪曰圃田師古曰在中牟〔補注〕先謙曰河南中牟下云圃田澤在西豫州藪川曰熒雒寖曰波溠師古曰熒即沇水所溢者也波即上禹貢所云熒波者也溠水在楚亦不當爲豫州浸也溠音莊亞反〔補注〕先謙曰官本即下沇作流引宋祁曰流當作沇熒即禹貢之熒波即禹貢之播志不載波見滍水注詳南陽魯陽下溠見溳水注詳南陽隨下其利林漆絲枲〔補注〕先謙曰周禮鄭注林竹木也官本林作麻民二男三女畜宜六擾師古曰馬牛羊豕犬雞也謂之擾者言人所馴養也擾音人沼反〔補注〕錢坫曰擾應爲犪字蓋柔謹之意其穀宜五種師古曰黍稷菽麥稻〔補注〕蘇輿曰依志例其字當衍下其畜宜雞狗其川曰河泲其畜宜六擾其民三男二女並衍其字正東曰青州其山曰沂藪曰孟諸師古曰沂山在蓋縣即沂水所出也孟諸即盟豬也〔補注〕先謙曰沂山志不載沂水篇沂水出泰山艾山注云鄭元云出沂山亦或云臨樂山據此沂山即艾山也梁國睢陽下盟諸澤亦不言青州藪蓋奪文川曰淮泗寖曰沂沭師古曰沭水出東莞音術〔補注〕先謙曰本志南陽平氏下云淮水出青州川魯國卞下云泗水出青州川泰山蓋下云沂水出青州寖琅邪東莞下云術水出青州寖顏注術即沭也鄭司農以淮爲睢沭爲洙與漢志不合其利蒲魚民二男三女〔補注〕錢坫曰周禮作二男二女鄭注二男二女數似誤也當與兗州同二男三女其畜宜雞狗穀宜稻麥河東曰兗州其山曰岱藪曰泰壄師古曰即

大野補注先謙曰本志泰山博下云岱山在西北兗州山岭林嶧上山陽鉅壄下云大壄澤在北兗州藪泰大通用周禮作大野其川曰河泲補注先謙曰禹貢泲河惟兗州志不言浸曰盧濰師古曰盧水在濟北盧縣鄭康成讀曰雷非也補注先謙曰琅邪箕下云維水出兗州寖盧志不載顏謂在濟北盧縣案泰山盧下濟北王都並無盧水顏注誤也琅邪橫縣有久台水濰水注以爲盧水當從之詳橫下鄭讀盧爲雷讀濰爲雍以爲雷澤雍沮與漢志異其利蒲魚民二男三女其畜宜六擾穀宜四種師古曰馬牛羊豕犬雞黍稷稻麥也正西曰雍州其山曰嶽師古曰即吳嶽也補注先謙曰本志扶風汧下云吳山在西雍州山明志以嶽爲吳藪曰弦蒲師古曰在汧縣補注先謙曰汧下云北有蒲谷鄉弦中谷雍州弦蒲藪川曰涇汭師古曰汭在豳地詩大雅公劉之篇曰汭鞫之即補注先謙曰安定涇陽下云涇水出雍州川扶風汧下云芮水出西北東入涇芮即汭也不言雍州川奪文其浸曰渭洛師古曰洛即漆沮也在馮翊補注先謙曰官本無其字是南監本同隴西首陽下云渭水出雍州寖馮翊褱德下云洛水東南入渭雍州寖其利玉石其民三男二女其畜宜牛馬穀宜黍稷東北曰幽州其山曰醫無閭師古曰在遼東補注先謙曰遼東有無慮縣後漢因續志注有醫無慮山案續志山水多本前志疑班志原有醫無閭山在西幽州山九字而傳本奪之藪曰貕養師古曰在長廣補注王念孫曰貕本作奚此後人依職方

改之杜子春讀貕爲奚是奚爲本字貕爲借字故班志作奚琅邪下作奚養澤是其證說文藪字注及風俗通義並作奚若志文作貕則注當云貕音奚今注內無音則本是奚字明矣先謙曰本志琅邪長廣下云奚養澤在西幽州藪川曰河泲浸曰菑時師古曰菑出萊蕪時水出般陽補注先謙曰泰山萊蕪下云甾水出幽州浸齊郡臨淄下云如水西北至梁鄒入泲淄水注云即時水也顏云出般陽誤志無幽州寖三字蓋奪文其利魚鹽民一男三女畜宜四擾師古曰馬牛羊豕穀宜三種師古曰黍稷稻河內曰冀州山曰霍師古曰在平陽永安縣東北補注汪遠孫曰山上當有其字先謙曰官本有其字本志河東彘下云霍太山在東冀州山藪曰揚紆師古曰爾雅曰秦有揚紆而此以爲冀州未詳其義及所在補注先謙曰周禮揚作陽鄭注陽紆未聞川曰漳寖曰汾潞師古曰漳水出上黨長子汾水出汾陽北山潞出歸德補注錢大昕曰志不載潞水所出其出北地歸德者乃洛水非潞水也顏注誤先謙曰上黨沾下云清漳水出冀州川太原汾陽下云汾水出冀州寖濁漳水注以潞水爲即濁漳詳上黨潞下其利松柏民五男三女畜宜牛羊穀宜黍稷正北曰并州其山曰恆山藪曰昭餘祁師古曰在太原鄔縣鄔音一戶反又音於庶反補注先謙曰本志常山上曲陽下云恆山在西北并州山太原鄔下云昭餘祁在北并州藪爾雅說文作昭余祁淮南子作燕之昭余無祁字呂覽作大昭川曰虖池嘔夷寖曰淶

易師古曰虖池出鹵城嘔夷出平舒淶出廣昌易出故安虖音呼池音徒何反嘔音於侯反補注先謙曰代郡鹵城下云虖沱河并州川靈邱下云滱河并州川錢大昕云顏注本周禮鄭注以祁夷當嘔夷然班實以滱水爲嘔夷故於靈邱之滱河云并州川而於平舒之祁夷水不云并州川是班與鄭異也顏注雖宗後鄭卻失班旨又廣昌下云淶水并州寖涿郡故安下云易水出并州寖其利布帛民二男三女畜宜五擾師古曰馬牛羊犬豕穀宜五種而保章氏掌天文以星土辯九州之地所封封域皆有分星以視吉凶師古曰保章氏春官之屬也保守也言守天文之職也分音扶問反周爵五等而土三等公侯百里伯七十里子男五十里不滿爲附庸蓋千八百國而太昊黃帝之後唐虞侯伯猶存帝王圖籍相踵而可知周室既衰禮樂征伐自諸侯出轉相吞滅數百年閒列國耗盡師古曰耗減也音呼到反補注先謙曰官本耗作秏至春秋時尚有數十國五伯迭興總其盟會師古曰此五伯謂齊桓宋襄晉文秦穆楚莊也迭互也伯讀曰霸迭音徒結反陵夷至於戰國天下分而爲七師古曰謂秦韓魏趙燕齊楚也合從連衡經數十年秦遂并兼四海以爲周制微弱終爲諸侯所喪故

不立尺土之封分天下爲郡縣盪滅前聖之苗裔靡有孑遺者矣漢興因秦制度崇恩德行簡易以撫海內至武帝攘卻胡越開地斥境南置交阯北置朔方之州師古曰胡廣記云漢既定南越之地置交阯刺史別於諸州令持節治蒼梧分雍州置朔方刺史補注先謙曰揚雄并州箴云雍別朔方也餘詳朔方郡兼徐梁幽并夏周之制改雍曰涼改梁曰益凡十三郡置刺史先王之迹既遠地名又數改易師古曰數音所角反是以采獲舊聞考迹詩書推表山川以綴禹貢周官春秋下及戰國秦漢焉師古曰中古以來說地理者多矣或解釋經典或撰述方志競爲新異妄有穿鑿安處互會頗失其真後之學者因而祖述曾不考其謬論莫能尋其根本今並不錄蓋無尤焉補注錢大昕曰水經載禹貢山川澤地所在不見於此志者如河東大陽無砥柱燉煌燉煌無三危河南成皋無大邳南郡邔縣無三澨是也志與水經異者碣石在遼西臨渝而志在右北平驪成龍門在河東皮氏而志在馮翊夏陽九江在長沙下雋而志在廬江尋陽嶓冢在隴西氐道而志在西縣大別在廬江安豐而志在六安積石在隴西河關而志在金城太華在恆農華陰而志在京兆恆山在中山上曲陽而志在常山上曲陽嵩高在潁川陽城而志屬潁川之崈高太岳在河東永安而志屬河東之彘攷光武省六安入廬江順帝改彘名永安華

陰之改屬恒農河關之改屬隴西上曲陽之改屬中山續漢志有明文若右北平之驪成潁川之崈高續漢志俱不載則亦世祖所幷省水經所據皆後漢之疆域似異而實同也若龍門之在夏陽九江之在尋陽西縣之嶓冢兩漢志竝同此其不能強合者又志於禹貢山川不稱禹貢又不稱古文者京兆華陰之太華河東蒲反之雷首泰山博之岱山河內壄王之太行恒農盧氏之熊耳南郡華容之雲夢廬江之東陵丹陽蕪湖之中江會稽毗陵之北江山陽鉅野之大壄南郡枝江之江沱先謙曰錢所舉不能合者三事龍門所在之夏陽皮氏嶓冢所在之氏道西縣皆壤地錯入非有岐異惟九江一以爲在尋陽一以爲在下雋則今古文之不同也其不稱禹貢蓋奪文後不復出

京兆尹〔補注〕先謙曰決錄注京大也天子曰兆民潘岳關中記云治長安城中黃圖云京兆治所在故城南尙冠里續志後漢同志云凡縣名先書者郡所治也劉注雒陽西九百五十里後漢都雒陽故以雒陽爲主錄之以推鏡漢郡所在方關道里遠近耳 故秦內史〔補注〕先謙曰百官表內史周官秦因之掌治京師 高帝元年屬塞國〔補注〕先謙曰司馬欣國桃林之塞因取名焉汪遠孫云京兆尹左馮翊皆屬塞國項羽所立史記以漢入關爲元年二年漢幷三秦爲渭南中地郡志仍記也膠東衡山亦羽所封故國必繫之高帝元年者同此尊漢之例 二年更爲渭南郡〔補注〕全祖望曰渭南河上置郡異姓諸侯王表以爲元年八月可據此與高紀作二年誤也功臣表敬市侯閻澤赤以二年四月由河上守遷殷相矣豈待雍亡之後先謙曰史記秦楚之際月表書八月司

馬欣董翳降漢九月屬漢爲渭南郡上郡班氏於高紀書二年乃統詞非事實全說是也 九年罷復爲內史〔補注〕閻若璩曰秦之內史治咸陽縣漢更名曰渭城漢之內史則治長安城中 武帝建元六年分爲右內史〔補注〕齊召南曰百官表景帝二年分置左內史右內史與此不同顏彼注謂據史記知志誤案史記景紀二年秋但云置內史祋祤爲縣未云分置左右內史也未知顏氏何據若據本書表則孝景元年卽書中大夫鼂錯爲左內史矣先謙曰鄭當時傳建元四年爲右內史汲黯傳召爲主爵都尉公孫弘請徙爲右內史東方朔傳又詔中尉左右內史表屬縣草田右內史卽京兆尹也事皆在建元六年前知分置左右不始於武帝 太初元年更爲京兆尹〔補注〕全祖望曰志於王莽所改郡縣諸名皆載而京輔三郡之分爲六尉獨略之此當云王莽曰西都京兆大尹後又分其旁縣爲郡二曰京尉師尉先謙曰自故秦內史至此班氏本文小字續志劉昭注云本志唯郡縣名爲大書其山川地理悉爲細注今進爲大字謹援斯例進班氏元注大書直行覶元書正文略小以存古本之眞各家證發依文集釋顏注仍其舊次不移後並同不復出 元始二年戶十九萬五千七百二口六十八萬二千四百六十八 師古曰漢之戶口當元始時最爲殷盛故志舉之以爲數也後皆類此〔補注〕王鳴盛曰元始王莽秉政戶口之盛必多增飾班豈不知蓋取最後之籍以爲定不必以其盛也先謙曰續志後漢因屬司隸校尉部

縣十二

長安〔補注〕先謙曰始皇紀始皇封弟成蟜爲長安君是長安地名秦時已有 高帝五年置〔補注〕錢坫曰史記將相名臣表作六年置先謙曰據表六年更名錢引以駮志文非 惠帝元年初城六年成〔補注〕先謙曰詳惠紀縣人許商見儒林傳樊中子萬章見游俠傳谷永見本傳 戶八萬八百口二十四萬六千二百〔補注〕王鳴盛曰志每郡有戶口數縣下惟京兆尹長安左馮翊長陵右扶風茂陵潁川郡陽翟傿陵並有戶口河南郡雒陽南陽郡宛蜀郡成都魯國魯楚國彭城有戶無口詳略皆無義例有則書之無則闕也各縣戶口皆注其縣下獨雒陽注於郡名下書法參差亦無義例 王莽曰常安 師古曰王莽篡位改漢郡縣名普易之也下皆類此〔補注〕吳卓信曰莽傳始建國元年改曰常安三年以爲新室西都先謙曰後漢因續志鎬在上林苑中武王遷鎬長安豐亭鎬總也劉注謹灋皆節引有細柳聚周亞夫屯處有蘭池始皇逢盜蘭池有曲郵張良高細送有杜郵白起死處劉注凡旁宋者統縣劉注以省繁文畢國在西北文王周公冢皆在鎬聚東杜中衛思后葬城東南桐松園今千人聚是渭水注水經注繁節引文渭水自扶風渭城來東合泬水又分爲二廣雅曰水自渭出爲衆其水注渭水上有梁謂之渭橋渭水又逕長安城北卽咸陽也秦離宮無城故城之渭水又合昆明故渠下入霸陵先謙案咸陽在高帝時統於長安武帝別爲渭城訖王莽世未嘗合也云長安卽咸陽者初詞耳注又云泬水自杜陵來北逕長安城西合昆明池水又逕鳳闕東又分爲二一北逕神明臺東又逕漸

臺東入渭昆明故渠上承昆明池東口又東合泬水亦曰漕渠又逕長安縣南又逕明堂南又東而北屈逕青門外與泬水枝渠合泬水枝渠上承泬水於章門西飛渠引水入城東爲倉池又逕未央宮桂宮間爲明渠又逕長樂宮北又東出城分爲二渠所謂王渠者也一注渭一右入昆明故渠下入奉明一統志故城今長安縣西北十三里錢坫云俗呼楊家城

新豐 驪山在南〔補注〕吳卓信曰驪或作麗酈離同山在今臨潼縣南二里藍田山在今藍田縣東南三十里渭水注驪戎之山一名藍田蓋驪山卽藍田之北山緜亘而東五十餘里陰屬臨潼陽屬藍田實一山也 故驪戎國〔補注〕段玉裁曰書故驪戎國者綴春秋也先謙曰一統志驪戎城在今臨潼縣東 秦曰驪邑〔補注〕錢坫曰史記始皇十六年置驪邑 高祖七年置 應劭曰太上皇思東歸於是高祖改築城寺街里以象豐徙豐民以實之故號新豐〔補注〕王念孫曰七當爲十史記高祖紀十年七月更命驪邑曰新豐是其證周壽昌曰據三輔舊事及渭水注新豐爲太上皇置與應說合案太上皇上尊號在六年崩在十年七月則七年置新豐無疑史記言更名在十年此以七年紀其改置之實也王改七爲十太上皇崩於十年尚何庸作新豐邪先謙曰官本注寺作市後漢因續志東有鴻門亭項羽饗高祖處戲亭周幽王死處有嚴城劉注始皇墓在驪山北陵北十餘里有謝聚渭水注渭水自馮翊高陵來右逕新豐縣故城北合魚池水又東逕鴻門北又合石川水戲水泠水酉水西陽水東陽水下入下邽魚池水出麗山東北西北流逕始皇冢北北對鴻門十里又逕鴻門西又逕新豐縣故城東又逕陰槃城北出爲陰槃水又絕漕渠入渭戲水

出麗山馮公谷北逕麗戎城東而右總三川逕鴻門東又逕戲亭東又分爲二水入渭泠水出肺浮山蓋麗山之異名北會三川歷陰槃新豐兩原間入渭酋水出倒虎山合五水逕秦步高宮東歷新豐原東而北逕步壽宮西入渭霸水自霸陵來東逕新豐縣右會霸水故渠又北逕秦虎圈東入渭先謙案本志南陵下霸水北入渭者也注又云霸水故渠自霸城來東北逕新豐縣右合漕渠而入霸水漕渠鄭當時所開也一統志故城今臨潼縣東北 **船司空** 莽曰船利。服虔曰縣名師古曰本主船之官遂以爲縣〔補注〕何焯曰百官表都司空注如湻云律司空主水及罪人船既司空所主兼有罰作船之徒役皆在此縣也先謙曰續志後漢省志云凡前志有縣名今所不載者皆并省也河水注河水自河東蒲反來歷船司空與渭水會下入華陰又渭水注渭水自華陰來東入河春秋之渭汭也水會即船司空所在矣三輔黃圖有船庫官後改爲縣先謙案本志隴西首陽下渭水東至船司空入河者也一統志故城今華陰縣東北 **藍田** 〔補注〕先謙曰秦取楚漢中再戰於此呂不韋爲相食藍田並見國策楚世家梁惠成王三年秦子向命爲藍君見紀年縣見五行志夏侯嬰戰此見嬰傳南有嶢關見高紀續志後漢因渭水注霸水涇水滻水皆出縣割屬南陵詳南陵下又滻水篇滻水出藍田谷北入霸注云滻水自南陵山來北歷藍田川下入霸陵一統志故城今藍田縣西三十里 **山出美玉** 〔補注〕先謙曰南山出玉石見東方朔傳藍田璧見外戚傳續志劉注有川方三十里其水北流出玉銅鐵石一統志山在今縣東三十里 **有虎候山祠** 〔補注〕先謙曰續志劉注地道記有虎候山長安志亦載之吳卓信云藍田縣志縣西

十五里有虎垣山疑是 **秦孝公置也** 〔補注〕先謙曰六國表秦獻公六年縣藍田孝蓋獻之誤 **華陰** 〔補注〕先謙曰全祖望云當有京輔都尉治五字傳寫奪之先謙案此據百官表趙廣漢傳其治華陰見黃圖及宣紀本始元年注縣人楊敞見本傳 **故陰晉** 〔補注〕段玉裁曰故陰晉所謂下及戰國秦漢也先謙曰故魏地文侯時秦侵陰晉見魏世家惠王與趙肅侯遇此見趙世家公孫衍陰晉人見秦紀 **秦惠文王五年更名寧秦** 〔補注〕齊召南曰秦紀惠文王六年魏納陰晉更名寧秦非五年當是傳寫之訛錢坫曰六國表亦作六年華山記云華山界秦晉之境晉之西鄙則曰陰晉秦之東邑則曰甯秦先謙曰曹參賜食邑甯秦見參傳 **高帝八年更名華陰** 〔補注〕先謙曰華陰名始見禹貢寰宇記云以在華山之陰故名 **太華山在南** 〔補注〕段玉裁曰大華作太者非古有大無太出於後漢肌作耳太華山上當有禹貢二字傳寫奪之已統志館祖中嶽此一見後不復出先謙曰劉注左傳晉賂秦南及華山禹貢山水澤地篇華山爲西嶽在華陰縣西南與志合一統志山在今縣南十里 **有祠** 〔補注〕先謙曰宣帝置見郊祀志 **豫州山** 〔補注〕段玉裁曰凡言某州山某州川某州藪者皆以釋職方綴周官也 **集靈宮武帝起** 〔補注〕吳卓信曰桓譚集靈宮賦序華陰集靈宮武帝所造欲懷集仙者王喬赤松子故名殿爲存仙端門南向署曰望仙門 **莽曰華壇也** 〔補注〕先謙曰續志後漢改屬宏農劉注呂覽九藪秦之陽華高注或在縣西河水注河水自船司空來南至華陰潼關合漢水又東北流水側有長坂謂之黃巷坂歷北出東峭通謂之函谷關也

河水下入湖又渭水注渭水自鄭來合敷水糧餘水黃酸水逕平舒城北江神返璧於華陰平舒道也下入馮翊懷德又自懷德來東逕長城北合長澗水史記魏築長城自鄭濱洛者也渭水又合洛水見馮翊懷德北逕華陰縣故城北又合沙渠水泥泉水符禺水下入船司空敷水出敷谷北逕集靈宮西而北入渭一統志故城今華陰縣東南 **鄭** 〔補注〕先謙曰秦武公時縣鄭見秦紀魏文侯攻秦至此見魏世家商鞅發邑兵擊鄭見商君傳新鄭反見始皇紀縣有通里見五行志縣人田廣明見酷吏傳 **周宣王弟鄭桓公邑有鐵官** 應劭曰宣王母弟友所封也其子與平王東遷更稱新鄭臣瓚曰周自穆王以下都於西鄭不得以封桓公也初桓公爲周司徒王室將亂故謀於史伯而寄帑與賄於虢會之閒幽王既敗二年而滅會四年而滅虢居於鄭父之丘是以爲鄭桓公無封京兆之文也師古曰春秋外傳云幽王既敗鄭桓公死之其子武公與平王東遷故左氏傳云我周之東遷晉鄭焉依又鄭莊公云我先君新邑於此蓋道新鄭也穆王以下無都西鄭之事瓚說非也會音工外反〔補注〕吳卓信曰史記索隱引世本云鄭桓公居棫林徙拾宋忠注棫林與拾皆舊地名自封桓公乃名爲鄭耳汪遠孫曰後書百官志郡國監鐵官本屬司農中興皆屬郡縣錢坫曰今華州南山商洛之間出鐵先謙曰秦紀晉悼公追秦軍渡涇至棫林續志後漢因渭水注渭水自下邽來東逕䜌都城北故蕃邑殷契之所居世本曰契居蕃渭水合灌水今名喬谷水西石橋水逕鄭縣故城北又合東石橋水下入華陰西石橋水出馬嶺山北逕鄭城西入渭東石橋水即沈水自馮翊武城來逕鄭城東水有故石梁述征記鄭城東西十四里各有石梁

者也下入馮翊沈陽一統志故城今華州北 **湖** 〔補注〕先謙曰范雎傳王稽載雎入秦過湖關索隱云湖京兆湖縣先謙案秦時因其地有鼎湖以名關耳初縣名胡索隱語未晰縣有湖泉鳩里見武五子傳 **有周天子祠二所** 〔補注〕先謙曰祠見郊祀志錢坫云四夷縣道記故祠在湖城縣西南十里 **故曰胡武帝建元年更名湖** 〔補注〕齊召南曰建元下脫某年字宋本亦然錢大昭曰寰宇記作建元元年段玉裁曰胡者大也見釋故蓋周時舊名武帝嫌其爲匈奴之僞易之錢坫曰胡周厲王名或天子祠即厲王周壽昌曰河水注引魏土地記云湖縣有黃帝登仙處帝鑄鼎荊山下有龍垂胡於鼎帝登龍升天名其地爲鼎湖縣之名胡蓋以龍胡故也地曰鼎湖故武帝改爲湖耳先謙曰顧炎武云晉有二瑕其一故地所謂郇瑕之地詳河東解下其一河外之瑕左傳晉侯使詹嘉處瑕以守桃林之塞卽此胡縣禮記引詩心乎愛矣瑕不謂矣鄭注瑕之言胡也瑕胡音同故用其字胡卽瑕之音轉字變先謙案胡瑕音轉義元可通惟胡之爲縣在函谷關內函谷卽桃林其山自衙嶺綿亙達於宏農郡宏農縣爲桃林之塞河水注云自潼關歷北出東峭通謂之函谷關又云燭水入門水左右卽函谷山也其云全鳩㵎水逕皇天原東其西名桃原古之桃林引晉太康地記一曰桃在閿鄉南谷中與續志云宏農有桃丘聚故桃林者皆據一隅言之耳詹嘉處瑕以守桃林之塞蓋塞外屯守以禦秦之侵軼非瑕入函谷而守胡縣之桃林也左僖三十年傳許君焦瑕杜注焦瑕晉河外五城之二邑雖未指實其地然案本志宏農陝下班注有焦城故焦國河水注云菑水逕曲沃城南道元以爲詹嘉處此以

備秦時以曲沃之官守之故有曲沃之名其地距陝至近瑕之爲邑度不能遠至桃林塞內然則顧氏以胡爲瑕似未可據余謂胡縣地與鄭比紀年及韓非子俱載鄭武公滅胡殺關其思事此乃武公所滅之胡國後因置縣故受是名耳西域傳顏注故謂舊時也下並同後漢改屬宏農續志有閿鄉劉注戾太子南出葬在閿鄉南河水注河水自華陰來右合玉澗水全鳩澗水下入河北又自河北來右合槃澗水又東逕湖縣故城北合湖水下入宏農陝玉澗水出玉溪北逕閿鄉城西入河全鳩澗水出南山北入河槃澗水出胡縣桃林塞之夸父山西北逕武帝思子宮歸來望思臺東入河湖水亦出夸父山逕湖縣東而北入河一統志故城今閿鄉縣東

下邽 應劭曰秦武公伐邽戎置有上邽故加下師古曰邽音圭取邽戎之人而來爲此縣補注先謙曰郊祀志下邽有天神祠續志後漢省鄭下劉注引黃圖云下邽縣併鄭桓帝西巡復之魏志華歆求出爲下邽令明續志脫漏渭水注渭水自新豐來東逕下邽縣故城南合竹水又得白渠口下入鄭一統志故城今渭南縣東北

南陵 文帝七年置補注吳卓信曰史記景紀二年置南陵縣本志及百官表將相表云南陵文帝置蓋文帝置陵景帝置縣也薄太后以孝景前二年崩以呂后合葬長陵故特起陵近文帝霸陵在霸陵南故曰南陵 沂水出藍田谷北至霸陵入霸水補注先謙曰續志後漢省一統志故城今咸甯縣東南 宋祁曰沂越本作泝段玉裁曰渭水注泥水滻水皆出藍田谷入霸泝蓋泥之聲誤也沂又誤析故顏音先歷反此當云泥水滻水皆出藍田谷北至霸陵入霸今本脫滻水鄜所據脫泥水故敘泥水不引志文而滻水篇引志文也然據宋敏求長安志則鄜注述泥水所脫多矣安知不在所脫中也今正沂作泥又補滻水庶合先謙曰諸家改沂爲滻不如段說之精泥亦作埿埿滻霸三水出藍田入霸陵因二縣地割置南陵故繫之此下渭水注埿水合銅谷水輞谷水西逕嶢關北歷嶢柳城西北入霸又滻水注地理志曰滻水出南陵縣之藍田谷西北流合葬谷水下入藍田 霸水亦出藍田谷北入渭師古曰茲水秦穆公更名以章霸功視子孫沂音先歷反視讀曰示補注宋祁曰章湢化本作革子[illegible]錢大昕曰古下皆班氏本文謂霸水古曰茲水秦穆公始更名耳非顏注也師字後人妄加沂音上當有師古曰三字錢坫曰說文霸作灞潘岳云元霸素滻以玄霸爲稱本名茲水茲字從二玄左傳何故使我水茲茲者黑也先謙曰滋茲古今字渭水注霸者水上地名也古曰滋水矣霸水出藍田谷北合埿水又北逕藍田縣東左合滻水下入霸陵

奉明 宣帝置也補注先謙曰因宣帝皇考史皇孫陵置紀在元康元年續志後漢省渭水注昆明故渠合明渠自長安來東逕奉明縣廣成鄉之廣明苑南又北分爲二一入霸水一北合渭今無水一統志故城今長安縣北八里

霸陵 故芷陽補注先謙曰秦宣太后悼太子葬此見秦紀亦作茝陽見始皇紀高帝宴鴻門脫身從驪山道芷陽閒行見高紀夏侯嬰戰芷陽見嬰傳 文帝更名補注先謙曰文帝陵將相表孝文九年以芷陽鄉爲霸陵縣人杜君敖見游俠傳 莽曰水章也補注先謙曰莽名縣卽取秦穆章霸功之義續志後漢因有枳道亭秦王子嬰降軹道旁有長門亭郊文出長門若見五人於道北立五帝壇渭水注渭水自長安來合霸水東過霸陵縣北

[illegible]下入馮翊高陵霸水自南陵來歷白鹿原東卽霸川之西故芷陽矣史記秦襄王葬芷陽也謂之霸上霸水又合長水又北故渠右出焉又逕王莽九廟西又逕枳道有霸橋水又左納漕渠東逕霸城北又逕子楚陵北下入新豐長水卽荊溪水自杜陵來北逕霸陵縣合溫泉水入霸水故渠上承霸水東北逕霸陵縣故城南下入新豐又滻水注滻水自藍田來北至霸陵入霸水一統志故城今咸甯縣東

杜陵 補注先謙曰縣人朱博史丹韓延壽蘇建張湯見本傳蔣詡見鮑宣傳田何見儒林傳陳遵見游俠傳 故杜伯國補注錢坫曰周宣王臣事見墨子先謙曰續志劉注古唐杜氏案杜伯事見紀年 宣帝更名補注先謙曰宣帝陵秦武公縣杜見秦紀宣帝樂之起陵更名見宣紀瓚注杜陵在長安南五十里 有周右將軍杜主祠四所補注先謙曰封禪書杜亳有三杜主祠而雍菅廟亦有杜主祠杜亳者徐廣注京兆杜縣有亳亭也郊祀志作五杜主與此云四並異雍菅廟杜主祠在雍縣與此無涉右將軍卽杜伯 莽曰饒安也補注先謙曰後漢因續志鄠在西南渭水注泬水卽潏水一曰高都水上承皇子陂於樊川其地卽杜之樊鄉高帝賜樊噲邑於此泬水西北流逕杜縣之杜京西又逕杜伯冢南又歷下杜城卽杜伯國也又合交水故渠又北合昆明故池又逕秦通六基東又逕堨水陂東下入長安又長水出杜縣白鹿原[illegible]西北流爲荊溪左合狗枷川水下入霸陵狗枷川水有東西二源合流逕宣帝許后陵東北去杜陵十里又北逕杜陵東北去長安五十里陵西北有杜縣故城秦武公縣之其水注荊溪水一統志故城今咸甯縣東南

左馮翊 補注先謙曰決錄注馮馮也翊明也先謙案馮也之馮讀憑詩卷阿有馮有翼翊翼字通郡名取此閻若璩云左馮翊雖先書高陵不爲治治長安城中以趙廣漢傳及景紀注百官表注知之韓延壽傳爲左馮翊出行縣至高陵證最分明先謙案黃圖云馮翊治所在故城內太上皇廟西南續志劉注關中記三輔舊治長安城中長吏各在其縣治民光武東都之後扶風出治槐里馮翊出治高陵注又云雒陽西六百八十八里 故秦內史高帝元年屬塞國二年更名河上郡補注先謙曰辨見京兆尹下 九年罷復爲內史武帝建元六年分爲左內史補注先謙曰亦當從百官表景帝二年分置 太初元年更名左馮翊補注全祖望曰莽分左馮翊曰前煇光後又分其郡爲二曰翊尉光尉 戶二十三萬五千一百一口九十一萬七千八百二十二補注先謙曰續志後漢因屬司隸 縣二十四補注吳卓信曰韓延壽傳爲左馮翊恩信周偏二十四縣

高陵 補注先謙曰秦策昭王封同母弟顯爲高陵君所謂高陵進退不請也是高陵地名秦時已有 左輔都尉治補注錢坫曰百官表武帝元鼎元年置三輔都尉 莽曰千春補注先謙曰續志後漢因渭水注渭水自京兆霸陵來與高陵分水水西有定陶恭王廟傳太后陵又逕王譚墓北左合涇永又合白渠枝水又合五丈渠水下入京兆新豐枝渠下入櫟陽

五丈渠水自𣸣𥉂來東南入高陵縣逕黃白城西本曲梁宮也南絕白渠屈而東流爲曲梁水又逕高陵縣故城北絕白渠瀆下入萬年白渠自池陽來又東枝渠出焉東南歷高陵縣故城北下入櫟陽一統志故城今高陵縣西南一里**櫟陽**〔補注〕先謙曰項羽紀司馬欣都高祖二年都櫟陽七年徙長安**秦獻公自雍徙**〔補注〕先謙曰徙下語意不完蓋奪此字秦紀獻公二年城櫟陽徐廣云徙都之六國表十一年縣櫟陽又秦紀云十八年雨金於此**莽曰師亭**如淳曰櫟音藥〔補注〕段玉裁曰漢郡縣名字多異讀殆因方語之舊吳卓信曰王莽傳天鳳元年改諸郡縣名縣以亭名者三百六十先謙曰續志後漢省萬年下劉注秦獻公都櫟陽是也據此縣併入萬年渭水注白渠自高陵來東逕櫟陽城北又逕秦孝公陵北下入蓮勺一統志故城今臨潼縣東北七十里**翟道**〔補注〕先謙曰百官表縣有蠻夷曰道穆天子傳天子南征朔野逕絕翟道升於太行是翟道地名周時已有**莽曰渙**〔補注〕先謙曰續志後漢省寰宇記中部縣下引洛水注云豬水出翟道縣西石堂山西南入洛一統志故城今中部縣西北四十里**池陽惠帝四年置**〔補注〕先謙曰周緤傳賜食邑池陽是秦有地名惠帝置縣耳縣人韓幼孺見游俠傳續志後漢因劉注有鬼谷先謙案即槐谷見齊策秦封涇陽君市於此故西晉時析置涇陽縣渭水注白渠自谷口來東南逕池陽城北下入高陵又沮水注鄭渠故瀆上承涇水於中山西邸瓠口所謂瓠中也爾雅以爲周焦穫昔鄭國爲渠並北山東逕宜秋城北又逕中山南又絕冶谷水又逕巀嶭山南池陽縣故城北又東絕清水又逕北原下合濁水自濁水以上今無水

也濁水下入萬年一統志故城今涇陽縣西北二里**巀嶭山在北**應劭曰在池水之陽師古曰巀嶭即今俗所呼嵳峩山是也音截𩏂音才葛反又音五葛反〔補注〕汪士鐸曰並無池水此仲遠習語迺在大白渠之陰耳先謙曰顏注𩏂下當更有𩏂字今奪一統志嵳峩山在今涇陽縣北東入三原界西入淳化界二本名嶻嶭山亦作巀業九嵕巀業並見上林賦雍錄云咸陽縣東二十五里蘭池陂即始皇遇盜之地漢於其北立池陽縣先謙案渭城下云有蘭池宮渭城去池陽中隔涇水以此爲池陽立證未爲得也**夏陽故少梁**〔補注〕段玉裁曰少梁見左傳此綴春秋也先謙曰本梁國秦滅之見左桓傳杜注後爲秦少梁邑晉取之見文傳戰國屬魏文侯城之惠王時與秦戰敗於此地遂入秦見魏世家**秦惠文王十一年更名**〔補注〕先謙曰更名見秦紀**禹貢梁山在西北**〔補注〕蘇輿曰綴禹貢梁山於此明冀州梁岐即雍地證之尸子呂覽淮南並龍門繇逹詁呂韓奕鄭箋河水酈注並同宋晁說之始指離石呂梁介休狐岐證梁岐在冀見王天與尚書纂傳近朱鶴齡禹貢長箋[illegible]戴震水地記等書申其說似違班旨先謙曰詩奕奕梁山禹貢山水澤地篇梁山在夏陽縣西北河上與志合一統志山在今韓城縣西接郃陽界**龍門山在北**〔補注〕段玉裁曰此釋禹貢雍州道河之龍門凡言禹貢某山某水者視此綴禹貢也先謙曰司馬遷生龍門見遷傳禹貢山水澤地篇龍門山在皮氏縣西一統志云山在今韓城縣東北黃河西岸跨山西河津縣界**有鐵官莽曰冀亭**〔補注〕先謙曰續志後漢因先謙案北有韓原秦獲晉惠公於此秦靈公城籍姑括地志云故城

在北河水篇河水自河東皮氏來而出龍門口注云昔禹疏決梁山謂斯處魏土地記云梁山北有龍門山大禹所鑿河水南合暢谷水又逕梁山原東原自山東南出至河晉之望也在夏陽縣西北河水又合崌谷水陶渠水徐水觬鄐下入河東汾陰暢谷水自溪東南流逕夏陽縣西北入河崌谷水出縣西北梁山合橫溪水又東南逕夏陽縣故城北入河陶渠水出梁山東南逕華池南池方三百六十步在夏陽城西北四里許又逕夏陽縣故城南又逕司馬子長墓北入河徐水出梁山東南逕武帝登仙宮東下入褰德一統志故城今韓城縣南二十里**衙**〔補注〕先謙曰春秋秦邑國語范無宇云秦有徵衙憲公出子葬此見始皇紀**莽曰達昌**如淳曰衙音牙師古曰即春秋所云秦晉戰于彭衙〔補注〕先謙曰續志後漢因劉注有蒼頡一家在利陽亭南先謙案秦紀武公伐彭戲氏張守節以爲即彭衙一統志故城今白水縣東北吳卓信云六十里彭衙堡**粟邑**〔補注〕先謙曰縣小僻在山中見薛宣傳**莽曰粟城**〔補注〕先謙曰後漢因續志永元九年復沮水注沮水自蓮勺來東逕粟邑縣故城北入洛先謙案北地直路下云沮水東入洛者也一統志故城今白水縣西北八十里**谷口**〔補注〕先謙曰案國策范睢說秦王曰大王之國北有甘泉谷口郊祀志所謂寒門谷口也亦見溝洫志淮南王傳孝文後三年置邑見將相名臣表**九嵕山在西**〔補注〕先謙曰文選西都賦其陰則冠以九嵕李注九嵕山名上有九峰寰宇記醴泉縣下引水經注云涇水逕九嵕山東中山西謂之谷口紀要九嵕山在今醴泉縣東北六十里中山在涇陽縣西北三十里**有天齊公五牀山僊人五帝**

祠四所〔補注〕吳卓信曰長安志云昭陵圖有天齊公祠在陵東北又有僊人祠在巴水谷東又云武將山在醴泉縣西北五十里五牀疑武將武五聲近將牀形近又鄠縣有五林山林或牀之誤先謙曰齊同牓云公尊之也天齊五牀山五帝仙人祠並見郊祀志宣帝置惟彼云在鄠爲異**莽曰谷喙**師古曰嵕音子公反又音子孔反喙音許穢反〔補注〕先謙曰續志後漢省渭水注白渠引涇水首起谷口出鄭渠南又東逕宜春城南下入池陽一統志故城今醴泉縣東北七十里**蓮勺**如淳曰音輦酌〔補注〕先謙曰宣帝嘗困於此見紀張禹父家蓮勺見禹傳續志後漢因渭水注白渠自櫟陽來東南逕蓮勺城南又東注金氏陂又東南入渭又沮水注沮水自頻陽來東逕蓮勺縣故城北下入粟邑一統志故城今渭南縣東北七十里來化鎮是吳卓信云漢自渭水南東置鄭西置新豐渭北置下邽東北置蓮勺其境以渭爲界鄭今華州新豐今臨潼下邽蓮勺並今渭南苻秦析新豐置渭南縣然下邽蓮勺尚在也隋併蓮勺入下邽元復併下邽入渭南而渭南之境始跨於渭北矣**鄜莽曰脩令**孟康曰音敷〔補注〕錢大昭曰說文鄜左馮翊縣从邑麃聲作鄜非錢坫曰始皇紀有麃公應劭云麃秦邑當即此縣封禪書鄜衍即其地李奇云三輔謂三阪曰衍先謙曰續志後漢省一統志故城今洛川縣東南七十里**頻陽**〔補注〕先謙曰頻陽北當上郡西河爲數郡湊見薛宣傳**秦厲公置**應劭曰在頻水之陽〔補注〕先謙曰厲共公縣頻陽見秦紀縣人王翦見傳介子等傳贊續志後漢因沮水注沮水自萬年來循鄭渠東逕當道城南城在頻陽縣故城南頻陽宮也城北有頻山縣在山南故曰頻陽應劭云

在頻水之陽今縣之左右無水以應之所可當者惟鄭渠與沮水也沮水下入蓮勺吳卓信云余嘗過此頻水出頻山微甚出山二里即涸山前有通川名錦川王翦求美田即其地也一統志故城今富平縣東北五十里

臨晉故大荔秦獲之更名補注吳卓信曰秦紀厲共公六年伐大荔取其王城徐廣云今臨晉**有河水祠**補注先謙曰郊祀志宣帝置括地志大河祠在朝邑縣南三十里**芮鄉故芮國**補注錢坫曰芮伯萬國也在今同州府朝邑縣南全祖望曰大荔之戎亦名芮戎在北地芮伯國在臨晉秦滅大荔其種落蓋有居於臨晉者後人遂合而一之謂臨晉即古大荔非也水經注云匪直大荔故芮也此亦有焉則二芮了然矣先謙曰續志有芮鄉劉注古芮國與虞相讓者又云有王城劉注秦厲共公取王城即此左傳晉陰飴甥與秦伯會王城證以徐廣之說大荔芮鄉同在臨晉無疑全說未諦**莽曰監晉**應劭曰臨晉水故曰臨晉臣瓚曰晉水在河之間此縣在河之西不得云臨晉水也舊說曰秦築高壘以臨晉國故曰臨晉也師古曰瓚說是也說者或以為魏文侯伐秦始置臨晉非也文侯重城之耳豈始置乎補注吳卓信曰史記魏王豹盛兵蒲坂塞臨晉索隱臨晉縣名在河東之東岸對舊關案臨晉關即蒲津關今在朝邑縣東河東之臨晉乃漢解縣唐天寶十三年改名今因之屬蒲州府雖去蒲津止百里然不可混周壽昌曰莽於縣名臨皆改監下一字多仍之或以其子臨為太子故為之諱而取守曰監國之義乎先謙曰官本考證云河之間應作河之東言縣在河西岸而晉水入河在其東岸也先謙案文侯十六年伐秦築臨晉見魏世家言臨晉者莫先於此即齊策所謂臨晉之關也瓚以為秦築顏以為文侯重城或別有據愚謂文侯伐秦不能越河列障所築者當在河東唐改解縣為臨晉疑即本此豹盛兵蒲坂以塞臨晉猶言軍河東以塞河西來路耳故高紀云自臨晉渡河魏豹降正謂此臨晉與文侯所城不相涉秦紀初作河橋是其地也韓秦魏王俱自此見秦紀[illegible]續志後漢因一統志今大荔縣治

重泉補注先謙曰秦邑簡公城之見秦紀莊熊羆請穿洛溉重泉見河渠書縣人李必見項羽傳王吉見儒林傳**莽曰調泉**補注先謙曰續志後漢因一統志今蒲城縣東南五十里引縣志云今重泉里

郃陽應劭曰在郃水之陽也師古曰音合即大雅大明之詩所謂在洽之陽補注先謙曰戰國魏地文侯築合陽見魏世家後入秦高帝封合陽侯喜見表索隱云屬馮翊錢坫云詩在洽之陽說文作郃漢制三輔地例不封列侯平原郡有合陽縣字作合與表相符疑是平原之縣而非此焉先謙案後漢因續志永平二年復河水注河水自河東汾陰來逕郃陽城東故有莘邑為太姒之國詩云在郃之陽也河水合城北城中二瀵水城南又有瀵水入河水南猶有文母廟水即郃水也縣取名焉故應劭云在郃水之陽也河水下入河東蒲反徐水自褱德來右逕劉仲城北是漢祖兄劉仲封邑也徐水東入河先謙案據此劉仲邑與有莘國為二城三輔不封列侯此或以親親之故一時變例與一統志故城今郃陽縣東南四十里引縣志云西河鄉洽陽里

祋祤景帝二年置師古曰祋音丁活反又音丁外反祤音詡補注錢坫曰祋祤誕生音都會反吳卓信曰祤字說文所無方以智通雅云衞青傳又作栩王厚之集古印譜有祋栩丞亦從木旁先謙曰宣帝時鳳皇集見

郊祀志縣人趙食其見本傳後漢因續志永元九年復沮水注沮水自北地直路來為宜君水得黃嶔水口關云又東南逕祋祤縣故城西合銅官水又南出土門山謂之沮水下入萬年銅官水出縣東北西南逕祋祤縣東又逕其城南原下而注宜君水又渭水注五丈渠水自雲陽來南入祋祤縣歷原南出又東南流絕鄭渠下入高陵一統志故城今耀州東一里

武城補注先謙曰本晉地入秦厲共公時晉復取之見秦紀戰國屬魏秦敗我武下見魏世家鄜商食邑於此見商傳**莽曰桓城**師古曰即左氏傳所云伐秦晉取武城者也補注先謙曰官本注伐秦作秦伐是續志後漢省渭水注東石橋水出馬嶺山故沈水也北流逕武平城東地理志之武城也下入京兆鄭一統志故城今華州東北十七里

沈陽莽曰制昌補注段玉裁曰戴氏水經注改作沇陽謂即淯水恐誤漢書作沈疑有沈水先謙曰續志後漢省渭水注東石橋水即沈水自京兆鄭來又北逕沈陽城北注渭一統志故城今華州東北十五里

襄德補注先謙曰秦邑周勃食邑於此見勃傳**禹貢北條荊山在南下有彊梁原**補注段玉裁曰此釋道汧及岐至於荊山之荊山也此曰北條荊山南郡曰南條荊山則知三條之說自古而然錢坫曰禹貢道九山汧壺口砥柱太行西傾熊耳嶓冢內方岐也馬融以汧為北條西傾為中條嶓冢為南條鄭康成分四列汧為陰列西傾次陰列嶓冢為陽列岐山次陽列彊梁當作荊渠原在今富平縣北二十里荊山在富平西南三十里徐松曰胡渭云寰宇記引水經注云洛水東南歷彊梁原俗謂之朝阪今富平無洛水朝邑有洛水歷彊梁原入渭原在荊山下一證也

同州志云華原在朝邑縣西繞北而東以絕於河古河壖也一名朝阪亦謂之華原山蓋華原即朝坂朝阪即彊梁原荊山之麓直抵河壖禹治水從此渡河故禹貢曰至于荊山逾于河若富平則東距河二百餘里與經意不合二證也朝邑實西漢之襄德荊山當在其境唐人所以致誤者蓋由先儒謂漆沮即洛水而澤泉經富平襄德城北東南絕沮注濁水得漆沮之名遂以此為漢志東南入渭之洛並荊山亦移之富平耳松案襄德所在當以胡說朝邑西南者為正閻氏若璩親至朝邑縣治在強梁原上為荊山北麓然則謂朝邑無荊山者誤矣吳卓信曰今富平亦有襄德城寰宇記謂後漢及三國時因漢舊名於此立縣今有廢城存是也與西漢書縣無涉而隋志誤載荊山於富平縣李吉甫宋敏求因之後人遂沿其謬先謙曰禹貢山水澤地篇荊山在襄德縣南與志合河水注徐水自夏陽來東南流絕彊梁原下入郃陽又渭水注渭水自華陰來木陽即懷德縣界也城在渭水北沙苑南即懷德縣故城也世謂之高陽城非矣地理志曰禹貢北條荊山在南山下有荊渠即夏后鑄九鼎處也渭水仍下入華陰先謙案黃帝鑄鼎荊山乘龍鼎湖荊山在今朝邑鼎湖在今閿鄉相距不遠情事較合富平則遼遠不關錢說非也**洛水東南入渭雍州寖**補注段玉裁曰此非出上雒之雒水即北地歸德下云洛水出北蠻夷中入河者也入渭以入河故渾曰入河以漆之沮為洛始於小顏然地理志有沮水出北地直路縣西東入洛之文水經注亦明言沮水漆水所在則不得與洛混為一水也先謙曰歸德縣下入河二字王念孫以為衍文是也水經洛水篇佚據寰宇記所引繹之洛水出歸德後所逕漢縣上郡之雕陰本郡之

翟道衙慶州樂蟠縣坊州中部縣下引歷疆梁原而入渭鄜州下引邑沮水入之故洛水亦名漆沮水同州白水縣下引又渭水注云洛水入焉闞駰以爲漆沮之水也是誤不始小顏胡渭云沮水舊循鄭渠東注洛今自富平縣界已絕朝邑縣志洛水舊自縣南趙渡鎮經華陰縣西北葫蘆灘入渭明成化中改流東過趙渡鎮逕趨河不入渭先謙案二洛入渭在縣境沙苑西依渭水注敍入京兆華陰下郊祀志汧洛濕皆有祠志扶風郁夷下有汧水祠此亦當有有洛水祠四字在何縣下則不可知 莽曰德驩師古曰褱懷字補注先謙曰續志後漢省雲陽下劉注有荊山帝王世紀云禹鑄鼎荊山在馮翊褱德之南今其下荊渠也據此縣併入雲陽一統志故城今富平縣西南十里

徵 莽曰氾愛師古曰徵音懲即今之澄城縣是也左傳所云取北徵謂此地耳而杜元凱未詳其處也補注先謙曰官本注取上多王字春秋晉地入秦見左傳釋文引三蒼國語范無寓云秦有徵衙也懲澄同音後遂誤爲澄耳有王官城秦穆公伐晉取之見左傳孝公會魏王杜平與魏戰元里張守節以爲並在縣界張湯請穿渠自徵引洛水至商顏下見溝洫志續志後漢省一統志故城今澄城縣西南二十五里

雲陵 昭帝置也補注先謙曰昭紀後元二年置外戚傳昭帝母趙倢伃死葬雲陽即位起雲陵是雲陵地割自雲陽續志後漢省一統志故城今淳化縣北二十里吳卓信云遺冢巍然俗呼大屹塔

萬年 高帝置莽曰異赤師古曰三輔黃圖云太上皇葬櫟陽北原起萬年陵是也補注吳卓信曰黃圖置萬年縣於櫟陽大城內以爲奉陵邑其陵在東者太上皇在西者昭靈后也據此萬年即治櫟陽無專城其長安城中

萬年縣廼宇文周所置先謙曰高紀十年置續志後漢因沮水注沮水自祋祤來東南歷土門南原下東逕懷德城南闕城在北原上又逕太上皇陵北陵在南原上沮水東注鄭渠濁谷水自雲陽來東歷原逕曲梁城北又逕太上陵南原下北屈逕原東與沮水合分爲二一東南出爲濁水至白渠與澤泉合俗謂之漆水又謂之漆沮水絕白渠東逕萬年縣故城北爲櫟陽渠城即櫟陽宮也闞駰云縣西有涇渭北有小河謂此水也其水南出爲石川水又西南逕郭獲城西合白渠枝渠南入渭一水東出爲沮水合澤泉入鄭渠又合白渠下入頻陽澤泉出沮東澤中與沮水隔原相去十五里俗謂之漆水東逕薄昭墓南冢在北原上又逕懷德城北入鄭渠合沮水又渭水注五丈渠水自高陵來東南入萬年縣又逕耤原東入渭一統志故城今臨潼縣北五十里

長陵 補注先謙曰有望夷宮在長陵西北見始皇紀 高帝置補注先謙曰高帝陵十二年置見史記年表縣見成帝紀縣人田蚡車千秋見本傳高公子見游俠傳 戶五萬五十七口十七萬九千四百六十九莽曰長平補注先謙曰續志後漢改屬京兆劉注蔡邕樊陵頌前漢戶五萬口十有七萬王莽後十不存一永初元年羌戎作虐至光和領戶不盈四千渭水注成國故渠自扶風渭城來東逕長陵南亦曰長山也又逕周勃冢南冢北有亞夫冢故渠下入陽陵一統志故城今咸陽縣東北四十里蕭何所築俗呼蕭城

陽陵 故弋陽景帝更名補注宋祁曰弋當作易吳卓信曰史記景紀四年後九月更以弋陽爲陽陵本書景紀在五年正月先謙曰縣亦見平紀縣人田延年王溫舒見酷吏傳 莽曰渭陽補注先謙曰續志後漢改屬京兆渭水注成國故渠自長陵來東南逕陽陵南入渭今無水本志涇水至縣入渭一統志故城今咸陽縣東四十里吳卓信云咸陽縣東高陵縣西南鹿苑原自咸陽來當涇渭二水間卽陽陵所在

雲陽 補注先謙曰秦邑蒙恬通直道自九原抵雲陽徙五萬家於此韓非死焉並見始皇紀武帝徙郡國豪傑於雲陽成帝幸焉並見本紀縣人董賢見佞幸傳續志後漢因沮水注黃嶔水出雲陽縣石門山黃嶔谷東南流注宜君水覵濁水上承雲陽縣大黑泉東南流爲濁谷水又出原注鄭渠下入萬年又渭水注五丈渠出雲陽縣石門山爲清水東南流逕黃嶔山西下入祋祤一統志故城今淳化縣西北 有休屠金人及徑路神祠三所補注先謙曰休屠王祭天金人徑路刀見匈奴傳又郊祀志雲陽有徑路神祠祭休屠王也則徑路是休屠王名沒而爲神故匈奴祠而漢因之非祠寶刀也其神遺有寶刀因名徑路刀耳 越巫䣕鄏祠三所孟康曰䣕音辜磔之辜越人祠也鄏音禳休音許虬反屠音除補注錢大昕曰䣕廣韻類篇俱作䣕从卵从卵皆無意義當是𣧫之譌說文辜皐也古文作𣧫大宗伯以疈辜祭四方百物鄭司農云披磔牲以祭若今時磔狗祭以止風𣧫鄭蓋疈辜之遺制與說文歺部又有𣧫字訓爲枯者義亦近劉台拱曰辜亦磔也䣕鄏卽磔攘古文辜從死旁古死與卵字形相近因誤從卵鄏攘皆假借字禳乃正字女祝掌以時招梗禬禳之事注云四禮唯禳其遺像今存漢有䣕鄏法故鄭云遺像今存先謙曰此越巫越祝祠武帝置詳郊祀志

右扶風 補注先謙曰決錄注扶風化也趙廣漢傳治長安城中黃圖云扶風治所在夕陰街北有掌畜官見尹翁歸傳續志後漢治槐里 故秦內史高帝元年屬雍國補注先謙曰章邯國 二年更爲中地郡補注先謙曰見高紀 九年罷復爲內史補注錢大昭曰百官表高帝十年有中地守宣義疑非九年罷 武帝建元六年分爲右內史太初元年更名主爵都尉爲右扶風師古曰主爵都尉本秦之主爵中尉掌列侯至太初元年更名右扶風而治於內史右地故此志追書建元六年分爲右內史又云更名主爵都尉爲右扶風補注全祖望曰當云景帝二年屬右內史也主爵都尉本不治民蓋省其員爲扶風非更名莽分其郡曰後丞烈後又分其郡二曰扶尉列尉 戶二十一萬六千三百七十七口八十三萬六千七十補注先謙曰續志後漢因屬司隸 縣二十一

渭城 故咸陽補注先謙曰秦紀孝公作咸陽築冀闕徙都之三秦記在九嵕山南渭水北山水俱陽故名咸陽 高帝元年更名新城補注錢坫曰曹參世家東取咸陽更命曰新城 七年罷屬長安武帝元鼎三年更名渭城補注先謙曰渭水注渭城在長安西北渭水之陽始隸扶風後併長安先謙案咸陽統於長安

秦都規模尚小僅得長安城北地故西都賦曰秦里其朔實爲咸陽也併長安謂後漢**有蘭池宮莽曰京城**補注先謙曰蘭池宮見酷吏傳長安志在咸陽縣東二十五里錢坫云土人往往於故址得宮瓦文作蘭池宮當四字續志後漢省據酈注併長安渭水注渭水自槐里來東北逕渭城南下入京兆長安成國故渠自安陵來東逕渭城北地理志曰縣有蘭池宮始皇微行逢盜於蘭池今不知所在故渠下入馮翊長陵一統志故城今咸甯縣東

槐里周曰犬丘懿王都之秦更名廢丘高祖三年更名補注汪遠孫曰史高紀二年更名廢丘爲槐里本書高紀同三年當爲二吳卓信曰世本懿王二年自鎬徙都犬邱紀年懿王十五年自宗周遷於槐里是周時已有槐里之名周既自鎬遷此豈有天子所都仍名犬丘之理蓋已更名槐里矣據周勃樊噲傳漢初有廢丘又有槐里或其後置縣乃統謂之槐里耳先謙曰非子居犬丘見秦紀章邯都見項羽傳**有黃山宮孝惠二年起**補注錢坫曰宮在今興平縣西南三十里馬嵬坡土人往往於故址得宮瓦有黃山二字先謙曰渭水注引志此文黃山宮亦見東方朔霍光元后王莽傳西京賦云繞黃山而款牛首**莽曰槐治**補注先謙曰續志後漢因渭水注渭水自雍來東逕槐里縣故城南李奇謂之小槐里縣之西城也又東合芒水枝流見盩厔又東北逕黃山宮南合就水田溪水見盩厔又東逕槐里縣故城南縣南對渭水北背通渠世謂之大槐里晉始平郡治其城遞帶防陸舊渠尚存漢書所謂槐里環隄也又東得漏水見盩厔甘水豐水見鄠鄗水下入渭城成國故渠自武功來東逕槐里縣北下入茂

陵一統志故城今興平縣東南十里

鄠補注先謙曰續志後漢因劉注南山有王季冢一統志故城今鄠縣北**古國有扈谷亭扈夏啟所伐**補注王念孫曰國上當有扈字下文扈夏啟所伐即承此扈字言之甘誓正義及夏紀索隱正義引此志竝曰扶風鄠縣古扈國前京兆尹新豐下曰驪山故驪戎國杜陵下曰故杜伯國左馮翊臨晉下曰芮鄉故芮國皆其例也亭上當有甘字說文扈夏后同姓所封戰于甘者在鄠有扈谷甘亭[illegible]續志右扶風鄠有甘亭帝王世紀云在縣南渭水注甘水北逕甘亭西亭在水東鄠縣南昔夏啟伐有扈作誓於是亭故馬融曰甘有扈南郊地名也是其證吳卓信曰此縣夏爲扈國殷爲崇國周爲豐邑秦改鄠漢置縣說文扈鄠爲二字與志合帝王世紀扈至秦改爲鄠是也姚察訓纂以戶扈鄠三字爲一疏矣**酆水出東南**補注吳卓信曰詩云灃水東注維禹之績則渭南諸川惟灃爲大特關中諸水自周而後歷代建都鑿引諸川多非禹迹胡渭謂禹時灃西之澇灃東之鎬滈灞滻當悉合灃水以入渭是以得成其大而志云北過上林苑入渭則是北流而非東注矣禹導渭東會于灃當在漢霸陵縣北灞滻入渭之處也先謙曰酆灃豐字同續志作豐水渭水注豐水出豐溪西北流分爲二水一水東北流爲枝津一水西北流合交水昆明池水北逕靈臺西又至石墩注于渭地說云渭水與豐水會於短陰山內水會無他高山異巒所有惟原阜石激而已水上有便門橋武帝建元三年造去長安西北四十里據宋敏求長安志長安縣下引墩作堨是一統志豐水出鄠縣東南終南山北流經縣東又經長安咸陽二縣東南入渭**又有滈水皆北過**

上林苑入渭補注王念孫曰滈當爲澇字或作潦通作勞封禪書霸產長水灃澇涇渭說文澇水出右扶風鄠北入渭渭水注澇水出南山澇谷鄠縣志作勞谷北逕鄠縣故城西又北注甘水而亂流入於渭即上林故地也據說文水經注則出右扶風鄠北過上林苑入渭者乃澇水非滈水也又案說文滈水在京兆杜陵則非在扶風鄠也司馬相如傳酆鎬潦滈師古云潦水出鄠縣西南山潦谷而北流入於渭地理志鄠縣有滈水北過上林苑入渭而今之鄠縣則無此水許慎云滈水在京兆杜陵此即今所謂沈水從皇子陂西北流經昆明池入渭者也蓋爲字或作水旁穴與沈字相似俗人因名沈水乎渭水注沈水上承皇子陂於樊川西北流注渭亦謂是水爲潏水將鄠縣滈水今則攺名人不識也案顏以沈水爲沇水之譌但未知地理志滈水乃澇水之譌故明知鄠縣無滈水而仍有攺名不識之疑段玉裁曰滈音聿滈水亦名沈水沇今音究允聿雙聲上林賦李注滈水出杜陵今名沇水字尚不誤顏字誤爲沈因謂滈譌沇沇譌沈而戴氏校水經注盡攺沈水爲沇水不知沈乃沇之誤耳先謙曰馮翊明有沈陽縣謂李注沈水爲沈之誤則可段反執孤證雙聲以爲得間致與前文不照亦見其傎也渭水注澇水出南山澇谷北逕宜春觀東又逕鄠縣故城西際城北出合渼陂水入甘水見下一統志澇水出今鄠縣西澇谷經咸陽至長安縣界入渭**有萯陽宮秦文王起**師古曰滈音決萯音倍補注錢坫曰東方朔傳作倍陽李斐音萯爲倍說文鄠縣有鄙鄉讀若倍是鄙即萯萯即倍矣吳卓信曰說苑秦始皇遷太后於萯陽宮先謙曰黃圖宮在鄠縣西南二十三里亦見宣成紀渭水注甘水出南山甘谷北逕秦文王萯陽宮西五柞宮東又逕甘亭西合澇水入渭即上林故地也

盩厔補注段玉裁曰盩張流切厔陟栗切二字皆見說文厔從广俗從厂非也廣韻水曲曰盩山曲曰厔集韻山水字互易案盩厔與周折同音周旋中規折旋中矩山水兼有之先謙曰平帝時霍鴻負倚盩厔芒竹見翟義王莽傳續志後漢省一統志故城今盩厔縣東錢坫云三十里終南鎮唐終南縣城漢盩厔城也**有長楊宮有射熊館秦昭王起**補注先謙曰官本考證云監本訛長陽宮從宋本改正亦見元成紀揚雄傳黃圖長楊宮在盩厔縣東南三十里本秦舊宮漢修飾之以備行幸宮中有垂楊數畝因以爲名又云長楊宮門曰射熊館雍錄長楊宮在上林苑中而射熊館適在宮門之臺上搏獸射熊必在此館爲其在門上凡獸可前人力可及也渭水注芒水出南山芒谷北逕盩厔縣竹圃中分爲二一水北入渭觀一枝流東北下入槐里就水出南山就谷歷竹圃北會黑水入渭田溪水出南山田谷北流逕長楊宮西又逕盩厔縣故城西有一水承盩厔縣南源北逕其縣東北注之田溪水北入渭漏水出南山赤谷東北流逕長楊宮東又北歷萯圃西爲仙澤又逕望仙宮合耿谷水入渭耿谷水出南山耿谷北合柳泉東北逕五柞宮西長楊五柞二宮相去八里張晏云宮在盩厔縣西又北逕望仙宮東入漏水**靈軹渠武帝穿也**補注先謙曰渭水注成國渠自武功來東逕盩厔縣北爲蒙龍渠亦曰靈軹渠河渠書以爲引堵水徐廣云一作諸川是也先謙案本志鄠下成國渠至上林入蒙龍渠者也**斄周后稷所封**師古曰讀與郃同音眙補注王鳴盛曰注眙南監本作胎是段玉裁曰史記封棄於郃徐廣云今斄鄉亦作斄鄉漢以名縣斄

鄉之名必起於古因詒我來牟而有此字斄卽來字音釐亦音來先謙曰官本注貽作胎秦縣曹參攻之見參傳續志後漢省郿下云有邰亭據此縣併入郿劉注王忳傳郿之斄亭尤爲確證又引新論云邰在漆縣其民有會日相與夜市如不爲則有災咎然則地或分隸漆與渭水注渭水自武功來東逕斄縣故城南舊邰城也后稷之封邑矣詩所謂有邰家室也城東北有姜嫄祠城西南百步有稷祠渭水下入雍一統志故城今武功縣西南吳卓信云康海武功縣志古邰城在武功縣八里漢邰城在縣西南三十里

郁夷 **詩周道郁夷有汧水祠莽曰郁平** 師古曰小雅四牡之詩曰四牡騑騑周道倭遲韓詩作郁夷字言使臣乘馬行於此道補注王鳴盛曰書盤庚遲任陸德明音直疑反匡謬正俗云遲音夷亦云遲陵遲或言陵夷遲卽夷也周壽昌曰詩釋文引韓詩作倭夷文選西征賦注引韓詩周道威夷天台山賦石闕銘注同顏延年北使洛詩威遲良馬煩注韓詩曰周道威遲陳奐疑郁夷爲魯詩無據班世習齊詩或齊說也郁倭威一聲之轉夷遲又通假字耳蘇輿曰班用齊詩如子之營兮自杜沮漆是其明證周說是也威郁古通爾雅西陵威夷卽郁夷先謙曰西征賦注引薛君章句云威夷險也縣地險因受名矣汧水祠見郊祀志續志後漢省地道記郁夷省併郿蓋王莽之亂郁夷之人權寄理郿界因併於郿渭水注渭水自陳倉來東逕郁夷縣故城南下入郿汧水自隃麋來東南逕郁夷縣下入郿一統志故城今隴州西五十里汧水祠在今寶雞縣東

美陽 **禹貢岐山在西北** 補注段玉裁曰此謂雍州荊岐既旅道汧及岐之岐周太王文王因岐山爲郊邑漢書言

山之字作岐言地之字作郊郊字地理志再見郊祀志一見匈奴傳一見音皆巨支切吳卓信曰今岐山縣東北五十里西自鳳皇山踰天柱山東至箭括山六十餘里皆岐山也薛綜西京賦注山有兩岐因以名其說未諦先謙曰禹貢山水澤地篇岐山在美陽縣西北與志合

中水鄉周大王所邑有高泉宮秦宣太后起也 補注先謙曰後漢因續志有周城劉注大王所徙南有周原說文郊周大王所封在右扶風美陽中水鄉渭水注橫水出杜陽山爲杜陽川東南流左會漆水大巒水俗稱小橫水水通爲岐水逕岐山西又屈逕周城南歷周原下北則中水鄉成周聚故曰有周也水北卽岐山矣岐水又東逕姜氏城南爲姜水東入雍水杜水自杜陽來南逕美陽縣之中亭川入雍水謂之中亭水雍水自雍來東南合橫水又南逕中亭川合杜水又逕美陽縣西入渭先謙案本志杜陽下杜水南入渭者也長安志高泉宮在美陽城中一統志故城今武功縣西南高泉宮在今縣西錢坫云扶風北二十五里崇正鎮是今武功縣西北七里美陽城乃後魏徙置非漢縣寰宇記作西四十里或誤

郿 補注先謙曰詩崧高王餞于郿秦縣見元和志周勃樊噲並下之見勃噲傳本志武功下斜水至郿入渭

成國渠首受渭東北至上林入蒙籠渠 補注錢大昭曰籠當作龍先謙曰蒙龍卽靈軹渠水注云成國故渠上承渭水於郿縣東下入武功注又云魏衞臻所開成國故渠自陳倉來東逕郿縣下入武功先謙案蓋西京此渠引渭衞更引汧耳

右輔都尉治 師古曰郿音媚補注段玉裁曰郿廣韻集韻皆眉媚二音先謙曰續志後漢因渭水注渭水自郁夷來合

汧水磻溪水東逕積石原卽北原也又逕五丈原北諸葛辛處亮又逕郿縣故城南又逕郿塢南下入武功汧水自郁夷來逕平陽故城南秦紀寧公二年徙平陽徐廣云郿之平陽亭也汧水又東入渭先謙案本志汧下汧水出西北入渭者也平陽有封宮秦武公所居見秦紀一統志故城今郿縣東北

雍 補注先謙曰秦邑始見左僖傳秦始皇宿此見始皇紀曹參攻之見參傳亦見五行志續志劉注召穆公采邑史記有鴻冢

秦惠公都之 補注王念孫曰封禪書秦德公既立卜居雍郊祀志同詩譜亦曰秦德公徙居雍悳惠字形相似又涉下文惠公而誤陳杞世家杞共公卒子德公立徐廣云[illegible]曰悳公惠[illegible]悳字之誤而顏氏不云悳古德字蓋所見本已誤爲惠矣先謙曰秦紀渭水注尙書中候注續志注引帝王世紀並作德公

有五畤 補注先謙曰渭水注雍有五畤以上祠祀五帝封禪書惟雍四畤上帝爲尊索隱云密畤畦畤在並上畤下畤畦畤爲四並高祖尊黑帝爲五案密畤在渭南畦畤在櫟陽蓋始皇後並祀於此五帝之祀迺備小司馬說是也或疑密畤畦畤不當在雍非是後書馮衍傳注引史記云秦併天下祠雍四畤漢加黑帝謂之五畤其明證矣

太昊黃帝已下祠三百三所 補注先謙曰郊祀志雍有百有餘廟又云舊祠二百三所此三百疑二百之誤

橐泉宮孝公起祈年宮惠公起 補注先謙曰渭水注胡城[illegible]俗名也蓋秦惠公故居所謂祈年宮孝公又謂之橐泉宮崔駰云穆公冢在橐泉宮祈年觀下皇覽說同劉向言穆公葬無丘壟處惠公孝公並穆公後子孫無由起宮於祖宗之墳陵知二證非實也祈一作蘄見始皇紀蘇輿云黃圖蘄年宮穆公所造與志異或穆公起而惠公更修之

輿紀要橐泉宮在今鳳翔府內城東南隅本名蘄年宮蓋孝公重修更名或云今東湖卽橐泉遺迹

棫陽宮昭王起 補注先謙曰見文紀郊祀志蘇武傳一統志棫陽宮在今扶風縣東北引縣志云三十里遺址尙存

有鐵官 應劭曰四面積高曰雍師古曰棫音域補注段玉裁曰雍讀平聲不讀去聲應云四面積高曰雍猶四方有水自邑成池者曰邕其理一也自邕卽自擁九州中雍州在四山之內古亦讀平聲先謙曰續志後漢因有鐵渭水注渭水自斄來東逕雍縣南合雍水洛谷水芒水覞盩下入槐里雍水出雍山東南流歷中牢溪爲中牢水南逕胡城東又東會左陽水東水岭東鄧公泉水又逕召亭南爲樹亭川下入美陽鄭公泉數源俱出雍縣故城南東入雍水一統志故城今鳳翔縣南

漆 補注先謙曰續志劉注豳國在東北有豳亭有師曠冢秦邑周勃北攻漆見勃傳

水在縣西 補注段玉裁曰水上當有漆字各本無淺人刪之此以水名縣刪之則不可通漆水出今邠州[illegible]西南流至麟遊扶風間[illegible]入渭詩率西水滸箋云循漆沮水側是此水原委自豳至郊漢人審知形勢錢坫曰今漆水亦曰新平水出白土原東陳陽原西下流入涇又有漆水出麟遊縣西漆溪下流合岐水入渭山海經羭次之山漆水出焉北流注於渭水經漆水出杜陽縣俞山東北入於渭說文漆水出杜陽岐山攷二漆水實出一原麟遊之東北卽邠州之西南耳其水一流入涇一流入渭亦猶駱谷水同出一原一流入渭一流入漢也古字險俞同俞山卽岐山連麓徐松曰錢用藏震說謂涇西有二漆一北流注涇以入渭一南流入渭緜詩之漆南流入渭者也先謙曰水在縣西不更出漆字與宏農丹水下水出上雒

家領山例同不加漆字亦可漆水注開山圖云岐山在杜陽北長安西有渠謂之漆渠班志云漆水在漆縣西十三州志又云漆水出漆縣西北至岐山東入渭今有水出杜陽縣岐山北漆溪謂之漆渠西南流注岐水又渭水注云漆水出杜陽縣之漆溪謂之漆渠故徐廣曰漆水出杜陽之岐山者是也漆渠水合大巒水小橫水通得岐水之目甄覈案杜陽今麟遊漢漆縣在其西參證諸說並與鄜合**有鐵官莽曰漆治**〔補注〕錢坫曰元和志今普潤縣西有小城蓋置鐵官處案普潤今麟遊地先謙曰後漢因續志有鐵一統志今邠州治

栒邑有豳鄉詩豳國公劉所都應劭曰左氏傳曰畢原酆郇文之昭也郇侯賈伯伐晉是也臣瓚曰汲郡古文晉武公滅荀以賜大夫原氏黯是爲荀叔又云文公城荀然則荀當在晉之境內不得在扶風界也今河東有荀城古荀國師古曰瓚說是也此栒讀與荀同自別邑耳非伐晉者〔補注〕王念孫曰都本作邑後人改之也上文美陽下云禹貢岐山在西北中水鄉周大王所邑即其證景祐本正作邑詩譜正義文選北征賦注引此並作邑吳卓信曰說文邠豳二字並收元和志開元十三年以豳字與幽字相涉詔曰魯魚變文荆并誤聽欲求辨惑必也正名改爲邠字唐會要同自是後皆作邠先謙曰栒邑見郊祀志周時已有其地酈商破周類軍於此見商傳後漢因續志有豳鄉劉注又有劉邑先謙案漆有豳亭此又有豳鄉二縣相接一統志故城今三水縣東北

隃麋〔補注〕錢坫曰元和志縣東八里有隃麋澤闕澤縣道記云縣因澤爲名吳卓信曰石門遺事云汧陽縣有石墨洞漢尚書令僕丞郎月給隃麋墨二斤然粗不可用洞在縣東南三十里先謙曰縣人郭欽見鮑宣傳**有黃帝子祠莽曰扶亭**師古曰隃音踰〔補注〕宋祁曰南本黃帝下無子字下同先謙曰陳倉有黃帝孫祠有子字當不誤後漢因續志作渝麋渭水注汧水自汧來東南逕隃麋縣故城南歷慈山東南下入郁夷一統志故城今汧陽縣東三十里

陳倉〔補注〕先謙曰秦文公得陳寶於此見郊祀志高帝自漢中襲破章邯軍由此北出見高紀續志後漢因劉注秦武公都雍陳倉城是也有石鼓山將有兵此山則鳴渭水注渭水自汧來東過陳倉縣西縣有陳倉山山下有陳寶雞鳴祠渭水合陳倉水綏陽溪水下入郁夷陳倉水出陳倉山下東南入渭斜水支流自斜谷上承斜水峴武分注綏陽谷爲綏陽溪水北居陳倉入渭又衞臻所開成國故渠上承汧水於陳倉東下入郿應劭云縣氏陳山姚睦云黃帝都陳言在此又漾水注故道水出陳倉縣大散嶺西南流下入武都故道一統志故城今寶雞縣東二十里**有上公明星黃帝孫舜妻盲冢祠**〔補注〕錢坫曰說文甘氏星經云太白上公妻曰女嫺居南斗食厲天下祭之曰明星始皇紀三十三年禁不得祠明星梁玉繩曰竹書舜三十年葬后育於渭乃后名盲必育之誤吳卓信曰路史疏仡紀帝舜有虞氏堯妃以育姬以瑩注云育即娥皇瑩即女英見世本**有羽陽宮秦武王起也**〔補注〕錢坫曰宮在今陳倉故城人或於此得羽陽千歲瓦當也

杜陽〔補注〕先謙曰秦邑國策蘇代說向壽封小令尹以杜陽**杜水南入渭**〔補注〕先謙曰渭水注武水發杜陽縣大嶺側俗名大橫水疑即杜水矣東逕杜陽縣故城世謂之故縣川又號縣有杜陽山山北有杜陽谷有地穴北入不知所極在天柱山南故縣取名焉亦指是水而攝目矣故地理志曰縣有杜水又合二坑水莫水峴好下入美陽吳卓信云杜水下流爲武功河源出麟遊縣西五十里招賢鎮杜山之陰鄜所謂大橫水也其名小橫水之杜水來自鳳翔之杜陽川源發麟遊之鐵鑪川出杜山之陽甄覈蓋峽梁諸山之水自汧以東在岡脊之南者俱歸雍水北俱歸杜水而會於武功之川口以入渭其大凡也**莽曰通杜**師古曰大雅緜之詩曰人之初生自土漆沮齊詩作自杜言公劉避狄而來居杜與漆沮之地〔補注〕宋祁曰詩作當作詩曰段玉裁曰杜水南入渭下各本無詩曰自杜四字惟景祐二年本有之據顏注此班引齊詩而顏說之也王應麟詩地理考胡三省通鑑周紀注所見漢書皆如此顏謂爲齊詩必是襲漢書音義唐初齊詩久亡也近人云莽曰通杜四字乃詩曰自杜之譌非矣古土杜同音通用故毛詩桑土韓詩作桑杜杜訓塞故莽以爲名不善而曰通杜王念孫曰景祐本是也顏注沮漆誤作漆沮自土沮漆下辨見經義述聞若無詩曰自杜四字則注爲贅設引自杜沮漆而但曰自杜者省文也猶下文引芮阮之即而但曰芮阮矣先謙曰後漢因續志永和二年復漆水篇漆水出杜陽縣兪山東北入渭漆五見又渭水注漆水出杜陽縣漆溪爲漆渠南流合大巒水水出大道川即岐水也二川合爲一而入橫水自下通得岐水之目亦名小橫水下入美陽一統志故城今麟遊縣西北

汧〔補注〕先謙曰秦邑文公徙都汧見帝王世紀周勃定之見勃傳後漢因續志有回城名回中渭水注渭水自天水縣諸來東南度小隴山逕南由縣南後魏竝合楚水又東合汧汙二水案諸地志汧水出汧縣西北關騶十三州志與此同復以汧水爲龍魚水蓋以津

流逕通更攝通稱也渭水東入散關又逕西武功北又合扞水又右會南山五溪水下入陳倉楚水一名長蛇水出汧縣數歷山南逕長蛇戎入渭關騶以爲汧水一統志故城今隴州南**吳山在西古文以爲汧山雍州山**〔補注〕段玉裁曰凡云古文以爲者古五經皆謂之古文此古文即謂禹貢釋禹貢道汧以綴禹貢也不言禹貢汧山在西而云吳山古文以爲汧山者今曰吳山古曰汧山以今綴古兼載之謂之古文者漢謂尚書爲古文太史公十歲則誦古文亦謂尚書也非必孔壁出者乃爲古文矣雍州山者釋職方雍州其山鎭曰嶽山以綴周官一物而兼綴二經也職方曰嶽山不曰周官以爲嶽山者爾雅曰嶽秦漢曰吳嶽其即吳山不待煩言矣錢大昕曰志稱古文者十一汧山終南惇物在扶風外方在潁川內方陪尾在江夏嶧陽在東海震澤在會稽傅淺原在豫章豬壄澤在武威流沙在張掖皆古文尚書家說與水經所載禹貢山澤所在無不脗合相傳水經出於桑欽欽即傳古文尚書者則水經爲欽所作信矣戴震以水經有廣魏縣斷爲魏人所作余謂水經郡縣間有與西漢互異者乃後人附益改竄猶爾雅周公作而有張仲孝友之語史記司馬遷作而有揚雄之語也然則志何以則有桑欽說曰禹貢山水澤地所在一篇本古文家相傳之學而欽引以附水經之末水經則欽自出新意焉之故不可合而爲一陳奐曰吳山禹貢正義引作吳岳鄭注職方孔注逸書並云嶽吳嶽也周人以汧爲雍州鎭尊之曰嶽吳大也以配巡狩之四嶽故周有五嶽之稱岳嶽一字先謙曰凡志稱禹貢者今古文說同也專言古文者今文所無也其例蓋如此禹貢山水澤地篇汧山在汧縣西與志合吳山國語作虞山吳虞通廣雅釋山作開山並汧山之異名說文有汧無岍今書作導岍非也據通典元和志寰宇記以吳嶽爲二山近志因之然吳山在西岡嶺

縣互延及於南與嶽山爲一周禮總稱嶽山禹貢總稱汧山當以志文爲正今俗分隴州西四十里爲汧山南八十里爲嶽山亦非也續志汧下云有吳嶽山本名汧劉注引郭璞云別名吳山周禮所謂嶽山者其說至晰至封禪書言吳岳又言岳山此古文以爲敦物之岳山與職方氏嶽山無涉渭水注吳山三峯霞舉疊秀雲天崩巒傾返山頂相捍望之恆有落勢 **北有蒲谷鄉弦中谷雍州弦蒲藪** 〔補注〕段玉裁曰謂今之蒲谷鄉弦中谷卽雍州弦蒲藪釋職方其澤藪曰弦蒲以綴周官也先謙曰周禮鄭司農注弦或作汧蒲或作浦渭水注云汧水出弦中谷決爲弦蒲藪者也今隴州西四十里有蒲谷水下流入汧卽此藪 **汧水出西北入渭** 〔補注〕段玉裁曰西北句絕此水自西北而東南先謙曰渭水注汧水出縣之蒲谷鄉弦中谷決爲弦蒲藪爾雅曰水決之澤爲汧水有二源一出縣西小隴山爲龍魚川東逕汧縣故城北又歷澤亂流爲一源右得白龍泉又會吳山西側川水自水會上下咸謂之龍魚川下入險麋齊召南水道提綱云今汧陽河出隴州西北吳嶽 **芮水出西北東入涇詩芮阮雍州川也** 師古曰阮讀與鞫同大雅公劉之詩曰止旅乃密芮鞫之卽韓詩作芮阮言公劉止其軍旅欲使安靜乃就芮阮之間耳〔補注〕段玉裁曰爾雅厓內爲隩外爲鞫鞫字林作垠鞫阮垠三字皆九六反阮從阜尻聲尻從尸九聲九之入聲得九六反俗本譌阮則不可通云雍州川也者蒙上文芮水出西北東入涇謂涇芮皆卽職方之雍州其川涇芮以綴周官也芮今周禮作汭如銳反先謙曰集韻阮水厓外也或作垠又作泦詩鄭箋水內曰隩水外曰鞫義亦同

也據寰宇記紀要引水經注逸文汭水出小隴山紀要山在華亭縣西三十里東逕宜祿縣紀要縣在長武縣東南俗謂之宜祿川水有芹川水出羅川縣干子山羅川今正甯縣東流逕宜祿縣北注之宜祿川又過淺水原入涇淺水原弘鈎蘆原在長武縣北五里案今水自華亭來經崇信涇水長武入涇其水會曰亭口鎮源流尚合官本阮作汭 **好時** 〔補注〕先謙曰秦邑嫪毐斬於此見呂不韋傳雍東有好時故縣得名見郊祀志曹參破章平於此周勃攻之見參勃傳 **垝山在東** 〔補注〕先謙曰名勝志永壽縣有種金坪去坪十里曰垝山特高峭一統志山在今乾州東北 **有梁山宮秦始皇起** 〔補注〕吳卓信曰此大王所踰之梁山非禹貢梁山也緜詩孔疏混而一之不知岐周韓國東西相距五六百里太王率西水滸無走馬徂東之理禹貢梁山果指此則岐在梁東禹從東而西當言治岐及梁不云治梁及岐矣李吉甫宋敏求並主其說誤先謙曰梁山宮見始皇紀三秦記梁山宮城皆文石名織錦城渭水注莫水出好時縣梁山大嶺東南逕梁山宮西水東有好時縣故城莫水又南入杜水觀美一統志山在乾州西北五里 **莽曰好邑** 師古曰垝音巨毁反〔補注〕先謙曰續志後漢省一統志故城今乾州東北七里引州志云東十里好時村 **虢** 〔補注〕先謙曰本小虢秦武公滅之見秦紀縣人徐敖見儒林傳渭水注晉書地道記以爲西虢地也漢志以爲西虢縣太康地記曰虢叔之國有虢宮平王東遷叔自此之上陽爲南虢矣趙一清云杜預云陝縣東南有虢城卽西虢國乃虢仲所封大陽之下陽城蓋其別都河東宏農地界相接非兩國也榮陽新鄭之虢爲虢叔所封在陝縣之南故當年虢仲之北虢亦得西虢之稱若扶風之虢與周室二虢無與

善長誤矣續志後漢省本志宏農陝下班注西虢在雍據此知縣併入雍一統志故城今寶雞縣東錢坫云今虢州鎮紀要桃虢城在縣東五十里古虢君之支屬也二城相距十餘里俗亦謂之桃虢川 **有黃帝子周文武祠** 〔補注〕段玉裁曰謂皆有祠 **虢宮秦宣太后起也** 〔補注〕先謙曰雍錄虢宮在岐山虢縣廟記云在城外 **安陵惠帝置** 〔補注〕先謙曰惠帝陵黃圖去長陵十里關中記徙關東倡優樂人五千戶以爲陵邑善嘲戲故俗呼女嘲陵縣人馮唐爰盎見本傳 **莽曰嘉平** 師古曰闞駰以爲本周之程邑也〔補注〕吳卓信曰詩大雅度其鮮原居岐之陽孔疏周書稱文王在程作程寤程典皇甫謐云文王徙宅於程蓋謂此也周程一作郢孟子所云畢郢矣先謙曰續志後漢因劉注縣西北畢陌秦武王冢渭水注成國故渠自平陵來東逕惠帝安陵南陵北有安陵縣故城成國故渠下入渭城一統志故城今咸陽縣東二十一里 **茂陵武帝置** 〔補注〕先謙曰建元二年置見武紀縣人張敞杜鄴見本傳原涉見游俠傳 **戶六萬一千八十七口二十七萬七千二百七十七莽曰宣城** 師古曰黃圖云本槐里之茂鄉〔補注〕宋祁曰宣下當添室字先謙曰續志後漢因渭水注成國故渠自槐里來東逕茂陵南又逕茂陵縣故城南王莽之宣成也城雖成國故渠下入平陵一統志故城今興平縣東北 **平陵昭帝置** 〔補注〕先謙曰昭帝陵黃圖陵去茂陵十里東西廣三丈五步通典槐里縣武帝割置茂陵昭帝又割置平陵有肥牛亭見張禹傳縣人士孫張平當吳章張山拊鄭寬中塗惲見儒林傳朱雲李尋鄭崇何並王嘉見本傳

莽曰廣利 〔補注〕先謙曰續志後漢因渭水注成國故渠自茂陵來又東逕姜原北渠北有漢昭帝陵東南去長安七十里又東逕平陵縣故城南又逕竇嬰冢南又逕成帝延陵南陵東北五里卽平帝康陵坂也又逕元帝渭陵南哀帝義陵南下入安陵一統志故城今咸陽縣西北十五里 **武功** 〔補注〕先謙曰扶風西界小邑見史記田叔傳有中水鄉見王莽傳 **大壹山古文以爲終南** 〔補注〕錢坫曰終南左昭傳作中南淮南子作終隆終中通用南隆聲轉亦曰太白山在鄠縣東南四十里攷山在今鄠縣南者曰終南在今西安府城南者古止稱南山從未被以終南之名後人以陝西省迤南一帶山並曰終南而別太白爲終南之一峯其說始自唐柳宗元輩不符經旨舛譌甚矣先謙曰成蓉鏡禹貢班義述云古文以終南太壹爲一故郡國志以下并從之而張衡西京賦潘岳西征賦岐而爲二文選注元和志雍錄詩地理考遂據以駁志但班氏明云古文以爲終南或今文家以終南大一爲二而張潘據以爲說正不必以彼易此也 **垂山古文以爲敦物皆在縣東** 〔補注〕錢坫曰垂當爲岳形近而誤今曰武功山在鄠縣東南俗呼鰲山封禪書郊祀志並稱岳山徐廣云武功有太壹山又有岳山是作岳山爲當耳先謙曰成蓉鏡云索隱言志有垂山無岳山是唐本已誤續志垂亦當作岳據水經注按其方位太壹山在武功縣南岳山又在太壹山南志東當爲南字之誤先謙案鄠注引杜彥達曰太白山南連武功山於諸山最爲秀傑是太白武功明爲二山又謂縣有太一山亦曰太白山[illegible]星[illegible]據長安志亦曰上校記三[illegible]三字秦太白山是終南則武功山爲敦物無疑矣禹貢山水澤

地篇終南山惇物山在武功縣西南與志合

斜水出衙領山北至郿入渭〔補注〕先謙曰渭水注斜水出武功縣西南衙嶺山北歷斜谷逕五丈原東一曰武功水北流注渭引志此文[illegible]一統志山在今褒城縣北斜水自褒城流逕岐山郿縣入渭名斜谷河上流名桃川

褒水亦出衙領至南鄭入沔〔補注〕王念孫曰至南鄭當作南至南鄭與北至郿對文今褒水自漢中府鳳縣東界西流過褒城縣東入漢皆南流先謙曰南鄭漢中縣沔水注褒水西北出衙領山東南逕大石門歷故棧道得丙水口歷小石門又歷褒口郎褒谷之南口也北口曰斜所謂北出褒斜也褒水下入漢中褒中紀要衙領山俗名馬鞍山雍涼之間稱爲阻隘也斜水出其北褒水出其南褒水俗稱黑龍江[illegible]

有垂山斜水淮水祠三所〔補注〕先謙曰趙一清云淮疑雍之誤雍水出雍山引見雍縣下汪士鐸云淮水當作褒水先謙案作褒是

莽曰新光師古曰斜音弋奢反衙音牙〔補注〕錢大昭曰莽傳云以武功縣爲安漢公采地名曰漢光邑其後莽改國號爲新故曰新光先謙曰後漢因續志永平八年復渭水注渭水自郿來東過武功縣北合斜水又逕武功縣故城北又合溫泉水下入斄溫泉水出太一山北入渭成國渠自郿來東逕武功縣爲成林渠[illegible]之下入盩厔成國故渠自郿來東逕武功下入槐里爲一統志故城今郿縣東四十里吳卓信云漢武功實今之郿縣今武功乃漢斄美陽二縣地舊縣境有武功山武功水見水經注引諸葛亮表及杜彥遠說是縣本以山水立名也

弘農郡〔補注〕先謙曰寰宇記義取宏大農桑爲名閻若璩云郡治宏農先謙案續志後漢治同劉注雒陽西南四百五十里

武帝元鼎四年置〔補注〕全祖望曰故屬京兆尹武帝分置錢坫曰武紀元鼎三年冬徙函谷關於新安以故關爲宏農縣然則置郡亦當在三年四字疑誤

莽曰右隊〔補注〕先謙曰王莽傳以宏農河東河南[illegible]河內潁川南陽爲六隊郡吳卓信云莽傳有右隊大夫宋綱

戶十一萬八千九十一口四十七萬五千九百五十四有鐵官在黽池〔補注〕吳卓信曰寰宇通志河南府鞏宜陽登封新安嵩五縣出鐵先謙曰續志後漢因屬司隸

縣十一

弘農〔補注〕先謙曰後漢因續志有枯樅山有桃丘聚故桃林有務鄉有曹陽亭一統志故城今靈寶縣南四十里故秦函谷關〔補注〕先謙曰武紀徙函谷關於新安以故關爲宏農縣荀子所謂秦有松柏之塞也一統志關在今靈寶縣西南里許衙山領下谷爝水所出北入河〔補注〕段玉裁曰衡領之作衙山領乃衡誤爲衙嶺析爲山領也古嶺祇作領字本篇內可證高紀文穎注是時函谷關在宏農縣衡嶺項羽紀注誤衍山字河水注引地理志云爝水出衡嶺下谷郡國志宏農下云爝水出劉注前志出衡山嶺下谷亦衍山字可合以正譌戴趙二家依漢書誤本改水經注爲衙嶺者非也武功衙領不與此相涉玩文穎語當以衡領爲句班舉爝水即賧門水非與鄢異先謙曰爝爝字同河水注爝水有二源左水南出衙嶺世謂之石城山右水亦出山合左水地理志曰爝水出衙領下谷開山圖云衙山在函谷山西南爝水又東北合田渠水又北入門水水之左右即函谷山也田渠水出衙山白石谷歷田渠川爲田渠水西北入爝水相谷水出宏農縣南石隄山北流入河門水自上雒來東北合爝水北逕宏農縣故城東城即故函谷關校尉舊治處也其水側城北流入河曹水出南山北逕曹陽亭西章邯斬周章於此魏以爲好陽亭在宏農縣東十三里曹水西北入河又湍水注湍水出宏農界翼望山水甚清徹下入南陽酈案段云山字衍是也開山圖亦作衙嶺似戴趙未誤山與武功無涉固不妨同名耳一統志石城山在靈寶縣西南本名衙山爝水在縣南門水在縣西南

盧氏熊耳山在東伊水出〔補注〕王念孫曰出上當有所字言此山爲伊水所出也脫去所字字則易與下句連讀矣禹貢正義引此正作伊水所出凡上言某山則下言某水所出班志皆然若續志則但言某水出而不言其所入故例不用所字也汝南郡定陵下云高陵山汝水出盧江郡下云金蘭西北有東陵鄉灌水出[illegible]益州郡弄棟下云東農山毋血水出菑川國東安平下云菟頭山女水出[illegible]所出上皆脫所字考各郡國下言某水所出者凡八十有六唯此五條脫所字當補先謙曰禹貢山水澤地篇熊耳山在盧氏縣東依酈說則在上雒者爲禹貢熊耳伊水篇伊水出南陽魯陽縣西蔓渠山[illegible]注云山海經曰蔓渠之山伊水出焉淮南子曰伊水出上魏山地理志曰出熊耳山即麓大同陵巒互別耳先謙案此謂蔓渠亦兼熊耳之名矣注又云伊水自熊耳東北逕鸞川亭北世謂伊水爲鸞水合蒻水陽水解水鸞水下入陸渾鸞水出盧氏縣鸞谷東入伊一統志伊水出盧氏縣東南百六十里之鸞山一名悶頓嶺即蔓渠也盧氏縣志云熊耳雖有伊源之名而無流衍之跡此誤以上雒之熊耳當之

東北入雒過郡一行四百五十里〔補注〕先謙曰志敘水道無過郡一者本郡則不可言過也是二之缺譌郡二宏農河南

又有育水南至順陽入沔〔補注〕先謙曰順陽哀帝改名博山南陽縣後漢仍爲順陽故班用舊稱育水即均水也均水注均水出盧氏縣熊耳山[illegible]雙峯秀整望若熊耳因以爲名齊桓召陵之會西望熊耳即此山也太史公司馬遷皆嘗登之均水下入析地理志謂之育水言熊耳之山育水出焉

又有洱水東南至魯陽亦入沔〔補注〕先謙曰魯陽南陽縣育水注洱水出熊耳山東南流下入南陽酈地理志云熊耳之山出三水洱水其一焉先謙案入沔者注清以入沔也

皆過郡二行六百里〔補注〕先謙曰過宏農南陽

莽曰昌富師古曰洱音耳〔補注〕宋祁曰昌富疑作昌當先謙曰續志後漢因雒水注雒水自上雒來逕鴟渠關北合鴟渠水又逕盧氏縣故城南紀年晉出公十九年晉韓龍取盧氏城雒水又合盧氏川水南山三川水葛蔓谷水高門水松陽溪水黃亭溪水荀公溪水下入宜陽盧氏川水北出盧氏山東南流逕盧氏城東入雒又丹水注析水出盧氏縣大蒿山[illegible]又汝水注汝水或言出盧氏縣還歸山[illegible]又清水篇清水出盧氏縣支離山[illegible]一統志故城今盧氏縣治

陝〔補注〕

先謙曰春秋晉地戰國屬魏秦孝公圍陝城惠文王取之出其人與魏見秦紀又魏世家云秦圖我曲沃括地志云曲沃城在縣西南河水注有曲沃城晉詹嘉以曲沃之官守桃林之塞固名

故虢國補注先謙曰此虞虢之虢左傳杜注虢公敗戎于桑田在縣東北桑田亭河水注昔周召分陝以此城爲東西之別東城卽虢邑之上陽也虢仲之所都爲南虢三虢此其一焉先謙案下文並此是四虢陝與大陽夾河對岸故有上陽下陽之分亦有南虢北虢之稱實一虢也左僖傳杜注上陽在陝縣東南續志陝下云本虢仲國

有焦城

故焦國補注先謙曰周紀武王封神農之後於焦河水注又云其大城中有小城故焦國也括地志焦城在陝州城內東北百步古虢城中東北隅左襄傳焦姬姓蓋先併於虢也春秋屬晉爲河外邑惠公許秦背約秦伐而圍之見左僖襄傳戰國屬魏秦攻降之歸魏復降之見秦紀魏世家

北虢在大陽補注先謙曰今平陸河水注於大陽縣下引竹書云晉滅下陽地理志云北虢也餘詳河東大陽

東虢在滎陽補注先謙曰今汜水續志滎陽有虢亭虢叔國國語所謂虢鄶爲大左隱元年傳云制巖邑也虢叔死焉是也餘詳河南滎陽

西虢在雍州補注王念孫曰州字後人所加西虢在雍謂雍縣非謂雍州也右扶風有雍縣秦紀武公十一年滅小虢集解引班固云西虢在雍今本紀雍下有州字亦後人據誤本地理志加之路史國名紀引漢志曰西虢在雍則羅氏所見本無州字渭水注云雍縣晉書地道記以爲西虢地也漢書地理志以爲西虢縣太康記云虢叔之國矣是漢之雍縣爲西虢地故曰西虢在雍不得言在雍州也後漢和帝紀元興元年雍地裂李賢云流俗本雍下有州字者誤蓋淺學人不知雍爲縣名故每於雍下加州字耳先謙曰本志扶風有虢縣續志無蓋後漢併入雍故班云在雍也紀要云桃虢城在寶雞縣東十里古虢君之支屬也秦滅小虢卽其地河水注引太康地記云虢叔之國矣平王東遷叔自此之上陽爲南虢矣先謙案據續志南虢迺仲後非叔後地記誤也錢坫云在今鳳翔府寶雞縣東六十里帝王世紀以大陽爲西虢成臯卽滎陽爲東虢陝州平陸縣卽此爲北虢賈逵杜預以此爲西虢段玉裁云韋昭云虞虢之虢西虢也虢叔之後虢鄐之虢東虢也虢仲之後說本賈逵與續志不合

莽曰黃眉補注先謙曰後漢因續志有陝陌[illegible]河水注河水自京兆湖來得柏谷水門水觀宏洹水覘北河東曹水觀宏苗水七里澗水譙水又東過陝縣北合橐水河北對茅城故茅戎邑晉敗之大陽者也津亦取名焉秦伯自茅津濟是也又東合咸陽澗水規陽河東河南卽陝城也城南倚山原北臨黃河河水下入河東大陽七里澗水在陝城西七里因名其水自南山入河橐水出橐山合崖水安陽溪水又西北遷陝城西入河安陽溪水出石峭南東合漫澗水又西遷陝縣故城南合瀆谷水入橐水一統志故城今陝州治

宜陽補注先謙曰戰國韓地秦武王拔之昭襄王會魏王於此見秦紀雒水注故韓地後乃縣之先謙案甘茂傳宜陽大縣也名曰縣其實郡也則爲縣不自秦始亦見五行志縣人楊僕見酷吏傳續志後漢因劉注有金門山山竹爲律管甘水篇甘水出宜陽縣鹿驪山[illegible]又雒水注雒水自盧氏來東合庫谷水鵁鶄水北山水侯谷水又左合宜陽北山水廣由澗水直谷水東北過蠡城邑南城西有塢水出北四里山上原高二十五丈故黽池縣治南對金門塢水南五里舊宜陽縣治也雒水又合金門溪水款水黍良谷水太陰谷水白馬溪水昌澗水杜陽澗水渠谷水又過宜陽縣南水北有熊耳山雙巒競舉狀同熊耳此自別山不與禹貢導雒自熊耳同也光武破赤眉積甲與熊耳平卽是山也雒水又合西度水又東逕宜陽縣故城南又合厭染水黃中澗水祿泉水共水黑澗水[illegible]臨亭川水豪水觀新下入河南河南庫谷水出宜陽山南三川並發合爲一溪東北入雒金門溪水黍良谷水俱出金門山入雒白馬溪水出宜陽山東北入雒昌澗水出宜陽山逕宜陽故郡南[illegible]舊陽市邑也其水東南入雒渠谷水出宜陽縣南女几山東北入雒西度水出熊耳山東南逕宜陽縣故城西入雒厭染水出縣北傳山東南流逕宜陽縣故城東入雒先謙案注合西度水後方云逕宜陽縣故城南則上文舊宜陽縣治非漢宜陽縣蓋戰國時舊縣也或據此改下文在黽池爲故黽池黽池縣下復黽池改爲復宜陽皆屬臆揣不足據證一統志故城今宜陽縣西五十里

在黽池有鐵官也補注齊召南曰在黽池有鐵官也七字乃郡戶口下自注有鐵官在黽池誤衍於此宜陽與黽池各自爲縣使宜陽有鐵官安得在黽池邪一文重見刊誤不言何也先謙曰在疑有之誤雒水注熊耳山山際有池池水東南流[illegible]水側有一池世謂之黽池此宜陽有黽池之證

黽池補注先謙曰戰國鄭地入韓商君傳云鄭黽池在西河之南藺相如傳云秦趙爲好會於西河外黽池也元和志韓哀侯東徙其地入秦

高帝八年復黽池中鄉民景帝中二年初城徙萬家爲縣補注先謙曰高帝先復中鄉民至景帝迺城而縣之也穀水注穀水歷黽池川本中鄉地也景帝中二年初城徙萬戶爲縣卽用志文案志云復黽池中鄉民則中鄉元屬黽池可知而黽池舊爲縣更可知宜陽下引雒水注云蠡城西山上原高二十五丈故黽池縣治此舊治也中鄉城景帝時改治也

穀水出穀陽谷東北至穀城入雒補注先謙曰穀城河南縣穀水篇穀水出黽池縣南播冢林穀陽谷注云出千崤東馬頭山穀陽谷東北流歷黽池川逕秦趙二城南土崤北北溪水出黽池山東南注之疑孔安國所謂澗水也下入新安

莽曰陝亭師古曰黽音莫踐反又音莫忍反補注先謙曰後漢因續志有二崤一統志故城今黽池縣西

丹水補注先謙曰堯有丹水之戰以服南蠻見呂氏春秋后稷放丹朱於此見紀年秦破楚師於丹析見屈原傳王陵起兵丹水以應高祖見高紀陵傳續志後漢改屬南陽一統志故城今淅川縣西

水出上雒冢領山東至析入鈞補注段玉裁曰水上應有丹字先謙曰丹水出冢領山應在上雒下班繫此者所以著縣氏也凡班書以水氏縣卽繫本縣下者不復出水名段說非丹水注丹水自析來合析水又東南遷三戶城南又逕丹水縣故城西南又至其縣南合黃水觀下入南陽博山析水自析來南入丹水縣注丹水黃水自析來南逕丹水縣注丹水黃水北有墨山山石悉黑

密陽鄉故商密也師古曰鈞亦水名也音均補注全祖望曰鈞水卽盧氏縣下之育水班錯舉其名而顏氏不能實指之似別有一鈞水矣水經作均水段玉裁曰商密見左僖傳以綴春秋也先謙曰丹水注縣有密陽鄉昔楚申息之師所戍也春秋之三戶矣杜預云縣北有三戶亭續志有章密鄉先謙案章是商之誤鈞是均之誤云非異文水經注不言均亦作鈞知道元所見漢書本

不誤也

新安補注先謙曰秦邑項羽阬秦卒於城南見羽傳武帝徙函谷關於此見武紀續志後漢因雒水注豪水出新安縣密山南流歷九曲坂東入雒又穀水注穀水自黽池來東逕新安縣故城南北夾流而西接崤黽合北川水廣陽川水石默溪水宋水又逕函谷關南東北流合阜澗水又東北逕函谷關城東右合爽水澗水䧄波水少水孝水下入河南穀城一統志故城今黽池縣東俗名之曰搭泥鎮

禹貢澗水在東南入雒補注段玉裁曰此當在東斷句閻若璩云澗水穀水一東流一東北流折而會於新安縣東自是澗兼穀之稱故洛誥澗水東瀍水西周語穀洛鬭即澗也蔡沈書傳謂澗水出今之黽池至新安入洛大非洛未嘗經新安縣境何得於此入洛蔡氏誤讀班志之文班志澗水在新安東句南入洛南入洛者周時澗水本在王城西入洛非新安也建武以後穿渠作堰水之變遷非一道矣先謙曰澗水篇澗水出新安縣南白石山注云山海經曰白石之山澗水出其陰北流注於穀世謂是山曰廣陽山水曰赤岸水亦曰石子澗地理志曰澗水在新安縣東南入雒是爲密矣東北流歷函谷東坂東謂之八特坂孔安國云澗水出黽池山今新安縣西北有一水北出黽池界東南流逕新安縣入穀水安國所言當斯水也酈[illegible]又河南有離山水謂之爲澗水出離山東南流歷郟山於穀城東南流注穀亂流南入洛疑是此水然意所未詳又穀水注云穀水又東澗水注之亦引山海經文而無所考實蓋澗水上出白石山下至穀城入穀黽池北溪水近似其源河南離山水適符其委既酈所不究所當闕疑提綱云澗水出黽池縣北白石山南流經縣東稍南折而東流經義昌驛南又東合穀水又東稍南經新安縣城南又東稍北至府西境又東南入雒一統志白石山在黽池縣東北二十里

商補注先謙曰春秋楚邑以封子西爲公見左文傳戰國入秦續志後漢改屬京兆劉注左傳少習縣東之武關丹水注丹水自上雒來東南過商縣南契始封商皇甫謐闞駰並以爲斯縣也殷商之名起於此矣丹水自商縣東南歷少習出武關秦之南關也通南陽郡京相璠云楚通上雒阸道也丹水下入析一統志故城在今商州東八十五里

秦相衞鞅邑也補注段玉裁曰此下及戰國也先謙曰見秦紀

析補注先謙曰春秋之白羽楚邑秦人過析隈見左僖傳又遷許於此見昭傳襄王時秦取之見楚世家高祖攻降之見高紀

黃水出黃谷補注先謙曰丹水注黃水北出芬山黃谷下入丹水縣不言入湍一統志黃水在內鄉縣西東南流繞縣城入湍

鞠水出析谷俱東至酈入湍水補注先謙曰酈南陽縣湍水注菊水出西北石澗山芳菊溪亦言出析谷蓋溪澗之異名也源旁悉生菊草潭澗滋液極成甘美云此谷之水土餐挹長年司空王暢太傅袁隗太尉胡廣並汲飲此水以自綏養是以君子留心甘其臭尚矣菊水下入酈一統志菊水在內鄉縣西北五十里亦名菊潭隋以此名縣

莽曰君亭師古曰析音先歷反鞠水即今所謂菊潭也酈音持益反湍音專補注先謙曰後漢改屬南陽續志有武關在縣西有豐鄉城丹水注丹水自商來東南歷曰口戍下入丹水縣析水出析縣西北盧氏縣大蒿山南逕析縣北鄉後魏立修陽縣又東流結成潭謂之龍淵又逕縣故城北又歷其縣東下入丹水縣又均水篇均水出析縣北山南流過其縣東注云均水自盧氏來

縣即析縣之北鄉故經言出析縣北山也又東南流逕其縣下入南陽博山又淅水注豐鄉川水出豐鄉東山西南流逕豐鄉故城南京相璠云淅縣有故鄼鄉春秋所謂豐析也今屬南鄉縣後漢下入關耐水一統志故城今內鄉縣西北百二十里

陸渾補注先謙曰續志後漢因甘水注鹿蹏山見宜陽在陸渾縣故城西北俗謂之縱山甘水發於山曲之中故人目其所爲甘掌焉下入河南河南又雒水注黑澗水出陸渾西山西北入雒見宜陽又伊水注伊水自盧氏來東北過陸渾縣南合滽滽水又歷崖口峽北流即古之塗山也山在陸渾故城東南八十許里伊水又合七谷水蛋谷水又東北逕伏流嶺東在縣南崖口北三十里許北合溫泉水親成焦澗水涓水下入河南新成涓水出陸渾西山即陸渾都也其水二源俱導東注號略在陸渾縣西九十里春秋所謂東盡號略者也北水東流合侯澗水又逕陸渾縣故城北又左合南水南水出西山七谷歷其縣南又東南合北水又合陸渾縣東禪渚水入伊大戟水自河南新成來西流逕陸渾縣南下仍入新成一統志故城今嵩縣東北去伏流城北二十餘里即古伊川地也元和志伏流城以城北焦澗水伏流地下西有伏流阪因名即東魏所置南陸渾故城也

春秋遷陸渾戎於此補注王念孫曰志述春秋時事皆不加春秋二字其加春秋二字者皆承上之詞若河南郡雒陽下云周公遷殷民是爲成周春秋昭公三十二年晉合諸侯於狄泉以其地大成周之城居敬王是也若非承上之詞則皆不加春秋二字若河東郡絳下云晉武公自曲沃徙此是也他皆放此且但言遷陸渾戎而不言遷之者則文義不明春秋當爲秦晉僖二十二年左傳秦晉遷陸渾之戎於伊川是也此因秦誤爲春後人遂改爲春秋耳

有關師古曰渾音胡昆反補注錢坫曰即伊闕關也在今河南府城西南三十里後書云靈帝中平元年置蓋增修之先謙曰唐志陸渾有漢故關一統志陸渾關在今嵩縣北七十里

上雒補注先謙曰春秋晉地見左哀傳自此東至陸渾謂之陰地見宣傳杜注烈公時楚伐我南都至此見紀年戰國屬魏與楚戰以上雒許秦見國策漢元鼎四年置縣見寰宇記後漢改屬京兆續志有菟和山有蒼野聚丹水篇丹水出上雒縣北冢嶺山[illegible]注云丹水東南流合清池水過上雒縣南[illegible]地道記云在洛上故以爲名紀年楚人伐晉南鄙至於上雒也丹水合楚水自倉野東歷菟和山春秋左師軍於菟和右師軍於倉野是也下入商楚水出上雒縣西南楚山兩源合舍於四皓廟東又東逕高車嶺南翼帶眾流北入丹水一統志故城今商州治

禹貢雒水出冢領山東北至鞏入河補注段玉裁曰云禹貢雒水者所以綴禹貢也禹貢五言雒故蒙上文釋之云禹貢雒水出冢領山若如今本漢書上文禹貢皆改爲洛矣則此四字何所承乎先謙曰鞏河南縣雒水注地理志曰雒出冢領山山海經云出上洛西山又云讙舉之山洛水出焉東流合丹水[illegible]尸水乳水龍餘水玄扈水武里水又東門水出焉爾雅所謂洛別爲波也又東合要水獲水俔又逕熊耳山北禹貢所謂導洛自熊耳博物志曰洛出熊耳蓋開其源者是也下入盧氏又河水注洛水自上雒縣東北於拒陽城西北分爲二一爲門水東北歷陽華之山又歷峽爲鴻關水世亦謂之劉項裂地處非也上雒有鴻臚圍池故謂斯水爲鴻臚澗鴻關之名乃起是矣又合陽華山左右二水下入弘農案冢領山在今雒南縣西卽秦嶺也雒水出其縣北五里東流入盧氏

過郡二行千七十

里豫州川〔補注〕先謙曰過宏農河南又有甲水出秦領山東南至錫入沔〔補注〕段玉裁曰甲水自上雒至錫當云西南東誤先謙曰錫漢中縣沔水注甲水出秦嶺山東南流逕上庸郡北合關耐水下入錫關耐水出上雒陽亭縣北青泥西山南逕陽亭聚西俗謂之平陽水又合豐鄉川水梘南入上津注甲水一統志商州西北諸山皆秦嶺也甲水出南丹水出東西雒水出北後人分為讙舉冢領等名實一山耳甲水一名吉水一稱夾河皆甲音變字自商州經鎭安山陽鄖西入漢者也過郡三行五百七十里〔補注〕錢坫曰過宏農漢中三當為二熊耳獲輿山在東北師古曰錫音陽〔補注〕先謙曰雒水注獲水南出獲輿山俗謂之備水東北逕獲輿川世名為卻川水入雒先謙案熊耳獲輿連麓異名言熊耳而必兼獲輿者以明近獲輿之熊耳為眞禹貢導雒之山不與盧氏宜陽二熊耳溷也讙舉上見則獲輿音形相近傳寫積譌非有二矣

河東郡〔補注〕先謙曰據涑水注郡治安邑續志後漢治同劉注雒陽西北五百里錢大昭云河東有都尉見薛宣傳今諸縣不言有都尉治或闕文河南河內河東屬司隸為三河丞相遣史刺之故田叔傳云使刺三河秦置〔補注〕錢大昕曰凡言秦置因其名不改吳卓信曰秦紀昭襄王二十一年置先謙曰高帝二年虜魏豹置郡見高紀全祖望云武帝末屬司隸昭帝元始元年屬幷州見紀本未幾復故不知年莽曰兆陽〔補注〕全祖望曰據莽傳河東乃六隊之一曰兆隊非兆陽也然水經注引此已作兆陽是六朝本已誤錢坫曰兆卽汾洮之洮古通用有根倉溼倉戶二十三萬六千八百九十六口九十六萬二千九百一十二〔補注〕先謙曰續志後漢因屬司隸縣二十四〔補注〕錢大昭曰尹翁歸傳河東二十八縣分為兩部閎孺部汾北翁歸部汾南今云二十四蓋元始時縣數先謙曰見功臣侯表者有茇縣無考郡人張次公胡建見本傳姚平見儒林傳義縱見酷吏傳

安邑巫咸山在南〔補注〕先謙曰涑水注海外西經曰巫咸國在女丑北右手操青蛇左手操赤蛇在登葆山羣巫所從上下也蓋神巫所遊故山得其名矣谷口嶺上有巫咸祠紀要山在今夏縣南五里鹽池在西南〔補注〕先謙曰秦紀五國攻秦至鹽氏括地志以為在此涑水注涑水自左邑來西南過安邑縣西禹都也又西南逕監鹽縣故城今下入猗氏城南有鹽池上承鹽水水出東南薄山西北逕巫咸山又逕安邑故城南又西注鹽池地理志曰鹽池在安邑西南許愼謂之鹽長五十一里廣七里周百十六里今池水東西七十里南北十七里紫色澄渟潭而不流水出石鹽自然印成朝取夕復終無減損山海經謂之鹽販之澤也董祐誠云今鹽水出夏縣南中條山一名白沙河又名姚暹渠又名巫咸河自夏陽逕安邑解州之北至虞鄉北入五姓湖水若入鹽池則鹽不成故障之不復入池蓋今昔懸殊矣河水注以中條山在蒲坂者為薄山此安邑之薄山亦中條山河水注所云亦謂之薄山也魏絳自魏徙此至惠王徙大梁〔補注〕先謙曰絳徙安邑武侯城之惠王三十一年秦地東至河安邑近秦於是徙都大梁見魏世家孝公時圍魏安邑降之昭襄王時魏獻安邑見秦紀有鐵官鹽官莽曰河東〔補注〕先謙曰後漢因續志有鐵劉注有鳴條陌昆吾亭昆吾與桀同日亡一統志故城今夏縣北吳卓信云夏王城據鳴條岡周三十里西南遺址尚存縣西一里亦有安邑故城乃後魏分置之南安邑縣

大陽〔補注〕先謙曰春秋晉地敗茅戎於此見公羊傳戰國屬魏縣人郅都見酷吏傳禹貢山水澤地篇砥柱山在大陽縣東河中案志文疑奪禹貢砥柱山在東七字吳山在西上有吳城周武王封太伯後於此是為虞公為晉所滅〔補注〕段玉裁曰吳世家武王封周章弟虞仲於周之北故夏墟是為虞公史記公字今譌仲史記云求大伯虞仲之後此云大伯後者大伯無子虞仲為大伯後史記兼言之此專言之皆可以明兄弟相後之義也周章既君吳矣又君虞仲於虞者廣大伯之後卽廣虞仲之後也先謙曰河水注虞山有傅巖傅說隱於虞虢之閒卽此處也巖東北十餘里卽顚軨坂左傳所謂入自顚軨者也東北有虞原原上道東有虞城武王以封大伯後虞仲於此是為虞公晉太康地記所謂北虞也晉取虢滅虞其城北對長坂二十許里謂之虞坂自上及下七山相重戰國策騏驥駕鹽車上虞坂遷延負轅而不能進也趙一清云虞仲是仲雍之曾孫周章之弟小司馬以為祖與孫同號也人表中雍在上中列大伯之次虞仲在中中云周章弟與史記合續志吳城作虞城劉注史記秦昭王伐魏取吳城卽此城也吳虞古通一統志吳山在安邑縣東南三十二里跨夏縣平陸界有天子廟莽曰勤田應劭曰在大河之陽〔補注〕吳卓信曰名勝志閒田在平陸縣西六十里虞芮相讓處也故莽改曰勤田先謙曰後漢因續志有下陽城有茅津劉注盜跖冢臨河河水注河水自宏農陝來合交澗水路澗水東逕大陽縣故城南合沙澗水積石土柱二溪水過砥柱山間山在虢城東北大陽城東也又合嶠水干嶠水下入河南平陰咸陽澗水出虞山南至陝津入河覘交澗水出吳山東南入河路澗水出吳山東逕大陽一城西南入河沙澗水出虞山東南逕大陽城東南入河一統志故城今平陸縣東北

猗氏〔補注〕先謙曰功臣下摩侯諱毒尼表注猗氏蓋嘗析置下摩縣續志後漢因劉注左傳詹嘉處瑕在縣東北涑水注涑水自安邑來西逕猗氏縣故城北春秋晉敗秦令狐至於刳首闞駰云令狐卽猗氏也刳首在西三十里縣南對澤卽猗頓故居也涑水下入解又云鹽池西又有一池謂之女鹽澤東西二十五里南北二十里在猗氏縣故城南一統志故城今猗氏縣南二十里

解師古曰音蟹〔補注〕先謙曰唐叔虞食采於解見廣韻戰國屬魏周赧王時秦敗魏師於此見國策後漢因續志有桑泉城有瑕城在劉注有郇城咎犯盟於郇在縣西北有智邑有卑耳山縣西南齊桓公所登涑水注涑水自猗氏來西逕郇城詩云郇伯勞之其故國也涑水西南逕解縣故城南晉惠公許秦以河外五城內及解梁卽斯城也又逕瑕城又逕張陽城東漢書之東張矣又西南屬於陂陂分為二東陂世謂之晉興澤西陂卽張澤也西北去蒲反十五里卽張陽池一而下不言涑水所入別詳蒲反下一統志故城

今臨晉縣西南五姓湖北

蒲反 有堯山首山祠補注錢坫曰堯山在今蒲州府城東南十五里首山在今府城南三十里馬融云首陽山在蒲阪華山之北河曲之中伯夷所隱也攷古夷齊所隱首陽有三說曹大家幽通賦注謂在隴西卽隴西郡首陽縣在今渭源縣西二十里戴延之西征記謂在洛陽東北水經注云或云夷齊餓死在此在今偃師縣西北二十里一言在此但夷齊之歌自稱西山而蒲坂之山無西山之目若以在周之西論之則作隴西者是惟自唐以後皆推本馬融建祠定祀證古者因循莫改殊難辨其眞正焉又武帝元封六年作首山宮文穎以爲亦在此先謙曰河水注雷首俗亦謂之堯山山上有故城世又曰堯城闞騆云蒲坂堯都千載眇邈非所詳耳山有夷齊廟闞騆云山一名獨頭山夷齊所隱也山南有古冢俗謂之夷齊墓趙盾田首山卽於此也案如酈說堯山首山連麓異名志云有二祠首山蓋祠夷齊堯山卽祠堯矣括地志中條山西起雷首東至吳城長數百里隨地異名是也 雷首山在南 補注汪遠孫曰夏紀索隱南上有東字錢坫曰山海經蒲山之首曰甘棗之山封禪書薄山者襄山也徐廣云薄山在此縣古文蒲薄字聲相近然則薄山卽蒲山穆天子傳河首襄山亦指此先謙曰禹貢山水澤地篇雷首山在蒲坂縣東南河水注雷首山臨大河北去蒲坂三十里尚書所謂壺口雷首者也胡渭云雷首之脈爲中條東盡於垣曲一統志山在今永濟縣南 故曰蒲秦更名莽曰蒲城 應劭曰秦始皇東巡見長坂故加反云孟康曰本蒲也晉文公以賂秦後秦人還蒲魏人喜曰蒲反矣謂秦名之非也臣瓚曰秦世家云以垣爲蒲反然則本非蒲也師古曰應說是補注先謙曰全祖望云孟解因魏壽餘事而參錯其說先謙案秦紀以垣爲蒲反索隱云爲字當作易是瓚說沿史記譌字立解秦紀魏世家稱蒲坂在秦始皇前則應說亦未是也求之經傳既無蒲名魏地秦名更於何世班氏所本無以明之矣漢因續志作蒲坂有沙丘亭劉注秦晉戰河曲在縣南六國表秦與魏封陵張守節云在縣西南河曲之中河水篇河水南過蒲坂縣西注云河水自郃陽來合汾陰瀵水又南逕陶城西有陶河之稱南對蒲津關紀年魏襄王七年秦王來見于蒲阪關又南過縣地理志曰縣故蒲也郡南有歷山謂之歷觀河水又合潙汭二水南逕雷首山西又合涑水下入京兆船司空瀵水自汾陰來西南歷蒲坂西西入河涑水自河北來西南流亦曰雷水入河左傳謂之涑川趙一清云全祖望謂此與聞喜之涑不同非也左傳成十三年杜注涑水出河東聞喜縣西南至蒲反縣入河是二涑水本相通蓋涑之別曰洮其嶽爲二則自金天氏始左傳臺駘能業其官宣汾洮障大澤以處太原帝用嘉之封諸汾川是張陽澤乃臺駘遺迹禹貢既修太原至于岳陽卽汾洮之水也曰修者修縣之功至岳陽而止岳陽霍太山之陽也其不及河可知唐志讀鄭北十五里有涑水渠貞觀十七年蒲州刺史薛萬徹所闕自聞喜引流入臨晉溉田[illegible]至是遷鑿而通之此數千年之水道一變也一統志故城今永濟縣東南

河北 補注先謙曰後漢因續志有韓亭河水注涑水出河北雷首山縣北與蒲坂分山下入蒲反河水自京兆湖來東過河北縣南縣與湖縣分河湖互見河水合蓼水永樂澗水又自河北城南東逕芮城下仍入湖永樂澗水北出薄山南流逕河北縣故城西入河在河之北故曰河北縣也今城南西二面並去大河可二十餘里北去首山十許里處河山之間土地迫隘故魏風著十畝之詩也又河北縣有洹水南入河[illegible]故河水有洹津之名一統志故城今芮城縣東北一里 詩魏國晉獻公滅之以封大夫畢萬

補注先謙曰魏姬姓見左襄傳晉滅以封萬見閔傳 曾孫絳徙安邑也 補注錢坫曰世本畢萬生芒季芒季生武仲州武仲生莊子絳見史記萬生武子武子生悼子悼子生絳是爲萬曾孫世本有芒季無悼子與史記異史記又云悼子徙治霍世本居篇亦云武子居魏悼子徙霍此志所不詳

左邑 補注先謙曰武帝至此見本紀 莽曰兆亭 補注先謙曰兆洮之消字續志後漢省涑水注云王莽之洮亭也又引司馬彪云洮水出聞喜故王莽以縣爲洮亭然則涑水殆亦洮水之兼稱乎據此縣併入聞喜注又云涑水自聞喜來西合沙渠水西南逕左邑縣故城南故曲沃也秦改爲左邑詩所謂從子于鵠者也又西逕王官城北下入安邑一統志故城今聞喜縣治

汾陰 補注先謙曰戰國魏地襄王時秦取之見秦紀魏世家高帝封周昌爲侯國見表武帝幸此立后土祠元帝亦幸焉見本紀續志後漢因劉注古之綸少康邑有狐谷亭河水篇河水南過汾陰縣西注云河水自馮翊夏陽來東際汾陰脽縣故城在脽側魏土地記云河東郡北八十里有汾陰城北去汾水三里河水下入馮翊郃陽瀵水出縣南四十里西去河三里平地開源濆泉上涌俗呼瀵魁與郃陽瀵水夾河河中渚上又有一瀵水皆潛相通古人壅其流以爲陂水種稻其水下入蒲反又汾水注汾水自皮氏來西至汾陰縣北入河水南有長阜背汾帶河阜長四五里廣二里餘高十丈漢書謂之汾陰脽先謙案本志太原汾陽下汾水西南至汾陰入河者也一統志故城今榮河縣北 介山在南 補注先謙曰武紀用事介山者也汾水注介山卽汾山也其山特立周七十里高十餘里晉太康記及地道記永初記並言子推所逃隱卽實非也子推隱綿山杜預云在西河界休縣今俗呼孤山孤介聲轉字譌也

聞喜 故曲沃晉武公自晉陽徙此 補注王念孫曰武公本作成侯此後人妄改之也涑水注晉武公自晉陽徙此武公字亦後人依誤本漢志改之案詩譜云唐者帝堯舊都之地今曰太原晉陽成王封母弟叔虞於此曰唐侯至子燮改爲晉侯至曾孫成侯自晉陽徙此據此則自晉陽徙曲沃者乃成侯非武公也又下文絳縣下云晉武公自曲沃徙此是武公自曲沃徙絳非自晉陽徙曲沃也且武公之祖桓叔已封於曲沃矣何得謂武公徙曲沃乎 武帝元鼎六年行過更名 應劭曰今曲沃也秦改爲左邑武帝於此聞南越破改曰聞喜補注錢大昭曰事見武紀三國志高貴鄉公詔亦云漢孝武元鼎中改桐鄉爲聞喜是武帝以左邑之桐鄉特置此縣非改曲沃爲聞喜也先謙曰曲沃秦改左邑武帝析左邑之桐鄉置聞喜後漢併左邑入聞喜故班於此縣注云故曲沃而應云今曲沃也若無左邑之併則故曲沃三字當注在左邑下矣後漢因續志聞喜邑本曲沃有董池陂古董澤有稷山亭[illegible]劉注有乾河見史記晉蒐清原在北[illegible]涑水篇涑水出聞喜縣東山黍葭谷注云水出華谷西過周陽邑南景帝封田勝爲侯國涑水又合洮水又逕董澤陂南又合景水又逕桐鄉城北下入左邑一統志故城今聞喜縣西南

濩澤 補注先謙曰續志後漢因沁水注沁水自上黨陽阿來南合濩澤水又東南合陽阿水[illegible]下入河內沁水縣濩澤水出濩澤城西白澗嶺下東逕濩澤墨子云舜漁濩澤又逕濩澤縣故城南蓋以澤氏縣紀年梁惠成王十九年晉取濩澤也其水際城東注又東合清濁水

陽泉水上澗水東南入沁清淵水出濩澤縣北南逕濩澤城東又南入濩澤陽泉水自陽阿來南入濩澤上澗水出輔山南歷析城山北入濩澤一統志故城今陽城縣西引舊志云澤城村濩澤在縣西嶕嶢山下深闊盈大澄清不竭

禹貢析城山在西南。應劭曰有濩澤在西北師古曰濩音烏號反補注先謙曰禹貢山水澤地篇析城山在濩澤縣西南與志合沁水注析城山在濩澤南山甚高峻上平坦下有二泉東濁西清左右不生草木數十步外多細竹紀要山在陽城南七十里太行支山也

端氏 補注先謙曰戰國趙地後入韓趙策韓欲存宜陽必以端氏賂趙也續志後漢因沁水注秦川水出巨駿山東西南逕端氏縣故城東韓趙魏分晉遷晉君於端氏縣即此其水南流入沁見上黨陭氏一統志故城今沁水縣北三十五里引縣志云三家遷晉君處在縣東四十五里端氏聚

臨汾 補注周壽昌曰莽於漢縣名臨字者或改監或别改兩字獨此與下臨湖臨沂臨洮四縣及涿郡臨鄉未改先謙曰後漢因續志有董亭左傳晉蒐於董劉注有賈鄉賈伯邑汾水注汾水自襄陵來南過臨汾縣東合天井水又屈從縣南西流下入絳古水出臨汾縣故城西黃阜下又西逕荀城東古荀國晉武公滅之以賜大夫原氏古水西南入汾觀一統志故城今絳州東北二十五里

垣 補注先謙曰戰國魏地一名王垣武侯城之秦取復予後終取之見秦紀始皇紀魏世家亦名武垣曹參得魏豹於此見參傳後漢因續志有邵亭左傳郫邵河水注清水出清廉山東流逕皐落城北服虔云赤狄之都所謂東山皐落氏合倚亳川水南溪水乾棗澗水又東南逕陽壺城東即垣縣之壺垣亭晉遷宋五大夫所居也清水東南入河乾棗澗水出石人嶺下南逕垣縣故城北入清水教水出垣縣北教山合平山水南入河庸庸水出垣縣宜蘇山分爲二水俱東北入河濝水出垣縣王屋山西濝溪東入河二水見河南平陰一統志故城今垣曲縣西二十里先謙案鄭注尚書史記集解引職方及說文作東垣通鑑六十四建安十年會白騎攻東垣胡三省云此東垣乃河東垣縣今本續志無東字者疑建安未復故沿至晉未改故晉志河東郡亦作垣

禹貢王屋山在東北，補注先謙曰禹貢山水澤地篇王屋山在垣縣東北與志合一統志山在今垣曲縣東北百里陽城濟源接界山有三重其狀如屋故名沇水所出，東南至武德入河，補注先謙曰沇俗作兗非武德河內縣案濟水至河內溫入河言至武德入河者酈元以爲枝瀆條分所在布稱蓋濟水故瀆合奉溝水入河朱溝分流爲奉溝其正流合沁水先儒以爲濟渠故酈元云然詳見武德溫平皋諸縣下濟水篇濟水出垣縣東王屋山爲沇水注云山海經曰王屋之山聯水出焉西北流注於秦澤郭景純云聯沇聲相近即沇水也潛行地下至共山南復出下入河內軹軼出滎陽北地中，又東至琅槐入海。補注先謙曰說文軼車相出也職方注作泆爲滎軼泆蓋今古文異琅槐千乘縣詩正義引鄭注云沇水溢出河爲澤今塞爲平地滎陽民猶謂其處爲滎播在其縣東志云軼出滎陽北而鄭云在縣東者胡渭以爲澤起縣北歷其東也據後漢明紀王景傳云平帝之世河汴決壞滎澤在所漂諸縣中塡淤既久空竇盡窒地中伏流不能上涌滎澤之塞實由於此但禹迹之改自周已然職方豫州其川滎維穆天子傳浮於滎水則周初滎澤已導爲川東與陶丘復出之濟相接故志云東至琅槐入海也沛水自滎陽至琅槐中歷陽武封丘平丘濟陽冤朐定陶乘氏至壽張西界安民亭汶水注之又歷須昌穀城臨邑盧縣臺縣菅縣梁鄒臨濟利縣至琅槐入海今自安民亭以西遺迹皆湮而安民亭以東章邱以西之大清河鄒平迤東至海之小清河則猶是古沛水之故瀆也

過郡九，行千八百四十里。師古曰琅音郎槐音回補注先謙曰過河東河內河南陳留濟陰東郡泰山濟南齊郡千乘九當爲十

皮氏 補注先謙曰戰國魏地秦惠文王取之復入魏秦圍之見秦紀魏世家功臣岸頭侯張次公表注皮氏蕃菅析置岸頭縣

耿鄉，故耿國，晉獻公滅之，以賜大夫趙夙，補注先謙曰耿姬姓晉滅之事見左閔傳杜注續志劉注尚書祖乙徙耿有耿城一統志在河津縣南十二里後十世獻侯徙中牟。補注錢坫曰趙世家夙生共孟共孟子衰衰子盾盾子朔朔子武武子成成子鞅鞅子毋卹毋卹子獻侯是爲十出

有鐵官。莽曰延平。補注先謙曰後漢因續志有鐵有冀亭左傳冀爲不道河水篇河水南過皮氏縣西又南出龍門口注云河水自北屈來皮氏縣故城在龍門東南不得延逕皮氏方屆龍門也河水下入馮翊夏陽又汾水注汾水自長脩來西逕清原城北故清陽亭北有清原晉侯蒐清原處也又逕冀亭南合華水又逕稷山北晉侯治兵於稷是也舊說稷以稷山爲聞喜縣今案當爲皮氏東境又逕郇邱北漢之方澤也又逕耿鄉北又逕皮氏縣南漢河東太守番係穿渠引汾水溉皮氏縣故渠尚存今無水汾水下入汾陰一統志故城今河津縣西二里

長脩 補注先謙曰高帝封杜恬爲侯國見表續志後漢省汾水注汾水自絳來西南逕長脩縣故城南合脩水下入皮氏脩水出縣南西南入汾一統志故城今絳州西北紀要後周天和五年韋孝寬請於長秋築城秋乃脩之謂今名長秋鎭

平陽 補注先謙曰戰國趙邑惠文王封趙豹爲平陽君見趙世家始皇攻定之見始皇紀魏王豹都見項羽傳曹參取之見參傳高帝封參爲侯國見表縣人衞青父鄭季霍光霍去病尹翁歸見本傳

韓武子玄孫貞子居此。補注先謙曰紀年晉烈公元年韓武子都平陽汾水注引同韓世家武子子貞子徙居平陽索隱世本作平子名須亦作景子居平陽並與志異

有鐵官。莽曰香平。應劭曰堯都也在平河之陽補注先謙曰後漢因續志有鐵劉注左傳諸侯盟馬陵在東南汾水注汾水自楊來南逕白馬城西又逕平陽縣故城東晉大夫趙鼂之故邑也堯舜並都之[illegible]汾水合平水下入襄陵平水出平陽縣西壺口山東逕平陽城南入汾俗以爲晉水非也先謙案注平河蓋平水之譌御覽引作平水一統志故城今臨汾縣西南

襄陵 補注先謙曰戰國魏地文侯時齊取之復入魏惠王時諸侯圍之襄王時爲楚敗於此齊威王命田忌攻之並見齊楚魏世家昭襄王與楚王會此見秦紀

有班氏香亭。莽曰幹昌。應劭曰襄陵在西北師古曰晉襄公之陵因以名縣補注朱一新曰汪本香作鄉是先謙曰續志後漢因汾水注汾水自平陽來南歷襄陵縣故城西晉大夫郤犨之邑也故其地有犨氏鄉亭矣西北有晉襄公陵縣蓋郤陵以命氏也汾水下入臨汾王念孫云廣韻犨字注又姓引風俗通云晉大夫郤犨之後然則犨氏爲郤犨之後而襄陵又爲犨之故邑故其地有犨氏鄉亭作班者非

也葢犨字或通作讎潛夫論志氏姓篇作犨讎與班相似而誤下文南陽郡犨師古音昌牛反而此處無音則所見本已誤爲班矣一統志故城今襄陵縣東南十五里犨氏鄉亭在縣東南汾水東岸

彘 霍大山在東冀州山 補注宋祁曰州山一作代山先謙曰大山禹貢太嶽山也因周官云山曰霍故志加霍字以應周官禹貢山水澤地篇太嶽山在永安縣汾水注太岳山禹貢所謂岳陽也卽霍太山矣有岳廟甚靈烏雀不棲其林猛虎常守其庭又有靈泉以供祭祀一統志霍山在今霍州東南十五里南接趙城洪洞二縣界周二百餘里今謂之中鎭 周厲王所奔 補注先謙曰事見周語元和志周厲王陵在霍邑縣東北二十五里 莽曰黃城 應劭曰順帝改曰永安補注先謙曰魏世家悼子徙霍後漢因續志陽嘉三年更名永安劉注有呂鄉呂甥邑汾水注汾水自太原界休來南過永安縣西故彘縣也合彘水南逕霍城東故霍國晉獻公所滅又逕趙城西南穆王以封造父趙氏自此始也汾水又南合霍水下入楊彘水出東北太岳山西逕永安縣故城南西南入汾霍水亦出霍太山西南逕趙城南西入汾澗水自上黨穀遠來西南逕霍山南下入楊一統志故城今霍州治

楊 補注先謙曰周宣王子尙父封於楊見唐書宰相世系表晉滅之以賜大夫羊舌氏見元和志楊侯逼而逃楚見楊雄傳縣人咸宣見酷吏傳 莽曰有年亭 應劭曰楊侯國補注先謙曰續志後漢因劉注有梁城叔向邑汾水注汾水自彘來南逕楊縣故城西晉大夫僚安之邑也汾水合澗水黑水又逕高梁城西晉害懷公於此高祖封鄺疥爲侯國汾水下入平陽澗水自彘來西逕楊縣故城北入汾黑水出黑山西逕楊

城南會巢山水勞水逕高梁城北西入汾一統志故城今洪洞縣東南十五里

北屈 禹貢壺口山在東南 補注先謙曰禹貢山水澤地篇壺口山在北屈縣東南與志合偁書鄭注同案冀州有三壺口一左哀四年傳齊國夏取晉壺口杜注潞縣東有壺口關今在長治縣東南一平水所出之壺口山見平陽下一卽此今吉州東南是成蓉鏡云諸書所指爲壺口者卽古孟門山尸子呂覽淮南子所云河出孟門之上者也或分在北者爲孟門在南者爲壺口非是尙書全解引曾旼云志謂壺口在北屈東南鄺元謂孟門在北屈西南則壺口孟門之東山也括地志諸書謂此在吉州西南者失之 莽曰朕北 應劭曰有南故稱北臣瓚曰汲郡古文翟章救鄭至於南屈師古曰屈音居勿反卽晉公子夷吾所居補注王鳴盛曰注至南監本作次蘇輿曰御覽引應注有南下有屈字先謙曰後漢因續志劉注屈産駿馬河水注河水自上郡高奴來南逕北屈縣故城西西四十里有風山風山西四十里河南孟門山實爲河之巨阸兼孟門津之名在陝西宜川縣東南二十里與雒陽孟津有別河水合燕完水鯉魚水羊求水又南爲採桑津晉里克敗狄於採桑是也又合赤水蒲水見西隰河丹水黑水洛水下入皮氏羊求水出羊求川西逕北屈縣故城南入河一統志故城今吉州東北二十一里

蒲子 應劭曰故蒲反舊邑武帝置師古曰重耳所居也應說失之補注先謙曰戰國魏邑一曰蒲陽襄王七年降於秦復入魏景湣王時秦拔之見魏世家始皇紀續志後漢因河水注蒲川水出石樓山南逕蒲城東卽重耳所奔之處也又南歷蒲子縣故城西闞駰云蒲城在西北其水南合黃盧水紫川水入河見上郡高奴黃盧水出蒲子城南入蒲水一統志故城今隰州東北八十里吳卓信云蒲子村

絳 補注先謙曰高帝封周勃爲侯國見表 晉武公自曲沃徙此 補注錢坫曰詩譜穆侯徙于絳葢穆侯先徙都至武公自曲沃幷晉仍居之閻若璩曰晉前後四都相去止在平陽百五十里之內翼在今翼城縣東南三十五里曲沃在聞喜縣東北去翼約百五十里絳卽今太平縣二十五里故晉城東距翼約百里景公徙新田在曲沃南二里去晉城僅五十里耳 有鐵官 應劭曰絳水出西南補注吳卓信曰唐志絳縣有鐵先謙曰後漢因續志作絳邑有翼城左傳曲沃伐翼後魏正平郡治此汾水注汾水自臨汾來逕絳縣故城北又西逕虒祁宮北又逕王澤合澮水古水見臨汾下入長脩又澮水注澮水出絳縣高山西逕翼城南詩譜言晉穆侯孫孝侯改絳爲翼後獻公北廣其城方二里又命爲絳其水西南合黑水賀水高泉水紫谷水于家水范壁水謂之澮交今絳縣東北四十里大交鎮又合絳水又西過縣南晉景公謀去故絳欲居郇瑕韓獻子曰不如新田有汾澮以流其惡遂居新田又謂之絳卽絳陽也葢在絳澮之陽縣南對絳山面背二水又西南過虒祁宮南宮在新田絳縣故城西四十里其宮背汾面澮西則兩川之交會也又西至王澤入汾絳水出絳山東西北注澮應劭云絳水出絳縣西南葢以故絳爲言也先謙案據此翼城是故絳漢縣卽新田矣翼南鄙有陘廷邑賈逵說一統志故城今曲沃縣西南案舊志云城南對紫金山有中城外城南面爲澮水衡沒東西北遺址尚存

狐讘 師古曰讘音之涉反補注先謙曰武帝封扜者爲侯國表作瓡讘顏注瓡讀與狐同說文讘多言也河東有狐讘縣當以狐爲正續志後漢省一統志故城今永和縣西南

騏 侯國 師古曰音其補注先謙曰駒幾國武帝封表注北屈明析北屈置續志後漢省一統志故城今鄉甯縣東南

太原郡 補注先謙曰禹貢太原卽此春秋經謂之大鹵左傳史記謂之大夏傳又謂之夏虛據汾水注郡治晉陽續志後漢治同 秦置 補注先謙曰本趙地莊襄王二年定之三年置郡見秦紀全祖望云楚漢之際屬西魏國從本紀王表吸傳爲屬代異說諸高帝二年屬漢六年爲韓國七年復故十一年屬代國文帝元年復故二年爲太原國四年仍屬代國武帝元鼎三年復故 有鹽官在晉陽 補注吳卓信曰太原府志太原清源二縣出鹽 屬并州 補注先謙曰續志後漢因屬同 戶十六萬九千八百六十三口六十八萬四百八十八 有家馬官 臣瓚曰漢有家馬廄一廄萬匹時以邊表有事故分來在此家馬後改曰挏馬也師古曰挏音動補注何焯曰咸宣傳衛青充使買馬河東太原家馬官其以此時置邪先謙曰家馬改挏馬見百官表

縣二十一 補注先謙曰高紀以太原三十一縣爲韓國王韓王信此云二十一後有析併郡人趙破奴常惠見本傳魯翁孺見游俠傳郇越郇相見鮑宣傳

晉陽 補注先謙曰春秋晉地戰國屬趙秦始皇拔定之見趙世家秦紀韓王信都見信傳文帝爲代王始亦都此見高紀續志後漢因刺史治晉水注城在晉水之陽故曰晉陽又汾水篇汾水東南過晉陽縣東晉水從縣南東流注之注云汾水自陽曲來至

縣魏土地記曰城東有汾水南流豫讓死於津側襄子解衣之所在也汾水西逕晉陽城南下入榆次又洞過水篇洞過水自榆次來西到晉陽縣南入於汾出晉水下口者也一統志故城今太原縣治**故詩唐國**補注先謙曰續志劉注堯始都於此後遷河東平陽徐才宗國都城記云帝堯之裔子所封**周成王滅唐封弟叔虞**補注先謙曰晉水注晉陽縣故唐國也唐滅成王乃封叔虞於唐縣有晉水後改名爲晉故子夏敍詩稱此晉也而謂之唐**龍山在西北**補注先謙曰晉水注云晉書地道記及十三州志並言晉水出龍山一名結絀山在縣西北非也山海經曰懸甕之山晉水出焉今在縣之西南先謙案道元駁西北之文董祐誠據此以爲龍山非懸甕誤會酈旨後魏志晉陽有懸甕山一名龍山元和志同一統志山在太原縣西南十里**有鹽官**補注錢大昭曰太原郡下云有鹽官在晉陽此三字衍先謙曰此三字上下文義隔閡錢說是**晉水所出東入汾**臣瓚曰所謂唐今河東永安是也去晉四百里師古曰瓚說是也補注汪遠孫曰永安即彘縣先謙曰晉水篇晉水出晉陽縣西懸甕山又東過其縣南入汾注云智伯遏晉水以灌晉陽後人踵其遺跡畜以爲沼水分二派北瀆即智氏故渠也乘高東北注入晉陽城以周灌溉東南出城注汾南瀆於石塘之下伏流逕舊溪東南出逕晉陽城南入汾一統志晉水源曰滴瀝泉

葰人如淳曰音瑣師古曰又音山寡反補注先謙曰周勃傳擊韓王信於代降下霍人樊噲傳破韓王信於代自霍人以往至雲中與絳侯共定之史正義霍當作葰蓋以漢縣無霍人據兩傳在代故知即葰人也晉有霍邑即彘屬河東距此甚遠續志後漢省說文派水出雁門葰人戍夫山東北入海明後漢縣屬雁門據山海經郭注滹沱水出雁門鹵城縣南武夫山戍夫武夫皆泰戲之一名續志鹵城下劉注亦引泰戲山呼沱水是戍夫即武夫亦即泰戲則漢末葰人省入鹵城矣一統志故城今繁峙縣南

界休莽曰界美師古曰休音許虯反補注先謙曰後漢因續志有界山有緜上聚有千畝聚[illegible]晉世家介之推入緜上山中文公環山封之以爲介推田號曰介山是界介字同汾水注汾水自平陶來合縣水又西南逕界休縣故城西又南過冠爵津汾津名也在界休縣西南俗謂之雀鼠谷汾水下入河東[illegible]綿水即石桐水出界休縣之緜山北流逕石桐寺西即介子推祠也綿水西入汾一統志故城今介休縣東南十五里介山在縣南四十里也

榆次補注吳卓信曰汲冢周書昔烈山氏帝榆罔之後其國爲榆州曲沃滅榆州其社存焉謂之榆社地次相接者爲榆次先謙曰春秋晉地但名榆屬魏邑見左昭傳戰國屬趙秦莊襄王取之見秦紀趙世家**涂水鄉晉大夫知徐吾邑**補注先謙曰見左昭傳洞過水注洞過水自上黨沾來西過榆次縣南縣故涂水鄉縣南側水有鑿臺續志劉注並作鑿壺韓魏殺知伯處先謙案國策黃歇所云智伯不知榆次之禍也洞過水又西南爲洞過澤合涂水見陽邑下入晉陽一統志涂水城今榆次縣西南二十里涂水今金水河**梗陽鄉魏戊邑**補注先謙曰官本考證云戊監本訛成今據左傳史記改正先謙案秦昭王取之見趙世家汾水注汾水自晉陽來南逕梗陽縣故城東故榆次之梗陽鄉魏獻子以邑魏戊京相璠云晉陽縣南六十里榆次界有梗陽城汾水又南即洞過水會下入

大陵先謙案續志榆次下劉注云左傳曰謂塗水晉陽下劉注云漢官曰南有梗陽城證之京說梗陽後併入晉陽**莽曰大原亭**師古曰涂音塗梗音鯁補注先謙曰續志後漢因一統志故城今榆次縣西

中都補注先謙曰春秋晉邑見左昭傳戰國屬趙惠文王時伐取之見秦紀文帝爲代王自晉陽徙都此見文紀續志後漢因汾水注嬰侯水祀水亂流逕中都縣南爲中都水合侯甲水下入鄔侯甲水自京陵來西北逕中都縣故城南城臨際水湄侯甲水又西合嬰侯水下入鄔一統志故城今平遙縣西北中都水在縣東南三十里

于離莽曰于合補注先謙曰續志後漢因李兆洛云當在今汾州府境

茲氏補注先謙曰夏侯嬰食邑茲氏見嬰傳**莽曰茲同**補注先謙曰續志後漢因原公水篇原公水出茲氏縣西羊頭山東過其縣北入汾注云縣故秦置也水注文湖又文水注文水自平陶來南逕茲氏縣故城東爲文湖東西十五里南北三十里世謂之西湖在縣東十里下入西河中陽一統志故城今汾陽縣治

狼孟補注先謙曰戰國趙地秦莊襄王取之復入趙始皇取之見秦紀始皇紀**莽曰狼調**補注先謙曰續志後漢因汾水注洛陰水自孟來西逕狼孟縣故城南左右夾淵幽深南面大壑俗云狼馬澗[illegible]舊斷澗爲城有南北門門闔故壁尚在洛陰水下入陽曲一統志故城今陽曲縣東北六十里

鄔補注先謙曰續志後漢因劉注史記韓信破夏說于鄔徐廣云音于庶反一統志故城今界休縣東北二十七里今名曰鄔店城**九澤在北是爲昭餘祁并州藪**補注先謙曰爾雅十藪燕有昭余祁郭注今太原鄔陵縣北九澤是也與班說合陂澤連接其藪有九故謂之九澤總名之曰昭余祁餘余同字蓋在鄔爲昭餘藪在祁爲祁藪昭餘祁合言之也汾水注汾水自大陵來左迤爲鄔澤東西四十里南北十餘里陂南接鄔呂覽謂之大陸又名漚洟之澤俗謂之鄔城泊侯甲水自中都來西逕鄔縣故城南爲鄔水又西北入鄔陂注汾汾水下入平陶餘互見祁下一統志故城今平遙縣西南**晉大夫司馬彌牟邑**師古曰音一戶反又音於據反補注先謙曰見左傳

盂補注先謙曰西有鹿門見趙世家續志後漢因汾水注洛陰水出新興郡[illegible]西流逕洛陰城北[illegible]又逕盂縣故城南下入狼孟元和志智伯所滅仇由國在此一統志故城今陽曲縣東北八十里世謂之大盂城亦稱曰大祁城**晉大夫孟丙邑**補注段玉裁曰孟或作盂廣韻餘左傳晉有孟丙則是以邑爲姓魏戊是舒之餘子孟丙蓋亦是魏之餘子故同以十月爲名先謙曰續志注作盂邴亦見左傳作孟是顧炎武云以其爲孟大夫而謂之孟丙猶魏大夫之爲魏壽餘閻大夫之爲閻嘉邯鄲大夫之爲邯鄲午也

平陶莽曰多穰補注先謙曰續志後漢因汾水注汾水自鄔來南過平陶縣東合文水下入界休又文水注文水自大陵來南逕平陶縣故城東西逕其城內南流出郭右會隱泉水下入茲氏一統志故城今文水縣西南

汾陽補注先謙曰春秋晉汾陽邑惠公以命里克見晉世家高帝封靳彊爲侯國見表續志後漢省董祐誠云後漢併入晉陽先謙案㶟水注汾陽縣北燕京山有大池在山原之上澄渟鏡淨潭而不流無能測其淵深與桑乾泉潛瀆通注池東隔阜又有一石池方可五六十步清深鏡潔不異大池

桑乾水自源東南流下入雁門陰館一統志故城今陽曲縣西北九十里北山汾水所出西南至汾陰入河補注先謙曰汾陰河東縣汾水篇汾水出汾陽縣北管涔山注云十三州志云出武州之燕京山闞駰觀亦管涔之異名也汾水南合東西溫溪南逕汾陽縣故城東川土寬平峘山夷水地理志曰汾水出汾陽縣北山西南流者也山有羊腸坂汾水合酸水洛陰水覗下入陽曲一統志管涔山在今靜樂縣北吳卓信云跨甯武岢嵐朔州界周百餘里過郡二行千三百四十里冀州寖補注先謙曰過太原河東京陵莽曰致城師古曰即九京補注先謙曰續志後漢因汾水注侯甲水自祁來西逕京陵縣故城北於春秋爲九原之地其故京尚存漢興增陵於其下故曰京陵焉侯甲水下入中都一統志故城今平遙縣東陽曲應劭曰河千里一曲當其陽故曰陽曲也師古曰隋文帝自以姓陽故惡陽曲之號乃改其縣爲陽直今則復舊名焉補注王先愼曰御覽百六十一引應注河上有黃字先謙曰官本注姓陽作姓楊考證云監本楊訛陽今改正續志後漢因汾水注洛陽水自狼孟來西南逕陽曲城北入汾汾水自汾陽來南逕陽曲城西下入晉陽一統志故城今陽曲縣東北大陵補注吳卓信曰左傳司馬烏爲平陵大夫疑即此趙改之先謙曰戰國趙地肅侯武靈王俱游大陵見趙世家漢初屬代縣人衞綰見綰傳有鐵官莽曰大寍補注先謙曰後漢因續志有鐵文水篇文水出大陵縣西山文谷東到其縣注云文水逕大陵縣故城西合泌水下入平陶又汾水注汾水自榆次來南過大陵縣東下入鄔一統志故城今文水縣東北二十五里原平補注先謙曰續志後漢改屬雁門劉注趙衰居原今原平縣先謙案衰居者襄王賜晉文之原非此也一統志故城今崞縣南三十里祁補注先謙曰晉祁奚食邑見左襄傳戰國屬趙見國策高帝封繒賀爲侯國見表晉大夫賈辛邑補注先謙曰亦見左傳莽曰示補注先謙曰續志後漢因汾水注侯甲水出祁縣胡甲山逕太谷爲太谷水出谷西北流逕祁縣故城南自縣連延西接鄔澤是爲祁藪即爾雅所謂昭餘祁矣下入京陵一統志故城今祁縣東南五里上艾補注先謙曰續志後漢改屬常山一統志故城今平定州東南緜曼水東至蒲吾入虖池水師古曰虖音呼池音徒何反補注先謙曰蒲吾常山縣濁漳水注緜蔓水上承桃水桃水出上艾縣東流世謂之曰桃水東逕靖陽亭南故關城也又北流逕井陘關注澤發水亂流下入蒲吾先謙案酈注別出桃水之名志則以緜蔓水統之此水不入虖池道元亦未據志文辨晰未知其審水道提綱桃河亦名緜蔓水即甘淘河出平定州西壽陽縣東南新興鎮之南山慮虒音盧夷補注錢坫曰乾隆三十七年故戶部主事曲阜孔繼涵有漢銅尺文作慮傂從人旁虎漢時篆書多不正此類是也先謙曰續志後漢因後魏志作驢夷字變音同隋改五臺縣寰宇記云漢因慮虒水立縣一統志故城今五臺縣北慮虒河出縣西王村流環縣東南入滹沱陽邑莽曰繁穰補注先謙曰續志後漢因洞過水注涂水出陽邑東北大嵰山涂谷西南合蔣谷水入洞過澤將谷水出縣東南蔣溪西北流逕箕城北春秋晉敗狄于箕水北即陽邑縣故城紀年梁惠成王與邯鄲榆次陽邑者也蔣溪

又西入涂水一統志故城今太谷縣東南十五里廣武補注先謙曰高祖械繫婁敬於此見敬傳縣人荀彘見彘傳河主賈屋山在北都尉治莽曰信桓師古曰賈屋山即史記所云趙襄子北登夏屋者補注王念孫曰河主當作句注此因句字譌作可[illegible]移置於可字之側故譌爲河主二字後雁門郡下云句注山在陰館而此言在廣武北者漢廣武故城在今代州西十五里陰館故城在朔州東南八十里句注山在陰館之南廣武之北故兩記之史記劉敬傳正義廣武故城在句注山南是其證也賈屋山在今代州東北西與句注相連故言句注賈屋山在北趙世家正義括地志云夏屋山一名賈屋山在代州雁門縣東北三十五里與句注山相接是其證也[illegible]錢坫曰服虔讀句爲拘伏儼讀爲俱包愷讀爲鉤賈屋即夏屋如淮陽國陽夏縣應劭如湻音夏爲賈是矣句注淮南子作句望洪頤煊曰史記范雎傳昭王四十三年秦攻韓汾陘拔之因城河上廣武索隱劉氏云此河上蓋近河北之地後漢馬成傳代杜茂繕治障塞自河西至渭橋河上至安邑此河主蓋河上之譌先謙曰河上統詞非有實地可指若云河上在此則不詞矣王以爲句注之誤是也後漢改屬雁門續志有夏屋山故城今代州西十五里句注山在州西北二十五里上爲太和嶺後爲白草溝夏屋山在州東北六十里俗名草柒山

上黨郡補注先謙曰釋名黨所也在於山上其所最高故曰上黨閻若璩云郡治長子以鮑宣傳知之先謙案據濁漳水注郡治長子續志後漢治同劉注雒陽北千五百里秦置補注先謙曰先屬韓降趙後入秦莊襄王四年因之見秦紀全祖望云楚漢之際屬西魏國高帝二年屬漢四年屬趙國景帝復以支郡收[illegible]屬并州補注先謙曰續志後漢因屬同周壽昌云杜業傳左遷上黨都尉疑脫有都尉三字先謙案續志劉注長子下引上黨記云關城都尉所治有上黨關壺口關石研關天井關師古曰研音形補注吳卓信曰壺口石研天井後書馮衍傳所謂上黨三關也先謙曰一統志上黨關在今屯留縣境壺口關詳壺關縣下石研關即井陘關又見常山井陘下天井關又見高都縣下戶七萬三千七百九十八口三十三萬七千七百六十六縣十四

長子補注先謙曰春秋晉地見左襄傳戰國屬趙襄子出亡欲入焉見趙策一作向子入魏惠成王時韓取之見紀年趙成侯時韓以與趙見世家續志後漢因劉注令狐徵君隱城東山中去郡六十里即壺關三老令狐茂上書訟戾太子者也茂即葬其山一統志故城今長子縣西周史辛甲所封補注吳卓信曰劉向別錄辛甲故殷之臣事紂七十五諫而不聽去周召公與語賢之告文王文王親自迎之以公卿封於長子後魏志長子縣有辛城鹿谷山濁漳水所出東至

鄴入青漳師古曰長讀曰長短之長今俗爲長幼之長非也補注王鳴盛曰青南監本作清是錢坫曰山海經發鳩之山章水出焉章漳同淮南子作發包山鳩包聲同又說文有匄字云讀若鳩匄讀爲鳩是匄鳩同字發包當爲發匄之譌發匄與發鳩無異地形志又云廉山廉鹿形近而變稱也先謙曰官本青作清鄴魏郡縣志左襄十八年傳釋文長丁丈反或如字紀年惠成王十二年鄭取屯留尚子涅孔注尚子卽長子之異名長讀上聲故長尚以音近而字變則丁丈反是也顏說非濁漳水篇濁漳水出長子縣西發鳩山注云漳水出鹿谷山與發鳩連麓而在南淮南子謂之發匄山故異名互見也合陽泉水織蓋水又東合堯水梁水陶水下入屯留堯水出西山東逕長子縣故城南又東北入漳梁水出南梁山北流逕長子縣故城南北入漳陶水南出陶鄉北流逕長子城東西轉逕城北東入漳又洹水注洹山在長子縣餘見泫氏下一統志鹿谷山在今長子縣西五十餘里

屯留補注先謙曰春秋晉邑作純留見左襄傳趙惠成王時韓趙徙晉君於此見紀年趙世家旋入韓見紀年又入趙秦長安君反死此見始皇紀續志後漢因一統志故城今屯留縣南

桑欽言絳水出西南東入海師古曰屯音純補注宋祁曰音純當作音鈍王念孫曰入海本作入漳後人以信都國信都下云禹貢絳水亦入海故改入漳爲入海也不知彼是班氏之說此是班氏引桑欽說不可强同也濁漳水注絳水東逕屯留入漳故桑欽云絳水出屯留西南東入漳後又曰地理志云絳水發源屯留下亂漳津則此文本作入漳明矣先謙曰濁漳水注絳水自穀遠來東逕屯留縣故城南東北流入漳故桑欽云絳水出屯留

西南東入漳涑水自余吾來東逕屯留縣故城北東入漳濁漳水自長子來東逕屯留縣南又屈逕其城東東北流合絳水又東合涑水下入壺關錢坫云絳水今出屯留縣西南盤秀山俗稱高麗水東北流逕縣城北至潞城縣西北安昌鎮入漳

余吾補注吳卓信曰通典作徐吾先謙曰武帝時馬生水中見本紀續志後漢省屯留下劉注有余吾城在縣西北三十里據此縣併入屯留濁漳水注涑水出發鳩山東逕余吾縣故城南下入屯留一統志故城今屯留縣西案縣志云十八里城周九里今爲鎮

銅鞮有上虒亭下虒聚師古曰虒音斯補注先謙曰春秋晉縣樂霄爲大夫見左昭傳有離宮晉執鄭伯於此見成傳周勃破韓王信軍於此見勃傳續志後漢因濁漳水注銅鞮水出銅鞮縣西北石磴山東合專池水女諫水逕故城北城在山阜上下臨岫壑東西北三面阻袤二里世謂之斷梁城卽縣之上虒亭也又逕銅鞮縣故城北城在水南山中晉大夫羊舌赤銅鞮伯華之邑也又東南流逕頃城西卽縣之下虒聚也銅鞮水下入襄垣一統志故城今沁州西南四十里上虒亭今城東南下虒聚今襄垣縣西水道提綱銅鞮水曰小漳河亦名西漳河

沾補注先謙曰東有昔陽屬齊趙取之見趙世家元和志卽韓閼與邑續志後漢因洞過水篇洞過水出沾縣北山注云西流合南溪水黑水蒲水原過水下入太原榆次一統志故城今平定州南八十里

大黽谷補注王念孫曰黽當爲奧字之誤奧卽要領之要玉篇奧與要同於宵切又於笑切漢斥彰長田君斷碑究居道要要字作奧上缺一點者省筆耳此大奧谷當讀要領之要謂谷之中廣者也後北地郡有大奧縣顏注奧卽古要字音一遙反是其證也說文清漳出沾少山大要谷舊本脫少字據山海經水經補水經清漳出上黨沾縣西北少山大要谷舊本譌作黽今據注改是大黽爲大奧之譌黽與奧字形相似奧之譌爲黽猶黽之譌爲要後書趙岐傳岐著要子章句要爲孟字之譌此因孟黽聲相近而借黽爲孟因譌爲要也說見[illegible]而奧字師古無音至後北地郡大奧始音一遙反是則大奧谷之奧唐時本已譌作黽矣先謙曰山海經曰少山今猶仍舊名一統志山在樂平縣西南二十里

清漳水所出東北至邑城入大河補注齊召南曰宋本監本及別本俱作至邑成入大河非也漢無邑城縣名阜城則勃海郡屬縣也尚書孔疏史記索隱竝引此條曰東北至阜城入大河可爲確證王鳴盛曰邑城當作昌成後漢改阜成故鄭注禹貢作阜城詩鄘衞譜疏引此志作阜成者非錢坫曰入河者入虖池段玉裁曰王伯厚言漳舊入河自定王時河徙而南故漳不入河而自達於海此特臆度之詞班志與許書皆言入河則漢時未嘗不入河也先謙曰清漳水篇清漳水出沾縣西北少山大要谷南過縣西又從縣南屈注云淮南子曰清漳出謁戾山高誘云山在沾縣今清漳出沾縣故城東北[illegible]俗謂之沾山亦曰鹿谷山水出大要谷南流逕沾縣故城東不歷其西也又合梁榆水轑水[illegible]下入魏郡沙

過郡五補注錢坫曰上黨魏廣平鉅鹿信都徐松曰段氏數無廣平鉅鹿有清河勃海先謙曰清漳至魏郡武安合濁漳[illegible]并本郡數之止過郡二班云過郡五行千六百八十里冀州川者是以漳川之名專歸清漳而濁漳與寖水自爲首尾二水合流以入河如江漢之并行例耳五當爲六錢氏遺河閒未數信都東昌以下漳已入河清河勃海乃河漳并行之道段氏數之

因志文阜城遷就爲說然當云過郡七亦不止五矣

行千六百八十里冀州川應劭曰沾水出壺關師古曰沾音他兼反補注段玉裁曰沾水廣韻集韻皆音店沾縣因水取名然則縣名亦當都念切顏音他兼反非也左昭十二年傳釋文沾縣韋昭音玷下云字林他兼反不謂地名也全祖望曰有沾水因有沾縣有沾城有沾臺魏志樂平縣有沾城晉書誤爲玷城惟音玷故誤玷耳

涅氏涅水也師古曰涅水出焉故以名縣也涅音乃結反補注先謙曰此涅縣非涅氏縣氏字連下涅水也爲句此班自注以釋名縣之義顏注正爲班注作解濁漳水注縣氏涅水也五字[illegible]卽用漢志元文如果前漢涅氏後漢改涅道元必分析言之而注中單稱涅縣竝無涅氏之文則前漢亦是涅縣甚明此淺人不曉文義見郡中泫氏猗氏諸縣名以爲涅氏亦同斯例妄進氏爲大字率爾改刋不知涅水也三字班志中無此淺易文法而地說家相承不悟何也後漢因續志有閼與聚劉注趙奢破秦兵閼與據此沾涅皆閼與地濁漳水注涅水西出覆甑山東流合西湯水東逕涅縣故城南縣氏涅水也又合白雞水武鄉水東南入漳[illegible]西湯水出涅縣西山湯谷白雞水出西山武鄉水[illegible]出武山俱入涅又沁水一名涅水沁水篇沁水出涅縣謁戾山注云沁水卽涅水也或言出穀遠縣羊頭山世靡谷三源奇注逕瀉一隍又南會三水下入穀遠又清漳水注梁榆水出梁榆城西大嵰山有二源俱東北逕梁榆城南卽閼與故城也又東南入漳轑水出轑陽縣[illegible]西北轑山南流逕故城西南又東入漳一統志故城今武鄉縣西五十五里吳卓信云故城村

襄垣補注先謙曰官本垣作桓引宋祁曰桓邵本作垣元和志趙襄子所築因以爲名功臣表

襄城侯桀龍下注襄垣蓋嘗分置襄城縣**莽曰上黨亭**〔補注〕先謙曰續志後漢因濁漳水注漳水自壺關來歷鹿臺山合銅鞮水東北流逕襄垣縣故城南下入潞銅鞮水自銅鞮來東逕襄垣縣入漳一統志故城今襄垣縣北縣志云有故縣中里在西北四十里故縣東里在北三十里

壺關〔補注〕先謙曰春秋晉地錢坫以為左傳孟口即壺口也戰國屬趙國策魏世家所謂趙羊腸也呂后封孝惠子武為侯國見表縣有三老茂見戾太子傳濁漳水注有壺口關故曰壺關又云濁漳水自屯留來東北逕壺關縣故城西又屈逕其城北下入襄垣白水溪出壺關縣東白水川下入河內隆慮續志後漢因一統志故城今長治縣東南案舊志云十六里壺口山下

有羊腸版〔補注〕王鳴盛曰南監本版作阪是先謙曰官本作阪一統志阪在今壺關縣東南案羊腸阪有三此及鳳臺陽曲戰國時之羊腸鳳臺近之紀要阪長三里盤曲如羊腸

沾水東至朝歌入淇應劭曰黎侯國也今黎亭是〔補注〕先謙曰淇水注沾水出壺關縣東沾臺下合金谷水東入淇不言至朝歌金谷水即沾臺之西溪也東北入沾水續志有黎亭故黎國劉注文王戡黎即此先謙案此黎本國路史謂文所戡之黎史記作飢即伊耆之耆與此異東山在城東南申生所伐今名平澤說文𨛫下云殷時侯國在上黨東北沾下云水出壺關東入淇

泫氏〔補注〕先謙曰戰國屬趙獻子城之見紀年後漢因續志有長平亭洹水篇洹水出上黨泫氏縣注云東出洹山山在長子縣也下入河內隆慮一統志故城今高平縣治

楊谷絕水所出南至壄王入沁應劭曰山海經泫水所出者也師古曰泫音工玄反〔補注〕宋祁曰沁別本作泌下同注末工玄反一本作故玄反先謙曰壄王河內縣沁水注絕水出泫氏縣西北楊谷故地理志曰楊谷絕水所出東南流左會長平水又逕泫氏縣故城北入泫水泫水出泫氏縣西北泫谷東南流逕泫氏縣故城南而東會絕水亂流下入高都長平水出長平縣西北小山東南流逕其縣故城後魏縣泫氏之長平亭也白起坑趙括四十萬眾於此長平水入絕水案絕入丹以入沁不在壄王此文有誤

高都〔補注〕先謙曰戰國魏地秦莊襄王拔之見秦紀亦云韓邑見淮南高注續志後漢因一統志故城今鳳臺縣東北三十里吳卓信云丹水北高都村

莞谷丹水所出東南入泫水〔補注〕先謙曰沁水注丹水出高都縣故城東北阜下俗謂之源源水山海經曰沁水之東有林名曰丹林丹水出焉即斯水矣丹水自源東北流又屈而東注左會絕水地理志曰高都縣有莞谷丹水所出東南入絕水是也丹水又東南流注丹谷地道記云縣有太行關丹溪為關之東谷途自此去不復由關矣丹水又逕二石人北各在一山角倚相望南為河內北曰上黨二郡以之分境丹水又南合白水下入河內山陽泫水合絕水自泫氏來東南入高都縣右入丹水先謙案據此注道元所見漢書入泫水作入絕水但絕泫二水相亂義可兩通又云白水出高都縣故城西所謂長平白水也東南歷天井關會天井溪水入丹水

有天井關師古曰莞音丸〔補注〕先謙曰續志劉注國策桀居天井即天門也亦見成紀沁水注蔡邕云太行山上有天井關在井北遂因名焉一統志今名雄定關又名平陽關在鳳臺縣南太行山上

潞故潞子國〔補注〕先謙曰縣人馮奉世見本傳續志後漢因劉注上黨記潞濁漳也縣城臨潞晉荀林父伐曲梁在城西十里今名石梁建安十一年從泃河口鑿路河通海又東北八十里有黎城輯記之澤經云縣屬晉濁漳水注漳水自襄垣來闞駰云有潞水為冀州浸即漳水也縣北對故臺壁漳水逕其南本潞子所立也世名之為臺壁漳水又合黃須水涅水覞倉谷水潞覌鄐內下入魏武安一統志故城今潞城縣東北潞安府志四十里

陭氏師古曰音於義反〔補注〕先謙曰說文陭下云上黨陭氏阪也後漢因續志作猗與河東猗氏混蓋傳寫致譌劉注漢書音義縣出陽沁水注沁水自穀遠來南逕陭氏縣故城東又歷陭氏關合驫驫水秦川水端氏縣東下入陽阿後魏改冀氏一統志故城今岳陽縣東南百里

陽阿〔補注〕先謙曰續志後漢因沁水注沁水自陭氏來南逕陽阿縣故城西興後郡雝下入河東濩澤陽泉水出鹿臺山東逕陽陵城南即陽阿縣之故城也水歷嶕嶢山東合黑嶺水下入濩澤黑嶺水出黑嶺東南逕陽陵城東入陽泉水陽阿水出陽阿川南流逕建興郡西又西南入沁觀後一統志故城今鳳臺縣西北四十里俗呼曰大陽鎮

穀遠〔補注〕先謙曰濁漳水注絳水西出穀遠縣東發鳩谷謂之濫水下入屯留晉地道記後代語譌為孤遠

羊頭山世靡谷沁水所出東南至滎陽入河〔補注〕錢坫曰沁水古亦曰少水戰國策曰秦正告韓曰我起乎少曲一日而斷太行少曲者少水之曲耳戴震云羊頭山在今武鄉縣西北二十里西北接祁縣平遙西南接沁源縣一名鹿臺山迤西為綿山其北為介休縣西為靈石縣皆謂戾山也先謙曰沁水注沁水自涅來南過穀遠縣東下入陭氏先謙案說文沁水出羊頭山與志合酈注水經二說並存互見

過郡三行九百七十里莽曰穀近師古曰今沁水至懷州武陟縣界入河此云至滎陽疑傳寫錯誤〔補注〕王念孫曰水經沁水至滎陽縣北東入于河即本於地理志則滎陽非誤文也又汳水注云丹沁亂流於武德絕河南入滎陽合汳即此志沁水至滎陽入河之說也但不當先言至滎陽後言入河耳又案志言沁水過郡三謂上黨河內河南若僅至武德則有上黨河內而無河南不得言過郡三矣[illegible]吳卓信曰武陟河北滎陽河南相距至近說俱得通先謙曰續志後漢因汾水注澗水出穀遠縣西山下入河東彘一統志故城今沁源縣南

河內郡〔補注〕先謙曰胡渭云古者河北之地皆謂之河內自戰國魏始有河內河東之名而秦漢因以置郡周禮所謂河內不止河內郡地也史正義古帝王之都多在河東河北故呼河北為河內河南為河外又云河內西阻王屋諸山其北又有太行蔽之與河東隔絕先謙案據沁水注郡治懷續志後漢治同劉注雒陽北百二十里

高帝元年為殷國〔補注〕先謙曰司馬卬國**二年更名**〔補注〕錢坫曰諸侯王表二年三月屬漢為河內郡**莽曰後隊**〔補注〕周壽昌曰後書伏湛傳王莽時為後隊屬正即此下文懷莽曰河內蓋易郡名而以郡名其縣此類甚多**屬司隸**〔補注〕全祖望曰武帝未屬司隸昭帝元始元年屬冀州見本紀未幾復故先謙曰續志後漢因屬同**戶二十四萬一千二百四十六口百六萬七千九十七**

縣十八〔補注〕先謙曰見功臣侯表者有臨蔡縣無考郡人趙子食子公見儒林傳

懷〔補注〕先謙曰禹貢覃懷在此見書孔傳後但稱懷武王伐紂至懷而壞見荀子儒效篇周爲蘇忿生邑以與鄭見左隱傳晉啟南陽遂屬晉赤狄圍焉見宣傳戰國分屬趙魏魏敗趙於此安釐王時爲秦所拔見趙魏世家傳寬從擊項籍待高祖於此見寬傳

有工官〔補注〕錢坫曰貢禹傳三工官如淳說河內懷蜀成都廣漢皆有工官工官主作漆物者也 **莽曰河內**〔補注〕先謙曰後漢因續志有隰城鄔邑劉注有鄇人亭鄇鄇旺爭沁水注沁水自州來東過懷縣北韓詩外傳曰武王伐紂到邢丘更名邢邱曰懷縣北有沁陽城沁水逕其南而東注下入武德朱溝水自州來東逕懷城南又逕殷城北述征記云懷縣有殷城朱溝水下入武德沙溝水自沁水來分朱溝南流東南逕安昌城西又東逕隰城北又逕殷城西下入武德又河水注河水自平皋來東逕懷縣南濟水故道之所入下入河南成皋先謙案據荀子則懷非武王改名外傳似誤左傳狄圍懷及邢邱則懷非邢邱也邢邱近懷地徐廣注以爲邢邱在平皋是一統志故城今武陟縣西南

汲〔補注〕先謙曰戰國魏地秦莊襄王拔之見秦紀始皇紀魏世家續志後漢因劉注有銅關淸水注淸水自獲嘉來東過汲縣北故郡太公望汲人城北三十里有太公泉淸水又逕故石梁下又合雹水又東南逕合城南以淇淸合河故受名焉淸水又屈而南逕鳳皇臺東北南入河謂之淸口卽淇河口也互受其名耳地理志曰淸河水出內黃縣南無淸水可來所有者惟鍾是水耳蓋河徙南注淸水瀆移匯流逕絕餘目尙存一統志故城今汲縣西南二十五里

武德 孟康曰始皇東巡置自以武德定天下〔補注〕王先愼曰御覽百六十三引孟注末有故名之也四字今本脫先謙曰元和志本蘇忿生州邑地漢以爲縣續志後漢因沁水注沁水自懷來東過武德縣南水積爲陂通結數湖合朱溝水沙溝水下入河南滎陽朱溝水沙溝水自懷來東南入湖先儒咸謂是溝爲濟渠故班固及闞駰並言濟水至武德入河蓋濟水枝瀆條分所在布稱亦兼丹水之目矣又河水注河水自河南卷來東北過武德縣東合沁水下入陳留酸棗一統志故城今武陟縣東南

波 孟康曰今有絺城晉文公所得賜者〔補注〕錢坫曰說文作郗云周邑也先謙曰續志後漢因湛水篇湛水東過波縣北注云南逕向城東而南注下入河陽又濟水注濟水卽沇水自軹來東南逕絺城北下入溫溴水自軹來東北逕波縣故城北合天漿澗水覲同水又東南入河一統志故城今濟源縣東南二十里

山陽〔補注〕先謙曰戰國魏地秦攻定之以予嫪毒見始皇紀後漢因續志作山陽邑有雍城古雍圉有蔡城蔡叔邑也猶鄭管蔡之類淸水注長明溝水自野王來東逕雍城南合寒泉水下仍入野王荀泉水出山陽縣故修武城西南分爲二水南荀泉北吳瀆俱東入吳陂山陽縣東北二十五里陸眞阜南有皇母馬鳴二泉東北有覆釜堆南三泉入吳陂長泉水出白鹿山伏流重源出鄧城西北又合一水南逕鄧城東爲鄧瀆又曰白屋水下入修武又沁水注丹水自上黨高都來東南出山逕鄈城西城在山際京相璠云山陽西北六十里有鄈城又南屈西轉光溝水出焉又西逕苑鄉城北又東南入沁謂之丹口一統志故城今修武縣西北三十五里 **東太行山在西北** 師古曰行音胡郎反〔補注〕錢坫曰太行一耳於此云東太行者山陽在壄王之東故也先謙曰釋文行戶剛反又如字列子作太形

河陽〔補注〕先謙曰周蘇忿生之田盟以與鄭見左隱傳後屬晉文公召王狩焉見僖傳分屬魏趙惠文王得之見趙世家高帝封陳涓爲侯國見表縣人息夫躬見本傳 **莽曰河亭**〔補注〕先謙曰後漢因續志有湛城河水注河水自河南雒陽來東逕河陽縣故城南十三州志云治河上河孟津河也下仍入雒陽又湛水注湛水自波來東逕湛城東下入雒陽一統志故城今孟縣西三十五里孟津在縣南十八里又名富平津

州〔補注〕先謙曰州誤連下共官本不誤蘇忿生地以與鄭見左隱傳復入晉賜公孫段見昭傳復歸晉韓宣子徙居之見韓世家續志後漢因淸水注蔡溝水上承州縣北白馬溝枝流入長明溝水又沁水注沁水自壄王來東過州縣北合白馬溝水下入懷白馬溝水首受白馬湖上承長明溝水東南逕金亭西分爲二一東爲蔡溝一南入沁朱溝水自野王來東南逕州城南下入懷一統志故城今河內縣東南四十里

共故國〔補注〕先謙曰紀年周厲王奔彘共伯和攝行天子事太子靖爲王共伯和歸國郎此莊子讓王篇共伯得乎共首荀子儒效篇所謂共頭也共是山名故國氏焉後滅於衞鄭叔段所奔見左隱傳戴公廬曹益以共民見閔傳秦虜齊王建遷此見田齊世家高帝封盧罷師爲侯國見表後漢因續志有汎亭凡伯邑淸水注丁公泉焦泉魚鮑泉湊波泉三淵泉俱在重門城西晉齊王芳爲司馬師廢之宮於此在共縣故城西北二十里城南有安陽陂卓水陂百門陂方五百步在共縣故城西郎共和之故國也其水三川南合謂之淸川又南逕凡城東一周凡伯國其水與前四水總爲一瀆謂之陶水南流入淸水見脩一統志故城今輝縣治

北山淇水所出東至黎陽入河 孟康曰共伯入爲三公者也師古曰共音恭〔補注〕先謙曰黎陽魏郡縣淮南地形訓淇出大號高注大號山在河內共縣北或曰在隆慮西說文淇水出共北山一曰出隆慮西山淇水篇淇水出隆慮西大號山先謙案隆慮共相距頗遠非一山二名故道元淇水注亦不下己意先敘大號水源逕朝歌合泉源水下通云淇水又南歷枋堰舊淇水口東流逕黎陽縣界南入河地理志曰淇水出共東至黎陽入河溝洫志曰遮害亭西十八里至淇水口是也魏武於水口下大枋木以成堰遏淇水東入白溝以通漕運故時人號其處爲枋頭旣不欲顯駁班志又不肯竟指泉源爲淇水但渾舉之而已許氏兼采二說實則大號之源爲正也一統志北山在輝縣東北十里

平皋 應劭曰邢侯自襄國徙此當齊桓公時衞人伐邢邢遷於夷儀其地屬晉號曰邢丘以其在河之皋處勢平夷故曰平皋臣瓚曰春秋傳狄人伐邢邢遷于夷儀不至此也今襄國西有夷儀城去襄國百餘里邢是丘名非國也師古曰應說非也左氏傳曰晉侯送女於邢丘蓋謂此耳〔補注〕先謙曰邢周公子封國見說文非齊遷之邢後屬晉爲邢丘赤狄圍之見左宣傳分屬魏安釐王時秦取之見秦紀魏世家又分屬韓爲秦所圍見白起傳高帝封項佗爲侯國見表後漢因續志有李城河水注河水自河南鞏來又東左逕平皋縣南下入懷河水濟水注奉溝水自野王來東南逕李城西於城西南爲陂水號李陂下入脩武又自脩武來東逕平皋城南武帝以爲縣奉溝水合濟水故瀆入河續志後漢因一統志故城今溫縣東二十里

朝歌 紂所都周武王弟康叔所封更

名衞莽曰雅歌補注先謙曰紀年商武乙自河北遷沬即此太公於此屠牛見古史考周爲衞地後入晉齊伐取之見左襄傳仍屬晉荀寅士吉射據以叛見定傳戰國屬魏景湣王時秦拔之見魏世家楚漢時司馬卬都後漢因續志南有牧野北有邶國南有甯鄉劉注有鹿腹山前書注云鹿臺在城中先謙案今本脫東有雍城左傳[illegible]淇水注淇水自隆慮來自元甫城東南逕朝歌縣北又東右合泉源水下入魏黎陽泉源水有二源一出朝歌城西北南流東屈逕朝歌城南東合左水左水謂之馬溝水出朝歌城北東流南屈逕其城東又合美溝水又東南注淇水爲肥泉即詩泉源之水也美溝水出朝歌西北大嶺下東南逕朝歌城北又東入馬溝水菀水上承淇水於元甫城西北自石堰東菀城西屈逕其城南東南流下入頓丘又清水注倉水出方山東南流潛行地下復出爲雹水歷毋野自朝歌以南南暨清水土地平衍據皋跨澤悉毋野矣雹水又東南入清水一統志故城今淇縣東北

脩武應劭曰晉始啟南陽今南陽城是也秦改曰脩武臣瓚曰韓非書秦昭王越趙長平西伐脩武時秦未兼天下脩武之名久矣師古曰瓚說是也補注劉敞曰予謂脩武則因武王伐紂名之錢坫曰高誘云南陽晉山陽河北之邑河內溫陽樊之屬皆是非定指脩武言之先謙曰南陽戰國魏地秦昭襄王取之見秦紀分屬韓白起攻韓南陽太行道絕之見起傳曹參下脩武見參傳楚漢時大小脩武當爲高帝駐軍地見高紀後漢因續志有南陽城陽樊攢茅田先謙案魏安釐王時犾爲秦有見趙世家有小脩武聚有隤城濟水篇濟水自溫來屈從縣東南流過隤城西又南當犨縣北入於河[illegible]入河處與犨相直注云濟水故瀆東南合奉溝水入河奉溝水自平皋來

逕隤城西屈而東北流逕其城北下仍入平皋又清水注清水出脩武縣北黑山合小瑤水吳澤水陶水䂓下入獲嘉吳澤水上承吳陂於脩武縣故城西北故甯也亦曰南陽馬季長云晉地自朝歌以北至中山爲東陽朝歌以南至軹爲南陽韓詩外傳言武王伐紂勒兵於甯更名甯曰脩武魏獻子田大陸還卒于甯是也亦曰大脩武有小故稱大小脩武在東漢高祖與滕公濟自玉門津而宿小脩武者也大陸即吳澤魏土地記云陂南北二十許里東西三十里陂北澤側有隤城又東合長泉水又爲入光溝入清水長明溝水自野王來東逕脩武縣之吳亭北入吳陂一統志故城今獲嘉縣治

溫故國己姓蘇忿生所封也補注錢坫曰顓頊裔孫吳回生陸終陸終生昆吾爲己姓昆吾之子封於蘇其後忿生爲周司寇故蘇爲己姓先謙曰蘇忿生見左隱成傳狄滅之周以與晉見僖傳戰國分屬魏宋王偃死焉安釐王元年予秦並見魏世家縣人石奮蔡義傅喜見本傳後漢因續志蘇子所都濟水篇流水東至溫縣西北爲濟水又東過其縣北注云濟水自波來至溫城西北與故瀆分南逕溫縣故城西又歷虢公臺西又南入河述征記云濟出河內溫縣注於河蓋沿歷之實證非爲謬說也下入河南成皋其濟水故瀆於溫城西北東南出逕溫城北又東逕虢公冢北濟水當王莽之世川瀆枯竭其後水流逕通津渠勢改尋梁脈水不與昔同故瀆合奉溝水下入脩武一統志故城今溫縣西南三十里

壄王補注先謙曰左傳王取邘田於鄭則野王鄭邑後屬衞詳本志又屬韓秦昭襄王伐降之見白起傳野王好氣任俠見本志及貨殖傳**太行山在西北**補注先謙曰禹貢山水澤地篇太行山在野王縣西北與志合沁水注山即五行之異名淮南子武王欲築宮於五行之山紀要今懷慶府城北二十里**衞元君爲秦所奪自僕陽徙此**補注先謙曰官本僕作濮是見本志及衞世家始皇紀**莽曰平壄**孟康曰故邘國也今邘亭是也師古曰行音胡郎反補注先謙曰後漢因續志有射犬聚河水濟水注奉溝水上承朱溝於壄王城西東南逕陽鄉城北下入平皋又清水注長明溝水上承野王縣東北界溝枝津下入山陽又自山陽來東逕射犬城北合蔡溝水覞下入脩武又沁水注沁水自沁水縣來又東合邘水又逕野王縣故城北又合朱溝枝津水丹水觀高光溝水界溝水下入州邘水出太行之皐南流逕邘城西故邘國城南有邘臺武之穆也京相璠云今野王西北三十里有故邘城邘臺是也武帝封李壽爲侯國邘水南注於沁光溝水首受丹水東南流界溝水出焉又南入沁水界溝水承光溝東南流長明溝水出焉又南歷中都亭西入沁長明溝水下入州朱溝水自沁水來東南於野王城西枝溝左出焉以周城溉東逕野王城南又屈逕其城東而北入沁朱溝水自枝渠東南下入州一統志故城今河內縣治

獲嘉故汲之新中鄉武帝行過更名也補注先謙曰見武紀續志後漢因清水注清水自脩武來東北過獲嘉縣北又東逕新樂城城在獲嘉縣故城東北即汲之新中鄉也清水下入汲一統志故城今新鄉縣西南十二里

軹孟康曰原鄉晉文公所圍是也師古曰音只補注徐松曰太行山入陘第一曰軹關陘蓋以縣命名先謙曰戰國鄭地後入韓聶政軹深井里人也梁惠成王取軹道見紀年秦昭襄王伐魏取軹見秦紀文帝封薄昭

爲侯國見表縣人郭解見游俠傳後漢因續志有原鄉左傳注與鄉原有湨梁湛水篇湛水出軹縣西北山注云出縣南原湛溪南流過其縣北下入波又濟水注濟水自河東垣來重源出軹縣西北平地水有二源東源出原城東北西源出原城西合流又東逕原城南又東南分爲二一東南流爲衍水即沇水也下入波一枝津南入湨水湨水出原城西北原山勳掌谷南逕原城西春秋會于湨梁梁水隄也又東南逕陽城東與南源合南源出陽城南溪陽亦樊也一曰陽樊其水東北合漫流水又合北水又合濟水枝渠又東南合塗溝水下入波漫流水出軹關南東北入湨塗溝水出軹縣西南山下北流東轉入軹縣故城中又屈而北流出軹郭又東北入湨天漿澗水出軹南皋向城北城在皋上闞駰云軹縣南山西曲有故向城即周向國也程恩澤云此蘇忿生之地非向國紀年魏襄王四年城陽向更名陽爲河雍向爲高平趙策云阪[illegible]其水二源俱導東入湨一統志故城今濟源縣南十三里

沁水師古曰沁音千浸反補注先謙曰續志後漢因沁水注沁水自河東濩澤來南出山逕石門謂之沁口水分爲二一南出爲朱溝水沁水又逕沁水縣故城北春秋之少水也又合小沁水倍澗水下入野王又云朱溝水上承沁水於沁水縣西北自枋口東南流奉溝水右出焉又東南右泄爲沙溝水也朱溝水下入野王一統志故城今濟源縣東北引縣志云沁水南沁臺西王寨城

隆慮補注先謙曰荀子强國篇秦地東在韓者踰常山乃有臨慮楊倞注臨慮即林慮案臨之改隆隆之改林並以雙聲變字高帝封周竈爲侯國見表後漢因續志林慮故隆慮殤帝改洹水注縣北有隆慮山因山以取名又淇水篇淇水出隆慮縣西大號山注云山海經曰淇水出沮洳山水出山側頹波漰

注東北合沾水又歷三羅城北合女臺水又合西流水又東出山分爲二水水會立石堰遏水以沃白溝左爲菀水右則淇水下入朝歌又濁漳水注倉谷水出縣之倉谷溪北逕偏橋東即縣之嶠嶺抱犢固也北合白木溪又逕磻陽城東入漳白木溪水自上黨壺關來東逕縣之石門谷入倉谷水一統志故城今林縣治

國水東北至信成入張甲河過郡三行千八百四十里

補注先謙曰信成清河縣左成傳杜注洹水出林慮縣東北至長樂入清水續志劉注引徐廣云洹水所出蘇秦合諸侯盟處班叔皮游居賦亦曰歎余馬平洹泉嗟西伯於牖城劉不引前志之國水疑所見漢書乃洹水非國水也但洹水至內黃入白溝不至信成入張甲河此不可解洹水注洹水自上黨泫氏來東過隆慮縣北合黃華水下入魏郡鄴葦泉水出林慮山北澤中合雙泉水東南入黃華水

有鐵官

應劭曰隆慮山在北避殤帝名改曰林慮也師古曰慮音廬補注先謙曰續志有鐵

蕩陰

補注先謙曰戰國魏地晉鄙救趙止此不進見魯仲連傳恩澤安陽侯上官桀表注蕩陰蓋嘗析置安陽縣續志後漢因蕩水注長沙溝水出黑山北谷東流爲宜師溝又逕蕩陰縣南下入魏黎陽一統志故城今湯陰縣西南

蕩水東至內黃澤

補注王念孫曰此文本作蕩水東至內黃入黃澤魏郡內黃應劭云黃澤在西下文羑水亦至內黃入蕩文義正與此同脫去入黃二字則文不成義說文蕩水出河內蕩陰東入黃澤水經蕩水東北至內黃縣入於黃澤皆本地理志先謙曰蕩水篇蕩水出蕩陰縣西山東注云蕩水出縣西石尙山東流逕縣故城南縣因水以取名也下入魏內黃一統志蕩水今名湯

水在湯陰縣北二里

西山羑水所出亦至內黃入蕩

補注先謙曰蕩水注羑水出蕩陰西北韓大牛泉地理志曰縣之西山羑水所出也東流逕羑城北故羑里也水積成淵方十餘步深一丈餘下入內黃

有羑里城西伯所拘也

師古曰蕩音湯羑音羊九反補注先謙曰蕩水注史記音義牖里在蕩陰縣廣雅牖獄犴也夏曰夏臺殷曰羑里周曰囹圄皆圜土昔殷紂納崇侯虎之言囚西伯於此一統志在今湯陰縣北七里

河南郡

補注閻若璩曰郡治雒陽以伍被賈誼酷吏游俠傳知之先謙曰續志後漢爲帝都

故秦三川郡

補注錢大昕曰凡漢志稱故秦某郡因其地而改其名者也如三川更名河南泗水更名沛郡九原更名五原桂林更名鬱林象郡更名日南邯鄲爲趙國碭郡爲梁國薛郡爲魯國是先謙曰秦莊襄王紀始皇紀並書置三川郡蓋規模至始皇迺定韋昭注有河雒伊故曰三川全祖望云宋白謂秦三川郡治雒陽後徙滎陽胡三省云秦滅周置三川郡則其治宜在雒陽予謂秦莊襄王元年取韓滎陽已置三川郡矣不治滎陽而安治乎其後或徙雒陽耳先謙案李由爲三川守守滎陽此秦末郡治滎陽之明證未嘗徙雒陽也秦紀始皇紀兩書置三川郡前則雒陽未入秦後雖得雒陽亦無徙治之文諸說皆非

高帝更名

補注先謙曰高帝二年河南王申陽降因置河南郡見高紀

雒陽戶五萬二千八百三十九

補注錢大昕曰縣邑有戶口數者京兆之長安馮翊之長陵扶風之茂陵河南之雒陽潁川之陽翟傿陵南陽之宛蜀郡之成都魯國之魯楚國之彭城凡十縣雒陽注於郡名之下錢大昭曰脫口數

莽曰保忠信鄉

補注全[illegible]河南大[illegible]忠信卿分郡之滎陽諸縣別爲郡曰祁隊莽將[illegible]於京兆尹之上名曰卿美其名曰保忠信是官[illegible]卿爲鄉班氏六隊志其五而滎陽以分郡故脫[illegible]賞都何以得載乎王念孫曰今本水經穀水注[illegible]傳不誤保忠信卿以官名而列於地理志者與[illegible]尹左馮翊右扶風同義後漢謂之河南尹義亦[illegible]

屬司隸也

補注先謙曰續志後漢改河南尹屬同

戶二十七萬六千四百四十四口一百七十四萬二百七十九

補注宋祁曰戶二邵本作戶三

有鐵官工官敖倉在滎陽

[illegible]紀仲丁遷敫即此詩搏獸于敖左傳云敖鄗之[illegible]敖亭濟水注濟水又東逕敖倉北其山上有城[illegible]倉其中故曰敖倉一統志敖倉在滎澤縣西北與河陰縣接界

縣二十二

補注先謙曰郡人卜式見本傳乘弘桑欽見儒林傳

雒陽

補注先謙曰縣人賈誼賈捐之見本傳周王孫丁寬賈嘉見儒林傳劇孟見游俠傳虞初見藝文志

周公遷殷民是爲成周

補注先謙曰鄭詩譜召公既相宅[illegible]洛陽是也雒水篇雒水東過雒陽[illegible]注之注云雒陽周公所營雒邑也其城方七百[illegible]水北因於郟山以爲天下之湊方六百里因西[illegible]

秋晉合諸侯大夫戍成周之城故亦曰成周也[illegible]東過雒陽縣合伊水下入偃師又伊水注伊水[illegible]西又北入伊闕東北流一枝津右出一枝渠左[illegible]至雒陽縣南入洛先謙案本志弘農盧氏下伊[illegible]又瀍水注瀍水自穀成來東南於千金渠合穀[illegible]下入偃師又河水注河水自平陰來東至雒陽[illegible]故鄩鄉下入河內河陽又自河陽來東逕雒陽[illegible]水注湛水自河內河陽來東南逕鄩南流入河[illegible]名矣

春秋昭公二十一年晉合諸侯于狄泉以其地大成周之城居敬王

補注王鳴盛曰二十一年南監本作二十[illegible]年先謙曰敬王以子朝之亂自王城徙此[illegible]南穀水注穀水自河南來枝分注天淵池池水[illegible]南池池即故翟泉也南北百一十步東西七十[illegible]甫謐咸言翟泉在雒陽東北周之墓地案周威[illegible]東北隅景王冢在雒陽太倉中翟泉在兩冢之[illegible]後秦封呂不韋爲雒陽十萬戶侯大其城并得[illegible]元年雒陽東北步廣里地陌董養云步廣周之[illegible]機雒陽地記云步廣里在雒陽城內宮東是翟[illegible]也京相瑨作春秋地名言今太倉西南池水名[illegible]翟泉本自在雒陽北萇宏城成周乃繞之杜預[illegible]翟泉即實非也又云渠水又東逕杜元凱所謂[illegible]方九丈六尺深二丈餘似是人功不類泉陂是[illegible]甫謐云王室定遂徙居成周小不受王都故壞[illegible]

既塞明無故處是驗非之二證也杜言翟泉在太倉西南既言西南於雒陽不得爲東北是驗非之三證也先謙案道元詳言翟泉在雒陽東北不在太倉西南以正京杜之失至翟泉本在成周外晉合諸侯始以其地大而城之志文所云與舊說萇宏城成周繞之合呂不韋大其城後起之說非班意也道元於此未能分晰續志承前但云有狄泉在城中而已**莽曰宜陽**師古曰魚豢云漢火行忌水故去洛加隹如魚氏說則光武以後改爲雒字也補注錢大昭曰莽傳作義陽先謙曰職方雒豫州川洛雍州浸本志及說文並不相混魚氏謬說疑誤後人裴松之注魏志引之顏承其誤也有乘軒里見趙策闕塞在西南見左昭傳杜注後漢因續志有唐聚有上程聚有士鄉聚有褚氏聚有榮錡澗有前亭有圍鄉有大解城劉注摯虞云古之周南今之雒陽有委粟山在陰鄉有萇宏呂不韋冢一統志故城今雒陽縣東北三十里

榮陽補注先謙曰榮當作熒詳上榮澤榮陽春秋鄭制邑見左隱傳下成皋注後屬韓桓惠王時秦拔之見韓世家項羽圍漢王紀信詐楚於此見高紀後漢因續志有鴻溝水有廣武城有薄亭有敖亭有費澤劉注有三皇山先謙案魏世家與韓會宅陽城括地志云在縣東北河水篇河水東過榮陽縣北注云河水自成皋來過縣下入卷又濟水注濟水自成皋來分河東南流又東逕西廣武城北得柳泉水又逕東廣武城北又逕敖山北又合榮瀆瀆首受河水有石門謂之榮口石門地形殊卑蓋故榮播所導自此始也榮瀆東南入濟亦東得宿須水口水受大河合扈亭水入濟今皆無水濟水又東逕榮陽縣北又合礫溪水硯又合索水又逕榮澤北故榮水所都也京相璠云榮澤在榮陽縣東南與濟隧合觀濟瀆又出垂隴城北春秋晉士穀盟于垂隴也在榮陽東二十里濟水自澤東出卽是始矣下入卷是爲北濟濟水又東南逕釐城東左傳所謂釐也在榮陽東四十里又右合黃水下入陽武是爲南濟索水自京來東逕虢亭南合須水又逕榮陽縣故城南其城跨倚岡原居山之陽索水又東流北屈西轉北逕榮陽城東入濟杜預云旃然水出榮陽成皋縣東入汳卽是水也濟渠水斷汳溝惟承此始故云汳受旃然矣亦謂之鴻溝水蓋因楚漢分王指水爲斷故也須水自京來東北流於榮陽城西南入索水先謙案濟水自成皋榮陽分河本志河東垣下所謂濟水自河軼出榮陽北地中也又云黃水自故市來東北至榮澤南分爲二水一北入榮澤下爲鄭城陂東西四十里南北二十里一東北流爲黃雀溝又合靖水枝津爲黃淵北入濟又沁水注沁水自河內武德來結爲湖陂南至榮陽縣北東南入河先謙案上黨穀遠下沁水東南至榮陽入河者也一統志故城今榮澤縣西南十七里

卞水馮池皆在西南補注先謙曰濟水注濟水於榮陽又兼邲目春秋晉楚之戰楚軍于邲卽是水也音卞京相璠云在敖北先謙案言地理者皆謂卞卽汴乃水經之汳水然酈注汳水下未引此文志以卞水與馮池相儷尋流脈地惟是爲宜抑或入濟小水故有卞名酈所不究耳又濟水注礫溪水出榮陽城西南李澤澤中有水卽古馮池也地理志曰榮陽縣馮池在西南是也東北流歷敖山南逕虢亭北又東北逕榮陽縣北斷山東北注于濟案韓策宛馮索隱云卽馮池

有狼湯渠首受泲東南至陳入潁補注先謙曰陳淮陽縣河水篇河水又東過榮陽縣北蒗蕩渠出焉又濟水注南濟水自榮陽東南流入陽武縣歷長城東南流蒗蕩渠出焉硯案蒗蕩卽狼湯異文渠水篇渠出榮陽北河注云渠水自河與濟亂流東逕榮澤北東南分濟水下入中牟先謙案南泲與河亂流軼爲狼湯渠故河水篇以爲自河出濟水注以爲自濟出聚其原委志云首受泲者是也渠自泲出後別爲沙故陳留浚儀下睢水出渠水志云首受狼蕩水陳留陳留下魯渠水出沙水志亦云首受狼湯渠也**過郡四**補注先謙曰河南陳留汝南淮陽**行七百八十里**應劭曰故虢國今虢亭是也師古曰狼音浪湯音宕泲音子禮反本濟水字補注宋祁曰狼湯邵本作狼浪錢大昭曰王莽傳云以陳留以西付祈隧祈隧故榮陽據此疑脫莽曰祈隧四字隧與隊同莽置六隊河南亦在其中是榮陽乃祈隧大夫治先謙曰虢國見宏農陝下

偃師尸鄉殷湯所都補注先謙曰田儋傳田橫死此曹參傳破趙賁軍尸北**莽曰師成**臣瓚曰湯居亳今濟陰縣是也今亳有湯冢己氏有伊尹冢皆相近也師古曰瓚說非也又如皇甫謐所云湯都在穀孰事竝不經劉向云湯無葬處安得湯冢乎補注先謙曰後漢因續志作匽師雒水注雒水自雒陽來東會合水逕計素渚直偃師故縣南下入緱氏又自緱氏來北合陽渠水又逕偃師城東王莽之師氏也作下入鞏又瀍水注瀍水自雒陽來東過偃師縣入雒先謙案本志穀成下瀍水東南入雒者也又穀水注陽渠水自河南來東逕酈食其廟南廟在北山上所謂偃師西山也又逕亳殷南昔盤庚所遷改商曰殷自此始也班固曰尸鄉故殷湯所都者也故亦曰湯亭辟瓚皇甫謐並以爲非矣郡國志以爲春秋之尸氏也穀水又東逕偃師城南皇甫謐云帝嚳作都於亳偃師是也又東入雒一統志故城今偃師縣治

京師古曰卽鄭共叔段所居也補注先謙曰春秋鄭地見左隱傳有索氏見昭傳繻公時城之見鄭世家後入韓申不害縣人見不害傳楚漢時戰地見高紀續志後漢因濟水注索水出京縣西南嵩渚山與東關水同源分流卽古旃然水也東北流合器難水又北逕小索亭西爲索水合梧桐澗水又北屈東逕大索城南漢書京索之閒也下入榮陽須水出京城東北二里楡子溝或謂之小索水合木蓼溝水下入榮陽木蓼潚水上承京城南車輪淵東北入須水黃水出京縣黃堆山世語之京水合魚水下入故市重泉水出京城西南少陘山下入故市又渠水注不家溝水出京縣東南梅山北溪杜預云梅山在密東北不家溝水下入中牟一統志故城今榮陽縣東南二十一里

平陰應劭曰在平城南故曰平陰補注先謙曰春秋鄭地戰國入周王子朝作亂晉師軍於此見左昭傳有河津見高紀及陳平曹參傳續志後漢因河水注河水自河東大陽來合清水教水眕水正回水庸庸水東逕平陰縣北三老董公說高祖處又合瀑水下入雒陽一統志故城今孟津縣東引舊志云有古城在縣西牛莊北崩於河蓋其處

中牟補注先謙曰春秋鄭地戰國入韓高帝封單父聖爲侯國見表後漢因續志有曲遇聚有蔡亭渠水注渠水自榮陽來歷中牟縣之圃田澤北右合十字溝水五池溝水不家溝水清池水下入陽武五池溝上承圃田澤水下入渠爲五池口清池水出清陽亭西南平地詩清人在彭杜預云中牟縣西有清陽亭又北流

至淸口澤合華水下入陽武華水自密來東逕棐林北卽北林亭也杜預云中牟縣西南有林亭在鄭北又北爲七虎澗合期水入淸口水續志中牟有淸口水卽是水也白溝水自密來屈而南流東注淸水潘岳所謂自中牟故縣以西至於淸溝是也下入陽武不家溝水自京來東北逕管城西爲管水又分爲二一東北注黃雀溝爲黃淵一爲百尺水東越長城入圃田澤又分爲二一下入陽武又自陽武來東北左注渠爲不家水一東注白溝沫水出中牟城西南東北流逕中牟縣故城西入役水役水自苑陵來合沫水東北逕中牟縣澤入渠水汜水自苑陵來東北逕中牟縣南又逕中牟澤蜱羅合淵水下入陳畱浚儀淵水出中牟縣故城北屈逕城西東南入汜一統志故城今中牟縣東六里**圃田澤在西豫州藪**〔補注〕先謙曰渠水注澤在中牟縣西西限長城東極官渡北佩渠水東西四十許里南北二十許里中有沙岡上下二十四浦津流逕通淵潭相接各有名焉春秋傳之原圃也紀年梁惠成王十年入河水於甫田又爲大溝而引甫水者也斯乃水澤之所鍾爲鄭隰之淵藪矣爾雅十藪鄭有圃田詩東有甫草鄭注甫田之草甫卽圃字**有筦叔邑**〔補注〕王念孫曰此當作有筦城故筦叔邑上文宏農郡陝有焦城故焦國是其例也志文若是者多矣今本脫筦城故三字則文義不明續志中牟有管城宣十二年左傳次于管杜注滎陽京縣東北有管城正義引土地名曰古管國也渠水注不家溝水東逕管城西故管國也周武王以封管叔矣皆本地理志先謙曰見管蔡世家春秋鄭邑楚子次焉見左傳後入韓魏安釐王攻拔之邑見韓非子一統志故城今鄭州治**趙獻侯自耿徙此**師古曰筦與管同〔補注〕徐松曰經傳所載中牟皆趙之中牟所謂河北之中牟也至此志之縣則鄭之中牟所謂河南之中牟而名未見於經傳先謙曰渠水注昔趙獻侯自耿都此班固云趙自邯鄲徙焉趙襄子時佛肸以中牟叛田英將褰裳赴鼎處也薛瓚注漢書云中牟在春秋爲鄭地三卿分晉則在魏邦趙自漳北不及此也春秋傳衞侯如晉過中牟非衞適晉之次也汲郡古文云齊伐趙東鄙圍中牟此中牟不在趙東當在漯水之上矣案春秋齊伐晉夷儀晉車千乘在中牟衞侯過中牟中牟人欲伐之服虔不列中牟所在杜預云今滎陽有中牟回遠疑爲一非也然地理參差土無常城隨其强弱自相吞并疆理流移寍可一也兵車所指逕紆難知自魏徙大梁趙以中牟易魏故趙之南界極於浮水匪直專漳也趙自西取後止中牟齊師伐其東鄙於宜無嫌而瓚徑指漯水空言中牟所在非論證也全祖望云有河南之中牟有河北之中牟張守節以鄰西牟山爲趙中牟者近之管子所謂築五鹿中牟鄭者三城相接也然則非獨滎陽有之矣趙一淸云孔穎達正義三家分晉河南之中牟魏分也非趙得都之獻侯所治非河南之中牟也此言晉車在中牟趙鞅伐魏圍中牟論語佛肸爲中牟宰與獻侯所都必非河南中牟當於河北別有一地耳紀要中牟城在湯陰縣西五十里此卽河北之中牟也先謙案道元引班云自邯鄲徙蓋文有誤趙世家獻侯卽位治中牟此志文所本但與趙地不相連屬班偶未審全趙二氏以爲趙所治中牟當在河北誠爲篤論韓非外儲說晉平公問趙武云中牟三國之股肱邯鄲之肩髀是矣道元展轉解釋未免曲祖之失也**平**〔補注〕先謙曰高帝時工師喜武帝時濟北式王子遂侯國見表**莽曰治**

平〔補注〕先謙曰續志後漢因河水注河水自雒陽來東逕平縣故城北俗謂之小平河水南對首陽山春秋所謂首戴也於斯有盟津之目尙書所謂東至于孟津也又曰富平津又東合溴水濟水下入鞏一統志故城在今孟縣東吳卓信云寰宇記鞏縣西北有河津曰小平津卽城之隅也**陽武**〔補注〕先謙曰戰國屬齊秦策齊令田章以陽武合於趙也秦爲縣縣人張蒼見蒼傳陳平別見陳畱東昏曹參攻之見參傳**有博狼沙**〔補注〕先謙曰渠水注服虔曰博浪陽武南地名也今有亭寰宇記在縣東南五里始皇紀作博浪汪士鐸云在淸水之東**莽曰陽桓**師古曰狼音浪〔補注〕先謙曰續志後漢因濟水注南濟自滎陽來東南流入陽武縣懸長城東南流蒗蕩渠出爲南濟逕陽武縣故城南又東爲白馬淵東西二里南北百五十步下入陳畱封邱北濟自原武來東逕陽武縣故城北又東絕長城紀年云梁惠成王築北濟下入陳畱酸棗又渠水注渠水自中牟來與陽武分水又合淸溝水左逕陽武縣故城南東爲官渡水又合役水下入陳畱浚儀淸溝水自中牟來東北逕沇淸亭疑卽博浪亭也歷博浪澤北入渠水謂之淸溝口不家溝水自中牟圃田澤來東北逕東武强城北曹參攻武强辟瓚云城在陽武縣卽斯城也不家溝又左入渠水十字溝水自陳畱酸棗來逕陽武縣南出屬於渠水或謂是瀆爲梁惠之年所開不能詳也又陰溝水篇陰溝水出陽武縣蒗蕩渠注云陰溝水自卷來右瀆東南逕陽武城北下仍入卷一統志故城今陽武縣東南二十八里**河南故郟鄏地周武王遷九鼎周公致太平營以爲都是爲王城至平王居之**師古曰郟音夾鄏音辱〔補注〕先謙曰平王東遷至景王十一世皆居此敬王遷雒陽王城遂廢考王封弟揭於河南復居於此是爲西周桓公王赧亦自雒陽徙居西周見周紀說文郟鄏河南縣直城門官陌地也帝王世紀城西有郟鄏陌有曰里卽九里見韓策韓非子後漢因續志周公時所城雒邑也春秋時謂之王城東城門名鼎門北城門名乾祭又有甘城有蒯鄉軨攻傳劉尹劉注有員績山城西南柏亭西周山上有周靈王冢穀水注穀水東過河南縣北東南入於雒注云穀水自穀成來東過河南縣王城西北水右有石積南出爲死穀北出爲湖溝周靈王時穀洛二水鬭穎容春秋條例言西城梁門枯水處世謂之死穀是也王城卽成周故郟鄏地京相璠云郟山名鄏地名也卜年定鼎爲王之東都謂之新邑是爲王城其城東南名曰鼎門蓋九鼎所從入也故謂是地爲鼎中穀水又東逕乾祭門北入千金渠又左合金谷水又枝分一東注天淵池下入雒陽一爲陽渠水下入偃師又甘水注甘水自宏農陸渾來北屈逕故甘城東王子帶之故邑又合非山水於河南縣城西北入雒又雒水注雒水自宏農宜陽來又東枝瀆左出東出闕絕惠水又東北歷制鄉逕河南縣王城西歷郟鄏陌而北入穀一出關合惠水號水甘水東北過河南縣南合澗水濾水於干金渠下入雒陽惠水卽八關水出白石山東南流合瞻水謝水交觸水南逕闕城北入雒山海經曰白石之山惠水出其陽而南流注於洛謂是水也一統志故城今洛陽縣西北五里**緱氏**〔補注〕先謙曰春秋周侯氏見左昭傳周策作緱氏曹參下之見參傳武帝幸焉見武紀**劉聚周大夫劉子邑**〔補注〕先謙曰雒水注劉水出半石東山西北流逕劉聚三面臨

澗在緱氏西南周畿內劉子國故謂之劉澗劉水又西北入合水[illegible]一統志澗在偃師縣南聚在西南**有延壽城仙人祠**〔補注〕先謙曰雒水注休水出少室山伏流東屈零星塢重源又發側緱氏原開山圖謂之緱氏山也休水又逕延壽城南緱氏縣治故滑費春秋滑國所都即緱氏城也城有仙人祠謂之仙人觀休水又西轉北屈逕其城西又北入雒**莽曰中亭**師古曰緱音工侯反〔補注〕先謙曰後漢因續志有鄔聚左傳王取鄔劉有轘轅關劉注有百坏山雒水注雒水自偃師來與緱氏分水又合休水陽渠水下仍入偃師合水出半石山合劉水北入雒一統志故城今偃師縣南二十里引舊志云故縣村**卷**師古曰音去權反〔補注〕先謙曰春秋鄭地戰國分屬韓魏韓獻垣雍於秦昭襄王取魏卷並見秦紀又國策信陵君謂魏王有鄭垣雍是其證後漢因續志有長城經陽武到密有垣雍城或曰古衡雍劉注左傳修澤縣東修武亭河水注河水自滎陽來東北逕卷縣扈亭北晉趙盾盟諸侯扈又東逕卷縣北晉楚之戰晉軍爭濟舟中之指可掬楚莊祀河告成而還卽是處也河水下入河內武德又濟水注濟隧上承河水於卷縣北河之南逕卷縣故城東又南逕衡雍城西左傳諸侯伐鄭西濟於濟隧也濟水自滎澤中北流至衡雍西與出河之濟會蓋滎播河濟往復逕通出河之濟卽陰溝上源也濟隧絕焉故世謂十字溝又南會於滎澤又云北濟自滎陽滎澤東逕卷縣之武修亭南左傳鄭子然盟於修澤也下入原武又陰溝水注陰溝水首受大河於卷縣故瀆東南逕卷縣故城南又東逕蒙城北分爲二世謂之陰溝水俱東絕濟隧右瀆下入陽武又自陽武來東南絕長城逕安亭北會左瀆左瀆又東絕長城逕垣雍城

南開光亭南清陽亭南合右瀆下入陳畱封丘一統志故城今原武縣西北吳卓信云通志北七里圍廂城**原武莽曰原桓**〔補注〕先謙曰續志後漢因濟水注北濟自卷來東逕原武縣故城南春秋之原國也北濟下入陽武一統志故城今陽武縣治**鞏**〔補注〕先謙曰戰國屬周後分爲韓地韓策蘇秦云韓北有鞏也莊襄王時以獻秦見秦紀項羽拔成皋高帝使兵距之鞏令其不得西見羽傳後漢因續志有尋谷水[illegible]有東訾聚今名訾城[illegible]有坎培聚[illegible]有黃亭有湟水[illegible]有明谿泉[illegible]濟水篇濟水自溫來過隤城西又南當鞏縣北入河又河水注河水自平來東過鞏縣北爲五社津縣北有山臨河謂之釜原邱下有穴謂之鞏穴直穴有渚謂之鮪渚河水又合雒水下入河內平皋又雒水注雒水自偃師來東北歷鄩中逕訾城西司馬彪所謂訾聚也合郭水東逕訾城北合羅水又合明樂泉東逕鞏縣故城南東周所居也本周畿內鞏伯國左傳尹文公涉于鞏卽此雒水又東合濁水洞水東北入河謂之洛汭先謙案本志宏農上雒下所謂雒水至鞏入河者也郭水出北山郭溪南流世謂之溫泉水於訾城西北東入雒羅水出方山羅川合蒲池水白馬溪水白桐瀾水於訾城東北入雒明樂泉出南原下卽古明溪泉春秋師次於明溪也濁水會黃水亦出南原春秋所謂次於黃也洞水出南溪石泉京相璠云鞏東地名坎培在洞水之東疑卽此水也北入雒一統志故城今鞏縣西南三十里**東周所居**〔補注〕先謙曰周本紀西周桓公卒子威公立威公卒子惠公立惠公封少子班於鞏號東周惠公而班之兄仍父爵居王城爲西周武公韓趙分周地爲二之後顯王雖在成周特建空名蓋東

前漢二十八上 一 圭

西周之名前後三變平王東遷後豐鎬爲西周河南爲東周考王封桓公後河南爲西周雒陽爲東周惠公封班後河南爲西周鞏爲東周也**穀成**〔補注〕先謙曰後漢因續志作穀城有函谷關穀水注穀水自宏農新安來東北過穀城縣南城西臨穀水故縣取名焉又東雒水枝流入焉今無水下入河南先謙案本志宏農黽池下穀水東北至穀城入雒水經云至河南縣入雒酈注分見雒陽偃師二縣下一統志故城今雒陽縣西北**禹貢瀍水出朁亭北東南入雒**師古曰卽今新安朁音潛〔補注〕先謙曰淮南子作廛水俗加水旁耳續志劉注引博物記云出潛亭山亦後人所加瀍水篇瀍水出穀城縣北山注云縣北有朁亭瀍水出其北梓澤中其水歷澤東南流水西有一原其上平敞古朁亭之處也東南注穀下入雒陽**故市**〔補注〕錢坫曰余得漢時故市馬丞印功臣表作敬市者非先謙曰高帝封閻澤赤爲侯國見史表本表誤敬市續志後漢省濟水注黃水自京來北逕高陽亭東又至故市縣合重泉水又東北逕故市縣故城南下入滎陽重泉水自京來東北流又北逕高陽亭西入黃水一統志故城今鄭州西北三十五里**密故國**〔補注〕先謙曰晉志密周畿內國周語有密康公王滅之後屬鄭爲新密亦曰新城戰國屬韓秦昭襄王拔之復入韓秦攻之又與韓王會此並見秦紀漢初有三老董公說高帝見高紀先謙案下新成是惠帝置戰國後所稱新城當指新密而言地說家以屬下新成誤後漢因續志有梅山左傳右回梅山有陘山魏世家敗楚陘山或云在召陵陘亭劉注春秋時曰新城秦破魏華陽地亦在縣洧水篇洧水出密縣西南馬嶺山注云亦言出潁川陽城山山在陽城縣之東北蓋馬嶺之統目焉洧水東南流合綏水襄荷水[illegible]滴水東西承雲水微水又東逕密縣故城南春秋謂之新城又合纍泉水馬關水武定水虎牘山水赤澗水潧水又東南逕鄶城南徐廣云鄶在密縣妘姓矣又東逕陰坂北杜預云陰坂洧津也下入新鄭又云黃水出太山南黃泉東南流逕華城西史伯謂鄭桓公曰華君之土也韋昭云華國名史記秦破魏華陽司馬彪云華陽亭名在密縣[illegible]黃水又合黃崖溝水下入苑陵又渠水注華水亦出華城南岡一源兩派西入黃崖溝東爲七虎溪亦曰華水東北流合紫光溝水下入中牟紫光溝水出華陽城東北入華水白溝水出密之梅山東合太山承水山海經曰承水出太山之陰東北流注於役水者也承水東北合太水黃瓮澗水北逕中陽城西紀年鄭釐侯來朝中陽者也又東北爲白溝下入中牟一統志故城今密縣東南三十里**有大騩山潩水所出南至臨潁入潁**應劭曰密人不恭密須氏姞姓之國也臣瓚曰密姬姓之國也見世本密須今安定陰密是也師古曰應瓚二說皆非也此密卽春秋僖六年圍新密者也蓋鄭地而詩所云密人卽左傳所謂密須之鼓者也在安定陰密騩音隗潩音翼又音昌力反〔補注〕宋祁曰音隗當作音塊王先慎曰宋說非也西山經騩山郭注一音隗囂之隗與顏注合騩一作隗莊子徐无鬼篇將見大隗於具茨山之下大隗卽大騩此騩讀爲隗之證隗本鬼之或體御覽地部七引陽城記作大鬼山古人音讀取諸通叚之字何必改作錢坫曰說文潩水出密縣大隗山入潁又有濮水出密縣東入潁古今地書密縣止有潩水無濮水濮出者誤也先謙曰臨潁潁川縣潩水篇潩水出密縣大騩山注云卽具茨山也潩水出其阿流而爲陂俗謂

之王女池東逕陘山北史記魏敗楚陘山者也下入潁川長社一統志大騩山在禹州北四十里河南通志潩水名魯姑河又名清流河

新成〔補注〕先謙曰秦紀白起傳並云攻韓新城括地志以爲卽漢縣 **惠帝四年置蠻中故戎蠻子國**〔補注〕先謙曰後漢因續志作新城有高都城[illegible]有廣成聚有鄤聚古鄤氏今名蠻中[illegible]伊水注伊水自宏農陸渾來東北合馬懷橋長水明水大戟水又北逕新城東合吳澗水狂水土溝水板橋水厭澗水又逕高都城東合來儒水下入雒陽溫泉水出新成縣狼皋山西南皋下西南入伊覾馬懷橋長水出新城西山東入伊明水出狼皋山西北合康水西南入伊[illegible]峽[illegible]大戟水二源北水出廣成澤[illegible]西南合南水南水亦出廣成澤下入宏農陸渾河南十二縣境薄云廣成澤在新成縣界黃阜西北流合注老倒澗西入伊吳澗水出縣西山東流南屈逕縣故城西又東轉逕其縣南又東北入伊狂水自潁川綸氏來西逕缶高山北西南合逕水西入伊土溝水出玄望山東逕新城縣故城北入伊厭澗水出西山東流逕郟垂亭南杜預云新城縣北有郟垂亭其水東入伊來儒水出半石山西至高都城東入伊又汝水注汝水自南陽魯陽來自狼皋山東出峽謂之汝阨東歷麻解城北故鄤鄉城也謂之蠻中蠻麻讀聲近也汝水東合三屯谷水廣成澤水下入梁一統志故城今洛陽縣南

開封〔補注〕先謙曰戰國魏地韓暴鳶救魏走此見韓世家曹參圍趙賁於此周勃攻之見參勃傳高帝封陶舍爲侯國見表續志後漢因渠水注渠水卽沙水自陳畱浚儀來東南逕開封縣睢渙二水出焉[illegible]見又右合新溝水覞下入陳畱陳畱又淮水注睢渙水首受蒗蕩渠於開封縣東南流下入陳畱一統志故城今祥符縣南五十里 **逢池在東北或曰宋之逢澤也** 臣瓚曰汲郡古文梁惠王發逢忌之藪以賜民今浚儀有逢陂忌澤是也〔補注〕王先愼曰左哀十四年傳疏引注發作廢逢陂忌澤作逢忌陂御覽百五十八引注亦作廢與左傳疏合明發是誤字先謙曰逢澤蓋先屬宋戰國入魏秦策云魏伐邯鄲因退爲逢澤之遇也秦紀亦云率師會諸侯逢澤漢世改稱逢沮班氏或之以存疑也晉志宋蓬池在東北或曰逢澤字既譌誤又倒宋於蓬池上以非其義渠水注新溝水出逢池池上承役水於苑陵縣別爲魯溝水東南流逕開封縣故城北魯溝南際富城東南入百尺陂卽古之逢澤也其水東北流爲新溝又逕牛首鄉北入渠水卽沙水也楚東有沙水謂此水也百尺陂水逕開封城東三里岡西南入八里溝八里溝水上承沙河逕牛首亭南合百尺陂水又南合野兔水東入沙一統志逢澤今祥符縣南舊志二十里伯俞河亦名東溝河卽此

成臯故虎牢或曰制 師古曰穆天子傳云七萃之士生捕獸卽獻天子天子畜之東虢號曰獸牢〔補注〕先謙曰顏注虎作獸避唐諱春秋鄭地左哀二年傳孟獻子請城虎牢以逼鄭十年晉師城梧及制是虎牢卽制矣班以前無明文故或之左隱傳杜注又以制爲榮陽晉智伯得成臯分屬韓遂以取鄭見韓策秦莊襄王時韓獻之後復入韓桓惠王時秦拔之見秦紀韓世家楚拔榮陽高帝保此見高紀羽傳後漢因續志有旃然水[illegible]有瓶巨聚有浸水[illegible]有氾水[illegible]禹貢山水澤地篇大邳地在成臯縣北志不載河水注河水自河內懷來與成臯分河東逕旋門坂北今成臯西大坂升陂此坂而東趣成臯也又東逕成臯大伾山下尙書曰過洛汭至大伾者也奉溝水入之卽濟沇之故瀆矣成臯縣故城在伾上縈帶伾阜絕岸峻周高四十許丈城張翕險崎而不平春秋傳曰制巖邑也虢叔死焉卽東虢也魯襄公二年諸侯城虎牢蓋修故耳秦以爲關漢乃縣之河水南對玉門昔漢祖與滕公潛出濟於是處也河水又東合氾水水下入滎陽氾水出浮戲山北流合東關水石城水鄤水又北逕虎牢城漢破司馬欣曹咎於是水之上又東入河又濟水篇濟水自修武來與河合流又東過成臯縣北注云晉地道記云濟自大伾入河與河水鬬南泆爲滎澤濟水分河東南流下入滎陽一統志故城今氾水縣西北

苑陵莽曰左亭〔補注〕先謙曰樊噲傳作宛陵益秦邑後漢因續志有棐林[illegible]之有制澤有瑣侯亭[illegible]劉注有大隧澗鄭莊公所闞渠水注役水出苑陵縣西隙候亭東中平陂世謂之埿泉東北流逕苑陵縣故城北又逕焦城東爲焦溝水又逕山民城北爲高榆淵又東北爲酢溝又魯溝水出焉又埿溝水出焉又爲八丈溝又東合清水枝津下入中牟魯溝水下入開封氾水上承役水於苑陵縣故鄭都也役水枝津東派爲氾水世謂之埿溝水左傳秦軍氾南所謂東氾者也下入中牟長明溝水出苑陵縣故城西北縣有二城此則西城也二城以東悉多陂澤古制澤卽春秋之制田也有白雁陂在長社縣東北[illegible]林鄉之西南司馬彪云苑陵有林鄉亭白雁陂引瀆南流爲長明溝下入潁川長社淵水重泉水俱出故城西北平地逕陵邱亭西合流東南逕凡陽亭西入白雁陂又洧水注黃水自密來東南逕縣春秋所謂黃崖也杜預云苑陵縣西有黃水者也又逕積粟臺又東合捕獐山水下入新鄭七里溝水出隙候亭東南平地東注下入新鄭一統志故城今新鄭縣東北案苑陵城新鄭洧川尉氏三縣並有以地望度之新鄭東北卽洧川西北漢縣在此唐武德四年始移尉氏

梁〔補注〕先謙曰春秋周邑楚襲得之以與魯陽文子見楚語後爲南梁韓趙擊魏戰此見田齊世家後漢因續志故國伯翳後有霍陽山有注城[illegible]汝水篇汝水出梁縣勉鄉西天息山注云汝水自新成來東合魯公水覞霍陽山水杜預曰梁縣有霍山也水東北逕霍陽聚東左傳哀四年楚侵梁及霍服虔云梁霍周南鄙也又逕梁城西周小邑也於戰國爲南梁霍陽山水東北入汝汝水又合三里水覞下入潁川成安先謙案曰南梁者以別於浚儀之大梁夏陽之少梁續志云故國爲應說所誤覞一統志故城今汝州西四十里

䲣狐聚秦滅西周徙其君於此〔補注〕先謙曰事見周紀汝水注三里水出梁縣西北東南流逕縣故城西故䲣狐聚也地理志云秦滅西周徙其君於此因乃縣之杜預云河南縣西南有梁城卽是縣也水又逕注城南合注城東坂下水入汝案據道元說是以䲣狐聚爲卽縣城一統志䲣狐聚今汝州西北四十里

陽人聚秦滅東周徙其君於此 應劭曰左傳曰秦取梁梁伯翳之後與秦同祖臣瓚曰秦取梁後改曰夏陽今馮翊夏陽是也此梁周之小邑見於春秋師古曰瓚說是也䲣音乃旦反〔補注〕先謙曰官本考證云監本梁下脫班志本文䲣狐聚以下二十四字又脫應劭注十八字今從宋本添先謙案事見秦紀汝水注魯公水上承陽人城東魯公陂城古梁之陽人聚也魯公水合澗水入汝一統志陽人聚今汝州西陽人城

新鄭〔補注〕王先愼曰帝王

世紀黃帝都於有熊今新鄭是也詩鄭國鄭桓公之子武公所國後爲韓所滅韓自平陽徙都之應劭曰國語曰鄭桓公爲周司徒王室將亂寄帑與賄於虢會之間幽王敗虢公死之其子武公與平王東遷雒邑遂伐虢會而并其地而邑於此補注先謙曰鄭取虢檜事詳鄭語及世家韓哀侯二年滅鄭徙都見鄭韓世家後漢因續志詩鄭國祝融墟洧水注洧水自密來東逕新鄭縣故城中又爲洧淵自鄭城西北入而東南流逕鄭城南又東合黃水下入潁川長社黃水自苑陵來南至鄭城北東轉於城之東北合黃溝水七里溝水入洧黃溝水出捕獐山東南流至鄭城東北入黃水七里溝水自苑陵來南逕升城東又歷燭城西鄭大夫燭之武邑也七里溝入黃水又洧水篇潧水出鄭縣西北平地注云潧水出鄶城西北雞絡塢下東南流合甤水承雲山水逕鄶城西爲柳泉水又南入洧詩所謂潧與洧者也一統志故城今新鄭縣北

東郡補注先謙曰索隱魏都大梁濮陽黎陽並是魏之東地故立郡名東郡案魏世家云秦拔我二十城以爲秦東郡秦在西故此稱東時尚未滅魏不得以魏都立名索隱非也閻若璩云郡治濮陽以王尊及翟方進傳知之秦時已然先謙案據瓠子河注郡治濮陽續志後漢治同劉注去雒陽八百餘里秦置補注先謙曰始皇紀在五年全祖望云楚漢之際屬楚國高帝五年屬漢十一年屬梁國見高紀文帝元年復故先謙案高紀罷東郡頗益梁非全屬亦非文帝復故也莽曰治亭屬兗州補注先謙曰續志後漢因屬同戶四十萬一千二百九十七口百六十五萬九

千二十八縣二十二補注錢大昭曰信陵君傳秦使蒙驁攻魏拔二十城初置東郡始皇紀同是秦時領縣二十先謙曰郡人趙玄見儒林傳

濮陽補注先謙曰田齊世家謂之陽地高帝與項羽破秦軍於此見羽傳縣人汲黯見本傳衛成公自楚丘徙此故帝丘顓頊墟補注先謙曰左僖三十一年狄圍衛衛遷於帝丘昭十七年傳梓慎曰衛顓頊之墟也故爲帝丘瓠子水注昔顓頊自窮桑徙此號曰商丘或謂之帝丘本陶唐氏火正閼伯之所居亦夏伯昆吾之都殷相土又都之故春秋傳曰閼伯居商丘相土因之是也衛成公自楚丘遷此莽曰治亭應劭曰濮水南入鉅野師古曰墟讀曰虛補注徐松曰東郡下莽曰治亭不應縣與同名疑誤先謙曰郡縣同名者多何疑於莽徐說非後漢因續志古昆吾國春秋時曰濮有鹹城或曰古鹹國有鉏城劉注顓頊冢在城門外廣陽里桑中在其中濟水注濮水自陳留長羅來分爲二瀆北濮出焉案卽瓠子水注之濮水枝津濮水又北逕襄邱亭南又東逕濮陽縣故城南下入離狐又注引地理志曰濮水自濮陽南入鉅野趙一清云此非班氏原文酈說誤先謙案封丘下濮渠至都關入羊里水者乃北濮水其至乘氏入鉅野之濮水志所不載班氏不應遺漏明濮水南入鉅野六字是班氏原文酈所見本尚無應劭曰三字後來傳寫誤衍非酈誤也又河水注河水自畔觀來南有龍淵宮武帝起河水東北逕濮陽縣北爲濮陽津故城在南與衛縣分水下仍入畔觀白馬故瀆自白馬來東南逕濮陽縣散入濮水所在決會更相通注又瓠子水篇瓠子河出濮陽縣北河注云縣北十里卽瓠河口也武帝塞瓠子決河築宮其上名宣房宮亦謂瓠子堰爲宣房堰而水亦以瓠子受名焉平帝後未及修理河水東浸日月彌廣後漢自王景治渠築隄後瓠子之水絕而不通惟溝瀆存焉舊東決逕濮陽城東北又逕鹹城南春秋會於鹹是也下入濟陰鄄城又自鄄城來東南逕清丘北春秋同盟於清丘在縣東南三十里瓠子水下入濟陰句陽濮水枝津卽北濮上承濮渠東逕沮邱城南在濮陽西南十五里又逕浚城南西北去濮陽三十五里城側有寒泉岡詩所謂爰有寒泉在浚之下也濮水枝渠下入句陽一統志故城今開州西南

畔觀補注陳景雲曰畔字衍恩澤侯表溝洫志翟方進傳可證先謙曰續志衛下稱本觀不云本畔觀亦其證戰國魏地惠王時齊敗我觀見魏世家旋以觀獻齊見田齊世家後入趙封樂毅觀津見毅傳秦取之見穰侯傳武帝時河決觀見平準書莽曰觀治應劭曰夏有觀扈世祖更名衛國以封周後師古曰觀音工喚反補注先謙曰後漢更名衛續志衛公國本觀故國姚姓有河牧城有竿城河水注河水自白馬來東逕鐵丘南左傳衛太子登鐵丘京相璠云鐵丘名也杜預云在戚南河之北岸有古城戚邑也河之西岸有竿城河水下入濮陽又自濮陽來東北逕衛國縣南東爲郭口津下入濟陰鄄城浮水故瀆自衛繁陽來東絕大河故瀆逕五鹿之野又東南逕衛國邑城北又東逕衛國縣故城南古斟觀紀年梁惠成王二年齊田壽伐我圍觀觀降浮水故瀆又東逕河牧城而東北出下入東武陽王莽河故瀆

自白馬來東北逕戚城西衛國縣西戚亭是也爲衛之河上邑高帝封李必爲侯國王莽河故瀆下入魏繁陽一統志故城今觀城縣西

聊城補注先謙曰戰國齊地入燕復入齊見魯仲連傳高帝時工師喜先封聊城侯見表後漢因續志有夷儀聚鄒聚有攝城河水注河水自茌平縣來西與聊城分河河水下入臨邑漯水自清來北逕聊城縣故城西城內有金城周帀有水漯水又東北逕清河縣故城北應劭云甘陵故清河漯水又東北逕文鄉城東南下入博平黃溝承聊城郭水自城東北出逕清河城南攝城北春秋所謂聊攝以東也京相璠云縣東北三十里有故攝城今此城西去聊城二十五六里許卽攝城也又東逕文鄉城北又東南逕王城北下入平原高唐一統志故城今聊城縣西北十五里

頓丘莽曰順丘師古曰以丘名縣也丘一成爲頓丘謂一成而成也或曰成重也一重之丘也補注王鳴盛曰一成而成南監本作一頓而成是先謙曰官本一成作一頓舜販頓丘見書大傳屬衛見詩後屬晉定公城之見紀年戰國屬魏見國策東有觀津齊敗趙於此見趙世家武帝時河徙從此東南入海見武紀縣人京房見本傳續志後漢因淇水注淇水自魏黎陽來合苑水右會宿胥故瀆又東北流爲白溝逕雍榆城南又逕同山東又逕帝嚳冢西皇覽云冢在頓丘城南臺陰野中又北逕白祀山東歷廣陽里逕顓頊冢西又北屈西轉逕頓丘北故闞駰云頓丘在淇水南又屈逕頓丘縣故城西下仍入黎陽宿胥故瀆受河於頓丘縣之遮害亭東黎山西北會淇水處立石堰遏令更東北注魏武開白溝因宿胥故瀆而加其功也故蘇代曰決宿胥之口魏無虛頓丘卽指是瀆也苑水自河內朝歌來分爲二一西注

淇水一分爲蓼溝入白祀陂又南分東入同山陂二陂所結卽臺陰野矣又東南入淇水又河水注浮水故瀆上承大河於頓丘縣而北出下入魏繁陽一統志故城今淸豐縣西南二十五里

發干 莽曰戢楯 補注先謙曰續志後漢因河水注王莽河故瀆自魏郡元城來東北逕發干縣故城西又屈逕其北下入淸河貝丘一統志故城今堂邑縣西南二十三里

范 補注王念孫曰景祐本作范此古字之僅存者漢廬江大守范式碑碑額篆文亦作范今則范縣范姓字皆從艸無從竹者矣 **莽曰建睦** 補注先謙曰春秋晉地士會采邑見左傳戰國入齊孟子自范後漢因續志有秦亭瓠子水注瓠河自廩丘來東北逕范縣合濟濮枝渠又合將渠北逕范城東俗謂之趙溝非也下入東阿濟濮枝渠自濟陰乘氏來北逕范縣左納瓠瀆故經言瓠河北過范縣東北爲濟渠也將渠受河於范縣西北東南逕秦亭南又逕范縣故城南入瓠瀆自下又通謂之將渠矣將渠枝瀆承將渠於范縣東北逕縣北下入東阿又河水注河水自濟陰鄄城來北岸有新臺衞宣公所築詩齊姜所賦也爲盧關津又東北逕范縣之秦亭西春秋書築臺於秦者也下入東武陽又自東武陽東范縣西東北流爲倉亭津述征記云倉亭津在范縣界去東阿六十里河水下入東阿先謙案魯莊築臺不得在此疑誤一統志故城今范縣東南二十里吳卓信云城墟如故一塔孤存

茌平 莽曰功崇 應劭曰在茌山之平地者也師古曰音仕疑反補注宋祁曰茌當作茌周壽昌曰泰山有茌縣此當茌山平處也宋云茌當作茌茌下亦有此語續志茌皆作茌莽傳封其孫宗爲功崇公卽此先謙曰說文茌下云濟北有茌平縣从艸在聲作茌非宋說誤王子侯表有榮關侯騫注云茌平蓋嘗析爲榮關縣縣人尹齊見酷吏傳續志後漢改屬濟北國瓠子水篇瓠河故瀆自臨邑來東北過茌平縣東爲鄧里渠注云自宣防已下將渠以上無復有水將渠下水首受河而北爲鄧里渠鄧里渠見河水注此下水經皆誤[illegible]見注中不覆引又河水注鄧里渠自臨邑來北逕茌平縣東下仍入臨邑河水自東阿來東北逕昌鄉亭北又逕碻磝城西卽故茌平縣也大河在其西鄧里渠歷其東河水下入聊城又自平原楊虛來逕茌平城東疑縣徙也城內有故臺世謂之時平城非也蓋茌時音相近河水下入平原高唐一統志故城今茌平縣西二十里

東武陽 補注錢大昭曰泰山有南武陽故此云東 **禹治漯水東北至千乘入海過郡三行千二十里** 補注宋祁曰漯當作濕錢坫曰說文作濕古燥濕字作溼漯水字作濕不同今借濕作濕而別漯以爲水名非也水自漢後其流已絕今朝城縣南有大阪曰漯河陂當是舊址先謙曰官本考證云禹治當作禹貢各本俱誤案千乘千乘縣郡三當作郡四東郡平原濟南千乘河水注河水自范來東北逕委粟津大河之北卽東武陽縣也左會浮水故瀆又東逕東武陽縣下仍入范浮水故瀆自畔觀來東北入東武陽縣東入河又有漯水出焉戴延之謂之武水也河水東逕武陽縣東說酈縣而東北流下仍入茌又云地理志曰漯水出東武陽今漯水上承河水於武陽縣東南西北逕武陽新城東曹操爲東郡所治又自城西北逕東武陽縣故城南應劭云縣在武水之陽然則漯水亦或武水矣水市堽壄於城東北合爲一瀆東北出郭下入陽平 **莽曰武昌** 應劭曰武水之陽也師古曰漯音它合反補注先謙曰續志後漢因一統志故城今朝城縣西四十里

博平 補注先謙曰戰國齊博陵見田齊世家地近趙趙濟淸河則至博關見蘇秦張儀傳 **莽曰加睦** 補注先謙曰續志後漢因河水注漯水自聊城來又東北逕博平縣故城南城內有層臺秀上漯水下入平原高唐一統志故城今博平縣西北三十里

黎 補注先謙曰春秋衞邑亦作犂太叔疾置妻娣於此見左傳文帝封召奴爲侯國見表史表作犂本表作黎犂黎通用 **莽曰黎治** 孟康曰詩黎侯國今黎陽也臣瓚曰黎陽在魏郡非黎縣也師古曰瓚說是補注全祖望曰黎在上黨之壺關不在此其得名蓋以此爲黎侯所寓耳先謙曰全說是續志後漢省瓠子水注瓠河自山陽城都來東逕黎縣故城南土地汙下城居小阜魏濮陽瓠河下入濟陰庛一統志故城今鄆城縣西四十五里

淸 補注先謙曰春秋齊地國勝待命於此見左傳高帝封室中同爲侯國見表 **莽曰淸治** 應劭曰章帝更名樂平補注先謙曰後漢改樂平續志樂平故淸外戚表樂平侯霍山注云東郡則樂平不自後漢始有或是淸之鄕聚章帝因以名其縣耳河水注漯水自陽平來東北逕樂平縣故城東縣故淸也漯水下入聊城一統志故城今堂邑縣東南三十里

東阿 都尉治 應劭曰衞邑也有西故稱東補注先謙曰春秋齊柯邑魯齊盟此見左莊傳戰國爲阿見田齊世家非衞邑應說誤河水注仍之未審項羽傳大破秦軍東阿則秦時已加東西阿屬趙國葛城史記趙與燕會阿是也今直隸安州周勃傳阿下蓋仍舊稱後漢因續志有淸亭劉注左傳會於桃丘縣東南桃城有渠丘山河水注河水自范來右歷柯澤左傳孫文子敗公徒于阿澤者也又東北逕東阿縣故城西枝津東出爲鄧里渠河水下入茌平鄧里渠上承大河於東阿縣西東逕東阿縣故城北下入臨邑又瓠子水注將渠枝瀆自范來東北逕東阿城南入瓠瀆瓠瀆自范來東北左合將渠枝瀆又北逕東阿縣故城東下入臨邑又濟水注濟水自須昌來北逕魚山東左合馬頰水又自魚山北逕淸亭東春秋公及宋公遇于淸也東阿東北四十里是下濟水通得淸水之目焉下入臨邑馬頰水自須昌來又逕桃城東在東阿縣東南又東北逕魚山南入濟一統志故城今陽穀縣東北五十里世俗謂之阿城鎭

離狐 莽曰瑞狐 補注先謙曰續志後漢改屬濟陰後魏志作離孤字誤濟水注濮水自濮陽來東逕離狐縣故城南下入濟陰葭密一統志故城今東明縣東南

臨邑 有泲廟 莽曰穀城亭 師古曰泲亦濟水字也其後並同補注先謙曰泲廟宣帝置見郊祀志官本泲並作沛是後漢因續志有沛廟沛亦泲之譌又續志穀城下云春秋時小穀有舊下聚劉注有項羽冢先謙案據莽名亭之義是後漢分臨邑置穀城也河水注鄧里渠自東阿來逕臨邑縣合將渠水下入茌平又自茌平來北逕臨邑縣故城西入河河水又東北逕四瀆津津西側岸臨河有四瀆祠東對四瀆口河水東分濟亦曰濟受河然滎口石門水斷不通始自是出東北流逕九里與淸水合故濟瀆也自河入濟自濟入淮自淮達江水徑周通故有四瀆之名河水下入平原楊墟又濟水注濟水自東阿來北過穀城縣西故春秋小穀城也縣有黃山臺黃石公與張子房期處也又合狠水逕周首亭西又過臨邑縣東下入泰山盧狠水出狠濱西北逕穀城西入濟又瓠子水注瓠河故瀆自東阿來東北過臨邑縣西下入茌平一統志故城今東阿縣北吳卓信

云近茌平縣界今濟南臨邑縣北三十五里臨邑故城乃劉宋僑置

利苗補注先謙曰王莽傳有利苗男苗訢如淳注邑屬東郡續志後漢省李兆洛云當在今泰安府境

須昌補注先謙曰高帝封趙衍爲侯國見表**故須句國大昊後風姓**師古曰句音劬補注先謙曰後漢改屬東平續志有致密城古中都有陽穀城左傳會陽穀在縣北濟水注濟水自壽良求北分二水一爲馬頰水一北過須昌縣西京相璠云須朐一國二城兩名蓋遷都須昌朐是其本秦以爲縣濟水於縣趙溝水首受馬頰水注之濟水馬頰水俱下入東阿先謙案志以此爲故須句國下壽良又有朐城故志兩釋之又汶水注禹貢汶水自東平無鹽來西南入茂都淀淀水西南出爲巨野溝又逕致密城南郎夫子所宰之邑又入桓公河其北水西出淀爲巨良水逕致密城北西南入洪瀆長直溝水出須昌城東北穀陽山南逕須昌城東合黎溝水覿無分爲二一西逕須昌城南入濟一南流注汶入濟覿壽一統志故城今東平州西北十五里

壽良補注吳卓信曰王莽傳兗州牧壽良卒正王閎是莽曾分壽良爲郡先謙曰汶水注春秋之良縣也縣有壽聚梁孝王世家北獵良山縣得名蓋以此周勃傳攻壽張當作壽良此後人所改**蚩尤祠在西北涑上**補注先謙曰宣帝置見郊祀志涑當爲泲濟水注皇覽云蚩尤冢在壽張縣闞鄉城中冢高七尺桼今在汶上縣西南三十里南旺湖中**有朐城**應劭曰世祖父叔名良故曰壽張補注王鳴盛曰注父叔南監本作叔父是故當作改南監本亦誤世祖九歲而孤養於叔父良故諱之先謙曰官本作叔父後漢改屬東平國續志作壽張春秋曰良有堂聚汶水注禹貢汶水

自東平無鹽來分四汶亥一汶西至壽張縣故城東瀦爲澤渚其一汶西南逕壽張縣故城北合長直溝水覿須入濟先謙案本志泰山郡萊蕪下云禹貢汶水西南入泲者也又濟水注濟水故瀆自濟陰乘氏來出鉅野澤北合洪水東北過壽張縣西合汶水戴延之所謂清口也述征記云清河首受洪水北注濟或謂清卽濟也禹貢濟東北會於汶今枯渠注鉅澤鉅澤北則清口清與汶會也濟水又北逕梁山東又逕須朐城西城臨側濟水故須朐國也地理志曰有朐城是也濟水西有安民亭亭北對安民山東臨濟水水東鄉無鹽縣界也又北逕微鄉東京相璠云壽張縣西北三十里有故微鄉魯邑也濟水下入須昌洪水上承鉅野薛訓渚歷澤西北又北逕闞鄉城西又北入濟自渚迄北口百二十里名曰洪水一統志故城今東平州西南

樂昌補注先謙曰高后封張壽宣帝封王武爲侯國見表功臣從平侯公孫戎奴表注樂昌蓋嘗析置從平縣續志後漢省河水注王莽河故瀆自魏郡陰安來東北逕樂昌縣城東下入魏元城一統志故城今南樂縣西北

陽平補注先謙曰昭帝封蔡義元帝封王禁爲侯國見表後漢因續志有華亭有岡成城劉注衛作新臺在縣北河水注漯水自東武陽來逕陽平縣之岡成城西又北逕陽平縣故城東又絕華道城之西北有華亭春秋衛宣公子伋壽死此漯水下入濟一統志故城今華縣治

白馬補注先謙曰高帝與楊熊戰此見高紀後漢因續志有韋鄉貼縣韋河水注河水自魏黎陽來爲鹿鳴津又爲白馬濟津東南有白馬城衛文侯東徙渡河都之故濟取名焉白馬有韋鄉韋城故津亦有韋津之稱史記所謂渡脩武下韋津也河水舊於白馬縣南泆通濮濟黃溝故蘇代說燕曰決白馬之口魏無黃濟陽金隄既建故渠水斷尙謂之白馬瀆故瀆東逕鹿鳴城南又東北逕白馬縣之涼城北縣有神馬亭亭上舊置涼城縣治此白馬故瀆下入濮陽河水自津東北逕涼城又爲長壽津述征記曰涼城到長壽津六十里河之故瀆出焉所謂王莽河也昔禹釃二渠一漯水今所流也一北瀆王莽時空故世俗名爲王莽河河水下入畔觀王莽河故瀆亦下入畔觀又濟水注濮渠自南燕來又東逕蒲城北故衛之蒲邑又逕韋城南有馳道自城屬於長垣濮渠下入陳留長垣一統志故城今滑縣東二十里

南燕補注王念孫曰南字涉下南字而衍國有南北燕而縣無南北燕可言南燕國不可言南燕縣也燕縣於戰國時爲魏地秦置燕縣而漢因之魏策蘇秦說魏王曰大王之地北有河外燕又秦策王舉甲而攻魏拔燕高注燕南燕也史記高祖紀復擊破楚軍燕郭西索隱故南燕國也在東郡秦以爲縣曹丞相世家程處反於燕集解徐廣云東郡燕縣灌嬰傳擊破柘公王武軍於燕西[illegible]後書樊噲傳云徙封燕侯續書郡國志東郡本南燕國河水注河水又東逕燕縣故城北濟水注濮渠又東北逕燕城南故南燕姞姓之國也有北燕故以南氏國[illegible][illegible]皆其證也通典州郡十云漢南燕縣古南燕國元和志云古之燕國漢爲南燕縣則杜李所見漢志皆衍南字隱五年左傳南燕國今東郡燕縣正義引此志云東郡燕縣南燕國則唐初本尙不誤[illegible][illegible]今據以訂正**南燕國姞姓黃帝後**師古曰姞音其乙反補注錢大昭曰羅泌云南燕伯爵伯儵國后稷妃南燕姞氏也先謙曰戰國魏地秦蒙驁攻拔之見始皇紀後漢因續志燕本南燕國有雍鄉有胙

城古胙國有平陽亭[illegible]有瓦亭[illegible]有桃城濟水注濮渠自陳留酸棗來東逕胙亭東注又東北逕燕城南爲陽清湖破水南北五里東西三十里亦曰燕城湖逕桃城南而東注濮國策所謂酸棗虛桃也又東北合酸水故瀆下入白馬酸瀆水自酸棗來東北逕燕城北又東逕滑臺城南又東南逕瓦亭南入濮渠世謂之百尺溝又河水注河水自陳留酸棗來逕南燕縣故城北爲棘津亦曰石濟津下入魏黎陽一統志故城今延津縣東三十五里吳卓信云郎龐固社俗名城上

廩丘補注周壽昌曰管蔡世家封叔武於成索隱地理志廩邱縣南有成故城今志無此注疑脫先謙曰春秋齊地見左襄傳魯會晉伐取之見哀傳戰國仍屬齊田會以之叛於趙見紀年六國表趙敬侯救魏敗齊於此見趙世家後漢改屬濟陰續志有高魚城[illegible]瓠子水注瓠河自濟陰成陽來河北郎廩丘縣王隱地道記云春秋齊邑賓表東海者也瓠河與濮水俱東流經所謂過廩丘爲濮水也縣南瓠北有羊角城春秋衛羊角也瓠河又逕陽晉城南蘇秦說齊云過衛陽晉之道者也在廩丘城東南十餘里與都關爲左右瓠河下入山陽城都又自濟陰秺來東逕鄆城南左傳成公十六年自沙隨還待於鄆京相璠云公羊作運今廩丘東八十里有故運城瓠河下入范一統志故城今范縣東南七十里

陳留郡補注先謙曰全祖望云故屬秦碭郡楚漢之際屬楚國先謙案通典云故屬秦三川郡據元和志鄭治長垣又云治陳留益後漢治也續志劉注雒陽東五百三十里**武帝元狩元年置**補注先謙曰錢大昕云諸侯王表梁分爲

五其一濟川國志無濟川郡亦不言濟川國所在濟水注引應劭云濟川今陳留濟陽縣乃知陳留郡即濟川志稱陳留郡武帝元狩元年置不言故屬梁國者史之闕也濟川國除在武帝建元三年其時當爲濟川郡至元狩初移治陳留乃改爲陳留郡耳先謙案景帝以前梁國地無改易高帝五年以王彭越濟川自在域內越誅之後梁當爲郡景帝中六年王梁孝王諸子始分爲濟川國武帝建元三年國除爲濟川郡見梁孝王傳元狩元年改名陳留錢說是也全祖望云胡三省失攷謂濟川在陳留東郡之閒不知濟川即陳留也元帝永光三年復爲濟陽國建昭五年復故至高后以濟南爲呂國又改呂國曰濟川不久即廢非梁之濟川也先謙案紀要謂陳留郡本梁地呂后七年分立濟川國誤吳卓信云王莽傳以益歲以南付新平雍邱以東付陳定封丘以東付治亭陳留以西付祈隧則莽時陳留已無復有郡矣 屬兗州〔補注〕先謙曰續志後漢因屬同 戶二十九萬六千二百八十四口一百五十萬九千五十 縣十七〔補注〕先謙曰郡人假倉許晏見儒林傳

陳留〔補注〕先謙曰秦始皇二十六年置縣見寰宇記高帝與項羽攻之見羽傳後漢因續志有鳴雁亭[illegible]在劉注有桐陵亭古桐丘汳水注汳水自浚儀來東逕陳留縣之鉼鄉亭北下入小黃又睢水注睢水出陳留縣西蒗蕩渠坻觀下入雍丘又淮水注渙水自河南開封來東南流逕陳留北下入雍丘一統志故城今陳留縣治 魯渠水首受狼湯渠東至陽夏入渦渠 孟康曰留鄭邑也後爲陳所幷故曰陳留臣瓚曰宋亦有留彭城留是也留屬陳故稱陳留也師古曰瓚說是也渦音戈〔補注〕先謙曰鄭世家鄭桓公以周衰徙都于留公羊傳古者鄭處於留後鄭伯取鄶遷鄭而野留蓋此後留爲陳有故受陳留之名經籍所載更無他留孟說固未誤也陽夏淮陽縣渦說文作過水經作過渠水注沙水自開封來東南逕牛首鄉東南魯渠水出焉亦謂之宋溝也沙水又逕陳留縣故城南又逕牛首亭東八里溝水出焉又逕陳留縣裘氏鄉裘氏亭西又合八里溝水下入淮陽扶溝魯渠水下入淮陽圉

小黃〔補注〕王鳴盛曰黃下南監本空一格是此誤連成安先謙曰官本不誤小黃戰國魏地春申君傳所謂王取首垣以臨平丘小黃也續志後漢因濟水注南濟自封丘來東逕小黃縣故城北又謂之黃溝縣故陽武之東黃鄉也因水以名縣高帝起兵母死葬此南濟下入東昏又汳水注汳水自陳留來逕小黃縣故城南下入雍丘又泗水注黃水出小黃縣黃鄉黃溝吳會諸侯於黃池也黃水下入外黃一統志故城今陳留縣東北

成安〔補注〕先謙曰潁川亦有成安縣先屬梁縣人韓安國見本傳續志後漢省汳水注汳水自外黃來南逕利望亭南風俗傳云故成安也汳水又東龍門故瀆出焉瀆舊通睢水故西征記云龍門水名也汳水下入梁國留一統志故城今考城縣地

甯陵〔補注〕先謙曰魏豹傳兄魏咎故魏時封爲甯陵君是甯陵故魏邑索隱云甯字轉異耳高帝封呂臣爲侯國見表 莽曰康善 孟康曰故葛伯國今葛鄉是〔補注〕吳卓信曰路史有二葛在陳留者姬姓黃帝後在河內脩武者嬴姓左傳齊昭公母葛嬴之國先謙曰續志後漢改屬梁國劉注有沙隨亭又陳留已吾下云有大棘鄉大棘鄉宋有首鄉即首止先謙案杜注大棘在襄邑南首止在襄邑西南蓋後漢割甯陵襄邑二縣地置已吾陰溝水注谷水自襄邑來東南逕已吾縣故城西陳留風俗傳云縣故宋也雜以陳楚之地故甯陵縣之徙種龍鄉也永元十二年以大棘鄉直陽鄉自鄢隸之猶有陳楚之俗焉谷水下入淮陽柘又云過水自淮陽陽夏來東逕大棘城南故鄢之大棘鄉也又逕安平縣故城北陳留風俗傳云大棘鄉故安平縣也[illegible]又逕鹿邑城北春秋之鳴鹿杜預云陳國武平西南有鹿邑亭是也又逕武平縣故城北[illegible]下入襄邑又淮水注渙水自襄邑來東南逕已吾縣故城南下仍入襄邑又汳水注汳水自梁國留來東逕甯陵縣之沙陽亭北故沙隨矣又逕黃蒿塢北又逕斜城下又逕周塢側又逕葛城北葛於六國屬魏以封公子無忌號信陵君在甯陵縣西十里又逕夏侯長塢下入梁國睢陽又睢水注睢水自襄邑來東逕甯陵縣故城南下入傿一統志故城今甯陵縣南縣志南關外俗呼甯王城

雍丘 故杞國也周武王封禹後東樓公先春秋時徙魯東北二十一世簡公爲楚所滅〔補注〕閻若璩曰杞初封即在此至先春秋時所徙未知何所惟隱四年莒人伐杞取牟婁桓二年杞侯來朝七月伐杞入之其與今莒州及曲阜相鄰可知桓六年杞幷淳于而遷都僖十四年遷緣陵哀公時又遷淳于淳于漢縣屬北海今安丘縣東北三十里緣陵漢北海營陵縣今昌樂縣東五十里營邱城案安邱正在魯東北杞先春秋而徙故入春秋邑輒爲莒得也錢坫曰杞世家自東樓公至簡公十九世惟共公子德公徐廣云世本作惠公春秋傳又有成公是惠公之子世家無之亦但有二十世也與此不合先謙曰雍丘春秋鄭地宋敗鄭師於此見左哀傳戰國韓伐取之見六國表鄭韓世家又入魏亦作雝丘齊韓取以與宋見燕策復屬魏始皇攻定之見始皇紀高帝與項羽破斬秦李由於此見高紀羽傳續志後漢因劉注城內有神井能興霧雹有呂蘇臺有酈生祠睢水注睢水自陳留來東逕高陽故亭北留故鄉聚名也酈食其所居又逕雍丘縣故城北秦始皇以爲縣圈稱云縣有五陵之名故以氏縣城內有夏后祠睢水東爲白羊陂合蒰梁陂水洛架口水下入襄邑蒰梁陂水上承白羊陂水東北逕雍丘城北又東分爲雙溝仍入白羊陂洛架口水上承汳水東南入睢又睢水注渙水自陳留來東南逕雍丘縣故城南下入襄邑又汳水注汳水自小黃來東逕鳴雁亭南左傳衞伐鄭至於鳴雁者也杜預云在雍丘縣西北今俗名白雁亭[illegible]又逕雍丘縣故城北陽樂城南西征記城在汳北一里雍丘縣界又東故渠出焉南通睢水謂之董生決今無水又東枝津出爲洛架口水下入外黃一統志故城今杞縣治

酸棗〔補注〕先謙曰秦縣以地多酸棗故名見通典元和志春秋鄭地與游吉盟此見左傳戰國魏文侯伐而城之見魏世家韓哀侯滅鄭地入韓爲都見韓世家旋入魏故國策蘇秦云魏有酸棗襄王時河水決其郛見紀年始皇攻定之見始皇紀續志後漢因劉注左傳鄭廩延延津在縣北有棘城有烏巢城內有韓王故宮闕河水注河水自河內武德來東至酸棗縣西濮水東出焉孝文時河決酸棗東潰金隄大發卒塞之今無水河水又東北通謂之延津下入東郡南燕又濟水注別濮水受河於酸棗縣杜預云濮水出酸棗縣

首受河紀年魏襄十年大霖雨疾風河水溢酸棗郛漢世塞之故班固云文湮棗野今無水其故瀆東北逕南北二棣城間入濮渠濮渠受濟自封丘來東北左會別濮水又逕酸棗縣故城南圈稱云酸棗以棘名邦漢官儀舊河隄謁者居之濮水北積爲同池陂濮渠下入南燕酸水故瀆首受河於酸棗縣東逕酸棗城北延津南爲酸水下入南燕北濟自河南陽武來東逕酸棗縣之烏巢澤北有故市亭晉太康地記云澤在酸棗之東南北濟下入封丘又渠水注十字溝水自酸棗受河導自濮瀆歷酸棗下入河南陽武一統志故城今延津縣北十五里

東昏 莽曰東明 補注先謙曰本春秋戶牖左傳吳囚子服景伯及戶牖也後爲鄭邑戰國以致魏惠成王見紀年入秦爲戶牖鄉屬陽武見陳平傳漢置縣續志後漢因濟水注南濟自小黃東東逕東昏縣故城北陽武之戶牖鄉陳平家焉南濟下入濟陽平居庫上里見蔡邕里社碑一統志故城今蘭陽縣東北二十里

襄邑 有服官 補注錢大昭曰司馬彪輿服志衣裳玉佩備章采乘輿刺史公侯九卿以下皆織成陳留襄邑獻之云先謙曰淮水注縣南有湊水傳曰睢湊之間出文章天子郊廟御服出焉先謙案楚取睢濊之間蓋湊水一名濊水 莽曰襄平 應劭曰春秋傳曰師于襄牛是也師古曰圈稱云襄邑宋地本承匡襄陵鄉也宋襄公所葬故曰襄陵秦始皇以承匡卑濕故徙縣於襄陵謂之襄邑縣西三十里有承匡城然則應說以爲襄牛誤也補注先謙曰後漢因續志有滑亭[illegible]劉注有桐門亭有黃門亭陰溝水注曰過水自寍陵來東逕廣鄉城北圈稱云襄邑有蛇丘亭故廣鄉矣下入淮陽苦又云谷水首受湊於襄邑縣東東逕承匡城東下入寍陵又淮水注湊水自雍丘來東逕承匡城又逕襄邑縣故城南紀年梁惠成王十七年宋衞齊圍我襄陵即此西有承匡城春秋會於承匡者也湊水下入寍陵又自寍陵來東逕鄫城北春秋魯仲孫蔑會齊曹邾杞次于鄫杜預云襄邑縣東南有鄫城湊水下入傿又睢水注睢水自雍丘來東逕襄邑縣故城北下入寍陵一統志故城今睢州西一里

外黃 都尉治 張晏曰魏郡有內黃故加外臣瓚曰縣有黃溝故氏之也師古曰左氏傳云惠公敗宋師于黃杜預以爲外黃縣東有黃城即此地也補注先謙曰春秋宋黃邑戰國屬魏故國策蘇代曰決白馬之口魏無黃濟陽亦稱外黃見魏世家太子申過外黃張耳爲魏外黃令見耳傳亦見項羽彭越樊噲傳後漢因續志有葵丘聚有曲棘里有繁陽城汳水注汳水自雍丘來東逕外黃縣南又逕大齊城南陳留風俗傳云外黃縣有大齊亭又逕科城北傳曰縣有科禀亭也又逕小齊城南下入成安又泗水注黃水自小黃來東逕外黃縣故城南陳留風俗傳曰縣南有渠水春秋爲曲棘里宋別都春秋宋元公卒於曲棘是也華元居稷里黃溝逕葵丘下齊桓會諸侯於此又注大澤世謂之大薺陂陂水下入濟陰定陶一入鉅鹿貰爲豐水上源一統志故城今杞縣東六十里

封丘 補注先謙曰後漢因續志有桐牢亭或曰古蟲牢劉注有狄溝敗狄於長丘是也有鞠亭古鞠居濟水注北濟自酸棗來東逕封丘縣北南燕縣之延鄉也在春秋爲長丘濮水出焉覘北濟下入浚儀南濟自河南陽武來東逕封丘縣南下入浚儀又陰溝水注陰溝水自河南卷來東南逕封丘縣絕濟瀆下入浚儀一統志故城今封丘縣治 濮渠水首受泲東北至都關入羊里水 補注王鳴盛曰泲南監本作沛是先謙曰都關山陽縣羊里水弧子河之別稱濟水注濮水上承濟水於封丘縣即地理志所謂濮渠水首受濟者也闞駰云首受別濟即北濟也濮渠故瀆自濟東北流左逆爲高梁陂方三里下入酸棗過郡三 補注先謙曰過陳留東郡濟陰山陽三當爲四 行六百三十里 孟康曰春秋傳敗狄于長丘今翟溝是

長羅 侯國 補注先謙曰常惠國宣帝封 莽曰惠澤 補注先謙曰續志後漢省濟水注濮渠自長垣來圈稱言縣有羅亭故長羅縣也後漢省并長垣有長羅澤即吳季英牧豬處也又有長羅岡蘧伯玉岡濮渠下入東郡濮陽一統志故城今長垣縣北

尉氏 應劭曰古獄官曰尉氏鄭之別獄也臣瓚曰鄭大夫尉氏之邑故遂以爲邑師古曰鄭大夫尉氏亦以掌獄之官故爲族耳應說是也補注全祖望曰鄭之尉氏以其官氏而食邑於此因以名獄非獄在此也先謙曰縣見成紀續志後漢因劉注有陵樹鄉北有澤澤有天子苑囿有秦樂廄漢諸帝以馴養猛獸渠水注長明溝水自潁川長社來東逕尉氏縣故城南圈稱云尉氏鄭國之東鄙弊獄官名也鄭大夫尉氏之邑溝瀆自是三分一北爲康溝東逕平陸縣故城北高后[illegible]封劉禮爲侯國建武元年罷爲尉氏縣之陵樹鄉故陳留風俗傳云陵樹鄉故平陸縣也[illegible]康溝水下入淮陽扶溝又自扶溝來東逕少曲亭陳留風俗傳云尉氏縣有少曲亭俗謂之小城下仍入扶溝一統志故城今尉氏縣治

傿 莽曰順通 應劭曰鄭伯克段于鄢是也師古曰鄢音偃補注洪亮吉曰潁川有傿陵縣郡國志春秋時曰傿注鄭共叔所保故曰克段于鄢混兩縣爲一誤當以應說爲是先謙曰鄢故國邧姓鄭武公滅之見周語韋注互見傿陵下楚襄王秦昭王會此見秦紀楚世家後漢改屬梁國續志作隱睢水注睢水自寍陵來歷鄢縣北二城南北相去五十里睢水下入梁睢陽又淮水注渙水自襄邑來東南逕鄢城北新城南又合明溝水下入山陽薄一統志故城今柘城縣北二十九里

長垣 莽曰長固 孟康曰春秋會于匡今匡城是補注先謙曰春秋鄭首垣邑魏惠成王時致之魏見紀年趙肅侯攻之見趙世家亦稱垣國策黃歇說秦王曰并蒲衍垣也後漢因續志有匡城[illegible]有蒲城[illegible]有祭城劉注會平丘在縣西有苑亭衞人盟宛濮濟水注濮渠自東郡白馬來東絕馳道逕長垣縣故城北衞地也故首垣矣秦更從今名陳留風俗傳云縣有防垣故縣氏之濮渠逕祭城北鄭祭仲邑也下入長羅一統志故城今長垣縣東四十里

平丘 補注先謙曰春秋衞邑戰國鄭地魏惠成王時致之魏見紀年史記春申君說秦王以臨仁平丘也後漢因續志有匡有黃池亭[illegible]濟水注北濟自封丘來東過平丘縣南故衞地春秋諸侯盟於平丘者也縣有臨濟亭田儋死處又有曲濟亭又臨側濟水北濟下入濟陽一統志故城今長垣縣西南五十里

濟陽 莽曰濟前 補注先謙曰春秋鄭地戰國屬魏國策蘇代云決白馬之口魏無黃濟陽也漢初靳歙攻之蓋秦邑續志後漢因劉注有武父鄉盟於武父有都鄉光武皇帝生濟水注北濟自平丘來逕武父城北闞駰云在縣西北鄭邑也又逕濟陽縣故城北圈稱云縣故宋地也紀年梁惠成王城濟陽景帝封梁孝王子明爲濟川王北濟下入濟陰冤句南濟自東昏來東逕濟陽縣故城南故武父城也城

在濟水之陽故以爲名南濟東逕戎城北杜預云濟陽縣東南有戎城是也又東北荷水東出焉南濟下入冤句荷水上承濟水於濟陽縣東爲五丈溝下入濟陰定陶一統志故城今蘭儀縣北五十里

浚儀故大梁魏惠王自安邑徙此補注先謙曰安邑河東縣禹避商均於此見世紀儀封人縣人見地道記西有榆關故屬鄭楚取之仍以歸鄭見六國表三晉取楚大梁榆關見楚世家縣人張耳陳餘見本傳續志後漢因渠水注本春秋之陽武高陽鄉於戰國爲大梁國梁伯之故居後魏惠王都之梁惠成王六年徙都於大梁者也秦滅魏以爲縣紀年梁惠成王三十一年爲大溝於北郛以行圃田之水陳留風俗傳云縣北有浚水像而儀之故曰浚儀余謂故汳沙爲陰溝浚之故曰浚其猶春秋之浚洙乎漢之浚儀水無他也皆變名矣先謙案顧祖禹云詩爰有寒泉在浚之下志云今祥符縣西三十里有寒泉陂詩所謂浚水爲汴所奪故汴水經大梁北亦兼浚水之名蓋不始於漢也又云渠水自河南陽武來東南逕赤城北左水則故瀆出焉秦王賁斷故渠引水東南出以灌大梁謂之梁溝渠水逕大梁城南又北屈分爲二水續述征記云汳沙到浚儀而分也汳東注沙南流沙卽渠也渠水南逕梁王吹臺東於此有陰溝鴻溝之稱焉楚漢分王指是水以爲東西之別晉志浚儀有鴻溝漢高祖項羽欲分處又合汜水下入河南開封汜水自河南中牟來東逕大梁亭南又逕梁臺南入渠又濟水注北濟自封丘來東逕大梁亭之赤亭北而東注下入平丘南濟自封丘來東逕大梁城北又逕倉垣城下入小黃又陰溝水注陰溝水自封丘來至大梁合蒗蕩渠梁溝既開蒗蕩渠故瀆實兼陰溝浚儀之稱陰溝水東南逕大梁城北左屈與梁溝合俱東南流同受鴻溝沙水之目其川流之會左瀆東導者卽汳水也蓋津源之變名矣故經云陰溝出蒗蕩渠也下入淮陽扶溝又汳水篇汳水出陰溝於浚儀縣北注云陰溝卽蒗蕩渠也或言汳受旃然水又言丹沁亂流於武德絕河南入滎陽合汳故汳兼丹水之稱河濟水斷汳承旃然而東自王賁灌大梁水出縣南而不逕其北夏水洪泛則是瀆津通故渠卽陰溝也於大梁北又曰浚水故圈稱著陳留風俗傳云浚水逕其北也又東汳水出焉故經云汳出陰溝於浚儀縣北也汳水東逕倉垣城南卽縣之倉垣亭也下入陳留一統志故城今祥符縣西北睢水首受狼湯水東至取慮入泗補注先謙曰取慮臨淮縣渠水注渠水又東南逕開封縣睢渙二水出焉又曰睢水出梁郡鄢縣注云睢水出陳留縣西蒗蕩渠地理志曰睢水首受陳留浚儀狼湯水也經言出鄢非矣案睢水所出在陳留縣之西浚儀之東故志繫之縣也下入陳留過郡四補注先謙曰過陳留梁山陽沛臨淮四當爲五行千三百六十里應劭曰魏惠王自安邑徙此號曰梁師古曰取慮縣名也音秋廬取又音趨

潁川郡補注先謙曰據潁水注郡治陽翟續志後漢治同劉注雒陽東南五百里秦置補注先謙曰始皇十七年盡納韓地爲郡命曰潁川見始皇紀韓世家吳卓信云國策游騰謂尚壽曰公何不以秦爲韓求潁川於楚據此則潁川之名不始於秦高帝五年爲韓國六年復故補注先謙曰韓王信王潁川爲國六年徙太原則潁川仍爲郡並見高紀

又云罷潁川郡頗益淮陽國非全罷也全祖望謂十一年屬淮陽國惠帝元年復故非也莽曰左隊補注吳卓信曰王莽傳左隊大夫王吳後書郭憚傳左隊大夫逯並陽翟有工官補注先謙曰官本考證云工官監本譌二官今改正屬豫州孟康曰夏啟有鈞臺之饗今鈞臺在南補注先謙曰續志後漢因屬同戶四十三萬二千四百九十一口二百二十一萬九百七十三縣二十補注先謙曰郡人鼂錯賈山見本傳滿昌堂谿惠見儒林傳

陽翟夏禹國補注先謙曰潁水注夏禹始封於此爲夏國故武王至周曰吾其有夏之居乎遂營洛邑金鶚云禹都有二始都陽城卽避舜子處以爲都後都晉陽乃從堯舜所居之方服虔左傳注云堯居冀州虞夏因之鄭詩譜云魏國虞舜夏禹所都之地魏與唐近同在河北冀州故祁駝云唐叔封於夏虛啓以夏政例以上文康叔封於殷虛啓以商政則禹都卽唐國杜注今太原晉陽是也志於偃師曰殷湯所都於朝歌曰紂所都於故侯國皆曰國今陽翟不曰夏禹都而曰夏禹國知禹不都陽翟矣先謙案金說與道元夏禹始封於此之文互相印證足以發明班指惟涑水注不當云安邑夏都爲皇甫謐之說所亂亦愛博之過也劉昭直云陽翟禹所都誤矣周末韓景侯自新鄭徙此補注錢坫曰韓世家貞子徙平陽哀侯徙新鄭不言景侯徙陽翟姚鼐曰韓之都三平陽陽翟新鄭也韓至哀侯滅鄭都新鄭景侯乃哀侯曾祖魏世家景侯九年鄭圍我陽翟安得有新鄭哉當時韓北有平陽南有陽翟蓋包新鄭於腹中迄哀侯滅鄭定居故志於新鄭下云韓自平陽徙都之蓋自景侯至哀侯雖居陽翟而平陽之爲都猶南北幷建故於新鄭尙可云自平陽徙於陽翟必不可云自新鄭徙耳先謙曰此景字誤也哀侯之後有懿侯昭侯更後則稱王或懿昭有徙都之事班氏書之字誤爲景耳潁水注周末韓景侯自新鄭徙都之承用志文則酈氏所見漢書本已然矣戶四萬一千六百五十口十萬九千莽曰潁川應劭曰夏禹都也臣瓚曰世本禹都陽城汲郡古文亦云居之不居陽翟也師古曰陽翟本禹所受封也應瓚之說皆非補注先謙曰後漢因續志有鈞臺有高氏亭高侵鄭高氏有雍氏城楚侵鄭雍梁先謙案韓世家云雍氏之旁亦見周紀潁水注潁水自陽城來逕上棘城左傳楚伐鄭城上棘以涉潁者也縣西有故堰潁水枝流所出也其故瀆東南逕三封山北今無水渠中有泉流出爲嵎水東逕三封山東又東南逕大陵西連山亦曰啟筮亭啟享神於大陵之上卽鈞臺也水積爲陂謂之鈞臺陂又逕夏亭西下入郟潁水自堨東逕陽翟縣故城北春秋鄭伯突入於櫟宋忠云今陽翟也潁水下入潁陽又汝水注藍水出陽翟縣重嶺山東南流下入郟一統志故城今禹州治

昆陽應劭曰昆水出南陽補注先謙曰戰國魏地魏世家蘇秦說襄王南有昆陽後入秦信陵君傳對安釐王云秦昆陽也後漢因續志有湛水汝水注昆水自南陽魯陽來東南逕昆陽縣故城西又屈逕城南蓋藉水以氏縣下入定陵湛水自南陽犨來東南逕昆陽縣北之蒲城北東入汝見襄城周禮荊州其浸潁湛也又滍水注滍水自南陽犨來東南逕昆陽縣故城北光武破王邑等於此下入襄城一統志故

城今葉縣治昆水俗名渾河亦曰禹京河

潁陽 應劭曰潁水出陽城補注先謙曰秦縣始皇紀二世二年高帝屠潁陽續志後漢因潁水注潁水自陽翟來東南過潁陽縣西應劭云縣在潁水之陽故邑氏之潁水下入潁陰一統志故城今許州西南

定陵 **有東不羹** 補注周壽昌曰陸氏釋文云羹漢地志作更是唐本漢書有因羹音近而譌更者先謙曰不羹見左昭十一年傳續志同一統志東不羹城今舞陽縣西北 **莽曰定城** 師古曰羹音郎其後亦同補注先謙曰續志後漢因滍水注滍水自襄城來於定陵城北東入汝先謙案本志南陽魯陽下滍水東北至定陵入汝者也又汝水注昆水自昆陽來東逕定陵城南入汝先謙案本志魯陽下昆水東南至定陵入汝者也又云汝水自襄城來東南逕定陵縣故城北王莽更之曰定城矣汝水右合滍水左則百尺溝出焉自定陵城北通潁水於襄城縣潁盛則南播汝泆則北注溝之東有潭曰龍淵溢則東注鄬水矣汝水又合昆水又逕奇頟城西[illegible]濆水出焉亦名大濆水爾雅汝有濆然則濆者汝別也是或濆濦聲近亦或下合濦潁兼統厥稱耳汝水下入郾葉陂水芹溝水並自潕陽來東逕定陵縣南東南入醴疑呂忱所謂涀水也下入郾濦水注濦水自汝南濦強來潁水南有二濆南濆東南流歷臨潁亭西入汝今無水疑卽濦水之故濆汝水於奇頟城西別東派時人謂之大濆水下入汝南召陵一統志故城今舞陽縣北十五里

長社 應劭曰宋人圍長葛是也其社中樹暴長更名長社師古曰長讀如本字補注先謙曰春秋鄭地戰國屬魏昭襄王取之見秦紀樊噲攻之見噲傳後漢因續志有長葛城[illegible]有向鄉[illegible]有蜀亭有蜀津[illegible]潩水注潩水自河南密來東南逕長社城西北南濮北濮二水出焉俱東入洧與洧過沙枝流派亂互得通稱是以春秋遷城父人於陳以夷濮西田益之濮水下入潁陰皇陂水出皇臺七女岡北卽古長社縣之濁澤也北對雞鳴城卽長社縣之濁城也陂水下入潁陰又洧水注洧水自河南新鄭來過長社縣北合南濮北濮二水龍淵水分為二一東北注沙一下入許龍淵水出長社縣西北有故溝上承洧水盛則通注龍淵東逕長社縣故城北[illegible]京相璠云長社北界有稟水又京杜地名並云長社縣北有長葛鄉斯乃縣徙於南矣然則是水卽稟水也又東南逕棘城北左傳楚伐鄭次於棘澤者也稟水又東左入洧又渠水注康溝水首受洧水於長社縣東東北逕向岡西卽鄭之向鄉也合長明溝水下入陳留尉氏長明溝水自河南苑陵來為白雁陂在長社縣東北東西七里南北十里南流為長明溝東轉北屈又東逕向城北又右迤為染澤陂而東注蔡澤陂下入尉氏一統志故城今長葛縣西

新汲 師古曰闞駰云本汲鄉也宣帝神爵三年置以河內有汲故加新也補注先謙曰續志後漢因劉注有匡城衞侵鄭及匡魯伐齊至曲洧杜預云縣治曲洧城臨洧水洧水注洧水自許來東逕新汲縣故城北宣帝置於許之汲鄉曲洧城城在洧水南隄上又右迤為濩陂下入淮陽扶溝濩陂水上承洧水於新汲縣南逕新汲縣故城東又積為濩陂陂西北卽長社城濩陂下入扶溝一統志故城今扶溝縣西南二十里俗呼之曰離下村

襄城 補注先謙曰春秋鄭地後屬楚戰國懷王時秦取之見六國表[illegible]項羽攻拔之見始皇紀呂后封孝惠後宮子義為侯國見表

有西不羹 補注先謙曰續志同一統志在縣東南二十里舊志俗呼堯城

莽曰相城 補注先謙曰後漢因續志有汜城有汾丘[illegible]有魚齒山劉注左傳皐鼬在東南汝水注汝水自郟來東南逕襄城縣故城南王隱云楚靈王築說苑襄城君始封之日服翠衣帶玉佩從倚於流水之上卽是水也後乃縣之其城南對汜城周襄出鄭居汜卽此城也京相璠云襄王居之故曰襄城汝水又逕西不羹城南又逕繁丘城合湛水[illegible]下入定陵養水自南陽魯陽來東逕沙亭南故養陰里也郡國志襄城有養陰里京相璠云在襄城郟縣西南養水右會鄴溝水又東北入東長湖亂流注汝[illegible]又滍水注滍水自昆陽來東逕西不羹亭南亭北背汝水滍水下入定陵又潁水注潁水自潁陰來歷岡巳城南故汾巳城也杜預云在襄城縣東北潁水下仍入潁陰郟水出襄城縣之邑城下東流下入潁陰一統志故城今襄城縣治西墉之外遺蹟連亘達於城隅

郾 師古曰音一戰反補注先謙曰續志後漢因汝水注汝水自定陵來東南逕郾縣故城北故魏下邑縣觀史記楚昭陽伐魏取郾是也又東南合醴水又東南流逕鄧城西左傳蔡侯鄭伯會於鄧者也下入汝南上蔡醴水自定陵來東逕郾縣故城南左入汝先謙案本志南陽雉下澧水東至郾入汝者也一統志故城今郾城縣西南五里道州城是

郟 師古曰音夾補注先謙曰春秋鄭地鄭語謝郟之聞後入楚左傳昭公時城之楚王葬此為郟敖也章邯破陳勝將鄧龍於此見始皇紀縣人韓千秋見南粵傳續志後漢省汝水注汝水自成安來東合張磨皐又分為西長湖又合匽澗水東長湖水[illegible]又逕郟縣故城南合灌水藍水白溝水龍山水[illegible]下入襄城澂水自父城來東北至郟入汝藍水自陽翟來東南逕紀氏城西在郟城西北十餘里又逕黃皐東而南入汝白溝水出夏亭城西又南逕龍城西北卽郟之摩陂白溝水南入汝又潁水注嶋水自陽翟來東南為郟之摩陂一統志故城今郟縣治

舞陽 應劭曰舞水出南補注先謙曰戰國魏地蘇秦說襄王大王之地南有許鄢舞陽秦葉陽昆陽與舞陽郟見信陵君傳高帝封樊噲為侯國見表功臣親陽侯月氏表注舞陽昌武侯趙安稽潦侯王援訾膝侯畢取注同蓋曾析置親陽昌武潦[illegible]三縣後漢因續志加邑汝水注葉陂水自南陽葉來東逕潕陽縣故城北下入定陵芹溝水自葉來東逕潕陽城北下入定陵又潕水注潕水自南陽舞陰來東北歷舞陽縣故城南下入汝南西平潕卽舞應注南下脫陽字一統志故城今舞陽縣西

潁陰 補注先謙曰高帝封灌嬰為侯國見表縣人灌夫見本傳後漢因續志有狐宗鄉或曰古狐人亭有岸亭劉注有狼陂潁水注潁水自潁陽來南逕潁鄉城西[illegible]潁陰縣故城在東北潁水下入襄城又自襄城來逕繁昌縣北[illegible]受潁陰之繁陽亭也潁水又東南逕青陵亭城北枝入為青陵陂潁水陂水並下入臨潁潩水自襄城來東入青陵陂又潩水注潩水自長社來南分二水一南出逕胡城東潁陽縣之狐人亭也南為胡城陂潩水東逕曲強城東合皇陂水又逕東西武亭開兩城相對疑古岸門史記所謂走犀首于岸門也徐廣云潁陰有岸亭[illegible]又南逕射犬城東鄭公孫射犬城也又逕潁陰縣故城西下入許皇陂水自長社來東南逕胡泉城北潁陰縣之狐宗鄉也又東合胡城陂水入潩宣梁陂水上承狼陂水於潁陰城西南左傳楚師於狼淵也下入許一統志故城今許州治

崈高 武帝置以

奉太室山是爲中岳補注先謙曰元封元年置詳武紀釋山嵩高爲中嶽又云山大而高崧嵩崧說文所無續志後漢省陽城下云有嵩高山據此縣併入陽城劉注山海經謂爲太室之山益避禹之子於其山之陰在嵩高北潁水注五渡水導源崈高縣東北太室東溪下入陽城縣武帝置俗謂之崧陽城一統志故城今登封縣治有太室少室山廟補注錢坫曰戴延之西征記東爲太室西爲少室相去十七里名崈高水經注合而言之爲崈高分而言之爲二室西南爲少室東北爲太室先謙曰宣帝神爵元年定制廟祀見郊祀志古文以崇高爲外方山也師古曰崈古崇字補注先謙曰劉注鄭詩譜云外方之山卽崈也禹貢山水澤地篇嵩高爲中嶽在潁川陽城縣西北又云外方山崧高是也中岳外方今古文之異

許故國姜姓四岳後太叔所封二十四世爲楚所滅補注錢坫曰孔穎達春秋傳正義引作文叔杜預譜云許四岳伯夷之後也周武王封其苗裔文叔于許則作文叔是也太字誤周壽昌曰韓非子許恃楚而不聽魏楚攻宋而魏滅許則似許附於楚而滅於魏也韓非戰國時人當較確春秋世族譜亦云楚滅之先謙曰說文鄦下云炎帝太岳之胤甫侯所封在潁川從邑無聲俗作許說文自敘云呂叔作藩俾侯于許甫侯呂姓故呂刑一云甫刑然則文叔卽呂叔之字矣戰國入魏國策蘇秦說魏王大王之地南有許鄢是也然則魏滅爲是田齊世家伐晉魯葛及安陵是魯亦魏地括地志以爲縣南四十里魯城續志後漢因洧水注洧水自長社來東逕縣魏改許昌故許男國也穆天子傳所謂天子見許男于洧上者也下入傿陵又自傿陵來東南逕桐丘城左傳鄭人將奔桐丘杜預云許昌城東北西南去許城可二十五里洧水下入新汲又潩水注潩水自潁陰來東南逕許昌城南合宣梁陂水入潁先謙案本志河南密下潩水南至臨潁入潁者也水會在二縣之交注又云狼陂水自潁陰來東南入許昌縣下入臨潁一統志故城今許州西南

傿陵戶四萬九千一百一口二十六萬一千四百一十八莽曰左亭李奇曰六國爲安陵師古曰傿音偃補注徐松曰謂克段及晉楚戰皆此鄢陵者元和志之說也趙匡則以鄢爲鄔之誤地在緱氏西南之闞若璩從之然則克段者緱氏之鄔晉楚遇者此傿陵皆與陳畱之傿陵無涉先謙曰官本注無陵字引宋祁曰安下當添陵字先謙案魏世家所謂安陵氏也齊宣公伐之見田齊世家高帝封朱濞爲侯國見表縣人孫寶見本傳後漢因傿作隔續志春秋時曰傿劉注鄭共叔所保晉敗楚於傿陵然則此說不始元和志鄢陵之戰傳云亡師於鄢是鄢陵亦單稱鄢故致此誤趙云作鄔程恩澤駁之矣洧水注洧水自許來東逕鄢陵縣故城南六國爲安陵昔秦求易地唐雎受使於此洧水合鄢陵南陂水下仍入許又渠水注蔡澤陂水出鄢陵城西北晉楚相遇處也陂東西五里南北十里下入淮陽扶溝一統志故城今鄢陵縣西北至許州七十五里

臨潁莽曰監潁補注先謙曰鄭城潁也見左隱傳正義續志後漢因潁水注潁水自潁陰來東南歷臨潁縣而西注小濦水出焉潁水東南逕皋城北春秋之皋鼬也潁水下入汝南濦強青陵陂水自潁陰來東入臨潁縣狼陂又濦水注濦水自陽城來東南逕臨潁縣西北小濦水出

焉[illegible]東逕臨潁縣故城北下入汝南濦強又潩水注狼陂水自許來逕巨陵城北鄭大陵也京相璠云臨潁縣東北二十五里有巨陵亭又東爲宣梁陂又東南入潩一統志故城今臨潁縣西北十五里

父城應鄉故國周武王弟所封應劭曰韓詩外傳周成王與弟戲以桐葉爲圭吾以此封汝周公曰天子無戲言王應時而封故曰應侯鄉是也臣瓚曰呂氏春秋曰成王以戲授桐葉爲圭以封叔虞非應侯也汲郡古文殷時已自有國非成王之所造也師古曰武王之弟自封應國非桐圭之事也應氏之說蓋失之焉又據左氏傳云邘晉應韓武之穆也是則應侯武王之子又與志說不同補注全祖望曰周武王係成王字誤作武先謙曰應說故曰應侯下奪應字春秋父城楚地隗戰國入秦秦客謂周最以應爲太后養地見周紀魏襄王秦惠文會此見秦紀魏世家續志後漢因汝水注龍山水出龍山龍溪北流際父城縣故城東昔楚平王大城城父以居太子建杜預云卽襄城之父城縣也龍山水合二水又東北入汝滶水自南陽魯陽來入父城縣合桓水下入郟桓水自魯陽來東北至父城縣北右入滶水又云父城東南湛水之北山有長坂名湛坂甑闕[illegible]又滍水注滍水自魯陽來東逕應城南故應鄉應侯之國詩所謂應侯順德者也滍水合彭水橋水下入南陽犨彭水自魯陽來東北直應城南入滍橋水自魯陽來東南逕應山北又南逕應城西戰國范睢封邑謂之應水入滍一統志故城今寶豐東四十里縣志卽父城保應城今寶豐縣西南

成安補注錢坫曰成安侯韓延年表云屬郟是地分郟縣置先謙曰陳餘稱成安君見項羽紀正義云在潁川郡則地蓋秦邑陳畱郡亦有成安侯國也補注先謙曰韓延年國武帝封郭忠昭帝封續志後漢省汝水注汝水自河南梁來東逕成安縣故城北世謂之白泉城非也汝水下入周承休一統志故城今汝州東南三十里

周承休侯國元帝置補注錢大昭曰姬延年所封姬嘉初封周子男君至初元五年君進爵表注長社蓋析長社置由元始二年更名鄭公補注王念孫曰二當爲四汝水注引此已誤平紀元始四年改周承休公曰鄭公漢紀同恩澤侯表亦云元始四年爲鄭公錢坫曰鄭字誤說文郁潁川縣後書黃瓊傳潁川有周承休侯國元始更名曰郁因其地有郁鄉是矣徐松曰趙一清云黃瓊袁紹皆封郁鄉侯鄭是郁之誤莽曰嘉美休音許虯反補注錢大昭曰休字上脫師古曰三字先謙曰續志後漢省汝水注汝水自成安來東爲周公渡耤承休之嵗號而有周公之嘉稱也又合黃水下入郟黃水出梁山東南逕周承休縣故城東爲承休水縣故子南國也世謂之黃城水或曰黃水皆非也其水逕梁瞿鄉西爲黃陂東入汝一統志故城今汝州東二十六里

陽城補注先謙曰陽城見孟子春秋鄭地戰國韓哀侯取之桓惠王時爲秦所拔見鄭韓世家秦縣縣人陳涉見涉傳高帝戰雒陽東還至此見高紀功臣湘城侯敵屠洛散侯董舍吾表竝注陽城蓋嘗析置湘城散二縣又汝南亦有陽城侯國後漢因續志有負黍聚戰國鄭地敗韓兵於此鄭君乙時負黍反歸韓遂滅鄭桓惠王時秦拔之見鄭韓世家劉注有啟母家一統志故城今登封縣東南三十五里俗名之爲告成鎭陽城山洧水所出東南至長平入潁補注先謙曰長平汝南縣洧水篇洧水出密縣西南

馬嶺山注云亦云出潁川陽城山山在縣東北益馬嶺之統目焉祁䣆覩說文亦云洧水出河南密縣西南馬領山東南入潁一統志陽城山在今登封縣東北舊志俗名車嶺山過郡三行五百里。補注先謙曰過潁川河南淮陽汝南三當爲四

陽乾山，潁水所出，東至下蔡入淮，補注先謙曰下蔡沛郡縣說文潁水出潁川陽乾山東入淮與志合潁水篇潁水出陽城縣西北少室山注云潁有三源右水出陽乾山之潁谷春秋潁考叔爲其封人中水導源少室通阜東南逕負黍亭東亦或謂是水爲濦水與右水合左水出少室南溪東合潁水故作者互舉二山潁水東合五渡水逕陽城縣故城南昔禹避商均伯益避啟並於此亦周公以土圭測日景處縣南對箕山山上有許由冢潁水東合龍淵水平洛水又東出陽關下入陽翟五渡水自崈高來東南逕陽城西入潁龍淵水導源龍淵東南流逕陽城北入潁平洛水出玉女臺下平洛澗入潁呂忱云勺水出陽城山益斯水也一統志陽乾山在今登封縣西南舊志少室山正南過郡三行千五百里，荊州寖。補注先謙曰過潁川汝陽沛有鐵官。師古曰乾音干洧音于軌反補注先謙曰續志有鐵伊水注狂水東出陽城縣之大箸山下入綸氏又濦水注濦水出陽城縣少室山東流注潁亂流下入臨潁案郎潁水注所稱中水導源少室通阜或云濦水者也故鄭云亂流矣

綸氏。補注先謙曰春秋鄭邑楚吾得及秦伐鄭圍之見紀年後漢因續志作輪氏云建初四年置疑復之誤陳寶傳亦作輪氏吳卓信云後書注及括地元和諸志並以爲郎夏少康綸邑非也綸在梁國虞城縣伊水注狂水自陽城來西逕綸氏縣故城南合倚薄山水八風溪水三交水下入河南新城倚薄山水出倚薄山南逕綸氏縣故城東入狂水八風溪水出八風山南流逕綸氏縣故城西又西南入狂水一統志故城今登封縣西南七十里

漢 蘭臺令史班固撰

唐正議大夫行祕書少監琅邪縣開國子顏師古注

賜進士出身前翰林院編修國子監祭酒加三級臣王先謙補注

汝南郡，補注閻若璩曰郡先書平輿縣郤不爲治治上蔡縣以翟方進傳知之其傳首敘次與賈誼傳正同元和志謂治平輿者非汝水注於上蔡縣云漢高祖四年置汝南郡又於平輿縣云東漢汝南郡治是元和志所言誤以東漢爲西漢也先謙曰續志後漢治平輿劉注雒陽東南六百五十里高帝置。補注全祖望曰故屬秦潁川南陽二郡楚漢之際屬楚國高帝四年屬漢分置十一年屬淮陽國十二年復故景帝二年別爲汝南國四年復故置郡之年見水經注蓋漢既得潁川南陽故不待楚亡已分置矣莽曰汝汾，補注周壽昌曰汾當爲墳汝南故爲汝墳地於汾無涉觀下女陰莽曰汝墳可證水經注作汝墳分爲賞都尉。補注錢大昕曰王莽傳有賞都大尹王欽則賞都郡名後人誤添尉字耳宜祿縣莽改曰賞都亭亦賞都爲郡名之一證屬豫州。補注先謙曰續志後漢因屬同戶四十六萬一千五百八十七，口二百五十九萬六千一百四十八。補注徐松曰三國志陳羣傳注引漢書地理志汝南爲上郡有三十餘萬戶與今本異或字之誤

縣三十七：補注先謙曰見侯表者有終弋安平承陽三縣無考郡人尹更始見儒林傳

平輿，應劭曰故沈子國今沈亭是也輿音豫補注錢坫曰續志沈姬姓管蔡世家武王封弟季載于冉春秋傳作郲唐書宰相世系表廣韻並云文王第十子聃季食采於沈即汝南平輿沈亭字亦爲郲案古聃字從冉耽字從冘聃同字沈字亦從冘故與郝通是沈即季載之國先謙曰蔡滅沈見左定傳後入楚王翦至平輿虜荊王見始皇紀續志後漢因劉注有摯亭見說文汝水注汝水自上蔡來合溱水靚宜又東南逕平輿縣南下入安成蔡塘水自上蔡來東逕平輿縣故城南爲濦水縣舊沈國也楚以爲縣史記秦李信攻平輿敗之者也濦水又東南左迆爲葛陂陂方數十里東出者爲鯛水下入鯛陽濦水自葛陂東南出下入新蔡一統志故城今汝陽縣東南六十里

陽安，應劭曰道國也今道亭是補注先謙曰成帝封丁明爲侯國見表後漢因續志有道亭故國在南縣劉注有朔山一統志故城今確山縣東北

陽城，侯國。補注先謙曰劉德國宣帝封又潁川亦有陽城莽曰新安。補注先謙曰續志後漢省一統志故城今汝陽縣界

濦強，應劭曰濦水出潁川陽城師古曰濦音於謹反又音殷補注先謙曰續志後漢因濦說文作濦云水出潁川陽城少室山東入潁從水濦聲濦水篇濦水出濦強縣南澤中東入潁注云濦水出陽城縣少室山與說文合也注又云小濦水自潁川臨潁來東逕濦陽城北又逕濦強縣故城南爲陶樞陂此小濦水余按濦

陽城在㶏水南，然則此城應爲㶏陰城，而有㶏陽之名，明在南猶有㶏水，故此城以陽爲名矣。大㶏水下入潁川定陵。又潁水注：潁水自臨潁來，東逕㶏陽城南。紀年云孫何取㶏陽、㶏强城，在東北。潁水又合潩水，下入西華。一統志：故城今臨潁縣東。㶏水今般水，一名沙水。

富波 補注先謙曰：後漢因，續志永元中復。淮水注：谷水上承富水，東南流爲谷水，東逕原鹿縣故城北䌖漢又逕富波縣故城北，俗謂之成閭亭，非也。地理志汝南郡有富陂縣，世祖封王霸爲富陂侯。十三州志：漢和帝永元九年分汝陰置。多陂塘以漑稻，故曰富陂。谷水下入汝陰。據此，後漢省併汝陰，後復置。引二志及霸傳皆作陂，波陂通用。一統志：故城今阜陽縣南。

女陽 應劭曰：汝水出弘農，入淮。師古曰：女讀曰汝，其下汝陰亦同。補注先謙曰：續志後漢因，女作汝。潁水注：潁水自西華來，南過女陽縣北，縣故城南有汝水枝流，故縣得厥稱。闞騆云：本汝水別流，其後枯竭，號曰死汝水，故其字無水。余謂汝女乃方俗之音，字隨讀改，未必如闞氏之說，以窮通損字也。潁水東合大㶏水，下入博陽。又云：汝水別瀆自召陵來，東逕西門城，即南利，宣帝封廣陵厲王子昌爲侯國（表作汝南），縣北三十里有執城，號曰北利，故瀆出於二利之間，間闕汝陽之縣，世名死女縣，取水名，故曰汝陽也。下入南頓。又㶏水注：大㶏水自西華來，東逕女陽縣故城北，入潁。一統志：故城今商水縣西北。吳卓信云：汝寧府附郭汝陽縣，隋析上蔡置，非漢縣。

鮦陽 應劭曰：在鮦水之陽也。孟康曰：鮦音紂。補注王引之曰：孟康音鮦爲紂，紂下或多紅反二字，乃後人妄加，有七證以明之。玉篇鮦直壟切，又直久切，直久正切紂字之音，而獨無紂紅之音。若孟康音紂紅反，則自魏以來相承之音，不應缺略。今玉篇有直久而無紂紅，則孟音紂可知。證一。廣韻一東：鮦，徒紅切，引爾雅鰹大鮦。二腫：鮦，直隴切，魚名。皆未引鮦陽縣。至四十四有：鮦，除柳切，始云鮦陽縣在汝南。集韻、類篇竝與廣韻同，是地理志之鮦陽，孟但音紂。證二。顏注高紀云：鮦陽音紂，蓮勺音酌，當時所呼，別有意義，豈得即定其字以爲正音乎。然則鮦陽音紂，師古方不解其意，則其爲孟音而非師古所剏甚明。證三。後書陰興傳汝南之鮦陽，吳祐傳鮦陽侯相，李注竝云：鮦音紂。晉書地理志汝陰郡鮦陽，何超音義云：鮦音紂。若孟音紂紅反，而師古音紂，二子不應舍自古相承之音，而從近代一人之聽見。即不以音紂爲非，亦當兼存紂紅之音，而紂外更無他音，則孟康與師古竝音紂。證四。御覽州郡部河南道引漢志：鮦陽屬汝南郡，鮦音紂。此是引孟康之音，非引師古之音，而紂下亦無紅反二字。證五。左襄四年傳釋文：鮦陽，孟康音紂，直九反。若孟康音紂紅反，釋文何得言孟音直九反。證六。又景祐本、汪本地理志鮦音紂下原無紅反二字，則此二字之妄加，實自明監本始。證七（汲古閩本亦無紅反二字，蓋從舊本）。說者皆謂鮦從同聲，不當音紂，不知紂字古音在幽部，同字古音在東部，東部多與幽部相通。如大戴禮勸學篇以從由爲韻，楚辭天問以龍遊爲韻。又齊風南山篇衡從其畝，韓詩從作由。昭五年左傳吳子使其弟蹶由犒師，韓子說林篇由作融。說文東北曰融風，易通卦驗融作調（見昭五年左傳正義）。調從周聲，古讀若稠。而小雅車攻篇、楚辭離騷、七諫、韓子揚推篇竝以同與調韻。銅從同聲，而史記衞青傳大當戶銅離，徐廣云一作稠離，漢書作調雖。同與調、稠同聲，則與紂聲相近，故鮦從同聲而亦讀如紂（說文鶻讀若絝襱，襱从衣龍聲，或作襩，從衣賣聲。賣字古音在幽部，襱字古音在東部，則字即是東幽兩通之字。鮦讀若籠，固宜其轉入幽韻，兩音紂矣）。洪範曰雺之雺，音武工反，而其字以矛爲聲；尻字以九爲聲，而呂氏春秋觀表篇注讀如穹窮之穹。此諸幽部之聲而讀入東部也。牢字古讀若霤，而說文從冬省聲；猱字從狃聲，古讀與狃近，而齊風遭我乎猱之間兮，漢書地理志引作嶩，其字以農爲聲。此諸東部之聲而讀入幽部也。又何疑於鮦之音紂乎。先謙曰：官本紂下多紅反二字，沿監本之誤。續志後漢因，劉注有葛陂鄉、楚武王冢。汝水注：葛陂水自平輿來，東爲鮦水，俗謂之三丈陂，亦曰三嚴水，逕鮦陽縣故城南。應劭云：縣在鮦水之陽。鮦陂東注爲富水，津渠交絡，枝布川隰矣。下入富波（富陂下入淮水注）。又潁水注：汝水別瀆自南頓來，東南逕鮦陽城北，下入寖。一統志：故城今新蔡縣東北七十里。

吳房 孟康曰：本房子國。楚靈王遷房於楚。吳王闔閭弟夫槩奔楚，楚封於此，爲堂谿氏。以封吳，故曰吳房，今吳房城堂谿亭是。補注先謙曰：周語昭王取於房。項羽紀作吳防，防乃房之誤。高帝封楊武爲侯國，見表。後漢因，續志有棠谿亭，劉注有吳城。濯水篇：濯水出吳房縣西北輿山，東過縣北，入汝。注云：縣西北有棠谿城，濯水合白羊淵水，下入濯陽。又瀙水注：瀙水自南陽潕陰來，東過吳房縣南，下入濯陽。一統志：故城今遂平縣西四十里，棠谿城遂平縣西北百里。

安成 補注先謙曰：戰國魏安城，秦取之，見秦紀。**侯國。** 補注先謙曰：王崇國，元帝封。**莽曰至成。** 補注先謙曰：後漢因，續志作安城，有武城亭。汝水注：汝水自平輿來，東南逕安成縣故城北，合南陂水，瀙眞下入新蔡。一統志：故城今汝陽縣東南七十里。

南頓 **故頓子國，姬姓。** 應劭曰：頓迫於陳，其後南徙，故號南頓，故城尚在。補注先謙曰：續志後漢因。潁水注：谷水上承平鄉諸陂，東北逕南頓縣故城南，側城東注。左傳所謂頓

迫於陳而奔楚，自頓徙南，故曰南頓也。今其城在頓南三十餘里。谷水下入項。又云：汝水別瀆自女陽來，東逕南頓縣故城北，下入鮦陽。一統志：故城今項城縣北五十里。

朗陵 應劭曰：朗陵山在西南。補注先謙曰：續志後漢因，劉注左傳楚拒晉桑隧，縣東桑里亭。汝水注：溱水出浮石嶺北青衣山，亦曰青衣水，東南逕朗陵縣故城西，又南屈逕其縣南，下入宜春。一統志：故城今確山縣西南三十五里。吳卓信云：朗陵山一名月明山。

細陽 補注先謙曰：夏侯嬰益食細陽千戶，見嬰傳，蓋秦邑。功臣信成侯王定表注：細陽蓋當析置信成縣。**莽曰樂慶。** 師古曰：居細水之陽，故曰細陽。細水本出新郪，郪音千私反。補注錢坫曰：後漢於此分征羌縣。范滂傳汝南征羌人，謝承書云細陽人。先謙曰：續志後漢因。潁水注：新溝水自新陽來，至細陽入細水。細水自新郪來，南逕細陽縣，合新溝水，又東南逕細陽縣故城南，又積而爲陂，謂之次塘，又屈而西南入潁。其枝分爲上吳、百尺二水，亦南入潁。覵地理志曰：細水出細陽縣，東南入潁。先謙案：今志無此文，說文作洒水。又案潁水注：征羌縣故召陵縣之安陵鄉安陵亭也，續志亦云有安陵亭，然則征羌非分細陽置，錢說非。一統志：故城今太和縣東。吳卓信云：在茨河西岸，茨河即細河。

宜春 **侯國。** 補注先謙曰：衞伉國，武帝封；王昕，昭帝封。**莽曰宣孱。** 補注先謙曰：後漢因，續志加北。汝水注：溱水自朗陵來，東北逕宜春縣故城北。豫章有宜春，故加北矣。溱水又逕馬香城北，入汝。覵平一統志：故城今汝陽縣西南六十里。

女陰 補注先謙曰：高帝封夏侯嬰爲侯國，見表。**故胡國。都尉治。** 補注先謙曰：都尉亦見成紀。**莽曰汝墳。** 補注先謙曰：後漢因，續志

作汝陰劉注有陶丘鄉詩所謂汝墳潁水注潁水自項來東南逕胡城東故胡子國定公十五年楚滅之杜預曰汝陰縣西北有胡城也潁水又合汝水枝津東逕汝陰縣故城北縣在汝水之陰故以汝水納稱城西有一城故陶丘鄉也潁水下入慎汝水枝津自富來逕胡城南而東歷汝陰縣故城西北入潁又淮水注淮水自期思來東合谷水潤水下入六安安風谷水自富波來東於汝陰城東南注淮潤水首受富波東南流爲高塘陂又東注焦陵陂其北出爲鯛陂陂水潭漲引瀆北注女陰四周隍塹下入潁水其東注爲潤水逕汝陰縣東荊亭北入淮一統志故城今阜陽縣治吳卓信云有二城南城周五里餘相傳故女陰城北城周四里餘相傳卽胡國城

新蔡補注先謙曰宣帝甘露三年鳳皇集見紀蔡平侯自蔡徙此補注吳卓信曰左昭十一年傳楚滅蔡平王立復封蔡於是隱太子之子廬歸於蔡是爲平侯徙此當在其時事不見經傳惟見杜氏釋例後二世徙下蔡補注錢坫曰吳遷昭侯於州來卽下蔡也宋忠謂平侯徙下蔡者非莽曰新遷補注吳卓信曰後書郅惲傳注引謝承書新遷都尉辟鄭敬爲功曹卽此先謙曰後漢因續志有大呂亭縣故鄙汝水注汝水自安成來東逕櫟亭北春秋之棘櫟也杜預云縣東北有櫟亭今城在新蔡故城西北城北半棆水汝水又東南逕新蔡縣故城南又左合意水又逕下桑里左迆爲橫塘陂又東北爲青陂又逕壺邱城北左傳楚克陳壺邱是也又東合青陂水逕後漢之褒信原鹿二縣城入淮先謙案本志定陵下汝水至新蔡入淮明二縣分新蔡置也青陂水自新息來東逕遂鄉東南爲壁陂又爲青陂陂東對大呂亭又分爲二一南入淮

一東北屈逕壺邱東入汝意水自平輿來由葛陂東南逕新蔡縣故城東入汝一統志故城今新蔡縣治

新息莽曰新德孟康曰故息國其後徙東故加新云補注先謙曰說文息作郎續志後漢因淮水注淮水自安陽來東逕故息城南左傳息侯伐鄭鄭伯敗之者也下入弋陽又自弋陽來東逕新息縣故城南又合慎水申陂水壑水申波枝水青陂水黃水又東北逕褒信縣故城北後漢置下入期思慎水自慎陽來東南逕一息城北入淮爲慎口申陂水上承申陂於新息縣北東南分爲二一蓮湖水南入淮枝水逕陽亭入淮青陂水自慎陽來東逕新息亭北爲綢陂又東逕新息縣爲牆陂下入新蔡一統志故城今息縣東舊志云有新息里又縣西南十五里有古息里卽息侯國

灈陽應劭曰灈水出吳房東入瀙也師古曰灈音劬瀙音楚人反又音楚刃反補注先謙曰續志後漢因灈水注灈水自吳房來東逕灈陽縣故城西入瀙又瀙水注瀙水自吳房來東過灈陽縣南合灈水縣之西北卽兩川之交會也下入上蔡一統志故城今遂平縣東南瀙水在縣北五里一名石羊河

期思師古曰故蔣國補注先謙曰春秋楚地見左文傳孫叔敖爲其鄙人見荀子呂覽高帝封賁赫爲侯國見表後漢因續志有蔣鄉故蔣國淮水注淮水自新息來東過期思縣北縣故蔣國周公之後也楚滅爲縣淮水又過原鹿縣南後漢置合汝水又合溳水下入女陰一統志故城今固始縣西北蔣鄉在縣東

慎陽應劭曰慎水出東北入淮師古曰慎字本作滇音眞後誤爲慎耳今猶有眞丘眞陽縣字竝單作眞知其音不改也闞駰云永平五年失印更刻遂誤以水爲心補注先謙曰高帝封樂說爲侯國見表索隱引如湻曰音慎慎如顚氏音見辭字讀耳今表引嫄讀音震發又顏所致作若闞駰合作順陽續志作滇陽洪頤煊云據此闞駰謂誤以水爲心是改順陽作慎陽川水篆形相近滇陽又慎陽之譌字也後書黃憲傳汝南慎陽人李注南陽有慎陽國而流俗書此作順者誤卽闞駰本續志後漢因淮水注慎水出慎陽縣西東逕縣故城南縣取名焉慎水積爲燋陂陂水又東南爲上慎陂中慎陂下慎陂皆與鴻郤陂水散流其陂首受淮川左結鴻陂陂下入新息也又汝水注南陂水首受慎水於慎陽縣故城南陂陂水兩分一自陂北繞慎陽城四周城塹流注北陂一東北積爲鯛陂又承北陂東北流爲窖陂壁陂太陂東入汝覸安又云青陂水上承慎水於慎陽縣之上慎陂右溝北注馬城陂下入新息一統志故城今正陽縣北四十里慎水在縣南一里

慎補注先謙曰功臣安遠侯鄭吉表注慎蓋嘗析置安遠縣莽曰慎治補注先謙曰續志後漢因潁水注潁水自女陰來東南流左合上吳百尺二水及江陂水逕慎縣故城南縣故楚邑白公所居以拒吳左傳吳人伐慎白公敗之潁水又逕蜩蟟郭東又東南入淮左傳楚子次于潁尾蓋潁水之會淮也先謙案本志潁川陽城下潁水東至下蔡入淮者也潁淮水會在慎縣下蔡壽春之間水經注引現壽春下注又云江陂水受大漴陂水積爲江陂南逕慎城西側城南入潁一統志故城今潁上縣西北四十里江口鎭

召陵師古曰卽桓公伐楚次於召陵者也召讀曰邵補注先謙曰黃帝南伐至此見封禪書後爲楚地秦惠文王伐取之見秦紀後漢因續志有陘亭齊伐楚次陘先謙案卽秦策楚魏戰之陘山也蘇秦說韓南有陘山交有安陵鄉劉注有鄧城楚蔡公盟於鄧潁水濦水注汝水自潁川定陵來於奇領城西別東派爲大濦水東北流汝水枝瀆出焉上承汝水別瀆於奇

潁城東三十里世謂之死汝東南逕召陵縣故城南城內有大井徑數丈水至淸深闞駰云召者高也其地丘墟井深數丈故以名焉汝水枝津又逕故召陵縣之安陵鄉安陵亭後漢征羌縣下入女陽大濦水別注汝赤爾東北逕召陵城北練溝出焉又東汾溝出焉又逕征羌城北小濦水又一小濦水卽犨水合汾陂水青陵陂水西注之大濦水下入西華練溝水上承汝水別流於奇領城東南逕召陵縣西下入上蔡一統志故城今郾城縣東三十五里

弋陽侯國應劭曰弋山在西北故黃國今黃城是補注先謙曰任宮國昭帝封後漢因續志有黃亭故黃國嬴姓淮水注淮水自新息來東逕浮光山北亦曰扶光山卽弋陽山也俯映長淮每有光輝下仍入新息新息在淮北弋陽山在淮南壑水出白沙山東北逕柴亭西爲柴水又合潭溪水東逕黃城西故弋陽縣也城內有二城西卽黃城也柴水東北入淮爲柴口黃水出黃武山東北流合木陵關水卽左傳之穆陵南史僖作木又東逕晉西陽城南又東北逕弋陽郡東有虞丘郭黃水又東北入淮爲黃口淠水出弋陽縣南垂山西北流歷陰山關西北出山又東北得詔虞水口西北去弋陽虞丘郭二十五里又東北入淮俗名白鷺水一統志故城今光州西黃城在今光州西十二里浮光山在今光山縣西北八十里一名浮弋山

西平有鐵官莽曰新亭應劭曰故柏子國也今柏亭是補注先謙曰有遂陽鄉見五行志後漢因續志有鐵濡水注濡水自潁川舞陽來東過西平縣北縣故柏國也左傳所謂江黃道柏漢曰西平其西呂墟卽西陵亭也西陵平夷故曰西平縣有龍泉水可以砥礪刀劍是以龍泉之劍爲楚寶也濡水下入上蔡一統志故城今西平縣西四十五里師靈鎭又西七十五里冶鑪城

韓王鑄劒處蘇秦說韓王韓有劒戟出於棠谿今縣西棠谿村也漢晉皆置鐵官

上蔡故蔡國周武王弟叔度所封度放成王封其子胡補注先謙曰詳管蔡世家十八世徙新蔡補注先謙曰平侯也見新蔡下戰國楚地嘗爲郡楚世家云上蔡之郡也紀年魏章帥師及鄭伐楚取上蔡是後旋入魏越世家亦云上蔡不安也縣人翟方進見本傳續志後漢因灈水注灈水自灈陽來東過上蔡縣南入汝先謙案本志南陽舞陰下灈水東至蔡明脫上字入汝者也又汝水注汝水自潁川郾來東南合灈水又過上蔡縣西九江有下蔡故稱上案九江是沛郡之誤汝水又東逕懸瓠城北後漢汝南郡治合汝水枝流下入平輿練溝水自召陵來東南流至上蔡西岡北爲黃陵陂陂水東流於上蔡岡東爲蔡塘下入平輿又潕水注潕水自西平來東過定潁縣北後漢分上蔡縣入汝一統志故城今上蔡縣西十里

寑補注先謙曰秦蒙恬大破荊軍於此見王翦傳莽曰閏治應劭曰孫叔敖子所邑之寑丘是也世祖更名固始師古曰寑音子衽反補注劉奉世曰案後淮陽國已有固始此寑疑自別地全祖望曰仲馮以淮陽國別有一固始縣故疑此寑非孫叔敖所封非也汝南之寑實與淮陽之固始接皆春秋時寑丘之地世祖并淮陽之固始入於陽夏而以汝南之寑爲固始志不盡詳故啟仲馮之疑先謙曰續志固始故寑也光武中興更名有寑丘潁水注潁水別瀆自鮦陽來東逕邸鄉城北又逕固始縣故城北縣故寑也寑丘在南故藉丘名縣矣枝汝下入汝陰案孫叔敖事見呂覽及滑稽傳一統志故城今沈丘縣東南三十里

西華莽曰華望補注先謙曰續志後漢因潁水注潁

水自㶏彊來東過西華縣北有東故言西矣縣北有習陽城潁水逕其南下入女陽又㶏水注大㶏水即別汝自召陵來東逕西華縣故城南下入女陽一統志故城今西華縣南

長平補注先謙曰戰國魏地國策芒卯曰秦王欲魏長平始皇攻定之見始皇紀武帝封衞青爲侯國見表莽曰長正補注先謙曰後漢改屬陳國續志有辰亭有赭丘城劉注宋華氏戰於鬼閻西北有閻亭洧水注洧水自淮陽扶溝來東南逕辰亭東春秋楚陳鄭盟於辰陵京相璠云長平有故長亭洧水又南逕長平縣故城西又分爲二一東爲五梁溝逕習陽城北赭丘南丘上有故城續志所謂赭丘城也又逕長平城南注澇陂洧水南出爲雜籠水東逕習陽城西西南入潁地理志曰洧水至長平入潁者也又渠水注渠水即沙水自淮陽扶溝來東逕長平縣故城北下入淮陽陳一統志故城今西華縣東北十八里

宜祿莽曰賞都亭補注錢坫曰莽以子臨爲賞都侯當即其地先謙曰後漢因續志永元中復渠水注明水上承沙水枝津東出逕宜祿縣故城北東北入陽都陂陽都陂水下入新陽一統志故城今沈丘縣北

項故國補注先謙曰項羽家世楚將封項見羽傳續志後漢因潁水注潁水自新陽來東南逕項縣故城北春秋魯滅項是矣潁水又東右合谷水又逕臨潁城北[illegible]又逕丘頭又東南於故城北合細水下入女陰谷水自南頓來東逕項城中楚襄王所郭以爲別都內西南小城項縣故城也[illegible]谷水東出城入潁一統志故城今項城縣東北

新郪莽曰新延應劭曰秦伐魏取郪丘漢興爲新郪章帝封殷後更名宋臣瓚曰光武既封殷後於宋又封新郪師古曰封於新郪號爲宋國耳瓚說非補注先謙曰魏策蘇秦說魏南有新郪則非漢改是名也一名郪丘安釐王時爲秦所拔見魏世家後漢改宋續志有繁陽亭[illegible]潁水注細水自新陽來東南逕縣故城北成帝詔封殷後於此以存三統平帝改曰宋公章帝建初四年徙邑於此故號新郪爲宋公國矣細水下入細陽一統志故城今太和縣北七十里吳卓信云俗訛宋王城

歸德侯國宣帝置補注先謙曰先賢撣國宣帝封莽曰歸惠補注先謙曰續志後漢省李兆洛云當在今潁州府境

新陽補注先謙曰呂臣起此見陳涉傳高帝封呂青爲侯國見表莽曰新明應劭曰在新水之陽補注先謙曰續志後漢因潁水篇潁水東南至新陽縣北注云潁水自淮陽陳來合新溝水自是東出潁上有堰謂之新陽堰新溝自潁北東出縣在水北故應劭云縣在新水之陽[illegible]經誤耳潁水自堰東南流下入項細水上承陽都陂枝分東南出爲細水東逕新陽縣故城北下入新郪新溝水首受交口東北逕新陽縣故城南故應劭曰縣在新水之陽今無水故渠舊道而已東入澤渚下入細陽又渠水注陽都陂水即沙水自淮陽寍平來東南流爲細水東逕新陽縣北又東高陂水出爲沙水又分爲二枝津下入沛郡譙沙水下入沛城父一統志故城今太和縣西北六十里舊志俗呼信陽城

安昌侯國補注先謙曰張禹國成帝封莽曰始成補注先謙曰續志後漢省洞水注洞水出安昌縣故城東北大父山西南流爲白水又南逕安昌故城東屈逕其縣南故蔡陽之白水鄉也白水左會昆水下入

南陽蔡陽昆水出城東南小山西南流逕縣南又西入白水先謙案白水鄉又分爲舂陵縣見南陽舂陵下班注一統志故城今確山縣西

安陽侯國補注先謙曰淮陽厲王子勃國文帝封周左車景帝封王音成帝封莽曰均夏應劭曰故江國今江亭是補注先謙曰續志後漢因淮水注淮水自成陽來東逕安陽縣故城南江國也嬴姓今其地有江亭漢乃縣之淮水又合瀙水谷水下入新息一統志故城今正陽縣西南

博陽侯國補注先謙曰邴吉國宣帝封表屬南頓是博陽分南頓置功臣平通侯楊惲表注博陽蓋嘗析置平通縣莽曰樂家補注趙一清曰樂家水經注三國晉書俱作樂嘉先謙曰續志後漢省潁水注潁水自女陽來東南逕博陽縣故城東在南頓縣北四十里潁水下入淮陽陳一統志故城今商水縣東北四十里

成陽補注先謙曰戰國楚地楚策所謂襄王流揜於成陽也侯國補注先謙曰奚意國高帝封趙臨成帝封楚思王子眾平帝封趙臨表注新息是成陽分新息置莽曰新利補注先謙曰續志後漢省淮水注淮水自南陽平氏來東北逕成陽縣故城南[illegible]又合大木水湖水下入安陽大木水出大木山東逕成陽縣北入淮一統志故城今信陽州東北

定陵補注先謙曰續志後漢省案潁川亦有定陵後漢因在汝水南此在汝水北一統志故城今郾城縣西北六十里高陵山汝水出東南至新蔡入淮補注先謙曰淮南子汝出猛山高注猛山一名高陵山在汝南定陵縣葢本漢志爲說汝水篇汝水出河南梁縣勉鄉天息山據酈注梁縣乃汝水所經說非汝水源也案注云地理志曰出高陵山即猛山

也此用班高二說而不明言山所在之郡縣又云亦言出南陽魯陽縣之大盂山又言出弘農盧氏還歸山博物志云汝出燕泉山並異名也此則廣引衆說而云並異名意在爲班解紛又云今汝水西出魯陽縣之大盂山蒙柏谷西卽盧氏界也則明以出魯陽盧氏爲是又云其水東屆堯山西嶺下水流兩分一逕堯山南爲濆水一東北出爲汝水案班志魯陽下自注魯山滍水所出竊疑高陵卽大盂之異名酈說可信而此注高陵山汝水出一十三字亦本當在魯陽下自漢世轉寫卽已誤移於此後人莫能是正耳定陵新蔡一出一入同在本郡若汝水出定陵漢志元文班氏烏得謂過郡四乎餘詳魯陽下

爲過郡四行千三百四十里

補注 先謙曰過南陽河南潁川汝南

南陽郡

補注 先謙曰釋名在中國之南而居陽地故以爲名閻若璩云郡治宛以地理志翟方進王莽傳知之又高紀南陽守齮戰敗於犨東走保城守宛是秦已治宛王鳴盛云據翟義傳以南陽都尉行太守事行縣至宛若南陽太守治宛則不得言行縣至矣知宛非太守治也周壽昌云南陽都尉治在鄧翟義以都尉行太守事由鄧行縣至宛耳王說未審先謙案續志後漢治同劉注雒陽南七百里

秦置

補注 先謙曰昭襄王三十五年置見秦紀習鑿齒襄陽記秦兼天下自漢以北爲南陽郡全祖望云楚漢之際屬楚高帝二年屬漢

國 莽曰前隊 屬荆州

補注 周壽昌曰莽傳有前隊大夫甄阜前隊屬正梁邱賜又詔左隊大夫王吳率十萬衆迫措前隊醜虜部謂光武先謙曰續志後漢因屬同

戶三十五萬九千一百一十六口一百九十四萬二千五十一

補注 宋祁曰戶三十當作戶四十朱一新曰汪本口一百作口三百

縣三十六

補注 先謙曰見王子侯表者有路陵見功臣表者有特轅隨桃涉都見外戚表者褒新廣陽其六縣無考郡人直不疑見本傳

宛

補注 先謙曰春秋戰國楚地百里奚亡秦走此見秦紀文種爲令范蠡縣三戶人見會稽典錄秦昭襄王攻楚取之又入韓秦拔之以封公子市楚頃襄王與秦會此見秦紀楚韓世家高帝圍宛見高紀

故申伯國有屈申城

補注 先謙曰續志劉注有申亭

縣南有北筮山

補注 王念孫曰南陽府地無北筮山山當爲聚筮卽滍字也淯水注淯水左右舊有二滍所謂南滍北滍滍者水側之濆楚辭九歌注濆水涯也聚在淯陽之東北下文淯陽有南筮聚則此當爲北筮聚明矣

戶四萬七千五百四十七

補注 錢大昭曰閩本作四十萬誤

有工官鐵官 莽曰南陽

補注 先謙曰後漢因續志有南就聚有瓜里津有夕陽聚有東武亭淯水注淯水自西鄂來南逕預山東又西爲瓜里津水上有三梁謂之瓜里渡又南逕宛城東其城故申伯之都楚文王滅申以爲縣大城西南隅卽古宛城淯水屈逕縣南南都賦言淯水蕩其胸也又合梅溪水下入育陽梅溪水出縣北紫山南逕百里奚故宅又逕宛西呂城東史記呂尚先祖爲四岳虞夏之際受封於呂徐廣云呂在宛縣高后封呂忿爲呂城侯疑卽此梅溪水下入杜衍一統志故城今南陽縣治

犨

師古曰音昌牛反 補注 先謙曰春秋鄭犨陵入楚伯州犂城之見左襄昭傳高祖破秦軍於此見高紀曹參樊噲傳有博望鄉爲何武氾鄉侯國見武傳益嘗析置氾鄉縣續志後漢因滍水注滍水自潁川父城來東逕犨縣故城北出魚齒山下又合犨水下入潁川昆陽犨水二源東源出縣西南踐犢山東北流逕犨縣南屈逕縣東合西源西源出縣西南頹山東北流逕犨城西屈逕縣北合東水亂流入滍又汝水注湛水出犨縣北魚齒山亦分屬潁川襄城父城爲湛浦方五十餘步水北亦枕翼山阜於父城東南湛水之北有長阪蓋春秋之湛阪也下入潁川昆陽一統志故城今魯山縣東南五十里

杜衍

補注 先謙曰高帝封王翳爲侯國見表外戚恩澤高武侯傅喜宜陵侯息夫躬表並注杜衍益嘗析置高武宜陵二縣縣人杜周見本傳

莽曰閏衍

補注 先謙曰續志後漢省淯水注梅溪水自宛來南逕杜衍縣東故城在西土地墊下湍溪是注古人於安衆堨之令游水是瀦謂之安衆港梅溪水又南爲石橋水又曰女溪南入淯一統志故城今南陽西南二十三里

酇侯國

補注 先謙曰蕭慶國武帝封

莽曰南庚

孟康曰音讚師古曰卽蕭何所封 補注 錢大昕曰蕭何初封本是沛郡之酇其後嗣乃封南陽之酇師古於此殊未了了先謙曰續志後漢因沔水注沔水自筑陽來東南過酇縣西南縣治故城南臨沔水謂之酇頭沔水下仍入筑陽一統志故城今光化縣北

育陽 有南筮聚 在東北

應劭曰育水出弘農盧氏南入于沔 補注 先謙曰後漢因續志加邑有小長安有東陽聚盧氏所出有兩育水盧氏下班注之育水乃水經之均水至順陽入沔者也此育水卽水經淯水至鄧入沔者也淯水注淯水自宛來水南有南就聚案淯水左右舊有二滍所謂南滍北滍者水側之濆聚在淯陽之東北考古推地則近矣淯水屈南入縣逕小長安又西南逕其縣故城南後漢淯陽郡下入新野先謙案據酈注南就卽南滍也聚在宛育陽二縣界一統志故城今南陽縣南六十里

博山侯國

補注 先謙曰孔光國表注順陽

哀帝置 故順陽

應劭曰漢明帝改曰順陽在順水之陽也師古曰順陽舊名應說非 補注 陳景雲曰據孔光傳封侯後十日哀帝始卽位則博山封邑置自成帝非哀帝也吳卓信曰平當傳察廉爲順陽長此舊名順陽之證先謙曰後漢改順陽續志故博山有須聚應說改上少一復字致乎顏駮耳丹水注丹水自宏農丹水來南逕南鄉縣故城東北後漢南鄉郡晉順陽郡南鄉縣又東逕南鄉縣北逕流兩縣間歷於中之北所謂商於者也又南合均水謂之析口先謙案本志宏農丹水下丹水東至析入鈞者也南鄉立於建安中班氏時地蓋隸宏農析縣又均水注均水自宏農析來南逕南鄉縣合丹水互見析縣又逕順陽縣西應劭云縣在順水之陽今於是無聞於順水矣西有石山南臨均水又入沔爲均口先謙案本志宏農盧氏下育水南至順陽入沔者也一統志故城今淅川縣東紀要東北三十里順陽保

涅陽

補注 先謙曰呂騰國高帝封最武帝封見表

莽曰前亭

應劭曰在涅水之陽師古曰涅音乃結反 補注 先謙曰續志後漢因湍水注涅水出涅陽縣西北岐棘山東南逕縣故城西下入安衆案馬融廣成頌謂之涅池一統志故城今鎮平縣南涅水今照河

陰

師古曰卽春秋左氏傳所云遷陰於下陰

者也與鄭相近今襄州有陰城縣縣有鄭城鄉〔補注〕先謙曰汪士鐸云陰在鄭之東南續志後漢因沔水注沔水自筑陽來東南逕陰縣故城西又合洛溪水下仍入筑陽洛溪水出縣西北集地陂東南逕洛陽城入沔一統志故城今光化縣西紀要今漢水西岸古縣城是

堵陽〔補注〕先謙曰縣人張釋之見本傳 **莽曰陽城** 韋昭曰堵音者〔補注〕先謙曰縣在秦名陽城見曹參傳注莽復故續志後漢因沔水注漢水自漢中長利來東過堵陽縣合堵水為堵口又為澇灘為淨灘下仍入長利堵水自漢中上庸來東逕方城亭南又東北歷嵾山下北逕堵陽縣南入漢又清水注堵水自棘陽來南逕小堵鄉謂之小堵水東源方七八步騰湧若沸世謂之騰沸水南流逕堵鄉為堵水以水氏縣故有堵陽之名也地理志曰縣有堵水（今志無此文）堵水於縣堨以為陂南注為二灣西為堵水東為滎源堵水流結兩湖有東陂西陂之名二陂所導其水枝分東南至會口入比是以地理志堵水比水皆入蔡互受通稱故也（今志無堵水入蔡之說此比水入蔡亦應劭誤）二湖合為黃水下仍入棘陽又無水注滎水上承堵水東流合東西遼水下入無陰一統志故城今裕州東六里

雉〔補注〕先謙曰秦縣見干寶搜神記續志後漢因淯水注淯水自酈來東南流歷雉縣之衡山東逕百章郭北合魯陽關水下入博望魯陽關水自魯陽來歷衡山西南逕雉縣故城南又屈而東南入淯又滍水注房陽川水出雉縣西房陽川北入滍（見魯陽）又潕水注灃水出雉衡山東南流下入葉（此入灃非下文灃水）一統志故城今南召縣南

衡山灃水所出東至郾入汝 師古曰舊讀雉音弋爾反而太康地志云即陳倉人所逐二童子名寶雞者雄止陳倉為石雌止此縣故名雉

縣疑不可據也郾音屋〔補注〕齊召南曰漢無郾縣以水經注證之郾字自是郾字之訛郾潁川郡屬縣也然師古云郾音屋則唐初本已訛矣錢大昕曰郾即今河南郾城也縣自師古誤釋廣韻集韻始出郾字云地名在南陽皆謬也先謙曰說文灃水出南陽雉衡山東入汝與志合汝水注作醴云醴水出雉縣亦云導源雉衡山（滍水注）即山海經衡山也郭景純以為南岳非也馬融廣成頌曰面據衡陰指謂是山在雉縣界故世謂之雉衡山東流歷唐山下又東南合皋水下入葉

山都〔補注〕先謙曰高帝封王恬開為侯國見表續志後漢因沔水注沔水自筑陽來東為漆灘山都與順陽筑陽分界於此又過山都縣東北沔南有固城城側沔川即山都縣治也舊南陽之赤鄉秦以為縣沔北有和城即郡國志武當之和城聚也（案地形此和城去武當遠中陽鄉陰筑陽二縣無縣遠陽武當必非劉注之和城道元蓋誤）山都縣舊當治此故亦謂是處為故縣灘沔水下入南郡襄陽一統志故城今襄陽縣西北

蔡陽〔補注〕先謙曰戰國魏地秦昭襄王取之見秦紀 **莽之母功顯君邑** 應劭曰蔡水所出東入淮〔補注〕吳卓信曰通志莽母城在今信陽州城北先謙曰續志後漢因劉注有松子亭下有神陂魚不可得沔水注遶水出襄鄉縣（後漢立今棗陽縣東北）東北陽中山西逕襄鄉縣故城北又逕蔡陽縣故城東入白水白水自汝南安昌來合遶水西逕蔡陽縣城南應劭云蔡水出蔡陽東入淮今於此城南更無別水惟是水可以當之川流西注苦其不東且淮源阻礙山河無相入之理益應誤耳白水西南入沔亦曰洞水（見南都襄陽）先謙案比水注比陽縣城南有蔡水注比比水又南會灃水灃與淮同出桐柏山而流別應氏所說疑此水也然其地去蔡陽闕遠趙一清以為房陵之淮山淮水蔡陽中廬相距不遠說亦近似但既以比水注之蔡水為是則蔡水與淮山淮水實不相入不如道元之言為覈實耳又溳水篇溳水出蔡陽縣注云溳水出縣東南大洪山山在隨之西南竟陵之東北廣圓百餘里溳水出其陰以溳水所導亦謂之溳山東北流合石水下入春陵石水出大洪山東北入溳為小溳水均水亦出大洪山東北入溳觀春于支水亦出大洪山東入溳觀一統志故城今棗陽縣西南

新野〔補注〕先謙曰功臣陽信侯劉揭外戚恩澤高樂侯師丹新甫侯王嘉陽新侯鄭業（皆見）表注新野蓋嘗析置高樂新甫陽新三縣後漢因續志有黃郵聚清水注清水自育陽來南入新野縣枝津分派東南出隰衍苞注左積為陂東西九里南北十二里陂水所溉咸為良沃清水又合湍水又逕新野縣故城西（晉新野郡）東合朝水棘水又逕士林戍東水左有豫章大陂灌田三千許頃清水下入鄧朝水出赤石山下入冠軍棘水自棘陽來南逕新野縣歷黃郵聚為黃郵水自縣東而南流入清又湍水注湍水自安眾來東南至新野縣西北分為鄧氏陂東入清又白水注白水自朝陽來東逕新野縣南入清又比水注比水自新都來西至新野縣合南長板橋二水入清板橋水自湖陽來至縣入南長水南長水上承唐子襄鄉諸陂水西南流至新野縣合板橋水入比一統志故城今新野縣南

筑陽故穀伯國〔補注〕先謙曰一統志穀城縣西北穀山有穀伯墓高后封蕭延為侯國見表 **莽曰宜禾** 應劭曰筑水出漢中房陵東入沔師古曰春秋云穀伯綏來朝是也今襄州有穀城縣在筑水之陽筑音逐〔補注〕先謙曰後漢因續志有涉都鄉劉注北四里有開林山西北有鼙山沔水注沔水自武當來東南過涉

都城北故鄉名也武帝封南海守降侯子嘉為侯國沔水合均水下入酇又自酇來逕穀城南城在穀城山上穀伯綏之邑也墉闕頹毀基塹亦存沔水下入陰又自陰來合汎水又南逕闕林山東又逕筑陽縣東合筑水下入山都筑水自漢中房陵來東南逕筑陽縣又東逕筑陽縣故城南縣故楚附庸也秦平鄢郢立以為縣筑水又入沔為筑口汎水自漢中上庸來東逕汎陽縣故城南晉分筑陽立自縣以上山深水急柱渚崩湍陸徑絕又逕學城南梁州大路所由也汎水又入沔為汎口先謙案闕林疑即開林開闕形近劉注誤也又均水篇均水南當涉都邑北入沔塹峴先謙案酈注及志言至順陽入沔沔水注又云均水於涉都入沔為均口順陽在沔南涉都在沔北非有異也筑水源流已具本志房陵下自注顏引應說複出又粉水注粉水自房陵來至筑陽縣西入沔為粉口一統志故城今穀城縣東

棘陽 應劭曰在棘水之陽〔補注〕先謙曰戰國時黃棘楚懷王秦昭王會此見楚世家高帝封杜得臣為侯國見表後漢因續志有藍鄉有黃淯聚劉注東北百里有謝城淯水注堵水出棘陽縣北山數源並發下入堵陽又自堵陽來合為黃水逕縣之黃淯聚為黃淯水又南逕棘陽縣故城西應劭云縣在棘水之陽是知斯水為棘水也棘水下入新野又比水注謝水出謝城北至城漸大城周回側水申伯之都邑詩所謂申伯番番既入于謝也俗名淳潛水其城側之西舊棘陽縣治故亦謂之棘陽城也謝水下入新都一統志故城今新野縣東北

武當〔補注〕先謙曰功臣平陵侯蘇建范明友表注武當蓋嘗析置平陵縣後漢因續志有和城聚劉注有女思山南二百里有武當沔水注沔水自漢中長利來東北流又屈東南過武當縣

縣北四十里水中有洲名曰滄浪洲又東爲倡子潭又東南逕武當縣故城北合平陽川水又逕縣故城東合曾水又逕龍巢山下山在沔水中下入筑陽平陽川水出縣北伏親山南入沔曾水出縣南武當山一曰太和山發源山麓越山陰東北入沔爲曾口一統志故城今均州北武當山在州南百里

舞陰 〔補注〕先謙曰後漢因續志加邑潕水篇潕水出縣西北扶予山東過其縣南注云山海經朝歌之山潕水出焉東南流注於滎扶予其山之異名乎潕水東南合滎水其道稍西不出其縣南故城在山之陽城東有馬仁陂水出潕陰北山在比陽縣西五十里水積成湖溉田萬頃三周其隍故瀆自隍西南而會於比規泚潕水不得復逕其南也且邑號潕陰故無出南之理出南則爲陽矣潕水下入葉滎水自堵陽來東北於潕陰縣北左會潕水一統志故城今泌陽縣西北六十里

中陰山瀙水所出東至蔡入汝 〔補注〕王念孫曰蔡上脫上字上蔡屬汝南郡沛郡有下蔡故加上水經云瀙水東過上蔡縣南東入汝是其證今瀙水東北過上蔡縣界又東南過汝陽縣入汝漢上蔡故城在今上蔡縣西先謙曰瀙水篇瀙水出潕陰縣東上界山注云山海經謂之視水郭注視宜爲瀙出葴山許愼云出中陽山皆山之殊目也東合泌水殺水淪水奧水下入汝南吳房泌水出潕陰縣旱山殺水出大熟山淪水出宣山奧水出奧山俱入瀙案此作中陰說文作中陽未知孰是

西鄂 應劭曰江夏有鄂故加西云〔補注〕先謙曰續志後漢因劉注有精山有九鐘霜降則鳴王子朝冢在縣西淯水注淯水自博望來東南逕西鄂縣故城東又南合洱水下入宛洱水自酈來東南逕房陽城北又逕西鄂縣南又南入淯世謂之肄水

肄洱聲相近非也地理志曰洱水東南至魯陽入沔是也先謙案西鄂在魯陽關水之西關水之東則魯陽境故志云然河南通志故城今南陽縣南

穰 〔補注〕先謙曰楚別邑秦得之封公子悝爲穰侯後入韓秦又取之昭襄王與楚頃襄王會此見秦紀楚韓世家縣人甯成見酷吏傳 **莽曰農穰** 師古曰今鄧州穰縣是也音人羊反〔補注〕洪亮吉曰說文今南陽𨟰縣是穰字本作𨟰元和志以爲取豐穰之意非先謙曰續志後漢因淯水注朝水自冠軍來東南逕穰縣故城南楚別邑也秦以爲縣昭王封魏冉爲侯邑朝水東南分爲二一枝分東北爲樊氏陂又有六門陂卲信臣造堨下結二十九陂諸陂散流咸入朝水朝水下入朝陽又湍水注湍水自冠軍來逕穰縣爲六門陂溉穰新野昆陽三縣湍水又逕穰縣故城北下入安眾一統志故城今鄧州東南

酈 〔補注〕先謙曰戰國楚地秦取之見楚世家高帝攻降之見高紀武帝封左將黃同爲侯國見表續志後漢因湍水篇湍水出酈縣北芬山南流過其縣東注云湍水自宏農宏農來東南流逕酈縣故城東史記所謂下酈析也湍水又合菊水又逕縣東下入冠軍菊水自宏農析來東南流入湍先謙案本志宏農析下鞠水東至酈入湍水者也又淯水注洱水自宏農盧氏來東南逕酈縣北下入西鄂一統志故城今內鄉縣東北十里

育水出西北南入漢 如淳曰酈音蹢躅之蹢〔補注〕劉奉世曰吳芮傳酈音郎益反此乃音蹢如音非也先謙曰育亦作淯淯水篇淯水出宏農盧氏縣支離山注云淯水導源東流逕酈縣故城北郭仲產云酈縣故城在支離山東南酈有二城此北酈也後魏析置南北酈湍水逕南酈城東下入雉

安眾侯國 〔補注〕先謙曰長沙定王子丹國武帝

封

故宛西鄉 〔補注〕先謙曰續志後漢因劉注有土魯[illegible]水自穰來過白牛邑南又東南逕安眾[illegible]宛之西鄉湍水又合涅水下入新野涅水自涅陽來[illegible]縣堨而爲陂謂之安眾港[illegible]又東南入湍一統志[illegible]縣東南

冠軍武帝置故穰盧陽鄉 〔補注〕錢坫曰說文穰[illegible]鄭鄉當即此鄭盧聲[illegible]

[illegible]聚 應劭曰武帝以封霍去病去病仍出匈奴功冠諸[illegible]駣音桃〔補注〕先謙曰後漢因續志加邑湍水注淯[illegible]南歷冠軍縣西北有楚堨高下相承八重周十里方[illegible]不窮湍水又逕冠軍縣故城東下入穰又淯水注朝[illegible]東南逕冠軍縣界地名沙渠下入穰一統志故城今鄧州西北四十里

比陽 應劭曰比[illegible]蔡〔補注〕段[illegible]與廬江郡灊縣泚水異本皆不誤趙一清改水經之[illegible]并漢志而改之乃大誤矣比與泚別非泚與泚別出[illegible]與甄阜梁丘陽戰於比水西章懷注作泚水泚陽縣[illegible]比陽比水所出字不從水廬江灊縣泚水所出字從[illegible]了趙氏欲改泚陽泚水所出眞乃憒憒王念孫曰作[illegible]泚者或字作泚者譌字也若志文本作泚陽則當音[illegible]內無音則其爲比字甚明洪氏隸釋載漢北軍中候[illegible]舉廉比陽長又吉成侯州輔碑陰有比陽張超其字[illegible]云比水東南過比陽縣南[illegible]泄水從南來[illegible]之云比陽無泄水蓋誤引壽春之泚泄耳比與泚同[illegible]以爲壽春之泚水若字本作泚則不得有斯誤以此[illegible]作比也又比水或謂之祕水唐置祕陽縣即因水以[illegible]

[illegible]比泌一聲之轉猶壽春之泚水或謂之洴水[illegible]水則不得轉而爲泌矣後書和帝紀劉聖公傳東海[illegible]孝王傳比陽字皆不誤而章德竇皇后紀桓帝鄧皇[illegible]鮑昱傳皆訛作泚陽[illegible]呂氏春秋處分篇[illegible]章子與荊人夾泚水而軍今本亦譌作泚水[illegible]少見泚故泚譌作泚然各史志中之比陽縣則無作[illegible]續志晉志宋志後魏志皆作比陽正與漢碑相合光[illegible]懷注云泚水在今唐州泚陽縣南音比其言亦必有[illegible]皆以爲非而唯誤本經皆是從偵矣先謙曰續志後[illegible]比水出比陽縣東北太胡山東南流過其縣南注云[illegible]陽北如東三十餘里張衡賦南都所謂天封太狐者[illegible]水出比陽縣東入蔡比水又西合蔡水瀷水馬仁陂[illegible]枝津澧水自下亦通謂之派水又南趙醴二渠出焉[illegible]水出縣南磐石山亦曰磐石川西北流入比瀷水出[illegible]比一統志故城今泌陽縣西

平氏 〔補注〕錢大昕曰五嶽四瀆之祠[illegible]氏有淮水祠獨失書傳寫有脫[illegible]臣若陽侯猛表注平氏義陽侯衛山傳介子表注同蓋嘗析置若陽義陽二縣 **禹貢桐柏大[illegible]** **淮水所出東南至淮陵入海** 〔補注〕段玉裁曰淮自平[illegible]致東北行東多北少班[illegible]東南南字誤齊召南曰淮陵當作淮浦各本俱誤淮[illegible]東安縣淮水於此入海若淮陵故城在今盱眙縣西[illegible]水經曰淮水東至淮浦入海是也先謙曰淮水篇淮[illegible]胎簪山東北過桐柏山注云淮醴同源俱導西流爲[illegible]

潛流地下三十許里東出桐柏之大復山南謂之陽口下入復陽又自復陽來東逕義陽縣通鑑八十五注劉昫云義陽本漢平氏之義陽鄉魏置縣治石城晉分南陽立義陽郡治安昌城領安昌平林平氏義陽平春五縣縣南對固成山山有石泉水北入淮水又逕義陽縣故城南武帝封衛山爲侯國淮水合九渡水又過江夏平春縣北後漢縣合油水下入汝南成陽漸水出大潰山東北流又北逕賢首山西又東南逕仁順城南故義陽郡治分南陽置又歷金山北又逕義陽故城北郡治舊下入江夏鍾武油水出油溪東北逕平春縣故城南入淮淮陵當作淮浦臨淮縣齊說是一統志桐柏山在今桐柏縣西南三十里大復山在縣東三十里桐柏支峯胎簪山縣西南三十里桐柏旁小山也**過郡四**補注先謙曰過南陽汝南六安九江沛泗水臨淮四當爲七**行三千二百四十里青州川**補注王鳴盛曰行三千二百四十里太遠當作二千南監本誤同徐松曰禹貢錐指引易氏曰淮自桐柏至海通計一千八百里志三千字誤**莽曰平善**補注先謙曰後漢因續志有宜秋聚劉注有陽山比水注澧水出桐柏山與淮同源而別流西注亦謂之派水西北逕平氏縣故城東北合溲水下入比陽溲水自湖陽來西流北屈逕平氏城西入澧一統志故城今桐柏縣西

隨故國補注先謙曰後漢因續志西有斷蛇丘溳水注溳水自春陵來東南過隨縣西縣故隨國左傳所謂漢東之國隨爲大也楚滅之以爲縣晉郡隨又合溠水于支水隨蔡逕隨縣南隨城山北而東南注下入江夏安陸溠水出隨縣西北黃山逕㵐西縣西晉義陽郡隨縣北合㵐水東南逕隨縣故城西楚莫敖除道梁溠謂此水也水側有斷蛇丘隨侯見大蛇中斷藥之後蛇啣珠報德丘南有隨季梁池溠水又南合義井水入溳義井水出隨城東南入溠一統志故城今隨州治

厲鄉故厲國也師古曰厲讀曰賴補注先謙曰溳水篇溳水出江夏平春縣西後漢縣郡注分隨縣置注云溳水北出大義山南至厲鄉西合賜水南逕隨縣下入江夏安陸賜水出大紫山分二水一逕厲鄉南水南有重山即烈山也山下一穴父老相傳是神農生處故禮謂之烈山氏亦云賴鄉故賴國也賜水西南入溳賜厲聲近宜爲厲水矣一水出義鄉西南入隨注溳

葉楚葉公邑補注先謙曰春秋戰國屬楚秦昭襄王取之見秦紀後漢因續志有卷城郭予卷然劉注有葉公諸梁冢汝水注醴水自雉來東南逕葉縣故城北楚惠王以封沈諸梁醴水又逕其城東合燒車水東逕葉公廟北又合葉西陂水縣南有方城山有湧泉北流蓄以爲陂陂水散流東逕葉城南又東北注醴水醴水又東注葉陂東西十里南北七里二陂並諸梁之所堨也葉陂水下入潁川無陽醴水下入潁川郟芹溝水導源葉縣下入無陽一統志故城今葉縣南三十里

有長城號曰方城師古曰音式涉反補注王念孫曰有長城上原有南字而今本脫之齊世家楚方城以爲城索隱云地理志葉縣南有長城號曰方城是其證左傳僖四年注亦云方城山在南陽葉縣南先謙曰續志有長山曰方城汝水注楚盛周衰控霸南土欲爭強中國多築列城於北方以逼華夏故號此城爲萬城或作方字唐勒奏土論曰世是楚也世霸南土自越以至葉垂弘境萬里故號曰萬城余案春秋屈完曰楚國方城以爲城杜預云方城山名未詳孰是又潕水注潕水自潕陰來東北合澧水葉陂水潕水之左即黃城山也下入潁川舞陽澧水自雉來東南逕建城東建當爲卷郡國志云

葉縣有卷城其水東入潕黃城溪水東北逕方城郭仲產云苦菜于東之間有小城名方城東臨溪水尋此城致號之由當因山以表名也苦菜即黃城及于東通爲方城矣世謂之方城山其水東入潕盛弘之云葉東界有故城始犨縣東至瀙水達比陽界南北聯聯數百里號爲方城一謂之長城云酈縣有故城一面未詳里數號爲長城即此城之西隅其間相去六百里北面雖無基築皆連山相接而漢水流其南故屈完云然先謙案證之二志後說爲允

鄧故國補注先謙曰鄧侯吾離朝魯見左桓傳楚文王滅之見莊傳韓魏南襲楚至此見楚世家秦昭襄王取以封公子悝見秦紀秦爲縣見清水注**都尉治**應劭曰鄧侯國補注徐松曰翟方進傳翟義收縛宛令劉立傳送鄧獄益義以南陽都尉行太守事都尉治于鄧故送鄧也先謙曰後漢因續志有鄧聚楚鄰鬪鄧清水注清水自新野來南過鄧縣東右合濁水又逕鄧塞東又逕鄧城東又南入沔先謙案本志酈下育水南入漢者也注又云濁水自朝陽來東南逕鄧縣故城南又逕鄧塞北鄧城東南小山也濁水東入清一統志故城今襄陽縣北

朝陽莽曰厲信應劭曰在朝水之陽補注先謙曰續志後漢因白水篇白水出朝陽縣西東流過其縣南注云應劭云縣在朝水之陽今朝水逕其北不出其南蓋邑郭淪移川渠狀改也白水下入新野又清水注朝水自穰來東逕朝陽縣故城北而東南入清濁水上承白水於朝陽縣東南流下入鄧一統志故城今鄧州東南八十里

魯陽有魯山補注先謙曰戰國楚地魏武侯取之見楚魏世家後漢因功臣輝渠侯僕朋表注魯陽渾渠侯應疕注同益嘗析置輝渠渾渠二縣續志有牛蘭累亭滍水注有魯山縣居其陽故因名焉又伊水篇伊水出魯陽縣西蔓渠山下見盧氏又汝水注汝水出魯陽縣大盂山蒙柏谷西即盧氏界也盧氏見東北流逕太和城西又東逕其城北屈山西嶺下水流兩分一東逕堯山南爲滍水一東北出爲汝水歷蒙柏谷又北歷長白沙口合狐白溪水又東北趣狼皐山下入河南新城餘詳汝南定陵下又云養水出魯陽縣北將孤山北長岡下東逕沙川世謂之沙水下入潁川襄城滶水亦出將孤山下入潁川父城桓水出魯陽北山東北流下入父城一統志故城今魯山縣治山在縣東十八里爲邑巨鎮

古魯縣御龍氏所遷補注先謙曰左昭二十九年傳劉累學擾龍夏后使求之懼而遷於魯縣汲郡古文孔甲七年劉累遷於魯陽

魯山滍水所出東北至定陵入汝補注王念孫曰魯山當爲堯山此涉上文魯山而誤說文滍水出南陽魯陽堯山水經滍水出南陽魯陽縣西之堯山皆本地理志今滍水出魯山縣西界之堯山若魯山則在縣東非滍水所出先謙曰定陵潁川縣下同滍一作泜見左僖傳滍水注堯之末孫劉累遷于魯縣立堯祠於西山謂之堯山故張衡南都賦曰奉堯帝而追孝立唐祠於堯山山在太和川太和城東北滍水出焉東合溫泉水房陽川水觀波水逕魯陽縣故城南城東即劉累之故邑也滍水右合魯陽關水牛蘭水下入潁川父城溫泉水有二俱出北山入滍波水出霍陽西川大嶺東谷應劭所謂孤山波水所出也馬融廣成頌云浸以波溠波水又南分三川於白亭東而南入滍滍水自廣下兼波水通稱是以闞駰有東北至定陵入汝之文此引班志而闞駰義亦未魯陽關水出關外分頭山東北入滍其南流逕魯陽關者下入雉見清水注牛蘭水出縣北牛蘭

山東南逕魯陽城東合柏樹溪水逕魯山南入滍彭水出魯陽縣南彭山北流逕彭山西下入父城橋水出魯陽縣北特山下入父城一統志堯山在伊陽縣西南滍水今沙河

又有昆水東南至定陵入汝 師古曰即淮南所云魯陽公與韓戰日反三舍者也滍音峙又音雉【補注】王念孫曰此下脫莽曰魯山四字縣在魯山之陽故曰魯陽王莽因改爲魯山水經注云滍水又東逕魯陽縣故城南王莽之魯山也是其證先謙曰汝水注昆水出魯陽縣唐山東南流下入潁川昆陽又滍水注昔在于楚文子守之與韓遘戰有返景之誠寰宇記魯陽公墓在東北去縣二十五里有碑一統志昆水今渾河亦名萬泉河

春陵侯國【補注】先謙曰長沙定王子買國武帝封 故蔡陽白水鄉上唐鄉故唐國 師古曰漢記云元朔五年以零陵冷道之春陵鄉封長沙王子買爲春陵侯至戴侯仁以春陵地形下溼上書徙南陽元帝許之以蔡陽白水鄉徙仁爲春陵侯【補注】王鳴盛曰王子侯表戴侯名熊渠孝侯名仁師古引作戴侯仁非先謙曰後漢改章陵續志世祖更名沔水注漢元帝以長沙卑溼分白水上唐二鄉爲春陵縣光武即帝位置園廟焉白水𡚪覬於縣合昆水水北有白水陂其陽有光武故宅基址存焉所謂白水鄉也蘇伯阿望氣處也白水又合瀘水下入蔡陽昆水出城東南小山逕縣南入白水又溳水注溳水自蔡陽來東北逕上唐縣故城南姑縣置不知本蔡陽之上唐鄉舊唐侯國春秋唐成公如楚是也溳水又東合均水覬蔡下入隨一統志故城今棗陽縣治唐城今隨州西北九十里白水今滾河

新都侯國【補注】先謙曰南陽新野之都鄉也王莽國平帝封

莽曰新林【補注】先謙曰後漢省續志新野有東鄉故新都據此縣仍併入新野比水注謝水自棘陽來東南逕新都縣入比水比水自棘陽來合謝水西南逕新都縣故城西下入新野越醴二渠上承派水南逕新都縣故城東入板橋水覬新一統志故城今新野縣東

湖陽故廖國也 師古曰廖音力救反左氏傳作飂字其音同耳【補注】錢坫曰春秋傳作飂太康地記蓼國先在南陽廖飂蓼三字通用先謙曰楚共王宋平公會於此見紀年高紀作胡陽外戚平周侯丁滿表注湖陽蓋嘗析置平周縣後漢因續志加邑比水注溲水出湖陽北山下入平氏板橋水出湖陽東隆山西南逕湖陽縣故城南其水四周城溉南入大湖湖陽之名縣藉茲而納稱也湖水西南與湖陽諸陂散水合下入新野一統志故城今唐縣南八十里

紅陽侯國【補注】先謙曰王立國元帝封 莽曰紅俞 師古曰俞音踰【補注】先謙曰續志後漢省一統志故城今舞陽縣西北紅山南紀要紅山在城北故名

樂成侯國【補注】先謙曰許延壽國宣帝封表屬平氏當是分平氏置續志後漢省一統志故城今鄧州西南三十里紀要即樂鄉城

博望侯國【補注】先謙曰張騫國武帝封許舜宣帝封 莽曰宜樂【補注】先謙曰續志後漢因淯水注淯水自雉來東南逕博望縣故城東郭仲產云在郡東北百二十里漢武帝置淯水下入西鄂一統志故城今南陽縣東北六十里

復陽侯國【補注】先謙曰長沙頃王子延年國宣帝封 故湖陽樂鄉 應劭曰在桐柏下復山之陽師古曰復音房目反【補注】王鳴盛曰下當作大南監本誤同先謙曰官本注下作大房作方引宋祁曰方邵本作房後漢因續志有杏聚淮水注淮水自平氏來水南即復陽縣也在大復山陽故曰復陽下仍入平氏一統志故城今桐柏縣東

南郡【補注】全祖望曰南郡故楚地也韓亦有南郡秦紀昭襄王四十四年攻韓南郡取之是也蓋與楚接境之地後始併入閻若璩曰郡治江陵以郊祀志知之秦亦治江陵先謙曰續志後漢治同劉注雒陽南一千五百里 秦置【補注】先謙曰昭襄王二十九年置見秦紀習鑿齒襄陽記秦兼天下自漢以南爲南郡 高帝元年更爲臨江郡【補注】錢大昭曰郡當作國錢大昕曰高帝元年楚柱國共敖爲臨江王都江陵即南郡故地也項羽所封史家繫之高帝耳 五年復故【補注】錢大昕曰敖子尉爲漢所虜復爲南郡 景帝二年復爲臨江【補注】先謙曰子哀王閼國 中二年復故【補注】錢坫曰王表哀王閼二年立三年薨亡後愍王榮七年立三年自殺閼榮並景帝子立又異時是閼國在先榮國在後也志統舉之 莽曰南順屬荊州【補注】先謙曰續志後漢因屬同 戶十二萬五千五百七十九 口七十一萬八千五百四十 有發弩官 師古曰主教放弩也 縣十八【補注】先謙曰見王子侯表者有尉文縣無考

江陵 故楚郢都楚文王自丹陽徙此【補注】徐松曰楚相孫叔敖碑云楚都南郢南郢即南郡江

陵縣也先謙曰丹陽丹揚縣楚世家文王熊貲始都郢說文郢故楚都在南郡江陵北十里江水注今城楚船官地也春秋之渚宮矣又沔水注江陵西北有紀南城楚文王自丹陽徙此平王城之班固言楚之郢都也 後九世平王城之【補注】錢坫曰在平王十一年 後十世秦拔我郢徙東【補注】齊召南曰東當作陳此頃襄王二十一年事也志於九江壽春邑自注曰楚考烈王自陳徙此即與此文相應各本俱誤周壽昌曰楚世家秦將白起遂拔我郢班引史記多一我字未删先謙曰秦昌平君徙此始皇游焉並見始皇紀 莽曰江陵【補注】先謙曰後漢因續志有津鄉劉注孫叔敖冢在城中白土里有冶父城有紀南城有夏州夏水篇夏水出江津於江陵縣東南注云江津豫章口東有中夏口是夏水之首江之汜也屈原所謂過夏首而西浮也下入華容先謙案本志華容下所謂夏水首受江也又江水注江水自枝江來縣西三里有津鄉里名也春秋莊十九年楚子禦巴人大敗於津郭仲產云尋楚禦巴人枝江是其塗便此津鄉殆即其地也江水又東會沮口又南過江陵縣南縣北有洲號曰枚同洲江水自此兩分而爲南北江也江水又合曾口水靈溪水東逕江陵縣故城南江陵城地東南傾故緣以金隄自靈溪始江水下入郢又沔水注揚水上承江陵縣赤湖江陵西北有紀南城西南有赤坂岡岡下有瀆水流入城名子胥瀆又爲西京湖出城注於龍陂陂水又逕郢城南爲揚水下入華容柞溪水出江陵縣北諸池散流會合成川下入華容又沮水注沮水自枝江來東入江爲沮口先謙案本志漢中房陵下沮水東至郢入江者也一統志故城今江陵縣治潛江半入江陵境

臨

沮補注先謙曰續志後漢因劉注西北三十里有青谿沮水注沮水自漢中房陵來南逕臨沮縣西合青溪水又屈逕縣南[illegible]下入當陽青溪水出縣西青山東入沮一統志故城今當陽縣西北遠安漢臨沮地南漳當陽半入臨沮境禹貢南條荊山在東北漳水所出東至江陵入陽水補注先謙曰禹貢山水澤地篇荊山在臨沮縣東北與志合漳水篇漳水出臨沮縣東荊山注云荊山在景山東百餘里新城沶鄉縣界雖羣峯競舉而荊山獨秀[illegible]漳水東南流下入編又自編來南歷臨沮縣之章鄉南下入當陽至江陵入陽水酈氏駮之見下段玉裁謂陽水卽沮水調停之詞陽水入沔行六百里應劭曰沮水出漢中房陵東入江師古曰沮水卽左傳所云江漢沮漳楚之望也音千余反補注先謙曰案陽水它無所見惟沔水注有揚水是揚非陽亦與臨沮無涉吳卓信以爲卽陽水非是道元漳水注引志作陽不作揚也王鳴盛以爲卽夏水尤屬臆揣段謂陽水卽沮水則陽水入沔四字難通此條葢有奪誤所當闕疑夷陵都尉治莽曰居利應劭曰夷山在西北補注先謙曰後漢因續志有荊門虎牙山江水注江水自秭歸來又逕空泠峽[illegible]又東逕流頭灘又逕宜昌縣北[illegible]分夷道佷山所立縣治北枕大江與夷陵對界又逕狼尾灘而歷人灘又逕黃牛山下又逕西陵峽歷禹斷江南出峽逕陸抗城北北對夷陵縣之故城城南臨大江秦白起伐楚三戰而燒夷陵者也應劭云夷山在西北葢因山以名縣也江水又東歷荊門虎牙之間此二山楚之西塞也下入夷道一統志故城今東湖縣東華容補注先謙曰續志後

漢因江水注江水自郢來東得豫章口夏水所通也又至華容縣西左則中夏水出焉右則中郎浦出焉又東南當華容縣南涌水出焉水自夏水南通於江謂之涌口春秋閻敖游涌而逸者也江水又逕孱陵縣樂鄉城北[illegible]又合油水又逕公安縣北[illegible]油水東有景口口卽武陵郡界景口東有淪口淪水南合景水東通澧水及諸陂湖江水又左會高口又得故市口又右逕陽岐山北又左合子夏口侯臺水口右得龍穴水口又得俞口清陽土塢二口又右逕石首山北又左得飯筐上口右得清水口又左會飯筐下口又右得上檀浦下入長沙下雋又沔水注揚水自江陵來東北合路白湖水赤湖水東入華容縣合靈溪水柞溪水下入江夏竟陵路白湖合中湖昏官湖爲一水東通荒谷東岸有冶父城左傳莫敖縊荒谷羣帥囚冶父是也路白湖下注揚水赤湖周五十里靈溪水西通赤湖水口東入離湖湖在縣東七十五里側有章華臺其水北入揚水柞溪水自江陵來東入船官湖又東北入女觀湖東入揚水一統志故城今監利縣西北監利石首並漢華容地雲夢澤在南荊州藪補注先謙曰雲上當有禹貢二字禹貢山水澤地篇雲夢澤在華容縣東夏水注監利縣土卑下[illegible]澤多陂池西南自州陵界逕於雲杜沌陽爲雲夢之藪韋昭云雲夢在華容縣按魯昭公三年鄭伯如楚田江南之夢郭景純言華容縣東南巴丘湖是也杜預云枝江縣安陸縣有雲夢葢跨川亘隰兼苞勢廣矣夏水首受江東入沔行五百里應劭曰春秋許遷于容城是補注先謙曰夏水注夏水自江陵來東過華容縣南縣故容城矣北臨中夏水自縣東北逕成都郡故城南[illegible]夏水東逕監

利縣南[illegible]合夏揚水競[illegible]下入江夏雲杜吳卓信云許遷之容城在葉縣西故定四年許遷後二年鄭因楚敗滅許華容在郢都側鄭不得東至此鄭承應誤先謙案一統志夏水自江陵東流入監利界又東入沔陽州界一名長夏港又名魯洑江又名大馬長川在監利東南三十里宜城故鄢惠帝三年更名補注先謙曰戰國楚地秦昭襄王取之見秦紀續志後漢因劉注縣西舊羅國後徙枝江沔水注沔水自邔來南得木里水會楚時於宜城東穿渠上口去城三里漢又鑿之引蠻水灌田謂之木里溝逕宜城東入沔沔水又南過縣東合夷水下入若夷水自中廬來逕宜城西山爲夷溪又東南逕羅川城故羅國又謂之鄢水春秋楚伐羅渡鄢者也又合零水亂流東出爲淇水淇水逕蠻城南城在宜城南二十里莫敖自鄢敗退亂次以濟淇水是也[illegible]異夷水東入沔昔白起攻楚引西山長谷水卽是水也舊堨去城百許里水從城西灌城東入爲淵今熨斗陂是也水潰城東北角百姓隨水流死數十萬城東皆臭名其陂爲臭池後人因渠流以結陂田城西陂謂之新陂城西北爲土門陂水流周通自新陂入城故鄢郢之舊都秦以爲縣惠帝三年改曰宜城其水出城東注臭池下入朱湖陂朱湖陂餘水入木里溝零水卽沶水自中廬來東歷宜城西山謂之沶溪東入夷水爲沶口一統志故城今宜城縣南郢楚別邑故郢莽曰郢亭補注先謙曰續志後漢省劉注江陵下云東南有郢城子囊所城據此縣併入江陵江水注江水自江陵來又東逕郢城南子囊遺言所築城也地理志曰楚別邑故郢矣江水下入華容一統志故城今江陵縣東南段玉裁云楚有二郢郢都曰郢別邑曰郊郢左傳鬬廉曰君

次於郊郢以禦四邑杜注郊郢楚地此必非郢都也故志前江陵下注故楚郢都此云楚別邑故郢劃然二縣故郢當作故郊郢先謙案鄢注引卽無郊字非奪文也稱楚別邑志文甚明不必加郊邔孟康曰音忌師古曰音其已反補注先謙曰高帝封黃極忠爲侯國見表後漢因續志有犂丘城劉注有蘇嶺山禹貢山水澤地篇三澨地在邔縣北沱而志無之沔水注沔水自中廬來東南逕犂丘故城西其城下對繕洲沔水又南合疎水又過邔縣東北水左有騎城周回二里餘高一丈六尺卽騎亭也縣故楚邑秦以爲縣沔水下入宜城疎水自中廬來東至邔縣北界入沔謂之疎口一統志故城今宜城縣東北當陽補注先謙曰續志後漢因劉注東有權城楚武王所克東南有麥城城東有驢城沮水西有磨城伍子胥造二城以攻麥城沮水注沮水自臨沮來東南逕當陽縣故城北城因岡爲阻北枕沮川其故城在東百四十里謂之東城在綠林長坂南[illegible]沮水又逕驢城西磨城東又南逕麥城西下入枝江又漳水注漳水自臨沮來南逕當陽縣又逕麥城東合沮水下入枝江又沔水注沔水自江夏竟陵來東過荊城東又東南逕當陽縣之章山東禹貢所謂內方至于大別者也既濱帶沔流實會尚書之文矣又東合權口又東南合揚口[illegible]竟又東合滻口下入江夏雲杜權水出章山東南逕權城北東入沔滻水承大陸馬骨諸湖周三四百里郭璞江賦其旁則有朱滻丹澳是也一統志故城今當陽縣治中廬師古曰在襄陽縣南今猶有次廬村以陏室諱忠故改忠爲次補注先謙曰後漢因續志古廬戎沔水注沔水自襄陽來東過中廬縣東合維水縣卽春秋廬戎之國也縣故城南有水出西山東流百四十里逕

城南名浴馬港候水諸蠻北遏是水南𡍳維川以周田漑下流入沔沔水下入邵夷水出中盧縣界康狼山山與荊山相鄰夷水下入宜城疏水出中盧縣西南下入邵零水即泝水自漢中房陵來東歷軨鄉爲軨水晉武帝割臨沮北鄉中盧南鄉立上黃縣治軨鄉泝水下入宜城一統志故城今襄陽縣西南南漳漢中盧地

枝江 補注先謙曰後漢因續志有丹陽聚秦敗楚屈匄於丹陽一統志故城今枝江縣東丹陽城在縣西

故羅國 補注先謙曰江水注其地故羅國蓋羅徙也羅故居宜城西山楚文王又徙之於長沙

江沱出西東入江 師古曰沱即江別出者也音徒何反補注先謙曰禹貢山水澤地篇荊州沱水在枝江縣與志合江水注江水自夷道來東過枝江縣南江氾枝分東入大江縣治洲上故以枝江爲稱地理志曰江沱出西東入江是也盛弘之云縣舊治沮中後移出百里洲西去郡百六十里縣左右數十洲槃布江中百里洲最大汀水下人江陵先謙案據此是枝江縣治洲上乃後所移故江陵津鄉去枝江縣治三里也覘下砬一統志引寰宇記云百里洲首派別南爲外江北爲內江王晦叔云枝江縣百里洲夾江沱二水之間其與江分處謂之上沱與江合處謂之下沱蓋南江在古時爲㟭江之正流江陵縣西南二十里有虎渡口南江從此東南流注於澧水而北江則沱水也其後北江漸盛南江漸微世反以南爲沱北爲江矣又沮水注沮水自當陽來南合漳水又東南過枝江縣下入江陵又漳水篇漳水自當陽來南至枝江縣北烏扶邑入沮注云地理志曰漳水東至江陵入陽水非也今漳水經當陽縣東南百餘里右會沮水也先謙案經不言烏扶邑所在蓋二縣接界

襄陽 莽曰相陽 應劭曰在襄水之陽

補注先謙曰後漢因續志有阿頭山劉注舊楚之北津從襄陽渡江經南陽出方關是周鄭晉衞之道其東津經江夏出平澤關是通陳蔡齊宋之道沔水注沔水自南陽山都來東逕樂山北又逕隆中又逕萬山北過襄陽縣合檀溪水又逕平魯城南東對樊城樊仲山甫所封也襄陽縣城東有東白沙白沙北有三洲東北有宛口清水所入也沔水中有魚梁洲又逕峴山東合襄陽湖水洞水覘諭南下入中盧檀溪水出縣西柳子山東爲鴨湖自湖兩分北渠爲檀溪水傍城北流入沔一水東南出應劭云城在襄水之陽故曰襄陽是水當即襄水也城北枕沔水即襄陽縣之故城也楚之北津戍今大城西壘是也其土古鄀都盧羅之地秦滅楚置南郡號此爲北部魏立襄陽郡襄陽湖水上承鴨湖東南流逕峴山西又注白馬陂下入沔魏源云襄乃滄浪急氣呼之一統志故城今襄陽縣治

編 有雲夢官 補注周壽昌曰江夏郡西陵亦有雲夢官此兩官字各本俱作宮案宋洪邁容齋隨筆續集引作雲夢官入漢郡國諸官條內四筆雲夢澤條內亦云漢志有雲夢官宋姚氏西漢會要宋王氏玉海所引皆同足證宋本實作官不作宮此亦如南海郡滙浦官九江郡陂官湖官之類未可輕改作宮也又案晉志南郡編下有雲夢官四字則晉時尚存此官先謙曰官本官作宮

莽曰南順 孟康曰編音鞭補注先謙曰後漢因續志有藍口聚劉注楚邪處縣東南那口城漳水注漳水自臨沮來屈西南逕編縣南縣舊城之東北百四十里也西南高陽城移治許茂故城下仍入臨沮一統志故城今荊門州界吳卓信云即高陽城也晉隆安五年移治許茂城在今南漳縣

秭歸 歸鄉故歸國 孟康曰秭音姊補注先謙曰據水經注國上奪子字續志後漢因江水注江水自巫來東過秭歸縣南縣故歸鄉地理志曰歸子國也樂緯云昔歸典叶聲律宋忠云歸即夔歸鄉蓋夔鄉矣楚有嫡嗣熊摯以廢疾不立而居於夔爲楚附庸後王命爲夔子僖公二十六年楚滅之縣城依山即坂周回二里高一丈五尺南臨大江縣北百六十里有屈原故宅宅東北六十里有女須廟江水又逕一城北其城據山枕江北對丹陽城城險峭壁立信天固也楚子熊繹始封丹陽所都也丹陽異興志說覸冊江水又東南逕夔城南又東逕歸鄉縣故城北南宋縣今東縣東北巴城東帶鄉口溪水江水又逕信陵縣晉廢今歸州東縣東傍深溪江水下入夷陵溪水自漢中上庸來東南逕縣下注江一統志故城今歸州治歸州與山並漢秭歸地丹陽城在州東亦稱楚王城

夷道 莽曰江南 應劭曰夷水出巫東入江補注宋祁曰巫字下當添山字先謙曰續志後漢因劉注西北有宜陽山東南有羊陽山江水注江水自夷陵來東南過夷道縣合夷水武帝伐西南夷路由此出故曰夷道魏分南郡置臨江郡蜀改宜都郡治在縣東四百步爲二江夷水江水之會也北有湖里淵江水下入枝江又夷水注夷水自武陵佷山來東逕虎灘又逕釜瀨又東北合丹水又逕夷道縣北而東注逕宜都北鄀詣東入大江丹水出西南望州山北入夷水一統志故城今宜都縣西北宜陽山在長陽縣北羊陽山在宜都縣南七十里夷水自白巖鋪入宜都界過蘄塘灣市至清江口入大江丹水在宜都縣西南東北流入夷水

州陵 莽曰江夏 補注先謙曰續志後漢因劉注史記楚考烈王納州于秦江水注長洋港水東北逕石子岡岡上有故城即州陵縣之故城也莊辛所言左州侯國矣又東逕州陵新治南入江爲洋口亦爲雍口覘泖一統志故城在沔陽州東南州地半入州陵境

若 楚昭王畏吳自郢徙此 補注先謙曰昭王十二年徙見楚世家 後復還郢 師古曰春秋傳作都其音同補注先謙曰後漢因續志作都永平元年復劉注楚文王還及湫縣東南有湫城沔水注沔水自宜城來逕都縣故城南古都子之國也秦楚之間自商密遷此爲楚附庸楚滅之以爲邑縣南臨沔津津南有石山山上有古烽火臺縣北有大城楚昭王爲吳所迫自紀郢徙都之秦以爲縣沔水又合敖水下入江夏竟陵敖水出新市縣東北鄃嵊東縣北今西南流逕新市縣北右合枝水入沔枝水出大洪山西南流逕都縣界又逕狄城東左注敖水一統志故城今宜城縣東南

巫 補注先謙曰楚爲巫郡見國策秦昭襄王取之及江南爲黔中郡見秦紀後漢因續志西有白帝城江水篇江水自魚復來東出江關入南郡界又東過巫縣南注云江水自關東逕弱關捍關秦兼天下置南郡自巫東上皆其城也江水合烏飛水又東逕巫縣故城南縣故楚之巫郡也秦省郡立縣以隸南郡稀郡吳澠城緣山爲墉周十二里百一十步東西北三面皆傍深谷南臨大江故夔國也江水又合巫溪水東徑巫峽郭仲產云地理志巫山在縣西南晉聽下砌而今縣東有巫山將郡縣居治無恆故也江水歷峽東逕新崩灘下十餘里有大巫山首尾百六十里謂之巫峽因山爲名也又逕石門灘下入秭歸烏飛水出天門郡門晉郡治今天漊中縣界酌今北安北流逕沙渠縣南又逕巫縣南歷山道三百七十里入江巫溪水即鹽水出宜漢縣東達南逕建昌郡秦昌縣南又逕北井縣西歷縣北又南屈逕巫縣東合聖泉入江一統志故城今巫

山縣東巴東恩施咸豐建始並漢巫縣地夷水東至夷道入江〔補注〕先謙曰江水篇江水過魚復縣南夷水出焉注云縣有夷溪即佷山清江也又夷水注水色清照十丈分沙石蜀人見其澄清因名清江也昔廩君浮土舟於夷水據捍關而王巴夷水又東逕建平沙渠縣縣晉郡縣有巫城水南岸山道五百里夷水歷縣東出焉自沙渠縣入水流淺狹裁得通船夷水下入武陵佷山先謙案清江水自四川酉陽州屬之黔江逕石砫廳歷白楊渡入施南府利川縣境至磁洞伏流三十里至七藥山紅鶴花壩復出東南流逕龍潭三渡河水自西南注之又東南逕馬橋屯平溝河水自西南注之又經乾洞伏流數十里復出爲雪照河又名銀照河亦曰官渡河逕利川縣城前元置官渡壩於施州衛馬溪水自東南注之又伏流三十里至府治恩施縣境木撫村復出注所謂東逕建平沙渠縣也新田溪水自北流注之又東南逕馬寨村乾坪溪水自西南流注之又十里落葉壩溪水自北流注之又十五里歷松溪水自西南流注之又十里帶河水自北流注之又十五里鹽水溪水自西南流注之又五里盤龍溪水自東北流注之又逕府城北繞而東通潮溪水自東流注之又繞城而南藥溪水自西南流注之麒麟溪水自西流注之巴公溪水自南流注之入峽口五里洗爵溪水自北流注之又十里天橋河水自南流注之又十五里金銀溪水自南流注之又五里爲長沙河復入峽逕芷藥坪忠建河水自南流注之又二十里爲風水河又五里爲銀潭河又五里南陵渡水自北流注之又五里東繞村水自南流注之又十里爲忠建渡口又十里紅藺溪水自東南流注之至新渡壩逕施州塘入建始縣境尹家村水自南流注之又三里耶

羊口水自北流注之又三十里入宜昌府巴東縣境爲九龍潭野三河水西北流注之又十五里支井河水自北流注之又二十里四渡河水自北流注之又三十里逕長樂縣之監井朗亭水自北流注之又六十里爲曾顏口高家堰水自北流注之下入長陽界案胡渭云禹導江不出三峽竝夷水而東古時自巴入楚避三峽之險皆由此路夷水不受江處不知何時湮塞先謙昔奉使雲南由施南利川出四川萬縣則利川城外之夷水道元所謂裁得通船者實親見之溯洄其上里許有大山巖橫亘水上有若飛梁夷水入巖底而復出始爲通津自巖以上時隱時見如野三場等處絕壑懸險百道爭流及前阻大山則奔注地上得孔即入不知所居謂之落水洞邃古如兹豈有昔通今塞之說胡氏謬論疑誤後人多矣班於巫縣以上不詳夷水之源酈則魚復以西未著分流之跡皆緣其地舊陷蠻中紀述至慎地理之學非可聽測爲能也過郡二行五百四十里〔補注〕先謙曰過南郡武陵有鹽官應劭曰巫山在西南〔補注〕先謙曰江水注巫溪水南有鹽井

高成〔補注〕徐松曰說文作高城又勃海亦有高成洈山洈水所出東入繇〔補注〕先謙曰說文洈水出南郡高成縣洈山東入繇油水注洈水出高城縣洈山東逕其縣下入武陵孱陵又漳水注亦有洈水引山海經洈水出東北宜諸之山南流注于漳水此別一洈水也一統志洈山今名起龍山松滋縣西南八十里洈水二源一出山南一出山北合流東入王家湖至公安縣入油河今曰梅溪河繇水南至華容入江〔補注〕先謙曰江水篇江水又東南油水從東南來注之注云江水自武陵孱陵來又東右合油口又逕公安縣北縣有油水水東有景口即武陵郡界又油水篇油水出孱陵縣西界注云油水東逕其縣西與洈水合一統志油水在公安縣西自松滋縣流入一名白石水今名油河過郡二行五百里〔補注〕先謙曰過武陵南郡莽曰言程師古曰洈音危繇讀曰由〔補注〕先謙曰續志後漢省一統志故城今松滋縣南

江夏郡〔補注〕先謙曰据江水注郡治安陸續志後漢治西陵劉注雒陽南千五百里元和志唐雲夢縣東南涓水之北有江夏故城周數里據山川言之此城南近夏水餘址寬大漢郡所理也此說存攷高帝置〔補注〕先謙曰沔水注高帝六年置全祖望云楚漢之間分九江置衡山郡江夏舊屬衡山以吳芮都邾知之也時屬楚國高帝五年屬漢以屬淮南國尋分衡山置郡文帝十六年復別屬衡山國[illegible]衡山國武帝元狩元年復故屬荊州應劭曰沔水自江別至南郡華容爲夏水過郡入江故曰江夏〔補注〕汪士鐸曰應注不分析當云夏水首受江於華容東至雲夢入沔先謙曰續志後漢因屬同戶五萬六千八百四十四口二十一萬九千二百一十八縣十四

西陵有雲夢官莽曰江陽〔補注〕先謙曰續志後漢因江水注江水自軑來東逕南陽磯又逕西陵縣故城南史記秦昭王遣白起伐楚取西陵者也江水右逕黃石磯一名石茓圻有西陵縣[illegible]縣北則三洲也山連延江側東山偏高謂之

西塞東對黃公九磯所謂九圻者也兩山之間爲闕塞[illegible]從此濟于土復[illegible]下入蘄春一統志故城今黃岡縣西北黃陂半入西陵境孫吳所置西陵城在蘄水縣西南白起所拔西陵荊州記自夷陵縣泝江二十里入峽口名西陵者也今宜昌府治酈說誤

竟陵〔補注〕先謙曰楚澤出材見越世家秦昭襄王三十年兵拔郢東至此見白起傳章山在東北古文以爲內方山〔補注〕宋祁曰章山上當添巨字王鳴盛曰章山尚書鄭注作立章山續志同或是別名抑傳寫誤分章頭別加立字也先謙曰宋說巨當爲立沔水注作章山括地志同紀要引圖經云一名障山障即章聲轉之誤晉書太安二年華宏討義陽賊張昌於江夏敗於章山則章山爲是立衍字也據宋說知所見漢書各本並無立字誤衍自鄭注始耳禹貢山水澤地篇內方山在竟陵縣東北注云禹貢章山也沔水注內方山繫南郡當陽下二縣境相接沔水中流內方與當陽同在沔北也一統志章山今鍾祥縣西南接荊門州界周百里亦名馬良山鄖鄉楚鄖公邑〔補注〕先謙曰據下引沔水注鄖鄉即竟陵縣城矣志則自有鄖鄉非即縣也疑道元稍未分晰莽曰守平師古曰音云〔補注〕宋祁曰音云當作鄖音云先謙曰續志後漢因沔水注沔水自南郡若來南逕石城西城因山爲固[illegible]沔水又東南合臼水下入南郡當陽臼水出竟陵縣東北聊屈山西入沔左傳楚昭王濟于成臼謂是水也揚水自南郡華容來北逕竟陵縣西又北納巾吐柘柘即夏揚水也巾水出縣東百九十里西逕巾城又逕竟陵縣北入揚水爲巾口水西有古竟陵大

城古鄖國也鄖公辛所治所謂鄖鄉矣秦以爲縣城旁有甘魚陂左傳公子黑肱次於魚陂者也[illegible]揚水又北入沔爲揚口中夏口也又夏水注夏揚水上承揚水於竟陵縣之柘口東南流合中夏水謂之夏揚水[illegible]一統志故城今天門縣西北鍾祥京山天門並漢竟陵地潛江半入竟陵境

西陽〔補注〕先謙曰山陽郡亦有西陽侯國續志後漢因江水注江水自邾來東逕西陽郡南[illegible]郡治卽西陽縣也下入鄂一統志故城今黃岡縣東黃安麻城漢西陽縣地黃岡半入西陽境

襄〔補注〕先謙曰高紀襄侯王陵薛瓚以爲此是封地 莽曰襄非〔補注〕先謙曰續志後漢省

邾〔補注〕先謙曰續志後漢因江水注江水自沙羨來東逕白虎磯右會赤溪夏浦浦口又逕貝磯右會秋口烏石水又得黎磯又合舉水又會文方口鳳鳴口東逕邾縣故城南楚宣王滅邾徙之於此故曰邾也江水右得樊口又左逕赤鼻山南[illegible]下入西陽一統志故城今黃岡縣治 衡山王吳芮都 師古曰音朱又音誅〔補注〕先謙曰亦見高紀項羽傳

軑 故弦子國 孟康曰音汏師古曰又音徒系反〔補注〕周壽昌曰說文軑車轄也從車大聲今從犬者誤後書王霸傳注軑音大先謙曰惠帝封黎朱倉爲侯國見表續志後漢因劉注邔國在東南有邔城江水注江水自鄂來東得次浦左合巴水爲巴口[illegible]又逕軑縣故城南故弦國春秋僖五年楚滅弦弦子奔黃者也城在山之陽[illegible]南對五洲江中有五洲相接故以爲名[illegible]東會希水口右有厭里口安樂浦又東得桑步赤水浦下入西陵希湖水自臚江灡來南流逕軑縣東入江爲希水口先謙案一統志故城在蘄水縣西四十里希水亦作浠水劉宋因此置浠水縣浠水出英山縣西南逕羅田縣爲英山河又西南爲落飼河又踰巖石爲巖石河輿地紀勝巖石在蘄水縣東北羅石三溪之水會焉高數十丈寬十餘里橫截溪流水注石罅皆成巖竇玲瓏相通衝淙而下湍迅殊常河水自此入蘄水界爲希水又西南流爲蔡家河又會九曲河水又東分爲倒流河又西南逕縣城南又西流逕蘭溪鎭入江吳卓信云左昭三十一年傳吳圍弦蓋楚復其國也河南光州西南有弦城蓋因光山縣西有僑置軑縣而誤地道記謂弦國在西陽非也通典輿地廣記誤承之

鄂 師古曰音五各反〔補注〕先謙曰續志後漢因江水注江水自西陽來江右岸有鄂縣故城舊樊楚地世本熊渠封其中子紅爲鄂王太康地記以爲東鄂矣[illegible]武城南有袁山卽樊山也北背大江城東故城言漢將灌嬰所築也江中有節度石三段廣百步高五六丈是西陽武昌界分江於斯石也江水下入軑一統志故城今武昌縣治武昌漢鄂縣地興國大冶半入鄂縣境

安陸〔補注〕先謙曰續志後漢因溳水注溳水自南陽隨來合隨水又南逕石巖山北左傳吳敗楚及於清發蓋溳水兼清水之目矣又東南合富水溫水漳水又南分二水東通灄水西入沔爲溳口隨水出隨郡永陽縣東石龍山[illegible]逕永陽縣西歷橫尾山又西南至安陸縣故城西入溳故鄖城也因岡爲塘峻不假築富水出竟陵郡新市縣東北大陽山[illegible]逕南新市縣城西[illegible]安至安陸縣界合章水入溳溫水出竟陵郡新陽縣東澤中[illegible]東南入溳漳水出江夏郡曲陵縣西北潼山[illegible]東至安陸入溳章水出土山南逕隨郡平林縣故城西[illegible]南入富水又漻水注漻水自南陽隨來南過安陸入溳又江

水注灄水上承溳水於安陸縣而東逕灄陽縣北[illegible]覲沙一統志故城今安陸縣北安陸雲夢應城孝感並漢縣[illegible]川黃陂半入安陸境 橫尾山在東北古文以爲倍尾山〔補注〕錢坫曰鄭康成云山若橫尾故名史記作負尾負讀爲倍猶蒷讀爲倍也先謙曰禹貢山水澤地篇陪尾山在安陸縣東北與志合胡渭云元和志云陪尾山一名[illegible]尾山在安陸縣北六十里淮水曷嘗經此禹導山至陪尾蓋實[illegible]泗水泗之與淮猶伊之與洛也先謙案溳水注橫尾山卽禹貢[illegible]陪尾山也承用志文一統志橫尾山在今安陸縣北六十里

沙羨 晉灼曰羨音夷〔補注〕先謙[illegible]羨始見荀子強國篇續志[illegible]因沔水注沔水自雲杜來東逕臨嶂故城北[illegible]南至沙[illegible]北入江庾仲雍云夏口亦曰沔口矣案地記言漢水東行觸大別之阪南與江合今不知所在沔水下入豫章彭澤一先謙案本[illegible]武都沮縣下沮水南至沙羨入江武都縣下東漢水一名沔過[illegible]夏謂之夏水入江皆謂此也據志文西漢沙羨雖不治此皆爲[illegible]境又江水注江水自長沙下雋來右得蒲磯口卽陸口也[illegible]又逕蒲磯山北北對蒲圻[illegible]洲上有白面洲[illegible]洲南又有[illegible]水左得中陽水口白沙口又逕魚嶽山北下得金梁洲淵步[illegible]中有沙陽洲沙陽縣治也縣本江夏之沙羨晉太康中改沙[illegible]馬徵麟云自嘉魚西南七里江心有洲江分爲二又東北三[illegible]里右逕魚碼頭而江合爲一洲長四十餘里蓋古金梁淵步[illegible]三洲聯屬爲一先謙案道元言漢縣洲居馬意以今嘉魚之[illegible]洲護形洲當之考案地形江之上下游亦無它洲可容縣治[illegible]漢之沙羨卽今之嘉魚但治有移改耳注又云江右岸得雍[illegible]聶口合塗水[illegible]沌水[illegible]江之右岸[illegible]洲南江水又東逕魯山南古翼際山也地說曰漢與江合於[illegible]翼際山旁者也[illegible]山上有吳江夏太守陸渙所治城蓋[illegible]水之名[illegible]此地理志曰夏水過郡入江故[illegible]夏也山左卽沔水口矣沔左曰卻月城又曰偃月壘戴監軍築[illegible]曲陵縣也後乃沙羨縣治也[illegible]江之右岸有[illegible]直鸚鵡洲之下尾船官浦東卽黃鵠山[illegible]山東北對岸則入沔津故城以夏口爲名亦沙羨縣治也[illegible]太白湖口灄口[illegible]龍驤水口武口楊桂水口苦菜夏浦廣[illegible]口下入邾潦口水自豫章艾來至縣西北魚嶽山入江山在大[illegible]中揚子洲南孤峙中洲陸水自下雋來入蒲圻縣北又逕蒲磯[illegible]北入江爲刀環口一統志今江夏漢陽嘉魚蒲圻咸甯崇陽並漢沙羨地漢川半入沙羨境

蘄春 晉灼曰音[illegible]〔補注〕先謙曰[illegible]志後漢因江水注江水自西陵來得葦口[illegible]空石[illegible]合蘄水東逕蘄春縣故城南又得銅零口海口臧口長風口又[illegible]積布山南[illegible]右岸有土復口護口下入下雉又蘄[illegible]篇蘄水出蘄春縣北山注云山卽蘄柳也水首受希水枝津西[illegible]流歷蘄山出蠻中此蠻爲五水蠻五水謂巴水希水赤亭水西[illegible]水蘄水也其水南過其縣西[illegible]又對[illegible]陽洲入江爲蘄口[illegible]一統志故城今蘄州西北蘄州羅田蘄水並漢蘄春地廣濟半入蘄春境

鄳 蘇林曰音盲師古曰音萌

又音莫耿反〔補注〕先謙曰鄳塞見楚策一作冥阸見淮南地形訓亦作冥阸之塞見左定傳信陵君傳續志後漢因淮水注溮水自鍾武來東逕石城山北山甚高峻史記魏攻冥阸音義云冥阸或言在鄳縣葙山案呂覽九塞其一也溮水又逕鄳縣故城南又逕七井岡南入淮一統志今羅山縣漢鄳縣地信陽州半入鄳縣境故城在羅山西南九里平靖關在信陽東南九十里應山縣北九十里有大小石門鑿山通道極爲險隘卽冥阸也左傳楚左司馬戍請塞大隧直轅冥阸大隧卽黃峴關距信陽南應山北各九十里亦名百雁關一名九里關直轅卽武陽關距信陽東南百五十里應山東北百三十里亦名武勝關一名禮山關又名大寨嶺前史所云義陽三關也溮水出信陽州西南七十里爲黃土河逕州南爲楊柳河又名楊龍河東流環抱州城東北至羅山縣入淮

雲杜應劭曰左傳若敖取于邔今邔亭是也師古曰邔音云〔補注〕先謙曰官本注于作棄引宋祁曰棄字當作於字續志後漢因沔水注沔水自南郡當陽來東南過雲杜縣東合夏水郎堵口也是爲中夏水縣故邔亭雲土夢作乂縣取名焉縣有雲夢城城在東北沔水又東合巨亮湖口力口又合湞水又逕沌水口又逕沌陽縣北縣南宋下入沙羨溾水出竟陵郡新陽縣西南池河山暠縣東流逕新陽縣南縣治雲杜故城分雲杜立溾水又東南注宵城縣南大湖[illegible]又南入沔爲力口沌水南通縣之太白湖湖水東南通江爲沌口又夏水注夏水自南郡華容來至雲杜縣入沔應劭云江別入沔爲夏水源夏之爲名始於分江冬竭夏流故納厥稱既有中夏之目亦苞大夏之名當決入之所謂之堵口自堵口下沔水通兼夏目而會于江謂之夏汭也先謙案本志南

郡華容下夏水東入沔者也一統志故城今沔陽州西北

下雋莽曰閏光如淳曰音羊氏反〔補注〕錢大昭曰南陽有雉故此加下先謙曰下雋見伍被傳續志後漢因江水注江水自蘄春來東逕琵琶山南望夫山南又得苦菜水口又合富水[illegible]唱西北逕下雋縣王莽更名之潤光矣[illegible]作江水又得蘭溪水口下入廬江尋陽一統志故城今興國州東南昌平鄉有下雋潭通山漢下雋地興國大冶半入下雋境

鍾武侯國〔補注〕先謙曰長沙頃王子度國宣帝封錢大昕云志有兩鍾武縣一屬零陵一屬江夏鍾武爲侯國蓋後來徙封如春陵侯本在冷道後移於南陽也莽曰當利〔補注〕先謙曰續志後漢省後書臧宮洵鍾武竹里下之是後漢初猶有此縣淮水注溮水自南陽平氏來東逕鍾武縣故城南下入鄳一統志故城今信陽州東南

廬江郡〔補注〕先謙曰郡屬縣無江以南地互見尋陽下然通鑑胡注云文帝分廬江國在江南廬江水出陵陽東南而北入於江陵陽屬丹陽郡金榜云淮南厲王傳以邊越數使使相交徙爲衡山王王江北此廬江在江南之證先謙案郡稱廬江明以水氏疑文帝時王郡跨江南陵陽黟歙諸縣本其所屬其後諸縣割隸丹陽僅存廬江空名耳此志不載而可以理推者廬江王都舒則郡治亦當在舒續志後漢治舒劉注雒陽東一千七百里故淮南文帝十六年別爲國〔補注〕全祖望曰故屬秦九江郡楚漢之際分置郡屬九江國見英布揚雄傳高帝五年屬漢仍屬淮南國文帝十六年別爲廬江國封淮南厲王子賜景帝三年賜徙衡山復故金蘭西北有東陵鄉〔補注〕周壽昌曰志無金蘭縣疑轉寫脫漏綜郡國領縣核之校百官表及本志後序之數尙少九縣此蓋其一也先謙曰禹貢山水澤地篇東陵地在金蘭縣西北與志合決水注灌水導源金蘭縣西北東陵鄉大蘇山[illegible]据此大蘇山卽東陵也今商城縣東南五十里又江水注利水出廬江郡之東陵鄉江夏有西陵縣故是言東尙書云江水過九江至于東陵者也先謙案注雖未言金蘭縣然與決水注符合則知鄉隸金蘭不誤後世言東陵者紛紛意揣未足據也阮元浙江圖說云灌水利水同出東陵一地金蘭附注郡下則在郡治蓋後改爲舒也廬江治舒据續志舒有桐鄉劉注鵲岸在縣今桐城縣在漢屬舒通典宣城郡南陵有鵲州卽鵲岸是漢舒地直達大江洲渚禹貢江水過九江至于東陵東迆實指至此東迆爲南江也[illegible]江之南岸正丹陽郡之石城與班志石城受江其義一也漢六安蓼縣在霍邱縣西北灌水自東陵至蓼行五百一十里現今自桐城廬江至霍邱正合五百里則江至東陵東迆卽石城分水何疑注又云水積爲湖[illegible]湖西有青林山謂之青林湖湖水西流謂之青林水西下入尋陽

淮水出〔補注〕王念孫曰出上脫所字說見前伊水出下淮當爲灌卽下文灌水北至蓼入決者也決水注灌水導源廬江金蘭縣西北東陵鄉大蘇山[illegible]許愼云出雩婁縣褚先生所謂神龜出於江灌之間嘉林之中[illegible]蓋謂此水也灌水東北逕蓼縣故城西而北注決水也故地理志曰決水北至蓼入淮灌水亦於蓼入決據此則淮水爲灌水之誤明矣[illegible]全祖望趙一清並以爲班志原是淮字淮水卽灌水非出

桐柏之淮水也案說文灌水出廬江雩婁北入淮若灌水一名淮水則是淮水入淮也且信如全趙之說則志文上言淮水出東陵鄉下言灌水入決一水而上下異名學者何以知淮水之卽爲灌水乎世人多聞淮水寡聞灌水故灌誤爲淮不必曲爲之說也或又曰廬江郡下有灌水雩婁縣下復有灌水非重出乎曰非也灌水出金蘭西北東陵鄉是紀其所出也灌水北至蓼入決是紀其所入也志文固有一水而兩見者說見後北地郡下先謙曰王說淮卽灌是矣然改淮爲灌則非徑刪卽淮水也四字以就己說則謬矣此淮水乃漢世俗謠班雖知其非四瀆之淮而未明其卽爲灌水故雩婁下注云又有灌水亦北至蓼入決又有云者特著之詞非承上之語也決水注云灌水導源廬江金蘭縣西北東陵鄉大蘇山卽淮水也正用志文趙一清云據志是淮水卽灌也非出桐柏之淮然其字相承已古不可改而作灌又云志是淮字道元故以釋灌水若破淮作灌則以灌釋灌義豈可通其說是也蓋此水數名實緣音轉字變注又云俗謂之澮水又云灌澮聲相倫習俗害眞耳說文潓水出廬江入淮从水惠聲灌澮潓淮音出一原字經數變班志此郡未有潓水可悟說文之潓水卽此志之淮水各據所聞見記之而皆不知爲灌水也[illegible]知淮之卽灌自淮道元發之[illegible]後人反改酈注以併改漢志誤之又誤矣**屬揚州**〔補注〕先謙曰三字當在別爲國下傳寫誤移之續志後漢因屬同

廬江出陵陽東南北入江應劭曰故廬子國〔補注〕先謙曰陵陽丹陽縣廬江水出三天子都北過彭澤縣西北入於江注云山海經三天子都一曰天子鄣王彪之廬山賦敘曰廬山彭澤之山也

孫放廬山賦曰尋陽郡南有廬山九江之鎮也丹陽即宛陵縣有彭澤聚是此彭澤耳先謙案彭澤豫章縣道元以爲彭澤聚誤廬江水出處近丹陽入江處不近丹陽也漸江水出三天子都一在今黟縣廬江水出三天子都在今婺源縣相去密邇二水同發一地入江者入鄱陽湖即彭蠡澤也此水出婺源南流入德興後西流志北字誤一統志廬源水即廬江水出婺源縣西北廬嶺山南流逕雙路口浙源西水出縣西北浙源山西南注之又南沱水出縣西北三源同注下爲沱口入爲又南與婺水合婺水出縣西大廣山東南流爲莒徑水又合施村水月嶺水入廬源水廬源水又東與武溪水合武溪水亦名斜水出縣東北同嶺覺嶺諸山東西四源合注至注口合大鱅水大鱅水出縣東大鱅山東流合芙蓉山水又西逕江灣入武溪水武溪水又西南入廬源水曰武口廬源水又逕石門灘南繞縣城爲繡水又西南小斂水出縣東南小斂山西流逕縣南注之又西南桃溪水出縣西鷺峰山南合考川水注之又西南梅源水出梅溪山杭溪水出石龍山同注之又西南漕溪水出縣西嶓山南逕烏龍潭爲漕溪亦曰澧溪又逕漕村入廬源水又東濬源水出縣西南濬源山南會吳山水注之下入豫章鄱陽

戶十二萬四千三百八十三，口四十五萬七千三百二十三。〔補注〕朱一新曰注本二作三先謙曰官本作三 有樓船官。〔補注〕錢坫曰武帝時楊僕爲樓船將軍擊南越東越故置官於此

縣十二：

舒，〔補注〕先謙曰縣人文翁朱邑見循吏傳 故國。〔補注〕全祖望曰當云故廬江王都先謙曰舒始見詩魯頌左傳杜注偃姓洪亮吉云玉篇引春秋云徐人取郚杜預云今廬江郚縣案此則舒又作郚然說文止云郚邑名不云即廬江舒縣 莽曰昆鄉。〔補注〕先謙曰後漢因續志有桐鄉劉注古桐國有鵲尾渚先謙案左傳鵲岸杜注舒縣有鵲尾渚是也鵲尾渚與銅陵縣鵲頭山對面當在無爲州界無爲舊屬舒城故云一統志今廬江縣地故城在縣西

居巢，應劭曰春秋楚人圍巢巢國也〔補注〕先謙曰秦爲縣范增縣人見項羽紀作居鄛續志後漢因劉注有范增冢有二大湖[illegible]巢湖湖也沔水篇水自豫章彭澤來東北出居巢縣南注云古巢國也桀奔南巢即巢澤也尚書周有巢伯來朝江水自濡須口又東左會柵口水導巢湖又東左會清溪水白石山水又東南積爲竇湖又入江爲柵口江水下入丹陽石城先謙案江水自襄安來左逕裕溪口濡須之音變也亦無爲州境濡須水在今巢縣南出巢湖東南流湖在縣西十里周回四百餘里港汊大小三百六十納諸水以注大江爲淮西巨浸濡須水一名柵口水亦曰石梁河又曰馬尾溝自湖東口流經巢縣南漢居巢故城在今縣東北五里有桀王城桀所奔也在今縣城內臥牛山北濡須水又東南清溪河水自清溪鎮西流入之又南逕濡須七寶二山之間即水經注之刺史山韓綜山也濡須山東關吳所置七寶山西關魏所築也濡須水於此有東關水之名出關口爲蟹子口河黃洛河水出巢湖東北流入之濡須水又東逕銅城閘其支流爲馬腸河合運漕河水歷運漕鎮東流入之銅城閘之東北迤下爲蘭花後港北渡三橋又東北出爲牛屯河口濡須水東逕雍家鎮又北入於江濡須水即柵水本志六安六下之如谿水互詳後注江水下入九江歷陽[illegible][illegible]又施水注施水自合肥來東逕湖口成入巢湖爲施口先謙案續通考金斗河在盧州源出雞鳴山東流至廬州府城自西水關流入城中至東門外歷金斗驛流入巢湖即施水也

龍舒，應劭曰羣舒之邑〔補注〕先謙曰左傳羣舒叛楚所謂舒鳩舒庸者也續志後漢因有龍舒山龍舒水一統志今舒城縣地故城今縣治龍舒山即龍眠山在縣西八十里寰宇記龍舒河出三角山東北流杜預云廬江西南有龍舒水是也舒城縣志有南溪一名歐溪發源縣西孤井東經七門堰又經縣城南入巢湖即龍舒水也

臨湖，〔補注〕先謙曰續志後漢因一統志故城今無爲州西南八十里臨壁山下臨湖圩是

雩婁，〔補注〕先謙曰楚東邑與吳界見左襄昭傳吳世家注淮南子孫叔敖決期思之陂灌雩婁之野期思陂即芍陂也續志後漢因一統志故城今霍邱縣西南商城縣東北 決水北至蓼入淮，〔補注〕先謙曰蓼六安縣說文決水出大別山決水篇決水出雩婁縣南大別山注云俗謂之檀公峴蓋大別之異名也其水歷山委注北過其縣東晉書地道記云在安豐縣之西南即其界也故地理志曰決水出雩婁下入六安豐又江水注巴水出雩婁縣下靈山即大別山也與決水同出一山世謂之分水山或曰巴山南歷蠻中逕巴水成南入江爲巴口[illegible]馬徵麟云今巴水出羅田縣北山俗稱鹽堆山南流逕蘄水縣界又西南逕黃岡縣界入江其上流名平湖鄉河蓋巴源巴湮可見者惟此一統志決水出商城縣牛山今名牛山河 又有灌水，亦北至蓼入決，〔補注〕先謙曰說文灌水出廬江雩婁北入淮決水注決水又西北灌水注之[illegible]許愼云出雩婁縣褚先生所謂神龜出於江灌之間蓋謂此水也下入蓼一統志灌水今名石槽河 過郡二，〔補注〕先謙曰廬江六安 行五百一十里。師古曰雩音許于反婁音力于反

襄安，莽曰廬江亭。〔補注〕洪亮吉曰今無爲州北境有襄河與全椒縣界則漢襄安也之名蓋取襄水安流之義先謙曰續志後漢因江水自桐城來左入無爲州境漢襄安地也西對臨湖東下繁昌舊置巡檢司於此江水北逕劉家渡在今襄安鎮南鎮即縣治也江水又逕鳳皇頸至鎮水路三十里陸路十五里江水又北逕泥汊口廬江縣黃泥河東流注之又北逕神塘河口江寬三十餘里內水路至州四十里江水又南爲橫江口又東北逕蟂磯下入居巢[illegible]

樅陽，師古曰音七容反〔補注〕先謙曰武帝經此作歌見紀續志後漢省吳卓信云御覽引謝承書云劉騊駼除樅陽長騊駼仕鄧太后時是安帝尚有樅陽晉書陶侃傳侃領樅陽令而晉志無樅陽縣不可解名勝志桐城縣下引水經注云樅陽湖水繞團亭與江水合而東流先謙案江水自皖來左入桐城縣境漢樅陽地也故城在桐城縣東南一百里江水左逕樅陽鎮與樅陽水合水上源爲獨山湖在桐城縣南六十里即團亭湖也寰宇記云與白石湖相連湖中出兩小山亭亭峻嶮白石皎然二水相連遂爲團亭白石之號湖水又合石塘湖水古湖水鴨子湖水逕練塘驛爲練塘河俗名曰菜子湖東南流出羅塘洲上下樅陽鎮之間而入於江武帝舳艫千里薄樅陽而出但薄其水不歷其縣也江水左逕王家套盧江縣之羅昌河水及桐城東白蕩竹子破罡諸湖水注之江水又東北左逕老洲頭其下爲六百丈汛工險也又北逕仁

德洲西下入襄安右陽硯丹城

尋陽 補注閻若璩曰漢尋陽縣在大江北今黃州府蘄州東濤水城是東晉成帝移於江南今九江府德化縣西十五里是杜佑云溫嶠所移也徐松曰廬江郡無江以南地洪氏亮吉立五證以明之錢氏謂在九江府城西者誤先謙曰續志後漢因江水注江水自下雉來又東左得青林水口青林水自東陵鄉來西南歷尋陽縣分爲二一水東流通大雷一水西南入江先謙案通大雷者今望江縣境雷港古大雷戍大雷水出宿松縣界東南流爲龍南湖合青林水又南流出湖口爲湾池河是曰雷池晉庾亮與溫嶠書所謂無過雷池一步也又東入望江縣境合泊湖又東至喻家洑分爲二一逕望江縣城合武昌青草白土漳湖之水而入於皖水青林支水自華陽鎮合大雷枝水而入江也一統志故城今黃梅縣界地理通釋云晉惠帝時分廬江武昌立尋陽郡治豫章之柴桑而尋陽之名亂成帝移江州治尋陽而江南之尋陽著江北之尋陽益晦久之遂廢尋陽入柴桑先謙案江水自下雉來富口之對岸爲蟠塘鎮蘄州廣濟分界於此廣濟以下漢尋陽地也江水左逕武穴鎮又逕龍坪鎮鎮有龍坪山江水又逕圖洲北廣濟黃梅界也又逕小池口又東至段窯鎮爲老江黃梅宿松界也下入皖[illegible]

禹貢九江在南皆東合爲大江 補注先謙曰禹貢山水澤地篇九江地在下雋縣西北與志異詳見志首

灊 補注先謙曰後漢因續志作潛古通劉注左傳吳人侵楚潛六楚沈尹戌救潛是也沘水注灊者山水名也開山圖灊山圖繞大山爲霍山郭景純云灊水出焉縣即其稱矣先謙案灊水出霍山西東南流入皖水下入皖縣一統志今霍山縣先漢灊縣地故城在縣東北三十里

天柱山在南有祠 補注先謙曰爾雅霍山爲南嶽郭注即天柱山灊水所出禹貢山水澤地篇霍山爲南嶽在廬江灊縣西南注云天柱山也紀要一名皖公山在潛山縣西北二十里祠見郊祀志江水注希水出灊縣霍山西麓山北有灊縣故城地理志曰縣南有天柱山即霍山也有祠南嶽廟西南流分爲二水枝津出焉又南積爲湖謂之希湖湖下入江夏軑先謙案入軑縣之希水源出英山縣境距霍山較遠殆天柱之支山矣

沘山沘水所出北至壽春入芍陂 晉灼曰音潛師古曰沘音比又音布几反芍音酌又音鵲補注先謙曰壽春九江縣沘水篇沘水出潛縣西南霍山東北注云地理志曰沘水出沘山不言霍山沘字或作淠先謙案此以沘淠爲一水也淮水注淮水又東北淠水注之水出弋陽山南垂山下又云淮水又東左合沘口案此又以爲二水說文淠水出汝南弋陽垂山東入淮从水畀聲沘水出灊縣西南霍山東北過六安縣東北入於淮从水比聲與淮水注合疑二水是也沘水注全以沘爲淠今姑依而次之淠水下入九江博鄉一統志淠水郎沘水今白沙河出霍山縣南流寰宇記云出多智山爲墜星河舊志云水有二源一出霍山一出蘇口至九公山麓合流也淠水北逕縣西繞縣城而東爲化龍河又北入潁州府霍邱縣界芍陂在壽州東南

皖 補注王鳴盛曰睆从目後書馬援傳作晥从日李賢注晥今舒州懷甯縣俗作皖遂盛行幸漢書可弦先謙曰官本作皖後漢因續志作皖寰宇記晥國偃姓皋陶後春秋時楚滅之一統志故城今潛山縣治懷甯潛山太湖望江並皖縣地先謙案江水自尋陽來左入宿松縣境逕歸林灘古桑落洲也又逕老洲頭古涇江口也又逕喻家洑宿松望江縣界有沙灣口內通泊湖又逕望江縣東南又逕華陽鎮青林水入之[illegible]尋又逕雷港又逕八洞溝入懷甯界又逕山口鎮皖水自潛山縣入之水出縣北天堂山南流逕縣東南與潛水合土人謂皖水爲前河潛水爲後河皖水南逕上下石牌英山太湖二縣水入之皖水又東北逕黃城圩右合大雷水又左逕石庫合治湖水東入江爲皖口江水又逕鹽河口合石門湖水又逕懷甯縣今安徽省治也又逕上新河合菱湖水又逕前江口江岸古長風沙也又逕下新河下入樅陽[illegible]

有鐵官 師古曰音胡管反補注宋祁曰管當作綰先謙曰續志有鐵

湖陵邑 補注吳卓信曰自來地志未詳疑今太湖縣先謙曰續志後漢省

北湖在南 補注錢坫曰今泊湖也在望江縣西四十里合宿松太湖二縣諸水東入江先謙曰今案泊湖合大雷水流與江通本志末云壽春合肥受南北湖則北湖又非泊湖矣

松茲侯國 補注先謙曰史表徐厲國呂后封六安共王子霸昭帝封

莽曰誦善 補注先謙曰續志後漢省一統志故城今宿松縣北五十里其地曰仙田有嘉禾無種自生故名又縣東北三十五里有舊縣埠其河亦曰舊縣河

九江郡 補注先謙曰據淮水注秦立郡治壽春兼得廬江豫章之地故以九江名郡漢淮南王都壽春郡治亦當在此續志後漢治陰陵劉注雒陽東一千五百里

秦置 補注先謙曰江水注秦始皇二十四年置

高帝四年更名爲淮南國武帝元狩元年復故 補注全祖望曰楚漢之際爲九江國高帝三年復屬楚國四年更名淮南國以封英布文帝六年爲九江郡十六年復爲淮南國武帝元狩元年淮南王安國除復故又曰英布以四年復封然遂授耳楚以周殷守之布不能取也五年殷叛始得之

莽曰延平屬揚州 應劭曰江自廬江尋陽分爲九補注先謙曰應說九江與志異續志後漢因屬同

戶十五萬五十二口七十八萬五百二十五有陂官湖官

縣十五 補注先謙曰郡人朱普張邯陳俠見儒林傳

壽春邑 補注先謙曰秦縣劉賈圖壽春見荊燕吳傳淮南王都見五行志縣人梅福見本傳召信臣見循吏傳後漢因續志無邑字肥水注芍陂自浚遒來周百二十許里在壽春縣南八十里孫叔敖所造陂有五門西北爲香門陂香門陂東北爲芍陂瀆又分爲二一東注黎漿水黎漿水東入肥芍陂瀆水自黎漿分水引瀆壽春城北逕芍陂門右北入城復出城注肥肥水自成德來北逕壽春縣故城東爲長瀨津西北右合東溪南播爲東臺湖又西逕壽春故城北右合北溪又分二水右即肥之故瀆過爲船官湖左瀆又左納芍陂瀆又左合羊頭溪水又北注舊瀆之橫塘又西北入淮爲肥口又淮水注淮水自六安安風來東北至壽春縣西合沘水又東逕中陽亭北爲中陽渡水淺可厲又合穎水又東南逕蒼陵城北又東北逕壽春縣故城西又北左合椒水又東過壽春縣北靜騐合肥水下入沛下蔡一統志故城今壽州治

楚考烈王自陳徙此 補注先謙曰考烈王二十

二年東徙都壽春浚遒晉灼曰音酋熟之酋師古曰浚音峻遒音命曰郢見楚世家浚遒才由反補注周壽昌曰晉志浚作逡先謙曰續志後漢因劉注有唐后二山肥水注閻澗水自合肥來北流逕浚遒縣西水積爲陽湖陽湖水逕死虎亭南夾橫塘西注水分爲二洛澗出焉閻澗水受芍陂水注之芍陂水上承淠水於五門亭南別爲斷神水洮水注云淠水又西北分爲二水芍陂出焉水又北逕五門亭西逕安豐會謂水據此芍陂淠自淠水出也西北水注不著芍陂原委它亦無所見惟肥水注陂閻漿水受芍陂陂水上承溜水於五門亭南別爲斷神水又下云寺陂云云其上文並無溜水專名然則溜水實係淠水之訛令爲正濁爲淠廛二注之文聽合兩芍陂來源不至總古不明也又東北逕五門亭東亭爲二水之會斷神水又北爲豪水實一水也又逕白芍亭東積而爲湖謂之芍陂下入壽春一統志故城今合肥縣東北清水橋成德莽曰平阿補注先謙曰續志後漢因肥水篇肥水出成德縣廣陽鄉西注云呂忱字林肥水出良餘山俗謂之連枷山亦或以爲獨山也北流分爲二施水出焉肥水又逕荻城東又逕荻丘東右會施水枝津逕成德縣故城西又逕芍陂東又逕死虎塘東又合閻澗水又合黎漿水下入壽春施水枝津自合肥來西逕成德縣入肥又施水注施水受肥於廣陽鄉東南流下入合肥橐皋孟康曰音拓姑補注先謙曰續志後漢省又浚遒下劉注左傳會吳于橐皋杜注在縣東南据此知併入浚遒故縣在浚遒東南一統志故城今壽州東南也橐皋河出合肥流槎山入巢湖見名勝志一統志故城今巢縣西北陰陵補注先謙曰續志後漢因郡治淮水注淮水自曲陽來北逕莫邪山西山南有陰陵縣故城項羽夜馳渡淮至陰陵迷失道陷大澤灌嬰追及之斯縣者也淮水下入當塗豪水鄗棟出陰陵縣之陽亭北東北流逕其縣西又屈而南轉東逕其城南

又北歷其城東逕小城而北入淮鍾入離雖一統志故城今定遠縣西北城周三里故址猶存莽曰陰陸補注錢坫曰通典云王莽改陽陵先謙曰淮水注亦作陰陸通典益誤歷陽都尉治莽曰明義補注先謙曰范增侯國見項羽紀續志後漢因先謙案江水自廬江居巢來左入含山縣境漢歷陽地也含山和州與居巢並以濡須水中流爲界江水左逕西梁山與東梁山對峙江險也江水又東北牛屯河水注之又東北姥下河水出歷湖逕姥下鎮注之又東北太陽河逕太陽鎮注之江水又逕牛渚又東北逕和州城東漢歷陽縣治也十道志縣南有歷水故曰歷陽淮南子歷陽之郡一夕反而爲湖不知何世事也湖在州西與含山縣接界亦曰麻湖東西周二十里南北二十五里明永樂初湖水涸議堰爲田凡三萬六千二百餘畝景泰二年田始成然地平衍時患潦溢陵谷流移斯爲明證矣含山縣東北有大峴小峴二山小峴山亦名昭關山兩山對峙爲廬濮往來之衝地說家云史記范雎傳伍子胥橐載以出昭關晝行夜伏至於溧水指謂此昭關山也山有馬跳泉南流爲清江斷澗水有大澗水出桑山流注之其流始盛又東逕含山縣城南又東分爲二一南入姥下河一東北逕和州城北又分爲二一東南爲橫江河宋開寶間鑿以通漕也又東南爲新河口入江一東北爲關勝河分二支東南流入江其一東北流爲石跋河入江江水又東北駐馬河水注之上有駐馬塘烏江亭長檥舟待項王處也漢東城縣境江水下入臨淮堂邑點艓驕當塗侯國補注先謙曰魏不害國武帝封莽曰山聚應劭曰禹所娶塗山侯國也有禹虛補注錢大昭曰侯字衍先謙曰說文嵞會稽山一曰九江當嵞也民以辛壬癸甲之日嫁娶後漢因續志有馬丘聚劉注楚大夫子思冢在縣東山鄉西去縣四十里子思造芍陂淮水注淮水自陰陵來東北逕馬頭城魏馬頭郡治故當塗縣之故城也禹墟在塗山西南縣即其地也淮水又合濠水又北合沙水所謂蔖蕩渠也下入沛平阿濠水元和志謂之西濠水出莫邪山東北溪引瀆逕禹墟北又西入淮一統志故城今懷遠縣東南鍾離補注先謙曰楚邊邑與吳邊邑卑梁接界見楚世家周勃灌嬰共食鍾離見勃傳一作終黎見秦紀莽曰蠶富應劭曰鍾離子國補注先謙曰續志後漢因淮水注淮水自沛義成來東過鍾離縣北世本云鍾離嬴姓也楚滅之以爲縣左傳吳公子光伐楚拔鍾離者也淮水合豪水下入沛夏邱輿地廣記縣有濠水一案即鄗注之豪水寰宇記所謂東濠也西濠在懷遠界見元和志一統志故城今鳳陽縣東合肥應劭曰夏水出父城東南至此與淮合故曰合肥補注先謙曰續志後漢因施水注施水自成德來東南流逕合肥縣應劭云夏水出城父東南至此與肥合故曰合肥闞駰亦言出沛國城父東至此合爲肥余案川殊派別無沿注之理知應闞二說非實證也蓋夏水暴長施合於肥故曰合肥非實夏水也頤水謂肥水施水東逕合肥縣城南城居四水中又東有逍遙津又分爲二枝水北出下注陽淵卿閭淵水陽淵蓋酈之謨見肥水注陽施水下入盧江居巢又肥水注施水枝津首受施水於合肥縣城東西流下入成德閻澗水上承施水於合肥縣下入浚遒一統志故城今合肥縣北金斗城東城補注先謙曰秦縣葛嬰於此立襄彊爲楚王灌嬰斬項羽於此並見高紀文帝封淮南厲王子艮武帝封居股爲侯國見表莽曰武城補注先謙曰續志後漢省

淮水注池水出東城縣東北流逕東城縣故城南又歷二山間入淮爲池河口觀鐘一統志故城今定遠縣東南和州半入東城境博鄉侯國補注先謙曰六安繆王子交國元帝封莽曰揚陸補注吳卓信曰魏志吳朱異敕諸葛誕留輜重於都陸通鑑胡注都陸即揚陸也先謙曰續志後漢省泚水注淠水自灊來東北逕縣泄水出焉淠水下入六安六又泄水篇泄水出博安縣注云博安地理志之博鄉縣也泄水自縣上承沘水於麻步川西北出下入六案博安後漢晉志無說文亦云泄水受博安洵陂或順帝前曾改名一統志故城今霍邱縣南曲陽侯國補注先謙曰根國元帝封王莽曰延平亭應劭曰在淮曲之陽補注錢大昕曰東海曲陽注亦引應劭曰在淮曲之陽二注當有一誤先謙曰後漢因續志曲上加西淮水注淮水自沛下蔡來右納洛川於曲陽縣北下入陰陵洛川水分閻溪北絕橫塘合鵲甫溪水北逕曲陽縣故城東下邳有曲陽故是加西也洛澗水北歷秦墟下入淮爲洛口一統志故城今鳳臺縣東北建陽補注先謙曰續志後漢省唐李吉甫十道圖清流縣有建陽城一統志故城今滁州東四十里來安一半入建陽境全椒補注先謙曰續志後漢因一統志故城今全椒縣治來安半入全椒境阜陵補注先謙曰文帝封淮南厲王子安爲侯國見表莽曰阜陸補注先謙曰續志後漢因晉志明帝時淪爲麻湖紀要歷湖一名麻湖則與歷湖一事也然歷陽爲湖已見淮南子非明帝時晉志殆傳譌耳一統志故城今全椒縣東十五里

山陽郡〔補注〕先謙曰據濟水注郡治昌邑續志後漢治同劉注雒陽東八百一十里閻若璩云昌邑國郎治昌邑縣以昌邑哀王髆傳知之故梁〔補注〕全祖望曰故屬秦碭郡楚漢之際屬楚國高帝五年屬漢以屬梁國景帝中六年別爲山陽國武帝建元五年別爲郡〔補注〕先謙曰景帝封梁孝王子定九年薨亡後國除全祖望云後爲昌邑國見下昌邑宣帝本始元年復故元帝竟寧元年復爲山陽國成帝河平四年復故莽曰鉅野屬兗州〔補注〕先謙曰續志後漢因屬同戶十七萬二千八百四十七口八十萬一千二百八十八〔補注〕徐松曰張敞傳言山陽郡戶九萬三千口五十萬以上可知宣帝時戶口尚不如元始之盛也有鐵官〔補注〕吳卓信曰成紀永始三年山陽鐵官徒攻殺長吏盜庫兵縣二十三〔補注〕先謙曰見王子侯表者有郚縣[illegible]無考郡人曹竟見鮑宣傳張無故張長安張就見儒林傳

昌邑〔補注〕先謙曰秦邑高帝初起擊之見高紀縣人彭越見越傳周亞夫擊吳堅壁縣南見吳王濞傳武帝天漢四年更山陽爲昌邑國〔補注〕先謙曰武五子傳封子哀王髆至孫賀國除復爲山陽郡有梁丘鄉春秋傳曰宋齊會于梁丘〔補注〕先謙曰後漢因續志有梁丘城有甲父亭又分爲金鄉縣[illegible]濟水注黃溝枝流自成武來東北逕梁邱城西下入濟陰乘氏荷水自乘氏來東逕昌邑縣故城北又逕金鄉縣故城南[illegible]後漢北有金鄉山也荷水下入東緡一統志故城今金鄉縣西北四十里梁邱城在成武縣東北二十五里

南平陽莽曰鼉平孟康曰邾庶期以漆來奔又城漆今漆鄉是〔補注〕錢大昕曰泰山有東平陽故此云南先謙曰縣人龔遂見循吏傳後漢因續志有漆鄉有閭丘亭泗水注泗水自瑕丘來南過平陽縣西紀年梁惠成王二十九年齊宋伐我東鄙圍平陽者也泗水逕故城西世謂之漆鄉應劭云漆鄉邾邑杜預云平陽東北有漆鄉也泗水下入槖又洙水注洙水自瑕丘來西南逕南平陽縣之顯閭亭西邾邑也春秋邾庶其以漆閭丘來奔杜預云平陽北有顯閭亭十三州記云縣又有閭丘鄉從征記云杜謂顯閭閭丘也今按漆鄉在縣東北漆鄉東北十里見有閭丘鄉顯閭非也然則顯閭自是別亭洙水下入槖[illegible]水一統志故城今鄒縣治本邾地後爲魯平陽邑戰國爲齊南陽邑

成武〔補注〕先謙曰秦縣高帝破東郡尉於此見高紀周勃傳有楚丘亭齊桓公所城遷衛文公於此子成公徙濮陽〔補注〕陳奐曰成武楚邱春秋戎伐凡伯於楚丘是也衛文所徙之楚丘在東郡濮陽縣西白馬縣東鄭志荅張逸問曰楚邱在河泲間疑在今東郡界內然則鄭不從班說矣蓋此志誤也程公說顧炎武顧祖禹趙一清皆能辨之先謙曰濮陽見東郡下莽曰成安〔補注〕先謙曰續志後漢改屬濟陰濟水注黃溝枝流自梁己氏來東北逕楚邱城西又逕成武城西下入昌邑又泗水注黃水自濟陰定陶來東逕成武縣之楚邱亭北又逕成武縣故城南下入郜成一統志故城今成武縣治

湖陵〔補注〕先謙曰高帝初起攻之見高紀項梁追破秦嘉軍於此見項羽傳蓋秦縣紀傳志湖胡互見二字通用亦見五行志恩澤楊鄉侯朱博表注湖陵葢嘗析置楊鄉縣禹貢浮于泗淮通于河水在南〔補注〕王鳴盛曰河當作荷今尚書誤與班志同錢坫曰說文荷澤水在湖陵即濟水之下流也元和志荷水一名五丈溝今魚臺縣北十里葢改流矣段玉裁曰當作禹貢浮于淮泗通于荷荷水在南志例云禹貢荷水在南而已而必舉此七字正以此荷水別于荷澤之荷也徐松曰錢所据說文誤也此禹貢徐州之荷水其在泲陰定陶東者禹貢豫州之荷澤宋傅寅云荷澤水說文云在湖陵班志云在定陶東不同者葢水在定陶者其澤也在湖陵者其流也先謙曰禹貢山水澤地篇荷水在湖陸縣南與志合河當作荷說見下濟水注荷水自方與來東過湖陵縣南東入於泗澤水所鍾也尚書曰浮于淮泗達于荷是也下入沛郡沛縣又泗水注泗水自方與來荷水注之即濟水所苞注以成湖澤也泗水合於縣西六十里穀庭城下俗謂之黃水口黃水西北通巨野澤蓋以黃水沿注於荷故因以名焉泗水又東逕湖陵城東南左會南梁水漷水下入沛郡沛南梁水自魯國蕃來至縣入泗志云其水西流注於濟渠濟在湖陵西而左注泗泗濟合流故地記或言濟入泗泗亦言入濟互受通稱故有入濟之文經謂之涓涓水也漷水自魯國薛來西至湖陵縣入泗莽曰湖陸應劭曰尚書一名湖章帝封東平王倉子爲湖陵侯更名湖陵〔補注〕錢大昭曰注倉當作蒼陸當作陸趙一清曰一名湖之湖亦當是荷字葢應氏引尚書之荷以證通于河之誤傳寫者譌而爲湖更名湖陵陵當作陸郡國志湖陵故湖陵章帝更名劉注前漢志王莽改曰湖陸章帝復其號晉以後總曰湖陸朱一新曰趙說是但云應氏引尚書之荷以證通于河之誤似未當竊謂班氏通于河當作通于荷應注一名湖當作一名荷蓋應氏引尚書之荷以證班志荷字即荷字之異文非謂班志字誤也志中荷字多作荷上文導荷澤又東至于荷濟陰郡下禹貢荷澤在定陶東是也五經文字云荷古本一作荷泗水注引亦作荷先謙曰續志劉注縣西有費亭城一統志故城今魚臺縣東南六十里

東緡師古曰春秋僖二十三年齊侯伐宋圍緡即謂此音旻〔補注〕先謙曰續志後漢因濟水注荷水自昌邑來東逕東緡縣故城北鄒衍云余登緡城以望宋都者也荷水下入方與一統志故城今金鄉東北二十里

方與晉灼曰音房豫〔補注〕先謙曰春秋宋邑見楚策後入魏爲郡楚世家云大宋方與二郡也秦縣高帝起兵攻之還軍亢父復至此秦嘉亦至焉見高紀陳勝傳又見五行志後漢因續志有武唐亭魯侯觀魚臺有泥母亭或曰古甯母劉注西北有重鄉城濟水注荷水自東緡來東過方與縣北逕重鄉城南又逕武棠亭北在縣故城北十里又逕泥母亭北又合鉅野黃水下入湖陵黃水自東平亢父來南至方與縣入荷水又泗水注泗水自槖來南過方與縣東下入湖陵一統志故城今魚臺縣北

槖〔補注〕先謙曰有茅鄉見五行志高帝封陳鍇爲侯國見表莽曰高平臣瓚曰音拓〔補注〕全祖望曰瓚音是也師古於功臣表以公老反音之謬先謙曰後漢改高平續志故槖章帝更名劉注章帝復莽此號又東南有郁郎亭泗水注泗水自南平陽來南逕高平山縣取名焉又逕縣故城西合洸水洸水注泗[illegible]洙水下入方與又洙水注洙水自南平陽來合洸水南至縣入泗西有茅鄉城東去縣三十里一統志故城今鄒縣西南

鉅壄〔補注〕先謙曰續

志後漢因劉注西南有郥亭濟水注鉅野黃水菏澤別名也黃水上承鉅澤諸陂澤有濛淀育陂黃湖水東流謂之黃水又有薛訓渚水分爲二一注黃水一西北入澤爲洪水也黃水東南流逕鉅野縣北又東逕咸亭北春秋之咸邱也水南有金鄉山縣之東界也黃水下入東平亢父一統志故城今鉅野縣南

大壄澤在北兗州藪

〔補注〕先謙曰禹貢山水澤地篇大野澤在鉅野縣東北爾雅十藪魯有大野彭越嘗漁此見本傳武帝時河決瓠子東南注澤見溝洫志濟水注何承天云鉅野湖澤廣大南通洙泗北接淸濟舊縣故城正在澤中故置戍於此城城之所在則鉅野澤也衍東北出爲大野矣昔西狩獲麟於是處也胡渭云鉅野自漢至元屢遭河患及河南徙澤遂涸爲平陸

單父

〔補注〕先謙曰呂覽作亶父宓不齊巫馬期宰此見仲尼弟子傳及說苑呂后父呂公縣人見高紀恩澤爰氏侯便樂成表注單父蓋嘗析置爰氏縣

都尉治莽曰利父

師古曰音善甫〔補注〕先謙曰續志後漢改屬濟陰泗水注豐水上源自郜成來東逕單父縣故城南下入平樂一統志故城今單縣南一里

薄

臣瓚曰湯所都〔補注〕先謙曰本宋邑見左傳後漢改屬梁分置穀熟續志穀熟下云有新城有邸亭古邸國劉注世紀云有南亳薄下云湯所都劉注城中有湯冢西有微子冢睢水注睢水自梁睢陽來東逕新城北又逕高鄉亭北又逕亳城北南亳也即湯所都矣下入睢陽又自睢陽來逕穀熟縣故城北又東蘄水出焉下入沛郡栗又淮水注蘄水首受睢水於穀熟城東北下入沛建成又云渙水自陳留傿來又逕亳城北世紀云穀熟爲南亳即湯都也又東逕穀熟城南又逕陽亭北左傳伐宋師於楊梁京相璠云宋地今睢陽東南五十里有故楊梁城今曰陽亭西北去梁國八十里渙水下入沛建平一統志故城今曹縣南二十餘里

都關

〔補注〕錢大昭曰閩本注君美二字都有美義或莽曰君美歟朱一新曰汪本下有君美二小字汪遠孫謂君美上疑脫莽曰二字此併脫君美二字先謙曰秦邑周勃攻之見本傳成帝時隕石二見五行志續志後漢省瓠子河注瓠河故瀆自濟陰句陽來河北有都關縣故城縣有羊里亭瓠河逕其西爲羊里水蓋資城地而變名魏封賈逵爲羊里亭侯即斯亭也又東右會濮水枝津下仍入句陽濮水枝津於句陽入瓠河地理志云濮渠水至都關入羊里水者也案志山陽有都關縣今其城在廪邱城西句陽廪邱俱屬濟陰則都關無隸山陽理又郕都亦山陽屬縣而京杜考地驗城又兼言在廪邱城南推此而論似志誤矣亦或疆理參差所未詳一統志故城今濮州東南

城都侯國

〔補注〕先謙曰王商國元帝封

莽曰城穀

〔補注〕先謙曰續志後漢省瓠子河注瓠河自東郡廪邱來河北又有郕都城春秋郕侯衛京相璠云廪上縣南三十里有郕都故城瓠河下入東郡黎一統志故城在濮州東南

黃

〔補注〕先謙曰春秋晉邑田莊子伐晉毀黃城見齊世家戰國屬魏趙敬侯拔之復入魏書侯圍之見趙世家

侯國

〔補注〕先謙曰梁敬王子順國元帝封表注濟陰蓋後來屬續志後漢省

爰戚

〔補注〕先謙曰秦邑曹參傳作轅戚史正義云近亢

侯國

〔補注〕先謙曰趙長年國宣帝封

莽曰戚亭

〔補注〕先謙曰續志後漢省一統志故城今嘉祥縣西南

郜成侯國莽曰告成

〔補注〕宋祁曰郜當作邛錢大昕曰表未見封郜成者外戚侯表邛成侯王奉先

注云屬濟陰濟陰距山陽近疑宋說是也先謙曰說文郜下[illegible]周文王子所封國邛下云邛地在濟陰縣案此六字文不成義[illegible]玉裁正爲邛成濟陰縣注云玉篇邛字下曰山陽邛成縣此邛[illegible]之確證前漢時容有改屬故表志不符邛成之誤郜成者以莽[illegible]告成之故也水經注黃溝東逕邛城縣故城南王莽更名之郜[illegible]可證漢志本作邛舊本邛譌作邛校者依今志改邛城爲郜成[illegible]郜成爲告成非也先謙案志文傳譌已久猶幸班注侯國與侯[illegible]邛成足資參證而玉篇及水經舊本蛛絲馬跡尚可竊尋段說[illegible]塙當從之續志後漢省濟陰成武下云有郜城知併入成武也[illegible]水注黃水自成武來東北逕郜城北春秋取郜大鼎於宋十三[illegible]志成武縣東南有郜城俗謂之北郜也黃水下入平樂豐水上[illegible]自梁睢陽來東逕郜成縣故城南山陽縣也故世有南郜北郜[illegible]論泡水下入單父寰宇記南郜在北郜南二里一統志故城在成武縣東南八十里

中鄉侯國

〔補注〕先[illegible]曰梁敬王[illegible]延年國元帝封續志後漢省

平樂侯國

〔補注〕先謙曰梁敬王子遷國元帝封[illegible]志後漢省一統志故城在單縣東四十[illegible]

淮水東北至沛入泗

〔補注〕齊召南曰案沛非縣名蓋沛字之[illegible]水經注引此文云泡水東北至沛入泗是[illegible]先謙曰齊說是淮當爲泡說文泡水出山陽平樂東北入泗泗[illegible]注黃水自郜成來東逕平樂縣故城南右合泡水卽豐水之上[illegible]也時人又謂之狂水狂黃聲相近俗傳失實也自下黃水又兼通稱矣豐水上源自單父來東逕平樂縣右合泡水泡水二源一上承睢水於梁下邑界而東北注一上承睢水於梁杼秋界北流世謂之瓠盧溝水積爲渚東北流二渠雙引俗謂之二泡左合豐水自下豐泡並得通稱故地理志曰平樂侯國泡水所出下入沛郡豐

鄭侯國

〔補注〕先謙曰梁敬[illegible]罷軍國元帝封續[illegible]漢省

瑕丘

應劭曰瑕丘在西南〔補注〕先謙曰恩澤褒成侯孔均[illegible]瑕丘蓋嘗析置褒成縣縣人大江公蕭奮見儒林傳[illegible]見本傳續志後漢因泗水注泗水自魯國魯來西過瑕丘縣[illegible]從縣東南流魯邑春秋之負瑕矣泗水下入南平陽又洙水水[illegible]水自魯來南逕瑕丘城東而南入石門古結石爲水門跨於[illegible]也西南流爲杜武溝下入南平陽洙水枝津首受洙亦自魯[illegible]南逕瑕丘城北下入秦山寧陽一統志故城今滋陽縣西二十五里

甾鄉侯國

師古曰音側其[illegible]〔補注〕先謙曰梁敬[illegible]就國元帝封表注濟南續志後漢省

栗鄉侯國

〔補注〕先謙曰東平思王子護國成帝封

莽曰足亭

[illegible]曰續志後漢省

曲鄉侯國

〔補注〕先謙曰梁荒王子鳳國成帝封表注濟南續志後漢省

西陽

〔補注〕[illegible]信曰[illegible]鄉縣西有西陽城本春秋宋防邑隱十年敗宋取防杜注高[illegible]邑縣西南有西防城是也後書劉永傳拜西防賊帥山陽佼[illegible]橫行將軍章懷注西防縣在宋州單父縣北二漢志無西防縣而山陽郡有西陽縣疑陽爲防之譌

侯國

〔補注〕[illegible]曰東[illegible]王子並國成帝封表注東萊續志後漢省

濟陰郡

〔補注〕先謙曰彭越王梁都定陶郡治當亦在此續志後漢治定陶劉注雒陽東八百里

故梁

〔補注〕全祖望曰故屬秦碭郡楚漢之際屬楚國高帝五年屬漢邑屬梁國

景帝中六年別爲濟陰國

〔補注〕先謙曰封梁孝

王子不識濟水注漢景帝已濟水出其北東注分梁於定陶置濟
陰國指北濟而定名也周壽昌云不識死無子國廢爲郡在武帝
建元三年觀濟川王廢國除爲陳留郡濟東
王廢國除爲大河郡皆不已還梁國可知
宣帝甘露二年更名
定陶補注先謙曰封子囂爲王後徙楚全祖望云黃龍元年
復故成帝河平四年復爲定陶國哀帝建平二年復故
禹貢荷澤在定陶東補注錢大昭曰湖陵但有荷水非澤所鍾故載於
此禹貢之導荷澤正在定陶先謙曰荷荷兩作詳
山陽湖陵注禹貢山水澤地篇荷澤在定陶縣東與志合紀要荷
澤在今曹州府城東南三十里據括地志唐時名龍池亦名九卿
陂屬兗州師古曰荷音柯補注先謙曰官
本注柯作和續志後漢因屬同
戶二十九萬二千五口
百三十八萬六千二百七十八
縣九補注先謙曰郡人
侯嘉見兩龔傳
定陶補注先謙曰故陶范蠡止焉稱陶朱公見越世家秦魏冉益
封陶爲諸侯見秦紀穰侯傳秦爲定陶縣見高帝與項羽攻之
見羽傳章邯破殺項梁於此見高紀羽傳彭越爲梁王所都見高
紀縣人魏相見本傳續志後漢因濟水注南濟自冤句來東北逕
定陶恭王陵南又逕定陶縣故城南側城東注縣故三鬷國也湯
伐三鬷即此南濟又屈從縣東北流右合荷水下入乘氏荷水自
陳留濟陽來東逕陶丘北墨子已爲釜丘紀年薛侯會魏襄王於
釜邱也荷水東北出於定陶縣北合氾水又逕定陶縣南右會黃

水枝渠下入乘氏氾水西分濟瀆東北逕縣南東入荷高帝即位
處也黃水枝渠上承黃溝東北入荷北濟自呂都來東北逕定陶
縣故城北下入乘氏又泗水注黃水自陳留外黃來東北逕
定陶縣南下入山陽成武一統志故城今定陶縣西北四里
故曹
國周武王弟叔振鐸所封補注先謙曰詳曹世家
左傳魯哀八年宋滅之
禹貢陶丘在西
南補注先謙曰禹貢山水澤地篇陶丘在定陶縣西南與志合說
文陶丘再成邱也在濟陰陶邱有堯城堯嘗居此故號陶唐氏
續志劉注郭璞云城中有陶丘有伯樂
冢一統志陶丘在今定陶縣西南七里
陶丘亭補注王念孫曰陶
丘亭三字文義未
明其下蓋脫在南二字詩譜正義所引已與今本同濟水注荷水東逕陶丘北
地理志云禹貢陶丘在定陶西南今本譌作禹貢定陶西南有陶邱據顏校本改陶丘亭
在南是其證先謙曰續志劉注世
紀云舜陶河濱縣西南陶丘亭是
冤句補注吳卓信曰封禪書絳
侯世家本書侯表靳歙傳
作冤朐盧綰傳及晉志並作宛句古通用孝武紀作宛侯郊祀志
作冕侯冕即冤之譌侯句聲近也先謙曰呂后封楚元王子執爲
侯國見表縣人
陳豨見豨傳
莽改定陶曰濟平補注錢坫曰改郡名後書耿
純傳父艾爲莽濟平大尹
冤句縣曰濟平亭師古曰句音劬補注先謙曰後漢因續志有煮棗
城劉注蘇秦說魏襄大王之地東有淮潁煮棗先
謙案東周策云秦效煮棗也濟水注南濟自陳留濟陽來東北逕
冤句縣故城南南濟下入定陶北濟自濟陽來東北逕煮棗城南
鄴觀高祖封革朱爲侯國又東北逕冤句縣故
城北下入呂都一統志故城今荷澤縣西南
呂都莽曰祁都補注

先謙曰侯表周呂侯呂澤索隱濟陰有呂都縣紀要或云呂后割
濟南郡封呂台爲呂王都於此因置縣續志後漢省濟水注北濟
自冤句來東北逕呂都縣故城南下入定
陶一統志故城今荷澤縣西南呂陵集
葭密師古曰葭音家補
注先謙曰魯季孫
會晉侯取葭密見紀年齊田忌破魏師於此見田齊世家續志後
漢省濟水注濮水自東郡離狐來東逕葭密縣故城北下入乘氏
一統志故城今荷
澤縣西葭密寨
成陽補注先謙曰瓠子河注雷澤東南即成陽
縣故史記曰武王封弟叔武於成應劭云
其後乃遷於成之陽故曰成陽也本秦邑有城陽君見秦紀高帝
與項羽攻屠之見高紀羽傳曹參擊王離於此見參傳續志後漢
因一統志故城
今濮州東南
有堯冢靈臺補注錢大昭曰家當作冢鄭氏詩譜
云昔帝堯嘗游成陽死而葬焉錢坫
曰後漢堯母碑文云堯母慶都感赤龍而生堯遂已侯伯恢踐帝
阼祚慶都仙歿蓋葬於茲欲人莫知名曰靈臺上立黃屋堯所奉
祠據之則靈臺堯母冢也碑建甯五年造先謙曰官本家作冢瓠
子河注成陽城西二里有堯陵南一里有堯母慶都陵於城爲西
南稱曰靈臺二陵南北列馳道逕通已磚砌之尙修整堯陵東城
西五十餘步中山夫人祠堯妃也祠南有仲山甫冢於城爲西南
在靈臺
東北
禹貢雷澤在西北補注先謙曰禹貢山水澤地篇雷澤在
成陽縣西北與志合瓠子河注瓠河自
句陽來左逕雷澤北其澤藪在大成陽縣故城西北十餘里即舜
所漁也澤之東南即成陽縣澤西南十許里有小山名歷山山北
有陶墟郭緣生言舜耕陶所在鄭玄云歷山在河東今有舜井余
謂鄭言爲然定陶西南陶丘舜所陶也不言在此瓠河下入東郡

廩丘一統志雷澤今濮州東南接荷
澤縣界曹詩譜疏引此作雷夏澤
鄄城補注先謙曰故曰鄄史
記或作甄春秋衞地見
左莊襄昭哀傳戰國趙成侯伐齊於此遂取之見趙世家後
入齊趙又取之再入齊宣王會魏惠王於此見田齊世家
莽曰
鄄良師古曰鄄音工掾反補注先謙曰續志後漢因河水注河
自東郡畔觀來東逕鄄城縣北故城在河南十八里河上之
邑最爲峻固河水下入東郡范又瓠子水注瓠子水自東郡濮陽
來東逕洮城南春秋傳分曹地自洮以南東傳於濟今鄄城西南
五十里有姚城或謂之洮也下仍入濮陽一統志今濮州東二
十里舊城集虞喜志林已爲鹿涓死馬陵在縣東北六十里
句
陽應劭曰左氏傳句瀆之丘也師古曰音鉤補注先謙曰後漢因
續志有垂亭瓠子河篇瓠子水東至句陽縣爲新溝注云瓠河
故瀆自東郡濮陽來逕句陽縣之小成陽城北側瀆世紀堯葬城
陽西北四十里是爲穀林蓋是此也瓠子水下入山陽都闕又自
都闕來又東右會濮水枝津逕垂亭北春秋宋公衞侯遇於犬邱
經書垂也京相播云小成陽東五里有故垂亭下入成陽濮渠枝
津自東郡濮陽來東逕句陽縣西句瀆出焉濮渠枝津又東北逕
縣小成陽東垂亭西而北入瓠河地理志曰濮水首受泲於封丘
縣東北至都闕入羊里水者也先謙案句陽在瓠河右都闕在瓠
河左疆理錯入故志繫都闕而注繫句陽又濟水注句瀆首受濮
水枝渠於句陽縣東南逕句陽縣故城南春秋之穀邱也左傳已
爲句瀆之邱縣處其陽故縣氏焉句瀆下入乘氏一統志故城今
荷澤縣北
句陽店
秺補注王鳴盛曰說文厖从广秺聲濟陰有厖縣此作
秺誤先謙曰武帝封商邱成昭帝封金日磾爲侯國

見莽曰萬歲孟康曰音妒補注先謙曰官本攷證云妒監本訛如表從朱本改正續志後漢省成武下劉注云地道記有秺城知併入成武也瓠子河注瓠河故瀆自東郡黎來東逕秺縣故城南王莽之萬歲世猶謂之爲萬歲亭也瓠河下入東郡廩丘一統志故城今成武縣西北

乘氏補注先謙曰故乘丘戰國趙地三晉伐楚至此而還見周紀齊取之見魏策景帝封梁孝王子買爲侯國見表後漢因續志有鹿城鄉[illegible]以濟水注濮水自葭密來東北逕鹿城南又東合句瀆句瀆自句陽來東入乘氏縣左會濮水與濟水同入鉅野澤故地理志曰濮水自濮陽南入鉅野也先謙案辨互見濮陽下知彼注應劭曰衍文無疑南濟自定陶來合菏水逕乘氏縣與北濟濮水合北濟自定陶來逕乘氏縣合南濟濮渠同入鉅野澤下入東郡壽良又瓠子水注濟濮枝渠上承濟瀆於乘氏縣下入東郡范先謙案桂城在東北故桂陵齊敗魏於此見趙魏齊世家一統志故城今鉅野縣界

泗水東南至睢陵入淮補注先謙曰泗當作菏濟水注以志云出乘氏縣爲非則漢書承譌已久濟水注菏水自定陶來合濟後復出東南右合黃溝枝流又逕乘氏縣故城南縣即春秋宋乘邱邑也地理志曰乘氏縣泗水東南至睢陵入淮郡國志曰乘氏有泗水此乃菏澤也尙書有導菏澤之說自陶丘北東至于菏無泗水之文又曰導菏澤被孟豬在睢陽縣東北十三州記云不言入而言被者明不常入也水盛方乃覆被矣澤水淼漫俱鍾淮泗故志有睢陵入淮之言以通苞泗名矣然諸水注泗者多不止此可以終歸泗水便得搵通稱也或東有泗水亦可是水之兼其目所未詳也菏水下入山陽昌邑黃溝枝流自昌邑來東北於乘氏縣西而北注菏水先謙案菏水之源具見濟水注中注云南濟自濟陽又東北菏水東出焉又云菏水上承濟水於濟陽東世謂之五丈溝一云菏水分濟於定陶東北又經云濟水東至乘氏縣西分爲二其一水東南流其一水從縣東北流入鉅野澤注云南爲菏水北爲濟瀆驟觀之似導源濟陽定陶乘氏三縣然三縣地境相接菏水祇是一源濫觴於五丈溝至定陶而通行乘氏迺爲巨川耳睢陵當作淮陰說見彼注過郡六補注先謙曰過濟陰山陽沛楚臨淮六當爲五行千一百一十里應劭曰春秋敗宋師于乘丘是也師古曰睢音雖補注先謙曰應說顏又引見秦山乘丘下一統志云酈注乘氏宋乘丘邑則似以乘丘爲宋地攷左傳乘丘之役公子偃自雩門出則乘丘去魯城不遠以爲宋地恐未必然顏注兩引亦自相矛盾

沛郡補注錢坫曰說文作郝正字沛借字先謙曰據睢水注郡治相續志後漢治同劉注雒陽東南千二百里**故秦泗水郡**補注先謙曰睢水注始皇二十三年置**高帝更名**補注先謙曰睢水注高帝四年更名全祖望云楚漢之際屬楚國高帝二年屬漢更名以屬梁國景帝後以支郡收**莽曰吾符屬豫州**補注先謙曰續志後漢爲沛國屬同

戶四十萬九千七十九口二百三萬四百八十

縣三十七補注先謙曰見侯表者有浮丘陵鄉蘁鄉三縣無考郡人施讎戴崇翟牧鄧彭祖高相唐林唐尊褚少孫聞人通漢慶普蔡千秋見儒林傳

相補注先謙曰春秋宋邑戰國入楚國策黃歇說秦昭王魏出攻銍碭蕭相故宋必盡也司馬尼居之見高紀曹參所定見本傳縣人陳萬年薛廣德見本傳**莽曰吾符亭**補注先謙曰續志後漢因劉注左傳盟於褒在縣西南一名犨睢水注睢水自梁國碭來東過相縣南故宋地也睢水東逕相縣故城南宋共公所都國府園中猶有伯姬黃堂基即伯姬墳死處也城西有伯姬冢睢水左合白溝水又逕彭城郡之靈壁東東南流項羽敗漢王處也[illegible]今東通轂泗服虔曰水名也在沛國相界名因地受轂水即睢水也下入竹白溝水上承梧桐陂水西南逕相城東入睢睢盛則入陂陂溢則入睢出入迴環更相通注又陰溝水注過水所經之相非此相也見淮陽苦下一統志故城今宿州西北

龍亢晉灼曰亢音岡補注先謙曰恩澤方陽侯孫寵表注龍亢蓋嘗析置方陽縣續志後漢因陰溝水注過水自山桑來東南逕龍亢縣故城南又南流出石梁下入義成又渠水篇沙水自山桑來東南過龍亢縣南注云沙水逕故城北又東南逕白鹿城北而東注下入義成先謙案龍亢在山桑北非沙水所逕此故城別一城非縣治一統志今懷遠縣西北七十五里龍亢集

竹莽曰篤亭李奇曰今竹邑補注先謙曰秦竹邑曹參所定見參傳續志後漢因加邑睢水注睢水自相來東逕竹縣故城南又合潭湖水[illegible]下入符離一統志故城今宿州北二十五里符離集

轂陽應劭曰在轂水之陽補注先謙曰武帝封馮谿爲侯國見表續志後漢因淮水注溴水自蘄來東逕轂陽縣左會八丈故瀆[illegible]又逕轂陽戍南又東南逕轂陽故城東北右合轂水下入[illegible]解水承縣西南解塘東北逕轂陽城南即轂水也又入溴洨水自蘄來東南逕轂陽縣八丈故瀆出焉又東合長直故溝[illegible]下入洨縣一統志故城今靈壁縣西南

蕭補注先謙曰秦縣見元和志高帝與司馬尼戰蕭西項羽從蕭晨擊漢軍並見高紀曹參定之見參傳續志後漢因劉注城周十四里南臨汴水獲水注獲水自[illegible]來東過蕭縣南縣南對山謂之蕭城南山戴延之謂之同孝山云取漢陽城侯劉德所居里名目山也城東西南三面臨側獲水故沛郡治縣亦同居矣獲水合箕谷水東逕同孝山北山陰有楚元王冢又合淨淨溝水下入楚彭城箕谷水淨淨溝水上承梧桐陂水入獲一統志故城今蕭縣西北**故蕭叔國宋別封附庸也**補注吳卓信曰唐世系表宋戴公生子衎字樂父裔孫大心平南宮長萬有功封於蕭以爲附庸自是遂爲國左莊二十三年蕭叔朝公宣十二年楚伐蕭蕭潰後還爲宋邑定十一年宋公之弟辰入於蕭以叛是也先謙曰戰國入楚見相下

向補注先謙曰續志後漢因陰溝水注北肥水自山桑來東南逕向縣故城南杜預云龍亢縣東有向城俗謂之圓城非下入義成一統志故城今懷遠縣東北四十五里**故國春秋曰莒人入向姜姓炎帝後**師古曰音餉補注先謙曰陰溝水注曰世本許州向申姜姓也炎帝後案顧炎武云春秋隱二年莒人入向桓十六年城向宣四年伐莒取向哀二十年仲孫宿會莒人盟於向杜隱二年注龍亢縣東南有向城宣四年注云向莒邑東海承縣東南有向城疑遠竊以爲實一地也先爲國後併於莒而或屬莒或屬魯則以攝乎大國之間耳承縣固遠龍亢在今鳳陽之懷遠則更遠矣惟于欽齊乘言今沂州西南百里向城鎮近之

銍師古曰銍音竹

乙反〔補注〕先謙曰齊邑百里奚乞食于此見秦紀秦爲縣縣人董緤宋畱見陳涉傳續志後漢因淮水注渙水自鄭來東逕銍縣故城南昔吳廣起兵使葛嬰下之渙水又合苞水苞水下入蘄苞水自鄭來東逕稽山北[illegible]入渙渙水一統志故城今宿州西南四十六里

廣戚侯國〔補注〕先謙曰魯共王子將國武帝封楚孝王子勳成帝封莽曰力聚〔補注〕先謙曰續志後漢改屬彭城泗水注泗水自沛來東南逕廣戚縣故城南下入楚國畱一統志故城今沛縣東

下蔡〔補注〕先謙曰續志後漢改屬九江淮水注淮水自九江壽春來會夏肥水[illegible]又北逕山硤中謂之硤石又逕下蔡縣故城東本州來之城也蔡昭侯自新蔡遷於州來謂之下蔡也淮之東岸又有一城即下蔡新城也二城對據翼帶淮濆淮水東逕八公山北又歷潘城南又逕梁城左有湄城淮水左迆爲湄湖下入九江曲陽一統志故城今鳳臺縣西北三十里下蔡鎮故州來國爲楚所滅後吳取之〔補注〕吳卓信曰左成七年吳入州來至昭四年然丹城州來以備吳迭屬吳楚二十三年雞父之戰楚師奔州來遂爲吳有封季札於此爲延州來至夫差遷昭侯於此〔補注〕何焯曰昭侯上脫蔡字王鳴盛曰南監本亦脫於誤如春秋哀二年遷也後四世侯齊竟爲楚所滅〔補注〕先謙曰蔡世家侯齊四年楚惠王滅之竟字當衍

豐莽曰吾豐〔補注〕先謙曰秦邑魏王假徙此見魏世家高祖中陽里人見高紀縣人盧綰見綰傳樊噲破泗水監於此見噲傳後漢因續志西有大澤高祖斬白蛇於此有枌榆亭劉注案前志注枌榆社在縣東北十五里今案注見郊祀志泗水注泡水自山陽平樂來又逕豐西澤謂之豐水又東逕大堰水分爲二又逕豐縣故城南側城東北流上合枝水枝津水上承豐西大堰東北逕豐城北入泡水又東合黃水亦兼清水之名下入沛縣一統志故城今豐縣治

前漢二十八上　二　四十一

鄲〔補注〕先謙曰景帝封周應爲侯國見表莽曰單城孟康曰音多〔補注〕宋祁曰單當作畱段玉裁曰鄲之音多其音古矣史記周緤傳漢二侯表水經注皆同集韻類篇本之不可易徐松曰全氏經史問答據漢書周緤傳引蘇林鄲多寒翻以駁之非也毛本無寒翻二字先謙曰鄲多雙聲俗呼轉變段徐說是後人紛紛辨難適形其陋續志後漢因淮水注苞水自鄲來東逕鄲縣故城南下入銍一統志故城今鹿邑縣西南七十里鄲城集

譙〔補注〕先謙曰周紀武王封神農後於譙通典云即此後爲陳邑楚成得臣取之見左傳莽曰延成亭〔補注〕先謙曰續志後漢因陰溝水注過水自淮陽苦來東逕譙縣故城北[illegible]合沙水枝流四周城側下入城父又陰溝水渠水注沙水枝津自汝南新陽來北逕譙縣故城西側城入過又淮水注苞水出譙城北白汀陂下入鄲一統志故城今亳州治

蘄〔補注〕先謙曰王翦破楚項燕於此見楚世家有大澤鄉陳勝起此見勝傳恩澤富民侯車千秋表注蘄蕃嘗析置富民縣

𨛦鄉高祖破黥布〔補注〕朱一新曰此與下文垓下高祖破項羽文例正同淮水注自增字或据以正班志非都尉治莽曰蘄城師古曰𨛦音直恚反〔補注〕先謙曰𨛦高紀作缶史記作甀蘇林音垂並誤此字音是也垂上聲續志後漢因淮水注渙水自銍來東南逕蘄縣故城南水上有古台梁虖遺基尚存下入穀陽蘄水自建成來東南逕蘄縣南則洨水出焉又東南北則八丈故瀆出焉[illegible]又東長直故溝出焉觀[illegible]淮下入夏丘洨水首受蘄水於蘄縣東南流下入穀陽一統志故城今宿州南蘄縣鄉蘄縣集

虹莽曰貢師古曰虹亦音貢〔補注〕先謙曰孔光傳作虹後漢因續志作虹獲水注獲水自梁杼秋來東歷洪溝東注南北各一溝溝首對獲世謂之鴻溝非也春秋蒐于紅杜預曰蕭縣西有紅亭即地理志之虹縣也景帝封楚元王子富爲侯國溝名音同非楚漢所分也獲水下入蕭又淮水注渙水自穀陽來東南逕白石戍南又逕虹城南又合洨水[illegible]亂流入淮[illegible]一統志故城今五河縣西

輒與莽曰華樂〔補注〕先謙曰續志後漢省

山桑〔補注〕先謙曰後漢改屬汝南續志有下城父聚有垂惠聚渠水篇沙水東南過山桑縣北注云沙水自城父來山桑故城在渦水北沙水不得逕其北明矣經誤也下入龍亢又陰溝水注過水自城父來東逕下城父北又屈逕其聚東郎山西又東南屈逕南山南山東有垂惠聚世謂之禮城又逕過陽城北[illegible]下入龍亢北肥水出山桑縣西北澤藪東南左右翼佩數源異出同歸東南逕山桑邑南俗謂之北平城又東逕山桑縣故城南俗謂之都亭非也今城內東側猶有山亭桀立陵阜高峻非洪臺所擬十三州志所謂山生于邑其亭有桑因以氏縣者也北肥水東積爲瑕陂東南逕瑕城南左傳楚師還及瑕者也下入向一統志故城今蒙城縣北

公丘〔補注〕先謙曰秦滕縣夏侯嬰爲令因號滕公見嬰傳後分蕃縣屬魯至武帝分置公丘見元和志肇域記續志後漢因泗水注南梁水枝流自魯國蕃來西逕滕城北高帝封夏侯嬰爲侯國鄧晨云今沛郡公丘也其水又瀠於邱焉縣故城在滕西北城周二

前漢二十八上　二　四十二

十里內有子城按地理志即滕也齊滅之秦以爲縣世以此水瀠我亘田遂及百秭故有兩溝之名一統志故城今滕縣西南十四里

侯國〔補注〕先謙曰魯共王子順國武帝封故滕國周懿王子錯叔繡所封三十一世爲齊所滅師古曰左氏傳云郜雍曹滕文之昭也系本亦云錯叔繡文王子而此志云懿王子未詳其義耳〔補注〕王念孫曰景祐本錯叔繡下有文公二字案景祐本是也今本無文公二字者後人以滕文公不當與祖同謚而刪之也不知子孫不可與祖父同名未嘗不可同謚周公之謚曰文固與文王同謚矣魯之文公又與周公同謚矣推之他國亦多有此豈得憑臆妄刪乎泗水注公邱地理志周懿王子錯叔繡文公所封也正與景祐本同[illegible]錢坫曰宋忠云滕國沛國公邱是

符離〔補注〕先謙曰楚之南寨見國策秦爲縣人葛嬰朱雞石見陳涉傳王孟見游俠傳武帝封路博德爲侯國見表爾雅莞苻離也地多此草故名見元和志先謙案苻離之苻當從草据莽改符合取合符之義似從竹已久矣莽曰符合〔補注〕先謙曰續志後漢因睢水注睢水自竹來合丈八故溝水觀又東逕符離縣故城北下入臨淮取慮一統志故城今宿州治紀要州北二十五里符離集

敬丘侯國應劭曰春秋遇於犬丘明帝更名犬丘〔補注〕汪士鐸曰下犬當作大先謙曰武帝封魯共王子政爲侯國錢大昕云表政封瑕邱侯疑即此敬丘也山陽郡有瑕丘縣然不云侯國後漢因續志作太丘睢水注睢水自栗來東逕敬丘縣故城北下入芒一統志故城今永城縣西北

夏丘〔補注〕先謙曰千章侯遇更封亘上見表即此外戚孔鄉侯傳晏表注

夏丘蓋嘗析置孔鄉縣莽曰歸思〔補注〕先謙曰續志後漢改屬下邳淮水注淮水自鍾離來東逕夏丘縣南又合潼水
又至巉石山合潼水又逕浮山山北對巉石山淮水下入臨淮徐
潼水自臨淮僮來南逕夏丘縣絕蘄水又逕夏丘縣故城西又東
南逕臨潼戍西又至巉石西南入淮蘄水自蘄來東入夏丘縣東
絕潼水逕夏丘縣故城北下入臨淮僮一統志故城今泗州治
洨侯國〔補注〕先謙曰趙敬肅王子周舍國武帝封又高后封呂產亦在此辨見表垓下高祖破項羽〔補注〕
王念孫曰垓下下脫聚字續志洨有垓下聚高祖破項羽淮水注
洨縣有垓下聚漢高祖破項羽所在也皆本地理志高紀圍項羽
垓下李奇云沛洨縣聚邑名也此言垓下聚而高紀但言垓下者
猶上文言鄱鄉高祖破黥布而黥布傳但言鄱也此記各縣鄉聚
之名則必當言鄱鄉垓下聚矣故垓下聚在今鳳陽府靈壁縣南五十里莽曰有成應劭曰洨水所出南入淮師古曰洨
音肴〔補注〕先謙曰官本有成作育成王念孫云有成當爲肴字之
誤也師古云洨音肴是洨肴同音故莽改洨爲肴成猶上文鄲縣
之改鄲城蘄縣之改蘄城也水經注作育城亦後人以誤本漢書
改之新校本改爲肴城是也先謙案淮水注洨水自穀陽來東南
逕洨縣故城北入渙蜆續志後漢因一統志故城今靈壁縣南五
十里縣志今濠城集洨水今沱河案濠城即肴成之音轉字變亦
有當爲肴之一證沛〔補注〕先謙曰孔子南之沛見老聃見莊子秦縣縣人蕭何曹參王陵周勃樊噲周緤周昌任敖見本傳高
帝封代王喜子濞爲侯國見表後漢因續志有泗水亭劉注有許
城左傳定八年鄭伐許泗水注泗水自山陽湖陵來東過沛縣東

前漢二十八上二

昔許由隱於沛澤即是縣也縣取澤爲名宋滅屬楚在泗水之濱
於秦爲泗水郡治黃水注之[illegible]泗水南逕沛縣東縣治故
城南垞上東岸有泗水亭高祖爲泗水亭長即此亭也泗水卜入
廣戚豐水自豐來東逕沛縣故城南東入泗即泡水也地理志曰
泡水自平樂縣東北至沛入泗者也又濟水注荷水自山陽湖陵
入泗後東南過沛縣東北泗與濟亂故濟納互稱矣荷水下入楚
國菑通鑑胡注沛郡治相縣而沛自爲縣漢時人謂沛縣爲小沛一統志故城今沛縣東有鐵官〔補注〕先謙曰亦見五行志
芒莽曰博治應劭曰世祖更名臨睢睢水出焉師古曰芒音莫郎反睢音雖〔補注〕先謙曰官本博治作傳治水經同高
帝封彭跖爲侯國見表續志臨睢故芒光武更名睢水注睢水自
敬丘來東逕芒縣故城北下入梁國碭一統志故城今永城縣東
北南城鄉俗呼大睢城建成侯國〔補注〕先謙曰呂釋之國高帝封長沙定王子拾武帝封黃霸宣帝封曹參號建成君
見參傳索隱以爲此縣續志後漢省淮水注蘄水自山陽薄
來東逕建成縣故城北下入蘄一統志故城今永城縣東南
城父〔補注〕先謙曰陳夷邑楚取之見左傳後改名城父見昭傳章邯殺陳勝於此見秦紀劉賈屠之見項羽傳高帝封尹恢爲侯國見
表夏肥水東南至下蔡入淮〔補注〕先謙曰淮水注夏肥水上承沙水於城父縣右出東南流逕城父縣
故城南王莽之思善也左傳然丹遷城父人于陳以夷濮西田益
之言夷田在濮水西者也然則濮水即沙水之兼稱得夏肥之通
目矣夏肥水自縣東逕思善縣故城南[illegible]又爲高陂又爲大
漴陂水分爲二南爲夏肥水北爲雞陂雞陂東流爲黃陂又東南

積爲茅陂又東爲雞水呂氏春秋云宋人有取道者其馬不進投
之雞水是也雞水又右會夏肥水亂流東注下入下蔡一統志今
名西肥河一名滄河滄即肥之音轉雞水今名雞河過郡二行六百二十里〔補注〕錢坫曰過沛臨淮二郡先
謙曰夏肥水不至臨淮錢說似誤夏肥水源自沙水分疑班所謂過郡二者兼汝南言之耳莽曰思善〔補注〕先謙曰後
漢改屬汝南續志有章華臺劉注有乾谿在縣南一渠水注沙水自
汝南新陽來東南逕城父縣西枝津出爲章水陂一水東注爲濮
水[illegible]俗謂之艾水也沙水逕縣故城南東流下入山桑又陰
溝水注過水自譙來東南逕城父縣故城北合章水下入山桑章
水上承沙水枝流於思善縣[illegible]有章頭之名東北逕
城父縣故城西側城東北入過一統志故城今亳州東南城父村
建平侯國〔補注〕先謙曰杜延年國昭帝封莽曰田平〔補注〕先謙曰續志後漢因淮水注渙水自山陽薄來東逕
建平縣故城南下入鄼後書姚期傳注一名馬頭城一統志故城今永城縣西南鄼莽曰贊治應劭曰音嵯師古曰
此縣本爲鄼應音是也中古以來借鄭字爲之耳讀皆爲鄼而莽
呼爲贊治則此縣亦有贊音〔補注〕吳卓信曰說文鄼沛國縣从邑
虘聲與南陽之鄼形聲俱別師古謂沛郡之鄼亦有贊音乃後來
借鄼爲鄼之故非本音也攷班固泗水亭銘云文昌四友漢有蕭
何序功第一受封於鄼鄼與何叶班氏漢人必知本朝故實江統
徂淮賦亦云戾鄼城而倚軒實蕭公之故國戴規辨字姚察訓纂
並從其說定爲不謬固知小司馬謂何初封沛後嗣改封南陽其
說爲最當矣先謙曰秦邑葛嬰攻之見陳涉世家後漢因續志有

前漢二十八上二

鄼聚劉注東北有棘亭有犬丘城有費亭淮水注渙水自建平來
東逕鄼縣故城南春秋襄公會諸侯及齊世子光于鄼[illegible]今其
地鄼聚也又東南逕費亭南下入銍苞水自譙來東逕鄼縣南
下入鄼一統志故城今永城縣西南鄼縣鄉官本注嵯作嵯
栗〔補注〕先謙曰秦邑章邯擊楚軍至此見項羽傳高帝引兵至此見本紀周勃取之見勃傳侯國〔補注〕先謙曰趙敬肅王子樂國
武帝封莽曰成富〔補注〕先謙曰續志後漢省睢水注睢水自山陽薄來東逕栗縣故城北下入敬丘一統志故城今夏
邑縣治扶陽侯國〔補注〕先謙曰韋賢國宣帝封表注蕭蓋分蕭縣置莽曰合治〔補注〕先謙曰續志後漢省
一統志故城今蕭縣西南寰宇記六十五里高侯國〔補注〕先謙曰周成國高帝封梁敬王子舜元帝封續志後漢省高
柴侯國〔補注〕先謙曰梁敬王子發國元帝封續志後漢省漂陽如淳曰漂音票〔補注〕先謙曰官本作溧陽注漂音栗
作溧音栗案侯表有梁敬王子漂陽侯欽元帝封注曰沛即此溧陽屬丹楊梁國分封不得至此續志後漢省平阿〔補注〕先謙
曰魏惠王齊宣王會此見魏世家侯國〔補注〕先謙曰王譚國成帝封莽曰平寧〔補注〕先謙曰後漢改屬九江續
志有塗山淮水注淮水自九江當塗來淮西有平阿縣故城淮出
於荊山左當塗右奔流二山之閒而揚濤北注下入義成一統志
故城今懷遠縣西南六十里平阿集東鄉〔補注〕先謙曰元帝封梁敬王子方爲侯國見表續志後漢省臨都〔補注〕先謙
曰元帝封梁敬王子未央爲侯國見表續志後漢省義成〔補注〕先謙曰成帝封甘延壽爲侯國見表續志後漢改屬九江淮水

注淮水自平阿來於荊山北合過水又東北逕義成縣東下入九江鍾離又陰溝水注北肥水自向來東南逕義成南入過過水自龍亢來東南逕荊山北合北肥水入淮經言下邳淮陽入淮誤矣又渠水篇沙水自龍亢來東南過義成縣西南入淮注云沙水入淮謂之沙汭京相璠云楚東地也左傳楚令尹子常以舟師及沙汭而還也先謙案義成更在龍亢北亦非沙水所逕也道元不言以山桑該二縣一統志故城今懷遠縣東北十五里拖城渦口城之譌也**祁鄉**〔補注〕先謙曰秦祁邑曹參取祁善置見參傳**侯國**〔補注〕先謙曰梁夷王子賢國成帝封**莽曰會穀**〔補注〕先謙曰續志後漢省曹相國世家文穎注穀熟有祁亭是縣併入穀熟矣一統志故城今夏邑縣北祁邑鄉

魏郡〔補注〕先謙曰據濁漳水注郡治鄴縣續志後漢治同劉注雒陽東北七百里**高帝置**〔補注〕全祖望曰故屬秦河東郡高帝分置先謙曰濁漳水注高帝十二年置後分魏郡置東西部都尉故曰三魏先謙案此後漢建安事**莽曰魏城屬冀州**〔補注〕錢大昭曰城亦作成王莽傳有魏成大尹先謙曰續志後漢因屬同**戶二十一萬二千八百四十九口九十萬九千六百五十五**

縣十八〔補注〕先謙曰見王子侯表者有畢梁旁光蓋胥漳北安檀五縣無考郡人蓋寬饒見本傳

鄴〔補注〕先謙曰濁漳水注城本齊桓公置管子曰築五鹿中牟鄴以衛諸夏是也後屬晉魏文侯七年始封此地先謙案西門豹

守鄴晉鄙救趙止壁於此並見魏世家趙悼襄王時魏以與趙始皇十一年攻拔之並見趙世家後漢因續志有滏水有汙水有汙城有平陽城有武城有九侯城劉注西南有上司馬殷太甲常居之西北有鼓山南有交谷水有西唐山北有太行山濁漳水注漳水自武安來東逕三戶峽為三戶津在鄴西四十里案項羽傳蒲將軍引兵度三戶又合汙水逕武城南又東北逕西門豹祠前又會合漳水枝流見會鄲又合滏水下入梁期又自梁期來逕平陽城北紀年梁惠成王元年鄴師敗邯鄲師於平陽者也下入斥丘汙水自武安來東南逕汗城北東入漳羽傳大破秦軍汙水上又洹水注洹水自河內隆慮來東北出山逕殷墟北羽傳羽與章邯期盟洹水南殷虛上即此過鄴縣南又東枝津出焉又自鄴東逕安陽縣故城北晉縣城在鄴城南四十里又至長樂縣晉縣左則枝溝出焉又逕長樂縣故城南下入內黃洹水枝津東北流逕鄴城南為新河又東分為二一西入漳一東北合垌溝及台陂水入白溝一統志故城今臨漳縣西**故大河在東北入海**〔補注〕錢坫曰此禹河也由故鄴東斥丘縣東至列人縣東得橫漳東北入於海王橫云禹之行河水本隨西山下東北去此是也閻若璩曰故大河者禹之故河也至周定王五年始不復從此行王鳴盛曰此本漳水與河經流徙駭相亂班固目為故大河實非禹河陳奐曰漢溝洫志王橫言周譜云定王五年河徙當魯宣公之七年也禹大河至此始徙耳其故瀆當在鄴之東即今濬滑二縣之西先謙曰河水注河水自黎陽來又有宿胥口舊河水北入處也

館陶〔補注〕先謙曰春秋晉冠氏邑齊取之見左哀傳續志後漢因淇水注白溝自魏來東北逕趙城西又北阿難河出焉又北逕喬亭城西東去館陶縣故城十五里後魏陽平郡治又屈逕縣北下入平恩一統志故城今邱縣西南四十里冠縣半入館陶境**河水別出為屯氏河東北至章武入海**〔補注〕先謙曰章武勃海縣河水注王莽河故瀆自元城沙邱堰南分為屯氏河北出逕館陶縣東東北出溝洫志曰自塞宣防後河復北決於館陶縣分為屯氏河廣深與大河等成帝之世河決館陶及東郡金隄使王延世塞之隄成是水亦斷又云屯氏河故瀆又東北屯氏別河出焉屯氏別河故瀆下入清河信成屯氏河故瀆自別河東下入清河信鄉先謙案屯氏故瀆及別河南北瀆俱不至章武自鳴犢河於清河鄃縣合大河後所行皆經流故道也**過郡四行千五百里**〔補注〕錢大昭曰溝洫志河北決于館陶分為屯氏河東北經魏清河信都勃海入海所謂過郡四也

斥丘〔補注〕先謙曰高帝封唐厲為侯國見表**莽曰利丘**應劭曰斥丘在西南也師古曰闞駰云地多斥鹵故曰斥丘〔補注〕先謙曰後漢因續志有葛劉注有乾侯魯昭公所處濁漳水注漳水自鄴來又東右逕斥丘縣北下入即裴又洹水注垌溝水上承洹水北絕新河北逕高陵城東又北逕斥丘縣故城西縣南有斥丘蓋因丘以氏縣其水又屈逕城北東北流注白溝一統志故城今成安縣東南

沙〔補注〕王念孫曰續志同濁漳清漳二水注沙竝作涉趙一清云兩漢志本作沙縣至三國時始有涉名魏書太祖圍鄴涉長梁岐以縣降是也案趙說非也水經清漳水東過涉縣西屈從縣南注云地理志魏郡之屬縣也漳水於此有涉河之稱蓋名因地變也是善長所見漢志本作涉不作沙且漳水至涉縣而有涉河之名由來已久不然漳水何以無涉河之名乎魏武帝紀稱涉

長梁岐則涉乃漢時舊名非自三國時始元和志涉縣本漢舊縣屬魏郡因涉河水為名寰宇記亦不言本名沙縣後改為涉縣也趙氏以兩漢志皆作沙遂謂涉縣本名沙縣今考王子侯表云離石侯綰後更為涉侯則涉縣乃西漢時舊名而今本兩志作沙皆傳寫之誤明矣先謙曰續志後漢因劉注有龍山清漳水注清漳水自上黨沾來東過涉縣於此有涉河之稱下入武安一統志故城今涉縣西北二里

內黃清河水出南應劭曰春秋吳子晉侯會于黃池今黃澤在西陳留有外黃故加內云臣瓚曰國語曰吳子會諸侯于黃池掘溝於齊魯之間今陳外黃有黃溝是也史記曰伐宋取黃池然則不得在魏郡明矣師古曰瓚說是也應說失之〔補注〕王鳴盛曰晉當作商即宋也汪士鐸曰今陳下脫留字先謙曰功臣表翕侯邯鄲趙信注云內黃蓋曾析置翕縣後漢因續志有羛陽聚有黃澤劉注東北有柯城北有戲陽城淇水篇淇水東過內黃縣南為白溝注云淇水自東郡頓丘來東北逕并陽城郡國志所謂內黃縣有并陽聚者也又北合蕩水又東北逕內黃縣故城南縣右對黃澤郡國志云縣有黃澤者也史記趙廉頗伐魏取黃即此縣又自縣北逕戲陽城東世謂之羛陽聚又北逕高城亭東合洹水下入魏先謙案白溝又歷魏館陶平恩三縣至清淵縣為清淵清河之名由此始班謂清河水出南者溯其源耳又案清水注云清水至河內汲縣為清口入河即淇河口也地理志云清河水出內黃縣南無清水可來所有者惟是水耳蓋河徙南注清水瀆移匯流逕絕餘有清河之稱相嗣不斷曹公開白溝遏水北注方復故瀆先謙案据此益悟白溝之下為清淵有自來也又蕩水注羑水自河內蕩陰來東至內黃會防水

又歷黃澤入蕩水地理志曰羑水至內黃入蕩者也長沙溝水自黎陽來東北至內黃縣右入蕩水亦謂之黃雀溝蕩水自蕩陰來合羑水長沙溝水逕內黃城南東入白溝又洹水注洹水自鄴來東逕內黃縣北東入白溝謂之洹口一統志故城今內黃縣西北

清淵 應劭曰清河在西北〔補注〕先謙曰續志後漢因淇水注白溝自平恩來東逕清淵縣故城西又歷縣西北爲清淵故縣有清淵之名矣世謂之魚池城非也又東北逕廣宗縣東後漢縣爲清河又逕廣宗縣故城南下入清河郡信鄉案應云清河在縣西北而水經謂至廣宗爲清河然則廣宗分清淵水置也一統志故城今臨清州西南

魏都尉治莽曰魏城亭 應劭曰魏武侯別都〔補注〕先謙曰續志後漢因淇水注白溝自內黃來北逕問亭東卽魏界也魏縣故城應劭云魏武侯之別都也城內有武侯臺白溝又左合新河洹水枝流也又東北漳水注之謂之利漕口自下清漳白溝淇河咸得通稱也下入館陶一統志故城今大名縣西

繁陽 應劭曰在繁水之陽張晏曰其界爲繁淵〔補注〕先謙曰戰國魏地趙拔之見趙世家趙奢傳河水注王莽河故瀆自東郡畔觀來逕繁陽縣故城東下入陰安浮水故瀆自東郡頓丘來東逕繁陽縣故城南春秋襄二十年公與齊侯晉侯盟于澶淵杜預曰在頓丘縣南卽繁淵也亦謂之浮水焉昔魏徙大梁趙以中牟易魏故志曰趙南至浮水繁陽卽是瀆也浮水故瀆下入東郡畔觀續志後漢因一統志故城今內黃縣東北澶水在開州西南一名繁水一名浮水張注其界爲繁淵河水注引作縣有繁淵

元城 應劭曰魏武侯公子元食邑於此因而遂氏焉〔補注〕先謙曰西有踐土驛晉作王宮於此田齊魏世家秦齊伐

魏陽狐括地志以爲縣東北陽狐郭有委粟里見元后傳縣人淳于長見佞幸傳後漢因續志墟故沙鹿有沙亭劉注左傳會馬陵龐涓死處涓死或云在鄄城河水注王莽河故瀆自東郡樂昌來又東北逕平邑郭西紀年趙城平邑也又東北逕元城縣故城西北而至沙邱堰郭東有五鹿墟縣北有沙邱堰堰障水也此尚書禹貢北過降水之故道不遵其道曰降亦曰瀆至于大陸北播爲九河自此始也及齊桓霸世廣塞田居同爲一河故自堰以北館陶廮陶貝邱鬲般廣川信都東光河閒樂成以東城地並存川瀆多亡是以班固云自茲距漢北亡八枝者也王莽河故瀆自沙邱堰南分屯氏河出焉屯氏河下入館陶王莽河故瀆下入東郡發干先謙渠道元謂此堰北是禹河故道自齊桓闕河而堰以起九河遂亡也一統志故城今元城縣東

梁期 〔補注〕先謙曰武帝封任破胡爲侯國見表續志後漢因濁漳水注漳水自鄴來東逕梁期城南地理風俗記云鄴北五十里有梁期城故縣也下仍入鄴案据應說縣倂入鄴旋復其縣一統志故城今磁州東

黎陽 〔補注〕先謙曰縣人賈護見儒林傳 **莽曰黎蒸** 晉灼曰黎山在其南河水經其東其山上碑云縣取山之名取水之陽以爲名〔補注〕汪士鐸曰取水之陽謂淇水宿胥口之陽也先謙曰續志後漢因劉注有牽城淇水注淇水自河內朝歌來又南歷枋堰舊淇水口東流逕黎陽縣界南入河地理志淇水出共東至黎陽入河溝漁志曰遮害亭西十八里至淇水口是也魏武於水口下大枋木以成堰遏淇水東入白溝以通漕運人號其處爲枋頭後廢魏熙平中復通之故瀆歷枋城北東出南過枋城西分二水一南注清水上下更相通注河清水盛北入故渠自此始矣此由黎陽入河之濁水一東流逕枋城南下入東郡頓丘又自頓丘來東北逕枉人山東隋志黎陽有枉人山牽城西杜預云黎陽東北有牽城矣淇水又東北逕石柱岡而東北注下入內黃又蕩水注長沙溝水自河內蕩陰來東逕枉人山下入內黃又河水注河水自東郡南燕來東合淇水又逕遮害亭南又有宿胥口舊河水北入處也又右逕滑臺城北城卽鄭廪延邑也下有延津又東北過黎陽縣南今黎山之東北故城蓋縣故城也山在城西城憑山爲基東阻于河河水下入東郡白馬一統志故城今濬縣東北黎山在縣東南二里

卽裴 〔補注〕先謙曰說文及本表卽作鄆水經注與志同 **侯國** 〔補注〕先謙曰趙敬肅王子道國武帝封 **莽曰卽是** 應劭曰斐音非〔補注〕先謙曰案莽曰卽是足證漢世斐讀爲非與今音異續志後漢省濁漳水注漳水自斥丘來東逕卽斐縣故城南地理風俗記云列人縣西南六十里有卽斐城故縣也漳水下入廣平列人案据應說縣倂入列人一統志故城今肥鄉縣南

武始 〔補注〕先謙曰戰國韓地秦昭襄王取之見秦紀武帝封趙敬肅王子昌爲侯國見表續志後漢省張純封武始侯在建武初一統志故城今邯鄲縣西南 **漳水東至邯鄲入漳** 〔補注〕段玉裁曰上漳字當作滏今滏水北流入滹沱先謙曰邯鄲趙國縣北山經神菌之山滏水出焉而東流注于歐水參之宅書歐卽漳矣續志鄴下有滏水劉注魏都賦云北臨漳滏則冬夏異沼注云水經鄴西北滏水熱故名滏口御覽引水經注云滏水發源出石鼓山南巖下泉源奮涌若釜之揚湯矣其水冬溫夏冷崖上有魏世所立銘水上有祠能興雲雨又東流注於漳謂之合河先謙詳滏源所出似在鄴縣班說不當繫此段說存攷汪士鐸

云當作渚水卽渚沁水也 **又有拘澗水東南至邯鄲入白渠** 應劭曰拘音矩〔補注〕先謙曰濁漳水注拘澗水導源縣東山北俗猶謂是水爲拘河也又東下入趙邯鄲

邯會侯國 張晏曰漳水之別自城西南與邯山之水會今城旁猶有溝渠在也師古曰邯音下安反〔補注〕先謙曰趙世家樂毅攻魏伯陽括地志以爲卽邯會趙敬肅王子仁國武帝封續志後漢省濁漳水注邯水出邯山東北逕邯會縣故城西北注漳水枝流故曰邯會也漳水枝流上承漳水於邯會縣西而東別與邯水合又東北入漳觀張說在也二字道元引作存焉一統志故城今安陽縣西北

陰安 〔補注〕先謙曰武帝封齊北貞王子不害及衛不疑爲侯國見表後漢因續志加邑河水注王莽河故瀆自繁陽來北逕陰安縣故城西下入東郡樂昌一統志故城今清豐縣北二十里

平恩侯國 〔補注〕先謙曰許廣漢國宣帝封 **莽曰延平** 〔補注〕先謙曰續志後漢因濁漳水注衡漳故瀆自廣平斥章來東北逕平恩縣故城西應劭云縣故館陶之別鄉宣帝地節三年置故瀆下入廣平南曲又淇水注白溝自館陶來東北逕平恩縣故城東下入清淵一統志故城今邱縣西

邯溝侯國 師古曰邯水之溝〔補注〕先謙曰趙頊王子偃國宣帝封表溝作蕢續志後漢省濁漳水注白渠故瀆自武安來南出所在枝分右出卽邯溝也歷邯溝縣故城東蓋因溝以氏縣地理風俗記云卽斐城西北二十里有邯溝城故縣也邯溝水下入廣平列人案据應說及卽斐下應說縣亦倂入列人一統志故城今肥鄉縣西北

武安 〔補注〕先謙曰戰國秦地昭襄王以封白起爲武安君趙奢破秦軍於此蓋以此時屬趙秦王齕取之

並見秦紀李牧又封武安君薨復屬趙見趙世家高帝封武安侯見項羽紀武帝封田蚡哀帝封楚思王子㑴爲侯國見表欽口山白渠水所出東至列人入漳〔補注〕先謙曰列人廣平縣濁漳水注白渠水出武安縣欽口山東南流下入趙邯鄲又有寖水東北至東昌入虖池河〔補注〕先謙曰東昌信都縣說文寖水出武安東北入呼沱水水經注無之錢坫云在今武安縣東三十里下流合滏水滏水所行皆寖水也東北逕磁州南邯鄲縣東南廣平府城東南肥鄉縣北曲周縣東南平鄉縣東鉅鹿縣西下流入北泊先謙案寖水卽濁漳也汪士鐸云入虖池河者與虖池故瀆通也志於上黨長子下云濁漳至鄴入清漳此書又有寖水云云亦未著水所出似班氏尚未審寖濁漳之爲一水亦由圖記不明名稱歧出致斯舛漏耳過郡五行六百一里〔補注〕先謙曰過魏廣平鉅鹿信都五當爲四有鐵官莽曰桓安師古曰寖音子衽反虖音呼池音徒何反其下並同〔補注〕先謙曰後漢因續志有鐵清漳水篇清漳水自沙來東至武安縣南黍窖邑入濁漳又濁漳水注漳水自上黨潞來合倉谷水[illegible]東過武安縣於縣東合清漳水謂之交漳口下入鄴先謙案本志上黨長子下濁漳水東至鄴入清漳者也水經注以濁漳爲主以清漳爲綱耳此下水道所經道元仍主濁漳志則清漳寖水并行也注又云汙水出武安縣山東南下入鄴一統志故城今武安縣西南

鉅鹿郡〔補注〕先謙曰據濁漳水注秦漢郡治鉅鹿續志後漢治廮陶劉注雒陽北千一百里秦置〔補注〕先謙曰濁漳水

注始皇二十五年滅趙以爲鉅鹿郡全祖望云楚漢之際屬趙國尋屬常山國八月[illegible]復屬趙國高帝三年屬漢四年復以屬趙國高后八年復故文帝元年復屬趙國景帝三年復故四年復屬趙國後以支郡收周壽昌曰後書光武紀有王莽和戎卒正邳彤注引東觀記曰王莽分鉅鹿爲和戎郡此志郡下當有莽曰和戎四字屬冀州〔補注〕先謙曰續志後漢因屬同戶十五萬五千九百五十一口八十二萬七千一百七十七縣二十〔補注〕先謙曰見王子侯表者有甘井昆題三縣無考

鉅鹿〔補注〕先謙曰項羽救趙大破秦軍於此路溫舒縣東里人並見本傳亦見五行志後漢因續志故大鹿劉注史記紂盈鉅橋之粟許慎云鉅鹿之大橋也南有棘原章邯所軍處濁漳水注衡漳故瀆自廣平曲周來北逕巨橋邸閣西又北逕鉅鹿縣故城東南尚書堯將禪舜納之大鹿之野烈風雷雨不迷致之以昭華之玉而縣取目焉衡漳故瀆下入堂陽又自堂陽來逕沙邱臺東下入信都南宮一統志故城今平鄉縣治禹貢大陸澤在北〔補注〕先謙曰續志劉注有廣阿澤呂氏春秋九藪趙之鉅鹿高注廣阿澤也山海經曰九陸之水一統志澤在今任縣東北與鉅鹿隆平接界水道提綱云俗稱甯晉北泊紂所作沙丘臺在東北七十里應劭曰鹿林之大者也臣瓚曰山足曰鹿師古曰應說是〔補注〕先謙曰濁漳水注在故城東北七十里趙武靈王秦始皇並死於此一統志在今中鄉縣東北舊志王固岡東北十餘里有大平臺村東又有小平臺村卽沙邱臺遺址

南欒〔補注〕先謙曰左哀傳齊伐晉取欒杜注在趙國平棘縣西北本欒武子封邑其後南徙因曰南欒武帝封趙敬肅王子佗爲侯國蕭何四世孫有南欒長喜並見表莽曰富平孟康曰欒音良全反〔補注〕先謙曰後漢因續志或作蠻誤光武紀亦作欒一統志故城今鉅鹿縣北

廣阿〔補注〕先謙曰高帝封任敖爲侯國見表續志後漢省元和志趙州昭慶縣本漢廣阿縣廣阿澤在縣東二十五里故縣取名焉案光武初拔廣阿登樓與鄧禹閱天下地圖其時尚有此縣高誘以[illegible]澤爲卽廣阿澤知後廣阿併入鉅鹿矣一統志故城今隆平縣東十二里舊城村

象氏侯國〔補注〕先謙曰趙敬肅王子賀國武帝封莽曰寧昌〔補注〕先謙曰續志後漢省一統志故城今隆平縣東北二十五里

廮陶師古曰廮音一井反〔補注〕先謙曰說文廮安止也鉅鹿有廮陶縣後漢因續志有薄落亭一統志故城今甯晉縣西南二十五里

宋子〔補注〕先謙曰戰國趙邑燕王喜伐廉頗軍至此見燕世家高帝封許瘛爲侯國見表莽曰宜子〔補注〕先謙[illegible]志後漢省[illegible]水注大白渠自常山關來東逕宋子縣故城北謂之宋子河[illegible]漸離擊筑傭工自此入秦大白渠下入敬武一統志故城今[illegible]東北二十五里城址尚存

楊氏〔補注〕先謙曰縣人尹賞見酷吏傳莽曰功陸睦之誤王莽[illegible]〔補注〕先謙曰[illegible]證後漢孟敏傳注引十三州志云縣在魏郡北地續志後漢因一統志故城今甯晉縣治

臨平志後漢省〔補注〕先謙[illegible]紀建武四年帝幸臨平時尚未省也後魏志曲陽縣有臨平城蓋自漢世併入下曲陽一統志故城今晉州東南

下曲陽

都尉治應劭曰晉荀吳滅鼓今鼓聚昔陽亭是也師古曰常山上曲陽故此云下〔補注〕先謙曰王莽分和戎郡治此東觀漢記後漢因續志有鼓聚故翟鼓子國有昔陽亭濁漳水注白渠自敬武來又東謂之斯洨水地理志大白渠東南至下曲入斯洨者也東分爲二枝津右出東南流爲百尺溝又逕和城[illegible]下入貰斯洨水下亦入貰白渠枝水自新市來東逕昔城南又東逕下曲陽城北下入安鄉一統志故城今晉州西

貰師古曰音式制反〔補注〕先謙高帝封傅胡害爲侯國見表志後漢省濁漳水注百尺溝水自下曲陽來東南逕貰縣西歷鄉斯洨水自枝水津東逕貰城北又東積爲陂謂之陽縻淵左納白渠枝水俗謂之泜水也斯洨水下入信都西梁白渠枝自安鄉來東逕貰縣入斯洨水又泗水注豐水上源上承大[illegible]東逕貰城北下入梁已氏一統志故城今東鹿縣西南

鄡莽曰秦聚師古曰音苦么反注段玉裁曰鄡章鄗陽縣字不同玉篇廣韻可證眞定國綿曼下斯洨水東至入河則字從俗體不得以彼證此盧文弨云仲尼弟子鄡單本作鄗檀弓縣亶卽鄡字趙一清曰作鄡者是今本說文乃人所改如縣谷改爲梟谷県首改爲梟首也錢大昭曰南監本本于師古曰音苦么反之下有又差梟反四字今脫先謙曰有又差梟反四字引劉敞曰衍交案後漢因續志作鄡濁漳水衡漳水自信都桃來合斯洨故瀆又北逕鄡縣故城東下入信下博斯洨水自樂信來至縣東入衡水趙一清云本志斯洨水至鄡入河益卽衡水也一統志故城今東鹿縣東

新市〔補注〕吳卓信曰楚世家考烈王年至新中秦兵去索隱趙地無

中當爲新市。侯國。〔補注〕先謙曰廣川繆王子吉國昭帝封表注堂陽則縣分堂陽置。莽曰市樂。〔補注〕先謙曰續志後漢省濁漳水注白渠枝水自眞定肥纍來東逕新豐城北案地理志云鉅鹿有新市縣王莽更之曰樂市[illegible]而無新豐之目所未詳矣白渠枝水下入下曲陽今地闕中山縣同名或云此改屬非

堂陽，〔補注〕先謙曰高帝封孫赤爲侯國見表有鹽官。當分爲涇縣。應劭曰在堂水之陽。〔補注〕錢坫曰元和志後漢分漢堂陽於今縣西北二十里置經城縣是分經縣在後漢時也今經城在威縣北此五字不似本文疑後人以注語涵入王鳴盛曰涇南監本作經朱一新曰汪本涇作經是段玉裁云即續志安平國之經縣先謙曰官本涇作經言嘗分則後已併省後漢復置耳錢說非續志堂陽後漢改屬安平又經下云西有漳水津名薄落津河水注張甲河故瀆自清河信成來北絕清河於廣宗縣後漢縣屬鉅鹿分爲二左瀆逕廣宗縣故城西今威縣東二十里又北逕建始縣故城東[illegible]又逕經城東下入清河繚右瀆東北逕廣宗縣故城南又逕界城亭北下入清河渠疆又濁漳水注衡漳故瀆自鉅鹿來又歷經縣故城西水有故津謂之薄落津下仍入鉅鹿又云衡漳水自信都南宮來北過堂陽縣分爲二水一北出逕縣故城西水上有梁謂之旅津渡下入信都扶柳其右水東北注出石門爲長蘆水蓋變引葭之名也長蘆水東逕堂陽縣故城南應劭云在堂水之陽今於縣故城南更無別水惟是水東出可以當之斯水蓋包堂水之兼稱矣長蘆水下入常山九門一統志故城今新河縣西

安定，侯國。〔補注〕先謙曰燕刺王子賢國宣帝封續志後漢省馬武從世祖擊尤來五幡進至安

定時尚未併也一統志故城今東鹿縣西北

敬武，〔補注〕先謙曰續志後漢省濁漳水注大白渠水自朱子來東逕敬武縣故城北元帝封女敬武公主爲湯沐邑十三州志云楊氏縣北四十里有敬武亭故縣也今其城實中小邑耳故俗名之曰敬武壘即古邑也大白渠水下入下曲陽一統志故城今趙州東北

歷鄉，侯國。〔補注〕先謙曰廣川繆王子必勝國宣帝封莽曰歷聚。〔補注〕先謙曰續志後漢省濁漳水注百尺溝水自貰來東南散流逕歷鄉東而南入泜湖東注衡水也後魏志廮陶縣有歷城一統志故城今甯晉縣東二十五里

樂信，侯國。〔補注〕先謙曰廣川繆王子強國宣帝封續志後漢省濁漳水注斯洨水自信都西梁來東北逕樂信縣故城南下入鄡一統志故城今東鹿縣西

武陶，侯國。〔補注〕先謙曰廣川繆王子朝國宣帝封續志後漢省

柏鄉，侯國。〔補注〕先謙曰趙哀王子買國元帝封續志後漢省一統志故城今柏鄉縣西南

安鄉，侯國。〔補注〕先謙曰趙哀王子喜國元帝封續志後漢省濁漳水注白渠枝水自下曲陽來東逕安鄉縣故城南下入貰一統志故城今晉州東

常山郡，〔補注〕先謙曰治所無攷續志後漢治元氏高帝置。〔補注〕錢大昕曰項羽封張耳爲常山王都襄國是常山之名不始於高帝葢趙歇既滅遂因爲郡耳先謙曰高紀三年置全祖望云故屬秦邯鄲郡楚漢之際屬趙國尋爲常山國八月復屬趙國高后三年屬漢爲郡四年復以屬趙國高后二年復爲常山國文帝元年復屬趙國景帝二年復故[illegible]中五年復爲常山國武帝元鼎三年復故莽曰井關。屬冀州。張晏曰恆山在西避文帝諱故改曰常山〔補注〕先謙曰續志後漢爲常山國屬同戶十四萬一千七百四十一，口六十七萬七千九百五十六。

縣十八：〔補注〕錢大昕曰高紀稱常山二十五城志止十八縣葢後來稍分析之襄國本王都所在而志隸趙國亦一證也先謙曰見王子侯表者有遽鄉縣無攷

元氏，〔補注〕先謙曰戰國趙邑孝成王城之見趙世家沮水首受中丘西山窮泉谷，東至堂陽入黃河。〔補注〕趙一清曰入黃河當作入橫河即橫漳也代郡鹵城下有從河此橫從之橫王念孫曰沮當爲泜凡隸書從氏之字或作互又作互故泜字或作沍[illegible]又作沍形與沮字相似因譌而爲沮[illegible]下文濟水東至廮陶入泜風俗通義譌作入沮是其明證也說文泜水在常山郭璞注北山經云今泜水出中邱縣西山窮泉谷東至堂陽縣入於漳水皆本地志則沮水爲泜水之譌甚明而泜字師古無音至下文洨水東南至廮陶入泜始云泜音脂又音丁計反又史記張耳陳餘傳斬陳餘泜水上索隱引郭景純注山海經云泜水出常山中邱縣不引地理志而引郭注似唐時地理志泜字已譌爲沮然文選吳質在元城與魏太子牋重以泜水漸瀆疆宇李善注漢書恆山郡元氏縣有泜水首受中邱西山窮泉谷東入黃河則唐時本尙有作泜者矣又案北山經注言泜水入漳而此云入黃河者葢本借章爲漳[illegible]章

與黃字形相近因譌而爲黃也[illegible]漢之堂陽即今之新河乃漳水所經[illegible]非河水所經地理志亦不謂河爲黃河也而文選注亦作黃則後人以誤本漢書改之徐松曰胡盧河即泜之下游故古謂之泜湖是此縣之泜正洨濟所并之水錢坫歧而二之非也葢洨濟所并爲南泜別有一小水曰北泜錢氏或以此條指小水之北泜故云然耳然非班氏之旨先謙曰堂陽鉅鹿縣首受二字當作出山海經郭注引作泜水出中丘西山窮泉谷即其證此與牂柯郡沅水首受故且闞鬱林郡驊水首受牂柯東界之類誤同中丘見下莽曰井關亭。師古曰闞騶云趙公子元之封邑故曰元氏〔補注〕周壽昌曰趙魏兩公子皆名元皆以氏其邑亦可疑先謙曰續志後漢因劉注有石塞三公塞一統志故城今元氏縣西北泜水今槐河水道提綱槐河源出贊皇縣西南山中合諸水東流出山經縣城北又東經元氏縣南高邑縣北欒城縣西趙州南柏鄉縣北又東南逕甯晉縣城南入泊

石邑，〔補注〕先謙曰戰國趙地董閼于行石邑山中見韓非子後入中山武靈王復攻取之見趙世家亦名石城秦拔之見廉頗傳秦楚之際李良略地至此見陳餘傳續志後漢省魏志建安中石邑縣鳳皇見葢復立一統志故城今獲鹿縣東南井陘山在西，〔補注〕段玉裁曰井陘縣下應劭注井陘山在南是則井陘縣在石邑之西井陘山在石邑西南井陘縣南也井陘山之東南則石邑地也洨水所出，東南至廮陶入泜。師古曰洨音效又音爻泜音脂又音丁計反其後亦同〔補注〕王鳴盛曰洨音效效字脫宜從南監本增先謙曰廮陶鉅鹿縣說文洨水出常山石邑井陘東南入於泜與志合全祖

望云洨水與斯洨水不可溷二水並行於常山鉅鹿之閒首尾亦時貫輸而實各自爲水古今注永平十年作常山呼沱河用大白渠水以通漕亦謂之蒲吾渠此用斯洨水也通鑑長編咸平五年河北漕臣景望開鎮州常山南河入洨水至趙州以利漕此用洨水也水道提綱洨水源出獲鹿縣西南蓮花山曰白鹿泉先謙案此濁漳水注所謂井陘山水世謂之鹿泉水者也又東流爲西河逕欒城縣北趙州南入胡蘆河寰宇記鎮州石邑縣下引注水經云汶水出常山郡石邑縣汶卽洨之譌又云汶水一名董水

桑中侯國〔補注〕先謙曰趙頃王子廣漢國宣帝封續志後漢省濁漳水注桃水自蒲吾來東南逕桑中縣故城北俗又謂之高功城桃水下入眞定緜蔓一統志故城今平山縣東南

靈壽中山桓公居此〔補注〕錢坫曰世本中山武公居顧桓公從靈壽顧卽鼓也先謙曰樂羊拔中山魏文侯封之於此見樂毅傳趙武靈王滅中山起靈壽北從代道大通見趙世家續志後漢因一統志故城今靈壽縣西北十里靈壽村

禹貢衞水出東北東入虖池〔補注〕先謙曰續志靈壽下云衞水出陸隴其衞水尋源記云靈壽縣東北十五里有貝同村衞水發源於其北卽禹貢恆衞既從之衞水也由貝同村東南流四十里入滹池胡渭禹貢錐指謂恆卽滱衞卽滹沱蓋今恆水由唐縣入滱衞水由鎭定縣入滹沱源流甚近不足當禹功荒度酈道元謂恆水注滱自下滱水兼納恆川之通稱卽禹貢所謂恆衞既從也然則曲陽以下之滱本名恆靈壽以下之滹沱本名衞諸儒多從之

蒲吾〔補注〕先謙曰戰國趙番吾邑有番吾君見趙世家正義引括地志云番蒲古今字異李牧破秦軍於此見牧傳一作鄗吾見六國表蘇秦說趙肅王云秦甲渡河踰漳據蒲吾程恩澤謂番吾蒲吾非一地按趙世家秦攻番吾正義云又作蒲則括地志之說未可非續志後漢因劉注引古今注云永平十年作常山呼沱河蒲吾渠通漕船也一統志故城今平山縣東南十

有鐵山〔補注〕宋祁曰有鐵下或有北字先謙曰紀要今臨城縣西南三十五里有鐵山石色如鐵元末土人結寨於此號鐵山寨一統志以爲平山縣西北之房山

大白渠水首受緜曼水東南至下曲陽入斯洨應劭曰蒲水出中山蒲陰東入河〔補注〕先謙曰下曲陽鉅鹿縣濁漳水注緜蔓水自眞定稾城來枝津出焉又東謂之大白渠地理志所謂首受緜蔓水者也大白渠水下入闕桃水合澤發水亂流自太原上艾來東北逕蒲吾縣西又南逕蒲吾縣故城西下入桑中

上曲陽〔補注〕先謙曰戰國趙地武靈王攻中山合軍曲陽見趙世家灌嬰從擊陳稀於此見本傳滱水注本岳牧朝宿之邑也古者天子巡狩常以歲十二月至于北岳侯伯皆有湯沐邑以自齋潔周昭王南征不返巡狩禮廢邑郭仍存秦罷井田因以立縣城在山曲之陽是曰曲陽有下故此爲上矣

恆山北谷在西北〔補注〕何焯曰北谷卽飛狐口王念孫曰飛狐口無北谷之名北谷疑當作代谷管子輕重戊篇云代王將其士卒葆於代谷之上鹽鐵論代功篇云趙武靈王踰句注過代谷史記趙世家云從常山上臨代代可取也正義云地道記恆山在上曲陽縣西北百四十里北行四百五十里得恆山岌號飛狐口北則代郡也灅水注引梅福上事云代谷者恆山在其南北塞在其北蓋恆山與代谷相連故並及之也太原郡廣武下云句注賈屋山在北文義與此同段玉裁曰北谷當作北岳徐松曰案郊祀志神爵元年祠北岳常山於上曲陽則作恆山北岳者是若作代谷下文不得云有祠也先謙曰下文禹貢二字疑本在恆山上禹貢山水澤地篇恆山爲北嶽在上曲陽縣西北一統志恆山在今曲陽縣西北亦曰常山亦曰北岳亘直隸保定府西境山西大同府東境

有祠〔補注〕先謙曰宣帝置詳郊祀志

并州山禹貢恆水所出東入滱〔補注〕先謙曰滱水篇滱水東南過上曲陽北恆水從西來注之注云滱水自中山唐來東合恆水自下滱水兼納恆水之稱禹貢所謂恆衞既從也滱水又東合馬溺水仍入唐馬溺水出上曲陽城東北馬溺山東入滱長星溝水出上曲陽縣西北長星洛東合洛光水亂流逕恆山下廟北又東逕上曲陽縣故城北合胡泉水下入中山盧奴胡泉水首受胡泉逕上曲陽縣南下入盧奴

莽曰常山亭應劭曰滱音彊〔補注〕先謙曰續志後漢改屬中山一統志故城今曲陽縣西四里

九門〔補注〕先謙曰戰國趙邑武靈王爲野臺於此以望齊中山之境惠文王使藺相如城之見趙世家

莽曰久門〔補注〕先謙曰續志後漢因濁漳水注故絳瀆自信都南宮來東南逕九門城南下仍入南宮長蘆水自鉅鹿堂陽來東逕九門城北下入信都扶柳一統志故城今蘘城縣西北二十五里

井陘應劭曰井陘山在南音刑〔補注〕先謙曰縣以山氏也戰國趙邑始皇使王翦下之見本紀續志後漢因一統志故城今井陘縣北

房子〔補注〕先謙曰故曰房周穆王東至此見穆天子傳郭注戰國中山邑趙敬侯與中山戰此武靈王略地亦至焉後屬魏惠文王使廉頗攻拔城之見趙世家後漢光武紀作防子防乃防之譌

贊皇山〔補注〕先謙曰贊皇山始見穆天子傳一統志今贊皇縣西南舊志二十里高百餘丈

石濟水所出東至廮陶入泜〔補注〕王念孫曰濟水上衍石字說文濟水出常山房子贊皇山風俗通義同[illegible]續志常山國房子有贊皇山濟水出濟上皆無石字先謙曰地說家多謂宜有石字王說據說文風俗通續志爲證不可易也廮陶鉅鹿縣北合一統志槐河水出贊流逕高邑縣南二里又東逕柏鄉縣北合一統志槐河又曰沙河

多子師古曰濟音子詣反〔補注〕先謙曰續志後漢因劉注有礫塞中谷塞一統志故城今高邑縣西南倉房村

中丘〔補注〕先謙曰十三州志縣西北有蓬山丘在其間故曰中丘後書趙孝王傳注隋諱忠改內丘

逢山長谷〔補注〕先謙曰寰宇記內邱縣下引水經云中丘有逢鵲之山又龍岡縣下引水經云鵲出有穴出雲母其西有龍騰溪鶴度嶺一統志鵲山在內丘縣西卽古逢山

諸水所出東至張邑入濁〔補注〕先謙曰說文諸水出常山中邸逢山東入濁諸家並以爲諸當作渚濁當作濁是也張廣平縣邑字衍濁漳水注衡漳水在信都其水與隔醴通爲衡津案隔卽濁也寰宇記邢州龍岡縣下云濁水一名澧水卽鄭注之隔醴矣

莽曰直聚〔補注〕先謙曰續志後漢省趙國有中丘不言故屬常山疑奪文一統志故城今內邱縣西

封斯侯國〔補注〕先謙曰趙敬肅王子胡傷國武帝封續志後漢省一統志故趙州界舊志有河屯營城在州西北二十里疑是

關〔補注〕先謙曰續志後漢省寰宇記後魏於漢關縣故城置欒城縣案續志常山縣有欒城蓋卽關縣更名然則

謂後魏置者非也何焯據通鑑注宋白說謂闞當作開今據水經注亦作開而各本皆改爲闞漢書本無作開者地志諸書同仍作闞爲是不必標新立說致地無定名也此與鉅鹿之南䜌前人皆謂欒武子封邑地相比近依傅成歧似此爲得之濁漳水注大白渠水自蒲吾來東南逕闞縣故城北又東爲成郎河又逕耿鄉南下入鉅鹿宋子一統志故城今欒城縣北十里董保邱

平棘 應劭曰伐晉取棘蒲也師古曰功臣表棘蒲侯陳武平棘侯林摯是則平棘棘蒲非一地也應說失之補注宋祁曰林當作杜先謙曰棘蒲戰國魏邑趙取之見趙世家錢坫云斬歙傳安陽以東至棘蒲是棘蒲在安陽西本趙邑不得合平棘爲一錢大昕云平棘棘蒲蓋相距不遠或前漢棘蒲國除之後省入平棘耳先謙案續志後漢因一統志棘蒲故城今趙州治平棘故城在趙州南後漢亦稱南平棘光武建武元年行到南平棘是也舊志或謂平棘在棘蒲南後移治棘蒲故以平棘爲南平棘也

鄗 補注先謙曰春秋晉地齊取之見左哀傳戰國分屬趙中山趙武靈王併取之見趙世家燕栗腹來攻廉頗破之見燕世家奉魏公子無忌爲湯沐邑見信陵君傳武帝封趙敬肅王子舟爲侯國見表 世祖卽位更名高邑莽曰禾成亭 師古曰鄗音呼各反補注王念孫曰後漢所改郡縣皆班志所不載世祖以下八字非班氏原文蓋應劭注語也且當在莽曰禾成亭之下今則前後倒置又脫應劭曰三字矣攷後漢所改郡縣如河東郡猗縣順帝改曰永安河內郡隆慮避殤帝名改曰林慮東郡觀縣世祖更名衞國以封周後清縣章帝更名樂平壽良世祖叔父名改曰壽張汝南郡寖縣世祖更名固始新郪章帝封殷後更名宋

山陽郡胡陵章帝封東平王蒼子爲侯國更名胡陸沛郡敬丘明帝更名大邱芒縣世祖更名臨淮清河郡厝縣安帝以孝德皇后葬於厝改曰甘陵勃海郡千童靈帝改曰饒安平原郡富平明帝更名厭次千乘郡和帝更名樂安狄縣安帝更名臨濟武陵郡索縣順帝更名漢壽中山國苦陘章帝更名漢昌安險章帝更名安憙信都國明帝更名樂安安帝改曰安平梁國甾縣章帝改曰考城以上二十條皆是應注則鄗之更名高邑亦是應注明矣又天水郡下云明帝改曰漢陽明帝上亦當有應劭曰三字先謙曰官本世作高引宋祁曰高祖當作世祖續志有千秋亭五成陌光武卽位於此一統志故城今柏鄉縣北

樂陽侯國 補注先謙曰趙頃王子說國宣帝封 莽曰暢苗 補注先謙曰續志後漢省濁漳水注緜蔓水自眞定緜蔓來東逕樂陽縣故城西右合井陘山水又屈從城南俗名曰臨清城非也緜蔓水下入眞定蘽城井陘山水出井陘山世謂之鹿泉水東北流逕陳餘壘西又屈逕壘南又南逕城西東注緜蔓水一統志故城今獲鹿縣東北

平臺 補注錢坫曰秦本紀云沙邱平臺是也 侯國 補注先謙曰史玄國宣帝封 莽曰順臺 補注先謙曰續志後漢省

都鄉侯國 補注先謙曰趙頃王子景國宣帝封 有鐵官莽曰分鄉 補注先謙曰後漢因續志有鐵

南行唐 補注先謙曰戰國趙地惠文王城之見世家 牛飲山白陸谷滋水所出東至新市入虖池 補注先謙曰說文滋水出牛飲山白陘谷東入呼沱王念孫云作白陘是也爾雅山絕陘攷河北八陘有白陘之目見元和志[illegible]與此白陘谷義相近也若作白陸谷則義無所取蓋俗書陘字作陘與陸相似而誤先謙案新市鉅鹿縣山海經高足之山滋水出焉蓋異名也一統志牛飲山在箕山之西元和志滋水出靈邱縣西南與高足山連麓接勢其水懸河百丈湍激之聲震動山谷樵杙之士咸由此渡巨木淪胥久乃方出或落崖谷無不粉碎水道提綱滋水出山西五臺縣東界烏牛山東穿長城逕平山縣西北山中又東南經靈壽縣北行唐縣南又東歷正定藁城二縣北無極縣南折而東北經晉州西北深澤縣北祁州東南合沙河入唐河不入虖沱 都尉治莽曰延億 補注先謙曰後漢因續志有石曰谷一統志故城今行唐縣北

清河郡 補注先謙曰清河卽淇水也據淇水注郡治清陽續志後漢治甘陵劉注雒陽北千二百八十里 高帝置 補注全祖望曰故屬秦鉅鹿郡高帝分置仍屬趙國景帝中三年別爲清河國武帝建元六年復故元鼎三年復爲國宣帝地節四年復故元帝初元二年復爲國永光元年復故平帝元始二年莽又分清河地爲廣宗國其郡如故志無廣宗縣蓋莽分置也當在清河續志鉅鹿郡有廣宗縣也 莽曰平河屬冀州 補注先謙曰續志後漢爲清河國桓帝改甘陵屬同 **戶二十萬一千七百七十四口八十七萬五千四百二十二** 補注朱一新曰汪本作二十一 **縣十四** 補注先謙曰見王子侯表者有修故蘇陽二縣無考郡人胡常張禹見儒林傳

清陽 王都 補注錢大昕曰漢志言王都者惟清河之清陽信都之信都若泰山之盧則云濟北王都江夏之邾則云衡山

前漢二十八上　二

王芮都以郡與國不同名也廣陵之廣陵則云江都易王非廣陵厲王胥皆都此此外無言王都者淮南王安都壽春則朱贛言風俗及之先謙曰續志後漢省淇水注清河自信成來東北逕清陽縣故城西下入東武城又河水注屯氏別河枝津自信成來東逕清陽縣故城南清河郡北[illegible]下入東武城屯氏別河自信成來東北逕清河郡南又東北逕清河故城西[illegible]高帝封王吸爲侯國別河下入繹幕一統志故城今清河縣東

東武城 補注先謙曰戰國平原君趙勝封此見列傳續志後漢因淇水注清河自清陽來東北逕陵鄉西應劭云東武城西南七十里有陵鄉[illegible]又逕東武城西定襄有武城故加東矣下入復陽又河水注屯氏別河枝津自清陽來東北逕陵鄉南又逕東武城縣故城南下入東陽一統志故城今武城縣西

繹幕 應劭曰繹音亦師古曰本音弋尺反補注先謙曰續志後漢因河水注王莽河故瀆自平原平原來北逕繹幕縣故城東北下入平原鬲屯氏別河自清陽來東北逕繹幕縣南分爲二瀆北瀆東逕繹幕縣故城南而東絕大河故瀆下入平原南瀆亦下入平原一統志故城今平原縣西北

靈 補注先謙曰通鑑胡注靈縣殆卽衞之靈丘 河水別出爲鳴犢河東北至蓚入屯氏河 補注先謙曰信都縣溝洫志元帝永光五年河決清河靈鳴犢口而屯氏河絕靈鳴犢口在清河東界河水注王莽河故瀆自鬲來東北逕靈縣故城南河水於縣別出爲鳴犢河王莽河故瀆下入鄃屯氏河故瀆自鬲來東逕靈縣北下入鄃鳴犢河故瀆上承王莽河故瀆於靈縣南地理志曰河水自靈縣別出爲鳴犢河者也東北逕靈縣東下入鄃案鳴犢河不至蓚

說詳鄃下一統志鳴犢河故瀆在景州西南莽曰播師古曰蓨音條其下亦同補注先謙曰河水注作播亭此奪文後漢因續志和帝永元九年復一統志故城今高唐州西南與博平縣接界

厝莽曰厝治應劭曰安帝以孝德皇后葬於厝改曰甘陵也師古曰音趨亦反補注段玉裁曰謂孝德皇孝德后同葬於厝也先謙曰續志甘陵故厝安帝更名河水注王莽河故瀆自貝丘來東逕厝縣故城南是周之甘泉市地也故瀆下入靈屯氏河故瀆自信鄉來東逕厝縣故城北下入靈一統志故城今清平縣南

鄃補注先謙曰鄃居河北見河渠書呂后封呂它景帝封欒布爲侯國表作俞字通莽曰善陸師古曰音輸補注先謙曰續志後漢因河水注王莽河故瀆自靈來東逕鄃縣故城東下入平原平原屯氏河故瀆自靈來東北逕鄃縣與鳴犢河合鳴犢河故瀆自靈來東入鄃縣而北合屯氏瀆屯氏瀆兼鳴犢之稱也屯氏故瀆止此又逕鄃縣故城北東北合王莽河故瀆謂之鳴犢口十三州志云鳴犢口東北至蓨入屯氏考瀆則不至也鳴犢河止此一統志故城今平原縣西南隋改置於夏津非漢舊

貝丘都尉治應劭曰左氏傳齊襄公田于貝丘是補注先謙曰亦作涓丘楚世家云夕發涓丘也續志後漢因河水注王莽河故瀆自東郡發干來東逕貝丘縣故城南應劭云齊襄所田也余案京相璠杜預並言在博昌郡國志所謂貝中聚也應注於此事近違矣故瀆下入厝一統志故城今清平縣西南冠縣半入貝丘境

信成補注先謙曰高帝時宣義先爲信成侯見表續志後漢省淇水注清河自信鄉來東北逕信成縣故城西應劭云甘陵西北五十里有信成亭故縣也趙置水東縣於此故亦曰水東城清河下入清陽案據應說縣併入厝一統志故城今清河縣西北

張甲河首受屯氏別河東北至蓨入漳水補注先謙曰河水注屯氏別河故瀆自魏郡館陶來又東北逕信成縣張甲河水出焉地理志張甲河首受屯氏別河於信成縣者也屯氏別河又東枝津出焉屯氏別河下入厝枝津東逕信成縣故城南下入清陽張甲河故瀆下入鉅鹿堂陽

⿱沙心題師古曰⿱沙心古莎字補注王念孫曰廣韻集韻亦作⿱沙心王引之曰字從心聲者不得有莎音⿱沙心當爲⿱沙疋說文沙或作廷故莎從沙聲而或作⿱沙疋今作⿱沙疋者⿱沙疋之省文也隸書心字作㣺與止相似而誤讀若[illegible]錢大昕曰說文無⿱沙心字當是惢之譌說文惢心疑也讀若易旅瑣瑣莎與瑣音相近先謙曰續志後漢省寰宇記云地理書並失其所在郡國縣道記云在貝德冀三州之界盍卽今棗彊地也

東陽補注先謙曰春秋東陽晉之山東境見左襄昭傳戰國屬趙國策所謂絕趙之東陽也惠文王之東陽決河水伐魏見趙世家侯國補注先謙曰張相如國高帝封清河綱王子弘宣帝封莽曰胥陵補注先謙曰續志後漢省河水注屯氏別河枝津自東武城來東北逕東陽縣故城[illegible]俗謂之高黎郭非也應劭云東武城東北三十里有陽鄉故[illegible][illegible]又東散絕無復津逕案据應說縣併入東武城一統志故城今恩縣西北六十里衛河南岸

信鄉侯國應劭曰順帝更名安平補注先謙曰清河綱王子豹國宣帝封東平煬王予鯉平帝封表作新鄉古字通續志安平國安平縣故屬涿信鄉所改之安平不見於續志蓋後省河水注屯氏河故瀆自魏館陶來東逕信鄉縣故城南應劭云甘陵西北十七里有信鄉故縣也屯氏河故瀆下入厝案据應說縣併入厝又淇水注清河自魏郡清淵來東北逕信鄉西下入信成一統志故城今夏津縣西

繚師古曰音良笑反補注先謙曰續志後漢省濁漳水注絳水故瀆自信都南來東南逕繚縣故城北十三州志云經縣東五十里有繚城故縣也絳水故瀆下入信都信都又河水注張甲河左瀆自鉅鹿堂陽所分之經縣來北逕繚城西下入信都南宮一統志故城今南宮縣東南二十六里

棗彊補注先謙曰武帝封廣川惠王子晏爲侯國見表續志後漢省西南有煮棗城見寰宇記河水注張甲河右瀆自鉅鹿堂陽來東北逕長樂郡[illegible]棗彊縣故城東下入信都廣川又淇水注清河自復陽來東北逕棗彊縣故城西應劭云東武城縣西北五十里有棗彊城故縣也清河下入信都廣川案据應說縣併入東武城一統志故城今棗彊縣東南

復陽補注先謙曰高帝封陳胥爲侯國見表莽曰樂歲應劭曰音腹補注先謙曰續志後漢省淇水注清河自東武城來東北逕復陽縣故城西應劭云東武城西北三十里有復陽亭故縣也世名之曰檻城非也清河下入棗彊案据應說縣併入東武城一統志故城今武城縣東北

涿郡補注閻若璩曰郡治涿縣以酷吏傳知之先謙曰續志後漢治同劉注雒陽東北千八百里高帝置補注先謙曰聖水注高祖六年分燕置全祖望云故屬秦漁陽郡楚漢之際屬燕國高帝分置仍屬燕武帝元朔二年復故元狩三年復屬燕昭帝元鳳元年復故莽曰垣翰屬幽州補注先謙曰續志後漢因屬同戶十九萬五千六百七口七十八萬二千七百六十四有鐵官補注先謙曰鐵官亦見五行志縣二十九補注先謙曰見侯表者有柳宿曲成陽興三縣無考郡人韓生見儒林傳

涿補注先謙曰續志後漢因聖水注涿縣莽更名垣翰趙一清云漢志涿郡莽改垣翰而縣無說此當是垣翰亭落亭字志亦闕此文先謙案郡曰垣翰武垣曰垣翰亭無涿縣復名垣翰之理此道元誤郡爲縣耳一統志故城今涿州治

桃水受首淶水分東至安次入河應劭曰涿水出上谷涿鹿縣師古曰淶音來補注先謙曰受首當作首受官本不誤安次勃海縣入河者入聖水以入巨馬河也聖水注桃水自遒來東逕涿縣故城下合涿水又逕涿縣故城北又東北合垣水下入陽鄉涿水出涿縣故城西南奇溝東八里大坎下數泉同發東北合樂堆泉水又逕涿縣故城西入桃水應劭云南有涿水郡蓋氏焉今於涿城南無水以應之惟西南有是水矣應劭又云涿水出上谷涿鹿縣余案涿水自涿鹿東注灅水灅水東南逕廣陽郡與涿郡分水涿之爲名當受涿水通稱故郡縣氏之但物理潛通所在分發故在匈奴爲涿耶水山川阻闞並無沿注之理也垣水自武垣來東逕涿縣北入桃水故應劭曰垣水東入桃闞駰云至陽鄉注之余案經脈而不能屆也先謙案本志良鄉下云垣水至陽縣入桃道元引駮闞說意不欲與班相違也又云聖水自良鄉來自涿縣東合桃水下入陽鄉又巨馬水注督亢溝水自遒來東逕涿縣鄚亭樓桑里南又東逕督亢澤見廣陽方城其水自澤枝分者東逕涿縣故城南又散爲澤渚北屈注桃水督亢水又南爲白溝水

前漢二十八上　二　李

合巨馬枝溝南入巨馬河

遒 補注先謙曰景帝封匈奴降王陸彊爲侯國見表 **莽曰遒屏** 師古曰遒古遒字音字由反補注先謙曰續志後漢因說文遒作遒巨馬水注淶水自代廣昌來分爲二東逕徐城北故瀆出焉世謂之沙溝水[illegible]分又東督亢溝出焉一東南流卽督亢溝一西南出卽淶水故瀆水盛則長津宏注水耗則通波潛伏其水於遒縣北垂重源再發結爲長潭控引眾水自成淵渚長川漫下十許里東南逕遒縣故城東謂之巨馬河亦曰渠水也下入范陽督亢溝水上承淶水於淶谷東南流逕遒縣北下入涿又於遒縣東東南流分爲酈亭溝下入容城又聖水注桃水自艮鄉來東逕遒縣北下入涿鳴澤渚方十五里武帝行幸鳴澤者也服虔云澤在遒縣北界下合獨樹水甘泉水覝貝東出爲洛水下入西鄉獨樹水出遒縣北山東入鳴澤渻又易水注渾塘溝水出遒縣西白馬山南溪中東南入濡白楊水出遒縣西山白楊嶺下東南入濡雄覘檀水出遒縣西北檀山西南合石泉水有并溝之稱下入故安一統志故城今淶水縣北拒馬河西北二里周城灣

穀丘 補注先謙曰續志後漢省一統志故城今安平縣西南十五里角巨社穀角音轉字變

故安 補注先謙曰文帝封申屠嘉爲侯國見表後漢因續志雹水出劉注永元十五年復置縣鐵官益卽郡下鐵官前漢在此也一統志故城今易州東南 **閻鄉易水所出東至范陽入濡也并州寖** 補注王念孫曰也字涉注文入淶也而衍先謙曰易水篇易水出閻鄉西山注云出西山寛中谷東合子莊溪水女思谷水樊石山水覘猒東歷燕長城又逕武陽城南易水自寛中谷歷武夫闞東出是兼武水之稱故燕之下都擅武陽之名左合濡水枝津故瀆武陽大城東南小城卽故安縣故城也城東西二里南北一里半高誘云易水逕故安南城外東流卽斯水也世又謂易水爲故安河武陽蓋燕昭王所城東西二十里南北十七里易水下入范陽先謙案此爲北易今曰中易水注又云易水自代廣昌來合滱水同注俗謂之雹河郡國志云雹水出故安縣又東逕孔山北又逕西故安城南卽閻鄉城也下入河間武隧先謙案此爲南易水注云二易同出一鄉同入濡水也 **水亦至范陽入淶** 師古曰言易亦又至范陽入淶也濡音乃官反補注王念孫曰水上脫濡字此承上文而言言易水至范陽入濡濡水亦至范陽入淶也說文濡水出涿郡故安東入淶[illegible]師古所見本已脫濡字乃曲爲之說謬矣又案遼西郡肥如下云濡水南入海[illegible]此濡字音乃官反水經濡水注所謂濡難聲相近者也此云易水至范陽入濡濡音而于反昭七年左傳盟於濡上是也而師古曰濡音乃官反則又誤以涿郡之濡爲遼西之濡矣又案遼西之濡字本作亶說見後泒水下先謙曰易水注濡水出故安縣西北窮獨山南谷東流合源泉水又逕武陽城西北舊堨濡水枝流南入城其水之故瀆南出東轉分爲二一逕故安城西側城南注易水一東出注金臺陂又北合渾塘溝水又東合白楊水雄覘檀水下入容城檀水自遒來東南流歷故安縣北入濡案此爲北濡今名北易水注又云闞關來云濡水合渠許愼云濡水入淶淶渠二號卽巨馬之異名也南濡入滱水

南深澤 補注錢大昕曰中山有深澤縣故云南以別之元和志定州深澤縣本漢南深澤縣以涿郡有深澤縣故此加南以別之然則中山之深澤有南字涿郡之深澤無南字矣與今本互異以里望準之中山實在涿郡之南然續志安平國南深澤云故屬涿似今本元不誤先謙曰紀要故城今深澤縣東南二十五里十道志漢置深澤縣屬中山國今縣治是也又於虖沱河南置南深澤屬涿郡後漢廢深澤縣而南深澤如故後魏改爲深澤縣北齊廢隋復置於虖沱河北卽漢故深澤縣而南深澤遂廢

范陽 補注先謙曰秦縣蒯通縣人說令降見張耳陳餘傳景帝封匈奴降王代爲侯國見表 **莽曰順陰** 應劭曰在范水之陽補注先謙曰續志後漢因巨馬水注淶水自遒來東南逕范陽縣故城北合易水下入容城又易水注南易水自河間武隧來東分爲梁門陂水上承易水於梁門東入長城東北入陂陂水北接范陽陂陂在縣城西十里方十五里陂水南通梁門淀方三里淀水東南出長城注易謂之范水易水自下有范水通目又東逕范陽縣故城南卽應劭所謂范水之陽也易水下入樊輿又易水注北易水自固安來東逕范陽縣故城南下入容城一統志故城今定興縣南四十里故城鎮

蠡吾 師古曰蠡音禮補注先謙曰縣故屬河間縣人趙廣漢王商見本傳續志後漢改屬中山滱水注滱水自中山安國來東北逕蠡吾縣故城南應劭云縣故饒陽之下鄉也滱水下入中山陸成一統志故城今博野縣西南

容城 補注先謙曰景帝封匈奴降王徐盧爲侯國見表 **莽曰深澤** 補注先謙曰續志後漢省巨馬水注淶水自范陽來東合酈亭溝水又逕容城縣故城北合督亢溝水下入益昌酈亭溝水自遒來西南轉歷大利亭南入巨馬水又易水注濡水自故安來東南流於容城縣西北大利亭東南合易水南注巨馬水先謙案本志故安下易水東至范陽入濡而注在容城者疆土錯入也易水注又云北易水與諸水互攝通稱東逕容城縣故城北渾濤東注下入勃海東平舒南易水自樊輿來東逕容城縣故城南又合逕水逕渾逕城南合滱水自下滱易互受通稱南易水下入易縣逕水上承梁門陂范陽陂於容城縣東南謂之大逕淀小逕淀南至逕洞口入南易一統志故城今容城縣北十五里城子材

易 補注先謙曰戰國趙池惠文王與燕見趙世家周勃破臧荼於此見勃傳景帝封匈奴降王僕黚爲侯國見表續志後漢改屬河間易水注南易水自容城來東逕易縣故城南燕文公徙易卽此南易水下入勃海安矣一統志故城今雄縣西北十五里太平社

廣望侯國 補注先謙曰中山靖王子忠國武帝封續志後漢省滱水注博水自中山曲逆來東逕白隄亭南又逕廣望縣故城北合堀溝水南濡水下入高陽堀溝水上承清梁陂又北逕清涼城東卽將梁也武帝封中山靖王子朝平爲侯國其水東北入博水一統志故城今清苑縣東南四十里王莽城葢音轉字變

鄚 補注先謙曰戰國趙地惠文王與燕見趙世家舊屬勃海扁鵲縣人見列傳宣帝封高郭侯霸弟異眾爲侯國見表 **莽曰言符** 應劭曰音莫補注先謙曰續志後漢改屬河間易水注南易水自勃海安次來逕鄚縣故城北下入勃海文安一統志故城今任邱縣北先謙案北音呼鄚爲帽

高陽 補注先謙曰趙策燕封榮蚉爲高陽君縣人王尊見本傳 **莽曰高亭** 應劭曰在高河之陽補注先謙曰後漢改屬河間續志有葛城滱水注徐水自樊輿來入博水地理志曰徐水出北平東至高陽入博博水自廣望來東入滱地理志曰博水自望都東至高陽入滱是

也先謙案今志入滱作入河据注知其誤也滱水自中山陸成來又北左會博水又東北逕依城北世謂之依城河地說無依城之名卽古葛城燕以與趙者也滱水下入阿陵先謙案葛城亦名西阿城趙世家與燕會阿也一統志故城今高陽縣東

州鄉侯國〔補注〕先謙曰河間獻王子禁國武帝封唐志河間漢州鄉縣武帝得鉤弋夫人於此續志後漢省一統志故城今河間縣東北四十里寰宇記後漢省入武垣

安平都尉治莽曰廣望亭〔補注〕先謙曰續志後漢改屬安平一統志故城今安平縣治

樊輿侯國〔補注〕先謙曰中山靖王子脩國武帝封莽曰握符〔補注〕先謙曰續志後漢省易水注南易水自范陽來東逕樊輿縣故城北應劭云北新成東二十里有樊輿亭故縣也易水下入容城案据應說縣併入北新成又滱水注徐水自中山北平來東南逕故城北俗謂之祭隅城所未詳也徐水下入高陽趙一清云寰宇記引輿地志云樊輿城西南隅有聖女祠女姓薛字義姜鉅鹿人嫁爲樊輿王文妻死於此城之隅就而祭之俗名祭隅城然則是城卽樊輿縣之故城也得樂氏之書其義始明先謙案道元於易水注中明載縣城何至於斯忽有未達埘記於此聊廣異聞一統志故城今清苑縣東南据水經注城在北新成東容城西應在今清苑縣東北安肅縣界與寰宇記不合

成侯國〔補注〕先謙曰董渫國高帝封嬬縣中山康王子喜昭帝封莽曰宜家〔補注〕先謙曰續志後漢省

良鄉侯國〔補注〕先謙曰趙共王子交國成帝封表作梁鄉垣水南東至陽鄉入桃〔補注〕王念孫曰南東當作東南先謙曰聖水注垣水上承淶水於良鄉縣

分桃水世謂之白沙溝下入武垣又云桃水首受淶水於徐城東南良鄉西分垣水世謂之南沙溝卽桃水也下入逎先謙案桃水志繫涿下莽曰廣陽〔補注〕先謙曰續志後漢因聖水注聖水自上谷郡來南逕良鄉縣故城西合防水樂水東逕縣故城南合侠河下入涿防水樂水並出縣西北大防山南入聖水侠河水出縣西甘泉原東谷下入西鄉又自西鄉來東逕良鄉縣城南入聖水甘泉水出良鄉西山下入西鄉又瀑水注瀑水自上谷沮陽來東南逕良鄉縣北界歷梁山南高梁水出焉瀑水下入廣陽廣陽又鮑邱水注高梁水首受瀑水於戾陵堰水北有梁山山有燕刺王旦之陵故以戾鄉名堰水流逕梁山南下入廣陽薊一統志故城今房山縣東涿州北四十里

利鄉侯國〔補注〕先謙曰中山頃王子安國宣帝封莽曰章符〔補注〕先謙曰續志後漢省

臨鄉〔補注〕先謙曰趙世家孝成王與燕臨樂徐廣以爲卽臨鄉續志劉注同侯國〔補注〕先謙曰廣陽頃王子雲國元帝封續志後漢省方城下云有臨鄉故縣據此知入方城志屬廣陽與下引應注合巨馬水注護淀水上承護陂於臨鄉縣故城西東南流逕臨鄉城南應劭云方城南十里有臨鄉城故縣也淀水下入益昌一統志故城今固安縣南

益昌侯國〔補注〕先謙曰廣陽頃王子嬰國元帝封莽曰有袟〔補注〕宋祁曰作有栿錢坫曰袟卽袠字水經注作秩先謙曰續志後漢省巨馬水注巨馬水自容城來東南逕益昌縣合護淀水又東逕益昌縣故城南應劭云方城縣東八十里有益昌城故縣也巨馬水下入勃海東平舒護淀水自臨鄉來東南逕益昌縣故城西入巨馬水案据應說縣併入方城一統志故城今霸州東北

陽鄉侯國〔補注〕先謙曰廣陽頃王子發國元帝封莽曰章武〔補注〕先謙曰續志後漢省聖水注聖水自涿來合廣陽水東南逕陽鄉城西城故涿之陽亭也應劭云涿縣東五十里有陽鄉亭後分爲縣卽長鄉縣也案太康地記涿有長鄉而無陽鄉矣聖水下入廣陽方城桃水自涿來東逕陽鄉入聖水廣陽水自廣陽廣陽來東南至陽鄉縣入聖水一統志故城今固安縣西北

西鄉侯國〔補注〕先謙曰廣陽頃王子容國元帝封莽曰移風〔補注〕先謙曰續志後漢省聖水注甘泉水自良鄉來東南逕西鄉城西南入鳴澤渚鳴澤渚水自逎來爲洛水東逕西鄉城南下入武垣侠河水自良鄉來東逕西鄉縣故城北世謂之都鄉城非也下仍入良鄉一統志故城今涿州西北

饒陽應劭曰在饒河之陽〔補注〕先謙曰趙世家悼襄王封長安君以饒徐廣以爲斯縣後漢改屬安平續志故名饒有無蔞亭濁漳水注白馬河水自信都樂鄉來東逕饒陽縣南下入河間武隧一統志故城今饒陽縣東饒河在縣西南舊志本虖沱支流昔北入易水今湮

中水應劭曰在易滱二水之間故曰中水〔補注〕汪士鐸曰据後漢孝明八王傳注在樂壽縣西北則虖池二水之中非易滱二水之中也先謙曰高帝封呂馬童爲侯國見表續志後漢改屬河間一統志故城今獻縣西

武垣莽曰垣翰亭應劭曰垣水出良鄉東入桃〔補注〕先謙曰戰國趙地秦圖之見趙世家曹參追魏王豹至此見本傳聖水注垣水自良鄉來東逕垣縣故城北案垣上脫武字王莽之垣翰亭矣世謂之頃城非也世名之頃前河合洛水下入涿洛水自西鄉來東逕垣縣案垣上亦脫武字而南入洹水續志後漢改屬河間一統志故城今河間

縣西南三十五里內外二城外城周四十里內城十六里俗名元城遺址

阿陵〔補注〕先謙曰高帝封郭亭爲侯國見表莽曰阿陸〔補注〕先謙曰續志後漢省滱水注滱水自高陽來東北逕阿陵縣故城東又至長城入南易水寰宇記故城今任邱縣東北舊志今其地皆爲水鄉

阿武侯國〔補注〕先謙曰河間獻王子豫國武帝封續志後漢省一統志故城今獻縣西北

高郭侯國〔補注〕先謙曰河間獻王子賢國宣帝封莽曰廣隄〔補注〕先謙曰續志後漢省一統志故城今任邱縣西十七里

新昌侯國〔補注〕先謙曰燕刺王子慶國宣帝封續志後漢省一統志故城今新城縣東三十里

勃海郡〔補注〕先謙曰說文郭下云郭海地一曰地之起者曰郭渤下云渤澥之別也史索隱引崔浩云勃旁跌也旁跌出者橫在齊北故齊都賦云海旁出爲勃名曰勃海郡與說文海之別義合封禪書作渤海本書武紀作浡海揚雄傳作勃澥轉寫互異閻若璩云郡治浮陽見舊唐志先謙案續志後漢治南皮劉注雒陽北千六百里高帝置〔補注〕全祖望曰故屬秦鉅鹿郡高帝分置仍屬趙國景帝後以支郡收武帝元狩三年屬燕國昭帝元鳳元年復故莽曰迎河〔補注〕先謙曰迎逆義同今文尚書作迎河莽用今文也屬幽州師古曰在勃海之濱因以爲名〔補注〕先謙曰續志後漢因改屬冀州戶二十五萬六千三百七十七口九十萬五千一百一十九縣二十六〔補注〕先謙曰見侯表者有廣山沈陽萩苴四縣無考郡人雋不疑見本傳

浮陽 莽曰浮城 補注先謙曰續志後漢因淇水注清河自南皮來東南分爲二瀆枝分東出謂之浮水故瀆清河又北逕浮陽縣故城西又東北滹沱別瀆注焉謂之合口下入章武浮水故瀆者史記趙之南界有浮水焉浮水在南而此有浮陽之稱者浮水出入津流同逆混并清漳二瀆河之舊道浮水故迹又自斯別是縣有浮陽之名也首受清河於縣界下入高成應劭云浮陽縣浮水所出入海潮汐往來日再今溝無復有水也又濁漳水注衡漳自南皮來東北逕浮陽縣西下入章武一統志故城今滄州東南四十里臥牛城浮河在州東南

陽信 補注先謙曰文帝封劉揭爲侯國見表武帝姊長公主邑見衛青傳後漢因續志延光元年復河水注屯氏別河北瀆自定來東入陽信縣今無水又東爲咸河東北流逕陽信縣故城北東入海屯氏別河南瀆即篤馬河自平原樂陵來東北逕陽信縣故城南入海先謙案本志平原平原下篤馬河東北入海者也一統志故城今陽信縣南海豐縣界

東光 有胡蘇亭 補注先謙曰續志後漢因本志河閒樂成下云虖池別水首受虖池河至縣入虖池也河水注王莽河故瀆自平原安來東北至東光縣故城西而北與漳水合又淇水注清河自信都修來東至東光縣西南逕胡蘇亭地理志東光有胡蘇亭者也又東北右會大河故瀆又逕東光縣故城西下入南皮一統志故城今東光縣東胡渭禹貢錐指云許商云胡蘇在東光于欽齊乘以滄州之大連淀爲胡蘇河得之

阜城 莽曰吾城 補注宋祁曰阜城南本作阜成先謙曰續志後漢省濁漳水注衡漳自河閒弓高來東北逕阜城縣故城北下入河閒樂成楊津溝水晛[illegible]都上承從陂東逕阜城南下

入建成一統志故城今阜城縣東

千童 應劭曰靈帝改曰饒安 補注宋祁曰千當作平齊召南曰宋說非也自是千萬之千不當作平水經注可證先謙曰據應說改饒安而續志無饒安縣疑脫武帝封代共王子遇爲侯國表童誤章說見表淇水注無棣溝枝瀆自高成來東南逕千童縣故城東又屈東北入無棣溝元和志秦始皇使徐福將童男女千人入海求蓬萊置此城以居之故名一統志故城今滄州東南

重合 補注先謙曰武帝封莽通爲侯國見表續志後漢因河水注屯氏別河北瀆自重平來東北逕重合縣故城南下入定一統志故城今樂陵縣西

南皮 補注先謙曰陳餘棄將印居此項羽環封之三縣見羽傳景帝封竇彭祖爲侯國見表 莽曰迎河亭 師古曰闞駰云章武有北皮亭故此云南 補注先謙曰据淇水注引應劭云南皮城北五十里有北皮城則非章武屬地或闞氏時有改隸也續志後漢因淇水注清河自東光來又東北無棣溝出焉又東北逕南皮縣故城西又北逕北皮城東左會滹沱別河故瀆下入浮陽無棣溝東逕南皮縣故城南下入臨樂又濁漳水注衡漳自成平來左會滹沱別河故瀆又東北入清河謂之合口又逕南皮縣之北皮亭下入浮陽一統志故城今南皮縣東北八里

定 侯國 補注先謙曰齊孝王子越國武帝封續志後漢省河水注屯氏別河北瀆自重合來東北逕定縣故城南應劭云饒安縣東南三十里有定鄉城故縣也北瀆下入陽信案据應說縣併入千童一統志故城今滄州東南

章武 有鹽官 補注先謙曰景帝封竇廣國爲侯國見表渤海鹽池見溝洫志蓋不領於官者 莽曰桓章 補注先謙曰續志後漢因濁漳水注清漳水自浮陽來東北逕章武縣故城西故濊邑也濊水出焉清漳水亂流而東入海濊水下入參戶趙一清云漢志自鄴以下皆清漳之流而注皆以爲濁漳與志戾至此忽敘入清漳益欲應志濁漳入清漳清漳入河之說然不云入河而云入海又與志異先謙案清濁二漳并行不異江沔故注云然凡并行絕流之水惟道元敘述分明此水經注所以獨有千古也漳水於南皮已合虖沱自浮陽章武以下兼敘其委耳又淇水注清河自浮陽來東北過濊邑北濊水出焉又過鄉邑南又東分爲二枝津右出東逕武帝望海臺臺在章武縣東百里與南臺相去六十里枝津又東入海清河又東北逕窮河邑南下入漁陽泉州浮水故瀆自高成來東逕章武一縣故城北鄑漳武下仍入高成一統志故城今滄州東北

中邑 補注先謙曰高后封朱進爲侯國見表 莽曰檢陰 補注先謙曰續志後漢省寰宇記舊地理書並失其所在蓋即今清池縣地一統志故城今滄州界

高成 都尉治 補注先謙曰恩澤平津侯公孫宏功臣合騎侯公孫敖表並注高城成城通用字蓋曾析置平津合騎二縣縣人鮑宣見本傳後漢因續志作高城淇水注清河自漁陽泉州來東逕漂榆邑故城南魏土地記云高成縣東北百里北盡漂榆東臨巨海即此城也清河自是入於海浮水故瀆自浮陽來逕高成縣之苑鄉城北下入章武又自章武來東逕篠山北在高成東北五十里故瀆下入柳無棣溝自高樂來東分爲二無棣溝東逕樂陵郡北[illegible]又東屈而北出又東轉逕苑鄉縣故城南又東南逕高成縣故城南合無棣溝枝瀆覲干又東北逕功城北又逕鹽山入海管仲云賜太公履北至於無棣也無棣溝枝瀆上承無棣溝南逕樂陵郡西下入

千童一統志故城今鹽山縣東南

高樂 補注先謙曰武帝封齊孝王子某爲侯國見表 莽曰爲鄉 補注先謙曰續志後漢省淇水注無棣溝自臨樂來東逕新鄉城北即地理志高樂故城也下入高成一統志故城今南皮縣東南董鎮村

參戶 補注先謙曰左襄傳杜注春秋晉木門邑在縣西北 侯國 補注先謙曰河閒獻王子免國武帝封續志後漢省濁漳水注濊水東北逕參戶亭分爲二瀆應劭云平舒縣西南五十里有參戶亭故縣也世謂之平虜城枝水東爲蔡伏溝又積而爲淀一水逕亭北下入東平舒案据應說縣併入東平舒一統志故城今青縣西南三十里木門鎮

成平 補注先謙曰武帝封河閒獻王子禮爲侯國表誤平城說見表 虖池河民曰徒駭河 補注王念孫曰禹貢錐指云漳故徒駭也土俗猶能識之故不言漳滹沱仍曰徒駭案某河民曰某河地理志文無此例民曰當爲或曰字之誤也上文河南郡開封逢池在東北或曰宋之逢澤也成臯故虎牢或曰制下文北海郡營陵或曰營邱琅邪郡姑幕或曰薄姑皆其證錢坫曰許商云徒駭在成平攸此虖池別河也在今獻縣南 莽曰澤亭 補注先謙曰續志後漢改屬河閒濁漳水注衡漳自建成來成平縣故城在北城南北相直衡漳下入南皮一統志故城今交河縣東

柳 侯國 補注先謙曰齊孝王子陽已國武帝封續志後漢省淇水注浮水故瀆自高成來東北逕柳縣故城南應劭云高成縣東北五十里有柳亭故縣也世謂之辟亭非也浮水故瀆又東北逕漢武帝望海南臺又東入海案据應說縣併入高成一統志故城今鹽山縣東五十里

臨樂 補注先謙曰戰國趙地孝成王與燕見趙世家

侯國補注先謙曰中山靖王子光國武帝封莽曰樂亭補注先謙曰續志後漢省淇水注無棣溝自南皮來東逕樂亭北地理志之臨樂縣故城也晉書地道志樂陵國有新樂縣即此城矣無棣溝下入高樂一統志故城今甯津縣北

東平舒師古曰代郡有平舒故此加東補注先謙曰齊策徐州高注或作舒州張守節以爲即東平舒爲齊西北界上地威王云黔夫守徐州則燕祭北門趙祭西門也續志後漢改屬河間本志河間弓高下云虖池別河首受虖池河東至縣入海也濁漳水注濊水自參戶來逕東平舒縣故城南魏土地記曰章武郡治故世以爲章武故城非也又東北分二水一右出爲淀一北入虖池爲濊口與漳水亂流入海又易水注北易北濡自涿容城來至縣合南易水下見鄚易涿又巨馬水篇巨馬水東過東平舒縣北東入海注云巨馬水自涿益昌來合八丈溝水見漁陽泉州於平舒城北南入虖池同入海一統志故城今大城縣治

重平補注先謙曰高帝時奚涓母底侯國見表又杜侯復陸支表注重平蓋嘗析置杜縣續志後漢省河水注屯氏別河北瀆自平原平原來東北逕重平縣故城南應劭云重合縣西南八十里有重平鄉故縣也屯氏別河北瀆下入重合案据應說縣併入重合一統志故城今吳橋縣南舊志縣南三十里重合城即重平之謁又德平縣西北重平城北魏改置地理書多誤

安次補注先謙曰次下誤連宜空一格南監本官本不誤續志後漢改屬廣陽易水注南易水自涿郡易來東逕安次縣南下入涿郡鄭又聖水注聖水自廣陽方城來東逕安次縣故城南東南入巨馬河又巨馬水注八丈溝水出安次縣東北平地東南逕安次城東下入漁陽泉州虖池河枯溝自

安次縣西北東逕安次縣故城西下入泉州一統志故城今東安縣西北

脩市侯國補注先謙曰清河綱王子寅國宣帝封莽曰居寧應劭曰音條補注先謙曰續志後漢省濁漳水注桑社溝水自信都觀津來東逕脩市縣故城北俗謂之溫城應劭云脩縣西北廿里有脩市城桑社溝下入信都脩案据應說脩縣併入脩一統志故城今景州西北

文安補注先謙曰續志後漢改屬河閒易水注南易水自涿郡鄭來東至文安縣與虖池合史記蘇秦云燕長城以北易水以南正謂此水也是以班固闞駰之徒咸謂斯水爲南易下入漁陽泉州一統志故城今文安縣東北柳河鎮

景成侯國補注先謙曰河閒獻王子雍國宣帝封寰宇記清池縣西南二里有五壘城輿地志雍五子分居城中俗呼爲五壘城續志後漢省一統志故城今交河縣東北六十里

東州補注先謙曰續志後漢改屬河閒一統志故城今河閒縣東北

建成補注先謙曰沛郡亦有建成續志後漢省濁漳水注衡漳自河閒樂成來東逕建成縣故城南右會楊津溝水下入成平楊津溝水自阜成來東北逕建成縣左入衡水爲楊津口一統志故城今交河縣東

章鄉補注先謙曰鉅祖國成帝封謝殷平帝封續志後漢省一統志故城今滄州東南

蒲領侯國補注先謙曰廣川惠王子嘉國武帝封清河綱王子祿昭帝封續志後漢省濁漳水注柏梁溠水上承李聽溪覦弓東北爲柏梁溠亦謂之向氏口東逕蒲領縣故城南應劭云脩縣西北八十里有蒲領鄉故縣也柏梁溠水下入信都弓高案据應說縣併入脩一統志故城今阜城縣東北十里蒲領闕

平原郡補注先謙曰據河水注郡治平原續志後漢治同劉注雒陽北一千三百里高帝置補注先謙曰河水注高帝六年置全祖望云故屬秦齊郡高帝分置屬齊國景帝後以支郡收徐廣云平原以分濟北誤莽曰河平屬青州補注先謙曰續志後漢因屬同戶十五萬四千三百八十七口六十六萬四千五百四十三

縣十九補注先謙曰見王子侯表者有陪前高平平纂見恩澤表者牧丘共五縣無考

平原補注先謙曰春秋齊地戰國入趙爲公子勝封邑見平原君傳秦始皇至平原津而病見始皇紀曹參攻之見參傳武帝時河溢於此見武紀續志後漢因河水注王莽河故瀆自清河鄃來東逕平原縣故城西而北絕屯氏三瀆下入清河繹幕商河自樓虛來又北逕平原縣東下入安德大河自高唐來北逕平原縣故城東應劭云原博平也故曰平原矣右溢爲甘棗溝大河右下入阿陽左下入安德甘棗故溝東北歷長隄下入漯陰屯氏別河北瀆自清河繹幕來東北逕平原縣有枝津下入安北瀆下入勃海重平一統志故城今平原縣東有篤馬河東北入海五百六十里補注先謙曰入海下脫行字河水注屯氏別河南瀆自平原東絕大河故瀆又逕平原縣故城北枝津右出下入安德屯氏別河南瀆又東北於平原界又有枝渠右出下入安德屯氏別河南瀆自平原城北首受大河故瀆東出亦通謂之篤馬河即地理志所謂平原縣有篤馬河東北入

海行五百六十里者也下入安德案道元所見漢書本未脫行字篤馬河亦見溝洫志一統志土河在今河間府甯津縣南二十五里東入山東樂陵縣界相傳即古篤馬河

鬲補注先謙曰夏時有鬲君滅浞立少康見續志秦爲縣曹參下齊收之見參傳平當以爲鬲津補注先謙曰當傳哀帝時領河隄溝洫志許商云鬲津在鬲縣界中自鬲以北至徒駭相去二百里今河雖數移徙不離此域錢坫云魏都賦注縣北有蓋節淵蓋節即鬲津也莽曰河平亭師古曰鬲與耿同補注錢大昭曰耿南監本閩本並作鬲先謙曰官本作隔續志後漢因劉注城南有蒲臺秦始皇所頓處河水注王莽河故瀆自清河繹幕來西逕鬲縣故城西地理志曰鬲津也故有窮后羿國也故瀆下入信都脩一統志故城今德州北

高唐補注先謙曰春秋齊邑見左襄傳孟子田齊世家戰國趙肅侯攻拔之後入齊惠文王取之並見趙世家續志後漢因河水注大河自東郡茌平來東北逕高唐縣漯水注之商河出焉大河又東北逕高唐縣故城西又北逕張公城有津曰張公渡下入平原漯水自東郡博平來右與黃溝同注川澤黃溝自東郡聊城來東北流左與漯水隱覆東出於高唐縣大河右逓東注漯水漯水再出爲源河詳下入瑗又自瑗來東北逕高唐縣故城東下入漯陰商河首受河水亦漯水及澤水所漯也淵而不流世謂之清水雖沙漲填塞厥迹尚存歷澤而北俗謂之落里坑逕張公城西又北重源濬發亦謂之小漳河商漳聲近讀移耳下入平原一統志故城今禹城縣西四十里齊高唐在縣南漢高唐在西二地雖殊界實相近蓋禹城西南境今東昌府之高唐州乃漢靈縣也取故名耳

桑欽言漯水

所出 師古曰漯音它合反補注宋祁曰漯改作濕下同先謙曰漯水源流詳上桑說非也班氏錄之以廣異聞河水注桑欽云漯水出高唐余尋其沿歷徑趣不得近出高唐也桑氏所言蓋津流所出次於是聞也俗以是水上承於河亦謂之源河矣

重丘 補注先謙曰春秋齊地見左襄傳戰國潛王時與秦敗楚於此見田齊世家續志後漢省河水注屯氏別河南瀆卽篤馬河自安德來東北逕重丘縣故城西應劭云安德縣北五十里重丘鄉故縣也篤馬河下入平昌案據應說縣併入安德一統志故城今德州東

平昌侯國 補注錢大昕曰續志謂之西平昌以琅邪郡亦有平昌縣也先謙曰王無故國宣帝封續志後漢省其琅邪之平昌改屬北海國晉志平原國西平縣蓋誤脫昌字後魏志安德郡平昌下云二漢晉屬平原後漢晉曰西平昌據此後漢又似有此縣或先省後復而續志無之錢說誤也河水注屯氏別河南瀆卽篤馬河自重丘來東北逕平昌縣故城北篤馬河下入般商河自安德來東北逕平昌縣故城南下入般一統志故城今德平縣西南

羽侯國 補注先謙曰濟北式王子成國武帝封 莽曰羽貞 補注先謙曰續志後漢省

般 莽曰分明 如淳曰般音如面般之般韋昭曰音道坦反師古曰爾雅說九河云鉤般郭璞以爲水曲如鉤流般桓也然今其土俗用如韋之音補注王鳴盛曰注逋坦宋本同南監本作逋垣一作連完朱一新曰注本逋坦作連完先謙曰官本作逋垣是續志後漢因河水注屯氏別河南瀆卽篤馬河自平昌來故渠川派東入般縣爲般河蓋亦九河之一道也又東爲白鹿淵水南北三百步東西千餘步深三丈餘渟而不流若夏水洪泛水深五丈方

通注般瀆又逕般縣故城北下入樂陵商河自平昌來東逕般縣故城南下入樂陵大河自安德來東北逕般縣下入樂陵一統志故城今德平縣東北紀要二十五里

樂陵 補注先謙曰宣帝封史高爲侯國見表 都尉治莽曰美陽 師古曰樂音來各反補注先謙曰續志後漢因[illegible]樂河水注大河自般來東北逕樂陵縣下入朸屯氏別河南瀆卽篤馬河自般來東逕樂陵縣故城北下入勃海陽信商河自般來東逕樂陵縣故城南下入朸一統志故城今樂陵縣西南三十里

祝阿 補注先謙曰故曰祝武王封黃帝後於此見禮記高帝封高色爲侯國見表 莽曰安成 補注先謙曰後漢因續志春秋時曰祝柯有野井亭左傳昭公野井濟水注玉水導源太山朗公谷舊名琨瑞溪西北逕玉符山爲玉水又西北枕祝阿縣故城東野井亭西春秋時祝柯左傳所謂督陽者也漢一改爲阿俗謂是水爲祝阿瀾水北入濟先謙案公羊傳卽作祝阿一統志故城今長清縣東北齊河縣亦祝阿地

瑗 莽曰東順亭 補注先謙曰續志後漢省祝阿下劉注左傳哀十年取犂及轅杜預云祝阿縣西有轅城故縣省據此併入祝阿河水注漯水自高唐來東北逕瑗縣故城西下仍入高唐據此瑗轅三字通用一統志故城今禹城縣南

阿陽 補注先謙曰當作陽阿外戚傳趙飛燕微時屬陽阿主家成帝微行過陽阿主見說之師古云陽阿平原之縣也俗書阿作河又或爲河陽皆後人妄改先謙案陽阿乃上黨縣此師古誤記爲平原後人據顏說併改此作陽阿誤矣續志後漢省河水注河水自平原來東北逕陽阿縣故城西[illegible]應劭云漯陰縣東南五十里有陽阿鄉故縣也下入漯陰案據應說縣併入漯陰一統志故城今禹城縣東

漯陰 補注先謙曰左哀傳杜注犂一名隰濟南有隰陰縣隰濕字通秦邑曹參攻之見參傳武帝封匈奴降王昆邪爲侯國見表 莽曰翼成 應劭曰漯水出東武陽東北入海師古曰漯音它合反補注先謙曰後漢因續志作濕陰河水注甘棗故溝自平原來東北逕漯陰縣北下入齊南著漯水自高唐來東北逕漯陰縣故城北縣故犂邑也王莽更名翼成歷北漯陰城南伏琛謂之漯陽城地理風俗記云平原漯陰縣今巨漯亭是也下入著又河水篇河水又東北過漯陽縣北注云河水自阿陽來右逕漯陰縣故城北王莽之巨武縣也河水下入千乘溼沃地說家因謂漢志脫漯陽一縣並脫莽曰巨武四字案鄭元兩注皆作漯陰縣無漯陽縣之名經之漯陽舊本自作漯陰至注中北漯陰及漯陽城並不稱縣後人因巨武疑文必爲漢志增漯陽縣未爲徵信也據說文濕正字漯隸省濕溼誤字一統志故城今臨邑縣西

朸 補注先謙曰高后封齊悼惠王子辟光武帝封城陽頃王子讓爲侯國見表 莽曰張鄉 應劭曰音力補注先謙曰齊悼惠王傳作朸服虔云音勒通鑑史炤釋文同與應音異續志後漢省河水注商河自樂陵來東逕朸縣故城南應劭云般縣東南六十里有朸鄉城故縣也商河合沙溝水入富平大河自樂陵來東北逕朸下入富平案據應說縣併入般一統志故城今商河縣治

富平侯國 莽曰樂安亭 應劭曰明帝更名厭次補注先謙曰本名厭次宣帝封張延壽改富平後漢復故河水注商河自朸來東北逕馬嶺城又逕富平縣故城北闞駰云厭次縣本富平侯張安世封邑非也案漢書昭帝封張安世爲富平侯薨子延壽嗣侯國

在陳留別邑在魏郡租入歲千餘萬延壽上書請減戶天子以爲有讓徙封平原并食一邑戶口如故而稅減半史記侯表高帝封厭次侯爰類是知厭次舊名非始明帝益復故耳商河分爲二南爲長叢溝北爲百薄瀆並東入海大河自朸來東北至厭次縣故城南爲厭次河下入齊郡利先謙案東方朔爲平原厭次人厭次名舊鄭說是也一統志故城今陽信縣東南三十里舊志云陵縣東北二十五里神頭店

安悳 師古曰悳古德字補注先謙曰續志後漢因河水注屯氏別河南瀆自平原來枝津右出東北至安德縣界東入商河又南瀆枝渠自平原來右出至安德縣遂絕篤馬河自平原來東北逕安德縣故城西下入重丘大河自平原來左逕安德城東而北爲鹿角津下入般商河自平原來北逕安德縣故城南下入平昌一統志故城今陵縣治

合陽侯國 補注先謙曰梁喜國宣帝封 莽曰宜鄉 補注先謙曰續志後漢省入寰宇記故城在信都縣東後漢併入扶柳

樓虛侯國 補注齊召南曰當作楊虛各本俱誤文帝封齊悼惠王子將閭爲楊虛侯後漢光武封馬武爲楊虛侯卽此縣也先謙曰續志後漢省河水篇河水又東北過楊虛縣東商河出焉注云地理志楊虛平原之隸縣也城在高唐城之西南經次於此是不比也[illegible]商河下入高唐又云河水自東郡臨邑來東逕楊虛縣故城東俗猶謂是城爲陽城矣下仍入東郡茌平案據此樓當爲楊亦通作陽倉公傳身居陽虛侯國是也功臣表又有樓虛侯訾順趙一清以爲二名並見漢封或元是楊虛後改樓虛東京以後旋復故稱明章以後乃歸漢封或侯國仍是楊也虛後改表又案來是注先子將閭省併也一統志故城今禹城縣西南

龍頟侯國 補注先謙曰韓說國武帝封

莽曰清鄉。師古曰今書本領字或作領而崔浩云有龍領村作領者非〔補注〕先謙曰史表引崔浩云領音洛今河閒有龍領村續志後漢省一統志故城今景州東三十一里

安侯國。〔補注〕先謙曰趙世家悼襄王時龐煖取安徐廣以爲漢安縣濟北貞王子樂國武帝封錢大昭云表作安陽疑陽當作煬是其謚先謙案續志後漢省寰宇記安陵縣在德州西北百里本漢安縣舊地理家並失理所據此安卽安陵河水注王莽故瀆自信都脩來北逕安陵縣西本脩之安陵鄉也應劭云脩縣東四十里有安陵鄉故縣也故瀆下入勃海東光是漢代本有安陵縣而地說皆未之及疑安縣以安陵鄉取名或後更安陵而旋併入脩縣耳又注云屯氏別河北瀆枝津自平原來至安陵縣遂絕一統志故城今吳橋縣西北

千乘郡，〔補注〕先謙曰據河水注郡治千乘續志後漢治狄劉注雒陽東千五百二十里**高帝置。**〔補注〕先謙曰河水注高帝六年置全祖望云故屬秦齊郡高帝分置屬齊國景帝後以支郡收**莽曰建信。**〔補注〕朱一新曰後書崔駰傳崔篆爲建新大尹孔僖傳同李注莽改千乘國曰建信又改曰建新案王莽傳改十一公號以新爲心後又改新爲信據此建新當是莽初改之名後改建信如十一公號之改新爲信也**屬青州。**應劭曰和帝更名樂安〔補注〕先謙曰續志劉注永元七年更爲樂安國郡本有樂安縣故以名之應劭所云取休令之名也屬同**戶十一萬六千七百二十七，口四十九萬七百二十。有鐵官、鹽官、均輸官。**

縣十五：〔補注〕先謙曰見王子侯表者有隨城見外戚表者有桑樂二縣無考郡人倪寬見本傳

千乘，〔補注〕先謙曰秦縣韓信破田吸於此見田儋傳縣人歐陽和伯見儒林傳續志後漢因伏琛齊記千乘有南北二城相去三十里其一城縣治一城太守治河水注河水自溼沃來東逕千乘城北伏琛之所謂千乘北城也下入齊郡利漯水自建信來東北逕千乘縣二城閒故齊地伏琛云千乘城在齊城西北百五十里隔會水卽漯水之別名也又東北爲馬常坑坑東西八十里南北三十里亂河枝流而入於海河海之饒茲焉爲最地理風俗記云漯水東北至千乘入海河盛則通津委海水耗則微涓絕流書浮于濟漯亦是水者也胡渭云此自西漢末迄後魏漯川之委頓一統志故城今高苑縣北二十五里**有鐵官。**〔補注〕全祖望曰郡下已云有鐵官複出

東鄒，〔補注〕先謙曰續志後漢省河水注漯水自濟南鄒平來又東北逕東鄒縣城北下入建信一統志故城今青城縣境以在鄒平東故加東晉志樂安國復領鄒縣蓋卽古東鄒或以鄒爲鄒平者誤

溼沃，莽曰延亭。〔補注〕錢大昕曰溼當作濕音它合反先謙曰續志後漢省河水注河水自平原漯陰來又東北爲漯沃津在漯沃縣故城南應劭云千乘縣西北五十里有大河河北有漯沃城故縣也河水下入千乘案据應說縣併入千乘一統志故城今蒲臺縣西北

平安，侯國。莽曰鴻睦。〔補注〕先謙曰王舜封安平侯表傳同而史記將相表有平安侯王章爲右將軍章卽舜之子則舜封是平安非安平許后傳亦有平安剛侯調濟水注濟水自被陽來東北迺爲淵渻謂之平州漯沃縣側有平安故城俗謂之會城非也地理志千乘郡有平安縣應劭云博昌縣西南三十里有平安亭故縣也世尙存平州之名矣濟水下入高昌案應酈相承並作平安合之史表許后傳可訂安平之誤續志後漢省据應說縣併入博昌一統志故城今新城縣東北四十里或謂之高會城

博昌，〔補注〕先謙曰後漢因續志有薄姑城有貝中聚濟水注濟水自樂安來東北逕薄姑城北地理書云呂尙封於齊郡薄姑故城在臨淄縣西北五十里近濟水濟水東北又逕狼牙固下入齊郡利一統志故城今博興縣南二十里**時水東北至鉅定入馬車瀆，幽州寖。**應劭曰昌水出東萊昌陽臣瓚曰從東萊至博昌經歷宿水不得至也取其嘉名耳師古曰瓚說是〔補注〕錢大昕曰時水本或作薄水誤職方氏幽州其浸菑時是也先謙曰鉅定齊郡縣据水經淄水瓠子河注時水卽如水鱗濟郡志分爲二淄水注時水自齊西安來東北合澠水逕博昌城北下入齊郡利澠水自齊臨淄來西逕博昌縣故城南闞駰云縣處勢平故曰博昌澠水西歷貝丘在齊城西北四十里春秋齊侯田于貝丘是也[illegible]澠水又西北入時水從征記曰水出臨淄縣樂安博昌南界西入時水者也自下亦通謂之澠齊侯云有酒如澠指喩此水也

蓼城，都尉治。莽曰施武。〔補注〕先謙曰續志後漢因劉注引杜預云縣東北有攝城案此左傳所謂聊攝也蓼城非聊城劉引茲誤据河水注引應劭說建信爲都尉治[illegible]志云蓼城都尉治非建信也二縣相近故耳

建信，〔補注〕先謙曰續志後漢省河水注漯水自東鄒來東北逕建信縣故城北應劭云臨濟縣西北五十里有建信城都尉治故城者也漯水下入千乘案据應說縣併入狄一統志故城今高苑縣西北

狄，〔補注〕先謙曰孔子臨狄水而歌見琴操戰國齊地秦爲縣田單田儋皆邑人見田單傳陳涉世家續志劉注地道記云狄伐衛懿公**莽曰利居。**應劭曰安帝更名曰臨濟〔補注〕先謙曰後漢改名臨濟續志亦云安帝更名但臨濟之名屢見高紀田儋曹參傳又田都所都必非小邑聚或漢初以戶口稀少併臨濟於狄後漢以狄爲樂安所治嫌非佳名故易之耳濟水注濟水自濟南梁鄒來東北過臨濟縣南下入被陽一統志故城今高苑縣西北

琅槐，師古曰槐音回〔補注〕先謙曰續志後漢省淄水注淄水自齊廣饒來入馬車瀆亂流東北逕琅槐故城南又逕馬井城北與時澠之水互受通稱又至皮丘坑入海故晏謨伏琛言淄澠之水合於皮丘坑地理志馬車瀆至琅槐入海蓋舉縣言也先謙案沛水亦至琅槐入海故本志泰山萊蕪下云甾水東至博昌入沛也地望相接諸水亂流故無病於參差矣濟水注濟水自齊郡利來東北至甲下邑南東歷琅槐縣故城北應劭云博昌東北八十里有琅槐鄉故縣也山海經曰濟水絕鉅野注渤海入齊琅槐東北者也又東北河水枝津注之又東北入海先謙案本志河東垣下云濟水又東至琅槐入海者也據應說縣併入博昌一統志故城今樂安縣東北一百十里

樂安，〔補注〕先謙曰武帝封李蔡爲侯國見表續志後漢因濟水注濟水自高昌來東北逕樂安縣故城南伏琛齊記云博昌城西北五十里有南北二城相去三十里隔時濟二水指此爲博昌北城非也樂安與博昌薄姑分水俱同西北薄姑去齊城六十里樂安越水差遠驗非尤明應劭云取休令之名矣濟水下入博昌一統志故城今博興縣北

被陽，侯國。如淳曰一作披音罷軍之罷師古曰音皮

彼反補注宋祁曰被或作彼先謙曰齊孝王子燕國武帝封史表作披陽索隱蕭該披音皮續志後漢省濟水注濟水自臨濟來晏謨齊記曰有南北二城隔濟水其南城卽被陽縣故城也[illegible]北枕濟水下入平安一統志故城今高苑縣治

高昌補注先謙曰宣帝封董忠爲侯國見表續志後漢省濟水注濟水自平安來東北逕高昌縣故城西世謂之馬昌城非也濟水下入樂安一統志故城今博興縣西南

繁安侯國補注先謙曰齊孝王子忠國武帝封莽曰瓦亭補注先謙曰續志後漢省

高宛補注先謙曰戰國齊地見齊策高帝封丙猜爲侯國見表史表作高苑莽曰常鄉補注先謙曰續志後漢因瓠子河注時水自齊西安來逕東高苑城中而西注俗人過令側城南注又屈逕其城南史記文帝分齊爲膠西都高苑徐廣音義云樂安有高苑城故俗謂之東高苑也其水又北注故瀆又西合蓋野溝水又逕西高苑縣故城南王莽之常鄉也其水側城西注京相璠云今樂安博昌縣南界有時水西通濟其源上出般陽北至高苑下有死時中無水杜預亦云時水於樂安枝流旱則乾涸爲春秋乾時齊魯戰地時水下入濟南梁鄒蓋野溝水自延鄉來西北逕高苑縣北入時水一統志故城今新城縣境楚元王子歲封沈猶侯元王傳注云王子侯表沈猶屬千乘高苑今表無注沈猶殆高宛之鄉名與

延鄉補注先謙曰成帝封李譚爲侯國見表續志後漢省瓠子水注蓋野溝水導源延鄉城東北平地出泉西北流逕延鄉城北世謂爲從城延從字相似讀隨字改所未詳也西北流爲蓋野溝下入高宛一統志故城今新城縣東

濟南郡補注先謙曰濟當爲泲據濟水注郡治東平陵續志後漢治同劉注雒陽東千八百里故齊補注先謙曰故屬秦齊郡高帝時仍屬齊悼惠王肥國文帝十六年別爲濟南國補注先謙曰以王悼惠子辟光景帝二年爲郡補注王念孫曰二當爲三齊悼惠王世家濟南王辟光十一年與吳楚反漢擊破殺辟光以濟南爲郡地入於漢濟南王十一年景帝三年也見高五王傳及史表全祖望曰高后元年封平昌侯太爲呂王七年改號濟川見史記則濟南卽濟川胡三省失攷乃曰在濟南濟北之間誤也顧祖禹又失攷謂太所封之濟川卽梁之濟川而不知梁之濟川是陳留乃景帝所封梁孝王子在濟陽其國名亦曰濟川而非太所封之濟川也莽曰樂安屬青州補注先謙曰續志後漢因屬同

戶十四萬七百六十一口六十四萬二千八百八十四

縣十四補注先謙曰見侯表者有河綦常樂德三縣無考郡人終軍王訢見本傳伏生張生林尊見儒林傳

東平陵有工官鐵官補注先謙曰春秋譚國齊滅之見左傳据說苑齊桓公之平陵是當時已有平陵之號矣東平陵見五行志後漢因郡治續志有鐵有譚城有天山濟水注關盧水出馬耳山北逕博亭城西西北至東平陵城下入歷城武原水出譚城南平澤中北逕譚城東又逕東平陵縣故城西故陵城也後乃加平武原水下入歷城于欽齊乘扶風有平陵故此加東一統志故城今歷城縣東章丘亦東平陵地

鄒平補注齊召南曰宋本監本及別本俱以鄒爲一縣平臺爲一縣此大誤也鄒平故城在今鄒平縣北與騶縣屬魯國者不同臺縣卽高祖功臣戴野侯國與常山郡屬之平臺縣宣帝封史元爲臺侯者又不同也當以鄒平連寫先謙曰鄒下誤空一格平下誤連官本正之續志後漢因河水注漯水自朝陽來東逕鄒平縣故城北古鄒侯國舜後姚姓也漯水下入千乘東鄒一統志故城今鄒平縣北齊東縣半入漢鄒平境

臺補注先謙曰春秋齊邑景公以封晏子見晏子春秋高帝封戴野爲侯國見表莽曰臺治補注先謙曰續志後漢因濟水注濟水自泰山盧來東北過臺縣北合巨合水芹溝水下入營巨合水自歷城來西北逕臺縣故城南其水西北合白野泉水聽水入濟白野泉水出臺城西南白野泉北逕雷山西北入巨合水聽水上承濼水東流北屈入巨合水芹溝水出臺縣故城東南西北流逕臺城東入濟一統志故城今歷城縣東北三十里

梁鄒補注先謙曰高帝封武虎爲侯國見表續志後漢因濟水注濟水自營來東過梁鄒縣北合隴水時水下入千乘狄隴水自般陽來西北至梁鄒東南合魚子溝水隴見於又逕梁鄒縣故城南又北屈逕其城西入濟一名袁水京相璠云梁鄒縣有袁水者也又瓠子水注時水自千乘高苑來西北至梁鄒城東北入濟先謙案本志齊郡臨淄下如水至梁鄒入泲者也酈元以時如爲一水此爲時之支流淄水注時水枝津自齊安來西北至梁鄒入濟也一統志故城今鄒平縣治

土鼓補注先謙曰續志後漢因濟水注百脈水出土鼓縣故城西水源方百步百泉俱出故曰百脈水下入陽丘楊渚溝水自於陵來西北逕土鼓城東下入陽丘一統志故城今淄川縣西

於陵都尉治補注顧炎武曰泲南太守治東平陵而都尉治於陵者以長白山也魏書辛子馥傳長白山連接三齊瑕丘數州之界多有盜賊又隋大業九年齊人孟讓王薄等衆十餘萬据長白山攻剽諸郡觀此二事知漢人立都尉治於陵之意莽曰於陸補注先謙曰續志後漢因劉注縣西北有于亭陳桓子以封齊公子周濟水注楊渚溝水出逢陵故城西南二十里[illegible]下入土鼓魚子溝水出長白山東柳泉口山卽陳仲子所隱也其水逕於陵縣故城西又北入隴水[illegible]一統志故城今長山縣西南二十里

陽丘補注先謙曰文帝封齊悼惠王子安爲侯國見表藝文志有陽丘侯偃續志後漢省濟水注百脈水自土鼓來西北逕陽丘縣故城中世謂之章丘城非也城南有女郎山其水西北出城北又東北入濟楊渚溝水自土鼓來西北逕陽丘城東又北逕甯戚城西入濟一統志故城今章邱縣東南

般陽莽曰濟南亭應劭曰在般水之陽師古曰般音盤補注吳卓信曰宋魏志作盤陽北齊平州刺史朱岱林墓志作槃陽古字通用先謙曰續志後漢改屬齊濟水注般水出般陽縣南龍山俗謂之左阜水西北徑其城南又南屈西入隴水隴水南出長城中北流至般陽縣故城西南合般水又逕縣西北合萌水下入梁鄒萌水出西南甲山又東北逕萌山西入隴水一統志故城今淄川縣治般水在縣東南十五里俗名魚頭河

營應劭曰音姦補注先謙曰文帝封齊悼惠王子罷軍爲侯國見表後漢因續志有賴亭[illegible]濟水注濟水自臺來東逕營縣故城南右合百脈水楊渚溝水[illegible]下入梁鄒一統志故城今章邱縣西北

朝陽侯國補注先謙曰宰寄國高帝封廣陵厲王子聖宣帝封莽曰脩治應劭曰在朝水之陽補注先謙曰後漢因續志作東

朝陽劉注縣西有崔城河水注漯水自著來東北逕崔氏城北左傳崔成請老于崔者也漯水又東北逕東朝陽縣故城南應劭云南陽有朝陽縣故此加東漯水下入鄒平朝水無攷後漢耿弇傳從朝陽橋河以渡章懷注朝陽縣城在濟水北有漯河然則朝水即漯水之別名與一統志故城今章邱縣西北齊東縣半入朝陽境

歷城有鐵官 補注閻若璩曰元和志漢景帝二年以前泲南郡爲國時理歷城縣是縣曾爲治全祖望曰當云有濼水先謙曰春秋齊地濼見左桓傳亦爲肇邑見成傳騶誕又曰歷下見晉世家戰國同見田齊世家及高紀韓信傳歷城葢漢初縣後漢因續志有鐵有巨里聚劉注太甲冢在歷山上濟水注濟水自泰山盧來東北合濼水華泉下入臺濼水出歷城縣故城西南泉源上奮水涌若輪城南對山山上有舜祠書舜耕歷山亦云在此其水北爲大明湖引瀆東入西郭至歷城西而側城北注陂水上承東城歷祠下泉北流逕歷城東分二水左水西逕歷城北爲陂謂之歷水與濼水合其枝津首受歷水於歷城東東北逕東城西而北出郭入濼水濼水又北聽水出焉又北入濟爲濼口華泉出華不注山北絕聽瀆二十里入濟巨合水出雞山北逕巨合故城西即巨里城也巨合水合關盧水下入臺關盧水自東平陵來入武原水武原水自東平陵來北逕巨合城東武帝封城陽頃王子發爲侯國關盧水西入巨合水一統志故城今歷城縣治

猇侯國 補注先謙曰趙敬肅王子起國武帝封 **莽曰利成** 應劭曰音箎蘇林曰音爻今東朝陽有猇亭蔡薈音由音鷄師古曰蔡音是音于虬反補注錢大昭曰鴟閭本作鴟是王鳴盛曰南監本作鴟朱一新曰汪本作鴟先謙曰應音誤爻鴟字微

〔前漢二十八上 二〕

分陰陽實一音也顏云于虬反即由之切音因專取由音故專是蔡續志後漢省據蘇注併入朝陽一統志故城今章邱縣北

著 師古曰音竹庶反又音直庶反而韋昭誤以爲著龜之著字乃音紀杏反失之遠矣補注洪頤煊曰魏書地形志濟南郡著二漢晉屬此即韋昭本先謙曰官本紀作弛秦邑曹參所收見本傳續志後漢因河水注漯水自平原漯陰來東北逕著縣故城南下入朝陽甘棗故溝自漯陰來東逕著城北東爲陂淀淵潭相接世謂之穢野薄一統志故城今濟陽縣西南

宣成侯國 補注先謙曰燕倉國昭帝封菑川懿王子偃武帝封續志後漢省

泰山郡 補注先謙曰據江水注郡治奉高續志後漢治同劉注雒陽東千四百里 **高帝置** 補注全祖望曰故屬秦齊郡楚漢之際屬齊國尋爲濟北國五月復屬齊國分置濟北博陽二郡高帝四年屬漢改博陽曰泰山仍屬齊國文帝二年別屬濟北國四年復故十六年復屬濟北國景帝四年復故五年復屬濟北國武帝元鼎元年獻泰山及其旁邑其國如故後元二年并濟北入泰山又云博陽郡楚漢閒分濟北置見高紀以封齊王按月表濟北國都博陽則本屬濟北及封齊王已分置矣葢即漢之泰山而後併濟北入之者也東京又分泰山濟北爲二則泰山仍得博縣是其證也又云前志泰山郡之博縣即博陽也劉攽疑博陽置郡之無徵不知即泰山也奉高未置縣以前泰山即治博縣以是益知其爲博陽也 **屬兗州** 補注先謙曰續志後漢因屬同 **戶十七萬二千八十六口七十二萬六千六百四有工官汶水出萊毋西入濟** 師古曰汶音問毋與無同補注錢大昭曰萊蕪縣下亦載汶水較此加詳則此八字是衍文錢大昕曰注毋與蕪同蕪作無誤先謙曰有工官三字與奉高下複疑亦衍文

縣二十四 補注先謙曰見侯表者有德五據胡毋三縣無考郡人毛莫如栗豐冥都見儒林傳

奉高 有明堂在西南四里武帝元封二年造有工官 補注先謙曰造明堂事詳郊祀志續志後漢因郡治劉注左傳大蒐於紅紅亭在縣西北汶水注禹貢汶水自嬴來西南過奉高縣北武帝元封元年立以奉泰山之祀汶水屈從縣西南流合牟汶水北汶水石汶水西南逕徂徠山西山在梁父奉高博三縣界汶水又合三小水下入博牟汶水自牟來西南逕奉高縣故城西入汶北汶水出分水溪源與中川分水東南流逕泰山東右合天門下溪水觀入汶環水出泰山南溪東南逕明堂下古引水爲辟雍處基瀆存焉世謂此水爲石汶又左入汶一統志故城今泰安縣東北十七里縣東北四十里有周明堂故址縣東十里有漢明堂故址

博 補注先謙曰濟北王田安都博陽即此見項羽傳灌嬰破田橫於此見嬰傳後漢因續志有龜山有龍鄉城劉注楚有蜀之役縣西北有蜀亭汶水注禹貢汶水自奉高來南逕博縣故城東春秋伐齊取博者也汶水屈從其城南西流又西南逕龍鄉故城南春秋齊侯圍龍者也高帝封陳署爲侯國汶水下入鉅平天門下溪水出泰山天門下谷東流又東南逕龜陰之田龜山在博縣北十五里其水入北汶水一統志故城今泰安縣東南 **有泰山廟** 補注先謙

〔前漢二十八上 二〕

曰郊祀志宣帝神爵元年定祀一統志廟在今泰安縣城西北隅 **岱山在西北** 補注錢坫曰岱泰字古通用先謙曰禹貢山水澤地篇泰山爲東嶽在泰山博縣西北與此合一統志山在今泰安縣城北五里 **求山上** 補注錢大昕曰求山上三字兗州山之僞

茬 應劭曰茬山在東北音淄師古曰又音仕疑反補注宋祁曰茬當作茬先謙曰續志後漢因曹魏名縣爲山茬濟水注中川水出山茬縣之分水嶺一源兩分泉流半解半水南出泰山入汶半水出山茬縣西北流逕東太原郡南翻宋下入盧一統志故城今長清縣東北

盧 補注先謙曰春秋齊邑見左隱成襄傳秦縣曹參攻之見本傳地道記盧扁鵲所生 **都尉治濟北王都也** 補注先謙曰淮南厲王子勃封濟北王都此傳云國除爲北安縣葢後改名盧後漢改屬濟北續志有平陰城有防門有光里有景茲山有敖山有清亭有長城至東海劉注縣北有巫山東有地名石窌濟水注濟水自東郡臨邑來水有石門故濟水之門春秋齊鄭會於石門也今盧縣故城西南六十里有故石門去水三百步葢水瀆流移也濟水又北逕平陰城西在縣城西南十里平陰城南有長城東至海西至濟河道所由名防門防門北有光里濟水右邁過爲湄湖方四十餘里濟水又東北逕洛當城北征記云濟水與清河合流至洛當者也河水自四瀆口東北流入濟魏土地記云盟津河別流十里與清水合亂流而東逕洛當城北涇渭殊別而東南流注也濟水又與湄溝合又逕盧縣故城北濟北郡治也又合中川水玉水觀附踝下入濟南歷城中川水自茌來北合賓溪水又北逕盧縣故城東爲沙溝水入濟賓溪水出南格馬山賓溪谷北逕盧縣故城北入

中川水一統志故城今長淸縣南二十五里**肥成**應劭曰肥子國〔補注〕洪亮吉曰眞定國肥纍下原注云故肥子國杜預左傳注肥國在鉅鹿下曲陽縣西南有肥纍城則肥子國屬眞定者爲是又甾川國劇縣應劭亦云故肥國先謙曰續志後漢省汶水注沁水出肥成縣東北原西南流逕縣故城南樂子春謂其弟子曰子適齊過肥肥有君子焉左逕句窳亭北下入東平富城案鄭不采應說其證允矣一統志故城今肥城縣治**虵丘隧鄉故隧國春秋曰齊人殲于隧也**師古曰虵音移隧音遂〔補注〕全祖望曰隧當作遂此俗本之譌先謙曰齊世家魯莊公獻遂邑于齊則遂爲魯滅後漢改屬濟北續志有遂鄉有下讙亭有鑄鄉城劉注東觀書有芳陘山汶水注禹貢汶水自魯汶陽來又西洸水出焉又逕虵丘縣南杜預云縣治鑄鄉城也下入剛又自剛來入縣合蛇水溝水下仍入剛蛇水自汶陽來西南逕鑄城西左傳所謂蛇淵囿也又逕夏暉城南左傳之下讙也又西南入汶溝水出東北馬山西南逕棘亭南春秋叔孫僑如圍棘是也又逕遂城東又西逕下讙城西而入汶一統志故城今肥城縣南**剛**〔補注〕先謙曰縣人鄭弘見本傳**故闡莽曰柔**應劭曰春秋取鄆及闡今闡亭是也師古曰鄆音驩〔補注〕先謙曰續志後漢改屬濟北汶水注禹貢汶水自蛇丘來西南過剛縣北杜預云闡在剛縣北剛城東有一小亭今剛縣治俗人又謂之闡亭京相璠云剛縣西四十里有闡亭未知孰是汶水下入蛇丘又自蛇丘來逕春亭西亭東去剛城四十里汶水下入東平章蛇水出剛縣東北泰山西南下入魯國汶陽又洙水注洸水上承汶水於剛縣西闡亭東爾雅曰汶別爲闡其猶洛之有波矣又西南逕盛鄉城西京相璠云縣西南有盛鄉城者也下入寧陽一統志故城今寧陽縣東三十五里**柴**〔補注〕先謙曰武帝封齊孝王子代爲侯國見表續志後漢省汶水注淄水自梁父來西南逕柴縣故城北世謂之柴汶水下入式一統志故城今泰安縣南柴城堡**蓋**〔補注〕先謙曰戰國齊邑見孟子景帝封王信爲侯國見表續志後漢因劉注左傳會于防縣東南有防城一統志故城今沂水縣西北八十里**臨樂于山洙水所出西北至蓋入池水**〔補注〕齊召南曰池應作泗水經注引此文云西北至蓋入泗水或作池字蓋字誤也觀此則道元以前本已訛作入池水矣先謙曰洙水注洙水自臨樂山西北逕蓋縣下入東平陽與說文皆無于字則于字亦衍官本于作子又蓋縣所出之水無仍云至蓋入它水之理與全志體例不合而水經注已引作至蓋則北魏前志文已誤王念孫云至蓋當爲至卞卞縣有泗水蓋縣無泗水卞縣故城在今兗州府泗水縣東故云洙水至卞入泗水今之洙水乃在曲阜縣北上源既不遠下流又入沂不入泗與漢志水經故道迥殊矣先謙案一統志臨樂山在今蒙陰縣東北**又沂水南至下邳入泗**〔補注〕先謙曰下邳東海縣沂水篇沂水出蓋縣艾山注云鄭元云出沂山亦或云臨樂山水有二源南爲柞泉北爲魚窮泉東南流合成一川合洛預水桑預水螳蜋水東逕蓋縣故城南合連綿水下入琅邪東莞連綿水出連綿山南流逕蓋城東入沂**過郡五**〔補注〕先謙曰過泰山琅邪城陽東海五當爲四**行六百里青州寖**師古曰蓋讀如本字又音古盍反洙音殊**梁父**師古曰以山名縣也父音甫〔補注〕先謙曰功臣

平州侯王唊表注梁父蓋當析置平州縣後漢因續志父作甫有菟裘聚汶水注淄水出梁父縣東西南流逕菟裘城北春秋隱公營之又逕梁父縣故城南縣北有梁父山開山圖云泰山在左亢父在右亢父知生梁父知死王者封泰山禪梁父故縣取名焉淄水下入柴一統志故城今泰安縣南六十里**東平陽**〔補注〕先謙曰秦邑灌嬰破楚騎於此見本傳續志後漢省洙水注洙水自蓋來西逕東平陽縣春秋城平陽是也河東有平陽故此加東[illegible]洙水下入魯國卞一統志故城今新泰縣西北**南武陽**〔補注〕徐松曰東郡有東武陽故加南**冠石山治水所出南至下邳入泗過郡二行九百四十里**〔補注〕錢坫曰過泰山東海二郡自南武陽至下邳無九百四十里當有誤字**莽曰桓宣**應劭曰武水所出南入泗〔補注〕先謙曰續志後漢因沂水注治水出冠石山地理志曰冠石山治水所出應劭云武水出焉蓋水異名也下入蒙陰先謙案道元言治水歷費臨沂入沂不言至下邳入泗與志違異泗水注又言武水至下邳入泗不言出冠石山以地形測之冠石山在南武陽及楚國武原縣界武水治水皆出焉流入費縣者爲武水至臨沂入沂南武陽以武水得名也流入武原者爲治水亦謂之武水合武原水入泗班應所說也志舉治水不及入沂之武水應舉武水不析言有二道元旣引志以釋治水而於下流入沂不入泗未加剖駁此蓋偶有不照非有意分歧可知一統志故城今費縣西北七十里冠石山名聽山治水名浚河**萊蕪**〔補注〕先謙曰續志後漢因一統志故城今淄川縣東南六十里博山縣亦漢萊蕪地**原山甾水所出東至傳昌入泲幽州寖**〔補注〕王鳴盛曰傳南監本作博是甾川禹貢在青州而職方以爲幽州寖者青地周入幽也先謙曰博昌千乘縣甾禹貢作淄周禮作菑淄水篇淄水出萊蕪縣原山注云淄水出縣西南山下世謂之原泉淮南子云水出飴山蓋山別名也東北流逕萊蕪谷屈而西北流逕縣故城南從征記云城在萊蕪谷當路阻絕兩山間道由南北門范史雲言萊蕪在齊非魯所得引舊說云齊靈公滅萊萊民播流此谷邑落荒蕪故曰萊蕪禹貢所謂萊夷也余案縣漢高祖置左傳與之萊柞應劭云萊蕪魯之萊柞邑淄水又西北轉逕城西又東北合家桑谷水又北出山爲萊蕪口下入齊臨淄家桑谷水出縣東南從征記名曰聖水西北入淄一統志原山在今博山縣東二十五里府志一名馬耳山**又禹貢汶水出西南入泲汶水桑欽所言**師古曰泲音子禮反〔補注〕先謙曰汶水篇汶水出萊蕪縣原山西南過其縣南注云萊蕪縣在齊城西南原山又在縣西南六十許里地理志汶水與淄水俱出原山西南入濟不得過其縣南也從征記云汶水出縣西南流下入嬴先謙案云汶水桑欽所言者汶水故以別於甾水又琅邪朱虛亦有汶水入濰禹貢無此言入泲之汶故冠以禹貢其舉欽言者明古文說之不易而今文家所未及也說文汶下云水出琅邪朱虛東泰山東入濰桑欽說汶水出泰山萊蕪西南入泲與班義正同**鉅平有亭亭山祠**應劭曰左氏傳陽虎入于鄆陽關已叛今陽關亭是也〔補注〕先謙曰春秋成邑始見左桓傳戰國齊取之魯伐齊入陽關見田齊世家縣人王章見本傳後漢因續志有亭禪山有陽關亭汶水注禹貢汶水自博來西南逕亭

亭山東黃帝所禪也山有神廟水上有石門舊分水下濺處汶水又逕陽關故城西又南左合淄水又逕鉅平縣故城東而西南流城東有魯道詩所謂魯道有蕩也汶水下入魯汶陽淄水自式來西逕陽關城南入汶一統志故城今泰安縣西南亭亭山南五十里

嬴有鐵官師古曰音盈補注先謙曰春秋戰國齊邑始見左桓傳及孟子灌嬰敗田橫軍於此見嬰傳後漢因續志有鐵山汶水注禹貢汶水自萊蕪來西南逕嬴縣故城南下入奉高一統志故城今萊蕪縣西北四十里汶水北城子縣

牟故國應劭曰附庸也師古曰春秋桓十五年牟人來朝即此也補注先謙曰續志後漢因汶水注牟汶出牟縣故城西南阜下俗謂之胡盧堆淮南子云汶出弗其高誘云山名或斯阜矣牟縣故城在東北古牟國應劭云魯附庸俗謂是水為牟汶也下入奉高案據酈引應說明注附上脫魯字一統志故城今萊蕪縣東二十里牟汶水出縣南

蒙陰禹貢蒙山在西南有祠補注先謙曰禹貢山水澤地篇蒙山在蒙陰縣西南與志合顓臾國在蒙山下莽曰蒙恩補注先謙曰續志後漢省沂水注桑泉水出縣五女山合巨圍水又合堂阜水春秋管仲稅囚於堂阜也桑泉水又東南逕蒙陰縣故城北又合臾崮水盧川水[illegible]蒙陰水東北入沂[illegible]臾崮水二源雙會東導一川俗亦謂之汶水東逕蒙陰縣入桑泉水蒙陰水出蒙山之陰東北入桑泉水又云蒙山水亦出蒙山陰下入城陽陽都治水自南武陽來東流逕蒙山下又東南逕顓臾城北下入東海費案據續志南武陽有顓臾城則蒙陰後漢併入南武陽一統志故城今蒙陰縣西南十五里蒙山在縣南四十里接費縣界

華莽曰翼陰補注先謙曰續志後漢省吳卓信云後漢光武十王傳永平二年以華縣益琅邪是明帝時尚有華縣三國志稱臧霸泰山華人郭班世語言曹嵩在泰山華縣泰山尉孔宙碑陰所列門生故吏諸名亦有題泰山華者然則東漢元有華縣殆省併旋復耳一統志故城今費縣東北六十里

寧陽侯國補注先謙曰魯恭王子恬國武帝封莽曰寧順補注錢坫曰夏侯勝傳作寧鄉屬大河郡先謙曰續志改屬東平洙水注洸水自剛來南逕寧陽縣故城西合洙水枝津下入乘丘洙水枝津自山陽瑕丘來西逕寧陽城南又西南入洸一統志故城今寧陽縣南

乘丘師古曰春秋莊公十五年公敗宋師于乘丘即此是也補注先謙曰顏引左傳亦見濟陰乘氏下辨見彼注魯地戰國屬趙齊取之見國策三晉伐楚至此而還見楚世家武帝封中山靖王子將夜為侯國見表續志後漢省洙水注洸水自寧陽來西南逕乘丘縣故城東又東南入洙[illegible]一統志故城今滋陽縣西北

富陽補注先謙曰宣帝封六安夷王子賜成帝封東平思王子萌為侯國見表續志後漢省

桃山侯國補注先謙曰城陽孝王子欽國成帝封莽曰裒魯補注段玉裁曰恩澤侯表有褒魯節侯公子寬褒各本作裒疑皆誤錢大昭曰閻本裒作襄無魯字朱一新曰汪本作襄魯先謙曰官本作襄魯案褒魯是也說詳侯表續志後漢省一統志故城今滕縣東縣東南有桃山以此得名

桃鄉侯國補注先謙曰東平思王子宣國成帝封莽曰郚亭補注先謙曰續志後漢省汶水注汶水自東平章來西南逕桃鄉縣故城世以此為郭城非也蓋因丘新之故目耳汶水自桃鄉四

分當派別之處謂之四汶口下並入東平無鹽一統志故城今汶上縣東北

式補注錢大昭曰當作成續志作成云本國劉注左傳衞師入郕杜預云東平剛父縣西南有郕鄉先謙曰續志後漢省李賡芸云志泰山郡有式成後漢分置濟北有成而皆無式蓋東都省式置成也王子侯表式節侯憲下注泰山郡後書劉盆子傳盆子泰山式人祖父憲封為式侯章懷注式縣名中興縣廢是泰山之有式縣史文甚明豈得據東漢濟北之成縣而以西漢泰山之式縣為誤耶先謙案李說甚辨然式究不知何地成則確有可憑此當闕疑汶水注淄水自柴來又逕郕縣北高帝封董渫為侯國淄水下入鉅平一統志成縣在寧陽縣北

齊郡補注閻若璩曰郡治臨淄以齊悼惠王子及主父偃傳知之先謙曰據淄水注秦時即治臨淄續志後漢治同劉注雒陽東千八百里秦置補注先謙曰始皇二十六年置見本紀治臨淄見淄水注注作三十四年誤全祖望云楚漢之際改名臨淄郡屬齊國漢復故仍屬齊國五年屬楚國六年復為齊國武帝元朔三年復故元狩二年復為國元封元年復故莽曰濟南屬青州補注先謙曰後漢為齊國屬同戶十五萬四千八百二十六口五十五萬四千四百四十四縣十二補注先謙曰見功臣表者按道瀘清新時三縣無考郡人浮丘伯服生即墨成衡咸周堪炔欽轅固胡毋生見儒林傳婁護見游俠傳婁敬鄒陽見本傳薛方栗融見鮑宣傳

臨淄補注先謙曰有昌鄉亭見王莽傳縣人嚴安主父偃見本傳淄水注淄水自泰山萊蕪來東北逕牛山西又東逕臨淄縣故城南得天齊水口又逕四豪冢北田氏四王也又東北逕蕩陰里西又北逕其城東城臨淄水故曰臨淄淄水下入甾川東安平天齊水出南郊山下謂之天齊淵五泉並出南北三百步廣十步山即牛山左思齊都賦曰牛嶺鎮其南者也水在齊八祠中齊之為名起於此矣應劭云齊所以為齊者即天齊淵名也其水北入淄女水自東安平來東北逕壟丘東東北入巨淀地理志曰菀頭山女水所出東北至臨淄入巨淀[illegible]鼓敗[illegible]先謙案臨淄在東安平西南巨淀湖亦不在臨淄界女水出東安平不應反東北至臨淄入巨淀蓋志有誤文道元所見巳然矣系水出齊城西南為寒泉東北流直申門西為申池齊懿公見弒處也系水傍城北流逕陽門西水次有故封處齊之稷下也又北逕臨淄城西門北而西流逕梧宮南又逕葵丘北襄公使戍即斯地也又左迤為潭又逕高陽僑郡南[illegible]又西北入時水[illegible]文安水自菑川東安平來東北至縣入巨淀又澠水出臨淄縣北營城東為漢溱水西北逕營城北文帝封齊悼惠王子信都為侯國澠水下入千乘博昌師尚父所封補注先謙曰續志劉注皇覽云呂尚冢在縣城南去縣十餘里在齊桓公冢南如水西北至梁鄒入泲補注先謙曰梁鄒濟南縣淄水注時水出齊城西北二十五里平地出泉即如水也亦謂之源水水色黑俗又目為黑水西北逕黃山東又北歷愚山東有愚公冢又屈逕杜山北有愚公谷亦謂之石梁水又合濜水下入西安濜水出時水東去臨淄城十八里所謂濜中也俗以濜水為宿留水西北入時

水孟子三宿而後出澅故世以此而變水名也水南山西有王歜墓又瓠子水注時即耏水也音而春秋齊晉盟于耏者也京相璠云今臨淄惟有澅水西北入濟即地理志之如水矣耏如聲相似然則澅水即耏水以澅與時合得通稱矣**有服官**補注先謙曰齊三服官見元哀二紀貢禹傳**鐵官**補注吳卓信曰一統志商山在臨淄縣西即古鐵山崔炎述征賦云登鐵山望齊岱是也**莽曰齊陵**應劭曰齊獻公自營丘徙此臣瓚曰臨淄即營丘也故晏子曰始爽鳩氏居之逢伯陵居之太公居之又曰先君太公築營之丘今齊之城中有丘即營丘也師古曰瓚說是也築營之丘言於營丘地築城邑補注先謙曰續志後漢因劉注菑水南有桓公冢西北有晏嬰冢南小山曰牛山縣西有袁婁淄水注爾雅云水出其前左為營丘武王以其地賜太公望都營丘爲齊史記成王封師尚父于營丘東就國道宿行遲萊侯與之爭營丘或以爲都營陵陵亦丘也余案營陵城南無水惟城北有一水東北流辭隱由爾雅出前左之文不得以爲營丘矣營丘者山名也詩所謂子之營兮作者多以丘陵號同緣陵又去萊差近咸言太公所封考之春秋諸侯城緣陵左傳曰遷杞也並無營字瓚以爲非近之今臨淄城中有丘在小城內周回三百步高九丈北降丈五淄水出其前故有營丘之名與爾雅相符城對天齊淵故城有齊城之稱田巴入齊過淄自鏡郭景純言齊之營丘淄水逕其南及東也非營陵明矣獻公之自營丘徙臨淄猶晉氏深翼名絳非謂自營陵而之也其外郭即獻公所徙臨淄城也先謙案道元之辨至晰應說誤也齊世家十五世胡公徙薄姑六世獻公因徙薄姑都治臨淄是暫因薄姑之舊仍治臨菑爲都耳史文甚明地說家猶據後起之詞以爲營丘不在臨淄殊無謂也一統志故城今臨淄縣北八里古城店亦曰齊城

昌國補注先謙曰戰國齊地亦名昌城楚惠文王取之見趙世家續志後漢因一統志故城今淄川縣東三十五里**德會水西北至西安入如**補注先謙曰如即時水枝津也瓠子水注德會水出昌國縣黃山西北流逕昌國縣故城南昔樂毅封此德會水又合五里泉水又爲滄浪溝下入西安據志文五里泉水出縣南黃阜北流逕城西北入德會水一統志德會水在淄川縣東北通志出范王莊名曰泉河頭府志今曰豐水亦曰朱龍河

利　**莽曰利治**補注先謙曰續志後漢改屬樂安河水注河水自千乘千乘來東北過利縣北又東分爲二枝津東逕甲下邑城南歷馬常坑入濟河水自枝津東北流逕甲下邑北入海又濟水注濟水自千乘博昌來東北過利縣西晏謨云縣在齊城北五十里也下入千乘琅槐又淄水注時水自千乘博昌來東北逕利縣故城北下入鉅定一統志故城今博興縣東四十里利城鎮

西安補注先謙曰成帝封東平思王孫漢爲侯國見表功臣涉軹侯李朔表注西安蓋曾析置涉軹縣**莽曰東寧**補注先謙曰後漢因續志有棘里亭有蘧丘里古渠丘淄水注時水自臨淄來西北逕西安縣故城南本渠丘也齊大夫雍廩邑時水又西至石洋堰分爲二謂之石洋口時水北逕西安城西又北合系水說見臨朐下入千乘博昌枝津下入濟南梁鄒又瓠子水注如水即時水枝津自西安城西南別出合德會水下入千乘高苑德會水自昌國來至縣入如地理志曰德會水出昌國西北至西安入如者也一統志故城今臨菑縣西三十里

鉅定補注先謙曰武帝耕於此見本紀續志後漢省淄水注淄水自甾川東安平來東逕巨淀縣故城南縣東南則巨淀湖蓋以水受名也淄水下入廣饒時水自利來東北逕巨淀縣故城北下入廣饒一統志故城今樂安縣北壽光縣西北八十里齊乘巨淀湖即清水泊一名青邱濼**馬車瀆水首受鉅定東北至琅槐入海**補注先謙曰淄水注馬車瀆水首受巨淀淀即濁水所注也說見廣巨淀之右又有女水注之說見臨朐又北爲馬車瀆北合淄水說見千乘又北時澠之水注之說見廣亂流東北下入千乘琅槐一統志馬車瀆在樂安縣東北五十里今名高家港

廣補注先謙曰高帝封召歐元帝封甾川孝王子便爲侯國見表續志後漢因一統志故城今益都縣西南四里**爲山濁水所出東北至廣饒入鉅定**補注先謙曰爲山說文作嬀山淄水注呂忱云濁水一名溷水出廣縣爲山世謂之冶嶺山東北流逕廣固城西城在廣縣西北四里水側山際有五龍口濁水又逕堯山東又逕東陽城北合長沙水下入北海益長沙水出逢山北阜說詳臨朐爲陽水東北流逕廣縣故城西說見臨朐合石井水又東逕東陽城東南以在陽水之陽謂之東陽城世以濁水爲西陽水陽水又北屈逕城陽景王劉章廟東東入巨洋水後人堨斷令北注濁水時人通謂濁水爲陽水故有南陽北陽水之論二水渾流世稱長沙水亦通名澠水故伏琛晏謨爲齊記並云東陽城既在澠水之陽宜爲澠陽城非也世又謂陽水爲洋水余案羣書盛言洋水出臨朐縣而陽水導源廣縣兩縣雖鄰川土不同於事疑焉此辨俗以陽水爲澠水洋水之誤至爲詳斷地理家濁澠道元已不能知謬矣

廣饒補注先謙曰武帝封菑川靖王子國爲侯國見表續志後漢省淄水注淄水自鉅定來東北逕廣饒縣故城南又東合馬車瀆水又北合時水下入千乘琅槐濁水自北海益來至縣入巨淀先謙案本志廣下所謂濁水至廣饒入鉅定者也時水自巨淀來東北逕廣饒縣故城北入淄應劭云淄入濡謂斯水矣先謙案如濡古通用本志千乘博昌下云時水東北至鉅定入馬車瀆入淄即入馬車瀆矣又增利鉅定廣饒三縣以補志所不及一統志故城今樂安縣東北

昭南補注先謙曰續志後漢省

臨朐補注先謙曰武帝封菑川懿王子奴爲侯國見表**有逢山祠**補注先謙曰宣帝置祠見郊祀志逢作蓬**石膏山洋水所出東北至廣饒入鉅定莽曰監朐**應劭曰臨朐山有伯氏駢邑師古曰朐音劬洋音祥補注先謙曰後漢省續志有三亭古郱邑巨洋水注洋水出石膏山西北石澗口東南逕逢山祠西又歷逢山下即石膏山也山麓三成壁立直上山上有石鼓鳴則年凶續述征記云逢山在廣固南三十里有祠並石鼓齊地將亂石人輒打石鼓聲聞數十里洋水歷其陰而東北流世謂之石溝水又出委粟山北而東入巨洋水謂之石溝口是水下流有時通塞及春夏水泛川瀾無輟亦謂龍泉水地理志石膏山洋水所出是也今於此縣維是瀆當之似符羣證矣巨洋水自琅邪朱虛來北入臨朐縣合熏冶泉水又逕臨朐縣故城東城古伯氏駢邑也應劭云臨朐山名故縣氏之朐亦水名其城側臨朐川是以王莽用表厭稱焉巨洋水又北逕委粟山東孤阜秀立形若委粟又東北合洋水又得邳泉口又北會建德水下入菑川劇先謙案巨洋水之下流即洋水下流道元因洋水下流時有通塞巨洋導源較遠與洋水異出同

歸故以巨洋爲正洋水爲支此後人密於前人之處正以發明漢志各不相掩地理家紛紛竄改皆謬論矣一統志故城今臨朐縣治逢山在縣西二十五里地道記石膏山作石高山說文作高山奪文

北鄉 侯國 補注先謙曰菑川孝王子譚國元帝封 莽曰禺聚 補注先謙曰續志後漢省

平廣 侯國 補注先謙曰菑川孝王子服國元帝封表奪廣字續志後漢省

臺鄉 補注先謙曰成帝封菑川孝王子畛爲侯國見表續志後漢省

北海郡 補注先謙曰治所無攷續志後漢治劇 景帝中二年置 補注全祖望曰故屬秦齊郡文帝屬甾川國景帝分置 屬青州 補注先謙曰續志後漢爲北海國屬同 **戶十二萬七千口五十九萬三千一百五十九** **縣二十六** 補注先謙曰郡人禽慶蘇章見鮑宣傳

營陵 補注先謙曰高帝封劉澤爲侯國見表 或曰營丘 補注先謙曰志於齊郡臨淄明云師尚父所封又於此下云或曰營丘廣異說也或曰者傳疑之詞淄水注以此爲非辨之最晰史記齊世家營丘臨淄二文歧出又云營丘邊萊此異論所由起也 莽曰北海亭 應劭曰師尚父封於營丘陵亦丘也臣瓚曰營丘即臨淄也營陵春秋謂之緣陵師古曰臨淄營陵皆舊營丘地 補注先謙曰春秋僖十四年諸侯城緣陵而遷杞杜注緣陵杞邑案此以緣陵與齊爲近故遷而庇之若是營丘則太公開國之地豈得以居他國乎顏氏調人之說未爲得也續志後漢因淄水注營陵城南無水惟城北有一水世謂之白狼水西出丹山東北流俗謂凡山也又巨洋水注白狼水上承營陵縣之下流下入平壽一統志故城今昌樂縣東南

劇魁 侯國 補注先謙曰甾川懿王子黑國武帝封 莽曰上符 補注先謙曰續志後漢省一統志故城今昌樂縣西北

安丘 補注先謙曰宣帝時鳳皇集見紀 莽曰誅郅 孟康曰今渠丘是 補注先謙曰後漢因續志有渠丘亭汶水注劃之汶汶水自琅邪朱虛來東逕安丘縣故城北王莽之誅郅也孟康云今渠丘亭是伏琛晏謨齊記並言莒渠丘亭在安丘城東北十里非矣城對牟山汶水下入淳于一統志故城今安丘縣西南

瓡 侯國 補注先謙曰城陽頃王子息國武帝封 莽曰道德 師古曰瓡卽執字 補注王念孫曰韋昭音瓡爲諸蟄反廣韻入聲二十六緝瓡之入切縣名在北海則瓡爲執之譌明矣至河東之瓡讘乃瓡之譌字故集韻十一模有瓡讘晉地名先謙曰續志後漢省

淳于 應劭曰春秋州公如曹左氏傳曰淳于公如曹臣瓚曰州國名也淳于公國之所都 補注先謙曰宣帝時鳳皇集見紀後漢因續志永元九年復汶水注汶水自安丘來北過淳于縣西又東北入濰縣故夏后之斟灌國也周武王以封淳于公號曰淳于國其城東北則兩川交會也先謙案志云汶水至安丘入濰蓋二縣地相比又濰水注濰水自高密昌安東北過淳于縣東又左會汶水下入平城一統志故城今安丘縣東北三十里

益 莽曰探陽 補注先謙曰續志後漢改屬樂安巨洋水注巨洋水自甾川劇來東北逕益縣故城東王莽更

之曰滌蕩也晏謨云南去齊城五十里又東北積爲潭枝津
百尺溝巨洋水下入壽光百尺溝西北逕北益都城武帝封
懿王子胡爲侯國又西北入巨淀又淄水注濁水自齊郡廣
逕臧氏臺西又逕益城西又入巨淀地理志曰廣縣爲山濁
出東北至廣饒入巨淀先謙案洋水濁水志並云至廣饒入
酈注二水並自益入巨淀知廣饒益二地相比也後漢劉盆
有王莽探湯侯田況章懷注莽改縣曰探湯則探陽滌蕩皆
譌一統志故城今壽光縣西益都今壽光北十五里王城店

平壽

應劭曰古斟尋禹後今斟城是也臣瓚曰斟尋在河南不在
汲郡古文云太康居斟尋羿亦居之桀亦居之尚書序云太
邦昆弟五人須于洛汭此卽大康所居爲近洛也又吳起對
侯曰昔夏桀之居左河濟右太華伊闕在其南羊腸在其北
城爲值之又周書度邑篇曰武王問太公曰吾將因有夏之
望過于三塗北瞻望于有河有夏之居卽河南是也師古曰
止云斟尋本是禹後耳何豫夏國之都乎瓚說非也斟音斟
錢大昕曰壽光縣下亦引應劭云古斟灌禹後注中諸斟字
之譌也艸書甚作乜與土相混因譌爲斟師古不能是正乃
爲斟廣韻二十二侵部亦兼收斟斟二字葢六書之不講隋
已然矣王鳴盛曰應以平壽爲古斟尋壽光爲古斟灌而事
縣自注故國禹後本之史記夏本紀此其確然者斟灌斟尋
見左襄四年哀元年傳魏絳伍子胥之言據彼杜注云二國
姓諸侯疏以爲世本斟故國與平壽壽光二縣相近故應劭
之杜預亦用之至於啟子太康失邦昆弟五人須于洛汭此
文也夏都安邑本在河北如書序言則是太康爲羿拒逐於

葢河北之地皆爲羿所據矣大康崩弟仲康立仲康崩子相
夏本紀文也據杜預謂相依於二斟則三世失國無歸而依
羿爲寒浞所弒使澆滅斟灌斟尋及夏后相至少康滅澆穡
臣靡復收灌尋餘燼以滅浞而少康返國復歸河北竊計羿
繼僭立在安邑太康仲康后相相繼擁虛號在二斟此書序
與應杜說之可信者臣瓚乃依汲郡古文太康居斟尋羿亦
桀亦居之然則魏絳安得云羿因夏乎王制有因國昭元年
人是因是若羿居斟尋則非因矣乃并謂斟尋在河南不知
國在北海去河南甚遠且伍子胥謂少康祀夏配天不失舊
是返國河北而桀都亦在河北瓚說皆非也先謙曰後漢因
有斟城有寒亭古寒國浞封此劉注杜預云有斟亭古斟國
後省合應說觀之明是前漢之斟縣後漢併入平壽故應注
縣下如王氏說以斟縣與斟尋斟灌並論是有三斟不止二
西漢之時斟自爲斟與平壽無涉也巨洋水注杜預言斟亭
壽縣東南平壽故城在白狼水西瀡醲訛白狼水自營陵來
逕平壽城東西入別畫湖覷亦曰朕懷湖湖東西二十里南
十里渏水自淄川劇來流入平壽縣積而爲渚水盛則北注
流屈而東北流逕平壽縣故城西而北入丹水爲魚合口丹
自劇來東北出逕渏蒲澗北合渏水下入平望寒亭亦在斟縣見斟下一統志故城今濰縣西南

劇 侯國 補……謙……

川懿王子錯國武帝封續志後漢省案西漢兩劇縣一在甾
在北海此在北海者專爲侯國故與甾川之劇雖壤地相接
稱不混後漢併入北海則甾川之劇轉爲北海之郡治續志
劇下自注與甾川國劇下應劭注同合之巨洋水注古紀國

云足爲確證惟注敘劇縣又云武帝封菑川懿王子錯爲侯國則未免牽混不明耳紀要故城今昌樂縣菑川劇在今壽光縣並屬青州府東各七十里

都昌有鹽官補注先謙曰齊景公以封晏子見晏子春秋高帝封朱軫爲侯國見表續志後漢因濰水注濰水自膠東下密來東逕都昌故城東入海先謙案本志瑯邪箕下濰水至都昌入海者也一統志故城今昌邑縣西二里

平望侯國補注先謙曰菑川懿王子賞國武帝封**莽曰所聚**補注先謙曰續志後漢省巨洋水注丹水自平壽來東北逕望海臺東入海蓋亦縣所氏者也先謙案據注縣即指平望言而今注無之疑道元疏略或傳寫奪文後漢蓋省入壽光故本志瑯邪朱虛下云丹水東北至壽光入海者也巨洋水自壽光來東北逕望海臺西伏琛晏謨並以爲平望亭在平壽縣故城西北八十里古縣又或言秦始皇升以望海因曰望海臺所未詳也又東北入海先謙案齊臨朐下云洋水至廣饒入鉅定此云巨洋水至平望入海爲異一統志故城今壽光縣東北

平的侯國師古曰的音丁歷反其字從白補注宋祁曰的當作的從日先謙曰菑川懿王子強國武帝封宋說據侯表也續志後漢省

柳泉侯國補注先謙曰膠東戴王子強國宣帝封**莽曰弘睦**補注宋祁曰睦當作陸周壽昌曰莽改縣名易陵爲陸者多此外亦多作睦因其改制封王氏男爲睦也睦字似不誤先謙曰續志後漢省一統志故城今益都縣東

壽光有鹽官莽曰翼平亭應劭曰古斟灌禹後今灌亭是補注吳卓信曰莽傳有翼平連帥田況則嘗分北海之壽光爲郡矣先謙曰菑川靖王子陸侯何表注壽光蓋嘗析置陸縣續志後漢改屬樂安巨洋水注巨洋水自益來東北自巨淀湖逕壽光縣故城西城之西南水東有孔子石室故廟堂也又合堯水下入平望堯水即蕘水自菑川劇來又東北逕東西壽光二城間應劭云壽光縣有灌亭杜預云在縣東南斟灌國也堯水又東北入巨洋地理志曰蕘水自劇東北至壽光入海沿其逕趣即是水也一統志故城今壽光縣東

樂望侯國補注先謙曰膠東戴王子光國宣帝封續志後漢省一統志故城今壽光縣東十五里

饒補注先謙曰趙世家悼襄王時龐煖取饒徐廣以爲漢饒縣**侯國**補注先謙曰膠東戴王子成國宣帝封續志後漢省

斟故國禹後補注先謙曰据續志自注劉注本志平壽下應注後漢省併入平壽巨洋水注溉水自桑犢來北逕斟亭西北合白狼水靚平案地理志北海有斟縣京相璠云故斟尋國禹後西北去灌亭九十里溉水又北逕寒亭西而入別畫湖東北入海郡國志平壽有斟城有寒亭酐靚一統志故城今濰縣東

桑犢補注先謙曰說文作桑瀆續志後漢省一統志故城今濰縣東**覆甑山溉水所出東北至都昌入海**師古曰溉音功代反補注先謙曰巨洋水注溉水出桑犢亭東覆甑山亭故高密郡治世謂之故郡城山謂之塔山水曰鹿孟東覆甑山孟水皆非也地理志桑犢北海之屬縣矣有覆甑山溉水亦曰戾入斟寰宇記唐天寶六載敕改覆甑爲溉源山一統志在今濰縣東南六十里

平城侯國補注先謙曰膠東頃王子邑國成帝封續志後漢省濰水注濰水自淳于來北逕平城亭西應劭云淳于縣東北六十里有平城亭故縣也下入密鄉案据應說縣併入淳于一統志故城今昌邑縣東

密鄉補注先謙曰春秋紀子莒子盟于此見左傳**侯國**補注先謙曰膠東頃王子林國成帝封續志後漢省濰水注濰水自平城來東北逕密鄉亭西郡國志云淳于縣有密鄉應劭云平城又東北四十里有密鄉亭故縣也濰水下入膠東下密案據續志及應說縣併入淳于一統志故城今昌邑縣東南十五里

羊石侯國補注先謙曰膠東頃王子回國元帝封續志後漢省

樂都侯國補注先謙曰膠東頃王子訴國成帝封**莽曰拔壟一作杕一作枝也**補注宋祁曰南本樂都石鄉注皆無一作已下字先謙曰續志後漢省一作七字乃後人校語攙入

石鄉侯國一作正鄉補注先謙曰膠東頃王子理國元帝封續志後漢省一作四字語與上同官本正作止

上鄉侯國補注先謙曰膠東頃王子歆國元帝封續志後漢省

新成侯國補注先謙曰膠東頃王子根國元帝封續志後漢省

成鄉侯國補注先謙曰高密頃王子安國成帝封**莽曰石樂**補注先謙曰續志後漢省一統志故城今安丘縣北

膠陽侯國補注先謙曰高密頃王子恁國成帝封續志後漢省膠水注膠水自高密夷安來北逕膠陽縣東晏伏並謂之東亭自亭結路南通夷安應劭云淳于縣東南五十里有膠陽亭故縣也又東北合張奴水下入膠東下密張奴水亦自夷安來西北歷膠陽縣入膠案据應說縣併入淳于一統志故城今高密縣西北

地理志第八上二終

地理志第八上 三　漢書二十八

漢　蘭臺令史班固撰

唐正議大夫行祕書少監琅邪縣開國子顏師古注

賜進士出身前翰林院編修國子監祭酒加三級臣王先謙補注

東萊郡〔補注〕先謙曰治所無考續志後漢治黃劉注雒陽東三千二百二十八里 高帝置〔補注〕全祖望曰故屬秦琅邪郡高帝分置屬齊國景帝後以支郡收 屬青州 師古曰故萊子國也〔補注〕吳卓信曰國語通齊國之鹽於東萊韋注東萊齊東萊夷也先謙曰續志後漢因屬同 戶十萬三千二百九十二口五十萬二千六百九十三 縣十七〔補注〕先謙曰見功臣侯表者有承父縣作叚丞父見無考郡人費直見儒林傳 掖〔補注〕先謙曰亦作夜戰國齊邑田單所封見國策高帝時蟲達爲先封夜侯見表元和志掖水出縣南三十五里寒同山故縣取名 莽曰掖通〔補注〕先謙曰後漢因續志有過鄉古過國一統志故城今掖縣治掖水出縣南西北入海 腄〔補注〕先謙曰秦縣見始皇紀高后封呂嘉爲侯國見表史記作錘續志後漢省案始皇紀律歷志主父偃傳皆黃腄並稱蓋併入黃縣一統志

故城今文登縣西 有之罘山祠〔補注〕先謙曰郊祀志陽主祠之罘宣帝置之罘山在今福山縣東北三十五里接文登縣界 居上山聲洋丹水所出東北入海 師古曰腄音直瑞反洋音祥〔補注〕錢坫曰御覽引此作粱山丹水所出疑聲洋二字誤也王鳴盛曰上山當作山上師古音洋爲祥則聲洋非衍文全祖望曰樂史於文登縣云丹水蓋在今縣西七十里清陽水側近與之罘山相對顧祖禹云亦謂之清洋河殆即聲洋之轉今福山境也然則漢志殆失去一河字朱一新曰汪本監本東上衍丹字先謙曰官本東上有丹字與洋下丹字皆衍也王氏謂上山當作山上以祠居山上爲句案志書諸祠皆但云有某祠不言祠在山上下据一統志陽主祠在之罘山下則並非山上矣全謂聲洋下脫河字蓋以爲丹水出聲洋河果爾當云丹水首受聲洋河方與志例相合不當云聲洋河丹水所出也今案志文當爲居上山聲洋水所出居上山名聲洋二字疊韻變文今之清陽河即漢之聲洋水洋又轉寫作陽于欽齊乘言秦漢腄縣後併入牟平唐置清陽縣後廢入文登以臨清陽水故名清陽城此清陽水在腄之明證一統志作清陽紀要提綱作清陽而皆不言縣有丹水則丹是衍文御覽刪去聲洋但言梁山丹水顯有改易寰宇記知清陽即聲洋然牽于丹水依違其詞究不能確指丹水所在足爲宋世志文已誤衍丹字之證提綱云清洋河源出棲霞縣東南翠屏山西北流逕縣城南又東北流逕福山縣城東南又北入海一統志亦謂出翠屏山然則崒屏即居上之異名與 平度〔補注〕先謙曰縣見五行志武帝封菑川懿王子行爲侯國見表 莽曰利盧〔補注〕先謙曰續志後漢省

膠水注膠水自當利來北逕平度縣縣有土山膠水北歷土山注於海海南土山以北悉鹽坑相承修煮不輟北眺巨海杳冥無極天際兩分白黑方別所謂溟海者也地理[illegible]至平度入海也一統志故城今平度州西[illegible] 黃〔補注〕先謙曰春秋萊國見左宣傳杜注秦縣見始皇紀 有萊山〔補注〕先謙曰[illegible]陰山元和志[illegible] 松 林萊君祠〔補注〕先謙曰宣帝時祠萊山爲[illegible]有月主眞人祠見封禪書及郊[illegible] 莽曰意母〔補注〕洪亮吉曰郡有鹽官者五黃縣亦有鹹泉池百姓取以爲鹽蓋地瀕海故處處有鹽不盡設官先謙曰續志後漢[illegible] 臨朐 [illegible]里至海中連岑有土道秦始皇登刻二碑[illegible]十里有始皇漢武帝二碑一統志故城今[illegible] 有海水祠〔補注〕先謙曰一統志海神廟在今萊州府城西十八里 莽曰監朐 [illegible]以所近爲名也斯類非一〔補注〕先謙曰續志後漢省一統志故城今掖縣北 曲成〔補注〕[illegible]王子萬歲爲侯國見表續志後漢因一統志故城今掖縣東北 有參山萬里沙祠〔補注〕[illegible]山八神於曲成又云武帝禱萬里沙一統[illegible]紀要三十里兩旁即萬歲沙也舊志萬歲[illegible] 山治水所出南至沂入海〔補注〕王念孫曰[illegible]沂若沂水則去[illegible]皆不得至沂也至沂當爲至計斤計斤縣屬琅邪[illegible]斤旁加水耳說文治水出東萊曲成陽邱[illegible]

治水即古之尤水今之小沽河也出萊州[illegible]在掖縣東南三十里南流至平度州東南與大沽河[illegible]膠州之麻灣口入海大沽河即古之姑水[illegible]以西杜預云姑水尤水皆在城陽郡東句[illegible]沽河尤即小沽河曲成故城在今掖縣東[illegible]西南二姑入海之處即漢計斤縣地則沂[illegible]古讀若飴[illegible]聲與沽相近故治字亦[illegible]左傳作尤漢志作治古今字異耳[illegible]皆誤以沽亦爲治水是未曉古音而輕議[illegible]于欽齊乘云姑水起南至北行三百餘里[illegible]以西一統志大沽河出黃縣蹲犬山小沽河出馬鞍山在平度州東南朱毛城 有鹽官 [illegible]王子濼爲侯國見表隋志牟平有牟山 莽曰望利〔補注〕先謙[illegible]故城今黃[illegible]下 東牟〔補注〕先謙曰高后封齊悼惠王子興居爲侯國見表 有鐵官 [illegible]寰宇記鐵官山去牟平城百里鋼鐵之處[illegible]理志牟平無鐵官惟東牟有之蓋此山屬[illegible]因一統志故城今文登縣西北鐵官山今甯海州西南四十里 㡉〔補注〕先[illegible]南有蹲[illegible]書㡉作㡉廣韻作㧙說文㡉布出東萊从[illegible]㡉爲正縣蓋以布得名也一統志故城今[illegible] 有百支萊王祠〔補注〕先謙曰劉注引地道記作百支萊君祠 有鹽官 師古曰㡉音堅 育犂〔補注〕先謙曰[illegible]

欽齊乘併入牟平一統志故城今甯海州界**昌陽**〔補注〕先謙曰元和志在昌水之陽故名提綱昌水河出萊陽東南昌山合泗水爲五龍河入海**有鹽官莽曰夙敬亭**〔補注〕先謙曰續志後漢因一統志故城今萊陽縣東南二十五里昌山南**不夜有成山日祠**〔補注〕先謙曰宣帝祠日主成山見郊祀志**莽曰夙夜**師古曰齊地記云古有日夜出見於東萊故萊子立此城以不夜爲名〔補注〕先謙曰續志後漢省一統志故城今文登縣東北八十五里吳卓信云王莽傳有夙夜連率韓博則當分東萊之不夜爲郡矣**當利**〔補注〕先謙曰五利將軍欒大妻衛長公主邑見郊祀志**有鹽官莽曰來萊亭**〔補注〕錢大昭曰南監本閩本來作東王鳴盛曰監本作東先謙曰官本作東是續志後漢因膠水注膠水自膠東郡治來北過當利縣西北下入平度一統志故城今掖縣西南**盧鄉**〔補注〕先謙曰平帝封陳鳳爲侯國見表續志後漢因伏琛齊記盧鄉城東南有大谿口與小谿口相峙中通驛路一統志故城今萊陽縣西南四十里**陽樂侯國**〔補注〕先謙曰膠東頃王子獲國成帝封**莽曰延樂**〔補注〕先謙曰續志後漢省据寰宇記併入當利一統志故城今掖縣西南**陽石**〔補注〕先謙曰武帝以封公主見武紀**莽曰識命**〔補注〕先謙曰續志後漢省寰宇記併入當利一統志故城今掖縣南**徐鄉**〔補注〕先謙曰成帝封膠東共王子炔爲侯見表于欽齊乘云縣蓋以徐福求仙爲名續志後漢省一統志故城今黃縣西南五十里

琅邪郡〔補注〕閻若璩曰濰水注秦始皇即句踐故都爲琅邪郡漢因之班志於琅邪縣下注句踐嘗治此則琅邪郡治琅邪縣水經言故琅邪郡治開陽指東漢時也先謙曰肇域記諸城縣有南北二城漢所築東武縣城也有四門秦琅邪郡治此漢初以封諸侯王而東武縣爲附郭据此則西漢郡治東武開陽本秦置屬東海續志後漢屬琅邪爲郡治劉注雒陽東一千五百里〔補注〕先謙曰始皇紀二十六年置全祖望云楚漢之際屬齊國高帝四年屬漢以屬齊國五年屬楚國六年仍屬齊國高后七年爲琅邪國文帝元年復屬齊國二年水經注云景帝後以支郡收**莽曰塡夷屬徐州**師古曰塡音竹人反〔補注〕先謙曰後漢爲琅邪國屬同**戶二十二萬八千九百六十口一百七萬九千一百有鐵官**

縣五十一〔補注〕先謙曰見王子侯表者有龍巨海常棘題麥蕢原洛挾術庸膠鄉要安騠茲蒲十一縣無考郡人魯伯郚丹王璜殷崇王扶伏理皮容徐良王中公孫文東門雲筦路左咸見儒林傳貢禹諸葛豐見本傳王思見鮑宣傳

東武〔補注〕先謙曰高帝封郭蒙爲侯國見表縣人王同見儒林傳師丹見本傳**莽曰祥善**〔補注〕先謙曰續志後漢因濰水注濰水自諸來過東武縣西縣因岡爲城城周三十里又北左合扶淇水水出西南常山東北入濰晏伏並以濰水爲扶淇之水以扶淇之水爲濰水非也按經脈誌濰自箕縣北逕東武縣西北流合扶淇之水晏伏云東武城西北二里濰水者即扶淇之水也濰水又合盧水下入高密石泉盧水即久台水自昌來東北逕東武縣故城東而西北入濰地理志曰久台水東南至東武入濰者也尚書所謂濰淄其道矣一統志故城今諸城縣治**不其**〔補注〕先謙曰武帝幸此見紀如淳注不其山名因以爲縣有汜鄉何武侯國見武傳縣人房鳳見儒林傳後漢改屬東萊續志作不期字誤伏湛封不其侯不作期一統志故城今即墨縣西南二十七里不其社**有太一僊人祠九所及明堂武帝所起**如淳曰其音基〔補注〕先謙曰有交門宮見郊祀志寰宇記中山祠在今即墨縣東南五里亦九所之一明堂遺蹟相傳在縣西南三十八里女姑山北**海曲有鹽官**〔補注〕全祖望曰當作海西東京初年劉永封董憲之地東海亦有此縣今流俗本譌爲海曲先謙曰全說是後漢因續志又誤倒爲西海即其顯證劉注有勝山太公呂望所出今有東呂鄉又釣於棘津其浦今存元和志言漢海曲呂里太公望所出則志之海曲確爲漢志之海西大抵此字誤久王莽傳呂母起兵海曲即作曲矣濰水注分諸縣之東爲海曲縣故俗謂此城爲東諸城一統志故城今日照縣西十里**贛榆**師古曰贛音紺榆音踰〔補注〕先謙曰官本紺作紺恩澤扶德侯馬宮表注贛榆蓋嘗析置扶德縣田橫島在海中郁州見通典後漢改屬東海續志建初五年復劉注左傳莒子奔紀鄣縣東北有紀城海中去岸百九十步有秦始皇碑淮水注游水自計斤來東北逕贛榆縣北又逕紀鄣故城南入海地理志游水自淮浦北入海爾雅曰淮別爲許游水亦枝稱也一統志故城今贛榆縣東北丁履恆云北三十里朱汪鎭有盧山山下有土城當是漢縣寰宇記亦云縣在東海縣東北五十里青山之陰故城猶存者是也**朱虛**〔補注〕先謙曰惠帝封齊悼惠王子章爲侯國見表功臣臧馬侯雕延年表注朱虛蓋嘗析置臧馬縣後漢改屬北海續志永初元年屬巨洋水注巨洋水出東泰山國語所謂具水袁宏謂之巨昧王韶之以爲巨蔑亦或曰朐瀰皆一水也北流逕朱虛縣故城西城西有長坂遠峻名爲破車峴巨洋水下入齊臨朐一統志故城今臨朐縣東北廟山社土人呼城頭**凡山**〔補注〕先謙曰巨洋水注城東北二十里有丹山世謂之凡山丹凡字相類音從字變也五帝紀登丸山徐廣云丸一作凡裴駰以爲即此山先謙案据此丸又凡之誤也此山當如應劭說覗**丹水所出東北至壽光入海**〔補注〕先謙曰壽光北海縣巨洋水注地理風俗記云丹山在西南丹水所出東入海丹水有二源各導一山世謂之東丹西丹水也西丹水出凡山下入甾川劇即此志丹水矣**東泰山**〔補注〕先謙曰夏官職方青州山鎭曰沂山鄭注一名東泰山公玉帶云岐伯令黃帝封泰山即此山也說文亦作東泰山續志劉注作小泰山巨洋水注同**汶水所出東至安丘入維**〔補注〕宋祁曰維邵本作淮先謙曰安丘北海縣維即濰水也作維作淮皆字之省安丘見下汶水篇汶水出朱虛縣泰山注云山上有長城西接岱山東連琅邪距海千有餘里蓋田氏之所造也伏晏並言水出縣東南峿山山在小泰山東汶水下入梧成**有三山五帝祠**師古曰前言汶水出萊蕪入濟今此又言出朱虛入維將桑欽所說有異或者有二汶水乎五帝祠在汶水之上〔補注〕先謙曰官本注在下汶作維是本兩汶水顏說誤詳萊蕪下

諸〔補注〕先謙曰武帝公主邑

見紀眾利侯伊郎軒表注後爲諸縣是眾利侯國併入此縣縣人梁巨賀見儒林傳莽曰諸并師古曰春秋城諸入鄆者補注先謙曰官本注入作及是續志後漢因劉注左傳莒伐杞取牟婁東北有婁鄉濰水注濰水自箕來東北逕諸縣故城西又合涓水下入東武涓水出馬耳山陰北逕婁鄉城東入濰又沭水注箕水出諸縣西箕山西南入沭覢東一統志故城今諸城縣西南三十里**梧成**補注先謙曰續志後漢省汶水注汶水自朱虛來東北逕郚城北應劭云朱虛縣東四十里有郚城亭故縣也汶水又逕柴阜山北下入北海安丘續志朱虛下劉注左傳齊遷紀郚縣東南有郚城案据二書梧成一作郚城据應說後漢併入朱虛一統志故城今安丘縣西南六十里峿山北**靈門**補注先謙曰續志後漢省一統志今莒州北百二十里石阜城**有高泵山**補注先謙曰一統志高柘山在今莒州北西接浯山寰宇記作高原山形近而誤**壺山浯水所出東北入淮**師古曰泵即拓字也浯音吾補注朱一新曰汪本拓作柘是先謙曰官本作柘淮即濰之省域見說文亦云浯水出靈門壺山壺浯同音變字也濰水注浯水出浯山世謂之巨平山地理志壺山浯水所出是山西接浯山水曰浯汶下入姑幕**姑幕**都尉治或曰薄姑莽曰季睦應劭曰左氏傳曰薄姑氏因之而後太公因之補注先謙曰眾利侯郝賢下表注姑莫莫幕字通是嘗析置眾利縣續志後漢因劉注莒牟夷以防茲來奔縣東北有茲亭淮水入城東南五里有公冶長墓濰水注浯水自靈門來東北逕姑幕縣故城東縣有五色土王者封建諸侯隨方受之故薄姑氏之國也闕駰云周成王

前漢二十八上 三 五

時薄姑與四國作亂周公滅之以封太公是以地理志曰或言薄姑也辟瓚云博昌有薄姑城未知孰是浯水下入平昌一統志故城今諸城縣西南五十里**虛水**侯國如淳曰虛音墟補注先謙曰城陽頃王子禹國武帝封續志後漢省**臨原**侯**國**補注先謙曰甾川懿王子始昌國武帝封莽曰塡夷亭補注先謙曰續志後漢省一統志故城今臨朐縣東**琅邪**補注先謙曰武帝兩幸此見紀續志後漢因一統志故城在諸城縣東南百五十里琅邪山下越王句踐嘗治此起館臺補注先謙曰紀年貞定王元年越徙都琅邪句踐二十五年也續志劉注引越紀云句踐起觀臺臺周七里以望東海觀即館也本書觀館字通存四時祠師古曰山海經云琅邪臺在琅邪之東補注錢大昭曰存當作有先謙曰是官本作有祠詳郊祀志**祓**補注錢坫曰春秋定公二年盟于拔左傳云郯是拔即郯也今郯城縣地案封城陽頃王子應在此十三州志朱虛縣東十三里有校亭故縣也寰宇記故城在臨朐縣東九十里此則以拔爲校字先謙曰郯是東海郡治錢說謬侯國師古曰音廢補注錢坫曰武帝封城陽頃王子霸史表作校本表作抶應即此也舍此別無以當之本表又有校靖侯雲亦是年封史表無之以重出而誤先謙曰續志後漢省一統志故城今膠州西南木馬城**柜**根艾水東入海補注錢大昕曰根當爲柜水經注或從手旁作拒亦非先謙曰膠水注柜艾水自黔陬來東北逕柜縣故城西世謂之王城又謂是水爲洋水矣又東北流晏伏所謂黔陬城西四十里有膠水者也又東入海地理志琅邪有柜縣柜艾水出焉東入海即斯水也一統志

柜艾水今膠州南洋河莽曰祓同如淳曰音巨補注何焯曰莽曰祓同四字疑祓下注誤入柜下先謙曰續志北海有拒非柜錢大昕以爲挺之誤一統志則云後漢屬北海在今膠州西南**餠**侯國如淳曰音瓶補注先謙曰孫單國文帝封甾川靖王子成武帝封續志後漢省一統志故城今臨朐縣東南亦作郱春秋莊元年齊師遷紀郱杜注郱紀邑在臨朐縣東南即此**郱**膠水東至平度入海莽曰純德師古曰音夫又音扶補注王念孫曰膠水注引此東至作北至是也漢之郱縣在今膠州西南平度故城在今平度州西北而平度州正當膠州之北則當言北至平度不當言東至也今膠水出膠州之膠山北流過高密縣東又北過平度州西又北過掖縣西又北至海倉口入海先謙曰說文郱琅邪縣从邑夫聲平度東萊縣續志後漢省膠水注膠水自黔陬來北逕西黔陬城東晏伏所謂高密郡側有黔陬縣地理志曰膠水出郱縣王莽更之純德矣疑即是縣所未詳也下入高密夷安案注此文以西黔陬城爲即郱縣不然晏伏指此城爲黔陬之說乃其上文又云膠水自祝茲逕扶縣至黔陬扶是地理志琅邪之屬縣文帝封呂平爲侯國案志有郱無扶若以扶爲郱不當上下文不相應既疑西黔陬城即郱縣爲膠水自黔陬北流之所經何以扶縣反在黔陬之前略不致疑且呂平封扶柳非扶縣屬信都非琅邪是高后非文帝謬誤迭見殆非原文所有今故不取一統志故城今膠州西南**雩段**侯國師古曰雩音許于反段音工下反補注先謙曰城陽頃王子澤國武帝封据顏注段當作叚今本譌也表作庳葭史表作雩殷皆誤續志後漢省**黔陬**故介國也

前漢二十八上 三 六

師古曰陬音子侯反補注先謙曰後漢改屬東萊續志有介亭膠水篇膠水出黔陬縣膠山注云齊記云膠水出五弩山蓋膠山之殊名也北逕祝茲縣故城東武帝封膠東康王子延年爲侯國又逕扶縣故城西郱縣見又逕黔陬故城西袁山松郡國志云縣有介亭地理志曰故介國也春秋介葛盧來朝膠水下入郱又云晏琛伏漢並云縣有東西二城相去四十里有膠水非也斯乃柜艾水也柜艾水出縣西南柜艾山齊記所謂黔艾山也柜艾水下入柜案劉注引左傳介根以證介國誤也一統志故城今膠州西南介亭在州南七十里**雲**侯國補注先謙曰齊孝王子信國武帝封續志後漢省**計斤**莒子始起此後從莒有鹽官師古曰即春秋左氏傳所謂介根也語音有輕重補注先謙曰杜預注謂之計基城介根計基雙聲轉變續志後漢省淮水注游水自東海祝其來左逕計斤縣故城西世謂之南莒也游水下入贛榆一統志故城今膠州西南**稻**侯國補注先謙曰齊孝王子定國武帝封于欽齊乘高密西南濰水堰側土人呼爲趙貞女坊南有高隄即稻城遺跡春秋稱琅邪之稻漢有塘堰蓄濰水以溉稻因名其城旁有稻田萬頃斷水造魚梁歲收億萬號萬疋梁今遺跡榛莽矣續志後漢省一統志故城今高密縣西南**皐虞**侯國補注先謙曰膠東康王子建國武帝封縣人王吉見本傳莽曰盈盧補注先謙曰續志後漢省一統志故城今即墨縣東北五十里皐虞社**平昌**補注先謙曰文帝封齊悼惠王子卬爲侯國見表後漢改屬北海續志有婁鄉劉注左傳莒牟夷以牟婁來奔縣西南有防亭濰水注濰水自高密石泉來北逕平昌縣故城東合荆水浯水

下入高密高密荆水出平昌縣南荆山阜東北流逕縣故城東城之東南角有臺臺下有井與荆水通物墜於井則取之荆水昔有龍出入其中世亦謂之龍臺城也荆水又東北入潍浯水自姑幕來東北逕平昌縣故城北古堨此水以溢溉田南注荆水浯水又東北入潍先謙案本志靈門下云浯水東北入淮者也一統志故城今安丘縣南

長廣〔補注〕先謙曰續志後漢改屬東萊一統志故城今萊陽縣東 有萊山萊王祠〔補注〕先謙曰詳郊祀志 奚養澤在西秦地圖曰劇清地幽州藪〔補注〕錢坫曰秦地圖蕭何所收秦圖書是也先謙曰官本考證云奚字應作貕于欽齊乘高密縣有都濼者水經注謂之夷安潭秦地圖謂之劇清池案夷安潭見膠水注一統志貕養澤在今萊陽縣東五十里 有鹽官

橫 故山久台水所出東南至東武入淮〔補注〕汪士鐸曰東南當作西北先謙曰官本作名台水齊召南云名台水當作久台水久名字形相近而誤入淮之淮即潍水也志中作維亦作淮朱虛之汶水曰入維靈門之浯水橫縣之久台水折泉之折泉水並曰入淮實皆入潍水耳今俗猶呼此水爲東淮河知自漢已然矣水經注引此志總曰入潍是也王鳴盛云久南監本作名錢大昭云閩本作名朱一新云汪本作名先謙案作久是也或云志文橫句故山名句台水所出句以爲台水出橫山反謂久台爲誤讀然酈元即云故山久台水與漢志文合信聽說不如信古書也後人遇山水名之可解者即妄生意見歷之居上山此之故山皆其證矣潍水注盧水即久台水地理志曰水出琅邪橫縣故山山在東武縣故城東南世謂之盧山也久台水

下入昌顧祖禹云職方兗州其浸盧維班僅志禹貢維水而盧無聞師古以爲在濟北盧縣而泰山之盧又無盧水也全祖望欲以城陽盧縣之盧川水當之竊謂不如此水出盧山名盧水入潍以此當職方之浸較爲可据 莽曰令丘 師古曰台音怡〔補注〕先謙曰續志後漢省一統志故城今諸城縣東南四十一里

東莞〔補注〕先謙曰武帝封城陽共王子吉爲侯國見表後漢因續志有鄆亭有邳鄉有公來山或曰古浮來沂水注沂水自泰山蓋來東逕浮來之山即公來山也在邳鄉西故號曰邳來之閒合浮來水南逕爆山西又東南逕東莞縣故城西[illegible]合小沂水左傳莒魯爭鄆今城北鄆亭是也沂水又南合閭巨山水下入東海東安小沂水出黃狐山西南流逕城北入沂一統志故城今沂水縣治 術水南至下邳入泗過郡三〔補注〕先謙曰過琅邪城陽東海臨淮三當爲四 行七百一十里青州𡻏 孟康曰故鄆邑今鄆亭是也師古曰莞音官術水即沭水也音同〔補注〕先謙曰下邳東海縣說文術作沭沭水篇沭水出東莞縣西北山注云大弁山與小泰山連麓而異名也控引眾流積以成川東南逕邳鄉南南去縣八十許里城有三面而不周於南俗謂之半城沭水又左合峴水又過縣東合箕山水[illegible]下入城陽莒峴水出大峴山東南流逕邳鄉東入沭箕水自諸來西南入沭

魏其 侯國〔補注〕先謙曰周止國高帝封竇嬰景帝封膠東康王子昌武帝封 莽曰青泉〔補注〕先謙曰續志後漢省一統志故城今蘭山縣南

昌〔補注〕先謙曰高帝封張卿武帝封城陽頃王子差爲侯國見表功臣宜冠侯高不識表注昌蓋嘗析置宜冠縣續志後漢省潍水注盧水即久台水自橫來西北逕昌縣故城西北流下入東武一統志故城今諸城縣東南 東 有環山祠

茲鄉〔補注〕先謙曰一統志春秋傳防茲杜注姑幕縣東北有茲亭 侯國〔補注〕先謙曰城陽頃王子宏國宣帝封續志後漢省一統志故城今諸城縣西北

箕 侯國〔補注〕先謙曰城陽荒王子文國宣帝封續志後漢省一統志故城今莒州東北百餘里齊乘在箕屋山下 禹貢維水北至昌都入海過郡三〔補注〕先謙曰昌都係都昌誤倒官本不誤北海縣過琅邪高密膠東北海三當爲四 行五百二十里兗州𡻏也〔補注〕先謙曰說文作徐州𡻏潍水篇潍水出箕縣潍山注云許愼呂忱云出屋山淮南子云出覆舟山蓋廣異名也東北逕箕縣故城西合析泉水下入諸析泉水自析泉來東南逕仲固山東北入潍地理志曰至箕縣北入潍者也

椑〔補注〕王鳴盛曰說文稗禾別也從禾卑聲琅邪有稗縣此作椑誤南監本同此字去聲而藝文志小說家出于稗官如淳音排則此字固有平聲矣 夜頭水南至海〔補注〕趙一清曰寰宇記夜頭水諸地書皆失所在輿地志云向水南至海夜頭向水蓋異名也今莒縣南七十里故向城春秋時故邑即椑縣也與折泉境相屬錢坫曰疑即今傳疃河源出莒州東北高柘山東南流逕日照縣東入海 莽曰識命 應劭曰音稗〔補注〕先謙曰續志後漢省一統志故城今莒州南亦曰向城

高廣 侯國〔補注〕先謙曰城陽荒王子勳國宣帝封續志後漢省寰宇記蓋在莒州南界已無迹可考

高鄉 侯國〔補注〕先謙曰城陽惠王子休國宣帝封續志後漢省一統志故城今莒州南

柔 侯

國〔補注〕先謙曰城陽荒王子山國宣帝封表柔誤棗續志後漢省

即來 侯國〔補注〕先謙曰城陽荒王子佼國宣帝封 莽曰盛睢〔補注〕宋祁曰睢字當作陸周壽昌曰睢字不誤說見前先謙曰續志後漢省

麗 侯國〔補注〕先謙曰高密頃王子賜國成帝封表麗下多茲字續志後漢省

武鄉 侯國〔補注〕先謙曰高密頃王子慶國成帝封 莽曰順理〔補注〕宋祁曰理當作里先謙曰續志後漢省

伊鄉 侯國〔補注〕先謙曰城陽戴王子遷國元帝封東平思王孫開成帝封續志後漢省

新山 侯國〔補注〕先謙曰稱忠國元帝封續志後漢省寰宇記當在莒縣界

高陽 侯國〔補注〕先謙曰辟宣國成帝封表注東莞蓋析東莞置續志後漢省一統志故城今高密縣西北寰宇記三十四里錢坫云東莞今沂水縣與高密東西相去遠寰宇記或非也今地志相承用之

昆山 侯國〔補注〕先謙曰城陽荒王子光國元帝封續志後漢省一統志故城今諸城縣西南六十里昆山西七里縣以山名也

參封 侯國〔補注〕先謙曰城陽戴王子嗣國元帝封續志後漢省

折泉 侯國〔補注〕先謙曰城陽荒王子根國元帝封續志後漢省一統志故城今諸城縣西南酈注折作析 折泉水北至莫入淮〔補注〕先謙曰莫當作箕潍即潍也潍水注析泉水出析泉縣北松山東南流逕縣東下入箕一統志松山即分流山在今諸城縣南七十里

博石 侯國〔補注〕先謙曰城陽荒王子淵國元帝封續志後漢省

房山 侯國〔補注〕先謙曰城陽荒王子勇國元帝封續志後漢省

愼鄉 侯國〔補注〕先謙曰表無愼鄉武帝封膠東頃王子共爲順

陽侯錢坫以爲卽此葢是愼順古通續志後漢省

駟望侯國〔補注〕先謙曰泠廣國元帝封莽曰泠鄉師古曰泠音零〔補注〕先謙曰續志後漢省

安丘侯國〔補注〕先謙曰張說國高帝封高密頃王子常國成帝封北海有安丘非侯國莽曰盧鄉〔補注〕先謙曰續志後漢省一統志云漢二安丘在今縣西南者屬北海在縣東南者屬琅邪

高陵〔補注〕錢坫曰項羽紀有齊使者高陵君顯侯國〔補注〕先謙曰翟方進國成帝封莽曰蒲睦〔補注〕朱一新曰汪本睦作陸周壽昌曰監本作陸是先謙曰官本作陸續志後漢省

臨安侯國〔補注〕先謙曰膠東共王子閔國成帝封莽曰誠信〔補注〕先謙曰續志後漢省

石山侯國〔補注〕先謙曰城陽戴王子玄國元帝封續志後漢省

東海郡〔補注〕閻若璩曰郡治郯以于定國尹翁歸傳知之陳勝傳秦嘉等將兵圍東海守於郯是秦時郯卽爲郡治先謙曰沂水注亦云東海郡治郯續志後漢治同劉注雒陽東千五百里高帝置〔補注〕全祖望曰故秦郡楚漢之際改名郯郡屬楚國高帝五年屬漢復故仍屬楚國景帝二年復故郯郡莽曰沂平〔補注〕先謙曰後漢劉盆子傳有沂平大尹屬徐州應劭曰秦郯郡〔補注〕先謙曰續志後漢因屬同**戶三十五萬八千四百一十四口百五十五萬九千三百五十七**

縣三十八〔補注〕先謙曰見王子侯表者有辟土東平運平文成翟彭東淮清參封沂陵江陽平邑合陽藉陽就鄉十五縣

無考郡人白光殷嘉髮福孟卿見儒林傳

郯故國少昊後盈姓應劭曰音談〔補注〕錢坫曰秦紀嬴姓分封以國爲姓有徐氏郯氏莒氏案三國盈姓盈嬴字通故史公云爾先謙曰史丹封武陽食郯之武彊聚見丹傳縣人辥宣于定國見本傳后蒼見儒林傳續志後漢因沂水注沂水自襄賁來又屈南過郯縣西郯故國昭公十七年朝魯紀年晉烈公四年越滅郯沂水下入良成一統志今郯城縣西二十里故城社又西南三十里故縣社葢其遺址

蘭陵莽曰蘭東孟康曰次室亭魯伯是〔補注〕先謙曰伯與陌同戰國楚縣荀卿爲令家此見列傳有廷東里見五行志縣人蕭望之母將隆疏廣見本傳孟喜毋將永康王臧繆生褚大見儒林傳後漢因續志有次室亭劉注地道記云故魯次室邑列女傳有漆室之女或作次室一統志故城今嶧縣東五十里

襄賁莽曰章信應劭曰賁音肥〔補注〕先謙曰戰國魯地後屬楚荀子說齊相所謂楚有襄賁開陽以臨吾左也城陽頃王子繒侯應表在襄賁是嘗析置繒縣續志後漢因沂水注沂水自開陽來東過襄賁縣東屈從縣南西流魯連子稱陸子謂齊湣王曰魯費之衆臣甲舍于襄賁者也沂水下入郯又沭水注桑堰水出襄賁縣泉流東入沭水左瀆[illegible]一統志故城今蘭山縣西南百二十里

下邳〔補注〕先謙曰商邳侯國見左昭傳及紀年春秋戰國屬齊以封鄒忌見田齊世家項梁渡淮軍此見羽傳縣人嚴彭祖見儒林傳嚴延年見酷吏傳功臣術陽侯建德表注下邳是嘗析置術陽縣萬嶧山在西古文以爲嶧陽〔補注〕先謙曰官本萬作葛是禹貢山水澤地篇嶧陽山在下邳縣西與志合一統志葛嶧山在邳州西北六里嶧縣東十五里嶧縣以此名亦名嶧陽山亦名柱子山續志劉注山出名桐伏滔北征記云今盤根往往而存有鐵官莽曰閏儉應劭曰邳在辥其後徙此故曰下臣瓚曰有上邳故曰下邳也師古曰瓚說是〔補注〕先謙曰後漢改屬下邳續志有鐵泗水注泗水自楚國呂來歷下邳縣逕葛嶧山東卽奚仲所遷邳嶧者也又東南逕縣故城西又合沂水韓信爲楚王都之後乃縣爲東陽郡治縣爲沂泗之會也又合武原水桐水下入臨淮下相武原水自楚武原來又南合武水亦謂之泇水又逕剛亭城又至下邳入泗爲武原水口桐水自容丘來東南至下邳入泗先謙案本志容丘下祠水東南至下邳入泗者也祠桐未知孰是又沂水注沂水自良成來南至下邳縣北西流分爲二一水於城北西南入泗一水逕城東屈從縣南亦注泗謂之小沂水張子房遇黃石公於此先謙案本志泰山葢下沂水南至下邳入泗者也一統志故城在邳州東三里

良成侯國〔補注〕先謙曰魯安王子文德國昭帝封莽曰承翰師古曰左氏傳所謂晉侯會吳子於良卽此是〔補注〕先謙曰續志後漢改屬下邳沂水注沂水自郯來南過良城縣西下入下邳案又見左哀傳杜注吳地酈注成作城一統志故城今邳州北

平曲莽曰平端〔補注〕先謙曰續志後漢省一統志故城今沭陽縣東北郡有二平曲說詳彼縣

戚鄭氏曰音憂戚〔補注〕先謙曰高帝封李必爲侯國見表續志後漢因一統志故城今滕縣南七十里城周四里

朐秦始皇立石海上以爲東門闕有鐵官〔補注〕先謙曰秦

縣據始皇紀闕字當衍後漢因續志有鐵有伊盧鄉案鍾離昧所家也見韓信傳淮水注游水自臨淮淮浦來歷朐縣與沭合又逕朐山西山側有朐縣故城秦始皇二十五年於縣立石海上以爲秦之東門東北海中有大洲山海經所謂郁山在海中者也言是山自蒼梧徙此云山上猶有南方草木游水下入利成又沭水注沭水自楚國傳陽來東南至朐縣入游注海一統志故城今海州南朐山在州南四里

開陽故鄅國〔補注〕錢坫曰妘姓國說文鄅讀如規榘莽曰厭虜師古曰鄅音禹厭音一涉反〔補注〕王先恭曰莽封擊西海者以羌爲號槐里以武爲號翟義以虜爲號此類皆可考見先謙曰戰國楚地荀子云楚有開陽也後漢改屬琅邪爲郡治續志建初五年屬沂水注沂水自臨沂來南逕開陽縣故城東縣故鄅國更名開陽經書城啟陽是縣故琅邪郡治也沂水下入襄賁一統志故城今蘭山縣北十五里古城社

費故魯季氏邑都尉治〔補注〕先謙曰高帝封陳賀爲侯國見表莽曰順從師古曰音祕〔補注〕先謙曰後漢改屬泰山續志有祊亭有台亭劉注縣有密如亭沂水注治水自泰山蒙陰來東南逕費縣故城南魯季孫邑說文沂水出費縣東西入泗字林亦言是矣斯水東南所注者沂水在西不得言東南趣也皆爲謬矣故俗謂此水爲小沂水治水又逕祊城南鄭祀泰山之邑治水下入臨沂一統志故城在費縣西北二十里

利成莽曰流泉〔補注〕先謙曰後漢因續志作利城淮水注游水自朐來北逕利成縣故城東故利鄉也武帝封城陽共王子嬰爲侯國游水下入祝其一統志故城今蘭山縣東百里

海曲莽曰東海亭〔補注〕錢大

昕曰曲當作西沈約宋志臨淮郡海西縣前漢屬東海後漢晉屬廣陵是也蜀志麋竺傳先主轉運廣陵海西先謙曰後漢改屬廣陵續志海西故屬東海地理家皆云曲爲西之誤是也武帝封李廣利爲侯國一統志故城今海州南百二十里 **蘭祺侯國** 〔補注〕先謙曰魯安王子臨朝國昭帝封表祺誤旗 **莽曰溥睦** 〔補注〕先謙曰官本溥作博續志後漢省 **縎故國禹後** 〔補注〕先謙曰說文鄑姒姓國在東海縎鄑字同爲莒所滅見左襄傳魯取之見昭傳後屬齊吳伐齊至此見吳世家靳歙略地至此見歙傳亦見貨殖傳 **莽曰縎治** 〔補注〕先謙曰後漢改屬琅邪續志有概亭一統志故城今嶧縣東八十里 **南成** 〔補注〕先謙曰成城字同南成卽魯武城子游所宰曾參澹臺滅明皆邑人非有二地戰國屬齊威王云檀子守南城則楚不敢爲寇晉始爲南武城 **侯國** 〔補注〕先謙曰城陽共王子貞國武帝封表成作城後漢改屬泰山續志有東陽城劉注左傳司馬牛葬邱輿縣西北有輿城一統志故城今費縣西南九十里 **山鄉侯國** 〔補注〕先謙曰魯孝王子綰國宣帝封續志後漢省 **建鄉侯國** 〔補注〕先謙曰魯頃王子康國成帝封續志後漢省 **卽丘莽曰就信** 孟康曰古祝丘〔補注〕先謙曰續志後漢改屬琅邪沭水注沭水自城陽陽都來南合武陽溝水又逕卽丘縣春秋之祝丘也漢立爲縣闞駰云卽祝魯之音蓋字承讀變矣沭水下入厚丘武陽溝水東出倉山山上有故城卽古有利城武帝封城陽共王子釘爲侯國水導山下西北流爲武陽溝又西過卽丘縣入沭一統志故城今蘭山縣東南 **祝其** 〔補注〕先謙曰周紀封黃帝之後於祝服虔曰卽祝其禹

貢羽山在南鯀所殛 〔補注〕先謙曰禹貢山水澤地篇羽山在祝其縣南與志合 **莽曰猶亭** 〔補注〕先謙曰後漢因續志有羽山春秋時曰祝其夾谷地淮水注游水自利成來北歷羽山西地理志曰羽山在祝其縣東南[illegible]又逕祝其縣故城西左傳定公會齊侯於祝其實夾谷縣東有夾口浦游水下入琅邪計斤一統志故城今贛榆西五十里夾谷山在西南五十里顧棟高云此地去齊魯之間各數百里夾谷之會不當在此或謂淄川西南三十里有夾谷山上有夾谷亭爲齊魯會地然去齊近去魯尚遠惟萊蕪縣夾谷峪爲萊人劫魯侯處庶幾近之 **臨沂** 〔補注〕先謙曰後漢改屬琅邪續志有叢亭劉注左隱傳盟于艾縣東南有艾山城中丘縣西北有中丘亭縣東界次睢有太叢社民謂之食人社卽次睢之社沂水注沂水自城陽陽都來南逕中丘城西又逕臨沂縣故城東合治水下入開陽治水自費來東南入沂一統志故城今臨沂縣北五十里臨沂社 **厚丘** 〔補注〕先謙曰恩澤高樂侯師丹表注東海本傳食邑厚丘中鄉是析中鄉置義陽縣此侯王莽敗絕未嘗省併故表注東海不係於厚丘蓋志漏載 **莽曰祝其亭** 〔補注〕先謙曰續志後漢因劉注左成傳城中城縣西南有中鄉城沭水注沭水自卽丘來南逕厚丘縣分爲二瀆一瀆自厚丘西南出今無水世謂之桔沭也一瀆下入建陵一統志故城今沭陽縣西北四十里厚丘鎮 **容丘侯國** 〔補注〕先謙曰魯安王子方山國昭帝封續志後漢省錢坫云故城當在今邳州北 **祠水東南至下邳入泗** 〔補注〕先謙曰酈道元作桐水桐祠形近致誤泗水注桐水出容丘縣下入下邳 **東安侯國** 〔補注〕

先謙曰魯孝王子強國宣帝封 **莽曰業亭** 〔補注〕先謙曰續志後漢省沂水注沂水自琅邪東莞來南逕東安縣故城東合時密水桑泉水親縣山下入城陽陽都時密水出時密山春秋莒地左傳共仲及密而死是也時密水東流逕東安城南又東南入沂一統志故城今海州西 **合鄉莽曰合聚** 〔補注〕先謙曰續志後漢省泗水注漷水出合鄉縣西南流春秋哀二年伐邾取漷東田及沂西田是也漷水下入魯國騶元和志卽論語互鄉一統志故城今滕縣東 **承** 〔補注〕先謙曰縣人匡衡見本傳 **莽曰承治** 應劭曰音證〔補注〕錢大昭曰閩本作承始徐松曰承縣以承水得名作承者誤先謙曰廣韻承縣名在沂州匡衡所居案表魯孝王子當楚孝王孫閻皆封承鄉侯卽此元和志縣西北有承水故名續志後漢因一統志故城今嶧縣西北一里承水在縣西 **建陽侯國** 〔補注〕先謙曰魯孝王子咸國宣帝封 **莽曰建力** 〔補注〕先謙曰續志後漢省一統志故城今嶧縣西 **曲陽莽曰從羊** 應劭曰在淮曲之陽〔補注〕王鳴盛曰此注前九江郡曲陽縣下亦引之恐非朱一新曰汪本羊作陽先謙曰官本作陽續志後漢改屬下邳一統志故城今海州西南 **司吾莽曰息吾** 應劭曰左傳吳執鍾吾子〔補注〕先謙曰續志後漢改屬下邳沭水注沭水左瀆自[illegible]北六十里司吾鎮 **于鄉侯國** 〔補注〕[illegible]定國元帝封續志後漢省 **平曲侯國** 〔補注〕先謙曰公

孫渾邪周堅國景帝封廣陵厲王子曾宣帝封 **莽曰端平** 〔補注〕齊召南曰縣邑同名者皆異郡故或加東西等字以別之東海一郡而平曲二邑同名殊不可曉以莽所更名一曰平端一曰端平推之或者第二平曲是曲平平全祖望曰水經注誤引平曲作西平苟非曲平何以成此誤平亦可證第二平曲當爲曲平也先謙曰王子功臣兩侯表並是平曲諸家穿鑿爲說非也此一縣一侯國故雖同郡而截然不混北海菑川一地兩劇縣可分可合卽其證也莽世不爲侯國故一曰平端一曰端平以別之不得据以爲平曲本有顯倒之證續志後漢省 **都陽侯國** 應劭曰春秋齊人遷陽是〔補注〕先謙曰城陽戴王子音國元帝封續志後漢省錢坫云城陽國有陽都縣在今沂水縣西南後書注都陽在承縣南則此亦在今嶧縣西南矣錢大昕云城陽國陽都下亦引應此注似有一誤然都陽侯音本城陽戴王之子或當日卽割陽都之鄉爲侯國本非兩地乎 **陰平侯國** 〔補注〕先謙曰楚孝王子同國成帝封續志後漢因一統志故城今嶧縣西南三十里 **郚鄉** 〔補注〕先謙曰左文傳城郚杜注卞城南有郚城說文郚東海縣故紀侯之邑 **侯國** 〔補注〕先謙曰魯頃王子閔國成帝封 **莽曰徐亭** 師古曰郚音吾又音魚〔補注〕先謙曰續志後漢省一統志故城今泗水縣東南 **武陽侯國** 〔補注〕先謙曰蕭則國文帝封史丹成帝封丹傳云食東海鄉之武疆聚是武陽郯地析置 **莽曰弘亭** 〔補注〕先謙曰續志後漢省 **新陽侯國** 〔補注〕先謙曰魯頃王子永國成帝封 **莽曰傳聚** 〔補注〕先謙曰續志後漢省 **建陵侯國** 〔補注〕先謙曰張釋國高后封衛綰景帝封魯孝王子遂宣帝封

莽曰付亭〔補注〕先謙曰續志後漢省沭水注沭水自厚丘來南逕建陵故城東又逕建陵山西魏正光中齊王鎮徐州立大堨遏水西流兩瀆之會置城防之曰曲沭城自堨流三十里西注沭水舊瀆謂之新渠舊瀆右會新渠是爲沭水左瀆自大堰水斷故瀆東南出合桑堰水[illegible]橫溝水下入司吾沭水故瀆亦下入司吾一統志故城今沭陽縣西北建陵山下

昌慮侯國〔補注〕先謙曰魯孝王子宏國宣帝封莽曰慮聚師古曰慮音盧〔補注〕先謙曰後漢因續志有藍鄉劉注左傳郲黑肱以濫來奔杜云縣所治城東北有郳城郳小邾國也[illegible]一統志故城今滕縣東南六十里府志城周十里有子城

都平侯國〔補注〕先謙曰城陽荒王子巳國宣帝封續志後漢省

臨淮郡〔補注〕先謙曰據濟水注郡治徐續志後漢治下邳劉注雒陽東千四百里武帝元狩六年置〔補注〕錢大昭曰濟水注引六作五錢大昕曰晉志漢武帝分沛東陽置臨淮郡東陽楚漢之際所置郡也全祖望曰楚漢之際屬楚國高帝五年屬漢仍屬楚國六年屬荊國十二年屬吳國景帝四年屬江都國武帝元狩二年屬廣陵郡六年分置郡仍屬廣陵國宣帝五鳳四年復故莽曰淮平〔補注〕吳卓信曰後書侯霸傳初爲王莽淮平大尹先謙曰續志後漢更爲下邳國屬徐州志失書戶二十六萬八千二百八十三口百二十三萬七千七百六十四〔補注〕宋祁曰口百二十邵本作百三十

縣二十九〔補注〕先謙曰見王子侯表者有皋琅南陵見恩澤表者有扶平共三縣無考郡人見長鄉見游俠傳

徐故國盈姓至春秋時徐子章禹爲楚所滅〔補注〕劉奉世曰爲吳所滅非楚也誤王鳴盛曰南監本楚作吳事見春秋昭公三十年先謙曰盈嬴字同左傳作徐嬴秦縣丁疾起此見陳涉傳黥布與楚戰此見布傳功臣商利侯王山壽表注徐蓋嘗析置商利縣莽曰徐調〔補注〕先謙曰後漢因續志有樓亭或曰古蔞林濟水注濟水自楚彭城來東南過徐縣北下入淮陰又淮水注淮水自沛夏丘來東逕徐縣南合歷澗水池水[illegible]蘄水下入盱眙歷澗水出徐城西北徐陂南流絕蘄水逕歷澗戍西東南入淮蘄水自僮來東流入徐縣絕歷澗水又逕大徐縣故城南入淮一統志故城在舊泗州城西北舊州城在今泗州城東南百八十里

取慮師古曰取音趨又音秋慮音盧〔補注〕徐松曰左傳釋文如淳讀取爲陬嘗慮爲郲婁吳卓信曰集韻三燭取下云取慮縣名作入聲先謙曰秦縣鄭布起此見陳涉傳灌嬰攻取之見嬰傳後漢因續志有蒲姑陂睢水注睢水自沛符離來東逕取慮縣故城北合烏慈水下入睢陵烏慈水出縣西南烏慈渚合長直故瀆東逕取慮縣南又屈逕東而北入睢長直故瀆上承蘄水北入烏慈水[illegible]一統志故城今睢甯縣西南

淮浦游水北入海莽曰淮敬應劭曰淮涯也〔補注〕先謙曰續志後漢因淮水注淮水自泗水淩來東至淮浦縣應劭云淮崖也[illegible]蓋側臨淮瀆故受此名又逕縣故城東又於縣枝分北爲游水又東入海先謙案本志南陽平氏下淮水東南至淮浦入海者也游水下入東海朐郯

祀志有游水發根一統志故城今安東縣西游水今漣河

盱眙〔補注〕先謙曰春秋吳善道邑見一統志秦爲縣楚懷王都見項羽傳武帝封江都易王子蒙之爲侯國見表都尉治莽曰武匡應劭曰音吁怡〔補注〕先謙曰後漢因續志作盱台史高紀同淮水注淮水自徐來東歷客山逕盱眙縣故城南王莽更名之匡武[illegible]淮水下入淮陰一統志故縣今盱眙縣東北縣東四十里有盱眙山說文張目爲盱舉目爲眙城居山上可以眺遠故名

厹猶莽曰秉義師古曰厹音仇〔補注〕先謙曰說文叴下云高氣從口九聲臨淮有叴猶縣集韻亦作叴然則厹字誤也續志後漢省泗水注泗水自下相來東南逕宿預城西又逕其城南故下邳之宿留縣也王莽名之曰康義矣[illegible]近誤而今城在泗水之中泗水下入泗水淩又沭水注沭水左瀆自司吾來西南至宿預縣注泗地理志所謂至下邳入泗者也一統志宿預故城在今宿遷縣東南漢爲厹猶縣晉改宿預案道元引莽更名蓋宿預實即厹猶而不著厹猶之名是其疏略之過

僮〔補注〕先謙曰秦縣灌嬰攻之見嬰傳英布與楚戰此見布傳恩澤樂安侯匡衡表注僮是曾析置樂安縣續志亦作僮水經注作潼莽曰成信〔補注〕先謙曰續志後漢因潼水注潼水首受潼縣西南潼陂下入沛夏丘蘄水自夏丘來東南逕潼縣南下入徐又睢水注潼水故瀆上承潼陂東北流逕潼縣故城北下入睢陵一統志故城今泗州東北

射陽莽曰監淮亭應劭曰在射水之陽〔補注〕先謙曰高祖封項纏爲侯國見表射水即射陂中見廣陵王胥傳後漢改屬廣陵續志劉注有梁湖博支湖淮水注中瀆水即渠水自廣陵廣陵來由樊梁湖一曰樊張湖即梁湖舊

道東北出博芝即支博射陽二湖西北出夾邪湖乃至山陽晉永和中患湖道多風陳敏因穿樊梁湖北口下注津湖逕渡直至夾邪興寧中又自津湖南口沿東岸二十里穿渠入北口行者不復由湖故蔣濟三州論曰淮湖紆遠水陸異路山陽不通陳登穿溝更鑿馬瀨百里渡湖者也案此敍改道文有舛誤蓋敘建安東道不道陳登陂道鑿馬瀨及穿樊良湖事方與下引三州論相應白馬未鑿之先中瀆水由東道出博支至射陽陳登既鑿之後乃陂由西道出津湖至白馬水經言中瀆水出白馬湖是建安陂道與班志所云出博芝射陽者不同二道不能合一也自廣陵出山陽白馬湖逕山陽城西南宋置即射陽縣之故城也中瀆水又東謂之山陽浦下入淮陰先謙案本志廣陵江都下渠水北至射陽入湖者也劉文淇揚州水道記云此言中瀆水既注樊良湖後乃分二道舊道由博支至射陽爲東道改道由津湖至白馬爲西道二道皆先由樊良湖故於注樊良湖後始言舊道見舊道由樊良出博芝與建安後由樊良出白馬湖異而由樊良則同云東北出博芝射陽二湖者謂舊道由樊良至博芝又至射陽也云西北出夾邪乃至山陽者則中瀆入淮之道也道元與左傳杜注皆言東北至射陽志言北至射陽入湖言其略耳不得據班所云遂謂北至射陽爲吳故道東北至射陽非吳故道也焦循廣陵考意謂博支射陽在東樊良在西既至樊良不得更繞博支不知未設隄岸之先東西本可通行既至樊良又繞博支與蔣濟三州論淮湖紆遠之言合況博支在今寶應東南九十里射陽湖在寶應東六十里去廣陵邗水甚遠焦氏謂舊道不由樊良自廣陵直北至博芝射陽則越去高郵一邑中瀆水自廣陵北出後果由何道至博支耶府志博支湖西北通廣洋湖北接馬長江亦不能逕入射陽湖焦謂博芝射陽南北相連亦非也諸志以寶應縣東七十里射陽鎮爲漢射陽城考宋志義熙中立山陽郡縣而射陽舊縣遂廢又云山陽去州水三百陸同是宋山陽即今山陽城無疑射陽故城在

今寶應縣東七十里俱與山陽無涉通典舊唐書謂山陽爲漢射陽縣地晉置山陽郡改爲山陽縣非也道元謂中瀆水逕山陽城西不誤惟以東晉所立山陽城卽漢之射陽城則誤矣一統志射陽湖在縣東南七十里周三百里

開陽 〔補注〕先謙曰續志後漢省東海亦有開陽縣

贅其 師古曰贅音之銳反〔補注〕先謙曰高后封呂勝爲侯國見表續志後漢省紀要故城今盱眙縣西

高山 應劭曰高山在東南〔補注〕先謙曰續志後漢因

睢陵 莽曰睢陸 師古曰睢音雖〔補注〕朱一新曰元本陸作睦非先謙曰武帝封江都易王子定國爲侯國見表續志後漢因睢水注睢水自取慮來東逕睢陽縣故城北又合潼水故瀆下入相潼水故瀆自潼來東北逕睢陽縣入睢一統志故城今睢甯縣治

鹽瀆有鐵官 〔補注〕先謙曰續志後漢改屬廣陵一統志故城今鹽城縣西北

淮陰 莽曰嘉信 〔補注〕先謙曰秦縣見寰宇通志高帝封韓信爲侯國見表功臣博成侯張章表注淮陰蓋嘗析置博成縣莽名嘉信因韓侯也縣人枚乘見本傳續志後漢因劉注下鄉有南昌亭信寄食處淮水注淮水自盱眙來東北至淮陰縣西合泗水淮泗之會卽角城也二水決入之所謂之泗口又東過淮陰縣北又逕淮陰縣故城北又合中瀆水下入泗水淩中瀆水自射陽來東入淮爲山陽口又泗水注泗水自泗水淩縣來東入縣逕角城北入淮諸地說言泗水於睢陵入淮亦云於下相入淮皆非實錄也此補自今淸河入淮然自水道爲黃河所經尙書淮會之文緒不可考又濟水注濟水自徐來與泗水渾濤東南流至角城同入淮先謙案本志濟陰乘氏下荷水東南至睢陵入淮者也睢陵明爲淮陰之謬矣一統志故城今淸河縣東南五里

淮陵 莽曰淮陸 〔補注〕先謙曰續志後漢因一統志故城今盱眙縣西北八十五里

下相 〔補注〕先謙曰秦縣見括地志縣人項羽見羽傳 莽曰從德 應劭曰相水出沛國故加下〔補注〕先謙曰高帝封泠耳爲侯國見表續志後漢因睢水注睢水自睢陵來東南逕下相縣故城南據應劭說則相又睢水之別名也東南入泗爲睢口先謙案本志陳畱郡浚儀下睢水東至取慮入泗道元於取慮下增睢陵下相二縣水道較班志爲密矣又泗水注泗水自東海下邳來東南逕下相縣故城東又得睢水口下入公猶一統志故城今宿遷縣西七里下相社

富陵 〔補注〕先謙曰荆王賈爲黥布破走死於此見本傳 莽曰櫟虜 櫟音朔〔補注〕齊召南曰案櫟音朔之上脫師古曰三字各本俱誤此顏注非班氏本文也錢大昕曰說文廣韻俱無櫟字以顏音推之當是槊之譌集韻四覺部有櫟字知北宋本巳譌先謙曰續志後漢省一統志故城今盱眙縣東北

東陽 〔補注〕先謙曰秦縣見括地志陳嬰縣令史起兵下之見項羽紀縣人陳君孺見游俠傳續志後漢改屬廣陵一統志故城今天長縣西北七十里俗名屈城

播旌 莽曰著信 〔補注〕先謙曰陳嬰母縣人有墓見嬰傳集解引張晏後漢因續志作潘旌潘播古通

西平 〔補注〕先謙曰宣帝封于定國爲侯國見表 莽曰永聚 〔補注〕先謙曰續志後漢省

高平侯國 〔補注〕先謙曰魏相國宣帝封王逢時元帝封又恩澤樂通侯樂大表注高平蓋嘗析置樂通縣 莽曰成丘 〔補注〕先謙曰續志後漢省一統志故城在舊泗州城北

開陵侯國 〔補注〕先謙曰建成成娩國並武帝封及 莽曰成鄉 〔補注〕先謙曰續志後

漢省

昌陽侯國 〔補注〕先謙曰泗水戾王子霸國成帝封續志後漢省

廣平侯國 〔補注〕先謙曰薛歐國高帝封廣陵孝王子德元帝封 莽曰平盦 〔補注〕先謙曰續志後漢省

蘭陽侯國 〔補注〕先謙曰廣陵孝王子宣國元帝封表陵陽誤 莽曰建節 〔補注〕先謙曰續志後漢省

襄平侯國 〔補注〕先謙曰紀通國高帝封廣陵厲王子疊元帝封 莽曰相平 〔補注〕先謙曰續志後漢省

海陵 〔補注〕先謙曰戰國楚地海陽見楚策吳注有發繇口見春秋哀十二年杜注 **有江海會祠** 〔補注〕先謙曰江海會者謂江入海處也吳卓信云晉志廣陵屬縣有海陽無海陵以晉志祠在海陽推之知海陽卽海陵也 莽曰亭開 〔補注〕王鳴盛曰南監本開作門先謙曰續志後漢省枚乘云海陵之倉瓚注海陵有吳太倉續志東陽下自注云有長洲澤吳王濞太倉在此然則海陵併入東陽矣宋志云三國時廢晉太康二年復立又吳志呂岱廣陵海陵人是漢末復立吳復廢之一統志故城今泰州治先謙案江水自廣陵江都來左入今泰興縣境漢海陵地也江水東南逕永安沙又南逕界河泰興靖江分界於此江水東逕靖江縣舊爲東西馬馱沙明天啟中壅屬北岸因置縣江水又逕張王港入如皋境又逕絲魚港入通州境皆海陵地也又逕狠山港又東南包海門廳崇明縣二沙入於海[illegible]

輿 莽曰美德 〔補注〕先謙曰續志後漢改屬廣陵錢坫云晉書徐甯傳甯爲輿縣令時廷尉桓彝去職之廣陵尋親舊還遇風停浦中上岸見一解署云是輿縣彝造之則與海陵當相近案一統志故城今甘泉縣西四十五里

堂邑有鐵官 〔補注〕先謙曰高帝封陳嬰爲侯國見表後漢改屬廣陵續志有鐵春秋時曰堂案堂卽棠楚地左傳襄十四年楚子囊師於棠是也伍奢子棠君尙杜預云棠邑大夫棠堂古通後屬吳刺客傳專諸吳堂邑人一統志故城今六合縣北六合漢堂邑地江浦半入堂邑境先謙案江水自九江歷陽來左逕江浦縣江中四洲相接上爲響水洲次大勝洲次莊家洲次九洑洲江水自莊家洲迤下得新河口江浦縣城河之水入焉江水又東北逕浦口城東老河口水入焉江水逕六合縣東流黃廠河水入之又東逕玉帶洲得划子口內通瓜步河又東逕龍袍洲得瓜步口瓜步河水入之其上源爲瓦梁河卽滁河也五代時南唐於滁水上立瓦梁埠故受斯名矣滁水出合肥縣東北東流逕六合縣南又合靈巖山水南流逕瓜步鎭西又東入於江江水又右得東溝口下入廣陵江都[illegible]

樂陵侯國 〔補注〕先謙曰史高國宣帝封續志後漢省

會稽郡 〔補注〕閻若璩曰郡治吳以嚴助朱買臣梅福傳知之秦時郡卽治吳故項籍傳云初起兵吳也先謙曰嚴助傳會稽東接於海南近諸越北枕大江郡地形略具是矣續志劉注後漢會稽治山陰雒陽東三千八百里本治吳立吳郡乃治山陰吳郡治吳雒陽東三千二百里 **秦置** 〔補注〕先謙曰始皇紀二十五年置楚漢之間分置吳郡詳高紀 **高帝六年爲荆國** 〔補注〕先謙曰高紀以故東陽郡鄣郡吳郡五十一縣立劉賈爲荆王 **十二年更名吳** 〔補注〕先謙曰高紀十二年詔復立沛侯濞爲吳王 **景帝四年屬江都** 〔補注〕劉攽曰景帝四年封江都王井得鄣郡而不得吳名曰江都然

則會稽不得云屬江都王鳴盛曰廣陵縣下注云江都易王非廣陵厲王胥皆都此幷得鄣郡而不得吳與此注矛盾攷江都易王非傳景前二年立為汝南王吳楚反自請擊吳吳已破徙王江都治故吳國顏注治謂都之既云治吳則廣陵注云江都易王非都此者誤先謙曰据五宗世家及本書非傳會稽屬江都宋志同此非初封時全有會稽郡之證武帝建元三年遣嚴助發會稽兵救東甌會稽守欲拒不為發又助與朱買臣相繼為會稽守此會稽後別為郡不屬江都而廣陵國得鄣不得吳之證志文不誤諸說非也屬揚州〔補注〕先謙曰續志吳郡下云順帝分會稽置屬並同**戶二十二萬三千三十八口百三萬二千六百四縣二十六**〔補注〕先謙曰郡人鄭吉見本傳

吳〔補注〕先謙曰縣人朱買臣嚴助見本傳故國周太伯所邑〔補注〕先謙曰詳太伯世家續志無錫下劉注引皇覽云有太伯冢宅是始所居地國自在吳縣不在無錫劉駁之是也後來地說多誤以班志為正具區澤在西揚州藪古文以為震澤〔補注〕先謙曰職方注具區在吳南禹貢山水澤地篇震澤在吳縣南五十里酈注水經多本班志皆云吳南則志文不當作在西以地望測之西南皆通然以南為正釋地十藪吳越之間有具區郭注今吳南太湖即震澤也案具區即震澤郭以太湖當之非是太湖乃五湖之總名禹貢雖指引葉夢得避暑錄話云周官九州有澤藪有川有浸藪者人

資以為利浸則水之所鍾也今平望八尺震澤之間水瀰漫而極淺與太湖相接而非太湖積潦暴至無以洩之則溢而害田然蒲魚蓮芡之利所資甚廣亦可隄而為田與太湖異所以謂之澤藪黃儀云今土人自包山以西謂之西太湖水始淵深自莫釐武山以東謂之南湖水極瀰淺蓋即古震澤止以上流相通後人遂混謂之太湖耳成蓉鏡云疑禹時震澤本巨浸太湖水小故禹貢稱震澤不稱太湖歷商而周震澤漸於為藪而水乃瀦於太湖故職方以五湖為浸震澤為澤藪也平望今震澤縣西南四十五里平望鎮八尺在縣南二十里八赤鎮震澤在縣西南八十五里南江在南東入海揚州川〔補注〕先謙曰沔水注南江自丹揚故鄣來東注于具區謂之五湖口五湖謂長蕩湖太湖射湖貴湖滆湖也郭景純江賦注五湖以浸漭言江水經緯五湖而苞注太湖五湖乃太湖之兼攝通稱也東則松江出焉上遷太湖更遷笠澤在吳南松江左右也國語云越伐吳吳禦之笠澤越軍江南吳軍江北者也虞氏曰松江北去吳國南五十里阮元浙江圖考云道元以松江為南江東出之流非以為中江也班志於吳曰南江在南於毗陵曰北江在北則中江必在吳縣北毗陵南可知文選江賦李注引水經注云中江東南左會滆湖今經注無此語滆湖在常州西南三十五里半入宜興當太湖北正漢陽羨地會於滆湖而東出仍在太湖之北不必出自太湖東南也然則中江非松江乎曰必松江也吳松江口正中江入海處但中江由陽羨入海正在吳之北其趨海必歷崑山而至嘉定上海之間自中江出滆湖之口既湮南江逕禦兒之流亦塞而中江入海之委轉與南江出湖之條兩相接續於是曰松江曰婁江曰三江口

支派紛繁莫可究詰而庾氏三江之說起矣今吳松海口在嘉定縣東彼入滆湖而出滆湖直趨於此可也何至出滆湖者南出吳江復北注邪道元敘南江注具區東出為松江明以東出者為南江郭氏以松江當中江蓋指吳松口而言耳范本禮吳疆域圖說云吳松口在今寶山縣南攷丁取忠輿地經緯度里表寶山縣當緯度三十一度二十分蘇州府當緯度三十一度二十三分是吳松口在蘇州東南阮氏既云中江在吳北直貫太湖東出而以吳松口為即中江入海之口亦矛盾也中江入海之道當在今劉河口北先謙案一統志松江自太湖分流經吳江崑山太倉嘉定境入海婁江自長洲婁門外承太湖東流逕崑山太倉界入海宋元以來水道變遷朱長文始以至和塘為婁江[illegible][illegible]盧熊指松江為二派謂一出長橋一出甘泉橋已非一地王鏊又分松江吳松江為二派以吳松為東江又謂自大姚分支與盧熊說又異且謂婁江自太湖鮎魚口分流則其口又不出自松江矣諸說皆無的據唐張守節謂三江口在蘇州府東南三十里但渾舉之蓋古今水道不同漢世中江入海之道無能臆定以方隅言劉河口近之婁者劉也注又云松江自湖東北流逕七十里江水歧分謂之三江口吳越春秋稱范蠡去越乘舟出三江之口入五湖之中者也此亦別為三江五湖雖名稱相亂不與職方同庾仲初揚都賦注曰今太湖東注為松江下七十里有水口分流東北入海為婁江東南入海為東江與松江而三非禹貢之三江也浙江圖考云庾氏三江之說道元駮之趙一清云明此可以辨正蔡沈書傳之謬注又云吳地記曰一江東南行七十里入小湖為次溪自湖東南出為谷水下入由拳成蓉鏡云志言分江水首受江水酈言分江水

自石城東出即經所謂東迆者也酈言南江東注于具區即經所謂北會於匯者也鄭云東迆者為南江據南江由江分出言之志云南江在吳南據南江北會于匯言之也道元敘述南江與經文及班鄭並合惟自由拳以下續敘谷水而古南江至餘姚入海之委又別承南江枝分之水與古不同今案南江由具區東北屈而西南歷今嘉興桐鄉石門至杭州府治東東入海即說文始皇紀集解文選北山移文李注所云江水東至會稽山陰為浙江亦即志所云南江在吳東入海者也班云分江水東至餘姚入海分江水即南江餘姚東即山陰矣案分江實至餘姚入海成泥山陰為說非也錢塘云餘姚入海之江即吳縣南入海之江餘姚吳之間南江由之入海是以志南江入海既繫之吳又繫之餘姚也金榜云班於石城著南江原委猶於湔氏道著北江原委故志於中江言出蕪湖西南東至陽羨入海至南江北江但云東入海以入海之地已互見於石城湔氏道也先謙案諸說並足發明班怙莽曰泰德〔補注〕先謙曰續志後漢屬吳一統志故城今蘇州府治吳縣長洲元和吳江震澤並漢吳縣地常熟昭文半入吳境

曲阿故雲陽〔補注〕先謙曰太康地記曲阿本名雲陽秦時望氣者云有王氣鑿之以敗其勢截其直道使之阿曲故曰曲阿莽曰風美〔補注〕先謙曰續志後漢屬吳一統志故城今丹陽縣治丹陽金壇並漢曲阿地江水自丹徒來右入丹陽縣境江水東南逕姚家橋又逕黃金橋又逕太平港又逕包港又逕老鸛港江中有洲上起丹徒下連武進名曰太平洲江水下入毗陵黏觀臨

烏傷莽曰烏孝〔補注〕先謙曰續志後漢因一統志故城今義烏縣治金華義烏永康蘭谿武義並漢烏傷地東陽浦江湯

溪半入烏傷境浙江水注浙江自餘杭來東逕烏傷縣北異苑云東陽顏烏以淳孝著聞後有羣烏助銜土塊爲墳烏口皆傷一境以爲顏烏至孝故致慈烏欲令孝聲遠聞又名其縣曰烏傷矣浙江下入錢唐浙江圖考云烏傷間於諸暨之南此云東逕烏傷北蓋誤浦陽江爲浙江注又云穀水自太末來東逕長山縣南後漢末分烏傷立吳東陽郡縣合永康溪水雲陽溪水又東逕烏傷縣之雲黃山合烏傷溪水下入錢唐先謙案一統志雲黃山在義烏縣南二十五里一名雲橫山亦名松山周三十里有峭壁高百丈下臨畫溪注又云永康溪水出永康縣吳分烏傷上浦立飛湍北注至縣南門入穀先謙案一統志永康溪水出永康縣南爲南溪東北流至水淨巖合李溪水又西逕金勝山麓爲石鼉潭又西北合華溪水又西合西門溪水又逕武義縣東南合埶溪水又西北逕金華縣爲金華江亦爲南港合梅溪水又北入婺港此水入婺港不入衢港道元誤注又云定陽溪水上承信安縣之蘇姥布後漢新安晉改東逕定陽縣後漢分立又逕長山縣北入穀浙江圖考云定陽溪在衢州府東十五里一名東溪源出遂昌縣周公嶺入府境東北流至雞鳴山下合衢江定陽故城在今常山縣東南三十里常山縣在衢州府之西信安縣即今西安衢江即穀水也衢江源出開化縣東北六十里經縣城東爲金溪又東南入常山境爲金川至縣城東則江山縣大溪之水入之又東南經府城北江山縣南仙霞嶺北諸溪谷之水入之又至府城東下五里定陽溪水入之又東北經龍游縣北四里是爲盈川溪亦曰穀溪又東北歷湯溪縣北至蘭溪城西金華江入之道元既以穀水出大末又以定陽溪逕長山注穀水案之形勢俱有未合先謙案一統志定陽溪即金溪也水有二源一出開化縣北馬金嶺一出縣西北百際嶺合流俗名馬金溪南流逕鐘山下環縣治東又東南流至華埠始容小舟又南逕常山縣爲金川又逕縣北爲金川灘縣北諸溪水入焉至此勝三百斛舟繞縣城又東南合文溪又東南流逕西安縣亦名信安溪以在衢州府西又名西溪至縣西南入於衢江東溪在西安縣隋志以爲定陽溪出紫微山東北流入信安溪阮氏依隋志以東溪爲定陽溪與一統志異矩規注又云烏傷溪水出吳寍縣[illegible]爲吳寍溪逕烏傷縣入穀謂之烏傷溪水浙江圖考云吳寍縣在今東陽縣東二十七里吳寍溪水即金華江東陽溪導義烏之水爲烏傷溪入東陽江永康之水又入之乃西至蘭溪入穀水此今之形勢也道元以穀水至蘭溪逕金華義烏東陽既誤金華江爲穀水故永康溪水入金華江而以爲入穀水烏傷溪入金華江而以爲吳寍溪入穀水又以吳寍溪入穀水謂之烏傷溪水然則至錢唐入浙江者即此烏傷溪水矣烏傷溪出大盆山西流而以爲是穀水東注是則今爲源而古爲委矣自此北及錢唐既隔紹興諸山而浦陽一江道元又以爲由烏傷歷諸暨始寍爲曹娥江入海此烏傷溪何由入浙江乎錢唐在北岸此從烏傷來即入江亦在南岸何由至錢唐乎其誤無疑先謙案一統志吳寍縣故城在東陽縣東二十七里吳寍溪水即婺港也源出東陽縣大小盆山屈曲行二百里逕縣北爲東陽江又西逕義烏縣爲義烏溪亦名大溪即古之烏傷溪也又逕縣東爲東江又西合繡湖水又西逕金山之麓又西南與晝溪水合又逕金華縣爲東溪合航慈溪水又西南逕縣城南與南港水合見上爲雙溪又名婺港又西逕蘭谿縣南入衢港水衢港水自龍游入湯溪縣合桃溪水又北逕蘭谿縣西南爲金臺灘又逕蘭陰山下與婺港合統名曰蘭溪又北逕望雲灘至建德縣界入漸江水本志大末縣下穀水東北至錢唐入江者也訂靚注又云浦陽江導源烏傷縣下入諸暨先謙案一統志浦陽江出浦江縣西深裊山曰東溪水東流逕縣郭南又東北流透迤百餘里入諸暨

毗陵，季札所居。【補注】先謙曰札居延陵見公羊襄傳吳因而封之見吳世家皇覽季子冢在暨陽鄉今江陰西三十里申浦南

江在北，東入海，揚州川。【補注】錢大昭曰閩本江上有北字是朱一新曰汪本監本有北字先謙曰禹貢山水澤地篇北江在毗陵北界東入海與志合續志亦作北江在北此與吳下南江在南東入海書法同即今大江由江寍鎮江常州入海者也江水自曲阿來右入武進縣境漢毗陵地也江水東逕孟河口唐時引江以通漕瀆又逕小河口南達常州七十里宋之小河寨也又逕桃花港武進江陰分界於此又逕申港楚春申君所開也又東北逕黃白港當江陰縣城西北又北逕鵝鼻觜江險也又東逕石牌港又東南逕福山港入海[illegible]

莽曰毗壇。師古曰舊延陵漢改之【補注】先謙曰續志後漢屬吳一統志故城今常州府治武進陽湖江陰並漢縣地常熟昭文半入毗陵境

餘暨，蕭山，潘水所出，東入海。【補注】先謙曰續志劉注引魏都賦注云有蕭山潛水出焉潛水即潘水也南江自錢唐來入餘暨縣絕潘水而東流下入山陰蕭江大注浦陽江自上虞來東北逕永興縣[illegible]與浙江合謂之浦陽江東入海地理志又云縣有蕭山潘水所出東入海又疑是浦陽江之別名也自外無水以應之浙江圖考云道元敘浦陽江與今合前敘烏傷溪水爲穀水可明其誤矣宋程泰之謂浦陽江即錢唐江何也全祖望云浦陽江發源義烏分於諸暨爲曹娥錢清二江自義烏山南出者道由蒿壩所謂東小江也下流爲曹娥自山北出者道由義橋所謂西小江也下流爲錢清曹娥之水由諸暨紆而東至嵊至餘姚則已折而北始至上虞遂由會稽入海錢清之水至諸暨境西下至蕭山反東向山陰入海一曲一直源流不同然六朝皆以浦陽之名概之考浦陽之名漢史所未有故班志不錄然志於浦陽東道之水則曰柯水而系之上虞即曹娥也西道之水則曰潘水而系之餘暨即錢清也續志有潘水而失柯水韋昭始以浦陽江當三江之一六朝時合曹娥錢清二江總曰浦陽故謝康樂山居賦所云皆指曹娥李善因之而南史爭戰之地則皆在錢清歷唐五代作志乘者尙無曹娥錢清之名故九域志以曹娥鎮屬會稽錢清鎮屬山陰尙未有江名其以江名也自南宋始鄭注水經所志浦陽之水本屬曹娥其末始引以及蕭山之潘水則是錢清之上流而疏析不精不知其分爲二反以合而爲一故曰上虞江東至永興與浙江合則是太湖嵊浦之水能至義橋麻溪以入海移東就西其謬已甚或者六朝之世隄堰未備東小江之水尙能西出則東道之水得至永興亦未可定南史浦陽江南北津各有埭司以稽察行旅通鑑胡注云浦陽江南津埭即今梁湖堰北津埭即今曹娥堰與西陵埭柳浦埭稱四埭然則浦陽江以東道曹娥之水爲經流而西道匯於錢清者爲支流六朝官制足與水道相證明蓋浦陽之水東行者當隄堰未興之日自餘姚達句章凡嵊浦姚浦漁浦剡溪篔溪胥會焉由柯水而東直達於句章之渠水而止非猶今之曹娥也道元以上虞江稱曹娥而錢清則否知曹娥爲浦陽經流無疑吳疆

域圖說云自諸暨以上則今浦陽江自剡縣以下則今曹娥江自周市以下則今紹興運河之道蓋今浦陽江自諸暨以北入錢塘江者乃古之東江古之浦陽江東流而爲曹娥江後乃中絕耳夫曹娥江以曹娥投江得名其未投江前江必有名以水經注曹娥碑在上虞江南及謝賦南史證之曹娥之本名浦陽無疑至浦陽逕永興者全氏以爲錢清是矣而其言錢清之經流則恐非是竊意浦陽江自諸暨以北者於古爲東江乃臨浦之支流入錢塘江者與錢清本不相通故班氏潘水屬之餘暨若如全氏所言則班當屬之諸暨矣然則今紹興運河之道或卽古錢清江所逕而卽班所謂潘水道元所謂浦陽江乎但班志明言潘水入海則錢清當自蕭山東流會浦陽江以入浙道元乃欲強合入海之文故曰上虞江東逕周市而注永興又曰又東北逕永興縣東今地勢方向茫不可辨今錢清鎮在蕭山縣東與山陰接界疑古錢清江本自蕭山東流至鎮合浦陽江卽於此入浙江班言入海者亦如武林水漸水之例耳蓋浦陽江分三派入浙在西爲錢清道元所謂逕永興東與浙江合者卽志之潘水也其中爲曹娥卽志之柯水也全氏謂道元疏析不精不知其已分爲二而反以爲合爲一亦未盡然志言柯水東入海道元以柯水當上虞江亦知曹娥江之自入浙矣既以柯水當上虞江而下文又引志之潘水疑卽浦陽江之別名則亦疑其分爲二矣惟於引志柯水上未明言上虞之入浙則其疏耳先謙案一統志餘暨今蕭山縣西蕭山在縣治西浦陽江自諸暨來逕茆渚潭分爲二正流名下東江西爲下西江至三江口復合爲一又北流至紀家匯爲錢清江以後漢劉寵受父老一錢事爲名又西北至蕭山縣南二十里之臨浦鎮注山陰

之麻溪又北過烏石山爲烏石江又東北逕蕭山縣東十五里九折而東復入山陰縣界經錢清鎮入海志所謂潘水東入海也明天順初知府彭誼以江水泛溢築臨浦大小壩爲之內障而江分爲二又建白馬山閘以過三江口之潮閘東盡漲爲田自是江水不通於海近人謂錢清本不入海者誤也南宋時閘運河自蕭山縣南西興鎮東流逕蕭山縣治北又東接錢清江凡五十里又東出至紹興府城西長五十五里又自城西東南出逕會稽縣界東流入上虞縣接曹娥江長百里又自上虞縣西三十里梁湖堰流至通明壩入姚江橫亘三十餘里今人知爲宋三渠故道而不悟卽南江故道夫柯水卽曹娥潘水卽錢清各自入海六朝前二水之通南江通之也宋後二水之通運河通之也南江絕潘水柯水而至餘姚故錢清曹娥得通名浦陽江中間湮廢自有運河而曹娥錢清復通爲一至水經注謂浦陽自諸暨入剡此道元之誤南江運河之通俱在錢清曹娥下游若諸暨剡縣間重嶺疊嶂水無通道徒因酈注強爲附會似可不必故備引諸說而折衷焉

莽曰餘衍

應劭曰吳王闔閭弟夫槩之所邑師古曰應說非也暨音既下諸暨亦同潘音南元反〔補注〕徐松曰宋本衍作行先謙曰續志後漢因劉注引越絕云西施之所出謝承書有涉皇山漸江水注浙江自由拳來東逕永興縣北縣在會稽東北百二十里故餘暨縣也[illegible]縣濱浙江浙江又東合浦陽江入海山海經云浙江在閩西北入海韋昭以浙江松江浦陽江爲三江又沔水注[illegible]浙江自臨平湖南通浦陽江又於餘暨東合浦陽江下入餘姚浙江圖考云臨平湖在江西浦陽江在江東此文有誤辨見後[illegible]

陽羨

〔補注〕先謙曰高帝封靈常爲侯國見表本

志燕湖下云中江水至縣入海續志後漢屬吳劉注有張公山洞密有二堂有荆山荆溪在縣南二十步一統志故城今宜興縣南五里宜興荆溪並漢陽羨地

諸暨　**莽曰疏虜**

〔補注〕先謙曰有句無[illegible]注續志後漢因劉注[illegible]立吳寗縣漸江水注浦陽江自烏傷來東逕諸暨縣[illegible]五洩土人號瀑布爲洩也又逕諸暨縣南縣臨對江[illegible]故越地也先名上諸暨亦曰句無故國語曰句踐之[illegible]夾水多浦中有大湖浦陽江下入剡先謙案一統志[illegible]縣治東浦陽江半入諸暨境五洩溪出縣北富陽山[illegible]東流三十餘里有石濱溪匯諸山水入之又東北入[illegible]七十五里有杭烏山贅拔霄漢疊嶂七十有二卽注[illegible]縣南五十里有句乘山括地志以爲卽句無亭縣北[illegible]蒲湖舊周八十五里宋時縣境有七十二湖蓄水溉田今半爲平陸

無錫

〔補注〕先謙曰[illegible]居吳在此後[illegible]封多軍爲侯國見表

有歷山

〔補注〕先謙曰昆陵志歷山在今無錫縣西北三十里

春申君[illegible]

先謙曰輿地紀勝引此文春申君下有祠字歲祠作歲祀是春申君傳城故吳墟以自爲都邑也

莽[illegible]

曰續志後漢屬吳一統志故城今無錫縣治無錫金匱並漢縣地

山陰

〔補注〕先謙曰[illegible]漸江水注浙[illegible]逕山陰縣有苦竹里里有舊城句踐封范蠡之邑也[illegible]蘭溪合湖南有天柱山湖口有亭曰蘭亭浙江又逕[illegible]北又東北得長湖口有秦望山在城南史記云秦始[illegible]南海也山南有嶕峴峴裏有大城越王無餘舊都也[illegible]

東帶若邪溪溪水下入湖邪溪東又有寒溪鄭公泉銅[illegible]有冶官山北湖下有練塘里縣南九里有侯山孤立湖[illegible]有鹿野山山越之麋苑也湖北有陳音山秦爲縣太史公[illegible]侯計於此命曰會稽會稽者會計也始以爲名因爲地[illegible]北逕山陰縣西西門外有怪山許愼晉灼並言江水至[illegible]江浙江又東北逕種山西文種所葬也浙江下入由峯[illegible]統志故城今紹興府治山陰會稽並漢縣地苦竹里在[illegible]十九里越絕書云苦竹城者句踐伐吳還封范蠡子也[illegible]南源出古博嶺蘭亭山一名蘭渚山在縣西南二十七[illegible]在縣南十五里木客山長湖在縣南三里卽鏡湖也周[illegible]入里總納二縣三十六源之水南傍山北屬郡城東至[illegible]至西小江其初本通潮汐漢永和五年太守馬臻始環[illegible]水溉田又界湖爲二曰東湖曰西湖宋時縱民耕種湖[illegible]自會稽五雲門東至娥江七十二里爲東湖自常藹門[illegible]凡四十五里爲西湖府東二十里曰賀家池周四十七[illegible]湖北抵海塘唐賀知章放生池也舊有鑑湖塘西起廣[illegible]抵曹娥斗門亘百六十里明嘉靖十七年知府湯紹恩[illegible]東西橫亘百餘里遂爲通衢秦望山在縣東南四十里[illegible]縣東南二十里若邪山下北入鏡湖侯山在縣南九里[illegible]山陳音山在縣西南四里其冢壁猶畫作騎射之冢怪[illegible]來山在臥龍山南臥龍山卽種山矣府治據其東麓南[illegible]來入山陰縣境始有漸江之目許晉所謂江水東至山[illegible]也江自太湖出大勢南流絕錢唐江後折而東其形方[illegible]江蕭山山陰而下所行皆運河水道以此推知後之錢[illegible]

江在漢世皆絕南江而入海二江一爲柯水一爲潘水本有專名因南江而二江通流因二江通流而後通名爲浦陽江六朝以後南江之名既晦浦陽之瀆俱湮曹娥錢清各自爲江人不知柯潘二水之稱復不解浦陽通號之故逮宋開運河不悟其因舊迹反以爲新工矣南江此下當入上虞由拳之謬分見諸縣下

會稽山在南上有禹冢禹井揚州山〔補注〕先謙曰漸江水注會稽山古防山也亦云茅山又曰棟山越絕云棟猶鎭也蓋周禮所謂揚州之鎭矣山海經曰勺水出焉南流入於湖山上有禹冢東巡狩崩於會稽因而葬之山東有湮井去廟七里深不見底謂之禹井云東遊者多探其穴一統志山在會稽縣東南十三里

越王句踐本國〔補注〕先謙曰本國對琅邪郡琅邪下越王句踐治此言浙江水注句踐稱王都於會稽吳越春秋所謂越王都埤中在諸暨北界山陰康樂里

有靈文園 師古曰靈文侯薄太后父〔補注〕先謙曰詳外戚傳後爲靈文鄉見後書鄭宏傳注史索隱引顧氏云家墓記薄父家在會稽縣西北檇山上

丹徒 師古曰卽春秋云朱方也〔補注〕先謙曰朱方後名谷陽秦曰丹徒見宋志吳王濞走死此見濞傳周亞夫傳續志後漢屬吳一統志故城今丹徒縣東南丹徒鎭土人稱舊縣先謙案江水自丹陽句容來右入丹徒縣境漢縣也江水東南逕炭渚港又逕高資港又東逕金山北又逕蒜山北又逕丹徒縣城北今鎭江府治又逕北固山北又屈而東南逕丹徒口南運河於此入也又逕諫壁口又東北逕蔣山北又逕鑰匙港亦謂之三江口也又南逕圖山閘又逕黃泥灘下入曲阿[illegible]

餘姚〔補注〕先謙曰續志後漢因沔水篇江水又東至餘姚縣東入海注云上見海鹽謝靈運云具區在餘暨然則餘暨是餘姚之別名也今餘暨之南餘姚西北浙江與浦陽江同會歸海但水名已殊非班固所謂南江也浙江圖考云此文有訛誤餘暨非餘姚道元當知之注又云郭景純曰三江者岷江松江浙江也然浙江出蠻中不與岷江同作者述志多言江水至山陰爲浙江[illegible]浙江圖考云以漸爲浙自道元始道元敘南江與兩漢說三江者無異詞惟誤浙爲漸遂疑景純之說且疑述志者多言江水至山陰爲浙江自有道元此誤漸浙二字雖明善於說文而莫有能詳者矣注又云浙江自餘暨來自秦望分派東至餘姚又爲江也江水又東逕赭山南江水又逕官倉卽日南太守虞國舊宅江水又東逕餘姚縣故城南縣城南臨巨津北背巨海夫子所謂蒼海浩浩萬里之淵也縣西去會稽百四十里因句餘山以名縣山在餘姚之南句章之北江水又東逕穴湖塘又東入海是所謂三江者也故子胥曰吳越之國三江環之民無所移矣但東南地卑萬流所湊濤湖泛決觸地成川枝津交渠世家分夥故川舊瀆難以取悉雖粗依縣地緝綜所纏亦未必一得其實也浙江圖考云道元敘南江自石城至餘姚歷歷如繪雖混漸浙之名而南江則未混也先謙案赭山在海甯州西南五十里與蕭山縣龕山對峙東接鼈子門爲錢塘江入海之道非南江所逕一統志餘姚縣西嶼山有漢日南太守虞國宅餘姚故城今餘姚縣治南江自上虞來由梁湖堰逕通明壩皆運河水道又東北逕石堰鎭歷觀海衞入海本志吳下南江東入海丹揚石城下分江水東至餘姚入海皆謂此也

婁有南武城闔閭所起以候越〔補注〕先謙曰越絕書婁北武城去縣三十里今爲鄉一統志南

武城在今崑山縣西北明王鏊姑蘇志縣朱塘鄉有武城村**莽曰婁治**〔補注〕先謙曰續志後漢屬吳通典因吳之婁門爲名一統志故城今崑山縣東北崑山新陽太倉鎭洋並漢婁縣地

上虞有仇亭柯水東入海〔補注〕先謙曰漸江水注浦陽江自剡來東北逕始甯縣晉立今上虞縣西南五十里嶀山之成功嶠嶠北有嶀浦浦陽江自嶀山東北逕太康湖又逕始甯縣西本上虞之南鄉也後漢分立合嵊浦水東逕上虞縣南亦謂是水爲上虞江縣之東郭外有漁浦湖江之道南有晉嵊碑又有吳瀆破山導源注於胥江上虞江東逕周市而注永興晉縣今蕭山縣西地理志云縣有仇亭柯水東入海仇亭在縣東十里江北柯水疑卽江也下入餘暨先謙案一統志嶀山在上虞西南五十里浦陽江至縣爲上虞江又逕會稽縣東九十里曹娥廟前曰曹娥江又北絕南江逕遷海所入海志所謂柯水東入海也南江水自山陰來入縣境亦絕柯水東入餘姚**莽曰會稽**〔補注〕先謙曰續志後漢因劉注漢末分南鄉立始甯縣漸江水注本司鹽都尉治地名虞賓晉太康地記云舜避丹朱於此故以名縣百官從之故縣北有百官橋亦云禹與諸侯會事訖因相虞樂故曰上虞二說不同未詳孰是縣南有蘭風山一統志故城今上虞縣西北四十里百官市

海鹽故武原鄉有鹽官莽曰展武〔補注〕先謙曰續志後漢屬吳劉注縣之故治順帝時陷爲湖今謂之當湖大旱湖竭城郭之處可識沔水注谷水自由拳來東南逕鹽官縣故城南谷水右有馬睪城故司鹽都尉城吳王濞煮海爲鹽於此縣也是以地理志曰縣有鹽官東出五十里有武原鄉故越地也秦於其地置海鹽縣後縣淪爲柘湖又徙治武原鄉改曰武原縣漢安帝時武原之地又淪爲湖今之當湖也後乃移此谷水於縣出爲澉浦以通巨海[illegible]一統志故城今平湖縣東南鹽官今海甯州治海甯平湖海鹽並漢縣地當湖在今平湖縣東門外周四十餘里一名鸚鵡湖俗呼東湖卽海鹽縣陷處浙江圖考云由太湖至嘉興乃南江故道由嘉興至澉浦則非南江矣又海甯海鹽平湖沿海之地皆較嘉興地勢爲高敵浦之水西流與海不通所以古江水於出太湖後不由海鹽入海折而由杭州入海也此注言谷水出爲澉浦以通巨海是澉水東流矣此亦未確蓋自海甯海鹽平湖接松江皆無內水與海相通者直至上海吳松口始通海也平湖之乍浦名爲海口實無內水與海潮相通此經目驗者吳疆域圖說云阮於此言谷水通澉浦未確而於酈注言南江枝分下則云是時石門之流中斷嘉興之江從谷水而注澉浦矣與此矛盾古南江中江皆東流今皆西流古今水道容有變通阮謂自海甯海鹽平湖接松江皆無內水與海相通安知非自唐築捍海塘後海塘日高水始不通海道元時固自通海邪似未得以今之地勢準古之水道也

剡莽曰盡忠 師古曰音上冉反〔補注〕先謙曰續志後漢因漸江水注浦陽江水自諸暨來東南逕剡縣合白石山水亦瀑布也浦陽江又東流南屈又東回北轉逕剡縣東縣開東門向江江廣二百餘步江水翼縣轉注故有東渡西渡江邊有查浦覩句浦陽江又東逕石橋北逕嵊山下入上虞先謙案一統志故城今嵊縣西南嵊新昌並漢剡縣地太白山在嵊縣西七十里有瀑布卽注之白石山嵊山在縣東三十四里宋書張稷爲剡令至嵊亭生子名嵊字四山嵊之爲字取四山相合如乘馬乘雁之義寰宇記剡溪在剡縣南百五十步

一出台州天台縣一出婺州武義縣武義之杓全庄婺港此武義應作東陽卽王子猷雪夜訪戴逵之所也亦名戴溪下流為曹娥江與諸暨之下流為錢清江者水源不相合其合因南江水之絶流而東道元以為本一水誤也

由拳 柴辟故就李鄉吳越戰地 應劭曰古之檇李也師古曰拳音權辟讀曰壁檇音子遂反補注王鳴盛曰柴讀曰寨先謙曰武帝封轅終古為語兒侯國此見表續志後漢屬吳劉注左傳越敗吳于檇李杜云縣南醉李城也沔水注谷水自吳來出小湖逕由拳縣故城下神異傳云秦時長水縣也始皇時淪陷為谷因目長水城尒曰谷水吳記云谷中有城故由拳縣治也卽吳之柴辟亭故就李鄉檇李之地秦始皇惡其勢王令囚徒十餘萬人汙其土表以汙惡名改曰囚卷亦曰由卷也吳時嘉禾生縣改禾興後改嘉興春秋之檇李城也谷水又東南逕嘉興縣城西下入海鹽先謙案南江自吳東南出逕嘉興秀水嘉善桐鄉石門五縣境並漢由拳地也道元皆誤以為谷水又漸江水注浙江自山陰來東逕禦兒鄉國語句踐之地北至禦兒是也韋昭云越北鄙在嘉興又東逕柴辟南舊吳越之戰地矣備候於此故謂之辟寨是以越絶稱吳故從由拳辟寨渡會稽湊山陰是也浙江下入餘暨浙江圖考云案此條可為南江卽浙江之證可為南江由吳江嘉興石門錢唐入海之證可為南江由吳江嘉興石門錢唐通名浙江之證道元北人未嘗身歷江南所注江南之水非得諸傳聞卽原於故籍而浙江逕禦兒柴辟兩言知其傳之舊也惜道元惑於以漸江卽浙江而莫能分別見此逕禦兒柴辟之浙江不敢注入沔水下之南江而羼入漸江水下以敘漸江肌謂江水自臨平湖上通禦兒至於柴辟一似漸江之枝分由臨平而入正流者又似水由正流而倒上亦可以名浙江者於是於沔水注中亦徵及之云浙江自臨平湖南通浦陽江南江故道浙江舊名賴此而存夫南江上自嘉興為谷水下自餘杭為南江枝分此逕禦兒柴辟者正嘉興至錢唐之正流也特道元時已中塞耳一統志故城今嘉興縣南柴辟亭語兒鄉俱在石門縣東南

大末 穀水東北至錢唐入江 補注先謙曰漸江水注穀水西出大末縣縣是越之西鄙姑蔑之地也秦以為縣穀水下入烏傷先謙案今姑蔑故城在龍游縣北穀水卽衢江班言入江者入漸江也元和志作瀫水方與勝覽作穀溪瀫瀫皆瀫之變字識者遂以為水敘如數謬也一名鹿溪一名鹿頭溪又名須江出龍游縣仙霞諸嶺靈溪水染口溪水金溪水入之金溪詳見烏傷此水入瀫水在大末境不在烏傷境 莽曰末治 孟康曰大音如闔 補注先謙曰官本注末有反字續志後漢因劉注龍巨山有九石特秀林表色丹白遠望盡如蓮花一統志故城今龍游縣治龍游西安江山常山開化遂昌玉山並漢大末地湯溪半入大末境龍巨山在龍游縣東三十五里

烏程 有歐陽亭 師古曰歐音烏侯反補注先謙曰續志後漢屬吳沔水注上見餘姚今南江枝分歷烏程縣下入餘杭辨見餘杭寰宇記楚春申君立菰城縣秦攺烏程郡國志古烏程氏居此能醞酒故以名縣一統志故菰城今湖州府南二十五里歐陽亭在烏程縣東昇山南今烏程歸安德清武康並漢烏程地長興半入烏程境

句章 補注先謙曰國語句踐之地南至句無十三州志句踐滅吳大城之章霸功以示子孫故曰句章秦置縣續志後漢因劉注山海經句餘之山無草木多金玉郭璞云山在餘姚南句章北故二縣因以為名句踐欲還吳于甬東韋昭云縣東洲一統志今慈溪縣西南三十五里城山渡東慈谿定海並漢句章地句餘山在縣西南四十里

渠水東入海 補注先謙曰漸江水注上見剡剡溪江邊有查浦浦東行二百餘里與句章接界有青溪餘淇溪大發溪小發溪江上有六溪六溪列溉散入浦陽江夾溪上下崩崖若傾東有篁山南有黃山與白石三山為縣之秀峰山下眾流泉導滿石激波浮險四注全祖望云六溪卽渠水也凡言渠水必皆以人力為之句章之渠水亦居民苦江潮之斥鹵而引山溪之水為渠以利田溉是卽所謂渠水矣蓋六溪皆篁溪之支流豬而為渠遂獨擅句章之望雖在前記無明文然舍此無水以當之汪士鐸云渠水今甬江先謙案一統志篁山在嵊縣東北三十里山勢平如鋪篁故名白石山在嵊縣西七十里連跨三邑在嵊曰西白在諸暨曰東白在東陽曰北白所謂白石三山也六溪卽長潭溪後溪趙溪諸水以上山水俱不入句章境六溪非渠水全說誤甬江則鄞之天門水汪說亦誤今案渠水乃慈溪江上流卽姚江也出餘姚縣南太平山菁山二源合注為菁江亦曰舜江北流逕上虞縣東通明壩為通明江又東北逕餘姚縣西藺墅橋南分為藺墅江又東逕縣西六浦橋北分為後清江又東貫兩城之開至縣東竹山潭藺墅江後清江水相次注之又東入慈谿縣為慈谿江至丈亭分為二在縣西南四十五里慈谿江分流處舊建丈亭於其上今丈亭渡也一為車廐水歷西渡逕寧波府城北合鄞江一穿縣城東出為管山江又逕縣東南十五里之茅洲閘宋建以蓄洩管山江之水者又逕鎮海縣為中大河又逕駱驄橋分二派入海

餘杭 莽曰進睦 孟康曰杭音行伍之行補注何焯曰宋本作淮睦錢大昭曰閭本作淮睦全祖望曰淮字是也梁書劉仁茂反侯景拒謝荅仁於下淮陳書畱異出下淮抗禦沈恪皆其地先謙曰續志後漢屬吳劉注顧夷云始皇至會稽經此立為縣史記始皇臨浙江水波惡乃西北二十里從狹中度徐廣云餘杭也昭案始皇所臨乃在錢唐富春豈近餘杭之界乎漸江水注云始皇將遊會稽至錢唐惡浙江不能渡故道餘杭之西津也漸江水篇漸江水北過餘杭東入於海漸江圖考云依班志自建德至海皆穀水也水經皆屬漸江不敘穀水然與浙江絶不相混今餘杭縣不臨水非漸水所經此言北過餘杭者漢會稽郡富春在西為今桐廬壽昌地海鹽在東為今平湖地中間漢錢唐餘杭二縣今海鹽仁和錢唐以至富陽皆是蓋錢水之東為錢唐西為餘杭餘杭之地直至穀水之瀆故秦皇從狹中渡徐廣以為餘杭元和志引吳興記云餘杭秦始皇將上會稽舍舟航於此後漢省錢唐縣則其地必分隸海鹽餘杭是今為錢唐地者在漢為餘杭地吳復置錢唐又分海鹽地置鹽官縣又分富春地置桐廬壽昌建德三縣而富春既移而東錢唐則移而西於是錢唐界接富陽而餘杭不復臨江矣劉昭以狹中在錢唐富春之界未足以駁徐廣也今富陽縣西江水最狹處曰窄溪其古狹中乎注云浙江自富春來逕縣左合餘杭大溪江北卽臨安縣界吳分縣立圖考云此議也謂江北卽臨安將餘杭在江之南矣浙江又東逕餘杭故縣南新縣北漢末移築秦始皇南遊會稽途出是地因立為縣漢末陳渾築南城縣移浙江下入烏傷浙江圖考云咸渲臨安志言漢熹平二年餘杭縣令陳渾徙城於溪北後復治於溪南此溪卽苕溪道元誤以苕溪當浙江故言故縣南新縣北也其時餘杭已不臨江水而經云北過餘杭不可以通遂以當時之形勢解二漢之餘杭而以苕溪當江水其傳聞致誤與又沔水注

南江枝分自烏程來南通餘杭縣則與浙江合故闕騶十三州志曰江水至會稽與浙江合（下見餘杭）浙江圖考云此水不經吳縣之南從長興安吉卽注錢唐異於班志南江在南之說故道元因以爲枝分然從錢唐至餘姚之道未湮也其正流從長瀆注太湖東出爲松江南逕嘉興石門至錢唐是時石門之流中斷嘉興之江從谷水而注澉浦矣於是錢唐東折之南江且西續於烏程上承安吉而南江之流奪於枝分蓋谷水自嘉興而北以至太湖南江也自嘉興至澉浦非南江也枝分自錢唐入海南江也自餘杭上承烏程之流非南江也安吉而西又南江之上流矣道元時之南江已異於班志今則谷水及南江枝分均不可見而浙江且續漸江而爲漸所冒矣下塘運道由石門嘉興上泝吳江益古南江之正流西湖保叔塔後西溪一帶有古蕩等地窪下積水揆其形勢猶見南江遺迹胡渭謂餘杭卽餘姚之誤非也吳疆域圖說云自長興安吉歷烏程餘杭至錢唐則必絕東西苕溪亂流東南注恐無此理漢烏程縣在今縣南道元所謂南江枝分歷烏程通餘杭者卽東苕溪也益道元泥於誤本山海經以漸爲浙於漢晉諸儒所言江至山陰爲浙江求其義而不得又未敢遽以爲非於是以東苕溪之北入太湖者謂爲南江枝分強爲傅會而引闕騶之言於沔水篇又敘許愼晉灼之言於漸江水篇以調停其說不知漸江自黟縣至錢唐雖有屈曲未嘗方折豈可以當折之義漸江水亦未可以去漸稱江而東苕溪之自南而北者又何得反謂之自北而南乎阮氏謂南江枝分今不可見亦未深攷矣一統志故城今餘杭縣治餘杭臨安並漢縣地

鄞〔補注〕先謙曰國語句踐之地東至于鄞續志後漢因一統志故城今鄞縣東五十里鄞山下奉化甯海並縣境有鎮亭〔補注〕先謙曰一統志鎮亭山在今奉化縣西南百里有鮚埼亭〔補注〕先謙曰鮚埼山在奉化縣東南五十五里以近古鮚埼亭而名宋嘉泰中置鮚埼寨說文鮚蚌也漢律會稽郡獻鮚醬出此縣東南有天門水入海〔補注〕先謙曰天門水卽鄞江一名甬江蹟鄮縣南江源出四明山之陳公嶺山在鄞縣西南百五十里周回八百餘里跨連七縣天門水導源東流右合奉化江水奉化江亦出嵊縣界東北流爲東剡溪（嵊入上虞縣剡溪各一水之）凡九曲至奉化縣公棠堰合晦溪水又東北逕崎山合上元溪水又東逕縣西泉口合棠溪水又東逕縣北江口合苑家河水趙河水又東北逕縣東北之北渡合鎮亭水爲奉化江亦曰北渡江又東北逕縣東南入天門水天門水又東左合慈谿支水覩（句）爲三港口又東入鎮海縣境爲大浹江東晉時置浹口戍孫恩爲劉裕所敗自浹口竄入海卽此小浹江水自竹嶼山海口西流注之天門水入於海有越天門山〔補注〕先謙曰一統志在奉化縣南六十里接象山縣界陶宏景眞誥天門山在鄞縣南甯海北半亞於海又象山縣南百二十里海中兩峰對峙其狀若門亦名天門山高三百丈周二十五里莽曰謹師古曰鄞音牛斤反鮚音結蚌也長一寸廣二分有一小蟹在其腹中埼曲岸也其中多鮚故以名亭埼音鉅依反〔補注〕全祖望曰當有東部都尉治五字見宋志而今本脫之先謙曰會稽典錄陽朔元年從東部都尉治鄞或有寇害後從句章金石錄載永平八年會稽東部都尉路君闞銘吳志張紘全琮潘濬傳並有會稽東部都尉是此官至後漢三國時未經省併前漢當有之明證矣

錢唐〔補注〕先謙曰秦縣始皇紀至錢唐臨

浙江也隋以前皆作錢唐至唐以字係國號加土爲錢塘漸江水注浙江自烏傷來東北流至錢唐縣穀水入爲又云穀水自烏傷來東至錢唐縣而左入浙江地理志曰穀水自大末東北至錢唐入浙江是也浙江圖考云穀水至錢唐入浙江道元所云浙江正穀水也衢州之水古稱穀水今曰信安江由蘭溪建德桐廬富陽錢唐與浙江合其自東陽西逕金華至蘭溪與衢水合者今稱金華江亦名東陽江卽婺港也在浦陽江南無北入錢唐之理道元不知漸之非浙既以穀水當浙江而班志穀水至錢唐入浙江之說不能貫通於是謂穀水至蘭溪南逕金華而金華江遂爲穀水之流矣道元不明漸江非浙故莫能辨穀水也先謙案穀水合婺港水而入漸江本志大末下穀水東北至錢唐入江者也漸江至錢唐入海本志丹揚黟下漸江水東入海者也道元以漸爲浙故謂入漸爲入浙但漸浙水道相入此處倚未甚誤其引班志多浙字乃誤衍注又云浙江又東逕靈隱山山下有錢唐故縣浙江逕其南先謙案元和志引錢唐記云昔縣境逼近江流縣理靈隱山下今餘址猶存通志云錢唐舊治有四一在靈隱山麓一在錢湖門外皆漢魏時治一在錢唐門內今爲教場地唐縣治一在紀家橋華嚴寺故址宋時治一統志云靈隱山下並無錢唐之跡亦葛無可作縣治之理道元沿錢唐記之誤至今俱莫能定通志所云舊縣有四實則止有三也注又云浙江北合詔息湖浙江圖考云通志稱御息湖咸湻臨安志云在縣東北十八里先謙案一統志同注又云浙江又東合臨平湖湖水上通浦陽江下注浙江名曰東江行旅所從以出浙江也浙江圖考云臨平湖在今上塘臨平山之西南地高於下塘故舊有四壖以蓄水其水或西北洩於南江之近石門者謂之下注浙江可也必不可上通浦陽毛大可謂臨平湖乃臨湖之誤臨湖卽今臨浦在蕭山南三十里橫亙於浦浙之間先謙案一統志臨平山在仁和縣東北五十四里平曠透迤無崇岡修皐唐置臨平監於山下咸湻志山下有藕花洲卽鼎湖也又云臨平湖在山東南五里張勃吳錄赤烏十二年寶鼎出臨平湖通志湖在縣東長樂鄉周回十里南宋爲運道所經中有白龍潭風波最險紹定中築塘捍之曰永和後湖日淤多廢爲桑田漁地僅存小河今上塘河所經也案今縣東北四十里臨平鎮卽唐臨平監治所臨平湖距浦陽江尙遠不相通吳疆域圖說云西興驛下臨西興渡渡浙江而西至錢唐水驛十八里在蕭山縣西十里西興塘錢鏐始築臨浦壩明代始築[illegible]又蕭山縣西十里永興閘舊爲大堰外障江湖內節運渠並宋時所建明萬歷閘改建石閘是臨浦西興一帶古皆無隄塘閘壩而西興渡爲商旅必經之道與酈注行旅所從以出浙江相合可知古之浦陽江其經流東爲曹娥江（此語非誤見餘暨）而其支渠北入臨浦者復自臨浦出西興渡入浙江毛氏謂臨平湖乃臨湖之誤而卽臨浦其說不可易也注又云浙江又逕固陵城北今之西陵也又逕柤塘謂之柤瀆有西陵湖亦謂之西城湖湖西有湖城山東有夏架山湖水上承妖皐溪而下注浙江浙江下入山陰吳疆域圖說云一統志固陵城在今蕭山縣西十二里祖塘在縣西南九里西陵湖在縣西二十五里夏架山卽翠嶂山亦在縣西二十五里案浙江逕固陵祖塘合西陵湖西陵湖不應反在固陵之西固陵亦名西陵西陵湖自以西陵城得名故謂之西城湖則湖當與城相近今蕭山西九里城山亦曰越王山又名越王臺李白詩西陵拱越臺卽此疑

是湖城山也先謙案紀要吳越時以陵非吉語改曰西興祖瀆卽查瀆一名查浦吳志孫策分軍夜投查瀆道襲高遷屯是也浙江圖考云固陵以東乃正浙江道元至此稱浙江不誤宜合上文云浙江南逕柴辟南又逕禦兒嚮又逕固陵城北為合又云今之海塘所以捍潮自尖山至海甯州以西隄雖險而地勢高惟老鹽倉至杭州府府城東北數十里中地勢低平潮汐往來活沙無定有朝為桑田暮成滄海者且加築隄塘難施椿石濬之愈深則沙性愈散不如老鹽倉東北鐵板沙之堅固然則此數十里中非古浙江沙淤故道之明證而確為禹貢南江乎吳疆域圖考云詔息湖在今仁和縣東北則漸江水注自北合詔息湖起皆正浙江不自固陵始也先謙案許晉諸人明言江水至山陰為浙江則固陵詔息之閒皆不得有浙名也浙江圖考又云江水自九江至江甯乃自西南至東北自江都至海門入海又為自西北至東南於毗陵記北江在北以明江至江都曲而東南也南江自石城至安吉為由西而少東北自太湖至錢唐為自北而少西南由錢唐至餘姚入海又為自西至東於吳記南江在南以明南江入海由太湖折而西南又由錢唐折而東南也江至江都而曲故廣陵之江曰曲江江至吳南而折故餘姚入海之江曰浙江曲猶環曲之義折則方折矣黟中漸水自西而東南至錢唐踰非直注何有於折寰宇記引虞喜志林及盧肇海湖賦皆假借海濤之同旋以為浙之取義尤非也先謙案南江自由拳境西南流逕仁和縣東北五十里之塘棲鎭東又屈而東南流逕臨平鎭北自此南行宋時下塘運河其故道矣南江又逕錢唐縣東右合餘干大溪見餘杭下富在此又絕武林水漸江水而東流又東北合詔息湖又東合臨湖又逕固陵

城北又東逕柤塘見餘暨下

西部都尉治〔補注〕先謙曰揚雄傳東南一尉孟康云會稽東部都尉也如淳云地理志在會稽今志錢唐有西部都尉回浦有南部都尉無東部且二尉非一尉因有疑此為誤者案據孟說疑所見止東部然漸江水注於錢唐下引作會稽西部都尉治則道元所見與今本同證以後書伍延傳嘗為會稽西部都尉是官制沿自前漢不疑也一尉一候行文相偶言之未為不可固不得據虛文以駁實紀耳

武林山武林水所出東入海行八百三十里〔補注〕先謙曰漸江水注錢唐記云防海大塘在縣東里許縣南江側有明聖湖縣有武林山武林水所出也闞駟云山出錢水東入海吳地記言縣惟浙江今無此水全祖望云武林山卽靈隱山在今錢唐縣治西五里武林水東入海則是截錢唐江而東趣龕赭以達海不然不得云東入也計其里數不及二百何云八百三十里乎趙一清云錢水因武林山泉瀦而為湖舊湖水通江後人築塘以隔江湖故湖曰錢湖江曰錢江皆以一塘分限得名泉錢通用莽改泉亭闞駟云錢水可證也浙江圖考云武林水卽錢水也錢唐至海止百數十里行八百三十里六字疑當在穀水條下傳寫誤之古錢唐當為今昭慶寺及錢唐湧金清波一帶之地所以外禦鹹潮內豬錢水古杭城向在西湖之西南也先謙案一統志西湖卽古明聖湖三面環山溪谷諸水匯而為湖周三十里以在郡西故名西湖道元不言明聖湖卽武林水亦不知靈隱山卽武林山自是元和志寰宇記諸書皆止稱靈隱不詳武林葉紹翁四朝聞見錄謂武林卽靈隱後人多主其說錢水入海惟班闞言之後無及者蓋塘堰之建甚古莫能詳其時代矣

莽曰泉亭〔補注〕先謙曰續志後漢省

鄮〔補注〕先謙曰秦縣名勝志引陸雲集云始皇南巡會稽畱鄮縣三十餘日是縣置自秦莽曰海治孟康曰音貿〔補注〕朱一新曰正統本作海治誤先謙曰續志後漢因一統志故城今鄞縣東三十里官奴城今鎭海漢鄮縣地鄞縣半入鄮境紀要有鄮山一名阿育王山

富春〔補注〕錢坫曰越紐云富中卽此莽曰誅歲〔補注〕先謙曰續志後漢屬吳一統志故城今富陽縣治西北陽富陽新城分水建德桐廬壽昌並漢富春地漸江水注浙江自丹陽歙來東北逕建德縣南[illegible]縣北有烏山又東逕壽昌縣南[illegible]自建德至此八十里中有十二瀨瀨皆峻險又北逕新城縣[illegible]合桐溪水又東北入富陽縣故富春也晉[illegible]春東分為湖浦又東北逕富春縣南[illegible]又逕亭山西下入餘杭先謙案漸江水自歙來東逕建德縣為歙港又逕縣城東南與衢婺二港水合形如丁字故有丁字水之自漸江水又北入桐廬縣合桐溪又東北入富陽界兩岸高山水深如黛烏山今建德縣北三里烏龍山高六百丈周百六十里為府鎭山宋宣和中以龍為君象凡山水地名有龍字者避之改名仁安山注又云紫溪水自丹陽於潛來逕桐廬縣東[illegible]為桐溪自縣至於潛凡十六瀨第三是嚴陵瀨又東北逕新城縣入浙江先謙案紫溪水自於潛來入分水縣界同繞於天祿黃潭諸山之下曰印瀦溪又入桐廬縣為桐溪東南流繞縣郭而南出桐君山下入漸江一名學溪又名橫港亦名分水港也

冶師古曰本閩越地〔補注〕先謙曰官本作冶齊召南云冶各本作治非也東越傳秦幷天下以其地為閩中郡漢五年復立無諸為閩越王王閩中故地都東冶卽此冶縣沈約宋志云建安太守本

閩越秦立為閩中郡漢武世閩越反滅之徙其民於江淮閒虛其地後有逃遁山谷者頗出立為冶縣屬會稽是其說也玩師古說知古本必作冶今改正先謙案續志亦作冶章安下云故冶閩越也光武更名又永寧下注云永和三年以章安縣東甌鄉為縣是後漢之章安永寧皆前漢冶縣地後又改為東侯官[illegible]見太康地記元和志一統志故冶城今閩縣東北冶山之麓皇朝文獻通考今福建全省皆漢冶縣地惟漳州之漳浦詔安二縣兼有南海郡揭陽縣地

回浦 南部都尉治〔補注〕先謙曰續志後漢省章安下劉注引晉元康記云本鄞縣南之回浦鄉章帝章和元年立未詳案此劉昭兩存而未定者然回浦前漢為縣與冶縣兩不相涉劉殆偶有不照據元康記後漢併入鄞也一統志今溫州府永嘉瑞安樂清平陽泰順五縣台州府臨海天台黃巖仙居太平五縣處州府麗水青田縉雲龍泉松陽慶元雲和宣平景甯九縣並漢回浦地象山半入回浦境一統志故城今臨海縣東南百五十里

丹揚郡〔補注〕宋祁曰丹揚當作丹陽王鳴盛曰揚字從手其屬縣丹陽則從自而南監本俱作陽晉志或作揚或作陽而屬縣則作楊且注云丹楊山多赤柳在西然則縣名從木甚明而郡亦當以此得名凡从手从自皆傳寫誤也朱一新曰揚汪本作陽先謙曰官本作陽下同元和志漢郡治宛陵縣續志後漢治同劉注雒陽東二千一百六十里故鄣郡〔補注〕劉敞曰秦分三十六郡無鄣郡此注但當云故鄣屬江都不當益郡字錢大昕曰劉說非也志云故梁故淮南故齊故楚皆謂諸侯王國鄣非國名

何以得稱故鄣乎秦無鄣郡而楚漢之際則有之高紀以故東陽郡鄣郡吳郡五十三縣立荆王是高帝之世有鄣郡矣若縣名有故鄣此猶河南之故市涿郡之故安當時或別有取義豈可援以爲鄣非郡之證借如劉說但當云故屬江都何必又云故鄣而下文更名丹陽之語更不可通矣先謙曰鄣郡之名因山海經之天子都一名天子鄣受是名也續志云秦鄣郡史記徐廣音義云江南者丹揚也秦鄣郡括地志亦謂丹揚郡秦并天下以爲鄣郡皆誤屬江都。〔補注〕錢大昭曰屬上當有景帝三年四字武帝元封二年更名丹揚，〔補注〕錢坫曰江都王建以元狩二年自殺國除非元封也當依宋志改正屬揚州。〔補注〕全祖望曰故屬秦會稽郡楚漢之際分置鄣郡屬楚國高帝五年屬漢仍屬楚國六年屬荆國十二年屬吳國景帝三年屬江都國武帝元狩二年爲郡六年屬廣陵國元封二年更郡名仍屬廣陵國宣帝五鳳四年復故成帝鴻嘉二年分丹陽之黟縣爲廣德國其郡如故四年復屬於郡平帝元始二年復爲國其郡如故先謙曰續志後漢因屬同孫權分新都郡戶十萬七千五百四十一，口四十萬五千一百七十一。〔補注〕先謙曰官本七十下無一字有銅官。〔補注〕洪亮吉曰輿地志云宛陵縣銅官山者漢采銅所治也縣十七：

宛陵，〔補注〕先謙曰沔水注南江自涇來東逕安吳縣晉分縣立號曰安吳溪又東旋溪水注之南江又東逕寍國縣南晉分縣立卹今寍國縣下入故鄣旋溪水自陵陽來北逕安吳縣東縣南有落星山山有懸水五十餘丈下爲深潭潭水東北流左入旋溪而同注南江南江之北即宛陵縣界也阮元浙江圖考云旋溪水北注於南江與涇水南注者迥然各判今則南江既湮而旋溪北合涇水爲清弋江然舒溪涇水之間南江故道尚可迹而求之也先謙案据一統志安吳縣在涇縣西南五十里藍山內今有安吳市及安吳渡旋溪水自陵陽來東北流至落星潭即注所云落星山下深潭也[illegible]花林夏浦諸水注之又東北與涇水合注清弋江案此水注清弋而道元以爲注南江則清弋江之爲南江故道明甚注云南江又東逕甯國縣南南當爲北之誤宛陵故城今宣城縣治甯國故城今甯國縣南十三里宣城在甯國西北南江不得又逕甯國之南也彭澤聚在西南。〔補注〕先謙曰一統志彭澤聚在今宣城縣西南清水西北至蕪湖入江，〔補注〕先謙曰說文泠水出宛陵西北入江段玉裁云即班志之清水也今爲清弋江先謙案据一統志清弋江即清水也其源有三一舒溪即旋溪[illegible]一涇水[illegible]一淮水[illegible]旋溪涇水合流後北逕施家渡有清弋江之名又北逕牌灣左與五丈湖通淮水自湖東流注之又北白洋寒亭水注之又逕方山而至灣址鎮北出右合水陽江蓋南江水道由此東也清弋江之下流又西北歷黃池鎮爲黃池水又北左與天成湖通清弋江又北逕龍王廟有清水河口之目水地俗傳猶貢古證矣清弋江又北逕大荆山東山左濱湖湖西對峙爲小荆山清弋江又西逕蕪湖縣南入江莽曰無宛。〔補注〕先謙曰續志後漢因一統志今宣城甯國二縣漢宛陵地宛溪水出縣東峰山東北流爲九曲河折

而西橫澗橋水入之又北張家湖水入之又霍村水入之繞縣城東爲宛溪石子澗諸水入之又逕縣東北與句溪水合句溪水出甯國縣東西二溪水合流逕宣城縣城門外爲句溪北流華陽溪水入之又北逕三汊河口入宛溪水宛溪水逕敬亭山東爲敬亭潭又逕縣北雙溪水入之又北慈溪水入之又北爲龍溪又西北至水陽鎮爲水陽江又西合於清弋江南江之東由清弋江入水陽江以達南湖也於潛，師古曰潛音潛〔補注〕先謙曰後漢因續志作於潛漸江水注桐溪水出於潛縣北天目山逕縣西爲西溪合紫溪水紫溪出縣西百丈山即潛山也水又名赤瀨東南逕白石山陰下入會稽富春先謙案一統志故城今於潛縣北於潛昌化並漢縣地元和志天目山在於潛縣北六十里有兩峰峰項各一池左右相對名曰天目山海經所謂浮玉之山也一統志桐溪水出天目山翔鳳林之巔謂之西關溪流逕細荆山有潭形如仰箕曰箕潭瀑布從峻壁下注匯爲蛟龍上中下三池又東合東關溪水又南合雙清溪水正清溪水又南爲浮溪合虞溪水藻溪水交溪水又東南與紫溪水合紫溪水出昌化縣南百丈山山在縣西三十里高千五百丈周回二十里紫溪水東流爲巨溪又東爲雙溪中有洲水分南北過此復合爲一又東南逕下阮村爲下阮溪又南爲柳溪又東逕於潛縣東南合浮溪水二水既合通名紫溪又東南逕白石山陰又西南流下入富春江乘，〔補注〕先謙曰秦縣始皇還自會稽渡此見紀莽曰相武。〔補注〕先謙曰續志後漢因一統志故城今句容縣北春穀，〔補注〕先謙曰續志後漢因一統志故城今繁昌縣西北南陵繁昌漢春穀地又銅陵半入春穀境先謙案江水自陵陽來右入繁昌縣境又東荻港水出銅陵縣北流入之又北逕板子磯而歷舊縣桓溫所築赭圻城也又東北逕蘆席夾內水通三山夾江水東北歷虎檻洲而逕關門洲與夾水合而東注下入無湖[illegible]秣陵，〔補注〕先謙曰武帝封江都易王子纏爲侯國見表莽曰宣亭。〔補注〕先謙曰後漢因續志南有牛渚劉注其地本名金陵秦始皇改一統志故城今江甯縣東南上元江甯並漢秣陵地先謙案江水自丹陽來右入江甯縣境今江南省治江水東北逕烈洲古亦曰栗洲也江水又逕大勝關又逕北河口內通秦淮河水出溧水句容二縣界合流西北注之又東逕燕子磯而出草鞋夾又東逕黃天蕩下入句容[illegible]故鄣，莽曰候望。師古曰鄣音章〔補注〕先謙曰續志後漢因劉注秦鄣郡所治沔水注南江自宛陵來又東與桐水合[illegible]浙江圖考云哀公十五年楚伐吳及桐汭杜注宣城廣德縣有桐水西北入丹陽湖紀要在廣德州西北二十五里亦曰桐川桐汭之名因此源出州南白石山西北流經建平縣界又西入宣城縣界爲白沙川亦曰綏谿匯於丹陽湖入大江又曰宣城東北四十里有南崎湖其北爲北崎湖今總名南湖里四十餘里其東北百里有綏谿一名白沙谿廣德建平諸水由北入於南湖府東境諸川亦匯焉北達固城丹陽諸湖會於黃池西達大江又靈山在廣德州南七十里又南十里曰桐山亦曰桐源山一名白石山桐水發源於此其曰桐汭者正桐水入江之處道元未言其方向蓋桐水自北而南注江也晉時已北入於湖道元所敘蓋猶古迹矣先謙案阮氏既以桐水爲出廣德則南江先合水陽江而後至廣德桐水當移訂於此南江自合水陽江後又東

入南湖其北與固城湖相連南江又與桐水合据一統志桐水出白石山匯諸山澗水北流逕廣德州西折而西北流逕巖頭山又西北逕建平縣東南與碧溪合謂之合溪又西逕大溪山又西逕縣城南爲郎溪又西逕赤山爲赤山溪匯於南湖桐水今尙有綏溪河之目注又云南江又東逕故鄣縣南安吉縣北漢中平二年分故鄣之南鄉爲安吉縣縣南有釣頭泉水懸湧一仞乃流於川川水下合南江南江又東北爲長瀆歷湖口下入會稽今浙江圖考云宏治湖州志故鄣城在安吉西北十五里寰宇記吳俗號府頭是也紀要安吉縣城在今州治西南三十里寰宇記又云箬谿在縣南五十步一名顧渚口一名趙瀆注於湖趙瀆蓋即長瀆之故迹先謙案据一統志故鄣故城在廣德縣東北安吉縣西北十五里廣德安吉今分隸蘇浙二省漢並爲故鄣地南江由此入太湖禹貢所謂北會於匯也

句容

補注先謙曰武帝封長沙定王子黨爲侯國見表續志後漢因一統志故城今句容縣治先謙案江水自秣陵來右入句容縣境漢縣也江水東逕三江口洲渚羅立港汊參分故有三江之名又東逕李家溝又東逕大套口下入會稽丹徒左見廣陵江都

涇

韋昭曰涇水出蕪湖補注宋祁曰邵本蕪作毋先謙曰續志後漢因一統志今涇縣旌德太平漢涇縣地又青陽縣半入涇縣境沔水注南江自石城來又東逕宣城之臨城縣南晉宣城郡今南陵縣東界臨城縣今靑陽縣南五里又東合涇水浙江圖考云江南通志青陽縣有臨城河在縣南會大通河入江此河已不與貴池水相連又池口河之源自石埭出者亦出秋浦而合其會秋浦處尙是南江之遺蓋既與逕臨城南者中絕而一爲臨城河附於大通河北行一通於石埭櫟山之源也賞谿上連淸弋江下接舒谿中開正是南江故道但與青陽之水不續遂合舒谿淸弋江而北向通志云宋崇慶中縣尉劉詛以谿流東從於賞谿西鑿新河欲挽之使西而卒無成可見池甯之水皆東流非西流也先謙案臨城河卽大通河已於銅陵之大通鎭入分江觀陵分江水又出章家洲丁家洲之閘東逕紫沙洲又逕新洲合荻港水又逕黑沙洲入瀘席夾逕虎檻洲出三山夾入魯港分江水益由此爲南江也一統志引太平府志云大江在府西又西則曰夾江上有紫沙洲下至和尙港其二百四十里又引繁昌縣志云江面廣闊凡數十里舊縣有新生洲界之亦曰夾江縣界江中之洲曰紫沙曰峰山嵩曰黑沙曰白馬曰雞心曰靑沙曰錫家套曰焦家灣案夾江亦分江之義也分江水入魯港東南流左與天成湖通湖在蕪湖縣東南十五里廣百八十頃又東南與五丈湖通湖在東南七十里廣十頃分江水又與涇水合水在涇縣南出績溪徽嶺山爲徽水北流入旌德縣境合淸潭水又逕縣南折至縣東北合東溪水又北逕石壁山北又西合抱麟溪水又北逕龍首山北入涇縣境爲涇水亦謂之藤溪水西逕桐嶺南又西北合楓溪水匯爲落星潭下三門灘又北至巖潭與旋溪水合而北流逕縣城西爲賞溪又東北嶀溪水注之又東北逕板山又北逕赤灘鎭琴溪水注之又北入清弋江

丹陽

補注先謙曰始皇東巡過此見紀武帝封江都易王子敢爲侯國見表續志後漢因一統志宛陵爲丹陽郡治故此有小丹陽之名故城今當塗縣東先謙案江水自蕪湖來右入當塗縣境漢丹陽地也江水東北逕東梁山其上爲龍山桓溫以九日宴此又逕當塗縣西又逕采石磯丹陽湖水北分一支爲姑孰溪入之又逕慈湖夾縣北有慈湖今湮餘水北流入江

江水下入秣陵左見九江歷陽

楚之先熊繹所封

補注先謙曰楚世家熊繹居丹陽徐廣注丹陽在南郡枝江縣水經注亦以此志爲非地說並不從之王鳴盛云左傳蓽路藍縷以啟山林宣十二年文指若敖蚡冒言又僻在荊山蓽路藍縷跋涉山林昭十二年文則指熊繹言酈氏引此駁班似也[illegible]使藍縷啟山在荊州熊繹始封何妨在揚州丹揚[illegible]徽甚其地狹小僻在蘇松一隅何知丹揚郡之丹[illegible]境平志後總論一段以丹陽爲吳分此班氏就晚[illegible]耳其實丹陽未必吳始封卽得也先謙案王說是[illegible]龍山南指牛渚北臨邇熊繹之遺封對全琮之舊[illegible]文吳錄載張紘言於孫權曰秣陵楚武王所置名[illegible]之初江南猶爲楚境慶封在朱方今之丹徒以距[illegible]故能伐而取之伍子胥潛行入吳乞食投金於溧[illegible]在平王時爲吳邊邑可見江南乃楚國果世經營未必定非世代緜遠載籍闕如徐廣之言亦無墝證似不若班張近古聞見較有可憑也

十八世文王徙郢

補注先謙曰郢卽江陵詳南郡江陵下

石城

補注先謙曰續志後漢因一統志故城今貴池縣西七十里鐵店亦[illegible]兩石山夾河如城而名貴池建德並漢石城地先[illegible]章彭澤來右入貴池縣境東北逕寶賽黃湓水注[illegible]江磯又東爲李陽河又東逕太子磯又東逕貴池[illegible]注之又東上下淸溪水注之又郭港水入之下入[illegible]

分江水首受江東至餘姚入海

補注先謙曰餘姚會稽縣分江水者江至此而分爲南江也班以分江著其源以餘姚入海標其委會稽吳下復舉其經歷之地明著之曰南江在南合中北江爲三江以應禹貢三江之文今鄭江殘缺予疏引鄭云三江分於彭蠡爲三孔東入海又云東遡者爲南江斷禹貢東逌爲句用班志南江之文言分於彭蠡則非分於震澤言分於彭蠡爲三孔則非合於彭蠡爲一孔言東入海則非三江入震澤亦非彭蠡與漢入三江後世紛紜之說無得而訛之且三江中惟南江北會具區所謂北會於匯也若彭蠡在江之南無所謂北會矣江自石城分爲南江正東逌也徐堅初學記地部引鄭玄孔安國注云左合漢爲北江合彭蠡爲南江岷江居其中爲中江故書稱東爲中江者明岷江至彭蠡與南北合始得稱中也浙江圖考駁之曰鄭注禹貢專宗班志它注或有疑義亦必依據地說諸書明析是非未有鑿空如此之甚者唐人類書本不足爲典要初學記謂舛尤甚非徐堅元本且標云鄭玄孔安國注今僞孔傳見在並無此說於是專歸之鄭注以駁班不亦傎乎古之南江蓋由今安徽池州甯國二府合太湖過吳江石門出仁和臨平半山之西南黟歙折而東而北由餘姚北入海今吳江石門仁和數百里皆爲沃土惟一錢淸流自北新關通漕達於吳江猶是南江故道所當以鄭注說文一正諸家之誤先謙案沔水篇江水東過牛渚南又東至石城縣注云經所謂石城縣者卽宣城郡之石城縣也牛渚在姑孰烏江兩縣界中於石城東北減五百許里安得逕牛渚方屆石城蓋經之謬謨也浙江圖考云石城晉屬宣城宋齊仍之道元稱宣城之石城縣本其時言之也姑熟漢蕪湖地今當塗烏江漢九江歷陽地今之和州蓋以周瑜所屯之牛渚在今采石者當之不知此牛渚卽秦皇所渡之海渚見越紀書正在石城

之西岸也沔水篇又云分爲二其一東北流其一又過毗陵縣北爲大江又東至會稽餘姚東入於海注云江即北江也經書爲北江則可又言東至餘姚則非考其逕流知經誤矣浙江圖考云此非經誤傳寫誤也當云分爲二其一東北流又過毗陵縣北爲大江其一又東至會稽餘姚縣東入於海注又云地理志曰江水自石城東出逕吳國南爲南江浙江圖考云班志分江水南江本兩條道元知分江水即是南江故合而言之智足以知班氏矣趙一清謂其改竄班書不知古人訓解之體如此貫而通之非歧而竄之也注又云江水自石城東入爲貴口東逕石城縣北浙江圖考云江南通志池口河在府西五里古稱貴口亦稱鱡口宋時始稱池口齊書沈仲玉自鱡口欲斷江通鑑胡注即今之池州貴池口也紀要石城廢縣在貴池縣西七十里古貴口在石城縣東今縣在古縣西故貴口又在今縣西也注又云東合大溪溪水首受江北逕其縣故城東又北入南江浙江圖考云江南通志清谿河在府東北五里入江即清谿口道元言溪水受江蓋即此水注又云南江又東與貴長池水合下入涇貴長池水出縣南郎山北流爲貴長池池水又北注於南江案貴口池口皆以貴長池得名今有上池口下池口上池口在湖內下池口入大江疑古貴口更在今上池口之上故分江入爲貴口而池水得注南江也浙江圖考云江南通志郎山在府西南七十里有玉鏡潭紀要池口即貴池水有五源一出石埭縣西櫟山一出府西南百八十里古源山一出考溪一出石嶺一出東源會於秋浦匯於玉鏡潭入池口達大江秋浦玉鏡潭所匯正古之貴長池也南江下入涇先謙案一統志云古分江水在貴池縣西今涸隋唐後諸志無及分江水者近人因此誣班酈之妄然言之鑿鑿必非無據今其道雖湮未可輕訾也今以

輿圖覈之蓋分江水首受江當自今李陽河而分也引上見据一統志李陽河在貴池縣西六十里源引大江以江流之消長爲盈縮西五里曰新河自河口出江中有石槎枒橫突爲攔江羅刹二磯南唐役三十萬夫作支流以避其險是河水受江遺迹猶在一證也宋史河渠志宣和六年前太平判官盧宗元言池州大江東岸皆暗石多至二十餘處西岸沙洲廣二百餘里諺云折船灣言舟至此必毀折也今東岸有車軸河口沙地四百餘里若開通入杜塢使舟經平水徑出池口可避二百里風濤折船之險請速開修從之案杜塢在貴口殷家匯之下游故貴池水一名杜塢河是沙地通河古今不易二證也今新河車軸河遺址湮廢李陽河之名尚存竊意江岸洲渚連綿今自李陽河以下入古夾洲烏落洲裕生洲泥洲相屬爲一其下即下池口貴池水合清溪水由此入江疑當日即分江水道受此兩水下爲鐵板諸洲及銅陵之荷葉洲新洲老洲頭復興洲楊陵洲東屈而入丁家洲以至涇縣皆即分江中流其外洲岸聯屬自爲一水耳一統志云貴池縣境之洲曰古夾曰烏落曰官曰新曰上荷葉曰武梁濱江相接銅陵縣境之洲曰下荷葉曰横港曰曹韓曰白沙曰千斤曰新溝曰小湖曰錢溪曰丁溪名多互異乃古今增減不同又引銅陵縣志云江水經曹韓白沙二洲之間分爲二流名曰夾河在縣西南二十餘里今黃州府西三十里有三江口江甯至丹徒境有小三江口及三江頭三江口之目因洲渚參分名稱斯立長江水師於此建三江遊擊營是皆分江之證也時代閱久洲岸流移而分江水道半合於大江猶幸江源別派沙地通河端緒尚存足爲左驗考分江水者可不通必致疑矣

過郡二行千二百里 補注

先謙曰過丹揚會稽 **胡孰** 補注 宋祁曰胡當作姑先謙曰宋說非武帝封江都易王子胥行爲侯國見表後漢因續志作湖熟一統志故城今上元縣東南錢大昕云五十里湖熟鎮 **陵陽** 補注 先謙曰平帝封東平思王孫嘉爲侯國見表續志後漢因劉注陵陽子明得仙於此縣山故以爲名沔水注旋溪水出陵陽山下逕陵陽縣西爲旋溪水又北合東溪水隕下入宛陵浙江圖考云江南通志舒溪在石埭縣續文獻通考謂之旋谿本陵陽子明垂釣處谿源一出太平縣絃歌鄉一出石埭縣舒泉鄉先謙案据一統志今石埭縣漢陵陽地青陽銅陵半入陵陽境陵陽故城在青陽東南六十里石埭東北二里陵陽鎮是陵陽山在石埭北五里陵陽潭在縣東舒溪東南岸長里許舒溪一名旋溪亦名舒姑溪元和志溪源出葢山下陶潛搜神後記臨城縣南四十里有葢山百許步有舒姑泉俗傳舒氏女與父析薪於此女坐泉處忽牽挽不動父遽告家及再至惟見清泉湛然其母曰吾女好音樂乃作絃歌泉涌洄流有朱鯉一雙今人作樂嬉泉輒涌出劉孝標云葢山之泉聞弦歌而赴節指謂此也太平石埭縣境相比弦歌舒泉各標鄉望實一事也旋溪自黟縣界流入石埭縣西舒泉鄉故有舒溪之名佘溪水出葢山下注之又五溪水出縣西南五溪山注之又北前溪水注之又嶽溪水注之又北逕太平縣西北縣境之灉溪婁溪磻溪三水注之又折而東北流與麻川水合麻川水出太平縣黃山之麓東流至涇縣東南逕麻陂潭受旌德縣西北境諸水爲麻川又西北合富溪水又北合梅溪水又西北爲麻溪口入於旋溪旋溪水逕涇縣爲涇溪又逕縣西南之濂灘與太平縣分界下入宛陵以輿圖覈之旋溪佘溪同出葢山今石埭縣

西有佘溪山少西南即璉溪山古志有旋溪無璉溪是旋璉音轉字變可知而二山連麓皆即古葢山更可知後人繁爲之名耳先謙又案江水自石城來右入銅陵縣境又東梅根港水入之即錢溪也六朝時置梅根監於此鼓鑄又東逕荷葉洲北南即大通鎮今鎮移洲上大通河水出九華山西流入之江水西北逕楊山磯又北逕銅陵縣城西又北逕油榨港支分入姚家套出胭脂夾江水北流東屈逕新洲合而東注下入春穀左見鑪江襄安 **桑欽言淮水出東南北入大江** 補注 先謙曰沔水注東溪水出南里山北逕縣東桑欽曰淮水出縣之東南北入大江其水北歷蜀由山又北左合旋溪水下入宛陵先謙案据一統志淮水出南陵縣南呂山山去縣六十里上有石室南爲石寶有泉涌出名涌珠泉北流逕孔鎮浦合漳水漳水出縣西南水龍洞而東入淮水曰合河亦名澄清河鵞嶺水出鵞嶺東流入之淮水繞縣城東門謂之合東溪亦名浣溪又北中港後港諸水注之又北蒲橋水注之亦名小淮河入繁昌縣界紀要云淮水匯於蕪湖之石硊渡入清弋江浙江圖考云淮水即東溪水入舒溪即入旋溪桑欽言入大江此大江即南江也以輿圖覈之淮水所出之呂山今南陵縣南龍山漳水所出之水龍洞今水龍山也合旋溪者自五丈湖東流而同注清弋也 **蕪湖** 補注 先謙曰續志後漢因劉注左傳楚子伐吳克鳩茲杜云在縣東一統志故城今蕪湖縣東先謙案江水自春穀來右入蕪湖縣境漢縣也江水東逕蟂蟂磯又東逕魯港魯江水合石硊河水西流注之江水又北逕蕪湖縣城西丹陽湖水南分一支入蕪湖界爲長河自縣左入江江水又北逕寡婦磯下入丹陽詳見 **中江出西南東**

至陽羨入海。揚州川。補注先謙曰：禹貢山水澤地篇中江在蕪湖縣西南，東至陽羨入海，與志合。陽羨，會稽縣。續志縣下云中江在西。寰宇記中江即荊溪也。輿地紀勝荊溪首受蕪湖水，東至陽羨出湖，蓋大江至蕪湖西南東出者也。宋傅寅禹貢集解云：班氏所指中江，今蕪湖斷港也。自宜興縣航太湖逕溧陽至鄧步，凡兩日水路。自鄧步登岸，岸上小市名東壩。自東壩陸行十八里至銀林，復行水路，係大江支港。自支港行百餘里，乃至蕪湖界，即入大江也。銀林之港、鄧步之湖，止隔陸路十八里，故老相傳謂大江此港本入震澤。知班氏所說中江古蓋有之。自浙江圖考云：中江者，江水由高淳過五壩至常州府宜興縣入海。自楊行密築五堰，其流始絕。永樂時設三壩，陸行十八里矣。又云：班詳於南江、北江，而於中江僅云陽羨入海，何也？廣陵國江都以東有臨淮郡之海陵，志云有江海會祠，言江至此而會海也。會稽郡吳、毗陵、無錫、陽羨、丹徒、婁為今鎮江、常州、蘇州地，婁在今崑山，而太倉、松江、海門及江北通州今皆不置縣。然則太湖以東至漢猶荒斥，為海潮所往來，故敘北江止毗陵，敘中江止陽羨。且云南江在吳南，北海在毗陵北，則中江必在毗陵之南、吳之北可知。北江以曲而詳，南江以折而詳，中江必自陽羨直貫太湖，由婁縣之地入海，又可知。此班之不詳而詳者也。成蓉鏡云：以今輿圖按之，東壩在高淳縣東南，自東壩以西為南碕、固城諸湖，又西為丹陽湖，又西即志所稱中江出蕪湖西南者也。東壩以東為胥河，又東為西九。文選江賦注引水經注云：中江東南左會滆湖，西九北即滆湖也。由滆湖東出，又東入太湖，悉與傳說合。蓋中江水本自今蕪湖經高淳、溧陽諸縣，至宜興入具區，復由具區東出入海。考元和志

當塗縣蕪湖水在縣西南八十里，源出縣東南之丹陽湖，西北流入大江。然則元和以前中江水已不復東，而今則建平、宣城、寍國、涇、旌德、太平、石埭諸縣水皆由此而西達江矣。先謙案：中江水自蕪湖入而東流，傅氏所謂蕪湖斷港，即今蕪湖縣河也。東北絕黃池水，入唐溝河，又東左入丹陽湖，湖東即高湻縣治也。中江又東南入固城湖，湖北有固城鎮，故受此名。固城湖右與南湖通。中江水又東逕東壩，又東為胥溪，又東北逕溧陽縣城北，又東會滆湖。滆湖之北即長蕩湖也，右為西氿，即西九也。又東為東氿，東氿南岸今宜興縣城也。又東出為沙港而入太湖。禹貢三江既入、震澤底定，指謂是矣。北江入海，中江、南江入湖，三江入而震澤以致奠定也。紀要引建康府志云：銀林堰在溧水縣東南百里，長十二里。自銀林稍東曰分水堰，長十五里。又東五里曰苦李堰，長八十里。五里曰何家堰，長九里。又五里曰余家堰，長十里。所謂魯陽五堰也。今蕪湖縣南有支江，俗稱為縣河，東達黃池，入三湖。三湖：丹陽、固城、石臼也。至銀林而止，所謂中江東至陽羨即此也。蘇常承此下流，常病漂沒，故築銀林五堰以窒之。自是中江不復東，而宣歙之水皆由蕪湖達於大江，濱湖之地皆隄為圩田，而中江亦漸監。秫故老云：當時慮後人復開此道，則蘇常之閘必被水患，遂以石窒五堰路，又液鐵以固石，故曰銀淋。今謠淋為林。又云：中江舊逕溧陽縣界，古三江之一，今永陽江，一名九陽江，一名穎陽江，在縣西北三十五里，即其遺迹。唐開元十七年，蔣日用作本縣城隍記云：此縣南壓中江，風波不借，舟楫無施，縣宰喬翔栅浮梁以便行旅。中江橋梁之設昉此。景福三年，楊行密將臺濛作五堰，施輕舸饋糧。是時中江置堰，江流亦既狹矣。東坡奏議云：溧陽之西有五堰者，古所以節宣歙、金陵、九陽江之眾水，直趨太平州蕪湖。後之商人販賣簰木，東入二浙，以五堰為阻，因紿官中廢去五堰。五堰既廢，則宣歙、金陵、九陽江之水或遇暴漲，皆入宜興之荊溪，由荊溪而入震澤。時元祐六年也。一統志引寰宇記云：宋宣和七年，詔開江東古河，自蕪湖由宣城、溧水至鎮江，渡揚子，趨淮汴，免六百里江行之險。是此時中江已在通塞之閒。又有宜興進士單諤著書，言修臺濛五堰，蘇常之水十可去其七八。明韓邦憲東壩攷云：太祖初都金陵，以蘇浙糧道自東壩入，可避江險。洪武二十五年，復濬胥溪河為運河，建石閘啟閉，因置廣通鎮。又鑿溧水縣臙脂閘，引丹陽諸湖之水會秦淮以入江。於是蘇浙運道經東壩直達金陵。永樂初，運道廢，改築土壩，自是宣歙諸水希入震澤。嘉靖三十五年，倭入寇，商旅多由壩上行，復於壩東十里許分水堰處更作下壩，謂之東西二壩，而統名曰東壩。自是兩壩相隔，湖水絕不復東矣。中江入海，互見會稽吳下。

黝，補注王念孫曰：說文黟黑水也，從黑多聲，丹陽有黟縣。又云漸水出丹陽黟南蠻中，東入海。則地理志本作黟明矣。水經注引此亦作黟。黟從多聲，於古音屬歌部，於今音屬支部；黝從幼聲，則古今音皆屬幽部。幽之字無與支部通者，故黟字不得借作黝也。此因字形相似而誤耳。各史志或作黟，或作黝，其作黝者，皆為誤本漢志所惑。玉篇黝字無伊音，廣韻於脂切，黟縣名，屬歙州，誤與各史志同。先謙曰：漸江水注縣居黟山之陽，故縣氏之。一統志墨嶺在縣南，山出石墨，縣名以此。漸江水出南蠻夷中，東入海。補注宋祁曰：武陵有漸水，東入沅，疑此無漸水，漸字當作浙字。先謙曰：宋說誤也。說文漸水出丹陽黟南蠻中，東入海。漸江水篇漸江水出三天子都。浙江圖考云：此本山經，可證山經本作漸。水注云：山海經謂之浙江也。地理志云水出丹陽黟縣南蠻中。浙江圖考云：道元時山經已誤漸為浙，道元未加深考，遂仍浙水即漸水為文。選沈休文詩李注引十洲記云：桐廬東陽二水合於此，仍東流為浙江。十洲記當是十三州記之誤。以新安江水東流為浙，則誤漸為浙不始於道元矣。注又云：北逕其縣南，有博山，浙江又北歷黟山下入歙。浙江圖考云：此新安江，漸水，道元誤為浙江。浙江者，乃岷山導江之委，即由吳江、石門、仁和、海甯至餘姚數百里內之專名。甌峴石若以今富陽江論之，乃漢書、說文、水經之漸江水、穀水，與江浙相連之浙水迴不相同。惟自杭州府城東北為浙水之故道，其自杭州城隍山西南上達富陽，斷不能名之為浙江也。說文浙下云東至會稽山陰為浙江，从水折聲；漸下云水出丹陽黟南蠻中南入海，从水斬聲。二水分明，可證道元所据乃山經誤本，故與桑欽所引不符。先謙案：說文、鄭注南蠻下並無夷字，此夷字疑衍。三天子都即三天子鄣。郭璞山海經云：三天子鄣山在新安歙縣東，即志所云蠻中矣。東漢時新安一帶山越所居，故謂之蠻中。唐盧藩解山海經，引漢志以南蠻中為縣南率山，羅願新安志同，自是臆改。但率山實為漸源。一統志云：以水源校之，惟率山水分陰陽，其陰水東流為漸，陽水南流為廬，與山海經及水經合。今漸溪出婺源縣浙嶺山，與縣北之回嶺、覺嶺相接，高三百餘丈，周二十餘里。漸溪水出山東流，逕梅溪口，又東逕祁門縣東南，仍入婺源縣東北，合浮溪水，上潢水，下入歙。成帝鴻嘉二年為廣德王國。補注先謙曰：封中山憲王孫雲客。晉為廣德縣[illegible]。莽曰愬虜。師古曰：黝音伊，字本作黟，其音

同〔補注〕先謙曰續志後漢因劉注有林歷山[illegible]傳一統志故城今黟縣東黟縣祁門並漢縣地

溧陽 應劭曰溧水所出南湖也師古曰音栗〔補注〕先謙曰成帝封梁敬王子欽爲侯國見表續志後漢因一統志今溧水高淳並漢溧陽地范本禮云寰宇記於溧陽縣云溧水西自溧水縣界流入溧水縣云古固城按滕公廟記云其城是吳瀨渚地紀要溧陽縣云溧水在縣西北四十里即永陽江也一名瀨水案溧水自瀨渚東流爲瀨水瀨渚即固城固城在固城湖旁則溧水自固城湖東出可知固城湖北通丹陽湖丹陽湖即南湖故今固城湖俗謂之小南湖則溧水本自丹陽湖東出可知丹陽湖西通蕪湖水溧水東入荊溪與班志中江水道合吳則溧水即中江又可知中江逕溧陽曰溧水猶南江逕安吳曰安吳溪也自應劭云溧水出南湖而溧水之即中江始晦然由南湖上湖其源則溧水之即中江猶可沿泝而得也唐以前無固城湖之名故桐水入固城湖杜預謂之入丹陽湖竊疑固城丹陽本一湖其後中漲平地僅一水相通乃以南近固城者名固城湖耳元和志於固城湖不言溧水所自出而溧陽縣則云溧水在縣南六里案溧陽舊縣在今縣西北南去永陽江三四十里其所謂在縣南六里乃舊縣江之入溧水者非溧水正流也先謙案范雎傳伍子胥至陵水索隱引劉氏云陵水即溧水陵溧雙聲字建康志溧水一名瀨水江上有渚曰瀨渚即子胥乞食投金處東流爲瀨溪入長蕩湖溧瀨亦雙聲字楚策謂之瀨湖也段玉裁云長蕩湖分流東行爲吳王漕五代時楊行密漕運所經也先謙案一統志引建康志云溧水一派東流爲吳王漕則長蕩湖實溧水所匯矣

歙 都尉治 師古曰音攝〔補注〕先謙曰說文作歙續志後漢因劉注山海經三天子鄣山在閩西海北郭璞云在縣東魏氏春秋有勸烏邪山先謙案郭注在縣東者爲玉山今績溪之大鄣山也顧祖禹以爲即三天子鄣非也漸江水注浙江自黟來北逕歙縣東合一小溪又東逕遂安縣南吳分縣立右合絕溪於始新縣吳分縣華縣晉改新安郡立浙江下入會稽富春小溪水出歙縣東北翁山西逕故城南又西南入浙江浙江圖考云新安江自歙縣流入嚴州府境經淳安縣西南又東南流至府城東南與穀水合一名徽港今壽昌縣在嚴州西南漸水既至建德則東逕桐廬不逕壽昌矣壽昌穀水所經也先謙案一統志故城今歙縣治歙休甯婺源績溪淳安遂安並漢縣地漸浮水自黟來東逕休甯縣之江潭務又東南合五城水汶水又逕縣東南與黟水合黟水出黟縣吉陽山爲吉陽水亦曰白鶴溪南流合牛泉水又東南逕噎潭又東逕白茆又渡合橫江水又東南逕休甯縣西靈烏山合夾溪水爲雙溪口又東南爲夏紋溪又東逕富郭潭又東入漸溪水謂之率口亦曰屯溪漸溪水又東逕歙縣東南之歙浦口與練溪水合練溪水二源大鄣水出績溪縣東南大鄣山西南流合登水又逕象山與揚之水合揚之水出績溪縣西北龍㨗山南流合乳溪水又西南合徽水爲徽溪亦名績溪又西北合大鄣水爲臨溪又西南逕歙縣合布射水富賫水大小母堨水豐樂水爲練溪又繞歙城西屈而東南逕呂公灘爲歙溪又東逕歙浦入漸溪水漸溪水又出新安關爲新安江又東南爲深渡水又逕街口鎭爲街口渡水東南流入淳安縣有淸溪之目唐光化二年淮南將康儒攻睦州食盡自淸溪遁歸是也漸溪水下入富春

宣城 〔補注〕朱一新曰汪本城作成先謙曰續志後漢省一統志今南陵縣漢宣城地故城在縣東四十里淸弋江上建安三年孫策平定宣城以東二十年孫權使蔣欽屯宣城即故城也隋改宛陵縣爲宣城而故城遂廢

豫章郡 〔補注〕先謙曰据贛水注郡治南昌續志後漢治同劉注雒陽南二千七百里 高帝置〔補注〕先謙曰据贛水注六年置全祖望云故屬秦九江郡楚漢之際分置郡屬九江國高帝五年因之屬淮南國文帝六年復爲郡十六年復屬淮南國武帝元狩元年復故又云楚漢間分廬江置豫章郡漢因之見灌嬰英布傳蓋秦九江郡治廬江項氏先分廬江郡而豫章又自廬江而分也又云吳濞傳中之豫章皆鄣郡之訛韋昭言之甚詳胡三省乃云豫章分鄣郡置妄也先謙案贛水注南昌縣春秋屬楚即令尹子蕩師于豫章者也秦以爲廬江南部高祖始命陳嬰以爲豫章郡治此即嬰所築也城之南門曰松陽門內有樟樹高七丈五尺大二十五圍枝葉扶疏垂蔭數畝應劭漢官儀云豫章樟樹生庭中故以名郡矣顧棟高云左傳豫章凡六見地極廣大跨大江南北以及淮南蓋鳳陽以西壽霍光固之境皆近淮壖爲吳楚交兵處漢分九江置豫章乃遂取春秋之豫章爲名耳 莽曰九江屬揚州〔補注〕先謙曰續志後漢因屬同 **戶六萬七千四百六十二口三十五萬一千九百六十五**

縣十八

南昌 〔補注〕先謙曰哀帝封河間惠王子宇爲侯國見表 莽曰宜善〔補注〕先謙曰續志後漢因贛水注湖漢水自新淦來合盱水蜀水歷白社西又北歷南塘又逕谷鹿洲又逕南昌縣故城西又逕郡北爲津步東大湖十里二百二十六步北與城齊南緣回折至南塘本通章江增減與江水同湖漢水又東北逕王步又北逕龍沙西下入鄡陽盱水自南城來西北逕南昌縣南西注湖漢水先謙案本志南城下盱水西北至南昌入湖漢者也注又云濁水自建成來東至南昌縣入湖漢水先謙案本志建成下蜀水東至南昌入湖漢一統志故城今南昌縣東贛江水自新淦來東北逕豐城縣西爲劍江折而北觸磯頭山繞而東逕縣東北數里復折而北名曰曲江形如半月中分三潭又北合豐水又北合雩韶水又逕龍霧洲入南昌新建二縣境合撫河水即盱水也又合瑞河水即蜀水也瀦爲象牙潭又北逕南昌府城西今江西省治下入鄡陽撫河水自南城來北逕南昌縣東三十五里武陽渡爲武陽水又北逕新建縣西入贛水瑞河水自建成來一名筠河又曰錦江東逕新建縣西南象牙潭入贛水

廬陵 莽曰桓亭〔補注〕先謙曰續志後漢因贛水注豫章水自贛來西北過廬陵縣西合廬水又東北過廬陵郡吳立石陽治石陽縣西灘分廬陵立又逕其郡南下入新淦廬水自長沙安成來東至廬陵入豫章水十三州志稱廬江至廬陵入湖漢水者也先謙案本志安成下廬水東至廬陵入湖漢道元置之而引闕說乃偶然遺誤一統志故城今廬陵縣南贛水自贛來逕萬安縣西折東北流六十里逕泰和縣東又東北八十里逕廬陵縣東水流澄澈有澄江之目又與廬水合又逕螺子山爲螺川又逕墨潭爲吉文水又與恩江水合恩江水出樂安縣界流逕永豐縣爲永豐水合諸水東逕吉安縣注贛水贛水下入新淦廬水今瀘江自安成來東折而南八

十里與永新江水合永新江水出永新縣南禾山合諸水東流注廬水廬水又逕廬陵縣四十餘里至縣城南十五里之大皋渡入贛水在安福者名安福水在廬陵者又名神岡山水也

彭澤〔補注〕先謙曰續志後漢因贛水注湖漢水自鄱陽來北過彭澤縣西合修水總納十川同臻一瀆俱注彭蠡北入江先謙案本志贛下豫章水出西南東入大江雩都下湖漢水東至彭澤入江俱言入江者明二水皆大支并行也渾之則豫章湖漢贛水並納通稱析之則豫章爲後世所稱之章水湖漢爲後世所稱之貢水而贛水尸其總號也注又云修水自艾來東北入湖漢先謙案本志艾下修水至彭澤入湖漢者也一統志故城今湖口縣東三十里彭澤鄉故縣里 **禹貢彭蠡澤在西**〔補注〕先謙曰禹貢山水澤地篇彭蠡澤在彭澤縣西北與志合沔水注沔水自江夏沙羨來與江合流又東過彭蠡澤尙書禹貢匯澤也鄭元云匯回也漢與江鬭轉東成其澤矣沔水下入廬江居巢案澤即今之鄱陽湖也亦曰宮亭湖又廬江水注廬山下有神廟號曰宮亭廟故彭湖亦有宮亭之稱焉先謙案江水自廬江尋陽來右逕武昌大冶縣興國州境並漢鄂下雉二縣地各分覵又逕瑞昌德化二縣境漢柴桑地又右入湖口縣漢彭澤地也江水東逕梅家洲與鄱陽湖水合又東逕石鐘山湖口縣城在焉負山面湖唐分彭澤置縣江水又東逕彭澤縣城西又逕彭浪磯有小孤山峙立江心又東逕馬當磯入東流縣境亦彭澤地瀼子港水出彭澤縣浩山北流與大泊湖合出香口入江江水又北逕東流縣城西又北逕黃石磯下入丹陽石城江左覵廬

鄱陽〔補注〕先謙曰故曰番春秋楚地吳取之見左定傳秦爲番縣見括地元和二志洪亮吉云寰宇記引漢志云番陽屬豫章郡後漢加邑作鄱陽則知今鄱字乃後人從續志所增高紀番君吳芮陳涉傳番盜英布並引蘇林注云番陽縣此尙從舊本未改 **武陽鄉右十餘里有黃金采**〔補注〕先謙曰貨殖傳豫章出黃金然廑廑物之所有取之不足以更費代償也東越傳索隱云今豫章北二百里接鄱陽界地名白沙沙東南八十里有武陽亭縣志武陽亭在今鄱陽縣東五十里 **鄱水西入湖漢**〔補注〕先謙曰贛水注湖漢水自鄱陽來合鄱水饒水下入彭澤鄱水出鄱陽縣東[illegible]西逕其縣南武陽鄉也地有黃金采鄱水又西入贛水先謙案本志云鄱水西入湖漢者也據一統志廬源水自廬江郡來西南流入江西德興境逕縣東北海口村銀港水[illegible]自縣東北入之又南部水出縣東南部鄉入之又西南泊水入之水出縣南泊山下泊灘里西流龍頭水桐水入之又西逕縣南入廬源水下流通名泊川故樂平縣亦號泊陽也廬源水又西入樂平縣境與長樂水合水出德興南大茅山西流合上饒縣之桐川水又西合橫溪水又西逕樂平之明口入廬源水於是有樂安江之名亦曰大溪樂安江又西逕桐山港口建節水出弋陽縣霧山會上饒僚源諸水入之又西吳溪水出婺源游汀鄉西流入縣境合浮梁計坑水入之又西入鄱陽縣境合鄱水入鄱陽湖本志廬江郡下廬江出陵陽東南北入江者也鄱水今鄱源水出婺源縣張公山西流逕浮梁縣又西南三十餘里與天寶水合天寶水出縣東南有二源東源出同瞻山陰西源出彭充塢西至程村合流西北入鄱源水鄱源水又西南與橫槎港水合橫槎港水二源東出牛軛嶺西出桃溪合流西南注鄱源水鄱源水又西南江家山

水慈谿水合流入之又西南流爲龍潭是爲浮梁東河鄱源水又西南大共水王公峰水禾成嶺水盧溪水武亭水大小北港水自祁門縣流爲浮梁北河至昌江口入鄱源水鄱源水又西大演水出建德縣合江山水洗馬橋水南流爲浮梁西河至景德鎮西港口入之鄱源水又南歷降水出婺源長溪合鯉里橋水柳灣水西流爲浮梁南河至景德鎮西南小港背入之鄱源水又南逕金魚灘又南逕官莊入鄱陽湖今人言鄱水多涸廬江爲一乃失於剖析之過也 **莽曰鄉亭** 孟康曰鄱音婆師古曰采者謂采金之處〔補注〕先謙曰續志後漢因一統志故城今鄱陽縣東六十里故縣鎮

歷陵 傳易山傳易川在南古文㠯爲傳淺原莽曰蒲亭 師古曰傳讀曰敷易古陽字〔補注〕徐松曰宋本作蒲立先謙曰續志後漢因一統志故城今德安縣東傳陽山在縣南十二里傳陽川在南寰宇記敷淺水源接遂昌縣及鄂州永興界屈曲二百餘里至縣案今禹貢作敷志作傳者今古文之異禹敷土史記作傳土其例同也或作博陽轉寫之誤耳通典江州潯陽縣有蒲塘驛即漢歷陵也驛前有敷淺原原西數十里有敷陽山蔡傳引晁以道云饒州鄱陽縣界中有歷陵故縣胡渭云杜佑以驛爲歷陵殆因莽改歷陵爲蒲亭遂以蒲塘附會黃儀云漢歷陵屬豫章晉志歷陵與餘汗今餘干鄡陽今鄱陽同割屬鄱陽而柴桑今德化則屬武昌郡[illegible]不應歷陵反出柴桑之西因以晁說爲是且云吳志歷陵有石印山即今饒州府鄱陽山亦歷陵在鄱陽之一證也成蓉鏡云鄱陽山在府治西北百五十里鄱陽湖中亦名石印山鄱陽縣故城在今府城東六十里吳至隋皆爲鄱陽郡後唐移今所然則府城西當即故歷陵地蒲塘驛距九江甚近以此當敷淺原與經文至于義例不合明輿地圖饒州府治鄱陽縣西有敷淺二字以地望測之今北珠湖土湖西湖之西鄱陽湖之東有平原長數十里即其地說文原高平之野人所登原有山體故稱傳易山猶彊梁原亦稱華原山也先謙案禹貢山水澤地篇敷淺原地在歷陵縣西與志合

餘汗〔補注〕先謙曰汗干字通嚴助傳作餘干淮南人間訓始皇使尉屠睢爲五軍一軍結餘干之水即志之餘水也 **餘水在北至鄡陽入湖漢**〔補注〕王念孫曰衍在字餘水自餘汗北至鄡陽則在餘汗可知不必更言在矣凡言某水至某縣入某水者皆無在字若宏農郡盧氏下云育水南至順陽入沔是也其言某水在縣之某方者皆不兼及他縣若右扶風漆縣下云水在縣西是也先謙曰贛水注餘水東出餘汗縣下入鄡陽據一統志餘水出玉山縣懷玉山爲上干溪西南流合下干溪又逕縣南爲玉溪又西逕上饒縣與永豐溪水合逕縣城南爲上饒江又西合檔溪水逕鉛山縣西北三十里最深處曰大王潭鉛山諸水皆流入焉又西逕弋陽縣合信義港水弋溪水葛溪水爲弋陽江又西逕貴溪縣南爲貴溪亦曰薌溪以北岸白芒洲上產鬱金香草故受此名又西合須溪水逕安仁縣爲安仁港又西逕餘干縣爲龍窟河俗謂之信河下入鄡陽瀘溪水出福建崇安縣五鳳山黃石口其水深黑北流逕貴溪縣爲上清溪有水自南城縣高阜山注之合流入安仁港支分自桐口灘北流又分爲二一逕餘干縣東馮田渡爲馮田水又北逕沙港古埠水自萬年縣流注之又北合陳塘港水入珠湖一爲西津水逕餘干縣南干越渡逌西北又分爲二一南流入龍窟河一北入珠湖並

詳鄱陽下先謙案地說家專指馮田西津爲餘者山此水名稱歧出以致源流未析今特正之水莽曰治干應劭曰汗音干師古曰鄡音口堯反〔補注〕先謙曰續志後漢因一統志故城今餘干縣東北

柴桑莽曰九江亭〔補注〕先謙曰山海經有柴桑之山縣名以此續志後漢因一統志故城今德化縣西南柴桑山在縣西南九十里

艾〔補注〕先謙曰吳公子慶忌居此見左哀傳湘水注汨水出艾縣桓山下入長沙羅瀆水篇瀆水出艾縣下入羅又江水注湶口水出艾縣東入蒲圻縣瀆下入江夏沙羨脩水東北至彭澤入湖漢行六百六十里〔補注〕先謙曰贛水注循水出艾縣西東北逕豫寧縣又逕永循縣二縣後漢立下入彭澤循即脩之誤古書循脩字多相亂据一統志脩水出義甯州西南黃龍山東北流合幕阜山水又東合東津水又東合百菖水又東合杭口水又東北合高城港水又東南合武甯鄉水逕州南至旌陽潭合秀水又又合安坪水又東合吳坊水又東合梁溪水曰梁口又東合鶴源水又逕武甯縣合官源港水又魯溪水又南受淸江長田楊浦石鏤鳳口諸水北受茶培水東北受陂田箬溪諸水東受磧田溪諸港水又東北逕建昌縣東南長谿水自靖安縣流注之又東北馮水支流自奉新縣分注之又分爲數派入贛水莽曰治翰〔補注〕先謙曰續志後漢因一統志故城今義甯州西百里龍岡坪

贛〔補注〕先謙曰續志後漢因一統志故城今贛縣西南漆水注東溪水出始興東江州南康縣[illegible]界石關山西流與漣水合一名東江又曰始興水又合邪階水下入桂陽曲江漣水出南康縣涼熱山之漣溪山即大庾嶺也五嶺之最東故曰東嶠山漣水南入東溪爲漣口庾仲初謂之大庾嶠水也邪階水出縣東南邪階山合巢頭水西北入東溪豫章水出西南北入大江如淳曰音感〔補注〕先謙曰贛水篇贛水自南壄來過贛縣東注云山海經贛水出聶都山東北流注於江入彭澤西郡國志云贛有豫章水雷次宗云似因此水爲其地名雖十川均流而此源最遠故獨受名焉[illegible]劉澄之云縣東南有章水西有貢水縣治二水之間二水合贛字因以名縣焉是謬也劉氏專以字說水而不知遠失其實矣豫章水自南壄東北逕贛縣東[illegible]合湖漢水湖漢二水自雩都來西北逕贛縣東西合豫章水下入廬陵先謙案章貢二水後起之名班志所無章水即豫章水貢水即湖漢水當以一統志爲正章水自南壄來東北逕贛縣西環城而北謂之西江合於貢水通曰贛江北流三百里歷十八灘在縣境者百八十里有九灘其九在萬安縣貢水自雩都來西逕贛縣東又北合章水是曰東江下入廬陵說互詳雩都下

新淦都尉治〔補注〕先謙曰名勝志淸江縣有淸江鎭鎭北有漢都尉城淸江縣志在今縣東北三十里莽曰偶亭應劭曰淦水所出西入湖漢也師古曰淦音紺又音古含反〔補注〕先謙曰淮南傳處之上淦應劭云淦水上流曰上淦也續志後漢因贛水注豫章水自廬陵來東北過漢平縣南後漢立又過新淦縣西合牽水淦水下入南昌湖漢及淦並通稱也[illegible]牽水自宜春來東逕吳平縣舊漢平也牽水東逕新淦縣入湖漢先謙案本志宜春下牽水東至新淦入湖漢者也注又云淦水出縣入湖漢一統志故城今淸江縣東北樟樹鎭贛水自廬陵來東北流逕峽江縣城南又東北逕新淦縣西又北逕淸江縣與袁水合舊自縣南十里萬石洲南折而西會袁水名曰淸江繞城而北明成化末贛水北衝蛇溪不復西折止有橫流一綫與袁水相吐納至城北二十里二水復合水勢益大時有衝齧之患又十里逕淸江鎭下入南昌袁水即牽水自宜春來東逕新喩縣九十九灣八十八灘至縣城南澄澈如練東有巨洲屹峙中流盤迴百餘畝袁水又下入贛水淦水出縣東南離嶺逕紫淦山出洋湖至淸江鎭合蛇溪水入贛水蛇溪水自縣境永泰市北五里分江水爲溪流行三十里復與江合自贛水北衝蛇溪遂成大川俗名同羅江

南城〔補注〕先謙曰續志後漢因一統志故城在建昌府治東旴水西北至南昌入湖漢師古曰旴音香于反〔補注〕先謙曰贛水注旴水出南城縣西北流下入南昌据一統志旴水即建昌江出廣昌縣南血木嶺東北流二十里爲巴溪又十五里爲小藍溪又東北百里逕南豐縣斤竹澗水軍港水官濠水茲河水紫溪水注之又東北逕南城縣東南黎川水出紅水嶺合九折水龍安水飛猿水雙港口注之又北逕金谿縣西石門山金谿水苦竹水赤橋水淸江水注之又逕臨川縣南梁安峽爲汝水後漢分置臨汝縣又北宜黃水合臨水注之旴水於此有撫河之目下入南昌

建成〔補注〕先謙曰雷次宗豫章記云漢高帝六年置隸豫章以其刱建城邑故曰建成先謙案武帝封長沙定王子拾爲侯國見表蜀水東至南昌入湖漢莽曰多聚〔補注〕先謙曰後漢因續志作建城劉注此地立名上蔡豫章記曰縣有葛鄉有石炭二頃可然以爨贛水注濁水出康樂縣故陽樂也[illegible]又東逕望蔡縣[illegible]又東逕建成縣縣出然石濁水下入南昌案蜀濁字通宋以後地說家皆稱蜀水一統志故城今高安縣治蜀水今蜀江出萬載縣西九十里靈棲巖有池曰劍池廣丈餘其水東流曾源水注之又東合金鐘湖水湖在縣西百二十五里其水分二派一西入湖南劉陽縣爲劉水一東至官莊過竹渡入蜀水蜀水又東出大關嶺逕高城市而至龍山爲龍江又東逕上高縣西凌江水出新昌縣西北八疊山合藤江水東流注之又東逕高安縣城中而東出下入南昌皇朝通志云蜀水出萬載縣西北東流逕上高縣西北合新昌縣之藤江與龍江水會以藤江爲蜀水經流與一統志異

宜春〔補注〕先謙曰武帝封長沙定王子成爲侯國見表南水東至新淦入湖漢莽曰脩曉〔補注〕全祖望曰南字乃牽字之譌王念孫曰隸書牽字或作鼒與南相似而誤先謙曰續志後漢因地道記縣出美酒贛水注牽水西出宜春縣下入新淦一統志故城今宜春縣治牽水即袁水出萍鄉縣東南羅霄山爲羅霄水縣志云分爲二一西北流逕醴陵縣入洞庭湖一北流爲秀水東逕宜春縣城西十五里爲稠江至縣城北澄淸深碧名曰秀江淸瀝江水仰山水九曲水鸞溪水入之又逕昌山峽東南流至分宜縣城南爲縣前江大龍塘水出硯江水赤江水嚴塘江水竹橋水介溪水楊江水次第翼注之又出鐘山峽下入新淦

海昏莽曰宜生師古曰即昌邑王賀所封〔補注〕先謙曰續志後漢因劉注有昌邑城贛水注繚水導源建昌縣漢元帝永光二年分海昏立案元帝時所置縣無不入志之理續志建昌永元十六年分海昏置知此文誤也又東逕新吳縣漢中平中立又逕海昏縣爲上繚水又爲海昏江分爲二水縣東津上有亭爲濟渡之要其水東北逕昌邑城而東出豫章大江謂之慨口昔漢昌邑王之封海昏也每乘

流東望輒憤慨而還世因名焉其一水枝分别注入脩水一統志故城今建昌縣治縣志蘆塘東北二里許綠水即奉新江出奉新縣百丈山東北流至側潭深可載舟亦曰馮水寰宇記云漢遷江東馮氏之族於海昏西里賜之田曰馮田水因以爲名也奉新江又東逕安義縣又逕新建縣西北入贛水

雩都〔補注〕先謙曰寰宇記本南海揭陽縣地漢高六年灌嬰所立雩水出縣北雩山入湖漢先謙案陳嬰所立也灌嬰不聞至此下同續志後漢因一統志故城今雩都縣東北 **湖漢水東至彭澤入江行千九百八十里** 師古曰音于〔補注〕先謙曰贛水注湖漢水出雩都縣導源西北流逕金雞石其石孤竦臨川耆老云時見金雞出於石上故石取名焉湖漢水下入贛据一統志貢水即湖漢水出福建汀州西六十里新路嶺寰宇記云貢水出新樂山蓋樂音轉譌爲路明統志云綿水出汀州白頭嶺卽此水也西北流逕瑞金縣南門與綿水合又西南逕會昌縣東北與湘水合亦名湘洪水又逕縣北七里折而西北流與安遠水合安遠水出安遠縣東南八十里欣山其地有三百坑水源出焉亦名三百坑水南流百里至南廳界爲九洲河始通舟楫又二百五十里至廣東龍川縣界爲東江諺曰贛州九十九條河卻有一條通博羅謂此水也安遠水又合濂江水流注於貢水又西北流逕會昌縣東南甯都水自甯都州東北來合諸水入之又西流雩水出雩都縣東北雩山西南流注之貢水又西南瀲江水出興國縣東北吳公山合諸水西流注之貢水又西桃江水出龍南縣西南冬桃山合諸水東北流注之貢水下入贛一統志又云漢世豫章之水湖漢爲大故志此下獨云東北入江其彭蠡盱蜀諸水皆云入湖漢豫章水雖亦言北出大江然不言諸水所入亦不詳其里數疑當時尚未知二水之源異流同姑並著之而專以湖漢爲經流也自酈注以豫章水爲正而湖漢之名遂隱先謙案豫章湖漢並言入江大水並行志例如此班非不知其源異流同也

鄡陽〔補注〕先謙曰鄱陽記縣高祖六年置 **莽曰豫章**〔補注〕先謙曰續志後漢因贛水注湖漢水自南昌來北逕鄡陽縣合餘水下入鄡陽餘水自餘汗來北至鄡陽縣入湖漢水先謙案本志餘汗下餘水北至鄡陽入湖漢者也一統志故城今鄱陽縣西北信河水自餘汗來有錦江之目西北注瑞洪入贛水案餘水代有變更漢世西津塞則龍窟爲大河齊梁間龍窟河塞則馮田西津爲大河隋開皇中何杞塞西津開龍窟既而龍窟復塞馮田西津復爲大河宋咸平開陳襄塞西津龍窟復爲大河今大河走龍窟而馮田西津冬涸如行陸地珠湖在鄱陽縣西南三十里納古埠沙港諸水入鄱湖互見餘汗下

南壄〔補注〕先謙曰淮南人開訓始皇使尉屠睢爲五軍一軍守南壄之嶠此有橫浦關見南越傳索隱灌嬰置縣見元和志後漢因續志有臺領山案卽庾嶺也一統志故城今南康縣西南章江南岸九域志有南壄鎮 **彭水東入湖漢**〔補注〕先謙曰贛水篇贛水出南野縣西北注云班固稱南野縣彭水所發東入湖漢水庾仲初謂大庾嶠水北入豫章注于江者也地理志曰豫章水出贛縣西南而北入江蓋控引衆流總成一川雖稱謂有殊言歸一水矣先謙案此道元以彭水卽贛水亦卽豫章水也又云豫章水導源東北流逕南野縣北贛川石阻水急行難傾波委注六十餘里下入贛先謙案章水出崇義縣西南九十里聶都山山高百六十仞亙四十里故屬大庾縣之平政鄉明正德中割屬崇義章水所出曰沙溪洞泉源噴涌俗曰平政水東流合諸小水又東與涼熱水合水出大庾縣西百三十里水源一溫一冷熱水池圍二丈餘深三尺餘流四步合涼水東流寰宇記一名豫水也東入章水豫章合名殆沿於此章水又逕南康縣東合上猶江水下入贛自漢後彭水名隱就地望徵之卽今上猶江水也出湖南桂陽縣東四十里益漿鎭爲益漿水有麟潭水牛皮龍水入之又東北逕崇義縣北又東逕上猶縣西五十里爲琴江口禮信水入之又東十里逕吳公峽又東合猶水爲上猶江又東至南康縣東北入章水舍此無足當彭水者

安平 侯國〔補注〕先謙曰長沙孝王子習國元帝封 **莽曰安寍**〔補注〕先謙曰續志後漢更名平都一統志故城今安福縣東南

桂陽郡〔補注〕先謙曰据耒水注郡治郴續志後漢治同劉注雒陽南三千九百里 **高帝置**〔補注〕全祖望曰故屬秦長沙郡義帝都高帝二年分長沙置見湘水注五年屬長沙國景帝後以邊郡收南粤閩粤未平故桂陽廬江豫章會稽皆爲邊史記所謂南邊也 **莽曰南平** **屬荊州**〔補注〕先謙曰續志後漢因屬同灕水注灕水自零陵零陵來南逕始興縣東孫吳分桂陽南部立灕水下入零陵始安

戶二萬八千一百一十九口十五萬六千四百八十八 有金官〔補注〕先謙曰官本金作鐵引宋祁曰鐵官邵本作金官徐松云宋本作鐵官

縣十一

郴〔補注〕先謙曰昭帝封楚王孫暢爲侯國見表 **耒山耒水所出西南至湘南入湖**〔補注〕王念孫曰入湖當爲入湘湘湖字相似又涉下文入湖而誤也水經耒水北入於湘湘水注引志作耒水入湘是其證先謙曰湘南長沙縣湘水注引十三州志曰日華水出桂陽郴縣日華山西至湘南縣入湘地理志曰郴縣有耒水出耒山西至湘南西入湘先謙案道元兩引不斷蓋不悉此水是一是二今考案圖記郴地自耒水外更無它水直達湘流者一統志云耒水一名日華水當從之又耒水篇耒水出郴縣南山注云耒水出汝城縣東宋縣烏龍白騎山西北流有十四瀨又逕晉寧縣北郡漢寍故合清溪水汝城縣今桂陽縣地在郡東三百餘里山又在縣東耒水無出南山理也耒水又合滌水黃水又西逕華山之陰其東則黃溪耒水之交會也耒水下入便清溪水出縣東黃皮山西北入耒水滌水出縣東俠公山入耒水謂之程鄉溪郡置酒官醞於山下名曰程酒獻同酃也黃水出縣西黃岑山山則騎田之嶠五嶺之第二嶺也庾仲初云嶠水南入始興溱水注海即黃岑水入武溪者也峴北水入桂陽湘水注江即是水也右合千秋水又東北逕縣東右合除泉水黃水東有馬嶺山高六百餘丈又北流入耒爲郴口千秋水出西南萬歲山山有石室室中有鍾乳山上悉生靈壽木水側民居號萬歲村千秋水下入黃水除泉水出縣南湘波村村有圓水可二百步一邊暖一邊冷水盛則瀉黃溪水耗則津徑輟流先謙案續志有客嶺山劉注馬嶺山有仙人蘇耽壇据一統志耒山在桂陽縣南十里耒水出焉西北流與壽江水合水出桂陽縣東二十里龍須坳分爲三二爲清泉水一東合熱水入江西南康府崇義縣境一南入

廣東韶州府仁化縣境一爲壽江水西南入耒水耒水又西北與屋嶺水合水出桂陽縣南六十里屋嶺山分爲二一至仁化縣入大江一西北流入耒水耒水又西北流逕豐溪與滙江水合滙江水出桂東縣屏水山西南流合胸堂山水又西南逕縣南而西合雙溪水又西南與桂水合水出桂東縣西北五十里小桂山至縣西南入滙江水滙江水又西南合瀘渡水水出桂東縣西萬王城山西流逕縣北接鄢縣界復繞流而西南逕縣西又南入滙江水於是有瀘渡江之目亦曰淇江也滙江水又逕桂陽縣北三十里之庸延里與河橋水合中有二瀧十二灘亦名三瀧水又西北流四十里逕興甯縣境之豐樂又二十里至沿津又六十里至高活水勢險惡其旁鑿山通道行者至此舍舟從陸以避險又五里至結魚又六里至瀘渡又十五里至耒江山凡四十八灘巨石磨疊不能方舟又十五里至東江渡入耒水耒水又逕滁口有東江之目又西北與賚興水合卽注之清溪水也出鈷鉧泉合平石杭溪二水過舊縣前橫流十里入耒水耒水又西北逕程江口與程水合卽注之滁水也出興甯縣東北四十里醽醁泉四源合并一出回龍山一出鳳梧山一出九峯山一出周原山合流而下爲潭州江口又西入耒水耒水又西北逕郴江口與郴水合卽注之黃水也出黃岑山山在郴州南八十里接宜章縣界一名客嶺山又曰黃箱山明統志云爲楚粵之關與諸嶺連屬橫絕南北寒暖氣候頓殊通典謂之臘嶺郴水北流沙江水出五荃山注之又北四十里逕州城南少西而東北逕萬歲橋過蘇伯山下兩岸山勢如峽郴水又與千秋水合水在州西南三十里出靈壽山卽注之萬歲山也周回三十七里唐天寶六年更名千秋水又入於郴水郴水又西北合北湖水湖在州西五里韓愈祭郴州李使君文航北湖之空明者也郴水又西北合溫泉卽注之除泉水也州境溫泉有三一見便縣一在永甯縣西四十里涌流巖下溫暖如湯此泉在永興縣西六十里一邊暖一邊冷輿地紀勝云平地涌出沐浴可已瘍東流合郴水者也郴水又北逕馬嶺山山在州東北五里一名牛皮山又曰龍頭嶺蘇眈仙處也郴水又北至州城東北六十里入耒水當華石山下卽注之華山也俗謂話石山耒水下入便

項羽所立義帝都此。

補注先謙曰耒水注其城項羽遷義帝所築縣南有義帝冢內有石虎因呼爲白虎郡續志劉注引湘中記今有義陵祠

莽曰宣風。

師古曰郴音丑林反耒音卽內反補注先謙曰官本卽作郎續志後漢因溱水注黃岑溪水出郴縣黃岑山西南流入武溪水見臨武一統志故城今郴州治黃岑溪水在宜章縣南一名黃冷溪水水出黃岑嶺至縣西兩江口合一水東逕縣城南又東南過小瀧逕平石村一名谷溪水又名龍河至七姑灘入溱水卽庾仲初所云嶠水者也峴與郴水同出山之陰陽有異耳

臨武，秦水東南至湞陽入匯，行七百里。

補注段玉裁曰秦水他書皆作溱水師古注不言秦音溱然則此作秦鄭溱洧作溱爲正王念孫曰秦讀爲溱又下文桂陽匯水南至四會入鬱今本鬱下有林字見下條辨匯皆當爲涯字之誤也涯讀若匡隸省作涯說文涯水出桂陽盧聚南出涯浦關爲桂水出字舊本譌作山山上脫南字今據水經訂正又從水匡聲又曰溱水出桂陽臨武入涯涯字或作匯形與匯相似因訛而爲匯案方言南楚瀑涯之間郭璞云涯音匡涯水在桂陽水經云涯水出桂陽縣盧聚今本譌作匯東南過含涯縣南出涯浦關爲桂

水史記南越傳出桂陽下涯水今本譌作匯漢書作湟水水經注云匯水山海經謂之湟水今山海經海內東經作橫水匯與湟聲相近故字相通若作匯則聲與湟遠而不可通矣魏策楚王登强臺而望崩山左江而右湖以臨彷徨一本作方皇說苑正諫篇後漢書文苑傳華作方皇淮亦涯之譌[illegible]與涯通下文有含匯縣南海郡有涯浦關舊本關譌作官今據說文水經改其字正作涯不作匯也又案漢成陽令唐扶頌云賦政于外爰及鬼方匯夷來降寇賊迸亡匯卽涯字匯夷謂匯水上之夷也上文云除豫章鄡陽長夷粵拂攎枝强難化君奮威颺武視以好惡鑾貊振疊稽顙帥服以今輿地考之涯水發源於連州南至廣州府之三水縣入於鬱水[illegible]於漢爲桂陽南海兩郡之地故云夷粵拂攎又云匯夷來降也而隸釋乃讀匯爲匯而以爲匯澤之盜漢隸字原又讀爲淮夷來同之淮胥失之矣据漢碑及方言說文則此志之匯水明是涯水之譌而史記水經亦譌作匯[illegible]師古又有胡賄反之音後之學者多見匯少見匯遂莫能正其失矣先謙曰溱水篇溱水出臨武縣南繞城西北屈東流注云溱水導源縣西南北流逕縣西而合武溪山海經曰肆水出臨武西南而東南注於海入番禺西肆水蓋溱水之別名也武溪水出臨武縣西北桐柏山東南流右合溱水亂流逕縣西謂之武溪縣側臨溪東因曰臨武縣又東南流左會黃岑溪水見郴下入曲江一統志溱水出臨武縣華陰山東南流與武溪水合武溪水出縣西山下地名鷓鴣石流逕縣西北入溱水

莽曰大武。

師古曰湞音丈庚反又音貞匯音胡賄反補注先謙曰續志後漢因一統志故城今臨武縣東

便

補注先謙曰惠帝封長沙王子吳淺爲侯國見表

莽曰便屏。

補注先謙曰續志後漢因耒水注耒水自郴來北過便縣西縣界有溫泉水在郴縣西北左右有田數千畝資之以溉常以十二月下種明年三月穀熟溫水所溉年可三登其水散流入耒水耒水下入耒陽一統志故城今永興縣治耒水自郴來至便縣曰便江北流與長安水合又北與白豹水合水出永興縣南白豹山東合棲流水入耒水耒水又北與油塘江合水出永興縣西二十里東南入耒水耒水又逕森口爲森水下入耒陽溫泉在州西北元和志溫水在高亭縣北常[illegible]是也高亭唐所置縣之承與縣西十五里

南平

補注先謙曰續志後漢因鍾水篇鍾水出南平縣都山北過其縣東又東北過來渚亭又北過鍾亭與灌水合注云都山卽都龐嶠五嶺之第[illegible]鍾水卽嶠水也灌水卽桂水灌桂聲相近故字隨讀變桂水自桂陽來北逕南平縣而東北流居鍾亭右會鍾水通爲桂水又北過漢寧縣東[illegible]入湘縣在桂陽郡東北二十里[illegible]又深水注許慎云深水出桂陽南平縣盧聚山在南平縣之南九疑山東也[illegible]一統志故城今藍山縣東南平鄉都山在藍山縣南輿地紀勝部山在縣南九十里與連州分界部卽都之譌鍾水出縣北分爲二一北流逕嘉禾入桂陽一南入廣東連州　本朝康熙四十七年濬爲鹽河鍾水又北合桂水

耒陽

補注先謙曰說文作郴

春山，春水所出，北至酃入湖，過郡二，行七百八十里。

補注先謙曰過桂陽長沙官本作春山春水是湘水注湘水西北得春水口水承營陽春陵縣[illegible]西北潭山又北逕新甯縣東[illegible]又西北入湘爲春水口先謙案一統志春水出新田縣南春陵山東西二源合流逕桂陽州爲衡塘水又逕石口鷀水自藍山縣來注之[illegible]又循州西下十八灘桂水自藍山縣來注之又逕常

甯縣爲焦源河又逕逍遙山東又自縣東北折而西逕風仙山北入湘案入湘之處去湖尚遠此入湖亦當是入湘之誤 莽曰南平亭 師古曰在耒水之陽也酃音靈〔補注〕先謙曰後漢因續志有鐵耒水注十三州志云大別水南出耒陽縣太山下入長沙酃耒水自便來西北過耒陽縣東縣因水以制名東傍耒水水東肥南有郡故城縣有溪水東出侯計山西流謂之肥川川北有盧塘其深不測耒水西北逕蔡洲下入長沙酃一統志故城今耒陽縣東北四十五里耒水自便來北至衡陽縣東北爲耒河肥水在耒陽縣東南六十里侯憩山西流入耒水山一名侯意憩意皆計之同音變字

桂陽 匯水南至四會入

鬱林 〔補注〕宋祁曰鬱林景本無林字王念孫曰無林字者是也後人不知鬱爲水名故加林字耳水經溱水過湞陽縣出洭浦關與桂水合卽洭水南入於海注云溱水南注於鬱而入於海是其證餘見上條下文武陵郡鐔成玉山潭水所出東至阿林入鬱鬱下無林字是也宋云當添林字謬矣又零陵郡零陵陽海山有離水東南至廣信入鬱林林字亦後人所加史記南越傳正義引此已有林字水經云灕水出陽海山南至廣信縣入於鬱水是其證今灕水出桂林府興安縣陽海山南至蒼梧縣入鬱先謙曰匯亦洭之訛四會南海縣說文洭水出桂陽縣盧聚出洭浦關爲桂水洭水篇洭水出桂陽縣盧聚注云水出桂陽縣西北上驛山盧溪爲盧溪水東南流逕桂陽縣故城謂之洭水又合嶠水下入陽山嶠水出都嶠溪歷貞女峽南流入洭水先謙案紀要洭水出甯遠縣九疑山入連州境輿地紀勝盧水北出黃蘖嶺今案盧水卽洭水也山在藍山縣北九十里九疑山在縣西南接甯遠縣界黃蘖乃九疑支山也洭水出下盧村之盧溪亦曰蘖溪自藍山縣界繞連州西南下朱岡水注之又高良水注之又有奉化水出宜章黃岑山至連州合洭水蓋卽嶠水矣又歷楞伽峽而南出注於龍潭是曰洭水通志楞伽峽在連州東南十五里雙崖壁立飛瀑傾注下有貞女石卽貞女峽也 過郡二 〔補注〕先謙曰桂陽南海 行九百里 應劭曰桂水所出東北入湘〔補注〕先謙曰續志後漢因深水篇深水出桂陽盧聚注云深水一名邃水導源盧溪[illegible]深水下入零陵營道又鍾水注桂水出桂陽縣北界山下入南平故應劭云桂水出桂陽東北入湘紀要桂陽州藍山縣漢南平縣地有歸水出九疑山一名舜水合縣諸水入桂陽州界會舂陵水歸灌聲轉歸水卽灌水亦卽桂水矣與洭水出洭浦關爲桂水者有別一統志故城今連州治

陽山 侯國 應劭曰今陰山也師古曰下自有陰山應說非也〔補注〕先謙曰有陽山關見南越傳長沙孝王子宗國元帝封續志後漢省如應說則縣併入陰山洭水注洭水自桂陽來東南入陽山縣合連水斟水南逕陽山縣故城西又逕縣南縣故含洭縣之桃鄉孫皓分立爲縣也洭水下入含洭先謙案陽山漢縣道元蓋見後漢無有遂遠引孫吳於班志偶有不照也一統志故城今陽山縣南二里陽山鎮洭水自桂陽入縣有陽溪之一目東南流逕龍湫潭南與連水合水出縣西北百一十里石塘村一名滑水又名同官水逕連州南至同官峽入洭水洭水又下龍官灘至陽山縣城南合通儒水又東南與斟水合水出縣東二里東巖下南流爲湘泉俗亦謂之桃江又合兩溪水入洭水

曲江 莽曰除虜 〔補注〕先謙曰續志後漢因劉注縣北有臨沅山溱水注溱水合武溪水自臨武來南入重山山名藍豪廣圓五百里悉曲江縣界巖峻險阻崩浪震山名曰瀧水又南出峽爲瀧口又合冷水林水雲水藉水又歷靈鷲山逕曲江縣東云縣昔號曲紅曲紅山名也縣吳始興郡治東連岡是矣縣東傍瀧溪號曰北瀧水亦曰北江左合東溪水溱水自此有始興大庾之名下入湞陽冷水出冷君山林水出縣東北洭山雲水出縣北陽泉藉水上承滄海水俱入瀧東溪水自豫章贛來西逕始興縣南[illegible]入曲江縣合耶水利水入北江耶水出浮岳山利水出韶石北山逕韶石靈石下並南入東江一統志故城今曲江縣西藍豪山在樂昌縣東北六十里溱水合武水自臨武縣流入宜章縣又逕乳源縣西北又東逕樂昌縣西與靈溪水合卽注之冷水也出靈君山西南流四十里入溱水溱水又合林水水在今曲江縣北七十里又合雲水水在曲江縣北又合藉水今不知何水也又歷靈鷲山山在曲江縣北九域志山似天竺靈鷲故名溱水又逕曲江縣東與東江合卽注之東溪水也水自江西南康縣石關山來逕曲江縣合耶水水在曲江縣東南齊書五行志永明二年曲江縣山崩壅底溪水成陂卽此水也東溪水又合利水潼錦二溪之下流也潼溪出潼嶺流逕仁化縣西合錦石溪水錦石溪水二源一出崇義縣仙人嶺一出太平山合流扶溪水入之又西南逕仁化縣又南歷錦石巖與潼水合爲潼口又南逕曲江縣入東溪水通志以修仁水爲利水修仁水出始興縣東嶠山通志誤也東溪水又入於溱水

含洭 應劭曰洭水所出東北入沅師古曰洭音匡沅音元〔補注〕先謙曰續志後漢因洭水注洭水自陽山來左合翁水陶水又東南逕含洭縣西下入南海中宿應云東北入沅瓚注謂沅在武陵去洭遠又隔湘水不得入沅也翁水出東北利山湖陶水東出堯山西逕縣北並入洭水一統志故城今英德縣西翁水出翁源縣東北百四十里靈池山陶水出英德縣西四十里一名桃溪

湞陽 莽曰基武 應劭曰湞水出南海龍川西入秦〔補注〕先謙曰後漢因續志有茌領山劉注有吳山溱水注湞水自南海龍川來西逕湞陽縣南右入溱水溱水自曲江來南逕湞陽縣西王莽之基武矣[illegible]縣東有湞石山廣圓三十里溱水又西南歷皋口太尉二山之間是曰湞陽峽又出峽左合湞水下入南海中宿一統志故城今英德縣東溱水自曲江來逕英德縣東有英山在縣東三十里產奇石卽古湞石山也太尉山在縣西南二十二里湞水之西皋石山在縣南十五里一名湞陽峽岸壁千仞猿狖所不能遊宋嘉祐六年轉運使榮諲開峽作棧道七十餘閒明嘉靖四年壘石修復舊棧水陸便之溱水出峽始合湞水也元和志曲江縣下云湞水在縣東一里寰宇記混東江於湞水並誤湞水自龍川入翁源縣爲南浦水又西南與龍仙水合曰三合水又西芙蓉水入之又西南逕利陂鋪爲羅江水有攬陂水注之又西南逕九龍周陂水注之又西南逕瀧口橫石水注之又西逕英德縣入溱水

陰山 〔補注〕先謙曰續志後漢因湘水注湘水自長沙湘南來東北過陰山縣西合洣水下入長沙臨湘又洣水注洣水自長沙攸來西北過陰山縣南縣本陽山縣也縣東北猶有陽山故城形家言其勢王故塹山堙谷改曰陰山縣洣水合容水西北逕縣東又西合歷水洋湖水西北入湘先謙案長沙茶陵下泥水西入湘者也注又云容水出侯曇山入洣爲容口歷水出縣入洣爲歷口洋湖水出縣西北樂藪岡入洣爲洋湖口洣水東北有巽山縣東北又有武陽龍尾山並仙者羽化

之處一統志故城今陽山縣北紀要今攸縣西北六十里元和志衡山縣即漢陰山縣東北二十里有陰山也先謙案今廣東連州陽山縣北非湘洣二水所逕紀要近之即今安仁縣無疑也洣水自攸縣西流逕衡山縣靈山下又西逕縣東雷家埠入湘

侯國〔補注〕先謙曰表無當衍

武陵郡〔補注〕閻若璩曰元和志漢改秦黔中爲武陵郡移理義陵今辰州漵浦縣是則義陵爲郡治矣先謙曰續志後漢治臨沅劉注雒陽南二千一百里 高帝置〔補注〕先謙曰續志秦昭王置名黔中郡高帝五年更名沅水注本楚黔中郡高祖二年割黔中故治爲武陵郡楚世家秦紀六國年表皆有黔中郡班氏失載五年二年二書不同全祖望云漢改其名非割也考國策史記楚南有新城郡巫郡秦省新城蓋併入漢中省巫蓋併入黔中 莽曰建平 屬荊州〔補注〕先謙曰續志後漢因屬同

戶三萬四千一百七十七口十八萬五千七百五十八

縣十三

索 漸水東入沅 應劭曰順帝更名漢壽如淳曰音繩索之索師古曰沅音元〔補注〕先謙曰續志後漢更名漢壽劉注去雒陽二千里沅水注澹水出漢壽縣西楊山南流東折逕其縣南縣治索城即索縣之故城也闞駰以爲與水是水又東歷諸湖方南注沅亦曰漸水也水所入之處謂之鼎口沅水自臨沅來東入龍陽縣醽合漸水又逕龍陽縣北合壽溪下入長沙下雋一統志今武陵龍陽縣地故城在縣東北六十里漸水出梁山西靈泉寺側石罅中東北逕峑龍城下即漢壽城故址也又東北歷諸湖而出鼎港縣志云鼎口旁有小港在龍陽西北四十里去武陵亦四十里即鼎水入沅處壽溪在龍陽縣東北陳澧云漸水今桃源縣漆家河也水經注沅水又東歷龍陽縣之汜洲今龍陽西北沅水分二派復合即所謂汜洲也漆家河在其西其水南流東折而南注沅與注合故知爲漸水也

孱陵 莽曰孱陸 應劭曰孱音踐師古曰音仕連反〔補注〕先謙曰高帝五年置見名勝志續志後漢因劉注魏氏春秋云劉備在荊州所都改曰公安江水注江水自南郡華容來逕縣之樂鄉城北又東合油水又東逕公安縣北合淪水景水又得高口故市口逕陽岐山北仍入華容又油水篇油水出孱陵縣西界注云縣有白石山油水所出東逕縣西合洈水又過縣北縣治故城劉備孫夫人更修之其城背油向澤油水自孱陵縣之東北逕公安縣西又北入江洈水自南郡高成來東至孱陵縣入油水先謙案本志高成下洈水東入繇者也又高成下班注油水入至華容入江孱陵華容地望相距至近据一統志江水與油水合今油河也出松滋縣白石山爲白石水東逕縣西與洈水合今梅溪河也洈梅以音轉變字矣出松滋縣西南起龍山有二源一出山南一出山北合而東流入王家湖至公安縣入油水油水又逕公安縣西北流入江江水又東合淪水淪水與景水合即景港又河也在公安縣城東河水自江陵虎渡口分流入縣東北境爲東西港又東南流至四水口又四十里至三汊河分爲二一南出安鄉縣爲景港河又分爲二一西南爲中漸港又南爲南漸港入澧一由華容縣境入澧禹貢導江所謂東至于澧也一西流與縣南牛浪湖通入松滋界溪河陽岐山在石首縣西百步一名東嶽山晉書隱逸傳劉驎之居於陽岐在官道之側是也唐石首縣移治陽岐山下又澧水注澧水自零陽來東過作唐縣後漢分孱陵立左合涔水又東澹水出焉又南轉作唐縣南又逕南安縣南晉分孱陵立合澹水又合赤沙湖水又東南入沅下入長沙下雋涔水出天門郡界吳分武陵立南逕涔坪屯屯堨涔水溉田數千頃東南入澹澹水上承澧水於作唐縣東逕其縣北又東入澧爲澹口王仲宣詩悠悠澹澧者也先謙案一統志今華容安鄉縣地故城在公安縣南作唐故城在安鄉縣北說文涔陽渚在郢中屈原所謂望涔陽兮極浦也涔水出澧州西北龍洞爲龍洞水分爲二一逕龍神塘一逕石馬堰合流而東爲青泥灘再下爲竹根灘又東逕夢溪寺團潭水注之又東爲黃潭黃溪水注之又爲涔水又逕州東入澧澹水今後河在安鄉縣東上承澧水東逕縣城南名兔兒港又南入澧明宏治中堙塞澧水合涔水東逕安鄉縣西縣前河亦曰長河分爲二一東流逕華容縣入湖一東南於安鄉縣入湖赤沙湖在華容縣南一名赤亭湖夏秋水漲與洞庭通

臨沅 莽曰監元 應劭曰沅水出牂柯入于江〔補注〕先謙曰官本元作原王念孫云當依水經注作沅入聲之誤也凡縣名上一字稱臨者莽多改監而下一字不改先謙案續志後漢因沅水篇沅水又東北過臨沅縣南注云沅水自沅陵來臨沅縣與沅南縣分水沅南後漢立沅南縣西有夷望山有夷望溪水入沅沅水又東得關下山有關水入沅又歷臨沅縣西爲明月池白壁灣又歷三石澗綠蘿山又逕平山西又逕臨沅縣南縣南臨沅水因以爲名南對沅南縣縣在沅水之陰因以沅南爲名沅水又東歷小灣謂之枉渚渚東里許便得枉人山沅水下入索一統志今武陵縣地故城在縣西沅水逕桃源縣合大小數溪水又與夷望溪水合水在縣西南百二十里俗謂怡望溪又訛漁網溪沅水又逕白馬洞爲白馬江亦名桃川江又東得廷溪水鄢溪水又東逕綠蘿山山在縣南十五里下有潭又逕平山西山在武陵縣東三十里一名太和山又名武陵山亦名河洑山又東歷枉渚楚辭朝發枉渚者也枉水出縣南蒼山東北流逕善德山入沅水山舊名枉人山隋開皇中刺史樊子蓋以善卷居此改名善德山

沅陵 莽曰阮陸〔補注〕閻若璩曰黔中郡治此故郡城在唐辰州沅陵縣西二十里先謙曰官本阮作沅是後漢因續志有壺頭山劉注有松梁山沅水注沅水自辰陽來逕沅陵縣西合武溪又東合施水又逕沅陵縣北漢頃侯吳陽邑也王莽改曰沅陸縣北枕沅水又逕縣故治北移縣治之舊城置都尉府臨沅對酉二川之交會也沅水又合酉水又合若山溪水諸漁溪水夷水下入臨沅酉水自酉陽來東逕沅陵縣北又南入沅闞駰謂之受水其水所決入處名酉口又資水注高平水出沅陵縣首望山西南流下入長沙昭陵一統志今沅陵瀘溪麻陽永順龍山縣地故城在沅陵縣西南沅水入縣北流與武溪水合水出瀘溪縣西武山會諸小水逕瀘溪縣城南又南入沅一名盧水後書南蠻傳劉尚泝沅水入武溪擊蠻於此也沅水又與施溪水合注之施水也在沅陵縣西南一名施黔水沅水折而東逕沅陵縣城東爲百曳高涌九溪橫石諸灘與酉水合又與諸魚溪水合水在縣東七十里今名蒸魚淵水沅水又與夷水合水在縣東沅水又東爲北斗灘又東爲結灘又東爲清浪雷澗二灘也酉水入沅陵縣與會溪水合水出永順縣高望山西南流

入酉水酉水又東與羅油溪水合又東入沅

鐔成 補注先謙曰淮南人間訓尉屠睢五軍一塞鐔城之嶺鐔成卽鐔城也續志後漢因一統志今靖州黔陽綏甯通道會同天柱縣地故城在黔陽縣西南沅水篇旁溝水自牂柯故且蘭來東至鐔成縣爲沅水下入無陽先謙案清水江自天柱縣境東北流逕黔陽縣之通州塘有渠江水自通道縣歷靖州會同縣北流合諸水入之清水江又東北流始有沅水之名矣康谷水南入海補注先謙曰泿水篇泿水出鐔成縣北界沅水谷注云山海經曰禱過之山泿水出焉而南流注於海是也下入鬱林潭中鄉水出無陽縣故鐔成也蠻俗謂之移溪下入潭中錢坫吳卓信並云泿水卽康谷水是也一統志羅蒙江在通道縣西四十里其源有三一出縣西南佛子山爲羊鎭堡江一出縣西南天星里爲天星江一出黎平府洪州長官司界爲洪州江合流逕縣西西南流逕柳州府懷遠縣界入福祿江又云多星江在縣西四十里出黎平府界流入羅蒙江宋元豐中置多星堡以此爲名先謙案此外出鐔成境者別無南流之水然則羅蒙江卽泿水入羅蒙江之多星江卽注泿之鄰水矣陳澧以爲出永甯州分派南流之雒清江一統志永甯漢潭中地不屬鐔成陳說非也玉山潭水所出東至阿林入鬱過郡二行七百二十里應劭曰潭水所出東入鬱音淫孟康曰鐔音潭師古曰孟音是補注宋祁曰正文鐔字或作潭註阿林入鬱下當添林字音淫上當添潭字王鳴盛曰以縣名及應音參之作鐔是南監既脫作潭又脫去音淫及師古云云先謙曰郡二武陵鬱林阿林鬱林縣入鬱下不當有林字說見上說文潭水出武陵鐔成

玉山東入鬱與志文合作潭是王說非溫水注潭水出鐔成縣玉山東流下入鬱林潭中先謙案一統志潭水卽柳江出貴州梅得生苗山中東南流逕黎平府西爲平江又東逕永從縣南福祿村爲福祿江與都江水合[illegible]又東與羅蒙江合下入廣西界

無陽 補注先謙曰續志後漢省沅水篇沅水自鐔成來東過無陽縣注云沅水東逕無陽縣合無水南臨運水又合熊溪下入辰陽熊溪南帶移山下注沅水運水出縣東南許山西北逕縣南入熊溪注又云西水自充來東南逕無陽故縣南下入遷陵又資水注資水出無陽縣界[illegible]一統志今芷江縣地故城在沅州府東南唐紀山先謙案方隅勝覽芷水在龍陽縣西卽資水之別派兩岸多生杜蘅白芷故名一統志云自方輿勝覽以沅水爲芷水而芷資聲近後人遂以資爲芷卽以芷爲沅三水經流各異未可牽附也案道元之說已開其先無水首受故且蘭南入沅八百九十里師古曰且音子余反補注徐松曰八上脫行字洪亮吉曰無陽隨代改名水亦因之以改三國吳時名舞陽晉宋志作舞陽則水亦作舞與唐名武谿又曰巫溪置巫州則水亦作武與巫先謙曰班志例凡自某水出者云首受某水自某地出者云出某處全志皆然此故且蘭下不出水名當云無水自某出故且蘭首受二字誤且蘭牂柯縣沅水下注無水自故且蘭來南流至無陽縣二對無水因以氏縣無水東南入沅謂之無口先謙參證圖說無水二源一出平越府黃平州南金鳳山一出城北三十里都凹山爲都凹水一曰北攸河二水合於州西門曰西門河又謂之黃平河也寰宇記引荆州記云牂柯在舞水之陰今黃平清平等州縣並在是水之南可知漢時牂柯郡卽在今黃平州左近故班云無水出故且蘭也黃平河又東南有飛雲洞水入之又有興隆大河興隆小河北入之又有苗裹水處洞河水入之又東南逕施秉縣城南與施秉小江合又東南逕鎭遠府鎭遠縣城南爲鎭陽江有宛溪焦溪梅溪松溪另溪小由溪勇溪白水溪鎭溪諸水入之宋咸平中以田承寶爲九溪十洞撫諭諸蠻卽此九溪也鎭陽江又東南逕清溪縣城南又東南逕中羊坪有異溪鐵廠河諸水流逕思州府城北合爲思州河入之鎭陽江又北流逕玉屏縣城西貢溪水西流入之又北流至南甯塘灑溪水自都素司來入之鎭陽江至此又有平江之目亦曰平溪貴州紀事云宋寶祐四年詔京湖帥臣黃平清泿平溪分駐屯戍是也明置平溪驛黃道溪水出思州府北境山東流又折而東南流元明之世置黃道溪長官司卽其地也黃道溪水至司西南折而東流合銅鼓塘水入於平江世亦謂之瀰陽江皆無水之異號也無水又逕銅湖南晃州廳南又東北逕江口塘阜溪水入之又東北屈而東南逕沅州府芷江縣城西又逕其城南又屈逕其城東又東北流至魚水塘有懷化驛水入之無水又屈而南流逕黔陽縣西之牛角鋪合於沅水自黃平至此實八百里班氏之言爲不爽矣今俗謂之洪江明志施秉縣有洪江卽無水也無沅二水既合遂受洪江之統稱故黔陽縣下游置洪江司並會同入沅之渠水皆冒洪江之目矣

遷陵 莽曰遷陸補注先謙曰續志後漢因沅水注西水自無陽來東逕遷陵故縣界合西鄉溪又東逕遷陵縣故城北下入西陽又延江水注更始水自巴涪陵來爲西鄉水東南入遷陵縣下入西陽西鄉溪口在遷陵縣故城上五十里左合西水[illegible]一統志今保靖縣地故城在縣東

辰陽 三山谷辰水所出南入沅七百五十里補注徐松曰七上脫行字陳澧曰志文南入誤也應劭云東入先謙曰沅水注辰水出辰陽縣三山谷東南流合獨母水又逕縣北舊志在辰水之陽故卽名焉楚辭所謂夕宿辰陽者也辰水又入沅爲辰溪口武陵有五溪謂雄溪樠溪無溪西溪辰溪其一焉夾溪悉是蠻左所居故謂此蠻五溪蠻也獨母水南出龍門山歷獨母溪北入辰水沅水自無陽來東逕辰陽縣合龍溪水滏水序溪水潊水又東逕辰陽縣南合辰水下入沅陵龍溪水出龍嶠山滏水出扶陽山潊水出潊溪俱北入沅序溪水自義陵來西北至縣入沅先謙案本志義陵下序水西入沅者也洪亮吉云辰水出銅仁府銅仁縣城西烏羅司西南六十里九龍山卽古三山谷也元和志三山谷一名辰山今俗又名梵淨山今水經辰水源出三峪山蓋三山谷之異名提綱云源最遠者出銅仁府西北界日順溪其山北卽翻溪司水入烏江者也余按辰順音同流俗聲轉耳東南流逕銅仁縣城北一水出北山賨濟洞東南流百餘里經府城西北來會世稱銅仁大小江是也大江爲辰水小江卽獨母水北山當卽龍門山也入湖南逕麻陽縣南爲麻陽江又東北逕辰谿縣西入沅莽曰會亭應劭曰辰水所出東入沅補注先謙曰續志後漢因一統志今辰谿麻陽縣地故城今辰谿縣西

酉陽 應劭曰酉水所出東入湘補注先謙曰續志後漢因沅水注酉水自遷陵來東逕酉陽故縣南縣故酉陵也酉水下入沅陵又延江水注酉鄉水自遷陵來東南至酉陽縣界入酉酉水北岸有黔陽縣[illegible]許愼云溫水南入黔蓋黔水以下津流沿注之通稱也故縣受名焉酉水又東隊

遷陵縣故城北又逕酉陽故縣南而東出兩縣相去水道可四百許里於酉陽合也先謙案酉水出充入沅顏引應說誤一統志故城今永順縣南

義陵 鄜梁山序水所出西入沅莽曰建平 師古曰鄜音敷〔補注〕先謙曰高祖封吳郢爲侯國續志後漢省一統志故城今溆浦縣南三里龍堆隴沅水注序溪水出義陵縣鄜梁山西北流逕義陵縣治序溪最爲沃壤良田數百頃特宜稻修作無廢序溪水下入辰陽先謙案据一統志鄜梁山即溆浦縣東南百五十里頓家山接邵陽縣界溆水古名序水提綱云溆水二源南曰龍河出龍塘司之南山東曰龍溪河出畲刀界北西北流合爲雙龍江又北流逕溆浦縣城南又西流入辰溪縣南界入沅案鄜注以序溪溆水爲二諸地說家合爲一詳其形勢及命名之由實一水也龍溪水溆水鄜分爲二[illegible]提綱合爲一

佷山 孟康曰音恆出藥草恆山〔補注〕吳卓信曰御覽藥部有恆山引廣雅曰恆山蜀源也又引永嘉記諸書並同則恆山即藥草之名段玉裁曰古語佷讀恆如鮦之讀糾先謙曰續志後漢改屬南郡夷水自南郡夷道來東逕難畱城南城即山也西面上里餘得五穴二大石磧並立穴中相去一丈俗名陰陽石陰石常溼陽石常燥又有石室可容數百人每亂民入室避賊無可攻因名難畱城也夷水又東逕石室又東與溫泉三水合又東逕佷山縣故城南縣即山名也今世以銀爲音南一里即清江東注矣南對長楊溪溪水重源顯發北入夷水夷水下入南郡夷道先謙案孟注引見夷水注或以恆山爲衍字非一統志故城今長陽縣西佷山在縣西北八十里難畱城山在長陽縣西北七十八里又名武落鍾離山後書南蠻傳巴郡南

郡蠻本有五姓皆出於武落鍾離山亦名龍角山輿地紀勝龍角山在長陽縣清江北山有陰陽石即此長楊溪在縣西南變楊爲陽耳隋開皇中改置

零陽 應劭曰零水所出東南入湘〔補注〕先謙曰續志後漢因澧水注澧水自充來合茹水溫泉水零溪水九渡水婁水又東逕零陽縣南縣即零溪以著稱矣又逕建平郡澧陽縣[illegible]右會漊水又東逕天門郡[illegible]武澧陽縣南[illegible]下入孱陵茹水出龍茹山莊辛說楚襄王所謂飲茹溪之流也溫泉水出北山石穴零溪水出零陽山九渡水出九渡山婁水出巴東界[illegible]東逕天門郡婁中縣北[illegible]今又逕零陽縣並入澧漊水出建平郡逕澧陽縣南左合黃水入澧爲漊口黃水出零陽縣西北連巫山北入漊水一統志今澧州慈利石門永順龍山縣地故城今慈利縣東先謙案澧水自永定縣東流茹水自安福縣西東流注之又東武溪水自永定縣西南東北流注之又東逕大庸所在永定縣西四十里又東溫泉水自慈利縣西南流注之大庸水自永定縣西北流注之又東合仙人溪水焦溪水鯉魚溪水又東入慈利縣合圍布溪水又東九渡水自石門縣南北流注之又東合團巖溪水又東逕觀嘉渚與漊水合即注之婁水也出湖北鶴峯州界合溪水九爲九溪河在安福縣北百六十里九溪衞今爲九溪巡司也漊水入慈利縣界匯爲守野潭又逕洞人市東流合四十澗水自容美土司至此灘渚凡百三十又東南逕飯甑山入澧澧水又逕縣城北楊夜溪水注之又東零溪水出慈利縣南焉家原北流入澧應劭以爲入湘誤也澧水又東得遺筆溪水英溪水茶陵溪水又東逕東陽山下爲東陽潭一曰界溪河逕石門縣南爲零陽河又東逕澧州東二里爲繡水又東與漊水合水出九溪衞添平所西龍門山東南流合熱水溪又東逕石門縣鯉魚山合陽泉南溪之水始通舟楫又逕縣西十里入於澧黃水出慈利縣黃石山東北流至石門縣入漊水一名黃石溪按零水入澧在澧水會漊水之東注以爲在合漊水之西疑誤

充 〔補注〕先謙曰續志後漢因一統志今桑植安福永定縣地故城今永定縣西 酉原山酉水所出南至沅陵入沅行千二百里〔補注〕先謙曰沅水注酉水導源巴郡臨江縣故武陵之充縣酉源山東南流下入無陽据一統志云按湖南通志沅陵縣有酉陽水出小酉山東北流入酉水此禹貢蔡注酉水出今沅陵縣者也永順縣有酉水出縣之中正堡爲白羊水經葛藤寨入沅陵縣爲酉溪即沅陵縣志云酉水出苗地了角山者也其自四川酉陽州而下經保靖永順沅陵入沅者曰北河匯酉水者乃更始水先謙案酉水出今咸豐縣沿河司大酉洞前人皆未得其實 歷山澧水所出東至下雋入沅〔補注〕先謙曰下雋長沙縣澧水篇澧水出充縣西歷山東過其縣南注云澧水自縣東逕臨澧零陽二縣界水之南岸白石雙立厥狀類人高各三十丈周四十丈古老傳昔充縣尉與零陽尉共論封境因相傷害化而爲石東標零陽西揭充縣充縣廢省臨澧即其地縣即充縣之故治臨側澧水故爲縣名[illegible]澧水下入零陽一統志歷山在永定縣西北澧水三源一出桑植縣七眼泉一出桑植縣栗山坡栗歷音同疑即歷山字變也一出永順縣十萬坪至龍江口合流入永定縣 過郡二〔補注〕先謙曰武陵長沙 行一千二百里 師古曰澧音禮雋音辭兖反

零陵郡 武帝元鼎六年置〔補注〕先謙曰湘水注郡治泉陵元鼎六年分桂陽置太史公曰舜葬九疑實惟零陵郡取名焉續志後漢治同劉注雒陽南三千三百里 莽曰九疑屬荊州〔補注〕先謙曰續志後漢因屬同 戶二萬一千九十二口十三萬九千三百七十八 縣十

零陵 〔補注〕先謙曰秦縣有令信見藝文志續志後漢因一統志故城今全州北二十里州志在梅潭有故城濠塹資水注夫水出零陵縣界[illegible]又資水注雲泉水出零陵永昌縣雲泉山[illegible]西北流下入長沙昭陵 陽海山湘水所出北至鄡入江〔補注〕先謙曰鄡長沙縣字誤說見長沙下雋下說文亦作陽海山續志陽朔山湘水出湘水注陽海山即陽朔山應劭云湘出鄡山[illegible]益山之殊名也湘水自始安來東北流過零陵縣東合越城嶠水又逕縣南又逕觀陽縣[illegible]合觀水下入洮陽觀水自蒼梧謝沐來西北逕觀陽縣西入湘爲觀口一統志陽海山在興安縣南九十里先謙案今灌陽縣亦漢零陵地陽海山在灌陽西境据輿圖湘水北流逕龍蟠山西右合涌泉山水又北左合石村鋪水其流自越城嶺北來即嶠水矣湘水所歷當全州灌陽之西境注云過縣東非也湘水又折而東逕建安司南右合倚石山水又東南逕其東左合咸水小江塘水羅江水又東逕全州南直灌陽縣北與觀水合觀水[illegible]又東北右合三峯山水吳川水鍾水北逕灌陽縣西

歷關上塘左合紗羅江水又北逕永安關又北逕石人山爲灌江又北左合揚子江水入於湘過郡二行二千五百三十里〔補注〕先謙曰過零陵長沙又有離水東南至廣信入鬱林行九百八十里〔補注〕先謙曰林字衍說見前廣信蒼梧縣離水篇離水亦出陽海山注云與湘水出一山而分源也湘離之間陸地廣百餘步謂之始安嶠嶠卽越城嶠也嶠水自嶠陽南流注離曰始安水離水又南合瀉水下入始安瀉水自長沙昭陵來東南至零陵縣西南逕越城西入離全祖望云離水一名融水又牂柯江之下流分鬱水豚水諸川入交州復至中國歷三十六灘而爲離水本無關於湘水其引湘通離乃秦史祿運漕之故水經以爲湘離同源此大謬也范成大桂海虞衡志云離水乃牂柯江下流南下興安地勢高與湘水遠不相謀史祿始作靈渠派湘流而注之離使北水南合然則離水不出陽海其自陽海導湘合離者史祿力也先謙案史祿通漕分湘流入離是矣至謂牂牁水南下興安而爲離水此范全謬說離不分湘所合之大小融江水源固在越城嶠南之水必有所歸今牂牁鬱水東下蒼梧入海乃並謂其下興安而爲離水然則離水下流將安往乎參證輿圖離水自陽海山北流十餘里逕興安縣城東北又折而西南六洞水自六洞山南流注之又大融江水東流注之又小融江水東南流注之下入靈川昭陵之水北入資以合湘無東南至零陵者卽新甯漢夫東縣之夫夷水亦入資其山陰所出之羅水又入湘道元云瀉水自昭陵至零陵蓋誤惟云逕越城西入離則六洞水似之其源亦與夫夷都梁爲近然則六洞卽瀉水矣

營道九疑山在南莽

曰九疑亭〔補注〕先謙曰續志後漢因湘水注營水自冷道來西流逕九疑山下羅巖九舉各導一溪岫壑互阻異嶺同勢遊者疑焉故曰九疑山大舜窆其陽商均葬其陰山南有舜廟山之東北冷道縣界又有舜廟營水又西逕營道縣馮水右入北屈而逕營道縣西下入營浦馮水自蒼梧馮乘來逕營道縣南平來營水又深水篇深水西北過營道縣南注云深水自桂陽南平來西入營水亂流營波同注湘津下入營浦一統志故城在甯遠縣西九疑山在縣南六十里据輿圖營水[illegible]觀又北逕白花營西白芒營東又逕東水營西安樂鄉東又西逕虎威營南老塘營北冬冷山水合春頭嶺水東北流注之營水又逕江華縣東又北逕涔江鋪又西北逕曲江口與馮水合下入道州深水班志所無詳覈輿圖不見自桂陽郡西注之水旣云亂流營波惟昔稱冷水今日瀟源者與桂陽南平爲近足當深水之目道元分爲二水疑誤

始安〔補注〕先謙曰續志後漢因劉注引始安郡記云縣東有駮樂山有逵山湘水篇湘水出始安縣陽海山注云山在始安縣北縣故零陵之南部也孫吳立始安郡下入零陵離水注離水自零陵來南合彈丸溪之水又南逕始興縣東誤右會洛溪水又東南入熙平縣本始安之扶鄉孫皓割以爲縣今陽朔縣東北離水又逕羊瀨山雞瀨山又南得熙平水口縣南有朝夕塘離水下入蒼梧郡洛溪水自蒼梧郡來東南逕始安縣東入離熙平水出熙平縣東龍山西南流逕其縣南又西合北鄉溪水入離北鄉溪水出縣東北北鄉山西流逕其縣北又西流南轉逕其縣西又南入熙平水一統志今臨桂興安靈川陽朔永福義甯縣永甯州地故城今桂林府治据輿圖離水[illegible]觀又西南逕靈川縣城東南合白石湫水又西南逕府治臨桂縣北十里彈丸江水合靈劍江水入之卽注之彈丸溪也離水逕府治分爲二復繞城南合爲一陽江水西北注之入東南馬溪水合靈溪水西注之又合相思江水又逕畫山西寶山東合龍頭山水又折西南流逕陽朔縣東北合翠屏水据一統志朝夕塘在陽朔縣東熙平水在縣東北三十里今不知何水當之離水又逕陽朔縣城東北下入平樂府洛溪疑卽靈溪與馬溪合者故由蒼梧郡境逕始安縣東入離右合當爲左合之誤離水之右無蒼梧郡地也

夫夷〔補注〕先謙曰武帝封長沙定王子義爲侯國見表續志後漢因後書第五倫傳作扶夷資水注資水自都梁來東北過夫夷縣下入長沙昭陵夫水出縣西南零陵縣界[illegible]觀少延山東北流逕扶縣南[illegible]本夫夷縣也夫水下入昭陵一統志故城今新甯縣東北資水[illegible]觀又東逕桃花坪南其地今駐通判又東逕雙井左右各一水注之又東至邵陵浦口卽注之邵陵浦水口也覓水自邵陽縣西北覓水洞北來注之夫夷水自南來注之水出全州寶鼎山北流百里逕新甯縣城東南爲大羅江又合數小水入於資今武岡界接邵陽無新甯地大抵邵陵浦口以西桃花坪一帶皆隸漢夫夷縣矣

營浦〔補注〕先謙曰續志後漢因劉注引營陽郡記云縣南三里餘有舜南巡止宿處今立廟湘水注營水自營道來東北逕營陽縣南謝沐縣立又北合都溪水觀[illegible]又入營陽峽又至觀陽縣[illegible]出峽大小二峽沿溯極艱營水下入泉陵又深水篇深水自營道來西北過營浦縣南下入泉陵一統志故城今道州北据輿圖營水東北逕道州東合濂溪水溪出州南二十里安定山下宋大儒周敦頤故居也又東北合小瀟水又東北合宜山水[illegible]觀又合烏江水卽都溪也以出甯遠縣

又謂之甯遠水圖經云沲水東北至宜陽鄉合甯遠水曰永江口是也亦曰青口自青口而下謂之入瀧至零陵縣界之瀧白灘謂之出瀧瀧名凡二十餘卽注之入峽出峽矣觀陽今灌陽在今永明西縣境不至此觀陽當爲泉陵之誤

都梁侯國〔補注〕先謙曰長沙定王子遂國武帝封續志後漢因一統志今武岡州城步綏甯縣地故城在州東北路山資水所出東北至益陽入沅〔補注〕陳澧曰入沅者志以洞庭湖西畔爲沅水所匯也澧水入沅仿此先謙曰益陽長沙縣資水篇資水出都梁縣路山注云資水出武陵郡無陽縣界唐糾山[illegible]觀蓋路山之別名也謂之大溪水東北逕邵陵郡[illegible]吳武岡縣南[illegible]宋縣分都梁之所置也縣左右二岡對峙重阻齊秀間可二里大溪逕建興縣南[illegible]又逕都梁縣南縣西有小山山上有渟水旣淸且淺其中悉生蘭草芳風藻川蘭馨遠馥俗謂蘭爲都梁山因以號縣受名焉資水下入夫夷据一統志資水出武岡州西南百里路山山接靖州綏甯縣界西流逕黃茅山西北又東北逕青坡司南又東逕花園嶺南又東逕蓼溪司南又東南逕銅鼓巖東北又東南逕高沙市東直今武岡州北非逕其南也建興廢縣在州東北不可考資水逕都梁縣南疑漢縣卽今高沙州同治所資水又東右合長塘水又東濟水從西來注之今輿圖以資水爲武陽河而以濟水當資水蓋誤濟水出州西南城步縣角山東南流合威溪水入資資水又東洞口水自西北來注之水出州北百六十里鶩嶇諸小溪至州境爲洞口河東南入資今輿圖有大麻溪奔龍江白面江赦江諸目也資水又南至紫陽山南名紫陽河入邵陽界東過郡二行千八百里〔補注〕先謙

曰過零**泠道**[補注]先謙曰景帝時零陵文學得玉琯於此見莽曰陵長沙晉律麻志及說文說文作伶道泠伶古字通**泠陵**應劭曰泠水出丹陽宛陵西北入江臣瓚曰宛陵在豫章北界相去三千里又隔諸水不得從下逆至泠道而復入江也師古曰瓚說是泠音零[補注]先謙曰續志後漢因劉注有春陵鄉湘水洼營水出營陽麓泠道縣南山西流下入營道都溪水出春陵縣北二十里仰山南遝其縣西本泠道縣之春陵鄉盎因春溪爲名長沙定王分爲縣武帝封王中子買爲春陵侯縣故城東又有一城東西相對各方百步古老相傳言漢家舊城漢稱猶存知是節侯故邑也都溪水又東遝新甯縣東鐯又西遝縣南左與五溪俱會縣有五山山有一溪五水會於縣門故曰都溪也又西北流遝泠道縣北合泠水入營水瀟營泠水南出九疑山北流遝其縣西南縣指泠溪以郎名入都溪水一統志今甯遠新田縣地故城在甯遠縣東泠水今謂之瀟水營水出甯遠縣南西流遝江華縣東又北遝道州東又北至零陵縣西入湘自道州以上今曰沲水道州以下今曰瀟水明統志沲水出江華縣東九疑山石城峯道州志瀟水有三一出州北瀟山東繞宜山爲宜水自州東北宜江口入沲水一曰小瀟水自州西門芽城入復出從玉城橋入沲水一出甯遠九疑山班志水經不言瀟水唐柳宗元始稱諳瀟水上而不詳其源流細考之惟道州北出瀟山者爲瀟水其下流皆營水故道也先謙案据此則瀟水可定營水究未定也依酈注以營水先合馮水後合都溪水馮水都溪之方位明而後營水可定以此推之今輿圖出甯遠縣南李塘村者實營水也此水不列主名北流左合蒙界水右合沂村水又北遝白石闕麻江水自金竹總

前漢二十八上 三 五九

二源南流入之又西北遝錦田司以錦田嶺受名也舊志以錦田嶺水爲馮水派流謬矣一統志云都溪水自甯遠縣西流至道州入營水縣志有東鄉水在縣東北百二十里源出分水嶺西鄉水在縣北六十里二水合流至董州水砦入瀟水即都溪水也參證輿圖即今烏江水出甯遠縣北白虎營春陵山直其左烏江水又出東西二鄉之間又南遝新甯鋪西即新甯故縣所在注言遝新甯故縣者也一水西流入之又遝甯遠縣西草子塘東與泠水合歐陽忞以爲即春陵水非也春陵水下入桂陽特相距近耳泠水即瀟源水出甯遠縣南大馬營北流合三分石水又繞遝九疑司西又北與洑水合又屈西流入都溪水都溪水又西左合孟橋水又西北入營水其入營之處謂之青口蔣本厚山水志瀟水出九疑三分口自夏陽至甯遠城過大洋出青口入瀧者也**泉陵侯國**[補注]先謙曰長沙定王子賢國武帝封說詳表**莽曰溥閭**[補注]先謙曰續志後漢因一統志今零陵祁陽東安縣地故城在零陵縣北湘水注湘水自洮陽來東北過泉陵縣西合營水又合應水浘水觀[illegible]又遝祁陽縣南又合餘溪水下入鍾武營水自營浦來西北遝泉陵縣西莽名之溥潤酈作縣有白土鄉晉地道記云縣有香茅氣甚芬香貢之以縮酒也營水北入湘應水自長沙昭陵來東南流遝應陽縣南晉分觀陽立又遝有鼻墟南王隱云應陽縣本泉陵之北部東五里有鼻墟象所封也應水入於湘浘水出永昌縣北羅山東南流遝石燕山東又遝永昌縣南東入湘餘溪水出邵陵縣東南入湘其水揚清汎濁水色兩分又深水篇深水合營水自營浦來西北過泉陵縣西北七里至燕石邪入湘注云水上有燕室丘亦因爲聚名也其下水深不瀉

是曰龍淵据輿圖湘水[illegible]東北遝獅子鋪清溪江亦曰陽江自東安縣西合東溪江夏溪江賓江諸水東南流遝淥埠市東注之湘水又屈東南合石期江水又東遝湘口合營水深水屈北流遝曲窩爲泠水灘又北遝高溪江口合蘆洪江水即古應水也一統志應水在東安縣北引舊志云蘆洪江在縣東北百里出四十八渡山瀠洄於蘆洪司東南會龍合江水出縣北百里黃石祠斷巖千尺飛瀑從空而下蓋道元所云應水湧於上也南流遝豸山至龍合入蘆洪江又有南江北江二水入焉此水源北距邵陽至近又與注云應水出昭陵合一統志又云應陽廢縣在東安縣東北宋志晉惠帝分觀陽立蓋誤隋省入零陵水狀地形有符羣證當即應水也湘水又北折而東得浯溪水又遝祁陽縣城南折繞其東與祁水合一統志祁水在縣北十五里古名浘口水有二源一出騰雲嶺一出梅塘山至雙江口合流遝祁山下爲祁江又東遝縣城東入湘其流正在石燕山東故知爲浘水無疑永昌廢縣當在縣西北湘水又北右合塔山水又北遝歸陽塘左合清江水即餘溪水也在祁陽縣東百里出七泉龍潭東南流至歸陽司兩江口白河水出馬江埠黃龍町大泉陂南流入之清江水絲白河水白注所謂揚清汎濁水色兩分也營水[illegible]又北遝長亭里直零陵縣西營水屈而西又折而南又西遝縣城南又西北流左合兩小水入湘**洮陽**[補注]先謙曰武帝封長沙定王子狗爲侯國見表**莽曰洮治**如淳曰洮音韜[補注]先謙曰續志後漢因湘水注湘水自零陵來東北過洮陽縣東合洮水下入泉陵洮水出縣西南大山東北遝其縣南即洮水以立稱矣洮水東入湘一統志故城今全州北三十五里故州灘洮水在州北五十

前漢二十八上 三 卆

里据輿圖湘水[illegible]北遝全州東又北遝棗木堡西有黃沙河水自山棗司東流合二水歷山角司北注之即洮水也方輿勝覽洮水水出文山南流入湘今案山棗司在文山北洮水經其北而不出其南矣漢追英布於洮水南即此**鍾武**莽曰鍾桓應劭曰今重安[補注]先謙曰續志永建二年更名重安湘水注湘水自泉陵來東北得宜溪水又西北得春水口見桂陽耒陽又東北過重安縣東下入長沙酃宜溪水出湘東郡新甯縣西南新平故縣東吳郡立縣縣西北流入湘承水出重安縣西邵陵縣界邪薑山東北流至重安縣遝舜廟下廟在承水之陰又東合略塘又東北遝重安縣南漢長沙頃王子度邑故鍾武縣也承水合武水下入酃武水出鍾武縣西南表山東流至鍾武縣故城南又東北流至重安縣入承水一統志今清泉縣地故城在衡陽縣西南据注武水至鍾武故城南又至重安縣是後漢時已徙治而鍾武尙在重安之西南今其地無可考据輿圖湘水[illegible]東南遝一河洲塘又屈曲遝松柏市直常甯縣北右與宜水合即宜溪水也一統志新平故城在常甯縣西縣之南有黃沙江伊陂江西有南江北有獨石江皆入宜水宜水之源分而復合流百餘里貫闔闠之中又七十里鑿石爲九曲達其流於湘水湘水又東與春水合也邪薑山在今衡州石灣市西南承水出焉北流屈曲而東遝大雲山北又遝石灣南又遝烏符山北又遝排山司北又東與柹江水合水出衡陽縣西百六十里雲阜山入之又東合武水水出縣西南百二十里祁陽縣界東北流入之今名白塘河也承水又東梁江水出縣西百里邵陽縣界北注之又東演陂水出縣西南百里金蘭鄉北注之又東清陽水出縣西三十里注之

漢中郡〔補注〕閻若璩曰元和志漢中郡自漢以還多理南鄭高帝都之是漢中治南鄭矣又案水經注云秦惠王置漢中郡南鄭縣即郡治漢因之可知南鄭之爲郡治實始於秦也通鑑胡注謂漢中治西城誤徐松曰仙人唐公房碑公房成固人王莽居攝二年君爲郡吏是時府在西成去家七百餘里休謁往來轉景即至闔郡驚焉西成即西城是漢中治始在南鄭後移西城胡氏未爲誤先謙曰續志後漢治南鄭劉注雒陽西千九百九十里 秦置〔補注〕先謙曰沔水注秦惠王置漢中郡因水名也楚世家秦敗楚丹陽遂取漢中之郡蓋郡名自楚 莽曰新成〔補注〕吳卓信曰後書馬援傳初爲王莽新成大尹 屬益州〔補注〕吳卓信曰西南夷傳注孟康云莽改益州爲庸部莽傳有庸部牧史熊後書廉范傳父丹爲莽庸部牧先謙曰續志後漢因屬同

戶十萬一千五百七十口三十萬六百一十四

縣十二〔補注〕先謙曰郡人張騫見本傳

西城 應劭曰世本嬀虛在西北舜之居〔補注〕先謙曰續志後漢因劉注漢末爲西城郡沔水注漢水自城固來東逕嬀虛灘世本舜居嬀汭在漢中西城縣或言嬀墟在西北舜所居也或作姚虛故後或姓姚或姓嬀姚嬀之異是妄未知所從余按應劭之言是地於西城爲西北矣漢水又逕猴徑灘又合蘧蒢溪口又右會洋水又歷敖頭[illegible]又合直水又逕直城南又逕千渡而至蝦蟆頧歷漢陽灘口而屆彭溪龍竈並溪灘積之名又逕晉昌郡寧都縣南後魏立今漢陰又逕魏興郡廣城縣南齊縣今漢陰境又逕魚脯

谷口舊西城廣城二縣指此谷分界又逕鱉池南鯨灘又右得大勢又逕西城縣故城南漢末爲西城郡魏興郡治城內有舜祠漢高帝祠又爲鱣湍下入旬陽洋水出巴山東北流逕平陽城[illegible]入漢一統志今平利紫陽縣地故城今興安府西北[illegible] 旬陽〔補注〕先謙曰戰國楚地作郇陽見楚策有關名旬關見酈商傳續志後漢省沔水注漢水自西城來東合旬水又逕木蘭寨南右岸有城名伎陵城通鑑注城在洵陽縣又左合育溪興晉旬陽二縣分界於此谷下入錫一統志故城今洵陽縣北旬關在縣東[illegible] 北山 旬水所出南入沔〔補注〕先謙曰沔水注旬水北出旬山東南流逕平陽戍下與直水枝分東注逕平陽戍入旬水旬水又東南逕旬陽縣合柞水又逕旬陽縣南縣北山有懸書崖高五十丈刻石作字人不能上不知所道旬水又入漢爲旬口陳澧云今鎮安縣洵河出太乙山南入漢 南鄭〔補注〕先謙曰秦躁公時南鄭反蓋其地入蜀故惠公伐蜀取南鄭見秦紀沔水注漢水自褒中來東逕漢廟堆下[illegible]東過南鄭縣南縣故褒之附庸也周顯王之世蜀有褒漢之地至六國楚兼之懷王衰弱秦略取焉高祖都南鄭大城周四十二里城內有小城[illegible]水南即漢陰城相承言呂后所居漢水又合廉水池水欒余水文水黑水下入安陽又漾水注宕渠水出南鄭縣巴嶺東南流合難江水下入巴郡宕渠難江水出東北小巴山入宕渠水又涔水篇涔水出南鄭縣東南旱山注云涔水即黃水也東北流下入安陽續志後漢因一統志故城今漢中府南鄭縣東 旱山池水所出東北入漢〔補注〕先謙曰沔水注池水出旱山山下有祠列石十二不

辨其由蓋社主之流百姓四時祈禱焉俗謂之獠子水夾溉諸田散流左注漢水寰宇記旱山下有石池多蕁菜即池水之源也輿地紀勝作老子水案老即獠之字變一統志旱山在南鄭縣西南府志縣南六十五里 褒中〔補注〕先謙曰張良辭歸韓高帝送至此見紀昭帝元鳳元年置見華陽國志沔水注作六年置 都尉治漢陽鄉〔補注〕先謙曰元和志漢陽關在褒中縣北九十里漢都尉治續志後漢因沔水注漢水自沔陽來合黃沙水南有女郎山[illegible]褒漢水又東合褒水又逕萬石城下下入南鄭褒水自扶風武功來東南逕大石門歷故棧道下谷俗謂千梁無柱也又逕三交城城在三水之會一水北出長安一水西北出仇池一水東北出太白山故名又得丙水口水上承丙穴出嘉魚又歷小石門蜀都賦阻以石門門在漢中之西褒中之北又歷褒口褒谷之南口也北口曰斜所謂北出褒斜褒水又南逕褒縣故城東本褒國矣又南流入漢先謙案本志武功下褒水至南鄭入沔者也水會蓋在二縣之交一統志故城今褒城縣東南 房陵〔補注〕先謙曰春秋麋地防諸見通典元和志秦爲縣見廣韻秦滅趙流王遷於此見淮南子又徙嫪毐黨四千餘家呂不韋舍人萬家於此見始皇紀華陽國志續志後漢因劉注引巴漢志曰建安十三年別爲新城郡沔水注堵水出建平郡界故亭谷東[illegible]歷新城郡[illegible]即房陵縣也有粉水縣居其上爲上粉縣[illegible]堵水旁有別溪又有白馬山堵水下入上庸汎水出梁州閬陽縣[illegible]東逕巴西歷巴渠下入上庸沶水上逕梁州沔陽縣之獸城山其水東逕新城郡之沶鄉縣縣分房陵立沶水下入中廬

又粉水篇粉水出房陵縣東流過郢邑南注云粉水導源東流逕上粉縣[illegible]粉水下入筑陽一統志故城今房縣治 淮山淮水所出東至中廬入沔〔補注〕先謙曰中廬南郡縣續志劉注引巴漢志有維山維水所出水經舊本作淮今本改維案淮維古通禹貢之濰本志作維又作淮其證也沔水經有維水注但言此水下流而不溯其源蓋酈所未究也[illegible]陳澧云今南漳縣歇馬河出龍潭山下流爲蠻河東至宜城縣入漢房陵有三水一沮水一南河歇馬河在沮水南河之間故知爲淮水矣 又有筑水東至筑陽亦入沔〔補注〕先謙曰筑陽南陽縣沔水注筑水杜預以爲彭水也[illegible]水出梁州新城郡魏昌縣界[illegible]下入筑陽紀要筑水出竹山縣之竹山爲筑江一名南河東流逕房縣又逕廢魏昌縣又東逕保康縣與注合 東山沮水所出東至郢入江行七百里 師古曰筑音逐〔補注〕段玉裁曰沮左傳作雎皆七餘反後譌爲租讀曰租今襄陽沮水左右地皆曰沮中亦謂之租中吳志青烏四年諸葛瑾取租中與魏志正始四年諸葛瑾攻沮中正是一事先謙曰郢南郡縣據江水注沮入江在江陵境江陵故楚郢都郢縣即楚郊郢邑故城在今江陵縣東南後漢省郢縣蓋併入江陵故班注渾言之淮南地形訓沮出荊山說文亦云沮水出房陵東入江沮水篇沮水出房陵縣淮水[illegible]東注云沮水出東汶陽郡沮陽縣[illegible]西北景山即荊山首也杜預云水出新城郡西南發阿山蓋山異名也沮水東南流逕沮陽縣合潼水又逕汶陽郡[illegible]北即高安縣界沮水下入南郡臨沮一統志沮水出房縣東流逕保康縣又東南

逕南漳縣爲大市河又東南逕遠安縣與注合固一統志今石泉漢陰縣地故城今成固縣東據鄭注梁州沱潛云地理志在今蜀郡郫縣及漢中安陽皆有沱水潛水其尾入江漢則志述禹貢作灊此安陽下作鬵實一物也王念孫曰鬵谷水谷字涉下文在谷水而衍水經鬵作涔沔水篇涔水鬵皆無谷字涔或作潛史記夏本紀索隱潛出漢中安陽縣西北入漢亦無谷字先謙曰沔水注安陽隸漢中魏分立魏興安陽隸焉涔水出西南而東北入漢又涔水注涔水自南鄭來東北逕成固南城北劉宋義熙中索邈自固移治此故謂之南城城北有桁渡沔取北城城即大成固縣治涔水又歷悅歸館北至安陽左入沔爲涔水口一統志涔水在今成固縣南

安陽 鬵谷水出西南北入漢 在谷水出北南入漢 師古曰鬵音潛其字亦或從水[補注]先謙曰在乃左之誤沔水注左谷水出西北即堵水也出聽山下穴東南流逕平川中爲堵鄉水曰堵水又東南流逕通關勢南山高百餘丈又逕樊噲臺南又逕大成固北城乘高勢北臨堵水水北有韓信臺相傳高祖置壇拜信處也左谷水南入溪謂之三水口一統志堵水出南鄭縣西北亦曰左谷水又名聽水

成固[補注]先謙曰後漢因續志嫣墟在西北沔水注漢水自安陽來東合益谷水洛谷水灊水又逕小成固南州治大成固移縣於此故曰小成固城北百二十里有興勢坂漢水又逕石門灘山峽也合西水爲西口下入西城一統志今洋縣西鄉城固地故城在城固縣西北今縣兼有漢安陽地

沔陽 有鐵官 應劭曰沔水出武昌東南入江如淳曰此方人謂漢水爲沔水師古曰漢上曰沔音莫踐反[補注]王鳴盛曰南監本昌作都是朱一新曰汪本此作北先謙曰官本昌作都此作北後漢因續志有鐵劉注引華陽國志云有定軍山博物志云縣北有丙穴巴漢志云縣有度水水有二源一曰清檢一曰濁檢沔水注沔水自武都沮來東逕沔陽縣故城南舊言漢祖在漢中蕭何所築也又逕西樂城北城在沔陽東山上沔水合容裘溪水又左合度水又右會溫泉水下入褒中度水出陽平北山又南逕陽平縣故城東又逕沔陽縣故城東西南入漢一統志故城今沔縣東南十里

錫 莽曰錫治 應劭曰音陽師古曰郎春秋所謂錫穴[補注]先謙曰後漢因續志作錫云有錫春秋時曰錫穴沔水注漢水自旬陽來東合甲水又爲龍淵逕錫縣故城北爲白石灘縣有錫義山方圓百里形如城四面有門上有石壇世傳列仙所居漢水下入長利甲水自宏農上雒來東南逕魏興郡興晉縣南至錫今鄖陽府鄖縣西北右入漢水先謙案本志宏農上雒下甲水東南至錫入沔者也案錫穴麋國地見左文傳釋文云錫音羊或作錫星歷反是古本原無定字故縣名亦有更改然應劭後漢人時尚有此縣應音必不誤水經注又與應音合則作錫爲正一統志故城今白河縣東

武陵[補注]先謙曰續志後漢省一統志故城今竹溪縣東

上庸[補注]先謙曰春秋庸國楚滅之見左傳後爲上庸秦取之國策張儀謂鄭袖欲以上庸之地六縣賂楚也昭王時以歸楚後敗楚復取之見秦紀六國表濟東王彭離廣川王孝徙此見武宣紀續志後漢因沔水注堵水自房陵來東北逕上庸縣故庸國也楚滅之以爲縣屬漢中郡漢末又分爲上庸郡城三面際水堵水下入南陽堵陽汎水自房陵來東逕上庸下入南陽筑陽又江水注有沘水出上庸縣界南流下入南郡秭歸一統志故城今竹山縣東南

長利 有郧關 師古曰郧音云[補注]先謙曰續志後漢省寰宇記併入錫縣沔水注漢水自錫來東逕長利谷南入谷有長利故城舊縣也漢水又東歷姚方下入南陽堵陽又自堵陽來東逕郧鄉縣南之西山又東逕郧鄉縣故城南爲郧鄉灘縣故黎也即長利之郧鄉矣地理志曰有郧關李奇以爲郧子國漢水又東逕琵琶谷口下入南陽武當郧關亦見貨殖傳一統志黎子山在郧縣東北七十里上有關即郧關也

廣漢郡[補注]先謙曰江水注高帝分巴蜀置廣漢郡於乘鄉又云雒縣有沈鄉去江七里華陽國志廣漢郡本治繩鄉後漢安帝時移治涪後治雒城乘沈繩音同字變續志後漢治雒劉注雒陽西三千里 高帝置[補注]全祖望曰高帝六年分置見江水注錢坫曰華陽國志高帝分巴蜀置廣漢武帝又割置犍爲故曰分巴割蜀以成犍廣 莽曰就都[補注]吳卓信曰莽傳有就都大尹馮英 屬益州[補注]先謙曰續志後漢因又廣漢屬國都尉下云故北部都尉安帝以爲屬國都尉別領三城屬並同 戶十六萬七千四百九十九口六十六萬二千二百四十九 有工官[補注]吳卓信曰貢禹傳有三工官如淳曰一在廣漢

縣十三

梓潼[補注]先謙曰華陽國志武帝元鼎元年置以縣東倚梓林北枕潼水因以爲名 五婦山馳水所出南入涪行五百五十里莽曰子同 應劭曰潼水所出南入墊江墊音徒浹反師古曰潼音童涪音浮[補注]宋祁曰巴郡註墊音重疊之疊吳卓信曰莽傳自言定命於子同先謙曰續志後漢因劉注建安二十二年劉備以爲郡梓潼水篇梓潼水出其縣北界注云縣有五女蜀王遣五丁迎之至此見大蛇入山穴五丁引之山崩壓五丁及五女因氏山爲五婦山又曰五婦候馳水所出一曰五婦水亦曰潼水也其水導源一山中南逕梓潼縣下入涪案說文亦云潼水出梓潼北界知潼馳一水顏引應說蓋未晰也一統志故城今梓潼縣治劍州亦漢梓潼地五婦山在縣北馳水即梓潼水出龍安府平武縣山溪東南流入梓潼縣又南逕鹽亭縣射洪縣入涪溯源更遠矣漾水注強水自陰平來東北逕梓潼下入犍爲南安先謙案犍爲南安山川隔越無相入之理此水有誤

汁方[補注]先謙曰高帝封雍齒爲侯國見表 莽曰美信 應劭曰汁音十[補注]王鳴盛曰南監本汁作什朱一新曰汪本作什先謙曰表作汁防後漢因續志作什邡說文同江水注敘洛水云常璩曰李冰導洛通山水流發瀑口逕什邡縣下入雒一統志故城今什邡縣南洛通山在縣西北

涪 有孱亭 莽曰統睦 應劭曰涪水出廣漢南入漢[補注]周壽昌曰莽傳陳崇封統睦侯即此汪士鐸曰漢西漢水也下旬氏道白水注同先謙曰官本孱作潺續志後漢因劉注巴漢志云孱水出孱山涪水注涪水自剛氏道來東南逕涪縣西合潺水下入緜竹潺水出潺山水源有金銀礦洗取火合之以成金銀潺水歷潺亭而下注涪水下入緜竹又梓潼水注梓潼水自梓潼來南逕涪城東下入廣漢一統志故城今緜州東北

潺山在州北三里潺亭在德陽縣雒章山雒水所出南至新都谷入湔有工官莽曰吾雒師古曰湔音子先反〔補注〕先謙曰續志後漢因新都縣名谷字衍水經注雒作洛中山經岷山之首曰女几之山洛水出焉東注於江江水篇洛水從三危山東過廣魏洛縣南注云洛水出洛縣漳山亦言出梓潼縣柏山云出三危山所未詳又云洛水自什邡縣來南逕洛縣故城南下入新都先謙案湔水自新都來至漢州雒縣地東南折南流與雒水沱水合下入犍爲牛鞞沱水自新都來又東入湔本志蜀郡郫下江沱在西東入大江者也一統志故城今漢州北提綱章山卽什邡縣雒通山雒水俗名鴨牛河會緜水後通稱雁水至金堂縣入清白江工官葢銅官紀要銅官山在漢州東二十里前代鑄錢處也

緜竹〔補注〕先謙曰續志後漢因一統志故城今德陽縣北紫巖山緜水所出東至新都北入雒〔補注〕先謙曰江水注緜水西出緜竹縣下入新都又涪水注涪水自涪來東南逕緜竹縣北又合建始水又逕江油戍北南安郡南[illegible]又南合金堂水（見新都）下入廣漢一統志紫巖山在今緜竹縣西北三十里蜀都賦云浸以緜洛謂此都尉治

廣漢莽曰廣信〔補注〕先謙曰縣亦見成紀後漢因續志有沈水涪水注涪水自緜竹來又南枝津出焉又至廣漢縣合梓潼水下入巴墊江涪水枝津西逕廣漢五城縣[illegible]爲五城水下入蜀成都又梓潼水注梓潼水自涪來西南至廣漢縣南入涪水謂之五婦水先謙案本志梓潼下馳水南入涪者也注又云涪水至此入漢水亦謂之爲內水也沈水出廣漢縣入涪一統志故城今遂甯縣東北

紀要射洪縣東南百里

葭明應劭曰音家盲師古曰明音萌〔補注〕錢大昕曰古音明如盲先謙曰秦破趙多遷其民於此見貨殖傳後漢因續志作葭萌劉注華陽國志有水通於漢川有金銀礦民洗取之[illegible]漾水注西漢水自白水來東南至葭萌縣合羌水（通補白水）下入巴閬中白水自白水縣來東南於吐費城南（西晉壽東北）入西漢水蜀王弟葭萌所封爲苴侯邑故遂名城爲葭萌（劉備改漢壽後爲西晉壽）水有津關一統志故城今昭化縣南

郪師古曰音妻又音千私反〔補注〕先謙曰華陽國志縣蓋取郪江爲名續志後漢因一統志故城今三臺縣南紀要今潼川府治郪江在州西南出中江縣銅官山東南流逕射洪縣又至遂甯縣入於涪故謂之郪口

新都〔補注〕先謙曰續志後漢因劉注華陽國志云有金堂山水通巴漢江水注洛水自雒來南逕新都縣蜀有三都謂成都廣都此其一焉雒水又合緜水本志雒下云雒水南至新都入湔者也緜水自緜竹來東逕新都合雒水又合湔水先謙案本志緜竹下緜水東至新都北入雒者也注又云亦謂之郫江又言是涪水呂忱云一曰湔然此二水俱與洛會矣下入犍爲牛鞞先謙案湔水自蜀郡繁來又東逕新都金堂[illegible]二縣北合繁獨橋河水名爲中江又東馬水河自彭縣來入之下入雒沱水自繁來東逕新都金堂二縣南中分數派仍合爲一謂之北江亦曰前江下入雒又涪水注金堂水出新都縣東南入涪[illegible]一統志故城今新都縣東二里

甸氐道白水出徼外東至葭明入漢〔補注〕先謙曰漾水注白水出臨洮詳見隴西臨洮下凡言徼者去其境不遠張揖云以木柵水爲蠻夷界也過郡一〔補注〕先謙曰武都廣漢一當爲二行九百五十里莽曰致治李奇曰甸音滕師古曰音食證反〔補注〕王鳴盛曰甸古讀爲乘又或爲敶先謙曰續志後漢屬廣漢屬國一統志故城今文縣西

白水應劭曰出徼外北入漢〔補注〕先謙曰續志後漢因漾水注西漢水自武都沮縣來東南至白水縣西下入葭明白水自陰平道來東南逕白水縣故城東[illegible]合西谷水東流水刺稽水清水下入葭明一統志故城今昭化縣西北

剛氐道〔補注〕先謙曰續志後漢屬廣漢屬國一統志故城今平武縣東涪水出徼外南至墊江入漢〔補注〕先謙曰墊江巴郡縣涪水注涪水出剛氐道徼外東南流下入涪一統志涪水出松潘廳北小分水嶺東南至龍安府城又逕江油彰明以達緜州過郡二行千六十九里〔補注〕先謙曰過廣漢巴

陰平道北部都尉治莽曰摧虜〔補注〕徐松曰宋本摧作推先謙曰續志後漢屬廣漢屬國北部都尉改屬國都尉治此漾水注白水自隴西臨洮來東南入陰平合東維水又逕陰平道故城南卽廣漢之北部也合白馬水又東逕陰平大城北葢其渠帥自故城徙居也合偃溪水又東北逕橋頭合羌水[illegible]自下羌水通稱又東合雍川水空冷水南五部水又東南逕建昌郡東[illegible]下入白水縣強水出陰平西北強山下入武都又自武都來東北逕陰平下入梓潼又羌水注羌水自隴西羌道來東南逕葭蘆城西合羊湯水又逕五部城南[illegible]右合妾水又左合五部水又至橋頭入白水東南去白水縣故城九十里先謙案本志羌道下云羌水南至陰平入白水者也羊湯水出陰平北界湯溪入羌水一統志故城今文縣西北紀要

陰平橋在文縣東跨白水上卽所謂陰平橋頭也

蜀郡〔補注〕閻若璩曰郡治成都以王貢兩龔鮑傳序及循吏傳知之水經注云漢武帝蜀郡初治廣漢之雒縣元鼎二年始徙治成都先謙曰續志後漢治同劉注雒陽西三千一百里秦置〔補注〕先謙曰江水注秦惠王二十七年遣張儀司馬錯等滅蜀遂置蜀郡焉全祖望云高帝始建國三郡之一以武帝元鼎六年以筰都置沈黎郡天漢四年省入蜀郡西部又以冉駹地置汶山郡宣帝地節三年省入蜀郡北部有小江入并行千九百八十里〔補注〕宋祁曰南本攺并作關亦未允王念孫曰案入當爲八字之誤也謂八小江并行千九百八十里也下文遼西郡有小水四十八并行三千四十六里鬱林郡有小谿川水七并行三千一百一十里九眞郡有小水五十二并行八千五百六十里日南郡有小水十六并行三千一百八十里皆其證也禹貢桓水出蜀山西南行羌中入南海〔補注〕先謙曰桓水篇與志文同惟蜀山作岷山岷蜀一也注云禹貢岷嶓既藝和夷底績鄭康成云和上夷所居之地也和讀曰桓地理志曰桓水出蜀山西南行羌中者也尙書又曰西傾因桓是來馬融王肅云西治傾山惟因桓水是來言無他道也余按經据書岷山西傾俱有桓水桓水出西傾山更無別流所導者惟斯水浮於潛漢而達江沔故晉地道記曰梁州南至桓水西抵黑水東限扞闕今漢中巴郡汶山蜀郡漢嘉江陽朱提涪陵陰平廣漢新都梓潼犍爲武都上庸魏興新成皆古梁州之地自桓水以南爲夷書所謂和夷底績也所可當者惟斯水

與江耳桓水益二水之別名爲兩川之通稱矣余考校諸書略綜川流沿注之緒自西傾至葭萌入西漢鄭所謂潛水也自西漢溯流而屆於晉壽界沮漾枝津南歷岡穴迤邐而接漢沿此入漾書所謂浮潛而逾沔矣歷漢川至南鄭縣屬於褒水溯褒暨於衙嶺之南溪水枝灌於斜川屆於武功北達渭水不乖禹貢入渭之宗實符尙書亂河之義也先謙案道元舉禹貢和夷之桓水以實志文而以出西傾之桓水爲別一水故云二水別名兩川通稱其實蜀郡之水皆入江不入南海錢坫陳澧成蓉鏡諸人推測之詞今皆不錄

莽曰導江〔補注〕吳卓信曰後書公孫述傳莽以述爲導江卒正即此 **屬益州**〔補注〕先謙曰武帝改梁州曰益州以新啟犍爲牂柯越嶲疆域益廣故稱益云續志後漢因又蜀郡屬國下云故西部都尉延光元年以爲屬國都尉別領四城屬並同

戶二十六萬八千二百七十九口百二十四萬五千九百二十九

縣十五〔補注〕先謙曰郡人王褒見本傳趙賓見儒林傳

成都 戶七萬六千二百五十六〔補注〕先謙曰縣人司馬相如揚雄見本傳續志後漢因劉注武帝元鼎二年立成都郭十八門江水注江水自郫來東逕成都縣縣有二江雙流郡下風俗通云秦昭王使李冰爲蜀守開成都兩江濺田萬頃江水下入廣都先謙案郫流二江合於成都城東又東流與新開河水合新開河自灌縣分江逕郫縣南溫江縣北又逕雙

流縣東又東南逕華陽縣境入江一名酸棗河又名馬𤖆河即元時馬𤖆渠也詳元史河渠志江水於是有錦江之目焉又浛水注浛水枝津五城水自廣漢廣漢來西至成都入江先謙案五城縣在今中江縣東與成都山川間阻湔雒水道距五城較近故有五城水口之名浛水支流無西至成都入江之理此文有誤一統志故城今成都府治 **有工官**〔補注〕錢大昭曰成都廣漢之工官皆治金銀器貢禹傳蜀漢主金銀器歲各用五百萬

郫〔補注〕先謙曰望帝治汶山下邑曰郫見蜀王本紀秦爲縣見元和志在岷山之陽見揚雄傳縣人何武見本傳續志後漢因一統志故城今郫縣北江水注江水自江原來東北逕郫縣下下入成都先謙案大江自灌縣分流此李冰所穿郫江檢江也檢江亦謂之流江俗名爲走馬油子二河郫縣居其中二江下入成都境 **禹貢江沱在西東入大江** 師古曰郫音疲沱音徒何反〔補注〕先謙曰禹貢山水澤地篇稱郫縣江沱與志合引見汶江下釋水江爲沱李巡注江水溢出爲沱郭璞注沱水自蜀郡都安縣湔山與江別而東流即此鄭康成梁沱注云郫縣江沱首不於此出江原有𨛍江首出江南至犍爲武陽又入江豈沱之別歟先謙案𨛍水即大江非沱江詳江原下郫縣江沱出江入江鄭意不可曉道元止錄汶江之沱而遺郫縣之沱亦其疏也据一統志沱水自灌縣西首受大江東流經崇甯縣南漢郫縣地郫縣北下入繁湔水自緜虒來入江自灌縣復出南分沱江東流逕崇甯縣北下入繁

繁〔補注〕先謙曰續志後漢因華陽國志縣在蜀郡北九十里江水注廣都北對繁田文翁又穿湔洩以灌溉繁田千七百頃先謙案湔水自郫來又東逕彭縣南繁縣地新繁縣北自彭以東

有清白江之目下入廣漢新都沱水自郫來東逕新繁縣[illegible]又分爲獨橋河水下入新都後漢臧宮傳注繁江名因以爲縣一統志故城今新繁縣北二十里

廣都 莽曰就都亭〔補注〕先謙曰續志後漢[illegible]縣有望川原鑿石二十[illegible]郫江水灌廣都田江水注江水自成都來東逕廣都縣武帝元朔二年置李冰識察水脈穿縣鹽井江西有望川原鑿山崖度水結諸陂池故盛養生之饒即南江也江北則左對繁田湔水[illegible]洛逕五城界[illegible]至廣都北岸南入于江謂之五城[illegible]爲北江[illegible]江水下入犍爲武陽一統志故城今華[illegible]南隋志元和志謂雙流縣即漢廣都据章懷注參考岑彭[illegible]漢縣當在府東南江北岸不知從置在何時耳先謙案雙流南有廣都驛疑即其地

臨邛〔補注〕先謙曰秦張儀所城見華陽國志卓氏程鄭居此致富見貨殖傳江水注江水自縣虒來[illegible]臨邛縣縣有火井鹽水昏夜之時光興上照江水下入江[illegible] **千** **水東至武陽入江**〔補注〕先謙曰武陽犍爲縣江水注布僕[illegible]旄牛來東逕臨邛縣合文井水先謙案華陽國志臨邛有布僕水合文井江者也注又云文井水自青衣來[illegible]縣合布僕水下入江原先謙案一統志邛水在邛州南東[illegible]津縣界即古僕千水今日南河元和志有白水水經臨邛[illegible]里又東南經依政縣南十里[illegible]郎此水也唐宋[illegible]之文井江或名白木水初無邛水之名古邛水出邛崍山[illegible]經縣界至雅安合青衣水未嘗北至臨邛道元誤謂邛水[illegible]邛入青衣觀舊唐志於臨邛縣下又引其說於是邛水及[illegible]名皆移於州境其實非也先謙案志以文井水布僕水爲[illegible]

井水即百丈河與邛水異出也邛水即僕千水出邛州西[illegible]東流逕火井漕左納牛心山水又左有一水入之右納大[illegible]逕州城南故有南河之目又左納白鶴水又東百丈河水[illegible]右注之又東北霧沖山水自大邑縣來注之下入新津界[illegible] **行五百一十里**〔補注〕先謙曰過蜀犍爲陳澧云此水不及二百里志五字誤 **有鐵官鹽官**〔補注〕先謙曰華陽國志縣有古石山山出石鑛文如蒜子火燒合之成流支鐵甚剛又云地節中穿臨邛蒲江鹽井二十所增置鹽鐵[illegible]詳見續志劉注

莽曰監邛應劭曰邛水出嚴道邛來山東入青衣[illegible]謙曰青衣水注邛水自嚴道來東至臨[illegible]青衣案道元以邛來山出之邛水爲在臨邛其誤自應劭[illegible]沫水注沫水自犍爲南安來東逕臨邛南下入江原續志後漢因一統志故城今邛州治

青衣 禹貢蒙山谿〔補注〕先謙曰依志文例當[illegible]貢蒙山在西有蒙溪疑奪[illegible] **大渡水東南至南安入濊** 應劭曰順帝更名漢嘉也師古曰[illegible]〔補注〕先謙曰南安犍爲縣續志漢[illegible]故青衣陽嘉二年改屬蜀郡屬國爲治所一統志故城今[illegible]北大渡水今青衣水濊當爲濊見汶江下青衣水篇青衣水出[illegible]西蒙山注云縣故青衣羌國也紀年梁惠成王十年瑕陽[illegible]道岷山青衣水來歸武帝天漢四年罷沈黎郡分兩部都[illegible]青衣主漢民縣有蒙山青衣水所發東逕其縣合沫水又[illegible]下入犍爲南安又沫水注沫水自旄牛東過漢嘉郡[illegible]南[illegible]高山山上合下開水逕其間山卽蒙山也於青衣縣東合[illegible]自下亦謂之青衣水下入南安又江水注有蒙水即大渡[illegible]

發蒙溪東南流下入南安先謙案一統志青衣水源有東西二派東派出蘆山縣東北邛州西界伏牛山注所云蒙水出蒙溪即大渡水者也有三水會流而南逕蘆山縣東元和志謂之羅帶水俗謂之龍門河水與西派覘灘合於縣城之南注所云青衣水會沫水也又南至三江口會和川水為多功河又南下飛仙關逕雅州府城北俗呼雅河滎經水自滎經縣東注之注所云合邛水也下入樂山界今人多以沫為涐今考青衣先合沫水後入邛水然後入今大渡河知沫非涐矣注又云文井江李冰所導也自莋道蒙溪分水下入蜀臨邛先謙案一統志蒙山跨雅安名山蘆山三縣及邛州境又始陽山在蘆山縣東七里本名蒙山唐天寶中敕改為始陽山歷嚴道縣橫亘入邛州界寰宇記雖隨地異名歷歷可考明志以蒙山始陽截然分見非是文井江與蒙溪分水當即今百丈河也水出名山縣東北六十里蓮花山流逕百丈廢縣東聽在臨邛縣南百二十里百丈驛又東入蒲江縣為鐵溪河一名千丈潭入邛州界

江原𨛬水首受江南至武陽入江〔補注〕先謙曰武陽見上說文𨛬蜀江原地江水注江水自臨邛來逕江原縣𨛬江水出焉江水下入郫先謙案𨛬水分於灌江灌縣亦兼有江原地也注又云𨛬水出江原縣首受大江東南流尚書鄭康成注疑此為禹貢江沱一統志云自漢以來皆以李冰所鑿經成都者為大江其南流者為𨛬水轉謂之入江漢志𨛬水云云是也元和志以𨛬江即皁江與溫江分為二又與流江互稱大江寰宇記譌𨛬為郫源流皆未明晰宋元以來專以皁江為正源近時南流數道有金馬羊馬白馬諸名而皁江之名又混舊志或以白馬河為皁江或以羊馬河為𨛬江紛紜無定先謙案江自灌縣分流約數十道其大名曰湔水曰沱水曰入成都之郫流二江曰逕溫江之馬墻渠舵灩曰𨛬江而𨛬江分兩大支曰白馬曰羊馬又各分數支其分而右出者入崇慶州界逕州東為白馬河合逕州西之西河西河上流曰味江流為黑石溪河與白馬河合又謂之白西河其西南出者下流又分為二東曰溪水河西曰乾溪河總匯於白馬河舊志以此為岷江正流即𨛬水矣其分而左出曰龍安河下流為羊馬河亦入崇慶州界其東北出者入溫江縣西為金馬河其東又分歷溫江縣南雙流縣西為楊柳河總匯於羊馬河以合於白馬河同注新津縣道元引益州記曰江至都安堰其右檢其左其正流遂東郫江之右也又穿羊摩江灌江竊謂李冰所穿之羊摩江即今羊馬河摩馬音轉字變古跡猶可推尋羊摩𨛬水各有主名似不必如舊志羊馬白馬之爭訟也𨛬水下入武陽 **莽曰邛原** 應劭曰𨛬音壽〔補注〕先謙曰續志後漢因一統志故城今崇慶州東江水注僕千水合文井水自臨邛來東逕江原縣縣濱文井江江上有常氏隄跨四十里有朱亭亭南有青城山卓氏之所徙也下入武陽先謙案據注江原縣濱文井江元和志文井江在唐興縣二十里其地皆屬崇慶州今水至新津入江不入州界又沫水注沫水自臨邛來東至江原入江先謙案道元增所逕臨邛江原二縣其實沫水至南安境已與江會其下則合流所經耳

嚴道〔補注〕先謙曰秦滅楚徙嚴王之族以實其地因名見華陽國志淮南王長遷此見文紀有銅山見佞幸傳南史劉悛傳青衣水左側並是秦嚴道地 **邛來山邛水所出東入青衣**〔補注〕先謙曰青衣水注邛水出嚴道縣邛來山下入臨邛邛來一作邛崍一統志山在滎經縣西南邛水即滎經水又江水注峽山邛崍山也在嚴道縣一曰新道南山有九折坂王陽案轡處也平恆言是中江所出[illegible]先謙案出邛水之邛來山與出中江水之峽山相去較遠道元蓋誤亦詳臨邛元和志邛來山在滎經縣西五十里九折坂在縣西八十里通志山半屬滎經半屬清溪邛水即滎水自清溪界五水并發至縣西合流經水出縣東南瓦屋山西北流逕縣東至城北與滎水合又北至雅安縣西會西來一水折而東流入青衣 **有木官**〔補注〕王念孫曰木官當作橋官蜀都賦注可證下文巴郡朐忍魚復二縣並云有橋官周壽昌曰宋洪邁容齋隨筆續集於漢郡國官條內引此作木官而別引朐忍魚復之橋官足證宋本此處本作木非橋字脫寫劉注或因朐忍魚復之橋官誤引耳 **莽曰嚴治**〔補注〕先謙曰續志後漢屬蜀郡屬國一統志故城今雅安縣西

緜虒〔補注〕先謙曰後漢因續志作緜虒道一統志故城今保縣南保縣汶川灌縣皆其地江水注江水自汶江來入歷都安縣縣有桃關漢武帝祠李冰作大堰於此壅江作堋堋有左右口謂之湔堋江入郫江檢江以行舟俗謂之都安大堰亦曰湔堰又謂之金隄江水下入臨邛據一統志江水南逕汶川縣城西左則登溪溝注之又草坡河合諸水入之右則大溪水注之江水又逕桃關而歷娘子嶺納凹河水三江河水東流注之江水屈而東白沙河水自尤溪口西南流注之江水下入灌縣境 **玉壘山湔水所出東南至江陽入江**〔補注〕先謙曰江陽犍為縣玉壘山在今松潘衛境蜀都賦廓靈關以為門包玉壘而為宇劉逵注玉壘山名湔水出焉在成都西北岷山界在後故曰宇靈關在前故曰門也說文湔水出蜀緜虒玉壘山東南入江江水注又有湔水入焉水出緜虒縣之玉壘山呂忱云一曰半浣水也[illegible]先謙案下入郫 **過郡三**〔補注〕先謙曰蜀廣漢犍為 **行千八百九十里** 應劭曰虒音斯湔音子千反

旄牛〔補注〕先謙曰續志後漢屬蜀郡屬國後書西羌傳羌各自為種或為犛牛種越巂羌是也水經沫水篇作旄牛縣江水青衣水注作旄牛道案縣以都尉主外羌作道未嘗不是然兩漢志究無道字仍以縣為正一統志故城今清溪縣南江水注布僕水出徼外成都西沈黎郡武帝以蜀郡西部邛莋理旄牛道天漢四年置都尉主外羌在邛峽山表水從縣西分為二一逕其道下入臨邛一下入越巂邛都先謙案一統志布僕水在邛州南八十里自天全土司界流入合於臨邛之南河即僕千水也邛來山即清溪縣之大相嶺山北之水即邛水觀巖非入臨邛之布僕水其山南之水合流為清溪流沙河以入大渡河可緣此西入越巂河達邛部土司蓋即注所云一入邛都者但非此水下流其水程亦不通邛都也道元蓋誤又沫水篇沫水自廣柔來東南過旄牛縣北又東至越巂靈道縣出蒙山南注云靈道縣一名靈關道沫水東流下入青衣先謙案一統志青衣江有東西二派西派出天全州北界木坪土司境東南流逕蘆山縣南有四水夾天全州城東流逕始陽鎮北而東注即水經注之沫水元和志之浮圖水俗謂之魚喜河水也蘆山縣西北有靈關廢縣通典雅州蘆山縣有靈關山是也其地蓋沫水所經越巂靈道縣去此甚遠經注並誤證 **鮮水出徼外南入若水**〔補注〕先謙曰若水注鮮水一名州江大度水出徼外至旄牛道南入若水先謙案以地望測之當即今壩拉河

南入鴉礱江者州江大度五字木名不合當有羨文水若水亦出徼外南至大莋入繩〔補注〕先謙曰大莋越嶲縣若水注山海經云南海之內黑水之間有木名曰若木若水出焉若水沿流間關蜀土東南流合鮮水下入邛都先謙案据輿圖若水出西番巴延喀喇山南流千餘里逕敏爾雅克山西爲鴉礱江又南逕多什拉嶺𡼑拉河水入之下入西昌縣境注又云繩水自越嶲遂久來南逕旄牛道下入大莋先謙案金沙江東距清溪甚遠似繩水逕遂久後不能越若水而上至旄牛道元蓋誤過郡二〔補注〕先謙曰蜀犍爲行千六百里師古曰莋音才各反〔補注〕劉奉世曰里數蓋誤錢坫曰自占對入境至入金沙江約一千六百餘里

徙師古曰音斯〔補注〕先謙曰徙國名見西南夷傳一作斯楡見司馬相如傳亦稱斯都見蜀志張嶷傳徙斯音同續志後漢屬蜀郡屬國劉注出丹砂雄雌黃空靑靑碧一統志故城今天全州東

湔氐道〔補注〕先謙曰湔氐蓋氐名也孝惠三年蜀湔氐反見史將相表續志後漢因劉注縣前有兩石對如闕號曰彭門一統志故城今松潘廳西北禹貢𡶒山在西徼外江水所出東南至江都入海〔補注〕先謙曰江都廣陵縣禹貢山水澤地篇𡶒山在湔氐道西與志合江水篇𡶒山在湔氐道縣大江所出東南過其縣北注云𡶒山卽瀆山水曰瀆水又謂之汶阜山益州記云江源始發羊膊嶺下東南下百餘里至白馬嶺而歷天彭闕亦謂之天彭谷又東逕汶關而歷氐道縣北[illegible]道武帝元鼎六年分蜀郡北部置汶山郡以統之縣本秦置後爲昇遷縣[illegible]江水下入蠶陵先謙案華陽國志𡶒山一名沃焦山其尌曰羊膊江水所出尙書地理今釋𡶒山跨雍梁二州自陝西鞏昌府岷州衞以西大山重谷谽谺起伏西南走蠻箐中抵成都府西境凡茂州雪嶺灌縣靑城皆其支脈而導江之處則在今松潘衞北西番界之浪架嶺漢志所云湔氐道西徼外也一統志云俗名潘州河出西夷哈嗎鼻浪架嶺分爲二一西南流一東南流歷東喦至尖橐合滴漏水水出滴漏山分爲二一西南流爲出竈溝與西南一派合入西番界一東流逕鷰落村入浪架水浪架水又東南入黃勝關又四十里至虹橋關北合漳臘河水水出生番弓槓山亦分爲二一東入上羊峒生番界一西南至漳臘境又南逕漳臘城西玻璃泉入之又南入浪架水浪架水又南流二十八里逕松潘廳城東入城復出城西而南折又東南流入蠶陵境岷汶字同古從民從文之字多相假借天彭闕云在灌縣西北[illegible]謂及彭縣彭門山者[illegible]志並非山過郡七行二千六百六十里師古曰音丁奚反〔補注〕齊召南曰案里數大誤江爲南紀巨川自蜀至海卽以地形東西直計亦五六千里況水道紆曲乎過郡七七字其上不有脫文則字誤也且湘漢沅皆入江之支水漢由西縣東南至江州入江曰行二千七百八十里湘由零陵北至酃縣入江沅由故且蘭至益陽入江並曰行二千五百三十里以岷江之遠從西塞蟠折巴蜀䄙帶荆揚其里數乃僅與沅湘埒反不如漢水之長乎此爲轉寫脫誤灼然易曉又案宋本旄牛下班氏自注鮮水若水云云之外有劉奉世曰里數蓋誤八字鮮若源出徼外里數難以測量疑此八字當注此條之下閻若璩曰水經江水東過夷陵縣南注說宜昌縣流頭灘而引袁山松云自蜀至此五千餘里干寶晉紀吳使紀涉如魏司馬昭問吳戍備幾何對曰西陵至江都五千七百里宜昌今宜都縣在西陵之東巨江發源松潘至此四千五百里西陵今宜昌府治東湖縣自此至江都不過四千里山松與涉言皆夸然共計亦當有八千餘里二當作八王念孫曰趙一清水經注釋云今本漢書誤也宋本是過郡九行七千六百六十里禹貢錐指云今江水所過於漢爲蜀郡犍爲巴郡南郡長沙江夏豫章廬江丹陽會稽廣陵凡十郡一國易祓云江源自松州交川縣至夷陵凡四千三百三十里自夷陵至泰州凡三千六百三十里是江自松潘至泰州行七千九百六十里自泰州至海門又四百里通計八千三百餘里據此則俗本漢書固非而宋本亦未合也[illegible]案後人所計江行里數未必與班志原文相符且志但云至江都則里數固不及八千也錐指又云行二千二百六十里二當作八或是七其言或是七者正與趙氏所見宋本合又說文繫傳水部江下引漢志云過郡九行七千六百六十里郡數里數皆與宋本同則是舊本相承如此宜據以訂正

汶江〔補注〕先謙曰後漢因續志作汶江道劉注華陽國志云濊水駹水出焉多冰寒盛夏凝凍不釋孝安延光元年復立之爲郡一統志故城今茂州北濊水出徼外南至南安東入江過郡三行三千四十里〔補注〕先謙曰濊當作涐江水注涐水出徼外逕汶江道呂忱云濊水出蜀許愼以爲涐水也出蜀汶江徼外从水我聲先謙案道元言涐水逕汶江道因彌縫班志致有此誤水逕汶江道者皆入於江無別行至南安方入江之水涐水經行不涉汶江道境志文涐水二十一字疑當在廣柔下傳寫誤移之而酈注如此蓋其誤久矣三當爲二蜀犍爲据輿圖涐水出西北小阿樹土司中東南流合阿壩土司一水又南至黨壩土司合稜磨土司兩水又南逕大金川勒烏圍西又南逕章谷屯合小金川諸水爲大渡河因靑衣大渡水合於斯川故蒙大渡之名涐水又西南逕下魚通呰合巴旺巴底二土司三水又南格濯河水左入之打箭鑪諸水合爲鑪河右入之又南逕瀘定橋歷沈邊土司松林地土司之間左合三水右合五水又折而東老鴉漩河合三水入之又東入淸溪境漢旄牛縣也𡍥流沙河合數水自淸溪縣南流注之又東金水河合數水南流注之又東南逕曲曲烏越嶲河水自越嶲廳合諸水逕邛部土司東北流注之涐水又東峩邊廳二水東北流注之下入峩眉縣境

江沱在西南東入江師古曰沱音徒何反〔補注〕先謙曰禹貢山水澤地篇益州沱水在汶江縣西南其一在郫縣西南皆還入江與志合江水注江水自蠶陵來又六十餘里至北部始百許步又西百二十餘里至汶山故郡[illegible]廣二百餘步又西南百八十里至淫坂江稍大矣東北百四十里曰崍山中江所出東注大江所[illegible]郭景純江賦曰流二江於崏崍又東百五十里曰崏山北江所出東注大江山海經云崏山江水出焉東注大江其中多怪蛇江水又逕汶江道又合湔水觀[illegible]又東別爲沱開明之所鑿也縣卽汶山郡治[illegible]渡江有笮橋先謙案据輿圖江水自蠶陵南流五十里與黑水合水出生番界古拉嶺爲雅爾隆河合楚納克河東南流數百里爲黑水河逕長甯堡西入江於茂州以上湔二江之遺跡惟黑水河與岷源可以并稱似崏崍皆在西番中不得涉及滎經縣之邛崍山矣江水又東南逕茂州城西又折而西南白水河入之又西南逕舊威州今保縣治入逕州城北花水入之在州界亦名嶺

水每斤較江水輕二兩又西南沱水出雜谷廳花崖山東南流逕廳北又東南至保縣北入之元統志沱江自廢悉州流經威州界至汶川合大江本志所云江沱在西南東入江者也道元以爲開明所鑿華陽國志望帝相開明決玉壘山以除水害即其事也陳灃云蓋即今理番廳孟董溝水東南入江其自江水分出之處已湮江水下入汶川縣境北部即蜀郡北部都尉治所在今茂州北溼坂在汶川縣南元和志嶺上樹木森沈常有水滴未嘗暫燥故曰溼坂

廣柔〔補注〕先謙曰續志後漢因一統志故城今汶川縣西北沬水篇沬水出廣柔徼外注云縣有石紐鄉禹所生也今夷人共營之地方百里不敢居牧有罪逃野捕之者不逼能藏三年不爲人得則共原之言大禹之神祐之也沬水出岷山西下入旄牛先謙案寰宇記石紐村在汶川縣西百四十里元和志至今其地名刳兒坪地理通釋沬水一名羊山江出鐵豹嶺即岷山羊膞嶺之異名蓋與汶江同出一山而東西各別矣但据輿圖沬水之源不能遠出岷西出岷西者惟涐水足當之道元未審又若水注繩水枝流自越巂遂久來東出逕廣柔縣入江先謙案繩水即金沙江距廣柔遠甚重山阻絕安有枝流已南至遂久復東北上溯廣柔之理此文有誤

蠶陵莽曰步昌〔補注〕先謙曰續志後漢因江水注江水自湔氐道來益州記云自白馬嶺回行二十餘里至龍涸又八十里至蠶陵縣又南下六十里至石鏡下入汶江一統志故城今松潘廳疊溪營西蠶陵山在營北五里江水自松潘廳東南流百八十里合眾山溪水逕平番營入疊溪營明統志漢蠶陵縣在疊溪所城北三里梁於舊縣置鐵州周改翼針縣江水逕營城西入汶江境石鏡山名在疊溪營東南

健爲郡〔補注〕閻若璩曰郡治僰道以西南夷傳知之元和志云昭帝時犍爲郡自僰道移理武陽今眉州彭山縣西北五里有犍爲故城是犍爲郡先治僰道後治武陽也段玉裁曰犍宋本說文从木隸釋云漢碑皆作楗爲先謙曰續志後漢治武陽劉注雒陽西三千二百七十里武帝建元六年開〔補注〕先謙曰開郡事詳西南夷傳莽曰西順屬益州應劭曰故夜郎國〔補注〕先謙曰續志後漢因又犍爲屬國下云故郡南部都尉永元元年以爲屬國都尉別領二城屬並同劉注劉璋分立江陽郡戶十萬九千四百一十九口四十八萬九千四百八十六縣十二

僰道莽曰僰治應劭曰故僰侯國也音蒲北反〔補注〕先謙曰說文僰犍爲蠻夷後漢因劉注華陽國志云治馬湖江會江水篇江水自南安來東南過僰道縣北若水淹水合從西來注之注云縣本僰人居之地理風俗記云夷中最仁有仁道故字从人秦紀所謂僰僮之富者也其邑高后六年城之武帝南通僰道縣有蜀王兵蘭〔劉注作闌〕爲其神作大難江中崖峻阻險不可穿鑿李冰乃積薪燒之故其處懸崖猶有五色焉又東合符黑水下入江陽符黑水自南廣來北徑僰道入江謂之南廣口又若水注繩若水自朱提來東北至僰道縣入江先謙案本志越巂遂久下繩水東至僰道入江者也注又云自朱提至僰道有水步道水道有黑水羊官水至險難三津之阻行者苦之若水至縣謂之馬湖江繩水瀘水孫水淹水大渡水隨決入而納通稱是以諸書錄記羣水或言入若或言注繩亦或言至僰道入江正是異水沿注通爲一津更無別川可以當之一統志故城今敘州府宜賓縣治

江陽〔補注〕先謙曰景帝封蘇嘉爲侯國見表續志後漢因劉注蜀都賦注云沱潛既道從縣南流至漢嘉縣入大穴中通剛山下因南潛出今名復出水是也江水注江水自僰道來東過江陽縣南合洛水又逕漢安縣北〔後漢立今江安縣東〕東逕樊石灘又逕大附灘下入符洛水合綿水〔綿〕自資中來又逕漢安縣自上諸縣咸以溉灌故語曰綿洛爲浸沃也綿水至江陽縣方山下入江爲綿水口亦曰中水江陽縣枕帶雙流据江洛之會江中有大闕小闕季春黃龍堆沒闕乃平先謙案据志綿水至新都入雒雒水至新都入湔湔水至江陽入江以湔爲經流蜀綿虒下云湔水東南至江陽入江過郡三行千八百里者也水經注則雒合綿綿合湔以雒爲經流主名雖異尾閭同歸但與志三郡千八百餘里之文不符耳一統志故城今瀘州治

武陽〔補注〕先謙曰張儀司馬錯獲蜀王開明於此見蜀本紀太初四年益州刺史任安城之後遂爲郡治見華陽國志有鐵官〔補注〕先謙曰据元和志與地紀勝地有鐵山莽曰戢成〔補注〕先謙曰後漢因郡治續志有彭亡聚一統志故城今彭山縣東十里江水注江水自蜀廣都來東南過武陽縣縣故大夜郎國武帝開道置以爲縣江水合鄀水赤水此縣藉江爲大堰開六水門用灌郡下北山王喬所升之山也江水又合文井江又東至彭亡聚謂之平模水亦曰外水下入南安鄀水自蜀江原來東南至武陽縣入江先謙案本志江原下鄀水南至武陽入江者也赤水出縣入江僕千水合文井水自江原來東至武陽縣天社山下入江先謙案本志蜀臨邛下僕千水東至武陽入江者也一統志邛水自邛州來至新津縣入江新津亦漢武陽地

南安有鹽官鐵官〔補注〕錢坫曰南安本屬蜀郡見鄧通傳後改屬也先謙曰高帝封宣虎爲侯國見表續志後漢因劉注南有五既山一山而五里在越巂界江水注江水自武陽來東至南安爲壁玉津故左思云東越玉津也又東南逕南安縣西有熊耳峽連山競險接嶺爭高縣溉有灘名壘坻亦曰鹽溉李冰所平也縣治青衣江會襟帶二水即蜀王開明故治縣南有峨眉山江水合大渡水溉水下入僰道又青衣水注青衣水自青衣來逕平鄉縣謂之平鄉江益州記云平鄉江東逕峨眉山在南安界去成都南千里然秋日澄清望見兩山相峙如峨眉焉青衣水又東入江先謙案本志蜀青衣下云大渡水東南至南安入涐者也又沬水注沫水自青衣來東逕開刊縣故平鄉也〔晉初置〕昔沫水自蒙山至南安西溷崖水脈漂疾破害舟船李冰鑿平溷崖操刀入水與河神鬭通正水路開處即水所穿也沬水下入臨邛据輿圖沫水自清溪縣東流有二水自峨邊廳東北流注之又東北逕峨眉縣三峨山南又逕樂山縣城南與青衣江合又漾水注强水自廣漢梓潼來東北逕南安入西漢水〔見巴閬中〕一統志故城今夾江縣西北二十里

資中〔補注〕先謙曰續志後漢因江水注雒水合縣水〔綿水〕自牛鞞來東逕資中縣下入江陽一統志故城今資陽縣北

符〔補注〕先謙曰縣在江陽縣東二百里武帝元鼎二年置見華陽國志溫水南至鼈入黚水黚水亦南至鼈入江〔補注〕洪亮吉曰

鄨水爲今湘江溫水黚水爲今合湘江之洪江仁江洪江出甕山闕南山東南流至遵義東境之清乘橋北有鳳皇溪東北自綏陽西山西南流來會又東南入湘江仁江在遵義城東南五十里源出永安驛山澗下流合湘江班云至鄨入江者謂入延江水也先謙曰鄨牂柯縣延江水注溫水亦曰煖水出符縣而南入黚水黚水亦出符縣南與溫水會闞駰謂之闞水下入鄨入江當作入延與下漢陽一例黚即黔字莽曰符信師古曰鄨音蔽又音鼈黚音紀炎反〔補注〕先謙曰續志作荷節江水篇江水自江陽來東過符縣北鰼部水從符關東北注之注云縣故巴夷之地武帝以唐蒙爲中郎將從萬人出巴符關者也縣治安樂水會安樂水自鄨縣來逕安樂縣東[illegible]又逕符縣下北入江鰼部水未聞或是水之殊目非所究矣江水下入巴江州一統志故城今合江縣西

牛鞞孟康曰音髀師古曰音必爾反〔補注〕先謙曰華陽國志縣去郡三百里元鼎二年置有陽明鹽井即牛鞞井也續志後漢因江水注雒水合緜水[illegible]自廣漢新都來又逕牛鞞縣爲牛鞞水縣以元封二年置[illegible]牛鞞水下入資中一統志故城今簡州東

南廣〔補注〕先謙曰武帝太初元年置見華陽國志後漢因一統志故城今珙縣西南阮元雲南通志稿云今鎮雄州延江水篇延江水出南廣縣東流下入牂柯鄨先謙案本志漢陽下漢水入延牂柯鄨下鄨水入延班氏載入延之水無反置延江大水不錄之理今志既無之道元延江水注又不引漢志則傳寫奪文久矣洪亮吉延江水考云烏江卽古延江也出貴州威甯州東北山東北流山接四川屏山縣境距僰道縣不遠元豐九域志戎州南溪郡治僰道其地界東南至南廣蠻百八十里知威甯東北境在漢爲南廣縣地至宋時爲苗踞故曰南廣蠻也先謙證以圖志延江水出威甯城西大山豬爲八仙海東北流逕州城北又東逕黑章汛右有黑章水入之又東北逕七星關爲七星水左有三道水入之餘見鄨汾關山符黑水所出北至僰道入江〔補注〕先謙曰江水注符黑水出南廣縣[illegible]導源汾關山北流合大涉水下入僰道據志稿符黑水今南廣水一曰宋江出鎮雄州東北二百二十里威信州判界白水黑陽河桃壩黑林子三處合流經黑墩爲黑墩河會長官司水亦曰玉貴河北流經羅星渡出南廣口又北逕筠連高二縣界又北逕慶符縣西又東北逕宜賓縣入江一統志同又有大涉水北至符入江過郡三行八百四十里〔補注〕先謙曰江水注大涉水出南廣縣北流注符黑水與志文異過郡三未詳洪亮吉以爲鰼部水卽今安樂水據志稿云安樂水俗名赤水河出鎮雄州烏通山爲汜洛河又爲白烏河東南合苴蚪河至畢節縣北爲赤水河又東經遵義府西折而西北經仁懷縣西折北流至四川合江縣東入大江過郡三者謂自犍爲南廣經牂柯鄨縣又經犍爲符縣爲三郡又據水經延江水所出南廣縣當北自四川珙縣南及鎮雄白水江以東又南至威甯州北境皆是酈注謂大涉水入符黑水殊誤使兩水果合爲一則源流不出犍爲一郡大涉水何以爲過郡三乎先謙案志稿說是惟赤水河源據輿圖出水鹿山爲廠丈河南流合雨灑河洛甸河逕毋亨司爲毋亨河下流爲赤水河其汜洛白烏河乃入烏江之水疑志稿有誤

漢陽都尉治山闟谷漢水所出東至鄨入延莽曰新通師古曰闟音它盍反〔補注〕先謙曰續志後漢屬犍爲屬國延江水注漢水出漢陽道山闟谷下入牂柯鄨延卽延江省文與入青衣入繩入若入僕入勞同例酈注道字蓋誤一統志故城今慶符縣南縣北八十里有漢陽山先謙案慶符長甯興文皆古漢陽地據輿圖三縣但有入江之水無入延之水所當闕疑

⿰存阝䣕〔補注〕王念孫曰⿰存阝本作存此因䣕字而誤加邑也說文存䣕犍爲縣[illegible]而無⿰存阝字自玉篇始有之而字書韻書皆仍其誤水經作⿰存阝䣕亦後人所改華陽國志晉書尙作存䣕且師古注䣕字有音而⿰存阝字無音則本作存明矣洪亮吉曰晉志作存駹今玉篇廣韻訛䣕爲鄂廣韻兩載⿰存阝䣕⿰存阝鄂縣尤誤莽曰孱䣕師古曰䣕音莫亞反孱音仕連反〔補注〕先謙曰續志後漢省存水注存水出⿰存阝䣕縣注云存水自縣東南流下入益州牧靡一統志故城今敘州府東南蠻界志稿云在今貴州威甯州境先謙案⿰存阝䣕隋代復置唐因之隸犍爲天寶初更名義賓改隸戎州宋改爲宜賓今敘州宜賓縣一統志文可據但宜賓縣治在金沙岷江水會前志以爲漢僰道治金沙江自北流屈而東出宜賓之右則⿰存阝䣕當在宜賓之左跨威甯北境志稿是也宜賓威甯二縣之西水皆入金沙江東水由貴州以下湘粵參證圖說惟北盤江足當存水與前志不戾今案北盤江出威甯西南猓羅坪二源合併南逕存查汛爲瓦岔河東流逕圍幛爲圍幛河右會得吉河水又東北逕可渡溪爲可渡河又與阜衞河水合又東爲楊柳河又東逕鵲鴿山北又東爲女兒河又東與宛溫水合同爲北盤江互見牂柯談稾水經注有存水無北盤江以北盤江統於存水矣

朱提山出銀應劭曰朱提山在西南蘇林曰朱音銖提音時北方人名匕曰匙〔補注〕錢坫曰余得漢漢安洗朱提字作提案玉篇提卽匙字是義與蘇林合諸葛武侯云漢嘉金朱提銀采之不足以自食謂此徐松曰爨龍顏碑陰有功曹參軍朱緹李融之又作緹先謙曰朱提銀見食貨志續志後漢屬犍爲屬國爲治所劉注南平志云縣有大淵池水名千頃池西南二里蜀都賦注云有靈池在縣南數十里周四十七里若水篇若水東北至朱提縣西爲瀘江水注云繩若水自越嶲卑水來至朱提縣以山氏[illegible]在犍爲郡南千八百許里[illegible]有瀘津東去縣八十里水廣六七百步深十數丈多瘴氣鮮有行者瀘水自益州不韋來合諸水而總其目故有瀘江之名合繩若水下入僰道一統志故城今屏山縣境朱提山在宜賓縣西五十里志稿云據水經若水逕朱提爲瀘水今金沙江東北經恩安縣西則朱提爲今昭通明甚又酈注朱提在郡南千八百里犍爲治僰道爲今敘州府南千八百里卽今昭通矣又云朱提郡西南二百里得所綰堂琅縣堂琅今東川府由東川東北二百里非昭通乎則昭通舊烏蒙故地之爲朱提更明舊志以昭通爲牂柯郡地非是蓋北之敘州南之東川皆屬犍爲則中間昭通不入牂柯況鎭雄爲南廣則鎭雄以西更不得爲牂柯也一統志載土夷考烏撒府有銀鑛之饒朱提山蓋在其境烏撒或烏蒙之誤

堂琅〔補注〕先謙曰續志後漢省朱提下劉注引南中志云有堂琅山多毒草據此縣併入朱提晉宋志作堂狼華陽國志云因山爲名若水注朱提郡西南二百里得所綰堂琅縣西北行上高山羊腸繩屈八十餘里志稿云堂琅今東川府東

越嶲郡〔補注〕閻若璩曰越嶲治邛都以西南夷傳知之先謙曰据若水注郡治邛都續志後漢治同劉注雒陽西四千八百里武帝元鼎六年開〔補注〕先謙曰華陽國志司馬相如開僰道通南中置越嶲郡若水注通後復反叛元鼎六年漢兵自越嶲水伐之以爲越嶲郡莽曰集嶲屬益州應劭曰故邛都國也有嶲水言越此水以章休盛也師古曰嶲音先蘂反〔補注〕先謙曰通典元和志並云有越嶲水西南夷傳作粵嶲粵越同字足徵應說之非若水注莽遣任貴爲領戎大尹守之更名爲集嶲案續志後漢因屬同也戶六萬一千二百八口四十萬八千四百五

縣十五

邛都南山出銅有邛池澤〔補注〕先謙曰續志後漢因劉注縣東南數里有水名邛廣都河稜磧從廣二十里深百餘丈有魚長一二丈頭特大遙視似戴鐵釜狀江水注布僕水自蜀旄牛來其分流南逕邛都縣西下入青蛉先謙案此注誤辨見旄牛又若水篇若水自蜀旄牛來南過邛都縣西注云邛都縣武帝開邛莋置之縣陷爲池今名邛池南人謂之邛河河中有蜂嶲山越嶲水垷即繩若矣似隨水地而更名矣又有溫水冬夏常熱可燖雞豚若水下人會無孫水自臺登來南逕邛都縣司馬相如云橋孫水即是水也下入會無一統志故城今甯遠府西昌縣東南李膺益州記云邛河土人謂之陷河元和志陷河在縣東南十里据輿圖今縣南有熱河塘疑即此邛河出瀘山溪箐中流逕瑤山寺入懷遠河懷遠河出縣東北山麓西逕城南合甯遠河水入安甯河安甯河即注孫水也自冕甯縣南流熱水河入之即注溫水也又南逕西昌縣西又南高橋河水入之又南逕德昌所東苦馬河水右入之瀘河水出瀘山左入之又左納落腰河水梁山河水一碗水下入會理州若水即打沖河自徼外來逕冕甯縣西折東流逕西昌縣西南下入鹽源縣

遂久〔補注〕先謙曰續志後漢因劉注有縹碧后有綠碧淹水篇淹水出遂久縣徼外注云呂忱云淹水一曰復水也下入青蛉先謙案淹水蓋無量河出打箭鑪邊外瓦述毛了土司爲扎穆楚河東南流合下瞻對土司拉克河又南流合裏楚河又南逕紫隆圖拉嶺東合瑪爾楚河又南爲無量河又西南合多克楚大河又南爲五郎河即無量聲轉又南逕中甸廳東下見青蛉又葉榆水注葉榆水自益州不韋來南逕遂久縣東下入姑復一統志故城今鹽源縣西阮元雲南通志稿云据下繩水即金沙江遂久當在金沙江入邊處後書南蠻傳注遂久在今靡州界唐志靡州南接姚州領靡豫七部二縣又徼州北接靡州領深利十部二縣又名勝志漢遂久在金沙江北古稱爲白門是遂久當在江北唐靡州地唐靡州在徼州北又南接姚州當在今永北廳迤西北至中甸廳金沙江而在徼州則順州土司境也繩水出徼外東至僰道入江〔補注〕先謙曰官本道下無入字引宋祁曰道字下當添入字僰道犍爲縣若水注繩水出徼外山海經云巴遂之山繩水出焉東南流分二水一下入蜀廣柔一下入蜀旄牛据志稿金沙江出西藏衞地巴薩通拉木山即古犂石山在黃河源西徑千五百里日木魯烏蘇東北流三百里有水曰喀齊烏蘭木倫出其西五百里勒斜爾烏藍達布遜山東南流入之又東北拜都河水南流注之又東北阿克達木河水南流注之又折而北托克托乃烏蘭木倫河水西北流注之又折而東市伯輝河水南流注之又北折而東玉樹土司二水南流注之又折而西北那木齊圖烏蘭木倫河水自戈壁發源東南流千里來注之下見旄牛山海經云巴遂之山即巴薩通拉木山也遂薩音轉字變上古之書迢遙數千載向堪印證矣注又云若水自會無來南逕遂久縣入繩水合青蛉水蜆青下入三絳過郡二行千四百里〔補注〕先謙曰二當爲三過越嶲蜀犍爲金沙江入邊至敘州府城東大江水會二千數百里漢里數又短知千上有脫字

靈關道〔補注〕先謙曰司馬相如傳通靈山道即此續志後漢因沫水篇沫水東至越嶲靈道縣注云靈道縣一名靈關道縣有銅山又有利慈渚稽[illegible]案沫水所經乃青衣縣之靈關觀[illegible]之去此縣甚遠[illegible]道元遷就經文釋之而銅山利慈渚則與劉注所引華陽國志同說地固未誤也一統志故城今蘆山縣西北

臺登〔補注〕先謙曰後漢因續志出鐵縣去越嶲郡三百餘里見蜀志張嶷傳一統志故城今冕甯縣東紀要建昌指揮司北百二十里有瀘沽峽巡司即縣故治孫水南至會無入若〔補注〕先謙曰若水注孫水出臺登縣一名白沙江南流下入邛都据一統志孫水一名長河元和志謂之長江水出甯番衞北架州窩下今所謂架州土司元和志云出臺登縣西北胡浪山中也東南流有蘇州小河出架州西番山流入之即今蘇州土司水合爲瓦那河者也又南逕冕甯縣東有小對河合三源東流逕縣南入之即舊志南河在衞南二里出四烏西番山箐者也又南松溪河合數水西流入之即舊志哩瓜河也又南合太平橋河總名爲安甯河下入西昌境行七百五十里應劭曰今臺高〔補注〕先謙曰臺高縣名蓋漢末所改亦見若水注

定莋出鹽〔補注〕先謙曰華陽國志縣在郡西三百餘里本摩沙夷所居文穎云即莋都沈黎郡治續志後漢因劉注國志云度瀘水賓岡徼曰摩沙夷有鹽坑積薪以齊水灌而焚之成白鹽漢末夷等皆錮之一統志故城今鹽源縣南志稿云凡言莋者夷人於大江水上置藤橋謂之筰定莋今鹽源西去瀘水甚遠不能跨瀘而西考永甯土府東北有瀘沽湖其東爲鹽井河所謂渡瀘水者蓋即此是定莋當自鹽源縣西兼有永甯土府蒗蕖土州南澗土州同諸處先謙案元和志昆明縣東北至嶲州三百里本漢定莋縣後沒蠻夷周武帝立定莋鎮唐武德中於鎮置昆明縣蓋南接昆明之地因名又唐宋皆以若水爲瀘水似不必專指瀘沽湖爲瀘水也步北澤在南〔補注〕先謙曰一統志澤在鹽源縣東陳澧云鹽源縣無大澤但以小池澤當之耳瀘沽湖乃大澤志必不遺之疑步北澤即瀘沽湖也先謙案陳說是志稿云瀘沽湖出永甯土府東左所山陽廣二十五里南流折而東北中有三島又東北流百餘里入打沖河都尉治師古曰莋音才各反其下並同莋本筰都也

會無東山出碧〔補注〕先謙曰後漢因續志出鐵劉注郭璞云山海經稱縣東山出碧亦玉類華陽國志云故濮人邑今有濮人冢冢不閉戶其中多珠人不可取取之不祥有元馬河一統志故城今會理州治若水注若水自邛都來逕會無縣縣有駿馬河出縣東高山山有

天馬徑厥迹存焉馬日行千里民家馬牧之山下或產駿駒言是天馬子河中出貝子胎銅以羊祠之則可取也若水下入遂久孫水自邛都來南至會無入若水先謙案本志臺登下孫水南至會無入若者也州城東有玉虛河出州北分水嶺南流逕玉虛山有東安河出姜州堡西南流注之又南逕白馬口入金沙江一統志以爲卽驗馬河也安甯河水自西昌西南流逕州西北入十里之迷易所巡司乃元會川路地也又西南入打沖河若水卽鴉礱江自西昌來南流逕鹽源縣西北有打沖小河東流注之於是總名打沖河又納鹽井河水又東逕縣北屈南流左納土司中兩水右納瓦尾山水又南合右所河得石河淑崖河那噶河紅果河諸水又南逕會理州西合安甯河水又西南入金沙江水會在會無大莋之間由遂久境至會無不更由會無至遂久也酈注若水又南逕雲南郡之遂久縣疑若水爲繩水之誤下見大莋

莋秦

補注先謙曰後漢因續志或作莋奏奏秦形近而誤

大莋

補注先謙曰續志後漢因若水注若水自會無來逕大莋縣入繩先謙案本志旄牛下若水南至大莋入繩者也注又云繩水自旄牛來至大莋合若水自下亦通謂之繩水矣莋夷也南中曰昆彌蜀曰邛漢嘉越嶲曰莋皆夷種也繩水下見邛都一統志故城今冕甯縣西繩若二水合流處志稿云今會理州西金沙江自蜀旄牛徼外來入雲南麗江府西北邊境之塔城關又東南逕巨甸汛東右納巨甸河水又東南逕橋頭汛北右納橋頭河水又南逕石鼓汛北右納石鼓沖河水又東北逕阿喜汛北左納中甸廳之碩多岡河水又東北逕雪山北折而南右納麗江府玉龍黑白二水又南左納永北廳無量河水順州水又南與鶴慶州漾共江水合漾共江水出麗江縣雪山西麓南流爲白沙溪一曰鶴川又南逕黃山西折而東會白馬潭水又東玉河水合東河水入之又南爲清溪又南逕邱塘關東爲漾共江又南合黑龍潭香水龍潭四莊龍潭水石洱河水落鍾河水長康河水南供河水又南入龍珠山下水洞復出龍山南爲腰江右納三莊河水折東流逕江邊村北入金沙江金沙江又東南右合鄧川州枯木河水又東左會永北廳二道河水右納賓川州苔旦河水又東右納大理府一泡江水又東北右納大羅河水又東與打沖河合卽若水也繩若合流距冕甯甚遠會理州近之

姑復

補注先謙曰王莽曰有夷人大牟鈹見莽傳續志後漢因

臨池澤在南

師古曰復音扶

目反補注先謙曰續志劉注引地道記臨池澤作鹽池澤陳澧云臨池澤卽今永北廳程海其水南入金沙江姑復近鴉礱金沙二江合流處其地大澤惟程海若水注繩若水自三絳來逕姑復縣北下仍入三絳又淹水注淹水自青蛉來東逕姑復縣之臨池澤東北流下入益州雲南先謙案五郎河自永北廳東北流程海正當其北又南與觀音河合下見雲南又葉榆水注葉榆水自遂久來逕姑復縣西合淹水木[illegible]雲下入益州邪龍

三絳

補注先謙曰後漢因續志作三縫劉注華陽國志云通道甯州渡瀘得青蛉縣若水注繩若水自遂久來逕三絳縣西下入姑復又自姑復來北對三絳縣淹水注之三絳一曰小會無故經曰淹至會無注若水[illegible]正繩若水又東合毋血水涂水下入卑水毋血水自益州㮇棟來北流逕三絳縣南北入繩若水先謙案本志㮇棟下云毋血水北至三絳入繩者也注又云涂水自益州收靡來至越嶲入繩若水先謙案本志收靡下涂水西北至越嶲入繩者也

志稿三絳今會理州東南跨金沙江江以東之巧家廳江以南元謀祿勸縣北撒甸諸處皆是据收靡下注臘涂水西北至越嶲入繩以今考之惟有壁谷江南出尋甸州西北至壁谷壩爲越嶲三絳地若三絳不至金沙以東不得云過郡二也毋血水卽龍川江江在元謀縣北入金沙江知三絳在會理州南又當西連姜驛至龍川江入江以北也

蘇示

補注先謙曰續志後漢因國志作蘇祁新唐志自臺登城南九十里至蘇祁縣又南八十里至嶲州一統志故城今西昌縣北紀要卽禮州守禦所治

尼江在西北

師古曰示讀曰祗尼古夷字補注先謙曰官本尼並作尼尼江不見它書錢坫以爲開基河陳澧云開基河與瀘沽湖會志既載瀘沽湖視定卽兼開基河或以爲在西昌縣北則與孫水混益鹽源縣鹽井河也其水西入鴉礱江先謙案蘇示在西昌北則開基鹽井二河皆在縣西南不在西北然舍二河無足當尼江者開基距蘇示遠今從陳說据輿圖鹽井河出鹽井衞西五里涼山堡繞鹽源縣西合龍潭水又西與別列河水合水出猓玀關爲麥架河合白角河水又北逕菠葉土舍西又西合宅開河水又北爲別列河水又北入鹽井河鹽井河水又北入打沖河卽一統志之雙橋河也

闌

師古曰音蘭補注先謙曰官本注作音闌後漢因續志作闡華陽國志縣故邛人邑治邛都城案宋志沈黎郡領蘭縣漢舊縣作闡然則作闡是也一統志故城今越嶲廳北

卑水

孟康曰音班補注先謙曰續志後漢因華陽國志縣距郡三百餘里水通馬湖若水注繩若水自三絳來逕越嶲郡之馬湖縣二漢無馬湖縣後來惟元有馬湖路明有馬湖府地說家以爲今敘州府屏山縣元明當有所因漢志沈此一縣也爲馬湖江又左合卑水下入犍爲朱提卑水出卑水縣東流注馬湖江一統志故城今會理州東北紀要在越嶲衞指揮司東南近馬湖江

灊街

師古曰灊音潛又音才心反其下亦同補注先謙曰續志後漢省据志稿以爲今劍川州又鶴慶州亦灊街地

青蛉

補注先謙曰續志後漢因元和志青蛉舊縣夷名大姚堡與㮇棟川相接一統志故城今大姚縣治

臨池灊在北

補注先謙曰臨池灊卽臨池澤也以地望推之卽永北廳程海南流入金沙江當大姚北境

僕水出徼外東南至來惟入勞

補注宋祁曰惟後作唯王鳴盛曰惟南監本作唯是先謙曰續志劉注有鹽官濮水出[illegible]來唯益州縣江水注布僕水自邛都來東南至青蛉縣入僕水僕水下入益州邪龍先謙案布僕水不至青蛉縣辨見邛都据志稿僕水卽禮社江出蒙化廳西北定西嶺土司花判山東南流逕廳城南爲陽江定邊河窩接河合流注之又東與白岩江水合又志稿以白岩江爲禮社江東源陽江爲西源由不知白岩江爲貪水也今案陽江當爲禮社經流白岩江斷屬青蛉所出之貪水形勢胳合下見邪龍

過郡二行千八百八十里

補注先謙曰過越嶲益州則

禺同山有金馬碧雞

應劭曰青蛉水出西東入江也師古曰蛉音零禺音愚補注先謙曰則當作有續志有禺同山俗謂有碧雞金馬是其證也淹水注淹水自遂久來東南至青蛉縣有禺同山其山神有金馬碧雞光景倏忽民多見之淹水下入姑復先謙案五郎河自中甸廳東南流逕十二關干山東又東北流合走馬河水當永北廳之西北下見姑復又若水注青蛉水出青蛉縣西東逕其縣下縣以氏焉有石猪圻長谷中有石猪子母數千頭長老傳言夷昔牧此一朝

化爲石迄今夷人不敢往牧貪水出焉青蛉水又東入繩若水觀入先謙案本志益州葉榆下云貪水首受青蛉班無置青蛉原委不言之理此注青蛉水出西東入江當爲班志元文應劭曰三字衍入江者入繩若水也又江水注貪水上承青蛉縣青蛉水下入益州葉榆先謙案一統志紀要皆以出姚州南入金沙江之大姚河爲青蛉水與鄙注不合青蛉縣爲大姚此水出其南非出其西也青蛉水即大姚西之青龍海出雲南縣北二十五里之梁王山西南流納諸山水又南逕圖山壩東爲青龍品甸二海又合爲一東北逕老虎闘爲一泡江又北逕北極山左合米甸水又右合一字水入金沙江此青蛉水出西東入繩若水也其自團山壩支分者南流爲萬花溪此貪水自青蛉水出也又東南納二水爲白岩江又東逕蒼山北與陽江合又東南爲禮社江此貪水入僕也詳葉榆

益州郡〔補注〕閻若璩曰郡治滇池以西南夷傳知之先謙曰据溫水注郡治滇池續志後漢治同劉注雒陽西五千六百里永昌郡治不韋雒陽西七千二百六十里武帝元封二年開〔補注〕周壽昌曰武紀元封二年遣將軍郭昌中郎將衛廣發巴蜀兵平西南夷未服者以爲益州郡而江水注引地理風俗記云華陽黑水惟梁州武帝元朔二年改梁州爲益州以新啟犍爲牂柯越巂州之疆壤益廣故稱益云案元朔二年帝方有事朔方收河南地置朔方五原郡尚未及收服巴蜀應說誤也莽曰就新屬益州應劭曰故滇王國也師古曰滇音顛其下竝同〔補注〕先謙曰續志後漢因又永昌郡下云明帝

永平二年分益州置屬竝同戶八萬一千九百四十六口五十八萬四百六十三

縣二十四〔補注〕錢大昭曰昭紀始元元年益州廉頭姑繒牂柯談指同竝二十四邑皆反西南夷傳同今志中牂柯郡有談指同竝而益州郡無廉頭姑繒或是改名或是幷省不可知矣

滇池〔補注〕先謙曰說文滇益州池名楚武王時莊蹻至此王之見西南夷傳續志後漢因一統志今昆明宜良呈貢晉甯州地故城今晉甯州東阮元雲南通志稿云漢滇池治當在宜良縣地大澤滇池是二在西在西北方位又不同大約大澤今陽宗海子滇池乃今昆明海子陽宗海子在西非今宜良而何第滇池爲郡治當較他縣稍廣今晉甯州及併入呈貢之廢歸化縣皆當屬之惟宜良北境當屬昆澤縣耳大澤在西滇池澤在西北〔補注〕先謙曰溫水注溫水自味來西南逕滇池城池在縣西周三百許里上源深廣下流淺狹似如倒流故曰滇池先謙案阮福云上林賦文成顛歌文穎注顛縣其人能作西南夷歌顛與滇同然則武帝前滇池縣本作顛縣後人因池加水爲滇耳滇池讀作顛池以顛爲義說文顛頂也言益州各水四面下注於卑地此縣之地與池獨居高頂如金沙江在滇池東北流至普渡河因顛高不能南注折往東北入四川敘州矣瀾滄江在金沙江之西因顛高不能東注卽往正南入南掌國界矣南盤江因顛高不能北注而東行入廣西矣車洪江因顛高不能西注亦東北入金沙江矣皆因滇池居地高顛之故也不當以顛倒爲義据志稿滇池澤出嵩明州西北梁王山南流逕牧養村爲牧養河合邵甸河水爲盤龍江又南逕松華壩支分東出爲金棱河又西逕雲南省城東北合銀棱河水又南逕城東南分水嶺西支分爲玉帶河又南逕螺螄灣西支分爲探蓮河又南屈西流支分爲太家河楊家河金家河又西逕雄川閘出羅公閘共百三十里匯爲滇池裒長百二十餘里東西廣三四十里不等歷昆明呈貢晉甯昆陽西北爲草海東南爲水海滇池自盤龍江口折而東南合寶象河分流諸水又合馬料河分流諸水屈西南逕呈貢縣西合落龍河分流水南衡河水盤龍河水又西南逕海寶山北合大壩大堡二河及分流子河諸水渠濫川水又西屈北逕昆陽州東北二十里爲海口屈西北合楊金太三河禾蓮河永暢河板壩河茨塘河西壩河湧蓮河玉帶河諸水又北合海源河水折而南逕石鼻山東北合棋盤山水又逕碧雞山東又歷太華山東又逕昆陽州北諸山東至龍王廟灘爲海口當豹子山右西出爲大河合海門村南諸水又西而川漸狹又北屈西流爲武趣河又合鳴矣河水爲螳蜋川又屈東北流逕天津橋南合沙河水迎恩橋水又北折東流逕富民縣合彝札郎水清水河水又北逕武定州合農納河水又北爲普渡河入金沙江注又云溫水又西會大澤與葉榆僕水合下入牂柯毋單當作毋斂說見[illegible]元又葉榆水注葉榆水自秦臧來南與僕水同注滇池澤於連然雙柏縣連然雙柏下竝見葉榆水自澤又東北逕滇池縣南下入牂柯同竝先謙案葉榆僕水皆不注澤道元誤大澤志稿以爲陽宗海子是也陽宗元舊縣在今河陽縣東北四十里陽宗海子在縣北周七十餘里出羅臧山東支峯西麓爲彌

勒石溪合錦溪水豬爲明湖又北合七古泉水日角溪水大衝河水龍池溪水又北爲海口又北入宜良爲大城江又分爲二一東北流入大池江溫水卽南盤江自陸淙州西流跓覌逕宜良縣東北爲大池江赫作大江合大城江水注所謂溫水又會大澤者也大池江水又屈東南合三台山水又屈西南合大城江支水黑泥河水又西南逕竹子山西屈東南入路南州境合巴盤江水爲鐵池河又東南入甯州境有黑水祠〔補注〕陳澧曰黑水今雲南怒江西南流入緬甸國其水在漢邊徼故但於昆明縣望祀之怒江上源曰哈喇烏蘇蒙古謂黑曰哈喇水曰烏蘇其爲古黑水無疑五經異義云以今漢地考之自黑水至東海經略萬里禹貢導黑水鄭注今中國無也合二說觀之則漢地至黑水而盡故班志不著其源流耳先謙曰黑水卽怒江詳見舊唐下

雙柏〔補注〕先謙曰後漢因續志出銀志稿云易門縣諸志不詳据葉榆水注雙柏當東臨滇池又郎水至此入僕則雙柏當兼南安嶍峩邊界西及新平丁癸江入禮社江處易門爲雙柏似爲可据江水注僕水自味來歷雙柏縣合郎水下入來唯郎水自秦臧來南至雙柏縣東注僕水先謙案本志秦臧下郎水南至雙柏入僕者也据志稿僕水卽禮社江東南流上見[illegible]龍逕新平縣西北又逕斗門鄉南三江口與麻哈江會硯又東南爲戛賽江逕哀牢山東麓合化龍河水南倉河水茂竜河水鷲得河水了味河水又至磨沙爲磨沙江合馬龍河水楊家沖水樹布拉河水乞窖河水南麻河水又東南爲元江合漫綫河水甘莊河水南淇河水逕元江州城東合清水河水雙渠溝水南侊河水矣落河水又東南逕臨安府合屏山溪水淸水河水末竜河水龜樞河水爲河底江又合兔街河水

龍孟河水曲通山水补觀即水即星宿江自祿豐入境秦上觀南流逕易門爲九渡河又南爲綠汁江屈西南逕嶍峩縣爲丁癸江亦曰小江逕新平縣北又逕太和山北爲麻哈江又西入禮社江此郎水入僕也又葉榆水注葉榆水入滇池澤在雙柏縣界拼見葉榆

同勞〔補注〕先謙曰續志後漢因志稿云同勞今南甯縣南陸涼州北

銅瀨〔補注〕先謙曰後漢因續志作同瀨志稿云銅瀨當在今南甯縣西北今南甯以北水自西東流入溫者爲白石江談槀在溫水東南甯霑益東畔今白水站諸處白石江即迷水是馬龍爲銅瀨可知

談虜山迷水所出東至談槀入溫〔補注〕先謙曰續志劉注地道記云銅虜山米水所出談作銅迷作米形聲之變談槀牂柯縣溫水注迷水出銅瀨縣談虜山下入談槀據志稿迷水出馬龍州東南山中爲響水河東北流合札海子水又東北合三岔河水又東南合馮家橋水又東逕柳家壩爲白水江

連然有鹽官〔補注〕先謙曰續志後漢因元和志連然即滇國螳螂川地一統志故城今安甯州治華陽國志縣有鹽泉南中所共仰志稿云安甯爲漢連然其南併入之三泊縣實兼有俞元縣地而安甯西之祿豐亦連然地也据葉榆水注葉榆水入滇池澤在連然縣界拼見葉榆

俞元〔補注〕先謙曰華陽國志縣在河口洲上溫水注縣治龍池州續志後漢因一統志今河陽縣地志稿云南齊志晉甯七縣有俞元諸志以爲澂江江川案當屬今昆陽及舊三泊縣南境新興江川皆是昆陽三泊北境當分屬連然雙柏爲是三泊元舊縣今隸昆陽

池在南橋水所出東至毋單入溫行千九百里〔補注〕先謙曰毋單牂柯縣溫水注橋

水上承俞元之南池周四十七里一名河水甌互觀下入毋單又云梁水上承河水甌橋於俞元縣東南流下入勝休先謙案此謂班志勝休下之河水也志稿云毋單或毋棳之誤毋單屬牂柯不應至彼毋棳在今甯州甯州地廣可以南及建水阿迷先謙案俞元郎河陽橋水所承之俞元南池郎縣城南撫仙湖也据志稿出江川縣西北綠龍山爲阿件溪南流爲中河支分西流與冷水泉合冷水泉出縣西西山黑龍潭東南流會中河支水爲西河西河又南合中河匯爲星雲湖周八十餘里中河水又左納東河水三源既會東逕海門橋爲港河又東逕河陽縣匯爲撫仙湖一曰羅伽湖周三百餘里界河陽南江川東甯州西北湖水自玉筍峯東南合西浦泉水羅藏溪水大一湘栖玕札溪水大一湘棟又東爲海口入南盤江其入盤江在甯州境即漢毋棳縣地志稿云單爲棳誤是也此水以當橋水入溫地望適合至道元謂即勝休之河水前人皆疑其誤此湖納眾流而無別出之水其明證矣里數亦不合當有譌文

懷山出銅〔補注〕先謙曰續志作裝山一統志以爲郎羅藏山在河陽北十里

收靡〔補注〕先謙曰後漢因續志作牧靡說文同華陽國志直作升麻云山出升麻段玉裁云收升牧三字同紐隸釋益州太守碑收靡字三見晉志作牧麻先謙案若水注縣山並即草以立名山在縣東北烏句山南五百里山生牧靡可以解毒百卉方盛烏多誤食烏喙口中毒必急飛往收靡山啄收靡以解毒也存水注存水自犍爲郁鄢來東南逕收靡縣北下入牂柯且蘭志稿云收靡在今會澤縣尋甸州境參證輿圖存水即可渡河合宛溫水後正當會澤東尋甸東北宣威州北疑收靡在今宣威州境存水又東屈北左納桃花溪黑石汛合流水結里汛南山東山二水又東南右納木冬河水又東歷天生橋下入郎岱廳境

南山臘涂水所出西北至越嶲入繩過郡二行千二十里李奇曰靡音麻即升麻殺毒藥所出也師古曰涂音塗〔補注〕先謙曰臘下脫谷字郡二益州越嶲若水注涂水導源收靡縣南山臘谷西北流下入越嶲郡据志稿云涂水即壁谷江出尋甸清水海西北至東川壁谷壩入金沙江然云至越嶲入繩過郡二則漢越嶲東南界至繩水以南今之東川巧家廳皆越嶲郡地也先謙案据志稿楊林海子出尋甸州西南果馬山爲果馬溪南流爲龍巨河亦曰龍濟溪東南流合花箐哨水間易屯水又逕嵩明州城北合福祐河水羅錦溪水又逕王師壩南匯爲嘉利澤周百餘里又東南合楊梅河寬郎河彌良河天生橋河對龍河遙岔河玉龍河水又東南逕宜良縣北納邑市屯河水又東北逕楊高橋爲河口又東北爲阿交合溪又北爲車洪江江西爲東川府界東爲霑益州界又北逕平溪西又逕歹拉西俱流萬山中又逕宣威州西合赤水河水西澤河水又屈西北流爲牛欄江又東北右爲宣威州左爲東川府合沙河水又東北右爲貴州威甯州左爲東川又北逕者海東合車烏小河水又西北右爲昭通府魯甸通判境左爲東川境合頭道河水又西入金沙江疑此爲涂水其入金沙江西北流與志合壁谷江源流甚短無千餘里且直北流非西北故知非也

穀昌〔補注〕先謙曰華陽國志武帝遣將軍郭昌討平之因名縣爲郭昌以威蠻人孝章時改爲穀昌案西京已名穀昌章蓋宣之誤續志後漢因志稿云今昆明呈貢地一統志故城今昆明縣北七里

秦臧〔補注〕先謙曰續志後漢因葉榆水注

葉榆水自邪龍來東南逕秦臧縣下入滇池一統志今富民縣武定州地故城今富民縣治志稿云雲南府南流之水惟星宿江可當郎水牛蘭山當郎今武定羅次界之白花山則秦臧實兼有今羅次祿豐及武定祿勸南境地不僅富民一縣又建伶故縣舊志並以爲在府城西北則富民又當兼有建伶地先謙案葉榆水今西洱河入瀾滄江不東注滇池道元誤也

牛蘭山郎水所出南至雙柏入僕行八百二十里〔補注〕先謙曰江水注郎水出秦臧縣牛蘭山南流下入雙柏据志稿郎水即麻哈江出羅次縣南九涌山北流合分水嶺水穹窿山水又西爲金水河又屈西南會一水至祿豐境爲星宿江

邪龍〔補注〕先謙曰續志後漢改屬永昌志稿云蒙化永平順甯地葉榆水注葉榆水自越嶲姑復來東南逕邪龍縣蠲都雲南縣於不韋縣爲東北葉榆水下入秦臧又江水注貪水自葉榆來至邪龍縣入僕先謙案本志葉榆下貪水南至邪龍入僕者也僕水自青蛉來南逕邪龍縣合貪水下入味据輿圖僕水即禮社江上蜆青蛉自白崖陽江合流後又東南爲大廠河又南爲禮社江互詳葉榆下入雙柏不至味酈注不能強通又溫水注橋水一名河水自俞元來與邪龍分浦後立河陽郡治河陽縣在河源淵上又甯雲平縣並碓洲中橋水下仍入俞元

味孟康曰音昧〔補注〕先謙曰續志後漢因江水注僕水自邪龍來又逕甯州建甯郡晉志治味縣郡屬下入雙柏又溫水注溫水自昆澤來又逕味縣縣故滇國都也水側皆是高山山水之間悉是木耳夷居語言不同嗜欲亦異雖曰山居土差平和而無瘴毒溫水下入滇池先謙案又逕味縣以下注文當移西逕昆澤縣南之上說詳昆澤一統志故城今南甯縣西十五里舊名洪範川

通志地名三岔故城遺址尙存

昆澤 【補注】先謙曰續志後漢因溫水注溫水自牂柯談藁來西逕昆澤縣南下入味紀要故城今昆陽州治志稿云宋志晉惠帝分建甯西七縣爲益州郡皆屬今雲南府而昆澤隸建甯本郡不屬益州當在七縣之東昆陽在滇池連然西南非昆澤也惟嵩明楊林大澤在晉甯七縣東當屬昆澤溫水逕縣合滇池卽今南盤江漢昆澤當在今嵩明南及陸涼西之廢芳華縣若酈注昆澤縣下中隔又逕味縣一段本當在上誤錯在下味縣卽今南甯其東無昆澤縣地溫水亦非西流數縣始逕味縣味縣離滇池甚遠溫水自味縣確是西流逕昆澤南又西南逕滇池城並非由味縣逕西南至滇池城者明乎此則昆澤爲嵩明無疑先謙案溫水卽南盤江自曲靖府西南流互見談藁逕陸涼州合板橋河水屈而南匯爲中延澤又西合關上河水乾沖河水大龍潭水爲赤江河又合洗馬河水雲南橋河水西山大河水鏞上河水又西爲疊水灘合清水溝水下入宜良縣宜良漢滇池志稿以陸涼西宜良北見滇池爲漢昆澤境今從之

葉楡 【補注】先謙曰後漢改屬永昌續志作楪楡一統志今太和浪穹縣鄧川賓川州地故城今太和縣東北志稿云太和縣漢以前爲昆明所謂自同師以東北至楪楡爲嶲昆明者是也武帝併昆明地屬益州立楪楡縣見後書西南夷傳楪楡地北及浪穹鄧川東有賓川西半地不止太和一縣又鶴慶州亦楪楡地

葉楡澤在東 【補注】先謙曰葉楡水篇葉楡河出其縣北界屈從縣東北流注云縣故滇池葉楡之國也縣西北八十里有弔鳥山眾鳥千百爲羣其會鳴呼嘲哳每歲七八月至十六七日則止一歲六至俗言鳳皇死於此山故眾鳥來弔因名弔鳥縣之東有葉楡澤葉楡水所鍾而爲此川藪也下入不韋一統志弔鳥山今名鳳羽山在浪穹縣西南三十里葉楡澤卽洱海也据志稿西洱河出鶴慶州西南黑泥哨山西流會諸山水逕觀音山西爲觀音河亦曰梅茨河合九龍池水又南爲大營河出洞鼻逕浪穹縣東北右與洱源海子合洱源海子出浪穹縣東北龍谷山水自海涌出爲茈碧湖湖中有九炁臺又南合羅鳳溪水爲甯河又逕紅山口入大營河大營河又南入鳳羽河爲三江口又逕鍊城南入蒲陀崆又南出爲彌苴佉江又逕德源城北折東流逕德源山東折南流逕鄧川州東又南逕上關合羅時江水問地江水匯爲洱海北自鄧川州東南南至趙州西北長百三十里闊三四十里形如月生五日首尾抱點蒼兩峰合十八溪水東山水波羅江水西南流出下關東南流過天生橋折西而西北繞蒼山後五十里至合江鋪西北入漾備江先謙案葉楡水鍾爲葉楡澤流爲葉楡河惟與洱海通流之漾備江見不韋下當之但水經注言葉楡水逕遂久姑復合淹水又東南由邪龍秦臧與僕水同注滇池又自滇池出東北由同並漏江賁古東合盤江非獨與漾備江源流不合且牂益之交山川閒阻何由縱橫四達徧稽圖志實無一水相似以道元地學之精不應鑿空失實至此疑此篇或爲後人所竄託也

貪水 首受青蛉南至邪龍入僕行五百里 師古曰葉音弋涉反【補注】先謙曰蛉下奪水字江水注貪水自越嶲青蛉來逕葉楡縣下入邪龍据志稿萬花溪水互見青蛉出雲南縣西直大理府太和縣東漢葉楡境也下流爲白崖江與陽江合在今蒙化廳境二江并行爲大廠河又南逕石羊山東合馬龍河水又下爲禮社江源流約當漢五百里卽貪水也

律高

前漢二十八上三

西石空山出錫東南監町山出銀鉛 師古曰監音呼鵙反町音挺【補注】先謙曰續志後漢因石空作石室蜀都賦劉注監作盤紀要故城今馬龍州東志稿云据溫水葉楡兩注毋檄爲今阿迷建水則律高乃今之廣西州彌勒縣也盤町山爲晉梁水郡地梁水在律高東南賁古在梁水北漢時無梁水則律高以東皆賁古師宗邸北等處皆是又路南州亦律高西北境溫水注溫水自毋檄來東南逕律高縣南[illegible]又逕梁水郡[illegible]因上合梁水故自下通得梁水之稱溫水下入牂柯鐔封又葉楡水注盤水出律高縣東南監町山東逕梁水縣北下入賁古案溫水卽南盤江[illegible]自阿迷州南與彌勒縣分界折東流合巴甸河水又東北逕縣南盤江山合石穴中混水爲混水江又逕邸北縣北合五羅河水又逕師宗縣東南爲八達河合馬別河淸水河二水又東北下入羅平縣以地望推之律高爲廣西彌勒地則盤水出縣惟巴甸河足當之道元所指當卽是也梁水郡縣在今甯州盤水出其東北也

不韋 【補注】先謙曰後漢改屬永昌續志出鐵劉注華陽國志云孝武置不韋縣徙南粤相呂嘉子孫宗族居之因名不韋以章其先人之惡葉楡水篇葉楡水自葉楡來過不韋縣注云縣故哀牢九隆之國也有牢山蓋秦始皇徙呂不韋子孫於此故以不韋名縣北去葉楡六百餘里葉楡水不逕其縣自不韋北注者盧倉禁水耳葉楡水下入越嶲遂久又若水注蘭倉水出博南縣[illegible]其水東北逕博南山武帝時通博南山道渡蘭倉津土地絕遠行者苦之歌曰漢德廣開不賓渡博南越蘭津渡蘭倉爲作人蘭倉水又東北逕不韋縣合類水禁水下入瀘津水瀘水又東逕不韋縣北而東北流兩岸皆爲高山數百丈瀘峯最爲傑秀孤高三千餘丈水之左右馬步之徑裁通時有瘴氣瀘水下入犍爲朱提類水自嶲唐來西南流曲折又北流東至不韋縣入蘭倉水先謙案本志嶲唐下類水至不韋者也注又云禁水自永昌縣而北逕其郡西入蘭倉水一統志故城今保山縣治府志相傳在鳳谿山下志稿云据嶲唐下周水及類水至不韋云云是周水今怒江類水今枯柯河自今保山縣北沖西南流經老姚關南西南入怒江嶲唐在今保山北境及雲龍南界不韋在今保山縣南自蒲縹以南至灣甸鎭康皆是舊志以嶲唐爲雲龍州地又以不韋在保山縣北三十里鳳溪山皆未確先謙案不韋名縣常酈二說互異常說近之枯柯河卽南甸河入怒江不入瀾滄與酈注不合類水卽沘江[illegible]禁水卽漾備江也本瀾滄江支流自小甸塘分東出爲二江又東南爲白石江納劍川州劍湖水又南爲漾備江逕浪穹縣西又納太和縣洱海水又南合勝備江又南爲黑惠江入瀾滄江一統志博南山在永平縣西南四十里崇坡峻阪委曲嶙峋三十里上有鐵柱爲西歷要道九隆山在保山縣西十里卽牢山全祖望云後書西南夷傳哀牢夷備載九隆名義常璩南中志九隆作元隆凡五見皆然應從范書爲是

雲南 【補注】先謙曰續志後漢改屬永昌劉注南中志云縣西高山相連有大泉水周旋萬步名馮河縣西北百數十里有山眾山之中特高大狀如扶風太一鬱然高峻與雲氣相連結視之不見其山固陰沍寒雖五月盛暑不熱一統志故城今雲南縣南八十里安南坡南中志所言卽點蒼山也今太和縣西南三里志稿云今雲南縣及太和縣南境又賓州趙州亦有雲南地馮河在今點蒼山頂今蒼山洱海皆屬漢雲南縣地至上

闕以北乃楪榆也淹水注淹水自越嶲姑復來東北逕雲南縣西入若水先謙案五郎河又東牡覩注於金沙江又南左合烏消河水又東左合程海水直今賓川雲南之北會理州之西䌲水三考注按方位頗有參差診其源委蓋即淹水道元若水注所云異水沿本注通爲一津更無別川可以當之也

嶲唐〔補注〕先謙曰續志後漢改屬永昌劉注西南夷史記古爲嶲昆明一統志故城今雲龍州南志稿云嶲唐雖在雲龍州西南境其地屬永昌府保山縣蓋保山西漢兼不韋嶲唐二縣也**周水首受徼外**〔補注〕先謙曰首受二字當作出華陽國志有同水自徼外來同水即周水也同周形近而誤此周水非存水注鬱林定周縣之周水錢坫以爲怒江是也据一統志出西西二十六度北極出地三十四度之布喀鄂模番中大澤也西北流折而東南度連匯爲澤東南流會諸水行數千里自怒夷界流入麗江府西北境過魯庫渡口西自雲龍州曹澗西保山縣西北崩戛東騰越廳東北大塘隘東四十里南流逕保山境又南逕馬面關東又南逕蠻邊東猛賴西合西溪水雪山水又南逕羅明西合蒲縹河水八塘灣水平市河水又南逕潞江安撫司東北潞乃怒之聲轉字變又東南合野豬河水施南河水迴環河水又東屈南流合南甸河水又西南逕孟定土府爲查里江又西南直騰越廳南稍東三百餘里出邊入緬甸阿瓦逕木邦孟乃至擺古東入南海**又有類水西南至不韋行六百五十里**〔補注〕先謙曰至不韋下奪入蘭倉水四字若水注類水出嶲唐縣縣武帝置類水下入不韋錢坫以爲泚江是也出麗江府麗江縣舊嶲徼外地西南山中曰弩弓河東南流合小鹽井水折西南流又南逕順盪井西折東南合大郎河水又南逕大波浪村西又東南逕諾鄧井西又南逕雲龍州故城合小雒馬河水又南逕乾海子屈西南流入瀾滄江源流五百里與漢志里數爲近

弄棟 東農山毋血水出北至三絳南入繩行五百一十里〔補注〕先謙曰說文梇下云梇木也从木弄聲益州有梇棟縣後漢因續志作梇棟此作弄傳寫之誤劉注地道記云連山無血水所出蓋東農山異名也水下脫所字若水注毋血水出弄棟縣東農山毋血谷下入越嶲三絳一統志故城今姚州北志稿云三絳在今四川會理州南北至三絳南入繩者惟大姚河龍川江二水然大姚東入繩與北入不合亦非三絳南則北入繩在三絳南者惟鎭南州之龍川江耳出州西北境山北流至四川黎溪州土司南境入金沙江毋血水既爲龍川江則弄棟當兼有楚雄姚州大姚鎭南定遠廣通元謀各州縣陳灃漢志水道圖說同

比蘇 師古曰比音頻二反〔補注〕先謙曰續志後漢改屬永昌宋志作芘蘇一統志故城今雲龍州西志稿云晉咸和中分河陽郡置西河郡治芘蘇縣則芘蘇當屬雲龍州瀾滄江西及潞江以外北及麗江縣西皆是

賁古〔補注〕先謙曰續志後漢因葉楡水注葉楡水自牂柯漏江來逕賁古縣北東合盤江下入牂柯西隨盤水自律高來東逕賁古縣南水廣百餘步深處十丈甚有瘴氣盤水又逕漢興縣鄺諧縣興古北入葉楡水一統志故城今建水縣東南志稿云舊志以臨安爲漢賁古考鄺注葉楡水又逕賁古縣北合盤江盤江出律高縣東逕梁水郡北賁古縣南則賁古當在今師宗以北羅平州東及貴州興義府與臨安無涉舊志以臨安爲賁古者或因馬援上言從麊泠出賁古擊益州又云從

麊泠水道出進桑王國至益州賁古縣轉輸通利以爲從越南龍門溯流至蒙自即屬臨安豈知蒙自乃來唯非賁古想漢賁古兼有梁水一郡南及紅水江與鐔封交界麊泠水道乃由龍江出鎭南關走廣西古進桑當自越南臨洮府北及廣西鎭安府皆是水道由鎭南關出鬱江順流至潯州復由紅水江溯流至賁古甚易葉楡水不合盤木水經注未加詳考而所言賁古之方位則可憑也**北采山出錫西羊山出銀鉛南烏山出錫** 師古曰賁音奔〔補注〕先謙曰續志采山出銅錫明此錫上脫銅字

毋棳 橋水首受橋山東至中畱入潭過郡四行三千一百二十里莽曰有棳 師古曰毋讀與無同棳音之悅反其字從木〔補注〕先謙曰續志後漢因志稿云今霑州首受二字依志例當作出續志劉注引地道記云有橋水出橋山即本志文四當作三過益州牂柯鬱林中畱鬱林縣溫水注溫水自牂柯毋單來東南逕興古郡鄺諧毋棳縣東合南橋水都加嘯辨之於橋楡杭元下入律高南橋水出縣之橋山東流合梁水入溫梁水郎河水自勝休來東逕毋棳縣左注南橋水先謙案本志勝休下河水東至毋棳入橋者也全祖望云道元加南字別之然南橋水固河水之所入也又謂俞元之橋亦名河水則二橋互相出入矣恐誤注又云地理志曰橋水東至中畱入潭余診其川流更無殊津正是橋溫亂流故兼通稱作者咸言中畱入潭潭水又得鬱之兼稱而字當爲溫非橋水也蓋書字誤矣先謙案溫鬱潭在中畱合流乃橋水下游故道元言如此志稿云南橋水當爲今曲江是也出江川縣西南獸頭山屈西流逕河西縣夾雄山北折東北流逕江川縣又東北合香柏河水撒喇哨河水羅麼溪水又屈南流逕新興州城西北合羅木箐水又西南逕通年橋爲玉溪合西河水九龍池水蓮花池水窯溝水牟溪水又逕甸尾村流兩山中合黑龍潭水甸苴河水又西南合苴江河水清水河水又南逕嶍峩縣爲猊江屈東流逕縣城北又南流逕城東南與練江水會練江水出嶍峩縣西六十里勝郎山東北流逕新平縣爲練莊河又逕石屏州爲龍車河又逕嶍峩縣西合老魯關水又東北流爲練江又逕縣東南入猊江水爲合流江又東南逕河西縣西合東山河水爲碌碌河又合舍郎河水六村河水爲曲江折東流至館驛合石壁泉水東山龍泉水浣江水又東北流逕甯州南婆兮鄉入南盤江南盤江䖵覼入甯州境南流合分水嶺水又逕州南婆兮鄉爲婆兮江曲江水東北注之此南橋水入溫也婆兮江又合七犀潭水又折東流爲盤江又逕阿迷州境瀘江水東北注之此南橋水入溫而河水入橋以入溫也志言橋水入潭亦兼書其委耳南盤江又折東北流下入彌勒縣

勝休 河水東至毋棳入橋莽曰勝𣓌〔補注〕先謙曰續志後漢因劉注南中志云有大河從廣百四十里深數十丈地道記云水東至毋棳入橋水紀要故城在今臨安府境溫水注梁水郎河水自俞元來東南逕興古郡勝休縣下入毋棳先謙案橋水俞元下詳之河水即梁水鄺注是也晉時梁水郡治甯州在後漢甯州爲興古郡地阿迷州爲梁水郡地皆今之臨安府境勝休地志不詳考梁水者固當於臨安求之梁水蓋即瀘江出臨安府石屏州西三十里寶山南麓會關口橫岡以東諸山水東流爲寶秀湖一曰赤瑞湖延袤二十餘里東流合大松樹泉水舊壩水又分爲二各繞

至城東合流匯爲異龍湖廣袤百五十餘里中有三島與南中志從廣石四十里相應又東爲湖口合王家沖水沙河水又東爲瀘江合曠野河水黃龍潭水東折而南又折而東逕臨安府城南又東北流合白沙河水象沖河水又東合賽公河水又東北入巖洞又伏流十餘里至阿迷州萬象洞出爲樂榮河繞掾田山麓又東至燕子洞伏而復出合雞街河水又東逕阿迷州城南折東北流合東山水又東北入南盤江志云入橋者與曲江同注也互詳毋椶下

建伶 應劭曰音鈴〔補注〕宋祁曰健字郡本作建先謙案宋說所見本作健說文伶弄也益州有建伶縣續志後漢因一統志故城今昆明縣西北

來唯 〔補注〕先謙曰續志後漢省据志稿今廣西泗城鎭安及蒙自開化南又云當自蒙自南及越南交岡水尾至嘉興州蒙縣龍門江入洮江處古人郡縣北徼而南廣故益州南陲如此之廣先謙案泗城鎭安遠不相及言蒙自開化可矣 從陸山出銅 〔補注〕錢坫曰陸古陀字先謙曰集韻從陸山名在益州 勞水出徼外東至麋伶入南海 〔補注〕先謙曰官本作麊泠齊召南云各本俱作麋泠又牂柯郡西隨麋水至麊泠入尙龍谿亦作麋泠誤也麊泠交趾縣今改正朱一新云据說文當作麊麓譌字麋借字泠亦借作伶江水注僕水自雙柏來東至來唯縣入勞水先謙案本志越巂青蛉下僕水東南至來唯入勞者也志稿云僕水即河底江自臨安府東南流雙觀逕蒙自縣南合淸水河水箇舊廠水又逕縣東南爲梨花江又逕開化府爲魯部河又南逕壩灑汛南合新現河水又東南入越南國境合三岔河水又南逕通化府西合盤龍河水又東南逕嘉興州蒙縣會洮江此僕水入勞也注又云

勞水出徼外東逕縣與僕水合下入交趾麊泠据志稿勞水即瀾滄江出西藏三格爾吉土司南格爾吉市噶那山爲市楚河又二源出巴喇克拉丹蘇克山名鄂穆楚河東南流至察木多廟前而合又東南合楚楚河水子楚河水千餘里逕巴塘土司南入邊又東南逕怒山東合怒山一水又南逕維西廳西又西逕小甸塘西分爲二一東流爲漾備江一南流爲瀾滄江東南逕雲龍州西合泚江水又東南銀龍河水自永平縣南注之又東逕高梘槽與漾備江合折南流逕雲州東南納順甸河水景東廳水猛麻河水折西南合分水嶺水又逕猛猛南合棘蒜江水折東南入普洱府境至猛班南納威遠江水康郎河水又南逕巨洲分而復合折東流合猛撤江水又屈東流合南溪水北溪水又折而南繞九龍山麓爲九龍江又南屈西南逕檄欖壩西又屈東南逕猛淪南左納羅棱江水又東南流右爲緬甸猛竜左爲暹羅猛辛又東南入南掌界爲南龍江右爲南掌左逕臨安府茨通壩南又東爲烈嗎渡又東逕把哈南又東逕猛丁南又東逕猛蚌南爲猛蚌渡又東逕猛賴東南左會藤條江水右爲老撾又東南爲欄馬渡下入越南國自雲州普洱以下在漢皆益州徼外地適符僕會之文矣又溫水注溫水自牂柯鐔封來又逕來唯縣東而僕水右出焉先謙案溫水逕鐔封後東南至廣鬱無反西逕來唯之理右出更不知何指當有誤文詳見鬱林廣鬱下 僕水過郡三 〔補注〕先謙曰越巂益州交趾 行二千五百六十里 師古曰陸音胡工反伶音零

牂柯郡 〔補注〕閻若璩曰郡治故且蘭以西南夷傳知之先謙曰据溫水注郡治故且蘭續志後漢治同劉注雒陽西五千七百里 武帝元鼎六年開 〔補注〕先謙曰溫水注同華陽國志唐蒙斬莋王首置牂柯郡 莽曰同亭 〔補注〕先謙曰西南夷傳夜郎國有且同亭莽更名取此 有柱蒲關 〔補注〕周壽昌曰初學記州郡部作桂浦溫水注作柱浦 屬益州 應劭曰臨牂柯江也師古曰牂柯係船杙也華陽國志云楚頃襄王時遣莊蹻伐夜郎軍至且蘭椓船於岸而步戰既滅夜郎以且蘭有椓船牂柯處乃改其名爲牂柯杙音弋〔補注〕先謙曰溫水注牂柯亦江中兩山名吳都賦吐浪牂柯者也牱㸑之無亦引常璩說通鑑注引後漢志注牂柯江中名山案牂柯南夷國名見管子小匡篇是春秋時已有非至楚頃襄時改名鄭珍云果如常說且蘭自蹻後名牂柯何以終西漢世止稱且蘭不一及牂柯蓋秦以前牂柯自爲國後臣屬夜郎史記西南夷傳所稱此諸國及夜郎旁小邑者異物志云有一山在海內小而高似繫船筏俗人謂之越王牂柯交州記云俠石孤絕高數丈名爲牂柯在海中與鄙注言江中兩山異要是山似繫船牂柯故以爲名在其國境卽以名國漢開郡取管書舊名耳續志後漢因屬同

戶二萬四千二百一十九口十五萬三千三百六十

縣十七

故且蘭 〔補注〕先謙曰洪亮吉貴州水道攷云以沅無二水出黃平州金鳳山證之縣在黃平州以西都勻府以北左近界中檢諸地志貴筑貴定淸平皆注云故且蘭地圖經云且蘭在湄甕黃施之交明漢時縣大自黃平州西南貴筑縣東北皆其地也知

且蘭卽知牂柯郡治所在並可因此正漢晉地志之誤矣鄭珍云貴州鎭遠一府及貴陽之龍里貴定平越州之甕安餘慶諸縣都勻府之麻哈州淸平縣石阡府之烏江以南境皆且蘭地元和志以播州爲且蘭後人因以遵義地當之誤也先謙案續志後漢因晉志去故字劉注地道記云有沅水洪亮吉云卽沐傳寫之誤沅沅水注無水出故且蘭下入武陵無陽詳無陽下又溫水注豚水自談槀來東逕且蘭縣謂之牂柯水水廣數里縣臨江上故且蘭侯國也一名頭蘭元鼎五年武帝伐南越發夜郎精兵下牂柯江同會番禺是也牂柯水下入毋斂又存水注存水自益州收靡來東逕且蘭縣北而東南出下入毋斂先謙案豚存二水皆不逕無斂考按輿圖牂柯豚水卽三岔河存水卽可渡河合爲北盤江後東南流逕郎岱廳南又南與西坡河合西坡河水出普安州西大坡鋪總二源東北流爲拖長江又逕州城北繞逕城東爲豬腸河右有三水合注又東逕普安縣北右有三水合注又東北右一水自安南縣北流注之又東北入北盤江北盤江水又南歷永甯州西盤江營東屈西流納馬涼河水又屈東南納馬軍河水又東逕貞豐州西甯谷河水自安順府西南流注之又南逕康莊司納岩下河水又南納魯溝河水又南逕興義府城東又南逕泗城府北境把蘭村東北界與南盤江合峴鐔以二水所逕推之則故且蘭當兼有郎岱永甯安順鎭甯等境 沅水東南至益陽入江 〔補注〕洪亮吉曰沅水自黔陽以下至入江皆東北流惟經辰州府城外稍東南流數里卽折向北故說文云沅水出牂柯故且蘭東北入江志作東南傳寫誤也先謙曰益陽長沙縣沅水篇沅水出且蘭縣爲旁溝水下入武陵鐔成据貴州水道考云今黃平

州屬重安長官司北有金鳳山山北卽鎭陽江古無水也山南卽重安江古沅水也重安江出都勻府都勻縣城內之東山亦曰馬尾河東北流有龍潭河水入之又東北入八寨同知境又東北入麻哈州境歷平定上下司爲平定河又東北入淸平縣之凱里營爲凱里河又東北合諸梁江水諸梁江水出平越府西北大山東南流百餘里至府南境有一水出貴定縣東南山流經黃絲驛合數小水入之又東北羊場江合馬場江來入之又東與麻哈江水合麻哈江水出麻哈州西有三源會而北流逕州西合東來一水又屈而東北逕楊老驛又北逕林老驛又西北合諸梁江水至重安驛東南入重安江重安江水又東逕黃平州界自都勻至此三百餘里又東逕平谷寨入生苗界有大丹江小丹江合流歷九股苗洞爲九股河入之重安江又逕施秉舊縣南爲前江又東北歷長忌塘爲長忌河有德明河水出響水塘東南流入之又東逕邛水司南宋邛水縣故治也邛水南流入之重安江又東南逕淸江廳界爲淸水江又東南逕黃砦汛有烏下江水出古州土司中北流逕下江廳西合西來一水又逕苗光砦爲烏下江合西來一水又東逕沖林土司北而入淸水江淸水江又東與潭溪水合潭溪水出開泰縣西山爲沙寨河合西南一水逕八舟土司境爲八舟江東北流逕潭溪土司北故有潭溪之目又北逕新化所爲新化江又逕錦屛司西而入淸水江淸水江又東北流逕毛坪西等溪水出天柱縣北合直銀水東流入之餘見鐔成**過郡二行二千五百三十里**應劭曰故且蘭侯邑也且音苴師古曰音子閭反〔補注〕段玉裁曰郡二當作郡三牂柯武陵長沙洪亮吉曰沅水經都勻平越黎平鎭遠沅州五府八寨淸江

二廳都勻麻哈淸平黃平施秉開泰天柱黔陽八州縣合無水後已千一百餘里又歷辰州常德長沙三府辰谿漵浦瀘溪沅陵桃源武陵龍陽益陽八縣由洞庭湖入大江共千二百里合前實行二千三百餘里古里數較短故班云然**鐔封**〔補注〕先謙曰續志後漢因阮元雲南通志稿云今廣南北境西林縣西隆州境**溫水東至廣鬱入鬱過郡二行五百六十里**師古曰鐔音尋又音淫〔補注〕先謙曰廣鬱鬱林縣過牂柯益州鬱林二當爲三里數亦誤溫水注溫水自益州律高來東南逕鐔封縣北下入益州來唯志書溫水於鐔封而水經及注上溯其源云出夜郞此補班氏之闕也溫水卽南盤江⿰𧾷卜⿰貴犇⿰古高自羅平州東境東北流合塊澤河水屈而東南合上中下三江水又東南爲紅水河合淸水河水直廣南府寶甯縣之北與鄺注東南逕鐔封縣北合然則寶甯北境卽鐔封矣南盤江水又東南合馬別河又逕西隆州北板朋塘南又東北流至百樂寨折而東東至把蘭村南合北盤江䁕獻此存水豚水與溫水會也三水旣會總名曰紅水河逕藩籬山南定番州之連江水廣順州之剋孟河水合爲蒙江南流注之又東南逕上隆村南又東逕東蘭州北又東南逕州東北雙鳳山北麓福山南麓折而北流巴盤江水自都勻府麥沖堡西南流注之又東北逕那地州西北又屈曲南流逕舊都陽司東龍泉水西流注之枑覘𩧊餘見廣鬱**鄨**〔補注〕先謙曰說文鄨牂柯縣从邑敝聲續志後漢因一統志故城今遵義府城西**不狼山鄨水所出東入沅**〔補注〕先謙曰以水經注證之沅是延之誤延江水注延江水自鍵爲南廣來東至鄨縣又屈北流縣故鍵爲郡治也華陽圖志此鄨蓋誤有縣

有鍵山蠲䵻平延江水合鄨水漢水下入巴涪陵洪亮吉延江水攷云烏江自威甯州逕畢節縣南又東逕大定府南黔西州南又北折而東逕淸鎭縣鴨池汛北又東北逕修文縣西北開州西烏江城南又東南逕遵義府南餘慶縣西北又東北逕石阡府西龍泉縣南思南府城東南又北稍東逕印江縣西北婺川縣東北大定黔西修文開州甕安餘慶石阡皆漢牂柯郡地畢節遵義則鄨縣地水經云延江水至牂柯鄨縣又東屈北流此水自西而東北一一不爽先謙證以圖志延江水自七星關至司家屯右有暑沖河入之次通德河合扯瓜河入之次西江溝水入之左有落折河自畢節縣來合諸水入之延江水又東入大定府境爲六廣河亦曰六歸河左有烏西河入之又東左有龍溪河合楠木溪水入之又東右有猓猓河高家河及平遠州之卜牛河以麥河相次入之又東與鴨池河合鴨池河水出水城廳西爲以且海東南流逕安順府普定縣境爲三岔河又北流逕鴨池汛爲鴨池河而入六廣河六廣河水又東逕修文縣界於此有烏江之名跳登河水入之那大步河水自廣順州來北逕淸鎭縣城西合安平縣之羊腸河水又北逕修文縣城西而入烏江烏江水又北沙河水自黔西州來合諸水東北流注之烏江水又東逕烏江城北右則橫水河洋水河注之左則樂閩河水注之又東與淸水江會淸水江源出龍里縣之朶花山北流逕貴定縣界甕城河入之又西北流牛路河水自貴陽府貴筑縣合諸水北流注之又北洗泥河水入之又北逕開州界入烏江一名皮隴江也烏江水又東左則湘江東南流注之湄潭河水自湄潭縣南流注之右則乾溪河水自甕安縣北流注之烏江水又東淸水河牛腸河自餘慶縣合流注之又東北

龍底江水自石阡府北流注之淸江溪自龍泉縣東流注之又東北逕思南府安化縣城東又北淸水河自印江縣西北流注之又北洪渡河自婺川縣合諸水東北流注之南溪河自黔江縣合諸水西南流注之餘見涪陵注又云鄨水出鄨邑西不狼山東合溫水黚水於其縣東入延江水溫水黚水俱自鍵爲符來南至縣入鄨水漢水自漢陽鍵爲來東至鄨邑入延江水洪亮吉云鄨水卽今之湘江水出遵義府遵義縣北境桐梓縣南境之龍巖山流逕湘山南與桃溪水合迂回五百餘里入烏江龍巖山卽不狼山也**過郡二行七百三十里**孟康曰鄨音鷩師古曰音不列反〔補注〕先謙曰郡二牂柯鍵爲洪亮吉鄨水考云道元云鄨水於符縣而東注延江水符縣今仁懷廳及仁懷縣以北地漢鄨縣屬牂柯符縣屬鍵爲故知過郡爲此二郡也圖經云迂同五百餘里又南入烏江與班志七百三十里之數亦合**漏臥**應劭曰故漏臥侯國〔補注〕先謙曰漏臥侯俞與夜郞句町相攻見西南夷傳係河平中事則此亦縣國並置續志後漢因紀要故城今羅平州南据志稿當在今安順府鎭甯州諸處**平夷**〔補注〕先謙曰續志後漢因亦見蜀志李恢傳一統志今曲靖府平夷縣地故城在今南甯縣境据志稿今平夷縣西境爲漢談藁地東境爲平夷地平夷亦兼有普安廳地先謙案志稿是南甯境故城有疑未可据**同並**應劭曰故同並侯邑並音伴〔補注〕先謙曰昭帝時反見本紀及西南夷傳續志後漢因葉榆水注葉榆水自益州滇池來東逕同並縣南下入漏江是縣在滇池東境或云今澂江府河陽縣地**談指**〔補注〕王鳴盛曰指南監本作拒給也从手臣聲章刃切續志仍作指今人雖不識拒字然北方以物

擲與人猶有掊音說文字今廢不用者多既見此志存之先謙曰昭帝時反見本紀及西南夷傳蘇林云亦西南夷別種宋志作談柏華陽國志作淡指皆誤後漢因續志出丹劉注南中志云有不津江江有瘴氣紀要故城今桐梓縣西南志稿當在今安南縣郎岱廲諸處

宛溫 師古曰宛音於元反補注先謙曰續志後漢因劉注江南中志云縣北三百里有盤江廣數百步深十餘丈此江有毒氣據溫水注華陽國志劉禪分牂柯置興古郡治此止稱溫無宛字蓋脫一統志今羅平州地志稿宛溫二水名在宣威州舊志以宛溫爲平夷縣又以爲羅平州皆非先謙案宛溫水出宣威州南四十里東屯志稿以爲北盤江源水北流逕長沖又北爲龍津又北逕雙壩左納乾河水又東北流爲宛水右與溫水合[illegible]銘赫[illegible]東又北納老浦沖水又北納龍潭水爲龍潭河又左納朱屯水徐屯水又北逕大屯東左納龍洞水又北逕以地羅南左納平川水折東北爲革香河右納勺納河水又東北入可渡河同爲北盤江案劉引南中志縣北三百里有盤江郎可渡河也唐於此置盤州盤水縣今普安州縣正宛溫屬地

毋斂 剛水東至潭中入潭 補注先謙曰溫水注剛水西出毋斂縣下入鬱林潭中案剛水郎獨山河也出獨山州西搖猺塘東流逕州城南又東逕荔波縣北又東逕爛土土司北又東逕都勻土司南八寨水出八萬古州苗山中南流注之又東逕都江廳南爲都江水又東逕古州廳南爲古州江水又逕西山營折東南逕福祿村西南入福祿江郎潭水也 莽曰有斂 師古曰潭音大含反補注先謙曰續志後漢因先謙案今獨山州荔波縣地溫水注豚水郎牂柯水自且蘭來又東南逕毋斂縣西毋斂水出焉豚水下入鬱林廣鬱又存水注毋斂水首受牂柯水東逕毋斂縣爲毋斂水又東注於存水存水下入鬱林定周案毋斂水當郎荔波縣之勞村江故一統志以勞村江下流爲周水但其水源不出自豚水亦不入於存水班志無文此桑郿之誤也詳定周

夜郎 補注先謙曰溫水篇溫水出夜郎縣注云縣故夜郎侯國也唐蒙開以爲縣曰溫水自縣西北流下入談稾據志稿溫水郎南盤江出霑益州西九十里花山洞曰交河其隔山郎車洪江也交河水東南流逕九龍山下有石竅九水由石竅入大谷中十餘里逕天生壩層巖歷級第三級高數十仞有洞曰仙人洞交河水屈曲三十里折而東北逕黑橋折而南逕太平橋左納玉光溪水沙河水折西南流逕州城西南右會臘溪水下入南甯境 **豚水東至廣鬱** 補注先謙曰溫水注鬱水郎夜郎豚水也漢武帝時有竹王興於豚水唐蒙開牂柯斬之今竹王三郎祠其神也豚水下入談稾先謙案豚水諸家異論以地望推之郎宣威州北之三岔河提綱以爲北盤江源者是也 都尉治 莽曰同亭 應劭曰故夜郎侯邑補注先謙曰後漢因續志出雄黃雌黃據志稿夜郎今霑益州亦兼有宣威州地先謙案當在宣威霑益西界西南夷傳夜郎國有且同亭紀要因謂桐梓縣東有且同亭夜郎縣亦在此考西南夷傳成帝河平中尙有夜郎王興未除其爵是縣自爲縣國自爲國夜郎疆域較大不必同在一地無容泥莽改同亭爲縣在桐梓之證[illegible]夜郎後立爲王應云夜郎侯邑在此縣亦未爲覈實也

毋單 師古曰毋讀與無同單音丹補注先謙曰續志後漢因溫水注溫水自益州滇池來東南逕毋單縣[illegible]合橋水下入益州毋椶橋水一名河水自益州俞元來東流至毋單縣注於溫先謙案本志益州俞元下橋水東至毋單入溫者也毋單當爲毋椶詳俞元下

漏江 補注先謙曰續志後漢因葉榆水注葉榆水自同竝來東逕漏江縣伏流山下復出蝮口謂之漏江蜀都賦云漏江洑流潰其阿汨若湯谷之揚濤沛若濛汜之湧波葉榆水下入益州貢古先謙案志稿云杞麓湖出河西縣曲陀關爲長河匯爲湖周百五十里如環而缺納諸山水東爲落水洞復出又納通海縣甸苴關諸山水又東爲落水洞湖水由此洩不知所終蓋伏流東入婆兮江案滇黔四山環合水無所歸穴地郎入謂之落水洞然其下流復出皆可尋究不得執此爲漏江之證杞麓湖水不知所終眞漏江也疑縣郎今通海縣地矣

西隨 補注先謙曰續志後漢因宋志作西隋葉榆水注葉榆水自益州貢古來入牂柯郡西隨縣北爲西隨水下入進桑由西隨至交阯崇山接險水路三千里据志稿西隨當在今廣南南境及越南界內又云西隨在富良江南 麋水西受徼外東至麋伶入尙龍谿 補注先謙曰麋伶官本作麊冷下同交趾縣也受乃出之誤 過郡二 補注先謙曰郡二牂柯交趾 行千一百六里

都夢 補注先謙曰續志後漢省据志稿當在今開化廣南南境及越南界內 壺水東南至麋伶入尙龍谿 補注先謙曰水經注不載志稿云水東南至交阯入江者惟開化之天生橋河廣南之者賴普梅二河天生橋河自入宣光江者賴普梅合小鎭安水以入宣光江自此以東無水東南入交阯者則壺水郎此二水中之一水可知都夢當自開化以東東至廣南南境皆是而西隨又在其南陳澧云壺水蓋寶甯縣南境普梅河南流入越南國曰宣化水入洮江安南志略云宣化水出特磨道今寶甯縣爲宋特磨道地普梅河出其南是其水爲越南宣化水之源也 過郡二 補注先謙曰牂柯交阯 行千一百六十里

談稾 師古曰稾音工老反補注先謙曰續志後漢因志稿云談稾在今南甯平夷二縣交河東溫水注溫水自夜郎來西北逕談稾合迷水下入益州昆澤迷水自益州銅瀨來東逕談稾縣右注溫水先謙案本志銅瀨下迷水東至談稾入溫者也据志稿云南盤江自霑益州南流[illegible]入南甯縣境會白石江水也[illegible]爲北河又逕曲靖府城東南納瀟湘江水又東南逕上橋人山峽折西南流納龍潭河水下天生大壩亦曰響水壩又逕越州下橋下入陸涼州境其逕益州味縣郎今曲靖府南甯縣當在陸涼州境之上注文倒亂致誤說詳昆澤注又云豚水自夜郎來東北逕談稾縣下入故且蘭先謙案三岔河水自宣威州倘塘驛東北流逕阜衞村爲阜衞河又東北注可渡河水互見犍爲郁鄢

進桑 南部都尉治有關 補注先謙曰後漢因續志作進乘蓋誤葉榆水注葉榆水自西隨來東出進桑關牂柯之南部都尉治也水上有關曰進桑關故馬援言從麊冷水道出進桑王國至益州貢古縣轉輸通利蓋兵車資運所由矣葉榆水又東南絕溫水而東南注下入交趾麊冷先謙案溫水注溫水合鬱水後右納西隨三水[illegible]即所云南絕溫水者也据志稿進桑在越南交岡境又云古進桑當自越南府臨洮府東北及廣西鎭安府皆是又云進桑在西隨東及越南奉天府東北此當在交趾龍編朱鳶麋伶等處

句町 補注先謙曰句亦作鉤鉤町侯毋波有功

立爲鉤町王又成帝時鉤町王與夜郎相攻見西南夷傳此亦國縣並置文象水東至增食入鬱又有盧唯水來細水伐水〔補注〕先謙曰增食鬱林縣溫水注文象水導源句町縣又蒙水盧惟水來細水伐水並自縣東下入鬱林廣鬱唯誤惟据注諸水皆入鬱又有下疑奪蒙水二字伐水下疑奪亦至增食入鬱六字續志劉注引地道記文象水又譌爲文衆水先謙案据輿圖文象水即西洋江出廣南府寶甯縣西北六十里者免塘之西南山逕府城西支分爲同舍河折而東南合響水河水又東南逕百約村同舍河水合䭾娘江水繞西林縣東南流注之西洋江水又東南逕剝隘北與者郎河水合者郎河水出花架山東流支分東南入那洞水者郎河水又東北入西洋江西洋江又東合那洞水又東逕百色廳南泗城府泗河水南流注之疑古蒙水也西洋江又東逕奉議州北東蘭州砦殿溪水南流注之疑古盧唯水也又東南逕上林縣北鎮安府天保縣宏渰江水東北注之疑古來細水也又東逕歸德州南隆安縣沛水東北注之疑古伐水也又東稍南逕都陽土司水口又東南逕永康州北駄蒙江口詳廣鬱林今以爲鬱水北源名曰右江以東在麗江之北也此水曲折千餘里句町國縣並置幅員自廣其縣當在寶甯百色泗城鎮安之閒文象水歷廣鬱至增食疑西洋江所逕下旺舊城定羅諸土司歸德土州皆爲廣鬱境增食縣當在隆安永康武緣境內故文象水於此入鬱入鬱者因騅水以通鬱水也莽曰從化應劭曰故句町國師古曰音劬挺〔補注〕先謙曰續志後漢因劉注有桄榔木

巴郡〔補注〕閻若璩曰郡治江州以揚雄傳注知之先謙曰據江水注秦即治江州又云漢世郡治江州巴水北續志後漢治同劉注雒陽西三千七百里秦置〔補注〕全祖望曰高帝始建國三郡之一王念孫曰左傳正義云地理志巴郡故巴國據此則巴郡秦置下當有故巴國三字先謙曰江水注秦惠王遣張儀等救苴侯於巴儀貪巴苴之富因執其王以歸置巴郡屬益州應劭曰左氏巴子使韓服告楚〔補注〕先謙曰續志後漢因屬同戶十五萬八千六百四十三口七十萬八千一百四十八縣十一

江州〔補注〕先謙曰續志後漢因郡治江水注江水自犍爲符來東北至江州縣東西漢水注之巴水出晉昌郡鄑宣溪縣[illegible]巴嶺山縣南去郡八百餘里西南歷巴中逕巴郡故城南入江庾仲雍所謂縣對二水口右則涪內水左則蜀外水即是水也江州縣故巴子之都縣下又有清水穴巴人以此水爲粉則鰞曜鮮芳貢粉京師因名粉水江北岸有塗山江水下入枳又漾水注西漢水自宕渠來東南過江州縣東合涪水入江一統志故城今巴縣西臨江莽曰監江〔補注〕先謙曰續志後漢因江水注江水自涪陵來東逕臨江縣南華陽記云縣在枳東四百里東接朐忍縣有鹽官自縣北入鹽井溪有鹽井營戶溪水沿注江江水又東得黃華水江浦也左逕石城南庾仲雍云臨江至石城黃華口一百里又東至平洲逕壤塗而歷和灘又逕界壇是地巴東

之西界益州之東境故得是名也江水下入魚復又沅水注西水導源臨江縣下入武陵充一統志故城今忠州治枳如淳曰音徙或音祇師古曰音之爾反〔補注〕先謙曰續志後漢因劉注史記蘇代云楚得枳而國亡華陽國志云有明月峽廣德嶼者是也江水注江水自江州來東逕陽關巴子梁巴三關之一也又右逕黃葛峽左逕明月峽至黎鄉歷鷄鳴峽江之南岸有枳縣治華陽記云枳縣在江州東四百里治涪陵水會庾仲雍所謂有別江出武陵者也水乃延江之枝津分水北注逕涪陵故亦云涪陵水也江水下入涪陵又延江水注涪陵水自涪陵來北至枳縣入江一統志故城今涪州西

閬中〔補注〕先謙曰華陽國志閬水迂曲徑其三面縣處其中故名巴子後治此續志後漢因劉注有俞水漾水注西漢水自廣漢葭明來東南過閬中縣[illegible]合強水[illegible]南逕縣東合閬水東遊水瀼溪水下入宕渠閬水出閬陽縣東[illegible]逕其縣南入漢又羌水注羌水自廣漢白水來東南過縣下入墊江一統志故城今閬中縣西彭道將池在南〔補注〕先謙曰方輿勝覽南池在今閬州高祖廟旁即彭道將池也寰宇記南池東西二里南北約五里一統志池在閬中縣南自漢以來堰大斗小斗水溉田里人賴之唐時堰壞漸成平陸彭道魚池在西南師古曰閬音浪〔補注〕先謙曰方輿勝覽魚池即今郭池寰宇記閬州西南十里有郭池周約五十畝劉注引巴漢志云有彭池大澤名山靈臺見孔子內讖陳禮云四川通志蒼溪縣老池潭產魚疑即彭道魚池

墊江孟康曰音重疊之疊〔補注〕先謙曰應劭云音徒浹反說文褺重衣也从衣執聲巴郡有褺江縣段玉裁云褺江縣爲嘉陵江渠江涪江會合之地水如衣之重複故曰褺江淺人譌作昏墊之墊觀應孟之音則知漢書字故从衣也今忠州墊江縣漢巴郡臨江縣地與漢褺江相距甚遠先謙案續志後漢因涪水注涪水自廣漢廣漢來北逕墊江入西漢本志剛氏道下涪水南至墊江入漢者也一統志故城今合州治

朐忍〔補注〕錢大昭曰郡國志曹全碑並作朐忍顏音朐爲劬是也闞駰十三州志乃云朐音春忍音閏其地下涇多朐䏰蟲因以名縣既有春音則字已近朐然玉篇尚無朐字通典州郡門作朐䏰朐音如順切䏰音如尹切讀如閏蠢杜雖用闞音字猶未變至徐鉉校定說文竟於肉部附入朐䏰二字可謂好信異說矣先謙曰續志後漢因江水注江水自臨江來東得將龜溪口又會南北集渠又逕汜溪口益江汜決入也又逕羊腸虎臂灘又合彭水右逕朐忍縣故城南常璩云縣在巴東郡[illegible]東西二百九十里縣治故城跨其山阪南臨大江江南岸有方山山形方峭側枕江濆江水又逕下瞿灘左合湯溪水又逕東陽灘常璩云水道有東陽下瞿數灘山有大小石城勢靈壽木及橘圃也故地理志曰縣有橘官江水下入魚復南集渠水自涪陵來北逕巴東郡南浦僑縣[illegible]西溪峽側鹽井三口相去各數十步修煮不絕溪水北入江北集渠水出新浦縣[illegible]北高粱山分溪南流百里至朐忍縣入江謂之北集渠口朐忍尉治此彭水出巴渠郡[illegible]獠中東南逕漢豐縣東[illegible]合巴渠水南逕朐忍縣西六十里入江湯溪水出縣北六百餘里上庸界南流歷縣翼帶鹽井一百所又合檀溪水入江一統志故城今雲陽縣西容母水所出南〔補注〕先謙曰南下脫入江二字一統志容母水今名東瀼河有橘官鹽官師古

日朐音劬〔補注〕先謙曰江水注引志橘官下有有民市三字不合志例乃酈注文或以補志非也紀要雲陽縣西五峯驛南有橘官堂故址

安漢是魚池在南莽曰安新〔補注〕先謙曰池無考續志後漢因一統志故城今南充縣北

宕渠〔補注〕先謙曰華陽志長老言宕渠蓋爲古賨國今有賨城後漢因續志有鐵一統志故城今渠縣東北符特山在西南〔補注〕先謙曰寰宇記今流江縣有龍驤山蓋即古符特山[illegible]一統志龍驤山在今渠縣北潛水西南入江〔補注〕王念孫曰明監本入江譌作入灊胡渭遂引之以駁水經大誤趙一清辨之案潛水本作灊水即下文入灊之灊今作潛者後人以水經改之也說文灊水出巴郡宕渠西南入江潛涉水也一曰漢爲潛是出巴郡宕渠入江者字本作灊水經作潛者借字耳先謙曰潛水篇潛水出宕渠縣下注云潛水蓋漢水枝分潛出故受其稱有大穴潛水入焉通岡山下西南潛出謂之伏水或以爲古之潛水鄭元云漢別爲潛其穴本小水積成澤流與漢合大禹自導漢疏通即爲西漢水也故書曰沱潛既道縣有渝水夾水上下皆賨民所居潛水又南入江庾仲雍云墊江有別江出晉壽縣（晉壽今昭化縣東南）即潛水也其南源取道巴西是西漢水也又江水篇江水在江州合強水涪水漢水白水宕渠水五水注云宕渠水即潛水渝水矣又漾水注宕渠水自漢中南鄭來東南流逕宕渠縣爲宕渠水入西漢水西漢水自閬中來東南逕宕渠縣東合宕渠水下入江州說文作灊應劭音潛文穎音岑官本潛作灊先謙案据說文潛水西南入江與宕渠水入西漢方位正合則潛水即宕渠水也今通江縣渠河是亦曰巴江一統志保甯府巴江下

云出南江縣北即古宕渠水此以難江水爲宕渠水又達州通川江下云自太平縣發源至渠縣爲宕渠江此以通川江爲宕渠水惟水經注以出南鄭者爲宕渠水而通川難江皆入之源流較合今從之說文一曰漢爲潛者與鄭說合一統志云爾雅水自漢出爲潛潛出郭注有水從漢陽南流至梓潼漢壽入大穴中通峒山下西南潛出一名沔水即禹貢之潛括地志潛水一名復水今名龍門水出龍門山大石穴下廣元縣志出縣北百三十里木寨山流經神宣驛又南二十里經龍洞口至朝天驛北穿穴而出入嘉陵江是潛水即西漢水後人知有西漢而不知潛水久矣輿地紀勝云自朝天驛入谷十五里有石洞三水自第三洞發源貫通兩洞下合嘉陵江即所謂入大穴中通峒山下西南潛出者也自此而下嘉陵水通謂之潛水矣先謙案以西漢爲潛其說甚古惟大穴潛通源微流短後人覺其未安遂不從舊說而以宕渠水當潛水之目說文兩存之本志則潛水西漢水並載知班氏不復以西漢爲潛矣不曹水出東北南入灊徐谷師古曰宕音徒涙反〔補注〕王念孫曰灊下不當有徐谷二字潛水注縣西北有不曹水南逕其縣下注潛水不言入潛徐谷也徐谷二字未知何字之譌先謙曰官本不作徐先謙案徐谷二字當在東北之下言不曹水出縣東北徐谷而南入潛也今案綏定府太平縣所出前中後三河之水東北流至東鄉縣合爲一逕達州爲通川江入宕渠水以當不曹之目方位胳合似爲得實

魚復江關都尉治〔補注〕先謙曰魚復在周爲南蠻國見逸周書後屬庸續志後漢因劉注古庸國左傳文十年魚人逐楚師是也江水注江水自朐忍來逕魚復縣之故陵又東爲落牛灘逕故陵北左岸有巴鄉村村側有溪水伏流逕平頭山內通南浦故縣陂湖[illegible]江水又東合陽元水又逕南鄉峽又逕赤岬城西又逕魚復縣故城南故魚國也地理志江關都尉治[illegible]東傍東瀼溪爲隍西南臨大江縣有夷溪即佷山清江也江水又東逕廣溪峽三峽之首也北岸山上有神淵淵北有白鹽崖高可千餘丈峽中有瞿塘黃龕二灘蓋自昔禹鑿以通江郭璞所謂巴東之峽夏后疏鑿者江水下入南郡巫又夷水篇夷水出魚復縣江注云夷水即佷山清江水色清照十丈分沙石蜀人見其澄清因名清江也夷水又東逕建平沙渠縣縣有巫城水[illegible]南岸山道五百里其水歷縣東出焉夷水下入武陵佷山一統志故城今奉節縣東北瞿塘關在縣東即古江關案郡國志以爲扞關誤括地志扞關在巴山縣界今長陽縣有橘官應劭曰復音腹〔補注〕先謙曰魚復縣出橘見蜀都賦注

充國〔補注〕先謙曰後漢因續志永平二年分閬中置[illegible]蜀都賦注縣有鹽井數十一統志故城今南部縣西北

涪陵莽曰巴亭師古曰涪音浮〔補注〕先謙曰後漢因續志出丹[illegible]江水注江水自枳來東逕涪陵故郡北[illegible]又逕文陽灘又逕漢平縣左[illegible]自涪陵東出百餘里而屈於黃石東爲銅柱灘又逕東望峽而歷平都[illegible]峽對豐民洲舊巴子別都江水右逕虎鬚灘下入臨江南集渠水出涪陵縣界謂之陽溪下入朐忍又延江水注延江水自牂柯鷩來分爲二一北入涪陵水下入枳先謙案洪亮吉延江水考云烏江自婺川縣折西北流逕四川酉陽州西南又北稍西逕彭水縣南又西逕武隆廢縣南又北屈逕涪州城東北銅杜灘入大江總名曰涪陵水注又云一枝分爲更始水東入

巴東之南浦縣[illegible]其水注引瀆口石門又謂之西鄉水亦曰西鄉溪溪水闔關二百餘里方出山又通波注遠復二百餘里下入武陵遷陵洪亮吉更始水考云更始水今名豐樂河亦名水德江明志安化縣東南有水德江即烏江之分流與道元言更始水爲延江水之支津其說若一河左側有豐樂[illegible]故受豐樂之名矣涪陵水出縣東故巴郡之南鄙[illegible]合延江水一統志故城今彭水縣治

地理志第八上 三 終

漢　蘭　臺　令　史班　固　撰

唐正議大夫行祕書少監琅邪縣開國子顏師古　注

賜進士出身前翰林院編修國子監祭酒加三級臣王先謙補注

武都郡〔補注〕先謙曰漾水注王莽更名樂平郡縣曰循虜循虜卽武都是武都爲郡治也續志後漢治下辨劉注雒陽西千九百六十里武帝元鼎六年置〔補注〕先謙曰武紀同後書西南夷傳白馬氐者武帝元鼎六年開分廣漢西部合以爲武都魚豢魏略漢置武都郡排其種人分竄山谷或稱青氐或稱白氐華陽國志東接梓潼西接天水北接始平莽曰樂平應劭曰故白馬氐羌〔補注〕先謙曰續志後漢因屬涼州志失書戶五萬一千三百七十六口

二十三萬五千五百六十

縣九

武都東漢水受氐道水一名沔過江夏謂之夏水入江〔補注〕王念孫曰東漢水東字後人所加下文隴西氐道下云養水東至武都爲漢不言東漢也志言西漢水者別於漢水而言之若漢水則本無東漢之

稱先謙曰禹貢嶓冢導漾東流爲漢說文漾水出隴西豲氐字之譌道東至武都爲漢本志氐道下云禹貢漾水所出東至武都爲漢是漢水在氐道曰漾水至武都曰漢水也云一名沔者互詳沮縣下此舉江夏郡名沮下舉沙羨縣名用明互見之義耳其原委備具沮下沈垚云二漢水俱出隴西西縣嶓冢山西漢水南入廣漢白水東南至江州入江漢水在氐道則爲漾水至武都則爲漢水葢嶓冢山包絡數縣班氏著嶓冢於西縣而氐道則不言以既言禹貢漾水則知是禹貢之嶓冢導漾不必再言嶓冢也西縣在西氐道在東二縣相聯嶓冢緜亘二縣之南山之西南西漢水所出山之東南東漢水所出細檢班志源流極分明漢水至武都又受沮縣之沮水猶西漢水至廣漢葭明又受甸氐道之白水也後世自氐道至武都漾水故瀆不可見於是專以沮縣之沮水爲漢源而西縣之嶓冢遂屬之西漢所出又別名一山曰嶓冢而眞嶓冢之在西與氐道者轉付之芒昧矣沮水特漢別源其正源之漾水實在隴西而經武都耳陳澧云氐道下云養水至武都爲漢此云漢水受氐道水皆存禹貢故道漢世漢水已不受氐道水故更以沮水雋其源凡漢水所納之水志云入漢或云入沔惟不云入沮以沮水本非漢水正源也天池大澤在縣西〔補注〕先謙曰續志劉注華陽國志云有大池澤疑文有脫誤天池大澤卽仇池紀要天池山在徽縣南三十里提綱洮州衛湫池是也卽白水之源漾水注西漢水自嘉陵道來東南逕瞿堆西又屈逕其南高二十餘里羊腸蟠道三十六回開山圖謂之仇夷上有平田百頃煮土成鹽因以百頃爲號武帝以爲武都郡常璩范曄云郡居河池一名仇池池方百頃卽指此也左右悉白馬氐西漢水又東合洛谷水洛溪水覯上下入平樂道莽曰循虜師古曰以有天池大澤故謂之都〔補注〕先謙曰續志後漢因漾水注强水自廣漢陰平來東北逕武都下仍入陰平又沔水注瀘水北發武都氐中南流水西有山名白馬塞東對白馬城一名陽平關瀘水又南入沔爲瀘口一統志故城今成縣西

上祿〔補注〕先謙曰續志後漢因漾水注洛溪水出洛谷南逕威武成南又西南合龍川水又東南逕上祿縣故城西修源濬導逕引北溪南總兩川流入西漢水一統志故城今成縣西南

故道〔補注〕先謙曰高祖用韓信計從此襲章邯見高紀曹參攻之見參傳莽曰善治〔補注〕先謙曰續志後漢因渭水注扞水出周道谷北逕故道縣故城西縣有怒特祠本南山大梓秦文公時立祠扞水東北至大散關入渭又漾水注故道水自扶風陳倉來西南流入故道川逕故道城東合馬鞍山水北川水廣香川水尙婁水黃盧山水下入下辨道案元和志漢縣晉永嘉後沒入氐羌後魏變文爲固道今梁泉兩當二縣並漢縣地故道水入故道川今州治卽故道川也一統志故城今鳳縣西北接兩當縣境

河池〔補注〕先謙曰官本考證云池監本訛地從宋本改正泉街水南至沮入漢行五百二十里〔補注〕先謙曰續志劉注有泉街水沔水注泉街水出河池縣東南流下入沮縣陳澧云今鳳縣嘉陵江源南至徽縣合西漢水者也今略陽縣北三水合流一西漢水一黑峪江一嘉陵江源其水自發源至與西漢合約三百餘里爲漢時五百餘里知爲泉街水矣莽曰樂平亭師古曰華陽國志云一名仇池地方百頃〔補注〕先謙曰河池卽仇池異名此山接界廣遠

故在武都者爲武都山而河池又以山氐縣續志後漢因漾水注仇鳩水出鳩溪南逕河池縣故城西南流入濁水河池水出河池北谷南逕河池成東西南入濁水一統志故城今徽縣西

平樂道〔補注〕先謙曰續志後漢省漾水注西漢水自武都來東南逕濁水城南合平樂水下入循成道平樂水自下辨道來東逕平樂戍南入西漢水謂之會口趙一清云平樂道卽平樂戍也樂一作洛故地形志修武郡有平洛縣一統志故城今階州東北

沮〔補注〕徐松曰郙閣頌沮縣士民或給州府休謁往還恆失日晷謂此縣之人至武都郡也先謙曰續志後漢因一統志故城今略陽縣東沮水出東狼谷南至沙羨南入江〔補注〕先謙曰續志沔水出東狼谷沔水篇沔水出沮縣東狼谷口注云沔水一名沮水闞駰云以其初出沮洳然故曰沮水也縣亦受名焉導源南流合泉街水又東南逕沮水戍注漢曰沮口尙書嶓冢導漾東流爲漢山海經所謂漢出鮒隅山也東北流得獻水口又合沮口同爲漢水之源也又東逕白馬戍南合濜水下入漢中沔陽泉街水自河池來東南入沮縣注沔先謙案陳澧云此沮水今沔縣之上沮水有濜水東南行數十里注之案水經注所稱漢水皆西漢也於禹貢之漢則但謂之沔水沮水沮縣南與葭萌接壤東狼谷卽禹貢嶓冢山冢爲東漢水所自出閻若璩謂當以武都縣下一名沔過江夏謂之夏水十字補入此處東狼谷之下然後東漢水原委方備非也此志所載嶓冢正自分明後人讀之不審耳過郡五〔補注〕先謙曰武都漢中南陽南郡江夏行四千里荊州川師古曰沮音千余反羨音夷〔補注〕先謙曰官本注羨作又

漾水注沮水枝津承沮縣之沮水瀆西南流入兩當溪下入下辨從沮至下辨山道險絕水中多石後漢虞詡所開又云西漢水自循成道來東南於縣槃頭郡南元和志城在長擧縣三里後魏置合濁水又逕挾崖合挾崖水又東逕武興城南後魏郡元和志以爲即漢沮縣又東南合北谷水又西南逕闕城北合除水又逕通谷合通谷水又合寒水廣平水平阿水漢壽水下入廣漢白水縣濁水自下辨道來南逕槃頭郡合鳳溪水覲趙下南入西漢通谷水出西北通溪上承漾水西南流爲西漢水先謙案漾水在此與西漢水通流益西漢水之名始於此矣

嘉陵道 補注先謙曰續志後漢省漾水注西漢水自隴西西縣來南入嘉陵道爲嘉陵水世俗名之爲階陵水非也又東南合北谷水武街水倉谷水下入武都一統志故城今成縣西北後魏爲階陵縣嘉陵水源流酈注甚晰後人以故道水當之誤矣

循成道 補注王念孫曰循當爲脩隸書循脩二字相似傳寫易訛魏志隋志漾水注並作脩城先謙曰續志後漢省漾水注西漢水自平樂道來東南逕脩城道南合脩水下入沮縣脩水總二源東北入西漢水一統志故城今略陽縣西北

下辨道 補注先謙曰曹參攻之見參傳 莽曰楊德 師古曰辨音步見反補注先謙曰官本楊作揚後漢因續志無道字劉注有赤亭華陽國志下辨一曰武街漾水注平樂水出武街東北四十五里更馳南溪導源東北流山側有甘泉涌注又逕甘泉戍南下入平樂道濁水出濁城北略合江黑東流合丁令溪水又逕武街城南故下辨縣治也後魏廣業郡治濁水又合宏休水逕白石縣南後魏縣後漢虞詡爲武都太守下辨東三十餘里有峽峽中白水生大石水即白水之異名也又東南合埊陽水仇鳩水河池水覲河池兩當

水下入沮縣故道水自故道來南入縣後魏東益州廣業郡合沮水枝津又西南入濁水沮水枝津自沮縣來西南入故道水爲兩當溪水也鳳溪水上承濁水於廣業郡南逕鳳溪中有二石雙高其形若闕漢世有鳳皇止焉謂之鳳皇臺去郡三里水出臺下東南流左注濁水覲沮一統志故城今成縣西三十里

隴西郡 補注先謙曰郡治未詳續志後漢治狄道劉注雒陽西二千二百二十里 秦置 補注先謙曰河水注秦昭王二十八年置以隴西天水安定北地上郡西河爲六郡所謂六郡良家子給羽林期門是也錢大昭云異姓諸侯王表云漢拔我隴西則高帝元年屬雍國二年方屬漢 莽曰厭戎 應劭曰有隴坻在其西也師古曰隴坻謂隴阪即今之隴山也此郡在隴之西故曰隴西坻音丁計反又音底補注先謙曰續志後漢因涼州志失書河水注引應劭云有隴坻在其東故曰隴西也此注脫東故曰隴四字 **戶五萬三千九百六十四口二十三萬六千八百二十四** 有鐵官鹽官

縣十一

狄道 補注先謙曰漢初匈奴頻寇之見高后文紀縣人辛武賢辛慶忌見本傳 白石山在東莽曰操虜 師古曰其地有狄種故云狄道補注先謙曰續志後漢因河水注洮水自安故來北逕狄道縣故城西又合隴水又右合二水左會大夏川水覲大下入金城枹罕隴水即山海經所謂濫水也出鳥鼠山西北高城嶺西逕隴坻其山岸崩落者聲聞數百里故揚雄稱響若坻頹是也又西北歷白石山下地理志曰狄道東有白石山又逕武街城南皆分狄道縣又逕狄道縣故城東又西北入洮一統志故城今狄道州西南白石山在今州東隴水所經自寰宇記謂山有梁泉今後人遂誤以爲即蘭州之山蓋蘭州東南八十里亦有白石山山有梁泉也河水西亦有白石山

上邽 應劭曰史記故邽戎邑也師古曰邽音圭補注先謙曰秦伐邽戎以爲縣見秦紀周勃所攻見世家縣人趙充國段會宗見本傳上官桀見外戚傳續志後漢改屬漢陽劉注秦州記縣北有利山川中平地有土堆高五丈生細竹翠茂殊常二楊樹大數十圍百姓祀之渭水注渭水自天水冀來東歷上邽縣北邽山之陰流逕固嶺東北又東南合蘭渠川水神瀾水歷泉水又東南出橋亭西合藉水下入天水縣諸道藉水出西山今秦州圖城山東歷當亭川後魏當亭縣今伏羌縣南左合當亭水右合曾席水地形志上邽有席水大弁川水又東南合竹嶺水又東北逕上邽縣左右各帶四水又東合黃瓜水後魏立黃瓜縣今秦州西南毛泉谷水又東逕上邽故城南得嚴泉水濛水陽谷水宕谷水段溪水竹注秦縣州入渭濛水出縣西北邽山翼帶眾流東流南屈逕上邽縣故城西側城南出舊天水郡治治音戲亦五城相接北城中有湖水有白龍出是湖風雨隨之故武帝元鼎三年改爲天水郡其鄉居悉以板蓋屋詩所謂西戎板屋也濛水又南注藉水山海經曰邽山濛水出焉而南流注於洋藉水即洋水也先謙案據渭水注上邽在前漢必曾屬天水而後復故故本書趙充國上官皇后傳並云隴西上邽人段會宗傳又云天水上邽人是其證也又漾水注馬

池水出上邽西南六十餘里謂之龍淵水開山圖曰隴西神馬山有淵池龍馬所生即是水也西流入西漢水覲一統志故城今秦州西南邽山在州西北

安故 補注先謙曰縣見武紀續志後漢因河水注洮水自臨洮來北逕安故縣故城西下入狄道一統志故城今狄道州南

氐道 禹貢養水所出至武都爲漢 補注齊召南曰養當作漾前文引禹貢嶓冢道漾即其證也王念孫曰說文漾古文作瀁今志作養者瀁之假借字也續志亦作養淮南地形篇作洋高注洋或作養是古書多以養爲漾又云至武都爲漢至上脫東字禹貢嶓冢導漾東流爲漢即班志所本說文漾水出隴西貛道當依漢志作氐道水經注已辨之又云東至武都爲漢水經云漾水出隴西氐道縣嶓冢山東至武都沮縣爲漢水皆本班志先謙曰續志養水出此劉注巴漢志云漢水二源東源出縣之養山名養漾水注孔安國云泉始出爲漾其猶漾耳常璩專爲漾山漾水當是作者附爲山水之殊目先謙案注引常璩闞騆皆言東源出氐道爲漢西源出西縣爲西漢與司馬彪袁山松同闞騆言漾水出崑崙西北隅至氐道重源顯發爲漾水則本之山海經及高誘說道元於漾水篇但辨常璩西漢始源曰沔之誤許慎呂忱漾水出貛道之非以下專敘西漢源流不言漢水良以養水初源無可推證水經既附西漢於漾水因而釋之至漾水下至武都則分晰於沔水沮水篇下也 莽曰亭道 師古曰氐夷種名也氐之所居故曰氐道氐音丁溪反養音弋向反字本作漾或作瀁補注先謙曰續志後漢因錢坫云故城今清水縣西南縣在上邽之東南下辨之東北

首陽 補注先謙曰有西極山見元紀續志後漢因劉注有三危三苗所處

一統志故城在渭源縣東北禹貢鳥鼠同穴山在西南渭水所出東至船司空入河〔補注〕先謙曰禹貢山水澤地篇鳥鼠同穴山在首陽縣西南與志合船司空京兆縣說文渭水出首陽渭首南谷東入河渭水注渭水出首陽縣首陽山渭首亭南谷山在鳥鼠山西北此縣有高城嶺嶺上有城號渭源城渭水出焉三源合注東北流逕首陽縣西與別源合其水南出鳥鼠山渭水谷禹貢所謂渭出鳥鼠者也地說曰鳥鼠山同穴之枝幹也渭水出其中東北過同穴枝閒既言其過明非一山也渭水東南流逕首陽縣南右得封溪水次廣相溪水共谷水左則天馬溪水次伯陽谷水亂流東南出下入襄武一統志鳥鼠山在今渭源縣西鳥鼠同穴詳山海經郭注過郡四〔補注〕先謙曰隴西天水扶風京兆行千八百七十里雍州寖〔補注〕先謙曰胡渭引易氏云渭水自渭源至入河通計一千四百三十一里予道莽曰德道〔補注〕先謙曰續志後漢省大夏莽曰順夏〔補注〕朱一新曰順夏汪本作順陵誤先謙曰續志後漢因河水注大夏川水出西山二源合舍而亂流逕金紐城南十三州志云大夏縣西有故金紐城去縣四十里又東北逕大夏縣故城南地道記云縣有禹廟禹所出也又東北出山入洮一統志故城今河州東南大夏水今三岔河羌道〔補注〕先謙曰高帝時地震見紀續志後漢改屬武都一統志故城今階州西成固縣西北羌水出塞外南至陰平入白水〔補注〕先謙曰陰平廣漢縣羌水篇羌水出羌中參狼谷注云彼俗謂之天池白水地理志曰出羌道東南流逕宕昌城東西北去天池五百餘里羌水又逕宕婆城東而東南注合陽部溪水又逕武階城西南下入陰平一統志羌水今白龍江出洮州衞西南番界東南流逕岷州又東逕階州合白水過郡三行六百里師古曰水經云羌水出羌中參谷〔補注〕先謙曰郡三當作郡二隴西廣漢也顏注參下奪狼字襄武莽曰相桓〔補注〕先謙曰後漢因續志有五雞聚渭水注渭水自首陽來合廣陽水又東南逕襄武縣東北合荊頭川水又東合臯水下入天水豲道廣陽水出西山二源合注共成一川東北入渭荊頭川水出襄武西南鳥鼠山荊谷東北逕襄武縣故城北入渭臯水出富谷東北逕襄武縣南入渭一統志故城今隴西縣東五里臨洮〔補注〕先謙曰秦縣始皇遂民於此見本紀蒙恬築長城起此至遼東見本傳洮水出西羌中北至枹罕東入西〔補注〕王鳴盛曰南監本西作河是朱一新曰汪本作河先謙曰河水注引地理志云洮水出塞外羌中又云沙州記云洮水與墊江水俱出強臺山山南即墊江源山東則洮水源強臺西傾之異名也洮水東北逕吐谷渾中又逕洮陽曾城北沙州記云強城東北三百里有曾城城臨洮水又東逕洪和山南又逕迷和羌城北又逕甘枳亭歷望曲谷在臨洮西南去龍桑城二百里又逕臨洮縣故城北又東北流屈逕索西城西又屈而北逕龍桑城西又西北逕步和亭東合步和川水又北出門峽合蕈川水又北歷峽出夷始梁右合蕈塏川水又東北逕桑城東又北合藍川水又逕和博城東合和博川水下入安故禹貢西頃山在縣西〔補注〕先謙曰禹貢山水澤地篇西頃

山在臨洮縣西南與志合山在洮州衞西南三百三十餘里番名羅插普喇山綿亘千餘里黃河以南諸山無大於此者南部都尉治也師古曰洮音吐高反枹讀曰膚頃讀曰傾〔補注〕先謙曰續志後漢因漾水注白水出臨洮縣西南西傾山東南流合黑水洛和水夷水安昌水下入廣漢陰平道一統志故城今岷州治白水出松潘廳北境東流至昭化縣入嘉陵江西〔補注〕先謙曰史紀堯申命和仲居西土徐廣以爲此縣秦縣也有丞爲周勃樊噲擊破見勃噲傳禹貢嶓冢山西漢所出南入廣漢白水東南至江州入江〔補注〕先謙曰禹貢山水澤地篇嶓冢山在氐道縣南與志合西與氐道接界也通典所謂上邽之嶓冢在今秦州西漢下脫水字入當作會陳澧云南入廣漢白水六字衍甸氐道下云白水入漢此云漢入白水志無此例且既云入白水又云入江亦無此例也江州巴郡縣續志西下云有嶓冢山西漢水漾水注西縣嶓冢山西漢水所導也微涓細注若通羃歷津注而已西流合馬池水覯上又西南流左得五水右得三水又合資水峽石水楊廉川水逕始昌峽又逕宕備戍合宕備水鹽官水左谷水蘭臯水又逕祁山軍合雞水建安川水漢水之北連山秀舉祁山在嶓冢西七十許里漢水逕其南又合甲谷水又西逕南岈北岈中又合武植戍水夷水下入武都嘉陵道楊廉川水出西谷眾川瀉流合成一川東南逕西縣故城北又右合茅川水入西漢建安川水出建威城西北白石戍東南合蘭坑水又東逕蘭坑城北建安城南其地故西縣之歷城也去仇池百二十里又合錯水雉尾谷水太谷水小祁山水胡谷水又東北出塞峽西北流入西漢先謙案西漢水自今西河禮縣至成縣卽漢志嘉陵也過郡四〔補注〕先謙曰隴西武都廣漢巴行二千七百六十里莽曰西治〔補注〕王念孫曰此下脫有鹽官三字漾水注鹽官水北有鹽官在嶓冢西五十許里相承營煮不輟味與海鹽同故地理志云西縣有鹽官是其證先謙曰續志後漢改屬漢陽一統志故城今秦州西南百二十里

金城郡〔補注〕先謙曰据河水注郡治允吾續志後漢治同劉注雒陽西二千八百里昭帝始元六年置〔補注〕先謙曰見昭紀莽曰西海應劭曰初築城得金故曰金城臣瓚曰稱金取其堅固也故墨子曰雖金城湯池師古曰瓚說是也一云以郡在京師之西故謂金城金西方之行〔補注〕何焯曰平紀元始四年冬置西海郡乃王莽遣中郎將平憲等持金幣誘羌豪良願等獻地爲之非改金城故名也注疑有譌字特附見西海之名於此郡下耳先謙曰莽時獻地之卑和羌在臨羌縣西見後闕駰注莽納其地因併金城之名改爲西海耳志文不譌何說誤續志後漢因屬涼州志失書戶三萬八千四百七十口十四萬九千六百四十八縣十三〔補注〕錢大昕曰昭紀始元六年以邊塞闊遠取天水隴西張掖各二縣置金城郡是金城始置止有六縣此十三縣之中惟破羌允街兩縣宣帝所置其餘俱不書置自何時可見志之闕漏者多也先謙曰破羌允街外榆中秦置令居武帝置河關宣帝置白石見元紀臨羌見趙充國傳餘無攷

允吾烏亭逆水出參街谷東至枝陽入湟補注先謙曰河水注逆水出允吾縣之參街谷東南流逕街亭城南又逕陽非亭北下入枝陽元和志寰宇記稱烏逆水一統志逆水出平番縣西舊志卽莊浪河入河不入湟其下流去湟入河處甚近蓋水道微有變遷陳澧云今可可河出莊浪廳西境山東南流至廳西南境入湟水先謙案陳說是詳令居下**莽曰修遠**應劭曰允吾音鈆牙補注錢坫曰梁鴻父讓王莽時封修遠伯卽此地先謙曰續志後漢因劉注西羌傳有唐谷秦州有牢北山傍有三窟河水篇河水東過允吾縣北注云大河自枹罕來逕縣南不在其北合湟水下入金城湟水自破羌來東南逕小晉興城北闞駰云允吾縣西四十里有小晉興城湟水又合浩亹水東逕允吾縣北爲鄭伯津又合澗水覗令下入允街浩亹水自浩亹來東流至縣入湟先謙案本志云浩亹水東至允吾入湟水者也一統志故城今臯蘭縣西北

浩亹浩亹水出西塞外東至允吾入湟水莽曰興武孟康曰浩亹音合門師古曰浩音誥浩水名也亹者水流峽山岸深若門也詩大雅曰鳧鷖在亹亦其義也今俗呼此水爲閤門河蓋疾言之浩爲閤耳湟音皇補注先謙曰續志後漢因劉注有雒都谷河水注閤門河卽浩亹河出西塞外東入塞逕敦煌酒泉張掖南又東南逕西平之鮮谷塞尉故城南當在今青海北又合湛水又東逕養女北山在今大通縣界左合南流川水又逕浩亹縣故城南闞駰云浩讀閤也故亦曰閤門水兩兼其稱矣下入允吾一統志故城今碾伯縣東接平番縣界與西大通堡近浩亹水今大通河

令居補注先謙曰縣詳張騫匈奴傳及後書西羌傳

澗水出西北塞外至縣西南入鄭伯津莽曰罕虜孟康曰令音連師古曰令音零補注先謙曰續志後漢因鄭伯津卽河津也覗允河水注澗水出令居縣西北塞外南流逕其縣故城西武帝元鼎二年置又南逕永登亭西歷黑石谷南流注鄭伯津甘肅通志澗水卽可可川出古浪縣西南南流逕大通堡東又南逕紅城子入湟一統志故城今平番縣西北陳澧云澗水卽莊浪河志言逆水出參街谷澗水出塞外今可可河出莊浪廳西境而莊浪河出其北百餘里故知莊浪河爲出塞外之澗水而可可河爲逆水也

枝陽補注先謙曰續志後漢因河水注逆水自允吾來東南逕廣武城西元和志漢枝陽縣前涼置廣武郡城西南二十許里水西有馬蹏谷又東逕枝陽縣故城南東南入湟地理志曰逆水東至枝陽入湟湟水自允街來東逕枝陽縣合逆水下入金城一統志故城今平番縣城南接臯蘭縣界董祐誠云當在今莊浪廳南

金城莽曰金屏補注先謙曰續志後漢因河水注湟水自枝陽來東入金城河卽積石之黃河也闞駰云河至金城縣謂之金城河隨地爲名也又東逕石城南謂之石城津闞駰云在金城西北河水又東南逕金城縣故城北十三州志大河在金城北門東流合梁泉下入楡中梁泉出縣南山北入河一統志故城今臯蘭縣西南

楡中補注先謙曰秦縣見始皇紀續志後漢因河水篇河水東過楡中縣北注云河水自金城來至縣昔蒙恬爲秦北逐戎人開楡中之地徐廣史記音義云楡中在金城卽阮嗣宗勸進文所謂楡中以南者也河水下入天水勇士一統志故城今金城縣西北在黃河之北寰宇記謂卽大小楡谷明一統志云在蘭州西二百里皆誤

枹罕應劭曰故罕羌侯邑也枹音鈇師古曰讀曰膚本枹鼓字也其字從木補注先謙曰顧祖禹云寰宇記枹罕縣下引周地圖云枹罕卽故枹罕侯邑也應注故下奪枹字縣亦見武紀續志後漢改屬隴西河水注河水自河關來東歷鳳林北秦州記枹罕原北名鳳林川川中則黃河東流也又東合灕水又逕左南城南縣張執又東逕赤岸北秦州記云枹罕有河夾岸岸廣四十丈又東合洮水下入允吾灕水自白石來東合罕开南溪水又東逕枹罕縣故城南十三州志云縣在郡西二百一十里灕水在城南門前東過也又東北合故城川水又東合白石川枝津水又東北出峽峽在今河州東北北入河志云灕水東至枹罕入河也罕开南溪水出罕开西東南流逕罕开南入灕十三州志云廣大阪在枹罕西北罕开在焉蓋罕开羌所居在今河州西白石川枝津水自白石來東絕罕开溪又逕枹罕城南後魏枹罕城廢卽今河州治入灕洮水自隴西狄道來又北翼帶三水亂流北入河志云洮水北至枹罕東入河是也一統志故城今河州治

白石補注先謙曰仁二屯軍於此見元紀**離水出西塞外東至枹罕入河莽曰順礫**應劭曰白石山在東補注宋祁曰礫一本作樂先謙曰河水注灕水導源塞外羌中董祐誠云今大夏河出循化廳西南邊外山曰谷蘇和爾海爾必林水故志云出西塞外也東北流歷野虜中逕消銅城西當在今循化廳南又逕列城東合列水又北逕可石孤城西今河州西南又右合黑城溪水又東北逕檢城東循化廳東南合檢城溪水又逕石門口疑卽臯蘭山門也霍去病出隴西至臯蘭謂是山之關塞也灕水合臯蘭山水又東合白石川水又逕白石縣故城南闞駰云縣在狄道西北二百八十五里灕水逕其北今灕水逕其南不出其

北也又逕白石山北應劭云白石山在東又合羅溪水下入枹罕白石川水出縣西北山下東南流枝津東注焉白石川水又南逕白石縣城西入灕白石枝津水上承白石川東逕白石城北下入枹罕先謙案水經注作順礫則宋說一本作樂者誤也續志後漢改屬隴西白石山與狄道白石山各別一統志故城今河州西南灕水今大夏河

河關補注王念孫曰河水注引地理志云漢宣帝神爵二年置河關縣則此縣下當有一宣帝神爵二年置七字而今本脫之先謙曰續志後漢改屬隴西一統志故城今河州西

積石山在西南羌中補注先謙曰禹貢山水澤地篇積石在河關縣西南注云山海經云在鄧林東河所入也一統志積石山卽今大雪山在西甯邊外西南五百三十餘里黃河北岸綿亘三百餘里上有九峰爲青海諸山之冠河流其南至山之東乃折而北土人以爲西海之望四時禱祀唐時名爲大積石山元史誤爲昆侖者也西域水道記云自章懷注後書誤認龍支縣之小積石爲禹貢之積石杜佑通典踵其謬至蔡傳援以釋經而大小積石合而爲一矣小積石山在今甘肅河州西北七十里山之西北百二十里爲積石關

河水行塞外東北入塞內至章武入海補注先謙曰章武勃海縣班氏知河源荒遠故志渾言行塞外而不記所出國朝乾隆中平定回部侍衛阿彌達往窮河源見阿勒坦郭勒之西有巨石高數丈名阿勒坦噶達素齊老蒙古語噶達素北極星也齊老石也其崖壁黃赤色壁上爲天池池中流泉噴涌釃爲百道皆作金色入阿勒坦郭勒爲眞黃河上源其阿勒坦郭勒蒙古語阿勒坦黃金也郭勒河也在星宿海西南水色黃回旋三百餘里穿入星宿海中自蒲昌海卽古鹽澤

[illegible]伏流地中至青海始出為星宿海[illegible]而河源黃色獨為靈異更在星宿海上合流至貴德堡始名黃河元史志言張騫道西域見二水交流發蔥嶺匯鹽澤伏流千里至積石而再出史記大宛傳本書西域傳于闐之東水流注鹽澤潛行地下其南則河源出焉皆相符合詳見　御製河源紀略水經河水篇河水東入塞過敦煌酒泉張掖郡南注云河水自蒲昌覩[illegible]有隱淪之證並閒關入塞之始河水重源又發於西塞之外出於積石之山山海經云積石之山其下有石門河水冒以西流禹貢所謂導河自積石也山在西羌之中河水屈而東北流逕析支之地是為河曲應劭云禹貢析支屬雍州在河關之西東去河關千餘里羌人所居謂之河曲羌也東北歷敦煌酒泉張掖南而纏絡遠矣[illegible]河水自河曲又東逕西海郡南王莽置築五縣又逕允川而歷大榆小榆谷北[illegible]又右逕沙州北[illegible]地理志云宣帝神爵二年置河關縣蓋取河之關塞也又東北入西平郡界[illegible]左合二川又合濟川水又東逕澆河故城北[illegible]又逕石城縣南[illegible]合北谷水逕黃[illegible]河郡城南[illegible]又北逕廣違城北[illegible]合烏頭川水又東逕邯川城南[illegible]納邯亭二水臨津溪水白土川水又東北會兩川右合二水又合唐述水研川水下入袍罕西域水道記云羅布淖爾水伏流東南千五百餘里湧出於巴顏哈喇山之麓為阿勒坦郭勒東北行三百里入鄂敦塔拉會碧水黃色稍淡縱廣百里南北長而東西狹泉數百如星故有星宿海之號又東出鄂敦塔拉東南流百三十里瀦為扎淩淖爾出淖爾東南流折而南五十里瀦為鄂淩淖爾自淖爾東北出東流五十里折而東南百四十里又南流二百六十里折而東南三百里逕阿彌耶瑪勒津木遜山南麓又東流折而北又折而西北凡千六百餘里逕山之東麓迄於克儻渡口山即古大積石也自先秦古書言河出崑崙而不言崑崙所在言河伏流而不言伏流所出至漢書始有源出蔥嶺于闐潛流地下南出積石之文得河之初源而未言重源唐劉元鼎使吐番誤指庫爾坤山為崑崙[illegible]而云河源出其間則失河之初源重源而並失崑崙元潘昂霄撰河源志以火敦老兒[illegible]為河源而誤指大積石山為崑崙小積石山為禹貢積石則失河之初源重源而並失崑崙與積石自非八荒在宥千載一時淆亂之說疇使辨哉

過郡十六行九千四百里[補注]王鳴盛曰河所過郡據鄭康成尚書注當為金城天水武威安定北地朔方五原雲中定襄鴈門西河上郡河東馮翊河南河內魏郡鉅鹿東郡清河平原信都勃海凡二十三郡此言十六疑有闕漏

破羌宣帝神爵二年置[補注]王念孫曰河水注湟水東逕破羌縣故城南應劭云宣帝神爵二年置全氏祖望據此謂宣帝神爵二年置七字乃應劭注非班志原文今本脫應劭曰三字案上文之河關下文之允街並云宣帝神爵二年置則此亦班志原文非應劭注也水經注所引乃應劭地理風俗記耳淇水注白溝又東北逕平恩縣故城東地理風俗記云漢宣帝地節三年置其比例也或曰既係班志原文何以不引班志而引地理風俗記乎曰西河郡鴻門下云有天封苑火井祠火從地中出此班志原文也而河水注以為地理風俗記文日南郡下云故秦象郡武帝元鼎六年開此班志原文也而溫水注亦以為地理風俗記文然則水經注中固有不引班志而引地理風俗記者矣右扶風渭城下云故咸陽此班志原文也而渭水注則云渭城文穎以為故咸陽彼言文穎以為故咸陽猶此言應劭曰宣帝神爵二年置也豈得因應劭曰三字而遂謂其非班志原文乎先謙曰續志後漢因河水注湟水自安夷來逕樂都城南東流右合來谷乞斤二水左合陽非流溪細谷三水東逕破羌縣故城南城省南門十三州志云湟水河在南門前東過六谷水自南破羌川自北左右翼注下入允吾一統志故城今碾伯縣西

安夷[補注]先謙曰續志後漢因河水注湟水自臨羌來東合龍駒川水長甯川水牛心川水又逕西平城北[illegible]又逕土樓南右合五泉又右合蔥谷水又逕東亭北出漆峽右合漆谷常溪水左合甘夷川水又合安夷川水又逕安夷縣故城城有東西門在西平亭東七十里又左合宜春水勒且溪水又合承流谷水及六山溪水下入破羌安夷川水出遠山西北流控引眾川北屈逕安夷城西北東入湟宜春水出東北宜春溪西南流至安夷城南入湟勒且溪水出縣東南勒且溪北流逕安夷城東入湟一統志故城今西甯縣東七十里

允街宣帝神爵二年置莽曰修遠孟康曰允音鉛[補注]先謙曰續志後漢因修遠下宜有亭字以別於郡治今脫河水注湟水自允吾來東逕允街縣故城南王莽之修遠亭也縣有龍泉出允街谷泉眼之中水文成交龍或試撓破之尋平成龍畜生將飲者皆畏避而走謂之龍泉下入湟水湟水下入枝陽一統志故城今平番縣南寰宇記其城極險阻沮渠蒙遜增築防戍今尚堅完

臨羌[補注]先謙曰縣見趙充國傳西北至塞外有西王母石室僊海

鹽池[補注]錢坫曰爾雅四荒有西王母國名竹書紀年穆王十七年西征于昆侖邱見西王母此地矣依水經注石室下當有石釜二字先謙曰董祐誠云河水注作西海即僊海今曰青海蒙古曰庫克諾爾鹽池在其西南蒙古曰達布遜諾爾庫克謂青達布遜謂鹽諾爾則積水之名也先謙案僊西青並聲轉字變僊海之為西海猶先零之為西零矣趙充國王莽傳又作鮮水海鮮僊亦音同變字一統志青海在西甯府西五百餘里周回七百五十餘里鹽池在青海西南周百餘里產青鹽北則湟水所出東至允吾入河[補注]先謙曰河水注有湟水出塞外東逕西王母石室石釜西海鹽池北故闞駰云其西即湟水之源也地理志云湟水所出董祐誠云湟水出青海東北實不逕青海鹽池之北志云北則湟水所出蓋指縣北言之與上西北一例非蒙上僊海鹽池也酈偶失檢注又云湟水東南流逕龍夷城故西零之地也十三州志云城在臨羌新縣西三百一十里王莽納西零之獻以為西海郡治此城湟水又東南逕卑禾羌海北有鹽池闞駰云縣西有卑禾羌海者也世謂之青海東去西平二百五十里湟水東流逕湟中城北故小月氏之地也又東右合四溪水又東逕赤城北經戎峽口右合羌水又東逕臨羌縣故城北武帝封孫都為侯國王莽之監羌也謂之綏戎城非也湟水又東合盧溪水又東逕臨羌新縣故城南[illegible]又東右合四川左會臨羌溪水下入安夷羌水出西南山下逕護羌城東故護羌校尉治[illegible]又東北逕臨羌故城西東北入湟西有須抵池有弱水昆侖山祠[補注]先謙曰弱水昆侖山二祠也續志有崑崙山迺誤奪

祠字後人多據此以為山水在縣境非也陳澧云今青海之南有功頟池細納池奇爾多克池殷得爾圖池未知孰為須抵池也此弱水祠非祠張掖刪丹水蓋祠青海即僊海也青海水不能浮舟故亦謂之弱水矣 莽曰鹽羌。師古曰闞駰云西有畢和羌即獻王莽地為西海郡者也抵音丁禮反[補注]王念孫曰鹽當依水經注作監凡縣名上一字稱臨者莽多改為監王鳴盛曰注畢南監本作卑先謙曰作卑是也據河水注和與禾同續志後漢因一統志故城今西甯縣治

天水郡，[補注]閻若璩曰天水治平襄以五行志知之水經注言故天水郡治冀指東漢時先謙曰續志後漢治冀劉注雒陽西二千里又分置南安郡永陽郡渭水注上邽北城中有湖水有白龍出是湖風雨隨之故漢武帝元鼎三年改為天水郡據此置郡時上邽來屬後改屬隴西耳河水篇河水自金城榆中來東過天水北界下入武威媼圍 武帝元鼎三年置。[補注]錢大昕曰蓋析隴西置李廣隴西成紀人志屬天水是其證也 莽曰塡戎。明帝改曰漢陽。師古曰秦州地記云郡前湖水冬夏無增減因以名焉塡音竹眞反其後並同[補注]錢坫曰後書馬援傳作鎮戎吳卓信曰本書原涉傳後書隗囂傳並有塡戎大尹朱一新曰渭水注作鎮戎此塡字當音竹刃反顏云竹眞反未喻陳景雲曰明帝六字恐是後人注非班語先謙曰續志後漢屬涼州志失書 戶六萬三百七十，口二十六萬一千三百四十八，

縣十六：

平襄，莽曰平相。師古曰闞駰云故襄戎邑也[補注]先謙曰續志後漢因渭水注溫谷水導源平襄縣南山溫溪東北流逕平襄縣故城南又東南歷三堆南又東流南屈歷黃槐川入渭[illegible]一統志故城今通渭縣西南紀要伏羌縣西南三十里錢坫云通典故城在伏羌縣南後書注在伏羌縣西北寰宇記在大潭縣南一百三十里案寰宇記之說似與通典同今大潭廢縣在西河縣東南也但以為天水郡治則當在伏羌為是 街泉，[補注]先謙曰續志後漢省略陽縣下云有街泉亭劉注街泉故縣省寰宇記俗名漢街城在隴城縣東北六十里馬謖為張郃敗處一統志故城今秦安縣東北 戎邑道，莽曰塡戎亭。[補注]先謙曰續志後漢省一統志魏置安戎縣為略陽郡治故城今秦安縣東百二十里 望垣，莽曰望亭。[補注]先謙曰後漢因續志作望恆恆蓋垣形近而誤一統志故城今秦州西北 罕开，應劭曰音羌肩反。師古曰本破罕开之羌處其人於此因以名云[補注]先謙曰罕开羌詳趙充國傳蘇林云在金城南續志後漢省紀要故城今秦州南 緜諸道，[補注]先謙曰緜諸本戎名見匈奴傳縣見五行志續志後漢省渭水注緜諸水出西北緜諸溪合長思溪水東南歷緜諸道故城北入清水清水自清水縣來西南得緜諸水口又東南入渭渭水自隴西上邽來歷橋亭南逕緜諸縣東合東亭水亦為橋水即清水也渭水又東南合涇谷水伯陽谷水又東歷大利合苗谷水又東南流左右合九水出石門[illegible]下入扶風汧一統志故城今秦州東四十五里邽山下古城遺址是 阿陽，[補注]先謙曰縣見高后紀續志後漢因渭水注瓦亭水自安定烏氏來南逕阿陽縣故城東又會燕無水入瓦亭水又左會方城川水下入成紀一統志故城今靜甯城南 略陽道，[補注]先謙曰後漢因續志無道字渭水注略陽川水出隴山香谷西流右合單溪左合閻川水西歷蒲池郊合石魯水又歷略陽川得破社谷水平相谷水金里谷水南室水躢谷水並出南山於略陽城東揚波北注略陽川水又西逕略陽道故城北合塈渠水又合白楊泉蒲谷水龍尾溪水又西南得石門水又西北入瓦亭水[illegible]塈渠水出南山北逕泥峽北入城自城北注略陽川川水石門水出隴山逕水洛亭西南合犢奴水逕石門峽入略陽川水一統志故城今秦安縣東北九十里 冀，[補注]先謙曰舊冀戎地秦武公伐而縣之見秦紀亦作驥見說文 禹貢朱圉山在縣南梧中聚，[補注]先謙曰禹貢山水澤地篇朱圉山在天水北冀城南與志合渭水注山在梧中聚有石鼓不擊自鳴鳴則兵起案五行志云冀南山有大石自鳴者也一統志山在今伏羌縣西南三十里圉圄古通用 莽曰冀治。師古曰續漢郡國志云有緹群山落門聚圄讀與圄同[補注]先謙曰續志後漢因落門作雒門[illegible]渭水注渭水自獂道來東逕武城縣西[illegible]西合武城川水又東入武陽川合關城川水安城谷水又東合落門西山三谷水有落門聚渭水又自落門東至黑水峽左右六水夾注又東出黑水峽歷冀川至岑峽合南北十一水又東出岑峽入新陽川逕新陽下城南合溪谷赤蒿二水又東合新陽崖水即隴水也下入隴西上邽武城川水出鹿部西山合昌邸水入渭[illegible]

谷水長塹谷水安蒲溪水衣谷水並南出朱圉山北逕冀縣城北入渭冀水出冀谷濁谷水當里溪水託里水渠谷水黃土川水俱出南山北逕冀城東而北入渭一統志故城今伏羌縣南 勇士，屬國都尉治滿福。[補注]先謙曰別為一城治隸於勇士縣霍去病傳分處匈奴降者於邊五郡故塞外而皆在河南因其故俗為屬國 莽曰紀德。師古曰即今土俗呼為健士者也隨室之初避皇太子諱因而遂改[補注]先謙曰官本今下有主字隨作隋引宋祁曰主土當刪主字先謙案續志後漢因河水篇河水東過天水北界又東北過武威媼圍縣南又東北過天水勇士縣北注云苑川水出勇士縣子城南山東北流為子城川又北逕牧師苑故漢牧苑之地也又北入河河水合苑川水下入媼圍又自媼圍來至縣合二十八渡水赤晆川水下入安定祖厲二十八渡水出縣西東北流入河一統志故城今金城縣東北 成紀，[補注]先謙曰元帝時黃龍見見本紀縣先屬隴西縣人李廣見廣傳續志後漢因渭水注瓦亭水自河陽來南逕成紀縣東歷長離川為長離水右合成紀水受渠水略陽川水[illegible]又西南出顯親峽合石宕水又西南逕顯親縣故城東南[illegible]合蝦蟆溪水金黑水宜都溪水安夷川水大華谷水折里溪水[illegible]六谷水又出新陽峽為新陽崖水又東南入渭成紀水導源西北當亭川東流出破石峽津流遂斷故瀆東逕成紀縣故帝太皞庖犧所生處王莽之阿陽郡治也[illegible]又東潛源隱發通入成紀水東南入瓦亭水先謙案莽傳有成紀大尹李育蓋阿陽郡治成紀故有此稱一統志故城今秦安縣北 清水，莽曰識睦。[補注]先謙曰續志後漢省渭水注東亭水即橋

水出小隴山眾川瀉注西入東亭川爲東亭水又合九水西得清水口清水出隴山二源俱發西南出隴口合成一水歷細野峽逕清池谷又逕清水縣故城東西南流合東亭川自下通謂之清水又逕清水城南合秦水羌水下入緜諸道秦水出大隴山秦谷二源雙導歷三泉合成一水而歷秦川川有故秦亭秦仲所封也秦之爲號始自是矣秦水西逕降隴縣故城南[illegible]又自亥松多合二水又西南歷隴川逕六槃口過清水城西南注清水清水上下咸謂之秦川羌水出羌谷引納眾流合小羌水長谷水東部水南入清水通典云秦州清水縣秦仲始所封地漢置縣也據續志成紀下注云有秦亭明後漢併入成紀一統志故城今清水縣西五十里牛頭山下清水在縣北

奉捷〔補注〕先謙曰續志後漢省

隴 師古曰今呼隴城縣者也〔補注〕先謙曰續志後漢省一統志故城今清水縣北晉大興初南陽王保故將陳安保隴城劉曜攻拔之卽故縣城也後魏改置隴城縣於略陽界非故治顏注誤也舊唐志隴城漢隴縣隋加城字誤同

獂道〔補注〕先謙曰秦孝公斬戎之獂王見秦紀匈奴傳所謂隴西有翟獂之戎也縣見元紀 騎都尉治密艾亭 應劭曰獂戎邑也音完〔補注〕錢坫曰亭在今府城東北陳奐曰密艾亭上疑脫莽曰二字秦紀集解引應注獂音桓是也說文獂讀若完朱一新曰說非也騎都尉治密艾亭與上屬國都尉治滿福一例皆七字連讀滿福密艾亭爲屬國都尉騎都尉治所勇士獂道爲縣令長治所兩不相蒙也張掖郡休屠下兩都尉治所一在熊水障酒泉郡之會水乾齊敦煌郡之敦煌廣至龍勒北地郡之富平五原郡之成宜皆都尉別有治所與此同例先謙曰續志後漢因渭水注渭水

水自隴西襄武來東過獂道縣南右合岑溪水同水過水又東南逕獂道縣故城西[illegible]合赤亭水又逕城南合粟水又東合新興川水下入冀赤亭水出東山赤谷西流逕城北南入渭粟水出西南安都谷東北入渭[illegible]新興川水出西南鳥鼠山[illegible]東北流合彰川水萬年川水又逕新興縣北[illegible]合南川水入渭一統志故城今隴西縣東北渭水北

蘭干 莽曰蘭盾〔補注〕陳奐曰干音戰說文戰盾也先謙曰續志後漢因吳卓信云典略馬騰父子碩嘗爲蘭干尉

武威郡〔補注〕先謙曰禹貢山水澤地篇注郡治武威續志後漢治姑臧劉注雒陽西三千五百里 故匈奴休屠王地武帝太初四年開〔補注〕齊召南曰武紀元狩二年匈奴昆邪王殺休屠王并將其眾來降置五屬國以處之以其地爲武威酒泉郡豈遲至太初四年平志與紀自相矛盾自應以紀爲實下三郡同 莽曰張掖 師古曰休音許虯反屠音直閭反其後竝同〔補注〕先謙曰續志後漢屬涼州志失書 戶萬七千五百八十一 口七萬六千四百一十九 縣十

姑臧〔補注〕先謙曰西河舊事涼州城匈奴故蓋臧城音訛爲姑臧續志後漢因一統志故城今武威縣治 南山谷水所出北至武威入海〔補注〕先謙曰海卽休屠澤也禹貢山水澤地篇注武始澤水二源東北流爲一水逕姑臧縣故城西水側有靈淵池武始澤水下入休屠橫水出姑臧城下清澗水亦名五澗水出姑臧城東並下入休屠道元未言何者爲谷水蓋谷水正源卽武始澤也一統志南山在今武威縣西南百二十里西連永昌縣界谷水在武威縣東亦名武始澤卽今三岔河土人呼爲郭河案郭谷雙聲變字陳澧云今武威縣沙河出縣南境山北流至鎮番縣出邊入休屠澤 行七百九十里

張掖〔補注〕先謙曰續志後漢因唐志涼州南二百里有張掖守捉蓋因舊縣爲名一統志故城今武威縣南

武威〔補注〕先謙曰續志後漢因一統志故城今鎮番縣北寰宇記謂在番和縣西北三百里誤也 休屠澤在東北古文以爲猪壄澤〔補注〕王鳴盛曰豬南監本作猪是先謙曰禹貢山水澤地篇休屠澤在武威縣東北注云縣在姑臧城北三百里東北卽休屠澤也古文以爲豬野又云馬城河自宣威來東北逕武威縣故城東地理志曰谷水出姑臧南山北至武威入海屆此水流兩分一北入休屠澤俗謂之西海一水又東逕百五十里入豬野世謂之東海通謂之都野矣陳澧云今鎮番縣東北邊外大池

休屠〔補注〕先謙曰續志後漢因禹貢山水澤地篇注武始澤自姑臧來東北流逕馬城東城卽休屠縣之故城也本匈奴休屠王都謂之馬城河又東北合橫水清澗水長泉水觀[illegible]下入宣威橫水自姑臧來側城北流注馬城河清澗水自姑臧來西北入馬城河 莽曰晏然〔補注〕吳卓信曰水經注馬城河東北逕晏然亭東晉志永甯中張軌以秦雍流人置武興郡後魏志武興郡領休屠晏然馬城三縣據本志莽改休屠爲晏然軌蓋析休屠置晏然馬城二縣也先謙曰據水經注馬城卽休

屠縣城是休屠縣更名馬城也馬城河自休屠歷宣威方至晏然亭是晏然亭乃後魏廢縣非莽更名休屠之晏然甚明吳說未晰一統志故城今武威縣北 都尉治熊水障北部都尉治休屠城〔補注〕吳卓信曰李廣利傳酒泉張掖北置居延休屠以衞酒泉如淳注立二縣以衞邊或曰置二部都尉謂此及張掖居延都尉也

揟次〔補注〕先謙曰揟次一作且次見三國魏志一作揖次見晉書張駿傳呂光載記魏地形志揟且聲近變字揖則揟之譌文 莽曰播德 孟康曰揟音子如反次音咨諸本作恣〔補注〕先謙曰續志後漢因禹貢山水澤地篇注長泉水出姑臧東揟次縣西北歷黃沙阜而東北流注馬城河觀[illegible]志云枱陝水至縣入海酈注失載一統志故城今古浪縣北

鸞鳥〔補注〕宋祁曰鳥邵本作烏段玉裁曰宋有神烏縣烏是也見輿地記先謙曰舊唐志元和志皆作神烏縣段說未審後書桓紀注鸞音雚段熲傳注烏音爵舊唐志鸞烏讀曰鵲雀唐於此置嘉麟縣若作烏不能讀爲爵也續志後漢因一統志故城今武威縣南紀要永昌衞西南有鸞鳥山

撲劁 莽曰敷虜 孟康曰音蒲環〔補注〕先謙曰後漢因續志撲作樸廣韻同一統志故城今古浪縣東前涼改爲魏安後周爲白山縣者也

媼圍〔補注〕先謙曰續志後漢因河水篇河水自天水郡北界來東北過媼圍縣南注云河水逕其界東北流縣西南有泉源東逕其縣南又東北入河河水下仍入天水勇士通鑑胡注云禿髮傳檀之拒赫連其臣焦朗初令從溫閩水北渡疑因媼圍水得名諱媼爲溫前此晉馬隆討涼州鮮卑渡溫水則省文也後此拓跋伐沮渠李順謂自溫圍水至姑臧又譌閩爲圍矣先謙案溫圍水

卽縣泉源入河者是也說文又作媼圍一統志故城今皐蘭縣東北

蒼柗南山柗陝水所出北至揟次入海莽曰射楚師古曰柗古松字也陝音下夾反兩山之間也柗陝陝名〔補注〕先謙曰後漢因續志作倉松劉注引地道記云南山柗陝水所出一統志故城今古浪縣西後漢改爲昌松松陝水在古浪縣西套厄魯特旗南界東北至土門堡出邊至旗界豬爲澤志所謂入海也凡邊外積水處通謂之海

宣威〔補注〕先謙曰續志後漢因禹貢山水澤地篇注馬城河自休屠來東北逕宣威縣故城南又東北逕平澤晏然二亭東下入武威一統志故城今鎭番縣南

張掖郡〔補注〕閻若璩曰郡治觻得見舊唐志先謙曰續志後漢治同劉注雒陽西四千二百里獻帝分置西郡故匈奴昆邪王地武帝太初元年開〔補注〕錢大昕曰武紀言分武威酒泉置張掖敦煌敦煌爲酒泉所分則張掖必武威所分矣四部之地雖皆武帝所開然先有武威酒泉而後有張掖敦煌以內外之詞言之武威酒泉當云元狩二年開張掖敦煌當云元鼎六年分某郡置昆邪來降在元狩開而志以爲太初張掖乃武威所分而志以張掖屬元年武威屬四年皆誤吳卓信曰武紀明言分武威置然則非昆邪所屬胡氏注通鑑亦從紀文莽曰設屏應劭曰張國臂掖故曰張掖也師古曰昆音胡門反〔補注〕先謙曰續志後漢因屬涼州志失書又張掖屬國下云武帝置屬國都尉以處蠻夷降者安帝時別領候官左騎千人司馬官千人官五城又張掖居延屬國下云故郡都尉安帝別領居延一城屬並同戶二萬四千三

百五十二口八萬八千七百三十一

縣十

觻得〔補注〕先謙曰霍去病傳所謂揚武乎觻得也元和志引西河舊事云本匈奴觻得王所居因以名之千金渠西至樂涫入澤中〔補注〕先謙曰樂涫酒泉縣一統志千金渠在張掖縣西益引羌谷水也錢坫云卽永昌衞河案提綱云永昌衞水出衞西南重山中東北百餘里流逕新城堡北又東循北山麓逕水關北又東逕衞城北又東北出長城闇門逕西山麓甯遠堡西又東北流四百里於沙漠中匯爲一池周三十餘里羌谷水出羌中東北至居延入海〔補注〕先謙曰括地志羌谷水一名鮮水一名合黎水一名張掖河一統志張掖河在今張掖縣西卽羌谷水也胡渭云張掖河出山丹衞西吐谷渾界北流逕張掖縣北合弱水爲張掖河俗謂之黑河自下通兼河水之目又云羌谷水張掖江之上源也自合黎山至居延海行千五百里溯源則二千餘里提綱羌谷水出甘州西南邊山東北流逕祁連又北合數小水又東北逕張掖縣西又北與山丹水合也過郡二〔補注〕先謙曰張掖酒泉行二千一百里莽曰官式應劭曰觻得渠西入澤羌谷孟康曰觻音鹿師古曰孟音是也涫音官其下竝同〔補注〕先謙曰續志後漢因一統志故城今張掖縣西北紀要千金渠或謂之觻得渠案應注亦與志文複出澤羌谷文不成義蓋羌谷澤之倒文或衍澤字酒泉祿福下呼蠶水入羌谷是其證

昭武莽曰渠武〔補注〕先謙曰續志後漢因一統志故城今張掖縣西北

刪丹〔補注〕先謙曰括地志焉支山一名刪丹山在縣東南五十里縣以此名匈奴傳霍去病過焉支山西河舊事云匈奴失焉支山歌曰失我焉支山使我婦女無顏色奪我祁連山使我六畜不蕃息桑欽以爲道弱水自此西至酒泉合黎〔補注〕先謙曰說文溺水自張掖刪丹西至酒泉合黎餘波入于流沙桑欽所說與志同淮南子弱水出窮石山括地志蘭門山一名窮石在刪丹縣西南七十里弱水所出也胡渭云合黎山自甘州衞西北綿延而西接高臺所界又西接鎭夷所界羌谷水至張掖縣合黎山下與弱水合先謙案下流幷入居延澤合觻得居延志文觀之則弱水之委了然矣合黎詳酒泉會水下莽曰貫虜〔補注〕先謙曰續志後漢因一統志故城今山丹縣治焉支山在縣東南接永昌縣界

氐池莽曰否武〔補注〕先謙曰續志後漢因一統志故城今山丹縣西南

屋蘭〔補注〕先謙曰匈奴傳昭帝時犯屋蘭敗去莽曰傳武〔補注〕先謙曰續志後漢因一統志故城今山丹縣西北

曰勒〔補注〕先謙曰官本考證云各本俱作曰案匈奴傳當作日勒先謙案匈奴傳昭帝時寇日勒敗去趙充國傳日勒當北塞有通谷水草都尉治澤索谷莽曰勒治師古曰澤音鐸索音先各反〔補注〕先謙曰續志後漢因一統志故城今山丹縣東南

驪靬〔補注〕先謙曰說文作麗靬張騫傳作犛靬西域傳作犂靬匈奴傳作黎汗音同通用犛靬卽大秦國蓋以其降人置縣莽曰揭虜李奇曰音遲虔如淳曰音弓靬師古曰驪音力遲反靬音虔是也今其土俗人呼驪靬疾言之曰力虔揭音其謁反〔補注〕先謙曰續志後漢因隋志併力乾縣入番和力乾卽驪靬之譌足徵顏引土音至確李如音皆非一統志故城今永昌縣南

番和農都尉治〔補注〕先謙曰匈奴傳昭帝時犯番和敗去莽曰羅虜如淳曰番音盤〔補注〕先謙曰續志後漢因一統志故城今永昌縣西

居延〔補注〕先謙曰以澤氏縣居延澤在東北古文以爲流沙都尉治〔補注〕先謙曰禹貢山水澤地篇流沙地在居延縣東北注云澤在縣故城東北尙書所謂流沙者也形如月生五日弱水入流沙沙與水流行也一統志流沙在今安西府沙州衞西陳澧云今蒙古額濟納舊土爾扈特索博鄂模莽曰居成師古曰闞駰云武帝使伏波將軍路博德築遮虜障於居延城〔補注〕先謙曰續志後漢屬張掖居延屬國獻帝建安末立爲西海郡紀要居延城在甘州衞西北千二百里

顯美〔補注〕先謙曰續志後漢改屬武威一統志故城今永昌縣東

酒泉郡〔補注〕閻若璩曰郡治祿福見舊唐志先謙曰續志後漢治同劉注雒陽西四千七百里武帝太初元年開〔補注〕全祖望曰故匈奴昆邪王地武帝元狩二年開據匈奴傳則初置止酒泉一郡武威亦稍後之今從本紀錢坫曰史記匈奴傳漢西置酒泉郡以隔絕胡與羌通之路莽曰輔平應劭曰其水若酒故曰酒泉也師古曰舊俗傳云城下有金泉泉味如酒〔補注〕先謙曰續志後漢因屬涼州志失書戶萬八千一百三十七口七萬六千

七百二十六

縣九

祿福 呼蠶水出南羌中，東北至會水入羌谷。〔補注〕先謙曰：一統志討來河古呼蠶水也，出肅州西南五百餘里番界中，最西者曰討來河劉䝂西流合輝圖巴爾呼河，又南合巴哈額齊納河入邊，繞肅州南至州東北，合西來水，又東北入邊，過金塔寺，稍折而北，又轉東入張掖河，北入居延海。其發源甚遠，與志云出南羌中及寰宇記云出吐谷渾界之說符合。先謙案：羌谷水見張掖觻得下。莽曰顯德。〔補注〕先謙曰：後漢因，續志作福祿，誤也。吳卓信云：晉、隋、唐並作福祿。考郃陽令曹全碑云拜酒泉祿福長，三國志龐淯傳有祿福長尹嘉，皇甫謐列女傳載龐娥親事亦云祿福趙君安之女，是漢魏之間猶稱祿福，其改爲福祿當自晉始。晉書張重華傳封中堅將軍謝艾爲福祿伯，是其證也。一統志：故城今肅州治。

表是 莽曰載武。〔補注〕先謙曰：後漢因，續志作表氏，氏是古通用。一統志：故城今高臺縣西。

樂涫 〔補注〕洪亮吉曰：玉篇、廣韻涫字注云縣名，在酒泉，今志从官作涫，非。陶憲曾曰：說文無涫字，涫下云从水官聲，酒泉有樂涫縣，則字本从官甚明。古寫本玉篇涫下云古亂、胡亂二反，漢書酒泉有樂涫縣，是顧氏元書亦作涫。下廣韻二十六桓二十九換涫字，今玉篇、廣韻作涫，葢唐宋漢志涫字或有誤从宮者，孫強、陳彭年輩因而收之，洪不加訂正，反以涫字爲非，其失甚矣。先謙曰：說文涫，灊也；涫下云涫涫，溢也。今西河朔方言謂沸溢爲涫涫。據本志張掖觻得，千金渠至縣入澤中。莽曰樂亭。〔補注〕先謙曰：續志後漢因。一統志：故城今高臺縣西北鎮夷城西南。

天㑻 師古曰：音衣，此地有天㑻阪，故以名。〔補注〕先謙曰：說文酒泉有天㑻阪，从阜衣聲。續志後漢省。

玉門 莽曰輔平亭。師古曰：闞駰云漢罷玉門關屯，徙其人於此。〔補注〕先謙曰：續志後漢因。一統志：故城今玉門縣東。

會水 北部都尉治偃前障，東部都尉治東部障。莽曰蕭武。師古曰：闞駰云眾水所會，故曰會水。〔補注〕朱一新曰：汪本蕭作肅。先謙曰：續志後漢因。禹貢山水澤地篇合離山在會水縣東北，注云合黎山也。元和志合黎山俗名要塗山，在張掖縣西北二百里。張掖刪丹下班注弱水至酒泉合黎。案弱水至此亦有合黎水之稱，是所謂會水者，謂眾水會於弱水也。志文刪丹下但言酒泉合黎，而此不明著所在。元和志酒泉縣東北四十里有白亭海，一名會水，以眾水所會，故曰會水，以北有白亭，故名白亭海，又別一義。一統志：故城今高臺縣鎮夷城西北。

池頭 〔補注〕先謙曰：後漢因，續志作沙頭。一統志：故城今玉門縣西南。

綏彌 〔補注〕先謙曰：後漢因，續志作安彌。一統志：故城今肅州東。

乾齊 西部都尉治西部障。莽曰測虜。孟康曰：乾音干。〔補注〕先謙曰：續志後漢因。一統志：故城今玉門縣西南。

敦煌郡 〔補注〕先謙曰：郡治未詳，續志後漢治敦煌，劉注雒陽西五千里。武帝後元年分酒泉置。〔補注〕齊召南曰：武紀敦煌與張掖並元鼎六年置，又太初元年書蝗從東方飛至敦煌，則置郡久矣。朱一新曰：後元元年稱後元年，葢當時通稱。昭紀赦天下，詞訟在後二年前皆勿聽治，注：後二年謂後元二年也。諸侯王表濟北王寬以後二年謀反自殺，亦謂後元二年也，與此同例。正西關外有白龍堆沙，〔補注〕先謙曰：西域傳樓蘭王最在東垂，當白龍堆。一統志：白龍堆在今安西州治西，舊志沙形如臥龍，無頭有尾，高大者二三丈，卑者丈餘，東倚三危，北望蒲昌，綿延起伏，西盡流沙之地，是爲西極要路。有蒲昌海。〔補注〕先謙曰：河水注河水自西域鄯善國來東注於泑澤，即蒲昌海也，亦有鹽澤之稱，東去玉門陽關千三百里，廣輪四百里，其水澄渟，冬夏不減，其中洄湍電轉，爲隱淪之脈，即河水之所潛而出於積石也。河水下入金城河關。蒲昌海今名羅布淖爾。一統志：在安西廳沙州衛西北境外，天山以南、蔥嶺以東之水皆會於塔里木河而豬於淖爾，自此伏流而至鄂敦他拉也。莽曰敦德。應劭曰：敦，大煌盛也。敦音屯。〔補注〕錢坫曰：說文作焞煌。段玉裁曰：左氏音義敦徒門反。集韻敦煌郡名，敦徒渾切，此皆本應劭。集韻又云燉煌郡名，燉他昆切，此亦必出漢書音義，當是本作敦，淺人改燉。先謙曰：續志後漢因，屬涼州。志失書。戶萬一千二百，口三萬八千三百三十五。

縣六

敦煌 〔補注〕先謙曰：禹貢山水澤地篇三危在敦煌縣南，注云山廣圓百里，在鳥鼠山西，書所謂竄三苗于三危也。案導黑水之三危在大河之南，陝西岷州衛塞外，古疊州西，西番界，故志不載。中部都尉治步廣候官。〔補注〕段玉裁曰：步廣候官未詳，宋本官作宮。先謙曰：官本步作部。步廣地名，候官與縣道同，不爲縣道則別立候官以領之。續志張掖屬國有候官，後總云涼州刺史部縣道候官九十八，是其明證也。

杜林以爲古瓜州地，生美瓜。〔補注〕先謙曰：禹貢山水澤地篇注云：杜林云燉煌古瓜州也，州之貢物地出好瓜，民因氏之。瓜州之戎并於月氏者也。縣南七里有鳴沙山，故亦曰沙州。案前涼州張駿於敦煌置沙州，因此。今鎮西府哈密通判地出瓜，曰哈密瓜。莽曰敦德。師古曰：即春秋左氏傳所云允姓之戎居于瓜州者也，其地今猶出大瓜，長者狐入瓜中食之，首尾不出。〔補注〕先謙曰：郡縣無嫌同名，或於敦煌下加亭字，非也。續志後漢因。一統志：故城今敦煌縣治。瓜州今安西府治。

冥安 〔補注〕先謙曰：續志後漢因。紀要：冥安晉爲晉昌縣，唐爲瓜州治。西涼置常樂、永興二郡，亦在縣境。一統志：故城今淵泉縣南。南籍端水出南羌中，西北入其澤，溉民田。應劭曰：冥水出，北入其澤。〔補注〕王念孫曰：南籍端水，南字涉下文南羌而衍。御覽州郡部十一引此作籍端水出羌中，無南字。又案西北入其澤及應注冥水出北入其澤，兩其字疑皆冥字之誤。葢縣曰冥安，本因冥水以得名，而冥水所入之澤因謂之冥澤。元和志云晉昌縣本漢冥安縣，因縣界冥水爲名也。又云冥水自吐谷渾界流入大澤，東西二百六十里，南北六十里，豐水草，宜畜牧。本猶菏水出於菏澤，因謂之菏水也。故曰冥水出北入冥澤。冥澤既爲冥水所入，又爲籍端一水所入，故曰籍端水西北入冥澤也。若云入其澤，則大爲不詞。朱一新曰：班注其字葢涉應注而衍。應注其字則未嘗誤也。班注與下文龍勒縣下氐置水出南羌中東北入澤溉民田一例，此其字當爲衍文。應注云云，葢以見冥安之所由名縣以冥水得名與班注各申一義兩不相蒙應曰注云入其澤者承冥水言之猶云冥水入冥澤耳奚謂不詞先謙曰南字衍王說是其字衍朱說是寰宇記籍端水一名冥水然則水非二也應說乃地理風俗記之文自爲一書本非爲志作注顏引之而不加分疏是其失也一統志籍端水今布隆吉爾河源出靖逆衞南山爲昌馬河北流轉而西經舊柳溝衞北會十道溝水爲蘇賴河又西逕淵泉縣北三十里又西逕敦煌縣西北合黨河又西流三十里許入哈喇淖爾流七百餘里澤方數十里今淵泉敦煌屯田並藉此水灌溉

效穀 師古曰本漁澤障也桑欽說孝武元封六年濟南崔不意爲魚澤尉教力田以勤效得穀因立爲縣名〔補注〕王鳴盛曰漁南監本作魚是孫寶傳唐林左遷敦煌魚澤障候胡渭云師古曰三字後人妄加此非師古所能引也地理志引桑欽者六皆班氏原注此桑說亦必班注先謙曰官本漁作魚續志後漢因一統志故城今安西府治西

淵泉 師古曰闞駰云地多泉水故以爲名〔補注〕宋祁曰淵泉縣一本作拼泉先謙曰後漢因續志作拼泉一統志故城今淵泉縣東其縣東二百五十里有三道溝自此西至柳溝衞東二里又有四道至三十二道七溝皆草地出泉北入蘇賴河惟四道溝泉流特盛即所云昌馬河乃蘇賴河源也闞謂以地多泉水並即指此

廣至 宜禾都尉治昆侖障〔補注〕先謙曰後書明紀注伊吾盧城本匈奴中地名漢破呼衍王取其地置宜禾都尉以爲屯田今伊州納職縣伊吾故城是也紀要唐納職縣城在哈密衞西南漢宜禾都尉地也 莽曰廣桓〔補注〕先謙曰續志後漢因後書蓋勳傳注故城在唐常樂縣東謂之縣泉堡一統志故城今淵泉縣西

龍勒〔補注〕先謙曰續志後漢因括地志龍勒山在玉門縣南百六十五里縣因以名一統志故城今安西府治西龍勒山在州西南三百里 有陽關玉門關皆都尉治〔補注〕段玉裁曰揚雄傳西北一候孟康注敦煌玉門關候也文選注引如湻云地理志龍勒玉門陽關有候今志有缺先謙曰候不入志上文效穀下魚澤障候是其例非缺也續志之屬國候官略與縣道等非此候段說未審西域傳阸以玉門陽關一統志玉門關在今安西府治西百五十里陽關在安西府治西南百三十里 氏置水出南羌中東北入澤溉民田〔補注〕先謙曰一統志氏置水即今黨河一名錫爾噶勒津河源出敦煌縣東南山中北流二百餘里折西流百餘里一水自南來會之又折北流繞沙州故城東新城西又百餘里入蘇賴河溉田甚廣先謙案下流亦入冥澤詳冥安下陳澧云錫爾噶勒津河西北流與志云東北不合又水入布隆吉爾河而志不言入籍端水亦不合也今玉門縣故赤金衞南山水出縣南境東北流入哈喇淖爾疑即氏置水

安定郡〔補注〕先謙曰据河水注郡治高平續志後漢治臨涇劉注雒陽西千七百里河水篇河水東北過安定北界麥田山注云河水自祖厲來北逕麥田城西合麥田泉水又東北逕麥田山西山在安定西北六百四十里皆在今靖遠縣東北又東北逕于黑城北今中衞縣南又東北合高平川水下入眴卷 武帝元鼎三年置〔補注〕全祖望曰武帝元鼎三年分隴西置錢大昕曰蓋析北地郡置先謙曰續志後漢因屬涼州志失書 戶四萬二千七百二十五口十四萬三千二百九十四〔補注〕朱一新曰三汪本作二 縣二十一

高平 莽曰鋪睦〔補注〕先謙曰後漢因續志有第一城河水注高平川水即苦水出高平大隴山苦水谷東北流逕高平縣故城東縣西十里有獨阜俗呼風堆其水北合龍泉水又北出秦長城城在縣北十五里又西北逕東西二土樓故城門北隆德縣合湫水又北合石門水自延水下入北地廉龍泉水出縣東北七里東北入高平川湫水出縣西南二十六里湫淵[illegible]北流合四水入高平川石門水五源皆出縣西同爲一川混濤歷峽即隴山之北垂也謂之石門口在縣西北八十餘里東北入高平川自延水出自延溪東流歷峽爲自延口在縣西北百里東入高平川肥水出高平縣西北二百里牽條山即牽屯東北流合若勃溪水違泉水下入三水縣一統志故城今固原州治高平水在州東今清水河

復累 師古曰復音服累音力追反〔補注〕先謙曰續志後漢省

安俾 孟康曰俾音卑〔補注〕先謙曰續志後漢省

撫夷 莽曰撫寧〔補注〕先謙曰續志後漢省一統志故城今鎮原縣北

朝那〔補注〕先謙曰說文那西夷國安定有朝那縣通典詩公劉逝彼百泉漢爲朝那唐百泉縣也有蕭關見文紀匈奴傳續志後漢因一統志故城今平涼縣西北段玉裁云左襄十三年傳釋文朝那如湻朝音株 有端旬祠十五所胡巫祝又有秋淵祠 應劭曰史記故戎那邑也師古曰湫音子由反〔補注〕錢坫曰即朝那湫也

祠在今固原州東十五里秦人詛楚投文於此湫封禪書湫淵祠朝那蘇林云湫淵方四十里停水不流冬夏不增減不生草木括地志祠在平高縣東南二十里先謙曰官本秋作湫是河水注湫淵在隴山四山中湫水北流下入高平寰宇通志湫有二俱在山間土人謂之東海西海董祐誠云今平涼縣西北與固原州西南接壤有六盤山其陰山腰有泉徑廣一里名曰西海下流爲海子河即湫水

涇陽〔補注〕先謙曰續志後漢省一統志故城今平涼縣西四十里周宣王時獫狁內侵至于涇陽謂此地也案秦紀昭王母弟曰涇陽君通典云唐京兆府涇陽縣本秦舊縣地非漢縣 开頭山在西〔補注〕先謙曰开頭一作雞頭見五帝始皇紀索隱崆峒山之別名一名牽屯見北史尒朱天光賀拔岳傳一統志即笄頭山也當在平涼府西北固原州界諸書言在平高縣西百里與涇水發源處不合 禹貢涇水所出東南至陽陵入渭〔補注〕先謙曰官本考證云涇水訛巠水今改正陽陵馮翊縣淮南墬形訓涇出薄落之山蓋开頭異名水經注佚涇水篇惟長安志醴泉縣下引水經注云涇水導源朝那縣西笄頭山秦始皇巡北地西出笄頭山即是山也蓋大隴之異名寰宇記百泉縣涇水下引水經云涇水出安定涇陽縣高山注云山海經曰高山涇水出焉東流注於渭入關謂之八水案涇水有二源北源出固原州南界隆德縣北界二派會流經瓦亭南南合四水又東南經固安鎮至平涼府城西北合南源即平涼府志所云北支出老山曰後峽流爲百嚴川下流會於崆峒之前峽者也南源出華亭縣西北八十里隆德縣東南界二派合流亦曰橫水東流折東北與北源會即府志所云南支出崆峒

峽中曰前峽者也南爲正源北爲別源合流後東南逕府城北又東南逕涇州北又東南逕陝西之長武邠三水淳化永壽醴泉涇陽諸州縣至高陵縣西南咸陽縣東北入渭即漢陽陵地也**過郡三**，（補注）先謙曰安定扶風馮翊。**行千六十里**，**雍州川**。師古曰开音苦見反又音牽此山在今靈州東南土俗語訛謂之汧屯山（補注）王鳴盛曰詩谷風疏引鄭元尙書注所引地理志作行千六百里其上文說涇水自發源至入渭幾二千里禹貢疏所引地理志亦作千六百里今毛本南監本作六十誤也陳奐曰涇水出今甘肅平涼府西北至陝西高陵縣西南入渭計行不及千里則六百里是六十之譌鄭從續志而云幾二千里兼渭水言之

臨涇，**莽曰監涇**。（補注）先謙曰續志後漢因一統志故城今鎮原縣西二里

鹵，**灈水出西**。師古曰灈音其于反（補注）先謙曰說文鹵西方鹹地也安定有鹵縣東方謂之斥西方謂之鹵續志後漢省陳澧云灈水蓋今靜甯州羅玉河南入渭

烏氏，（補注）先謙曰本烏氏之戎見匈奴傳秦惠王取之置縣見紀要酈商破雍將軍於此見商傳王念孫云史記商傳烏氏索隱本作焉氏音於然反呂氏春秋秦公子連去入翟從焉氏塞高注塞在安定是焉氏即烏氏也又作閼氏高帝封馮解散爲侯國見表**烏水出西北入河**。（補注）先謙曰續志有瓦亭山薄落谷寰宇記引作烏氏縣有瓦亭一名薄落亭縣志缺文當作有瓦亭一名薄落亭瓦亭水出薄落谷劉注地道記云烏水出薄落山名也即笄頭之異名上見故元和志云涇水亦謂之薄落水南流經都盧山謂之彈箏峽全祖望謂黑水即志之烏水先謙案黑水西南流非西北亦是合瓦亭川以入渭非入河也下引見寰宇記潘原縣下云烏

水出都盧山有西烏水又東北逕烏氏縣東注於涇謂之閼川水然涇水間有石巖東會兩川也據此則烏水入涇爲閼川水亦見渭水注中引見上水入河者入涇也趙一清必以入瓦亭之黑水當之而以滍水爲西烏水誤矣陳澧云烏氏與今固原州接界有清水河出州南境北入河蓋即烏水**都盧山在西**，（補注）先謙曰寰宇記百泉縣彈箏峽引水經注云涇水逕都盧山山路之內常有如彈箏之聲行者聞之鼓舞而去又九域志云都盧峽即彈箏峽據此山爲涇水所逕也元和志都盧山一名可蘭山一統志可藍山在今平涼縣西南**莽曰烏亭**。師古曰氏音支（補注）先謙曰後漢因續志作烏枝渭水注瓦亭川水即隴水東北出隴山西流左逕瓦亭川南又一水逕瓦亭川北合爲一川謂之瓦亭川西南合黑水滍水下入天水河陽黑水出黑城北西南逕黑城西合莫吾南川水西南出懸鏡峽入瓦亭水滍水自西來會世謂之鹿角口一統志故城今平涼縣西北寰宇記宋涇州保定縣東有烏亭即漢縣故城

陰密，（補注）先謙曰秦邑遷白起於此見秦紀續志後漢省陰盤下劉注舊有陰密縣未詳所并一統志故城今靈臺縣西五十里**詩密人國**。（補注）錢坫曰密有二一姬姓河南郡密縣也一姞姓此是也國語云密須之亡由伯姞韋注世本云密須姞姓吳卓信曰此兩密地近蓋一國也周滅密須以封同姓先謙曰周語恭王游涇上密康公從韋注姬姓陰密近涇吳說亦通**有嚻安亭**。師古曰即詩大雅所云密人不恭敢距大邦者

安定，（補注）先謙曰續志後漢省一統志故城今涇州北十五里

參䜌，**主騎都尉治**。師古曰䜌音力全反（補注）先謙曰續志後漢改屬北地劉注有青山一統志故城今安化縣西北

三水，**屬國都尉治**。**有鹽官**。**莽曰廣延亭**。（補注）先謙曰續志後漢因劉注有左谷河水注高平川水自北地廉來北逕三水縣西合肥水東有山東有三水縣故城西南去安定郡三百四十里縣東有溫泉溫泉東鹽池故地理志曰縣有鹽官今於城之東北有故城城北有三泉疑即縣之鹽官也高平川水又北入河肥水自高平來東北出峽入高平川一統志故城今固原州北又云括地志通典皆謂在安定縣南元和志又以原具縣爲漢三水地今攷其地當在固原州北高平川西肥水東後漢末縣廢入高平魏置西川都督後遂爲西川縣晉初因之耳在安定南者或後人徙置又後魏改置三水縣於邠州界皆非漢治

陰槃，（補注）先謙曰後漢因續志作陰盤一統志故城今長武縣西北

安武，**莽曰安桓**。（補注）先謙曰續志後漢省一統志故城今鎮原縣南府志府東北

祖厲，（補注）全祖望曰祖本作禲其作禲祖者後世之省文也故易溷於祖而竟忘其爲禲祖之禲矣先謙曰武帝西臨祖厲河見紀**莽曰鄉禮**。應劭曰祖音罝師古曰厲音賴（補注）王鳴盛曰南監本罝作冝是先謙曰罝官本作冝後漢改屬武威續志作租厲河水注河水自天水勇士來東北流逕祖厲縣故城西北祖厲川水下入安定郡祖厲川水出祖厲南山北流逕祖厲縣而西北流入河一統志故城今靖遠縣西南

爰得，（補注）先謙曰續志後漢省一統志故城今涇州東南

眗卷，（補注）先謙曰續志後漢省一統志故城今中衞縣東舊志靈州西南二百里**河水別出爲河溝**，**東至富平北入河**。應劭曰眗音旬

日之旬卷音箘簬之箘（補注）陳澧曰康熙輿地圖河水至甯夏衞分爲二派皆北流乾隆輿地圖二派之外復於靈州分一派東流屈北流與志合朱一新曰箘廣韻有兩音一收入十七眞去倫切一收入十六軫渠殞切此當從去倫切眗卷疊韻先謙曰富平北地縣河水注河水自安定郡來合高平川水東北逕眗卷縣故城西河水於此有上河之名也河側有兩山相對水出其間即上河峽也世謂之爲青山峽河水歷峽北注枝分東出即志所云河溝也下入富平河水亦下入富平

彭陽，（補注）先謙曰縣見文紀北征賦所謂釋余馬於彭陽也續志後漢因一統志故城今鎮原縣東八十里隋改彭原金志有彭原池

鶉陰，（補注）先謙曰後漢改屬武威續志作鶉陰寰宇記鶉水名其城俗名正陰城正鶉一聲之轉一統志故城今靖遠縣西北其在平涼縣西南者後魏置非漢縣

月支道，（補注）錢坫曰本在敦煌祁連間後爲匈奴所逼西去此蓋以其國降人所置者也**莽曰月順**。應劭曰氏音支（補注）先謙曰續志後漢省

北地郡，（補注）先謙曰郡治未詳續志後漢治富平劉注雒陽西千一百里**秦置**。（補注）全祖望曰故秦郡楚漢之際屬雍國高帝二年屬漢先謙曰史匈奴傳秦昭王伐殘義渠於是有北地郡**莽曰威成**。（補注）先謙曰河水注莽名郡爲威戎疑戎是也續志後漢因屬涼州志失書**戶六萬四千四百六十一**，**口二十一萬六百八十八**。

縣十九

馬領 師古曰川形似馬領故以爲名領頸也〔補注〕先謙曰縣人編君賓見游俠傳續志後漢省一統志故城今環縣東南馬領山在安化縣西北七十五里接環縣界馬領水今名環河在環縣西南 **直路** 〔補注〕先謙曰蒙恬傳贊云吾適北邊自直道歸行觀蒙恬所爲廣築長城亭障塹山堙谷通直道固輕百姓力矣蘇林注長安八千里正南北相值道也此直路名縣之由續志後漢省一統志故城今中部縣西北二百里 沮水出東西入洛 〔補注〕宋祁曰洛疑作路先謙曰宋說謬說文瀘水出北地直路西東入洛全祖望云此與江南之沮不同今概作省文而沮漆與沮沮漳溷矣王念孫云洛在沮東不得言西入洛據說文及水經云沮水出北地直路縣東過馮翊祋祤縣北東入於洛則此文本作沮水出西東入洛明矣先謙案沮水注引地理志曰沮出直路縣西東入洛尤爲今志文西東誤倒之明證注又云沮水自直路縣東南逕譙石山東南流歷檀臺川俗謂之檀臺水屈而夾山西流又西南逕宜君川世又謂之宜君水下入馮翊祋祤陳澧云今沮水出陝西中部縣西境東流入洛 **靈武** 莽曰威成亭 〔補注〕錢大昭曰水經注作威戎亭先謙曰續志後漢省書段熲傳注靈武有谷在今靈州懷遠縣西北一統志故城今甯武縣西北隋縣在漢渾懷障唐縣在靈州西北 **富平** 北部都尉治神泉障 〔補注〕先謙曰河水注神泉障北山龍尾溪龍尾水出焉東北流注清水 渾懷都尉治塞外渾懷障莽曰特武 師古

曰渾音胡昆反〔補注〕先謙曰續志後漢因河水注河水自安定朐卷來北逕富平縣故城南秦置北部都尉治縣城趙一清云注讖城道元自先謙案秦治縣縣有隸莽名縣曰持武輿志作特異河水又逕薄骨律鎮城又逕典農城東世謂之胡城又北逕上河城東世謂之漢城薛瓚云上河在西河富平縣即此也又北逕典農城東俗名爲呂城皆馮參所屯河水下入廉又自廉來北合枝津又東北逕渾懷障西地理志渾懷都尉治塞外者也南去北地三百里又東北歷石崖山西去北地五百里下入朔方三封河水枝津自安定朐卷來首受大河東北逕富平城所在分裂以溉田圖北流入河今無水爾雅曰灉反入言河決復入者也河之有灉若漢之有潛志云河溝至富平北入河也一統志故城今靈州西南渾懷障在平羅縣東河東岸 **靈州** 惠帝四年置有河奇苑號非苑 〔補注〕先謙曰百官表邊郡六牧師苑是也其二在郁郅歸德西河鴻門 莽曰令周 師古曰苑謂馬牧也水中可居者曰州此地在河之州隨水高下未嘗淪沒故號靈州又曰河奇也二苑皆在北焉〔補注〕先謙曰正文及注州字官本作洲續志後漢因一統志故城今靈州境後漢書注云在馬領山西北則去今州尚遠近志謂在州北亦無所據後魏置靈州即薄骨律鎮城在今靈州西唐肅宗即位靈武即此非漢縣 **眴衍** 應劭曰眴音煦師古曰音香于反〔補注〕先謙曰說文眴日出溫也北地有眴衍縣眴衍本戎名見匈奴傳誤作朐衍秦孝文游此見五行志續志後漢省一統志故城今靈州東南花馬池北 **方渠** 〔補注〕先謙曰續志後漢省一統志故城今環縣南紀要七十里宋省爲方渠砦 **除道** 〔補注〕錢坫曰秦始皇除道九原抵雲陽此以其事氏縣疑與直路縣近 莽曰通道 〔補注〕先謙曰續志後漢省 **五街** 莽曰吾街 〔補注〕先謙曰續志後漢省 **鶉孤** 〔補注〕先謙曰後漢改屬安定續志作鶉觚晉志同一統志故城今靈臺縣東北 **歸德** 〔補注〕宋祁曰歸德景本無德字先謙曰續志後漢省紀要故城今慶陽府東北百里一統志安化縣東北隋洛源故城即漢歸德縣 洛水出北蠻夷中入河 〔補注〕王念孫曰前左馮翊褱德下云洛水東南入渭禹貢錐指云歸德下云洛入河褱德下云入渭益雜采古記故有不同其曰入河者以二水合流渭亦可稱洛耳案入河二字後人妄加之也洛水出北蠻夷中記其所出也洛水東南入渭記其所入也說文洛水出北地歸德北夷界中東南入渭今本北地作左馮翊案歸德屬北地不屬左馮翊此後人不明地理而妄改之今正淮南地形篇洛出獵山高注云獵山在北地西北夷中洛水東南流入渭皆本地理志而但言入渭不言入河則志無入河之文明矣或曰許高所據乃左馮翊褱德下入渭之注非北地歸德下入河之注曰不然許云洛水出北地歸德北夷界中高云獵山在北地西北夷中皆據北地歸德之注而皆言入渭則褱德下有入渭之文而歸德下無入河之文明矣記大川所入而前後異文漢志從無此例胡渭曲爲之說非也或曰一水而前後兩見或記其所出或記其所入漢志亦有此例乎曰隴西郡氐道下云禹貢養水所出東至武都爲漢今本取東字辨見前至武都下武都郡武都下云漢水受氐道水今本漢上有東字辨見前東漢水下一名沔過江夏謂之夏水入江漁陽郡白檀下云濡水出北蠻夷中今本濡作渝又脫中字辨見後渝水下遼西郡肥如下云濡水南入海今本海下脫陽字辨見下臨渝下云渝水首受白狼東入塞外交黎下云渝水首受塞外南入海鬱林郡臨塵下云有斤員水領方下云斤員水入海皆一水兩見而分記其出入洛水亦猶是也下文郁郅下云

泥水出北蠻夷中亦不記其所入此與洛水濡水交屬一例或謂蠻夷中下有脫文非也說文泥水出北地郁郅北蠻中亦不言其所入先謙曰漢時沮水由鄭渠東注洛故洛水下流亦蒙漆沮之名自鄭渠廢而漆沮與洛不相入矣以今水道攷之洛水上源出陝西定遠縣西甘肅安化縣東北白於山東南流逕甘泉縣西又東逕洛川縣西中部縣東又東南逕宜君縣東又逕白水縣東北又南逕澄城縣西蒲城縣東又東南逕同州府城西又東逕朝邑縣南又東南入河與史記魏世家自鄭濱洛以北至上郡及漢志出歸德北之文皆合御覽白於山下引水經注云洛水源出洛源縣北白於山洛水下引云白於山今名女郎山上多松柏下多櫟檀[illegible] 有堵苑白馬苑 **回獲** 〔補注〕先謙曰[illegible] **略畔道** 莽曰延年道 師古曰有略畔山今在慶州界其土俗呼曰洛盤道[illegible] **泥陽** 〔補注〕先謙曰[illegible] 莽曰泥陰 應劭曰泥水出郁郅北蠻中〔補注〕先謙曰應注與郁郅下複見後漢因續志有五柞亭一統志故城今甯州東南五十里 **郁郅** 〔補注〕先謙曰義渠戎地秦惠王伐取之見後書西羌傳縣人王圍見藝文志李息甘延壽見本傳 泥水出北蠻夷中〔補注〕先謙

曰說文同一統志東洛河在今安化縣東即水經注所云洛川南逕尉李城東北合馬嶺水號白馬水也今曰馬蓮河即泥水徐松云泥洛字形相近元和志誤作洛水其地本有漆沮之洛於是調停之者分爲東洛西洛水後又並二水爲一其誤甚矣有牧師菀官〔補注〕先謙曰本書菀苑通作錢大昭云漢制邊郡牧師菀官有六郡曰謂隴西天水安定北地上郡西河也志中惟記其一遼東襄平亦有牧師官又在六郡外矣莽曰功著師古曰郁音於六反郅音之日反〔補注〕先謙曰續志後漢省一統志故城今安化縣治

義渠道〔補注〕先謙曰本義渠戎國秦惠文王十一年縣之見秦紀縣人公孫賀公孫敖傅介子見本傳莽曰義溝〔補注〕先謙曰續志後漢省一統志故城今甯州西北

弋居有鹽官〔補注〕先謙曰後漢因續志有鐵紀要故城今甯州東

大要師古曰要即古要字也音一遙反〔補注〕先謙曰後漢鄧禹傳作大要續志後漢省一統志故城今甯州東南

廉卑移山在西北〔補注〕先謙曰河水注引同一統志山在今甯朔縣西北莽曰西河亭〔補注〕先謙曰續志後漢因河水注高平川自安定高平來北逕廉城東案地理志北地有廉縣闞駰言在富平北自昔匈奴侵漢新秦之土率爲狄場故城舊壁盡從胡目地理淪移不可復議當是世人誤證也高平川下入三水案道元雖引廉縣爲證而意不謂然其後又云河水自富平來東北逕廉縣故城東王莽之西河亭下仍入富平一統志故城有二一在甯夏縣北一在固原州東北不可考案高平川所逕之廉城當在固原州北則在甯夏縣北者乃漢縣也

上郡〔補注〕先謙曰據河水注秦治膚施漢因之續志後漢治同注云清水即山海經區水出申山東流入上郡長城逕老人山下又東合龍尾水三湖水下入高奴諸次水出上郡諸次山東逕榆林塞世又謂之榆林山諸次水下入雲中沙陵秦置〔補注〕先謙曰秦惠文王十年魏納上郡十五縣見秦紀昭王三年置上郡見河水注高帝元年更爲翟國〔補注〕先謙曰董翳國七月復故〔補注〕全祖望曰異姓諸侯王表作元年八月本紀作二年六月此又作元年七月紀志誤表是匈歸都尉治塞外匈歸障〔補注〕錢坫曰後書馬援傳有增山連率注莽改上郡爲增山志脫莽曰增山四字先謙曰河水注又引司馬彪云增山者上郡之別名屬并州師古曰匈歸者言匈奴歸附〔補注〕全祖望曰本屬涼州武帝後屬并州先謙曰續志後漢因屬同戶十萬三千六百八十三口六十萬六千六百五十八縣二十三

膚施〔補注〕先謙曰戰國屬趙滅中山遷其王於此後乃入秦有五龍山帝原水黃帝祠四所〔補注〕錢大昕曰郊祀志宣帝立五龍山僊人祠及黃帝天神帝原水凡四祠於膚施五龍山一也帝即天神帝二也原水三也黃帝四也先謙曰錢說亦有理然酈注以帝原爲水名姑闕疑續志後漢因河水注奢延水自奢延來東逕膚施縣合帝原水又逕膚施

縣南東入五龍山地理志曰縣有五龍山帝原水自下亦爲通稱也歷長城東出合平水走馬水白羊水入河帝原水自龜茲來東南注奢延水走馬水自陽周來流入長城東北注奢延水一統志故城今綏德州東南合龍山在州西南五里疑即五龍山帝原水今名西河

獨樂有鹽官〔補注〕先謙曰續志後漢省一統志故城今甯州東南寰宇記謂在定平縣東北三十里者後魏移置之縣也

陽周橋山在南有黃帝冢〔補注〕先謙曰秦縣二世賜蒙恬死處見恬傳河水注走馬水出西南長城北陽周縣故城南橋山山上有黃帝冢帝崩惟弓劍存馬故世稱黃帝仙矣昔段熲追羌出橋門門即橋山之長城門始皇令扶蘇與蒙恬築長城起自臨洮至于碣石即是城也其水東北流入長城注奢延水案黃帝葬橋山見帝紀武帝祠之見武紀王莽稱橋時見莽傳紀要橋山在今中部縣北一曰子午山又名翟道山自慶陽府境綿亘延安西境其南麓跨縣界舊志云一有水自縣北穿山而過山若橋然因以爲名莽曰上陵畤〔補注〕先謙曰續志後漢省一統志故城在安定縣北元和志謂在眞甯縣者乃後魏僑置

木禾〔補注〕先謙曰續志後漢省

平都〔補注〕先謙曰趙策有平都侯蓋封此續志後漢省括地志與陽周縣相近

淺水莽曰廣信〔補注〕先謙曰續志後漢省一統志故城今長武縣北五里淺水城

京室莽曰積粟〔補注〕先謙曰續志後漢省

洛都莽曰卑順〔補注〕先謙曰續志後漢省

白土〔補注〕先謙曰縣見高紀韓王信傳圜水出西東入河〔補注〕先謙曰河水注圁水出白土縣圁谷東東逕其縣南地理志曰圜水出西東入河又東至長城合神衙水下入西河鴻門神衙水出縣南神衙山出峽東至長城入圁一統志圁水在今葭州境陝西通志即禿尾河也自建安堡北塞外流入東南逕高家堡西合永利河蔟藜川又東南合開化川又東南入河元明統志謂無定河即圁水誤莽曰黃土師古曰圁音銀其釋在下〔補注〕王念孫曰下文西河郡圁陰莽曰方陰顏注圜字本作圁縣在圁水之陰因以爲名也王莽改爲方陰則是當時已誤爲圜字今有銀州銀水即是舊名猶存但字變耳又下文圜陽顏注此縣在圁水之陽又匈奴傳居于河西圁洛之間晉灼云圜音嚚三倉作圁顏注與地理志同又史記匈奴傳居于西河圜洛之間集解徐廣云圜在西河音銀索隱圜晉灼音嚚三倉作圁今本史記正文圜作圜集解作徐廣云圜在西河索隱作三倉圜作圜此校書者以注文改正文而後人復據已改之正文轉改注文也今據索隱單行本及晉灼注訂正地理志云圜水出上郡白土縣西東流入河韋昭云圜當爲圁續志及太康地志竝作圁字也以上索隱案圜與圜聲相近古無圁字故借圜爲之韋顏竝以圜爲圁之誤非也水經河水注引地理志圜水作圁水全氏校本云觀善長所見之本亦不誤豈後人因王莽有方陰之名而妄改爲圜字以實之乎案全說非也若漢志本是圁字則韋不當云圜當爲圁矣水經注引作圜者據韋注改之耳乃謂善長所見本不誤後人始改圁爲圜何不察之甚也王莽誤以圜爲方圜之圜故改圜陰爲方陰而圜陰之圜實非誤字史記漢書之圜水圜陰圜陽圜洛其字皆不作圁漢平周鉦所紀縣名有平周平定圜陰三縣皆屬西河漢印有圜陽宰印少室神道石闕銘開母廟石闕銘竝有西河圜陽馮寶劉寬碑陰有西河圜陽田植是圜水之圜古皆作圜也王莽誤改圜陰爲方陰卽古無圁字之明證故說文有圜無圁先謙曰續志後漢因一統志故城今鄂爾多斯左翼中旗南其地近神木縣北

襄洛莽曰上黨亭〔補注〕

先謙曰續志後漢省一統志故城今甯州東北燕原下襄樂鎮元和志後魏孝文帝改洛爲樂原都〔補注〕先謙曰縣見史景紀
續志後漢省漆垣莽曰漆墻〔補注〕先謙曰續志後漢因奢延莽曰奢節〔補注〕先謙曰續志後漢因
河水注奢延水西出奢延縣西南赤沙阜東北流山海經所謂生水出孟山者也因縣土謂之奢延水又謂之朔方水東北流逕其
縣故城南赫連改築統萬城又東北合溫泉又東合黑水交蘭水見龜茲鏡波水下入膚施溫泉西北出沙溪下入奢延水黑水出奢延縣黑
澗下入雲中沙陵鏡波水出南邪山南谷東北入奢延水一統志故城今懷遠縣西提綱無定河有東西二源西曰額圖渾河即奢
延水也出右翼前旗賀通圖山左曰海畱圖河即黑水也出右翼前旗虎喇虎地並東南流入榆林邊會於波羅營北而東流又合
諸水東南至歸德堡西又東南爲無定河又逕米脂縣城西南又逕綏德州東北又東入河雕陰應劭曰彤山在西南〔補注〕
先謙曰戰國魏地秦敗龍賈軍於此見魏世家蘇秦傳傅寬食邑見寬傳續志後漢因一統志故城今鄜州北雕山在州西南一名
雕陰山推邪莽曰排邪師古曰邪音似嗟反〔補注〕先謙曰續志後漢省楨林莽曰楨幹師古曰楨
音貞〔補注〕先謙曰續志後漢因高望北部都尉治莽曰堅甯〔補注〕先謙曰續志後漢省一統志故城今
鄂爾多斯右翼前直榆林北雕陰道〔補注〕先謙曰續志後漢省龜茲〔補注〕先謙曰河水注帝原水西北出龜茲縣東
南流縣因處龜茲降胡著稱帝原水下入膚施諸次水自雲中沙陵來屆龜茲縣西北東入長城合小榆水首積水東入河見西河圁陽

山海經曰諸次之水東流注于河也屬國都尉治有鹽官應劭曰音丘慈師古曰龜茲國人來降附者處之於
此故以名云〔補注〕先謙曰上郡屬國歸義降胡見馮奉世傳有鹽池爲民利見後書西羌傳續志後漢因一統志故城今榆林縣北
定陽應劭曰在定水之陽〔補注〕先謙曰戰國趙地齊策魏拔邯鄲西圍定陽也河水注黑水出定陽縣西山二源奇發同瀉一
壑東南流逕其縣北又東南流右合定水俗謂之白水也西出其縣南山定水谷東逕定陽縣故城南又東注黑水亂流東南入河
見高奴續志後漢因一統志故城今宜川縣西北高奴〔補注〕先謙曰翟王董翳都見項羽傳文帝幸焉見文紀有淯水
可糶莽曰利平師古曰糶古然火字〔補注〕王念孫曰可糶本作肥可糶肥者膏也此謂水上之肥可然非謂水可然
也脫去肥字則文不成義水經注引地理志云高奴縣有淯水肥可糶又云水上有肥可接取用之博物志稱酒泉延壽縣南山出
泉水大如笞注地爲溝水有肥如肉汁取著器中始黃後黑如凝膏然極明與膏無異水肥亦所在有之非止高奴縣淯水也見上水經
注据此則志文原有肥字而師古不爲作解蓋所見本已脫之矣古者謂膏爲肥故此云肥可糶而說文亦云膏肥也肪肥也胕陽
間肥也段注說文不得其解乃謂此三肥字皆脂字之譌豈其然乎先謙曰續志後漢因河水注河水自西河土軍來南過高奴縣
東合淸水蒲水見河東蒲子黑水見定陽下入河東北屈淸水自上郡來東逕高奴縣民俗語訛謂之高樓城也淸水合豐林水奚谷水東
入河豐林水地理志謂之淯水也長津瀉注北會淸水一統志故城今膚施縣東陳澧云淯水出安塞縣望松北部都

尉治〔補注〕先謙曰一郡二北部蓋誤文續志後漢省宜都莽曰堅寍小邑〔補注〕先謙曰縣無四字爲名者
疑小字衍續志後漢省
西河郡〔補注〕先謙曰後書順帝紀李注西河本理平定縣永和五年徙離石元和志云理富昌非續志後漢治離石劉注雒
陽北千二百里武帝元朔四年置〔補注〕全祖望曰戰國魏郡文侯以來即有之然魏之西河自焦號桃林之塞西
抵關洛其界最廣秦以其東界併入內史而西界併入上郡漢分置者特秦上郡所屬地耳東界則別置宏農宋白樂史並云漢分
南陽河南二郡以爲宏農蓋即內史東界廣之南部都尉治塞外翁龍埤是〔補注〕錢坫曰是即氏氏者
山阜之稱揚雄稱響若氏隤古氏是字通用先謙曰紀要二障在廢勝州北莽曰歸新屬幷州師古曰翁龍埤
是二障名也埤音婢〔補注〕先謙曰續志後漢因屬同戶十三萬六千三百九十口六十九萬
八千八百三十六
縣三十六〔補注〕先謙曰郡人郭翁仲漕中叔見游俠傳
富昌有鹽官莽曰富成〔補注〕先謙曰續志後漢省河水注湳水自美稷來東逕富昌縣故城南入河見定襄桐過
一統志故城今鄂爾多斯左翼前旗界紀要勝州西南騶虞〔補注〕先謙曰續志後漢省鵠澤孟康曰鵠音告師古曰音

古督反〔補注〕先謙曰續志後漢省平定莽曰陰平亭〔補注〕先謙曰續志後漢因紀要故城今榆林衛東南界
美稷屬國都尉治〔補注〕先謙曰續志後漢因說文湳西河美稷保東北水河水注湳水出美稷縣東南流俗謂之
遄波水東南流入長城東合鹹水渾波水下入富昌鹹水出長城西鹹谷渾波水出西南窮谷入湳一統志故城今鄂爾多斯左翼
前旗東南紀要故勝州西南通典汾州隰成縣有美稷鄉漢縣也案此後漢中平中所徙置非前漢縣西河置屬國見宣紀馮奉世
傳中陽〔補注〕先謙曰戰國趙地秦取之秦昭襄趙惠文王會此見秦紀趙世家續志後漢因說文焉水出西河中陽北沙南
入河文水注文水自太原茲氏來東逕中陽縣故城東又東南合勝水入汾勝水出狐岐山東合陽泉水又東逕中陽故城南入文
水河水篇河水南過中陽縣西注云河水自隰成來中陽縣故城在東東翼汾水隔越重山不濱河也河水下入土軍先謙案一統
志云故城今甯鄉縣西西河所領縣皆夾河兩岸無東附汾水者曹魏移郡東出縣亦隨之元和志所云魏移中陽於茲氏縣界是
已注反以爲漢縣誤董祐誠云經所稱河水過中陽西者兩漢之中陽也文水注所稱文湖逕中陽縣故城東者曹魏之中陽在今
孝義縣北注於彼下僅引晉代地志初不以爲二漢之中陽此誤證以駁經偶有不照耳樂街莽曰截虜〔補注〕先謙
曰續志後漢因徒經莽曰廉恥〔補注〕先謙曰續志後漢省皋狼〔補注〕先謙曰秦祖孟增居此見秦紀戰國地入
趙見趙策亦作郭狼見趙世家亦作皋狼見王子侯表[illegible]續志後漢因一統志故城今永甯縣西北大成莽曰好

成補注先謙曰後漢改屬朔方續志作大城一統志故城今鄂爾都斯左翼前旗界紀要榆林衛東北

廣田莽曰廣翰補注先謙曰續志後漢省

圜陰惠帝五年置莽曰方陰師古曰圜字本作圁縣在圁水之陰因以爲名也王莽改爲方陰則是當時已誤爲圜字今有銀州銀水即是舊名猶存但字變耳補注先謙曰圜不當作圁說見上續志後漢因河水注圁水自鴻門來東逕圁陰縣北又合桑谷水下入圁陽一統志故城今神木縣南

益闌莽曰香闌補注先謙曰後漢因續志作益蘭

平周補注王念孫曰漢平周鉦所紀縣名有平周平定圁陰三縣皆屬西河錢大昕曰王莽傳民棄城郭流亡爲盜賊并州平州尤甚胡三省注通鑑以爲時無平州疑字誤考路博德傳云西河平州人是平州爲西河屬縣州周古字通用也先謙曰戰國魏地襄王時秦取之見魏世家續志後漢因一統志故城今介休縣西

鴻門有天封苑火井祠火從地出也補注王念孫曰地下脫中字火從地中出謂從井中出也郊祀志祠天封苑火井於鴻門如淳云地理志西河鴻門縣有天封苑火井祠火從地中出注引地理風俗記文與此同皆有中字先謙曰續志後漢省河水經注圁水自上郡白土來東逕鴻門縣縣故鴻門亭應劭云圁陰縣西五十里有鴻門亭圁水又東合梁水下入圁陰案應說縣併入圁陰一統志故城今神木縣西南紀要榆林衛東

藺補注先謙曰戰國趙地魏敗趙於此秦攻之肅侯時秦取之復入趙武靈王時爲秦所拔並見趙世家亦稱北藺見魏世家武帝封代共王子罷軍爲侯國見表續志後漢因一統志故城今永甯州西

宣武莽曰討貉補注先謙曰續志後漢省

千章補注先謙曰武帝封代共王子遇爲侯國見表續志後漢省

增山有道西出眩雷塞補注先謙曰匈奴傳益廣田至眩雷爲塞服虔云地在烏孫北史記作眩靁北部都尉治師古曰眩音州縣之縣補注先謙曰續志後漢省一統志故城今套內之南接榆林邊界紀要榆林縣東北

圁陽師古曰此縣在圁水之陽補注段玉裁曰漢銅印有寰陽宰之印寰陽即圁陽莽縣令爲縣宰此莽印也苻秦隋唐地志皆作銀以圁字音銀改之王念孫曰少室神道石闕銘開母廟石闕銘並有西河圜陽馮寶劉寬碑陰有西河圜陽田植先謙曰續志後漢因河水注圁水自圁陰來東逕圁陽縣南東入河河水自定襄桐過來南過圁陽縣東合圁水端水諸次水觀茲上郡陽水下入離石一統志故城今神木縣東

廣衍補注先謙曰續志後漢因

武車莽曰桓車補注先謙曰續志後漢省

虎猛西部都尉治補注先謙曰有制虜塞見匈奴傳續志後漢省一統志故城今鄂爾多斯左翼前旗界內直匈奴北

離石補注先謙曰戰國趙地肅侯時秦取之見周紀趙世家武帝封代共王子綰爲侯國見表續志後漢因河水注河水自圁陽來南過離石縣西合奢延水陵水下入隰成離石水出離石北山南流逕離石縣故城西下入隰成一統志故城今永甯州治府志東關北隅有縣街遺址古井尚存離石水今北川河

穀羅武澤在西北補注先謙曰續志後漢省一統志故城今套內之南接榆林邊界紀要永甯州北武澤在榆林衛東北後漢建武二十八年詔南匈奴徙居美稷之虎澤永初三年四年梁慬擊單于於屬國故城南單于敗走還虎澤乞降即此唐諱虎改武澤先謙案據後書知穀羅併入美稷也司馬相如傳紫淵徑其北文穎注西河穀羅縣有紫澤在西北蓋澤別名也通鑑胡注虎澤應在五原曼柏之北在今榆林鎮之東北

饒莽曰饒衍補注先謙曰續志後漢省

方利莽曰廣德補注先謙曰續志後漢省

隰成補注先謙曰武帝封代共王子忠爲侯國見表莽曰慈平亭補注先謙曰續志後漢省河水注離石水自離石來南屈西轉逕隰成縣南俗訛千城離石水西流入河河水自離石來合離石水下入中陽一統志故城今永甯州西

臨水莽曰堅水補注吳卓信曰趙世家集解引張華云趙簡子家在臨水界二冢并上氣成樓閣錢大昕曰南監本閩本堅作監先謙曰官本作監是續志後漢省

土軍補注先謙曰高帝封宣義武帝封代共王子郢客爲侯國見表續志後漢省河水注河水自中陽來南過土軍縣西吐京郡治[illegible]即土軍縣之故城也胡漢譯言音爲訛變其城圓長而不方河水合龍泉水契水祿谷水大蛇水辱水信支水石羊水域口水乳溪水下入上郡高奴龍泉水出城東南道左山下牧馬川上多產名駒其水西北流至城東南土軍水出道左高山西南注之龍泉水又北屈逕其城東而西入河一統志故城今石樓縣治

西都莽曰五原亭補注先謙曰戰國趙地武靈王時秦取之見趙世家續志後漢省錢坫云今孝義縣地

平陸補注吳卓信曰平陸侯劉禮應劭韋昭並以爲此縣誤也詳東平國東平陸下先謙曰續志後漢因

陰山莽曰山寧補注先謙曰續志後漢省河水注蒲水出陰山縣合長松水北溪水東北入河觬河東北屬

觬是莽曰伏觬蘇林曰音麑師古曰觬音倪其字從角補注先謙曰說文觬角觬曲也西河有觬氏縣氏是古字通續志後漢省

博陵莽曰助桓補注先謙曰續志後漢省

鹽官補注先謙曰續志後漢省

朔方郡補注閻若璩曰武帝置朔方郡築朔方城則朔方郡治朔方縣矣三封乃元狩三年城也元和志以爲治三封誤先謙曰閻說是河水注可證觀陽朔方續志後漢治臨戎武帝元朔二年開補注先謙曰武紀元朔二年收河南地置朔方郡衛青傳同亦見主父偃傳西部都尉治窳渾補注先謙曰中東部都尉在縣下此獨在郡下志變文無義例莽曰溝搜屬并州師古曰窳音庾渾音魂補注錢大昕曰武帝元封五年置十三部刺史并與朔方各自爲部未嘗屬并州也朔方之屬并乃光武建武十一年事耳上郡亦屬朔方部故馮野王爲上郡太守朔方刺史蕭育奏封事薦之全祖望曰故屬秦九原郡漢初入匈奴武帝元朔二年開別稱朔方州置刺史監河西諸郡事中興後始省朔方入并州而以所監諸郡屬涼州本志以爲元朔即屬并州誤也揚雄十二州箴已無朔方蓋平帝時莽省而中興因之又曰自顏注平當傳謬言朔方不在十三州之內則以司隸爲一部是蓋以東京之制爲武帝制宋王應麟因之區分其目載入通鑑地理通釋如涼州刺史部隴西金城天水武威張掖酒泉敦煌安定北地九郡并州刺史部太原上黨西河朔方五原雲中定襄雁門八郡不知前漢之涼州止武

都隴西天水安定北地五郡并州止六郡其朔方五原二郡合河以西之金城武威張掖酒泉敦煌五郡共七郡爲朔方州所統也若云朔方未得爲州而不與則交阯亦未得爲州何以獨與乎先謙曰晉地理志注西漢十三部涼益荆揚青豫兖徐幽并冀十一州交阯朔方二刺史合十三部全說是也依錢說則上郡當日亦統於朔方刺史續志後漢因屬同

戸三萬四千三百三十八口十三萬六千六百二十八

縣十

三封武帝元狩三年城補注先謙曰續志後漢因也河水注云河水自北地富平來東北逕三封縣故城東十三州志云在臨戎縣西百四十里河水下入臨戎一統志故城在套外河西岸今鄂爾多斯後旗正西河外元和志謂夏州長澤縣本漢三封縣地寰宇記通典因之非是

朔方金連鹽澤青鹽澤皆在南莽曰武符補注先謙曰續志後漢因河水注河水自五原西安陽來東南逕朔方縣故城東北詩所謂城彼朔方也衞青取河南爲朔方郡使校尉蘇建築朔方城即此城也魏土地記云縣有大鹽池其鹽大而青白名曰青鹽又名戎鹽入藥分漢置典鹽官池在新秦之中羣墳云秦逐匈奴收河南地徙民以實之謂之新秦也河水下入渠搜吳卓信云元和志以唐什賁故城爲漢朔方縣而云近在唐朔方縣理之北不知漢之朔方在上郡北與河北相近唐之朔方縣在今榆林西南本漢上郡地如元和志所言則漢之朔方在今榆林邊內而上郡轉在朔方之北矣非是陳澧云今蒙古鄂爾多斯右翼南境有喀喇莽尼池烏藍池即此二澤其孰爲金連鹽澤孰爲青鹽澤未詳

修都補注先謙曰續志後漢省

臨河莽曰監河補注先謙曰續志後漢省河水注河水自窳渾來爲北河東逕高闕南衞青敗右賢王於高闕即此處也又東逕臨河縣故城北武帝封代恭王子賢爲侯國賦隸辨又自臨河縣東逕陽山南漢書注陽山在河北指此山也東逕石跡阜西下入五原河目南河自臨戎來東逕臨河縣南下入廣牧吳卓信云縣在北河之南當今榆林邊外河套內今延川縣北臨河故城當是晉魏僑置

呼遒師古曰遒音在由反補注先謙曰續志後漢省

窳渾補注先謙曰衞青傳作窴渾有道西北出雞鹿塞補注先謙曰雞鹿塞見匈奴傳紀要在故夏州西北屠申澤在東莽曰極武補注先謙曰續志後漢省河水注河水自沃野來又北屈而南河出焉河水又北迆西溢於窳渾縣故城東武帝開朔方郡縣即西部都尉治其水積而爲屠申澤澤東西百二十里闞駰謂之窳渾澤矣又屈而東流爲北河衞青絕梓嶺梁北河是也下入臨河南河下入臨戎一統志故城今套外西北河北流折東之處屠申澤番名騰格里淖爾東西正長其西有哈爾哈納河南流入之黃河自澤東溢入又自東北流出

渠搜中部都尉治莽曰溝搜補注先謙曰續志後漢省河水注河水自朔方來東轉逕渠搜縣故城北王莽之溝搜亭也禹貢之所云析支渠搜矣河水下入五原西安陽案依注文志溝搜下奪亭字揚雄解嘲所謂大漢左東海右渠搜也宋傳寅云漢朔方渠搜亦當是金城以西之戎後世種落遷徙故漢有居朔方者若禹時渠搜居朔方則不應浮積石胡渭云禮三朝記渠搜與交阯對舉則不在朔方可知涼土異物志古渠搜在大宛北界隋書西域傳云鏺汗國都葱嶺之西五百餘里古渠搜國也渠搜之在西域明矣一統志故城在故朔方城東紀要廢夏州北

沃壄武帝元狩三年城有鹽官莽曰綏武補注先謙曰續志後漢因河水注河水自臨戎來又北有枝渠東出謂之銅口東逕沃野縣故城南枝渠東注以溉田河水下入窳渾一統志故城今套外河水北流一曲之西河套志後魏置沃野鎭於此又於鹽澤北之黑池西置涼城郡故城猶在

廣牧補注先謙曰縣見五行志河水注南河自臨河來東逕廣牧縣故城北逕二百許里下入五原河目東部都尉治莽曰鹽官補注先謙曰續志後漢因紀要故城在廢夏州東北

臨戎武帝元朔五年城莽曰推武補注先謙曰續志後漢因河水注河水自三封來北逕臨戎縣故城西下入沃野南河自窳渾來東逕臨戎縣故城北下入臨河一統志故城在故朔方城西大河北流之東岸

五原郡秦九原郡補注先謙曰通典趙置九原郡秦因之漢爲九原縣五原郡治焉續志後漢治同案九原見趙世家始皇紀全祖望云不在始皇所并三十六郡內說詳後三十六郡下武帝元朔二年更名補注全祖望曰漢初入匈奴武帝始與朔方同置非但更名而已五原朔方歸中國而後河西闓故別爲州東部都尉治稒陽補注先謙曰河水注河水自宜梁來東逕稒陽城南東部都尉治河水下入河陰錢坫云在今榆林府城東北鄂爾都斯界內黃河北岸與下稒陽縣是兩地莽曰獲降屬并州師古曰稒音固補注先謙曰續志後漢因屬同

戸三萬九千三百二十二口二十三萬一千三百二十八

縣十六

九原莽曰成平補注先謙曰續志後漢因河水注河水自河陰來東逕九原縣故城南始皇置九原郡治此下入五原一統志故城今大同縣西北大河南外董祐誠云當在今烏喇旗東南境

固陵莽曰固調補注先謙曰續志後漢省

五原莽曰塡河亭補注先謙曰續志後漢因河水注九原縣西北接對一城蓋五原縣之故城也其城南面長河北背連山始皇逐匈奴並河以東屬之陰山築亭障爲河上塞徐廣云陰山在五原北即此山也河水下入臨沃一統志故城在故九原城西紀要故勝州西董祐誠云當在今烏喇特旗之東近茂明安旗界

臨沃莽曰振武補注先謙曰續志後漢因河水注河水自五原來東過臨沃縣南又東枝津出焉又合石門水下入稒陽石門水自稒陽來逕臨沃城東東南入河枝津上承大河於臨沃縣下入稒陽一統志故城在故九原城東紀要稒陽縣東

文國莽曰繁聚補注先謙曰續志後漢因文或譌父

河陰補注先謙曰續志後漢因河水注河水自東部都尉所治稒陽來東逕河陰縣故城北下入九原一統志

故城在故九原城東紀要故豐州西南董祐誠云當在今鄂爾多斯左翼後旗界內

蒲澤屬國都尉治〔補注〕錢大昭曰南監本閣本作蒲澤朱一新曰汪本正統本作蒲 先謙曰官本作蒲續志後漢省一統志故城在故豐州東

南興莽曰南利〔補注〕齊召南曰河水注於雲中北輿縣下曰五原有南輿故此加北據此則縣名南輿不名南興也各本俱誤先謙曰續志後漢省

武都莽曰桓都〔補注〕先謙曰續志後漢因寰宇記在銀州界

宜梁〔補注〕先謙曰續志後漢因河水注河水自成宜來東逕宜梁縣故城南闞駰云五原西南六十里今世謂之石崖城河水下入東部都尉所治稒陽一統志故城在故九原城西紀要故豐州東

曼柏莽曰延柏師古曰曼音萬〔補注〕先謙曰續志後漢因一統志故城在黃河北岸紀要故勝州西

成宜中部都尉治原高西部都尉治田辟有鹽官莽曰艾虜師古曰辟讀曰壁艾讀曰刈〔補注〕先謙曰續志後漢因河水注河水自西安陽來東逕田辟城南又東逕成宜縣故城南又東逕原亭城南下入宜梁案据此志高當作亭一統志故城在故九原城西紀要在故豐州界董祐誠云當亦在烏喇特旗南

稒陽〔補注〕先謙曰戰國魏地作固陽魏世家惠王築長城塞固陽正義魏築長城自鄭濱洛北達銀州至勝州固陽縣爲塞 此出石門障得光祿城又西北得支就城又西北得頭曼城又西北得虖河城又西得宿虜城〔補注〕王鳴盛曰南監本此作北朱一新曰汪本作北注本又西下有北字錢坫曰虖河括地志作牢河先謙曰官本此作北光祿城徐自爲築見武紀頭曼城葢即冒頓父所築河水注河水自臨沃來東逕稒陽縣故城南地理志曰自縣北出石門障河水決其西南隅又東合枝津又東逕塞泉城南而東注下入雲中咸陽石門水出石門山地理志曰北出石門障即此山也西北趣光祿城其水自障東南流下入臨沃河水枝津自臨沃來東流七十里北濕田南北二十里入河 莽曰固陰師古曰曼音莫安反虖音呼〔補注〕先謙曰續志後漢省一統志故城在故九原城東北近雲中郡紀要廢勝州西南

莫䵃如淳曰音忉怛師古曰音丁葛反〔補注〕先謙曰說文䵃白而有黑也五原有莫䵃縣續志後漢省

西安陽〔補注〕何焯曰汝南有安陽故此加西代郡加東也 莽曰漳安〔補注〕錢大昭曰河水注作郭安朱一新曰汪本漳作郭先謙曰官本漳作郭後漢因續志北有陰山河水注河水自河目來南逕馬陰山西漢書音義云陽山在河北陰山在河南謂是山也而即實不在河南史記音義云五原安陽縣北有馬陰山今山在縣北言陰山在河南又傳疑之非也陰山在河東南則可矣河水下入朔方朔方又自朔方渠搜東逕西安陽故城南下入成宜一統志故城在故九原城西紀要豐州東北

河目〔補注〕先謙曰續志後漢省河水注北河自朔方臨河來南屈逕河目縣在北假中地名也自高闕以東夾山帶河陽山以往皆北假也北河又南合南河下入西安陽南河自朔方廣牧來東會北河一統志故城在故九原城西當在陽山南高闕東南北河之間紀要廢豐州東北

雲中郡〔補注〕先謙曰據河水注郡治雲中續志後漢治同 秦置〔補注〕先謙曰趙武靈王破林胡樓煩攘地至此因置郡見趙世家匈奴傳秦始皇十三年因之見河水注全祖望云楚漢之際屬趙國尋分屬代國高帝三年屬漢四年復以屬趙國六年屬代國十一年以邊郡收緄本 莽曰受降 屬并州〔補注〕先謙曰續志後漢因屬同 戶三萬八千三百三口十七萬三千二百七十 縣十一〔補注〕錢大昭曰周勃世家定雲中郡十二縣是秦領縣十二先謙曰郡人李沮郭昌見本傳

雲中莽曰遠服〔補注〕先謙曰續志後漢因郡治河水注白渠水自定襄成樂來西南逕雲中故城南下入沙陵芒干水自原陽來西南逕白道南谷口有城在右縈帶長城背山面澤謂之白道城芒干水又西南逕雲中城北合白道中溪水又西合懷朔鎮東北芒中塞水下入沙陵中溪水發源武川北塞中南流逕武川鎮城又西南歷中溪出山西南流于雲中城北南入芒干水一統志故城今大同府西北塞外托克托城地其崞縣西南雲中故城乃後漢建安中移置

咸陽莽曰賁武〔補注〕先謙曰續志後漢因河水注河水自五原稒陽來東逕咸陽縣故城南又屈西流合沙陵湖水[illegible]沙下入稹陵一統志故城今托克托城地

陶林東部都尉治〔補注〕先謙曰續志後漢省一統志故城今朔平縣左雲縣西北塞外歸化城界內

稹陵緣胡山在西北西部都尉治莽曰稹陸〔補注〕先謙曰續志後漢省河水注河水自咸陽來南入稹陵縣西北緣胡山下入沙南稹陵縣在山南王莽之稹陸也北去雲中城一百二十里一統志故城今托克托城地與河南縣隔河相對即遼金東勝州地也董祐誠云緣胡山當即今托克托城西北臨河諸山稹陵城當在托克托城西南寰宇記謂在榆林縣西北非

犢和〔補注〕先謙曰續志後漢省

沙陵莽曰希恩〔補注〕朱一新曰汪本恩誤思先謙曰續志後漢因河水注白渠水自雲中來西北逕沙陵縣故城南又西注沙陵湖本志定襄武進下云白渠水西至沙陵入河也芒干水自雲中來西南注沙陵湖湖水西南入河[illegible]咸本志定襄武皋下云荒干水西至沙陵入河也董祐誠云据志白渠荒干俱至縣入河是漢時二水各入河此注俱入沙陵湖是白渠下流徙而東北與荒干水相合今黃水河合黑水河更在沙陵湖之上流是白渠益徙而東也今圖爾根必拉逕薩拉齊廳南境又西南匯爲澤西流入河即沙陵湖也注又云諸次水自上郡來緣歷沙陵下入上郡龜茲黑水自上郡奢延來東南歷沙陵入奢延水一統志故城今托克托城北

原陽〔補注〕先謙曰戰國趙地武靈王破原陽爲騎邑見趙策續志後漢因河水注芒干水自定襄武皋來南逕原陽縣故城西合武泉水[illegible]武下入雲中一統志故城今歸化城西

沙南〔補注〕先謙曰續志後漢因河水注河水自稹陵來東歷沙南縣東北兩山二縣之閒而出稹陵縣南六十許里有東西大山山西枕河河水南流下入定襄桐過一統志故城葢在河套內今鄂爾多斯左翼後旗地元和志榆林河濱二縣本漢河南縣地是也漢雲中地惟沙南在河南餘在河東

北輿中部都尉治師古曰闞駰云廣陵有輿故此加北〔補注〕錢大昕曰

輿屬臨淮後漢始屬廣陵先謙曰續志後漢因河水注武泉水自武泉來南流又西屈逕北輿縣故城南按地理志五原有南輿縣故此加北闞駰云廣陵有輿故此加北疑太疏遠也其水又西南入荒干水董祐誠云今哲爾德必拉西流至歸化城東境合哈喇烏蘇通爲圖爾根必拉北輿故城當在今歸化城東哲爾德必拉之北一統志當在古雲中城北武泉縣南**武泉**〔補注〕先謙曰縣見景紀周勃灌嬰破胡騎於此見本傳莽曰順泉〔補注〕先謙曰續志後漢因河水注武泉水東出武泉縣故城西南下入北輿一統志故城今右玉縣西北塞外歸化城西界董祐誠云當在今歸化城東武泉水今之哲爾德必拉也**陽壽**莽曰常得〔補注〕先謙曰續志後漢省一統志故城今歸化城界內吳卓信云隋志金河縣初曰陽壽蓋相近故取名也

定襄郡〔補注〕先謙曰一統志漢置成樂縣爲定襄郡治紀要同續志後漢治善無**高帝置**〔補注〕先謙曰高帝六年置見河水注全祖望云故屬秦太原雁門二郡高帝分置屬代國景帝後以邊郡收莽曰得降屬并州〔補注〕先謙曰續志後漢因屬同**戶三萬八千五百五十九口十六萬三千一百四十四**

縣十二〔補注〕吳卓信曰漢縣並在今歸化城左右

成樂〔補注〕先謙曰續志後漢改屬雲中河水注白渠水自武進來西北逕成樂城北魏土地記云雲中城東八十里有成樂城白渠水下入雲中雲中一統志故城今殺虎口北歸化城南**桐過**莽曰椅桐師古曰過音工禾反〔補注〕先謙曰續

志後漢因河水篇河水南過赤城東又南過桐過縣西注云河水自雲中沙南來至縣於二縣之間濟有君子之名君子濟在雲中城西南二百餘里河水又東南合契吳東山水樹頽水沃陽見雁門太羅水武州見雁門滴水富昌見西河呂梁洪水善無見雁門下入西河圁陽一統志故城今右玉縣東北塞外歸化城西南濱河紀要朔州西寰宇記引冀州圖云在雲中郡西五十里者誤**都武**莽曰通德〔補注〕先謙曰續志後漢省**武進**白渠水出塞外西至沙陵入河〔補注〕先謙曰沙陵雲中縣河水注白渠水出塞外西逕武進縣故城北下入成樂董祐誠云白渠水當即今黃水河蒙古曰西拉烏蘇出托克托東山西部都尉治莽曰伐蠻〔補注〕先謙曰續志後漢改屬雲中一統志故城今成樂縣東南紀要大同府西北塞外**襄陰**〔補注〕先謙曰續志後漢省**武皋**荒干水出塞外西至沙陵入河〔補注〕先謙曰河水注荒作芒云芒干水出塞外南逕鍾山即陰山也其水西南逕武皋縣下入雲中原陽陳澧云今歸化城廳黑河出察哈爾右翼西流至薩拉齊廳入河即荒干水中部都尉治莽曰永武〔補注〕先謙曰續志後漢省一統志故城今歸化縣東北董祐誠云當在綏遠城東北四子部落旗南**駱**莽曰遮要〔補注〕先謙曰續志後漢因一統志故城今平魯縣西北塞外歸化城界內紀要今朔州北俗名大駱城即北魏大洛城也**定陶**莽曰迎符〔補注〕朱一新曰汪本作安陶先謙曰官本作安陶續志後漢省**武城**〔補注〕先謙曰趙策封孟嘗君以武城秦攻定武城見趙世家始皇紀莽曰桓就

〔補注〕先謙曰後漢因續志作武成一統志故城今平魯縣西北塞外歸化城西南**武要**東部都尉治莽曰厭胡師古曰厭音一葉反其下竝同〔補注〕先謙曰續志後漢省一統志故城今右玉縣北塞外歸化城界內後魏太祖紀西登武要北原觀九十九泉即此**定襄**莽曰著武〔補注〕先謙曰續志後漢改屬雲中一統志故城今歸化城東明統志謂在大同府西北三十八里乃唐之定襄非漢縣**復陸**莽曰聞武師古曰復音服〔補注〕先謙曰續志後漢省

鴈門郡〔補注〕先謙曰據河水注郡治善無續志後漢治陰館劉注雒陽北千五百里**秦置**〔補注〕先謙曰趙武靈王置鴈門郡見匈奴傳秦因之全祖望云楚漢之際屬趙國尋分屬代國高帝三年屬漢四年仍屬趙國六年屬代國景帝後以邊郡收句注山在陰館〔補注〕段玉裁曰陰館前漢作觀後漢晉作館見沈約宋書先謙曰夏侯嬰破胡騎於山北見嬰傳蘇意屯此見文紀一統志山在今代州西二十里莽曰塡狄屬并州〔補注〕先謙曰續志後漢因屬同**戶七萬三千一百三十八口二十九萬三千四百五十四**

縣十四〔補注〕錢大昭曰周勃世家定鴈門郡十七縣是秦領縣十七

善無莽曰陰館〔補注〕先謙曰續志後漢改屬定襄爲郡治河水注中陵水自中陵來西北流逕善無縣故城西又西北合吐文水下入沃陽呂梁洪水出善無縣故城西南八十里西流歷於呂梁之山爲呂梁洪在離石北以東可二百餘里入河[illegible]

一統志故城今右玉縣南紀要代州西北七十里**沃陽**鹽澤在東北有長丞西部都尉治〔補注〕先謙曰河水注中陵水自善無來北分爲二一水東北流爲沃水東逕沃陽縣故城南北俗謂之可不埿城又東北逕沃陽城東又東合可不埿水又逕參合縣南[illegible]西去沃野城二十里縣北十里有都尉城地理志曰西部都尉治者也北俗謂之阿養城又東合災豆渾水又東北流注鹽池地理志曰鹽澤在東北者也西南去沃陽城六十五里池水瀲渟淵而不流東西五十里南北二十里池北七里郎涼城郡治[illegible]魏池西有舊城俗謂之涼城也郡取名焉地理志曰澤有長丞此城卽長丞所治也中陵水自枝津西北流又合諸升袁河水亂流西南合樹頽水西南分爲二水左水枝分南出爲太羅河下入武州右水西逕昆新城南入河[illegible]諸升袁河水出沃陽縣東北山下北俗謂之烏伏眞山西南流逕沃陽縣左入中陵水陳澧云鹽澤今甯遠廳代哈池莽曰敬陽〔補注〕先謙曰續志後漢省一統志故城今左雲縣西北塞外鑲藍旗察哈爾界中紀要應州西南**繁畤**莽曰當要師古曰畤音止〔補注〕先謙曰續志後漢因濼水注嶂川水自嶂來北流逕繁畤縣故城東下入劇陽一統志故城今渾源州西其代州之繁畤縣乃後魏置非漢縣**中陵**莽曰遮害〔補注〕先謙曰續志後漢改屬定襄河水注中陵水出縣西南山北俗謂之大浴眞山中陵水東北流逕中陵縣故城東北俗謂之北右突城十三州志云善無縣南七十五里有中陵縣其水又西北右合貸敢山水下入善無一統志故城今平魯縣北中陵水卽兔毛河**陰館**樓煩鄉景帝

後二年置〔補注〕王念孫曰樓煩上當有故字言陰館縣乃故樓煩鄉景帝後三年始置縣也志文若是者多矣脫去故字則文義不明濕水注正作故樓煩鄉累頭山治水所出東至泉州入海〔補注〕先謙曰泉州漁陽縣濕水篇濕水出陰館縣注云濕水出累頭山一曰治水泉發山側沿波歷澗東北流出山逕陰館縣故城西又左會桑乾水又東合崞山水峴下入代班氏桑乾水自太原汾陽來於陰館縣西北上平洪源七輪謂之桑乾泉即溹涫水也右會馬邑川水峴馬又東南右合濕水亂流枝水南出桑乾水又東左合武州塞水峴武又右合枝津又東北爲濕水自下並受通稱矣一統志累頭山在今代州西北州志山有七峰如斗形一名北斗山治水今桑乾河過郡六〔補注〕先謙曰過雁門代上谷廣陽漁陽六當爲五行千一百里莽曰富代師古曰累音力追反治音弋之反燕刺王傳作台字〔補注〕王念孫曰濕水注作富臧亦於義爲長先謙曰續志後漢因郡治一統志故城今朔州東南八十里樓煩有鹽官應劭曰故樓煩胡地〔補注〕先謙曰樓煩始見王會解戰國燕縣蘇秦說齊閔王胡人襲燕樓煩數縣是也趙武靈王破林胡樓煩築高闕見趙世家是樓煩縣與樓煩戎爲二秦爲縣灌嬰傳別降樓煩以北大縣周勃傳還攻樓煩三城是其證也高帝逐韓王信至此見高紀續志後漢因一統志故城今甯武府界雁門關北晉縣今崞縣東唐縣今淸樂縣南武州〔補注〕先謙曰武帝時匈奴穹武州塞見匈奴傳莽曰桓州〔補注〕先謙曰續志後漢因河水注太羅水上承樹頹河南流西轉逕武州縣故城南十三州志云縣在善無城西南百五

十里北俗謂之太羅城水亦藉稱焉西南流合一水又西南入河觀灑襄又濕水注武州塞水出故城東南流出山逕日沒城東流右入桑乾水武州川水出縣西南山下二源翼導俱發一山東北流合成一川北流逕武州縣故城西又東北合黃水又東合火山西溪水山有火井湯井風穴武州川水又東南流出山谿土地記云平城西三十里武州塞口者也自山口枝渠東出入苑溉諸園池一水自枝渠南流東南出合火山水下入平城一統志故城今左雲縣南後魏縣今代州山西通志武州山在今大同縣西二十里武州水出山之西白羊山溪谷中㳹陶孟康曰音汪〔補注〕先謙曰官本引宋祁曰㳹景本作汪音枉段玉裁云集韻三十六養㳹嫗往切引㳹陶縣名十一唐㳹烏光切不載縣名然則丁度所据志作枉也先謙案後漢因續志作汪陶濕水注桑乾枝水上承桑乾河東南流逕桑乾郡北後魏合夏屋山水東流長津委浪通結兩湖淵潭相接俗謂之南池池北對㳹陶縣之故城故曰南池也南池水又東北入桑乾水一統志故城今山陰縣東北紀要應州西劇陽莽曰善陽〔補注〕先謙曰後漢因濕水注崞川水自繁畤來東北逕劇陽縣故城西十三州志云在陰館縣東北一百三里其水東注濕水觀陰一統志故城今應州西北崞莽曰崞張孟康曰音郭〔補注〕先謙曰說文崞山在雁門續志後漢因濕水注崞川水出崞縣故城南縣南面元岳右背崞山處二山之中故莽以崞張爲名其水西出山爲崞口下入繁畤一統志故城今渾源州西山西通志二十里橫山左側遺墉尚存平城〔補注〕先謙曰縣見高紀周勃夏侯嬰韓王信匈奴傳東部都尉治莽曰平順〔補注〕先謙曰續

志後漢因濕水注如渾水出梁城郡旋鴻縣後魏都縣東合旋鴻池水又東南逕永固縣後魏代郡右會羊水又南分二水一水逕平城西郭內又南屈逕平城縣故城南後魏都又南繞出郊郭長塘曲池所在布濩一水南逕白登山西高帝爲匈奴所圍處又東逕平城縣故城東又南合武州川水下入代班氏羊水出平城縣之西苑外武州塞北入如渾水武州川水自武州來逕平城縣南東流入如渾水一統志故城今大同縣東五里白登臺在高陽縣南埒莽曰塡狄亭〔補注〕朱一新曰汪本作坪陳奐云集韻十一模坪坪也不引縣名作埒是也先謙曰續志後漢因馬邑〔補注〕全祖望曰故韓王信都先謙曰縣見高武紀韓王信匈奴傳莽曰章昭師古曰晉太康地記云秦時建此城輒崩不成有馬周旋馳走反覆父老異之因依以築城遂名爲馬邑〔補注〕先謙曰續志後漢因濕水注馬邑川水出馬邑西川俗謂之磨川馬磨聲相近其水東逕馬邑縣故城南入桑乾水觀陰一統志故城今朔州治舊志城外西北隅彊陰諸聞澤在東北莽曰伏陰〔補注〕先謙曰後漢因續志作彊陰蓋誤一統志故城今大同縣西北塞外諸聞澤或曰卽旋鴻池或曰卽威甯海先謙案濕水注旋鴻池東西二里南北四里北對涼川城之南池方五十里俗名乞伏袁池灃云諸聞澤今豐鎭廳奇兒池

代郡〔補注〕先謙曰據濕水注郡治高柳閻若璩云張守節云蔚州飛狐縣北百五十里有秦漢故郡城飛狐漢廣昌縣地則漢代郡治廣昌縣秦亦爾云治高柳者恐誤案續志後漢治高柳劉注雒陽東北二千五百里秦置〔補注〕錢坫曰始皇二十三

年置全祖望曰楚漢之際屬趙國尋爲代國高帝三年屬漢六年仍爲代國武帝元鼎三年復故莽曰厭狄有五原關〔補注〕先謙曰說文阮下作五阮關成紀同如淳注讀阮爲近卷反後書烏桓傳同紀要紫荊關在易州西八十里廣昌縣東北百里或云卽五阮關字蓋誤常山關〔補注〕先謙曰寰宇通志倒馬關在唐縣西北漢置名常山關紀要關在定州西北二百二十二里廣昌縣南七十里滱水注滱水自廣昌來東逕倒馬關關山險隘最爲深峭故關受其名關水出西南長溪下東北歷關注滱滱水又自倒馬關南流合大嶺水兩嶺溪水懸水又東歷鴻山疑卽地道記所謂鴻上關也滱水左納鴻上水下入中山唐屬幽州應劭曰故代國〔補注〕先謙曰續志後漢因屬同戶五萬六千七百七十一口二十七萬八千七百五十四縣十八桑乾莽曰安德孟康曰乾音干〔補注〕先謙曰續志後漢因濕水注濕水自上谷昌平來東北逕桑乾縣故城西又屈逕其城北魏土地記曰代城北九十里有桑乾城城西渡桑乾水去城十里有溫湯療疾有驗濕水又東合祁夷水石山水下入上谷潘祁夷水自代來北逕桑乾縣故城東而北入濕水地理志曰祁夷水北至桑乾入濕是也一統志故城今蔚州東北道人莽曰道仁師古曰本有仙人遊其地因以爲名〔補注〕先謙曰續志後漢因濕水注濕水自狋氏來東逕道人縣故城南地

理風俗記云初築此城有仙人遊其地因以爲城名今城北有淵潭而不流故俗謂之爲平湖也十三州志曰道人城在高柳東北八十里所未詳也㶟水下入陽原案注師古曰二字乃應劭之譌一統志故城今陽高縣東南

當城 師古曰闞駰云當桓都城故曰當城補注先謙曰周勃斬陳豨於此見高紀續志後漢因㶟水注連水自廣昌來北逕當城縣故城西應劭云當桓都山作城故曰當城也連水下入代先謙案據此闞駰乃應劭之譌桓都下奪山作二字一統志故城今蔚州東括地志縣當常山故曰當城

高柳 西部都尉治 補注先謙曰景帝時魏不害屯此見五行志續志後漢因㶟水注山海經云雁門水出雁門山雁出其門在高柳北高柳在代中其山重巒疊巘霞舉雲高連山隱隱東出遼塞其水東南流逕高柳縣故城北城在平城東南六十七里於代爲西北雁門水又東南屈逕吡險城又東北積爲潭斜長二十餘里廣十五里敦水注之䚡參又東北入陽門山謂之陽門水合神泉水託台谷水又東逕大甯郡北郡後魏號合脩水即山海經所謂脩水東流注於雁門水也地理志有于延水而無雁門脩水之名山海經有脩水雁門之目而無于延河自下亦通謂之于延水矣水側有桑林時人亦謂是水爲藂桑河也下入上谷甯一統志故城今陽高縣西北紀要大同府東南九十里

馬城 東部都尉治 補注先謙曰續志後漢因㶟水注于延水即脩水自且如來東南逕馬城縣故城北十三州志曰馬城在高柳東二百四十里俗謂是水爲河頭又東逕零丁城南右合延鄉水又東南於大甯郡北郡後魏號合雁門水覌高下入上谷甯延鄉水出馬城縣西山下入延陵又自延陵來東逕馬城南入脩水

先謙案雁門馬邑下顏注引太康地記有依馬走築城之異道元云或以爲代之馬城諸記紛競未識所是也一統志故城今懷安縣北

班氏 秦地圖書班氏 補注錢大昕曰注疑有脫誤秦地圖蓋蕭何所收者琅邪長廣下有奚養澤在西秦地圖云劇清池班引秦地圖祇此二條 莽曰班副 補注先謙曰續志後漢因㶟水注㶟水自雁門陰館來東逕班氏縣南合如渾水下入平邑如渾水自雁門平城來南流逕班氏縣故城東十三州志云班氏縣在郡西南百里北俗謂之去畱城如渾水又東南入㶟水一統志故城今大同縣東南紀要渾源州西北

延陵 補注先謙曰戰國趙邑趙世家有延陵鈞韓非子有延陵生續志後漢省㶟水注延陵水自馬城來東逕延陵縣故城北地理風俗記曰當城西北有延陵鄉故縣也俗指爲琦城延鄉水又逕羅亭下仍入馬城據應說縣併入當城一統志故城今天鎮縣北邊牆外正黃旗察哈爾界中延鄉水即西洋河

狋氏 莽曰狋聚 孟康曰狋音權氏音精補注先謙曰說文狋从示聲代郡有狋氏縣讀又如銀權精切銀明漢魏音讀合氏音二字蓋衍精下不著反字本書此例多有漢縣名氏者無異讀也後人誤竄氏音二字篇顏因云狋有權音莫能是正矣續志後漢因㶟水注㶟水自平邑來東逕狋氏縣故城北十三州志云縣在高柳南百三十里俗謂之苦力干城㶟水下入道人一統志故城今廣靈縣西北紀要渾源州東

且如 于延水出塞外東至甯入沽 補注王念孫曰甯上脫廣字此沽及下文平舒祁夷水北至桑乾入沽沽皆當爲治字之誤上文陰館累頭山治水所出即此水也㶟水注云㶟水一曰治水又云東左

得于延水口地理志云于延水東至廣甯入治非矣案注云于延水又東逕大甯縣故城南地理志云廣甯也又東南逕茹縣故城北又南逕且居縣故城南東南流注於㶟水是于延水至廣甯向未入治故云地理志曰于延水東至廣甯入治非矣趙氏東潛未解非矣二字之意而故入治爲入沽謂六朝時漢志已譌治爲沽故道元以爲非蓋誤會也又案注言㶟水左會于延水於下洛縣故城東南㶟水即今之桑乾河漢下落故城在今直隸保安州西于延水即今之洋河源出山西天鎮縣邊外東至保安州入桑乾河與水經注合是于延水入治非入沽也又㶟水注云祁夷水出平舒東東北至桑乾故城東而北流注於㶟水地理志云祁夷水出平舒縣北至桑乾入㶟是也㶟水即治水是祁夷水入治非入沽也又下文漁陽郡漁陽沽水出塞外東南至泉州入海此即今之白河源出直隸赤城縣邊外東南至天津縣由直沽入海者也非于延祁夷二水所入且廣甯桑乾皆治水所經非沽水所經則此志入沽明是入治之譌先謙曰㶟水注于延水出塞外柔玄鎮西後魏六鎮之一通鑑胡注城在漢且如縣西北塞外長川城南小山東南流逕且如縣故城南應劭云當城西北四十里有且如城故縣也代稱不拘名號變改校其城郭相去遠矣山海經云梁渠之山無草木多金石脩水出焉于延水出縣北塞外即脩水也下入馬城一統志于延水即東洋河一名兆哈河在天鎮縣北察哈爾東南六十里

中部都尉治 師古曰且音子如反沽音姑又音故補注先謙曰續志後漢省按據上應說縣併入當城一統志故城今天鎮縣北

平邑 莽曰平胡 補注先謙曰後漢因續志作北平邑㶟水注㶟水自班氏來東逕平邑縣故城南趙獻侯十三年城平邑十三州志云城在高柳南百八十里北俗謂之醜寅城㶟水又東逕沙陵南下入狋氏先謙案平邑後入魏悼襄王時魏欲通平邑中牟之道不成見趙世家一統志故城今陽高縣西南紀要靈邱縣西北

陽原 補注先謙曰續志後漢省㶟水注㶟水自道人來東逕陽原縣故城南北俗謂之比郍州城㶟水下入東安陽一統志故城今西甯縣南

東安陽 莽曰竟安 師古曰闞駰云五原有安陽故此加東也補注先謙曰續志後漢因㶟水注㶟水自陽原來東合安陽水逕東安陽縣故城北趙惠文王三年主父封長子章爲代安陽君此即章封邑㶟水下入上谷昌平安陽水出縣東北澤中北俗謂之太拔迴水自澤東南流入㶟水一統志故城今蔚州西北

參合 補注先謙曰柴武斬韓王信於此見信傳續志後漢省㶟水注敦水導源西北少咸山南麓東流逕參合縣故城南地理風俗記云道人城北五十里有參合鄉故縣也敦水又東合潹水東北入雁門水山海經云少咸之山敦水出焉東流注于雁門之水謂斯水也覌高案據應說後漢縣併入道人一統志故城今陽高縣東北其左雲縣北塞外參合廢縣乃後魏分沃陽置

平舒 補注先謙曰戰國燕地與趙見趙世家 祁夷水北至桑乾入沽 補注先謙曰沽當作治說詳上㶟水注祁夷水出平舒縣東逕平舒縣之故城南澤中控引衆泉以成一川魏土地記云代城西九十里有平舒城西南五里代水所出東北流言代水非也又東北逕石門關北舊道出中山故關也下入代 莽曰平葆 補注先謙曰續志後漢因一統志故城今廣靈縣西縣志十里平水村南俗呼平水城即舒之轉音字變

代 補注先謙曰戰國代滅於趙楚漢之際趙王歇都見項羽傳 莽曰厭狄亭 應劭曰故代國補注先謙曰續志後漢因㶟水注祁夷水自平舒來東北得飛狐谷廣野君所謂杜飛狐之口也魏土地記云代城南四十里有飛狐關祁夷水合關水東北

流逕代城西梅福上事云代谷者恆山在其南北塞在其北谷中之地上谷在東代郡在西是其地也祁夷水合城內二泉又合熱水谷水䚡杜谷逆水青牛淵水下入上谷昌平連水自當城來逕故代城西北入祁夷水䚡昌一統志故城今蔚州東

靈丘補注先謙曰戰國趙邑敬侯敗齊於此後入齊與樂毅復伐取之孝成王以封楚黃歇並見趙世家魏武侯伐齊至此見魏世家周勃破陳稀於此見勃傳續志後漢省一統志故城今靈邱縣東括地志十里

滱河東至文安入大河補注段玉裁曰滱水故道本由今淸苑縣東南與濡博諸水合流注易後徙而東不入縣境大河之名非志所有當有誤陳澧曰今靈丘縣唐河東流至文安縣西境入西淀云入大河者以今西淀爲河水所匯也博水盧水淶水入河並仿此先謙曰文安勃海縣滱水篇滱水出靈邱縣高氏山注云卽漚夷之水也山海經云高氏之山滱水出焉東流注于河者也東南流合溫泉水莎泉水又東逕靈邱縣故城南南流入峽謂之隘門歷南山沿澗西轉又南轉東屈下入廣昌過郡五補注先謙曰代常山中山涿勃海行九百四十里幷州川應劭曰武靈王葬此因氏焉臣瓚曰靈丘之號在趙武靈王之前也師古曰瓚說是也滱音寇又音苦侯反其下竝同補注全祖望曰職方鄭注誤以嘔夷爲祁夷而師古從之不知班志已自了然蓋以嘔夷卽滱水故於滱河下書曰幷州川也先謙曰滱水注史記趙敬侯九年敗齊于靈邱則名不因武靈王事如瓚注

廣昌補注先謙曰秦縣樊噲破綦毋卬尹潘於此見噲傳文帝發車騎材官屯焉見五行志易水注南易水出廣昌縣東南郎山經所謂閼鄉西山下入涿故安樊石山水出廣昌縣之樊石山東流逕覆釜山入易水䚡故又滱水注滱水自靈邱來東逕嘉牙川合南來一水水北山行卽廣昌縣界下入本郡常山關下徐水出廣昌縣東南大嶺下世謂之廣昌嶺高四十餘里徐水三源奇發齊瀉一澗東北逕南山下入中山北平又灅水注連水自上谷雊沓來西逕廣昌城南魏土地記云代南二百里有廣昌城南通大嶺卽實非也十三州記曰平舒城東九十里有廣平城疑是城也此道元以爲非廣昌連水又西逕王莽城南又合到刺山水下入當城淶水東南至容城入河補注先謙曰容城涿郡縣巨馬河篇巨馬河出廣昌縣淶山注云卽淶水也有二源俱發淶山東逕廣昌縣故城南又東北逕西射魚城東射魚城又合白澗溪水桑谷水紫水又東南逕榆城爲榆城河又南逕藏刀山下層巖壁立直上干霄淶水下入涿郡迺注又云淶水東南至容城入河河卽濡水也謂濡灅湳蓋互以明會矣先謙案淶水至容城復逕益昌東平舒二縣方入滹沱也過郡三補注錢坫曰過代涿二郡三字誤先謙曰併東平舒數之則過勃海爲三郡也行五百里幷州寖莽曰廣平師古曰淶音來補注先謙曰續志後漢改屬中山一統志故城今廣昌縣北

鹵城虖池河東至參合入虖池別過郡九行千三百四十里幷州川從河東至文安入海過郡六行千三百七十里補注齊召南曰班注參合當是參戶之譌參戶勃海縣故下文曰過郡九若東至參合入虖池別同在一郡安得云過郡九乎且參合故城在北塞之外限隔重山旣北至參合安能復

南注勃海也又案虖池別見河間國弓高下云虖池別河首受虖池河東至平舒入海平舒之上脫東字東平舒勃海屬縣也但曰平舒便疑向代郡之平舒矣王念孫曰齊說是也虖池別下當有河字下文河間國弓高下云虖池別河首受虖池河是其證段玉裁曰毛傳沱江之別說文勃澥海之別此云虖池別者謂虖池之別不必有河字下文弓高下則或加河字矣錢坫曰從河當作別河水經無虖池河於二漳滱易巨馬諸經中維出一二語蓋書逸也今河上流爲虖池正流下流則爲別河正流爲漳水所亂莫可攷矣水出繁時縣東北泰戲山西流逕縣城南折南逕崞縣東折東逕定襄縣東北五臺縣南折東南出長城逕平山縣北獲鹿縣北靈壽縣南眞定府城南藁城縣北晉州南東鹿縣西入大陸澤曰北泊出澤東北流逕武邑縣北武強縣南至獻縣西分爲二一流北出逕河間府城南文安縣南青縣西北大城縣南至東安縣東會桑乾河一流南出逕交河縣北東南至靜海縣北會桑乾河同入於海河北之水惟虖池決溢無常漸趨而南無復舊迹矣應過代雁門常山信都河間勃海六郡九郡不可聞徐松曰從河當作徙河周壽昌曰代屬幽州此與上滱水皆引幷州川知幽幷兩州地互相屬也徙河屬遼西郡狐蘇唐就水至徙河入海距鹵城遠無緣受此河徐說非也濁漳水注衡漳東逕蒲領縣城趙一淸云案寰宇記引水經云今滄州魯城縣水經注又云又東北右會桑社溝溝上承從陂世稱盧達從薄趙氏謂卽此志鹵城縣下之從河也壽昌謂從疑讀如從橫之從濁漳水注衡漳稱衡水亦稱衡河孔安國曰衡橫也言漳水橫流也則從河之稱安知非因虖池別河之徑行入海而得此名乎沽水直流者曰直沽女祁水橫流者曰橫水濡水東南迴曲謂之曲河皆此類陳澧曰今虖池河出山西繁峙縣東南流至直隸藁城縣皆故道自藁城以東古今異流考本志諸水出入虖池河之地有新市滋水入東昌寖水入弓高虖池別河首受樂成虖池別水首受東光虖池別水入諸縣皆當時虖池河所過也參合當作參戶既云東至參戶入虖池別又云從河東至文安入海各記所過郡數所行里數者其水分二派也以今地攷之自今藁城縣漢新市過武邑縣漢東昌今已湮其二派之分益始於此其至參戶入虖池別者東一派也勃海成平下云虖池河民曰徙駭河卽此一派當過今阜城漢弓高交河漢樂成東光漢東光靑縣漢參戶今湮其至文安入海者西一派也當過今獻縣漢成平至文安漢文安今武邑縣北境虖池河俗曰子牙河蓋其故瀆其自文安入海之瀆今亦湮矣云從河東者漢時大河北至今天津縣入海此水自河西絕河而過從河之東入海或從卽絕之譌段錢云從當作別謂虖池別河也然別河見弓高縣下無庸復出此至文安入海者必更爲一派又滱河博水盧水淶水桃水皆在虖池河北志皆云入河則漢時河水過虖池河北虖池河入海必東絕河水而過絕字草書類從傳寫之誤也過郡九過郡六亦當有譌字二派相去不遠不得一派多過三郡一派少過三郡也先謙曰河閒樂成下有虖池別水首受虖池河弓高下有虖池別河首受虖池河明是二水此志若祇稱虖池別則文不分曉是別下應有河字或水字段說未審虖池別者受虖池河而別流卽水決復入當云虖池別入虖池河不當反云虖池河入虖池別惟此敘虖池大川正流又不應虖池別在上疑從當作絕陳說是也虖池河至參戶入虖池別又出而絕河至文安入海志分敘其所過之郡及所行里數其郡數里

前漢二十八下 一 罕

數不可究矣案虖池故瀆可考見者濁漳水篇東北至昌亭與滹沱河會注云衡漳又逕東昌縣故城北經所謂昌亭也又東北左會滹池故瀆謂之合口卽班志魏郡武安下云漳水東北至東昌入虖池也東昌信都縣又寰宇記鎮州眞定縣蒲澤下引水經注云滹沱河水東逕常山城北又東南爲蒲澤濟水有梁焉俗謂之蒲澤口忻州秀容縣下引注水經云滹沱南歷忻中口俯會忻川水水出西管涔山東也虖池別瀆可考見者濁漳水篇漳水至樂成陵縣北別出注云衡漳於縣無別出之瀆出縣北者乃滹沱別水分滹沱故瀆之所纏絡也又云衡漳自勃海建成下又東左會滹沱別河故瀆又入清河謂之合口又云白馬河上承滹沱東至武邑入衡水又巨馬水注云虖池枯溝自勃海安次東南至泉州縣入八丈溝又南入巨馬水又鮑丘水注云泉州渠故瀆上承虖池水於漁陽泉州縣至雍奴入鮑丘水又寰宇記深州饒陽縣枯白馬渠下引水經云滹沱河又東有白馬渠出焉[illegible]宅水入虖池可考見者濁漳水注云漳水枝津謂之濊水逕東平舒北注滹沱謂之濊口又易水注南易水至文安縣與滹沱合又濊水注濊水歷中山安國縣東分爲二水一枝分東南逕安國亭南入虖沱又巨馬水注巨馬水於勃海東平舒城北南入虖池同歸於海又寰宇記眞定縣滋水下引水經注云滋水東至新市入滹沱河又河閒縣大浦淀下引水經注云大浦淀下導陂溝競奔咸注滹沱是故人因決入之處謂之百道口九域志定襄縣三會水下引水經云三會水出九原縣西入滹沱水逕定襄界水經散逸滹沱原委莫詳姑存其略於此

莽曰魯盾 師古曰虖音呼池音徒河反補注先謙曰續志後漢改屬雁門一統志故城今繁峙縣東州志百里其地多鹵故名

故城周三里有奇

上谷郡 補注先謙曰晉志郡在谷之上頭故因名焉灅水注秦上谷郡治沮陽漢治蓋亦在此聖水篇聖水出上谷注云水出郡之西南聖水谷東南流逕大防嶺東又東逕玉石山伏流里餘潛源東出下入涿良鄉續志後漢治同劉注雒陽東北三千二百里 秦置 補注先謙曰本燕郡見匈奴傳舊三十六縣爲秦趙攻得見戰國策秦始皇二十三年置郡見聖水注全祖望云楚漢之際屬燕國高帝六年屬漢仍屬燕國景帝後以邊郡收 莽曰朔調屬幽州 補注周壽昌曰後書耿弇傳父況爲王莽朔調連率又郭伋傳王莽時爲上谷大尹既有朔調復存上谷莽傳大郡至分爲五其後歲復變更一郡至五易名而還復其故吏民不能紀每下詔書輒繫其故名朔調之又名上谷亦其類也先謙曰續志後漢因屬同 戶三萬六千八 口十一萬七千七百六十二 縣十五 補注錢大昭曰周勃傳定上谷十二縣是秦領縣十二段玉裁曰說文上谷有郟縣讀若薊今志無

沮陽 莽曰沮陰 孟康曰音俎補注先謙曰續志後漢因灅水注灅水自涿鹿來合清夷水南至馬陘山爲落馬洪出山謂之清泉河下入涿良鄉清夷水自居庸來合滄河水靈亭水馬蘭溪水泉溝水桓公泉水又西逕沮陽縣故城北魏土地記曰城北有清夷水西流也其水又屈逕其城西南入灅水牧牛山水出沮陽城東八十里牧牛山下有九十九泉卽滄河上源也西南流合谷水浮圖溝水[illegible]分界水下入居庸又自居庸來西合陽溝水入清夷水陽溝水自居庸來西逕大翮小翮山南魏土地記云山在沮陽城東北六十里合土亭山水南入滄河桓公泉水出沮陽縣東西北入清夷水一統志故城今懷來縣南

泉上 莽曰塞泉 補注先謙曰續志後漢省

潘 莽曰樹武 師古曰音普半反補注全祖望曰據水經注潘乃瀵字自此志續志晉志魏志俱作潘以致今本水經注亦作潘若非通鑑注引水經則誰能正之段玉裁曰胡全据水經河水注潘作瀵攷集韻有潘無瀵則知梅磵据誤本水經注也先謙曰續志後漢因灅水注灅水自代桑乾來東逕潘縣故城北合協陽關水下入下落協陽關水自下落來東北流歷笄頭山北闞駰云笄頭山在潘城南也又北逕潘縣故城左會潘泉故瀆東北入灅潘泉故瀆上承潘泉於潘城中或云舜所都也魏土地記云下落城西南四十里有潘城城西北三里有歷山山上有虞舜廟其泉從廣十數步東出城注協陽關水一統志故城今保安州西南

軍都 補注先謙曰秦縣一作渾都見絳侯世家索隱及本書周勃傳注續志後漢改屬廣陽一統志故城今昌平州西

溫餘水東至路南入沽 補注王念孫曰溫餘本作濕餘[illegible]濕省作漯與濟漯之漯相亂譌而爲濕[illegible]板[illegible]又譌而爲溫[illegible]而師古漯字無音則所見本已譌爲溫矣先謙曰路漁陽縣趙一清云朱彝尊日下舊聞云後書王霸傳從溫水漕章懷引水經注溫餘水以證之因謂水經作溫不誤謬矣漯誤爲濕濕又誤爲溫水經濕餘之名連上篇出累頭山之濕水以受稱漢昌平舊縣自有溫水見漯水注中豈

可使以溫餘水當之方輿紀要云榆水一名濕餘河或名溫榆河卽濕餘之訛也金石文字記云水經濕餘水亦漯字之異文昌平山水記云芹城水出芹城北南入沙河水經注芹城水出北山南逕芹城東南注濕餘水以此知沙河爲古濕餘水也傳寫之訛或爲溫水遼史作溫餘河本水經之濕餘河以字相似而誤卽昌平之榆河下流爲沙河入順義西南謂之西河者也金人名縣曰溫陽以此先謙曰濕餘水注濕餘水自居庸來故瀆東逕軍都縣故城南又東重源潛發積而爲潭謂之濕餘潭又合易荆水[illegible]又東南合芹城水下入漁陽安樂

居庸 有關 補注先謙曰續志後漢因濕餘水篇濕餘水出居庸關東注云關在沮陽城東南六十里居庸界濕餘水導源關山南流歷故關下又歷山南逕軍都縣界謂之軍都關又南流出關謂之下口水流潛伏十許里下入軍都先謙案志係軍都下此上溯其源也又濕水注清夷水出長亭南又西北合平鄉川水逕陰莫亭在居庸關南十里下入沮陽清河自沮陽來西逕居庸縣故城南[illegible]合粟水下仍入沮陽粟水出縣下城西枕水又屈逕其縣南入滄河陽溝水出縣東北西南逕居庸縣故城北下入沮陽一統志故城今延慶州東紀要東南五十里居庸關門南北相距四十里兩山夾峙巨澗中流稱爲絕險呂覽九塞之一也

雊瞀 孟康曰音句無師古曰雊音工豆反瞀音莫豆反補注先謙曰續志後漢因灅水注連水出雊瞀縣東西北流逕雊瞀縣故城南下入代廣昌一統志故城今蔚州東

夷輿 莽曰朔調亭 補注先謙曰續志後漢省灅水注谷水浮圖溝水出夷輿縣故城西南俱西南流入滄河[illegible]一統志故城今延慶州東北

甯 西部都

尉治莽曰博康〔補注〕先謙曰後漢因續志作甯瀵水注于延水自代高柳來東逕罔城南合甯川水又逕小甯縣故城南地理志甯縣也魏土地記云大甯城西二十里有小甯城于延水下入廣甯甯川水出西北東南流逕小甯縣故城西入于延水一統志故城今宣化縣西北甯川水今清水河

昌平 莽曰長昌〔補注〕先謙曰續志後漢改屬廣陽瀵水注瀵水自代東安陽來東逕昌平縣合溫水又東逕昌平縣故城北王莽之長昌也下入代桑乾谷水出昌平縣故城南東北入祁夷水祁夷水自代郡代縣來北逕昌平郡東後魏置合連水見代郡代下入代桑乾瀵餘水易荊水自廣陽薊來東逕昌平縣故城南謂之昌平水魏土地記云薊城東北百四十里有昌平城城西有昌平河又東入瀵餘水一統志故城今昌平州東南

廣甯 莽曰廣康〔補注〕先謙曰後漢因續志作廣甯瀵水注于延水自甯來東合黑城川水又逕大甯縣故城南地理志云廣甯也魏土地記云下洛城西北百三十里有大甯城于延水下入茹黑城川水三源出黑土城西北總為一川東南逕黑土城西又逕大甯縣西而南入于延水一統志故城今宣化縣西北

涿鹿 莽曰拂陸應劭曰黃帝與蚩尤戰于涿鹿之野〔補注〕先謙曰續志後漢因瀵水注瀵水自下落來東過涿鹿縣北合涿水下入沮陽涿水出涿鹿山世謂之張公泉東北流逕涿鹿縣故城南黃帝與蚩尤戰于涿鹿之野畱其民于涿鹿之阿即於是也又東北合阪泉又東逕平原郡南後魏僑郡東北逕祚亭北入瀵阪泉水導源縣之東泉魏土地記云下洛城東南六十里有涿鹿城城東一里有阪泉泉上有黃帝祠泉水東北流合蚩尤泉入涿水蚩尤泉水出蚩尤

城城無東面魏土地記稱涿鹿城東南六里有蚩尤城泉水淵而不流霖雨則併注阪泉水一統志故城今保安州南

且居 樂陽水出東東入海〔補注〕王鳴盛曰南監本下東作南是王念孫曰樂陽當為陽樂入海當為入沽沽水注陽樂水出且居縣引地理志云水出縣東又曰陽樂水東南合赤城河又東南入沽水是其證今猶謂之陽樂河出宣化府龍門縣西娘子山東南至鷗鴞堡合南河[illegible]又東至赤城縣入沽河與水經注合其入沽之處在赤城縣南界向未出山不得言入海也此涉下文沽水入海而誤先謙曰官本東東作東南沽水注鵲谷水二源南即陽樂水也出且居縣地理志曰水出縣東南流逕大關山小關山北下入女祁陳澧云今龍門縣龍門水東流至赤城縣及赤城東南之白河是也東南流與瀰河合 莽曰久居〔補注〕先謙曰續志後漢省瀵水注于延水自茹來南逕且居縣故城南又東南入瀵地理志曰于延水東至廣甯入治非矣一統志故城今宣化縣東六十里城周一里

茹 莽曰穀武〔補注〕先謙曰續志後漢省瀵水注于延水自廣甯來東南逕茹縣故城北世謂之如口城魏土地記云城在雞鳴山西十里南通大道西達甯川于延水又逕鳴雞山西魏土地記云下洛城東北三十里有延河東流北有鳴雞山亦名磨笄山趙襄子姊代夫人於此自殺也于延水下入且居一統志故城今宣化縣南

女祁 東部都尉治莽曰祁〔補注〕先謙曰續志後漢省沽水注陽樂水自且居來歷女祁縣故城南世謂之橫水又謂之陽田河又東合候鹵水又東南傍狼山南又逕溫泉東泉在山曲之中又逕赤城西屈逕其城南東南入赤城河即沽水之變稱也一統志故城今龍門縣東

下落 莽曰下忠〔補注〕先謙曰續志後漢因瀵水注落作洛云瀵水自潘來東逕雍洛城南魏土地記云下落城西南二十里有雍洛城桑乾水在城南東流者也瀵水又逕下洛縣故城南後魏燕州廣甯縣廣甯郡縣魏土地記云去平城五十里城南二百步有堯廟瀵水又逕高邑亭北又逕無鄉城北又合溫泉水魏土地記云下洛城東四十里有橋山山下有溫泉又東合于延水見代郡如下入涿鹿協陽關水出協溪魏土地記曰下洛城西南九十里有協陽關關道西通代郡關水下入潘一統志故城今保安州西

漁陽郡〔補注〕先謙曰据鮑邱水注漁陽郡治漁陽縣益沿秦舊續志後漢治同劉注雒陽東北二千里 秦置〔補注〕先謙曰鮑邱水注始皇二十二年置全祖望云楚漢之際屬燕國高帝六年屬漢仍屬燕國景帝後以邊郡收 莽曰北順〔補注〕錢大昭曰右北平莽改北順此必不同閻本作通路當從之朱一新曰汪本作通路先謙曰官本作通路御覽州郡部八同鮑邱水注作通潞此北順涉下右北平而誤 屬幽州〔補注〕先謙曰續志後漢因屬同 **戶六萬八千八百二口二十六萬四千一百一十六** **縣十二**〔補注〕錢大昭曰周勃傳定漁陽二十二縣與此文不同疑彼傳衍二字秦領縣亦止十二

漁陽〔補注〕先謙曰秦縣始皇時發閭左戍之見紀 沽水出塞外東南至泉州入海〔補注〕先謙

曰沽水篇沽河從塞外來注云沽水出禦夷鎮西北九十里城在居庸關西北二百里本名侯[illegible]城魏太和中更名丹花嶺下東南流合大谷水南出峽合乾溪水又西南逕赤城東爲赤城河又東南合鵲谷水[illegible]高峯水又西南流出山逕漁陽縣故城西而南合七度水漁水螺山水下入安樂漁水出縣東南平地泉流西逕漁陽縣故城南應劭云在漁水之陽也考諸地說則無聞脈水尋川則有自今城在斯水之陽有符應說漁陽之名當屬此漁水又西南入沽水螺山水出漁陽城南小山西南入沽水陳澧云沽河今密雲縣潮河出古北口外南流至縣南境及縣南之白河是也 行七百五十里有鐵官莽曰得漁〔補注〕先謙曰後漢因續志有鐵鮑邱水注鮑邱水自獷平來東南逕漁陽縣故城南下入狐奴一統志故城今密雲縣西南三十里漁水在縣南

狐奴 莽曰舉符〔補注〕先謙曰續志後漢因鮑邱水注鮑邱水自漁陽來西南歷狐奴城東入沽河亂流而南下入路又沽水注沽水自安樂來西南逕狐奴山西又南逕狐奴縣故城西又合陽重溝水又合濕餘水又合鮑邱水世所謂東潞也下入路陽重溝水出狐奴山南轉逕狐奴城西側城南注沽水又濕餘水注濕餘水自安樂來北屈東南至狐奴縣西南東入沽河地理志曰瀵餘水東至路南入沽是也一統志故城今順義縣東北

路 莽曰通路亭〔補注〕先謙曰後漢因續志作潞沽水注沽水自狐奴來南逕潞縣為潞河魏土地記云城西三十里有潞河是也下入雍奴又鮑邱水注鮑邱水自狐奴來至潞縣入潞通得潞河之稱合高梁水又南逕潞縣故城西屈而東南流逕潞城南入夏澤澤南紆曲渚十餘里北佩謙澤眇望無垠下入雍奴

高梁水自廣陽薊來東至潞縣入鮑邱水一統志故城今通州東

雍奴〔補注〕先謙曰續志後漢因潔水注潔水自廣陽薊來東至雍奴縣西入笥溝潞水之別名也潔水東入漁陽所在枝分散漫難尋故俗諺云高梁無上源清泉無下尾先謙案本志雁門陰館下云潔水東至泉州入海者也又沽水注沽水自路來東南至雍奴縣西爲笥溝潔水入焉俗謂之合口下入泉州又鮑邱水注鮑邱水自路來南至雍奴縣自縣故城西北舊分笥溝水東出今笥溝水斷衆川東注混同一瀆東逕其縣北又合泃河（見平谷）泉州渠水庚水（見右北平無終）又逕右北平縣故城南魏土地記曰薊城東北三百里有右北平城（北平既治無終不得爲一城此蓋後移治別）鮑邱水又合巨梁水自是水之南南極虖沱西至泉州雍奴東極於海謂之雍奴藪其澤野有九十九淀枝流條分往往逕通東入於海庚水自右北平無終來世亦謂之柘水南逕燕山下又逕北平城西入鮑邱水謂之柘口先謙案本志無終下浭水西至雍奴入海者也泉州渠水自泉州來北逕雍奴縣東西去雍奴故城百二十里自虖池北入其下歷水澤百八十里入鮑邱水（曹操從泃口鑿渠逕雍奴泉州以通河海）今無水又濡水注新河故瀆自雍奴縣承鮑邱水東出曹魏與泃口俱導以通海世謂之新河東北絕庚水下入右北平一統志故城今武清縣東縣志邱家莊東距白河七十里

泉州有鹽官莽曰泉調〔補注〕先謙曰後漢因續志有鐵此云有鹽官未知孰譌沽水注沽河自雍奴來東南逕泉州縣故城東與清淇漳洹滱易淶濡沽滹池同歸于海又淇水注清河自勃海章武來東北至泉州縣北入虖沱水經曰笥溝東南至泉州縣與清河合自下爲派河尾也又東泉州渠出焉清河下入勃海高成又鮑邱水注泉州渠故瀆上承滹沱水於泉州縣故以泉州爲名北逕泉州縣東下入雍奴又巨馬水注八丈溝水自勃海安次來東南逕泉州縣故城西又南右合滹沱河故溝滹沱河故溝自安次來又東南至泉州縣西南東入八丈溝又南入巨馬河（見勃海東平舒）又易水篇易水東過泉州縣南東入於海注云南易水自勃海文安來經書水之所歷沿次注海也一統志故城今武清縣東南四十里

平谷〔補注〕先謙曰續志後漢因鮑邱水注泃河水自右北平無終來逕平谷縣屈西南流合獨樂水盤山水又東南逕平谷縣故城東南合洳河又南逕紻城東合五百溝水又東南逕臨泃城北屈而歷其城東側城南出入鮑邱水（見雍奴）獨樂水出北抱犢固南逕平谷縣故城東入泃洳水自厗奚來東南流逕平谷縣故城西入泃五百溝水出七山北東逕平谷縣之紻城南入泃一統志故城今平谷縣東北十二里城子莊

安樂〔補注〕先謙曰續志後漢因漯餘水注漯餘水自上谷昌平來東南逕安樂縣故城西下入狐奴又沽水注沽水自漁陽來南逕安樂縣故城東俗謂之西潞水下入狐奴又濡水注五渡水出安樂縣丁原山南流逕其縣故城西本三會城也五渡水南入濡高石水出安樂縣東山西流歷三會城南入濡（見白檀）一統志故城今順義縣西南

厗奚莽曰敦德　孟康曰厗音題字或作蹄〔補注〕王念孫曰厗皆當爲虒韻書虒厗二字竝有題音易於相亂又隸書虒字或作虒形與厗亦相亂（案古諺云書三寫魚成魯帝成虎蓋俗書虎字作虒與帝字相似故二字互譌也今經傳相承虒字作帳繫字作蹄皆其類然則虒奚之作厗奚當亦是傳寫者以虒爲虒因譌而爲厗矣）故虒誤作厗郡國志鮑邱水注竝作傂奚傂字以虒爲聲則漢志之本作虒奚甚明集韻厗虒二字竝田黎切厗字注引說文唐厗石也虒字注云虒

奚縣名是厗字自爲唐厗石而虒字則爲虒奚縣又作厗奚者誤也御覽州郡部八引十道志云檀州本漢虒奚縣又引漢志虒奚屬漁陽虒音題則宋祁本尚不誤先謙曰王說是也孟云或作蹄益本作傂誤爲蹏再誤爲蹄也續志後漢因鮑邱水注鮑邱水自滑鹽來南逕傂奚縣故城東下入獷平泃河水出北山山在傂奚縣故城東南泃水東南逕博陸故城北又屈逕其城東武帝封霍光爲侯國泃水下入平谷一統志故城今密雲縣東北口外獷平城東北

獷平莽曰平獷　服虔曰獷音鞏師古曰音九永反又音礦〔補注〕先謙曰官本獷作鑛說文獷從犬廣聲漁陽有獷平縣續志後漢因鮑邱水注鮑邱水自厗奚來西逕三城爲三城水西南逕獷平縣故城東又南合三城水下入漁陽三城水出曰里山西北流合石門水西南逕獷平城東南右注鮑邱水一統志故城今密雲縣東北在潮河西近古北口地

要陽都尉治莽曰要術　師古曰音一妙反〔補注〕先謙曰續志後漢省濡水注要水出塞外三川竝導謂之大要水東南流逕要陽縣故城東下入白檀一統志故城今承德府西古白檀城西北地形志要陽縣有檀花山在順義乃僑置非漢縣

白檀〔補注〕先謙曰縣見李廣傳　洫水出北蠻夷　師古曰洫音呼鵙反〔補注〕齊召南曰案水經注引此文云濡水是古本作濡字也然師古注洫音呼鵙反則唐初本已作洫字錢大昕曰漢之白檀縣在今古北口外灤水所經濡灤古今字別無洫水之名王念孫曰白檀塞外之濡水字本作渜從水耎聲耎俗作軟故渜從其聲而音乃官反聲相近故也若出涿郡故安之濡水則字從需聲而讀若儒兩字判然各異說文濡（[illegible]）水出涿郡故安東入淶不言出漁陽白檀北蠻夷中也今本漢志水經渜字皆譌作濡學者莫能是正余謂隸書需字或作𩂣（易需卦釋文曰需字從雨重而者非）與耎相似故從耎之字多譌從需（[illegible]）之爲濡水猶士喪禮渜濯棄于坎之渜喪大記譌作濡也渜與漁字形相似故渜譌爲漁若本是濡字不得譌爲漁矣（世人多見濡少見渜故渜水字今皆作濡此渜字若不譌爲漁則後人亦必改爲濡矣）又考水經注濡水亦名難水又云濡難聲相近狄俗語譌耳蓋其字本從耎聲故聲與難相近（渜水亦名難水猶有[illegible]）今人謂之灤河聲與耎亦相近也集韻平聲二十六桓渜奴官切水名在遼西肥如或作濡（類篇同）云渜水在遼西肥如卽本於漢志而又云或作濡則仍爲俗本所惑然以渜爲正文而以濡爲或字則固非無據而云然矣先謙曰濡水篇濡水自塞外來注云濡水出禦夷鎮東南二源雙引夾山西北流合成一川又西北逕禦夷故城東北流左合連淵水右合汙水又北逕沙野西又逕其安山東又東北逕林山北又逕孤山南合呂泉水盤泉水又東南水流迴曲謂之曲河在鎮東北三百里又東出峽入安州界東南流逕白檀縣故城地理志曰濡水出縣北蠻中也又合要水索頭水武列水五渡水高石水（並見安樂）又東南逕盧龍塞塞道自無終縣東出渡濡水向林蘭陘東至青陘濡水又南合黃洛水東南合洛水又屈而流左得去潤水敖水下入遼西令支要水自要陽來東南流逕白檀縣入濡續志後漢省一統志故城今承德州西古北口東北百四十里後魏密雲郡白檀縣治漢厗奚城北齊廢白檀入密雲隋志密雲縣有漁陽螺山則在故漁陽縣界並非厗奚故治矣一統志稿云金志興州興化縣有白檀鎮泰和三年升爲宜興縣此漢白檀縣也明統志謂白檀廢縣在密雲南有

白檀山非漢縣

滑鹽 **莽曰匡德**應劭曰明帝改名鹽〔補注〕先謙曰續志後漢省鮑邱水注鮑邱水出禦夷北塞中南流逕九莊嶺東爲大榆河又逕鎭東南九十里之西密雲戍西又南合道人溪水孟廣彌水白楊泉水龍芻溪水又東南出峽逕安州舊漁陽郡之滑鹽縣南合北溪水南流爲鮑邱水下入傂奚北溪水出縣北廣長塹南南流逕滑鹽縣故城東漢明帝改曰鹽田世謂之斛鹽城西北去禦夷鎭二百里南入鮑邱水案據此應注鹽下脫田字一統志故城今承德府西南紀要薊州平谷縣西北

右北平郡〔補注〕闞若璩曰鮑邱水注無終縣秦置右北平郡治漢李廣爲郡於此縣又案田疇傳舊北平郡治在平岡是北平郡治先平岡而後無終矣先謙曰前漢右北平治當在平剛續志後漢治土垠劉注雒陽東北二千三百里宋琬云括地志漁陽郡東南七十里有右北平城當在今薊州玉田縣界此後漢之右北平也若平剛則在盧龍塞之東北三四百里此前漢之右北平而李廣之所守也射虎石道元言玉田無終之間是以後漢之右北平爲李廣所治與注中東越青陘之說自相矛盾濡水注新河故瀆自漁陽雍奴來東北出逕右北平絕巨梁水下入昌城**秦置**〔補注〕先謙曰鮑邱水注始皇二十二年滅燕置全祖望云楚漢之際屬燕國尋分爲遼東國六月復故高帝六年屬漢仍屬燕國景帝後以邊郡收**莽曰北順屬幽州**〔補注〕先謙曰續志後漢因屬同**戶六萬六千六百八十九口三十二萬七百八十****縣十六**〔補注〕錢大昭曰秦領縣亦止十六見周勃傳

平剛〔補注〕先謙曰續志後漢省濡水注庚仲初注揚都賦言盧龍山在平岡城北殊爲孟浪遠失事實余案盧龍東越青陘至凡城二百許里自凡城東北出趣平岡故城可百八十里向黃龍則五百里平岡即平剛魏志田疇引軍出盧龍塞塹山堙谷五百餘里逕白檀歷平岡登白狼望柳城平岡在盧龍東北遠矣仲初言在南非也紀要故城在營州故城西南五百里

無終 **故無終子國**〔補注〕先謙曰顧炎武云無終爲故無終子國證以史記范書韋昭國語注水經注魏土地記無終之爲今玉田縣無可疑者然左傳襄四年無終子如晉請和諸戎昭元年晉中行穆子敗無終及羣狄於太原漢書樊噲傳擊陳豨破得綦毋卬尹潘軍於無終廣昌則去玉田千餘里豈無終國先在雲中代郡之境而後遷右北平歟趙一清云顧說是也不然右北平去太原東北二千餘里嘉父安得遠涉而與晉和先謙案無終一作無窮終窮字通史記云遂之代北至無窮也遼東王韓廣都臧茶擊殺廣於此見項羽傳縣人徐樂見本傳續志後漢因一統志故城今薊州治舊以玉田縣爲古無終考玉田乃唐初析置之無終非漢縣**渜水西至雍奴入海**〔補注〕先謙曰渜水即庚水雍奴漁陽縣言入海者合鮑邱水以入海也鮑邱水注庚水自徐無來至縣合灃水下入雍奴**過郡二**〔補注〕先謙曰右北平漁陽**行六百五十里**師古曰渜音庚即下所云入庚者同一水也〔補注〕先謙曰鮑邱水注灃水自俊靡來東南逕石門峽爲北黃水又屈而爲南黃水又西南逕無終山有陽翁伯玉田在縣西北灃水又合藍水西南入庚水地理志曰灃水南至無終東入庚者也藍水出北山東流屈而南逕無終故城東魏土地記云右北平城西北百三十里有無終城藍水又南入灃水洵河出無終縣西山白楊谷西北流下入漁陽平谷一統志以水經注證之沽河即渜水還鄉河乃巨梁水遵化州西之沙河則灃水也

石成〔補注〕王鳴盛曰南監本作石城先謙曰戰國趙地秦拔之見趙世家續志後漢省大遼水注石城川水出西南石城山東流逕石城縣故城南北屈逕白鹿山西即白狼山也石城川水下入廣成一統志故城今口外大甯故衛界其灤州西南石城故城乃遼置非漢縣

廷陵 **莽曰鋪武**〔補注〕朱一新曰汪本廷作延誤先謙曰續志後漢省

俊靡 **灃水南至無終東入庚**〔補注〕先謙曰說文作浚靡鮑邱水注灃水出俊靡縣東南流世謂之車輋水又合溫泉水覦無下入無終一統志沙河在今遵化州西源出州北凡分十二派與湯泉合即古灃水也舊志以沽河爲灃水非程瑤田云灃水自州西北十五里鮎魚石關入口東經溫泉注所云溫泉水也又東迤南十五里曰水門口注所謂石門峽也又西南入梨河即庚水也庚水既得灃水又稍西淋河南入之淋河即藍水也潮河合洵水入之潮河即鮑邱水也又東還鄉河西南入之注所謂巨梁水也灃水俗呼梨河灃梨一聲之轉因使所入之庚水冒稱梨河而巨梁水冒稱庚水皆誤**莽曰俊麻**師古曰灃音力水反又音郎賄反〔補注〕宋祁曰灃當作灤先謙曰灅水从壘聲與灤迴別宋說謬續志後漢因一統志故城今遵化州西北

資 **都尉治** **莽曰裒睦**師古曰音才私反〔補注〕先謙曰續志後漢省

徐無 **莽曰北順亭**〔補注〕先謙曰續志後漢因鮑邱水注庚水出徐無縣北塞中而南流歷徐無山

合黑牛谷水沙谷水逕徐無縣故城東魏土地記云右北平城東北百一十里有徐無城庚水又西南合周盧溪水下入無終周盧溪水出徐無山東南入庚溫泉水出北山溫溪魏土地記云徐無城東有溫湯其水南流百步伏流入地水盛則通注灃水覦後一統志故城今遵化州西

字〔補注〕錢坫曰疑即城子谷口古子字聲同通用在今山海關西北邊城外先謙曰續志後漢省**榆水出東**〔補注〕先謙曰紀要榆水在城子谷今曰榆河亦曰右河提綱榆水兩源出北邊城外一東北自城子谷口西南流入一西北自義苑口東南流入至石門寨東北合流又東南經山海關城之西南入海

土垠師古曰垠音銀〔補注〕先謙曰續志後漢因鮑邱水注巨梁水出土垠縣北陳宮山西南流逕觀雞山爲觀雞水水東有觀雞寺又西南合區落水又南逕土垠縣故城西合寒渡水澗于水五里水亂流入鮑邱水區落水出縣北山寒渡水出縣東北澗于水出東北山西南流逕土垠縣故城東並入巨梁水一統志故城今豐潤縣東十里南關城是其密雲之土垠城後魏僑置

白狼 **莽曰伏狄**師古曰有白狼山故以名縣〔補注〕先謙曰續志後漢省大遼水注白狼水出白狼縣東南北流下入廣成又自廣成來北逕白狼縣故城東又東合方城川水下入遼西交黎紀要故城在營州故城西南白狼山亦在西南一統志曹操登白狼山望柳城其山必高峻可俯覽二百里之遠今喀喇沁左翼東三十里白鹿山近之柳城今土默特右翼西京一板蘇巴爾薄城

夕陽 **有鐵官** **莽曰夕陰**〔補注〕先謙曰續志後漢省一統志故城今灤州西南燕慕容寶封高雲爲夕陽公即此

昌城 **莽曰淑武**〔補注〕先謙

日續志後漢省濡水注新河故瀆自右北平郡來東北逕昌城縣城北又東分爲二一枝瀆東南入海一自枝渠東出下揭入遼西海陽一統志故城今灤州西南

驪成 大揭石山在縣西南補注先謙曰揭當爲碣依志例成下當有禹貢二字大字蓋衍說文作碣云特立之石東海有碣石山河水注于書禹貢夾右碣石入于河山海經云碣石之山繩水出焉東流注于河河之入海舊在碣石今川流所導非禹瀆也漢王璜云往者天嘗連雨東北風海水溢西南出侵數百里故張折云碣石在海中蓋淪於海水也昔燕齊遼曠分置營州今城屆海濱海水北侵城垂淪者半王璜之言信而有徵碣石入海非無證矣又禹貢山水澤地篇碣石山在遼西臨渝縣南水中注云大禹鑿其石夾右而納河秦皇漢武皆嘗登之海水西侵歲月逾甚而苞其山故言水中矣先謙案驪成故縣地說家皆失所在班志遼西絫縣下但有揭石水不言有揭石山也自武紀文穎注云碣石在絫縣絫縣今罷入臨渝碣石著海旁始與班異後之言碣石者不得驪成所在皆從穎說矣餘見遼西絫下莽曰揭石師古曰揭音桀補注先謙曰續志後漢省一統志輿地廣記碣石城縣故驪成也考石城在今灤州則驪成當在今樂亭縣志有古城在縣西南三十里疑即是然今縣境實無碣石山也

廣成 莽曰平虜補注先謙曰續志後漢省大遼水注白狼水自白狼來西北屈逕廣成縣故城南俗謂之廣都城又西北合石城川水下仍入白狼石城川水自石城來東北入廣成縣東入白狼水

聚陽 莽曰篤睦補注先謙曰續志後漢省

平明 莽曰平陽補注先謙曰續志後漢省

遼西郡 秦置補注先謙曰寰宇通志遼西故城在今永平府治東一里西漢爲郡於此遺址尚存紀要城在今永平府治東杜佑謂盧龍縣西有遼西故城漢郡治此後廢案盧龍爲漢肥如縣地漢遼西郡治且慮後魏始治肥如通典所言或後魏郡治也先謙案濡水注地理風俗記云陽樂故燕地遼西郡治秦始皇二十二年置則是自秦至漢以陽樂爲郡治不獨後漢治陽樂也舊說俱未審續志劉注雒陽東北三千三百里全祖望云楚漢之際屬遼東國六月復故高帝六年屬漢仍屬燕國景帝後以邊郡收有小水四十八并行三千四十六里補注錢大昭曰當有莽曰令支四字何以知之鴈門郡莽曰填狄其屬縣埒則曰填狄亭代郡莽曰厭狄其屬縣代則曰厭狄亭上谷郡莽曰朔調其屬縣夷輿則曰朔調亭漁陽郡莽曰通路其屬縣路則曰通路亭右北平莽曰北順其屬縣徐無則曰北順亭今遼西屬縣惟令支莽曰令氏亭亦其例也屬幽州補注先謙曰續志後漢因屬同戶七萬二千六百五十四口三十五萬二千三百二十五

縣十四補注錢大昭曰絳侯世家定遼東遼西二十九縣今地理志遼東西有三十二縣與史記不同蓋後有析置

且慮 有高廟莽曰鉏慮師古曰且音子余反慮音廬補注先謙曰續志後漢省遼史地理志興中府閭山縣本漢且慮縣盧閭音近字變閭以山名然則且慮是山也又遼山城在營州故城西漢且慮縣地紀要故城今永平府東

海陽 補注先謙曰續志後漢因紀要故城今灤州西南龍鮮水東入封大水封大水緩虛水皆南入海補注先謙曰濡水注龍鮮水出新安平縣西北世謂之馬頭水二源俱導南合一川東流注封大水地理志曰龍鮮水東入封大水者也封大水自新安平來合龍鮮水亂流南會新河入於海地理志曰封大水於海陽縣南入海也緩虛水自令支來西南流與新河合南注海地理志曰緩虛水與封大水皆南入海也新河故瀆自右北平昌城來東出合封大水謂之交流口又東出海陽縣合緩虛水又合素河水又至九過口分爲二一南注海一東逕海陽縣故城南高帝封搖毋餘爲侯國魏土地記曰令支城南六十里有海陽城者也新河又東合清水又南流十許里西入九過注海又東絕清水下入絫素河水自令支來合新河謂之白水口清水出海陽縣東南流逕海陽城東又南入新河一統志龍鮮水蓋今陡河封大水蓋官渠河緩虛水蓋沙河有鹽官補注錢坫曰王尊傳尊補遼西鹽官長

新安平 補注先謙曰續志後漢省濡水注封大水出新安平縣西南流逕新安平縣故城西又東南流下入海陽緩虛水出新安平縣東北謂之大籠川下入令支一統志故城今灤州西夷水東入塞外補注先謙曰水經注不載入當爲出之譌陳澧云今蒙古客爾喀左翼揚檉木河東流至科爾沁左翼爲漢塞外地又南入大遼水大遼水之西惟此水東流疑即夷水也

柳城 馬首山在西南參柳水北入海補注先謙曰馬首山未詳陳澧云今蒙古土默特左翼拿拉特河北流入澤中大遼水以西惟此水入澤當是參柳水也西部都尉治補注先謙曰續志後漢省一統志故城即後魏及唐之營州遼金之興中府在今錦州邊界

令支 補注錢坫曰齊世家作離支離令聲相轉呂氏春秋九塞有疵處淮南子作令疵高誘云令疵在遼西亦即此支疵聲相近皆通用有孤竹城補注先謙曰孤竹不令支皆見王會解亦見齊語無不字是其先二國也爾雅作觚竹一統志孤竹山在盧龍縣西孤竹城在其陰莽曰令氏亭應劭曰故伯夷國今有孤竹城令音鈴孟康曰支音秖師古曰令又音郎定反補注先謙曰續志後漢因濡水注緩虛水自新安平來東南逕令支城西下入海陽素河水出令支縣之藍山下入海陽濡水自漁陽白檀來東南流逕令支縣故城東魏土地記云肥如城西十里有濡水南逕孤竹城西右合玄水濡水下入肥如玄水自肥如來西南逕孤竹城北西入濡世謂之小濡水非也一統志故城今遷安縣西

肥如 補注先謙曰高帝封蔡寅爲侯國見表玄水東入濡水補注段玉裁曰濡乃渜之譌集韻渜奴官切水名在遼西類篇亦同是知宋初班酈之書尚未誤丁度溫公所據可攷也至脫宋史乃易其字爲灤易其音爲盧丸切而渜之音義亡矣渜訓熱水水經注武列水入渜水武列卽熱之反語其地多溫泉渜之所以得名也先謙曰濡水注玄水出肥如縣東北玄溪西南流逕其縣東東屈南轉西迴逕肥如縣故城南俗又謂之肥如水應劭云晉滅肥肥子奔燕燕封於此故曰肥如也西南流右會盧水溫水下入令支故地理志曰玄水東入濡蓋自東而注也肥如縣南十二里二水之會也溫水出肥如城北西入玄先謙案孤竹城在令支肥如二縣界濡水亦逕肥如故志書濡水之委於此一統志

玄水今白溝河出陽山之陰繞盧龍縣城東北西入青龍河陳灃云今灤平縣以西之灤河東南流至縣東境合熱河卽玄水也

濡水南入海陽〔補注〕先謙曰陽字當衍此著濡水之委但云南入海而已海陽又非其入海處也濡水篇濡水東南過海陽縣西南入於海注云濡水自令支來自孤竹城東南逕西鄉北合瓠溝水又逕故城南分爲二北水枝出爲小濡水東逕樂安亭北東南入海濡水東南流逕樂安亭南東合新河故瀆親下至絫縣入海不逕海陽西蓋經誤證耳瓠溝水出城東南東入濡水陳灃云今承德府熱河出蒙古喀喇沁右翼西南境南流至府南境及府南之灤河東南流至樂亭縣入海卽濡水也**又有盧水南入玄**〔補注〕先謙曰濡水注盧水出肥如縣東北沮溪南流爲大沮水又南左合陽樂水又西南合小沮水爲盧水盧水有二渠號大沮小沮合而入於玄水地理志曰盧水南入玄也一統志盧水今青龍河陳灃云今灤平縣北境宜孫河南流入灤河卽盧水也水經注言濡水西北流又北流東北流東流東南流與今灤河上源自獨石口外西北流屈而東南流正合但灤河上源既爲濡水則其西別無二水可當玄水盧水者道元遂謂玄水西入濡水而以志言玄水東入濡水者爲自東而注矣今以灤平縣灤河東流而宜孫河南流注之與志言玄東入濡盧南入玄正合故知灤河爲玄水宜孫河爲盧水而熱河爲濡水之源也**莽曰肥而**應劭曰肥子奔燕燕封於此也師古曰濡音乃官反〔補注〕宋祁曰入玄當作入畜全祖望曰宋謂玄作畜妄也錢坫曰古而如字通用先謙曰應說以濡水注較之上引見似顏引不全續志後漢因一統志故城今盧龍縣西北三十里

賓從〔補注〕先謙曰續志後漢改屬遼東屬國作賓徒晉志同此作從誤通鑑晉趙王倫貶吳王晏爲賓徒縣公秦苻堅封慕容垂賓徒侯並取此名晉書載記作賓都侯都徒音近而誤遼史作賓從沿漢志傳寫之誤紀要遼大定府長安勸農富庶歸化四縣並在今大寧衞東南皆漢賓徒縣地

交黎　渝水首受塞外南入海〔補注〕先謙曰大遼水注渝水自臨渝來又東南逕一故城東俗曰女羅城又南逕營邱城西又東南入海地理志渝水自塞外南入海也先謙案志言首受者皆必有所受之水今言首受塞外大爲不詞據酈注首受塞外作自塞外是也渝水今大凌河自土默特右翼東流至義州又南入海合下臨渝注觀之益知首受二字爲復出誤文矣**東部都尉治莽曰禽虜**應劭曰今昌黎師古曰渝音喻其下並同〔補注〕先謙曰據應說後漢爲昌黎而續志無交黎亦無昌黎惟遼東屬國下云昌遼故天遼屬遼西此志無天遼縣竊以爲昌遼卽昌黎遼黎雙聲變轉後書安紀作夫黎鮮卑傳作扶黎夫扶一字明天乃夫之誤交黎改夫黎又改昌黎遼黎一字故續志云昌遼故夫遼屬遼西也續志後漢遼東屬國都尉治此劉注雒陽東北三千二百六十里大遼水注白狼水自右北平白狼來東北逕昌黎縣故城西地理志曰交黎也合高平川水自魯水又逕龍山西又北逕黃龍城東魏土地記云黃龍城西南有白狼河東北流附城東北下是也又東北合濫眞水又東分爲二一下入臨渝一東北出塞爲白狼水下入遼東房紀要故城今營州故城東南百七十里晉爲蕀城縣

陽樂〔補注〕先謙曰續志後漢因郡治渝水注陽樂水出東北陽樂縣溪魏土地記云海陽城西南有陽樂城其水西南入沮水爲陽口一統志故城今撫寧縣西

狐蘇〔補注〕先謙曰續志後漢省**唐就水至徒河入海**〔補注〕先謙曰寰宇記彭盧水一名盧河水卽唐就水也後魏風土記云水至徒河入海與地平故曰平盧諱爲彭盧陳灃云今蒙古土默特右翼小凌河東南流至錦縣入海疑卽唐就水

徒河　莽曰河福〔補注〕先謙曰續志後漢改屬遼東屬國一統志故城今錦州西北劉恕通鑑外紀周惠王三十三年齊桓公救燕破屠河卽徒河也據遼志天定府神水縣是其地

文成　莽曰言虜〔補注〕先謙曰司馬相如傳文成顚歌是也續志後漢省遼志中京松山縣漢文成縣地

臨渝　渝水首受白狼東入塞外〔補注〕先謙曰大遼水注白狼水自交黎來東分爲二水右水疑卽渝水也地理志曰渝水首受白狼水也西南循山逕一故城西世以爲河連城疑是臨渝縣之故城渝水又南流東屈合檻倫水下入交黎先謙案塞外止當言出不當言入說文渝水在遼西臨渝東出塞明班志入爲出之譌一統志云酈注所言白狼水道今不能一一考證但今塞外入遼之水惟老哈河合西喇木倫河老哈河東北流經黃龍柳城之北與水經注合隋唐時白狼之名尚在至遼金時爲土河陳灃云遼河以西之水東流屈南入海者惟大凌河故知爲渝水大凌河首受西境阿喇善河蘇巴爾噶圖河塞因台河和爾圖河諸水東流至土默特右翼所謂首受白狼東出塞外也又東流至義州則復入塞內矣**又有侯水北入渝**〔補注〕先謙曰大遼水注檻倫水上引見蓋戎方之變名疑卽地理志所謂侯水北入渝者也十三州志云侯水南入渝地理志蓋言自北而南也又西南流注於渝陳灃云今大凌河之源曰喇木倫水北北流與西境阿喇善河諸水合卽侯水也今別無北入大凌河之水惟大凌河源北流故知爲侯水矣**莽曰馮德**師古曰馮讀曰憑〔補注〕先謙曰續志後漢因一統志謂漢臨渝縣唐改石城有臨渝故城在縣北今攷無的據

絫　下官水南入海〔補注〕先謙曰濡水注新河自海陽來東絕清水木究水出焉南入海新河又東左迤爲北陽孤淀又東會於濡孫星衍錢坫以爲卽下官水下木官究字形相亂一統志舊志下官水卽潮河案在今昌黎縣東二十里源出仙臺頂後東南流合飲馬河入海先謙案舊志說較可據**又有揭石水賓水皆南入官**〔補注〕先謙曰卽下官水也官上疑奪下字單稱官則不詞一統志舊志云碣石水今急流河賓水今飲馬河案急流河在今昌黎縣西門外一名西沙河源出龍潭下流至縣西南里許合飲馬河飲馬河在昌黎縣南五里源出盧龍縣界谿石中東逕四安山下又東與深江河合流爲沙河又東合潮河入海**莽曰選武**師古曰絫音力追反〔補注〕先謙曰續志後漢省武紀文穎注縣併入臨渝濡水注濡水自肥如來東南至絫縣碣石山漢武帝登之以望巨海勒石於此今枕海有石如甬道數十里當山頂有大石如柱形往往而見立於巨海之中潮水大至則隱及潮波退不動不沒不知深淺世名之天橋柱韋昭亦指此爲碣石也一統志故城今昌黎縣南

遼東郡秦置〔補注〕先謙曰大遼水注襄平始皇二十二年滅燕置遼東郡治此後漢亦爲郡治前漢蓋同續志劉注雒

陽東北三千六百里全祖望云楚漢之際屬燕國尋分屬遼東國六月復故高帝六年屬漢仍屬燕國景帝後以邊郡收屬幽州補注先謙曰續志後漢因屬同又遼東屬國下云故西部都尉安帝時以為屬國都尉別領昌遼賓徒徒河無慮險瀆房六城治昌遼雒陽東北三千二百六十里屬同戶五萬五千九百七十二口二十七萬二千五百三十九

縣十八

襄平補注先謙曰戰國燕縣築長城自造陽至此見匈奴傳高帝封紀通為侯國見表有牧師官莽曰昌平補注先謙曰續志後漢因郡治大遼水注大遼水自望平來屈而西南流逕襄平縣故城西下入遼隊又小遼水注小遼水自遼陽來西南逕襄平縣為淡淵下入遼隊遼志為廣州湯州錦州貴德縣東平縣金志為咸平府銅山縣一統志故城今遼陽州北盛京通志遼陽城西北隅故定遼左右後三衛治

新昌補注先謙曰續志後漢因唐志為安東都護府金志鴻湞縣有新昌鎮一統志故城今海城縣東

無慮西部都尉治應劭曰慮音閭師古曰即所謂醫巫閭補注先謙曰續志後漢因又分為遼東屬國屬縣下注云有醫無慮山遼志顯州奉先縣本漢無慮縣即醫巫閭又乾州奉陵縣並無慮縣地一統志故城今廣甯縣治又義州亦無慮縣地醫無閭山在縣西十里高十餘里周二百四十里

望平大遼水出塞外南至安市入海補注先謙曰大遼水篇大遼水出塞外衛白平山[illegible]東經郭注作塞外衛皋山白平二字係皋之譌注云亦言出砥石山自塞外東流直望平縣西下入襄平案大遼水山海經作潦水一統志即句驪河案今名巨流河句巨驪流音轉字變行千二百五十里莽曰長說師古曰說讀曰倪補注先謙曰官本倪作悅續志後漢因遼志遼陽府析木縣顯州山東縣漢望平縣地一統志故城今廣甯縣東北

房補注先謙曰續志後漢屬遼東屬國大遼水注大遼水自遼隊來東南過房縣西右會白狼水下入安市白狼水自遼西交黎來東南流至房縣注於遼魏土地記云白狼水下入遼也一統志故城今廣甯縣東南考後漢遼東屬國六城昌黎賓徒徒河舊屬遼西無慮縣屬遼東亦在遼水之西不應房縣獨在水東如在水東則去遼東郡治甚近且與安市平郭接壤何獨析隸屬國蓋房與險瀆皆遼水西濱河海之地水經西字乃東之譌

候城中部都尉治補注先謙曰續志後漢因又分為玄菟屬縣後書陳禪傳為玄菟候城障尉即此

遼隊莽曰順睦師古曰隊音遂補注先謙曰續志後漢省小遼水注小遼水自襄平來西南逕遼隊縣入大遼水又大遼水注大遼水自襄平來南逕遼隊縣故城西下入房遼志遼陽府仙鄉縣本漢遼隊縣又順州遼隊縣地一統志故城今海城縣西

遼陽大梁水西南至遼陽入遼補注先謙曰小遼水注大梁水出北塞外西南流至遼陽入小遼水故地理志曰大梁水西南至遼陽入遼其水西南流故謂之為梁水也小遼水自玄菟高句驪來逕遼陽縣合大梁水下入襄平一統志大梁水今太子河在遼陽州北十五里國語曰塔思哈河字音譌變為太子河又名東梁河出古林薩穆禪山自葦子峪東入邊西南流至州西北入渾河陳澧云全遼陽當作至遼隊此水原委若皆在遼陽縣則不當言所至也莽曰遼陰補注先謙曰續志後漢改屬玄菟一統志故城當在今遼陽州西北界承德遼陽之間梁水渾河交會之處今遼陽州則遼金之遼陽也

險瀆應劭曰朝鮮王滿都也依水險故曰險瀆臣瓚曰王險城在樂浪郡浿水之東此自是險瀆也師古曰瓚說是也浿音普大反補注先謙曰續志後漢屬遼東屬國一統志此遼東之西境故城今廣甯縣東南遼志以集州為漢險瀆縣非是

居就補注先謙曰續志後漢省一統志故城今遼陽州西南紀要海州衛東北遼志遼陽府鶴野縣漢居就縣地室偽山室偽水所出北至襄平入梁也補注先謙曰梁上脫大字一統志湯河在遼陽州東南五十二里源出分水嶺北流入太子河分水嶺疑即室偽山湯河疑即室偽水也陳澧云今遼陽州沙河出千山北流至州西北境入太子河

高顯補注先謙曰續志後漢改屬玄菟

安市補注先謙曰續志後漢因大遼水篇大遼水東過安市縣西南入於海注云大遼水自房來至縣十三州志云大遼水自塞外西南至安市入於海遼志鐵州建武軍本漢安市縣一統志故城今蓋平縣東北

武次東部都尉治補注先謙曰武帝時涉何為遼東東部都尉見朝鮮傳莽曰桓次補注先謙曰續志後漢省紀要故城在遼東都司北

平郭有鐵官鹽官補注先謙曰後漢因續志有鐵新唐志自安東都護府西南至建安三百里故平郭縣也遼志遼陽府興遼縣漢平郭縣地一統志故城今蓋平縣南今奉天府各州縣皆有鐵出鹽

前漢二十八下　一

西安平莽曰北安平補注何焯曰涿郡有安平故此加西留川加東先謙曰續志後漢因劉注魏氏春秋云縣北有小水南流入海句驪別種因名之小水貊案即吳志所謂安平口也新唐志安東府南至鴨綠江北泊汋城七百里故西安平縣也遼志為上京臨潢府一統志故城今遼陽州城東

文莽曰受亭補注錢大昭曰南監本閩本受作文朱一新曰汪本作文先謙曰官本作文是後漢因續志作汶紀要故城今蓋州衛西

番汗沛水出塞外西南入海應劭曰汗水出塞外西南入海番音盤師古曰沛音普蓋反汗音寒補注王鳴盛曰南監本無應下十二字則番音盤似班自音矣非是朱一新曰汪本無沛下九字應注汗水作沛水注遠孫云九字乃注語毛本誤入正文又重出應注惟沛作汗是也顏注又為沛字作音殊不可解案說文沛水出遼東番汗塞外西南入海從水市聲大徐本說文沛音普蓋反玉篇沛溥蓋切水出遼東塞外宋重修廣韻十四泰沛普蓋切水名出遼東音與顏同則此志沛水非誤字亦非衍文也應注云云蓋別申一義以釋番汗所由得名與班注不相蒙先謙曰續志後漢因紀要漢元封三年置眞番郡茂陵書云郡治霅昭帝時并入樂浪霅縣志不載徐廣云遼東郡有番汗縣故城疑即眞番也陳澧云今朝鮮國博川城大定江西南流入海蓋沛水也馬訾水不出塞外此水出塞外必更在馬訾水之東馬訾水至西安平入海西安平屬遼東今鴨綠江入海處為漢遼東地大定江距鴨綠江入海處不遠亦當為遼東地又其水西南入海故知為沛水也

沓氏應劭

曰氏水也音長荅反師古曰凡言氏者皆謂因之而立名〔補注〕徐松曰應注氏水也謂縣以沓水得名地之以山氏者若緱氏乘氏以水氏者若涅氏泫氏錢大昭曰南監本閩本氏水作沓水朱一新曰汪本作沓水先謙曰官本作沓水案說文沓語沓沓也从水从曰遼東有沓縣據此說文奪氏字續志後漢因一統志故城今遼陽州界紀要金州衞東南縣西南臨海謂之沓渚吳志孫權謀討公孫淵陸瑁諫曰沓渚去淵道里尚遠蓋泛海至遼沓渚其登涉之所也魏景初三年以沓氏縣吏民渡海居齊郡界因置新沓縣於濟南郡矣

玄菟郡〔補注〕先謙曰大遼水注高句驪武帝平右渠置玄菟郡於此續志後漢治同劉注雒陽東北四千里武帝元封四年開〔補注〕王念孫曰四年遼水注作三年是也武紀朝鮮傳並作三年漢紀朝鮮傳樂浪郡下亦云元封三年開高句驪莽曰下句驪屬幽州應劭曰故眞番朝鮮胡國〔補注〕先謙曰莽更名事詳莽傳續志後漢因屬同據武紀玄菟眞番同時爲郡玄菟非故眞番也應說眞番二字衍文戶四萬五千六口二十二萬一千八百四十五

縣三

高句驪〔補注〕先謙曰王會解之高夷也續志後漢因東夷傳高句驪在遼東之東千里南與朝鮮濊貊東與沃沮北與扶餘

接武帝滅朝鮮以高句驪爲縣使屬玄菟一統志故城在興京城北遼山遼水所出西南至遼隊入大遼水〔補注〕先謙曰遼隊遼東縣小遼水篇高句驪縣有遼山小遼水所出注云水出遼山西南流下入遼東遼陽一統志渾河即古小遼水在承德縣南十里提綱渾河出盛京東北柳條邊英額門外東山爲英額河又合蘇子河西南流至遼陽州西北合太子河入大遼水又有南蘇水西北經塞外應劭曰故句驪胡〔補注〕先謙曰一統志蘇子河在興京城北半里蓋即南蘇水也晉永和元年燕王皝使慕容恪攻高句驪拔南蘇隆安二年慕容盛襲高句驪拔新城南蘇二城隋大業七年伐高麗遣段文振出南蘇道唐顯慶中置南蘇州於此後廢遼志蘇州安復軍節度本高麗南蘇蓋因此水爲名陳澧云今興京北界昌圖廳東境黑爾蘇河西北流出柳邊經蒙古科爾沁左翼爲漢塞外地又西南入大遼水與志合

上殷台莽曰下殷如淳曰台音鮐師古曰音胎〔補注〕先謙曰續志後漢因

西蓋馬馬訾水西北入鹽難水西南至西安平入海〔補注〕先謙曰西安平遼東縣新唐書高麗傳鴨綠水與鹽難水合一統志馬訾水今鴨綠江出長白山西南流至朝鮮國山陽公城入佟家江鹽難水今佟家江在興京南境南流合鴨綠江又西南流至其國義州入海陳澧云鹽難水下當復舉鹽難水三字西北當作西南過郡二〔補注〕先謙曰玄菟遼東行二千一百里莽曰玄菟亭〔補注〕先謙曰後漢因續志誤作西蓋鳥東夷傳東沃沮在高句驪蓋馬大山之東李注山在平壤西平壤即王險城據此蓋馬乃山名一統志漢之蓋馬即唐蓋平城今蓋平縣也今海城西南至蓋平界八十里是海城在蓋平東北境自此說明則知在漢爲沃沮在唐爲沙卑在渤海爲南海府在遼爲海州無疑

樂浪郡武帝元封三年開〔補注〕先謙曰樂浪王會解之良夷也大遼水注郡治朝鮮續志後漢治同劉注雒陽東北五千里莽曰樂鮮屬幽州應劭曰故朝鮮國也師古曰樂音洛浪音狼〔補注〕先謙曰續志後漢因屬同戶六萬二千八百一十二口四十萬六千七百四十八有雲鄣〔補注〕先謙曰史記東夷傳有上下鄣

縣二十五

朝鮮應劭曰武王封箕子於朝鮮〔補注〕先謙曰朝鮮見海內北經續志後漢因浿水注浿水自鏤方來西流逕故朝鮮縣下入增地據括地志高麗王險城即古朝鮮一統志王險城即平壤城

誹邯孟康曰誹音男師古曰誹音乃甘反邯音酣〔補注〕先謙曰說文誹多語也樂浪有誹邯縣續志後漢因

浿水水西至增地入海〔補注〕朱一新曰汪遠孫云注文水上當有浿字案此承上文省言之汪說非先謙曰說文浿水出樂浪鏤方東入海一曰出浿水縣所謂一曰者即用志文餘見鏤方一統志浿水今大同江在平壤城東西流至三和城入海莽曰樂鮮亭師古曰浿音普大反〔補注〕先謙曰後漢因

續志浿誤浿遼志高麗改爲句驪縣渤海爲常樂縣今隸朝鮮

含資帶水西至帶方入海〔補注〕先謙曰後漢因續志作貪資一統志故城今朝鮮南境紀要隋大業中伐高麗分軍出含資道蓋以漢縣爲名成蓉鏡云帶水今朝鮮平壤城南黃州城北之黑河是也陳澧云朝鮮國水皆西流大同江之南有駒苓山水又南有臨津江水源流五百里凡志行千里之水約得今六百里列水行八百二十里正合今五百里疑即臨津江帶水不言里數其水必短疑即駒苓山水也

黏蟬服虔曰蟬音提〔補注〕先謙曰後漢因續志作占蟬據本志列水至縣入海集韻十二齊蟬下云黏蟬縣名即用服音一統志故城在平壤西南

遂成〔補注〕先謙曰後漢因續志作遂城晉志秦築長城之所起太康地記遂成縣有碣石山通典以爲左碣石一統志故城在平壤南境

增地莽曰增土〔補注〕先謙曰續志後漢因浿水注浿水自鏤方來逕朝鮮縣而西北流故地理志曰浿水西至增地縣入海也紀要故城在平壤南境隋伐高麗分軍出增地道即此

帶方〔補注〕先謙曰續志後漢因據本志帶水至縣入海紀要故城在平壤南漢末公孫度置帶方郡隋伐高麗分軍出帶方道即此成蓉鏡云含資在平壤南志云帶水至縣入海則帶方當在平壤西南紀要謂在南恐非

駟望〔補注〕先謙曰續志後漢因

海冥莽曰海桓〔補注〕先謙曰續志後漢因遼志興州興中軍本漢海冥縣地

列口〔補注〕先謙曰武帝滅朝鮮楊僕兵先至此見朝鮮傳續志後漢因一統志故城今朝鮮國城西南

長岑〔補注〕先謙曰續志後漢因遼志崇州隆安軍本漢長岑縣地一統志崇信廢縣在今承德縣東北

有〔補注〕先謙曰續志後漢因昭明南部都尉治〔補注〕吳卓信曰樂浪有兩部尉辟宣傳爲樂浪都尉丞不知何縣先謙曰續志後漢因鏤方〔補注〕先謙曰續志後漢因浿水篇浿水出鏤方東南過臨浿縣諸志無此縣蓋浿水縣之誤文東入於海注云許愼云浿水出鏤方東入海一曰出浿水縣分見浿水縣十三州志云浿水縣在樂浪東北鏤方縣在郡東蓋出其縣南逕鏤方也昔燕人衞滿自浿水西至朝鮮楊僕荀彘破右渠於浿水遂滅之若浿水東流無渡浿之理其水西逕朝鮮縣而西北流故地理志曰浿水西至增地入海又漢興以朝鮮爲遠循遼東故塞至浿水爲界考之今古於事差謬蓋經誤證也[illegible]遼志遼陽府紫蒙縣本漢鏤方縣地紀要紫蒙城在遼東都司東提奚〔補注〕先謙曰續志後漢因渾彌師古曰渾音下昆反〔補注〕先謙曰續志後漢因吞列分黎山列水所出西至黏蟬入海行八百二十里〔補注〕先謙曰海內北經朝鮮在列陽東海北山南列陽屬燕列卽列水也史記張晏注朝鮮有溼水列水汕水三水合流爲列口亦作洌揚雄方言所云朝鮮洌水之間也續志後漢省一統志故城今朝鮮國城東南東暆應劭曰音移〔補注〕先謙曰武紀臣瓚注引茂陵書臨屯郡治東暆縣去長安六千一百三十八里十五縣眞番郡治霅縣去長安七千六百四十里十五縣昭帝元始元年罷眞番郡臨屯省併不知其年藝文志有東暆令延年說文暆下云日行暆暆也樂浪有東暆縣讀若酏又鰅下云魚名皮有文出樂浪東暆神爵四年初捕收輸考工續志後漢省不而〔補注〕錢坫曰魏志毋邱儉傳作不耐通典同隋書外國傳新羅兼有沃沮不而韓濊之地東郡都尉治〔補注〕朱一新曰汪本郡作部是先謙曰官本作部据武紀元朔元年以東夷薉君地置蒼海郡三年罷尋置樂浪東部都尉治之也魏志漢武置樂浪郡自單單大嶺以西屬樂浪自嶺以東七縣都尉主之皆以濊爲名卽所謂不耐濊也續志後漢省遼志正州東那縣本漢東暆不而縣地在州西七十里一統志故城今朝鮮國韓興府治蠶台師古曰台音胎〔補注〕先謙曰續志後漢省華麗〔補注〕先謙曰續志後漢省東夷傳元初五年句麗王宮寇元菟攻華麗城則縣固在也一統志開原縣南四十里有花諸臺疑卽華麗縣遺址音訛邪頭昧孟康曰昧音妹〔補注〕先謙曰說文鮸魚魵魚並出薉邪頭國薉濊字同邪頭國名後置縣因名邪頭昧矣續志後漢省前莫〔補注〕先謙曰續志後漢省夫租〔補注〕先謙曰續志後漢省

地理志第八下一　終　　漢書二十八

漢　蘭　臺　令　史班　固　撰

唐正議大夫行祕書少監琅邪縣開國子顏師古　注

賜進士出身前翰林院編修國子監祭酒加三級臣王先謙補注

南海郡〔補注〕先謙曰据浿水注郡治番禺續志後漢治同劉注雒陽南七千一百里秦置〔補注〕先謙曰始皇三十二年置見紀秦敗尉佗王此地武帝元鼎六年開〔補注〕先謙曰見武紀全祖望云尉佗据南海南武侯織亦稱分之漢封爲南海王者也淮南厲王滅織遷之上淦佗始得據之屬交州〔補注〕錢坫曰書曰南交故以名州全祖望曰南粵七郡至後漢末始稱交州前此但稱交阯刺史班史安得遽稱交州是必後人安行竄改者先謙曰續志後漢因屬同戶萬九千六百一十三口九萬四千二百五十三有圃羞官

縣六

番禺〔補注〕先謙曰始皇使尉屠睢爲五軍一軍處番禺之都見淮南人閒訓亦見南粵貨殖傳續志後漢因溫水注鬱水自蒼梧高要來南逕南海郡西浿水出焉鬱水又右納西隨三水下入四會先謙案入四會者下引浿水注所云鬱水分浿者也浿水出焉者浿水注所云別逕番禺者也又浿水注浿水合鬱水自高要來東至番禺縣西仍分爲二鬱水分浿南入海浿水東別逕番禺山海經謂之賁禺者也交州治中合浦姚文式問云何以名爲番禺荅曰南海郡昔治在今州城中與番禺縣連接今入城東南偏有水坑陵城倚其上此縣人目之爲番山縣名番禺倘謂之番山之隅也浿水逕番禺城下漢書所謂浮牂柯下離津同會番禺蓋乘斯水而入越也浿水又東逕懷化縣入海[illegible]其枝津衍注自番禺下入博羅一統志今南海番禺順德從化龍門增城香山三水花縣地故城今南海縣治西江卽鬱水自高要縣流入逕三水縣南又南逕南海縣西南又南逕新會縣西南又南入江門海先謙案酈注鬱水分浿南入海者也一統志又云牂柯江亦卽鬱水東支自三水縣南流逕南海東入番禺縣界又東南至虎門入海先謙案酈注浿水東別逕番禺又東逕懷化縣入海者也鬱浿合流後人不加識別故皆以鬱水目之其入博羅者爲東江見博羅下尉佗都〔補注〕先謙曰元和志佗故城在今南海縣西三十七里佗墓在縣東北八里有鹽官如淳曰番音潘禺音愚

博羅〔補注〕先謙曰續志後漢因劉注有浮山從會稽浮往博羅山故置博羅縣浿水注浿水枝津自番禺來歷增城縣[illegible]又逕博羅縣下入龍川一統志今歸善博羅長甯永安東莞新安縣地故城今博羅縣水浮水出紀要浮山在縣西北三十里袤延五百里高三千六百丈先謙案一統志東江卽古浿水在番禺縣南八十里自博羅縣西流逕東莞增城二縣界至番禺縣東南之南江頭與西北二江合寰宇記引廣州山水記云有白路水石庚水胥水三水上源出龍川流經增城入海

卽此先謙案水經注敘泿水由博羅東入龍川今云此水由龍川西至增城入海則不得謂卽古泿水矣据輿圖今輿甯長樂一帶下至揭陽入海之水與東江並不相通道元以爲由龍川下揭陽者非也後人述水道旣與前哲相違而不言龍江之非泿水枝津則未加詳審故也

中宿 補注先謙曰續志後漢因溱水注溱水自桂陽湞陽來西南合洭水山海經所謂湟水出桂陽西北山東南注肄入敦浦西者也又逕中宿縣會一里水其處臨名之爲觀岐巉巖亂峙川水沸騰溱水又西南逕中宿縣南吳孫皓分四會之北鄉立焉溱水又南注鬱而入海先謙案本志桂陽臨武下秦水東南至湞陽入洭改洭下隔匯桂陽下云洭水南至四會入鬱志以入鬱之委屬之洭道元以委屬之溱其實一也中宿漢縣注略志不言而汎引孫吳疑有譌誤一統志故城今清遠縣西北六十里池水鄉溱洭湞三水合流爲北江入清遠縣又南入三水縣與鴨浦水合水出四會縣萬山中夏冷冬溫東南流入北江曰鴨浦水口在三水縣北四十六里疑卽注之一里水也北江又西南入西江卽鬱水也互見下

有洭浦官 師古曰洭音匡補注錢大昭曰官當作關王鳴盛曰官卽關也管叔墨子作關叔錢坫曰卽湟溪關在今韶州府英德縣西南四十里周壽昌曰此亦如南郡雲夢官之類宋洪氏容齋隨筆宋姚天麟西漢會要宋王氏玉海漢官內俱引此官無作關者足知宋本漢書是洭浦官卽水經酈注亦無譌及洭浦官之誤者似未可輕改也先謙曰縣自有洭浦關耳與洭浦官無涉周說是也溱水篇溱水過湞陽縣出洭浦關與桂水合又洭水篇洭水出洭浦關爲桂水注云洭水自桂陽含洭來南出洭浦關在中宿縣洭水出關右合溱水謂

之洭口山海經謂之湟水徐廣云亦曰灌水也漢武帝時路博德出桂陽下湟水卽此水矣桂水其別名也

龍川 師古曰裴氏廣州記云本博羅縣之東鄉也有龍穿地而出卽穴流泉因以爲號補注先謙曰秦縣趙佗爲令見南越傳續志後漢因一統志今龍川永安海豐陸豐連平河源和平興甯長樂地故城今龍川縣西北泿水篇泿水餘水東至龍川爲涅水注云泿水枝津自博羅來西界龍川左思所謂目龍川而帶坰也趙佗乘此縣而跨據南越矣泿水下入揭陽先謙案一統志東江卽龍江有二源一出贛州府安遠縣定南縣流入龍川一出長甯縣東尋鄔堡西南逕興甯縣至龍川合流又西南合利溪水雷江水又逕河源縣胡蝶山合藍溪水又西南合新豐水又南流逕永安縣與博羅縣分界左受神江義容秋鄉三江之水右受瀧頭公莊玳瑁諸水又西逕惠州府歸善縣城北合金雞瀝水又西逕博羅縣城南合榕溪水又西受蘇州水大羅坡水橫沙水羅陽水逕增城縣界抵虎頭門入海案水經所云湟水卽龍江也然非泿水支餘辨見博羅又溱水注湞水出龍川縣西下入桂陽湞陽先謙案一統志湞水出龍川縣經連平州至翁源縣南又東逕英德縣東南入溱水連平州志有銀梅水入州界逕英村鋪入翁源縣連平州在漢亦屬龍川縣銀梅水西流入江其爲湞水無疑元和志云湞水在曲江縣東一里輿地紀勝云溱水亦名湞水避仁宗名改爲眞水混湞於溱寰宇記又謂湞水從虔州信豐縣分流西合大庾嶺艮岡水入湞陽縣界至韶州考元和志据漢書征南越出豫章下湞水語不知龍川本與豫章接界出虔州而至龍川則下湞水矣寰宇記謂湞水出信豐者因水經注文云東溪水出始興東江州南康縣界昔之南康唐宋之信豐也注又云西流與連水合水出南康縣涼熱山連溪山卽大庾嶺故記云西合大庾艮岡水者也不知出信豐者乃東溪一名東江亦曰始興水與龍川之湞水無與若韶州湞水經行之道則斷自翁源始

四會 補注先謙曰續志後漢因溫水注鬱水自番禺來南逕四會浦下入日南西捲一統志今四會廣甯新會三水懷集縣地故城今四會縣治先謙案四會者縣西有綏江水又有溱湞洭水爲北江泿鬱水爲西江四方來會故名寰宇記以爲四水俱臻此縣所會之水不止四也鬱水所逕之四會浦則在新會境內

揭陽 莽曰南海亭 韋昭曰揭音其逝反師古曰音竭補注先謙曰東越王餘善擊南海兵至此以海風波爲解見東越傳續志後漢因泿水篇涅水屈北入員水又東南一千五百里入南海注云泿水自龍川來東歷揭陽縣而注於海一統志今潮州府嘉應州平遠鎮平皆其地故城今揭陽縣西揭嶺在縣西北百五十里縣以山氏案泿水不至揭陽辨見博羅至所謂千五百里入海之員水亦不知何指

鬱林郡 補注先謙曰据牂柯水注郡治布山續志後漢治同劉注雒陽南六千五百里 故秦桂林郡 補注先謙曰始皇三十三年置見紀舊唐志江源多桂不生雜木故秦立爲桂林郡 屬尉佗武帝元鼎六年開更名 補注先謙曰說文鬱芳艸也遠方鬱人所貢鬱今鬱林郡也從臼缶冂鬯彡其飾也 有小谿川水七并行三千一百一十里莽曰鬱平屬交州 補注先謙曰續志後漢因屬同 戶萬二千四百一十五口七萬一千一百六十二

縣十二

布山 補注先謙曰續志後漢因溫水注鬱水自領方來東逕布山縣北下入中留留水南出布山下入中留一統志今貴縣興業地故城今貴縣南先謙案紅水江䲓規又北逕來賓縣龍降村南又東逕文筆山南潭水來會其地當阿林西北紅水江又折而南流直大藤山北貴縣正在其南故注云逕布山北而水程所逕尙隔中留也留水見中留

安廣 補注先謙曰續志後漢因一統志故城今橫州境

阿林 補注先謙曰續志後漢因溫水注潭水於中留東阿林縣西右入鬱水先謙案本志鐔成下潭水東至阿林入鬱者也潭水於中留會鬱水不至阿林始入也注又云鬱水自中留來東逕阿林縣下入蒼梧猛陵先謙案紅水江自武宣又東流爲黔江又東南逕潯州府桂平縣北分爲二南逕府城東北與西洋麗江諸水會旂領總曰潯江又東北與支流合又北歷大黃江司折而東合相思江水又東南合乾江水下入平南一統志故城今桂平縣東

廣鬱 補注先謙曰續志後漢因一統志故城今潯州府貴縣治溫水注文象水蒙水盧惟水來細水伐水竝自牂柯句町來東歷廣鬱下入增食先謙案詳句町下 鬱水首受夜郎豚水東至四會入海 補注先謙曰四會南海縣溫水注鬱水卽夜郎豚水也自牂柯毋斂水來逕廣鬱縣爲鬱水下入領方先謙案志所謂鬱水首受夜郎豚水者也一統志貴陽府牂柯江下云在定番州南一名都泥江源出州西北三十里[illegible]山中曰濛[illegible]經

州南界地名破灘又南入廣西泗城府界名勝志牂柯江南流入潯州界爲右江至潯州與左江合案此水入廣西後烏泥紅水屢易其名然其委曰黔江則自來鬱水以夜郎豚水爲正源無疑又溫水篇云溫水東至廣鬱縣爲鬱水先謙案本志牂柯鐔封下云溫水東至廣鬱入鬱不言溫水爲鬱水也豚溫雖并行班專以鬱屬豚水水經失其意矣參證圖說豚水溫水合流鐔封見上自舊都司東南流爲烏泥江又東南逕三旺司西又西南逕舊東蘭州東折西南至北荷山東麓又南流逕都彝山麓又東南逕十八鶴山歷猺山中百餘里又東南逕思恩府西北境折東北而東逕安定土司驪水於此南出也餘詳下增又西南逕大鳴山歷忻城縣西南又東南逕思吉鎭東下入遷江縣舊以廣鬱在今貴縣北今案自來賓以西下旺土司以東入猺山以南皆當爲廣鬱境按之水道地望胳合据水經豚溫二水過郡四行至廣鬱合爲一可知不應至貴縣境方爲廣鬱地也

四千三十里[補注]先謙曰過牂柯鬱林蒼梧南海

中畱師古曰畱音力救反水名[補注]先謙曰說文畱水出鬱林郡後漢因續志作中畱此作畱通借字一統志今象州武宣縣地故城今武宣縣西南溫水注畱水自布山來逕中畱入鬱先謙案据輿圖畱水蓋郎武宣縣南之東鄉江有二源出貴利仙石二山合而東流逕碁石山北入黔江此水出布山北境入鬱在中畱阿林界方位胳合宅水不足以當之注又云潭水自潭中來逕中畱縣東下入阿林先謙案潭水即柳江東南流逕象州北爲象江合運江水又西南右合曹顏堡水又南合紅水江即鬱水也注又云鬱水自布山來逕中畱縣南合溫水右則畱水注之下入阿林先謙案溫水已於廣鬱入鬱本志水經可證此道元之誤据輿圖紅水江合潭水後東南逕武宣縣西北又東逕碁石山合東鄉江水

前漢二十八下二　四

又東逕勒馬山南入鬱平境

桂林[補注]先謙曰續志後漢因一統志故城今象州東南

潭中莽曰中潭師古曰潭音大含反[補注]先謙曰續志後漢因一統志今永甯馬平雒容羅城柳城懷遠融縣地故城今馬平縣東南駕鶴山下存水注周水自定周來東北逕潭中縣入潭水先謙案本志定周下云周水東入潭者也据一統志周水卽金城江自宜山縣東南流折而東爲龍江又東逕柳城縣西入柳江又溫水注潭水自武陵鐔成來東逕潭中縣周水自西南來注之又東南合剛水下入中畱先謙案潭水卽福祿江東南流入懷遠縣潭中北境也潭水逕縣城西吼江水小溪水合注之又南合保江水又南合浪溪江水又西南逕融縣城東爲融江又西屈南流合諸水爲柳江又南逕柳城縣城西合龍江水鄉關沐見又東南逕柳州府馬平縣城西繞逕其南又北逕城東又東逕三門塘又南逕黎沖塘又東逕江口司與雒清江合下入象州境注又云剛水自牂柯毋斂來東至潭中入潭先謙案本志毋斂下剛水至潭中入潭者也詳毋斂下又浪水注鄰水自鐔成來南逕潭中入浪浪水自鐔成來南至潭中縣合鄰水下入蒼梧猛陵案浪鄰二水已詳鐔成其入猛陵乃與潭水並行志文不言此通例也

臨塵[補注]先謙曰高紀臣瓚注茂陵書象郡治臨塵去長安萬七千五百里朱涯水入領方又有斤員水又有侵離水行七百里[補注]宋祁曰員邵本作南先謙曰溫水注朱涯水出臨塵縣東北流合驪水觀增朱涯水又逕臨塵縣有斤南水侵離水並逕臨塵下入領方又侵離水注侵離水出晉興郡晉分鬱林置東至臨塵入鬱又斤江水注斤江水自交趾龍編來東北逕臨塵縣下入領方先謙案龍江水龍江見上東流逕南岸村北又東南逕江口塘下明江水入焉卽侵離水也龍江水又東爲麗江又東北逕鄧勒塘又東與麗江北源合卽朱涯水也二水既合東逕太平府崇善縣城西南又逕其東又東北逕土江州湍灘塘北又東北屈曲逕馱盧塘南又逕新甯州城西納定淥江水又東北流爲左江也明江水出上思州爲馱白水西南流逕州城南又逕龍東山南爲明江又逕摩天山南又逕甯明州城東上下石土州水合板栗溪水入之又北逕盤龍嶂西入龍江麗江北源出歸順州北爲龍潭水東南流逕州城東又逕吞墓村西又出峨嶂隘東口逕交趾高平府境四十餘里又流入下雷州西境又逕安平州北又逕太平州北又逕養利州城東又逕舊縣北又南逕太平府西北與南源合爲麗江斤員水見領方

莽曰監塵[補注]先謙曰續志後漢因一統志今太平府崇善縣地

定周[補注]先謙曰續志後漢因錢坫云今慶遠府西北地水首受無斂東入潭行七百九十里[補注]先謙曰無斂牂柯縣水上奪周字周水首受無斂水也存水篇存水東南至定周爲周水又東北至潭中縣注於潭注云牂柯水逕毋斂縣爲毋斂水東注存水存水自毋斂來又東逕定周縣爲周水蓋水變名也先謙案一統志以龍江爲周水是也柳州府下云龍江出慶遠府天河縣與融水合入潭江慶遠府下云自都勻府荔波縣流入經河池州東北又東經府城北入柳州府界今案此水源出獨山州爛土土司西唐朴砦逕荔波縣東西流合勞村江水又南右合孟英山水左合永長溪水又東南逕南丹州東北合南丹州水又逕河池州東北爲金城江以宋置金城州而名那地州紅盆

前漢二十八下二　五

江合諸水東流逕河池州城南注之又逕思恩縣南爲龍江又逕慶遠府宜山縣城北屈曲東流與東小江合東小江水出天河縣流逕縣城西又東南合羅城縣水又南入龍江龍江水又東逕柳城縣西與融水合爲柳江融水卽潭水也就地望以推班意蓋以出天河者爲周水出獨山荔波者爲無斂縣水與一統志所述相同故云周水首受無斂原委分明提綱諸書則以出獨山者爲龍江上源併爲一水不加分析而班氏首受之恉泯矣水經注謂牂柯水逕毋斂爲毋斂水又謂存水逕定周爲周水此兩大誤都勻以北皆牂柯且蘭地其所出之水皆可蒙牂柯江之名大定府七星關河下云廣輿圖烏撒七星關水卽牂柯江一統志部界紫旋木西境下流會可慶河爲盤江此盤江上流所貴州省皆蒙牂柯江名之證然非豚水也豚水溫水同出夜郎同遷談蒙不源出爲龍遠越至毋斂詳毋斂諸縣下受之毋獨山荔波地毋斂水雖出其境然與出獨山東入潭之剛水詳毋斂比地密邇不相通注卽使移豚水於牂柯且蘭欲其通爲毋斂水而亦不可得也至存水入北盤江後下流同爲烏泥江南入廣西思恩不能東逕河池參證圖志無入定周爲周水之理惟那地土州之紅盆江峴與入烏泥江之龍泉水見牂柯相距至近或當日地圖誤爲相通之水道水經注遂爾相仍致斯乖刺邪班志無文所當據正

增食[補注]先謙曰續志後漢因溫水注文象水蒙水盧惟水來細水伐水自廣鬱來並至增食縣注於鬱水先謙案本志牂柯句町下云文象水至增食入鬱又有盧唯水來細水伐水者也詳句町下注又云溫水自益州來唯來東逕增食縣合文象水下入領方先謙案溫水既至廣鬱爲鬱水則已與豚水合而東行非來自來唯亦不入領方合文象水者惟驪水耳此道元之誤其驪水首受牂柯東界入朱

涯水行五百七十里〔補注〕先謙曰東界二字當作水溫水注豚水即牂柯水自牂柯毋斂來又東驩水出焉注又云驩水源上承牂柯水東遷增食縣下注朱涯水先謙案驩水即今馱蒙江也東北與烏泥江通西南與右江通中歷思恩府武綠縣舊志以武綠爲領方今案當爲增食阮元雲南通志稿云增食今思恩境是也惟此水由南而北則古今水道容有變遷如廣陵中濆水之比當時蓋合右江水以注左江故云合文象水入朱涯水耳 領方 斤員水入鬱〔補注〕朱一新曰汪本員作南先謙曰溫水注鬱水自廣鬱來東北遷領方縣北下入布山先謙案豚溫二水爲鬱水後上見廣鬱東南流遷遷江縣西北注所云領方北也又東北遷來賓縣城南一統志云屬潭中案當爲廣鬱境爲紅水江注又云朱涯水斤南水侵離水自臨塵來東入領方縣流注鬱水先謙案本志臨塵下云朱涯水入領方又有斤員水又有侵離水者也又斤江水注斤江水自臨塵來至領方入鬱先謙案道元此注引志文又以斤江爲斤員水臨塵云又有斤員水此云斤員水入鬱乃本志原委分見通例志稿云斤員水即龍江提綱云龍江水流爲左江後又遷宣化縣白沙塘合龍床江水又東至合江鎮與右江水會即文象水也諸水既合又東南遷仙降山北又遷南甯府城南又東北遷道人山南又遷永淳縣西北又東南遷縣城東又遷飛龍山北又東北遷橫州南又東北爲鱷魚江又遷興業縣西北又東遷貴縣城南納武思江水又東納汎江水又北遷縣東納沙江水又東納東津江水又東北納橫眉江水又遷潯州府桂平縣城南又遷城東與黔江會所謂入鬱也興業貴縣皆布山地今地說家以左右江爲鬱水正源不知鬱水自屬豚溫古說昭

然可案自鬱源湮沒而文象朱涯諸水遂無能指目而追尋矣 又有橋水〔補注〕先謙曰溫水注地理志曰橋水東至中留入潭又云領方縣又有橋水今診其川流更無殊津正是橋溫亂流故兼通稱作者咸言至中留入潭水又得鬱之兼稱兩字當爲溫非橋水也蓋書字誤矣先謙案據注道元所見漢志本作橋不作嶠以地望推之領方地廣當以賓州爲治所其所云嶠水即思攬江下通遷江之清水江以入烏泥江九域志云賓州有賓水者也或漢世有嶠水之目與益州兩橋水無涉 都尉治 師古曰嶠音橋〔補注〕先謙曰續志後漢因一統志今賓州遷江上林宣化永淳縣地故城在賓州西領方山在州南三十五里漢以山氏縣 雍雞 有關〔補注〕先謙曰續志後漢省一統志今崇善縣地

蒼梧郡〔補注〕全祖望曰故秦桂林郡後爲蒼梧國屬尉佗先謙曰淮南子所稱有涪也涪梧字之別據泿水注郡治廣信元封五年交州自嬴陵縣移治於此續志後漢治同劉注雒陽南六千四百一十里 武帝元鼎六年開〔補注〕先謙曰見武紀南粵傳 莽曰新廣屬交州〔補注〕先謙曰續志後漢因屬同灕水注灕水自零陵始安來西遷平樂縣界合平樂水口孫皓割蒼梧之境立以爲縣北隸始安灕水下入荔浦洛溪水出永豐縣西北洛溪山東流遷其縣北縣本蒼梧之北鄉孫皓割以爲縣洛溪水下入零陵始安先謙案灕水上見始安又東南遷平樂府北浮嶼山西又南遷府城西北與龍江水合即平樂水口也 有離水關〔補注〕先謙曰紀要關在今蒼梧縣西 戶二萬四千三百七十九口十

四萬六千一百六十 縣十〔補注〕先謙曰郡人陳欽見儒林傳

廣信 莽曰廣信亭〔補注〕先謙曰續志後漢因一統志今蒼梧封川縣地故城今梧州府治灕水注灕水自荔浦來南至廣信縣入鬱先謙案本志零陵零陵下離水東南至廣信入鬱者也又泿水注泿水合鬱水自猛陵來遷廣信縣下入高要又溫水注鬱水自猛陵來東遷廣信縣合灕水封水下入高要臨水即封水自封陽來西南流入廣信縣南流注於鬱謂之封溪水口據輿圖潯江水上見猛陵又東遷龍潭又東分爲二又東與長行江水合又東與支流合又東灕水自昭平縣東南流爲桂江注之潯江水又遷府治城南又折而東南與賀江水會又東南遷封川縣城西合錦江水下入德慶州賀江水上見桂陽西遷扶靈村西合廣信河水又西南遷豐壽山西又遷黎山北大洲營南又西遷封川縣北入潯江

謝沐〔補注〕先謙曰續志後漢因一統志故城今永明縣西南二十五里謝沐鄉溫水注封水出馮乘縣西謝沐縣東界牛屯山亦謂之臨水東南流遷萌渚嶠西左合嶠水下入臨賀先謙案據輿圖臨水出江華縣春頭嶺山直縣西南謝沐鄉東即牛屯山也水西南流爲龍溪臨龍以聲轉變字折南流遷富川縣城東左合四水蓋皆嶠水矣又灕水注平樂溪水出謝沐縣南歷山西北流遷謝沐縣西南西南流遷平樂縣東南孫吳立左會謝沐衆溪西遷平樂縣南又西南入灕先謙案一統志沐水出永明縣西南三里謝沐鄉西北流遷桃川北與遨水合遨水出富川縣木馬

山西北流入永明縣界遷遨岡鎮西與扶靈水合扶靈水出恭城縣猺洞北流遷扶靈山東入遨水遨水又北遷桃川西入沐水沐水又西遷荊峽鎮又遷恭城縣南爲樂川水與平川水合平川水一名上平江出恭城縣北九十里灌陽縣界平川南流遷常家渡人樂川水樂川水又西與南平江水合水在恭城縣東南十六里西入樂川水樂川水又西與沙江水合水出平樂縣東北洛山西流合魯溪江水又西遷榕津合誕山江水又西入樂川水樂川水又西南遷平樂府城東北入灕水又湘水注觀水出謝沐縣界下入零陵零陵先謙案据輿圖觀水出灌陽縣西龍川山爲龍川水東南流合大溪水市溪水屈東北遷冷水營爲觀水當謝沐西境 有關〔補注〕先謙曰一統志謝沐關即今永明縣六十里鎮峽關

高要 有鹽官〔補注〕先謙曰續志後漢因溫水注鬱水自封陽來東遷高要縣合牢水下入南海番禺牢水自合浦臨允來北遷高要縣入鬱水先謙案本志臨允下牢水北至高要入鬱者也又泿水注泿水合鬱水自廣信來遷高要縣晉志縣東去郡五百里刺史夏避毒徙縣水居也縣有鵠奔亭泿水合鬱水下入南海番禺一統志今高要高明縣地故城今肇慶府高要縣據輿圖潯江水上見桂陽又東遷高要縣城南有西江之目新江水流入之即牢水也又東北遷高峽望侯二山之間又遷橫查司合員山水靑岐水又東南出大吉峽下入番禺

封陽 應劭曰在封水之陽〔補注〕先謙曰續志後漢因溫水注封水即臨水自臨賀來西南遷封陽縣東爲封溪水故地理志曰縣有封水下入廣信案注誤記應說爲志文一統志今開建賀縣懷集地故城今賀縣南百里信都鎮封陽墟据輿圖賀江水上見桂陽又東南遷開建縣西合水

瀉山水金裝水金撻水折西南流合大玉水下入封川縣

臨賀 **莽曰大賀** 補注先謙曰續志後漢因溫水注封水卽臨水自謝沐來運臨賀縣東又南至臨賀郡孫吳立左會賀水賀水出興安縣晉縣今賀縣東北西北羅山東南流運興安縣西又西南至臨賀郡東右注臨水郡對二水之交會故郡縣取名焉臨水又西南運郡南下入封陽一統志今昭平賀縣地故城今賀縣治先謙案据輿圖臨水[illegible]又南流合石壩塘水又南與賀水合又南合長烏溪水羊頭塘水芳林塘水又東南運賀縣城北繞其東折而西南右合四水有賀江之目又運樂安村折而東南下入闢建賀水出賀縣東北大拱岡南流合數水爲金高塘河水又東南運磨刃山北左合宜善河水又西北運桂嶺北臨賀嶺南又西北出龜石塘北入臨水明統志以出桂嶺之小水爲臨水提綱已糾之

端谿 補注先謙曰續志後漢因舊唐志端山下有谿一統志今德慶州羅定州信宜東安西甯縣地故城今德慶州治端山在州東北端谿水在州東據輿圖潯江水[illegible]又東運西甯縣北合武倉水又運德慶州南左合端山水勞山水右有瀧江水自羅定州合上烏水注之又東合靈陵河水又運大湘峽合大湘水又運小湘峽合小湘水下入肇慶高要端溪爲鬱水所必經而鬱水注不及

馮乘 補注先謙曰續志後漢因溫水注封水出馮乘縣西[illegible]下入謝沐又湘水注馮水出馮乘縣東北馮岡其水導源馮溪西北流帶約衆流渾成一川謂之北渚歷縣西至關下地名也是商舟改裝之始馮水又左合萌渚嶠水下入零陵營道萌渚水南出萌渚嶠北運馮乘縣西而北注馮水一統志今江華富川縣地故城在江華西南六十里富川東北七十里馮水在縣東南據輿

圖馮水出江華縣南新造營二源合注北流運平立鋪又北運安東營盍卽注關下又北洪洞水自大溪猺下江猺山中北流運永明縣西合牛堂營大橋鋪十字鋪諸水匯帶衆川總歸一壑入於馮水卽注萌渚嶠水矣馮水又北運永明縣東右合山爻營水又北運曲溪口而入於營水舊志以萌渚水爲西河馮水爲東河又謂東河卽麻貝二江自錦田嶺東流合半逢山之半逢水皆古馮水派不知自錦田嶺出者營水正流非馮水也詳冷道一統志萌渚嶺在江華縣西南十五里通典道州有吒渚嶺今謂之白芒嶺先謙案嶺嶠連綿不專一地今江華縣東南有白芒營道州東又有白芒鋪皆緣嶺隨在立名也

富川 補注先謙曰續志後漢因灕水注靈溪水出富川縣北符靈岡南流運其縣東入灕見荔[illegible]一統志今平樂恭城富川縣地故城今富川縣西南

荔浦 補注先謙曰續志後漢因灕水注灕水自蒼梧郡來南過荔浦縣合瀨水靈溪水見富川下入廣信瀨水出縣西北魯山東運縣西合濡水入灕濡水出永豐縣西北濡山東南運其縣西又東南入荔浦縣注瀨水据一統志今平樂荔浦修仁縣永安州地故城今荔浦縣治荔江卽注瀨水荔瀨雙聲字出永福縣西南流運修仁縣北十里朝陽東坡諸水注之又東運荔浦縣山月丹竹延賓諸江水注之山月江卽注濡水也出荔浦縣北雞籠猺南東南流運山月嶺入荔水荔水又運平樂縣西五里入灕爲荔浦江口灕水運平樂縣西[illegible]右合荔江水又東南運昭平縣東與富江合卽注靈溪水也出富川縣西四十里浮蓋山南流爲沙江又南運白霞寨歷恩勤廢縣爲思勤江與韋峒濁水江合又西南運昭平縣東北入灕

有荔平關 師古曰荔音肆補注錢坫曰灕水注灕水之上有關然則卽離水關矣在今荔浦縣東先謙曰郡下灕水自別一關李尤函谷關賦其南則有蒼梧荔浦離水謝沐涯浦零中注云蒼梧以下六關在南明荔浦離水各自爲關錢說謬元和志荔浦縣南有荔平關久廢

猛陵 **龍山合水所出南至布山入海** 補注先謙曰布山鬱林縣此水水經注不載以今地覈之蒼梧岑溪平南藤縣皆猛陵地布山在猛陵之西凡出猛陵之水俱東合鬱水入海無西行至布山者一統志潯州府下云相思江在桂平縣東六十五里與平南縣接界源出平南麒麟山自官塘堡分港而入直通朋化內猺流入潯江今桂平縣漢阿林布山二縣地相思江出猛陵境入布山境又係南流似足當合水之目入海者入鬱以達海耳 **莽曰猛陸** 補注先謙曰續志後漢因浪水篇浪水東至猛陵縣爲鬱溪注云浪水自鬱林潭中來東至猛陵縣左合鬱水亂流浪水合鬱不在猛陵詳潭中此下仍二川幷行注又云鬱水自鬱林阿林來東運猛陵縣縣在廣信之西南鬱水於縣合浪[illegible]下入廣信溫水注同先謙案潯江水又東運平南縣城南[illegible]又東運白馬塘又東蒙江水自永安州南入之又東北運[illegible]左則四浯江水南入之右則藤江水北入之一統志故城今蒼梧縣西北

交趾郡 補注宋祁曰趾景本作止先謙曰交阯國見山海經交趾見禮王制顓頊紀作阯通借字尉佗攻破安陽王令二使典主交趾九眞二郡卽甌駱也詳南越傳索隱廣州記據葉榆水注引交州外域記郡治嬴陵續志後漢治龍編劉注雒陽南萬一

千里又葉榆水篇葉榆水自羌泠來分爲五水絡交阯郡中至南界復合爲三水東入海見龍編西于九眞郡下 **武帝元鼎六年開** 補注先謙曰見武紀南粵傳 **屬交州** 補注先謙曰續志後漢因屬同 **戶九萬二千四百四十** 補注徐松曰宋本二千作一千 **口七十四萬六千二百三十七** 補注王鳴盛曰三下脫十字朱一新曰汪本有十字先謙曰官本有十字 **縣十**

嬴陵 **有羞官** 孟康曰嬴音蓮陵音受土簍師古曰陵簍二字並音來口反補注先謙曰後漢因續志作嬴陵晉書地道記作嬴陵蓋後人因孟音而製嬴字廣韻載之皆誤葉榆水注交阯次水自西于來東運嬴陵縣北下入北帶又中水自稽徐縣東運嬴陵縣南下入安定紀要故城今安南國交州府西隋改交趾縣據元和志唐交州南定縣本漢嬴陵縣地漢故城在州治宋平縣西七十五里

安定 補注先謙曰續志後漢因或誤定安劉注交州記越人鑄銅爲船在江潮退時見葉榆水注交趾[illegible]自嬴陵來東運安定縣北帶長江江其水又東流隔水有泥黎[illegible]東南合南水南水自苟扁來其水對安定縣林邑記所謂外越安定紀粟者也又東合北水三水合一又東注鬱亂流而逝矣平撮通稱同歸鬱海故經有入海之文矣

苟扁 師古曰扁與漏同補注段玉裁曰廣韻四十五厚五十候皆言苟扁縣名字皆從竹不從艸先謙曰官本考證云苟訛荀今改正此縣卽後世所謂句漏也後

漢因續志作苟漏劉注交州記云有潛水牛上岸共鬥角軟還復出補水經注復出上有大木角墜酈字當葉榆水注交趾南水自九眞無切來東逕句漏縣縣帶江水下入安定一統志句漏山在今安南國交州府石室縣相傳古句漏縣在其下

麊冷都尉治應劭曰麊音彌孟康曰音螟蛉師古曰音麋零〔補注〕王鳴盛曰馬援傳注引越志同但說文米部云羌潰米也从米尼聲交趾有羌冷縣武移切應劭音彌與說文合从鹿非聲傳寫誤也葉榆水篇作麋皆非先謙曰續志後漢因晉志作麋冷宋志有壽冷無羌冷案壽冷屬日南當在占城國境或以為即羌冷非也江水注勞水合僕水自益州來唯來東至羌冷南流入於海先謙案本志來唯下勞水東至羌冷入南海者也阮元雲南通志稿云瀾滄江自臨安府東南流[illegible]入越南國界為洮江亦曰洪水江江以南為老揭江以北為交趾又東南全入交趾境南別為沱江又東逕宣光道南歸化府北又東與沱江會又東逕臨洮府南又東逕嘉興州蒙縣左合清水江亦曰龍門口其上流即河底江也又東為富良江逕白鶴縣南分流南出又東逕加林縣南又分流南出又東逕越南圖奉天府北又東流至安林縣南分支東出會諸流入海其正支折南流逕奉天府東東南流復會諸沱江屈而東流分合甚多其正支折東南流逕太平府北又東南合諸分流入南海又葉榆水注葉榆水自牂柯進桑來過羌冷縣北分為五水下入交趾郡紀要故城今安南國太原府西

曲易師古曰易古陽字〔補注〕先謙曰後漢因續志作曲陽葉榆水注交趾南水合北水自龍編來東逕曲易縣東流注於浪鬱經言於郡東界復合為三水此其二也[illegible]

北帶〔補注〕錢大昭曰閻本作比帶誤先謙曰續

前漢二十八下　二十

志後漢因葉榆水注交趾次一水自贏膢來東逕北帶縣南下入稽徐

稽徐師古曰稽音古奚反〔補注〕先謙曰續志後漢因葉榆水注交趾次一水自北帶來東逕稽徐縣合涇水併為中水下入贏膢涇水自龍編來東南入稽徐縣注中水

西于〔補注〕先謙曰續志後漢因葉榆水注葉榆水自交趾郡分五水後北二水左水即北水東北逕望海縣南[illegible]下入龍編其次一水東逕封溪縣南[illegible]又西南逕西于縣南下入贏膢寰宇記漢西于縣在今愛州無編縣錢坫云屬安南國清化府

龍編師古曰編音鞭〔補注〕先謙曰續志後漢因葉榆水注交趾左水即北水自西于來東逕龍淵縣北合南水南水自羌冷縣東逕封溪縣北又逕浪泊又逕龍淵縣故城南左合北水龍編即龍淵改名也下入曲易又云涇水出龍編縣高山東南流下入稽徐又斤江水注斤江水出龍編縣東北流下入鬱林臨塵先謙案斤江水當即麗江別源据提綱出交趾廣源州東流入廣西上下凍州西又東逕州南又東南逕龍州南為龍江有憑祥州水西南自鎮南關北流逕州城東而東北流注之即麗江南源也紀要故城今安南國交州府東據元和志寰宇記漢縣在唐宋為交州龍編縣

朱䳒〔補注〕先謙曰續志後漢因葉榆水注交趾南水自九眞郡來對朱䳒縣又東逕浦陽縣北下入九眞無切紀要故城今安南國交州府東南

合浦郡武帝元鼎六年開〔補注〕全祖望曰故屬秦桂林郡後復為略越諸種國屬尉佗先謙曰溫水注合浦郡治合浦縣武帝平越所置見武紀南粵傳續志後漢治同劉注雒陽南九千一百九十一里莽曰桓合屬交州〔補注〕先謙曰續志後漢因屬同戶萬五千三百九十八口七萬八千九百八十

縣五

徐聞〔補注〕先謙曰續志後漢因劉注交州記云出大吳公皮以冠鼓溫水注朱崖儋耳二郡大海中南極之外對合浦徐聞縣清朗無風之日逕望朱崖州如囷廩大從徐聞對渡北風舉帆一日一夜而至一統志今海康遂溪徐聞縣地故城即[illegible]紀要今徐聞縣西北

高涼〔補注〕先謙曰續志後漢因縣吳立高涼郡一統志今[illegible]陽春陽江恩平茂名電白吳川縣地故城[illegible]縣西有高涼山在茂名縣東北

合浦有關〔補注〕先謙曰一統志今合浦縣有條風關舊名東關莽曰桓亭〔補注〕錢坫曰疑當作桓合亭先謙曰溫水注亦作桓亭志文不[illegible]後漢因一統志今欽州合浦石城北流陸川靈山東安容[illegible]城在合浦東北

臨允牢水北入高要入鬱過郡三行五百三十里[illegible]入當為至郡三當作郡二合浦蒼梧溫水注牢水南出合[illegible]允縣自縣北流下入蒼梧高要一統志新江即牢水寰[illegible]南有新江出新州東南山谷間新興縣志縣南瀘溪諸[illegible]北城東又北合錦山水為新江又北五十里至東安縣[illegible]北九十里出高要縣界入新江曰新江口此水出新興[illegible]地入江處又適在高要故說者以為即牢水然源流不滿[illegible]與志不合或以羅定州之瀧水當之近是先謙案羅定[illegible]水流雖遠地望則乖疑志文五百三十里五字有誤終以[illegible]

前漢二十八下　二十一

合莽曰大允〔補注〕先謙曰後漢因續志誤臨元一統志今新興開平縣地故城在縣南七十里

朱盧都尉治〔補注〕先謙曰後漢因續志作朱崖案志序朱崖儋[illegible]昭帝罷儋耳元帝竝罷朱崖今併入瓊州府是漢[illegible]府一也

九眞郡〔補注〕先謙曰據溫水注郡治胥浦續志後漢治同[illegible]陽南萬一千五百八十里葉榆水注交趾南[illegible]交趾郡來東南逕九德郡北交州外域記曰交趾郡[illegible]在郡之北隔渡一江即是水也下入交趾朱䳒叉溫[illegible]城記云九德縣屬九眞郡在郡南與日南接吳定為九德郡隸之周越裳氏之夷國武帝元鼎六年開[illegible]曰見武紀南粵傳據元和志故秦象郡地安南志略清化府路漢九眞郡隋唐愛州有小水五十二并行[illegible]千五百六十里〔補注〕先謙曰溫水注竺枝扶南記山溪瀨中謂之究地理志曰郡有小水五十二并[illegible]之謂也先謙案大川上當有入字續志後漢屬交州志失書戶三萬五千七百四十三口十六萬六千一十三有界關

縣七

胥浦莽曰驩成〔補注〕先謙曰續志後漢因紀要故城在清化府西

居風〔補注〕先謙[illegible]後漢因劉[illegible]

記曰縣有山出金牛往往夜見光耀十里山有風門常有風一統志金牛山在安南國北江府武寧縣紀要故城在清化縣西北據通典寰宇記唐爲愛州九眞安順崇平日南四縣宋爲愛州所治九眞縣及州東北二百二十里日南縣

都龐 應劭曰龐音龍師古曰音聾〔補注〕汪遠孫曰龐校本作寵初學記獸部引吳錄地理志云九眞郡龐縣多象郡蓋都字之誤然則龐字亦未必非也集韻都龐縣在九眞或作寵朱一新曰作寵者本字因龐音轉爲龍傳寫作寵耳先謙曰官本聾作龔續志後漢省紀要故城在清化府北據元和志唐爲愛州軍寗縣

餘發 〔補注〕先謙曰續志後漢省

咸驩 〔補注〕先謙曰後漢因續志作咸懽溫水注咸驩已南麞麂滿岡鳴咆命儔警嘯聒野孔雀飛翔蔽日籠山紀要故城在安南國新平府東南寰宇記縣自漢迄隋不改據元和志唐爲演州忠義懷驩二縣

無切 都尉治〔補注〕先謙曰後漢因續志作無功馬援傳同葉楡水注交趾南水自交趾朱載來東逕無功縣北下入交趾荀扁

無編 莽曰九眞亭〔補注〕先謙曰續志後漢因紀要故城在安南國清化府北據通典唐爲愛州無編縣元和志輿地廣記唐爲演州龍池縣宋爲愛州長林縣後書馬援傳援兵南自交趾入九眞由無切進入餘發分兵入無編至居風九眞乃靖

日南郡 〔補注〕先謙曰據溫水注郡治西捲續志後漢治同劉注雒陽南萬三千四百里 故秦象郡〔補注〕先謙曰始皇三十三年置見紀唐志因象山爲名山形如象也溫水注郎湖浦口有秦時象郡墟域猶存 武帝元鼎六年開更名〔補注〕先謙曰見武紀南粵傳 有小水十六幷行三千一百八十里〔補注〕先謙曰日南水篇容容夜纊湛乘牛渚須無無濡營進皇無地零侵離無會重瀨夫省無變由蒲王都融勇外二十水注云此皆出日南郡西東入於海容容水在南垂名之以次轉北也 屬交州 師古曰言其在日之南所謂開北戶以向日者〔補注〕先謙曰續志後漢因屬同 戶萬五千四百六十口六萬九千四百八十五 縣五

朱吾 〔補注〕先謙曰續志後漢因劉注引交州記云其民依海際居不食米止資魚溫水注林邑記云渡比景至朱吾縣浦今之封界縣南有文狼究下流逕通晉書地道記朱吾縣去郡二百里此縣民漢時不堪二千石調求引屈都乾爲國林邑記云屈都夷也朱吾浦內通無勞湖無勞究水通壽冷浦紀要故城今占城北境本越裳地

比景 如淳曰日中於頭上景在己下故名之〔補注〕吳仁傑曰所謂開北戶以向日者考古編云舊唐志景州北景縣晉將灌邃破林邑五月五日即其地立表表在北而日影在表南郡名日南則縣爲北景固相應案唐命太史往安南測日候日影夏至影在表南與灌邃同郡得名固以此然王充書謂日南郡有徙民還者問之云日中之時所居之地未能在日南也蓋日南郡唯五月日影在南常時影不在南亦不在北故水經云北讀爲蔭茈之茈言影爲身所茈此爾雅所謂岠齊州以南戴日者也漢民徙者但以常時所見言之北景音茈影水經言是也若列藝

倒景則謂日月之光皆倒在下又與茈影音訓不同段玉裁曰文選吳都賦注引如淳注與此同比方利反一作北景云漢武時日南郡置北景縣言在日之南向北看日故名此則漢志字本有一先謙曰續志後漢因劉注博物記云日南出野女羣行不見夫其狀畠且白裸袒無衣襦溫水注自盧容至無變[illegible]繇有橅越烽火名磕地至比景縣紀要故城在占城北境

盧容 〔補注〕先謙曰續志後漢因劉注交州記云有採金浦溫水注四會浦水上承盧容縣西古郎究東南曲屈通郎湖郎湖水亦承郎究究水北流左會盧容壽冷二水觀西積爲郎湖自湖南望外通壽冷從郎湖入四會浦自四會南入得盧容浦口康泰扶南記云從林邑至盧容浦口可二百餘里從口南發往扶南諸國常從此口出林邑記云地濱滄海衆國津逕鬱水南通壽冷即一浦也

西捲 水入海有竹可爲杖莽曰日南亭 孟康曰音卷師古曰音權〔補注〕先謙曰後漢因續志作西卷溫水注鬱水自南海四會來南自壽冷縣注於海山海經鬱水出象郡而西南注南海入須陵東南者也先謙案本志鬱林廣鬱下鬱水南至四會入海者也又云盧容水出區粟城南高山東逕區粟城北合壽冷水壽冷水出壽冷縣界東逕區粟故城南古志無區粟之名應劭云日南郡治西捲縣林邑記云城去林邑步道四百餘里交州外域記云從日南郡南去到林邑國四百餘里準逕相符然則城故西捲縣也地理志曰水入海林邑記云其城治二水之間三方際山東北瞰水東西潤浦流湊城下壽冷水自城南合盧容水先謙案晉武帝太康十年分西卷立壽冷縣以注證之注云水入海者即盧容壽冷二水合入四會之鬱水以注海也紀要故城今古城朱吾故縣東北據寰宇記宋爲交州宋平縣及州西南六十里南定縣

象林 〔補注〕先謙曰續志後漢因劉注今之林邑國溫水注阿貢浦入彭龍灣浦西即林邑都治典沖去海岸四十里秦漢象郡之象林縣也東濱滄海西際徐狼南接扶南北連九德黯西去廣州二千五百里其嶺北接澗有大源淮水嶺南開澗有小源淮水其城西南際山東北瞰水水上縣起高橋渡淮北岸即彭龍區粟之通逵也其水又東南流逕船官口船官川源出徐狼自此外行得至扶南扶南至林邑四千里水步道通船官川下注大浦之東湖亦曰象水又兼象浦之名山海經曰離耳國離題國皆在鬱水南林邑記云漢置九郡儋耳與焉儋耳即離耳也大海中南極之外對合浦徐聞縣清朗無風之日徑望朱崖州如囷廩大人民可十萬餘家皆殊種異類被髮離身南裔異物志云儋耳朱崖俱在海中分爲東蕃故山海經曰在鬱水南也林邑記云馬援樹兩銅柱於象林南界與西曆國分漢之南疆也一統志故安南國有布政府路林邑故地也紀要象林故城在占城西北隋改象浦

趙國 〔補注〕閻若璩曰治邯鄲縣以趙幽王友及趙敬肅王彭祖傳知之秦時邯鄲郡即治邯鄲縣先謙曰續志後漢治同劉注雒陽北千一百里 故秦邯鄲郡〔補注〕先謙曰始皇十六年置見紀 高帝四年爲趙國〔補注〕先謙曰封張耳表作三年全祖望云楚漢之際爲趙國秦爲常山國八月復爲趙國高帝四年屬漢仍爲趙國 景帝三年復爲邯鄲郡〔補注〕錢坫曰耳子敖以高帝八年廢除九年立子如意爲趙王惠帝元年爲呂后所殺復徙淮陽王友爲趙王

高后七年自殺孝文元年友子遂紹封孝景三年以反誅史記景紀作四年非**五年復故**〔補注〕先謙曰封子彭祖**莽曰桓亭屬冀州**〔補注〕先謙曰續志後漢因屬同**戶八萬四千二百二口三十四萬九千九百五十二**

縣四〔補注〕錢大昭曰秦領縣六見靳歙傳先謙曰國人吾丘壽王見本傳毛公貫長卿見儒林傳

邯鄲〔補注〕先謙曰邯鄲始見左定傳戰國入趙魏拔之復歸趙見趙魏世家高帝擊陳豨至此見高紀亦見貨殖傳縣人蔡癸見藝文志**堵山牛首水所出東入白渠**〔補注〕先謙曰北山經錫山牛首之水出焉東流注於滏水濁漳水注牛首亦出邯鄲縣西堵山東流分為二洪湍雙逝澄映兩川酈寄圍邯鄲引牛首拘水灌城是也其水東入邯鄲城又逕叢臺南六國時趙王之臺也又歷邯鄲阜又出城東合成一川又澄而為渚東南流注拘澗水先謙案班因拘澗入白渠故志文以白渠統之注又云拘澗水自魏武始來東合牛首水入白渠先謙案本志武始下拘澗水東南入白渠者也白渠水自魏武安來東南逕邯鄲縣南又東合拘澗水又東故瀆出焉一水下入廣平曲梁其白渠故瀆南出所在枝分右出者下入魏邯鄲一統志堵山今邯鄲縣三十里渚河沁河卽古牛首拘澗二水紀要堵河在城南五里沁河在城西半里合為西河**趙敬侯自中牟徙此**張晏曰邯鄲山在東城下單盡也城郭從邑故加邑云師古曰邯音寒〔補注〕段玉裁曰水經注引此注無鄲字後書注亦云邯山名單盡也邯山至此而盡也亦無鄲字鄲本作單單與襌同故訓盡單字後人加邑自左傳已然先謙曰敬侯元年都邯鄲見趙世家後漢因續志有叢臺劉注有洪波臺一統志故城今邯鄲縣西南十里趙王城

易陽應劭曰易水出涿郡故安師古曰在易水之陽〔補注〕全祖望曰此是洺水亦謂之南易水故曰易陽應說非先謙曰續志後漢因劉注魏都賦云溫泉瀄涌而自浪注溫泉在易陽世以治疾洗百病案易水卽洺水全說是也廣韻洺水在易陽春秋時為赤狄之地後屬晉水經注失洺水篇寰宇記磁州武安縣下引水經注云洺水出易陽縣西山洺州永年縣下云風土記云南易水本名漳水源出三門山西自肥鄉縣界流入趙地記云六國時此水名易水培蒼及水經云洺水之目不知誰改俗謂山之下地名洺水因經之故曰洺水初學記邢州下引注云洺水一名漳水俗名千步又注云洺水東逕柏暢亭又洺州下引注云狗山頂上有狗迹今在臨洺縣西益清濁二漳會流於滹沱斯有洺水之目也一統志故城今永年縣西十五里

柏人〔補注〕先謙曰堯都見帝王世紀春秋晉地見左哀傳戰國入趙王遷城之見趙世家高帝過此弗宿見高紀**莽曰壽仁**師古曰本晉邑〔補注〕先謙曰續志後漢因一統志故城今唐山縣西

襄國〔補注〕先謙曰常山王張耳都見項羽紀後漢因續志秦為信都項羽更名有檀臺有蘇人亭一統志故城今邢臺縣南百泉村遺趾尚存**故邢國**〔補注〕陳奐曰說文邢周公子所封地近河內懷許與班說不同者漢襄國縣卽今直隸順德府附郭邢臺縣漢懷縣今河南懷慶府武陟縣襄國為邢始封國懷卽春秋之夷儀為邢徙封國也凡班志故國皆是始封國矣**西山**

渠水所出東北至任入濅〔補注〕先謙曰任廣平縣說文湡水出趙國襄國之西山東北入濅卽用志文據此渠當作湡濅卽漳也寰宇記邢州龍岡縣下云湡水一名澧水俗謂之百泉水出縣東平地以其導源總納眾泉合成一川故也亦謂之鴛鴦水魏都賦云鴛鴦交合合當作谷劉良云鴛鴦水在南和縣西交谷水在鄴南又沙河縣下云沙河卽湡水也水經云湡水出趙國襄國通鑑胡注引水經此句下有東過沙河縣五字宋白云沙河卽湡水也先謙案湡亦作隅澧亦作醴濁漳水注衡漳水與隅澧通為衡津知入濅卽入漳矣湡亦作耦列子中缺下之邯鄲遇盜於耦沙之中隅醴耦沙連言實卽一水也一統志湡水今百泉河在邢臺縣東南八里寰宇記西山卽湯山也山海經云湯山之下湯水出焉紀要西山今封山在順德府西二十里**又有蓼水馮水皆東至朝平入湡**師古曰湡音藕又音牛吼反〔補注〕先謙曰朝平廣平縣寰宇記龍岡縣下云蓼水一名達活水水經云蓼水出襄國西石井岡岡上有井大如車輪朱弁曲洧舊聞云去鉅鹿郡西北一舍有泉水經名達活源流深長廣輪數百步人享其利說文㴸水出趙國襄國東入湡今志舉入湡之水有馮無㴸然則馮水蓋㴸水之誤或別稱也隋志亦云龍岡縣有㴸水當以㴸為正一統志達活水出邢臺縣治西北五里東流合牛尾河又東經小呂社合百泉支流又東北經任縣城北又東入大陸澤古蓼水也㴸水一名任水出邢臺縣東南東流逕南和縣西南又東北逕任縣又東入大陸澤

廣平國武帝征和二年置為平干國宣帝五鳳二年復故〔補注〕先謙曰據表平干國封趙敬肅王子偃偃子元以五鳳二年國除全祖望云故屬鉅鹿郡景帝中六年分置廣平郡武帝置平干國水經注云景帝中六年改鉅鹿為廣平誤廣平乃鉅鹿之分郡鉅鹿故無恙也故中興復省廣平入鉅鹿錢大昕云王溫舒為廣平都尉在元朔元狩之間是平干國未置之前已為廣平郡矣五鳳二年平干繆王坐殺謁者會薨不得代國除仍為廣平郡故云復故也當云故廣平郡某年置乃與復故之文相應哀帝建平三年更置廣平國志文失書蓋脫漏之甚者**莽曰富昌屬冀州**〔補注〕先謙曰續志鉅鹿郡下云建武十三年省廣平國以其縣屬**戶二萬七千九百八十四口十九萬八千五百五十八**

縣十六〔補注〕先謙曰見王子侯表者有襄嚵邯平成陵祚陽四縣無考

廣平〔補注〕先謙曰續志後漢屬鉅鹿初學記洺州下引水經注云洺水東北逕廣平縣故城東水積於大澤之中為澄泉南北四十里東西二十里亦謂之黃塘泉一統志故城今雞澤縣東二十里舊城村

張〔補注〕錢坫曰元和志張城一名渚陽城在任縣西南二十七里史記曹參世家云東張卽此先謙曰侯表毛釋之國高帝封彨昭景帝封趙頃王子嵩宣帝封續志後漢省一統志故城今任縣西南

朝平〔補注〕先謙曰續志後漢省本志襄國下蓼水馮水至縣入湡

南和〔補注〕先謙曰續志後漢屬鉅鹿寰宇記南和縣下引水經注云北有和城縣故此云南也鴛鴦水在縣北五里水經注南和西官治東有便水一名鴛鴦水先

謙案即湡水也亦見襄國下一統志故城今南和縣治列葭水東入泜師古曰葭音家泜音斯〔補注〕段玉裁曰泜
入湡湡入寖寖入虖沱虖沱移徙不常故道今不可考先謙曰武五子傳所云葭水也寰宇記邢州南和縣下云列家水在縣西南
十里下至狠溝河列家即列葭之同音變字又滄州清池縣下引水經云長蘆水出列人縣以其旁多蘆葦故名黔本濁漳水注衡
水自鉅鹿堂陽分爲二水其右水東北出石門謂之長蘆淫水蓋變引葭之名也引葭當即列葭之譌是列葭水即長蘆水列人南
和壞地相比故寰宇記云長蘆出列人而志係列葭於南和下也餘見堂陽下泜水見襄國下列人〔補注〕先謙曰戰國趙地梁
惠成王八年取之見紀年莽曰列治〔補注〕先謙曰續志後漢屬鉅鹿濁漳水注漳水自魏郡裴來東北逕列人縣故城南
合白渠故瀆下入斥章白渠故瀆自魏邯溝來東逕肥鄉縣故城北緇紀年梁惠成王八年伐邯鄲取肥者也渠道交徑互相纏縻
與白渠同歸逕列人右會漳津今無水地理志曰白渠至列人入漳是也一統志故城今肥鄉縣東北斥章應劭曰漳水出
治北入河其國斥鹵故曰斥章〔補注〕先謙曰續志後漢屬鉅鹿濁漳水注漳水自列人來東北過斥章縣南後漢建安十八年曹魏
鑿渠引漳水東入清垣以通河漕名曰利漕渠漳津故瀆水斷舊溪東北出消流瀌注而已尙書所謂覃懷底績至于衡漳者也衡
橫也言漳水橫流也衡漳故瀆下入魏平恩一統志故城今曲周縣東南任師古曰本晉邑也鄭皇頡奔晉爲任大夫〔補注〕先謙
曰春秋晉邑齊取之見哀四年傳高帝封張越爲侯國見表本志襄國下湡水至縣入寖續志後漢屬鉅鹿一統志故城今任縣東

南名勝志任水在縣東南二十里從南和流入縣以此名曲周武帝建元四年置〔補注〕先謙曰濁漳水注衡
漳故瀆自南曲來東北逕曲周縣故城東地理志曰武帝建元四年置余案史記酈商以高祖六年封曲周縣爲侯國漢書同是知
曲周舊縣非始孝武衡漳故瀆下入鉅鹿鉅鹿錢大昕云景帝之世酈寄以罪免國除爲鄉孝武復置也莽曰直周〔補注〕
先謙曰續志後漢屬鉅鹿一統志故城今曲周縣東北南曲〔補注〕先謙曰昭帝封清河綱王子遷爲侯國見表續志後漢省
濁漳水注衡漳故瀆自魏平恩來東北逕南曲縣故城西應劭云平恩縣北四十里有南曲亭故縣也衡漳故瀆下入曲周据應說
縣併入平恩一統志故城今邱縣北曲梁〔補注〕先謙曰春秋晉地見左桓襄傳侯國〔補注〕先謙曰平干頃王子敬國宣帝
封錢大昕云漢侯國例不屬諸侯王故王子而侯者必別屬漢郡廣平信都亦諸侯王國也而得有侯國者班志郡國之名以元始
二年戶口籍爲斷其侯國之名則以成帝元延之末爲斷元延之世廣平信都皆郡也非國也國已除爲郡則從前之改屬它郡者
復返其舊迨哀帝建平中復置此二國則侯國必仍改屬它郡特史家不能一一載之耳試觀廣平領縣十六戶二萬七千有奇信
都領縣十七戶止萬五千有奇以附近郡國準之不應縣多而戶少乃爾蓋後改爲國之後未必仍領若千縣也莽曰直
梁〔補注〕先謙曰後漢改屬魏郡續志有雞澤濁漳水注白渠水自趙邯鄲來一水東爲澤渚曲梁縣之雞澤也國語所謂雞邱矣
東北通澄湖下合白渠故瀆入列人九域志邢州古迹引水經云洺水東流逕曲梁城一統志故城今永年縣治廣鄉〔補注〕

先謙曰宣帝封平干頃王子明爲侯國見表續志後漢省一統志故城今任縣界平利〔補注〕先謙曰宣帝封平干頃王子世
爲侯國見表續志後漢省平鄉〔補注〕錢坫曰劉向列仙傳木羽鉅鹿南和平鄉人是其先爲鄉先謙曰宣帝封平干頃王子王
爲侯國見表通典元和志以爲秦鉅鹿郡王離圍趙王歇在此續志後漢屬鉅鹿一統志今平鄉縣西北六里大老營南陽臺
侯國〔補注〕錢大昭曰臺闔本作臺說文籀文堂从高疑此即臺字先謙曰平干頃王子田國宣帝封表作陽城未知孰是續志
後漢省廣年莽曰富昌〔補注〕陳奐曰廣平國莽既更名富昌則廣年下當云富昌亭此脫亭字他郡國皆如是先
謙曰續志後漢屬鉅鹿一統志故城今永年縣西北城鄉〔補注〕先謙曰宣帝封平干頃王子慶爲侯國表城作成續志後漢省
眞定國武帝元鼎四年置〔補注〕先謙曰中山憲王子平國表作三年全祖望云故屬常山郡屬冀
州〔補注〕先謙曰續志常山國下云建武十三年省眞定國以其縣屬戶三萬七千一百二十六口
十七萬八千六百一十六
縣四
眞定〔補注〕先謙曰縣見成紀故東垣高帝十一年更名〔補注〕先謙曰戰國中山地趙取之見趙世
家高帝更名見陳豨傳莽曰思治〔補注〕先謙曰續志後漢屬常山一統志故城今正定縣南稾城〔補注〕先謙曰縣

見五行志武帝元鼎四年置見元和志濁漳水注緜蔓水自常山樂陽來又東逕烏子堰枝津出焉緜蔓水又東謂之大白渠地理
志所謂首受緜蔓水者也白渠水下入常山關白渠枝津俗謂之泜水上承白渠於稾城縣之烏子堰下入肥纍莽曰稾
實師古曰稾音工老反〔補注〕先謙曰續志後漢省一統志故城今稾城縣西南邱頭社肥纍〔補注〕先謙曰戰國趙地亦稱肥
下見趙世家五行志作肥累續志後漢省濁漳水注白渠枝水自稾城來東逕肥纍縣故城南又逕陳臺南下入鉅鹿新市一統志
故城今稾城縣西七里故肥子國師古曰纍音力追反〔補注〕先謙曰詳見鉅鹿下曲陽下緜曼斯洨水
首受太白渠東至鄡入河〔補注〕先謙曰河即漳河也鄡鉅鹿縣濁漳水注斯洨水首受大白渠大白渠首
受緜蔓水緜蔓水上承桃水桃水自常山桑中來東南流逕緜蔓縣故城北自下通謂之緜蔓水下入常山樂陽又云白渠水自下
曲陽爲斯洨水東分爲二枝津右出下入鉅鹿和成斯洨水下入鉅鹿莽曰緜延師古曰曼音萬鄡音口堯反〔補注〕先
謙曰續志後漢省一統志故城今獲鹿縣北今平山縣治河漢時分派爲大白渠東南流至今獲鹿縣爲斯洨水又東至束鹿縣今
湮
中山國〔補注〕先謙曰滱水注十三州志云中山治盧奴續志後漢治同劉注雒陽北一千四百里高帝郡景帝
三年爲國〔補注〕先謙曰封子靖王勝全祖望云故屬代郡高帝分置屬趙國景帝二年別爲國宣帝五鳳三年爲郡元帝

永元元年復爲國。莽曰常山。屬冀州。應劭曰：中山故國。〔補注〕先謙曰：續志後漢因屬同。戶十六萬八百七十三，口六十六萬八千八十。

縣十四〔補注〕先謙曰：見王子侯表者有柏暢縣，無考。

盧奴 應劭曰：盧水出北平，東入河。〔補注〕先謙曰：注「右」字衍。水經注：滱水之右，盧水注之。水上承盧奴城內黑水池。地理志曰：盧水出北平，疑爲疎闕。闞駰、應劭之徒，亦咸言是矣。案城內西北隅有水，淵而不流，南北百步，東西百餘步，水色正黑，俗名曰黑水池。或云水黑曰盧，不流曰奴，故此城藉水以取名矣。池水東北際水有漢王故宮處，臺殿觀榭，皆上國之制。簡王尊貴，壯麗有加，始築兩宮，開四門，穿北城，累石竇，通池流於城中，東北注滱。又云：長星溝自上曲陽來，東南逕合胡泉水，又東逕盧奴城南，又東北入滱。又云：滱水自安險來，東逕鄉城北，舊盧奴之鄉也。中山記云盧奴有三鄉，斯其一焉。後隸安憙，城滱水下入安國。一統志：故城今定州治。

北平〔補注〕先謙曰：趙簡子築北平，距燕，見趙世家。高帝封張蒼爲侯國，見表。滱水注：徐水自代郡廣昌縣來，東入徐水。徐水東至高陽入博。〔補注〕先謙曰：滱水注：徐水又逕北平縣，又東南歷石門中，其水東流，合下開山，開處高六丈，飛水歷其間，南出乘崖，傾瀾洩注七丈有奇，餘東南出山，逕其城中，其水東流，名順水，東逕蒲城北，又逕清苑城，又東逕廣昌縣北。徐水北縣本樂縣，又東於廣昌源也。一統志：徐河出易州五回嶺，東南逕滿城縣北，又東逕安州，合清苑河，二河東逕安州，合清苑。又有盧水，亦至高陽入河。〔補注〕先謙曰：河當作博。滱水注：盧水出蒲城，西俗謂之泉頭水也。地理志曰：北平縣有盧水，東至高陽入博，今不能也。一統志：清苑河出滿城縣西南，南流逕保定府城南，又東與石橋河合，即古盧水也。有鐵官。莽曰善和。〔補注〕先謙曰：後漢因。續志有鐵。

北新成〔補注〕先謙曰：何焯曰：河間國有新成，故此加北。志末論十二國分域，北新成屬涿郡。故城在滿城縣西二里眺山下。桑欽言易水出西北，東入滱。〔補注〕先謙曰：易水注：易水出西北，東入滱。合滱水，故桑欽曰易水出北新成西北，東入滱。城側有易水，自下滱水、易水互受通稱矣。續志後漢省。滱水注：曹水出西北，東南流，又東入涿縣。莽曰朔平。〔補注〕先謙曰：續志後漢省。滱水注：曹河出西北東入徐水。一統志：故城今安肅縣西。

唐〔補注〕先謙曰：春秋燕別邑，見左昭十二年傳。齊策：趙可取唐、曲逆。十里，故堯國也。唐水在西。張晏曰：堯爲唐侯，國於此。望都界。孟康曰：晉荀吳伐鮮虞，及中人。今中人亭是。後漢因。續志有中人亭，有左人鄉也。滱水篇：滱水東過唐縣南。注云：滱水自代郡常山關來，東逕左人城南。堯山在南。莽曰和親。應劭曰：堯山在北，唐水出。

中山城西北，西逕郎山北，又歷左人亭入滱。滱水又東，左會一水，出中山城西北郎阜下，亦曰唐水，俗又名之爲雹水，西南流入滱。水下入常山唐縣故城南，又自上曲陽來，東逕樂羊城北，又東北逕中人亭南。應劭曰：唐西四十里得中人亭，今於此城取中人鄉，則四十也。唐水在西北，隅堨而爲湖，俗名唐池，南入小溝下注滱，入滱，與應符合。惟言堯山在南，則無山以擬之，爲非也。唐城北去堯山五里，俗謂之都山，南有堯廟，是即堯所登之山也。一統志：故城今唐縣東北。

深澤〔補注〕先謙曰：高帝封趙將夕爲侯國，見表。又乘上侯將夜乘，表注深澤。蓋嘗析爲二縣。莽曰翼和。〔補注〕先謙曰：續志後漢省。一統志：故城今深澤縣東南。則涿郡屬縣以去國二十五里有南深澤故城，以詳深澤縣名言之。

苦陘〔補注〕先謙曰：戰國中山邑，見魏策。公乘氏女，見餘傳。中山邑，入魏。王后湯沐邑，見外戚傳。今無極縣東北。莽曰北陘。應劭曰：章帝更名漢昌。〔補注〕先謙曰：續志後漢因。一統志：故城今無極縣東北。

安國〔補注〕先謙曰：高帝封王陵爲侯國，見表。滱水注：滱水自安憙來，東南逕安國故城南，又東逕安國亭北。續志後漢因，分爲二。更名漢昌。一統志：故城今安國縣東南。子吉爲侯，見表。莽曰興睦。〔補注〕先謙曰：續志後漢因。國其水東南又逕任丘縣入虖沱。滱水入陸城一統志故。

曲逆〔補注〕先謙曰：戰國燕地，見齊策。高帝封陳平爲侯國，見表。一作曲逆。蒲陽山，蒲水所出，東入濡。又有蘇水，亦東入濡。莽曰順平。張晏曰：濡水於城北曲而西流，故曰曲逆。章帝醜其名，故曰蒲陰。〔補注〕先謙曰：續志後漢更名蒲陰。滱水注：濡水出蒲陽山，西南流，積水成淵，東西百步，南北百餘步，深而不測。蒲水又東南流，逕陽安關下，名關皋，蒲水又東南歷壙。陽安亭東，世俗名斯水爲陽安壙。故城在蒲陰縣西北。蒲陽山在縣西南。蒲水又東逕夏屋城東。有陽安亭，世俗名之爲陽安關，陽城又東逕魏蒲陰城。漢章帝北巡，以曲逆名不善，因山水之名改曰蒲陰。蘇水出縣西南近山，其水東南流入濡。蘇水出上方蒲水亦東入濡，其水東北流，逕蒲陰縣故城北，又東入濡，爲名。又東逕北平縣，東合濡水。自源出濡水，並從縣東杜渚，過也，滿渚多曲，復東流入濡。濡水又東北，逕蒲陰縣故城北，而東北流逕郭縣。濡水又東，合蘇水。蘇水出縣東北，曲逆南，爲曲逆水。張晏云：濡水於城北曲而西流，又東合蒲水。蒲水是受此名，故曰曲逆也。濡水亦謂之亦因水爲名而氏曲逆矣。張晏云：濡水亦兼濡水之稱，自望都縣北故城，東逕樂城北，又東逕陽城南，東入博水。城南陽城又縣散水，而爲澤，廣數里，世謂之爲陽城淀，陽城縣東入博，東北流逕清樂亭西北，重源今又發下入涿。近濟在西北，故陂得其名，在蒲陰縣東三十里，其水伏流，南望先謙案：濡乃濡也。循濱居清樂亭，在今易州界下流爲定興縣之沙河，明統志：濡水源爲一北濡即北易，在今完縣東南蒲水在縣西南。濡水自縣一統志故城今完縣西北四十里，俗謂爲白崖山。發源爲祁水，東南流爲方順河，又東至清苑縣南，爲石橋河。蒲陽山在完縣西北四十里，俗謂爲白崖山。

望都〔補注〕先謙曰：戰國趙邑。見始皇紀：博水東至高陽入河。莽曰順調。張晏曰：堯山在北，堯母慶都所居。皇七年攻之。趙爲慶都邑。見秦始皇紀。

毋慶都山在南登堯山見都山故以爲名補注先謙曰高陽涿郡縣河當爲滱續志後漢因劉注縣西北有中人城有馬安關滱水注自唐縣城之南如東十餘里有一城謂之高昌縣城或望都縣之故城也縣在唐南皇甫謐云相去五十里稽諸城地猶十五里葢書誤耳城東有山孤峙名曰孤山孤都聲相近疑即都山也堯母慶都故縣目之曰望都[illegible]又云博水出望都縣東南流逕其縣故城南又東南潛入地下又東南循瀆重源湧發逕三梁亭南又逕穀梁亭南下入曲逆一統志故城今望都縣西北三十里博水今界河

新市 應劭曰鮮虞子國今鮮虞亭是補注先謙曰後漢因續志有鮮虞亭故國子姓劉注杜預云白狄別種一統志故城今新樂縣西南四十五里新城鎮河朔訪古記縣有蘭相如廉頗李牧宅相如祖塋皆在城中

新處 補注先謙曰武帝封中山靖王子嘉爲侯國表新作薪又陸地表注辛處薪辛皆通用字据表嘗析爲陸地縣續志後漢省一統志故城今定州東北

毋極 補注先謙曰續志後漢因唐志縣有無極山一統志故城今無極縣西二十五里新城村無極山在元氏縣西距縣百六十餘里

陸成 補注先謙曰續志後漢省滱水注滱水自安國來東北逕蠡吾縣故城南應劭云縣故饒陽之下鄉也自東河間分屬博陵滱水又逕博陵縣故城南即古陸成武帝封中山靖王子貞爲侯國桓帝尊父翼陵曰博陵因置郡縣滱水又逕侯世縣故城南又逕陵陽亭東下入涿高陽先謙案史表作陘成本表陸成田叔傳作陘成三國志劉先主紀作陸成或先名陘成後改陸成也一統志故城今蠡縣南

安險 莽曰寍險 應劭曰章帝更名安憙補注宋祁曰寍險邵本作寍陰先謙曰武帝封中山靖王子應爲侯國見表續志後漢更名安憙滱水注滱水自唐來東過安憙縣南縣故安險也其地臨險有井塗之難中山記云縣在唐水之曲山高岸險故曰安險邑豐民安改曰安憙滱水下入盧奴一統志故城今定州東三十里

信都國 補注先謙曰据濁漳水注治信都續志後漢治同劉注雒陽北二千里 景帝二年爲廣川國宣帝甘露三年復故 補注先謙曰漳水注信都縣信都郡治也漢高帝六年置劉攽云景帝前二年初封王子彭祖爲廣川王都信都四年徙趙國除爲信都郡中二年封皇子越爲廣川王傳國至王汝陽廢當甘露四年也百官表成帝永始二年有信都太守是廣川削國除爲信都郡矣後漢志劉昭注云安平故信都高帝置疑此信都下注當云高帝置景帝二年爲廣川國宣帝甘露四年復故又案志云景帝增六郡若信都高帝置則不及此數疑注當云景帝前二年爲廣川國四年爲信都郡中二年復爲廣川國宣帝四年復故也全祖望云當云故屬秦邯鄲郡信都縣是高帝置郡則景帝置也信都本秦縣項羽改襄國高祖分之仍置信都續志殆誤以置縣爲郡也元帝建始二年更爲信都國成帝陽朔二年復故哀帝建平二年復爲信都國先謙案續志趙國襄國下云秦爲信都項羽更名此縣在今順德府邢臺縣與信都國距遠故錢坫以全說爲非然其言置縣非置郡則可從也志文有奪誤三年當作四年 莽曰新博 補注吳卓信曰後書李忠傳王莽時爲新博長 屬冀州 應劭曰明帝更名樂安安帝改曰安平補注先謙曰續志安平國下劉注故信都明帝名樂成延光元年改仍屬冀州應說樂安係樂成之誤濁漳水注亦作樂成 戶六萬五千五百五十六口三十萬四千三百八十四 **縣十七** 補注先謙曰見王子侯表者有東襄縣無考國人秦恭見儒林傳

信都 王都 補注先謙曰縣見五行志 故章河故虖池皆在北東入海 補注先謙曰濁漳水篇漳水東北過扶柳縣又東北過信都縣西注云扶柳在信都西漳水逕扶柳西明漳不過信都西也餘見扶柳下虖池水無考陳澧云虖池河自蘽城至武邑其閒必過冀州北境爲漢信都北境矣此故虖池之異者葢於信都絕故大河而東出耳故大河即漢世漳水之瀆水經漳水過信都是故大河過信都也故大河北流故虖池東流皆過信都而故虖池東入海其絕大河而東出明矣志存古水道故於其絕河東出之地著之此似無可疑者惟故章河即清濁二漳至鄴合流而故大河在鄴東故章河至鄴必入故大河鄴縣爲今河南臨漳縣北至冀州三百餘里故章河不得如故虖池在信都絕河東出也志以故章河故虖池並言今以故章河疑不能明故於故虖池亦闕疑矣 禹貢絳水亦入海 補注先謙曰濁漳水注絳水故瀆自清河繚來左逕安城南故信都之安城鄉也下入辟陽又自辟陽來北逕信都城東散入澤渚西至於信都城東連於廣川縣之張甲故瀆同歸於海故地理志曰禹貢絳水在信都東入於海也胡渭云漢志雜採古記故漳絳二水並存實一川也漳絳本入河及河徙之後漳絳循河故道而下故道元云水流間關所在著稱信都復見絳名而東入於海也然漢志信都之絳水則又有別志云故漳河在北東入海

禹貢絳水亦入海葢縣北故漳即禹河之故道而絳水出其南則漳水之徙流道元所謂絳瀆也葢漢時信都之漳水徙從其縣南故地志以此爲絳水而目縣北之瀆曰故漳河其後漳又復北道故水經敍漳水仍自信都西東北過下博縣而道元云絳瀆今無水唐人遂謂之枯泲通典云清河郡經城縣界有枯泲渠北入信都郡界是也一統志泲水故道自順德府廣宗縣流入冀州逕南宮縣北又東北逕州城北又東逕衡水縣南至武邑縣界合於漳水亦名枯泲舊志今南宮縣東南有虹江一曰牛口峪又有破塘在縣東北二十里疑即古泲水所經今皆湮塞 莽曰新博亭 補注先謙曰後漢因續志有絳水呼沱河濁漳水注長蘆水自扶柳來又東屈北逕信都縣故城西其水側城北注又北逕安陽城東又北逕武陽城東故縣無考下入下博一統志故城今冀州治

歷 莽曰歷寍 補注先謙曰高帝封程黑爲侯國見表續志後漢省淇水注清河自廣川來東北逕歷縣故城南應劭云廣川縣西北三十里有歷城亭故縣也今亭在東如北水濟尚謂之歷口渡清河下入脩據應說縣省入廣川一統志故城今故城縣北括地志樂毅云故鼎返乎歷室即此

扶柳 師古曰闞駰云其地有扶澤澤中多柳故曰扶柳補注先謙曰戰國中山地趙取之見國策高后封呂平爲侯國見表續志後漢因濁漳水注長蘆水自常山九門來東逕扶柳縣故城南下入信都衡水自鉅鹿堂陽來東北逕扶柳縣故城西下入昌城一統志故城今冀州西南六十里蒲笠城

辟陽 補注先謙曰高帝封審食其爲侯國見表 莽曰樂信 師古曰辟音珪璧補注先謙曰官本作辟音壁續志後漢省濁漳水注絳水故瀆自信都來東北逕

辟陽亭應劭云廣川縣西南六十里有辟陽亭故縣也絳瀆下仍入信都案据應說縣併入廣川一統志故城今冀州東南三十里

南宮 〔補注〕先謙曰高后封張買爲侯國見表 莽曰序下 〔補注〕先謙曰續志後漢因河水注張甲河左瀆自清河繚來逕南宮縣西北注絳瀆又濁漳水注衡漳故瀆自鉅鹿堂陽來逕南宮縣故城西王莽之序中也隋諱忠當時改之其水與隅醴通爲衡津又有長蘆淫水之名絳水之稱今漳水既斷絳水非復纏絡矣又北絳瀆出焉下入常山九門又自九門來東南逕南宮城北下入清河繚漳水下入鉅鹿堂陽一統志故城今南宮縣西北

下博 莽曰閏博 應劭曰博水出中山望都入河〔補注〕先謙曰續志後漢因濁漳水注長蘆水自信都來北爲博廣池又北逕下博縣故城東而北入衡漳衡漳自鉅鹿鄡來右逕下博縣故城西應劭云太山有博故此加下衡漳於下博城西逶迤東北注謂之九緈下入樂鄉先謙案出望都入河之博水與縣無涉應說誤一統志故城今深州南

武邑 莽曰順桓 〔補注〕先謙曰續志後漢因濁漳水注衡漳自河間武隧來東逕武邑縣故城北晉武邑郡治此又東北右合張平溝下入東昌張平溝水上承武强淵淵西南側水有武强縣治淵水東北爲張平澤北注衡漳一統志故城今武邑縣治

觀津 〔補注〕先謙曰戰國魏地齊宋敗魏於此見齊魏世家後入趙以封樂毅見毅傳 莽曰朔定亭 師古曰觀音工喚反〔補注〕先謙曰續志後漢因濁漳水注桑社溝弨河間高上承從陂世稱盧達從薄亦謂之摩訶河東南通清河西北達衡水春秋雨泛觀津城北方二十里盡爲澤藪蓋水所鍾也其瀆逕觀津縣故城北又南屈東逕竇氏青山南側堤東出青山卽文帝竇后父少翁冢也下入勃海脩市一統志故城今武邑縣東南

高隄 師古曰隄音丁奚反〔補注〕先謙曰續志後漢省一統志故城今棗强縣東

廣川 師古曰闞駰云其縣中有長河爲流故曰廣川也至隋仁壽元年初立煬帝爲皇太子以避諱故改爲長河縣至今爲名〔補注〕先謙曰武帝封中山靖王子頗爲侯國見表縣人董仲舒見本傳孟但段仲溫呂步舒見儒林傳後漢改屬清河續志有棘津城案長河卽清河也淇水注清河自清河郡棗强來北逕廣川縣故城南下入歷又河水注張甲河右瀆自清河棗强來東北逕廣川縣與絳瀆水故道合又逕廣川縣故城西又東逕棘津亭南下入脩一統志故城今棗强縣東三十里

樂鄉 侯國 〔補注〕先謙曰河間獻王子佟國宣帝封 莽曰樂丘 〔補注〕先謙曰續志後漢省濁漳水注衡漳自下博來西逕樂鄉縣故城南又東合引葭水下入河間武隧白馬河水上承滹沱東逕樂鄉縣北下入涿饒陽一統志故城今深州東南其樂毅後所封樂鄉在清苑縣東南見漳水注地說家混而一之非

平隄 侯國 〔補注〕先謙曰河間獻王子招國宣帝封續志後漢省一統志故城今棗强縣東

桃 〔補注〕先謙曰高帝封劉襄元帝封廣川繆王子良爲侯國見表 莽曰桓分 〔補注〕先謙曰續志後漢省濁漳水注衡漳自西梁來東北逕桃縣故城北下入鉅鹿鄡一統志故城今冀州西北

西梁 侯國 〔補注〕先謙曰廣川戴王子闞兵國宣帝封續志後漢省濁漳水注斯洨水自鉅鹿貰來東逕西梁城南下入鉅鹿樂信衡漳自昌成來北逕西梁縣故城東應劭云扶柳縣西北五十里有西梁城故縣也世以爲五梁城蓋字狀致謬衡漳下入桃先謙案据應說縣併入扶柳一統志故城今東鹿縣南六十里

昌成 〔補注〕先謙曰戰國趙地燕拔之見趙世家 侯國 〔補注〕先謙曰廣川繆王子元國宣帝封濁漳水注衡漳自扶柳來東北逕昌城縣故城西應劭云堂陽縣北三十里有昌城故縣也衡漳下入西梁續志後漢改名阜城一統志故城今冀州西北

東昌 侯國 〔補注〕先謙曰清河綱王子成國宣帝封 莽曰田昌 〔補注〕先謙曰續志後漢省濁漳水篇衡漳東北至昌亭與滹沱河會注云衡漳自武邑來逕東昌縣故城北經所謂昌亭也俗名之曰東相蓋昌相聲韻合故致茲謬西有昌城故目是城爲東昌矣衡漳又東北左會滹沱故瀆謂之合口下入河間弓高先謙案漳水一名寖水本志魏郡武安下寖水東北至東昌入滹沱河者也一統志故城今武邑縣東北

脩 莽曰脩洽 師古曰脩音條〔補注〕先謙曰官本洽作治是案脩縣景紀周亞夫傳作條晉志作蓨魏志作脩高肇諸傳仍作蓨蓋蓨脩通用續志後漢改屬勃海淇水注清河自歷來東北左與張甲屯絳故瀆合阻深隄高鄡無復有水矣又逕脩縣故城南屈東逕其城東又東北左與橫漳枝津故瀆合又東北逕脩國故城東城文帝封周亞夫爲侯國故世謂之北脩城也又東北逕郎閣城東城臨側清河晉脩縣治清河下入勃海東光又河水注王莽河故瀆自平原鬲來北逕脩縣故城東下入平原安張甲河左瀆自廣川來東北至脩縣東會清河十三州志云張甲河東北至脩縣入清漳先謙案本志清河信成下張甲河東北至蓨入漳水者也又濁漳水注桑社溝水自勃海脩市來東會從陂陂水南北十里東西六十步亦曰桑社淵從陂南出夾隄東派逕脩縣故城北合清漳漳泛則北注澤盛則南播津流上下互相逕通從陂北出者下入河間弓高一統志故城今景州南

河閒國 〔補注〕先謙曰濁漳水注治樂成續志後漢治同劉注雒陽北二千五百里 故趙 〔補注〕錢大昕曰河閒與眞定信都廣昌皆故趙地常山中山雖爲郡仍屬趙也志或書或不書周壽昌曰高祖置河間郡功臣表張相如趙衍俱爲河間守是也 文帝二年別爲國 〔補注〕先謙曰封趙幽王辟彊全祖望云十五年復爲郡景帝二年復爲國元帝建昭元年復爲郡成帝建始元年復爲國 莽曰朔定 應劭曰在兩河之間〔補注〕何焯曰兩河謂虖池河虖池別河先謙曰續志後漢爲河間郡屬冀州志失書 **戶四萬五千四十三口十八萬七千六百六十二** **縣四**

樂成 虖池別水首受虖池河東至東光入虖池河 〔補注〕先謙曰東光勃海縣濁漳水篇衡漳東北至樂成陵縣北別出極帝加陵字注云衡漳於縣無別出之瀆出縣北者乃虖沱別水分虖沱故瀆之所纏絡也衡漳東分爲二左出爲向氏口瀆水自此決入也弘覯先謙案此志所云虖池別首受虖池河者也陳澧云漢時虖池河西派過今直隸獻縣又分一派東流至東光縣西北境入虖池河東派也今時虖池河至獻縣分一派東流蓋其故瀆今又東北流至滄州則與古異矣 莽曰陸信 〔補注〕先謙曰續志後漢因濁漳水注衡水自勃海阜城來東逕樂成縣故城南今城中有故池方八十步

舊引衡水北入城注池衡漳下入勃海建成一統志故城今獻縣東南

候井〔補注〕先謙曰續志後漢省寰宇記定遠軍東光縣有候井城候井漢縣也舊地理書並失其所在以理推之當在今弓高縣西北三十五里房將池側舊傳此池每日再增再減疑其與海潛通而池形窄小有似於一井故以候井名其縣歲月既久今其泉不復有增減之候矣一統志故城今東光縣西

武隧 莽曰桓隧。師古曰隧音遂〔補注〕先謙曰續志後漢改屬安平作武遂濁漳水注衡漳自信都樂鄉來東北逕武邑郡南後魏郡又東逕武強縣北後魏縣又東北逕武隧縣故城南史記秦破趙將扈輒於武隧斬首十萬即於此處也又合白馬河下入信都武邑白馬河自涿饒陽來東南逕武邑郡北而東入衡漳謂之交津口又易水注南易水自涿故安來東流屈逕長城西又南逕武隧縣南新城縣北史記李牧伐燕取武隧方城是也俗謂是水爲武隧津津北對長城門謂之汾門趙世家趙以龍兌汾門與燕燕以葛城武陽與趙是也亦曰汾水門又謂之梁門下入涿范陽一統志故城今武強縣東北沙窪村

弓高〔補注〕先謙曰文帝封韓隤當爲侯國見表

虖池別河首受虖池河東至平舒入海〔補注〕齊召南曰平舒上脫東字東平舒勃海縣但曰平舒則疑代郡之平舒矣先謙曰此又一虖池別河也與上至東光仍出虖池者不同陳澧云漢時虖池河至今直隸阜城縣又分一派在正流二派之東也志言虖池河至參戶入此水是此水自今阜城縣東北流過青縣隮參今漳水東北流一派過阜城至青縣蓋其故瀆又自青縣絕河而東至靜海縣入海今湮虖池河二派又有此別河則爲三派志言滱河至文安入河則虖池至文安一派與滱河相近而參戶一派在其東參戶一派東入別河則別河更在東也

莽曰樂成〔補注〕先謙曰續志後漢因濁漳水注衡漳自信都東昌來東北分爲二川當其水洪處名之曰李聽渙左出爲向氏口虖池故水自此決入也亦曰柏梁溠下入勃海蒲領衡漳東逕弓高縣故城北王莽之樂成亭也豥亭又東北右合柏梁溠又右會桑社溝下入勃海阜城柏梁溠水自勃海蒲領來東北會桑社枝津又逕弓高城北又東入衡漳爲柏梁口也從陂水觀艪北出東北分爲二川一北逕弓高城西入柏梁溠一東逕弓高城南又東北楊津溝水出焉下入阜城一統志故城今阜城縣西南其東光縣西之弓高故縣隋改置

廣陽國〔補注〕全祖望曰灅水注秦始皇二十一年滅燕以爲廣陽郡案漁陽上谷右北平遼東遼西五郡皆燕所置以防邊也漁陽四郡在東上郡在西而其國都不與焉自薊至涿三十餘城始皇無不置郡之理亦無反併內地於邊郡之理且始皇併六國其國都無如趙之邯鄲魏之碭楚之江陵陳之九江齊之臨淄無不置郡何以燕獨無之道元之言當必有據志以爲昭帝始改殆攷之未詳歟顧炎武主漢志以駁水經子則謂漢志明失黔中楚郡安保其不失廣陽而廣陽之爲秦郡又以例推之而可信者或曰然則三十六郡多其一矣曰吾固嘗以九原不當在三十六郡之內則進廣陽以足之而退九原於南海四郡之列所謂三十六郡者脗合矣先謙曰據五行志燕王都薊廣陽蓋仍之續志後漢治薊劉注雒陽東北二千里 高帝燕國昭帝元鳳元年爲廣陽郡〔補注〕先謙曰高帝時燕王臧荼盧綰帝子靈王建建死呂后立敬王澤澤孫定國有罪自殺武帝立子刺王旦謀反誅國除爲郡全祖望云楚漢之際爲燕國高帝六年屬漢仍爲燕國武帝元朔二年爲燕郡[illegible]元狩二年爲國昭帝爲廣陽郡 宣帝本始元年更爲國〔補注〕先謙曰立刺王子建 莽曰廣有〔補注〕先謙曰續志後漢爲廣陽郡屬幽州志失書 戶二萬七百四十口七萬六百五十八

縣四

薊〔補注〕先謙曰樂記武王封黃帝之後於薊[illegible]說文云封於鄚讀若薊上谷有鄚縣是鄚即薊也上谷當是誤文本志薊南通齊趙勃碣之間一都會也灅水注城內西北隅有薊邱因邱以名邑也猶魯之曲阜齊之營邱矣 故燕國召公所封〔補注〕先謙曰燕世家召公奭與周同姓武王封于北燕蓋燕薊各一國後併徙都之燕王喜時秦拔薊見燕世家 莽曰伐戎〔補注〕先謙曰續志後漢因灅水篇灅水過薊縣北注云灅水自廣陽來東北逕薊縣故城南魏土地記云薊城西七里有清泉河而不逕其北蓋經誤證矣灅水又東合洗馬溝水高梁水下入漁陽雍奴洗馬溝水上承薊水西注大湖湖有二源俱出縣西北平地流結西湖湖東西二里南北三里湖水東流爲洗馬溝側城南門東注入灅高梁水出薊城西北平地泉流東注逕燕王陵北又東逕薊城北又東南入灅又鮑邱水注高梁水自涿良鄉來東南流逕薊縣北下入漁陽路又灅餘水注易荊水出干

蓼泉東南逕都山西合虎眼泉水孤山水東逕薊城下入上谷昌平一統志故城今順天府大興縣西南薊邱在宛平縣北

方城〔補注〕先謙曰戰國燕地趙拔之見燕趙世家後漢改屬涿續志有臨鄉有督亭聖水注聖水自涿陽鄉來東逕方城縣故城北又左會白祀溝水聖水又東南逕韓城東詩溥彼韓城王肅云涿郡方城縣有韓侯城世謂之寒號城非也聖水又右會清淀水下入勃海安次又巨馬水注督亢澤苞方城縣縣有廣陽曰續志謙督亢亭觀簌一統志故城今固安縣西南方城村謂之小廣陽後漢因濼水注濼水自涿良鄉來東逕廣陽故城北[illegible]濼水下入薊又聖水注廣陽水出小廣陽西山東逕廣陽縣故城北合福祿水下入涿陽鄉祀祿水亦出西山東南逕廣陽縣故城南而東入廣陽水白祀溝水出廣陽縣之婁城東東南合婁城水入聖水一統志故城今良鄉縣東北十里

陰鄉 莽曰陰順〔補注〕先謙曰續志後漢省寰宇記舊失所在蓋在今薊縣南界良鄉東界固安北界三縣交入之地一統志故城今宛平縣西南紀要二十五里籠火城唐武德三年竇建德將高士興退軍籠火城是也

甾川國〔補注〕先謙曰閻若璩云國治劇縣先謙案此據巨洋水注所敘推之別無證據 故齊〔補注〕先謙曰言故齊者悼惠王封國 文帝十八年別爲國〔補注〕先謙曰封悼惠王子賢王念孫云十八年當爲十六年巨洋水注作十八年則善長所見本已誤高五王傳齊濟北菑川膠東膠西濟南孝文十六年同日立諸侯王表及史記漢興以來諸侯表齊悼惠王

世家並同漢紀亦同上文濟南郡下云故齊文帝十六年別爲濟南國下文膠東國下云故齊文帝十六年別爲國高密國下云故齊文帝十六年別爲膠西國皆與表傳相符唯菑川不合全祖望云景帝二年爲郡四年復爲國武帝時其地多并入北海而割臨菑之東予之

後并北海〔補注〕劉攽曰案菑川於漢俱不見并北海時至建武年乃省菑川入北海耳先謙曰續志北海國下劉注建武十三年省菑川國以其縣屬先謙案後并北海四字不合志例非班語高密膠東二國俱并北海而志不書知此爲後人竄入也

戶五萬二百八十九口二十二萬七千三十一

縣三〔補注〕錢大昕曰史記平津侯傳稱齊菑川薛縣人漢書同是漢初菑川與魯俱有薛縣其後并省班志據元成以後版籍故菑川無薛徐松曰菑川始立國恐不止領縣三傳稱武帝爲悼惠王冢園在齊乃割臨菑東圜悼惠王冢園邑盡以予菑川薛初屬楚故爲薛郡不止一縣地實臨菑東境也宣帝五鳳中王終古有罪詔削四縣若止領縣三何足當削此恐薛先爲所屬削後移屬之也先謙曰國人公孫弘見本傳楊何長孫順任公見儒林傳

劇〔補注〕先謙曰此與北海之劇即一地彼是侯國此爲縣治漢世縣與侯國分治仍各自爲縣者二劇二東安是也其侯國在縣內仍各自爲城治者淇水注清河先逕脩縣故城後逕脩國故城是也隨一請繹脩國爲誤字非迨後漢菑川併入北海則菑川之劇轉爲北海郡治互詳北海劇下

義山蕤水所出北至壽光入海〔補注〕先謙曰巨洋水注堯水出劇縣南角崩山即故義山也俗人以其山角若崩因名爲角崩山亦名爲角林山水即蕤水矣地理志曰劇縣有義山蕤水所出也北逕嵎山東俗亦名爲青山矣蕤水下入北海壽光

莽曰俞應劭曰故肥國今肥亭是〔補注〕先謙曰注兩肥字皆紀之誤後漢屬北海續志有紀亭故紀國巨洋水注巨洋水自齊臨朐來東北合康浪水又逕劇縣故城西古紀國也後改曰劇故魯連子曰胊劇之人辨者也巨洋水下入北海益康浪水出縣西南嵎山齊都賦云嵎嶺鎮其左是也康浪水北入巨洋丹水自瑯邪朱虛來北逕劇縣故城東合東丹水東丹水出方山北逕縣合西丹水下入北海平壽濁水亦出方山下入平壽紀要故城在壽光縣東南

東安平〔補注〕先謙曰春秋紀鄑邑見左莊三年傳注戰國齊田常自安平以東至瑯邪爲封邑見田齊世家田單封此見單傳後漢屬北海續志有鄑亭淄水注淄水自齊臨淄來東北逕東安平城北下入齊鉅定一統志故城今臨淄縣東十里

菟頭山女水出東北至臨淄入鉅定孟康曰紀季以鄑入于齊今鄑亭是也師古曰闞駰云博陵有安平故此加東鄑音攢〔補注〕錢坫曰闞說非也千乘有安平耳先謙曰臨淄齊郡縣巨洋水注女水出東安平縣菟頭山東北流甚有神焉化隆則水生政薄則津竭東北流逕東安平縣故城南續述征記云女水至安平城南伏流十五里然後更流北注陽水城故鄑亭也又逕東安平城東下入齊臨淄一統志菟頭山在今臨淄縣東南十五里女水出東北至樂安縣界入北陽水晉地道記作羌頭山括地志一名鼎足山一名牛首岡

樓鄉〔補注〕錢坫曰今青州府諸城縣西南有樓鄉水經注涓水所逕者也去此遠疑非是先謙曰續志後漢省

膠東國〔補注〕先謙曰都即墨見項羽傳膠水注膠水自下密來東北逕膠東縣故城西高帝元年別爲國王莽更之郁秩也後魏長廣郡治伏晏言膠水東北回達於膠東城北百里下入東萊當利先謙案膠東後漢始置縣漢世王都在即墨則膠東郡即即墨縣也而水經注一書不見即墨反以漢事繫膠東縣下又不稱其國名斯爲疏謬矣

故齊高帝元年別爲國五月復屬齊國〔補注〕先謙曰項羽徙齊王田市爲膠東王見羽傳田榮擊破市屬齊全祖望云屬秦琅邪郡楚漢之際屬齊國尋別爲膠東國五月復屬齊國因置郡高帝四年屬漢仍屬齊國

文帝十六年復爲國〔補注〕先謙曰封悼惠王子雄渠十一年反誅景帝四年立武帝四年入爲皇太子中二年立康王寄

莽曰郁秩〔補注〕先謙曰續志北海郡下云建武十三年省膠東國以其縣屬

戶七萬二千二口三十二萬三千三百三十一

縣八〔補注〕先謙曰國人庸生見儒林傳

即墨〔補注〕先謙曰戰國齊地見田齊世家蘇秦田單傳有天室山祠〔補注〕先謙曰宣帝置郊祀志作太室一統志天室山在今即墨縣西南三十里莽曰即善〔補注〕先謙曰後漢屬北海續志有棠鄉劉注左襄六年圍棠一統志故城今平度州東南俗名康王城

昌武〔補注〕先謙曰高帝封單究爲侯國見表續志後漢省

下密有三石山祠應劭曰密水出高密〔補注〕先謙曰續志後漢屬北海濰水注濰水自北海密鄉來東北逕下密縣故城西城東有密阜案應劭云密者水名是有下密之稱俗以之名阜非也濰水下入北海都昌又膠水注膠水自北海膠陽來東北逕下密縣故城東下入膠東國下先謙案密水入濰濰亦兼密通稱故下密得蒙密水之目觀下祠宣帝置石當爲戶見郊祀志濰水注同魏地形志即墨縣有三戶山今譌爲三固山固又戶之音變字一統志故城今昌邑縣東其濰縣界二下密縣皆隋徙置三戶山在今平度州西南七十里

壯武〔補注〕先謙曰文帝封宋昌爲侯國見表莽曰曉武〔補注〕先謙曰後漢屬北海續志安帝復劉注故夷國左傳紀伐夷紀要故城今即墨縣西

郁秩有鐵官〔補注〕先謙曰續志後漢省一統志故城今平度州治

挺師古曰挺音徒鼎反〔補注〕先謙曰續志後漢誤拒屬北海詳續志一統志故城今萊陽縣南七里

觀陽應劭曰在觀水之陽師古曰觀音工奐反〔補注〕先謙曰續志後漢屬北海一統志故城今萊陽縣東七十里

鄒盧莽曰始斯〔補注〕先謙曰續志後漢省

高密國〔補注〕先謙曰據濰水注國治高密故齊文帝十六年別爲膠西國〔補注〕先謙曰封悼惠王子卬十一年反誅景帝三年立子端元封三年薨國除全祖望云故屬秦琅邪郡楚漢之際屬齊國分置膠西郡高帝四年屬漢仍屬齊國文帝爲膠西國景帝二年爲郡三年復爲國武帝元封三年爲郡宣帝本始元年更爲高

密國〔補注〕先謙曰：立廣陵王胥子宏。續志北海國下劉注：建武十三年省高密國，以其縣屬。戶四萬五百三十一，口十九萬二千五百三十六。

縣五：

高密，莽曰章牟。〔補注〕先謙曰：續志後漢屬北海。濰水注：濰水自琅邪平昌來，北過高密縣西。應劭云：縣有密水，故有高密之名。今所謂百尺水也。水有二源：西源出奕山，亦曰鄣日山，水東北流；東源出五弩山，西北流，同瀉一壑，世稱百尺水。北流逕高密縣西，下注濰水，自下亦兼通稱焉。亂流逕縣西碑產山西，又東北，水有故堰，舊鑿石竪柱，斷濰水，廣六十許步，掘東岸激通長渠，東北逕高密縣故城南。縣南十里，蓄以爲塘，方二十餘里，古所謂高密之南都也。陂水散流，下注夷安澤。濰水自堰北逕高密縣故城西，又北，即韓信決水斬龍且處也。水西有厲阜，下入昌安。一統志：故城今高密縣西南。密水自諸城縣流入濰。

昌安，〔補注〕先謙曰：續志後漢屬北海。濰水注：濰水自高密來，北逕昌安縣故城東，下入北海淯于。一統志：故城今安邱縣治。

石泉，莽曰養信。〔補注〕先謙曰：續志後漢省。濰水注：濰水自琅邪東武來，北逕石泉縣故城西。應劭云：平昌縣東南四十里有石泉亭，故縣也。下入琅邪平昌。先謙案：据應說，縣併入平昌。一統志：故城今諸城縣東北。寰宇記謂在安邱西南者，乃誤指平昌故城。

夷安，莽曰原亭。應劭曰：故萊夷維邑。〔補注〕先謙曰：續志後漢屬北海。膠水注：膠水自琅邪黔陬來，北過夷安縣東。應云：故萊夷維邑。太史公云：晏平仲，萊之夷維人也。西去濰水四十里，下入北海膠陽。張奴水出夷安縣東南阜下，西北流，下入膠陽。膠水左爲澤渚，東北百許里，謂之夷安潭，周四十里，亦濰水枝津之所注也。一統志：故城今高密縣治。

成鄉，莽曰順成。〔補注〕先謙曰：北海亦有成鄉，續志後漢並省。

城陽國，〔補注〕先謙曰：戰國齊地。襄王遭淖齒之難，走城陽山中，見國策。韓信追田廣至此，田橫擊項羽於此，見信、橫傳。官本城作成，考證云：案當作城陽國，宋本誤也。先謙案：据沭水注，國治莒。故齊，文帝二年別爲國。〔補注〕先謙曰：封悼惠王子章。全祖望云：本泰琅邪郡，楚漢之際屬齊國，分置郡。高帝四年屬漢，仍屬齊國。惠帝元年爲魯元公主湯沐邑，屬魯國。文帝元年復屬齊國，二年別爲國，八年復爲郡，屬齊國（城陽王徙淮南，後以城陽郡予齊，見史記諸侯王表），十二年復爲國，成帝鴻嘉三年復爲郡，永始元年復爲國。莽曰莒陵。屬兗州。〔補注〕先謙曰：續志琅邪國下劉注：建武中省城陽國，以其縣屬。後漢琅邪屬徐州。戶五萬六千六百四十二，口二十萬五千七百八十四。

縣四：

莒，故國，盈姓，三十世爲楚所滅。少昊後。〔補注〕陳奐曰：「少昊後」三字當在「故國」之下。下文淮陽國陳，故國，舜後；東平國任城，故任國，太昊後：是其例也。先謙曰：「少昊後」三字在「三十世爲楚所滅」之下，文義不順，陳說是也。惟或在故國下，或在盈姓下，則不可定耳。沭水注引地理志曰：莒子之國，盈姓也，少昊後。文略有增易，據此則三字似在盈姓下矣。盈同字。春秋世族譜作嬴姓，正義引世本作已姓，爲異。楚簡王滅莒，見楚世家。有鐵官。莽曰莒陵。〔補注〕先謙曰：後漢屬琅邪。續志：有鐵，有峥嶸谷。先謙案：有鼓里，見齊策。國人衡胡，見儒林傳。沭水注：沭水自琅邪東莞來，東南過莒縣東。其城三重，並悉崇峻，惟南開一門。內城方十二里，郭周四十許里。始皇縣之。沭水又南合袁公水、潯水、葛陂水，下入陽都。葛陂水出三柱山，西南流逕壁城南，世謂之辟陽城，武帝封城陽共王子壯爲侯國。葛陂水積爲辟陽湖，西南入沭。一統志：故城今沂州府莒州治。

陽都，應劭曰：齊人遷陽，故陽國是。〔補注〕先謙曰：高帝封丁復、宣帝封張彭祖爲侯國，見表。後漢屬琅邪。續志有牟臺。沂水注：沂水自東海東安來，南逕陽都縣故城東，縣故陽國也。沂水又南合蒙山水，逕水下入東海臨沂。蒙山水自蒙陰來，東逕陽都縣南入沂。又沭水注：沭水自莒來，南過陽都縣，下入東海。即巨一統志：故城今沂水縣南。

東安，〔補注〕先謙曰：續志後漢屬琅邪。一統志：故城今沂水縣南三十里。錢坫云：東海亦有此縣，疑一地也。今沂水縣與海州壤境南北相接。先謙案：錢說是也。東海侯國，此爲縣治，不妨接壤，與甾川、北海二劇同。

盧，〔補注〕王念孫曰：慮當爲盧字之誤，沂水注可證。全祖望云：今本漢書盧作慮，慮有盧音，如昌慮、取慮之類。案全說非也。慮字雖有盧音，而古書盧字無通作慮者。若盧通作慮，則注當云慮音盧。今注內無音，則本是盧字明矣。莽曰著善。〔補注〕先謙曰：續志後漢省。沂水注：盧川水出鹿嶺山，東南流，左則二川臻湊，右有諸葛泉源，亂流逕城陽之盧縣，故蓋縣（屬泰山郡）之上里也。武帝封城陽共王子豨爲侯國。盧水又入桑泉水（見泰山蒙陰）。先謙案：表作雷侯豨，盧、雷通用，益證慮字當爲盧。若是慮字，無緣與雷通也。一統志：故城今沂水縣西南。

淮陽國，〔補注〕先謙曰：據渠水注，國治陳縣。續志後漢治同。劉注：雒陽東南七百里。晉志：漢分潁川立淮陽郡。全祖望云：淮陽是陳，陳乃楚地，安得云屬潁川？蓋因漢初韓王信兼有淮陽而誤。先謙案：此因高紀罷潁川郡頗益淮陽誤也。高帝十一年置。〔補注〕先謙曰：封子友。全祖望云：故屬秦楚郡，楚漢之際屬楚國，六年置淮陽郡，十一年爲國。先謙案：惠帝元年友徙趙國，爲郡。高后元年復爲國，立強及武。文帝誅武，復爲郡。五年徙子武淮陽，十年徙梁，復爲郡。景帝二年立子餘，二年徙魯，又爲郡。宣帝元康三年立子欽。莽曰新平。屬兗州。孟康曰：孝明帝更名陳國。〔補注〕先謙曰：續志陳國下劉注：高帝置爲淮陽，章和二年改。屬豫州。戶十三萬五千五百四十四，口九十八萬一千四百二十三。

縣九：〔補注〕先謙曰：國人冷豐，見儒林傳。

陳，〔補注〕先謙曰：秦楚郡治陳，故陳涉世家陳守令並稱。亦見張耳陳餘傳。縣人鄭當時，見本傳。故國，舜後，胡公所封，爲楚所滅。〔補注〕先謙曰：胡公封此，見陳世家。楚惠王使公孫朝滅陳，見左哀十七年傳。楚頃襄王自郢徙此〔補注〕先謙曰二十一年爲秦白起所迫徙都見楚世家沙水注文潁以爲西楚三楚斯其一焉始皇滅楚後游焉見始皇紀莽曰陳陵〔補注〕先謙曰續志後漢屬陳渠水注渠水即沙水自汝南長平來東南逕陳城北故陳國也伏羲神農並都之城東門內有池詩所謂東門之池也城南郭裏又有一城名曰淮陽城子產所置也地道記云城北有故沙名之爲死沙而今水流津通漕運所由矣沙水又東南屈逕陳城東爲百尺溝又南分爲二新溝水出焉百尺溝東南流下入寍平新溝水東南合谷水入潁謂之交口先謙案本志河南滎陽下狼湯渠東南至陳入潁者也谷水上承勞陂陂在陳城西北南暨犖城皆爲陂東流爲谷水逕犖城北王隱云犖北有谷水也犖即櫟春秋書公會齊宋于櫟者也谷水又逕陳城南入新溝水又潁水注潁水自汝南博陽來東南逕陳縣南合交口下入汝南新陽一統志故城今陳州府淮寍縣治

苦〔補注〕先謙曰春秋楚縣見老子傳秦因之陳涉將葛嬰攻下之見涉傳莽曰賴陵師古曰晉太康地記云城東有賴鄉祠老子所生地〔補注〕先謙曰後漢屬陳續志春秋時曰相有賴鄉劉注古史考云曲仁里老子里也地道記云城南三十里有平城先謙案賴鄉即史記厲鄉厲賴古通莽氏縣以此陰溝水注過水自陳畱襄邑來東逕苦縣西南分爲二水枝流東北注於賴城入谷水爲死過也過水又東南屈逕苦縣故城南又東北屈至賴鄉西合谷水又北逕老子廟東又屈東逕相縣故城南其城卑小實中邊韶老子碑老子楚相縣人也相縣虛荒今屬苦故城猶存在賴鄉之東過水處其陽疑即此城也過水下入沛郡譙先謙案此戰國以前之相非漢沛郡相縣也故邊云今屬苦沛郡之相爲睢水所經與苦縣地中隔渙水非過水所能至也又云谷水自柘來東逕苦縣故城中水注則四周隍塹耗則孤津獨逝谷水又逕賴鄉城南東入過一統志故城今鹿邑縣東十里相城在縣東十五里

陽夏應劭曰夏音賈〔補注〕先謙曰秦縣縣人吳廣見始皇紀高帝追項羽至此見羽傳高帝封陳豨爲侯國見表縣人黃霸見循吏傳彭宣見本傳後漢屬陳續志有固陵聚陰溝水注過水自扶溝來東南逕陽夏縣西又東逕邈城北下入陳畱寍陵又渠水注魯溝水自圉來東南至陽夏縣故城西又南入過今無水先謙案本志陳畱陳畱下魯渠水至陽夏入過渠者也一統志故城今太康縣治

寍平〔補注〕先謙曰續志後漢屬陳渠水注沙水自陳來由百尺溝東逕寍平縣故城南又東爲陽都陂下入汝南新陽一統志故城今鹿邑縣西南五十里

扶溝渦水首受狼湯渠東至向入淮〔補注〕先謙曰向沛郡縣渦說文水經注並作過字同陰溝水篇陰溝水東南至沛爲過水注云陰溝水自陳畱浚儀來始亂蒗蕩終別于沙而過水出焉過水受沙水於扶溝縣[illegible]許慎云過水首受扶溝縣蒗蕩渠不得至沛方爲過水也爾雅曰過爲洵郭璞云大水泆爲小水也呂忱云洵過水也過水逕大扶城西下入陽夏一統志過水在今扶溝縣東即蔡水分流過郡三〔補注〕先謙曰河南淮陽沛行千里師古曰狼音浪湯音徒浪反過音戈又音瓜〔補注〕先謙曰續志後漢改屬陳畱渠水注渠水即沙水自陳畱來南逕扶溝縣故城東縣即潁川之穀平鄉也有扶亭又有洧水溝故縣有扶溝之名焉沙水又東合康溝水及南水又合蔡澤陂水又南逕小扶城西即

扶溝縣之平周亭又東南逕大扶城西即扶樂故城也後漢縣過水於是分焉沙水又東南逕東華城西又有枝瀆西南達洧爲甲庚溝今無水沙水又南合廣漕渠下入汝南長平康溝水自陳畱尉氏來東逕扶溝縣之白亭北陳畱風俗傳云扶溝縣有帛鄉帛亭名在七鄉十二亭中下入尉氏又自尉氏來東南逕扶溝縣故城東而東南入沙水其南水分爲二一南逕關亭東東南合左水一自枝瀆南逕召陵亭西疑即扶溝之亭也東南合右水又東南入沙水蔡澤陂水自潁川傿陵來東逕匡城北城在新汲縣東北即扶溝之匡亭也陂水又東南至扶溝城北入沙水又洧水注洧水自潁川新汲來東逕匡城南又左迆爲鴨子陂謂之大穴口又東南逕洧陽城西南逕茅城東北又南左合甲庚溝又右合蒦陂水下入汝南長平甲庚溝上承洧水於大穴口東北枝分東逕洧陽城南又東南爲鴨子陂餘波南入甲庚溝西注洧東北注沙蒦陂水自新汲來東翼洧隄西面茅邑陂水北出東入洧一統志故城今扶溝縣東北五十里

固始師古曰本名寢丘楚令尹孫叔敖所封地〔補注〕先謙曰據高紀晉灼注固陵即固始此班志之固始也其世祖更名之固始自屬汝南寢周壽昌云寢下注引應劭云孫叔敖子所邑之寢邱是也世祖更名固始續志固始侯國故寢也光武中興更名汝水注汝水別瀆又東逕固始縣故城北地理志云縣故寢也寢邱在南故藉邱以名縣矣城北又有孫叔敖碑建武二年司空李通又慕叔敖受邑光武嘉之更名固始茲淮陽國下已有固始志文亦無縣故寢也四字蓋縣境實與汝南之寢接壤光武并固始入於陽夏而以汝南之寢爲固始故東漢但有固始無寢縣也先謙案續志自注陽夏有固陵聚合之晉注足爲前漢固始併入陽夏之確證周說是也高帝擊楚軍至固陵見羽傳史記作故陵一統志固始故城今淮寍縣西北固陵聚在太康縣西

圉〔補注〕王念孫曰王莽傳其以益歲以南付新平蘇林云陳畱圉縣莽改曰益歲然則圉縣下當脫莽曰益歲四字先謙曰春秋鄭地見左昭傳戰國入魏楚世家云射圉之東江喜爲嗇夫見侯表續志後漢改屬陳畱渠水注魯溝水自陳畱陳畱來東南逕圉縣故城北縣苦楚難修其干戈以圉其患故曰圉也或曰邊陲之號矣又歷萬人散孫建破翟義處也又歷魯溝亭下入陽夏一統志故城今杞縣南南圉鎮

新平〔補注〕先謙曰高帝時杜恬先爲信平侯又封張偃並見表信新同字續志後漢屬陳一統志故城今淮寍縣東北

柘〔補注〕先謙曰春秋陳國株邑見元和志秦縣葛嬰攻下之見陳涉傳灌嬰擊破柘公軍於此見嬰傳續志後漢因陰溝水注谷水自陳畱寍陵來東逕柘縣故城東下入苦一統志故城今柘城縣北寰宇記縣有柘溝故以爲名

梁國〔補注〕閻若璩曰秦碭郡治碭縣故沛公軍碭遂以沛公爲碭郡長長即守也漢改爲梁國治睢陽又曰梁國不治碭縣而治睢陽以梁孝王武傳知之吳楚七國反梁王城守睢陽後廣睢陽城七十里大治宮室王國以內史治其民而梁內史韓安國從王於睢陽非以睢陽爲治而何王鳴盛曰賈誼請徙代王都睢陽代王即孝王武後果徙王梁如誼策睢陽爲梁都甚明志乃居末此國至元始方除蓋始終都睢陽而志以居末可見王國都不必定首縣舉一可知其餘先謙曰据睢水注梁國治睢陽續志後漢治下邑劉注雒陽東南八百五十里故秦碭郡〔補注〕先謙曰睢水注秦始皇二十二年爲碭郡高帝嘗爲碭郡長高

帝五年爲梁國〔補注〕先謙曰王彭越全祖望云楚漢之際屬楚國高帝五年屬漢王越六年尙爲碭郡封楚王是漢初仍有碭郡之名且分屬楚十一年越反誅十一年立子恢高后七年徙恢王趙文帝元年爲郡十二年立子揖十年立子淮陽王武平帝元始三年嗣王以罪死爲郡五年封孝王元孫之曾孫音爲國案水經注汳水獲水睢水三篇俱稱爲梁郡本書王莽傳陳定故梁郡殆莽時國廢爲郡也高紀十一年罷東郡頗益梁國孝王傳梁爲大國四十餘城多大縣景帝封孝王子五人爲王太子買嗣梁次子明王濟川濟川卽陳留郡水經注引應劭云今陳留濟陽縣是必初爲濟川國武帝建元三年國除始改陳留郡也彭離王濟東武帝元年王以罪廢國除爲大河郡卽東平國也定王山陽不識王濟陰皆以無子國除爲郡傳所云分梁爲五國也梁王初建不止領八縣迨孝王孫平王襄以罪削去五縣又奪王太后湯沐成陽邑之屬陳留者傳云梁餘尙有八城卽此志所書領縣八也**莽曰陳定**〔補注〕吳卓信曰莽傳有陳定大尹沈意**屬豫州**師古曰以有碭山故名碭郡〔補注〕先謙曰續志後漢因屬同

戶三萬八千七百九口十萬六千七百五十二

縣八〔補注〕先謙曰國人欒布申屠嘉見本傳丁寬項生焦延壽陳翁生戴德戴聖橋仁楊榮周慶丁姓皆見儒林傳

碭山出文石莽曰節碭應劭曰碭山在東師古曰碭文石也其山出焉故以名縣碭音唐又音徒浪反〔補注〕先謙曰縣人田王孫魯賜見儒林傳續志後漢因睢水注睢水自沛郡芒來縣北與碭縣分水有碭山芒碭二縣之間山澤深固高祖隱於是處也睢水下入沛郡相又獲水注獲水自下邑來東逕碭縣故城北秦立碭郡取山之名也獲水又東合穀水下入杍秋穀水上承碭陂陂中有香城城在四水之中其陂散流爲零水懷水清水積而成潭爲碭水又東注爲穀水逕安山北卽碭北山也有陳勝墓穀水又東北入獲一統志故城今碭山縣南保山鎮碭山在永城縣北八十里與碭山縣接界

甾〔補注〕先謙曰秦縣斬歙破邢說軍於菑南見歙傳王莽諸將破翟義於此見義傳**故戴國**〔補注〕先謙曰見左隱十年傳說文作截公羊傳作載隋置載州徐松云左傳正義古者甾戴聲相近故鄭元詩箋讀椒戴爲熾甾是其音義大同故漢於戴國立甾縣**莽曰嘉穀**應劭曰章帝改曰考城〔補注〕先謙曰續志後漢改名考城屬陳留劉注有穀亭古句瀆之丘汳水注汳水自陳留成安來東逕考城縣故城南爲菑獲渠縣周之采邑春秋爲戴國高帝封祕彭祖爲侯國是瀆蓋因縣以獲名矣汳水下入陳留甯陵一統志故城今考城縣南二十五里

杍秋莽曰子秋師古曰杍音食汝反〔補注〕先謙曰後漢改屬沛國續志有澶淵聚獲水注獲水自碭來東歷藍田鄉郭又逕杍秋縣故城南下入沛郡坱又泗水注泡水上承睢水於杍秋縣界北流下入山陽平樂先謙案杍秋及下下邑縣泡水所承之睢皆獲水也因與睢水往復逕通故獲亦稱睢一統志今碭山縣東六十里

蒙〔補注〕先謙曰戰國楚地邑人莊子見史記秦縣周勃攻取之見勃傳**獲水首受甾獲渠東北至彭城入泗**〔補注〕先謙曰甾獲渠見甾下注彭城楚國縣說文汳水受陰溝至蒙爲獲水獲水篇獲水出汳水於蒙縣北注云地理志曰獲水首受甾獲渠亦兼丹水之稱紀年宋殺其大夫皇瑗於丹水之上又曰宋大水丹水壅不流蓋汳水之變名也獲水自蒙東出下入已氏一統志汴水一名獲水舊自河南永城流逕江南碭山蕭縣至徐州府城東北入泗唐宋以來汴渠多自夏邑永城達宿州界東至泗州入淮而入泗之汴甚少其後九河洪嚙遂奪河之故道爲經流矣陳澧云据酈注汳水自考城逕甯陵睢陽以今地考之爲自河南考城（漢考城）過甯陵（漢甯陵）商邱（漢睢陽）今河南考城以東之黃河蓋其故瀆也下流爲獲水自蒙逕已氏虞下邑杍秋彭城以今地考之爲自今商邱（漢蒙縣）過山東曹縣（漢已氏）河南虞城（漢虞縣）江蘇碭山（漢下邑杼秋）蕭縣（漢蕭縣）銅山（漢彭城）今商邱縣之黃河其故瀆也東南流至銅山以下爲漢時泗水**過郡五**〔補注〕先謙曰据獲水注過梁沛楚五當作三**行五百五十里莽曰蒙恩**〔補注〕先謙曰後漢因續志有蒙澤（宋萬弒閔公處史集解引賈逵云宋澤名也亦見己氏下）汳水注汳水自睢陽來東逕貫城南在蒙縣西北春秋齊宋江黃盟於貫杜預以爲貫也汳水又逕蒙縣故城北俗謂之小蒙城西征記城在汳水南十五六里卽莊周邑也其自縣南出者仍入睢陽汳水又東逕大蒙城北卽蒙亳也所謂景亳爲北亳矣闞駰云湯都偃師皇甫謐以爲亳與葛比寍陵去偃師八百里不得童子饋餉而爲之耕今梁國自有二亳南亳在穀熟北亳在蒙非偃師也汳水下見獲水篇一統志故城今商邱縣東北

已氏莽曰已善〔補注〕先謙曰續志後漢改屬濟陰劉注有平和鄉鄉有伊尹冢濟水注黃溝枝流上承黃溝俗謂之界溝也北逕已氏縣故城西下入山陽成武又獲水注獲水自蒙來東逕長樂固北已氏縣南東南流逕於蒙澤十三州志云蒙澤在縣東獲水下入虞又泗水注豐水上源自鉅鹿貫來東逕已氏縣故城北下入睢陽一統志故城今曹縣東南

虞〔補注〕先謙曰古史考商均所封秦爲縣高帝至此使隨何說英布見高紀周勃攻取之見勃傳亦見五行志**莽曰陳定亭**〔補注〕先謙曰後漢因續志有空桐地有桐亭有綸城少康邑獲水注獲水自已氏來東逕虞縣故城北古虞國少康所奔也獲水又東南逕空桐澤北澤在虞城東南又東逕龍譙固合黃水又入櫟林下入下邑一統志故城今虞城縣西南三里

下邑〔補注〕先謙曰戰國魯地楚滅魯頃公遷此見魯世家周勃攻此先登見勃傳**莽曰下洽**〔補注〕朱一新曰洽汪本作治是先謙曰續志後漢因劉注左傳桼丘在縣西南獲水注獲水自虞來東南逕下邑縣故城北楚漢彭城之戰呂后兄澤軍於下邑高帝敗從澤軍子房肇捐地之策收垓下之師陸機所謂卽謀下邑也獲水下入碭又泗水注泡水上承睢水於下邑縣界東北注下入山陽平樂一統志故城今碭山縣東

睢陽〔補注〕先謙曰世本相土居商邱宋更名睢陽秦爲縣項羽拔外黃東下睢陽見羽傳縣人灌嬰見本傳後漢因續志有盧門亭有魚門有陽梁聚睢水注睢水自陳留僞來東逕橫城北左傳樂大心禦華向於橫今在睢陽縣西南入山陽薄又自薄來東逕睢陽縣故城南於城之陽積爲逢洪陂又合明水又東南流歷於竹圃人言梁王竹園也下仍入薄又泗水注豐水上源自已氏來東逕孟諸澤下入山陽部成又汳水注汳水自陳留盧陵來東逕睢陽縣故城北而東歷襄鄉塢南瀆遮征記云西去夏侯塢二十里東一里卽襄鄉浮圖也汳水逕其南下入蒙又自蒙南出今無水惟睢陽城南側有小水南入睢汳水

下仍入蒙一統志故城今商邱縣南 故宋國微子所封〔補注〕先謙曰見宋世家元和志齊楚魏滅宋三分其地魏得梁陳留齊得濟陰東平楚得沛 禹貢盟諸澤在東北 師古曰睢音雖〔補注〕王念孫曰此下當有青州藪三字先謙曰禹貢山水澤地篇明都澤在睢陽縣東北與志合濟水注尚書導菏澤被孟豬孟豬在睢陽縣之東北十三州記云不言入而言被者明不常入也水盛方乃覆被矣一統志孟豬澤在今商邱縣東北接虞城縣界虞城縣北有孟豬臺俗謂之蠅臺亦故澤地杜預所謂水草之交曰麋者也元時屢爲河水衝突禹迹不可復問矣

東平國〔補注〕閻若璩曰國治無鹽以東平思王宇及翟方進傳知之先謙曰續志後漢治同劉注雒陽東九百七十五里任城國治任城雒陽東千一百里 故梁國〔補注〕先謙曰孝王武國全祖望云東平本宋地宋亡齊得之本不屬梁其屬梁自封彭越始秦屬齊郡楚漢之際屬楚國也錢大昕云當云故梁衍國字水經注引此文無國字 景帝中六年別爲濟東國〔補注〕先謙曰立孝王子彭離續志景帝分爲濟東國也 武帝元鼎元年爲大河郡〔補注〕先謙曰濟東國除爲大河郡見文三王傳徐松云夏侯勝傳初魯共王分魯西甯鄉以封子節侯別屬大河大河後更名東平据此則東平國舊魯西甯鄉地先謙案此鄉爲大河屬地耳非大河郡即西甯鄉也韋元成嘗爲大河都尉 宣帝甘露二年爲東平國〔補注〕先謙曰立子宇哀帝建平三年國除爲郡平帝元始元年開明紹封復爲國 莽曰有鹽

前漢二十八下二 三四

屬兗州〔補注〕先謙曰續志後漢爲東平國又任城國下劉注章帝元和元年分東平爲任城國屬竝同 戶十三萬一千七百五十三口六十萬七千九百七十六有鐵官 縣七〔補注〕先謙曰儒林傳王式東平新桃人今案東平無新桃止信都有桃縣亦非新桃國人夏侯勝見本傳唐長賓褒公見儒林傳

無鹽〔補注〕先謙曰秦縣宋義送子襄相齊至此見項羽傳有危山見東平王王莽傳 有郈鄉莽曰有鹽亭 師古曰郈音后〔補注〕先謙曰後漢因續志本宿國任姓有章城汶水注禹貢汶水自泰山桃鄉來分爲四其左二水雙流西南至無鹽縣之郈鄉城南郈昭伯之故邑也叔孫氏墮郈今其城無南面汶水下入東平陸又自東平陸來逕危山南合爲一水西南入茂都淀淀陂水之異名也淀水下入東郡須昌次一汶西逕郈亭北下入東郡壽良其右一汶西流逕無鹽縣故城南齊宣后之故邑所謂無鹽醜女也武帝封城陽共王子廣爲東平侯國汶水又逕郈鄉城南下入壽良漆溝水出無鹽城東北五里阜山下西逕無鹽縣故城北入長直溝親睍郡一統志故城今東平州東二十里郈城在州南四十里

任城 故任國太昊後風姓〔補注〕先謙曰任國見左僖十一年傳濟水注夏后氏之任國也在亢父北先謙案孟子季任爲任處守是也縣人周仁見本傳 莽曰延就亭〔補注〕先謙曰後漢屬任城續志有桃聚一統志故城今濟甯州治

東平陸 應劭曰古厥國今有厥亭是〔補注〕先謙曰西河有平陸故此加東景帝封楚元王子禮爲侯國見表後漢因續志六國時曰平陸有闞亭先謙案戰國屬齊齊策云魏攻平陸也魯敗齊於此見田齊世家趙成侯與齊宋會此見趙世家汶水注禹貢汶水自無鹽來西南逕東平陸縣故城北下仍入無鹽一統志故城今汶上縣北寰宇記云中都縣漢爲東平陸縣亦古之厥國地今邑界有厥亭存案据汶水注中都在須昌菑地與東平陸接界耳

富城 莽曰成富〔補注〕先謙曰後漢因續志作富成汶水注泌水自泰山肥成來西南逕富城縣故城西入汶親山東通志故城今東平州東北平陰界上

章〔補注〕先謙曰續志後漢因汶水注禹貢汶水自泰山剛來西南過章縣南章任姓國齊人降章者也故城在無鹽縣東北五十里汶水又合泌水城覞富下入泰山桃鄉一統志故城今東平州東六十里郈城集

亢父〔補注〕先謙曰戰國齊地齊策云徑亢父之險秦縣見高紀項梁攻之見項羽傳縣人甯壽見兩龔傳 詩亭故詩國〔補注〕先謙曰詩當作邿見左襄十三年傳說文邿附庸國在東平亢父一統志在今濟甯州東南案春秋時有兩邿一在今平陰縣東南晉魏絳以下軍克邿杜預以爲在平陰西者是也與此不同 莽曰順父 師古曰音抗甫〔補注〕先謙曰續志後漢屬任城劉注左傳邾瑕北有邾瑕城濟水注黃水自山陽鉅野來東南逕亢父縣故城西謂之桓公溝下入山陽方與一統志故城今濟甯州南五十里

樊〔補注〕王鳴盛曰成紀建始二年東平王宇有罪削樊亢父二縣志仍有者其後又復詳宇本傳紀書削不書復脫漏也先謙曰文帝封蔡兼爲侯國見表續志後漢屬任城一統志故城今滋陽縣西南

前漢二十八下二 三五

魯國〔補注〕閻若璩曰國治魯以孔光傳知之先謙曰据泗水注秦薛郡即治魯縣續志後漢治同 故秦薛郡〔補注〕先謙曰濟水注始皇二十四年置泗水注云二十三年 高后元年爲魯國〔補注〕先謙曰王張偃据張耳傳在六年八年廢景帝二年立子共王餘 屬豫州〔補注〕先謙曰續志魯本屬徐州光武改屬豫州此豫字傳寫之誤王鳴盛云魯世家魯爲楚滅秦滅楚後改爲薛郡者當以其所屬之薛而名之高紀云楚地悉定獨魯不下持羽頭示之魯乃降其下又云懷王封羽爲魯公及死魯又爲堅守故以魯公禮葬羽然則楚漢之際此地復爲魯也羽王梁楚地九郡魯亦在九郡之中蓋泗水郡地也或魯或薛殆錯言之至張偃就封方定改薛郡爲魯國耳又高紀云沛公如薛與立楚懷王時諸侯兵初起尚仍秦制此地大約爲薛郡之屬縣未必遽復魯國之稱全祖望云成帝陽朔三年爲郡哀帝建平三年復爲國薛郡高帝所以封楚王而薛之番縣魯元公主之食邑當高后時未嘗奪楚之薛郡以封張偃也張偃之國乃齊所割之城陽郡故莒國也莒與魯接而公主食邑在魯因稱魯王非能全得薛郡之地也楚之薛郡至景帝時削鋧俔次年景帝始以封其子志言高后元年爲魯誤也 戶十一萬八千四百五十五口六十萬七千三百八十一 縣六〔補注〕先謙曰國人丙吉見本傳夏侯始昌申公周霸馮賓許生徐生閭丘卿夏侯敬榮廣晧星公見儒林傳朱家見游俠傳

魯伯禽所封〔補注〕先謙曰見魯世家戶五萬二千有鐵官〔補注〕先謙曰高帝封奚涓爲侯國見表後漢因續志奄國有大庭氏庫有鐵有闕里孔子所居有牛首亭有五父衢泗水注泗水自卞來西南流逕魯縣分爲二水側有一城爲二水之分會也北爲洙瀆南則泗水從征記云洙泗二水交於魯城東北十七里闕里背洙面泗南北百二十步東西六十步四門各有石閫北門去洙水百步泗水南有夫子冢泗水自城北南逕魯城西南合沂水下入山陽瑕丘沂水出魯城東南尼丘山西北平地發泉流逕魯縣故城南北對稷門即魯南門亦曰雩門縣即曲阜之地沂水又西逕圜丘北又右入泗又洙水注洙水自卞來入泗亂流後西南至魯縣東北分爲二水側有故城二水之分會也洙水西北流逕孔里北是謂洙泗之間矣洙水又西南枝津出焉洙水下入山陽瑕丘枝津亦下入瑕丘一統志故城今曲阜縣治

卞〔補注〕先謙曰春秋魯地子路邑之野人見尸子後漢因續志有盜泉有郚鄉城劉注有姑蔑城有桃墟洙水注洙水自泰山東平陽來西南合盜泉水又流於卞城西入泗水亂流下入魯縣盜泉水出卞城東北卞山之陰西北入洙一統志故城今泗水縣東五十里泗水西南至方與入泲〔補注〕王念孫曰入泲當爲入泲渠今本泲譌作泲又脫渠字泲渠者泲水分出之渠東入於泗水一名荷水即前山陽郡湖陵下所云禹貢浮于淮泗通于荷水在南者也水經云濟水東至乘氏縣西分爲二其一水東南流者東過方與縣北爲荷水又東過湖陸縣南東入於泗水湖陸即湖陵章帝更名又曰泗水又南過方與縣東荷水從西來注之注云荷水即濟水之所苞注以成湖澤也而東

與泗水合於湖陵縣西六十里穀庭城下即此所云泗水西南至方與入泲渠者也泗水注云泗濟合流故地記或言濟入泗泗亦言入濟互受通稱又下文蕃下云南梁水西至湖陵入泲渠泲渠亦當爲泲渠水經注引此正作泲渠今本水經注脫渠字此言入泲渠則知上文泗水至方與入泲泲下當有渠字矣先謙曰方與山陽縣泗水篇泗水出卞縣北山注云地理志曰出濟陰乘氏縣又云出卞縣北經言北山皆爲非矣山海經云泗水出魯東北余路逕洙泗尋其源流水出卞縣故城東南桃墟西北春秋謝息遷於桃也杜預云卞縣東南有桃墟墟有漏澤方十五里澤西際阜連岡通阜西北四十許里岡之西際便得泗水之源博物志云泗出陪尾蓋斯阜矣石穴吐水五泉俱導穴各徑尺餘泗水西逕卞縣故城南南有姑蔑城春秋魯邾盟於蔑也水出二邑間西逕郚城北而會於洙水下入魯縣過郡三〔補注〕先謙曰魯濟陰山陽行五百里青州川師古曰即春秋僖十七年夫人姜氏會齊侯於卞者也方與音房豫

汶陽莽曰汶亭應劭曰詩曰汶水湯湯師古曰汶音問即左傳所云公賜季友汶陽之田者也〔補注〕先謙曰官本無汶音問三字續志後漢因汶水注禹貢汶水自泰山鉅平來西南逕汶陽縣北有曲水亭春秋盟於曲池也汶水又西逕汶陽縣故城北而西注下入泰山蛇丘蛇水自泰山剛來西南流逕汶陽之田齊所侵也自汶之北平暢極目僖公以賜季友蛇水下入蛇丘一統志故城今甯陽縣東北

蕃〔補注〕先謙曰縣人眭孟見本傳續志後漢因劉注左傳戰狐台縣東南有狐台亭泗水注漷水自騶來西南逕蕃縣故城南下入辥一統志故城今滕縣治滕國故城在縣西南十四里南梁水西至胡陵入泲渠應劭曰邾國也音皮師古曰白褭云陳蕃之子爲魯相國人爲諱改曰皮此說非也郡縣之名土俗各有別稱不必皆依本字〔補注〕全祖望曰顏說善矣然未知蕃之本無皮音胡三省云據通典則蕃乃音皮然則皮字乃反字之譌非眞有皮音也斯言足以埽除燕說朱一新曰汪本褭下有公字先謙曰胡陵山陽縣泲是泗之誤泗水注正作濟渠也注云地理志南梁水出蕃縣今縣之東北平澤出泉若輪發源成川西南流分爲二水北水枝出西逕蕃縣北下入泲公丘南梁水自枝渠西南逕蕃縣故城東俗以南鄰於漷故謂之西漷水南梁水又屈逕城南應劭云縣故小邾邑也下入胡陵案据注引應說知志注邑誤爲國又奪小字也一統志南梁水在滕縣北十五里源出趵突荊溝二泉合而爲一會漷水入運河自明嘉靖間運河東徙又過漷水導之北出趙溝與南梁會而同入於漕齊乘明統志所言南梁河流皆與今不合

騶故邾國曹姓〔補注〕先謙曰寰宇記邾魯附庸國左傳魯擊柝聞於鄒是也說文騶作鄒韋賢傳作魯國鄒人段玉裁云邾婁之合聲爲鄒鄒周時或云鄒或云邾婁者言緩急之殊也周時作鄒漢時作騶者古今字之異也案楚世家陸終氏生子六人五曰曹姓索隱世本云五曰安是爲曹姓曹姓者邾是也宋忠云曹姓諸曹所生二十九世爲楚所滅〔補注〕先謙曰齊乘云邾楚滅遷之江夏故黃岡縣爲有邾城嶧山在北莽曰騶亭應劭曰邾文公卜遷于嶧者也音驛〔補注〕段玉裁曰嶧當作繹與下邳葛嶧山字從山者不同先謙曰秦李斯所篆嶧山碑作繹後來通作更不分別矣續志後漢因劉注有騶山高五里秦始皇刻石焉劉會騶

山記云邾城在山南去山二里城北有繹山泗水注漷水自東海合鄉來逕魯國騶山東南而西南流左傳所謂嶧山也邾文公之所遷京相璠云地理志嶧山在鄒縣北繹邑之所依以爲名也山東西二十里高秀獨出積石相臨殆無土壤石間多孔穴洞達相通往往有如數間屋處其俗謂之嶧孔遭亂輒將家入嶧外寇雖眾無所施害漷水下入蕃一統志故城今鄒縣東南二十六里嶧山在縣東南二十里古無鄒山之名魯頌止稱嶧史記始兼稱鄒嶧漢志仍稱嶧山劉昭魏收始分鄒嶧爲二攷始皇勤石鄒嶧宋書載魏主燾登鄒山仆秦碑可知鄒嶧互稱分爲二者誤

辥夏車正奚仲所國後遷于邳湯相仲虺居之〔補注〕先謙曰項梁引兵入此見項羽傳高帝於此治竹冠見高紀縣人顏安樂見儒林傳後漢因續志六國時曰徐州劉注史記云齊宣王九年與魏襄王會徐州而相王先謙案戰國齊地兩齊世家田氏執簡公於此或以爲在東平舒又齊敗楚徐州在此亦分屬魯魯世家頃公時楚伐我取徐州是也奚仲事見左定傳邳上邳也下邳在東海泗水注漷水自蕃來西逕辥縣故城北紀年梁惠成王三十一年邳遷于薛改名徐州城南山上有奚仲冢齊封田文於此號曰孟嘗君今郭側猶有文冢漷水又西逕仲虺城北晉太康地記云奚仲遷於邳仲虺居之爲湯左相其後當周世爵稱侯後見侵削爲霸者所絀爲伯任姓也應劭云邳在辥徐廣史記音義云楚元王子郢客以呂后二年封上邳侯有下故此爲上矣地道記云仲虺城在辥城西三十里漷水逕辥之上邳城西而南注下入山陽胡陵一統志故城今滕縣東南四十四里

楚國〔補注〕閻若璩曰治彭城以楚元王交及龔勝傳知之先謙曰五行志楚都彭城亦見獲水注續志後漢治同劉注雒陽東千二百二十里高帝置〔補注〕先謙曰王韓信信死後立弟交及孫戊以孝景三年反誅復立元王子禮全祖望云故秦楚郡楚漢之際爲楚國高帝五年屬漢仍屬楚國宣帝地節元年更爲彭城郡〔補注〕先謙曰禮元孫延壽反誅世家作二年黃龍元年復故〔補注〕先謙曰徙子定陶王囂莽曰和樂屬徐州〔補注〕先謙曰續志彭城國下劉注高帝置爲楚章帝改屬同戶十一萬四千七百三十八〔補注〕先謙曰官本一作二引宋祁曰十二邵本作十一口四十九萬七千八百四縣七〔補注〕先謙曰郡人季布陸賈朱建伍被見本傳申章昌見儒林傳曹羽見藝文志

彭城古彭祖國〔補注〕先謙曰世本堯封彭祖於彭城彭祖卽陸終氏第三子籛鏗號爲大彭氏彭城春秋宋邑見左成傳戰國韓執宋君於此見韓世家秦縣始皇過之見本紀項梁敗秦嘉於此見項羽傳羽爲西楚霸王都於此見高紀有廉里見龔勝傳戶四萬一百九十六有鐵官〔補注〕先謙曰後漢屬彭城國續志有鐵劉注城北六里有山臨泗有宋桓魋石槨皆青石隱起龜龍麟鳳之象泗水注泗水自留來南逕桓魋冢西又東南過彭城縣東北又南合獲水又逕彭城縣故城東又逕龔勝墓南亞父冢東下入呂又獲水注獲水自沛郡蕭來東合安陂水又逕彌黎城北又於彭城西南回而北流逕

彭城城南北有龔勝宅又東轉逕城北而東注泗城之東北角起層樓於其上號彭祖樓下曰彭祖冢其樓之側襟汳帶泗東北爲二水之會也先謙案本志梁國蒙下獲水東北至彭城入泗者也又濟水注濟水自留來南逕彭城縣故城東北隅獲水自西注之城北枕水湄濟水又南逕彭城縣故城東下入臨淮徐一統志故城今徐州府銅山縣治

留〔補注〕先謙曰春秋宋邑見左哀傳秦縣曹參定之見參傳高帝封張良爲侯國見表續志後漢屬彭城國泗水注泗水自沛廣戚來東南逕留縣而南逕垞城東下入彭城又濟水注濟水自沛郡沛縣來東南過留縣北留縣故城翼佩泗濟城內有張良廟濟水下入彭城一統志故城今沛縣東南

梧〔補注〕先謙曰高后封陽成延爲侯國見表莽曰吾治〔補注〕先謙曰續志後漢屬彭城國

傅陽故偪陽國莽曰輔陽師古曰偪音福左氏傳所云偪陽妘姓者也〔補注〕先謙曰傅偪聲近字通春秋傳偪陽穀梁傳作傅陽人表作福陽續志後漢屬彭城國沭水注沭水故瀆自東海司吾來東南逕相口城中合相水相水下入東海朐相水出於楚之相地襄公十年會吳於相京相璠云宋地今偪陽縣西北有相水溝去偪陽八十里東南流逕傅陽縣故城東北武帝封齊孝王子就爲侯國郡國志云偪陽有相水相水又東南亂於沂而注於沭謂之相口城得其名一統志故城今嶧縣南五十里

呂〔補注〕先謙曰春秋宋邑見左襄傳呂忿封呂成侯蓋國此續志後漢屬彭城國泗水注泗水自彭城來東南過呂縣南縣對泗水水上有石梁故曰呂梁懸濤崩犇實爲泗險孔子云魚鼈不能游又云懸水三千仞流沫九十里今則不能也泗水又東南合丁溪水下入東海下邳

丁溪水上承泗水於呂縣東南流北帶廣隰高山而注於泗先謙案明嘉靖間管河主事陳洪範惡石破害運船鑿之使平無復有險一統志故城今銅山縣北呂梁洪在縣東南五十里

武原〔補注〕先謙曰高帝封衞胠武帝封代共王子罷軍爲侯國見表縣人龔舍見本傳莽曰和樂亭〔補注〕先謙曰續志後漢屬彭城國泗水注武原水出武原縣西北會注陂南逕其城西縣東有徐廟山武原水又南合武水謂之泇水下入東海下邳一統志故城今邳州西北八十里泇口社

甾丘莽曰善丘〔補注〕先謙曰續志作菑丘後漢屬彭城國睢水注渾湖水上承甾丘縣之渾陂西北百餘里東西四十里東至朝解亭西居甾丘縣之故城東其水自陂南系於睢水見沛郡竹一統志故城今宿州東北六十里

泗水國〔補注〕先謙曰據淮水注都淩故東海郡〔補注〕先謙曰漢之東海郡秦爲郯郡此則秦東海郡也全祖望云高帝因秦郡屬楚國景帝二年復故武帝元鼎四年別爲泗水國〔補注〕先謙曰封常山憲王舜子商諸侯王表作三年莽曰水順〔補注〕先謙曰淮水注作順水續志廣陵郡下劉注建武中省泗水國以其縣屬戶二萬五千二十五口十一萬九千一百一十四縣三

淩〔補注〕先謙曰說文淩水在臨淮從水夌聲秦縣秦嘉起此見陳涉世家莽曰生夌應劭曰淩水所出入淮南〔補注〕

王鳴盛曰注入淮南南監本作南入淮是朱一新曰汪本作南入淮先謙曰官本作南入淮續志後漢屬廣陵淮水注淮水自臨淮淮陰來左逕泗水國南合淩水下入臨淮淮浦淩水出淩縣東流逕縣故城東又東南入淮曰淩口應劭云淩水出縣西南入淮先謙案據此應注南入淮上更有西字又泗水注泗水自臨淮厹猶來東逕陵柵南西征記云舊陵縣之治也又東南逕淮陽城北城臨泗水又下入泗陽先謙案淩作陵蓋傳寫誤趙一清本作淩一統志故城今宿遷縣東南五十里

泗陽莽曰淮平亭〔補注〕先謙曰續志後漢省泗水注泗水自淩來東南逕魏陽城北城枕泗川陸機行思賦云行魏陽之枉渚故無魏陽疑卽泗陽縣故城也蓋魏文帝幸廣陵所由或因變之未詳也泗水又東逕角城北又東南入淮諸地說或言泗水於睢陵入淮亦云於下相入淮皆非實錄也先謙案本志魯國卞下泗水西南至方與入沛渠蓋敘泗菏交會而止菏水卽沛渠也自湖陵以下皆不及焉故道元補之一統志故城今桃源縣東角城晉縣故城今清河縣南

于莽曰于屏〔補注〕先謙曰續志後漢省寰宇通志故縣在海州西

廣陵國〔補注〕先謙曰治廣陵續志後漢治同劉注雒陽東一千六百四十里高帝六年屬荊州〔補注〕先謙曰州字衍錢大昕云高帝六年封劉賈爲荊王兼有廣陵之地故云屬荊其時未設諸州刺史不得言荊州也全祖望云故秦東海郡楚漢之際置東陽郡屬楚國見高紀高帝五年屬漢仍屬楚六年屬荊十一年更屬吳〔補注〕先謙曰屬劉濞國諸

侯王表史記諸侯表作十二年一字誤王念孫云文選蕪城賦注引此已誤景帝四年更名江都〔補注〕先謙曰徙汝南王非王念孫云四當爲三諸侯王表非以景帝二年三月甲寅立爲汝南王二年徙江都二年者景帝之三年也史表誤在四年史記孝景紀三年六月徙汝南王非爲江都王漢紀同武帝元狩三年更名廣陵〔補注〕先謙曰元狩二年非子建反死國入漢爲廣陵郡見建傳三年更立子胥全祖望云宣帝五鳳四年爲郡元帝初元二年復爲國平帝元始二年分廣陵國爲廣世國以封江都易王後廣世不知其地莽所置莽曰江平屬徐州〔補注〕先謙曰續志後漢爲廣陵郡屬同戶三萬六千七百七十三口十四萬七百二十二有鐵官

縣四

廣陵〔補注〕先謙曰春秋吳地戰國時屬楚懷王十年城廣陵見史記六國表二世二年廣陵人召平爲陳王徇廣陵則秦時已置縣矣江都易王非廣陵厲王胥皆都此幷得鄣郡而不得吳〔補注〕先謙曰本志丹陽郡下云故鄣郡屬江都元封六年更名丹揚是胥得鄣郡不數年卽別爲丹揚郡矣史記吳王濞傳云削吳會稽郡徐廣注云荊王劉賈都吳吳王移廣陵此吳王濞不都吳之明證續志劉注廣陵濞所都城周十四里半又非傳云徙王江都治吳故國是都廣陵自濞始志專舉非胥者爲不得吳立文耳廣陵楚漢之間爲東陽郡兼有廣陵臨淮二郡地王子侯表封江都易王子蒙之盱眙侯定國淮陵侯皆臨淮郡屬縣廣陵王胥傳相勝之奏奪王射陂草田張晏云射水之陂在射陽縣射陽亦屬臨淮是臨淮先屬江都後屬廣陵故晉志云武帝分沛東陽置臨淮郡也莽曰安定〔補注〕先謙曰淮水注作定安後漢因續志有東陵亭淮水注中瀆水自江都來六十里至廣陵城城東水上有梁謂之洛橋中瀆水自廣陵北出武廣湖東陸陽湖西二湖東西相直五里舲艑鄣水出其間下注樊梁湖高郵州西北五十里下入臨淮射陽劉文淇揚州水道記云洛橋在廣陵東門外中瀆水從邗城引入遂從廣陵城東門洛橋下出也中瀆水自廣陵云云仍言吳邗溝舊道元和志合瀆渠在江都縣東二里此據唐縣言合瀆卽中瀆寰宇記廣陵有邵伯埭有斗門在縣東北四十里臨合瀆渠蓋中瀆水由廣陵城北出至邵伯皆是渠水不由湖邵伯以北有武廣陵陽二湖中瀆水出二湖之間亦由渠不由湖也至樊良則下注湖矣注於中瀆水自廣陵北出之後詳言邵伯以北不言邵伯以南以邵伯以南皆由渠不由湖故略之一統志故城今揚州府東北元和志江都縣北四里

江都〔補注〕先謙曰續志後漢因一統志故城今江都縣西南又儀徵縣北亦江都地通鑑地理通釋引元和志云廣陵在江都縣北四里州城正直其上新唐志江都東十一里有雷塘此据唐江都縣治言之至漢江都縣酈注云縣城臨江寰宇記故城在縣西南四十六里城臨江水今爲水所侵無復餘址先謙案江水自臨淮堂邑來左入儀徵縣境江水東得泗源溝又東得沙河口由舊江口內通上江運道東達於三汊河冬月水涸江水東得貓兒頸儀徵江都分界於此江水東得瓜洲口北通運河以達江都縣今揚州府治也入口東行爲伊婁河自此東北皆鹽

河也漢故縣城在今縣西南四十里唐已無存江水又東得七濠口又東得八濠口又東逕焦山北山孤峙江中又東屈南逕順江洲又東北爲三江口下入臨淮海陵右見丹陽句容會稽丹徒有江水祠〔補注〕先謙曰祠宣帝置見郊祀志淮水注應劭地理風俗記曰俗謂之伍相廟也子胥但配食耳歲三祭與五岳同渠水首受江北至射陽入湖〔補注〕先謙曰射陽臨淮縣淮水篇江水東過淮陰縣北中瀆水出白馬湖東北注之注云中瀆水首受江于江都縣縣城臨江應劭云縣爲一江之會故曰江都舊江水道也昔吳將伐齊自廣陵城東南築邗城城下掘深溝謂之韓江亦曰邗溟溝自江東北通射陽湖地理志所謂渠水也西北至末口入淮自永和中江都水斷其水上承歐陽埭引江入埭下入廣陵揚州水道記云道元云縣城臨江舊江水道也此謂漢江都縣至晉世江都水斷於歐陽引江入埭則非舊道矣昔吳至入淮云云釋中瀆卽渠水與夫差溝通者閻若璩云今儀徵縣南有上江口下江口舊江口或者舊江口爲吳夫差所穿故志云渠水首受江也又志云渠水入湖不言入淮頗有分判桑酈直以此水至山陽口入淮而其說牢不可破矣竊疑高郵實應地勢最卑若釜底然邗溝首受江水東北流至射陽湖而止水經殆不如地志之確此水自南入北非自北入南至隋文帝開山陽瀆煬帝開邗溝皆自山陽至揚子入江水流與前相反而孟子淮注江之言乃驗

高郵〔補注〕先謙曰續志後漢因寰宇記本秦之高郵亭因以立名一統志故城今高郵州治西北三里高郵湖一名新開湖長闊百五十里天長以東之水匯北入運

平安莽曰杜鄉〔補注〕先謙曰續志後漢因一統志故城今寶應縣西北

六安國〔補注〕先謙曰據英布傳都六故楚高帝元年別爲衡山國〔補注〕先謙曰封吳芮全祖望云故屬秦九江郡楚漢之際爲衡山國仍屬楚國[illegible]見高帝紀五年屬淮南〔補注〕先謙曰屬英布布死屬厲王長文帝十六年復爲衡山〔補注〕先謙曰立淮南厲王子勃後徙廬江王賜武帝元狩二年別爲六安國〔補注〕先謙曰立膠東康王子慶表作三年史記作二年莽曰安風〔補注〕先謙曰續志廬江郡下云建武十年省六安國以其縣屬戶三萬八千三百四十五口十七萬八千六百一十六

縣五

六〔補注〕先謙曰秦縣見項羽紀縣人英布見布傳續志後漢改六安屬廬江沘水注淠水自九江博鄉來東北右會蹶鼓川水又西北逕六安縣故城西又分爲二水芍陂出焉淠水下入安豐芍陂下入九江浚遒一統志故城今六安州北寰宇記云在舒城縣東六十里者誤故國皋繇後偃姓爲楚所滅〔補注〕先謙曰沘水注夏禹封皋陶少子奉其祀今縣都陂中有大冢民傳曰公琴者卽皋陶冢也楚人謂冢爲琴帝王世紀皋繇生于曲阜曲阜偃地故賜姓曰偃楚滅六見文五年傳如

谿水首受沘東北至壽春入芍陂師古曰沘音七又音鄙芍音鵲〔補注〕先謙曰壽春九江縣沘水注沘水或作淠泄水注泄水自博鄉上承沘水於麻步川西北出歷濡溪謂之濡水下入安豐案如谿即濡溪也如濡音同字變今謠爲裕溪說詳下

蓼〔補注〕先謙曰高帝封孔藂爲侯國見表續志後漢屬廬江決水注決水自安豐來逕蓼縣故城東又逕其北世謂之史水又西北合灌水又北右合陽泉水親陽北入淮灌水自廬江雩婁來東北逕蓼縣故城西而北入決故地理志曰決水北至蓼入淮灌水亦至蓼入決也覸隱一統志故城今固始縣東北七十里蓼城岡故國皐繇後爲楚所滅〔補注〕先謙曰楚滅蓼見左文五年傳說文蓼作鄝楚世家作英

安豐禹貢大別山在西南〔補注〕錢坫曰山在今潁州府霍邱縣西南八十里寰宇記縣在山北攷大別山有二一在今漢陽府城東北一里京相璠云漢東山名一即此沇堯云大別山在光州西北漢陽東北霍邱西南班志屬之安豐但据山之東北一面言也若論其西南則直至漢水入江處故商城西南麻城黃陂之山古人皆目爲大別洪氏亮吉有大別山釋一篇甚詳核先謙曰禹貢山水澤地篇大別山在安豐縣西南與志合亦見廬江雩婁下莽曰美豐〔補注〕先謙曰續志後漢屬廬江劉注云縣南有雞備亭決水篇決水北過安豐縣東注云決水自廬江雩婁來北逕雞備亭春秋吳敗諸侯之師於雞父者也[illegible]決水自縣西北流下入蓼又沘水注淠水自六來北逕五門亭西西北流逕安豐縣故城西又北合濡水濡水亂流西北入淮爲沘口又泄水注泄水自六來爲濡水逕

安豐縣北流注淠爲濡須口先謙案本志六下云如谿水至壽春入芍陂据沘水肥水注芍陂自淠水出而淠水會濡水亂流北注此云濡水注淠而志謂入芍陂者以其沿流通注故云然耳言至壽春著其委也又案沔水注江水自濡須口又東左會柵口水導巢湖一統志云濡須水一名柵口水一自巢湖東口流出北入於江詳覸隱注不言濡須水即柵口水與一統志異又注言濡須水注淠而今水注江此古今水道變遷不能強合者一統志故城今固始縣東

安風莽曰安風亭〔補注〕先謙曰續志後漢屬廬江淮水注窮水出安風縣窮谷左傳楚沇尹戌與吳師遇於窮者也川流泄注於決水之右北灌安風之左世謂之安風水亦曰窮水流結爲陂謂之窮陂陂水四分北流注淮京相璠云安風有窮水北入淮也淮水自汝南女陰來合窮水又東爲安風津水南有城故安風都尉治續輿淮水下入九江壽春一統志故城今霍邱縣西南二十里與固始接界

陽泉〔補注〕先謙曰續志後漢屬廬江劉注有陽泉湖決水注陽泉水受決水東北流逕陽泉縣故城東故陽泉鄉也陽泉水西北流左入決水爲陽泉口覸隱又施水注施水自廬江合肥來東分二水枝水北出下注陽淵趙一清以爲即陽泉也一統志故城今霍邱縣西寰宇記安陽山在霍邱縣西九十里西屬固始東屬霍邱漢陽泉縣在山西北安豐縣在山東北各取縣之一字爲名又霍邱縣西北九十里有臨水山山東有古城即漢陽泉縣也其泉於縣西北流入決水城在泉水之陽故名

長沙國〔補注〕先謙曰都臨湘見高紀及湘水注續志後漢治同劉注雒陽南二千八百里秦郡高帝五年爲國〔補注〕先謙曰王吳芮全祖望云楚漢之際爲義帝都高帝爲國文帝後七年爲郡景帝元年王子發復爲國莽曰塡蠻屬荊州〔補注〕先謙曰續志後漢爲長沙郡屬同戶四萬三千四百七十口二十三萬五千八百二十五縣十三

臨湘莽曰撫睦應劭曰湘水出零山〔補注〕先謙曰續志後漢因湘水注湘水自桂陽陰山來北過醴陵縣西縣後漢合瀘水又逕建寧縣有空泠峽又逕建寧縣故城下又逕臨湘縣南石潭山西又逕昭山西又逕南津城西西對橘洲爲南津洲尾又左會瓦官水口又逕船官西北對長沙郡郡在水東州城南舊在城中後移此又左逕麓山東上有故城山北有白露水口又右逕臨湘縣故城西縣治湘水濱臨川側故即名焉故楚南境之地也秦滅楚立長沙郡即青陽之地也秦始皇二十六年令曰荆王獻青陽以西漢封吳芮是城即芮築也城西北有故市北對臨湘縣之新治縣治西北有北津城湘水左合誓口又得石槨口右合麻溪水口又得三石水口水北有三石戍又逕劉口戍合劉水又合溈水又合斷口又北合下營口又合高水又得陵子口水之右岸銅官浦出焉又北逕銅官山下入羅溈水自益陽來東入臨湘縣歷溈口戍東南入湘高水自益陽來逕高口戍南合上鼻浦下鼻浦水西北右屈爲陵子潭東北入湘爲陵子口又漣水注漣水自湘南來東至衡陽湘西縣界縣晉郡入湘於臨湘縣爲西南觀連又瀘水篇瀘水出

醴陵縣東瀘山西過其縣南屈從縣西西北流至瀘浦入於湘注云醴陵縣高后四年封長沙相侯越爲國縣南臨淥水水東出安城鄉翁陵山余謂瀘淥聲近後人藉便以淥爲稱雖翁陵名異而即麓實同又劉水篇劉水出臨湘縣東南劉陽縣西北過其縣東北流逕縣南又北合溈水西入湘注云劉水出縣東首禪山西北流逕臨湘縣南又北合溈水西入湘注云劉水出縣東首禪山城在長沙府城南參證圖志湘水一統志今長沙善化劉陽縣地故陵灘又北逕淥口市合瀘水又西北合涓水今名易俗河因縣西易俗鄉得名又北合漣水又逕湘潭縣城東又爲空靈灘梁王僧辯傳李洪雅自零陵率眾出空靈灘是也土人謂之空洲兩岸石如懸鐘故名一曰空靈峽一名空靈岸唐杜甫有次空靈岸詩在縣北六十里湘水又逕石潭山山在縣東瀕江峭立洞壑杳然又逕昭山西一名馬山在善化縣南六十里與湘潭分界截江而起从立萬仞又北左會靳江河水出湘鄉縣大𣑺塘東北逕甯鄉入善化界黑石渡入湘過楚大夫靳尙墓前因有靳江之目郎注瓦官水口也俗謂見家河又謂建港河湘水又左逕嶽麓山東長沙府城西今湖南省治也据一統志今長沙縣治即水經所謂臨湘新治本在城外隋唐時包入城中湘水又歷牛頭洲而逕陸洲牛頭古橘洲語云昭潭無底橘洲浮此洲水盛不没湘水又歷城西北而至三又磯劉水自劉陽縣大圍山總大小二溪水合流出駱駝觜注之方輿勝覽所云駱駝觜在瀏口者也又北撈水注之今俗名撈塘河又謂撈刀河据水經劉撈合爲一水今案撈水出界方嶺數水西流至洞陽鋪合爲一水西入湘不與劉合又將古今異勢抑舊說失眞也湘水又北合新康河水即注溈水也又

北合喬口水卽注高口水也銅官渚在西北銅官山下舊傳楚鑄錢處今謂爲同關下入湘陰境 **羅** 應劭曰楚文王徙羅子自枝江居此師古曰盛弘之荆州記云縣北帶汨水水原出豫章艾縣界西流注湘泈汨西北去縣三十里名爲屈潭屈原自沈處補注先謙曰官本考證云艾監本譌芰今改正續志後漢因湘水篇湘水北過羅縣西溳水從東來注之注云湘水自臨湘來北逕錫口戍東左派爲錫水湘水又合錫水自錫口北出又得望屯浦又合門涇口三溪水口又東合大對水口西接三津涇又逕黃陵亭西合黃陵水又逕白沙戍西又右會溳水又左合決湖口又合汨水又枝分北出逕磊石山東又逕磊石戍西爲苟導涇又西北逕磊石山西而北對青草湖西對懸城口又北得九口並湘浦也又東北爲青草湖口右會苟導涇北口勞口又同拌口下入下雋汨水自豫章艾來西南逕吳昌縣北吳立縣合純水又西逕羅縣北本羅子國秦以爲縣水亦謂之羅水又逕玉笥山又爲屈潭卽汨羅淵屈原自沈於此又逕汨羅戍南入湘春秋之羅汭也錫水西北流逕錫口戍北又屈而東北合玉池水東湖水爲三陽涇入湘又溳水注溳水自豫章艾來西過羅縣西羅子自枝江徙此世猶謂之爲羅侯城也溳水西流積爲陂謂之町湖又西至累石山亦謂之五木山山方尖如五木狀故以名之山在羅口北溳水又在羅水南入湘謂之東町口一統志今湘陰平江縣地故城今湘陰縣東北六十里參證圖志湘水阯觀又北爲驛馬潭又出於文武二洲之間爲鯿魚潭注所謂左派爲錫水者也縣志云今縣治後二十里有上錫江下錫江蓋存其舊稱又分流爲文逕江而西北流注所謂門涇水口者也其西岸爲臨資口因資水於此出故以臨資

爲名俗謂陵子口亦曰林子口道元敘陵子口於銅官浦上誤也或當日自有陵子口名而今無考矣湘水北逕湘陰縣城西又左會濠河又北爲楊雀潭又左會埽帚口又東北匯爲蘆林潭又北逕白沙戍又戍在縣北五十七里唐杜甫詩注白沙驛過湖南五里者也又與溳水合考平江縣志無溳水以爲卽汨水案湘陰圖經縣東少北有丁傳二家湖西流會汨水又分流逕汨羅祠南爲穆湖潭又西北流爲荷包潭入湖疑卽溳水故道湘水又北與汨水合提綱以爲平江水是也湘水又逕磊石山入湖汨水出今義甯州西南柏山蓋桓山字誤西流四十里逕長壽司與白鉛水合水出瀏陽縣大圍山北流入汨水是有雙江之目汨水又逕椰木潭義口水可方舟汨水又西逕闊田合橫江水又逕塔水橋與純水合水出平江縣連雲山東北流繞福石山東又折而西北至縣東南之昌江山北入汨水汨水又西逕潭灣合淺灘大坑小坑水又逕香浦合石潭新江水又逕白湖與中洞水合水出縣北幕阜山南入汨水汨水又逕江口與盧水合水出縣東南盧山入汨水汨水又逕平江縣城南又北出其西昌水合梅仙水出幕阜山西南注之汨水又逕湘陰縣歸義市歷磊石山入湘 **連道** 補注先謙曰續志後漢因漣水篇漣水出連道縣西資水之別注云水出邵陵縣界南逕連道縣縣故城在湘鄉縣縣後漢西北六十里挫引眾流合成一溪東入衡陽湘鄉縣歷石魚山又逕湘鄉縣南臨漣水本屬零陵後漢零陵縣晉改屬衡陽郡長沙王子昌邑漣水屈逕其縣東下入湘水南一統志故城今湘鄉縣西亦名龍城先謙案漣水出邵陽縣龍山之陰資水出其陽水經以爲資水之別卽寶非也水北流入湘鄉縣之西折而東北會藍田水伏溪水又東逕婁底司南合望嶽河水永豐河水豆溪河水花橋河水逕湘鄉縣城南繞而東又合數水至湘潭縣西八十里入湘 **益陽** 湘山在北 應劭曰在益水之陽補注先謙曰續志後漢因資水注資水自昭陵來東北出益陽縣其間逕流山峽名爲茱萸江又東逕益陽縣北爲資水應劭云縣在益水之陽今無益水或亦資水之殊目矣又東與沅水合於洞庭湖中所入之處謂之益陽江口先謙案本志零陵都梁下資水東北至益陽入沅者也又湘水注高潙水出益陽縣馬頭山東逕新陽縣南晉改新康今甯鄉縣下入臨湘高水出益陽縣西北下入臨湘一統志今甯鄉益陽安化新化沅江一縣地故城在益陽縣西八十里湘山見始皇紀封禪書正義湘山一名鯿山在巴陵縣南方輿勝覽湘山在洞庭中湘君所遊處一曰君山据二書則君山卽鯿山湘水注分君山編山爲二編鯿音近字變蓋湖中相近之山統曰湘山耳 **下雋** 莽曰閏雋 師古曰雋音字兖反又音辭兖反補注先謙曰續志後漢因湘水注湘水自羅來左合資水左逕鹿角山東右逕謹亭戍又合查浦萬石浦又左合沅水右合微水又北逕金浦戍北帶金浦水又左合澧水四水同注洞庭北會大江名曰五渚國策秦取洞庭五渚者也湘水又北至巴丘山山在湘水右岸有巴陵故城[illegible]西對長洲其洲東分湘浦北居大江三水所會亦曰三江口先謙案本志零陵零陵下湘水北至酃入江者也湘水過酃後据水經注歷湘南陰山臨湘羅下雋五縣且江水亦不能上至酃縣酃當爲下雋二字之誤注序合資水於逕磊石山後蓋以益陽江出角碧口者爲正流與湘水同匯於湖中也又北合沅水則沅江出南岸背後與湘流合也又合微水卽合巴陵縣南之新牆河出相思山自灌

口注洞庭者也又北澧水出安鄉縣會焉而湖流益大湖水又逕岳州府巴陵縣城西巴邱山在府城內西南隅一名天岳湖水又逕城陵磯入江又沅水注沅水自武陵臨沅來東至下雋縣西北入洞庭湖先謙案本志牂柯故且蘭下沅水東南至益陽入沅者也下雋益陽水次相比非有歧出又澧水注澧水自武陵孱陵來東至下雋縣西北入洞庭湖先謙案本志武陵充下澧水東至下雋入沅者也岳陽風土記云据注澧合沅乃入湖今澧水注洞庭謂之澧口沅水注洞庭謂之鼎江口蓋歲月已久水爲湖淤所隔不復相通遷變至斯耳又江水注江水自南郡華容來東至下雋縣北右合洞庭諸水又東左得二夏浦右岸有城陵山[illegible]又逕彭城口合玉澗水[illegible]又左逕白螺山南[illegible]右歷鴨蘭磯北江中山也砱[illegible]東得鴨蘭治浦二口[illegible]又逕上中下烏林南又左得子練口下入江夏沙羨陸水出下雋縣西三山溪東逕陸城北又逕下雋縣南又屈而西北流逕其縣北下入沙羨一統志今巴陵臨湘通城地故城在沅陵縣東北後書馬援傳援征五谿軍次下雋計其地當在澧州安鄉縣然歷代地志俱以通城巴陵臨湘當之馬援軍次下雋進壺頭去岳州武昌相隔千里必非其地卽以沅陵爲下雋亦屬可疑沅陵在武陵西下雋屬長沙不應反在武陵西也紀要巴陵縣本漢下雋縣地故城今沅江縣東章懷注云在沅陵縣誤也 **攸** 補注錢大昭曰南監本閩本作攸下注云音收今本攸作收又脫注二字王鳴盛曰何氏所見北宋本音收二字在音鈴下据此可見皆孟注其初音收之上別有孟康曰三字在攸字下方傳寫脫去三字又誤移於下耳北宋本亦誤朱一新曰汪本收作攸下注云音收集韻類篇又作做亦誤

字先謙曰官本作攸音收音上奪文王說是也續志後漢因洣水注洣水自茶陵來西北過攸縣南下入桂陽陰山攸水自安成來水西北流逕其縣北縣北帶攸溪蓋即溪以名縣也武帝封長沙定王子則爲攸輿侯即地理志所謂攸縣者也攸水下入茶陵一統志故城今攸縣東攸水自安福縣流逕縣東司空山左會銀坑水又南流右會東江水又南入洣洣水合攸水東西流逕縣南白茅洲又逕武甲洲陰山江水出縣西北鳳皇山分東西二流各繞山下合爲一水注之洣水又西逕寒婆坳入衡山縣界注云逕桂陽陰山則陰山即今安仁縣地舊說以安仁爲漢湘南地非也

酃 孟康曰音鈴〔補注〕先謙曰續志後漢因劉注縣西南母山周同四百里一統志今衡陽酃縣地故城今清泉縣東十二里耒水注耒水自桂陽耒陽來北過酃縣東縣有酃湖湖中有洲居人釀酒醇美謂之酃酒歲常貢之湖邊向有酃縣故治西北去臨承縣十五里醽耒水西北至臨承縣入湘爲耒口先謙案本志桂陽郴下耒水西至湘南入湘者也水會蓋在二縣界一統志引輿地紀勝酃湖冬夏不涸衡陽縣志即今零湖與耒水通可溉田百頃注又云大別水自耒陽來北至酃縣入湖先謙案一統志潯江水在耒陽縣西北四十里出安仁縣界西北逕鶩山鄉大陂市繞流而西南入耒水又名大別水曹學佺名勝志云陂別音近而譌孫星衍謂即春水非也又湘水注承水自承陽來至湘東臨承縣北東入湘爲承口臨承即故酃縣也湘水自零陵鍾武來東北過酃縣西合承水下入湘南先謙案湘水北流逕衡州府治東承水入焉又北耒水入焉下入衡山縣

承陽 應劭曰承水之陽師古曰承水原出零陵永昌縣界東流注湘也承音丞〔補注〕汪遠孫曰零陵無永昌朱一新曰晉荊州零陵郡有永昌縣南宋南齊改屬湘州其郡縣則同顏注疑襲晉地道記之文而失改永昌二字先謙曰續志作烝陽改屬零陵一統志今清泉縣地故城在衡陽縣西烝水在縣北二里自邵陽縣流入東北入湘先謙案湘水注承水自零陵鍾武來武水入承水之下至湘東臨承縣北之上文句有脫當是脫承陽一縣水道也承水下入酃

湘南 禹貢衡山在東南荊州山〔補注〕先謙曰續志後漢因禹貢山水澤地篇衡山在湘南縣南與志合漣水注漣水自連道來東北過湘南縣南下入臨湘(見連道)又湘水注湘水自酃來北歷印石石在衡山縣南湘水右側又逕衡山縣東(紀要孫吳析湘南置衡陽晉改衡山)衡山東南二面臨映湘川湘水又東北逕湘南縣東又歷湘西縣南(吳分湘南置衡陽郡治)又北逕麓山東下入桂陽陰山一統志今湘潭衡山縣地故城在湘潭縣西六十里俗名花石城衡山在衡山縣西三十里

昭陵 〔補注〕先謙曰續志後漢因資水篇資水東北過邵陵縣北注云資水自零陵夫夷來縣治郡下南臨大溪水逕其北爲邵陵水(孫吳立邵陵郡邵陵縣)縣故昭陵也邵水東合夫水高平水雲泉水下入益陽夫水自零陵夫夷來東注邵陵水爲邵陵浦水口高平水自武陵沅陵來西南逕高平縣南(晉縣今新化縣西南)又東入邵陵縣界南入邵水雲泉水自零陵來西北流逕邵陽南縣故昭陽也(後漢昭陽縣道清云析昭陵置一)雲泉水又北注邵陵水謂之邵陽水口又漣水注漣水出邵陵縣界(互見連道)又湘水注應水出邵陵縣東南流下入零陵泉陵餘溪水出邵陵縣東南入湘(見泉陵)承水出邵陵縣界(見零陵鍾武)又灘水注瀉水出邵陵縣界東南流下入零陵零陵一統志今邵陽縣地故城今寶慶府治

茶陵 〔補注〕先謙曰武帝封

長沙定王子訢爲侯國見表 泥水西入湘行七百里〔補注〕先謙曰洣水篇洣水出茶陵縣上鄉西北過其縣西注云水出江州安成郡廣興縣([illegible])太平山西北流逕茶陵縣南洣水又屈過其縣西北地理志謂之泥水者也又合攸水攸水下入攸攸水自攸來西南流至茶陵縣入洣水一統志洣水出酃縣東桃花坤一名桃花澗西南流合太和山水又北河滇渡水出縣南萬洋山黃拿潭西北流注之又北雲秋水出縣西雲秋山東流注之又北逕茶陵州西南稍折而東顏江水出州西南青臺山北流注之又東與洮江水合水出酃縣東萬洋山曰沔渡水西北流逕縣北爲洮水又逕州東西流入洣水洣水又逕州城南少東百丈山水注之繞城東而北茶水出景陽山西流合月江水脂水蒲江水注之少西腰坡水青溪水注之又西北流與攸水合 莽曰聲鄉 師古曰茶音弋奢反又音文加反〔補注〕先謙曰後漢因續志作茶陵說文茶苦茶也从艸余聲徐鉉云即今之茶字一統志今茶陵州地故城在州東五十里茶王城

容陵 〔補注〕先謙曰武帝封長沙定王子福爲侯國見表續志後漢因今無攸洣水注陰山縣上有容水自侯臺山下注洣水謂之容口水有大穴容一百石水出於此因以名焉容陵殆以此氏與

安成 〔補注〕先謙曰武帝封長沙定王子蒼爲侯國見表 盧水東至盧陵入湖漢〔補注〕先謙曰盧陵豫章縣贛水注十三州志稱盧水西出長沙安成縣(吳立安成郡[illegible])下入盧陵据一統志盧水即瀘江水出安福萍鄉二縣界之瀘瀟山東流一百八十里逕安福縣北下見盧陵 莽曰思成〔補注〕先謙曰後漢因續志作安城一統志故城今吉安府安福縣西洣水注攸水出安成郡安復縣封侯山西北流下入攸先謙案一統志吉安府下云義川水在安福縣西一名南溪水出袁州府萍鄉縣界湖南攸縣水亦合流焉南流合永新江水案永新江入贛水非攸水所匯也据輿圖攸水出今攸縣東柴嶺曰水頭直安福縣西舊志於水源未晰

本秦京師爲內史 師古曰京師天子所都畿內也秦并天下改立郡縣而京畿所統特號內史言其在內以別於諸郡守也〔補注〕先謙曰漢之京兆馮翊扶風是也又宏農郡亦由內史東界廣之全祖望云內史不在三十六郡內尊京師也續志晉志皆誤以爲三十六郡之一案史記裴駰注王應麟地理通釋胡三省通鑑注誤同

分天下作三十六郡 〔補注〕先謙曰河東一太原二上黨三三川四(漢河南)東郡五潁川六南陽七南郡八九江九泗水十(漢沛)鉅鹿十一齊郡十二琅邪十三會稽十四漢中十五蜀郡十六巴郡十七隴西十八北地十九上郡二十九原二十一(漢五原)雲中二十二雁門二十三代郡二十四上谷二十五漁陽二十六右北平二十七遼西二十八遼東二十九邯鄲三十(漢趙國)碭郡三十一(漢梁國)薛郡三十二(漢魯國)長沙三十三([illegible])南海三十四桂林三十五(漢鬱林)象郡三十六(漢日南)並見本志全謂班誤以內史爲三十六郡之一謬也史記始皇本紀云秦初并天下分以爲三十六郡三十三年略取陸梁地爲桂林象郡南海又尉佗傳云秦時已并天下略定揚越置桂林南海象郡是分三十六郡乃初并天下事而置桂林等三郡在三十三年故裴全及王鳴盛皆以此三郡不在數內而三十六郡尚闕其三據

國策史記楚置有新城郡巫郡秦皆併省兩粵傳云秦并天下廢閩粵王無諸及粵東海王搖爲郡君長以其地爲閩中郡案秦雖置郡地仍爲無諸搖所據秦不得而有之漢又省屬會稽不在數內續志晉志及裴王胡氏數楚漢間置之鄣郡又三劉糾之全云楚世家秦本紀六國年表並載黔中郡楚置秦因本志無續志有即漢武陵水經注所謂割黔中置武陵誤漢改其名非割也始皇二十四年置楚郡見楚世家胡云三十六郡無楚郡蓋滅楚時所暫置後分爲九江鄣會稽三郡案秦滅楚置楚九江泗水薛東海五郡及定江南又置會稽無鄣郡也楚郡蓋自淮陽以至彭城循泗則楚也薛則魯也東海則郯以至江都也皆江北地會稽則江南地惟九江跨兼江介非由楚郡分置爲三也胡因二漢晉志皆無欲護其失而爲此語又據陳勝周勃傳秦有東海郡本志東海郡下云高帝置蓋誤續志漏載胡云秦無東海非也又水經注始皇二十三年置廣陽郡高帝改曰燕又分燕置涿郡本志云昭帝改廣陽案漁陽上谷右北平遼西遼東五郡皆燕所舊置以防邊漁陽四郡在東上谷在西其國都不預焉自薊至涿三十餘城始皇無不置郡之理亦無反幷內地於邊郡之理且始皇幷六國其國都如趙之邯鄲魏之碭楚之江陵陳九江齊之臨甾無不置郡不應燕獨否本志以爲昭帝改廣陽殆考之未詳以上楚郡東海廣陽合黔中爲四全又云本志五原郡下班云秦九原郡案匈奴傳趙有雁門代郡雲中三郡以備胡而九原特雲中北界未置郡也始皇二十五年以前邊郡多仍前舊不聞增設三十三年蒙恬闢河南地四十餘縣蓋以此四十餘縣置九原何以知之徐廣所謂陽山在河北陰山在河南者劉昭以爲俱屬九原之安陽則九原統屬河南四十餘縣可知矣不然不應以四十餘縣之多而不置郡也然則九原不當在始皇二十六年所并三十六郡之內先謙案如全說去九原恰得三十六郡之數較前人爲覈實

漢興㠯其郡大大補注先謙曰官本上大作太稍復開置又立諸侯王國武帝開廣三邊故自高祖增二十六補注先謙曰河內一分河東汝南二分潁分南陽江夏三分九江魏郡四分河東常山五分邯鄲清河六分鉅鹿涿郡七分燕陽勃海八分鉅鹿平原九分齊郡千乘十分齊郡泰山十一分齊郡東萊十二分瑯邪豫章十三分九江桂陽十四分長沙廣漢十五分巴蜀定襄十六分太原雁門中山十七分鄲膠東十八分瑯邪淮陽十九分楚國衡山二十分九江武陵二十一改黔中梁國二十二秦碭郡楚國二十三秦郡改楚燕國二十四秦郡改廣陽郡二十五因楚後漢爲楚陽高帝東海二十六秦郡高帝置文景各六補注宋祁曰各六越本作五十六先謙曰文帝廬江一濟南二河間三甾川四膠西五城陽六景帝山陽一濟陰二北海三廣川四濟東五江都六見本志孝惠時齊王獻城陽郡爲魯元公主湯沐邑高后割齊濟南郡爲呂王奉邑疑高帝即有此二郡名而文帝因以爲二國名也錢大昕云景帝置濟川不久即廢故不數武帝二十八補注先謙曰馮翊一扶風二宏農三陳留四臨淮五零陵六犍爲七越巂八益州九牂柯十武都十一天水十二武威十三張掖十四酒泉十五敦煌十六安定十七西河十八朔方十九玄菟二十樂浪二十一蒼梧二十二交趾二十三合浦二十四九眞二十五平干二十六眞定二十七泗水二十八並見本志錢大昕云沈黎文山珠厓儋耳臨屯眞番蒼海後皆廢故不數昭帝一補注先謙曰金城見本志訖於孝平凡郡國一百三縣邑千三百一十四補注朱一新曰汪本作二十四道三十二補注齊召南曰百官公卿表邑有蠻夷曰道志中縣邑之以道名者得二十九南郡一夷道零陵二營道泠道廣漢三甸氏道剛氏道陰平道蜀郡二嚴道湔氏道犍爲一僰道越巂一靈關道武都五故道平樂道嘉陵道循成道下辨道隴西四狄道氐道羌道予道天水四戎邑道綿諸道略陽道獂道安定一月氏道北地三除道略畔道義渠道上郡一雕陰道長沙國一連道尙缺其三以續志證之則蜀郡汶江道綿虒道武都武都道與三十二之數合本志於汶江綿虒武都三縣不言道殆闕文王鳴盛曰後漢仲長統傳注作三十四侯國二百四十一補注周壽昌曰百官公卿表云凡縣道國邑千五百八十七綜此計之適符其數而以每郡國所領縣計之止有一千五百七十八本注侯國一百九十三尙有四十八未注則皆傳寫脫漏之失也地東西九千三百二里南北萬三千三百六十八里補注王鳴盛曰後書注九千三百作九千二百無三千二字提封田一萬萬四千五百一十三萬六千四百五頃師古曰提封者大舉其封疆也其一萬萬二百五十二萬八千八百八十九頃邑居道路山川林澤羣不可墾補注王念孫曰山川林澤當依漢紀作山林川澤見周官大司徒其三千二百二十九萬九百四十七頃可墾不可墾補注宋祁曰可墾下越本無不可墾三字湻化本無不墾二字邵本無可字王鳴盛曰此誤衍不可墾三字南監無定墾田八百二十七

萬五百三十六頃民戶千二百二十三萬三千六十二口五千九百五十九萬四千九百七十八補注齊召南曰帝王世紀民戶千三百二十三萬三千六百一十二口五千九百一十九萬四千九百七十八人皇甫謐所計戶口必本此志而數目參差似所見古本異也王鳴盛曰續志元始二年民戶口數與世紀同漢極盛矣凡民函五常之性師古曰函苞也讀與含同而其剛柔緩急補注王念孫曰其本作有言五常之性不同故民函五常之性亦有剛柔緩急及音聲之不同也今本有作其字之誤耳管子焉則有緩令史記律書非有聖心以乘聰明今本有字並誤作其周南關雎正義小雅谷風正義采菽正義左傳文六年昭二十一年正義文選東都賦注後漢書班固傳注引此並作有音聲不同繫水土之風氣故謂之風好惡取舍動靜亡常師古曰好音呼到反惡音一故反隨君上之情欲故謂之俗孔子曰移風易俗莫善於樂師古曰孝經載孔子之言言聖王在上統理人倫必移其本而易其末此混同天下一之虖中和然後王敎成也漢承百年之末補注朱一新曰汪本年作王是先謙曰官本作王國土變改人民遷徙成帝時劉向略言其域分補注先謙曰官本作地分引宋祁曰地字景本作域錢大昭云閩本域作地丞相張禹使屬潁川

朱贛條其風俗猶未宣究故輯而論之師古曰輯與集同終其本末著於篇補注汪遠孫曰案秦地不空格提行因秦地卽漢都也毛本空格舊本不如是先謙曰上文是總論不專漢都也提行是秦地於天官東井輿鬼之分壄也補注錢坫曰史記天官書東井輿鬼雍州其界自弘農故關以西補注錢坫曰秦故關在宏農宏農京兆扶風馮翊北地上郡西河安定天水隴西南有巴蜀廣漢犍爲武都西有金城武威張掖酒泉敦煌又西南有牂柯越巂益州皆宜屬焉秦之先曰柏益補注錢坫曰古字柏與伯同卽伯益也禹益治水有功故禹稱神益稱化律歷志化益爲天子出自帝顓頊堯時助禹治水爲舜朕虞養育草木鳥獸賜姓嬴氏師古曰伯益一號伯翳益翳聲相近故也歷夏殷爲諸侯至周有造父師古曰造音於到反父讀曰甫善馭習馬得華騮綠耳之乘師古曰華騮言其色如華之赤也綠耳耳綠色幸於穆王封於趙城故更爲趙氏補注錢坫曰今霍州趙城縣汾水注汾水逕趙城西南穆王以封造父趙氏自此始後有非子爲周孝王養馬汧渭之閒孝王曰昔伯益知禽獸子孫不絕補注錢坫曰詩譜孝王謂伯翳能知禽獸之言子孫不絕故封非子爲附庸按蔡邕云伯翳綜聲於語鳥葛盧辨音於鳴牛是知禽獸者謂知其語言也邇封爲附庸邑之於秦補注宋祁曰秦晏本作粲今隴西秦亭秦谷是也補注齊召南曰此隴西非郡名言隴縣之西有秦亭秦谷卽是其地隴縣屬天水郡後書郡國志隴有大坂名隴坻豲坻聚有秦亭注云秦之先起於此錢坫曰今曰亭樂山山下有秦亭在秦州清水縣東三十里至玄孫氏爲莊公師古曰氏與是同古通用字補注周壽昌曰案氏爲莊公氏卽謚也亦猶名也水經注於某水或稱縣受名焉或云以氏縣此常例也古人名謚通用尤多如幽厲謚也而孟子名之曰幽厲洞簫物名也而王褒賦云謚爲洞簫司馬相如告巴蜀檄有身死無名謚爲至愚之語顏注以氏是古通必訓氏爲是拘矣破西戎有其地子襄公時幽王爲犬戎所敗平王東遷雒邑襄公將兵救周有功賜受郊酆之地列爲諸侯師古曰郊亦岐字後八世穆公稱伯以河爲竟師古曰伯讀曰霸竟讀曰境言其地界東至於河十餘世孝公用商君制轅田張晏曰周制三年一易以同美惡商鞅始割列田地開立阡陌令民各有常制孟康曰三年爰土易居古制也末世侵廢商鞅相秦復立爰田上田不易中田一易下田再易爰自在其田不復易居也食貨志曰自爰其處而已是也轅爰同補注錢坫曰春秋傳晉作爰田服虔曰爰易也國語作轅田古爰轅字同用說文爰籀文以爲車轅字然轅田之轅解字又作趄是趄

正字爰轅並通借開仟伯師古曰南北曰仟東西曰伯皆謂開田之疆畝也伯音莫白反補注錢坫曰秦本紀作阡陌按仟伯爲田渠交午之稱說文有汘洦當是正字益破溝洫之制而爲此先謙曰程瑤田阡陌考云阡陌田閒之道也訓故家釋阡陌者皆言南北阡東西陌惟風俗通具二義曰南北曰阡東西曰陌河東以東西爲阡南北爲陌東雄諸侯子惠公初稱王得上郡西河孫昭王開巴蜀滅周取九鼎昭王曾孫政幷六國稱皇帝負力怙威燔書阬儒自任私智至子胡亥天下畔之故秦地補注先謙曰故古字同於禹貢時跨雍梁二州詩風兼秦豳兩國昔后稷封斄師古曰斄讀曰邰今武功故城是也補注錢坫曰字應作邰斄借用也公劉處豳師古曰卽今豳州栒邑是大王徙郊師古曰今岐山縣是文王作酆師古曰今長安西北界靈臺鄉豐水上是武王治鎬師古曰今昆明池北鎬陂是補注錢坫曰豐在今西安府鄠縣東五里鎬在西安府城西南三十二里其民有先王遺風好稼穡務本業故豳詩言農桑衣食之本甚備師古曰謂七月之詩有鄠杜竹林南山檀柘號稱陸海爲九州膏腴師古曰言其地高陸而饒物產如海之無所不出故云陸海腹之下肥曰腴故取諭云補注先謙曰官本諭作喻始皇之初鄭國穿渠引涇

水溉田師古曰鄭國人姓名事具在溝洫志補注錢坫曰故渠在今西安府涇陽三原二縣沃野千里師古曰沃卽溉也言千里之地皆得溉灌民以富饒漢興立都長安徙齊諸田楚昭屈景及諸功臣家於長陵後世世徙吏二千石高訾富人及豪桀幷兼之家於諸陵師古曰訾讀與貲同高訾言多財也蓋亦以彊幹弱支非獨爲奉山園也如淳曰黃圖謂陵冢爲山師古曰謂京師爲幹四方爲支也是故五方雜厝晉灼曰厝古錯反補注朱一新曰汪本反作字是錢坫曰厝錯古字同用先謙曰官本反作字風俗不純其世家則好禮文富人則商賈爲利豪桀則游俠通姦瀕南山師古曰瀕猶邊瀕音頻又音賓近夏陽師古曰夏陽卽河之西岸也今在同州韓城縣界多阻險輕薄易爲盜賊常爲天下劇又郡國輻湊浮食者多民去本就末列侯貴人車服僭上眾庶放效羞不相及師古曰放依也音甫往反嫁娶尤崇侈靡送死過度天水隴西山多林木民以板爲室屋及安定北地上郡西河皆迫近戎狄修習戰備高上氣力以射獵爲先故秦詩曰在其板屋師古曰小戎之詩也言襄公出征則婦人居板

屋之中而念其君子又曰王于興師修我甲兵與子偕行師古曰無衣之詩也言於王之興師則修我甲兵而與子俱征伐也及車轔四戴小戎之篇皆言車馬田狩之事師古曰車轔美秦仲大有車馬其詩曰有車轔轔有馬白顛四戴美襄公田狩也其詩曰四戴孔阜六轡在手輶車鸞鑣戴獫猲獢小戎美襄公備兵甲討西戎其詩曰小戎俴收五楘梁輈文茵暢轂駕我騏馵龍盾之合鋈以觼軜轔音隣戴音耊輶音猶又音誘獫音力贍反獢音許昭反俴音踐楘音木馵音霍鋈音沃觼音玦軜音納〔補注〕宋祁曰載獫當作戴獫錢坫曰戴鐵古字漢興六郡良家子選給羽林期門如湻曰醫商賈百工不得豫也師古曰六郡謂隴西天水安定北地上郡西河羽林期門解在百官公卿表㠯材力爲官名將多出焉〔補注〕錢坫曰所謂山西出將山東出相者以華山爲界也六郡並山西地孔子曰君子有勇而亡誼則爲亂小人有勇而亡誼則爲盜師古曰論語載孔子對子路之言也〔補注〕錢坫曰誼義古字通用故此數郡民俗質木不恥寇盜師古曰質木者無有文飾如木石然自武威㠯西本匈奴昆邪王休屠王地師古曰昆音下門反休音許虯反屠音除武帝時攘之師古曰攘卻也音人羊反初置四郡㠯通西域鬲絕南羌匈奴師古曰鬲與隔同其民或㠯關東下貧或㠯報怨過當師古曰過其本所殺或㠯誖逆亡道家屬徙焉師古曰誖亂也惑也音布內反習俗頗殊地廣民稀水屮宜畜牧師古曰屮古草字古涼州之畜〔補注〕朱一新曰汪本古作故是先謙曰官本作故爲天下饒保邊塞二千石治之咸㠯兵馬爲務酒禮之會〔補注〕朱一新曰案禮通醴上下通焉吏民相親是㠯其俗風雨時節穀糴常賤少盜賊有和氣之應賢於內郡此政寬厚吏不苛刻之所致也巴蜀廣漢本南夷秦并㠯爲郡土地肥美有江水沃野山林竹木疏食果實之饒師古曰疏菜也南賈滇僰僮師古曰言滇僰之地多出僮隸也滇音顚僰音蒲北反〔補注〕先謙曰賈猶市也官本重滇僰二字引宋祁曰正文滇僰二字當刪西近邛莋馬旄牛師古曰言邛莋之地出馬及旄牛莋音材各反〔補注〕先謙曰官本重莋字引宋祁曰正文莋莋當刪一莋字民食稻魚亡凶年憂俗不愁苦而輕易淫泆柔弱褊阸師古曰言其材質不彊而心忿阸景武間文翁爲蜀守教民讀書法令〔補注〕先謙曰言讀書兼讀律也未能篤信道德反㠯好文刺譏貴慕權埶及司馬相如游宦京師諸侯㠯文辭顯於世鄉黨慕循其

迹後有王褒嚴遵揚雄之徒師古曰遵即嚴君平文章冠天下繇文翁倡其教相如爲之師師古曰繇讀與由同倡始也音充向反〔補注〕錢坫曰三國志秦宓傳云蜀本無學士文翁遣相如受七經還教吏民故孔子曰有教無類師古曰論語載孔子之言言人之性術在所教耳無種類武都地雜氐羌及犍爲牂柯越巂皆西南外夷武帝初開置民俗略與巴蜀同而武都近天水俗頗似焉故秦地天下三分之一而人眾不過什三然量其富居什六秦豳〔補注〕王念孫曰秦豳二字與上下文皆不相屬蓋涉上文兼秦豳兩國而衍吳札觀樂爲之歌秦師古曰札吳王壽夢子也來聘魯而請觀周樂事見左氏傳襄二十九年曰此之謂夏聲師古曰夏中國夫能夏則大大之至也其周舊乎〔補注〕先謙曰先天文次地形次世繫次風俗自井十度至柳三度謂之鶉首之次秦之分也〔補注〕錢大昕曰十二次宿度惟載鶉首鶉火壽星析木餘皆闕如蓋班氏未定之本其述分埜既以東平須昌壽張爲宋分又云東平須昌壽張皆在濟東屬魯非宋地也當攷亦疑而未決之詞也所述星度與蔡邕月令章句合較之律歷志每次大率差五六度魏地觜觿參之分野也師古曰觿音弋隨反〔補注〕錢坫曰天官書觜觿參益州與武帝所置益州異其

界自高陵㠯東〔補注〕先謙曰魏初地自鄭濱洛以東故起高陵盡河東河內南有陳留及汝南之召陵濦彊新汲西華長平師古曰召讀曰邵濦音於靳反又音殷〔補注〕先謙曰彊當爲彊見本志新汲屬潁川非汝南潁川之舞陽郾許傿陵師古曰郾音一扁反傿音偃河南之開封中牟陽武酸棗卷師古曰卷音去權反〔補注〕先謙曰酸棗屬陳留非河南皆魏分也〔補注〕顧炎武曰左傳子產曰遷實沈於大夏主參故參爲晉星然其疆界亦當至河而止若志所列陳留以下郡縣並在河南於春秋自屬陳鄭二國角亢氐之分也不當併入魏本都安邑至惠王始徙大梁乃據後來之疆土割以相附豈不謬哉河內本殷之舊都周既滅殷分其畿內爲三國詩風邶庸衞國是也師古曰自紂城而北謂之邶南謂之庸東謂之衞邶音步內反字或作鄁庸字或作鄘〔補注〕錢坫曰邶字本或作鄁別字說文邶自河內朝歌以北詩譜自紂城而北邶以南庸以東衞今衞輝府滑縣東南有邶水府城西有故庸城有庸水出宜蘇山當是其地鄁㠯封紂子武庚〔補注〕朱一新曰鄁當作邶涉上注文而誤庸管叔尹之衞蔡叔尹之㠯監殷民謂之三監師古曰武庚即祿父也尹主也管叔蔡叔皆武王之弟〔補注〕先謙曰陳奐云監者以監殷民三監者管蔡及武庚也武庚既叛管蔡流言見於國語左傳詩序詩傳信而有徵惟逸周書作雒篇有霍叔監殷之說鄭作詩譜遂以管蔡霍爲三監

始與古相背梅氏僞書又從而附會之有降霍叔之語又逸周書作雒解言中旄父宇于東孔晁注云中旄父代管叔此與志言盡以邶庸封康叔不合鄭作詩譜依據逸書故有後世稍併邶庸之說故書序曰武王崩三監畔師古曰周書大誥之序周公誅之盡㠯其地封弟康叔號曰孟侯師古曰康叔亦武王弟也孟長也言爲諸侯之長〔補注〕先謙曰官本注在周室下㠯夾輔周室遷邶庸之民于雒邑故邶庸衞三國之詩相與同風〔補注〕先謙曰謂同爲一國風惟毛詩誤分爲三卷故說不可通邶詩曰在浚之下師古曰凱風之詩也浚衞邑也音峻庸曰在浚之郊師古曰干旄之詩邶又曰亦流于淇師古曰泉水之詩河水洋洋師古曰今邶詩無此句〔補注〕王念孫曰盧文弨云玉篇水部洋亡爾切亦瀰字集韻瀰或作洋然則洋洋乃洋洋之譌卽新臺之河水瀰瀰也廣雅釋邱有洋字今亦譌爲洋[illegible]案盧說是也洋字本作洋以芉姓之芉爲聲俗書芉姓字作芉與篆文羊字無異故洋譌爲洋也下文引衞詩河水洋洋則此洋洋爲洋洋之譌明矣庸曰送我淇上師古曰桑中之詩淇上淇水之上在彼中河師古曰柏舟之詩也中河河中也衞曰瞻彼淇奧師古曰淇奧之詩也奧水隈也音於六反〔補注〕朱一新曰奧古澳字汪本作澳河水洋洋師古曰碩人之詩也洋洋盛大也音羊又音翔故吳公子

札聘魯觀周樂聞邶庸衞之歌曰美哉淵乎吾聞康叔之德如是是其衞風乎至十六世懿公亡道爲狄所滅齊桓公帥諸侯伐狄而更封衞於河南曹楚丘是爲文公師古曰曹及楚丘二邑名〔補注〕先謙曰陳奐云曹楚丘皆衞邑名曹詩作漕卽漕虛戴公初廬於漕虛未踰年而卒立文公文公初年在漕虛自漕虛而徙楚丘或謂詩序露于漕邑野處漕邑皆指戴公不及文公自誤錢坫云漕在今滑縣南二十里舊白馬縣也楚丘在滑縣東六十里而河內殷虛更屬于晉師古曰殷虛汲郡朝歌縣也虛讀曰墟康叔之風旣歇而紂之化猶存故俗剛彊多豪桀侵奪薄恩禮好生分師古曰生分謂父母在而昆弟不同財產〔補注〕先謙曰生分蓋夫婦乖異下韓地民以生分爲失同義顏以生爲父母在分爲昆弟不同財於文不順且昆弟同財固善分亦未爲大失若以父母在而分財爲非豈父母死而分財卽是乎知其義之未安矣河東土地平易有鹽鐵之饒本唐堯所居詩風唐魏之國也周武王子唐叔在母未生師古曰謂懷孕時武王夢帝謂己師古曰帝天也曰余名而子曰虞將與之唐屬之參師古曰屬音之欲反參音所林反及生名之曰虞至成王滅唐而封叔虞唐有晉水及叔

虞子燮爲晉侯云故參爲晉星其民有先王遺教君子深思小人儉陋故唐詩蟋蟀山樞葛生之篇曰今我不樂日月其邁師古曰蟋蟀之詩也邁行也言日月行往將老而死也蟋音悉蟀音率宛其死矣它人是婾師古曰山有樞之詩也婾樂也言已儉吝死亡之後當爲他人所樂也婾音偷又音偷樞音甌百歲之後歸于其居師古曰葛生之詩也居謂墳墓也言死當歸于墳墓不能復爲樂也皆思奢儉之中念死生之慮師古曰中音竹仲反吳札聞唐之歌曰思深哉其有陶唐氏之遺民乎〔補注〕先謙曰陳奐云詩唐風正義引左傳作遺風此作遺民者後人依誤本左傳改之魏國亦姬姓也在晉之南河曲故其詩曰彼汾一曲師古曰汾沮洳之詩沮音子豫反洳音人豫反寘諸河之側師古曰伐檀之詩寘置也音之豉反自唐叔十六世至獻公滅魏㠯封大夫畢萬師古曰畢萬畢公高之後魏犨祖父滅耿㠯封大夫趙夙師古曰趙夙趙衰之兄及大夫韓武子食采於韓原師古曰韓武子韓厥之曾祖也本與周同姓食采於韓更爲韓氏此說依史記而與釋春秋傳者不同〔補注〕錢坫曰春秋傳秦穆公晉惠公戰于韓原杜注韓原晉地舊解相承以爲在今同州府韓城縣東南二十里非也攷傳穆公伐晉涉河侯車敗又曰獲晉君歸至于王

城穆公都今鳳翔府城若戰晉在韓城不得路出王城今韓城縣自古相傳並稱梁國本非韓侯國惟括地志云韓國在今韓城縣南十八里此乃無稽謬證非由經故秦晉戰地自當在今解州芮城縣郡國志河東河北有韓亭者是也今謂武子所封亦應是此又史記韓世家韓之先與周同姓其後苗裔事晉得封于韓原曰韓武子按水經注聖水逕韓城東詩韓奕曰溥彼韓城燕師所完王錫韓侯其追其貊奄受北國王肅云今涿郡方城縣有韓侯城今順天府固安縣地也潛夫論亦云然是韓侯國非韓城縣之證又春秋傳稱邘晉應韓爲武王之後而世本謂曲沃桓叔生武子萬萬生定伯定伯生子輿則晉之支庶又與武穆之誼不同於世家更戾矣晉於是始大至於文公伯諸侯尊周室師古曰伯讀曰霸始有河內之土師古曰左氏傳所謂始起南陽者吳札聞魏之歌曰美哉渢渢乎師古曰渢渢浮貌也言其中庸可與爲善可與爲惡也渢音馮㠯德輔此則明主也文公後十六世爲韓趙魏所滅三家皆自立爲諸侯是爲三晉趙與秦同祖韓魏皆姬姓也自畢萬後十世稱侯至孫稱王徙都大梁故魏一號爲梁七世爲秦所滅

周地柳七星張之分野也〔補注〕錢坫曰天官書柳七星張三河今之河南雒陽穀成

平陰偃師鞏緱氏〔補注〕先謙曰官本成作城是其分也昔周公營雒邑以爲在于土中諸侯蕃屏四方師古曰言雒陽四面皆有諸侯爲蕃屏故立京師至幽王淫褒姒以滅宗周子平王東居雒邑其後五伯更帥諸侯以尊周室師古曰伯讀曰霸解在刑法志更互也音工衡反〔補注〕先謙曰官本周作王故周於三代最爲長久八百餘年至於王赧〔補注〕王鳴盛曰南監本作赧王是先謙曰官本作赧王乃爲秦所兼初雒邑與宗周通封畿韋昭曰通在二封之地共千里也師古曰宗周鎬京也方八百里八八六十四爲方百里者六十四也雒邑成周也方六百里六六三十六爲方百里者三十六三都得百里者方千里也故詩云邦畿千里〔補注〕王鳴盛曰南監作二都得百里者百方千里也是朱一新曰三都當作二都言宗周及雒邑也汪本并脫此字者下當有百字此脫汪本有顏監此注全蘘臣瓚見詩王城譜正義今據以補改先謙曰官本作二都得百里者百方千里也東西長而南北短短長相覆爲千里至襄王以河內賜晉文公又爲諸侯所侵故其分墜小師古曰墜古地字〔補注〕錢坫曰墜籀文地字周人之失巧僞趨利貴財賤義高富下貧憙爲商賈不好仕宦師古曰憙音許吏反自柳三度至張十二度謂之鶉火之次周之分也

韓地角亢氏之分野也〔補注〕錢坫曰天官書角亢氏兗州韓分晉得南陽郡〔補注〕全祖望曰楚有南陽韓亦有南陽蓋潁川之西如宛如穰與楚南陽接故並取名焉六國年表秦紀韓世家可攷非故晉所啟之南陽也晉之南陽趙得其溫原韓得其州魏得其脩武即河內也三晉同分河內之地而魏獨多及韓趙相繼失上黨而河內道斷魏之脩武亦不保是非可并晉楚之南陽而合之也志云韓分晉得南陽下文云秦滅韓徙天下不軌之民於南陽又云宛西通武關東受江淮一都會也則即以爲楚南陽矣不知河內之南陽得名在春秋之世三晉分之非韓所獨始皇十六年所受之南陽地在宛穰與楚境相犬牙者不得混而舉之秦并天下蓋并韓地以入楚之南陽矣及潁川之父城定陵襄城潁陽潁陰長社陽翟郟師古曰郟音工洽反即今郟城縣是也東接汝南西接弘農得新安宜陽皆韓分也及詩風陳鄭之國與韓同星分焉鄭國今河南之新鄭本高辛氏火正祝融之虛也師古曰虛讀曰墟後皆類此及成皋滎陽潁川之崇高陽城皆鄭分也本周宣王弟友〔補注〕朱一新曰詩鄭譜正義引弟上有母字爲周司徒食采於宗周畿內是爲鄭師古曰即今之華陰鄭縣鄭桓公問

於史伯曰王室多故何所可以逃死史伯曰四方之國非王母弟甥舅則夷狄不可入也其濟洛河潁之閒乎師古曰濟音子禮反子男之國虢會爲大師古曰會讀曰鄶字或作檜檜國在豫州外方之北滎播之南溱洧之閒妘姓之國〔補注〕齊召南曰案顏注引康成詩譜應作滎播宋本監本作滎嶓訛也別本作滎波依禹貢較是錢坫曰會即鄶也妘姓之國史記楚世家所稱會人是也詩作檜今開封府新鄭縣地恃埶與險崈侈貪冒師古曰冒蒙也蔽於義理〔補注〕先謙曰崈崇字同故上文之崈高即潁川之崇高縣嵩而此崈侈爲崇侈君若寄帑與賄周亂而敝必將背君師古曰帑讀與孥同謂妻子也君以成周之衆奉辭伐罪亡不克矣公曰南方不可乎對曰夫楚重黎之後也黎爲高辛氏火正昭顯天地以生柔嘉之材姜嬴荊芊實與諸姬代相干也師古曰代遞也干犯也姜伯夷之後也嬴伯益之後也伯夷能禮於神以佐堯伯益能儀百物以佐舜師古曰儀與宜同宜安也其後皆不失祠而未有興者周衰將起不可偪也桓公從其言乃東寄帑與賄虢會受之後三年幽王敗威公死〔補注〕朱一新曰威公即桓公也汪本仍作桓先謙曰官本作桓公其子武公與平王東遷卒定虢會之地右雒左沛〔補注〕朱一新曰沛當作泲汪本不誤食溱洧焉師古曰溱洧二水也溱音臻洧音鮪〔補注〕錢坫曰溱說文作潧水經同惟詩春秋內外傳作溱古溱潧字音聲皆異無通用之例或水有二名故詩以溱與人字相協爲韻若以潧協人則失之遠矣土陿而險山居谷汲男女亟聚會師古曰亟屢也音丘吏反故其俗淫鄭詩曰出其東門有女如雲師古曰出其東門之詩東門鄭之東門也如雲言其衆多而往來不定〔補注〕先謙曰陳奐云毛詩以此閔亂而作孟堅以爲俗淫蓋魯詩說又曰溱與洧方灌灌兮士與女方秉菅兮恂盱且樂惟士與女伊其相謔師古曰溱洧之詩也灌灌水流盛也菅蘭也恂信也盱大也伊惟也謔戲言也謂仲春之月二水流盛而士與女執芳草於其閒以相贈遺信大樂矣惟以戲謔也灌音胡貫反菅音姦〔補注〕先謙曰陳奐云毛詩渙渙韓詩作洹洹則灌灌爲魯詩也聲並同毛韓作蕑魯作菅此其風也吳札聞鄭之歌曰美哉其細已甚民弗堪也是其先亡乎臣瓚曰謂音聲細弱也此衰弱之徵自武公後二十三世爲韓所滅陳國今淮陽之地〔補注〕王鳴盛曰地下誤空一格南監下陳字誤提行起皆非是陳本太昊之虛周武王封舜後嬀滿於陳是爲

胡公妻以元女大姬婦人尊貴好祭祀用史巫故其俗巫鬼〔補注〕王念孫曰案巫鬼上原有好字此言大姬好祭而用巫故其民化之而皆好巫鬼也脫去好字則文義不明詩譜云大姬無子好巫覡禱祈鬼神歌舞之樂民俗化而爲之正義引此志正作其俗好巫鬼又云在女曰巫在男曰覡巫是總名故漢書唯言好巫正義兩引此皆云好巫則有好字明矣匡衡傳亦云陳夫人好巫而民淫祀陳詩曰坎其擊鼓宛丘之下亡冬亡夏值其鷺羽師古曰宛丘之詩也坎坎擊鼓聲四方高中央下曰宛丘值立也鷺鳥之羽以爲翿立之而舞以事神也無冬無夏言其恆也又曰東門之枌宛丘之栩子仲之子婆娑其下師古曰東門之枌之詩也東門陳國之東門也枌白楡也栩杼也子仲陳大夫之氏也婆娑舞貌也亦言於枌栩之下歌舞以娛神也枌音扶云反栩音許羽反杼音神汝反〔補注〕錢坫曰婆應作媻婆俗字此其風也吳札聞陳之歌曰國亡主其能久乎師古曰言政由婦人不以君爲主也自胡公後二十三世爲楚所滅陳雖屬楚於天文自若其故〔補注〕宋祁曰世字下湻化本有亦字潁川南陽本夏禹之國夏人上忠其敝鄙朴韓自武子後七世稱侯六世稱王五世而爲秦所滅秦既滅韓徙天下不軌之民於南陽師古曰不軌不循法度者故

其俗夸奢上氣力好商賈漁獵藏匿難制御也宛西通武關東受江淮一都之會也〔補注〕王念孫曰案都會之間不當有之字篇內皆言一都會無之字史記貨殖傳亦無宣帝時鄭弘召信臣爲南陽太守師古曰召讀曰邵治皆見紀信臣勸民農桑去末歸本郡以殷富潁川韓都士有申子韓非刻害餘烈師古曰申子申不害也烈業也高士宦〔補注〕錢大昭曰士南監本閩本作仕是朱一新曰汪本作仕先謙曰官本作仕好文法民以貪遴爭訟生分爲失師古曰遴與吝同〔補注〕錢坫曰說文遴行難也易曰以往遴今易作吝王莽傳性實遴嗇杜欽傳誠難以忽不可以遴義皆與吝同韓延壽爲太守先之以敬讓黃霸繼之敎化大行獄或八年亡重罪四南陽好商賈召父富以本業師古曰召父謂召信臣也勸其務農以致富潁川好爭訟分異黃韓化以篤厚君子之德風也小人之德草也信矣師古曰論語載孔子之言也曰君子之德風小人之德草也草上之風必偃言從敎而化自東井六度至亢六度謂之壽星之次鄭之分野與韓同分〔補注〕齊召南曰壽星之次星曰角亢律歷志壽星初軫十二度中角十度終于氐四度烏在其爲自東井六度至亢六度也夫自東井十

度至柳三度爲鶉首之次秦分野也柳七星張爲鶉火之次周分野也翼軫爲鶉尾之次楚分野也豈有自未至辰遠及四次以爲一地之分星乎二句必係傳寫之誤趙地昴畢之分壄〔補注〕王引之曰昴上當有胃字史記天官書正義引星紀曰胃昴趙之分野晉書天文志引費直周易分壄曰自婁十度至畢八度賵幦在趙之分野又引蔡邕月令章句曰自胃一度至畢五度趙之分野高注呂氏春秋有始篇淮南天文篇竝曰胃昴趙之分野皆其證漢紀高后紀云胃昴畢趙也曠鑒郎本漢書尤其明證矣史記正義論例引此已脫胃字錢坫曰天官書昴畢冀州趙分晉得趙國北有信都眞定常山中山又得涿郡之高陽鄚州鄉師古曰鄚音莫東有廣平鉅鹿清河河間又得勃海郡之東平舒中邑文安東州成平章武河以北也南至浮水繁陽內黃斥丘〔補注〕汪遠孫曰繁陽繁淵酈注云郎浮水蓋縣併入西有太原定襄雲中五原上黨上黨本韓之別郡也遠韓近趙後卒降趙皆趙分也自趙夙後九世稱侯四世敬侯徙都邯鄲至曾孫武靈王稱王五世爲秦所滅趙中山地薄人衆猶有沙丘紂淫亂餘民晉灼曰言地薄人衆復有沙丘紂淫地餘民

通係之於淫風而言之也不說沙丘在中山也〔補注〕宋祁曰正文中山地下別本又一地字丈夫相聚游戲悲歌忼慨起則椎剽掘冢師古曰椎殺人而剽劫之也椎音直追反其字從木剽音頻妙反掘冢發冢也作姦巧多弄物〔補注〕朱一新曰弄史貨殖傳作美徐廣曰美一作弄一作推爲倡優女子彈弦跕躧游媚富貴徧諸侯之後宮如湻曰跕音蹀足之蹀躧音屣臣瓚曰躡跟爲跕桂指爲躧師古曰跕丁頰反躧字與屣同屣謂小履之無跟者也跕謂輕躡之也〔補注〕錢坫曰躧舞履也跕卽疌字跕躧服虔所謂跦屣履是也古無屣二字跦亦卽疌屣卽躧耳先謙曰官本桂作挂是邯鄲北通燕涿南有鄭衞漳河之間一都會也其土廣俗雜大率精急高氣埶輕爲姦太原上黨又多晉公族子孫以詐力相傾矜夸功名報仇過直師古曰直亦當也〔補注〕宋祁曰一本傾下有務字朱一新曰汪本有務字嫁取送死奢靡師古曰取讀曰娶其下竝同漢興號爲難治常擇嚴猛之將或任殺伐爲威父兄被誅子弟怨憤至告訐刺史二千石師古曰訐面相斥罪也音居列反又音居謁反〔補注〕宋祁曰訐相字邵本作猶或報殺其親屬鍾代石北迫近胡寇如湻曰鍾所在未聞石山險之限在上曲陽〔補注〕錢坫曰鍾鍾山亦曰陰山也在今楡林府城北鄂

爾都斯界黃河北岸如以爲未聞非矣代郡縣名石石城北北平如以石爲在上曲陽者常山石邑非此耳先謙曰官本如淳作師古民俗懻忮臣瓚曰懻音冀今北土名彊直爲懻中師古曰懻堅也忮恨也音章豉反補注錢坫曰懻即冀字別也釋名亦云堅懻冀爲北方州者以民俗堅冀稱之歟好氣爲姦不事農商自全晉時已患其剽悍師古曰剽急也輕也悍勇也剽音頻妙反又音疋妙反悍音胡旦反而武靈王又益厲之故冀州之部盜賊常爲它州劇定襄雲中五原本戎狄地頗有趙齊衞楚之徒師古曰言四國之人被遷徙來居之其民鄙朴少禮文好射獵雁門亦同俗於天文別屬燕燕地尾箕分壄也補注錢坫曰天官書尾箕幽州朱一新曰燕下汪本提行王鳴盛曰誤連上南監提行是先謙曰官本提行武王定殷封召公於燕其後三十六世與六國俱稱王東有漁陽右北平遼西遼東西有上谷代郡雁門南得涿郡之易容城范陽北新城補注王鳴盛曰城當作成南監亦誤先謙曰北新成屬中山非涿郡此與上新汲酸棗或班偶誤或先後改屬皆不可知故安涿縣良鄉新昌及勃海之安次皆燕分也樂浪玄菟亦宜屬焉燕稱王十世補注朱一新曰正統本汪本作七世是秦

欲滅六國燕王太子丹遣勇士荊軻西刺秦王不成而誅秦遂舉兵滅燕薊南通齊趙勃碣之間一都會也師古曰薊縣燕之所都也勃勃海也碣碣石也補注先謙曰官本注末多此石著海旁揭揭然特立之貌也十三字初太子丹賓養勇士不愛後宮美女民化以爲俗至今猶然賓客相過以婦侍宿嫁取之夕男女無別反以爲榮後稍頗止然終未改其俗愚悍少慮輕薄無威亦有所長敢於急人如淳曰赴人之急果於赴難也燕丹遺風也上谷至遼東地廣民希數被胡寇俗與趙代相類有魚鹽棗栗之饒北隙烏丸夫餘如淳曰有怨隙也或曰隙際也師古曰訓際是也烏丸本東胡也爲冒頓所滅餘類保烏丸山因以爲號夫餘在長城之北去玄菟千里夫讀曰扶東賈眞番之利玄菟樂浪武帝時置皆朝鮮濊貉句驪蠻夷師古曰濊音穢字或作薉其音同殷道衰箕子去之朝鮮師古曰史記云武王伐紂封箕子於朝鮮與此不同教其民以禮義田蠶織作樂浪朝鮮民犯禁八條師古曰八條不具見相殺以當時償殺相傷以穀償相盜者男沒入爲其家奴女子爲

婢欲自贖者人五十萬補注先謙曰官本贖作償雖免爲民俗猶羞之嫁取無所讎師古曰讎匹也一曰讎讀曰售是以其民終不相盜無門戶之閉婦人貞信不淫辟師古曰辟讀曰僻其田民飲食以籩豆師古曰以竹曰籩以木曰豆若今之檠也檠音其敬反都邑頗放效吏及內郡賈人往往以杯器食師古曰都邑之人頗用杯器者效吏及賈人也放音甫往反郡初取吏於遼東吏見民無閉臧及賈人往者夜則爲盜俗稍益薄今於犯禁寖多至六十餘條可貴哉仁賢之化也然東夷天性柔順異於三方之外師古曰三方謂南西北也故孔子悼道不行設浮於海欲居九夷有以也師古曰論語稱孔子曰道不行乘桴浮於海從我者其由也歟言欲乘桴筏而適東夷以其國有仁賢之化可以行道也桴音孚筏音伐補注朱一新曰顏注失引子欲居九夷事夫補注劉攽曰夫字宜屬上句樂浪海中有倭人分爲百餘國以歲時來獻見云如淳曰如墨委面在帶方東南萬里臣瓚曰倭是國名不謂用墨故謂之委也師古曰如淳云如墨委面蓋音委字耳此音非也倭音一戈反今猶有倭國魏略云倭在帶方東南大海中依山島爲國度海千里復有國皆倭種自危四度至斗六度謂之析

木之次燕之分也補注齊召南曰按析木之次星曰尾箕律歷志析木初尾十度中箕七度終于斗十一度此言一次之全度也燕地祇占尾箕不及南斗何緣自危四度至斗六度乎若順數之幾乎週天矣若逆數之則自危而虛而女而牽牛而南斗正當元枵星紀二次又何以云析木也宋本監本俱誤齊地虛危之分壄也補注錢坫曰天官書虛危青州東有菑川東萊琅邪高密膠東南有泰山城陽北有千乘清河以南勃海之高樂高城重合陽信西有濟南平原皆齊分也補注宋祁曰分也一本作分地少昊之世有爽鳩氏虞夏時有季崱師古曰崱音仕力反湯時有逢公柏陵殷末有薄姑氏皆爲諸侯國此地至周成王時薄姑氏與四國共作亂成王滅之以封師尙父是爲太公師古曰武王封太公於齊初未得爽鳩之地成王以益之也詩風齊國是也臨菑名營丘故齊詩曰子之營兮遭我虖嶩之間兮師古曰齊國風營詩之辭也毛詩作還齊詩作營之往也嶩山名也字或作峱亦作嶩音皆乃高反言往適營丘而相逢於嶩山也補注錢坫曰說文作峱今山在青州府臨淄縣東南十五里錢大昕曰古書營與環通說文營帀居也讀如闤闠之闤還與環音亦同也峱農聲相近故文或

爲嚻又曰䄊我於著乎而師古曰齊國風著詩之辭也著地名卽濟南郡著縣也乎而語助也一曰門屏之閒曰著音直庶反此亦其舒緩之體也吳札聞齊之歌曰泱泱乎大風也哉師古曰泱泱弘大之意也音烏郎反其太公乎國未可量也古有分土亡分民師古曰有分土者謂立封疆也無分人者謂通往來不常厥居也太公以齊地負海舄鹵少五穀而人民寡師古曰舄鹵解在食貨志迺勸以女工之業通魚鹽之利而人物輻湊後十四世補注朱一新曰汪本作十五案齊世家汪本是桓公用管仲設輕重以富國師古曰解在食貨志合諸侯成伯功師古曰伯讀曰霸身在陪臣而取三歸師古曰三歸三姓之女補注錢坫曰戰國策桓公設女市女閭而管仲有三歸之臺謂此也故其俗彌侈織作冰紈綺繡純麗之物如淳曰紈白熟也純緣也謂條組之屬也麗好也臣瓚曰冰紈紈細密堅如冰者也純麗溫純美麗之物也師古曰如說非也冰謂布帛之細其色鮮絜如冰者也紈素也綺文繒也卽今之所謂細綾也純精好也麗華靡也紈音丸純音淳補注王念孫曰案冰紈謂素色鮮絜如冰也師古分冰紈爲二物亦非號爲冠帶衣履天下師古曰言天下之人冠帶衣履皆仰齊地補注錢坫曰漢制齊有三服之官初太公治齊修道術尊賢智賞有功故

至今其士多好經術矜功名補注蘇輿曰士疑士之譌舒緩闊達而足智其失夸奢朋黨言與行繆虛詐不情師古曰不可得其情急之則離散緩之則放縱始桓公兄襄公淫亂姑姊妹不嫁於是令國中民家長女不得嫁名曰巫兒爲家主祠嫁者不利其家民至今以爲俗痛乎道民之道可不愼哉師古曰上道讀曰導補注宋祁曰愼疑作憤蘇輿曰愼字於文自順宋說贅昔太公始封周公問何以治齊太公曰舉賢而上功周公曰後世必有篡殺之臣其後二十九世爲彊臣田和所滅而和自立爲齊侯初和之先陳公子完有罪來奔齊師古曰公子完陳厲公之子也左氏傳魯莊二十二年陳人殺其太子禦寇公子完與顓孫奔齊蓋禦寇之黨也齊桓公以爲大夫更稱田氏九世至和而篡齊至孫威王稱王五世爲秦所滅臨甾海岱之閒一都會也其中具五民云服虔曰士農商工賈也如淳曰遊子樂其俗不復歸故有五方之民也師古曰如說是

魯地奎婁之分壄也補注錢坫曰天官書奎婁胃徐州東至東海南有泗水至淮得臨淮之下相睢陵僮取慮皆魯分也師古曰睢音雖取音趨又音秋慮音閭補注先謙曰官本無睢音雖三字周興以少昊之虛曲阜封周公子伯禽爲魯侯師古曰少昊金天氏之地補注汪遠孫曰詩魯頌譜正義引應劭曰曲阜在魯城中委曲長七八里以爲周公主師古曰主周公之祭祀其民有聖人之教化故孔子曰齊一變至於魯魯一變至於道言近正也師古曰魯庶幾至道齊人不如魯也瀕洙泗之水師古曰言所居皆邊於一水也瀕音頻又音賓其民涉度幼者扶老而代其任師古曰任負戴也俗既益薄長老不自安與幼少相讓故曰魯道衰洙泗之閒齗齗如也師古曰齗齗分辨之意也音牛斤反孔子閔王道將廢迺修六經以述唐虞三代之道弟子受業而通者七十有七人是以其民好學上禮義重廉恥周公始封太公問何以治魯周公曰尊尊而親親太公曰後世寖弱矣師古曰言寖微弱也補注錢坫曰魯世家太公伯禽報政周公周公曰魯後世北面事齊與此異故魯自文公以後祿去公室政在大夫季氏逐昭公陵夷微弱三十四世而爲楚所滅然本大

國故自爲分壄今去聖久遠周公遺化銷微孔氏庠序衰壞地陿民眾頗有桑麻之業亡林澤之饒俗儉嗇愛財趨商賈好訾毁多巧僞師古曰以言相毀曰訾訾音子爾反喪祭之禮文備實寡然其好學猶愈於它俗師古曰愈勝也漢興以來魯東海多至卿相東平須昌壽良補注王鳴盛曰南監本作壽張此與前東郡下良字不當互異作良是先謙曰官本作張皆在濟東屬魯非宋地也當考師古曰當考者言當更考覈之其事未審補注顧炎武曰於宋地下云今之沛梁楚山陽濟陰東平及東郡之須昌壽張皆宋分也於魯地下又云非宋地也當考此並存異說以備考當小注於下而誤連書者錢坫曰自東平以下十八字似非原文或後人因其地屬魯而分壄在宋故增記於此以俟再核耳

宋地房心之分壄也補注錢坫曰天官書房心豫州今之沛梁楚山陽濟陰東平及東郡之須昌壽張皆宋分也周封微子於宋今之睢陽是也本陶唐氏火正閼伯之虛也濟陰定陶詩風曹國也武王封弟叔振鐸於曹其後稍大得山陽陳留二十餘世爲宋所滅昔堯作游成

陽如淳曰作起也成陽在定陶今有堯冢靈臺師古曰作游者言爲宮室游止之處也舜漁靁澤師古曰漁捕漁也靁古雷字湯止于亳故其民猶有先王遺風重厚多君子好稼穡惡衣食以致畜藏師古曰畜讀曰蓄宋自微子二十餘世至景公滅曹滅曹後五世亦爲齊楚魏所滅參分其地魏得其梁陳留齊得其濟陰東平楚得其沛故今之楚彭城本宋也春秋經曰圍宋彭城宋雖滅本大國故自爲分野沛楚之失急疾顓己地薄民貧師古曰顓與專同急疾顓己言性褊狹而自用而山陽好爲姦盜

衞地營室東壁之分壄也補注錢坫曰天官書營室至東壁幷州今之東郡及魏郡黎陽河內之野王朝歌皆衞分也衞本國既爲狄所滅師古曰衞懿公爲狄人所滅事在春秋閔公二年文公徙封楚丘補注先謙曰官本無封字三十餘年子成公徙於帝丘故春秋經曰衞遷于帝丘師古曰遷古遷字補注錢坫曰說文遷升高也遷登也聲義同故通用今之濮陽是也本顓頊之虛故謂之帝丘夏后之世昆吾氏居之成公後十餘世爲韓魏所侵盡亡其旁邑獨有濮陽後秦滅濮陽置東郡徙之於野王始皇既并天下猶獨置衞君二世時乃廢爲庶人凡四十世九百年最後絕故獨爲分野衞地有桑閒濮上之阻師古曰阻者言其隱阸得肆淫僻之情也補注先謙曰桒當爲桑官本不誤男女亦亟聚會聲色生焉師古曰亟屢吏也音丘反故俗稱鄭衞之音周末有子路夏育民人慕之師古曰子路孔子弟子仲由也性好勇夏育亦古之壯士皆衞人故其俗剛武上氣力漢興二千石治者亦以殺戮爲威宣帝時韓延壽爲東郡太守承聖恩崇禮義尊諫爭至今東郡號善爲吏延壽之化也其失頗奢靡嫁取送死過度而野王好氣任俠有濮上風

楚地翼軫之分壄也補注錢坫曰天官書翼軫荊州今之南郡江夏零陵桂陽武陵長沙及漢中汝南郡盡楚分也周成王時封文武先師鬻熊之曾孫熊繹於荊蠻爲楚子補注錢坫曰鬻古音讀米說文鬻從弼從米聲是也鬻熊本姓羋古字羋與鬻聲同通用故羋熊亦稱鬻熊耳居丹陽後十餘世至熊達是爲武王寖以彊大師古曰寖漸也後五世至嚴王總帥諸侯觀兵周室幷吞江漢之閒內滅陳魯之國補注劉攽曰嚴王時去莊王時甚遠又莊王雖嘗入陳旋復其國至頃襄王未嘗滅魯也齊召南曰案楚之滅魯在惠王始滅陳也汪遠孫曰案此統後言不指莊王後十餘世頃襄王東徙于陳補注朱一新曰案陳屬淮陽國頃襄王自郢徙此楚有江漢川澤山林之饒江南地廣或火耕水耨民食魚稻以漁獵山伐爲業師古曰山伐謂伐山取竹木果蓏蠃蛤食物常足師古曰蠃音來戈反蛤音閤似蚌而圜補注錢坫曰史記作果隋隋俗字故呰窳偷生而亡積聚應劭曰呰弱也言風俗朝夕取給偷生而已無久長之慮也如淳曰呰或作紫音紫窳音庾晉灼曰呰病也窳惰也師古曰諸家之說皆非也呰短也窳弱也言短力弱材不能勤作故朝夕取給而無儲偫也如音是也補注朱一新曰史記正義淮南子曰古者民食蠃蚌之肉多疹毒之患也飲食還給不憂凍餓師古曰還及也言常相及而給足也亦亡千金之家信巫鬼重淫祀而漢中淫失枝柱與巴蜀同俗師古曰失讀曰泆柱音竹甫反枝柱言意相節卻不順從也汝南之別皆急疾有氣埶江陵故郢都西通巫巴東有雲夢之饒亦一都會也

吳地斗分壄也補注錢坫曰天官書斗江湖今之會稽九江丹陽豫章廬江廣陵六安臨淮郡盡吳分也殷道既衰周大王亶父興郊梁之地長子大伯次曰仲雍少曰公季公季有聖子昌大王欲傳國焉大伯仲雍辭行采藥遂奔荊蠻公季嗣位至昌爲西伯受命而王故孔子美而稱曰大伯可謂至悳也已矣三以天下讓民無得而稱焉謂虞仲夷逸隱居放言身中清廢中權師古曰皆論語載孔子之言也虞仲卽仲雍也夷逸言竄於蠻夷而遁逸也隱居而不言故其身清潔所廢中於權道補注吳仁傑曰史記周本紀吳世家所載虞仲仲雍事不同自本紀言之則仲雍爲太伯之弟而虞仲乃仲雍曾孫周章之弟也然本紀言太伯弟曰虞仲而世家言太伯弟曰仲雍是虞仲仲雍合而爲一人也本紀言虞仲爲太伯之弟而世家言虞仲爲周章之弟是虞仲有兩人也紀與世家皆出太史公而自相伐如此太史公采論語春秋傳爲書今案左傳宮之奇曰太伯虞仲太王之昭則虞仲爲太伯之弟太王之子明矣孔子亦謂虞仲隱居放言與夷齊並稱之曰逸民夫虞仲唯未嘗有國也故與夷齊並稱使其繼太伯君句吳則安得謂之隱而以逸民名之左氏又載子貢之

言曰太伯端委以治周禮仲雍嗣之斷髮文身以此推之則虞仲仲雍決非一人虞仲則終於逸民仲雍嗣有吳國虞仲爲太伯之弟則仲雍蓋太伯之子也孟堅既承誤於太史公顏注又從而和之過矣大伯初奔荊蠻荊蠻歸之號曰句吳師古曰句音鉤夷俗語之發聲也亦猶越爲于越也〔補注〕先謙曰官本于作於大伯卒仲雍立至曾孫周章而武王克殷因而封之又封周章弟中於河北是爲北吳師古曰中讀曰仲〔補注〕吳仁傑曰案周章之弟世家作虞仲志作吳中吳聲變而爲虞仲中古字通則吳中卽虞仲矣然周本紀以虞仲爲太伯之弟而世家與志以虞仲爲周章之弟者案周章弟其初必自有名而史失之方武王封周章弟爲虞公本以爲逸民虞仲之後當時因以虞仲目之如二虢之後稱虢仲虢叔趙盾之後稱趙孟也張守節云周章弟名仲初封於虞後人以國配仲故又號始祖爲虞仲如其說則是以曾孫而變祖字恐無是理北吳亦謂之吳故以北冠之以別荊蠻之吳如虢之分東西耳其轉而爲虞則猶虢爲郭也志以虞爲北吳而齊語謂爲西吳者蓋在北在西從周所都言之世家曰封周章弟於周之北則以爲北吳者以其在鎬京之北鄭語曰當成周者西有虞虢則以爲西吳者以其在成周之西二說所以不同後世謂之虞十二世爲晉所滅後二世而荊蠻之吳子壽夢盛大稱王其少子則季札有賢材兄弟欲傳國札讓而不受自大伯壽夢稱王六世

〔補注〕先謙曰陳奐云大伯二字疑衍闔廬舉伍子胥孫武爲將戰勝攻取興伯名於諸侯師古曰伯讀曰霸至于夫差誅子胥用宰嚭師古曰嚭音披美反爲粵王句踐所滅吳粵之君皆好勇故其民至今好用劍輕死易發粵既并吳後六世爲楚所滅後秦又擊楚徙壽春至子爲秦所滅壽春合肥受南北湖皮革鮑木之輸師古曰皮革犀兕之屬也鮑鮑魚也木楓柟豫章之屬〔補注〕錢坫曰鮑卽鞄字說文鞄柔革工也讀若朴周禮曰柔皮之工鮑氏鞄卽鮑也亦一都會也始楚賢臣屈原被讒放流作離騷諸賦㠯自傷悼師古曰諸賦謂九歌天問九章之屬後有宋玉唐勒之屬慕而述之皆㠯顯名漢興高祖王兄子濞於吳招致天下之娛遊子弟枚乘鄒陽嚴夫子之徒興於文景之際而淮南王安亦都壽春招賓客著書而吳有嚴助朱買臣貴顯漢朝文辭並發故世傳楚辭其失巧而少信初淮南王異國中民家有女者晉灼曰有女者見優異㠯待游士而妻之故至今多女而少男如淳曰得女寵或去男也臣瓚曰周官職方云

揚州之民二男而五女此風氣非由淮南王安能使多女也師古曰二說皆非也志亦言土地風氣既足女矣因淮南之化又更聚焉〔補注〕劉敞曰班氏作史雜采異說亦安能無失瓚舉揚州之說是矣錢坫曰多女少男謂多少之也生男無喜生女無怒獨不見衛子夫伯天下是其義而說者乃訾議之何歟本吳粵與楚接比數相并兼師古曰比近也音頻寐反故民俗略同吳東有海鹽章山之銅三江五湖之利亦江東之一都會也豫章出黃金然堇堇物之所有取之不足㠯更費應劭曰堇堇少也更賞也言金少耳取不足用顧費用也師古曰應說非也此言所出之金既以少矣自外諸物蓋亦不多故總言取之不足償功直也堇讀曰僅更音庚〔補注〕錢大昭曰賞閩本作償先謙曰官本作償江南卑溼丈夫多夭會稽海外有東鯷人孟康曰音題晉灼曰音鯷師古曰孟音是也分爲二十餘國㠯歲時來獻見云

粵地牽牛婺女之分壄也〔補注〕錢坫曰天官書牽牛婺女揚州今之蒼梧鬱林合浦交阯九眞南海日南皆粵分也其君禹後帝少康之庶子云封於會稽臣瓚曰自交阯至會稽七八千里百越雜處各有種姓不得盡云少康之後也按世本越爲芊姓與楚同祖故國語曰芊

姓夔越然則越非禹後明矣又芊姓之越亦句踐之後不謂南越也師古曰越之爲號其來尚矣少康封庶子以主禹祠君於越地耳故此志云其君禹後豈謂百越之人皆禹苗裔瓚說非也〔補注〕劉敞曰瓚所云越非禹後亦謂百越之君耳豈指七八千里內之民乎班氏所舉但是會稽一越爾瓚以一越證之亦未爲失而顏遂曲排之非通論也文身斷髮㠯避蛟龍之害應劭曰常在水中故斷其髮文其身以象龍子故不見傷害也後二十世至句踐稱王與吳王闔廬戰敗之雋李師古曰雋音醉字本作檇其旁從木〔補注〕錢坫曰會稽郡下作就李卽今醉李也何焯曰西漢會稽一郡吳越共之故前以會稽爲吳分此仍敘封于會稽爲百越始夫差立句踐乘勝復伐吳吳大破之棲會稽師古曰會稽山名登山而處以避兵難言若鳥之棲臣服請平後用范蠡大夫種計遂伐滅吳兼并其地度淮與齊晉諸侯會致貢於周周元王使使賜命爲伯諸侯畢賀後五世爲楚所滅〔補注〕朱一新曰案史越世家作六世者是子孫分散君服於楚師古曰事楚爲君而服從之後十世至閩君搖佐諸侯平秦漢興復立搖爲粵王是時秦南海尉趙佗亦自王傳國至武帝時盡滅㠯爲郡云處近海多犀象毒冒珠璣銀銅果布之湊

（韋昭曰果謂龍眼離支之屬布葛布也師古曰毒音代冒音莫內反璣謂珠之不圜者也音祈又音機布謂諸雜細布皆是也）中國往商賈者多取富焉番禺其一都會也自合浦徐聞南入海得大州（補注先謙曰即今瓊州府）東西南北方千里武帝元封元年略以為儋耳珠厓郡民皆服布如單被穿中央為貫頭（師古曰著時從頭而貫之）男子耕農種禾稻紵麻女子桑蠶織績亡馬與虎民有五畜（師古曰牛羊豕雞犬）山多麈麖（師古曰麈似鹿而大麖似鹿而小麈音主麖音京）兵則矛盾刀木弓弩竹矢或骨為鏃（師古曰鏃矢鋒音子木反）自初為郡縣吏卒中國人多侵陵之故率數歲壹反元帝時遂罷弃之（補注先謙曰詳賈捐之傳）自日南障塞徐聞合浦（補注朱一新曰障塞猶築亭乘障塞之障塞非縣名也汪氏云障塞無聞殊謬）船行可五月有都元國又船行可四月有邑盧沒國又船行可二十餘日有諶離國（師古曰諶音士林反）步行可十餘日有夫甘都盧國（師古曰都盧國人勁捷善緣高故張衡西京賦云烏獲扛鼎都盧尋橦又曰非都盧之輕趫孰能超而究升也夫音扶）自夫甘都盧國船行可二月餘有黃支國民俗略與珠厓相類其州廣大戶口多多異物自武帝以來皆獻見有譯長屬黃門與應募者俱入海市明珠璧流離奇石異物齎黃金雜繒而往所至國皆稟食為耦（師古曰稟給也耦媲也給其食而侶媲之相隨行也）蠻夷賈船轉送致之亦利交易剽殺人（師古曰剽劫也音頻妙反）又苦逢風波溺死（補注宋祁曰逢越本作蓬）不者數年來還大珠至圍二寸以下（補注先謙曰通典云至圓者置之平地終日不停）平帝元始中王莽輔政欲燿威德厚遺黃支王令遣使獻生犀牛自黃支船行可八月到皮宗船行可八月到日南象林界云（補注錢大昭曰八南監本閩本竝作二先謙曰汪本官本作二象林日南縣也）黃支之南有已程不國漢之譯使自此還矣

溝洫志第九

（應劭曰溝廣四尺深四尺洫廣深倍於溝師古曰洫音許域反補注先謙曰說文溝下云水瀆廣四尺深四尺瀆下云溝也一曰邑中曰溝洫下云十里為成成閒廣八尺深八尺謂之洫渠下云水所居也史遷作河渠書班易為溝洫志用論語盡力溝洫之文書云予決九川距四海濬畎澮距川孔子云盡力以此溝瀆通訓大小皆得稱之釋水注澮曰瀆又云江淮河濟為四瀆參之說文邑中曰溝之訓班用溝洫二字即指距川通渠言之不泥廣深尺數為說應說過拘殊失班意）

漢書二十九

漢　蘭臺令史班固撰

唐正議大夫行祕書少監琅邪縣開國子顏師古注

賜進士出身前翰林院編修國子監祭酒加三級臣王先謙補注

夏書禹堙洪水十三年（如淳曰堙沒也師古曰堙塞也洪水氾溢疏通而止塞之堙音因補注周壽昌曰河渠書作禹抑洪水案書言鯀堙洪水非禹也宜從史記蘇輿曰索隱抑者遏也案堙抑同義堙訓塞塞亦遏也抑堙音轉[illegible]書益稷正義引河渠書作湮殆因志文作堙變字索隱亦云漢書作堙知舊本如是司馬相如傳難蜀父老辭昔者洪水沸出夏后氏戚之乃堙洪源史記亦作乃湮鴻水可見西漢尚書必有禹堙洪水之文故志文稱引亦同書言鯀陻洪水自為障塞義不相妨石經洪範作伊鴻水伊抑堙亦聲之轉湮陻堙同字今書無此語班馬異字殆今古文之別與先謙曰官本無如注）過家不入門陸行載車水行乘舟（補注先謙曰夏本紀河渠書同下乘作載紀舟作船呂覽慎勢篇淮南修務訓高注並云水用舟陸用車文子自然篇及修務訓止云水用舟不言陸用車）泥行乘毳（孟康曰毳形如箕樋行泥上如淳曰毳音茅蕝之蕝謂以板置泥上以通行路也師古曰孟說是也毳讀如本字補注先謙曰夏本紀毳作橇河渠書乘作蹈集解徐廣云它書或作蕝正義橇形如船而短小兩頭微起人曲一腳泥上擿進用拾泥上之物今杭州溫州海邊有之自然篇修務訓並作泥用楯慎勢篇作塗用輴高注云澤行用蕝澤行即泥行也說文澤行用輴[illegible]案毳橇字同徐高作蕝故如讀毳為蕝集解又引尸子曰行塗以楯又云行險以撮撮與蕝音義亦同又分楯蕝為二事）山行則梮（如淳曰梮謂以鐵如錐頭長半寸施之履下以上山不蹉跌也韋昭曰梮木器如今輿牀人舉以行也師古曰如說是也梮音居足反補注先謙曰河渠書作即橋即則字同夏本紀作乘檋集解檋一作橋檋直轅車也又引如注與此同而梮作檋車正義謂上山前齒短後齒長下山前齒長後齒短也先謙案直轅車與韋訓輿牀合正義說乃晉世所用遊山屐如注則似今蜀人所用腳馬子三說各一物若作檋車而以鐵椎訓之則謬矣書益稷疏引應劭云梮或作欙為人所牽引也說文及集解引尸子並云山行乘樏自然篇慎勢篇並作山用樏修務訓及高注作山用蘽沈欽韓云樏即蘽盛土之器越山者以此懸度又為鹿盧以轉故亦謂之橋段玉裁云檋梮橋三

字以梮爲正橋者音近轉語也樏與梮一物異名梮自其盛載而言樏自其輓引而言虆大索也樏從虆此聲義之相倚者也應釋樏韋釋梮兼兩說而後全孟子虆梩趙云虆籠屬毛詩傳捄虆也亦謂土籠昇之曰梮人引之而行則曰樏也虆者樏之借字或省作樏者非毛詩之捄亦梮之借字先謙案愼勢篇脩務訓並云沙用鳩自然篇云沙用肆淮南齊俗訓亦云譬若舟車楯肆窮廬各有所宜也又在四載之外**㠯刖九州**師古曰分其界**隨山浚川**師古曰順山之高下而深其流**任土作貢**師古曰任其土地所有以定貢賦之差也〔補注〕蘇輿曰任土與作貢是兩事周禮小司徒以任地事而令貢賦大司徒以任土事鄭注任謂就物所生因民所能載師掌任土之灋以物地事授地職而待其政令鄭注任土者任其勢力所能生育且以制貢賦也案周禮即沿夏法既任土事因定賦差顏義微隔**通九道陂九澤度九山**師古曰言通九州之道及鄣遏其澤商度其山也度音大各反〔補注〕先謙曰九澤九山並詳地理志**然河災之羨溢害中國也尤甚**師古曰羨讀與衍同音弋展反〔補注〕先謙曰河渠書作衍**唯是爲務故道河自積石**師古曰道治也引也從積石山而治引之令通流也道讀曰導〔補注〕先謙曰積石見地理志金城河關**歷龍門南到華陰東下底柱**師古曰底音之履反〔補注〕先謙曰龍門見馮翊夏陽華陰京兆縣底柱在河東大陽**及盟津雒內至于大伾**鄭氏曰山一成爲伾在修武武德界張晏曰成皐縣山是也臣瓚曰㠯爲今修武武德無此山也成皐縣山又不一成也今

黎陽山臨河豈是乎師古曰內讀曰汭伾音皮彼反解在地理志〔補注〕劉奉世曰瓚說是也師古以爲在成皐非也先謙曰官本盟作明引宋祁曰明邵本作盟先謙案盟津見河南平雒內見河南鞏大伾見河南成皐**於是禹㠯爲河所從來者高水湍悍難㠯行平地**師古曰急流曰湍悍勇也湍音它端反**數爲敗迺釃二渠㠯引其河**孟康曰釃分也分其流泄其怒也二渠其一出貝丘西南南折者也其一則漯川也河自王莽時遂空唯用漯耳師古曰釃音山支反漯音它合反〔補注〕王念孫曰釃本作灑注內釃字並同此後人不識古字而以意改之也河渠書作廝索隱廝漢書作灑史記舊本亦作灑字從水韋昭云疏決爲灑據此則漢書本作灑明矣司馬相如傳決江疏河灑沈澹災揚雄傳灑沈菑於谿濆師古並云灑分也所宜反則此注亦作灑明矣墨子兼愛篇灑爲九澮字亦作灑文選南都賦開竇灑流李善注漢書音義曰灑分也所引即孟康注先謙曰孟注貝丘乃頓丘之誤河水注河水東逕燕縣故城北東郡南燕又東逕遮害亭南有宿胥口舊河水北入處也案此謂禹河故道又云河水又東北爲長壽津見東郡白馬河之故瀆出焉溝洫志曰二渠以引河一則漯川今所流也一則北瀆王莽時空故世俗名是瀆爲王莽河王莽河故瀆東北逕戚城東郡畔觀繁陽陰安並魏郡樂昌東郡元城魏郡諸縣見下條漯水上承河水於東武陽縣東南東郡[illegible]胡渭云漯首受河自黎陽宿胥口始不起東武陽也東北逕平陽清聊城並東郡高唐瑗漯陰並平原著朝陽鄒平並濟南東鄒建信千乘並千乘諸縣入海**北載之高地**〔補注〕沈欽韓曰謂乘高注北也王橫亦云使河緣西山足乘高地而東北入海**過洚水至於大陸播爲九河**師古曰播布也〔補注〕先謙曰河水注河水東北逕元城縣故城西北而至沙邱堰堰障水也書曰北過降水不遵其道曰降亦曰潰至於大陸北播爲九河謂徒駭太史馬頰覆釜胡蘇簡潔句盤鬲津也**同爲迎河入于勃海**臣瓚曰㠯爲禹貢夾右碣石入于河則河入海乃在碣石也武帝元光二年河移徙東郡更注勃海禹時不注也師古曰解在地理志〔補注〕齊召南曰書云入于海河渠書始云入于勃海而班志用之本無差訛禹河自周定王以後雖漸遷移不定而入海口總在直沽至漢如故武紀元光三年河水徙從頓邱東南流入勃海其入勃海與禹時不異所異者改道從頓邱移徙耳地理志於魏郡鄴縣曰故大河在東北入海於勃海郡成平縣曰虖池河民曰徒駭河此則禹河故道也豈可以禹時不注勃海乎使禹河不注勃海則史記於宣房既築又何以云道河北行二渠復禹舊跡也瓚說非沈欽韓曰地理志勃海郡莽曰迎河南皮縣莽曰迎河亭則以爲禹貢逆河在是也先謙曰官本迎作逆迎逆古今文之異河水注鄭元曰下尾合曰逆河言相迎受矣蓋疏潤下勢以通河海及齊桓伯世廣塞田居同爲一河故自堰以北館陶廮陶貝丘鬲般廣川信都東光河間樂成以東城地並存川瀆多亡漢世河決金隄南北離其害議者常欲求九河故迹而穹之未知其所是以班云自茲距漢北亡八枝者也**九川既疏九澤既陂諸夏乂安**師古曰疏分流〔補注〕蘇輿曰河渠書陂作灑**功施乎三代自是之後**〔補注〕先謙曰謂禹以後**滎陽下引河東南爲鴻溝**〔補注〕先謙曰索隱楚漢中分之界文穎云

即今官渡水也蓋爲二流一南經陽武爲官渡水一東經大梁城即河溝今之汴河是也先謙案地理志河南滎陽下云狼湯渠首受泲東南至陳入潁汳水注云陰溝即蒗蕩渠也陰溝水注云陰溝水受河於河南卷縣東南逕封丘縣絕濟瀆東南至大梁合蒗蕩渠蒗蕩渠故瀆實兼陰溝浚儀之稱東南逕大梁城北與梁溝合[illegible]同受鴻溝沙水之目其東導者即汳水也渠水注云渠水即蒗蕩渠北屈分爲二水續述征記曰汳沙到浚儀而分汳東注沙南流逕梁王吹臺東渠水於此有陰溝鴻溝之稱蘇秦說魏襄王云大王之地南有鴻溝則戰國時有之然非禹迹也**㠯通宋鄭陳蔡曹衞與濟汝淮泗會**〔補注〕先謙曰據地理志及水經注沙水自陳畱浚儀始亂蒗蕩別爲沙水逕扶溝淮陽長平汝南陳淮陽一爲新溝水入潁一逕甯平淮陽新陽汝南城父山桑龍亢義成沛諸縣入淮又過水自沙出逕扶溝陽夏並淮陽甯陵襄邑並陳畱苦並淮陽譙城父山桑龍亢義成並沛諸縣入淮又睢水自浚儀首受狼湯水至取慮[illegible]入泗又魯渠水自陳畱首受狼湯水至陽夏[illegible]入過又汳水自浚儀逕陳畱小黃雍丘外黃成安[illegible]甾[illegible]爲甾獲渠又逕甯陵[illegible]睢陽蒙[illegible]爲獲水逕已氏虞下邑碭杼秋[illegible]蕭[illegible]彭城[illegible]諸縣入泗案濟水至定陶[illegible]爲菏水又至湖陵山陽入泗[illegible]書云浮于淮泗達于菏[illegible]是其道也獲水於彭城入泗即入濟汝泗濟潁又皆入淮故云鴻溝與濟汝淮泗會也睢陽宋地滎陽鄭地淮陽陳地下蔡蔡地[illegible]定陶曹地濮陽衞地[illegible]其餘枝瀆互通不可悉記故云鴻溝以通宋鄭陳蔡曹衞也**於楚**〔補注〕劉奉世曰一鴻溝固不能旁通六國數百里之間又濟自從千

乘入海安得會於楚也齊召南曰汴渠首受滎澤即是濟水何必遠求於千乘注海之濟口乎劉疑於所不必疑何也周壽昌曰劉說固誤齊說亦外因學紀聞引朱子云溝洫志於楚字本屬下文下有於齊於蜀字皆是句首而劉誤讀屬之上句此本史記原文劉齊全未一考又文穎注漢書時已誤讀會於楚見高帝本紀鴻溝注厥後程大昌論禹貢亦引河渠書作會於楚是誤讀者不止一劉仲馮也**西方則通渠漢川雲夢之際**〔補注〕全祖望曰皇覽孫叔敖激沮水作雲夢大澤之地即此事也雲夢見於禹貢豈叔敖作蓋激沮水以入之者叔敖也沮非沮漳之沮即漢水也漢一名沔一名沮見地理志沈欽韓曰沔水注揚水又東入華容縣有靈溪水西通赤湖水口已下多湖周五十里城下陂池皆來會同又有子胥瀆蓋入郢所開也水東入離湖湖側有章華臺言此瀆靈王立臺之日漕運所由也先謙曰河渠書際作野激沮水作雲夢大澤之地者謂大澤旁地激沮水通渠而興作田功耳全說未當事無明文不必遂謂非沮漳之沮也**東方則通溝江淮之間**〔補注〕沈欽韓曰哀九年傳吳城邗溝通江淮外傳吳王起師北征闕為深溝于商魯之間[illegible]宋北屬之沂西屬之濟會晉公午於黃池淮水注昔吳將伐齊北伯中國自廣陵城東南築邗城城下掘深溝謂之韓江亦曰邗溟溝自江東北通射陽湖地理志所謂渠水也西北至末口入淮楚事無明文楚世家惠王四十四年越已滅吳而不能正江淮北楚東侵廣地至泗上又越世家句踐已去渡淮南以淮上地與楚並是其時當考先謙曰河渠書溝上衍鴻字不可通**於吳則通渠三江五湖**〔補注〕沈欽韓曰案外

傳子胥曰吳之與越也三江環之民無所移韋昭云三江松江錢唐浦陽江也又范蠡曰與我爭三江五湖之利者非吳耶三江但就吳越言與大江無與先謙曰三江蓋即禹貢南北中三江見地理志會稽郡下韋昭云五湖湖名實一湖今太湖是也先謙案即禹貢震澤**於齊則通淄濟之間**〔補注〕先謙曰地理志泰山萊蕪下云原山淄水所出東至博昌入泲**於蜀則蜀守李冰鑿離𡋯**晉灼曰𡋯古堆字也𡋯岸也師古曰音丁回反〔補注〕錢大昭曰𡋯當作厓說文厓高也從厂佳聲徐鍇音都回切先謙曰宋史河渠志離堆之址舊鑱石為水則則盈一尺至十而止水及六則流始足用過則從侍郎堰減水河瀉而歸於江歲作侍郎堰必以竹為繩自北引而南準水則第四以為高下之度元史河渠志北江少東為虎頭山為鬬雞臺臺有水則以尺畫之凡十有一水及其九其民喜過則憂沒其則困又書一深淘灘低作堰六字其旁為治水之法皆冰所為也又東為離堆一統志云舊志離堆在灌縣西一里或曰灌口山也華陽國志離堆在南安縣界洪氏隸釋在今夾江縣又保甯府南部蒼溪二縣皆有之**避沫水之害**師古曰沫音本末之末水出蜀西南徼外東南入江〔補注〕先謙曰沬水注沬水出岷山西東流過漢嘉郡南流衝一高山山上合下開水逕其間山即蒙山也自蒙山至南安西溷厓水脈漂疾破害舟船歷代為害蜀郡太守李冰發卒鑿平溷厓河神贔怒冰乃操刀入水與神鬬遂平溷厓通正水路**穿二江成都中**〔補注〕先謙曰二江即郫江流江詳蜀郡成都郫下**此渠皆可行舟有餘則用溉**師古曰溉灌也音工代反**百姓饗其利**

至於乇〔補注〕蘇輿曰河渠書作至於所過**往往引其水用溉田溝渠甚多然莫足數也魏文侯時西門豹為鄴令有令名**師古曰有善政之稱**至文侯曾孫襄王時與羣臣飲酒王為羣臣祝曰令吾臣皆西門豹之為人臣也**〔補注〕先謙曰官本皆作如是**史起進曰魏氏之行田也以百畝**師古曰賦田之法一夫百畝也**鄴獨二百畝是田惡也漳水在其旁西門豹不知用是不智也知而不興是不仁也仁智豹未之盡何足法也於是以史起為鄴令遂引漳水溉鄴以富魏之河內**〔補注〕先謙曰河渠書西門豹引漳水溉鄴以富魏之河內褚先生補滑稽傳言西門豹發民鑿十二渠引河水灌民田田皆溉後書安帝紀初元二年修西門豹所分漳水為支渠以溉田不及史起班取呂覽樂成篇補之然後起事以傳左思魏都賦西門溉其前史起灌其後史正義引括地志云按橫渠首接漳水蓋西門豹史起所鑿之渠也皆豹起並稱但豹既引漳起無容不知而訾之呂覽乃敵國記載之詞不免失實班因之全沒豹事亦病其偏**民歌之曰鄴有賢令兮為史公決漳水兮灌鄴旁終古舄鹵兮生稻粱**蘇林曰終古猶言久古也爾雅曰鹵鹹苦也師古曰舄即斥鹵也謂鹹鹵之地也〔補注〕先謙曰呂覽云鄴有聖令時為史公決

漳水灌鄴旁終古斥鹵生之稻粱與此微異**其後韓聞秦之好興事欲罷之無令東伐**如淳曰息秦滅韓之計也師古曰罷讀曰疲令其疲勞不能出兵**迺使水工鄭國間說秦**師古曰間音居莧反其下亦同**令鑿涇水自中山西邸瓠口為渠**師古曰中讀曰仲即今九嵕之東仲山也邸至也〔補注〕先謙曰邸抵借字索隱瓠口即谷口郊祀志所謂寒門谷口是也沈欽韓云爾雅十藪周有焦穫郭注今扶風池陽瓠中是也長安志焦穫藪在涇陽縣北亦名瓠口索隱云郎谷口非也谷口即冶谷在雲陽縣與中山同處何云自中山西抵瓠口乎元李好文奉元州縣圖於三原縣西注焦穫又於永壽縣北圖瓠口胡渭云瓠口即冶谷亦稱瓠中冶水出谷處俗謂之東谷口距谷口二十餘里亦沿舊說宋志至道元年詔大理寺丞皇甫選光祿寺丞何亮經度鄭白渠利害選等言周覽鄭渠之制用功最大並仲山而東鑿斷岡阜首尾三百餘里連亘山足岸壁頹毀度其制置之始涇河平淺直入渠口暨年代浸遠涇河斗深水勢漸下與渠口相懸水不能至峻崖之處渠岸摧毀荒廢歲久實難致力先謙案沮水注鄭渠首上承涇水於中山西邸瓠口所謂瓠中也爾雅以為周焦穫鄭渠故瀆東逕宜秋城北又東逕中山南俗謂之仲山非也鄭渠又東絕冶谷水紀要冶谷在涇陽縣西北五十餘里亦謂之谷口又東逕巖嶭山南池陽縣城北又東絕清水又東逕北原下與濁水合又東歷原逕曲梁城北又東逕太上陵南又東與沮水合又謂之為漆沮水即洛水也圖經中山北絕差嶭西距冶谷南並九嵕涇河自中而出故名中山一云以山在冶谷水西涇水東也

並北山東注洛三百餘里師古曰並音步浪反洛水卽馮翊漆沮水欲以溉田中作而覺師古曰中作謂用功中道事未竟也秦欲殺鄭國鄭國曰始臣爲閒然渠成亦秦之利也臣爲韓延數歲之命而爲秦建萬世之功秦以爲然卒使就渠渠成而用溉注塡閼之水溉舃鹵之地四萬餘頃收皆畝一鍾師古曰注引也閼讀與淤同音於據反塡閼謂壅泥也言引淤濁之水灌鹹鹵之田更令肥美故一畝之收至六斛四斗〔補注〕王念孫曰上溉字涉下溉字而衍下言溉舃鹵之地則此句不得先言溉據注云引淤濁之水灌鹹鹵之田則上句無溉字明矣上文云並北山東注洛欲以溉田亦是先言注而後言溉也史記及水經沮水注通典食貨二皆無上溉字於是關中爲沃野無凶年秦以富彊卒幷諸侯因名曰鄭國渠漢興三十有九年孝文時河決酸棗東潰金隄師古曰潰橫決也金隄河隄名也在東郡白馬界隄音丁奚反〔補注〕先謙曰酸棗陳留縣河水注孝文時河決酸棗東潰金隄大發卒塞之濟水注紀年魏襄十年大霖雨疾風河水溢酸棗郛漢世塞之故班云文堙棗野也案紀年與漢二事不相蒙道元微誤濟水注敘酸水故瀆自酸棗東至南燕縣東郡入濮渠詳地理志於

是東郡大興卒塞之其後三十六歲孝武元光中河決於瓠子〔補注〕齊召南曰案河渠書作四十有餘年自孝文十四年河決東郡至元光三年河決濮陽實三十六年無四十餘年也此則志訂史記之失東南注鉅野師古曰鉅野澤名舊屬兗州界卽今之鄆州鉅野縣〔補注〕先謙曰山陽郡鉅野縣有禹貢大壄澤濟水注鉅野湖澤廣大南通洙泗北接清濟通於淮泗〔補注〕先謙曰瓠子河注瓠子河口東出東郡濮陽縣北十里逕句陽濟陰都關山陽爲羊里水合濮水枝渠又逕廩丘東郡城都山陽黎東郡秺濟陰范東郡諸縣合濟渠又合將渠逕東阿臨邑茌平東郡爲鄧里渠河塞之後宣防以下將渠以上無復有水鄧里渠下逕四瀆口臨邑河濟淮江水逕周通有四瀆之名入淮卽入泗故云通於淮泗也上使汲黯鄭當時興人徒塞之輒復壞是時武安侯田蚡爲丞相〔補注〕先謙曰官本考證云蚡監本訛汾今改正其奉邑食鄃鄃居河北師古曰奉音扶用反鄃音輸清河之縣也〔補注〕錢大昕曰鄃與俞同清河縣俞侯欒布子賁以景帝中六年嗣侯元狩六年坐爲太常犧牲不如令國除當武安爲相時賁尚無恙而奉邑得食鄃者布封邑僅千八百戶除所封之外仍屬之有司也河決而南則鄃無水災邑收入多蚡言於上曰江河之決皆天事未易以人力彊塞彊塞之未必順天而望氣用數者亦以爲然是以久不復塞也時鄭當時爲大司農〔補注〕齊召南曰公卿表景帝後元年更名大農令武帝太初元年更名大司農然則元光時止應言大農史記作鄭當時爲大農是也司字衍言異時關東漕粟從渭上師古曰異時往時也度六月罷師古曰計度其功六月而後可罷也度音大各反而渭水道九百餘里〔補注〕先謙曰河渠書渭作漕較今時有難處〔補注〕先謙曰言水運多阻引渭穿渠起長安旁南山下師古曰旁音步浪反〔補注〕蘇輿曰旁史作並字同但上文並北山志仍作並它傳文義類此者亦皆作並則此疑後人所改至河三百餘里徑易漕度可令三月罷〔補注〕劉奉世曰案今渭汭至長安僅三百里固無九百餘里而云穿渠起長安旁南山至河中間隔灞滻數大川固又無緣山成渠之理此說可疑今亦無其迹沈欽韓曰此謂關東漕粟由河入渭之路耳唐食貨志北運自陝州太原倉浮於渭以實關中計漢時當由陝程起也罷而渠下民田萬餘頃〔補注〕蘇輿曰史不重罷字疑衍又可得以溉此損漕省卒而益肥關中之地得穀上以爲然令齊人水工徐伯表師古曰巡行穿渠之處而表記之今之豎標是〔補注〕沈欽韓曰長安志圖凡水廣尺深尺爲一徼以百二十徼爲準古有徼道水家取以爲量水準則之名今農者耕地一方謂之一徼義與此同綴合渠道上廣一丈四尺下廣一丈上下相折則爲一丈二尺水深一丈計積一百二十尺爲水一百二十徼是水之至限也守限者每日具徼數申報所司卽徼表之字變也發卒數萬人穿漕渠三歲而通〔補注〕錢大昭曰閩本作二歲以漕大便利〔補注〕先謙曰渭水注漕渠鄭當時所開也其渠自昆明池南傍山原東至于河且田且漕大以爲便今無水其

後漕稍多而渠下之民頗得以溉矣後河東守番係師古曰姓番名係也番音普安反言漕從山東西歲百餘萬石師古曰謂從山東運漕而西入關也更底柱之艱師古曰更歷也音庚〔補注〕蘇輿曰史艱作限通典食貨志作險敗亡甚多而煩費穿渠引汾溉皮氏汾陰下引河溉汾陰蒲坂下師古曰引汾水可用溉皮氏及汾陰以下而引河水可用溉汾陰及蒲坂以下地形所宜也度可得五千頃故盡河壖棄地師古曰謂河岸以下緣河邊地素不耕墾者也壖音而緣反〔補注〕先謙曰故猶舊也官本壖作堧引宋祁曰堧邵本作壖民茭牧其中耳師古曰茭乾草也謂收茭草及牧畜產於其中茭音交今溉田之師古曰溉而種之度可得穀二百萬石以上穀從渭上與關中無異師古曰雖從關外而來於渭水運上皆可致之故曰與關中收穀無異也而底柱之東可毋復漕上以爲然發卒數萬人作渠田數歲河移徙渠不利〔補注〕先謙曰汾水注汾水又西逕皮氏縣南番係穿渠引汾水以溉皮氏縣故渠尚存今無水也田者不能償種師古曰言所收之直不足償糧種之費也種音之勇反久之河東渠田廢予越人令少府以爲稍入如淳曰時越人有徙者以田與之其租稅入少府也師古曰越人習於水田又新至未有業故與之也稍

漸也其入未多故謂之稍也其後人有上書欲通褒斜道及漕師古曰褒斜二谷名其谷皆各自有水耳斜音弋奢反〔補注〕蘇輿曰道字句絕及漕當屬下爲文謂以此及漕事下湯議也[illegible]史合刻本及通典十竝入注於道下較合顏習見本書以事下爲文而忘及漕二字文義未足也事下御史大夫張湯湯問之〔補注〕先謙曰河渠書作湯阿其事因言云云疑本書作湯阿之而以字形近誤爲問也又問義太淺易明非志文言抵蜀從故道故道多阪回遠師古曰抵至也故道屬武都有蠻夷故曰道即今鳳州界也回音胡內反〔補注〕先謙曰官本遠作還河渠書亦作遠今穿褒斜道少阪近四百里而褒水通沔斜水通渭〔補注〕先謙曰沔水注褒水東南歷褒口即褒谷之南口也北口曰斜所謂北出褒斜褒斜二水並詳扶風武功皆可以行船漕漕從南陽上沔入褒〔補注〕沈欽韓曰泝漢水而上自襄陽府均州西入鄖陽府鄖西縣又西入鄖縣又西至陝西興安州西北至漢中府西鄉縣也褒絕水至斜閒百餘里以車轉從斜下渭如此漢中穀可致而山東從沔無限〔補注〕先謙曰漢世謂關外爲山東無限言無艱阻也上文更砥柱之艱河渠書作更砥柱之限即其證正義云無限言多也誤矣便於底柱之漕且褒斜材木竹箭之饒儗於巴蜀師古曰儗比也上以爲然拜湯子卬爲漢中守

發數萬人作褒斜道五百餘里〔補注〕沈欽韓曰鄐君里頌云嘉念高帝之開石門沔水注褒水東南歷大石門歷故棧道下谷俗謂千梁無柱又歷小石門門穿山通道六丈有餘刻石言漢永平中司隸校尉犍爲楊厥所開案張良勸高祖燒絕棧道是漢初本通褒斜後來棧道崩壞時從子午谷耳西漢通蜀漢者惟褒斜子午二道漢魏閒復有駱谷道道果便近而水多湍石不可漕其後嚴熊言〔補注〕先謙曰河渠書作莊熊羆莊字避明帝諱誤奪羆字臨晉民願穿洛以溉重泉以東萬餘頃故惡地師古曰臨晉重泉皆馮翊之縣也洛即漆沮水〔補注〕先謙曰河渠書惡作鹵誠即得水可令畝十石於是爲發卒萬人穿渠自徵引洛水至商顏下應劭曰徵在馮翊商顏山名也師古曰徵音懲即今所謂澄城也商顏商山之顏也謂之顏者譬人之顏額也亦猶山額象人之頸領〔補注〕劉奉世曰洛水南入渭商山乃在渭水之南甚遠何由穿渠至其下也蓋自別一山名顏說失之先謙曰徵馮翊縣今同州府澄城縣也寰宇記同州馮翊縣不引水經注云洛水東逕商原西俗謂之許原也紀要引作滸滸原云沮水之滸也在同州府北三十五里通典商原亦謂之商顏同州志俗名鐵鐮山又名長虹嶺西盡州境絕於洛東經朝邑絕於河延袤八十餘里集解引服虔云顏音崖音義俱明知小顏誤也官本注山額作山領是岸善崩如淳曰洛水岸也師古曰善崩言憙崩也乃鑿井深者四十餘丈往往爲井井下相通

行水〔補注〕何焯曰多鑿井則可以灌溉此法行之尤便易而有漸非若大役難興也金史太和八年七月詔諸路規畫水田部民謂水田之利甚大沿河通作渠如平陽掘井種田俱可灌溉比年邳沂近河布種豆麥無水則鑿井灌之計六百餘頃比之陸田所收數倍以此較之他境無不可行者遂令諸路按察司因勸農可按問開河或掘井如何爲便規畫具申以俟興作惜當時未及盡行平陽邳沂則仿井渠而有效者也然井非極深亦不能蓄水水隤以絕商顏師古曰下流曰隤〔補注〕先謙曰欲令水下相通徑度此山而東也東至山領十餘里閒井渠之生自此始穿得龍骨故名曰龍首渠〔補注〕先謙曰正義括地志云伏龍祠在馮翊縣西北四十里故老云漢時自徵穿渠引洛得龍骨其後立祠因以伏龍爲名作之十餘歲渠頗通猶未得其饒自河決瓠子後二十餘歲歲因以數不登而梁楚之地尤甚上既封禪巡祭山川其明年乾封少雨師古曰乾音干解在郊祀志上迺使汲仁郭昌發卒數萬人塞瓠子決河於是上以用事萬里沙〔補注〕先謙曰以已同事見郊祀志則還自臨決河湛白馬玉璧師古曰湛讀曰沈沈馬及璧以禮水神也令羣臣從官自將軍以下皆負薪寘決河師古曰寘音大千反是時東郡燒草以故薪柴少而下淇園

之竹以爲楗晉灼曰淇園衛之苑也如淳曰樹竹塞水決之口稍稍布插按樹之水稍弱補令密謂之楗以草塞其裏乃以土填之有石以石爲之師古曰楗音其偃反〔補注〕沈欽韓曰元和志李冰作楗尾堰以防江決破竹爲籠圓徑三尺長十丈以石實中累而壅水此下竹爲楗之法先謙曰河渠書楗作楗集解引如注按作接裏作裏官本楗並作楗裏作中上既臨河決悼功之不成迺作歌曰瓠子決兮將奈何浩浩洋洋慮殫爲河如淳曰殫盡也師古曰浩浩洋洋皆水盛貌慮猶恐也浩音胡老反洋音羊〔補注〕王念孫曰師古訓慮爲恐謂恐殫爲河非也下句云殫爲河兮地不得甯則是已殫爲河矣今案慮猶大氏也言河水所漫之地浩浩洋洋大氏盡爲河矣荀子議兵篇焉慮率用賞慶刑罰埶詐而已矣楊倞曰慮大凡也漢書賈誼傳慮亡不帝制而天子自爲者亡與無同師古曰慮大計也言諸侯皆欲同帝制而爲天子之事下文曰宗室子孫慮莫不王亦言大氏莫不王也[illegible]又曰借父櫌鉏慮有德色言大氏有德色也又曰逐利不耳慮非顧行也言大氏非顧行也[illegible]又曰慮不動於耳目以爲是適然耳言大氏不動於耳目也是慮爲大氏之稱也或謂之無慮疊韻字也高注淮南俶眞篇無慮大數名也食貨志天下大氏無慮皆鑄金錢矣師古以無慮爲無小計慮非是說見經義述聞或作亡慮趙充國傳亡慮萬二千人師古曰無慮大計也慮與閭古同聲而通用宣十一年左傳注無慮計功釋文曰無慮如字一音力於反爾雅釋本諸慮山纍釋文曰諸慮如字又力余反又地理志河內郡隆慮東海郡昌慮臨淮郡取慮遼西郡且慮遼東郡無慮[illegible]故河渠書作閭殫爲河猶遼東之無慮縣因醫無

閭山以爲名也裴駰謂州閭盡爲河尤失之先謙曰浩浩洋洋河渠書作皓皓旰旰**殫爲河兮地不得寧功無已時兮吾山平**如淳曰恐水漸山使平也韋昭曰鑿山以填河師古曰韋說是也已止也言用功多不可畢止也**吾山平兮鉅野溢**如淳曰瓠子決灌鉅野澤使溢也（補注）周壽昌曰初學記八引漢書此語並引注云吾山即魚山也今無此注必傳寫脫去先謙曰河水注馬頰水東北流逕魚山南山即吾山也武帝瓠子歌所謂吾山平者也西去東阿城四十里**魚弗鬱兮柏冬日**孟康曰鉅野滿溢則衆魚弗鬱而滋長迫冬日乃止也師古曰孟說非也弗鬱憂不樂也水長涌溢濊濁不清故魚不樂又迫於冬日將甚困也柏讀與迫同弗音佛（補注）王念孫曰孟說非也注本非作是涉上注韋說是也而誤據景祐本改別本或刪此四字尤非顏說亦非也河水本濁不待汎濫而始濁魚本生於河中亦不以水濁而不樂也余謂弗鬱讀爲沸渭沸渭猶汾沄魚衆多之貌也楊雄長楊賦汾沄沸渭李善曰[illegible]汾沄沸渭衆盛貌也河溢鉅野則其地皆魚矣故曰魚弗鬱下文蛟龍騁兮放遠游意亦與此同迫冬日者言時已近冬而水猶汎濫也[illegible]先謙曰官本無孟說非也四字又無讀字**正道弛兮離常流**晉灼曰言河道皆弛壞（補注）先謙曰河渠書正作延徐廣云延一作正案延乃正誤字**蛟龍騁兮放遠游**（補注）先謙曰河渠書放作方**歸舊川兮神哉沛**臣瓚曰水還舊道則羣害消除神祐滂沛也師古曰沛音普大反**不封禪兮安知外**師古曰言不因巡將封禪而出則不知關外有此水（補注）先謙曰官本注將作狩是**皇謂河公兮何不仁**張晏曰皇武帝也河公河伯也（補注）先謙曰河渠書作爲我謂河伯兮下河公同**泛濫不止兮愁吾人齧桑浮兮淮泗滿**如淳曰齧桑邑名爲水所浮漂（補注）沈欽韓曰楚世家懷王十年秦使張儀與楚齊魏盟齧桑徐廣云在梁與彭城之間紀要齧桑亭在徐州沛縣西南先謙曰齧桑亦見周勃傳**久不反兮水維緩**師古曰水維水之綱維也**一曰河湯湯兮激潺湲**師古曰歌有二章自河湯湯以下更是其一故云一曰也湯湯疾貌也潺湲激流也湯音傷潺音仕連反湲音于權反**北渡回兮迅流難**師古曰迅疾也音訊（補注）先謙曰回迂遠也河渠書作迂迅作浚**搴長茭兮湛美玉**如淳曰搴取也茭草也音茭一曰茭竿也取長竿樹之用著石間以塞決河也臣瓚曰竹葦絙謂之茭也所以引置土石也師古曰瓚說是也搴拔也絙索也湛美玉者以祭河也茭字宜從竹搴音騫茭音交又音爻湛讀曰沈絙音工登反（補注）錢大昭曰注音茭閣本作音郊先謙曰官本作郊是**河公許兮薪不屬**如淳曰旱燒故薪不足也師古曰沈玉禮神見許福祐但以薪不屬逮故無功也屬音之欲反**薪不屬兮衛人罪**師古曰東郡本衛地故言此衛之人人罪也（補注）先謙曰官本注衛之人作衛人之是**燒蕭條兮噫乎何以御水**師古曰燒草皆盡故野蕭條然也噫乎歎辭也噫音於期反（補注）先謙曰河渠書御作禦義同**隤林竹兮揵**

石菑師古曰隤林竹者即上所說下淇園之竹以爲揵也石菑者謂臿石立之然後以土就填塞也菑亦臿耳音側其反義與剚同（補注）沈欽韓曰菑讀如詩箋熾菑之菑即宋志所云馬頭鋸牙也俗謂之磯嘴累石爲之先謙曰官本注塞下有之字剚作臿**宣防塞兮萬福來**（補注）先謙曰防乃防之誤河渠書作宣房**於是卒塞瓠子築宮其上名曰宣防而道河北行二渠復禹舊迹**師古曰道讀曰導**而梁楚之地復寧無水災**（補注）先謙曰瓠子河注平帝以後未及修理河水東浸日月彌廣永平十二年顯宗詔王景治渠築隄起自滎陽東至千乘一千餘里防過衝要疏決壅積瓠子之水絕而不通惟溝瀆存焉胡渭云武紀元光三年春河水徙從頓丘東南流入勃海夏五月河水決濮陽溝洫志言濮陽瓠子而頓丘之決口入海中間經過之地皆不可得聞今以水經注考之北瀆初逕頓丘縣西北至是改流蓋自戚城西決而東北過其縣東南歷畔觀至東武陽奪漯川之道東北至千乘入海者也漯川狹小不能容故其夏又自長壽津溢而東以決於濮陽則東南注鉅野而北瀆之流微矣及塞宣房河道北行二渠則正流全歸北瀆餘波仍爲漯川頓丘之決口不勞而塞故志略之**自是之後用事者爭言水利朔方西河河西酒泉皆引河及川谷以溉田**（補注）先謙曰河水注河水逕朔方臨戎縣故城西又北有支渠東出謂之銅口東注以溉田地理志張掖郡觻得縣千金渠至酒泉郡樂涫縣入澤中[illegible]西河郡有廣田縣蓋亦因水利得名又敦

煌郡效穀縣因孝武時魚澤尉崔不意教力田以勤效得穀改名龍勒縣氏置水東北入澤溉民田又河水注河水北逕北地富平縣西上河城東典農城東廉縣故城東與枝津合水受大河東北逕富平城所在分裂以溉田圃北流入河而志不及**而關中靈軹成國漳渠**如淳曰地理志盩厔有靈軹渠成國渠名在陳倉漳音韋水出韋谷（補注）先謙曰渭水注盩厔縣北有蒙籠渠承渭水於郿縣東逕武功縣爲成林渠[illegible]又東逕縣北亦曰靈軹渠故地理志郿下云成國渠至上林入蒙籠渠而盩厔下但云靈軹渠武帝穿也長安志韋谷渠在盩厔縣西南三十五里自南山流下至清化店入渭寰宇記漳水在今縣北五里盩厔縣志韋水源出韋谷其正流西經郿縣境支流東引爲渠散沒縣界**引諸川**（補注）先謙曰河渠書作引堵水徐廣曰一作諸川堵水誤字渭水注云河渠書以爲引堵水徐廣曰一作諸川是也則其誤久矣**汝南九江引淮**（補注）先謙曰詳地理志汝南郡富陂慎陽九江郡壽春**東海引鉅定**臣瓚曰鉅定澤名也（補注）先謙曰詳地理志齊郡鉅定**泰山下引汶水**師古曰汶音問（補注）先謙曰汶水注汶水西南逕亭亭山東水上有石門舊分水下溉處汶水自桃鄉縣四分當其派別之處謂之四汶口**皆穿渠爲溉田各萬餘頃它小渠及陂山通道者不可勝言也**師古曰陂山因山之形也道引也陂音彼義反道讀曰導一曰陂山遏山之流以爲陂也音彼皮反（補注）先謙曰河渠書陂作披**自鄭國渠起至元鼎六年百三十六歲而兒**

寬爲左內史奏請穿鑿六輔渠師古曰在鄭國渠之裏今尚謂之輔渠亦曰六渠也〔補注〕蘇輿曰六輔渠遺跡唐時尚在三原雲陽界唐志雲陽有鄭白渠見元和志長安志圖經開六小渠輔助鄭國故名韋昭於三輔外加三河爲六輔誤甚駮見寬傳注御覽七十五引內黃圖經云前漢倪寬遷內黃令吏民大信表開六輔渠以大溉灌獲利因名曰倪公渠案寬未嘗令內黃準以地望亦與內黃無涉圖經附會殊難据信㠯益溉鄭國傍高卬之田師古曰素不得鄭國之溉灌者也卬謂上向也讀曰仰上曰農天下之本也泉流灌寖所㠯育五穀也師古曰寖古浸字左右內史地名山川原甚衆細民未知其利故爲通溝瀆畜陂澤師古曰畜讀曰蓄所㠯備旱也今內史稻田租挈重不與郡同師古曰租挈收田租之約令也郡謂四方諸郡也挈音苦計反〔補注〕先謙曰官本考證云收田租監本訛收臣租今改正又注挈音苦計反据注與契字同顧炎武云挈偏也說文有絜字注云角一俯一仰意同先謙案二義並通其議減令吏民勉農盡地利平繇行水勿使失時師古曰平繇者均齊渠堰之力役謂俱得水利也繇讀曰徭

後十六歲大始二年趙中大夫白公鄭氏曰白姓公爵時人多相謂爲公師古曰此時無公爵也蓋相呼尊老之稱耳復奏穿渠引涇水首起谷口尾入櫟陽師古曰谷口即今雲陽縣治谷是〔補注〕先謙曰官本注末有也字注渭中袤二百里師古曰袤長也音茂溉田四千五百餘頃因名曰白渠〔補注〕先謙曰起馮翊谷口歷池陽高陵櫟陽蓮勺諸縣入渭詳地理志民得其饒歌之曰田於何所池陽谷口鄭國在前白渠起後師古曰鄭國興於秦時故云前〔補注〕蘇輿曰御覽七十五作白公舉臿爲雲決渠爲雨師古曰臿鍫也所以開渠者也涇水一石其泥數斗且溉且糞長我禾黍如淳曰水渟淤泥可以當糞衣食京師億萬之口言此兩渠饒也是時方事匈奴興功利言便宜者甚衆齊人延年上書師古曰史不得其姓〔補注〕蘇輿曰廣韻延下云亦姓案後漢有延篤言河出昆侖經中國注勃海是其地埶西北高而東南下也可案圖書觀地形令水工準高下開大河上領晉灼曰上領山頭也出之胡中東注之海如此關東長無水災北邊不憂匈奴可㠯省隄防備塞士卒轉輸胡寇侵盜覆軍殺將暴骨原野之患天下常備匈奴而不憂百越者㠯其水絕壤斷也此功壹成萬世大利書奏上壯之報曰延年計議甚深然河

迺大禹之所道也師古曰道讀曰導聖人作事爲萬世功通於神明恐難改更自塞宣房後河復北決於館陶分爲屯氏河師古曰屯音大門反而隋室分析州縣誤以爲毛氏河乃置毛州失之甚矣〔補注〕先謙曰館陶魏郡縣王延世河隄成是水亦斷東北經魏郡清河信都勃海入海〔補注〕先謙曰至章武入海行千五百里詳地理志廣深與大河等故因其自然不隄塞也此開通後館陶東北四五郡雖時小被水害而兖州㠯南六郡無水憂宣帝地節中光祿大夫郭昌使行河北曲三所水流之埶皆邪直貝丘縣師古曰直當也〔補注〕先謙曰貝丘清河縣恐水盛隄防不能禁迺各更穿渠直東經東郡界中不令北曲渠通利百姓安之元帝永光五年河決清河靈鳴犢口師古曰清河之靈縣鳴犢河口也而屯氏河絕〔補注〕先謙曰据河水注大河故瀆至靈縣別出爲鳴犢河逕鄃縣而北合屯氏瀆屯氏瀆兼鳴犢之稱又逕鄃縣故城北合大河故瀆爲鳴犢口詳地理志成帝初清河都尉馮逡師古曰逡音七旬反〔補注〕先謙曰逡野王子見本傳奏言郡承河下流與兖州東郡分水爲界城郭所居尤卑下土壤輕脆易傷頃所㠯闊無大害者㠯屯氏河通兩川分流也師古曰闊稀也〔補注〕先謙曰闊猶久也諸葛豐傳閒何闊今屯氏河塞靈鳴犢口又益不利獨一川兼受數河之任雖高增隄防終不能泄如有霖雨旬日不霽必盈溢師古曰雨止曰霽音子計反又音才詣反靈鳴犢口在清河東界所在處下雖令通利猶不能爲魏郡清河減損水害禹非不愛民力㠯地形有埶故穿九河今既滅難明〔補注〕沈欽韓曰鄭云齊桓霸世塞廣田居同爲一河今河閒弓高以東至平原鬲津往往有其遺處焉書正義許商上言三河下言三縣則徒駭在成平胡蘇在東光鬲津在鬲縣餘不復知爾雅九河之次從北而南既知三河之次則其餘六者太史馬頰覆釜在東光之北成平之南簡絜鉤盤在東光之南鬲縣之北也其河塡塞時有故道春秋寶乾圖云移河爲界在齊呂塡閼八流以自廣鄭據此文言塞其東流八枝并使歸於徒駭也案後之言九河故迹者水經注故渠川派東入般縣爲般河蓋亦九河之一道也明志般河在德州或以爲古鉤盤通典古馬頰覆釜二河在德州安德縣鉤盤河在滄州樂陵縣武定府樂陵縣古胡蘇河在東光縣北明志東光縣有胡蘇河元和志鬲津枯河在德州安德縣南七十里即九河之一馬頰河在平昌縣南十里鉤盤河在棣州信陽縣北四十里胡蘇河在滄州饒安縣西五十里明志滄州饒安廢縣東北史記正義簡河在貝州歷亭縣界元明志入歷亭

恩州九域志瀛州樂壽有徒駭河樂壽今河間府獻縣輿地廣記滄州南皮縣有潔河潔音胎明一統志太史河在南皮縣北于欽齊乘許商孔穎達之言簡而近實後世圖志雖詳反見淆亂嘗往來燕齊西道河間東履清滄熟訪九河故道葢昔北流衡漳注之河既東徙漳自入海安知北流之漳非古徒駭河歟北踰漳而南清滄二州之間有古河隄岸數重地皆沮洳沙鹵太史等河當在其地滄州之南有大連澱西踰東光東至海此非胡蘇河歟澱南至西無棣縣百餘里間有曰大河曰沙河皆瀕古隄縣北地名八會口縣城南枕無棣溝茲非簡潔等河歟無棣縣東北有陷河闊數里西通德棣東至海茲非所謂鉤盤河歟濱州北有士傷河西踰德林東至海茲非鬲津河歟士傷河最南比他河差狹是謂鬲津無疑也紀要士傷河在濱州北**屯氏河不流行七十餘年新絕未久其處易浚**（注）師古曰浚謂治道之令其深也浚音峻（補注）劉奉世曰河不流行不字宜爲水字或衍不字先謙曰官本注無道字**又其口所居高於㠯分殺水力**（補注）錢大昭曰南監本閩本分下竝有流字朱一新曰汪本有流字先謙曰官本有流字**道里便宜可復浚㠯助大河泄暴水備非常又地節時郭昌穿直渠後三歲河水更從故第二曲間北可六里復南合今其曲埶復邪直貝丘百姓寒心宜復穿渠東行不豫修治北決病四五郡南決病十餘郡然後憂之晚矣事下丞相**

御史白博士許商治尚書善爲算能度功用師古曰白白於天子也度音大各反（補注）周壽昌曰商字長伯長安人事光祿勳周堪治尚書由博士四至九卿**遣行視**師古曰行音下更反**㠯爲屯氏河盈溢所爲方用度不足**師古曰言國家少財役（補注）先謙曰官本注末有也字**可且勿浚後三歲河果決於館陶及東郡金堤泛溢兖豫入平原千乘濟南凡灌四郡三十二縣水居地十五萬餘頃深者三丈壞敗官亭室廬且四萬所御史大夫尹忠對方略疏闊上切責之忠自殺遣大司農非調**師古曰大司農名非調也（補注）錢大昭曰廣韻非亦姓風俗通有非子伯益之後是姓非名調耳公卿表亦有此人顏以非調爲名誤**調均錢穀河決所灌之郡**師古曰令其調發均平錢穀遭水之郡使存給也調音徒釣反**謁者二人發河南㠯東漕船五百㮴**師古曰一船爲一㮴音先勞反其字從木（補注）錢大昭曰說文㮴船總名從木叜聲徐鉉曰今俗別作艘非是先謙曰官本漕作灌**徙民避水居丘陵九萬七千餘口河隄使者王延世使塞**師古曰命其爲使而塞河也華陽國志云延世字長叔犍爲資中人也（補注）周壽昌曰河隄使者漢因事置無常員故不見百官表後許商又爲河隄都尉不稱使者此詔稱校尉延世案漢置八校尉皆無與治河事延世故官校尉特使治河遂有河隄使者之稱下云哀帝初平當使領河隄考當傳當㠯經明禹貢使行河爲騎都尉領河隄與延世以校尉領河隄一也又李尋爲騎都尉使護河隄馮野王以故二千石使行河隄光祿大夫郭昌使行河皆以他官出使河隄無專官**㠯竹落長四丈大九圍盛以小石兩船夾載而下之三十六日河隄成上曰東郡河決流漂二州校尉延世隄防三旬立塞其㠯五年爲河平元年卒治河者爲著外繇六月**如淳曰律說戍邊一歲當罷若有急當留守六月今以卒治河之故復留六月孟康曰外繇戍邊也治水不復戍邊也師古曰如孟二說皆非也以卒治河有勞雖執役日近皆得比繇戍六月也著謂著於簿籍也著音竹助反下云非受平賈爲著外繇其義亦同**惟延世長於計策功費約省用力日寡朕甚嘉之其㠯延世爲光祿大夫秩中二千石賜爵關內侯黃金百斤後二歲河復決平原流入濟南千乘所壞敗者半建始時復遣王延世治之杜欽說大將軍王鳳㠯爲前河決丞相史楊焉言延世受焉術㠯塞之蔽不肯見今獨任延世延世見前塞之易恐其慮害不深又審如焉言延世之巧**

反不如焉且水埶各異不博議利害而任一人如使不及今冬成來春桃華水盛必羨溢有填淤反壤之害師古曰月令仲春之月始雨水桃始華蓋桃方華時既有雨水川谷冰泮眾流猥集波瀾盛長故謂之桃華水耳而韓詩傳云三月桃華水反壤者水塞不通故令其土壤反還也羨音弋繕反淤音於庶反**如此數郡種不得下**師古曰種五穀之子也音之勇反**民人流散盜賊將生雖重誅延世無益於事宜遣焉及將作大匠許商諫大夫乘馬延年雜作**孟康曰乘馬姓也師古曰乘音食證反**延世與焉必相破壞深論便宜㠯相難極**師古曰壞毀也音怪極窮也音居力反**商延年皆明計算能商功利**師古曰商度也**足㠯分別是非擇其善而從之必有成功鳳如欽言白遣焉等作治六月迺成復賜延世黃金百斤治河卒非受平賈者爲著外繇六月**蘇林曰平賈以錢取人作卒顧其時庸之平賈也如淳曰律說平賈一月得錢二千師古曰賈音價（補注）先謙曰受平賈者顧庸於官得直既優故不著外繇其充役未受直者乃著之**後九歲鴻嘉四年楊焉言從河上下患底柱隘可鐫廣之**師古曰鐫謂琢鑿之也音子全反**上從其言使焉鐫**

之鐫之裁沒水中不能去而令水益湍怒為害甚於故是歲勃海清河信都河水溢溢灌縣邑三十一師古曰溢踊也音普頓反敗官亭民舍四萬餘所河隄都尉許商與丞相史孫禁共行視圖方略師古曰圖謀也行音下更反禁以為今河溢之害數倍於前決平原時今可決平原金隄間開通大河令入故篤馬河韋昭曰在平原縣〔補注〕先謙曰地理志平原縣有篤馬河東北入海据河水注即屯氏別河南瀆自平原城北首受大河者也至海五百餘里水道浚利又乾三郡水地得美田且二十餘萬頃足以償所開傷民田廬處又省吏卒治隄救水歲三萬人以上許商以為古說九河之名有徒駭胡蘇鬲津今見在成平東光鬲界中師古曰此九河之三也徒駭在成平胡蘇在東光鬲津在鬲成平東光屬勃海鬲屬平原徒駭者言禹治此河用功極眾故人徒驚駭也胡蘇下流急疾之貌也鬲津言其陿小可鬲以為津而度也鬲與隔同〔補注〕沈欽韓曰地理志勃海郡成平下云虖池河民曰徒駭河滹沱非大河則班氏不以為徒駭河也與許商各著所聞耳先謙曰官本考證云注陋訛順從宋本改正自鬲以北至徒駭間相去二百餘里〔補注〕王念孫曰案鬲下有津字而今本脫之鬲津為九河之一而鬲乃縣名非河名九河以徒駭為極北鬲津為極南故曰自鬲津以北至徒駭不當言自鬲以北也周頌般正義引此無津字亦後人依誤本漢志刪之案正義云徒駭是九河之最北者鬲津是九河之最南者此正義釋自鬲津以北至徒駭之文則有津字明矣禹貢正義爾雅釋水疏引此並作自鬲津以北今河雖數移徙不離此域孫禁所欲開者在九河南篤馬河〔補注〕先謙曰胡渭云鬲津出鬲縣篤馬出平原鬲在平原之西北故商云然失水之迹處勢平夷旱則淤絕水則為敗不可許公卿皆從商言先是谷永以為河中國之經瀆師古曰經常也聖王興則出圖書王道廢則竭絕今潰溢橫流漂沒陵阜異之大者也修政以應之災變自除是時李尋解光亦言陰氣盛則水為之長故一日之間晝減夜增江河滿溢所謂水不潤下雖常於卑下之地猶日月變見於朔望明天道有因而作也眾庶見王延世蒙重賞競言便巧不可用議者常欲求索九河故迹而穿之〔補注〕沈欽韓曰宋志李垂言兩漢而下言水利者屢欲求九河故道而疏之今考圖志大河在平原西北且河壞澶滑未至平原而上已決矣則九河奚利哉今因其自決可且勿塞以觀

水勢河欲居之當稍自成川跳出沙土然後順天心而圖之必有成功而用財力寡於是遂止不塞滿昌師丹等數言〔補注〕先謙曰滿昌見儒林傳百姓可哀上數遣使者處業振贍之師古曰處業謂安處之使得其居業哀帝初平當使領河隄師古曰為使而領其事奏言九河今皆窴滅按經義治水有決河深川師古曰決分泄也深浚治也而無隄防雍塞之文師古曰雍讀曰壅〔補注〕先謙曰當言可謂明禹貢矣然與後世築隄束水耤水刷沙情勢又自不同河從魏郡以東北多溢決水迹難以分明四海之眾不可誣宜博求能浚川疏河者下丞相孔光大司空何武奏請部刺史三輔三河弘農太守舉吏民能者莫有應書〔補注〕先謙曰言無應詔書者待詔賈讓奏言治河有上中下策古者立國居民疆理土地必遺川澤之分度水勢所不及師古曰遺留也度計也言川澤水所流聚之處皆留而置之不以為居邑而妄墾殖必計水所不及然後居而田之也分音扶問反度音大各反大川無防小水得入陂障卑下以為汙澤師古曰停水曰汙音一胡反使秋水多得有所休息左右游波寬緩而不迫夫土之有川猶人之有口也治土而防其川猶止兒啼而塞其口豈不遽止然其死可立而待也師古曰遽速也音其庶反故曰善為川者決之使道師古曰道讀曰導導通引也善為民者宣之使言〔補注〕先謙曰為猶治也蓋隄防之作近起戰國雍防百川各以自利師古曰雍讀曰壅齊與趙魏以河為竟師古曰竟讀曰境〔補注〕沈欽韓曰說苑臣道篇齊鄒忌舉田子為西河而秦梁弱田敬仲世家威王曰吾臣有盼子者使守高唐則趙人不敢東漁於河趙策武靈王曰今吾國東有河薄洛之水與齊中山同之魏策蘇子說魏王曰大王之地北有河外卷衍燕酸棗蓋齊竟西北趙竟東南魏則三面跨河南連鴻溝也趙魏瀕山齊地卑下師古曰瀕山猶言以山為邊界也瀕音頻又音賓作隄去河二十五里河水東抵齊隄則西泛趙魏趙魏亦為隄去河二十五里雖非其正水尚有所遊盪時至而去則填淤肥美民耕田之或久無害稍築室宅遂成聚落大水時至漂沒則更起隄防以自救稍去其城郭排水澤而居之湛溺自其宜也師古曰湛讀曰沈今隄防陿者去水數百步遠

者數里近黎陽南故大金隄從河西西北行至西山南頭迺折東與東山相屬師古曰屬連及也音之欲反民居金隄東爲廬舍住十餘歲〔補注〕王念孫曰上既言居則下不得更言住住當爲往言故大隄在河西而民居在隄東與水相迫故往十餘歲時民更於大隄內築直隄以自衞也下文云往十餘歲卽其證隸書從彳從亻之字多相亂故往譌作住更起隄從東山南頭直南與故大隄會又內黃界中有澤方數十里〔補注〕沈欽韓曰郡國志內黃縣有黃澤元和志在相州內黃縣西北五里環之有隄師古曰環繞也往十餘歲〔補注〕先謙曰官本往作住太守㠯賦民師古曰以隄中之地給與民民今起廬舍其中此臣親所見者也東郡白馬故大隄亦復數重民皆居其間從黎陽北盡魏界故大隄去河遠者數十里內亦數重此皆前世所排也河從河內北至黎陽爲石隄激使東抵東郡平剛師古曰激者聚石於隄旁衝要之處所以激去其水也激音工歷反〔補注〕沈欽韓曰地理志東郡無平剛縣疑當爲剛平趙世家敬侯四年築剛平以侵衞五年齊魏爲衞攻趙取剛平剛平蓋衞地正義云剛平在河北非也衞文公東徙渡河久矣先謙曰聚石隄旁曰激水經注屢見但此文爲石隄與下文四又爲石隄相應則激字不應上屬又

下文激使東北與此文激使東義同則當訓如孟子激而行之之激非石激也顏說誤又爲石隄使西北抵黎陽觀下師古曰觀縣名也音工喚反〔補注〕齊召南曰案觀下當是黎陽縣近河地名不然畔觀屬東郡觀津屬信都皆不得獨稱觀字又上文言東郡平剛下文言魏郡昭陽皆非縣名乃地名耳先謙曰畔觀畔字衍詳地理志齊說非又爲石隄使東北抵東郡津北〔補注〕沈欽韓曰河水注河水東北逕濮陽縣北爲濮陽津又逕衞國縣南爲郭口津又逕鄄城縣北河之北岸有新臺爲盧關津又爲石隄使西北抵魏郡昭陽〔補注〕沈欽韓曰紀要昭陽亭在大名府濬縣東北又爲石隄激使東北百餘里間河再西三東迫阨如此不得安息今行上策徙冀州之民當水衝者決黎陽遮害亭放河使北入海〔補注〕沈欽韓曰河水注河水又逕東燕縣故城北又東淇水入焉又東逕遮害亭一統志遮害亭在衞輝府濬縣西南五十里紀要大河經亭南又東至黎陽縣東大伾山北入開州河西薄大山東薄金隄埶不能遠泛濫朞月自定〔補注〕先謙曰官本考證云朞監本訛基今改正難者將曰若如此敗壞城郭田廬冢墓㠯萬數百姓怨恨昔大禹治水山陵當路者毀之故鑿龍門辟伊闕師古曰辟讀曰闢闢開也〔補注〕沈欽韓曰紀要闕塞山在河南府西南三十里

亦曰龍門山亦曰伊闕山山之東曰香山西曰龍門大禹疏以通水兩山對峙石壁峭立望之若闕伊水歷其間析底柱破碣石師古曰析分也墮斷天地之性師古曰墮毀也音火規反此迺人功所造何足言也今瀕河十郡治隄歲費且萬萬及其大決所殘無數如出數年治河之費㠯業所徙之民遵古聖之法定山川之位使神人各處其所而不相奸師古曰奸音干且㠯大漢方制萬里豈其與水爭咫尺之地哉此功一立河定民安千載無患故謂之上策若迺多穿漕渠於冀州地使民得㠯溉田分殺水怒雖非聖人法然亦救敗術也難者將曰河水高於平地歲增隄防猶尚決溢不可㠯開渠臣竊按視遮害亭西十八里至淇水口〔補注〕先謙曰淇水注淇水又南歷枋堰舊淇水口東流逕黎陽縣界南入河地理志淇水東至黎陽入河溝洫志曰遮害亭西十八里至淇水口是也後魏武於水口下大枋木成堰遏淇水入白溝故號其處爲枋頭迺有金隄高一丈自是東地稍下隄稍高至遮害亭高四五丈往六七歲河水大盛增丈七尺壞黎陽南郭門入至隄

下如淳曰然則隄在郭內也臣瓚曰謂水從郭南門入北門出而至隄也師古曰瓚說是也〔補注〕劉奉世曰如瓚說則是河已沒黎陽城矣非也如說爲是不然則黎陽因隄一面爲城如今之澶州故郭門乃在隄外矣水未踰隄二尺所從隄上北望河高出民屋百姓皆走上山水留十三日隄潰二所〔補注〕先謙曰官本無二所二字引宋祁曰晏本隄潰下有二所兩字朱一新云汪本無二所兩字以水流十三日隄潰七字爲句是也二所字涉上文而衍吏民塞之臣循隄上行視水埶師古曰行音下更反南七十餘里至淇口水適至隄半計出地上五尺所今可從淇口㠯東爲石隄多張水門初元中遮害亭下河去隄足數十步至今四十餘歲適至隄足由是言之其地堅矣恐議者疑河大川難禁制滎陽漕渠足㠯下之如淳曰今礫谿口是也言作水門通水流不爲害也師古曰礫谿名卽水經所云湅水東通礫谿者〔補注〕先謙曰官本湅作沛是水經濟水與河合流東過滎陽縣北又東至礫谿南東出過滎澤北注云濟水分河東南流漢明帝之世王景始作浚儀渠云云濟水又東逕敖山北又東合滎瀆下引詳又東得宿須水口水受大河渠側有扈亭水自亭東南流注濟自西瀆謂以濮吁以上須縁帶山隰秦漢以來亦有通否濟水與河渾濤東注晉桓溫將通之不果義熙十三年又命劉遵考仍此渠而漕之山崩壅

塞於北十里更鑿故渠通之濟水又東逕滎陽縣北又東礫石溪水注之水出滎陽城西南李澤即古馮池也池水逕滎陽縣北斷山東北注濟世謂之礫口瀆即經礫溪也據此浚儀渠始於後漢滎陽漕渠當即滎瀆及宿須渠口一帶故下文云仍此而漕之然與滎陽縣東之礫溪口無涉礫溪口並非漕渠如注殊謬其水門但用木與土耳〔補注〕先謙曰濟水注濟水又東合滎瀆瀆首受河水有石門謂之爲滎口石門也而地形殊卑蓋故滎播所導自此始也門南際河有故碑云陽嘉三年使河隄謁者王誨云云則水門非用木與土矣据注秦漢以來亦有通否云云明故渠水門非一讓所指或更是誨前事今據堅地作石隄埶必完安冀州渠首盡當卬此水門治渠非穿地也師古曰卬音牛向反但爲東方一隄北行三百餘里入漳水中其西因山足高地諸渠皆往往股引取之如淳曰股支別也旱則開東方下水門溉冀州水則開西方高門分河流通渠有三利不通有三害民常罷於救水半失作業師古曰此一害也罷讀曰疲水行地上湊潤上徹民則病溼氣木皆立枯鹵不生穀師古曰此二害決溢有敗爲魚鼈食此三害也若有渠溉則鹽鹵下溼填淤加肥師古曰此一利故種禾麥更爲秔稻高田五倍下田十倍師古曰此二利也秔謂稻之不粘者也音庚轉漕舟船之便此三利也今瀕河隄吏卒郡數千人伐買薪石之費歲數千萬足㠯通渠成水門又民利其溉灌相率治渠雖勞不罷師古曰罷讀曰疲民田適治河隄亦成此誠富國安民興利除害支數百歲故謂之中策若迺繕完故隄增卑倍薄〔補注〕蘇輿曰倍薄謂薄者倍益使厚御覽六十一引作陪字通勞費無已數逢其害此最下策也王莽時徵能治河者㠯百數其大略異者長水校尉平陵關竝師古曰桓譚新論云竝字子陽材智通達也〔補注〕朱一新曰注陽汪本作揚言河決率常於平原東郡左右其地形下而土疏惡聞禹治河時本空此地㠯爲水猥盛則放溢師古曰猥多也〔補注〕蘇輿曰案此處文義當以猥字絕句盛則放溢少稍自索二語對文猥與隈通訓猥有曲義本書律曆志注服虔說文隈下云水曲也文選西都賦注隩下云水隈厓也言禹空此地不置民居爲水隈厓水盛任其放溢水少漸自索盡也本書溝洫志注也若訓猥爲多而屬下爲義則以爲二字無著多盛義亦復御覽六十一引此文至水猥無下數語雖屬刪節而以猥字爲句可資印證少稍自索師古曰索盡也音先各反雖時易處猶不能離此上古難識近察秦漢㠯來河決曹衞之域其南北不過百八十里者可空此地勿㠯爲官亭民室而已大司馬史長安張戎師古曰雜論云字仲功習灌溉事也言水性就下行疾則自刮除成空而稍深〔補注〕先謙曰自刮除即後世藉水刷沙之意成空謂河身疏通稍深謂日益就下也河水重濁號爲一石水而六斗泥今西方諸郡㠯至京師東行民皆引河渭山川水溉田春夏乾燥少水時也故使河流遲貯淤而稍淺雨多水暴至則溢決而國家數隄塞之稍益高於平地猶築垣而居水也可各順從其性毋復灌溉則百川流行水道自利無溢決之害矣御史臨淮韓牧師古曰新論云字子台善水事㠯爲可略於禹貢九河處穿之縱不能爲九但爲四五宜有益大司空掾王橫師古曰橫字平中琅邪人見儒林傳中讀曰仲〔補注〕先謙曰河水注作王璜言河入勃海勃海地高於韓牧所欲穿處往者天嘗連雨東北風海水溢西南出寖數百里九河之地已爲海所漸矣師古曰漸寖也讀如本字又音子廉反〔補注〕閻若璩曰逆訛爲九先謙曰河水注寖作侵又引張折云碣石在海中蓋淪於海水也昔燕齊遼闊分置營州今城屆海濱海水北侵城垂淪者半王璜之言信而有徵碣石入海非無證矣禹之行河水本隨西山下東北去師古曰行謂通流也周譜云定王五年河徙如淳曰譜音補世統譜諜也〔補注〕沈欽韓曰梁書文學傳王僧孺被敕撰譜訪劉杳血脈所因杳云桓譚新論云太史三代世表旁行邪上並效周譜以此而推當起周代案藝文志歷譜類有帝王諸侯世譜古來帝王年譜即此周譜也先謙曰敘傳云商竭周移則今所行非禹之所穿也又秦攻魏決河灌其都決處遂大〔補注〕沈欽韓曰蘇秦傳蘇代曰決白馬之口魏無黃濟陽決宿胥之口魏無虛頓丘魏無忌謂魏王曰決滎澤而水大梁大梁必亡矣韓非子決白馬之口以沃魏氏秦始皇二十二年王賁攻魏引河溝灌大梁城壞其王請降蓋秦之滅魏加無忌之料以前所指皆虛擬耳不可復補宜卻徙完平處更開空師古曰空猶穿〔補注〕蘇輿曰案說文空竅也謂開通孔竅利水流行上云成空而稍深義同但彼藉水刷泥此則開由人力耳使緣西山足乘高地而東北入海迺無水災沛郡桓譚爲司空掾典其議爲甄豐言凡此數者必有一是宜詳考驗皆可豫見計定然後舉事費不過數億萬亦可㠯事諸浮食無產業民師古曰事謂役使也〔補注〕

周壽昌曰自上謂之使自下謂之事而語可通訓高紀民產子復勿事二歲史記傳靳歙成傳坐事國人過律與此事義同 空居與行役同當衣食衣食縣官而爲之作迺兩便師古曰言無產業之人端居無爲及發行力役俱須衣食耳今縣官給其衣食而使修治河水是爲公私兩便也 可以上繼禹功下除民疾王莽時但崇空語無施行者

贊曰古人有言微禹之功吾其魚乎師古曰左氏傳載周大夫劉定公之辭也言無禹治水之功則天下之人皆爲魚鼈耳 中國川原以百數莫著於四瀆而河爲宗孔子曰多聞而志之知之次也師古曰論語稱孔子之言曰多聞擇其善者而從之多見而志之知之次也志記也字亦作識音式冀反 國之利害故備論其事

溝洫志第九終　　漢書二十九

藝文志第十　　漢書三十

漢　蘭臺令史班固撰

唐正議大夫行祕書少監琅邪縣開國子顏師古注

賜進士出身前翰林院編修國子監祭酒加三級臣王先謙補注

昔仲尼沒而微言絕李奇曰隱微不顯之言也師古曰精微要妙之言耳 七十子喪而大義乖師古曰七十子謂弟子達者七十二人舉其成數故言七十〔補注〕先謙曰二語亦見劉歆傳 故春秋分爲五韋昭曰謂左氏公羊穀梁鄒氏夾氏也 詩分爲四韋昭曰謂毛氏齊魯韓 易有數家之傳戰國從衡眞僞分爭師古曰從音子容反 諸子之言紛然殽亂師古曰殽雜也 至秦患之乃燔滅文章以愚黔首師古曰燔燒也秦謂人爲黔首言其頭黑也燔音扶元反黔音其炎反又音琴 漢興改秦之敗大收篇籍廣開獻書之路〔補注〕齊召南曰此二句既敘在孝武之前則指高祖時蕭何收秦圖籍楚元王學詩惠帝時除挾書之令文帝使鼂錯受尙書使博士作王制又置論語孝經爾雅孟子博士卽其事也 迄孝武世書缺簡脫禮壞樂崩師古曰編絕散落故簡脫脫音吐活反 聖上喟然而

稱曰朕甚閔焉師古曰喟歎息之貌也音丘位反〔補注〕先謙曰劉歆傳云故詔書稱曰禮壞樂崩書缺簡脫朕甚閔焉武紀元朔五年詔 於是建藏書之策如淳曰劉歆七略曰外則有太常太史博士之藏內則有延閣廣內祕室之府〔補注〕何焯曰文選注三十八引劉歆七略曰孝武皇帝敕丞相公孫弘廣開獻書之路百年之閒書積如山又尙書有青絲編目錄此所謂藏書之策也先謙曰官本藏作臧是 置寫書之官下及諸子傳說皆充祕府至成帝時以書頗散亡使謁者陳農求遺書於天下〔補注〕先謙曰成紀在河平三年 詔光祿大夫劉向校經傳諸子詩賦〔補注〕沈欽韓曰文選魏都賦注引風俗通云劉向別錄讎校者一人讀書校其上下得謬誤爲校一人持本一人讀書若怨家相對爲讎先謙曰向傳上方精於詩書觀古文詔向領校中五經祕書 步兵校尉任宏校兵書〔補注〕陶憲曾曰據百官公卿表有任宏字偉公爲執金吾守大鴻臚蓋卽其人 太史令尹咸校數術師古曰占卜之書〔補注〕先謙曰案太史令奉常屬官咸先爲丞相史見劉歆傳更始子官至大司農見儒林傳百官表 侍醫李柱國校方技師古曰醫藥之書〔補注〕周壽昌曰隋志作太醫監葉德輝曰百官表奉常屬官有太醫令丞少府屬官亦有之無侍醫之名惟張禹傳云禹病上書乞骸骨成帝賜侍醫視疾顏注侍醫侍天子之醫蓋若今言御醫矣先謙曰官本句末有也字 每一書已師古曰已畢也 向

輒條其篇目撮其指意錄而奏之師古曰撮總取也音千括反〔補注〕沈欽韓曰向上晏子列子奏並云以殺青書可繕寫然則其錄奏者並先殺青書簡也御覽六百六引風俗通云劉向別錄殺青者直治竹作簡書之耳新竹有汗善朽蠹凡作簡者皆於火上炙乾之陳楚間謂之汗汗者去其汁也吳越曰殺殺亦治也向為孝成皇帝典校書籍二十餘年皆先書竹改易刊定可繕寫者以上素也先謙曰隋志每書就向輒撰為一錄論其指歸辨其訛謬敘而奏之會向卒哀帝復使向子侍中奉車都尉歆卒父業師古曰卒終也〔補注〕先謙曰傳作騎都尉奉車光祿大夫歆於是總羣書而奏其七略〔補注〕王應麟曰古者史官既司典籍蓋有目錄以為綱紀孔子刪書別為之序各陳作者所由韓毛二詩亦皆相類漢時別錄七略各有其部推尋事迹則古之制也先謙曰隋志哀帝使歆嗣父之業乃徙溫室中書於天祿閣上歆遂總括羣書撮其指要著為七略故有輯略師古曰輯與集同謂諸書之總要〔補注〕吳仁傑曰時猶未以集名書故志載賦頌歌詩一百家皆不曰集晉荀勖分書為四部其四曰丁部宋王儉撰七志其三曰文翰志亦未以集名之梁阮孝緒為七錄始有文集錄隋志遂以荀況等詩賦之文皆謂之集而又有別集史官謂別集之名漢東京所創案閔馬父論商頌輯之亂韋昭云輯成也竊謂別集之名雖始於東京實本於歆之輯略而輯略又本於商頌之輯云有六藝略師古曰六藝六經也有諸子略有詩賦略有兵書略有術數略有方技略

今刪其要以備篇籍師古曰刪去浮冗取其指要也其每略所條家及篇數有與總凡不同者轉為脫誤年代久遠無以詳知〔補注〕先謙曰官本轉作傳為作寫考證云傳監本訛轉今從舊本改正

易經十二篇施孟梁丘三家師古曰上下經及十翼故十二篇〔補注〕王應麟曰今易乾卦至用九即古易之本文秦漢之際易亡說卦宣帝時河內女子發老屋得之先謙曰志言易經全文惟此三家其餘傳說諸家經文蓋不悉錄王充論衡云河內女子發屋得逸易一篇隋志承之以為先失說卦三篇案志既云傳者不絕是此書未缺發屋得易之事迺俗說也

易傳周氏二篇字王孫也〔補注〕先謙曰儒林傳雒陽周王孫丁寬齊服生皆著易傳數篇寬至雒陽復從王孫受古義號周氏傳

服氏二篇師古曰劉向別錄云服氏齊人號服光〔補注〕先謙曰御覽三百八十五會稽先賢傳淳于長通年十七說宓氏易經案宓與伏同見本志及律歷志注服亦與伏同見文選陸機吳王郎中時從梁陳詩注故服宓伏三字互相通假所稱宓氏易即此服氏也服宓字通亦見後宓子下

楊氏二篇名何字叔元菑川人〔補注〕王應麟曰太史公受易於楊何先謙曰儒林傳何受易王同

蔡公二篇衛人事周王孫〔補注〕先謙曰李鼎祚周易集解上經謙卦稱虞翻引彭城蔡景君說疑即其人或衛人而官彭城

韓氏二篇名嬰〔補注〕王應麟曰韓嬰傳以易授人推易意而為之傳蓋寬饒從受焉封事引韓氏易傳言五帝官天下三王家天下沈欽韓曰經典序錄子夏易傳三卷七略云漢韓嬰傳

王氏二篇名同〔補注〕先謙曰儒林傳東武人字子中受易田何

丁氏八篇名寬字子襄梁人也〔補注〕沈欽韓曰冊府元龜六百四開元初禮部奏議荀勖中經簿子夏傳四卷或云丁寬所作經典序錄同先謙曰儒林傳寬作易說三萬言訓故舉大誼而已今小章句是也陸德明經典釋文敘錄劉向典校書考易說以為諸易家說皆祖田何楊叔丁將軍大義略同

古五子十八篇自甲子至壬子說易陰陽〔補注〕齊召南曰易有先甲後甲先庚後庚已日之文然古人說易未有以甲子配卦爻者至漢始有律歷志曰日有六甲辰有五子注云六甲之中惟甲寅無子然則後世占易以六辰定六爻亦不自京房始也沈欽韓曰初學記文部引劉向別錄云所校讎中易傳古五子書除復重定著十八篇分六十四卦著之日辰自甲子至於壬子凡五子故號曰五子

淮南道訓二篇淮南王安聘明易者九人號九師法〔補注〕王應麟曰張平子思元賦注引淮南九師道訓云遁而能飛吉孰大焉曹子建七啟注亦引之沈欽韓曰初學記劉向別錄云所校讎中書傳淮南九師道訓除復重定著十三篇御覽六百

九引劉向別錄云中書署曰淮南九師書志作二篇與總數不合明脫十字王先慎曰九師不著其名疑即淮南高誘注所稱蘇飛李尚諸人朱氏彝尊謂陸氏釋文所引稱師者當即九師本案釋文所引乃陸氏授經之師故羣經釋文皆稱師說不得以九師當之且道訓僅見漢志後絕無引之者文中子云九師興而易道微則其書無資於聖經故其亡獨早耳錢大昭曰法南雍本閩本竝作說先謙曰官本法作說

古雜八十篇〔補注〕沈欽韓曰此即乾鑿度稽覽圖之類後書張衡歷言尚書詩春秋讖之謬妄而不及易則易說為古書也又乾坤鑿度炎帝黃帝有易靈緯太卜掌三易之法一曰連山二曰歸藏杜子春云連山宓戲歸藏黃帝禮運注殷陰陽之書其書存者有歸藏鄭注則漢時二易尚存其一也隋志云漢初已亡蓋見志無其目云古雜者蓋年代汗漫雖有其書莫究其用亦未知是周太卜所掌與否故存疑云爾或雜說古帝王卜筮之事如汲郡師春但取左傳卜筮事為書耳說苑鹽鐵論引易皆本經所無亦古雜之篇也

雜災異三十五篇〔補注〕沈欽韓曰後書郎顗傳易天人應曰君子不思遵利茲謂無澤厥災孽火燒其宮又曰君高臺府犯陰侵陽厥災火又曰上不儉下不節災火並作燒君室蓋雜災異之流

神輸五篇圖一師古曰劉向別錄云神輸者王道失則災害生得則四海輸之祥瑞

孟氏京房十一篇〔補注〕王應麟曰釋文序錄云孟喜章句十卷無上經七錄云又下經無旅至節無上繫隋志八卷殘缺京房章句十二卷七錄

五上晁氏云今其章句亡乃略見於僧一行及李鼎祚之書先謙曰新唐書歷志云十二月卦出於孟喜章句其說易本於氣而後以人事明之

災異孟氏京房六十六篇補注沈欽韓曰後書郎顗傳臣伏案飛候參察眾政李注京房作易飛候隋志載周易占諸書並京房撰其名目重複誕異不知誰所定也儒林傳房受易焦延壽延壽云嘗從孟喜問易會喜死房以為延壽易即孟氏學然則京氏之易託諸孟喜故京易冠以孟氏隋志又有焦贛易林十六卷今見行而志不列殆以焦氏無師法故不錄中祕或以京氏包之耳先謙曰傳稱喜從田王孫受易得易家候陰陽災變書云師且死獨傳喜故言災異首孟氏易林當在蓍龜家周易中沈說非

五鹿充宗略說三篇補注沈欽韓曰朱雲傳充宗為梁丘易

京氏段嘉十二篇蘇林曰東海人為博士晉灼曰儒林不見師古曰蘇說是也嘉即京房所從受易者也見儒林傳及劉向別錄補注錢大昭曰傳作殷嘉沈欽韓曰京房弟子所撰故冠以京氏史記索隱引別錄易家有救氏注救乃段之訛先謙曰據傳當云從京房受易者也顏注誤蘇林官本作蘇氏

章句施孟梁丘氏各二篇補注先謙曰儒林傳丁寬授碭田王孫王孫授施讎孟喜梁丘賀隋志梁丘施氏亡于西晉孟氏京氏有書無師案施孟說略見禮曲禮郊特牲王制詩干旄諸疏穀梁集解經典釋文朱震漢上易中

凡易十三家二百九十四篇

易曰宓戲氏仰觀象於天俯觀法於地觀鳥獸之文與地之宜近取諸身遠取諸物於是始作八卦以通神明之德以類萬物之情師古曰下繫之辭也鳥獸之文謂其跡在地者宓讀與伏同至於殷周之際紂在上位逆天暴物文王以諸侯順命而行道天人之占可得而效於是重易六爻作上下篇補注王應麟曰重卦之人有四說王輔嗣等以為伏羲鄭康成之徒以為神農湻于俊云包羲因燧皇之圖而制八卦神農演之為六十四孫盛以為夏禹史遷等以為文王淮南子伏戲為之六十四變周室增以六爻張行成云伏羲先天示易之體故孔子謂之作八卦文王後天明易之用故子雲謂之重六爻楊繪云筮非八卦之可為必六十四之然後為筮舜禹之際曰龜協從筮從則何文王重之有乎八卦成列象在其中矣因而重之爻在其中矣據此而言重卦之始其在上古乎京房引夫子曰神農重乎八純齊召南曰王氏糾漢志之失是也但易大傳明曰因而重之即伏羲重為六十四耳王弼之說最當孔氏為之彖象繫辭文言序卦之屬十篇補注沈欽韓曰孔氏第六論夫子十翼云數十翼亦有多家既易經本分為上下二篇則區域各別彖象釋卦亦當隨經而分故一家數十翼云上彖一下彖二上象三下象四上繫五下繫六文言七說卦八序卦九雜卦十鄭學之徒並同此說故曰易道深矣人更三聖韋昭曰伏羲文王孔子師古曰更經也音工衡反世歷三古孟康曰易繫辭曰易之興其於中古乎然則伏羲為上古文王為中古孔子為下古補注沈欽韓曰乾鑿度垂皇策者犧卦道演德者文成命者孔辨終備云至哉易三聖謀注云三聖伏羲文王孔子則三聖之徵也班氏以前並如此說論衡正說篇云文王周公因彖十八章究六爻始牽綴周公馬融之徒因之孔穎達陸德明並承俗訛及秦燔書而易為筮卜之事傳者不絕補注葉德輝曰秦始皇紀云天下敢有藏詩書百家語者悉詣守尉雜燒之所不去者醫藥卜筮種樹之書漢興田和傳之補注錢大昭曰和當作何先謙曰官本作何訖于宣元有施孟梁丘京氏列於學官補注先謙曰武帝立五經博士易唯楊何宣帝立施孟梁丘易元帝立京氏易見儒林傳贊而民間有費高二家之說師古曰費音扶味反補注沈欽韓曰隋志梁有漢單父長費直注周易四卷亡新舊唐志費直章句四卷隋志又言直傳易其本皆古字號古文易後漢陳元鄭眾皆傳費氏之學馬融又為其傳以授鄭玄玄作易注荀爽又作易傳魏代王肅王弼並為之注自是費氏大興案儒林傳費直長於卦筮亡章句徒以彖象繫辭十篇解說上下經則費氏無章句或於後師為之晁公武云凡以彖象文言等參入卦中皆祖費氏文獻通考亦云彖象文言雜入卦中自費氏始魏志高貴鄉公問易博士湻于俊曰孔子作彖象不與經文相連而注連之何也俊對曰鄭合彖象於經者欲使學者尋省易了也則合彖象等始自鄭氏不關費氏或鄭名重遂專舉之耳孔穎達又謂輔嗣之意彖本釋

經宜相附近分爻之象辭各附當爻是漢魏閒注費氏本者其分析連綴之也隋志高氏亡於西晉儒林傳云其學亦亡章句專說陰陽災異

劉向以中古文易經校施孟梁丘經師古曰中者天子之書也言中以別於外耳或脫去無咎悔亡補注周壽昌曰無應作无易經中未有無字唯費氏經與古文同補注王應麟曰釋文引古文如彙作蒏作偏介作砎枕作沈蹢躅作蹢躅繻作繻

尚書古文經四十六卷為五十七篇師古曰孔安國書序云凡五十九篇為四十六卷承詔作傳引序各冠其篇首定五十八篇鄭玄敘贊云後又亡其一篇故五十七補注先謙曰四十六卷者孔安國所得壁中古文以考伏生二十九篇得多十六篇共四十五篇加孔子序一篇陸德明釋文云馬鄭之徒百篇之序總為一卷為四十六篇故云四十六卷也為五十七篇者據尚書孔疏云伏生二十九篇是計卷若計篇則三十四攷二十九篇者堯典一徽以下皋陶謨二連帝曰來禹以下禹貢三甘誓四湯誓五盤庚六案三篇同卷高宗肜日七西伯戡黎八微子九太誓十案三篇同卷牧誓十一洪範十二金滕十三大誥十四康誥十五酒誥十六梓材十七召誥十八洛誥十九多士二十無逸二十一君奭二十二多方二十三立政二十四顧命二十五連王出以下案此二篇同卷費誓二十六呂刑二十七文侯之命二十八秦誓二十九也鄭注於此內分出盤庚二篇康王之誥一篇泰誓二篇為三十四篇其得多十六篇者案舜典一今有舜典非梅賾所分汨作二九共九篇三大禹謨四棄稷五別有[illegible]數五子之歌六胤征七湯誥八咸有一德九典寶十伊訓十一肆命十二原

命十三武成十四旅獒十五畢命十六九共九篇出八篇又爲二十四篇以二十四加三十四爲五十八篇桓譚新論所云古文尙書舊有四十五卷爲五十八篇是也云四十五者除序言之也後又亡其一篇僞武成疏引鄭云武成逸書建武之際亡是也桓譚沒於世祖時在建武前武成未亡故云五十八班氏作漢書在顯宗時武成已亡故云五十七也顏引孔安國序迺梅賾所上僞序梅氏卷數篇數亦非孔壁卷數篇數也

經二十九卷 大小夏侯二家歐陽經二十二卷師古曰此二十九卷伏生傳授者〔補注〕王應麟曰伏生口傳二十八篇後得泰誓一篇也齊召南曰案泰誓即僞泰誓凡漢儒所引赤烏白魚等語皆是也故併伏生所傳爲二十九卷先謙曰大小夏侯本經與伏生卷同歐陽分析增多其數注二十二官本汪本並作三十二案三十是也下云歐陽章句三十一卷不應本經卷異卷上二字當爲三王氏引之謂當爲三十三於二十九篇中三分盤庚及泰誓改志文以就己說非也伏生二十九篇非二十八篇以本志及史記儒林傳爲定王氏經義述聞謂二十九篇今文有太誓非宣帝時河內女子始得是也王齊說非也

傳四十一篇 〔補注〕王鳴盛曰以大傳系經下尊伏生也先謙曰鄭敘云張生歐陽生從伏生學數子各論所聞以己意彌縫其闕別作章句又特撰大義因經屬指名之曰傳劉子政校書得而上之凡四十一篇至元始詮次爲八十三篇今本並略說爲四卷官本經二十九卷二句各自提行

歐陽章句三十一卷 〔補注〕沈欽韓曰章句者經師指括其文敷暢其義以相教授左宣二年傳疏服虔載賈逵

鄭衆或人左說解叔牂曰子之馬然也此章句之體解故者若刑法解墨子經說尙書大傳毛詩傳之類解故不必盡人能爲章句各師具有煩簡不同耳秦恭增師法至百萬言桓榮受朱普學章句四十萬言榮減爲二十三萬言其子郁復刪省成十二萬言是也先謙曰鄭敘云歐陽生別作章句是也儒林傳尙書世有歐陽氏學

大小夏侯章句各二十九卷 〔補注〕先謙曰大夏侯勝小夏侯建也勝傳云從父子建自師事勝及歐陽高左右采獲又從五經諸儒問與尙書相出入者牽引以次章句

大小夏侯解故二十九篇 〔補注〕先謙曰故詁字同

歐陽說義二篇 〔補注〕先謙曰歐陽夏侯書說略見近人陳喬樅輯本

劉向五行傳記十一卷 〔補注〕王應麟曰本傳云洪範五行傳論沈約云伏生創紀大傳五行之體始詳劉向廣演洪範休咎之文益備沈欽韓曰隋志伏生之傳惟劉向父子所著五行是其本法而又多乖戾其卷數與此同後書郎顗奏便宜四事引向書洪範記

許商五行傳記一篇 〔補注〕先謙曰商治尙書善爲算見溝洫志著五行論歷見儒林傳

周書七十一篇 周史記師古曰劉向云周時誥誓號令也蓋孔子所論百篇之餘也今之存者四十五篇矣〔補注〕王先愼曰顏云存四十五篇者係據孔鼂注本其亡二十五篇當在唐初今孔注止四十二篇是後又亡其三矣然劉知幾史通言周書七十一章上自文武下終靈景不言有所闕佚是劉氏所見別一本故唐志八卷本與十卷本並列今案自度訓至器服凡七十篇合序爲七十一篇中亡程寤秦陰九政九開劉法文開保開八繁箕子考德月令其十一篇尙存六十篇其逸文近儒朱右曾輯附本書後隋志繫之汲冢非是

議奏四十二篇 宣帝時石渠論韋昭曰閣名也於此論書〔補注〕先謙曰詳見儒林傳

凡書九家四百一十二篇 入劉向稽疑一篇師古曰此凡言入者謂七略之外班氏新入之也其云出者與此同〔補注〕先謙曰稽疑書目無名蓋入五行傳記中

易曰河出圖雒出書聖人則之 師古曰上繫之詞也 故書之所起遠矣至孔子篹焉 孟康曰篹音撰 上斷於堯下訖于秦凡百篇 〔補注〕沈欽韓曰法言問神篇昔之說書者序以百論衡正說篇孝景帝時魯恭王壞孔子教授堂以爲殿得百篇尙書於牆壁中案此言得孔子百篇之書所得不必有百篇之數也 而爲之序言其作意 〔補注〕沈欽韓曰史記孔子世家云追迹三代之禮序書傳上紀唐虞之際下至秦繆編次其事與班意並以爲孔子作序 秦燔書禁學濟南伏生獨壁藏之 〔補注〕先謙曰官本藏作臧

漢興亡失求得二十九篇以教齊魯之閒訖孝宣世有歐陽大小夏侯氏立於學官古文尙書者出孔子壁中 師古曰家語云孔騰字子襄畏秦法峻急藏尙書孝經論語於夫子舊堂壁中而漢記尹敏傳云孔鮒所藏二說不同未知孰是〔補注〕沈欽韓曰孔叢獨治篇陳餘謂子鮒魚曰秦將滅先王之籍而子爲書籍之主其危矣子魚曰吾將先藏之家語序云孔騰子襄子襄即子魚弟容得同計也隋志與釋文史通並作孔惠 武帝末魯恭王壞孔子宅欲以廣其宮而得古文尙書及禮記論語孝經凡數十篇皆古字也共王往入其宅聞鼓琴瑟鍾磬之音於是懼乃止不壞 〔補注〕先謙曰劉歆傳移讓太常博士書亦云武帝末魯恭王傳以孝景前三年徙王魯好治宮室二十八年薨表在元光四年不得至武帝末論衡以爲孝景時是也 孔安國者孔子後也悉得其書以考二十九篇得多十六篇 師古曰壁中書多以考見行世二十九篇之外更得十六篇〔補注〕先謙曰篇名數詳上 安國獻之遭巫蠱事未列于學官 〔補注〕沈欽韓曰劉歆移書博士與此志所說同其不列學官自緣俗儒專己妬能排擯古學如毛詩左傳古禮皆不得立若謂適遭巫蠱後此宣帝右文之世胡爲不歟耶王充云武帝取之祕於中外不得見又非也儒林傳庸生胡常徐敖塗惲桑欽等皆古文眞傳王莽又立學官外人奚

爲不得見耶光武中興一切反莽所爲古文既非祿利之途非高才好古者莫之習亦莫之授王充妄談惑人至僞古文行而孔穎達等於漢世習古文者一概末殺指爲張霸之僞其禍原於充也先謙曰朱彝尊經義攷云司馬遷與都尉朝同受書安國世家稱安國早卒自序則云予述黃帝以來自太初而訖是安國卒在太初前若巫蠱事乃征和二年距安國沒久矣志云遭巫蠱云云者乃追述古文所以不立學之故耳而僞孔序云云竟出安國口中不亦剌謬甚乎

劉向以中古文校歐陽大小夏侯三家經文酒誥脫簡一〔補注〕王應麟曰大傳引酒誥曰王曰封唯曰若圭璧其脫簡之文歟沈欽韓曰法言酒誥之篇俄空焉吳祕注空缺也謂此案志以爲今文脫簡伏生所引自是別說王說非也召誥脫簡二師古曰召讀曰邵率簡二十五字者脫亦二十五字簡二十二字者脫亦二十二字〔補注〕沈欽韓曰左傳序疏云單執一札謂之爲簡連編諸簡乃名曰策鄭注論語序引鉤命決云春秋二尺四寸書之孝經一尺二寸書之故知六經之策皆長二尺四寸案後書周磐傳編二尺四寸簡寫堯典然則中外寫經皆用二尺四寸之簡故以中簡校外簡知其所脫爲一爲二也然書名疏密不同鄭注尚書係三十字服虔注云左傳自篆書一簡八字是也要以一祖本相傳寫不敢妄有增損故劉向校中書之簡外簡脫字二十五脫字二十二字數多少相符可知數定也下云脫字數十則逸簡所遺之字而乘之文字異者七百有餘〔補注〕沈欽韓曰後書杜林傳林於西州得漆書古文尚書一卷又劉陶推三家尚書及古文是正文字三百餘事名曰中文尚書王氏攷證所據古文尚書乃晁公武所云皇朝呂大防得本於宋次道王仲至家較陸德明釋文小有異同者也此東晉僞古文經唐明皇所刊落改爲今字豈是壁中舊物而據之乎其偶與史漢說文合或好事者轉取古書所引以爲比附非唐以前舊本而古文竟無一字矣脫字數十書者古之號令〔補注〕王應麟曰秦置尚書於禁中以通章奏漢之詔命在尚書以尚書主王言故秦漢因是名官號令於眾其言不立具則聽受施行者弗曉古文讀應爾雅〔補注〕沈欽韓曰大戴小辨篇爾雅以觀於古足以辨言矣後書賈逵傳逵數爲帝言古文尚書與經傳爾雅詁訓相應詔令撰歐陽大小夏侯尚書古文同異逵集爲三卷詩載驅箋古文尚書以弟爲圛圛明也疏云洪範稽疑論卜兆有五曰圛蓋古文作悌今文作圛賈逵以今文校之定以爲圛故鄭依賈氏所奏從定爲圛於古文則爲悌案宋微子世家洪範正作涕蓋訛悌爲涕耳此古文之一毛也葉德輝曰史記五帝夏周紀載尚書文多以訓詁代經即讀應爾雅也故解古今語而可知也

詩經二十八卷魯齊韓三家應劭曰申公作魯詩后蒼作齊詩韓嬰作韓詩〔補注〕齊召南曰應說非是后蒼傳齊詩者非其始也齊詩始於轅固先謙曰此三家全經並以序各冠其篇首故皆二十八卷十五國風十三卷[illegible]小雅七十四篇爲七卷大雅三十一篇爲三卷周頌三十一篇爲三卷魯商頌各爲一卷共二十八卷也

魯故二十五卷師古曰故者通其指義也它皆類此今流俗毛詩改故訓傳爲詁字失真耳〔補注〕先謙曰儒林傳申公獨以詩經爲訓故以教亡傳疑者則闕弗傳是魯故即申公作

魯說二十八卷〔補注〕先謙曰儒林傳魯詩有韋張唐褚之學此魯說弟子所傳

齊后氏故二十卷〔補注〕先謙曰后蒼也轅固再傳弟子詳本傳

齊孫氏故二十七卷〔補注〕王應麟曰齊詩有翼匡師伏之學孫氏未詳其名

齊后氏傳三十九卷〔補注〕先謙曰蓋后氏弟子從受其學而爲之傳如易周氏傳書伏生大傳之例

齊孫氏傳二十八卷

齊雜記十八卷〔補注〕先謙曰此蓋下所云采雜說者

韓故三十六卷〔補注〕先謙曰此韓嬰自爲本經訓故以別於內外傳者故志首列之或以爲弟子作非也

韓內傳四卷〔補注〕先謙曰儒林傳嬰推詩人之意而作內外傳數萬言其語頗與齊魯閒殊然歸一也則內外傳皆韓氏依經推演之詞隋志云齊詩魏代已亡魯詩亡於西晉[illegible]韓詩雖存無傳之者至南宋後韓詩亦亡獨存外傳於是王應麟爲三家詩考近儒宋緜初范家相陳喬樅等各爲集說具見本書不復廣引以祛繁雜

韓外傳六卷〔補注〕先謙曰隋志韓詩外傳十卷今存近儒趙懷玉輯佚文附後

韓說四十一卷〔補注〕先謙曰韓詩有王食長孫之學此其徒眾所傳

毛詩二十九卷〔補注〕先謙曰此蓋序別爲一卷故合全經爲二十九

毛詩故訓傳三十卷〔補注〕先謙曰古經傳皆別行毛作詩傳取二十八卷之經析邶鄘衛風爲三卷故爲三十卷也隋唐志或作十卷或二十卷並非元書卷次

凡詩六家四百一十六卷

書曰詩言志哥詠言師古曰虞書舜典之辭也在心爲志發言爲詩詠者永也永長也哥所以長言之〔補注〕錢大昭曰哥書作歌說文哥聲也从二可古文以爲謌字先謙曰官本哥並作歌故哀樂之心感而哥詠之聲發誦其言謂之詩詠其聲謂之哥故古有采詩之官〔補注〕沈欽韓曰王制命太師陳詩以觀民風注云陳詩謂采其詩而視之公羊傳宣公十五年注男女有所怨恨相從而歌飢者歌其食勞者歌其事男年六十女年五十無子者官衣食之使之民閒求詩鄉移於邑邑移於國國以聞於天子古文苑劉歆與揚雄書云詔聞三代周秦軒車使者遒人使者以歲八月巡路宷代語僮謠歌戲欲得其最目王者所以觀風俗知得失自考

正也孔子純取周詩上采殷下取魯〔補注〕宋祁曰景本取作采凡三百五篇〔補注〕
先謙曰詩譜序孔疏漢世毛學不行三家不見詩序不知六篇亡
失謂其惟有三百五篇案史記孔子世家云古者詩本三千餘篇
去其重取其可施於禮義者三百五篇儒林傳王式說同志兼收
毛傳豈得不知毛學亦云三百五篇是漢儒通論如此蓋不取毛
說也遭秦而全者以其諷誦不獨在竹帛故也〔補注〕沈欽韓曰劉歆移書云詩先師起於
建元之間當此之時一人不能獨盡其經或爲雅或爲頌相合而成則亦幸而得全耳漢興魯申公爲詩訓
故而齊轅固燕韓生皆爲之傳〔補注〕先謙曰荀悅漢紀稱轅固爲詩內外傳或取春秋
采雜說咸非其本義與不得已魯最爲近之師古曰與不得已者言皆不得也三家者
不得其眞而魯最近之〔補注〕先謙曰與已皆語詞顏說是也[illegible][illegible]
[illegible][illegible][illegible]但此謂齊韓二傳推演之詞皆非本義不得其眞耳非併
魯詩言之魯最爲近者言齊韓訓故亦各有取惟魯最優顏謂三
家皆不得謬矣既不得其眞何言最近乎官本注家下者作皆
三家皆列於學官又有毛公之學自謂子夏所傳〔補注〕先謙曰此與儒林傳稱孟
喜自言師田生獨傳喜同意而河間獻王好之未得立
禮古經五十六卷〔補注〕王應麟曰劉歆移書云魯恭王得古文於壞壁逸禮有三十九儀禮疏云高堂生傳十七

篇是今文也孔子宅得古儀禮五十六篇其字皆篆書是古文也
古文十七篇與高堂生所傳同而字多不同餘三十九篇絕無師
說祕在於館七錄云餘篇皆亡沈欽韓曰平紀元始五年徵天下
通知逸經王莽傳云通知逸禮意者徵詣公車則彼時已爲絕學
可驗也經七十篇十后氏戴氏〔補注〕劉敞曰此七十與後七十皆當作七計其篇數則然錢大昭曰劉說是也下云魯
高堂生傳士禮十七篇記百三十一篇七十子後學者所記也〔補注〕錢大昕日鄭康成六藝論云戴德傳記八十
五篇戴聖傳記四十九篇此云百三十一篇者合大小戴所傳而
言小戴記四十九篇曲禮檀弓雜記皆以簡策重多分爲上下實
止四十六篇合大戴之八十五篇正協百三十一之數隋志謂月
令明堂位樂記三篇爲馬融所足蓋以明堂陰陽三十三篇樂記
二十三篇別見藝文志故疑爲東漢人附益不知劉向別錄已有
四十九篇矣月令三篇小戴入之禮記而明堂陰陽與樂記仍各
自爲書亦猶三年問出於荀子中庸緇衣出於子思子其本書無
妨單行也記本七十子之徒所作後人通儒各有損益河閒獻王
得之大小戴各傳其學鄭氏六藝論言之當矣謂大戴刪古禮二
百四篇爲八十五篇小戴又刪爲四十九篇其說始於晉司空長
史陳邵而陸德明引之隋志又附益之然漢書無其事不足信也
或謂漢書不及禮記攷河閒獻王所得書禮記居其一而郊祀志
引禮記燔柴於太壇祭天也瘞埋於太折祭地也又引禮記天子
祭天地及山川歲徧又引禮記天子藉田千畮以事天墜又引禮
記祀典即祭法也律歷志謂之祭典功施於民則祀之天文日月星辰所昭仰
也地理山川海澤所生殖也又引禮記唯祭宗廟社稷爲越紼而
行事梅福傳引禮記孔子曰某殷人也韋元成傳亦引禮記王制
禮記祀典之文皆在四十九篇之內志不別出記四十九篇者統
於百三十一篇也王鳴盛曰說文自序說魯共王壞孔子宅而得
壁中書即有禮記河間獻王傳敘王所得書中有禮又有禮記是
前漢本有此稱非始於鄭氏作注之時所題明堂陰陽三十三篇古明堂之遺事〔補注〕王應麟曰隋牛弘曰
案劉向別錄及馬宮蔡邕等所見當時有古文明堂禮王居明堂
禮明堂圖明堂大圖明堂陰陽泰山通義魏文侯孝經傳並說古
明堂之事其書皆亡唐會要引禮記明堂陰陽錄劉台拱曰今小
戴月令明堂位於別錄屬明堂陰陽而大戴記之盛德實記古明
堂遺事此三篇其僅存者王史氏二十一篇七十子後學者師古曰劉向別錄云六國時人也〔補注〕沈欽韓曰廣
韻王史複姓漢有新豐令王史音先謙曰案隋志作王氏史氏記蓋[illegible]曲臺后倉九篇如淳曰行禮射於曲臺后
倉爲記故名曰曲臺記漢官曰大射于曲臺晉灼曰天子射宮也
西京無太學於此行禮也〔補注〕宋祁曰景本曲臺下有至字吳仁
傑曰太學興於元朔三年案儒林傳詔太常議予博士弟子太常
請因舊官而興焉爲博士官置弟子員是也先是董仲舒對策願
興太學以養天下之士史謂立學校之官自仲舒發之故武紀以
是列之贊語宣紀以是載於議尊號詔文是太學興於武帝時明
甚賈誼云學者所學之官也韓延壽修[illegible]學官注謂庠序之舍文
翁修起學官招學官弟子注謂學之官[illegible]然[illegible]儒林傳所云興舊
官及博士官非太學而何下文郡國縣[illegible]有[illegible]文學者與計偕故
文翁傳云武帝時令天下郡國皆立學校[illegible]烏有天下皆立學而

天子之都乃反無太學之理紀於元朔五年書丞相弘請爲博士
置弟子員案太常議本文爲博士下有官字紀脫之耳通鑑知其
誤故武紀書曰博士官蓋取儒林傳文足之也且史載何武等習
歌詩太學下博士弟子王成舉幡太學下孰謂西京無太學也哉
王尊事師郡文學官此郡文學之官舍如博士官也顏謂郡有文
學官而尊事之以爲師豈忘前注耶官當讀作館官易官有渝九家
作官蜀才作館古官館通王應麟曰七略云宣皇帝時行射禮博
士后蒼爲之辭至今記之曰曲臺記大戴公冠篇載孝昭冠詞蓋
宣帝時曲臺記也王念孫曰后倉下脫記字則文義不明據如注
云后倉爲記故名曰曲臺記則有記字明矣儒林傳云后倉說禮
數萬言號曰后氏曲臺記初學記居處部御覽居處部五引此並
作曲臺后倉記周壽昌曰黃圖明言太學在長安西北七里是太
學實有其地矣安得云無中庸說二篇師古曰今禮記有中庸一篇亦非本禮經蓋此之流〔補注〕王應麟曰白虎通謂
之禮中庸記沈欽韓曰鄭目錄云孔子之孫子思伋作之以昭明
聖祖之德此於別錄屬通論先謙曰官本自記以下各自提行
明堂陰陽說五篇〔補注〕沈欽韓曰明堂位正義引異義講學大夫淳于登說曰明堂立國之陽丙巳之地三里之
外七里之內而祀之就陽位上圓下方八窗四闥布政之宮故稱
明堂明堂盛貌周公祀文王於明堂以配上帝上帝五精之神太
微之庭中有五帝坐位蓋此類明堂說
也講學大夫在王莽時明堂平帝時立
周官經六篇王莽時劉歆置博士師古曰郎今之周官禮也亡其冬官以考工記充之〔補注〕王應麟曰隋志有李氏得

周官上於河間獻王獨闕冬官取考工記補之合成六篇禮記疏云孝文時求得此書不見冬官一篇乃使博士作考工記補之非也

周官傳四篇〔補注〕先謙曰周官旣置博士當時必有傳說蓋東漢初喪失故杜子春能通其讀以授鄭衆賈逵沈氏欽韓謂先無傳者此班氏附益非也下文不云惟入司馬法一家乎

軍禮司馬法百五十五篇〔補注〕王應麟曰周官縣師將有軍旅會同田役之戒則受灋於司馬以作其衆庶小司馬掌事如大司馬之灋司兵授兵從司馬之灋以頒之此古者司馬灋卽周之政典也周禮疏云晉景公時大夫穰苴作司馬灋史記穰苴傳云齊威王使大夫追論古者司馬兵法而附穰苴於其中因號曰司馬穰苴兵法先謙曰隋志云亦河間獻王所得今存五篇

古封禪羣祀二十二篇〔補注〕沈欽韓曰文選注四十六引禮記逸禮曰三皇禪云云五帝禪亭亭管子有封禪篇卽古封禪禮也葉德輝曰史記封禪書正義引五經通義云易姓而王致太平必封泰山禪梁父荷天命以爲王使理羣生告太平于天報羣神之功據此則古有封禪羣祀之禮

封禪議對十九篇武帝時也〔補注〕沈欽韓曰牛弘所云泰山通義卽此兒寬傳議封禪之事諸儒對者五十餘人

漢封禪羣祀三十六篇〔補注〕先謙曰此如光武時馬第伯封禪儀記之類

議奏三十八篇石渠〔補注〕錢大昭曰書春秋論語石渠下皆有論字疑此脫論字沈欽韓曰石渠禮議唐時尙存引見通典禮三十三三十七四十一四十三四十九五十五十二五十六五十九六十三各卷中詩旣醉疏禮王制疏亦引石渠論

凡禮十三家〔補注〕沈欽韓曰志所次但本七略不與別錄相應知者禮記正義鄭目錄云曲禮王制禮器少儀深衣於別錄屬制度檀弓禮運玉藻大傳學記經解哀公問仲尼燕居孔子閒居坊記中庸表記緇衣儒行大學於別錄屬通論月令明堂位於別錄屬明堂陰陽曾子問喪服小記雜記喪大記奔喪喪服閒傳三年問於別錄屬喪服文王世子內則於別錄屬世子法郊特牲祭法祭義祭統於別錄屬祭祀投壺冠昏鄉射燕聘之義於別錄屬吉禮吉事樂記屬樂記則彼禮目自有五種便人尋省與志不同五百五十五篇入司馬法一家百五十五篇

易曰有夫婦父子君臣上下禮義有所錯師古曰序卦之辭也錯置也音千故反而帝王質文世有損益至周曲爲之防事爲之制師古曰委曲防閑每事爲制也故曰禮經三百威儀三千韋昭曰周禮三百六十官也三百舉成數也臣瓚曰禮經三百謂冠婚吉凶周禮三百是官名也師古曰禮經三百韋說是也威儀三千乃謂冠婚吉凶蓋儀禮是也及周之衰諸侯將踰法

度惡其害己皆滅去其籍自孔子時而不具至秦大壞漢興魯高堂生傳士禮十七篇〔補注〕周壽昌曰史記儒林傳秦焚書獨有士禮高堂生言之索隱謝承云秦代有魯人高堂伯人訖孝宣世后倉最明戴德戴聖慶普〔補注〕先謙曰儒林傳普沛人字孝公皆其弟子三家立於學官禮古經者出於魯淹中蘇林曰里名也及孔氏學七十篇文相似多三十九篇〔補注〕劉敞曰讀當云禮古經者出於魯淹中及孔氏孔氏則安國所得壁中書也學七十篇當作與十七篇文相似五十六卷除十七正多三十九也王應麟曰朱文公云疏言古文十七篇與高堂生所傳相似是唐初時漢志猶未誤也沈欽韓曰古經之出有三說儒林傳云孔安國所獻論衡佚文篇云魯恭王發孔子宅得百篇於[illegible]言武帝武帝遣吏發取隋志古經出於淹中而河間獻王好古愛學收集餘燼得而獻之合五十六篇並威儀之事案[illegible]所得書周官尙書禮記言獻王得者是也又云及孔[illegible]岐其說范書殆因此孔氏與可名之孔安國言之論衡又云河內女子發老屋得佚禮一篇不言何篇乃充妄說葉德[illegible]經五十六卷志有明文釋文引鄭氏六藝論云後得孔氏壁中河間獻王古文禮五十六篇禮記大題正義引同據此則鄭氏所見孔壁文與班志合奔喪正義引作五十七篇者誤也志文當以學字絕句七十篇當依劉說作十七篇言淹中古經及孔氏學與此十七篇文大致相似多三十九篇及下明堂陰陽云云別爲一節

言多出之篇及明堂陰陽王史氏記所見乃多天子諸侯卿大夫之制則有岐異耳高堂生所傳十七篇淹中古經及[illegible]皆有其書合多之三十九篇則總五十六篇矣曰孔[illegible]羊題何休學之例漢注有此名義先謙曰七十誤倒[illegible]上讀葉說是及明堂陰陽王史氏記所見多天子諸侯卿大夫之制雖不能備猶瘉倉等推士禮而致於天子之說師古曰瘉與愈同愈勝也〔補注〕王應麟曰朱文公云士禮特略舉首篇以名之其曰推而致於[illegible]指冠昏喪祭而言若燕射朝聘士豈有是禮而可推[illegible]謂三十九篇及明堂陰陽等記多君大夫禮古禮之[illegible]班意具見禮樂志后戴不傳古經故其說如此要之[illegible]固無是禮郎冠昏喪祭而古經所傳亦自有出倉等所[illegible]氏謂今禮經本無不備而祇班氏未讀十七篇之文斯爲謬矣

樂記二十三篇〔補注〕王應麟曰樂記疏云樂記者記樂之義此於別錄屬樂記蓋十一篇合爲一篇謂有樂本有樂論有樂施有樂言有樂禮有樂情有樂化有樂象有賓牟賈有師乙有魏文侯今雖合此略有分焉劉向所校二十三篇著於別錄今樂記所斷取十一篇餘十二篇其名猶在奏樂第十二樂器第十三樂作第十四意始第十五樂穆第十六說律第十七季札第十八樂道第十九樂義第二十昭本第二十一昭頌第二十二竇公第二十三周禮樂師注云狸首在樂記蔡邕明堂論引樂記曰武王伐殷爲俘馘於京太室沈約云樂記取公孫尼子史記正義云樂記公孫尼子次撰

王禹記二十四篇〔補注〕王應麟曰樂記疏云王禹二十四卷記無所錄

雅歌詩四篇〔補注〕王應麟曰文選注七略云漢興魯人虞公善雅歌發聲盡動梁上塵晉志杜夔傳舊雅樂四曲一曰鹿鳴二曰騶虞三曰伐檀四曰文王皆古聲辭此四篇豈卽四曲歟

雅琴趙氏七篇名定勃海人宣帝時丞相魏相所奏〔補注〕王應麟曰劉向別錄宣帝元康神爵間丞相奏能鼓琴者勃海趙定梁國龍德皆召入見溫室使鼓琴待詔定爲人尙淸靜少言語善琴琴時間燕爲散操向有雅琴賦見文選注沈欽韓曰長門賦注引七略曰雅琴琴之言禁也雅之言正也君子守正以自禁也

雅琴師氏八篇名中東海人傳言師曠後〔補注〕周壽昌曰北堂書鈔卷一百九引七略別錄云師氏雅琴者名忠東海下邳人言師曠後至今邳俗猶多好琴也

雅琴龍氏九十九篇名德梁人師古曰劉向別錄云亦魏相所奏也與趙定俱召見待詔後拜爲侍郎〔補注〕周壽昌曰隋志沈約奏云龍氏雅琴百六篇文選五十九李善注亦引作九十九篇則唐人本與今本合疑沈誤也後書儒林傳注引劉向別錄云雅琴之意皆出龍德諸琴雜事中然則雜事乃龍氏雅琴中之一篇也先謙曰王褒傳作龔德

凡樂六家百六十五篇出淮南劉向等琴頌七篇

易曰先王作樂崇德殷薦之上帝以享祖考師古曰豫卦象辭也殷盛也故自黃帝下至三代樂各有名孔子曰安上治民莫善於禮移風易俗莫善於樂師古曰孝經載孔子之言二者相與竝行周衰俱壞樂尤微眇以音律爲節師古曰眇細也言其道精微節在音律不可具於書眇亦讀曰妙又爲鄭衛所亂故無遺法漢興制氏以雅樂聲律世在樂官頗能紀其鏗鏘鼓舞而不能言其義師古曰鏗音初衡反〔補注〕先謙曰官本衡作耕六國之君魏文侯最爲好古孝文時得其樂人竇公師古曰桓譚新論云竇公年百八十歲兩目皆盲文帝奇之問曰何因至此對曰臣年十三失明父母哀其不及衆技教鼓琴臣導引無所服餌〔補注〕齊召南曰案竇公事見正史必得其實但桓譚言百八十歲則可疑也魏文侯在位三十八年而卒時爲周安王十五年自安王十五年計至秦二世三年卽已一百八十一年矣又加高祖十二年惠帝七年高后八年而孝文始卽帝位則是二百零八年也竇公在魏文侯時已爲樂工則其年必非甚幼至見文帝又未必卽在元年則其壽蓋二百三四十歲矣謂之百八十歲可乎獻其書乃周官大宗伯之大司樂章也武帝時河閒獻王好儒與毛生等共采周官及諸子言樂事者以作樂記獻八佾之舞〔補注〕先謙曰互見獻王傳及禮樂志與制氏不相遠其內史丞王定傳之〔補注〕沈欽韓曰樂記疏引作內史中丞王度誤以授常山王禹禹成帝時爲謁者數言其義師古曰數音所角反獻二十四卷記〔補注〕沈欽韓曰禮樂志其弟子宋曅等上書言之劉向校書得樂記二十三篇與禹不同其道寖以益微師古曰寖漸也

春秋古經十二篇〔補注〕錢大昕曰謂左氏經也劉歆傳歆校祕書見古文春秋左氏傳又云左氏傳多古字古言許愼五經異義言今春秋公羊說古春秋左氏說

經十一卷公羊穀梁二家〔補注〕錢大昕曰漢儒傳春秋者以左氏爲古文公羊穀梁爲今文稱古經則共知其爲左氏矣左氏經傳本各單行故別有左氏傳尙書古文經四十六卷不注孔氏而別出經二十九卷注大小夏侯二家與此同沈欽韓曰二家合閔公於莊公故十一卷彼師當緣閔公事短不足成卷并合之耳何休乃云繫閔公篇於莊公下者子未三年無改於父之道其先俗師未見古文或分或合猶可言也休已見古文不當爲此言

左氏傳三十卷左丘明魯太史〔補注〕段玉裁曰春秋古經及左氏傳班志不言出誰氏據說文敘云北平侯張蒼獻春秋左氏傳意經傳皆其所獻也論衡說左傳卅篇出恭王壁中恐非事實沈欽韓曰史記吳世家贊余讀春秋古文乃知中國之虞與荊蠻句吳兄弟也此謂左氏傳也桓譚云遭戰國寢藏本志亦云其事實皆形於傳故隱其書而不宣所以免時難也然戰國

諸子又嘗覩春秋傳而成書如韓非姦劫弑臣篇春秋記之曰楚王子圍將聘於鄭未出境聞王病而反云云此全依左氏傳也故十二諸侯年表序云鐸椒虞卿呂不韋之徒各捃摭春秋之文以著書是先秦周末並鑽研窺望其學獨屈抑於漢耳御覽六百十引桓譚新論曰左氏經之與傳猶衣之表裏相待而成有經而無傳使聖人閉門思之十年不能知也

公羊傳十一卷公羊子齊人師古曰名高

穀梁傳十一卷穀梁子魯人師古曰名喜〔補注〕錢大昭曰喜閩本作嘉朱一新曰汪本作嘉周壽昌曰桓譚新論魯穀梁赤爲春秋殘略多所遺失是穀梁名赤應劭風俗通蔡邕正交論同論衡案書篇作穀梁寘阮孝緖七錄云名俶字元始楊士勛穀梁疏引作淑則俶字之誤皆與顏氏名喜之說異葉德輝曰釋文敘錄引麋信云穀梁赤與秦孝公同時元和姓纂一屋穀梁姓下引尸子云穀梁俶傳春秋十五卷按尸子爲六國時人見聞較壙則以爲名俶者是也

鄒氏傳十一卷〔補注〕沈欽韓曰齊有三騶子莫知爲誰

夾氏傳十一卷有錄無書師古曰夾音頰〔補注〕先謙曰有錄者見於二劉著錄

左氏微二篇師古曰微謂釋其微指〔補注〕沈欽韓曰微者春秋之支別與鐸氏微同義顏解非

鐸氏微三篇楚太傅鐸椒也〔補注〕沈欽韓曰十二諸侯年表鐸椒爲楚威王傅爲王不能盡觀春秋采取成敗卒四十

章爲鐸氏微序錄椒爲左丘明四傳弟子

張氏微十篇〔補注〕沈欽韓曰疑張蒼

虞氏微傳二篇趙相虞卿〔補注〕王應麟曰劉向別錄云虞卿作鈔撮九卷授荀卿卿授張蒼葉德輝曰釋文敘錄云鐸椒授虞卿

公羊外傳五十篇〔補注〕錢大昕曰漢時公穀二家皆有外傳其書不傳大約似韓詩外傳今人稱國語爲外傳漢志卻無此名目沈欽韓曰公羊外傳其董仲舒玉杯蕃露清明竹林之類與

穀梁外傳二十篇

公羊章句三十八篇〔補注〕沈欽韓曰公羊疏顏安樂等解此公羊苟取頑曹之詞又莊顏之徒以周王爲天囚何休序云講誦師言至於百萬猶有不解後書張霸減嚴氏春秋二十萬言更名張氏學皆章句也

穀梁章句三十三篇〔補注〕沈欽韓曰范甯序云釋者近十家疏云尹更始則漢時始爲章句者也釋文敘錄尹更始穀梁章句十五卷

公羊雜記八十三篇〔補注〕沈欽韓曰公孫弘傳弘學春秋雜說疑此是也

前漢三十 廿六

公羊顏氏記十一篇〔補注〕沈欽韓曰顏安樂也熹平石經公羊碑有顏氏說周壽昌曰徐彥云何休序謂說者倍經任意反傳違戾案演孔圖云文宣成襄所聞之世也而顏氏以爲從襄二十一年之後孔子生訖卽爲所見之世分張一公而使兩屬是任意也宣十七年六月癸卯日有食之日食之道不過晦朔與二日言日不言朔者是二日明矣而顏氏以爲十四日日食是反傳違戾也又曰顏氏以襄公二十三年邾婁鼻我來奔傳云邾婁無大夫此何以書以近書也又昭公二十七年邾婁快來奔傳云邾婁無大夫此何以書以近書也二文不異同宜一世若分兩屬理似不便案顏氏記隋唐志皆無之惟徐氏所引尚有此三條

公羊董仲舒治獄十六篇〔補注〕錢大昭曰後書應劭傳故膠西董仲舒老病致仕朝廷每有政議數遣廷尉張湯親至陋巷問得失於是作春秋決獄二百三十二事動以經對言之詳矣沈欽韓曰隋志董仲舒春秋決事十卷崇文總目云至吳太史令吳汝南丁季江夏黃復平正得失今頗殘逸只有七十八事通典載東晉成帝咸和五年散騎侍郎賀嶠妻于氏上表云董仲舒時有疑獄曰甲無子拾道旁弃兒乙養之以爲子及乙長有罪殺人以狀語甲甲藏匿乙甲當何論仲舒斷曰甲無子振活養乙雖非所生誰與易之詩云螟蛉有子蜾蠃負之春秋之義父爲子隱甲宜匿乙詔不當坐又一事曰甲有子乙以乞丙乙後長大而丙所成育甲因酒色有醻態也謂乙曰汝是吾子乙怒杖甲二十甲以乙本是其子不伸其忿自告縣官仲舒斷之曰甲能生乙不能長育以乞丙於義已絕矣雖杖甲不應坐御覽六百四十董仲舒決獄曰甲父乙與丙爭言相鬬丙以佩刀刺乙甲卽以杖擊丙誤傷乙甲當何論或曰毆父也當梟首論曰臣愚以父子至親也聞其鬬莫不有怵惕之心扶伏而救之春秋之義許止父病進藥於其父而卒君子原心赦而不誅甲非律所謂毆父不當坐又曰甲夫乙將船會海盛風船沒溺流尸亡不得葬四月甲毋丙卽嫁甲欲皆何論或曰甲夫死未葬法無許嫁以私爲人妻當弃市議曰臣愚以爲春秋之義言夫人歸于齊言夫死無男有更嫁之道也婦人無專制擅恣之行聽從爲順嫁之者歸也甲又尊者所嫁無淫之心非私爲人妻也不當坐

議奏三十九篇石渠論

國語二十一篇左丘明著〔補注〕王應麟曰司馬遷傳贊左丘明爲傳又纂異同爲國語史通云左丘明旣爲春秋內傳又稽逸文纂別說分周魯齊晉鄭楚吳越八國事起周穆王終魯悼公爲外傳國語

新國語五十四篇劉向分國語

世本十五篇古史官記黃帝以來訖春秋時諸侯大夫〔補注〕王應麟曰周官瞽矇世奠繫注世之而定其繫謂書於世本也小史定繫世辨昭穆注謂帝繫世本之屬天子曰帝繫諸侯曰世本司馬遷傳贊世本錄黃帝以來至春秋時帝王公侯卿大夫祖世所出司馬遷采世本劉向云世本古史官明於古事者所記錄黃帝以來帝王諸侯及卿大夫系謚名號凡十五篇隋志世本王侯大夫譜二卷又世本二卷劉向

前漢三十 七

撰又四卷宋衷撰又云漢初得世本敘黃帝以來祖世所出春秋正義云今之世本與司馬遷言不同世本多誤不足依憑顏之推云世本左丘明所書此說出皇甫謐帝王世紀而有燕王喜漢高祖非本文也

戰國策三十三篇記春秋後〔補注〕王應麟曰劉向校書錄序云中書本號或曰國策或曰國事或曰短長或曰事語或曰長書或曰脩書臣向以爲戰國時游士輔所用之國爲之筴謀宜爲戰國策又曰姚氏校定總四百八十餘條太史公所采九十餘條其事異者止五六條朱一新曰今高誘姚宏注本雖分三十三卷實已缺一篇蓋後人分析以求合三十三篇之數也

奏事二十篇秦時大臣奏事及刻石名山文也〔補注〕王應麟曰七國未變古式言事於王皆稱上書秦初改書曰奏沈欽韓曰泰山刻石一瑯邪刻石二之罘刻石三東觀刻石四碣石門五會稽刻石六二世元年東行郡縣到碣石南至會稽而盡刻始皇所立刻石之旁著大臣從者名以章先帝成功盛德焉丞相斯請具刻詔書刻石凡七也本紀二十八年上鄒嶧山立石不載其辭

楚漢春秋九篇陸賈所記〔補注〕沈欽韓曰隋志九卷唐志二十卷御覽引之經籍考不載蓋亡於南宋容齋隨筆曰陸賈書當時事而所言多與史不合若高祖之臣別有絳灌南宮侯張耳淮陰舍人謝公案余嘗見明楊忠愍所書十八侯贊其名姓略與洪氏所指同史記索隱云十八侯位次楚漢春秋不同者陸賈記事高祖惠帝時漢書是後定功臣等列然如張耳韓信皆

在高祖初年陸賈豈猶未及覩聞耶莫曉其參差之故先謙曰後書班彪傳云漢興定天下大中大夫陸賈記錄時功作楚漢春秋九篇案賈敘述時輩不容多有牴牾就其乖舛之蹟而言知唐世所傳已非元書

太史公百三十篇十篇有錄無書〔補注〕先謙曰隋志題史記蓋晉後箸錄改從今名王應麟攷證載呂氏祖謙說以張晏所列亡篇之目校之一景紀[illegible]二武紀[illegible]三漢興以來將相年表[illegible]四禮書[illegible]五樂書[illegible]六律書[illegible]七三王世家[illegible]八傅靳蒯成傳[illegible]九日者傳十龜策傳[illegible]則班言無書特就中祕所藏言之耳

馮商所續太史公七篇韋昭曰馮商受詔續太史公十餘篇在班彪別錄商字子高師古曰七略云商陽陵人治易事五鹿充宗後事劉向能屬文後與孟柳俱待詔頗序列傳未卒病死〔補注〕王應麟曰張湯傳贊引馮商語史通云史記所書年止漢武太初已後闕而不錄其後劉向向子歆及諸好事者若馮商衛衡揚雄史岑梁審肆仁晉馮段肅金丹馮衍韋融蕭奮劉恂等相次撰續迄於哀平間猶名史記陶憲曾曰商語亦見趙廣漢傳贊

太古以來年紀二篇〔補注〕王應麟曰六藝論云燧人至伏羲一百八十七代又曰春秋緯云開闢至獲麟二百七十六萬歲分爲十紀大率一紀二十七萬六千年

漢著記百九十卷師古曰若今之起居注〔補注〕何焯曰後書皇后紀平望侯劉毅云古之帝王左右置史漢之舊典世有注記著疑作注沈欽韓曰魏相奏云觀高皇帝所述書天子所服十八隋志起居注篇漢武帝有禁中起居注抱朴子論僊篇案漢禁中起居注云此著記之類著與注同周壽昌曰律歷志言著記者十四五行志亦言凡漢著記谷永傳八世著記久不塞除注高祖以來至元帝著記災異未塞除也是著記名書已久不能改著爲注

漢大年紀五篇〔補注〕王應麟曰高文武紀贊注引漢帝年紀蓋即此書

凡春秋二十三家九百四十八篇省太史公四篇

古之王者世有史官君舉必書所以慎言行昭法式也〔補注〕王念孫曰式本作戒字之誤也[illegible]言行之是者可以爲法非者可以爲戒故曰慎言行昭法戒劉向傳云言得失陳法戒是也若作法式則非其旨矣御覽職官部三十三引作式則宋時本已然舊本北堂書鈔設官部七作戢戢亦戒之誤[illegible]式左傳序正義引此正作戒

左史記言右史記事〔補注〕王應麟曰玉藻動則左史書之言則右史書之與此不同**事爲春秋言爲尙書帝王靡不同之**〔補注〕葉德輝曰史通言史有六家一曰尙書家二曰春秋家尙書家者其先出于太古至孔子觀書于周室得虞夏商周四代之典乃删其善者定爲尙書百篇春秋家者其先出于三代案汲冢瑣語記太丁時事目爲夏殷春秋國語曰晉羊舌肸習于春秋左傳昭二年晉韓宣子來聘見魯春秋斯則春秋之目事匪一家故墨子曰吾見百國春秋蓋指此也**周室既微載籍殘缺仲尼思存前聖之業乃稱曰夏禮吾能言之杞不足徵也殷禮吾能言之宋不足徵也文獻不足故也足則吾能徵之矣**師古曰論語載孔子之言也徵成也獻賢也孔子自謂能言夏殷之禮而杞宋之君文章賢材不足以成之故我不得成此禮也**以魯周公之國禮文備物史官有法故與左丘明觀其史記據行事仍人道**師古曰仍因也**因興以立功就敗以成罰假日月以定歷數藉朝聘以正禮樂有所褒諱貶損不可書見口授弟子弟子退而異言**師古曰謂人執所見各不同也**丘明恐弟子各安其意以失其眞故論本事而作傳明夫子不以空言說經也春秋所貶損大人當世君臣有威權勢力其事實皆形於傳是以隱其書而不宣所以免時難也及末世口說流行故有公羊穀梁鄒夾之傳四家之中公羊穀梁立於學官鄒氏無師**〔補注〕周壽昌曰王吉傳能爲騶氏春秋據此當時應有師授因未立學官失傳耳先謙曰鄒氏有書無師蓋據班氏時言之**夾氏未有書**〔補注〕先謙曰口說流傳未著竹帛也後書范升傳云春秋之家有騶夾如令左氏得置博士騶夾並復求立是後漢時騶夾私學猶存其後適盡亡耳

論語古二十一篇出孔子壁中兩子張如淳曰分堯曰篇後子張問何如可以從政已下爲篇名曰從政〔補注〕王應麟曰何晏序云古論惟博士孔安國爲之訓解而世不傳新論云文異者四百餘字春秋正義引哀公問主於宰我案古論語及孔鄭皆以爲社主張包周等並爲廟主說文引論語皆古文

齊二十二篇多問王知道如淳曰問王知道皆篇名也〔補注〕王應麟曰說文初學記等書引逸論語言玉事愚謂問王疑即問玉也篆文相似沈欽韓曰別錄云齊人所學謂之齊論何晏序齊論語二十二篇其二十篇中章句頗多於魯論先謙曰隋志張禹本授魯論晚講齊論後遂合而考之删其煩惑除去齊論問王知道二篇從魯論二十篇爲定號張侯論漢末鄭元以張侯論爲主參考齊論古論而爲之注魏陳羣等爲義說何晏又爲集解是後諸儒多爲之注齊論遂亡官本注曰下有多字

魯二十篇傳十九篇師古曰解釋論語意者〔補注〕王應麟曰正義云魯論者魯人所傳即今所行篇次是也

齊說二十九篇〔補注〕先謙曰下云傳齊論者惟王吉名家吉傳云王陽說論語即此齊說也

魯夏侯說二十一篇〔補注〕錢大昭曰夏侯勝傳受詔撰論語說

魯安昌侯說二十一篇師古曰張禹也〔補注〕先謙曰事詳禹傳

魯王駿說二十篇師古曰王吉子

燕傳說三卷

議奏十八篇石渠論

孔子家語二十七卷師古曰非今所有家語〔補注〕沈欽韓曰隋志二十一卷王肅解有孔安國後序即出肅手並私定家語以難鄭學晉代爲鄭學者馬昭張融並不之信張融云春秋迎夫人國時適用家語假以冬符春秋非孔子之言也又同母異父之昆弟死家語孔子以爲不從於繼父而服馬昭云與又昆弟恩繫於母不於繼父見適與王制疏家語先儒以爲肅之所作未足可信案肅惟取婚姻喪祭郊禘廟祧與鄭不同者羼入家語以矯誣聖人其他固已有之未可竟謂肅所造也

孔子三朝七篇師古曰今大戴禮有其一篇蓋孔子對哀公語也三朝見公故曰三朝〔補注〕沈欽韓曰今大戴記千乘第六十八四代第六十九虞戴德第七十誥志第七十一小辯第七十四用兵第七十五少閒第七十六別錄云孔子三見哀公作三朝記七篇今在大戴記是也顏云一篇誤朱一新曰汪本哀公上有魯字先謙曰官本注有魯字

前漢三十　廿二

孔子徒人圖法二卷〔補注〕沈欽韓曰隋志孝經內事星宿講堂七十二弟子圖一卷蓋本諸此而別標詭異之名史記仲尼弟子傳贊云弟子籍出孔氏古文近是文翁石室圖七十二弟子舊有圖法皆出壁中者也葉德輝曰今漢武梁祠石刻畫像有曾子母投杼閔子御後母車及子路雄冠佩劍事冠作雄形可想其遺法

凡論語十二家二百二十九篇

論語者孔子應答弟子時人及弟子相與言而接聞於夫子之語也當時弟子各有所記夫子既卒門人相與輯而論篹故謂之論語師古曰輯與集同篹與撰同〔補注〕王先慎曰案檀弓鄭注門人弟子也釋文引鄭注論語仲弓子夏等所撰定劉恭冕論語序正義謂夫子與弟子時人各有討論之語非謂夫子弟子之語門人始論之以駁漢志非也皇邢二疏並云論撰也羣賢集定故曰撰鄭注周禮云荅述曰語以此書所載皆仲尼應荅弟子及時人之辭故曰語而在論下者必經論撰然後載之以示非妄語也

漢興有齊魯之說傳齊論者昌邑中尉王吉少府宋畸師古曰畸音居宜反御史大夫貢禹尚書令五鹿充宗膠東庸生唯王陽名家師古曰王吉字子陽故謂之王陽傳魯論語者〔補注〕王念孫曰語字涉上文而衍論下無語字者省文也上文傳齊論者亦無語字皇侃論語疏敘引劉向別錄云魯人所學謂之魯論齊人所學謂之齊論孔壁所得謂之古論皆其證也舊本北堂書鈔藝文部二引此正作傳魯論者無語字陳禹謨依俗本漢書增語字常山都尉龔奮長信少府夏侯勝〔補注〕王先慎曰據勝傳撰論語說在已遷太子太傅時丞相韋賢魯扶卿前將軍蕭望之〔補注〕葉德輝曰蕭望之傳從夏侯勝問論語禮服是望之之學出於夏侯也安昌侯張禹皆名家張氏最後而行於世

孝經古孔氏一篇師古曰劉向云古文字也庶人章分爲二也曾子敢問章爲三又多一章凡二十二章〔補注〕王應麟曰許沖上父說文云古文孝經者昭帝時魯國三老所獻建武時給事中議郎衛宏所校案志云孔氏壁中古文則與尚書同出也蓋始出於武帝時至昭帝時乃獻之沈欽韓曰隋志古文孝經一卷孔安國傳梁末亡逸今疑非古本又云古文孝經與古文尚書同出而長孫有閨門一章其餘經大較相似篇簡缺解又有衍出三章并前合爲二十二章孔安國爲之傳至劉向典校經籍除其繁惑以十八章爲定鄭眾馬融並爲之注梁代安國及鄭氏二家並立國學而安國之本亡於梁亂陳及周齊惟傳鄭氏至隋祕書監王劭於京師訪得孔傳送至河間劉炫炫因序其得喪述其義疏講於人間漸聞朝廷後遂著令與鄭氏並立儒者諠諠皆云炫自作之通考崇文總目云今孔注不存而隸古文與章數存焉中興藝文志云自唐明皇時議者排毀古文以閨門

前漢三十　廿三

一章爲鄙俗而古文遂廢朱一新曰近日本人有作僞孔傳者流入中國四庫提要闢之宋黃氏日鈔謂古文分三才章先王見教之可以化民也以下爲一章與此注云庶人章分爲二者不合又多一章案即閨門章也凡二十二字曰閨門之內具禮矣乎嚴父嚴兄妻子臣妾猶百姓徒役也

孝經一篇十八章長孫氏江氏后氏翼氏四家〔補注〕王應麟曰隋河間顏芝所藏漢初芝子貞出之凡十八章一千八百七十二字劉向以顏本比古文除其繁惑以十八章爲定

長孫氏說二篇〔補注〕先謙曰長孫氏無考惟隋志云長孫有閨門一章互見上

江氏說一篇〔補注〕先謙曰儒林傳博士江公著孝經說

翼氏說一篇

后氏說一篇〔補注〕先謙曰翼奉后倉並見下

雜傳四篇〔補注〕王應麟曰蔡邕明堂論引魏文侯孝經傳蓋雜傳之一也

安昌侯說一篇

五經雜議十八篇石渠論〔補注〕先謙曰此經總論也爾雅小爾雅諸經通訓古今字經字異同皆坿焉

爾雅三卷二十篇 張晏曰爾近也雅正也〔補注〕王應麟曰釋文序錄云釋詁一篇蓋周公所作釋言以下或言仲尼所增子夏所定叔孫通所益梁文所補葉德輝曰今本三卷十九篇漢志蓋合序篇言之詩正義引爾雅序篇云釋詁釋言通古今之字古與今異言也釋訓言形貌也此爾雅有序篇之明證釋文敘錄列犍爲文學李巡孫炎注皆三卷惟樊光本六卷此每卷分上下也孝經序疏引鄭氏六藝論云孔子以六藝題目不同指意殊別恐道離散莫知根源故作孝經以總會之又大宗伯疏引鄭氏駁五經異義云爾雅者孔子門人所以釋六藝之文言蓋不誤也然則爾雅與孝經同爲釋經總會之書故列入孝經家隋志析入論語非也

小爾雅一篇 〔補注〕沈欽韓曰陳振孫云漢志不著名氏唐志有李軌解一卷今館閣書目云孔鮒撰蓋即孔叢第十一篇當是好事者鈔出別行案班氏時孔叢未著已有小爾雅亦孔氏壁中文不當謂其從孔叢鈔出也先謙曰官本無爾字引宋祁曰小字下邵本有爾字錢大昕云李善文選注引小爾雅皆作小雅此書依附爾雅而作本名小雅後人僞造孔叢以此篇竄入因有小爾雅之名失其舊矣宋景文所引邵本亦俗儒增入不可据

古今字一卷 〔補注〕先謙曰儒林傳孔安國以今文字讀古文尚書論衡云壁中古文論語後更隸寫以傳誦此蓋列具古今以便誦覽

弟子職一篇 應劭曰管仲所作在管子書〔補注〕沈欽韓曰今爲管子第五十九篇鄭曲禮注引之蓋漢時單行

說三篇 〔補注〕先謙曰此弟子職說王氏應麟以爲孝經說非各本誤提行

凡孝經十一家五十九篇

孝經者孔子爲曾子陳孝道也 〔補注〕王應麟曰晁氏云何休稱子曰吾志在春秋行在孝經緯鉤命決信斯言也則孝經乃孔子自著今首章云仲尼居曾子侍則非孔子所著明矣詳其文義當是仲尼弟子所爲書 **夫孝天之經地之義民之行也舉大者言故曰孝經漢興長孫氏博士江翁少府后倉諫大夫翼奉安昌侯張禹傳之各自名家經文皆同唯孔氏壁中古文爲異父母生之續莫大焉** 〔補注〕沈欽韓曰續日本古文作續孔傳云續功也陸氏釋文從鄭本作續莫大焉案此言嗣續之事無大於此作續是 **故親生之膝下** 〔補注〕沈欽韓曰宋本古文與志同言始生在膝下故親愛長而異宮有嚴君之義也日本古文作親生毓之無膝下二字非 **諸家說不安處古文字讀皆異** 臣瓚曰孝經云續莫大焉而諸家之說各不安處之也師古曰桓譚新論云古孝經千八百七十一字今異者四百餘字〔補注〕朱一新曰案孝經正義王氏考證引新論皆作千八百七十二字汪本亦作二先謙曰官本作二

史籀十五篇 周宣王太史作大篆十五篇建武時亡六篇矣師古曰籀音胄〔補注〕王鳴盛曰說文謂之史篇籀名魏

史篇名醜徐鍇云史篇史籀所作倉頡十五篇也案史籀作大篆十五篇李斯作倉頡篇鍇說今說文九千三百五十三字其數與此志籀書九千字以上相合但說文或取古文或取大篆或取小篆以意參酌定之非專取史籀建武亡六篇當許氏時已無全本許氏固不能盡遵用之也沈欽韓曰說文敘大篆十五篇與古文或異張懷瓘書斷云以史官製之用以教授謂之史書凡九千字唐玄度十體書曰逮王莽亂此篇亡失建武中獲九篇章帝時王育爲作解說所不通者十有二三

八體六技 韋昭曰八體一曰大篆二曰小篆三曰刻符四曰蟲書五曰摹印六曰署書七曰殳書八曰隸書〔補注〕王應麟曰所謂六技者疑郎亡新六書沈欽韓曰說文繫傳云臣鍇案蕭子良以刻符摹印合爲一體臣以爲符者內外之信若晉鄙奪魏王兵符案當云魏公子奪魏王兵符又云借符以罵宋然則符者竹而中剖之字形半分摹印屈曲塡密秦璽文是子良謬合之署書者蕭子良云漢高六年蕭何所定以題蒼龍白虎二闕羊欣云蕭何覃思累月然後題之殳書者殳體八觚隨其勢而書之李虔芸曰六技當是八篇之譌下總云小學四十五篇併此八篇正合四十五篇之數先謙曰六技王說是李說非也莽改六書有古文奇字篆書隸書繆篆蟲書六種下文亦云六體是也八體是否八篇書無明證又刪去六技下文不可通矣官本署下無書字引宋祁曰注文署下當有書字

蒼頡一篇 上七章秦丞相李斯作爰歷六章車府令趙高作博學七章太史令胡母敬作〔補注〕先謙曰此下文所云閭里書師合并者也近儒馬國翰有輯本

凡將一篇 司馬相如作〔補注〕王應麟曰文選蜀都賦注引凡將篇曰黃潤纖美宜制禪藝文類聚引凡將篇曰鐘磬竽笙筑坎侯唐志猶有今闕說文引相如說葉德輝曰唐陸羽茶經下引凡將篇有烏喙桔梗芫華款冬貝母之類皆藥名也

急就一篇 成帝時黃門令史游作〔補注〕錢大昭曰成帝當作元帝沈欽韓曰晁公武云凡三十二章雜記姓名諸物五官等字以教童蒙急就者謂字之難知者緩急可就而求焉先謙曰官本成作元考證云隋志作急就章一卷

元尙一篇 成帝時將作大匠李長作

訓纂一篇 揚雄作〔補注〕王應麟曰揚雄傳史篇莫大於倉頡作訓纂隋志三蒼三卷李斯作蒼頡篇揚雄作訓纂篇後漢郎中賈魴作滂喜篇故曰三蒼說文繫傳以倉頡爰歷博學爲三蒼先謙曰此下文所謂作訓纂順續蒼頡也

別字十三篇 〔補注〕錢大昕曰即揚雄所撰方言十三卷也本名輶軒使者絕代語釋別國方言或稱別字或稱方言皆省文

蒼頡傳一篇

揚雄蒼頡訓纂一篇 〔補注〕先謙曰此合蒼頡訓纂爲一下文所云又易蒼頡中重復之字凡八十九章也

杜林蒼頡訓纂一篇〔補注〕先謙曰此葢於揚雄所作外別有增益故各自爲書說文引杜林說

杜林蒼頡故一篇〔補注〕先謙曰此下文所云杜林爲作訓故也隋志梁有蒼頡二卷杜林注亡

凡小學十家四十五篇入揚雄杜林二家二篇〔補注〕先謙曰官本作三篇

易曰上古結繩以治後世聖人易之以書契百官以治萬民以察葢取諸夬師古曰下繫之辭夬揚於王庭師古曰夬卦之辭言其宣揚於王者朝廷其用最大也古者八歲入小學故周官保氏掌養國子教之六書師古曰保氏地官之屬也保安也謂象形象事象意象聲轉注假借造字之本也師古曰象形謂畫成其物隨體詰屈日月是也象事卽指事也謂視而可識察而見意上下是也象意卽會意也謂比類合誼以見指撝武信是也象聲卽形聲謂以事爲名取譬相成江河是也轉注謂建類一首同意相受考老是也假借謂本無其字依聲託事令長是也文字之義總歸六書故曰立字之本也〔補注〕錢大昭曰說文六書作指事象形形聲會意餘同至六書之次第許愼說文解字衞恆書勢江式論書表孔穎達書正義封演聞見記皆同而鄭衆周禮注漢書藝文志隋書經籍志韋續五十六種書其次第各異朱一新曰汪本注末也作焉先謙曰官本作焉

漢興蕭何草律師古曰草創造之亦著其法曰太史試學童能諷書九千字以上乃得爲史〔補注〕王鳴盛曰卽史籒大篆也諷書許自序作諷籒書乃得爲史作乃得爲吏賈子新書云胡以孝弟循順爲善書而爲吏耳亦以作吏爲是志下文云史籒篇者周時史官教學童書也與孔氏壁中古文異說文序云宣王太史籒著大篆十五篇與古文或異至孔子書六經左丘明述春秋傳皆以古文所謂古文者黃帝史官倉頡所作乃書之本文也史籒所作卽是周代之通俗文字與古文並行彼時書卽自有兩體但志直云與古文異體而說文序亦云或異葢雖變古不全異也志又云蒼頡篇多古字李斯等所作尚然況史籒乎蘇輿曰案江式傳亦作史近段氏注說文轉據以改吏爲史注云得爲史得爲郡縣史也周禮史十有二人注云史掌書者又史掌官書以贊治注云贊治若今起文書草也後漢書百官志郡太守郡丞縣令尉若長縣丞縣各置諸曹掾史案史字於義尤長又以六體試之〔補注〕李賡芸曰說文敘云學僮十七以上始試諷籒書九千字乃得爲吏又以八體試之此六乃八之誤據說文敘言王莽時甄豐改定古文有六體蕭何時止有八體無六體也先謙曰六當爲八李說是也上文明言八體是班氏非不知有八體者且此數語與說文序脗合不應事實歧異淺人見下六體字而妄改耳課最者以爲尚書御史史書令史韋昭曰若今尚書蘭臺令史也臣瓚曰史書今之太史書〔補注〕劉奉世曰史與書令史二名今有書令史吳仁傑曰太史課試善史書者以補史書令史而分隸尚書及御史也尚書御史皆在禁中受公卿奏事故下文云吏民上書字或不正輒舉劾則所謂史書令史者正以其通知六體書故以補此吏員耳百官表於尚書御史不載令史而後書有之曰尚書六曹有令史三人主書御史中丞有蘭臺令史掌奏則所謂史書令史卽主書及掌奏者是已故通典引漢官儀云能通倉頡史籒篇補蘭臺令史滿歲爲尚書郎葢當時奏牘皆當用史書嚴延年傳稱其善史書所欲誅殺奏成於手中貢禹傳亦言郡國擇便巧史書者以爲右職又王尊傳司隸遣假佐蘇林謂取內郡善史書佐給諸府則外之郡國內之諸府皆有史書吏以備劾奏也令史專以史書爲職恐不可爲二名先謙曰吳說是吏民上書字或不正輒舉劾〔補注〕何焯曰今訛字必飭行葢其遺意葉德輝曰史記萬石君傳建爲郎中令奏書事下建讀之曰誤書馬字與尾當五今乃四不足一上譴死矣甚惶恐東觀漢記馬援傳援上言臣所假伏波將軍印伏字犬外嚮成皋令印皋字爲白下羊丞印四下羊尉印白下人人下羊一縣長吏印文不同恐天下不正者多所宜齊同薦曉古文字者事下大司空正郡國印章奏可據此則兩漢正書之嚴可見六體者古文奇字篆書隸書繆篆蟲書師古曰古文謂孔子壁中書奇字卽古文而異者也篆書謂小篆葢秦始皇使程邈所作也隸書亦程邈所獻主於徒隸從簡易也繆篆謂其文屈曲纏繞所以摹印章也蟲書謂爲蟲鳥之形所以書幡信也〔補注〕朱一新曰說文几下九下引奇字凡二見徐鍇敘引蕭子良云籒書卽大篆新臣甄豐謂之奇字史籒增古文爲之故與古文異也先謙曰此方釋亡新所定六體上所云六技也下文皆所以云云總上言之

皆所以通知古今文字摹印章書幡信也古制書必同文不知則闕問諸故老至於衰世是非無正人用其私師古曰各任私意而爲字〔補注〕葉德輝曰如說文敘所云馬頭人爲長人持十爲斗虫者屈中及後書光武紀贊以泉貨爲白水眞人之類皆是故孔子曰吾猶及史之闕文也今亡矣夫師古曰論語載孔子之書謂文字有疑則當闕而不說孔子自言我初涉學尚見闕文今則皆無任意改治也〔補注〕周壽昌曰論語包注云古之良史於書字有疑則闕之史謂古籒諸書文卽字也說文敘云書曰予欲觀古人之象言必遵修舊文而不穿鑿孔子曰吾猶及史之闕文今亡矣夫與班志引經同恉葢漢以前說論語古義也朱一新曰治汪本作作先謙曰官本書作言治作作是自作曰葢傷其寖不正師古曰寖漸也〔補注〕周壽昌曰說文敘云詭更正文鄉壁虛造不可知之書變亂常行以燿於世皆不合孔氏古文謬於史籒史籒篇者周時史官教學童書也與孔氏壁中古文異體蒼頡七章者秦丞相李斯所作也〔補注〕何焯曰梁庾元威云漢晉正史及古今字書並云蒼頡九篇是李斯所作今竊尋思必不如是其第九章論豨信京劉等郭景純云豨信是陳豨韓信京劉是大漢西土是長安豈有秦時朝宰談漢家人物先達何以安之今案此志止言七章則自八以下或後人所附益元威景純皆未覈論及此爰歷六章者車府令趙高所作也博學七章者太史令胡母敬所作也文

字多取史籀篇而篆體復頗異所謂秦篆者也〔補注〕朱一新曰案邵小篆是時始造隸書矣〔補注〕葉德輝曰唐張懷瓘書斷云隸書者秦下邽人程邈所作也邈字元岑始爲縣獄吏得罪始皇幽繫雲陽獄中覃思十年益小篆方圓而爲隸書三千字奏之始皇善之用爲御史以奏事煩多篆字難成乃用隸書爲隸人佐書故以隸書唐張彥遠法書要錄七引蔡邕聖皇篇云程邈刪古立隸文先謙曰官本造作建引宋祁曰建當作造起於官獄多事苟趨省易師古曰趨讀曰趣謂趣向之也易音弋豉反施之於徒隸也漢書〔補注〕先謙曰官本書作典是閭里書師合蒼頡爰歷博學三篇斷六十字以爲一章凡五十五章幷爲蒼頡篇師古曰幷合也總合以爲蒼頡篇也武帝時司馬相如作凡將篇無復字師古曰復重也音扶目反後皆類此元帝時黃門令史游作急就篇成帝時將作大匠李長作元尙篇皆倉頡中正字也〔補注〕先謙曰官本長下無作字引宋祁曰李長下當有作字又倉作蒼凡將則頗有出矣〔補注〕先謙曰謂增出於倉頡篇之外至元始中徵天下通小學者以百數各令記字於庭中〔補注〕沈欽韓曰說文序孝平皇帝時徵沛人爰禮等百餘人令說文字未央庭中以禮爲小學元士揚雄取其有用者以作訓纂篇〔補注〕先謙曰官本考證云揚此卷並訛楊今改正

前漢三十　廿六

順續蒼頡又易蒼頡中重復之字凡八十九章臣復續揚雄作十三章韋昭曰臣班固自謂也作十三章後人不別疑在蒼頡下篇三十四章中〔補注〕王應麟曰隋唐志班固太甲篇在昔篇各一卷錢大昭曰二闕本作三以十三章併八十九章正一百二章先謙曰說文陛下亦引班說官本二作三是凡一百二章〔補注〕先謙曰官本二作三無復字六藝羣書所載略備矣蒼頡多古字俗師失其讀宣帝時徵齊人能正讀者張敞從受之傳至外孫之子杜林爲作訓故幷列焉〔補注〕先謙曰事亦見杜鄴傳

凡六藝一百三家三千一百二十三篇入三家一百五十九篇出重十一篇

六藝之文〔補注〕先謙曰官本六下提行樂以和神仁之表也詩以正言義之用也禮以明體明者著見故無訓也書以廣聽知之術也春秋以斷事信之符也五者蓋五常之道相須而備〔補注〕王應麟曰白虎通云經常也有五常之道故曰五經樂仁書義禮禮易智詩信也與此不同而易爲之原故曰易不可見則乾坤或幾乎息矣蘇林曰不能見易意則乾坤近於滅息也師古曰此上繫之辭也幾近也音鉅依反言與天地爲終始也至於五學世有變改猶五行之更用事焉師古曰更互也音工衡反古之學者耕且養〔補注〕錢大昭曰詩甫田疏引作且耕且養三年而通一藝存其大體玩經文而已是故用日少而畜德多師古曰畜讀曰蓄蓄聚也易大畜卦象辭曰君子以多識前言往行以畜其德三十而五經立也〔補注〕錢大昭曰三年通一藝故孔子十五志學三十而立後世經傳既已乖離博學者又不思多聞闕疑之義師古曰論語稱孔子曰多聞闕疑慎言其餘則寡尤言爲學之道務在多聞疑則闕之愼於言語則少過也故志引之〔補注〕先謙曰官本在下重在字而務碎義逃難便辭巧說破壞形體師古曰苟爲僻碎之義以避它人之攻難者故爲便辭巧說以析破文字之形體也〔補注〕先謙曰官本注它作佗說五字之文至於二三萬言師古曰言其煩妄也桓譚新論云秦近君能說堯典篇目兩字之說至十餘萬言但說曰若稽古三萬言〔補注〕王應麟曰儒林傳作秦延君注近字誤後進彌以馳逐故幼童而守一藝白首而後能言安其所習毀所不見師古曰己所常習則保安之未嘗所見者則妄毀誹〔補注〕先謙曰未嘗所見當作所未嘗見蓋誤倒終以自蔽此學者之大患也序六藝爲九種〔補注〕錢大昭曰此句當與上文相屬先謙曰官本與上連文案序六藝兼及論語以下書者別論語於儒家尊孔子也僑孝經於六藝尊其書也弟子職緣孝經而入者也爾雅古今字所以通知經義經字故與五經雜義幷附於此

前漢三十　廿七

晏子八篇名嬰謚平仲相齊景公孔子稱善與人交有列傳師古曰有列傳者謂太史公書〔補注〕王應麟曰隋唐志晏子春秋七卷著其行事及諫諍之言崇文總目十二卷或以爲後人采嬰行事爲書故卷頗多於前志沈欽韓曰劉向上奏臣向所校中書晏子十一篇臣向謹與長社尉臣參校讎太史書五篇臣向書一篇參書十三篇凡中外書三十篇爲八百三十八章除復重二十二篇六百三十八章定著八篇二百一十五章其書六篇皆合六經之義又有復重文辭頗異不復遺失復列以爲一篇又有頗不合經術似非晏子言疑後世辯士所爲者故亦不敢失復以爲一篇

子思二十三篇名伋孔子孫爲魯繆公師〔補注〕王應麟曰隋唐志子思子七卷沈約謂禮記中庸表記坊記緇衣皆取子思子沈欽韓曰御覽四百三引子思子曰天下有道則行有枝葉天下無道則言有枝葉即表記語初學記引子思子曰東戶季子之時道上鴈行而不拾遺耕耨餘糧宿諸畝首孔叢雜訓篇載孟軻問牧民之道何先子思曰先利之云云溫公采之著於通鑑是二十三篇大約戴記說苑孔叢盡之矣御覽三百八十六引子思子曰中行穆伯手捕虎五百六十五引子思子曰繁於樂者重於憂厚於味者薄於行君子同則有樂異則有禮

曾子十八篇名參孔子弟子〔補注〕王應麟曰隋唐志二卷今十篇自脩身至天圓皆見大戴禮於篇第爲四十九至五十八晁氏云

視漢亡八篇矣

漆雕子十二篇 孔子弟子漆雕啟後（補注）王應麟曰韓非顯學篇有漆雕氏之儒史記列傳作漆雕開字子開蓋名啟字子開史記避景帝諱著書者其後也葉德輝曰說苑引孔子問漆雕馬人臧文仲武仲孺子容三大夫之賢家語好生篇引作漆雕憑疑一人名憑字馬人孔子弟子漆雕氏啟之後宅無所見或即馬人朱一新曰汪本作十三篇先謙曰官本作十三篇王氏漢志攷作十二與汲古本合

宓子十六篇 名不齊字子賤孔子弟子師古曰宓讀與伏同（補注）沈欽韓曰淮南齊俗訓客有見人於宓子者趙策作服子淮南書又作密論衡本性篇宓子賤漆雕開公孫尼子之徒亦論情性與世子相出入葉德輝曰韓非外儲呂覽新書淮南子韓詩外傳說苑論衡家語注引宓子賤語皆治單父時事當在十六篇中

景子三篇 說宓子語似其弟子

世子二十一篇 名碩陳人也七十子之弟子（補注）王應麟曰論衡本性篇周人世碩以為人性有善有惡舉人之善性養而致之則善長惡性養而致之則惡長如此則性各有陰陽善惡在所養焉故世子作養書一篇沈欽韓曰繁露俞序篇世子曰功及子孫光輝百世聖世之德莫先於世故予先言春秋詳己而略人

魏文侯六篇 （補注）葉德輝曰樂記引魏文侯問子貢樂魏策引魏文侯辭韓索兵及疑樂羊烹子命西門豹為鄴令與虞人期獵呂覽期賢篇引魏文侯式段干木之閭樂成篇引與田子方論收幼孤自知篇引問任座君德淮南人閒訓引魏文侯不賞解扁東封上計韓詩外傳引魏文侯問孤卷子說苑君道篇引魏文侯賦鼓琴復恩篇引樂羊攻中山尊賢篇引下車趨田子方及觴大夫于曲陽善說篇引與大夫飲酒使公乘不仁為觴政反質篇引御廩災文侯素服辟正殿新序雜事二引魏文侯出遊見路人負芻雜事四引與公季成議田子方刺奢篇引見箕季問膳毀其言皆近道當在六篇中

李克七篇 子夏弟子為魏文侯相（補注）王應麟曰韓詩外傳說苑反質篇載魏文侯問李克文選魏都賦注引李克書周壽昌曰釋文云子夏傳詩於魯申申傳魏人李克則克為子夏再傳弟子

公孫尼子二十八篇 七十子之弟子（補注）王應麟曰隋唐志一卷云似孔子弟子沈約謂樂記取公孫尼子劉瓛云緇衣公孫尼子所作也馬總意林引之沈欽韓曰荀子彊國篇稱公孫子語葉德輝曰初學記引公孫尼子論云樂者審一以定和比物以飾節意林引公孫尼子云樂者先王所以飾喜也語在今樂記中沈約說是也北堂書鈔引公孫尼子云太古之人飲露食草木實聖人為火食號燧人飲食以通血氣文選沈休文三月三日詩注引公孫尼子云眾人役物而忘情據此則其書唐時猶存故諸家稱引獨多御覽所引則循唐修文本之舊未足取信也

孟子十一篇 名軻鄒人子思弟子有列傳師古曰聖證論云軻字子車而此志無字未詳其所得（補注）王應麟曰傳子云字子輿廣韻云字子居沈欽韓曰史記云孟子七篇趙岐章指題辭云七篇二百六十一章三萬四千六百八十五字又有外書四篇性善辨文說孝經為正其書不能宏深似非孟子本真也今外書遂不可見孔叢雜訓篇孟子車尚幼請見子思是王肅所據

孫卿子三十三篇 名況趙人為齊稷下祭酒有列傳師古曰本曰荀卿避宣帝諱故曰孫（補注）王應麟曰當作三十二篇沈欽韓曰劉向上云臣所校讎中孫卿書凡三百二十二篇以相校除復重二百九十篇定著三十二篇案此云三十三篇或連向敘數先謙曰史記作荀卿謝墉云漢不避嫌名荀淑荀爽俱用本字左傳荀息以下並不改字何獨於荀卿改之蓋荀孫二字同音語遂移易如荊卿又為慶卿也胡元儀云荀姓郇伯之後以國為氏又稱孫者郇伯公孫之後以孫為氏也潛夫論志姓氏篇王孫氏公孫氏國自有之孫氏者或王孫之班或公孫之班也是各國公孫之後皆有孫氏矣郇也孫也皆是也如陳公子完奔齊史記稱田完其後陳恆亦云田常陳仲子亦云田仲陳駢亦云田駢田陳皆氏故兩稱之案胡氏說尤塙荀子書議兵篇稱孫卿子此自著其氏也國策風俗通並作孫卿卿者尊美之稱劉向云蘭陵人喜字為卿以法孫卿也蓋若今人自稱甫矣

芊子十八篇 名嬰齊人七十子之後師古曰芊音弭（補注）王念孫曰史記孟子荀卿傳楚有尸子長盧阿之吁子馬索隱曰吁音芊別錄作芊子今吁亦如字正義藝文志芊子十八篇顏云音弭案是齊人又屬齊恐顏誤也案正義說是也芊有吁音故別錄作芊子史記作吁子芋小雅斯干篇君子攸芋傳芋大也釋文芋香于反或作吁作芊者字之誤耳

內業十五篇 不知作書者（補注）王應麟曰管子有內業篇此書恐亦其類

周史六弢六篇 惠襄之閒或曰顯王時或曰孔子問焉師古曰即今之六韜也蓋言取天下及軍旅之事弢字與韜同也（補注）沈濤曰案今六韜乃文王武王問太公兵戰之事而此列之儒家則非今之六韜也六乃大字之誤人表有周史大弢古字書無弢字篇韻始有之當為弢字之誤莊子則陽篇仲尼問於太史大弢蓋即其人此乃其所著書故班氏有孔子問焉之說顏以為太公六韜誤矣今之六韜當在太公二百三十七篇之內

周政六篇 周時法度政教

周法九篇 法天地立百官

河閒周制十八篇 似河閒獻王所述也（補注）沈欽韓曰說苑君道建本篇有河閒獻王曰四章

讕言十一篇 不知作者陳人君法度如淳曰讕音粲爛師古曰說者引孔子家語云孔穿所造非也（補注）周壽昌曰今馬國翰依孔叢子錄出三篇其說甚辨而未可據顏云非穿所造亦以王肅為造之家語未足信也先謙曰官本作十篇

功議四篇 不知作者論功德事

甯越一篇　中牟人為周威王師〔補注〕王應麟曰呂覽甯越中牟之
其友曰莫如學學三十歲則可以達矣甯越曰請以十歲人將休
吾將不敢休人將臥吾將不敢臥十五歲而周威公師之注威公
西周君也說苑尊賢篇引周威
公問於甯子曰取士有道乎

王孫子一篇　一曰巧心〔補注〕王應麟曰隋志梁有王孫子一卷亡
林引之御覽引趙簡子獵於晉陽撫轡而歎楚莊王
攻宋將軍子重諫藝文類聚引衛靈公坐重華之臺沈欽韓曰文
選舞賦注王孫子曰衛靈公侍御數百隨珠照日羅衣從風史記
李斯傳集解亦引王孫子葉德輝曰宋本意林王孫子云衛公重
裘累茵而見負薪者而嚳哭之問曰何故對曰雪下衣薄故失薪衛
公顏色大懼乃開府金出倉粟以賑貧窮曰吾恐鄰國
貪養賢以勝吾也此條今本意林缺王氏所見蓋足本

公孫固一篇　十八章齊閔王失國問之固因為陳古今成敗也〔補
注〕沈欽韓曰十二諸侯年表論公孫固韓非之徒各
往往捃摭春秋之文以著書錢大昭
曰閔本問作問先謙曰官本作問是

李氏春秋二篇　〔補注〕葉德輝曰按公孫固齊閔王時人羊子秦博
士志敘次此書於二子間則李氏當是戰國時人
呂覽勿躬篇引李子曰非狗不得兔兔化而狗則不為兔人君而
好為人官有似於此其臣蔽之人時禁之君自蔽則莫之敢禁夫
自為人官自蔽之精者也祓篲日用而不藏于篋故用則衰動則
暗作則倦衰暗倦三者非君道也云云其言泛論名理疑即此李
氏
也

羊子四篇　百章故秦博士

董子一篇　名無心難墨子〔補注〕王應麟曰隋志一卷論衡福虛篇
儒家之徒董無心墨家之徒纏子相見講道纏子稱墨
家右鬼神是引秦繆公有明德上帝賜之九年董子難以堯舜不
賜年桀紂不夭死錢大昕曰無心蓋六國時人風俗通亦引其語

俟子一篇　李奇曰或作侔子〔補注〕沈欽韓曰說苑反質篇秦始
後得侯生侯生仰臺而言曰臣聞知死必勇陛下肯聽
臣一言乎其文八百餘言疑即此先謙曰官本侯作俟陶憲曾云
官本是也廣韻六止俟下云又姓風俗通云有俟子古賢人隨
鄭賢五人作六著書應仲遠嘗為漢
書音義則所見本必作俟矣

徐子四十二篇　宋外黃人〔補注〕王應麟曰魏世家惠王三十年使
龐涓將而令太子申為上將軍過外黃外黃徐子
曰臣有百戰百勝之
術即此外黃時屬宋

魯仲連子十四篇　有列傳〔補注〕王應麟曰隋志五卷錄一卷春秋
正義文選注御覽百八十四史記正義引之葉
德輝曰齊策引魯連子諫孟嘗君勿逐舍人遺燕將書說田單攻
狄趙策引說孟嘗君養士水經注丹水汶水沂水巨洋水篇均引
魯連
子

平原君七篇　朱建也〔補注〕先謙曰建有傳當次下高祖傳後官本
君作老引宋祁曰老一作君案高似孫子略亦作老

虞氏春秋十五篇　虞卿也〔補注〕王應麟曰見史記本傳十二諸侯
年表序葉德輝曰劉知幾史通六家云晏子虞
卿呂氏陸賈其書篇第本
無年月而亦謂之春秋

高祖傳十三篇　高祖與大臣述古語及詔策也〔補注〕王應麟曰魏
相傳奏明堂月令曰高皇帝所述書天子所服第
八隋志梁有漢
高祖手詔一卷

陸賈二十三篇　〔補注〕沈欽韓曰本傳稱凡著十二篇隋唐志陸賈
新語二卷王氏漢志考云存七篇其引吳傳言輔
政篇曰書不必起於仲尼之門今輔政篇無此語朱一新曰今存
二卷十二篇四庫提要謂篇數反多於宋本或後人因不完之
本補綴五篇以合本傳舊目也司馬遷取新語作史記著於本傳
而是書之文悉不見於史記論衡本性篇引新語今本亦無之穀
梁傳至武帝時始出而道基篇末乃引穀梁傳時代尤相牴牾馬
總意林李善文選注引皆與今本合則雖或後人依託亦必在唐
以
前

劉敬三篇　〔補注〕葉德輝曰本傳載敬說高帝都秦與冒頓
和親從民實關中凡三事當即此三篇之文

孝文傳十一篇　文帝所稱及詔策〔補注〕王應麟曰史記文
紀凡詔皆稱上曰以其出於帝之實意也

賈山八篇　〔補注〕葉德輝曰本傳惟載至言一篇其言諫文帝除鑄
錢訟淮南無大罪言柴唐子為不善皆無其文當在此
八篇
中

太常蓼侯孔臧十篇　父聚高祖時以功臣封臧嗣爵〔補注〕周壽昌
曰隋志梁有漢太常孔臧集二卷案臧以功
臣子襲爵官太常而名重儒家有書十篇又賦家入賦二十篇亦
漢初儒雋也晁公武云臧以所著賦與書謂之連叢附孔叢子後
考孔叢子至東漢末始有其書疑後人僞託然其書名已載
入宋中興館閣書目及宋人鄞鄮書目通考玉海俱引之

賈誼五十八篇　〔補注〕錢大昭曰誼傳亦云凡所著述五十八篇今
新書止五十六篇沈欽韓曰崇文總目本七十二
篇劉向刪定為五十八篇隋唐皆九
卷今別本或為十卷鑑鰓今佚三篇

河間獻王對上下三雍宮三篇　〔補注〕沈欽韓曰事見本傳後書張
純傳純案河閒古辟雍記欲具奏
之案漢多以明堂辟雍
靈臺為一故謂之三雍

董仲舒百二十三篇　〔補注〕先謙曰隋唐志春秋繁露十七卷案本
傳仲舒所著皆明經術之意及上疏條教凡
百二十三篇而說春秋事得失聞舉玉杯蕃露清明竹林之屬復
數十篇十餘萬言是此百二十三篇早亡不在繁露諸書內也

兒寬九篇　〔補注〕葉德輝曰本傳引對封禪一事
律歷志引議改正朔一事餘無攷

公孫弘十篇〔補注〕葉德輝曰藝文類聚鱗介部引弘答東方朔書云譬猶龍之未升與魚鼈為伍及其升天鱗不可覩御覽帝王部引公孫弘曰舜牧羊于黃河遇堯舉為天子皆佚文也本傳載弘對策上武帝書

終軍八篇〔補注〕先謙曰文聞見本傳

吾丘壽王六篇〔補注〕沈欽韓曰隋志梁有吾丘壽王集二卷亡葉德輝曰本傳有駁公孫弘禁民挾弓弩說汾陰寶鼎二篇藝文類聚武部引驃騎論功論一篇

虞丘說一篇 難孫卿也〔補注〕先謙曰虞吾字同虞丘即吾丘也此壽王所著雜說

莊助四篇〔補注〕先謙曰助有傳

臣彭四篇

鉤盾冗從李步昌八篇 宣帝時數言事〔補注〕沈欽韓曰續百官志注漢官曰鉤盾令從官四十人先謙曰官本冗作兄引宋祁曰兄當作冗

儒家言十八篇 不知作者

淵聖御名寬鹽鐵論六十篇 師古曰寬字次公汝南人也孝昭帝時丞相御史與諸賢良文學論鹽鐵事寬撰次之〔補注〕錢大昭曰汲古閣依宋板故於桓字作淵聖御名四小字閣本作桓公孫田劉傳贊云汝南桓寬次公推衍鹽鐵之論增廣條目極其論難著數萬言先謙曰官本寬上作桓隋志鹽鐵論十卷漢廬江府丞桓寬撰今存

劉向所序六十七篇 新序說苑世說列女傳頌圖也〔補注〕王應麟曰本傳采傳記行事著新序說苑凡五十篇又採取詩書所載賢妃正婦興國規條可法則及孽嬖亂亡者序次為列女傳凡八篇以戒天子曾鞏序云隋書及崇文總目皆十五篇曹大家注以頌義攷之蓋大家所注離其七篇為十四與頌義凡十五篇而益以陳嬰母及東漢以來凡十六事非向書本然也蘇頌以頌義篇次復定其書為八篇隋書以頌義為劉歆作今驗頌義之文蓋向自敘又志有頌圖明非歆作也王回序云有母儀賢明仁智貞慎節義辯通孽嬖等篇而各頌其義圖其狀總為卒篇傳如太史公記頌如詩之四言而圖為屏風頌云畫之屏風別錄云臣向與黃門侍郎歆所校列女傳種類相從為七篇以著禍福榮辱之效是非得失之分畫之於屏風四堵以頌考之每篇告十五傳則凡無頌者宜皆非向所奏書不特自陳嬰母為斷也葉德輝曰隋志新序說苑入儒家析列女傳入史部雜傳先謙曰世說不詳本傳有世頌疑即其書

揚雄所序三十八篇 太玄十九法言十三樂四箴二〔補注〕王應麟曰樂四未詳雄有琴清英沈欽韓曰箴二下有脫字後書胡廣傳初揚雄依虞箴作十二州二十五官箴其九箴亡闕則雄見存應有二十八箴也陳遵傳成帝令雄作酒箴朱一新曰太玄本十四篇據別錄有玄問一篇合十五篇新論亦稱經三篇傳十二篇與別錄合本傳謂章句尚不存焉則此亡佚之四篇當為章句無疑陶憲曾曰州箴官箴合為箴二酒箴雖見游俠傳或班未收入此史[illegible]覽引作酒賦在此[illegible]家十二篇中蓋如沈說則篇數不符矣

右儒五十三家八百三十六篇 入揚雄一家十八篇〔補注〕錢大昭曰閣本十八篇作三十一篇先謙曰官本作三十八篇

儒家者流蓋出於司徒之官助人君順陰陽明教化者也游文於六經之中留意於仁義之際祖述堯舜憲章文武宗師仲尼以重其言 師古曰祖始也述修也憲法也章明也宗尊也言以堯舜為本始而遵修之以文王武王為明法又師尊仲尼之道 於道最為高〔補注〕王應麟曰湛水李氏云儒者之術教化仁義而已也使儒者在人主左右得以仁義教化為天下之治則所謂道家者不過為巖野居士名法家者不過為賤有司陰陽者食於太史局而縱橫雜墨之流或馳一傳或效一官農家者流耕王田奉國賦以樂天下之無事彼得與儒者相抗而為流哉 孔子曰如有所譽其有所試 師古曰論語載孔子之言也言於人有所稱譽者輒試以事取其實效也譽音弋於反 唐虞之隆殷周之盛仲尼之業已試之效者也然惑者既失精微而辟者又隨時抑揚違離道本 師古曰辟讀曰僻 苟以譁眾取寵 師古曰譁諠也寵尊也譁音呼華反 後進循之〔補注〕先謙曰官本考證云宋本作修之案文應作循之今從監本

是以五經乖析儒學寖衰此辟儒之患 師古曰寖漸也辟讀曰僻〔補注〕周壽昌曰爾雅邢昺疏引此作僻儒之患也

伊尹五十一篇 湯相〔補注〕王應麟曰說苑臣術篇呂覽皆引伊尹對湯問周書王會有伊尹朝獻商書孟子稱伊尹之言伊尹所謂道豈老氏所謂道乎志於兵權謀省伊尹太公而入道家蓋戰國權謀之士著書而託之伊尹也葉德輝曰尸子引伊尹對湯問壽殷本紀引伊尹從湯言素王九主之事韓詩外傳引伊尹對湯問庭穀大拱齊民要術引氾勝之述伊尹區田法皆王氏所未及

太公二百三十七篇 呂望為周師尚父本有道者或有近世又以為太公術者所增加也師古曰父讀曰甫也〔補注〕周壽昌曰詩大雅大明正義引七略別錄云師之尚之父之故曰師尚父

謀八十一篇

言七十一篇

兵八十五篇〔補注〕錢大昭曰謀言兵識二百三十七篇而析言之太公其總名也沈欽韓曰隋志太公陰謀一卷錄六太公陰符鈐錄一卷太公伏符陰陽謀一卷舊唐志太公陰謀三卷又陰謀三十六用一卷隋志太公金匱二卷舊唐志太公兵法

二卷又兵法六卷梁有太公雜兵書六卷又三宮兵法一卷又禁忌立成集二卷枕中記一卷秦策蘇秦夜發書得太公陰符之謀齊世家後世之言兵及周之陰權皆宗太公爲本謀是太公之書尚矣志云謀者即太公之陰謀言者即太公金匱凡善言書諸金版羣書治要引武韜太公云文王曰[illegible]金版又文選注太公金匱曰[illegible]之下[illegible]人之上武王曰[illegible]著金版大戴記踐阼篇呂覽新書淮南說苑所稱皆是兵者即太公兵法說苑指武篇引太公兵法最其先亦管子書中所本耳葉德輝曰齊世家云文王與呂尚陰謀修德以傾商政其事多兵權與奇計羣書治要六韜後載陰謀三事皆武王問太公治國居民之道與史遷說不合蓋擇其語近純者錄之詩大明正義引太公授兵鈐之法即此兵篇五行大義十七篇引太公兵書通典一百四十九引太公覆軍誡法開元占經引太公兵法所引不同蓋一書也先謙曰官本謀下十五字皆與上太公連文是也

辛甲二十九篇 紂臣七十五諫而去周封之（補注）王應麟曰劉向別錄曰辛甲去至周召公與語賢之告文王文王親自迎之以爲公卿封長子左傳辛甲爲太史命百官箴王闕沈欽韓曰韓非說林作辛公甲

鬻子二十二篇 名熊爲周師自文王以下問焉周封爲楚祖師古曰鬻音弋六反（補注）沈欽韓曰隋志鬻子一卷唐宋著錄皆以冠道家葉夢得云今一卷止十四篇本唐永徽中逢行珪所獻廖仲容子鈔[illegible]馬總意林並云六篇其所載與行珪先後不倫恐行珪或有附益案今亦十四篇標題甲乙數目雜亂不可曉又短僅不成章而列子天瑞黃帝立命三篇引鬻子賈誼修政下篇周文王武王成王問於鬻子有七章皆本書所無今本其糟粕耳小說亦有鬻子說十九篇

筦子八十六篇 名夷吾相齊桓公九合諸侯不以兵車也有列傳師古曰筦讀與管同（補注）沈欽韓曰隋志十九卷今本二十四卷鼂公武云今亡十篇劉向上奏云所校讎中管子書大中大夫卜圭臣富參書射聲校尉立書太史書凡中外書五百六十四以校除復重四百八十四篇定著八十六篇

老子鄰氏經傳四篇 姓李名耳鄰氏傳其學

老子傅氏經說三十七篇 述老子學

老子徐氏經說六篇 字少季臨淮人傳老子

劉向說老子四篇（補注）葉德輝曰隋志道德經注云周柱下史李耳撰漢文帝時河上公注又云梁有戰國時河上丈人注二卷漢長陵三老毋丘望之注二卷隱士嚴遵注二卷亡稱梁者七錄也此四家志未載經典釋文敘錄有河上公毋丘望之嚴遵無河上丈人

文子九篇 老子弟子與孔子並時而稱周平王問似依託者也（補注）沈欽韓曰隋志文子十二卷新唐志徐靈府注文子十二卷李暹訓注文子十二卷讀書志又有唐朱玄注文子缺符言一篇晁公武云李暹注其傳曰姓辛葵丘濮上人號曰計然范蠡師事之本受業於老子錄其遺言爲十二篇劉向錄文子九卷而已唐志錄暹注與今篇次同豈暹析之歟案晁氏未考隋志已十二篇也容齋隨筆云其書一切以老子爲宗略無與范蠡謀議之事馬總意林所編文子正與此同案彼因計然字文子誤以此氏爲彼子因合爲一家其謬也書爲淮南襲取殆盡莊列亦時與之同十二篇並引老子之言而推衍之

蜎子十三篇 名淵楚人老子弟子師古曰蜎姓也音一元反（補注）王應麟曰史記環淵楚人學黃老道德之術著上下篇索隱正義皆無注今案文選枚乘七發便蜎詹何之倫注云淮南子雖有鉤鍼芳餌加以詹何蜎蠉之數猶不能與罔罟爭得也宋玉與登徒子偕受釣於玄淵七略蜎子名淵三文雖殊其人一也

關尹子九篇 名喜爲關吏老子過關喜去吏而從之（補注）錢大昭曰高誘注呂覽云關尹關正也名喜作道書九篇能相風角知將有神人而老子到喜說之請著上至經五千言而從之游也九篇者一宇篇二柱篇三極篇四符篇五鑑篇六匕篇七釜篇八籌篇九藥篇也沈欽韓曰張湛列子注云關令尹喜字公度

莊子五十二篇 名周宋人（補注）王應麟曰成元英疏莊周字子休沈欽韓曰陸氏序錄司馬彪注二十一卷孟氏注十八卷並五十二篇內篇七外篇二十八雜篇十四解說三郭象注三十三篇後人增足漸失其眞王氏困學紀聞采逸文若干條而嚴君平老子指歸引莊子之語亦今書所無

列子八篇 名圄寇先莊子莊子稱之（補注）王應麟曰劉向校中書太常書三篇太史書四篇臣向書六篇臣參書二篇內外書凡二十篇以校除復重十二篇定著八篇錢大昭曰高誘注呂覽云列子禦寇體道人也壺子弟子八篇者天瑞一黃帝二周穆王三仲尼四湯問五力命六楊朱七說符八也沈欽韓曰隋唐志同晉張湛注唐殷敬順釋文又有唐盧重元宋徐逋注

老成子十八篇（補注）沈欽韓曰列子周穆王篇老成子學幻於尹文先生殷敬順釋文作考成子

長盧子九篇（補注）錢大昭曰九篇下南雍本閩本有注云楚人今本脫沈欽韓曰鄧析子云長盧之士列子天瑞篇引其語蓋並時人也史記孟荀列傳楚有長盧御覽三十七引呂氏春秋長盧子曰山嶽河海水金石火木此積形成乎地也先謙曰官本篇下有楚人二字

王狄子一篇（補注）錢大昭曰閩本作王狄子

公子牟四篇 魏之公子也先莊子莊子稱之（補注）王應麟曰荀子非十二子注魏牟魏公子封於中山今莊子有公子牟稱莊子之言以折公孫龍據即與莊子同時也說苑公子牟東行穰侯送之未知何者爲定錢大昭曰高誘注呂覽云子牟魏公子也作書四篇魏伐中山得之以封子牟因曰中山公子牟也沈欽韓曰列子仲尼篇中山公子牟魏國賢公子悅趙人公孫龍張

湛云文侯子作書四篇號曰道家案平原君時文侯沒且百年不得爲文侯子也

田子二十五篇 名駢齊人游稷下號天口駢師古曰駢音步田反〔補注〕錢大昭曰呂氏春秋云陳駢貴齊高誘注云陳駢齊人也作道書二十五篇貴齊齊生死等古今也田陳古通用劉向七略云齊田駢好談論故齊人爲語曰天口駢

老萊子十六篇 楚人與孔子同時〔補注〕沈欽韓曰魏策或謂黃齊曰不聞老萊子之敎孔子事君乎示之其齒之堅也六十而盡相靡也孔叢抗志篇又云子思見老萊子老萊子曰子不見夫齒乎齒堅剛卒盡相磨舌柔順終以不弊葢紀載者誤分爲兩事也史記云著書十五篇與孔子同時大戴記將軍文子篇孔子語子貢老萊子之行則孔叢所記妄矣文選注十一劉向別錄云老萊子古之壽者畢尚書沅道德經序案古有萊氏左傳有萊駒老萊子應是萊子如列御寇師老商氏以商氏稱老矣葉德輝曰尸子引老萊子曰人生天地之間寄也寄者同歸也古者謂死人爲歸人其生也存其死也亡皇甫謐高士傳老萊子曰鳥獸之毛可績而衣其遺粒足食也莊子外物載老萊子之弟子出薪遇仲尼志云與孔子同時是也

黔婁子四篇 齊隱士守道不詘威王下之師古曰黔音其炎反下音胡稼反〔補注〕沈欽韓曰列女傳魯黔婁先生死曾子與門人往弔先曾子死亦不當威王時葢別一人周壽昌曰廣韻去聲十九候婁字注引漢志作贛婁子葉德輝曰宋邵思姓解引漢志云齊有隱士贛婁子著書五篇與廣韻同是宋人所見漢書不作黔云五篇與志不合

宮孫子二篇 師古曰宮孫姓也不知名

鶡冠子一篇 楚人居深山以鶡爲冠師古曰以鶡鳥羽爲冠〔補注〕沈欽韓曰隋唐志三卷韓子讀鶡冠子云十六篇讀書志云十五篇通考晁氏云案四庫書目十六篇與愈合已非漢志之舊今書乃八卷前三卷十三篇與今所傳墨子同中三卷十九篇愈所稱兩篇皆在後兩卷有十九篇多稱引漢以後事皆後人雜亂附益之今削去前後五卷止存十九篇庶得其眞案宋陸佃所注自博選至武靈王十九篇然其中龐煖論兵法漢志本在兵家爲後人傳合耳其語多有可采柳宗元謂惟賈生鵩賦所引用者爲美餘無可者彼信遍觀之而定論耶何其犗疏也韓子之言當矣

周訓十四篇 師古曰劉向別錄云人間小書其言俗薄

黃帝四經四篇 〔補注〕沈欽韓曰隋志道經部云漢道書之流其黃帝四篇老子二篇最得深旨列子天瑞篇黃帝書曰谷神不死是謂玄牝玄牝之門是謂天地之根綿綿若存用之不勤又曰形動不生形而生影聲動不生聲而生響又曰精神入其門骨骸反其根我尙何存呂覽去私篇黃帝言曰聲禁重色禁重衣禁重香禁重味禁重室禁重賈子修政上黃帝曰道若川谷之水其出無已其行無止鄴其淮南泰族訓黃帝曰芒芒昧昧因天之威與元同氣此則至言要道眞道家之鼻祖漢時黃帝老子之言自名其學厥後轉湮大約自淮南王等著書遞相剽竊故眞書反無傳焉

黃帝銘六篇 〔補注〕王應麟曰皇覽記武王問尙父曰五帝之誡可得聞歟尙父曰黃帝之誡曰吾之居民上也搖搖恐夕不至朝故爲金人三封其口曰古之愼言金人銘葢六篇之一也沈欽韓曰蔡邕銘論曰黃帝有巾机之法文心雕龍銘箴篇帝軒刻輿几以弼違葉德輝曰路史疏仡紀引黃帝巾几銘

黃帝君臣十篇 起六國時與老子相似也〔補注〕沈欽韓曰五帝紀舉風后力牧常先大鴻以治民順天地之紀幽明之占死生之說存亡之難御覽七十九引尸子曰子貢曰古者黃帝四面信乎孔子曰黃帝取合己者四人使治四方不計而耕不約而成此之謂四面案此葢雜記其君臣事迹爲後來言風后力牧太山稽等所本葉德輝曰六韜兵道文子符言上仁呂氏春秋應同去私圜道遇合審時淮南繆稱泰族並引黃帝道言賈誼新書宗首修政上又引黃帝政語疑皆君臣篇遺文

雜黃帝五十八篇 六國時賢者所作

力牧二十二篇 六國時所作託之力牧力牧黃帝相〔補注〕錢大昭曰兵陰陽又有力牧十五篇沈欽韓曰淮南覽冥訓黃帝治天下而力牧太山稽輔之以治日月之行治陰陽之氣節四時之度正律歷之數王欽若先天紀帝問張若謀敵之事張若曰不如力牧能於推步之術

孫子十六篇 六國時〔補注〕沈欽韓曰鹽鐵論論功篇孫子曰今夫國家之事一日更百變然而不亡者可得而革也逮出兵乎平原廣牧鼓鳴矢流雖有堯舜知之不能更也不稱兵法而言孫子似是道家之孫子

捷子二篇 齊人武帝時說〔補注〕錢大昭曰史記孟荀傳作接子接捷古字通王念孫曰古今人表捷子在尸子之後鄒衍之前或作接子史記田完世家自餘騶衍湻于髡田駢接子愼到環淵之徒正義接子齊人藝文志云接子二篇在道家流孟子荀卿傳正義騶是捷子乃六國時人蒙上款不言六國者非武帝時人武帝時說四字乃涉下條注武帝時說於齊王而衍葉德輝曰元和姓纂入聲二十九葉捷下引作三篇又引風俗通云郳公子捷莭之後以王父字爲氏又接字下引三輔決錄云接子所著書十篇是捷子與接子爲二邵思姓解一捷下引三輔決錄作接昕子與姓纂引異然則一捷子接子疑非一人

曹羽二篇 楚人武帝時說於齊王

郎中嬰齊十二篇 武帝時師古曰劉向云故待詔不知其姓數從游觀名能爲文

臣君子二篇 蜀人

鄭長者一篇 六國時先韓子韓子稱之師古曰別錄云鄭人不知姓名〔補注〕沈欽韓曰韓非外儲說右兩引鄭長者說陶憲曾曰釋慧苑華嚴經音義下引風俗通云春秋之末鄭有賢人著書一篇號鄭長者謂年高德艾事長於人以之爲長者也

楚子三篇

道家言二篇近世不知作者

右道三十七家九百九十三篇

道家者流蓋出於史官歷記成敗存亡禍福古今之道然後知秉要執本清虛以自守卑弱以自持〔補注〕沈欽韓曰劉向序列子云道家者秉要執節清虛無爲及其治身接物務崇不競合於六經班氏卽用其語隋志黃帝以下聖哲之士所言道者傳之其人世無師說漢時曹參始薦蓋公能言黃老文帝宗之自是相傳道學家矣案樂毅傳贊序其源流云樂臣公本師號曰河上丈人不知其所出河上丈人教安期生安期生教毛翕公毛翕公教樂瑕公樂瑕公教樂臣公樂臣公教蓋公蓋公教於齊爲曹相國師此君人南面之術也〔補注〕王念孫曰君人當爲人君穀梁傳序疏爾雅序引此皆不誤合於堯之克攘師古曰虞書堯典稱堯之德曰允恭克讓言其信恭能讓也故志引之云攘古讓字〔補注〕錢大昕曰說文揖攘字從手責讓字從言數奪字從攴易之嗛嗛一謙而四益此其所長也師古曰四益謂天道虧盈而益謙地道變盈而流謙鬼神害盈而福謙人道惡盈而好謙也此謙卦彖辭嗛字與謙同〔補注〕劉奉世曰嗛若與謙同何爲作兩字蓋易文辭有云嗛嗛者吳仁傑曰易謙卦初六爻子夏傳作嗛嗛君子商銘曰嗛嗛之德不足就也不可以矜而祗取憂也嗛嗛之食不足狃也不能爲膏而祗離咎也韋

昭云嗛嗛猶小小也疑卦名與鳴謙勞謙撝謙皆當從言從兼而初六嗛嗛皆當從口字書謙敬也歉通作嗛不足貌則嗛嗛蓋自視欲然之意子夏傳作嗛嗛止本於初六一爻耳今卦中他字盡作兼則傳者失之錢大昕曰古書言旁字與口旁字往往相通故謙或爲嗛及放者爲之則欲絕去禮學兼弃仁義師古曰放蕩也曰獨任清虛可以爲治

宋司星子韋三篇景公之史〔補注〕沈欽韓曰呂覽制樂篇宋景公之時熒惑在心公懼召子韋而問焉子韋曰熒惑者天罰也心者宋之分野也禍當於君論衡變虛篇案子韋書錄序奏亦言子韋曰君出三善言熒惑宜有動於是候之果徙舍案充所引者卽劉向奏也

公檮生終始十四篇傳鄒奭始終書師古曰檮音疇其字從木〔補注〕錢大昕曰案下有鄒子終始五十六篇則此注始終當作終始矣奭字亦誤作終始者是鄒衍非鄒奭也別有鄒奭子十二篇非終始書沈欽韓曰律歷志丞相屬寶長安單安國安陵栢育治終始言黃帝以來三千六百二十九歲葉德輝曰邵思姓解三引漢志作公檮子

公孫發二十二篇六國時〔補注〕沈欽韓曰文帝時魯人公孫臣上書陳終始五德傳言漢土德發或臣之先也

鄒子四十九篇名衍齊人爲燕昭王師居稷下號談天衍〔補注〕王應麟曰史記騶衍深觀陰陽消息而作怪迂之變終始大聖之篇十餘萬言其語閎大不經云云燕昭王身親往師之作主運又見司爟注鄭司農引

鄒子終始五十六篇師古曰亦鄒衍所說〔補注〕王應麟曰封禪書齊威宣之時騶子之徒論著終始五德之運及秦帝齊人奏之陶憲曾曰文選魏都賦注七略云鄒子有終始五德從所不勝土德後木德繼之金德次之火德次之水德次之

乘丘子五篇六國時〔補注〕沈欽韓曰當作桑丘隋志晉征南軍師楊偉撰桑丘先生書二卷本此葉德輝曰沈說是也邵思姓解二引漢志正作桑丘

杜文公五篇六國時師古曰劉向別傳云韓人也〔補注〕朱一新曰注別傳當作別錄汪本亦作別傳先謙曰官本作別錄是

黃帝泰素二十篇六國時韓諸公子所作師古曰劉向別錄云或言韓諸公孫之所作也言陰陽五行以爲黃帝之道也故曰泰素

南公三十一篇六國時〔補注〕王應麟曰項羽紀楚南公曰楚雖三戶亡秦必楚也正義曰虞喜志林云南公者道士識廢興之數知亡秦者必於楚徐廣云楚人也善言陰陽眞隱傳居國南鄙因以爲號著書言陰陽事葉德輝曰元和姓纂二十二覃南公下云戰國時有南公著書三十卷言五行陰陽事蓋衞南公子之後也

容成子十四篇〔補注〕王應麟曰呂覽勿躬篇容成作歷莊子則陽篇容成氏曰除日無歲無內無外朱一新曰志次於南公後當是六國時人言陰陽以爲容成之道如黃帝泰素之比

張蒼十六篇丞相北平侯〔補注〕王應麟曰本傳著書十八篇言陰陽律歷事篇數不同

鄒奭子十二篇齊人號曰雕龍奭師古曰奭音試亦反〔補注〕沈欽韓曰文選注三十六引七略曰鄒赫子案赫奭通用史漢竇嬰傳可證先謙曰官本考證云雕監本訛彫從宋本改

閭丘子十三篇名快魏人在南公前〔補注〕葉德輝曰元和姓纂九魚作閭丘決十三篇作十二篇

馮促十三篇鄭人

將鉅子五篇六國時先南公南公稱之〔補注〕葉德輝曰元和姓纂十陽引漢志云六國時將鉅彰著子書五篇是唐時志文明言將鉅名彰今本疑有奪字

五曹官制五篇漢制似賈誼所條〔補注〕王應麟曰誼傳誼以爲宜當改正朔易服色制度定官名興禮樂迺草具其儀法色上黃數用五爲官名悉更奏之沈欽韓曰五曹算經云一爲田曹地利爲先既有田疇必資人力故次兵曹人衆必用食飲故次集曹衆既會集必務儲蓄次倉曹食廩貨幣相交質次金曹

周伯十一篇齊人六國時

衞侯官十二篇近世不知作者〔補注〕錢大昭曰侯當作候衞尉屬官有諸屯衞候司馬二十二逸其姓名故但書官

于長天下忠臣九篇平陰人近世師古曰劉向別錄云傳天下忠臣〔補注〕陶憲曾曰長書今不傳其列陰陽家自別有意指後人不見其書無從臆測王應麟困學紀聞乃以此詆劉歆抑忠臣過矣

公孫渾邪十五篇平曲侯〔補注〕王應麟曰公孫賀傳祖父昆邪景帝時封平曲侯著書十餘篇錢大昭曰此作渾邪與功臣表同史記表作昆昆渾聲相近

雜陰陽三十八篇不知作者

右陰陽二十一家三百六十九篇

陰陽家者流蓋出於羲和之官敬順昊天歷象日月星辰敬授民時此其所長也及拘者爲之則牽於禁忌泥於小數師古曰泥滯也音乃計反舍人事而任鬼神師古曰舍廢也

李子三十二篇名悝相魏文侯富國彊兵〔補注〕沈欽韓曰食貨志李悝爲魏文侯作盡地力之教晉書刑法志律文起自李悝悝撰次諸國法著法經以爲王者之政莫急於盜賊故其律始於盜賊盜賊須劾捕故著網捕二篇其輕狡越城博戲借假不廉淫侈踰制以爲雜律一篇又以其律具其加減是故所著六篇而已商君受之以相秦今案李悝爲律家之祖三十二篇則其自著書葉德輝曰近人黃奭有輯本

前漢三十　四四

商君二十九篇名鞅姬姓衞後也相秦孝公有列傳〔補注〕沈欽韓曰隋志商君書五卷新唐志或作商子讀書志云宋時亡三篇又佚其二凡二十四篇通考鼂氏謂司馬貞於史記商君傳未見商君書不知開塞之義以今本攷之所謂又佚二篇乃第十六刑賞第二十一禦又案第十五來民篇云今三晉不勝秦四世矣自魏襄王以來野戰不勝則城必拔又云周軍之勝華軍之勝秦秦斬首而東之又弱民篇奉師至鄢郢舉若振槁唐蔑死於垂沙莊蹻發於內楚則皆在秦昭王時非商君本書也葉德輝曰羣書治要載商君六法亦今本所無

申子六篇名不害京人相韓昭侯終其身諸侯不敢侵韓師古曰京河南京縣〔補注〕王應麟曰史記云著書二篇注引劉向別錄云今民間所有上下二篇中書六篇皆合二篇已備過太史公所記七略曰孝宣皇帝重申不害君臣篇使黃門郎張子喬正其字[illegible]沈欽韓曰隋志梁有申子三卷亡新舊唐志仍列之周壽昌曰史記張叔傳索隱引七略別錄云申子學號曰刑名者循名以責實其尊君卑臣崇上抑下合於六經也葉德輝曰意林二藝文類聚十九御覽三百九十六百二十四並引君臣篇羣書治要引長短經大體篇反經篇初學記二十五意林引大體篇其無篇名可攷者引見史記李斯傳北堂書鈔天部藝文類聚人部刑法部御覽地部刑法部文選顏延年應詔讌曲水詩注鄒陽上吳王書注

處子九篇師古曰史記云趙有處子〔補注〕王應麟曰史記趙有處子之言注徐廣曰應劭氏姓注云處子風俗通云漢有北海太守處興蓋處子之後史記正義趙有劇孟劇辛是有劇姓葉德輝曰元和姓纂八語引志云趙有辨士處子著書

慎子四十二篇名到先申韓申韓稱之〔補注〕王應麟曰史記慎到趙人著十二論正義慎子十卷戰國時處士案漢志四十二篇今三十七篇亡唯有威德因循民雜德立君人五篇滕輔注荀子云慎子蔽於法而不知賢又云慎子有見於先無見於後注云其術本黃老歸刑名多明不尙賢不使能之道御覽引慎子昔者天子手能衣而宰夫設服足能行而相者導進口能言而行人稱辭諺云不聰不明不能爲王不瞽不聾不能爲公皆在亡篇沈欽韓曰韓非難勢篇引飛龍乘雲騰蛇游霧雲罷霧霽而龍蛇與螾螘同矣則失其所乘也云云呂覽慎勢篇引今一兔走百人逐之非一兔足爲百人分也由未定也積兔滿市行者不顧非不欲兔也分已定矣云云意林引兩貴不相事兩賤不相使富則疏族親家貧則兄弟離云海與山爭水海必得之廊廟之材非一木之枝狐白之裘非一狐之腋御覽五百二十三引禮從俗政從上國有貴賤之禮無賢不肖之禮有長幼之禮無勇怯之禮有親疏之禮無愛惡之禮也皆在亡篇

前漢三十　四五

韓子五十五篇名非韓諸公子使秦李斯害而殺之〔補注〕王應麟曰史記韓非傳喜刑名法術而其歸本於黃老孤憤五蠹內外儲說林說難十餘萬言程氏云非書有存韓篇故李斯言非終爲韓不爲秦也後人誤以范雎書廁於其書之間乃有舉韓之論通鑑謂非欲覆宗國則非也先謙曰官本考證云使監本訛吏從汲古閣本改正

游棣子一篇師古曰棣音徒計反〔補注〕沈欽韓曰鼂錯傳與洛陽宋孟及劉帶同師軹張恢生此游棣與劉帶聲同

鼂錯三十一篇〔補注〕沈欽韓曰隋志梁有鼂氏新書三卷亡新唐志仍列之文選注三十六引朝子曰工商游食之民少而名卑又四十五賓戲注引朝錯新書曰臣聞帝王之道包之如海養之如春御覽九百四十四引朝子曰以火去蛾蛾愈多以魚敺蠅蠅愈至周壽昌曰本傳云三十篇

燕十事十篇不知作者

法家言二篇不知作者

右法十家二百一十七篇

法家者流蓋出於理官信賞必罰以輔禮制易曰先王以明罰飭法師古曰噬嗑之象辭也飭整也讀與敕同此其所長也及刻者爲之則無教化去仁

愛專任刑法而欲以致治至於殘害至親傷恩薄厚 師古曰薄厚者變厚爲薄補注周壽昌曰顏解未晰此卽大學所云於所厚者薄之意蓋專指秦商鞅漢鼂錯爲說

鄧析二篇 鄭人與子產並時師古曰列子及孫卿並云子產殺鄧析據左傳昭公二十年子產卒定公九年駟歂殺鄧析而用其竹刑則非子產所殺也補注王應麟曰劉向序臣所校讎中鄧析書四篇臣敘書一篇凡中外書五篇以相校除復重爲二篇其論無厚者言之異同與公孫龍同類隋志一卷韓非子云堅白無厚之詞章而憲令之法息淮南鴻烈曰鄧析巧辯而亂法

尹文子一篇 說齊宣王先公孫龍師古曰劉向云與宋鈃俱游稷下鈃音形補注錢大昭曰今道藏本上下二篇蓋本魏黃初末山陽仲長氏詮次之舊故隋志已作二卷沈欽韓曰說苑尹文對齊宣王曰事寡易從法省易因其書言有形者必有名有名者未必有形形而不名未必失其方圓白黑之實名而不可不尋名以檢其差故名以檢形形以定名名以定事事以檢名大旨爲公孫龍所祖述龍又加鬼瑣焉仲長統序稱其學於公孫龍非也宋晁氏又誤以形名爲刑名類未究其書者然以大道爲書而雜以山雞鳳皇字長子曰盜少子曰毆亦誒嚙無稽甚矣朱一新曰集韻鈃音經天切人名

公孫龍子十四篇 趙人師古曰卽爲堅白之辯者補注王應麟曰史記趙有公孫龍爲堅白同異之辯列子釋文曰龍字子秉趙人莊子謂惠子曰儒墨楊秉四與夫子爲五果孰是邪秉公孫龍也淮南鴻烈曰公孫龍粲於辭而貿名錢大昭曰張守節云與鄒衍同時今道藏本上中下三卷與唐志同朱一新曰高誘注呂覽謂龍爲魏人

成公生五篇 與黃公等同時師古曰姓成公劉向云與李斯子由同時由爲三川守成公生游談不仕

惠子一篇 名施與莊子並時補注錢大昭曰高誘注呂覽云惠子惠施宋人仕魏爲惠王相也孟子所見梁惠王也葉德輝曰莊子至樂篇云惠施多方其書五車其道舛駁其言也不中据此則惠亦說士耳其書隋唐志不著錄引見莊子雜篇天下韓非子說林呂覽不屈篇應言篇開春篇愛類篇魏策說苑善說篇雜言篇

黃公四篇 名疵爲秦博士作歌詩在秦時歌詩中師古曰疵音才斯反

毛公九篇 趙人與公孫龍等並游平原君趙勝家師古曰劉向別錄云論堅白同異以爲可以治天下此蓋史記所云藏於博徒者

右名七家三十六篇

名家者流蓋出於禮官古者名位不同禮亦異數孔子曰必也正名乎名不正則言不順言不順則事不成 師古曰論語載孔子之言也言欲爲政必先正其名 此其所長也及譥者爲之 晉灼曰譥音訐也師古曰譥音工釣反 則苟鉤鈲析亂而已 師古曰鈲破也音普革反又音普狄反

尹佚二篇 周臣在成康時也補注王應麟曰左傳稱史佚有言史佚之志晉語胥臣曰文王訪於辛尹注辛甲尹佚皆周太史說苑政理篇引成王問政於尹逸尹佚周史也而爲墨家之首今書亡不可考呂覽當染篇魯惠公使宰讓請郊廟之禮於天子天子使史角往惠公止之其後在於魯墨子學焉意者史角之後託於佚歟葉德輝曰周書世俘解云武王降自車乃俾史佚繇書蓋其人歷文武成康四朝周紀引史佚祝逸周書克殷解引尹佚筴皆其書之逸文左傳僖十五年文十五年成四年襄十四年昭元年晉語均引史逸之言合於儒術志入墨家者意以其爲太史出於清廟之守故從其朔而言之焉

田俅子三篇 先韓子蘇林曰俅音仇補注沈欽韓曰隋志梁有田俅子一卷呂覽韓非諸書作田鳩子葉德輝曰藝文類聚祥瑞部下引田俅子曰少昊之時赤燕一雙而飛集少昊氏之戶遺其丹書御覽休徵部引同雙作歸又引商湯爲天子都于亳有神手牽白狼口銜金鉤而入湯庭文選王元長曲水詩序注引黃帝時有草生于帝庭階有佞人入朝則草指之名曰屈軼是以佞人不敢進也又東京賦注引堯爲天子蓂莢生于庖爲帝成歷張景陽七命注王元長曲水詩序注陸佐公新刻漏銘注引同白帖九十八引堯時有獬廌緝其毛爲帝帳稽瑞引云獬豸色青堯時獲之緝其皮以爲帳御覽章服部引渠搜之人服夏禹德獻其珍裘毛出五采光曜五色又引少昊氏都于曲阜鞮鞮毛人獻其羽裘又休徵部引少昊生于稚華之渚渚一日化爲山澤鬱鬱蔥蔥焉劉賡稽瑞引云昔帝堯之爲天下平也蓂莢出庖廚爲帝去惡又引云殷湯爲天子白狐九尾又引云周武王時倉庭國獻文章騶其言多稱符瑞殆亦明鬼之意與

我子一篇 師古曰劉向別錄云爲墨子之學補注葉德輝曰元和姓纂三十三哿引風俗通云我子六國時人著書號我子

隨巢子六篇 墨翟弟子補注王應麟曰隋唐志一卷洪氏云書今不存意林所述隨巢兼愛明鬼而墨之徒可知藝文類聚引隨巢子曰昔三苗大亂天命夏禹於玄宮有大神人面馬身降而福之司祿益食而民不飢司金益富而國家實司命益年而民不夭四方歸之禹乃克三苗而神民不違史記索隱引隨巢子云夷羊在牧飛拾滿野天鬼不顧亦不賓滅御覽引昔三苗大亂龍生于廟犬哭于市天賜武王黃鳥之旗以代殷愚謂此墨氏之明鬼也葉德輝曰太史公自序正義引韋昭曰墨翟之術也尙儉後有徐巢子傳其術按徐隨音近疑卽一人意林一引隨巢子云執無鬼者曰越蘭問隨巢曰鬼神之智何如曰聖也越蘭曰治亂由人何謂鬼神邪隨巢子曰聖人生於天下未有所資鬼神爲四時八節以化育之乘雲雨潤澤以繁長之皆鬼神所能也豈不謂賢於聖人晉書后崇傳引明君之德察情爲上察事次之開元占經引夏后之興方澤出馬北堂書鈔九十六百五十八引姬氏之興河出綠圖殷滅周人受之百二十六引召人以環絕人以玦御覽章服部九引同御覽地部引夏桀德衰岱淵沸珍寶部引幽厲之時奚祿山壞天賜玉玦于羿遂以殘其身以此爲福而禍咎徵部引幽厲之時天旱地坼

胡非子三篇墨翟弟子〔補注〕沈欽韓曰隋唐志一卷意林引云胡非子修墨以教有屈將子好勇聞墨者非鬭帶劍危冠往見胡非子而問之胡非言勇有五等云云其言與說苑善說篇林既語齊景公同無稽之談葉德輝曰元和姓纂十一模胡非姓下云陳胡公後有公子非後子孫爲胡非氏戰國有胡非子著書御覽兵部引胡非子論羿射藝文類聚人部引目見百步之外而不能見其眥北堂書鈔七十七引善爲吏者樹德大恉與貴義上同相近

墨子七十一篇名翟爲宋大夫在孔子後〔補注〕沈欽韓曰隋志墨子十五卷目一卷館閣書目云自親士至雜守爲六十一篇亡九篇陶憲曾曰史記孟荀列傳索隱引別錄云墨子書有文子文子子夏之弟子問於墨子據此則墨子在七十子後

右墨六家八十六篇

墨家者流〔補注〕沈欽韓曰莊子天下篇相里勤之弟子五侯之徒南方之墨者苦獲已齒鄧陵子之屬俱誦墨經而倍譎不同相謂別墨韓非顯學篇世之顯學儒墨也有相里氏之墨有相夫氏之墨有鄧陵氏之墨其徒見於墨翟書者十數人呂覽有腹䵍許犯田繫索盧參孟勝徐弱等百八十三人田襄子謝子唐姑果列子有東門賈孟子有夷之論衡有纏子文選文賦注亦引纏子淮南泰俗訓墨子服役者百八十人皆可使赴火蹈刃其私名門人楊朱稷下之徒未有若是之衆也蓋出於清廟之守〔補注〕周壽昌曰左傳桓二年臧哀伯曰是以清廟茅屋大路越席太羹不致粢食不鑿昭其儉也志蓋以墨之儉出於此也

〔前漢三十〕

茅屋采椽師古曰采柞木也字作棌本從木以茅覆屋以棌爲椽言其質素也采音千在反〔補注〕先謙曰官本注在是以貴儉下是以貴儉養三老五更是以兼愛選士大射是以上賢宗祀嚴父是以右鬼如淳曰右鬼謂信鬼神若杜伯射宣王是親鬼而右之師古曰右猶尊尚也〔補注〕周壽昌曰墨子有明鬼篇其第三篇言鬼神報應即首引杜伯射宣王事如以墨子注墨子何氏焯以爲謬非也順四時而行是以非命蘇林曰非有命者言儒者執有命而反勸人修德積善政教與行相反故譏之也如淳曰言無吉凶之命但有賢不肖之善惡〔補注〕先謙曰官本注肖下無之字以孝視天下是以上同如淳曰言皆同可以治也師古曰墨子有節用兼愛上賢明鬼神非命上同等諸篇故志歷序其本意視讀曰示〔補注〕周壽昌曰今本墨子有明鬼篇無神字此其所長也及蔽者爲之見儉之利因以非禮〔補注〕王念孫曰羣書治要引此禮下有樂字是也墨子有節用節葬非樂三篇故曰見儉之利因以非禮樂穀梁序疏引此已脫樂字朱一新曰志言見儉之利因以廢禮蓋譏其儉不中禮也治要誤衍樂字穀梁序疏引是也推兼愛之意而不知別親疏

蘇子三十一篇名秦有列傳〔補注〕沈欽韓曰今見於史記國策灼然爲蘇秦者八篇其短章不與秦死後蘇代蘇厲等並有論說國策通謂之蘇子又誤爲蘇秦此三十一篇容有代厲并入陶憲曾曰杜周傳注服虔云抵音抵䧃音義謂罪敗而復抒彈之蘇秦書有此法案今本鬼谷子有抵戲篇鬼谷子書本志不錄蓋後人取秦書爲之唐志鬼谷子下題蘇秦蓋本樂壹之說然樂氏謂秦欲神祕其道故假名鬼谷非也陶紹曾曰御覽九百八十三引蘇子曰蘭以芳自燒膏以肥自焫翠以羽殃身蚌以珠致破王應麟攷證以爲蘇秦書又見困學紀聞案北堂書鈔九十九亦引此文下有是以公孫賀得丞相而啼泣云云則非秦甚明以宋本意林攷之今闕此卷蓋晉蘇彥書也王氏誤矣

張子十篇名儀有列傳

龐煖二篇爲燕將師古曰煖音許遠反〔補注〕錢大昭曰兵權謀家亦有龐煖三篇

闕子一篇〔補注〕王應麟曰御覽引闕子云任公子冬羅鯉於山阿卷八百三十二又云吳章莊告之調八百四十九藝文類聚引闕子云宋景公使弓工爲弓九年來見云云又云宋之愚人得燕石於梧臺之東歸而藏之以爲寶沈欽韓曰宋人寶燕石事亦見文選百一詩注及淄水注宋景公事亦見御覽工部及泗水注又御覽三百八十一八百三十四並引闕子周壽昌曰後書獻帝紀注引風俗通曰闕姓也承闕黨童子之後縱橫家有闕子著書即此

國筮子十七篇

秦零陵令信一篇難秦相李斯〔補注〕陶紹曾曰信令名文選吳都賦劉淵林注引秦零陵令上書云荊軻挾匕首卒刺陛下陛下以神武扶揄長劍以自救疑即此篇文也

〔前漢三十〕

蒯子五篇名通〔補注〕王應麟曰本傳論戰國時說士權變亦自序其說凡八十一首號曰雋永

鄒陽七篇〔補注〕沈欽韓曰說苑尊賢篇鄒子說梁王曰詩曰緜緜之葛在於曠野良工得之以爲絺紵良工不得枯死於野不遇明君聖主幾行乞丐枯死於中野譬猶緜緜之葛矣

主父偃二十八篇〔補注〕王應麟曰說苑善說篇主父偃曰人而無辭安所用之昔子產修其辭而趙武致其敬王孫滿明其言而楚莊以慙先謙曰本傳偃學長短縱橫術

徐樂一篇

莊安一篇〔補注〕沈欽韓曰皆見本傳

待詔金馬聊蒼三篇趙人武帝時師古曰嚴助傳作膠蒼而此志作聊志傳不同未知孰是〔補注〕錢大昭曰廣韻二蕭聊下云亦姓風俗通有聊倉爲漢侍中著子書據此則作膠者非

右從橫十二家百七篇

從橫家者流〔補注〕沈欽韓曰韓非五蠹篇從橫之黨借力於國從者合衆弱以攻一強也衡者事一強以攻衆弱也皆非所以持國也蓋出於行人之官孔子曰誦詩三百使於四方不能專對

雖多亦奚以爲師古曰論語載孔子之言也謂人不達於事誦詩雖多亦無所用又曰使乎使乎師古曰亦論語載孔子之言歎使者之難其人言其當權事制宜受命而不受辭此其所長也及邪人爲之則上詐諼而棄其信師古曰諼詐言也音許遠反

孔甲盤盂二十六篇黃帝之史或曰夏帝孔甲似皆非〔補注〕王應麟曰文選注七略曰盤盂書者其傳言孔甲爲之孔甲黃帝之史也書盤盂中爲誡法或於鼎名曰銘蔡邕銘論黃帝有巾机之法孔甲有盤杅之誡錢大昭曰應劭注田蚡傳作二十九篇

大命三十七篇傳言禹所作其文似後世語師古曰命古禹字〔補注〕宋祁曰一作命王應麟曰賈誼書修政語引大禹曰民無食也則我弗能使也功成而不利於民我弗能勸也朱一新曰注言下禹字汪本亦作命葉德輝曰說文禹古文作命卽此字墨子兼愛下引禹誓曰濟濟有衆咸聽朕言非惟小子敢行稱亂蠢茲有苗用天之罰若予既率爾羣對諸羣以征有苗卽僞書大禹謨所本逸周書大聚引禹之禁春三月山林不登斧以成草木之長夏三月川澤不入網以成魚鼈之長且以並農力執成男女之功又文傳引夏箴曰中不容利民乃外次開望曰土廣無守可襲伐土狹無食可圍竭二禍之來不稱之災天有四殃水旱饑荒其至無時非務積聚何以備之孔晁注夏箴禹之戒書也北堂書鈔百二引天有四殃七下爲周書夏箴則開望爲夏箴中之篇名矣文傳又引小人無兼年之食遇天饑妻子非其有也大夫無兼年之食遇天饑臣妾輿馬非其有也國無兼年之食遇天饑百姓非其有也戒之哉弗思弗行禍至無日矣上亦題夏箴鬻子引禹筍簴銘曰敎寡人以道者擊鼓敎寡人以義者擊鐘敎寡人以事者振鐸告寡人以憂者擊磬語寡人以訟獄者揮鞀淮南氾論訓作禹號皆其書之佚文也

前漢三十　四六

五子胥八篇名員春秋時爲吳將忠直遇讒死〔補注〕周壽昌曰兵技巧又有五子胥十篇先謙曰官本五作伍考證云監本訛五今改正

子晚子三十五篇齊人好議兵與司馬法相似

由余三篇戎人秦穆公聘以爲大夫〔補注〕沈欽韓曰韓非十過篇秦穆公問由余事比呂覽爲詳史遷采入秦紀新書禮篇引由余語

尉繚子二十九篇六國時師古曰尉姓繚名也音了又音聊劉向別錄云繚爲商君學〔補注〕錢大昭曰南雍本閩本尉繚下無子字兵形勢又有尉繚三十一篇沈欽韓曰隋志雜家尉繚子五卷梁并錄六卷梁惠王時人舊唐志六卷案梁惠王問者當在兵形勢家始皇紀大梁人尉繚來說秦王其計以散財物賂諸侯強臣不過三十萬金則諸侯可盡秦策有頓弱說秦王資萬金使東游韓魏入其將相北游燕趙而殺李牧正與尉繚謀同初學記尉繚子曰天子宅千畝諸侯百畝大夫以下里舍九畝御覽六百八十四引尉繚子曰天子玄冠玄纓諸侯素冠素纓大夫以下練冠並類雜家言朱一新曰汪本無子字先謙曰官本無子字

尸子二十篇名佼魯人秦相商君師之鞅死佼逃入蜀師古曰佼音絞〔補注〕王應麟曰史記楚有尸子注引劉向別錄疑謂其在蜀今案尸子書晉人也名佼秦相衞鞅客也鞅謀事畫計立法理民未嘗不與佼規也商君被刑佼恐並誅乃逃入蜀造二十篇書凡六萬餘言後漢書注佼作書二十篇內十九篇陳道德仁義之紀內一篇言九州險阻水泉所起隋志二十卷其九篇亡魏黃初中續李淑書目存四卷館閣書目時止存二篇合爲一卷爾雅疏引廣澤仁意綽子篇宋書禮志引禹治水爲喪法穀梁傳亦引尸子先謙曰注魯迺晉之譌

呂氏春秋二十六篇秦相呂不韋輯智略士作〔補注〕沈欽韓曰總十二紀八覽六論也十二紀紀各五篇八覽覽各一篇六論論各六篇凡百六十篇弟一覽

淮南內二十一篇王安〔補注〕沈欽韓曰其要略一篇自敘也隋志許慎高誘兩家注並列今惟存高注景十三王傳云淮南王安好書所招致率多浮辯則是書之定論也

淮南外三十三篇師古曰內篇論道外篇雜說〔補注〕宋祁曰雜邵本作新沈欽韓曰本傳云外書甚衆高誘序劉向校定撰具名之淮南又有十九篇者謂之淮南外篇與此三十三篇不同蓋其後或有缺矣案文選注引淮南莊子後解疑卽外篇

前漢三十　四七

東方朔二十篇〔補注〕周壽昌曰本書朔傳注引劉向所錄云朔之文辭客難非有先生論此二篇最善其餘有封泰山責和氏璧及皇太子生禖屏風殿上柏柱平樂觀賦獵八言七言上下從公孫宏借車凡朔書具是矣葉德輝曰北堂書鈔百五十八引嗟伯夷文選海賦注引對詔藝文類聚災異部引旱頌人部引誡子御覽人事部百引文賦凡四篇至拾遺記載寶甕銘唐釋法琳辨正論載隱眞論開元占經載東方朔占皆後人僞託不足據也

伯象先生一篇應劭曰蓋隱者也故公孫敖難以無益世主之治〔補注〕沈欽韓曰御覽八百十一引新序云公孫敖問伯象先生曰先生收天下之術博觀四方之日久矣未能裨世主之治明君臣之義是則未有異於府庫之藏金玉筐篋之囊簡書也又八百十三新序公孫敖曰夫玉石金鐵猶可琢磨以爲器用而況於人今新序無之先謙曰王氏漢志攷引公孫敖問作新序是宋末新字尚有之

荊軻論五篇軻爲燕刺秦王不成而死司馬相如等論之〔補注〕王應麟曰文章緣起司馬相如作荊軻讚文心雕龍相如屬筆始讚荊軻

吳子一篇

公孫尼一篇

博士臣賢對一篇 漢世難韓子商君

臣說三篇 武帝時所作賦師古曰說者其人名讀曰悅〔補注〕沈濤曰志所列雜家皆非詞賦此賦字誤衍下賦家別有臣說九篇則其人所作賦此處因相涉而誤耳先謙曰官本無所字

解子簿書三十五篇

推雜書八十七篇

雜家言一篇 王伯不知作者師古曰言伯王之道伯讀曰霸

右雜二十家四百三篇 入兵法〔補注〕陶憲曾曰入兵法上脫出蹵鞠三字兵書四家惟兵技巧入蹵鞠一家二十五篇而諸子家下亦注出蹵鞠一家二十五篇是蹵鞠正從此出而入兵法也今本脫出蹵鞠三字則入兵法三字不可解而諸子家所出之蹵鞠亦不知其於十家中究出自何家矣

雜家者流蓋出於議官〔補注〕沈欽韓曰隋志古者司史歷記前言往行禍福存亡之道然則雜者蓋出史官之職

前漢三十　哭

兼儒墨合名法知國體之有此 師古曰治國之體亦當有此雜家之說 見王治之無不貫 師古曰王者之治於百家之道無不貫綜 此其所長也及盪者為之則漫羨而無所歸心 師古曰漫放也羨音弋戰反〔補注〕錢大昭曰漫羨猶漫衍也周壽昌曰盪與蕩同丙吉傳皇孫敖盪即遨蕩也

神農二十篇 六國時諸子疾時念於農業道耕農事託之神農師古曰劉向別錄云疑李悝及商君所說〔補注〕王應麟曰食貨志呂氏春秋管子氾勝之書引神農之教劉子引神農之法淮南子曰世俗之人多尊古而賤今故為道者必託之於神農黃帝而後入說葉德輝曰開元占經百十一引神農書八穀生長一篇藝文類聚災異部引神農求雨書先謙曰官本注念作怠是

野老十七篇 六國時在齊楚間應劭曰年老居田野相民耕種故號野老〔補注〕王應麟曰眞隱傳六國時人遊秦楚間年老隱居著書言農家事因以為號

宰氏十七篇 不知何世〔補注〕葉德輝曰史記貨殖傳裴駰集解云計然者葵邱濮上人姓辛氏字文子其先晉國亡公子嘗南遊於越范蠡師事之元和姓纂十五海宰氏姓下引范蠡傳云陶朱公師計然姓宰氏字文子葵邱濮上人據此則唐人所見集解本是作宰氏宰氏即計然故農家無計然書志云不知何世蓋班所見乃後人述宰氏之學者非計然本書也

董安國十六篇 漢代內史不知何帝時

尹都尉十四篇 不知何世〔補注〕宋祁曰尹一作郡沈欽韓曰唐志尹都尉書三卷齊民要術種穀篇引氾勝之曰區種驗美田至十九石中田十三石薄田一十石尹澤取減法似尹都尉名澤也御覽九百八十引劉向別錄云尹都尉書有種芥葵蓼薤蔥諸篇北史蕭大圜云穫菽尋氾氏之書露葵徵尹君之錄陶憲曾曰尹都尉又有種瓜篇見御覽九百七十八引劉向別錄

趙氏五篇 不知何世〔補注〕沈欽韓曰疑即趙過教田三輔者齊民要術耕田第一引崔實政論曰趙過教民耕殖法三犁共一牛一人將之下種挽耬皆取備馬日種一頃至今三輔猶賴其利

氾勝之十八篇 成帝時為議郎師古曰劉向別錄云使教田三輔有好田者師之徙為御史氾音凡又音敷劍反〔補注〕王應麟曰皇甫謐云本姓凡氏遭秦亂避地於氾水因改焉勝之撰書言種植之事子輯為敦煌太守月令注周禮草人注後漢劉般傳注文選注初學記御覽皆引之晉食貨志漢遣輕車使者氾勝之督三輔種麥而關中遂穰沈欽韓曰隋唐志氾勝之書二卷齊民要術多引氾勝之書周壽昌曰文選注引王隱晉書云氾勝之敦睦九族鄭樵通志氏族略漢有氾勝之為黃門侍郎藝文略農家有氾勝之書二卷馬端臨通考無其書殆亡於宋末近人洪頤煊經典集林輯氾勝之書二卷

王氏六篇 不知何世

蔡癸一篇 宣帝時以言便宜至弘農太守師古曰劉向別錄云邯鄲人〔補注〕周壽昌曰齊民要術引崔寔政論有趙過教

前漢三十　哭

民耕植其法三犁共一牛云云御覽八百二十二引作宣帝使蔡癸教民耕事文正同蓋癸書述過法而崔氏引之錢大昭曰閩本蔡作祭朱一新曰汪本蔡作祭古祭蔡同

右農九家百一十四篇

農家者流蓋出農稷之官〔補注〕沈欽韓曰呂覽上農任地二篇皆引后稷任地以下三篇似全述古者樹藝收穫之法此農書之祖朱一新曰汪本出下有於字此脫先謙曰官本有於字 播百穀勸耕桑以足衣食故八政一曰食二曰貨孔子曰所重民食 師古曰論語載孔子稱殷湯伐桀告天辭也言為君之道所重者在人之食〔補注〕何焯曰顏注誤以武為湯 此其所長也及鄙者為之以為無所事聖王 師古曰言不須聖主天下自治〔補注〕先謙曰官本注主作王 欲使君臣並耕誖上下之序 師古曰誖亂也音布內反

伊尹說二十七篇 其語淺薄似依託也〔補注〕王應麟曰司馬相如傳注引伊尹書殷紀伊尹從湯言素王及九主之事注引劉向別錄曰九主者有法君專君授君勞君寄君等君破君國君三歲任君凡九品圖畫其形

鬻子說十九篇 後世所加〔補注〕沈欽韓曰唐志小說家亦載鬻子一卷文選注三十六引鬻子曰武王率兵車以伐

紂紂虎旅百萬陳於商郊起自黃鳥至於赤斧彌[illegible]三軍之士靡不失色武王乃命太公把旄以麾之紂軍反走御覽三百八十三引鬻子年九十見文王事案此類小說也

周考七十六篇 考周事也

青史子五十七篇 古史官記事也〔補注〕王應麟曰風俗通義引青史子書大戴禮保傅篇青史氏之記曰古者胎教隋志梁有青史子一卷文心雕龍云青史由綴於街談周壽昌曰案賈執姓氏英賢錄云晉太史董狐之子受封青史之田因氏焉

師曠六篇 見春秋其言淺薄本與此同似因託之〔補注〕錢大昭曰說文鳥部引師曠曰南方有鳥名曰羌鵜黃頭赤目五色皆備疑即此書沈欽韓曰說苑君道篇辨物篇御覽三百六十九並引師曠語周壽昌曰兵陰陽又有師曠八篇彼注云晉平公臣而此不注未詳先謙曰官本注之作也

務成子十一篇 稱堯問非古語〔補注〕錢大昭曰荀子大略篇云舜學於務成昭楊倞注引尸子曰務成昭之教舜曰避天下之逆從天下之順天下不足取也避天下之順從天下之逆天下不足失也又五行家有務成子災異應十四卷房中家有務成子陰道三十六卷沈欽韓曰韓詩外傳五云堯學於務成子

宋子十八篇 孫卿道宋子其言黃老意〔補注〕王應麟曰荀子云宋子有見於少無見於多注宋鈃宋人也與孟子同時宋鈃孟子作牼又云宋子蔽於欲而不知得又引子宋子曰明見侮之不辱使人不鬬又云子宋子曰人之情欲寡而皆以己之情欲為多是過也沈欽韓曰莊子天下篇宋鈃尹文並稱

天乙三篇 天乙謂湯其言非殷時皆依託也〔補注〕王應麟曰賈誼書修政語引湯曰云云殷紀湯曰予有言人視水見形視民知治不先謙曰官本考證云非監本譌者今改正

黃帝說四十篇 迂誕依託

封禪方說十八篇 武帝時〔補注〕沈欽韓曰此方士所本史遷所云其文不雅馴

待詔臣饒心術二十五篇 武帝時師古曰劉向別錄云饒齊人也不知其姓武帝時待詔作書名曰心術也〔補注〕先謙曰官本注末無也字

待詔臣安成未央術一篇 應劭曰道家也好養生事為未央之術

臣壽周紀七篇 項國圉人宣帝時〔補注〕錢大昭曰項國疑淮陽國之譌

虞初周說九百四十三篇 河南人武帝時以方士侍郎號黃車使者應劭曰其說以周書為本師古曰史記云虞初洛陽人即張衡西京賦小說九百本自虞初者也〔補注〕王應麟曰郊祀志雒陽虞初等以方祠詛匈奴大宛錢大昭曰注臚閩本作號李善注文選西京賦引曰以方士侍郎乘馬衣黃衣號黃車使者今本注有脫落當從文選注增改朱一新曰臚汪本作號先謙曰官本作號

百家百三十九卷 〔補注〕沈欽韓曰御覽八百六十八風俗通云案百家書宋城門失火取汲池中水以沃之魚悉露見但就取之後書仲長統傳百家雜說請用從火陶紹曾曰御覽七百六十又百八十引風俗通公輸般見水上蠡事亦出百家

右小說十五家千三百八十篇 〔補注〕劉奉世曰又少十篇

小說家者流 〔補注〕沈欽韓曰滑稽傳東方朔博觀外家之語即傳記小說也文選注三十一引桓子新論曰小說家合叢殘小語近取譬論以作短書治身理家有可觀之詞 **蓋出於稗官** 如淳曰稗音鍛家排九章細米為稗街談巷說其細碎之言也王者欲知閭巷風俗故立稗官使稱說之今世亦謂偶語為稗師古曰稗音稗稗之稗不與鍛排同也稗官小官漢名臣奏唐林請省置吏公卿大夫至都官稗官各減什三是也 **街談巷語道聽塗說者之所造也**

孔子曰雖小道必有可觀者焉致遠恐泥是以君子弗為也 師古曰論語載孔子之言泥滯也音乃細反〔補注〕周壽昌曰今論語作子夏語此或是齊古兩論語也東平思王傳小道不通致遠恐泥顏注亦云引孔子之言後書蔡邕上封事有云若乃小能小善雖有可觀孔子以為致遠則泥隋志亦引此語作孔子不作子夏

然亦弗滅也閭里小知者之所及亦使綴而不忘如或一言可采此亦芻蕘狂夫之議也

凡諸子百八十九家四千三百二十四篇 出蹵鞠一家二十五篇〔補注〕沈欽韓曰從諸子家出入兵技巧

諸子十家其可觀者九家而已皆起於王道既微諸侯力政時君世主好惡殊方 師古曰好音呼到反惡音一故反 **是以九家之說** 〔補注〕朱一新曰汪本說作術先謙曰官本作術 **蠭出竝作** 師古曰蠭與鋒同 **各引一端崇其所善以此馳說取合諸侯其言雖殊辟猶水火相滅亦相生也** 師古曰辟讀曰譬 **仁之與義敬之與和相反而皆相成也易曰天下同歸而殊塗一致而百慮** 師古曰下繫之辭 **今異家者各推所長窮知究慮以明其指雖有蔽短合其要歸亦六經之支與流裔** 師古曰裔衣末也其於六經如水之下流衣之末裔 **使其人遭明王聖主得其所折中皆股肱之材已** 師古曰已語終辭〔補注〕先謙曰官本終下

有之字仲尼有言禮失而求諸野師古曰言都邑失禮則於外野求之亦將有獲方今去聖久遠道術缺廢無所更索師古曰索求也彼九家者不猶瘉於野乎師古曰瘉與愈同愈勝也若能修六藝之術而觀此九家之言舍短取長則可以通萬方之略矣師古曰舍廢也

屈原賦二十五篇楚懷王大夫有列傳〔補注〕沈欽韓曰自離騷至大招適二十五篇隋志專列楚詞一家後漢校書郎王逸集屈原以下迄於劉向逸又自爲一篇并敘而注之今行於世隋時有釋道騫善讀之能爲楚聲音韻清切至今傳楚詞者皆祖騫公之音案漢時朱買臣召見言楚詞宣帝徵能爲楚詞九江被公召見誦讀爾時自有專門可知其音讀非易也

唐勒賦四篇楚人〔補注〕沈欽韓曰御覽六百三十三引宋玉賦云景差唐勒等並造大言賦

宋玉賦十六篇楚人與唐勒並時在屈原後也〔補注〕王應麟曰隋志宋玉集三卷王逸云屈原弟子楚詞九辯招魂文選風賦高唐神女賦登徒子好色賦古文苑大言小言釣笛諷賦沈欽韓曰笛賦非宋玉作隋志宋玉集三卷

趙幽王賦一篇〔補注〕沈欽韓曰本傳作歌

莊夫子賦二十四篇名忌吳人〔補注〕錢大昭曰卽嚴夫子也此獨不諱史駁文沈欽韓曰楚詞章句王逸云哀時命者嚴夫子之所作也

賈誼賦七篇〔補注〕王應麟曰惜誓弔屈原服賦古文苑有旱雲虡賦隋志梁有賈誼集四卷

枚乘賦九篇〔補注〕王應麟曰古文苑有梁王菟園賦文選七哀詩注枚乘集有臨霸池遠訣賦隋志乘集二卷先謙曰西京雜記有柳賦又略見初學記二十八

司馬相如賦二十九篇〔補注〕沈欽韓曰隋志相如集一卷葉德輝曰本傳有子虛賦文選分亡是公下爲上林賦哀秦二世賦大人賦凡三篇文選有長門賦一篇藝文類聚人部有美人賦一篇古文苑初學記人部下引文選魏都賦注有梨賦北堂書鈔百四十六有魚葅賦陶紹曾曰玉篇石部有梓桐山賦

淮南王賦八十二篇〔補注〕周壽昌曰隋志集一卷北堂書鈔一百三十五御覽七百十二引劉向別錄云淮南王有熏籠賦古文苑有屏風賦

淮南王羣臣賦四十四篇〔補注〕王應麟曰楚詞招隱士淮南小山之所作也淮南王安招致賓客客有八公之徒分造詞賦以類相從或稱大山或稱小山如詩之有大小雅

太常蓼侯孔臧賦二十篇〔補注〕王應麟曰孔叢子云臧嘗爲賦二十四篇四篇別不在集似其幼時之作也葉德輝曰孔叢子連叢上有諫格虎賦楊柳賦鴞賦藝文類聚鳥部下御覽[illegible]十引同蓼蟲賦藝文類聚草部下御覽[illegible]五引同四篇

陽丘侯劉隁賦十九篇師古曰隁音偃〔補注〕齊召南曰案王子侯表陽邱應作楊邱隁應作偃齊悼惠王之孫共安侯之子也

吾丘壽王賦十五篇

蔡甲賦一篇

上所自造賦二篇師古曰武帝也〔補注〕沈欽韓曰傷李夫人及秋風辭隋志武帝集一卷

兒寬賦二篇

光祿大夫張子僑賦三篇與王褒同時也〔補注〕錢大昭曰蕭望之傳作子蟜

陽成侯劉德賦九篇〔補注〕錢大昭曰卽劉向之父先謙曰表傳俱作陽城

劉向賦三十三篇〔補注〕王應麟曰楚辭九歎古文苑請雨華山賦文選注雅琴賦隋志集六卷唐志五卷今所存十八篇別錄云向有芳松枕賦沈欽韓曰樂家出琴頌應入此

王褒賦十六篇〔補注〕王應麟曰本傳作甘泉洞簫頌楚辭有九懷文選注有碧雞頌隋唐志集五卷

右賦二十家三百六十一篇

陸賈賦三篇

枚皋賦百二十篇〔補注〕王應麟曰本傳凡可讀者百二十篇

朱建賦二篇

常侍郎莊怱奇賦十一篇枚皋同時師古曰七略云怱奇者或言莊夫子子或言族家子莊助昆弟也從行至茂陵造作賦〔補注〕錢大昭曰百官表加官有中常侍無常侍郎然東方朔亦嘗爲常侍郎則武帝時有此加官矣嚴助傳作嚴葱奇注造作賦南雍本閩本作詔造賦朱一新曰汪本作詔造賦先謙曰官本作詔造賦

嚴助賦三十五篇師古曰上言莊怱奇下言嚴助史駁文

朱買臣賦三篇

宗正劉辟彊賦八篇〔補注〕錢大昭曰辟彊字少卿楚元王之孫

司馬遷賦八篇〔補注〕王應麟曰藝文類聚有悲士不遇賦隋唐志集一卷

郎中臣嬰齊賦十篇〔補注〕錢大昭曰道家有郎中嬰齊十二篇疑卽其人

臣說賦九篇師古曰說名音悅

臣吾賦十八篇

遼東太守蘇季賦一篇

蕭望之賦四篇

河內太守徐明賦三篇字長君東海人元成世歷五郡太守有能名〔補注〕陶憲曾曰亦任涿郡見王尊傳

給事黃門侍郎李息賦九篇〔補注〕錢大昭曰衛霍傳之李息別一人

淮陽憲王賦二篇〔補注〕先謙曰名欽宣帝子

揚雄賦十二篇〔補注〕王應麟曰本傳作四賦志云入揚雄八篇蓋七略所載止四賦也古文苑有太玄蜀都逐貧賦文選注有覈靈賦沈欽韓曰覈靈賦略見御覽一陶紹曾曰說文氏部引雄賦響若氏隤蓋解嘲古亦謂之賦也當在此十二篇中

待詔馮商賦九篇〔補注〕周壽昌曰藝文類聚八十引劉向別錄云待詔馮商作鐙賦

博士弟子杜參賦二篇師古曰劉向別錄云臣向謹與長社尉杜參校中祕書劉歆又云參杜陵人以陽朔元年病死時年二十餘〔補注〕先謙曰官本注重死字

車郎張豐賦三篇張子僑子

驃騎將軍朱宇賦三篇師古曰劉向別錄云驃騎將軍史朱宇志以宇在驃騎府故總言驃騎將軍〔補注〕劉奉世曰其實唯脫一史字耳

右賦二十一家二百七十四篇入揚雄八篇

孫卿賦十篇〔補注〕王應麟曰荀子賦篇禮知雲蠶箴又有佹詩

秦時雜賦九篇〔補注〕沈欽韓曰文心雕龍詮賦篇秦世不文頗有雜賦本此

李思孝景皇帝頌十五篇

廣川惠王越賦五篇〔補注〕先謙曰越景帝子

長沙王羣臣賦三篇

魏內史賦二篇

東暆令延年賦七篇師古曰東暆縣名暆音移〔補注〕王應麟曰地理志屬樂浪先謙曰延年亦見溝洫志

衛士令李忠賦二篇

張偃賦二篇

賈充賦四篇

張仁賦六篇

秦充賦二篇

李步昌賦二篇〔補注〕錢大昭曰儒家有鉤盾冗從李步昌疑即其人

侍郎謝多賦十篇

平陽公主舍人周長孺賦二篇

雒陽錡華賦九篇師古曰錡姓華名錡音魚綺反〔補注〕王應麟曰左傳殷民七族錡氏葉德輝曰邵思姓解三酉漢有錡業案華業字形近疑即此人

眭弘賦一篇師古曰眭孟也眭音先隨反

別栩陽賦五篇服虔曰栩音詡〔補注〕王應麟曰庾信哀江南賦栩陽亭有離別之賦蓋亭名也沈濤曰案別栩陽當是姓別而封栩陽亭侯者若以爲離別之別則當列於雜賦家而不列於賦家矣志兵陰陽家有別成子望軍氣六篇此人當即成子之後古有別姓元和姓纂引姓苑云京兆人先謙曰前漢無亭侯之制沈說非也庾賦當有所本

臣昌市賦六篇

臣義賦二篇

黃門書者假史王商賦十三篇

侍中徐博賦四篇

黃門書者王廣呂嘉賦五篇

漢中都尉丞華龍賦二篇〔補注〕王應麟曰見蕭望之傳

左馮翊史路恭賦八篇

右賦二十五家百三十六篇

客主賦十八篇〔補注〕沈欽韓曰子墨客卿翰林主人蓋用其體

雜行出及頌德賦二十四篇

雜四夷及兵賦二十篇

雜中賢失意賦十二篇〔補注〕先謙曰中忠字同董仲舒有士不遇賦見古文苑當卽此類

雜思慕悲哀死賦十六篇

雜鼓琴劍戲賦十三篇

雜山陵水泡雲氣雨旱賦十六篇 師古曰泡水上浮漚也泡音普交反漚音一侯反〔補注〕沈欽韓曰古文苑有董仲舒山川頌

雜禽獸六畜昆蟲賦十八篇〔補注〕王應麟曰劉向別錄有行過江上弋雁賦行弋賦弋雌得雄賦

雜器械草木賦三十三篇

文雜賦三十四篇〔補注〕錢大昭曰文閩本作大朱一新曰汪本作大先謙曰官本作大

成相雜辭十一篇〔補注〕王應麟曰荀子成相篇注蓋亦賦之流也淮南王亦有成相篇見藝文類聚

隱書十八篇 師古曰劉向別錄云隱書者疑其言以相問對者以慮思之可以無不諭〔補注〕王應麟曰文心雕龍諧讔篇讔者隱也遯詞以隱意譎譬以指事也至東方曼倩尤巧辭述晉語有秦客廋辭於朝新序齊宣王發隱書而讀之

右雜賦十二家二百三十三篇

高祖歌詩二篇〔補注〕王應麟曰大風歌鴻鵠歌

泰一雜甘泉壽宮歌詩十四篇〔補注〕先謙曰泰一甘泉壽宮並見郊祀志

宗廟歌詩五篇〔補注〕先謙曰合上十四篇爲十九章見禮樂志

漢興以來兵所誅滅歌詩十四篇〔補注〕先謙曰疑卽漢鼓吹鐃歌諸曲也宋書樂志所錄十八曲多以舊題被新聲蓋擬古樂府之祖其中戰城南遠如期等曲當是原歌詩

出行巡狩及游歌詩十篇〔補注〕先謙曰蓋武帝瓠子盛唐樅陽等歌漢鐃歌上之回曲當亦在內御覽五百九十二引武帝集云奉車子侯暴病一日死上甚悼之乃自爲歌詩

臨江王及愁思節士歌詩四篇〔補注〕王應麟曰陸厥擬臨江王節士歌沈欽韓曰當爲臨江閔王榮作先謙曰李白亦有擬臨江王節士歌杜甫魏將軍歌所謂千秋萬歲奉明主臨江節士安足數也但陸李專詠節士而不及臨江庾信哀江南賦臨江王有愁思之歌則似王思節士而於志文及字未合疑皆未見本詩者

李夫人及幸貴人歌詩三篇〔補注〕沈欽韓曰外戚傳有是邪非邪詩文心雕龍樂府篇孝武之歎來遲歌童被聲王子年拾遺記有落葉哀蟬曲未審其眞僞先謙曰郭茂倩樂府載陸厥擬李夫人及貴人歌

詔賜中山靖王子噲及孺子妾冰未央材人歌詩四篇 師古曰孺子王妾之有品號者也妾王之眾妾也冰其名材人天子內官〔補注〕王應麟曰庾肩吾擬未央才人歌先謙曰郭茂倩樂府載陸厥擬中山孺子妾歌第一首云未央才人中山孺子一笑傾城再顧傾市李白擬詩亦云中山孺子妾特以色見珍郭敘云歌詩賜中山王及孺子妾未央才人等爾累言之故云及也而陸謂之中山孺子妾失之遠矣案孺子妾疑卽中山王宮人特不當牽及未央才人耳文選陸厥歌注引此文冰作弁又引如淳注云孺子幼少稱也孺子宮人也

吳楚汝南歌詩十五篇〔補注〕沈欽韓曰崔豹古今注吳趨曲吳人以歌其地先謙曰晉志吳歌雜曲並出江南宋志南作東文選吳都賦荊豔楚舞劉注豔楚歌也吳趨楚豔並以音調言郭茂倩樂府有雞鳴歌首云東方欲明星爛爛汝南晨雞登壇喚郭敘引晉太康地記曰後漢固始鮦陽公安細陽四縣衞士習此曲於闕下歌之今雞鳴歌是也然則此歌蓋漢歌也據此雞鳴歌卽汝南歌詩矣禮樂志有蔡謳員

燕代謳雁門雲中隴西歌詩九篇〔補注〕沈欽韓曰上林賦文成顚歌文穎注文成遼西縣名其縣人善歌宋志有雁門太守行歌洛陽令王渙蓋本有此曲後漢取其音節以祠王渙爾樂府瑟調曲有隴西行先謙曰魏曹植晉陸機擬出自薊北門行薊故燕國也

邯鄲河間歌詩四篇〔補注〕沈欽韓曰崔豹古今注陌上桑邯鄲女名羅敷作疑卽其辭琴操有河間雜歌二十一章先謙曰禮樂志有邯鄲鼓員郭茂倩樂府引樂府廣題云邯鄲舞曲也陸厥擬邯鄲行

齊鄭歌詩四篇〔補注〕沈欽韓曰禮樂志有齊四會員齊謳員鄭四會員樂府解題齊謳行齊人以歌其地

淮南歌詩四篇〔補注〕沈欽韓曰上林賦淮南干遮先謙曰禮樂志有淮南鼓員

左馮翊秦歌詩三篇〔補注〕沈欽韓曰禮樂志有秦倡員先謙曰郭茂倩樂府有陸厥擬左馮翊歌

京兆尹秦歌詩五篇〔補注〕先謙曰郭茂倩樂府有陸厥擬京兆歌

河東蒲反歌詩一篇〔補注〕先謙曰郭茂倩樂府引古今樂錄云王僧虔技錄有蒲坂行齊陸厥梁劉遵並擬之

黃門倡車忠等歌詩十五篇〔補注〕王應麟曰旄人注散樂野人爲樂之善者若今黃門倡矣樂府集有黃門倡歌一首沈欽韓曰宋志黃門鼓吹樂天子宴羣臣之所用禮樂志黃門名倡丙彊景武之屬樂府散樂有俳歌辭

雜各有主名歌詩十篇

雜歌詩九篇〔補注〕沈欽韓曰樂府有雜曲歌辭吳兢云樂府雜題自相逢狹路閒行已下皆不知所起自君子有所思行已下又無本詞

雒陽歌詩四篇

河南周歌詩七篇

河南周歌聲曲折七篇

周謠歌詩七十五篇〔補注〕先謙曰宋志引爾雅曰徒哥曰謠

周謠歌詩聲曲折七十五篇〔補注〕先謙曰此上詩聲篇數並同聲曲折即歌聲之譜唐云樂句今曰板眼宋志詩章詞異興廢隨時至其韻逗音志誤衍[illegible]字曲折皆繫於舊是以一皆因就不敢有所改易又云今既散亡音韻曲折又無識者其載今鼓吹鐃歌詞三曲即歌聲譜式所謂樂人以聲音相傳詁不可復解者也

諸神歌詩三篇

送迎靈頌歌詩三篇〔補注〕沈欽韓曰後之迎送神弦歌本此

周歌詩二篇

南郡歌詩五篇〔補注〕先謙曰郭茂倩樂府有陸厥擬南郡歌

右歌詩二十八家三百一十四篇

凡詩賦百六家千三百一十八篇入揚雄八篇

傳曰〔補注〕先謙曰官本傳下提行不歌而誦謂之賦登高能賦可以爲大夫〔補注〕王應麟曰毛詩定之方中傳建邦能命龜田能施命作器能銘使能造命升高能賦師旅能誓山川能說喪紀能誄祭祀能語君子能此九者可謂有德音可以爲大夫也言感物造耑材知深美師古曰耑古端字也因物動志則造辭義之端緒可與圖事故可以爲列大夫也古者諸侯卿大夫交接鄰國以微言相感當揖讓之時必稱詩以諭其志蓋以別賢不肖而觀盛衰焉故孔子曰不學詩無以言也師古曰論語載孔子戒伯魚之辭也春秋之後周道寖壞師古曰寖漸也聘問歌詠不行於列國學詩之士逸在布衣而賢人失志之賦作矣大儒孫卿及楚臣屈原離讒憂國皆作賦以風師古曰離遭也風讀曰諷次下亦同〔補注〕王念孫曰案風下原有諭字而今本脫之下文云沒其風諭之義風諭二字正承此文言之文選皇甫謐三都賦序注藝文類聚雜文部二御覽文部三引此並作作賦以風諭咸有惻隱古詩之義其後宋玉唐勒漢興枚乘司馬相如下及揚子雲競爲侈麗閎衍之詞沒其風諭之義是以揚子悔之曰詩人之賦麗以則辭人之賦麗以淫師古曰辭人言後代之爲文辭〔補注〕先謙曰注末疑當有者字如孔氏之門人用賦也則賈誼登堂相如入室矣如其不用何師古曰言孔氏之門既不用賦不可如何謂賈誼相如無所施也〔補注〕王念孫曰門下人字涉上文兩人字而衍據注云孔氏之門不用賦則無人字明矣此文本出法言吾子篇而法言亦無人字鈔本北堂書鈔藝文部八陳[illegible]本去本藝文類聚雜文部二御覽文部二引此皆無人字自孝武立樂府而采歌謠於是有代趙之謳秦楚之風皆感於哀樂緣事而發亦可以觀風俗知薄厚云

詩賦爲五種〔補注〕錢大昭曰南雍本閩本詩賦上並有序字朱一新曰汪本有序字先謙曰官本有序字

吳孫子兵法八十二篇圖九卷師古曰孫武也臣於闔廬〔補注〕沈欽韓曰隋志孫子兵法二卷吳孫子牝八變陣圖二卷孫子兵法雜占四卷新唐志吳孫子三十二壘經一卷案周官車僕注孫子八陳有苹車之陳此即八變陳圖也御覽三百二十八引孫子占曰三軍將行其旌旗從容以向前是爲天送必亟擊之得其大將三軍將行其旍旗墊然若雨是爲天霑其師失三軍將行旍旗亂於上東西南北無所主方其軍不還三軍將陳雨甚是爲浴師勿用陳戰三軍將戰有雲其上而赤勿用陳前陣戰者莫復其迹三軍方行大風飄起於軍前右周絕軍其將亡右周中其師得糧此即雜占也御覽三百五十七引吳孫子三

十二壘經靈輔曰移軍移旗以順其意銜枚而陳分師而伏後至先擊以戰則克此三十二壘經也杜牧孫子序云武書十數萬言魏武削其繁賸筆其精切凡十三篇成爲一編案史記武傳闔廬曰子之十三篇吾盡觀之矣則十三篇其初見時所進謂曹操所定非也先謙曰武傳贊世俗所稱師旅皆道孫子十三篇正義引七錄云孫子兵法三卷案十三篇爲上卷又有中下二卷先謙案十三篇蓋以吳王言得名而中下卷文多見諸家徵引唐時書尚存也御覽百八十九三百三十一通典百二十百五十二百五十九文選王元長曲水詩序注所引並在十三篇外

齊孫子八十九篇圖四卷師古曰孫臏〔補注〕王應麟曰通典引孫臏曰用騎有十利呂氏春秋孫臏貴勢司馬遷傳孫子臏腳兵法脩列

公孫鞅二十七篇〔補注〕先謙曰荀子議兵篇秦之衛鞅世俗所謂善用兵者也

吳起四十八篇有列傳〔補注〕王應麟曰隋志吳起兵法一卷今本三卷六篇所闕亡多矣沈欽韓曰案今存者圖國料敵治兵論將變化勵士六篇而已文選注兩引俱作三十八篇先謙曰史記起傳贊云吳起兵法世多有故弗論

范蠡二篇越王句踐臣也〔補注〕王應麟曰甘延壽傳注左傳桓五年疏文選潘安仁賦注並引范蠡兵法

大夫種二篇與范蠡俱事句踐〔補注〕沈欽韓曰吳越春秋大夫種言滅吳者有九術越絕書同史記作七術

季子十篇〔補注〕錢大昭曰閩本作李子沈欽韓曰疑李悝朱一新曰汪本作李先謙曰官本作李

娷一篇師古曰娷音女瑞反蓋說兵法者人名也

兵春秋一篇〔補注〕沈欽韓曰新唐志亦有兵春秋一卷

龐煖三篇師古曰煖音許遠反又音許元反〔補注〕沈欽韓曰鶡冠子兵政篇龐子問鶡冠子曰用兵之法天之地之人之賞以勸戰罰以必眾五者已圖然九夷用之而勝不必者其故何也又有悼襄王武靈王問武靈王問作龐煖注云煖兒疑卽煖書亦見燕世家

兒良一篇師古曰六國時人也兒音五溪反〔補注〕先謙曰呂覽慎勢篇王廖貴先兒良貴後亦見賈誼傳官本溪作奚

廣武君一篇李左車〔補注〕沈欽韓曰疑卽淮陰侯傳中事

韓信三篇師古曰淮陰侯〔補注〕沈欽韓曰馬隆八陣讚云天地前衝變爲虎翼淮陰用之變化無極垓下之會魯公莫測

右兵權謀十三家二百五十九篇省伊尹太公管子孫卿子鶡冠子蘇子蒯通陸賈淮南王二百五十九種出司馬法入禮也〔補注〕劉奉世曰種當作重九下又脫一篇字注二百五十九恐合作五百二十一篇數已在前錢大昭曰所云省伊尹以下諸書今伊尹太公管子鶡冠子在道家孫卿子陸賈在儒家蘇子蒯通在從橫家淮南王在雜家並不入禮注云出司馬法入禮者因兵家下有出司馬法入禮而誤衍其文於此陶憲曾曰劉氏謂種當作重九下脫篇字是也謂二百五十九合作五百二十一則非也省伊尹太公管子孫卿子鶡冠子蘇子蒯通陸賈淮南王二百五十九篇重者蓋七略中伊尹以下九家其全書收入儒道從橫雜各家又擇其中之言兵權謀者重入於此共得二百五十九篇如本志太公謀八十一篇兵八十五篇今本管子兵法參患孫子議兵淮南兵略等篇之類皆當在此二百五十九篇中班氏存其專家各書而於此則省之故所省亦止二百五十九篇也司馬法七略本入此班出之入禮家是入禮專指司馬法而言錢句讀未明因謂伊尹諸家並不入禮以出司馬法入禮六字爲衍文亦非也兵家下注出司馬法入禮者總校權謀形勢陰陽技巧四家出入之數也若僅注兵家下而此不注則四家中不知司馬法果由何家出也兵家下注入禮總一家而兵技巧亦注之是其例

權謀者以正守國㠯奇用兵先計而後戰兼形埶包陰陽用技巧者也

楚兵法七篇圖四卷〔補注〕沈欽韓曰孫叔敖稱軍志楚之兵法尚矣

蚩尤二篇見呂刑〔補注〕王應麟曰管子黃帝得蚩尤而明於天道則黃帝六相亦有蚩尤隋志梁有黃帝蚩尤兵法一卷

孫軫五篇圖五卷

繇敘二篇〔補注〕王應麟曰人表繇余卽由余疑敘當作余李筌太白陰經云秦由余有陣圖先謙曰雜家仍作由余

王孫十六篇圖五卷〔補注〕沈欽韓曰太史公自序司馬法所從來尚矣太史孫吳王子能紹而明之徐廣云王子成甫此王孫疑王子也

尉繚三十一篇〔補注〕沈欽韓曰隋志雜家尉繚子五卷兵家梁有尉繚子兵書一卷今案其書自天官至兵令二十四篇並言兵形勢不當入雜家隋志蓋誤承漢志兩見不知雜家者先亡耳其末篇曰臣聞古之善用兵者能殺士卒之半其次殺其十三其下殺其十一能殺其半者威加海內李靖兵法取之亦異乎六韜所稱殺一人而三軍震之旨矣

魏公子二十一篇圖十卷名無忌有列傳〔補注〕王應麟曰史記諸侯之客各進兵法公子皆名之故世俗稱魏公子兵法史記注引七略云圖七卷朱一新曰下云圖十八卷合上文計之溢於十八卷之數則此十卷當從七略作七卷也

景子十三篇〔補注〕沈欽韓曰楚策楚王使景陽將救燕暮舍使左司馬各營壁地已植表景陽怒女所營者水皆至滅表此馬可以舍乃令徙明日大雨山水大出所營者水皆滅其表軍吏乃服淮南氾論景陽淫酒被髮而御於婦人威服諸侯

李良三篇〔補注〕沈欽韓曰見張耳陳餘傳

丁子一篇〔補注〕沈欽韓曰疑卽丁固

項王一篇名籍

右兵形埶十一家九十二篇圖十八卷

形埶者靁動風舉後發而先至離合背鄉變化無常師古曰背音步內反鄉讀曰嚮〔補注〕先謙曰官本注在下句下㠯輕疾制敵者也

太壹兵法一篇〔補注〕王應麟曰隋唐志黃帝太一兵歷一卷武經總要太一者天帝之神也其星在天一之南總十六神知風雨水旱金革凶饉陰陽二局存諸祕式星文之次舍分野之災祥貴於先知逆爲之備

天一兵法三十五篇〔補注〕先謙曰天一亦星名見天文志

神農兵法一篇〔補注〕沈欽韓曰越絕風胡子曰神農以石爲兵先謙曰食貨志引神農之教曰有石城十仞有湯池百步帶甲百萬而無粟弗能守也亦似言兵之文

黃帝十六篇圖三卷〔補注〕王應麟曰胡建傳黃帝李法曰壁壘已定穿窬不繇路是謂姦人姦人者殺沈欽韓曰王氏所引非兵陰陽也太白陰經引黃帝曰車間容車隊間容隊曲間容曲又云黃帝設八陣之形類兵陰陽隋志黃帝問玄女兵法四卷黃帝兵法雜要訣一卷黃帝軍出大師年命立成一卷唐志略同又御覽十五及三百三十九並引黃帝兵法葉德輝曰五行大義五篇引黃帝兵訣卽隋志黃帝兵法要訣省詞開元占經五引作黃帝用兵要法十一引作黃帝用兵要訣二十一二十二又引作黃帝兵法十要出後人依託者爲多

封胡五篇黃帝臣依託也(補注)王應麟曰通典衞公兵法守城篇曰韋孝寬守晉州羊侃守臺城皆約封胡子伎巧之術沈欽韓曰王欽若先天紀黃帝得封胡爲將作五牙旗及烽火戰攻之具葉德輝曰元和姓纂二冬封姓下云封鉅爲黃帝師胙土命氏案封鉅疑封胡字譌

風后十三篇圖二卷黃帝臣依託也(補注)王應麟曰後書張衡傳注引春秋內事云黃帝師於風后風后善於伏羲之道故推演陰陽之事武經總要云大撓造甲子推天地之數風后衍遁甲究鬼神之奧

力牧十五篇黃帝臣依託也(補注)王應麟曰太白陰經云風后演握奇圖復置虛實二壘力牧亦創營圖抱朴子云黃帝精推步則訪山稽力牧講占候則詢風后

鵊冶子一篇圖一卷晉灼曰鵊音夾(補注)沈欽韓曰路史鵊冶決法抱朴子極言篇黃帝救傷殘則綴金冶之術先謙曰官本冶作治引宋祁曰治一作冶

鬼容區三篇圖一卷黃帝臣依託師古曰即鬼臾區也(補注)王應麟曰封禪書鬼臾區號大鴻容臾聲相近沈欽韓曰史記索隱系本臾區占星氣素問有鬼臾區天元大紀論

地典六篇(補注)王應麟曰後漢張衡傳師天老而友地典沈欽韓曰陶潛羣輔錄黃帝七輔地典受州絡

孟子一篇(補注)沈欽韓曰下五行家有猛子閭昭疑此是猛子

東父三十一篇(補注)沈欽韓曰續天文志星官之書魏石申父東父無攷疑即申父也

師曠八篇晉平公臣(補注)王應麟曰後書蘇竟傳云猥以師曠雜事輕自眩惑注雜占之書也

萇弘十五篇周史(補注)王應麟曰淮南鴻烈云萇弘周室之執數者也天地之氣日月之行風雨之變律歷之數無所不通天官書昔之傳天數者萇弘封禪書周人之言方怪者自萇弘

別成子望軍氣六篇圖三卷(補注)先謙曰別成子蓋別姓望軍氣略見天文志隋志兵類有用兵祕法雲氣占一卷

辟兵威勝方七十篇(補注)沈欽韓曰隋志梁有辟兵法一卷抱朴子雜應篇或問辟五兵之道云云

右陰陽十六家二百四十九篇圖十卷(補注)錢大昭曰此兵家陰陽上當有兵字法家者流之前已有陰陽家者流矣下文陰陽者亦脫兵字張衡傳李注以兵陰陽之風后十三篇地典六篇爲陰陽流又方回古今攷引此已無兵字知唐宋本已脫先謙曰官本圖十卷大字

陰陽者順時而發推刑德(補注)王應麟曰尉繚子天官篇梁惠王問曰黃帝刑德可以百勝有之乎對曰刑以伐之德以守之非所謂天官時日陰陽向背也人事而已矣淮南子兵略訓注刑十二辰德十日也又天文訓云凡用太陰左前刑右背德擊鉤陳之衝辰以戰必勝以攻必剋隨斗擊(補注)沈欽韓曰天文訓北斗之神有雌雄十一月始建於子月從一辰雄左行雌右行五月合午謀刑十一月合子謀德隋志五行家有黃石公北斗三奇法因五勝師古曰五勝五行相勝也(補注)先謙曰下官本注在下句下假鬼神而爲助者也

鮑子兵法十篇圖一卷(補注)錢大昭曰閩本十作一

五子胥十篇圖一卷(補注)錢大昕曰五古伍字呂氏春秋五員亡荆人表伍參亦作五參非文之譌陳涉傳銍人五逢史記作伍徐沈欽韓曰舊唐志伍子胥兵法一卷隋志又有遯甲訣遯甲文各一卷伍子胥撰先謙曰文選顏延年侍游曲阿後湖詩注張協七命注御覽三百十五並引子胥水戰法皆明言出越絕書御覽七百七引越絕書子胥船軍之教以上今越絕書所無

公勝子五篇(補注)葉德輝曰次伍子胥後疑左傳楚昭王時之白公勝也

苗子五篇圖一卷

逢門射法二篇師古曰即逢蒙(補注)王應麟曰龜策傳羿名善射不如雄渠蠭門注引七略有蠭門射法呂氏春秋蠭門始習於甘蠅後之言姓者皆作逢王褒傳云逢門子

陰通成射法十一篇

李將軍射法三篇師古曰李廣(補注)王應麟曰李廣傳世世受射

魏氏射法六篇

彊弩將軍王圍射法五卷師古曰圍郁郅人也見趙充國傳

望遠連弩射法具十五篇(補注)王應麟曰李廣傳孟康注太公陷陣卻敵以大黃參連弩案周官五射參連其一李陵發連弩射單于注服虔云三十弩共一弦沈欽韓曰吳越春秋越王謂陳音曰願聞望敵儀表投分飛矢之道音曰夫射之道從分望敵合以參連弩有斗石矢有輕重石取一兩其數乃平遠近高下求之銖分漢南郡有發弩官唐書兵志伏遠弩自能弛張縱矢三百步葉德輝曰漢郭氏孝堂山畫像獵者以弓仰地一弓三矢以足踏之蓋古連弩射法之遺

護軍射師王賀射書五篇(補注)沈欽韓曰卜式上書願與臨淄習弩擊南越蓋即射師後書順帝永建元年調五營弩師郡與五人令教習戰射此主教五營射師也

蒲苴子弋法四篇師古曰苴音子余反(補注)王應麟曰列子湯問篇詹何曰臣聞先大夫之言蒲且子之弋也弱弓纖繳乘風振之連雙鶬於青雲之際用心專動手均也淮南子蒲且子連鳥於百仞之上張茂先詩蒲盧縈繳神感飛禽即蒲且

劍道三十八篇〔補注〕王應麟曰史記自序司馬氏在趙者以傳劍論顯又序孫吳傳云非信廉仁勇不能傳兵論劍

手搏六篇〔補注〕王應麟曰甘延壽傳試弁爲期門注弁手搏哀紀時覽卞射武戲注手搏爲卞角力爲武戲刑法志戰國稍增講武之禮以爲戲樂用相夸視而秦更名角抵葉德輝曰說文羼大兒或曰拳勇字案手搏亦拳勇之類先謙曰今謂之貫跤

雜家兵法五十七篇〔補注〕沈欽韓曰隋志雜兵書十卷雜兵圖二卷文選注五十六引雜兵書御覽亦多引之

蹵鞠二十五篇師古曰鞠以韋爲之實以物蹵蹋之以爲戲也蹵鞠陳力之事故附於兵法焉蹵音子六反鞠音巨六反〔補注〕王應麟曰劉向別錄云蹵鞠者傳言黃帝所作或曰起戰國時記黃帝蹴鞠兵勢所以練武士知有才也今軍無事得使蹴鞠有書二十五篇史記霍去病穿域蹋鞠正義徐廣云穿地爲營域案蹴鞠書有域說篇卽今之打毬也黃帝所作戰國時程武士知其材力若講武蘇秦傳臨淄民六博蹴鞠揚子云斷木爲棊捖革爲鞠亦皆有法焉

右兵技巧十三家百九十九篇省墨子重入蹵鞠也〔補注〕陶憲曾曰省墨子重者蓋七略墨子七十一篇入墨家又擇其中言兵技巧者十二篇重收入此隙詳而班省之也蹵鞠本在諸子班氏出之入此

技巧者習手足便器械積機關以立攻守之勝者也

凡兵書五十三家七百九十篇圖四十三卷省十家二百七十一篇重入蹵鞠一家二十五篇出司馬法百五十五篇入禮也〔補注〕劉奉世曰此注二百七十一又當作五百九十二兩注篇數皆不足蓋訛謬也沈欽韓曰案王莽徵天下能明兵法六十三家知此志始省十家陶憲曾曰兵權謀省伊尹以下九家二百五十九篇兵技巧又省墨子則爲十家而云二百七十一篇則所省墨子當十二篇矣攻墨子備城門篇有臨鉤衝梯堙水穴突空洞蟻傅轒轀軒車十二攻具今本墨子備高臨諸篇是也今本墨子有備高臨備梯備水備突備穴備蛾傅凡六篇詩大雅皇矣疏引有備衝篇餘五篇蓋備鉤備堙備空洞備轒轀備軒車也今闕則七略所重班氏所省者當卽此十二篇以十二篇加二百五十九篇正合二百七十一篇之數劉氏疑注有訛謬又非也

兵家者蓋出古司馬之職王官之武備也洪範八政八曰師孔子曰爲國者足食足兵師古曰論語載孔子之言無兵與食不可以爲國㠯不教民戰是謂棄之師古曰亦論語所載孔子之言非其不素習武備〔補注〕朱一新曰注汪本無所字明兵之重也易曰古者弦木爲弧剡木爲矢弧矢之利以威天下師古曰下繫之辭也弧木弓也剡謂銳而利之也音弋冉反其用上矣後世燿金爲刃割革爲甲器械甚備師古曰燿讀與鑠同謂銷也下及湯武受命㠯師克亂而濟百姓動之㠯仁義行之㠯禮讓司馬法是其遺事也自春秋至於戰國出奇設伏變詐之

兵並作漢興張良韓信序次兵法〔補注〕王應麟曰高紀韓信申軍法李靖云張良所學六韜三略是也韓信所學穰苴孫武是也然大體不出三門四種而已凡百八十二家刪取要用定著三十五家諸呂用事而盜取之武帝時軍政楊僕〔補注〕劉奉世曰軍政當作正錢大昭曰軍政卽軍正也軍正有丞見胡建傳捃摭遺逸紀奏兵錄師古曰捃摭謂拾取之捃音九問反摭音之石反猶未能備至于孝成命任宏論次兵書爲四種

秦壹雜子星二十八卷〔補注〕先謙曰秦壹星名卽太一也見天文志雜子星者蓋此書雜記諸星以太一冠之猶下雜變星以五殘冠之也

五殘雜變星二十一卷師古曰五殘星名也見天文志

黃帝雜子氣三十三篇〔補注〕沈欽韓曰御覽八百七十八引黃帝占軍氣訣曰攻城有虹欲敗之應晉書天文志黃帝創受河圖始明休咎故其星傳尚有存焉

常從日月星氣二十一卷師古曰常從人姓名也老子師之〔補注〕王應麟曰說苑敬慎篇常樅有疾老子往問之周壽昌曰文子上德篇云老子學於常樅見舌而知柔仰視屋樹退而目川觀影而知特後故聖人虛無因循常後而不先譬若積薪燎後者處上老子述常樅言如此樅卽從也

皇公雜子星二十二卷

淮南雜子星十九卷

泰壹雜子雲雨三十四卷

國章觀霓雲雨三十四卷〔補注〕先謙曰國章人姓名國姓出鄭國僑之後亦云齊國氏之後見元和姓纂

泰階六符一卷李奇曰三台謂之泰階兩兩成體三台故六觀色以知吉凶故曰符〔補注〕宋祁曰湻化本六作陸沈欽韓曰東方朔陳泰階六符應劭以爲黃帝書郎顗傳注引黃帝泰階六符經御覽休徵部亦引之

金度玉衡漢五星客流出入八篇〔補注〕先謙曰律歷志度其法用銅故曰金度斗杓爲玉衡詳律歷天文志御覽八百七十五引京氏易五星占志凡漢代事以漢統之五星或爲客或爲流及出入皆有占也

漢五星彗客行事占驗八卷〔補注〕先謙曰彗客五星之變以行事占之隋志京氏釋五星災異傳一卷其類也

漢日旁氣行事占驗三卷〔補注〕王應麟曰功臣表成帝時光祿大夫滑堪有日旁占驗天文志王朔所候

決於日旁。〔補注〕沈欽韓曰：隋志京氏日占圖三卷，夏氏日旁氣、魏氏日旁氣圖一卷。太卜注：王者夜有夢則晝視日旁氣以占其吉凶。

漢流星行事占驗八卷〔補注〕先謙曰此專占流星隋志有流星形名占一卷

漢日旁氣行事占驗十三卷〔補注〕先謙曰此與上日旁氣行事占驗同而奪一事字云十三卷蓋別一書

漢日食月暈雜變行事占驗十三卷〔補注〕沈欽韓曰隋志日月食暈占四卷其名目甚多大略采於天文志者是矣

海中星占驗十二卷〔補注〕王應麟曰後漢天文志注引海中占隋志有海中星占星圖海中占各一卷卽張衡所謂海人之占也唐天文志開元十二年詔太史交州測星以八月自海中南望老人星殊高老人星下衆星粲然其明大者甚衆顧炎武曰海中者中國也故天文志曰甲乙海外日月不占沈欽韓曰海中混茫比平地難驗著海中者言其術精算法亦有海島算經唐封氏見聞記云齊武成帝卽位大赦天下其日設金雞宋孝王不識其義問於光祿大夫司馬膺之荅曰案海中星占天雞星動必當有赦先謙曰王沈說是

海中五星經雜事二十二卷

海中五星順逆二十八卷〔補注〕先謙曰五星順逆詳律歷志

海中二十八宿國分二十八卷〔補注〕玉應麟曰淮南天文訓星部地名角亢鄭氏房心宋尾箕燕斗牽牛越須女吳虛危齊營室東壁衞奎婁魯胃昴畢魏觜巂參趙東井輿鬼秦柳七星張周翼軫楚春秋正義云星紀在於東北吳越在東南魯衞東方諸侯遙屬戌亥之次又三家分晉方始有趙而韓魏無分趙獨有之地志分郡國以配諸次其地分或多或少鶉首極多鶉火甚狹徒以相傳爲說其源不可得而聞之

海中二十八宿臣分二十八卷〔補注〕沈欽韓曰張衡云在野象物在朝象官在人象事隋志二十八宿二百八十三官圖一卷卽臣分之義也

海中日月彗虹雜占十八卷

圖書祕記十七篇〔補注〕沈欽韓曰後書楊厚祖父春卿戒子統曰吾綈袠中有先祖所傳祕記爲漢家用又章帝賜東平王蒼以祕書列仙圖道術祕方葉德輝曰說文易下引祕書說日月爲易象陰陽也後書鄭元傳戒子益恩書云時覩祕書緯術之奧

右天文二十一家，四百四十五卷。

天文者，序二十八宿，步五星日月，以紀吉凶之象，聖王所以參政也。易曰：「觀乎天文，以察時變。」〔師古曰賁卦之象辭也〕然星事㓨悍，非湛密者弗能由也。〔師古曰㓨讀與凶同湛讀曰沈由用也〕夫觀景以譴形，非明王亦不能服聽也。以不能由之臣，諫不能聽之王，〔補注〕錢大昭曰王南雍本閩本並作主朱一新曰汪本王作主先謙曰官本作主是此所以兩有患也。

黃帝五家歷三十三卷〔補注〕王應麟曰律歷志張壽王曰安得五家歷後志黃帝造歷元起辛卯洪範五紀論曰民間亦有黃帝諸歷不如史官記之明也晉杜預云或用黃帝以來諸歷以推經傳朔日皆不諧合先謙曰天官書自初生民以來世主曷嘗不歷日月星辰及至五家三代紹而明之索隱五家案謂五紀歲月日星辰歷數各有一家顓學習之故曰五家也案黃帝與顓頊夏殷周魯爲六家今以黃帝貫下五家稱黃帝五家歷於文爲不詞且顓頊以次五家志文明列於下不在此內則此五家當如索隱說爲安張壽王治黃帝調歷因其疏闊衆以爲殷歷壽王迺云安得五家歷所以自飾其非殷歷實黃帝歷也王氏引以證此文似未明晰

顓頊歷二十一卷

顓頊五星歷十四卷〔補注〕王應麟曰漢興襲秦正朔以張蒼言用顓頊歷比於六歷疏闊中最爲微近後志顓

項造歷元用乙卯蔡邕論曰顓帝歷術曰天元正月己巳朔旦立春俱以日月起於天廟營室五度唐志大衍歷日度議洪範傳曰歷祀始於顓帝上元太始閼蒙攝提格之歲畢陬之月朔日己巳立春七曜俱在營室五度宋志祖冲之曰案五紀論黃帝歷有四法顓頊夏周並有二術詭異紛然孰識其正顓帝歷元歲在乙卯而命歷序云此術設元歲在甲寅

日月宿歷十三卷〔補注〕沈欽韓曰後志賈逵論願請太史官日月宿簿

夏殷周魯歷十四卷〔補注〕王應麟曰書正義云古時眞歷遭戰國及秦而亡漢存六歷雖詳於五紀之論皆秦漢之際假託爲之詩正義云今世有周歷魯歷蓋漢初爲之其交無遲速盈縮考日食之法而年月往往參差又云劉向五紀論載殷歷之法惟有氣朔而已後志言夏用丙寅殷用甲寅周用丁巳魯用庚子宋志祖冲之曰夏歷七曜西行特違衆法劉向以爲後人所造殷歷日法九百四十而乾鑿度云殷歷以八十一爲日法春秋書食有日朔者二十六以周歷考之失二十五魯歷校之又失十三占術之作皆在漢初周末春秋正義釋例云今魯歷不與春秋相符殆來世好事者爲之非眞也長歷稱凡經傳有七百七十九日漢末宋仲子集七歷以考春秋魯歷得五百二十九日失三百五十日唐志大衍日度議云甄耀度及魯歷南方有弧無井鬼北方有建星無南斗中氣議曰殷歷南至常在十月晦則中氣後天也周歷蝕朔差經或二日則合朔先天也合朔議曰春秋日蝕有甲乙者三十四殷歷魯歷先一日者十三後一日者三周歷先一日者二十二先二日者九其僞可知矣晁氏云考靈曜命歷

序皆本於甲寅元漢延光二年亶誦施延熹平四年馮光陳晃皆言歷元不正當用甲寅爲元議郎蔡邕議之曰歷法黃帝顓頊夏殷周魯凡六家各自有元晃所據則殷歷元也然則甲寅爲殷湯之元也審矣古諸儒生皆以爲孔子用殷甲寅歷漢劉洪於歷最善其表言曰甲寅歷於孔子時效竊以春秋緯命歷推之洪言可信公子譜所謂商起庚戌終戌寅者非也帝王譜謂湯元年壬寅一行歷謂成湯伐桀歲在壬戌皆非也

天歷大歷十八卷

漢元殷周諜歷十七卷〔補注〕王應麟曰三代世表余讀諜記黃帝以來各有年數稽其歷譜諜終始五德之傳古文咸不同乖異十二諸侯年表云讀春秋歷譜諜至周厲王沈欽韓曰律歷志以前歷上元泰初四千六百一十七歲至於元封七年復得閼逢攝提格之歲案此以漢元上推殷周猶後志言四分歷起於孝文皇帝後元三年歲在庚辰上四十五歲歲在乙未則漢興元年也又上二百七十五歲歲在庚申則孔子獲麟二百七十六萬歲尋之上行復得庚申歲歲相承從下尋上其執不誤先謙曰後書張衡傳注諜譜第也案史文或單稱譜單稱諜或連稱譜諜其義一也以上引史記證之諜歷當爲歷諜而文誤倒

耿昌月行帛圖二百三十二卷

耿昌月行度二卷〔補注〕王應麟曰後志賈逵論曰案甘露二年大司農耿壽昌奏以圖儀度日月行考驗天運狀日月行至牽牛東井日過度月行十五度至婁角日行一度月行十三度赤道使然先謙曰食貨志稱壽昌善爲算昌益其字稱字冠書如賦家屈原賦之例柳下惠姓展名獲字季禽左傳稱展禽莊子稱柳下季亦其比也

傳周五星行度三十九卷〔補注〕王念孫曰傳當爲傳周耿昌傳周皆上姓下名沈欽韓曰後志賈逵論曰臣前上傅安等用黃道度日月弦望多近此傳周或世相傳授也

律歷數法三卷〔補注〕沈欽韓曰律歷志唐都分天部而落下閎運算轉歷其法以律起歷曰律容一龠積八十一寸則一日之分也

自古五星宿紀三十卷〔補注〕沈欽韓曰律歷志劉向總六歷列是非作五紀論此蓋其類

太歲謀日晷二十九卷〔補注〕王引之曰謀當爲諜應劭注揚雄傳曰諜譜也上文有漢元殷周歷諜今本譜作諜歷十七卷下文有帝王諸侯世譜二十卷唐人避太宗諱書諜字作謀因譌而爲謀矣十五年左傳諜出日原降二秋辭緯篇讖出爲作讖土矣沈欽韓曰律歷志議造漢歷乃定東西立晷儀下漏刻以追二十八宿相距於四方易通卦驗冬至之日立八神樹八尺之表日中規其晷之如度者則歲美人民利順晷不如度者則歲惡人民爲訛言

帝王諸侯世譜二十卷〔補注〕葉德輝曰隋志有世本王侯大夫譜列劉向世本前疑卽此書

古來帝王年譜五卷〔補注〕沈欽韓曰隋志漢初得世本敘黃帝以來祖世所出而漢又有帝王年譜律歷志太史令張壽王言黃帝至元鳳三年六千餘歲又移帝王錄舜禹年歲不合人年壽王言化益爲天子代禹驪山女亦爲天子在殷周間皆不合經術溝洫志大司空掾王橫言周譜云定王五年河徙

日晷書三十四卷〔補注〕沈欽韓曰隋志黃道晷景占一卷梁有晷景記一卷

許商算術二十六卷〔補注〕王應麟曰溝洫志博士許商治尚書善爲算能度功用

杜忠算術十六卷〔補注〕沈欽韓曰廣韻說文曰算長六寸計歷數者云九章術漢許商杜忠吳陳熾魏王粲並善之魏劉徽九章算經序庖犧氏始畫八卦作九九之術以合六爻之變黃帝神而化之引而伸之建歷紀協律呂記稱隸首作數其詳未之聞也周公制禮有九數九章是矣漢北平侯張蒼大司農中丞耿壽昌皆以善算命世蒼等因舊文遺殘各稱刪補故校其目與古或異而所論多近語保氏注鄭司農云方田粟米差分少廣商功均輸方程贏不足旁要今有重差夕桀句股疏云此漢法增之此劉徽所云校其目與古或異者也禮記疏重差差分一也去旁要以句股替之是爲漢之九數案此許商杜忠所爲卽是九章術志舉人名以包之遂令後人疑惑耳後書馬續鄭氏並善九章算術明許杜等非別一書也

右歷譜十八家六百六卷

歷譜者，序四時之位，正分至之節，會日月五星之辰，以考寒暑殺生之實。故聖王必正歷數，以定三統服色之制，〔補注〕王應麟曰劉歆作三統歷及譜三代各據一統天統子地統丑人統寅春秋緯樂緯云夏以十三月爲正息卦受泰物之始其色尚黑以寅爲朔殷以十二月爲正息卦受臨物之牙其色尚白以雞鳴爲朔周以十一月爲正息卦受復其色尚赤以夜半爲朔**又以探知五星日月之會。凶阨之患，吉隆之喜，其術皆出焉。此聖人知命之術也，非天下之至材，其孰與焉！**師古曰與讀曰豫**道之亂也，患出於小人而強欲知天道者，壞大以爲小，削遠以爲近，是以道術破碎而難知也。**

泰一陰陽二十三卷〔補注〕沈欽韓曰隋志五行家載太一占甚多今存者太一龍首式經一卷

黃帝陰陽二十五卷〔補注〕沈欽韓曰御覽八十二引黃帝玄女占法曰禹問於風后曰吾聞黃帝有勝負之圖六甲陰陽之道今安在乎風后曰黃帝藏會稽之山下隋志黃帝陰陽遁甲六卷

黃帝諸子論陰陽二十五卷〔補注〕先謙曰御覽五百三十七引黃帝太一密推曰師曠曰先知巡狩之年當視太一與天目在四維之歲法爲巡狩若不然則遣使者按行風俗太一雖在四維不出也卽出知巡狩何方以主人所在處

之案黃帝臣有師曠或作師廣此似黃帝諸子論陰陽也

諸王子論陰陽二十五卷

太元陰陽二十六卷

三典陰陽談論二十七卷

神農大幽五行二十七卷【補注】沈欽韓曰御覽二十八引神農書曰冬至陰陽合精天地交讓（路史注引作交遊）天爲尸溫地爲不凍君爲不朝百官爲不親事不可出遊必有憂悔葉德輝曰開元占經引神農占以每月風雨占蠶穀之貴賤當出此書

四時五行經二十六卷【補注】沈欽韓曰齊民要術所引雜五行書言農家種殖殆此類

猛子閭昭二十五卷【補注】先謙曰猛子閭昭二人元和姓纂有猛氏閭氏

陰陽五行時令十九卷【補注】沈欽韓曰亦易陰陽明堂月令之類

堪輿金匱十四卷師古曰許慎云堪天道輿地道也【補注】錢大昭曰占夢正義云案堪輿黃帝問天老事云四月陽建於巳破於亥陰建於未破於癸是爲陽破陰陰破陽又鄭注保章氏云堪輿雖有郡國所入度非古數也今其存可言者十二

次之分也沈欽韓曰淮南天文訓北斗之神雌雄堪輿徐行雄以音知雌公羊疏堪輿云九月日體在大火御覽八百四十九風俗通曰堪輿書云上朔會客必鬬爭隋志有歷頭堪餘地節堪餘大小堪餘四序堪餘八會堪餘等吳越春秋伍子胥曰竊觀金匱第八其可傷也云云又文種語其妻曰吾見王時正犯玉門之第八也云云案金匱玉門是五行書名其所占類太乙六壬之式則或天一太一兩家言也

務成子災異應十四卷【補注】沈欽韓曰隋志仙人務成子傳神通黃帝登壇經一卷

十二典災異應十二卷

鍾律災異二十六卷【補注】王應麟曰隋牛宏傳引劉歆鍾律書沈欽韓曰此蓋京房之術後志京房以六十律分朞之日黃鍾自冬至始及冬至而復陰陽寒燠風雨之占生焉

鍾律叢辰日苑二十三卷【補注】沈欽韓曰日者傳孝武帝時聚會占家問之某日可娶婦乎五行家曰可堪輿家曰不可建除家曰不吉叢辰家曰大凶歷家曰小凶天一家曰小吉太一家曰上吉辨訟不決以狀聞制曰避諸死忌以五行爲主人取於五行者也案此數家雖總名五行所占又不同若此朱一新曰汪本作二十二卷先謙曰官本作二十二

鍾律消息二十九卷

黃鍾七卷【補注】沈欽韓曰隋志黃鍾律一卷

天一六卷【補注】沈欽韓曰淮南天文訓天神之貴者莫貴於青龍或曰天一或曰太陰太陰所居不可背而可向太白陰經黃帝征蚩尤七十一戰不克晝夢金人引領長頭玄狐之裘云天帝使授符得兵符戰必克帝寤問風后曰此天應也乃於盛水之陽纍壇祭太牢有玄龜含符致壇文曰天一在前太乙在後帝再拜授於是設九宮置八門布三奇六儀制陰陽二遁凡千八十局名曰天一遁甲式

泰一二十九卷【補注】王應麟曰後漢高彪傳天有太一五將三門注太一式凡舉事皆欲發三門順五將沈欽韓曰乾鑿度太一取其數以行九宮隋志太一式雜占十卷太一九宮雜占十卷陶憲曾曰說文甲部引太一經曰頭玄爲甲本大一經曰人頭宜爲甲疑出於此書錢大昭曰當作二十九卷衍二字先謙曰官本作二十九卷

刑德七卷【補注】錢大昕曰淮南天文訓陰陽刑德有七舍何謂七舍室堂庭門巷術野十二月德居室三十日先日至十五日後日至十五日而徙所居各三十日德在室則刑在野德在堂則刑在術德在庭則刑在巷陰陽相得則刑德合門八月二月陰陽氣均日夜分平故曰刑德合門德南則生刑南則殺故曰二月會而萬物生八月會而草木死又曰太陰在甲子刑德合東方宮常從所不勝合四歲而離離十六歲而復合所以離者刑不得入中宮而徙於木五行家歲月皆有刑德七舍則月之刑德也

風鼓六甲二十四卷【補注】沈欽韓曰後書方術傳注遁甲推六甲之陰而隱遁也今書七志有遁甲經風鼓未詳葉德輝曰一切經音義十二引世本曰共鼓貨狄作舟船宋衷注共鼓貨狄黃帝二臣名也共風字聲相近風鼓疑即共鼓先謙曰遁甲演於風后風鼓疑風后之譌

風后孤虛二十卷【補注】王應麟曰龜筴傳辰不全故有孤虛注甲乙謂之日子丑謂之辰六甲孤虛法甲子旬中無戌亥戌亥爲孤辰巳爲虛甲戌旬中無申酉申酉爲孤寅卯爲虛甲申旬中無午未午未爲孤子丑爲虛甲午旬中爲辰巳辰巳爲孤戌亥爲虛甲辰旬中無寅卯寅卯爲孤申酉爲虛甲寅旬中無子丑子丑爲孤午未爲虛後書方術傳注孤謂六甲之孤辰對爲虛趙彥爲宗資陳孤虛之法從孤擊虛以討賊孟子正義孤虛之法以一晝爲孤無虛二晝爲實以六十甲子日晝爲定東西南北四方然後占其孤虛實而向背之即知吉凶矣

六合隨典二十五卷【補注】沈欽韓曰南齊書禮志五行說十二辰爲六合占夢注日月之行及合辰所在隋志六合婚嫁歷一卷御覽三百二十八引玄女兵法曰三奇六合主威軍士

轉位十二神二十五卷【補注】沈欽韓曰淮南天文訓太陰在寅朱鳥在卯句陳在子元武在戌白虎在酉蒼龍在辰寅爲建卯爲除辰爲滿巳爲平主生午爲定未爲執主陷申爲破主衡酉爲危主杓戌爲成主少德亥爲收主大德子爲開

主太歲丑爲陰主太陰隋志梁有十二屬神圖一卷論衡難歲篇十二神登明從魁之輩

羨門式法二十卷

羨門式二十卷補注王應麟曰日者傳分策定卦旋式正碁周禮太史抱天時鄭司農云抱式以知天時唐六典三式曰雷公太一六壬其局以楓木爲天棗心爲地刻十二神下布十二辰月令正義案陰陽式法梁元帝洞林序云羨門五將韓終六壬司馬相如傳注羨門偈石山仙人羨門高也

文解六甲十八卷

文解二十八宿二十八卷

五音奇胲用兵二十三卷如淳曰音該師古曰許愼云胲軍中約也補注王念孫曰說文奇侅非常也淮南兵略篇明於奇賌陰陽刑德五行望氣候星龜策禨祥高注奇賌陰陽奇祕之要非常之術史記倉公傳受其脈書上下經五色診奇咳術然則奇侅者非常也侅正字也胲咳賌皆借字耳脈法之有五色診奇侅術猶兵法之有五音奇侅皆言其術之非常也顏以奇胲用兵四字連文遂以胲爲軍中約不知軍中約之字自作該說文該軍中約也字從言非奇胲之義且奇胲二字同訓爲非常若以胲爲軍中約則與奇字義不相屬矣沈欽韓曰抱朴子極言篇黃帝審攻戰則納五音之策御覽三百二十八引玄女兵法曰黃帝攻

蚩尤三年城不下募求術士乃得伍骨伍骨譌史作胥與之言曰今日余攻蚩尤三年城不下其咎安在伍骨曰此城中之將爲人必白色商音帝始攻時得無以秋之東方行乎今黃帝爲人蒼色角音此雄軍也以戰爲之黃帝曰善爲之若何伍骨曰臣請攻蚩尤三日城必下黃帝大喜其中黃直曰帝之積三年攻蚩尤而城不下今子欲以三日下之何以爲明伍骨曰不如臣言請以軍法論黃帝曰子欲以何時曰臣請朱雀之日日正中時立赤色徵音絳衣之軍於南方以輔角軍臣請以青龍之日平旦時立青色角音青衣之軍於東方以輔羽軍臣請以玄武之日人定時立黑色羽音黑衣之將於北方以輔商軍臣請以白虎之日日入時立白色商音白衣之將於西方以輔宮軍四將以立臣請爲帝以黃龍之日日中建黃旗於中央以制四方五軍已具四面攻蚩尤三日其城果下太師注兵書曰王者行師出軍之日授將弓矢士卒振旅將張弓大呼太師吹律合音商則戰勝軍士強角則軍擾多變失士心宮則軍和士卒同心徵則將急數怒軍士勞羽則兵弱少威明案六韜亦有五音篇兼以五勝之法制敵是也

五音奇胲刑德二十一卷補注王念孫曰兵略訓明於刑德奇賌之數即此所云奇胲刑德

五音定名十五卷補注先謙曰白虎通論名云名或兼或單何示非一也或聽其聲以律定其名易是類謀云吹律卜名義亦見大戴禮五音定名當謂此

右五行三十一家六百五十二卷

五行者五常之形氣也補注王應麟曰中庸注木神則仁金神則義火神則禮土神則智水神則信先謙曰形官本作刑書云初一曰五行次二曰羞用五事師古曰周書洪範之辭也補注錢大昭曰五行志及孔光傳並作羞師古曰羞進也言進用五事以順五行也貌言視聽思心失而五行之序亂五星之變作皆出於律歷之數而分爲一者也師古曰說皆在五行志也其法亦起五德終始推其極則無不至補注王應麟曰歷書鄒衍明於五德之傳而散消息之分沈約云五德更王有二家之說鄒衍以相勝立體劉向以相生爲義而小數家因此以爲吉凶而行於世寖以相亂師古曰寖漸也

龜書五十二卷補注沈欽韓曰隋志龜經一卷晉掌卜大夫史蘇撰崇文總目三卷而五十二卷之書亡矣史記褚先生補龜筴傳所載其大略也朱一新曰注本作五十三卷先謙曰漢志攷亦五十二卷知宋不相承作二三字誤

夏龜二十六卷補注王應麟曰龜筴傳塗山之兆從而夏啟世墨子耕柱篇夏后開使蜚廉採金於山鑄鼎於昆吾使翁難乙灼白若之龜繇曰逢逢白雲一南一北一東一西九鼎既成遷於三國張衡靈憲姮娥竊藥奔月將往枚筮之於有黃有黃占之曰吉翩翩歸妹獨將西行逢天晦芒毋驚毋恐後且大昌此夏龜筮之見於書者太史公云三王不同龜

南龜書二十八卷補注沈欽韓曰龜人南龜曰獵屬龜筴傳余至江南觀其行事問其長老云龜千歲乃游蓮葉之上廬江郡常歲時生龜長尺二寸者二十枚輸太卜官抱朴子對俗篇玉策記曰千歲之龜游於蓮葉之上或在叢蓍之下褚先生亦引記曰或卽玉策記也

巨龜三十六卷

雜龜十六卷

蓍書二十八卷補注先謙曰龜策傳引傳曰天下和平王道得而蓍莖長丈其叢生滿百莖白虎通天子蓍長九尺諸侯七尺大夫五尺士三尺蓍陽故數奇也儀禮疏引三正記云大夫蓍五尺故立蓍士之蓍三尺故坐蓍說文蓍下云生千歲三百莖易以爲數此皆當在蓍書中

周易三十八卷補注王應麟曰大宛傳天子發書易云神馬當從西北來隋志京房有周易占守林飛候四時候錯卦混沌委化逆刺占災異占事焦贛費直皆有易林錢大昭曰周易下當有脫字

周易明堂二十六卷補注沈欽韓曰蓋卽明堂陰陽之說類魏相所采者

周易隨曲射匿五十卷補注王應麟曰隋志有易射覆二卷又一卷東方朔傳上使諸數家射覆朔自贊曰

臣嘗受易請射之乃別蓍布卦而對沈欽韓曰魏志管輅射覆卦成此並先有卦辭占者以卦推之

大筮衍易二十八卷

大次雜易三十卷

鼠序卜黃二十五卷〔補注〕沈欽韓曰抱朴子對俗篇鼠壽三百歲滿百歲則色白善憑人而卜名曰仲能知一年中吉凶及千里外事

於陵欽易吉凶二十三卷〔補注〕先謙曰元和姓纂九魚引風俗通云陳仲子齊世家也辭爵灌園於於陵子孫氏焉

任良易旗七十一卷〔補注〕周壽昌曰任良當即京房弟子見房傳官中郎時房請出任良試考功不行後無考儒林亦無傳

易卦八具〔補注〕沈欽韓曰東觀漢記永平五年秋御雲臺詔尚席取卦具士冠禮筮與席所卦鄭云所卦者所以畫地記爻又少牢禮卦以木卒筮乃書卦於木鄭云每一爻畫地以識之六爻備書於版然則易卦八具其版書也

右蓍龜十五家四百一卷〔補注〕沈欽韓曰隋志併入五行家

前漢三十　卌二

蓍龜者聖人之所用也書曰女則有大疑謀及卜筮師古曰周書洪範之辭也言所爲之事有疑則以卜筮決之也龜曰卜蓍曰筮易曰定天下之吉凶成天下之亹亹者莫善於蓍龜是故君子將有爲也將有行也問焉而以言其受命也如嚮無有遠近幽深遂知來物非天下之至精其孰能與於此師古曰皆上繫之辭也亹亹深遠也言君子所爲行皆以其言問於易受命如嚮者謂示以吉凶其應速疾如響之隨聲也遂猶究也來物謂當來之事也嚮與響同與讀曰豫〔補注〕錢大昭曰莫善易繫辭作莫大陸釋文作莫善云本亦作莫大案何休注公羊亦引作莫善儀禮疏同賈公彥云凡艸之靈莫善於蓍凡蟲之知莫善於龜中山經江水出焉其中多良龜郭璞云良善也及至衰世解於齊戒而婁煩卜筮師古曰解讀曰懈齊讀曰齋婁讀曰屢神明不應故筮瀆不告易以爲忌師古曰易蒙卦之辭曰初筮告再三瀆瀆則不告言童蒙之來決疑初則以實而告至於再三爲其煩瀆乃不告也龜厭不告詩以爲刺師古曰小雅小旻之詩曰我龜既厭不我告猶言卜問煩數媟嫚於龜龜靈厭之不告以道也

黃帝長柳占夢十一卷〔補注〕王應麟曰史記正義引帝王世紀云黃帝因夢求得風后力牧因著占夢經十一卷沈欽韓曰詩大人占之鄭箋謂以聖人占瘳之法占之先謙曰庾信齊王憲碑飛風長柳月角星眉莫不吟誦在心撰成於手所云長柳即此長柳書也

甘德長柳占夢二十卷〔補注〕沈欽韓曰即占星之甘公隋志雜占夢書一卷

武禁相衣器十四卷〔補注〕沈欽韓曰論衡譏日篇裁衣有書凶日製衣有禍吉日有福先謙曰武禁人姓名隋志雜相書九卷梁有裁衣書一卷亡

嚏耳鳴雜占十六卷師古曰嚏音丁計反〔補注〕王應麟曰隋志梁有嚏書耳鳴書各一卷

禎祥變怪二十一卷〔補注〕沈欽韓曰中庸疏本有今異曰禎本無今有曰祥

人鬼精物六畜變怪二十一卷〔補注〕沈欽韓曰先天紀黃帝巡狩東至海登桓山於海濱得白澤神獸能言達於萬物之情因問天下鬼神之事自古精氣爲物游魂爲變者凡萬一千五百二十種白澤言之帝令以圖寫之以示天下帝乃作祝邪之文以祝之抱朴子極言篇黃帝窮神姦則記白澤之辭隋志祝白澤圖一卷管子水地篇涸澤數百歲谷之不徙水之不絕者生慶忌慶忌者其狀若人其長四寸衣黃衣冠黃冠戴黃蓋乘小馬好疾馳以其名呼之可使千里外一日反報此涸澤之精也涸川之精者生於蟡蟡者一頭而兩身其形若蛇其長八尺以其名呼之可以取魚鼈此涸川之精也小問篇管仲對桓公曰臣聞登山之神有俞兒者長尺而人物具焉霸王之君興而登山神見莊子達生篇引管仲曰沈有履竈有髻戶內之煩壤雷霆處之東北方之下者倍阿鮭蠪躍之西北方之下者則泆陽處之水有罔象丘有峷山有夔野有彷徨澤有委蛇委蛇其大如轂其長如轅紫衣而朱冠惡聞雷車之聲則奉其首而立見之者殆乎霸然則知鬼神之情狀固有譜錄矣

前漢三十　卌三

變怪誥咎十三卷〔補注〕沈欽韓曰太祝六辭三曰誥告於神也咎自刻責也曹子建誥咎文序曰五行致災先史咸以爲應政而作天地之氣自有變動未必政治之所興致也於時大風發屋拔木意有感焉聊解上帝之命以誥咎祈福袁盎心不樂家多怪乃之梏生所問占亦其事也

執不祥劾鬼物八卷〔補注〕沈欽韓曰抱朴子論仙篇神仙集中有召神劾鬼之法遐覽篇鄭君有收山鬼老魅治邪精經三卷御覽八百九十一引風俗通曰案黃帝書上古之時有神荼與鬱壘兄弟二人性能執鬼度索山上桃樹下簡閱百鬼鬼無道理妄與人禍神荼與鬱壘縛以葦索執以食虎於是官常以臘除飾桃人畫虎於門皆是追劾前事冀以禦凶

請官除訞祥十九卷師古曰訞字與妖同〔補注〕沈欽韓曰女祝掌以時招梗禬禳之事管子四時篇云除神位謹禱弊梗注時方開通而有弊敗梗塞者則禱神以通道之

禳祀天文十八卷師古曰禳除災也音人羊反〔補注〕沈欽韓曰晏子諫篇景公睹彗星召柏常騫使禳去之葉德

輝曰說文禜設緜蕝爲營以禳風雨雪霜水旱癘疫於日月星辰山川也此即禳祀天文之遺法

請禱致福十九卷〔補注〕沈欽韓曰隋志梁有董仲舒請禱圖太祝注董仲舒救日食祝曰炤炤大明瀸滅無光奈何以陰侵陽以卑侵尊繁露郊祀篇郊祀曰皇皇上帝照臨下土集地之靈降甘風雨庶物羣生各得其所靡今靡古惟予一人某敬拜皇天之祜

請雨止雨二十六卷〔補注〕王應麟曰董仲舒傳言求雨止雨後漢輿服志注引仲舒止雨書沈欽韓曰繁露有求雨篇止雨篇御覽三十五引神農求雨書春甲乙不雨東爲青龍又爲大龍東方老人舞之壬癸黑雲興乃雨又曰北不雨命巫祝而曝之不雨禱山神積薪具擊鼓而焚之案其文有斷爛繁露亦引神農然則古法如此周壽昌曰藝文類聚一百有神農求雨法路史餘論二同漢舊儀成帝二年六月始命諸官止雨朱繩反縈社擊鼓攻之

泰壹雜子候歲二十二卷〔補注〕王應麟曰天官書言候歲美惡漢之爲天數者占歲則魏鮮沈欽韓曰易通卦驗亦以卦氣候歲御覽十七及齊民要術雜說並引師曠占歲語

子贛雜子候歲二十六卷〔補注〕葉德輝曰此因子貢貨殖依託而作

五法積貯寶臧二十三卷〔補注〕沈欽韓曰越絕計倪內經人之生無幾必先憂積蓄以備妖祥漢耿壽昌亦精其術先謙曰臧官本作藏

神農教田相土耕種十四卷〔補注〕沈欽韓曰御覽七十八引周書曰神農之時天雨粟神農耕而種之陶冶斤斧爲耒耜鉏耨以墾草莽然後五穀興葉德輝曰引見食貨志呂氏春秋愛類亦引神農之教言耕織儲粟之事

昭明子釣種生魚鼈八卷〔補注〕沈欽韓曰文選注引之齊民要術有陶朱養魚經

種樹臧果相蠶十三卷〔補注〕沈欽韓曰齊民要術有栽樹篇食經有種名果法作乾棗法蜀中藏梅法藏乾栗法藏柹法藏木瓜法馬質注蠶書蠶爲龍精月直大火則浴其種御覽八百二十一引氾勝之書曰衞尉前上蠶法民事人所忽略衞尉勤之忠國愛民之至唐志蠶經一卷崇文總目淮南王蠶經三卷劉安撰

右雜占十八家三百一十三卷

雜占者紀百事之象候善惡之徵師古曰徵證也〔補注〕先謙曰此與下連文官本不誤易曰占事知來師古曰下繫之辭也言有事而占則觀方來之驗也眾占非一而夢爲大故周有其官師古曰謂大卜掌三夢之法又占夢中士二人皆宗伯之屬官而詩載熊羆虺蛇眾魚旐旟之夢著明大人之占吕考吉凶師古曰小雅斯干之詩曰吉夢維何維熊維羆男子之祥維虺維蛇女子之祥無羊之詩曰牧人乃夢眾維魚矣旐維旟矣大人占之眾維魚矣實維豐年旐維旟矣室家溱溱言熊羆虺蛇皆爲吉祥之夢而生男女及見眾魚則爲豐年之應旐旟則爲多盛之象大人占之謂以聖人占夢之法占之也畫龜蛇曰旐鳥隼曰旟蓍參卜筮春秋之說訞也曰人之所忌其氣炎以取之訞由人興也人失常則訞興人無舋焉訞不自作師古曰申繻之辭也事見莊公十四年炎謂火之光始燄燄也言人之所忌其氣燄引致於災也舋瑕也失常謂反五常之德也炎讀與燄同〔補注〕王應麟曰左傳失作弃朱一新曰汪本注引作駟故曰德勝不祥義厭不惠師古曰厭音伊葉反惠順也桑穀共生大戊以興〔補注〕先謙曰官本考證云案監本作太戊之興非也從宋本改正鴝雉登鼎武丁爲宗師古曰說在郊祀五行志〔補注〕先謙曰官本鴝作雊然惑者不稽諸躬而忌訞之見師古曰稽考也計也是以詩刺召彼故老訊之占夢師古曰小雅正月之詩也故老元老也訊問也言不能修德以禳災但問元老以占夢之吉凶傷其舍本而憂末不能勝凶咎也

山海經十三篇〔補注〕沈欽韓曰列子湯問篇夏革曰大禹行而見之伯益知而名之夷堅聞而志之論衡禹主治水益主記異物董仲舒覩重常之鳥劉子駿曉貳負之尸劉歆序云禹定高山大川蓋與伯翳主驅禽獸命山川類草木別水土四嶽佐之以周四方逮人迹之所希至及舟輿之所罕到內別五方之山外分八方之海紀其珍寶奇物異方之所生水土草木禽獸昆蟲麟鳳之所止休祥之所隱及四海之外絕域之國殊類之人古文之著明者也孝武時東方朔言異鳥之名孝宣時臣父向對貳負之臣皆以是書朝士由是多奇山海經者可以考休祥變怪之物見遠國異人之謠俗臣望所校凡三十二篇今定爲十八篇案十三篇者劉向於時合南山經三篇以爲南山經一篇西山經四篇以爲西山經一篇北山經三篇以爲北山經一篇東山經四篇以爲東山經一篇中山經十二篇以爲中山經一篇并海外經四篇海內經四篇凡十三篇至劉歆增大荒經四篇海內經一篇故爲十八篇𡖖者二十三篇宋人著錄既不能攷其篇第所由而陳振孫以爲山海經本解楚詞天問而作殆於庸妄者也

國朝七卷〔補注〕沈欽韓曰隋志劉向略言地域丞相張禹使屬朱貢條記風俗班固因之作地理志國朝者疑此是也大司徒掌建邦之土地之圖注若今司空郡國輿地圖三王世家御史上輿地圖晉書裴秀曰漢氏所畫輿地及括地諸雜圖各不設分率又不考正準望亦不備載名山大川雖有粗形皆不精審

宮宅地形二十卷〔補注〕沈欽韓曰論衡詰術篇言圖宅術隋志宅吉凶論三卷相宅圖八卷五姓墓圖一卷梁有冢書黃帝葬山圖各四卷又有五音相墓五音圖墓等書

相人二十四卷〔補注〕錢大昭曰荀子非相篇楊注相視也視其骨狀以知吉凶貴賤春秋傳曰公孫敖聞其能相人

隋志相書四十六卷沈欽韓曰崇文總目有姑布子卿相法三卷袁宏後漢紀相工蘇大相鄧后曰此成湯之骨法此相人所傳也御覽三百七十一相書許負曰乳間闊尺富貴足壽乳黑如墨公侯之相劉知幾史通許負相經當時所聖見傳流俗

相寶劍刀二十卷〔補注〕沈欽韓曰越絕客有能相劍者薛燭呂覽別類篇相劍者曰白所以爲堅也黃所以爲牣也黃白雜則堅且牣良劍也梁陶宏景作刀劒錄

相六畜三十八卷〔補注〕沈欽韓曰隋志梁有伯樂相馬經甯戚王良高堂隆相牛經相鴨雞鵝等經日者傳黃直丈夫也陳君夫婦人也以相馬立名天下留長孺以相彘立名滎陽褚氏以相牛立名後書馬援上表曰近世西河子輿明相馬法子輿傳西河儀長孺長孺傳茂陵丁君都君都傳成紀楊子阿臣援嘗師事子阿受相馬骨法孝武皇帝時善相馬者東門京鑄作銅馬法

右形法六家百二十二卷

形法者大舉九州之埶以立城郭室舍形人及六畜骨法之度數器物之形容以求其聲氣貴賤吉凶猶律有長短而各徵其聲非有鬼神數自然也然形與氣相首尾亦有有其形而無其氣有其氣而無其形此精微之獨異也

凡數術百九十家〔補注〕朱一新曰上文僅有百九家十字當衍二千五百二十八卷

數術者皆明堂羲和史卜之職也史官之廢久矣〔補注〕宋祁曰史官之下舊本有術字沈欽韓曰史是史巫之史官則太卜詹尹之官律歷志太史令張壽王太史丞鄧平本志太史令尹咸皆是非載筆執簡之史也故於數術家舉之其書既不能具雖有其書而無其人易曰苟非其人道不虛行師古曰下繫之辭也言道由人行春秋時魯有梓愼鄭有裨竈晉有卜偃宋有子韋六國時楚有甘公魏有石申夫漢有唐都〔補注〕王應麟曰天官書在齊甘公此作楚異先謙曰子韋見陰陽家石申夫詳天文志唐都詳律歷志庶得麤觕師古曰觕粗略也音才戶反〔補注〕沈欽韓曰管子水地篇心之所慮非特知於麤麤也春秋繁露俞序始於麤觕終於精微觕俗亦作粗莊子則陽篇注司馬彪云鹵莽猶麤粗也蓋有因而成易無因而成難故因舊書以序數術爲六種

黃帝內經十八卷〔補注〕沈欽韓曰隋志黃帝素問九卷又素問八卷全元起注黃帝鍼經九卷馬蒔云靈樞皇甫士安以鍼經名之唐志黃帝九靈經十二卷讀書志黃帝素問二十四卷王砯注分爲二十四卷靈樞經九卷王砯謂此書卽漢志黃帝內經十八卷之九也馬蒔云王砯分二爲對王砯云第七一卷師氏藏之今之奉行惟八卷爾楊玄操云黃帝內經二帙帙各九卷王砯名爲靈樞素問第七卷亡已久唐寶應中砯得先師所藏之卷爲注合八十一篇二十四卷玉海六十三引張仲景云撰用素問則素問之名雖著於隋志而已見於漢代天元紀大論等七篇所載與素問略不相通疑是陰陽大論之文砯取以補所亡云余案素問離合眞邪篇黃帝曰夫九鍼九篇夫子乃因而九之九九八十一篇以起黃鍾數又靈樞九鍼十二原篇今先立鍼經願聞其情此書本名鍼經者是也兩唐志止謂之九靈經尙無靈樞之目

外經三十九卷〔補注〕錢大昭曰南雍本閩本九作七先謙曰官本九作七

扁鵲內經九卷

外經十二卷〔補注〕先謙曰隋志黃帝八十一難二卷崇文總目秦越人撰史記扁鵲傳扁鵲者姓秦氏名越人正義黃帝八十一難序云秦越人與軒轅時扁鵲相類仍號之爲扁鵲是有兩扁鵲此則史記之扁鵲也當戰國初王勃黃帝八十一難經序云岐伯以授黃帝黃帝歷九師以授伊尹伊尹以授湯湯歷六師以授太公太公以授文王文王歷九師以授醫和醫和歷六師以授秦越人秦越人始定立章句歷九師以授華他華他歷六師以授黃公黃公以授曹元

白氏內經三十八卷

外經三十六卷

旁篇二十五卷

右醫經七家二百一十六卷

醫經者原人血脈經絡〔補注〕朱一新曰汪本絡作落古絡落通先謙曰官本作落骨髓陰陽表裏以起百病之本死生之分而用度箴石湯火所施師古曰箴所以刺病也石謂砭石卽石箴也古者攻病則有砭今其術絕矣箴音之林反砭音彼廉反〔補注〕王念孫曰案所施上亦當有之字方與下句一例文選東方朔畫贊注引此有之字調百藥齊和之所宜師古曰齊音才詣反其下並同和音乎臥反〔補注〕先謙曰官本注乎作呼至齊之得〔補注〕先謙曰官本得作德猶慈石取鐵以物相使拙者失理以瘉爲劇以死爲生師古曰瘉讀與愈同愈差也〔補注〕先謙曰官本作以生爲死義兩通

五藏六府痺十二病方三十卷師古曰痺風溼之病音必二反

五藏六府疝十六病方四十卷師古曰疝心腹氣病音山諫反〔補注〕錢大昭曰南雍本閩本山諫反下有又音刪三字朱一新曰汪本有三字先謙曰官本有

五藏六府癉十二病方四十卷師古曰癉黃病音丁韓反

風寒熱十六病方二十六卷

泰始黃帝扁鵲俞拊方二十三卷應劭曰黃帝時醫也師古曰拊音膚〔補注〕王應麟曰扁鵲傳上古之時醫有俞跗周禮疾醫注脈之大候要在陽明寸口能專是者其惟秦和乎岐伯榆柎則兼彼數術者說苑上古之爲醫者曰苗父中古之爲醫者曰俞拊

五藏傷中十一病方三十一卷

客疾五藏狂顛病方十七卷

金創瘲瘛方三十卷服虔曰音瘛引之瘛師古曰小兒病也瘛音充制反瘲音子用反〔補注〕王念孫曰顏注瘛音在前瘲音在後則瘲瘛當爲瘛瘲說文瘛小兒瘛瘲病也諸書皆言瘛瘲無言瘲瘛者沈欽韓曰靈樞注瘛瘲者熱極生風也

婦人嬰兒方十九卷〔補注〕沈欽韓曰扁鵲傳過邯鄲聞貴婦人卽爲帶下醫入咸陽聞秦愛小兒卽爲小兒醫

湯液經法三十二卷〔補注〕王應麟曰素問有湯液論事物紀原湯液經出於商伊尹皇甫謐云仲景論伊尹湯液爲十數卷

前漢三十

神農黃帝食禁七卷〔補注〕沈欽韓曰本草經神農作赭鞭鉤𨩲從六陰與太一外五岳四瀆土地所生皆鞭問之得其主治一日遇七十毒御覽七百二十一帝王世紀曰黃帝使岐伯嘗味草木典主醫病經方本草素問之書咸出焉然本草卽肇於神農而黃帝修之志但言食禁未足以盡之也葉德輝曰康賴醫心方二十九引本草食禁云正月一切肉不食者吉二月寅日食不吉五月五日不食麞鹿及一切肉卽此書也疑古本附本草後故云本草食禁沈說非也或據醫師疏以禁爲藥誤亦非

右經方十一家二百七十四卷

經方者本草石之寒溫量疾病之淺深假藥味之滋因氣感之宜辯五苦六辛致水火之齊以通閉解結反之於平及失其宜者〔補注〕朱一新曰汪本其下有所字以熱益熱以寒增寒精氣內傷不見於外是所獨失也故諺曰有病不治常得中醫〔補注〕錢大昭曰今吳人猶云不服藥爲中醫周壽昌曰周禮賈疏全引此文改易數語不可通

容成陰道二十六卷〔補注〕沈欽韓曰抱朴子遐覽篇道經有容成經列仙傳容成公者自稱黃帝師見於周穆王能善補導之事

務成子陰道三十六卷

堯舜陰道二十三卷

湯盤庚陰道二十卷〔補注〕沈欽韓曰呂覽湯問伊尹曰欲取天下若何伊尹對曰凡事之本必先治身嗇其大寶用其新棄其陳腠理遂通精氣日新邪氣盡去及其天年此之謂眞人

天老雜子陰道二十五卷〔補注〕沈欽韓曰張衡同聲歌素女爲我師儀態盈萬方眾夫所希見天老教軒皇

天一陰道二十四卷

黃帝三王養陽方二十卷〔補注〕葉德輝曰康賴醫心方二十九養陽篇引玉房祕訣黃帝問素女玄女采女陰陽之事皆其遺說也玉房祕訣等書見隋志康賴日本人當中國北宋時

三家內房有子方十七卷

右房中八家百八十六卷

房中者性情之極〔補注〕朱一新曰性情汪本作情性先謙曰官本作情性至道之際是以聖王制外樂以禁內情而爲之節文傳曰先王之作樂所以節百事也樂而有節則和平壽考及迷者弗顧以生疾而隕性命

前漢三十

宓戲雜子道二十篇

上聖雜子道二十六卷

道要雜子十八卷

黃帝雜子步引十二卷〔補注〕王應麟曰列子天瑞篇引黃帝書曰谷神不死是謂玄牝梁肅導引圖序朱少陽得其術於黃帝外書又加以元化五禽之說乃志其善者演而圖之崇文總目黃帝導引法一卷

黃帝岐伯按摩十卷〔補注〕沈欽韓曰韓詩外傳子游按摩趙岐孟子注折枝者按摩折手節解罷枝也抱朴子遐覽篇按摩經導引經十卷唐六典太醫令屬官按摩博士一人置按摩師按摩工佐之教按摩生

黃帝雜子芝菌十八卷師古曰服餌芝菌之法也菌音求閔反〔補注〕王應麟曰黃帝內傳王母授神芝圖十二卷水經注黃帝登具茨之山受神芝圖於黃蓋童子沈欽韓曰抱朴子僊藥篇五芝者石芝木芝草芝肉芝菌芝各有百許種

黃帝雜子十九家方二十一卷

泰壹雜子十五家方二十二卷

神農雜子技道二十三卷補注沈欽韓曰抱朴子極言篇神農曰百病不愈安得長生

泰壹雜子黃冶三十一卷師古曰黃冶釋在郊祀志補注沈欽韓曰抱朴子有黃白篇神仙經黃白之方二十五卷千有餘首

右神僊十家二百五卷

神僊者所以保性命之眞而游求於其外者也聊以盪意平心同死生之域師古曰盪滌一曰盪放也而無怵惕於胸中然而或者專以為務則誕欺怪迂之文彌以益多師古曰誕大言也迂遠也補注先謙曰不敢斥言武帝而其文甚顯非聖王之所以教也孔子曰索隱行怪後世有述焉吾不為之矣師古曰禮記載孔子之言索隱求索隱暗之事而行怪迂之道妄令後人有所祖述非我本志補注張佖曰案禮記中庸篇有云子曰素隱行怪後世有述焉吾弗為之矣鄭元注云素讀如攻城攻其所傃之傃傃猶鄉也言方鄉避害隱身而行僞譎以作後世名也弗為之矣恥之也今志作索隱師古從而解之文注卽與禮記不同意義亦不相遠故索字不更刊正作素字

前漢三十　　　　全

凡方技三十六家八百六十八卷

方技者皆生生之具王官之一守也太古有岐伯俞拊中世有扁鵲秦和師古曰和秦醫名也蓋論病以及國補注王應麟曰晉語趙文子曰醫及國家乎醫和對曰上醫醫國其次疾人固醫官也原診以知政師古曰診視驗謂視其脈及色候也診音軫又音文刃反漢興有倉公今其技術晻昧師古曰晻與暗同故論其書以序方技為四種大凡書六略三十八種五百九十六家萬三千二百六十九卷入三家五十篇省兵十家補注沈欽韓曰論衡案書篇六略之錄萬三千篇隋志七略大凡三萬三千九十卷與此志略異通考卷數與隋志同劉昫志亦云漢藝文志裁三萬三千九十卷則刻本於上應脫一字歆所撰名七略其輯略卽其彙別羣書標列指趣若志之小序耳實止有六略也葉德輝曰案宏明集引阮孝緒梁七錄云漢書藝文志書三十八種五百九十六家一萬三千三百六十九卷是梁時志文二百作三百總覈志載書數實祇多二卷矣又引七略云書三十八種六百三家一萬三千二百一十九卷以較藝文志實多七家班自注入三家省兵十家以較七略實少七卷其數皆足以兩相取證惟卷帙則無考耳陶憲曾曰三家者劉向揚雄杜林三家也五十篇者書入劉向稽疑一篇小學入揚雄杜林二家三篇儒家入揚雄三十八篇賦入揚雄八篇凡五十篇皆班氏所新入也若禮入司馬法兵技巧入蹵鞠本在七略之內互相出入故於此不數也先謙曰官本大下提行

虛受堂　　　　全

藝文志卷第十終　　　　漢書三十

王先謙撰

漢書補注

下

中華書局影印

陳勝項籍傳第一 服虔曰傳次其時之先後耳不以賢智功之大小也師古曰雖次時之先後亦以事類相從如江充息夫躬與蒯通同傳賈山與路溫舒同傳嚴助與賈捐之同傳之類是也　漢書三十一

漢　蘭　臺　令　史班　固　撰

唐正議大夫行祕書少監琅邪縣開國子顏師古　注

賜進士出身前翰林院編修國子監祭酒加三級　臣　王先謙補注

陳勝字涉陽城人 師古曰地理志屬汝南郡〔補注〕齊召南曰志屬潁川不屬汝南顏注誤錢大昕曰汝南潁川皆有陽城縣汝南之陽城為侯國宣帝時始置此當是潁川之陽城先謙曰潁川陽城在今河南府登封縣東南三十五里[illegible]秦世並無汝南郡也 吳廣字叔陽夏人也 師古曰地理志屬淮陽夏音工雅反〔補注〕先謙曰秦時無淮陽陽夏蓋是楚郡所屬今陳州府太康縣治 勝少時嘗與人傭耕 師古曰與人俱也傭耕謂受其雇直而為之耕言賣功傭也 輟耕之壟上 師古曰輟止也之往也壟上謂田中之高處 悵然甚久曰苟富貴無相忘 師古曰但一人富貴不問彼此皆不相忘也 傭者笑而應曰若為傭耕何富貴也勝太息曰嗟乎燕雀安知鴻鵠之志哉 師古曰鴻大鳥也水居鵠黃鵠也一舉千里鵠音胡督反〔補注〕沈欽韓曰呂覽長利篇今使燕雀為鴻鵠鳳皇慮則必不得矣與此意同 秦二世元年秋七月發閭左戍漁陽九百人 師古曰閭里門也發閭左之人皆遣戍也解具在食貨志〔補注〕先謙曰漁陽漁陽縣今順天府密雲縣西南三十里 勝廣皆為屯長 師古曰人所聚曰屯為其長帥也〔補注〕先謙曰史記皆下有次當行三字 行至蘄大澤鄉〔補注〕先謙曰蘄漢沛郡縣秦屬泗水郡今鳳陽府宿州南大澤鄉名 會天大雨道不通度已失期失期法斬 師古曰度謂量計之音大各反 勝廣迺謀曰今亡亦死舉大計亦死等死死國可乎〔補注〕先謙曰史記索隱謂欲經營圖國假使不成而敗猶愈為戍卒而死 勝曰天下苦秦久矣吾聞二世少子不當立〔補注〕王先慎曰索隱姚氏按隱士遺章邯書云李斯為二世廢十七兄而立今王則二世是始皇第十八子 當立者乃公子扶蘇扶蘇以數諫故不得立上使外將兵 師古曰數音所角反下皆類此 今或聞無罪二世殺之百姓多聞其賢未知其死 如淳曰扶蘇自殺故人不知其死或以為不知何坐而死故天下冤二世殺之師古曰如或說皆非也此言我聞二世已殺扶蘇矣而百姓皆未知之故勝廣舉事詐自稱扶蘇耳〔補注〕先謙曰官本注無也字 項燕為楚將數有功 師古曰燕音一千反 愛士卒楚人憐之或以為在

〔補注〕沈欽韓曰楚世家六國年表王翦傳並言先殺將軍項燕後虜荊王負芻獨始皇紀言二十二年虜荊王項燕立昌平君為荊王二十四年王翦蒙武破荊軍昌平君死項燕遂自殺推校陳勝言或以項燕為在者則始皇紀作自殺為是若先一年為秦所殺楚人豈得不知乎先謙曰史記作或以為死或以為亡 今誠以吾眾為天下倡宜多應者 師古曰倡讀曰唱謂首號令也〔補注〕先謙曰史記眾下有詐自稱公子扶蘇項燕九字官本顏注在宜上 廣以為然迺行卜卜者知其指意曰足下事皆成有功然足下卜之鬼乎 李奇曰卜者誠曰所卜事雖成當死為鬼惡指斥言而勝失其指反依鬼神起怪也蘇林曰狐鳴祠中即是也如淳曰以鬼道威眾乎或但用人事也師古曰李如之說皆非也卜者云事成有功然須假託鬼神乃可舉起耳故勝廣曉此意則為魚書狐鳴以威眾耳〔補注〕沈欽韓曰列子說符篇楚人鬼而越人禨張湛注信鬼神與禨祥呂覽異寶篇荊人畏鬼越人信禨此卜者語勝廣之意也先謙曰官本注無或字曉下衍其字 勝廣喜念鬼〔補注〕先謙曰索隱念思也謂思念欲假鬼神之事 曰此教我先威眾耳迺丹書帛曰陳勝王置人所罾魚腹中 師古曰罾魚網也形如仰繖蓋四維而舉之音曾 卒買魚亨食得書已怪之矣 師古曰亨音普庚反 又閒令廣之次所旁叢祠中夜構火狐鳴呼曰大楚興陳勝王 鄭氏曰閒謂竊令人行也張晏曰戍人所止處也叢鬼所憑也師古曰張說非也此言密於廣所次舍處旁側叢祠中為之非戍人所止處也叢謂草木岑蔚者也祠神祠也構謂結起也呼音火故反〔補注〕宋祁曰旁音步浪反王念孫曰張說是也下文言卒皆夜驚恐則此次所明是戍卒所止處非廣所止處也且構火狐鳴所以驚戍卒也若非戍卒所止處則構火狐鳴何為乎沈欽韓曰古者二十五家為閭閭各立社即擇其木之茂者為位故名樹為社又為叢也六韜略地篇社叢勿伐墨子明鬼篇建國營都必擇木之修茂者以為叢位秦策應侯謂昭王曰亦聞恆思有神叢與此叢為社之證張說是顏說非也史記作篝火篝構通用字方言篝謂之牆居郭云今熏籠也蓋置火其中使隱約若燐火而為狐鳴也顏謂火結起解為束苣之義亦非先謙曰史記次下有近字旁如字讀亦通 卒皆夜驚恐旦日卒中往往指目勝廣 師古曰指而私目視之〔補注〕劉奉世曰案此諸說異但主陳勝耳卒何為並目吳廣然則衍廣字王念孫曰此文本作旦日卒中往往指目勝句廣素愛人士卒多為用上文皆曰陳勝王故卒指目勝而廣不與廣素得士卒心故忿尉辱己以激怒眾而勝不與史記作旦日卒中往往語皆指目陳勝句吳廣素愛人士卒多為用者是其證今本指目勝下有廣字廣素愛人上又有勝字則與上下文不合 勝廣素愛人士卒多為用將尉醉 師古曰將尉者其官本尉耳時領戍人故為將尉〔補注〕吳仁傑曰左傳闔閭傷將指正義謂大指為將指者言其將領諸指也足之用力大指為多故足以大指為將指於時有兩尉故以其大者為將尉猶以大指為將指也晉語祁奚為軍尉謂之元尉亦以有佐尉故

爾將元皆訓大先謙曰索隱尉官也漢舊儀大縣二人其尉將屯九百人故云將尉廣故數言欲亡忿尉令辱之以激怒其眾尉果笞廣尉劍挺廣起奪而殺尉師古曰挺拔也尉劍自拔出廣因奪取之勝佐之幷殺兩尉召令徒屬曰公等遇雨皆已失期當斬藉弟令毋斬服虔曰藉借也弟使也應劭曰藉吏士名藉也弟次也言今失期當斬就使藉弟幸得不斬戍死者固十六七也蘇林曰藉假也弟且也晉灼曰鄙食其傳弟言之外戚傳弟一見我蘇說是也師古曰服應說弟義皆非也晉氏意頗近之而猶未得漢書諸言弟者甚眾弟但也語有緩急耳言但令無斬也今俗人語稱但者甚之則音如弟矣鄙食其外戚傳所云弟者皆謂但耳義非且也補注先謙曰官本弟皆作第史記集解引服說作藉假也第次第也與此異應讀藉為藉失之索隱以蘇說為近而戍死者固什六七且壯士不死則已死則舉大名耳補注先謙曰大名郎謂侯王之屬項籍傳眾欲立陳嬰為王嬰母言暴得大名不祥是其證也侯王將相寧有種乎師古曰言求之而得不必肯冑徒屬皆曰敬受令乃詐稱公子扶蘇項燕從民望也袒右稱大楚師古曰袒右者脫右肩之衣當時取異於凡眾也補注周壽昌曰國策齊王孫賈入市曰淖齒亂齊國殺王欲與我誅者袒右本書周勃誅諸呂又以為劉者左袒令於眾蓋左右無所區別但以卜一時眾心之從違耳王氏應麟引儀禮覲禮左右袒以證周勃事則陳勝倉卒造亂得暇講明禮制乎為壇而盟祭以尉首師古曰以所殺尉之首祭神也勝自立為將軍廣為都尉攻大澤鄉拔之收兵而攻蘄蘄下補注先謙曰索隱下降也乃令符離人葛嬰補注先謙曰符離沛郡縣今鳳陽府宿州治將兵徇蘄以東李奇曰徇略也師古曰音似峻反攻銍酇苦柘譙皆下之師古曰五縣名也銍音竹乙反酇音才多反補注先謙曰銍今宿州南四十六里酇今歸德府永城縣西南苦今鹿邑縣東七十里柘今柘城縣北譙今穎州府亳州治銍酇譙屬沛郡縣苦柘屬漢淮陽國行收兵比至陳師古曰比音必寐反補注先謙曰比史記作北陳漢淮陽縣今陳州府淮甯縣治兵車六七百乘騎千餘卒數萬人攻陳陳守令皆不在師古曰守郡守也令縣令也補注劉攽曰案秦不以陳為郡何庸有守乎疑衍皆字又守者非正官權守者耳先謙曰胡三省云秦分天下為郡縣郡置守尉監縣置令丞尉原父曰此守為權守之守是遷固二史作守令皆不在通鑑作守尉皆不在蓋二史令下缺尉字而通鑑尉上缺令字也先謙案陳是秦楚郡治故有守有令顏說是也漢為淮陽國治獨守丞與戰譙門中晉灼曰譙門義闕師古曰守丞謂郡丞之居守者一曰郡守之丞故曰守丞譙門謂門上為高樓以望者耳樓一名譙故謂美麗之樓為麗譙譙亦呼為巢所謂巢車者亦於兵革之上為樓以望敵也譙巢聲相近本一物也今流俗書本譙下有城字非也此自陳

耳非譙之城譙城前已下矣補注劉奉世曰門名譙陳與譙鄰明去譙路者也先謙曰譙劉說是守丞顏前說是官本注革作車日不勝守丞死乃入據陳數日號召三老豪桀會計事師古曰號令召呼之皆曰將軍身被堅執銳師古曰堅堅甲也銳利兵也伐無道誅暴秦復立楚之社稷功宜為王勝乃立為王號為張楚劉德曰若云張大楚國也張晏曰先是楚為秦滅已弛今立楚為張也師古曰張說是也補注錢大昭曰國本城下無為字王念孫曰張耳陳餘傳陳王令以張大楚以陳馭則劉說不誤先謙曰張楚即大楚也廣雅釋詁張大也號下官本無為字於是諸郡縣苦秦吏暴皆殺其長吏將以應勝乃以廣為假王監諸將以西擊滎陽補注周壽昌曰滎陽屬河南郡在秦為三川郡李斯子由所守葉德輝曰文選曹子建贈丁儀王粲詩注引楚漢春秋吳廣說陳涉曰王引兵西擊則野無交兵先謙曰滎陽今開封府滎澤縣西南十七里令陳人武臣張耳陳餘徇趙汝陰人鄧宗徇九江郡補注先謙曰汝陰縣漢屬汝南郡今穎州府阜陽縣治當此時楚兵數千人為聚者不可勝數師古曰聚音材喻反葛嬰至東城立襄彊為楚王師古曰東城縣名地理志屬九江郡補注先謙曰今鳳陽府定遠縣東南後聞勝已立因殺襄彊還報至陳勝殺嬰令魏人周市北徇魏地師古曰即梁地非河東之魏也廣圍滎陽李由為三川守守滎陽廣不能下勝徵國之豪桀與計師古曰徵召也以上蔡人房君蔡賜為上柱國鄭氏曰房君官號也姓蔡名賜晉灼曰張耳傳言相國房君是也師古曰房君者封邑之名非官號也補注先謙曰上蔡漢汝南縣今汝甯府上蔡縣西十里上柱國楚官見齊楚策漢汝南有吳房縣本房子國是蔡賜封邑周文陳賢人也嘗為項燕軍視日文穎曰周文即周章也服虔曰視日旁氣也如淳曰視日時吉凶舉動之占師古曰視日如說是也補注沈欽韓曰藝文志天文家有視日旁氣周壽昌曰高紀應劭注周章字文此變文稱字下又云周章事春申君應劭曰楚相黃歇自言習兵勝與之將軍印西擊秦行收兵至關車千乘卒十萬補注王先和曰張耳陳餘劉向傳並云周文將卒百萬史記淮南王安傳云周章之兵百二十萬蓋是當時號稱之數不如此傳為得其實至戲軍焉師古曰戲水名在新豐東音許宜反解具在高紀秦令少府章邯免驪山徒人奴產子服虔曰家人之產奴也師古曰奴產子猶今人云家生奴也悉發以擊楚軍大敗之周文走出關止屯曹陽晉灼曰亭名也在弘農東十三里魏武帝改為好陽師古曰曹水之陽也其水出陝縣西南峴頭山而北流入河今謂之好陽澗在陝縣西四十五里補注先謙曰陝宏農縣今陝州曾

陽詳地理志二月餘〔補注〕葉德輝曰史記月表二世元年九月周文兵至戲敗走二年十一月周文死此云二月餘與表合陳涉世家作二三月亦約計之秦以十月爲歲首九月至十一月凡三月也章邯追敗之復走黽池師古曰黽音澠〔補注〕先謙曰黽池宏農縣今河南府黽池縣治十餘日章邯擊大破之周文自剄軍遂不戰武臣至邯鄲自立爲趙王陳餘爲大將軍張耳召騷爲左右丞相師古曰召讀曰邵勝怒捕繫武臣等家室欲誅之柱國曰秦未亡而誅趙王將相家屬此生一秦師古曰言爲讎敵與秦無異〔補注〕宋祁曰案張耳傳作相國房君謙先謙曰此柱國也文偶異耳不如因立之勝迺遣使者賀趙而徙繫武臣等家屬宮中師古曰徙居宮中示優禮也拘而不遣故謂之繫而封張耳子敖爲成都君〔補注〕先謙曰史記正義成都蜀郡縣涉遙封之案以上文房君例之成都自是封邑然涉何事取名遠郡張說非也後漢南陽郡有成都縣當郎敖封邑故因置縣差爲近耳趣趙兵亟入關師古曰趣讀曰促亟急也音居力反趙王將相相與謀曰王王趙非楚意也楚已誅秦必加兵於趙計莫如毋西兵師古曰勿令兵西出也使使北徇燕地已自廣趙南據大河北有燕代楚雖勝

秦不敢制趙若不勝秦必重趙師古曰重謂尊重也趙承秦楚之敝可已得志於天下〔補注〕沈欽韓曰案此仍策士之故智六國之所以亡者止以人人欲安坐而乘其敝巧爲自便而甕縮以至漸滅張陳號稱國士觀其始終言論與宋義等耳項王云趙舉而秦強何敝之乘此固英雄也趙王已爲然因不西兵而遣故上谷卒史韓廣將兵北徇燕張晏曰卒史曹史也燕地貴人豪桀謂韓廣曰〔補注〕王先愼曰地字當在上文北徇燕下燕地貴人當爲燕故貴人故貴人謂昔六國時燕貴人而今失勢者如李廣傳故將軍之比若此秦時燕地無所謂貴人也疑轉寫者脫故字誤移地字實之史記地作故上燕下有地字卽其證楚趙皆已立王燕雖小亦萬乘之國也願將軍立爲王韓廣曰廣母在趙不可燕人曰趙方西憂秦南憂楚其力不能禁我且已楚之強不敢害趙王將相之家今趙又安敢害將軍之家乎〔補注〕錢大昭曰閩本又作獨無之字南監本作獨有之字王先愼曰史記與監本同無乎字先謙曰官本與閩本同韓廣已爲然迺自立爲燕王居數月趙奉燕王母家屬歸之是時諸將徇地者不可勝數周市北至狄師古曰縣名也後漢安帝時改名臨濟〔補注〕先謙曰狄漢千乘縣泰屬齊郡狄人

田儋殺狄令自立爲齊王反擊周市市軍散還至魏地立魏後故甯陵君咎爲魏王應劭曰魏諸公子名咎欲立六國後以樹黨也咎在勝所不得之魏魏地已定欲立周市爲王市不肯使者五反師古曰反謂回還也勝迺立甯陵君爲魏王遣之國周市爲相將軍田臧等相與謀曰周章軍已破服虔曰周章卽周文秦兵且至我守滎陽城不能下〔補注〕先謙曰史記且作旦暮守作圍秦軍至必大敗不如少遺兵足已守滎陽師古曰遺留也悉精兵迎秦軍師古曰悉盡也今假王驕不知兵權不可與計非誅之事恐敗因相與矯陳王令已誅吳廣師古曰矯詐也託言受令也獻其首於勝勝使賜田臧楚令尹印使爲上將田臧迺使諸將李歸等守滎陽城自已精兵西迎秦軍於敖倉與戰田臧死軍破章邯進擊李歸等滎陽下破之李歸死陽城人鄧說將兵居郯師古曰說讀曰悅郯東海縣也音談〔補注〕先謙曰官本考證云索隱此時章邯軍未至東海此郯恐當作郟正義郟今汝州郟縣地鄧說陽城人陽城與郟地相近先謙案陽城郟並潁川縣陽城今河南府登封縣東

南三十五里郟今汝州郟縣治章邯別將擊破之〔補注〕劉攽曰案是時章邯方至滎陽何得遣將圖東海疑郯乃是郟字下乃有郟下軍耳先謙曰說已詳上鄧說走陳銍人五逢將兵居許章邯擊破之五逢亦走陳〔補注〕先謙曰史記五逢作伍徐王引之云徐與逢聲不相近徐當爲㣭字之誤說文㣭讀若鑫與逢聲相近故字相通案漢書伍姓皆作五許潁川縣今許州治勝誅鄧說勝初立時淩人秦嘉銍人董緤符離人朱雞石取慮人鄭布徐人丁疾等皆特起張晏曰淩泗水縣也銍符離沛縣也取慮徐臨淮縣也師古曰緤音先列反取音趨又音秋慮音廬〔補注〕先謙曰淩縣今徐州府宿遷縣東南五十里取慮今徐州府睢甯縣西南徐縣今泗州盱眙縣西北八十里將兵圍東海守於郯〔補注〕先謙曰據史記守名慶郯東海縣今沂州府郯城縣西南三十里勝聞迺使武平君畔爲將軍張晏曰畔名也監郯下軍秦嘉自立爲大司馬惡屬人師古曰不欲統屬於人告軍吏曰武平君年少不知兵事勿聽因矯已王命殺武平君畔章邯已破五逢擊陳柱國房君死章邯又進擊陳西張賀軍勝出臨戰〔補注〕錢大昭曰軍下閩本有敗字先謙曰史記臨作監於義爲長疑字形相近而誤軍破張賀死臘月張晏曰秦之臘月夏之九月臣

瓚曰建丑之月也師古曰史記云胡亥二年十月誅葛嬰十一月周文死十二月陳涉死瓚說是也勝之汝陰還至下城父師古曰下城父地名在城父縣東父音甫〔補注〕齊召南曰續志汝南山桑縣故屬沛有下城父聚其御莊賈殺勝以降秦葬碭謚曰隱王勝故涓人將軍呂臣爲蒼頭軍應劭曰涓人如謁者將軍姓呂名臣也時軍皆著青巾故曰蒼頭服虔曰蒼頭謂士卒青帛巾若赤眉之號以相別也師古曰涓潔也涓人主潔除之人涓音蠲〔補注〕沈欽韓曰吳語楚靈王呼涓人疇呂覽淫辭篇荆柱國莊伯令涓人取冠楚有此官舊矣起新陽師古曰縣名也屬汝南郡〔補注〕先謙曰今潁州府太和縣西北六十里攻陳下之殺莊賈復以陳爲楚初勝令銍人宋留將兵定南陽入武關留已徇南陽聞勝死南陽復爲秦師古曰爲音于僞反〔補注〕先謙曰上以陳爲楚索隱云爲如字讀此爲字亦當如字讀言復爲秦地也宋留不能入武關迺東至新蔡遇秦軍宋留以軍降秦秦傳留至咸陽車裂留以徇師古曰徇行示也以示衆爲戒徇音辭峻反秦嘉等聞勝軍敗迺立景駒爲楚王引兵之方與師古曰之往也方與縣名也方音房與音豫〔補注〕先謙曰方與山陽縣今濟甯州魚臺縣北欲擊秦軍濟陰下〔補注〕齊召南曰案史記作定陶下据志濟陰郡治定陶本是一地固可通稱但

濟陰郡名至後始立則史記作定陶是也使公孫慶使齊王欲與并力俱進齊王曰陳王戰敗未知其死生楚安得不請而立王公孫慶曰齊不請楚而立王楚何故請齊而立王且楚首事當令於天下師古曰首事謂最先兵起〔補注〕先謙曰官本兵起作起兵田儋殺公孫慶秦左右校復攻陳下之呂將軍走徼兵復聚如淳曰徼要也徼要散卒復相聚斂也師古曰徼音工堯反〔補注〕周壽昌曰復相聚耳如兼訓斂則非矣先謙曰官本注無要字與番盜英布相遇師古曰番即番陽縣也於番爲盜故曰番盜番音蒲何反其後番字改作鄱攻擊秦左右校破之青波文穎曰地名也〔補注〕沈欽韓曰青波即青陂也淮水注淮水東逕白城南楚白公勝之邑也東北去白亭十里又東逕長陵戍南又東青陂水注之分青陂東瀆東南逕白亭西輿地廣記蔡州褒信縣有白亭明續地理志光州息縣東北有褒信[illegible]一統志青陂在汝甯府新蔡縣西南接息縣界久廢復以陳爲楚會項梁立懷王孫心爲楚王陳勝王凡六月初爲王其故人嘗與傭耕者聞之迺之陳叩宮門曰吾欲見涉宮門令欲縛之自辯數迺置師古曰辯數謂自分別其姓名也并歷道與涉故舊之事故舍而不縛也數音山羽反不肯爲通勝出遮道而呼涉師古曰呼謂大嘆也

音火故反迺召見載與歸入宮見殿屋帷帳客曰夥涉之爲王沈沈者應劭曰夥音禍沈沈宮室深邃之貌也沈音長含反〔補注〕周壽昌曰夥史記作夥頤服虔云楚人謂多爲夥又言頤者助聲之辭也謂涉爲王宮殿帷帳庶物夥多驚而偉之故稱夥頤也案說文繫傳綵字注引史曰綵乎涉之爲王沈沈者也綵即夥夥亦無頤字但夥訓多用爲驚訝之辭無頤字則音義俱未足頤與眙音同西都賦猶愕眙而不能階李注眙驚貌今楚人乍見物之盛多者驚呼曰阿噫俗轉作呵呀皆此音也從史記有頤字是楚人謂多爲夥〔補注〕周壽昌曰方言凡物盛多謂之寇齊宋之郊楚魏之際曰夥非獨楚語然矣故天下傳之夥涉爲王由陳涉始〔補注〕先謙曰漢世相傳鄙語客出入愈益發舒言勝故情或言客愚無知專妄言輕威勝斬之諸故人皆自引去由是無親勝者以朱防爲中正〔補注〕先謙曰史記防作房則防是防之誤胡武爲司過〔補注〕沈欽韓曰趙世家武靈王少置左右司過三人主司羣臣〔補注〕先謙曰司讀曰伺諸將徇地至令之不是者繫而罪之以苛察爲忠其所不善者不下吏輒自治師古曰不以付吏而防武自治之勝信用之諸將以故不親附此其所以敗也勝雖已死其所置遣侯王將相竟亡秦高祖時爲

勝置守冢于碭〔補注〕先謙曰史記云三十家至今血食王莽敗迺絕師古曰至今血食者司馬遷作史記本語也莽敗迺絕者班固之詞也於文爲衍蓋失不刪耳〔補注〕吳仁傑曰史通云陳涉世家稱其子孫至今血食漢書涉傳乃具載遷文即如是豈陳氏苗裔祚流東京乎余案高帝詔楚隱王亡後其與守冢十家則勝固亡後矣世家初不著子孫兩字不知劉知幾何以言之句踐表會稽山以爲范蠡奉邑事正類此蓋使尸而祝之耳郊祀志顏注祭有牲牢故言血食宋景文作高朕贊云與文偶祠血食千古此爲得遷固遺意蓋不必其子孫然後血食也

項籍字羽下相人也韋昭曰臨淮縣〔補注〕先謙曰今徐州府宿遷縣西七里初起年二十四其季父梁梁父即楚名將項燕者也〔補注〕錢大昭曰漢紀云故楚將項燕之孫家世楚將封於項師古曰即今項城縣〔補注〕先謙曰項汝南縣今陳州府項城縣東北故姓項氏籍少時學書不成去學劍又不成去梁怒之籍曰書足記姓名而已劍一人敵不足學學萬人敵耳於是梁奇其意迺教以兵法籍大喜略知其意又不肯竟〔補注〕何焯曰蓺文志兵法形勢中有項王一篇蹤布置陣如項籍軍高祖望而惡之蓋治兵置陣是其所長故能力戰摧鋒而不足於權謀其後往來奔命卒爲人乘其罷而踣之所謂略知其意而不竟者也梁嘗有櫟

陽逮〔補注〕先謙曰史記逮下有捕字索隱逮訓及謂有罪相連及爲櫟陽縣所逮錄也請蘄獄掾曹咎書〔補注〕錢大昭曰咎後爲楚海春侯大司馬抵櫟陽史司馬欣㠯故事皆已應劭曰項梁曾坐事傳繫櫟陽獄從蘄獄掾曹咎取書與司馬欣抵相歸抵也已止也〔補注〕王先愼曰事止梁一人不當云皆已皆字涉下文誤衍史記作得已是先謙曰集解引韋昭云抵至也索隱劉伯莊云相憑託也語較明顯梁嘗殺人與籍避仇吳中吳中賢士大夫皆出梁下師古曰言皆不及也每有大繇役及喪梁常主辦陰㠯兵法部勒賓客子弟㠯知其能〔補注〕葉德輝曰御覽三百八十六引楚漢春秋云項梁陰養士最高者多力拔樹以擊地八百三十五引云項梁陰養死士九十人參木者所與計謀者也木佯疾於室中鑄大錢以具甲兵秦始皇帝東遊會稽渡浙江應劭曰浙音折晉灼曰江水至會稽山陰爲浙江梁與籍觀籍曰彼可取而代也梁掩其口曰無妄言族矣師古曰凡言族者謂族誅之梁㠯此奇籍籍長八尺二寸力扛鼎師古曰扛舉也音江才氣過人吳中弟子皆憚籍〔補注〕葉德輝曰閩本德藩本弟子作子弟先謙曰官本作子弟史記同以上子弟例之此誤倒秦二世元年陳勝起九月會稽假守通張晏曰假守兼守也晉灼曰楚漢春秋云姓殷〔補注〕錢大昭曰漢紀作殷通姚察曰南史謝朏爲侍中齊受禪朏當日在直侍中當解璽乃引枕臥傳詔使稱疾欲取兼人王延之傳內載宋孝武選侍中四人王彧謝莊爲一雙阮韜何偃爲一雙常充兼假案侍中每日應有人在省正直無人正直攝者爲兼假若既常充是正直矣而又謂之兼假蓋重其官不遽以予人之意謂攝曰兼此蓋漢制舊已有此語王莽傳縣宰缺者數年守兼是也今人不達古時俗語觀晏此注反增惑矣素賢梁迺召與計事梁曰方今江西皆反秦此亦天亡秦時也先發制人後發制於人〔補注〕先謙曰䛄稱隆云方今四句史記作守通謂梁此作梁語又史記守通使桓楚將此謂自出梁意敘事迴別齊召南云案此傳與史記本紀多有異同蓋班氏刪訂原文也又案江西二字師古無注顧炎武云大江自歷陽斜北下京口故有東西之名今所謂江北昔之所謂江西也故晉地理志以廬江九江自合肥以北至壽春皆謂之江西此說甚確下文江東已定渡江而西謂渡江而北也守歎曰聞夫子楚將世家唯足下耳梁曰吳有奇士桓楚〔補注〕周壽昌曰此即後羽殺宋義使報命懷王者時梁特令羽假其名以入後亦別無所見亡在澤中人莫知其處獨籍知之梁迺戒籍持劒居外待梁復入與守語曰請召籍使受令召桓楚籍入梁眴籍曰可行矣師古曰眴動目也音舜動目而使之也今書本有作眴字者流俗所改耳籍遂拔劒擊斬守梁持守頭佩

其印綬門下驚擾籍所擊殺數十百人師古曰數十百人者八九十乃至百也他皆類此府中皆讋伏莫敢復起師古曰讋失氣也音章涉反〔補注〕錢大昭曰史記作慴伏案說文讋失氣言傳敎讀若慴讋與慴古字通梁迺召故人所知豪吏諭㠯所爲師古曰諭曉告之〔補注〕先謙曰史記無人字案人字當衍遂舉吳中兵使人收下縣師古曰四面諸縣也非郡所都故謂之下也得精兵八千人部署豪桀爲校尉候司馬師古曰分部而署置之〔補注〕沈欽韓曰續志校尉比二千石軍司馬比千石部下有曲曲軍候比六百石有一人不得官自言梁曰某時某喪使公主某事不能辦㠯故不任公衆迺皆服梁爲會稽將〔補注〕先謙曰言爲會稽守也上文云佩守印綬知是自爲守郡守亦稱郡將故班易守爲將史記作爲會稽守籍爲裨將師古曰裨助也相副助也裨音頻移反他皆類此徇下縣〔補注〕錢大昭曰此下縣與上文使人收下縣同漢紀作下邳縣非秦二年廣陵人召平爲陳勝徇廣陵師古曰召讀曰邵〔補注〕先謙曰廣陵廣陵縣今揚州府江都縣東北許應元云此別一召平非東陵種瓜者也未下聞陳勝敗走秦將章邯且至迺渡江矯陳王令拜梁爲楚上柱國曰江東已定急引兵西擊秦梁迺㠯八千人渡江而西聞陳嬰已下東陽〔補注〕先謙曰東陽臨淮縣今泗州天長縣西北七十里使使欲與連和俱西陳嬰者故東陽令史蘇林曰曹史也晉灼曰漢儀注令史曰令史丞史曰丞史師古曰晉說是也居縣素信爲長者師古曰素立恩信號爲長者〔補注〕先謙曰史記素信謹稱爲長者東陽少年殺其令相聚數千人欲立長無適用師古曰適主也音與的同迺請陳嬰嬰謝不能遂彊立之縣中從之者得二萬人欲立嬰爲王異軍蒼頭特起應劭曰言與衆異也〔補注〕先謙曰蒼頭特起俱見上文爲此軍容以示新起特異也嬰母謂嬰曰自吾爲迺家婦聞先故未曾貴師古曰迺汝也〔補注〕葉德輝曰集解引張晏曰陳嬰母潘旌人閩本德藩本無自字先謙曰官本無自字引宋祁云曰別本作自我爲迺家婦今暴得大名不祥不如有所屬事成猶得封侯事敗易㠯亡非世所指名也嬰迺不敢爲王謂其軍曰〔補注〕錢大昭曰南監本閩本軍下有吏字葉德輝曰德藩本有吏字先謙曰官本有吏字史記同此脫項氏世世將家有名於楚〔補注〕錢大昭曰名閩本作功先謙曰官本作功史記作名今欲舉大事將非其人不可師古曰言㠯不材之人爲將不可求勝也〔補注〕劉敞曰言欲舉大事爲將者非此人不可先謙曰其不訓此顏說爲

優下名族乃謂項氏耳我倚名族亡秦必矣師古曰倚依也音於綺反其衆從之迺以其
兵屬梁梁渡淮英布蒲將軍亦以其兵屬焉服虔曰英布起於蒲地因以爲號也如淳
曰史記項羽紀言當陽君蒲將軍皆屬項羽自此更有蒲將軍也師古曰此二人也服說失之若是一人不當先言姓名後迺稱將
軍也補注先謙曰索隱韋昭云蒲姓也服云英布起蒲非也布初起於江湖之間案吳仁傑刊誤補遺臆斷蒲將軍爲棘蒲侯陳武
今不取注文自比二字集解引作此自是也傳寫倒誤耳凡六七萬人軍下邳補注先謙曰下邳東海縣今徐
州府邳州東三里是時秦嘉已立景駒爲楚王軍彭城東欲以距梁補注先謙
曰彭城楚國縣今徐州府銅山縣治梁謂軍吏曰陳王首事戰不利未聞所在今秦
嘉背陳王立景駒大逆亡道迺引兵擊秦嘉軍敗走追至胡陵補注
先謙曰軍上當更有嘉字史記有此脫胡陵山陽縣今魚臺縣東南六十里嘉還戰師古曰復來戰一日嘉死
軍降景駒走死梁地梁已并秦嘉軍胡陵補注錢大昭曰南監本閩本軍下皆重軍字先
謙曰官本重軍字史記同此脫將引而西章邯至栗師古曰栗縣名地理志屬沛郡補注先謙曰今歸德府夏
邑縣治梁使別將朱雞石餘樊君與戰餘樊君死朱雞石敗亡走胡

陵梁迺引兵入薛補注先謙曰薛魯國縣今兗州府滕縣東南四十四里誅朱雞石梁前使
羽別攻襄城補注先謙曰襄城潁川縣今許州襄城縣治襄城堅守不下已拔皆阬之
師古曰陷之於阬盡殺之還報梁聞陳王定死召諸別將會薛計事時沛公亦
從沛往居鄛人范增晉灼曰鄛音鄛絕之鄛師古曰居鄛縣名也地理志屬廬江縣鄛音巢字亦作巢本春秋
時巢國補注先謙曰今廬州府巢縣東北五里官本鄛絕之鄛作勦江下縣作郡是年七十素好奇計往說
梁曰陳勝敗固當師古曰言其計畫非是宜應敗也夫秦滅六國楚最亡罪自懷
王入秦不反楚人憐之至今故南公稱曰楚雖三戶亡秦必楚服虔
曰南公南方之老人也蘇林曰但令有三戶在其怨深足以亡秦補注齊召南曰南公自是姓南索隱引虞喜志林曰南公者道士
識廢興之數知亡秦者必楚本書藝文志南公十三篇六國時人在陰陽家流服注謂南方之老人非也沈欽韓曰廣韻注南公複
姓六國時有南公子著書言陰陽五行事案即此南公也廣韻蓋據此傳南公稱以稱爲南公名索隱三戶地名案左哀四年傳界
楚師於三戶紀年惠成王二十四年孫何侵楚入三戶邪以爲地名固有實徵然蘇氏望文爲解於辭順也今陳勝首
事不立楚後其勢不長今君起江東楚蠭起之將皆爭附君者師古

曰蠭古蜂字也蠭起如蠭之起言其衆也一說蠭與鋒同言鋒銳而起者補注先謙曰蠭起索隱單行本作蠭午今本史記作蠭起
王念孫以爲史漢皆作蠭午說詳史記雜志以君世世楚將爲能復立楚之後也於是
梁迺求楚懷王孫心在民閒爲人牧羊立以爲楚懷王從民望也
陳嬰爲上柱國封五縣與懷王都盱台師古曰盱音許于反台音怡補注先謙曰盱台臨淮
縣今泗州盱眙縣東北梁自號武信君引兵攻亢父師古曰亢音抗父音甫補注先謙曰亢父東平
縣今濟甯州南五十里初章邯既殺齊王田儋於臨菑師古曰高紀及儋傳並言於臨濟此獨言
臨菑疑此誤也田假復自立爲齊王儋弟榮走保東阿補注先謙曰東阿東郡縣今兗州府
陽穀縣東北五十里章邯追圍之梁引兵救東阿大破秦軍東阿田榮即引
兵歸逐王假假亡走楚相田角亡走趙角弟閒故將補注先謙曰史記作故齊
將居趙不敢歸田榮立儋子市爲齊王梁已破東阿下軍遂追秦
軍數使使趣齊兵俱西師古曰趣讀曰促榮曰楚殺田假趙殺田角田閒
迺發兵梁曰田假與國之王張晏曰與黨與也補注宋祁曰田假與國之王又在田儋傳作懷王語

窮來歸我不忍殺趙亦不殺角閒以市於齊張晏曰若市買相貿易以利也梁救榮難
榮猶不用命梁念殺假等榮未必多出兵不如待以初又可以貿易他利以除己害遂背德可輔假以伐齊故曰市市貿易也晉灼
曰欲令楚殺田假以爲己利而楚保全不殺以買其計故曰市也師古曰二說皆非也市者以角閒市取齊兵也直言趙不殺角閒
以求齊兵耳補注先謙曰官本如作加初作禮是集解引張注不如下多依春秋寄公五字官本無故曰市也四字齊遂不
肯發兵助楚梁使羽與沛公別攻城陽補注齊召南曰案城陽當作成陽此傳及高紀並傳
寫之失誤加土旁耳胡三省云成陽縣與定陶濮陽皆相近非城陽國之城陽可以補三劉刊誤所不及先謙曰成陽濟陰縣今曹
州府濮州東南城成通作齊讀非城陽國之城陽是矣以爲誤加土旁非也屠之西破秦軍濮陽東補注
先謙曰濮陽東郡縣今大名府開州南秦兵收入濮陽沛公羽攻定陶定陶未下去
西略地至雍丘大破秦軍斬李由還攻外黃補注先謙曰定陶濟陰縣今曹州府定陶
縣西北雍丘外黃並陳留縣雍丘今開封府杞縣治外黃今杞縣東六十里外黃未下梁起東阿比至
定陶再破秦軍師古曰比音必寐反羽等又斬李由益輕秦有驕色宋義諫
曰戰勝而將驕卒惰者敗今少惰矣秦兵日益臣爲君畏之梁不

聽迺使宋義於齊道遇齊使者高陵君顯張晏曰名顯封於高陵晉灼曰高陵瑯邪縣也〔補注〕先謙曰官本注末四字作是瑯邪縣曰公將見武信君乎曰然義曰臣論武信君軍必敗公徐行則免疾行則及禍秦果悉起兵益章邯夜銜枚擊楚大破之定陶師古曰銜枚解在高紀梁死沛公與羽去外黃攻陳留陳留堅守不下沛公羽相與謀曰今梁軍敗士卒恐迺與呂臣俱引兵而東呂臣軍彭城東羽軍彭城西沛公軍碭章邯已破梁軍則以爲楚地兵不足憂迺渡河北擊趙大破之當此之時趙歇爲王陳餘爲將張耳爲相走入鉅鹿城師古曰趙歇張耳共入鉅鹿也〔補注〕先謙曰鉅鹿鉅鹿縣今順德府平鄉縣治秦將王離涉閒圍鉅鹿張晏曰秦二將也王離王翦孫涉姓閒名也章邯軍其南築甬道而輸之粟師古曰章邯爲甬道而運粟以饟王離涉閒之軍陳餘將卒數萬人軍鉅鹿北所謂河北軍也宋義所遇齊使者高陵君顯見楚懷王曰宋義論武信君必敗數日果敗軍未戰先見敗徵師古曰徵證也可謂知

兵矣王召宋義與計事而說之師古曰說讀曰悅因以爲上將軍羽爲魯公爲次將范增爲末將諸別將皆屬號卿子冠軍師古曰冠軍言其在諸軍之上〔補注〕錢大昭曰皆屬下當有義字先謙曰集解引文穎云卿子時人相褒尊之詞猶言公子也冠軍者張晏云若霍去病功冠三軍因封爲冠軍侯北救趙至安陽留不進師古曰今相州安陽縣〔補注〕葉德輝曰史記作留四十六日不進先謙曰通鑑胡注索隱云傅寬傳從攻安陽杠里則當俱在河南案此時兵未渡河不應即至相州後魏地形志已氏有安陽城是也在今宋州楚邱西北沈欽韓云以下文宋義送子至無鹽證之謂在已氏者是也一統志安陽在今曹州府曹縣東秦三年羽謂宋義曰今秦軍圍鉅鹿疾引兵渡河楚擊其外趙應其內破秦軍必矣宋義曰不然夫搏牛之蝱不可以破蝨張晏曰搏音博蘇林曰蝱喻秦蝨喻章邯等言小大不同勢欲滅秦當寬邯等也如淳曰猶言本欲以大力伐秦而不可以救趙也師古曰搏擊也言以手擊牛之背可以殺其上蝱而不能破蝨喻今將兵方欲滅秦不可盡力與章邯戰或未能禽徒費力也如說近也〔補注〕先謙曰索隱引鄒氏云搏音附言蝱之搏牛本不擬破其上之蟣蝨以言志在大不在小也似較顏說文義爲順沈欽韓云羅願爾雅翼蝱有數種商浙以南江嶺間有大木蝱長大綠色殆如次蟬咂牛馬或至頓仆蜚蝱狀如蜜蜂黃黑色又一種小者名鹿蝱大如蠅齧牛馬亦猛

據此是蝱有搏牛者沈說與鄒意合今秦攻趙戰勝則兵罷我承其敝師古曰罷讀曰疲不勝則我引兵鼓行而西必舉秦矣師古曰鼓行謂擊鼓而行無畏懼也故不如先鬭秦趙夫擊輕銳我不如公坐運籌策公不如我因下令軍中曰猛如虎很如羊貪如狼強不可令者皆斬遣其子襄相齊身送之無鹽師古曰縣名〔補注〕先謙曰無鹽東平縣今泰安府東平州東二十里飲酒高會師古曰高會大會也天寒大雨士卒凍飢羽曰將勠力而攻秦久留不行今歲飢民貧卒食半菽孟康曰半五斗器名也臣瓚曰士卒食蔬菜以菽雜半之師古曰瓚說是也菽謂豆也〔補注〕先謙曰史記作芋菽集解引徐廣云芋一作半半五升器也索隱引王劭云半量器名容五升也是半本器名此言卒須食五升菽耳今無見糧不堪供食文本相承瓚說非也孟注斗字乃升之譌軍無見糧師古曰無見在之糧迺飲酒高會不引兵渡河因趙食與并力擊秦迺曰承其敝夫以秦之強攻新造之趙其勢必舉趙趙舉秦強何敝之承且國兵新破王坐不安席埽境內而屬將軍師古曰屬委也音之欲反國家安危在此一舉今不卹士卒而徇私宴〔補注〕

先謙曰官本無宴字非社稷之臣也羽晨朝上將軍宋義即其帳中斬義頭師古曰即就也出令軍中曰宋義與齊謀反楚楚王陰令籍誅之諸將讋服師古曰讋失氣也音之涉反莫敢枝梧如淳曰梧音悟枝梧猶枝扞也臣瓚曰小柱爲枝邪柱爲梧今屋梧邪柱是也〔補注〕先謙曰官本注悟作吾皆曰首立楚者將軍家也今將軍誅亂迺相與共立羽爲假上將軍師古曰未得懷王之命故且爲假也〔補注〕先謙曰正義假攝也使人追宋義子及之齊殺之使桓楚報命於王王因使使立羽爲上將軍羽已殺卿子冠軍威震楚國名聞諸侯迺遣當陽君蒲將軍將卒二萬人渡河救鉅鹿戰少利〔補注〕先謙曰當陽君英布河即漳水也陳餘復請兵羽迺悉引兵渡河已渡皆湛舡師古曰湛讀曰沈謂沈沒其舡於水中〔補注〕葉德輝曰閩本德藩本舡作船先謙曰官本作船破釜甑燒廬舍持三日糧視士必死無還心師古曰視讀曰示〔補注〕先謙曰官本士下有卒字史記同於是至則圍王離與秦軍遇九戰絕甬道大破之殺蘇角文穎曰秦將虜王離涉間不降自燒殺當是時楚兵冠諸侯師古曰言

最爲上也諸侯軍救鉅鹿者十餘壁莫敢縱兵及楚擊秦諸侯皆從壁上觀楚戰士無不一當十呼聲動天地師古曰呼音火故反諸侯軍人人惴恐服虔曰惴音章瑞反〔補注〕先謙曰官本無注於是楚已破秦軍羽見諸侯將入轅門張晏曰軍行以車爲陳轅相向爲門故曰轅門師古曰周禮掌舍王行則設車宮轅門也〔補注〕先謙曰史記重諸侯將三字是膝行而前莫敢仰視羽繇是始爲諸侯上師古曰繇讀與由同將軍兵皆屬焉〔補注〕劉攽曰將軍字聯上爲句按史記云始爲諸侯上將軍諸侯皆屬焉章邯軍棘原晉灼曰地名在鉅鹿南〔補注〕沈欽韓曰明史地理志順德府平鄉縣南有棘原西南有漳河羽軍漳南相持未戰秦軍數卻師古曰卻退也音丘略反二世使人讓章邯師古曰讓責也章邯恐使長史欣請事至咸陽留司馬門三日師古曰凡言司馬門者宮垣之內兵衛所在四面皆有司馬司馬主武事故總謂宮之外門爲司馬門趙高不見有不信之心長史欣恐還走不敢出故道趙高果使人追之不及欣至軍報曰事亡可爲者師古曰言不可復爲軍旅之事相國趙高顓國主斷師古曰顓與專同也今戰而勝高嫉吾功不勝不免於死願

前漢三十一　十五

將軍熟計之〔補注〕葉德輝曰熟閩本德藩本作孰陳餘亦遺章邯書曰白起爲秦將南并鄢郢北阬馬服服虔曰馬服趙括也父奢爲趙將有功賜號馬服馬服猶服馬也故世稱之師古曰鄢郢皆楚邑也鄢音偃郢音弋井反〔補注〕周壽昌曰注賜號馬服當作馬服君攻城略地不可勝計而卒賜死師古曰卒終也蒙恬爲秦將北逐戎人開榆中地數十里服虔曰金城縣所治也蘇林曰在上郡師古曰即今之榆林古者上郡界蘇說是也〔補注〕朱一新曰監本十作千是先謙曰官本作千史記同竟斬陽周孟康曰縣名也屬上郡晉灼曰恬賜死死於此縣〔補注〕先謙曰今延安府安定縣北九十里何者功多秦不能封〔補注〕先謙曰史記封上有盡字因以法誅之今將軍爲秦將三歲矣所亡失已十萬數而諸侯並起茲益多〔補注〕先謙曰史記茲作滋通用字彼趙高素諛曰久師古曰諛諂也今事急亦恐二世誅之故欲以法誅將軍以塞責師古曰塞當也使人更代以脫其禍師古曰脫免也將軍居外久多內隙有功亦誅亡功亦誅且天之亡秦無愚智皆知之今將軍內不能直諫外爲亡國將孤立而欲長存豈不哀哉將軍何不還兵與諸侯爲從文穎曰關

東爲從關西爲橫孟康曰南北爲從東西爲橫師古曰言欲如六國時共敵秦二說皆是也還兵謂迴兵內嚮以攻秦也從音子容反南面稱孤孰與身伏斧質妻子爲戮乎師古曰質謂鍖也古者斬人加於鍖上而斫之也鍖音竹林反章邯狐疑陰使候始成使羽欲約鄭氏曰候軍候也始姓成名也〔補注〕先謙曰索隱始成其名蓋是約未成羽使蒲將軍引兵渡三戶服虔曰漳水津也孟康曰在鄴西三十里〔補注〕先謙曰官本考證云水經注漳水東逕三戶峽爲三戶津軍漳南與秦戰再破之羽悉引兵擊秦軍汙水上師古曰汙水在鄴西南音于〔補注〕錢大昭曰水經注汙水出武安山南經汙城北入漳沈欽韓曰彰德府志汙水在臨漳縣西入漳其源出武安山今絕大破之邯使使見羽欲約羽召軍吏謀曰糧少欲聽其約軍吏皆曰善羽迺與盟洹水南殷虛上應劭曰洹水在湯陰界殷虛故殷都也師古曰洹水出林慮縣東北至于長樂入清水洹音桓俗音袁非也虛讀曰墟〔補注〕先謙曰集解引瓚曰洹水在今安陽縣北去朝歌殷都一百五十里然則此殷虛非朝歌索隱汲冢古文云盤庚自奄遷于北冢曰殷虛南去鄴州三十里是殷虛南舊地名號北冢也官本注至下無于字已盟章邯見羽流涕爲言趙高羽迺立章邯爲雍王置軍中使長史欣爲上將〔補注〕先謙曰史記作上將軍將秦軍行

前漢三十一　十六

前師古曰行前謂居前而行漢元年羽將諸侯兵三十餘萬〔補注〕葉德輝曰史記月表作四十餘萬行略地至河南遂西到新安師古曰今穀州新安城是〔補注〕先謙曰新安宏農縣今河南府澠池縣東塔泥鎮是異時諸侯吏卒繇役屯戍過秦中師古曰異時猶言先時也秦中關中秦地也秦中遇之多亡狀師古曰無善形狀也〔補注〕先謙曰史記秦中下多吏卒二字及秦軍降諸侯諸侯吏卒乘勝奴虜使之輕重折辱秦吏卒〔補注〕宋祁曰一本無重字先謙曰史記亦無無一本是吏卒多竊言〔補注〕錢大昭曰南監本閩本竊言下有曰字葉德輝曰德藩本有曰字先謙曰官本有曰字史記同章將軍詐吾屬降諸侯〔補注〕葉德輝曰閩本德藩本章將軍下有等字先謙曰官本亦有史記同今能入關破秦大善卽不能諸侯虜吾屬而東秦又盡誅吾父母妻子〔補注〕先謙曰案史記又作必是諸將微聞其計〔補注〕先謙曰列子說符篇注微猶密也聞其計慮如此以告羽羽迺召英布蒲將軍計曰秦吏卒尚眾其心不服至關不聽事必危不如擊之〔補注〕先謙曰史記至關下有中字擊下有殺字皆是疑本書奪文獨與章邯長史欣都尉翳入秦於是夜擊阬秦軍二十餘萬人至函谷關有兵

守不得入聞沛公已屠咸陽〔補注〕先謙曰史記屠作破羽大怒使當陽君擊關羽遂入至戲西鴻門〔補注〕沈欽韓曰長安志鴻門坂在臨潼縣東十七里漢舊大道北下阪口名也聞沛公欲王關中獨有秦府庫珍寶亞父范增亦大怒勸羽擊沛公饗士旦日合戰羽季父項伯素善張良良時從沛公項伯夜㠯語良良與俱見沛公因伯自解於羽師古曰自解猶今言分疏也〔補注〕先謙曰官本注無也字明日沛公從百餘騎至鴻門謝羽自陳封秦府庫還軍霸上㠯待大王閉關㠯備他盜不敢背德羽意既解范增欲害沛公賴張良樊噲得免語在高紀後數日羽迺屠咸陽殺秦降王子嬰燒其宮室火三月不滅收其寶貨略婦女而東秦民失望師古曰沛公入關儉節自處約法三章反秦之政而項羽屠殺焚燒恣其殘酷故關中之人失所望也〔補注〕宋祁曰景本作收其貨賂婦女而東於是韓生說羽曰關中阻山帶河四塞之地〔補注〕葉德輝曰集解引徐廣曰東函谷南武關西散關北蕭關肥饒可都㠯伯師古曰伯讀曰霸羽見秦宮室皆已燒殘〔補注〕先謙曰官本無宮室字引宋祁

曰新本秦字下有宮室字又懷思東歸曰富貴不歸故鄉如衣錦夜行師古曰言無人見之不榮顯矣〔補注〕宋祁曰史記作衣繡韓生曰人謂楚人沐猴而冠果然張晏曰沐猴獮猴也師古曰言雖著人衣冠其心不類人也果然果如人之言也〔補注〕沈欽韓曰初學記毛詩草蟲經曰猱獮猴也楚人謂之沐猴先謙曰官本如上無果字羽聞之斬韓生〔補注〕周壽昌曰法言重黎篇韓生作蔡生沐猴作木侯斬韓生作亨之初懷王與諸將約先入關者王其地羽既背約使人致命於懷王懷王曰如約羽迺曰懷王者吾家武信君所立耳非有功伐張晏曰積功曰伐何㠯得顓主約師古曰顓與專同天下初發難服虔曰兵初起時也假立諸侯後㠯伐秦然身被堅執銳首事暴露於野三年滅秦定天下者皆將相諸君與籍力也懷王亡功固當分其地王之諸將皆曰善羽迺陽尊懷王為義帝曰古之王者地方千里必居上游文穎曰居水之上流也游或作流師古曰游即流也徙之長沙都郴師古曰郴音丑林反〔補注〕先謙曰郴桂陽縣今郴州治迺分天下㠯王諸侯羽與范增疑沛公業已講解蘇林曰講和也又惡背約恐諸

侯叛之迺陰謀曰巴蜀道險秦之遷民皆居之迺曰巴蜀亦關中地故立沛公為漢王王巴蜀漢中而參分關中王秦降將㠯距塞漢道迺立章邯為雍王王咸陽㠯西長史司馬欣故櫟陽獄吏嘗有德於梁都尉董翳本勸章邯降故立欣為塞王王咸陽㠯東至河立翳為翟王王上郡徙魏王豹為西魏王王河東瑕丘公申陽者孟康曰瑕丘縣之老人也姓申名陽〔補注〕錢大昕曰予謂此公非老人之稱春秋之世楚縣令皆僭稱公楚漢之際官名多沿楚制故漢王起沛稱沛公楚有蕭公薛公郯公留公柘公漢有滕公戚公皆縣令之稱此瑕丘公亦是瑕丘縣令孟說非也張耳嬖臣也師古曰嬖謂愛幸也先下河南迎楚河上立陽為河南王趙將司馬卬定河內數有功立卬為殷王王河內徙趙王歇王代趙相張耳素賢又從入關立為常山王王趙地當陽君英布為楚將常冠軍立布為九江王番君吳芮師古曰番音蒲河反帥百粵佐諸侯從入關立芮為衡山王義帝柱國共敖師古曰共讀曰龔將兵擊南郡功多因立為臨

江王徙燕王韓廣為遼東王燕將臧荼師古曰荼音塗從楚救趙因從入關立荼為燕王徙齊王田市為膠東王齊將田都從共救趙入關〔補注〕宋祁曰共一作兵先謙曰史記亦作共立都為齊王故秦所滅齊王建孫田安羽方渡河救趙安下濟北數城引兵降羽立安為濟北王田榮者背梁不肯助楚擊秦㠯故不得封陳餘棄將印去不從入關然素聞其賢有功於趙聞其在南皮故因環封之三縣孟康曰繞南皮三縣㠯封之師古曰環音宦〔補注〕先謙曰南皮勃海縣今天津府南皮縣東北八里番君將梅鋗師古曰鋗音火玄反〔補注〕先謙曰官本注在侯字下功多故封十萬戶侯羽自立為西楚伯王師古曰伯讀曰霸王梁楚地九郡都彭城諸侯各就國田榮聞羽徙齊王市膠東而立田都為齊王大怒不肯遣市之膠東因㠯齊反迎擊都都走楚市畏羽迺亡之膠東就國榮怒追殺之即墨〔補注〕先謙曰即墨膠東縣今萊州府平度州東南自立為齊王予彭越將軍印令反梁地越迺擊殺濟北王田安〔補注〕何焯

日田儋傳榮還攻殺安與異姓諸侯王表同此云越殺誤也越傳亦止云下濟陰以擊楚田榮遂幷王三齊之地時漢王還定三秦羽聞漢幷關中且東師古曰言方欲出關而擊楚也齊梁畔之〔補注〕齊召南曰案史記作齊趙畔之趙指陳餘破常山王張耳迎故趙王歇還趙也此傳敘趙叛向在二年故改齊趙爲齊梁下文張良以齊趙反書遺羽亦改爲齊梁反書梁卽指彭越反梁地也先謙曰齊謂傳改齊趙爲齊梁是矣下齊梁反書史記與此同非齊趙也齊偶誤大怒迺以故吳令鄭昌爲韓王以距漢令蕭公角等擊彭越越敗蕭公角等〔補注〕沈欽韓曰蕭縣公名角通鑑直云蕭角似非時張良徇韓遺項王書曰漢王失職欲得關中如約卽止不敢東師古曰如本要約也又以齊梁反書遺羽曰此故無西意而北擊齊徵兵九江王布布稱疾不行使將將數千人往二年羽陰使九江王布殺義帝〔補注〕宋祁曰史記云令衡山臨江擊殺之江中先謙曰三王同受羽令而布遂殺之非史駮文陳餘使張同夏說說齊王榮師古曰夏說讀曰悅下說齊王說音式芮反曰項王爲天下宰不平今盡王故王於醜地師古曰醜惡也而王羣臣諸將善地逐其故主趙王迺北居代餘以爲

不可師古曰於義不當然聞大王起兵且不聽不義師古曰凡不義之事皆不聽順願大王資餘兵師古曰資給也使擊常山以復趙王請以國爲扞蔽師古曰猶爲齊之藩屏齊王許之因遣兵往陳餘悉三縣兵師古曰悉盡也與齊幷力擊常山大破之張耳走歸漢陳餘迎故趙王歇反之趙趙王因立餘爲代王羽至城陽田榮亦將兵會戰榮不勝走至平原平原民殺之羽遂北燒夷齊城郭室屋師古曰夷平也皆阬降卒係虜老弱婦女徇齊至北海所過殘滅齊人相聚而畔之於是田榮弟橫收得亡卒數萬人反城陽羽因留連戰未能下漢王劫五諸侯兵服虔曰時有十八諸侯漢得其五師古曰常山河南魏韓殷也解在高紀十八諸侯漢時又先已得塞翟矣服說非也〔補注〕葉德輝曰劫史記作部先謙曰顏說亦非詳在高紀凡五十六萬人東伐楚羽聞之卽令諸將擊齊而自以精兵三萬人南從魯出胡陵〔補注〕先謙曰魯魯國縣今兗州府曲阜縣治漢王皆已破彭城收其貨賂美人日置酒高會羽迺從蕭晨擊漢軍而東至彭城日

中大破漢軍張晏曰一日之中或曰早擊之至日中大破師古曰或說是也〔補注〕先謙曰蕭沛郡縣今徐州府蕭縣西北漢軍皆走迫之穀泗水臣瓚曰二水皆在沛郡彭城漢軍皆南走山師古曰走趣也音奏楚又追擊至靈辟東睢水上師古曰睢音雖〔補注〕先謙曰靈壁至趙宋爲縣今鳳陽府靈壁縣治明地理志宿州靈壁縣北有睢河漢軍卻爲楚所擠臣瓚曰擠排也師古曰音子詣反又音子奚反多殺漢卒十餘萬皆入睢水睢水爲不流師古曰言殺人多塡於水中漢王迺與數十騎遁去語在高紀太公呂后間求漢王師古曰間行而求之反遇楚軍楚軍與歸羽常置軍中漢王稍收散卒蕭何亦發關中卒悉詣滎陽戰京索閒師古曰索音山各反〔補注〕先謙曰京河內縣有大索小索亭詳志敗楚楚以故不能過滎陽而西漢軍滎陽築甬道取敖倉食三年羽數擊絕漢甬道漢王食乏請和割滎陽以西爲漢羽欲聽之歷陽侯范增曰〔補注〕先謙曰歷陽九江縣今和州治漢易與耳今不取後必悔之羽迺急圍滎陽漢王患之迺與陳平金四萬斤以間楚君臣師古曰間音居莧反語在陳平傳項羽以

故疑范增稍奪之權范增怒曰天下事大定矣君王自爲之願賜骸骨歸行未至彭城疽發背死師古曰疽癰創也音千餘反〔補注〕先謙曰官本注創作瘡於是漢將紀信詐爲漢王出降以誑楚軍故漢王得與數十騎從西門出令周苛樅公魏豹守滎陽師古曰苛音何樅音千容反〔補注〕沈欽韓曰元和姓纂作從漢有將軍從成公廣韻同作從何氏姓苑云今東莞人則此樅字俗加木旁漢王西入關收兵還出宛葉閒師古曰葉音式涉反〔補注〕先謙曰宛葉並南陽縣宛今南陽縣治葉今葉縣治與九江王黥布行收兵羽聞之卽引兵南漢王堅壁不與戰是時彭越渡睢與項聲薛公戰下邳〔補注〕先謙曰史記作彭越渡河擊楚東阿殺薛公羽迺東擊彭越漢王亦引兵北軍成皋〔補注〕先謙曰成皋河南縣今開封府汜水縣西北羽已破走彭越師古曰擊破之令其走引兵西下滎陽城亨周苛殺樅公虜韓王信進圍成皋漢王跳師古曰輕身而急出也跳音徒彫反〔補注〕先謙曰史記跳作逃獨與滕公得出北渡河至修武從張耳韓信〔補注〕先謙曰修武河內縣今衞輝府獲嘉縣治楚遂拔成皋漢王得韓信軍留止使盧

綰劉賈渡白馬津入楚地佐彭越共擊破楚軍燕郭西師古曰燕縣故南燕
國也屬東郡補注先謙曰今衞輝府延津縣東三十五里燒其積聚攻下梁地十餘城羽聞之
謂海春侯大司馬曹咎曰謹守成皋即漢欲挑戰慎毋與戰勿令
得東而已我十五日必定梁地復從將軍於是引兵東四年羽擊
陳留外黃外黃不下補注錢大昭曰閩本不重外黃二字數日降羽悉令男子年十
五已上詣城東欲阬之外黃令舍人兒年十三蘇林曰令之舍人兒也臣瓚曰稱兒
者以其幼弱故係其父往說羽曰彭越強劫外黃師古曰彊音其兩反外黃恐故且降
待大王大王至又皆阬之百姓豈有所歸心哉從此以東梁地十
餘城皆恐莫肯下矣羽然其言迺赦外黃當阬者而東至睢陽聞
之皆爭下補注先謙曰睢陽梁國縣今歸德府商邱縣南漢果數挑楚軍戰楚軍不出使
人辱之五六日大司馬怒渡兵汜水師古曰汜音凡解在高紀卒半渡漢擊大
破之盡得楚國金玉貨賂大司馬咎長史欣皆自剄汜水上咎故
蘄獄掾欣故塞王羽信任之羽至睢陽聞咎等破則引兵還漢軍
方圍鍾離眛於滎陽東師古曰眛音莫葛反補注先謙曰官本眛皆作眛是注葛作曷羽軍至漢
軍畏楚盡走險阻師古曰走音奏補注先謙曰官本無注羽亦軍廣武相守補注先謙曰史
記云項王已定東海來西與漢俱臨廣武而軍迺爲高俎置太公其上如淳曰高俎几之上也李奇曰軍中
巢櫓謂之俎師古曰俎者所以薦肉示欲烹之故置俎上如說是也補注周壽昌曰御覽一百七十六引郡國志曰滎陽縣有大武
城高祖與項氏各在一城東城有高壇即項羽置太公於上處今名之曰項羽堆亦呼爲太公臺告漢王曰今不
急下吾亨太公漢王曰吾與若俱北面受命懷王師古曰若汝也約爲兄
弟吾翁即汝翁師古曰翁謂父也必欲亨迺翁幸分我一杯羹師古曰迺亦汝也古
者以杯盛羹今之側杯有兩耳者是也羽怒欲殺之項伯曰天下事未可知且爲天
下者不顧家雖殺之無益但益怨耳羽從之迺使人謂漢王曰天
下匈匈徒以吾兩人師古曰匈匈讙擾之意也他皆類此願與王挑戰決雌雄毋徒
罷天下父子爲也師古曰罷讀曰疲補注先謙曰史記天下下有之民二字漢王笑謝曰吾寧

鬭智不能鬭力羽令壯士出挑戰漢有善騎射曰樓煩應劭曰樓煩胡人也
李奇曰後爲縣屬鴈門此縣人善騎射謂士爲樓煩取其稱耳未必樓煩人也師古曰李說是也補注劉攽曰安知無姓樓名煩者
乎錢大昭曰功臣表有樓煩將丁復益將樓煩之兵耳樓煩非姓名沈欽韓曰灌嬰傳斬樓煩將五人與此同也楚挑戰
三合樓煩輒射殺之羽大怒自被甲持戟挑戰樓煩欲射羽瞋目
叱之師古曰瞋目張目也音充人反樓煩目不能視手不能發走還入壁不敢復
出漢王使閒問之迺羽也師古曰閒微問之也漢王大驚於是羽與漢王相
與臨廣武閒而語漢王數羽十罪師古曰數責也音所具反語在高紀羽怒伏
弩射傷漢王漢王入成皋時彭越數反梁地絕楚糧食又韓信破
齊且欲擊楚羽使從兄子項它爲大將龍且爲裨將師古曰它音徒何反且音
子余反高紀云項聲此傳云項它紀傳不同未知孰是補注王鳴盛曰高紀於是役但書龍且不言項聲師古云云不知何據而南
監本竟無此注當是傳寫脫去考其實則當作項聲紀所以不言者以傳中可互見且羽雖不信人以項氏子監軍而龍且實主兵
故其敘事皆稱龍且無項聲也史記項羽紀及漢紀亦皆但有龍且史記高紀又以是役爲龍且與周蘭二人曹參傳云從韓信擊
斬龍且虜亞將周蘭灌嬰傳略同皆與史記高紀合然則是役楚所遣將凡三人矣項聲項它皆楚將其戰事散見諸紀傳中者甚
多觀高紀楚使項聲龍且攻黥布曹參傳東擊龍且項佗定陶破之與灌嬰傳擊項羽將龍且魏相項佗軍定陶南破之是一事則
二人皆嘗與龍且同事所以史書致誤灌嬰傳降彭城虜柱國項佗其事在破斬龍且後相距甚遠項它果與龍且同救齊其時且
死周蘭被獲全軍盡沒不應它獨得免至彭城方被虜故知救齊乃項聲非它也救齊韓信破殺龍且追
至成陽虜齊王廣信遂自立爲齊王羽聞之恐使武涉往說信語
在信傳補注先謙曰史記項羽紀序羽擊彭越欲阬外黃及漢破海春侯於此下與史漢高帝紀不合今傳移於韓信破龍
且前爲是時漢關中兵益出食多羽兵食少漢王使侯公說羽羽迺與
漢王約中分天下割鴻溝而西者爲漢東者爲楚歸漢王父母妻
子已約羽解而東五年漢王進兵追羽至故陵補注先謙曰官本故作固是史記高
紀羽紀本書高紀故作固說詳紀復爲羽所敗漢王用張良計致齊王信建成侯
彭越兵及劉賈入楚地圍壽春補注先謙曰壽春九江縣今鳳陽府壽州治大司馬周
殷叛楚舉九江兵隨劉賈迎黥布與齊梁諸侯皆大會羽壁垓下

補注先謙曰漢沛郡洨縣垓下聚在今鳳陽府靈壁縣東南軍少食盡漢帥諸侯兵圍之數重
羽夜聞漢軍四面皆楚歌迺驚曰漢皆已得楚乎是何楚人多也
起飲帳中有美人姓虞氏補注周壽昌曰史記作有美人名虞案婦人從夫姓即以己姓爲名後世猶然
後書曹世叔妻班昭字曰惠班晉李恆妻衞鑠稱名曰李衞元趙孟頫妻管道昇稱名曰趙管皆是常幸從駿馬名
騅常騎師古曰蒼白雜毛曰騅蓋以其色名之迺悲歌忼慨自爲歌詩曰力拔山兮
氣蓋世時不利兮騅不逝騅不逝兮可柰何虞兮虞兮柰若何師古
曰若汝也歌數曲美人和之羽泣下數行左右皆泣莫能仰視於是羽
遂上馬戲下騎從者八百餘人師古曰戲大將之旗也音許宜反又音許爲反漢書通以戲爲旌麾
及指麾字夜直潰圍南出馳平明漢軍迺覺之令騎將灌嬰以五千騎
追羽羽渡淮騎能屬者百餘人師古曰屬聯及也音之欲反羽至陰陵迷失道
孟康曰縣名屬九江郡補注先謙曰今鳳陽府定遠縣西北六十五里問一田父田父紿曰左文穎曰紿
欺也欺令左也左迺陷大澤中以故漢追及之羽復引而東至東城補注宋祁

曰東城縣名先謙曰九江縣今定遠縣東南迺有二十八騎追者數千羽自度不得脫
師古曰脫免也音土活反謂其騎曰吾起兵至今八歲矣身七十餘戰所當者
破所擊者服未嘗敗北遂伯有天下師古曰伯讀曰霸然今卒困於此師古
曰卒終也此天亡我非戰之罪也今日固決死願爲諸軍快戰補注錢大昭曰
快南監本閩本並作決漢紀同王念孫曰諸軍當依史記漢紀作諸君羽此時但有二十八騎不得言諸軍也下亦作諸君葉德輝
曰德藩本作決先謙曰史集解本作快官本決必三勝斬將艾旗迺後死師古曰艾音刈補注先謙曰史
記作刈使諸君知我非用兵罪補注葉德輝曰知我閩本德藩本作知吾先謙曰官本作知吾天亡
我也於是引其騎因四隤山孟康曰四下隤陁也師古曰隤音徒回反補注沈欽韓曰輿地紀勝四隤
山在烏江縣西北三十里直陰陵山方輿紀要亦名四馬山而爲圜陳外嚮師古曰圜陳四周爲之也外嚮謂兵
刃皆在外也補注先謙曰史記云分其騎以爲四隊四嚮漢騎圍之數重羽謂其騎曰吾爲公
取彼一將令四面騎馳下期山東爲三處於是羽大呼馳下師古曰呼
叫也音火故反漢軍皆披靡師古曰披音普彼反遂殺漢一將是時楊喜爲郎騎追

羽羽還叱之師古曰還謂迴面也喜人馬俱驚辟易數里師古曰辟易謂開張而易其本處辟
音頻亦反與其騎會三處漢軍不知羽所居分軍爲三復圍之羽迺馳
復斬漢一都尉殺數十百人復聚其騎亡兩騎迺謂騎曰何如騎
皆服曰如大王言於是羽遂引東欲渡烏江臣瓚曰在牛渚補注先謙曰正義引括地
志云烏江亭即和州烏江縣是也晉初爲縣案在今和州東北烏江亭長檥船待服虔曰檥音蟻如淳曰南方人
謂整船向岸曰檥謂羽曰江東雖小地方千里眾數十萬亦足王也願大
王急渡今獨臣有船漢軍至亡以渡羽笑曰迺天亡我何渡爲且
籍與江東子弟八千人渡而西今亡一人還縱江東父兄憐而王
我我何面目見之哉縱彼不言籍獨不愧於心乎謂亭長曰吾知
公長者也吾騎此馬五歲所當亡敵嘗一日千里吾不忍殺以賜
公迺令騎皆去馬步持短兵接戰羽獨所殺漢軍數百人羽亦被
十餘創顧見漢騎司馬呂馬童曰若非吾故人乎師古曰若汝也馬童面

之張晏曰以故人難親斫之故背之也如淳曰面謂不正視也師古曰如說非也面謂背之不面向也面縛亦謂反偝而縛之杜
元凱以爲但見其面非也補注劉攽曰面之直面向之耳沈欽韓曰劉說是少儀云遇於道見則面鄭注可以隱則隱則謂面爲向
也亦作偭說文偭鄉也少儀尊壺者偭其鼻指王翳曰如淳曰指示王翳補注朱一新曰功臣表作王署索隱引表又
作王翥此項王也羽迺曰吾聞漢購我頭千金邑萬戶師古曰購以財設賞音工
豆反吾爲公得鄧展曰令公得我爲功也晉灼曰字或作德補注先謙曰史記作德字通迺自剄王翳取
其頭亂相輮蹈師古曰輮踐也音人九反補注先謙曰史記作餘騎相蹂踐爭羽相殺者數十
人最後楊喜呂馬童郎中呂勝楊武各得其一體故分其地以封
五人皆爲列侯補注錢大昭曰喜赤泉侯翳杜衍侯馬童中水侯勝涅陽侯武吳房侯漢王迺以魯
公號葬羽於穀城補注何焯曰羽受命懷王救趙時以魯公爲次將被以魯公號以正楚君臣之分也先謙曰穀
城說詳高紀諸項支屬皆不誅封項伯等四人爲列侯賜姓劉氏補注先謙
曰功臣表有劉纏劉襄劉它三人其一羽紀云玄武侯表不載
贊曰昔賈生之過秦曰應劭曰賈生書有過秦二篇言秦之過此第一篇也司馬遷取以爲贊班固因之

秦孝公據殽函之固擁雍州之地師古曰殽謂殽山今陝縣東二殽是也函謂函谷今桃林縣南洪溜澗是也君臣固守而闚周室有席卷天下包舉宇內囊括四海并吞八荒之心張晏曰括結囊也言其能包含天下師古曰八荒八方荒忽極遠之地也〔補注〕先謙曰新書陳涉世家贊四海下有之意二字文選同始皇紀作之志當是時也商君佐之師古曰衞鞅也封於商內立法度務耕織修守戰之備外連衡而鬭諸侯於是秦人拱手而取西河之外師古曰言其不費功力也〔補注〕沈欽韓曰呂覽觀表篇吳起治西河之外王錯譖之於魏武侯武侯使人召之吳起至於岸門索隱劉氏云潁長社縣有岸亭止車望西河泣數行下曰君聽讒人之議而不知我西河之為秦也不久矣案秦紀孝公下令曰三晉攻奪我先君河西地是則魏先侵食秦地故得築長城自洛北有上郡也自吳起去後秦用商君東地至河而魏西境蹙矣齊策蘇代說閔王曰衞鞅見魏王云云魏王大恐按兵於國而東次於齊當是時秦王垂拱而受西河之外此惠成王之世也然其地猶未盡入秦世家襄王五年予秦西河之地秦惠王八年七年魏盡入上郡於秦惠王十年正義案丹鄜延綏等州北至固陽並上郡地魏築長城界自華州鄭縣西北濱洛源縣白於山即東北至勝州固陽縣東至河西上郡之地盡入於秦秦策楚攻魏張儀謂秦王曰不如與魏以勁之魏戰勝威王兵罷敝恐畏秦獻西河之外此即襄王獻地之由也韓非子韓策俱云魏兩用犀首張儀而西河之外亡淮南氾論魏兩用樓翟吳起而亡西河皆非核實之言孝公既沒

惠文武昭襄師古曰惠文王孝公之子武王惠文王之子昭襄王武王之弟〔補注〕先謙曰新書作惠文武昭襄王涉世家贊作惠文王武王昭王始皇紀作惠王武王文選作惠文武昭蒙故業因遺策南取漢中西舉巴蜀東割膏腴之地收要害之郡諸侯恐懼會盟而謀弱秦不愛珍器重寶肥饒之地以致天下之士合從締交師古曰締結也從音子容反締音大系反相與為一當此之時齊有孟嘗師古曰孟嘗君田文趙有平原師古曰平原君趙勝楚有春申師古曰春申君黃歇魏有信陵師古曰公子無忌為信陵君此四賢者〔補注〕先謙曰新書史記文選作四君皆明智而忠信寬厚而愛人尊賢重士約從離橫師古曰約誓為從欲以分離為橫橫謂秦也從音子容反其下亦同〔補注〕先謙曰涉世家贊作連衡始皇紀新書文選與此同言離散秦之橫連字謀兼韓魏燕趙宋衞中山之眾〔補注〕王念孫曰始皇紀燕下有楚齊二字是也下文兩言九國之師又云陳涉之位不齒於齊楚燕趙韓魏宋衞中山之君是其證今本漢書及陳涉世家賈子文選脫楚齊二字於是六國之士〔補注〕先謙曰衞微弱宋中山又先滅故止言六國有甯越徐尚蘇秦杜赫之屬為之謀〔補注〕周壽昌曰呂覽不廣篇甯越可謂知用文武矣注甯越趙中牟人諭大篇杜赫說周昭文君以安天下注杜赫周人杜伯之後亦見周策齊明周最陳軫召滑樓緩翟景蘇厲樂毅之徒通其意師古曰召讀曰邵〔補注〕沈欽韓曰召滑楚策作卓滑聲之轉也齊明說卓滑以伐秦則滑為楚相先謙曰始皇紀作昭滑涉世家贊作邵滑索隱國策齊明東周臣後仕秦楚及韓周最周之公子亦仕秦樓緩魏文侯之弟所謂樓子也翟景王念孫以為即楚魏策之翟強景強聲近引史記高祖功臣表杜衍彊侯王郢人徐廣注彊一作景為景彊通作之證吳起孫臏帶佗兒良王廖田忌廉頗趙奢之朋制其兵師古曰臏音頻忍反佗音徒何反兒音五奚反廖音聊〔補注〕王念孫曰易林益之臨云帶季兒良明知權兵將師合戰敵不能當趙魏以強帶季蓋即帶佗二人為趙魏將故云趙魏以強但未知孰趙孰魏也周壽昌曰藝文志兵權謀家有兒良一篇呂覽不二篇王廖貴先兒良貴後二人皆天下之豪士注云王廖謀兵事貴先建策也兒良作兵謀貴後常以十倍之地百萬之軍仰關而攻秦師古曰秦之地形高而諸侯之兵欲攻關中者皆仰嚮故云仰關也今流俗書本仰字作叩非也〔補注〕王念孫曰仰本作印古仰字皆如此作師古注當云印讀曰仰[illegible]今本則正文注文印字皆改為仰又删去印讀曰仰四字矣印叩字相似故印誤為叩若本是仰字何緣誤為叩乎先謙曰始皇紀文選並作叩叩擊也於義亦通新書潭本作扣關與叩同建本作仰關秦人開關延敵九國之師遁巡而不敢進師古曰遁巡謂疑懼而卻退也遁音千旬反流俗書本巡字誤作逃

讀者因之而為遁逃之義潘岳西征賦云逃遁以奔竄斯亦誤矣〔補注〕先謙曰官本注懼作出引宋祁曰姚本注文疑出作疑懼又注逃遁官本作遁逃沈欽韓云新書作逡遁是也遁巡循皆一字鄉射禮賓少退鄭注少逡遁釋言逡退也郭注逡巡卻去也管子戒篇亦作逡遁晏子問篇作逡循莊子至樂篇蹲循而爭無作遁巡者師古所妄改也秦無亡矢遺鏃之費而天下已困矣師古曰鏃矢鋒也音子木反〔補注〕先謙曰諸書天下下有諸侯二字官本注在費下於是從散約敗爭割地而賂秦秦有餘力而制其弊追亡逐北伏尸百萬流血漂鹵師古曰漂浮也鹵盾也其血可以浮盾言殺人多也漂音匹遙反〔補注〕錢大昭曰說文櫓大盾也或作樐鹵又樐之省文先謙曰官本注無末五字史記文選作櫓新書作樐因利乘便宰割天下分裂山河強國請服弱國入朝施及孝文莊襄王師古曰施延也孝文王昭襄王之子也莊襄王孝文王之子即始皇父也施音弋豉反享國之日淺國家亡事及至始皇奮六世之餘烈師古曰孝公惠文王武王昭襄王孝文王莊襄王凡六君也烈業也振長策而馭宇內師古曰以乘馬為喻也策所以撾馬也吞二周而亡諸侯履至尊而制六合執敲扑以鞭笞天下鄧展曰敲短杖也扑捶也師古曰敲音苦交反扑音普木反威震四海〔補注〕錢大昭曰此句與下文餘威震于殊俗史

記新書震告作振古字通南取百粤之地吕爲桂林象郡百粤之君頫首係頸鄧展曰頫音俯師古曰古俯字委命下吏迺使蒙恬北築長城而守藩籬師古曰言吕長城扞蔽胡寇如人家之有藩籬卻匈奴七百餘里師古曰卻音丘略反胡人不敢南下而牧馬士不敢彎弓而報怨〔補注〕先謙曰涉世家贊作貫弓字同於是廢先王之道焚百家之言吕愚黔首墮名城殺豪俊師古曰墮毁也音火規反收天下之兵聚之咸陽銷鋒鍉如淳曰鍉音嫡箭鏃也師古曰鋒戈戟刃也鍉與鏑同即箭鏃也如音是也鑄吕爲金人十二師古曰所謂公仲者也三輔黃圖云坐高三丈其銘曰皇帝二十六年初兼天下改諸侯爲郡縣一法律同度量大人來見臨洮其長五丈足跡六尺〔補注〕先謙曰索隱云各重千石坐高二丈與此三丈異公作翁字同吕弱天下之民然後踐華爲城服虔曰斷華山爲城晉灼曰踐登也師古曰晉說是〔補注〕先謙曰官本注末有也字因河爲池據億丈之城臨不測之川吕爲固〔補注〕先謙曰川史記文選作谿新書作淵良將勁弩守要害之處信臣精卒陳利兵而誰何師古曰問之爲誰又云何人其義一也〔補注〕沈欽韓曰六韜金鼓篇凡三軍以戒爲固以怠爲敗令我壘上誰何不絕天下已定始皇之心自吕爲

關中之固金城千里子孫帝王萬世之業也始皇既沒餘威震于殊俗然而陳涉甕牖繩樞之子服虔曰吕繩係戶樞孟康曰瓦甕爲樞也〔補注〕先謙曰官本樞也作窻也是甿隸之人如淳曰甿古文萌字甿民也〔補注〕先謙曰官本作萌民也遷徙之徒也材能不及中庸〔補注〕周壽昌曰中庸史記作中人案中庸古止訓中人庸人非美稱也唐劉知幾史通兩稱中庸俱作中人解可證先謙曰文選注方言庸賤稱也言不及中等庸人也非有仲尼墨翟之知文穎曰墨翟宋人爲墨家者也〔補注〕先謙曰新書史記文選知作賢陶朱猗頓之富師古曰越人范蠡逃越止於陶自謂陶朱公猗頓本魯人大畜牛羊於猗氏之南貲擬王公馳名天下〔補注〕先謙曰官本注擬作擬是躡足行伍之間如淳曰躡音疊師古曰躡音女涉反而免起阡陌之中如淳曰時皆僻屈在阡陌之中也師古曰免者言免脫繇役也免字或作俛讀與俯同〔補注〕王念孫曰阡陌本作什伯此因什伯誤作仟佰故又誤作阡陌耳今本漢書及史記陳涉世家賈子文選皆誤作阡陌唯始皇紀作什伯羣書治要引同集解引漢書音義云首出十長百長之中如淳云時皆辟屈在十百之中據此則正文及注皆本作什伯明矣陳涉世家索隱亦作什伯注云謂在十人百人之長也今本什伯誤作什佰十人誤作千人與匈奴傳索隱不合且下文云將數百之眾則不得言千明矣匈奴傳索隱引續漢書百官志云里魁掌一里百家什主十家伍長五家又引過秦論云俛起什百之中此皆其明證上言行伍故下言什伯淮南兵略篇所謂

正行伍連什伯也或謂陳涉起於田間當以作阡陌者爲是不知陳涉起於大澤乃爲屯長時事非爲耕夫時事上文先言甿隸之人後言遷徙之徒此文行伍什伯皆承遷徙之徒言之下文適戍之眾又承行伍什伯言之躡足行伍之間免起什伯之中率罷散之卒將數百之眾四句一意相承皆謂戍卒也若作阡陌則與上下文不類矣先謙曰新書潭本作倔起建本作俛起始皇紀作倔起世家作俛仰文選作俛起官本注俯作免師罷散之卒將數百之眾師古曰罷讀曰疲轉而攻秦〔補注〕先謙曰史記作而轉攻秦新書文選與此同斬木爲兵揭竿爲旗師古曰揭音竭謂豎之也今讀之者爲負揭之揭非也天下雲合嚮應師古曰嚮讀曰響言如響之應聲贏糧而景從師古曰贏擔也景從言如影之隨形也山東豪俊遂並起而亡秦族矣且天下非小弱也雍州之地殽函之固自若也師古曰自若猶言如故也陳涉之位不齒於齊楚燕趙韓魏宋衞中山之君師古曰齒謂齊列如齒〔補注〕先謙曰新書史記文選不齒作非尊鉏耰棘矜不敵於鉤戟長鎩服虔曰耰鉏柄也吕鉏柄及棘作矛穫也晉灼曰耰椎塊椎也師古曰服說非也耰摩田器也棘戟也矜與穫同穫謂矛鋋之杷也鉤戟戟刃鉤曲者也鎩鈹也言往者秦銷兵刃陳涉起時但用鉏耰及戈戟之穫吕相攻戰也耰音憂矜音巨巾反鎩音其列反〔補注〕王念孫曰方言矜謂之杖棘矜謂伐棘以爲杖也淮南兵略篇陳勝伐棘棗

而爲矜義與此同伐棘爲矜即上文所云斬木爲兵也徐樂傳陳涉起窮巷奮棘矜嚴安傳陳勝吳廣起窮巷杖棘矜史記淮南厲王傳適戍之眾鐖鑿棘矜義竝與此同師古云以棘爲戟非也下文鉤戟長鎩乃始言戟耳先謙曰史記不敵作非銛文選同一作非銛新書建本作不敵潭本作非銛銛字同官本脫注耰鉏柄也四字謂上無穫字其列反作山列反適戍之眾不亢於九國之師師古曰適讀曰讁謂罪罰而行也亢當也讀與抗同〔補注〕先謙曰史記文選新書不作非深謀遠慮行軍用兵之道非及曩時之士也師古曰曩昔也音迺朗反然而成敗異變功業相反何也〔補注〕先謙曰新書史記無何字文選並無也字試使山東之國與陳涉度長絜大師古曰絜謂圍束之也度音徒各反絜音下結反比權量力〔補注〕宋祁曰學官本作重力史記作量力不可同年而語矣然秦吕區區之地致萬乘之權師古曰區區小貌也〔補注〕先謙曰官本注小作之引宋祁曰姚本注文之作小先謙案官本注文在上句下招八州而朝同列鄧展曰招舉也蘇林曰招音翹〔補注〕先謙曰新書招作序始皇紀文選同陳涉世家作抑官本注鄧展蘇林互易百有餘年然后吕六合爲家師古曰后與後同古通用字也殽函爲宮一夫作難而七廟墮師古曰墮毁也音火規反身死人手爲天下笑者何也仁誼不施而攻守之勢異

也〔補注〕先謙曰此上史公用爲陳涉世家贊下則項羽紀贊周生亦有言鄭氏曰周時賢大夫師古曰史記稱太史公曰余聞之周生則知非周時人蓋姓周耳〔補注〕先謙曰官本注賢大夫作賢人也項羽紀集解引文穎云周時賢者則官本是此大夫二字有誤舜蓋重童子〔補注〕錢大昭曰童古瞳字也說文本不從目沈欽韓曰董子三代改制篇舜有二童子荀子非相篇堯舜參牟子楊倞注尸子曰舜兩眸子是謂重明淮南修務訓亦本尸子語項羽又重童子師古曰童子目之眸子豈其苗裔邪何其興之暴也夫秦失其政陳涉首難豪傑蜂起相與並爭不可勝數然羽非有尺寸乘勢拔起隴畝之中晉灼曰拔音卒拔之拔鄧展曰疾起也師古曰音步末反三年遂將五諸侯兵滅秦〔補注〕先謙曰集解此時山東六國而齊趙韓魏燕五國幷起從伐秦故云五諸侯分裂天下而威海內封立王侯政繇羽出師古曰繇與由同號爲伯王師古曰伯讀曰霸位雖不終近古吕來未嘗有也師古曰近古猶末代及羽背關懷楚放逐義帝師古曰背關謂背約不王高祖於關中懷楚謂思東歸而都彭城〔補注〕先謙曰顧炎武云舍關中形勝之地而都彭城如師古之解乃背約非背關而怨王侯畔己難矣自矜功伐奮其私智而不師古始霸王之國〔補注〕宋祁曰舊本無霸王之國四字王先慎曰史記始作謂是欲吕力征〔補注〕沈欽韓曰商子開塞篇湯武致強而征諸侯服其力也力征諸侯者退德經營天下五年卒亡其國〔補注〕宋祁曰舊本無其國二字身死東城尚不覺寤不自責過失迺引天亡我非用兵之罪豈不謬哉

陳勝項籍傳第一　終　　漢書二十一

張耳陳餘傳第二　漢書三十二

漢　蘭　臺　令　史班　固　撰

唐正議大夫行祕書少監瑯邪縣開國子顏師古　注

賜進士出身前翰林院編修國子監祭酒加三級　臣王先謙補注

張耳大梁人也臣瓚曰今陳留大梁城也〔補注〕先謙曰地理志陳留郡浚儀縣古大梁秦時𥹆屬碭郡今開封府祥符縣西北少時及魏公子毋忌爲客師古曰毋忌六國時信陵君也言其尚及見毋忌爲之賓客嘗亡命遊外黃師古曰命者名也凡言亡命謂脫其名籍而逃亡〔補注〕劉奉世曰顏解太迂直避禍自逃其命爾外黃富人女甚美庸奴其夫師古曰言不恃賴其夫視之若庸奴亡邸父客如淳曰父時故賓客也師古曰邸歸也音丁禮反〔補注〕先謙曰史記作嫁庸奴亡其夫去抵父客王楙云夫本庸奴又亡去也班刪嫁亡二字義便不同王念孫云徐廣注一云其夫亡也案一本是也嫁字後人所加亡字在其夫下引本書爲證朱一新云此當讀嫁庸奴爲句亡其夫去抵父客爲句言所嫁者乃庸奴因逃其夫而去抵父客也亡訓出亡之亡非死亡之亡與漢書義同王氏楙誤解耳王氏念孫說甚辨但史嫁字諸本皆有之聽去究嫌武斷父客謂曰必欲求賢夫從張耳女聽爲請決嫁之師古曰請決絕於前夫而嫁於耳女家厚奉給耳耳吕故致千里客宦爲外黃令〔補注〕齊召南曰案史記作宦魏爲外黃令是也必有魏字以別於秦漢書刪之卽下文秦購耳以千金不明矣陳餘亦大梁人好儒術〔補注〕沈欽韓曰孔叢獨居篇載陳餘與子魚語亦其好儒之證遊趙苦陘張晏曰苦陘章帝醜其名改曰漢昌師古曰陘音刑〔補注〕先謙曰苦陘漢中山縣秦時𥹆屬代郡今正定府無極縣東北富人公乘氏吕其女妻之〔補注〕先謙曰史記有亦知陳餘非庸人也八字餘年少父事耳相與爲刎頸交師古曰刎斷也刎頸交者言托契深重雖斷頸絕頭無所顧也刎音舞粉反高祖爲布衣時嘗從耳遊秦滅魏購求耳千金餘五百金〔補注〕先謙曰史記秦滅魏下有數歲已聞此兩人魏之名士也句兩人變名姓俱之陳爲里監門師古曰監門卒之賤者故爲卑職吕自隱吏嘗吕過笞餘餘欲起耳攝使受笞師古曰攝謂引持之〔補注〕先謙曰史記攝作躡之吏去耳數之曰師古曰數責也音所具反始吾與公言何如今見小辱而欲死一吏乎餘謝罪陳涉起蘄至陳耳餘上謁涉師古曰上其謁而見也上謁若今之通名涉及左右生平數聞耳餘賢見大喜陳豪桀說涉曰將軍被堅執銳帥

士卒吕誅暴秦復立楚社稷功德宜爲王陳涉問兩人兩人對曰將軍瞋目張膽師古曰張膽言勇之甚出萬死不顧之計爲天下除殘今始至陳而王之視天下私師古曰視讀曰示願將軍毋王急引兵而西遣人立六國後自爲樹黨師古曰樹立也如此野無交兵誅暴秦據咸陽吕令諸侯則帝業成矣今獨王陳恐天下解矣師古曰解謂離散其心也〔補注〕先謙曰官本矣作也涉不聽遂立爲王耳餘復說陳王曰大王興梁楚務在入關未及收河北也臣嘗遊趙知其豪傑師古曰與相知也〔補注〕先謙曰官本傑皆作桀願請奇兵略趙地於是陳王許之吕所善陳人武臣爲將軍耳餘爲左右校尉〔補注〕齊召南曰案此文上史記有邵騷爲護軍一句又下文張耳爲右丞相下有邵騷爲左丞相一句漢書刪去實於事情不合與卒三千人從白馬渡河師古曰津名即今滑州白馬縣界也〔補注〕先謙曰白馬東郡縣今衛輝府滑縣東二十里有白馬津詳志至諸縣說其豪桀鄧展曰至河北縣說之曰秦爲亂政虐刑殘滅天下〔補注〕先謙曰史記作殘賊天下滅賊形近義俱可通北爲長城之役南有五領之戍服虔曰山領有五因吕爲名交趾合浦界有此領師古曰服說非也領者西自衡山之南東窮於海一山之限耳而別標名則有五焉裴氏廣州記云大庾始安臨賀桂陽揭陽是爲五領鄧德明南康記曰大庾領一也桂陽騎田領二也九眞都龐領三也臨賀萌渚領四也始安越城領五也裴說是也〔補注〕吳仁傑曰案淮南書始皇發卒五十萬使蒙公築修城使尉屠睢發卒五十萬爲五軍一軍塞鐔城之領一軍守九疑之塞一軍處番禺之都一軍守南野之界一軍結餘干之水與張耳傳相符所謂五領者此也案漢志鐔城縣屬武陵郡南壄縣餘干縣並屬豫章郡九疑屬零陵而番禺屬南海云外內騷動百姓罷敝師古曰罷讀曰疲頭會箕斂服虔曰吏到其家人人頭數出穀吕箕斂之〔補注〕沈欽韓曰淮南人間訓大夫箕會於衢注箕會吕箕於衢會斂吕供軍費財匱力盡師古曰匱竭也重吕苛法師古曰重音直用反使天下父子不相聊師古曰言無聊賴吕相保養今陳王奮臂爲天下倡始莫不嚮應師古曰倡讀曰唱嚮讀曰響家自爲怒各報其怨師古曰爲音于僞反縣殺其令丞郡殺其守尉今吕張大楚王陳師古曰言張建大楚之國而王於陳地〔補注〕劉奉世曰案陳勝立爲王號張楚耳云張大楚者斥其號也先謙曰官本注地作也張楚即大楚說見陳勝傳但言張楚人不通知故稱張大楚以顯其義耳使吳廣周文將卒百萬西擊秦於此時而不成封侯之業者

非人豪也夫因天下之力而攻無道之君報父兄之怨而成割地之業此一時也豪傑皆然其言迺行收兵得數萬人號武信君師古曰武臣自號也下趙十餘城餘皆城守莫肯下迺引兵東北擊范陽〔補注〕先謙曰范陽漢涿郡縣秦屬漁陽郡今保定府定興縣南四十里范陽人蒯通說其令徐公降武信君〔補注〕齊召南曰案漢書於史記亦多所訂正如說項羽之韓生及此傳范陽令徐公是也又如貫高說張敖語史作今王事高祖甚恭生前豈應稱謚漢書改高祖爲皇帝當矣又說武信君吕侯印封范陽令語在通傳趙地聞之不戰下者三十餘城至邯鄲〔補注〕先謙曰邯鄲漢趙國縣秦屬邯鄲郡今廣平府邯鄲縣西南十里耳餘聞周章軍入關至戲郤蘇林曰至戲地而郤兵又聞諸將爲陳王徇地多吕讒毀得罪誅怨陳王不吕爲將軍而吕爲校尉〔補注〕先謙曰史記作怨陳王不用其筴不以爲將而以爲校尉迺說武臣曰陳王非必立六國後師古曰非不也〔補注〕先謙曰言非六國後人皆可王今將軍下趙數十城獨介居河北晉灼曰介音戛臣瓚曰介特也師古曰二說並非也介隔也讀如本字不王無吕塡之師古曰塡音竹刃反且陳王聽讒還報恐不得脫於禍師古曰脫免也音土活反〔補注〕先謙曰官本無注願將軍毋失時武臣迺聽遂立爲趙王吕餘爲大將軍耳爲丞相使人報陳王陳王大怒欲盡族武臣等家而發兵擊趙相國房君諫曰〔補注〕錢大昭曰相國當作柱國陳勝傳云以上蔡人房君蔡賜爲上柱國史記作相國亦誤周壽昌曰當造亂時官無定制柱國相國從其尊者稱之非誤也秦未亡今又誅武臣等家此生一秦也不如因而賀之使急引兵西擊秦陳王從其計徙繫武臣等家宮中封耳子敖爲成都君使使者賀趙趣兵西入關師古曰趣讀曰促耳餘說武臣曰王王趙非楚意特吕計賀王師古曰言力不能制且事安撫爲權宜之計耳楚已滅秦必加兵於趙願王毋西兵北徇燕代南收河內吕自廣趙南據大河北有燕代楚雖勝秦必不敢制趙趙王吕爲然因不西兵而使韓廣略燕李良略常山張黶略上黨師古曰黶音烏點反韓廣至燕燕人因立廣爲燕王趙王迺與陳餘北略地燕界〔補注〕王先慎曰傳例敘事不書姓陳當爲耳之誤史記正作張耳陳餘下

又言耳餘患之尤耳同往略地之明證此不得單言餘也先謙曰官本陳作耳趙王閒出爲燕軍所得師古曰間出謂投間隙而微出也燕囚之欲與分地師古曰要劫之令割趙地輸燕以和解也使者往燕輒殺之以固求地耳餘患之有廝養卒謝其舍曰蘇林曰廝取薪者也養養人者也舍謂所舍宿主人也晉灼曰以辭相告曰謝師古曰謝其舍謂告其舍中人也故下言舍中人皆笑今流俗書本於此舍下輒加人字非也廝音斯補注先謙曰集解引韋昭云析薪爲廝炊烹爲養案廝卽斯詩斧以斯之斯本字廝後起字也史記舍作舍中索隱漢書作舍人卽顏所謂流俗本然謝其舍非對人言而何顏斥爲俗本亦太泥吾爲二公說燕與趙王載歸師古曰二公張耳陳餘補注宋祁曰別本爲字作謂先謙曰爲謂字通史記無二字亦通舍中人皆笑曰使者往十輩補注先謙曰史記作十餘輩皆死若何以能得王師古曰若汝也次下亦同迺走燕壁師古曰走趨也音奏燕將見之問曰知臣何欲燕將曰若欲得王耳曰君知張耳陳餘何如人也燕將曰賢人也曰其志何欲燕將曰欲得其王耳趙卒笑曰君未知兩人所欲也夫武臣張耳陳餘杖馬箠下趙數十城張晏曰言其不用兵革也師古曰箠謂馬撾也音止橤反亦各欲南面而王

夫臣之與主豈可同日道哉顧其勢初定師古曰顧思念也且以長少先立武臣以持趙心今趙地已服兩人亦欲分趙而王時未可耳今君囚趙王念此兩人名爲求王實欲燕殺之此兩人分趙而王夫以一趙尚易燕師古曰易輕也音弋豉反況以兩賢王左提右挈而責殺王滅燕易矣師古曰提挈言相扶持也燕以爲然迺歸趙王養卒爲御而歸李良已定常山還報趙王趙王復使良略太原至石邑補注先謙曰石邑漢常山縣秦屬邯鄲郡在眞定府獲鹿縣東南秦兵塞井陘補注先謙曰井陘常山縣今正定府井陘縣北未能前秦將詐稱二世使使遺良書不封張晏曰欲其漏泄君臣相疑也曰良嘗事我得顯幸誠能反趙爲秦赦良罪貴良良得書疑不信之邯鄲益請兵師古曰之往也未至道逢趙王姊從百餘騎良望見以爲王伏謁道旁王姊醉不知其將使騎謝良良素貴起慙其從官從官有一人曰天下叛秦能者先立且趙王素出將軍下今女兒迺不爲將軍下車請追

殺之良以得秦書欲反趙未決因此怒遣人追殺王姊遂襲邯鄲邯鄲不知竟殺武臣補注先謙曰據史記邵騷亦於此時被殺趙人多爲耳餘耳目者故得脫出收兵得數萬人客有說耳餘曰兩君羈旅張晏曰羈寄旅客也而欲附趙難可獨立師古曰謂求取六國時趙王後而立之以名義自輔助也補注錢大昭曰獨字下南監本閩本俱重立字先謙曰官本重立字是也史記亦作難獨立立趙後扶以義可就功師古曰就成也迺求得趙歇立爲趙王居信都張晏曰歇趙之苗裔也信都襄國也補注先謙曰官本迺作乃引宋祁曰乃舊本作仍非是王念孫云說文仍從乃聲字亦相通周官司几筵凶事仍几故書仍爲乃鄭司農讀爲仍是仍字古通作乃也爾雅仍乃也則仍可訓爲乃史記匈奴傳乃再出定襄漢書乃作仍淮南道應篇盧敖乃與之語今本作乃字據蜀志卻正傳注引論衡道虛篇乃作仍是乃字古亦通作仍也東方朔傳迺使大中大夫吾邱壽王水經渭水注引迺作仍閩粵傳迺悉與眾處江淮閒通典邊防二迺作仍之子京未識古字故以爲非而改之李良進兵擊餘餘敗良良走歸章邯章邯引兵至邯鄲皆徙其民河內夷其城郭師古曰夷平也補注何焯曰徙民夷城恐兵去而還復爲趙守也耳與趙王歇走入鉅鹿城王離圍之餘北收常山兵得數萬人軍鉅鹿北章邯軍鉅

鹿南棘原築甬道屬河師古曰屬聯及也音之欲反補注先謙曰官本注無末四字饟王離師古曰饟古餉字謂饋運其軍糧也王離兵食多急攻鉅鹿鉅鹿城中食盡耳數使人召餘餘自度兵少不能敵秦不敢前數月耳大怒怨餘使張黶陳釋往讓餘師古曰讓責也補注先謙曰史記釋作澤字通曰始吾與公爲刎頸交今王與耳旦暮死而公擁兵數萬不肯相救胡不赴秦俱死師古曰胡何也且什一二相全師古曰十中尚冀得一二勝秦補注先謙曰官本什下有有字引宋祁曰別本無有字錢大昭云南監本閩本作且什有一二相全先謙案史記亦作且十有一二相全有有字者是餘曰所以不俱死欲爲趙王張君報秦今俱死如以肉餧虎何益師古曰餧飤也音於僞反張黶陳釋曰事已急要以俱死立信安知後慮餘曰吾顧以無益師古曰顧思念也迺使五千人令張黶陳釋先嘗秦軍師古曰嘗試也言若嘗食云補注先謙曰官本注云作也至皆沒當是時燕齊楚聞趙急皆來救張敖亦北收代補注先謙曰史記有兵字得萬餘人來皆壁餘旁項羽兵數絕章邯甬道王離軍乏食項羽悉

引兵渡河破章邯軍諸侯軍迺敢擊秦軍遂虜王離於是趙王歇張耳得出鉅鹿與餘相見責讓餘問張黶陳釋所在餘曰黶釋已必死責臣臣使將五千人先嘗秦軍皆沒耳不信以爲殺之數問餘餘怒曰不意君之望臣深也師古曰望怨望也次下亦同〔補注〕先謙曰官本注次作以豈以臣重去將哉師古曰重難也迺脫解印綬與耳耳不敢受〔補注〕先謙曰史記作愕不受餘起如廁客有說耳曰天予不取反受其咎今陳將軍與君印綬不受反天不祥急取之耳迺佩其印收其麾下餘還亦望耳不讓趨出耳遂收其兵〔補注〕先謙曰官本無耳字引宋祁曰別本遂收字上有耳字餘獨與麾下數百人之河上澤中漁獵由此有隙趙王歇復居信都耳從項羽入關項羽立諸侯耳雅遊多爲人所稱師古曰雅故也言其久故倦遊交結英傑是以多爲人所稱譽也〔補注〕劉攽曰荀卿書有俗儒有雅儒雅儒異於俗者也耳之遊雅故多爲人所稱一說多字屬上句先謙曰雅常也言常遊是以多爲人所稱多字下屬是項羽素亦聞耳賢迺分趙立耳爲常山王治信都

師古曰治爲治處也音丈吏反信都更名襄國〔補注〕先謙曰襄國趙國縣今順德府邢臺縣西南餘客多說項羽陳餘張耳一體有功於趙羽以餘不從入關聞其在南皮卽以南皮旁三縣封之而徙趙王歇王代耳之國餘愈怒曰耳與餘功等也今耳王餘獨侯及齊王田榮叛楚餘迺使夏說說田榮師古曰夏說讀曰悅說田榮音式銳反〔補注〕齊召南曰案史記作使張同夏說則遣說田榮者有二人此祇夏說一人曰項羽爲天下宰不平盡王諸將善地徙故王王惡地今趙王迺居代願王假臣兵請以南皮爲扞蔽師古曰扞蔽猶言藩屏也田榮欲樹黨迺遣兵從餘餘悉三縣兵師古曰悉盡也襲常山王耳耳敗走曰漢王與我有故張晏曰漢王布衣時常從耳遊也而項王彊立我我欲之楚師古曰羽既強盛又爲所立是以狐疑莫知所往甘公曰文穎曰善說星者甘氏也晉灼曰齊人〔補注〕王先慎曰天官書在齊甘公卽晉說所本藝文志楚有甘公史正義引七略云楚人戰國時作天文星占八卷徐廣云甘公名德七略本魯人案齊楚魯說各不同未知孰是甘公亦非秦漢間人疑習其業者傳之先謙曰王說是也天文志載此事作客謂張耳云云是班氏已知其不合此依史記錄之以存疑也漢王之入關五星聚東井東井者秦分也師古曰分音扶問反先至必王楚雖彊後必屬漢耳走漢漢亦還定三秦方圍章邯廢丘耳謁漢王漢王厚遇之師古曰高紀云元年五月漢王定雍地東如咸陽引兵圍雍王廢丘而遣諸將略地八月塞王欣翟王翳皆降漢二年十月陳餘擊常山王張耳耳敗走降漢而此傳迺言方圍廢丘時耳謁漢王隔以他事於後始云漢二年東擊楚則與帝紀前後參錯不同疑傳誤也〔補注〕先謙曰高紀元年五月圍章邯廢丘二年十月耳降漢廢丘尚未破至六月方破廢丘紀傳並無參錯顏說誤餘已敗耳皆收趙地迎趙王於代復爲趙王趙王德餘師古曰懷其德立以爲代王餘爲趙王弱國初定留傅趙王而使夏說以相國守代師古曰爲代相國而居守漢二年東擊楚使告趙欲與俱餘曰漢殺張耳迺從於是漢求人類耳者斬其頭遺餘餘迺遣兵助漢漢敗於彭城西餘亦聞耳詐死卽背漢漢遣耳與韓信擊破趙井陘斬餘泜水上蘇林曰泜音祗也晉灼曰問其方人音柢師古曰蘇晉二說皆是也蘇音祗敬之祗音執夷反古音如是晉音根柢之柢音丁計反今其土俗呼水則然〔補注〕沈欽韓曰明志眞定府元氏縣西北有封龍山泜水所出下流入胡盧河趙州志泜水自元氏縣南

境流經臨城西柏暢亭將至城五里許斷伏不流二百餘步復出東流經鈞盤山下入河俗名三斷絲楊河追殺趙王歇襄國〔補注〕先謙曰官本考證云景德本無此七字劉攽曰斬餘泜水上下有追殺趙王歇襄國七字四年夏立耳爲趙王〔補注〕沈欽韓曰史表在十月班表則在十一月五年秋耳薨〔補注〕朱一新曰異姓諸侯王表耳以五年十二月乙丑薨高紀五年正月諸侯上䟽已有張敖名則耳之薨在正月前可知表作十一月是也此秋字當作冬諡曰景王子敖嗣立爲王尚高祖長女魯元公主爲王后七年高祖從平城過趙趙王旦暮自上食體甚卑有子壻禮高祖箕踞罵詈甚慢之師古曰箕踞者謂申兩腳其形如箕趙相貫高趙午年六十餘故耳客也怒曰吾王孱王也孟康曰冀州人謂懦弱爲孱孱師古曰音士連反說敖曰天下豪桀並起能者先立今王事皇帝甚恭皇帝遇王無禮請爲王殺之敖齧其指出血師古曰自齧其指出血以表至誠而爲誓約不背漢也曰君何言之誤且先王亡國賴皇帝得復國師古曰復音房目反〔補注〕先謙曰官本無注德流子孫秋豪皆帝力也願君無復出口貫高等十餘人相謂曰吾等非也吾王長者不背德且

吾等義不辱今帝辱我王故欲殺之何迺汙王爲師古曰言何爲迺汙染王事成歸王事敗獨身坐耳八年上從東垣過師古曰擊韓王信餘寇於東垣還而過趙(補注)宋祁曰東垣一作南垣先謙曰無南垣縣名貫高等迺壁人柏人要之置廁文穎曰置人廁壁中以伺高祖(補注)劉攽曰置頓止之次名也置之廁中故云置廁東海貢荔枝五里一堠十里一置錢大昕曰廁與側同非廁圂之廁也伏人於置側欲要而殺之先謙曰置劉說是也解見田儋傳廁錢說是也解在汲黯傳柏人趙國縣在今順德府唐山縣南上過欲宿心動問曰縣名爲何曰柏人柏人者迫於人不宿去九年貫高怨家知其謀告之於是上逮捕趙王諸反者趙午等十餘人皆爭自剄貫高獨怒罵曰誰令公等爲之今王實無謀而幷捕王公等死誰當白王不反者師古曰白明也迺檻車與王詣長安師古曰檻車者車而爲檻形謂以板四周之無所通見高對獄曰獨吾屬爲之王不知也吏榜笞數千師古曰榜謂捶擊之也音彭他皆類此刺爇身無完者應劭曰以鐵刺之又燒灼之師古曰爇音而說反終不復言呂后數言張王以魯元故不宜有此上怒曰使張敖據天

下豈少迺女虖師古曰迺汝也廷尉以貫高辭聞上曰壯士誰知者以私問之張晏曰以和悅問之臣瓚曰字多作私謂以私情相問也師古曰瓚說是也中大夫泄公曰臣素知之師古曰泄音薛(補注)齊召南曰史記作臣之邑子素知之言生同縣而又相識也此固趙國立名義不侵爲然諾者也師古曰侵猶犯負也上使泄公持節問之箯輿前卬視泄公師古曰箯輿者編竹木以爲輿形如今之食輿矣高時榜笞刺爇委困故以箯輿處之也箯音鞭卬讀曰仰(補注)先謙曰公羊文十五年傳注竹箯一名編輿齊魯以北名之曰筍勞苦如平生歡師古曰勞苦相勞問其勤苦也與語問張王果有謀不師古曰果猶決也(補注)先謙曰官本無也字高曰人情豈不各愛其父母妻子哉今吾三族皆以論死豈以王易吾親哉師古曰易代也顧爲王實不反師古曰顧思念也獨吾等爲之具道本根所以王不知狀(補注)先謙曰以字句絕謂本根所由也史記作具道本指所以爲者王不知狀於是泄公具以報上上迺赦趙王上賢高能自立然諾使泄公赦之告曰張王已出上多足下師古曰多猶重也故赦足下高曰所以不死白張王不反耳今王已出吾責塞矣師古曰塞當也滿也且人臣有篡弒之名豈有面目復事上哉迺仰絕亢而死蘇林曰亢頸大脈也俗所謂胡脈也師古曰亢者總謂頸耳爾雅云亢鳥嚨即喉嚨也音下郎反又音工郎反(補注)先謙曰官本此下有荀悅論曰貫高首爲亂謀殺主之賊雖能證明其主小亮不塞大逆私行不贖公罪春秋之義大居正罪無赦可也四十四字敖已出尚魯元公主如故師古曰尚猶配也易泰卦九二爻辭曰得尚于中行王弼亦以爲配也諸言尚公主者其義皆然而說者迺云尚公主與尚書尚食同意訓尚爲主言主掌之失其理矣公主既尊又非物類不得以主掌爲辭貢禹又云諸侯則國人承公主益知主不得言主掌也(補注)王引之曰索隱韋昭云尚奉也不敢言取崔浩云奉事公主小顏云尚配也恐非其義引之案小司馬說是也公主尊故以奉事爲辭王吉傳漢家列侯尚公主諸侯則國人承翁主使男事女夫詘於婦則所謂尚者乃奉事之稱國人承翁主承亦奉也不得以尚爲配封爲宣平侯於是上賢張王諸客皆以爲諸侯相郡守語在田叔傳及孝惠高后文景時張王客子孫皆爲二千石初孝惠時齊悼惠王獻城陽郡尊魯元公主爲太后師古曰爲齊太后以母禮事之(補注)齊召南曰案顏注無理惠紀中劉攽已辨之矣先謙曰劉說非也詳惠紀高后元年魯元太后薨後六年宣平侯敖復薨(補注)劉攽曰復字疑衍呂太后

立敖子偃爲魯王以母爲太后故也師古曰以公主爲齊王太后故立其子爲王又憐其年少孤弱迺封敖前婦子二人壽爲樂昌侯侈爲信都侯(補注)先謙曰史記前婦作他姬表壽作受高后崩大臣誅諸呂廢魯王及二侯孝文即位復封故魯王偃爲南宮侯薨(補注)先謙曰表偃薨子歐嗣歐薨侯生嗣此傳薨下脫子歐嗣歐薨四字子生嗣武帝時生有罪免國除元光中復封偃孫廣國爲睢陵侯師古曰睢音雖(補注)先謙曰官本注在子昌嗣下薨子昌嗣太初中昌坐不敬(補注)先謙曰表云坐爲太常乏祠免國除孝平元始二年繼絕世封敖玄孫慶忌爲宣平侯食千戶

贊曰張耳陳餘世所稱賢其賓客廝役皆天下俊桀所居國無不取卿相者然耳餘始居約時晉灼曰始在貧賤儉約之時相然信死(補注)先謙曰然信猶然諾豈顧問哉及據國爭權卒相滅亡何鄉者慕用之誠師古曰鄉讀曰嚮嚮謂曩昔也後相背之盭也師古曰盭古戾字戾違也勢利之交古人羞之蓋謂是矣

張耳陳餘傳第二終

魏豹田儋韓信傳第三〔補注〕先謙曰官本韓下有王字是

漢 蘭臺令史班固撰

唐正議大夫行祕書少監琅邪縣開國子顏師古注

賜進士出身前翰林院編修國子監祭酒加三級臣王先謙補注

魏豹故魏諸公子也師古曰六國時魏也〔補注〕沈欽韓曰列女節義傳云秦破魏誅諸公子今此魏豹魏咎皆魏公子封君是秦滅國未嘗誅夷故齊王建亦有子孫世言秦暴猶不若後世必盡其種也陳涉兵起齊韓趙魏楚皆故國子孫惟燕王喜走遼東無後漢得天下鑒是故徙諸豪族於關中其兄魏咎故魏時封爲甯陵君秦滅魏文穎曰魏大梁也爲庶人〔補注〕先謙曰史記作家人義同陳勝之王也咎往從之勝使魏人周市徇魏地師古曰徇略也音辭峻反魏地已下欲立周市爲魏王市曰天下昏亂忠臣迺見師古曰言當昏亂之時忠臣迺得顯其節義也老子道經曰國家昏亂有忠臣今天下共畔秦其誼必立魏王後迺可齊趙使車各五十乘立市爲王市不受迎魏咎於陳五反師古曰反謂回還也陳王迺遣立咎爲魏王章邯

已破陳王進兵擊魏王於臨濟〔補注〕齊召南曰案後志陳留郡平丘縣有臨濟亭即此臨濟爲魏咎所都也張守節解史記指齊州臨濟縣非是先謙曰言非千乘狄縣安帝更名臨濟者也與田儋傳互證平丘在今大名府長垣縣西南五十里魏王使周市請救齊楚齊楚遣項它田巴將兵隨市救魏師古曰楚遣項它齊遣田巴〔補注〕劉奉世曰田儋傳儋自將兵救魏章邯殺儋臨濟下非遣田巴也章邯遂擊破殺周市等軍圍臨濟咎爲其民約降師古曰與章邯爲誓而約降約降定咎自殺師古曰但欲全其人而身自不降魏豹亾走楚楚懷王予豹數千人復徇魏地項羽已破秦兵降章邯豹下魏二十餘城立爲魏王師古曰項羽立之〔補注〕先謙曰高紀豹自立爲魏王時項梁初死懷王徙彭城項羽亦尚無立王之權顏注謬豹引精兵從項羽入關羽封諸侯欲有梁地師古曰羽欲自取梁地迺徙豹於河東都平陽爲西魏王〔補注〕先謙曰平陽河東縣在今平陽府臨汾縣西南漢王還定三秦渡臨晉〔補注〕先謙曰臨晉馮翊縣今同州府大荔縣治豹㠯國屬焉遂從擊楚於彭城漢王敗還至滎陽豹請視親病師古曰親謂母也至國則絕河津畔漢漢王謂酈生曰緩頰往說之

補注先謙曰高紀張晏注緩頰徐言引譬喻也酈生至豹謝曰補注錢大昭曰至南雍本閩本作往先謙曰官本作
往人生一世閒如白駒過隙師古曰言其速疾也白駒謂日景也隙壁際也補注沈欽韓曰莊子盜跖
篇忽然無異騏驥之馳過隙也墨子兼愛篇人之生乎地上之無幾何也譬猶駟馳而過郤也據此則謂馬也今漢王嫚
侮人罵詈諸侯羣臣如奴耳非有上下禮節吾不忍復見也漢王
遣韓信擊豹遂虜之傳豹詣滎陽以其地爲河東太原上黨郡漢
王令豹守滎陽楚圍之急周苛曰反國之王難與共守遂殺豹師古
曰反國言其嘗叛也

田儋狄人也師古曰狄縣名也地理志屬千乘補注先謙曰在今青州府高苑縣西北故齊王田氏之
族也師古曰亦六國時齊也儋從弟榮榮弟橫皆豪桀宗彊能得人陳涉使
周市略地北至狄狄城守儋陽爲縛其奴從少年之廷欲謁殺奴
服虔曰古殺奴婢皆當告官儋欲殺令故詐縛奴以謁也師古曰陽縛其奴爲殺奴之狀廷縣廷之中也音定今流俗書本爲字作
僞非也陽卽僞耳不當重言之補注王念孫曰爲古通作僞點[illegible]陽僞卽陽爲史記作爲本字也漢書作僞借字也
多作僞說見史記淮南衡山傳

師古不識古字而讀爲詐僞之僞故改僞作爲而反以古本爲俗本見狄令因擊殺令而召豪吏子
弟曰諸侯皆反秦自立齊古之建國儋田氏當王遂自立爲齊王
發兵擊周市市軍還去儋因率兵東略定齊地秦將章邯圍魏王
咎於臨濟急魏王請救於齊儋將兵救魏章邯夜銜枚擊大破齊
楚軍殺儋於臨濟下補注先謙曰此臨濟解見豹傳儋從弟榮收儋餘兵東走東
阿補注先謙曰東阿東郡縣今兗州府陽穀縣東北五十里阿城鎮齊人聞儋死迺立故齊王建
之弟田假爲王田角爲相田閒爲將以距諸侯榮之走東阿章邯
追圍之項梁聞榮急迺引兵擊破章邯東阿下章邯走而西項梁
因追之而榮怒齊之立假迺引兵歸擊逐假假亾走楚相角亾走
趙角弟閒前救趙補注王先慎曰史記救上衍求字當依此訂因不敢歸榮迺立儋子
市爲王榮相之橫爲將平齊地項梁既追章邯章邯兵益盛項梁
使使趣齊兵共擊章邯師古曰趣讀曰促榮曰楚殺田假趙殺角閒迺出

兵楚懷王曰田假與國之王窮而歸我殺之不誼補注劉奉世曰謂田假與國之
王者項梁之語也見羽傳中趙亦不殺田角田閒以市於齊補注先謙曰趙殺角等則齊出兵有
若市易不然也齊王曰蝮蠚手則斬手蠚足則斬足應劭曰蝮一名虺蠚螫也螫人手足
則割去其肉不然則死師古曰爾雅及說文皆以爲蝮卽虺也博三寸首大如擘而郭璞云各自一種蛇其蝮蛇細頸大頭焦尾色
如綬文文閒有毛似豬鬣鼻上有鍼大者長七八尺一名反鼻非虺之類也以今俗名證之郭說得矣虺若土色所在有之俗呼土
虺其蝮唯出南方蝮音芳六反蠚音火各反螫音式亦反虺音許偉反擘者人手大指也音步歷反補注沈欽韓曰廣雅釋訓蠚痛
也史記作螫何者爲害於身也田假田角田閒於楚趙非手足戚文穎曰言
將亾身非手足憂也臣瓚曰田假於楚非手足之親也師古曰瓚說是也補注先謙曰董份云斬手足則戚甚矣今三田於楚趙無
親非特斬手足之戚也而使秦得志則墳墓齮齕非特蝮螫之害身也故曰何爲不殺注謬先謙案瓚說與上下文不貫董說亦非
史記作於楚趙非直手足戚也直猶特也但也齊王意謂齊楚趙皆首用事憂患同之田假等反側不獨齊之患亦必爲害於楚趙
故以蝮之害身爲喻而詰其何故不殺且言與國離心秦復得志彼此不利也文注意正合非手足憂也非下疑有但字而後人妄
刪之漢紀改作豈有手足之戚語意似順而爲害於身句仍不貫注亦非確詁何故不殺且秦復得志於

天下則齮齕首用事者墳墓矣如淳曰齮側齧也齕齩也師古曰首用事謂起兵而立號者也齮音
螘齕音紇齩音五絞反楚趙不聽齊齊亦怒終不肯出兵章邯果敗殺項梁
師古曰擊敗而殺之破楚兵楚兵東走而章邯渡河圍趙於鉅鹿項羽由此
怨榮羽既存趙降章邯西滅秦立諸侯王迺徙齊王市更王膠東
治卽墨師古曰治謂都之也音丈吏反下皆類此補注先謙曰卽墨膠東縣在今萊州府平度州東南齊將田都
從共救趙因入關故立都爲齊王治臨菑補注先謙曰臨菑齊郡縣今青州府臨菑縣治
故齊王建孫田安項羽方渡河救趙安下濟北數城引兵降項羽
羽立安爲濟北王治博陽補注先謙曰博陽卽泰山郡博縣今泰安府泰安縣東南榮以負項
梁不肯助漢攻秦故不得王補注王先慎曰漢當作楚齊不出兵章邯果殺項梁破楚兵是榮不肯助
楚非不肯助漢也史記作不肯助楚趙攻秦楚字是而趙字亦誤先謙曰官本作助楚趙將陳餘亦失職不
得王二人俱怨項羽榮使人將兵助陳餘令反趙地而榮亦發兵
以距擊田都都亾走楚榮畱齊王市毋之膠東市左右曰項王彊

褭王不就國必危市懼迺亾就國榮怒追擊殺市於卽墨還攻殺濟北王安自立爲王盡并三齊之地師古曰三齊齊及濟北膠東項王聞之大怒迺北伐齊榮發兵距之城陽榮兵敗走平原平原民殺榮項羽遂燒夷齊城郭師古曰夷平也所過盡屠破齊人相聚畔之榮弟橫收齊散兵得數萬人反擊項羽於城陽補注先謙曰顧炎武日知錄云正義以爲濮州雷澤縣非也漢城陽國治莒齊王上城陽郡朱虛侯爲城陽王及韓信追田廣至城陽皆此地齊策貂勃對襄王曰昔王不能守社稷走而之城陽之山中安平君以敝卒七千拒敵反千里之齊當是時闔城陽而王天下莫之能止然爲棧道木閣而迎王與后於城陽山中王乃復反則齊時已名城陽矣先謙案城陽今沂州府莒州治而漢王帥諸侯敗楚入彭城項羽聞之迺釋齊師古曰釋解也而歸擊漢於彭城因連與漢戰相距滎陽吕故橫復收齊城邑立榮子廣爲王而橫相之政事無巨細皆斷於橫定齊三年聞漢將韓信引兵且東擊齊齊使華毋傷田解師古曰二人也華音戶化反軍歷下吕距漢張晏曰濟南歷山之下會漢使酈食其往說王廣及

相橫與漢和橫然之迺罷歷下守備縱酒師古曰縱放也放意而飲酒且遣使與漢平師古曰方欲遣使韓信迺渡平原襲破齊歷下軍因入臨菑王廣相橫吕酈生爲賣己而亨之師古曰謂其與韓信合謀廣東走高密補注先謙曰高密高密縣今萊州府高密縣西南橫走博蘇林曰泰山博縣補注先謙曰史記博作博陽下同益證田安所治之博陽卽博縣非汝南博陽也守相田光走城陽師古曰守相者言爲相而專主居守之事將軍田既軍於膠東楚使龍且救齊師古曰且音子閭反齊王與合軍高密漢將韓信曹參破殺龍且虜齊王廣漢將灌嬰追得守相光至博而橫聞王死自立爲王還擊嬰嬰敗橫軍於嬴下晉灼曰泰山嬴縣也師古曰音弋成反補注先謙曰今泰安府萊蕪縣西北四十里橫亾走梁歸彭越越時居梁地中立且爲漢且爲楚師古曰言在楚漢之閒居中自立而兩助之也中音竹仲反韓信已殺龍且因進兵破殺田既於膠東補注陳浩曰案史記作因令曹參云云則破殺田既乃曹參事與灌嬰破殺田吸同韓信未身至膠東也灌嬰破殺齊將田吸於千乘師古曰吸音許及反補注先謙曰千乘千乘縣今青州府高苑縣北遂平齊地漢

滅項籍漢王立爲皇帝彭越爲梁王橫懼誅而與其徒屬五百餘人入海居隖中韋昭曰海中山曰隖師古曰音丁老反補注齊召南曰案北史楊愔避讒東入田橫島史記正義云海州東海縣有島山去岸八十里先謙曰唐東海縣在今海州東北元和志小高山在東海北六十里田橫避漢所居也三面絕壁皆百餘仞惟東南一道略通行人案小高山今南直海州東高七百二十丈周圜十餘里去岸二十餘里中可居千餘家其上累石爲城謂之田橫固高帝聞之吕橫兄弟本定齊齊人賢者多附焉今在海中不收後恐有亂迺使使赦橫罪而召之橫謝曰臣亨陛下之使酈食其今聞其弟商爲漢將而賢臣恐懼不敢奉詔請爲庶人守海隖中使還報高帝迺詔衞尉酈商曰齊王橫卽至人馬從者敢動搖者致族夷師古曰族夷言平除其族迺復使使持節具告吕詔意曰橫來大者王小者迺侯耳師古曰大者謂橫身小者其徒屬補注劉奉世曰高帝唯召橫耳故許之大者封王小者亦不失爲侯詳語意可知豈爲其徒衆哉不來且發兵加誅橫迺與其客二人乘傳詣雒陽師古曰傳音張戀反至尸鄉廄置師古曰尸鄉在偃師城西臣瓚曰案廄置謂置馬吕傳驛者補注周壽昌

曰續志引帝王世紀云尸鄉在偃師縣西三十里春秋時曰尸氏左傳昭公二十六年劉人敗子朝之師於尸氏卽其地也先謙曰官本師古作應劭是偃師縣屬河南郡今河南府偃師縣治橫謝使者曰人臣見天子當洗沐止畱謂其客曰橫始與漢王俱南面稱孤師古曰王者自稱曰孤益爲謙也老子德經曰貴吕賤爲本高吕下爲基是吕侯王自謂孤寡不穀今漢王爲天子而橫迺爲亡虜北面事之其媿固已甚矣又吾亨人之兄與其弟併肩而事主師古曰併音步鼎反縱彼畏天子之詔不敢動搖我獨不媿於心乎且陛下所吕欲見我不過欲壹見我面貌耳陛下在雒陽今斬吾頭馳三十里閒形容尚未能敗猶可知也補注錢大昭曰闓本知作觀先謙曰闓本是史記作觀遂自剄令客奉其頭從使者馳奏之高帝補注周壽昌曰文選李善注引譙周法訓云挽歌者高皇帝召田橫至尸鄉自殺從者不敢哭而不勝哀故爲此歌以寄哀焉高帝曰嗟乎有吕起布衣兄弟三人更王師古曰更音工衡反補注周壽昌曰史記作高帝曰嗟乎有吕也夫起自布衣兄弟三人更王豈不賢乎哉班以有吕二字屬下讀吕字不另作句荀紀嗟乎下省有字更下加立爲二字豈非作豈不豈非賢哉爲之流涕而拜其

二客爲都尉發卒二千人以王者禮葬橫〔補注〕王先慎曰案正義田橫墓在偃師西十五里既葬二客穿其冢旁皆自剄從之高帝聞而大驚以橫之客皆賢者吾聞其餘尚五百人在海中使使召至聞橫死亦皆自殺於是迺知田橫兄弟能得士也

韓王信〔補注〕齊召南曰案劉知幾謂韓王本名信都史削去一字遂與淮陰無別此臆說也史無削人名字之理兩人姓名偶同故稱韓王信以別之知幾因表有信都二字妄爲此解不知因司徒誤爲申徒因申徒又誤爲信都官名本一而音轉字別遂致不同非韓王本名信都也故韓襄王孼孫也張晏曰孺子爲孼師古曰孼謂庶耳張說非也〔補注〕齊召南曰案唐書宰相世系表韓襄王爲秦所滅少子蟣虱生信先謙曰索隱何休注公羊以爲孼賤子猶樹之有孼生也鼂錯公孼子悼惠王是也長八尺五寸項梁立楚懷王燕齊趙魏皆已前王唯韓無有後故立韓公子橫陽君成爲韓王〔補注〕錢大昭曰南監本閩本作橫陽君成先謙曰官本作君成是史記同欲以撫定韓地項梁死定陶成犇懷王師古曰犇古奔字沛公引兵擊陽城使張良以韓司徒徇韓地得信以爲韓將將其兵從入武關沛公爲漢王信從入漢中迺說漢王曰項王王諸將王獨居此遷也〔補注〕先謙曰二字史記作此左遷也士卒皆山東人竦而望歸及其蠭東鄉可以爭天下鄭氏曰及軍中將士氣鋒也師古曰高紀及韓彭英盧傳皆稱斯說是楚王韓信之辭而此傳復云韓王信之語豈史家謬錯乎將二人所勸大指實同也竦謂引領舉足也蠭與鋒同鄉讀曰嚮〔補注〕周壽昌曰高紀拜韓信爲大將軍問以計策信對曰云云與此微有詳略韓彭英盧傳並無此語不知師古何以云然史記韓信說漢王曰云云集解徐廣云韓王信非淮陰侯信也與此傳同是高紀誤從傳爲長先謙曰高紀及史記信傳並作及其鋒據鄭注所見本亦作鋒故知蠭是借字漢王還定三秦迺許王信先拜爲韓太尉將兵略韓地項籍之封諸王皆就國韓王成以不從無功不遣之國更封爲穰侯文穎曰穰南陽縣也臣瓚曰穰縣屬江夏師古曰文說是也後又殺之聞漢遣信略韓地迺令故籍游吳時令鄭昌爲韓王孟康曰項籍在吳時昌爲吳縣令〔補注〕先謙曰官本注在距漢下距漢漢二年信略定韓地十餘城漢王至河南信急擊韓王昌〔補注〕先謙曰史記有陽城二字昌降漢漢迺立信爲韓王常將韓兵從漢王使信與周苛等守滎陽楚

拔之信降楚已得亡歸漢師古曰降楚之後復得歸漢〔補注〕先謙曰官本注無之字漢復以爲韓王竟從擊破項籍五年春與信剖符王潁川師古曰剖分也爲合符而分之〔補注〕先謙曰以潁川爲王都六年春上以爲信壯武北近鞏雒師古曰鞏即今鞏縣〔補注〕先謙曰史記北上有所王二字鞏河南縣今河南府鞏縣西南三十里雒即雒陽南迫宛葉師古曰南陽之二縣也宛音於元反葉音式涉反〔補注〕先謙曰宛今南陽府南陽縣治葉今葉縣南三十里東有淮陽〔補注〕先謙曰淮陽漢爲國今陳州府淮甯縣治胡三省云韓之分晉其地南至宛葉西包鞏洛接于新安宜陽東有潁川而淮陽之地則屬於楚及漢定天下韓王信剖符王潁川其地東兼有淮陽所謂北近南迫者其境相迫近耳不屬韓也皆天下勁兵處也迺更以太原郡爲韓國徙信以備胡都晉陽〔補注〕先謙曰晉陽太原縣今太原府太原縣治信上書曰國被邊李奇曰被音被馬之被師古曰被猶帶也匈奴數入晉陽去塞遠請治馬邑〔補注〕先謙曰胡三省云時定襄未置郡故太原之地北被邊兼有雁門之馬邑先謙案今朔平府朔州治上許之秋匈奴冒頓大入圍信信數使使胡求和解漢發兵救之疑信數間使有二心師古曰間私也上賜信書責讓之曰專死不勇專生不任李奇曰言爲將軍齎必死之意不得爲勇齎必生之心不任軍事傳曰期死非勇也必生非任也〔補注〕周壽昌曰專死者輕生故不爲勇專生者惜死故不能任寇攻馬邑君王力不足以堅守乎安危存亡之地此二者朕所以責於君王師古曰言雖處危亡之地執忠履信可以安存責其有二心〔補注〕先謙曰言處安危存亡之地專死專生二者皆非朕所望責其竭智勇以禦敵不可輕生亦不宜惜死也顏注微隔信得書恐誅因與匈奴約共攻漢以馬邑降胡擊太原七年冬上自往擊破信軍銅鞮師古曰上黨之縣也鞮音丁奚反〔補注〕先謙曰今沁州西南四十里斬其將王喜信亡走匈奴與其將白土人曼丘臣王黃張晏曰白土縣名也屬上郡〔補注〕劉攽曰下云而與信及冒頓謀攻漢則上不當有與字周壽昌曰曼邱姓臣名兩人皆白土賈人見陳豨傳先謙曰史記亦衍與字本書高紀誤同惟史記高紀無與字立趙苗裔趙利爲王師古曰六國時趙後復收信散兵〔補注〕宋祁曰景祐本無散字而與信及冒頓謀攻漢匈奴使左右賢王將萬餘騎與王黃等屯廣武以南至晉陽師古曰廣武亦太原之縣〔補注〕先謙曰廣武在今代州西十五里與漢兵戰漢兵大破之追至于離石復破之師古曰離石西河之縣〔補注〕先謙曰今汾州府永甯州治匈奴復聚兵樓

煩西北〔補注〕先謙曰樓煩雁門縣今代州崞縣東北漢令車騎擊匈奴常敗走漢乘勝追北聞冒頓居代谷〔補注〕先謙曰此主父偃傳所謂匈奴聚於代谷之下也水經灅水注代谷者恆山在其南北塞在其北谷中之地上谷在東代郡在西史記作居代上谷正義云今媯州王念孫云代谷去平城近上谷去平城遠漢沮陽爲上谷郡治卽唐媯州張說誤上居晉陽使人視冒頓還報曰可擊上遂至平城〔補注〕先謙曰平城雁門縣今大同府大同縣東上白登服虔曰臺名去平城七里如淳曰平城旁之高地若丘陵也師古曰在平城東山上去平城十餘里今其處猶存服說非也〔補注〕先謙曰索隱姚氏案北彊記桑乾河北有白登山冒頓圍漢高之所今猶有壘壁先謙案山西通志漢高祖被圍之白登一在大同府城東七里一在城北百餘里要以城北者爲正今隸陽高縣匈奴騎圍上上迺使人厚遺閼氏師古曰閼氏匈奴單于之妻也閼音於連反氏音支閼氏說冒頓曰今得漢地猶不能居且兩主不相戹居七日胡騎稍稍引去〔補注〕先謙曰官本不重稍字引宋祁曰景祐本有兩稍字案史記亦不重稍字天霧漢使人往來胡不覺護軍中尉陳平言上曰胡者全兵李奇曰言唯弓矛無雜仗也〔補注〕先謙曰章衡云李注非是使胡有雜仗則傅矢外鄉之說不得行歟且奇何以知匈奴無雜仗匈奴特無弩耳全兵者言匈奴自戰其地也沈欽韓云全兵謂短兵自衞者故可以弩破圍通典兵篇引孫子曰遠則用弩近則用兵兵弩相解也周壽昌云言胡全用銳利之兵以殺敵如刀矛戈戟皆是無楯鎧之類以禦弩矢也先謙案沈周說是請令彊弩傅兩矢外鄉師古曰傅讀曰附每一弩而加兩矢外鄉者以禦敵也鄉讀曰嚮徐行出圍入平城漢救兵亦至胡騎遂解去漢亦罷兵歸信爲匈奴將兵往來擊邊令王黃等說誤陳豨〔補注〕先謙曰事詳豨傳十一年春信復與胡騎入居參合師古曰代郡之縣〔補注〕先謙曰今大同府陽高縣東北漢使柴將軍擊之鄧展曰柴奇也應劭曰柴武也晉灼曰奇武之子師古曰應說是也遺信書曰陛下寬仁諸侯雖有叛亡而後歸輒復故位號不誅也師古曰復音扶目反大王所知今王已敗亡走胡〔補注〕先謙曰已卽以也史記作以非有大罪急自歸信報曰陛下擢僕閭巷南面稱孤此僕之幸也滎陽之事僕不能死囚於項籍此一罪也寇攻馬邑僕不能堅守㠯城降之此二罪也今爲反寇將兵與將軍爭一旦之命此三罪也夫種蠡無一罪身死亡文穎曰大夫種范蠡也師古曰二人皆越王句踐之臣也大夫種位爲大夫名種也有功於越而句踐逼令自死范蠡卽陶朱公也浮海而逃之齊又居陶自號朱公竟以壽終信引之㠯自喻者蓋言種不去則見殺蠡逃亡則獲免蠡音禮〔補注〕先謙曰言二人無罪然一死一亡皆不能保其位文義甚明無煩曲說僕有三罪而欲求活此伍子胥所㠯僨於吳世也蘇林曰僨音奮孟康曰僨猶斃也言子胥得罪於夫差而不知去所以斃於世也師古曰僨謂僵仆而倒也音方問反今僕亡匿山谷閒旦暮乞貣蠻夷師古曰貣音吐得反僕之思歸如痿人不忘起盲者不忘視師古曰痿風痺病也音人隹反〔補注〕沈欽韓曰說苑叢談躄人日夜願一起盲人不忘視蓋本此勢不可耳遂戰柴將軍屠參合斬信信之入匈奴與太子俱及至穨當城〔補注〕先謙曰集解引漢書音義曰縣名韋昭曰在匈奴地案韋說是也音義以爲縣名無可取證生子因名曰穨當韓太子亦生子嬰至孝文時穨當及嬰率其衆降〔補注〕先謙曰據表二人俱匈奴相國漢封穨當爲弓高侯晉灼曰功臣表屬營陵嬰爲襄城侯晉灼曰功臣表屬魏郡吳楚反時弓高侯功冠諸將傳子至孫〔補注〕先謙曰表子失名孫名則孫無子國絕嬰孫㠯不敬失侯〔補注〕先謙曰坐詐疾不從耐爲隸臣

積當孽孫嫣鄭氏曰音鄢陵之鄢師古曰鄭音是也音偃貴幸名顯當世〔補注〕先謙曰見佞幸傳嫣弟說師古曰說讀曰悅㠯校尉擊匈奴封龍頟侯師古曰字或作雒〔補注〕先謙曰孝武時兒寬有重罪繫說諫之上感而貰寬見劉向傳後坐酎金失侯〔補注〕先謙曰官本引孔武仲雒說云漢多以酎金失侯其故何也考史記平準書武帝方事夷狄而擊羌越卜式上書願父子往死之帝侯卜式賜金六十斤田十頃以風天下天下莫應而列侯百數皆莫求從軍擊羌者故於宗廟酎時使少府省諸侯所獻金斤兩少者色惡者王削縣侯失國焉蓋緣諸侯之不從軍武帝忿焉乃設此法故失侯者百餘人而尊式爲御史大夫復㠯待詔爲橫海將軍擊破東越封按道侯師古曰史記年表幷衞青傳載韓說初封龍雒侯後爲按道侯皆與此傳同而漢書功臣侯表迺云龍雒侯名譊按道侯名說列爲二人與此不同疑表誤〔補注〕先謙曰官本注雒作頟案譊卽說形近譌字史記亦云再封爲按道侯與本傳合師古不加訂正尙致疑詞非也太初中爲游擊將軍屯五原外列城還爲光祿勳掘蠱太子宮爲太子所殺師古曰掘音其勿反子興嗣坐巫蠱誅上曰游擊將軍死事無論坐者服虔曰時無故見殺而無爲之論坐伏辜者也臣瓚曰按說無故見殺而子復爲巫蠱見誅皆爲怨枉故上曰毋有應論坐者也師古曰二說皆非言韓說㠯掘蠱爲太子所殺死於國事忠誠可閔今興雖㠯巫蠱見誅其昆弟宗族應從坐者可勿論之所㠯追寵說也迺復封興弟增爲龍頟侯增少爲郎諸曹

侍中光祿大夫，昭帝時至前將軍，與大將軍霍光定策立宣帝，益封千戶。本始二年，五將征匈奴，增將三萬騎出雲中，斬首百餘級，至期而還。神爵元年，代張安世爲大司馬車騎將軍，領尚書事。增世貴，幼爲忠臣，補注周壽昌曰幼爲忠臣語不甚可解功臣表陽都敬侯丁復注爲將軍忠臣侯亦有忠臣字考後書趙溫傳辟司空曹操子丕爲掾操怒奏溫辟忠臣子弟選舉不實免官時操封武平侯是知功臣列侯得稱忠臣必漢制如此不然操奏劾人豈自稱爲忠臣耶鮑昱傳帝報曰吾固欲令天下知忠臣之子復爲司隸也案昱父永封關內侯羊續傳續以忠臣子孫拜郎中案續先七世二千石卿校祖爲司隸校尉父爲太常其先並未以忠節著是世卿之家亦可稱忠臣本書吳芮傳高祖定著令稱芮爲忠功臣之名忠臣或肇於此藝文志于長天下忠臣九篇注劉向別錄云傳天下忠臣疑亦是紀述功臣也 事三主，重於朝廷。爲人寬和自守，以溫顏遜辭承上接下，無所失意，保身固寵，不能有所建明。五鳳二年薨，謚曰安侯。子實嗣，亡子，國除。成帝時，繼功臣後，封增兄子岑爲龍頟侯。薨，子持弓嗣。補注先謙曰表岑作共持弓作敵弓 王莽敗，迺絕。補注周壽昌曰新莽時尚紹封至東漢始絕也

贊曰：周室既壞，至春秋末，諸侯秏盡，師古曰秏減也言漸少而盡也音呼到反 而炎黃唐虞之苗裔尚猶頗有存者。師古曰謂神農黃帝堯舜之後 秦滅六國，而上古遺烈埽地盡矣。師古曰烈業也 楚漢之際，豪桀相王，唯魏豹、韓信、田儋兄弟爲舊國之後，然皆及身而絕。橫之志節，賓客慕義，猶不能自立，豈非天虖！韓氏自弓高後貴顯，蓋周烈近與？晉灼曰韓先與周同姓其後苗裔事晉封於韓原姓韓氏韓厥其後也故曰周烈臣瓚曰案武王之子方於三代世爲最近也師古曰左氏傳云邘晉應韓武之穆也據如此贊所云則韓萬先祖武王之裔而杜預等以爲出自曲沃成師未詳其說與讀曰歟

魏豹田儋韓信傳第三終　

韓彭英盧吳傳第四　

漢　蘭　臺　令　史班　固　撰

唐正議大夫行祕書少監琅邪縣開國子顏師古　注

賜進士出身前翰林院編修國子監祭酒加三級臣王先謙補注

韓信，淮陰人也。補注先謙曰淮陰臨淮縣今淮安府清河縣東五里 家貧無行，不得推擇爲吏，李奇曰無善行可推舉選擇也補注沈欽韓曰管子小匡篇鄉長修德進賢名之曰三選罷士無伍莊子達生篇孫休賓於鄉里逐於州部韓非問田篇公孫亶回聖相也而關於州部楚策汗明見春申君曰僕之不肖阨於州部案此戰國以來選舉之法信以無行故不得推擇也 又不能治生爲商賈，師古曰行賣曰商坐販曰賈 常從人寄食。補注沈欽韓曰方言寄食爲餬 其母死無以葬，補注宋祁曰或無其字 迺行營高燥地，令傍可置萬家者。師古曰言其有大志也行音下更反燥音先老反補注周壽昌曰營度也先謙曰史記贊作高敞地 信從下鄉南昌亭長食，張晏曰下鄉屬淮陰補注沈欽韓曰紀要南昌亭在淮安府西三十里周壽昌曰索隱引楚漢春秋南昌作新昌 亭長妻苦之，師古曰苦厭也補注王先慎曰案亭長上當有數月二字下文信謂亭長曰公小人爲德不竟明從食之日久矣若無數月二字則與下語不合史記有班氏刪之非也 迺晨炊蓐食。張晏曰未起而牀蓐中食補注王引之曰方言蓐厚也厚食猶言多食說見經義述聞秣馬蓐食下 食時信往，不爲具食。信亦知其意，自絕去。至城下釣，補注沈欽韓曰一統志韓侯釣臺在淮安府山陽縣北 有一漂母哀之，飯信，韋昭曰以水擊絮曰漂師古曰哀憐而飯之漂音匹妙反飯音扶晚反 竟漂數十日。信謂漂母曰：「吾必重報母。」母怒曰：「大丈夫不能自食，吾哀王孫而進食，蘇林曰王孫如言公子也補注何焯曰博物志云王孫公子皆相推敬之詞案索隱引劉德云秦末多失國言王孫公子尊之也而俗人遂以信爲韓王後 豈望報乎！」淮陰少年又侮信曰：補注王念孫曰案此又字非承上文之詞又讀爲有言少年中有侮信者也古字通以又爲有說見史記正作少年有侮信者或曰漢書何以無者字曰者字可有可無下文人有言上亦無者字先謙曰史記少年上有屠中二字「雖長大，好帶刀劍，怯耳。」眾辱信曰：「能死，刺我；不能，出跨下。」師古曰眾辱於眾中辱之跨下兩股之閒也補注先謙曰史記作袴下意同 於是信孰視，俛出跨下。師古曰俛亦俯字 一市皆笑信，以爲怯。及項梁度淮，信乃杖劍從之，師古曰言直帶一劍更無餘資 居戲下，無所知名。師古曰汎在旌戲之下也戲讀曰麾又音許宜反 梁敗，又屬

項羽爲郎中信數㠯策干項羽〔補注〕宋祁曰或無此項字羽弗用漢王之入蜀信亡楚歸漢未得知名爲連敖李奇曰楚官名〔補注〕周壽昌曰功臣表作入漢爲連敖票客史記功臣表作連敖典客索隱云典客漢表作粟客知票本作粟功臣表如注連敖楚官左傳有連尹莫敖其後合爲一官也時功臣內以連敖起家者尚有柳丘侯戎賜隆慮侯周竈河陵侯郭亭朝陽侯華寄若煮棗侯革朱則以越連敖入漢知當時不獨漢有此官坐法當斬其疇十三人皆已斬師古曰疇類也至信信乃仰視適見滕公師古曰夏侯嬰曰上不欲就天子乎〔補注〕宋祁曰或無此上字錢大昭曰天子南監本閩本作天下先謙曰官本作天下史記同而斬壯士滕公奇其言壯其貌釋弗斬師古曰釋放也置也與語大說之言於漢王漢王㠯爲治粟都尉上未奇之也數與蕭何語何奇之至南鄭諸將道亡者數十人〔補注〕周壽昌曰至南鄭爲高祖元年夏四月時沛公爲漢王都南鄭諸將士卒皆思東歸故多道亡信度何等已數言師古曰度計量也音大各反上不我用卽亡何聞信亡不及㠯聞自追之〔補注〕沈欽韓曰許彥周詩話蜀陝間有溪曰韓溪蕭文終追淮陰處也人有言上曰丞相何亡上怒如失左右手居一二日何來謁

上且怒且喜罵何曰若亡何也師古曰若汝也何曰臣非敢亡追亡者耳上曰所追者誰也曰韓信上復罵曰諸將亡者已數十〔補注〕先謙曰史記作十數据上文則數十是也官本已作以公無所追追信詐也何曰諸將易得至如信國士無雙師古曰爲國家之奇士王必欲長王漢中無所事信張晏曰無事用信必欲爭天下非信無可與計事者顧王策安決師古曰顧思念也王曰吾亦欲東耳安能鬱鬱久居此乎〔補注〕宋祁曰或無久字何曰王計必東能用信信卽畱不能用信信終亡耳王曰吾爲公㠯爲將何曰雖爲將信不畱王曰㠯爲大將何曰幸甚於是王欲召信拜之何曰王素嫚無禮師古曰嫚與慢同今拜大將如召小兒此乃信所㠯去也必欲拜之〔補注〕錢大昭曰南監本閩本必欲上皆有王字先謙曰官本有王字史記同擇日齋戒設壇場具禮乃可王許之諸將皆喜人人各自㠯爲得大將至拜乃韓信也一軍皆驚信㠯拜上坐〔補注〕先謙曰官本㠯作已古字通王曰丞相數言將軍將軍何

㠯教寡人計策信謝因問王曰今東鄉爭權天下豈非項王邪師古曰鄉讀曰嚮上曰然信曰大王自料勇悍仁彊孰與項王師古曰料量也與如也漢王默然良久曰弗如也信再拜賀曰唯師古曰唯應辭音弋癸反〔補注〕劉奉世曰唯字當屬下句讀如本字此類甚多王念孫曰案唯信亦以爲大王弗如也當作一句讀唯讀爲雖言非獨大王以爲弗如雖信亦以爲弗如也雖字古多借作唯少儀雖有君賜雜記雖三年之喪可也鄭注竝曰雖或爲唯表記唯天子受命於天注曰唯當爲雖荀子性惡篇今以仁義法正爲固無可知可能之理邪然則唯禹不知仁義法正不能仁義法正也楊倞注唯讀爲雖秦策弊邑之王所甚說者無大大王唯儀之所甚願爲臣者亦無大大王弊邑之王所甚憎者無先齊王唯儀之所甚憎者亦無先齊王史記張儀傳唯皆作雖史記汲黯傳弘湯深心疾黯唯天子亦不說也漢書唯作雖又大戴禮虞戴德篇君以聞之唯某無以更也墨子尚同篇唯欲毋與我同將不可得也荀子大略篇天下之人唯各特意哉然而有所共予也趙策君唯釋虛僞疾文信猶且知之也史記范雎傳須賈問曰孺子豈有客習於相君者哉范雎曰主人翁習知之唯雎亦得謁司馬相如傳相如使時蜀長老多言通西南夷不爲用唯大臣亦以爲然唯竝與雖同又借作惟淮南精神篇不識天下之以我備其物與且惟無我而物無不備者乎惟與雖同史記淮陰侯傳作惟信亦爲大王不如也則不得斷惟字爲句而讀爲唯諾之唯矣又案韓長孺傳士以此稱慕之唯天子亦以爲國器今本亦字誤在上句士字下慕顏注天子一人亦以爲國器則亦字在下句明矣史記汲黯傳弘湯深心疾黯唯天子亦不說也語意正與此同今改正史記韓長孺傳亦字亦在上句則後人依誤本漢書改之耳唯當讀爲雖言不獨士稱慕之雖天子亦以國器許之也師古曰言臣下皆敬重之天子一人亦以爲國器云天子一人則是訓唯爲獨失其指矣又金安上傳敞爲人正直敢犯顏色左右憚之唯上亦難焉唯亦讀爲雖言不獨左右憚之雖上亦難之也師古曰臣下皆敬憚唯有天子一人亦難之又失之矣又揚雄傳唯其人

之贍知哉亦會其時之可爲也唯亦讀爲雖文選解嘲正作雖師古曰非唯其人贍知乃會時之可爲也又失之矣信亦㠯爲大王弗如也然臣嘗事項王請言項王爲人也項王意烏猝嗟千人皆廢李奇曰猝嗟猶咄嗟也言羽一咄嗟千人皆失氣也晉灼曰意烏恚怒聲也猝嗟形發動也廢不收也師古曰意烏晉說是也猝嗟暴猝嗟歎也猝音千忽反〔補注〕先謙曰官本考證云史記作喑噁叱咤又言語姁姁史記作嘔嘔然不能任屬賢將師古曰屬委也音之欲反此特匹夫之勇也師古曰特但也項王見人恭謹言語姁姁師古曰姁姁和好貌也音許于反人有病疾涕泣分食飮至使人有功當封爵刻印刓忍不能予蘇林曰刓音刓角之刓刓與摶同手弄角訛不忍授也師古曰刓音五丸反摶音大官反又音專此所謂婦人之仁也項王雖霸天下而臣諸侯不居關中而都彭城又背義帝約而㠯親愛王諸侯不平諸侯之見項王逐義帝江南亦皆歸逐其主自王善地〔補注〕齊召南曰案諸侯歸逐其主自王善地卽指田都王臨淄田市王濟北滅荼王燕司馬卬王殷張耳王常山皆徙其故王於他處也不然信拜大將在四月諸侯已各就國罷兵矣烏知後有田榮殺田都田市及滅荼殺韓廣事乎項王所過亡不殘滅多怨百姓師古曰結

怨於百姓百姓不附特劫於威彊服耳師古曰彊音其兩反其下彊以威王亦同〔補注〕先謙曰史記彊下奪服字新序善謀篇亦有服字是也名雖爲霸實失天下心師古曰羽自號西楚霸王故云名爲霸也故曰其彊易弱師古曰易使弱也今大王誠能反其道任天下武勇何不誅師古曰言何所不誅也下皆類此以天下城邑封功臣何不服以義兵從思東歸之士何不散師古曰散謂四散而立功〔補注〕劉攽曰何不散者言義兵無敵諸侯之眾亡不離散而敗也先謙曰索隱引劉氏云用東歸之兵擊東方之敵此敵無不散敗也且三秦王爲秦將師古曰章邯司馬欣董翳將秦子弟數歲而所殺亡不可勝計又欺其眾降諸侯至新安項王詐阬秦降卒二十餘萬人唯獨邯欣翳脫師古曰脫免也音土活反秦父兄怨此三人痛於骨髓〔補注〕先謙曰史記於作入今楚彊以威王此三人秦民莫愛也大王之入武關秋豪亡所害師古曰秋豪喻微細之物除秦苛法與民約法三章耳秦民亡不欲得大王王秦者於諸侯之約大王當王關中關中民戶知之師古曰言家家皆知〔補注〕周壽昌曰史記作咸知之宋祁新唐書長孫后傳安業向遇妾不以慈戶知之卽用此三字顧炎武謂殊不成文殆偶未檢此書邪王失職之蜀民亡不恨者師古曰之往也今大王舉而東三秦可傳檄而定也師古曰檄謂檄書也傳檄可定言不足用兵也檄解在高紀於是漢王大喜自以爲得信晚遂聽信計部署諸將所擊師古曰部分而署置之漢王舉兵東出陳倉〔補注〕先謙曰陳倉扶風縣今鳳翔府寶雞縣東二十里定三秦二年出關收魏河南韓殷王皆降令齊趙共擊楚彭城〔補注〕王念孫曰今當依史記作合謂漢與齊趙合而共擊楚也先謙曰西漢年紀考異云楚方擊齊於城陽齊安得助漢入彭城意齊字後人妄加耳先謙案史記作合齊趙共擊楚四月至彭城漢兵敗散各爲一事未嘗不合若擊楚彭城則齊不與是班氏改併史記偶未及檢處漢兵敗散而還信復發兵〔補注〕先謙曰史記發作收是也高紀亦云收兵與漢王會若關中之兵權在漢王蕭相非信所得專發也與漢王會滎陽復擊破楚京索閒師古曰索音山客反以故楚兵不能西漢之敗郤彭城師古曰兵敗於彭城而郤退也郤音丘略反塞王欣翟王翳亡漢降楚齊趙魏亦皆反與楚和〔補注〕先謙曰齊未嘗與楚和此及史記並衍齊字又史記作欲反漢與楚和此時諸侯皆反漢而與楚非但欲反也此班氏刪正漢王使酈生往說魏王豹豹不聽乃

以信爲左丞相擊魏信問酈生魏得毋用周叔爲大將乎〔補注〕宋祁曰一本作大將軍曰柏直也信曰豎子耳遂進兵擊魏魏盛兵蒲反塞臨晉〔補注〕先謙曰蒲坂河東縣今蒲州府永濟縣東南信迺益爲疑兵師古曰多張兵形令敵人疑也陳船欲度臨晉而伏兵從夏陽以木罌缶度軍襲安邑服虔曰以木柙縛罌缶以度也韋昭曰以木爲器如罌缶也師古曰服說是也罌缶謂瓶之大腹小口者也音一政反臨晉在今同州朝邑縣界夏陽在韓城縣界〔補注〕宋祁曰伏越本作復劉攽曰復當作伏周壽昌曰功臣表祝阿侯高邑下注云屬淮陰罌度軍則此役高邑有功或卽其所畫策也先謙曰陳船者索隱陳列船艘欲渡河也或以爲地名謬臨晉馮翊縣今同州府大荔縣西夏陽馮翊縣今同州府韓城縣南二十里安邑河東縣今解州夏縣北魏王豹驚引兵迎信信遂虜豹定河東使人請漢王願益兵三萬人臣請以北舉燕趙東擊齊南絕楚之糧道西與大王會於滎陽漢王與兵三萬人遣張耳與俱進擊趙代破代禽夏說閼與李奇曰夏說代相也孟康曰閼與是邑名也在上黨隰縣師古曰說讀曰悅閼音一曷反與音豫〔補注〕沈欽韓曰紀要閼與城在沁州西北二十里俗曰烏蘇村閼與山在磁州武安縣西南五十里先謙曰上黨無隰縣隰蓋沾之訛索隱引續志上黨沾縣有閼與聚正義在潞州銅鞮縣西北二十里先謙案卽韓之閼與邑也信之下魏代漢輒使人收其精兵詣滎陽以距楚信耳以兵數萬欲東下井陘擊趙趙王成安君陳餘聞漢且襲之聚兵井陘口〔補注〕先謙曰井陘常山縣今正定府井陘縣北元和志井陘口今名土門口太行八陘之第五陘也四面高中央下如井故名之明志眞定府獲鹿縣土門關在其西號稱二十萬廣武君李左車說成安君曰聞漢將韓信涉西河虜魏王禽夏說新喋血閼與師古曰喋音牒喋血解在文紀今乃輔以張耳議欲以下趙師古曰言其立計議如此此乘勝而去國遠鬭其鋒不可當臣聞千里餽糧士有飢色師古曰言難繼也餽字與饋同樵蘇後爨師不宿飽師古曰樵取薪也蘇取草也小雅白華之詩曰樵彼桑薪樵音在消反〔補注〕沈欽韓曰四語見黃石公上略今井陘之道車不得方軌騎不得成列師古曰方軌謂併行也列行列行數百里其勢糧食必在後願足下假臣奇兵三萬人從閒道絕其輜重師古曰閒路微路也重音直用反〔補注〕先謙曰官本道作路是史記同足下深溝高壘勿與戰彼前不得鬭退不得還吾奇兵絕其後野

無所掠鹵不至十日兩將之頭可致戲下師古曰戲讀曰麾又音許宜反願君留
意臣之計必不爲二子所禽矣補注王念孫曰必不爲二子所禽矣本作不必爲二子所禽矣不
與否同言若不用臣之計則必爲二子所禽也史記作否必爲二
子所禽矣是其證後人不知不字自爲一句而以不必二字連讀
遂不得其解而改不必爲必不以陳餘用李左車之計則必不爲
二子所禽不知上文明言兩將之頭可致戲下豈特不爲所禽而
已乎弗思甚矣通典兵十三作不然必爲所禽矣通鑑漢紀二作否則必爲二子所禽矣成安君儒者常稱義兵不用詐謀奇計
謂曰吾聞兵法什則圍之倍則戰師古曰言多十倍者可以圍城多一倍者戰則可勝補注沈欽
韓曰孫子謀攻篇十則圍之五則攻之倍則分之先謙曰官本注城作敵是史記戰下衍之字今韓信兵號數萬
其實不能千里襲我補注齊召南曰不能斷句言實兵不能數萬也史記作其實不過數千能千里而襲我亦
已罷極能字屬下句讀先謙曰其實不能語仍不了當以其實不
爲句能千里襲我爲句不即否字其實否者謂無數萬之多也信
兵號二十萬餘言不過數千似非情理故班刪正之能讀爲乃非才能之能能乃聲近義通此王念孫說詳見經傳釋詞亦以
罷矣師古曰罷讀曰疲今如此避弗擊後有大者何以距之諸侯謂吾怯
而輕來伐我不聽廣武君策信使閒人窺知其不用師古曰閒人微伺之也

還報則大喜乃敢引兵遂下未至井陘口三十里止舍師古曰舍息也夜
半傳發選輕騎二千人孟康曰傳令軍中使發也人持一赤幟師古曰幟旗之屬也音式志
反從間道革山而望趙軍如淳曰革音蔽依山自覆蔽也師古曰蔽隱於山間使敵不見補注先謙曰說
文革蔽也從艸卑聲戒曰趙見我走必空壁逐我若疾入拔趙幟立漢幟師古
曰若汝也令其裨將傳餐服虔曰立騎傳餐食也如淳曰小飯曰餐破趙後乃當共飽食也師古曰餐古飡字音千
安反補注先謙曰官本注騎作駐曰今日破趙會食諸將皆嘸然陽應曰諾孟康曰嘸
音撫不精明也劉德曰音憮師古曰劉音是也音文府反補注洪頤煊曰嘸與憮同三蒼憮怪愕之詞先謙曰官本注憮作撫信
謂軍吏曰趙已先據便地壁且彼未見大將旗鼓未肯擊前行師古
曰行音胡郎反恐吾阻險而還補注劉奉世曰前行當屬下句言我若前行又恐阻險而還耳所以先使萬人陳也
行如字王念孫曰劉說非是恐吾阻險而還者趙軍恐漢軍阻險
而還也若謂韓信自恐阻險則當曰吾恐阻險而還不當云恐吾
阻險而還矣下文使萬人先行出正所謂前行也而趙軍不擊之
正所謂未見大將旗鼓未肯擊前行也行字仍當音戶郎反而以
前行屬上句乃使萬人先行出背水陳補注沈欽韓曰輿地廣記眞定府井陘縣有綿蔓水在縣西南八十里

韓信攻趙背水爲陳即此尉繚子天官篇背水陳爲絕地向阪陳
爲廢軍陳餘知兵法故趙軍笑其陳也先謙曰縣蔓水自太原之
上艾縣流入井陘信背是水立營今所謂桃河者也趙兵望見大笑平旦信建大將旗鼓鼓
行出井陘口師古曰聲鼓而行趙開壁擊之大戰良久於是信張耳棄鼓
旗走水上軍師古曰走趣也音奏復疾戰趙空壁爭漢鼓旗補注劉奉世曰復疾戰三字衍
文逐信耳信耳已入水上軍軍皆殊死戰不可敗師古曰殊絕也謂決意必死補
注宋祁曰逐信張耳信張耳已入水上軍疑有二張字先謙曰上言張耳矣此不必有二張字宋說非信所出奇兵
二千騎者候趙空壁逐利即馳入趙壁皆拔趙旗幟立漢赤幟二
千趙軍已不能得信耳等欲還歸壁壁皆漢赤幟大驚以漢爲皆
已破趙王將矣遂亂遁走趙將雖斬之弗能禁於是漢兵夾擊破
虜趙軍斬成安君泜水上師古曰泜音祗又音丁計反補注先謙曰官本考證云水經注泜水即井陘山
水世謂之鹿泉水東北流屈逕陳餘壘又東注綿蔓水禽趙王歇信乃令軍毋斬廣武君有
生得之者購千金頃之有縛而至戲下者信解其縛東鄉坐西鄉

對而師事之師古曰鄉皆讀曰嚮補注周壽昌曰漢初禮以東鄉爲尊如王陵傳項羽東鄉坐陵母欲以招陵尊陵母
也周勃傳每召諸生說事東鄉坐責之勃自尊也皆此類諸校効首虜休皆賀師古曰諸校部也猶今言諸
營也効致也謂各致其所獲補注沈欽韓曰効當作效曲禮效馬效羊注效猶呈見先謙曰官本作効史記同此形近誤字因
問信曰兵法有右背山陵前左水澤補注沈欽韓曰杜牧注孫子云太公曰軍必左川澤而右
丘陵淮南兵略篇地利者後生而前死左牡而右牝注高者爲生下者爲死丘陵爲牡谿谷爲牝今者將軍令臣
等反背水陳曰破趙會食臣等不服然竟以勝此何術也信曰此
在兵法顧諸君弗察耳師古曰顧念也兵法不曰陷之死地而後生投之
亡地而後存乎補注沈欽韓曰管子兵法深入則危危則士自修孫子九地篇如信所引又云疾戰則存不疾戰則
亡者爲死地死地則戰且信非得素拊循士大夫經所謂敺市人而戰之也
師古曰經亦謂兵法也敺與驅同也怱入市鄽而敺取其人令戰
言非素所練習補注宋祁曰浙本注文同也無也字沈欽韓曰呂
覽簡選篇世有言曰驅市人而戰之可以勝人之厚祿教卒馮定
遠云信所將非素所拊循兵不爲用與敺市人同耳戰國之後民
猶習兵諸將灌嬰曹參之流百戰之餘非眞市人也故背水而陳
得以用之若市人也有相擠而入水耳烏能與之殊死戰乎不可

不察也王先慎曰經史記作此則經非指兵法言顏說無据其勢非置死地人人自爲戰今卽予生地皆走〔補注〕先謙曰史記作其勢非置之死地使人人自爲戰今予之生地皆走今訓爲卽史漢多有記詳言非置死地使自爲戰卽予生地則皆走耳今下再加卽字則語不可通此蓋後人旁注卽字以釋今義傳寫者不知而併入正文也寧尙得而用之乎諸將皆服曰非所及也於是問廣武君曰僕欲北攻燕東伐齊何若有功師古曰何若猶言何如也廣武君辭曰臣聞亡國之大夫不可㠯圖存師古曰圖謀也敗軍之將不可㠯語勇若臣者何足㠯權大事乎信曰僕聞之百里奚居虞而虞亡之秦而秦伯師古曰百里奚本虞臣也後仕於秦遂爲大夫穆公用其言㠯取霸伯讀曰霸〔補注〕先謙曰官本注仕作事非愚於虞而智於秦也用與不用聽與不聽耳向使成安君聽子計僕亦禽矣僕委心歸計願子勿辭廣武君曰臣聞智者千慮必有一失愚者千慮亦有一得〔補注〕王先慎曰亦當作必晏子雜篇下聖人千慮必有一失愚人千慮必有一得史記亦作必明亦爲必之誤故曰狂夫之言聖人擇焉故恐臣計未足用師古曰顧念也〔補注〕先謙曰据顏往故恐之故當作顧官本不誤願效愚忠故成安君有百戰百勝之計〔補注〕王先慎曰史記故作是夫一日而失之軍敗鄗下李奇曰鄗音羹臛之臛常山縣也光武卽位於此故改曰高邑〔補注〕先謙曰今趙州柏鄉縣北身死泜水上今足下虜魏王禽夏說不旬朝破趙二十萬衆誅成安君名聞海內威震諸侯衆庶莫不輟作怠惰靡衣媮食傾耳㠯待禽者師古曰輟止也靡輕麗也媮與偷字同偷苟且也言爲靡麗之衣苟且而食恐懼之甚不爲久計也〔補注〕先謙曰官本禽作命是史記同靡衣媮食史記作褕衣甘食索隱言漢書作美衣媮食所見與顏注本異然而衆勞卒罷師古曰罷讀曰疲其實難用也今足下舉勌敝之兵頓之燕堅城之下情見力屈師古曰見顯露也屈盡也見音胡電反屈音其勿反欲戰不拔曠日持久糧食單竭師古曰單亦盡若燕不破〔補注〕宋祁曰若一作弱齊必距境而㠯自彊二國相持則劉項之權未有所分也臣愚竊㠯爲亦過矣信曰然則何由師古曰由從也言當從何計也廣武君對曰當今之計不如按甲休兵百里之內牛酒日至㠯饗士大夫北首燕路師古曰首謂趣向也音式究反然後發一乘之

使奉咫尺之書師古曰八寸曰咫咫尺者言其簡牘或長咫或短尺喩輕率也今俗言尺書或言尺牘蓋其遺語耳〔補注〕先謙曰官本注在㠯使燕下㠯使燕燕必不敢不聽從燕而東臨齊雖有智者亦不知爲齊計矣如是則天下事可圖也兵故有先聲而後實者此之謂也信曰善敬奉敎於是用廣武君策〔補注〕周壽昌曰廣武君自此遂不知所終通志姓氏略左車氏爲廣武君李左車之後是廣武有子孫發使燕燕從風而靡乃遣使報漢因請立張耳王趙㠯撫其國漢王許之楚數使奇兵度河擊趙王耳信往來救趙因行定趙城邑發卒佐漢楚方急圍漢王滎陽漢王出南之宛葉師古曰之往也宛葉二縣名宛音於元反葉音式涉反得九江王布入成皋楚復急圍之四年〔補注〕王先慎曰二字衍高紀出成皋奪張韓軍並在三年非四年史記四年二字作六月上文不書三年亦誤漢王出成皋度河獨與滕公從張耳軍修武至宿傳舍晨自稱漢使馳入壁張耳韓信未起卽其臥奪其印符師古曰就其臥處麾召諸將易置之信耳起乃知獨漢王來大驚漢王奪兩人軍〔補注〕宋祁曰學官景德本作兩人軍印浙本無印字卽令張耳備守趙地拜信爲相國〔補注〕錢大昕曰前爲左丞相位蕭何下今爲相國位何上周壽昌曰此說誤漢左右丞相設於孝惠高皇后時前左丞相虛稱也樊噲亦爲之相國設於高祖十一年此拜信爲趙相國也發趙兵未發者擊齊文穎曰謂趙人未嘗見發者信引兵東未度平原聞漢王使酈食其已說下齊信欲止蒯通說信令擊齊語在通傳信然其計遂渡河〔補注〕先謙曰官本渡作度字同襲歷下軍至臨菑齊王走高密使使於楚請救信已定臨菑東追至高密西楚使龍且將號稱二十萬師古曰且音子余反〔補注〕先謙曰官本注在救齊下救齊齊王龍且幷軍與信戰未合師古曰欲戰而未交兵也或說龍且曰漢兵遠鬬窮寇戰鋒不可當也〔補注〕宋祁曰一本戰字上有久字錢大昭曰閩本戰作其齊楚自居其地戰兵易敗散師古曰近其室家懷顧望也〔補注〕沈欽韓曰九地篇諸侯自戰其地爲散地不如深壁令齊王使其信臣招所亡城師古曰信臣常所親信之臣城聞王在楚來救必反漢漢二千里客居齊齊城皆反之其勢無所得食可毋戰而降也龍且曰吾平生

知韓信爲人易與耳寄食於漂母無資身之策受辱於跨下無兼人之勇不足畏也且救齊而降之吾何功今戰而勝之齊半可得師古曰自謂當得封齊之半地何爲而止遂戰與信夾濰水陳師古曰濰音維濰水出琅邪北箕縣東北經臺昌入海卽禹貢所云濰淄其道者也〔補注〕先謙曰官本箕作經引宋祁曰注文經縣當作箕縣沈欽韓云元和志濰水在密州高密縣西南四十里明志膠州高密縣西有濰水方輿紀要今縣西五里有韓信灊相傳亦信所鑿信乃夜令人爲萬餘囊沙㠯壅水上流〔補注〕先謙曰官本沙上有盛字是史記作滿盛沙引兵半度擊龍且〔補注〕宋祁曰舊本半字下有夜字去留兩意俱通舊本龍且無龍字校本添先謙曰官本度皆作渡陽不勝還走龍且果喜曰固知信怯遂追度水信使人決壅囊水大至龍且軍太半不得度卽急擊殺龍且龍且水東軍散走齊王廣亡去信追北至城陽虜廣楚卒皆降遂平齊使人言漢王曰齊夸詐多變反覆之國南邊荒師古曰邊近也〔補注〕錢大昭曰南監本閩本竝作南邊楚先謙曰官本作楚史記同不爲假王㠯塡之其埶不定師古曰塡音竹刃反今權輕不足㠯安之臣請自立

爲假王當是時楚方急圍漢王於滎陽使者至發書張晏曰發信使者所齎書也漢王大怒罵曰吾困於此旦暮望而來佐我師古曰而汝也乃欲自立爲王張良陳平伏後躡漢王足因附耳語曰漢方不利寧能禁信之自王乎不如因立善遇之使自爲守不然變生漢王亦寤因復罵曰大丈夫定諸侯卽爲眞王耳何㠯假爲遣張良立信爲齊王徵其兵使擊楚楚㠯亡龍且〔補注〕宋祁曰以疑作已周壽昌曰以已字通本書尤多在讀者自知之不必改亦不勝改卽作以本字文義亦通謂楚因亡龍且而項王恐也項王恐使盱台人武涉往說信曰足下何不反漢與楚楚王與足下有舊故且漢王不可必師古曰必謂必信之身居項王掌握中數矣師古曰數音山角反然得脫背約復擊項王其不可親信如此今足下雖自㠯爲與漢王爲金石交師古曰稱金石者取其堅固然終爲漢王所禽矣足下所㠯得須臾至今者㠯項王在〔補注〕王念孫曰此須臾猶從容延年之意言所以得從容至今不死者以項王尙存也賈山傳願少須臾毋死少須臾卽少從容亦延年之意

故武五子傳奉天期兮不得須臾張晏注不得復延年也從容須臾語之轉耳項王卽亡次取足下何不與楚連和三分天下而王齊今釋此時自必於漢王㠯擊楚且爲智者固若此邪信謝曰臣得事項王數年官不過郎中位不過執戟張晏曰郎中宿衞執戟言不聽畫策不用故背楚歸漢漢王授我上將軍印數萬之衆〔補注〕宋祁曰浙本數萬字上有御字先謙曰史記數上亦有予字解衣衣我推食食我師古曰下衣音於記反下食讀曰飤也言聽計用吾得至於此夫人深親信我背之不祥〔補注〕先謙曰史記有雖死不易四字幸爲信謝項王武涉已去蒯通知天下權在於信深說㠯三分天下之計〔補注〕宋祁曰景祐本越本無之計字作鼎足而王錢大昭曰閩本同語在通傳信不忍背漢又自㠯功大漢王不奪我齊遂不聽漢王之敗固陵用張良計徵信將兵會垓下項羽死高祖襲奪信軍徙信爲楚王都下邳〔補注〕先謙曰下邳東海縣今徐州府邳州東三里高紀張良請從陳以東傅海與信信家在楚此其意欲得故邑正義云謂從陳穎州北以東亳泗徐淮北之地東至海幷淮南淮陰之邑盡與信信又先有故齊舊地先謙

案從信王楚所以實前言而齊地遂爲郡縣矣信至國召所從食漂母賜千金及下鄉亭長錢百師古曰㠯恥辱之曰公小人爲德不竟師古曰言晨炊蓐食召辱已少年令出跨下者㠯爲中尉告諸將相曰此壯士也方辱我時寧不能死死之無名〔補注〕周壽昌曰史記兩死字皆作殺殺者專就少年言死者兼己身言也故忍而就此師古曰就成也成今日之功項王亡將鍾離眛師古曰眛音莫曷反〔補注〕周壽昌曰陳平傳稱眛爲項王骨鯁臣以金首聞之眛盖楚重將先謙曰官本眛皆作昧家在伊廬劉德曰東海朐南有此邑韋昭曰今中廬縣也師古曰韋說非也中廬在襄陽之南〔補注〕先謙曰續志東海朐縣有伊廬鄉元和志鍾離眛城在朐山縣南百里眛所築盖卽眛家所在之伊廬鄉矣今隸海州素與信善項王敗眛亡歸信漢怨眛聞在楚詔楚捕之信初之國行縣邑陳兵出入師古曰行音下更反有變告信欲反師古曰凡言變告者謂告非常之事書聞師古曰聞於天子上患之用陳平謀僞游於雲夢者實欲襲信信弗知高祖且至楚信欲發兵自度無罪師古曰度音大各反欲謁上恐見禽人或說信曰斬眛謁上上必喜亡患信見眛計事眛曰漢所㠯

不擊取楚以眛在公若欲捕我自媚漢吾今死公隨手亡矣乃罵信曰公非長者卒自剄信持其首謁於陳高祖令武士縛信載後車信曰果若人言狡兔死良狗亨張晏曰狡猶猾也師古曰此黃石公三略之言〔補注〕沈欽韓曰文子上德篇狡兔得而獵犬亨高鳥盡而良弓藏吳越春秋大夫種曰子胥於吳當夫差之誅也謂臣曰狡兔死良犬亨敵國滅謀臣亡范蠡亦有斯言韓非內儲下以爲太宰嚭遺大夫種書蒯通曾以風韓信故信云果若人言也師古引黃石公三略非也上曰人告公反遂械信至雒陽赦以爲淮陰侯信知漢王畏惡其能〔補注〕宋祁曰浙本無王字案六年游雲夢時高祖已即帝位不容更稱王也稱疾不朝從師古曰朝朝見也從從行也由此日怨望居常鞅鞅師古曰鞅鞅志不滿也音於兩反〔補注〕宋祁曰當作牛向反羞與絳灌等列嘗過樊將軍噲噲趨拜送迎言稱臣曰大王乃肯臨臣信出門笑曰生乃與噲等爲伍師古曰言俱爲列侯上嘗從容與信言諸將師古曰從音千容反〔補注〕先謙曰官本注在有差下能各有差上問曰如我能將幾何信曰陛下不過能將十萬上曰如公何如曰如臣多多益辦耳〔補注〕先謙曰史記辦作善上笑曰多多益辦何爲爲我禽信曰陛下不能將兵而善將將此乃信之爲陛下禽也且陛下所謂天授非人力也後陳豨爲代相監邊辭信〔補注〕周壽昌曰史記作豨拜爲鉅鹿守辭於淮陰侯此當得其實據史記豨傳亦未嘗爲鉅鹿守也信挈其手師古曰挈謂執提之與步於庭數币仰天而嘆曰子可與言乎吾欲與子有言豨因曰唯將軍命信曰公之所居天下精兵處也而公陛下之信幸臣也人言公反陛下必不信再至陛下乃疑三至必怒而自將吾爲公從中起天下可圖也〔補注〕周壽昌曰豨此時無反意信因其來辭突教之反不懼豨之言於上乎此等情事不合所謂微辭也陳豨素知其能信之曰謹奉教漢十年豨果反高帝自將而往信病不從〔補注〕宋祁曰浙本病字上有稱字錢大昭曰南監本閩本有稱字周壽昌曰病與稱病情事絕異觀下相國給信語則信病非假稱也史記亦云信病無稱字陰使人之豨所而與家臣謀夜詐赦諸官徒奴欲發兵襲呂后太子部署已定待豨報其舍人得罪信信囚欲殺之晉灼曰楚漢春秋云謝公也〔補注〕劉奉世曰案功臣表告信反者舍人欒說也宋祁曰功臣侯表云愼陽欒說爲淮陰侯舍人告淮陰侯信反侯二千戶齊召南曰劉據表以正晉誤是也本書作樂說史表作欒說樂欒形近未知孰是舍人弟上書變告信欲反狀於呂后呂后欲召恐其黨不亂師古曰黨音他朗反〔補注〕錢大昭曰亂南監本閩本作就先謙曰官本作就是史記同乃與蕭相國謀詐令人從帝所來稱豨已死〔補注〕先謙曰官本死作破羣臣皆賀相國紿信曰雖病強入賀師古曰紿詐也信入呂后使武士縛信斬之長樂鍾室師古曰鍾室謂懸鍾之室〔補注〕周壽昌曰紀表俱作十一年誅信此從十年豨反後敘入未加分析也信方斬曰吾不用蒯通計反爲女子所詐豈非天哉遂夷信三族高祖已破豨歸至聞信死且喜且哀之〔補注〕先謙曰官本無之字引宋祁曰景祐本哀下有之字問曰信死亦何言呂后道其語高祖曰此齊辯士蒯通也召欲亨之通至自說釋弗誅師古曰自說謂自解說也釋放也置也〔補注〕劉攽曰釋解也猶云解說也先謙曰自說即是自解不當復訓釋爲解也顏是劉非語在通傳〔補注〕宋祁曰浙本無此四字

彭越字仲昌邑人也〔補注〕先謙曰昌邑山陽縣今濟寧州金鄉縣西北四十里常漁鉅野澤中爲盜師古曰漁捕魚也鉅野即今鄆州鉅野中〔補注〕先謙曰官本注中作縣是鉅野山陽縣今曹州府鉅野縣南陳勝起或謂越曰豪桀相立畔秦仲可效之越曰兩龍方鬬且待之師古曰兩龍謂秦與陳勝居歲餘澤閒少年相聚百餘人往從越請仲爲長越謝不願也少年強請乃許與期旦日日出時後會者斬旦日日出十餘人後後者至日中於是越謝曰臣老諸君強以爲長今期而多後不可盡誅誅最後者一人令校長斬之師古曰一校之長也校音下教反皆笑曰何至是請後不敢於是越乃引一人斬之設壇祭令徒屬徒屬皆驚畏越不敢仰視乃行略地收諸侯散卒得千餘人沛公之從碭北擊昌邑越助之昌邑未下沛公引兵西越亦將其眾居鉅野澤中收魏敗散卒項籍入關王諸侯還歸越眾萬餘人無所屬齊王田榮叛項王漢乃使人賜越將軍印使下濟陰以擊楚〔補注〕劉氏曰田榮使越擊楚此不合有漢字先謙曰劉說是也事見高紀楚令蕭公角將兵擊越越大破楚軍

漢二年春與魏豹及諸侯東擊楚越將其兵三萬餘人歸漢外黃師古曰於外黃來歸漢漢王曰彭將軍收魏地得十餘城欲急立魏後今西魏王豹魏咎從弟眞魏也鄭氏曰豹眞魏後也迺拜越爲魏相國擅將兵略定梁地師古曰擅專也使專爲此事〔補注〕何焯曰擅將兵者雖拜越爲魏相國不使受魏豹節度得自主兵也漢王之敗彭城解而西也越皆亡其所下城獨將其兵北居河上漢三年越常往來爲漢游兵擊楚絕其糧於梁地項王與漢王相距滎陽越攻下睢陽外黃十七城項王聞之乃使曹咎守成皐自東收越所下城邑皆復爲楚越將其兵北走穀城〔補注〕先謙曰穀城卽穀成河南縣今河南府洛陽縣西北項王南走陽夏師古曰走並音奏夏音攻雅反〔補注〕先謙曰此鴻溝分地後項王西歸也越復下昌邑旁二十餘城得粟十餘萬斛吕給漢食漢王敗使使召越幷力擊楚〔補注〕劉攽曰漢王敗此時漢未敗其敗字疑是數字先謙曰劉說是也史記亦誤越曰魏地初定尚畏楚未可去漢王追楚爲項籍所敗固陵〔補注〕錢大昭曰固陵上當有脫字漢

王之敗敗於陽夏南非固陵也其與留侯計議合信越幷力擊楚乃在壁固陵之時見於本紀及張良傳此固陵上當有壁字先謙曰高紀明言擊楚至固陵楚大破之錢說謬乃謂留侯曰諸侯兵不從爲之奈何留侯曰彭越本定梁地功多始君王吕魏豹故拜越爲相國今豹死亡後且越亦欲王而君王不蚤定師古曰蚤古早字今取睢陽吕北至穀城皆許吕王彭越〔補注〕先謙曰正義從宋州以北至鄆州以西曹濮汴滑並與越又言所吕許韓信語在高紀於是漢王發使使越如留侯策使者至越乃引兵會陔下項籍死立越爲梁王都定陶六年朝陳九年十年皆來朝長安陳豨反代地高帝自往擊之至邯鄲徵兵梁梁王稱病使使將兵詣邯鄲高帝怒使人讓梁王師古曰讓責也梁王恐欲自往謝其將扈輒曰王始不往見讓而往往卽爲禽不如遂發兵反梁王不聽稱病梁太僕有罪亡走漢告梁王與扈輒謀反於是上使使掩捕梁王囚之雒陽有司治反形已具張晏曰扈輒勸越反越不聽而云反形已具有司非也臣瓚曰扈輒勸越反而越不誅輒是反形已具也師古曰瓚說是也請論如法上赦吕爲庶人徙蜀青衣文穎曰青衣縣名〔補注〕先謙曰青衣蜀郡縣今雅州府雅安縣北沈欽韓云輿地廣記嘉州龍游縣乃漢南安縣故地非青衣漢嘉本土也唐顏師古注彭越傳杜佑通典嘉州事皆以龍游爲青衣蓋失之矣[illegible]今檢各本此處皆無師古注則刊本有脫落也先謙案集解引瓚注云今漢嘉是也索隱今爲臨邛瓚說是廣記蓋指此而誤爲顏說西至鄭師古曰卽今華州鄭縣是也〔補注〕先謙曰京兆縣今同州府華州北逢吕后從長安東欲之雒陽道見越越爲吕后泣涕自言亾罪願處故昌邑吕后許諾詔與俱東〔補注〕宋祁曰一本作涕泣一無詔字至雒陽吕后言上曰彭越壯士也今從之蜀此自遺患不如遂誅之妾謹與俱來於是吕后令其舍人告越復謀反廷尉奏請〔補注〕先謙曰史記作廷尉王恬開奏案卽王恬啟避諱闕又譌爲開遂夷越宗族〔補注〕宋祁曰宗字當作三字

黥布六人也師古曰六縣名也解在高紀〔補注〕先謙曰六六安縣今六安州北十三里姓英氏少時客相之當刑而王及壯坐法黥布欣然笑曰人相我當刑而王幾是乎臣瓚曰幾近也師古曰幾音鉅依反〔補注〕王念孫曰幾讀爲豈言人相我當刑而王今豈是乎史記黥布傳亦作幾集解引徐

廣曰幾一作豈索隱楚漢春秋作豈是乎是其明證矣豈與幾古同聲而通用[illegible]人有聞者其戲笑之布吕論輸驪山師古曰有罪論決而輸作於驪山〔補注〕先謙曰吕史記作已字通用驪山之徒數十萬人布皆與其徒長豪桀交通乃率其曹耦亾之江中爲羣盜師古曰曹輩也陳勝之起也布乃見番君師古曰番音蒲何反〔補注〕沈欽韓曰寰宇記英布城在饒州鄱陽縣西百五十里漢初築以居布案當時番君爲布築也其衆數千人番君吕女妻之章邯之滅陳勝破吕臣軍布引兵北擊秦左右校破之青波師古曰地名也〔補注〕先謙曰說在陳勝傳史記作淸陂通用字引兵而東聞項梁定會稽西度淮布吕兵屬梁梁西擊景駒秦嘉等布常冠軍師古曰言其驍勇爲衆軍之最項梁聞陳涉死立楚懷王吕布爲當陽君項梁敗死懷王與布及諸侯將皆聚彭城〔補注〕先謙曰官本聚作軍引宋祁曰軍字疑作聚當是時秦急圍趙趙數使人請救懷王懷王使宋義爲上將〔補注〕宋祁曰越本將字下有軍字項籍與布皆屬之北救趙及籍殺宋義河上自

立爲上將軍使布先涉河 師古曰涉謂無舟楫而渡也 擊秦軍數有利籍乃悉引兵從之遂破秦軍降章邯等楚兵常勝功冠諸侯諸侯兵皆服屬楚者吕布數吕少敗眾也項籍之引兵西至新安又使布等夜擊阬章邯秦卒二十餘萬人至關不得入又使布等先從間道破關下軍 師古曰間道微道也 遂得入至咸陽布爲前鋒 補注先謙曰史記作常爲軍鋒索隱案漢書作楚軍前薄薄者鹵薄也所見與顏注本異 項王封諸將立布爲九江王都六尊懷王爲義帝徙都長沙迺陰令布擊之布使將追殺之郴齊王田榮叛楚項王往擊齊徵兵九江布稱病不往 補注齊召南曰案敘此事於追殺義帝之後與史記合是也乃項羽傳敘於追殺義帝之前益誤 遣將將數千人行漢之敗楚彭城布又稱病不佐楚項王由此怨布數使使者譙讓召布 師古曰譙讓責之也譙音在笑反 布愈恐不敢往項王方北憂齊趙西患漢所與者獨布又多其材 師古曰多猶重也 欲親用之吕故未擊漢王與楚大戰彭城不利出梁地至虞 師古曰即今宋州虞城縣是也補注劉攽曰上文云漢之敗楚彭城此文又云漢與楚大戰彭城不利出梁地隨何說前後殊參差云漢王大戰彭城不利出梁地至虞是則項王已去齊矣安得復言畱項王於齊及隨何自明己功亦云陛下攻彭城楚王未去齊也然則漢王使隨何在未至彭城之前明矣實說項王伐齊召兵黥布漢王度羽得布共伐齊西方有變必畱布而羽自至故欲使人說布叛楚布叛楚則項王必自終齊事故必數月畱而漢可取天下矣及隨何說布歸漢漢果得以入彭城也然則說辭差錯或楚漢初記事者各不同班氏合之不能無誤耳又檢高紀二年敗彭城三年布方歸漢此時漢與楚相持滎陽矣此傳文云項王畱而攻下邑非事理也及隨何說詞亦自不倫疑漢之辯士寓言如此非本語也先謙曰案下文畱項王於齊數月高紀改爲項王必畱擊之得畱數月班氏亦知史記之不合也此傳全用史記故未改其文劉氏疑爲寓言過矣上文漢之敗楚彭城是實事此言漢王與楚大戰彭城不利乃追溯之詞非謂兩次會戰也虞梁國縣今歸德府虞城縣西南三里 謂左右曰如彼等者無足與計天下事者謁者隨何進曰不審陛下所謂漢王曰孰能爲我使淮南 師古曰孰誰也 使之發兵背楚畱項王於齊數月我之取天下可吕萬全隨何曰臣請使之乃與二十人俱使淮南至太宰主之 服虔曰淮南太宰作內主補注先謙曰通鑑胡注此非周官之太宰也漢奉常屬官有太宰 三日不

得見隨何因說太宰曰王之不見何必吕楚爲彊吕漢爲弱此臣之所爲使 師古曰此事正是臣所爲來欲言之 使何得見言之而是邪是大王所欲聞也言之而非邪使何等二十人伏斧質淮南市 師古曰質鍖也言伏於鍖上而斧斬之鍖音竹林反 吕明背漢而與楚也太宰迺言之王王見之隨何曰漢王使使臣敬進書大王御者竊怪大王與楚何親也淮南王曰寡人北鄉而臣事之 師古曰鄉讀曰嚮次下亦同補注周壽昌曰此時布受楚封爲九江王也淮南王史臣追稱之先謙曰官本注次作以 隨何曰大王與項王俱列爲諸侯北鄉而臣事之必吕楚爲彊可吕託國也項王伐齊身負版築 李奇曰版牆版也築杵也補注先謙曰官本注在吕爲士卒先下 吕爲士卒先大王宜悉淮南之眾 師古曰悉盡也 身自將爲楚軍前鋒今乃發四千人吕助楚夫北面而臣事人者固若是乎夫漢王戰於彭城 補注先謙曰此謂漢王率五諸侯擊楚時項王雖不在彭城其守者與漢王戰也 項王未出齊也大王宜埽淮南之眾日夜會戰彭城下 師古曰埽者謂盡舉之如埽地之爲 補注宋祁曰彭城字下當更有城字 今撫萬人之眾無一人渡淮者陰拱而觀其孰勝 師古曰斂手曰拱孰誰也言不動搖坐觀成敗也補注宋祁曰觀其字下當有勢字 夫託國於人者固若是乎大王提空名吕鄉楚 師古曰提舉也鄉讀曰嚮 而欲厚自託臣竊爲大王不取也然大王不背楚者吕漢爲弱也夫楚兵雖彊天下負之吕不義之名 師古曰負加也加於身上若言被也 吕其背明約而殺義帝也然而楚王特吕戰勝自彊 補注先謙曰史記特作恃無以字 漢王收諸侯還守成皋滎陽下蜀漢之粟深溝壁壘分卒守徼乘塞楚人還兵閒吕梁地 服虔曰梁在楚漢之中央師古曰閒音居莧反 深入敵國八九百里 張晏曰羽從齊還當經梁地八九百里乃得羽地也補注劉奉世曰方是時彭越反梁地故何言羽深入敵國乃至滎陽成皋爾從齊還彭城自不經梁地也 欲戰則不得攻城則力不能老弱轉糧千里之外楚兵至滎陽成皋漢堅守而不動進則不得攻退則不能解故楚兵不足罷也 師古曰不足者言易也罷讀曰疲 使楚兵勝漢則諸侯自危懼而相救夫楚之彊適足吕致天下

之兵耳故楚不如漢其勢易見也今大王不與萬全之漢而自託於危亾之楚臣竊爲大王或之〔補注〕錢大昭曰或古惑字或之者疑之也臣非吕淮南之兵足吕亾楚也夫大王發兵而背楚項王必畱畱數月漢之取天下可吕萬全臣請與大王杖劍而歸漢王漢王必裂地而分大王〔補注〕先謙曰史記分作封是 又況淮南必大王有也〔補注〕宋祁曰南本浙本淮南字下更有淮南二字 故漢王敬使使臣進愚計願大王之畱意也淮南王曰請奉命陰許叛楚與漢未敢泄楚使者在文穎曰在淮南王所也 方急責布發兵隨何直入曰九江王已歸漢楚何吕得發兵布愕然楚使者起何因說布曰事已搆師古曰搆結也言背楚之事已結成也 獨可遂殺楚使毋使歸而疾走漢并力師古曰走音奏次下亦同 布曰如使者教因起兵而攻楚楚使項聲龍且攻淮南項王畱而攻下邑師古曰縣名也在梁地〔補注〕先謙曰下邑梁國縣今徐州府碭山縣東据高紀是時周呂侯將兵居下邑 數月〔補注〕劉奉世曰數月字宜屬上句此文雖符上文畱項王於齊數月然事理全在下邑又非齊地先謙曰數月字屬上是也劉於非齊地致疑未悟史記止畱項王於齊一句有誤 龍且攻淮南破布軍布欲引兵走漢恐項王擊之故閒行與隨何俱歸漢至漢王方踞牀洗師古曰洗濯足也音先典反 而召布入見布大怒悔來欲自殺出就舍張御食飲從官如漢王居布又大喜過望師古曰高祖吕布先久爲王恐其意自尊大故峻其禮令布折服吕而美其帷帳厚其飲食多其從官吕悅其心此權道也張音竹亮反若今言張設 於是乃使人之九江楚已使項伯收九江兵盡殺布妻子布使者頗得故人幸臣將衆數千人歸漢漢益分布兵而與俱北收兵至成皋四年秋七月立布爲淮南王與擊項籍布使人之九江得數縣五年布與劉賈入九江誘大司馬周殷殷反楚遂舉九江兵與漢擊楚破垓下〔補注〕先謙曰史記作破之垓下此之字當有 項籍死上置酒對衆折隨何曰腐儒師古曰腐者爛敗言無所堪任 爲天下安用腐儒哉師古曰高祖意欲褒賞隨何恐羣臣不服故對衆折辱令其自數功勞也 隨何跪曰夫陛下引兵攻彭城楚王未去齊也陛下發步卒

五萬人騎五千能吕取淮南乎曰不能隨何曰陛下使何與二十人使淮南如陛下之意是何之功賢於步卒數萬騎五千也然陛下謂何腐儒爲天下安用腐儒何也上曰吾方圖子之功師古曰圖謀也 乃吕隨何爲護軍中尉布遂剖符爲淮南王都六九江廬江衡山豫章郡皆屬焉六年朝陳七年朝雒陽〔補注〕王先慎曰史記作七年朝陳八年朝雒陽案朝陳卽會諸侯執韓信之歲本書六年是也朝雒陽之年當從史記高紀八年三月行如雒陽九月行自雒陽至淮南王從卽此事明七爲八之譌 九年朝長安十一年高后誅淮陰侯布因心恐夏漢誅梁王彭越〔補注〕王念孫曰高紀十一年三月梁王彭越謀反夷三族醢紀則不得言夏也且上下文皆不紀時而此獨紀時亦爲不類史記作夏亦誤也夏漢誅梁王彭越當作漢復誅梁王彭越復者承上之詞蓋布見淮陰侯誅而心恐復見醢彭越之事遂大恐也復字右邊與夏相似因誤而爲夏又倒在漢字上耳羣書治要引作復誅彭越是其證 盛其醢吕徧賜諸侯師古曰反者被誅皆吕爲醢卽刑法志所云葅其骨肉是也 至淮南淮南王方獵見醢因大恐陰令人部聚兵候伺旁郡警急師古曰恐被收捕卽欲發兵反 布有所幸姬病就醫醫家與中大夫賁赫對門師古曰賁音肥姓賁名赫 赫乃厚餽遺從姬飲醫家姬侍王從容語次譽赫長者也師古曰從音千容反 王怒曰女安從知之師古曰安從何由者也 具道〔補注〕先謙曰史記作具說狀 王疑與亂赫恐稱病王愈怒欲捕赫赫上變事乘傳詣長安師古曰傳音張戀反 布使人追不及赫至上變言布謀反有端可先未發誅也師古曰及其未發兵先誅伐之 上吕其書語蕭相國蕭相國曰布不宜有此師古曰不應有反謀 恐仇怨妄誣之師古曰怨音於元反 請繫赫使人微驗淮南王師古曰微驗不顯言其事〔補注〕宋祁曰微或作徵舊本及李本並作徵今改作微景德本無王字 布見赫吕罪亾上變已疑其言國陰事漢使又來頗有所驗遂族赫家發兵反反書聞上乃赦赫吕爲將軍〔補注〕宋祁曰浙本上字下更有上字 召諸侯〔補注〕先謙曰官本侯作將是 問布反爲之柰何皆曰發兵阬豎子耳何能爲汝陰侯滕公吕問其客薛公薛公曰是固當反滕公曰上裂地而封之疏爵而貴之張晏曰疏分也 南面而立萬乘之主其反何

也薛公曰前年殺彭越往年殺韓信張晏曰往年與前年同耳文相避也三人皆同功一體之人也自疑禍及身故反耳滕公言之上曰臣客故楚令尹薛公其人有籌策可問上乃見問薛公對曰布反不足怪也使布出於上計山東非漢之有也出於中計勝負之數未可知也出於下計陛下安枕而臥矣上曰何謂上計薛公對曰東取吳〔補注〕先謙曰正義荊王劉賈都吳蘇州闔閭城也西取楚〔補注〕先謙曰正義楚王劉交都徐州下邳并齊取魯傳檄燕趙固守其所山東非漢之有也何謂中計東取吳西取楚并韓取魏據敖倉之粟塞成皋之險勝敗之數未可知也何謂下計東取吳西取下蔡〔補注〕先謙曰下蔡沛郡縣今鳳陽府壽州北歸重於越身歸長沙師古曰重輜重也音直用反陛下安枕而臥漢無事矣上曰是計將安出師古曰是者謂布也薛公曰出下計上曰胡為廢上計而出下計師古曰胡何也〔補注〕先謙曰史記上下有中字是薛公曰布故驪山之徒也致萬乘之主此皆為身不顧後為

百姓萬世慮者也故出下計上曰善封薛公千戶遂發兵自將東擊布布之初反謂其將曰上老矣厭兵必不能來使諸將諸將獨患淮陰彭越今已死餘不足畏故遂反果如薛公揣之文穎曰揣度也音初委反〔補注〕劉攽曰上曰善案薛公所言英布出下計不盡如薛言布取荊又敗楚遂與上遇何嘗歸重於越身歸長沙乎又史云果如薛公所揣今未見揣者疑薛公本亦揣知布意上厭兵不來先言之故曰果如也或曰此亦辯士寓言非實事見布後死長沙故云歸重耳東擊荊荊王劉賈走死富陵師古曰縣名屬臨淮郡〔補注〕先謙曰今泗州盱眙縣東北六十里盡劫其兵度淮擊楚楚發兵與戰徐僮閒師古曰二縣之閒也〔補注〕先謙曰徐僮並臨淮縣徐在今泗州盱眙縣西北八十里僮在泗州東北為三軍欲以相救為奇師古曰不聚一處分而為三欲互相救出奇兵〔補注〕先謙曰官本注兵作譎或說楚將曰布善用兵民素畏之且兵法諸侯自戰其地為散地師古曰謂在其本地戀土懷安故易逃散〔補注〕周壽昌曰孫子九地篇云用兵之法有散地又云諸侯自戰其地者為散地又云是故散地則無戰此郎所引之兵法也為散地下魏武注云士卒戀土道近易散此郎顏注所本也蓋凡戰於他國地勢皆生不知所往故多聚而戰自戰其地各戀其鄉鬬志不堅故為散地今別為三

彼敗吾一〔補注〕先謙曰史記一下有軍字餘皆走安能相救不聽布果破其一軍二軍散走遂西與上兵過蘄西會甀師古曰會音工外反甀音丈瑞反解在高紀〔補注〕宋祁曰高帝紀作會缶周壽昌曰甀史記作甄一作甀蘄之鄉名音與此同先謙曰官本作甀是過史記作遇是官本同此形近致誤布兵精甚上乃壁庸城鄧展曰地名也望布軍置陳如項籍軍上惡之與布相望見隃謂布何苦而反師古曰隃讀曰遙〔補注〕錢大昭曰隃即遙也說文無遙字賈誼傳貴賤有等而下不隃顏注隃與踰同陳湯傳橫厲烏孫隃集都賴顏注隃讀曰遙是隃踰遙字並通用布曰欲為帝耳上怒罵之遂戰破布軍布走度淮〔補注〕沈欽韓曰文選注五十四引楚漢春秋下蔡亭長詈淮南王曰封汝爵為千乘東南盡日所出尚未足黥徒羣盜所耶數止戰不利與百餘人走江南布舊與番君婚故長沙哀王使人誘布晉灼曰芮之孫回也師古曰據表云惠帝二年哀王回始立今此是芮之子成王臣耳傳既不同晉說亦誤也〔補注〕先謙曰案集解引晉說尚有或曰是成王非哀王也傳誤也十二字師古刪之而據為己說偽與俱亡走越師古曰偽謂詐為此計布信而隨至番陽番陽人殺布茲鄉師古曰鄱陽縣之鄉也鄱音口堯反〔補注〕先謙曰胡三省云據史漢高紀皆言追斬布番陽則茲鄉當在番陽界寰宇記

廢鄡陽縣在鄱陽縣西北百二十里正義英布冢在饒州鄱陽縣百五十二里十三步寰宇記百六十里遂滅之封賁赫為列侯將率封者六人〔補注〕齊召南曰案功臣表中牟侯單右車邵侯黃極忠博陽侯周聚陽羨侯靈常下相侯洽耳高陵侯王虞人並以擊布功封與期思侯賁赫凡七侯也

盧綰豐人也與高祖同里綰親與高祖太上皇相愛晉灼曰親父也綰之父與高祖父太上皇相愛及生男高祖綰同日生里中持羊酒賀兩家及高祖綰壯學書又相愛也里中嘉兩家親相愛〔補注〕宋祁曰浙本嘉作喜先謙曰作嘉是稱美之也史記作嘉生子同日壯又相愛復賀羊酒高祖為布衣時有吏事避宅綰常隨上下師古曰避宅謂不居其家潛匿東西〔補注〕先謙曰史記避宅作避匿上下上有出入二字及高祖初起沛綰以客從入漢為將軍〔補注〕齊召南曰史記作從入漢中是也此文漢下脫中字耳王念孫曰從入漢即從入漢中非有脫文也功臣表曹參以中涓從起沛以將軍入漢蕭何以客初從入漢樊噲以舍人起沛從以郎入漢皆其證常侍中從東擊項籍以太尉常從出入臥內衣被食飲賞賜羣臣莫敢望雖蕭曹等特以事見禮至其親幸莫及綰者封為長

安侯長安故咸陽也項籍死使綰別將與劉賈擊臨江王共尉李奇曰共敖子也師古曰共讀曰龔還從擊燕王臧荼皆破平時諸侯非劉氏而王者七人上欲王綰爲羣臣觖望師古曰觖謂相觖也望怨望也觖音決補注宋祁曰浙本注文相字下有又字姚鼐曰師古語殊不明余謂觖即缺少之意故孫寶傳太后言擿觖以揚我惡是擿其缺失義此觖音決而舊作漢書音有或讀郎瑞反而解爲覬望之義故蔚宗李通傳論云以觖一切之功此音義乃顏監所不取又案說文無觖字依顏義即缺字之異體依舊義則欠部欲字之異體及虜臧荼乃下詔詔諸將相列侯擇羣臣有功者以爲燕王羣臣知上欲王綰皆曰太尉長安侯盧綰常從平定天下功最多可王上乃立綰爲燕王諸侯得幸莫如燕王者綰立六年以陳豨事見疑而敗豨者宛句人也師古曰宛句縣名也地理志屬濟陰宛音於元反句音劬補注先謙曰宛句今曹州府荷澤縣西南史傳贊稱豨梁人則宛句六國時屬梁不知始所以得從及韓王信反入匈奴上至平城還豨以郎中封爲列侯以趙相國將監趙代邊邊兵皆屬焉補注劉奉世曰不知始所以得從案功臣表自著豨起及以破臧荼封陽夏侯當是傳誤爾又曰以趙相國趙字當作代吳仁傑曰淮陰侯傳豨爲代相監邊高紀豨以代相國反此云趙相國其文異者蓋七年代王喜棄國歸立如意爲代王以愛子留長安是歲豨爲代相九年代如意王趙而豨就遷趙相國則豨爲代相在七年九年徙年歲月可攷蓋未嘗爲代相國也功臣侯表亦載豨以趙相國在九而紀於十年九月書豨反時爲代相國此紀誤也漢紀承誤作代相尤非至通鑑但書豨爲相國而不著其爲趙若代疑偶脫一字方豨爲趙相國而周昌於時又爲趙相者案漢初諸侯王有丞相有相國昌爲丞相行相事而豨自爲相國守邊時代未有王不應置相故豨以趙相國并將趙代兵先謙曰史無九年豨爲趙相國明文亦無周昌爲丞相行相事之事宋人以臆見說經史其謬每如此据高紀帝言代地吾所急故封豨爲列侯以相國守代是豨爲代相國明矣又云代地與夷狄邊趙乃從山南有之故豨爲代相國並監趙代邊及豨反周昌以趙相相如意之國別封文帝爲代王趙代始分合觀紀傳自知豨少時常稱慕魏公子師古曰謂信陵君無忌及將守邊招致賓客常告過趙師古曰因休告之假而過趙賓客隨之者千餘乘邯鄲官舍皆滿豨所以待客如布衣交皆出客下師古曰言屈己之禮不以富貴自尊大趙相周昌乃求入見上具言豨賓客盛擅兵於外恐有變上令人覆案豨客居代者諸爲不法事多連引豨豨恐陰令客通使王黃曼丘

臣所師古曰二人皆韓王信將補注先謙曰後二人爲其麾下受漢購賞皆生得見史記豨傳漢十年秋太上皇崩上因是召豨豨稱病遂與王黃等反自立爲代王劫略趙代上聞乃赦吏民爲豨所詿誤劫略者上自擊豨破之語在高紀初上如邯鄲擊豨師古曰如往也燕王綰亦擊其東北豨使王黃求救匈奴綰亦使其臣張勝使匈奴言豨等軍破勝至胡故燕王臧荼子衍亡在胡見勝曰公所以重於燕者以習胡事也燕所以久存者以諸侯數反兵連不決也今公爲燕欲急滅豨等豨等已盡次亦至燕公等亦且爲虜矣公何不令燕且緩豨而與胡連和事寬得長王燕即有漢急可以安國勝以爲然迺私令匈奴兵擊燕綰疑勝與胡反上書請族勝勝還報具道所以爲者綰寤乃詐論他人以脫勝家屬使得爲匈奴閒師古曰閒音居莧反而陰使范齊之豨所欲令久連兵毋決晉灼曰使豨久亡畔補注先謙曰官本引宋祁曰浙本注文久字下有亡字先謙案宋所見本蓋無亡字今官本有亡字與宋說不合史記亦有亡字集解引晉說釋之据顏引晉注則所見漢書本亦有亡字矣漢既斬豨其裨將降言燕王綰使范齊通計謀豨所上使使召綰綰稱病又使辟陽侯審食其御史大夫趙堯往迎綰因驗問其左右綰愈恐閟匿師古曰閟閉也閉其蹤蹟藏匿其人也閟音祕補注先謙曰史記作閉謂其幸臣曰非劉氏而王者獨我與長沙耳往年漢族淮陰誅彭越皆呂后計今上病屬任呂后師古曰屬音之欲反呂后婦人專欲以事誅異姓王者及大功臣迺稱病不行其左右皆亡匿語頗泄辟陽侯聞之歸具報上益怒又得匈奴降者言張勝亡在匈奴爲燕使於是上曰綰果反矣使樊噲擊綰綰悉將其宮人家屬騎數千居長城下候伺幸上病瘉自入謝師古曰瘉與愈同高祖崩綰遂將其眾亡入匈奴匈奴以爲東胡盧王爲蠻夷所侵奪常思復歸居歲餘死胡中高后時綰妻與其子亡降會高后病不能見舍燕邸師古曰舍止也諸侯王及諸郡朝宿之館在京師者謂之邸爲欲置

前漢三十四 三三

酒見之高后竟崩綰妻亦病死孝景帝時綰孫它人以東胡王降如淳曰爲東胡王而來降也東胡烏丸也〔補注〕齊召南曰它人史記及本書表作它之則人字誤也又此及史記並云綰孫而本書及史表並云綰子必有一誤封爲惡谷侯〔補注〕齊召南曰惡谷史記及本書表作亞谷則惡字亦誤周壽昌曰惡亞古字通易繫辭而不可惡也釋文荀爽本作亞書大傳鐘鼓惡注惡當作亞亞次也傳至曾孫有罪國除

吳芮秦時番陽令也師古曰番音蒲何反〔補注〕先謙曰即鄱陽漢豫章縣甚得江湖閒民心號曰番君天下之初叛秦也黥布歸芮芮妻之師古曰嫁女與之也妻音千計反他皆類此因率越人舉兵以應諸侯沛公攻南陽迺遇芮之將梅鋗師古曰鋗音呼玄反〔補注〕先謙曰官本玄作懸與偕攻析酈師古曰二縣也並屬南陽酈音郎益反〔補注〕先謙曰析宏農縣顏謂屬南陽誤也今南陽府內鄉縣西北酈南陽縣今內鄉縣東北降之及項羽相王師古曰自相尊王也以芮率百越佐諸侯從入關故立芮爲衡山王都邾師古曰邾音朱又音姝〔補注〕先謙曰邾江夏縣今黃州府黃岡縣治其將梅鋗功多封十萬戶爲列侯項籍死上以鋗有功從入武關故德芮徙爲長沙王都臨湘〔補注〕先謙曰長沙縣今長沙府長沙縣治一年薨諡曰文王〔補注〕先謙曰湘水注臨湘縣有吳芮冢廣踰六十八丈登臨寫目爲廛郭之佳憩也郭頒世語云魏黃初末吳人發芮冢取木於縣立孫堅廟見芮尸容貌衣服並如故吳平後像發冢人於壽春見南蠻校尉吳綱曰君形貌何類長沙王吳芮乎但君微短耳綱瞿然曰是先祖也自芮卒至冢發四百年至見綱又四十餘年矣子成王臣嗣薨子哀王回嗣薨子共王右嗣師古曰共讀曰恭薨子靖王差嗣〔補注〕先謙曰官本差作羌考證云案異姓諸侯王表共王右作共王若靖王羌作靖王產孝文後七年薨無子國除初文王芮高祖賢之制詔御史長沙王忠其定著令鄧展曰漢約非劉氏不王而芮王故著令中使特王也或曰以芮至忠故著令也師古曰尋後贊文或說是也〔補注〕劉奉世曰其定著令予謂兼用鄧二說乃著令之意也贊文以謂忠而得王故著于令爾徒忠無它事何以著令邪劉攽曰長沙王忠其定著令者謂於令著長沙王車服土地之類也功臣表陸量侯須無令長受令長沙王此亦一證沈欽韓曰此蓋當時因韓彭等反逆著爲條約以戒飭王侯而稱長沙之忠也先謙曰芮從王後一年薨此自高祖賢芮而著令耳王莽傳張竦爲陳崇奏云高祖之約非劉氏不王然而番君得王長沙定著於令明有大信不拘於制也蓋盧綰反後高祖刑白馬而盟此令當在其時以賢芮故使其後人得嗣王也諸說未晰至孝惠高后時封芮庶子二人爲列侯〔補注〕齊召南曰便侯沅陵侯是傳國數世絕

贊曰昔高祖定天下功臣異姓而王者八國張耳吳芮彭越黥布臧荼盧綰與兩韓信皆徼一時之權變以詐力成功師古曰徼要也音工堯反咸得裂土南面稱孤見疑彊大懷不自安事窮勢迫卒謀叛逆終於滅亡張耳以智全至子亦失國唯吳芮之起不失正道故能傳號五世以無嗣絕慶流支庶有以矣夫師古曰以其不用詐力也著于甲令而稱忠也師古曰甲者令篇之次也

韓彭英盧吳傳第四 終　　漢書三十四

漢　蘭　臺　令　史班　固　撰

唐正議大夫行祕書少監琅邪縣開國子顏師古　注

賜進士出身前翰林院編修國子監祭酒加三級臣王先謙補注

荆王劉賈〔補注〕錢大昕曰宗室王例不書姓劉賈劉澤獨書姓衍文高帝從父兄也師古曰父之兄弟之子爲從父兄弟也言本同祖從父而別〔補注〕齊召南曰史記劉賈諸劉者不知其何屬此云從父兄又史記劉澤諸劉遠屬此云從祖昆弟皆班氏補史記之缺略也不知其初起時漢元年還定三秦賈爲將軍定塞地師古曰司馬欣之國也塞音先代反從東擊項籍漢王敗成皋北度河得張耳韓信軍軍脩武深溝高壘使賈將二萬人騎數百擊楚度白馬津師古曰即今滑州白馬縣河津也〔補注〕先謙曰在今衞輝府滑縣東入楚地燒其積聚師古曰倉庾芻稾之屬以破其業無以給項王軍食已而楚兵擊之賈輒避不肯與戰〔補注〕齊召南曰史記作賈輒壁不肯與戰是堅守壁壘意此作避是避其鋒也王念孫曰避本作壁壁不肯與戰謂築壘壁而守之不肯與戰也吳王濞傳條侯壁不肯戰是其證後書耿弇傳注壁謂築壘壁也後人不知其義而改壁爲避其失甚矣荆燕世家正作壁不肯與戰而與彭越相保師古曰保謂依恃以自安固漢王追項籍至固陵使賈南度淮圍壽春還至使人閒招楚大司馬周殷師古曰閒謂私求閒隙而招之〔補注〕王念孫曰後書鄧禹傳注閒私也謂使人私招之也項羽紀沛公道茝陽閒行謂私行也漢王閒往從之謂私往也王可以閒出謂私出也顏注於義轉迂周殷反楚佐賈舉九江迎英布兵皆會垓下誅項籍漢王因使賈將九江兵與太尉盧綰西南擊臨江王共尉師古曰共敖之子也共讀曰龔尉死以臨江爲南郡賈既有功而高祖子弱昆弟少又不賢欲王同姓以填天下師古曰填音竹刃反乃下詔曰將軍劉賈有功及擇子弟可以爲王者〔補注〕先謙曰史記下有立弟交爲楚王子肥爲齊王故云然漢書節去則此爲羨文羣臣皆曰立劉賈爲荆王王淮東〔補注〕先謙曰時分韓信地爲二國楚王交王淮西也史記云王淮東五十二城高紀作東陽郡鄣郡吳郡五十三縣吳王濞傳云王三郡五十三城即賈舊封也史記二字當依此訂表云都吳立六年而淮南王黥布反〔補注〕先謙曰賈以高帝六年正月立十一年布反東擊荆賈與戰弗勝

走富陵師古曰縣名地理志屬臨淮郡〔補注〕先謙曰今泗州盱眙縣東北六十里爲布軍所殺

燕王劉澤高祖從祖昆弟也師古曰言同曾祖從祖而別也〔補注〕先謙曰索隱引楚漢春秋田子春說張卿云劉澤宗家也言宗家似疏遠先謙案班補史闕當別有見楚漢春秋非陸賈元書不足據證高祖三年澤爲郎中十一年以將軍擊陳豨將王黃〔補注〕周壽昌曰史記作得王黃是樊噲傳云虜大將王黃而史記陳豨傳王黃以賞購得之情事可互證封爲營陵侯高后時齊人田生晉灼曰楚漢春秋云字子春〔補注〕先謙曰官本注在游乏之資下游乏資以畫奸澤服虔曰以計畫干之文穎曰以工畫得寵也師古曰其爲計策欲以求王服說是也畫音獲〔補注〕王先慎曰史記奸作干据服注所見本亦作干本書奸干通用澤大說之師古曰說讀曰悅用金二百斤爲田生壽師古曰因飲酒獻壽而與之金田生已得金即歸齊二歲澤使人謂田生曰弗與矣孟康曰與黨與也言不復與我爲友也文穎曰不復與汝相知也師古曰孟說是田生如長安不見澤而假大宅令其子求事呂后所幸大謁者張卿如淳曰奄人也〔補注〕宋祁曰南本浙本並作張澤卿澤或作釋卿案周勃傳宦者令張釋諭告顏注曰荆燕吳傳云張澤今此作釋未知孰是然則此宜作澤卿矣但釋澤二字不知何從後云今卿最幸疑卿是字釋其名也齊召南曰案此書恩澤侯表及周勃傳皆作張釋與史記呂后紀同而匈奴傳作張澤與史記文帝紀及表同宋祁疑卿是字是也但史漢每遇澤釋字輒互異如張良傳建成侯呂澤實是呂釋之此宦者張卿名釋名澤究難懸定也先謙曰釋澤古字通用卿蓋美稱下文田生亦屢稱卿蓋若魯扶卿張恢生轅固生申培公之比居數月田生子請張卿臨親脩具師古曰親父也具供具也〔補注〕周壽昌曰顏謂田生令子請之故云然然觀下張卿往見田生屏人與語是仍以田生爲主親脩具者不假手廝僕若魏其迎田蚡夫妻治具是也張卿往見田生帷帳具置如列侯〔補注〕先謙曰具置猶供具也史記作盛帷帳其具張卿驚酒酣迺屏人說張卿曰臣觀諸侯邸第百餘皆高帝一切功臣〔補注〕先謙曰索隱此一切猶一例同時非如他一切訓權時也今呂氏雖故本推轂高帝就天下如淳曰呂公知高祖貴以女妻之推轂使爲長者也師古曰謂翼戴崇獎以成帝業若車之行助推其轂故得引重而致遠也〔補注〕先謙曰雅常也故舊也猶言平昔指諸呂平昔本助成帝業非謂呂公功至大又有親戚太后之重太后春秋長師古曰言年老諸呂弱太后欲立呂產爲呂王王代呂后又重發之鄧展曰重難發其事〔補注〕先謙曰呂后駮文當作太后官本不誤恐大臣不聽今卿最幸大臣所敬何不風大臣以聞太后師古曰風讀曰

諷其下亦同 太后必喜諸呂已王萬戶侯亦卿之有太后心欲之而卿爲內臣不急發恐過及身矣〔補注〕先謙曰官本過作禍是史記作禍 張卿大然之乃風大臣語太后太后朝因問大臣大臣請立呂產爲呂王太后賜張卿千金師古曰千斤之金〔補注〕先謙曰恩澤表封建陵侯 張卿以其半進田生田生弗受因說之曰呂產王也諸大臣未大服今營陵侯澤諸劉長爲大將軍〔補注〕先謙曰史記諸劉下少長字當依此訂大將軍者侈言之非澤本立此號也 獨此尚觖望師古曰觖音決 今卿言太后裂十餘縣王之彼得王喜於諸呂王益固矣張卿入言之又太后女弟呂須女亦爲營陵侯妻〔補注〕先謙曰官本須作嬃 故遂立營陵侯澤爲琅邪王〔補注〕劉攽曰高后紀元年王諸呂七年立劉澤與此傳不同說在高紀 琅邪王與田生之國急行毋留師古曰田生勸之 出關太后果使人追之已出即還澤王琅邪二年而太后崩澤乃曰帝少諸呂用事諸劉孤弱引兵與齊王合謀西欲誅諸呂至梁聞漢灌將軍屯滎陽澤還兵備

前漢三十五　三

西界遂跳驅至長安師古曰齊王傳云使祝午給琅邪王琅邪王馳見齊王齊王因留琅邪王而使祝午盡發琅邪國而幷將其兵琅邪王既見欺不得反國乃說齊王求入關計事齊王以爲然乃益具車送琅邪王與此傳不同疑此傳誤也〔補注〕宋祁曰浙本注文給字下有說字一本給作詭齊召南曰案顏注是琅邪王本無意於誅諸呂特見詐於齊王其後又因敗以爲功耳是以通鑑從齊王傳 代王亦從代至諸將相與琅邪王共立代王是爲孝文帝文帝元年徙澤爲燕王而復以琅邪歸齊李奇曰本齊地前分以王澤今復與齊也 澤王燕二年薨諡曰敬王子康王嘉嗣九年薨〔補注〕宋祁曰九年當作二十六年史記年表漢表皆同錢大昭曰自文三年至景五年正合二十六年之數此作九年誤 子定國嗣定國與父康王姬姦生子男一人奪弟妻爲姬與子女三人姦定國有所欲誅殺臣肥如令郢人郢人等告定國如淳曰定國自欲有所殺餘臣肥如知令郢人以告也師古曰此說非也肥如燕之屬縣也郢人者縣令之名也定國別欲誅其臣又欲誅肥如令郢人而爲郢人等所告也〔補注〕先謙曰顧炎武云地理志肥如自屬遼西郡不屬燕武帝紀元朔元年秋匈奴入遼西殺太守諸侯王表言武帝下推恩之令而藩國自析長沙燕代雖有舊名皆亡南北邊矣然則肥如之屬於燕必在元朔以前未析邊郡之時也先謙案肥如故城在今永平府盧龍縣北三十里肥如令郢人即定國所欲誅殺之臣顏謂別欲誅其臣亦非 定國使謁者以它法劾捕格殺郢人滅口至元朔中郢人昆弟復上書具言定國事〔補注〕先謙曰主父偃亦發定國陰事見偃傳 下公卿皆議曰〔補注〕先謙曰皆字當在議下誤倒 定國禽獸行亂人倫逆天道當誅上許之定國自殺立四十二年國除〔補注〕宋祁曰四十二年當作二十四年周壽昌曰表作二十四年錢大昭曰高后七年至元朔二年凡五十四年表傳俱誤 哀帝時繼絕世乃封敬王澤玄孫之孫無終公士歸生爲營陵侯師古曰無終其所屬縣也公士第一爵歸生名也〔補注〕錢大昭曰歸生爲侯表失載 更始中爲兵所殺師古曰更始劉聖公之年號也〔補注〕先謙曰官本注脫年字

吳王濞高帝兄仲之子也高帝立仲爲代王匈奴攻代仲不能堅守棄國閒行走雒陽自歸天子不忍致法廢爲合陽侯〔補注〕先謙曰自歸天子爲句言歸命於天子也不忍致法上當更有天子二字語意方足史記重天子二字是也此奪文合陽馮翊縣說詳志 子濞封爲沛侯〔補注〕先謙曰沛沛郡縣三國時所謂小沛也今徐州沛縣東 黥布反高祖自將往誅

前漢三十五　四

之濞年二十〔補注〕先謙曰史記有有氣力三字 以騎將從破布軍荊王劉賈爲布所殺無後〔補注〕先謙曰官本無所字引宋祁云浙本爲布字下有所字 上患吳會稽輕悍無壯王塡之師古曰悍勇也塡音竹刃反〔補注〕先謙曰顧炎武云錢康功云漢書吳王濞傳上患吳會輕悍今本漢書並作吳會稽不知順帝時始分二郡漢初安得言吳會稽當是錢所見本未誤後人妄增之齊召南云吳會猶言吳之都會也胡三省通鑑辨誤已嘗論之先謙案高紀灌嬰傳功臣表周聚下皆言吳郡是楚漢間嘗分秦會稽郡爲吳郡景帝後併合之吳會稽自當時語耳顧齊說皆非也 諸子少師古曰少幼也 乃立濞於沛爲吳王師古曰行至沛而封拜濞也 王三郡五十三城〔補注〕宋祁曰故東陽郡鄣郡吳郡即賈舊封 已拜受印高祖召濞相之曰若狀有反相師古曰若汝也此下亦同 獨悔業已拜師古曰獨悔者心自懷悔不以語人也既已封拜爲事臣下皆知之故不改〔補注〕先謙曰史記作心獨悔 因拊其背師古曰拊摩循之也一曰拊輕擊之音芳羽反 曰漢後五十年東南有亂豈若邪然天下同姓一家愼無反濞頓首曰不敢會孝惠高后時天下初定郡國諸侯各務自拊循其民吳有豫章郡銅山韋昭曰此有豫字誤也但當言章郡今故章也〔補注〕齊召南曰案注中章郡故章二章字俱應作鄣字鄣

郡即丹陽郡也志有銅官沈欽韓曰寰宇記大銅山在揚州江都縣西七十二里吳王濞即山鑄錢處小銅山在建安軍永貞縣西北八十里案永貞即今儀徵縣攷縣志銅山今並在儀徵界又池州府銅陵縣有銅官山**即招致天下亡命者盜鑄錢**補注先謙曰史記盜作益**東煮海水爲鹽㠯故無賦國用饒足**如淳曰鑄錢煮海收其利㠯足國用故無賦於民也補注先謙曰正義云吳國民何得無賦如說非也山海之利不賦之故言無賦先謙案下文明言以銅鹽故百姓無賦如說是張說非耳史記淮南王安傳伍被言吳王上取江陵木以爲船一船之載當中國數十兩車國富民衆**孝文時吳太子入見得侍皇太子飲博吳太子師傅皆楚人**補注錢大昕曰吳之師傅當是吳人而史稱楚者戰國時吳越地皆併於楚漢初承項羽之後吳會稽皆羽故地故上文云上患吳會稽輕悍此云楚人輕悍吳楚異名其實一也朱買臣吳人而史稱楚士與此傳同**輕悍又素驕博爭道不恭皇太子引博局提吳太子殺之**師古曰提擲也音徒計反**於是遣其喪歸葬吳吳王慍**師古曰慍怒也音於問反**曰天下一宗**師古曰猶言同姓其爲一家**死長安即葬長安何必來葬復遣喪之長安葬吳王由是怨望稍失藩臣禮稱疾不朝京師知其㠯子故驗問實不病諸吳使來輒繫責治之吳王**

恐所謀滋甚師古曰滋益也**及後使人爲秋請**孟康曰律春曰朝秋曰請如古諸侯朝聘也如淳曰濞不自行也使人代己致請禮師古曰二說皆是也請音材姓反**上復責問吳使者使者曰察見淵中魚不祥**服虔曰言天子察見下之私則不祥也補注沈欽韓曰列子說符篇趙文子曰周諺有言察見淵魚者不祥智料隱匿者有殃韓非說林上隰子曰古者有諺曰知淵中之魚者不祥**今吳王始詐疾反覺見責急**補注先謙曰官本反作及是史記作及**愈益閉**補注先謙曰閉匿不來朝**恐上誅之計乃無聊唯上與更始**師古曰言赦其已往之事**於是天子皆赦吳使者歸之而賜吳王几杖老不朝吳得釋其謀亦益解然其居國㠯銅鹽故百姓無賦卒踐更輒予平賈**服虔曰㠯當爲更卒出錢三百謂之過更自行爲卒謂之踐更吳王欲得民心爲卒者顧其庸隨時月與平賈也晉灼曰謂借人自代爲卒者官爲出錢顧其時庸平賈也師古曰晉說是也賈讀曰價謂庸直也補注宋祁曰謂卒踐更皆得庸直也溝洫志蘇林注曰平賈以錢取人作卒顧其時庸之平賈如淳曰律說平賈有得錢二千**歲時存問茂材賞賜閭里**師古曰茂美也茂材者有美材之人也**宅郡國吏欲來捕亡人者頌其禁不與**如淳曰頌猶公也師古曰頌讀曰容補注周壽昌曰頌史記作訟訟亦訓公史記呂后紀未敢訟言誅之韋昭注訟公也本書刑法志年八十以上八歲以下當鞠繫者訟繫之注謂寬容之不桎梏也益頌亦訓容並從容音史記魯仲連傳世以鮑焦爲無從頌而死者皆非也注從頌即從容此言公容隱之禁不與也**如此者三十餘年㠯故能使其衆**補注先謙曰史記作四十餘年正義云史公盡言吳王一代行事也班固見其語在孝文之代乃減十年**朝錯爲太子家令得幸皇太子數從容言吳過可削**師古曰從音千容反**數上書說之文帝寬不忍罰㠯此吳王日益橫**師古曰橫音胡孟反**及景帝即位錯爲御史大夫說上曰昔高帝初定天下昆弟少諸子弱大封同姓故孽子悼惠王王齊七十二城**師古曰孽亦庶也補注錢大昕曰高紀封齊王七十三縣此云七十二或彼文誤也先謙曰史記濞傳作七十餘城齊王世家作七十城蓋舉大數**庶弟元王王楚四十城**補注錢大昕曰楚元王傳及高紀俱云王三十六縣此云四十城恐誤先謙曰史記作四十餘城**兄子王吳五十餘城封三庶孽分天下半今吳王前有太子之隙詐稱病不朝**補注宋祁曰一本無稱字**於古法當誅文帝不忍因賜几杖德至厚也不改過自新迺益驕恣公即山鑄錢煮海爲鹽**師古曰公謂顯然爲之也即就也**誘天下亡人**

謀作亂逆今削之亦反不削亦反削之其反亟禍小不削之其反遲禍大師古曰亟急也音居力反**三年冬楚王來朝錯因言楚王戊往年爲薄太后服私姦服舍**服虔曰服在喪次而私姦宮中也師古曰言於服舍爲姦非宮中也服舍居喪之次堊室之屬也**請誅之詔赦削東海郡**補注先謙曰史記此下有削吳之豫章郡會稽郡句**及前二年趙王有罪削其常山郡**補注先謙曰史記作河間郡**膠西王卬㠯賣爵事有姦削其六縣漢廷臣方議削吳吳王恐削地無已因欲發謀舉事念諸侯無足與計者聞膠西王勇好兵諸侯皆畏憚之**補注先謙曰諸侯史記作諸齊謂膠東濟北之屬**於是迺使中大夫應高口說膠西王曰**補注先謙曰口說者史記言無文書**吳王不肖有夙夜之憂**師古曰凡言不肖者謂其鄙陋無所象似也解在刑法志補注先謙曰官本無其字**不敢自外使使臣諭其愚心王曰何㠯教之高曰今者主上任用邪臣聽信讒賊變更律令**師古曰更改也**侵削諸侯徵求滋多誅罰良重**師古曰滋亦益也良實也信也補注先謙曰史記重作善義異**日㠯益甚語有之曰狧穅及米**

師古曰狧古䑛字䑛用舌食也蓋㠯犬爲喩也言初狧糠遂至食米也狧音食爾反〔補注〕齊召南曰索隱言狧糠盡則至米謂削土盡則滅國也顏注迂曲不如索隱說王先愼曰說文狧下云犬食也䑛下云以舌取食也或作䑛顏以狧爲䑛非狧糠盡則米見語出流俗不妨以犬爲喩小司馬釋應高本意義得並存齊駁亦非也史記狧作舐荀子强國篇伏而咶天注咶與舐同然舐咶皆說文所無吳與膠西知名諸侯也一時見察不得安肆矣師古曰肆縱也吳王身有內疾不能朝請二十餘年師古曰內疾謂在身中不顯於外請音材姓反常患見疑無㠯自白師古曰白明也脅肩絫足猶懼不見釋師古曰脅翕也謂斂之也絫古累字也累足重足也並謂懼耳釋解也放也竊聞大王㠯爵事有過〔補注〕先謙曰過責也所聞諸侯削地罪不至此師古曰言其本罪皆不合削地也此恐不止削地而已王曰有之子將柰何高曰同惡相助同好相畱同情相求同欲相趨同利相死〔補注〕王念孫曰史記同情相求作同情相成案惡助爲韻好畱爲韻情成爲韻則作成者是也淮南兵略篇亦曰同利相死同情相成成字隸或作㦤與草書求字相似因譌而爲求矣[illegible]求今吳王自㠯與大王同憂願因時循理棄軀㠯除患於天下師古曰循順也意亦可乎〔補注〕錢大昭曰意與抑同膠

西王瞿然駭曰師古曰瞿然無守之貌音居具反寡人何敢如是主上雖急固有死耳安得不事師古曰安焉也〔補注〕周壽昌曰言安得不以君事之而遽云反乎史記事作戴亦此意高曰御史大夫朝錯營或天子侵奪諸侯師古曰營謂回繞之也〔補注〕錢大昕曰營與熒通非回繞之義沈欽韓曰孔子世家匹夫而熒惑諸侯者罪當誅營或卽熒惑蔽忠塞賢朝廷疾怨諸侯皆有背叛之意〔補注〕宋祁曰叛當作畔人事極矣彗星出蝗蟲起此萬世一時而愁勞聖人所㠯起也〔補注〕先謙曰索隱所謂殷憂以啓明聖也吳王內㠯朝錯爲誅外從大王後車方洋天下師古曰方洋猶翱翔也方音房又音旁洋音羊〔補注〕先謙曰史記方洋作彷徉同所向者降所指者下莫敢不服大王誠幸而許之一言則吳王率楚王略函谷關守滎陽敖倉之粟距漢兵治次舍須大王師古曰次舍息止之處也須待也大王幸而臨之則天下可并兩主分割不亦可乎王曰善歸報吳王猶恐其不果迺身自爲使者師古曰潛行而去也至膠西面約之膠西羣臣或聞王謀諫曰諸侯地不能爲漢十二師古曰不當漢十分之二

爲叛逆㠯憂大后非計也文穎曰王之太后也今承一帝尚云不易假令事成兩主分爭患迺益生王不聽遂發使約齊菑川膠東濟南皆許諾〔補注〕先謙曰史記濟南下有濟北二字則下文濟北有根本書奪文諸侯既新削罰震恐多怨錯及削吳會稽豫章郡書至則吳王先起兵誅漢吏二千石㠯下膠西膠東菑川濟南楚趙亦皆反發兵西齊王後悔〔補注〕先謙曰史記有飲藥自殺四字案此時齊但城守聞欒布破三國兵後欲移兵伐之乃懼而自殺此史駁文班刪正之背約城守濟北王城壞未完其郎中令劫守王不得發兵膠西王膠東王爲渠率師古曰渠大也與菑川濟南共攻圍臨菑趙王遂亦陰使匈奴與連兵七國之發也吳王悉其士卒師古曰悉盡也盡發使行下令國中曰寡人年六十二身自將少子年十四亦爲士卒先諸年上與寡人同下與少子等皆發二十餘萬人〔補注〕周壽昌曰發下史記更有發字是也去此發字則二十餘萬人五字無根而皆發二字又止完上語不能連下讀南使閩東越閩東越亦發兵從〔補注〕先謙曰閩東越謂閩越東越也史記

作南使閩越東越東越亦發兵從不言閩越發兵據下文吳王保東越是東越發兵閩越未發也明此次閩字誤衍孝景前三年正月甲子初起兵於廣陵西涉淮因并楚兵發使遺諸侯書曰吳王劉濞敬問膠西王膠東王菑川王濟南王趙王楚王淮南王衡山王廬江王故長沙王子如淳曰吳芮後四世無嗣國除庶子二人爲列侯不得嗣王志將不滿故誘與之反也幸教㠯漢有賊臣錯〔補注〕先謙曰幸教下史記有寡人二字無功天下侵奪諸侯之地使吏劾繫訊治㠯侵辱之爲故孟康曰故事也師古曰言專㠯侵辱諸侯爲事業不㠯諸侯人君禮遇劉氏骨肉師古曰人君者言諸王各自君其國絕先帝功臣進任姦人誑亂天下〔補注〕先謙曰史記誑作詿欲危社稷陛下多病志逸不能省察師古曰逸放也〔補注〕先謙曰史記作志失失卽佚之省字與逸義同欲舉兵誅之謹聞教敝國雖狹地方三千里師古曰狹音胡夾反人民雖少精兵可具五十萬〔補注〕宋祁曰浙本無精字先謙曰史記有精字寡人素事南越三十餘年其王諸君皆不辭分其兵㠯隨寡人師古曰諸君謂其酋豪又可得三十萬寡人雖不肖願㠯身

從諸王南越直長沙者因王子定長沙以北如淳曰南越直長沙者因王子定之師古曰直當也言越地之北當長沙者也〔補注〕先謙曰南越已從吳王何得更定南越南越二字上屬爲句直長沙者但謂地近長沙者也西走蜀漢中告越如淳曰告東越使定之也師古曰此說非也言王子定長沙已北而西趣蜀及漢中平定已訖使報南越也走音奏〔補注〕宋祁曰顏注已北當作以北使報當作便報先謙曰定長沙蜀漢何用告東越南越如顏說皆非也史正義謂告東越及楚與淮南三王偕吳王西向告越二字下屬近是楚王淮南三王與寡人西面師古曰淮南三王謂厲王三子爲王者淮南衡山濟北也齊諸王與趙王定河閒河內或入臨晉關或與寡人會雒陽師古曰臨晉關即今之蒲津關燕王趙王故與胡王有約燕王北定代雲中轉胡眾入蕭關〔補注〕王念孫曰轉字師古無音案轉讀爲專專謂統領之也史記作摶索隱摶音專專謂專統領胡兵又田完世家摶三國之兵徐廣曰摶音專專猶并合制領之謂也下文云王專并將其兵義與此同專摶轉聲相近故專又通作轉莊子盜跖篇無轉而行無成而義即山木篇所謂與時俱化而無肯專爲也先謙曰蕭關見武紀走長安師古曰走音奏〔補注〕先謙曰官本無注六字匡正天下以安高廟願王勉之楚元王子淮南三王或不沐洗十餘年怨入骨髓師古曰言心有所懷志不在洗沐也欲壹有所出久矣師古曰謂發兵寡人未得諸王之意未敢聽今諸王苟能存亡繼絕振弱伐暴以安劉氏社稷所願也吳國雖貧寡人節衣食用〔補注〕先謙曰史記用上有之字積金錢脩兵革聚糧食夜以繼日三十餘年矣凡皆爲此師古曰爲此謂欲反也爲音于僞反願諸王勉之能斬捕大將者賜金五千斤封萬戶列將三千斤封五千戶裨將二千斤封二千戶二千石千斤封千戶〔補注〕先謙曰史記更有千石五百斤封五百戶句此奪文皆爲列侯其以軍若城邑降者卒萬人邑萬戶如得大將師古曰以卒萬人或邑萬戶來降附者其封賞則與大將同下皆類此人戶五千如得列將人戶三千如得裨將人戶千如得二千石其小吏皆以差次受爵金它封賜皆倍軍法服虔曰封賜倍漢之常法〔補注〕王先愼曰軍是常形近誤字据服注所見本尚不誤史記正作常其有故爵邑者更益勿因師古曰於舊爵之外特更與之願諸王明以令士大夫不敢欺也寡人金錢在天下者往往而有非必取於吳師古曰言處處郡國皆有之諸王日夜用之不

能盡有當賜者告寡人寡人且往遺之敬以聞七國反書聞天子迺遣太尉條侯周亞夫將三十六將軍往擊吳楚遣曲周侯酈寄擊趙將軍欒布擊齊〔補注〕錢大昕曰七國起兵齊固未嘗反也然濟南菑川膠東膠西皆故齊地史言擊齊擊齊地之反者耳故功臣表亦稱布以將軍擊齊有功大將軍竇嬰屯滎陽監齊趙兵〔補注〕先謙曰史記淮南王安傳伍被言吳王行珠玉金帛賂諸侯宗室大臣獨竇氏不與初吳楚反書聞兵未發竇嬰言故吳相爰盎召入見上問以吳楚之計盎對曰吳楚相遺書曰賊臣朝錯擅適諸侯削奪之地師古曰適讀曰讁〔補注〕宋祁曰浙本適字下有過字先謙曰史記有過字以故反名爲西其誅錯復故地而罷師古曰復音扶目反次下亦同〔補注〕先謙曰官本注次作以方今計獨斬錯發使赦七國復其故地則兵可毋血刃而俱罷師古曰血刃謂殺傷人而刃著血也上從其議遂斬錯語具在盎傳以盎爲泰常〔補注〕先謙曰胡三省云中六年始改奉常爲太常時盎猶爲奉常也奉宗廟使吳王師古曰奉宗廟之指意也吳王弟子德侯爲宗正師古曰德哀侯廣之子也名通〔補注〕先謙曰公卿表孝景三年通爲宗正三年薨輔親戚使至吳師古曰以親戚之意諭說也〔補注〕先謙曰注文當在輔親戚下史記作遣袁盎奉宗廟宗正輔親戚謂既奉宗廟威靈以往復命德侯以親戚骨月之誼輔助而告諭之吳楚兵已攻梁壁矣宗正以親故先入見諭吳王拜受詔吳王聞盎來亦知其欲說笑而應曰我已爲東帝尚誰拜不肯見盎而留軍中欲劫使將盎不肯使人圍守且殺之盎得夜亡走梁服虔曰梁王與吳戰盎得奔梁遂歸報條侯將乘六乘傳會兵滎陽師古曰會兵謂集大兵傳音張戀反〔補注〕周壽昌曰漢制非有急務不能乘馳傳恐驛置煩擾也惟昌邑王入嗣大位乘七乘傳外此乘六乘傳者惟文帝由代入即帝位及條侯此役耳司馬相如使巴蜀乘四乘傳至雒陽〔補注〕劉攽曰案此文有兩至雒陽失於刪除又案太尉云吾據滎陽然則得劇孟在滎陽當敘在雒陽下見劇孟喜曰七國反吾乘傳至此不自意全師古曰意不自言得安全至雒陽也又以爲諸侯已得劇孟劇孟今無動吾據滎陽師古曰言劇孟旣不動搖吾又得據滎陽也滎陽以東無足憂者〔補注〕先謙曰通鑑考異云孟一游俠之士耳亞夫得之何足爲輕重蓋其徒欲爲孟重名妄撰此言不足信也至淮陽〔補注〕先謙曰官本作雒陽引宋祁曰雒陽浙本作淮陽前已有雒陽此當作淮陽夏公謂劉固善疑顧未見景文所見浙本爾然則

睢陽可安下乎先謙案史記亦作淮陽今陳州府淮甯縣治問故父絳侯客鄧都尉曰策安出〔補注〕先謙曰官本奪都字客曰吳楚兵銳甚難與爭鋒〔補注〕王先慎曰楚字衍文此言吳兵下言楚兵不得以吳統楚也史記無楚字即其證楚兵輕不能久方今爲將軍計莫若引兵東北壁昌邑以梁委吳吳必盡銳攻之將軍深溝高壘使輕兵絕淮泗口〔補注〕先謙曰胡三省云泗水南入淮故謂之淮泗口塞吳饟道師古曰饟古餉字使吳梁相敝而糧食竭乃以全制其極〔補注〕先謙曰史記作以全彊制其罷極語較晰破吳必矣條侯曰善從其策遂堅壁昌邑南〔補注〕先謙曰昌邑山陽縣今濟甯州金鄉縣西北四十里輕兵絕吳饟道吳王之初發也吳臣田祿伯爲大將軍田祿伯曰兵屯聚而西無它奇道難以立功臣願得五萬人別循江淮而上收淮南長沙入武關與大王會此亦一奇也吳王太子諫曰王以反爲名此兵難以藉人師古曰藉假也人亦且反王柰何且擅兵而別〔補注〕先謙曰別謂分兵猶言別將也多它利害蘇林曰祿伯儻將兵降漢自爲己利於吳爲生患害師古曰蘇說非也上言難以藉人人亦且

反王是則已疑祿伯矣下乃云多他利害謂分兵而去前事不測或有利害難可決機耳非重云畏其降漢者徒自損耳吳王卽不許田祿伯吳少將桓將軍說王曰吳多步兵步兵利險漢多車騎車騎利平地願大王所過城不下直去疾西據雒陽武庫食敖倉粟阻山河之險以令諸侯雖無入關天下固已定矣大王徐行留下城邑漢軍車騎至馳入梁楚之郊事敗矣吳王問吳老將老將曰此年少椎鋒可耳〔補注〕先謙曰官本椎作推是史記亦作推通鑑從漢書本作椎安知大慮於是王不用桓將軍計王專幷將其兵未度淮諸賓客皆得爲將校尉行間候司馬孟康曰行伍間候也師古曰在行伍間或爲候或爲司馬也〔補注〕先謙曰行間二字贅文史記無二字文義自足疑此涉下行間而衍然傳本之誤由來舊矣通鑑亦無二字獨周丘不用周丘者下邳人亡命吳酤酒無行〔補注〕宋祁曰南本酤作酷周壽昌曰案酤疑酗字之譌先謙曰史記亦作酤通鑑同案如司馬相如之酤酒不煩改字王薄之不任周丘乃上謁說王曰臣以無能不得待罪行間臣非敢求有所將也願請王一漢節必有以報

王迺予之周丘得節夜馳入下邳下邳時聞吳反皆城守至傳舍召令入戶使從者以罪斬令遂召昆弟所善豪吏告曰吳反兵且至屠下邳不過食頃今先下家室必完能者封侯至矣〔補注〕先謙曰史記無至字通鑑亦無出乃相告下邳皆下周丘一夜得三萬人使人報吳王遂將其兵北略城邑比至城陽兵十餘萬師古曰比音必寐反破城陽中尉軍〔補注〕先謙曰城陽文帝封劉章爲國時其孫延嗣位王國有中尉掌武職通鑑作陽城誤陽城縣不得有中尉也聞吳王敗走自度無與共成功師古曰度音大各反卽引兵歸下邳未至癰發背死〔補注〕宋祁曰癰當作癕先謙曰史記作疽宋說癕蓋疽之誤二月吳王兵既破敗走於是天子制詔將軍蓋聞爲善者天報以福爲非者天報以殃高皇帝親垂功德建立諸侯幽王悼惠王絕無後孝文皇帝哀憐加惠師古曰憐其國絕故加恩惠而更封王幽王子遂悼惠王子卬等令奉其先王宗廟爲漢藩國德配天地明竝日月而吳王濞背德反義誘受天下亡命罪人

亂天下幣如淳曰幣錢也以私錢殽亂天下錢〔補注〕宋祁曰注文天下錢浙本作天子錢稱疾不朝二十餘年有司數請濞罪孝文皇帝寬之欲其改行爲善今乃與楚王戊趙王遂膠西王卬濟南王辟光菑川王賢膠東王雄渠約從謀反師古曰從音子容反爲逆無道起兵以危宗廟賊殺大臣及漢使者迫劫萬民伐殺無罪〔補注〕先謙曰史記伐作夭燒殘民家掘其丘壟甚爲虐暴而卬等又重逆無道師古曰重音直用反燒宗廟〔補注〕沈欽韓曰此孝文廟在郡國者也鹵御物如淳曰鹵抄掠也師古曰御物供宗廟之服器也朕甚痛之朕素服避正殿將軍其勸士大夫擊反虜擊反虜者深入多殺爲功斬首捕虜比三百石以上皆殺無有所置師古曰置放釋也敢有議詔及不如詔者皆要斬初吳王之度淮與楚王遂西敗棘壁〔補注〕先謙曰敗當爲破字之誤也史記亦誤元王世家正作攻梁破棘壁通鑑同棘壁卽左傳宣公二年宋鄭會戰之大棘也史正義括地志云大棘故城在宋州甯陵縣西南七十里州卽梁棘壁先謙案卽漢陳留郡之甯陵縣也在今歸德府甯陵縣西乘勝而前銳甚梁孝王恐遣將軍擊之又

敗梁兩軍（補注先謙曰史記云遣六將軍兩軍作兩將）士卒皆還走梁數使使條侯求救條侯不許又使使愬條侯於上上使人告條侯救梁（補注先謙曰官本使下無人字引宋祁曰上使告當作上使人告）又守便宜不行梁使韓安國及楚死事相弟張羽爲將軍（李奇曰相卽張尚也補注周壽昌曰尚以諫楚王戊不聽被殺）乃得頗敗吳兵吳兵欲西梁城守不敢西（補注先謙曰史記守下有堅字据孝王傳梁城守睢陽）卽走條侯軍（師古曰走音奏）會下邑欲戰（師古曰下邑梁之縣補注先謙曰梁國縣也今徐州府碭山縣東）條侯壁不肯戰吳糧絕卒飢數挑戰遂夜犇條侯壁驚東南條侯使備西北果從西北不得入吳大敗士卒多飢死叛散於是吳王迺與其戲下壯士千人夜亡去（師古曰戲讀曰麾又音許宜反補注先謙曰史記作數千人通鑑同此脫數字）度淮走丹徒（補注王念孫曰淮當爲江丹徒卽在江南故曰度江走丹徒若度淮則去丹徒尚遠此涉上文吳王之度淮而誤史記正作度江走丹徒漢紀亦云吳王亡走江南保丹徒）保東越東越兵可萬餘人使人收聚亡卒漢使人以利啗東越（師古曰啗音徒濫反解在高紀）東越卽紿吳王（師古曰紿誑也）

吳王出勞軍使人鏦殺吳王（孟康曰方言戟謂之鏦蘇林曰鏦音從容之從師古曰鏦謂以矛戟撞之音楚江反）盛其頭馳傳以聞（師古曰傳音張戀反）吳王太子駒亡走閩越（補注先謙曰史記作吳王子子華子駒此止駒一人）吳王之棄軍亡也軍遂潰往往稍降太尉條侯及梁軍楚王戊軍敗自殺三王之圍齊臨菑也三月不能下漢兵至膠西膠東菑川王各引兵歸國膠西王徒跣席稾飲水謝太后王太子德曰漢兵還臣觀之以罷（師古曰罷讀曰疲補注王念孫曰案此時漢兵尚未還不得言漢兵還也還當依史記作遠字之誤也行遠則兵罷故曰已罷可襲先謙曰以已字同）可襲願收王餘兵擊之不勝而逃入海未晚也王曰吾士卒皆已壞不可用（補注先謙曰官本用下有之字引宋祁曰浙本無之字）不聽漢將弓高侯穨當遺王書（師古曰韓穨當）曰奉詔誅不義降者赦除其罪復故不降者滅之王何處須以從事（師古曰言王欲以何理自安處吾待以行事也處音昌汝反）王肉袒叩頭漢軍壁謁曰臣卬奉法不謹驚駭百姓迺苦將軍遠道至于窮國敢請菹醢之罪弓高侯執金鼓見之曰王苦軍事願聞王發兵狀王頓首鄰行對曰今者朝錯天子用事臣變更高皇帝法令侵奪諸侯地卬等以爲不義恐其敗亂天下七國發兵且以誅錯（補注先謙曰官本無以字引宋祁曰浙本且字下有以字）今聞錯已誅卬等謹已罷兵歸將軍曰王苟以錯爲不善何不以聞及未有詔虎符（補注王念孫曰及當爲乃言王何不以聞而乃擅發兵也史記誤同又朝鮮傳乃使衞山諭降右渠史記亦誤及）擅發兵擊義國（補注先謙曰義國謂齊國言守義不從反也）以此觀之意非徒欲誅錯也乃出詔書爲王讀之曰王其自圖之（師古曰圖謀也補注王念孫曰案下之字後人所加景祐本及史記並無）王曰如卬等死有餘罪遂自殺太后太子皆死膠東菑川濟南王皆伏誅酈將軍攻趙十月而下之趙王自殺濟北王以劫故不誅（補注先謙曰史記云徙王菑川詳見齊王肥傳）初吳王首反并將楚兵連齊趙正月起三月皆破滅

贊曰荊王王也（補注周壽昌曰王也上應有之字先謙曰此依史記贊語凡史漢此類無之字者甚多）由漢

初定天下未集（師古曰集和也）故雖疏屬以策爲王鎭江淮之閒劉澤發於田生權激呂氏（晉灼曰田生欲王劉澤先使張卿說封呂產恐其大臣觖望澤卒得王故云以權激呂氏也補注宋祁曰注文恐其當作恐以）然卒南面稱孤者三世事發相重豈不危哉（晉灼曰劉澤以金與田生以事張卿言之呂后而劉澤得王故曰事發相重也師古曰重猶累也言澤得王本由田生行說若其事發覺則相隨入罪事相累誤累音力瑞反補注宋祁曰此中注言卿者浙本並作釋陽夏公謂偉誤作危顏遂以重爲罪累劉攽曰謂田生謀欲王劉澤先說張卿王諸呂而後請王澤是發於相重也太史公作偉哉美其有成班固作危哉謂其艱難幸成也然觀上言稱孤者三世疑危亦本是偉字後人不曉改之王念孫曰事發相重晉說是也豈不危哉危讀爲詭詭者奇異之稱猶言豈不偉哉耳高誘注淮南本經篇詭文奇異之文也薛綜注西京賦云詭異也莊子德充符篇彼且蘄以諔詭幻怪之名聞呂氏春秋侈樂篇俶詭殊瑰耳所未嘗聞目所未嘗見司馬相如封禪文云奇物譎詭俶儻窮變王逸天問章句序云琦瑋譎詭譎詭與琦瑋同義故史記作偉瑋偉邇瓌漢書作危危與詭古同聲而通用漢書天文志司詭星史記天官書詭作危淮南說林篇尺寸雖齊必有詭文子上德篇詭作危是其證也張衡西京賦四海同宅西秦豈不詭哉文義正與此同師古讀危爲安危之危遂以事發爲事發覺相重爲相累誤貢父又疑危字爲後人所改皆由不知危爲詭之借字遂致紛紛之說沈欽韓曰陽夏公是謝絳）吳王擅山海之

利能薄斂目使其眾(補注)宋祁曰斂字上當有賦字逆亂之萌自其子興師古曰萌謂始生也古者諸侯不過百里山海不目封蓋防此矣朝錯爲國遠慮禍反及身毋爲權首將受其咎豈謂錯哉師古曰此逸周書之言贊引之者謂錯適當此言耳

荊燕吳傳第五終

楚元王傳第六

漢　蘭　臺　令　史班固撰

唐正議大夫行祕書少監琅邪縣開國子顏師古注

賜進士出身前翰林院編修國子監祭酒加三級臣王先謙補注

楚元王交字游高祖同父少弟也師古曰言同父知其異母(補注)宋祁曰母字下有也字周壽昌曰朝錯對景帝語稱高祖庶弟元王見吳王傳先謙曰史記作同母少弟徐廣云一作父證之本書則同母爲誤文好書多材蓺少時嘗與魯穆生白生申公俱受詩於浮丘伯服虔曰白生魯國奄里人浮丘伯秦時儒生(補注)沈欽韓曰鹽鐵論毀學篇李斯與包丘子俱事荀卿包丘子不免於甕牖蒿廬陸賈新語資質篇鮑丘之德行非不高於李斯趙高也然伏隱於蒿廬之下而不錄於世利口之臣害之也包浮聲同即一人也伯者孫卿門人也師古曰孫卿姓荀名況爲楚蘭陵令漢目避宣帝諱改之曰孫(補注)先謙曰顧炎武云漢人不避嫌名荀之爲孫如孟卯之爲芒卯司徒之爲申徒語音轉耳及秦焚書各別去高祖兄弟四人長兄伯次仲伯蚤卒師古曰蚤古早字也(補注)宋祁曰也字當刪高祖既爲沛公景駒自立爲楚王高祖使仲與審食其留侍太上皇師古曰食音異其音基交與蕭曹等俱從高祖見景駒遇項梁共立楚懷王因西攻南陽入武關與秦戰於藍田至霸上封交爲文信君從入蜀漢還定三秦誅項籍即帝位交與盧綰常侍上出入臥內傳言語諸內事隱謀而上從父兄劉賈數別將漢六年既廢楚王信分其地爲二國立賈爲荊王交爲楚王王薛郡東海彭城三十六縣(補注)先謙曰史記云都彭城先有功也後封次兄仲爲代王長子肥爲齊王初高祖微時常避事時時與賓客過其丘嫂食應劭曰丘姓也孟康曰西方謂亡女壻爲丘壻丘空也兄亡空有嫂也張晏曰丘大也長嫂稱也晉灼曰禮謂大婦爲冢婦師古曰史記丘字作巨丘巨皆大也張晉二說其義得之嫂厭叔與客來陽爲羹盡轑釜服虔曰音勞轑轢也師古曰吕勺轢釜令爲聲也轢音洛又音歷(補注)先謙曰史記作櫟客目故去已而視釜中有羹繇是怨嫂師古曰繇與由同及立齊代王而伯子獨不得侯太上皇目爲言高祖曰某非敢忘封之也(補注)錢大昭曰稱某史家避諱爲其母不

長者〔補注〕先謙曰高帝嫂呂后時封陰安侯見文紀七年十月封其子信爲羹頡侯師古曰頡
音戞言其母戞羹釜也〔補注〕宋祁曰當作頡羹先謙曰史正義引括地志云羹頡山在嬀州懷戎縣東南案帝取其山名爲侯號者
怨故也先謙案唐懷戎縣即今宣化府懷來縣治一統志頡羹城在盧州府舒城縣西北三十里信墓在縣西北三十五里俗呼爲
舒王冢二說不同推其取山名國隱寓怨思情事爲合索隱謂是爵號非縣名案侯國無非縣者小司馬誤也宋氏以爲當作頡羹
荀悅漢紀竟改爲刮羹此則不長者之尤高帝大度雅懷或不如此淺陋耳元王既至楚以穆生白生
申公爲中大夫高后時浮丘伯在長安元王遣子郢客與申公俱
卒業師古曰卒終也〔補注〕先謙曰郢客史記作郢本表作郢客而儒林傳又作郢文帝時聞申公爲詩
最精以爲博士元王好詩諸子皆讀詩申公始爲詩傳號魯詩師古
曰凡言傳者謂爲之解說若今詩毛氏傳也元王亦次之詩傳號曰元王詩師古曰次謂綴集之
〔補注〕劉攽曰次之之字衍先謙曰之訓其非衍字世或有之〔補注〕王先愼曰藝文志不載元王詩傳志本七略劉歆不
應數典忘祖當是次而未成故班史傳疑云或有以示未見之意高后時以元王子郢客爲宗正
封上邳侯〔補注〕宋祁曰當作下邳先謙曰王子侯表亦作上邳卽魯國薛縣也詳見地理志宋說非元王立二

十三年薨太子辟非先卒師古曰辟非者猶辟邪辟兵之類也先卒者元王未薨之時已卒也辟音壁
文帝乃以宗正上邳侯郢客嗣是爲夷王申公爲博士失官隨郢
客歸復以爲中大夫立四年薨子戊嗣文帝尊寵元王子生爵比
皇子師古曰元王生子封爵皆與皇子同所以尊寵元王也〔補注〕劉奉世曰文帝時元王子未嘗封爵至景帝乃侯爾本傳下
文云景帝即位以親親封元王寵子五人爲侯疑爵字衍云生比皇子者凡祿賜禮秩皆與皇子同也李慈銘曰爵猶秩也此特其
禮秩比皇子耳非封爵也顏劉說皆非景帝即位以親親封元王寵子五人子禮爲
平陸侯〔補注〕錢大昭曰閩本無子字富爲休侯歲爲沈猶侯晉灼曰沈音審王子侯表屬千乘高
宛執爲宛朐侯師古曰埶古藝字調爲棘樂侯〔補注〕先謙曰据表俱元年四月封惟調三年八月封
初元王敬禮申公等穆生不耆酒師古曰耆讀曰嗜元王每置酒常爲穆
生設醴師古曰醴甘酒也少麴多米一宿而熟不齊之〔補注〕錢大昭曰案高誘云醴以櫱不以麴濁而甜中山經云其祠櫱
釀郭注以櫱作醴顏謂少麴多米失之及王戊即位常設後忘設焉穆生退曰可以
逝矣醴酒不設王之意怠不去楚人將鉗我於市師古曰鉗以鐵束頸也音其炎

反稱疾臥申公白生彊起之曰獨不念先王之德與師古曰與讀曰歟今
王一旦失小禮何足至此穆生曰易稱知幾其神乎師古曰下繫之辭也〔補注〕
宋祁云浙本幾作機幾者動之微吉凶之先見者也師古曰見音胡電反〔補注〕先謙曰閩本官本無
注君子見幾而作不俟終日先王之所以禮吾三人者爲道之存
故也今而忽之是忘道也師古曰忽怠也忘道之人胡可與久處豈爲區
區之禮哉師古曰區區謂小也遂謝病去申公白生獨留王戊稍淫暴二十
年爲薄太后服私姦削東海薛郡〔補注〕先謙曰官本考證云史記但云削東海郡乃與吳
通謀二人諫不聽胥靡之應劭曰詩云若此無罪淪胥以鋪胥靡刑名也晉灼曰胥相也靡隨也古者相
隨坐輕刑之名師古曰聯繫使相隨而服役之故謂之胥靡猶今之役囚徒以鎖聯綴耳晉說近之而云隨坐輕刑非也〔補注〕劉攽
曰胥靡說文作縃縻謂拘縛之也衣之赭衣使杵臼雅舂於市晉灼曰高肱舉杵正身而舂之師古
曰爲木杵而手舂即今所謂步臼者耳非碓臼也〔補注〕先謙曰官本雅作碓注碓臼作碓舂引宋祁曰碓一作椎一本改碓字作雅
古語相雅皆助樂者此雅謂舂而雅歌以相舂也周壽昌云雅常也言使之常舂不得息晉注正身而舂之說近迂宋說舂者相杵

情事亦不合以相舂非王所得使也休侯使人諫王王曰季父不吾與我起先取季
父矣師古曰不吾與言不與我同心〔補注〕周壽昌曰起舉兵反也休侯懼乃與母太夫人奔京
師臣瓚曰侯母號太夫人二十一年春景帝之三年也削書到遂應吳王反
其相張尚太傅趙夷吾諫不聽遂殺尚夷吾起兵會吳西攻梁破
棘壁至昌邑南與漢將周亞夫戰漢絕吳楚糧道士饑吳王走戊
自殺軍遂降漢漢已平吳楚景帝乃立宗正平陸侯禮爲楚王奉
元王後是爲文王四年薨〔補注〕宋祁曰一本作三年先謙曰表及元王世家作三年一本爲合子安
王道嗣二十二年薨〔補注〕先謙曰官本作二十五年引宋祁云越本作二年別本作三年先謙案二十二年與
表相應計年亦合此及越本是也子襄王注嗣十四年薨〔補注〕先謙曰史記注作十經十四年同表作十二
年依表計之十二年是四字誤子節王純嗣十六年薨子延壽嗣宣帝即位延壽
以爲廣陵王胥武帝子天下有變必得立陰欲附倚輔助之師古曰倚
依也音於綺反故爲其後母弟趙何齊〔補注〕宋祁曰後疑是后字取廣陵王女爲妻與

何齊謀曰我與廣陵王相結天下不安發兵助之使廣陵王立何齊尚公主列侯可得也因使何齊奉書遺廣陵王曰願長耳目師古曰言常伺聽勿失機也〔補注〕先謙曰官本機作幾毋後人有天下師古曰方爭天下勿使在人後何齊父長年上書告之事下有司考驗辭服延壽自殺立三十二年國除〔補注〕先謙曰史記入漢爲彭城郡初休侯富既奔京師而王戊反富等皆坐免侯削屬籍後聞其數諫戊乃更封爲紅侯太夫人與竇太后有親懲山東之寇師古曰懲創也〔補注〕先謙曰懲戒也以前事爲戒求留京師詔許之富子辟彊等四人師古曰辟音必亦反彊音居良反又辟讀曰闢彊讀曰彊解在文紀〔補注〕先謙曰閩本官本注併在下仕於朝下供養仕於朝師古曰四子已在京師供養其祖母故仕於漢朝也太夫人薨賜塋師古曰塋冢地謂爲界域塋音營葬靈戶師古曰地名也〔補注〕沈欽韓曰非地名也蓋即守冢戶宋史禮志謂之柏子戶先謙曰如沈說當連上文讀富傳國至曾孫無子絕〔補注〕先謙曰詳見表辟彊〔補注〕葉德輝曰閩本德藩本另提行先謙曰官本辟彊提行字少卿亦好讀詩能屬文師古曰屬文謂會綴文辭也音之欲反後皆類此武

帝時以宗室子隨二千石論議冠諸宗室師古曰論議每出宗室之上也清靜少欲常以書自娛不肯仕昭帝即位或說大將軍霍光曰將軍不見諸呂之事乎處伊尹周公之位攝政擅權而背宗室不與共職是以天下不信卒至於滅亡今將軍當盛位帝春秋富宜納宗室又多與大臣共事服虔曰共議事也師古曰每事皆與參共知之反諸呂道如是則可以免患師古曰言諸呂專權所以滅亡今納宗室是反其道乃可免患也光然之迺擇宗室可用者辟彊子德待詔丞相府師古曰於丞相府聽詔命也年三十餘欲用之或言父見在亦先帝之所寵也遂拜辟彊爲光祿大夫守長樂衞尉時年已八十矣徙爲宗正〔補注〕先謙曰事在昭帝始元二年見公卿表數月卒、

德字路叔少修黃老術〔補注〕先謙曰官本無叔字引宋祁曰路字下疑有叔字修當作脩王念孫云案路少本字路叔隸書叔字或作村見漢北海相景君碑陰泰山都尉孔宙碑陰因譌而爲少宋疑路下有叔字而不言少字之誤則是以少爲幼少之少屬下句讀矣案此言少修黃老術下又言少時數言事則詞意重複明此少字乃叔字之譌非謂幼少也文選兩都賦序注初學記職官部下白帖七十四七十五七十七御覽職官部二十八引此並作字路叔修黃老術今本文選注修上有少字乃後人依誤本漢書加之初學記白帖御覽並無少字有智略少時數言事召見甘泉宮武帝謂之千里駒師古曰言若駿馬可致千里也年齒幼少故謂之駒〔補注〕周壽昌曰史記注引魯連子云有徐劫者其弟子曰魯仲連年十二號千里駒引此以爲稱也昭帝初爲宗正丞雜治劉澤詔獄師古曰雜謂以他官共治之也劉澤齊孝王之孫謀反欲殺青州刺史者〔補注〕宋祁曰注文以他官當作與他官先謙曰顧炎武云德傳如此而子向傳則云更生父德武帝時治淮南獄一傳之中自爲乖異此兩收而未對勘者也齊召南云案德之仕宦在昭帝初霍光選擇宗室則當武帝治淮南獄時德尚未爲吏也此傳言治劉澤詔獄爲得其實向傳因得淮南祕書而附會耳劉澤事見雋不疑傳父爲宗正徙大鴻臚丞〔補注〕先謙曰此後世親屬仕宦回避例所自昉遷太中大夫後復爲宗正雜案上官氏蓋主事〔補注〕錢大昭曰宗正掌親屬諸公主家令門尉皆屬焉故蓋主事德亦案之德常持老子知足之計師古曰老子德經云知足不辱〔補注〕葉德輝曰藝文志道家有劉向說老子四篇則其家學也先謙曰官本脫師古曰三字妻死大將軍光欲以女妻之德不敢取畏盛滿也蓋長公主孫譚遮德自言師古曰公主之孫名譚自言者申理公主所坐

德數責以公主起居無狀師古曰無狀無善狀也數音所具反〔補注〕周壽昌曰數責數其罪而責之起居無狀指公主爲丁外人求封等事侍御史以爲光望不受女師古曰望怨望也承指劾德誹謗詔獄師古曰承指謂取霍光之意指德實責數公主而御史乃以爲受譚冤訴故云誹謗詔獄免爲庶人屏居山田〔補注〕先謙曰公卿表元鳳元年爲宗正數月免光聞而恨之師古曰以御史不知己意復白召德守青州刺史歲餘復爲宗正與立宣帝師古曰與讀曰豫豫其謀議也以定策賜爵關內侯地節中以親親行謹厚封爲陽城侯〔補注〕宋祁曰城一作成先謙曰城成通用字然公卿恩澤二表並作城表云以行謹重爲宗室率侯子安民爲郎中右曹宗家以德得官宿衞者二十餘人〔補注〕先謙曰宗家同宗屬之家二字亦見史記晉世家後漢樊宏傳或以爲宗室之誤非德寬厚好施生師古曰言好施恩惠於人而生全之每行京兆尹事多所平反罪人蘇林曰反音幡幡罪人辭使從輕也家產過百萬則以振昆弟師古曰振舉救之賓客食飲師古曰既以救貧昆弟又散供食飲之費曰富民之怨也立十一年子向〔補注〕陳浩曰此時應云子更生坐鑄僞黃金當伏法如淳曰律鑄僞黃金棄市也德上書訟罪會薨大鴻臚奏德訟子罪失大臣體不宜賜諡

置嗣制曰賜諡繆侯師古曰繆惡諡也㠯其妄訟子〔補注〕先謙曰官本妄作安引宋祁云姚本安作妄爲置嗣傳至孫慶忌復爲宗正太常薨子岑嗣爲諸曹中郎將列校尉至太常薨傳子至王莽敗乃絶〔補注〕李慈銘曰恩澤表德薨子安民嗣十八年薨子慶忌嗣二十一年薨居攝元年侯颯嗣與此不同以年考之德以地節四年封更十一年加子十八年孫二十一年共四十九年而宣帝地節四年至居攝元年中隔七十年則慶忌後自當更有一代公卿表有太常劉岑可據也

向字子政師古曰名向字子政義則相配而近代學者讀向音餉既無別釋靡所據憑當依本字爲勝也本名更生年十二㠯父德任爲輦郎服虔曰父保任其子爲郎也輦郎如今引御輦郎也〔補注〕沈欽韓曰唐六典引周遷輿服雜事曰羊車一名輦車小兒衣青布袴褶紫碧褌靑耳屩五辮髻數人引之今代名爲羊車小史案此則漢以郎挽輦爲輦郎也周壽昌曰任用也言以父德爲宗正等官遂用其子爲郎王吉傳令使俗吏得任子弟張晏注子弟以父兄任爲郎哀紀除任子令應劭注漢儀注吏二千石以上視事滿三年得任同產若子一人爲郎蓋漢律如此無庸保任也服注誤既冠㠯行修飭擢爲諫大夫師古曰飭整也讀與敕同其字從力〔補注〕先謙曰官本注力作方是時宣帝循武帝故事〔補注〕宋祁曰循一作脩招選名儒俊材置左右更生㠯通達

能屬文辭與王褒張子僑等並進對師古曰子僑官至光祿大夫見藝文志進對謂進見而對詔命也僑字或作蟜或作喬皆音鉅驕反獻賦頌凡數十篇上復興神僊方術之事而淮南有枕中鴻寶苑祕書師古曰鴻寶苑祕書並道術篇名藏在枕中言常存錄之不漏泄也〔補注〕宋祁曰浙本注文篇名上有書字葉德輝曰葛洪神僊傳曰淮南王作內書二十二篇又中篇八章言神僊黃白之事名爲鴻寶萬畢三章論變化之道凡十萬言書言神僊使鬼物爲金之術及鄒衍重道延命方世人莫見而更生父德武帝時治淮南獄得其書〔補注〕劉奉世曰案德待詔丞相府年三十餘始元二年事也淮南事元朔六年是時德甫數歲傳誤紀是年德父辟彊爲光祿大夫時德待詔丞相府欲用之或言父見在故拜辟彊先謙曰德傳言治劉澤詔獄是也此因向得淮南書而附會已詳德傳更生幼而讀誦㠯爲奇獻之言黃金可成上令典尚方鑄作事師古曰尚方主巧作金銀之所若今之中尚署費甚多方不驗上乃下更生吏吏劾更生鑄僞黃金繫當死〔補注〕周壽昌曰案此比例之誤當時鑄作黃金不成事本創見無科罪專條漢律惟有鑄黃金棄市之語故吏引以爲比刑法志云所欲活則傅生議所欲陷則予死比此予死比也更生兄陽城侯安民〔補注〕宋祁曰城一作成上書入國戶

半贖更生罪上亦奇其材得踰冬減死論服虔曰踰冬至春行寬大而減死罪如淳曰獄冬盡當決竟而得踰冬復至後冬故或逢赦或得減死也師古曰服說是也會初立穀梁春秋徵更生受穀梁講論五經於石渠師古曰三輔舊事云石渠閣在未央大殿北以藏祕書復拜爲郎中給事黃門遷散騎諫大夫給事中元帝初卽位太傅蕭望之爲前將軍少傅周堪爲諸吏光祿大夫師古曰加官也百官公卿表云諸吏所加或列侯將軍卿大夫得舉不法也皆領尚書事甚見尊任更生年少於望之堪然二人重之薦更生宗室忠直明經有行擢爲散騎宗正給事中與侍中金敞拾遺於左右四人同心輔政患苦外戚許史在位放縱而中書宦官弘恭石顯弄權望之堪更生議欲白罷退之未白而語泄遂爲許史及恭顯所譖愬堪更生下獄及望之皆免官語在望之傳其春地震夏客星見昴卷舌間師古曰見於昴與卷舌之間也卷音俱免反〔補注〕沈欽韓曰晉天文志卷舌六星在昴北主口語以知讒佞也曲者直而動天下有口舌之害上感悟下詔賜望之爵關內

侯奉朝請秋徵堪向欲㠯爲諫大夫〔補注〕先謙曰顧炎武云更名向在成帝卽位之後此在元帝初年卽云向非也恭顯白皆爲中郎冬地復震時恭顯許史子弟侍中諸曹皆側目於望之等更生懼焉乃使其外親上變事師古曰非常之事故謂之變也〔補注〕先謙曰通鑑胡注外親謂母黨也言竊聞故前將軍蕭望之等皆忠正無私欲致大治忤於貴戚尚書師古曰忤猶逆也音五故反他皆類此〔補注〕先謙曰官本注逆作過今道路人聞望之等復進㠯爲且復見毀讒必曰嘗有過之臣不宜復用是大不然師古曰言不宜用有過之臣者此議非也臣聞春秋地震爲在位執政太盛也不爲三獨夫動亦已明矣應劭曰謂蕭望之周堪及向師古曰獨夫猶言匹夫也且往者高皇帝時季布有罪至於夷滅〔補注〕周壽昌曰言議罪至於夷族滅世也後赦㠯爲將軍高后孝文之間卒爲名臣師古曰卒終也孝武帝時兒寬有重罪繫按道侯韓說諫曰師古曰說讀曰悅前吾丘壽王死陛下至今恨之師古曰恨猶悔也今殺寬後將復大恨矣上感其言遂貰寬師古曰貰謂緩恕其罪也〔補注〕錢大

曰此事寬傳不載韓説名在佞幸傳而能爲寬彊諫亦自可取當表而出之先謙曰説附韓王信傳不列佞幸其兄嫣爲佞幸史不過於嫣傳帶敘其名耳復用之位至御史大夫御史大夫未有及寬者也又董仲舒坐私爲災異書主父偃取奏之下吏罪至不道幸蒙不誅復爲太中大夫膠西相㠯老病免歸漢有所欲興常有詔問師古曰興謂改作處章〔補注〕葉德輝曰閩本無注先謙曰官本注在興下處作憲是仲舒爲世儒宗定議有益天下孝宣皇帝時夏侯勝坐誹謗繫獄三年免爲庶人宣帝復用勝至長信少府太子太傅名敢直言天下美之若乃羣臣多此比類難一二記師古曰比音必寐反〔補注〕葉德輝曰閩本無注先謙曰官本注在多此比類下有過之臣無負國家有益天下此四臣者足㠯觀矣前弘恭奏望之等獄決三月地大震恭移病出師古曰移病者移書言病也一曰言㠯病移出不居官府後復視事天陰雨雪師古曰雨音于具反〔補注〕葉德輝曰閩本無注由是言之地動殆爲恭等師古曰殆近也〔補注〕葉德輝曰閩本無注臣愚㠯爲宜退恭顯㠯章蔽善之罰師古曰章明也〔補注〕葉德輝曰閩本無注

進望之等㠯通賢者之路如此太平之門開災異之原塞矣書奏恭顯疑其更生所爲白請考姦詐辭果服遂逮更生繫獄下太傅韋玄成諫大夫貢禹與廷尉雜考〔補注〕錢大昕曰元成爲太子太傅不當刪太子字葢轉寫失之劾更生前爲九卿坐與望之堪謀排車騎將軍高許史氏侍中者毀離親戚欲退去之而獨專權爲臣不忠幸不伏誅復蒙恩徵用不悔前過而教令人言變事誣罔不道更生坐免爲庶人而望之亦坐使子上書自冤前事〔補注〕周壽昌曰望之傳子伋爲望之訟前事自冤者自白前事之冤恭顯白令詣獄置對師古曰置對者立爲對辭〔補注〕宋祁曰越本景本注文作立其罪辭望之自殺天子甚悼恨之乃擢周堪爲光祿勳堪弟子張猛光祿大夫給事中大見信任恭顯憚之數譖毀焉〔補注〕周壽昌曰案下封事上於元帝永光元年弘恭已前死此文當云石顯憚之恭字駁文通鑑改作石顯是也更生見堪猛在位幾已得復進師古曰幾讀曰冀懼其傾危乃上封事諫曰臣前幸得㠯骨肉備九卿奉法不謹乃復

蒙恩竊見災異竝起天地失常徵表爲國師古曰徵證也欲終不言念忠臣雖在甽畝猶不忘君惓惓之義也師古曰甽者田中之溝也田溝之法耜廣五寸二耜爲耦一耦之伐廣尺深尺謂之甽六甽而爲一畝甽音工犬反字或作畎其音同耳惓惓忠謹之意惓讀與拳同音其專反禮記曰得一善則拳拳服膺弗失之矣〔補注〕宋祁曰正文句末据文埶不合有也字先謙曰官本工作古況重㠯骨肉之親師古曰重音直用反又加㠯舊恩未報乎欲竭愚誠又恐越職然惟二恩未報師古曰惟思也忠臣之義一杍愚意退就農畝死無所恨師古曰杍謂引而泄之也音食汝反〔補注〕先謙曰杍即抒字本書手旁木旁字多通作臣聞舜命九官師古曰尚書禹作司空棄后稷契司徒咎繇作士垂共工作朕虞伯夷秩宗夔典樂龍納言凡九官也〔補注〕先謙曰作朕虞官本作益朕虞是濟濟相讓和之至也衆賢和於朝則萬物和於野故簫韶九成而鳳皇來儀擊石拊石百獸率舞師古曰韶舜樂名舉簫管之屬示其備也於韶樂九奏則鳳皇見其容儀擊鍾鳴磬而百獸相率來舞言感至和也四海之內靡不和寧及至周文開基西郊師古曰言文王始受命作周也雜遝衆賢罔不肅和師古曰雜遝聚積之貌遝音大合反崇推讓之風㠯銷分爭

之訟文王既沒周公思慕歌詠文王之德其詩曰於穆清廟肅雍顯相濟濟多士秉文之德師古曰此周頌祀文王清廟之詩也於歎辭也穆美也肅敬也雍和也顯明也相助也濟濟盛也言文王有清淨之化敬而且和光明著見故濟濟之衆士皆執行文王之德也於讀曰烏當此之時武王周公繼政朝臣和於內萬國驩於外故盡得其驩心㠯事其先祖其詩曰有來雍雍至止肅肅相維辟公天子穆穆師古曰此周頌禘太祖之雝詩也相助也辟百辟也公諸侯也言有此賓客㠯和而來王也而敬者乃助王祭之人百辟與諸侯耳於是時天子則穆穆然禮記曰天子穆穆諸侯皇皇辟音璧〔補注〕先謙曰官本至也作至止是禮記曰作禮記言璧作壁言四方皆㠯和來也諸侯和於下天應報於上故周頌曰降福穰穰師古曰此執競之篇祀武王之詩也穰穰多也音人羊反又曰飴我釐麰師古曰此思文之篇㠯后稷配天之詩也飴遺也言天遺此物也飴讀與貽同也釐音力之反又讀與來同麰音牟〔補注〕宋祁曰麰浙本作麰王先愼曰毛詩作貽我來牟文選典引注引韓詩作貽我嘉麰[illegible]說文來下引作詒我來麰詒通叚字貽即詒之俗體釐來文異而聲義同馬瑞辰云方言陳楚之間凡人嘼乳而雙產謂之釐孳廣雅釐孳攣也雙攣二也釐孳亦作孷孖玉篇孷孖雙生也詩孔疏引說文來牟一麥二夆與釐爲雙產義合

牟大也麰從牟聲故爲大麥之稱典引注引薛君章句云麰大麥也麰字說文所無又麰之俗體一麥二夆者名來麰故毛傳牟爲麥向傳魯詩釋釐麰亦爲麥也先謙曰官本注無同下也字釐麰麥也補注宋祁曰麥字上當有大字陽夏公棻徐堅初學記引漢書云來麰大麥也蓋唐本與江南本同始自天降補注錢大昭曰今文尚書大誓云武王渡孟津白魚躍入於舟出涘以燎後五日火流爲烏五至以穀俱來故云自天降也此皆㠯和致和獲天助也下至幽厲之際朝廷不和轉相非怨師古曰厲王夷王之子厲王生宣王宣王生幽王詩人疾而憂之曰民之無良相怨一方師古曰此小雅角弓之篇刺幽王之詩也良善也言人各爲不善其意乖離而相怨也一方謂自守一方所嚮異之補注宋祁曰注文而當作兩注末之當作矣衆小在位而從邪議歙歙相是而背君子故其詩曰歙歙訿訿亦孔之哀謀之其臧則具是違謀之不臧則具是依師古曰此小雅小旻篇刺幽王之詩也言在位卿士歙歙然患其上訿訿然不供職各失臣節甚可哀痛而謀之善者則背違之不善之謀依而施用所㠯爲刺也歙音翕訿音紫君子獨處守正不橈衆枉師古曰橈屈也不爲衆曲而自屈也橈音女教反補注葉德輝曰閩本德藩本橈作撓先謙曰官本作撓此亦本書通作字勉彊㠯從王事則反見憎毒讒愬故其詩曰密勿從

事不敢告勞無罪無辜讒口嗸嗸師古曰此小雅十月之交篇刺幽王之詩也密勿猶黽勉從事也嗸嗸衆聲也言己黽勉行事不敢自陳勞苦實無罪辜而被讒譖嗸嗸然也嗸音敖補注宋祁曰注文黽勉從事當刪從事也錢大昕曰密勿即黽勉聲之轉也古讀勿如沒爾雅蠠沒勉也亦密勿之異文沈欽韓曰邶谷風黽勉同心文選注引韓詩作密勿同心傳云密勿僶勉也蠠沒與密勿聲同劉向治魯詩是魯韓詩並以黽勉爲密勿當是之時日月薄蝕而無光師古曰薄迫也謂被掩迫也其詩曰朔日辛卯日有蝕之亦孔之醜師古曰自此已下至百川沸騰皆十月之交詩也孔甚也醜惡也周之十月夏之八月朔日有辛卯日月交會而日見蝕陰侵於陽辛金日也卯木辰也㠯卯侵金則臣侵君故甚惡之又曰彼月而微此日而微今此下民亦孔之哀師古曰微謂虧也言彼月者當有虧耳而今此日乃復微也言君臣失道是爲災異故令人甚哀也又曰日月鞠凶不用其行四國無政不用其良師古曰鞠告也言日月不用其常行之道㠯告凶災者由四方之國無政理不能用善人也天變見於上地變動於下水泉沸騰山谷易處補注宋祁曰谷一作川其詩曰百川沸騰山冢卒崩高岸爲谷深谷爲陵哀今之人胡憯莫懲師古曰沸涌出也騰乘也冢山頂也卒盡也胡何也憯曾也懲乂也言百川沸涌而相乘陵山頂隆高而盡崩壞陵谷易處尊卑失序咎異大矣誠可畏懼哀哉今人何爲曾莫創乂也憯音千感反補注錢大昭曰毛詩卒作崒釋文本亦作卒先謙曰官本隆作降乂作艾引宋祁曰注文降一作隆霜降失節不㠯其時其詩曰正月繁霜我心憂傷民之訛言亦孔之將言民㠯是爲非甚衆大也張晏曰正月夏之四月也純陽用事而反多霜急恆寒苦之災也師古曰此小雅正月之篇刺幽王之詩也四月正陽之月故謂之正月繁多也訛僞也孔甚也將大也此言王政乖舛陽月多霜害於生物故己心爲憂傷而衆庶之人共爲僞言㠯是爲非排斥賢傳禍甚大也補注先謙曰官本注苦作若是此皆不和賢不肖易位之所致也師古曰賢人在下不肖居上故云易位補注先謙曰官本云作曰自此之後天下大亂篡殺殃禍竝作厲王奔彘師古曰厲王無道下不堪命乃相與畔襲厲王厲王出奔彘彘晉地今晉州北永安縣是也幽王見殺師古曰爲犬戎所㠯殺幽王于驪山下虜褒姒盡取周賂而去至乎平王末年魯隱之始即位也師古曰平王幽王之子周大夫祭伯乖離不和出奔於魯張晏曰隱元年祭伯來穀梁傳曰奔也師古曰祭音側介反補注劉敞曰穀梁不謂祭伯爲奔也齊召南曰祭伯來穀梁傳以爲來朝公羊傳以爲出奔向正用公羊說張注誤劉糾之是也而春秋爲諱不言來奔傷其禍殃自此始也是後尹

氏世卿而專恣師古曰春秋公羊經隱公三年夏四月尹氏卒傳曰尹氏者何天子之大夫也其稱尹氏何貶曷爲貶譏世卿世卿非禮也又詩小雅節南山云尹氏太師赫赫師尹不平謂何刺之也諸侯背畔而不朝周室卑微二百四十二年之閒師古曰謂從隱公元年至哀公十四年獲麟也隱公十一年桓公十八年莊公三十二年閔公二年僖公三十三年文公十八年宣公十八年成公十八年襄公三十一年昭公三十二年定公十五年哀公十四年凡二百四十二年也補注先謙曰官本閔公三年作二年是日食三十六師古曰謂隱三年二月己巳桓三年七月壬辰朔十七年十月朔莊十八年三月二十五年六月辛未朔二十六年十二月癸亥朔三十年九月庚午朔僖五年九月戊申朔十二年三月庚午朔十五年五月文元年二月癸亥朔十五年六月辛丑朔宣八年七月甲子十年四月丙辰十七年六月癸卯成十六年六月丙寅朔十七年十二月丁巳朔襄十四年二月乙未朔十五年秋八月丁巳二十年冬十月丙辰朔二十一年九月庚戌朔冬十月庚辰朔二十三年二月癸酉朔二十四年七月甲子朔八月癸巳朔二十七年冬十二月乙亥朔昭七年四月甲辰朔十五年六月丁巳朔十七年夏六月甲戌朔二十一年秋七月壬午朔二十二年十二月癸酉朔二十四年夏五月乙未朔三十一年十二月辛亥朔定五年正月辛亥朔十二年十一月丙寅朔十五年八月庚辰朔凡三十六也地震五師古曰謂文九年九月癸酉襄十六年五月甲子昭十九年五月己卯二十三年八月乙未哀三年四月甲午凡五也山陵崩阤

二師古曰謂僖十四年八月辛卯沙鹿崩成五年夏梁山崩凡二也陁下頹也音丈爾反彗星三見師古曰謂文十四年秋七月有星孛入于北斗昭十七年冬有星孛于大辰哀十三年冬十一月有星孛于東方夜常星不見夜中星隕如雨一師古曰事在莊七年夏四月辛卯大災十四師古曰桓十四年秋八月壬申御廩災莊二十年夏齊大災僖二十年五月乙巳西宮災成三年二月甲子新宮災襄九年春宋火三十年五月甲午宋災昭九年夏四月陳火十八年夏五月壬午宋衞陳鄭災定二年夏五月壬辰雉門及兩觀災哀三年五月辛卯桓宮僖宮災四年六月辛丑亳社災凡十四也補注先謙曰官本陳火作陳災長狄入三國師古曰謂春秋文十一年經書冬十月甲午叔孫得臣敗狄于鹹公羊傳曰狄者何長狄也兄弟三人一者之齊一者之魯一者之晉之齊榮如之魯喬如之晉焚如長狄鄋瞞之種鄋音㮴瞞音末安反補注宋祁曰榮如喬如焚如三如字下浙本皆有也字先謙曰官本㮴作搜末作未五石隕墜六鶂退飛多麋有蜮蜚鸜鵒來巢者皆一見師古曰謂僖十六年正月戊申朔隕石于宋五是月六鶂退飛過宋都莊十七年冬多麋十八年秋有蜮二十九年秋有蜚昭二十五年夏有鸜鵒來巢蜮短尾狐也鶂水鳥也蜚負蠜也鶂音五歷反蜮音域蜚音扶味反鸜音劬鵒音欲晝冥晦師古曰僖十五年九月己卯晦震夷伯之廟穀梁傳曰晦冥也雨木冰師古曰事在成十六年正月雨木冰者氣著樹木結爲冰也今俗呼爲閒樹雨音于具反李梅冬實七月

霜降草木不死師古曰僖三十三年經書冬隕霜不殺草李梅實未知在何月也而此言李梅冬實又云七月霜降草木不死與今春秋不同未見義所出補注宋祁曰浙本正文注文並無二木字齊召南曰案以下文八月殺菽例之用夏時紀月則此文七月疑是十月之譌周十二月夏之十月也又應倒其文云十月霜降草木不死李梅實則文義俱顯矣先謙曰官本煞作殺八月殺菽師古曰謂定公元年十月隕霜殺菽周之十月夏之八月菽謂豆也大雨雹師古曰事在僖二十九年秋及昭三年冬四年正月雨音于具反雨雪靁霆失序相乘師古曰隱九年三月癸酉大雨震電庚辰大雨雪莊六年冬十月雨雪僖十年冬大雨雪皆是也靁古雷字也霆雷之急者也音大丁反水旱饑蝝螽螟蠭午竝起如淳曰蠭午猶雜沓也師古曰謂桓元年秋大水十三年夏大水莊七年秋大水十一年秋宋大水二十四年秋大水二十五年秋大水宣十年秋大水成五年秋大水襄二十四年秋七月大水僖二十一年夏大旱宣七年秋大旱宣十年冬饑十五年冬蝝生饑襄二十四年冬大饑桓五年秋螽僖十五年八月螽文二年秋雨螽於宋八年冬螽宣六年八月螽十三年秋十五年秋螽襄七年八月螽哀十二年十二月螽十三年九月螽十二月螽隱五年九月螟八年九月螟莊六年秋螟皆是也螽卽螟也螟蟲之食苗心者也螽音終螟音冥補注錢大昕曰蠭午猶言旁午古音蠭蒲紅切與旁聲相近霍光傳使者旁午如淳曰旁午分布也沈欽韓曰爾雅翼蜂一日兩出而聚鳴號爲兩衙今諗之日中尤咕雜故蠭午義爲雜沓先謙曰官本蠭作螽當是時

禍亂輒應弒君三十六師古曰謂隱公四年衞州吁弒其君完十一年羽父使賊弒公于寫氏桓二年宋督弒其君與夷七年曲沃伯誘晉小子侯殺之十七年鄭高渠彌弒昭公莊八年齊無知弒其君諸兒十二年宋萬弒其君捷十四年傳瑕弒其君鄭子三十二年共仲使圉人犖賊子般閔二年共仲使卜齮賊公于武闈僖十年晉里克弒其君卓二十四年晉弒懷公于高梁文元年楚太子商臣弒其君頵十四年齊公子商人弒其君舍十六年宋人弒其君杵臼十八年齊人弒其君商人魯襄仲殺子惡莒弒其君庶其宣二年晉趙盾弒其君夷皋四年鄭公子歸生弒其君夷十年陳夏徵舒弒其君平國成十八年晉弒其君州蒲襄七年鄭子駟使賊夜弒僖公二十五年齊崔杼弒其君光二十六年衞甯喜弒其君剽二十九年閽弒吳子餘祭三十年蔡太子般弒其君固三十一年莒人弒其君密州昭元年楚公子圍問王疾縊而弒之十三年楚公子比弒其君虔于乾谿十九年許太子止弒其君買二十七年吳弒其君僚定十三年薛弒其君比哀四年盜殺蔡侯申六年齊陳乞弒其君荼十年齊人弒悼公凡三十六亡國五十二師古曰謂桓五年州公如曹莊四年紀侯大去其國十年齊師滅譚十三年齊人滅遂十四年楚子滅息十六年楚滅鄧閔元年晉滅耿滅霍滅魏僖五年楚滅弦晉滅虢滅虞十二年楚人滅黃十七年楚滅項十九年秦人取梁二十五年衞侯燬滅邢二十六年楚人滅夔三十三年秦滅滑文四年楚滅江五年楚人滅六滅蓼十六年楚人秦人巴人滅庸宣八年楚人滅舒蓼九年取根牟十二年楚子滅蕭十五年晉師滅赤狄潞氏成六年取鄟十七年楚滅舒庸襄六年莒人滅鄫齊侯滅萊十年諸侯滅偪陽十三年取邿二十五年楚滅舒鳩昭四年楚子滅賴十三年晉滅肥十六年楚子取戎蠻氏十七年晉滅陸渾戎二十一年晉滅鼓三十年吳滅徐定四年蔡滅沈五年楚滅唐六年鄭滅許十四年楚人滅頓十五年楚子滅胡哀八年宋公滅曹又邾滅須句楚滅權晉滅焦楊楚滅道房申凡五十二補注先謙曰官本舒蕭作舒庸是諸侯奔走不得

保其社稷者不可勝數也師古曰謂桓十五年鄭伯突出奔蔡襄十四年衞侯出奔齊昭三年北燕伯款出奔齊二十三年莒子庚輿來奔之類是也周室多禍晉敗其師於貿戎師古曰貿戎地名也春秋公羊經成元年秋王師敗績于貿戎傳曰孰敗之蓋晉敗之也貿音莫侯反伐其郊師古曰郊周邑也昭二十三年正月經書晉人圍郊也鄭傷桓王應劭曰王以諸侯伐鄭鄭伯禦之射王中肩師古曰事在桓五年秋戎執其使師古曰隱七年冬經書天王使凡伯來聘戎伐凡伯于楚丘以歸補注宋祁曰浙本注文伐作執衞侯朔召不往齊逆命而助朔師古曰春秋桓十六年經書衞侯朔出奔齊穀梁傳曰天子召而不往也五大夫爭權三君更立莫能正理應劭曰周景王崩單穆公劉文公鞏簡公甘平公召莊公此五大夫相與爭奪更立王子猛子朝及敬王是爲三君也更音工衡反遂至陵夷不能復興師古曰陵夷謂卑替也解在成紀及異姓諸侯王表也由此觀之和氣致祥乖氣致異祥多者其國安異眾者其國

危天地之常經古今之通義也今陛下開三代之業招文學之士優游寬容使得竝進今賢不肖渾殽師古曰言雜亂也渾音胡本反其下亦同白黑不分邪正雜糅忠讒竝進師古曰糅和也音汝救反〔補注〕宋祁曰當作女救反先謙曰官本注在糅下章交公車人滿北軍如淳曰漢儀注中壘校尉主北軍壘門內尉一人主上書者獄上章於公車有不如法者以付北軍尉北軍尉以法治之楊惲上書遂幽北闕公車所在〔補注〕沈欽韓曰案此謂待詔廩食於北軍者多也東觀漢記舊制上書以青布囊素裏封書不中式不得上既上詣北軍待報前後相塵如解爲下獄非也朝臣舛午膠戾乖剌師古曰言志意不和各相違背午音五故反剌音來曷反更相讒愬轉相是非師古曰更音工衡反〔補注〕先謙曰官本注在愬下傳授增加文書紛糾前後錯謬毀譽渾亂師古曰言各任私情不得其實所以營或耳目感移心意不可勝載師古曰言其誣罔天子也營謂回繞之〔補注〕葉德輝曰閩本德藩本或作惑先謙曰官本或作惑分曹爲黨往往羣朋師古曰曹輩也將同心以陷正臣正臣進者治之表也正臣陷者亂之機也乘治亂之機未知孰任而災異數見此臣所以寒心者也夫乘權藉勢之人子弟鱗集於朝師古曰言其相次如魚鱗羽翼陰附者眾輻湊於前師古曰輻湊言如車輻之歸於轂也毀譽將必用以終乖離之咎師古曰言讒佞之人毀譽得進則忠賢被斥日以乖離也是以日月無光雪霜夏隕海水沸出陵谷易處列星失行皆怨氣之所致也夫遵衰周之軌迹循詩人之所刺而欲以成太平致雅頌猶郤行而求及前人也師古曰郤音丘略反初元以來六年矣按春秋六年之中災異未有稠如今者也師古曰稠多也音直流反夫有春秋之異無孔子之救猶不能解紛師古曰紛紛亂也況甚於春秋乎原其所以然者讒邪竝進也讒邪之所以竝進者由上多疑心既已用賢人而行善政如或譖之則賢人退而善政還師古曰還謂收還也夫執狐疑之心者來讒賊之口持不斷之意者開羣枉之門師古曰枉曲也讒邪進則眾賢退羣枉盛則正士消故易有否泰師古曰否音皮鄙反小人道長君子道消君子道消則政日亂故爲否否者閉而亂也君子道長小人道消小人道消則

政日治故爲泰泰者通而治也詩又云雨雪麃麃見晛聿消師古曰此小雅角弓篇刺幽王好讒佞之詩也麃麃盛也見無雲也晛日氣也聿辭也言雨雪之盛麃麃然至於無雲日氣始出而雪皆消釋矣喻小人雖多王若欲興善政則賢者升用而小人誅滅矣麃音彼驕反晛音乃見反〔補注〕宋祁曰韓詩作曣云曣見日出也今詩作見蓋向引韓詩後人便改作見非是陽夏公案向時毛詩未列學官周壽昌曰毛詩麃麃作瀌瀌聿作曰韓詩外傳四荀子非相篇俱與此同王先慎曰說文暥星無雲也[illegible]顏注無雲也則所注漢書本作曣不作見疑後人用毛詩改爲見耳向本魯詩學暥字與韓同宋謂劉引韓詩亦非與易同義昔者鯀其工驩兜與舜禹雜處堯朝師古曰鯀崇伯之名即檮杌也共工少皞氏之後即窮奇也驩兜帝鴻氏之後即渾敦也鯀音工本反驩音火官反檮音徒高反杌音兀渾音胡本反敦音徒本反周公與管蔡竝居周位當是時迭進相毀師古曰迭互也迭音大結反流言相謗豈可勝道哉帝堯成王能賢舜禹周公而消共工管蔡故以大治榮華至今孔子與季孟偕仕於魯師古曰季孟謂季孫孟孫皆桓公之後代執國權而卑公室也李斯與叔孫俱宦於秦師古曰叔孫者叔孫通也〔補注〕葉德輝曰通傳秦時以文學徵待詔博士定公始皇賢季孟李斯而消孔子叔孫故以大亂汙辱至今故治亂榮辱之端在所信任信任既賢在於堅固而不移詩云我心匪石不可轉也師古曰此邶柏舟之詩也言石性雖堅尚可移轉己志貞確執德不傾過於石也言守善篤也易曰渙汗其大號師古曰此易渙卦九五爻辭也言王者渙然大發號令如汗之出也〔補注〕先謙曰官本四作五通鑑注引同言號令如汗汗出而不反者也今出善令未能踰時而反是反汗也師古曰一時三月也〔補注〕先謙曰官本一作踰通鑑注引同用賢未能三旬而退是轉石也論語曰見不善如探湯師古曰論語載孔子之言探湯言其除難無所避也今二府奏佞讇不當在位歷年而不去如淳曰二府丞相御史也師古曰讇古諂字〔補注〕王鳴盛曰御史者御史大夫省文後書何敞傳二府以爲故事注二府謂司徒司空司徒卽丞相司空卽御史大夫亦稱兩府杜延年傳常與兩府及廷尉分章如淳注兩府丞相御史也車千秋等傳贊丞相御史兩府之士不能正議趙充國傳兩府白遣義渠安國行視諸羌蕭望之傳天子下其議兩府薛宣傳宣考績功課簡在兩府翟方進傳司隸校尉初除謁兩府是也亦稱大府杜周傳郡吏大府舉之廷尉師古注大府丞相御史之府是也二府政本丞相固助理萬機御史大夫卽佐之故朱雲傳華陰守丞嘉薦雲試守御史大夫云御史之官宰相之副九卿之右又雲爲槐里令丞相韋元成奏其亡狀雲自訟而御史中丞陳咸與相善爲

為求下御史中丞事下丞相乃考其罪可見漢時二府權重有大事必下二府治之御史大夫副宰相在九卿之右而中丞權亦幾與相埒也後書多稱三府謂太尉司徒司空見承宮鄭頡賈琮朱浮陳元寒朗傳亦稱三司見胡廣鄭康成傳蓋古以司徒司馬司空為三公後雖改名太尉而太尉即司馬故云三司也合大將軍亦稱四府見後書質帝紀和熹鄧皇后紀趙典應奉傳亦有以三公并太傅稱之者後書虞詡傳注四府謂太傅太尉司徒司空之府是也或稱五府者後書樊宏傳注五府謂太傅太尉司徒司空大將軍是也故出令則如反汗用賢則如轉石去佞則如拔山如此望陰陽之調不亦難乎是㠯羣小窺見間隙緣飾文字巧言醜詆師古曰詆毀也辱也音丁禮反流言飛文譁於民間師古曰譁讙也譁音火瓜反〔補注〕先謙曰通鑑胡注放言於外以誣人曰流言為飛書以詆毀若今之匿名書曰飛文故詩云憂心悄悄慍于羣小師古曰此邶柏舟言仁而不遇之詩也悄悄憂貌慍怒也悄音千小反小人成羣誠足慍也〔補注〕先謙曰案此蓋亦魯詩訓荀子宥坐篇釋詩曰小人成羣斯足憂矣韓詩外傳云小人成羣何足禮哉皆與此義同與毛傳別昔孔子與顏淵子貢更相稱譽不為朋黨師古曰事具見論語更音工衡反禹稷與皋陶傳相汲引不為比周師古曰事見尚書舜典比音頻寐反〔補注〕先謙曰胡注傳柱戀反遞也何則忠於為國無邪心也故賢人在上位則引其類而聚之於朝易曰飛龍在天大人聚也師古曰此乾卦九五象辭也言聖王正位臨馭四方則賢人君子皆來見也〔補注〕何焯曰飛龍以喻賢人顏說乃後儒釋經之詞亦非向引易本意葉德輝曰易乾大人造也釋文云劉歆父子作聚與此正合先謙曰官本注四作萬在下位則思與其類俱進易曰拔茅茹㠯其彙征吉鄭氏曰彙音謂彙類也茹牽引也茅喻君有潔白之德臣下引其類而仕之師古曰此泰卦初九爻辭征行也茹音汝據反〔補注〕先謙曰官本謂下無彙字在上則引其類在下則推其類故湯用伊尹不仁者遠而眾賢至類相致也今佞邪與賢臣竝在交戟之內師古曰交戟謂宿衞者合黨共謀違善依惡歙歙訿訿數設危險之言欲㠯傾移主上如忽然用之此天地之所㠯先戒災異之所㠯重至者也師古曰重音直用反自古明聖未有無誅而治者也故舜有四放之罰師古曰謂流共工于幽州放驩兜于崇山竄三苗于三危殛鯀于羽山也而孔子有兩觀之誅應劭曰少正卯姦人之雄故孔子攝司寇七日誅之於兩觀之下師古曰兩觀謂闕也〔補注〕葉德輝曰說苑指武篇云孔子為魯司寇七日誅少正卯于東觀之下然後聖化可得而行也

今㠯陛下明知誠深思天地之心迹察兩觀之誅師古曰尋其餘迹而察之覽否泰之卦觀雨雪之詩歷周唐之所進㠯為法原秦魯之所消㠯為戒師古曰歷謂歷觀之原謂思其本也考祥應之福省災異之禍㠯揆當世之變師古曰省視也揆度也放遠佞邪之黨壞散險詖之聚師古曰險言曰詖詖音彼義反杜閉羣枉之門廣開眾正之路師古曰杜塞也〔補注〕先謙曰官本注在門字下決斷狐疑分別猶豫使是非炳然可知則百異消滅而眾祥竝至太平之基萬世之利也臣幸得託肺附師古曰舊解云肺附謂肝肺相附著猶言心膂也一說肺謂斫木之肺札也自言於帝室猶肺札附於大材木也〔補注〕王念孫曰一說近之然既言附又言託則語意重出余謂肺附皆謂木皮也說文朴木皮也柹削木札朴也作肺者假借字耳後書方術傳風吹削肺是也今本肺誤作肺顏氏家訓已辯之小雅角弓箋附木桴也正義桴謂木表之麤皮也桴附朴聲竝相近肺附語之轉耳言已為帝室微末之親如木皮之託於木也下文云臣幸得託末屬是其證矣田蚡傳蚡以肺附為相中山靖王傳得蒙肺附衞青傳青幸得以肺附待罪行間宣元六王傳博幸得肺附師丹傳肺附何患不富貴王莽傳伏自惟念得託肺附史記惠景閒侯者表序諸侯子弟若肺附今本附作腑因肺字而誤凡隸附字作肺腑者皆誤古書肺府字亦無作腑者後書盧芳傳以肺腑之故太元親交入曰肺附乾鍭其幹已艮義竝同也若以肺為肺肝之肺則義不可通誠見陰陽不調不敢不通所聞〔補注〕王念孫曰通猶道也謂道其所聞也夏侯勝傳上謂勝曰先生通正言無懲前事師古彼注通謂陳道之也竊推春秋災異㠯効今事一二條其所㠯師古曰㠯由也〔補注〕先謙曰官本効作救引宋祁曰浙本救作效不宜宣泄臣謹重封昧死上恭顯見其書愈與許史比而怨更生等師古曰比音頻寐反堪性公方自見孤立遂直道而不曲是歲夏寒日青無光恭顯及許史皆言堪猛用事之咎上內重堪又患眾口之寖潤無所取信時長安令楊興㠯材能幸〔補注〕朱一新曰興又見賈捐之傳常稱譽堪上欲㠯為助乃見問興朝臣齗齗不可光祿勳何也師古曰齗齗忿嫉之意也齗音牛斤反〔補注〕葉德輝曰閩本德藩本也作耶先謙曰官本作邪興者傾巧士謂上疑堪因順指曰堪非獨不可於朝廷自州里亦不可也〔補注〕先謙曰胡注周禮五黨為州五家為鄰五鄰為里漢人謂同州鄉而居者為州里臣見眾人聞堪前與劉更生等謀毀骨肉㠯為當誅故臣前言堪不可誅傷為國養恩也上曰然此何罪

而誅今宜奈何興曰臣愚以爲可賜爵關內侯食邑三百戶勿令典事明主不失師傅之恩此最策之得者也上於是疑會城門校尉諸葛豐亦言堪猛短上言發怒免豐語在其傳又曰豐言堪猛貞信不立朕閔而不治又惜其材能未有所効其左遷堪爲河東太守猛槐里令顯等專權日甚後三歲餘孝宣廟闕災其晦日有蝕之於是上召諸前言日變在堪猛者責問皆稽首謝乃因下詔曰河東太守堪先帝賢之命而傅朕資質淑茂道術通明師古曰淑善也茂美也補注先謙曰官本注在上句下論議正直秉心有常發憤悃愊張晏曰悃誠也愊皺密也師古曰悃愊至誠也悃音口本反愊音平力反信有憂國之心以不能阿尊事貴孤特寡助抑厭遂退師古曰厭音一甲反謂不伸也卒不克明師古曰卒終也克能也往者衆臣見異師古曰異災異也不務自修深惟其故而反晻昧說天託咎此人師古曰晻不明也讀與暗同又音烏感反朕不得已師古曰已止也出而試之以彰其材堪出之後

前漢三十六　十八

大變仍臻衆亦嘿然堪治未期年而三老官屬有識之士詠頌其美使者過郡靡人不稱師古曰靡無也此固足以彰先帝之知人而朕有以自明也俗人乃造端作基非議詆欺師古曰詆毀也音丁禮反或引幽隱非所宜明意疑以類欲以陷之朕亦不取也朕迫于俗不得專心乃者天著大異朕甚懼焉今堪年衰歲暮恐不得自信師古曰信讀曰伸排於異人將安究之哉師古曰究竟也明也其徵堪詣行在所拜爲光祿大夫秩中二千石領尚書事猛復爲太中大夫給事中顯幹尚書師古曰幹與管同言管主其事補注先謙曰官本書下有事字据注文官本是也此脫尚書五人皆其黨也堪希得見常因顯白事事決顯口會堪疾瘖不能言而卒師古曰瘖音於今反顯誣譖猛令自殺於公車更生傷之乃著疾讒擿要救危及世頌凡八篇師古曰擿謂指發之也音吐歷反依興古事悼己及同類也師古曰興謂比喻也音許證反遂廢十餘年成帝卽位顯等伏辜更生乃復進用更名向向以故九卿召拜爲中郎使領護三輔都水蘇林曰三輔多溉灌渠悉主之故言都水數奏封事遷光祿大夫是時帝元舅陽平侯王鳳爲大將軍秉政倚太后專國權師古曰倚音於綺反兄弟七人皆封爲列侯時數有大異向以爲外戚貴盛鳳兄弟用事之咎而上方精於詩書觀古文補注宋祁曰浙本觀字下有覽字詔向領校中五經祕書師古曰言中者以別於外向見尚書洪範箕子爲武王陳五行陰陽休咎之應師古曰休美也音許求反它皆類此向乃集合上古以來歷春秋六國至秦漢符瑞災異之記推迹行事連傳禍福著其占驗比類相從各有條目凡十一篇號曰洪範五行傳論奏之天子心知向忠精故爲鳳兄弟起此論也然終不能奪王氏權久之營起昌陵數年不成復還歸延陵制度奢泰補注先謙曰成帝以渭城延陵亭部爲初陵在建始二年以新豐戲鄉爲昌陵縣在鴻嘉元年罷昌陵反故陵在永始元年反故陵卽此傳所云復還歸延陵也反故陵後制度仍奢故向上此疏末云初陵之橅宜從公卿大臣之議明向此疏諫延陵制度之奢非諫昌陵也谷永傳云五年不成而後反故

前漢三十六　十九

又廣盱營表發人冢墓斷截骸骨暴揚尸柩百姓財竭力盡愁恨感天又云且寢初陵之作止諸營繕宮室與向此時進諫事可互證漢紀通鑑並載此疏於永始元年罷昌陵之前以爲向諫昌陵誤矣向上疏諫曰臣聞易曰安不忘危存不忘亡是以身安而國家可保也師古曰易下繫之辭故賢聖之君博觀終始窮極事情而是非分明王者必通三統應劭曰二王之後與己爲三統也孟康曰天地人之始也張晏曰一曰天統爲周十一月建子爲正天始施之端也二曰地統謂殷以十二月建丑爲正地始化之端也三曰人統謂夏以十三月建寅爲正人始成之端也師古曰二家之說皆不備也言王者象天地人之三統故存三代也補注先謙曰官本爲周作謂周字同二家作諸家是明天命所授者博非獨一姓也孔子論詩至於殷士膚敏祼將于京師古曰此大雅文王之篇殷士殷之卿士也膚美也敏疾也祼灌鬯也將行也京周京也言殷之臣有美德而敏疾乃來助祭于周行祼鬯之事是天命無常歸於有德喟然歎曰師古曰喟然歎息貌音丘位反大哉天命善不可不傳于子孫是以富貴無常不如是則王公其何以戒慎民萌何以勸勉師古曰萌與甿同無知之貌補注宋祁曰浙本注文同下有甿甿二字蓋傷微子之事周而痛殷之亡也雖有堯舜之聖不能化丹朱

之子（補注）劉攽曰雖有堯舜之聖不能化丹朱之子既言堯舜豈可不言商均明脫此二字雖有禹湯之德不能訓末孫之桀紂自古及今未有不亡之國也昔高皇帝既滅秦將都雒陽感寤劉敬之言自㠯德不及周而賢於秦（補注）沈欽韓曰說苑至公篇昔周成王之卜居成周也其命龜曰予一人兼有天下辟就百姓敢無中土乎使予有罪則四方伐之無難得也淮南氾論武王克殷欲築宮於五行之山注今太行山周公曰不可夫五行之山固塞險阻之地也使我有暴亂之行則天下之伐我難矣案周欲子孫以德久長故不使馮恃險阻漢德不及周故卽關中之險也遂從都關中依周之德因秦之阻世之長短㠯德為効師古曰効謂徵驗也故常戰栗不敢諱亡孔子所謂富貴無常蓋謂此也孝文皇帝居霸陵北臨廁服虔曰廁側近水也李奇曰霸陵山北頭廁近霸水帝登其上㠯遠望也（補注）宋祁曰水經韋昭曰高岸夾水為廁今斯原夾二水也意悽愴悲懷顧謂羣臣曰嗟乎㠯北山石為椁用紵絮斮陳漆其間應劭曰斮斬也陳施也孟康曰斮絮㠯漆著其間也師古曰美石出京師北山今宜州石是也故云㠯北山石為椁紵絮者可㠯紵衣之絮也斮而陳其間又從而漆之也紵音張呂反斮音側略反豈可動哉張釋之進曰使其中有可欲雖錮

南山猶有隙使其中無可欲雖無石椁又何慼焉師古曰有可欲謂多臧金玉而厚葬之人皆欲發取之是有間隙也無可欲謂不寘器僃而薄葬人無欲攻掘取之故無憂慼也錮謂鑄塞也云錮南山者取其深大假為喻也錮音固（補注）先謙曰官本僃作備假下有以字夫死者無終極而國家有廢興故釋之之言為無窮計也孝文寤焉遂薄葬不起山墳易曰古之葬者厚衣之㠯薪臧之中野不封不樹師古曰厚衣之㠯薪言積薪㠯覆之也不封謂不聚土為墳也不樹謂不種樹也衣音於既反後世聖人易之㠯棺椁棺椁之作自黃帝始黃帝葬於橋山師古曰在上郡陽周縣（補注）沈欽韓曰一統志子午山在慶陽府合水縣東及寧州眞寧縣東卽橋山也據水經注古陽周在走馬水北應在今延安府安定縣北界眞寧之陽周乃後魏僑置非故縣也橋山黃帝陵皆當據水經注改入延安府堯葬濟陰（補注）沈欽韓曰一統志唐堯陵在曹州府菏澤縣東北五十里舊雷澤城西與濮州接界丘壠皆小葬具甚微晉灼曰丘壠冢墳也（補注）葉德輝曰史記五帝紀集解引劉向曰堯葬濟陰丘壠山涉此丘壠皆小誤也舜葬蒼梧二妃不從師古曰二妃堯之二女（補注）葉德輝曰禮記作三妃當依此訂禹葬會稽不改其列鄭氏曰不改樹木百物之列也如淳曰列隴也墨子曰禹葬會稽之山既葬收餘壤其上壠若參耕之畝則止

矣晉灼曰列肆也淮南子云舜葬蒼梧不變其肆言不煩於民也師古曰鄭說是也淮南所云不變其肆肆者故也言山川田畝皆如故耳非別義也晉氏失之（補注）沈欽韓曰呂覽安死篇舜葬於紀市不變其肆明以肆為市肆矣顏說非殷湯無葬處師古曰謂不見傳記也（補注）宋祁曰杜預曰梁國蒙縣有亳城城中有湯冢其西又有伊尹冢案蒙為北亳卽景亳湯受命之地皇覽曰湯冢在濟陰亳縣北東郭去縣三里冢四方方各十步高七尺上平處平地漢哀帝建平元年大司空御史長卿案行水災因行湯冢寰宇記云劉向言湯無葬處蓋不知其處也沈欽韓曰汲水注崔駰曰湯冢在濟陰薄縣北續志薄屬梁國皇覽曰薄城郭東三里平地有湯冢杜預曰梁國蒙縣北有薄伐城城中有殷湯冢今城內有故冢方墳疑卽所謂湯冢者而世謂之王子喬冢案湯冢酈氏亦不能決故謂無葬處文武周公葬於畢李奇曰在岐州之間臣瓚曰汲郡古文畢西於豐三十里師古曰二說皆非也畢陌在長安西北四十里也（補注）宋祁曰注文岐州當作岐周沈欽韓曰元和志畢原卽咸陽縣所理也原南北數十里東西二三百里無山川陂湖井深數十丈亦謂之畢陌周公墓在縣北十三里一統志文王武王陵俱在咸陽縣北十五里文王陵在南武王陵在北案畢有二故文武周公葬處說亦互異元和志云畢原在京兆萬年縣西南二十八里書云周公薨成王葬于畢其說已兩歧括地志文王武王墓在萬年縣西南二十八里畢原上然周時畢原應在長安之西近鄷宮似當以在咸陽者為是秦穆公葬於雍橐泉宮祈年館下（補注）沈欽韓曰括地志秦穆公冢在雍縣東南二里一統志蘄年宮在鳳翔府南卽秦橐泉宮

樗里子葬於武庫文穎曰秦惠王異母弟也師古曰樗里子且死曰葬我必於渭南章臺東後百年當有天子宮夾我墓及漢興長樂宮在其東未央宮在其西武庫正直其上也（補注）沈欽韓曰長安志樗里子墓在長安縣東北長安故城中長安故城在縣西北十三里皆無丘壠之處此聖帝明王賢君智士遠覽獨慮無窮之計也其賢臣孝子亦承命順意而薄葬之此誠奉安君父忠孝之至也夫周公武王弟也葬兄甚微孔子葬母於防師古曰防魯邑名也音扶方反（補注）宋祁曰正文注文防當作坊先謙曰宋說不可解疑所見本作坊云當作防後人轉寫倒誤耳稱古墓而不墳也師古曰墓謂壙穴也墳謂積土也曰丘東西南北之人也不可不識也師古曰東西南北言周遊以行其道不得專在本邦故墓須表識音式志反（補注）先謙曰官本注識下更有識字引宋祁曰注文識字下當更有識字為四尺墳（補注）沈欽韓曰叔梁紇之葬以墓而不墳故合葬時不知柩之所在孔子感之故既葬其母因封識之不欲以隱情易故規乃託言東西南北之人耳遇雨而崩弟子修之以告孔子孔子流涕曰吾聞之古不修墓蓋非之也師古曰事見禮記（補注）葉德輝曰閩本德藩本古下有者字先謙曰官本有者字延陵季子適齊而反其子死葬於嬴

博之間師古曰二邑竝在泰山其子死於其間穿不及泉斂以時服封墳掩坎其高可隱孟康曰隱蔽之才可見而已臣瓚曰謂人立可隱肘也師古曰瓚說是也隱音於靳反〔補注〕王文彬曰禮記鄭注隱據也封可手據謂高四尺所而號曰師古曰號謂哭而且言也〔補注〕沈欽韓曰號是復之聲士喪禮皋某復注皋長聲也樂師詔來瞽皋舞注皋之言號也喪大記小臣復北面三號足明皋號字同爲招魂復魄也雜記大夫士死於道則升其乘車之右轂以其綏復則道死有復也但彼是載尸歸而復季札葬而復爲禮之變耳觀下魂氣無不之則號爲復明矣骨肉歸復於土命也魂氣則無不之也夫嬴博去吳千有餘里季子不歸葬孔子往觀曰延陵季子於禮合矣師古曰事亦見禮記故仲尼孝子而延陵慈父舜禹忠臣周公弟弟師古曰弟弟者言弟能順理也上弟音徒計反其葬君親骨肉皆微薄矣非苟爲儉誠便於體也〔補注〕宋祁曰浙本體作禮先謙曰作體是通鑑作體漢紀作禮蓋舊本不同宋桓司馬爲石槨仲尼曰不如速朽李奇曰宋桓魋爲石槨奢泰故激以此言秦相呂不韋集知略之士而造春秋亦言薄葬之義皆明於事情者也〔補注〕先謙曰官本無情字引宋祁曰別本事字下有情字逮至吳王闔閭違禮厚葬十有餘年越人發之及秦惠文武昭嚴襄五王師古曰嚴襄者謂莊襄則始皇父也〔補注〕錢大昕曰惠文一也武二也昭三也嚴襄即莊襄四也此云五王者蓋昭王之後尚有孝文王傳脫孝文二字耳先謙曰官本注文無則字皆大作丘隴多其瘞臧師古曰瘞埋也音於例反咸盡發掘暴露甚足悲也秦始皇帝葬於驪山之阿師古曰阿謂山曲也下錮三泉上崇山墳其高五十餘丈周回五里有餘石槨爲游館李奇曰壙中爲遊戲之觀也師古曰多累石作槨於壙中以爲離宮別館也〔補注〕先謙曰官本注觀作館下無也字人膏爲燈燭〔補注〕宋祁曰史記作人魚膏水銀爲江海黃金爲鳧雁珍寶之臧機械之變孟康曰作機發木人之屬盡其巧變也晉灼曰始皇本紀令匠作機弩矢有所穿近輒射之又言工匠爲機咸皆知之已下又有閉羨門皆殺工匠也師古曰晉說是也〔補注〕王文彬曰据下文生薶工匠之文則此不得從晉說當以孟爲是如禮云公輸般請以機封之類是也棺槨之麗宮館之盛不可勝原師古曰言不能盡其本數〔補注〕王念孫曰師古以原爲本數非也原者量也度也言其麗與盛不可勝量也廣雅量源度也源與原古字通宋玉神女賦志未可乎得原韓子主道篇掩其跡匿其端下不能原列女傳頌義小序云原度天道禍福所移皆其證也王莽傳功亡原者賞不限原亦量也有無量之功故有不限之賞淮南本經篇贏縮卷舒淪於不測終始虛滿轉於無

原無原亦謂無量也師古曰無原謂不可測其本原亦失之齊策高注度計也計與度同義故計亦謂之原東方朔傳其山出玉石金銀銅鐵豫章檀柘異類之物不可勝原謂不可勝計也師古曰原本也言說不能盡其根本亦失之又多殺宮人生薶工匠計以萬數天下苦其役而反之〔補注〕錢大昭曰役古文役字見說文先謙曰官本作役驪山之作未成而周章百萬之師至其下矣師古曰周章陳勝之將〔補注〕先謙曰周章即周文陳勝傳周文西擊秦行收兵至關卒十萬無百萬也說詳勝傳項籍燔其宮室營宇往者咸見發掘師古曰言至其墓所者發掘之而求財物也〔補注〕宋祁曰浙本注文發字上有皆字其後牧兒亡羊羊入其鑿師古曰鑿謂所穿冢臧者音在到反〔補注〕錢大昕曰鑿猶隧也隧鑿聲相近牧者持火照求羊失火燒其臧槨自古至今葬未有盛如始皇者也數年之間外被項籍之災內離牧豎之禍師古曰離遭也豈不哀哉是故德彌厚者葬彌薄知愈深者葬愈微無德寡知其葬愈厚〔補注〕先謙曰胡注知讀曰智丘隴彌高宮廟甚麗發掘必速由是觀之明暗之效葬之吉凶昭然可見矣周德既衰而奢侈宣王賢而中興更爲儉宮室小寢廟詩人美之斯干之詩是也師古曰小雅篇名美宣王考室其首章曰秩秩斯干秩秩流行也干澗也喻宣王之德如澗水源秩秩流出無極已也上章道宮室之如制下章言子孫之衆多也師古曰宮室如制謂殖殖其庭有覺其楹君子攸寧也子孫衆多謂維熊維羆男子之祥維虺維蛇女子之祥也〔補注〕沈欽韓曰成帝無嗣故言此示勸戒及魯嚴公師古曰即莊公也刻飾宗廟多築臺囿師古曰解在五行志後嗣再絕孟康曰謂子般閔公皆殺死也春秋刺焉周宣如彼而昌魯秦如此而絕是則奢儉之得失也陛下即位躬親節儉始營初陵其制約小天下莫不稱賢明及徙昌陵增埤爲高師古曰埤下也音婢積土爲山發民墳墓積以萬數營起邑居期日迫卒師古曰卒讀曰猝功費大萬百餘應劭曰大萬億也大巨也死者恨於下生者愁於上怨氣感動陰陽因之以饑饉物故流離以十萬數師古曰物故謂死也流離謂亡其居處也臣甚惛焉師古曰惛謂不了言惑於此事也惛音昏一曰惛古悶字憂病也〔補注〕先謙曰胡注當從後說案漢紀作愍閔愍惛字通以死者爲有知發人之墓其害多矣若其無知又安用大師古曰安焉也〔補注〕葉德輝曰閩本無注先謙曰官

本無汘謀之賢知則不悅以示眾庶則苦之師古曰說讀曰悅其下亦同若苟以說愚夫淫侈之人又何爲哉陛下慈仁篤美甚厚補注先謙曰官本慈仁倒聰明疏達蓋世宜弘漢家之德崇劉氏之美補注葉德輝曰漢紀美作業光昭五帝三王而顧與暴秦亂君競爲奢侈比方丘隴師古曰顧猶反也補注先謙曰官本注在亂君下說愚夫之目隆一時之觀違賢知之心亡萬世之安臣竊爲陛下羞之唯陛下上覽明聖黃帝堯舜禹湯文武周公仲尼之制下觀賢知穆公延陵樗里張釋之之意孝文皇帝去墳薄葬以儉安神可以爲則秦昭始皇增山厚臧以侈生害足以爲戒補注先謙曰上文言秦國五王此不應獨稱秦昭疑昭字衍初陵之橅宜從公卿大臣之議應劭曰橅音規摹之摹師古曰謂規度墓地應音是也韋玄成傳及蕭望之傳規橅音議皆同其字從木補注沈欽韓曰方言所以墓謂之塿注謂規度墓地也引此初陵之塿則字當從土作橅非先謙曰官本注在初陵之橅下議作義是以息眾庶書奏上甚感向言而不能從其計向睹俗彌奢淫而趙衛之屬起微賤踰

前漢三十六　卅四

禮制師古曰趙皇后昭儀衛婕妤也向以爲王教由內及外自近者始故採取詩書所載賢妃貞婦興國顯家可法則及孼嬖亂亡者師古曰孼庶也嬖愛也嬖音必計反序次爲列女傳凡八篇補注先謙曰曾鞏云傳稱八篇而隋書及崇文總目稱十五篇曹大家注非向書本然也以戒天子及采傳記行事著新序說苑凡五十篇補注沈欽韓曰新序三十篇說苑二十篇案說苑本有劉向奏上言所校中書說苑雜事及臣向書民間書校讎其事類眾多章句相溷除去復重更造新事則此二書舊本有之向重爲訂正非挪自其手也奏之數上疏言得失陳法戒書數十上以助觀覽補遺闕上雖不能盡用然內嘉其言常嗟歎之時上無繼嗣政由王氏出災異寖甚師古曰寖漸也補注先謙曰官本注漸作甚向雅奇陳湯智謀與相親友獨謂湯曰災異如此而外家日甚補注先謙曰官本作日盛是其漸必危劉氏吾幸得同姓末屬絫世蒙漢厚恩師古曰絫古累字身爲宗室遺老歷事三主上以我先帝舊臣每進見常加優禮吾而不言孰當言者師古曰孰誰也向遂上封事極諫曰臣聞人君莫不欲

安然而常危莫不欲存然而常亡失御臣之術也夫大臣操權柄持國政師古曰操執也音千高反未有不爲害者也昔晉有六卿應劭曰智伯范中行韓魏趙也齊有田崔衛有孫甯魯有季孟常掌國事世執朝柄終後田氏取齊六卿分晉崔杼弒其君光孫林父甯殖出其君衎弒其君剽師古曰杼音口旦反剽音匹照反解在五行志補注劉奉世曰孫林父甯殖子謂弒其君剽乃甯喜也先謙曰官本注照作昭季氏八佾舞於庭三家者以雍徹師古曰佾列也謂舞者之行列也八人一佾八佾六十四人也雍樂詩名徹饌奏之皆僭王者之禮竝專國政卒逐昭公周大夫尹氏筦朝事師古曰筦與管同濁亂王室子朝子猛更立連年乃定師古曰更音工衡反解竝在五行志補注先謙曰官本無竝字故經曰王室亂又曰尹氏殺王子克甚之也師古曰言其惡大甚也補注劉敞曰今經文不見殺王子克但有立王子朝春秋舉成敗錄禍福如此類甚眾皆陰盛而陽微下失臣道之所致也故書曰臣之有作威作福害于而家凶于而國師古曰周書洪範也而汝也言唯君得作威作福臣下爲之則致凶害也孔子曰祿去公室

前漢三十六　卅五

政逮大夫危亡之兆李奇曰卿當爲政而反大夫爲政也臣瓚曰政不由君下及大夫也上大夫即卿也師古曰瓚說是也論語孔子曰祿去公室五君矣政逮於大夫四君矣故三桓之子孫微矣補注先謙曰顏注避諱改世爲君秦昭王舅穰侯及涇陽葉陽君鄭氏曰皆昭王母之弟也師古曰穰侯魏冉也涇陽葉陽皆其弟也葉音式涉反補注先謙曰官本注母之弟作之母弟專國擅埶上假太后之威三人者權重於昭王家富於秦國國甚危殆賴寤范睢之言而秦復存二世委任趙高專權自恣壅蔽大臣終有閻樂望夷之禍鄭氏曰望夷秦宮名也應劭曰秦二世齋於望夷之宮閻樂以兵殺二世也師古曰博物志云宮在長陵西北長平觀道東臨涇水作之以望北夷此說非也胡亥葬於宜春苑苑不在渭北也補注劉奉世曰師古但舉胡亥葬處不知望夷所在也且何以知望夷之不在渭北耶二世以涇爲祟齋而欲祠涇則疑在渭北矣然夷云者平也葉德輝曰秦本紀集解引張晏及黃圖說與博物志同師古以胡亥葬處駁之豈有死葬同一處者耶據黃圖云在涇陽縣界則宮在渭北無疑矣秦遂以亡近事不遠即漢所代也漢興諸呂無道擅相尊王呂產呂祿席太后之寵據將相之位師古曰席猶因也言若人之坐於席也補注先謙曰官本注在寵字下兼南北軍之眾擁梁趙王之尊驕盈

無厭欲危劉氏賴忠正大臣絳侯朱虛侯等竭誠盡節以誅滅之然後劉氏復安今王氏一姓乘朱輪華轂者二十三人青紫貂蟬充盈幄內魚鱗左右（師古曰言在帝之左右相次若魚鱗也補注先謙曰漢制列侯紫綬二千石青綬侍中常侍皆銀璫左貂金附蟬）大將軍秉事用權五侯驕奢僭盛竝作威福擊斷自恣行汙而寄治身私而託公（師古曰寄託也內爲汙私之行而外託治公之道也）依東宮之尊假甥舅之親以爲威重（師古曰東宮太后所居也補注先謙曰胡注漢制太后率居長樂宮在未央宮東故曰東宮先謙案官本注在依東宮之尊下）尚書九卿州牧郡守皆出其門（師古曰言爲其僚吏者皆居顯要之職）筦執樞機朋黨比周稱譽者登進忤恨者誅傷（補注王念孫曰恨讀爲很很忤逆也恨違也謂與王鳳相違逆非謂相怨恨也吳語今王將很天而伐齊韋注很違也說文很不聽從也一曰盭也盭亦違也盭通作戾鄭注大學云盭戾也大齊策秦使魏冄致帝於齊蘇代謂齊王曰今不聽是恨秦也恨秦即違秦是很與恨通也又李廣傳李敢怨大將軍青之恨其父恨亦讀爲很很違也謂廣欲居前部以當單于而青不聽也又龔勝傳夏侯常連恨勝恨亦讀爲很很者相爭勝也謂常屢與勝相爭訟也上文曰勝以手推常曰去又曰常謂勝曰君欲小與衆異外以采名君乃申徒狄屬耳下文云御史中丞劾奏勝常不崇禮義而居公門下相非恨讀爲很疾言辯訟是也曲禮很毋求勝鄭注很鬩也謂爭訟也小雅常棣篇兄弟鬩于牆毛傳鬩很也爾雅鬩恨也孫炎本作很云相很戾也李巡云相怨恨也說見經義述聞作恨者借字耳又魏相傳爭恨小故不忍憤怒者謂之忿兵恨亦讀爲很謂相爭鬭也孟子言好勇鬭很是很與爭鬭同義故以爭很連文作恨者亦借字耳又匈奴傳漢邊吏侵侮右賢王右賢王與漢吏相恨恨亦讀爲很謂相爭鬭也史記作與漢吏相距義亦同也又外戚傳李夫人病篤上自臨候之夫人蒙被謝曰妾久寢病形貌毀壞不可以見帝上欲見之夫人遂轉鄉歔欷而不復言於是上不說而起夫人姊妹讓之曰貴人獨不可一見上屬託兄弟邪何爲恨上如此恨亦讀爲很很違也謂不從上意也作恨者亦借字耳晏子雜篇君歡然與子邑子必不受以恨君何也新序節士篇嚴恭承命不以身恨君恨竝與很同而六傳內恨字師古皆無音又注李廣傳云令其父恨而死也則是皆讀爲怨恨之恨而不知其爲很之借字矣）游談者助之說執政者爲之言排擯宗室孤弱公族其有智能者尤非毀而不進遠絕宗室之任不令得給事朝省恐其與己分權數稱燕王蓋主以疑上心（師古曰示宗室親近而反逆也）避諱呂霍而弗肯稱（師古曰呂后霍后二家皆坐僭擅誅滅故爲王氏諱而不言也）內有管蔡之萌外假周公之論兄弟據重宗族磐互（師古曰磐結而交互也字或作牙謂若犬牙相交入之意也）歷上古至秦漢外戚

僭貴未有如王氏者也雖周皇甫秦穰侯漢武安呂霍上官之屬皆不及也（師古曰皇甫周卿士字也周后寵之故處於盛位權黨於朝詩人刺之事見小雅十月之交篇武安侯田蚡也）物盛必有非常之變先見爲其人微象（補注宋祁曰微作徵周壽昌曰易繫辭幾者動之微吉之先見者也微象即是此義似無用改作徵葉德輝曰漢紀作徵先謙曰通鑑同胡注言伏於微而著於象也）孝昭帝時冠石立於泰山（晉灼曰漢注冠山石名臣瓚曰冠山下有石自立三石爲足一石在上故曰冠石也師古曰事具在眭孟傳）仆柳起於上林（師古曰其樹已死僵仆於地而更起生事亦具在眭孟傳）而孝宣帝即位今王氏先祖墳墓在濟南者（補注先謙曰王莽之先本濟南東平陵人）其梓柱生枝葉扶疏上出屋根函地中（補注先謙曰官本函作垂引宋祁曰垂作函一作函張照云案今或作垂作函而汲古閣本尚作函字王念孫云通鑑漢紀二十二作函司馬康云函測洽切胡三省云字書測洽之函從千從臼與今函字不同漢書作根垂地中意函即垂字也念孫案漢書作垂乃函字之誤淮南要略禹身執虆臿以爲民先今本臿譌作垂函即臿之俗體司馬音及宋校皆是也梓柱得地氣而復生故其根函入地中地中非空虛之處不可以言垂則作函者是也廣韻臿俗作函周官典瑞注插之於紳帶之間釋文插作臿初洽反胡以函爲垂字誤矣漢紀孝成紀作根插地中插函古字通則漢書作函明矣又儒林傳先敺旄頭劍挺墮墜首垂泥中宋祁曰垂字當是臿字亦是也泥中可言臿不可言垂御覽儀式部一引此正作臿又舊本北堂書鈔儀飾部御覽禮儀部四方術部八引此竝作插）雖立石起柳無以過此之明也事勢不兩大王氏與劉氏亦且不竝立如下有泰山之安則上有累卵之危陛下爲人子孫守持宗廟而令國祚移於外親降爲皁隸（師古曰皁隸賤之人也春秋左氏傳曰大夫臣士士臣皁皁臣輿輿臣隸也）縱不爲身奈宗廟何婦人內夫家外父母家此亦非皇太后之福也（如淳曰內猶親也而皇太后反外夫家也）孝宣皇帝不與舅平昌樂昌侯權（補注宋祁曰舊本無樂昌字浙本有周壽昌曰平昌侯王無故樂昌侯王武先謙曰通鑑無樂昌用舊本然非是）所以全安之也夫明者起福於無形銷患於未然宜發明詔吐德音援近宗室親而納信（師古曰援引也謂升引而附近之也援音爰）黜遠外戚毋授以政（師古曰遠謂疏而離之也音于萬反補注先謙曰官本注遠下無謂字）皆罷令就弟以則效先帝之所行（補注葉德輝曰弟德藩本作第先謙曰官本作第通鑑作弟胡注弟與第同漢書率作弟）厚安外戚全其宗族誠東宮之意外家之福也王氏永存保其爵祿劉氏長安不失

社稷所昌褎睦外內之姓子子孫孫無疆之計也如不行此策田氏復見於今六卿必起於漢師古曰如若也〔補注〕先謙曰官本注在此策下爲後嗣憂昭昭甚明不可不深圖不可不蚤慮師古曰蚤古早字易曰君不密則失臣臣不密則失身幾事不密則害成師古曰上繫之辭也唯陛下深留聖思審固幾密覽往事之戒昌折中取信居萬安之實用保宗廟久承皇太后師古曰言社稷不安則帝身亦不得久事皇太后也天下幸甚〔補注〕先謙曰通鑑載此疏於陽朔二年而前諫昌陵疏載永始元年以罷陵在是年也書奏天子召見向歎息悲傷其意謂曰君且休矣吾將思之師古曰且令出外休息昌向爲中壘校尉向爲人簡易無威儀廉靖樂道不交接世俗專積思於經術〔補注〕王念孫曰積思當爲精思字之誤也藝文類聚雜文部一御覽學部十竝引作專精經術北堂書鈔藝文部三論語序疏竝引作專精思於經術漢紀孝宣紀同文雖小異而字皆作精董仲舒傳蓋三年不窺園其精如此兒寛傳帶經而鉏休息輒讀誦其精如此晝誦書傳夜觀星宿或不寐達旦元延中星孛東井蜀郡岷山崩雍江師古曰雍讀曰壅向惡此異語在五行志

懷不能已復上奏其辭曰臣聞帝舜戒伯禹毋若丹朱敖師古曰事見虞書益稷篇丹朱堯子也敖讀曰傲〔補注〕劉奉世曰毋若丹朱傲此禹戒舜之語非舜戒禹之辭也王念孫曰夏本紀帝曰毋若丹朱敖維慢游是好毋水行舟朋淫于家用絕其世予不能順是禹曰予辛壬娶塗山癸甲生啟云云論衡問孔篇尚書曰毋若丹朱敖惟慢游是好謂帝舜勑禹毋子不肖子也禹曰予娶若時辛壬癸甲開呱呱而泣予弗子效己不敢私不肖子也譴告篇云舜告禹曰毋若丹朱敖蓋司馬劉王所稱皆今文尚書故與古文不同師古不見今文故不能言其同異而但云見虞書益稷篇也若仲馮據今本尚書以駁子政固無譏焉周公戒成王毋若殷王紂師古曰事見周書亡逸篇詩曰殷監不遠在夏后之世師古曰大雅蕩之詩〔補注〕先謙曰官本無注亦言湯昌桀爲戒也聖帝明王常昌敗亂自戒不諱廢興故臣敢極陳其愚唯陛下留神察焉謹案春秋二百四十二年日蝕三十六襄公尤數率三歲五月有奇而壹食師古曰奇謂成數之餘不滿者也音居宜反漢興訖竟寧孝景帝尤數率三歲一月而一食臣向前數言日當食今連三年比食師古曰比頻也自建始昌來二十歲閒而八食率二歲六月而一發古今罕有

〔補注〕先謙曰胡注建始三年十二月戊申朔河平元年四月癸亥晦三年八月己卯晦四年三月癸丑朔陽朔元年二月丁未晦永始二年二月乙酉晦三年正月己卯晦四年七月辛未晦凡八食而是年春正月己亥又不預此數異有小大希稠占有舒疾緩急而聖人所昌斷疑也易曰觀乎天文昌察時變師古曰賁象辭也昔孔子對魯哀公竝言夏桀殷紂暴虐天下故歷失則攝提失方孟陬無紀孟康曰攝提星名也隨斗杓建十二月歷不正則失其所建首時爲孟正月爲陬師古曰陬音子侯反又音鄒此皆易姓之變也秦始皇之末至二世時日月薄食山陵淪亡辰星出於四孟師古曰四時之孟月也當見四仲也太白經天而行孟康曰謂出東入西出西入東也太白陰星出東當伏東出西當伏西過午爲經天也無雲而雷張晏曰雷當託雲猶君之託臣也二世不恤天下人有畔心象獨號令而無臣也枉矢夜光應劭曰流星也其射如矢蛇行不正故曰枉矢流昌亂伐亂蘇林曰有聲爲天狗無聲爲枉矢也熒惑襲月應劭曰熒惑主內亂月主刑故趙高殺二世也蘖火燒宮師古曰蘖災也野禽戲廷張晏曰野鳥入處主人將去都門內崩師古曰內嚮而壞長人見臨洮石隕于東郡星孛大角大角昌亡應劭曰天王坐席也流星茀大角大角因伏不見也觀孔子

之言考暴秦之異天命信可畏也及項籍之敗亦孛大角漢之入秦五星聚于東井得天下之象也孝惠時有雨血日食於衝滅光星見之異孟康曰日月行交道之衝也相薄而既也京房所謂陰氣盛薄奪日光者也孝昭時有泰山臥石自立上林僵柳復起大星如月西行眾星隨之此爲特異孝宣興起之表天狗夾漢而西李奇曰流星也下墮地爲天狗皆祅星久陰不雨者二十餘日昌邑不終之異也皆著於漢紀觀秦漢之易世覽惠昭之無後察昌邑之不終視孝宣之紹起天之去就豈不昭昭然哉高宗成王亦有雊雉拔木之變能思其故故高宗有百年之福成王有復風之報師古曰復反也事竝見尚書高宗肜日及金縢篇解在五行志神明之應應若景嚮師古曰嚮讀曰響世所同聞也臣幸得託末屬誠見陛下有寬明之德〔補注〕葉德輝曰閩本德藩本下無有字先謙曰官本無冀銷大異而興高宗成王之聲昌崇劉氏〔補注〕先謙曰胡注崇增高也謂增高劉氏之業愈巍巍也故狠狠數奸死亡之誅師古曰狠狠款誠之

意也奸犯也狠音懇奸音干〔補注〕先謙曰通鑑作懇懇字同今日食尤屢星孛東井攝提炎及紫宮師古曰炎音弋贍反有識長老莫不震動此變之大者也其事難一二記故易曰書不盡言言不盡意師古曰上繫之辭是目設卦指爻而復說義書曰伻來目圖孟康曰伻使也使人目圖來示成王明曰說不了指圖乃了也師古曰周書洛誥之辭〔補注〕先謙曰官本曰說作口說是天文難目相曉臣雖圖上猶須口說然後可知願賜清燕之間指圖陳狀師古曰間讀曰閑〔補注〕先謙曰官本注在閒下上輒入之師古曰謂召入也〔補注〕錢大昭曰謂納其言先謙曰二說並通然終不能用也〔補注〕先謙曰通鑑載此疏於元延元年考異云向傳云星孛東井巘山崩向懷不能已上此奏案巘山崩在三年此奏云自建始以來二十歲間而食八率二歲六月而一發則上此奏當在今年也胡旦亦載之三年胡三省云案劉向傳若以星孛東井爲據則上奏當在今年若以巘山崩爲據則上奏當在三年若以二十歲間而一日食爲據則上奏在去年然向言日食之變率二歲六月而一發以班書考之自建始三年十二月至河平元年四月則一年五月而食至四年三月癸丑朔則纔一年而食又至陽朔元年二月丁未晦則又朞年而食永始元年九月丁巳晦志書食而紀不書至二年二月乙酉晦則凡九朞而志所書永始元年九月丁巳晦不計也又至永始三年正月己卯晦則未及一朞而食又至四年七月辛未晦則一年六月而食向所謂率二歲六月而一發亦通二十歲而約言之耳自建始三年至今年以紀考之則九食以志考之則十食此其差異又未有所折衷也向每召見數言公族者國之枝葉枝葉落則本根無所庇廕師古曰庇音必寐反廕音於禁反〔補注〕先謙曰官本注無廕下五字方今同姓疏遠母黨專政祿去公室權在外家非所目彊漢宗卑私門保守社稷安固後嗣也向自見得信於上故常顯訟宗室譏刺王氏及在位大臣其言多痛切發於至誠上數欲用向爲九卿輒不爲王氏居位者及丞相御史所持故終不遷師古曰持謂扶持佐助也〔補注〕葉德輝曰漢紀作輒爲王氏所排及在位大臣所抑故終不遷先謙曰顧炎武云衍一不字當云輒爲王氏居位者及丞相御史所持持者挾制之義而非挾助之解也陳景雲云顏注葢仍誤而傳會其說居列大夫官前後三十餘年年七十二卒卒後十三歲而王氏代漢〔補注〕錢大昕曰依此推檢向當卒於成帝綏和元年葉德輝曰漢紀云前後四十餘年案傳言卒後十三年王氏代漢則向卒於成帝建平元年由建平元年上推向生於昭帝元鳳四年自既冠擢爲諫大夫至此實四十餘年當以漢紀爲是吳修續疑年錄亦推向生元鳳四年卒建平元年葢莽代漢在孺子嬰初始元年十二月是年上距向卒正十三歲後錢氏誤推不足據之向三子皆好學長子伋師古曰伋音汲目易教授官至郡守中子賜九卿丞蚤卒少子歆最知名

歆字子駿少目通詩書能屬文召見成帝待詔宦者署爲黃門郎〔補注〕沈欽韓曰御覽二百二十一載劉向集書誡子歆曰今若年少得黃門侍郎顯處也又四百五十六云告歆無忽若未有異德蒙恩甚厚將何以報董生有曰弔者在門賀者在閭有憂則恐懼慎事則必有善而遺福也河平中受詔與父向領校祕書講六藝傳記諸子詩賦數術方技無所不究向死後歆復爲中壘校尉哀帝初卽位大司馬王莽舉歆宗室有材行爲侍中太中大夫遷騎都尉奉車光祿大夫貴幸復領五經卒父前業歆乃集六藝羣書種別爲七略語在藝文志歆及向始皆治易宣帝時詔向受穀梁春秋十餘年大明習及歆校祕書見古文春秋左氏傳歆大好之〔補注〕沈欽韓曰馬融周官傳云歆年尙幼務在廣覽博觀又多銳精於春秋葉德輝曰原本北堂書鈔九十八引桓譚新論云劉子政子駿伯玉三人尤珍重左氏教子孫下至婦女無不讀誦時丞相史尹咸目能治左氏與歆共校經傳歆略從咸及丞相翟方進受質問大義師古曰質正也初左氏傳多古字古言學者傳訓故而已師古曰故謂指趣也及歆治左氏引傳文目解經轉相發明由是章句義理備焉歆亦湛靖有謀師古曰湛讀曰沈父子俱好古博見彊志師古曰志記也〔補注〕錢大昕曰志古識字後文賢者志其大者不賢者志其小者藝文志多見而志之皆從古文過絕於人歆目爲左丘明好惡與聖人同師古曰論語載孔子曰巧言令色足恭左丘明恥之丘亦恥之匿怨而友其人左丘明恥之丘亦恥之親見夫子而公羊穀梁在七十子後師古曰七十子是孔子弟子也實七十二人指其言成數也〔補注〕宋祁曰注文二當作七先謙曰官本注言在數下是傳聞之與親見之〔補注〕宋祁曰之字當刪其詳略不同歆數目難向向不能非間也師古曰間音居莧反〔補注〕先謙曰官本無注然猶自持其穀梁義及歆親近欲建立左氏春秋及毛詩逸禮古文尙書皆列於學官哀帝令歆與五經博士講論其義諸博士或不肯置對師古曰竝不與歆意同故不肯立其學也置對置辭目對也歆因移書太常博士責讓

之曰昔唐虞既衰而三代迭興師古曰迭互也音大結反聖帝明王累起相襲其道甚著周室既微而禮樂不正道之難全也如此是故孔子憂道之不行歷國應聘自衛反魯然後樂正雅頌乃得其所修易序書制作春秋以紀帝王之道〔補注〕先謙曰文選紀作記及夫子沒而微言絕七十子終而大義乖〔補注〕先謙曰文選李注論語讖曰子夏六十四人共撰仲尼微言重遭戰國棄籩豆之禮理軍旅之陳師古曰籩豆禮食之器也以竹曰籩以木曰豆籩音邊〔補注〕宋祁曰理一作治先謙曰官本注在之禮下孔氏之道抑而孫吳之術興〔補注〕先謙曰官本氏作子陵夷至于暴秦燔經書殺儒士設挾書之法行是古之罪師古曰以古事爲是者即罪之道術由是遂滅漢興去聖帝明王遐遠仲尼之道又絕法度無所因襲時獨有一叔孫通略定禮儀天下唯有易卜未有它書〔補注〕先謙曰藝文志秦燔書而易爲卜筮之事傳者不絕至孝惠之世乃除挾書之律〔補注〕先謙曰見惠紀四年然公卿大臣絳灌之屬〔補注〕錢大昭曰李善注文選謂絳灌是一人非絳侯與灌嬰案孝惠世周勃灌嬰俱在而一取

封地一取氏族不相倫類故李氏疑非二人蓋據楚漢春秋謂高祖之臣別有絳灌然史傳中無此人且賈誼傳已云樊酈絳灌樊指噲酈指商絳指周勃灌指灌嬰又陳平傳云絳灌等或讒平樊噲傳云羣臣絳灌等莫敢入外戚傳絳侯灌將軍等曰吾屬不死命乃且縣此兩人蓋各舉其姓則周有周昌周竈之不同各舉其封地嬰又封潁陰兩字不可單稱故當時有此絳灌之目咸介冑武夫莫以爲意至孝文皇帝始使掌故朝錯李奇曰掌故官名也從伏生受尚書尚書初出于屋壁朽折散絕今其書見在時師傳讀而已詩始萌牙師古曰言若草木之初生天下眾書往往頗出皆諸子傳說猶廣立於學官爲置博士在漢朝之儒唯賈生而已師古曰謂賈誼〔補注〕宋祁曰在漢朝不容更有漢字錢大昕曰漢初甾川田何濟南伏生魯申公齊轅固燕韓嬰魯高堂生齊胡毋生皆諸侯王國人唯賈生洛陽人在漢十五郡之內故云漢朝之儒唯賈生一人宋未之思耳何焯曰儒林傳漢興梁太傅賈誼修左氏春秋傳爲左氏傳訓故授趙人貫公歆欲建立左氏春秋是以推賈生先謙曰文選無漢字至孝武皇帝然後鄒魯梁趙頗有詩禮春秋先師師古曰前學之師也〔補注〕齊召南曰案此即所謂經師也眭弘上書稱先師董仲舒即是其義也皆起於建元之間當此之時一人不能獨盡其經或爲雅或爲頌

相合而成〔補注〕先謙曰李注成一經也泰誓後得博士集而讀之〔補注〕先謙曰文選讀作讚李注引七略曰孝武末有人得泰誓書於壁中者獻之與博士使讚說之因傳以教故詔書稱曰禮壞樂崩書缺簡脫朕甚閔焉時漢興已七八十年離於全經固已遠矣師古曰言廢絕已久不可得其眞也〔補注〕宋祁曰浙本離於作離合先謙曰李注全經未焚書之時案官本無稱字及魯恭王壞孔子宅欲以爲宮而得古文於壞壁之中逸禮有三十九〔補注〕錢大昭曰文選九下有篇字先謙曰官本有篇字書十六篇天漢之後孔安國獻之遭巫蠱倉卒之難未及施行〔補注〕沈欽韓曰孔子世家末敘云安國爲今皇帝博士至臨淮太守早卒則安國不及見巫蠱之禍也漢紀魯恭王壞孔子宅得古文尚書多十六篇武帝時孔安國家獻之會巫蠱事未立於學官則與世家早卒之文合王鳴盛云宋本文選劉歆移書亦有家字案近代閻氏王氏辨僞孔傳已詳不復出然又有可疑者安國身爲儒官既以古文傳授何不及生存時獻而當身後倥偬多事始上之乎當魯恭王始封在景帝中本傳首云好治宮室季年好音則其壞壁得古文亦在景武之際武帝即位敦崇儒術未遑多欲苟知孔氏所藏古書縱使世儒無能通曉寧有不錄祕府而任其隱滯民間則廣開獻書之路何爲乎苟謂今文方興諸儒嫉妬或有壅遏之者故伏生雖授朝錯微若一綫今文至兒寬始顯而歐陽大小夏侯之學又在

其後寬先受業孔安國則古文始師名輩在先無踰於安國治今文者何能抑使不行乎蓋古文之不顯實緣世主之不好而學者所苦難史云巫蠱事不得施行遂爲疑案及春秋左氏丘明所修皆古文舊書多者二十餘通臧於祕府伏而未發孝成皇帝閔學殘文缺稍離其眞乃陳發祕臧校理舊文得此三事〔補注〕先謙曰三事謂左氏春秋古文尚書逸禮也葉德輝云三事不及毛詩者以毛詩無先師也班志藝文敘毛詩則云自謂子夏所傳河間獻王好之儒林傳則云毛公爲河間獻王博士授同國貫長卿長卿授解延年延年授徐敖敖授九江陳俠爲王莽講學大夫由是言毛詩者本之徐敖班意皆有微詞歆亦知毛詩不如書禮左傳之可信故祇專重三事也以考學官所傳經或脫簡傳或間編師古曰脫簡謂簡編遺失之間編謂舊編爛絕就更次之前後錯亂也間音古莧反〔補注〕先謙曰文選無傳字間作脫藝文志劉向以古文校歐陽大小夏侯三家經文酒誥脫一簡召誥脫二簡傳或間編無所考見傳問民間〔補注〕先謙曰文選傳作博則有魯國柏公趙國貫公膠東庸生之遺學〔補注〕先謙曰柏當作桓閩本官本不誤宋人桓缺末筆遂譌爲柏公傳左氏春秋於賈誼庸生傳古文尚書於都尉朝桓公即桓生傳禮於徐生並見儒林傳與此同抑而未施此乃有識者之所惜閔士君子之所嗟痛也往者綴學之士〔補注〕沈欽

韓曰大戴小辨篇子曰若巳也綴學之徒安知忠信不思廢絕之闕苟因陋就寡分文析字煩言碎辭學者罷老且不能究其一蓺師古曰罷讀曰疲究竟也信口說而背傳記是末師而非往古補注沈欽韓曰公穀二傳皆戰國時爲末師也公羊傳至胡毋生始著竹帛以前口說也至於國家將有大事若立辟雍封禪巡狩之儀則幽冥而莫知其原師古曰幽冥猶晻昧也猶欲保殘守缺挾恐見破之私意而無從善服義之公心補注沈欽韓曰鹽鐵論論誹篇文學曰論者相扶以義相喻以道從善不求勝服義不恥窮或懷妬嫉不考情實雷同相從隨聲是非抑此三學以尚書爲備蘇林曰備之而巳臣瓚曰當時學者謂尚書唯有二十八篇不知本存百篇也師古曰瓚說是也補注先謙曰官本備上有不字齊召南云案瓚注据太常孔臧與從弟安國書也漢初不知書本百篇則安謂二十八篇取象二十八宿錢大昕云以注文證之不字衍陳詩庭云南監本無不字先謙案官本注存作有是謂左氏爲不傳春秋補注先謙曰言自爲書非春秋傳豈不哀哉今聖上德通神明繼統揚業亦閔文學錯亂學士若茲雖昭其情補注先謙曰昭文選作深照

猶依違謙讓師古曰依違言不專決也樂與士君子同之故下明詔試左氏可立不補注先謙曰考詢其可否遣近臣奉指銜命將以輔弱扶微與二三君子比意同力冀得廢遺師古曰比合也經蓺有廢遺者冀得興立之也比音頻寐反今則不然深閉固距而不肯試猥以不誦絕之師古曰猥苟也苟不誦習之而欲絕去此學補注宋祁曰注文當作苟以己不誦習之欲以杜塞餘道絕滅微學夫可與樂成難與慮始補注先謙曰李注二語本太公金匱此乃眾庶之所爲耳非所望士君子也且此數家之事皆先帝所親論今上所考視其古文舊書補注先謙曰文選其下多爲字皆有徵驗外內相應補注何焯曰內謂陳發祕藏外謂民間桓公貫公庸生遺學豈苟而已哉夫禮失求之於野古文不猶愈於野乎師古曰愈勝也往者博士書有歐陽春秋公羊易則施孟然孝宣皇帝猶復廣立穀梁春秋梁丘易大小夏侯尚書義雖相反猶並置之何則與其過而廢之也寧過而立之師古曰過猶誤傳曰文武之道未墜於地在人賢者志其大者不賢者志其小者師古曰論語孔子弟子子貢之言也志識也一曰記補注先謙曰官本言下無也字今此數家之言所以兼包大小之義豈可偏絕哉若必專己守殘師古曰專執己所偏見苟守殘缺之文也黨同門妒道眞師古曰黨同師之學妒道蓺之眞也違明詔失聖意以陷於文吏之議甚爲二三君子不取也其言甚切諸儒皆怨恨是時名儒光祿大夫龔勝以歆移書上疏深自罪責願乞骸骨罷及儒者師丹爲大司空亦大怒奏歆改亂舊章非毀先帝所立上曰歆意欲廣道術亦何以爲非毀哉歆由是忤執政大臣爲眾儒所訕師古曰訕謗也音所諫反懼誅求出補吏爲河內太守以宗室不宜典三河徙守五原後復轉在涿郡歷三郡守數年以病免官起家復爲安定屬國都尉會哀帝崩王莽持政莽少與歆俱爲黃門郎重之白太后補注宋祁曰浙本作太皇太后太后留歆爲右曹太中大夫遷中壘校尉羲和京兆尹使治明堂辟雍封紅休侯典儒林史卜之官考定律歷著三統歷譜補注先謙曰具載律厤志初歆以建平元年改

名秀字穎叔云應劭曰河圖赤伏符云劉秀發兵捕不道四夷雲集龍鬭野四七之際火爲主故改名幾以趣也補注宋祁曰注文趣字當作當字何焯曰載其改名於哀帝之時以見歆樂禍非望素不能乃心王室及王莽篡位歆爲國師後事皆在莽傳

贊曰仲尼稱材難不其然與師古曰論語載孔子之言也賢材難得與讀曰歟自孔子後綴文之士眾矣唯孟軻孫況董仲舒司馬遷劉向揚雄師古曰孫況即荀卿也此數公者皆博物洽聞通達古今其言有補於世傳曰聖人不出其間必有命世者焉豈近是乎師古曰近音其靳反劉氏鴻範論發明大傳著天人之應七略剖判蓺文綜百家之緒三統歷譜考步日月五星之度有意其推本之也師古曰言其究極根本深有意也嗚虖向言山陵之戒于今察之師古曰虖讀曰呼補注何焯曰言赤眉之亂無不被發先謙曰官本注在嗚虖下哀哉指明梓柱以推廢興昭矣師古曰昭然明白補注先謙曰官本無注豈非直諒多聞古之益友與師古曰諒信也論語稱孔子曰益者三友友直友諒友多聞益矣贊言向直諒多聞可謂益矣與讀曰歟補注何焯曰多

聞指上鴻範論七略三統歷譜言山陵梓柱則加以直諫七略三統幷子歆所著連類舉之而申言向之直諫則褒貶亦具其中矣先謙曰官本注可謂益矣矣作也

楚元王傳第六終　漢書三十六

季布欒布田叔傳第七　漢書三十七

漢　蘭臺令史班固撰

唐正議大夫行祕書少監琅邪縣開國子顏師古注

賜進士出身前翰林院編修國子監祭酒加三級臣王先謙補注

季布楚人也爲任俠有名應劭曰任謂有堅完可任託㠯事也如淳曰相與信爲任同是非爲俠師古曰任謂任使其氣力俠之言挾也㠯權力俠輔人也任音人禁反俠音下頰反〔補注〕宋祁曰俠疑作挾項籍使將兵數窘漢王如淳曰窘困也師古曰窘音求閔反項籍滅高祖購求布千金敢有舍匿罪三族師古曰舍止匿隱也布匿濮陽周氏周氏曰漢求將軍急迹且至臣家師古曰迹謂尋其蹤迹也能聽臣臣敢進計卽否願先自剄布許之迺髡鉗布衣褐師古曰衣著之也褐毛布之衣也置廣柳車中服虔曰東郡謂廣轍車爲廣柳車鄧氏曰作大柳衣車若周禮喪車也李奇曰廣柳大隆穹也晉灼曰周禮說衣翣柳聚也衆飾之所聚也此爲載㠯喪車欲人不知也師古曰晉鄧二說是也隆穹所謂車奄者耳非此之謂也奄音扶晚反〔補注〕先謙曰案集解引李奇曰大牛車也車上覆爲柳與此異幷與其家僮數十人之魯朱家所賣之師古曰朱家魯人見游俠傳朱家心知其季布也買置田舍〔補注〕先謙曰史記作迺買而置之田誡其子曰田事聽此奴必與同食乃之雒陽見汝陰侯滕公師古曰夏侯嬰也本爲滕令遂號爲滕公說曰季布何罪臣各爲其主用職耳師古曰職常也言此乃常道也一曰職主掌其事也項氏臣豈可盡誅邪今上始得天下而㠯私怨求一人何示不廣也且㠯季布之賢漢求之急如此此不北走胡南走越耳〔補注〕先謙曰史記南上有卽字夫忌壯士㠯資敵國此伍子胥所㠯鞭荊平之墓也師古曰子胥伍員也荊卽楚也子胥之父伍奢爲平王所殺子胥奔吳教吳伐楚平王已卒其後吳師入郢子胥掘平王之墓取屍鞭之三百也〔補注〕宋祁曰荊平字下當有王字又浙本忌字作亡先謙曰史記有王字忌同浙本作亡誤君何不從容爲上言之師古曰從音千容反滕公心知朱家大俠意布匿其所乃許諾侍閒果言如朱家指師古曰侍侍於天子閒謂事務之隙〔補注〕宋祁曰注末當添也字上乃赦布當是時諸公皆多布能摧剛爲柔師古曰多猶重也朱家亦㠯此名聞當世布召見謝拜郎中〔補注〕宋祁曰浙本拜字下有爲字孝惠

時爲中郎將單于嘗爲書嫚呂太后師古曰嫚謂辭語褻污也嫚讀與慢同補注先謙曰見匈奴傳太后怒召諸將議之上將軍樊噲曰臣願得十萬眾橫行匈奴中諸將皆阿呂太后師古曰阿曲也曲從其意巳噲言爲然布曰樊噲可斬也夫巳高帝兵三十餘萬補注齊召南曰案史記作將兵四十餘萬眾而本書匈奴傳載布言三十二萬人噲時亦在其中六字史記所無然匈奴傳詳載布言且及平城之歌詳略不同如此困於平城噲時亦在其中今噲奈何巳十萬眾橫行匈奴中面謾師古曰謾欺誑也音嫚又音莫連反且秦巳事胡陳勝等起今瘡痍未瘳師古曰痍傷也瘳差也痍音夷瘳音丑留反補注先謙曰官本瘡作創噲又面諛欲搖動天下是時殿上皆恐太后罷朝遂不復議擊匈奴事布爲河東守孝文時人有言其賢召欲巳爲御史大夫人又言其勇使酒難近應劭曰使酒酗酒也師古曰言因酒需洽而使氣也近謂附近天子爲大臣也補注先謙曰官本又上無人字引宋祁本云一本又言字上有人字顧炎武云難近謂令人畏而遠之顏注非至畱邸一月師古曰邸諸郡朝宿之舍在京師也見罷師古曰既引見而罷令還郡也補注劉攽曰見罷猶言見遂見棄耳非引見也布進

曰臣待罪河東陛下無故召臣此人必有巳臣欺陛下者師古曰謂妄言其賢故云欺也今臣至無所受事補注宋祁曰一本無受字罷去此人必有毀臣者夫陛下巳一人譽召臣一人毀去臣臣恐天下有識者聞之有巳窺陛下師古曰窺見陛下淺深也上默然慙曰河東吾股肱郡故特召君耳布之官辯士曹丘生數招權顧金錢孟康曰招求也巳金錢事權貴而求得其形勢巳自炫耀也李奇曰持權屬請人顧巳金錢也師古曰二家之說皆非也言招求貴人威權因巳請託故得他人顧金錢也補注劉攽曰招權謂作爲形勢招權歸己也顧金錢者謂志在金錢也顧猶念也先謙曰官本注屬下有以字史記云生楚人事貴人趙談等李奇曰宦者趙談也補注宋祁曰越本談作同先謙曰史公以父諱談爲同漢書自應作談越本乃後人據史記妄改與竇長君善服虔曰景帝舅補注先謙曰見外戚傳布聞寄書諫長君曰吾聞曹丘生非長者勿與通及曹丘生歸欲得書請布師古曰欲得竇長君書與布爲己紹介也竇長君曰季將軍不說足下師古曰說讀曰悅足下無往固請書遂行使人先發書師古曰使人先致書於布發視也布果大怒待曹丘曹丘至則揖布曰楚人

諺曰得黃金百不如得季布諾師古曰諺傳也補注先謙曰史記百下有斤字諾上有一字足下何巳得此聲梁楚之間哉且僕與足下俱楚人使僕游揚足下名於天下顧不美乎師古曰顧念也何足下距僕之深也布乃大說師古曰說讀曰悅補注何焯曰既爲俠則其交必雜此曹丘所以卒容於季布也引入畱數月爲上客厚送之布名所巳益聞者曹丘揚之也布弟季心氣蓋關中遇人恭謹爲任俠方數千里士爭爲死嘗殺人亡吳從爰絲匿長事爰絲師古曰絲爰盎字言巳兄長之禮事也補注宋祁曰浙本注文也字作之弟畜灌夫籍福之屬嘗爲中司馬如淳曰中尉之司馬補注先謙曰索隱漢書作中尉司馬誤也有尉字則如不加注中尉郅都不敢加補注周壽昌曰雖以都之嚴峻不敢有加於彼先謙曰史記作不敢不加禮都見酷吏傳少年多時時竊借其名巳行師古曰詐自稱爲心之賓客徒黨也當是時季心巳勇布巳諾聞關中補注何焯曰漢初游俠之盛季布袁盎扇之也自田竇敗公卿不敢致賓客遂多閭里之魁矣布母弟丁公晉灼曰楚漢春秋云薛人名固師古曰此母弟爲同母異父之弟補注宋祁云浙本注文無之字有也字周壽昌曰左傳二十四年傳得罪於母弟之寵子帶是謂

同母弟爲母弟也師古曰丁公名固則自姓丁故以爲異父爲項羽將逐窘高祖彭城西短兵接漢王急顧謂丁公曰兩賢豈相戹哉孟康曰丁公及彭城賴齮追上故曰兩賢也師古曰孟說非也兩賢高祖自謂并謂固耳言吾與固俱是賢豈相戹困也故固感此言而止也雖與賴齮俱追而高祖獨與固言耳丁公引兵而還及項王滅丁公謁見高祖巳丁公徇軍中師古曰徇行示也音辭俊反曰丁公爲項王臣不忠使項王失天下者也遂斬之曰使後爲人臣無傚丁公也

欒布梁人也彭越爲家人時嘗與布游師古曰家人猶言編戶之人也補注先謙曰家人猶庶人見魏豹傳窮困賣庸於齊爲酒家保孟康曰酒家作保保庸也可保信故謂之保師古曰謂庸作受顧也爲保謂保可任使補注沈欽韓曰鶡冠子世兵篇伊尹酒保數歲別去而布爲人所略賣爲奴於燕爲其主家報仇服虔曰爲買者報仇也燕將臧荼舉巳爲都尉荼爲燕王布爲將及荼反漢擊燕虜布梁王彭越聞之乃言上請贖布爲梁大夫使於齊未反師古曰反還也漢召彭越責巳謀反夷三族梟首

雒陽下詔有收視者輒捕之布還奏事彭越頭下祠而哭之吏捕吕聞上召布罵曰若與彭越反邪吾禁人勿收若獨祠而哭之與反明矣師古曰若汝也趣亨之師古曰趣讀曰促促急也方提趣湯師古曰提舉也舉而欲投之於湯也趣讀曰趨趨嚮也顧曰願一言而死上曰何言布曰方上之困彭城敗滎陽成皋間項王所吕不能遂西徒吕彭王居梁地師古曰徒但也與漢合從苦楚也師古曰從音子容反當是之時彭王壹顧與楚則漢破與漢則楚破且陔下之會微彭王項氏不亡師古曰微無也天下已定彭王剖符受封亦欲傳之萬世〔補注〕先謙曰官本亦作之引宋祁曰封之之字誤可刪添亦字今漢壹徵兵於梁〔補注〕宋祁曰越本作今帝徵兵於梁浙本從今彭王病不行而疑吕爲反反形未見吕苛細誅之臣恐功臣人人自危也今彭王已死臣生不如死請就亨上乃釋布拜爲都尉孝文時爲燕相至將軍布稱曰窮困不能辱身非人也富貴不能快意非賢也於是嘗有德厚報之有怨必

吕法滅之吳楚反時吕功封爲鄃侯蘇林曰鄃音輸清河縣也〔補注〕先謙曰今濟南府平原縣西南五十里復爲燕相燕齊之間皆爲立社號曰欒公社布薨子賁嗣侯師古曰賁音奔孝武時坐爲太常犧牲不如令國除

田叔趙陘城人也蘇林曰陘音刑〔補注〕錢大昕曰史記云陘城今在中山國攷地理志中山有苦陘有陸成無陘城縣也其先齊田氏也叔好劒學黃老術於樂鉅公師古曰姓樂名鉅也公者老人之稱也〔補注〕先謙曰史記樂毅傳樂氏之族有樂臣公善修黃帝老子之言顯聞於齊稱賢師集解臣公一作巨公史公贊云樂瑕公教樂臣公樂臣公教蓋公索隱臣公本一作巨公此鉅公即巨公也御覽五百十引道學傳亦作樂鉅公臣爲巨譌無疑爲人廉直喜任俠師古曰喜好也音許吏反游諸公師古曰諸公皆長者也趙人舉之趙相趙午言之趙王張敖吕爲郎中數歲趙王賢之未及遷會趙午貫高等謀弑上事發覺漢下詔捕趙王及羣臣反者趙有敢隨王罪三族唯田叔孟舒等十餘人赭衣自髡鉗〔補注〕先謙曰史記有稱王家奴四字隨王至長安趙王敖事白得出師古曰白明也廢爲宣平侯〔補注〕先謙曰官本廢下有王字引宋祁云一本無王字乃進言叔等十人〔補注〕先謙曰史記作十餘人上召見與語漢廷臣無能出其右者師古曰材不勝〔補注〕宋祁曰浙本注文作材能不勝之也上說師古曰說讀曰悅〔補注〕先謙曰官本注末有也字引宋祁云刪也字盡拜爲郡守諸侯相叔爲漢中守十餘年〔補注〕何焯曰欒布再爲燕相田叔守漢中孟舒守雲中皆十餘年此漢初所以吏盡其職得與民休息也孝文帝初立召叔問曰公知天下長者乎對曰臣何足吕知之上曰公長者宜知之叔頓首曰故雲中守孟舒長者也是時孟舒坐虜大入雲中免上曰先帝置孟舒雲中十餘年矣虜常一入孟舒不能堅守無故士卒戰死者數百人長者固殺人乎叔叩頭曰夫貫高等謀反天子下明詔趙有敢隨張王者罪三族然孟舒自髡鉗隨張王吕身死之豈自知爲雲中守哉漢與楚相距士卒罷敝師古曰罷讀爲疲下亦同而匈奴冒頓新服北夷來爲邊寇孟舒知士卒罷敝不忍出言士爭臨城死敵如子爲父吕故死者數百人孟舒豈敺之哉師古曰敺與驅同言不敺之令戰也敺字從攴攴音普木反〔補注〕宋祁曰豈敺之哉之下當有戰字先謙曰官本敺作毆攴作支是乃孟舒所

吕爲長者於是上曰賢哉孟舒復召吕爲雲中守後數歲叔坐法失官梁孝王使人殺漢議臣爰盎景帝召叔案梁具得其事還報上曰梁有之乎對曰有之事安在師古曰索其狀也叔曰上無吕梁事爲問也師古曰言不須更論之也今梁王不伏誅是廢漢法也如其伏誅太后食不甘味臥不安席此憂在陛下於是上大賢之吕爲魯相〔補注〕先謙曰相景帝子共王餘相初至官民吕王取其財物自言者百餘人叔取其渠率二千人笞怒之師古曰渠大也〔補注〕錢大昭曰千閩本作十先謙曰官本作十是史記同曰王非汝主邪何敢自言主魯王聞之大慙發中府錢使相償之師古曰中府王之財物藏也相曰王自使人償之不爾是王爲惡而相爲善也師古曰不爾是則王爲惡魯王好獵相常從入苑中王輒休相就館相常暴坐苑外師古曰於外自暴露而坐終不休曰吾王暴露獨何爲舍〔補注〕周壽昌曰舍入舍休息也禮月令云耕者少舍王

吕故不大出遊數年吕官卒嗇吕百金祠補注沈欽韓曰以百金與其家爲祠少子仁不受曰義不傷先人名仁吕壯勇爲衞將軍舍人張晏曰衞青也數從擊匈奴衞將軍進言仁爲郎中至二千石丞相長史失官後使刺三河還如淳曰爲刺史於三河郡三河謂河南河內河東也補注沈欽韓曰如說非也三河後屬司隸是時未置司隸官仍以丞相史刺舉奏事稱意拜爲京輔都尉月餘遷司直補注先謙曰褚少孫補史記云仁上書言天下郡太守多爲姦利三河尤甚臣請先刺舉三河三河大守皆內倚中貴人與三公有親屬無所畏憚宜先正三河以警天下姦吏是時河南河內太守皆御史大夫杜父兄子弟也河東太守石丞相子孫也是時石氏九人爲二千石方盛貴仁數上書言之杜大夫及石氏使人謝田少卿曰吾非敢有語言也願少卿無相誣汙也仁已刺三河三河太守皆下吏誅死仁還奏事武帝說以仁爲能不畏彊禦拜仁爲丞相司直威振天下數歲戾太子舉兵仁部閉城門令太子得亡坐縱反者族師古曰遣仁掌閉城門乃令太子得出故云縱反也

贊曰吕項羽之氣而季布吕勇顯名楚身履軍搴旗者數矣鄧展曰履軍戰勝蹈履之李奇曰搴拔也孟康曰搴斬取也師古曰謂勝敵拔取旗也鄧李二說皆是搴音騫今流俗書本改履謂屢而加典字云身屢典軍非也補注宋祁曰注文謂屢當作爲屢先謙曰爲謂古字通身屢典軍即用史記文可謂壯士及至困戹奴僇苟活而不變何也師古曰僇古戮字也奴僇謂髡鉗爲奴而賣之也彼自負其材受辱不羞欲有所用其未足也故終爲漢名將賢者誠重其死夫婢妾賤人感槩而自殺非能勇也師古曰感槩謂感念局狹爲小節槩音工代反補注王念孫曰師古以槩爲節槩則感槩二字義不相屬故必加數字以曲成其說也今案感槩而自殺史記作感慨而自殺游俠傳感槩不快意史記作慨不快意是感槩即感慨也感慨之爲感槩猶慨然之爲槩然莊子至樂篇是其始死也我獨何能無槩然是也其畫無俚之至耳張晏曰言其計畫道理無所至故自殺耳蘇林曰俚賴也言其計畫無所成賴晉灼曰揚雄方言俚聊也許愼曰賴也此爲其計畫無所聊賴至於自殺耳師古曰晉說是也補注先謙曰史記作其計畫無復之耳欒布哭彭越田叔隨張敖赴死如歸彼誠知所處如淳曰太史公曰非死者難處死者難也雖古烈士何吕加哉

季布欒布田叔傳第七終　　漢書三十七

高五王傳第八　　漢書三十八

漢　蘭　臺　令　史班　固　撰

唐正議大夫行祕書少監琅邪縣開國子顏師古　注

賜進士出身前翰林院編修國子監祭酒加三級臣王先謙補注

高皇帝八男吕后生孝惠帝曹夫人生齊悼惠王肥薄姬生孝文帝戚夫人生趙隱王如意趙姬生淮南厲王長諸姬生趙幽王友趙共王恢燕靈王建鄭氏曰諸姬姓也張晏曰非一之稱也師古曰諸姬總言在姬妾之列者耳其知姓位者史各具言之不知氏族及秩次者則云諸姬也而趙幽已下三王非必同母蓋吕皆不知其所生之姬姓故總言之文三王傳云諸姬生代孝王參梁懷王揖景十三王傳云屬諸姬子于栗姬此意皆同張云非一近得之矣春秋左氏傳曰諸子仲子戎子諸子齊姒此其例也豈吕諸爲姓乎鄭說非矣其讀曰恭其下類此淮南厲王長自有傳

齊悼惠王肥其母高祖微時外婦也師古曰謂與旁通者補注沈欽韓曰小雅求爾新特傳新特外昏也列女傳賢明篇宋鮑蘇仕衞三年而娶外妻外婦與外昏外妻同義高祖六年立食七十餘城補注齊召南曰案高紀以膠東膠西臨菑濟北博陽城陽郡七十三縣封齊先謙曰史記云七十城舉大數諸民能齊言者皆與齊孟康曰此時流移故使齊言者還齊也師古曰欲其國大故多封之補注先謙曰索隱引孟說此時人多流亡移亡一也人多二字不可少孝惠二年入朝帝與齊王燕飲太后前置齊王上坐如家人禮師古曰吕兄弟齒列不從君臣之禮故曰家人也坐音材臥反太后怒迺令人酌兩卮鴆酒置前應劭曰鴆鳥黑身赤目食蝮蛟野葛吕其羽畫酒中飲之立死補注先謙曰官本蛟作蛇是令齊王爲壽補注周壽昌曰據此古人置酒爲壽先自飲明其酒無惡味而後吕壽長上也觀下帝亦起欲俱爲壽可見齊王起帝亦起欲俱爲壽太后恐自起反卮師古曰反音幡齊王怪之因不敢飲陽醉去問知其鴆迺憂自吕爲不得脫長安師古曰脫免也言死於長安不得更至齊國也脫音吐活反內史士曰師古曰內史王官士者其名也補注先謙曰史記作內史勳太后獨有帝與魯元公主今王有七十餘城而公主迺食數城王誠吕一郡上太后爲公主湯沐邑太后必喜王無患矣於是齊王獻城陽郡吕尊公主爲王太后師古曰爲齊王太后也言吕母禮事之所吕自媚也解具在惠紀補注齊召南

丹案史記無此句但曰獻城陽郡呂爲魯元公主湯沐邑而已呂太后喜而許之迺置酒齊邸樂飲遣王歸國後十三年薨子襄嗣

趙隱王如意九年立師古曰高祖之九年也他皆類此〔補注〕沈欽韓曰西京雜記趙王如意年幼未能親外傅戚姬使舊趙王內傅趙媼傅之號其室曰養德宮四年高祖崩師古曰趙王之四年呂太后徵王到長安鴆殺之無子絕

趙幽王友十一年立爲淮陽王趙隱王如意死孝惠元年徙友王趙凡立十四年〔補注〕宋祁曰四字校添友㠯諸呂女爲后不愛愛它姬諸呂女怒去讒之於太后曰王曰呂氏安得王師古曰安猶焉也太后百歲後吾必擊之太后怒㠯故召趙王趙王至置邸不見令衞圍守之不得食其羣臣或竊饋之輒捕論之趙王餓乃歌曰諸呂用事兮劉氏微迫脅王侯兮彊授我妃我妃既妒兮誣我㠯惡師古曰惡音一故反讒女亂國兮上曾不寤我無忠臣兮何故師古曰謂不能明白之也棄國自快中野兮蒼天與直師古曰天色蒼蒼故曰蒼天言己之理直冀天臨監之〔補注〕劉攽曰棄國當屬上句宋祁曰浙本無自字于嗟不可悔兮寍早自賊師古曰賊害也悔不早棄趙國而快意自殺於田野之中今乃被幽餓也爲王餓死兮誰者憐之呂氏絕理兮託天報仇〔補注〕宋祁曰仇音渠尤反讎也遂幽死㠯民禮葬之長安高后崩孝文卽位立幽王子遂爲趙王二年有司請立皇子爲王上曰趙幽王幽死朕甚憐之已立其長子遂爲趙王遂弟辟彊及齊悼惠王子朱虛侯章東牟侯興居有功皆可王於是取趙之河間立辟彊是爲河間文王文王立十三年薨子哀王福嗣一年薨無子國除趙王遂立二十六年孝景時鼂錯㠯過削趙常山郡諸侯怨吳楚反遂與合謀起兵其相建德內史王悍諫不聽遂燒殺德悍師古曰上云其相建德內史王悍下云燒殺德悍是爲相姓建名德也而景武功臣侯表云遽侯橫父建德㠯趙相死事子侯則是不知其姓表傳不同疑後人轉寫此傳誤脫去一建字也〔補注〕先謙曰史記上下文並作建德悍顏說是也發兵住其西界欲待吳楚俱進北使匈奴與連和漢使曲周侯酈寄擊之趙王城守邯鄲相距七月吳楚敗匈奴聞之亦不肯入邊欒布自破齊還幷兵引水灌趙城〔補注〕先謙曰紀要西河在廣平府邯鄲縣東二十五里一名渚沁水濁漳水注牛首水出邯鄲縣西堵山東流分爲二水漢景時六國悖逆命曲周侯酈寄攻趙圍邯鄲相捍七月引牛首拘水灌城城壞王自殺其水東入邯鄲城經溫明殿南又東流出城合成一川又東澄而爲渚沁水東南流注拘澗水又東入白渠案城南五里有渚河城西半里有沁河合爲西河城壞王遂自殺國除景帝憐趙相內史守正死皆封其子爲列侯〔補注〕先謙曰史記贊云趙任防與先生豈有篡殺之謀爲天下僇哉索隱史漢不見趙不用防與公蓋當時猶知事迹故史公明著之据此納忠者不獨相內史也

趙共王恢十一年梁王彭越誅立恢爲梁王十六年趙幽王死呂后徙恢王趙恢心不樂太后㠯呂產女爲趙王后王后從官皆諸呂也內擅權微司趙王〔補注〕周壽昌曰司讀曰伺王不得自恣王有愛姬王后鴆殺之〔補注〕沈欽韓曰外戚傳同西京雜記云呂后命力士於被中縊殺之王乃爲歌詩四章令樂人歌之王悲思六月自殺太后聞之㠯爲用婦人故自殺無思奉宗廟禮廢其嗣

燕靈王建十一年燕王盧綰亡入匈奴明年立建爲燕王十五年薨〔補注〕沈欽韓曰金史文藝傳初兩燕王墓舊在中都東城外海陵廣京城圍墓在東城內前嘗有盜發其墓大建九年詔改葬於城外俗傳六國時燕王及太子丹之葬及啟壙其東墓之柩題其端曰燕靈王柩乃西漢高祖子劉建葬也其西墓蓋燕康王劉嘉之葬也有美人子師古曰王之美人生子也太后使人殺之絕後

齊悼惠王子前後凡九人爲王太子襄爲齊哀王次子章爲城陽景王興居爲濟北王將閭爲齊王志爲濟北王辟光爲濟南王師古曰辟音壁又讀曰闢賢爲菑川王卬爲膠西王雄渠爲膠東王齊哀王襄孝惠六年嗣立明年惠帝崩呂太后稱制元年㠯其兄子鄜侯呂台爲呂王師古曰鄜音敷〔補注〕先謙曰史記作鄜徐廣注一作鄜割齊之濟南郡爲呂王奉邑師古曰奉音扶用反他皆類此明年哀王弟章入宿衞於漢高后封爲朱虛侯㠯呂祿女妻之後四年封章弟興居爲東牟侯皆宿衞長安高后七

年割齊琅邪郡立營陵侯劉澤爲琅邪王是歲趙王友幽死于邸三趙王既廢高后立諸呂爲三王擅權用事〔補注〕先謙曰三王燕趙梁章年二十有氣力忿劉氏不得職嘗入侍燕飮高后令章爲酒吏〔補注〕沈欽韓曰吏當作史賓之初筵云或立之監或佐之史先謙曰史記亦作吏置以監酒不必定用古名也章自請曰臣將種也請得以軍法行酒高后曰可酒酣章進歌舞已而曰請爲太后言耕田師古曰欲申諷喻也高后兒子畜之師古曰比之於子也〔補注〕沈欽韓曰莊子庚桑楚能兒子乎呂后蓋以小兒視之非愛之也周壽昌曰畜如季布弟畜灌夫籍福之畜笑曰顧乃父知田耳師古曰顧念也乃汝也汝父謂高帝也〔補注〕劉攽曰兒子畜之不以人臣待之也乃父直謂王肥耳下又云齊王自以兒子年少豈可以琅邪爲父也齊召南曰悼惠王本高帝微時庶子故曰知田上文高后兒子畜之不謂呼孫爲子也下文云若生而爲王子安知田乎義尤明白劉說是若生而爲王子安知田乎師古曰若亦汝也章曰臣知之太后曰試爲我言田意〔補注〕先謙曰史記作試爲我言田不須加意字也此意字即下文章字誤衍章曰深耕穊種立苗欲疏師古曰穊稠也穊種者言多生子孫也疏立者四散置之令爲藩輔也穊音冀非其種者鉏

而去之師古曰以斥諸呂也太后默然頃之諸呂有一人醉亡酒師古曰避酒而逃亡章追拔劒斬之而還報曰有亡酒一人臣謹行軍法斬之太后左右大驚業已許其軍法亡以罪也因罷酒自是後諸呂憚章雖大臣皆依朱虛侯劉氏爲彊師古曰爲音于僞反〔補注〕朱一新曰爲當讀如字顏音非其明年高后崩趙王呂祿爲上將軍呂王產爲相國皆居長安中聚兵以威大臣欲爲亂章以呂祿女爲婦知其謀乃使人陰出告其兄齊王欲令發兵西師古曰西詣京師朱虛侯東牟侯欲從中與大臣爲內應以誅諸呂因立齊王爲帝齊王聞此計與其舅駟鈞郎中令祝午中尉魏勃陰謀發兵齊相召平聞之師古曰召讀曰邵〔補注〕先謙曰索隱廣平人召平與東陵侯召平及此召平皆別人乃發兵入衞王宮魏勃紿平曰師古曰紿誑也王欲發兵非有漢虎符驗也〔補注〕先謙曰胡三省云史記文帝紀二年九月初與郡國守相爲銅虎符既有初字則前此未有銅虎符也召平魏勃事在前何緣有銅虎符沈欽韓云史家以後事追稱此類甚多而相君圍王固善勃請爲

君將兵衞衞王師古曰謂將兵及衞守之具以禁衞王令不得發也召平信之乃使魏勃將勃既將以兵圍相府召平曰嗟乎道家之言當斷不斷反受其亂〔補注〕沈欽韓曰春申傳贊引之後書儒林傳引作黃石公三略遂自殺於是齊王以駟鈞爲相魏勃爲將軍祝午爲內史悉發國中兵使祝午紿琅邪王曰呂氏爲亂齊王發兵欲西誅之齊王自以兒子年少不習兵革之事願舉國委大王大王自高帝將也師古曰言自高帝之時已爲將也習戰事齊王不敢離兵服虔曰不敢離其兵而到琅邪使臣請大王幸之臨菑見齊王計事幷將齊兵以西平關中之亂琅邪王信之以爲然迺馳見齊王齊王與魏勃等因留琅邪王而使祝午盡發琅邪國而幷將其兵琅邪王劉澤既欺不得反國〔補注〕王念孫曰既欺本作既見欺謂見欺於齊王而不得反其國也今本脫見字則文不成義燕王劉澤傳注引此有見字悼惠王世家同乃說齊王曰齊悼惠王高皇帝長子也推本言之大王高皇帝適長孫也師古曰適讀曰嫡當立今諸大臣狐疑未

有所定而澤於劉氏最爲長年大臣固待澤決計今大王留臣無爲也不如使我入關計事齊王以爲然乃益具車送琅邪王琅邪王既行齊遂舉兵西攻呂國之濟南於是齊王遺諸侯王書曰高帝平定天下王諸子弟悼惠王薨惠帝使留侯張良立臣爲齊王惠帝崩高后用事春秋高聽諸呂擅廢帝更立〔補注〕先謙曰史記作擅廢高帝所立義異又殺三趙王滅梁趙燕以王諸呂分齊國爲四師古曰本自齊國更分爲濟南琅邪城陽凡爲四也忠臣進諫上或亂不聽今高后崩皇帝春秋富師古曰富言年幼也比之於財方未匱竭故謂之富未能治天下固待大臣諸侯〔補注〕先謙曰史記待作恃今諸呂又擅自尊官聚官嚴威〔補注〕朱一新曰監本下官作兵先謙曰官本作兵史記同劫列侯忠臣撟制以令天下師古曰撟託也託天子之制詔也撟音矯宗廟以危寡人帥兵入誅不當爲王者漢聞之相國呂產等遣大將軍潁陰侯灌嬰將兵擊之嬰至滎陽乃謀曰諸呂舉兵關中欲危劉氏而自立今我破齊

還報是益呂氏資也乃留兵屯滎陽使人諭齊王及諸侯與連和師古曰諭謂曉告也以待呂氏之變而共誅之齊王聞之乃屯兵西界待約補注先謙曰史記乃下有西取其故濟南郡句呂祿呂產欲作亂朱虛侯章與太尉勃丞相平等誅之章首先斬呂產太尉勃等乃盡誅諸呂而琅邪王亦從齊至長安大臣議欲立齊王皆曰補注先謙曰史記作琅邪王及大臣曰母家駟鈞惡戾虎而冠者也張晏曰言鈞惡戾如虎著冠訪以呂氏故幾亂天下如淳曰訪猶方也師古曰幾音鉅依反補注劉敞曰此訪與公羊訪於此義同周壽昌曰訪同昉昉始也先謙曰史記作方今又立齊王是欲復爲呂氏也代王母家薄氏君子長者且代王高帝子於今見在最爲長以子則順以善人則大臣安於是大臣乃謀迎代王而遣章以誅呂氏事告齊王令罷兵灌嬰在滎陽聞魏勃本教齊王反既誅呂氏罷齊兵使使召責問魏勃勃曰失火之家豈暇先言丈人後救火乎師古曰言以社稷將危故舉兵以匡之不暇待有詔命也補注先謙曰官本匡作臣

引宋祁曰注文以臣之或作以匡之先謙案丈人史記作大人因退立股戰而栗師古曰股腳也戰者懼之甚也恐不能言者終無他語灌將軍孰視笑曰人謂魏勃勇妄庸人耳補注先謙曰索隱言凡妄庸劣之人何能爲乎乃罷勃師古曰放令去勃父以善鼓琴見秦皇帝及勃少時欲求見齊相曹參家貧無以自通乃常獨早埽齊相舍人門外舍人怪之以爲物而司之得勃師古曰物謂鬼神司者察視之勃曰願見相君無因故爲子埽欲以求見於是舍人見勃曹參因以爲舍人壹爲參御言事以爲賢言之悼惠王王召見拜爲內史始悼惠王得自置二千石及悼惠王薨哀王嗣勃用事重於相齊王既罷兵歸而代王立是爲孝文帝文帝元年盡以高后時所割齊之城陽琅邪濟南郡復予齊而徙琅邪王王燕益封朱虛侯東牟侯各二千戶黃金千斤是歲齊哀王薨子文王則嗣十四年薨無子國除補注先謙曰史記則作側誤城陽景王章補注先謙曰王齊城陽郡年表云都莒孝文二年

以朱虛侯與東牟侯興居俱立二年薨子共王喜嗣孝文十二年徙王淮南補注先謙曰年表云都陳五年復還王城陽凡立三十三年薨子頃王延嗣二十六年薨子敬王義嗣九年薨子惠王武嗣十一年薨補注宋祁曰越本作十年先謙曰史記作十一年表同子荒王順嗣四十六年薨補注宋祁曰越本作三十六年先謙曰史記作四十六年表同子戴王恢嗣八年薨子孝王景嗣二十四年薨子哀王雲嗣一年薨無子國絕成帝復立雲兄俚爲城陽王師古曰俚音里王莽時絕濟北王興居補注先謙曰王齊濟北郡初以東牟侯與大臣共立文帝於代邸曰誅呂氏臣無功請與太僕滕公俱入清宮師古曰滕公夏侯嬰也遂將少帝出迎皇帝入宮始誅諸呂時朱虛侯章功尤大大臣許盡以趙地王章盡以梁地王興居及文帝立聞朱虛東牟之初欲立齊王故黜其功師古曰不賞之二年王諸子乃割齊二郡以王章興居章興居意自以失職奪功歲餘章薨而匈奴大入邊漢多

發兵丞相灌嬰將擊之文帝親幸太原興居以爲天子自擊胡遂發兵反上聞之罷兵歸長安使棘蒲侯柴將軍張晏曰柴武補注錢大昭曰案功臣表有棘蒲剛侯陳武此又作柴說詳侯表擊破虜濟北王王自殺國除文帝憫濟北王逆亂以自滅明年盡封悼惠王諸子罷軍等七人爲列侯師古曰罷音皮彼反又讀曰疲補注錢大昭曰本紀亦作七人攷王子侯表管共侯罷軍氏邱共侯甯國營平侯信都楊邱侯安楊虛侯將閭朸侯辟光安都侯志平昌侯卬武成侯賢白石侯雄渠俱悼惠王子向日受封此七人當作十人下文云十五年分齊爲六國盡立前所封悼惠王子列侯見在者六人爲王時罷軍甯國信都等已卒皆非見在故不得王至十五年齊文王又薨無子時悼惠王後尙有城陽王在文帝憐悼惠王適嗣之絕師古曰適讀曰嫡補注宋祁曰越本絕字下有世字於是乃分齊爲六國盡立前所封悼惠王子列侯見在者六人爲王齊孝王將閭以楊虛侯立濟北王志以安都侯立菑川王賢以武成侯立膠東王雄渠以白石侯立膠西王卬以平昌侯立補注先謙曰菑川王都劇膠東王都卽墨膠西王都高苑並見年表濟南王辟光以

扐侯立服虔曰扐音勒扐平原縣也〔補注〕朱一新曰扐王子侯表作朸悼惠王世家作勒誤也孝文十六年六王同日俱立立十一年孝景三年吳楚反膠東膠西菑川濟南王皆發兵應吳楚欲與齊師古曰與之同反齊孝王狐疑城守不聽三國兵其圍齊張晏曰膠西菑川濟南也〔補注〕劉奉世曰吳王濞傳前云膠西膠東與菑川濟南共圍臨菑後云膠西膠東菑川三國各引兵歸則此三國無濟南王也然初言四國共圍齊又言三國疑必有誤齊王使路中大夫告於天子張晏曰姓路爲中大夫〔補注〕周壽昌曰廣韻中字下引賈執英賢傳曰路中大夫之後以路中爲氏是其後姓路中也先謙曰索隱引顧氏按路氏譜中大夫名卬天子復令路中大夫還報告齊王堅守漢兵今破吳楚矣路中大夫至三國兵圍臨菑數重無從入三國將與路中大夫盟曰若反言漢已破矣師古曰若汝也反謂反易其辭也齊趣下三國不且見屠師古曰趣讀曰促路中大夫既許至城下望見齊王曰漢已發兵百萬使太尉亞夫擊破吳楚方引兵救齊齊必堅守無下三國將誅路中大夫齊初圍急陰與三國通謀約未定會路中大夫從

漢來其大臣乃復勸王無下三國會漢將欒布平陽侯等兵至齊師古曰平陽侯曹襄〔補注〕齊召南曰案顏注大誤曹襄以武帝元光五年嗣爵豈容孝景初年已爲將軍索隱云案表是曹奇是也奇薨於景帝四年則救齊擊破三國兵乃奇未薨前一年事耳擊破三國兵解圍已後聞齊初與三國有謀〔補注〕王念孫曰已後聞三字文義不順後當爲復言欒布等破三國兵解齊圍已而復聞齊與三國有謀遂欲伐齊也通鑑漢紀八作後則所見漢書本已誤史記正作已而復聞齊初與三國有謀[illegible]復後二字篆隸皆相似故復譌作後將欲移兵伐齊齊孝王懼飲藥自殺而膠東膠西濟南菑川王皆伏誅國除獨濟北王在齊孝王之自殺也景帝聞之以爲齊首善師古曰言其初首無逆亂之心以迫劫有謀非其罪也召立孝王太子壽是爲懿王二十三年薨子厲王次昌嗣其母曰紀太后太后取其弟紀氏女爲王后王不愛紀太后欲其家重寵師古曰重音直用反令其長女紀翁主入王宮師古曰諸王女曰翁主而紀氏所生故謂之紀翁主正其後宮無令得近王欲令愛紀氏女王因與其姊翁主姦齊有宦者徐甲師古曰宦者奄人入

事漢皇太后張晏曰皇太后武帝之母皇太后有愛女曰脩成君脩成君非劉氏子蘇林曰皇太后前嫁金氏所生〔補注〕先謙曰見外戚傳太后憐之脩成君有女娥太后欲嫁之於諸侯宦者甲乃請使齊必令王上書請娥皇太后大喜使甲之齊時主父偃知甲之使齊以取后事亦因謂甲卽事成幸言偃女願得充王後宮甲至齊風以此事師古曰風讀曰諷紀太后怒曰王有后後宮備具且甲齊貧人及爲宦者入事漢〔補注〕先謙曰史記及作急下更有乃字初無補益乃欲亂吾王家且主父偃何爲者乃欲以女充後宮甲大窮還報皇太后曰王已願尚娥師古曰尚配也然事有所害恐如燕王燕王者與其子昆弟姦坐死師古曰燕王定國傳云與其子女三人姦子昆弟者言是其子女又長幼非一故云子昆弟也一曰子昆弟者定國之姊妹也言定國姦其子女及其姊妹〔補注〕宋祁曰浙本正文坐死字上有新字先謙曰史記有新字故以燕感太后師古曰言齊王與其姊妹姦終當坐之致死不足嫁女與之太后曰毋復言嫁女齊事事寖淫聞於上師古曰寖古浸字也寖淫猶言漸染也〔補注〕先謙曰史記作浸潯浸潯卽侵尋之異文亦與寖淫同義主父偃由此與齊有隙偃方幸用事因言

齊臨菑十萬戶市租千金師古曰收一市之租直千金也人眾殷富鉅於長安師古曰鉅大也〔補注〕先謙曰官本無注非天子親弟愛子不得王此今齊王於親屬益疏乃從容言呂太后時齊欲反師古曰從音千容反及吳楚時孝王幾爲亂師古曰幾音鉅依反〔補注〕宋祁曰自及吳楚止鉅依反十七字景德本有他本無今聞齊王與其姊亂於是武帝拜偃爲齊相且正其事偃至齊急治王後宮宦者爲王通於姊翁主所者辭及王王年少懼大罪〔補注〕先謙曰官本大作以引宋祁曰越本以作大朱一新云大監本作以爲吏所執誅乃飲藥自殺是時趙王懼主父偃壹出敗齊恐其漸疏骨肉乃上書言偃受金及輕重之短師古曰輕重謂用心不平天子亦因囚偃公孫弘曰齊王以憂死無後非誅偃無以塞天下之望師古曰塞滿也偃遂坐誅厲王立五年國除濟北王志吳楚反時初亦與通謀後堅守不發兵故得不誅徙王菑川元朔中齊國絕悼惠

王後唯有二國城陽菑川菑川地比齊師古曰比近也音頻二反武帝爲悼惠王冢園在齊迺割臨菑東圜悼惠王冢園邑盡以予菑川師古曰圜謂周繞之令奉祭祀志立三十五年薨補注先謙曰通鑑考異云武紀賜淮南菑川王几杖毋朝顏注淮南王安菑川王志皆武帝諸父列也案諸侯王表志在位三十五年與傳同以元光五年薨紀云菑川王志誤也是爲懿王子靖王建嗣二十年薨子頃王遺嗣三十五年薨子思王終古嗣五鳳中青州刺史奏終古使所愛奴與八子及諸御婢姦如淳曰八子妾號終古或參與被席師古曰與讀曰豫或白晝使臝伏犬馬交接師古曰臝者露形體也音郎果反補注先謙曰官本臝作嬴案嬴誤臝亦俗字王念孫云景祐本臝作嬴此古字之僅存者說文嬴袒也從衣嬴聲或從果聲作裸俗作臝不合六書之義世人多見臝少見嬴而經傳中嬴字皆譌爲臝矣終古親臨觀產子輒曰亂不可知使去其子師古曰去除也音丘呂反事下丞相御史奏終古位諸侯王以令置八子秩比六百石補注錢大昭曰案外戚傳八子視千石比中更此是諸侯王之八子故秩不同所以廣嗣重祖也而終古禽獸行亂君臣夫婦之別悖逆人

倫師古曰悖乖也音步內反請逮捕有詔削四縣二十八年薨子考王尚嗣五年薨補注周壽昌曰五年表作六年子孝王橫嗣三十一年薨子懷王交嗣六年薨子永嗣王莽時絕

贊曰悼惠之王齊最爲大國以海內初定子弟少激秦孤立亡藩輔師古曰激感發也音工歷反故大封同姓以塡天下師古曰塡音竹刃反時諸侯得自除御史大夫羣卿以下衆官如漢朝漢獨爲置丞相自吳楚誅後稍奪諸侯權左官附益阿黨之法設張晏曰諸侯有罪傳相不舉奏爲阿黨師古曰皆新制律令之條也左官解在諸侯王表附益言欲增益諸侯王也補注周壽昌曰左官諸侯王表注應劭曰人道爲右今舍天子而仕王侯故謂之左官也附益二字見論語諸侯王表注張晏曰律鄭氏說封諸侯過限曰附益顏注非也衡傳丞相主簿陸賜曹屬明阿承衡意猥舉郡計亂減縣界附下罔上擅以地附益大臣皆不道阿黨二字見禮記月令鄭注謂治獄吏以私恩曲撓相爲也本注引張晏曰諸侯有罪傳相不舉奏爲阿黨諸侯王表注或曰阿媚王侯有重法也元后傳上使尚書劾奏章知野王前以王舅出補吏而私薦之欲令在朝阿附諸侯朱博傳言大司馬喜阿黨大臣無益政治皆是也其後諸侯唯得衣食租稅貧者或乘牛車

高五王傳第八終

漢　蘭　臺　令　史班　固　撰

唐正議大夫行祕書少監琅邪縣開國子顏師古注

賜進士出身前翰林院編修國子監祭酒加三級臣王先謙補注

蕭何，沛人也。〔補注〕先謙曰史記作沛豐人以文毋害為沛主吏掾。服虔曰為人解通無嫉害也應劭曰雖為文吏而不刻害也蘇林曰毋害若言無比也一曰害勝也無能勝害之者晉灼曰酷吏傳趙禹為丞相亞夫吏府中皆稱其廉然亞夫不任曰極知禹無害然文深不可以居大府蘇說是也師古曰害傷也無人能傷害之者蘇晉兩說皆得其意服應非也〔補注〕劉奉世曰持法者或以己意私怨陷人謂之害故貴於文毋害毋害者取其為人毋害於行則可以為吏矣文毋害者蓋其時擇吏之二事也亞夫所以稱禹無害廉其一節也故韓信又云無行不得推擇為吏餘說太汎先謙曰宣紀詔云能使生者不怨死者不恨則可謂文吏矣文者循理用法之謂過於理則為文深為舞文集解引漢書音義云無害者如言無比陳留間語也此無害之確詁文毋害猶言文吏之最能者耳[illegible]周亞夫稱趙禹云極知禹無害然文深不可以居大府顏注無害言無人能勝之者訓為無比意是也而此注云無人能傷害之則尚拘於字義不悟其為當時語耳既言禹無害

又云然文深則無害非無嫉害不刻害之義甚明服應非也索隱引韋昭云有文理不傷害訓文為有文理是訓毋害為無傷害非也續志郡國秋冬遣無害吏案訊諸囚平其辠法謂遣吏能最高者劉昭注律有無害都吏猶今言公平吏天下豈有公平而文深者劉注誤矣墨子號令篇請擇吏之忠信者無害可任事者秦無害可任事者猶云最能可任事者也論衡程材篇論文吏云巧習無害文高德少巧習無害猶言巧習無比是無害二字言吏高下皆可施用索隱主吏功曹也主吏掾即功曹掾高祖為布衣時，數以吏事護高祖。高祖為亭長，常佑之。師古曰佑助也言居家時為何所護及為亭長何又擁助也〔補注〕宋祁曰注文也字當作之字先謙曰史記作常左右之高祖以吏繇咸陽，師古曰繇讀曰傜傜役也〔補注〕先謙曰官本役作役吏皆送奉錢三，何獨以五。師古曰出錢以資行他人皆三百何獨五百奉音扶用反〔補注〕先謙曰索隱劉氏云時錢有重者一當百故有送錢三者秦御史監郡者與從事辦之，張晏曰何與其事備辦明何素有方略也蘇林曰辟何與從事也秦時無刺史以御史監郡師古曰二說皆同〔補注〕劉攽曰此句先題目下事言秦制御史監郡者凡有事皆與從事共辦之錢大昭曰辦治也秦時御史監郡郡中事皆與從事共辦之何為泗水卒史即從事也蘇顏說皆失之先謙曰辦與辨同何迺給泗水卒史事，師古曰泗水郡沛所屬也何為郡卒史〔補注〕周壽昌曰秦時沛屬泗水郡漢乃屬沛郡也索隱如氏云案律郡卒史書佐各十人第一。師古曰課最上〔補注〕齊召南曰案事字應屬上句言何給泗水郡卒史事也第一即是課最上不必有事字舊讀非秦御史欲入言徵何，何固請，得毋行。孟康曰當還入相秦事故召何也師古曰此說非也御史以何明辦欲因入奏事之次言於朝廷徵何用之何心不願以情固請而御史止故得不行也〔補注〕沈欽韓曰漢刺史歲一奏事京師秦法當然

及高祖起為沛公，何嘗為丞督事。師古曰督謂監視之也何為沛丞專督眾事沛公至咸陽，諸將皆爭走金帛財物之府分之，師古曰走謂趣向之走音奏〔補注〕先謙曰官本音上無走字何獨先入收秦丞相御史律令圖書臧之。沛公具知天下阸塞，戶口多少，彊弱處，民所疾苦者，以何得秦圖書也。初，諸侯相與約，先入關破秦者王其地。沛公既先定秦，項羽後至，欲攻沛公，沛公謝之得解。羽遂屠燒咸陽，與范增謀曰：「巴蜀道險，秦之遷民皆居蜀。」迺曰：「蜀漢亦關中地也。」故立沛公為漢王，而三分關中地，王秦降將以距漢王。〔補注〕宋祁曰浙本距字下有塞字漢王怒，欲謀攻項羽。周勃、灌嬰、樊噲皆勸之，何諫之曰：〔補注〕宋祁曰謝郭去之字浙本無之字齊召南曰漢王就國漢中一段史記所缺而班氏補之何為

漢功臣之首宜也「雖王漢中之惡，不猶愈於死乎？」師古曰愈勝也〔補注〕先謙曰官本無注漢王曰：「何為乃死也？」〔補注〕宋祁曰乃字疑作迺何曰：「今眾弗如，百戰百敗，不死何為？周書曰『天予不取，反受其咎』。師古曰周書者本與尚書同類蓋孔子所刪百篇之外劉向所奏有七十一篇〔補注〕沈欽韓曰周書見存者無此語太公金匱云天與不取反受其殃越語范蠡曰天與不取反為之災語曰『天漢』，其稱甚美。孟康曰語古語也言地之有漢若天之有河漢名號休美臣瓚曰流俗語云天漢其言常以漢配天此美名也師古曰瓚說是也天漢河漢也〔補注〕宋祁曰注文河漢當作天河沈欽韓曰詩雲漢疏引河圖括地象云河精上為天漢夫能詘於一人之下，而信於萬乘之上者，湯武是也。師古曰信讀曰伸古通用字〔補注〕沈欽韓曰文選注五十五引太公金匱曰屈一人之下申萬人之上武王曰請著金版韓策或謂韓王語同此萬乘當為萬人臣願大王王漢中，養其民以致賢人，收用巴蜀，還定三秦，天下可圖也。」漢王曰：「善。」乃遂就國，以何為丞相。何進韓信，漢王以為大將軍，〔補注〕先謙曰以為大將而稱曰將軍信傳可證此時尚無大將軍官名也說漢王令引兵東定三秦，〔補注〕先謙曰官本無王字引宋祁曰浙本說漢字下有王字語在信傳。何以丞相留收巴蜀，填

撫諭告師古曰塡音竹忍反〔補注〕先謙曰官本注忍作刃是使給軍食漢二年漢王與諸侯擊楚何守關中侍太子治櫟陽爲令約束立宗廟社稷宮室縣邑輒奏上可許以從事師古曰可其所奏許其所請依以行事卽不及奏輒以便宜施行上來以聞應劭曰上來還乃以所爲聞也計戶轉漕給軍漢王數失軍遯去何常興關中卒輒補缺上以此剸屬任何關中事師古曰剸讀與專同又音章阮反此卽言專聲之急上者也又俗語猶然他皆類此屬音之欲反〔補注〕先謙曰史記剸作專漢三年與項羽相距京索閒師古曰索音山客反上數使使勞苦丞相師古曰勞音來到反次下亦同鮑生謂何曰師古曰鮑生當時有識之士姓鮑而爲諸生也〔補注〕沈欽韓曰書中言轅生王生之類甚多皆謂先生也師古以爲諸生妄也今王暴衣露蓋數勞苦君者有疑君心爲君計莫若遣君子孫昆弟能勝兵者悉詣軍所上益信君於是何從其計漢王大說師古曰說讀曰悅漢五年已殺項羽卽皇帝位論功行封羣臣爭功歲餘不決上以何功最盛先封爲酇侯文穎曰音贊師古曰先封何者謂諸功臣皆未爵者何最在前封也酇屬南陽解在高紀〔補注〕宋祁曰索隱鄒氏云酇屬沛郡音嵯屬南陽音贊又臣瓚案茂陵書蕭何國在南陽則字當音贊今多呼爲嵯也先謙曰官本注未作有齊召南云案功臣表六年十二月甲申封曹參靳歙夏侯嬰王吸傅寬召歐薛歐陳濞陳嬰陳平凡十侯至正月丙午封張良劉纏蕭何周勃樊噲酈商灌嬰周昌武虎董渫孔聚陳賀陳豨共十二侯其餘功臣未封者尚多卽上文所云羣臣爭功歲餘不決者也注舊有爵者疑應作未封爵者先謙案何先封沛郡之酇而後封南陽之酇此先封者作鄌音嵯傳寫並作酇耳音嵯者沛郡縣今歸德府永城縣西南音贊者南陽縣今襄陽府光化縣北食邑八千戶功臣皆曰臣等身被堅執兵〔補注〕先謙曰史記兵作鋭多者百餘戰少者數十合攻城略地大小各有差今蕭何未有汗馬之勞徒持文墨議論不戰顧居臣等上何也師古曰顧猶反也上曰諸君知獵乎曰知之知獵狗乎曰知之〔補注〕宋祁曰謝郭本去知獵狗乎曰知之七字上曰夫獵追殺獸者狗也而發縱指示獸處者人也師古曰發縱謂解紲而放之也指示者以手指示之今俗言放狗縱音子用反而讀者乃爲蹤蹟之蹤非也書本皆不爲蹤字自有逐蹤之狗不待人發也〔補注〕錢大昭曰說文無蹤字蹤蹟字古作縱隸釋郭仲奇碑云有山甫之縱又云徽縱顯魯峻碑云比縱豹產趙圉令碑云羡其縱高外黃碑云莫與比縱夏承碑云紹縱先軌皆是也小顏乃疑非蹤蹟之蹤誤矣

先謙曰史記作蹤足證縱蹤通用顏注非是今諸君徒能走得獸耳〔補注〕吳仁傑曰史記作得走獸案上文追殺獸者狗也而發縱指示者人也所謂走得獸者謂其追而殺之耳云得走獸則乖本指矣王仲任亦云高祖行封先及蕭何蕭何安坐樊酈馳走是也功狗也至如蕭何發縱指示功人也且諸君獨以身從我多者三兩人蕭何舉宗數十人皆隨我功不可忘也羣臣後皆莫敢言列侯畢已受封奏位次〔補注〕齊召南曰案十八侯位次定於此時皆曰平陽侯曹參身被七十創攻城略地功最多宜第一上已橈功臣多封何應劭曰橈屈也師古曰音女教反至位次未有以復難之然心欲何第一關內侯鄂千秋時爲謁者〔補注〕先謙曰官本作鄂秋引宋祁曰浙本作鄂千秋周壽昌云各本俱作鄂秋功臣表亦作鄂秋無千字史表亦作千秋而何世家祇稱鄂君無名進曰羣臣議皆誤夫曹參雖有野戰略地之功此特一時之事夫上與楚相距五歲失軍亡衆跳身遯者數矣師古曰跳身謂輕身走出也〔補注〕周壽昌曰跳史記作逃據文下有遯字作跳爲是然蕭何常從關中遣軍補其處非上所詔令召而數萬衆會上乏絕者數矣夫漢與楚相守滎陽數年軍無見糧師古曰無見在之糧蕭何轉漕關中給食不乏陛下雖數亡山東蕭何常全關中待陛下此萬世功也今雖無曹參等百數何缺於漢師古曰數音所具反漢得之不必待以全秦何欲以一旦之功而加萬世之功哉〔補注〕先謙曰官本無而字引宋祁曰浙本加字上有而字蕭何當第一曹參次之上曰善於是乃令何第一〔補注〕先謙曰史記脫第一二字當依此訂賜帶劍履上殿入朝不趨上曰吾聞進賢受上賞蕭何功雖高待鄂君迺得明於是因鄂千秋故所食關內侯邑二千戶封爲安平侯〔補注〕先謙曰官本無千字引宋祁曰浙本作鄂千秋是日悉封何父母兄弟十餘人〔補注〕先謙曰父母史記作父子皆食邑乃益封何二千戶以嘗繇咸陽時何送我獨贏錢二也師古曰贏餘也二謂二百也衆人送皆三百何獨五百故云贏二也陳豨反上自將至邯鄲而韓信謀反關中呂后用何計誅信語在信傳上已聞誅信使使拜丞相爲相國〔補注〕齊召南曰案丞相紫綬相國則綠綬矣漢初相國惟何及曹參二人自參薨後卽仍稱丞相又案何

為相國在淮陰既誅之後此傳甚明而公卿表乃列於九年誤也若在九年則豨尚未叛信尚未誅矣當以此傳為正在十一年周壽昌曰高帝即位置一丞相至是更名相國益封五千戶令卒五百人一都尉為相國衞諸君皆賀召平獨弔師古曰召讀曰邵召平者故秦東陵侯秦破為布衣貧種瓜長安城東瓜美故世謂東陵瓜從召平始也〔補注〕先謙曰史記始也作以為名也平謂何曰禍自此始矣上暴露於外而君守於內非被矢石之難而益君封置衞者以今者淮陰新反於中有疑君心夫置衞衞君非以寵君也師古曰恐其為變故守衞之〔補注〕宋祁曰浙本句末有也字願君讓封勿受悉以家私財佐軍何從其計上說師古曰說讀曰悅其秋黥布反上自將擊之〔補注〕宋祁曰舊本作上自將軍浙本無軍字數使使問相國何為師古曰問其居守何所營為曰為上在軍拊循勉百姓〔補注〕先謙曰史記曰作相國二字勉下有力字是也無力字不成句史記作相國實事此作曰乃對使者語矣悉所有佐軍如陳豨時師古曰悉盡也盡所有糧食資用出以佐軍也客又說何曰君滅族不久矣夫君位為相國功第一不可復加然

君初入關本得百姓心十餘年矣皆附君尚復孳孳得民和師古曰孳字與孜同孜孜言不怠也〔補注〕宋祁曰注文怠亦作逮上所謂數問君〔補注〕宋祁曰此疑有者字先謙曰謂與為同史記作為有者字畏君傾動關中今君胡不多買田地賤貰貣以自汙上心必安師古曰貰賒也貣音土得反於是何從其計上乃大說師古曰說讀曰悅上罷布軍歸民道遮行師古曰在道上遮天子行上書言相國彊賤買民田宅數千人〔補注〕先謙曰史記人作數千萬義異上至何謁上笑曰今相國迺利民〔補注〕先謙曰謂奪民所有以為利民所上書皆以與何曰君自謝民後何為民請曰長安地陿上林中多空地棄願令民得入田毋收稾為獸食師古曰稾禾稈也言恣人田之不收其稾稅也稾音工老反稈音工旱反〔補注〕劉攽曰言毋收稾草為獸食而已沈欽韓曰此棄地本種稾給獸食今令民田取粟也注非上大怒曰相國多受賈人財物為請吾苑乃下何廷尉械繫之數日王衞尉侍如淳曰百官公卿表衞尉王氏無名字師古曰史失之也侍謂侍天子也前問曰相國胡大罪陛下繫之暴也師古曰前問謂進而請也胡何也上曰吾聞李斯相

秦皇帝有善歸主有惡自予今相國多受賈豎金為請吾苑以自媚於民師古曰媚愛也求愛於民〔補注〕先謙曰官本求作取故繫治之王衞尉曰夫職事苟有便於民而請之真宰相事也陛下柰何乃疑相國受賈人錢乎〔補注〕宋祁曰浙本作民人先謙曰史記作賈人且陛下距楚數歲陳豨黥布反時陛下自將往當是時相國守關中關中搖足則關西非陛下有也〔補注〕先謙曰史記不重關中二字相國不以此時為利乃利賈人之金乎且秦以不聞其過亡天下夫李斯之分過又何足法哉陛下何疑宰相之淺也上不懌師古曰懌悅也感衞尉之言故慙悔而不悅也〔補注〕先謙曰官本悔作愧帝不欲何布德於民故繫治之而衞尉之言正不能不勉從故不懌非感言而慙悔也是日使使持節赦出何何年老素恭謹徒跣入謝上曰相國休矣師古曰令出外自休息相國為民請吾苑不許〔補注〕先謙曰官本吾字在苑下引宋祁曰越本作相國為民請吾苑不許錢大昭云南監本閩本吾字在苑下先謙案史記同我不過為桀紂主而相國為賢相吾故繫相國欲令百姓聞吾過高祖崩何

事惠帝惠帝病上親自臨視何疾〔補注〕宋祁曰浙本無親字因問曰君即百歲後誰可代君對曰知臣莫如主帝曰曹參何如何頓首曰帝得之矣何死不恨矣〔補注〕周壽昌曰高紀帝崩時呂后問相帝已定何後為參茲云惠帝發問始為參者殆帝恐何意有可否也紀傳各就當時語書之非有異同何買田宅必居窮辟處師古曰辟讀曰僻僻隱也為家不治垣屋師古曰垣牆也曰令後世賢師吾儉不賢毋為埶家所奪孝惠二年何薨〔補注〕先謙曰集解引東觀漢記云蕭何墓在長陵東司馬門道北百步正義引括地志蕭何墓在雍州咸陽縣東北三十七里謚曰文終侯子祿嗣薨無子高后乃封何夫人同為酇侯小子延為筑陽侯師古曰酇及筑陽皆南陽縣也今其地見屬襄州筑音逐〔補注〕周壽昌曰史表懿侯同元年是同謚懿也而無其母家姓先謙曰官本注見作並孝文元年罷同更封延為酇侯薨子遺嗣薨無子文帝復以遺弟則嗣有罪免〔補注〕先謙曰據侯表則紹封武陽非嘉也疑表誤景帝二年制詔御史故相國蕭何高皇帝大功臣所與為天下也師古曰為治也亦曰共造其功業今其祀絕朕甚憐之其以武陽縣戶二千封何孫嘉

爲列侯嘉則弟也堯子勝嗣後有罪免武帝元狩中復下詔御史以酇戶二千四百封何曾孫慶爲酇侯布告天下令明知朕報蕭相國德也慶則子也堯子壽成嗣坐爲太常犧牲瘦免〔補注〕先謙曰儀當作犧官本不誤宣帝時詔丞相御史求問蕭相國後在者得玄孫建世等十二人復下詔以酇戶二千封建世爲酇侯傳子至孫獲坐使奴殺人減死論成帝時復封何玄孫之子南䜌長喜爲酇侯蘇林曰䜌音人足攣躃之攣鉅鹿縣名也師古曰喜爲此縣之長傳子至曾孫王莽敗乃絕〔補注〕先謙曰侯表居攝元年喜曾孫禹嗣建國元年更爲蕭鄉侯莽敗絕

曹參〔補注〕先謙曰索隱引春秋緯及博物志並云參字敬伯沛人也秦時爲獄掾而蕭何爲主吏居縣爲豪吏矣師古曰言參及蕭何竝爲吏之豪長也高祖爲沛公也參以中涓從如淳曰中涓如中謁者也師古曰涓絜也言其在內主知絜清洒埽之事蓋親近左右也〔補注〕沈欽韓曰墨子號令篇有中涓其名蓋始於戰國職內舍之事也先謙曰官本絜作潔擊胡陵方與師古曰音房豫〔補注〕先謙曰史記擊上有將字攻秦監公軍大破之孟康曰監御史監郡者公名也晉灼曰案高紀名平也秦一郡置守尉監三人師古曰公者時人尊稱之耳晉說是也〔補注〕齊召南曰案監泗水郡御史名平不特高紀可證夏侯嬰傳從攻胡陵嬰與蕭何降泗水監平平以胡陵降即此監公也東下薛擊泗水守軍薛郭西復攻胡陵取之徙守方與方與反爲魏擊之〔補注〕先謙曰高紀時雍齒反爲魏守豐攻之賜爵七大夫北擊司馬欣軍碭東〔補注〕齊召南曰史記欣作尼是也高紀作尼樊噲傳與司馬尼戰碭東即此人尼尸二字相似未知孰正但必非欣耳取狐父祁善置文穎曰善置置名也晉灼曰祁音坻師古曰狐父祁二縣名也祁音鉅夷反又音十夷反父音甫置若今之驛也〔補注〕沈欽韓曰狐父祁邑聚名非縣也伍被傳吳王破大梁敗狐父史正義引括地志云狐父亭在宋州碭山縣東南三十里故祁城在宋州下邑縣東北四十九里先謙曰史記取下有碭字是與高紀合凡與紀合者地不復出言取狐父及祁之善置又攻下邑以西至虞擊秦將章邯車騎攻轅戚〔補注〕先謙曰史記作爰戚今濟甯州嘉祥縣西南功臣表有爰戚侯作爰是及亢父師古曰亢父音抗甫先登遷爲五大夫北救東阿〔補注〕先謙曰高紀章邯圍田榮東阿本戰國阿邑漢置東阿縣故或爲阿或爲東阿周勃傳擊秦軍阿下即此北救東阿擊章邯軍也曹相國世家索隱單行本作北救阿無東字蓋後人傳改致有參差

擊章邯軍陷陳追至濮陽攻定陶取臨濟〔補注〕先謙曰此臨濟在大名府長垣縣西南正義以爲淄州高苑縣西北誤南救雍丘擊李由軍破之殺李由虜秦候一人章邯破殺項梁也沛公與項羽引兵而東楚懷王以沛公爲碭郡長將碭郡兵於是乃封參執帛鄭氏曰楚爵也張晏曰孤卿也〔補注〕錢大昭曰漢紀作執帛侯非沈欽韓曰禮孤執皮帛楚僭王號故次於執珪高祖初起官爵皆從楚制號曰建成君遷爲戚公屬碭郡師古曰爲戚縣之令〔補注〕先謙曰正義郎爰戚也時屬秦泗水郡因沛公爲碭郡長故改戚屬碭郡耳其後從攻東郡尉軍破之成武南擊王離軍成陽南又攻杠里大破之〔補注〕先謙曰據高紀破成陽杠里在秦二年後九月破成武在三年十月樊噲傳先成武後杠里與此同追北西至開封擊趙賁軍破之師古曰賁音奔圍趙賁開封城中西擊秦將楊熊軍於曲遇師古曰曲音丘羽反遇音顒破之虜秦司馬及御史各一人遷爲執珪張晏曰侯伯執珪以朝位比之如淳曰呂氏春秋得五員者位執珪古爵名也〔補注〕先謙曰官本五作伍案漢書伍姓皆作五其作伍者後人改之從西攻陽武下轘轅緱氏〔補注〕先謙曰陽武緱氏河南縣陽武今懷慶府陽武縣東南二十八里緱氏今河南府偃師縣南續志緱氏縣有轘轅關絕河津擊趙賁軍尸北破之孟康曰尸鄉之北〔補注〕先謙曰續志尸鄉在偃師北三十里從南攻犨與南陽守齮戰陽城郭東應劭曰今堵陽〔補注〕沈欽韓曰一統志堵陽故城在南陽府裕州東六里本秦陽城縣漢改名即本應劭此注也案地理志但云堵陽莽曰陽城不言本秦陽城陷陳取宛虜齮定南陽郡師古曰高紀言南陽守齮降封爲殷侯而此傳言虜齮紀傳不同疑傳誤〔補注〕先謙曰虜謂生致之先虜後封事理自合非誤也從西攻武關嶢關取之師古曰嶢音堯前攻秦軍藍田南又夜擊其北軍大破之遂至咸陽破秦項羽至以沛公爲漢王漢王封參爲建成侯從至漢中遷爲將軍從還定三秦攻下辨故道鄧展曰武都二縣也〔補注〕先謙曰下辨道在今階州成縣西三十里故道今漢中府鳳縣西北雍斄蘇林曰右扶風二縣也斄音胎〔補注〕先謙曰雍今西安府長安縣治斄今乾州武功縣西南擊章平軍於好畤南破之〔補注〕先謙曰今乾州東十里好畤村圍好畤取壤鄉文穎曰壤地名也〔補注〕先謙曰正義壤鄉今在武功縣東南二十餘里高壤坊是案唐武功縣在今武功縣西南擊三秦軍壤東及高櫟破之師古曰櫟音歷復圍章平平出好畤走因擊趙賁內史保軍破之東取咸陽更

名曰新城〔補注〕先謙曰地理志右扶風渭城故咸陽高帝元年更名新城參將兵守景陵二十三日孟康曰縣名也〔補注〕先謙曰官本注在景陵下史記作二十日景陵無考三秦使章平等攻參參出擊大破之賜食邑於甯秦蘇林曰今華陰〔補注〕先謙曰地理志甯秦高帝八年更名華陰以將軍引兵圍章邯廢丘以中尉從漢王出臨晉關至河內下脩武度圍津師古曰在東郡〔補注〕先謙曰据河水注東郡白馬縣有韋鄉故河津亦有韋津之稱韋圍通借字成紀大木十圍以上圍作韋可互證東擊龍且項佗定陶破之師古曰且音子餘反佗音徒何反東取碭蕭彭城〔補注〕先謙曰此漢二年彭城之役擊項籍軍漢軍大敗走參以中尉圍取雍丘王武反於外黃程處反於燕服虔曰皆漢將師古曰燕東郡之縣故南燕國音一千反〔補注〕先謙曰史記外黃作黃集解引徐廣云內黃縣有黃澤案樊噲灌嬰傳作外黃是也徐說誤外黃陳留縣今開封府杞縣東六十里燕今衛輝府延津縣東三十五里往擊盡破之柱天侯反於衍氏〔補注〕沈欽韓曰一統志衍氏在今開封府鄭州北二十里先謙曰索隱衍氏魏邑進破取衍氏擊羽嬰於昆陽追至葉師古曰葉南陽縣也音式涉反〔補注〕先謙曰羽嬰人姓名昆陽今南陽府葉縣治葉在今葉縣南三十里還攻武彊師古曰武彊城在陽武〔補注〕錢大昭曰高帝封莊不識爲武彊侯即此地先謙曰正義括地志武彊故城在鄭州管城縣東北三十一里因至滎陽

〔補注〕先謙曰高帝時在滎陽參自漢中爲將軍中尉從擊諸侯及項王敗還至滎陽師古曰敗謂戰彭城而敗漢二年拜爲假左丞相〔補注〕周壽昌曰此猶後世之虛銜也元年蕭何已眞拜丞相入屯兵關中月餘魏王豹反以假丞相〔補注〕宋祁曰浙本假字下有左字先謙曰史記有左字別與韓信東攻魏將孫遫東張蘇林曰東張屬河東師古曰遫古速字〔補注〕宋祁曰浙本正文遫字下有軍字王念孫曰浙本是也上下文皆言攻某軍擊某軍脫去軍字則語意不完涑水注引此有軍字史記同先謙曰涑水注涑水西南逕張陽城東竹書紀年齊師逐鄭太子齒奔張城南鄭者也漢書之所謂東張矣正義引括地志云東張城在蒲州虞鄉縣西北四十里先謙案唐之虞鄉即今虞鄉縣治也一統志今平陽府浮山縣西南三十里有東張鎮大破之因攻安邑得魏將王襄擊魏王於曲陽追至東垣〔補注〕沈欽韓曰紀要曲陽城在絳州絳縣東南或曰在曲沃之陽故曰曲陽垣縣城在絳州垣曲縣西二十里一名王垣亦曰武垣博物記王屋山在縣東狀如垣故縣亦有東垣之稱解史記者以定州瀛州屬縣當之不知魏豹都安邑今之解州豈能遠越至眞定河間乎梁玉繩曰曲陽乃陽曲之誤太原縣也陽曲抵垣不甚遠是以追及之史記作武垣武字衍生獲魏王豹取平陽得豹

母妻子盡定魏地凡五十二縣賜食邑平陽因從韓信擊趙相國夏說軍於鄔東蘇林曰鄔太原縣也師古曰說讀曰悅鄔音一戶反又音乙據反〔補注〕沈欽韓曰陳餘傳餘爲代王留傅趙王而使夏說以相國守代此夏說自爲代相也韓信傳注李奇曰夏說代相也其說是矣此作趙蓋誤大破之斬夏說韓信與故常山王張耳引兵下井陘擊成安君陳餘而令參還圍趙別將戚公於鄔城中戚公出走追斬之迺引兵詣漢王在所韓信已破趙爲相國東擊齊參以左丞相屬焉攻破齊歷下軍遂取臨淄還定濟北郡收著漯陰平原鬲盧師古曰五縣名也時未有濟北郡史追書之耳著音竹庶反又音直庶反漯音它合反鬲與隔同〔補注〕錢大昕曰項羽封田安爲濟北王都博陽田榮攻殺安幷三齊之地因以濟北爲郡非追書也先謙曰著濟南縣漯陰平原鬲並平原縣盧泰山縣著在今濟陽縣西南漯陰在今臨邑縣西十里平原在今平原縣南二十里鬲縣今德州北盧今長清縣西三十里並屬濟南府已而從韓信擊龍且軍於上假密文穎曰或以爲高密〔補注〕先謙曰濰水注濰水逕高密縣故城西又北韓信斬龍且於是水案假密即高密也高假雙聲有下密縣故此稱上假密高密高密縣今萊州府高密縣西南下密膠東縣今萊州府昌邑縣東大破之斬龍且虜亞將周蘭師古曰亞將次將也定齊郡凡得七十縣〔補注〕先謙曰史記云七十餘縣得故齊王田廣相田光其守相許章及故將軍田既師古曰守相爲相居守者韓信立爲齊王引兵東詣陳與漢王共破項羽而參留平齊未服者漢王即皇帝位韓信徙爲楚王參歸相印焉高祖以長子肥爲齊王而以參爲齊相國〔補注〕先謙曰官本無齊字引宋祁曰相國字上當有齊字高祖六年與諸侯剖符賜參爵列侯食邑平陽萬六百三十戶世世勿絕參以齊相國擊陳豨將張春破之黥布反參從悼惠王將車騎十二萬與高祖會擊黥布軍大破之南至蘄還定竹邑相蕭留師古曰四縣名〔補注〕先謙曰竹邑在今鳳陽府宿州北二十里相今宿州西北蕭今徐州府蕭縣西北並漢沛郡縣留今徐州府沛縣東南漢楚國縣參功凡下二國縣百二十二得王二人相三人將軍六人大莫囂郡守司馬候御史各一人如淳曰囂音敖張晏曰莫敖楚卿號也時近六國故有令尹莫敖之官〔補注〕先謙曰官本候作侯史記亦作候郎前云虜秦候一人也孝惠元年除諸侯相國法更以參爲齊丞

相參之相齊齊七十城〔補注〕錢大昕曰吳王濞傳悼惠王王齊七十二城高五王傳亦云食七十餘城此云七十者舉成數也天下初定悼惠王富於春秋參盡召長老諸先生問所目安集百姓而齊故諸儒目百數師古曰數音所具反〔補注〕先謙曰史記故下衍俗字當依此訂言人人殊參未知所定聞膠西有蓋公師古曰蓋音古盍反善治黃老言張晏曰黃帝老子之書使人厚幣請之既見蓋公蓋公爲言治道貴清靜而民自定推此類具言之參於是避正堂舍蓋公焉師古曰舍止也〔補注〕周壽昌曰正堂齊丞相治事之堂五行志日食條下有云避正堂後書章帝紀幸元氏祠光武顯宗於縣舍正堂皆官舍之正堂也其治要用黃老術故相齊九年齊國安集大稱賢相蕭何薨參聞之告舍人趣治行師古曰舍人猶家人也一說私屬官主家事者也趣讀曰促謂速也治行謂脩治行裝也〔補注〕宋祁曰浙本注文作猶言家人也先謙曰通鑑胡注据戰國策蘇秦使舍人資送張儀於秦李斯爲呂不韋舍人謂爲私屬官可也以爲主家事則拘矣吾且入相居無何使者果召參參去屬其後相師古曰屬音之欲反曰目齊獄市爲寄愼勿擾也後相曰治無大於此者乎參曰不然夫獄

市者所目幷容也今君擾之姦人安所容乎吾是目先之孟康曰夫獄市者兼受善惡若窮極姦人姦人無所容竄久且爲亂秦人極刑而天下畔孝武峻法而獄繁此其効也師古曰老子云我無爲民自化我好靜民自正參欲以道化爲本不欲擾其末也〔補注〕宋祁曰浙本注文無師古曰三字先謙曰浙本是也史集解引並作漢書音義則皆孟說矣始參微時與蕭何善及爲宰相有隙師古曰參自目戰鬭功多而封賞每在何後故怨何也〔補注〕劉奉世曰此特師古意料之爾先謙曰史記宰相作將相是宰駮文否則爲上當加何字至何且死所推賢唯參參代何爲相國舉事無所變更壹遵何之約束師古曰舉皆也言凡事皆無變改擇郡國吏長大孟康曰取年長大者訥於文辭謹厚長者卽召除爲丞相史〔補注〕何焯曰謹厚長者其爲治乃能務與秦吏相反年又長大非唯歷事多其人親受秦法酷烈之害必事事思順民情與之休息也吏言文刻深欲務聲名輒斥去之師古曰斥卻也日夜飲酒卿大夫目下吏及賓客見參不事事如淳曰不事丞相之事來者皆欲有言至者參輒飲目醇酒師古曰醇酒不澆謂厚酒也度之欲有言復飲酒醉而後去師古曰度音大各反飲音於禁反〔補注〕先謙曰度之史記作閒之猶言頃之也此謂揣度之終莫得開

說如淳曰開謂有所啟白目爲常相舍後園近吏舍吏舍日飲歌呼師古曰呼音火故反其下竝同從吏患之無如何師古曰從吏吏之常從相者也從音材用反〔補注〕先謙曰史記患之作惡之迺請參遊後園聞吏醉歌呼從吏幸相國召按之乃反取酒張坐飲師古曰張設坐席而飲也坐音才臥反大歌呼與相和參見人之有細過掩匿覆蓋之府中無事參子窋爲中大夫師古曰窋音張律反惠帝怪相國不治事目爲豈少朕與師古曰言豈目我爲年少故也與讀曰歟〔補注〕王念孫曰索隱少者不足之詞故胡亥亦云丞相豈少我哉案小司馬說是也晏子春秋外篇亦云夫子何少寡人之甚也[illegible]迺謂窋曰女歸試私從容問乃父師古曰乃汝也曰高帝新棄羣臣帝富於春秋君爲相國日飲無所請事何目憂天下然無言吾告女也窋既洗沐歸時閒自從其所諫參師古曰閒謂空隙也自從其所猶言自出其意也參怒而笞之二百曰趣入侍師古曰趣讀曰促天下事非乃所當言也至朝時帝讓參師古曰讓責也曰與窋胡治乎師古曰胡何也言其窋爲何治也治音丈吏反〔補注〕陳景雲曰漢人以笞掠爲治治卽笞耳錢大昕曰與窋胡

治猶言胡與窋笞也陳說是乃者我使諫君也師古曰乃者猶言曩者參免冠謝曰陛下自察聖武孰與高皇帝上曰朕乃安敢望先帝參曰陛下觀參孰與蕭何賢〔補注〕宋祁曰浙本觀參字下有能字先謙曰史記亦有能字與如也賢優也言材能孰優浙本是上曰君似不及也參曰陛下言之是也且高皇帝與蕭何定天下法令既明具陛下垂拱參等守職遵而勿失不亦可乎惠帝曰善君休矣師古曰且令出休息參爲相國三年薨謚曰懿侯百姓歌之曰蕭何爲法講若畫一文穎曰講或作較師古曰講和也畫一言整齊也〔補注〕先謙曰史記講作顜徐廣注顜音古項反一音較錢大昭云講與斠同斠卽角斗角之角說文斠平斗斛也斠較通用顜講皆借字王念孫云索隱單行本顜作覯集韻三講四覺兩引史記並云或作覯而說文玉篇廣韻皆無顜字則顜卽覯之譌曹參代之守而勿失載其清靜民目寧壹師古曰載猶乘也〔補注〕錢大昭曰靜南監本閩本作靖王念孫曰載行也[illegible]謂行其清靜之治也顏訓載爲乘失之先謙曰官本靜作靖窋嗣侯高后時至御史大夫傳國至曾孫襄武帝時爲將軍擊匈奴薨〔補注〕先謙曰据史記窋孫時尚平陽公主時子襄尚衞長公主子宗

嗣有罪，完爲城旦。補注先謙曰史記云征和二年宗坐太子死侯表與傳同班蓋正史記之誤 至哀帝時，乃封參玄孫之孫本始爲平陽侯，補注錢大昕曰案功臣表本始乃參元孫之元孫傳脫元字 二千戶。王莽時薨，子宏嗣。建武中先降河北，封平陽侯。補注先謙曰表云建武二年侯宏嗣以舉兵佐軍紹封非莽所侯也嗣字當在封上 至今八侯。補注劉攽曰八侯字疑衍齊召南曰案參傳子窋窋子奇奇子時時子襄襄子宗參元孫本始本始子宏宏子曠即功臣表所謂今見者也八侯似非衍文周壽昌曰案高帝時侯者後嗣紹封最盛如蕭何不過終西漢而止不及曹參魏志武帝紀云漢相國曹參後注引王沈魏書云參以功封平陽侯世襲爵土絕而復紹至今適嗣國於容城

贊曰：蕭何、曹參皆起秦刀筆吏，師古曰刀所以削書也古者用簡牒故吏皆以刀筆自隨也 當時錄錄未有奇節。師古曰錄錄猶鹿鹿言在凡庶之中也補注沈欽韓曰晏子諫篇錄錄彊食 漢興，依日月之末光，師古曰易文言云聖人作而萬物覩又曰見龍在田天下文明贊言何參値漢初興故以日月爲喻耳 何以信謹守管籥，參與韓信俱征伐。師古曰高祖出征何每居守故言守管籥 天下既定，因民之疾秦法，順流與之更始，二人同心，遂安海內。淮陰、黥布等已滅，唯何、參擅功名，位冠羣臣，聲施後世，師古曰冠謂居其首 爲一代之宗臣，師古曰言爲後世之所尊仰故曰宗臣也補注先謙曰官本無之字 慶流苗裔，盛矣哉！

蕭何曹參傳第九終　　漢書三十九

張陳王周傳第十　　漢書四十

漢　蘭臺令史班固撰

唐正議大夫行祕書少監琅邪縣開國子顏師古注

賜進士出身前翰林院編修國子監祭酒加三級臣王先謙補注

張良字子房，其先韓人也。大父開地，應劭曰大父祖父開地名也補注沈欽韓曰荀子臣道篇韓之張去疾趙之奉陽齊之孟嘗可謂簒臣也楊倞注蓋張良之祖韓非說林張譴相韓病將死公乘無正懷三十金而問其疾案張譴之相當在公仲公叔之後荀子與韓非並時目擊者當非妄說而史名開地名平無一同者又王符氏姓志云良韓公族姬姓良爲韓報讎秦索賊急乃變姓爲張匿於下邳今攷諸書則良之先以張爲氏符言非也 相韓昭侯、宣惠王、襄哀王。父平，相釐王、悼惠王。師古曰釐讀曰僖 補注錢大昭曰人表作桓惠王先謙曰索隱韓世家及世本並作桓 悼惠王二十三年，平卒。卒二十歲，秦滅韓。良年少，未宦事韓。補注宋祁曰宦疑是嘗字錢大昭曰閩本宦作嘗周壽昌曰何焯云北宋本無年字先謙曰淩稚隆云一本未下有嘗字案史記作未宦事韓 韓破，良家僮三百人，弟死不葬，悉以家財求客刺秦王，爲韓報仇，以五世相韓故。師古曰從昭侯至悼惠王凡五君 良嘗學禮淮陽，補注先謙曰史正義今陳州也案即漢淮陽今陳州府淮甯縣治 東見倉海君，晉灼曰海神也如淳曰東夷君長也師古曰二說並非蓋當時賢者之號也良既見之因而求得力士補注沈欽韓曰越絕云楚威王滅無疆無疆之子侯竊自立爲君長倉海君蓋諸粵之君長先謙曰索隱姚察以武帝時東夷薉君降爲倉海郡或因以名蓋得其近耳 得力士，爲鐵椎重百二十斤。秦皇帝東游，至博狼沙中，服虔曰河南陽武南地名也今有亭師古曰狼音浪補注先謙曰史記狼作浪地理志河南陽武縣有博狼沙寰宇記云在縣東南五里漢陽武縣城在今懷慶府陽武縣東南二十八里 良與客狙擊秦皇帝，師古曰狙謂密伺之音千豫反字本作覰補注先謙曰索隱引應劭云狙伺也謂狙之伺物必伏而候之故今云狙候是也 誤中副車。師古曰副謂後乘也補注先謙曰索隱漢官儀天子屬車三十六乘屬車即副車奉車郎御而從後 秦皇帝大怒，大索天下，師古曰索搜也索音山客反 求賊急甚。良乃更名姓，亡匿下邳。師古曰更改也補注先謙曰下邳東海縣今徐州府邳州東三里 良嘗閒從容步游下邳圯上，服虔曰圯音頤楚人謂橋曰圯應劭曰汜水之上也文穎曰沂水上橋也師古曰下邳之水非汜水也又非沂水服說是矣補注張佖曰案從水乃詩云江有汜及今有汜水縣字音詳里反據許慎說文云東楚謂橋爲圯在土部本

從土傳寫蓋誤從汜合從土作頤音與下文直墮其履汜下並作圯字校定劉攽曰予謂若本實作圯則應劭無緣解作汜上疑汜亦自爲頤音而釋爲橋也譬如贍辭作澹辭矣然則汜字從水亦未爲誤而校定亦未宜從土也宋祁曰舊本汜從水張佖改作土謂從水者是江有汜之汜音詳里反余謂佖說非也近胡旦作圯儒贊字從水旦頤儒也予嘗問之旦曰汜音頤何所疑俾說文從圯蓋本字原後人從水未容無義佖改從土李應注爲汜水之汜又何以辨應之誤耶用此尤見張佖之率爾也王念孫曰沂水注汜沂水於下邳縣北西流分爲二水一水逕城東屈從縣南注泗謂之小沂水水上有橋徐泗間以爲圯昔張子房遇黃石公于圯上卽此處也據此則文穎以汜爲沂水上橋是也師古不審地望而非之誤矣沈欽韓曰淮南道應訓公孫龍至於河上而航在一汜使善呼者一呼而航來注汜水厓也此汜上者亦謂下邳之水邊也先謙曰官本注是矣作是也汜字當從水而有二解如服說讀汜爲圯則訓爲橋如沈引淮南注則訓爲水厓予疑汜字古本或作沂故敘傳云漢良受書於邳沂顏注引晉灼曰沂崖也下邳水之崖也此注文穎云沂水上橋蓋所見有沂汜兩本因而立注水經注小沂水之名又後人沿上傳文及文說爲之附會流傳以成典實究之古訓不如此也沂與圻通圻又與垠同故宋祁於敘傳引韋昭本作垠文選載班此文亦作邳垠垠字本訓崖岸足證班氏於此傳文必解爲下邳水崖之上不以爲橋圯而沈氏汜爲水崖之說爲不可易也韋昭於作垠之本釋曰垠限也謂橋文選大將軍讌會詩李注引文穎沂水上橋之說以釋垠字則妄爲牽引而愈不可通矣 有一老父衣褐至良所 師古曰褐制若裘今道士所服者是〔補注〕宋祁曰褐制若喪服

直墮其履汜下 師古曰直猶故也一曰正也〔補注〕先謙曰直猶故也語本崔浩索隱駁之謂當訓正王念孫云老父墮履使良取欲以觀其能忍與否如小司馬說是履墮出於無意失其指矣直之言特也謂特墮其履而使取之並引禮祭義穀梁文十一年傳孟子梁惠王篇莊子德充符篇齊策韓詩外傳梁孝王世家直特同義以釋之[illegible]詩柏舟實維我特韓詩特作直史記叔孫通傳吾直戲耳漢書直作特尤明證 顧謂良曰孺子下取履 師古曰孺幼也〔補注〕先謙曰官本無注 良愕然欲毆之 師古曰愕驚貌也毆擊也音一口反〔補注〕先謙曰史記毆作歐集解引徐廣曰一云良怒欲罵之 爲其老彊忍下取履因跪進 〔補注〕周壽昌曰釋名云跪危也兩膝隱地體危倪也古無高坐於所尊敬跪而致物者其常禮記跪而遷屨是爲己納屨也此跪進履者所謂授坐不立也張釋之爲王生跪而結韈亦是此意先謙曰史記取履下作父曰履我良業爲取履因長跪履之 父以足受之笑去 〔補注〕宋祁曰浙本作笑而去先謙曰史記亦有而字 良殊大驚父去里所復還 師古曰行一里許而還來 曰孺子可教矣後五日平明與我期此良因怪之跪曰諾 〔補注〕先謙曰官本無之字引劉攽曰怪字合在因字上宋祁云浙本怪字下有之字周壽昌云案史丹傳上因納謂丹云云古書自有此等句法非有誤劉刊非也先謙案史記亦有之字 五日平明良往父已先在怒曰與

老人期後何也去後五日蚤會 師古曰放良令去戒以後會也其下亦同蚤音早〔補注〕宋祁曰注文蚤音早當作蚤古早字先謙曰蚤早通作字非古字也依說文當爲早 五日雞鳴往父又先在復怒曰後何也去後五日復蚤來五日良夜半往有頃父亦來喜曰當如是出一編書 師古曰編謂聯次之也聯簡牘以爲書故云一編編音鞭 曰讀是則爲王者師後十年興十三年孺子見我濟北穀城山下黃石 〔補注〕先謙曰史正義引括地志云穀城山一名黃山在濟州東阿縣東濟州故濟北郡 卽我已 師古曰已語終之辭 遂去不見旦日視其書迺太公兵法良因異之常習誦 〔補注〕宋祁云一本誦下有讀字先謙曰史記作常習誦讀之 居下邳爲任俠項伯常殺人從良匿後十年陳涉等起良亦聚少年百餘人景駒自立爲楚假王在留 〔補注〕宋祁曰浙本作在陳留齊召南曰案留縣名地理志屬楚國卽後文良所云始臣起下邳與上會留者也良之封留卽以此事別本作在陳留非也先謙曰高紀作在留 良欲往從之行道遇沛公沛公將數千人略地下邳遂屬焉沛公拜良爲廄將 服虔曰官名也〔補注〕沈欽韓曰猶楚宮廄尹之職 良數以太公兵法說沛公沛公

喜常用其策良爲它人言皆不省 師古曰省視也〔補注〕先謙曰釋詁省察也顏訓非 良曰沛公殆天授 師古曰殆近也 故遂從不去 〔補注〕齊召南曰史記作故遂從之不去見景駒此班氏改正史記之失也高紀明言沛公道得張良遂與俱見景駒請兵以攻豐可見良亦見駒但自此決意從沛公耳 沛公之薛見項梁其立楚懷王良迺說項梁曰君已立楚後韓諸公子橫陽君成賢 〔補注〕宋祁云浙本韓字上有而字錢大昭曰功臣表傳寬以舍人從起橫陽卽成所封地 可立爲王益樹黨 師古曰廣立六國之後共攻秦也 項梁使良求韓成立爲韓王以良爲韓司徒 〔補注〕周壽昌曰司徒史記作申徒徐廣云卽司徒語音訛轉故字亦隨改案楚漢春秋作信都信卽申都徒音近而轉耳 與韓王將千餘人西略韓地得數城秦輒復取之往來爲游兵潁川沛公之從雒陽南出轘轅良引兵從沛公下韓十餘城擊楊熊軍 〔補注〕先謙曰史記擊下有破字 沛公迺令韓王成留守陽翟與良俱南攻下宛西入武關沛公欲以二萬人擊秦嶢關下軍 師古曰嶢音堯〔補注〕先謙曰嶢關解見高紀 良曰秦兵尚彊未可輕臣聞其將屠者子賈豎易動以利 師古曰商賈之人志

無遠大譬猶僮豎故云賈豎願沛公且留壁使人先行為五萬人具食補注先謙曰史記徐廣注五一作百益張旗幟諸山上為疑兵師古曰皆所以表己軍之多誇示敵人幟音式志反令酈食其持重寶啗秦將師古曰啗音徒濫反解在高紀秦將果欲連和補注周壽昌曰果下史記有畔字俱西襲咸陽師古曰欲與漢王和而隨漢兵襲咸陽補注宋祁曰浙本襲字上有共字沛公欲聽之良曰此獨其將欲叛士卒恐不從不從必危不如因其解擊之師古曰解讀曰懈沛公乃引兵擊秦軍大破之逐北至藍田補注周壽昌曰逐史記作遂以北為南北之北此以北為敗北之北也再戰秦兵竟敗遂至咸陽秦王子嬰降沛公沛公入秦宮室帷帳狗馬重寶婦女以千數意欲留居之樊噲諫沛公不聽良曰夫秦為無道故沛公得至此為天下除殘去賊宜縞素為資晉灼曰資質也欲令沛公反秦奢泰服儉素以為資師古曰縞白素也音工老反補注宋祁曰注文資字舊本作質今始入秦卽安其樂此所謂助桀為虐且忠言逆耳利於行毒藥苦口利於病補注宋祁曰逆耳苦口疑作逆於耳苦於口先謙曰史記亦作逆耳苦口願沛公

聽樊噲言沛公迺還軍霸上項羽至鴻門欲擊沛公項伯夜馳至沛公軍私見良欲與俱去良曰臣為韓王送沛公今有事急補注先謙曰官本作今事有急亡去不義迺具語沛公沛公大驚曰為之柰何良曰沛公誠欲背項王邪沛公曰鯫生說我距關毋內諸侯服虔曰鯫音七垢反鯫小人也臣瓚曰楚漢春秋鯫姓師古曰服說是也音才垢反補注先謙曰索隱鯫小魚也臣瓚案楚漢春秋鯫生本姓解此注誤作小人又脫三字致語義不了秦地可王也故聽之良曰沛公自度能卻項王乎師古曰卻音丘略反沛公默然曰補注先謙曰史記有固不能也句今為柰何良因要項伯見沛公補注先謙曰史記因作固義異沛公與伯飲為壽結婚令伯具言沛公不敢背項王所以距關者備宅盜也項羽後解語在羽傳補注齊召南曰案此直用史記而失者也鴻門之役史記於項羽本紀中詳敘故留侯世家曰語在項羽事中若漢書既移敘其事於高紀故羽傳從畧但曰語在高紀不應此文復曰語在羽傳也此史家修改所未及處漢元年沛公為漢王王巴蜀賜良金百溢服虔曰二十兩曰溢師古曰秦以溢名金若漢之論斤也補注錢大昭曰溢古鎰字食貨志云秦兼天下黃金以溢為名珠二斗良具以獻項伯漢王亦因令良厚遺項伯使請漢中地服虔曰本不盡與漢中故請求之補注先謙曰史集解引如淳曰本但與巴蜀故請漢中地案服注蓋據高紀蕭何等傳但言漢中故云然據此傳上文明言止王巴蜀則無漢中明矣如注為是此當在項羽議封未定時侯表良功狀亦有請漢中地四字項王許之漢王之國良送至襃中遣良歸韓良因說漢王燒絕棧道師古曰棧道閣道也示天下無還心以固項王意迺使良還行燒絕棧道師古曰還謂歸還韓且行且燒所過之處皆燒之也良歸至韓聞項羽以良從漢王故不遣韓王成之國與俱東至彭城殺之時漢王還定三秦良迺遺項羽書曰漢王失職欲得關中如約卽止不敢復東補注先謙曰官本無復字引宋祁曰敢字下疑有復字又以齊反書遺羽曰齊與趙欲幷滅楚項羽以故北擊齊良迺閒行歸漢漢王以良為成信侯從東擊楚至彭城漢王兵敗而還至下邑師古曰梁國之縣也今屬宋州補注先謙曰官本國作地高紀時周呂侯將兵居此帝往從之漢王下馬踞鞌而問曰吾欲捐關已東等棄之誰可與其功者師古曰捐關以東謂不自有其地將以與人令其立功共破楚也補注先謙曰已與以同

良曰九江王布楚梟將師古曰梟謂最勇健也與項王有隙彭越與齊王田榮反梁地補注先謙曰官本無田榮二字此兩人可急使而漢王之將獨韓信可屬大事當一面師古曰屬委也音之欲反卽欲捐之捐之此三人楚可破也漢王迺遣隨何說九江王布而使人連彭越師古曰與相連結也及魏王豹反使韓信特將北擊之師古曰特獨也專任之使將也補注先謙曰北史記作兵是因舉燕伐齊趙補注何焯曰伐當作代宋大字本亦誤作伐先謙曰史記作代然卒破楚者此三人力也良多病未嘗特將兵補注宋祁云舊本云持兵將常為畫策臣時時從漢三年項羽急圍漢王於滎陽漢王憂恐與酈食其謀橈楚權師古曰橈弱也音女教反其字從木酈生曰昔湯伐桀封其後杞武王誅紂封其後宋今秦無道補注先謙曰官本道作德引宋祁云浙本德字作道伐滅六國無立錐之地陛下誠復立六國後此皆爭戴陛下德義補注周壽昌曰高帝五年卽皇帝位此三年猶為漢王陛下之稱史臣追書之願為臣妾德義已行南面稱伯

師古曰伯讀曰霸〔補注〕先謙曰官本無注 楚必斂衽而朝 師古曰衽衣襟也〔補注〕王念孫曰衽謂袂也廣雅袂衽袖也衽袂也此云斂衽而朝貨殖傳海岱之間斂袂而往朝焉是衽即袂也管子弟子職篇攝衽盥漱又曰振衽埽席趙策攝衽抱几列女母儀傳文伯引衽攘捲而親饋之皆謂袂也 漢王曰善趣刻印先生因行佩之 師古曰趣讀曰促佩謂授與六國使帶也 酈生未行良從外來謁漢王漢王方食曰客有爲我計橈楚權者具以酈生計告良曰於子房如何 〔補注〕先謙曰言子房以爲如何也官本作何如意同叔孫通吳王濞傳並有於公何如之語其義並同宋本史記亦作於子房何如今本誤爲具以酈生語告於子房曰何如詳王念孫史記雜志 良曰誰爲陛下畫此計者陛下事去矣漢王曰何哉良曰臣請借前箸以籌之 張晏曰求借所食之箸用指畫也或曰前世湯武箸明之事以籌度今時之不若也師古曰或說非也箸音直庶反 昔湯武伐桀紂封其後者度能制其死命也 師古曰度音大各反 今陛下能制項籍死命乎其不可一矣武王入殷表商容閭 師古曰商容殷賢人也里門曰閭表謂顯異之 式箕子門 師古曰式亦表也一說至其門而撫車式所以敬之〔補注〕先謙曰史記作釋箕子之拘徐廣注釋一作式拘一作囚四不可式常亦門之誤字蓋人習知武王釋箕子囚而不知有式箕子門之事故改門爲囚而不計式囚之不可通也史記下云今陛下能封聖人之墓表賢者之閭式智者之門乎正承上三者言尤爲史漢文同之顯證後見王念孫史記雜志與余說大同 封比干墓今陛下能乎其不可二矣發鉅橋之粟 服虔曰鉅橋倉名也師古曰許愼云鉅鹿之大橋有漕粟也 散鹿臺之財 臣瓚曰鹿臺臺名今在朝歌城中師古曰劉向云鹿臺大三里高千尺也〔補注〕先謙曰財當依留侯世家作錢周本紀亦作財王念孫云此後人依晚出古文尚書改之武成正義引書治要引正作錢齊世家逸周書克殷篇管子版法解淮南主術道應篇並同殷本紀帝紂厚賦稅以實鹿臺之錢呂覽愼大篇云賦鹿臺之錢說苑指武篇散鹿臺之金錢並作錢自爲書盛行後人輒改錢爲財幸其參差不一猶可考見古書元文 以賜貧窮今陛下能乎其不可三矣殷事以畢偃革爲軒 蘇林曰革者兵車革輅軒者朱軒也如淳曰偃武備而治禮樂也 倒載干戈示不復用 〔補注〕宋祁曰載作戴 今陛下能乎其不可四矣休馬華山之陽示無所爲今陛下能乎其不可五矣息牛桃林之壄 晉灼曰在弘農閿鄉南谷中師古曰山海經云夸父之山北有林焉名曰桃林廣闊三百里即謂此也其山谷今在閿鄉縣東南湖城縣西南去湖城三十五里 示天下不復輸積 〔補注〕先謙曰官本無示字引宋祁曰浙本天字上有示字王念孫云案浙本是也史記漢紀及新序善謀篇皆有示字 今陛

下能乎其不可六矣且夫天下游士左親戚棄墳墓 師古曰左者言其乖避而委離之以從漢也〔補注〕先謙曰官本左作離引宋祁曰離親戚浙本離作左左者言其乖避而委離之若只作離字則不須用注也 去故舊從陛下者但日夜望咫尺之地今迺立六國後唯無復立者 師古曰既立六國後土地皆盡無以封功勞之人故云無復立者唯發語之辭 游士各歸事其主從親戚反故舊陛下誰與取天下乎其不可七矣且楚唯毋彊六國復橈而從之 服虔曰唯當使楚無彊彊則六國弱而從之晉灼曰當今唯楚大無有彊之者若復立六國皆橈而從之陛下焉得而臣之乎師古曰服說是也 陛下焉得而臣之其不可八矣 〔補注〕周壽昌曰史記以湯伐桀作不可者一武王伐紂作不可者二以下遞異至此書不可者七爲不可者八且楚唯無彊至焉得而臣之直接誠用客之謀云云無其不可八矣五字與本書稍異 誠用此謀陛下事去矣漢王輟食吐哺罵曰豎儒幾敗迺公事 師古曰輟止也哺食在口中者也幾近也哺音捕幾音鉅依反 令趣銷印 師古曰趣讀曰促 後韓信破齊欲自立爲假齊王 〔補注〕先謙曰官本無假字引宋祁曰齊王上疑有假字 漢王怒良說漢王漢王使良授齊王信印語在信傳五年冬漢王追楚至陽夏南 師古曰夏音工雅反 戰不利壁固陵諸侯期不至良說漢王漢王用其計諸侯皆至語在高紀漢六年封功臣良未嘗有戰鬭功高帝曰運籌策帷幄中 〔補注〕先謙曰史記幄作帳 決勝千里外子房功也自擇齊三萬戶良曰始臣起下邳與上會留此天以臣授陛下陛下用臣計幸而時中 〔補注〕周壽昌曰中讀曰仲 臣願封留足矣不敢當三萬戶迺封良爲留侯與蕭何等俱封 〔補注〕宋祁曰浙本封作拜 上已封大功臣二十餘人 〔補注〕宋祁云浙本無上字 其餘日夜爭功而不決 〔補注〕宋祁曰浙本無而字 未得行封上居雒陽南宮從復道望見諸將 師古曰復讀曰複〔補注〕先謙曰史記復作複集解引如淳云上下有道故謂之復道韋昭云閣道 往往數人偶語 〔補注〕先謙曰史記作往往相與坐沙中語 上曰此何語良曰陛下不知乎此謀反耳上曰天下屬安定何故而反 師古曰屬近也言近始安屬音之欲反 良曰陛下起布衣與此屬取天下今陛下已爲天子而所封皆蕭曹故人所親愛而所誅者皆平生仇怨今軍吏計功天

下不足㠯徧封此屬畏陛下不能盡封又恐見疑過失及誅故相聚而謀反耳上迺憂曰為將柰何良曰上平生所憎羣臣所共知誰最甚者上曰雍齒與我有故怨數窘辱我服虔曰未起之時與我有故怨也師古曰每㠯勇力困辱高祖補注王念孫曰案怨字因注文而衍蓋正文本作雍齒與我有故故服注申之曰未起之時與我有故怨若正文有怨字則服注爲贅語矣有故即有怨呂氏春秋精論篇齊桓公與管仲謀伐衛退朝而入衛姬望見君下堂再拜請衛君之罪公曰吾與衛無故子曷爲請無故即無怨也史記作雍齒與我故文選幽通賦注御覽居處部二十三引漢書並作雍齒與我有故新序善謀篇同皆無怨字我欲殺之為功多不忍良曰今急先封雍齒㠯示羣臣羣臣見雍齒先封則人人自堅矣於是上置酒封雍齒為什方侯蘇林曰漢中縣也師古曰地理志屬廣漢非漢中也今則屬益州什音十補注錢大昕曰功臣表作汁防而急趣丞相御史定功行封師古曰趣音促羣臣罷酒皆喜曰雍齒且侯我屬無患矣劉敬說上都關中上疑之左右大臣皆山東人多勸上都雒陽雒陽東有成皋西有殽黽師古曰殽山也黽池也音沔補注宋祁曰注文當作殽殽山也黽黽池也背河鄉雒其固亦足恃師古曰鄉讀曰嚮良曰雒陽雖有此固其中小不過

數百里田地薄四面受敵此非用武之國夫關中左殽函右隴蜀沃野千里師古曰沃者溉灌也言其土地皆有溉灌之利故云沃野南有巴蜀之饒北有胡苑之利師古曰謂安定北地上郡之北與胡相接之地可㠯畜牧者也養禽獸謂之苑阻三面而固守獨㠯一面東制諸侯諸侯安定河渭漕輓天下西給京師師古曰輓引也輓音晚諸侯有變順流而下足㠯委輸此所謂金城千里天府之國師古曰財物所聚謂之府言關中之地物產饒多可備贍給故稱天府也劉敬說是也於是上卽日駕西都關中良從入關性多疾補注周壽昌曰性猶生也周禮地官辨五地之物生杜子春讀生爲性亦猶體也魏志吳質傳注上將軍貟性肥中領軍朱爍性瘦與此性義同計秦滅韓時良年少越十年從高帝事帝十三年後六年卒壽不過五十卽道引不食穀孟康曰服辟穀藥而靜居行氣道讀曰導閉門不出歲餘上欲廢太子立戚夫人子趙王如意大臣多爭未能得堅決也呂后恐不知所為或謂呂后曰留侯善畫計上信用之呂后迺使建成侯呂澤

劫良曰補注先謙曰通鑑考異云澤當是釋之齊召南云考異是也澤與釋相近而譌其下文又脫之字耳呂澤封周呂侯呂釋之封建成侯恩澤侯表可據也先謙案釋澤通作字君常為上謀臣今上日欲易太子師古曰言日日欲易之君安得高枕而臥師古曰安處也良曰始上數在急困之中幸用臣策今天下安定㠯愛欲易太子骨肉之閒雖臣等百人何益呂澤彊要曰為我畫計良曰此難㠯口舌爭也顧上有所不能致者四人師古曰顧念也四人謂園公綺里季夏黃公角里先生所謂商山四皓也補注錢大昭曰案隸釋云揚子雲法言美行園公綺里季夏黃公角里先生班孟堅敘近古逸民與揚子同陳留志云園公姓庾字宣明常居園中因以號夏黃公姓崔名廣隱居夏里號曰黃公角里先生姓周名術或曰霸上先生皇甫謐之徒說又相戾故小顏悉棄不取陶淵明詩黃綺之南山杜子美詩黃綺終辭漢似亦以夏為地名也惟圈稱陳留耆舊傳自序云圈公為秦博士避地南山惠太子以為司徒至稱十一世漢刻有圈公角里先生神坐圈公綺里季神祚机則圈稱蓋有據也師古以爲商山四皓三輔舊事云四皓隱於上雒熊耳山是商山卽熊耳山周壽昌曰廣韻漢有應曜隱於淮陽山下與四皓俱徵曜獨不至時人語曰商山四皓不如淮陽一老八代孫劭集解漢書白帖卷二十二所引同案據此四人外尚有一人徵而不至者也先謙曰官本注角作角四人年老矣皆㠯上

嫚侮士師古曰嫚與慢同侮古侮字故逃匿山中義不為漢臣然上高此四人今公誠能毋愛金玉璧帛令太子為書卑辭安車因使辯士固請宜來師古曰宜應得其來來㠯為客時從入朝令上見之則一助也於是呂后令呂澤使人奉太子書卑辭厚禮迎此四人四人至客建成侯所漢十一年黥布反上疾欲使太子往擊之四人相謂曰凡來者將㠯存太子太子將兵事危矣迺說建成侯曰太子將兵有功卽位不益師古曰太子嗣君貴已極矣雖更立功位無加益矣補注錢大昭曰卽史記作則則卽聲相近古字通無功則從此受禍且太子所與俱諸將皆與上定天下梟將也今迺使太子將之此無異使羊將狼補注沈欽韓曰燕丹子荊軻曰太子率燕國之眾而當秦猶使羊將狼使狼追虎耳皆不肯為用其無功必矣臣聞母愛者子抱補注沈欽韓曰韓非備內篇語曰其母好者其子抱然則其為之反也其母惡者其子釋今戚夫人日夜侍御趙王常居前上終不使不肖子居愛子上補注先謙曰官本終上有曰字引劉攽曰曰字後人妄加王念孫云劉說非也

不使不肖子居愛子上是四皓述高帝之語如此外戚傳太子仁弱高祖以爲不類我常欲廢之立如意如意類我故下文曰明其代太子位必矣若無曰字則爲四皓語矣是四皓以太子爲不肖豈其然乎史記亦有曰字）明代太子位必矣（〔補注〕先謙曰官本明下有其字）君何不急請呂后承間爲上泣（師古曰因空隙之時）言黥布天下猛將善用兵今諸將皆陛下故等夷（師古曰夷平也言故時皆齊等〔補注〕周壽昌曰禮曲禮在醜夷不爭鄭注夷猶儕也）迺令太子將此屬莫肯爲用且布聞之鼓行而西耳（師古曰擊鼓而行言無所畏）上雖疾彊載輜車臥而護之（師古曰輜車衣車也護謂監領諸將）諸將不敢不盡力上雖苦彊爲妻子計於是呂澤夜見呂后（〔補注〕宋祁云浙本夜字上有立字先謙曰史記亦有立字）呂后承間爲上泣而言如四人意上曰吾惟之豎子固不足遣（師古曰惟思也）迺公自行耳（師古曰乃公汝父也）於是上自將而東羣臣居守皆送至霸上良疾強起至曲郵（師古曰在新豐西今俗謂之郵頭）見上曰臣宜從疾甚楚人剽疾（師古曰剽音匹妙反）願上慎毋與楚爭鋒因說上令太子爲將軍監關中兵（〔補注〕先謙曰高紀以三萬人軍霸上）上謂子房雖疾彊臥傅太子

是時叔孫通已爲太傅良行少傅事（〔補注〕先謙曰通鑑胡注古世子有三師三少至漢惟太傅少傅耳）漢十二年上從破布歸疾益甚愈欲易太子良諫不聽因疾不視事叔孫太傅稱說引古㠯死爭太子上陽許之（〔補注〕周壽昌曰史記陽作詳詳即佯字與陽同）猶欲易之及宴置酒太子侍四人者從太子年皆八十有餘須眉皓白衣冠甚偉（師古曰所㠯謂之四皓）上怪問曰何爲者（〔補注〕先謙曰史記何上有彼字）四人前對各言其姓名上迺驚曰吾求公避逃我（〔補注〕王念孫曰案避逃上更有一公字而今本脫之則語意不完外戚恩澤侯表序注文選謝瞻張子房詩注班彪王命論注引此並作吾求公公避逃我史記及新序善謀篇作吾求公數歲公避逃我皆重一公字）今公何自從吾兒游乎四人曰陛下輕士善罵臣等義不辱故恐而亡匿今聞太子仁孝恭敬愛士天下莫不延頸願爲太子死者故臣等來上曰煩公幸卒調護太子（師古曰調謂和平之護謂保安之）四人爲壽已畢趨去上目送之（師古曰以目瞻之訖其出也）召戚夫人指視曰（師古曰視讀曰示）我欲易之彼四人爲之輔羽翼

已成難動矣呂氏眞迺主矣（師古曰迺汝也）戚夫人泣涕上曰爲我楚舞吾爲若楚歌（師古曰若亦汝也）歌曰鴻鵠高飛一舉千里（師古曰鵠音胡督反）羽翼㠯就橫絕四海（師古曰就成也絕謂飛而直度也〔補注〕沈欽韓曰意林尸子曰鴻鵠之鷇羽翼未全而有四海之心）橫絕四海又可柰何（〔補注〕先謙曰史記又作當）雖有矰繳尙安所施（師古曰繳弋射也其矢爲矰矰音增繳音之若反）歌數闋（師古曰闋盡也曲終爲闋音口穴反）戚夫人歔欷流涕（師古曰歔音虛欷音稀又音許氣反）上起去罷酒竟不易太子者良本招此四人之力也良從上擊代出奇計下馬邑及立蕭相國（服虔曰何時未爲相國良勸高祖立之）所與從容言天下事甚眾（師古曰從音千容反〔補注〕宋祁曰浙本所與字下有上字王念孫曰案浙本是也無上字則文義不明史記亦有上字）非天下所㠯存亡故不著（師古曰著謂書之於史著音竹助反）良迺稱曰家世相韓及韓滅不愛萬金之資爲韓報仇彊秦天下震動今㠯三寸舌爲帝者師封萬戶位列侯此布衣之極於良足矣願棄人間事欲從赤松子遊耳（師古曰赤松子仙人號也神農時爲雨師服水玉教神農能入火自

燒至昆山上常止西王母石室隨風雨上下炎帝少女追之亦得仙俱去）迺學道欲輕舉（師古曰道謂仙道〔補注〕先謙曰史記作乃學辟穀道引輕身徐廣注云乃學道引欲輕舉也道下有引字是道讀曰導惟學導引方能輕身師古所見本無引字乃注云道謂仙道是望文爲注而失其本意矣）高帝崩呂后德良迺彊食之（師古曰食讀曰飤）曰人生一世如白駒之過隙（師古曰解在魏豹傳〔補注〕錢大昭曰南監本閩本世下有閒字先謙曰官本有閒字史記同）何自苦如此良不得已彊聽食後六歲薨（〔補注〕先謙曰史記作後八年卒據侯表良以高后二年薨）諡曰文成侯良始所見下邳圯上老父與書者（〔補注〕宋祁云浙本圯作汜）後十三歲從高帝過濟北果得穀城山下黃石（〔補注〕沈欽韓曰御覽六黃石公記曰黃石鎮星之精也）取而寶祠之（〔補注〕先謙曰史記寶作葆徐廣注史記珍寶字皆作葆）及良死并葬黃石（〔補注〕先謙曰史記衍家字當依此訂）每上冢伏臘祠黃石子不疑嗣侯孝文三年坐不敬國除（〔補注〕先謙曰侯表不疑孝文五年坐與門大夫殺故楚內史贖爲城旦與此云不敬異史記亦作五年明此三字誤）

陳平陽武戶牖鄉人也（師古曰陽武縣名屬陳留戶牖者其鄉名〔補注〕錢大昕曰案地理志陽武屬河南不

屬陳留沈欽韓曰御覽五百三十二引蔡邕陳留東昏庫上里社碑曰惟斯庫上里古陽武之戶牖鄉也秦時有池子華爲丞相秦本紀惠文後七年樂池相秦漢興陳平由此社宰遂相高祖剋定天下爲右丞相孝明之世虞延爲太尉熹平中延曾孫放以宰相繼踵咸出斯里雖有積德修身之效亦斯社所相乃樹碑云水經注東昏縣故陽武之戶牖鄉平有功於高祖封戶牖侯是後置東昏縣也紀要東昏城在開封府蘭陽縣東北二十里故戶牖鄉 少時家貧好讀書治黃帝老子之術有田三十畝與兄伯居伯常耕田縱平使游學平爲人長大美色〔補注〕先謙曰史記無大字蓋脫 人或謂平貧何食而肥若是其嫂疾平之不親家生產〔補注〕先謙曰不親言不親身治家事史記親作視字近而訛 曰亦食糠覈耳 孟康曰覈麥糠中不破者也晉灼曰覈音紇京師人謂麤屑爲紇頭〔補注〕錢大昭曰廣韻引作穅麧蘇輿曰說文麧堅麥也从麥乞聲孟注晉音與許合麧本字此借覈爲之說文麧下云麥覈屑也義微別 有叔如此不如無有伯聞之逐其婦棄之及平長可取婦富人莫與者〔補注〕宋祁云浙本作莫肯與 貧者平亦媿之久之戶牖富人張負〔補注〕先謙曰索隱負是婦人老宿之稱猶武負之類也然此張負既稱富人或恐是丈夫周壽昌云下云張負既見之喪所又云負隨平至其家此豈老婦人行動其爲丈夫無疑 有女孫五嫁夫輒死人莫敢取平欲得之邑中有大喪平家貧侍喪以先往後罷爲助張負既見之喪所獨視偉平 師古曰視而悅其奇偉 平亦以故後去負隨平至其家家迺負郭窮巷 師古曰負謂倚也 以席爲門然門外多長者車轍〔補注〕周壽昌曰長者貴人也後書馬援傳但謂長者家兒又予石當屛居自守而反游京師長者注長者謂豪俠魏志文帝詔三世長者知被服五世長者知飲食與此長者同 張負歸謂其子仲曰吾欲以女孫予陳平〔補注〕宋祁云越本無孫予二字劉攽曰吾欲以女陳平女下疑少一與字 仲曰平貧不事事 師古曰不事產業之事 一縣中盡笑其所爲獨柰何予之女負曰固有美如陳平長貧者乎卒與女爲平貧迺假貸幣以聘 師古曰貸音土戴反 予酒肉之資以內婦負戒其孫曰毋以貧故事人不謹事兄伯如事迺父事嫂如事迺母 師古曰迺汝也 平既取張氏女資用益饒游道日廣里中社〔補注〕先謙曰孔穎達云祭法大夫以下成羣立社曰置社注云大夫不得特立社與民族居百家以上則共立一社今時里社是也如鄭此言則周之政法百家以上得立社秦漢以來雖非大夫民二十五家以上則得立社故曰今之里社 平爲宰 師古曰主切割肉也 分肉甚均里父老曰善陳孺子之爲宰平曰嗟乎使平得宰天下亦如此肉矣陳涉起王使周市略地立魏咎爲魏王與秦軍相攻於臨濟平已前謝兄伯 服虔曰謝語其兄伯往事魏也 從少年往事魏王咎爲太僕說魏王王不聽人或讒之平亡去項羽略地至河上平往歸之從入破秦賜爵卿 張晏曰禮秩如卿不治事 項羽之東王彭城也漢王還定三秦而東殷王反楚項羽迺以平爲信武君將魏王客在楚者往擊殷降而還項王使項悍拜平爲都尉 師古曰悍音下旦反 賜金二十溢居無何 師古曰無何猶言無幾時 漢攻下殷項王怒將誅定殷者平懼誅迺封其金與印使使歸項王而平身閒行杖劍亡度河船人見其美丈夫獨行疑其亡將要下當有寶器金玉目之欲殺平平心恐乃解衣贏而佐刺船 師古曰自露其形示無所懷挾 船人知其無有迺止平遂至脩武降漢因魏無知求見漢王〔補注〕先謙曰索隱引張敞與朱邑書云陳平須魏倩而後進孟康云卽無知也 漢王召入是時萬石君石奮爲中涓受平謁平等十人俱進賜食〔補注〕先謙曰史記作七人 王曰罷就舍矣平曰臣爲事來所言不可以過今日於是漢王與語而說之 師古曰說讀曰悅 問曰子居楚何官平曰爲都尉是日拜平爲都尉使參乘典護軍諸將盡讙 師古曰讙囂而議也〔補注〕宋祁曰一本作譁注云譁囂而議 曰大王一日得楚之亡卒未知高下而卽與共載使監護長者〔補注〕先謙曰長者諸將自謂酈食其謂高帝不宜倨見長者是其例也史記護下衍軍字 漢王聞之愈益幸平遂與東伐項王至彭城爲楚所敗引師而還收散兵至滎陽以平爲亞將屬韓王信軍廣武絳灌等或讒平曰 師古曰舊說云絳絳侯周勃也灌灌嬰也而楚漢春秋高祖之臣別有絳灌疑昧之文不可據也〔補注〕王念孫曰史記或作咸案既言絳灌等則讒平者非止一人作咸者是也 平雖美丈夫如冠玉耳其中未必有也 孟康曰飾冠以玉光好外見中非所有也 聞平居家時盜其嫂 師古曰盜猶私也 事魏王不容亡而歸楚歸楚不中又亡歸漢 師古曰中音竹仲反 今大王尊官之令護軍臣聞平使諸將

金多者得善處金少者得惡處平反覆亂臣也願王察之漢王疑之以讓無知問曰有之乎無知曰有漢王曰公言其賢人何也對曰臣之所言者能也陛下所問者行也今有尾生孝己之行（如淳曰孝己高宗之子有孝行師古曰尾生古之信士一說卽微生高補注沈欽韓曰以下語本蘇秦謂燕王）而無益於勝敗之數陛下何暇用之乎今楚漢相距臣進奇謀之士顧其計誠足以利國家耳（師古曰顧念也）盜嫂受金又安足疑乎漢王召平而問曰吾聞先生事魏不遂事楚而去（師古曰遂猶竟也補注先謙曰官本無也字引宋祁曰注末當有也字）今又從吾游信者固多心乎平曰臣事魏王魏王不能用臣說故去事項王項王不信人其所任愛非諸項卽妻之昆弟（補注周壽昌曰諸項伯莊外帷聲它悍冠見各傳桃侯劉襄爲項氏親降漢封侯見表）雖有奇士不能用臣居楚聞漢王之能用人故歸大王贏身來不受金無以爲資誠臣計畫有可采者願大王用之（補注先謙曰史記願誤顧）使無可用者大王所賜金具在請封輸官得請骸骨漢王迺謝厚賜拜以爲護軍中尉盡護諸將諸將迺不敢復言其後楚急擊絕漢甬道圍漢王於滎陽城漢王患之請割滎陽以西和項王弗聽漢王謂平曰天下紛紛何時定乎平曰項王爲人恭敬愛人士之廉節好禮者多歸之至於行功賞爵邑重之（師古曰言愛惜之）士亦以此不附今大王嫚而少禮士之廉節者不來然大王能饒人以爵邑士之頑頓耆利無恥者亦多歸漢（如淳曰頑頓謂無廉隅也師古曰頓讀曰鈍耆讀曰嗜）誠各去兩短集兩長天下指麾卽定矣然大王資侮人（師古曰資謂天性也侮古侮字補注先謙曰史記資作恣義異）不能得廉節之士顧楚有可亂者（師古曰顧念也）彼項王骨鯁之臣（補注先謙曰官本鯁作骾）亞父鍾離眛龍且周殷之屬（師古曰眛音秣且音子閭反補注先謙曰官本眛作昧）不過數人耳大王能出捐數萬斤金行反閒閒其君臣以疑其心（師古曰閒音居莧反）項王爲人意忌信讒（補注先謙曰意疑也）必內相誅漢因舉兵而攻之破楚必矣

漢王以爲然迺出黃金四萬斤予平恣所爲不問出入平既多以金縱反閒於楚軍宣言諸將鍾離眛等爲項王將功多矣然終不得列地而王欲與漢爲一以滅項氏分王其地項王果疑之使使至漢漢爲太牢之具舉進見楚使（師古曰舉鼎俎而來補注先謙曰官本注在舉進下）卽陽驚曰以爲亞父使迺項王使也復持去以惡草具進楚使（服虔曰去肴肉更以惡草之具補注宋祁曰浙本作菜草之具）使歸具以報項王果大疑亞父（補注宋祁云浙本果字上復有項王二字）亞父欲急擊下滎陽城項王不信不肯聽亞父亞父聞項王疑之迺大怒曰天下事大定矣君王自爲之願乞骸骨歸（補注宋祁曰乞當作賜）歸未至彭城疽發背而死（師古曰疽癰瘡也音千余反）平迺夜出女子二千人滎陽東門楚因擊之平迺與漢王從城西門出去（補注宋祁曰出去當作夜出先謙曰史記作夜出去）遂入關收聚兵而復東明年淮陰侯信破齊自立爲假齊王使使言之漢王漢王怒而罵平躡漢王（孟康曰躡謂躡漢王足）漢王寤迺厚遇齊使使張良往立信爲齊王於是封平以戶牖鄉用其計策卒滅楚漢六年人有上書告楚王韓信反高帝問諸將諸將曰亟發兵阬豎子耳（師古曰亟急也音居力反）高帝默然以問平平固辭謝曰（補注宋祁曰一本固作因然作固爲長）諸將云何上具告之平曰人之上書言信反人有聞知者乎曰未有曰信知之乎曰弗知平曰陛下兵精孰與楚（師古曰與如也）上曰不能過也平曰陛下將用兵有能敵韓信者乎上曰莫及也平曰今兵不如楚精將弗及而舉兵擊之是趣之戰也（師古曰趣讀曰促）竊爲陛下危之上曰爲之柰何平曰古者天子巡狩會諸侯南方有雲夢（師古曰楚澤名夢音莫風反又讀如本字補注沈欽韓曰一統志安陸以南華容以北枝江以東皆古之雲夢澤後世悉爲邑居聚落）陛下弟出僞游雲夢（師古曰弟但也語聲急也它皆類此補注先謙曰官本弟作第）會諸侯於陳陳楚之西界信聞天子以好出游其勢必郊迎謁（師古曰言出郊遠迎謁也補注先謙曰官本言出郊作出其郊）而陛下因禽之特一

力士之事耳〔補注〕宋祁云浙本特字上有此字 高帝以爲然迺發使告諸侯會陳吾將南游雲夢上因隨以行行至陳〔補注〕先謙曰史記作行未至陳陳是也故信迎於道中下乃至陳而會諸侯也本書蓋奪一未字 楚王信果郊迎道中高帝豫具武士見信卽執縛之語在信傳遂會諸侯於陳〔補注〕先謙曰史記有盡定楚地句 還至雒陽與功臣剖符定封封平爲戶牖侯世世勿絕平辭曰此非臣之功也上曰吾用先生計謀戰勝克敵非功而何平曰非魏無知臣安得進上曰若子可謂不背本矣師古曰若如也 迺復賞魏無知其明年平從擊韓王信於代至平城爲匈奴圍七日〔補注〕宋祁曰圍字上疑有所字王念孫曰文選劉峻重贈盧諶詩注陸機漢高祖功臣頌注引此皆有所字史記同 不得食高帝用平奇計使單于閼氏解圍以得開師古曰閼氏音焉支〔補注〕先謙曰解字上屬爲句謂解說也史記無解字 高帝既出其計祕世莫得聞高帝南過曲逆孟康曰中山蒲陰縣〔補注〕先謙曰在今保定府完縣東南 上其城望室屋甚大曰壯哉縣吾行天下獨見雒陽與是耳顧問御史曲逆戶口幾何〔補注〕沈欽韓曰百官表御史掌圖籍祕書故戶口之數職知之每有封爵與丞相同被詔亦因此 對

曰始秦時三萬餘戶間者兵數起多亡匿今見五千餘戶於是召御史〔補注〕先謙曰官本召作詔是史記同 更封平爲曲逆侯〔補注〕宋祁曰曲逆漢書元無音文文選載陸士衡高祖功臣頌曲逆宏達好謀能斷注曲區句反逆音遇 盡食之〔補注〕錢大昕曰漢時封縣侯戶數多少不同如蕭何始封鄼食八千戶後又益封二千戶元狩中以鄼戶二千四百封其曾孫慶宣帝時以鄼戶二千封其元孫建世封號雖同而租入迥別蓋一縣之戶不止此數除一侯所食外其餘歸之有司也高祖功臣盡食一縣者惟平一人 除前所食戶牖平自初從至天下定後常以護軍中尉從擊臧荼陳豨黥布〔補注〕先謙曰史記無臧荼 凡六出奇計〔補注〕錢大昭曰閒疏楚君臣一奇計也夜出女子二千人滎陽東門二奇計也躡漢王立信爲齊王三奇計也僞游雲夢縛信四奇計也解平城圍五奇計也其六當在從擊臧荼陳豨黥布時史傳無文 輒益邑封奇計或頗祕世莫得聞也高帝從擊布軍還病創徐行至長安燕王盧綰反上使樊噲以相國將兵擊之既行人有短惡噲者師古曰陳其短失過惡於上謂譖毀之宅皆類此 高帝怒曰噲見吾病迺幾我死也孟康曰幾幸我死也幾音冀 用平計召絳侯周勃受詔牀下曰平乘馳傳載勃代噲將師古曰傳音張戀反〔補注〕先謙曰官本曰下有陳字引宋祁云景祐本無陳字校添先謙案史記有陳字 平至軍中卽斬噲頭二人既受詔馳傳未至軍行計曰樊噲帝之故人功多師古曰行計謂於道中且計也〔補注〕宋祁曰注文道中字下當有行字 又呂后女弟呂須夫〔補注〕王念孫曰弟上本無女字後人以意加之也女弟而但曰弟者省文耳景祐本及史記皆無女字樊噲傳噲以呂后弟呂須爲婦五行志趙皇后弟昭儀高五王傳紀太后取其弟紀氏女爲王后弟上皆無女字先謙曰官本須作頦下同 有親且貴帝以忿怒故欲斬之卽恐後悔寧因而致上令上自誅之未至軍爲壇以節召樊噲噲受詔卽反接師古曰反縛兩手也 載檻車詣長安而令周勃代將兵定燕平行聞高帝崩師古曰未至京師於道中聞高帝崩 平恐呂后及呂須怒迺馳傳先去逢使者詔平與灌嬰屯於滎陽平受詔立復馳至宮哭殊悲因奏事喪前呂后哀之曰君出休矣平畏讒之就師古曰就成也言畏讒毒己者得其成計〔補注〕先謙曰其成字誤倒 因固請之得宿衞中〔補注〕宋祁曰之字可刪王念孫曰平此時但請之耳

下文太后以爲郎中令然後得其所請若云因固請之得宿衞中則是平已得宿衞而下文爲贅語矣之字涉上文兩之字而衍史記無 太后迺以爲郎中令曰傅教帝如淳曰傅相之〔補注〕先謙曰史記日作曰 是後呂須讒迺不得行樊噲至卽赦復爵邑惠帝六年相國曹參薨安國侯王陵爲右丞相平爲左丞相

王陵沛人也始爲縣豪高祖微時兄事陵及高祖起沛入咸陽陵亦聚黨數千人居南陽不肯從沛公及漢王之還擊項籍陵迺以兵屬漢〔補注〕齊召南曰陵之初從傳與表判然不同據此傳則在漢王還定三秦率五諸侯伐楚之後故下文云陵本無從漢之意也但張蒼傳言陵解張蒼之厄乃在沛公初定南陽未入武關以前何邪先謙曰據高紀帝入南陽時陵降特未從入關耳救張蒼在南陽於事理固無礙也 項羽取陵母置軍中陵使至則東鄉坐陵母欲以招陵師古曰鄉讀曰嚮 陵母既私送使者泣曰願爲老妾語陵善事漢王漢王長者毋以老妾故持二心妾以死送使者遂伏劍而死項王怒亨陵母陵卒從漢王定天下以善雍齒雍齒高祖之仇陵又

本無從漢之意吕故後封陵爲安國侯〔補注〕周壽昌曰最後始封史記作晚封陵爲
人少文任氣好直言爲右丞相二歲惠帝崩高后欲立諸吕爲王
問陵陵曰高皇帝刑白馬而盟曰非劉氏而王者天下共擊之今
王吕氏非約也太后不說師古曰說讀曰悦問丞相平〔補注〕先謙曰官本丞上有左字及
絳侯周勃等皆曰高帝定天下王子弟今太后稱制欲王昆弟諸
吕無所不可太后喜罷朝陵讓平勃曰始與高帝喋血而盟諸君
不在邪師古曰喋小歃也音所甲反〔補注〕宋祁云浙本無而字王念孫曰浙本是也景祐本作啑而盟而即血之誤此作喋
血而盟者一本作血一本作而而寫者誤合之耳史記吕后紀作啑血盟無而字今高帝崩太后女主欲
王吕氏諸君縱欲阿意背約何面目見高帝於地下乎平曰於面
折廷爭臣不如君師古曰廷爭謂當朝廷而諫爭全社稷定劉氏後〔補注〕先謙曰官本定作安
君亦不如臣陵無吕應之於是吕太后欲廢陵迺陽遷陵爲帝太
傅實奪之相權〔補注〕周壽昌曰之猶其也古訓如此項籍傳籍以故疑范增稍奪之權語相類陵怒謝病
免杜門竟不朝請師古曰杜塞也閉塞其門也請音才性反杜字本作𢾺音同〔補注〕先謙曰官本𢾺作敷十
年而薨〔補注〕先謙曰史記作七年陵之免吕太后徙平爲右丞相吕辟陽侯審
食其爲左丞相師古曰食其音異基食其亦沛人也漢王之敗彭城西楚取
太上皇吕后爲質食其吕舍人侍吕后其後從破項籍爲侯幸於
吕太后及爲相不治鄭氏曰不立治處使止宫中也李奇曰不治丞相職事也師古曰李說是也監宫
中如郎中令公卿百官皆因決事吕須常吕平前爲高帝謀執樊
噲數讒平曰爲丞相不治事日飲醇酒戲婦人平聞日益甚吕太
后聞之私喜〔補注〕先謙曰平不以能加於辟陽之上又無治迹不爲吕后所畏忌故后喜之面質吕須於
平前師古曰質對也曰鄙語曰兒婦人口不可用顧君與我何如耳無畏
吕須之譖師古曰顧念也吕太后多立諸吕爲王平僞聽之師古曰謂且順從之不乖
牾也及吕太后崩平與太尉勃合謀卒誅諸吕立文帝平本謀也審
食其免相文帝立舉吕爲相如淳曰舉猶皆也衆人之議皆吕爲勃平功多矣師古曰言文帝吕平勃

倶舊臣有功皆欲吕爲相太尉勃親吕兵誅吕氏功多平欲讓勃位迺謝病文
帝初立怪平病〔補注〕周壽昌曰怪其無故以病謝問之平曰高帝時〔補注〕宋祁曰別本帝上有
皇字勃功不如臣及誅諸吕臣功亦不如勃願吕相讓勃於是迺吕
太尉勃爲右丞相位第一平徙爲左丞相位第二賜平金千斤益
封三千戶居頃之上益明習國家事朝而問右丞相勃曰天下一
歲決獄幾何師古曰臨朝問也幾音居豈反勃謝不知問天下錢穀一歲出入幾
何勃又謝不知汗出洽背師古曰洽霑也〔補注〕先謙曰史記作沾背媿不能對上亦問
左丞相平平曰各有主者〔補注〕宋祁曰越本無各字王念孫曰越本是也景祐本亦無各字此涉下文苟
各有主者而衍下文平曰陛下即問決獄責廷尉問錢穀責治粟内史故文帝曰苟各有主者而君所主何事此文但言有主者而
已不須言各北堂書鈔政術部下藝文類聚職官部一御覽職官部二引此皆無各字史記亦無上曰主者爲誰
乎平曰陛下即問決獄責廷尉問錢穀責治粟内史上曰苟各有
主者而君所主何事也平謝曰主臣文穎曰惶恐之辭也猶今言死罪也孟康曰主臣主羣臣
也若今言人主晉灼曰主擊也臣服也言其擊服惶恐之辭師古曰文晉二說是也〔補注〕先謙曰集解引張晏云若今人謝曰惶恐
也馬融龍虎賦勇怯見之莫不主臣先謙案據馬賦則作惶恐解漢時自有確詁蓋對主稱臣惶恐意自見別無義可求陛下
不知其駑下使待罪宰相師古曰駑凡馬之稱非駿者也故吕自喻駑音奴宰相者上佐
天子理陰陽順四時下遂萬物之宜師古曰遂申也外塡撫四夷諸侯内
親附百姓使卿大夫各得任其職也上稱善勃大慙出而讓平曰
君獨不素敎我乎平笑曰君居其位獨不知其任邪且陛下即問
長安盜賊數又欲彊對邪〔補注〕劉攽曰盜賊數亦自有主者謂不當問細故也於是絳侯自
知其能弗如平遠矣居頃之勃謝病請免相〔補注〕宋祁曰越本無病請二字而平
顓爲丞相師古曰顓與專同〔補注〕周壽昌曰此後無左右孝文二年平薨謚曰獻侯傳子
至曾孫何坐略人妻棄主〔補注〕先謙曰官本主作市是王陵亦至玄孫坐酎金
國除辟陽侯食其免後三歲而爲淮南王所殺文帝令其子平嗣
侯淄川王反辟陽近淄川平降之國除〔補注〕先謙曰辟陽信都縣今冀州東南三十里淄川

國在青州府壽光縣東南三十一里此蓋因地近而先交通侯表審平坐謀反自殺卽謂此始平曰我多陰謀道家之所禁師古曰此平謂陳平吾世卽廢亦已矣終不能復起以吾多陰禍也〔補注〕先謙曰官本無終字引宋祁曰不能字上疑有終字其後曾孫陳掌以衞氏親戚貴師古曰掌妻衞子夫之姊願得續封〔補注〕先謙曰官本封下有之字引宋祁曰浙本無之字王念孫曰浙本是也封下不當有之字後漢書袁安傳注引此無之字然終不得也〔補注〕宋祁曰得一作行

周勃沛人其先卷人也師古曰卷縣名也地理志屬河南音丘權反其下亦同〔補注〕先謙曰官本沛人下有也字引宋祁曰沛人也也字可刪案卷在今懷慶府原武縣西北從沛勃以織薄曲爲生蘇林曰薄一名曲月令曰具曲植師古曰許愼云葦薄爲曲也常以吹簫給喪事師古曰吹簫以樂喪賓若樂人也〔補注〕沈欽韓曰鹽鐵論散不足篇今俗因人之喪以求酒食幸與小坐而責辦歌舞俳優連笑伎戲此沿秦俗之弊先謙曰顏注本臣瓚索隱引賓作殯是又云左傳歌虞殯猶今挽歌類也歌者或有簫管材官引强服虔曰能引强弓弩官也孟康曰如今挽强司馬也師古曰强音其兩反高祖爲沛公初起勃以中涓從攻胡陵下方與師古曰音房豫方與反與戰卻敵攻豐擊秦軍碭東還軍留及蕭復攻碭破之

下下邑先登賜爵五大夫攻蘭虞取之〔補注〕齊召南曰史記作攻蒙虞是也此承下邑之文曹參傳亦曰攻下邑以西至虞据地理志梁國卽秦碭郡也下邑蒙虞三縣俱屬梁國此文蘭應作蒙先謙曰地無蘭虞名齊說是擊章邯車騎殿師古曰殿之言塡也謂鎭軍後以扞敵勃擊破章邯之殿兵也殿音丁見反〔補注〕劉奉世曰殿最多皆功之高下名品也周壽昌曰殿爲高帝殿後也擊章邯車騎句殿一字句先謙曰殿若是名品則下功也傳不當書劉說謬顏同二說並通據曹參傳擊秦將章邯車騎則是以章邯車騎爲句矣周說較優略定魏地攻轅戚東緡以往至栗師古曰緡音昬〔補注〕先謙曰轅戚詳曹參傳東緡山陽縣今濟甯州金鄉縣東北二十里顏以爲陳留之東昬誤也栗沛郡縣今歸德府夏邑縣治取之攻齧桑〔補注〕沈欽韓曰紀要齧桑亭在徐州沛縣西南先登擊秦軍阿下破之〔補注〕先謙曰阿詳曹參傳追至濮陽下鄄城〔補注〕齊召南曰史鄄作甄鄄阿地近濮陽史記是先謙曰鄄城濟陰縣今曹州府濮州東二十里攻都關定陶〔補注〕先謙曰都關山陽縣在今濮州東南襲取宛朐得單父令師古曰音善甫〔補注〕先謙曰宛朐卽冤句濟陰縣今曹州府菏澤縣東南單父山陽縣今曹州府單縣南一里夜襲取臨濟攻壽張以前至卷〔補注〕先謙曰臨濟卽魏咎田儋死處壽張當作壽良東郡縣今泰安府東平州西南後漢光武以叔父名良諱改壽張此作壽張後人所改史記作攻張又脫壽字破李由雍丘

下攻開封先至城下爲多文穎曰勃士卒至者多也如淳曰周禮戰功曰多師古曰多謂功多也後章邯破項梁沛公與項羽引兵東如碭自初起沛還至碭一歲二月楚懷王封沛公號武安侯爲碭郡長沛公拜勃爲襄賁令師古曰賁音肥〔補注〕沈欽韓曰史記作虎賁令徐廣云一作句盾令史記是也高祖方用勃爲將安得遠縣棄之從沛公定魏地攻東郡尉於成武破之〔補注〕先謙曰史記有擊王離軍破之六字案曹參傳亦有擊王離軍成陽南正在項羽渡河救趙之前此誤脫攻長社先登攻潁陽緱氏〔補注〕先謙曰長社潁陽並潁川縣長社在今許州長葛縣西潁陽今許州西南絕河津擊趙賁軍尸北師古曰賁音奔尸卽尸鄉南攻南陽守齮破武關嶢關攻秦軍於藍田〔補注〕先謙曰史記攻作破是至咸陽滅秦項羽至以沛公爲漢王漢王賜勃爵爲威武侯從入漢中拜爲將軍還定三秦賜食邑懷德〔補注〕先謙曰懷德馮翊縣在今西安府富平縣西南十里攻槐里好時最如湻曰於將率之中功爲最也〔補注〕沈欽韓曰商子境內篇陷隊之士其先入者舉爲最其後入者舉爲殿先謙曰槐里卽廢丘據後書之北擊趙賁內史保於咸陽最北救漆師古曰漆扶風縣〔補注〕錢大昭曰救當從史記

作攻先謙曰今邠州治擊章平姚卬軍西定汧師古曰汧亦扶風縣音口肩反〔補注〕先謙曰在今鳳翔府隴州南還下郿頻陽師古曰郿卽岐州郿縣也頻陽在櫟陽東北郿音媚〔補注〕先謙曰郿扶風縣在今鳳翔府郿縣東北頻陽馮翊縣在今西安府富平縣東北五十里圍章邯廢丘破之西擊益已軍破之如湻曰章邯將也〔補注〕先謙曰史記西作破西丞益已作盜巴西天水縣疑此奪文益盜已巴形近未知孰是攻上邽師古曰邽音圭〔補注〕先謙曰上邽隴西縣今秦州西南東守嶢關〔補注〕先謙曰此高帝使距關不內諸侯軍擊項籍攻曲遇最師古曰曲音丘禹反遇音顒〔補注〕先謙曰史記作曲逆誤還守敖倉追籍籍已死因東定楚地泗水東海郡凡得二十二縣還守雒陽櫟陽賜與潁陰侯共食鍾離〔補注〕先謙曰鍾離九江縣今鳳陽府東北二十里潁陰史記作潁陽潁陰侯灌嬰無潁陽侯以將軍從高祖擊燕王臧荼破之易下〔補注〕先謙曰易涿郡縣今保定府雄縣西北十五里所將卒當馳道爲多師古曰當高祖所行之前〔補注〕劉敞曰馳道猶言乘輿耳言勃將卒在馳道有功也戰功曰多沈欽韓曰謂敵人馳車衝突之道當之者功爲多也注非先謙曰索隱或以馳道爲秦之馳道故賈山傳云秦爲馳道東窮燕齊也先謙案諸說顏劉爲優賜爵列侯剖符世世不絕食絳八千二百八十戶〔補注〕先謙曰史

記二百作一百以將軍從高帝擊韓王信於代，降下霍人，以前至武泉，孟康曰縣屬雲中也。補注先謙曰索隱蘇該云左傳以偪陽子歸納諸霍人，杜預云晉邑也，或作靃。正義靃音瑣，又音蘇寡反。顏師古云音山寡反。案霍字當作葰，地理志云葰人縣屬太原郡。先謙案葰人在今代州繁峙縣南。張引顏音今本所無。武泉今朔平府右玉縣西北。擊胡騎，破之武泉北，轉攻韓信軍銅鞮，破之。還，降太原六城。擊韓信胡騎晉陽下，破之，下晉陽。後擊韓信軍於硰石，應劭曰硰音沙。孟康曰地名也。齊恭曰硰音赤坐反。師古曰齊音是也。補注沈欽韓曰正義云在樓煩縣西北。明志太原府靜樂縣西北有廢樓煩縣，唐所置為監牧地也。紀要硰石城在靜樂縣東北。靜樂今屬忻州。先謙曰後是復之誤，下文後擊綰軍沮陽，史記後作復，即其證也。此後字史記亦誤。破之，追北八十里。還攻樓煩三城，補注先謙曰樓煩雁門縣，今代州崞縣東北。因擊胡騎平城下，所將卒當馳道為多。勃遷為太尉。陳豨屠馬邑，補注錢大昭曰陳豨上脫擊字，史記及南監本、閩本皆有。先謙曰官本有。所將卒斬豨將軍乘馬降。師古曰姓乘馬，名降也。乘音食孕反。補注先謙曰史記降作絺。轉擊韓信、陳豨、趙利軍於樓煩，破之。得豨將宋最、鴈門守圂，師古曰圂者鴈門守之名，音下頓反。因轉攻得雲中守遬、丞相箕肄、將軍博。師古曰遬古速字也。肄音弋二反。博者亦豨將之名也。補注先謙曰史記肄作肆，博作勳，無軍字。定鴈門郡十七縣，雲中郡十二縣。因復擊豨靈丘，補注先謙曰靈丘代郡縣，在今大同府靈丘縣東。破之，斬豨丞相程縱、將軍陳武、都尉高肄，定代郡九縣。補注先謙曰史記肄作肆，斬豨下有得豨二字，謂既斬豨又得縱等也。高紀周勃定代，斬陳豨於當城，與史言斬豨事則此當城相距近也。後不更言斬豨，靈丘異，蓋靈丘處終言之為是。疑本書奪得豨二字也。燕王盧綰反，勃以相國代樊噲將，補注錢大昭曰時高帝怒噲，使陳平即軍中斬噲，故勃代之。周壽昌曰勃為丞相在孝文初，此是虛稱。擊下薊，師古曰即幽州薊縣也，音計。補注先謙曰薊廣陽縣，今順天府大興縣西南。得綰大將抵、丞相偃、守陘，張晏曰盧綰郡守陘，其名也。師古曰陘音刑。太尉弱、御史大夫施、屠渾都。師古曰姓施，屠名渾都。渾音胡昆反。補注先謙曰索隱施名也，屠滅之也。地理志渾都縣屬上谷。先謙案渾都志作軍都，渾軍通借字，在今順天府昌平州西十七里。破綰軍上蘭，補注沈欽韓曰正義引括地志云媯州懷戎縣東北有馬蘭溪水，恐是。案水經注馬蘭溪水導源馬蘭城。明志薊州遵化縣北有馬蘭峪。後擊綰軍沮陽，服虔曰沮音阻。師古曰縣名，屬上谷。補注先謙曰後史記作復，是。沮陽在今宣化府懷來縣南。追至長城，定上谷十二縣，右北平十六縣，遼

東二十九縣，補注錢大昭曰遼東上史記有遼西二字。案地理志遼西縣十四，遼東縣十八，合之得三十二縣，較絳侯所定者多三縣，後又有析置者耳。且下云定郡五，若無遼西止四郡矣，當從史記為是。漁陽二十二縣。補注錢大昭曰當作十二縣。先謙曰史記亦作二十二縣。最從高帝得相國一人，師古曰最者凡也，總言其攻戰克獲之數。丞相二人，將軍二千石各三人。別破軍二，下城三，定郡五，縣七十九，得丞相、大將各一人。勃為人木彊敦厚，師古曰木謂質樸。彊音其兩反。高帝以為可屬大事。師古曰屬委也，音之欲反。勃不好文學，每召諸生說士，東鄉坐責之：如淳曰勃自東鄉責諸生說士，不以賓主之禮也。師古曰鄉讀曰嚮。補注錢大昭曰士南監本、閩本竝作事。先謙曰官本作事，史記作士。趣為我語。蘇林曰音趣舍。臣瓚曰令直言，勿稱經書也。師古曰二說皆非也。趣讀曰促，謂令速言也。其椎少文如此。服虔曰謂訥鈍也。應劭曰今俗名拙語為椎儲。師古曰椎謂樸鈍如椎也，音直推反。勃既定燕而歸，高帝已崩矣，以列侯事惠帝。惠帝六年，置太尉官，以勃為太尉。補注先謙曰徐廣云功臣表及將相表皆高后四年始置太尉。齊召南云案傳此文與公卿表同，蓋用史記世家而不取史記功臣、將相二表也。十年，高后崩。呂祿以趙王為漢上將軍，呂產以呂王為相國，秉權，欲危劉氏。補注先謙曰史記有勃為太尉不得入軍門、陳平為丞相不得任事四語。勃與丞相平、朱虛侯章共誅諸呂，語在高后紀。於是陰謀以為少帝及濟川、淮陽、恆山王皆非惠帝子，補注錢大昕曰此稱恆山，後稱常山，史駁文也。攷外戚恩澤侯表，高后時以孝惠子侯者四人：襄城侯義，三年為常山王，頍名，即少帝也；軹侯朝，四年為常山王；壺關侯武，六年為淮陽王；昌平侯大，七年為呂王。異姓諸侯王表高后七年呂王產徙梁，十一月丁巳，王大始，故平昌侯（恩澤侯表作昌平侯）。傳稱濟川王，表稱呂王，其實一也。初高后割齊之濟南郡為呂王奉邑，及呂產徙封，改呂國曰濟川，以王孝惠之子，此事之所宜有者，則濟川即濟南矣。孝景時分梁為濟川國，攷梁孝王始封，其時濟南王辟光尚存，七國既平，梁又未嘗益封，此兩濟川者，名同而實異也。先謙曰官本迺作以，是。呂太后以計詐名宅人子，殺其母，養之後宮，令孝惠子之，立以為後，用彊呂氏。今已滅諸呂，少帝即長用事，吾屬無類矣。師古曰云被誅滅無遺種。不如視諸侯賢者立之。遂迎立代王，是為孝文皇帝。東牟侯興居，朱虛侯章弟也，曰：誅諸呂臣無功，請得除宮。迺與太僕汝陰滕公入宮。補注劉攽曰當云汝陰侯。滕公前謂少帝曰：足下非劉氏，不當立。迺顧麾左

右執戟皆仆兵罷師古曰仆頓也音赴有數人不肯去官者令張釋諭告亦
去師古曰荊燕吳傳云張擇今此作釋參錯不同未知孰是也〔補注〕先謙曰官本官作宦是擇當爲澤滕公召乘輿
車載少帝出少帝曰欲持我安之乎師古曰言往何所也滕公曰就舍少府
〔補注〕周壽昌曰何焯用宋本校舍下多一舍字迺奉天子法駕迎皇帝代邸報曰宮謹除
〔補注〕宋祁曰除下當有矣字皇帝入未央宮有謁者十人持戟衞端門師古曰端門殿之正門
曰天子在也足下何爲者不得入太尉往喻迺引兵去皇帝
遂入是夜有司分部誅濟川淮陽常山王及少帝於邸文帝卽位
以勃爲右丞相賜金五千斤邑萬戶居十餘月〔補注〕先謙曰史記作居月餘人
或說勃曰君既誅諸呂立代王威震天下而君受厚賞處尊位以
厭之則禍及身矣師古曰厭謂當之也言既有大功又受厚賞而居尊位以久當之則禍及矣厭音一涉反又音烏狎反〔補注〕先謙曰官本郎上多不去二字此脫勃懼亦自危迺謝請歸相印上許之歲
餘陳丞相平卒上復用勃爲丞相〔補注〕先謙曰官本無丞字引宋祁曰浙本相字上有丞字十

餘月上曰前日吾詔列侯就國或頗未能行丞相朕所重其爲朕
率列侯之國迺免相就國〔補注〕先謙曰本書王商傳張匡云任者丞相周勃再建大功及孝文時纖介怨恨而日爲之蝕於是退勃使就國卒無怵愁憂案傳志皆無其事蓋匡妄言歲餘每河東守尉行縣至
絳絳侯勃自畏恐誅常被甲令家人持兵以見其後人有上書告
勃欲反下廷尉逮捕勃治之勃恐不知置辭師古曰置立也辭對獄之辭吏稍
侵辱之勃以千金與獄吏獄吏迺書牘背示之李奇曰吏所執簿也師古曰牘木簡以書辭也音讀曰以公主爲證公主者孝文帝女也勃太子勝之尚之師古曰尚配也解在張耳傳故獄吏教引爲證初勃之益封〔補注〕先謙曰史記有受賜二字盡以
予薄昭及繫急薄昭爲言薄太后太后亦以爲無反事文帝朝太
后以冒絮提文帝應劭曰陌頟絮也晉灼曰巴蜀異志謂頭上巾爲冒絮師古曰冒覆也老人所以覆其頭提擲也提音徒計反〔補注〕周壽昌曰榛名帽冒也漢時亦自稱帽本書鄧通初以刺船郎著黃帽應云陌頟絮者方言幧巾南楚之間云陌頟也唐宋以來叫曰抹頟索隱提藁該音底擲也案卽抵物之抵戰國策侍醫夏無且以其所奉藥囊提荊軻與此同義曰

絳侯綰皇帝璽將兵於北軍應劭曰言勃誅諸呂廢少帝手貫國璽時尚不反況今更有異乎師古曰綰謂引結其組音烏版反〔補注〕先謙曰官本貫作綰不以此時反今居一小縣顧欲反邪師古曰顧猶念也文帝既見勃獄辭迺謝曰吏方驗而出之〔補注〕先謙曰史記吏下衍事字
於是使使持節赦勃復爵邑勃既出曰吾嘗將百萬軍然安知獄
吏之貴也〔補注〕先謙曰官本無然字引宋祁曰浙本安知字上有然字勃復就國孝文十一年
薨謚曰武侯子勝之嗣尚公主不相中如淳曰猶言不相合當也師古曰意不相可也中音竹仲反坐殺人死國絕一年〔補注〕宋祁曰景祐本一年下有文帝乃擇子賢者河內太守十一字予據後言文帝擇勃子賢者皆推亞夫於文次弟方反且不合先史於此重複見也若吏仵此則河內太守三處再見班固之書必不然也今去之錢大昭曰閩本無下弟字亞夫上有文帝乃擇勃子賢者河內太守十二字弟亞夫復爲侯亞夫故
河內守時許負相之應劭曰許負河內溫人老嫗也君後三歲而侯侯八歲爲將
相持國秉師古曰秉音彼命反貴重矣於人臣無二後九年而餓死亞夫笑
曰臣之兄以代父侯矣有如卒子當代我何說侯乎然既已貴如

負言又何說餓死指視我師古曰視讀曰示負指其口曰從理入口此餓
死法也師古曰從豎也音子容反〔補注〕沈欽韓曰冊府元龜八百三十五云梁褚緭爲水車部督面生尖厄有從理入口時有庾夐狀貌豐美頤頰開張人皆謂夐必爲方伯無餧乏之慮及魏討江陵卒致飢死維竟保衣冠而終此或別有成也鼂衣脚異賦云法令入口鄧通餓死野人豕騰蛇鎖骨梁武帝亡臺城上注法令者口邊紋也騰蛇卽法令紋也梁武帝亦有此卽此所謂從理入口也居三歲兄絳侯勝之有罪文帝擇勃子賢者皆推亞夫迺封
爲條侯師古曰縣在勃海地理志作蓨字其音同耳〔補注〕先謙曰官本注蓨作脩引宋祁曰脩當作蓨集韻音祧云周亞夫所封錢大昕云案地理志勃海郡有脩市縣侯國應劭讀脩爲條此清河綱王子寅所封也又信都國有脩縣師古亦讀爲條亞夫所封蓨信都之脩非勃海之脩市也志作脩不作蓨顏注誤文帝後六年匈奴大入邊以宗正
劉禮爲將軍軍霸上祝茲侯徐厲爲將軍軍棘門以河內守亞夫
爲將軍軍細柳以備胡上自勞軍至霸上及棘門軍直馳入將以
下騎出入送迎已而之細柳軍軍士吏被甲銳兵刃彀弓弩持滿師古曰彀張也音遘〔補注〕劉奉世曰言彀弓弩是也敵未至何遽持滿何時已乎此二字疑衍周壽昌曰弓弩上絃爲彀持滿則力

搜使滿持滿不發亦軍容也天子先驅至不得入師古曰先驅導駕者也若今之武候隊矣先驅曰天子且至軍門都尉曰軍中聞將軍之令不聞天子之詔（補注）沈欽韓曰六韜立將篇軍中之事不聞君命皆由將出白虎通曰大夫將兵但聞將軍令不聞君命也有頃上至又不得入於是上使使持節詔將軍曰吾欲勞軍亞夫迺傳言開壁門壁門士請車騎曰將軍約軍中不得驅馳於是天子迺按轡徐行至中營將軍亞夫揖（補注）沈欽韓曰史記作持兵揖此脫兩字也太祝九㩴七曰奇拜注或云奇讀曰倚倚拜謂持節持戟拜身倚之以拜鄉飲酒禮注推手曰揖引手曰撎又何休云以手通指曰揖此持兵揖似當從倚拜之說曰介胄之士不拜請以軍禮見應劭曰禮介者不拜（補注）沈欽韓曰尉繚子議兵篇竭人之力不責禮故古者甲胄之士不拜天子爲動改容式車師古曰古者立乘凡言式車者謂俛身撫式以禮敬人式車前橫木也使人稱謝師古曰謝告也皇帝敬勞將軍成禮而去既出軍門羣臣皆驚文帝曰嗟乎此眞將軍矣鄉者霸上棘門如兒戲耳師古曰鄉讀曰嚮（補注）先謙曰史記如上有軍字語意乃足其將固可襲而虜也至於亞夫可得而犯邪稱善

者久之月餘三軍皆罷迺拜亞夫爲中尉文帝且崩時戒太子曰卽有緩急周亞夫眞可任將兵文帝崩亞夫爲車騎將軍孝景帝三年吳楚反亞夫以中尉爲太尉東擊吳楚因自請上曰楚兵剽輕難與爭鋒師古曰剽音匹妙反（補注）先謙曰楚兵總謂吳楚之兵義詳吳王濞傳願以梁委之絕其食道迺可制也上許之師古曰吳王傳云亞夫至淮陽問鄧都尉爲畫此計亞夫乃從之今此云自請而後行二傳不同未知孰是（補注）沈欽韓曰鄧爲畫計而亞夫先上請兩傳雖異可互參亞夫既發至霸上趙涉遮說亞夫曰將軍東誅吳楚勝則宗廟安不勝則天下危能用臣之言乎亞夫下車禮而問之涉曰吳王素富懷輯死士久矣師古曰輯與集同此知將軍且行必置閒人於殽黽阨陿之閒且兵事上神密將軍何不從此右去走藍田師古曰右謂少西去也走音奏出武關抵雒陽師古曰抵至也閒不過差一二日師古曰謂右去行遲止一二日也直入武庫擊鳴鼓諸侯聞之以爲將軍從天而下也師古曰不意其猝至太尉如其計至雒陽使吏搜殽黽閒果得吳伏兵迺請涉爲護軍亞夫至會兵滎陽師古曰會集也吳方攻梁梁急請救亞夫引兵東北走昌邑師古曰走音奏深壁而守梁王使使請亞夫亞夫守便宜不往梁上書言景帝景帝詔使救梁亞夫不奉詔堅壁不出而使輕騎兵弓高侯等（補注）周壽昌曰弓高侯韓頽當絕吳楚兵後食道吳楚兵乏糧飢欲退數挑戰終不出夜軍中驚內相攻擊擾亂至於帳下亞夫堅臥不起（補注）宋祁曰浙本堅作終先謙曰史記作終頃之復定吳奔壁東南陬如淳曰陬隅也師古曰音子侯反又音鄒亞夫使備西北已而其精兵果奔西北不得入（補注）劉奉世曰兩陣相向吳奔東南陬則西北在陣後何由奔之蓋亞夫令備西南陬傳者但欲見能料敵反其所攻不知遂失實也吳楚既餓迺引而去亞夫出精兵追擊大破吳王濞吳王濞棄其軍與壯士數千人亡走保於江南丹徒漢兵因乘勝遂盡虜之降其縣購吳王千金月餘越人斬吳王頭以告凡相守攻三月而吳楚破平於是諸將迺以太尉計謀爲

是由此梁孝王與亞夫有隙歸復置太尉官五歲遷爲丞相景帝甚重之上廢栗太子亞夫固爭之不得（補注）錢大昭曰待當作得先謙曰官本作得上由此疏之而梁孝王每朝常與太后言亞夫之短竇太后曰皇后兄王信可侯也上讓曰始南皮及章武先帝不侯師古曰南皮竇彭祖太后弟長君之子章武太后母弟廣國及臣卽位迺侯之信未得封也竇太后曰人生各以時行耳師古曰言富貴當及己身也（補注）周壽昌曰人生史記作人主索隱謂人主各當其時而行事不必一一相法也竇長君在時竟不得封侯（補注）先謙曰官本無封字死後迺其子彭祖顧得侯師古曰顧反也吾甚恨之（補注）先謙曰恨悔也帝趣侯信也師古曰趣讀曰促上曰請得與丞相計之（補注）宋祁曰景本計之字下又有與丞相計之五字亞夫曰高帝約非劉氏不得王非有功不得侯不如約天下共擊之今信雖皇后兄無功侯之非約也上默然而沮師古曰沮者止壞之意也音才與反其後匈奴王徐盧等五人降漢師古曰功臣表云唯徐盧（補注）先謙曰按表容城侯徐盧外有桓侯賜迺侯陸彊易侯僕黚范陽侯范代翕侯邯鄲

俱匈奴王以中三年十二月丁丑同日封尚不止五人官本注唯作雎上欲侯之呂勸後亞夫曰彼背其主降陛下陛下侯之卽何呂責人臣不守節者乎上曰丞相議不可用迺悉封徐盧等爲列侯亞夫因謝病免相頃之上居禁中召亞夫賜食獨置大胾師古曰胾大臠音側吏反〔補注〕宋祁曰浙本注云大胾大臠也沈欽韓曰荀子非相篇注胾臠也曲禮注殺骨體也胾切肉也胾正是切肉云無切肉則是大臠也無切肉又不置箸亞夫心不平顧謂尚席取箸應劭曰尚席主席者也〔補注〕周壽昌曰史記注引輿服雜事云尚席掌武帳帷幔上視而笑曰此非不足君所乎孟康曰設胾無箸者此非不足滿於君所乎嫌恨之也如淳曰非故不足君之食具偶失之也師古曰孟說近之帝言賜君食而不設箸此由我意於君有不足乎〔補注〕宋祁曰浙本注文由我字上有豈不二字亞夫免冠謝上上曰起亞夫因趨出上目送之曰此鞅鞅非少主臣也〔補注〕沈欽韓曰御覽八十八引漢武故事曰時太子在側亞夫失意有怒色太子視之不輟亞夫於是起帝曰爾何故視此邪對曰此人面畏必能作賊帝笑曰此怏怏非少主臣也居無何亞夫子爲父買工官尚方甲楯五百被可呂葬者如淳曰工官官名也張晏曰被具也五百具甲楯也師古曰被音皮義反

取庸苦之不與錢師古曰庸謂賃也苦謂極苦使也〔補注〕宋祁曰浙本注文賃字下有作者字庸知其盜買縣官器〔補注〕先謙曰索隱縣官謂天子也所以謂國家爲縣官者夏官王畿內縣卽國都也王者官天下故曰縣官也怨而上變告子事連汙亞夫書旣聞上下吏〔補注〕宋祁曰浙本下字下有之字吏簿責亞夫如淳曰簿音主簿之簿簿問其辭情師古曰簿問者書之於簿一一問之也亞夫不對上罵之曰吾不用也孟康曰言不用汝對欲殺之也如淳曰恐獄吏畏其復用事不敢折辱也師古曰孟說是也一云帝責此吏云不勝其任吾不用汝故召亞夫令詣廷尉也〔補注〕沈欽韓曰帝怒亞夫屈强不置對直下廷尉考劾不用問也先謙曰索隱引師古一說以爲姚察解召詣廷尉廷尉責問曰君侯欲反何亞夫曰臣所買器迺葬器也何謂反乎吏曰君縱不欲反地上卽欲反地下耳〔補注〕先謙曰史記君下有侯字與上文合吏侵之益急初吏捕亞夫亞夫欲自殺其夫人止之呂故不得死遂入廷尉因不食五日歐血而死國絕一歲上迺更封絳侯勃宅子堅爲平曲侯續絳侯後傳子建德爲太子太傅坐酎金免官後有罪國除〔補注〕先謙曰功臣表建德元鼎五年坐酎金免侯史記作坐酎金不善元鼎五年有罪國除益本作元鼎五年坐酎金不善有罪國除史文誤倒非酎金不善之外別有罪也兩文同在元鼎五年本無不合明此文有誤亞夫果餓死死後〔補注〕先謙曰據表信封在死前上迺封王信爲蓋侯至平帝元始二年繼絕世復封勃玄孫之子恭爲絳侯千戶

贊曰聞張良之智勇呂爲其貌魁梧奇偉應劭曰魁梧丘虛壯大之意也蘇林曰梧音悟師古曰魁大貌也梧者言其可驚悟今人讀爲吾非也〔補注〕王念孫曰案師古以梧爲驚悟則義與魁大不相屬故又加一可字以增成其義其失也鑿矣今案魁梧皆大也梧之言吳也方言吳大也後書臧洪傳洪體貌魁梧李注梧音吾蓋舊有此讀魁梧奇偉四字平列魁與梧同義奇與偉同義應劭以魁梧爲邱虛壯大之意是也先謙曰官本注驚下悟作梧反若婦人女子故孔子稱呂貌取人失之子羽師古曰子羽孔子弟子澹臺滅明字貌惡而行善故云然也學者多疑於鬼神師古曰謂無鬼神之事也〔補注〕先謙曰史記作學者多言無鬼神如良受書老父亦異矣高祖數離困阸良常有力師古曰離遭也豈可謂非天乎陳平之志見於社下傾側擾攘楚魏之閒卒歸於漢而爲謀臣〔補注〕宋祁曰一作謀主及呂后時事多故矣師古曰故謂中屯難也平竟自免呂智終王陵廷

爭杜門自絕亦各其志也周勃爲布衣時鄙樸庸人至登輔佐匡國家難誅諸呂立孝文爲漢伊周師古曰處伊尹周公之任何其盛也始呂后問宰相高祖曰陳平智有餘王陵少戇可呂佐之師古曰戇愚也舊音下紺反今讀音竹巷反安劉氏者必勃也又問其次云過此呂後非迺所及師古曰迺汝也言汝亦不及見也〔補注〕宋祁曰浙本正文及下有也字終皆如言聖矣夫

張陳王周傳第十　終

樊酈滕灌傅靳周傳第十一　漢書四十一

漢　蘭　臺　令　史班　固　撰

唐正議大夫行祕書少監琅邪縣開國子顏師古　注

賜進士出身前翰林院編修國子監祭酒加三級臣王先謙補注

樊噲沛人也㠯屠狗為事師古曰時人食狗亦與羊豕同故噲專屠以賣〔補注〕周壽昌曰禮記士無故不殺犬豕又以其乘壺酒束脩一犬月令天子以犬嘗麻以犬嘗稻續志祀聖師周公孔子牲以犬知古者食犬與羊豕同漢猶然也玩顏注是以其時食狗為異知唐以來不復以犬充膳矣後與高祖俱隱於芒碭山澤間陳勝初起蕭何曹參使噲求迎高祖立為沛公師古曰高祖時亡在外故求而迎之噲㠯舍人從攻胡陵方與師古曰皆縣名方音房與音豫還守豐擊泗水監豐下破之師古曰泗水郡名監謂御史監郡者也破之於豐縣下〔補注〕周壽昌曰監名平見高紀復東定沛破泗水守薛西師古曰破郡守於薛縣之西〔補注〕周壽昌曰守名壯先謙曰官本無水字引宋祁曰泗字下疑有水字與司馬𡰥戰碭東師古曰秦將章邯之司馬也𡰥讀與夷同〔補注〕先謙曰司馬姓也辨見高紀𡰥史記作尼卻敵斬首十五級賜爵國大夫文穎曰即官大夫也爵第六級常從沛公擊章邯軍濮陽攻城先登斬首二十三級賜爵列大夫文穎曰即公大夫也爵第七級從攻陽城〔補注〕齊召南曰陽城史記作城陽以上下文推之城陽地既太遠陽城亦尚懸隔胡三省謂應作成陽是也二史皆傳寫誤耳先謙曰成陽濟陰縣成城通作先登下戶牖師古曰陽武縣之鄉〔補注〕先謙曰戶牖詳陳平傳破李由軍斬首十六級賜上聞爵張晏曰得徑上聞也如淳曰呂氏春秋曰魏文侯東勝齊於長城天子賞文侯以上聞晉灼曰名通於天子也〔補注〕沈欽韓曰呂覽天子賞魏文侯以上聞者蓋初命為諸侯事噲為沛公私將此上聞爵亦得上達懷王也錢大昭曰上云賜爵國大夫列大夫下云賜爵五大夫賜爵卿賜爵封號賢成君文穎以國大夫即官大夫爵第六級列大夫即公大夫爵第七級然則上聞爵即公乘爵第八級也下文五大夫爵本第九級卿則左庶長以上封君則大庶長之屬矣先謙曰史記作上間集解引如淳曰間或作聞下引呂覽上聞作上聞爵三字後攻圍都尉東郡守尉於成武師古曰圍卽陳留圍縣〔補注〕劉攽曰圍縣名有尉無都尉又郡都尉至景帝方置明此衍都字周壽昌曰郡守尉之改為都尉雖在景帝中二年而酈商從高祖王漢中時已為隴西都尉非卽郡都尉耶大抵秦時都尉郡縣俱有未可知也先謙曰史記作從攻圍東郡守尉於成武無圍都尉三字高紀秦三年攻破東郡尉於成武曹參傳從攻東郡尉軍破之成武南灌嬰傳擊破東郡尉於成武卽

此一役而皆不言攻圍都尉明此文與史記同傳寫者誤圍為圍又妄加都尉二字耳又高紀曹灌傳但言東郡尉疑此守字亦衍文官本後作從是卻敵斬首十四級捕虜十六人師古曰生獲曰虜賜爵五大夫從攻秦軍出亳南鄭氏曰亳成湯封邑今河南偃師湯亭是河間守軍於杠里破之師古曰杠音江擊破趙賁軍開封北師古曰賁音奔㠯卻敵先登斬候一人首六十八級捕虜二十六人師古曰既斬候一人又更斬它首六十八〔補注〕先謙曰案注文當在捕虜上史記二十六作二十七賜爵卿從攻破揚熊於曲逆師古曰曲音丘羽反遇音顒〔補注〕先謙曰揚通作楊字楊雄之為揚雄亦與此同逆官本作遇是史記同攻宛陵〔補注〕先謙曰宛陵河南縣今開封府新鄭縣東北三十八里先登斬首八級捕虜四十四人賜爵封號賢成君張晏曰食祿比封君而無邑也臣瓚曰秦制列侯乃有封爵師古曰瓚說非也楚漢之際權設寵榮假其位號或得邑地或空受爵此例多矣約㠯秦制於義不通從攻長社轘轅絕河津東攻秦軍尸鄉〔補注〕先謙曰尸鄉亦單稱尸曹參灌嬰周勃傳並云尸北史記此傳作東攻秦軍於尸東攻與下南攻對文正義誤斷南字連上讀案諸傳云尸北此不得是尸南也南攻秦軍於犨〔補注〕先謙曰南陽縣今汝州魯山縣東南五十里破南陽守齮於陽城東攻宛城先登

西至酈師古曰南陽之縣也音直益反㠯卻敵斬首十四級捕虜四十四人〔補注〕先謙曰史記作斬首二十四級捕虜四十人官本亦作四十人賜重封張晏曰益祿也如淳曰正爵名也臣瓚曰增封也師古曰諸家之說皆非也重封者加二號耳〔補注〕先謙曰封爵未聞有加二號者張薛說是若今之親王雙俸亦云雙親王也雙親王見乾隆朝東華續錄攻武關至霸上斬都尉一人首十級捕虜百四十六人降卒二千九百人項羽在戲下欲攻沛公沛公從百餘騎因項伯面見項羽謝無有閉關事項羽既饗軍士中酒張晏曰酒酣也師古曰飲酒之中也不醉不醒故謂之中中音竹仲反〔補注〕先謙曰顧炎武云中酒謂酒半也呂氏春秋謂之中飲凡事之半曰中中酒猶今人言半席相如傳酒中樂酣師古曰酒中飲酒之半也一人注書前後不同沈欽韓云燕丹子酒中太子出美人能琴者酒中即中酒也周壽昌云時飲酒未終宴賓主各懷意慮何暇計及醉醒又豈能如尋常燕飲以中酒為盡歡耶此中字讀如本音不得音竹仲反明矣相如傳顏注音竹仲反亦同此誤先謙案中酒二字唐宋詩人用之皆讀平聲足證顏氏之非亞父謀欲殺沛公令項莊拔劍舞坐中欲擊沛公項伯常屏蔽之〔補注〕先謙曰史記屏作肩蔽項羽紀作翼蔽與屏蔽義同時獨沛公與張良得入坐樊噲居營外聞事急迺持盾入〔補注〕先謙

曰後志樊噲冠漢將樊噲造次所冠以入項羽軍廣九寸高七寸前後各出四寸制似冕或曰樊噲常持鐵楯聞項羽有意殺漢王噲裂裳以裹楯冠之入軍門立漢王旁視項羽**初入營營衛止噲**師古曰營衛謂營壘之守衛者**噲直撞入立帳下**師古曰謂以盾撞擊人撞音丈江反〔補注〕王文彬曰撞入突入也顏說未合先謙曰案集解引漢書音義曰音撞鍾徐廣云一本作立帷下瞋目而視眥皆血出**項羽目之問爲誰張良曰沛公參乘樊噲也項羽曰壯士賜之卮酒彘肩噲既飲酒拔劍切肉食之**〔補注〕先謙曰史記食下有盡字**項羽曰能復飲乎噲曰臣死且不辭豈特卮酒乎且沛公先入定咸陽暴師霸上以待大王**師古曰時項羽未爲王故高紀云以待將軍此言大王史追書耳〔補注〕先謙曰高紀惟留張良謝羽曰聞將軍有意督過之不載噲語顏注誤**大王今日至聽小人之言與沛公有隙臣恐天下解**〔補注〕先謙曰案正義云至此爲絕句當從之謂天下解體也**心疑大王也項羽默然沛公如廁麾噲去既出沛公留車騎**師古曰沛公所乘之車及從者之騎**獨騎馬噲等四人步從**〔補注〕齊召南曰四人噲與靳彊夏侯嬰紀成也見高紀**從山下走歸霸上軍**〔補注〕先謙曰史記山上有間道二字高紀作從間道走軍此二字不可少**而使張良謝**

項羽羽亦因遂已師古曰已止也**無誅沛公之心是日微樊噲奔入營譙讓項羽沛公幾殆**師古曰微無也譙責也殆危也譙音才笑反幾音鉅依反〔補注〕宋祁曰奔疑作犇**後數日**〔補注〕先謙曰史記作明日案高紀作後數日此班改正者**項羽入屠咸陽立沛公爲漢王漢王賜噲爵爲列侯號臨武侯遷爲郎中從入漢中還定三秦別擊西丞白水北**服虔曰西丞縣名也晉灼曰白水今廣平魏縣也地理志無西丞似秦將名也師古曰二說並非也西謂隴西郡西縣也白水水名經西縣東南流而過言擊西縣之丞於白水之北〔補注〕沈欽韓曰晉灼注衍平字此白水即濁水在成縣界一統志濁水在秦州徽縣西南自成縣流入又東南入略陽縣界白水縣在甯羌州西南晉志略陽郡本名廣魏蓋魏時曾以白水縣隸入也水經漢水東南至廣魏白水縣西可以證晉灼此注也**擁輕車騎雍南破之**〔補注〕王念孫曰擁當依景祐本作雍擊雍輕車騎雍南者上雍是章邯爲雍王之雍下雍是雍縣也[illegible]史記正作雍輕車騎正義音於[illegible]反已讀[illegible]爲擁矣則酈商傳亦云破雍將軍烏氏後人改雍爲擁則義不可通**從攻雍斄城先登**師古曰斄讀與邰同縣名即后稷所封今武功故城是音胎**擊章平軍好時攻城先登陷陣斬縣令丞各一人首十一級虜二十人遷爲郎中騎將**〔補注〕先謙曰百官表郎中有車戶騎三將**從擊秦車騎壤東**師古曰地名也〔補注〕齊召南曰曹參傳曰取壤鄉擊三秦軍壤東然則壤是鄉名壤東壤鄉之東也先謙曰三秦省文稱秦也史記軍誤軍正義壤鄉在武功縣東南二十里**郤敵遷爲將軍攻趙賁下郿槐里柳中咸陽**師古曰柳中細柳地也在長安西〔補注〕先謙曰下者攻下之郿槐里並扶風縣**灌廢丘最**李奇曰以水灌廢丘也張晏曰最功第一也晉灼曰京輔治華陰灌北也師古曰高紀言引水灌廢丘是也或者云漢王自彭城敗還始灌廢丘此時未也此說非矣彭城還更灌圍廢丘始平定之無廢丘此時已當灌矣〔補注〕先謙曰高紀元年夏圍廢丘二年六月灌廢丘如顏說水攻經年必無之理蓋此時噲留圍廢丘次年灌而舉之噲復往事功居首云灌廢丘最者統前後言之廢丘無取過泥索隱廢丘即槐里上文總言所攻陷之邑別言以水灌廢丘其功特最也初言槐里稱其新名後言功最是重舉不欲再見其文故因舊稱廢丘也**至櫟陽賜食邑杜之樊鄉**師古曰杜縣之鄉也今曰樊川**從攻項籍屠煮棗**晉灼曰地理志無也清河有煮棗城功臣表有煮棗侯師古曰既云攻項籍屠煮棗則其地當在大河之南非清河之城明矣但未詳其處耳〔補注〕宋祁曰後漢地理志濟陰郡宛朐有煮棗城周壽昌曰史記蘇秦說魏襄王曰大王之地東有淮穎煮棗是也**擊破王武程處軍於外黃**〔補注〕先謙曰曹參傳王武反於外黃程處反於燕往擊盡破之此傳俱在外黃與參傳微異服虔云皆漢將**攻鄒魯瑕丘薛**〔補注〕先謙曰鄒即騶今兗州府鄒縣東南二十六里魯今曲阜縣治瑕丘今滋陽縣西二十五里薛今滕縣東南四十四里並漢魯國縣今屬兗州府**項羽敗漢王於彭城盡復**

取魯梁地噲還至滎陽益食平陰二千戶以將軍守廣武一歲師古曰即滎陽之廣武**項羽引東從高祖擊項籍下陽夏**師古曰夏音工雅反**虜楚周將軍卒四千人**師古曰周殷〔補注〕先謙曰高祖五年十一月遣人誘周殷畔楚當即其時**圍項籍陳大破之**師古曰於陳縣圍之**屠胡陵項籍死漢王即皇帝位以噲有功益食邑八百戶其秋燕王臧荼反噲從攻虜荼定燕地楚王韓信反噲從至陳取信定楚更賜爵列侯與剖符世世勿絕食舞陽號爲舞陽侯除前所食以將軍從攻反者韓王信於代自霍人以往至雲中**〔補注〕先謙曰霍人見周勃傳雲中郡今大同府**與絳侯等共定之益食千五百戶因擊陳豨與曼丘臣軍戰襄國破柏人先登降之定清河常山凡二十七縣**〔補注〕先謙曰上言破柏人下不得復言降之降字屬下讀謂降定清河常山諸縣耳與酈商傳降定郡六同一句例之字衍史記無**殘東垣**張晏曰殘有所毀也臣瓚曰殘謂多所殺傷也師古曰瓚說是〔補注〕先謙曰以其卒罵高祖也見高紀官本注謂作

爲字同遷爲左丞相破得綦毋印尹潘軍於無終廣昌師古曰姓綦毋名印也綦
音其〔補注〕先謙曰官本印作卬是尹姓潘名無終右北平縣今順天府薊州治廣昌代郡縣今易州廣昌縣北破豨別將
胡人王黃軍代南因擊韓信軍參合軍所將卒斬韓信擊豨胡騎
橫谷斬將軍趙既虜代丞相馮梁守孫奮大將王黃〔補注〕先謙曰守豨之代郡
守也將軍大將一人太僕解福等十人〔補注〕先謙曰史記作將軍太卜太僕解福等十人是太卜
乃將卒名在十人之內皆噲所虜獲者也史記太卜以二十將軍大將一人文不成義且與上大將復出明傳寫妄改與諸
將共定代鄉邑七十三後燕王盧綰反噲以相國擊綰破其丞相
抵薊南師古曰抵至也一說抵者其丞相之名也音丁禮反〔補注〕先謙曰據周勃傳得綰大將抵丞相偃則抵蓋以假丞相
爲大將如當時漢制一說是也定燕縣十八鄉邑五十一〔補注〕先謙曰此後則周勃代將破綰定燕益
食千三百戶定食舞陽五千四百戶從斬首百七十六級虜二百
八十七人別破軍七下城五定郡六縣五十二得丞相一人將軍
十三人二千石已下至三百石十二人〔補注〕先謙曰從字上當有凡字此總計其功高帝功

臣爲大將者傳皆有之曹參傳稱參功凡云云酈商灌嬰靳歙傳皆稱凡可證周勃傳作最最亦凡也其例正同史記八十七人作
八十八人十三人作十二人十二人作十一人噲以呂后弟呂須爲婦〔補注〕先謙曰須官本作頦下同生
子伉師古曰伉音抗又音剛故其比諸將最親先黥布反時高帝嘗病師古曰黥
布未反之前惡見人臥禁中詔戶者無得入羣臣羣臣絳灌等莫敢入
十餘日噲迺排闥直入師古曰闥宮中小門也一曰門屏也音土曷反〔補注〕王文彬曰廣雅釋詁排推也謂
推門直入詩東方之日釋文引韓詩門屏之間謂之闥顏以闥爲門屏非是卽門屏之間亦不得以排言也大臣隨之
上獨枕一宦者臥噲等見上流涕曰始陛下與臣等起豐沛定天
下何其壯也今天下已定又何憊也師古曰憊力極也音蒲拜反且陛下病甚
大臣震恐不見臣等計事顧獨與一宦者絕乎師古曰顧猶反也〔補注〕先謙曰絕長
訣也且陛下獨不見趙高之事乎師古曰謂始皇崩趙高矯爲詔命殺扶蘇而立胡亥高帝笑
而起其後盧綰反高帝使噲以相國擊燕是時高帝病甚人有惡
噲黨於呂氏師古曰惡謂毀譖言其罪惡也卽上一日宮車晏駕則噲欲以兵盡

誅戚氏趙王如意之屬高帝大怒迺使陳平載絳侯代將而卽軍
中斬噲師古曰卽就也陳平畏呂后執噲詣長安至則高帝已崩呂后釋
噲師古曰釋解也解免其罪得復爵邑孝惠六年噲薨諡曰武侯子伉嗣而伉
母呂須亦爲臨光侯噲高后時用事顓權師古曰顓與專同〔補注〕錢大昭曰南監本閩本
無噲字用事顓權謂呂須也先謙曰官本及史記無噲字大臣盡畏之高后崩大臣誅呂須等
因誅伉舞陽侯中絕數月孝文帝立迺復封噲庶子市人爲侯復
故邑薨諡曰荒侯子佗廣嗣六歲其舍人上書言荒侯市人病不
能爲人師古曰言無人道也令其夫人與其弟亂而生佗廣佗廣實非荒侯
子〔補注〕周壽昌曰史記六歲下云侯家舍人得罪他廣怨之則舍人上書有因其樊酈滕灌傳贊云余與他廣通爲言高祖功臣
之興時若此云是他廣能存故家遺乘亦佳公子也下吏免平帝元始二年繼絕世封噲玄
孫之子章爲舞陽侯邑千戶
酈商高陽人也師古曰酈音歷〔補注〕齊召南曰商卽食其弟食其傳曰陳留高陽人是也高陽乃陳留縣之鄉聚名

此文似脫陳留二字耳先謙曰高陽屬陳留圉縣詳食其傳陳勝起商聚少年得數千人沛公
略地六月餘商以所將四千人屬沛公於岐〔補注〕先謙曰據高紀酈食其傳秦三年二
月沛公過高陽食其言其弟商爲將將陳留兵距二世元年沛公起事已年餘矣此傳文異蓋史公據樊他廣所述錄之以廣異聞
班氏因之正義謂沛公略地至陳留商起兵乃六月餘得四千人從高祖曲爲之說非也索隱岐地名闕蓋在河南陳鄭之界從
攻長社先登賜爵封信成君〔補注〕先謙曰初次賞功卽賜爵封君與靳歙同從攻緱氏絕
河津破秦軍雒陽東從下宛穰定十七縣別將攻旬關師古曰漢中旬水上
之關也今在洵陽縣〔補注〕先謙曰旬陽漢中縣今興安府洵陽縣北旬關在洵陽縣東別將有二義一小將別在他所高紀項梁盡
召別將是一別領一軍爲將此傳是與周樊灌靳等傳單言別者義同西定漢中師古曰先言攻旬關定漢中然後云
沛公爲漢王是則沛公從武關藍田而來商時別從西道平定漢中〔補注〕先謙曰官本注攻作取沛公爲漢王賜
商爵信成君〔補注〕劉奉世曰君當作侯高祖爲漢王絳灌諸將皆賜侯爵因故號封之也商先以從攻長社先登封信
成君何焯曰此復云賜商爵信成君當卽樊噲傳所謂賜重封也先謙曰以此爲重封於義不通劉說是也或疑下文賜爵列侯此
不得爲信成侯但漢初先賜名號侯如樊噲臨武傳寬通德之類甚多信成乃名號後賜爵列侯則實封耳灌嬰傳由呂文君賜號

吕文侯即其例也吕將軍爲隴西都尉別定北地郡〔補注〕齊召南曰史記作定北地上郡則二郡也此文似脫上字破章邯別將於烏氏栒邑泥陽師古曰烏氏安定縣也栒邑今在豳州泥陽北地縣氏音支栒音荀〔補注〕齊召南曰史記作破雍將軍烏氏周類軍栒邑蘇駔軍於泥陽蓋烏氏守將佚其姓名而栒邑泥陽守將姓名具存也此傳質言但云破章邯別將於烏氏栒邑泥陽耳先謙曰烏氏安定縣今平涼府平涼縣西北泥陽北地縣今慶陽府寗州東五十里泥陽里栒邑扶風縣今邠州三水縣東北二十五里賜食邑武城六千戶〔補注〕先謙曰史記作武成城成通用字武城馮翊縣今同州府華州東北十七里紀要左文八年傳秦伐晉取武城魏文侯三十八年秦敗我武下即武城下也從擊項籍軍與鍾離眛戰〔補注〕先謙曰史記作以隴西都尉從擊項籍軍五月出鉅野與鍾離眛戰疾鬬受梁相國印師古曰漢以梁相國印授之益食四千戶從擊項羽二歲攻胡陵〔補注〕先謙曰史記二歲下有三月二字漢王即帝位燕王臧荼反商以將軍從擊荼戰龍脫孟康曰地名也〔補注〕沈欽韓曰趙世家孝成王十九年趙以龍兌汾門與燕龍兌即龍脫也紀要龍迹山在易州西南三十里即龍兌先登陷陣破荼軍易下師古曰今易縣〔補注〕先謙曰今雄縣卻敵遷爲右丞相〔補注〕周壽昌曰此右丞相與韓信樊噲傳寬皆假虛稱賜爵列侯與剖符世世勿

絕食邑涿郡五千戶〔補注〕李慈銘曰史記涿下無郡字是也漢封諸功臣列侯及分涿縣立涿郡雖俱在高帝六年然列侯之封無有以郡者蓋封商在前置郡在後當封商時涿猶爲縣及既爲郡故更封商曲周耳五千戶下史記有號曰涿侯四字不可去別定上谷因攻代受趙相國印師古曰初受梁相國印今又受趙相國印〔補注〕先謙曰史記別定上谷上有以右丞相四字與絳侯等上有以右丞相趙相國別八字趙相國是實任右丞相猶虛稱也與絳侯等定代郡雁門得代丞相程縱〔補注〕先謙曰據周勃傳與勃共得之守相郭同師古曰守相謂爲相而居守者將軍以下至六百石十九人還以將軍將太上皇衛一歲〔補注〕先謙曰將太上皇宮衛卒公卿表商爲衛尉即此事也十月以右丞相擊陳豨殘東垣〔補注〕先謙曰高紀十一年九月豨反十一年冬攻降東垣此十月即十一年冬史記作七月誤又從擊黥布攻其前垣李奇曰前鋒堅蔽若垣牆也或曰軍前以大軍自障若垣也師古曰二說皆非也謂攻其壁壘之前垣〔補注〕先謙曰官本注大軍作大車是考證云前垣史記作前拒集解拒音矩徐廣云拒一作和駰謂拒方陳也王念孫云案史記作拒漢書作垣皆桓字之誤也垣與桓聲相同拒與桓字相近莊子應帝王篇鯢桓之水爲淵崔譔本桓作拒桓讀爲和和與桓聲相近故史記一本作和如淳注漢書酷吏傳云陳宋之俗言桓聲如和故和桓聲相近桓之讀爲和猶和之讀爲桓水經桓水注引禹貢和夷底績鄭注曰和讀曰桓逸周書時訓篇將帥不和與言權爲額亦讀爲和和謂軍門也周官大司馬以旌爲左右和之門鄭注軍門曰和今謂之壘門立兩旗以爲之孫子軍爭篇合軍聚衆交和而舍魏武帝注軍門爲和門兩軍相對爲交和韓子外儲說左篇李悝與秦人戰謂左和曰速上右和已上矣又馳而至右和曰左和已上矣燕策齊韓魏共攻燕楚王使景陽將而救之三國乃罷兵魏軍其西齊軍其東楚師欲還不可得也景陽乃開西和門通使於魏唐開元禮仲冬講武除地爲場四出爲和門言四出則左右前後皆有和門故此言攻其前和也軍前門謂之前和猶棺前蔽謂之前和呂氏春秋開春論昔王季歷葬於渦山之尾欒水齧其木見棺之前和是也和與桓聲相近軍門兩出謂之和左周館和所謂猶木雙植謂之桓也周官大宗伯公執桓圭鄭注曰雙植謂之桓軍門四出謂之和猶木四植謂之桓也檀弓三家視桓楹鄭注曰四植謂之桓軍門四出謂之和而字或爲桓猶木貫柱四出謂之桓而聲或爲和也漢書酷吏傳寺門桓東如淳曰舊亭傳於四角面百步築土四方上有屋屋上有柱出高丈餘有大板貫柱四出名曰桓表縣所治夾兩邊各一桓陳宋之俗言桓聲如和今猶謂之和表師古曰即華表也然則史記作拒漢書作垣皆桓字之譌也李顏以垣爲牆垣裴以拒爲方陳皆失之讀拒爲方陳與下文陷兩陳相讓且拒與和聲相近故史記一本作和若作拒則與和聲遠而不可通矣陷兩陳得以破布軍更封爲曲周侯食邑五千一百戶除前所食凡別破軍三降定郡六縣七十三得丞相守相大將軍各一人小將軍二人〔補注〕宋祁曰越本景祐本無二軍字王念孫曰越本景祐本是也史記亦無二軍字周勃傳得丞相大將各一人灌嬰傳斬其小將十人皆無軍字二千石以下至六百石十九人商事孝惠帝呂后呂后崩商疾不治事文穎

曰商有疾病不能治官事其子寄字況與呂祿善及高后崩大臣欲誅諸呂呂祿爲將軍軍於北軍太尉勃不得入北軍於是迺使人劫商令其子寄紿呂祿呂祿信之與出游而太尉勃迺得入據北軍遂以誅諸呂商是歲薨謚曰景侯子寄嗣天下稱酈況賣友〔補注〕先謙曰史記友作交孝景時吳楚齊趙反上以寄爲將軍圍趙城七月不能下〔補注〕先謙曰史記作十月欒布自平齊來迺滅趙孝景中二年寄欲取平原君姊爲夫人蘇林曰景帝王皇后母臧兒也〔補注〕齊召南曰事在孝景中二年臧兒尚未尊稱平原君也史官紀事隨後文稱之耳何焯曰外戚傳武帝即位尊太后母臧兒爲平原君此當如監本注本無姊字爲與注合寄欲取之蓋臧兒更嫁田氏而復寡之時時武帝立爲皇太子已三年矣周壽昌曰臧兒始嫁王仲更嫁田氏前後生子女五女爲后男服官齒必不庳若其姊當更老矣據蘇注則姊字衍官本及明淩氏本亦無姊字先謙曰各本無姊字是若是平原君姊景帝尚不至怒而下寄吏也史記亦無姊字景帝怒下寄吏免上迺封商它子堅爲繆侯師古曰繆所封邑名奉商後傳至玄孫終根武帝時爲太常〔補注〕先謙曰公卿表征和四年坐巫蠱誅國除元始中賜

高祖時功臣自鄺商已下子孫爵平關內侯食邑凡百餘人（補注）錢大昭曰南監本閩本平作皆先謙曰官本作皆是功臣表賜商代後者猛友爵關內侯

夏侯嬰沛人也爲沛廄司御每送使客（補注）先謙曰送官本作逢案送是史記亦作送還過泗上亭與高祖語未嘗不移日也嬰已而試補縣吏與高祖相愛高祖戲而傷嬰人有告高祖（補注）先謙曰集解引韋昭云告白也白高祖傷人高祖時爲亭長重坐傷人如淳曰爲吏傷人其罪重告故不傷嬰蘇林曰自告情故不傷嬰也嬰證之移獄覆嬰坐高祖繫歲餘掠笞數百終脫高祖（補注）劉攽曰告故不傷嬰者高祖抵言不曾傷嬰故嬰證其實然告故者反坐栲告者不服故移獄覆矣嬰以此坐繫掠笞也高祖之初與徒屬欲攻沛也師古曰謂始亡在外未被樊噲召時（補注）劉奉世曰欲攻沛者以沛令後悔閉城城守也此卽被樊噲召時按帝紀未嘗兩至沛下文義相屬非兩事甚明嬰時以縣令史爲高祖使上降沛一日師古曰謂父老開城門迎高祖時也（補注）先謙曰官本父老倒高祖爲沛公賜爵七大夫以嬰爲太僕（補注）先謙曰史記作賜嬰爵七大夫以爲太僕是也此嬰字誤倒在以字下常奉車師古曰爲沛公御車從攻胡陵嬰與蕭何降泗水監平張晏曰胡陵平所止縣何嘗給之故與降（補注）先謙曰降者說降之平以胡陵降賜嬰爵五大夫從擊秦軍碭東攻濟陽（補注）先謙曰陳留縣今開封府蘭儀縣東下戶牖破李由軍雍丘以兵車趣攻戰疾破之師古曰趣讀曰促謂急速也次下亦同（補注）李慈銘曰史記無破之二字上既云破李由軍矣此涉下文而誤衍先謙曰戰疾猶酈商傳云疾鬭也賜爵執帛從擊章邯軍東阿濮陽下以兵車趣攻戰疾破之賜爵執圭從擊趙賁軍開封揚熊軍曲遇（補注）先謙曰揚史記作楊嬰從捕虜六十八人降卒八百五十人得印一匱師古曰時自相署置官之印又擊秦軍雒陽東以兵車趣攻戰疾賜爵封轉爲滕令鄧展曰今沛郡公丘縣（補注）宋祁曰浙本封字上有重字先謙曰史記作滕公無重字公卽令也先未封重字不當有因奉車師古曰因此又每奉車從攻戰以至霸上（補注）先謙曰史記因下有復字是從攻定南陽戰於藍田芷陽師古曰芷陽後爲霸陵縣（補注）先謙曰史記有以兵車趣攻戰疾句至霸上沛公爲漢王賜嬰爵列侯號昭平侯復爲太僕從入蜀漢還定三秦從擊項籍至彭城項羽大破漢軍漢王不利馳

去見孝惠魯元載之漢王急馬罷虜在後師古曰罷讀曰疲常蹳兩兒棄之服虔曰蹳音撥晉灼曰音足蹳物之蹳師古曰服音是（補注）先謙曰蹳史記作蹶棄上有欲字以足蹋兩兒使下也嬰常收載行面雍樹馳服虔曰高祖欲斬之故嬰圍樹走面向樹也應劭曰古者立乘嬰恐小兒墮墜各置一面雍持之樹立也蘇林曰南方人謂抱小兒爲雍樹面者以面向臨之也師古曰面偝也雍抱持之言取兩兒令面背己而抱持之以馳故云面雍樹馳服言圍樹而走義尤疏越雍讀曰擁（補注）劉奉世曰抱兩兒者未有能背面而能抱持者況復馳乎蘇說是也李慈銘曰索隱蘇林與晉灼皆言南方及京師謂抱小兒爲擁樹是晉灼於此亦有注而小顏刪之先謙曰史記作收竟載之徐行面雍樹乃馳集解引蘇說作面者大人以面首向臨之小兒抱大人頸似懸樹也較此爲詳據項羽紀漢王推墮二子於是者三故嬰擁抱於前不聽漢王再蹳棄也漢王怒欲斬嬰者十餘卒得脫而致孝惠魯元於豐漢王既至滎陽收散兵復振賜嬰食邑沂陽師古曰沂音魚依反（補注）先謙曰史記作祈陽索隱益鄉名也漢書作沂楚無其縣擊項籍下邑追至陳卒定楚至魯益食茲氏師古曰茲氏縣名地理志屬太原（補注）先謙曰今汾州府汾陽縣治漢王卽帝位燕王臧荼反嬰從擊荼明年從至陳取楚王信更食汝陰剖符世世勿絕從擊代

至武泉雲中益食千戶因從擊韓信軍胡騎晉陽旁大破之追北至平城爲胡所圍七日不得通高帝使使厚遺閼氏冒頓乃開其圍一角高帝出欲馳嬰固徐行弩皆持滿外鄉師古曰故示閑暇所以固士卒心而令敵不測也鄉讀曰嚮卒以得脫師古曰卒終也益食嬰細陽千戶師古曰益其邑使食之（補注）先謙曰細陽汝南縣今潁州府太和縣東從擊胡騎句注北大破之擊胡騎平城南三陷陳功爲多閼所奪邑五百戶孟康曰時有罪過奪邑者以賜之（補注）劉奉世曰言賜所奪則嬰蓋以過嘗奪邑今以功復賜之耳王文彬曰嬰攻戰時所奪之邑卽以賜之也孟劉說皆未是錢大昭曰閼南監本閩本作賜先謙曰官本作賜史記同閼字誤從擊陳豨黥布軍陷陳卻敵益千戶定食汝陰六千九百戶除前所食嬰自上初起沛常爲太僕從竟高祖崩以太僕事惠帝惠帝及高后德嬰之脫孝惠魯元於下邑閒也（補注）先謙曰官本考證按下邑縣名屬梁國迺賜嬰北第第一師古曰北第者近北闕之第嬰最第一也故張衡西京賦云北闕甲第當道直啟曰近我以尊異之惠帝崩以太僕事高后高后崩代王之

來嬰㠯太僕與東牟侯入清宮廢少帝（補注）先謙曰東牟侯興居也事詳周勃傳㠯天子法駕迎代王代邸與大臣共立文帝復爲太僕八歲薨（補注）周壽昌曰文選西征賦李善注引長安圖曰漢時七里渠有嬰馬橋夏侯嬰家在橋南先謙曰索隱案姚氏云三輔故事曰滕文公墓在飲馬橋東大道南俗謂之馬冢博物志曰公卿送嬰葬至東都門外馬不行掊地悲鳴得石椁有銘曰佳城鬱鬱三千年見白日吁嗟滕公居此室乃葬之謚曰文侯傳至曾孫頗師古曰頗音普河反尚平陽公主坐與父御婢姦自殺國除初嬰爲滕令奉車故號滕公及曾孫頗尚主主隨外家姓號孫公主（補注）錢大昕曰漢景帝女平陽公主本陽信公主王皇后生元帝女平陽公主衞使仔生其外家皆非孫氏此夏侯頗所尚之平陽公主蓋別一人不知何帝女也馬端臨帝系考載高帝一女魯元公主文帝二女館陶長公主及周勃子勝之所尚公主景帝三女平陽公主南宮公主隆慮公主武帝五女鄂邑蓋長公主夷安公主衞長公主陽石公主諸邑公主宣帝二女館陶公主敬武公主元帝三女平都公主平陽公主潁邑公主皆據班史紀傳然尚有未備如博成侯張建建始四年坐尚陽邑公主與婢姦主旁數醉罵主免夏侯頗尚平陽公主成帝微行過陽阿主作樂此三事皆遺漏而南宮公主壻彭申見功臣侯表馬氏亦失書先謙曰據衞青傳平陽侯曹壽尚武帝姊陽信長公主後壽有惡疾就國上詔青尚平陽主參之功臣

表曹壽即曹時也其子襄以元光五年嗣侯是曹時卒於元光四年後七年當元朔五年青爲大將軍而尚平陽主卒後與主合葬不容更有夏侯頗尚平陽主之事且表云元光三年頗嗣侯十八年元鼎二年坐尚公主與父御姦自殺是元鼎初公主尚爲頗所尚其時平陽主適衞青久矣足證頗所尚者必非平陽主也況平陽主外家非孫姓尤明此平陽二字有誤故滕公子孫更爲孫氏（補注）周壽昌曰此或頗一支更爲孫氏其他子孫不盡然也功臣表嬰元孫之子長安大夫信附滕公表不云更姓孫魏志夏侯惇傳猶云夏侯嬰之後也

灌嬰睢陽販繒者也師古曰繒者帛之總名（補注）錢大昕曰依班史例當云睢陽人也以販繒爲生先謙曰睢陽梁國縣今歸德府商丘縣南史記同漢紀作雒陽誤高祖爲沛公略地至雍丘章邯殺項梁而沛公還軍於碭嬰㠯中涓從擊破東郡尉於成武及秦軍於杠里疾鬬賜爵七大夫又從攻秦軍亳南開封曲遇戰疾力孟康曰攻戰疾速也師古曰疾急速也力强力也賜爵執帛號宣陵君從攻陽武㠯西至雒陽破秦軍尸北北絕河津南破南陽守齮陽城東遂定南陽郡西入武關戰於藍田疾力至霸上賜爵執圭號昌文君沛公爲漢王拜

嬰爲郎中從入漢中十月拜爲中謁者（補注）先謙曰據高紀漢王元年四月入漢中五月即出襲雍圍廢丘八月降塞王稽合本傳此十月當作四月從還定三秦下櫟陽降塞王還圍章邯廢丘未拔從東出臨晉關擊降殷王定其地擊項羽將龍且魏相項佗軍定陶南（補注）先謙曰曹參傳東擊龍且項佗定陶破之無魏相則魏相非人姓名蓋項佗爲魏相國疾戰破之賜嬰爵列侯號昌文侯食杜平鄉師古曰杜縣之平鄉（補注）李慈銘曰食杜平鄉四字衍先謙曰諸傳賜名號侯無即賜食邑者此食杜平鄉與下復出李以爲衍文是史記亦誤復㠯中謁者從降下碭㠯北至彭城項羽擊破漢王漢王遁而西嬰從還軍於雍丘王武魏公申徒反張晏曰故秦將降爲公今反（補注）先謙曰魏公申徒二人並從王武反者曹參傳王武反於外黃往擊盡破之證以此傳下文並合從擊破之攻下外黃（補注）先謙曰史記無外字案外黃是山陽東萊二郡皆有黃縣時屬齊國並在今山東境非此時戰地也史正義云在曹州府考城縣東二十四里望文爲訓失之西收軍於滎陽楚騎來衆漢王迺擇軍中可爲騎將者皆推故秦騎士重泉人李必駱甲師古曰重泉縣名也地理志屬左馮翊（補注）先謙曰官本考證按李必後封戚侯見功臣表作季必案重泉在今同州府蒲城縣東南五十里

習騎兵今爲校尉可爲騎將漢王欲拜之必甲曰臣故秦民恐軍不信臣臣願得大王左右善騎者傳之如湻曰傳音附猶言隨從者嬰雖少然數力戰迺拜嬰爲中大夫令李必駱甲爲左右校尉將郎中騎兵（補注）先謙曰即百官表之郎中騎將也擊楚騎於滎陽東大破之受詔別擊楚軍後絕其饟道師古曰饟古餉字起陽武至襄邑擊項羽之將項冠於魯下破之所將卒斬右司馬騎將各一人張晏曰主右方之馬左亦如之晉灼曰下所謂左右千人之騎（補注）宋祁曰湻化本作左右馬今越本無左字疑馬字上有司字不當去左字陽夏公注題云以注觀當有左字錢大昭曰右司閩本作左右先謙曰據張說本文無左字據晉說似有左字但下文無左右千人之騎語疑晉誤也擊破柘公王武軍燕西師古曰柘縣名公者柘之令也王武其人姓名也燕亦縣名古南燕國也音一千反（補注）先謙曰曹參樊噲靳歙傳及本傳上文皆不言王武是柘公則柘公自別一人非即王武也顏說誤所將卒斬樓煩將五人李奇曰樓煩縣名其人善騎射故名射士爲樓煩取其稱也師古曰解在項羽傳（補注）先謙曰取其稱也案集解引作取其美稱未必樓煩人也連尹一人蘇林曰楚官也擊王武別將桓嬰白

馬下破之所將卒斬都尉一人以騎度河南送漢王到雒陽從北迎相國韓信軍於邯鄲〔補注〕李慈銘曰史記從作使疑從字誤還至敖倉嬰遷爲御史大夫〔補注〕先謙曰此假官也表不載與諸傳相國丞相同三年以列侯食邑杜平鄉〔補注〕劉奉世曰前已爲列侯食杜平鄉矣疑駢出先謙曰前是衍文說見上受詔將郎中騎兵東屬相國韓信擊破齊軍於歷下所將卒虜車騎將軍華毋傷師古曰華音下化反〔補注〕錢大昭曰單騎南監本閩本竝作車騎先謙曰官本作車史記同單字誤及將吏四十六人降下臨淄得相田光〔補注〕李慈銘曰史記作齊守相田光是也田儋傳同此脫守字齊相爲田橫光乃守相耳曹參傳又作故齊王田廣相田光守相許章追齊相田橫至嬴博師古曰二縣名擊破其騎所將卒斬騎將一人生得騎將四人攻下嬴博破齊將軍田吸於千乘斬之東從韓信攻龍且留公於假密師古曰留縣名公留令也攻龍且及留令於假密〔補注〕先謙曰史記亦作於高密索隱注留縣令稱公旋其名案今索隱單行本作族其名旋族疑皆於字之誤假密即高密假音革高假雙聲字卒斬龍且師古曰嬰所將之卒也其下亦同生得右司馬連尹各一人樓煩將十人身生得亞將周蘭師古曰亞次也齊地已定韓信自立爲齊王使嬰別將擊楚將公杲於魯北破之轉南破薛郡長師古曰長亦如郡守也時每郡置長身虜騎將入攻博陽〔補注〕齊召南曰入字係一人兩字傳寫誤併史記作身虜騎將一人句攻博陽句是也攻博陽上不須入字宋本及各本俱讀入攻博陽爲句非是沈欽韓曰博陽當作傅陽紀要偪陽城在兖州府嶧縣南五十里春秋時小國漢置傅陽縣屬楚國傅偪同音前至下相以東南僮取慮徐師古曰僮及取慮及徐三縣名也取音趨又音秋慮音廬度淮盡降其城邑至廣陵蘇林曰別將兵屯廣陵也師古曰此說非也謂從下相以東南盡降城邑乃至廣陵皆平定項羽使項聲薛公郯公復定淮北嬰度淮擊破項聲郯公下邳斬薛公〔補注〕先謙曰據高紀嬰與彭越同在此役下下邳壽春擊破楚騎平陽師古曰此平陽在東郡〔補注〕沈欽韓曰按東郡燕縣之平陽亭回遠當是山陽之平陽明志兖州府鄒縣西有廢南平陽縣正義云南平陽縣城今兖州鄒縣也遂降彭城虜柱國項佗師古曰佗音徒何反降留薛沛酇蕭相師古曰凡六縣也酇音才何反攻苦譙師古曰二縣也〔補注〕先謙曰官本譙作醮復得亞將〔補注〕李慈銘曰史記亞將下有周蘭二字是也前已獲蘭茲後逸去而此復得之與漢王會頤鄉〔補注〕沈欽韓曰案集解徐廣曰苦縣

有頤鄉一統志頤鄉在歸德府鹿邑縣南紀要云在縣東從擊項籍軍陳下破之所將卒斬樓煩將二人虜將八人〔補注〕先謙曰史記作虜騎將八人此奪騎字賜益食邑二千五百戶項籍敗垓下去也嬰以御史大夫將車騎別追項籍至東城破之所將卒五人共斬項籍皆賜爵列侯降左右司馬各一人卒萬二千人盡得其軍將吏下東城歷陽〔補注〕先謙曰東城今鳳陽府定遠縣歷陽今和州治並漢九江縣度江破吳郡長吳下如淳曰雄長之長也師古曰此說非也吳郡長當時爲吳郡長嬰破之於吳下〔補注〕齊召南曰按後儒以會稽至東漢順帝始分遂疑二史此文爲譌然亦安知楚漢之際不當分爲二郡而其後復合乎下文又曰遂定吳豫章會稽郡則尤明矣得吳守遂定吳豫章會稽郡〔補注〕沈欽韓曰寰宇記高帝六年命灌嬰立豫章按水經注豫章秦以爲廬江南部漢高祖六年始命灌嬰以爲豫章郡治官本考證據功臣表作陳嬰不知灌嬰先有此事還定淮北凡五十二縣漢王即帝位賜益嬰邑三千戶〔補注〕先謙曰周勃傳賜與潁陽侯共食鍾離互證兩傳文當在此時以車騎將軍從擊燕王荼明年從至陳取楚王信還剖符世世勿絕食潁陰二千五百戶〔補注〕李慈銘曰史記此下有號曰潁陰侯五字不可省從擊漢王信於代〔補注〕錢大昭曰漢當作韓先謙曰官本作韓至馬邑別降樓煩以北六縣斬代左將〔補注〕李慈銘曰史記作左相是此誤破胡騎將於武泉北復從擊信胡騎晉陽下所將卒斬胡白題將一人師古曰胡名也〔補注〕沈欽韓曰梁書諸夷傳白題國其先葢匈奴之別種胡今在滑國東按裴子野即援此傳爲證先謙曰唐杜甫秦州雜詩胡舞白題斜薛夢符注題額也其俗以白塗埊其額因得名如黑齒雕題之類又受詔幷將燕趙齊梁楚車騎擊破胡騎於硰石師古曰硰音千坐反至平城爲胡所困〔補注〕先謙曰史記有從還軍東垣五字不可省從擊陳豨別攻豨丞相侯敞軍曲逆下破之〔補注〕先謙曰敞又見高紀卒斬敞及特將五人師古曰卒謂所將之卒也特獨也各特爲將周壽昌曰特將楚漢間所置將名功臣表陳豨以特將將卒五百人前元年從起宛朐是也韓信傳亦有特將似皆其所部裨將先謙曰官本各特作各獨是降曲逆盧奴上曲陽安國安平〔補注〕先謙曰盧奴中山縣今定州治上曲陽常山縣今定州曲陽縣西安國中山縣今保定府祁州南安平涿郡縣今深州安平縣治攻下東垣黥布反以車騎將軍先出攻布別將於相破之斬亞將樓煩將三人又進擊破布上柱國及大司

馬軍又進破布別將肥銖（補注）先謙曰史記作肥誅徐廣注一作銖古無以銖命名者此傳是也嬰
身生得左司馬一人所將卒斬其小將十人追北至淮上益食邑
二千五百戶布已破高帝歸定令嬰食潁陰五千戶除前所食邑
凡從所得二千石二人別破軍十六降城四十六定國一郡二縣
五十二得將軍二人柱國相各一人二千石十人嬰自破布歸高
帝崩以列侯事惠帝及呂后呂后崩呂祿等欲爲亂齊哀王聞之
舉兵西呂祿等以嬰爲大將軍往擊之嬰至滎陽乃與絳侯等謀
因屯兵滎陽風齊王以誅呂氏事師古曰風讀曰諷（補注）先謙曰微示之也齊兵止不
前絳侯等既誅諸呂齊王罷兵歸嬰自滎陽還與絳侯陳平共立
文帝於是益封嬰三千戶賜金千斤爲太尉三歲絳侯勃免相嬰
爲丞相罷太尉官是歲匈奴大入北地上令丞相嬰將騎八萬五
千擊匈奴匈奴去濟北王反詔罷嬰兵（補注）先謙曰詳文紀後歲餘以丞相
薨謚曰懿侯傳至孫彊（補注）先謙曰官本彊作彊是史記同有罪絕武帝復封嬰孫

前漢四十一　十五

賢爲臨汝侯奉嬰後後有罪國除

傅寬（補注）錢大昕曰寬與靳歙史失其所居郡縣以魏五大夫騎將從爲舍人起橫陽
（補注）先謙曰索隱按橫陽邑名在韓韓公子成初封橫陽君正義引括地志云故橫城在宋州宋城縣西南三十里蓋橫陽也案一統志橫城在歸德府商丘縣西南從攻安陽杠里趙賁軍於開封及擊楊熊曲遇
陽武斬首十二級賜爵卿從至霸上沛公爲漢王賜寬封號共德
君師古曰共讀曰恭從入漢中爲右騎將定三秦賜食邑雕陰孟康曰縣名屬上郡
（補注）先謙曰今鄜州北三十里從擊項籍待懷服虔曰侍高帝於懷懷縣召也師古曰地理志屬河內郡今懷州（補
注）先謙曰今懷慶府武陟縣西南官本注侍作待召作名此誤賜爵通德侯從擊項冠周蘭龍且
所將卒斬騎將一人敖下師古曰敖地名敖倉蓋取此名也左氏傳曰敖鄗之間益食邑屬
淮陰張晏曰韓信也信時爲相國云淮陰者終言之也擊破齊歷下軍擊田解（補注）先謙曰田儋傳
齊王使華毋傷田解軍歷下則擊歷下軍與擊解不得爲二事下擊字誤也華毋傷爲灌嬰所虜田解當不得獨脫疑擊當爲斬或
得字虜字之譌史記亦誤屬相國參殘博師古曰參曹參也博太山縣也益食邑因定齊地剖
符世世勿絕（補注）先謙曰官本勿作不封陽陵侯二千六百戶除前所食爲齊
右丞相備齊張晏曰時田橫未降故設屯備（補注）錢大昭曰功臣表無右字先謙曰正義云按爲齊王韓信相五
歲爲齊相國（補注）先謙曰案正義爲齊悼惠王劉肥相五歲也案此說非也謂寬距爲齊右丞相之後五歲又爲齊相
國耳韓信王齊在高祖四年寬爲相當是五年又五歲是高祖十年寬爲齊相國豨反在十年九月故下文云爲齊相國四月而擊
豨也四月（補注）宋祁曰景德本作四月別本作一字誤也擊陳豨屬太尉勃以相國代丞相
噲擊豨（補注）先謙曰據周勃傳勃遷爲太尉擊陳豨盧綰反勃以相國代樊噲擊綰此文以相國上當更有勃字擊豨當爲
擊盧綰史文脫誤也史記亦誤一月從爲代相國將屯如淳曰既爲相國有警則將卒而屯守也師古曰此
說非也時代國常有屯兵以備邊寇寬爲代相兼將此屯兵也二歲爲丞相將屯（補注）李慈銘曰史記丞相上有
代字是也時改諸王國之相國爲丞相孝惠五年薨謚曰景侯傳至曾孫偃謀反誅
國除

靳歙以中涓從起宛朐師古曰歙音翕宛音於元反朐音其于反攻濟陽破李由軍擊

前漢四十一　十六

秦軍開封東斬騎千人將一人如淳曰騎將率號爲千人漢儀注邊郡置部都尉千人司馬候也（補
注）先謙曰案集解引徐廣曰將一作候疑如氏所見本將作候故注云然首五十七級捕虜七十三人
賜爵封臨平君又戰藍田北斬車司馬二人張晏曰主車也（補注）先謙曰集解引作主
官車騎長一人張晏曰騎之長首二十八級捕虜五十七人至霸上沛公爲
漢王賜歙爵建武侯遷騎都尉從定三秦別西擊章平軍於隴西
破之定隴西六縣所將卒斬車司馬候各四人騎長十二人從東
擊楚至彭城漢軍敗還保雍丘擊反者王武等略梁地別西擊邢
說軍菑南破之師古曰菑縣名也後爲考城說讀曰悅（補注）先謙曰今歸德府考城縣東南五里有漢菑縣故城後
漢改考城身得說都尉二人司馬候十二人降吏卒四千六百八十人
破楚軍滎陽東食邑四千二百戶（補注）先謙曰史記食邑上有三年賜三字別之河內
擊趙賁軍朝歌破之（補注）齊召南曰史記作擊趙將賁郝軍朝歌則其人姓賁名郝係趙將非姓趙名賁也先
謙曰齊說是也趙賁乃秦將後復爲章邯將爲曹參樊噲所破見高紀參噲傳此在河內者自別一趙將賁郝後人習見趙賁妄刪

將都兩字耳所將卒得騎將二人車馬二百五十四從攻安陽以東至棘蒲〔補注〕沈欽韓曰紀要安陽城在趙州臨城縣南廉頗傳攻魏之房子安陽拔之即此城也一統志棘蒲故城今趙州治下十縣〔補注〕先謙曰史記作下七縣別攻破趙軍得其將司馬二人候四人降吏卒二千四百人從降下邯鄲別下平陽〔補注〕先謙曰案集解引徐廣曰鄴有平陽城正義引括地志云平陽城在相州臨漳縣西二十五里按臨漳縣今屬彰德府身斬守相所將卒斬兵守郡一人李奇曰或曰爲郡守也字反耳晉灼曰將兵郡守也師古曰當言兵郡守一人也〔補注〕先謙曰史記作斬兵守郡守各一人此奪守各二字沈欽韓云墨子號令篇非時而行者惟守及操太守之節而使者是守與太守爲二也蓋將屯謂之兵守如魏晉之都督與刺史於義爲通降鄴從攻朝歌邯鄲又別擊破趙郡〔補注〕先謙曰官本郡作軍是史記同降邯鄲郡六縣〔補注〕先謙曰自別之河內至此皆擊趙事當在三年韓信張耳擊趙時別令歙將兵畧趙地也還軍敖倉破項籍軍成皋南擊絕楚饟道起滎陽至襄邑破項冠魯下略地東至鄫郯下邳〔補注〕先謙曰鄫即繒東海縣在今兗州府嶧縣東八十里史記作繒南至蘄竹邑擊項悍濟陽下還擊項籍軍陳下破之別定江陵降柱

國大司馬以下八人身得江陵王致雒陽師古曰江陵王謂共敖之子共尉也得而送致於雒陽因定南郡從至陳取楚王信剖符世世勿絕定食四千六百戶爲信武侯〔補注〕先謙曰案史記爲作號以騎都尉擊代攻韓信平城下還軍東垣有功遷爲車騎將軍幷將梁趙齊燕楚車騎〔補注〕先謙曰據灌嬰傳此與嬰同將別擊陳豨丞相敞破之師古曰侯敞因降曲逆從擊黥布有功益封定食邑五千三百戶凡斬首九十級虜百四十二人〔補注〕先謙曰四十史記作三十別破軍十四降城五十九定郡國各一縣二十三得王柱國各一人二千石以下至五百石三十九人〔補注〕錢大昭曰五下南監本閩本皆有百字先謙曰官本有百字史記同此奪高后五年薨謚曰肅侯子亭嗣有罪國除

周緤沛人也師古曰緤音息列反以舍人從高祖起沛至霸上西入蜀漢還定三秦常爲參乘賜食邑池陽師古曰即馮翊池陽縣〔補注〕先謙曰緤食邑時池陽尚未爲縣縣乃惠帝置也秦立蕩社縣其地有池陽蓋鄉聚之名緤因食之從東擊項羽滎陽絕甬道從出度平陰遇韓信軍襄國〔補注〕李慈銘曰案此傳史記多脫文班氏因之如遇韓信軍襄國上下皆有佚脫即賜食邑池陽亦必先有賜爵之文先謙曰高帝出度平陰韓信軍修武上馳入奪其軍傳蓋言此事然非襄國也殺趙王歇襄國又在此事前與遇信軍無涉李以爲有奪文是也戰有利不利終亡離上心上以緤爲信武侯師古曰以其忠信故加此號〔補注〕先謙曰功臣表云楚漢分鴻溝以緤爲信號曰信武蓋以此食邑三千三百戶〔補注〕先謙曰表云二千二百戶上欲自擊陳豨緤泣曰始秦攻破天下未嘗自行今上常自行是亡人可使者乎上以爲愛我賜入殿門不趨〔補注〕先謙曰史記更有殺人不死四字十二年更封緤爲鄘城侯服虔曰音菅蒯之蒯蘇林曰音簿催反晉灼曰功臣表屬長沙師古曰此字從崩從邑音蒯非也呂忱音陪而楚漢春秋作憑城侯陪憑聲相近此其實也又音普肯反〔補注〕王先彬曰按先封某邑後改他邑曰更封如史記曲周侯酈商傳商先食邑涿號曰涿侯後云更食曲周是也緤前封信武乃名號侯至此爲鄘城侯是新封邑不得云更封也更字當爲衍文史記作以緤爲鄘城侯不言更封先謙曰史記作蒯成索隱蒯者鄉名三蒼云蒯鄉在城父縣音裴正義引括地志云蒯亭在河南西十四里苑中輿地志云蒯成縣故陳倉縣之鄉聚名也周緤所封晉武帝咸寧四年分陳倉立蒯成縣屬始平郡先謙案三蒼音蒯爲裴與呂忱音鄘爲陪同諸書雖蒯鄘互異其讀一也孝文五

年薨謚曰貞侯〔補注〕周壽昌曰史記傳同史表作尊侯正義云尊一作卓案尊與貞聲近而誤卓則譌脫貞下半也子昌嗣有罪國除景帝復封緤子應爲鄲侯蘇林曰音多屬沛國〔補注〕宋祁曰沛國當作陳國張照曰按陳國無鄲縣據志應作沛郡王念孫曰淮水注苞水東逕鄲縣故城南漢景帝中元年封周應爲侯國音多沈繹旃云漢書周緤傳蘇林音多寒反讀如邯鄲之鄲史記周緤傳亦引蘇音則但曰音多漢志引孟康之音亦曰多丁度遂造爲當何反之音以附會之觀鄲注則六朝本已如是不始於小顏小司馬也見趙氏水經注釋念孫案沛郡鄲縣之鄲蘇林孟康皆音多多下寒反二字乃明監本妄加之也今考景祐本汪本毛本周緤傳注竝作音多獨明監本有寒反二字而沈氏遂爲其所惑凡漢書注中所引漢魏人音皆曰某音某或曰音某某之某未有音某某反者明監本地理志鮦陽下孟康曰鮦音紂紅反鮦見地理志此傳鄲侯下鄲音多寒反皆不類漢魏人語則紅反寒反四字明是監本所加考鄲縣之鄲蘇林周緤傳注孟康地理志注酈道元淮水注顏籀高惠高后文功臣表注百官公卿表注司馬貞高祖功臣侯表索隱皆音多自是舊讀如此非有脫文史記周緤傳索隱引蘇林正作音多則本無寒反二字明矣地理志之鄲縣孟康音多正與蘇林相合豈亦脫去寒反二字邪且蘇音在孟康之前若蘇音多寒反而孟音多則後人當兩存其音不當獨用孟音今諸家皆音多而不音多寒反則蘇孟同音可知又高紀上自東至邯鄲邯鄲二字皆無音而鄲侯之鄲獨有音則其音多而不音單又可知水經注音多即本於蘇孟乃云六朝本已加是不始於小顏小司馬則豈酈顏司馬及丁度所見本及景祐本汪本

毛本皆不足據而唯明監本爲足據耶沈氏之意徒以單在寒韻多在歌韻鄲從單聲不當讀如多此明監本所以加寒反二字也不知寒歌二韻古聲相近故單聲之字多有轉入歌韻者幷有轉入哿箇二韻者說文驒從馬單聲而魯頌駉篇有驒有駱之驒音徒河反說文嚲富嚲嚲兒從奢單聲丁可切嚲字說文亦從單聲而淮南主術篇水殺黿鼉已與犧羆爲韻[illegible]又爾雅癉勞也癉音丁賀反小雅大東篇哀我憚人小明篇憚我不暇憚字竝音丁佐反四牡篇嘽嘽駱馬說文引作痑痑駱馬丁可切凡此皆單聲之字而轉入歌哿箇三韻者也其寒韻中字非從單聲而轉入歌哿箇者則不可枚舉又何疑於鄲之音多乎而全祖望經史問答且謂沈說足發二千年之謬不知明監本加寒反二字乃二千年未有之謬也先謙曰官本作鄲音多寒反按王說是

薨諡曰康侯子仲居嗣坐爲太常有罪國除〔補注〕先謙曰公卿表元鼎三年

贊曰仲尼稱犂牛之子騂且角雖欲勿用山川其舍諸師古曰論語載孔子爲弟子仲弓發此言也犂雜色騂赤色也舍置也言牛色純而角美堪爲犧牲雖以其母犂色而不欲用山川寧肯置之喻父雖不材不害子之美言士不繫於世類也語曰雖有茲基不如逢時張晏曰茲基鉏也言雖有田具値時迺獲信矣樊噲夏侯嬰灌嬰之徒方其鼓刀僕御販繒之時師古曰鼓刀謂屠狗豈自知附驥之尾師古曰蓋以蚊蝱爲喻言託驥之尾則涉千里勤功帝籍〔補注〕先謙曰官本勤作勤是慶流子孫哉當孝文時天下以酈寄爲賣友夫賣友者謂見利而忘義也若寄父爲功臣而又執劫師古曰周勃等劫其父而令寄行說雖摧呂祿以安社稷〔補注〕先謙曰漢紀摧呂祿作權賣呂祿於義亦通誼存君親可也

樊酈滕灌傳靳周傳第十一　終　　漢書四十一

張周趙任申屠傳第十二　　漢書四十二

漢　蘭　臺　令　史班　固　撰

唐正議大夫行祕書少監琅邪縣開國子顏師古　注

賜進士出身前翰林院編修國子監祭酒加三級臣王先謙補注

張蒼陽武人也〔補注〕先謙曰陽武河南縣今懷慶府陽武縣東南二十八里好書律歷秦時爲御史主柱下方書如淳曰方板也謂事在板上者也秦置柱下史蒼爲御史主其事或曰主四方文書也師古曰下云蒼自秦時爲柱下御史明習天下圖書計籍則主四方文書是也柱下居殿柱之下若今侍立御史矣〔補注〕齊召南曰按柱下史本周制而秦因之老子在周爲柱下史是也沈約宋志侍御史於周爲柱下史師古注若今侍立御史矣立字似衍文唐制侍御史六人先謙曰如注謂下脫書字集解引有有罪亡歸及沛公略地過陽武蒼以客從攻南陽蒼當斬解衣伏質師古曰質鍖也〔補注〕先謙曰史記當斬上有坐法二字不可省身長大肥白如瓠時王陵見而怪其美士迺言沛公赦勿斬〔補注〕周壽昌曰王陵傳高祖起沛陵亦聚數千人居南陽是雖未從沛公實同在南陽亦未與沛公爲敵也或偶過沛公適見蒼被罪愛而爲言以救之耳

遂西入武關至咸陽〔補注〕先謙曰史記遂下有從字沛公立爲漢王入漢中還定三秦陳餘擊走常山王張耳耳歸漢漢以蒼爲常山守從韓信擊趙蒼得陳餘趙地已平漢王以蒼爲代相備邊寇已而徙爲趙相相趙王耳耳卒相其子敖復徙相代燕王臧荼反蒼以代相從攻荼有功六年封爲北平侯食邑千二百戶〔補注〕先謙曰官本無六年二字遷爲計相文穎曰以能計故號曰計相師古曰專主計籍故號計相〔補注〕沈欽韓曰宋史職官志三司使通管鹽鐵度支戶部號曰計省位亞執政目爲計相其名蓋本此一月更以列侯爲主計四歲張晏曰以列侯典校郡國簿書如淳曰以其所主因以爲官號與計相同時所卒立非久施也師古曰去計相之名更號主計〔補注〕劉攽曰四歲字本在黥布反上課書在此宋祁曰浙本一月作三月先謙曰史記四歲字亦在此布以高祖十一年反是蒼爲主計在八年又後封侯二年也是時蕭何爲相國而蒼迺自秦時爲柱下御史明習天下圖書計籍又善用算律歷故令蒼以列侯居相府領主郡國上計者〔補注〕先謙曰周禮大司徒以土會之法辨五地之物生注會計也以上計貢稅之法因別此五者也唐書柳冕傳冕表言漢法三載上計以會課最史記

范雎傳二歲不上計注凡郡長論課殿最歲盡遣吏上計新序載魏文侯時東陽上計錢布十倍大夫畢賀韓非子稱西門豹重斂百姓期年上計文侯迎而拜之是古者上計以貢稅定其殿最也黥布反漢立皇子長爲淮南王而蒼相之十四年遷爲御史大夫〔補注〕先謙曰淮南厲王傳黥布反上自將擊滅布卽立長爲王合證高紀長王當在十二年公卿表高后八年淮南丞相張蒼爲御史大夫自高帝十二年至高后八年計十六年此四字當作六

周昌者沛人也其從兄苛師古曰苛音何秦時皆爲泗水卒史及高祖沛起〔補注〕錢大昭曰沛起二字當乙先謙曰官本作起沛擊破泗水守監於是苛昌自卒史從沛公〔補注〕宋祁曰越本自作以校改以作自王念孫曰汪本從宋改念孫案宋改以爲自從史記也然以自皆由也則改猶不改耳景祐本亦作以沛公以昌爲職志應劭曰掌主職也鄭氏曰主旗志也師古曰志與幟同音式異反苛爲客張晏曰爲帳下賓客不掌官也〔補注〕沈欽韓曰猶戰國之客卿客將也從入關破秦沛公立爲漢王以苛爲御史大夫〔補注〕錢大昭曰公卿表苛自內史遷則苛曾爲內史昌爲中尉漢三年楚圍漢王滎陽急漢王出去而使苛守滎陽城楚破滎陽城欲令苛將苛罵曰若趣降漢王不然今爲虜矣師古曰若汝也趣讀曰促〔補注〕錢大昭曰

虜當爲虜先謙曰官本作虜今猶卽也項羽怒亨苛漢王於是拜昌爲御史大夫常從擊破項籍六年與蕭曹等俱封爲汾陰侯苛子成以父死事封爲高景侯昌爲人強力敢直言自蕭曹等皆卑下之師古曰下音胡駕反昌嘗燕入奏事孟康曰以上宴時入奏事師古曰燕謂安閒之居也高帝方擁戚姬師古曰擁抱也昌還走師古曰還謂卻退也高帝逐得騎昌項上問曰我何如主也昌仰曰陛下卽桀紂之主也於是上笑之然尤憚昌及高帝欲廢太子而立戚姬子如意爲太子大臣固爭莫能得上以留侯策止而昌庭爭之強〔補注〕先謙曰庭字誤當從史記作廷上問其說昌爲人吃師古曰吃言之難也音訖〔補注〕先謙曰官本無音訖二字又盛怒曰臣口不能言然臣心知其其不可〔補注〕錢大昭曰南監本閩本皆作然臣期期知其不可先謙曰官本同南監閩本史記亦同據下顏注此文亦當爲期期後人據宋說妄改也陛下欲廢太子臣期期不奉詔師古曰以口吃故每重言期期〔補注〕劉攽曰期讀如荀子曰欲綦色之綦楚人謂極爲綦宋祁曰學官本云臣口不能言然臣期期知其不可浙本然心知期期不可陛下欲廢太子臣期期不奉詔予據此則前之二吃作其後之二吃乃可爲期耳若云臣期知其不可又了無意矣又顏注文元無每字王念孫曰顏說是也臣期期知其不可臣知其不可也臣期期不奉詔臣不奉詔也期期乃吃者語急之聲本無意義劉讀期爲綦而訓爲極臣極不奉詔斯爲不詞矣先謙曰通鑑胡注孔穎達疏釋詁譏汔也杜預云汔期也然則期字雖別皆是近義言其近當如此史記周昌云云意亦與汔同案諸家之說皆未當也期者必也左哀十六年傳期死非勇也杜注期必也本書路溫舒傳溫舒引俗語曰畫地爲獄議不入刻木爲吏期不對師古注期猶必也議必不入對是期之爲必漢世恆言此文臣心知期期不可心知必不可也他本作臣期期知其不可臣必知其不可也若今人言定姬矣臣期期不奉詔臣必不奉詔也單言期語吃乃爲期期耳劉胡二說固非王氏乃以期期爲語急之聲本無意義斯爲謬矣劉注欲上曰當爲目王念孫云荀子王霸篇目欲綦色耳欲綦聲楊注但云綦極也劉云楚人謂極爲綦未知所據上欣然而笑卽罷〔補注〕先謙曰史記作既罷是也卽與既形近而誤各本俱譌呂后側耳於東箱聽師古曰正寢之東西室皆曰箱言似箱篋之形〔補注〕先謙曰史記箱作廂見昌爲跪謝曰微君太子幾廢師古曰微無也幾音鉅依反是後戚姬子如意爲趙王年十歲高祖憂萬歲之後不全也趙堯爲符璽御史趙人方與公孟康曰方與縣名公其號也師古曰音房豫〔補注〕周壽昌曰集解引瓚曰方與縣令也案楚漢之際縣尹皆稱公如徐公之類甚多不必爲其號也謂御史大夫周昌曰君之史趙堯年雖少然奇士

君必異之〔補注〕先謙曰異優待也是且代君之位昌笑曰堯年少刀筆吏耳〔補注〕先謙曰案正義古用簡牘書有錯繆以刀削之故號曰刀筆吏何至是乎居頃之堯侍高祖高祖獨心不樂悲歌羣臣不知上所以然堯進請問曰〔補注〕王念孫曰景祐本間作問宋祁曰問疑作間汪本從宋改念孫案原本作請問義自可通不當輒以意改也史記亦作請問先謙曰官本作請問亦引宋說此本請間疑後人因宋說改也陛下所爲不樂非以趙王年少而戚夫人與呂后有隙備萬歲之後而趙王不能自全乎高祖曰我私憂之不知所出師古曰不知計所出堯曰陛下獨爲趙王置貴彊相及呂后太子羣臣素所敬憚者迺可高祖曰然吾念之欲如是而羣臣誰可者堯曰御史大夫昌其人堅忍伉直自呂后太子及大臣皆素嚴憚之獨昌可高祖曰善於是召昌謂曰吾固欲煩公師古曰固必也言必欲勞煩公公彊爲我相趙師古曰彊音其兩反次下亦同〔補注〕先謙曰官本注次作以昌泣曰臣初起從陛下陛下獨奈何中道而棄之於諸侯乎高祖曰吾極知其左遷師古曰是

時尊右而卑左故謂貶秩位爲左遷佗皆類此〔補注〕先謙曰官本注位作任然吾私憂趙〔補注〕先謙曰史記有王字不可省念非公無可者公不得已強行師古曰已止也於是徙御史大夫昌爲趙相既行久之高祖持御史大夫印弄之曰誰可以爲御史大夫者孰視堯曰無以易堯師古曰言堯可爲之餘人不能勝也易代也〔補注〕先謙曰官本無言字遂拜堯爲御史大夫堯亦前有軍功食邑及以御史大夫從擊陳豨有功封爲江邑侯高祖崩太后使使召趙王其相昌令王稱疾不行使者三反昌曰高帝屬臣趙王師古曰屬委也音之欲反王年少竊聞太后怨戚夫人欲召趙王幷誅之臣不敢遣王王且亦疾不能奉詔太后怒〔補注〕先謙曰史記作高后患之迺使使召趙相相至謁太后太后罵昌曰爾不知我之怨戚氏乎而不遣趙王昌既被徵高后使使召趙王王果來至長安月餘見鴆殺昌謝病不朝見三歲而薨謚曰悼侯傳子至孫意有罪國除景帝復封昌孫左車爲安陽侯有罪國除初

趙堯既代周昌爲御史大夫高祖崩事惠帝終世高后元年怨堯前定趙王如意之畫師古曰畫謂畫策令周昌爲相迺抵堯罪〔補注〕先謙曰據表云免官以廣阿侯任敖爲御史大夫

任敖沛人也少爲獄吏高祖嘗避吏吏繫呂后遇之不謹任敖素善高祖怒擊傷主呂后吏及高祖初起敖以客從爲御史守豐二歲高祖立爲漢王東擊項羽敖遷爲上黨守陳豨反敖堅守封爲廣阿侯食邑千八百戶高后時爲御史大夫三歲免孝文元年薨〔補注〕先謙曰集解引徐廣曰文帝二年任敖卒騶案漢書敖孝文元年薨徐誤也正義案史表云孝文二年卒漢表又云封十九年卒計高祖十一年封到文帝二年則十九年矣漢書誤裴氏不考乃云徐誤何其貳過也先謙案敖子敬以孝文三年嗣是敖二年薨正義是此元字當正作二謚曰懿侯傳子至曾孫越人坐爲太常廟酒酸不敬國除初任敖免平陽侯曹窋代敖爲御史大夫師古曰窋音竹律反高后崩與大臣共誅諸呂後坐事免〔補注〕齊召南曰史記作窋不與大臣共誅呂祿等免以高后紀核之窋行御史大夫事郎中令賈壽以灌嬰及齊楚合從告相國產窋即以其語馳告丞相太尉及呂祿已去北軍相國產欲入未央宮作亂窋復馳語太尉則窋固非不與大臣共謀誅諸呂者也但代邸上議羣臣列名即云御史大夫臣蒼則孝文未立之前窋已罷官矣其後賞功又不及窋意者史記所云固得其實乎不然即不與太尉丞相較功亦當與襄平典客共賞矣先謙曰不與者不與其事也窋坐事免官在前及誅諸呂迎文帝時張蒼已代任故賞蒼而不及窋說詳呂后紀此傳誤也以淮南相張蒼爲御史大夫蒼與絳侯等尊立孝文皇帝四年代灌嬰爲丞相

漢興二十餘年天下初定公卿皆軍吏蒼爲計相時緒正律歷文穎曰緒尋也謂本其統緒而正之以高祖十月始至霸上故因秦時本十月爲歲首不革師古曰革改也〔補注〕先謙曰史記作因故秦時推五德之運以爲漢當水德之時上黑如故〔補注〕先謙曰案正義引姚察云蒼是秦人猶用推五勝之法以周赤烏爲火漢勝火以水也吹律調樂入之音聲〔補注〕先謙曰史記入作人及以比定律令如淳曰比音比次之比謂五音淸濁各有所比不相錯入以定十二律之法令於樂官使長行之或曰比謂比方之比音必履反臣瓚曰謂以比故取類以定法律與條令也師古曰依如氏之說比音頻二反〔補注〕先謙曰官本注或曰下無比字若百工天下作程品如淳曰若順也百工爲器

物皆有尺寸斤兩斛斗輕重之宜使得其法此之謂順晉灼曰若豫及之辭師古曰言吹律調音以定法令及百工程品皆取則也若晉說是〔補注〕先謙曰高紀所謂張蒼定章程也官本注是下有也字至於爲丞相卒就之師古曰卒終也就成也故漢家言律歷者本張蒼蒼尤好書〔補注〕宋祁曰學官本尤作凡注不音陽夏公謂當從凡若從尤則師古當音好字作去聲浙本凡作尤王念孫曰案作尤則與下文尤字重出作凡者是也景祐本亦作凡凡當讀爲汎上言汎好書故下言無所不觀無所不通而尤邃律歷尤邃二字正對汎好言之好字仍當讀去聲不當讀上聲史記作蒼本好書則讀去聲明矣陽夏公以好字師古無音而讀上聲非也上文張蒼好書律歷師古亦無音無所不觀無所不通而尤邃律歷師古曰邃深也音先遂反蒼德安國侯王陵師古曰以救其死刑故也及貴父事陵陵死後蒼爲丞相洗沐〔補注〕周壽昌曰休沐之日常先朝陵夫人上食然後敢歸家蒼爲丞相十餘年魯人公孫臣上書陳終始五德傳師古曰傳謂傳次也音直戀反言漢土德時其符黃龍見當改正朔易服色事下蒼蒼以爲非是罷之其後黃龍見成紀於是文帝召公孫臣以爲博士草立土德時歷制度張晏曰以秦水德漢土勝之晉灼曰草創始也〔補注〕王鳴盛曰賈誼傳誼

以爲漢宜改正朔數用五色上黃贊曰誼欲改定制度以漢爲土德其衞已疏矣案秦人用水德本自謂外不可承況五德取相生不取相剋即欲承秦爲何以土勝之張蒼固非而公孫臣賈誼亦非也漢當爲火德亦見荀悅漢紀第一卷更元年〔補注〕先謙曰又明年遂更爲後元年蒼由此自絀〔補注〕先謙曰官本絀作詘引宋祁曰一作絀謝病稱老蒼任人爲中候張晏曰所選舉保任也按中候官名師古曰蒼有所保舉而其人爲中候之官大爲姦利上以爲讓師古曰用此事責蒼蒼遂病免孝景五年薨謚曰文侯傳子至孫類〔補注〕先謙曰官本子作國類今本史記同集解引徐廣曰一作顚音贖索隱單行本注案漢書作穀顚即穀也王念孫云本作穎或作顚並讀如聾贖之贖玉篇穎音穀又音贖史表作穨及類穀皆穎之誤有罪國除初蒼父長不滿五尺蒼長八尺餘蒼子復長八尺及孫類長六尺餘〔補注〕李慈銘曰史記蒼長八尺餘下有爲侯丞相四字長六尺餘下有坐法失侯四字此節去之則語意不明蒼免相後口中無齒食乳女子爲乳母師古曰言每就飲之妻妾以百數嘗孕者不復幸年百餘歲迺卒著書十八篇言陰陽律歷事〔補注〕周壽昌曰藝文志不載申屠嘉梁人也以材官蹶張如淳曰材官之多力能腳踏彊弩張之故曰蹶張律有蹶張士師古曰今

前漢四十二　六

之弩以手張者曰擘張以足蹋者曰蹶張蹶音厥擘音布麥反〔補注〕錢大昭曰說文趚距也从走厈省聲漢令曰趚張百人蹶張卽趚張矣從高帝擊項籍遷爲隊率師古曰一隊之率也音所類反從擊黥布爲都尉孝惠時爲淮陽守孝文元年舉故以二千石從高祖者悉以爲關內侯食邑二十四人〔補注〕錢大昭曰據本紀是三十八人傳止二十四人未知孰是先謙曰官本作三十四人史記與此同而嘉食邑五百戶十六年遷爲御史大夫張蒼免相文帝以皇后弟竇廣國賢有行〔補注〕先謙曰廣國詳外戚傳欲相之曰恐天下以吾私廣國久念不可而高帝時大臣餘見無可者師古曰見謂見在之人〔補注〕周壽昌曰史記作而高帝時大臣又皆多死餘見無可者餘者未死之餘人也刪又皆多死四字則餘字無根迺以御史大夫嘉爲丞相因故邑封爲故安侯〔補注〕齊召南曰故安縣屬涿郡漢初丞相俱以功臣已封列侯者爲之嘉本功臣而由關內侯爲相則破格之事也後因丞相封侯遂起於此先謙曰故邑前所食之邑在故安也在今易州東南嘉爲人廉直門不受私謁〔補注〕先謙曰當與袁盎傳參觀是時太中大夫鄧通方愛幸賞賜累鉅萬文帝常燕飲通家其見寵如是〔補注〕宋祁曰越本無見字王念孫曰

見字蓋後人所加景祐本及羣書治要所引皆無見字史記亦無是時嘉入朝而通居上旁有怠慢之禮嘉奏事畢因言曰陛下幸愛羣臣則富貴之至於朝廷之禮不可以不肅師古曰肅敬〔補注〕先謙曰官本有也字上曰君勿言吾私之師古曰言欲私戒敎之〔補注〕先謙曰官本注戒敎作敎戒案私之謂愛之也呂覽去私篇子人之所私也注私愛也離騷皇天無私阿兮注竊愛爲私顏謂私敎戒之非罷朝坐府中嘉爲檄召通詣丞相府師古曰檄木書也長二尺不來且斬通通恐入言上上曰汝弟往師古曰弟但也吾今使人召若師古曰若亦汝也通至詣丞相府〔補注〕先謙曰至卽詣也言至不當更言詣此詣字緣上文詣丞相府而誤衍羣書治要引無詣字史記亦無免冠徒跣頓首謝嘉嘉坐自如師古曰如其故〔補注〕先謙曰史記不重嘉字是弗爲禮責曰夫朝廷者高皇帝之朝廷也通小臣戲殿上大不敬當斬史今行斬之如淳曰嘉語其史曰今便行斬之〔補注〕周壽昌曰史記史作吏集解引如注亦作吏案百官志丞相所屬有兩長史下文亦云朝罷謂長史似史字爲是王文彬曰今猶卽也史今行斬之也如不達今字之義於今下加便字爲訓轉屬贅文爾雅釋詁孫炎注卽猶今也故今卽轉相爲訓上文吾今使人召若亦謂吾卽使人召若也叔孫通傳郡守尉

前漢四十二　七

今捕誅伍被傳臣今見麋鹿游姑蘇之臺也周昌傳今爲虜矣今字並與卽同義淮南厲王傳令復之王念孫說並可參證通頓首首盡出血不解上度丞相已困通師古曰度音徒各反使使持節召通而謝丞相此吾弄臣君釋之〔補注〕宋祁曰浙本此字上有曰字君字下有其字先謙曰羣書治要引有曰字史記亦有鄧通既至爲上泣曰丞相幾殺臣師古曰幾音巨依反嘉爲丞相五歲文帝崩孝景卽位二年鼂錯爲內史〔補注〕先謙曰據公卿表景帝元年錯爲內史此云卽位二年者通卽位時數之貴幸用事諸法令多所請變更〔補注〕先謙曰更音工衡反議以適罰侵削諸侯師古曰適讀曰讁而丞相嘉自絀師古曰絀退也所言不用疾錯錯爲內史門東出不便更穿一門南出南出者太上皇廟堧垣也服虔曰宮外垣餘地也如淳曰堧音畏懦之懦師古曰堧音如椽反解在食貨志嘉聞錯穿宗廟垣爲奏請誅錯客有語錯錯恐夜入宮上謁自歸上師古曰歸首於天子至朝嘉請誅內史錯上曰錯所穿非眞廟垣迺外堧垣故冗官居其中師古曰冗謂散輩也如今之散官音如勇反〔補注〕先謙曰史記冗誤他且又我使爲之錯無罪罷朝嘉謂長

史曰吾悔不先斬錯乃請之師古曰言先斬而後奏爲錯所賣至舍因歐血而死謚曰節侯傳子至孫臾有罪國除自嘉死後開封侯陶青桃侯劉舍及武帝時柏至侯許昌平棘侯薛澤武彊侯莊青翟商陵侯趙周〔補注〕周壽昌曰青高祖功臣陶舍子謚夷侯舍史記作含功臣表含父襄本項氏親賜姓劉此書表傳俱作舍史記作含者誤也舍謚懿侯昌許溫孫謚哀侯澤薛歐孫青翟莊不識孫周父夷吾爲楚王戊太傅諫爭而死皆以列侯繼踵蹜蹜廉謹師古曰蹜蹜持整之貌也蹜音初角反〔補注〕沈欽韓曰荀子王霸篇齺然上下相信注齺齒相迎也說文齺齒相值也蹜即齺之別體廣韻云蹜廉謹也本此傳耳先謙曰齵齺與廉謹義不相副沈說非也史記作娖娖集解引徐廣曰娖一作斷一作蹜索隱娖音側角反漢書作蹜蹜一作斷義如向書斷斷猗無他技先謙案說文無蹜娖二字娖當爲婌說文婌謹也讀若謹敕數數大徐音測角切測角與側角初角同聲是此文當爲婌婌與下廉謹義相應世俗以音同之字轉寫作娖娖復轉爲齺齺齺即蹜字形有移換耳今人斥人爲齷齪即此蹜蹜義也其作斷斷者又後人以蹜蹜爲誤而改之耳爲丞相備員而已無所能發明功名著於世者

贊曰張蒼文好律歷爲漢名相師古曰文好律歷猶言名爲好律歷也〔補注〕先謙曰史記作文學律歷而專遵用秦之顓頊歷何哉張晏曰不考經典專用顓頊歷何哉師古曰何哉何爲其然哉周昌木強人也師古曰言其強直如木石然強音其兩反〔補注〕先謙曰官本直作質任敖以舊德用張晏曰謂傷辱呂后吏申屠嘉可謂剛毅守節然無術學殆與蕭曹陳平異矣師古曰殆近也言其識見不如蕭曹等也

張周趙任申屠傳第十二終　　漢書四十二

酈陸朱劉叔孫傳第十三　　漢書四十三

漢　蘭　臺　令　史班　固　撰

唐正議大夫行祕書少監琅邪縣開國子顏師古　注

賜進士出身前翰林院編修國子監祭酒加三級臣王先謙補注

酈食其陳留高陽人也師古曰食音異其音基〔補注〕錢大昕曰地理志陳留郡無高陽縣蓋鄉名非縣名涿郡琅邪郡皆有高陽縣然非食其所居之高陽也高紀沛公西過高陽文穎云聚邑名屬陳留圉沈欽韓曰金史地理志杞縣有圉城鎮明志開封府杞縣西有故高陽城南有廢圉縣先謙曰案正義酈音歷索隱引故耆舊傳食其圉高陽鄉人圉後漢陳留縣前漢淮陽縣今開封府杞縣南五十里好讀書家貧落魄無衣食業鄭氏曰魄音薄應劭曰志行衰惡之貌也師古曰落魄失業無次也鄭音是〔補注〕先謙曰集解晉灼曰落魄薄落託義同案落託亦作落拓爲里監門然吏縣中賢豪不敢役師古曰吏及賢者豪者皆不敢使役食其〔補注〕齊召南曰史記吏字在然字上言食其爲監門小吏而縣中賢豪不敢役使也班氏當以監門賤役非吏故倒吏字於下王念孫曰吏縣中賢豪殊爲不辭史記吏字在然字上漢書寫本吏然二字誤倒而師古遂曲爲之說非是劉辰翁反以漢書誤本爲是謂縣吏中之賢豪者不敢役一監門謬矣如劉說則當云縣吏中賢豪不當云吏縣中賢豪也皆謂之狂生及陳勝項梁等起諸將徇地過高陽者數十人師古曰徇亦略也音辭峻反食其聞其將皆握齱好荷禮應劭曰握齱急促之貌師古曰荷與苛同細也齱音初角反〔補注〕先謙曰史記荷作苛自用不能聽大度之言食其迺自匿後聞沛公略地陳留郊沛公麾下騎士適食其里中子服虔曰食其里中子適會作沛公騎士沛公時時問邑中賢豪騎士歸食其見謂曰吾聞沛公嫚易人〔補注〕王文彬曰史記作慢而易人言簡率也與好荷禮反對爲文有大略此眞吾所願從游莫爲我先師古曰先謂紹介也若見沛公師古曰若汝也謂曰臣里中有酈生年六十餘長八尺人皆謂之狂生自謂我非狂騎士曰沛公不喜儒師古曰喜好也音許吏反諸客冠儒冠來者沛公輒解其冠溺其中師古曰溺讀曰尿音乃釣反與人言常大罵未可以儒生說也食其曰第言之師古曰第但也騎士從容言食其所戒者師古曰從音千容反〔補注〕周壽昌曰士冠禮注戒告也先謙曰史記言下有如字官本注無音字千作子沛公至高陽傳舍師古曰傳舍者人所止息前人已去後人復來轉相

傳也一音張戀反謂傳置之舍也其義兩通它皆類此[補注]先謙曰一音是使人召食其食其至入謁[補注]沈欽韓曰御覽三百四十二引楚漢春秋曰上過陳留酈生求見使者入通公方跣足問何如人曰狀類大儒上曰吾方以天下為事未暇見大儒也使者出告酈生瞋目按劍入言高陽酒徒非儒者也按此與史記食其傳末所附同沛公方踞牀令兩女子洗師古曰洗足也音先典反[補注]先謙曰官本注在而見食其下而見食其食其入卽長揖不拜曰足下欲助秦攻諸侯乎欲率諸侯攻秦乎[補注]錢大昭曰下攻閩本作破先謙曰官本作破引宋祁云浙本破作攻按史記作破羣書治要引此亦作破沛公罵曰豎儒師古曰言其賤劣如僮豎[補注]王文彬曰豎儒猶言小儒詳見高紀既稱曰儒不得復以賤劣僮豎斥之顏說非夫天下同苦秦久矣故諸侯相率攻秦何謂助秦食其曰必欲聚徒合義兵誅無道秦不宜踞見長者[補注]先謙曰踞史記作倨於是沛公輟洗起衣師古曰輟止也起衣著衣也[補注]王念孫曰古無謂著衣為起衣者此文本作輟洗起句攝衣句延食其上坐士冠禮鄭注攝猶整也謂整衣而延之上坐也史記管晏傳曰晏子儼然攝衣冠謝師古所見本脫攝字遂以起衣連讀而訓為著衣誤矣史記正作攝衣文選王粲七哀詩注傅元雜詩注班彪王命論注御覽人事部一百四引漢書皆作攝衣執人部一百廿王無攝字乃後人以顏本對之與前所引不合是所見本與師古不同也高紀亦云

於是沛公起攝衣謝之延食其上坐謝之食其因言六國從衡時師古曰從音子容反衡橫也沛公喜賜食其食問曰計安出食其曰足下起瓦合之卒師古曰瓦合謂如破瓦之相合雖曰聚合而不齊同[補注]王文彬曰瓦合言不相附也史記儒林傳陳涉起匹夫驅瓦合適戍本書陳湯傳烏孫瓦合與此義同禮儒行毀方而瓦合正義引皇氏云毀已之圭角與瓦礫而相合亦謂以不相合者雜合之也先謙曰史記作糾合集解云一作烏合一作瓦合收散亂之兵不滿萬人欲㠯徑入彊秦此所謂探虎口者也夫陳留天下之衝四通五達之郊也如淳曰四面往來通之并數中央凡五達也臣瓚曰四通五達言無險阻也今其城中又多積粟臣知其令師古曰素與其縣令相知今請使令下足下師古曰下降也卽不聽足下舉兵攻之臣為內應於是遣食其往沛公引隨之[補注]先謙曰官本引下有兵字史記同此脫遂下陳留[補注]先謙曰食其說令不從夜斬令踰城報沛公遂下陳留詳史記傳末號食其為廣野君食其言弟商使將數千人從沛公西南略地食其嘗為說客馳使諸侯[補注]先謙曰嘗字誤當從史記作常漢三年秋項羽擊漢拔滎陽漢兵遁保鞏[補注]先謙曰史記更有洛字是與下鞏雒同楚人聞韓信破趙彭越數反梁地則分兵救之師古曰反趙及梁[補注]先謙曰官本注反作救是韓信方東擊齊漢王數困滎陽成皋計欲捐成皋㠯東屯鞏雒㠯距楚食其因曰臣聞之知天之天者王事可成不知天之天者王事不可成王者㠯民為天而民㠯食為天[補注]先謙曰索隱管子云王者以民為天民以食為天能知天之天者斯可矣夫敖倉天下轉輸久矣臣聞其下迺有臧粟甚多[補注]沈欽韓曰元和志敖倉城在鄭州滎澤縣西十五里北臨汴水南帶三皇山郟鄏秦所置呂氏春秋穿竇窌高誘注穿窌所以盛穀也是古者穿地下臧粟也楚人拔滎陽不堅守敖倉迺引而東令適卒分守成皋師古曰適讀曰謫謫卒謂卒之有罪謫者卽所謂謫戍[補注]先謙曰楚引東定梁地令曹咎守成皋此迺天所㠯資漢方今楚易取而漢反郤自奪便師古曰不圖進取是為自奪便利也郤音丘略反臣竊㠯為過矣且兩雄不俱立楚漢久相持不決百姓騷動海內搖蕩農夫釋耒紅女下機師古曰耒手耕曲木也音盧對反紅讀曰工天下之心未有所定也願足下急復進兵收取滎陽據敖庾之粟

師古曰敖庾卽敖倉塞成皋之險杜太行之道師古曰太行山名在河內野王之北上黨之南行音胡剛反距飛狐之口如淳曰上黨壺關也臣瓚曰飛狐在代郡西南師古曰瓚說是壺關無飛狐之名[補注]何焯曰此似後人依託之語杜太行之道乃秦人規取韓趙舊意當時漢已虜魏豹禽趙歇河東河內河北皆歸漢何庸復杜太行之道以示形勢乎燕趙已定卽代郡飛狐亦非楚人所能北窺何庸杜此兼距彼乎與當時事實闊遠守白馬之津[補注]齊召南曰按白馬縣屬東郡大河所經其西岸卽黎陽也㠯示諸侯形制之勢師古曰㠯地形而制服則天下知所歸矣方今燕趙已定唯齊未下[補注]先謙曰官本考證引司馬光云史漢皆以食其勸取敖倉及請說齊為一事獨劉向新序分為二新序是先謙案據高紀三年九月項羽使曹咎守成皋自引兵東擊彭越漢王使食其說齊連和四年冬十月韓信破齊齊亨食其漢破曹咎就敖倉食先後次第如此是食其說漢王二事並在三年九月史漢合之未為非也官本已作以今田廣據千里之齊田間將二十萬之眾軍於歷城[補注]劉攽曰此時何緣更有田間按田橫傳乃是田解橫傳云齊使華毋傷田解軍歷下以距漢諸田宗彊負海岱阻河濟師古曰負背也岱泰山也南近楚齊人多變詐[補注]宋祁曰人疑作民足下雖遣數十萬師未可㠯歲月破也臣請得奉明詔說齊王使為漢而稱

東藩上曰善迺從其畫復守敖倉〔補注〕先謙曰時尚未得敖倉云復守者究言之而使食
其說齊王曰王知天下之所歸乎曰不知也曰知天下之所歸則
齊國可得而有也若不知天下之所歸卽齊國未可保也齊王曰
天下何歸食其曰天下歸漢齊王曰先生何以言之曰漢王與項
王戮力西面擊秦〔補注〕先謙曰面向也約先入咸陽者王之項王背約不與
而王之漢中項王遷殺義帝漢王起蜀漢之兵擊三秦出關而責
義帝之負處〔補注〕宋祁曰或無負字王念孫曰無負字者是責義帝之處者責問也處所也猶言問義帝安在也處上安一負字則義不可通此涉下文殺義帝之負而衍史記及新序善謀篇皆無負字收天下之兵立諸侯之
後〔補注〕先謙曰据高紀食其勸立六國後未行此設辭耳降城卽以侯其將得賂則以分其
士與天下同其利豪英賢材皆樂爲之用諸侯之兵四面而至蜀
漢之粟方船而下師古曰方併也項王有背約之名殺義帝之負於人之
功無所記於人之罪無所忘師古曰言項羽吝爵賞而念舊惡戰勝而不得其賞

前漢四十三　四

拔城而不得其封非項氏莫得用事師古曰言唯任同姓之親爲人刻印玩而
不能授孟康曰刻斷無復廉鍔也臣瓚曰項羽吝於爵賞玩惜侯印不能以封人師古曰韓信傳作刓此作玩其義各通孟說非也〔補注〕錢大昭曰玩閩本作刓先謙曰史記作刓集解引孟注刻斷作刓斷索隱案郭象注莊子云立法而刓斷無圭角漢書作玩言玩惜不忍授人據此是小司馬所見漢書本與顏同也羣書治要引作刓而不能授且引注曰刓斷無復廉鍔也蓋別一漢書本攻城得賂積財而不能賞〔補注〕先謙曰爲人刻印玩而不能授攻城得賂積而不能賞四句相對爲文財字羨文不當有史記無天下畔之賢材怨之而莫爲之用故天下之士歸
於漢王可坐而策也夫漢王發蜀漢定三秦涉西河之外〔補注〕先謙曰通
鑑胡注河自砥柱以上龍門以下爲西河援上黨之兵師古曰援引也音爰下井陘誅成安君破
北魏師古曰謂魏豹也梁地既有魏名故謂此爲北〔補注〕先謙曰索隱北魏豹在河北故也亦謂之西魏以大梁於安邑爲東
也舉三十二城此黃帝之兵〔補注〕周壽昌曰黃帝史記作蚩尤黃帝蚩尤皆古之主兵者故高帝起兵祠黃帝祭蚩尤於沛廷此言黃帝史記言蚩尤初無區別非人之力天之福也今已據敖庾之
粟〔補注〕先謙曰庾官本作倉塞成皋之險守白馬之津杜太行之阪距飛狐之

口天下後服者先亡矣王疾下漢王齊國社稷可得而保也不下
漢王危亡可立而待也田廣以爲然迺聽食其罷歷下兵守戰備
與食其日縱酒師古曰日日縱意而飲酒韓信聞食其馮軾下齊七十餘城師古曰馮讀曰憑憑據也軾車前橫板隆起者也云憑軾者言但安坐乘車而游說不用兵眾迺夜度兵平原襲齊
齊王田廣聞漢兵至以爲食其賣己師古曰言其與韓信通謀〔補注〕先謙曰史記此下有迺曰汝能止漢軍我活汝不然我將亨汝酈生曰舉大事不細謹盛德不辭讓而公不爲若更言齊王迺亨之也迺亨食其
引兵走漢十二年曲周侯酈商以丞相將兵擊黥布有功高祖舉
功臣思食其食其子疥師古曰疥音介數將兵上以其父故封疥爲高梁
侯後更食武陽卒子遂嗣三世侯平有罪國除〔補注〕齊召南曰武陽史記作武遂而二表俱不言後更食邑未知孰是又子遂嗣亦與表異據表疥子勃勃子平疑遂字譌錢大昭曰史記稱更食武遂且稱武遂侯平據此則武陽當爲武遂矣表疥子勃而此作遂涉上武遂而譌耳李慈銘曰索隱地理志武遂屬河間漢書作武陽子遂衍字誤也余按索隱是也漢表與史同傳不應有異且子遂嗣三世侯平有罪亦不辭此陽卒子三字衍無疑先謙曰李說是

前漢四十三　五

陸賈楚人也以客從高祖定天下名有口辯師古曰時人皆謂其口辯居左右
常使諸侯時中國初定尉佗平南越因王之師古曰佗音徒河反〔補注〕先謙曰史記佗作他字同索隱趙他爲南越尉故曰尉他高祖使賈賜佗印爲南越王賈至尉佗魋結
箕踞見賈服虔曰魋音椎今兵士椎頭髻也師古曰結讀曰髻椎髻者一撮之髻其形如椎箕踞謂伸其兩腳而坐亦曰箕踞其形似箕賈因說佗曰足下中國人親戚昆弟墳墓在眞定〔補注〕先謙曰索隱趙地也本名東垣屬常山今足下反天性棄冠帶師古曰背父母之國無骨肉之恩是反天性也欲
以區區之越與天子伉衡爲敵國師古曰區區小貌〔補注〕先謙曰官本伉作抗史記同索隱案崔浩云抗對也衡車軛上橫木抗衡言兩衡相對拒捽不相避下也禍且及身矣夫秦失其正諸侯
豪桀並起師古曰正亦政也〔補注〕先謙曰官本注文在其正下唯漢王先入關據咸陽項籍
背約自立爲西楚霸王諸侯皆屬可謂至彊矣然漢王起巴蜀鞭
笞天下劫諸侯〔補注〕先謙曰史記劫下有略字遂誅項羽五年之間海內平定此
非人力天之所建也天子聞君王王南越而不助天下誅暴逆將

相欲移兵而誅王天子憐百姓新勞苦且休之遣臣授君王印剖
符通使君王宜郊迎北面稱臣師古曰郊迎謂出郊而迎迺欲以新造未集之
越師古曰集猶成也屈彊於此師古曰屈音其勿反屈彊謂不柔服也漢誠聞之掘燒君王
先人家墓〔補注〕先謙曰官本家作冢是夷種宗族師古曰夷平也謂平除其種族〔補注〕先謙曰史記作夷滅
宗族此云夷種宗族不辭據顏注疑宗字衍使一偏將將十萬眾臨越即越殺王降漢
如反覆手耳師古曰言其易於是佗迺蹶然起坐師古曰蹶然驚起之貌也音厥謝賈曰
居蠻夷中久殊失禮義因問賈曰我孰與蕭何曹參韓信賢師古曰與
如也賈曰王似賢也復問曰我孰與皇帝賢賈曰皇帝起豐沛討暴
秦誅彊楚爲天下興利除害繼五帝三王之業〔補注〕先謙曰史記王誤皇統天
下理中國中國之人以億計地方萬里居天下之膏腴人眾車輿
萬物殷富政由一家自天地剖判未始有也師古曰言自開闢以來未嘗有也今
王眾不過數萬〔補注〕先謙曰史記作數十萬皆蠻夷崎嶇山海間師古曰崎音丘宜反嶇音

區譬如漢一郡王何迺比於漢佗大笑曰吾不起中國故王此使
我居中國何遽不若漢師古曰言有何迫速而不如漢也遽音其庶反〔補注〕王念孫曰顏訓遽爲迫促非也
遽亦何也連言何遽者古人自有複語耳遽字或作詎距巨又作
渠墨子公孟篇曰雖子不得福吾言何遽不善而鬼神何遽不明
淮南人間篇曰此何遽不能爲福乎韓子難篇曰衞奚距然哉秦
策曰君其試焉奚遽叱也史記甘茂傳作何遽叱乎荀子王制篇曰豈渠得免
夫累乎正論篇曰是豈詎知見侮之爲不辱哉呂氏春秋具備篇
曰豈遽必哉莊子齊物論篇曰庸詎知吾所謂知之非不知邪庸
詎知吾所謂不知之非知邪釋文曰詎徐本作巨李云詎何也
遽知世之所自窺我者乎史記張儀傳曰且蘇君在儀甯渠能乎
索隱曰渠音詎古字少假借耳或言何遽或言奚遽或言豈遽或言庸遽或言甯
渠其義一也何遽不若漢史記作何渠不若漢則遽爲語詞而非
急遽之遽明矣先謙曰官本注速作促是迺大說賈師古曰說讀曰悅謂愛悅之留與飲數月曰越
中無足與語至生來令我日聞所不聞師古曰言素所不聞者日聞之賜賈橐中
裝直千金張晏曰珠玉之寶也裝裹也如淳曰明月珠之屬也師古曰有底曰囊無底曰橐言其寶物質輕而價重可入
囊橐以齊行故曰橐中裝也〔補注〕周壽昌曰有底曰囊無底曰橐
索隱引作埤蒼語案左僖二十八年傳甯子職納橐饘焉宣二年
傳趙盾見靈輒餓爲之簞食與肉簞諸橐以與之是橐可盛食無
底何以能盛說文橐囊也殆與囊一物而分大小耳索隱引詩傳

曰大曰橐小曰囊今毛傳作小曰橐大曰囊是傳寫異也埤蒼語未然宅送亦千金師古曰非橐中物故曰它送也
師古曰它猶餘也〔補注〕先謙曰上師古官本作蘇林是賈卒拜佗爲南越王令稱臣奉漢約
歸報高帝大說師古曰說讀曰悅拜賈爲太中大夫賈時時前說稱詩書
高帝罵之曰迺公居馬上得之安事詩書賈曰馬上得之寧可以
馬上治乎〔補注〕王念孫曰治下亦當有之字與上得之對文御覽人事部一百七治道部四引此竝作治之史記漢紀通
鑑同且湯武逆取而以順守之文武並用長久之術也昔者吳王夫
差智伯極武而亡師古曰夫差吳王闔閭子也好用兵卒爲越所滅智伯晉卿荀瑤也貪而好勝率韓魏共攻趙
襄子襄子與韓魏約反而喪之夫音扶差音楚宜反〔補注〕宋祁曰浙本注文宜作崖秦任刑法不變卒滅趙
氏鄭氏曰秦之先造父封於趙城其後以爲信張晏曰莊襄王爲質於趙還爲太子遂稱趙氏師古曰據秦本紀鄭說是〔補注〕先
謙曰官本注信作姓是鄉使秦以并天下行仁義法先聖陛下安得而有之
師古曰鄉讀曰嚮安焉也〔補注〕宋祁曰以疑作已先謙曰已以通作不勞改字高帝不懌師古曰懌和樂也有慙
色謂賈曰試爲我著秦所以失天下吾所以得之者師古曰著明也謂作書明

言也〔補注〕先謙曰史記者下有何字文意較足官本注言下有之字及古成敗之國賈凡著十二篇
〔補注〕先謙曰史記凡上作陸生迺粗述存亡之徵無賈字每奏一篇高帝未嘗不稱善左右呼
萬歲稱其書曰新語師古曰其書今見存孝惠時呂太后用事欲王諸呂畏
大臣及有口者師古曰有口謂辯士賈自度不能爭之師古曰度音徒各反迺病免以
好時田地善往家焉師古曰好時即今雍州好時縣〔補注〕先謙曰漢扶風縣今乾州西北三十五里有五
男迺出所使越橐中裝賣千金〔補注〕先謙曰正義漢制一金直千貫分其子子二百
金令爲生產賈常乘安車駟馬從歌鼓瑟侍者十人〔補注〕先謙曰史記作從歌
舞鼓琴瑟侍者寶劍直百金謂其子曰與女約過女女給人馬酒食極飲
十日而更師古曰又改向一子處〔補注〕錢大昭曰閩本飲作欲先謙曰官本飲作欲引宋祁曰欲疑作飲案史記作極欲
於義亦通所死家得寶劍車騎侍從者一歲中以往來過它客率不過
再過師古曰非徒至諸子所又往來經過它處爲賓客率計一歲之中每子不過再過至也上過音工禾反〔補注〕王文彬曰客
游於外也顏專屬爲賓客言非也一歲之中或訪問親舊或留連道塗其往來經過它處者爲日恆多故於其子所率不過再過也

先謙曰史記無以字再過作再三過數擊鮮毋久溷女爲也服虔曰溷辱也吾常行數擊新美食不久辱汝也師古曰鮮謂新殺之肉也溷亂也言我至之時汝宜數數擊殺牲牢與我鮮食我不久住亂累汝也數音所角反溷音下困反補注劉攽曰史記作數見不鮮言人情頻見則不美故毋久溷女也馬宮傳君有不鮮不鮮是漢人語也宋祁曰按宮傳自云三公之位鼎足承君不有鮮明固守無以固位劉攽誤引沈欽韓曰史記無久慁公爲也溷作慁是秦策昭王謂范睢曰天以寡人慁先生先謙曰說文溷下云亂也一曰水濁皃慁下云憂也一曰擾也此借溷爲慁當訓爲擾於義迺順服訓辱顏訓亂皆未合禮記儒行注慁猶辱也與服訓溷爲辱同史記范睢傳是天以寡人慁先生索隱慁猶汩亂之意亦與顏訓溷爲亂同足證慁溷二字古多通假沈云作慁是要爲未達又史記慁下女作公上文與女約集解引徐廣曰女一作公則公是稱其子無久慁公爲與毋久溷女爲義同漢人稱公無尊卑貴賤皆用之鼂錯父亦稱子爲公是也詳見錯傳呂太后時王諸呂諸呂擅權欲劫少主危劉氏右丞相陳平患之力不能爭恐禍及己平嘗燕居深念師古曰念思也以國家不安故靜居獨慮思其方策補注先謙曰官本嘗作常是史記亦作常賈往不請直入坐師古曰言不因門人將命而徑入自坐補注王文彬曰史記作往請直入坐無不字是請以請謁言下云直入即不假將命意也集解引漢書音義云請謂問起居則音義所見漢書本亦但作往請無不字此文請上有不字師古即訓請爲將命語意與史記各別坐者坐所也平方深念故賈至坐前而不見顏謂爲自坐失之陳平方念不見賈師古曰思慮之際故不覺賈至賈曰何念深也平曰生揣我何念孟康曰揣度也韋昭曰揣音初委反賈曰足下位爲上相食三萬戶侯可謂極富貴無欲矣然有憂念不過患諸呂少主耳陳平曰然爲之奈何賈曰天下安注意相天下危注意將將相和則士豫附師古曰豫素也補注王文彬曰釋詁豫樂也言將相和則士乃樂附也訓爲素附上下文義不屬矣史記作務附論語君子務本皇疏務猶向也慕也慕附與樂附意同益證此訓豫爲素之誤士豫附天下雖有變則權不分權不分爲社稷計在兩君掌握耳臣常欲謂太尉絳侯師古曰謂者與之言補注錢大昭曰謂閩本作語注同絳侯與我戲易吾言師古曰言絳侯與我相戲狎輕易其言耳君何不交驩太尉深相結爲陳平畫呂氏數事平用其計迺以五百金爲絳侯壽厚具樂飲太尉師古曰厚爲其具而與太尉樂飲補注先謙曰官本注其作共是太尉亦報如之兩人深相結呂氏謀益壞陳平迺以奴婢百人車馬五十乘錢五百萬遺賈爲食飲費賈以此游

漢廷公卿間師古曰廷謂朝廷名聲籍甚孟康曰言狼籍之甚補注周壽昌曰籍甚史記作籍盛蓋籍即藉用白茅之藉言聲名得所藉而益盛也甚與盛意同孟言狼籍失之先謙曰官本之甚作甚盛是集解引漢書音義同籍藉通作及誅呂氏立孝文賈頗有力孝文即位欲使人之南越丞相平迺言賈爲太中大夫往使尉佗去黃屋稱制師古曰黃屋謂車上之葢也黃屋及稱制皆天子之儀故令去之令比諸侯補注沈欽韓曰御覽一百九十四引裴淵明廣州記曰尉佗築臺以朔望升拜號爲朝拜臺傍江構起華館以送陸賈因稱朝亭皆如意指語在南越傳陸生竟以壽終

朱建楚人也故嘗爲淮南王黥布相有罪去後復事布布欲反時問建建諫止之布不聽聽梁父侯遂反如淳曰遂者布臣也臣瓚曰布用梁甫侯之計而遂反師古曰瓚說是也補注先謙曰梁父泰山縣侯姓遂名布臣何得有封梁父侯者仍當以如說爲是漢既誅布聞建諫之高祖賜建號平原君補注周壽昌曰史記傳首直作平原君朱建於聞平原君諫不與謀下云得不誅語在黥布傳中不言賜建號平原君今案布傳不載建事史記誤也家徙長安爲人辯有口刻廉剛直行不苟合義不取容辟陽侯行不正得幸呂太后師古曰審食其欲知建師古曰欲與相知建不肯見及建母死貧未有以發喪補注先謙曰索隱案劉氏云謂欲葬時須啟發殯宮故云發喪也方假貣服具師古曰貣音土得反陸賈素與建善迺見辟陽侯賀曰平原君母死補注先謙曰官本此下有辟陽侯曰平原君母死九字史記同此奪何迺賀我陸生曰前日君侯欲知平原君平原君義不知君以其母故張晏曰相知當同恤災危以母在故義不知君也今其母死君誠厚送喪則彼爲君死矣辟陽侯迺奉百金稅師古曰贈終者之衣被曰稅言以百金爲衣被之具稅音式芮反其字從衣補注先謙曰史記作稅韋昭云稅當爲襚列侯貴人以辟陽侯故往賻凡五百金師古曰布帛曰賻久之人或毀辟陽侯惠帝大怒下吏欲誅之太后慙不可言師古曰不可自言之大臣多害辟陽侯行欲遂誅之辟陽侯困急使人欲見建建辭曰獄急不敢見君建迺求見孝惠幸臣閎籍孺師古曰佞幸傳云高祖時則有籍孺孝惠有閎孺斯則二人皆名爲孺而姓各別今此云閎籍孺誤剩籍字後人所妄加耳補注先謙曰史記作閎籍孺此班沿史誤說曰君所以得幸帝天下莫不聞師古曰言不以材德進今辟陽侯幸

太后而下吏師古曰下音胡嫁反它皆類此道路皆言君讒欲殺之今日辟陽侯誅旦日太后含怒亦誅君君何不肉袒爲辟陽侯言帝師古曰肉袒謂脫其衣袖而見肉肉袒者自挫辱之甚冀見哀憐帝聽君出辟陽侯太后大驩兩主俱幸君君富貴益倍矣於是閎籍孺大恐從其計言帝帝果出辟陽侯辟陽侯之囚欲見建建不見辟陽侯以爲背之大怒及其成功出之大驚呂太后崩大臣誅諸呂辟陽侯與諸呂至深如淳曰辟陽侯與諸呂相親信爲罪宜誅者至深也師古曰直言辟陽侯與諸呂相知情義至深重耳如說非也〔補注〕先謙曰官本與作於卒不誅計畫所以全者皆陸生平原君之力也孝文時淮南厲王殺辟陽侯〔補注〕先謙曰詳厲王傳以黨諸呂故孝文聞其客朱建爲其策使吏捕欲治〔補注〕先謙曰辟陽侯死後其黨諸呂之事發覺文帝窮治聞建前爲畫策全之故并捕治聞吏至門建欲自殺諸子及吏皆曰事未可知何自殺爲建曰我死禍絕不及乃身矣師古曰乃汝也遂自剄文帝聞而惜之曰吾無殺建意也迺召其子拜爲中大夫使匈奴單于無禮罵單于遂死匈奴中〔補注〕先謙曰史記贊云平原君子與余善是以得具論之

婁敬齊人也漢五年戍隴西過雒陽高帝在焉敬脫輓輅蘇林曰輅音凍洛之洛一木橫遮車前二人挽之一人推之孟康曰輅音胡格反師古曰二音同聲也〔補注〕宋祁曰注文二音同聲也當刪作音同耳沈欽韓曰輓一作挽淮南兵略訓秦二世時百姓隨逮肆刑挽輅首路死者千萬數周壽昌曰文選陸機漢高祖功臣頌李注引漢書作婁敬脫輅無輓字張衡西京賦云婁敬委輅揚雄解嘲云婁敬委輅脫輓史記此下有衣其羊裘四字下文欲與鮮衣方有因先謙曰據集解引蘇林注遮當作鹿索隱輅者鹿車前一橫木案輓者繫於輅上之索所以挽也故子雲云脫輓矣官本注一人作三人見齊人虞將軍曰臣願見上言便宜虞將軍欲與鮮衣敬曰臣衣帛衣帛見師古曰衣著也帛謂繒也衣褐衣褐見師古曰此褐謂織毛布之衣不敢易衣虞將軍入言上上召見賜食已而問敬敬說曰陛下都雒陽豈欲與周室比隆哉上曰然敬曰陛下取天下與周異〔補注〕先謙曰周官本取作王之先自后稷堯封之邰師古曰邰邑名也即今武功故城是其處音吐材反積德絫善十餘世師古曰絫古累字公劉避桀居豳大王以狄伐故去豳杖馬箠去居岐師古曰箠馬策也杖謂柱之也云杖馬箠者以示無所攜持也箠音止絫反〔補注〕先謙曰官本注柱作拄絫作案大雅緜之詩云古公亶父來朝走馬率西水滸至於岐下敬語本之但言策馬往岐耳顏謂杖馬箠以示無所攜持其義轉迂國人爭歸之及文王爲西伯斷虞芮訟文穎曰二國爭田見文王之德而自和也師古曰虞今虞州是也芮今芮城縣是也〔補注〕宋祁曰芮字下一有之字始受命〔補注〕齊召南曰案始受命應屬上句師古誤斷之呂望伯夷自海濱來歸之師古曰濱涯也音賓又音頻武王伐紂不期而會孟津上八百諸侯遂滅殷〔補注〕宋祁曰津字下一有之字成王即位周公之屬傅相焉迺營成周都雒以爲此天下中師古曰中音竹仲反〔補注〕宋祁曰雒字下一有陽字周壽昌曰中四方之中也地理志昔周公營雒邑以爲在於土中讀如本字顏音誤諸侯四方納貢職道里鈞矣有德則易以王無德則易以亡凡居此者欲令務以德致人不欲阻險令後世驕奢以虐民也及周之衰分而爲二師古曰謂東周君西周君天下莫朝周周不能制非德薄形勢弱也今陛下起豐沛〔補注〕宋祁曰豐字下當有擊字先謙曰史記有擊字故宋云然但高祖起豐沛漢代恆言上文陸賈傳即其證不必定有擊字也收卒三千人以之徑

往卷蜀漢定三秦與項籍戰滎陽大戰七十小戰四十使天下之民肝腦塗地父子暴骸中野不可勝數哭泣之聲不絕傷夷者未起師古曰夷創也音痍而欲比隆成康之時臣竊以爲不侔矣師古曰侔等也且夫秦地被山帶河四塞以爲固卒然有急百萬之眾可具師古曰卒讀曰猝因秦之故資甚美膏腴之地此所謂天府師古曰府聚也萬物所聚陛下入關而都之山東雖亂秦故地可全而有也夫與人鬭不搤其亢拊其背未能全勝張晏曰亢喉嚨也師古曰搤與扼同謂捉持之也亢音岡又音下郎反今陛下入關而都按秦之故此亦搤天下之亢而拊其背也高帝問羣臣羣臣皆山東人爭言周王數百年秦二世則亡不如都周上疑未能決及留侯明言入關便即日駕西都關中〔補注〕先謙曰索隱謂即日西都之計定也於是上曰本言都秦地者婁敬婁者劉也〔補注〕錢大昕曰婁劉聲近今吳人呼婁江曰劉河吾婁塘市土

人亦呼為劉周壽昌曰後漢禮儀志貙劉之禮漢儀注作貙婁古今注風俗通竝作貙膢足證古婁劉二字一音賜姓劉氏拜為郎中號曰奉春君張晏曰春歲之始以其首勸都關中漢七年韓王信反高帝自往擊至晉陽聞信與匈奴欲擊漢上大怒使人使匈奴匈奴匿其壯士肥牛馬師古曰匿藏也徒見其老弱及羸畜使者十輩來皆言匈奴易擊上使劉敬復往使匈奴還報曰兩國相擊此宜夸矜見所長師古曰見示也今臣往徒見羸胔老弱師古曰胔音漬謂瘦者之肉也一說胔讀曰瘠瘠瘦也〔補注〕先謙曰官本注見作死是史記胔作瘠此必欲見短伏奇兵以爭利愚以為匈奴不可擊也是時漢兵以踰句注三十餘萬衆師古曰句注山名在雁門〔補注〕齊召南曰史記作二十餘萬先謙曰句注地理志在廣武顏注非兵已業行上怒罵敬曰齊虜以舌得官〔補注〕先謙曰史記舌上有口字迺今妄言沮吾軍師古曰沮謂止壞也音材汝反械繫敬廣武師古曰械謂桎梏也廣武縣名屬雁門〔補注〕先謙曰廣武在今代州西十五里志屬太原顏据唐地理為說未晰遂往至平城匈奴果出奇兵圍高帝白登七日然後得解高帝至廣武赦敬

曰吾不用公言以困平城吾已斬先使十輩言可擊者矣迺封敬二千戶為關內侯號建信侯〔補注〕周壽昌曰案敬無封國止名號侯故表不列河水注地理志千乘郡漯水又東北逕建信縣故城北漢高祖七年封婁敬為侯國應劭曰臨濟縣西北五十里有建信侯城都尉治故城者也則似本有國非虛封也但漢初名號侯食邑者多不止敬一人案地志千乘郡即高帝置安知非高帝置郡其縣名則自後加者乎酈應之言或紀其古蹟未可據為封國之證也高帝罷平城歸韓王信亡入胡當是時冒頓單于兵彊控弦四十萬騎師古曰控引也謂皆引弓也音口弄反〔補注〕齊召南曰史記作三十萬數苦北邊上患之問敬敬曰天下初定士卒罷於兵革師古曰罷讀曰疲未可以武服也冒頓殺父代立妻羣母以力為威未可以仁義說也獨可以計久遠子孫為臣耳然陛下恐不能為上曰誠可何為不能顧為奈何師古曰顧思念也敬曰陛下誠能以適長公主妻單于師古曰適讀曰嫡謂皇后所生厚奉遺之彼知漢女送厚蠻夷必慕以為閼氏生子必為太子代單于何者貪漢重幣陛下以歲時漢所餘彼所鮮數問遺

師古曰鮮少也問遺謂餉饋之也鮮音息善反遺音弋季反使辯士風諭以禮節師古曰風讀曰諷冒頓在固為子壻死外孫為單于豈曾聞外孫敢與大父亢禮哉〔補注〕宋祁曰聞字下越本無外字可毋戰以漸臣也若陛下不能遣長公主而令宗室及後宮詐稱公主彼亦知〔補注〕先謙曰官本令作令是史記同不肯貴近無益也師古曰近音其靳反高帝曰善欲遣長公主〔補注〕沈欽韓曰張敖以五年尚公主至高后六年薨中間不應奪之而與冒頓此史家採意之失呂后泣曰妾唯以一太子一女師古曰言唯以此自慰奈何棄之匈奴上竟不能遣長公主而取家人子為公主妻單于師古曰外庶人之家取女而名之為公主〔補注〕周壽昌曰漢制良家子入宮無職號者謂為家人子有上家人子中家人子之別顏注誤馮唐傳士卒盡家人子則是庶人之家子不能與此同解也先謙曰據匈奴傳使敬奉宗室女翁主為單于閼氏是家人子迺宗室女也使敬往結和親約〔補注〕沈欽韓曰御覽七百七十九引三輔舊事曰婁敬曰臣願為高車使者持節往至匈奴庭與其分土定界至曰汝本處北土之濱秦亂汝侵其界而居中國地今婚姻已成當還本牧還我中國地汝作丹書鐵券自海以內冠蓋之士處焉自海以北控弦之士處焉割土盟子然後還按此乃縱橫家揣摩其說非實事也敬從匈奴

來因言匈奴河南白羊樓煩王張晏曰白羊匈奴國名也〔補注〕先謙曰白羊樓煩匈奴二王名備青傳可證去長安近者七百里輕騎一日一夕可以至師古曰言匈奴欲來為寇者秦中新破師古曰秦中謂關中故秦地也新破謂經兵革之後未殷實少民地肥饒可益實夫諸侯初起時非齊諸田楚昭屈景莫與師古曰皆二國之王族今陛下雖都關中實少人北近胡寇東有六國彊族一日有變陛下亦未得安枕而臥也臣願陛下徙齊諸田楚昭屈景燕趙韓魏後及豪桀名家且實關中無事可以備胡諸侯有變亦足率以東伐此彊本弱末之術也上曰善乃使劉敬徙所言關中十餘萬口師古曰今高陵櫟陽諸田華陰好畤諸景及三輔諸屈諸懷尚多皆此時所徙

叔孫通薛人也〔補注〕晉灼曰楚漢春秋名何師古曰薛縣名屬魯國〔補注〕沈欽韓曰據孔叢通為孔鮒弟子周壽昌曰此尚是秦之薛郡也觀下亡去之薛及項梁之薛皆為秦薛郡可知先謙曰通蓋字何秦時以文學徵待詔博士師古曰於博士中待詔數歲陳勝起二世召博士諸儒生問曰楚戍卒攻

斬入陳於公何如〔補注〕先謙曰史記作於公如何博士諸生三十餘人前曰人臣無將將則反罪死無赦臣瓚曰將謂為逆亂也師古曰將有其意願陛下急發兵擊之二世怒作色師古曰不許其言陳勝為反作色謂變動其色通前曰諸生言皆非夫天下為一家毀郡縣城鑠其兵視天下弗復用師古曰鑠銷也視讀曰示且明主在上法令具於下吏人人奉職四方輻輳師古曰輳聚也言如車輻之聚於轂也字或作湊並音千豆反安有反者此特羣盜鼠竊狗盜師古曰如鼠之竊如狗之盜何足置齒牙間哉郡守尉令捕誅〔補注〕先謙曰官本令作今是史記亦作今今卽也今令字史多相亂淮南厲王傳令復之史記作今復之亦謂卽復之也後人不達今字之義故改今為令何足憂二世喜盡問諸生諸生或言反或言盜於是二世令御史按諸生言反者下吏非所宜言諸生言盜者皆罷之迺賜通帛二十疋衣一襲師古曰一襲上下皆具也今人呼為一副也〔補注〕先謙曰索隱案國語謂之一稱賈逵案禮記袍必有表不單衣必有裳謂之一稱杜預云衣單複具云稱也拜為博士通已出反舍師古曰還其所居也諸生曰生何言之諛也〔補注〕周壽昌曰生史記作

先生漢時稱生卽先生如先師棘下生卽棘下先生也此傳下呼叔孫生亦諸生呼其師為叔孫先生也通曰公不知我幾不免虎口師古曰幾音鉅依反迺亡去之薛薛已降楚矣及項梁之薛通從之敗定陶從懷王懷王為義帝徙長沙通留事項王漢二年漢王從五諸侯入彭城通降漢王通儒服漢王憎之迺變其服服短衣楚製師古曰製謂裁衣之形製〔補注〕先謙曰索隱孔文祥云短衣便事非儒者衣服高祖楚人故從其俗裁製漢王喜通之降漢從弟子百餘人然無所進剸言諸故羣盜壯士進之師古曰剸與專同又音之兗反此則言專聲之急上者耳弟子皆曰事先生數年幸得從降漢今不進臣等剸言大猾何也師古曰狡猾之人通迺謂曰漢王方蒙矢石爭天下師古曰蒙猶被也冒也諸生寧能鬬乎故先言斬將搴旗之士師古曰搴拔取音騫諸生且待我我不忘矣漢王拜通為博士號稷嗣君張晏曰后稷佐唐欲令復如之〔補注〕沈欽韓曰集解徐廣曰蓋言其德業足以繼蹤齊稷下之風流也淄水注亦引之張說非先謙曰集解引漢書音義曰稷嗣邑名誤也故顔不從之漢王已幷天下諸侯共尊為皇帝於定陶通

就其儀號師古曰就成也高帝悉去秦儀法為簡易羣臣飲爭功醉或妄呼師古曰呼音火故反拔劍擊柱〔補注〕先謙曰官本拔作按引宋祁曰按當作拔上患之通知上益饜之〔補注〕周壽昌曰饜史記作厭為宜說上曰夫儒者難與進取可與守成臣願徵魯諸生與臣弟子共起朝儀高帝曰得無難乎通曰五帝異樂三王不同禮禮者因時世人情為之節文者也故夏殷周禮所因損益可知者謂不相復也師古曰復重也因也音扶目反臣願頗采古禮與秦儀雜就之上曰可試為之令易知度吾所能行為之師古曰度音徒各反於是通使徵魯諸生三十餘人師古曰通為使者而徵諸生魯有兩生不肯行曰公所事者且十主皆面諛親貴〔補注〕先謙曰史記面諛下有以得二字今天下初定死者未葬傷者未起又欲起禮樂禮樂所由起百年積德而後可興也師古曰言德行教百年然後可定禮樂也〔補注〕先謙曰官本德行作行德是無也字吾不忍為公所為公所為不合古吾不行公往矣毋汙我通笑曰若眞鄙儒不知時變

師古曰若汝也鄙言不通遂與所徵三十人西師古曰西入關及上左右為學者師古曰左右謂近臣也為學謂素有學術與其弟子百餘人為緜蕞野外應劭曰立竹及茅索營之習禮儀其中也如淳曰謂以茅翦樹地為纂位尊卑之次也春秋傳曰置茅蕝師古曰蕞與蕝同並音子悅反如說是〔補注〕先謙曰集解引如說謂上有置設緜索為習肄處蕞九字無尊卑之次也五字索隱引韋昭云引繩為緜立表為蕞賈逵云束茅以表位為蕝又纂文云蕝今之纂字先謙案緜者引繩營之使連綿也應說與韋合特未為蕞立訓如緜蕞並釋故顔是之此注如說當如集解所引有謂上九字今本誤脫也注春秋下當有一外字見晉語習之月餘通曰上可試觀上使行禮曰吾能為此迺令羣臣習肄師古曰肄亦習也音弋二反〔補注〕先謙曰史記作習隸案肄隸二字古通作也會十月漢七年長樂宮成諸侯羣臣朝十月師古曰適會七年十月而長樂宮新成也漢時尚以十月為正月故行朝歲之禮史家追書十月〔補注〕先謙曰會十月連上為文謂令羣臣習肄以十月朝會也顔誤斷屬下而訓為適會誤索隱諸書並云十月為歲首不言以十月為正月古今注亦云羣臣始朝十月也儀師古曰欲敘其下儀法先言儀如此也先平明師古曰未平明之前謁者治禮引以次入殿門〔補注〕沈欽韓曰治禮郎屬大鴻臚先謙曰前漢無治禮郎後漢大行令屬官有治禮郎亦不屬大鴻臚沈說誤此謂謁者掌治贊引之禮耳後書禮儀志

鍾鳴謁者治禮引客羣臣就位如儀亦其證也廷中陳車騎戍卒衛官補注先謙曰史記作步卒衛宮是也宮廷不得稱戍卒疑班改步卒爲戍卒傳寫者誤戍爲戍尋檢傳志無衛官之名且官不當在戍卒下宮官亦因形近而譌也設兵補注先謙曰兵謂兵器張旗志師古曰志與幟同音式餌反傳曰趨師古曰傳聲教入者皆令趨謂疾行爲敬也殿下郎中俠陛陛數百人師古曰俠與挾同挾其兩旁每陛皆數百人也功臣列侯諸將軍軍吏以次陳西方東鄉文官丞相以下陳東方西鄉師古曰鄉皆讀曰嚮大行設九賓臚句傳蘇林曰上傳語告下爲臚下告上爲句也韋昭曰大行掌賓客之禮今之鴻臚也九賓則周禮九儀也謂公侯伯子男孤卿大夫士也師古曰臚音廬補注劉攽曰賓謂傳擯之擯九賓擯者九人掌臚句傳也沈欽韓曰司儀旅擯注旅讀爲鴻臚之臚臚陳之也賓之介九人先謙曰索隱引韋注更有漢依此以爲臚傳以次傳令上也十三字於是皇帝輦出房百官執戟傳警師古曰傳聲而唱警補注先謙曰執戟史記作執職徐廣云職一作幟李慈銘云幟俗字古止作職此戟字葢譌漢惟郎執戟上所云俠陛者也引諸侯王以下至吏六百石以次奉賀自諸侯王以下莫不震恐肅敬至禮畢盡伏補注先謙曰謂朝賀如禮也史記作至禮畢復置法酒連下爲文置法酒師古曰法酒者猶言禮酌謂不飲之至醉補注劉攽曰謂

朝畢以法置酒也上禮畢盡伏謂朝禮也下皆伏抑首謂置酒上壽也故下文又結云竟朝罷無敢讙譁失禮者若如顏說則置法酒便是羣臣飲不至醉而上壽乃在下文又語重複不序矣周壽昌曰法酒言以法製酒若宋之庫酒世稱官醞也食貨志請法古令官作酒即法酒也猶志所云法錢也顏劉說非下云觴九行即言罷酒飲有限制可無慮醉失禮也諸侍坐殿上補注沈欽韓曰御覽一百七十五引摯虞決疑要注曰殿堂之上惟天子居牀其餘皆鋪幅席前設筵皆伏抑首師古曰抑屈也謂依禮法不敢平坐而視以尊卑次起上壽觴九行謁者言罷酒御史執法舉不如儀者輒引去竟朝置酒無敢讙譁失禮者於是高帝曰吾迺今日知爲皇帝之貴也拜通爲奉常師古曰解在百官公卿表後改爲太常也補注齊召南曰按此文訂史記稱太常之失也下文徙通爲奉常亦然漢初因秦官曰奉常至景帝中六年始更名太常賜金五百斤通因進曰諸弟子儒生隨臣久矣與共爲儀願陛下官之高帝悉以爲郎通出皆以五百金賜諸生諸生迺喜曰叔孫生聖人知當世務九年高帝徙通爲太子太傅十二年高帝欲以趙王如意易太子通諫曰昔者晉獻公以驪姬故廢太子立奚齊晉國亂者數十年爲天下笑秦以不早定扶蘇胡亥詐立自使滅祀此陛下所親見今太子仁孝天下皆聞之呂后與陛下共苦食啖如淳曰食無菜茹爲啖師古曰啖當作淡淡謂無味之食也言共攻擊勤苦之事而食無味之食也淡音大敢反補注先謙曰共官本作攻據注攻字是史記同攻治也不當訓擊官本注敢作瞰其可背哉陛下必欲廢適而立少師古曰適讀曰嫡臣願先伏誅以頸血汙地高帝曰公罷矣吾特戲耳師古曰特但也通曰太子天下本本壹搖天下震動奈何以天下戲高帝曰吾聽公及上置酒見留侯所招客從太子入見上遂無易太子志矣高帝崩孝惠即位迺謂通曰先帝園陵寢廟羣臣莫習徙通爲奉常師古曰又重爲之也定宗廟儀法及稍定漢諸儀法皆通所論著也惠帝爲東朝長樂宮孟康曰朝太后於長樂宮補注先謙曰官本孟康作師古爲音于僞反集解關中記曰長樂宮本秦之興樂宮也漢太后常居之及間往師古曰非大朝時中間小謁見數蹕煩民師古曰妨其往來也補注先謙曰官本師古作孟康索隱韋昭云蹕止人行也中間往來清道煩人也作復道方築武庫南如淳曰作復道方始

築武庫南也師古曰復音方目反補注先謙曰黃圖武庫在未央宮蕭何造以藏兵器畢沅彙訂長安圖志載漢故長安城圖自未央宮而東越武庫南過鼎路門取道高帝廟南達長樂宮也通奏事因請閒師古曰請空隙之時不欲對衆言之曰陛下何自築復道高帝寢衣冠月出游高廟服虔曰持高廟中衣月旦以游於衆廟已而復之應劭曰月旦出高帝衣冠備法駕名曰游衣冠如淳曰高祖之衣冠藏在宮中之寢三月出游其道正值今之所作復道下故言乘宗廟道上行也晉灼曰黃圖高廟在長安城門街東寢在桂宮北服言衣藏於廟中如言宮中皆非也師古曰諸家之說皆未允也謂從高帝陵寢出衣冠游於高廟每月一爲之漢制則然而後之學者不曉其意謂以月出之時而夜游衣冠失之遠也補注沈欽韓曰衣冠藏於陵寢以月朔則出游高廟平紀義陵寢神衣在柙中旦衣在外牀上寢令以急變聞者是也先謙曰集解引如說云三輔黃圖高寢在高廟西高祖衣冠藏在高寢月出游於高廟不云宮中三月與此不同子孫奈何乘宗廟道以行哉補注錢大昭曰以南監本閩本作上先謙曰官本亦作上是也宗廟道謂神道也即衣冠往來所由復道行空故云乘其上行惠帝懼曰急壞之通曰人主無過舉師古曰舉事不當有過失補注周壽昌曰此周公對成王語見史記梁孝王傳今已作百姓皆知之矣願陛下爲原廟師古曰原重也先已有廟今更立之故云重也渭北補注劉攽曰渭北字亡屬上句先謙曰劉說是黃圖孝惠更於渭北建高帝廟謂之

原廟衣冠月出游之〔補注〕先謙曰黃圖高祖長陵在渭水北去長安三十五里原廟既成則陵寢衣冠但月游原廟不至城中高帝廟故復道無妨也益廣宗廟大孝之本〔補注〕先謙曰史記有也字句乃足上迺詔有司立原廟惠帝常出游離宮通曰古者有春嘗菓方今櫻桃孰可獻師古曰禮記曰仲夏之月羞以含桃先薦寢廟即此櫻桃也今所謂朱櫻者是也櫻音於耕反願陛下出因取櫻桃獻宗廟上許之諸菓獻由此興

贊曰高祖以征伐定天下而縉紳之徒騁其知辯師古曰縉紳儒者之服也解在郊祀志並成大業語曰廊廟之材非一木之枝帝王之功非一士之略師古曰此語本出愼子信哉劉敬脫輓輅而建金城之安叔孫通舍枹鼓而立一王之儀師古曰枹者鼓椎所以擊鼓也舍枹鼓者言新罷戰陣之事別創漢代之禮故云一王之儀也枹音桴其字從木〔補注〕先謙曰官本注末有也字遇其時也酈生自匿監門待主然後出猶不免鼎鑊師古曰鼎大而無足曰鑊音胡郭反朱建始名廉直既距辟陽不終其節亦以喪身陸賈位止大夫致仕諸呂師古曰以諸呂僭差託病歸家不受憂責從容平勃之間師古曰謂和輯陳平周勃以安漢朝也從音七容反〔補注〕先謙曰官本七作弋附會將相以彊社稷身名俱榮其最優乎

酈陸朱劉叔孫傳第十三　終　　漢書四十三

淮南衡山濟北王傳第十四　漢書四十四

漢　蘭臺令史班固撰

唐正議大夫行祕書少監琅邪縣開國子顏師古注

賜進士出身前翰林院編修國子監祭酒加三級臣王先謙補注

淮南厲王長〔補注〕周壽昌曰顏氏家訓風操篇厲王名長琴有修短之目盧文弨云今淮南子凡長字皆作修高帝少子也其母故趙王張敖美人高帝八年從東垣過趙〔補注〕先謙曰時擊韓王信餘寇於東垣也趙王獻美人厲王母也幸有身趙王不敢內宮師古曰不敢更內之於宮中為築外宮舍之師古曰舍止也及貫高等謀反事覺并逮治王盡捕王母兄弟美人繫之河內厲王母亦繫告吏曰日得幸上有子師古曰日謂往日〔補注〕先謙曰趙翼云史記作得幸上有身是時厲王尚未生何得言有子作有身為是周壽昌云上云有身此云有子蓋已生子也下文云厲王母已生厲王王言既生厲王非是甫生高帝八年冬過趙幸美人有身九年十二月貫高謀反事始覺計已逾年豈有身而尚未生乎趙氏考之未審也先謙案史記作有身周說蓋得其實吏以聞上方怒趙未及理厲王母厲王母弟趙兼因辟陽侯言呂后呂后妒不肯白辟陽侯不強爭厲王母已生厲王恚即自殺吏奉厲王詣上上悔師古曰以不理其母〔補注〕先謙曰官本注以作悔令呂后母之而葬其母眞定眞定厲王母家縣也〔補注〕先謙曰史記作眞定厲王母之家在焉父世縣也謂父祖代居眞定也十一年淮南王布反上自將擊滅布即立子長為淮南王〔補注〕先謙曰史記云王布故地凡四郡徐廣注九江廬江衡山豫章也王早失母常附呂后孝惠呂后時以故得幸無患然常心怨辟陽侯不敢發及孝文初即位自以為最親師古曰時高帝子唯二人在驕蹇數不奉法師古曰蹇謂不順也上寬赦之三年入朝甚橫師古曰橫音胡孟反從上入苑獵與上同輦常謂上大兄厲王有材力力扛鼎師古曰扛舉也音江迺往請辟陽侯〔補注〕先謙曰請謁也辟陽侯出見之即自褏金椎椎之師古曰褏古袖字也謂以金椎藏置褏中出而椎之命從者刑之如淳曰刻其形體備五刑也師古曰直斷其首非五刑也事見史記〔補注〕先謙曰顧炎武云史記作剄之當從剄音相近而譌下文太子自刑不殊又云王自刑殺史記亦皆作剄也王念孫

云說文刑剄也廣雅剄刑也案說文刑罰辠也從井從刀井亦聲也從刀幵聲是二字而訓爲剄與剄之刑不同刑也是刑與剄同義不必改刑爲剄齊召南云史記孝文紀及淮南傳並作從者魏敬馳詣闕下肉袒而謝曰臣母不當坐趙時事補注宋祁曰時字浙本添先謙曰史記作趙事下云其時辟陽侯力能得之浙本時字當在事下而誤倒辟陽侯力能得之呂后不爭罪一也趙王如意子母無罪呂后殺之辟陽侯不爭罪二也呂后王諸呂欲以危劉氏辟陽侯不爭罪三也臣謹爲天下誅賊報母之仇伏闕下請罪文帝傷其志爲親故不治赦之當是時自薄太后及太子諸大臣皆憚厲王厲王以此歸國益恣不用漢法出入警蹕稱制自作法令數上書不遜順師古曰數音所角反補注齊召南曰此文以下文帝令薄昭爲書責厲王至王得書不悅皆史記所無而班氏增補之者也文帝重自切責之如淳曰重難也時帝舅薄昭爲將軍尊重上令昭予厲王書諫數之曰師古曰數音所具反竊聞大王剛直而勇慈惠而厚貞信多斷是天以聖人之資奉大王也甚盛補注先謙曰盛美也不可不察今大王所行不稱天資皇帝初即

前漢四十四　二

位易侯邑在淮南者晉灼曰侯邑在淮南者更易以它郡地封之不欲使錯在王國大王不肯皇帝卒易之師古曰卒終也使大王得三縣之實甚厚補注先謙曰新書淮難篇云侯邑之在其國者畢徙之他所陛下於淮南王不可謂薄矣大王以未嘗與皇帝相見求入朝見未畢昆弟之歡師古曰畢盡也而殺列侯以自爲名補注先謙曰自爲主名也一曰自居爲親殺讎之名也皇帝不使吏與其間師古曰與讀曰豫謂不令吏干豫治其事赦大王甚厚補注沈欽韓曰新書淮難篇淮南王來入赴千乘之君蹴驪騶軵卽陛下爲稽顙謝罪皇太后之前淮南王曾不謙讓數蹈之罪無加身者舍人橫治等室之門陛下追而赦之吏曾不得捕王人於天子國橫行不辜而無譴乃多賜美人載金寶而歸漢法二千石缺補注先謙曰官本無漢字輒言漢補補注先謙曰言於漢廷而補之大王逐漢所置補注沈欽韓曰新書云天子選功臣有識者爲之相吏王僅不蹴踏而逐耳無不稱病而走者而請自置相二千石皇帝骫天下正法而許大王甚厚蘇林曰不從正法聽王自置二千石師古曰骫古委字骫謂曲也大王欲屬國爲布衣守家貞定師古曰屬謂委棄之也音之欲反補注何焯曰屬國當謂傳國於子洪亮吉曰顏說是一說欲傳位於子今詳上下文勢必不然皇帝不許使大王毋失南面之尊甚

厚師古曰毋失不失也南面之尊謂王位也大王宜日夜奉法度修貢職以稱皇帝之厚德今迺輕言恣行以負謗於天下甚非計也夫大王以千里爲宅居以萬民爲臣妾此高皇帝之厚德也高帝蒙霜露沬風雨師古曰沬亦頮字也蒙冒也沬洗面也音胡內反字從午未之未補注先謙曰官本頮作類赴矢石野戰攻城補注錢大昭曰交當作攻先謙曰官本作攻身被創痍師古曰痍音夷以爲子孫成萬世之業艱難危苦甚矣大王不思先帝之艱苦日夜怵惕修身正行養犧牲豐潔粢盛奉祭祀以無忘先帝之功德而欲屬國爲布衣甚過且夫貪讓國土之名輕廢先帝之業不可以言孝父爲之基而不能守不賢不求守長陵而求之眞定先母後父不誼數逆天子之令不順言節行以高兄無禮鄭氏曰淮南王呼帝爲大兄也師古曰鄭說非也謂請守母家自爲名節而表異行用此矜高於兄耳幸臣有罪大者立斷小者肉刑不仁師古曰斷謂斬也貴布衣一劍之任補注先謙曰布衣任俠惟以一劍自任王乃貴尚其事也賤王侯之位不知不好

前漢四十四　三

學問大道觸情妄行不詳師古曰任情意所欲則行之妄行行音下更反補注先謙曰觸動也動於情則不自制而妄行也詳官本作祥詳祥古通此八者危亡之路也而大王行之棄南面之位奮諸賁之勇應劭曰吳專諸衞孟賁也師古曰賁音奔常出入危亡之路臣之所見高皇帝之神必不廟食於大王之手明白補注先謙曰時漢諸王得立高帝廟於其國故昭云然昔者周公誅管叔放蔡叔以安周齊桓殺其弟以反國韋昭曰子糾兄也言弟者諱也秦始皇殺兩弟遷其母以安秦應劭曰始皇母與嫪毐私通生二子事覺誅毐幷殺二弟遷其母於咸陽宮也頃王亡代高帝奪之國以便事應劭曰頃王高帝兄仲也匈奴入代不能守走歸京師高帝奪其國退爲郃陽侯以便國法也師古曰便音頻面反濟北舉兵皇帝誅之以安漢應劭曰濟北王興居與大臣共誅諸呂自以功大怨其賞薄故反故周齊行之於古秦漢用之於今大王不察古今之所以安國便事而欲以親戚之意望於太上不可得也如淳曰太上天子也補注何若瑤曰按曲禮太上貴德左氏傳太上以德撫民又云太上有立德春秋正義太上者最上之稱經傳言太上皆謂五帝以前上聖之人言欲望於太古上聖亦不可得甚言其不可也先謙曰天子尊無二上

故稱太上何引正義太上者最上之稱得之詳文意不當釋爲太古上聖也仍依如說爲正　亡之諸侯游宦事人及舍匿者論皆有法師古曰舍匿謂容止而藏隱也〔補注〕錢大昭曰舍匿即季布傳購求布千金敢有舍匿罪三族是也時長收聚漢諸侯人及有罪亡者匿與居故有是言先謙曰之往也言有罪逃往諸侯國游而爲客官而爲官或爲奴僕以事人及平人容匿之者論其罪皆有當坐之法也下乃言匿於王所者　其在王所吏主者坐師古曰言各有所主而坐其罪〔補注〕先謙曰罪人逃匿在王所則吏主其事者坐罪也言相不匡正舉奏當坐之　今諸侯子爲吏者御史主如淳曰主御史也自此以下至縣令主皆謂王官屬〔補注〕先謙曰諸侯王之子在其國爲吏者雖貴其國之御史主督察之下中尉同　爲軍吏者中尉主客出入殿門者衛尉大行主諸從蠻夷來歸誼及亡名數自古者內史縣令主〔補注〕錢大昭曰古南監本閩本作占先謙曰官本作占是歸誼謂慕義來降名數戶籍也萬石君傳關東流民二百萬口無名數者四十萬此言蠻夷歸義及流民之無名數自占籍爲民者內史縣令主之也　相欲委下吏無與其禍不可得也師古曰言諸侯王之相欲委罪於在下小吏而身不干豫之不可得也與讀曰豫　王若不改漢繫大王邸論相吕下爲之奈何夫墮父大業退爲布衣所哀師古曰墮毀也布衣貧賤之人王既伏法則貧賤之人反哀憐之墮音火規反

幸臣皆伏法而誅爲天下笑吕羞先帝之德師古曰羞辱也　甚爲大王不取也宜急改操易行上書謝罪曰臣不幸早失先帝少孤呂氏之世未嘗忘死服虔曰常恐畏死也　陛下即位臣怙恩德驕盈行多不軌師古曰軌法也　追念辠過恐懼伏地待誅不敢起皇帝聞之必喜大王昆弟歡欣於上羣臣皆得延壽於下上下得宜海內常安願孰計而疾行之行之有疑禍如發矢不可追已師古曰發矢喻速也已語終辭　王得書不說師古曰說讀曰悅　六年令男子但等七十人與棘蒲侯柴武太子奇謀吕輦車四十乘反谷口孟康曰谷口在長安北故縣也處多嶮阻師古曰輦車人輓行以載兵器也〔補注〕王念孫曰案輦車爲人輓行之車則不得言四十乘騾輴輒輦車當依史記作輂車說文輂大車駕馬也周官鄉師與其輂輦鄭注輂駕馬輦人輓行故曰輂車四十乘世人多見輦少見輂故輂譌爲輦輴舒令本王輴譌斷驪輴先謙曰谷口馮翊縣在今西安府醴泉縣東北七十里　令人使閩越匈奴事覺治之迺使使召淮南王王至長安丞相張蒼典客馮敬行御史大夫事〔補注〕宋祁曰孝文三年馮敬爲典客七年爲御史大夫先謙曰長廢在六年時敬尚未爲御史大夫行事若今署任　與宗正廷尉雜奏〔補注〕先謙曰史記作宗正臣逸廷尉臣賀備盜賊中尉臣福　長廢先帝法不聽天子詔居處無度爲黃屋蓋儗天子師古曰儗比也　擅爲法令不用漢法及所置吏吕其郎中春爲丞相收聚漢諸侯人及有罪亡者匿與居〔補注〕先謙曰漢諸侯人漢郡縣及諸侯國之人　爲治家室賜與財物爵祿田宅爵或至關內侯奉吕二千石所當得如淳曰賜亡畔來者如賜其國二千石也臣瓚曰奉畔者以二千石之秩祿也師古曰瓚說是也奉音扶用反〔補注〕先謙曰官本作所不當得考證云監本脫不字從史記增先謙案注文如薛顏三家所見漢書本皆無不字裴駰集解亦止引如薛二說未別加案語似史記本無不字後人增之也史記下文又云開章之淮南見長長數與坐語飲食爲家室娶婦以二千石俸奉之亦奉以二千石所當得之一證　大夫但張晏曰大夫姓也上云男子但明其本姓大夫也如淳曰但大夫名也師古曰既曰大夫但又士伍開章明其爲大夫也上言男子但等者總謂反人耳不妨但爲大夫也〔補注〕錢大昭曰大夫民爵第五級　士伍開章等七十人如淳曰律有罪失官爵稱士伍也開章名　與棘蒲侯太子奇謀反〔補注〕先謙曰新書五美篇云機奇啟章之謀不生淮難篇云通棧奇之徒啟章之等啟章即開章避景帝諱改也盧文弨云漢書作柴奇柴與

棧音義兩通韓詩外傳載齊景公遊牛山事有柴車晏子春秋作棧車此其證也機疑因棧形近而譌　欲吕危宗廟社稷謀使閩越及匈奴發其兵事覺長安尉奇等往捕開章長匿不予與故中尉蕳忌謀殺吕閉口師古曰姓蕳名忌蕳音姧嚴助傳作問字音同耳今流俗書本此蕳字或有作簡者非也蓋後人所改既殺開章所有口語皆無端緒故云閉口　爲棺椁衣衾葬之肥陵師古曰肥陵地名在肥木之上〔補注〕沈欽韓曰寰宇記廢小肥陵縣在安豐縣東六十里唐武德七年廢地理通釋八公山一名肥陵山下有小肥陵縣舊址無考一統志肥陵廢縣在鳳陽府壽州東南淮南厲王殺開章葬之肥陵是也按隋志淮南郡無肥陵縣則亦唐初旋置旋廢也舊唐志亦不載李兆洛鳳臺縣志云淮南厲王都壽春殺開章似不當遠葬諸安豐東又八公山有肥陵之稱而安豐以東傍肥木者無山阜之迹先謙曰如沈說則以肥陵爲八公山者是也然史記作肥陵邑正義引括地志云肥陵故縣在壽州安豐縣東六十里在故六城東北百餘里與諸書合益當時事覺長令開章遠匿肥陵後知不可掩乃殺之即葬其處耳李氏獻疑未可據也　謾吏曰不知安在師古曰謾誑也實葬肥陵誑云不知處謾音慢又音莫連反次下亦同〔補注〕王先愼曰顏說非也初言不知安在謂告往捕之吏不知開章所往非謂不知葬處也繼乃誑稱已死陽表其墓實未死也迨吏窮知其詐長知不可掩乃令蕳忌殺之肥陵即葬其地情事如此文特倒敘遂致讀者難明耳　又陽聚土樹表其

上曰開章死葬此下師古曰表者豎木為之若柱形也及長身自賊殺無罪者一人令吏論殺無罪者六人為亡命棄市詐捕命者㠯除罪晉灼曰亡命者當棄市而王藏之詐捕不命者而言命以脫命者之罪師古曰為音于僞反〔補注〕宋祁曰舊本棄字下有之字擅罪人無告劾繫治城旦㠯上十四人赦免罪人死罪十八人城旦舂㠯下五十八人〔補注〕先謙曰死罪及城旦舂以下不應赦者長皆赦之上城旦下亦當有舂字史記有賜人爵關內侯㠯下九十四人前日長病陛下心憂之使使者賜棗脯長不肯見拜使者〔補注〕沈欽韓曰新書云皇太后之餽賜逆拒而不受天子使者奉詔而弗得見僵臥以發書南海民處廬江界中者反淮南吏卒擊之〔補注〕先謙曰嚴助傳淮南王安上書云前時南海王反陛下先臣使將軍間忌將兵擊之以其軍降處之上淦後復反卽其事也陛下遺使者齎帛五十匹㠯賜吏卒勞苦者〔補注〕先謙曰官本考證按五十匹史記作五千匹是也此書刊本誤缺筆耳長不欲受賜謾曰無勞苦者南海王織上書獻璧帛皇帝〔補注〕周壽昌曰織南海王名見高紀史記多一民字緣上南海民而誤也若是民何以能上書獻璧帛乎無民字是先謙曰史記無帛字忌擅燔其書不

㠯聞文穎曰忌簡忌也吏請召治忌長不遣謾曰忌病〔補注〕先謙曰史記此下有春又請長願入見長怒曰女欲離我自附漢十七字春蓋其郎中長所犯不軌當棄市臣請論如法制曰朕不忍置法於王其與列侯吏二千石議〔補注〕先謙曰史記置作致置致字古通吏二千石郡守也列侯吏二千石臣嬰等四十三人議皆曰宜論如法〔補注〕齊召南曰按卽汝陰侯夏侯嬰也淮南王反事在孝文六年嬰時尚為太僕至八年薨錢大昭曰時灌嬰陳嬰皆前卒故知是夏侯嬰也制曰其赦長死罪廢勿王有司奏請處蜀嚴道邛郵張晏曰嚴道蜀郡縣也邛郵置名也師古曰郵行書之舍音尤〔補注〕先謙曰嚴道今雅州府滎經縣治有邛來山在縣西五十里遣其子子母從居師古曰子母者所生子之姬妾縣為築蓋家室皆日三食給薪菜鹽〔補注〕先謙曰史記鹽下有豉字炊食器席蓐師古曰炊器釜鬲之屬食器盂椀之屬制曰食長給肉日五斤師古曰食音飤酒二斗令故美人材人得幸者十人從居師古曰上言子母則有子者令從之今此云美人材人則無子者則亦令從之〔補注〕先謙曰官本亦上無則字是材人當從史記作才人於是盡誅所與謀者迺遣長載㠯輜車師古曰輜車衣車也音甾令縣次傳〔補注〕先謙曰遞以郵傳致之也

爰盎諫曰上素驕淮南王不為置嚴相傅㠯故至此且淮南王為人剛今暴摧折之臣恐其逢霧露病死陛下有殺弟之名奈何上曰吾特苦之耳令復之師古曰暫困苦之令其自悔卽追還也復音扶目反〔補注〕王念孫曰令當依史記作今今復之卽復之也師古注暫困苦之令其自悔卽追還也卽字正釋今字各本今作令卽涉注中令字而誤史記汲黯傳君薄淮陽邪吾今召君矣索隱今猶卽今也餘見釋詞淮南王謂侍者曰誰謂乃公勇者〔補注〕先謙曰史記有吾安能勇四字吾㠯驕不聞過故至此〔補注〕周壽昌曰宋書文帝弟彭城王義康為孔熙先范蔚宗所誘謀逆被廢後讀此傳歎曰自古有此我乃不知得罪為宜蓋有感於斯語也迺不食而死〔補注〕先謙曰史記迺上有人生一世間安能邑邑如此二句縣傳者不敢發車封孟康曰檻車有封也〔補注〕先謙曰史記縣傳淮南王者皆不敢發車封下乃接淮南王謂侍者曰誰謂乃公勇者云云是不敢發者畏其勇也至雍師古曰雍扶風雍縣雍令發之㠯死聞上悲哭謂爰盎曰吾不從公言卒亡淮南王盎曰淮南王不可奈何〔補注〕先謙曰不可奈何猶言無可奈何也謂王死不能復生史記無淮南王三字願陛下自寬〔補注〕先謙曰盎語當參觀本傳上曰為之奈何曰獨斬丞相御史㠯謝天下

迺可上卽令丞相御史逮諸縣傳淮南王不發封餽侍者師古曰逮追捕之也餽亦饋字耳〔補注〕先謙曰侍候問也皆棄市迺㠯列侯葬淮南王于雍置守冢三十家孝文八年憐淮南王〔補注〕先謙曰史記憐上有上字不可去王有子四人年皆七八歲〔補注〕先謙曰新書云淮南子少壯聞父辱狀立咫泣沾衿臥咫泣交項腸至腰肘如繆維耳豈能須臾忘哉迺封子安為阜陵侯子勃為安陽侯子賜為陽周侯子良為東城侯十二年民有作歌歌淮南王曰一尺布尚可縫一斗粟尚可舂兄弟二人不相容孟康曰尺帛斗粟猶尚不棄況於兄弟而更相逐乎臣瓚曰一尺帛可縫而共衣一斗粟可舂而共食況㠯天下之廣而不相容也師古曰瓚說是〔補注〕沈欽韓曰高誘序淮南書云民歌之曰一尺繒好童童一升粟飽蓬蓬兄弟二人不能相容上聞之曰昔堯舜放逐骨肉周公殺管蔡師古曰鯀及共工皆堯舜之同姓故云骨肉〔補注〕先謙曰顏說非也書大禹謨言丹朱用殄厥世蓋堯時實已逐之他方舜在位乃封之孟子言舜封象有庳或曰放焉史記鄒陽傳云不合則骨肉放出不收朱象管蔡是矣是古有此語特書文闕略難可推究耳官本注文在骨肉下天下稱聖不㠯私害公〔補注〕先謙曰史記聖下有何者二字天下豈㠯為我貪淮南地邪

迺徙城陽王王淮南故地〔補注〕周壽昌曰城陽王喜景王章之子而追尊謚淮南王爲厲王〔補注〕宋祁曰越本無謚字置園如諸侯儀十六年上憐淮南王廢法不軌自使失國早夭迺徙淮南王喜復王故城陽而立厲王三子王淮南故地三分之阜陵侯安爲淮南王安陽侯勃爲衡山王陽周侯賜爲廬江王東城侯良前薨無後孝景三年吳楚七國反吳使者至淮南淮南王欲發兵應之〔補注〕錢大昭曰淮南二字閩本不重先謙曰官本不重其相曰〔補注〕周壽昌曰張釋之傳云事景帝歲餘爲淮南相此景帝三年事則將兵之相疑是釋之王必欲應吳臣願爲將王迺屬之師古曰屬謂以兵委之也屬音之欲反相已將兵因城守不聽王而爲漢漢亦使曲城侯將兵救淮南晉灼曰功臣表蟲達也師古曰晉說非此蟲達之子耳名捷達已先薨也〔補注〕宋祁曰浙本注文作晉說非也先謙曰官本蟲作蠱捷作犍無也字功臣表蟲達子捷孝文元年嗣侯不作犍淮南以故得完吳使者至廬江廬江王不應而往來使越至衡山衡山王堅守無二心孝景四年吳楚已破衡山王朝上以爲貞信

迺勞苦之師古曰勞音來到反曰南方卑溼徙王王於濟北以褒之及薨遂賜謚爲貞王廬江王以邊越數使使相交師古曰邊越者邊界與越相接徙爲衡山王王江北〔補注〕先謙曰廬江王王江南得豫章廬江徙江北則漢收二郡斷其通越伍被傳略衡山數語可參證淮南王安爲人好書鼓琴不喜弋獵狗馬馳騁師古曰喜音許吏反亦欲以行陰德拊循百姓流名譽招致賓客方術之士數千人〔補注〕齊召南曰按此篇較史記有補有刪詳序招客著書及入朝獻賦頌此補史記之缺略也下文日夜與左吳等按輿地圖以下史記詳序伍被與王反覆議論班氏以別立伍被傳故此從略耳周壽昌曰淮南要略云養士數千高材者八人蘇非李尚左吳田由雷被伍被毛被晉昌號曰八公高誘序蘇非作蘇飛八人惟左吳雷被伍被見傳中作爲內書二十一篇外書甚衆〔補注〕先謙曰官本考證云按藝文志雜家淮南內二十一篇外三十三篇又詩賦有淮南王二十九篇羣臣賦四十四篇淮南歌詩四篇天文有淮南雜子星十九卷又有中篇八卷言神仙黃白之術張晏曰黃黃金白白銀也亦二十餘萬言時武帝方好藝文以安屬爲諸父師古曰安於天子服屬爲從父叔父辯博善爲文辭甚尊重之每爲報書及賜師古曰賜賜書也常召司馬

相如等視草迺遣師古曰草謂爲文之藁草初安入朝獻所作內篇新出上愛祕之使爲離騷傳師古曰傳謂解說之若毛詩傳〔補注〕王念孫曰傳當爲傅傅與賦古字通皐陶謨敷納以言文紀作傅納僖二十七年左傳作賦論語公冶長篇可使治其賦也釋文賦梁武云魯論作傅使爲離騷傅者使約其大旨而爲之賦也安辯博善爲文辭故使作離騷賦下文云安又獻頌德及長安都國頌藝文志有淮南王賦八十二篇事與此竝相類也若謂使解釋離騷傳則安才雖敏豈能旦受詔而食時成書乎漢紀孝武紀云上使安作離騷賦旦受詔食時畢高誘淮南鴻烈解序云詔使爲離騷賦自旦受詔日早食已此皆本於漢書御覽皇親部十六引此作離騷賦是所見本與師古不同旦受詔日食時上又獻頌德及長安都國頌每宴見談說得失及方技賦頌昏莫然後罷安初入朝雅善太尉武安侯師古曰田蚡武安侯迎之霸上與語曰方今上無太子王親高皇帝孫行仁義天下莫不聞宮車一日晏駕非王尙誰立者淮南王大喜厚遺武安侯寶賂〔補注〕王文彬曰文選吳都賦劉注賂貨也先謙曰史記言王時時怨望厲王死時欲畔逆未有因及聞武安侯言大喜陰結賓客拊循百姓爲畔逆事其羣臣賓客江淮間多輕薄以厲王遷死感激安〔補注〕先謙曰以安父廢徙道死事感動之使爲畔逆建元六年彗

星見淮南王心怪之或說王曰先吳軍時〔補注〕先謙曰史記時上有起字此無起字不詞葢脫彗星出長數尺然尙流血千里今彗星竟天天下兵當大起王心以爲上無太子天下有變諸侯並爭愈益治攻戰具積金錢賂遺郡國〔補注〕先謙曰郡守令國諸侯遊士妄作妖言阿諛王王喜多賜予之王有女陵慧有口師古曰性慧了而口辯王愛陵多予金錢爲中詗長安孟康曰詗音偵西方人以反間爲詗王使其女爲偵於中也如淳曰詗音朽政反師古曰詗有所候伺也如音是矣偵者義與詗同然音則異偵音丑政反〔補注〕錢大昭曰說文詗知處告言之約結上左右〔補注〕周壽昌曰功臣表安平侯鄂千秋元孫但與淮南王女陵通又遺淮南王書稱臣盡力故棄市岸頭侯張次公元狩元年坐與淮南王女陵姦受財物免元朔二年上賜淮南王几杖不朝后荼愛幸師古曰荼者后名也音塗生子遷爲太子取皇太后外孫修成君女爲太子妃服虔曰武帝異姓姊之女也應劭曰修成君王太后先適金氏女也〔補注〕先謙曰外戚傳修成君男女各一人女嫁諸侯郎此太子妃也王謀爲反具畏太子妃知而內泄事迺與太子謀令詐不愛三月不同席王陽怒太子閉使與妃同

內〔補注〕周壽昌曰內房也終不近妃〔補注〕先謙曰史記終上有三月二字妃求去王迺上書謝
歸之〔補注〕先謙曰高五王傳修成君女娥欲嫁齊王益在淮南謝歸後也后荼太子遷及女陵擅國
權奪民田宅妄致繫人師古曰致至也牽引而致之〔補注〕先謙曰集解徐廣曰致繫一作毆擊二字皆形相
近太子學用劒自以爲人莫及聞郎中雷被巧師古曰被音皮義反巧者善用劒也
召與戲被壹再辭讓誤中太子師古曰中音竹仲反太子怒被恐此時有欲
從軍者輒詣長安被即願奮擊匈奴太子數惡被師古曰謂譖毀之於王也王
使郎中令斥免欲以禁後師古曰令後人更不敢效之〔補注〕先謙曰被爲郎中乃郎中令屬官故使郎中
令斥免之元朔五年被遂亡之長安上書自明事下廷尉河南河南治
師古曰章下廷尉及河南令於河南雜治其事〔補注〕錢大昭曰案壽春嚴正上書言淮南事亦以其事下廷尉河南治又衡山王告
太子不道事下沛郡治趙太子丹事繫魏郡詔獄與廷尉雜治廣川王去事治鉅鹿詔獄此重河南二字疑衍文先謙曰據師古注
所見本已重河南二字史記亦重則二字非衍文也正義以詔下其事廷尉河南爲句注云下廷尉及河南共治之河南治逮淮南
太子爲句注云逮謂追赴河南也先謙案下文上以其事下廷尉河南治下復云河南治建辭引太子及黨與郎兩河南上下分屬

之明證河南治三字自應連下爲文顏讀誤也逮淮南太子師古曰追赴河南也王王后計欲毋遣
太子師古曰王與王后共計也遂發兵計未定猶與十餘日師古曰與讀曰豫會有詔
即訊太子師古曰即就也訊問也就淮南問之不逮詣河南淮南相怒壽春丞留太子逮
不遣如淳曰丞順王意不遣太子應逮書劾不敬王請相〔補注〕先謙曰爲丞乞請相不聽王使
人上書告相事下廷尉治從迹連王師古曰從讀曰蹤王使人候司師古曰入
京師候司其事漢公卿請逮捕治王王恐欲發兵太子遷謀曰漢使即逮
王令人衣衞士衣持戟居王旁有非是者即刺殺之臣亦使人刺
殺淮南中尉迺舉兵未晚也是時上不許公卿而遣漢中尉宏即
訊驗王師古曰即亦就也〔補注〕陳景雲曰中尉當是段宏考汲黯傳宏以蓋侯王信任官再至九卿百官表亦偶逸其名也
先謙曰索隱案百官表云宏姓殷也先謙案今表作中尉殷客即段宏說詳汲黯傳王視漢中尉顏色和問
斥雷被事耳自度無何師古曰自計度更無罪度音徒各反不發中尉還以聞公卿
治者曰淮南王安雍閼求奮擊匈奴者雷被等格明詔師古曰雍讀曰壅格

音閣謂廢閣不行之〔補注〕宋祁曰景德本無求字先謙曰史記格上有廢字索隱引崔浩云詔書募擊匈奴而王壅遏應募者漢律
所謂廢格則廢字不可少當弃市詔不許請廢勿王上不許請削五縣可二縣
使中尉宏赦其罪罰以削地中尉入淮南界宣言赦王王初聞公
卿請誅之未知得削地聞漢使來恐其捕之迺與太子謀如前計
〔補注〕先謙曰謂刺殺漢使中尉至即賀王王以故不發其後自傷曰吾行仁義
見削地寡人甚恥之爲反謀益甚諸使者道長安來師古曰道從也爲妄
言言上無男即喜〔補注〕先謙曰史記作言上無男漢不治即喜與下言漢廷治有男即怒對文漢不治三字不可
去當是奪文言漢廷治有男即怒師古曰漢廷治者朝廷皆治理也治音丈吏反以爲妄言非
也師古曰云治及有男皆妄言耳非眞實也日夜與左吳等按輿地圖蘇林曰輿猶盡載之意〔補注〕先
謙曰索隱志林云輿地圖漢家所畫非出遠也部署兵所從入王曰上無太子宮車即晏
駕大臣必徵膠東王不即常山王〔補注〕先謙曰膠東王寄常山王舜皆景帝子諸侯竝
爭吾可以無備乎且吾高帝孫親行仁義〔補注〕先謙曰行仁義上無煩加親字此親字當

在高帝孫上後人傳寫誤倒耳上文王親高皇帝孫行仁義是其證史記亦誤陛下遇我厚吾能忍之萬
世之後吾寧能北面事豎子乎王有孽子不害最長師古曰孽庶也王不
愛后太子皆不以爲子兄數如淳曰后不以爲子太子不以爲兄秩數不害子建材高
有氣常怨望太子不省其父服虔曰不省錄著兄弟數中也時諸侯皆得分子弟
爲侯師古曰分國邑以封之淮南王有兩子一子爲太子而建父不得爲侯
陰結交師古曰與外人交通爲援欲害太子以其父代之太子知之數捕繫笞
建建具知太子之欲謀殺漢中尉即使所善壽春嚴正上書天子
曰〔補注〕周壽昌曰嚴正史記作莊芷班氏以明帝諱改莊爲嚴正芷則字近而譌也毒藥苦口利病忠言
逆耳利行今淮南王孫建材能高淮南王后荼荼子遷常疾害建
建父不害無罪擅數繫欲殺之今建在可徵問具知淮南王陰事
書既聞上以其事下廷尉河南治〔補注〕先謙曰史記作上以其事下廷尉廷尉下河南治是
歲元朔六年也故辟陽侯孫審卿〔補注〕先謙曰辟陽侯子平嗣於孝景二年坐謀反自殺國除審

鄭蓋平子善丞相公孫弘怨淮南厲王殺其大父陰求淮南事而搆之於弘弘迺疑淮南有畔逆計深探其獄張晏曰探窮其根原河南治建辭引太子及黨與初王數㠯舉兵謀問伍被被常諫之㠯吳楚七國爲效師古曰言反事不成王引陳勝吳廣被復言形勢不同必敗亡及建見治王恐國陰事泄欲發復問被被爲言發兵權變語在被傳於是王銳欲發師古曰王意欲發兵如鋒刃之銳利故云銳也乃令官奴入宮中作皇帝璽丞相御史大夫將軍吏中二千石都官令丞印及旁近郡太守都尉印漢使節法冠師古曰法冠御史冠也本楚王冠秦滅楚㠯其君冠賜御史欲如伍被計使人爲得罪而西蘇林曰詐作得罪人而西也師古曰爲得罪之狀而去也西謂如京師也〔補注〕先謙曰爲史記作僞古爲僞字通故僞亦作爲左成九年傳爲將改立君者定十二年傳子爲不知釋文竝云爲本作僞詩釆苓人之爲言疏引定本作僞言白帖九十二引亦作僞言是其證也爲得罪猶言詐得罪不煩增文以成義蘇以詐作二字釋爲字之義顏云爲得罪之狀竝如字讀失之事大將軍丞相一日發兵即刺大將軍衛青師古曰發兵謂王發兵反〔補注〕先謙

曰索隱崔浩曰一日猶一朝卒然無定時也而說丞相弘下之如發蒙耳如淳曰物蒙覆其頭而爲發去之則其人欲之耳晉灼曰如發去物上之蒙直取其易也師古曰晉說是〔補注〕先謙曰易序卦傳蒙者蒙也物之穉也欲發國中兵恐相二千石不聽王迺與伍被謀爲失火宮中〔補注〕先謙曰爲亦讀曰僞史記作僞失火宮中相二千石救火因殺之又欲令人衣求盜衣師古曰求盜卒之掌逐捕賊盜者〔補注〕沈欽韓曰求盜亭長所部卒也田仁代人爲求盜亭父方言亭父或謂之褚郭璞曰言衣赤也是亭吏皆絳幘絳衣也先謙曰集解引漢書音義曰卒衣也說文卒下云隸人給事者衣爲卒卒衣有題識者徽下云以絳帛著於背上即此所謂求盜衣也沈云絳幘絳衣蓋誤持羽檄從南方來師古曰羽檄徵兵之書也解在高紀〔補注〕先謙曰史記作東方按下言南越兵入則南方是也呼言曰南越兵入師古曰呼音火故反〔補注〕先謙曰史記無言字欲因㠯發兵迺使人之廬江會稽爲求盜未決廷尉㠯建辭連太子遷聞上遣廷尉監與淮南中尉逮捕太子至淮南王聞與太子謀召相二千石欲殺而發兵召相相至內史㠯出爲解師古曰不應召而云已出也解者解說也若今言分疏矣中尉曰臣受詔使不得見王王念獨殺相而內史

中尉不來無益也即罷相師古曰遣出去計猶與未決師古曰與讀曰豫太子念所坐者謀殺漢中尉所與謀殺者已死㠯爲口絕〔補注〕先謙曰謂無證其事者迺謂王曰羣臣可用者皆前繫今無足與舉事者王㠯非時發恐無功臣願會逮師古曰會謂應逮書而往也王亦愈欲休〔補注〕王念孫曰愈讀爲偷故史記作王亦偷欲休言偷安而不欲發兵也上文云王銳欲發此云王偷欲休二語正相反齊世家桓公欲無與魯地而殺曹沫管仲曰夫劫許之而倍信殺之愈一小快耳而棄信於諸侯謂偷一小快也燕策人之饑所以不食烏喙者以爲雖偷充腹而與死同患也史記蘇秦傳作愈韓子難一偷取多獸淮南人間篇偷作愈是偷與愈通也而愈字師古無音則已不知其爲偷字矣即許太子太子自刑不殊晉灼曰不殊不死也師古曰殊絕也雖自刑殺而身首不絕也〔補注〕先謙曰此自刑及下安自刑殺以刀刑傷之竝訓爲剄與上文刑之同義伍被自詣吏具告與淮南王謀反吏因捕太子王后圍王宮盡捕王賓客在國中者索得反具㠯聞師古曰索搜也音山客反上下公卿治所連引與淮南王謀反列侯二千石豪桀數千人皆㠯罪輕重受誅衡山王賜淮南王弟當坐收有司請逮捕衡山

王上曰諸侯各㠯其國爲本不當相坐〔補注〕先謙曰據武紀安賜謀反誅並在元狩元年十一月衡山反謀發覺稍後故上特原之與諸侯王列侯議趙王彭祖列侯讓等四十三人〔補注〕王先愼曰按功臣恩澤侯表元朔間列侯無以讓名者讓疑作襄襄平陽侯曹參元孫元光五年嗣十六年薨元朔六年正當嗣侯時且據史漢表功臣位次平陽第二蕭何第一何曾孫勝元朔元年坐不齋耐爲隸臣至元狩三年慶始紹封故此時列侯與議襄宜居首也讓襄二字古多相亂周禮保氏注襄尺井儀也釋文襄本作讓本書文三王傳梁平王襄索隱云漢書作讓今各本仍作襄是其證皆曰淮南王安大逆無道謀反明白當伏誅膠西王端議曰安廢法度行邪辟師古曰辟讀曰僻下皆類此有詐僞心㠯亂天下營惑百姓師古曰營謂回繞之背畔宗廟妄作妖言春秋曰臣毋將將而誅〔補注〕蘇輿曰此春秋義說也公羊莊三十一年昭元年傳竝云君親無將將而誅焉義同而文小異本書叔孫通傳博士諸生亦引人臣無將將語王莽傳春秋之義君親無將將而誅焉文同公羊而不言傳越絕書敘外傳記易之卜將春秋無將蓋漢時義說如此或以爲春秋下脫傳字非也史記亦無傳字安罪重於將謀反形已定臣端所見其書印圖及它逆亡道事驗明白當伏法〔補注〕先謙曰史記書下有節字論國吏二百石

吕上及比者師古曰謂眞二百石及秩比二百石吕上宗室近幸臣不在法中者不能相教皆當免師古曰若本有重罪自從其法縱無反狀者亦皆免削爵爲士伍毋得官爲吏[補注]先謙曰官本官作宦史記同其非吏宅贖死金二斤八兩蘇林曰非吏故曰宅師古曰爲近幸之人非吏人者[補注]宋祁曰姚本正文非吏宅字下有者字吕章安之罪師古曰章明也使天下明知臣子之道毋敢復有邪僻背畔之意[補注]先謙曰據上文行邪僻顏注此僻字當爲辟贊中邪辟字亦不作僻也丞相弘廷尉湯等吕聞上使宗正吕符節治王[補注]先謙曰據公卿表宗正劉棄也汲黯傳作棄疾未至安自刑殺后太子諸所與謀皆收夷國除爲九江郡師古曰夷謂誅滅之[補注]先謙曰集解徐廣曰又爲六安國以陳縣爲都

衡山王賜后乘舒生子三人長男爽爲太子次女無采少男孝[補注]先謙曰史記作次男孝次女無采姬徐來生子男女四人美人厥姬生子二人淮南衡山相責望禮節間不相能師古曰兄弟相責故有嫌衡山王聞淮南王作爲畔逆具亦心結賓客吕應之恐爲所并[補注]先謙曰伍被傳載淮南王言我舉兵西鄉必有應者無應卽還略衡山王葢具知淮南本謀矣

元光六年入朝謁者衞慶有方術欲上書事天子王怒故劾慶死罪强榜服之師古曰榜擊也擊笞之令其自服死罪也榜音彭內史吕爲非是卻其獄師古曰卻退也[補注]先謙曰衡山內史也王使人上書告內史內史治言王不直師古曰內史被治而具言王之意狀又數侵奪人田壞人冢吕爲田有司請逮治衡山王上不許爲置吏二百石吕上如淳曰漢儀注吏四百石已下自除國中今吕王之惡天子皆爲置衡山王吕此恚與奚慈張廣昌謀求能爲兵法候星氣者日夜縱臾王謀反事如淳曰臾讀曰勇縱臾猶言勉强也師古曰縱音子勇反縱臾謂獎勸也[補注]沈欽韓曰縱臾卽慫慂廣雅慫慂勸也后乘舒死[補注]錢大昭曰閩本無乘舒二字立徐來爲后厥姬俱幸兩人相妒厥姬乃惡徐來於太子師古曰惡謂讒毀之也下皆類此曰徐來使婢蠱殺太子母太子心怨徐來徐來兄至衡山太子與飲吕刃刑傷之后吕此怨太子數惡之於王女弟無采嫁弃歸師古曰爲夫所弃而歸也與客姦[補注]先謙曰史記作與奴姦又與客姦案下言無采與奴姦刪之則彼文無根太子數吕數讓之師古曰上數音所角反下數音所具反無采怒不與太子通后聞之卽善遇無采及孝孝少失母附后后吕計愛之師古曰非心實慈念但吕事計須撫之與其毀太子王吕故數繫笞太子[補注]先謙曰史記繫作擊是元朔四年中人有賊傷后假母者師古曰繼母也一曰父之旁妻[補注]先謙曰集解引漢書音義曰傅母屬王疑太子使人傷之笞太子後王病太子時稱病不侍孝無采惡太子實不病自言有喜色[補注]先謙曰史記自言下有病字是也謂太子實不病雖自言病而面有喜色幸王死己得立也有喜色是孝無采見之無太子自言有喜色之理明此奪一病字王於是大怒欲廢太子而立弟孝后知王決廢太子又欲并廢孝后有侍者善舞王幸之后欲令與孝亂吕汚之欲并廢二子而吕己子廣代之太子知之念后數惡己無已時師古曰已止也數見讒譖無休止欲與亂吕止其口后飲太子太子前爲壽因據后股求與臥后怒吕告王王迺召欲縛笞之太子知王常欲廢己而立孝迺謂王曰孝與王御者姦無采與奴姦王强食請上書[補注]先謙曰官本强作始引宋祁曰始或作强先謙案强食猶言努力加餐此爲惡言以對王也上書者上書於天子發孝無采姦亂事

卽背王去王使人止之莫能禁王迺自追捕太子太子妄惡言王械繫宮中孝日益吕親幸王奇孝材能迺佩之王印號曰將軍令居外家[補注]錢大昭曰今南監本閩本作令先謙曰官本作令史記同外家史記作外宅皆是也多給金錢招致賓客賓客來者微知淮南衡山有逆計皆將養勸之師古曰將讀曰獎[補注]先謙曰史記作日夜從容勸之按上文曰夜縱臾王謀反事縱臾史記亦作從容從容縱臾音轉而義通也班氏易此文從容爲將養是將養亦當與縱臾同義將謂扶進之養謂長育之總謂導成其反謀耳顏讀將爲獎獎養二字文義不屬其說非也王迺使孝客江都人枚赫陳喜[補注]先謙曰史記作救赫下同作輣車鍛矢[補注]錢大昭曰說文輣兵車也先謙曰官本考證云史記作鏃矢是也本書膠東王傳亦作鏃矢王念孫云案矢必有鏃無庸更言鏃矢膠東王傳作兵車鏃矢師古曰鏃矢大鏃之矢加大字以釋之其失也迂矣此作鍛矢亦無義鏃與鍛皆當爲鍭字形相近而謀也說見淮南兵略篇案王氏讀書雜志云淮南子疾鄭鏃矢王引之云雜當爲鏃下文云疾鏃鏃矢鏃亦鏃之讀疾字隸書作集准字隸書作矦二形相似族字隸書或作疾形與矢亦柵溉故鏃矢之字非說爲鏃郎說爲鏃齊策族鄭鏃矢亦是鏃矢之說高注以鏃矢爲小矢非也史記蘇秦傳又說作鏃矢案隱引呂覽貴今篇所爲貴鏃矢者今本呂覽亦說作鏃矢莊子天下篇鏃矢之疾鏃亦鏃之說郭象音族非也爲冠子爾雅說矢云世兵篇發如鏃矢鏃本或作鏃亦當以旂鏃治爲是

金鏃翦羽謂之鍭大雅行葦篇云四鍭既鈞周官司弓矢云殺矢鍭矢用諸近射田獵考工記矢人云鍭矢參分一在前二在後矢作輣車鍛刻天子璽將相軍吏印王日夜求壯士如周丘等師古曰下邳人吳王反時請得漢節下下邳者〔補注〕先謙曰詳吳王濞傳數稱引吳楚反時計畫約束〔補注〕先謙曰史記約束上有以字衡山王非敢效淮南王求即天子位畏淮南起并其國㠯爲淮南已西發兵定江淮閒而有之望如是〔補注〕先謙曰衡山王云云與其下言如此也元朔五年秋當朝六年過淮南淮南王迺昆弟語師古曰爲相親愛之言除前隙約束反具師古曰共契約爲反具〔補注〕先謙曰共官本作其是衡山王即上書謝病上賜不朝〔補注〕先謙曰史記賜下有書字迺使人上書請廢太子爽立孝爲太子爽聞即使所善白嬴之長安上書言衡山王與子謀逆言孝作兵車鍛矢與王御者姦至長安未及上書即吏捕嬴㠯淮南事繫師古曰漢有司捕繫之〔補注〕先謙曰史記無即字此即與則同字時淮南事覺連引及嬴吏捕繫之也王聞之恐其言國陰事即上書告太子㠯爲不道事〔補注〕先謙曰史記以作所是下沛郡治元

狩元年冬有司求捕與淮南王謀反者得陳喜於孝家吏劾孝首匿喜師古曰爲頭首而藏匿之孝㠯爲陳喜雅數與王計反師古曰數音所角反〔補注〕先謙曰雅常也恐其發之聞律先自告除其罪又疑太子使白嬴上書發其事即先自告所與謀反者枚赫陳喜等廷尉治事驗請逮捕衡山王治上曰勿捕遣中尉安大行息即問王師古曰就問之〔補注〕周壽昌曰案公卿表中尉司馬安大行李息王具㠯情實對吏皆圍王宮守之中尉大行還㠯聞公卿請遣宗正大行與沛郡雜治王王聞即自殺孝先自告反告除其罪師古曰先告有反謀又告人與己反而自得除反罪〔補注〕先謙曰顧炎武云按史記無下告字是衍文師古曲爲之說孝坐與王御婢姦及后徐來坐蠱前后乘舒及太子爽坐告王父不孝皆棄市諸坐與王謀反者皆誅國除爲郡〔補注〕先謙曰史記爲衡山郡

濟北貞王勃者景帝四年徙徙二年因前王衡山凡十四年薨〔補注〕先謙曰據表爲衡山王十二年徙濟北一年薨史記漢興以來諸侯年表云衡山王十二年徙濟北十三年薨當孝景五年與漢表合是徙二年當作徙一年十四年當作十三年子式王胡嗣五十四年薨〔補注〕先謙曰官本四作三引宋祁曰三或作四案表王寬天漢四年嗣是式王三年薨自孝景六年嗣位至天漢三年正五十四年作三者誤也式本表作成史表作武形近致誤未知孰是子寬嗣十二年〔補注〕先謙曰表云十一年後二年坐祝詛謀反自殺此十二當爲十一坐與父式王后光姬孝兒姦誖人倫師古曰誖亂也音布內反又祠祭祝詛上有司請誅上遣大鴻臚利召王〔補注〕先謙曰公卿表征和四年書淮陽太守田廣明爲鴻臚五年遷孝昭始元四年書大鴻臚田廣明爲衛尉此後元二年事正當廣明爲鴻臚時不容別有大鴻臚利其人疑利爲明字之誤又奪去廣字耳王㠯刃自剄死國除爲北安縣屬泰山郡〔補注〕錢大昕曰地理志泰山郡無北安縣惟盧縣注云濟北王都疑北安爲盧之誤或初名北安而後改盧也

贊曰詩云戎狄是膺荊舒是懲師古曰此魯頌閟宮之章也膺當也懲艾也荊楚也舒羣舒也言北有戎狄南有荊舒土俗彊獷好爲寇亂常須㠯兵膺當而懲艾之〔補注〕先謙曰官本注末之作也信哉是言也淮南衡山親爲骨肉疆土千里列在諸侯不務遵蕃臣職㠯丞輔天子〔補注〕先謙曰史記丞作承按說文丞作𠀍下云翊也從廾從卪從山山高奉承之意承下云奉也從手從卪從廾音義並同故經典丞承字通用而剸懷邪辟之計師古曰剸與專同音之兗反〔補注〕先謙曰音上當有又字謀爲畔逆仍父子再亡國師古曰仍頻也各不終其身此非獨王也〔補注〕先謙曰史記王下有過字亦其俗薄臣下漸靡使然師古曰靡謂相隨從〔補注〕王念孫曰漸讀爲漸漬之漸靡與摩同[illegible]即漸摩董仲舒傳云漸民以仁摩民以誼是也師古於漸字無音於靡字則前訓爲相隨從後訓爲盡皆失之夫荆楚剽輕好作亂迺自古記之矣師古曰剽音匹妙反

淮南衡山濟北王傳第十四　終　　漢書四十四

蒯伍江息夫傳第十五　漢書四十五

漢　蘭　臺　令　史班　固　撰

唐正議大夫行祕書少監琅邪縣開國子顏師古注

賜進士出身前翰林院編修國子監祭酒加三級臣王先謙補注

蒯通范陽人也師古曰涿郡之縣也舊屬燕通本燕人後游於齊故高祖云齊辯士蒯通〔補注〕沈欽韓曰韓詩外傳七客謂匱生卽蒯生也聲之輕重先謙曰范陽在今保定府定興縣南四十里本與武帝同諱師古曰本名爲徹其後史家追書爲通楚漢初起武臣略定趙地〔補注〕宋祁曰一本定作燕先謙曰據張耳傳武臣方下趙十城引兵擊范陽時未略燕地也一本非號武信君通說范陽令徐公曰臣范陽百姓蒯通也竊閔公之將死故弔之雖然賀公得通而生也徐公再拜曰何呂弔之通曰足下爲令十餘年矣〔補注〕先謙曰通說范陽令史記入之張耳傳足下上有秦法重三字似不可省殺人之父孤人之子斷人之足黥人之首甚眾慈父孝子所呂不敢事刃於公之腹者畏秦法也李奇曰東方人呂物臿地中爲事師古曰事音側吏反字本作傳周官考工記又作菑音皆同耳〔補注〕先謙曰史記作傳今天下大亂秦政不施師古曰施設也立也〔補注〕先謙曰施行也然則慈父孝子將爭接刃於公之腹〔補注〕王念孫曰接讀爲插說文插刺內也內與入同大徐本譌作刺肉也據小徐本改玉篇廣韻並作刺入也謂以刃刺入公腹作接者借字耳周官廩人其其接盛鄭注接讀爲一報再祭之報釋文初治反是接有插音故與插通也上文李注東方人以物插地中爲事臿與插同此云接刃於公之腹是事與插同義插與接同字史記接刃作傳刃是其明證也而接字師古無音則是誤讀爲交接之接矣呂復其怨而成其功名師古曰復猶報也音扶目反〔補注〕先謙曰官本無功字引宋祁曰越本名上有功字史記無功字此通之所呂弔者也曰何呂賀得子而生也曰趙武信君不知通不肖使人候問其死生通且見武信君而說之師古曰今將欲見之曰必將戰勝而後略地攻得而後下城臣竊呂爲殆矣師古曰殆危也用臣之計毋戰而略地不攻而下城傳檄而千里定可乎彼將曰何謂也師古曰彼謂武信君也臣因對曰范陽令宜整頓其士卒呂守戰者也怯而畏死貪而好富貴故欲呂其城先下君先下君而君不利〔補注〕宋祁曰一本利下有之字錢大昭曰南監本閩本有之字則邊地之城皆將相告曰范陽令先降而身死必將嬰城固守孟康曰嬰呂城自繞〔補注〕先謙曰文選曹植責躬詩李注引說文嬰繞也嬰城固守謂繞城守禦耳陳湯傳時康居兵萬餘騎分爲十餘處四面環城亦與相應環城猶繞城也訓爲以城自繞則非它皆類此皆爲金城湯池不可攻也師古曰金呂喻堅湯喻沸熱不可近爲君計者莫若呂黃屋朱輪迎范陽令使馳騖於燕趙之郊師古曰令眾皆見則邊城皆將相告曰范陽令先下而身富貴必相率而降猶如阪上走丸也師古曰言乘勢便易此臣所謂傳檄而千里定者也徐公再拜具車馬遣通通遂呂此說武臣武臣呂車百乘騎二百侯印迎徐公燕趙聞之降者三十餘城如通策焉〔補注〕先謙曰史記云趙地以城下者三十餘城張耳傳同本書燕字駮文後漢將韓信虜魏王破趙代降燕定三國引兵將東擊齊未度平原聞漢王使酈食其說下齊信欲止通說信曰將軍受詔擊齊而漢獨發閒使下齊寧有詔止將軍乎師古曰閒使謂使人伺閒隙而單行何呂得無行且酈生一士伏軾〔補注〕先謙曰集解引韋昭云軾今小車中隆起者掉三寸舌下齊七十餘城師古曰掉搖也音徒釣反將軍將數萬之眾迺下趙五十餘城爲將數歲反不如一豎儒之功乎於是信然之從其計遂度河齊已聽酈生卽留之縱酒罷備漢守禦信因襲歷下軍遂至臨菑齊王呂酈生爲欺己而亨之因敗走信遂定齊地自立爲齊假王漢方困於滎陽遣張良卽立信爲齊王呂安固之項王亦遣武涉說信欲與連和蒯通知天下權在信欲說信令背漢乃先微感信曰僕嘗受相人之術相君之面不過封侯又危而不安相君之背貴而不可言張晏曰言背者云背畔則大貴信曰何謂也通因請閒師古曰不欲顯言故請閒隙而私說曰天下初作難也俊雄豪桀建號壹呼師古曰建號者自立爲侯王呼音火故反天下之士雲合霧集魚鱗雜襲師古曰雜襲猶雜沓言相雜而累積〔補注〕沈欽韓曰魚鱗謂若鱗之相比次飄至風起師古曰飄讀曰猋謂疾風音必遙反〔補注〕先謙曰飄史記作熛是也說文熛火飛也今楚人猶謂火之飛起者曰熛音補遙反敘傳勝廣熛起熛起猶熛至也此言士之趨赴如火

之怒飛風之疾起也下言風起上不得復言飄至標飄音相近故標譌爲飄師古讀飄爲猋者說文猋歘颵音蓋誤猋爲猋颵刃飆又以飄爲飆也說詳司馬相如傳當此之時憂在亡秦而已師古曰志滅秦所憂者唯此今劉項分爭使人肝腦塗地流離中野不可勝數漢王將數十萬眾距鞏雒岨山河補注先謙曰史記作阻山河之險說文岨石戴土也阻險也此借字一日數戰無尺寸之功折北不救師古曰折挫也北奔也不救謂無援助也敗滎陽傷成皋張晏曰於成皋戰傷胸也還走宛葉之閒此所謂智勇俱困者也楚人起彭城轉鬬逐北至滎陽乘利席勝威震天下師古曰席因也若人之在席上補注先謙曰史記作乘勝席卷與此義異然兵困於京索之閒師古曰索音山客反迫西山而不能進三年於此矣師古曰至今已三年銳氣挫於險塞糧食盡於內藏百姓罷極無所歸命師古曰罷讀曰疲㠯臣料之師古曰料量也非天下賢聖其埶固不能息天下之禍當今之時兩主縣命足下足下爲漢則漢勝爲楚則楚勝臣願披心腹墮肝膽師古曰墮毀也音火規反補注王念孫曰墮者輸也謂輸肝膽以相告也左昭四年傳屬有宗祧之事於武城寡人

將墮幣焉服虔注墮輸也言將輸受宋之幣於宗廟是古謂輸爲墮也淮陰侯傳作披腹心輸肝膽尤其明證矣又鄒陽傳披心腹見情素墮肝膽義與此同師古亦誤訓爲毀效愚忠恐足下不能用也方今爲足下計莫若兩利而俱存之參分天下鼎足而立其埶莫敢先動夫㠯足下之賢聖有甲兵之眾據彊齊從燕趙出空虛之地㠯制其後因民之欲西鄉爲百姓請命師古曰鄉讀曰嚮齊國在東故曰西嚮止楚漢之戰鬬士卒不死亡故云請命天下孰敢不聽足下按齊國之故有淮泗之地補注先謙曰史記淮作膠懷諸侯㠯德深拱揖讓師古曰深拱猶高拱則天下君王相率而朝齊矣蓋聞天與弗取反受其咎時至弗行反受其殃願足下孰圖之信曰漢遇我厚吾豈可見利而背恩乎通曰始常山王成安君故相與爲刎頸之交補注宋祁曰一本無之字及爭張黶陳釋之事師古曰黶音一點反補注先謙曰史記作陳澤釋澤古通常山王奉頭鼠竄㠯歸漢王師古曰言其迫窘逃亡如鼠之藏竄補注宋祁曰史記韓信傳作奉項嬰頭而竄逃歸於漢借兵東下戰於鄗北成安君死於泜水之南師古曰鄗

音呼各反泜音祗又音丁計反頭足異處此二人相與天下之至驩也而卒相滅亡者何也患生於多欲補注沈欽韓曰韓詩外傳五禍生於無爲而患生於多欲而人心難測也今足下行忠信㠯交於漢王必不能固於二君之相與也而事多大於張黶陳釋之事者故臣㠯爲足下必漢王之不危足下過矣師古曰過猶誤也補注宋祁曰揚本用諸名公本校郭去必漢王之不危足下八字大夫種存亡越伯句踐師古曰令句踐致霸功也伯讀曰霸立功名而身死語曰野禽殫走犬亨師古曰殫盡也音單敵國破謀臣亡故㠯交友言之則不過張王與成安君㠯忠臣言之則不過大夫種此二者宜足㠯觀矣願足下深慮之且臣聞之勇略震主者身危功蓋天下者不賞足下涉西河虜魏王禽夏說師古曰說讀曰悅下井陘誅成安君之罪㠯令於趙脅燕定齊南摧楚人之兵數十萬眾遂斬龍且西鄉㠯報師古曰且音子餘反鄉讀曰嚮此所謂功無二於天下略不世出者也師古曰言其計略奇異世所希有今足下挾不賞之

功戴震主之威歸楚楚人不信歸漢漢人震恐足下欲持是安歸乎師古曰安焉也此下亦同夫埶在人臣之位而有高天下之名切爲足下危之信曰生且休矣吾將念之師古曰念猶思也數日通復說曰聽者事之候也師古曰謂能聽善謀也計者存亡之機也補注沈欽韓曰秦策陳軫曰計者事之本也聽者存亡之機夫隨廝養之役者失萬乘之權守儋石之祿者闕卿相之位應劭曰齊人名小甖爲儋受二斛晉灼曰石斗石也師古曰儋音都濫反或曰儋者一人之所負擔也計誠知之而決弗敢行者百事之禍也補注先謙曰謂計慮所及不能致其決故猛虎之猶與不如蠭蠆之致蠚師古曰與讀曰豫蠆蝎也蠚毒也蠆音丑界反蠚音呼各反孟賁之狐疑不如童子之必至師古曰孟賁古之勇力士賁音奔補注先謙曰史記童子作庸夫又孟賁句上有騏驥之跼躅不如駑馬之安步二句下有雖有舜禹之智吟而不言不如瘖聾之指麾也三句此言貴能行之也夫功者難成而易敗時者難值而易失時乎時不再來師古曰此古語歎時之不可失補注沈欽韓曰越語范蠡曰臣聞之得時無怠時不再來願足下無疑臣之計信猶與不忍背漢又自

㠯功多漢不奪我齊遂謝通師古曰告令罷去通說不聽惶恐乃陽狂爲巫天下既定後信㠯罪廢爲淮陰侯謀反被誅臨死歎曰悔不用蒯通之言死於女子之手高帝曰是齊辯士蒯通迺詔齊召蒯通(補注)先謙曰詔齊王肥捕之也史記召作捕通至上欲亨之曰若敎韓信反何也師古曰若汝也通曰狗各吠非其主(補注)先謙曰史記作跖之狗吠堯堯非不仁狗固吠非其主當彼時臣獨知齊王韓信非知陛下也且秦失其鹿張晏曰㠯鹿喻帝位天下共逐之高材者先得天下匈匈爭欲爲陛下所爲顧力不能師古曰顧念也可殫誅邪師古曰殫盡也上迺赦之至齊悼惠王時曹參爲相禮下賢人請通爲客初齊王田榮怨項羽謀舉兵畔之劫齊士不與者死師古曰劫而取之不從則殺也齊處士東郭先生梁石君在劫中強從及田榮敗二人醜之師古曰自恥從亂㠯爲醜惡也相與入深山隱居客謂通曰先生之於曹相國拾遺舉過顯賢進能齊國莫若先生者先生知梁石君東郭先生

世俗所不及何不進之於相國乎通曰諾臣之里婦與里之諸母相善也里婦夜亡肉姑㠯爲盜怒而逐之婦晨去過所善諸母語㠯事而謝之師古曰謝謂告辭也里母曰女安行師古曰安徐也(補注)先謙曰詩云爾之安行我今令而家追女矣師古曰而亦汝也卽束緼請火於亡肉家師古曰緼亂麻音於粉反(補注)先謙曰緼與蘊通文選西京賦既蘊崇之又行火焉是也曰昨暮夜犬得肉爭鬭相殺請火治之師古曰治謂燖治死犬燖音似廉反亡肉家遽追呼其婦師古曰遽速也故里母非談說之士也束緼乞火非還婦之道也然物有相感事有適可臣請乞火於曹相國迺見相國曰婦人有夫死三日而嫁者有幽居守寡不出門者足下卽欲求婦何取曰取不嫁者通曰然則求臣亦猶是也彼東郭先生梁石君齊之俊士也隱居不嫁(補注)洪亮吉曰案列子言嫁于衞意同爾雅嫁往也方言自家而出謂之嫁未嘗卑節下意㠯求仕也願足下使人禮之曹相國曰敬受命皆㠯爲上賓通論戰國時說士權變亦自序

其說凡八十一首號曰雋永師古曰雋音字兖反雋肥肉也永長也言其所論甘美而義深長也初通善齊人安其生(補注)先謙曰史記漢紀作安期生安其生嘗干項羽羽不能用其策而項羽欲封此兩人(補注)先謙曰通及安其生兩人卒不肯受

伍被楚人也師古曰被音皮義反或言其先伍子胥後也被㠯材能稱爲淮南中郎是時淮南王安好術學折節下士招致英雋㠯百數被爲冠首師古曰最居其上也久之淮南王陰有邪謀被數微諫師古曰私諫之(補注)先謙曰微密也後王坐東宮召被欲與計事呼之曰將軍上(補注)周壽昌曰漢制諸侯王國止有中尉掌武職無將軍將軍天子之官也淮南王僭呼伍被故被㠯亡國爲言衡山王傳號其子孝曰將軍時王有逆計也被曰王安得亡國之言乎(補注)先謙曰據史記淮南王傳王以謀反斥雷被事削邑復召被與謀被曰上寬赦大王王復安得此亡國之語乎昔子胥諫吳王吳王不用迺曰臣今見麋鹿游姑蘇之臺也張晏曰吳臺名也師古曰吳地記云因山爲名西南去國三十五里今臣亦將見宮中生荊棘露霑衣也於是王怒繫被父母囚之三月王復召被曰將軍許

寡人乎對曰不臣將爲大王畫計耳(補注)先謙曰官本不臣作小臣引宋祁曰越本作下臣先謙案作不是不卽否字王問被許寡人乎而被答以否也史記作被曰不直來爲大王畫耳是其明證下文亦止稱臣不云小臣下臣也小下二字皆後人以不字爲誤而改之耳臣聞聽者聽於無聲明者見於未形師古曰言智慮通達事未形兆皆預見之(補注)先謙曰官本預作豫是無之字故聖人萬舉而萬全文王壹動而功顯萬世列爲三王所謂因天心㠯動作者也王曰方今漢庭治乎亂乎(補注)先謙曰史記庭作廷是下漢廷不誤又此文與史記序次不同皆班氏刪改不備載被曰天下治王不說師古曰說讀曰悅曰公何㠯言治也被對曰被竊觀朝廷君臣父子夫婦長幼之序(補注)先謙曰官本有也字引宋祁曰新本去也字皆得其理上之舉錯遵古之道師古曰錯音千故反風俗紀綱未有所缺重裝富賈周流天下道無不通交易之道行南越賓服羌僰貢獻東甌入朝師古曰僰西南夷也音蒲北反廣長榆如淳曰廣謂斥大之也長榆塞名王恢所謂樹榆㠯爲塞者也師古曰長榆在朔方卽衞青傳所云榆谿舊塞是也或謂之榆中開朔方匈奴折傷雖未及古太平時然猶爲治(補注)宋祁

曰浙本句末有也字王怒被謝死罪王又曰山東卽有變漢必使大將軍將而制山東公目爲大將軍何如人也被曰臣所善黃義從大將軍擊匈奴言大將軍遇士大夫目禮與士卒有恩眾皆樂爲用騎上下山如飛材力絕人如此〔補注〕先謙曰官本作神力引宋祁曰一本作材力絕人一本作人材如此浙本作身材如此先謙案史記作材幹絕人被以爲材能如此數將習兵未易當也及謁者曹梁使長安來言大將軍號令明當敵勇常爲士卒先須士卒休乃舍穿井得水迺敢飲軍罷士卒已踰河迺度皇太后所賜金錢盡以賞賜雖古名將不過也王曰夫蓼太子服虔曰淮南太子也文穎曰食采於此或言外家姓也師古曰蓼自地名而王之太子豈目食地爲號文言外家姓近爲得之亦猶漢之栗太子也知略不世出非常人也目爲漢廷公卿列侯皆如沐猴而冠耳被曰獨先刺大將軍迺可舉事王復問被曰公目爲吳舉兵非邪被曰非也夫吳王賜號爲劉氏祭酒應劭曰禮飲酒必祭示有先也故稱祭酒尊之也如淳曰祭祠時唯尊長者目酒沃酹師古曰如說是也

受几杖而不朝王四郡之眾地方數千里采山銅目爲錢煮海水目爲鹽伐江陵之木目爲船國富民眾行珍寶賂諸侯與七國合從〔補注〕先謙曰去吳則爲六國七當爲六字之誤也鄒陽傳亦誤可互證舉兵而西破大梁敗狐父師古曰在梁碭之閒也父音甫奔走而還爲越所禽死於丹徒師古曰卽今潤州丹徒縣也頭足異處身滅祀絕爲天下戮師古曰天下之人皆共戮之一曰天下之大戮也夫目吳眾不能成功者何也誠逆天違眾而不見時也〔補注〕先謙曰不見時猶言不知時史記作不知王曰男子之所死者一言耳張晏曰不成卽死一言耳臣瓚曰或有一言云目死報也師古曰二說死竝非也言男子感氣相許一言不顧其死或曰一言之恨不顧危亡目此致死也〔補注〕劉敞曰此言所死雖不同等是死耳王文彬曰言男子所甘心赴死者卽決於反之一言耳諸說皆未晰先謙曰集解引瓚注作或有一言之交以死報之矣且吳何知反漢將一日過成皋者四十餘人師古曰言不知塞成皋口而令漢將得出之是不知反計也今我令緩先要成皋之口韋昭曰淮南臣名也師古曰緩者名也不言其姓今流俗書本於緩上妄加樓字非也〔補注〕先謙曰史記作樓緩集解駰案漢書直云緩無樓字樓緩迺六國時人疑此後人所益也先謙案裴在顏前所見漢書如此則本書無樓字明矣據下周被陳定此不應獨稱名或班書偶佚之史記所稱容與六國時人先後同名必幷史記疑爲後人所益亦未必然也周被下潁川兵塞轘轅伊闕之道陳定發南陽兵守武關河南太守獨有雒陽耳師古曰如此計則漢河南郡唯有雒陽在耳餘皆不屬何足憂然此北尚有臨晉關河東上黨與河內趙國界者通谷數行如湻曰言此北尚嶮阻其谿谷可得通行者有數處〔補注〕王念孫曰案如以行爲可得通行則數行二字義不相屬故增字以釋之曰可得通行者有數處殆失之迂矣余謂爾雅毛傳竝云行道也通谷數行言谿谷之可通者有數道也人言絕成皋之道天下不通據三川之險招天下之兵公目爲何如對曰臣見其禍未見其福也後漢遠淮南王孫建繫治之王恐陰事泄謂被曰事至吾欲遂發天下勞苦有閒矣如湻曰言天下勞苦人心有閒隙易動亂師古曰此說非也有閒猶言中閒已有也故謂此者乃爲閒也〔補注〕宋祁曰浙本注文此者作比者先謙曰顏注中閒已有當爲中已有閒有閒卽謂有隙可乘諸侯頗有失行皆自疑我舉兵西鄉必有應者師古曰鄉讀曰嚮無應卽還略衡山勢不得不發〔補注〕先謙曰史記作卽無應奈何衡山傳云衡山王賜恐爲所幷以知淮南本謀也

被曰略衡山目擊盧江〔補注〕先謙曰盧誤官本及史記作廬有尋陽之船〔補注〕沈欽韓曰通典漢尋陽故縣在江北今蘄春郡界晉温嶠移於江南先謙曰尋陽廬江縣今黃州府黃梅縣北守下雉之城孟康曰下雉江夏縣名師古曰雉音羊氏反〔補注〕先謙曰下雉江夏縣今武昌府興國州東南結九江之浦〔補注〕先謙曰九江詳地理志絕豫章之口〔補注〕先謙曰正義卽彭蠡湖口北流出大江者強弩臨江而守目禁南郡之下東保會稽南通勁越屈強江淮閒師古曰屈音具勿反可目延歲月之壽耳未見其福也王曰左吳趙賢朱驕如皆目爲什八九成師古曰吳賢驕如王之三臣也〔補注〕先謙曰史記作皆以爲有福什事九成公獨目爲無福何被曰大王之羣臣近幸素能使眾者皆前繫詔獄餘無可用者王曰陳勝吳廣無立錐之地百人之聚起於大澤奮臂大呼天下嚮應師古曰呼音火故反嚮讀曰響西至於戲而兵百二十萬今吾國雖小勝兵可得二十萬公何目言有禍無福被曰臣不敢避子胥之誅願大王無爲吳王之聽往者秦爲無道殘賊天下殺術士〔補注〕先謙曰有道術之士謂儒生也燔

詩書滅聖迹棄禮義任刑法轉海濱之粟致于西河師古曰瀕涯也海濱謂緣海涯之地瀕音頻又音賓當是之時男子疾耕不足於糧饟師古曰饟亦饋字也女子紡績不足於蓋形遣蒙恬築長城東西數千里暴兵露師常數十萬死者不可勝數僵尸滿野流血千里於是百姓力屈師古曰屈盡也音其勿反〔補注〕先謙曰屈字雙聲不當爲其上注文音具勿反其乃具字之誤廣韻區勿切集韻渠勿切區渠具音一也欲爲亂者十室而五又使徐福入海求仙藥多齎珍寶童男女三千人五種百工而行師古曰五種五穀之種也徐福得平原大澤止王不來〔補注〕先謙曰正義引括地志云亶州在東海中秦始皇遣徐福將童男女遂止此州其後復有數洲萬家其上人有至會稽市易者於是百姓悲痛愁思欲爲亂者十室而六又使尉佗踰五嶺攻百越師古曰五嶺解在張耳傳尉佗知中國勞極止王南越師古曰南越傳云南海尉任囂謂趙佗曰聞陳勝等作亂豪桀叛秦相立卽被佗書行南海尉事囂死後佗始自爲王今此乃言尉佗先王陳勝乃反此蓋伍被一時對辭不究其實也〔補注〕沈欽韓曰據淮南人間訓秦皇使尉屠睢伐越三年不解甲弛弩越人攻秦大破之殺尉屠睢與尉佗事不相涉嚴助傳淮南王諫伐閩越亦

言之淮南書卽伍被等所撰然則被今陳辭無容不知而妄說趙佗也先謙曰史記此下使人上書求女無夫家者三萬人以爲士卒衣補秦皇帝可其萬五千人三句案踰嶺攻越佗亦從役惟行止王在後耳此文不言王越卽爲無累辨士之言難可徵實也行者不還往者莫返於是百姓離心瓦解欲爲亂者十室而七興萬乘之駕作阿房之宮收太半之賦發閭左之戍師古曰閭左解在食貨志父不寧子兄不安弟師古曰言不能相保政苛刑慘民皆引領而望傾耳而聽悲號仰天叩心怨上師古曰叩擊也欲爲亂者十室而八客謂高皇帝曰時可矣高帝曰待之聖人當起東南〔補注〕沈欽韓曰易緯通卦驗云亡行之名合胡誰代者起東南周壽昌曰高帝先幾後發可補本紀所未及間不一歲陳吳大呼師古曰中間不經一歲也呼音火故反劉項並和天下嚮應師古曰和音胡計反嚮讀曰響〔補注〕先謙曰計官本作臥是所謂蹈瑕釁〔補注〕先謙曰史記作蹈瑕候間因秦之亡時而動百姓願之若枯旱之望雨故起於行陳之閒㠯成帝王之功今大王見高祖得天下之易也獨不觀近世之吳楚乎當今陛下臨制天下壹齊海內氾愛蒸庶師古曰氾普也烝亦眾也氾音

敷劍反布德施惠口雖未言聲疾雷震令雖未出化馳如神心有所懷威動千里下之應上猶景嚮也師古曰言如影之隨形響之應聲嚮讀曰響而大將軍材能非直章邯楊熊也〔補注〕先謙曰官本楊作揚考證云揚應作楊楊熊秦將見高紀先謙案漢書從木從手之字多通作非誤字樊噲夏侯嬰傳亦作揚熊其作楊者後人所改獨楊雄作揚雄不改後遂以爲與楊異姓矣王㠯陳勝吳廣論之被㠯爲過矣師古曰過謬也且大王之兵眾不能什分吳楚之一天下安寧又萬倍於秦時願王用臣之計臣聞箕子過故國而悲作麥秀之歌張晏曰箕子將朝周過殷故都見麥及禾黍心悲乃作歌曰麥秀之漸漸兮黍苗之繩繩兮彼狡童兮不與我好兮狡童謂紂也〔補注〕沈欽韓曰書大傳以爲微子作先謙曰史記正作微子痛紂之不用王子比干之言也故孟子曰紂貴爲天子死曾不如匹夫〔補注〕錢大昭曰今孟子無此文或曰孟子外篇文止此二句下是伍被引伸之詞王氏藝文志攷證合下二句皆爲孟子非是是紂先自絕久矣非死之日天去之也今臣亦竊悲大王棄千乘之君將賜絕命之書〔補注〕先謙曰言上賜之爲羣臣先師古曰在羣臣先死〔補注〕宋祁曰浙本注文先死作前死身死

于東宮也如淳曰王時所居也被因流涕而起〔補注〕先謙曰史記云於是王氣怨結而不揚涕滿匡而橫流卽起歷階而去與此不同後王復召問被苟如公言不可㠯徼幸邪師古曰徼要也幸非望之福也被曰必不得已被有愚計王曰柰何被曰當今諸侯無異心百姓無怨氣朔方之郡土地廣美民徙者不足㠯實其地可爲丞相御史請書師古曰謂詐爲此文書令徙人也〔補注〕先謙曰請奏請也詐爲丞相御史奏請徙人之書徙郡國豪桀及耐罪㠯上〔補注〕先謙曰官本引宋祁曰耐解在高紀解先謙案下解字衍㠯赦令除家產五十萬㠯上者皆徙其家屬朔方之郡師古曰㠯赦令除謂遇赦免罪者〔補注〕先謙曰史記作赦令除其罪益發甲卒急其會日師古曰促其期日又僞爲左右都司空上林中都官詔獄書晉灼曰百官表宗正有左右都司空上林有水司空皆主囚徒官也師古曰中都官京師諸官府〔補注〕宋祁曰趙本無僞字今謝本郭本亦無先謙曰左右都司空者左右司空及都司空也百官表宗正屬官都司空無左右二字少府適有左右司空晉說非也又表云護軍都尉武帝征和四年初置持節從中都官徒千二百人補巫蠱督大姦猾顏注亦云中都官京師諸官府也先謙案文云上林中都官疑上林二字不當如晉注連上爲文中都官亦不當訓京師諸官府或中都官月崗上

林後隸護軍都尉也若如顏說則但稱中都官即可以該諸官府何必更言左右都司空乎逮諸侯太子及幸臣師古曰追對獄〔補注〕先謙曰幸臣親近用事之臣如此則民怨諸侯懼即使辯士隨而說之〔補注〕先謙曰史記作辯武徐廣注淮南人名士曰武黨可以徼幸師古曰黨讀曰儻王曰此可也雖然吾以不至若此專發而已師古曰言不須爲此詐直自發兵而已後事發覺被詣吏自告與淮南王謀反縱跡如此〔補注〕先謙曰縱誤官本作蹤天子以伍被雅辭多引漢美欲勿誅張湯進曰被首爲王畫反計罪無赦遂誅被

江充字次倩趙國邯鄲人也師古曰倩音千見反充本名齊有女弟善鼓琴歌舞嫁之趙太子丹齊得幸於敬肅王爲上客〔補注〕先謙曰彭祖諡敬肅久之太子疑齊以己陰私告王與齊忤師古曰言相乖〔補注〕宋祁曰言當作意使吏逐捕齊不得收繫其父兄按驗皆棄市齊遂絕迹亡西入關更名充詣闕告太子丹與同產姊及王後宮姦亂交通郡國豪猾攻剽爲姦

師古曰剽劫也音頻妙反〔補注〕先謙曰官本王作至引宋祁曰至後宮姚本至作王吏不能禁書奏天子怒遣使者詔郡發吏卒圍趙王宮收捕太子丹移繫魏郡詔獄與廷尉雜治法至死趙王彭祖帝異母兄也〔補注〕宋祁曰別本也作弟上書訟太子辠言充逋逃小臣苟爲姦譌激怒聖朝師古曰譌古訛字也欲取必於萬乘以復私怨師古曰取必謂必取勝也復報也音扶目反後雖亨醢計猶不悔臣願選從趙國勇敢士師古曰選取勇敢之士已自隨〔補注〕先謙曰已以字同官本作以從軍擊匈奴極盡死力以贖丹罪上不許竟敗趙太子張晏曰雖遇赦終見廢也〔補注〕先謙曰詳景十三王傳

初充召見犬臺宮晉灼曰黃圖上林有犬臺宮外有走狗觀也師古曰今書本犬臺有作太壹字者誤也漢無太壹宮也〔補注〕周壽昌曰黃圖犬臺宮在長安西二十八里自請願以所常被服冠見上師古曰被音皮義反〔補注〕宋祁曰冠字上當有衣字王念孫曰宋說是也既言被服則當有衣字下文衣紗縠禪衣即承此衣字言之脫去衣字則上與被服不相屬下與禪衣不相應矣御覽居處部一引此無衣字亦後人以誤本漢書刪之其人事部二十布帛部三引此皆有衣字上許之充衣紗縠禪衣師古曰紗縠紡絲而織之也輕者爲紗縐者爲縠禪衣制若今之朝服中禪也漢官儀曰武賁中郎將衣紗縠禪衣禪音單字從衣次下亦同曲裾後垂交輸張晏曰曲裾者如婦人衣也如淳曰交輸割正幅使一頭狹若燕尾垂之兩旁見於後是禮深衣續衽鉤邊賈逵謂之衣圭蘇林曰交輸如今新婦袍上挂全幅繒角割名曰交輸裁也師古曰如蘇二說皆是也〔補注〕沈欽韓曰晏子問篇衣不務於隅肶之削淮南本經訓衣無隅差之削釋名裾倨倨然直則裾本直也曲裾者深衣注云鉤邊若今曲裾也正義云是今朝服之曲裾蓋古制本直裾元端服是也曲裾則深衣之制而漢明帝以爲朱衣朝服後垂者釋名云婦人上服曰袿其下垂者上廣下狹如刀圭也交輸者玉藻袿當旁注袿謂裳幅所交裂也凡袿一者或殺而下或殺而上是以小要取名焉正義云幅廣二尺二寸一幅破爲二四邊各去一寸餘有一尺八寸每幅交解之闊頭尺二寸狹頭廣六寸一裳幅下廣尺二寸上闊六寸狹頭嚮上交裂一幅而爲之按此則一幅斜翦若燕尾喪服注所云燕尾二尺五寸即交輸裁者也先謙曰官本注績作續是冠禪纚步搖冠飛翮之纓服虔曰冠禪纚故行步則搖以鳥羽作纓也蘇林曰析翠鳥羽以作爇也臣瓚曰飛翮之纓謂如蟬翼者也師古曰服說是也纚織絲爲之即今方目紗是也纚音山爾反搖音戈招反〔補注〕沈欽韓曰士冠禮注纚一幅長六尺足以韜髮而結之按以禪纚束髮訖然後加冠笄充復以首飾若步搖之冠也服以禪纚即是冠非也先謙曰上冠古玩反下冠如字步搖冠名晉書載記慕容廆傳時燕代多冠步搖冠莫護跋見而好之乃斂髮襲冠諸部因呼之爲步搖其後音訛遂爲慕容焉充趙人與燕代密邇則步搖冠乃其鄉俗故是充所常被服也官本

注戈作弋是充爲人魁岸容貌甚壯師古曰魁大也岸者有廉棱如崖岸之形帝望見而異之謂左右曰燕趙固多奇士既至前問以當世政事上說之充因自請願使匈奴詔問其狀充對曰因變制宜以敵爲師事不可豫圖上以充爲謁者使匈奴還拜爲直指繡衣使者督三輔盜賊禁察踰侈貴戚近臣多奢僭充皆舉劾奏請沒入車馬令身待北軍擊匈奴文穎曰令貴戚身待於北軍也奏可充即移書光祿勳中黃門逮名近臣侍中諸當詣北軍者〔補注〕宋祁曰浙本名作召移劾門衛〔補注〕先謙曰以所奏劾移文於門衛也禁止無令得出入宮殿於是貴戚子弟惶恐皆見上叩頭求哀願得入錢贖罪上許之令各以秩次輸錢北軍凡數千萬上以充忠直奉法不阿所言中意師古曰中當也充出逢館陶長公主行馳道中師古曰武帝之姑即陳皇后母也〔補注〕陳景雲曰案功臣表館陶公主子堂邑侯陳季須元鼎元年坐母公主卒服未除云云即主卒於元狩之末及江充貴幸主沒已十餘年館陶字誤無疑充呵問之公主曰有太后詔〔補注〕劉攽曰是

時太后已崩言太后詔者素得此詔許其行馳道中也充曰獨公主得行車騎皆不得師古曰從公主之車騎也盡劾沒入官如淳曰令乙騎乘車馬行馳道中已論者沒入車馬被具後充從上甘泉師古曰甘泉在北山故言上也他皆類此〔補注〕錢大昕曰後閩本作先周壽昌曰從上從帝也充時在上側得行其譏搆也顏說誤逢太子家使師古曰太子遣人之甘泉請問者也使音山吏反乘車馬行馳道中充以屬吏師古曰屬音之欲反太子聞之使人謝充曰非愛車馬誠不欲令上聞之以教敕亡素者師古曰言素不教敕左右唯江君寬之充不聽遂白奏上曰人臣當如是矣大見信用威震京師遷為水衡都尉宗族知友多得其力者久之坐法免〔補注〕先謙曰公卿表太始三年直指使者江充為水衡都尉五年為太子所斬不云前坐法免與傳異會陽陵朱安世告丞相公孫賀子太僕敬聲為巫蠱事連及陽石諸邑公主賀父子皆坐誅語在賀傳後上幸甘泉疾病充見上年老恐晏駕後為太子所誅因是為姦奏言上疾祟在巫蠱師古曰祟謂禍咎之徵也音息遂反故其字從出從示示者鬼神所以示人也於是上以充為使者治巫

蠱充將胡巫掘地求偶人張晏曰胡者言不與華同故充任使之〔補注〕先謙曰官本注末有也字捕蠱及夜祠視鬼染汙令有處張晏曰充捕巫蠱及夜祭祠祝詛者令胡巫視鬼詐以酒醱地令有處也師古曰捕夜祠及視鬼之人而充遣巫汙染地上為祠祭之處以誣其人也〔補注〕先謙曰二說皆非也巫能視鬼故田蚡傳蚡疾一身盡痛上使視鬼者瞻之是也夜祠者夜祠禱而祝詛者也下息夫躬傳即其證言捕蠱及夜祠之人豫埋偶人於其居又以他物染汙其處託為鬼魅之迹迺使胡巫視鬼所染汙令共知有埋蠱處從而掘之輒收捕驗治燒鐵鉗灼強服之師古曰以燒鐵或鉗之或灼之鉗鑷也灼炙也鉗音其炎反民轉相誣以巫蠱吏輒劾以大逆亡道坐而死者前後數萬人是時上春秋高疑左右皆為蠱祝詛有與亡莫敢訟其冤者充既知上意因言宮中有蠱氣先治後宮希幸夫人以次及皇后遂掘蠱於太子宮得桐木人師古曰三輔舊事云充使胡巫作而薶之太子懼不能自明收充自臨斬之罵曰趙虜〔補注〕周壽昌曰漢世斥人曰虜充趙人呼為趙虜猶婁敬齊人高帝斥之曰齊虜也亂乃國王父子不足邪師古曰乃汝也迺復亂吾父子也太子繇是遂敗師古曰繇讀與由同語在戾園傳師古曰即武五子傳也其中敘戾太子後加諡置園邑故云戾園後武帝知充有詐夷充三族

息夫躬字子微河內河陽人也少為博士弟子受春秋通覽記書師古曰傳記及諸家之書容貌壯麗為眾所異哀帝初即位皇后父特進孔鄉侯傅晏與躬同郡相友善躬繇是以為援交游日廣師古曰繇讀與由同先是長安孫寵亦以游說顯名免汝南太守師古曰為太守免而歸也與躬相結俱上書召待詔是時哀帝被疾始即位而人有告中山孝王太后祝詛上太后及弟宜鄉侯馮參皆自殺其罪不明〔補注〕周壽昌曰中山孝王興元帝子馮太后媛本元帝昭儀馮奉世女外戚傳云為哀帝祖母傅太后陷以祝詛罪令自殺所謂其罪不明也是後無鹽危山有石自立開道服虔曰山開自成道也張晏曰從石立之下道徑自通也〔補注〕先謙曰官本道徑作徑道躬與寵謀曰上亡繼嗣體久不平關東諸侯心爭陰謀今無鹽有大石自立聞邪臣託往事以為大山石立而先帝龍興師古曰言邪人有此私議〔補注〕周壽昌曰先當作宣東平王雲以故與其后日夜祠祭祝詛上〔補注〕先謙曰雲思王宇子宣帝孫欲求非望師古曰言求帝位也而后舅伍宏反因方術以醫技得

幸出入禁門霍顯之謀將行於杯杓師古曰杓所以抒挹也字與勺同音上灼反荊軻之變必起於帷幄事勢若此告之必成發國姦誅主讎取封侯之計也〔補注〕先謙曰發官本作察引宋祁曰察當作發躬寵迺與中郎右師譚張晏曰右師姓譚名也其因中常侍宋弘上變事告焉上惡之下有司案驗東平王雲雲后謁及伍宏等皆坐誅師古曰謁者后之名也上擢寵為南陽太守譚潁川都尉弘躬皆光祿大夫左曹給事中是時侍中董賢愛幸上欲侯之遂下詔云躬寵因賢以聞封賢為高安侯寵為方陽侯躬為宜陵侯食邑各千戶賜譚爵關內侯食邑丞相王嘉內疑東平獄事師古曰疑不實也爭不欲侯賢等語在嘉傳嘉固言董賢泰盛寵躬皆傾覆有佞邪材〔補注〕先謙曰傾覆言傾險反覆也恐必撓亂國家師古曰撓攪也撓音呼高反不可任用嘉以此得罪矣躬既親近數進見言事論議亡所避眾畏

其口見之仄目（師古曰仄古側字也）躬上疏歷詆公卿大臣（師古曰詆謂毀呰也音丁禮反）曰方今丞相王嘉健而蓄縮不可用（師古曰蓄縮謂怯於事也）御史大夫賈延墯弱不任職左將軍公孫祿司隸鮑宣皆外有直項之名內實騃不曉政事（師古曰騃愚也音五駭反）諸曹以下僕遬不足數（師古曰僕遬凡短之貌也僕音步木反遬古速字〔補注〕錢大昭曰詩林有樸樕毛傳樕小木也僕遬與樸樕字異而義同謂其材小弱不任用沈欽韓曰僕遬字當爲樸樕杜牧集上吏部高尚書狀人惟樸樕又賀平党項表臣僻在小郡樸樕散材皆用此尉繚子吳起與秦人戰僕樕之蓋足以蔽霜露亦謂以小材作蓋）卒有彊弩圍城長戟指闕（師古曰卒讀曰猝）陛下誰與備之如使狂夫嘄謼於東崖（師古曰東崖謂東海之邊也嘄古叫字謼音火故反〔補注〕錢大昭曰說文嘄聲嘄也王念孫曰東崖猶東方耳非必東海之邊也廣雅厓方也是厓與方同義故文選蘇武詩曰各在天一方古詩曰各在天一涯李善注引廣雅涯方曰厓竝與崖通先謙曰東崖王說是謂關東郡國也）匈奴飲馬於渭水邊竟雷動四野風起（師古曰竟讀曰境）京師雖有武蠭精兵（〔補注〕沈欽韓曰蠭是鋒之借字後漢竇融傳竺曾爲武鋒將軍）未有能窺左足而先應者也（蘇林曰窺音跬師古曰跬半步也言一舉足也音口婢反〔補注〕沈欽韓曰方言半步爲跬說文作趌凡舉足先右左足未窺是爲半步荀子勸學篇不積蹞步無以致千里蹞跬同）軍書交馳而輻湊羽檄重迹而押至（文穎曰押音狎習之狎師古曰押至言相因而至也羽檄檄之插羽者也解在高紀）小夫懦臣之徒憒眊不知所爲（師古曰憒心亂也眊目闇也憒音工內反眊音莫報反）其有犬馬之決者仰藥而伏刃（師古曰仰藥仰首而飲藥）雖加夷滅之誅何益禍敗之至哉躬又言秦開鄭國渠以富國彊兵今爲京師土地肥饒（〔補注〕先謙曰官本無爲字）可度地埶水泉廣溉灌之利（師古曰度音徒各反）天子使躬持節領護三輔都水躬立表欲穿長安城引漕注太倉下以省轉輸議不可成迺止董賢貴幸日盛丁傅害其寵（〔補注〕先謙曰丁哀帝母家傅祖母家也詳外戚傳）孔鄉侯晏與躬謀欲求居位輔政會單于當來朝遣使言病願朝明年躬因是而上奏以爲單于當以十一月入塞後以病爲解（師古曰自解說云病）疑有他變烏孫兩昆彌弱卑爰疐強盛（蘇林曰疐音欬嚏之嚏晉灼曰音詩載疐其尾之疐師古曰以字言之晉音是音竹二反而匈奴傳服虔乃音獻捷之捷既已失之末俗學者又改疐字爲疌

以應服氏之音尤離眞矣〔補注〕宋祁曰正文弱字上當有微字錢大昭曰爰匈奴傳作援先謙曰官本欬嚏之疐作之嚏是無詩字及獻捷之三字）居彊煌之地（臣瓚曰是其國所都地名）擁十萬之眾東結單于遣子往侍如因素彊之威循烏孫就屠之迹（孟康曰烏孫先王也〔補注〕錢大昕曰孫字衍）舉兵南伐并烏孫之埶也烏孫并則匈奴盛而西域危矣可令降胡詐爲卑爰疐使者來上書曰所以遣子侍單于者非親信之也實畏之耳唯天子哀（師古曰謂閔念之）告單于歸臣侍子願助戊己校尉保惡都奴之界（〔補注〕沈欽韓曰車師前王庭也後漢爲伊吾盧聲之變）因下其章諸將軍令匈奴客聞焉則是所謂上兵伐謀（服虔曰謀者舉兵伐解之也師古曰此說非也言知敵有謀者則以事而應之沮其所爲不用兵革所以爲貴耳）其次伐交者也（師古曰知敵有外交連結相援者則間誤之令其解散也〔補注〕沈欽韓曰語見孫子謀攻篇）書奏上引見躬召公卿將軍大議左將軍公孫祿以爲中國常以威信懷伏夷狄躬欲逆詐造不信之謀不可許且匈奴賴先帝之德保塞稱蕃（〔補注〕先謙曰蕃與藩同）今單于以疾病不任

奉朝賀遣使自陳不失臣子之禮臣祿自保沒身不見匈奴爲邊竟憂也（師古曰竟讀曰境）躬掎祿曰（師古曰掎從後引之也謂引躡其言也音居綺反）臣爲國家計幾先謀將然（張晏曰幾音冀師古曰先謀將然者謂彼欲有其事則爲謀策以壞之〔補注〕先謙曰幾如字讀幾先謂幾之先見也躬言爲國家計於幾先謀於將然也張顏句讀未明因而誤解）豫圖未形（師古曰圖謀也未有形兆而謀之）爲萬世慮而左將軍公孫祿欲以其犬馬齒保目所見臣與祿異議未可同日語也上曰善乃罷羣臣獨與躬議因建言往年熒惑守心太白高而芒光又角星茀於河鼓（師古曰茀讀與孛同〔補注〕先謙曰哀紀在建平三年）其法爲有兵亂（〔補注〕先謙曰占驗之法也）是後訛言行詔籌經歷郡國（〔補注〕先謙曰哀紀在四年）天下騷動恐必有非常之變可遣大將軍行邊兵敕武備（師古曰敕整也行音下更反）斬一郡守以立威震四夷（〔補注〕先謙曰震謂警動之）因以厭應變異（師古曰厭音一涉反）上然之以問丞相丞相嘉對曰臣聞動民以行不以言應天以實不以文下民微細猶不可詐況於上天神明而可

欺哉天之見異所呂敕戒人君師古曰見謂顯示也欲令覺悟反正推誠行
善民心說而天意得矣師古曰說讀曰悅辨士見一端或妄呂意傅著星
歷師古曰傅讀曰附著音治略反虛造匈奴烏孫西羌之難謀動干戈設爲權變
非應天之道也守相有辠鄧展曰郡守諸侯相車馳詣闕交臂就死恐懼如
此而談說者云動安之危師古曰之往也言搖動安全之計往就危殆也〔補注〕劉攽曰云當疊云云二字
卽上所說也辯口快耳師古曰苟快聽者之耳其實未可從夫議政者苦其讇諛
傾險辯慧深刻也師古曰讇古諂字讇諛則主德毀傾險則下怨恨辯慧
則破正道深刻則傷恩惠昔秦繆公不從百里奚蹇叔之言師古曰繆
讀曰穆呂敗其師師古曰謂敗於殽悔過自責疾誖諛之臣思黃髮之言師古
曰語在秦誓名垂於後世唯陛下觀覽古戒反覆參考無呂先入之語
爲主師古曰先入謂躬先爲此計入於帝耳上不聽遂下詔曰間者灾變不息盜賊
衆多兵革之徵或頗著見師古曰謂玄象未聞將軍惻然深呂爲意簡練

戎士繕修干戈師古曰繕補也器用監惡鄧展曰監不堅牢也師古曰音公戶反孰當督之
師古曰督視察也天下雖安忘戰必危將軍與中二千石舉明習兵法有
大慮者各一人將軍二人詣公車師古曰堪爲將軍者凡舉二人〔補注〕劉攽曰將軍二人但謂令
將軍舉二人中二千石一人耳顏失之周壽昌曰既云舉明習兵法有大慮者尚不足爲將軍耶此明云中二千石各舉一人將軍
舉二人先謙曰劉周說是哀紀建平四年冬詔將軍中二千石舉明兵法有大慮者不云舉將軍也就拜孔鄉侯傅
晏爲大司馬衞將軍陽安侯丁明又爲大司馬票騎將軍是日日
有食之〔補注〕先謙曰明本爲衞將軍因以晏爲衞將軍更明爲票騎將軍而兩人並大司馬故云又也據公卿表在元壽元
年正月辛丑哀紀云正月辛丑朔日有蝕之董賢因此沮躬晏之策後數日收晏衞將
軍印綬〔補注〕先謙曰公卿表云辛亥賜金安車駟馬免距辛丑十日而丞相御史奏躬晏過上
繇是惡躬等師古曰繇讀與由同下詔曰南陽太守方陽侯寵素亡廉聲有
酷惡之資毒流百姓左曹光祿大夫宜陵侯躬虛造詐諼之策師古
曰諼詐辭也音虛遠反欲呂詿誤朝廷皆交遊貴戚趨權門爲名〔補注〕先謙曰交遊文

結奔走之也爲名以求名也其免躬寵官遣就國躬歸國未有第宅寄居丘亭
張晏曰丘亭野亭名師古曰此說非也丘空也姦人呂爲侯家富常夜守之師古曰謂欲盜之伺其便
躬邑人河內掾賈惠往過躬教呂祠盜方呂桑東南指枝爲匕師古
曰桑東南出之枝畫北斗七星其上躬夜自被髮立中庭向北斗師古曰被音皮
義反持匕招指祝盜師古曰或招或指所呂求福排禍也人有上書言躬懷怨恨非笑
朝廷所進〔補注〕先謙曰進謂進用之人侯星宿視天子吉凶〔補注〕先謙曰官本侯作候是與
巫同祝詛上遣侍御史廷尉監逮躬〔補注〕先謙曰百官表廷尉有左右監繫雒陽詔
獄欲掠問躬仰天大譸師古曰譸古呼字音火故反〔補注〕宋祁曰浙本躬字下更有躬字因僵仆
吏就問云咽已絕師古曰咽喉嚨音一千反血從鼻耳出食頃死〔補注〕先謙曰表云元壽二
年下獄死黨友謀議相連下獄百餘人師古曰親黨及朋友躬母聖坐祠竈祝詛
上大逆不道聖弃市妻充漢與家屬徙合浦〔補注〕周壽昌曰充漢躬妻名躬同
族親屬素所厚者皆免廢錮師古曰終身不得仕哀帝崩有司奏方陽侯寵

及右師譚等皆造作姦謀罪及王者骨肉雖蒙赦令不宜處爵位
在中土皆免寵等從合浦郡初躬待詔數危言高論自恐遭害著
絕命辭曰〔補注〕先謙曰官本下不提行
玄雲泱鬱將安歸兮師古曰泱鬱盛貌泱音馬朗反〔補注〕先謙曰官本雲作靈注馬作烏鷹隼橫厲
鸞徘徊兮師古曰厲疾飛也鸞神鳥也赤靈之精赤色五采雞形鳴中五音徘徊謂不得其所也矰若浮猋
動則機兮師古曰矰弋射矢也猋疾風也言矰弋張設其疾若風動則機發猋音必遙反〔補注〕先謙曰猋當正作飆說文
猋下云犬走皃飆下云扶搖風也初學記引作疾風也一切經音義十六飆暴風也藂棘棧棧曷可棲兮師古
曰棧棧衆盛貌音仕巾反〔補注〕宋祁曰棧當作棧王先慎曰字書無棧字宋說是也列子力命篇張湛注棧車謂編木爲之此言藂
棘衆盛如木之編列也先謙曰官本巾作山是發忠忘身自繞罔兮冤頸折翼庸得往兮
應劭曰雖冤頸折翼庸得不往也張晏曰陷於讒人之網何用得去也師古曰冤屈也張說是〔補注〕沈欽韓曰列女傳陶嬰寡作歌
曰黃鵠早寡兮七年不雙宛頸獨宿兮不與衆同冤讀同宛涕泣流兮萑蘭張晏曰萑蘭草名也曼延於地有所
依憑則起躬怨哀帝不用己爲大臣呂匱治也臣瓚曰萑蘭泣涕闌干也師古曰瓚說是萑音完〔補注〕先謙曰萑蘭卽汍瀾之異文

李白詩曲終漣洏瀾韓愈詩念時漣洏後人皆作洏瀾無作崔蘭者矣蓋涕泣漫滿故云洏瀾揚子法言陽氣觀天蘭物丸蘭之言萬物文盛官本置作致是此通作字蘭也丸蘭亦茬蘭異文 心結愲兮傷肝 師古曰結愲亂也孟康曰愲音骨〔補注〕沈欽韓曰廣雅結縎不解也愲同縎 虹蜺曜兮日微 張晏曰虹蜺邪陰之氣而有照曜以蔽日月云讒言流行忠良浸微也〔補注〕先謙曰日喩主上非謂忠良 孽杳冥兮未開 如淳曰虹蜺覆日光明謂之孽師古曰孽邪氣也音牛列反 痛入天兮嗚謼冤際絕兮誰語 張晏曰躬自吕被讒枉而與君絕也師古曰嗚謼者吕鳥自喩也誰語言無所告語也謼音火故反語音牛助反 仰天光兮自列招上帝兮我察 張晏曰上帝天也招呼也師古曰列謂陳列其本心 秋風爲我唫浮雲爲我陰 師古曰唫古吟字 嗟若是兮欲何留 師古曰言變故如是何用久留而生 撫神龍兮擥其須 師古曰擥與擥同謂執持之 游曠迴兮反亡期 師古曰言一死不可復生〔補注〕何焯曰顏說非也乃高舉遠遊不復反顧之意觀上撫神龍之文可見班史所謂如其文者指上冤頸折翼若爲其萌兆耳先謙曰官本迴作廻引宋祁曰姚本迴作廻 雄失據兮世我思 師古曰雄謂君上也據謂尊位也言上失所據乃思我耳 後數年乃死如其文

贊曰仲尼惡利口之覆邦家 應劭曰事具論語 蒯通一說而喪三儁 應劭曰亨

酈食其敗田橫騶韓信也〔補注〕先謙曰橫當作廣 其得不亨者幸也伍被安於危國身爲謀主忠不終而詐讎 李奇曰詐爲王畫策而讎見納也師古曰讎讀曰集謂被初忠於漢而不能終爲王畫詐僞之策而見納用也〔補注〕先謙曰集官本作售是也引宋祁曰注云售姚本作集先謙案集又集之譌 誅夷不亦宜乎書放四罪 師古曰謂流共工放驩兜竄三苗殛鯀也事見虞書〔補注〕先謙曰官本鯀作鮌是 詩歌青蠅 師古曰小雅青蠅之詩也其首章曰營營青蠅止于樊愷悌君子無信讒言蓋蠅之爲蟲毀汙白黑吕喩佞人變亂善惡 春秋吕來禍敗多矣昔子翬謀桓而魯隱危 應劭曰公子翬謂隱公曰吾將爲君殺威公以我爲太宰公曰爲其少故今將授之矣翬懼反譖隱公而殺之〔補注〕先謙曰注桓作威避宋諱官本仍作桓後人所改 欒書構郤而晉厲弒 應劭曰欒書使楚公子茷語厲公曰鄢陵之戰郤至吕爲必敗欲奉孫周吕代君也厲公信之而滅三郤欒書因是反弒厲公〔補注〕宋祁曰注文孫周姚本作孫同先謙曰官本考證云楚公子茷晉語作楚王子發鉤先謙案茷當作茷 豎牛奔仲叔孫卒 張晏曰牛叔孫穆子之孽子也仲正妻子也牛讒仲叔孫怒而逐之奔齊叔孫病牛餓殺之 郈伯毀季昭公逐 張晏曰郈昭伯毀季平子於昭公昭公伐平子不勝因出奔齊 費忌納女楚建走 應劭曰楚平王爲太子建娶於秦無忌曰秦女美甚勸王自納之因而構焉云其怨望今將畔令王殺之〔補注〕先謙曰案此注語未了疑有脫文 宰嚭讒胥夫差喪 應劭曰吳將伐齊子胥諫之宰嚭曰伍員自吕先王謀臣心常鞅鞅臨事沮大衆冀國之敗夫差大怒賜之屬鏤之劍其明年越滅吳 李園進妹春申斃 張晏曰李園春申君之舍人也進其妹於春申君已有身使妹謂春申君曰楚王無子百年之後將立兄弟君用事日久多失禮於王之兄弟兄弟誠立禍將及身今妾有子人莫知若進妾於王後若生男則君之子爲王也春申君乃言之王召入之遂生男立爲太子後孝烈王薨李園害春申君之寵乃刺殺之〔補注〕先謙曰孝當爲考 上官訴屈懷王執 張晏曰屈平忠而有謀爲上官子蘭所譖見放逐後秦昭誘懷王會於武關遂執吕歸卒死於秦 趙高敗斯二世縊 張晏曰趙高譖殺李斯而代其位乃使其壻閻樂攻二世於望夷宮乞爲黔首不聽乃縊而死 伊戾坎盟宋痤死 李奇曰伊戾爲太子傅無寵欲敗太子言與楚客盟謀宋詐歃血加盟書吕證之公吕故殺痤師古曰痤音在戈反 江充造蠱太子殺息夫作姦東平誅皆自小覆大繇疏陷親可不懼哉可不懼哉 師古曰覆音芳福反繇與由同

蒯伍江息夫傳第十五終　漢書四十五

萬石衞直周張傳第十六　　漢書四十六

漢　蘭　臺　令　史班　固　撰

唐正議大夫行祕書少監琅邪縣開國子顏師古　注

賜進士出身前翰林院編修國子監祭酒加三級臣王先謙補注

萬石君石奮〔補注〕沈欽韓曰萬石非史例也史公之誤班當改正案嚴延年馮勤秦彭家世並有萬石之號其父趙人也趙亡徙溫師古曰溫河內之縣〔補注〕先謙曰今懷慶府溫縣西南三十里高祖東擊項籍過河內時奮年十五爲小吏侍高祖高祖與語愛其恭敬問曰若何有師古曰若汝也有何戚屬對曰有母不幸失明家貧有姊能鼓瑟〔補注〕先謙曰史記作鼓琴高祖曰若能從我乎曰願盡力於是高祖召其姊爲美人以奮爲中涓受書謁師古曰中涓官名主居中而涓潔者也外有書謁令奮受之也涓音蠲〔補注〕錢大昭曰陳平世家云是時萬石君奮爲漢王中涓受平謁卽其事也徙其家長安中戚里師古曰於上有姻戚者則皆居之故名其里爲戚里〔補注〕劉攽曰此里偶名戚里爾高祖以奮姊爲美人故使居戚里示有親戚之義猶武帝時封小史遺鄉因曰遺汝

周壽昌曰索隱長安記戚里在城內長安志注云高祖娶石奮姊爲美人移家於長安城中號之曰戚里帝王之姻戚也據此戚里因石奮家而名以姊爲美人故也奮積功勞孝文時官至太中大夫無文學恭謹擧無與比張晏曰擧朝無比也師古曰擧皆也東陽侯張相如爲太子太傅免選可爲傅者皆推奮爲太子太傅及孝景卽位以奮爲九卿迫近憚之張晏曰以其恭敬履度故難之〔補注〕周壽昌曰以九卿迫近上前憚其拘謹也徙奮爲諸侯相奮長子建次甲次乙次慶師古曰史失其名故云甲乙耳非其名〔補注〕先謙曰集解引徐廣曰乙一作仁皆以馴行孝謹師古曰馴順也音巡〔補注〕先謙曰官本注在二千石下官至二千石於是景帝曰石君及四子皆二千石人臣尊寵迺擧集其門凡號奮爲萬石君師古曰集合也凡最計也總合其一門之計五人爲二千石故號萬石君〔補注〕王文彬曰集聚也人臣尊寵乃擧聚其門卽謂一門貴寵耳不煩曲說先謙曰王說是也迺擧集其門句屬下讀則人臣尊寵四字語意不完且凡訓最計是奮號萬石之義已顯何必云總合其一門乎孝景季年萬石君以上大夫祿歸老于家以歲時爲朝臣師古曰豫朝請〔補注〕沈欽韓曰尹文子天道篇魏王立賜獻玉者千金食上大夫祿漢無上大夫通以中大夫二千石者

當之過宮門闕必下車趨見路馬必軾焉師古曰路馬天子路車之馬軾謂撫軾蓋爲敬也〔補注〕先謙曰軾史記作式是子孫謂小吏來歸謁〔補注〕先謙曰謂官本作爲古謂爲通用史記作爲萬石君必朝服見之不名子孫有過失不誚讓爲便坐師古曰便坐於便側之處非正室也對案不食然後諸子相責因長老肉袒固謝罪改之迺許子孫勝冠者在側雖燕必冠申申如也師古曰申申整勑之貌〔補注〕王先惠曰顏說誤論語申申如也皇疏申申心和也集解引馬注申申和舒之貌也不訓謹敕此與下文訢訢同意而與唯謹反對言和而有節也史記燕下有居字僮僕訢訢如也晉灼曰許慎云古欣字也師古曰晉說非也此訢讀與誾誾同謹敬之貌也音牛巾反〔補注〕周壽昌曰顏說非也宜如晉訓作欣言僮僕皆有欣欣自得之色乃形容其善化人也若如顏訓作謹敬則下何必加唯謹二字乎先謙曰周說是唯謹師古曰唯以謹敬爲先上時賜食於家必稽首俯伏而食如在上前其執喪哀戚甚師古曰執喪猶言持喪服也禮記曰執親之喪子孫遵教亦如之萬石君家以孝謹聞乎郡國雖齊魯諸儒質行皆自以爲不及也師古曰質重也〔補注〕王文彬曰論語文勝質則野皇疏質實也言齊魯尚實行猶自以爲不及萬石君家下文言儒者文多質少兩質字義同

顏說未安建元二年郎中令王臧以文學獲罪皇太后張晏曰竇太后太后以爲儒者文多質少今萬石君家不言而躬行迺以長子建爲郎中令少子慶爲內史建老白首萬石君尚無恙師古曰恙憂病每五日洗沐歸謁親文穎曰郎官五日一下〔補注〕劉奉世曰建爲郎中令慶爲內史非郎官也按霍光秉政亦休沐然則漢公卿以下皆有休沐也入子舍師古曰入諸子舍自其所居也若今言諸房矣〔補注〕沈欽韓曰禮命士以上父子異宮子侍親有退坐之處太子坐東廂視膳卽于舍也上文云謂親則在親所非私室矣顏說非先謙曰官本注舍上有親字竊問侍者取親中帬廁牏身自澣洒服虔曰親身之衣也蘇林曰牏音投賈逵解周官云牏行清也孟康曰廁行清牏中受糞函者也東南人謂鑿木空中如曹謂之牏晉灼曰今世謂反門小袖衫爲侯牏師古曰親謂父也中帬若今言中衣也廁牏者近身之小衫若今汗衫也蘇音晉說是矣酒音先禮反〔補注〕沈欽韓曰孟康謂牏爲受糞函是也說文牏築牆短版蓋糞函以短版爲之若云牏爲小衫何故言廁晉謂反閉小袖衫爲侯牏按釋名反閉襦之小者也卻向著之領含於項反於背後閉其襟也[illegible]又云齊人謂如衫而小袖曰侯頭[illegible]矣是反閉侯頭本是二物又不作牏聲同而義別晉說非李慈銘曰清郎今圖字曹當作槽牏當作衾淮南注衾空也先謙曰集解引牏中受糞函者也作衾行中受糞者也下牏亦作衾反門作反

閉是侯牏古作侯窬下有廁此最廁近身之衣也九字先謙案說文帬下裳也古者裳亦得通稱衣[illegible]故顏釋中帬爲中衣釋名中衣言在小衣之外大衣之中也是中衣非近身褻服矣疑釋名誤也古書中衷通作說文衷裏褻衣從衣中聲春秋傳皆衷其衵服蕭該漢書音義引字林褻衷衣也是近身服之乃謂之中衣非在大衣之中小衣之外也中帬者近身下裳今有襠之袴俗謂之小衣者是矣廁牏集解引徐廣曰牏築牆短版也廁牏謂廁牆垣牆建隱於其側浣滌也一讀牏爲竇言建又自洗蕩廁竇廁竇瀉除穢惡之穴也先謙案洗駮音說是矣據說文云牏爲築牆短版[illegible]無行清及受糞函之義郎以版爲糞函亦何取於築牆之版徐謂隱於廁牆既非牏字本訓且廁牏上更須加文以成義若廁竇之說尤不可通班氏贊云石建澣衣初未旁及他穢褻之物則諸家之說皆非也廁訓爲側[illegible]牏當一作窬徐讀爲竇[illegible]一切經音義九引三蒼云窬門邊小竇也禮儒行注圭窬門旁窬也穿牆爲之如圭矣禮月令穿竇窖注入地隋曰竇方曰窖廣韻竇水竇也然則窬當是傍室中門牆穿穴入地空中以出水者建取親中帬隱身側近窬邊自澣洒之耳故下文云不敢令萬石君知也**復與侍者不敢令萬石君知之㠯爲常建奏事於上前即有可言屏人乃言極切**師古曰有可言謂有事當奏諫〔補注〕先謙曰史記乃言作恣言灌夫傳分別言田竇事恣其一端**至廷見如不能言者**師古曰廷見謂當朝而見時**上㠯是親而禮之萬石君徙居陵里**師古曰茂陵邑中之里〔補注〕劉攽曰長安中自有里名陵非茂陵里也**內史慶醉歸入外門不下車萬石君聞之不食慶恐肉袒謝請罪不許**〔補注〕先謙曰史記無謝字**舉宗及兄建肉袒萬石君讓曰**師古曰讓責也**內史貴人入閭里里中長老皆走匿而內史坐車中自如固當**師古曰此深責之也言內史貴人正固當尒〔補注〕先謙曰顧炎武云反言之也言貴而驕人當如此乎顏注未是先謙案反言之是也而云當如此乎則非固當語意顏注未嘗不是**迺謝罷慶**師古曰告令去**慶及諸子入里門趨至家萬石君元朔五年卒**〔補注〕齊召南曰按前文云高祖東擊項籍過河內時奮年十五爲小吏則漢之二年也至元朔五年凡八十五載萬石君蓋一百歲建以哀毀歲餘卒蓋亦八十歲矣洪亮吉曰奮卒時年九十六先謙曰洪說是**建哭泣哀思杖迺能行歲餘建亦死諸子孫咸孝然建最甚甚於萬石君建爲郎中令奏事下**師古曰建有所奏上而被報下也下音胡亞反**建讀之驚恐曰書馬者與尾而五**服虔曰作馬字下曲者而五建時上書誤作四師古曰馬字下曲者爲尾并四點爲四足凡五**今迺四不足一獲譴死矣**〔補注〕先謙曰獲譴史記作上譴下有甚惶恐三

字**其爲謹慎雖他皆如是慶爲太僕**〔補注〕周壽昌曰公卿表不載**御出**師古曰爲上御車而出**上問車中幾馬慶㠯策數馬畢舉手曰六馬慶於兄弟最爲簡易矣然猶如此出爲齊相齊國慕其家行不治而齊國大治**師古曰不治言無所治罰〔補注〕王文彬曰不治猶言無爲先謙曰史記作不言**爲立石相祠**〔補注〕周壽昌曰後世生祠之始**元狩元年上立太子選羣臣可傅者慶自沛守爲太子太傅七歲遷御史大夫**〔補注〕先謙曰官本引宋本七作十案慶元鼎二年爲御史大夫通七歲作十者誤也**元鼎五年丞相趙周坐酎金免制詔御史萬石君先帝尊之子孫至孝其㠯御史大夫慶爲丞相封牧丘侯是時漢方南誅兩越東擊朝鮮北逐匈奴西伐大宛中國多事天子巡狩海內修古神祠封禪興禮樂公家用少桑弘羊等致利王温舒之屬峻法兒寬等推文學九卿更進用事**師古曰更互也音工衡反〔補注〕齊召南曰案史記作兒寬等推文學至九卿則九卿屬上句讀漢書既刪去至字則九卿屬下句讀言當時九卿更互用事不倚丞相也**事不關決於慶**〔補注〕先謙曰關通白也**慶醇謹而已**師古曰醇專厚也音純**在位九歲無能有所匡言嘗欲請治上近臣所忠九卿咸宣**服虔曰咸音減損之減師古曰治所忠及咸宣二人〔補注〕先謙曰官本三作二是忠見郊祀志司馬相如諸傳宣見酷吏傳**不能服反受其過贖罪元封四年關東流民二百萬口無名數者四十萬**師古曰名數若今戶籍**公卿議欲請徙流民於邊㠯適之**師古曰適讀曰讁**上㠯爲慶老謹不能與其議**師古曰與讀曰豫〔補注〕先謙曰特原之以其議不合事理非慶所能爲也**乃賜丞相告歸而案御史大夫㠯下議爲請者慶慙不任職上書曰臣幸得待罪丞相疲駑無㠯輔治城郭倉庫空虛民多流亡罪當伏斧質上不忍致法願歸丞相侯印乞骸骨歸避賢者路上報曰間者河水滔陸**晉灼曰滔漫也師古曰高平曰陸漫音莫干反**泛濫十餘郡隄防勤勞弗能陻塞**師古曰陻塡也音因**朕甚憂之是故巡方州**張晏曰四方之州也師古曰東方諸州〔補注〕劉奉世曰後有濟淮江則不特東方州也宋祁曰注諸州州字當作侯**禮嵩嶽通八神㠯合宣房**孟康曰八神郊祀志八神也於宣房宮合祀之師古曰此說非也自言致禮中嶽通敬八神耳合宣房者於宣

房塞決河也事見溝洫志濟淮江歷山濱海師古曰濱海者循海涯而行也濱音賓又音頻問百年民所疾苦惟吏多私徵求無已師古曰惟思也已止也去者便居者擾故爲流民法㠯禁重賦師古曰言百姓去其本土者則免於吏徵求在舊居者則見煩擾故朝廷特爲流人設法又禁吏之重賦也一曰去者謂吏出使而侵擾居人㠯自便也〔補注〕劉攽曰是時設此法流民若干吏坐其罪所以禁重賦也劉敞曰此言以流民多少課吏殿最所以禁吏重賦乃者封泰山皇天嘉況神物竝見師古曰況賜也見顯示也朕方答氣應未能承意師古曰言自修整以報瑞應恐未承順上天之意〔補注〕錢大昭曰氣閩本作瑞先謙曰天見神物是以瑞氣相應故曰氣應地理志風雨時節有和氣之應是㠯切比閭里知吏姦邪師古曰比校考也音頻寐反〔補注〕劉奉世曰比近也此言因巡守經過閭里與民切近始得知吏姦故下又言因已委任有司之過故官曠民愁盜賊公行也委任有司然則官曠民愁盜賊公行師古曰曠空也人不舉職是空其官〔補注〕先謙曰然則猶然而言朕意委任有司然而官曠民愁至於盜賊公行也古者則與而同義說見王引之經傳釋詞文選鄒陽上吳王書然則計議不得雖諸賁不能安其位亦明矣本書鄒陽傳然則作然而燕策然而王何不使布衣之人以窮齊之說說秦史記蘇秦傳然而作然則是然而與然則同義也往年覲明堂赦殊死無禁錮咸自新

輿更始今流民愈多計文不改蘇林曰校戶口文書不改減也如淳曰郡上計文書自文飾不改正也師古曰如說是君不纚責長吏而請㠯輿徙四十萬口〔補注〕劉奉世曰典讀如軍典搖蕩百姓師古曰蕩動也孤兒幼年未滿十歲無罪而坐率服虔曰率坐刑法也如淳曰率家長也師古曰幼年無罪坐爲父兄所率而幷徙如說近之〔補注〕王文彬曰孟子變其彀率陸注率法也言無罪而坐以適徙之法服說近之特不當言刑耳先謙曰注文率上當有坐字朕失望焉今君上書言倉庫城郭不充實民多貧盜賊眾請入粟爲庶人服虔曰慶自已居相位不能理請入粟贖己罪退爲庶人夫懷知民貧而請益賦師古曰懷此志〔補注〕先謙曰志官本作心引宋祁云浙本注此心字下有也字動危之而辭位師古曰搖動百姓使其危急而自欲去位欲安歸難乎師古曰㠯此危難之事欲歸之何人君其反室師古曰若此自謂理當然者可還家〔補注〕王先慎曰猶言歸休矣顏說贅慶素質見詔報反室自㠯爲得許欲上印綬掾史㠯爲見責甚深而終㠯反室者醜惡之辭也或勸慶宜引決師古曰令自殺慶甚懼不知所出遂復起視事慶爲丞相文深審謹無他大略後三歲餘薨謚曰恬侯中子德

慶愛之上㠯德嗣後爲太常坐法免國除〔補注〕先謙曰公卿表坐廟牲瘦入穀贖論恩澤侯表坐失法罔上祠不如令完爲城旦慶方爲丞相時諸子孫爲小吏至二千石者十三人〔補注〕先謙曰至上史記有吏字及慶死後稍㠯罪去孝謹衰矣

衛綰代大陵人也〔補注〕錢大昕曰地理志大陵縣屬太原不屬代郡漢初以山南太原之地屬代國故繫大陵於代先謙曰文三王傳太原王參徙爲代王復幷得太原卽其時也㠯戲車爲郎事文帝服虔曰力士能扶戲車也應劭曰能左右超乘師古曰二說皆非也戲車若今之弄車之技〔補注〕沈欽韓曰鹽鐵論除狹篇賢良曰今吏道壅而不選戲車鼎躍咸出補吏西京賦建戲車樹修旃御覽五百六十六架元帝纂要百戲起於秦漢戲車見李尤平樂觀賦通典樂六舞輪伎蓋今之戲車輪者功次遷中郎將醇謹無宅師古曰無宅餘志念也〔補注〕王先慎曰謂無宅材能也與下文無宅賜義別顏說非孝景爲太子時召上左右飲而綰稱病不行張晏曰恐文帝謂豫有二心事太子文帝且崩時屬孝景曰綰長者善遇之及景帝立歲餘不孰何綰服虔曰不問也李奇曰孰誰也何呵也師古曰何問也不誰何者猶言不借問耳〔補注〕劉奉世曰誰何漢之通語不須解爲借問先謙曰官本考證云史記作不譙呵綰疑譙呵是誰何之譌綰日㠯謹力師古曰自勉力爲謹慎日日益甚〔補注〕先謙曰詩烝民威儀是力鄭箋力猶勤也本書司馬遷王莽傳注竝同謹力猶言勤謹顏說非景帝幸

上林詔中郎將參乘還而問曰君知所㠯得驂乘乎師古曰言何以得參乘〔補注〕先謙曰驂官本作參是史記同綰曰臣代戲車士〔補注〕先謙曰史記作臣從車士從字貫下爲句幸得功次遷待罪中郎將不知也上問曰吾爲太子時召君君不肯來何也師古曰言以此特識之對曰死罪病〔補注〕周壽昌曰史記作死罪實病言當日不來固死罪實亦病耳實字似不可去上賜之劍綰曰先帝賜臣劍凡六不敢奉詔上曰劍人之所施易獨至今乎如淳曰施讀曰移言劍者人所好故多數移易貿換之也師古曰施讀曰貤貤延也音弋豉反〔補注〕沈欽韓曰施讀如字言劍服用所施故常易也先謙曰古人佩劍乃常施而常易者施讀如字於義爲備不勞改讀沈說是也綰曰具在上使取六劍劍常盛未嘗服也師古曰盛謂在削室之中也盛音成削音先召反〔補注〕周壽昌曰劍在削室不待言盛謂什襲藏之以敬君賜也先謙曰周說是此常盛涉下常字而誤史記作尚盛是也郎官有譴常蒙其罪師古曰蒙謂覆蔽之不與它將爭有功常讓它將上㠯爲廉忠實無宅腸師古曰心腸之內無他惡〔補注〕宋祁云一本宅作心先謙曰有功能讓是其廉也召欱不行賜劍不作

服是忠實也無它腸言一心事主耳乃拜綰爲河閒王太傅補注先謙曰傅景帝子德吳楚反詔綰爲將將河閒兵擊吳楚有功拜爲中尉補注先謙曰公卿表在孝景三年三歲㠯軍功封綰爲建陵侯明年補注先謙曰按表綰以六年四月封距擊吳楚二歲而廢太子在四年則明年者擊吳楚之明年也上廢太子誅栗卿之屬師古曰太子廢爲臨江王故誅其外家親屬補注先謙曰集解引蘇林曰栗太子舅也如淳曰栗氏親屬也卿其名也上㠯綰爲長者不忍補注周壽昌曰中尉掌徼循京師綰任此官帝恐其長者不忍盡力治捕也乃賜綰告歸而使郅都治捕栗氏既已上立膠東王爲太子召綰拜爲太子太傅遷爲御史大夫五歲代桃侯舍爲丞相師古曰劉舍補注先謙曰公卿表中三年下書綰爲御史大夫四年遷後元年下書綰爲丞相實四歲五字當正作四朝奏事如職所奏師古曰言守職分而已補注先謙曰謂但舉例行事奏之然自初官㠯至相終無可言師古曰不能有所興建及廢罷補注周壽昌曰武紀建元元年丞相綰奏所舉賢良或治申商韓非蘇秦張儀之言亂國政請皆罷奏可武帝承文景尚黃老之後獨能尊儒向學得董仲舒諸人皆綰言導之僅附見於紀而傳不載先謙曰無可言謂無可訾議也上㠯爲敦厚可相少主尊寵之賞賜甚多爲

前漢四十六　七

丞相三歲景帝崩武帝立建元中補注周壽昌曰據武紀公卿表竇嬰傳中字當正作初丞相㠯景帝病時諸官囚多坐不辜者而君不任職師古曰天子不親政則丞相當理之而綰不申其冤補注先謙曰君字蓋詔書稱之史駮文免之補注先謙曰據竇嬰傳稱病以免也後薨補注先謙曰據表推之薨在元光四年諡曰哀侯子信嗣坐酎金國除

直不疑南陽人也爲郎事文帝其同舍有告歸誤持其同舍郎金去補注先謙曰官本持上有將字已而同舍郎覺亡意不疑師古曰謂其盜取補注先謙曰官本注諡作疑是史記同舍郎作金主亡作妄屬下文讀是也言覺義已備言覺亡轉不成義疑本作妄轉寫誤脫其半耳不疑謝有之師古曰告云實取補注宋祁曰別本無謝字買金償後告歸者至而歸金亡金郎大慙㠯此稱爲長者稍遷至中大夫補注錢大昕曰公卿表景帝中六年中大夫令直不疑更爲衞尉此傳脫令字中大夫令本衞尉也景帝初改後復先謙曰錢說非也據史記稍遷上有文帝稱舉四字是文帝時遷官不得據景帝中六年之中大夫令實之郎比三百石四百石至六百石中大夫比二千石皆無員由郎稍遷合是中大夫不應遽躐九卿也朝廷見人或毀不疑師古曰當於闕廷大朝見之時而人毀之補注劉攽曰朝廷見人謂達官也先謙曰見顯也見人猶言顯者劉說是也曰不疑狀貌甚美然特毋柰其善盜嫂何也師古曰盜謂私之不疑聞曰我乃無兄然終不自明也吳楚反時不疑㠯二千石將擊之景帝後元年拜爲御史大夫補注錢大昭曰據表由衞尉遷天子修吳楚時功封不疑爲塞侯師古曰塞音先代反補注先謙曰正義古塞國今陝州桃林縣以西至潼關皆桃林塞地也武帝即位與丞相綰俱㠯過免不疑學老子言其所臨爲官如故補注先謙曰如前任者所爲非有大利害不輕改變也唯恐人之知其爲吏迹也不好立名稱爲長者薨諡曰信侯傳子至孫彭祖坐酎金國除補注齊召南曰史記不疑子相如相如子望坐酎金失侯而本書功臣表作侯堅坐酎金免望堅兩字相似未知孰正但俱不云名彭祖也

周仁補注先謙曰史記作周文其字也其先任城人也㠯醫見師古曰見於天子景帝爲太子時爲舍人積功遷至太中大夫景帝初立拜仁爲郎中令仁爲人陰重不泄服虔曰質重不泄人之陰謀也張晏曰陰重不泄下溼故溺袴是㠯得比宦者得入後宮也仁有子孫先未得此疾時所生也師古曰服張二說皆非也陰密也爲性密重不泄人言也霍去病少言不泄亦其類也常衣弊

前漢四十六　八

補衣溺袴期爲不潔清師古曰故爲不絜清之事而弊敗其衣服也溺讀曰尿尿袴者爲小袴㠯藉其尿補注劉奉世曰袴非小袴能藉則近絜矣此常袴溺其上不洗濯之以其不潔之故人惡遠之乃得至後宮也何焯曰爲郎中令侍中不敢溺乃爲小袴以藉慎之至也王文彬曰急就篇襜褕袷複褶袴褌顏注袴合襠謂之褌廣雅褌無襠者謂之褋據此則袴必有襠此溺袴蓋於大袴之中別爲小袴以承溺者顏說是也方言大袴謂之倒頓小袴謂之被衲御覽六百九十五引魏舊事暢平善裁衿以官綿百四作小袴百被蓋以死製小故日故仁爲人懶惰不檢故常如此非至帝所始然何謂爲愼之至失之李慈銘曰溺本禹貢溺水既西之溺字借爲沇休之休字音奴歷切又借爲便尿之尿字音奴弔切說文尾部尿人小便也從尾水會意今禹貢水名皆借用弱字而休尿二字用者尟也清同淨本字當作瀞先謙曰官本作故爲不絜清引宋祁云越本作期爲不絜清㠯是得幸入臥內補注王文彬曰以是承上文陰重不泄言帝知其人愼密故得幸入臥內也至敝衣溺袴云云牽連及之非得幸之由如劉說是入內供奉者必皆不潔矣因不特潔而得幸理之所無且劉旣云人惡遠之又何以得至後宮乎於後宮祕戲補注先謙曰於上史記有景帝二字是也此奪仁常在旁終無所言師古曰是不泄也上時問人師古曰問以他人之善惡補注先謙曰下云然亦無所毀則上自察之爲無所推薦而此問人乃是以其人之材賢爲問也如顏說則然亦無所毀爲贅文矣仁曰上自察之然亦無所毀如此師古曰雖知其惡不欲言毀之故云上自察之補注先謙曰史記如此作以此

屬下讀與上文以是複班改如此爲優景帝再自幸其家家徙陽陵上所賜甚多然終常讓不敢受也補注先謙曰史記無終字疑此終字涉下文而衍諸侯羣臣賂遺終無所受武帝立爲先帝臣重之師古曰重謂敬難之補注王先慎曰重雖有敬難二義此特言以先帝臣敬之耳重字當訓敬不必牽涉下文仁乃病免並訓爲難也先謙曰官本注之作也仁乃病免以二千石祿歸老子孫咸至大官

張歐字叔孟康曰歐音驅補注先謙曰官本考證云音驅則各本作歐誤也案史記作歐集解音於友反師古用孟音高祖功臣安丘侯說少子也師古曰說讀曰悅補注先謙曰史記少子作庶子歐孝文時以治刑名侍太子師古曰劉向別錄云申子學號曰刑名刑名者循名以責實其尊君卑臣崇上抑下合於六經說者云刑刑家名名家也即太史公所論六家之一也此說非補注劉攽曰予謂刑名者即并學兩家術耳沈欽韓曰趙策蘇子謂秦王曰刑名之家皆曰白馬非馬孔叢子公孫龍好刑名以白馬爲非白馬尹文子名以檢形形以定名名者名形者也形者應名者也然形非正名也名非正形也則形之與名居然別矣不可相亂亦不可相無令萬物具存不以名正之則亂萬名具列不以形應之則乖故曰形名不可不正也此刑名當爲形名也管韓說苑等書凡形名皆爲刑字荀子彊國篇愛利則形韓詩外傳六作刑是其證也史遷云法家嚴而少恩名家使人儉而善失眞藝文志申商之徒爲法家尹文公孫龍等爲名家二家相去絕遠漢亦以法家爲刑名鼂錯學刑名於張恢生者是也張歐所治則公孫龍之刑名也先謙曰沈說極斷但歐所治非公孫龍之刑名即鼂錯所治之刑名故下云然其人長者若是治名家之學則然字爲贅文矣又歷言其不言按人具獄涕泣以明長者之實見歐治刑名然其人不刻深故可嘉也下文然其人長者史記作然歐雖治刑名家其人長者重言以見意語尤明晳官本注一作二是然其人長者景帝時尊重常爲九卿至武帝元朔中代韓安國爲御史大夫補注錢大昕曰公卿表歐代安國爲御史大夫在元光四年非元朔也任御史大夫五年以老請退則在元朔中耳表於景帝五年書安邱侯張歐爲奉常據傳歐爲安邱侯說少子未嘗嗣侯此表之誤也又表於景帝元年有廷尉歐不書姓疑亦張歐也先謙曰表孝武建元元年下書中尉張歐九年遷元光四年下書中尉張歐代安國是其名歐毆得互寫也歐爲吏未嘗言按人剸以誠長者處官師古曰剸與專同又音之兗反官屬以爲長者亦不敢大欺上具獄事有可卻卻之師古曰退令更平番之補注宋祁云注文舊本番作幡先謙曰案若今言平反也不可者不得已爲涕泣面而封之如淳曰不正視若不見者也晉灼曰面對囚讀而封之使其闚見死而無恨也師古曰二說皆非也面謂偝之也言不忍視之與呂馬童面之同義補注沈欽韓曰史記作面對而封之按面囚封上其奏使知當死必面封者恐囚有冤也周禮小司寇讀書則用法鄭司農云若今時讀鞫已乃論之唐書百官志大理寺丞徒以上四則呼與家屬告罪問其服否晉說是周壽昌曰據晉注則似本文元有對字奪去也其愛人如此老篤請免天子亦寵以上大夫祿歸老于家家陽陵子孫咸至大官

贊曰仲尼有言君子欲訥於言而敏於行師古曰論語載孔子之言也訥遲也敏疾也其萬石君建陵侯塞侯張叔之謂與師古曰與讀曰歟補注先謙曰史記止贊三人不及塞侯後云塞侯微巧而周文處諂君子譏之爲其近於佞也然斯可謂篤行君子矣案塞侯受誣不自明君子以爲非直道故不取之是以其教不肅而成不嚴而治至石建之澣衣周仁爲垢汙君子譏之補注先謙曰石建澣衣自是孝道君子譏之蓋以爲非大臣之體

萬石衞直周張傳第十六 終

漢　蘭　臺　令　史班　固　撰

唐正議大夫行祕書少監琅邪縣開國子顏師古　注

賜進士出身前翰林院編修國子監祭酒加三級臣王先謙補注

孝文皇帝四男竇皇后生孝景帝梁孝王武諸姬生代孝王參梁懷王揖（師古曰不得其姓氏故曰諸姬言在諸姬之列者也解在高五王傳）

梁孝王武以孝文二年與太原王參梁王揖同日立（補注）先謙曰史漢表云二月乙卯武爲代王（補注）先謙曰史表都中都四年徙爲淮陽王（補注）先謙曰四年者文帝四年本表云三年徙淮陽十二年徙梁自初王通歷已十一年矣（師古曰總數其爲王之年）孝王十四年入朝十七年十八年比年入朝留（師古曰比頻也留謂留在京師（補注）先謙曰十八年留也據史表七年八年十年入朝傳不言者自王梁後數之）其明年乃之國二十一年入朝二十二年文帝崩二十四年入朝二十五年復入朝是時上未置太子與孝王宴飲從容言曰（師古曰從音千容反）千秋萬歲後傳於王王辭謝雖知非至言然心內喜太后亦然（補注）先謙曰事又見竇嬰傳至誠直也其春吳楚齊趙七國反（補注）先謙曰四齊合吳楚趙爲七國先擊梁棘壁（文穎曰地名（補注）先謙曰詳吳王濞傳）殺數萬人梁王城守睢陽（師古曰據睢陽城而自守（補注）先謙曰城謂增築之顏說非）而使韓安國張羽等爲將軍以距吳楚（補注）周壽昌曰梁孝王時人材頗多汲黯傳中傳伯應劭注梁人爲孝王將素抗直儒林傳丁寬爲梁孝王將軍距吳楚號丁將軍皆在此役者也吳楚以梁爲限不敢過而西與太尉亞夫等相距三月吳楚破而梁所殺虜略與漢中分（孟康曰梁所虜吳楚之捷略與漢同（補注）王先慎曰廣雅釋詁略取也左宣十五年傳以略狄土注成十二年傳略其武夫注並同史記貨殖傳秦破趙遷卓氏卓氏見虜略獨夫妻推輦行詣遷處魏志呂布傳注引英雄記呂布與暹黯奉韓二軍向壽春水陸並進所過虜略到鍾離大獲而還是皆虜略連文孟康以略字屬下文非也梁所殺虜略者謂梁所殺吳楚之士卒虜吳楚之生口略吳楚之財產與漢相當耳史記世家作梁所破殺虜略與漢中分則句讀益明裴駰彼注又引孟注立訓疏矣）明年漢立太子梁最親有功又爲大國居天下膏腴地北界泰山西至高陽（蘇林曰陳留北縣（補注）齊召南曰高陽鄉聚名非縣也酈食其傳陳留高陽人又云諸將徇地過高陽者數十人卽此高陽矣先謙曰集解徐廣云在陳留圉縣司馬彪云圉有高陽亭也）四十餘城多大縣孝王太后少子愛之賞賜不可勝道（師古曰道謂言（補注）宋祁曰當於言下添也字）於是孝王築東苑方三百餘里（補注）先謙曰索隱蓋言其奢非實辭正義括地志云兔園在宋州宋城縣東南十里西京雜記云梁孝王苑中有落猿巖棲龍岫雁池鶴洲鳧島諸宮觀相連奇果佳樹瑰禽異獸靡不畢備俗人言梁孝王竹園也廣睢陽城七十里（師古曰更廣大之也晉太康地記云城方十三里梁孝王築之鼓倡節杵而後下和之者稱睢陽曲今踵以爲故今之樂家睢陽曲是其遺音（補注）先謙曰索隱引蘇林云廣其徑也）大治宮室爲復道自宮連屬於平臺三十餘里（如淳曰平臺在大梁東北離宮所在也晉灼曰或說在城中東北角師古曰今其城東二十里所有故臺基其處寬博土俗云平臺也復音方目反（補注）沈欽韓曰任昉述異記梁孝王平臺至今存有蒹葭洲鳧藻洲梳洗潭元和志平臺在宋州虞城縣西四十里商邱縣志縣東北十七里有平臺集接虞城界先謙曰史記作五十餘里）得賜天子旌旗從千乘萬騎出稱警入言趩（師古曰警者戒肅也趩止行人也言出入者互文耳出亦有趩漢儀注皇帝輦動左右侍帷幄者稱警出殿則傳蹕止人清道也（補注）沈欽韓曰若後世之鳴鞭喝探也詳見唐書輿衛宋史儀衛諸志先謙曰史記作出言趩入言警）儗於天子（師古曰儗比也音擬（補注）先謙曰景帝聞不善王得韓安國爲解詳安國傳）招延四方豪桀自山東游士莫不至齊人羊勝公孫詭鄒陽之屬（師古曰言皆游梁）公孫詭多奇邪計（補注）先謙曰索隱周禮有奇衺之人鄭玄云奇衺譎怪非常也初見王賜千金官至中尉號曰公孫將軍多作兵弩弓數十萬而府庫金錢且百鉅萬（師古曰鉅萬百萬也有百萬者言凡百也（補注）先謙曰官本十作千引宋祁曰千萬一作十又官本注有作且是案史記云多作兵器弩弓矛數十萬索隱引如淳云巨亦大與大百萬同也韋昭云大百萬今萬萬）珠玉寶器多於京師二十九年十月孝王入朝景帝使使持乘輿駟迎梁王於關下（鄧展曰但持駟馬往也臣瓚曰稱乘輿駟則車馬皆往言四不駕六馬耳天子副車駕四馬師古曰輿卽車也瓚說是（補注）先謙曰史記作使使持節乘輿駟馬文義較明官本注四並作駟是）旣朝上疏因留以太后故入則侍帝同輦出則同車遊獵上林中梁之侍中郞謁者（補注）先謙曰百官表諸侯王有謁者郞著引籍出入天子殿門（師古曰著音竹略反（補注）先謙曰史記作著籍引出入天子殿門是也著籍猶言通籍言以梁王侍臣姓名著於門籍引之出入殿門無門籍不得擅出入竇嬰傳太后除嬰門籍不得朝請）

是其證此籍字誤倒在引下耳與漢宦官亡異十一月上廢栗太子太后心欲以梁王爲嗣大臣及爰盎等有所關說於帝補注王先慎曰索隱袁盎云漢家法周道立子是有所關涉之說於帝也一云關者隔也引事而關隔其說不得行也案小司馬二說皆非也關通也禮曾子問注關中言之儀禮喪服傳注關已許嫁疏皆訓爲通關說卽通說通說於景帝猶言進言於帝耳本書佞幸傳公卿皆因關說師古注關說者言由之而納說亦如行者之有關津立訓拘曲史記佞幸傳索隱注曰關通也其說是矣本書霍光傳諸事皆先關白光然後奏御吳志呂範傳範必關白不敢專許關白卽通白與關說義同先謙曰官本考證按褚先生具言其事見梁孝王世家後太后議格服虔曰格音格閣張晏曰止也蘇林曰音閣師古曰蘇音張說是補注錢大昭曰格音格閣閣本作格者格閣也先謙曰集解如淳曰鼓閣不得下索隱引服虔云格謂格閣不行與此異疑索隱誤也孝王不敢復言太后以嗣事師古曰不敢更以此事言於太后補注先謙曰史記太后議帝下作亦遂不敢復言以梁王爲嗣事與本書義異事祕世莫知迺辭歸國其夏上立膠東王爲太子梁王怨爰盎及議臣迺與羊勝公孫詭之屬謀陰使人刺殺爰盎及他議臣十餘人賊未得也於是天子意梁師古曰意疑也逐賊果梁使之遺使冠蓋相望於道覆

案梁事捕公孫詭羊勝皆匿王後宮使者責二千石急梁相軒丘豹師古曰姓軒丘名豹補注錢大昭曰楚文王庶子食采於軒丘因以爲氏見廣韻及內史安國師古曰卽韓安國補注先謙曰官本無卽字皆泣諫王王迺令勝詭皆自殺出之上由此怨望於梁王師古曰望謂責而怨之梁王恐使韓安國因長公主謝罪太后然後得釋補注先謙曰案此與鄒陽傳合互證安國傳梁事兩次皆安國因長公主入言得釋或疑此文爲誤非也上文稱內史安國此不當有韓字明是衍文上怒稍解因上書請朝補注先謙曰史表三十一年來朝既至關茅蘭說王服虔曰茅蘭孝王大夫也使乘布車張晏曰布車降服自比喪人也補注王文彬曰張說非也後漢禮儀志大喪諸侯王車皆去輔幡疏布惡輪是喪禮原有布車之制然太后尙存而謂王藉布車自比喪人決非當日情事此蓋不欲人知特用布車私入耳從兩騎入匿於長公主園漢使迎王王已入關車騎盡居外外不知王處補注先謙曰史記不重外字是也車騎居外不知王處文義自顯若云關外人皆不知王處則不當獨著一外字蓋衍文太后泣曰帝殺吾子弟憂恐補注錢大昭曰弟南監本閩本作帝史記作景帝先謙曰官本作帝是於是梁王伏斧質之闕下謝罪然後太后帝皆大

喜相與泣復如故悉召王從官入關然帝益疏王不與同車輦矣三十五年冬復入朝補注先謙曰景帝中六年上疏欲留上弗許歸國意忽忽不樂北獵梁山補注先謙曰梁山史記作良山索隱引述征記云良山際清水今壽張縣南有良山服虔云是此山也案正義括地志云梁山在鄆州壽張縣南三十五里卽獵處也案唐之壽張前漢之壽良縣屬東郡今泰安府東平州西南梁山在州西南五十里高紀十一年立子恢爲梁王罷東郡頗益梁疑以故郡之良山改名梁山或光武諱叔父名改壽良爲壽張此良山時人遂併改梁山耳有獻牛足上出背上孝王惡之六月中病熱六日薨張晏曰足當處下所以輔身也今出背上象孝王背朝而干上也北者陰也又在梁山明爲梁也牛者丑之畜衝在六月北方數六故六月六日王薨也補注劉攽曰此謂得熱疾六日而後薨耳豈謂六月六日哉太迂先謙曰史記足下無上字索隱云述征記碭有梁孝王之冢案六月當作五月據史漢表孝王支子四王皆以五月立則孝王薨非六月明矣孝王慈孝每聞太后病口不能食補注先謙曰史記更有居不安寢四字常欲留長安侍太后太后亦愛之及聞孝王死竇太后泣極哀不食曰帝果殺吾子帝哀懼不知所爲與長公主計之迺分梁爲五國盡立孝王男五人爲王女

五人皆令食湯沐邑奏之太后太后迺說爲帝壹餐師古曰說讀曰悅餐古飡字補注先謙曰史記壹上有加字孝王未死時財以鉅萬計不可勝數及死藏府餘黃金尙四十餘萬斤他財物稱是

代孝王參初立爲太原王四年代王武徙爲淮陽王而參徙爲代王補注先謙曰文帝四年復並得太原都晉陽如故師古曰如文帝在代時補注劉攽曰如故爲太原王時都晉陽不遷都也先謙曰劉說是也史表文帝前元年初置太原都晉陽二年初王參四年參更號爲代王實居太原又孝王世家以參爲太原王下集解引徐廣曰都晉陽正義括地志云并州太原地名大明城卽古晉陽城智伯與韓魏攻趙襄子於晉陽卽此城是也五年一朝凡三朝補注先謙曰據史表六年十年來朝凡再朝與此異十七年薨補注先謙曰表作七年據史記世家立十七年孝文後二年卒此是表誤子共王登嗣師古曰共讀曰恭二十九年薨子義嗣元鼎中漢廣關以常山爲阻師古曰依山以爲關補注先謙曰武紀元鼎三年徙函谷關於新安徙代王於清河補注先謙曰史記清河王徙以元鼎三年集解徐廣曰都清陽案清陽清河縣今廣平府清河縣東是爲剛王並前在代凡立四十年薨補注先謙曰表三十八年薨據頃王

太始三年嗣是剛王二年薨通前在代凡立三十八年表是此誤子頃王湯嗣二十四年薨【補注】先謙曰表湯作陽二十五年薨據子年地節元年嗣是頃王本始四年薨凡二十五年表是此誤子年嗣地節中冀州刺史林奏年爲太子時與女弟則私通【補注】先謙曰官本則作子引宋祁曰弟子子字當作則及年立爲王後則懷年子其壻使勿舉師古曰不養也則曰自來殺之壻怒曰爲王生子自令王家養之則送兒頃太后所師古曰頃王之后年之太后故曰頃太后相聞知禁止則令不得入宮師古曰相者王之相年使從季父往來送迎則師古曰宗室諸從也連年不絕有司奏年淫亂年坐廢爲庶人徙房陵與湯沐邑百戶立三年國除元始二年新都侯王莽興滅繼絕白太皇太后立年弟子如意爲廣宗王奉代孝王後【補注】沈欽韓曰一統志廣宗故城在廣平府威縣東莽簒位國絕

梁懷王揖【補注】齊召南曰懷王名史表及世家作勝孝文本紀作揖漢書賈誼傳作勝紀及本傳作揖李奇謂懷王有兩名理或然也先謙曰索隱據景帝子有中山靖王勝以爲史記誤臆說不足據文帝少子也好詩書【補注】先謙曰新書先醒篇載懷王與賈君問答語是其好學之證帝愛之異於他子五年一朝凡再入朝因墮馬死【補注】先謙曰據史表六年十年入朝立十年薨無子國除明年梁孝王武從王梁梁孝王子五人爲王【補注】先謙曰官本梁孝王子以下提行是也此誤連上太子買爲梁共王師古曰共讀曰恭次子明爲濟川王【補注】周壽昌曰濟川國卽陳留郡水經注引應劭曰今陳留濟陽縣也紀要濟陽縣在開封府蘭陽縣東五十里彭離爲濟東王定爲山陽王不識爲濟陰王皆目孝景中六年同日立【補注】先謙曰據表五月丙戌

梁共王買【補注】王先慎曰西京雜記梁孝王子賈之賈讀蓋下買脫字從朝年幼竇太后欲帝冠婚之帝謂王曰兒堪冠矣王頓首謝曰臣聞禮二十而冠冠而字字表德自非顯才高行安可強冠哉餘日帝又曰兒堪室矣王頓首謝曰臣聞禮三十而室賈年蒙悼未有人父之端安可強室之哉餘日賈朝至闔而遺舃帝曰兒眞幼矣白太后未可冠婚之立十年薨【補注】宋祁云越本十作七齊召南曰按諸侯王表作七年薨是也七十字相似傳寫誤耳買以孝景後元年嗣以建元五年薨是七年也先謙曰史表景帝後元年下書恭王買元年建元四年下書薨正七年齊云建元五年薨非也此宜從越本正作七子平王襄嗣

濟川王明【補注】先謙曰濟川王明以下官本提行目垣邑侯立七年坐射殺其中尉

有司請誅【補注】劉攽曰武紀坐殺太傅中傅與此不同宋祁曰垣表作桓邑先謙曰中傅是此中尉蓋因後人少見中傅而妄改說詳武紀垣史記作桓又惠景間侯者表本書諸侯王王子侯兩表皆作桓明垣字誤武帝弗忍廢爲庶人徙房陵國除【補注】先謙曰後爲陳留郡濟東王彭離立二十九年彭離驕悍師古曰悍勇也昏莫私與其奴亡命少年數十人行剽師古曰剽劫也音頻妙反殺人取財物目爲好如淳曰目是爲好喜之事也師古曰好音呼到反【補注】周壽昌曰以爲好卽以爲樂之變文所殺發覺者百餘人國皆知之莫敢夜行所殺者子上書告言有司請誅武帝弗忍廢爲庶人徙上庸國除爲大河郡【補注】沈欽韓曰地理志宣帝甘露二年爲東平國山陽哀王定立九年薨亡子國除【補注】先謙曰史記地入於漢爲山陽郡

濟陰哀王不識立一年薨亡子國除【補注】先謙曰史記地入於漢爲濟陰郡表作七年據史表二年薨此總謂立後一年耳七字誤孝王支子四王皆絕於身師古曰支子謂非正嫡也

梁平王襄【補注】先謙曰官本梁平王襄下不提行索隱云襄漢書作讓所見蓋誤本母曰陳太后共王母曰李太后李太后親平王之大母也師古曰大母祖母也共王卽李太后所生故云親祖母也而平王之后曰任后任后甚有寵於襄初孝王有罍尊應劭曰詩云酌彼金罍罍畫雲雷之象目金飾之也鄭氏曰上蓋刻爲山雲雷之象師古曰鄭說是也罍古雷字【補注】先謙曰應言畫鄭言刻故師古是鄭禮明堂位山罍夏后氏之尊也孔疏罍爲雲雷也畫爲山雲之形也是宗應說集解引鄭德曰上蓋刻爲雲雷象去山字非也直千金戒後世善寶之毋得目與人師古曰寶謂愛守也任后聞而欲得之李太后曰先王有命毋得目尊與人他物雖百鉅萬猶自恣【補注】先謙曰猶與由同任后絕欲得之【補注】先謙曰後書吳良傳注絕猶極也王襄直使人開府取尊賜任后又王及母陳太后事李太后多不順【補注】先謙曰官本李作於引宋祁曰景德本於作李有漢使者來李太后欲自言王使謁者中郎胡等遮止閉門李太后與爭門措指晉灼曰許慎云措置字借目爲笮耳師古曰音壯客反謂爲門扉所窄【補注】沈欽韓曰淮南繆稱訓猿狖之捷來措注措刺也按周禮鼈人籍魚鼈措籍字或省耳鼈莊駢獨作笮者義亦通說林又云猿狖之捷來作卽笮之省先謙曰索隱云措音迮側格反漢書王陵傳迫迮前隊皆作此字說文云迫笮也謂爲門扉所笮文案笮陵迫傳也無說訛飼誦氣先謙案一切經音義九笮猶壓也今謂以槽笮出汁也說文壓笮也通作窄釋名其受矢之器織竹曰笮相迫窄之名也孟子迫斯可也

以見矣趙注迫窄則可以見之又通作迮後書陳忠傳鄰舍比里共相壓迮注迮迫也笮指者門猝閉而指未出爲所迫壓是借措爲笮不當訓刺沈說非也考工記輪人轂小而長則柞鄭司農云柞讀爲迫唶之唶謂幅間柞狹也秋官柞氏鄭司農讀爲音聲唶唶之唶屋笮之笮是迫笮之笮音義並可從唶措與唶音相近故義亦相叚矣官本注窄作笮太后啼謼師古曰謼音火故反不得見漢使者李太后亦私與食官長及郎尹霸等姦亂王與任后曰此使人風止李太后師古曰風讀曰諷止者止其自言也李太后亦已師古曰已止也後病薨病時任后未嘗請疾張晏曰請問也薨又不侍喪補注先謙曰史記作持喪是也侍與持形近致誤元朔中睢陽人犴反師古曰犴姓反名也犴音岸補注宋祁云浙本犴反作犴友先謙曰官本考證按此文則其人姓犴名反史記作類犴反則其人姓類犴漢書脫一字耳先謙案索隱亦云反或作友人辱其父而與睢陽太守客俱出同車補注劉攽曰睢陽梁所都無太守當是淮陽劉敞曰下兩睢字當作淮錢大昕曰史記本作淮陽淮陽國景帝四年除爲郡故得置太守梁與淮陽接壤犴反殺其仇車上亡去補注先謙曰史記犴反上有太守客出下車六字但云殺其仇則是止殺與客同車之人非殺客也錢大昕以爲太守客爲睢陽人所殺誤矣殺者睢陽人而事在淮陽地故淮陽太守治之而以讓梁吏睢陽太守怒曰讓梁二千

石二千石曰下求反急執反親戚反知國陰事迺上變告梁王與大母爭尊狀時相曰下具知之欲曰傷梁長吏補注先謙曰官本吏作史引劉攽曰史作吏書聞天子下吏驗問有之公卿治奏曰爲不孝請誅王及太后師古曰陳太后天子曰首惡失道任后也朕置相吏不逮師古曰逮及也言其材知不及無曰輔王故陷不誼不忍致法削梁王五縣奪王太后湯沐成陽邑補注周壽昌曰成陽志屬濟陰郡此食邑在梁國外者也梟任后首于市中郎胡等皆伏誅梁餘尚有八城補注齊召南曰史記作削梁八城梁餘尚有十城以地理志證之梁國統八縣則此文是也錢大昕曰此說非也志所述者平帝元始之郡縣而梁平王削地乃在武帝元朔中相去百二十餘年郎以漢書本傳攷之則王立嗣位之後削地千戶及五百戶者數矣及削五縣而餘尚有八縣益知餘八城之說未可信也襄立四十年薨補注先謙曰表同襄卒於天漢四年史記作三十九年誤子頃王無傷嗣補注先謙曰官本考證云諸侯王表作貞王毋傷十一年薨子敬王定國嗣四十年薨子夷王遂嗣六年薨子荒王嘉嗣十五年薨子立嗣鴻嘉中太傅輔奏立一日至十一犯法

臣下愁苦莫敢親近不可諫止願令王非耕祠法駕毋得出宮盡出馬置外苑收兵杖藏私府補注沈欽韓曰王官有私府長先謙曰見賈山傳毋得曰金錢財物假賜人補注先謙曰假貸也事下丞相御史請許師古曰許太傅所奏奏可後數復毆傷郎師古曰毆捶擊音一口反補注宋祁云浙本注文棰擊也夜私出宮傳相連奏坐削或千戶或五百戶如是者數焉荒王女弟園子爲立舅任寶妻寶兄子昭爲立后數過寶飲食報寶曰我好翁主師古曰諸王女皆稱翁主言其父自主婚也欲得之寶曰翁主姑也法重立曰何能爲師古曰言罪不能至重也遂與園子姦積數歲永始中相禹奏立對外家怨望有惡言有司案驗因發淫亂事奏立禽獸行請誅太中大夫谷永上疏曰臣聞禮天子外屏不欲見外也師古曰屏謂當門之牆以屏蔽者也外屏於門外爲之補注王文彬曰曲禮天子當宁而立孔疏諸侯內屏在路門之內天子外屏在路門之外而近應門金鶚駮之云此言出於禮緯鄭注禮記引其說未可信也爾疋郝疏引之云天子外屏亦見淮南子金氏駮之是矣案爾雅門屏之間謂之宁乃路門外之屏在應門內曲禮正義引李巡曰門屏之間謂正門內兩塾間

名曰宁孫炎曰門內屏外人君視朝所宁立之處也孔取天子外屏寔之非矣然金郝二家謂天子無外屏則又非也禮郊特牲臺門而旅樹鄭注樹所以蔽行道孫卿子天子外屏諸侯內屏禮也外屏不欲見於外內屏不欲見於內也是天子原有外屏論語皇疏天尊遠敬外屏子當道而樹蓋外門之屏也陳祥道禮書亦云當道而設屏此外門之屏也治朝在路門之外天子當宁而立在門屏之間此路門之屏也故郝疏又云一切經音義引蒼頡篇云屏牆也是屏以土爲牆即今之照壁其說得之是故帝王之意不窺人閨門之私聽聞中冓之言應劭曰中冓材構在堂之中也晉灼曰魯詩曰爲夜也師古曰冓謂舍之交積材木也應說近之冓音工豆反補注沈欽韓曰廣雅冓夕暮夜也顏主應說不辭周壽昌曰玉篇冓夜也詩曰中冓之言中夜之言也釋文引韓詩中冓中夜淫辟之言也是韓魯詩義同毛傳中冓內冓也鄭箋內冓之言謂宮中所冓成則冓讀如構說文冓交積材也又顏所本春秋爲親者諱補注王文彬曰語本公羊閔元年傳詩云戚戚兄弟莫遠具爾師古曰小雅行葦之詩也戚戚內相親也爾近也言王之族親情無疏遠皆昵近也今梁王年少頗有狂病始曰惡言接驗既亡事實而發閨門之私非本章所指王辭又不服猥強劾立傳致難明之事師古曰傳讀曰附獨曰偏辭成皋斷獄亡益於治道汙衊宗室孟康曰衊音漫師古曰衊音秣謂塗染也曰內亂之惡補注先謙曰五字當連上爲句顏誤斷披布宣揚於天下非

所㠯爲公族隱諱增朝廷之榮華昭聖德之風化也臣愚㠯爲王少而父同產長年齒不倫梁國之富足㠯厚聘美女招致妖麗父同產亦有恥辱之心師古曰言其姑亦當自恥必不與姦案事者迺驗問惡言師古曰本所問者怨望朝廷之言耳何故猥自發舒師古曰猥曲也〔補注〕王念孫曰猥猶猝也言案事者所問乃怨望朝廷之言耳若淫亂之事問所不及何故猝自發舒也月令寒氣總至鄭注總猶猥卒也卒與猝同廣雅猥頓也頓亦猝也成十八年公羊傳疏引春秋說曰厲公猥殺四大夫言猝殺四大夫也馬融長笛賦山水猥至言猝至也王莽傳今猥被以大罪恐其遂畔言今若猝加以大罪則恐其遂畔也師古曰猥多也厚也亦失之㠯三者揆之殆非人情〔補注〕周壽昌曰年齒不倫一也富厚足聘美麗且各有恥辱之心二也案事者未及淫亂事無故自發三也疑有所迫切過誤失言文吏躡尋不得轉移萌牙之時加恩勿治上也如淳曰覆蓋之則計之上既已案驗舉憲宜及〔補注〕先謙曰言舉法者所必及王辭不服詔廷尉選上德通理之吏更審考清問著不然之效定失誤之法師古曰著明也而反命於下吏師古曰使者還反㠯清白之狀付有司也㠯廣公族附疏之德〔補注〕王文彬曰附疏即疏附之義詩予曰有疏

附傳率下親上曰疏附疏云疏者令之親於君上能使親附故曰疏附也人主篤一本之恩廣親親之誼則宗族疏遠者咸樂依附故云廣公族附疏之德爲宗室刷汙亂之恥師古曰刷謂拭刷除之也音所劣反甚得治親之誼天子由是寖而不治居數歲元延中立復㠯公事怨相掾及睢陽丞使奴殺之殺奴㠯滅口凡殺三人傷五人手毆郎吏二十餘人上書不拜奏謀篡死罪囚師古曰逆取曰篡有司請誅上不忍削立五縣哀帝建平中立復殺人天子遣廷尉賞大鴻臚由持節即訊師古曰就問也〔補注〕宋祁曰百官表廷尉方賞君賓大鴻臚畢申世叔申由必有一誤至移書傳相中尉曰王背策戒師古曰初封時策書有戒勑之言〔補注〕沈欽韓曰蔡邕獨斷天子之書一曰策書二曰制書三曰詔書四曰戒策書以命諸侯王三公戒策以戒敕刺史太守此戒策即梁王有譴當被勑敕戒者也豈謂初封時策命哉先謙曰戒策不合用於諸侯王仍以顏說爲是武五子傳策書可證此文以下方歷數其犯罪屢赦是策戒非指獲譴後被勑敕戒明矣誖嫚妄行師古曰誖乖也音布內反連犯大辟毒流吏民比比蒙恩不伏重誅師古曰比猶頻也不思改過復賊殺人幸得蒙恩丞相長史大鴻臚丞即問王陽病

抵讕置辭師古曰抵距也讕誣諱也抵音丁禮反讕音來亶反驕嫚不首主令與背畔亡異師古曰不首謂不伏其罪也主令者於法令之條與背畔無異也首音失救反次下亦同〔補注〕劉攽曰驕嫚當屬上句立使賊殺人而拒諱不服也使人殺之此是不首主令之辠也令音零先謙曰劉說上也字疑言之誤連下爲句此文王陽病抵讕句置辭驕嫚句不首主令句陽病即是抵讕謾言患病不與長史丞相見也說文讕詆讕也類篇引作抵讕也又云詆讕誣言也讕或借闌字史記孝文紀而後相謾索隱引韋昭說謾者相抵闌也並與此同義不當分疏置辭謂具供辭與下文今王當受詔置辭同主令猶言主使丞相御史請收王璽綬送陳留獄明詔加恩復遣廷尉大鴻臚雜問今王當受詔置辭恐復不首實對〔補注〕宋祁曰一本無實字書曰至于再三有不用我降爾命師古曰此周書多方篇之辭也言我教汝至于再三汝不能用則我下罰誅汝命也傅相中尉皆㠯輔正爲職虎兕出於匣龜玉毀於匱中是誰之過也師古曰此論語孔子責冉有季路之辭也言虎兕出於檻龜玉毀於櫝匱豈非典守者之過邪喻輔相人者當能持危扶顛也〔補注〕宋祁云注文浙本虎作豹檻作柙柙景德本郭去虎字蓋以師古宜避唐諱先謙曰匱官本作匱匣論語作柙柙匣匱匱古並通用說文匣匱也匱匣也匱匱也桂氏義證云魏文帝與鍾繇書鄴騎既到寶玦初至捧柙跪發五內震駭繩窮柙開爛然心目是借柙爲

匣也書到明㠯誼曉王敢復懷詐罪過益深傅相㠯下不能輔導有正法立惶恐免冠對曰立少失父母孤弱處深宮中獨與宦者婢妾居漸漬小國之俗加㠯質性下愚有不可移之姿師古曰言不從化也論語稱孔子曰唯上智與下愚不移往者傅相亦不純㠯仁誼輔翼立〔補注〕先謙曰官本翼作翌大臣皆尚苛刻刺求微密讒臣在其間左右弄口積使上下不和更相眮伺師古曰更音工衡反宮殿之裏毛氂過失亡不暴陳〔補注〕先謙曰毛氂猶後世言毫氂時俗轉寫異字耳鄒陽傳茅焦亦廑脫死如毛氂耳其義亦同當伏重誅㠯視海內師古曰視讀曰示數蒙聖恩得見貰赦師古曰貰謂寬其罪今立自知賊殺中郎曹將冬月迫促貪生畏死即詐僵仆陽病師古曰僵仆倒地也僵音薑仆音赴徼幸得踰於須臾師古曰冀得踰冬月而減罪也謹㠯實對伏須重誅師古曰須待也時冬月盡其春大赦不治元始中立坐與平帝外家中山衞氏交通新都侯王莽奏廢立爲庶人徙漢中立自殺二十七年國除後二歲莽白太皇太后

立孝王玄孫之曾孫沛郡卒史音爲梁王奉孝王後莽簒國絕

贊曰梁孝王雖以愛親故王膏腴之地師古曰太后愛子而帝親弟故曰愛親〔補注〕先謙曰史記作親愛二字不必分指太后景帝然會漢家隆盛百姓殷富故能殖其貨財廣其宮室車服然亦僭矣怙親亡厭牛禍告罰卒用憂死悲夫

文三王傳第十七 終　漢書四十七

賈誼傳第十八　漢書四十八

漢　蘭　臺　令　史班　固　撰

唐正議大夫行祕書少監琅邪縣開國子顏師古　注

賜進士出身前翰林院編修國子監祭酒加三級臣王先謙補注

賈誼洛陽人也年十八以能誦詩書屬文稱於郡中師古曰屬謂綴輯之也言其能爲文也屬音之欲反〔補注〕先謙曰史記作能誦詩屬書河南守吳公聞其秀材召置門下師古曰秀美也〔補注〕周壽昌曰書中凡秀之字曰茂避光武諱也獨此尙存秀材二字甚幸愛〔補注〕宋祁曰愛字下當有之字句綴而順先謙曰史記亦無之字文帝初立聞河南守吳公治平爲天下第一師古曰治平言其政治和平也故與李斯同邑〔補注〕周壽昌曰据此吳公是漢汝南郡上蔡人而嘗學事焉師古曰事之而從其學也徵以爲廷尉〔補注〕先謙曰公卿表在元年廷尉迺言誼年少頗通諸家之書〔補注〕先謙曰史記諸家作諸子百家文帝召以爲博士是時誼年二十餘最爲少每詔令議下師古曰謂有詔令出下及遺議事諸老先生未能言誼盡爲之對人人各如其意所出諸生於是以爲能〔補注〕先謙曰史記作諸生於是乃以爲能不及也文帝說之師古曰說讀曰悅超遷歲中至太中大夫誼以爲漢興二十餘年天下和洽宜當改正朔易服色制度〔補注〕錢大昭曰閩本制上有法字先謙曰閩本是也此後人不解法字之義而妄刪之賴有閩本猶存其眞史記亦作法制度法正也說詳鄒陽傳定官名興禮樂迺草具其儀法師古曰草謂創造之色上黃數用五爲官名悉更奏之師古曰更改也〔補注〕王念孫曰悉更奏之當依史記作悉更秦之法秦奏相似而誤又脫法字耳色上黃以下三句皆是更秦之法故言此以總之若謂奏之於上則但當言奏不當言更奏也師古所見本正作更秦之法故云更改也亦謂改秦法非謂改奏文帝謙讓未皇也師古曰皇暇也自以爲不當改制〔補注〕先謙曰史記作孝文帝初卽位謙讓未遑也則是以初卽位不暇改制非謂不當改制也然諸法令所更定及列侯就國其說皆誼發之於是天子議以誼任公卿之位絳灌東陽侯馮敬之屬盡害之師古曰絳侯周勃也灌灌嬰也東陽侯張相如也馮敬時爲御史大夫〔補注〕周壽昌曰害忌也史記燕昭王使樂毅約趙楚伐齊諸侯害齊湣王驕暴皆許之注害猶言患之也患與忌意同屈原傳上官大夫與之同列爭寵而心害其能亦謂忌其能也先謙曰公卿表孝

文二年書典客馮敬七年典客馮敬爲御史大夫此在帝初卽位時顏注誤迺毀誼曰雒陽之人年少
初學專欲擅權紛亂諸事於是天子後亦疏之不用其議以誼爲
長沙王太傅補注先謙曰傳吳芮元孫差誼旣以適去師古曰適讀曰謫其下亦同補注周壽昌曰太
中大夫秩比千石諸侯王太傅秩尙在內史中尉之上以秩而較初非左官其曰適去者以其去天子之側而官王國也先謙曰官
本讀曰謫作音謫意不自得及度湘水師古曰湘水出零陵陽海山北流入江也爲賦以弔屈
原屈原楚賢臣也被讒放逐作離騷賦師古曰離遭也憂動曰騷遭憂而作此辭補注先謙
曰史記屈原傳離騷者猶離憂也索隱引離騷序云離別也騷愁也其終篇曰已矣國亡人莫我知
也遂自投江而死誼追傷之因以自諭師古曰諭譬也其辭曰補注先謙曰文選李
善注引應劭風俗通曰賈誼與鄧通俱侍中同位數廷譏之因是文帝遷爲長沙太傅及渡湘水投弔書曰闒茸尊顯佞諛得志以
哀屈原罹讒邪之咎亦因自傷爲鄧通等所愬也先謙案誼之立言固宜有體鴟鴞闒茸必非以況絳灌諸人廷譏鄧通情事所有
應氏所傳不安也恭承嘉惠兮師古曰恭敬也嘉惠謂詔命也竢罪長沙師古曰竢古俟字俟待也仄
聞屈原兮自湛汨羅師古曰仄古側字汨水名在長沙羅縣故曰汨羅湛讀曰沈汨音莫歷反造託湘

流兮敬弔先生師古曰造至也言至湘水而因託其流也造音千到反遭世罔極兮迺隕厥
身張晏曰讒言罔極師古曰罔無也極中也無中正之道一曰極止也烏虖哀哉兮逢時不祥師古曰虖
讀曰呼補注先謙曰官本作虖音呼鸞鳳伏竄兮鴟鴞鵂翔師古曰鴟鵂怪鳥也鴞惡聲之鳥也鴟音尺
夷反鴞音于驕反鵂音休補注先謙曰史記鴞作梟官本鴟鵂作鵂鶹作翔是闒茸尊顯兮讒諛得志
師古曰闒茸下材不肖之人也闒音吐盍反茸音人勇反賢聖逆曳兮方正倒植師古曰植立也音値補注
先謙曰文選李注引胡廣云逆曳不得順道而行也倒植賢不肖顚倒而易位也謂隨夷溷兮應劭曰隨卞隨湯時
廉士湯以天下讓而不受夷伯夷也不食周粟餓于首陽之下師古曰溷濁也音胡困反謂跖蹻廉李奇曰跖秦大盜也
楚之大盜爲莊蹻師古曰跖音之石反蹻音居略反莊周云盜跖柳下惠之弟蓋寓言也補注先謙曰史記作世謂隨夷溷兮謂盜
跖廉文選作謂隨夷爲溷兮謂跖蹻爲廉李善注引李奇云跖魯之盜跖蹻楚之莊蹻與此異莫邪爲鈍兮應劭曰莫
邪吳大夫也作寶劍因以冠名補注先謙曰史記鈍作頓借字鈆刀爲銛晉灼曰世俗爲利爲銛徹師古曰音弋占反補
注先謙曰文選注引漢書音義曰銛謂利也史記集解引同官本注爲利作謂利爲謂通用字于嗟默默生之亡
故兮應劭曰默默不得意也鄧展曰言屈原無故遇此禍也師古曰生先生也補注先謙曰史記自此至獨離此咎兮字並在

上句末斡棄周鼎師古曰斡轉也音管寶康瓠兮鄭氏曰康瓠瓦盆底也爾雅曰康瓠謂之甈師古曰甈音
五列反補注先謙曰集解引應劭曰康容也一曰康空也索隱引李巡云康謂大瓠甈也先謙案爾雅郭注瓠壺也郝疏云說文康
瓠破罌廣雅甈裂也牧人注故書毀爲甈釋文云康埤蒼作甗字林作甈李本作光按光猶廣也大也李巡蓋以光瓠爲大瓠郭云
瓠壺與李義異爾雅此文皆言瓦器當以郭爲長据此康瓠謂瓦壺之毀裂者也騰駕罷牛驂蹇驢兮師古
曰罷讀曰疲蹇跛也驥垂兩耳服鹽車兮師古曰駕鹽車也章父薦屨漸不可久兮
師古曰章父殷冠名也言冠乃居下履反在上也父讀曰甫補注劉奉世曰薦之言藉也言以冠藉履貴賤顚倒嗟若先
生獨離此咎兮應劭曰嗟咨嗟也勞苦屈原遇此難也師古曰離遭也補注先謙曰史記文選若作苦据注文亦當
作苦文選引勞苦上更有苦字明本書字誤誶曰李奇曰誶告也張晏曰誶離騷下章亂也師古曰誶音碎補注先謙曰史
記文選誶作訊集解引李奇曰訊告也張晏曰訊離騷下章亂辭也文選注引同誶章爲敦本書注又賦辭字與本注同是誶卽訊也索隱訊音信劉伯
莊音素對反訊猶宣也重宣其意周成解詁音碎据劉周二音皆讀訊爲誶詩訊予不顧楚辭章句作誶說文誶讓也引國語曰誶
包胥今吳語作訊包胥經典誶訊通用見釋文者不可枚舉已矣國其莫吾知兮師古曰一國之人不知我
也子獨壹鬱其誰語師古曰壹鬱猶怫鬱也補注先謙曰史記作堙鬱鳳縹縹其高逝兮

夫固自引而遠去師古曰縹縹輕舉貌音匹遙反補注先謙曰史記縹縹作漂漂逝作遰引作縮襲九淵
之神龍兮鄧展曰襲重也師古曰九淵九旋之川言至深也補注先謙曰襲深藏也沕淵潛以自珍鄧展
曰沕音昧張晏曰潛藏也補注先謙曰淵史記文選作深上有淵字此當爲深偭蟂獺以隱處兮服虔曰蟂音梟
應劭曰蟂獺水蟲害魚者也偭背也欲舍蟂獺從神龍遊也師古曰偭音面補注先謙曰偭蟂獺史記作彌融爚集解引徐廣曰一
本作彌蠋爚皆轉寫誤也索隱釋蟂獺引郭注爾雅云似梟江東謂之魚鵁先謙案此文當如下孟康解應說非夫豈從
蝦與蛭螾服虔曰蛭水蟲螾今之蟺螾也孟康曰言龍自絕於蟂獺況從蝦與蛭螾也師古曰蝦亦水蟲也音遐蛭音質
螾字與蚓同音引今合韻當音弋人反蟺音丘善反補注先謙曰史記蝦作螘唐言合韻猶今之叶韻所貴聖之神
德兮遠濁世而自臧補注先謙曰史記文選聖下竝有人字使麒麟可係而羈兮豈
云異夫犬羊補注先謙曰史記文選麒麟作騏驥般紛紛其離此郵兮蘇林曰般音槃孟康曰般
音班般反也紛紛構讒意也師古曰般孟音是也字從丹青之丹離遭也郵過也補注錢大昕曰說文無從丹從殳之字小顏誤也
婁機班馬字類引此傳及禮樂志般裔裔趙充國傳明主般師罷兵揚雄傳般倕棄其剞劂皆從丹旁今本皆改正作般矣先謙曰
經典般斑班字皆通用離騷斑陸離其上下注斑亂貌與此般字意同孟音是義非郵史記文選作尤亦夫子之故

也李奇曰亦夫子不如麟鳳之故離此咎也師古曰此說非也賈誼自言今之離郢亦猶屈原耳補注劉攽曰顏說全失但誼譽屈原事則可興己矣遂自敍其怨憤則太過矣何焯曰當從李說史記作章文義尤明**歷九州而相其君兮何必懷此都也**師古曰言往長沙為傳不足哀傷何用苟懷此之都邑益亦誼自寬廣之言補注先謙曰官本注末有也字史記歷作瞝索隱謂歷觀也文選注言知時之亂當歷九州相賢君而事之何必思此都而遺放逐先謙案原賦懷宗國義不他適誼為此言哀弔之甚無可柰何之辭耳顏說失之愈遠矣**鳳皇翔于千仞兮覽德輝而下之**師古曰八尺曰仞千仞言其極高補注先謙曰官本注末有也字索隱言鳳皇翔見人君有德乃下故禮曰德輝動乎內是也**見細德之險徵兮遙增擊而去之**師古曰增重也言見苛細之人險阸之證故重擊其羽而高去補注宋祁曰浙本微作徵作徵者非是上言微注言證意自相會條詁微當錢大昭曰史記作搖增翮逝而去之案擊卽翮也長楊賦拮隔鳴球韋昭曰古文隔為擊說文玉部璬讀若鬲裘部鬷讀若擊古擊鬲通用也王念孫曰如淳曰遙遠也增高也高高上飛意也李奇曰增益也蹤覗文念孫案如以增為高高上飛之意是也梅翩傳夫虣鵲遺害則仁鳥增逝愚者蒙戮則知士深退增逝與深退對文是增為高高也增或作曾淮南覽冥篇鳳皇曾逝萬仞之上高注曾猶高也高擊謂上擊也宋玉對楚王問曰鳳皇上擊九千里是也李訓增為益顏訓為重皆失之遙者疾也方言搖疾也攡肙燕之外鄙朝鮮洌水之間曰搖又曰遙疾行也楚辭九章願搖起而橫奔兮淮南原道篇疾而不搖搖與遙通此言鳳皇必覽德輝而後下若見細德之險徵則速高擊而去之也如訓遙為遠亦失之先謙曰擊者鳥將飛兩翼還自擊而後上舉也此文當作擊史記借翮耳正義言見細德之人又有險難微起則加動羽翮遠逝而去之文選微作徵李善竝為險、徵作注是在唐世本已各異徵義為長**彼尋常之汙瀆兮豈容吞舟之魚**應劭曰八尺曰尋倍尋曰常師古曰水不泄為汙音一胡反又音一故反補注先謙曰文選注引莊子曰弟子謂庚桑楚曰夫尋常之溝巨魚無所還其體而鯢鰌為之制也**橫江湖之鱣鯨兮固將制於螻蟻**如淳曰鱣鯨皆大魚也臣瓚曰鱣魚無鱗口在腹下鯨魚長者數里晉灼曰小水不容大魚而橫鱣鯨於汙瀆必為螻蟻所制以況小朝主闇不容受忠逆之言亦為讒賊小臣所害師古曰鱣音竹連反字或作鱏鱏亦大魚也音淫又音尋螻謂螻蛄也補注先謙曰注口在腹下集解在作近忠逆之言文選注引逆作迕又引莊子庚桑楚謂弟子吞舟之魚碭而失水則螻蟻能苦之**誼為長沙傅三年有服飛入誼舍止於坐隅**師古曰坐音才臥反**服似鴞**晉灼曰異物志曰有鳥小雉體有文色土俗因形名之曰服不能遠飛行不出域也補注宋祁曰注文鳥字下疑有如字齊召南曰史記楚人命鴞曰服是一物二名漢書云似鴞則二物矣王先慎曰史記云三年有鴞飛入賈生舍止於坐隅楚人命鴞曰服索隱引荊州記云巫縣有鳥如鴟雞其雄為鴞楚人謂之服御覽九百二十七引漢太常孔臧作鴞賦云昔在賈生有識之士忌茲服鳥卒用喪己

又毛詩義疏云鴞大如鳩綠色惡聲鳥也入人家凶賈誼所賦是也又淵鑑類函鳥部引本草集解鴞卽梟也一名服吳人呼為[illegible]魂惡聲鳥也賈誼傳云服似鴞其實一物也又曰鴞服鵂鶹梟皆惡鳥也說者往往混注各執一說今通考据并咨詢野人則梟鴞服訓狐一物也鵂鶹一物也鴞卽今俗所呼幸胡者是也處處山林皆有之少美好而長醜惡狀如母雞有斑文頭如鴝鵒目如貓日其名自呼好食桑椹古人多食之劉恂嶺錄云北方鴞鳴人以為怪南中晝夜飛鳴据諸說及盛弘之荊州記觀之則鴞服訓狐之為一物明矣先慎案賈子在長沙作服鳥賦從楚地之名耳非有二物也當從史記為是周禮哲蔟氏掌覆夭鳥之巢鄭注夭鳥惡鳴之鳥若鴞鵂者疏云鴞鵂者鴞之與鵂二鳥俱是夜為惡鳴者蓋沿班書而誤也先謙曰文選注引晉說作巴蜀異物志曰有鳥小如雞然志作四字韻語疑加如非也**不祥鳥也誼既以適居長沙長沙卑溼誼自傷悼以為壽不得長迺為賦以自廣**補注王先慎曰西京雜記賈誼在長沙鵩鳥集其承塵長沙俗以鵩鳥至人家主人死誼作鵩鳥賦齊死生等榮辱以遺憂累焉御覽九百二十七引此廬字下有醲鴨二字主人下有齒字**其辭曰單閼之歲四月孟夏**應劭曰太歲在卯為單閼師古曰閼音一曷反補注宋祁曰單音禪先謙曰官本考證云史記作單閼之歲兮以下凡起句俱有兮字此班氏所刪也文選注引徐廣曰文帝六年歲在丁卯談泰云依三統術超辰法推之孝文六年太歲在丙寅單閼之歲是七年也徐說誤先謙案汪中云按史記厤書太初元年焉逢攝提格上推孝文五年是為昭陽單閼賈生以孝文元年為博士歲中超遷至太中大夫旋出為長沙王傅至是適得三年案汪說是**庚子日斜服集余舍**孟康曰斜日昳時補注先謙曰史記作日施索隱施音矢移反猶西斜也**止于坐隅貌甚閒暇**師古曰閒讀曰閑補注先謙曰文選注閒暇不驚恐也**異物來崪私怪其故**孟康曰崪音萃萃聚集也補注王念孫曰上文祗有一服不得言聚集也崪者止也其字從止故上文言止于坐隅廣雅崪待也止待也逗也亦止也[illegible]楚辭天問北至回水萃何喜王注萃止也史記崪作集集亦止也見唐風鴇羽傳晉語注非聚集之謂先謙曰崪各本從山不從止據史記作集文選作萃王訓是也班蓋借崪為萃**發書占之讖言其度**師古曰讖驗也有徵驗之書也讖音初禁反補注王先慎曰正義發策數之書占其度驗案度無驗義張說非也度者數也禮檀弓注坵封之度釋文一作之數是度與數義通故字亦相叚凡言度則數在其中易象下傳節以制度虞注坤數十為度淮南時則訓貢歲之數以遠近土地所宜為制度他如宿度律度皆以數言竝古義通用之證下文淹速之度亦謂淹速之數也先謙曰史記讖作策索隱蓋讖策之辭**曰野鳥入室主人將去問于子服余去何之**師古曰子服者言加其美稱也補注周壽昌曰子猶汝也詩相彼鳥矣又爾牛來思爾羊來思加一字以成文子服之稱亦猶是不必為美稱也觀史記作請問于服兮可知先謙曰殿本于作於引宋祁曰子服姚本作于服案於于字不得連用姚本誤也索隱漢書作予服小顏云予加美之詞所見正文及注作予又一漢書本**吉虖告**

我凶言其災淹速之度語余其期師古曰淹遲也服迺太息舉首奮翼曰不能言請對㠯意師古曰意字合韻宜音億〔補注〕先謙曰意史記文選作臆索隱本作意注云協音意正義協韻音憶王念孫云意與息異爲韻故索隱正義注如此若臆字則本讀入聲不煩協韻文選作臆亦後人所改李注云請以意中之事對則本作意明矣萬物變化固亡休息斡流而遷或推而還師古曰斡音管斡轉也還讀曰旋形氣轉續變化而嬗服虔曰嬗音如蟬謂變蛻也蘇林曰相傳與也師古曰此卽禪代字合韻故音嬋耳蘇說是也〔補注〕先謙曰文選嬗作蟺李善注引蘇林曰轉續相傳與也蟺音蟬如蜩蟬之蛻化也或曰蟺相連也下索隱引韋昭曰而如也如蟬之蛻化也蘇林云嬗音嬋謂其相傳之也三書引蘇說各不同當以史記爲正本書傳寫脫嬗音嬋謂其五字故師古說不明案形氣轉續卽是禪代之義不當又訓嬋爲相傳與而如二字古通如蟬正與變化義相承服韋說是汸穆亡閒胡可勝言師古曰汸穆深微貌胡何也言其理深微不可盡言汸音勿〔補注〕先謙曰藝文類聚九十二鳥部下引亡閒作無窮史記文選同李善注以下文多引鶡冠子案柳宗元云好事者僞爲其書反用鵩賦以文飾之今悉屏不錄禍兮福所倚福兮禍所伏師古曰此老子德經之言也倚音於綺反憂喜聚門吉凶同域師古曰言禍福相因吉凶不定彼吳彊大夫差㠯敗粵棲會稽句踐伯世師古曰會稽山名也句踐避吳之難保於茲山故曰棲也句音鉤伯讀曰霸斯遊遂成卒被五刑應劭曰李斯西遊於秦身登相位二世時爲趙高所讒身伏五刑〔補注〕宋祁曰注姚本伏作被先謙曰遂達也遂成謂身達而名成傅說胥靡迺相武丁張晏曰胥靡刑名也傅說築於傅巖武丁以爲己相師古曰胥靡相隨之刑也解在楚元王傳夫禍之與福何異糾纆應劭曰禍福相爲表裏如糾纆索相附會也臣瓚曰糾絞也纆索也師古曰纆音墨〔補注〕先謙曰文選注引字林曰糾兩合繩纆三合繩命不可說孰知其極師古曰極止也水激則旱矢激則遠師古曰言水之激疾則去盡不能浸潤矢之激發則去遠〔補注〕劉攽曰旱讀爲悍猛疾也先謙曰文選注引呂氏春秋曰激矢遠激水旱索隱云呂氏春秋作疾則所見本不同也疾悍義同劉說是也旱悍通叚字萬物回薄震盪相轉雲烝雨降糾錯相紛〔補注〕先謙曰官本烝作蒸雲自下升雨自上降糾錯史記作錯繆大鈞播物坱圠無垠如淳曰陶者作器於鈞上此以造化爲大鈞也應劭曰其氣坱圠非有限齊也師古曰今造瓦者謂所轉者爲鈞言造化爲人亦猶陶之造瓦耳坱音烏朗反圠音於黠反〔補注〕錢大昭曰閩本注此作比先謙曰史記作大專槃物兮坱軋無垠索隱專讀曰鈞槃猶轉也與播義同說文垠圻也王逸注楚詞云坱軋霧氣昧也天不可與慮道不可與謀〔補注〕先謙曰文選兩與字作預史記索隱與音預遲速有命烏識其時師古曰烏猶何

也且夫天地爲鑪造化爲工陰陽爲炭萬物爲銅師古曰以冶鑄爲喩〔補注〕先謙曰文選注莊子子黎曰今一以天地爲大鑪以造化爲大冶惡乎往而不可哉合散消息安有常則千變萬化未始有極〔補注〕先謙曰文選注列子曰千變萬化不可窮極忽然爲人何足控揣孟康曰控引也揣持也言人生忽然何足引持自貴借也如淳曰控引也揣音團控摶玩弄愛生之意也師古曰如說是〔補注〕宋祁曰注文貴借姚本作貴惜錢大昭曰揣無團音必作摶字乃與患字合韻文選作控摶並引如淳曰摶音團或作揣是如本作摶也小顏變其字而仍其音遂致讀者不可解矣先謙曰專字或作嵩故摶亦變文爲揣作摶是也史記同文選注展轉推尋徒滋轇轕貴借亦引作貴惜姚本是也化爲異物又何足患師古曰患合韻音環小智自私賤彼貴我〔補注〕先謙曰文選注列子曰小智自私怨之府莊子北海若曰以道觀之無貴無賤以物觀之自貴而相賤達人大觀物亡不可〔補注〕先謙曰文選注莊子曰物故有所然物故有所可無物不然無物不可貪夫徇財列士徇名臣瓚曰以身從物曰徇〔補注〕宋祁曰浙本徇作殉先謙曰文選列作烈注引莊子云胥士之徇名貪夫之徇財天下皆然不獨一人先謙案列士與貪夫夸者對文則非衆士之謂義當從烈省文爲列耳夸者死權品庶每生臣瓚曰謂夸泰也莊子曰權勢不充則夸者悲孟康曰每貪也師古曰品庶猶庶品也〔補注〕先謙曰夸泰者不可一日無權故云死權每生史記作馮生集解引孟康曰馮貪也先謙案說文品衆庶也易品物流形品物卽謂衆物此文品庶亦謂衆庶也貪夫列士夸者品庶四者皆以人言顏云庶品則兼物言非其指矣方言挴貪也索隱云每字合從手旁是也省作每耳怵迫之徒或趨西東孟康曰怵爲利所誘訹也迫迫貧賤東西趨利也師古曰誘訹之訹則音戌或曰怵怵惕也音丑出反其義兩通而說者欲改字以爲鉥蓋穿鑿耳〔補注〕王念孫曰孟說是也管子心術篇人之可殺以其惡死也其可不利以其好利也是以君子不怵乎好不迫乎惡然則怵迫者怵乎利迫乎害也趨西東者趨利避害也不得以怵爲怵惕明矣先謙曰索隱云漢書亦有作私東應劭曰仕諸侯爲私時天子居長安諸王悉在關東小人怵然內迫私家樂仕諸侯故云怵迫私東也李奇曰私多作西者言東西趨利也據此是當日漢書本私西互異矣集解引孟注訹作怵文選注引作怵然賤下有也字大人不曲意變齊同〔補注〕王念孫曰意讀爲億萬年之億本史記正作億億變猶上文言千變萬化也億變齊同卽莊子齊物之旨作意者借字耳文選劉良注云意與變化齊同失之愚士繫俗僂若囚拘李奇曰僂音塊蘇林曰音人肩傴僂爾音歎全反師古曰蘇音是〔補注〕張佖曰按說文窘音渠隕反迫也文選李善注窘囚拘之貌五臣注窘困也愚者繫縛俗累困如囚人拘東其字並不從人唯孫強新加字玉篇及開元文字有作僂字並音窘疑蘇音誤今宜定從說文音渠隕反沈欽韓曰玉篇僂求敏口窘二切引此文謂肩傴僂也與蘇林音異義同荀子儒效篇僂然若終身之虜楊倞云僂字書無所見蓋環繞囚拘之貌意與此僂

字同史記作擱義與攌同集韻閉門機也先謙曰官本注人上音字作皆**至人遺物獨與道俱**補注先謙曰文選注莊子曰不離於眞謂之至人又孔子謂老聃曰形體若槁木似遺物而立於獨也**眾人惑惑好惡積意**李奇曰惑惑東西也所好所惡積之萬億也臣瓚曰言眾懷好惡積之心意也師古曰瓚說是也意合韻音於力反補注王念孫曰案李薛二說皆非也意者滿也言好惡積滿於中也意字本作㥀或作億籀文作㦤又作臆說文㥀滿也方言臆滿也小雅楚茨我倉既盈我庾維億億亦盈也說詳經義述聞襄二十五年左傳今陳介恃楚眾以馮陵我敝邑不可億逞億逞卽億盈言其欲不可滿盈也說見經義述聞字通㥀億臆竝與意同先謙曰說文惑亂也惑惑謂惑之甚集解引瓚說懷下有抱字**眞人恬漠獨與道息**師古曰恬安也漠靜也補注先謙曰文選注文子曰得天地之道故謂之眞人也莊子曰虛靜恬淡寂寞無爲者道德之至也**釋智遺形超然自喪**服虔曰絕聖棄智而亡其身也師古曰喪合韻音先郎反補注先謙曰集解引亡作忘案集解是也文選注莊子仲尼問於顏回曰何謂坐忘回曰墮支體黜聰明離形去智同於大道此謂坐忘索隱遺形者故可使如槁木也自喪者心若死灰也莊周曰今者吾喪我汝知之乎**寥廓忽荒與道翺翔**師古曰荒音呼廣反補注先謙曰文選注寥廓忽荒元氣未分之貌廣雅寥深也廓空也**乘流則逝得坎則止**孟康曰易坎爲險遇險難而止也張晏曰謂夷易則仕險難則隱也補注先謙曰坎史記文選作坻集解徐廣曰坻一作坎張晏曰坻水中小洲也先謙案坻

坎意同總謂不可行耳不當作險難解言行止一聽自然非有計較之私亦無關仕隱之義如孟張說與上下文指不合矣官本得作遇玩孟注作遇是**縱軀委命不私與己其生兮若浮其死兮若休**師古曰休息也補注先謙曰文選注莊子曰其生若浮其死若休**澹虖若深淵之靚氾虖若不繫之舟**師古曰澹安也音徒濫反靚與靜同氾音敷劍反補注先謙曰文選注老聃曰其居也淵而靜其唯人心乎又曰汎若不繫之舟虛而遨遊**不㠯生故自保養空而浮**服虔曰道家養空虛若浮舟也補注先謙曰保史記文選作寶浮史記作游集解引漢書音義曰如舟之空也索隱鄧展曰自寶自貴也言體道之人但養空性而心若浮舟也文選注服虔引作鄭氏**德人無累知命不憂**補注先謙曰文選注莊子云德人者居無思行無慮也又曰聖人循天之理故無天災故無物累周易曰樂天知命故不憂**細故蔕芥何足㠯疑**師古曰蔕芥小鯁也蔕音丑芥反補注先謙曰史記作蔕劗索隱劗音介張揖云蔕介鯁刺也文選注鶡冠子曰細故袃劗奚足以疑袃劗與蔕芥古通字**後歲餘文帝思誼徵之至入見上方受釐坐宣室**蘇林曰宣室未央前正室也應劭曰釐祭餘肉也漢儀注祭天地五時皇帝不自行祠還致福釐音禧師古曰禧福也借釐字爲之耳言受神之福也補注沈欽韓曰少牢饋食禮來女孝孫鄭注來讀曰釐釐賜也左僖四年傳太子申生歸胙于公晉世家作歸釐于君則釐卽胙也續志注丁孚漢儀桓帝祠恭懷皇后椒辟賜

皇帝福太常再拜太牢左辨以致皇帝是漢以受胙肉爲受釐之證也其郡國祠祭亦致釐京師風俗通云泰山廟太守自侍祠畢柴上福胙三十胸縣次傳送京師先謙曰索隱引三輔故事云宣室在未央殿北**上因感鬼神事而問鬼神之本誼具道所㠯然之故至夜半文帝前席**師古曰漸迫近誼聽說其言也**既罷曰吾久不見賈生自㠯爲過之今不及也迺拜誼爲梁懷王太傅懷王上少子愛而好書故令誼傅之數問㠯得失**師古曰漢朝問以國家之事**是時匈奴彊侵邊天下初定制度疏闊諸侯王僭儗地過古制**師古曰儗比也上比於天子儗音擬補注齊召南曰自此以下並漢書所詮敘也史記賈生與屈原同傳於經國之才救時之論槩未及錄故特詳補之其治安策及上書並賈子新書文節以入傳**淮南濟北王皆爲逆誅**補注先謙曰淮南厲王長濟北王興居**誼數上疏陳政事多所欲匡建**師古曰匡正也正其失也建立也立制節也**其大略曰臣竊惟事執可爲痛哭者一可爲流涕者二可爲長太息者六**補注先謙曰王應麟云其一謂匈奴有可制之策而不用也其二論足食勸農班氏不載於傳而載之食貨志補注先謙曰王應麟云新書言庶人上僭班氏取爲太息之一秦俗經制二篇不以爲太息而班氏取爲太息之二論教太子是爲

太息之三體貌大臣是爲太息之四又等齊篇論名分不正又銅布篇論收銅鑄錢此二者皆太息之說班氏削等齊篇不取而載銅布篇於食貨志故六太息止載三篇先謙案新書文多脫誤今但採其與本書文義相發者餘屛不錄**若其它背理而傷道者難徧㠯疏舉**師古曰言不可盡條記也**進言者皆曰天下已安已治矣**師古曰進言者謂陳說於天子前者也治音直吏反此下並同補注先謙曰官本下上有以字**臣獨㠯爲未也曰安且治者非愚則諛**師古曰實謂治安則是愚也知其不爾而假言之是諂諛也**皆非事實知治亂之體者也夫抱火厝之積薪之下而寢其上**師古曰厝置也音千故反**火未及燃因謂之安**補注宋祁曰浙本燃作然然已從火旁又加火非是**方今之埶何㠯異此本末舛逆首尾衡決國制搶攘**蘇林曰搶音濟濟蹌蹌不安貌也晉灼曰搶音傖吳人罵楚人曰傖傖攘亂貌也師古曰晉音是傖音仕庚反攘音女庚反補注先謙曰官本仕庚作仕康引宋祁曰搶攘今越本搶音仕庚反攘因讀音女庚反未知孰是**非甚有紀**師古曰紀理也**胡可謂治陛下何不壹令臣得孰數之於前因陳治安之策試詳擇焉夫射獵之娛與安危之機孰急**師古曰言二事之中何者爲急補注先謙曰文帝喜射獵故誼云然**使爲治勞智慮苦身體乏鐘**

鼓之樂勿爲可也補注先謙曰新書之下多馳騁二字義較完足樂與今同而加之諸侯軌道兵革不動師古曰軌道言遵法制也民保首領匈奴賓服四荒鄉風師古曰鄉讀曰嚮百姓素朴獄訟衰息大數既得則天下順治補注先謙曰廣雅釋言數術也謂治天下之道術海內之氣清和咸理生爲明帝沒爲明神名譽之美垂於無窮禮祖有功而宗有德補注先謙曰新書下有始取天下爲功始治天下爲德二句使顧成之廟稱爲太宗補注周壽昌曰顧成文帝四年自作廟名上配太祖與漢亡極建久安之埶成長治之業以承祖廟以奉六親至孝也應劭曰六親父母兄弟妻子也補注王先恭曰自來說六親者紛紜不定老子六親不和有孝慈王弼注六親父子兄弟夫婦也左昭二十五年傳爲君臣上下以則地義夫婦外內以經二物爲父子兄弟姑姊甥舅昏媾姻亞以象天明杜注六親和睦以事嚴父若衆星之共辰極也本書禮樂志六親和睦注取以爲釋今案左傳文夫婦明在六親之外本傳下文云使父子有禮六親有紀又云父子六親各得其宜父子亦不在六親之內下文又云秦滅四維而不張故君臣乖亂六親殃戮是六親爲同時親屬或疑如尚書堯典鄭說九族本書鄒陽傳張說七族之義亦非也六親諸父一也諸舅二也兄弟三也姑姊四也昏媾五也姻亞六也皆列於爾雅釋親之文其在天子親諸

父兄弟姑姊以厚宗族親諸舅以厚母黨至婦黨爲婚壻黨爲姻自天子達於庶人共之皆一本之恩所推故曰以奉六親至孝也以幸天下以育羣生至仁也補注錢大昭曰新書幸作宰立經陳紀輕重同得補注先謙曰新書同作周後可以爲萬世法程師古曰程式也雖有愚幼不肖之嗣猶得蒙業而安至明也以陛下之明達因使少知治體者得佐下風致此非難也師古曰少知治體者誼自謂也補注劉攽曰少知治體泛說爾何必誼自謂乎其具可素陳於前願幸無忽師古曰忽怠忘也臣謹稽之天地師古曰稽考也驗之往古按之當今之務日夜念此至孰也雖使禹舜復生爲陛下計亡以易此師古曰易改也夫樹國固必相疑之埶鄭氏曰今建立國泰大其勢必固相疑也臣瓚曰樹國於險固諸侯強大則必與天子有相疑之埶也師古曰鄭說是也補注齊召南曰按如鄭說則本文固字應倒在必字之下於義不順如瓚說則樹國固當一讀於義甚長師古取鄭說似誤錢大昕曰沈彤云夫當作大鄭氏云今建立國泰大其埶必固相疑也若作夫樹國云云則當請廢封建或於固字句絕則當請無立國於險矣而下文皆不之及但言國不可太大宜衆建諸侯而少其力故知夫爲大之譌先謙曰瓚齊說是言險固則強大意在其中治要引埶下有也字於固字一讀兼引瓚注新書作夫樹國必審相疑之埶當是

後人安改也下數被其殃上數爽其憂如淳曰爽忒也補注先謙曰顧炎武云謂秦之所憂在孤立而漢之所憂在諸侯漢初之所憂在異姓而今之所憂在同姓沈彤云爽甚也謂下疑上則必反而上必甚其憂也爽有猛烈意是甚之義如說與上文不貫先謙案廣雅釋詁爽傷也言上數爲憂所傷也故下文云非所以安上甚非所以安上而全下也今或親弟謀爲東帝應劭曰淮南厲王長親兄之子西鄉而擊如淳曰謂齊悼惠王子興居而爲濟北王反欲擊取滎陽也師古曰鄉讀曰嚮今吳又見告矣如淳曰時吳王又不循漢法有告之者天子春秋鼎盛應劭曰鼎方也行義未過師古曰行音下更反補注周壽昌曰言未有失也德澤有加焉猶尚如是況莫大諸侯師古曰莫大謂無有大於其國者言最大也權力且十此者虖師古曰十倍於此補注先謙曰通鑑胡注誼之大意蓋謂淮南濟北當文帝之時尚敢以一國爲變使諸侯相合襲是跡而動則其權力十倍於此爲患莫大焉然而天下少安何也大國之王幼弱未壯漢之所置傅相方握其事數年之後諸侯之王大抵皆冠師古曰大抵猶言大略也音丁禮反其下亦同血氣方剛漢之傅相稱病而賜罷彼自丞尉以上偏置私人補注先謙曰宮本偏作徧案治要作徧通志九十七引賈誼傳作偏宋建本新書同盧文弨云舊本

漢書亦是偏字作徧者非也如此有異淮南濟北之爲邪此時而欲爲治安雖堯舜不治補注宋祁曰浙本治字上有能字存能則語成文王念孫曰案當作雖堯舜不能浙本作不能治治字蓋涉上句而衍各本又脫能字賈子宗首篇作雖堯舜不能無治字黃帝曰日中必熭操刀必割孟康曰熭音衞日中盛者必暴熭也臣瓚曰太公曰日中不熭是謂失時操刀不割失利之期言當及時也師古曰此語見六韜熭謂暴曬之也曬音所智反又音所懈反補注先謙曰盧文弨云顏氏家訓引賈誼策作熭宋潭本新書正相合從之先謙案說文熭暴乾火也熭[illegible]字本玉篇熭曝乾也此作熭後人妄加艸耳通志賈誼傳亦作熭今令此道順而全安甚易補注先謙曰道由也由順不爲叛逆不肯早爲已迺墮骨肉之屬而抗剄之應劭曰抗其頭而剄之也師古曰墮毀也抗舉也剄割頸也墮音火規反剄音工鼎反豈有異秦之季世虖補注先謙曰始皇紀二世卽位六公子戮死於杜公子將閭三人殺於內宮是也夫以天子之位乘今之時因天之助尚憚以危爲安以亂爲治假設陛下居齊桓之處將不合諸侯而匡天下乎補注王念孫曰案漢紀孝文紀作將能九合諸侯而一匡天下乎今案作將能者是也言文帝得位乘時尚不能安危治亂假令居齊桓之處必不能一匡九合也下文曰臣又以知陛下有所必不能矣能與不能上下正相應下文又曰當是

時而陛下卽天子位能自安乎臣有以知陛下之不能也又曰當是時陛下卽位能爲治虖臣又以知陛下之不能也語意竝與此同賈子作將不云云恐後人據漢書改之也臣又目知陛下有所必不能矣假設天下如曩時師古曰曩久也謂昔時淮陰侯尚王楚黥布王淮南彭越王梁韓信王韓張敖王趙貫高爲相盧綰王燕陳豨在代令此六七公者皆亡恙師古曰無恙言無憂病〔補注〕先謙曰亡恙猶言尙在耳顏注泥宫本注末有也字當是時而陛下卽天子位能自安乎〔補注〕宋祁云浙本位字上有之字臣有目知陛下之不能也天下殽亂高皇帝與諸公併起師古曰殽雜也併音步鼎反非有仄室之埶目豫席之也應劭曰禮卿大夫之支子爲側室席大也臣瓚曰席藉也言非有側室之埶爲之資藉也師古曰瓚說是也〔補注〕王先愼曰左桓二年傳師服曰吾聞國之立也本大而末小是以能固故天子建國諸侯立家卿置側室大夫有貳宗鄭注側室衆子也得立此一官孔疏趙有側室曰穿是卿得立此官也案國家側室貳宗皆天子諸侯卿大夫之副貳此言淮陰侯等非有副貳之埶爲之憑藉也諸公幸者迺爲中涓其次廑得舍人師古曰廑與僅同廑劣也言纔得舍人材之不逮至遠也高皇帝目明聖威武卽天子位割膏腴之地目

王諸公多者百餘城少者乃三四十縣悳至渥也師古曰悳古德字渥厚也音握然其後十年之閒反者九起陛下之與諸公非親角材而臣之也師古曰角校也競也又非身封王之也自高皇帝不能目是一歲爲安故臣知陛下之不能也然尙有可諉者曰疏孟康曰諉累也以疏爲累言不以國也蔡謨曰諉者託也尙可託言信越等以疏故反故其下句曰臣請試言其親者親者亦恃彊爲亂明信等不以疏也師古曰蔡說是矣諉音女瑞反臣請試言其親者假令悼惠王王齊元王王楚中子王趙〔補注〕先謙曰謂隱王如意幽王王淮陽共王王梁師古曰共讀曰恭靈王王燕厲王王淮南六七貴人皆亡恙當是時陛下卽位能爲治虖臣又知陛下之不能也若此諸王雖名爲臣實皆有布衣昆弟之心師古曰自以爲於天子爲昆弟而不論君臣之義慮亡不帝制而天子自爲者師古曰慮大計也言諸侯皆欲同皇帝之制度而爲天子之事擅爵人赦死罪師古曰擅專也甚者或戴黃屋師古曰天子車葢之制〔補注〕先謙曰官本葢作戴引宋祁云注文姚本戴作葢漢法令非行也雖行不軌如厲王者令之不肯

聽召之安可致乎師古曰不軌謂不修法制也致至也幸而來至法安可得加動一親戚天下圜視而起應劭曰圜精正視也師古曰言驚愕也〔補注〕先謙曰猶言相顧而起應說非新書作環視陛下之臣雖有悍如馮敬者如淳曰馮無擇子名忠直爲御史大夫奏淮南厲王誅之師古曰悍勇也〔補注〕宋祁曰案功臣表非馮無擇子孝文七年自典客爲御史大夫先謙曰敬是無擇子見高紀宋說謬也適啟其口匕首已陷其匈矣師古曰始欲發言節制諸侯王則爲刺客所殺〔補注〕周壽昌曰前之審食其後之袁盎皆是也陛下雖賢誰與領此師古曰領理也〔補注〕錢大昭曰仲尼燕居云敢問禮也者領好而全惡者與鄭注領猶治也師古避諱改爲理故疏者必危親者必亂已然之效也其異姓負彊而動者漢已幸勝之矣又不易其所目然同姓襲是跡而動師古曰易其所以然謂改其法制使不然既有徵矣師古曰徵證驗也其埶盡又復然殃旤之變未知所移師古曰旤古禍字明帝處之尚不能目安後世將如之何屠牛坦一朝解十二牛蘇林曰孔子時人也師古曰坦屠牛者之名也事見管子〔補注〕沈欽韓曰管子制分篇屠牛坦朝解九牛而刀可以莫鐵淮南齊俗訓作屠牛吐而芒刃不頓者師古曰芒刃謂刃之利如豪芒也頓讀曰鈍〔補注〕先謙曰說文

芒艸耑引申之則刀耑亦謂之芒文選七命建雲髦啟雄芒注芒鋒刃也今人加金作鋩說文無鋩字非又說文刃刀堅也謂刀之陷物處也芒刃二字當平列顏說非官本注豪作毫所排擊剝割皆衆理解也師古曰解支節也音胡懈反〔補注〕先謙曰理肌肉也說文解判也衆理解謂其肌肉易解判處顏說非至於髖髀之所非斤則斧師古曰髀股骨也髖髀上也言其骨大故須斤斧也髖音寬髀音陛又音必爾反夫仁義恩厚人主之芒刃也權埶法制人主之斤斧也今諸侯王皆衆髖髀也釋斤斧之用而欲嬰目芒刃師古曰嬰繞也〔補注〕先謙曰下文嬰以廉恥顏注嬰加也此亦當訓爲加臣目爲不缺則折胡不用之淮南濟北埶不可也晉灼曰一國皆反誅何不施之仁恩執不可故也〔補注〕先謙曰官本一作二是臣竊跡前事師古曰尋前事之蹤跡大抵彊者先反淮陰王楚最彊則最先反韓信倚胡則又反師古曰倚依也音於綺反貫高因趙資則又反陳豨兵精則又反彭越用梁則又反晉灼曰用役用之也黥布用淮南則又反盧綰最弱最後反長沙迺在二萬五千戶耳〔補注〕王念孫曰在讀爲纔廣雅纔僅也言僅二萬五千戶也字或作財文紀太僕見馬遺財足又作裁高惠高后文功臣表裁什二三說文在從才聲故與纔財裁通用而在字師古無音則讀如本字

矣賈子藩彊篇正作乃纔二萬五千戶功少而最完埶疏而最忠非獨性異人也亦形埶然也曩令樊酈絳灌據數十城而王今雖㠯殘亡可也晉灼曰事勢可亡也師古曰曩亦謂昔時也令信越之倫列爲徹侯而居雖至今存可也晉灼曰事埶可存然則天下之大計可知已師古曰已語終辭欲諸王之皆忠附則莫若令如長沙王欲臣子之勿菹醢則莫若令如樊酈等欲天下之治安莫若眾建諸侯而少其力力少則易使㠯義國小則亡邪心師古曰使㠯義使之遵禮義也令海內之埶如身之使臂臂之使指莫不制從補注王念孫曰制從當爲從制謂莫不從其節制也今本作制從則文義不順賈子五美篇漢紀孝文紀竝作莫不從制諸侯之君不敢有異心輻湊並進而歸命天子補注先謙曰新書此下有天子無可以徽倖之權無起禍召亂之業二句雖在細民且知其安補注宋祁云舊本在作有故天下咸知陛下之明割地定制令齊趙楚各爲若干國師古曰若干豫設數也解在食貨志使悼惠王幽王元王之子孫畢㠯次各受祖之分地師古曰分音扶問反次下亦同地盡

而止及燕梁它國皆然其分地眾而子孫少者建㠯爲國空而置之須其子孫生者舉使君之師古曰須待也諸侯之地其削頗入漢者爲徙其侯國及封其子孫也師古曰徙其侯國列侯國邑在諸侯王封內而犬牙相入者則正其彊界令其隔絕也封其子孫者分諸侯王之國邑各自封其子孫而受封之人若有罪黜其地皆入於漢故曰頗入也補注宋祁曰新本子孫下有於彼二字注文令其隔絕浙本作令不隔絕錢大昕曰沈彤云也當作他謂諸侯或以罪黜其地被削多入於漢者若因其所存地爲國則國小而其子孫亦不得封故爲之徙其侯國並封其子孫於他所如其被削之數償之也顏注誤先謙曰浙本令其作令不是所㠯數償之一寸之地一人之眾天子亡所利焉師古曰償者謂所正列侯彊界有侵諸侯王者則漢償之補注劉攽曰言諸侯之地先有削而頗入漢者後而以封列侯今爲徙之及至封其子孫皆據數償之假令一王合封十縣則予十縣是爲以數償之矣所字衍文劉奉世曰償之言還也所以數復還其削地如前所云者明天子不利有其地也先謙曰詳文義上不應有也字沈改爲他精確不可易諸家說並廢矣誠㠯定治而已故天下咸知陛下之廉地制壹定宗室子孫莫慮不王師古曰慮計也補注先謙曰新書作慮莫不王是也詳顏注則漢書本作慮莫不王故訓慮爲計言宗室子孫自計莫不可王故無倍畔之心若作莫慮不王則當釋爲無憂不王不訓慮爲計矣治要引亦作莫慮是唐初已有誤本下無倍畔之心上無誅伐之志故天下咸知陛下之仁師古曰倍讀曰偝補注先謙曰官本偝作背法立而不犯令行而不逆貫高利幾之謀不生補注齊召南曰利幾事見高紀幾本楚將降而封于潁川疑懼遂反高帝擊破之柴奇開章之計不萌應劭曰柴奇開章皆與淮南王謀反者也補注宋祁曰新本開作啟先謙曰新書亦作啟章避景帝諱改細民鄉善大臣致順師古曰鄉讀曰嚮補注先謙曰新書作效順義較長效致形近而譌故天下咸知陛下之義臥赤子天下之上而安植遺腹朝委裘而天下不亂服虔曰言天下安雖赤子遺腹在位猶不危也應劭曰置遺腹朝委裘皆未有所知也孟康曰委裘若容衣天子未坐朝事先帝裘衣也師古曰應孟二說皆是補注王鳴盛曰顧氏曰植遺腹必古有此語所謂君死而世子生者也季桓子命其臣正常曰南孺子之子男也則以告而立之先謙曰遺腹與赤子對文植遺腹故但朝先帝裘衣義自一貫孟氏以爲大子未坐朝其解不明委垂也呂覽察賢篇堯之容若委衣裘文選任昉爲蕭揚州薦士表注引晏子曰治天下若委裘蓋委裘二字所本而義各別新書此下有社稷長安宗廟久尊傳之後世不知其所窮方接故當時云云案自臥赤子至誦聖爲五美之一必如新書文義乃完足當時大治後世誦聖師古曰稱誦其聖明壹動而五業附補注先謙曰新書作

五美是也其篇亦名五美謂明廉仁義後嗣永安也業與美形近致譌陛下誰憚而久不爲此師古曰憚畏難也音徒旦反天下之埶方病大瘇如淳曰腫足曰瘇師古曰音上勇反補注先謙曰瘇當作瘴說文瘴脛气足腫詩曰既微且瘴籀文作𤺄一脛之大幾如要一指之大幾如股師古曰幾並音巨依反補注沈欽韓曰秦策范雎謂秦王未嘗聞指大于臂臂大于股韓非揚權篇腓大於股難以趣走平居不可屈信師古曰信讀曰伸一二指搐身慮亡聊師古曰搐謂動而痛也聊賴也搐音丑六反補注宋祁曰越本搐作畜先謙曰一二指痛則身懼若無所恃賴喻諸侯有一二反者則天下爲之震動不可保也失今不治必爲錮疾師古曰錮疾堅久之疾後雖有扁鵲不能爲已師古曰扁鵲良醫也爲治也已語終辭也病非徙瘇也補注王念孫曰病非徙瘇當作非徙病瘇病瘇與苦蹷盭對文則病字當在瘇字上不當在非徙上[illegible]御覽疾病部三引此正作非徙病瘇下文云臣故曰非徙病瘇也又苦蹷盭此尤其明證矣[illegible]又苦蹷盭師古曰蹷古蹠字也音之石反足下曰蹠今所呼腳掌是也盭古戾字言足蹠反戾不可行也補注錢大昕曰說文無蹷字小顏讀爲蹠恐亦臆說當是蹸字之譌說文蹸脛肉一曰曲脛讀若逵[illegible]盭亦當從說文作盭盭弼戾也蹸盭謂足脛反戾不便行動王念孫曰說文跖足下也作蹠者借字[illegible]體耳或從石聲或從庶聲或從炙聲一也[illegible]

盜蹠庶與奚聲亦相近故小雅楚茨篇或作蹠或作奚與爲豆孔庶爲韻後書郅惲傳注引史記曰申包胥晝夜馳騖足腫蹠盭是古有蹠盭之語即此傳之蹠盭師古讀跖爲蹠非臆說也脚掌反戾故曰蹠盭賈子大都篇亦作蹠盭錢以蹠爲跖字之譌非也說文以跖爲曲脛廣雅盭曲也是跖盭皆有曲義上既言跖則下不得復言盭史記漢書之字固有不見於說文者必別指一字以當之則鑿矣先謙曰官本盭作盭是

元王之子帝之從弟也師古曰楚元王高帝之弟其子於文帝爲從弟**今之王者從弟之子也惠王親兄子也今之王者兄子之子也**師古曰惠王齊悼惠王補注劉攽曰惠王下脫之子二字先謙曰新書亦脫之子二字盧文弨云惠王乃文帝親兄其子哀王文帝元年薨子文王則嗣故云今之王者兄子之子是惠王下當有之子二字今從劉貢父補先謙案通鑑通志賈誼傳並有之子二字何焯以爲惠王當作哀王又据通鑑有之子二字與前親兄之子句相應以爲刊本脫誤當以後說爲正**親者或亡分地㠯安天下**師古曰廣立藩屏則天下安故曰㠯安天下補注先謙曰親者謂帝之子孫下文疏者即謂元王惠王之後**疏者或制大權㠯偪天子**師古曰偪古逼字補注先謙曰偪正字逼俗字**臣故曰非徒病瘇也又苦蹠盭可痛哭者此病是也天下之埶方倒縣凡天子者天下之首何也上也蠻夷者天下之足何也下也今匈奴嫚娒侵掠至不敬也**師古曰娒古侮字補注先謙曰說文娒女師也字或作姆不訓嫚侮此借字師古以爲古侮字失之**爲天下患至亡已也**師古曰亡已言不可止也**而漢歲致金絮采繒㠯奉之夷狄徵令是主上之操也**師古曰徵召也令號令也操謂主上之所操持也操音千高反補注先謙曰官本令作令**天子共貢是臣下之禮也**師古曰共讀曰恭**足反居上首顧居下**師古曰顧亦反也言如人反顧然**倒縣如此莫之能解猶爲國有人乎**師古曰顧倒如此而不能解救豈謂國有明智之人乎**非亶倒縣而已**師古曰亶讀曰但**又類辟且病痱**服虔曰病痱不能行也師古曰辟足病痱風病也辟音壁痱音肥補注宋祁曰浙本注病字下有也字痱下有體傷病也四字若止用舊注則全無意當用浙本先謙曰辟當作躄說文躄人不能行也此省文作辟荀子正論篇不能以辟馬毀輿致遠注辟與躄同新書作躄俗字注躄爲辟之誤說文痱風病也灌夫傳竇嬰即陽病痱顏注痱風病也注風下奪病也二字浙本妄改體傷病也宋氏從之誤矣**夫辟者一面病痱者一方痛**補注先謙曰一方痛當爲一方病痛與病字形相似而譌也六書故痱風腫也廣韻痱癗皮外小起字略痱癗小腫也皆無痛義今人皮膚小起痒不及搔甚者暴腫面目爲變吾鄉俗謂之風它其病初不至痛亦能死人靈樞經痱之爲病也身無痛者四肢不收智亂不甚其言微知可治甚則不能言不可治也据此知此文作病不作痛下文云臣故曰一方病矣不云一方痛尤其明證矣

前漢四十八　十六

今西邊北邊之郡雖有長爵不輕得復張晏曰長爵高爵也雖受高爵之賞猶將禦寇不得復除逸豫也蘇林曰輕易也不易得復除言難也師古曰復音方目反補注周壽昌曰長爵世及之爵也雖有長世之爵猶赴征役不得復除也昭紀如注雖丞相子亦在戍邊之調是也**五尺㠯上不輕得息**如淳曰五尺謂小兒也言無大小皆當自爲戰備**斥候望烽燧不得臥**文穎曰邊方備胡寇作高土櫓櫓上作桔皋桔皋頭兜零㠯薪草置其中常低之有寇即火然舉之㠯相告曰烽又多積薪寇至即然之㠯望其煙曰燧張晏曰晝舉烽夜燔燧也師古曰張說誤也晝則燔燧夜則舉烽補注沈欽韓曰高誘兵略注斥度候覘也先謙曰注火然倒周紀幽王爲烽燧正義晝日然燧以望火煙夜舉燧以望火光也燧土魯也燧炬火也皆山上安之有寇舉之司馬相如傳夫邊郡之士聞烽舉燧燔索隱烽主晝燧主夜諸家並與張說合師古自誤耳說文燧下云燧候表也篆文邊有警則舉火𨻰下云塞上亭守㷭火者義取互訓更不分疏斥廣也**被介冑而睡**師古曰被音皮義反**臣故曰一方病矣醫能治之而上不使**師古曰醫者誼自謂**可爲流涕者此也陛下何忍㠯帝皇之號爲戎人諸侯埶既卑辱而戹不息長此安窮**師古曰言長養此患將何所補注沈欽韓曰言以此爲久究竟也讀作長養非**進諫者率㠯爲是固不可解也**補注先謙曰固新書作困**亡具甚矣**

前漢四十八　十七

師古曰無治安之具**臣竊料匈奴之衆**師古曰料量也音聊**不過漢一大縣**補注先謙曰言其人民少**㠯天下之大困於一縣之衆甚爲執事者羞之陛下何不試㠯臣爲屬國之官㠯主匈奴**補注先謙曰官本考證引眞德秀云此文下新書言三表五餌而史削之又減令不信可爲流涕者此也下新書言天子之相號爲丞相諸侯之臣號爲丞相云云是臣主非有相臨之分尊卑之經也可爲長太息者此也而史削之**行臣之計請必係單于之頸而制其命伏中行說而笞其背**鄭氏曰說奄人也漢使送公主妻匈奴說不肯行彊之因㠯漢事告匈奴也師古曰中行姓也說名也行音胡剛反說讀曰悅中行說事具在匈奴傳**舉匈奴之衆唯上之令**師古曰聽天子之命**今不獵猛敵而獵田彘不搏反寇而搏畜菟翫細娛而不圖大患非所㠯爲安也德可遠施威可遠加而直數百里外威令不信**師古曰信讀曰伸**可爲流涕者此也今民賣僮者**如淳曰僮謂隸妾也**爲之繡衣絲履偏諸緣**服虔曰如牙條以作履緣師古曰偏諸若今之織成㠯爲要襻及褾領者也古謂之車馬裝其上爲乘車及騎從之象也補注沈欽韓曰廣雅編緒總紃縧也說文縧扁緒也服虔謂條是也偏諸即編緒之叚借[illegible][illegible]先謙曰急就篇承塵戶縑條繢總[illegible]

注條一名偏諸織絲縷爲之所以懸係承塵戶幨因爲飾也案扁緒編緒偏諸卽一物聲轉字異耳官本注如作加是內之閑中服虔曰閑賣奴婢闌是古天子后服所㠯廟而不宴者也師古曰入廟則服之宴處則不著蓋貴之也而庶人得㠯衣婢妾白縠之表薄紈之裏緁㠯偏諸晉灼曰㠯偏諸緁著衣也師古曰緁音妾謂㠯偏諸緶著之也緶音步千反美者黼繡師古曰黼者織爲斧形繡者刺爲眾文是古天子之服今富人大賈嘉會召客者㠯被牆師古曰被音皮義反古者㠯奉一帝一后而節適師古曰得其節而合宜今庶人屋壁得爲帝服倡優下賤得爲后飾然而天下不屈者殆未有也師古曰屈謂財力盡也音其勿反且帝之身自衣皁綈師古曰綈厚繒也音徒奚反而富民牆屋被文繡天子之后㠯緣其領庶人孽妾緣其履師古曰孽庶賤者補注先謙曰官本注者作也說文無孽字新書作孽妾是也此篇本名孽產子上文賣僮者作賣產子倡優下賤作倡下賤產子上文婢妾亦作孽妾說文孽庶子也引申之則眾庶旁出者並受此稱庶子婢妾皆謂之孽也此臣所謂舛也夫百人作之不能衣一人師古曰衣音於既反欲天下亡寒胡可得也一人耕之十人聚而食之欲天下亡飢不可

得也飢寒切於民之肌膚欲其亡爲姦邪不可得也國已屈矣師古曰屈音其勿反盜賊直須時耳師古曰言待時而發然而獻計者曰毋動師古曰言天下安不可動搖爲大耳如淳曰好爲大語者補注周壽昌曰漢文時尚黃老以清靜爲治故曰毋動爲大不必截讀先謙曰毋動爲大猶言毋動爲上也孟子事親爲大守身爲大句例正同大語曰大所未聞也夫俗至大不敬也至亡等也師古曰無尊卑之差至冒上也師古曰冒犯也進計者猶曰毋爲可爲長太息者此也商君遺禮義棄仁恩師古曰謂商鞅并心於進取行之二歲秦俗日敗故秦人家富子壯則出分家貧子壯則出贅應劭曰出作贅壻也師古曰謂之贅壻者言其不當出在妻家亦猶人身體之有肬贅非應所有也一說贅質也家貧無有聘財以身爲質也贅音之銳反分音扶問反補注錢大昕曰或謂家貧子壯出贅賈生以爲秦俗之薄竊疑昏姻論門戶貧富諒必相當子壯就婦家貧者固得所願恐非女家所樂若富家有女安肯與貧人昏漢時七科適戍贅壻與吏有罪亡命者並列又何故也曰說文贅以物質錢也从敖貝敖者猶放貝當復取之也漢書嚴助傳歲比不登民待賣爵贅子以接衣食如淳云淮南俗賣子與人作奴名曰贅子三年不能贖遂爲奴婢然則贅子猶今之典身立有年限取贖者去奴婢僅一閒耳秦人子壯出贅謂其父子不相顧惟利是嗜捐棄骨肉降爲奴婢而

不恥也其贅而不贖主家以女匹之則謂之贅壻故當時賤之師古謂家貧無有聘財以身爲質者非也今人以就壻爲贅壻亦失之若賣妻與人作婢謂之贅妻淮南子云贅妻鬻子是也[illegible]先謙曰二字下疑脫十字注應所二字倒借父耰鉏慮有德色師古曰耰摩田器也言㠯耰及鉏借與其父而容色自矜爲恩德也耰音憂補注先謙曰新書假父耰鉏杖彗耳慮有德色矣[illegible]母取瓢椀箕帚慮立誶語慮大計也言其俗大都如此母取箕箒立而誶語服虔曰誶猶罵也張晏曰誶責讓也師古曰張說是也誶音碎補注宋祁曰浙本箒作帚沈欽韓曰釋詁誶告也言母不得擅取須相告非責讓也先謙曰新書潭本作立而訊語古誶訊通用並有告讓之義耰鉏可借則箕箒亦可取但須告語耳然曰取或是徑取之辭則且立而責讓矣或曰誶訊皆問也言母取箕箒立而詰問不輕與之三義並通抱哺其子與公併倨師古曰哺飤也言婦抱子而哺之乃與其舅併倨無禮之甚也哺音步併音步鼎反補注沈欽韓曰呂覽異用篇孔子之弟子從遠方來者孔子荷杖而問曰子之公不有恙乎搏杖而揖之問曰子之父母不有恙乎是以祖爲公也淮南氾論宋人嫁子若公知其盜也逐而去之此以舅爲公也釋名夫之兄曰公先謙曰据下與姑對文則公專訓舅上四句以父母言乃謂其子此以公姑言是謂其婦耳婦姑不相說則反脣而相稽應劭曰稽計也相與計校也師古曰說音悅稽音上奚反補注宋祁曰反脣一作反辱劉攽曰辱或作脣其慈子耆利不同禽獸者亡幾耳師古曰唯有慈愛其

子而貪嗜財利小異於禽獸也無幾言不多也幾音居豈反補注劉奉世曰誼謂秦人不知孝義但如禽獸知愛子貪利而已此其去禽獸亡幾也顏解不明乃似云惟此小異於禽獸沈欽韓曰新書云其慈子耆利而輕簡父母也念罪非有倫理也其不同禽獸勸焉耳[illegible]此正謂其如禽獸惟知將雛甘薦也顏說謬先謙曰官本注奪音字然并心而赴時猶曰蹷六國兼天下蘇林曰蹷音厥師古曰蹷謂拔而取之補注先謙曰治要引時下有者字是也上言商君并心進取致俗敝如此然秦之君臣并心而赴時者猶曰但求功成雖遺禮義棄仁恩弗恤若無者字則文義不明新書亦作然猶并心而赴時者曰其明證也說文蹷僵也荀子成相篇國乃蹷注蹷顛覆也富國篇是之謂國蹷注蹷顛倒也蹷六國謂顛仆之拔乃引申之義不當取爲訓以功成求得矣師古曰求得所求者得也終不知反廉愧之節仁義之厚師古曰反還也補注王念孫曰古無以廉愧二字連文者愧當爲醜字之誤也廉醜卽廉恥語之轉耳故賈子時變篇作廉醜凡文秉禮義捐廉恥禮義廉恥是謂四維賈子俗激篇並作廉醜賈子書恥字多作醜逸周書亦然呂氏春秋[illegible]醜之誤信并兼之法遂進取之業師古曰信讀曰伸曰信任天下大敗眾掩寡智欺愚勇威怯壯陵衰其亂至矣是㠯大賢起之威震海內德從

天下師古曰大賢謂高祖也德從天下天下從其德補注先謙曰起之謂扶持天下之危亂也晉語世相起也注起扶持也
曩之爲秦者今轉而爲漢矣然其遺風餘俗猶尚未改今世以侈
靡相競而上亡制度棄禮誼捐廉恥日甚可謂月異而歲不同矣
逐利不耳慮非顧行也師古曰言其所追趣唯計利與不耳念慮之中非顧行之善惡也補注劉攽曰慮大
率也先謙曰慮劉說是詳見食貨溝洫二志今其甚者殺父兄矣盜者剟寢戶之簾師古
曰剟謂割取之也室有東西箱曰廟無東西箱曰寢蓋謂陵上之寢剟音輟補注先謙曰新書剟作掇搴兩廟之器
如淳曰搴取也兩廟高祖惠帝廟也師古曰搴拔也音騫又音蹇補注先謙曰張釋之傳人有盜高廟座前玉環是也白晝
大都之中剽吏而奪之金師古曰白晝晝日也言白者謂不隱晦也剽劫也音頻妙反矯僞者
出幾十萬石粟服虔曰吏矯僞徵發盈出十萬石粟師古曰服說非也幾近也言詐爲文書以出倉粟近十萬石耳
非謂徵發於下也幾音鉅依反賦六百餘萬錢乘傳而行郡國如淳曰此言富者出錢穀得高爵或
乃爲使者乘傳車循行郡國以爲榮也師古曰如說亦非也此又言矯僞之人詐爲詔令妄作賦斂其數甚多又詐乘傳而行郡國
也行音下更反補注沈欽韓曰按當緣鼂錯入粟之請得賜高爵其納粟于邊又許乘傳過郡國也如解入粟爲使者固非顏言詐

作詔令徵發亦無理先謙曰案以上數事皆實有之故誼臚舉以爲民亡行義之證此出粟賦錢乘傳行郡國即是矯僞無行義之
事顏說近之漢世奸俠橫行讀貨殖游俠兩傳可以想見不必執今疑古酷吏傳胡倩詐稱光祿大夫言使督盜賊止陳留傳舍公
孫勇衣繡衣乘駟馬車亦其比也此其亡行義之先至者也補注先謙曰官本先作尤是也小民奸僞
至極故曰尤至治要通志賈誼傳並作尤新書同而大臣特以簿書不報期會之閒以爲
大故師古曰特徒也言公卿大臣特以簿書期會爲急不知正風俗厲行義也補注宋祁云注文姚本特以作徒以至於
俗流失世壞敗因恬而不知怪師古曰恬安也音徒兼反補注王念孫曰失與泆同[illegible]因當
爲固字之誤也固與顧同顧反也[illegible]然也[illegible]言大臣但以簿書期會爲急至於俗流泆世
壞敗反恬然不以爲怪也賈子俗激篇正作固恬弗知怪先謙曰盧校新書本作因王引益別本慮不動於耳目
以爲是適然耳師古曰適當也謂事理當然補注先謙曰慮亦大率也夫移風易俗使天下
回心而鄉道類非俗吏之所能爲也師古曰鄉讀曰嚮俗吏之所務在於
刀筆筐篋師古曰刀所以削書札筐篋所以盛書補注沈欽韓曰文子徵明篇察於刀筆之迹者不知治亂之本荀子王
制篇亡國富筐篋周壽昌曰刀筆以治文書筐篋以貯財幣言俗吏所務在科條徵斂也顏注誤先謙曰沈周說是新書作加刀筆

之吏務在筐箱而不知大禮補注先謙曰官本禮作體是新書亦作體盧校云建本作大禮譌陛下又不
自憂竊爲陛下惜之夫立君臣等上下使父子有禮六親有紀師古
曰紀禮也此非天之所爲人之所設也夫人之所設不爲不立不植則
僵不修則壞師古曰植建也僵偃也音彊筦子曰師古曰筦與管同管子管仲也禮義廉恥是
謂四維四維不張國乃滅亡使筦子愚人也則可筦子而少知治
體則是豈可不爲寒心哉師古曰若以管子爲愚人其言不實則無禮義廉恥可也若以管子爲識治
體則當寒心而憂之補注王念孫曰按當從賈子俗激篇作豈不可爲寒心哉是字指四維不張而言言使管子而少知治
則今之四維不張豈不可爲寒心哉可爲寒心者危之之詞當寒心而憂之也[illegible]史記田單傳吾懼燕人掘吾城外冢墓
僇先人可爲寒心漢書杜欽傳小卞之作可爲寒心秦滅四維而不張故君臣乖亂六親殃
戮姦人並起萬民離叛凡十三歲而社稷爲虛師古曰虛讀曰丘墟補注先謙曰官
本社上有而字今四維猶未備也故姦人幾幸而眾心疑惑師古曰幾讀曰冀下亦
同豈如今定經制師古曰經常也補注先謙曰今即也令君君臣臣師古曰君爲君德臣爲臣道

上下有差父子六親各得其宜姦人亡所幾幸而羣臣眾信上不
疑惑師古曰眾信謂其爲忠信也補注王念孫曰按此本作羣信上而不疑惑今本羣下衍臣字[illegible]而字又
羣臣上師古遂以羣臣眾信爲句上不疑惑爲句矣不知此不疑惑非謂上不疑惑也姦人無所幾幸對上文姦人幾幸而
羣眾信上而不疑惑對上文眾心疑惑而言羣眾卽眾也古人自有複語耳[illegible]賈子俗激篇正作羣眾信上而不疑
業壹定世世常安而後有所持循矣師古曰執持而順行之若夫經制不定
是猶度江河亡維楫師古曰維所以繫船楫所以刺船也詩曰紼纚維之楫音集又音接中流而遇
風波船必覆矣師古曰覆音芳目反可爲長太息者此也夏爲天子十有餘
世而殷受之殷爲天子二十餘世而周受之補注周壽昌曰[illegible]爲天子至此時[illegible]
千餘言皆載大戴記保傅篇惟字句小異二十餘世彼作三十餘世注云三十一世考世表殷傳二十八王從此爲正周爲
天子三十餘世而秦受之秦爲天子二世而亡人性不甚相遠也
師古曰遠音于萬反何三代之君有道之長而秦無道之暴也補注王文彬曰大戴禮盧
注暴卒疾也案暴與長對文訓爲短促史記項羽紀贊何興之暴也當與此義同漢紀作三代有天下之長而秦享世之短亦其證

其故可知也古之王者太子迺生固舉以禮師古曰迺始也(補注)蘇輿曰新書固作因魏書李彪傳引同誼得兩通先謙曰孔廣森云春秋左傳所謂以太子生之禮舉之接以太牢是也使士負之有司齊肅端冕師古曰齊讀曰齋見之南郊見于天也師古曰見音胡電反(補注)先謙曰孔廣森云白虎通義使士負子於南郊以桑弧蓬矢六射過闕則下過廟則趨(補注)先謙曰闕大戴禮作闕即闕字孔廣森云闕象魏也天子外闕兩觀諸侯內闕一觀下下車也昔荊莊王作茅門之法太子入朝馬蹄踐霤而戮其御魯有茅闕門則茅門者闕與古曲禮曰國君下宗廟式齊牛過廟亦下二文互耳殿廟在闕內右周廟在闕內左孝子之道也故自爲赤子而教固已行矣師古曰赤子言其新生未有眉髮其色赤(補注)劉奉世曰人生則有眉髮矣顏說誤匍匐入井又非所謂新生也嬰兒體色赤故曰赤子耳昔者成王幼在繈抱之中(補注)先謙曰大戴禮繈抱作襁褓盧注武王崩成王十有三也而云在襁褓之中言其小孔廣森云新書修政語云成王年六歲即位故云襁褓注言十有三者書古文說與賈子異也據六歲即位加以攝政七年正合十有三歲之數蓋誤以嗣王之初歲爲復子明辟之元年故卻少七年耳但以保傅亦賈子書援彼證此於事則非於文則當召公爲太保周公爲太傅太公爲太師保保其身體傅傅之德意師道之教訓師古曰保安也傅輔也道讀曰導其下亦同(補注)先謙曰官本意作義是新書作德義

此三公之職也於是爲置三少皆上大夫也曰少保少傅少師是與太子宴者也師古曰宴謂安居(補注)先謙曰新書宴作燕於燕居時隨事輔導也與讀曰預故迺孩提有識三公三少固明孝仁禮義以道習之師古曰孩小兒也提謂提撕之逐去邪人不使見惡行於是皆選天下之端士師古曰端正也直也孝悌博聞有道術者以衛翼之師古曰悌音徒繼反使與太子居處出入故太子迺生而見正事聞正言行正道左右前後皆正人也夫習與正人居之不能毋正猶生長於齊不能不齊言也習與不正人居之不能毋不正猶生長於楚之地不能不楚言也(補注)先謙曰治要引作夫習與正人居之不能無正猶生長楚之鄉不能不楚言也大戴禮亦作夫習與正人居不能不正也猶生長於楚不能不楚言也並與此異故擇其所耆師古曰耆讀曰嗜擇其所樂必先有習迺得爲之(補注)先謙曰大戴禮盧注言擇其所好樂以誘之孔子曰少成若天性習貫如自然師古曰貫亦習也音工宦反及太子少長知妃色師古曰妃色妃匹之色

則人于學學者所學之官也師古曰官謂官舍(補注)先謙曰大戴禮作則入于小學小者所學之宮也學禮曰帝入東學上親而貴仁則親疏有序而恩相及矣帝入南學上齒而貴信則長幼有差而民不誣矣帝入西學上賢而貴德則聖智在位而功不遺矣帝入北學上貴而尊爵則貴賤有等而下不隃矣師古曰隃與踰同謂越制(補注)宋祁曰句末當添也字先謙曰大戴禮盧注成王年十五亦入諸學觀禮布政故引天子之禮以言之四學者東序瞽宗虞庠及四郊之學也春氣溫養故上親夏物盛小大殊故上齒秋物成實故貴德冬時物藏於地唯象於天牟見也故上爵也孔廣森云天子之學與明堂同制故明堂靈臺辟雍謂之三雍太學者辟雍之中室也虞名學爲庠夏爲序殷爲瞽宗周人兼取之以名其四堂詩曰鎬京辟雍自西自東自南自北謂辟雍居其中四學環之東堂曰東序一曰東膠養國老在焉西堂曰瞽宗周禮凡有道者有德者死則以爲樂祖祭於瞽宗故祭義云祀先賢于西學合於此上賢貴德之事也北堂曰上庠北爲冬方文王世子云冬讀書書在上庠以此南堂曰成均乃周學之正名故大司樂獨言掌成均之法五學先成均猶五宮先明堂矣易太初篇曰天子旦入東學晝入南學夕入西學莫入北學帝入太學承師問道退習而考於太傅太傅罰其不則而匡其不及師古曰則法也匡正也則惪智

長而治道得矣此五學者既成於上則百姓黎民化輯於下矣師古曰輯與集同輯和也(補注)先謙曰孔廣森云百姓百官也書曰章百姓案此文即取百姓昭明黎民於變二語爲義孔說是也及太子既冠成人(補注)先謙曰孔廣森云荀子云天子諸侯子十九而冠免於保傅之嚴則有記過之史師古曰有過則記(補注)沈欽韓曰新書作司直之史通典唐龍朔三年東宮官屬置司直本之先謙曰大戴禮記過作司過新書盧校云別本亦作司過徹膳之宰師古曰有闕則諫(補注)沈欽韓曰通典乾封元年皇太子久承內不出典膳丞邢文偉請減膳上啟曰今史雖闕官宰當奉職備所司不敢逃死謹守禮經遽申減膳先謙曰大戴禮新書並作虧膳避武帝諱改大戴禮下云太子有過史必書之史之義不得不書過不書過則死過書而宰徹去膳夫膳宰之義不得不徹膳不徹膳則死新書略同進善之旌師古曰進善言者立於旌下(補注)先謙曰大戴禮盧注堯置之誹謗之木師古曰識惡事者書之於木(補注)先謙曰大戴禮盧注堯設之使書政之僭失也孔廣森云古今注誹謗木今之華表木也以橫木交柱頭形似桔槔大路交衢悉施焉敢諫之鼓師古曰欲顯諫者則擊鼓(補注)先謙曰大戴禮盧注舜置之使諫者擊之以自聞也孔廣森云禹之令曰教寡人以道者擊鼓周官太僕建路鼓于大寢之門外以待達窮者與遽令鄭司農云若今時上變事擊鼓亦其意也瞽史誦詩工誦箴諫師古曰瞽無目者也工習樂者也(補注)王念孫曰上既言有記過之

史則此不當更言史且誦詩乃瞽之事非史之事[illegible]大戴禮保傅篇作瞽夜誦詩是也[illegible]列女母儀傳夜則令瞽誦詩是其證後書馬廖傳亦曰願置童坐側以當瞽人夜誦之音今本夜作史者涉上文而誤賈子保傅篇亦作史則後人以誤本漢書改之耳先謙曰大戴禮瞽作鼓字同本書禮樂志立樂府采詩夜誦亦其證也**大夫進謀士傳民語**補注先謙曰孔廣森云士傳春秋左傳所謂士傳言杜預曰士卑不得逕達聞君過失傳告大夫也民語傳所謂庶人謗**習與智長故切而不媿**師古曰每被切磋故無大過可恥媿之事補注先謙曰新書亦作不愧大戴禮作不擾盧注量知授業故雖勞不能受也孔廣森云古以擾爲揖讓字曲禮左右擾辟不擾言受教不辭也後漢桓郁傳引禮記云習與智長則切而不勤先謙案不媿與不擾同義顏云無可恥媿之事失之盧孔以不擾爲能受教亦非也上文引孔子曰少成若天性習貫如自然此二句正承習貫如自然言之言其習與智俱長則所習之事舉而措之純乎自然極親切而不媿退下化與心成故中道若性乃承少成若天性言之也**化與心成故中道若性**補注先謙曰孔廣森云中音訓并如從容中道之中**三代之禮春朝朝日秋暮夕月所以明有敬也**師古曰朝日以朝夕月以暮皆迎其初出也下朝音直遙反補注先謙曰有敬大戴禮作有別盧注教天下之臣也孔廣森云舊說春分朝日秋分夕月按公冠篇云以正月朝日迎日於東郊春秋莊公十八年春王三月日有食之穀梁傳云不言日不言朔

夜食也何以知其夜食也曰王者朝日由此言之朝日於朔夕月於望與**春秋入學坐國老執醬而親餽之**師古曰餽字與饋同補注先謙曰大戴禮盧注仲春舍菜合儛仲秋班樂合聲天子視學而遂養老孔廣森云國老三老也王制凡養老有虞氏以燕禮夏后氏以饗禮殷人以食禮周人修而兼用之然此饋醬者食禮也漢辟雍儀云三公設几九卿正履天子親袒割牲執醬而饋執爵而酳祝鯁在前祝饐在後**所以明有孝也**補注先謙曰大戴禮盧注教天下之子也孔廣森云祭義曰貴老爲其近於親也**行以鸞和**師古曰鸞和車上鈴也解在禮樂志補注先謙曰以大戴禮作中是盧注行車行也**步中采齊**師古曰樂詩名也字或作薺又作茨並音律私反補注先謙曰新書作采薺大戴禮作采茨孔廣森云逸詩篇名或以爲齊夏餘見下**趨中肆夏**師古曰亦樂詩名趨讀曰趨疾步也凡此中者謂與其節相應也並音竹仲反補注王文彬曰大戴禮盧注爾雅堂上謂之行門外謂之趨周禮及玉藻曰行以肆夏趨以采茨此云步中采茨趨中肆夏又云行以采茨趨以肆夏則於大寢之內奏采茨朝廷之中奏肆夏與周禮文誤也孔廣森云燕禮記賓及庭奏肆夏郊特牲賓入大門而奏肆夏肆夏奏於門內以爾雅證之不當言趨周禮文是也國語金奏肆夏繁遏渠呂叔玉說肆夏時邁也繁遏執競也渠思文也文彬按周禮鄭注略云行者謂於大寢之中[illegible]行趨謂於朝廷王出至堂而肆夏作出路門而采薺作其反入至應門路門亦如之疏謂此據出時從內向外言玉藻趨以采薺行以肆夏先趨後行據入時從外向內言樂節則同是二經言行趨先後不同而肆夏采薺自有定屬燕禮記所云賓及庭謂及寢庭郊特牲所云賓入大門疏云賓行朝聘既畢燕享之時燕則大門是寢門享則大門是廟門是寢廟各異奏肆夏於門內則同尤足證本傳步趨互倒先謙曰官本注此作言是**所以明有度也**補注先謙曰大戴禮盧注教天下儀也**其於禽獸見其生不食其死聞其聲不食其肉**補注先謙曰新書上不食作不忍下不食作不嘗**故遠庖廚所以長恩且明有仁也**師古曰遠音于萬反長音竹兩反**夫三代之所以長久者以其輔翼太子有此具也及秦而不然其俗固非貴辭讓也所上者告訐也**師古曰訐謂面相斥罪也音居謁反補注先謙曰說文訐面相斥罪相告訐也蓋面相斥罪而又告發之故謂之訐顏但以面相斥罪訓訐字則於義未盡[illegible]論語惡訐以爲直者孔注發人之私曰訐新書禮容篇訐則誣人是訐兼告義不當僅以面相斥罪釋之本書王商傳父子相訐顏彼注云訐告斥其罪也其說是矣**固非貴禮義也所上者刑罰也使趙高傅胡亥而教之獄所習者非斬劓人則夷人之三族也故胡亥今日即位而明日射人忠諫者謂之誹謗深計者謂之妖言其視殺人若艾草菅然**師古曰艾讀曰刈菅茅也音姦**豈**

惟胡亥之性惡哉彼其所以道之者非其理故也師古曰道讀曰導**鄙諺曰不習爲吏視已成事**補注王念孫曰視已成事本作如視已事此後人不解如字之義而改之也已事即成事無庸更加成字如者當也[illegible]則當視已事以爲法也[illegible]下文云三代之所以長久者其已事可知也已事二字正承此文言之是其明證矣師古注下文云已事已往之事而於此無注則所見本已誤[illegible]大戴禮正作如視已事賈子作而視已事而亦如也**又曰前車覆後車誡**補注沈欽韓曰說苑善說篇魏公乘不仁曰周書曰前車覆後車戒荀子成相篇前車已覆後未知更何覺時**夫三代之所以長久者其已事可知也**師古曰已事已往之事**然而不能從者是不法聖智也**師古曰法謂則而效之**秦世之所以亟絕者其轍跡可見也**師古曰亟急也音居力反車跡曰轍**然而不避是後車又將覆也夫存亡之變治亂之機其要在是矣天下之命縣於太子太子之善在於早諭教與選左右**師古曰諭曉告也與猶及也**夫心未濫而先諭教則化易成也開於道術智誼之指則教之力也**補注王念孫曰智誼之指本作智誼理之指智讀曰知[illegible]

子法法篇得此六者而君父不智也尹注讀智爲智慧之智非也督與知同言權已下移而上不知故有欲文欲君之篇也君臣篇四者一作而上不知也則國之危可坐而待也語意正與此同智字古有二音一爲智慧之智一爲知識之知說文智議詞也是智郎知識之知廣雖覺竊聞曉哲智也欲哲爲智慧之智覺聞聽齊知義之知是智有二音二義也墨子師莊篇力不足財不聽智不督禮識篇逑臣不智其處徇犬不智其名耕莊篇豈能智數百歲之後藏呂覽忠審篇若此人者固雜得其惠雜得之有不智韓子鬲續篇智不類越而不智不類其國不察其類者也秦兼楚智横門君之善用兵流南詮言篇有智若無智有能若無龍以上諸智字告與知字同義與開字相對爲文謂開通於道術識義理之指也後人誤讀智爲智慧之智則智誼理三字義不相屬故刪去理字而不知智誼二字義亦不相屬也通鑑無理字則所見漢書本已然大戴禮賈子竝作知義理之指舊本賈子皆如是近時盧校本又刪理字若其服習積貫則左右而已師古曰貫音工宦反夫胡粵之人生而同聲耆欲不異師古曰耆讀曰嗜補注沈欽韓曰荀子勸學篇于越夷貉之子生而同聲長而異俗教使之然也與此文意同及其長而成俗累數譯而不能相通行者雖死而不相爲者蘇林曰言其人之行不能易事相爲處補注宋祁曰浙本無者字爲是不但成語亦與注會王文彬曰爲助也論語夫子不爲也皇疏爲猶助也此言其人行事與雖至老死各不相助老子安其居樂其俗民至老死不相往來與此同意先謙曰行者之者官本作有是也新書同大戴禮作行雖有死不能相爲者蓋文誤倒通鑑又刪行字則教習然也臣故曰選左右早諭教最急夫教得而左右正則太子正矣補注宋祁曰越本得字上有有字太子正而天下定矣書曰一人有慶兆民賴之師古

曰周書呂刑之辭也一人天子也言天子有善則兆庶獲其利此時務也凡人之智能見已然不能見將然師古曰將然謂欲有其事夫禮者禁於將然之前而法者禁於已然之後是故法之所用易見而禮之所爲生難知也補注錢大昭曰生閩本作用若夫慶賞以勸善刑罰以懲惡先王執此之政堅如金石行此之令信如四時據此之公無私如天地耳豈顧不用哉師古曰顧猶反也然而曰禮云禮云者貴絕惡於未萌而起教於微眇師古曰眇細小也使民日遷善遠辠而不自知也師古曰見善則遷畏辠而離孔子曰聽訟吾猶人也必也使毋訟乎師古曰論語載孔子之言也言使吾聽訟與眾人齊等然能先以德義化之使其無訟爲人主計者莫如先審取舍師古曰取謂所擇用也舍謂所棄置也取舍之極定於內而安危之萌應於外矣師古曰極中也萌始生也安者非一日而安也危者非一日而危也皆以積漸然不可不察也人主之所積在其取舍補注宋祁曰浙本舍字下有中字音當丁仲反上言審此言中理自明白以禮義治之者積禮義以刑罰治之者積刑罰刑罰積而民怨背禮義積而民和親故世主欲民之善同而所以使民善者或異或道之以德教或歐之以法令師古曰道讀曰導歐與驅同下皆類此補注先謙曰歐官本作敺注同道之以德教者德教洽而民氣樂歐之以法令者法令極而民風哀哀樂之感禍福之應也秦王之欲尊宗廟而安子孫與湯武同然而湯武廣大其德行六七百歲而弗失秦王治天下十餘歲則大敗此亡它故矣湯武之定取舍審而秦王之定取舍不審矣夫天下大器也今人之置器置諸安處則安置諸危處則危天下之情與器亡以異在天子之所置之湯武置天下於仁義禮樂而德澤洽禽獸草木廣裕師古曰裕饒也德被蠻貊四夷累子孫數十世此天下所共聞也秦王置天下於法令刑罰德澤亡一有而怨毒盈於世下憎惡之如仇讎既幾及身子孫誅絕師古曰幾音鉅依反此天下之所共見也是非其明效大驗邪人之

言曰聽言之道必以其事觀之則言者莫敢妄言今或言禮誼之不如法令教化之不如刑罰人主胡不引殷周秦事以觀之也師古曰胡何也人主之尊譬如堂羣臣如陛眾庶如地故陛九級上廉遠地則堂高師古曰級等也廉側隅也補注王文彬曰陛九級上者天子階九等每一尺爲一級也儀禮燕禮賈疏云禮器天子之堂九尺諸侯七尺大夫五尺士三尺士冠禮降三等受爵弁鄭注云降三等下至地則士以三等爲階以此推之一尺爲一階大夫五尺五等階諸侯七尺七等階天子九尺九等階可知陛亡級廉近地則堂卑高者難攀卑者易陵師古曰陵乘也理執然也故古者聖王制爲等列內有公卿大夫士外有公侯伯子男然後有官師小吏師古曰官師一官之長延及庶人等級分明而天子加焉故其尊不可及也里諺曰欲投鼠而忌器此善諭也鼠近於器尚憚不投恐傷其器況於貴臣之近主乎師古曰近音其靳反廉恥節禮以治君子補注先謙曰治要引作禮節新書同通鑑作節禮是司馬公所見漢書已與今本同矣故有賜死而亡戮辱是以黥劓之辠不及大夫以其離主上

不遠也禮不敢齒君之路馬蹵其芻者有罰師古曰齒謂審其齒歲也芻所食之草也蹵音千六反見君之几杖則起遭君之乘車則下入正門則趨君之寵臣雖或有過刑戮之辠不加其身者尊君之故也補注周壽昌曰方扶南云此固古禮然則申屠之欲斬鄧通未必是而孔光之禮接董賢未必非耶余案寵臣非倖臣嬖臣之比說文寵尊居也一曰愛也恩也易承天寵也書居寵思危左傳陳桓公方有寵于王皆是蓋爲君所貴愛之臣也不得援寵幸爲說先謙曰下文云眾庶之所嘗寵亦尊貴之義也此所㠯爲主上豫遠不敬也師古曰遠離也所㠯體貌大臣而厲其節也師古曰體貌謂加禮容而敬之今自王侯三公之貴皆天子之所改容而禮之也古天子之所謂伯父伯舅也師古曰天子呼諸侯長者同姓則曰伯父異姓則曰伯舅伯長也而令與眾庶同黥劓髠刖笞傌棄市之法蘇林曰傌音罵補注周壽昌曰廣韻傌罵本字玉篇罵詈也先謙曰案官本令作今二字形近易譌新書及治要引作令通鑑及通志賈誼傳作令文義兩通然則堂不亡陛虖被戮辱者不泰迫虖師古曰迫迫天子也廉恥不行補注先謙曰新書有也字大臣無迺握重權大官而有徒隸亡恥之心虖補注先謙曰大官猶言高爵

前漢四十八　二七八

夫望夷之事二世見當㠯重法者如淳曰決罪曰當閻樂殺二世於望夷宮本由秦制無忌上之風也補注劉奉世曰趙高殺二世蓋又以法定其罪先謙曰趙高弒逆何云以法定二世之罪劉說非也當以重法卽決死之謂言二世見弒者由秦上刑罰積習致然投鼠而不忌器之習也臣聞之履雖鮮不加於枕補注先謙曰新書作弗以加枕冠雖敝不㠯苴履師古曰苴者履中之藉也音子余反補注宋祁曰苴當作子汝反沈欽韓曰韓非外儲左篇費仲說紂曰冠雖穿敝必戴于頭履雖五采必踐之于地文子上德篇冠則戴枝之絲則足蹍之先謙曰上文章父薦屨漸不可久喻意正同夫嘗已在貴寵之位天子改容而體貌之矣吏民嘗俯伏㠯敬畏之矣今而有過帝令廢之可也退之可也賜之死可也滅之可也若夫束縛之係緤之師古曰緤謂㠯長繩係之也緤音先列反輸之司寇編之徒官師古曰司寇主刑罰之官編次列也補注王念孫曰此及下兩司寇皆當作司空司空掌役使罪人之事故曰輸之司空編之徒官徒謂役徒也周官大司寇曰桎梏而坐諸嘉石役諸司空史記儒林傳安得司空城旦書乎徐廣曰司空主刑徒之官也皆其證司空小吏詈罵而榜笞之者謂力作不中程則小吏從而笞辱之陳咸傳咸爲南陽太守豪猾吏及大姓犯法輒論輸府以律程作司空爲地臼木杵舂不中程輒加罪笞事與此相類也後人不解輸之司空之語故改兩司

空爲司寇不知役使罪人非司寇所掌且司寇定其罪而後輸之司空則不得更言輸之司寇也師古云司寇主刑罰之官則所見本已誤作司寇賈子階級篇作司寇亦後人以誤本漢書改之百官表宗正屬官有都司空令丞如淳曰律司空主水及罪人引此文輸之司空編之徒官是其明證矣周壽昌曰秦廢周制不稱司寇名大李見呂覽李一名廷尉漢承秦制有廷尉無司寇哀帝元壽二年雖造司寇職而帝旋崩未竟其事故終漢世無此官百官表亦未載此司寇是罪名非官名顏注主刑罰之官言是官所也刑法志隸臣妾滿二歲爲司寇王子侯表楊邱共侯安耐爲司寇蓋復作徒刑也在孝景帝四年與誼時相近此云輸之司寇明是繫之刑所而編列於徒官下云司寇小吏新書亦云司寇牢正徒長小吏明非同廷尉尊官此司寇字似非誤也先謙曰王說較長司寇小吏詈罵而榜笞之師古曰榜音彭殆非所㠯令眾庶見也夫卑賤者習知尊貴者之一旦吾亦迺可㠯加此也蘇林曰知其有一旦之刑補注先謙曰言知尊貴者之一旦吾亦可加以非禮也新書無此字則謂一旦可加乎其上也語意略同蘇說非非所㠯習天下也非尊尊貴貴之化也夫天子之所嘗敬眾庶之所嘗寵死而死耳補注王念孫曰死而死耳猶言死則死耳也古者而與則同義說見釋詞賤人安宜得如此而頓辱之哉豫讓事中行之君智伯伐而滅之師古曰行音胡剛反補注先謙曰官本注胡作戶

前漢四十八　二七九

移事智伯及趙滅智伯豫讓釁面吞炭鄭氏曰釁漆面㠯易貌吞炭㠯變聲也師古曰釁熏也㠯毒藥熏之補注劉奉世曰釁謂以物塗之取以釁鼓故謂之釁爾訓熏與漆皆非也必報襄子五起而不中人問豫子豫子曰中行眾人畜我我故眾人事之智伯國士遇我我故國士報之故此一豫讓也反君事讐行若狗彘已而抗節致忠行出虖列士補注先謙曰列烈古通用與上列士徇名同義人主使然也故主上遇其大臣如遇犬馬彼將犬馬自爲也如遇官徒彼將官徒自爲也頑頓亡恥師古曰頓讀曰鈍補注先謙曰官本作頓音鈍奊詬亡節師古曰奊詬謂無志分也奊音胡結反詬音后補注劉台拱曰奊本作謑古字省耳說文謑詬恥也謑或从奊廣雅謑詬恥也曹憲音乎啟反廉恥不立且不自好師古曰自好猶言自喜也好音呼倒反苟若而可師古曰若猶然故見利則逝見便則奪師古曰逝往也主上有敗則因而挻之矣服虔曰音挻起師古曰挻音式延反補注沈欽韓曰廣雅挻取也淮南子俶眞訓撢掞挻挏世之風俗高注挻挏猶上下以求利便也方言秦晉之間凡取物而逆謂之篡楚部或謂之挻先謙曰官本注起下有也字無下音字主上有患則吾苟免而已立而觀之耳有便吾

身者則欺賣而利之耳人主將何便於此師古曰此於人主爲不便也便音頻面反羣下至衆而主上至少也所託財器職業者粹於羣下也蘇林曰粹純也言其埶悉在羣下〔補注〕先謙曰蘇林官本作師古此借粹爲萃蘇釋爲純望文生義耳俱亡恥俱苟妄則主上最病故古者禮不及庶人刑不至大夫所以厲寵臣之節也古者大臣有坐不廉而廢者不謂不廉曰簠簋不飾師古曰簠簋所以盛飯也方曰簠圓曰簋簠音甫又音扶簋音軌坐汙穢淫亂男女亡別者不曰汙穢曰帷薄不修坐罷軟不勝任者不謂罷軟曰下官不職師古曰罷廢於事也軟弱也罷讀曰疲軟音人兗反故貴大臣定有其辠矣猶未斥然正以謼之也師古曰謼古呼字尙遷就而爲之諱也故其在大譴大何之域者師古曰譴責也何問也域界局也聞譴何則白冠氂纓鄭氏曰以毛作纓白冠喪服也〔補注〕沈欽韓曰荀子正論篇墨黥慅嬰楊倞曰當爲澡纓鄭云凶冠之飾令罪人服之愼子作草纓案此氂纓亦必有誤以毛作纓於古未聞盤水加劍造請室而請辠耳應劭曰請室請罪之室蘇林曰音絜清胡公漢官車駕出有請室令在前先驅此官有別獄也如淳曰水性平若已有正罪君以平

法治之也加劍當以自刎也或曰殺牲者以盤水取頸血故示若此也師古曰二說皆是〔補注〕沈欽韓曰据蘇說蓋請室令先驅淸道字本當爲淸呂覽精諭篇作法室新書耳痺篇大夫種縶領謝室謝又請之誤先謙曰盧文弨云如蘇言則漢書請室亦有作淸室者建本新書此文正作淸室知蘇言非謬矣三輔黃圖作靜室上不執縛係引而行也其有中罪者聞命而自弛師古曰中罪非大非小也弛廢也自廢而死弛音式爾反〔補注〕先謙曰顏訓自弛爲自廢而死其義不明與下頸盭而加亦不相合魯語及楚辭悲回風注並云弛毀也聞命而免衣冠就桎械自毀其容儀不待上使人戾頸而加褫辱也此雖不至大辠然較譴何者爲重不能冠纓請辠故須自毀而就獄也不至死故云中罪也上不使人頸盭而加也蘇林曰不戾其頸而親加刀鋸也師古曰盭古戾字音盧結反〔補注〕先謙曰盭當爲盭官本不誤既是中罪何至戾頸而加刀鋸蘇說非也解見上其有大辠者聞命則北面再拜跪而自裁師古曰裁謂自刑殺也上不使捽抑而刑之也師古曰捽持頭髮也抑謂按之也捽音才兀反曰子大夫自有過耳服虔曰子者男子美號吾遇子有禮矣遇之有禮故羣臣自憙師古曰憙讀曰喜音許吏反憙好也好爲志氣也〔補注〕宋祁曰王仲弓謂憙字宜曰喜讀爲憙先謙曰新書作自喜盧文弨云宋引王說亦謂當作喜案本當作喜故顏讀本文憙爲喜王云宜曰喜讀爲憙誤矣嬰以廉恥故人矜節行師古

曰嬰加也矜尙也上設廉恥禮義以遇其臣而臣不以節行報其上者則非人類也故化成俗定則爲人臣者主耳忘身孟康曰唯爲主耳不念其身〔補注〕先謙曰建本新書耳皆作醜醜亦恥也諸本皆作爾國耳忘家公耳忘私利不苟就害不苟去唯義所在上之化也故父兄之臣誠死宗廟法度之臣誠死社稷輔翼之臣誠死君上守圄扞敵之臣〔補注〕沈欽韓曰圄同禦月令正義圄止也管子書禦皆作圄誠死城郭封疆故曰聖人有金城者比物此志也李奇曰志記也凡此上陳廉恥之事皆古記也如淳曰比謂比方也使忠臣以死社稷之志比於金城也師古曰二家之說皆非也此言聖人厲此節行以御羣下則人皆懷德勠力同心國家安固不可毀狀若金城也尋其下文義可曉矣〔補注〕沈欽韓曰管子七法篇有金城之守故能定宗廟育男女說苑說叢篇犬吠不驚命曰金城先謙曰盧文弨云建本潭本新書作此物比志也別本作此物此志也宜從漢書先謙案物類也易繫辭下傳韓注左桓昭傳注晉語注並同志意也廣雅釋詁釋言互相爲訓書舜典詩言志史記五帝紀作詩言意孟子不以辭害志文心雕龍志作意是字又通假言臣各效死取義則爲國家不拔之基聖人有金城之語正比類此意也官本注狀作拔是彼且爲我死故吾得與之俱生彼且爲我亡故吾得與之俱存夫將爲我危故吾得與之皆安師古

曰夫夫人也亦猶彼人耳夫音扶顧行而忘利守節而仗義故可以託不御之權可以寄六尺之孤應劭曰言念主忘身憂國忘家如此可託權柄不須復制御也六尺之孤未能自立者也〔補注〕先謙曰官本注御作禦此厲廉恥行禮誼之所致也主上何喪焉師古曰如此則於主上無所失此之不爲而顧彼之久行也服虔曰彼謂亡國也師古曰顧反久謂久行之也言何不爲投鼠忌器之法而反久行無陛級之事〔補注〕先謙曰胡注此謂以禮義廉恥遇其臣彼謂戮辱貴臣言不爲此而反久行彼也先謙案据顏注正文本無行字但云而顧彼之久故顏釋云久謂久行之也若元有行字不須加注矣故曰可爲長太息者此也師古曰誼上疏言可爲長太息者六今此至三而止蓋史家直取其要切者耳故下贊云掇其切於世事者著於傳是時丞相絳侯周勃免就國人有告勃謀反逮繫長安獄治卒亡事復爵邑故賈誼以此譏上上深納其言養臣下有節是時大臣有罪皆自殺不受刑至武帝時稍復入獄自甯成始〔補注〕先謙曰成在酷吏傳初文帝以代王入卽位後分代爲兩國立皇子武爲代王參爲太原王小子勝則梁王矣後又徙代王武爲淮陽王而太原王參爲

代王盡得故地居數年梁王勝死亡子誼復上疏曰補注先謙曰注中云梁王薨無子國除則王國官省可知而誼方上書請益封梁淮陽則是以故二千石留長安也陛下即不定制如今之埶不過一傳再傳服虔曰一二傳世也諸侯猶且人恣而不制豪植而大強師古曰植立也補注先謙曰胡注言人人自恣而不可制矜豪自植立太過於強也漢法不得行矣陛下所以為蕃扞及皇太子之所恃者唯淮陽代二國耳師古曰蕃翰得宜則嗣主安固故云皇太子之所恃也補注先謙曰翰當為扞之誤代北邊匈奴與強敵為鄰能自完則足矣而淮陽之比大諸侯廑如黑子之著面師古曰黑子今所謂黶子也著音直略反適足以餌大國耳師古曰餌謂為其所吞食不足以有所禁禦方今制在陛下制國而令子適足以為餌豈可謂工哉人主之行異布衣布衣者飾小行競小廉以自託於鄉黨人主唯天下安社稷固不耳高皇帝瓜分天下以王功臣反者如蝟毛而起師古曰蝟蟲名也其毛為刺音謂以為不可故蘄去不義諸侯而虛其國如淳曰不義諸侯彭越黥布等師古曰蘄讀與芰同謂芰刈之

補注先謙曰官本義並作誼擇良日立諸子雒陽上東門之外師古曰諸侯國皆在關東故於東門外立之也東面最北出門曰上東門補注齊召南曰按諸侯並在關東固不必言此文謂雒陽上東門也考高紀帝雖自雒陽入都關中而六年封子肥齊王七年封子如意代王九年徙王趙十一年立子恆代王子恢梁王子友淮陽王帝實在雒陽行封冊也惟立子長淮南王十二年立子建燕王則帝在長安耳賈生從其最多者言之雒陽亦有上東門與長安門同名以地勢言之燕趙代在雒陽東北齊梁在其東吳楚淮南則在其東南也畢以為王師古曰畢猶盡補注宋祁曰注末當有也字先謙曰官本注文在下文安字下而天下安故大人者不牽小行以成大功今淮南地遠者或數千里越兩諸侯師古曰越過也兩諸侯梁及淮陽而縣屬於漢師古曰為縣而屬漢補注劉奉世曰縣讀如懸王念孫曰劉音是也淮南主術篇注縣遠也言越兩國之地而遠屬於漢也上文云淮南地遠者或數千里是其證矣荀子修身篇彼人之才性之相縣也豈若跛鼈之與六驥足哉相縣謂相遠也史記高祖紀縣隔千里謂遠隔也其吏民繇役往來長安者自悉而補中道衣敝應劭曰自悉其家資財補縫作衣師古曰悉盡也補注宋祁曰新書云自悉以補行先謙曰今新書無此語殆後人刪之錢用諸費稱此師古曰稱音尺孕反其苦屬漢而欲得王至甚補注先謙曰言欲得漢為立王其情至亟逋逃而歸諸侯

者已不少矣其埶不可久臣之愚計願舉淮南地以益淮陽而為梁王立後割淮陽北邊二三列城孟康曰列城縣補注先謙曰官本注文在下文益梁下與東郡以益梁不可者可徙代王而都睢陽補注先謙曰不可謂帝不以前說為然梁起於新郪以北著之河師古曰新郪潁川縣也郪音千移反著音直略反補注先謙曰在今潁州府太和縣北七十里淮陽包陳以南揵之江晉灼曰包取也如淳曰揵謂立封界也或曰揵接也師古曰揵音鉅偃反補注王念孫曰揵當為捷字之誤也隸書捷字或作揵與揵字相似因誤而為揵漢巴郡太守張納功德敘收功獻捷捷字作捷是其證也士冠禮建柶今本譌作捷柶史記衛世家嗣伯卒子捷伯並[illegible]正義引作建伯蓋從建從建之字傳寫往往譌[illegible]捷之言接也如淳前說是解揵字故訓為立後說是解捷字故訓為接後說是也諸書無訓揵為接者而捷與接同義如氏讀揵為捷故[illegible]爾雅接捷也郭注捷謂相接續也公羊春秋莊十二年宋萬弒其君接僖三十二年鄭伯接卒文十四年晉人內接菑于邾婁左傳穀梁皆作捷莊子則陽篇接子人表作捷子是捷與接字異而義同梁起於新郪著之河者著音直略反謂相聯屬也淮陽包陳以南捷之江者捷與接同亦謂相聯屬也此言梁之地北屬於河淮南之地南屬於江也如淳前說訓揵為立非也淮陽包陳以南立之江斯為不詞矣則大諸侯之有異心者破膽而不敢謀梁足以扞齊趙淮陽足以禁吳楚陛下高枕終亡山東

之憂矣此二世之利也如淳曰從誼言可二世安耳師古曰言帝身及太子嗣位之時當今恬然適遇諸侯之皆少師古曰恬安也少謂年少數歲之後陛下且見之矣夫秦日夜苦心勞力以除六國之既今陛下力制天下頤指如意如淳曰但動頤指麾則所欲皆如意補注劉奉世曰頤指兩事吳仁傑曰陳勝傳卒中往往指目勝廣謂手指目視之此固為兩事若頤指則如貢禹所云家富勢足目指氣使耳師古謂動目以指物出氣以使人然則頤指目指正自一意如說是也山谷詩云外間李父頤指麾用此王念孫曰案人之動頤不能指麾如說非也頤當為顧顧指謂目顧人而指使之也顧與頤草書相似因譌而為頤左思吳都賦搴旗若顧指劉逵注引此傳曰顧指如意是所見本與如本不同也莊子天地篇手撓顧指四方之民莫不俱至是其證[illegible]草貢禹傳目指氣使顏注動目以指物出氣以使人燕策馮几據杖眄視指使後漢書仲長統傳睇眄則人從其目之所視喜怒則人隨其心之所慮義與顧指竝相近先謙曰凡人出氣使人頤與目俱頤指之說未為非也新書本作頤指王引莊子顧指釋文云本亦作頤指是義得兩通如吳說是舊唐書郭子儀傳麾下老將若李懷光輩數十人皆王侯重貴子儀頤指進退如僕隸焉唐書王翰傳家畜聲伎目使頤令頤指之義承用甚古王据文選劉注所引削本以駁如淳並謂動頤不能指麾失之泥矣高拱以成六國之既難以言智苟身亡事畜亂宿既孰視而不定師古

曰斋讀曰蓄補注先謙曰孰官本作熟引宋祁曰熟字舊本無灬後孰計亦無火當去四點萬年之後傳之老母弱子將使不寧不可謂仁臣聞聖主言問其臣而不自造事師古曰欲發言則問其臣補注王引之曰師古以言為發言非也言亦問也連稱言問者古人自有複語耳爾雅訊言也郭注相問訊廣雅言問也聘禮若有言則以束帛如享禮鄭注有言有所告請若有所問也曲禮君言不宿於家注言謂有故所問也曾子問召公言於周公正義曰言猶問也哀公問曰寡人願有言然冕而親迎不已重乎左昭二十五年傳叔孫氏之司馬鬷戾言於其衆曰若之何此古人謂問為言之證周官冢人言鸞車象人注鄭司農云言言問其不如濩度者大祝言甸人注鄭司農云甸人主設復梯大祝主言問其具梯物小雅出車篇執訊獲醜鄭箋訊言也執其可言問所獲之衆以歸大雅皇矣篇執訊連連箋曰訊言也執所生得者而言問之此言問二字連用之證故使人臣得畢其愚忠唯陛下財幸師古曰財與裁同裁擇而幸從其言補注王念孫曰如師古說則財幸二字意不相屬今案財猶少也唯陛下財幸者唯陛下少幸從之猶下文言願陛下少留計也諸葛豐傳唯陛下裁幸佞幸傳唯陛下哀憐財幸義並同也鼂錯傳唯陛下財察又曰唯陛下財察皆言唯陛下少察之也鼂錯傳又曰唯陛下財擇王吉傳唯陛下財擇焉皆言唯陛下少擇之也張安世傳唯天子財哀以全老臣之命言唯天子少哀之也李尋傳唯財留神反覆愚臣之言言唯陛下少留神猶賈誼願陛下少留計也師古以財為截點非是師丹傳唯陛下財覽衆

心言唯陛下少覽衆心也財與裁古通用亦通作纔李陵傳注財僅也廣雅菫少也菫與僅同文帝於是從誼計迺徙淮陽王武為梁王北界泰山西至高陽得大縣四十餘城從城陽王喜為淮南王撫其民時又封淮南厲王四子皆為列侯補注先謙曰據文紀梁王勝死在十一年封厲王四子在八年班氏載此事於前疏後益諫王淮南諸子亦在十一年也初封列侯無緣便知復王通鑑載誼疏於八年失之誼知上必將復王之也上疏諫曰竊恐陛下接王淮南諸子孟康曰接音挾挾持欲王淮南諸子也臣瓚曰謂已恩接待而王之師古曰二說皆非也謂接今時當即王之言不久也接猶續也猶今人言續復也補注先謙曰顏訓接為續是也言前既封淮南王子為侯竊恐續復王之語意自明簡不必又云接今時當即王之注末也字官本作爾曾不與如臣者孰計之也淮南王之悖逆亡道天下孰不知其辠師古曰悖惑也音布內反陛下幸而赦遷之自疾而死天下孰㠯王死之不當今奉尊罪人之子適足㠯負謗於天下耳師古曰言若尊王其子則是厲王無罪漢枉殺之此人少壯豈能忘其父哉師古曰少壯猶言稍長大白公勝所為父報仇者大父與伯父叔父也師古曰白公楚平王之孫太子建之子也大父即祖謂平王也伯父叔父平王之子也事見春秋傳補注先謙曰官本注平王之子也之作諸白公為亂非欲取國代主也發憤快志剡手㠯衝仇人之匈師古曰剡利也音弋再反補注先謙曰官本憤作忿注再作冉是固為俱靡而已師古曰言與仇人俱滅斃也靡碎也音武皮反補注先謙曰官本皮作彼引宋祁曰越本靡武皮反淮南雖小黥布嘗用之矣漢存特幸耳師古曰言漢之勝布得存此直天幸耳夫擅仇人足㠯危漢之資於策不便師古曰言假四子㠯資權則當危漢雖割而為四四子一心也予之衆積之財此非有子胥白公報於廣都之中即疑有剸諸荆軻起於兩柱之閒師古曰剸諸刺吳王荆軻刺秦皇事見春秋傳及燕丹子也補注先謙曰言非顯稱兵即暗行刺所謂假賊兵為虎翼者也應劭曰周書云無為虎傅翼將飛入邑擇人而食之補注先謙曰假借也史記范雎傳齊所以大破者以其伐楚而肥韓魏也此所謂借賊兵齎盜糧者也假賊兵與為虎翼是二喻願陛下少留計梁王勝墜馬死李奇曰文三王傳言揖此言勝為有兩名誼自傷為傅無狀師古曰無善狀常哭泣後歲餘亦死賈生之死年三十三矣補注先謙曰汪中云梁懷王死本紀在十一年表云十年參其前後以紀為正則賈生之卒在十二年其生在高帝

之七年也先謙案文紀封齊悼惠王淮南厲王諸子在十六年下文云後四年是誼死為十二年無疑史記日者傳云王墮馬薨誼不食恨而死與史記誼傳不合誼死距王薨歲餘則云不食恨死者非其實也後四歲齊文王薨亡子文帝思賈生言補注先謙曰官本言上有之字迺分齊為六國盡立悼惠王子六人為王補注先謙曰誼前疏言梁足扞齊趙淮陽足禁吳楚帝慮齊大難制值文王薨帝思誼言迺分王悼惠六子以弱之又遷淮南王喜於城陽而分淮南為三國盡立厲王三子㠯王之後十年文帝崩補注先謙曰據文紀十當為七景帝立三年而吳楚趙與四齊王合從舉兵韋昭曰四齊王膠東膠西菑川濟南也師古曰從音子容反西鄉京師師古曰鄉讀曰嚮梁王扞之卒破七國至武帝時淮南厲王子為王者兩國亦反誅補注先謙曰淮南王安衡山王賜孝武初立舉賈生之孫二人至郡守賈嘉最好學世其家師古曰言繼其家業補注先謙曰史記傳末褚先生補云至孝昭時列為九卿

贊曰劉向稱賈誼言三代與秦治亂之意其論甚美通達國體雖古之伊管未能遠過也師古曰伊伊尹管管仲使時見用功化必盛為庸臣

所害甚可悼痛追觀孝文玄默躬行以移風俗師古曰躬行謂身親儉約之行也自追觀以下竝史家之詞誼之所陳略施行矣及欲改定制度以漢爲土德色上黃數用五〔補注〕周壽昌曰案武帝紀太初五年夏五月正厤遂以正月爲歲首色上黃數用五似皆追行賈生之言卽文帝十五年黃龍見成紀改爲土德未嘗非由生言發之及欲試屬國施五餌三表以係單于師古曰賈誼書謂愛人之狀好人之技仁道也信爲大操常義也愛好有實已諾可期十死一生彼將必至此三表也賜之盛服車乘以壞其目賜之盛食珍味以壞其口賜之音樂婦人以壞其耳賜之高堂邃宇府庫奴婢以壞其腹於來降者上以召幸之相娛樂親酌而手食之以壞其心此五餌也〔補注〕宋祁曰注文常義監本及新書皆云帝義也先謙曰官本注府作倉其術固以疏矣誼以夭年早終〔補注〕先謙曰官本以夭二字作亦天雖不至公卿未爲不遇也凡所著述五十八篇掇其切於世事者著于傳云師古曰掇拾也音丁活反

賈誼傳第十八終　　漢書四十八

爰盎鼂錯傳第十九師古曰鼂古朝字其下作朝盎通用耳　　漢書四十九

漢　蘭　臺　令　史班　固　撰

唐正議大夫行祕書少監琅邪縣開國子顏師古注

賜進士出身前翰林院編修國子監祭酒加三級臣王先謙補注

爰盎字絲其父楚人也師古曰盎音一浪反〔補注〕齊召南曰史記作袁按爰與袁轅通史游急就章云爰展世師古注陳申公後世孫爰諸生爰濤塗因而命氏其後或爲轅字又作袁字本一族也按爰濤塗左傳作轅公穀作袁袁盎史記作袁漢書作爰實係通用故爲羣盜從安陵師古曰羣盜者羣眾相隨而爲盜也〔補注〕先謙曰據史記其父爲盜也高后時盎爲呂祿舍人孝文卽位盎兄噲任盎爲郎中師古曰盎爲兄所保任故得爲郎中也〔補注〕先謙曰官本師古作如淳集解引亦作如淳官本是也郎中史記作中郎絳侯爲丞相朝罷趨出意得甚師古曰意甚自得也上禮之恭常目送之〔補注〕先謙曰史記目作自集解徐廣曰自一作目案君無自送臣之理帝禮絳侯亦不至是目送是也盎進曰丞相何如人也上曰社稷臣盎曰絳侯所謂功臣非社稷臣社稷臣主在與在主亡與亡如淳曰人主在時與共治在時之事人主雖亡其法度存當奉行之高祖誓非劉氏不王而勃等聽王諸呂是從生主之欲不與亡者也〔補注〕王文彬曰按盎意謂勃聽王諸呂不以死爭故引主亡與亡之義以相形也如以下亡字並屬主謂弗能正爲從新主要爲曲說方呂后時諸呂用事擅相王劉氏不絕如帶師古曰言微細也是時絳侯爲太尉本兵柄師古曰執兵權之本〔補注〕王念孫曰顏說非也本者主也言主兵柄也大戴禮曾子疾病篇言有主行有本繫辭傳樞機之發榮辱之主也說苑說叢篇主作本是本與主同義史記作主兵柄是其明證矣周壽昌曰明世稱大司馬爲本兵本此弗能正呂后崩大臣相與共誅諸呂太尉主兵適會其成功所謂功臣非社稷臣丞相如有驕主色陛下謙讓師古曰如似也臣主失禮竊爲陛下弗取也後朝上益莊丞相益畏師古曰莊嚴也〔補注〕周壽昌曰書中莊字多改爲嚴避明帝諱也獨此與莊青翟及鄭當時字莊未改已而絳侯望盎曰吾與汝兄善今兒廼毀我師古曰望責怨之也〔補注〕先謙曰時盎年少故絳侯兒呼之史記廼作廷廷毀我猶張釋之傳廷辱張廷尉也廷較廼義爲深疑廷廼形近致誤非班氏改廷爲廼也盎遂不謝〔補注〕先謙曰廣雅釋詁遂竟也及絳侯就國人上書告以爲反徵繫請室師古曰請室獄也解在賈誼傳〔補注〕先謙曰事

在文帝四年請室史記作清室賈誼傳蘇林注請音絜清蓋據史記此傳爲說諸公莫敢爲言唯盎明絳侯無罪絳侯得釋盎頗有力絳侯廼大與盎結交淮南厲王朝殺辟陽侯師古曰自國入朝而殺之居處驕甚盎諫曰諸侯太驕必生患可適削地師古曰適讀曰讁上弗許淮南王益橫師古曰橫音胡孟反謀反發覺上徵淮南王遷之蜀檻車傳送盎時爲中郎將諫曰陛下素驕之弗稍禁以至此今又暴摧折之淮南王爲人剛有如遇霜露行道死〔補注〕王念孫曰霜當爲霧霧說文本作霚形與霜相近因譌而爲霜考史記袁盎傳淮南厲王傳及漢書淮南厲王傳竝作霧露後漢書謝弼傳如有霧露之疾陛下當何面目以見天下語意卽本此陛下竟爲以天下大弗能容〔補注〕先謙曰史記爲以誤倒有殺弟名柰何上不聽遂行之〔補注〕宋祁曰越本無遂字淮南王至雍病死聞師古曰雍是扶風雍縣也聞聞於天子也〔補注〕宋祁曰注是字當刪先謙曰官本縣下無也字上輟食哭甚哀師古曰輟止也盎入頓首請辠師古曰自責以不彊諫也上曰以不用公言至此盎曰上自寬此往事豈可悔哉且陛下有高世行三此不足以毀名

上曰吾高世三者何事盎曰陛下居代時太后嘗病三年陛下不交睫解衣師古曰睫目旁毛也交睫謂睡寐也睫音接〔補注〕宋祁曰解字上當有不字錢大昭曰睫古作睞史記扁鵲傳云忽忽承睞說文睞目旁毛也先謙曰史記有不字無亦可通湯藥非陛下口所嘗弗進夫曾參以布衣猶難之〔補注〕宋祁曰曾參字上浙本存孝字句義並足先謙曰史記亦無孝字惟下文過曾參遠矣曾參下有孝字案猶難之者承上文數事而言無孝字句義未嘗不足宋說非也今陛下親以王者修之過曾參遠矣諸呂用事大臣顓制師古曰顓與專同然陛下從代乘六乘傳馳不測淵鄭氏曰大臣亂乘傳而赴之故曰不測淵雖賁育之勇不及陛下孟康曰孟賁夏育皆古勇士也陛下至代邸西鄉讓天子者三南鄉讓天子者再師古曰鄉讀曰嚮夫許由一讓師古曰許由古高士也堯讓天下於由由不受也〔補注〕先謙曰官本注士下無也字陛下五以天下讓過許由四矣且陛下遷淮南王欲以苦其志使改過有司宿衛不謹故病死於是上迺解〔補注〕先謙曰史記此下有曰將柰何盎曰淮南王有三子唯在陛下耳於是文帝立其三子皆爲王二十八字盎繇此名重朝廷師古曰繇讀與由同盎常引大體忼慨

宦者趙談以數幸常害盎盎患之盎兄子種爲常侍騎諫盎曰〔補注〕先謙曰史記騎下有持節夾乘四字諫作說集解引徐廣曰說一作謀先謙案諫盎當爲謀盎之誤也謀盎謂與盎謀說文慮難曰謀與此文合若作諫則非其義矣諫謀形近易亂本書敘傳贊耳謀甘公一本作耳諫甘公淮南主術訓耳能聽而執正進諫注諫或作謀皆其證也君眾辱之後雖惡君上不復信師古曰惡謂譖毀之言其過惡〔補注〕先謙曰史記作君與闕廷辱之使其毀不用於是上朝東宮趙談驂乘盎伏車前曰臣聞天子所與共六尺輿者皆天下豪英〔補注〕王先慎曰隋書禮儀志輿下云漢室制度以雕玉爲之方徑六尺通典六十三夏氏末代制輦秦以輦爲君之乘漢因之以雕玉爲之方徑六尺或使人輓之或駕果下馬今漢雖乏人陛下獨柰何與刀鋸之餘共載〔補注〕宋祁曰一本云刀鋸餘人載於是上笑下趙談談泣下車上從霸陵上欲西馳下峻阪盎攬轡師古曰攬與擥同〔補注〕先謙曰史記作袁盎騎並車擥轡上曰將軍怯邪盎言曰臣聞千金之子不垂堂師古曰言富人之子則自愛也垂堂謂坐堂外邊恐墜墮也〔補注〕宋祁曰或無之字下同先謙曰索隱張揖云恐簷瓦墮中人是也詳司馬相如傳百金之子不騎衡如淳曰騎倚也衡樓殿邊欄楯也師古曰騎謂跨之耳非倚也〔補注〕先謙曰集解徐廣曰衡一作行韋昭曰衡車衡索隱衡木行馬也案諸家說如淳爲長如云欄楯者案纂要云宮殿四面欄縱者曰欄橫者曰楯是也盧文弨云跨衡甚危卽非百金之子亦未必敢以身試二句正言其過慎耳北齊書顏之推觀我生賦中正作垂堂倚衡足證如說不誤先謙案水經注亦作立不倚衡史記上作干金之子坐不垂堂而百金之子下無立字則文義不備聖主不乘危不徼幸〔補注〕先謙曰史記下不字作而今陛下騁六飛如淳曰六馬之疾若飛也〔補注〕沈欽韓曰宋書禮志逸禮王度記曰天子駕六飛謂飛黃也先謙曰史記作六騑馳不測山〔補注〕先謙曰史記作馳下峻山有如馬驚車敗陛下縱自輕柰高廟太后何上乃止上幸上林皇后慎夫人從其在禁中常同坐師古曰同坐謂所坐之處高下齊同無差等也〔補注〕先謙曰據史記作常同席坐顏說非及坐郎署長布席盎引卻慎夫人坐蘇林曰郎署上林中直衛之署也如淳曰盎時爲中郎將天子幸署豫設供帳待之故得卻慎夫人坐也師古曰卻謂退而卑之也坐音材卧反〔補注〕宋祁云趙本及景德本監本並無長布席三字一本云郎署長布席學官本無長布席三字若上云及坐郎署豫字衍上似不成語與上句了不綴屬必須曰郎署長布席義乃可安何焯曰郎署長亦從幸上林職司布席耳未必天子幸署也如注恐非先謙曰詳蘇如注二人所見本皆無長布席三字顏但引如蘇注未爲郎署長作注則所見本亦無三字治要引作及坐郎署漢紀通鑑同是長布席三字後人據史記竄

加慎夫人怒不肯坐上亦怒起盎因前說曰臣聞尊卑有序則上下和今陛下既㠯立后慎夫人迺妾妾主豈可㠯同坐哉且陛下幸之則厚賜之陛下所㠯為慎夫人適所㠯禍之也獨不見人豕乎張晏曰戚夫人也於是上迺說師古曰說讀曰悅入語慎夫人慎夫人賜盎金五十斤然盎亦㠯數直諫不得久居中調為隴西都尉師古曰調選也音徒釣反〔補注〕周壽昌曰中郎將與郡都尉皆比二千石由中而出之外曰調顏注非先謙曰調選義本如淳見集解引顧炎武云此今日調官字所本調有更易之意猶琴瑟之更張乃調也如訓為選未盡仁愛士卒士卒皆爭為死遷齊相徙為吳相辭行種謂盎曰吳王驕日久國多姦今絲欲刻治如淳曰種稱叔父字曰絲〔補注〕先謙曰官本考證云從子呼叔父字僅見此文史記作苟欲劾治下文絲能日飲史記作君能日飲似為得之彼不上書告君則利劍刺君矣南方卑溼絲能日飲亡何說王毋反而已師古曰無何言更無餘事〔補注〕吳仁傑曰衞綰傳不孰何綰賈誼傳大何之域顏注皆曰何問也史記作日飲毋苛按王莽傳掖門僕射苛問又亭長苛之古苛何通種本意蓋曰吳王驕日久又南方卑溼宜日飲酒而已其他一切勿有

所問如此而後可免禍也亡與毋義訓不同亡者有亡之亡而毋則禁止之辭也彼方戒盎勿有所問則其字當從史記為正先謙曰吳說是也亡毋古自通用但不當如顏解耳如此幸得脫盎用種之計吳王厚遇盎盎告歸道逢丞相申屠嘉下車拜謁丞相從車上謝盎還媿其吏師古曰慙不見禮也乃之丞相舍上謁師古曰上謁若今通名也〔補注〕先謙曰官本注在求見丞相下求見丞相丞相良久乃見因跪曰願請閒師古曰欲因閒隙私有所白也丞相曰使君所言公事之曹與長史掾議之吾且奏之〔補注〕先謙曰之曹往掾史治事之所也則私吾不受私語〔補注〕先謙曰史記作卽私邪卽則雙聲故兩書中多通用申屠嘉傳嘉為人廉直門不受私謁盎卽起說曰〔補注〕先謙曰史記作跪說君為相自度孰與陳平絳侯師古曰度計量也與猶如也丞相曰不如盎曰善君自謂弗如夫陳平絳侯輔翼高帝定天下為將相而誅諸呂存劉氏君迺為材官蹶張遷為隊帥如淳曰隊帥軍中小官師古曰帥音所類反〔補注〕沈欽韓曰通典司馬穰苴曰十伍為隊一軍凡二百五十隊積功至淮陽守非有奇計攻城野戰之功且陛下從代來每朝郎官者上書疏〔補注〕宋祁曰郎官者既云郎官何更施者字明是官與宦者略迹禁中人耳未嘗不止輦受其言不可用置之〔補注〕王念孫曰受其言下當更有一言字言不可用與言可采對文今本脫一言字御覽人事部一百二引此正作言不可用史記同言可采未嘗不稱善何也欲㠯致天下賢英士大夫日聞所不聞師古曰日得聞異言也〔補注〕宋祁曰景德本無大夫上三字越本亦無大夫上字而此本獨無上字要須得之對下句君字先謙曰史記作則欲以致天下賢士大夫上日聞所不聞案上字不可省宋說是也賢士大夫今古恆言不當竄入英字景德本越本無大夫字作賢英士亦屬罕見疑後人妄加英字也官本注在以益聖下㠯益聖〔補注〕先謙曰史記作明所不知日益聖智而君自閉箝天下之口師古曰箝籋也音其炎反〔補注〕先謙曰官本注在而日益愚下而日益愚夫㠯聖主責愚相君受禍不久矣丞相乃再拜曰嘉鄙人迺不知將軍幸教引與入坐為上客盎素不好鼂錯錯所居坐盎輒避盎所居坐錯亦避兩人未嘗同堂語及孝景卽位鼂錯為御史大夫使吏案盎受吳王財物抵辠詔赦㠯為庶人吳楚反聞師古曰聞聞於天子錯謂丞史曰如淳曰百官表御史大夫有兩丞丞史丞及史也〔補注〕先謙曰御史兩丞一曰中丞表言成帝更御

史大夫名大司空置長史如中丞又云哀帝時御史中丞更名御史長史是丞史卽御史丞如云丞及史分丞史為二非也府中之史職分卑微不當與丞並稱錯亦不至與商要事也集解引丞及史又誤作丞相史爰盎多受吳王金錢專為蔽匿言不反今果反欲請治盎宜知其計謀丞史曰事未發治之有絕如淳曰事未發之時治之乃有所絕也〔補注〕先謙曰索隱謂絕吳反心也今兵西向治之何益且盎不宜有謀如淳曰盎大臣不宜有姦謀錯猶與未決師古曰與讀曰豫人有告盎盎恐夜見竇嬰為言吳所㠯反〔補注〕齊召南曰此文刪去史記鼂錯在前一段以詳序於錯傳中也先謙曰時嬰薦用盎見嬰傳願致前口對狀師古曰至天子之前也〔補注〕錢大昭曰致南監本閩本作至先謙曰官本作至史記同是也顏注不誤嬰入言上迺召盎盎入見竟言吳所㠯反獨急斬錯㠯謝吳吳可罷上拜盎為泰常〔補注〕先謙曰此及下文泰常並當為奉常之誤也本書太常字皆不通作泰公卿表奉常景帝中六年更名太常此在景帝三年正當作奉常不作太常也奉與泰形相近後人但知太常罕知奉常以泰太通用遂疑奉為泰之誤而妄改之耳竇嬰為大將軍兩人素相善是時諸陵長安中賢大夫〔補注〕先謙曰史記作諸陵長者長安中賢大夫諸陵長者謂徙居諸陵未仕之人長安中賢大夫則

爲朝官者也此脫長者二字文義不合諸陵不得有大夫也爭附兩人車騎隨者日數百乘及鼂錯已誅盎以泰常使吳吳王欲使將不肯欲殺之使一都尉以五百人圍守盎軍中初盎爲吳相時從史盜私盎侍兒文穎曰婢也盎知之弗泄遇之如故人有告從史君知女與侍者通迺亡去盎驅自追之師古曰驅馳而追言疾速遂以侍者賜之復爲從史及盎使吳見守從史適在守盎校爲司馬師古曰爲校中之司馬所領士卒正當守盎〔補注〕先謙曰史記作從史適爲守盎校尉司馬迺悉以其裝齎買二石醇醪師古曰裝齎謂所齎衣物自隨者也醇者不雜言其醲也醪汁滓合之酒也音牢會天寒士卒飢渴飲醉西南陬卒卒皆臥師古曰陬隅也飲音於禁反陬音子侯反又音鄒〔補注〕宋祁曰古本飢下有乏字今削之無害司馬夜引盎起曰君可以去矣吳王期旦日斬君盎弗信曰何爲者〔補注〕先謙曰史記何上有公字不可省司馬曰臣故爲君從史盜侍兒者也盎乃驚謝曰公幸有親文穎曰言汝有親老〔補注〕先謙曰疑當作老親吾不足纍公師古曰纍古累字也音力瑞反司馬曰君弟去師古曰弟但也臣

亦且亡辟吾親如淳曰藏匿吾親不使遇害也晉灼曰辟音避君何患迺以刀決帳道從醉卒直出師古曰於醉卒之處決帳而開令通道得亡也〔補注〕王念孫曰道讀曰導謂決開軍帳導之從醉卒處直出也史記作乃以刀決張道從醉卒直隧出集解如淳曰決開當所從亡之道張音帳案道與決張義不相屬如顏皆以道爲道路之道上屬爲句非也道讀曰導隧字當在直字上醉卒隧者當醉卒之道也謂決開軍帳導之從醉卒道直出也說苑復恩篇作乃以刀決帳從醉卒道出醉卒道卽醉卒隧也隧訓爲道則上道字非謂道路明矣也司馬與分背師古曰一時各去也盎解節旄懷之如淳曰不欲令人見〔補注〕先謙曰史記旄作毛旄牛尾也屐步行七十里如淳曰著屐步行而逃亡〔補注〕沈欽韓曰史記作杖步行七八里蓋謂盎解節旄以其杖揹而步行也吳壁梁郊本裁七八里易得脫若七十里之遠吳豈不能以一騎追捕乎先謙曰說文屐屩也屩屐也桂馥義證云然則屐屩古時同類也漢書袁盎屐行七十里是也桊廣類屩草履也史記平準書韋昭注同草履輕便故著以行若木屐則不可通矣屩亦作蹻本書王褒傳離疏釋蹻應劭曰釋此木蹻也屩屐互稱故木屐亦通稱木屩釋名屩蹻也出行箸之蹻蹻輕便因以爲名也屐揹也爲兩足揹以踐泥也又云帛屐以帛作之如屩不曰帛屩者屩不可踐泥者也屐踐泥者也此亦可以步泥而涜之故謂之屐也以屐與屩判然二物後世承之蓋非古義矣明見梁騎馳去遂歸報文穎曰梁騎將擊吳楚者也師古曰過梁軍之騎遂因得脫歸報天子〔補注〕先

謙曰馳去得梁馬馳去也史記馳去上更有騎字官本注將下多軍字吳楚已破上更以元王子平陸侯禮爲楚王以盎爲楚相嘗上書不用盎病免家居與閭里浮湛相隨行鬭雞走狗師古曰湛讀曰沈雒陽劇孟嘗過盎盎善待之安陵富人有謂盎曰吾聞劇孟博徒服虔曰博戲之徒也將軍何自通之盎曰劇孟雖博徒然母死客送喪車千餘乘此亦有過人者且緩急人所有師古曰凡人在生不能無緩急之事夫一旦叩門不以親爲解張晏曰不語云親不聽也臣瓚曰凡人之於赴難濟厄多以有父母爲解而孟兼行之師古曰瓚說是也解者若今言分疏矣〔補注〕錢大昭曰案論語子路問聞斯行諸包咸以爲賑窮救乏之事子曰有父兄在如之何其聞斯行之孔安國以爲當白父兄不得自專白虎通義亦云朋友之道親存不得行者二不得許友以其身不得專通財之恩友飢則白之於父兄父兄許之乃稱父兄與之不聽卽止故曰友飢爲之減湌友寒爲之不重裘然則以親爲解行古之道也先謙曰史記一旦下有有急二字不以在亡爲辭師古曰或實在家而辭云不在〔補注〕王文彬曰史記在作存在亡猶存亡耳言緩急可恃不以身之在亡爲計而諉謝也一曰不以友之在亡而異其情也顏說未當天下所望者獨季心劇孟文穎曰心季布弟也〔補注〕先謙曰見布傳今公陽從

數騎鄧展曰陽外也晉灼曰陽猶常也師古曰鄧說是也〔補注〕先謙曰史記陽作常集解徐廣曰常一作詳案詳卽佯字吳太伯世家公子光詳爲足疾索隱詳詐也陽與佯字相叚義亦相通本書田儋傳儋陽爲縛其奴注陽卽僞耳左定十二年傳注陽不知也釋文陽本亦作佯是陽從數騎正與徐說一本詳從數騎相同謂富人僞飾以炫人也鄧說未明一旦有緩急寧足恃乎遂罵富人弗與通諸公聞之皆多盎師古曰多猶重盎雖居家〔補注〕先謙曰居家當爲家居而誤倒也上文亦云盎病免家居凡言隱不仕者皆謂家居不云居家也史記亦作袁盎雖家居景帝時時使人問籌策梁王欲求爲嗣盎進說其後語塞師古曰塞不行也梁王以此怨盎使人刺盎刺者至關中問盎稱之皆不容口師古曰稱美其德口不能容也迺見盎曰臣受梁王金刺君君長者不忍刺君然後刺者十餘曹如淳曰曹輩也備之盎心不樂家多怪迺之棓生所問占蘇林曰音棓文穎曰音陪秦時賢士善術者也師古曰蘇音文說是〔補注〕先謙曰史記棓作棓徐廣注棓一作服還梁刺客後曹果遮刺殺盎安陵郭門外〔補注〕王先愼曰西京雜記袁盎冢以瓦爲棺槨器物都無唯有銅鏡一枚先謙曰梁孝王世家後褚先生曰梁使人殺袁盎盎顧之曰我所謂袁將軍者也公得毋誤乎刺者曰是矣刺之置其劍劍著身視

其劍新治周長安中削厲工工曰梁郎某子治此劍以此知而發覺

鼂錯潁川人也晉灼曰音厝置之厝師古曰據申屠嘉傳序云責通請錯匪躬之故目韻而言晉音是也潘岳西征賦乃讀爲錯雜之錯不可依也學申商刑名於軹張恢生所師古曰軹縣之儒生姓張名恢錯從之受申商法也〔補注〕周壽昌曰傳明云學申商刑名於張恢生是生乃刑名家非儒家安得稱儒生生亦先生也史記作張恢先徐廣注先即先生索隱軹縣人張恢先生蓋生爲先生先亦爲先生也此傳鄧先顏注鄧先猶云鄧先生也梅福傳叔孫先非不忠也注先先生貢禹傳朕以生有伯夷之廉注生先生也與雒陽宋孟及劉帶同師〔補注〕先謙曰劉帶史記作劉禮目文學爲太常掌故應劭曰掌故六百石吏主故事〔補注〕先謙曰索隱漢舊儀云太常博士弟子試射策中甲科補郎中乙科補掌故也服虔云百石卒史集解引應注亦作掌故百石六字衍錯爲人陗直刻深師古曰陗字與峭同峭謂峻陿也音千笑反孝文時天下亡治尚書者獨聞齊有伏生故秦博士治尚書年九十餘老不可徵迺詔太常使人受之〔補注〕錢大昭曰太常當作奉常時尚未改也下太常亦誤太常遣錯受尚書伏生所還因上書稱說師古曰稱師法而說其義詔目爲太子舍人門大夫師古曰初爲舍人又爲門大夫遷博士又上書

言人主所目尊顯功名揚於萬世之後者目知術數也張晏曰術數刑名之書也臣瓚曰術數謂法制治國之術也師古曰瓚說是也公孫弘云擅生殺之力通壅塞之塗權輕重之數論得失之道使遠近情僞必見於上謂之術此與錯所言同耳〔補注〕沈欽韓曰韓非定法篇申不害言術術者因能而授官循名而責實操生殺之柄課羣臣之能此人主之所執也又申子曰聖君任法而不任智任數而不任說故人主知所目臨制臣下而治其眾則羣臣畏服矣知所目聽言受事則不欺蔽矣知所目安利萬民則海內必從矣知所目忠孝事上則臣子之行備矣此四者臣竊爲皇太子急之人臣之議或曰皇太子亡目知事爲也師古曰言何用知事臣之愚誠目爲不然竊觀上世之君不能奉其宗廟而劫殺於其臣者皆不知術數者也皇太子所讀書多矣而未深知術數者也皇太子所讀書多矣而未深知術數者不問書說也師古曰說謂所說之義也夫多誦而不知其說所謂勞苦而不爲功臣竊觀皇太子材智高奇馭射伎藝過人絕遠然於術數未有所守者目陛下爲

心也張晏曰若伯魚須仲尼教乃讀詩書也〔補注〕先謙曰書當爲禮竊願陛下幸擇聖人之術可用今世者目賜皇太子因時使太子陳明於前唯陛下裁察上善之於是拜錯爲太子家令臣瓚曰茂陵中書太子家令秩八百石〔補注〕先謙曰集解服虔曰太子稱家目其辯得幸太子太子家號曰智囊師古曰言其一身所有皆是智算若囊槖之盛物也〔補注〕王先愼曰史記樗里子傳樗里子滑稽多智秦人號曰智囊是時匈奴彊數寇邊上發兵目禦之錯上言兵事曰臣聞漢興目來胡虜數入邊地小入則小利大入則大利高后時再入隴西攻城屠邑毆畧畜產師古曰毆與驅同其後復入隴西殺吏卒大寇盜竊聞戰勝之威民氣百倍師古曰益奮厲也敗兵之卒沒世不復師古曰永挫折也自高后目來隴西三困於匈奴矣民氣破傷亡有勝意今茲隴西之吏賴社稷之神靈奉陛下之明詔和輯士卒底厲其節師古曰輯與集同底與砥同起破傷之民目當乘勝之匈奴用少擊眾殺一王敗其眾而法曰大有利〔補注〕宋祁曰而法曰大有利此語絕不傍

理蓋下有兵法曰故後人誤書耳當從瀨本作敗其眾而有大利先謙曰通志九十七鼂錯傳亦作敗其眾而有大利非隴西之民有勇怯迺將吏之制巧拙異也故兵法曰有必勝之將無必勝之民繇此觀之師古曰繇讀與由同安邊境立功名在於良將不可不擇也臣又聞用兵臨戰合刃之急者三師古曰合刃謂交兵一曰得地形二曰卒服習三曰器用利兵法曰丈五之溝漸車之水師古曰漸讀曰瀸瀸謂浸也音子廉反山林積石經川丘阜師古曰經川常流之水也大陸曰阜屮木所在古草字此步兵之地也車騎二不當一〔補注〕沈欽韓曰六韜奇兵篇深谷險阻者以止車禦騎也丘陵曼衍相屬師古曰曼衍猶聯延也屬續也衍音弋戰反屬音之欲反平原廣野此車騎之地〔補注〕宋祁曰地字下當有也字前後相準存也成文先謙曰治要引有也字此傳寫奪之耳漢紀亦有步兵十不當一平陵相遠川谷居閒師古曰遠離也仰高臨下此弓弩之地也短兵百不當一兩陳相近平地淺草〔補注〕先謙曰官本草作屮可前可後此長戟之地也〔補注〕沈欽韓曰吳子圖國篇長戟二丈四尺短戟一丈二尺劍楯三不當一萑葦竹蕭師古

曰萑亂也葦葭也蕭蒿也萑音完〔補注〕先謙曰官本萑作萑注同亂作亂是 中木蒙蘢支葉茂接師古曰蒙蘢覆蔽之貌也蘢音來東反 此矛鋋之地也師古曰鋋鐵把短矛也音上延反 長戟二不當一 曲道相伏險阸相薄此劍楯之地也弓弩三不當一 士不選練卒不服習起居不精〔補注〕先謙曰起居猶言坐作 動靜不集師古曰集齊也 趨利弗及避難不畢〔補注〕先謙曰畢盡也 前擊後解與金鼓之音相失師古曰金金鉦也鼓所以進眾金所以止眾也〔補注〕宋祁曰學官本越本竝作金鼓之指據云金鼓則音爲是作指非王念孫曰作指者是也景祐本亦作指指者意也鼓之意主於進金之意主於止若趨利弗及避難不畢前擊後解則與金鼓之意相失非謂與其音相失也顏注鼓所以進眾金所以止眾正釋指字之義宋改指爲音而各本皆從之誤矣通典邊防十作音亦後人以俗本漢書改之漢紀正作指先謙曰通鑑作指胡三省云指當作音則亦爲宋說所誤矣解讀曰懈 此不習勒卒之過也〔補注〕先謙曰言不能部勒士卒 百不當十兵不完利與空手同甲不堅密與袒裼同應劭曰袒裼肉袒也師古曰裼音錫〔補注〕先謙曰管子參患篇兵不完利與無操者同實甲不堅密與無俴者同實 弩不可以及遠與短兵同射不能中與亡矢同中不能入與亡鏃同師古曰鏃矢鋒也音子木反〔補注〕先謙曰管子參患篇弩不可以及遠與短兵同實射而不能中與無矢者同實中而不能入與無鏃者同實 此將不省兵之禍也師古曰省視也〔補注〕先謙曰兵謂器械 五不當一 故兵法曰器械不利以其卒予敵也卒不可用以其將予敵也將不知兵以其主予敵也君不擇將以其國予敵也四者國之至要也〔補注〕錢大昭曰國南監本閩本竝作兵先謙曰作兵者是也官本亦作兵言利器精卒知兵之將擇將之君此四者皆用兵之至要也若國之至要則不僅此四者治要引作兵通鑑同漢紀亦作此四者兵之要也知古本作兵汲古本誤國耳管子參患篇故凡兵有大論必先論其器論其士論其將論其主故曰器濫惡不利者以其士予人也士不可用者以其將予人也將不知兵者以其主予人也主不積務於兵者以其國予人也 臣又聞小大異形彊弱異埶險易異備師古曰易平也音弋豉反〔補注〕沈欽韓曰大司馬鄭司農注險野人爲主人居前易野車爲主車居前 夫卑身以事彊小國之形也合小以攻大敵國之形也師古曰彼我力均不能相勝則須連結外援共制之也 以蠻夷攻蠻夷中國之形也師古曰不煩華夏之兵使其同類自相攻擊也〔補注〕沈欽韓曰管子霸形篇以負海攻負海中國之形也 今匈奴地形技藝與中國異上下山阪出入溪澗中國之馬弗與也師古曰與猶如 險道傾仄且馳且射師古曰仄古側字 中國之騎弗與也風雨罷勞飢渴不困師古曰罷讀曰疲 中國之人弗與也此匈奴之長技也若夫平原易地輕車突騎師古曰易亦平也突騎言其驍銳可用衝突敵人也 則匈奴之眾易撓亂也師古曰撓擾也音火高反其字從手一曰撓曲也弱也音女教反其字從木〔補注〕先謙曰一曰撓之撓當作橈 勁弩長戟射疏及遠師古曰疏亦闊遠也〔補注〕劉奉世曰長戟恐誤或者勁弩如今九牛大弩以槍爲矢歟故可射疏及遠也然戟有鉤又不可射先謙曰胡三省云文意各有所屬勁弩所以射疏長戟所以及遠也 則匈奴之弓弗能格也〔補注〕先謙曰荀子議兵篇格者不舍注格謂拒捍者 堅甲利刃長短相雜〔補注〕沈欽韓曰司馬法定爵曰五兵當長以衛短短以救長迭戰則久皆戰則彊 遊弩往來什伍俱前師古曰五人爲伍二伍爲什 則匈奴之兵弗能當也材官騶發矢道同的蘇林曰騶音馬騶之騶如淳曰騶矢也處平易之地可以矢相射也臣瓚曰材官騶射之官也射者騶發其用矢者同中一的言其工妙也師古曰騶謂矢之善者也春秋左氏傳作菆字其音同耳材官有材力者騶發發騶矢以射也手工矢善故中則同的的謂所射之準臬也蘇音失之矣臬音牛列反即謂槷也〔補注〕沈欽韓曰既夕禮注蒲菆牡蒲莖也此菆之正訓也以菆爲善望文生義耳此作騶又不可以左傳文爲據蘇音騶是也韓策蘇秦曰韓卒超足而射百發不暇止者是也列子仲尼篇善射者能令後鏃中前括發發相及矢矢相屬王引之曰訓騶爲矢則與下句矢字相複蘇讀騶爲騶是也騶發謂疾發也字或作趨韓子八說篇狸首射侯不當強弩趨發趨發騶發竝與驟發同曲禮車驅而騶釋文騶仕救反是騶有驟音也荀子禮論篇步中武象趨中韶濩正論篇趨作騶史記禮書作驟是騶趨竝與驟通也漢紀孝文紀正作材官騶發 則匈奴之革笥木薦弗能支也孟康曰革笥以皮作如鎧者被之木薦以木板作如楯一曰革笥若楯木薦之以當人心也師古曰一說非也笥音息嗣反 下馬地鬭劍戟相接去就相薄師古曰薄迫也 則匈奴之足弗能給也師古曰給謂相連及〔補注〕先謙曰官本及作也通鑑胡注引作及荀子性惡篇齊給便敏注給謂應之速如供給者也本書司馬遷傳虜救死扶傷不給顏注給猶供也此云相連及其義不明 此中國之長技也以此觀之匈奴之長技三中國之長技五陛下又興數十萬之眾以誅數萬之匈奴眾寡之計以一擊十之術也雖然兵凶器戰危事也以大爲小以彊爲弱在俛卬之間耳師古曰言不知其術則雖大必小雖彊必弱也俛亦俯字卬讀曰仰 夫以人之死爭勝跌而不振服虔曰蹶跌不可復起也師古曰跌足失據也跌音徒結反 則悔之亡及也帝王之道出於萬全

今降胡義渠蠻夷之屬來歸誼者其衆數千飲食長技與匈奴同可賜之堅甲絮衣勁弓利矢益以邊郡之良騎令明將能知其習俗和輯其心者師古曰輯與集同也以陛下之明約將之即有險阻以此當之平地通道則以輕車材官制之兩軍相爲表裏各用其長技衡加之以衆張晏曰衡音橫師古曰衡即橫耳無勞借音此萬全之術也傳曰狂夫之言而明主擇焉臣錯愚陋昧死上狂言唯陛下財擇師古曰財與裁同也〔補注〕先謙曰財少也解見賈誼傳文帝嘉之乃賜錯璽書寵荅焉曰皇帝問太子家令上書言兵體三章聞之李奇曰三者得地形卒服習器用利書言狂夫之言而明主擇焉今則不然言者不狂而擇者不明國之大患故在於此使夫不明擇於不狂是以萬聽而萬不當也錯復言守邊備塞勸農力本當世急務二事〔補注〕先謙曰勸農力本一事班氏載入食貨志曰臣聞秦時北攻胡貉築塞河上師古曰貉音莫客反南攻楊粵張晏曰楊州之南越也〔補注〕先謙曰楊官本竝作揚置戍卒

焉其起兵而攻胡粵者非以衞邊地而救民死也貪戾而欲廣大也故功未立而天下亂且夫起兵而不知其埶戰則爲人禽屯則卒積死〔補注〕王念孫曰積字師古無注案積讀爲漬漬死病死也埶謂地埶也此言邊地苦寒戍卒不耐其水土則生疾病相漸漬而死也蜡氏注引曲禮四足死者曰殰今本殰作漬注云漬謂相瀸汙而死也引公羊莊二十年傳大災者何大漬也今本漬作瘠何注云瘠病也齊人語也又十七年齊人瀸于遂傳曰瀸者何瀸積也瀸積卽注云瀸之爲死積死非一之辭故曰瀸積衆多也釋文積本又作漬殰漬積瘠竝字異而義同夫胡貉之地積陰之處也木皮三寸冰厚六尺文穎曰土地寒故也〔補注〕沈欽韓曰尸子朔方之寒冰厚六尺木皮三寸北極左右有不釋之冰食肉而飲酪其人密理鳥獸毳毛師古曰密理謂其肌肉也毳細毛也〔補注〕先謙曰肌肉下有奪文其性能寒師古曰能讀曰耐此下能暑亦同楊粵之地少陰多陽其人疏理鳥獸希毛其性能暑秦之戍卒不能其水土〔補注〕先謙曰能亦讀曰耐通鑑三能字竝作耐戍者死於邊輸者僨於道服虔曰僨仆也如淳曰僨音奮秦民見行如往棄市因以讁發之名曰讁戍先發吏有讁及贅壻賈人後以嘗有市籍者又後以大父母父母嘗有市籍者後入閭取其左孟康曰秦時復除者居閭之左後發役不供復役之也或云直先發取其左也師古曰閭里門也居閭之左者一切皆發之非謂復除也解在食貨志發之不順行者深怨有背畔之心〔補注〕何焯曰恐文帝懲秦戍卒創亂不敢從民實塞下故就秦所以致亂之故分疏明白使議不得撓也先謙曰官本怨作恐凡民守戰至死而不降北者以計爲之也師古曰北謂敗退〔補注〕何焯曰言自計亦爲利而願爲之也故戰勝守固則有拜爵之賞攻城屠邑則得其財鹵以富家室故能使其衆蒙矢石赴湯火師古曰蒙冒犯也視死如生今秦之發卒也有萬死之害而亡銖兩之報死事之後不得一算之復師古曰復復除也音方目反〔補注〕先謙曰漢律人出一筭筭百二十錢天下明知禍烈及己也師古曰猛火曰烈取以喩耳陳勝行戍至於大澤爲天下先倡師古曰倡讀曰唱天下從之如流水者秦以威劫而行之之敝也胡人衣食之業不著於地師古曰著音直略反其埶易以擾亂邊竟師古曰竟讀曰境何以明之胡人食肉飲酪衣皮毛非有城郭田宅之歸居如飛鳥走獸於廣壄

師古曰壄古野字〔補注〕宋祁曰浙本居字下有也字獸字下有放字若去也去放語迫而不文放字猶害於義先謙曰治要引有放字浙本是也此奪文美草甘水則止草盡水竭則移以是觀之往來轉徙時至時去此胡人之生業而中國之所以離南畮也師古曰畮古畝字也南畝耕種之處也〔補注〕宋祁曰景德本無以離二字校添刊誤亦改今使胡人數處轉牧行獵於塞下或當燕代或當上郡北地隴西以候備塞之卒〔補注〕沈欽韓曰此謂北邊東起幽燕西至隴右河西也以漢郡言之上谷代郡漁陽右北平之塞當匈奴左地左賢王極於遼西明之邊鎭則大甯及遼薊二鎭今之土默特科爾沁等部落雲中雁門定襄五原之塞爲匈奴中地直隸明之宣府大同山西邊境今之歸化城吳喇忒部落上郡隴西北地之塞當匈奴右地右賢王極於酒泉敦煌延聯西域明之榆林甯夏固原甘肅今之鄂爾多斯青海而嘉峪關卽酒泉塞哈密國爲車師地延袤萬餘里備多而力分其邊患漢與明略相似鼂錯時河西四郡尚未開斥故言邊塞出於隴西卒少則入〔補注〕先謙曰官本入作人陛下不救則邊民絕望而有降敵之心救之少發則不足多發遠縣纔至則胡又已去李奇曰纔音裁師古曰纔淺也猶言僅至也他皆類此〔補注〕先謙曰說文纔帛雀頭色一曰微黑色如紺纔淺也桂馥義證云言纔淺於紺也六書故纔一色之淺也引申之則甫爾爲纔官本注至下纔

字也聚而不罷爲費甚大罷之則胡復入如此連年則中國貧苦而民不安矣陛下幸憂邊境遣將吏發卒以治塞甚大惠也然令遠方之卒守塞一歲而更師古曰更謂易代也音庚又讀如本字不知胡人之能〔補注〕先謙曰不知其所能則備禦之方不具不如選常居者家室田作且以備之以便爲之高城深塹〔補注〕宋祁曰以便爲之存以字不成句且無義周壽昌曰案此言以其便爲之高其城深其塹作一句讀則以字不可去先謙曰胡三省云因山川地形之便而爲之城塹依周說則謂因事之便二義並通具藺石布渠荅服虔曰藺石可投人石也蘇林曰渠荅鐵疾藜也如淳曰藺石城上雷石也墨子曰城上二步一渠立程長三尺冠長十尺臂長六尺二步一荅廣九尺袤十二尺師古曰藺石如說是也渠荅蘇說是也雷音來內反〔補注〕錢大昭曰惠士奇云雷石一作礧石潘岳汧督誄詞所謂罍以鐵鎖機關既縱礧而又昇焉是也一名礮石閒居賦云礮石雷駭注云礮石今之抛石范蠡兵法飛石重二十斤爲機發行三百步說文建大木置石其上發以機以䃔敵一名檑魏志謂之霹靂車亦曰抛車後世易石以火號震天雷蓋師雷石之遺意而加酷矣沈欽韓曰墨子雜守篇藺石厲矢諸材器用皆謹尉繚子兵議篇古人曰無蒙衝而攻無渠荅而守是謂無善之軍先謙曰官本疾作蒺一荅下重荅字復爲一城其內城閒百五十步〔補注〕先謙曰官本考證眞德秀

云謂大城中復立一小城也沈欽韓云通典守拒法城外四面壕內去城十步更立小隔城厚六尺高五尺仍立女牆謂之羊馬城先謙案眞說以復爲一城其內爲句沈說以復爲一城爲句按大城城內無庸更爲小城沈義較優漢紀刪去具藺石布渠荅二語於復爲一城上增其外二字則亦與沈說合矣要害之處通川之道調立城邑毋下千家師古曰調謂算度之也總計城邑之中令有千家以上也調音徒釣反爲中周虎落鄭氏曰虎落者外蕃也若今時竹虎也蘇林曰作虎落於塞要下以沙布其表旦視其迹以知匈奴來入一名天田師古曰蘇說非也虎落者以竹篾相連遮落之也〔補注〕沈欽韓曰六韜軍用篇山林野居結虎落柴營環利鐵鎖長二丈以上千二百枚其護城笓籬亦謂之虎落舊五代史慕容彥超設虎落以護城是也管子度地篇樹以荊棘上相穡著所以爲固也先謙曰於內城小城之中閒以虎落周繞之故曰中周虎落也先爲室屋具田器迺募辠人及免徒復作令居之張晏曰募民有罪自首除罪定輸作者也復作如徒也臣瓚曰募有罪者及罪人遇赦復作竟其日月者今皆除其罰令居之也師古曰瓚說是也復音扶目反不足募以丁奴婢贖辠及輸奴婢欲以拜爵者不足迺募民之欲往者皆賜高爵復其家師古曰復音方目反予冬夏衣廩食能自給而止師古曰初徙之時縣官且廩給其衣食於後能自供贍乃止也郡縣之民得買其爵以自增至卿

孟康曰食貨志所謂樂卿者也朝位從卿而無職也師古曰孟說非也樂卿武帝所置耳錯之上書未得豫言之也然二十等爵內無有卿名蓋謂其等級同列卿者也〔補注〕錢大昭曰案樊噲傳賜爵卿卿謂左庶長以上之爵孟說非其亡夫若妻者縣官買予之人情非有匹敵不能久安其處塞下之民祿利不厚不可使久居危難之地胡人入驅而能止其所驅者以其半予之孟康曰謂胡人入爲寇驅收中國能奪得之者以半予之師古曰孟說非也言胡人入爲寇驅畧漢人及畜產而它人能止得其所驅者令其本主以半賞之縣官爲贖張晏曰得漢人官爲贖也師古曰此承上句之言謂官爲備價贖之耳張說非也〔補注〕先謙曰之言官本無之字通鑑胡注引有之字其民如是〔補注〕劉奉世曰其民當屬上句先謙曰劉說是也胡驅人民畜產而它人能止得其所驅者畜產則以其半予之無須官爲贖取其民人各有骨肉弗能子人則官爲備價贖之仍令完聚也則邑里相救助赴胡不避死非以德上也師古曰言非以此事欲立德義於主上也〔補注〕王文彬曰言民之出此非以上之厚施而德之也下之於上不能以立德言顏說非欲全親戚而利其財也此與東方之戎卒不習地埶而心畏胡者功相萬也如淳曰東方諸郡民不習戰鬬當戍邊者也〔補注〕先謙曰官本戎作戍是胡三省云言其功萬倍於東方之戍卒也以陛下之時徙民

實邊使遠方無屯戍之事塞下之民父子相保亡係虜之患利施後世名稱聖明其與秦之行怨民相去遠矣師古曰言發怨恨之人使行戍役也上從其言募民徙塞下錯復言陛下幸募民相徙以實塞下使屯戍之事益省輸將之費益寡如淳曰將送也或曰將資也〔補注〕先謙曰益漸也解見景十三王傳甚大惠也下吏誠能稱厚惠奉明法師古曰稱副也存卹所徙之老弱善遇其壯士和輯其心而勿侵刻師古曰輯與集同使先至者安樂而不思故鄉則貧民相募而勸往矣〔補注〕王念孫曰募當爲慕民慕先至者之安樂而欲往故曰相慕而勸往不當云相募也此涉上文募民而誤通典邊防十作募亦後人以誤本漢書改之通鑑漢紀七正作慕臣聞古之徙遠方以實廣虛也師古曰所以充實寬廣空虛之地〔補注〕王念孫曰廣與曠同曠空也虛與墟同謂從遠方之民以實空曠之墟也漢紀作實空虛是其證矣邱墟字古皆作虛五行志師出過時茲謂廣李奇曰廣音曠是曠與廣通廣虛猶言曠土耳若以廣爲寬廣虛爲空虛則廣虛之下必加之地二字而其義始明矣武五子傳廣廣義可互證先謙曰此與下古之制邊縣以備敵也竝作一句讀顏於以上加所字分爲二句非也相其陰陽之和嘗其水泉之味審其土地

之宜觀其屮木之饒然後營邑立城製里割宅通田作之道正阡陌之界先爲築室家有一堂二內門戶之閉張晏曰二內二房也〔補注〕沈欽韓曰二內東房西室也王鳴盛曰鄭康成謂古者天子諸侯有左右房大夫士則但有東一房西一室無左右房房者旁也在室兩旁也其制與室不同之處未能詳析蓋前爲堂後爲室而室之東旁爲一房此大夫至庶人同者張晏渾言二房非也置器物焉民至有所居作有所用此民所㠯輕去故鄉而勸之新色也師古曰之往也〔補注〕錢大昭曰色當作邑先謙曰官本作邑爲置醫巫㠯救疾病㠯脩祭祀男女有昏師古曰昏謂婚姻配合也生死相卹墳墓相從種樹畜長張晏曰畜長六畜也師古曰種樹謂桑果之屬長音竹兩反〔補注〕劉攽曰所種所樹畜積長茂先謙曰此與下室屋完安對文劉說是也室屋完安此所㠯使民樂其處而有長居之心也臣又聞古之制邊縣㠯備敵也使五家爲伍伍有長十長一里里有假士四里一連連有假五百服虔曰假音假借之假五百帥名也師古曰假大也音工雅反〔補注〕劉奉世曰假服說是古者戍皆有期代則不置故曰假謂其權設猶假司馬之類亦非常置也周壽昌曰周官司服注今時伍伯緹衣古兵服之遺色因軍旅什伍官府巡徼者亦襲其服案軍旅什伍之伍伯卽古之假五百官府巡徼之伍伯則後世隸人之類非兵帥也先謙曰胡三省云五百卽後所謂伍伯也賈公彥曰伍伯者漢制五人爲伍伯伍長也沈約曰舊說古者君行師從卿行旅從旅者五百人也今諸官府及郡各置五百四以象卿行旅從依古義也王文彬云五家爲伍由長里遞增至連得二百家不得以五百人爲旅之義證之此文五百蓋與長士候隨地命名非必以數起義也十連一邑邑有假候〔補注〕先謙曰胡三省云候卽軍候也皆擇其邑之賢材有護師古曰有保護之能者也今流俗書本護字作讓妄改之耳〔補注〕沈欽韓曰公羊宣十五年傳注其有辯護伉健者爲里正習地形知民心者居則習民於射法出則敎民於應敵故卒伍成於內則軍正定於外〔補注〕先謙曰正卽政字通鑑作軍政服習㠯成勿令遷徙師古曰各守其業也幼則同游長則其事夜戰聲相知則足㠯相救晝戰目相見則足㠯相識驩愛之心足㠯相死如此而勸㠯厚賞威㠯重罰則前死不還踵矣師古曰還讀曰旋旋踵回旋其足也所從之民非壯有材力但費衣糧不可用也〔補注〕先謙曰通鑑力作者雖有材力不得良吏猶亡功也陛下絕匈奴不與和親臣竊意其冬來南也師古曰意疑之也〔補注〕先謙曰通鑑胡注引作意疑也疑

字乃後人誤改壹大治則終身創矣師古曰創懲艾也音初亮反〔補注〕宋祁曰治字下疑有之字存之則語緩且易欲立威者始於折膠蘇林曰秋氣至膠可折弓弩可用匈奴常㠯爲候而出軍〔補注〕王文彬曰周禮弓人治弓以六材其一爲膠折膠與關弓同義梁書侯景傳方今寒膠向折白露將團蓋弓以膠爲和秋至氣始凝乃勁而可折弓喜燥惡溼春夏溫濕今人時樵以火抱朴子云秋以弓弩焉先唐楊師道奉和詠弓詩霜重寒膠勁是弓弩之用特利於秋又周禮秋合三材春取其咸於堅也三材謂絲膠漆匈奴每應候而寇邊故錯言當乘時立威也先謙曰官本注車作軍是來而不能困使得氣去師古曰使之得勝逞志氣而去〔補注〕先謙曰官本注之作其志氣作氣志後未易服也愚臣亡識唯陛下財察後詔有司舉賢良文學士錯在選中上親策詔之曰惟十有五年九月壬子皇帝曰昔者大禹勤求賢士施及方外師古曰施延也音弋豉反四極之內舟車所至人迹所及靡不聞命㠯輔其不逮師古曰意所不及者取其言㠯自輔也〔補注〕先謙曰言四遠之賢士聞其勤求之命咸來匡輔之也近者獻其明遠者通厥聰比善戮力㠯翼天子師古曰比和也翼助也比音頻寐反是㠯大禹能亡失德夏㠯長楙師古曰楙美也高皇帝親除大害去亂從師古曰從音子容反亂從謂禍亂之蹤跡也一曰亂謂作亂者從謂合從者若六國時爲從者也今書本從下或有順字或有治字皆非也後人妄加之也〔補注〕劉奉世曰大害謂秦亂從謂項羽時漢得關中羽西向爭天下故曰亂從先謙曰官本注皆字上多一者字並建豪英㠯爲官師師古曰師長也各爲一官之長也字或作帥音所類反爲諫爭輔天子之闕而翼戴漢宗也賴天之靈宗廟之福方內㠯安澤及四夷今朕獲執天下之正㠯承宗廟之祀朕既不德又不敏明弗能燭而智不能治〔補注〕宋祁曰智當作知此大夫之所著聞也故詔有司諸侯王三公九卿及主郡吏師古曰主郡吏謂郡守也各帥其志㠯選賢良明於國家之大體通於人事之終始及能直言極諫者各有人數㠯匡朕之不逮〔補注〕先謙曰官本㠯字上有將字二三大夫之行當此三道張晏曰三道國體人事直言也師古曰二三大夫總謂當時受策者非止錯一人焉朕甚嘉之故登大夫于朝親諭朕志師古曰諭告也大夫其上三道之要及永惟朕之不德吏之不平政之不宣民之不寧師古曰永猶深也惟思也四者之闕悉陳其志毋有所隱上㠯薦先帝之宗廟下㠯興愚民之休利著之于篇師古曰休美也篇謂

脩也朕親覽焉觀大夫所以佐朕至與不至書之周之密之重之閎之師古曰重音直龍反補注先謙曰官本龍作隴是與自朕躬師古曰言朕自發視之補注先謙曰官本注之作也大夫其正論毋枉執事張晏曰毋為有司枉橈也烏虖戒之師古曰虖讀曰呼二三大夫其帥志毋怠錯對曰平陽侯臣窋孟康曰曹窋參子也汝陰侯臣竈如淳曰夏侯嬰子也潁陰侯臣何文穎曰灌嬰子廷尉臣宜昌補注錢大昭曰公卿表逸其姓隴西太守臣昆邪服虔曰公孫昆邪也師古曰昆讀曰混音下昆反補注先謙曰混當作渾所選賢良太子家令臣錯師古曰詔列侯九卿及郡守舉賢良故錯為窋等所舉補注沈欽韓曰按其令式至唐猶然文苑英華四百七十八張九齡策云嗣魯王道堅所舉道侔伊呂科徵仕郎行秘書有校書郎張九齡云云昧死再拜言臣竊聞古之賢主莫不求賢以為輔翼故黃帝得力牧而為五帝服虔曰力牧黃帝之佐也補注先謙曰官本帝下有先字是大禹得咎繇而為三王祖齊桓得筦子而為五伯長師古曰筦字與管同伯讀曰霸今陛下講于大禹及高皇帝之建豪英也臣瓚曰講謂講議也退託於不明以求賢良師古曰自託不明是謙退讓之至也臣竊觀上

世之傳師古曰謂史傳若高皇帝之建功業陛下之德厚而得賢佐皆有司之所覽刻於玉版藏於金匱歷之春秋紀之後世為帝者祖宗與天地相終今臣窋等迺以臣錯充賦曰猶言備數也臣瓚曰充賦此錯之謙也云如賦調也補注沈欽韓曰充賦謂充貢於庭也通典選舉三長壽三年制始令舉人獻歲元會列于方物前以備充庭亦此意也先謙曰注曰上奪如淳二字官本有甚不稱明詔求賢之意臣錯屮茅臣亡識知昧死上愚對曰詔策曰明於國家大體愚臣竊以古之五帝明之臣聞五帝神聖其臣莫能及故自親事師古曰親理萬機之務處于法宮之中明堂之上如淳曰法宮路寢正殿也動靜上配天下順地中得人故眾生之類亡不覆也根著之徒亡不載也師古曰有根著地者皆載之也著音直略反燭以光明亡偏異也師古曰燭照也德上及飛鳥下至水蟲草木諸產皆被其澤師古曰被音皮義反然後陰陽調四時節日月光風雨時膏露降師古曰甘露凝如膏五穀孰祅孽滅補注先謙曰說文祅下云地反物為祅也案反物謂物失常性俗作妖者借字也賊氣息補注先謙曰賊氣陰陽不正之氣為災者也本書天文志迅雷祅風怪雲變氣此皆陰陽之精子華子盭氣伏息災疫不作變氣盭氣與賊氣義同民不疾疫河出圖洛出書神龍至鳳鳥翔德澤滿天下靈光施四海此謂配天地治國大體之功也詔策曰通於人事終始愚臣竊以古之三王明之臣聞三王臣主俱賢故合謀相輔計安天下莫不本於人情人情莫不欲壽三王生而不傷也人情莫不欲富三王厚而不困也人情莫不欲安三王扶而不危也人情莫不欲逸三王節其力而不盡也其為法令也合於人情而後行之其動眾使民也本於人事然後為之取人以己內恕及人師古曰以己之心揆之於人也情之所惡不以彊人情之所欲不以禁民是以天下樂其政歸其德望之若父母從之若流水百姓和親國家安寧名位不失施及後世師古曰施延也音弋豉反此明於人情終始之功也詔策曰直言極諫愚臣竊以五伯之臣明之師古曰伯讀曰霸臣聞五伯不及其臣故屬之以

國任之以事師古曰屬委也音之欲反五伯之佐之為人臣也察身而不敢誣師古曰各察己之材用不敢踰越而誣上奉法令不容私盡心力不敢矜師古曰矜謂自伐也遭患難不避死見賢不居其上受祿不過其量不以亡能居尊顯之位自行若此可謂方正之士矣其立法也非以苦民傷眾而為之機陷也孟康曰機發也陷穽也以之興利除害尊主安民而救暴亂也其行賞也非虛取民財妄予人也以勸天下之忠孝而明其功也故功多者賞厚功少者賞薄如此斂民財以顧其功師古曰顧讎也若今言雇賃也而民不恨者知與而安己也補注周壽昌曰知與者取財以賞功無妄費也民知為安己而用財故不恨也其行罰也非以忿怒妄誅而從暴心也師古曰從讀曰縱以禁天下不忠不孝而害國者也故辠大者罰重辠小者罰輕如此民雖伏罪至死而不怨者知罪罰之至自取之也立法若此可謂平正之吏矣法之逆者請而更之不以傷民師古曰更改也主行之暴者逆而復之不

以傷國師古曰謂逆主意而反還之不令施行致傷國也復音扶目反救主之失補主之過揚主之美明主之功使主內亡邪辟之行外亡騫汚之名師古曰辟讀曰僻騫損也汚辱也事君若此可謂直言極諫之士矣此五伯之所以德匡天下威正諸侯功業甚美名聲章明舉天下之賢主五伯與焉師古曰與讀曰豫此身不及其臣而使得直言極諫補其不逮之功也今陛下人民之衆威武之重德惠之厚令行禁止之埶萬萬於五伯而賜愚臣策曰匡朕之不逮愚臣何足以識陛下之高明而奉承之詔策曰吏之不平政之不宣民之不寧愚臣竊以秦事明之臣聞秦始幷天下之時其主不及三王而臣不及其佐師古曰臣亦不及三王之佐然功力不遲者何也地形便山川利財用足民利戰其所與並者六國六國者臣主皆不肖謀不輯師古曰輯與集同輯和也民不用故當此之時秦最富彊夫國富彊而鄰國亂者帝王之資也故秦能兼六國立爲天子當此之時三王之功不能進焉師古曰進前也言不在秦之前也及其末塗之衰也任不肖而信讒賊宮室過度耆欲亡極師古曰耆讀曰嗜民力罷盡賦斂不節師古曰罷讀曰疲矜奮自賢羣臣恐諛張晏曰恐機發陷禍而爲諂諛以求自全也師古曰此說非也直爲恐懼而爲諂諛也恐音丘勇反驕溢縱恣不顧患禍妄賞以隨喜意妄誅以快怒心法令煩憯師古曰憯痛也言痛害於下憯音千感反刑罰暴酷輕絕人命身自射殺補注宋祁曰殺字下疑有人字若直言身自射殺未見其事必著人字義乃易了先謙曰上云輕絕人命此殺字下不著人字亦可天下寒心莫安其處姦邪之吏乘其亂法以成其威獄官主斷生殺自恣上下瓦解各自爲制秦始亂之時吏之所先侵者貧人賤民也至其中節所侵者富人吏家也補注先謙曰吏家仕宦之家及其末塗所侵者宗室大臣也是故親疏皆危外內咸怨離散逋逃人有走心陳勝先倡天下大潰師古曰倡讀曰唱絕祀亡世爲異姓福此吏不平政不宣民不寧之禍也今陛下配天象地覆露萬民如淳曰覆蔭也露膏澤也絕秦之迹除其亂法躬親本事補注先謙曰文帝二年詔曰夫農天下之本也其開藉田朕親率耕廢去淫末除苛解嬈文穎曰嬈煩繞也師古曰音如紹反補注錢大昭曰說文嬈苛也寬大愛人肉刑不用辠人亡帑師古曰謂除收帑相坐律亡讀曰無帑讀曰孥非謗不治鑄錢者除張晏曰除鑄錢之律聽民得自鑄也師古曰非讀曰誹通關去塞張晏曰文帝十二年除關不用傳不孽諸侯應劭曰接之以禮不以庶孽畜之如淳曰孽疑也去關禁明無疑於諸侯師古曰應說是補注王念孫曰廣雅獻疑也作獻獻與孽同聲故字亦相通不疑諸侯即承上句言之如說是也賈子壹通篇疏山東孽諸侯亦謂疑諸侯也賓禮長老愛卹少孤辠人有期張晏曰早決之也晉灼曰刑法志云罪人各以輕重不亡逃有年而免滿其年免爲庶人也師古曰晉說是也後宮出嫁尊賜孝悌農民不租張晏曰足用則除租也明詔軍師補注宋祁曰師疑作帥軍帥有義言師無取愛士大夫求進方正廢退姦邪除去陰刑張晏曰宮刑也害民者誅憂勞百姓列侯就都師古曰各就其國也親耕節用視民不奢師古曰視讀曰示所爲天下興利除害變法易故以安海內者大功數十皆上世之所難及陛下行之道純德厚元元之民幸

矣詔策曰永惟朕之不德愚臣不足以當之詔策曰悉陳其志毋有所隱愚臣竊以五帝之賢臣明之臣聞五帝其臣莫能及則自親之三王臣主俱賢則共憂之五伯不及其臣則任使之此所以神明不遺而聖賢不廢也師古曰遺棄也不棄神明之德不廢聖賢之名補注先謙曰當時神明周於事後世聖賢稱其功故曰不遺不廢顏注非也官本正文及注聖賢並作賢聖故各當其世而立功德焉傳曰往者不可及來者猶可待師古曰言各當其時務立功也能明其世者謂之天子補注沈欽韓曰呂覽聽言篇周書曰往者不可及來者不可待賢明其世謂之天子先謙曰能令當世之人明曉理道勉爲善良斯謂之天子也此之謂也竊聞戰不勝者易其地民貧窮者變其業今以陛下神明德厚資財不下五帝師古曰資質也謂天子之財質補注先謙曰財與材通已見上文臨制天下至今十有六年補注先謙曰對在十五年云十六者幷即位之年數之民不益富盜賊不衰邊竟未安師古曰竟讀曰境其所以然意者陛下未之躬親而待羣臣也今執事之臣皆天下之選已師古曰已語終之辭然莫能望

陛下清光晉灼曰今之臣不能望見陛下之光景所及譬之猶五帝之佐也陛下不自躬親而待不望清光之臣臣竊恐神明之遺也師古曰言天子虛棄神明之德〔補注〕先謙曰恐上神明不周致有廢事也日損一日歲亡一歲日月益暮盛德不及究於天下師古曰究竟也以傳萬世愚臣不自度量竊爲陛下惜之昧死上狂惑屮茅之愚臣言〔補注〕宋祁曰臣言臣字衍存之句不成唯陛下財擇時賈誼已死〔補注〕何焯曰班氏蓋亦不滿斯對云誼已死者所謂無豪易高也對策者百餘人唯錯爲高第繇是遷中大夫師古曰繇讀與由同錯又言宜削諸侯事及法令可更定者書凡三十篇〔補注〕沈欽韓曰藝文志法家鼂錯三十一篇孝文雖不盡聽〔補注〕先謙曰史記云言削諸侯事及法令可更定者書數十上孝文不聽此云不盡聽微異然奇其材當是時太子善錯計策爰盎諸大功臣多不好錯〔補注〕先謙曰獨舉盎者以錯死由盎言盎及諸大功臣也盎由中郎將都尉爲諸侯相告歸非大臣亦非功臣景帝即位以錯爲內史錯數請閒言事輒聽幸傾九卿〔補注〕先謙曰集解徐廣曰九一作公法令多所更定丞相申屠嘉心弗便力未

前漢四十九 二十二

有以傷內史府居太上廟壖中師古曰壖者內垣之外游地也音人緣反〔補注〕先謙曰胡三省云三輔黃圖太上皇廟在長安香室街南馮翊府北武帝分內史爲左右後又改左內史爲左馮翊門東出不便錯迺穿門南出鑿廟壖垣丞相大怒欲因此過爲奏請誅錯錯聞之即請閒爲上言之丞相奏事因言錯擅鑿廟垣爲門請下廷尉誅上曰此非廟垣迺壖中垣不致於法丞相謝師古曰以所奏不當天子意故謝罷朝因怒謂長史曰吾當先斬以聞迺先請固誤丞相遂發病死錯以此愈貴遷爲御史大夫請諸侯之罪過削其支郡師古曰支郡在國之四邊者也奏上上公卿列侯宗室莫敢難〔補注〕先謙曰官本公上有令字是史記同獨竇嬰爭之繇此與錯有隙師古曰繇讀與由同錯所更令三十章師古曰更改也諸侯讙譁錯父聞之從潁川來謂錯曰上初即位公爲政用事如淳曰錯爲御史大夫位三公也〔補注〕先謙曰漢初常語相稱以公韓信婁敬淮南厲王諸傳及下文景帝謂鄧公君稱臣爲公也此及史記陸賈傳父謂子爲公也非以錯位上公而尊之侵削諸侯疏人骨肉口讓多怨公何爲也師古曰讓責也〔補注〕先謙曰史記作人口議多怨公者何也錯曰固也師古曰言固當如此不如此天子不尊宗廟不安父曰劉氏安矣而鼂氏危吾去公歸矣遂飲藥死曰吾不忍見禍逮身後十餘日吳楚七國俱反以誅錯爲名上與錯議出軍事錯欲令上自將兵而身居守〔補注〕齊召南曰按此二句補史記之缺竇嬰言盎以下云云則裁取史記吳王濞傳中語丞相青翟等劾錯云云又補史記之缺但丞相青下不當有翟字此陶青也譌與景紀同會竇嬰言爰盎詔召入見上方與錯調兵食師古曰調謂計發之也音徒釣反上問盎曰君嘗爲吳相知吳臣田祿伯爲人虖〔補注〕先謙曰田祿伯詳吳王濞傳今吳楚反於公意何如對曰不足憂也今破矣〔補注〕先謙曰今即也上曰吳王即山鑄錢煑海爲鹽師古曰即就也誘天下豪桀白頭舉事此其計不百全豈發虖何以言其無能爲也盎對曰吳銅鹽之利則有之安得豪桀而誘之誠令吳得豪桀亦且輔而爲誼不反矣吳所誘皆亡賴子弟亡命鑄錢姦人故相誘以亂錯曰盎策之善上問曰計安出盎對曰

前漢四十九 二十三

願屏左右上屏人獨錯在盎曰臣所言人臣不得知迺屏錯錯趨避東箱〔補注〕沈欽韓曰公食大夫禮注箱東夾之前俟事之處甚恨〔補注〕宋祁曰一本恨字下有之字上卒問盎師古曰卒竟也對曰吳楚相遺書言高皇帝王子弟各有分地師古曰分音扶問反〔補注〕先謙曰謂各有定地今賊臣鼂錯擅適諸侯削奪之地師古曰適讀曰謫以故反名爲西共誅錯復故地而罷〔補注〕先謙曰以此爲名方今計獨有斬錯發使赦吳楚七國復其故地則兵可毋血刃而俱罷於是上默然良久曰顧誠何如吾不愛一人謝天下師古曰顧念也誠實也盎曰愚計出此唯上孰計之迺拜盎爲太常密裝治行後十餘日丞相青翟〔補注〕沈欽韓曰公卿表丞相嘉薨御史大夫陶青爲丞相此與漢紀皆譌爲青翟文苑英華蕭綸陶隱居碑云陶舍子青翟位至丞相則知其誤已在六朝傳本矣錢大昕曰因武帝時有丞相嚴青翟相涉而誤中尉嘉廷尉歐師古曰張歐也音區〔補注〕先謙曰安丘侯張歐爲奉常見公卿表廷尉歐不云張姓疑顏誤也劾奏錯曰吳王反逆亡道欲危宗廟天下所當共誅今御史大夫錯議曰兵數百萬獨屬羣臣不

可信師古曰屬委也音之欲反陛下不如自出臨兵使錯居守徐僮之旁吳所
未下者可以予吳鄧展曰徐僮臨淮二縣也錯不稱陛下德信欲疏羣臣百姓
又欲以城邑予吳亡臣子禮大逆無道錯當要斬父母妻子同產
無少長皆棄市臣請論如法制曰可錯殊不知乃使中尉召錯紿
載行市師古曰紿誑也云乘車案行市中也行音下更反錯衣朝衣斬東市師古曰朝衣朝服也錯已
死謁者僕射鄧公為校尉擊吳楚為將還上書言軍事見上上問
曰道軍所來如淳曰道路從吳軍所來也師古曰道軍所來即是從軍所來耳無煩更說道路也聞鼂錯死
吳楚罷不鄧公曰吳為反數十歲矣發怒削地以誅錯為名其意
不在錯也且臣恐天下之士拑口不敢復言矣師古曰拑音其炎反上曰何
哉鄧公曰夫鼂錯患諸侯彊大不可制故請削之以尊京師萬世
之利也計畫始行卒受大戮師古曰卒竟也內杜忠臣之口外為諸侯報
仇師古曰杜塞也臣竊為陛下不取也於是景帝喟然長息曰公言善吾

亦恨之補注先謙曰恨悔也迺拜鄧公為城陽中尉鄧公成固人也師古曰漢中之
縣多奇計建元年中補注宋祁曰著年字則俗而不古但言中則是史常體先謙曰史記作建元中年字當是
傳寫誤衍上招賢良公卿言鄧先師古曰鄧先猶云鄧先生也一曰先者其名也補注何焯曰張恢生史記
作張恢先則以鄧先為先生者是也先謙曰正義引孔文祥云鄧公名先則一曰其名者用孔說也鄧先時免起家
為九卿一年復謝病免歸其子章以脩黃老言顯諸公閒
贊曰爰盎雖不好學亦善傅會張晏曰因宜附著合會之仁心為質引義慷慨
遭孝文初立資適逢世張晏曰資財也適值其世得騁其才補注先謙曰集解引財作才是時已變
易張晏曰謂景帝補注先謙曰集解引有立字是及吳壹說果於用辯師古曰謂殺鼂錯也身亦不
遂補注先謙曰遂進也謂為楚相不復進用於朝鼂錯銳於為國遠慮而不見身害其父
睹之經於溝瀆師古曰論語稱孔子曰豈若匹夫匹婦之為諒也自經於溝瀆人莫之知故贊引之云補注先謙曰
官本無注亡益救敗不如趙母指括以全其宗張晏曰趙奢卒趙使趙括為將其母言之趙王
曰願王易括王不許母要王有罪願不坐王許之後括果敗於長平以母前約故卒得不坐補注先謙曰官本考證李觀曰史臣責
錯父不逮趙括母何其鄙也鼂錯用至忠之略與趙括必敗之勢異也使錯父為之是阻其子為忠也孰可擬議先謙按官本注有
罪上有括字悲夫錯雖不終世哀其忠故論其施行之語著于篇

爰盎鼂錯傳第十九終

張馮汲鄭傳第二十　漢書五十

漢　蘭　臺　令　史班　固　撰

唐正議大夫行祕書少監琅邪縣開國子顏師古　注

賜進士出身前翰林院編修國子監祭酒加三級臣王先謙補注

張釋之字季南陽堵陽人也師古曰堵音者〔補注〕先謙曰官本顏注下有索隱堵韋昭音褚又音如字地名屬南陽十六字蓋後人校注而刊本竄入與兄仲同居以貲爲騎郎蘇林曰雇錢若出穀也如淳曰漢注貲五百萬得爲常侍郎師古曰如說是也〔補注〕先謙曰集解引漢下有儀字事文帝十年不得調師古曰調選也音徒釣反〔補注〕宋祁曰百官公卿表云孝文三年中郎將張釋之爲廷尉此傳云文帝十年不得調恐必有誤也先謙曰釋之爲廷尉不在孝文三年表誤十年不調之語非誤也說見下亡所知名釋之曰久宦減仲之產不遂師古曰遂猶達〔補注〕宋祁曰達字下當添也字欲免歸中郎將爰盎知其賢惜其去乃請徙釋之補謁者釋之既朝畢因前言便宜事文帝曰卑之毋甚高論師古曰令其議論依附時事也〔補注〕周壽昌曰漢文學黃老治雜霸道恐釋之遠舉三皇高談五帝故以卑之毋甚高論爲論令今可行也於是釋之言秦漢之間事秦所以失漢所以興者〔補注〕宋祁曰漢字上當存而字所以緩其語先謙曰宋因史記有而字故云文帝稱善拜釋之爲謁者僕射〔補注〕先謙曰百官表謁者秩比六百石有僕射秩比千石從行上登虎圈師古曰圈養獸之所也音求遠反〔補注〕王先慎曰黃圖漢獸圈九彘圈一在未央宮中文帝問上林尉及馮媛當熊皆此處獸圈上有樓觀又長安志注引漢宮殿疏秦故虎圈周帀三十五步西去長安十五里先謙曰史記作從行登虎圈上字在問字上通鑑從之較此文爲順問上林尉禽獸簿師古曰簿謂簿書也音步戶反〔補注〕先謙曰百官表上林有八丞十二尉通鑑胡注禽獸簿謂簿錄禽獸之大數也十餘問尉左右視盡不能對師古曰視其屬官皆不能對也〔補注〕先謙曰胡注蓋帝問之而不能對故倉皇失措而左右視也顏注非案胡說是盡不能對者上林尉非一人也虎圈嗇夫從旁代尉對〔補注〕先謙曰正義嗇夫掌虎圈百官表有鄉嗇夫此其類也上所問禽獸簿甚悉師古曰悉謂詳盡也欲以觀其能口對嚮應亡窮者師古曰觀猶示也嚮讀曰響如響應聲言其疾也〔補注〕先謙曰曰嚮之嚮官本作響是文帝曰吏不當如此邪尉亡賴張晏曰材無可恃也詔釋之拜嗇夫爲上林令釋之前曰〔補注〕先謙曰史記前上有久之二字陛下以絳侯周勃何如

人也上曰長者又復問東陽侯張相如何如人也上復曰長者〔補注〕周壽昌曰長者厚德之稱與陳平傳之長者爲貴人異史記平準書天子於是以式終長者後書寇恂傳時人歸其長者章帝八王傳論章帝長者三國魏志陳羣傳注引魏書君子謂羣於是乎長者矣皆此類釋之曰夫絳侯東陽侯稱爲長者此兩人言事曾不能出口豈效此嗇夫喋喋利口捷給哉晉灼曰喋音牒〔補注〕先謙曰史記作諜諜索隱漢書作喋喋喋多言也先謙案說文無喋字諜下云軍中反閒也與此文無涉當爲呭或爲詍也說文口部呭下云多言也詩曰無然呭呭言部詍下云多言也詩曰無然詍詍蓋引三家詩本與毛不同呭呭之爲喋喋詍詍之爲諜諜通後人妄加木字耳且秦以任刀筆之吏爭以亟疾苛察相高師古曰亟急也音居力反其敝徒文具亡惻隱之實師古曰文具謂具文而已以故不聞其過陵夷至於二世天下土崩師古曰陵夷頹替也解在成紀今陛下以嗇夫口辯而超遷之臣恐天下隨風靡爭口辯亡其實且下之化上疾於景嚮舉錯不可不察也師古曰嚮讀曰響錯音千故反文帝曰善迺止不拜嗇夫就車召釋之驂乘徐行行問釋之秦之敝師古曰行問且行且問也〔補注〕先謙曰徐行下不當更有

行字師古就衍文加釋耳史記作徐行問釋之秦之敝不重行字通鑑通志張釋之傳並同具以質言如淳曰質誠也至宮上拜釋之爲公車令〔補注〕先謙曰百官表公車令屬衛尉漢官儀公車司馬令掌殿司馬門通典衛尉公車令曰胡廣云諸門各陳屯夾道其旁設兵以示威武交節立戟以遮訶出入頃之太子與梁王共車入朝不下司馬門如淳曰宮衛令諸出入殿門公車司馬門者皆下不如令罰金四兩於是釋之追止太子梁王毋入殿門遂劾不下公門不敬奏之〔補注〕周壽昌曰劾其罪而奏其事書呂刑正義云漢世問罪謂之鞫斷獄謂之劾薄太后聞之文帝免冠謝曰教兒子不謹薄太后使使承詔赦太子梁王然後得入文帝繇是奇釋之師古曰繇讀與由同拜爲中大夫頃之至中郎將從行至霸陵上居外臨廁師古曰廁岸之邊側也解在劉向傳〔補注〕王念孫曰外臨廁當依史記作北臨廁劉向傳亦作北臨廁謂北臨霸陵之厓也服虔曰廁側近水也李奇曰霸陵山北頭廁近霸水帝登其上以遠望也念孫案廁與側通魏風伐檀篇寘之河之側兮毛傳側厓也此時帝北向故下文指北山言之而漢紀亦云上望北山悽然傷懷則當作北臨廁明矣隸書外字或作外見漢司隸校尉魯峻碑形與北相似故北誤爲外史記魯仲連傳士無反北之心燕之北字今本北字並誤作外時慎夫人從上指視慎夫人新豐道曰此走邯鄲道也張晏曰慎夫人邯鄲人也如淳曰走音奏奏趣

也師古曰視讀曰示〔補注〕先謙曰索隱走猶向也官本注不重奏字使慎夫人鼓瑟上自倚瑟而歌李奇曰聲氣依倚瑟也師古曰倚瑟即今之㠯歌合曲也倚音於綺反〔補注〕先謙曰集解引李注有書曰聲依永五字意悽愴悲懷顧謂羣臣曰嗟乎㠯北山石爲椁用紵絮斮陳漆其閒豈可動哉師古曰紵音竹呂反斮音側略反左右皆曰善釋之前曰使其中有可欲雖錮南山猶有隙使其中亡可欲雖亡石椁又何戚焉師古曰解竝在劉向傳文帝稱善〔補注〕先謙曰劉向傳文帝寤焉遂薄葬不起山墳其後拜釋之爲廷尉頃之上行出中渭橋張晏曰在渭橋中路〔補注〕劉奉世曰渭上有橋非一此在中故曰中渭橋張說非也沈欽韓曰長安志中渭橋在咸陽縣東南二十里本名橫橋架渭水上程大昌雍錄秦漢唐架渭者凡三橋在咸陽西十里者名便橋漢武帝造在咸陽東南二十二里者名中渭橋秦始皇造在萬年縣東南四十里者爲東渭橋不知始於何世有一人從橋下走〔補注〕先謙曰史記走下有出字不可省乘輿馬驚於是使騎捕之屬廷尉師古曰屬委也音之欲反次下亦同釋之治問曰縣人來如淳曰長安縣人也〔補注〕先謙曰漢紀作遠縣人也聞蹕匿橋下久〔補注〕錢大昭曰說文趩止行也天官宮正禮記曾子問皆作蹕蹕非古字㠯爲行過師古曰言天子已過

既出見車騎即走耳〔補注〕先謙曰史記既作即是也言以爲天子行過乃出也且與下即字相應若作既則以爲行過四字不相屬矣即與既形近致誤漢紀亦作即釋之奏當此人犯蹕如淳曰乙令蹕先至而犯者罰金四兩師古曰當謂處其罪也〔補注〕沈欽韓曰唐衞禁律車駕行衝隊者徒一年衝三衞仗者徒二年如云罰金四兩是漢律較唐律輕也當罰金上怒曰此人親驚我馬馬賴和柔令它馬固不敗傷我乎而廷尉迺當之罰金釋之曰法者天子所與天下公共也師古曰公謂不私也今法如是更重之是法不信於民也且方其時上使使誅之則已師古曰言初執獲此人天子即令誅之其事即畢〔補注〕錢大昭曰魏志王肅傳載肅言云廷尉者天子之吏也猶不可以失平而天子之身反可以惑謬乎周公曰天子無戲言言則史書之工誦之士稱之言猶不可而況行之乎肅謂釋之此語爲失當則可至誠爲不忠之甚則謬矣先謙曰史記下使字作立今已下廷尉廷尉天下之平也壹傾天下用法皆爲之輕重民安所錯其手足師古曰安焉也錯置也音千故反唯陛下察之上良久曰廷尉當是也其後人有盜高廟座前玉環得師古曰得者盜環之人爲吏所捕得也文帝怒下廷尉治案盜宗廟服御物者爲奏

當棄市〔補注〕沈欽韓曰唐盜賊律諸盜大祀神御物流二千五百里據此是漢律較唐律重也上大怒曰人亡道迺盜先帝器〔補注〕先謙曰史記器上有廟字吾屬廷尉者欲致之族而君㠯法奏之師古曰法謂常法〔補注〕先謙曰索隱謂依律以斷也非吾所㠯共承宗廟意也師古曰共讀曰恭釋之免冠頓首謝曰法如是足也且罪等如淳曰俱死罪也盜玉環不若盜長陵土之逆〔補注〕劉奉世曰此等讀如等級之等言凡罪之等差然㠯逆順爲基〔補注〕宋祁曰基字上疑有本字先謙曰官本考證云按基字史記作差文義甚明王念孫云如上劉說則下句當刪然字矣史記作然以逆順爲差若以等爲等差則是且罪差然以逆順爲差也豈其然乎案如云盜玉環不若盜長陵土之逆正釋差字之義則漢書亦是差字作基者字之誤耳今盜宗廟器而族之有如萬分一假令愚民取長陵一抔土張晏曰不欲指言故㠯取土喻也師古曰抔音步侯反謂手掬之也其字從手不忍言毀徹故止云取土耳今學者讀抔爲抔勺之抔非也抔非應盛土之物也〔補注〕宋祁曰新本抔作掊先謙曰注末三抔字官本皆作杯是索隱張云不欲指言者蓋不欲言盜開長陵又侵柩恐傷迫切先帝故也案顏云毀徹其義未明陛下且何㠯加其法虖文帝與太后言之乃許廷尉當是時中尉條侯周亞夫與梁相山都侯王恬咸見釋之

持議平迺結爲親友〔補注〕先謙曰官本咸作啟引宋祁曰啟作咸齊召南云按如宋說則咸字屬下文爲句也但山都侯自名恬啟史無截去人名一字之理史記以避景帝諱作王恬開注徐廣曰漢書作啟即知本文作王恬啟矣宋說無謂王念孫云高惠高后文功臣表百官公卿表竝作啟此作咸者俗書啟字或作啓因譌而爲咸宋祁反以作咸者爲是謬矣先謙案亞夫爲將軍軍細柳月餘拜爲中尉據文紀後六年亞夫爲將軍是爲中尉即在其時此云中尉條侯周亞夫與張廷尉結爲親友是釋之爲廷尉亦當在後二三四五六七數年間公卿表後元年有廷尉信孝景元年有廷尉歐以文紀及本傳參證文帝崩於後七年六月釋之事景帝歲餘由廷尉爲淮南相明是釋之代信歐代釋之公卿表文帝三年下中郎將張釋之爲廷尉八字當在信歐之閒傳寫者誤移於前也若釋之爲廷尉在文帝三年則周勃尚存亞夫未仕亦未封侯[illegible]傳何得云中尉條侯亞夫與釋之結爲親友且釋之見重文帝朝三年已爲廷尉不應歷廿餘年不遷一階公卿表釋之後廷尉信前尚有廷尉昌廷尉嘉廷尉宜㠯三人若謂釋之任廷尉直至文帝末年則明有四人更代如前免官而後復任傳不應不著其事若並未復任則傳云欲免去者爲欲免何官事景帝歲餘又爲何官乎又爰盎傳淮南厲王遷蜀盎時爲中郎將據文紀厲王遷蜀事在文帝六年此傳云中郎將爰盎請徙釋之補謁者豈有文帝三年釋之已爲廷尉之理知本傳十年不調之語爲不誤也通鑑書廷尉釋之事於文帝三年係沿公卿表之誤漢紀知表誤乃敍釋之爲郎事於孝文十年而於十三年書廷尉釋之奏當二事以意編次猶爲未當梁相山

都侯王恬啟據功臣表云高后四年四月封八年薨孝文四年憲侯中黃嗣是釋之爲廷尉山都已薨矣疑釋之未顯時夙與山都侯爲親友史公併書之以見釋之名重一時班氏沿而不察耳張廷尉繇此天下稱之師古曰繇讀與由同文帝崩景帝立釋之恐師古曰以嘗劾帝不下司馬門稱疾欲免去懼大誅至欲見則未知何如補注王念孫曰欲見當依史記作欲見謝謂欲見帝而謝罪也下文卒見謝卽承此句言之則此句原有謝字明矣用王生計卒見謝景帝不過也補注先謙曰過責也王生者善爲黃老言處士補注先謙曰史記有也字嘗召居廷中公卿盡會立補注王文彬曰史記三公九卿盡會立案後漢蔡邕傳注居猶坐也時漢廷尊尚黃老故大會時王生被召坐廷中而公卿盡立也王生老人曰吾襪解師古曰襪音武伐反補注王先慎曰說文襪足衣也一作襪釋名襪末也在腳末也又作韤哀帝紀韤係解是也顧謂釋之爲我結襪釋之跪而結之師古曰結讀曰係既已人或讓王生獨柰何廷辱張廷尉如此王生曰吾老且賤自度終亡益於張廷尉廷尉方天下名臣補注先謙曰史記方下有今字不可省吾故聊使結襪欲以重之補注宋祁曰聊使結襪疑云聊廷使跪結襪存廷跪二字乃是詳了前語不可刪也先謙曰史記作聊辱廷尉使跪結襪宋誤記也

諸公聞之賢王生而重釋之釋之事景帝歲餘爲淮南相猶尚以前過也年老病卒其子摯字長公官至大夫免以不能取容當世故終身不仕補注先謙曰索隱謂性公直不能曲屈見容於當世故至免官不仕也馮唐祖父趙人也父徙代漢興徙安陵唐以孝著爲郎中署長鄭氏曰以至孝聞也師古曰以孝得爲郎中而爲郎署之長也著音竹助反補注周壽昌曰文紀賜三老孝者人帛五匹弟者帛人三匹以後帝紀孝者弟者分列屢見此孝著疑孝者之誤薛宣傳云其令平陵薛恭本縣孝者功次稍遷亦孝者遷官之一證先謙曰史記郎中作中郎集解引應劭曰此云孝子郎也據應說漢代自有以孝舉爲郎者師古正用應義王鳴盛以爲謬解實不然也爰盎傳上幸上林郎署長布席事文帝帝輦過問唐曰父老何自爲郎家安在師古曰言年已老矣何乃自爲郎也崔浩曰爲自從也從何爲郎此說非也補注劉敞曰按文帝問因唐遂及居代時事則何自爲郎正問從何處來爲郎崔說是索隱過音戈先謙曰索隱從何作何從是何自爲郎言自何途得爲郎郎之進身不一故帝問之次乃問其家安在也顏云自爲郎郎無自爲之理劉云從何處來爲郎則與家安在相復矣唐具以實對其進身之由及其家居趙代後徙安陵悉陳之帝遂及居代時事也崔說得之顏劉竝誤會耳輦過索隱謂文帝乘輦過郎署也具以實言文帝曰吾

居代時吾尚食監高祛補注先謙曰官本祛作祛案漢紀治要竝作祛通鑑作祛汲古本史記作祛官本作祛未知孰是數爲我言趙將李齊之賢戰於鉅鹿下補注先謙曰胡三省云鉅鹿之戰當是秦將王離圍鉅鹿時吾每飮食意未嘗不在鉅鹿也張晏曰每食念監所說李齊在鉅鹿時也父老知之乎補注沈欽韓曰方言凡尊老謂之傁或謂之父老周壽昌曰史記無老字蓋此以父老爲稱史以父爲稱而以前老字爲年老也唐對曰齊尚不如廉頗李牧之爲將也上曰何已師古曰已猶耳補注先謙曰史記作何以唐曰臣大父在趙時爲官帥將師古曰大父祖父也帥音所類反將音子亮反補注先謙曰史記作官卒將集解徐廣曰一云官士將索隱案國語闔閭卒百人爲徹行行頭皆官師賈逵云百人爲一隊也官師隊大夫也先謙案馮奉世傳云在趙者爲官帥將官帥將子爲代相所稱卽馮唐祖父也師古彼注云帥或作師其義兩通善李牧臣父故爲代相善李齊知其爲人也上既聞廉頗李牧爲人良說如淳曰良善也師古曰說讀曰悅聞頗牧之善帝意大說補注劉攽曰聞廉頗李牧爲人卽是知其實矣案實爲善之誤良說者甚喜也猶良久也先謙曰劉說是也迺拊髀曰師古曰髀音陛嗟乎吾獨不得廉頗李牧爲將補注王念孫曰治要引此牧下有時字是也今本無時字者後人不解其義而刪之耳時讀爲而言吾獨不得

廉頗李牧而爲將也而時聲相近故字相通賈誼傳故自爲赤子而欲固已行矣大戴記保傅篇而作時聘義然而用財如此其厚者大戴記朝事篇而作時史記太史公自序專決於名而失人情漢書司馬遷傳而作時是其證史記亦有時字豈憂匈奴哉唐曰主臣師古曰恐懼之言解在陳平傳補注宋祁曰解在王陵傳注誤陛下雖有廉頗李牧不能用也上怒起入禁中良久召唐讓曰公衆辱我獨亡間處虖師古曰何不間隙之處而言補注先謙曰通鑑胡注引不下有於字此奪唐謝曰鄙人不知忌諱當是時匈奴新大入朝那殺北地都尉卬補注先謙曰事在文帝十四年卬姓孫見文紀注功臣表上以胡寇爲意迺卒復問唐曰公何以言吾不能用頗牧也唐對曰臣聞上古王者遣將也跪而推轂曰闑以內寡人制之闑以外將軍制之韋昭曰門中橛爲闑師古曰音牛列反補注沈欽韓曰六韜立將君親操斧持首授將其柄曰從此上至天者將軍制之復操鉞持柄授將其刃曰從此下至淵者將軍制之兵略同御覽七百六十三引淮南子曰闑以外將軍裁之與此傳同錢大昭曰闑漢紀作闑同案爾雅釋宮橜謂之闑郭璞曰門闑曲禮云由闑右李如圭云闑者門中所豎短木在地者也其東曰闑東其西曰闑西先謙曰史記作闑集解韋昭曰此郭門之闑也門中橛曰闑軍功爵賞皆決於外歸

而奏之此非空言也臣大父言李牧之爲趙將居邊軍市之租皆自用饗士 〔補注〕先謙曰索隱軍中立市市有稅稅即租也案史記李牧傳市租皆輸入莫府爲士卒費曰擊數牛饗士 賞賜決於外不從中覆也 師古曰覆謂覆白之也音芳目反〔補注〕先謙曰胡三省云一說不從中覆校其所用之數亦通案史記覆作擾 委任而責成功故李牧乃得盡其知能選車千三百乘 〔補注〕先謙曰索隱案六韜書云有選車之法 十彀騎萬三千匹 師古曰彀張弩也音遘〔補注〕先謙曰匹字疑衍史記無匹字索隱引如淳曰彀騎張弓之騎也謂能控弦之騎士有萬三千人騎可以匹言彀騎以人言不以匹言是此文不得有匹字明矣通鑑亦作彀騎萬三千胡三省云弓弩引滿爲彀謂騎兵能射者亦其證也李牧傳選騎得萬三千匹彀者十萬人騎與彀分爲二事則可言匹或此傳本作彀者十萬人騎萬三千匹而傳寫奪文也 百金之士十萬 服虔曰良士直百金也如淳曰黃金一斤直萬言富家子弟可任使也師古曰百金喻其貴重耳服說是也〔補注〕先謙曰索隱引劉氏云其功可賞百金者事見管子及小爾雅案李牧傳百金之士五萬人與此異， 是以北逐單于破東胡滅澹林 鄭氏曰澹音擔石之擔如淳曰胡也匈奴傳曰晉北有澹林之胡樓煩之戎也師古曰澹音都甘反又音談〔補注〕錢大昭曰如說非也匈奴傳但言林胡不言澹林先謙曰案注都甘切談既云音都甘反不得又音談也談疑作淡集解徐廣曰澹一作襜索隱一本作襜襤通鑑胡注澹林即襜襤今案胡說是也李牧傳滅襜襤破東胡降林胡單于奔走正與此傳合襜襤云滅林胡云降則襜襤非林胡可知集解彼注引徐廣曰襤一作臨據此澹林亦爲澹臨矣林臨以同聲通用襤林又以雙聲通轉耳 西抑彊秦南支韓魏 〔補注〕先謙曰史記支誤友 當是時趙幾伯 師古曰幾致於霸也幾音鉅依反伯讀曰霸〔補注〕先謙曰官本無幾音鉅依反五字 後會趙王遷立 蘇林曰趙幽王 其母倡也 師古曰倡樂家之女 用郭開讒而誅李牧令顏聚代之 〔補注〕宋祁曰聚一作最王念孫曰史記索隱亦曰聚漢書作最又廉頗藺相如傳之顏聚趙策作顏最念孫案作最者皆冣之譌也說文冣才句切積也徐鍇曰古以聚物之聚爲冣冣與最字相似世人多見最少見冣故書傳中冣字皆譌作最注冣聚或爲冣史記殷本紀大冣樂戲於沙丘徐廣曰冣一作聚今諸書冣字皆譌作最此作聚者校書者依史記改之耳 是以爲秦所滅今臣竊聞魏尚爲雲中守軍市租盡以給士卒出私養錢五日壹殺牛 服虔曰私假錢也〔補注〕先謙曰官本注文在錢字下是史記集解通鑑胡注引竝作私稟假錢又史記無出字索隱案漢市肆租稅之入爲私奉養服說是也或云官所別稟給也胡三省云余謂當從漢書以私養錢屬下句先謙案或說胡注是也 以饗賓客軍吏舍人是以匈奴遠避不近雲中之塞虜嘗一入尚帥車騎擊之所殺甚眾夫士卒盡

家人子起田中從軍安知尺籍伍符 李奇曰尺籍所以書軍令伍符軍士五五相保之符信也如淳曰漢軍法曰吏卒斬首以尺籍書下縣移郡令人故行不行奪勞二歲伍符亦什伍之符要節度也師古曰家人子謂庶人之家子也〔補注〕先謙曰集解引如注要作約下有或曰以尺簡書故曰尺籍也十一字通鑑胡注引顏注作謂庶人家之子也是索隱尺籍者謂書其斬首之功於一尺之板伍符者命軍人伍伍相保不容姦詐也故行不行謂故命人行而身不自行奪勞二歲也故與屢同案詳下文意索隱是也 終日力戰斬首捕虜上功莫府一言不相應文吏以法繩之 〔補注〕宋祁曰繩字上疑有糾字句似長而義具先謙曰宋說謬索隱不相應謂數不同也莫府解在李廣傳 其賞不行吏奉法必用愚以爲陛下法太明賞太輕罰太重且雲中守尚坐上功首虜差六級陛下下之吏削其爵罰作之 〔補注〕先謙曰胡注一歲刑爲罰作漢紀作罰及之非也 繇此言之 師古曰繇讀與由同 陛下雖得李牧不能用也 〔補注〕先謙曰上文數處皆言廉頗李牧因唐大父獨善牧故但言牧事然舉牧即以例頗此處總結上文仍應頗牧並稱李當爲頗字之誤也治要引此正作陛下雖得頗牧漢紀同史記通鑑竝作陛下雖得廉頗李牧本傳贊曷爲不能用頗牧以頗牧二字並稱亦其證 臣誠愚觸忌諱死罪文帝說 師古曰說讀曰悅 是日令唐持節赦魏尚復以爲雲中守而拜唐爲車騎都尉主中尉及郡國車士 服虔曰車戰之士也〔補注〕周壽昌曰史衞綰傳以戲車爲郎又云臣從車士即此車士也先謙曰中尉之車士及郡國之車士皆得主之漢紀作主中尉及郡車騎士表無車騎都尉官 十年景帝立 〔補注〕先謙曰史記作七年案文帝十四年至後七年正十年史記誤 以唐爲楚相武帝即位求賢良舉唐唐時年九十餘不能爲官迺以子遂爲郎遂字王孫亦奇士 〔補注〕先謙曰史記有與余善三字趙世家亦稱馮王孫言云云 魏尚槐里人也 〔補注〕錢大昭曰尚無傳故於此記其里居猶公卿無傳者表中書里及字也槐里右扶風縣

汲黯字長孺濮陽人也其先有寵於古之衞君也 文穎曰六國時衞弱但稱君也〔補注〕王先慎曰風俗通衞宣公太子伋之後居汲因以爲氏案通志氏族略以爲汲衞邑其大夫所治之邑不必子伋是也 至黯十世世爲卿大夫 〔補注〕齊召南曰十世史記作七世 以父任孝景時爲太子洗馬 孟康曰大臣任舉其子弟爲官 以嚴見憚 〔補注〕先謙曰史記嚴作莊謂以莊肅爲太子所敬憚避明帝諱改 武帝即位黯爲謁者東粤相攻上使黯往視之至吳而還報曰粤人相攻固其俗不足以辱天子使者河內失火燒千餘家上使黯往

視之還報曰家人失火屋比延燒師古曰比近也言屋相近故連延而燒也比音頻寐反〔補注〕先謙曰通鑑胡注引比近也上有家人猶言庶人家也人字此奪不足憂臣過河內河內貧人傷水旱萬餘家或父子相食臣謹㠯便宜持節發河內倉粟㠯振貧民〔補注〕王念孫曰史記臣過河內及河內貧人河內倉粟三河內竝作河南是也蓋河內失火武帝使黯往視道經河南見貧民傷水旱因發倉粟振之是黯未至河內先過河南故曰臣過河南若黯已至河內而發粟振民則當云臣至河內不得言過矣此三河內皆因上文河內失火而誤先謙曰王說是也通鑑三河內竝依史記作河南請歸節伏矯制辠師古曰矯託也託奉制詔而行之上賢而釋之遷爲滎陽令黯恥爲令稱疾歸田里上聞迺召爲中大夫㠯數切諫不得久留內遷爲東海太守黯學黃老言治官民好清靜〔補注〕齊召南曰治官民史記作治官理民擇丞史任之如淳曰擇郡丞及史任之也鄭當時爲大司農官屬丞史亦是也〔補注〕先謙曰集解引云律太守都尉諸侯內史史各一人卒史書佐各十人今總言丞史或以爲擇郡丞及史使任之鄭當時爲大農推官屬丞史亦是也胡三省云據漢制郡守之屬有丞有諸曹掾史責大指而已不細苛黯多病臥閤內不出歲餘東海大治稱之上聞召爲主

爵都尉〔補注〕齊召南曰按公卿表黯以建元六年爲主爵都尉十一年徙爲右內史元朔五年也主爵都尉掌列侯列於九卿治務在無爲而已引大體不拘文法〔補注〕先謙曰引史記作弘疑形近致誤爲人性倨少禮師古曰倨傲也音居庶反面折不能容人之過合己者善待之不合者弗能忍見士亦㠯此不附焉〔補注〕先謙曰所見之士不親附也然好游俠任氣節行修潔其諫犯主之顏色常慕傅伯爰盎之爲人應劭曰傅伯梁人爲孝王將素抗直也〔補注〕先謙曰史記伯作柏善灌夫鄭當時及宗正劉棄疾〔補注〕先謙曰史記作劉棄徐廣注一云名棄疾公卿表亦作劉棄亦㠯數直諫不得久居位是時太后弟武安侯田蚡爲丞相中二千石拜謁蚡弗爲禮黯見蚡未嘗拜揖之上方招文學儒者上曰吾欲云云張晏曰所言欲施仁義也師古曰云云猶言如此如此也史略其辭耳〔補注〕周壽昌曰言欲上希堯舜耳觀黯對語知張注誤會黯對爲帝語也元朔元年詔云朕嘉唐虞而樂殷周即帝所云云之語先謙曰周說是也漢紀作上曰吾欲興政治法堯舜何如黯對曰陛下內多欲而外施仁義柰何欲效唐虞之治乎上怒變色而罷朝公卿皆爲黯懼上

退謂人曰甚矣汲黯之戇也〔補注〕先謙曰索隱戇愚也音陟降反羣臣或數黯師古曰數責之音所具反黯曰天子置公卿輔弼之臣寧令從諛承意陷主於不誼虖且已在其位縱愛身柰辱朝廷何黯多病病且滿三月上常賜告者數終不瘉如淳曰杜欽所謂病滿賜告詔恩也數者非一也師古曰數音所角反瘉與愈同〔補注〕沈欽韓曰病滿三月則當免故優假之復賜告也唐會要八十一職事官假滿百日即合停解長慶二年四月御史臺奏檢校司空兼太子少傅嚴綬疾病假滿百日合停敕嚴綬年位俱高須加優異宜依舊秩未要舉停此則出自特恩其常員百日例罷沿漢制也皇甫湜集韓文公神道碑云病滿三月免最後嚴助爲請告上曰汲黯何如人也曰使黯任職居官亡㠯瘉人師古曰瘉勝也讀與愈同然至其輔少主守成雖自謂賁育弗能奪也師古曰孟賁夏育皆古之勇士也賁音奔〔補注〕齊召南曰史記作然至其輔少主守城深堅招之不來麾之不去雖自謂賁育亦不能奪之矣上曰然古有社稷之臣至如汲黯近之矣大將軍靑侍中上踞廁視之如淳曰廁溷也孟康曰廁牀邊側也師古曰如說是也〔補注〕劉奉世曰廁當從孟說古者見大臣則御坐爲起然則踞廁者輕之也丞相弘宴見上或時不冠至如見黯不冠不

見也〔補注〕先謙曰至如疑本作至於涉上文至如而誤也上嘗坐武帳應劭曰武帳織成帳爲武士象也孟康曰今御武帳置兵闌五兵於帳中也師古曰孟說是也〔補注〕沈欽韓曰帳置五兵蓋以蘭錡圍四垂天子御殿之制如此有災變避正殿寢兵則不坐武帳也先謙曰集解韋昭云以武名之示威黯前奏事上不冠望見黯避帳中使人可其奏其見敬禮如此〔補注〕何焯曰自爲太子洗馬即以莊見憚帝固已信之於素矣非精誠無以得此於君臣之際也張湯㠯更定律令爲廷尉師古曰更改也黯質責湯於上前師古曰質對之也〔補注〕先謙曰史記質上有數字曰公爲正卿上不能褒先帝之功業〔補注〕先謙曰淮南王術訓注褒大也下不能化天下之邪心安國富民使囹圄空虛何空取高皇帝約束紛更之爲師古曰言何爲乃紛亂而改更也而公㠯此無種矣師古曰言當誅及子孫也黯時與湯論議湯辯常在文深小苛黯憤發罵曰〔補注〕先謙曰史記作黯伉厲守高不能屈忿發罵曰天下謂刀筆吏不可謂公卿果然〔補注〕先謙曰下謂字官本作爲史記同謂爲通作字必湯也令天下重足而立仄目而視矣師古曰重累其足言懼甚也仄古側字也〔補注〕先謙曰言必用湯也則令天下之民不安矣匈奴傳中行說云必我也爲漢患者言必用我也則且

爲漢患句法一例是時漢方征匈奴招懷四夷黯務少事閒常言與胡和親毋起兵師古曰每因閒隙而言也上方鄉儒術師古曰鄉讀曰嚮尊公孫弘及事益多吏民巧〔補注〕宋祁曰遷史作吏民巧弄上分別文法湯等數奏決讞以幸〔補注〕先謙曰官本奪奏字而黯常毀儒面觸弘等徒懷詐飾智以阿人主取容〔補注〕先謙曰常以此言面斥之互詳弘傳官本面作而而刀筆之吏專深文巧詆師古曰詆毀辱也音丁禮反陷人於罔以自爲功〔補注〕先謙曰史記作陷人於罪使不得反其眞以勝爲功上愈益貴弘湯弘湯心疾黯雖上亦不說也師古曰說讀曰悅〔補注〕先謙曰史記作唯天子亦不說也唯與雖義同詳韓信傳欲誅之以事師古曰以事致其罪而誅也弘爲丞相迺言上曰右內史界部中多貴人宗室難治非素重臣弗能任請徙黯爲右內史〔補注〕先謙曰右內史卽京兆尹至太初元年乃更名數歲官事不廢大將軍青旣益尊姊爲皇后然黯與亢禮或說黯曰自天子欲令羣臣下大將軍師古曰下音胡稼反大將軍尊貴誠重君不可以不拜〔補注〕先謙曰誠重言其尊貴如此信爲重也故黯下云反不重邪史

記作大將軍尊重益貴通鑑作大將軍尊重黯曰夫以大將軍有揖客反不重邪師古曰言能降貴以禮士最爲重也大將軍聞愈賢黯數請問以朝廷所疑遇黯加於平日淮南王謀反憚黯曰黯好直諫守節死義〔補注〕先謙曰史記有難惑以非四字語意更明至說公孫弘等如發蒙耳師古曰說音式銳反上旣數征匈奴有功黯言益不用始黯列九卿矣而公孫弘張湯爲小吏及弘湯稍貴與黯同位黯又非毀弘湯已而弘至丞相封侯湯御史大夫黯時丞史皆與同列或尊用過之〔補注〕先謙曰黯時丞史謂黯爲東海太守時之丞史史記作故黯時丞相史則謂故黯列爲九卿時之丞相史二義未知孰是黯褊心不能無少望師古曰褊陿也望怨也見上言曰陛下用羣臣如積薪耳後來者居上〔補注〕沈欽韓曰文子上德篇虛無因循常後而不先譬若積薪燎後者處上淮南繆稱訓同黯罷上曰人果不可以無學觀汲黯之言日益甚矣師古曰言其鄙俚也或曰積薪之言出曾子故云不可無學也〔補注〕周壽昌曰顏說皆非也日益甚言其愚戇日更甚又益非損益之益雖老子有爲學日益之語不能如此訓也下文帝云吾久不聞汲黯之言今又復妄發矣則明以此語爲妄發可知上文云上方鄉儒術尊公孫宏黯常毀儒面觸宏等故帝以無學譏黯也積薪之言出文子顏云出曾子今世傳曾子書無此語居無何匈奴渾邪王帥衆來降師古曰渾音胡昆反漢發車二萬乘〔補注〕先謙曰二官本作三案史記作二汲古本是通鑑亦作二萬乘考異云漢書食貨志云三萬兩今從史記平準書汲黯傳縣官亡錢從民貰馬師古曰貰賒也〔補注〕錢大昭曰昭紀始元四年詔曰往令民共出馬其止勿出卽其事也民或匿馬馬不具上怒欲斬長安令黯曰長安令亡罪獨斬臣黯民迺肯出馬且匈奴畔其主而降漢徐以縣次傳之〔補注〕先謙曰令所過諸縣以次給傳徐徐而來也何至令天下騷動罷中國甘心夷狄之人乎師古曰罷讀曰疲上默然後渾邪王至賈人與市者坐當死五百餘人黯入請閒見高門晉灼曰三輔黃圖未央宮中有高門殿也〔補注〕先謙曰集解引晉灼作如淳曰夫匈奴攻當路塞絕和親中國擧兵誅之死傷不可勝計而費以鉅萬百數師古曰卽數百鉅萬也臣愚以爲陛下得胡人皆以爲奴婢賜從軍死者家鹵獲因與之以謝天下〔補注〕先謙曰史記有之苦二字塞百姓之心師古曰塞滿也今縱不能渾邪帥數

萬之衆來虛府庫賞賜發良民侍養若奉驕子愚民安知市買長安中而文吏繩以爲闌出財物如邊關乎應劭曰闌妄也律胡市吏民不得持兵器及鐵出關雖於京師市買其法一也臣瓚曰無符傳出入爲闌也〔補注〕錢大昭曰說文闌妄入宮掖也從門䜌聲如應劭臣瓚云則字當爲闌闌妄入爲闌妄出亦爲闌也先謙曰錢說是今本書及史記闌入宮掖亦誤作闌如史記作于其義兩通陛下縱不能得匈奴之贏以謝天下師古曰贏餘也音弋成反又以微文殺無知者五百餘人臣竊爲陛下弗取也〔補注〕齊召南曰臣上史記有是所謂庇其葉而傷其枝者也一句漢書刪去不如本文上弗許曰吾久不聞汲黯之言今又復妄發矣後數月黯坐小法會赦免官〔補注〕先謙曰公卿表元狩四年義縱代於是黯隱於田園者數年會更立五銖錢〔補注〕先謙曰集解徐廣曰元狩五年行五銖錢案黯以盜鑄事復拜官是其隱居祇一年不得云數年也民多盜鑄錢者楚地尤甚上以爲淮陽楚地之郊也師古曰郊謂交道衝要之處也召黯拜爲淮陽太守〔補注〕王鳴盛曰黯下自言棄逐居郡又上令黯以諸侯相秩居淮陽則淮陽是郡明矣地理志有淮陽國無淮陽郡以表傳參考之高帝子友以高帝十一年立爲淮陽王惠帝元年徙王趙則國除爲郡高后以假立

惠帝子强為淮陽王强死以武代文帝立武誅則國又除為郡文帝子武以文帝三年立為淮陽王王十年而徙梁則國又除為郡景帝子餘以景帝二年立為淮陽王王三年而徙魯則國又除為郡後宣帝子欽以元康三年立為淮陽王傳子及孫凡有國六七十年至王莽時絕郡國屢轉改易凡八九次終為國地志以最後之元始為據故言國而中閒沿革俱略也黯為淮陽守當武帝時其前申屠嘉亦嘗為之見本傳及爰盎傳此當惠帝元年後國除為郡之時司馬安亦嘗為之見鄭當時傳灌夫亦嘗為之見本傳田廣明與其兄雲中相繼皆嘗為之見酷吏傳此皆在武帝時韓延壽亦嘗為之此則在昭帝時蓋自景帝四年為郡至宣帝元康三年為郡者約九十年故為守之見於史者如此之多若鄭宏傳兄昌為淮陽相則在憲王欽之國以後事矣尹齊為淮陽都尉見酷吏傳亦在武帝時案之若國則不當有都尉

黯伏謝不受印綬詔數彊予然後奉詔召上殿黯泣曰臣自以為填溝壑不復見陛下師古曰填音大賢反不意陛下復收之臣常有狗馬之心師古曰思報效補注錢大昭曰有閩本作存今病力師古曰力謂甚也補注周壽昌曰今病二字為句力字屬下句讀似較順先謙曰周說是也史記本作臣常有狗馬病力不能任郡事通鑑從之狗馬病猶言犬馬之疾也是力字應屬下讀官本顏注在事下不能任郡事臣願為中郎出入禁闥補過拾遺臣之願也上曰君薄淮陽邪吾今召君矣師古曰言後即召也顧淮陽吏民不

相得師古曰顧謂思念也補注先謙曰胡三省云言吏民不相安而失其所也吾徒得君重師古曰徒但也重威重也臥而治之黯既辭過大行李息曰黯棄逐居郡不得與朝廷議矣師古曰與讀曰豫然御史大夫湯智足以距諫詐足以飾非補注先謙曰史記有務巧佞之語辯數之辭二句非肯正為天下言專阿主意主意所不欲因而毀之主意所欲因而譽之好興事舞文法如淳曰舞猶弄也補注先謙曰如淳官本作師古內懷詐以御主心外挾賊吏以為重補注先謙曰賊吏吏之為姦賊者也公列九卿不早言之何師古曰言何不早言也補注先謙曰言息不早言之是何意也漢鐃歌艾如張曲艾而張羅夷于何謂何地也省文言何漢文有此句例周亞夫傳君侯欲反何伍被傳公獨以為無福何酷吏傳武帝問言何皆是公與之俱受其戮矣息畏湯終不敢言黯居郡如其故治淮陽政清後張湯敗上聞黯與息言抵息罪補注先謙曰武紀元鼎二年張湯自殺公卿表於是年書張騫為大行令是息因湯事得罪去職令黯以諸侯相秩居淮陽如淳曰諸侯王相在郡守上秩真二千石律真二千石月得百五十斛歲凡得千八百石耳二千石月得百二十斛歲凡得一千四百四十石耳補注沈欽韓曰新書等齊篇諸侯之相尊無

異等秩加二千石之上先謙曰集解引作律真二千石奉月二萬二千石月萬六千與此異居淮陽十歲而卒補注先謙曰史記作七歲集解徐廣曰元鼎五年若十歲則至元封二年矣卒後上以黯故官其弟仁至九卿子偃至諸侯相補注先謙曰仁不見公卿表黯姊子司馬安亦少與黯為太子洗馬補注吳仁傑曰史記作姑姊子是也釋親父之姊妹為姑樊光引春秋傳姑姊妹為子證左傳正義古人謂姑為姑姊妹蓋父之姊為姑姊父之妹為姑妹列女傳梁有節姑妹入火取其兄子是謂父妹為姑妹也司馬安之於汲黯自史記言之則為姑之子於黯為內兄弟自漢書言之則為姊之子實黯之自出也此一字似不可削安文深巧善宦四至九卿補注先謙曰宦官本作官案宦字是史記本作宦四至九卿與下文宦亦再至九卿相應本書刪宦字耳文深者外文飾而內刻深巧善宦其人巧猾而善宦也後世省文言之曰巧宦亦云善宦晉書潘岳傳仕不達乃作閒居賦曰岳讀汲黯傳至司馬安四至九卿而良史書之題以巧宦之目未嘗不慨然廢書而歎也南史何尚之傳論父子一時並處權要雖經屯詖咸以功名自卒古之所謂巧宦此之謂乎此省稱巧宦也宋陳傳良詩文章輸善宦此但稱善宦也安歷官見公卿表者元狩元年書中尉司馬安[illegible]五年書廷尉司馬安[illegible]其二無考惟元狩三年書廷尉安不著其姓是年即受代未知即此司馬安否以河南太守卒昆弟以安故同時至二千石十人濮陽段宏補注先謙曰史記作

假宏始事蓋侯信服虔曰景帝王皇后兄也信任宏蘇林曰任保舉官亦再至九卿補注先謙曰公卿表武帝元朔五年書中尉殷客蓋即段宏段與殷宏與客竝以形近致譌也王念孫云索隱本段宏作段客注云漢書作段宏是史記本作段客今本作段宏後人據漢書改之也凡隸書厷字或作右形與各相似故從厷從各之字傳寫往往相亂然衛人仕者皆嚴憚汲黯出其下

鄭當時字莊陳人也其先鄭君補注沈欽韓曰元和姓纂鄭幽公為韓所滅幽公六世孫榮生當時周壽昌曰集解引漢書音義曰當時父唐書宰相世系表鄭君名榮或據所傳家譜也嘗事項籍籍死而屬漢補注先謙曰史記作為項籍將籍死已而屬漢高祖令諸故項籍臣名籍補注先謙曰於上前稱項籍之名也鄭君獨不奉詔詔盡拜名籍者為大夫而逐鄭君鄭君死孝文時補注先謙曰孝文時鄭君乃死也與司馬遷傳斬孫昌為秦王鐵官當始皇之時同一文法當時以任俠自喜脫張羽於阸服虔曰梁孝王將楚相之弟也師古曰喜音許吏反阸音佗活反補注先謙曰羽事詳韓安國傳聲聞梁楚閒孝景時為太子舍人每五日洗沐常置驛馬長安諸郊如淳曰郊交道四通處也以請賓客便臣瓚曰長安四面郊祀之處閒靜可以請賓客也師古曰二說皆非也此謂

長安城外四面之郊耳邑外謂之郊近郊二十里〔補注〕劉奉世曰近郊乃三十里蓋字誤然不必分別遠近請謝賓客〔補注〕先謙曰請謁也史記上有存諸故人四字不可省夜以繼日至明旦常恐不徧當時好黃老言其慕長者如恐不稱師古曰恐不稱其意自見年少官薄〔補注〕劉攽曰其慕長者禮意不稱所自見即以爲慊然自見當屬上句先謙曰史記本作其慕長者如恐不見無稱自二字是年少官薄應自爲一句此既加稱自二字則如恐不稱爲一句自見年少官薄爲一句猶今俗言自覺年少官薄蓋謙退之至故如恐不稱也劉說於理未愜然其知友皆大父行天下有名之士也師古曰大父謂祖父行音胡浪反〔補注〕先謙曰官本注脫行字武帝即位當時稍遷爲魯中尉濟南太守江都相至九卿爲右內史〔補注〕先謙曰公卿表建元四年以武安魏其時議師古曰議田蚡及竇嬰事〔補注〕先謙曰官本此注在詹事下貶秩爲詹事遷爲大司農〔補注〕齊召南曰按史記作遷爲大農令是也當時爲大農令在元光中至太初元年始改曰大司農此史文偶然失檢處也當時爲大吏戒門下客至亡貴賤亡留門下者〔補注〕宋祁曰邵本無下字王念孫曰案景祐本亦無下字蓋涉上文戒門下而衍白帖三十四御覽職官部三十人事部一百十六引此皆無下字史記同執賓主之禮以其貴下人性廉又不治

產卬奉賜給諸公師古曰卬音牛向反奉音扶用反然其餽遺人不過具器食師古曰猶今言一盤食也〔補注〕沈欽韓曰具史記作算徐廣曰算竹器按管子版法解成事以質者用稱量也注質竹器所以量物者音質攷字書無質字說文籫竹器也則作算質者皆籫之壞脫此作具益非風俗通愆禮篇太尉黃瓊葬豫章徐孺子負笥幷步齋一盤醊哭錢大昕正笥幷是算之譌然此本字亦與管子同作質皆籫之誤每朝候上間說未嘗不言天下長者師古曰候天子間隙之時其所稱說皆言長者也〔補注〕先謙曰下云言上不必復云說說字上下屬皆不成句顏說非也說當讀曰悅間說猶言暇豫也候上從容悅豫之時其所進言未嘗不及天下長者其推轂士及官屬丞史誠有味其言也師古曰推轂言薦舉又如車轂之運轉也有味者其言甚美也〔補注〕先謙曰官本注又作人是車作推常引以爲賢於己〔補注〕先謙曰言其薦士及屬官務爲至美之言常以爲視己猶賢也未嘗名吏與官屬言若恐傷之聞人之善言進之上唯恐後山東諸公以此翕然稱鄭莊使視決河自請治行五日如淳曰治行謂莊嚴〔補注〕先謙曰案莊嚴爲裝嚴之誤也二字見後漢劉寬傳又吳漢傳朝受詔夕即引道初無辦嚴之日辦嚴與裝嚴義同上曰吾聞鄭莊行千里不齎糧治行者何也然當時在朝常趨和承意師古曰趨讀曰趣趣向也

和音胡臥反不敢甚斥臧否〔補注〕先謙曰史記作不敢甚引當否如武安魏其時議是魏其後不堅之類也漢征匈奴招四夷天下費多財用益屈師古曰屈盡也音其勿反當時爲大司農任人賓客僦晉灼曰當時爲大司農而任使其賓客辜較作僦也師古曰僦謂受顧賃而載運也言當時保任其賓客於司農載運也僦音子就反〔補注〕先謙曰史記作任人賓客爲大農僦人集解徐廣曰一作入臣瓚曰任人謂保任見舉者索隱辜較音姑角謂當時作大農任賓客僦人取庸直也或者貰物以應官取庸故下云多逋負也辜較字亦作酤榷榷者獨也言國家獨榷酤也此云辜較亦謂令賓客任人專其利故云辜較也先謙案本書下人字作入屬下讀義可兩通諸家解皆云任賓客而略人字臣瓚以任人與賓客對舉是也任人謂見保任之人若富商大賈之屬與莊賓客竝爲大農辜較取利也入多逋負司馬安爲淮陽太守發其事當時以此陷罪贖爲庶人頃之守長史如淳曰丞相長史也遷汝南太守數歲以官卒昆弟以當時故至二千石者六七人〔補注〕先謙曰史記作兄弟子孫以莊故子孫二字不可省武帝於汲鄭兩人竝以東宮舊恩加厚待也當時始與汲黯列爲九卿內行修〔補注〕先謙曰史記有絜字兩人中廢賓客益落師古曰落散也〔補注〕先謙曰史記贊云夫以汲黯之賢有勢則賓客十倍無勢則否況眾人乎

先是下邽翟公爲廷尉蘇林曰邽音圭京兆縣名也〔補注〕齊召南曰案公卿表翟公爲廷尉在元光五年賓客亦填門師古曰填滿也音田及廢門外可設爵羅師古曰言其寂靜無人行也後復爲廷尉客欲往翟公大署其門師古曰署謂書之曰一死一生迺知交情一貧一富迺知交態一貴一賤交情迺見師古曰見音胡電反

贊曰張釋之之守法馮唐之論將汲黯之正直鄭當時之推士不如是亦何以成名哉楊子以爲孝文親詘帝尊以信亞夫之軍師古曰揚子謂揚雄也信讀曰伸〔補注〕先謙曰楊官本作揚曷爲不能用頗牧彼將有激云爾師古曰謂馮唐欲理魏尚故以此言激文帝也

張馮汲鄭傳第二十　終　　漢書五十

賈鄒枚路傳第二十一　　漢書五十一

漢　蘭　臺　令　史班　固　撰

唐正議大夫行祕書少監琅邪縣開國子顏師古　注

賜進士出身前翰林院編修國子監祭酒加三級臣王先謙補注

賈山潁川人也祖父祛〔補注〕先謙曰官本祛作袪下同通志賈山傳作袪故魏王時博士弟子也師古曰六國時魏也〔補注〕沈欽韓曰言博士弟子此最始亦疑弟子二字爲衍文山受學祛所言涉獵書記不能爲醇儒師古曰涉若涉水獵若獵獸言歷覽之不專精也醇者不雜也嘗給事潁陰侯爲騎師古曰爲騎者常騎馬而從也〔補注〕先謙曰通鑑胡注潁陰侯灌嬰也騎者在侯家爲騎士沈欽韓云續志之騎吏也孝文時言治亂之道借秦爲諭名曰至言〔補注〕先謙曰賈子先醒篇君好諂諛而惡至言至言與諂諛爲對是至言即直言之謂至之爲言極也文選鄒陽上吳王書察聽其至李善注引劉瓛周易注云至極也謂極言之後漢陰識傳入雖極言正議及與賓客語未嘗及國事極言猶至言也蔡邕傳臣聞國之將興至言數聞說苑明主者有三懼三曰聞天下之至言而恐不能行論衡至言棄捐聖賢距逆義並與此同今人多以至言爲至善之言幾疑山自名至言爲夸

矣其辭曰臣聞爲人臣者盡忠竭愚以直諫主不避死亡之誅者臣山是也臣不敢以久遠諭願借秦以爲諭唯陛下少加意焉夫布衣韋帶之士師古曰言貧賤之人也韋帶以單韋爲帶無飾也〔補注〕宋祁曰韋帶南本浙本作革帶修身於內成名於外而使後世不絕息至秦則不然〔補注〕先謙曰言賤士修身成令名以後世秦爲天子適不然也貴爲天子富有天下賦斂重數百姓任罷師古曰數屢也任謂役事也罷讀曰疲言疲於役使也赭衣半道羣盜滿山師古曰犯罪者則衣赭衣行道之人半著赭衣言罪者眾也盜賊皆依山爲阻故云滿山也使天下之人戴目而視傾耳而聽師古曰戴目者言常遠視有異志也傾耳而聽言樂禍亂也一夫大謼天下嚮應者陳勝是也師古曰謼字與呼同謼叫也音火故反嚮讀曰響秦非徒如此也起咸陽而西至雍離宮三百師古曰此言離宮者皆謂於別處置之非常所居也〔補注〕先謙曰官本注此作凡是始皇紀關內離宮三百關外四百餘此總計之詞又云乃令咸陽之旁二百里內宮觀二百七十復道甬道相連帷帳鍾鼓美人充之各案署不移徙據此咸陽以西離宮止有二百七十非三百也鍾鼓帷帳不移而具〔補注〕沈欽韓曰新序刺奢篇魯孟獻子聘于晉趙宣子觴之三徙鍾石之懸不移而具先謙曰官本鍾作鐘古本通借又爲阿房之殿殿高數十仞師古曰阿房者言殿之四阿皆爲房也一說大陵曰阿言其殿高若於阿上爲房也房字或作旁說云始皇作此殿未有名以其去咸陽近且號阿房阿近也八尺曰仞〔補注〕何焯曰一說近是然始皇紀云阿房宮未成成欲更擇令名名之作宮阿房故天下謂之阿房宮則阿房乃地名並近也之解爲贅其地在渭南上林苑中東方朔傳所謂阿城其遺址也沈欽韓曰始皇作未畢而死故賈子過秦論秦紀並言二世復作之東西五里南北千步〔補注〕先謙曰始皇紀東西五百步南北五十丈正義引三輔舊事云阿房宮東西三里南北五百步與此不同從車羅騎四馬騖馳旌旗不橈師古曰橈屈也言庭之廣大殿之高敞眾騎馳騖無所迫觸建立旌旗不屈橈橈音女孝反〔補注〕宋祁曰注屈橈下當有也字先謙曰屈橈橈音官本橈並作撓爲宮室之麗至於此使其後世曾不得聚廬而託處焉爲馳道於天下〔補注〕先謙曰始皇紀二十七年治馳道集解引應劭云馳道天子道也道若今之中道然東窮燕齊南極吳楚江湖之上瀕海之觀畢至師古曰瀕水涯也瀕海謂緣海之邊也畢盡也瀕音頻又音賓字或作濱音義同道廣五十步三丈而樹〔補注〕王先慎曰三丈中央之地惟皇帝得行樹之以爲界也三輔黃圖云漢令諸侯有制得行馳道中者行旁道無得行中央三丈也不如令沒入其車馬蓋沿秦制

厚築其外隱以金椎服虔曰作壁如甬道隱築也以鐵椎築之師古曰築令堅實而使隆高耳不爲甬壁也隱音於靳反〔補注〕周壽昌曰隱即穩字以金椎築之使堅穩也樹以青松爲馳道之麗至於此使其後世曾不得邪徑而託足焉死葬乎驪山吏徒數十萬人師古曰吏以督領徒以役作也〔補注〕宋祁曰平當作乎曠日十年師古曰曠空也廢也言爲重役空廢時日積年歲也下徹三泉師古曰三重之泉言其深也〔補注〕先謙曰始皇紀穿三泉下銅而致槨合采金石冶銅錮其內桼塗其外師古曰錮謂鑄而合之也音固〔補注〕先謙曰官本冶作治被以珠玉飾以翡翠應劭曰雄曰翡雌曰翠臣瓚曰異物志云翡色赤而大於翠師古曰鳥各別類非雄雌異名也被音皮義反中成觀游上成山林〔補注〕先謙曰始皇紀宮觀百官奇器珍怪徙臧滿之以水銀爲百川江河大海上具天文下具地理是中成觀游也又云樹草木以象山是上成山林也爾雅曰一成爲敦丘再成爲陶丘三成爲崑崙丘郭注成猶重也秦穿治驪山蓋亦三成三泉致槨其下成矣爲葬薶之侈至於此使其後世曾不得蓬顆蔽冢而託葬焉服虔曰謂塊墣作冢喻小也臣瓚曰蓬顆猶裸顆小冢也晉灼曰東北人名土塊爲蓬顆師古曰諸家之識皆非顆謂土塊蓬顆言塊上生蓬者耳舉此以對冢上山林故言蓬顆蔽冢也顆音果反〔補注〕先謙曰顏氏家訓書證篇北土通呼物一凷改爲一顆按凷即塊字塊顆雙聲故塊亦爲顆秦

以熊羆之力虎狼之心蠶食諸侯并吞海內而不篤禮義師古曰篤厚也故天殃已加矣臣昧死以聞願陛下少留意而詳擇其中師古曰中音竹仲反臣聞忠臣之事君也言切直則不用而身危不切直則不可以明道故切直之言明主所欲急聞忠臣之所以蒙死而竭知也師古曰蒙冒犯也地之磽者雖有善種不能生焉師古曰磽墝瘠薄也磽音口交反補注先謙曰注墝字疑衍江皋河瀕雖有惡種無不猥大李奇曰皋水邊淤地也師古曰猥盛也補注先謙曰猥猝也說詳文三王傳昔者夏商之季世雖關龍逢箕子比干之賢身死亡而道不用服虔曰關龍逢桀之忠臣也師古曰比干諫紂而紂殺之論語曰微子去之箕子爲之奴比干諫而死文王之時豪俊之士皆得竭其智芻蕘採薪之人皆得盡其力師古曰芻刈草也蕘草薪也言執賤役者也大雅板之詩曰詢于芻蕘此周之所以興也故地之美者善養禾君之仁者善養士雷霆之所擊無不摧折者師古曰霆疾雷也音廷萬鈞之所壓無不糜滅者今人主之威非特雷霆也師古曰特獨也埶重非特萬鈞也開道而求諫和顏色而受之用其言而顯其身士猶恐懼而不敢自盡又迺況於縱欲恣行暴虐惡聞其過乎補注宋祁曰乎當作虖震之以威壓之以重師古曰震動也則雖有堯舜之智孟賁之勇豈有不摧折者哉師古曰孟賁古之勇士賁音奔如此則人主不得聞其過失矣弗聞則社稷危矣古者聖王之制史在前書過失工誦箴諫李奇曰古有誦詩之工記過之史常在君側也師古曰箴戒也音之林反瞽誦詩諫師古曰瞽無目之人公卿比諫李奇曰相親比而諫也或曰比方事類以諫也師古曰比方是也補注王念孫曰二說均有未安余謂比諫當爲正諫字之誤也言工誦箴諫瞽誦詩諫而公卿則正諫其非也東方朔傳贊正諫似直敘傳正諫舉郵韓詩外傳主有失敗皆交爭正諫說苑正諫篇諫有五一曰正諫漢紀作比諫亦後人以誤本漢書改之呂覽達鬱篇使公卿列士正諫好學博聞獻詩矇箴師誦庶人傳語近臣進規親戚補察淮南主術篇公卿正諫博士誦詩瞽箴師誦庶人傳語史書其過宰徹其膳說與此略同而皆作正諫大戴記保傅篇瞽夜誦詩工誦正諫疑亦本作工誦箴諫公卿正諫而今本脫去箴諫公卿四字也士傳言諫過補注先謙曰詳文勢此句不應獨有過字蓋涉下文而衍漢紀無過字庶人謗於道商旅議於市師古曰旅眾也然後君得聞其過失也聞其過失而改

之見義而從之所以永有天下也天子之尊四海之內其義莫不爲臣然而養三老於大學補注先謙曰官本大作太親執醬而餽執爵而酳師古曰餽字與饋同進食曰餽酳者少少飲酒謂食已而蕩口也音胤祝餶在前祝鯁在後師古曰餶古饐字謂食不下也以老人好饐鯁故爲備祝以祝之補注宋祁曰餶當作饐沈欽韓曰王逸九思仰長歎兮氣餶結注餶結也洪興祖云與饐同先謙曰後漢明帝紀祝哽在前祝噎在後與此不同案祝噎當從明紀祝鯁當從本書說文無餶餶字饐下云飯傷溼也哽下云語爲舌所介也並無食物窒閡之義噎下云飯窒也[illegible]饐噎塞鯁下云魚骨也集韻引字林云食骨留咽中爲鯁後漢來歙傳注引同皆以食言而義各別故兩祝之莊子外物篇壅則哽哽而不止則跈通爲噎塞似噎哽二字皆屬氣壅義亦可通然不如噎鯁之爲當也公卿奉杖大夫進履舉賢以自輔弼求修正之士使直諫師古曰修正謂修身正行者故以天子之尊尊養三老視孝也師古曰視讀曰示立輔弼之臣者恐驕也置直諫之士者恐不得聞其過也學問至於芻蕘者求善無饜也商人庶人誹謗己而改之從善無不聽也昔者秦政力并萬國富有天下破六國以爲郡縣築長城以爲關塞秦地之固大小之埶輕重之權其與一家之富一夫之彊胡可勝計也師古曰胡何也勝盡也然而兵破於陳涉地奪於劉氏者何也秦王貪狠暴虐殘賊天下窮困萬民以適其欲也師古曰適快也昔者周蓋千八百國補注沈欽韓曰王制正義公羊說殷三千諸侯周千八百諸侯以九州之民養千八百國之君用民之力不過歲三日補注王文彬曰不過歲三日當作歲不過三日此禮記王制文孔疏云謂使民治城郭道渠年歲雖豐不得過三日自下皆然按周禮均人云豐年旬用三日中年旬用二日無年旬用一日年歲不同雖豐不得過三日余按詩豳風七月云我稼既同上入執宮功禮郊特牲既蜡而收民息已故既蜡君子不興功是古者力役興於農隙之時以冬三月爲候豐年一旬而三日則一月而九日無年而力役不作則冬用九日而已日以旬爲限以歲以凶豐爲差故曰歲不過三日也若云不過歲三日則是歲止以三日爲限且猶有一日二日之差而城郭道渠之治安能暫時畢事乎又按本書食貨志毋過歲什一與此句例相似而義不同先謙曰貢禹傳正作歲不過三日什一而籍師古曰什一謂十分之中公取一也籍借也謂借人力也一曰爲簿籍而稅之君有餘財民有餘力而頌聲作師古曰頌者六詩之一美盛德之形容蓋帝王之嘉致秦皇帝以千八百國之民自養力罷不能勝其役財盡不能勝其求

師古曰勝堪也罷讀曰疲攴下亦同一君之身耳所以自養者馳騁弋獵之娛天下弗能供也師古曰弋繳射也〔補注〕先謙曰言特一君之身耳所以自養者事又甚微然天下弗能供以此見欲不可縱也勞罷者不得休息飢寒者不得衣食亡罪而死刑者無所告訴人與之爲怨家與之爲讎師古曰言人人爲怨家爲讎故天下壞也秦皇帝身在之時天下已壞矣而弗自知也秦皇帝東巡狩至會稽琅邪刻石著其功自以爲過堯舜統如淳曰統繼也堯舜子不才不能長世而秦自以過堯舜可至萬世也師古曰此說非也統治也言自美功德治理天下過於堯舜也其下乃言以一至萬之事〔補注〕先謙曰始皇琅邪刻石云功蓋五帝是自以爲過堯舜統也縣石鑄鐘虡服虔曰縣石以爲磬也蘇林曰秦欲平天下法使輕重如石之在稱也師古曰二說皆非也縣稱也石百二十斤稱鋼鐵之斤石以鑄鐘虡言其奢泰也虡猛獸之名謂鐘鼓之柎飾爲此獸虡音鉅〔補注〕先謙曰始皇紀收天下兵聚之咸陽銷以爲鐘鐻金人十二重各千石據此師古說是鐻虡字同篩土築阿房之宮師古曰篩以竹簁爲之篩音師簁音山爾反自以爲萬世有天下也古者聖王作謚三四十世耳雖堯舜禹湯文武絫世廣德師古曰絫古累字以爲子孫基業無過二

三十世者也張晏曰夏十七世殷三十一世周三十六世秦皇帝曰死而以謚法是父子名號有時相襲也以一至萬則世世不相復也師古曰復重也音扶目反故死而號曰始皇帝其次曰二世皇帝者欲以一至萬也秦皇帝計其功德度其後嗣世世無窮師古曰度音大各反然身死纔數月耳師古曰纔音財暫也淺也天下四面而攻之宗廟滅絕矣秦皇帝居滅絕之中而不自知者何也天下莫敢告也其所以莫敢告者何也亡養老之義亡輔弼之臣亡進諫之士縱恣行誅退誹謗之人殺直諫之士是以道諛媮合苟容師古曰道讀曰導導引主意於邪也媮與偷同〔補注〕王念孫曰道諛即諂諛之轉聲史記越世家吳己殺子胥導諛者眾導諛即諂諛也或作道諛莊子天地篇道諛之人是也又曰謂己道人謂己諛人道人即諂人也漁父篇希意道言謂之諂是道與諂同義故荀子不苟篇非諂諛也賈子先醒篇君好諂諛而惡至言韓詩外傳並作道諛諂與導聲之轉諂諛之爲導諛臽及之爲導及[illegible]皆聲轉而字異也先謙曰漢紀道諛下有者字比其德則賢於堯舜課其功則賢於湯武天下已潰而莫之告也師古曰水旁決曰潰言天下之壞如水潰〔補注〕先謙曰官本壞作壞是詩曰匪言不能胡此畏忌聽言則對譖言則退此之謂也師古曰此大雅桑柔之篇也言賢者見事之是非非不能分別言之而不言者何也此但畏忌犯顏得罪罰也又言言而見聽則悉意荅對不見信受則屏退也今詩本云聽言則對誦言如醉說者又別爲義與此不同〔補注〕宋祁曰注文又言言而見聽南本浙本並無一言字余謂當存二言字先謙曰漢紀譖言則退作訟言如醉又曰濟濟多士文王以寧師古曰此大雅文王之篇也濟濟多威儀也此言文王以多士之故能安天下也天下未嘗亡士也然而文王獨言以寧者何也文王好仁則仁興〔補注〕先謙曰禮大學云一家仁一國興仁得士而敬之則士用〔補注〕先謙曰言樂爲用也用之有禮義〔補注〕宋祁曰禮義下語未屬疑文不足故不致其愛敬則不能盡其心則不能盡其力不能盡其力則不能成其功故古之賢君於其臣也尊其爵祿而親之疾則臨視之亡數師古曰言心實憂念之不爲禮飾也死則往弔哭之臨其小斂大斂已棺塗而後爲之服錫衰麻絰師古曰已棺謂己大斂也塗謂塗殯也錫衰十五升布無事其縷者也棺音工喚反而三臨其喪〔補注〕沈欽韓曰喪大記君于大夫疾三問之在殯三往焉[illegible]魏書禮志太和十八年安定王休薨高祖自薨至殯車駕三臨改服錫衰素弁加經十九年詔曰古者大臣之喪有三臨之禮未斂不飲酒食肉未葬不舉樂當宗廟之祭而死爲之廢樂〔補注〕沈欽韓曰春秋昭十五年有事於武宮籥入叔弓卒去樂卒事公羊傳君聞大夫之喪去樂卒事而往可也故古之君人者於其臣也可謂盡禮矣服法服端容貌正顏色然後見之故臣下莫敢不竭力盡死以報其上功德立於後世而令聞不忘也師古曰令善也聞謂聲之聞也〔補注〕先謙曰官本忘作亡今陛下念思祖考術追厥功師古曰術亦作述〔補注〕錢大昭曰術與述同爾雅孫炎注遹古述字術追猶詩言遹追來孝也先謙曰古術述聿遹皆通用士喪禮不述命注古文述皆作術禮器聿追來孝注聿述也詩聿修厥德後漢東平思王宇傳作述修厥德聿語辭言追念祖考定天下之功也圖所以昭光洪業休德師古曰圖謀也休美也使天下舉賢良方正之士天下皆訢訢焉師古曰訢讀與欣同曰將與堯舜之道三王之功矣天下之士莫不精白以承休

德師古曰厲精而爲潔白也今方正之士皆在朝廷矣又選其賢者使爲常侍諸吏補注錢大昭曰諸吏中常侍皆加官中常侍得入禁中諸吏得舉法與之馳毆射獵師古曰毆與驅同一日再三出臣恐朝廷之解弛師古曰解讀曰懈弛放也音式爾反補注宋祁曰江浙本廷作臣百官之墮於事也諸侯聞之又必怠於政矣陛下即位親自勉以厚天下損食膳不聽樂減外繇衞卒止歲貢省廄馬以賦縣傳師古曰賦給與也傳音張戀反去諸苑以賦農夫出帛十萬餘匹以振貧民禮高年九十者一子不事八十者二算不事師古曰一子不事蠲其賦役二算不事免二口之算賦也賜天下男子爵大臣皆至公卿發御府金賜大臣宗族亡不被澤者赦罪人憐其亡髮賜之巾憐其衣赭書其背父子兄弟相見也師古曰衣音於既反補注沈欽韓曰書其罪於衣背今時猶然周官司圜加明刑疏云以版牘書其罪狀與姓名著於背表示於人是明刑也後漢書河南尹李燮遇甄邵於塗使卒投諸溝中笞捶亂下大署帛於其背曰諂貴賣友貪官埋母先謙曰經赦之人不復衣赭沈說乃明刑之事於憐意不合解見下文官本注文在衣赭下是而賜之衣補注先謙曰言罪人已赦歸與父子兄弟相見上憐其無髮則賜之巾憐其曾衣赭書背則賜之衣也文特參錯其辭平獄緩刑天下莫不說喜師古曰說讀曰悅是以元年膏雨降五穀登此天之所以相陛下也師古曰相助也刑輕於它時而犯法者寡衣食多於前年而盜賊少此天下之所以順陛下也師古曰天下之人也臣聞山東吏布詔令民雖老羸癃疾扶杖而往聽之願少須臾毋死思見德化之成也補注先謙曰說文癃罷病也從隆聲籀文省作𤸇瘥誤字須臾猶從容延年之意也說詳韓信傳今功業方就名聞方昭四方鄉風師古曰鄉讀曰嚮今從豪俊之臣方正之士直與之日日獵射擊兔伐狐補注宋祁曰兔疑作麑先謙曰此今字當訓爲即通鑑引今作而以傷大業絕天下之望臣竊悼之詩曰靡不有初鮮克有終師古曰此大雅蕩之詩也言人初始皆庶幾於善道而少有能終之者臣不勝大願願少衰射獵以夏歲二月師古曰時以十月爲歲首則爲夏正之二月爲五月令欲定制度循於古法故特云用夏歲二月也夏音胡雅反補注先謙曰官本注在修先王之道下則爲之爲作謂爲謂古通王引之云夏與漢之二月皆建卯之月也因修先王之道故以三代言之而稱夏歲二月欲明所用之二月合於古耳非謂漢之二

月在子月不在卯月也漢紀文帝紀載此文正作歲二月無夏字蓋漢初之二月與夏同故或言夏歲二月或言歲二月義得兩通若漢初以夏之二月爲五月則漢月之名與夏絕殊荀悅不得省夏字矣定明堂造太學修先王之道風行俗成萬世之基定然後唯陛下所幸耳師古曰言乃可恣意也補注先謙曰言乃可從容遊豫耳非謂可恣意也古者大臣不媟師古曰媟狎也音息列反故君子不常見其齊嚴之色肅敬之容師古曰見顯示也音胡電反補注先謙曰君子謂上也齊讀曰齋齊嚴即齊莊漢避諱改大臣不得與宴遊師古曰安息曰宴與讀曰豫補注沈欽韓曰新書官人篇大臣奏事則俳優侏儒逃隱聲樂伎藝之人不並奏君樂雅樂則大臣可以侍君樂燕樂則左右侍御者侍方正修潔之士不得從射獵使皆務其方以高其節師古曰方道也一曰方謂廉隅也則羣臣莫敢不正身修行盡心以稱大禮師古曰稱副也如此則陛下之道尊敬功業施於四海垂於萬世子孫矣誠不如此則行日壞而榮日減矣夫士修之於家而壞之於天子之廷臣竊愍之陛下與眾臣宴游與大臣方正朝廷論議夫游不失樂補注先謙曰與樂同節也朝不失禮議不失計補注先謙曰非當計之事不下其議軌事之大者也師古曰軌謂法度也其後文帝除鑄錢令山復上書諫以爲變先帝法非是補注先謙曰漢紀上書及諫除鑄錢令並列五年案除盜鑄錢令在五年據此文其後云云是前上書不同在五年明矣通鑑列前書於二年又訟淮南王無大罪宜急令反國補注先謙曰官本訟作誦引宋祁曰誦疑作訟誦是誦說字非是王念孫云訟古通作誦史記呂后紀未敢訟言誅之漢書作誦漢書陳湯傳谷永上疏訟湯漢紀作誦皆其證也子京疑誦當作訟而後人輒改之皆未達六書假借之旨先謙案訟作誦古借字然非所謂六書假借之旨也王說誤矣又言柴唐子爲不善足以戒鄧展曰淮南傳棘蒲侯柴武太子柴奇與士伍開章謀反補注齊召南曰按棘蒲侯柴武太子奇謀反見淮南王傳此文應云柴武子疑唐字訛先謙曰淮南傳但言棘蒲侯太子奇不云柴武柴奇也文紀作棘蒲侯柴武高五王傳稱棘蒲侯柴將軍功臣表云棘蒲侯陳武子奇以反誅不代與柴唐無涉疑別有一柴唐子不可考矣章下詰責師古曰以其所上之章令有司詰問對以爲錢者亡用器也而可以易富貴富貴者人主之操柄也師古曰操持也音千高反令民爲之是與人主共操柄不可長也師古曰長謂畜養也言此事宜速禁絕不可畜養補注先謙曰長久也不可長非長久之計也顏說非其言多激切善指事意然終不加罰所以廣諫爭

之路也其後復禁鑄錢云補注先謙曰景帝中六年定鑄錢棄市律鄒陽齊人也漢興諸侯王皆自治民聘賢吳王濞招致四方游士陽與吳嚴忌枚乘等俱仕吳皆以文辯著名久之吳王以太子事怨望稱疾不朝陰有邪謀陽奏書諫爲其事尙隱惡指斥言故先引秦爲諭因道胡越齊趙淮南之難然後迺致其意其辭曰臣聞秦倚曲臺之宮應劭曰始皇帝所治處也若漢家未央宮師古曰倚恃也音於綺反補注王先愼曰黃圖未央東有曲臺殿蓋緣秦宮而名懸衡天下服虔曰闕西爲衡應劭曰衡平也如淳曰衡猶稱之權也言其懸法度於其上也師古曰此說秦自以爲威力彊固非論平法也下又言陳勝連從兵之據則是說從横之事耳服釋是也補注王念孫曰如說是也懸衡天下謂法度加於天下耳李善注文選仍用如說引申子曰君必有明法正義若權衡以稱輕重所以一羣臣也若讀衡爲從横之横則懸衡二字義不可通且始皇已滅六國無庸連衡也下文張耳陳勝連從兵之據乃說二世時事與此無涉亦非以從横對文也先謙曰官本注權作衡是也畫地而不犯兵加胡越師古曰畫地不犯者法制之行也補注先謙曰文選不犯上有人字至其晚節末路張耳陳勝連從兵之據師古曰從音子容反補注先謙

曰文選李善注廣雅曰據引也言相引以爲援也以叩函谷咸陽遂危師古曰叩擊也何則列郡不相親萬室不相救也補注先謙曰引秦爲諭以見富强不足恃也其言不相親救亦與下救兵不專相應爲文今胡數涉北河之外補注先謙曰文選注史記曰秦惠王遊於北河徐廣曰戎地之河上也上覆飛鳥下不見伏菟蘇林曰言一胡來人馬之盛揚塵上覆飛鳥下不見伏菟也一曰覆盡也言上射飛鳥下盡伏菟也師古曰覆盡是也音芳目反補注劉奉世曰自胡涉北河以下蘇說最近之陽已知趙連匈奴吳交越不欲斥言故謬其辭而云胡攻趙越攻吳四國有怨救兵不專漢梁淮陽不能助己欲吳王曉其謬辭也然文意僻澀故不可通鬭城不休救兵不止死者相隨輦車相屬師古曰屬連也音之欲反補注宋祁曰不止姚本作不至先謙曰文選作不至轉粟流輸千里不絕何則彊趙責於河間應劭曰趙幽王爲呂后所幽死文帝立其長子遂爲趙王取趙之河間立遂弟辟彊爲河間王至子哀王無嗣國除遂欲復還得河間六齊望於惠后孟康曰高后割齊濟南郡爲呂王台奉邑又割琅邪郡封營陵侯劉澤爲琅邪王文帝乃立悼惠王六子爲王言六齊不保今日之恩而追怨惠帝與呂后也一說惠帝二年悼惠王入朝呂后欲鴆殺之獻城陽郡尊魯元公主得免六子以此怨之補注先謙曰惠后訓爲惠帝呂后於文不順釋詁后君也文選東京賦薛注后帝也惠后卽惠帝齊悼惠獻城陽尊魯元呂后所爲皆在惠帝之世故其子六王追怨惠帝時事一說是也割濟南琅邪乃在呂后稱制時與惠無涉官本注王台二字作后城陽顧於盧博孟康曰城陽王喜也喜父章與弟興居討諸呂有功本當盡以趙地王章梁地王興居文帝聞其欲立齊王更以二郡王之章失職歲餘薨興居誅死盧博濟北王治處喜顧念而怨也補注齊召南曰按地理志盧縣濟北王都博縣則濟北屬縣耳注當云盧博濟北地先謙曰文選注引孟說又曰二郡謂城陽章所封濟北興居所封興居誅死故喜顧念而恨也案謂城陽王喜顧念濟北王興居誅死事而怨天子是也三淮南之心思墳墓張晏曰淮南厲王三子爲三王念其父見遷殺思墓欲報怨也師古曰三子爲王謂淮南衡山濟北也補注先謙曰官本欲作故引宋祁曰別本注文自張晏至墓故漏此二十一字故報怨當作欲報怨大王不憂臣恐救兵之不專孟康曰不專救漢也如淳曰皆自私怨宿忿不能爲吳也若吳舉兵反天子來討謂四國但有意不敢相救也師古曰二說皆非也言諸國各有私怨欲申其志不肯專爲吳非不敢相救也補注先謙曰陽意本言諸國各有私怨欲申若吳舉兵反天子來討諸國不肯專爲吳以兵相救卽勝不相讓敗不相救意而謬言胡數入邊諸國各懷私怨大王不以爲憂恐無專救漢者文選注以孟康解其文故言不專救漢如淳解其意故云不能爲吳二說相成義乃可明最爲得之如說四國不敢相救師古駁之亦是胡馬遂進窺於邯鄲越水長沙還舟青陽張晏曰青陽地名還舟聚舟船也言胡爲趙難越爲吳難不可恃也補注劉奉世曰越水長沙者陽蓋謬言越先以水軍

攻長沙而後還舟侵吳也下文云水章邯是其爲文如此青陽吳地沈欽韓曰水經注引蘇林曰青陽長沙縣也輿地廣記潭州長沙縣故青陽地秦始皇二十六年荊王獻青陽以西是也先謙曰文選注蘇林曰青陽水名也[illegible]沈引蘇說見史記始皇紀集解引以爲縣此以爲水名四上云還湘而然耳一人說互異不可稱言胡越水陸共伐漢也善云此同孟康之義也案水長沙劉說是韓退之龍說水下土亦用此爲文青陽沈說是越至青陽已據上游將爲吳患下文越亦益深則其辭又進然不敢斥言侵吳也其隱顯之義善注備之雖使梁并淮陽之兵下淮東越廣陵以遏越人之糧漢亦折西河而下北守漳水以輔大國胡亦益進越亦益深此臣之所爲大王患也應劭曰時趙王遂北連匈奴吳王濞素事三越故鄒陽微言胡越亦自受敵救兵之不專也胡馬故曰進越水故曰深蘇林曰折截也陽知吳王陰連結齊趙淮南胡越欲諫不敢指斥言故陳胡越之難齊趙之怨微言梁并淮陽絕越人之糧漢折西河以輔大國以破難其計欲隱其辭故謬言胡益進越益深爲大王患之以錯亂其語若吳爲憂助漢者也自此以下乃致其意焉師古曰蘇說是補注先謙曰官本注末有也字文選注大國謂趙也陽假言吳思助漢今胡越俱來伐之漢雖復使梁并淮陽之兵以遏越人之糧漢截西河以下而助於趙終無所益故胡亦益進越亦益深此臣爲大王患也然其意欲破吳計雖使當爲乃使越人當爲吳人輔當爲禦言吳趙欲來伐漢漢乃使梁并淮陽之兵以止吳人之糧漢截西河以禦於趙如此則趙不得進吳不得深陽惡指斥故假胡越錯亂其

辭自此以下乃致其意焉先謙案梁孝王初王淮陽後徙梁仍兼有淮陽下文所謂壤子王梁代益以淮陽故云梁幷淮陽之兵下淮東越廣陵則可以過糧道漢兵截西河守漳水則可以助大國之威勢而胡又益進越又益深吳趙腹背受敵其何能支不言過吳人之糧而言越人惡指斥之然使梁越廣陵以過越糧則吳之不國顯然矣此可以互文見意也大國謂漢不必指趙上云胡窺邯鄲下云胡亦益進趙且破滅豈能與吳爲援李注較明尚多未當**臣聞交龍襄首奮翼則浮雲出流霧雨咸集**師古曰襄舉也〔補注〕宋祁曰南本徐鍇改交爲蛟錢大昭曰交文選作蛟交蛟古今字**聖王底節修德則游談之士歸義思名**師古曰底厲也音指**今臣盡智畢議易精極慮**如淳曰改易精思以極盡謀慮也**則無國不可奸**師古曰奸音干〔補注〕先謙曰文選注爾雅曰奸求也干與奸同**飾固陋之心則何王之門不可曳長裾乎然臣所吕歷數王之朝背淮千里而自致者非惡臣國而樂吳民也竊高下風之行尤說大王之義**師古曰言在下風側聽高尚美悅大王之行義也說讀曰悅〔補注〕先謙曰文選注新序公孫龍謂平原君曰臣居魯則聞下風高先生之知悅先生之行**故願大王之無忽察聽其志**〔補注〕先謙曰志不可聽文選志作至李善注云劉瓛周易注至極也謂極言之據此志爲至之譌**臣聞鷙鳥絫百不如一鶚**孟康曰鶚大鵰也如淳曰鷙鳥比諸侯鶚比天子師古曰鷙擊之鳥鷹鸇之屬也鶚自大鳥而鷙者耳非鵰也絫古累字鶚音愕**夫全趙之時**服虔曰全趙趙未分之時〔補注〕先謙曰全趙之時猶韓安國傳云全代之時也文選注引應劭曰後分爲三**武力鼎士袨服叢臺之下者一旦成市**師古曰袨服盛服也鼎士舉鼎之士也叢臺趙王之臺也在邯鄲袨音州縣之縣〔補注〕錢大昭曰說文袗玄服玄服即袨服也袨字在新附中亦謂之袀服左僖五年傳均服振振服虔以均服爲黑服古戎服尚黑戰國策左師觸龍曰老臣賤息舒祺願令補黑衣之數以衛王宮注云黑衣戎服先謙曰文選注服虔曰袨服大盛玄黃服也鼎士叢臺本臣瓚說亦見善注引**而不能止幽王之湛患**師古曰幽王謂趙幽王友也湛讀曰沈沈患言幽王爲呂后所幽死**淮南逴山東之俠死士盈朝不能還厲王之西也**師古曰厲王淮南厲王長也西謂廢遷嚴道而死於雍也**然而計議不得**〔補注〕先謙曰然而文選作然則古者而與則同義故然則亦爲然而說詳萬石君傳**雖諸賁不能安其位亦明矣**師古曰諸謂專諸賁謂孟賁皆古勇士也**故願大王審畫而已**師古曰畫計也音獲**始孝文皇帝據關入立寒心銷志不明求衣**張晏曰據函谷關立爲天子諸國聞文帝入關爲之寒心散志也求衣夜索衣著不及待明意不安也臣瓚曰文帝入關而立吕天下多難故乃寒心戰慄未明而起師古曰瓚說是〔補注〕先謙曰寒心如履冰也銷志戒逸

樂也官本注未有也字**自立天子之後使東牟朱虛東褒義父之後**應劭曰天下已定文帝遣朱虛侯章東喻齊王嘉其首舉兵欲誅諸呂猶春秋褒邾儀父也師古曰立天子謂立爲天子也義讀曰儀儀父讀曰甫**深割嬰兒王之**應劭曰封齊王六子爲王其中有小小嬰兒者文帝於骨肉厚也或曰皇子武爲代王參爲太原王揖爲梁王師古曰或說是也〔補注〕劉奉世曰使東牟朱虛東言其東使就王封也案東使亦當作使東而義父者似謂悼惠而不可考據褒其後故封其子皆爲王封時有幼者故舉言嬰兒也下文自言梁代其淮陽文三子是矣則知此或說非也先謙曰義父文選作儀父據劉說疑是悼惠字也遠引邾子故爲不倫**壤子王梁代**如淳曰文帝之二子晉灼曰揚雄方言梁益之閒所愛謂其肥盛曰壤或曰言深割嬰兒王之壤壤土也壤字當上屬也師古曰或說非也〔補注〕宋祁曰注文江浙本謂作諱於理最切言謂者漫而無統沈欽韓曰方言臕盛也秦晉或曰臕梁益之間凡人言盛及其所愛偉其肥盛謂之臕注肥臕多肉也李善引方言注作偉其肥盛盧文弨校方言云偉當作諱拔此壤子解作盛子不可通穀梁隱三年傳吐者外壤食者內壤疏引麋信云齊魯之間謂鑿地出土鼠作穴出土皆曰壤壤子謂出土分與諸子也先謙曰文三王傳代王武從王淮陽復從王梁太原王參從王代**益吕淮陽**〔補注〕先謙曰文帝十二年武自淮陽徙王梁史表云淮陽爲郡是時蓋併屬梁賈誼傳所云割淮陽北邊列城以益梁也**卒仆濟北四弟於雍者豈非象新垣平等哉**應劭曰仆僵仆也濟北王興居反見誅四弟於雍者淮南王長有罪見徙死於雍所吕然者坐二國有姦臣如新垣平等勸王共反師古曰仆音赴〔補注〕先謙曰新垣平以謀反誅也言濟北厲王之死皆以象平等故非天子恩不厚也應說曲矣卒終也象似也**今天子新據先帝之遺業左規山東右制關中變權易埶大臣難知**〔補注〕先謙曰謂漢用事大臣深謀難測如鼂錯是也**大王弗察臣恐周鼎復起於漢新垣過計於朝**如淳曰新垣平詐言鼎在泗水中臣望東北汾陰有金寶氣鼎其在乎弗迎則不至爲吳計者猶新垣平之言周鼎終不可得也服虔曰過誤也**則我吳遺嗣不可期於世矣**師古曰言吳當絕滅無遺嗣也**高皇帝燒棧道水章邯**應劭曰章邯爲雍王高祖吕水灌其城破之也〔補注〕先謙曰文選水作灌下荊王作項王皆淺人妄改**兵不畱行**師古曰言無所稽畱不廢於行〔補注〕先謙曰文選注攻之易故不稽畱也**收弊民之倦東馳函谷西楚大破**張晏曰項羽自號西楚霸王**水攻則章邯吕亡其城陸擊則荊王吕失其地**如淳曰荊亦楚也謂項羽敗走**此皆國家之不幾者也**應劭曰言不可庶幾也李奇曰不但幾微乃著見也或曰幾危也此數事於國家皆無危險之慮也師古曰言漢朝之安諸侯不當妄起邪意應說是也〔補注〕劉攽曰幾讀曰冀先謙曰國家謂吳言高帝之成功有天命非今所可幾幸也**願大王孰察之吳王不內其言**〔補注〕宋祁曰內疑作納先謙曰內即納不勞改字

是時景帝少弟梁孝王貴盛亦待士於是鄒陽枚乘嚴忌知吳不可說皆去之梁從孝王游陽爲人有智略忼慨不苟合師古曰忼音口朗反介於羊勝公孫詭之間師古曰介謂閒廁也補注周壽昌曰介特也言陽特立於勝詭之間不肯苟合故勝等疾之先謙曰勝詭見梁孝王傳勝等疾陽惡之孝王師古曰惡謂讒毀也其下亦同孝王怒下陽吏將殺之陽客游以讒見禽恐死而負累師古曰累音力瑞反補注先謙曰武紀云士或有負俗之累而立功名言爲世所訮病也遭讒而死身被惡名是負累也迺從獄中上書曰臣聞忠無不報信不見疑臣常以爲然徒虛語耳昔荊軻慕燕丹之義白虹貫日太子畏之應劭曰燕太子丹質於秦始皇遇之無禮丹亡去厚養荊軻令西刺秦王精誠感天白虹爲之貫日也如淳曰白虹兵象日爲君爲燕丹表可克之兆師古曰精誠若斯太子尚畏而不信也太白食昴義亦如之補注王先慎曰集解引如淳曰白虹兵象日爲君列士傳荊軻發後太子相氣見白虹貫日不徹曰吾事不成矣後聞軻死事不立太子曰吾知其然也文選引如誠蝸李善曰畏畏其不蝸也索隱王劭又云軻將入秦待其客未發太子丹疑其畏懼故曰畏之其解不如見虹貫日不徹也先慎按荊軻未去太子屢疑之事詳國策畏之者畏其不去也白虹貫日乃軻發後事陽特舉以見軻之精誠達天取與衞先生之事爲配如李泥於正文以見虹貫日不徹知事不成釋此文畏字之義小司馬轉謂說長於王不思與下文信不諭主情事不合也衞先生爲秦畫長平之事太白食昴昭王疑之蘇林曰白起爲秦伐趙破長平軍欲遂滅趙遣衞先生說昭王益兵糧爲應侯所害事用不成其精誠上達於天故太白爲之食昴昴趙分也將有兵故太白食昴食干歷之也如淳曰太白天之將軍夫精誠變天地而信不諭兩主豈不哀哉補注先謙曰官本無誠字引宋祁曰精字下疑有誠字今臣盡忠竭誠畢議願知張晏曰盡其計議願王知之左右不明卒從吏訊爲世所疑師古曰言左右不明者不欲斥王也訊謂鞫問也音信補注先謙曰官本鞫作鞫是是使荊軻衞先生復起而燕秦不寤也願大王孰察之昔玉人獻寶楚王誅之應劭曰卞和得玉璞獻之武王王示玉人曰石也刖其右足武王殁復獻文王玉人復曰石也刖其左足至成王時抱其璞哭於郊乃使玉尹攻之果得寶玉也補注宋祁曰玉人南浙本並作玉尹李斯竭忠胡亥極刑張晏曰李斯諫二世以正而二世殺之具五刑是以箕子陽狂接輿避世張晏曰接輿楚賢人陽狂避世師古曰輿音弋於反恐遭此患也願大王察玉人李斯之意而後楚王胡亥之聽師古曰以謬聽爲後後猶下也毋使臣爲箕子接輿所笑臣聞比干剖

心子胥鴟夷應劭曰吳王取馬革爲鴟夷受子胥沈之江鴟夷榼形師古曰鴟夷卽今之盛酒鴟夷勝補注宋祁曰勝字下當有也字先謙曰索隱韋昭云以皮作鴟鳥形名曰鴟夷鴟夷皮榼也服虔云用馬革作囊以裹尸投之於江臣始不信迺今知之願大王孰察少加憐焉語曰有白頭如新孟康曰初相識至白頭不相知補注宋祁曰此注未安越本孟康作師古南本初相識作初不相識先謙曰初相識謂識面也至白頭不相知謂不知心也故尙如新識面之人注文不誤宋說誤也集解引桓譚新論言內有以相知與否不在新故也文選注引漢書音義曰或初不相識相知至白頭不相知郎引孟注於至字上妄增不相知三字文義益不可通傾蓋如故文穎曰傾蓋猶交蓋駐車也補注先謙曰索隱傾蓋如故如吳札鄭僑也家語孔子遇程子於途傾蓋而語又志林云傾蓋者道行相遇軿車對語兩蓋相切小欹之義故云傾蓋也何則知與不知也故樊於期逃秦之燕藉荊軻首以奉丹事張晏曰於期爲秦將被讒走之燕始皇滅其家又重購之燕遣荊軻欲刺秦王於期自刎首令軻齎往師古曰之往也藉假也王奢去齊之魏臨城自剄以卻齊而存魏孟康曰王奢齊臣也亡至魏其後齊伐魏奢登城謂齊將曰今君之來不過以奢故也義不苟生以爲魏累遂自剄也夫王奢樊於期非新於齊秦而故於燕魏也所以去二國死兩君者行合於志慕義無窮也

是以蘇秦不信於天下爲燕尾生服虔曰蘇秦於秦不出其信於燕則出尾生之信也晉灼曰說齊宣王使還燕十城又令閔王厚葬以弊齊終死爲燕也師古曰尾生古之信士守志亡軀故以爲喻補注沈欽韓曰韓策公仲數不信於諸侯諸侯錮之蘇代曰此方其爲尾生之時也與此語類晉注令閔王厚葬以敝齊此蘇代爲燕昭王非蘇秦也秦傾齊之事亦不止一端白圭戰亡六城爲魏取中山張晏曰白圭爲中山將亡六城君欲殺之亡入魏魏文侯厚遇之還拔中山補注先謙曰魏世家樂羊爲魏文侯拔中山說苑復恩篇吳起爲魏將攻中山爲軍人吮疽無白圭取中山事圭與孟子同時問答據呂覽先識篇白圭之中山中山之王欲留之白圭辭去又之齊齊王欲留之仕又辭而去人問其故圭云二國有五盡必亡後中山果亡於趙齊湣王爲燕所破殺與孟子時事脗合是圭實當後中山亡時若前中山之見滅於魏時代不相及也此蓋別一白圭與樂羊吳起同時爲魏將兵者官本注不重魏字何則誠有以相知也蘇秦相燕人惡之燕王燕王按劍而怒食以駃騠孟康曰駃騠駿馬也生七日而超其母敬重蘇秦雖有讒謗而更食以珍奇之味師古曰食讀曰飤駃音決騠音題白圭顯於中山師古曰以拔中山之功而尊顯也人惡之於魏文侯文侯賜以夜光之璧何則兩主二臣剖心析肝相信師古曰析分也豈移於浮辭哉師古曰不以浮說而移心故女無美惡入宮見妒

士無賢不肖補注宋祁曰南本賢下有愚字衍字不可從入朝見嫉昔司馬喜臏腳於宋卒相中山蘇林曰六國時人被此刑也補注先謙曰集解晉灼曰司馬喜三相中山索隱事見戰國策及呂氏春秋范雎拉脅折齒於魏卒爲應侯應劭曰魏人也魏相魏齊疑其以國陰事告齊乃掠笞數百拉脅折齒師古曰後入秦爲相封爲應侯拉摧也音盧合反補注錢大昭曰文選拉作搚案春秋公羊傳莊公元年拉幹而殺之史記公子彭生抱魯桓公上車搚其脅揚雄傳范雎以折搚而危穰侯晉灼曰搚古拉字先謙曰索隱應侯傳作折脅搚齒是也說文云拉摧也音力答反此二人者皆信必然之畫捐朋黨之私挾孤獨之交故不能自免於嫉妒之人也師古曰言直道而行不求朋黨之助謂忠信必可恃也畫計也音獲補注先謙曰信必然之畫以爲計畫必行果於自信交史記作位是以申徒狄蹈雍之河服虔曰殷之末世人也雍之河雍州之河也師古曰雍者河水溢出爲小流也言狄初因蹈雍遂入大河也爾雅曰水自河出爲雍又曰江有沱河有雍雍音於龍反服虔曰雍州之河非也補注王念孫曰雍讀爲甕謂蹈甕而自沈於河也井九二甕敝漏釋文甕作雍北山經縣雍之山郭璞曰音汲甕水經晉水篇作縣甕是甕與雍古字通也史記作申徒狄自沈於河索隱曰新序作抱甕自沈於河今新序雜事篇作蹈流之河後人改之也彼言抱甕此言蹈甕義相近也蹈甕之河負石入海皆欲其速沈於水耳莊子謂申徒狄負石自投於河意與此同漢紀孝成紀荀悅曰雖死猶懼形骸之不深魂神之不遠故徐衍負石入海申徒狄

蹈甕之河此尤其明證也服虔以爲蹈雍州之河師古以爲初蹈雍遂入河皆失之遠矣先謙曰官本注人也作介士也下服虔曰作服云索隱莊子申徒狄諫而不用負石自投於河韋昭云六國時人漢書云自沈於雍河是小司馬所見漢書本又爲後人因誤注而妄改也徐衍負石入海服虔曰周之末世人也師古曰負石者欲速沈也補注先謙曰文選注引論語讖曰徐衍負石伐子自貍守分亡身握石失軀宋均曰貍猶殺也力之切不容於世補注宋祁曰容字下一添身字先謙曰文選有身字義不苟取比周於朝以移主上之心師古曰比音頻寐反補注先謙曰文選注言皆義不苟取比周朋黨在朝廷以移主上之心妄求合也六韜曰結連朋黨比周相權杜預曰比近也周密也故百里奚乞食於道路繆公委之以政應劭曰虞人也聞秦繆公賢欲往干之乏資乞食以自致也甯戚飯牛車下桓公任之以國應劭曰齊桓公夜出迎客甯戚疾擊其牛角高歌曰南山矸白石爛生不逢堯與舜禪短布單衣適至骭從昏飯牛薄夜半長夜曼曼何時旦桓公召與語說之以爲大夫師古曰矸字與岸同骭脛也薄止也骭音下諫反曼音莫幹反補注宋祁曰注文高字合作商韓昌黎詩云爲我商聲謳乃用此事也浙本亦作商作高葢監本誤刊耳先謙曰宋說是也集解引應劭說正作商歌索隱商歌者謂爲商聲而歌也或云商旅人歌也二說竝通案商旅之說誤也此二人者豈素宦於朝借譽於左右然

後二主用之哉感於心合於行堅如膠桼昆弟不能離豈惑於眾口哉故偏聽生姦獨任成亂昔魯聽季孫之說逐孔子師古曰季孫魯大夫季桓子也名斯論語云齊人歸女樂季桓子受之三日不朝孔子行葢桓子故使定公受齊之女樂欲令去孔子也宋任子冉之計囚墨翟文穎曰子冉子罕也補注齊召南曰子冉史記作子罕故文穎以爲一人先謙曰顧炎武云案子罕是魯襄公時人墨翟在孔子之後子冉當另是一人文穎注非也索隱荀卿傳云墨翟孔子時人或云在孔子後又襄二十九年左傳宋饑子罕請出粟時孔子適八歲則墨翟與子罕不得相輩或以子冉爲是不知何如也夫以孔墨之辯不能自免於讒諛而二國以危何則眾口鑠金積毀銷骨也師古曰美金見毀眾共疑之數被燒鍊以至銷鑠讒佞之人肆其詐巧離散骨肉而不覺知補注沈欽韓曰周語眾志成城眾口鑠金注眾口所詛雖金猶可消鬼谷子權篇眾口鑠金言有曲故也御覽八百十一風俗通稱俗說云云與師古同非本意也先謙曰索隱大顏云讒人積久譖毀則父兄自相誅戮骨肉爲之消滅也此師古所本案金骨皆以最堅者言眾口積毀雖金可鑠骨可銷也不當如顏說秦用戎人由余而伯中國師古曰伯讀曰霸齊用越人子臧而彊威宣師古曰齊之二王謚也補注沈欽韓曰鹽鐵論相刺篇越人夷吾戎人由余待譯而後通竝顯齊秦則子臧又名夷吾沈曾植曰潛夫論

論榮篇由余生於五狄越象產於八蠻而功顯齊秦德立諸夏越象與由余竝舉疑即子臧史記作越人蒙蒙葢象字之誤先謙曰索隱引張晏云子臧或是越人蒙字也此二國豈係於俗牽於世繫奇偏之浮辭哉補注先謙曰係繫二字不當連用史記文選係作拘是也奇偏無義史記作阿偏奇與阿形近致誤也史記文選竝無浮字公聽竝觀垂明當世師古曰公聽言不私也竝觀所見齊同也補注先謙曰顏說非文選李善注竝觀言無偏也故意合則胡越爲兄弟由余子臧是矣不合則骨肉爲讎敵朱象管蔡是矣師古曰朱丹朱堯子象舜弟管蔡周之二叔也補注先謙曰文選注丹朱堯子讎敵未聞按書云無若丹朱傲惟慢遊是好暴虐是作朋淫于家其與父爲讎可知也史記作則骨肉出逐不收今人主誠能用齊秦之明後宋魯之聽則五伯不足侔而三王易爲也師古曰侔等也伯讀曰霸補注宋祁曰郭去而字一本爲字下有比字是以聖王覺寤捐子之之心而不說田常之賢應劭曰燕王噲賢其相子之欲禪以燕國國乃大亂田常陳恆也齊簡公悅之而殺簡公今使人君去此心則國家安全也師古曰說讀曰悅補注先謙曰官本損作捐是史記同而下衍能字封比干之後修孕婦之墓應劭曰紂刳妊者觀其胎產師古曰武王克商反其故政乃封修之補注先謙曰索隱案封比干之後後謂子也不見其文尚書作封比干之墓又

唯云刳剔孕婦則武王雖反商政亦未必修孕婦之墓也故功業覆於天下師古曰覆猶被也何則欲善亡厭也夫晉文親其讎彊伯諸侯齊桓用其仇而一匡天下張晏曰寺人勃鞮爲晉獻公逐文公斬其袪及文公即位用其言㠯免呂郤之難管仲射中桓公帶鉤而用爲相師古曰伯讀爲霸下皆類此補注宋祁曰注文郤當作卻何則慈仁殷勤誠加於心不可㠯虛辭借也補注先謙曰文選加作嘉不可上有此字至夫秦用商鞅之法東弱韓魏立彊天下卒車裂之師古曰卒終也越用大夫種之謀禽勁吳而伯中國遂誅其身是㠯孫叔敖三去相而不悔師古曰叔敖三爲楚相而三去之縉上之封人謂之曰吾聞處官久者士妒之祿厚者眾怨之位尊者君恨之今相國有此三者而不得罪於楚之士眾仕也叔敖曰吾三相楚而不愈卑每益祿而施愈博位滋尊而禮愈恭是㠯不得罪於楚人也補注先謙曰官本注縉作狐仕作何而不作而身是文選注史記曰孫叔敖楚之處士也虞丘相進之三月而相楚三爲相而不喜知其材自得之也三去相而不悔知其非己之罪也於陵子仲辭三公爲人灌園師古曰於陵地名也子仲陳仲子也其先與齊同族兄載爲齊相仲子㠯爲不義乃將妻子適楚居于於陵自謂於陵子仲楚王聞其賢使使者持金百溢聘之欲㠯爲相仲子不許遂夫妻相與逃而爲人灌園終身不屈其節補注先謙曰官本載作戴是溢作鎰

今人主誠能去驕傲之心懷可報之意補注王文彬曰文選注言士有功可報者思必報案報當屬士言豫讓所謂眾人遇我以眾人報之國士遇我以國士報之也人主推誠隆禮以待士自爲可報之地陽欲梁王懷此意也觀下文桀犬跖客荊軻要離云云語意自明李說未合披心腹見情素師古曰見顯示之也素謂心所向也補注王念孫曰師古以鄭注中庸訓素爲向故以素爲心所向然非此所謂素也情素猶情實也下文云濟北見情實即此所謂見情素也文選謝靈運還舊園詩注引史記披心腹示情素蘇傳而釋之曰素猶實也俗作愫集韻曰愫誠也情素與心腹對文則素非心所向之謂王文彬曰顏訓素爲心所向是心所向爲素猶心所之爲志也後漢張衡傳注素猶志也但此非素本義說文素下云白緻繒也管子水地篇注無色謂之素蓋素爲質始推言之凡物之不加雕飾者皆謂之素故廣雅釋詁云素本也中庸素其位而行即謂本其位而行此所謂素亦謂心之本然也訓向訓實皆徵隔又案此處文意情素乃根心腹爲言與下文肝膽德厚對文言披心腹以見情素墮肝膽以施德厚也王以心腹情素對稱又失之墮肝膽施德厚師古曰墮毀也音火規反補注沈曾植曰墮與隋通儀禮墮祭諸篇參差或作墮或作隋是其證也說文隋裂肉也裂肝膽即上文剖心析肝意先謙曰王念孫謂墮當訓輸詳劇通傳於義並通終與之窮達無愛於士師古曰無所吝惜也補注王文彬曰窮盡也言舉情素德厚盡達之於士而無所愛惜也則桀之犬可使吠堯補注宋祁曰犬字當從浙本作狗則近古

而語直先謙曰史記文選並作狗李善注戰國策刁鞮謂田單曰跖之狗或吠堯非其主也吠音吠並同跖之客可使刺由應劭曰盜跖之客爲其人使刺由由許由也師古曰此言被之㠯恩則用命也何況因萬乘之權假聖王之資乎然則軻湛七族要離燔妻子豈足爲大王道哉應劭曰荊軻爲燕刺秦始皇不成而死其族坐之湛沒也吳王闔閭欲殺王子慶忌要離詐㠯罪亡令吳王燔其妻子要離走見慶忌㠯劍刺之張晏曰七族上至曾祖下至曾孫師古曰此說云湛七族無荊字也尋諸史籍荊軻無湛族之事不知陽所云者定何人也湛讀曰沈補注劉敞曰王充書言秦怨荊軻幷殺其九族殺則是湛矣非必沈之水也宋祁曰淳化本作荊軻景祐本無荊字按浙本郭本去荊字云據注無荊字南本徐鍇亦滅荊字錢大昭曰閩本則下有荊字王念孫曰劉說是也論衡語增篇云傳語云町町若荊軻之閭言荊軻爲燕太子刺秦王秦王誅軻九族其後恚恨不已復夷軻之一里一里皆滅故曰町町此言增之也夫秦雖無道無爲盡誅荊軻之里或時誅軻九族九族眾多同里而處好增事者則言町町也仲任不信町町之說而信滅九族之語九族七族小異而大同則漢時傳語固自有荊軻滅族之事矣且荊軻湛七族要離燔妻子相對爲文則正文內當有荊字若無荊字則應注當云軻荊軻也今直云荊軻爲燕刺秦始皇則正文元有荊字甚明師古所見本偶脫荊字遂云不知何人誤矣諸校本去荊字即惑於師古之說也史記新序文選皆有荊字先謙曰治要引此文亦有荊字文選劉孝標廣絕交論云約同要離焚妻子誓殉荊軻湛

七族即用此文明有荊字師古未深考耳索隱七族父之姓一也姑之子二也姊妹之子三也女之子四也母之姓五也從子六也及妻父母凡七族也要離事見呂氏春秋先謙案張說曾祖至曾孫無同在一時被誅之理索隱說是論衡云九族眾多同里而處亦以戚族言也臣聞明月之珠夜光之璧㠯闇投人於道眾莫不按劍相眄者何則無因而至前也蟠木根柢輪囷離奇蘇林曰柢音蔕張晏曰柢根下本也輪囷離奇委曲盤戾也師古曰蟠木屈曲之木也囷音去輪反離音力爾反奇音於綺反一曰離奇各讀如本字補注先謙曰離奇史記作離詭而爲萬乘器者㠯左右先爲之容也師古曰萬乘器天子車輿之屬也容謂彫刻加飾故無因而至前雖出隨珠和璧柢怨結而不見德師古曰隨國之侯見大蛇傷者療而愈之蛇銜明珠㠯報其德故稱隨珠和氏之璧即下和所獻之玉耳柢適也音支補注先謙曰史記作雖出隨侯之珠夜光之璧猶結怨而不見德文選同末句作柢足結怨而不見德此傳寫誤倒治要引此文亦作結怨有人先游則枯木朽株樹功而不忘師古曰先游謂進納之也樹立也補注先謙曰游謂游揚史記文選作談今夫天下布衣窮居之士身在貧贏師古曰衣食不充故贏瘦也一曰贏謂無威力雖蒙堯舜之術挾伊管之辯師古曰伊伊尹管管仲補注先謙曰史記文選蒙作包索隱謂蒙被堯舜之道也是小司馬所

見本與漢書同懷龍逢比干之意而素無根柢之容雖竭精神欲開忠於當世之君師古曰開謂陳說也補注王念孫曰文選李善注引小雅曰開達也念孫按李說是先謙曰史記文選作雖竭精思欲開忠信輔人主之治則人主必襲案劍相眄之迹矣師古曰襲重也言躡其故跡也是使布衣之士不得爲枯木巧株之資也補注先謙曰巧官本作朽是史記同是㠯聖王制世御俗獨化於陶鈞之上張晏曰陶家名模下圜轉者爲鈞㠯其制器爲大小比之於天也師古曰此說非也陶家名轉者爲鈞蓋取周回調鈞耳言聖王制馭天下亦猶陶人轉鈞非陶家轉象天也而不牽乎卑亂之語不奪乎衆多之口師古曰奪者言欲行善道而爲佞人奪其計也補注先謙曰官本亂作辭引宋祁曰浙本辭作亂案史記卑亂文選卑辭李善並爲卑辭作注先謙謂下言語上不得言辭史漢本是也故秦皇帝任中庶子蒙之言師古曰蒙者庶子名也今流俗書本蒙下輒加恬字非也補注先謙曰顧炎武云史記秦王寵臣中庶子蒙嘉爲先言於秦王非蒙恬亦非蒙名傳文脫嘉字耳先謙案蒙嘉事并見燕策新序此文史記文選皆作蒙嘉㠯信荊軻而七首竊發師古曰七首短劍也其首類七便於用也周文王獵涇渭載呂尚歸㠯王天下應劭曰西伯出遇呂尚於渭之陽與語大悅因載歸秦信左右而亡周用烏集而

王師古曰言文王之得太公非因舊故若烏鳥之暴集補注先謙曰集解引漢書音義曰太公望塗觀卒遇共成王功若烏鳥之暴集也[illegible]索隱韋昭云呂尚適周如烏之集也先謙案諸說皆非也亡史記作殺秦任蒙嘉未爲荊軻所殺亦未以此亡國是信左右不得指蒙嘉則用烏集亦不指太公也秦二世信趙高殺身亡國是信左右而殺亡也烏集猶言烏合文選曹元首六代論故漢祖奮三尺之劍驅烏集之衆李善注引曾子曰烏合之衆初雖相歡後必相吐是以烏集爲烏合也周武王伐紂至孟津八百諸侯不期而會若烏鳥之集然是用烏集而王也文意承上文推究言之何則㠯其能越攣拘之語馳域外之議師古曰攣音力全反獨觀乎昭曠之道也師古曰昭明也曠廣也今人主沈諂諛之辭牽帷廧之制孟康曰言爲左右便僻侍帷廧臣妾所見牽制矣補注先謙曰沈溺也廧史記作裳集解引漢書音義亦作帷裳[illegible]據此是漢書本有作裳者文選作牆李善引音義作帷牆先謙案玉篇廧同牆注僻當爲辟使不羈之士與牛驥同皁師古曰不羈言才識高遠不可羈係也皁歷也揚雄方言云梁宋齊楚燕之間謂歷曰皁皁音在早反補注先謙曰文選注引漢書音義曰皁食馬器以木作如槽索隱引韋昭云皁養馬之官下士也養馬之官其衣皁也又郭璞云皁養馬之器也先謙案韋說非也牛不當與驥同皁故以喻賢愚雜處此文用牛驥又不同總謂牛馬畜類耳官本歷作櫪字同此鮑焦所㠯憤於世也孟康曰周之介士也師古曰鮑焦怨時之不用己采蔬於道子貢難

曰非其時而採其蔬此焦之有哉棄其蔬乃立枯於洛水之上蔬謂菜也補注先謙曰史記文選世不有而不留富貴之樂七字索隱此事見莊子及說苑韓詩外傳小有不同李善注引列士傳與顏說同蔬皆作疏末云疏郎古蔬字案此注亦當作疏後人妄加草耳若本作蔬顏無須加釋云蔬謂菜也臣聞盛飾入朝者不㠯私汙義底厲名號者不㠯利傷行師古曰底厲言其自修廉隅若磨厲於石也故里名勝母曾子不入師古曰曾子至孝㠯勝母之名不順故不入也補注先謙曰史記里作縣索隱淮南子及鹽鐵論云里名勝母曾子不入名不順也尸子以爲孔子至勝母縣暮而不宿其說不同邑號朝歌墨子回車晉灼曰紂作朝歌之音朝歌者不時也師古曰朝歌殷之邑名也淮南子云墨子非樂不入朝歌今欲使天下寥廓之士籠於威重之權脅於位勢之貴師古曰寥廓遠大之度也脅迫也寥音聊回面汙行㠯事諂諛之人師古曰回邪也汙不潔也音一故反或曰汙曲也音一胡反補注沈欽韓曰荀子勸學篇以不善先人者謂之諂以不善和人者謂之諛王先慎曰案回訓爲邪不詞說文回轉也後漢郎顗傳注回易也孟子梁惠王下篇注面向也[illegible]此謂轉易其向而汙穢其行耳史記司馬相如傳回首面內郎回面之意後漢西南夷傳論莫不舉種盡落回面而請吏晉書應貞傳方隅回面並與此義同而求親近於左右則士有伏死堀穴巖藪之中耳師古曰堀與窟同澤無水曰藪補注先謙曰巖藪史記作巖巖集解並爲巖巖作注是此文傳本不同安有盡忠信而趨闕下者

哉書奏孝王孝王立出之卒爲上客初勝詭欲使王求爲漢嗣王又嘗上書願賜容車之地徑至長樂宮補注先謙曰太后宮自使梁國士衆築作甬道朝太后補注先謙曰自王邸至太后宮門築甬道通往來爰盎等皆建㠯爲不可師古曰建謂立議天子不許梁王怒令人刺殺盎上疑梁殺之使者冠蓋相望責梁王梁王始與勝詭有謀陽爭㠯爲不可故見讒枚先生嚴夫子皆不敢諫師古曰先生枚乘夫子嚴忌及梁事敗勝詭死孝王恐誅迺思陽言深辭謝之補注先謙曰深辭猶深談也齎㠯千金令求方略解罪於上者陽素知齊人王先生師古曰素與相知也年八十餘多奇計即往見語㠯其事王先生曰難哉人主有私怨深怒欲施必行之誅誠難解也㠯太后之尊骨肉之親猶不能止補注先謙曰言以太后之尊且親不能止也況臣下乎昔秦始皇有伏怒於太后羣臣諫而死者㠯十數得茅焦爲

鄜大義鄭氏曰齊人也應劭曰茅焦諫云陛下車裂假父有嫉妒之心囊撲兩弟有不慈之名遷母咸陽有不孝之行臣竊爲陛下危之臣所言畢乃解衣趨鑊始皇下殿左手接之曰先生起矣卽迎太后遂爲母子如初始皇非能說其言也迺自彊從之耳師古曰說讀曰悅茅焦亦廑脫死如毛氂耳師古曰廑少也言纔免於死也廑音巨刃反補注先謙曰廑與僅同毛與毫同氂與氂同公羊昭二十四年杞伯鬱釐釋文釐本作氂墨子禽滑釐本書儒林傳作禽滑氂言茅焦僅免於死祇如毫氂之差耳文三王傳毛氂過失亡不畢陳與此同也故事所以難者也今子欲安之乎師古曰安焉也之往也陽曰鄒魯守經學齊楚多辯知韓魏時有奇節吾將歷問之王先生曰子行矣還過我而西鄒陽行月餘莫能爲謀還過王先生曰臣將西矣爲如何王先生曰吾先曰欲獻愚計以爲衆不可蓋師古曰蓋覆蔽也補注周壽昌曰言不欲蓋覆衆人之長也竊自薄陋不敢道也若子行必往見王長君士無過此者矣鄒陽發寤於心曰敬諾辭去不過梁徑至長安因客見王長君長君者王美人兄也後封爲蓋侯補注先謙曰王美人卽孝景王皇后也蓋侯名信鄒陽留數日乘

閒而請曰師古曰閒謂空隙無事之時臣非爲長君無使令於前故來侍也師古曰使令謂役使之人也令音力成反愚戇竊不自料願有謁也師古曰料量也謁告也長君跪曰幸甚陽曰竊聞長君弟得幸後宮天下無有師古曰言獨一耳無所比類也而長君行迹多不循道理者今爰盎事卽窮竟梁王恐誅如此則太后怫鬱泣血無所發怒師古曰怫鬱蘊積也怫音佛切齒側目於貴臣矣臣恐長君危於絫卵師古曰絫卵者言其將隤而破碎也竊爲足下憂之長君懼然曰將爲之柰何師古曰懼讀曰瞿音居具反瞿然無守之貌陽曰長君誠能精爲上言之補注先謙曰呂覽博志篇注精微密也得毋竟梁事長君必固自結於太后太后厚德長君入於骨髓而長君之弟幸於兩宮如淳曰太后宮及帝宮也金城之固也師古曰言其榮寵無極不可壞故取喻於金城也又有存亡繼絕之功德布天下名施無窮願長君深自計之昔者舜之弟象日以殺舜爲事師古曰言日日欲殺也及舜立爲天子封之於有卑服虔曰音畀予之畀也師古曰地名也音鼻今鼻亭是也在零陵夫

仁人之於兄弟無臧怒無宿怨厚親愛而已是以後世稱之魯公子慶父使僕人殺子般師古曰慶父莊公弟也子般莊公太子也僕人卽鄧扈樂也父讀曰甫般字與班同獄有所歸師古曰歸罪於鄧扈樂也季友不探其情而誅焉師古曰季友慶父之弟不探慶父本情而誅扈樂慶父親殺閔公季子緩追免賊師古曰慶父出奔季友縱而不追免其賊亂之罪春秋以爲親親之道也師古曰公羊之說也言季友親其兄也魯哀姜薨於夷孔子曰齊桓公法而不譎以爲過也師古曰哀姜莊公夫人也淫於二叔而豫殺閔公齊人殺之於夷夷齊地也法而不譎者言守法而行不能用權以免其親也補注王念孫曰法猶正也故論語作正而不譎僖二十年穀梁傳南門者法門也法門卽正門史記賈生傳改正朔易服色法制度定官名法制度卽正制度荀子性惡篇云明禮義以化之起法正以法之又云凡禹之所以爲禹者以其爲仁義法正也家語七十二弟子篇云高柴爲人篤孝而有法正大戴禮勸學篇夫水出量必平似正荀子宥坐篇正作法是法與正同義師古以法爲守法則於義稍迂以是說天子徼幸梁事不奏長君曰諾乘閒入而言之及韓安國亦見長公主補注先謙曰此與文三王傳合事果得不治初吳王濞與七國謀反補注先謙曰七國者連吳數之去吳則爲六國七當爲六字之誤下文枚乘傳吳王遂與六國謀反是其證

及發齊濟北兩國城守不行漢旣破吳齊王自殺不得立嗣補注劉奉世曰齊孝王自殺景帝聞之以爲首善卽立其子此云不得立嗣者蓋嘗有爲此議者耳濟北王亦欲自殺幸全其妻子齊人公孫玃謂濟北王曰師古曰玃音俱碧反補注何焯曰玃事與鄒陽相似牽連書之先謙曰漢紀玃作蠼臣請試爲大王明說梁王通意天子說而不用死未晚也公孫玃遂見梁王曰夫濟北之地東接彊齊南牽吳越北脅燕趙此四分五裂之國張晏曰四方受敵濟北居中央爲五晉灼曰四分卽交五而裂如田字也權不足以自守勁不足以扞寇師古曰扞禦也音胡旦反補注王念孫曰勁當爲埶字之誤也俗書埶字作[illegible]權輕則不足以守國埶弱則不足以扞寇埶與權正相對若作勁則與權不相對矣師古云權謀勁力不能扞守加謀力二字以曲通其義而不知勁爲埶之譌也漢紀孝景紀作勢不足以扞寇以是明之又非有奇怪云以待難也如淳曰非有奇材異計欲以爲亂逆也但假權許吳以避其禍耳晉灼曰非有以怪異之心而城守須待變難而應吳也師古曰二說皆非也此言權謀勁力旣不能扞守又無奇怪神靈可以禦難恐不自全故墬言於吳也補注宋祁曰徐鍇改云作亡子謂云義要不須改雖墬言於吳非其正計也蘇林曰墬猶失

也昔者鄭祭仲許宋人立公子突㠯活其君非義也春秋記之爲其㠯生易死㠯存易亡也師古曰祭仲鄭大夫祭足也事鄭莊公爲公娶鄧曼生昭公故祭仲立之而宋大夫雍氏㠯女妻莊公而生突昭公既立宋人誘祭仲而執之曰不立突將死祭仲與宋人盟㠯厲公歸而立之昭公奔衞言足脅於大國苟順其心欲㠯全昭公也祭音側界反補注宋祁曰亡也邵本無也字鄉使濟北見情實示不從之端師古曰鄉讀曰嚮見謂顯也則吳必先歷齊畢濟北張晏曰歷過畢盡收濟北之地招燕趙而總之如此則山東之從結而無隙矣師古曰從音子容反今吳楚之王練諸侯之兵毆白徒之衆師古曰練選也毆與驅同白徒言素非軍旅之人若今言白丁矣補注沈欽韓曰管子乘馬篇四乘其甲二十有八白徒三十人呂覽決勝篇廝輿白徒皆來會戰西與天子爭衡濟北獨底節堅守不下使吳失與而無助跬步獨進師古曰半步曰跬音空蘂反補注宋祁曰跬步獨進一作行義直可行瓦解土崩破敗而不救者未必非濟北之力也夫㠯區區之濟北而與諸侯爭彊師古曰區區小貌也是㠯羔犢之弱而扞虎狼之敵也守職不橈可謂誠一矣師古曰橈曲也音女敎反補注宋祁曰一當作壹功義如此尚見疑於上脅肩低首絫足撫衿師古曰脅翕也謂斂也使有自悔不前之心張晏曰悔不與吳西也非社稷之利也臣恐藩臣守職者疑之臣竊料之師古曰料量也能歷西山徑長樂抵未央攘袂而正議者獨大王耳師古曰西山謂崤及華山也抵至也攘卻也袂衣袖也攘袂猶今人云掉臂耳上有全亡之功下有安百姓之名德淪於骨髓恩加於無窮師古曰淪入也補注先謙曰官本注在髓下願大王留意詳惟之師古曰惟思也孝王大說師古曰說讀曰悅使人馳㠯聞濟北王得不坐徙封於菑川補注先謙曰官本有也字引宋祁曰姚本及越本並無也字

枚乘字叔淮陰人也爲吳王濞郎中吳王之初怨望謀爲逆也乘奏書諫曰臣聞得全者全昌失全者全亡補注錢大昭曰說苑正諫篇孝景帝時吳王濞反梁孝王中郎枚乘字叔聞之爲書諫王其辭曰君王之外臣乘竊聞得全者全昌云云與此不同攷鄒陽傳亦云陽與吳嚴忌枚乘等俱仕吳疑說苑誤也先謙曰乘游梁後上書重諫吳王合如說苑所稱特㠯後事加前書爲不同也文選作得全者昌失全者亡齊世家淳于髡曰得全全昌失全全亡舜無立錐之地㠯有天下禹無十戶之聚㠯王諸侯師古曰聚聚邑也音才喻反補注先謙曰選注韓子曰舜無置錐之地於後世而德結史記蘇秦說趙王曰舜無咫尺之地㠯有天下禹無百人之聚㠯王諸侯湯武之土不過百里爲天子誠得其道者也湯武之土不過百里上不絕三光之明下不傷百姓之心者有王術也師古曰德政和平上感天象則日月星辰無有錯謬故言不絕三光之明也故父子之道天性也忠臣不避重誅㠯直諫師古曰言父子君臣其義一也則事無遺策功流萬世臣乘願披腹心而效愚忠唯大王少加意念惻怛之心於臣乘言夫㠯一縷之任係千鈞之重上縣無極之高下垂不測之淵雖甚愚之人猶知哀其將絕也馬方駭鼓而驚之師古曰駭亦驚也鼓擊鼓也係方絕又重鎭之係絕於天不可復結隊入深淵難㠯復出補注先謙曰文選注孔叢子曰齊東郭亥欲攻田氏子貢曰今子士也位卑圖大殆非子之任也夫㠯一縷之任繫千鈞之重上懸之於無極之高下垂於不測之深旁人皆畏其絕而造之者不知其子之謂乎馬方駭鼓而驚之繫方絕重鎭之馬奔車覆六轡不禁繫絕自高墜入於深其危必矣亥曰吾已矣其出不出閒不容髮蘇林曰改計取福正在今日言其激切甚急也能聽忠臣之言百舉必脫師古曰脫

者免於禍也音土活反補注先謙曰文選注孫卿子曰平則慮險安則慮危是百舉不陷也必若所欲爲危於絫卵難於上天變所欲爲易於反掌安於太山補注先謙曰官本太作泰今欲極天命之壽敝無窮之樂究萬乘之埶師古曰敝盡也究竟也不出反掌之易㠯居泰山之安而欲乘絫卵之危走上天之難師古曰走趨向之也音奏此愚臣之所㠯爲大王惑也補注宋祁曰景德本云此愚臣之所大惑也無㠯爲王三字王念孫曰景德本是也有此三字則文義不順後人㠯下文復說吳王書云此臣之所㠯爲大王患也遂妄加此三字耳景祐本及漢紀文選羣書治要皆無此三字說苑正諫篇同人性有畏其景而惡其跡者卻背而走迹愈多景愈疾師古曰背音步內反補注先謙曰官本注文在卻背而走下不知就陰而止景滅迹絕補注王念孫曰知當爲如字之誤也不如二字與下文兩莫若一不如文同一例不如就陰而止與下文不如絕薪止火而已亦文同一例若作不知則與下文不合矣或曰莊子漁父篇人有畏景惡迹而去之走者舉足愈數而迹愈多走愈疾而景不離身不知處陰㠯休景處靜㠯息迹愚亦甚矣不知二字正與此同曰否莊子上言不知故下言愚甚若作不知則與下文不合矣此文上言不如故下言景滅迹絕言與其愈走而迹愈多景愈疾不如就陰而止則景自滅迹自絕也若作不知則文與下文不合矣下文云不如絕薪止火而已若改作不知其可乎文選正作不如欲人勿聞莫若勿言欲人勿知莫若勿爲欲湯之滄鄭氏曰音悽愴之愴寒也補注宋祁曰注

文音字上當有倉字注須復文爲訓故必待倉字乃足沈欽韓一曰逸周書天地之間有倉熱善用道者終無竭孔晁注倉寒也

人炊之百人揚之無益也師古曰炊謂爨火也**不如絕薪止火而已**補注先謙曰文選注呂氏春秋曰夫湯止沸沸愈不止去火則止矣**不絕之於彼而救之於此譬猶抱薪而救火也**補注先謙曰文選注文子曰不治其本而救其末無異鑿渠而止水抱薪而救火也**養由基楚之善射者也去楊葉百步百發百中**補注先謙曰文選注戰國策蘇厲謂周君曰養由基善射去柳葉百步而射百發百中 **楊葉之大加百中焉可謂善射矣**補注先謙曰楊葉之大言其至小也**然其所止迺百步之內耳比於臣乘未知操弓持矢也**師古曰乘自言所知者遠非止見百步之中故謂田基爲不曉射也 **福生有基禍生有胎**服虔曰基胎皆始也 **納其基絕其胎禍何自來**師古曰納猶藏也何自來言無所從來也補注先謙曰顏訓納爲藏未合納猶受也禮記祭則受福書云以並受此丕丕基 納福基之義也 **泰山之霤穿石**補注先謙曰說文霤屋水流也引申之山水自上下流亦謂之霤 **單極之絖斷幹**孟康曰西方人名屋梁謂極單一也一梁謂井鹿盧也言鹿盧爲綆索久鍥斷井幹也晉灼曰絖古綆字也單盡也盡極之綆斷幹幹井上四交之幹常爲汲索所契傷也師古曰晉說近之幹者交木井上以爲欄者也孟云鹿盧失其義矣絖綆皆音綆鍥契皆刻也音口計反補注錢大昭曰此句說苑作引繩久之乃以挈木幹當作韓說文韓井垣也从韋取其帀也倝聲井韓是井上木欄久汲爲綆契斷沈欽韓曰孟說是也莊子則陽篇有夫妻臣妾登極者司馬彪云極屋棟也又文選西京賦薛注三輔名梁爲極余目驗河陝間於高阜穿井深葢數十丈橫木爲梁兩頭鹿盧綆之繞梁鍥者數寸一人轉汲聲聞百步先謙曰文選單作殫李善注殫盡也與晉說同據沈目驗孟義優矣文選加歹爲殫不可從官本注梁下謂作爲謂爲同字

水非石之鑽索非木之鋸漸靡使之然也師古曰靡盡也補注沈欽韓曰御覽七百六十三引尸子語與此同索作繩先謙曰漸音漸漬之漸靡音摩說詳淮南衡山濟北王傳贊顏說非 **夫銖銖而稱之至石必差寸寸而度之至丈必過**鄭氏曰石百二十斤張晏曰乘所轉四萬六千八十銖而至於石合而稱之必有盈縮也師古曰言自小以至於大數則有輕重不同也度音徒各反 **石稱丈量徑而寡失**師古曰徑直也補注沈欽韓曰文子上德篇循繩而斷即不過懸衡而量即不差又上仁篇石稱丈量徑而寡失淮南泰族說苑叢談並同 **夫十圍之木始生如蘗足可搔而絕手可擢而拔**師古曰如蘗言若蘗之生牙也搔謂抓也搔音索高反抓音莊交反補注沈欽韓曰莊子人間世音義崔云環八尺爲一圍先謙曰文選注尸子曰千丈之木始若蘗足易去也莊子曰豫樟初生可抓而絕 **據其未生先其未形也磨礱底厲不見其損有時而盡**師古曰礱亦磨也底柔石也厲皁石也皆可以磨者礱音聾 **種樹畜養不見其益有時而大積德絫行不知其善有時而用棄義背理不知其惡有時而亡臣願大王孰計而身行之此百世不易之道也吳王不納乘等去而之梁從孝王游景帝即位御史大夫鼂錯爲漢定制度損削諸侯吳王遂與六國謀反舉兵西鄉**師古曰鄉讀曰嚮 **以誅錯爲名漢聞之斬錯以謝諸侯枚乘復說吳王**補注劉攽曰此枚乘說吳王後是後人以吳事寓言爾故言齊王殺身等事不同又邛筰武帝始通此已云南距羌筰之塞益知其非先謙曰顧炎武云上云吳王不納乘等去而之梁此云復說吳王蓋吳王舉兵之時乘已家居而復與之書不然無緣復說也何焯云前篇儒者之文此作迴別高下劉氏以爲後人以吳事寓言是也先謙案據說苑言梁孝王中郎枚乘爲書諫吳王稱君王之外臣乘云云覶上是乘在梁寓書吳王實有其事特所錄書異耳 **曰昔者秦西舉胡戎之難北備榆中之關**師古曰即今所謂榆關也補注沈欽韓曰元和志榆林關在勝州榆林縣東三十里東北臨河秦卻匈奴之處隋開皇二年於此築城置榆林關城南至上郡一千八百六十八里方輿紀要秦置榆中關在廢勝州北即榆溪塞按始皇本紀三十三年西北斥逐匈奴自榆中並河以東屬之陰山三十六年遷北河榆中三萬家正義曰北河謂勝州也榆中即今勝州榆林縣徐廣謂金城之榆中非也秦長城起自臨洮今洮州廳是未得至西羌所居榆中也又趙策武靈王胡服率騎入胡出於遺遺之門踰九限之固絕五徑之險至榆中辟地千里又趙世家秦之上郡近扞關至於榆中者千五百里皆謂榆林地也 **南距羌筰之塞**師古曰筰西南夷也音才各反補注宋祁曰筰當從艸下同王念孫曰史記西南夷傳云秦時常頗略通五尺道此諸國頗置吏焉十餘歲秦滅及漢興皆棄此國而關蜀故徼書是秦已通西南夷而於諸國置吏及漢初復棄之而關蜀故徼也司馬相如傳載相如之言亦云邛筰冉駹秦時嘗通爲郡縣至漢興而罷此言秦南距羌筰正與二傳合貢父云邛筰武帝始通此云秦南距羌筰之塞非特未之考耳先謙曰官本注才作力 **東當六國之從**師古曰從音子容反 **六國乘信陵之籍**孟康曰魏公子无忌號信陵君无忌常總五國卻秦有地資也補注先謙曰籍讀曰藉本書通作 **明蘇秦之約厲荊軻之威并力一心以備秦然秦卒禽六國滅其社稷而并天下是何也則地利不同而民輕重不等也今漢據全秦之地兼六國之眾修戎狄之義**師古曰修恩義以撫戎狄 **而南朝羌筰此其與秦地相什而民相百大王之所明知也**師古曰地十倍於秦眾百倍於秦 **今夫讒諛之臣爲大王計者不論**

骨肉之義民之輕重國之大小㠯爲吳禍師古曰言勸王之反則於吳爲禍也此臣所㠯爲大王患也夫舉吳兵㠯訾於漢李奇曰訾量也師古曰音子私反譬猶蝱蚋之附羣牛腐肉之齒利劍鋒接必無事矣師古曰蚋蚊屬也齒謂當之也蚋音芮又音人悅反補注先謙曰文選牛作羊天子聞吳率失職諸侯願責先帝之遺約師古曰失職謂被削黜失其常分今漢親誅其三公㠯謝前過是大王之威加於天下而功越於湯武也夫吳有諸侯之位而實富於天子有隱匿之名而居過於中國師古曰隱匿謂僻在東南補注先謙曰文選注引作韋昭夫漢并二十四郡十七諸侯方輸錯出運行數千里不絕於道其珍怪不如東山之府張晏曰漢時有二十四郡十七諸侯王也四方更輸錯互更出攻也如淳曰東方諸郡㠯封王侯不㠯封者二十四耳時七國謀反其餘不反者十七也東山吳王之府藏也師古曰二說皆非也言漢此時有二十四郡十七諸侯方軌而輸雜出貢賦入於天子猶不如吳之富也補注王念孫曰方猶並也言郡國之貢賦並輸雜出運行不絕也淮南氾論篇注方並也微子曰小民方興相爲敵讎宋世家方作並荀子正論篇故象刑殆非生於治古並起於亂今也漢書刑法志並作方是方與並同義呂刑方告無辜於上謂並告無辜也鄉射禮不方足謂不並足也爾雅大夫方舟謂並兩舟也沈曾植曰地理志吳東有海鹽章山之銅此所謂東山蓋郎章山也先謙曰說文方併船也象兩舟省總頭形是訓並乃方本義也東山文選誤山東又注引張云錯互出攻明此注下更字衍轉粟西鄉陸行不絕水行滿河不如海陵之倉如淳曰言漢京師仰須山東漕運㠯自給也晉灼曰海陵海中山爲倉也臣瓚曰海陵縣名也有吳大倉師古曰瓚說是也鄉讀曰嚮補注錢大昭曰海陵屬臨淮郡先謙曰今泰州治官本大倉作太倉修治上林雜㠯離宮積聚玩好圈守禽獸不如長洲之苑服虔曰吳苑孟康曰㠯江水洲爲苑也韋昭曰長洲在吳東補注宋祁曰注文吳苑字下當有也字沈欽韓曰元和志長洲苑在蘇州長洲縣西南七十里游曲臺臨上路不如朝夕之池張晏曰曲臺長安臺臨道上蘇林曰吳㠯海水朝夕爲池也師古曰三輔黃圖未央宮有曲臺殿補注宋祁曰注文上字下當有也字先謙曰朝夕之池史記日者傳所謂地不足東南以海爲池也朝夕後爲潮汐字瀨較瀚雜類篇海潮汐池也海濤朝曰潮夕曰汐深壁高臺副㠯關城不如江淮之險此臣之所㠯爲大王樂也師古曰言其富饒及游宴之處踰天子也補注宋祁曰景祐本無以字王念孫曰景祐本是也此以字涉上文此臣所以爲大王患而衍上文當有以字此不當有三復之而其義自明漢紀文選皆無以字今大王還兵疾歸尚得十半師古曰十分之中可

冀五分無患故云尚得十半不然漢知吳之有吞天下之心也赫然加怒遣羽林黃頭循江而下蘇林曰羽林黃頭郎習水戰者也張晏曰天子舟立黃旄於其端也師古曰鄧通㠯櫂船爲黃頭郎蘇說是也補注沈欽韓曰羽林騎自太初以後始有此篇蓋出後人假託襲大王之都魯東海絕吳之饟道師古曰饟古餉字補注錢大昭曰魯東海漢紀作虜東海地先謙曰文選注吳饟軍自海入河故命魯國入東海郡以絕其道也地理志有魯國東海郡梁王飭車騎習戰射師古曰飭與勑同飭整也積粟固守㠯備滎陽待吳之飢大王雖欲反都亦不得已師古曰已語終之辭夫三淮南之計不負其約晉灼曰吳楚反皆守約不從也齊王殺身㠯滅其跡晉灼曰齊孝王將閭也吳楚反堅守距三國後欒布聞齊初與三國有謀欲伐之王懼自殺師古曰齊王傳云吳楚已平齊王乃自殺今此枚乘諫書即已稱之二傳不同當有誤者四國不得出兵其郡晉灼曰膠東膠西濟南淄川王也發兵應吳楚皆見誅補注先謙曰晉說非也言四國爲齊所拖不能出而合兵非謂見誅也注文濟南官本作濟北齊召南云濟北係濟南之譌趙囚邯鄲應劭曰漢將酈寄圍趙王於邯鄲與囚無異補注劉奉世曰按諸傳吳王正月先起兵二月敗走中間五十日爾三國圍齊三月不能下漢兵至乃引歸解圍而後齊王自殺則當在吳走後一月外事又乘此書云梁固守以待吳飢則是未飢以前安得已知齊王殺身與四國不得出兵及趙囚之詳疑乘書非眞事後追加之或傳之者增之也此不可掩亦已明矣師古曰言事已彰著大王已去千里之國而制於十里之內矣師古曰梁下屯兵方十里也張韓將北地如淳曰張張羽韓韓安國也時皆仕梁北地良家子善騎射者也師古曰將北地者言將兵而處吳軍之北㠯距吳非北地良家子也張羽韓安國不將漢兵如說非也補注先謙曰張韓並詳安國傳弓高宿左右服虔曰韓頹當也如淳曰宿軍左右也後弓高侯竟將輕騎絕吳糧道師古曰宿止也言弓高所將之兵屯止於吳軍左右也兵不得下壁軍不得大息補注先謙曰文選作太息誤也二句重言以見意言吳軍不得下壁而大休息也漢紀作軍不得休息臣竊哀之願大王孰察焉吳王不用乘策卒見禽滅漢既平七國乘由是知名景帝召拜乘爲弘農都尉補注錢大昕曰弘農置郡在武帝元鼎四年而景帝時已有弘農都尉何也漢初弘農當屬河南郡蓋爲河南都尉而治弘農元鼎中即因都尉治爲郡治耳沈欽韓曰予謂函谷關本在弘農此弘農都尉乃關都尉也乘久爲大國上賓與英俊並游得其所好不樂郡吏㠯病去官復游梁梁客皆善屬辭賦乘尤高補注李楨曰西京雜記梁孝王遊忘憂之館集遊士各使爲賦枚乘爲柳賦路喬如爲鶴賦公孫詭爲文鹿賦鄒陽爲酒賦公孫乘爲月賦羊

勝爲屏風賦韓安國作几賦不成鄒陽代作陽安國罰酒三升賜枚乘路喬如絹五匹先謙曰藝文志賦家有枚乘賦九篇孝王薨乘歸淮陰武帝自爲太子聞乘名及即位乘年老迺以安車蒲輪徵乘師古曰蒲輪以蒲裹輪補注宋祁曰注末當有也字道死師古曰道在道病死也補注先謙曰官本無上道字是詔問乘子無能爲文者後迺得其孽子皋師古曰孽庶也皋字少孺

乘在梁時取皋母爲小妻乘之東歸也皋母不肯隨乘怒補注先謙曰官本乘上更有乘字分皋數千錢留與母居年十七上書梁共王師古曰共王名買孝王之子也得召爲郎三年爲王使與冗從爭師古曰冗從散職之從王者也冗音人勇反補注先謙曰官本無注末五字見讒惡遇罪師古曰惡謂冗從言其短惡之事補注王念孫曰師古以惡爲短惡之事非也惡與譖同說文譖相毀也玉篇烏古切廣韻又烏路切譖字通作惡見讒惡即見讒毀上文勝等疾陽惡之孝王師古彼注曰惡謂讒毀也戰國策史記漢書皆謂相毀爲惡家室沒入皋亡至長安會赦上書北闕自陳枚乘之子上得之大喜補注宋祁曰得之大喜越本無之字王念孫曰越本是也景祐本亦無之字上得者即謂上得之無庸更加之字張耳陳餘傳陳涉生平數聞耳餘賢見大喜但言見而不言見之文義正與此同漢紀孝武紀相

如作子虛賦上得讀而善之亦但言得而不言得之也文選兩都賦序注藝文類聚雜文部二御覽文部三及十六引此並作上得無之字召入見待詔皋因賦殿中詔使賦平樂館補注先謙曰平樂館注見武紀善之拜爲郎使匈奴皋不通經術詼笑類俳倡李奇曰詼嘲也師古曰俳雜戲也倡樂人也詼音恢俳音排嘲音竹交反補注宋祁曰注文嘲南本作謿後人不識改從嘲耳先謙曰官本竹上無音字爲賦頌好嫚戲師古曰嫚褻汙也音慢以故得媟黷貴幸師古曰媟狎也黷垢濁也音瀆比東方朔郭舍人等而不得比嚴助等得尊官師古曰尊高也武帝春秋二十九迺得皇子羣臣喜故皋與東方朔作皇太子生賦及立皇子禖祝師古曰禮月令祀於高禖高禖求子之神也武帝晚得太子喜而立此禖祠而令皋作祭祀之文也補注宋祁曰皇子禖祝浙本皇字下有太字王先慎曰按立皇子禖皇子即謂戾太子武五子傳云武帝年二十九迺得太子甚喜爲立禖是爲皇太子立禖也且上云朔皋作皇太子生賦此處不應但稱皇子浙本有太字是也又上文武帝春秋二十九迺得皇子與武五子傳年二十九迺得太子文法正同是此文亦當作迺得皇太子傳寫奪太字耳御覽五百八十七文部引此文正作迺得皇太子受詔所爲皆不從故事重皇子也初衛皇后立皋奏賦以戒終師古曰令慎終如始也皋爲賦善於朔也補注何焯曰奏賦戒終有詩人之則非徒俳倡嫚戲也故云善於朔從行至甘泉雍河東東巡狩封泰山塞決河宣房游觀三輔離宮館臨山澤弋獵射馭狗馬蹵鞠刻鏤師古曰蹵足蹵之也鞠以韋爲之中實以物蹵蹋爲戲樂也蹵音千六反鞠音臣六反上有所感輒使賦之爲文疾受詔輒成故所賦者多司馬相如善爲文而遲故所作少而善於皋補注沈欽韓曰西京雜記皋文章敏疾長卿制作淹遲皆盡一時之譽揚子雲曰軍旅之際戎馬之間飛書馳檄用枚皋廊廟之下高文典冊用相如御覽八十八引漢武故事曰上好詞賦每行幸及奇獸異物輒命相如等賦之上亦自作詩賦數百篇下筆而成初不留思相如造文彌時而後成上每歎其工妙謂相如曰以吾之速易子之遲可乎相如曰於臣則可未知陛下何如耳上大笑而不責皋賦辭中自言爲賦不如相如又言爲賦迺俳見視如倡自悔類倡也故其賦有詆娸東方朔如淳曰娸音欺詆猶刑辟也師古曰詆毀也娸醜也詆音丁禮反又自詆娸其文骫骳曲隨其事皆得其意師古曰骫古委字也骳音被骫骳猶言屈曲也頗詼笑不甚閒靡補注王先慎曰文選舞賦綽約閒靡李善注閒婉而柔靡先謙曰官本閒作閑凡可讀者百二十篇補注先謙曰藝文志枚皋賦百二十篇

其尤嫚戲不可讀者尚數十篇

路溫舒字長君鉅鹿東里人也補注錢大昭曰東里蓋鉅鹿縣之里名父爲里監門使溫舒牧羊溫舒取澤中蒲截以爲牒編用寫書師古曰小簡曰牒編聯次之稍習善求爲獄小吏因學律令轉爲獄史縣中疑事皆問焉太守行縣見而異之署決曹史又受春秋通大義舉孝廉爲山邑丞蘇林曰縣名在常山晉灼曰地理志常山有石邑無山邑師古曰山邑不知其處今流俗書本云常山石邑丞後人妄加石字耳補注沈欽韓曰據蘇林注則舊本石邑丞晉灼所見乃誤耳坐法免復爲郡吏元鳳中廷尉光以治詔獄請溫舒署奏曹掾張晏曰光解光補注齊召南曰按此李光也公卿表李光以元鳳六年爲廷尉四年免張晏以成哀間解光當之非是先謙曰官本注張晏作師古是守廷尉史會昭帝崩昌邑王賀廢宣帝初即位溫舒上書言宜尚德緩刑其辭曰臣聞齊有無知之禍而桓公以興晉有驪姬之難而文公用伯師古曰伯讀曰霸近世趙王不終補注先謙曰趙王如意也不終謂不得其死諸呂作難而孝文爲大宗補注先謙曰大

與太同繇是觀之師古曰繇讀與由同禍亂之作將吕開聖人也故桓文扶微
興壞尊文武之業澤加百姓功潤諸侯雖不及三王天下歸仁焉
文帝永思至悳吕承天心崇仁義省刑罰通關梁一遠近補注先謙曰言遐邇一體也
敬賢如大賓愛民如赤子內恕情之所安而施之於海內
是吕囹圄空虛天下太平夫繼變化之後必有異舊之恩補注王念孫曰漢紀孝宣紀變化作變亂異舊之恩作儁異之德念孫案上文曰禍亂之作將以開聖人下文云深察禍變之故迺皇天之所以開至聖則作變亂者是也宣帝繼昌邑王之後故曰繼變亂之後若作變化則非其義矣異舊亦當依漢紀作儁異今本儁誤爲舊又誤在異字之下耳宣十五年左傳注曰儁絕異也儁異之恩謂非常之恩下文曰滌煩文除民疾存亡繼絕以應天意所謂儁異之恩也若作異舊之恩則非其義矣治要所引已誤
此賢聖所吕昭天命也往者昭帝卽世
而無嗣大臣憂戚焦心合謀皆吕昌邑尊親援而立之師古曰援引也音爰
然天不授命淫亂其心遂吕自亡深察禍變之故迺皇天之所吕
開至聖也故大將軍受命武帝股肱漢國師古曰謂霍光披肝膽決大計

黜亡義立有德輔天而行然後宗廟吕安天下咸寧臣聞春秋正
卽位大一統而愼始也陛下初登至尊與天合符宜改前世之失
正始受命之統補注王念孫曰命字涉上文受命而衍上文云春秋正卽位大一統而愼始也故此云正始受之統且與改前世之失對文則本無命字明矣漢紀及說苑貴德篇皆無命字滌煩文除民疾存亡繼絕吕
應天意臣聞秦有十失其一尚存治獄之吏是也補注何焯曰霍光既摧上官之後頗峻刑罰廷尉王平坐縱不道下獄棄市所謂宜改前世之失者溫舒不敢斥言故以秦失尚存立論深者獲公名平者多後患皆隱以譏切昭帝時事也當以杜延年黃霸傳中語參觀之秦之時羞文學好武勇賤仁義之
士貴治獄之吏正言者謂之誹謗遏過者謂之妖言師古曰遏止也音一曷反
故盛服先生不用於世補注沈欽韓曰新書先醒篇懷王問于賈君曰人之謂知道者先生何也賈君曰此博號也非爲先生也爲先醒也先謙曰先生謂儒生也儒者褒衣大冠故曰盛服先生忠良切言皆鬱於胸師古曰鬱積也
譽諛之聲日滿於耳虛美熏心實禍蔽塞師古曰熏氣烝也音勳此
乃秦之所吕亡天下也方今天下賴陛下恩厚亡金革之危飢寒

之患父子夫妻勠力安家然太平未洽者獄亂之也夫獄者天下
之大命也死者不可復生𢇍者不可復屬師古曰𢇍古絕字屬連也音之欲反補注沈欽韓曰說苑政理篇衞靈公問于史鰌曰政孰爲務對曰大理爲務聽獄不中死者不可生也斷者不可屬也錢大昭曰說文𢇍古文絕象不連體絕二絲
書曰與其殺不辜寧失不經師古曰虞書大禹謨載咎繇之言辜罪也經常也言人命至重治獄宜愼寧失不常之過不濫無罪之人所吕常寬恕也補注先謙曰官本注常作祟今治獄吏則不
然上下相敺吕刻爲明師古曰敺與驅同深者獲公名平者多後患故治
獄之吏皆欲人死非憎人也自安之道在人之死是吕死人之血
流離於市被刑之徒比肩而立大辟之計歲吕萬數此仁聖之所
吕傷也補注宋祁曰所以傷也江浙本並無以字子謂存以則語緩而迂不如去之則句易了先謙曰江浙本是也治要引無以字太平之未洽凡吕此也夫人情安則樂生痛則思死棰楚之
下何求而不得故囚人不勝痛則飾辭吕視之師古曰視讀曰示補注先謙曰令其誣服也漢紀作則飾妄辭以示之
吏治者利其然則指道吕明之補注周壽昌曰指道指畫引導

也上奏畏卻則鍛練而周內之晉灼曰精孰周悉致之法中也師古曰卻退也畏爲上所卻退音丘略反補注王念孫曰案晉注精孰是解鍛練二字周悉是解周字致之法中是解內之二字如此則周內分爲二義矣案內讀爲納納補也周密也此承上上奏畏卻言言密補奏中之罅隙非謂致之法中鍛練而周內之謂罅緻其文而周納其隙廣雅紩納也衲補也論衡程材篇納縷之工不能織錦納衲內古字通今俗語猶謂破布相連處爲紩頭矣先謙曰說文鍛小冶也練繒也鍊冶金也鍛練二字義不相屬練當爲鍊之借字蓋奏當之成師古曰當謂處其罪也雖咎繇聽之猶吕爲死有
餘辜師古曰咎繇作士善聽獄訟故吕爲喻也何則成練者眾文致之罪明也是吕獄
吏專爲深刻殘賊而亡極媮爲一切如淳曰媮苟且也一切權時也不顧國患此
世之大賊也故俗語曰畫地爲獄議不入刻木爲吏期不對師古曰畫獄木吏尚不入對況眞實乎期猶必也議必不入對此皆疾吏之風補注先謙曰風讀曰諷詩序風風也釋文託音曰諷關雎序疏諷謂微加曉告文選甘泉賦注不敢正言謂之諷此文引俗語之疾酷吏者故曰疾吏之諷正與悲痛之辭相對爲文若云疾吏之風俗則不可通且與上下文義不相貫注矣春秋穀梁傳序云父子之恩缺則小弁之刺作君臣之禮廢則桑扈之諷興後漢文苑傳雖多淫麗之辭而終之以正亦如相如之諷也並與疾吏之諷句法相同說文諷誦也誦諷也其義互相爲訓楚

語宴居有師工之誦注誦謂箴諫也是師工之誦即爲師工之諷也左僖二十八年傳聽輿人之誦亦謂輿人之諷也今人見風上有之字輒疑其不訓爲諷師古注本書風讀曰諷者不可枚舉而此文獨無注則亦如字誤讀矣悲痛之辭也故天下之患莫深於獄敗法亂正離親塞道莫甚乎治獄之吏此所謂一尚存者也臣聞烏鳶之卵不毀而後鳳凰集師古曰鳶鴟也音弋全反誹謗之罪不誅而後良言進故古人有言山藪藏疾川澤納汙瑾瑜匿惡國君含詬師古曰春秋左氏傳載晉大夫伯宗之辭詬恥也言山藪之有草木則毒害者居之川澤之形廣大則能受於汙濁人君之善御下亦當忍恥病也詬音垢唯陛下除誹謗已招切言補注何焯曰霍山言諸儒生喜狂說妄言不避忌諱大將軍常仇之則所謂除誹謗以招切言者亦反霍氏之政也開天下之口廣箴諫之路埽亡秦之失尊文武之悳省法制寬刑罰已廢治獄補注先謙曰廢除也謂除去治獄之弊政則太平之風可興於世永履和樂與天亡極天下幸甚師古曰與天長久無窮極也上善其言遷廣陽私府長師古曰藏錢之府天子曰少府諸侯曰私府長者其官之長也補注錢大昭曰顏說非也漢制諸侯王國亦有少府不名私府百官表詹事中長秋私府令長丞皆屬焉然則私府皇后之官也諸侯王之后亦有之耳先謙曰廣陽燕王旦太子建所封內史舉温舒文學高第遷右扶風丞時詔書令公卿選可使匈奴者温舒上書願給厮養暴骨方外師古曰求爲卒而隨使至匈奴也補注周壽昌曰求以厮養卒給之出使匈奴非自求爲卒也先謙曰官本注在臣節下已盡臣節事下度遼將軍范明友太僕杜延年問狀罷歸故官師古曰已其言無可取故罷而遣歸故官久之遷臨淮太守治有異迹卒於官温舒從祖父受麻數天文已爲漢厄三七之間張晏曰三七二百一十歲也自漢初至哀帝元年二百一年也至平帝崩二百十一年上封事已豫戒成帝時谷永亦言如此師古曰永上書所謂涉三七之節絕者也及王莽纂位欲章代漢之符著其語焉温舒子及孫皆至牧守大官補注何焯曰建武永平吏事深刻故班氏有味長君之言著其後福後又於贊辭致意也

贊曰春秋魯臧孫達已禮諫君君子已爲有後師古曰臧孫達魯大夫臧哀伯也桓公取郜大鼎於宋哀伯諫之周內史聞之曰臧孫達其有後於魯乎君違不忘諫之已德賈山自下劘上孟康曰劘謂剴切之也蘇林曰劘音摩厲也師古曰剴音工來反補注錢大昭曰說文無劘字古作摩易繫辭云剛柔相摩京房曰摩相磑切也沈欽韓曰風俗通皇霸篇莊王僭號自下摩上鄒陽枚乘游於危國然卒免刑戮者已其言正也路温舒辭順而意篤遂爲世家宜哉師古曰謂子孫爲大官不絕

賈鄒枚路傳第二十一 終　　漢書五十一

竇田灌韓傳第二十二

漢　蘭　臺　令　史班　固　撰

唐正議大夫行祕書少監琅邪縣開國子顏師古　注

賜進士出身前翰林院編修國子監祭酒加三級臣王先謙補注

竇嬰字王孫補注齊召南曰史記無嬰字觀景帝語嬰王孫甯可以讓耶是嬰字王孫矣孝文皇后從兄子也父世觀津人也師古曰縣名也地理志屬信都觀音工喚反補注先謙曰索隱以言其累葉在觀津故云父世也先謙案索隱說是言自其父以上世爲觀津人史記漢敲屬王傳眞定屬王母之家在焉父世縣也懸補父翻狀居眞定與此父世二字義同索竇皇后傳云家在清河其親早卒葬觀津薄太后令清河置園邑二百家則非自嬰父始居觀津明矣觀津屬清河後更屬信都耳在今冀州武邑縣東南喜賓客師古曰喜好也音許吏反孝文時爲吳相病免孝景即位爲詹事補注先謙曰百官表詹事掌皇后太子家帝弟梁孝王母竇太后愛之孝王朝因燕昆弟飲師古曰序家人昆弟之親不爲君臣禮也補注先謙曰史記作因昆弟燕飲是時上未立太子酒酣上從容曰千秋萬歲後傳王師古曰從音千庸反補注宋祁曰浙本傳字下有於字太后驩

嬰引卮酒進上補注先謙曰通鑑胡注引酒進之蓋罰爵也曰天下者高祖天下父子相傳漢之約也上何以得傳梁王補注先謙曰史記得下有擅字太后由此憎嬰嬰亦薄其官師古曰自嫌其官輕薄之也補注宋祁曰南本注也字下有何儒亮以爲嬰素忠讜氣高不以官業爲重余按師古注例無何儒亮此其誤寫歟因病免太后除嬰門籍補注先謙曰案胡注云門籍出入宮殿門之籍也不得朝請師古曰請音才性反其下亦同孝景三年吳楚反補注先謙曰史記淮南王安傳云吳王濞行珠玉金帛賂諸侯宗室大臣獨竇氏不與上察宗室諸竇無如嬰賢師古曰宗室帝之同姓親也諸竇總謂帝外家也以吳楚之難故欲用內外之親爲將也補注沈欽韓曰索隱案謂宗室之中及諸竇之宗室也又姚氏案酷吏傳周陽由其父趙兼以淮南王舅侯周陽故國改氏由以宗室任爲郎則似是與國有親戚屬籍者亦得呼爲宗室也余按下文云灌夫得竇嬰通列侯宗室爲名高則宗室單指竇氏明矣禮外宗兼母之黨雜記外宗爲君夫人猶內宗也鄭云謂姑姊妹之女舅之女及從母皆是服問又有外宗鄭云君外親之婦按異姓女子子婦通名外宗則外戚爲宗室信矣顧炎武云凡人之同宗者即相謂曰宗室左昭六年傳左師曰女喪而宗室於人何有魏書胡叟傳叟與始昌雖宗室性氣殊詭不相附此又宗室通稱之證也先謙曰下文擧讁諸竇宗室無行者除其屬籍又俱外家史記作俱宗室外家此竇氏宗屬稱宗室明證此文宗室在諸竇之上自是帝之同姓親當以顏馬說爲正召入見固讓謝稱病不足任補注先謙曰史記作固辭謝病不足任太后亦慙於是上曰天下方有急王孫甯可以讓邪迺拜嬰爲大將軍賜金千斤嬰言爰盎欒布諸名將賢士在家者進之所賜金陳廊廡下師古曰廊堂下周屋也廡門屋也音侮補注先謙曰說文廡堂下周屋無廊字新附廊東西序也本書通用郎董仲舒傳巖郎是也本書司馬相如傳後漢申屠剛梁鴻傳注御覽一百八十一引聲類可證自來釋廊廡者竝訓爲堂下周屋案釋名大屋曰廡廡幠也幠覆也廣雅廡舍也是廡爲屋舍無疑後漢順紀靈紀注竝云廡廊屋也侯覽傳注廡廊下周屋也據此則廡是廊下之屋而廊但是東西廂之上有周檐下無牆壁者蓋今所謂遊廊說文新附以爲東西序是也廡爲門屋所未聞也軍吏過輒令財取爲用師古曰財與裁同謂裁量而用之也金無入家者嬰守滎陽監齊趙兵補注錢大昕曰時欒布擊齊酈寄擊趙滎陽在南北之衝東捍吳楚北拒齊趙吳楚之兵有周亞夫自將非嬰所得監若齊趙雖各遣將而嬰爲大將軍得遙制之七國破封爲魏其侯游士賓客爭歸之每朝議大事條侯魏其列侯莫敢與亢禮師古曰言特敬此二人也補注宋祁曰注特字當作時字四年立栗太子師古曰栗姬之子敬曰栗太子補注先謙曰官本注敬作故是臨江閔王榮也猶戾太子母衞氏稱衞太子也以嬰

爲傅七年栗太子廢嬰爭弗能得補注宋祁曰爭下當有之字謝病屏居藍田南山下師古曰屏隱也補注宋祁曰邵本無藍字居下著點越本作屏居田南山下若只云田南山下即當作田字今藍田爲是先謙曰宋說是李廣傳亦云廣屏居藍田南山中射獵蓋藍田南山在當日爲朝貴屏居游樂之所數月諸竇賓客辯士說莫能來梁人高遂迺說嬰曰能富貴將軍者上也能親將軍者太后也今將軍傅太子太子廢爭不能拔補注先謙曰秦策注拔得也又不能死自引謝病擁趙女屏閒處而不朝師古曰擁抱也閒處猶言私處也祇加懟自明揚主之過師古曰祇適也懟怨怒也祇音支其字從衣懟音直類反補注先謙曰祇當從示說文祇祇禂短衣顏說誤有如兩宮奭將軍師古曰兩宮太后及帝也奭怒貌也音赫補注先謙曰史記作螫將軍張晏曰螫怒也毒蟲怒必螫人此借奭爲螫則妻子無類矣師古曰言被誅戮無遺類也嬰然之乃起朝請如故桃侯免相服虔曰劉舍也竇太后數言魏其景帝曰太后豈以臣有愛相魏其者師古曰愛猶惜也補注先謙曰史記作太后豈以爲臣有愛不相魏其語意較明魏其沾沾自喜耳多易張晏曰沾沾言自整頓也多易多輕薄之行也或曰沾音瞻師古曰沾沾輕薄也或音他兼反

今俗言薄沾沾喜音許吏反易音弋豉反補注宋祁曰浙本注瞻作幨錢大昭曰沾沾卽姑字說文姑小弱也一曰女輕薄善走也一曰多技藝也言魏其自以爲多技藝而輕薄自喜不勝丞相之任先謙曰沾沾張說是嬰不當有輕薄之目蓋其人丰采自矜故帝言其沾沾自喜猶言詡詡自得也說文沾水名又益也無自喜義匈奴傳顧無喋喋佔佔注佔佔衣裳貌也益謂衣裳整齊之貌與張說自整頓意同疑沾沾迺佔佔之叚借字耳易輕率也嬰爲爭與太子事謝病數月復起出處輕率帝故知其多易難以持重張以爲多輕薄之行又失之官本薄作易難㠯爲相持重遂不用用建陵侯衛綰爲丞相田蚡補注先謙曰官本有蘇林曰蚡音鼢鼠鼢扶粉反十一字注文案索隱蚡音扶粉反又如蚡鼠之蚡音墳是鼢鼠之一鼢與扶粉反本係兩音疑此注誤孝景王皇后同母弟也生長陵補注先謙曰外戚傳王皇后父王仲槐里人也母臧兒生男信與兩女仲死臧兒更嫁爲長陵田氏婦生男蚡勝竇嬰已爲大將軍方盛蚡爲諸曹郎補注齊召南曰史記無曹字据徐廣注亦不作郎官解又漢初言郎不以曹稱疑此文曹字訛先謙曰集解徐廣曰諸郎一云諸卿時人相號長老者爲諸公年少者爲諸卿如今人相號爲士大夫也先謙案史記方盛上有後字則似竇嬰七字與上生長陵相屬爲義王皇后生武帝在景帝元年其前尚生三公主嬰爲大將軍在景帝四年豈有臧兒晚嫁至是方生田蚡之理且蚡以是時生至孝景末年甫及十餘歲何能以材辯稱漢書刪後字以竇嬰已爲大將軍方盛爲句連下爲文是也疑史文失實未貴往來侍酒嬰所跪起如子姓師古曰姓生也言同子禮若已所生補注吳仁傑曰按特牲饋食禮子姓兄弟如主人之服鄭康成云所祭者之子孫言子姓者子之所生又禮記子姓之冠孔穎達云姓生也孫是子所生然則姓之爲言孫也麟趾之詩一章言公子二章言公姓三章言公族其親疏先後自有次第顏說以姓爲子固失之至毛公不知公姓之爲公孫乃以爲同姓而反謂公族爲同祖其舛刺又甚矣先謙曰淩稚隆云史記作如子姪此作如子姓於義雖通究是訛字案淩說非也王引之云古謂子孫曰姓或曰子姓女子謂兄弟之子爲姪男子則否當依吳說及孝景晚節蚡益貴幸師古曰晚節猶言末時也爲中大夫辯有口補注先謙曰史記作爲太中大夫學盤盂諸書應劭曰黃帝史孔甲所作也凡二十九篇書盤盂中所㠯爲法戒也諸書諸子之書也孟康曰孔甲盤盂二十六篇雜家書兼儒墨名法者也晉灼曰案藝文志孟說是也補注先謙曰史記盤作槃集解引注史作使作下有銘字九作六之書作文書王皇后賢之補注齊召南曰史記作王太后賢之在景帝時祇合稱皇后耳此漢書改訂史記之失孝景崩武帝初卽位蚡㠯舅封爲武安侯弟勝爲周陽侯蚡新用事卑下賓客師古曰下音胡稼反進名士家居者貴之晉灼曰滯在里巷未仕者欲㠯傾諸將相師古曰傾謂踰越而勝之也上所塡撫多蚡賓客計策如淳曰多薦名士名士得進爲帝畫計策也師

古曰塡竹刃反會丞相綰病免上議置丞相太尉藉福說蚡曰補注王先愼曰按此傳藉福史記皆作籍福通志氏族略云籍氏出於伯氏晉大夫荀林父爲中行伯孫伯黶以王父字爲伯氏司晉之典籍故曰籍氏或言晉文侯仇弟陽叔伯黶晉爲三家所滅籍氏播遷於宋故春秋有籍談漢有籍禮籍孺皆㠯籍爲氏此籍福當是籍福御覽三百六十九人事部引此文及通志九十二竇嬰等傳並作籍福通志列傳悉用漢書隨作籍作一誤藉是宋人所見漢書本作籍福也魏其侯貴久矣素天下士歸之今將軍初興未如補注先謙曰史記作未如魏其卽上㠯將軍爲相必讓魏其魏其爲相將軍必爲太尉太尉相尊等耳師古曰言其尊貴同一等也有讓賢名補注先謙曰史記有上有又字蚡迺微言太后風上師古曰風讀曰諷於是迺㠯嬰爲丞相蚡爲太尉藉福賀嬰因弔曰君侯資性喜善疾惡師古曰喜好也音許吏反方今善人譽君侯故至丞相然惡人眾亦且毀君侯君侯能兼容則幸久師古曰兼容謂不嫉惡人令其怨也不能今㠯毀去矣補注宋祁曰江南本能作然先謙曰今猶卽也嬰不聽嬰蚡俱好儒術推轂趙綰爲御史大夫王臧爲郎中令師古曰推轂謂升薦之若轉車轂之爲也補注先謙曰索隱案推轂謂自卑下之如爲之推車轂也迎魯申公欲設明堂令列侯就國除關服虔曰除關禁也補注先謙曰官本注文下有索隱謂除關門之稅八字後人誤加案文帝十二年除關無用傳景帝四年以七國新反復置諸關用傳出入至是復欲除之服說是㠯禮爲服制師古曰謂喪服之制也㠯興太平舉適諸竇宗室無行者除其屬藉補注先謙曰官本適作讁藉作籍史記適作適讁讁適通用謂譴責也藉作籍通借字諸外家爲列侯列侯多尙公主皆不欲就國㠯故毀日至竇太后補注先謙曰日於太后前毀之太后好黃老言而嬰蚡趙綰等務隆推儒術貶道家言是㠯竇太后滋不說師古曰滋益也說讀曰悅二年御史大夫趙綰請毋奏事東宮竇太后大怒曰此欲復爲新垣平邪補注先謙曰胡注漢長樂宮在東太后居之故謂之東宮亦謂之東朝新垣平事見文紀郊祀志迺罷逐趙綰王臧補注先謙曰太后陰求得綰臧姦利事以讓上上下綰臧吏也而免丞相嬰太尉蚡㠯柏至侯許昌爲丞相武彊侯莊靑翟爲御史大夫嬰蚡㠯侯家居蚡雖不任職㠯王太后故親幸數言事多效師古曰效謂見聽用士吏趨埶利者皆去嬰而歸蚡蚡日益橫師古

曰橫恣也音胡孟反六年竇太后崩丞相昌御史大夫青翟坐喪事不辦免上以蚡爲丞相大司農韓安國爲御史大夫補注周壽昌曰大司農當爲大農令時尚未更名大司農也天下士郡諸侯愈益附蚡師古曰郡及諸侯也猶言郡國耳蚡爲人貌侵生貴甚服虔曰侵短小也師古曰生貴謂自尊高示貴寵也補注先謙曰集解韋昭曰侵音寑短小也又云醜惡也索隱云顏說疏也案生謂蚡自生尊貴之勢特甚先謙案通志田蚡傳注侵上聲短小也生貴甚索隱說是蓋蚡方幼時已爲外戚尊貴矣故曰生貴甚也又以爲諸侯王多長張晏曰多長年上初即位富於春秋師古曰謂年幼也齒歷方久故云富於春秋也蚡以肺附爲相師古曰舊解云肺附如肝肺之相附著也一說肺斫木札也喻其輕薄附著大材也補注先謙曰肺附史記作肺腑下同案當作柹附說詳劉向傳非痛折節以禮屈之天下不肅師古曰痛猶甚也言以尊貴臨之皆令其屈節而下己也當是時丞相入奏事語移日所言皆聽薦人或起家至二千石權移主上上迺曰君除吏盡未吾亦欲除吏師古曰凡言除者除去故官就新官嘗請考工地益宅上怒曰遂取武庫是後迺退師古曰考工少府之屬官也主作器械上責其此請故謂之曰何不遂取武庫蚡乃退也補注齊召南曰

史記云君何不遂取武庫此怒語也漢書省君何不三字意遂不明先謙曰是後迺退謂後稍斂退也顏說未晰召客飲坐其兄蓋侯北鄉自坐東鄉師古曰自處尊位也鄉讀皆曰嚮補注錢大昭曰案蓋寬饒傳從西階上東鄉特坐亦言其自尊抗之意王尊傳尊劾奏丞相衡與中二千石大鴻臚賞等會坐殿門下衡南鄉賞等西鄉衡更爲賞布東鄉席起立延賞坐衡設不正之席使下坐上相比爲惠於公門之中亂朝廷爵秩之位樓護傳坐者百數皆離席伏護獨東鄉正坐是東鄉爲上也沈欽韓曰北鄉史記作南鄉是也士昏禮贊見婦于舅姑舅席於阼姑席於房外南面是東鄉尊於南鄉也說苑君道篇郭隗曰今王將東面目指氣使以求臣則厮役之材至矣南面聽朝不失揖讓之禮以求臣則人臣之材至矣是東面尊於南面也先謙曰北當爲南沈說是也王信後封蓋侯以爲漢相尊不可以兄故私橈師古曰橈曲也音女教反由此滋驕師古曰滋益也治宅甲諸第師古曰言爲諸第之長也以甲乙之次言甲則爲上矣補注先謙曰官本長作最田園極膏腴師古曰膏腴謂肥厚之處市買郡縣器物相屬於道師古曰屬逮及也音之欲反前堂羅鐘鼓立曲旃如淳曰旃旗之名也通帛曰旃曲旃僭也蘇林曰禮大夫建旃曲柄上曲也師古曰蘇說是也許慎云旃旗曲柄也所以旃表士眾也後房婦女以百數諸奏珍物狗馬玩好不可勝數師古曰奏進也補注先謙曰史記諸奏珍物作諸侯奉金玉而嬰失竇太

后益疏不用無埶諸公稍自引而怠驁師古曰驁與傲同補注先謙曰驁官本作鶩注同是唯灌夫獨否補注宋祁曰南本否作不顧余謂不若作否先謙曰此蓋否作不後人不知不即否字又妄加顧字也故嬰墨墨不得意而厚遇夫也補注錢大昭曰墨與默通史記貴生傳吁嗟嘿嘿兮漢書作默默顏注默默不得意也孫叔敖碑云其意常墨墨隸釋云以墨爲默魏受禪表寬容淵嘿亦以嘿爲默說文默犬暫逐人也讀若墨

灌夫字仲孺潁陰人也父張孟常爲潁陰侯灌嬰舍人得幸因進之師古曰進薦也嬰薦孟也補注宋祁曰南本浙本常並作嘗先謙曰南浙本是也史記作嘗此文作常則不可通至二千石故蒙灌氏姓爲灌孟師古曰蒙冒也吳楚反時潁陰侯灌嬰爲將軍屬太尉師古曰時潁陰侯是灌嬰之子名何轉寫誤爲嬰耳補注先謙曰史記作灌何請孟爲校尉夫以千人與父俱孟康曰官主千人如侯司馬也補注先謙曰官本侯作候是集解引亦作候孟年老潁陰侯彊請之鬱鬱不得意補注先謙曰孟年老太尉亞夫不欲用之潁陰侯彊請而後可故孟不得意也故戰常陷堅遂死吳軍中補注沈欽韓曰御覽三百八十六引漢語曰潁川張欽孟孝吳楚反與亞夫常爲前鋒陷陣潰圍旁人觀曰壯哉此君欽聞自矜遂死軍案此傳云張孟但舉其字文不全也先謙曰此蓋別一張孟孝也孟蒙灌姓不

得云張又名字不符沈說斷也漢法補注宋祁曰漢法浙本作軍法從軍是此自說漢何煩以漢別之先謙曰漢法史記作軍法此本書改史記也二字本書習見宋說非父子俱補注先謙曰偕從軍也史記俱下有從軍二字有死事得與喪歸夫不肯隨喪歸奮曰願取吳王若將軍頭以報父仇張晏曰自奮厲也補注先謙曰高紀注若及也一說若或也禮記文王世子注先聖周公若孔子疏云若是不定之辭此言願取吳王頭若將軍頭也於是夫被甲持戟募軍中壯士所善願從數十人師古曰所善素與己善者及出壁門莫敢前獨兩人及從奴十餘騎馳入吳軍至戲下師古曰戲大將之旗也讀與麾同又音許宜反所殺傷數十人不得前復還走漢壁師古曰走趣嚮也音奏亡其奴獨與一騎歸夫身中大創十餘適有萬金良藥故得無死師古曰萬金者言其價貴也金字或作全言得之者必生全也創少瘳師古曰瘳差也音丑流反又復請將軍曰吾益知吳壁曲折請復往師古曰曲折猶言委曲也將軍壯而義之恐亡夫迺言太尉太尉召固止之吳軍敗補注先謙曰官本敗作破夫以此名聞天下潁陰侯言夫補注先謙曰言之上也夫爲郎中將補注劉敞曰當云中郎將否則郎中三將

也先謙曰中郎中俱有三將史傳但稱中郎將郎中將劉氏見史記作中郎將故有此說也西南夷傳上以唐蒙爲郎中將司馬相如傳作中郎將往賓之與此同蓋轉寫積譌莫可究證矣數歲坐法去家居長安中諸公莫
不稱由是復爲代相武帝即位以爲淮陽天下郊勁兵處師古曰郊謂四交輻湊而兵又勁彊故從夫爲淮陽太守入爲太僕二年夫與長樂衛尉竇
甫飲輕重不得晉灼曰飲酒輕重不得其平也師古曰禮數之輕重也夫醉搏甫師古曰搏以手擊之
甫竇太后昆弟上恐太后誅夫徙夫爲燕相數歲坐法免家居長
安夫爲人剛直使酒師古曰使酒因酒而使氣也不好面諛貴戚諸埶在己之
右欲必陵之士在己左愈貧賤尤益禮敬與鈞師古曰右尊也左卑也鈞等也補注
先謙曰諸埶謂諸勢豪也史記作諸有勢稠人廣眾薦寵下輩師古曰稠多也下輩下等之人也每於人眾之
中故寵薦也補注先謙曰下輩謂輩行之下於我者年少及在己左者皆是也故下云士以此多之下等之人何容寵薦顏說非
士亦以此多之師古曰多猶重之夫不好文學喜任俠已然諾師古曰已必也謂一
言許人必信之也喜音許吏反諸所與交通無非豪桀大猾家累數千萬食客日

數十百人師古曰或八九十或百人也波池田園宗族賓客爲權利師古曰波讀曰陂
橫潁川師古曰橫音胡孟反其下亦同潁川兒歌之曰潁水清灌氏寧潁水濁灌
氏族師古曰深怨嫉之故爲此言也夫家居卿相侍中賓客益衰師古曰以夫居家而卿相侍中
素爲夫之賓客者漸以衰退不復往也及竇嬰失埶亦欲倚夫引繩排根生平慕之
後棄者蘇林曰二人相倚引繩直排根賓客去之者不與交通也孟康曰根音根格引繩以彈排擯根格之也師古曰孟說
近之根音下恩反格音下各反言嬰與夫共相提挈有人生平慕嬰夫後見其失職而頗慢弛如此者共排退之不復與交譬如相
對挽繩而根格之也今吳楚俗猶謂牽引前卻爲根格也補注宋祁曰根格二字疑皆從手先謙曰官本注末無也字孟注音作者
史記排作批棄下有之字集解引蘇林曰二人相倚引繩直之意批根賓客也批棄之者不與交通孟康曰根根括引繩以持彈與此
注異蘇注較此文爲長索隱持彈案漢書本作拼彈據此孟注彈上脫一蘇注拼字又引劉氏云二人相倚事如合繩共相依引也批音
步結反批者排也漢書作排根小顏根音痕括音汩謂人生平慕嬰夫後見其失職而頗弛慢如此者共根排退之不復與交也譬如
相對挽繩而根括之也補注沈欽韓案玉篇報鞔也廣雅報引也注文根格當如宋說正文及史記根並从木蓋借報爲根今人輒欲
竄易爲報又失之夫亦得嬰通列侯宗室爲名高兩人相爲引重張晏曰相薦達

爲聲勢也師古曰相牽引而致於尊重也爲音于僞反補注先謙曰兩相援引藉重也爲如字讀張顏說皆非其游如父
子然相得驩甚無厭恨相知之晚夫嘗有服師古曰謂喪服也過丞相蚡
蚡從容曰師古曰從音千容反吾欲與仲孺過魏其侯會仲孺有服夫曰將
軍迺肯幸臨況魏其侯師古曰況賜也補注沈欽韓曰蚡見爲丞相而稱之將軍史駁文夫安敢
以服爲解師古曰解謂辭之也若今言分疏矣補注先謙曰索隱案服謂期功之服也故應璩書曰仲孺不辭同生之服
也請語魏其具師古曰具辦具酒食補注先謙曰具史記作帳具將軍旦日蚤臨師古曰旦日明
旦也蚤古早字補注先謙曰蚤早借字蚡許諾夫以語嬰嬰與夫人益市牛酒師古曰益
多也夜洒埽張具師古曰洒音灑又音所寄反至旦補注先謙曰至旦二字連上爲文言嬰洒埽張具自夜達
旦勞擾之甚也若作至旦平明則文不成義矣平明令門下候司至日中蚡不來補注先謙曰司
讀曰伺下候司亦同嬰謂夫曰丞相豈忘之哉夫不懌師古曰懌悅也曰夫以服請
不宜師古曰不當忘也補注先謙曰史記作夫以服請宜往迺駕自往迎蚡蚡特前戲許夫
師古曰特但也殊無意往夫至門蚡尚臥也於是夫見曰將軍昨日幸許

過魏其魏其夫妻治具至今未敢嘗食蚡悟謝曰補注先謙曰史記作鄂謝吾
醉忘與仲孺言迺駕往往又徐行夫愈益怒及飲酒酣夫起舞屬
蚡師古曰屬付也猶今之舞訖相勸也屬音之欲反蚡不起夫從坐語侵之師古曰從坐謂移就其坐
也補注先謙曰史記作夫從坐上語侵之嬰迺扶夫去謝蚡蚡卒飲至夜極驩而去後
蚡使藉福請嬰城南田嬰大望曰師古曰望怨也補注宋祁曰浙本而去字下更有去字先謙曰
史記作丞相嘗使籍福請魏其城南田則非此日卒飲去後即請也明浙本去字衍老僕雖棄將軍雖貴寧
可以埶相奪乎不許夫聞怒罵福福惡兩人有隙迺謾好謝蚡師古
曰謾猶詭也詐爲好言也謾讀與慢同又音莫連反曰魏其老且死易忍且待之已而蚡聞
嬰夫實怒不予亦怒曰魏其子嘗殺人蚡活之蚡事魏其無所不
可補注先謙曰言魏其所請蚡無所不許也愛數頃田補注先謙曰史記愛上有何字語意較明且灌夫何
與也師古曰與讀曰預預干也吾不敢復求田由此大怒補注李慈銘曰史記作武安由此大怨灌
夫魏其疑此怒字係怨字之誤元光四年春補注先謙曰集解引徐廣以爲當是三年是也說見下蚡言灌

夫家在潁川橫甚民苦之請案之上曰此丞相事何請夫亦持蚡陰事爲姦利受淮南金與語言〔補注〕先謙曰淮南事見下賓客居間遂已俱解師古曰兩家賓客處於中間和解之夏蚡取燕王女爲夫人師古曰燕王澤之子康王嘉女太后詔召列侯宗室皆往賀嬰過夫欲與俱夫謝曰夫數㠯酒失過丞相師古曰言因酒有失得罪過於丞相〔補注〕先謙曰史記過上有得字得過言得罪也若但云過則文不成義疑轉寫奪得字丞相今者又與夫有隙嬰曰事已解彊與俱酒酣蚡起爲壽〔補注〕王文彬曰集解如淳曰上酒爲稱壽非大行酒予案據下文夫行酒至灌賢云長者爲壽是爲壽即大行酒也如說非坐皆避席伏已嬰爲壽獨故人避席餘半膝席蘇林曰下席而膝半在席上也如淳曰以膝跪席上也師古曰如說是也〔補注〕先謙曰時坐客半嬰故人其餘半則皆膝席不加敬嬰夫行酒至蚡〔補注〕先謙曰史記云灌夫不悅起行酒至武安蚡膝席曰不能滿觴夫怒因嘻笑曰將軍貴人也畢之張晏曰行酒過之爲已畢如淳曰言雖貴且當盡酒以其埶劫之也師古曰如說近之言將軍雖貴人也請盡此觴嘻強笑也音許其反〔補注〕劉攽曰夫謂蚡所以不能滿觴由其貴人也然當畢之先謙曰畢之史記作屬之時蚡不肯師古曰不爲盡

也行酒次至臨汝侯灌賢〔補注〕周壽昌曰賢潁陰侯灌嬰孫改封臨汝賢方與程不識耳語師古曰附耳小語也又不避席夫無所發怒迺罵賢曰平生毀程不識不直一錢今日長者爲壽迺效女曹兒呫囁耳語師古曰女曹兒猶言兒女輩也呫音昌涉反囁音人涉反〔補注〕王先愼曰史記韋注呫囁附耳小語聲也說文呫作詌囁作讘古通用先謙曰女曹兒史記但作女兒以耳語乃女兒態也中加曹字則文不成義女曹兒當爲女兒曹顏訓爲兒女輩則曹字當在下明矣御覽四百六十六人事部引正作女兒曹此轉寫誤倒蚡謂夫曰程李俱東西宮衛尉孟康曰李廣爲東宮程不識爲西宮〔補注〕齊召南曰孟說非也漢以長樂宮爲東宮太后居之天子居未央宮在長樂西據李廣傳廣入爲未央衛尉而程不識爲長樂衛尉是廣衛西宮而不識衛東宮也今眾辱程將軍仲孺獨不爲李將軍地乎蘇林曰不爲李將軍除道地邪如淳曰二人同號比尊今辱一人不當爲毀廣邪師古曰如說近之言既毀程令廣何地自安處〔補注〕王先愼曰漢紀此下云李將軍者李廣也夫素所敬也夫曰今日斬頭穴匈何知程李晉灼曰斬頭見刺猶不止也〔補注〕先謙曰穴匈史記作陷胷集解韋昭云言不避死亡也坐乃起更衣師古曰坐謂坐上之人也更改也凡久坐者皆起更衣以其寒暖或變也稍稍去嬰去戲夫晉灼曰戲古麾字也師古曰招麾之令出也漢書多以戲

爲麾字夫出〔補注〕李慈銘曰史記作魏其侯去麾灌夫出疑漢書此處誤重一夫字先謙曰李說是也下明言令騎畱夫夫不得出若夫出何云不得出乎明夫字衍蚡遂怒曰此吾驕灌夫罪也〔補注〕先謙曰罪過也言素不較適令益驕迺令騎畱夫師古曰騎謂常從之騎也夫不得出藉福起爲謝案夫項令謝師古曰使其拜也夫愈怒不肯順蚡迺戲騎縛夫師古曰戲讀亦曰麾謂指麾命之而令收縛夫也置傳舍師古曰傳舍解在鄉食其傳召長史曰今日召宗室師古曰長史丞相長史也召宗室謂請召之爲客也〔補注〕李慈銘曰案蚡言今日請召宗室因有太后詔而行之灌夫罵坐是輕詔命故爲不敬也顏注非先謙曰官本注文在有詔二字下案蚡言召宗室有詔適能陷夫以不敬之罪顏注未及又下文但言於大坐中罵詈爲不敬是其疏謬據此知注文當日不在有詔下乃宋槧移置也有詔〔補注〕先謙曰蚡與長史言如此劾灌夫罵坐不敬師古曰於大坐中罵詈不爲敬〔補注〕先謙曰官本作爲不敬是繫居室師古曰居室署名也屬少府其後改名曰保宮遂其前事師古曰遂竟也〔補注〕先謙曰史記作遂案其前事漢書奪案字顏遂依文解之遣吏分曹逐捕諸灌氏支屬皆得棄市罪嬰愧〔補注〕先謙曰史記作魏其侯大媿夫不往蚡所嬰彊之致權禍以是愧也爲資使賓客請莫能解如淳曰爲出資費使人爲夫請罪也師古曰如說非也爲資爲其資地耳非財物也

爲讀如本字〔補注〕先謙曰禮記表記注資謀也言爲夫謀使賓客請於蚡蚡吏皆爲耳目諸灌氏皆亡匿夫繫遂不得告言蚡陰事嬰銳爲救夫嬰夫人諫曰灌將軍得罪丞相與太后家迕師古曰相逆迕也迕音悟〔補注〕錢大昭曰迕古文作啎說文啎逆也寧可救邪嬰曰侯自我得之自我捐之無所恨師古曰言不過失爵耳且終不令灌仲孺獨死嬰獨生迺匿其家竊出上書師古曰匿避也不令家人知之恐其又止諫也立召入具告言灌夫醉飽事不足誅上然之賜嬰食曰東朝廷辨之如淳曰東朝太后朝也張晏曰會公卿大夫東朝共理而分別也嬰東朝〔補注〕齊召南曰史記作魏其之東朝之往也之字似不可省盛推夫善言其醉飽得過迺丞相㠯它事誣罪之蚡盛毀夫所爲橫恣罪逆不道嬰度無可奈何師古曰度音徒各反因言蚡短蚡曰天下幸而安樂無事蚡得爲胏附〔補注〕先謙曰官本胏作肺說見上所好音樂狗馬田宅所愛倡優巧匠之屬師古曰倡樂人也優諧戲者也不如魏其灌夫日夜招聚天下豪桀壯士與論議腹誹而心謗卬視天俛畫地張晏曰視天占三光

也畫地知分野所在也念欲作反事也師古曰卬讀曰仰〔補注〕王文彬曰案覘天畫地辟睨兩宮幸天下有變而欲有大功語意一貫張於下文云幸有反者當爲將立大功此乃云欲作反事自相矛盾**辟睨兩宮間**張晏曰占太后與帝吉凶之期也師古曰辟睨傍視也辟音普計反字本作睥睨音吾計反〔補注〕先謙曰史記作辟倪索隱引埤蒼云睥睨邪視也**幸天下有變而欲有大功**張晏曰幸有反者當爲將立大功也臣瓚曰天下有變謂因國家變難之際得立大功也師古曰瓚說是〔補注〕先謙曰官本是上有爲字**臣乃不如魏其等所爲上問朝臣兩人孰是御史大夫韓安國曰魏其言灌夫父死事身荷戟馳不測之吳軍**師古曰荷負也不測言其彊盛也荷音何〔補注〕宋祁曰荷字當從浙本何可反**身被數十創名冠三軍此天下壯士非有大惡爭柸酒不足引它過㠯誅也**〔補注〕先謙曰官本柸作杯**魏其言是丞相亦言灌夫通姦猾侵細民家累巨萬橫恣潁川輘轢宗室侵犯骨肉**師古曰輘轢謂蹈踐之也輘音凌轢音郎擊反**此所謂支大於幹脛大於股不折必披**師古曰披音丕靡反〔補注〕王先慎曰新書大都篇引范無宇語云尾大不掉末大必折又云一脛之大幾如要一指之大幾如股安國云所謂者蓋當時之成語也先謙曰正義披分析也**丞相言亦是唯明主**

裁之主爵都尉汲黯是魏其內史鄭當時是魏其後不堅〔補注〕宋祁曰後字當從浙本作復若作後即在一時何容更有前後也先謙曰宋說非也一時之言亦分前後史記亦作後不敢堅對浙本作復形近誤耳**餘皆莫敢對上怒內史曰公平生數言魏其武安長短今日廷論局趣效轅下駒**應劭曰駒者駕著轅下局趣小之貌也張晏曰俛頭於車轅下隨母而已師古曰張說非也駕車不以牝馬小雅皇皇者華之詩曰我馬維駒非隨母也〔補注〕沈欽韓曰當時對不堅故上怒其局趣本傳以此左遷先謙曰正義引應注者作馬是官本注貌下無也字**吾并斬若屬矣**師古曰若汝也**即罷起入上食太后**〔補注〕先謙曰帝於太后循孝道有上食之禮也史記張耳傳趙王旦夕袒韝蔽自上食禮甚卑有子壻禮莊子宰人上食王三環之**太后亦已使人候司具㠯語太后太后怒不食曰我在也而人皆藉吾弟**晉灼曰藉蹈也**令我百歲後皆魚肉之乎**師古曰以比魚肉而食噉也〔補注〕先謙曰史記乎作矣**且帝寧能爲石人邪**師古曰言徒有人形耳不知好惡也一曰石人者謂常存不死也〔補注〕李慈銘曰一說是也**此特帝在即錄錄**師古曰錄錄言循眾也**設百歲後是屬寧有可信者乎**師古曰設猶脫也**上謝曰俱外家故廷辨之**師古曰嬰景帝從舅子蚡太后同母弟故言俱外家**不然此一獄吏所決耳是時郎中令石建爲上分別言兩人**〔補注〕齊召南曰史記作石建爲上分別言兩人事此省事字**蚡已罷朝出止車門**〔補注〕王先慎曰止車門名御覽百八十三居處部引洛陽故宮名有南止車門東西止車門玉海百七十宮室部後漢兩魏皆有止車門而不及前漢蓋疏漏也北史郭祚傳在太極[illegible]止車門至司馬門[illegible]**召御史大夫安國載**師古曰韓安國也載謂共乘車**怒曰與長孺共一禿翁何爲首鼠兩端**服虔曰禿翁言嬰無官位版授也首鼠一前一卻也張晏曰嬰年老又嗜酒頭禿言當共治一禿翁也師古曰服說是也〔補注〕何焯曰安國行五百金於蚡得進故蚡責其不專助也李慈銘曰注版授援之誤集解引作扳援先謙曰謂無官位扳援者爲禿此語不經嬰年老頭禿故云禿翁史記作老禿翁索隱案謂共治一老禿翁亦用張說**安國良久謂蚡曰君何不自喜**師古曰何不自謙遜爲可喜之事也喜音許吏反〔補注〕先謙曰言蚡何用多怒爲也集解引蘇林曰何不自解釋爲喜樂邪得此文意顏說非**夫魏其毀君君當免冠解印綬歸**師古曰歸印綬於天子也**曰臣㠯肺附幸得待罪固非其任魏其言皆是如此上必多君有讓**師古曰多猶重也**不廢君魏其必媿杜門齰舌自殺**師古曰杜塞也齰齧也音仕客反〔補注〕先謙曰史記齰作齚同**今人毀君君亦毀之譬如賈**

豎女子爭言何其無大體也蚡謝曰爭時急不知出此於是上使御史簿責嬰師古曰簿責以文簿一一責之也簿音步戶反**所言灌夫頗不讎**晉灼曰讎當也〔補注〕先謙曰史記此下有欺謾二字似不可省**劾繫都司空**師古曰都司空宗正屬官也見百官公卿表〔補注〕何焯曰嬰外家故繫宗正屬官**孝景時嬰嘗受遺詔曰事有不便㠯便宜論上**師古曰論說其事而上於天子**及繫灌夫罪至族事日急諸公莫敢復明言於上嬰迺使昆弟子上書言之幸得召見**師古曰幸冀也〔補注〕先謙曰史記得下有復字**書奏案尚書大行無遺詔**如淳曰大行主諸侯官也師古曰此說非也大行景帝大行也尚書之中無此大行遺詔也〔補注〕先謙曰正義天子崩曰大行漢舊儀云尚書四人爲四曹**詔書獨臧嬰家嬰家丞封**孟康曰以家丞印封遺詔也〔補注〕沈欽韓曰玉海六十一唐故事中書舍人掌詔誥皆寫兩本一爲底一爲宣崇文總目有宣底八卷案沈括筆談晚唐樞密使自禁中受旨出付中書卽謂之宣中書承受錄之於籍謂之宣底如今之聖語簿也此葢常行事目皆然不獨唐也況大行遺詔豈有無副而獨藏私家者主者畏蚡而助成其罪也**此迺劾嬰矯先帝詔害罪當棄市**鄭氏曰矯詔有害不害也〔補注〕何焯曰史記無害字此衍文鄭注迂鑿王念孫曰案漢書凡言坐矯詔罪者皆有害不害之分史記亦有之武

功臣表浩侯王恢坐使酒泉矯制害當死贖訖如淳曰律矯詔大害要斬有矯詔害矯詔不害外戚侯表宜春侯衛伉坐矯制不害免贖訖終軍傳張湯劾徐偃矯制大害法至死皆其證何以害爲衍文葢未考漢律也沈欽韓曰唐詐僞律諸詐爲制書及增減者綴未施行者減一等案漢論矯詔害不害或可以意輕重不若唐律但分已未施行也李慈銘曰案此迺尚書劾也五年十月悉論灌夫支屬補注先謙曰史記亦作五年正義曰漢書云元光四年冬魏其侯嬰有罪棄市春三月乙卯丞相蚡薨案五年者誤也先謙案據此是正義所見漢書本五年竝作四年此五年乃後人所改前三年之爲四年亦後人沿史記之誤改之若紀傳歧出師古不得無注足證漢書本元不誤也嬰亶久迺聞有劾即陽病痱不食欲死師古曰痱風疾也音肥補注李慈銘曰案史記作亶久乃聞聞即恚病痱不食欲死是也下言治病則此非陽病痱明矣或聞上無意殺嬰復食治病議定不死矣迺有飛語先謙曰官本風疾作風病爲惡言聞上張晏曰蚡爲作飛揚誹謗之語也臣瓚曰無根而至也故以十二月晦論棄市渭城張晏曰著日月者見春垂至恐遇赦贖之補注先謙曰通鑑考異云班固漢武故事曰上召大臣議之羣臣多是竇嬰上亦不復窮問兩罷之田蚡大恨欲自殺先與太后訣兄弟共號哭訴太后太后亦哭弗食上不得已遂乃殺嬰案漢武故事語多誕妄非班固書葢後人爲之託固名耳又徐廣疑十二月爲二月案漢制常以立春下寬大詔書蚡恐魏其得釋故以十二月晦殺之

何必改爲二月也春蚡疾一身盡痛若有擊者謼服謝罪晉灼曰服音瓝關西俗謂得杖呼及小兒啼呼爲呼瓝或言蚡號呼謝服罪也師古曰兩說皆通謼古呼字也若謂啼爲謼服則謼音火交反服音平卓反補注錢大昕曰東方朔傳上令倡監榜舍人舍人不勝痛呼暑郭展曰暑音瓜瓝之瓝呼暑即謼服也古音服如匐聲轉爲暑說文暑大呼自冤也暑正字服通字瓝假借字先謙曰官本注小兒啼下無呼字若字上無也字上使視鬼者瞻之補注先謙曰史記作使巫視鬼者視之說文瞻臨視也曰魏其侯與灌夫共守笞欲殺之竟死子恬嗣元朔中有罪免後淮南王安謀反覺始安入朝時補注先謙曰集解徐廣曰建元二年蚡爲太尉迎安霸上謂安曰上未有太子大王最賢高祖孫即公車晏駕補注先謙曰官本公作宮是非大王立尚誰立哉師古曰言大王尚不得立當誰立也淮南王大喜厚遺金錢財物上自嬰夫事時不直蚡特爲太后故及聞淮南事上曰使武安侯在者族矣師古曰言其賴自死

韓安國字長孺梁成安人也補注沈欽韓曰地理志潁川陳留二郡並有成安縣此陳留之成安先時屬梁國也後漢廢風俗傳成安縣今名利望亭先謙曰今歸德府考城縣地史記成作城通借字後徙睢陽嘗受韓子雜說鄒田生所師古曰田生鄒縣人補注先謙曰韓子韓非子雜說雜家說也事梁孝王爲中大夫吳楚反時孝王使安國及張羽爲將扞吳兵於東界張羽力戰安國持重以故吳不能過梁吳楚破安國張羽名由此顯梁王以至親故得自置相二千石出入游戲僭於天子師古曰僭儗也天子聞之心不善太后知帝弗善迺怒梁使者弗見案責王所爲安國爲梁使見大長公主而泣如淳曰大長公主景帝姊也曰何梁王爲人子之孝爲人臣之忠而太后曾不省也師古曰省視也補注先謙曰索隱省察也夫前日吳楚齊趙七國反自關以東皆合從而西鄉師古曰從音子容反唯梁最親爲限難補注宋祁曰一本無難字周壽昌曰言七國自東向西梁限止其間與之爲難梁王念太后帝在中師古曰中關中也一說謂京師爲中猶言中國也而諸侯擾亂壹言泣數行而下跪送臣等六人將兵擊卻吳楚補注先謙曰六人安國張羽及汲黯傳吳之傳伯儒林傳之丁寬其二人未詳楚以故兵不敢西而卒破亡梁之力也今太后以小苛禮責望梁

王師古曰苛細也補注王念孫曰史記作小節苛禮是也此脫節字則文義不完梁王父兄皆帝王而所見者大補注周壽昌曰言平日所見皆帝制尊大習慣爲常即警蹕亦不爲異也故出稱蹕入言警師古曰蹕止行人也警戒肅也天子出入皆備此儀而今云出稱警入言蹕者互舉之耳補注先謙曰官本注作稱蹕言警是車旗皆帝所賜補注先謙曰梁孝王傳得賜天子旌旗即以嫮鄙小縣服虔曰嫮夸奼也晉灼曰嫮音坼嫮之嫮鄙展曰嫮好也自以車服之好曜邊鄙之邑也師古曰服說晉音是也鄙小縣言在外鄙之小縣也補注先謙曰官本注夸奼之奼作好又坼嫮之嫮禮樂志注引作坼罅之罅是史記正文作即欲以侘鄙縣集解徐廣曰侘一作絎案侘音丑亞反誇也索隱漢書作嫮嫮音火亞反絎音塞孟反先謙案張衡七辨西施之徒姿容修嫮嫮音護集韻同罅笑好也索隱音火亞反則讀爲侘侘與姹同本書司馬相如傳過奼烏有先生奼亦夸也說文無侘嫮字姹下云少女也玉篇云美女也引申之爲夸美之義是奼乃姹之正文嫮又假借字耳絎訓縫紩其義不通驅馳國中欲夸諸侯令天下知太后帝愛之也今梁使來輒案責之梁王恐日夜涕泣思慕不知所爲何梁王之忠孝而太后不卹也長公主具以告太后太后喜曰爲帝言之言之帝心迺解而免冠謝太后曰補注宋祁曰而免冠南本無而字兄弟不

能相教迺爲太后遺憂悉見梁使厚賜之其後梁王益親驩太后長公主更賜安國直千餘金師古曰更音工衡反由此顯結於漢補注齊召南曰此作一句讀史記云名由此顯結於漢意義亦遂不同其後安國坐法抵罪蒙師古曰蒙梁國之縣也補注劉奉世曰案蒙字當屬下句讀獄吏田甲辱安國安國曰死灰獨不復然乎甲曰然即溺之師古曰溺讀曰尿居無幾梁內史缺師古曰無幾未多時也幾音居豈反漢使使者拜安國爲梁內史起徒中爲二千石補注先謙曰官本徒作徒是田甲亡安國曰甲不就官我滅而宗師古曰而汝也甲肉袒謝安國笑曰公等足與治乎師古曰治謂當敵也今人猶云對治治音丈吏反一曰不足繩治也治讀如本字補注齊召南曰史記笑曰下有可溺矣三字此不如本文先謙曰一說是也索隱取之官本注無治也也字卒善遇之內史之缺也王新得齊人公孫詭說之師古曰說讀曰悅欲請爲內史竇太后所補注先謙曰於太后所請之也史記作竇太后聞句讀不同乃詔王以安國爲內史公孫詭羊勝說王求爲帝太子及益地事恐漢大臣不聽迺陰使人刺漢用事謀臣及殺故吳相爰盎補注劉奉世曰刺漢謀臣在漢已立太子之後此云求爲太子怨大臣不聽故刺之與諸傳不同當是此誤景帝遂聞詭勝等計畫迺遣使捕詭勝必得師古曰必令得之補注先謙曰官本遣作使漢使十輩至梁相以下舉國大索師古曰索搜也音山客反月餘弗得安國聞詭勝匿王所迺入見王而泣曰主辱者臣死大王無良臣故紛紛至此今勝詭不得請辭賜死王曰何至此安國泣數行下曰大王自度於皇帝孰與太上皇之與高帝及皇帝與臨江王親師古曰孰與猶言何如也王曰弗如也安國曰夫太上臨江親父子閒然高祖曰提三尺取天下者朕也師古曰三尺謂劍也故太上終不得制事居于櫟陽臨江適長太子師古曰適讀曰嫡以一言過廢王臨江師古曰景帝嘗屬諸姬子太子母栗姬言不遜由是廢太子栗姬憂死也補注先謙曰集解引作如淳事具外戚傳也用宮垣事卒自殺中尉府張晏曰以侵壖垣徵自殺也何則治天下終不用私亂公語曰雖有親父安知不爲虎雖有親兄安知不爲狼師古曰言其恩愛不可必保也今大王列在

諸侯訹邪臣浮說師古曰訹誘也音戌補注宋祁曰江浙本訹作怵音椿戌反犯上禁橈明法師古曰橈曲也音女教反天子以太后故不忍致法於大王太后日夜涕泣幸大王自改大王終不覺寤有如太后宮車即晏駕大王尚誰攀乎語未卒王泣數行而下謝安國曰吾今出之即日詭勝自殺漢使還報梁事皆得釋師古曰釋解也安國力也補注先謙曰據梁孝王鄒陽傳安國亦因長公主入言得釋傳不言者史文互見耳景帝太后益重安國孝王薨共王即位師古曰共讀曰恭安國坐法失官家居武帝即位武安侯田蚡爲太尉親貴用事安國以五百金遺蚡補注錢大昭曰潛夫論云韓安國能遺田蚡五百金而不能賑一窮蚡言安國太后上素聞安國賢即召以爲北地都尉補注錢大昭曰北地有兩都尉北部都尉治神泉障渾懷都尉治塞外渾懷障遷爲大司農補注先謙曰公卿表建元三年閩東越相攻遣安國大行王恢將兵未至越越殺其王降漢兵亦罷其年田蚡爲丞相補注先謙曰建元六年也閩東越相攻史記作閩越東越相攻案武紀兩粵傳乃閩越攻南越漢擊閩越閩越殺王郢降此閩下奪越字耳通志九十八韓安國傳閩下有越字東越當作南越史記亦誤安國爲御史大夫匈奴來請和親上下其議師古曰下音胡亞反大行王恢燕人數爲邊吏習胡事議曰漢與匈奴和親率不過數歲即背約不如勿許舉兵擊之安國曰千里而戰即兵不獲利補注先謙曰史記無即字今匈奴負戎馬足懷鳥獸心師古曰負恃也遷徙鳥集難得而制得其地不足爲廣有其衆不足爲彊自上古弗屬師古曰不內屬於中國補注王念孫曰史記作自上古不屬爲人索隱案晉灼云不內屬於漢爲人念孫案如晉注則漢書本作自上古弗屬爲人而顏注云不內屬於中國則所見本已脫爲人二字矣史記主父偃諫伐匈奴書亦云禽獸畜之不屬爲人漢數千里爭利則人馬罷師古曰罷讀曰疲虜以全制其敝埶必危殆臣故以爲不如和親羣臣議多附安國於是上許和親明年補注先謙曰史記有則元光元年五字據下召問公卿語與武紀同在元光二年史記誤雁門馬邑豪聶壹張晏曰豪猶帥也補注周壽昌曰豪豪民謂其邑人之傑出者耳史記匈奴傳漢使馬邑下人聶翁壹初未稱其爲帥也先謙曰馬邑今朔平府朔州治因大行王恢言匈奴初和親親信邊可誘以利致之伏兵襲

擊必破之道也。上迺召問公卿曰：朕飾子女㠯配單于，幣帛文錦〔補注〕先謙曰：武紀作金幣文繡。賂之甚厚，單于待命加嫚，侵盜無已，邊竟數驚，朕甚閔之。師古曰：竟讀曰境，其下亦同。今欲舉兵攻之，何如？大行恢對曰〔補注〕宋祁曰：浙本恢字上有王字。陛下雖未言，臣固願效之。師古曰：效，致也，致其計。臣聞全代之時，服虔曰：代未分之時也。李奇曰：六國之時，全代爲一國，尚能以擊匈奴，況今加以漢之大乎。北有彊胡之敵〔補注〕宋祁曰：王本改北爲背，予謂作北義直，不須爲背。內連中國之兵，然尙得養老長幼，種樹㠯時，倉廩常實，師古曰：樹，殖也。匈奴不輕侵也。今㠯陛下之威，海內爲一，天下同任，如淳曰：任，事也。又遣子弟乘邊守塞，師古曰：乘，登也，登其城而備守也。〔補注〕宋祁曰：又字當從浙本作人，人遣者，見天下同任義。轉粟輓輸㠯爲之備，師古曰：輓，引車也，音晚。然匈奴侵盜不已者，無它，㠯不恐之故耳。師古曰：不示威令恐懼也。臣竊㠯爲擊之便。御史大夫安國曰：不然。臣聞高皇帝嘗圍於平城，匈奴至者投鞌高如城者數所，師古曰：解脫其馬，示閑暇也；投積其鞌，若營壘也。〔補注〕王文彬曰：此但言其馬之多耳，軍有解鞌之時，非

獨以示閑暇，其高如城，亦不得言營壘也。平城之飢，七日不食，天下歌之，〔補注〕先謙曰：歌見匈奴傳。及解圍反位，而無忿怒之心。夫聖人㠯天下爲度者也，師古曰：言當隨天下人心而寬大其度量也。不㠯己私怒傷天下之功，〔補注〕宋祁曰：浙本功作公。王念孫曰：案傷天下之功本作傷天下之公義，功與公同，公義與私怒相對爲文。報讎雪恥，一己之私怒也；案兵恤民，天下之公義也。故曰不以己私怒傷天下之公義。公借爲功，又脫去義字，詞意遂不完備。羣書治要引此已誤。新序善謀篇作不以己之私怒傷天下之公義，漢紀孝武紀作不以私怒傷天下公議，皆其證也。議與義同，莊子齊物論篇有倫有義，釋文義崔本作議；史記留侯世家義不爲漢臣，新序善謀篇作議；司馬相如傳義不反顧，鄒陽傳義不受刑，漢書竝作議。故迺遣劉敬奉金千斤，㠯結和親，至今爲五世利。孝文皇帝又嘗壹擁天下之精兵聚之廣武常谿，張晏曰：廣武，雁門縣。常谿，谿名。〔補注〕錢大昭曰：廣武，地理志屬太原，張說非也。後漢改屬雁門。沈欽韓曰：紀要，廣武城在代州西十五里，今雁門山下州北三十五里有水東南流經州城外東關，名東關水，又南入滹沱，或謂之常谿水。一統志引郡國志云雁門有常溪水，合注滹沱，即此。今案司馬彪志及劉昭注無此文，乃寰宇記代州下所引郡國志，蓋周隋間所撰也。然終無尺寸之功，而天下黔首無不憂者。孝文寤於兵之不可宿，師古曰：宿，久畱也。〔補注〕先謙曰：官本注無宿字。故復合和親之約。此二聖之迹，

足㠯爲效矣。臣竊㠯爲勿擊便。恢曰：不然。臣聞五帝不相襲禮，三王不相復樂，師古曰：襲，因也。復，重也。復音扶目反。非故相反也，各因世宜也。且高帝身被堅執銳，蒙霧露，沐霜雪，行幾十年，師古曰：幾，近也，音鉅依反。所㠯不報平城之怨者，非力不能，所㠯休天下之心也。今邊竟數驚，士卒傷死，中國槥車相望，師古曰：槥，小棺也，從軍死者以槥送致其喪，載槥之車相望於道，言其多也。槥音衞。此仁人之所隱也。張晏曰：隱，痛也。臣故曰擊之便。安國曰：不然。臣聞利不十者不易業，功不百者不變常。〔補注〕沈欽韓曰：商子更法篇杜摯曰：利不百不變法，功不十不易器。是㠯古之人君謀事必就祖，發政占古語，重作事也。師古曰：祖，祖廟也。占，問也。重猶難之也。〔補注〕王先慎曰：古語，繇詞也。書曰：汝則有大疑，謀及卜筮。且自三代之盛，夷狄不與正朔服色，師古曰：與讀曰豫。非威不能制，彊弗能服也，㠯爲遠方絕地不牧之民，不足煩中國也。師古曰：不牧謂不可牧養也。且匈奴，輕疾悍亟之兵也，師古曰：悍，勇也。亟，急也，音居力反。至如猋風，去如收電，師古曰：猋，疾風也，音必遙反。畜牧爲業，弧弓射獵，

師古曰：以木曰弧，以角曰弓。逐獸隨草，居處無常，難得而制。今使邊郡久廢耕織㠯支胡之常事，〔補注〕先謙曰：胡以戰鬭爲常事，邊郡兵興，則當久廢耕織以與之支也。後漢郭泰傳注：支猶持也。其埶不相權也。師古曰：輕重不等也。臣故曰勿擊便。恢曰：不然。臣聞鳳鳥乘於風，聖人因於時。昔秦繆公都雍，師古曰：繆讀與穆同。地方三百里，知時宜之變，攻取西戎，辟地千里，幷國十四，師古曰：辟讀曰闢，次下亦同。隴西、北地是也。及後蒙恬爲秦侵胡，辟數千里，㠯河爲竟，師古曰：竟讀曰境。累石爲城，樹榆爲塞，如淳曰：塞上種榆也。匈奴不敢飲馬於河，置㷭燧然後敢牧馬。師古曰：㷭，古燧字。夫匈奴獨可㠯威服，不可㠯仁畜也。今㠯中國之盛，萬倍之資，遣百分之一㠯攻匈奴，譬猶㠯彊弩射且潰之癰也，〔補注〕沈欽韓曰：秦策蘇代曰：以天下擊齊，猶以千鈞之弩潰癰也。必不畱行矣。師古曰：畱，止也，言無所礙也。若是，則北發、月氏可得而臣也。師古曰：發猶徵召也，言威聲之盛，北自月支以來，皆可徵召而爲臣也。氏讀曰支。〔補注〕劉敞曰：北發，國名，亦見管子書。錢大昕曰：北發，北狄地名，師古注誤，詳見武紀。臣故曰擊之便。安國曰：

不然臣聞用兵者以飽待饑正治以待其亂定舍以待其勞師古曰舍止息也故接兵覆衆伐國墮城師古曰覆敗也墮毁也言兵與敵接則敗其衆所伐之國則毁其城也覆音芳目反墮音火規反常坐而役敵國此聖人之兵也且臣聞之衝風之衰不能起毛羽師古曰衝風疾風之衝突者也彊弩之末力不能入魯縞師古曰縞素也曲阜之地俗善作之尤爲輕細故以取喻也〔補注〕沈欽韓曰淮南說山訓矢之於十步貫兕甲於三百步不能入魯縞先謙曰史記云彊弩之極矢不能穿魯縞衝風之末力不能漂鴻毛非初不勁末力衰也夫盛之有衰猶朝之必莫也今將卷甲輕舉深入長敺難以爲功師古曰敺與驅同從行則迫脅衡行則中絕師古曰從音子容反衡猶橫也〔補注〕王文彬曰軍魚貫則慮其迎擊而前受迫脅併進則防其鈔截而中路斷絕疾則糧乏〔補注〕先謙曰轉輸不繼也徐則後利師古曰後利謂不及於利不至千里人馬乏食兵法曰遺人獲也師古曰言以軍遺敵人令其虜獲也遺音弋季反意者有它繆巧可以禽之則臣不知也不然則未見深入之利也臣故曰勿擊便恢曰不然夫草木遭霜者不可以風過師古曰言易零落清水明鏡不可以形逃師古曰言美惡皆見通方之士不可以文亂師古曰方道也〔補注〕先謙曰不爲浮詞所奪也今臣言擊之者固非發而深入也將順因單于之欲誘而致之邊吾選梟騎壯士陰伏而處以爲之備審遮險阻以爲其戒〔補注〕先謙曰廣雅釋詁戒備也吾埶已定或營其左或營其右或當其前或絕其後單于可禽百全必取〔補注〕齊召南曰安國與王恢論馬邑之計反覆折辯較史記爲最詳上曰善迺從恢議陰使聶壹爲間師古曰間音居莧反亡入匈奴謂單于曰吾能斬馬邑令丞以城降財物可盡得單于愛信以爲然而許之聶壹迺詐斬死罪囚縣其頭馬邑城下視單于使者爲信師古曰視讀曰示曰馬邑長吏已死可急來於是單于穿塞將十萬騎入武州塞師古曰在鴈門〔補注〕先謙曰在今朔平府左雲縣南當是時漢伏兵車騎材官三十餘萬匿馬邑旁谷中衞尉李廣爲驍騎將軍太僕公孫賀爲輕車將軍大行王恢爲將屯將軍太中大夫李息爲材官將軍御史大夫安國爲護軍將軍諸將

皆屬約單于入馬邑縱兵王恢李息別從代主擊輜重師古曰輜衣車也重謂載重物車也故行者之資總曰輜重重音直用反〔補注〕先謙曰史記作王恢李息李廣此缺李廣於是單于入塞未至馬邑百餘里覺之還去語在匈奴傳塞下傳言單于已去漢兵追至塞度弗及師古曰度音徒各反王恢等皆罷兵上怒恢不出擊單于輜重也〔補注〕宋祁曰江南本無也字恢曰始約爲入馬邑城兵與單于接而臣擊其輜重可得利今單于不至而還臣以三萬人衆不敵祇取辱師古曰祇適也音支固知還而斬然完陛下士三萬人於是下恢廷尉廷尉當恢逗橈當斬服虔曰逗音企應劭曰逗曲行避敵也橈顧望也軍法語也蘇林曰逗音豆如淳曰軍法行而逗留畏懦者要斬師古曰服應二說皆非也逗謂留止也橈屈弱也逗又音住〔補注〕宋祁曰浙本無當斬二字王念孫曰案逗當爲迟說文迟曲行也從辵只聲玉篇音邱戟切說文又云乚讀若隱匿也象迟曲隱蔽形莊子人間世篇吾行卻曲釋文卻字書作迟卻曲卽迟曲也廣雅橈迟曲也是橈與迟同義之應詆橈辭恢不擊單于輜重而輒罷兵故曰迟橈當斬淮南氾論篇云令曰屈橈者要斬是也迟與逗字相似世人多見逗少見迟故迟譌爲逗漢紀亦譌長逗止也橈曲也二字各爲一義不得以逗橈連文服應所見本正作迟故服云迟音企以企迟聲相近也若逗字則聲與企遠而不可通矣應云迟曲行避敵也曲行二字正用說文迟字之訓若逗字則不得訓爲曲行矣蘇如所見本始譌作逗故訓爲逗留師古不知逗爲迟之譌反是蘇如而非服應失之矣恢行千金丞相蚡蚡不敢言上而言於太后太后曰王恢首爲馬邑事今不成而誅恢是爲匈奴報仇也上朝太后太后以蚡言告上上曰首爲馬邑事者恢故發天下兵數十萬從其言爲此且縱單于不可得恢所部擊猶頗可得以尉士大夫心師古曰或當得其輜重人衆也故尉安之字正如此其後流俗乃加心耳〔補注〕先謙曰官本故作古是說文尉下云从上案下也从𡰥又持火以尉申繒也慰下云安也从心尉聲尉取㷉帖之義慰訓心安此云以尉士大夫心則慰爲正字尉乃借字耳顏說非今不誅恢無以謝天下於是恢聞迺自殺安國爲人多大略知足以當世取舍師古曰舍止也取舍言可取則取可止則止〔補注〕先謙曰明於趨避所言所行當世俗意也當音丁浪反而出於忠厚〔補注〕李慈銘曰索隱出者去也言安國爲人無忠厚之行似非不特文法未合攷安國爲人尚長者不得謂無忠厚之行先謙曰言智計雖工而能出以忠厚雖貪利然能舉廉士四語相對爲文史記贊云觀韓長孺之義壺遂之深中隱厚世之言梁多長者不虛哉足證索隱之謬貪耆

財利師古曰耆讀曰嗜然所推舉皆廉士賢於己者於梁舉壺遂臧固至
它皆天下名士師古曰於梁舉二人至於他餘所舉亦皆名士也補注齊召南曰案史記作郅他則郅姓他名與壺
遂臧固爲三人此傳作至它則非人姓名矣王念孫曰索隱上音
質下徒何反謂三人姓名也壺遂也臧固也郅他也若漢書則云
至他言至於他處亦舉名士也念孫案至與郅通它古他字壺遂
臧固至它皆人姓名謂長孺舉此三人皆天下名士也若云至於
他餘所舉亦皆天下名士則名士不應若是之多且至它二字文
不成義必加所舉二字於下而其義始明也小司馬以至它至於他處尤非爲解
漢書者不以至它爲人姓名徒以郅讀入聲至讀去聲耳不知至
字古讀若質聲與郅同古字亦相通豳風東山篇我征聿至與垤室窒爲韻小雅杕杜篇期逝
不至蓼莪篇入則靡至與恤爲韻月令寒氣總至與室爲韻莊子刻意篇道德之質天道篇作至漢書司馬相如傳爰周郅隆文穎曰郅至也孫陞卽至隆史漢中人姓人名類多借字郅至之通亦是也
士亦已此稱慕之唯天子已爲國器師古曰言臣下皆敬重之者天子一人亦以爲國器國器
言其器用重大可施於國政也補注宋祁曰注文國字下有之字
人二字先謙曰唯讀爲雖言不獨士稱慕之雖天子亦以國器許
之也顏注天子一人訓唯爲獨非王念孫云據顏注亦字當在唯
天子下今誤倒誒史記汲黯傳宏陽深心疾黯唯天子亦不說
也語意正與此同安國爲御史大夫五年丞相蚡薨安國行丞相事引墯
如淳曰爲天子導引而墯車跛蹇也補注宋祁曰古本引字
車蹇上有奉字他本只云引予謂作奉引爲是沈欽韓曰續志乘

與大駕公卿奉引案引前導也先謙曰史記作奉引官本注尊作導是上欲用安國爲丞相使使視
蹇甚迺更已平棘侯薛澤爲丞相安國病免師古曰以足疾數月瘉復爲
中尉歲餘徙爲衞尉而將軍衞青等擊匈奴破龍城補注宋祁曰龍當作籠見
衞青傳先謙曰籠城卽龍城武紀匈奴傳可證宋說誤明年匈奴大入邊語在青傳安國爲
材官將軍屯漁陽補注先謙曰據武紀匈奴傳青等破龍城在元光六年冬安國屯漁陽卽在是年秋匈奴入遼
西殺太守入漁陽安國爲所敗在次年秋元朔史記誤書青破龍城之明年安國爲將軍屯漁陽班氏偶未審遂沿其訛耳捕
生口虜補注先謙曰史記作生虜是也生虜卽虜之生口不當更有口字他傳亦無稱生口虜者明此文衍口言匈奴
遠去卽上言方佃作時師古曰安國上奏也佃治田也音與田同補注先謙曰說文無佃字請且罷
屯罷屯月餘匈奴大入上谷漁陽補注先謙曰據武紀匈奴傳元朔元年匈奴入遼西漁陽鴈門
未入上谷二年乃入上谷漁陽此承史記之誤安國壁迺有七百餘人出與戰安國傷入
壁匈奴虜略千餘人及畜產去補注先謙曰匈奴傳匈奴圍安國安國時千餘騎亦且盡會燕救之
至匈奴迺去與此微異上怒使使責讓安國徙益東屯右北平是時虜言當

入東方補注先謙曰欲令安國當虜安國始爲御史大夫及護軍後稍下遷新
壯將軍衞青等有功益貴補注周壽昌曰史記作而新幸壯將軍衞青等此去二字文義不明安國
既斥疏將屯又失亡多甚自媿幸得罷歸師古曰冀得罷歸以徼幸也他皆類此補注先
謙曰注徼幸官本作爲幸案幸冀也上林賦注可證卽徼幸之義晉語注幸徼幸也既云冀得罷歸不必更云徼幸也
怱怱不樂數月病歐血死補注先謙曰史記云以元朔二年中卒壺遂與太史遷等
定漢律歷官至詹事其人深中篤行君子補注沈欽韓曰燕丹子田光其人深中有謀韓
非十過篇知伯之爲人蠱中而少親案蠱中者少親則深中爲篤行矣先謙曰深中篤行史記贊作深中隱厚上方倚欲
已爲相會其病卒師古曰倚謂仗任之也音於綺反補注宋祁曰倚欲浙本作欲倚先謙曰史記贊云會遂卒下
云不然壺遂之內廉行修斯鞠躬君子也
贊曰竇嬰田蚡皆已外戚重補注何焯曰史公記云皆以外戚重復申之曰魏其之舉以吳楚武安之
貴在日月之際其區分兩人尤嚴灌夫用一時決策師古曰謂馳入吳軍欲報父讎也而各名顯
補注王念孫曰案名上本無各字今作各名顯者一本作名一本作各而後人誤合之也用一時決策而名顯者用亦以也言竇田

皆以外戚重而灌夫則以一時決策而名顯也名顯專指灌夫下文竝位卿相乃總承竇田灌言之耳師古不知各爲名之誤衍而
以各名顯爲總上之詞遂以灌夫用一時決策爲句不與下連讀失之矣史記正作灌夫用一時決策而名顯竝位卿相
大業定矣然嬰不知時變夫亡術而不遜師古曰遜順也蚡負貴而驕溢
師古曰負恃也凶德參會待時而發師古曰三人相遇故曰參會藉福區區其間惡能
救斯敗哉師古曰惡音烏謂於何也補注先謙曰於當作如已韓安國之見器臨其摯而
顚墜李奇曰摯極也補注王先慎曰見器謂上欲用爲相也書西伯戡黎大命不摯傳摯至也疏摯至同音故摯爲至也史記
殷本紀作大命胡不至釋詁摯臻也臻至義同臨其摯猶言及其至謂安國將至相位李說微隔陵夷已憂死師古
曰陵夷卽陵遲也言漸卑替也遇合有命悲夫若王恢爲兵首而受其咎豈命也
虖師古曰言自己爲之非由命也

竇田灌韓傳第二十二終　漢書五十二

景十三王傳第二十三　漢書五十三

漢　蘭　臺　令　史班　固　撰

唐正議大夫行祕書少監琅邪縣開國子顏師古　注

賜進士出身前翰林院編修國子監祭酒加三級臣王先謙補注

孝景皇帝十四男王皇后生孝武皇帝栗姬生臨江閔王榮河閒獻王德臨江哀王閼師古曰閼音烏葛反補注先謙曰官本葛作曷程姬生魯共王餘師古曰共讀曰恭下皆類此江都易王非師古曰易音改易之易謚法云好更故舊曰易膠西于王端師古曰于遠也言其所行不善遠乖道德故以爲謚補注沈欽韓曰禮文王世子注云于讀爲迂迂猶廣也大也李慈銘曰于迂古通用故顏以遠字訓之先謙曰史表索隱云謚法能優其德曰于與顏說異但考端之爲人不當有美謚也賈夫人生趙敬肅王彭祖中山靖王勝唐姬生長沙定王發王夫人生廣川惠王越膠東康王寄清河哀王乘常山憲王舜師古曰王夫人即王皇后之妹也

河閒獻王德以孝景前二年立補注齊召南曰漢代賢王河閒稱首史記五宗世家文太簡略自此以下云云並漢書所補也修學好古實事求是師古曰務得事實每求眞是也今流俗書本云求長長老以是從人得善書蓋妄加之耳從民得善書必爲好寫與之畱其眞師古曰眞正也畱其正本加金帛賜以招之繇是四方道術之人不遠千里師古曰不以千里爲遠而自致也繇與由同補注宋祁曰加字新添沈欽韓曰西京雜記河閒王德築日華宮置客館二十餘區以待學士自奉養不踰賓客先謙曰宋說不可解御覽百五十引亦作加金帛賜或有先祖舊書多奉以奏獻王者師古曰奏進也故得書多與漢朝等是時淮南王安亦好書所招致率多浮辯師古曰言無實用耳獻王所得書皆古文先秦舊書師古曰先秦猶言秦先謂未焚書之前補注先謙曰秦在漢先故稱先秦猶言前朝耳秦代焚書以愚黔首非內府遂無藏書也顏說不詞周官尚書禮禮記師古曰禮者禮經也禮記者諸儒記禮之說也補注齊召南曰禮經卽儀禮十七篇禮記七十子後學所記藝文志所謂記百三十一篇是也戴記在後故師古特解之孟子老子之屬補注先謙曰趙岐孟子題辭云孝文皇帝欲廣游學之路論語孝經孟子爾雅皆置博士河上公序老子云親以所注老子授文帝此云孟子老子獻王所得其說不同皆經傳說記七十子之徒所論師古曰七十子孔子弟子也解具在藝文志其學舉六藝師古曰此六藝謂六經立毛氏詩左氏春秋博士補注齊召南曰按儒林傳毛公治詩貫公傳左氏皆爲河閒獻王博士並當時不立於學官者修禮樂被服儒術造次必於儒者師古曰被服言常居處其中也造次謂所嚮必行也被音皮義反造音千到反補注先謙曰索隱引顏注謂所嚮必行也作謂所向所行皆法於儒者此文傳寫誤也通鑑胡注顏注非也被服者言以儒術衣被其身先謙案被服胡說是也顏訓造次爲所向所行義尙微隔造當訓行次當訓止造次必於儒者言其行止皆有矩度史記作被服造次必於儒者則謂不服奇衺不苟行止也集解引杜業奏亦云被服造次必於仁義皆以被服造次平列之後儒訓造次爲急遽苟且之時與古義異矣山東諸儒者從而游補注錢大昕曰者閩本作多先謙曰官本作多史記亦作多從之作游者字誤武帝時獻王來朝獻雍樂對三雍宮應劭曰辟雍明堂靈臺也雍和也言天地君臣人民皆和也補注齊召南曰藝文志有獻王對上下三雍宮三篇先謙曰案胡注云謂對三雍宮之制度非召對於三雍宮也及詔策所問三十餘事其對推道術而言得事之中師古曰中音竹仲反文約指明師古曰約少也指謂義之所趨若人以手指物也他皆類此補注沈欽韓曰指當爲恉說文廣雅並云恉意也書中多誤爲指先謙曰沈說是指恉借字顏望文生義立二十六年薨中尉常麗以聞補注先謙曰百官表諸侯王中尉掌武職常麗人姓名曰補注李慈銘曰曰字上當有制字王身端行治師古曰端直治理也溫仁恭儉篤敬愛下明知深察惠于鰥寡大行令奏謚法曰聰明睿知曰獻師古曰叡深也通也補注先謙曰官本叡作睿宜謚曰獻王補注先謙曰案集解引漢名臣奏杜業奏曰河閒獻王經術通明積德累行天下雄俊眾儒皆歸之孝武帝時獻王朝被服造次必於仁義問以五策獻王輒對無窮孝武帝艴然難之謂獻王曰湯以七十里文王百里王其勉之王知其意歸卽縱酒聽樂因以終何焯云策謚之詞褒崇若此知業語爲無稽先謙案史表武帝元光五年獻王來朝卽王之二十六年也歸後卽薨此自當時流傳之誤

共王不害嗣四年薨補注先謙曰不害表作不周誤史表世家與此同子剛王堪嗣十二年薨補注先謙曰堪史表同本表世家作基子頃王授嗣師古曰頃音傾諸爲謚者皆類此也補注先謙曰授史表世家同本表作緩誤十七年薨補注先謙曰史表終於頃王十三年當太初四年也據本表孝王天漢四年嗣是頃王以三年七當作六薨子孝王慶嗣四十三年薨補注先謙曰表作四十七年據表王元五鳳四年嗣是孝王以三年薨正四十三年此是表誤子元嗣元取故廣陵厲王厲王太子及中山懷王故姬廉等以爲姬甘露中冀州刺史敞奏元事補注錢大昭曰張敞也下廷尉逮召廉等元迫脅凡七人令自殺有司奏請誅元有詔削

二縣萬一千戶後元怒少史留貴〔補注〕何焯曰少史卽少使外戚傳有長使少使主供使者留貴踰垣出欲告元元使人殺留貴母有司奏元殘賊不改不可君國子民廢勿王處漢中房陵師古曰房陵漢中縣〔補注〕先謙曰據表建昭元年廢居數年坐與妻若共乘朱輪車怒若又笞擊令自髡漢中太守請治元病死〔補注〕先謙曰官本無元字引宋祁曰浙本病字上有元字立十七年〔補注〕宋祁曰姚本七作五先謙曰表亦作十七年姚本誤國除絕五歲成帝建始元年復立元弟上郡庫令良如淳曰漢官北邊郡庫官兵之所藏故置令是爲河閒惠王良修獻王之行母太后薨服喪如禮哀帝下詔褒揚曰河閒王良喪太后三年爲宗室儀表其益封萬戶二十七年薨子尙嗣王莽時絕

臨江哀王閼〔補注〕先謙曰史記閼作閼于兩見以孝景前二年立三年薨無子國除爲郡

臨江閔王榮以孝景前四年爲皇太子四歲廢爲臨江王三歲〔補注〕

先謙曰史記作四年表繫中三年此及本表作三年案景紀榮死繫中二年三月史記景紀同作三歲是也坐侵廟壖地爲宮師古曰壖音人緣反解在食貨志及鼂錯傳〔補注〕先謙曰景紀作侵太宗廟地乃臨江國所立廟也上徵榮榮行祖於江陵北門師古曰祖者送行之祭因饗飲也昔黃帝之子纍祖好遠游而死於道故後人以爲行神也〔補注〕王文彬曰索隱祖者行神行而祭之故曰祖也風俗通云共工氏之子曰修好遠游故祀爲祖神又崔浩云黃帝之子嫘祖好遠游而死於道因以爲行神亦不知其何據蓋見其謂之祖因曰爲嫘祖非也據帝系及本紀皆言嫘祖黃帝妃無爲行神之由也又聘禮云出祖釋軷祭脯酒而已按今祭禮已軷壞土爲壇於道則用黃羝或用狗以其羝血釁左輪文彬按祖始行也爾雅祖俶首皆始也今人始行日俶裝曰首塗與祖同義聘禮鄭注祖始也旣受聘享之禮行出國門止陳車騎釋奠於軷爲行始也詩傳軷道祭也謂祭道路之神據此是祖爲行始於祖時致祭故謂之祖非以祖爲行神乃謂行祭曰祖也孔穎達云此一祭而三名曰軷曰祖詩云取羝以軷又云出祖是也又名道曾子問曰道而出是也又儀禮賈疏云道路之神有二在國內釋幣於行者卽禮五祀之行神謂平適道路之神出國門釋奠於軷者謂山行道路之神是以委土爲山象據此則祖之祭在國門外故榮祖於北門也旣上車軸折車廢師古曰廢壞也江陵父老流涕竊言曰吾王不反矣〔補注〕先謙曰正義引荊州圖副云自此後北門存而不啟蓋爲榮不以道終也榮至詣中尉府對簿中尉郅都簿責訊王師古曰簿皆音薄戶反訊問也

音信王恐自殺〔補注〕先謙曰史記景紀云卽死中尉府中荊州圖副云懼而縊死葬藍田燕數萬銜土置冢上百姓憐之榮最長亡子國除師古曰榮實最長而傳居二王之後者以其從太子被廢後乃立爲王也地入于漢爲南郡

魯共王餘〔補注〕先謙曰前云魯共王餘此及下文恭當爲共傳寫誤也本表及史表世家並作共以孝景前二年立爲淮陽王〔補注〕先謙曰景紀前三年正月淮陽王宮正殿災吳楚反破後以孝景前三年徙王魯〔補注〕先謙曰據史表在六月好治宮室苑囿狗馬〔補注〕沈欽韓曰西京雜記魯恭王好鬭雞鴨及鵞鴈養孔雀鵁鶄俸穀一年費二千石季年好音師古曰季年末年也不喜辭師古曰喜音許吏反〔補注〕先謙曰史記辭下有辯字文意較明官本注無音字爲人口吃難言師古曰吃音訖〔補注〕先謙曰說文吃言蹇難也二十八年薨〔補注〕先謙曰表同史表世家並作二十六年據表安王元朔元年嗣是共王止二十六年史記是此誤子安王光嗣初好音樂輿馬晚節遴師古曰晚節猶言末時也遴與吝同猶言貪嗇也〔補注〕錢大昭曰易蒙初六以往吝說文兩引之一曰吝恨惜也一曰遴行難也遴與吝通用王莽傳云性實遴嗇亦此意廣雅遴鑑也唯恐不足於財四十年薨子孝王慶忌嗣三十七年薨子頃

王勁嗣二十八年薨〔補注〕先謙曰勁表作封子文王睃嗣〔補注〕宋祁曰睃疑作俊十八年薨〔補注〕先謙曰表作十九年亡子國除哀帝建平三年復立頃王子睃弟郚鄉侯閔爲王蘇林曰郚音魚縣名也屬東海郡師古曰又音吾〔補注〕宋祁曰兩浙本無頃王子三字王念孫曰兩浙本是也閔爲睃弟則爲頃王子可知無庸更言頃王子矣上文云復立元弟上郡庫令良下文云立尊弟高皆不言某王子是其例王莽時絕〔補注〕先謙曰表云莽篡位貶爲公明年獻神書封列侯賜姓王恭王初好治宮室〔補注〕先謙曰文選王延壽魯靈光殿賦序云魯靈光殿者蓋景帝程姬之子恭王餘之所立也初恭王始都下國好治宮室遂因魯僖基兆而營焉壞孔子舊宅以廣其宮聞鐘磬琴瑟之聲遂不敢復壞於其壁中得古文經傳〔補注〕先謙曰藝文志得古文尚書及禮記論語孝經凡數十篇皆古字

江都易王非以孝景前二年立爲汝南王吳楚反時非年十五有材氣上書自請擊吳景帝賜非將軍印擊吳吳已破徙王江都治故吳國師古曰治謂都之劉濞所居也〔補注〕先謙曰據史表前四年徙江都以軍功賜天子旗〔補注〕先謙曰御覽百五十引旗上有旌字史記亦作賜天子旌旗此脫元光中匈奴大入漢邊非上書願

擊匈奴上不許補注先謙曰史記作元光五年案匈奴入邊在二年六年非好氣力補注沈欽韓曰西京雜記江都王勁捷能超七尺屏風治宮館招四方豪桀驕奢甚補注先謙曰非事亦見董仲舒傳二十七年薨補注先謙曰表作二十八年史表世家並作二十六年據表王建元朔二年嗣是易王以元年薨正二十六年此傳表並誤子建嗣建爲太子時邯鄲人梁蚡持女欲獻之易王建聞其美私呼之因留不出蚡宣言曰子迺與其公爭妻建使人殺蚡蚡家上書下廷尉考補注先謙曰考按問也會赦不治易王薨未葬建居服舍師古曰倚廬堊室之次也召易王所愛美人淖姬等凡十人與姦鄭氏曰淖音卓王孫之卓蘇林曰淖音泥淖師古曰蘇說是音女教反建女弟徵臣爲蓋侯子婦師古曰女弟即妹也補注先謙曰據表是時蓋侯王充也以易王喪來歸建復與姦補注先謙曰史記云建又盡與其姊弟姦建異母弟定國爲淮陽侯易王最小子也補注王念孫曰淮陽乃王國非侯國淮陽當爲淮陵王子侯表云淮陵侯定國江都易王子是其證漢淮陵故城在今泗州盱眙縣西北與江都相近其母幸立之師古曰冀得立其子爲易王嗣具知建事行錢使男子荼恬上書蘇林曰荼音食邪反補注宋祁曰浙

本注文無反字云荼音瑯邪湻化本郞邪反皆未安錢大昕曰廣韻余姓有二其一以諸切秦由余之後何氏姓苑云新安人此余字本音其一視遮切見姓苑出南昌郡此即荼之省文今人妄造佘字讀如蛇音非也告建淫亂不當爲後事下廷尉廷尉治恬受人錢財爲上書論棄市建罪不治後數使使至長安迎徵臣魯恭王太后聞之師古曰易王即魯恭王同母之弟徵臣則太后之孫也故與書戒之補注宋祁曰恭當作共先謙曰太后即程姬也遺徵臣書曰國中口語籍籍慎無復至江都師古曰籍籍諠聒之意後建使謁者吉請問共太后師古曰謂請問起居也補注先謙曰百官表諸侯王國官有謁者吉其名太后泣謂吉歸以吾言謂而王師古曰謂告也而汝也王前事漫漫補注先謙曰後漢仲長統傳注漫漫猶縱逸也今當自謹獨不聞燕齊事乎張晏曰燕王定國齊王次昌皆與子昆弟姦發覺自殺也言吾爲而王泣也吉歸致共太后語建大怒擊吉斥之師古曰斥謂退棄之建游章臺宮令四女子乘小船建以足蹈覆其船師古曰覆音芳目反其下亦同四人皆溺二人死後游雷波師古曰波讀爲陂雷陂陂名其下云入波中亦同補注沈欽韓曰雷波即雷塘寰宇記雷塘在揚州江都縣東北十里先謙曰九域志雷陂在揚州

府江都縣有臺高二尺南充記即吳王濞之釣臺也天大風建使郎二人乘小舩入波中舩覆兩郎溺擎舩乍見乍沒建臨觀大笑令皆死師古曰不救止之並死陂中也宮人姬八子有過者輒令臝立擊鼓師古曰八子姬妾官名也臝者露其形也音來果反補注沈欽韓曰八子承秦女官史記秦昭王母芈八子孝文王母唐八子或置樹上久者三十日乃得衣或髡鉗以鉛杵舂師古曰鉛者錫之類也音弋全反不中程輒掠師古曰程者作之課也掠笞擊也或縱狼令齧殺之師古曰縱放也建觀而大笑或閉不食令餓死凡殺不辜三十五人建欲令人與禽獸交而生子彊令宮人臝而四據與羝羊及狗交師古曰羝牡羊音丁奚反補注先謙曰四據手及足據地也專爲淫虐自知罪多國中多欲告言者建恐誅心內不安與其后成光共使越婢下神祝詛上補注先謙曰越婢越女解巫禳之術而爲宮婢者與郎中令等語怨望補注先謙曰百官表諸侯王國官有郎中令漢廷使者即復來覆我我決不獨死師古曰覆治也不獨死言欲反也覆音芳目反補注王念孫曰案訓覆爲治於古無據爾雅覆察審也鄭注考工記弓人云覆猶察也言使者若復來審問我則我

必叛也建亦頗聞淮南衡山陰謀恐一日發爲所并遂作兵器號王后父胡應爲將軍中大夫疾有材力善騎射師古曰疾者中大夫之名號曰靈武君作治黃屋蓋刻皇帝璽鑄將軍都尉金銀印作漢使節二十綬千餘具置軍官品員及拜爵封侯之賞具天下之輿地及軍陳圖遣人通越繇王閩侯補注先謙曰越繇王閩粵王無諸孫繇君丑也見兩粵傳繇音搖閩侯蓋其所屬遺以錦帛奇珍繇王閩侯亦遺建荃葛蘇林曰荃音詮細布屬也服虔曰音蓀細葛也臣瓚曰荃香草也師古曰服瓚二說皆非也許慎云荃細布也字本作絟音千全反又音千劣反蓋今南方筩布之屬皆爲荃也葛即今之葛布也以荃及葛遺建也補注先謙曰說文荃芥脃也絟細布也一切經音義十四引作細葛布也廣韻絟細布別名通作荃沈欽韓謂荃不當爲絟引寰宇記廣潮等州土產蕉布竹布皆緝其皮爲之廣東新語云蕉竹之屬皆荃也足廣異聞要違古義矣官本注音蓀上有荃字珠璣師古曰璣謂珠之不圜者也音機又音譏犀甲翠羽蝯熊奇獸數通使往來約有急相助師古曰約謂言契也及淮南事發治黨與頗連及建建使人多推金錢絕其獄師古曰行賄賂以滅其蹤緒也後復謂近臣曰我爲王詔獄

歲至生又無驩怡日壯士不坐死欲爲人所不能爲耳師古曰亦言欲反也
建時佩其父所賜將軍印載天子旗出積數歲事發覺漢遣丞相
長史與江都相雜案索得兵器璽綬節反具師古曰索搜也有司請捕誅
建制曰與列侯吏二千石博士議補注先謙曰吏二千石郡守也議皆曰建失臣
子道積久輒蒙不忍遂謀反逆所行無道雖桀紂惡不至於此天
誅所不赦當以謀反法誅有詔宗正廷尉即問建師古曰即就也就其國問之補
注先謙曰據公卿表宗正劉受廷尉張湯建自殺后成光等皆棄市六年國除補注劉敞曰當
云建立六年地入于漢爲廣陵郡絕百二十一年平帝時補注先謙曰據表元始二
年新都侯王莽秉政興滅繼絕立建弟盱眙侯子宮爲廣陵王師古
曰盱音許于反眙音怡補注先謙曰王子侯表盱台侯蒙之江都易王子元鼎五年坐酎金免是建弟即蒙之也諸侯王表宮以易
王庶孫盱眙侯子紹封則宮爲蒙之子廣陵表作廣世奉易王後莽篡國絕
膠西于王端孝景前三年立爲人賊盭又陰痿師古曰盭古戾字也言其性賊害而
很戾也痿音萎補注先謙曰官本注無上也字言其上有賊盭二字害下無而字很作狠一近婦人病數月有

所愛幸少年以爲郎郎與後宮亂端禽滅之及殺其子母數犯法
師古曰數音所角反次下亦同漢公卿數請誅端天子弗忍而端所爲滋甚師古曰滋
益也有司比再請削其國去太半張晏曰三分之二爲太半一爲少半師古曰比頻也端心慍
遂爲無訾省蘇林曰爲無所省錄也師古曰訾財也省視也言不視訾財也補注劉奉世曰無訾省猶今不藉賴忿
故爲此顏失之沈欽韓曰齊語訾相其質注訾量也呂覽知度篇訾功丈而知人數矣注訾相也相功力丈尺而知用人數多少韓
非亾徵篇發心悁忿而不訾前後者可亾也禮記少儀不訾重器注訾思也並是此訾省義蘇說得之先謙曰無訾省若今言諸事
不理言端含怒遂一切漫無思省故致財物腐不徙吏不收租賦也蘇沈說是府庫壞漏盡腐財物以鉅
萬計終不得收徙師古曰不收又不徙置他處令吏毋得收租賦端皆去衞補注
先謙曰索隱謂不置宿衞人封其宮門從一門出入數變名姓爲布衣之它國
師古曰之往也相二千石至者奉漢法以治端輒求其罪告之亾罪者詐
藥殺之所以設詐究變師古曰究極也彊足以距諫補注先謙曰距拒借字論語其不可者拒
之古本作距知足以飾非相二千石從王治則漢繩以法故膠西小國
而所殺傷二千石甚眾補注先謙曰端事又見董仲舒傳立四十七年薨無子國
除地入于漢爲膠西郡
趙敬肅王彭祖以孝景前二年立爲廣川王趙王遂反破後徙王
趙彭祖爲人巧佞卑諂足共師古曰共讀曰恭足恭謂便辟也而心刻深好法律
持詭辯以中人師古曰詭違道之辯也中傷也音竹仲反多內寵姬及子孫相二千
石欲奉漢法以治則害於王家是以每相二千石至彭祖衣帛布
單衣師古曰或帛或布以爲單衣補注王念孫曰案帛布當從史記五宗世家作皁布皁布單衣賤者之服也皁與帛字相似
因誤爲帛[illegible]衣帛則不衣布則不衣帛不得言衣帛布也師古曰或帛或布以爲單衣斯爲曲說矣王先
愼曰王說是御覽六百九十一引此傳文正作皁布單衣先謙曰皁布衣蓋隸役所服故下云行迎除舍令人不疑是王也自
行迎除舍師古曰至除舍迎之也除舍謂初所至之舍補注宋祁曰當云迎至除舍先謙曰顏宋說非也史記作自行迎
除二千石舍則除舍非連文明矣言自行迎之又爲埽除其舍也索隱謂彭祖自爲二千石埽除其舍以迎之也顛倒文義亦未合

多設疑事以詐動之得二千石失言中忌諱輒書之二千石欲治
者則以此迫劫不聽迺上書告之及汙以姦利事彭祖立六十餘
年補注先謙曰史記作五十餘年案史表終於太初四年彭祖時立五十五年此總其立至薨年計之故云六十餘年也相
二千石無能滿二歲輒以罪去大者死小者刑以故二千石莫敢
治而趙王擅權使使即縣爲賈人榷會韋昭曰平會兩家買賣之賈者榷者禁他家獨王家
得爲之也師古曰即就也就諸縣而專榷賈人之會若今和市矣榷音角會音工外反補注宋祁曰榷從木從手者非是沈欽韓曰
廣雅榷獨梁也按獨梁惟一人得行韋昭云榷者禁他家獨王家得爲之是此義唐律諸買賣不和而較固取者[illegible]
榷則較與榷通也先謙曰會會計也總計買人財物而征榷之故曰榷會賈者之賈讀曰價入多於國租稅以
是趙王家多金錢然所賜姬諸子亦盡之矣彭祖不好治宮室禨
祥服虔曰求福也師古曰禨鬼俗也字或作禨淮南子曰荊人鬼越人禨禨祥總謂鬼神之事也服說失之禨音居衣反補注宋
祁曰禨當作巨衣反好爲吏上書願督國中盜賊師古曰督視察也常夜從走卒行
徼邯鄲中師古曰徼謂巡察也音工釣反補注先謙曰說文徼循也公卿表有游徼徼循禁賊盜諸使過客

吕彭祖險陂莫敢留邯鄲師古曰使謂京師使人也過客行客從趙過者也陂謂傾側也音皮義反久之太子丹與其女弟及同產姊姦江充告丹淫亂補注先謙曰史記無弟字事詳充傳又使人椎埋攻剽爲姦甚眾師古曰椎殺人而埋之故曰椎埋剽劫也椎音直佳反其字從木剽音頻妙反其字從刀補注先謙曰顧炎武云椎埋即掘冢也新葬者謂之埋師古注非沈欽韓云南史蕭穎達傳梁州有古墓名曰尖冢有欲發者輒聞鼓角與外相拒椎埋者懼而退是椎埋爲發冢之徵矣淮南人閒訓掘藏之家必有殃高注謂發冢得伏藏即椎埋意也武帝遣使者發吏卒捕丹下魏郡詔獄治罪至死彭祖上書冤訟丹願從國中勇敢擊匈奴師古曰吕勇敢自隨補注先謙曰從音縱贖丹罪上不許久之竟赦出後彭祖入朝因帝姊平陽隆慮公主師古曰慮音廬求復立丹爲太子上不許彭祖取江都易王寵姬王建所姦淖姬者甚愛之生一男號淖子彭祖吕征和元年薨補注先謙曰據表彭祖立六十三年薨征和元年頃王昌嗣是彭祖以太始四年薨此文誤也謚敬肅王彭祖薨時淖姬兄爲漢宦者上召問淖子何如對曰爲人多欲上曰多欲不宜君國子民問武始

侯昌曰無咎無譽上曰如是可矣遣使者立昌是爲頃王十九年薨子懷王尊嗣五年薨無子絕二歲宣帝立尊弟高是爲哀王數月薨子共王充嗣五十六年薨子隱嗣王莽時絕初武帝復吕親親故立敬肅王小子偃爲平干王孟康曰今廣平補注先謙曰在今廣平府雞澤縣東二十里紀要征和二年爲平干國據表征和二年立也是爲頃王十一年薨補注宋祁曰頃王下疑更有頃王二字子繆王元嗣二十五年薨補注宋祁曰五當作二先謙曰宋說非也據表元鳳元年繆王元嗣二十四年五鳳二年坐殺謁者會薨不得代案元鳳元年至五鳳二年正二十五年表二十四年四爲五字之誤大鴻臚禹奏補注錢大昕曰王禹也元前吕刃賊殺奴婢子男殺謁者爲刺史所舉奏罪名明白病先令令能爲樂奴婢從死師古曰先令者預爲遺令也能爲樂作樂之人也從死吕殉葬也迫脅自殺者凡十六人暴虐不道故春秋之義誅君之子不宜立補注沈欽韓曰公羊昭十一年楚滅蔡傳文白虎通興滅繼絕云誅君之子不立君見弒其子得立何以尊君防篡弒元雖未伏誅不宜立嗣奏可國除

中山靖王勝吕孝景前三年立武帝初即位大臣懲吳楚七國行事議者勿冤鼂錯之策師古曰言錯策爲是枉見殺也補注先謙曰官本勿作多是行事猶故事皆吕諸侯連城數十泰強欲稍侵削數奏暴其過惡師古曰暴謂披布之諸侯王自吕骨肉至親先帝所吕廣封連城犬牙相錯者爲盤石宗也師古曰錯雜也言其地相交雜今或無罪爲臣下所侵辱有司吹毛求疵師古曰疵病也音才斯反補注沈欽韓曰韓非大體篇不吹毛而求小疵不洗垢而索難知笞服其臣使證其君多自吕侵冤補注先謙曰諸侯王多自以爲見侵陵冤屈也本書凡言自以爲者止作自以元紀人人自以得上意自以爲得上意也于定國傳民自以不冤自以爲不冤也此類甚多建元三年代王登長沙王發中山王勝濟川王明來朝補注先謙曰案濟川以是年廢據史表書代長沙中山是年來朝濟川不書天子置酒勝聞樂聲而泣問其故勝對曰補注沈欽韓曰或謂此對疑亦文士寓言非當時辭令按西京雜記魯恭王得文木一枝伐以爲器意甚玩之中山王爲賦云云恭王大悅則勝固優於文者臣聞悲者不可爲絫欷師古曰絫古累字累重也欷歔欷也音許既反思者不可爲歎息師古曰言聞欷歎之聲則悲思益甚故

高漸離擊筑易水之上荊軻爲之低而不食應劭曰燕太子丹遣荊軻刺秦王賓客祖於易水之上漸離擊筑士皆垂泣荊卿不能復食也師古曰低謂俛首補注先謙曰御覽百五十引此作泣而不食雍門子壹微吟孟嘗君爲之於邑張晏曰齊之賢者居雍門因吕爲號蘇林曰六國時人名周善鼓琴母死無吕葬見孟嘗君而微吟也如淳曰雍門子吕善鼓琴見孟嘗君先說萬歲之後高臺既已顛曲池又已平墳墓生荊棘牧豎游其上孟嘗君亦如是乎孟嘗君喟然歎息也師古曰如說是也蘇失之矣於邑短氣貌於音烏邑音一合反或讀如本字補注沈欽韓曰如說見說苑善說篇齊策又有一雍門子勸王建無入秦蘇說當亦有據今臣心結日久每聞幼眇之聲不知涕泣之橫集也師古曰幼音一笑反眇音妙幼妙精微也補注先謙曰幼讀曰要夫眾喣漂山應劭曰喣吹喣也師古曰漂動也喣音許句反又音許于反漂音匹遙反補注劉奉世曰喣吐沫也聚蟁成靁師古曰蟁古蚊字靁古雷字言眾蚊飛聲有若雷也朋黨執虎十夫橈椎師古曰橈曲也音女教反補注沈欽韓曰韓非內儲上龐恭謂魏王曰市之無虎也明矣然而三人言而成虎秦策莊語王稽曰三人成虎十夫揉椎先謙曰執固執也謂執言有虎喻人口多則僞可使眞直可使曲是吕文王拘於牖里孔子阸於陳蔡此乃烝庶之成風增積之生害也師古曰烝庶謂眾人也臣身遠與寡莫爲之先

師古曰身遠者去帝京遠與寡者少黨與也先謂素爲延譽也衆口鑠金積毀銷骨師古曰解在鄒陽傳叢輕折軸羽翮飛肉師古曰言積載輕物物多至令車軸毀折而鳥之所以能飛翔者以羽翮扇揚之故也〔補注〕沈欽韓曰魏策作羣輕折軸秦策衆口所移無翼而飛亦此意先謙曰御覽百五十引叢輕作聚輕紛驚逢羅潸然出涕晉灼曰言皆驚亂遇法罔可爲出涕者也師古曰潸垂涕貌音所姦反〔補注〕先謙曰紛言羅罔之多也楚辭紛吾既有此內美兮與此同義此靖王自言不得訓爲皆臣聞白日曬光幽隱皆照師古曰曬暴也舒也音山豉反又音力支反明月曜夜蚊蝱宵見師古曰宵亦夜也蝱音盲然雲蒸列布杳冥晝昏〔補注〕先謙曰文選王仲宣公讌詩注蒸熱氣也此言鬱濤之氣與雲平列爲義塵埃抪覆昧不泰山師古曰抪亦布散也昧暗也抪音鋪〔補注〕錢大昭曰泰山上脫見字先謙曰官本有見字何則物有蔽之也今臣雍閼不得聞師古曰雍讀曰壅壅塞也閼猶止也音烏曷反讒言之徒蠭生師古曰蠭生言衆多也一曰蠭與鋒同道遼路遠曾莫爲臣聞臣竊自悲也臣聞社鼷不灌屋鼠不熏師古曰鼷小鼠音奚〔補注〕王文彬曰晏子春秋景公問晏子治國何患對曰社鼠者不可灌之君左右出賣寒熱入則比周此亦國之社鼠者御覽九百十一引韓非子君亦見夫社木乎樹木而塗之鼠穿其閒掘穴託其中熏之則恐焚木灌之則恐塗阤此鼠之所以不得也何則所託者然也臣雖薄也得蒙肺附〔補注〕先謙曰肺當作柹解在劉向傳位雖卑也得爲東藩屬又稱兄師古曰言於戚屬爲帝兄今羣臣非有葭莩之親鴻毛之重張晏曰葭蘆也莩葉裏白皮也晉灼曰莩葭裏之白皮也皆取喻於輕薄也師古曰葭蘆也莩者其筩中白皮至薄者也葭莩喻著鴻毛喻輕薄甚也莩音孚張言葉裏白皮非也〔補注〕宋祁曰顏以晉說未明故申云莩者筩中白皮以張說爲非以裏作裹則誤景德本葭蘆葉也裏字並作裹校去葉字裹字並裹先謙曰官本張注蘆也作蘆葉也當衍葉字葭莩雖有相著之親然至微薄況疏遠小臣並此微薄之親亦無之也正與鴻毛之重對文顏云喻著其義不明疑有脫文宋說裏字並裹亦有誤羣居黨議朋友相爲使夫宗室擯卻骨肉冰釋師古曰擯卻謂斥退也冰釋言銷散也擯音必刃反卻音丘略反斯伯奇所以流離比干所以橫分也師古曰伯奇周尹吉甫之子也事後母至孝而後母譖之於吉甫吉甫欲殺之伯奇乃亡走山林比干諫紂紂怒殺而剖其心故云橫分也詩云我心憂傷惄焉如擣假寐永歎唯憂用老心之憂矣疢如疾首師古曰小雅小弁之詩也惄思也擣築也不脫衣冠而寐曰假寐永長也疢病也言我心中憂思如被擣築假寐長歎以憂致老至於苦病如遇首疾也臣之謂也具以吏所侵聞於是上乃厚諸侯之禮省有司所

奏諸侯事師古曰省減也加親親之恩焉其後更用主父偃謀令諸侯以私恩自裂地分其子弟而漢爲定制封號輒別屬漢郡漢有厚恩而諸侯地稍自分析弱小云〔補注〕錢大昕曰按地理志諸侯王國二十如趙眞定河閒廣陽城陽廣陵皆止四縣菑川泗水止三縣高密六安皆五縣魯六縣東平楚皆七縣竊疑漢初大封同姓幾據天下之半文景以後稍有裁制然諸侯王始封往往兼二三郡之地其以罪削地者史亦不多見何至封域若此之小及讀勝傳始悟諸侯王國所以日削者由王子侯國之多以表徵之城陽五十四人趙三十五人河閒二十三人菑川二十一人魯二十人王國之食邑皆入於漢無怪封圻之日蹙矣郡領縣多者無過於琅邪東海琅邪縣五十一東海縣三十八琅邪與城陽菑川膠東高密四國鄰東海與魯泗水楚城陽諸國鄰侯國之析置者多屬焉此所領之所以多於它郡也中山之陸成表作陸城新處表作薪處安險皆常爲侯國改屬它郡矣陸城薪處皆屬涿郡[illegible]表失書所屬亦當屬涿郡也宣元之世中山絕而復封所封又是帝子故稍以舊封益之如北新成劉向以爲涿郡地理志末論十二國分域蓋出於劉向而志屬中山亦是後來益封之證也勝爲人樂酒好內師古曰好內躭於妻妾也樂音五教反〔補注〕周壽昌曰左傳齊侯好內有子百二十餘人〔補注〕先謙曰官本攷證云按史記作有子枝屬百二十餘人似并孫數之常與趙王彭祖相非曰兄爲王專代吏治事王者當日聽音樂御聲色趙王亦曰中山王但奢淫不佐天子拊循百姓何以稱爲藩臣四十三年薨〔補注〕先謙曰表作四十二年據哀王元鼎五年嗣是靖王以四年薨正四十二年三字誤也史記表傳並作四十三年薨子哀王昌嗣一年薨〔補注〕先謙曰表作二年薨史表作即年薨[illegible]據糠王元封元年嗣是哀王以元鼎六年薨作二年是此及史表並誤子康王昆侈嗣〔補注〕宋祁曰康越本作糠糠惡謚也好樂怠政曰糠學本去米益誤也先謙曰越本是也史漢表並作糠二十一年薨子頃王輔嗣四年薨〔補注〕先謙曰表作三年據憲王始元元年嗣三年是也子憲王福嗣十七年薨子懷王循嗣〔補注〕先謙曰循表作修十五年薨無子絕四十五歲〔補注〕先謙曰據表修地節元年嗣十五年薨當五鳳三年自五鳳四年至鴻嘉元年止絕三十五歲不得云四十五歲也四字誤成帝鴻嘉二年復立憲王弟孫利鄉侯子雲客〔補注〕先謙曰據表利鄉孝侯安中山頃王子是憲王弟即安也下云戴侯遂嗣又下云侯固嗣免固益安孫雲客即固子矣是爲廣德夷王三年薨無子絕十四歲〔補注〕先謙曰表作一年薨下云建平三年漢紹封案自鴻嘉三年至建平二年計絕十四歲是雲客於封後即年薨作一年薨是[illegible]史三年誤也哀帝復立雲客弟廣漢爲廣平王薨無後平帝元始二年復

立廣川惠王曾孫倫爲廣德王奉靖王後王莽時絕補注劉敞曰此倫封廣德王廣川王後又封廣德王俱是平帝二年事必有一誤劉奉世曰按表王漢以夷王弟紹封十三年王莽時絕則此倫封廣德者誤也此云廣漢表云漢必有誤錢大昕曰羅願云按表廣漢至王莽時猶存安得遽云薨無後此廣德王倫自以廣川系紹故封之廣川惠王傳可見非續中山也中山王子孫侯者二十餘人不應取於見絕之廣川明矣大昕案劉氏以此必有一誤今據羅氏辨正則此傳薨無後以下二十三字是衍文倫瘉字形相近非有二人也先謙曰倫實廣德王奉惠王後王子侯表褒隄侯聖下可證此文誤錢說是也

長沙定王發母唐姬故程姬侍者景帝召程姬程姬有所避不願進師古曰謂月事補注沈欽韓曰釋名以丹注面曰旳此本天子諸侯羣妾當以次進御其有月事者止而不御重以口說故注此丹於面灼然爲識女史見之則不書其名於第錄也說文姅婦人汚見也漢律見姅變不得侍祠周壽昌曰婦人月姅不進御令宮姆奏入月唐時尚如此而飾侍者唐兒使夜進上醉不知以爲程姬而幸之遂有身已乃覺非程姬也及生子因名曰發張晏曰長沙王生乃發寤已之繆幸唐姬補注先謙曰張說非也上文明云已乃覺非程姬非待王生帝始發寤命名之意蓋因一索而得義取發祥特用志喜遂開後漢二

百年之祚允叶嘉名矣以孝景前二年立以其母微無寵故王卑溼貧國應劭曰景帝後二年諸王來朝有詔更前稱壽歌舞定王但張褏小舉手左右笑其拙上怪問之對曰臣國小地狹不足回旋帝乃以武陵零陵桂陽益焉補注王先慎曰通志定王墓在長沙東門外及其母唐姬墓各高十三丈其間相去三丈又引明統志云定王臺在府城東南定王發築臺於此以望母唐姬墓方輿勝覽俗傳定王載米搏長安土築臺遞異記定王故宮有蓼園眞定王故園也先謙曰史表景帝後二年不書定王來朝疑應氏誤記二十八年薨子戴王庸嗣二十七年薨補注先謙曰表二王薨年與此同史記傳表則定王二十七年戴王二十八年未知孰是戴史表傳並作康子頃王鮒鮈嗣服虔曰鮈音拘師古曰鮒音附鮈音劬字或作胕胊其音同耳補注先謙曰表作胕胊十七年薨子剌王建德嗣師古曰剌音來曷反宣帝時坐獵縱火燔民九十六家師古曰縱放也殺二人又以縣官事怨內史教人誣告以棄市罪削八縣罷中尉官師古曰減其官屬所以貶抑之三十四年薨子煬王旦嗣師古曰煬音弋向反二年薨無子絕歲餘元帝初元三年補注先謙曰表作初元四年據上文絕歲餘三年是復立旦弟宗是爲孝王五年薨補注先謙曰表作三年薨據魯人永光二年嗣是孝王以元年薨正三年表是此誤子魯人嗣王莽時絕補注先謙曰表云繆王魯人嗣四十八年薨居攝二年舜嗣二年王莽篡位貶爲公明年廢此傳王莽上有脫文

廣川惠王越以孝景中二年立十三年薨補注先謙曰十三年表作十二年據表繆王建元五年嗣是惠王以四年薨正十二年史記表傳並作十二年三字誤子繆王齊嗣師古曰謚法曰蔽仁傷善曰繆四十四年薨補注先謙曰四十四年表作四十五年據表王去征和二年嗣是繆王以元年薨正四十五年表是此誤

初齊有幸臣乘距補注先謙曰史記作桑距已而有罪欲誅距距以齊因禽其宗族距怨王乃上書告齊與同產姦師古曰謂其姊妹也是後齊數告言漢公卿及幸臣所忠等師古曰所姓忠名解具在食貨志又告中尉蔡彭祖捕子明孟康曰彭祖子名明也師古曰孟說非也明廣川王子也補注錢大昭曰案王子侯表西熊侯明廣川惠王之子也當是繆王齊之弟傳作子誤罵曰吾盡汝種矣師古曰王誣彭祖罵明云然有司案驗不如王言補注先謙曰官本無有司二字引宋祁曰浙本案字上有有司字劾齊誣罔大不敬請繫治齊恐上書願與廣川勇士奮擊匈奴上許之未發病薨有司請除國奏可

後數月下詔曰廣川惠王於朕爲兄朕不忍絕其宗廟其以惠王孫去爲廣川王去卽繆王齊太子也師受易論語孝經皆通補注先謙曰受疑當作授下文云事師受易言事師則可云受易師但可云授易也好文辭方技博弈倡優其殿門有成慶畫短衣大袴長劍晉灼曰成慶荊軻也衛人謂之慶卿燕人謂之荊卿師古曰成慶古之勇士也事見淮南子非荊卿也補注錢大昭曰後代之有門神濫觴於此沈欽韓曰秦策范睢說秦王成荊孟賁之勇史記徐廣曰荊一作羌羌慶字同方言大袴謂之倒頓按此卽後世之袴褶也先謙曰注謂之荊卿官本卿作軻去好之作七尺五寸劍被服皆效焉補注沈欽韓曰西京雜記廣川王去疾好聚無賴少年遊獵畢弋國內冢藏一皆發掘案疾字衍有幸姬王昭平王地餘許以爲后去嘗疾姬陽成昭信侍視甚謹師古曰陽成姓也昭信名也更愛之去與地餘戲得褏中刀師古曰褏古衣袖字笞問狀服欲與昭平共殺昭信笞問昭平不服以鐵鍼鍼之師古曰以鍼刺也鍼音之林反補注先謙曰官本注無以字是彊服乃會諸姬去以劍自擊地餘令昭信擊昭平皆死昭信曰兩姬婢且泄口復絞殺從婢三人後昭信病

夢見昭平等以狀告去去曰虜乃復見畏我師古曰言其見形令我畏忌也見音胡電反獨可燔燒耳掘出尸皆燒爲灰後去立昭信爲后幸姬陶望卿爲脩靡夫人主繒帛崔脩成爲明貞夫人主永巷補注錢大昭曰永巷二字誤南監本閩本皆作衣服王文彬曰爾雅宮中衖謂之壼疏引王肅曰今後宮稱永巷是宮內道名耳史記范雎傳范雎得見於離宮佯爲不知永巷而入其中是永巷之名秦已有之後代遂沿其制先謙曰據下文昭信言修成主諸姬淫亂難禁故使大婢主永巷是永巷二字不誤後人妄改衣服耳李鼎祚周易集解爲閽寺引宋衷注閽人主門寺人主巷是宮中之巷必有主之者永巷蓋諸姬往來之道明貞夫人主之司其防鍵也昭信復譖望卿曰與我無禮補注先謙曰後漢馮衍傳注與猶待也衣服常鮮於我師古曰鮮謂新華也盡取善繒匄諸宮人師古曰匄乞遺之也音工艾反去曰若數惡望卿不能減我愛師古曰若汝也惡謂讒毀也設聞其淫我亨之矣後昭信謂去曰前畫工畫望卿舍望卿袒裼傅粉其傍師古曰袒裼脫衣露其肩背也袒音但裼音錫又數出入南戶窺郎吏疑有姦去曰善司之以故益不愛望卿補注先謙曰司讀曰伺益漸也疑望卿有姦漸不愛之也凡言益者皆以漸而加之詞李廣傳胡虜益解言胡虜漸解也蘇武傳武益愈言武漸愈也本傳去益大顏注謂年漸長大也得其義矣後與昭信等飲諸姬皆侍去爲望卿作歌曰背尊章嫖以忽孟康曰嫖音匹昭反師古曰尊章猶言舅姑也今關中俗婦呼舅姑爲鍾鍾者章聲之轉也補注先謙曰官本注文作呼舅爲鍾引宋祁曰注文呼舅下當有姑字先謙案呼舅姑爲鍾亦非官本章聲作尊聲是也嫖飄同謀屈奇起自絕師古曰屈奇奇異也屈音其勿反補注先謙曰屈崛同行周流自生患補注先謙曰行周流謂望卿數出入南戶諒非望今誰怨師古曰諒信也言昔被愛寵信非所望今見罪責無所怨也使美人相和歌之去曰是中當有自知者昭信知去已怒即誣言望卿歷指郎吏臥處具知其主名補注先謙曰知某吏臥某處也又言郎中令錦被疑有姦去即與昭信從諸姬至望卿所贏其身更擊之師古曰更音工衡反補注先謙曰從音縱更番代也令諸姬各持燒鐵其灼望卿望卿走自投井死昭信出之椓杙其陰中師古曰杙橜也椓音竹角反杙音弋割其鼻脣斷其舌謂去曰前殺昭平反來畏我師古曰令我恐畏也今欲靡爛望卿使不能神師古曰靡碎也音縻其下亦同與去共支解置大鑊中取桃灰毒藥

井煮之召諸姬皆臨觀連日夜靡盡復其殺其女弟都後去數召姬榮愛與飲昭信復譖之曰榮姬視瞻意態不善疑有私時愛爲去刺方領繡服虔曰如今小兒卻襲衣也頸下施衿領正方直晉灼曰今之婦人直領也繡爲方領上刺作黼黻文王莽傳曰有人著赤繢方領方領上服也師古曰晉說是也去取燒之愛恐自投井出之未死笞問愛自誣與醫姦去縛繫柱燒刀灼潰兩目師古曰潰決也生割兩股銷鉛灌其口中愛死支解以棘埋之諸幸於去者昭信輒譖殺之凡十四人皆埋太后所居長壽宮中宮人畏之莫敢復迕師古曰迕逆也不敢逆昭信意昭信欲擅愛曰王使明貞夫人主諸姬淫亂難禁請閉諸姬舍門無令出敖師古曰敖謂游戲也使其大婢爲僕射師古曰大婢婢之長年也補注王先慎曰百官表僕射秦官古者重武官有主射以督課之軍屯吏騶宰永巷宮人皆有取其領事之號孟康注若軍屯吏則曰軍屯僕射永巷則曰永巷僕射主永巷盡封閉諸舍上籥於后補注先謙曰方言戶鑰自關而東謂之鍵自關而西謂之鑰文選鮑明遠樂府注引易鄭注齊魯之閒名門戶及藏器之管曰籥是籥鑰古通也或亦作闢非大置酒召不得見去憐之爲作歌曰愁莫愁居無聊師古曰聊賴也心重結意不舒內茀鬱憂哀積師古曰茀音拂上不見天生何益日崔隤時不再師古曰崔隤猶言蹉跎也崔音千回反隤音頽願棄軀死無悔令昭信聲鼓爲節以教諸姬歌之歌罷輒歸永巷封門獨昭信兄子初爲乘華夫人得朝夕見補注先謙曰昭信兄女名初也昭信與去從十餘奴博飲游敖初去年十四五事師受易師數諫正去師古曰數音所角反其下亦同去益大逐之師古曰益大謂年漸長大也內史請以爲掾師數令內史禁切王家去使奴殺師父子不發覺後去數置酒令倡俳贏戲坐中師古曰倡樂人也俳雜戲者也以爲樂相彊劾繫倡闌入殿門如淳曰彊相名也奏狀事下攷案補注先謙曰天子下其事遣使案之倡辭本爲王教修靡夫人望卿弟都歌舞使者召望卿都去對皆淫亂自殺會赦不治望卿前亨煮即取他死人與都死并付其母師古曰死者尸也次下求其死亦同補注先謙曰都死之死即屍字省文說文屍終主从尸从死今作尸非也史記魯世家以其死與之與此同注求其

死其字衍母曰都是望卿非也數號哭求死昭信令奴殺之奴得辭服師古曰得者爲吏所捕得本始三年相內史奏狀具言赦前所犯天子遣大鴻臚丞相長史御史丞廷尉正雜治鉅鹿詔獄補注周壽昌曰以廣川事雜治於鉅鹿郡中漢廣川在今直隸冀州棗強縣東鉅鹿即今順德府平鄉縣治相距甚近凡遣官治獄曰詔獄謂奉詔治獄也奏請逮捕去及后昭信制曰王后昭信諸姬奴婢證者皆下獄辭服有司復請誅王制曰與列侯中二千石二千石博士議議者皆以爲去悖虐聽后昭信讒言燔燒亨煮生割剝人距師之諫殺其父子凡殺無辜十六人至一家母子三人補注先謙曰謂望卿與都及其母也逆節絕理其十五人在赦前補注先謙曰惟望卿母在赦後也大惡仍重師古曰仍頻也重音直用反當伏顯戮以示眾制曰朕不忍致王於法議其罰有司請廢勿王與妻子徙上庸補注先謙曰去妻即昭信下云昭信棄市不得與去俱徙明妻字衍奏可與湯沐邑百戶去道自殺昭信棄市立二十二年國除後四歲宣帝地節四年復

立去兄文是爲戴王文素正直數諫王去故上立焉二年薨子海陽嗣補注先謙曰海陽表作汝陽十五年坐畫屋爲男女嬴交接置酒請諸父姊妹飲令仰視畫又海陽女弟爲人妻而使與幸臣姦又與從弟調等謀殺一家三人已殺甘露四年坐廢徙房陵國除後十五年補注先謙曰甘露四年至元始二年計五十三年此誤平帝元始二年復立戴王弟襄隄侯子瘉爲廣德王師古曰隄音丁奚反瘉音愈補注先謙曰表云靜王瘉以惠王曾孫戴王子紹封按王子侯表襄隄侯聖廣川繆王子地節四年免元始二年聖子倫以曾祖廣川惠王曾孫爲廣德王以上中山靖王傳證之作倫者是瘉揄皆誤也聖爲繆王子戴王弟瘉爲惠王曾孫戴王從子諸侯王表誤奉惠王後二年薨補注先謙曰表作四年薨據王赤以居攝元年嗣表是此誤子赤嗣王莽時絕

膠東康王寄以孝景中二年立二十八年薨淮南王謀反時寄微聞其事私作兵車鏃矢應劭曰樓車也所以看敵國營壘之虛實也師古曰兵車止謂戰車耳鏃矢大鏃之矢今所謂兵箭者也鏃音子木反補注先謙曰史記兵作樓集解引應注非兵車義也鏃當爲鏃說見衡山傳戰守備補注先謙曰諸戰守之具也備淮南之起及吏治淮南事辭出之師古曰辭語所連出其事補注周壽昌曰出之出其罪也出猶脫也王溫舒傳行論無出者出亦作脫解觀後王未被議徙以意自傷而死可證寄於上最親師古曰寄母王夫人即王皇后之妹於上爲從母故寄於諸兄弟之中又更親也此下有常山王云天子爲最親其義亦同意自傷發病而死不敢置後於是上聞寄有長子賢母無寵少子慶母愛幸寄常欲立之爲非次因有過遂無所言補注先謙曰淮南反謀不以聞而私作兵器爲有過也上憐之立賢爲膠東王奉康王祀而封慶爲六安王王故衡山地膠東王賢立十五年薨補注先謙曰表作十四年據戴王元封五年嗣是賢以四年薨正十四年表是此誤史記表傳並作十四年謚爲哀王子戴王通平嗣二十四年薨子頃王音嗣五十四年薨子共王授嗣十四年薨子殷嗣王莽時絕

六安共王慶立三十八年薨補注先謙曰武紀元狩二年五月立慶爲六安王史漢表並云二年七月立至始元三年得三十八年子夷王祿以始元四年嗣然則武紀誤也子夷王祿嗣十年薨補注先謙曰表

作十四年薨據繆王本始元年嗣是夷王以元平元年薨正十年此是表誤子繆王定嗣二十二年薨補注先謙曰表作二十三年據頃王甘露四年嗣是繆王以三年薨正二十三年表是此誤子頃王光嗣二十七年薨子育嗣王莽時絕

清河哀王乘以孝景中三年立十二年薨無子國除補注先謙曰史記云地入於漢爲清河郡

常山憲王舜以孝景中五年立舜帝少子驕淫數犯禁上常寬之三十三年薨補注先謙曰三十三年表作三十二年據史表薨於元鼎三年正三十二年表是此誤子勃嗣爲王初憲王有不愛姬生長男梲蘇林曰音奪師古曰音他活反其字從木梲以母無寵故亦不得幸於王王后脩生太子勃王內多補注先謙曰內謂姬妾所幸姬生子平子商王后稀得幸及憲王疾甚諸幸姬侍病王后以妒媢不常在師古曰媢亦妒也媢音冒輒歸舍醫進藥太子勃不自嘗藥又不宿留侍疾及王薨王后太子乃至憲王雖不以梲爲子數師古曰雖素也數音

所具反（補注）蘇輿曰言不齒於諸子之數也不分與財物郎或說太子王后令分稅財皆不聽太子代立又不收恤稅稅怨王后及太子漢使者視憲王喪稅自言憲王病時王后太子不侍及薨六日出舍如淳曰出服舍也太子勃私姦飲酒博戲擊筑與女子載馳環城過市師古曰環繞也音宦入獄視囚天子遣大行騫驗問師古曰張騫也逮諸證者師古曰逮捕之（補注）先謙曰官本之作也王又匿之吏求捕勃使人致擊笞掠擅出漢所疑囚（補注）先謙曰疑讀曰擬漢所擬罪之囚也有司請誅勃及憲王后脩上曰脩素無行使稅陷之罪（補注）先謙曰言脩平日妒媚不善事憲王致稅得陷以罪勃無良師傅不忍致誅有司請廢勿王徙王勃以家屬處房陵上許之勃王數月廢國除月餘天子爲最親（補注）先謙曰最親解見上詔有司曰常山憲王早夭后妾不和適孽誣爭師古曰適音嫡孽庶也陷于不誼以滅國朕甚閔焉其封憲王子平三萬戶爲眞定王子商三萬戶爲泗水王（補注）先謙曰案表勃廢平商封並在元鼎三年紀漏書平爲眞定王

頃王平立二十五年薨師古曰眞定頃王也子烈王偃嗣十八年薨子孝王由嗣二十二年薨（補注）先謙曰表同據安王建昭元年嗣是孝王以永光五年薨自本始三年嗣位至永光五年計三十三年表傳並誤子安王雍嗣二十六年薨（補注）先謙曰二十六年表作十六年據共王陽朔三年嗣是安王以二年薨自建昭元年至陽朔二年正十六年表是此誤子共王普嗣十五年薨子陽嗣王莽時絕（補注）先謙曰陽表作楊

泗水思王商立十年薨子哀王安世嗣一年薨（補注）先謙曰官本十年作十二年一年作十一年引宋祁曰浙本上作十年下作一年去二字及十字先謙案十一年表作十五年案哀王太初二年嗣是思王元年薨自元鼎三年封表誤見上封至太初元年計十一年表傳並誤史記作十一年卒是也哀王一年薨不當作十一年史記云商以元鼎四年立又誤也史表亦以元鼎四年爲商元年以太初二年爲哀王元年則商止十年與傳十一年卒之文自相違戾且哀王止一年薨史表於太初三四兩年書哀王二年三年誤謬殊甚而傳云安世立十一年卒果爾卒年已在史公身後何由知而書之乎史表譌誤不可悉舉讀者以其無關文義未細加讎校耳無子於是武帝憐泗水王絕復立安世弟賀是爲戴王立二十二年薨（補注）宋祁曰浙本云二十年先謙曰二十二年表作二十年據表勤王元鳳元年立是戴王以始元六年薨自太初三年嗣至始元六年正二十二年此是表誤浙本亦誤也有遺腹子煖師古曰煖音許遠反（補注）先謙曰煖表作綜相內史不以聞太后上書昭帝閔之抵相內史罪立煖是爲勤王師古曰勤謚也立三十九年薨子戾王駿嗣三十一年薨子靖嗣王莽時絕

贊曰昔魯哀公有言寡人生於深宮之中長於婦人之手未嘗知憂未嘗知懼師古曰哀公與孔子言也事見孫卿子信哉斯言也雖欲不危亡不可得已師古曰已語終辭是故古人以宴安爲鴆毒師古曰左氏傳管敬仲云宴安鴆毒不可懷也亡德而富貴謂之不幸漢興至于孝平諸侯王以百數率多驕淫失道何則沈溺放恣之中居勢使然也自凡人猶繫于習俗（補注）先謙曰人當作民蓋避唐諱改凡民謂細民而況哀公之倫乎夫唯大雅卓爾不羣河閒獻王近之矣

景十三王傳第二十三終　漢書五十三

李廣蘇建傳第二十四　　漢書五十四

漢　蘭　臺　令　史班　固　撰

唐正議大夫行祕書少監琅邪縣開國子顏師古　注

賜進士出身前翰林院編修國子監祭酒加三級臣王先謙補注

李廣隴西成紀人也〔補注〕齊召南曰按成紀縣漢初屬隴西郡至元光以後置天水郡改屬焉故志載成紀於天水下而此傳曰隴西成紀人也其先曰李信秦時為將逐得燕太子丹者也〔補注〕先謙曰史紀此下有故槐里徙成紀六字廣世世受射師古曰受射法〔補注〕先謙曰史記廣下有家字文義較明索隱引注受上有世字此奪孝文十四年匈奴大入蕭關師古曰在上郡北而廣以良家子從軍擊胡〔補注〕周壽昌曰漢制凡從軍不在七科讁內者謂之良家子用善射殺首虜多為郎騎常侍師古曰官為郎常騎以侍天子故曰騎常侍〔補注〕先謙曰史記云用善騎射首虜多為漢中郎廣從弟李蔡亦為郎皆為武騎常侍秩八百石索隱謂為郎而補武騎常侍也先謙案百官表無武騎常侍據史記蓋文景時置此官後省司馬相如傳相如亦為武騎常侍武字不可少師古望文立訓耳數從射獵格殺猛獸文帝曰惜廣不逢時令當高祖世萬戶侯豈足道哉景帝即位為騎郎將師古曰為騎郎之將主騎郎〔補注〕先謙曰百官志郎有車戶騎三將秩皆比千石史記云及孝景初立廣為隴西都尉徙為騎郎將吳楚反時為驍騎都尉從太尉亞夫戰昌邑下顯名〔補注〕先謙曰史記作取旗顯功名昌邑下以梁王授廣將軍印故還賞不行文穎曰廣為漢將私受梁印故不得賞也為上谷太守數與匈奴戰典屬國公孫昆邪為上泣曰服虔曰昆邪中國人也師古曰對上而泣也昆音下溫反〔補注〕錢大昕曰即平曲侯公孫昆邪丞相賀之大父也李廣材氣天下亡雙自負其能數與虜确恐亡之師古曰負恃也确謂競勝敗也确音角〔補注〕先謙曰說文确礐石也礐堅也一切經音義引通俗文物堅鞕謂之确無競義角借字耳當正作角上乃徙廣為上郡太守匈奴入上郡〔補注〕先謙曰官本入作侵引宋祁曰侵上郡監本改侵作入案史記作匈奴大入上郡上使中貴人從廣服虔曰內臣之貴幸者〔補注〕先謙曰索隱案董巴輿服志云黃門丞主密近使聽察天下天下謂之中貴人使者崔浩云在中而貴幸非德望故云中貴也勒習兵擊匈奴中貴人者將數十騎從張晏曰放從遊獵也師古曰張讀作縱此說非也直言將數十騎自隨在大軍前行而忽遇敵也從音才用反〔補注〕王念孫曰顏以從為隨從非也既在大軍前則

不得言隨從若謂以騎自隨則當云從數十騎下文云從數十騎李敢不當云將數十騎從也張讀從為放縱是也而云放縱遊獵亦非今案從讀為縱兵之縱謂擊之也史記作中貴人將數十騎縱徐廣曰放縱馳騁蓋得其意矣下文聞鼓聲而縱聞金聲而止史記高祖紀高祖與項羽決勝垓下孔將軍費將軍縱匈奴傳漢兵約單于入馬邑而縱朝鮮傳率遼東兵先縱並與將數十騎從之從同義先謙曰官本張注從作縱是見匈奴三人與戰射傷中貴人殺其騎且盡中貴人走廣師古曰走趣也音奏廣曰是必射鵰者也文穎曰鵰鳥也故使善射者射之師古曰鵰大鷙鳥也一名鷲黑色翮可以為箭羽音彫廣乃從百騎往馳三人師古曰疾馳而逐之三人亡馬步行行數十里廣令其騎張左右翼師古曰旁引其騎若鳥翼之為而廣身自射彼三人者殺其二人生得一人果匈奴射鵰者也已縛之上山〔補注〕周壽昌曰史記作上馬是若廣先上山匈奴又何以上山陳耶望匈奴數千騎〔補注〕李慈銘曰史記匈奴下有有字不可省見廣以為誘騎驚上山陳師古曰為陳以待廣也廣之百騎皆大恐欲馳還走廣曰我去大軍數十里今如此走匈奴追射我立盡今我留匈奴必以我為大軍之誘〔補注〕先謙曰誘即上所云誘騎也史記之誘作誘之誤倒不我擊師古曰不我擊不敢擊我也廣令曰前〔補注〕先謙曰令騎前行也史記下更有前字未到匈奴陳二里所止令曰皆下馬解鞍騎曰虜多如是解鞍即急柰何廣曰彼虜以我為走今解鞍以示不去〔補注〕王念孫曰去當為走字之誤也走與不走文正相對不當變走言去御覽兵部二十五引此正作不走史記及通典兵六通鑑漢紀十六並同用堅其意師古曰示以堅牢令敵意知之〔補注〕先謙曰顏說分用堅其意為二義非也此言匈奴以我為誘騎故上山陳然猶疑我走今解鞍以示不去用堅彼以我為誘騎之意所謂使之不疑也與上文今我留匈奴必以我為大軍之誘相應史記此下有於是胡騎遂不敢擊八字有白馬將出護兵師古曰將之乘白馬者也護謂監視之〔補注〕錢大昭曰閩本無此七字非廣上馬與十餘騎奔射殺白馬將而復還至其百騎中解鞍縱馬臥師古曰縱放也時會暮胡兵終怪之弗敢擊夜半胡兵以為漢有伏軍於傍欲夜取之即引去平旦廣乃歸其大軍後徙為隴西北地鴈門雲中太守〔補注〕先謙曰史記敘此文於匈奴大入上郡前云嘗為隴西北地鴈門代郡雲中太守皆以力戰為名此漏書代郡也據公卿表廣由隴西太守為衛尉則隴西當在諸郡末史記則云以上郡太守入為衛尉武帝即位左右言廣名將也由是入

爲未央衛尉而程不識時亦爲長樂衛尉補注先謙曰公卿表元光元年隴西太守李廣爲衛尉不書程不識百官志云長樂建章甘泉衛尉皆掌其宮職略同不常置故表不書程不識故與廣俱以邊太守將屯及出擊胡而廣行無部曲行陳師古曰續漢書百官志云將軍領軍皆有部曲大將軍營五部部校尉一人部下有曲曲有軍候一人今廣尚於簡易故行道之中而不立部曲也就善水草頓舍人人自便師古曰頓止也舍息也便安利也音頻面反其下亦同補注先謙曰史記頓作屯舍作舍止下屬爲句不擊刀斗自衛孟康曰刀斗以銅作鐎受一斗晝炊飯食夜擊持行夜名曰刀斗今在滎陽庫中也蘇林曰形如鋗無緣師古曰鐎音譙鋗音火玄反鋗即銚也今俗或呼銅銚音姚補注先謙曰溫器也鋗本作刁是史記亦作刁叉官本注行下夜字作故集解引受上有器字無上一刀斗二字今下七字索隱引蘇林曰形如鋗以銅作之無緣受一斗故云刁斗莫府省文書晉灼曰將軍職在征行無常處所在爲治故言莫府也莫大也或曰衛青征匈奴絕大莫大克獲帝就拜大將軍於幕中府故曰莫府莫府之名始於此也師古曰二說皆非也莫府者以軍幕爲義古字通單用耳軍旅無常居止故以帳幕言之廉頗李牧市租皆入幕府此則非因衛青始有其號又莫訓大於義乖矣省少也音所領反補注宋祁曰晉灼二字史記作如淳說先謙曰史記作省約文書籍事注幕中府之幕當作莫然亦遠斥候未嘗遇害補注先謙曰索隱案許愼淮南云補注斥下脫斥度也候視也望也程不識正部曲行伍營陳擊刁斗吏治軍簿師古曰簿文簿音步戶反至明軍不得自便不識曰李將軍極簡易然虜卒犯之無以禁師古曰卒讀曰猝而其士亦佚樂師古曰佚與逸同逸樂謂閒豫也爲之死補注先謙曰史記作咸樂爲之死語意較足我軍雖煩擾虜亦不得犯我是時漢邊郡李廣程不識爲名將然匈奴畏廣士卒多樂從而苦程不識師古曰苦謂厭苦之也補注先謙曰官本無也字不識孝景時以數直諫爲太中大夫爲人廉謹於文法後漢誘單于以馬邑城使大軍伏馬邑傍而廣爲驍騎將軍屬護軍將軍師古曰韓安國單于覺之去漢軍皆無功後四歲廣以衛尉爲將軍出雁門擊匈奴補注先謙曰元光六年匈奴兵多破廣軍生得廣單于素聞廣賢令曰得李廣必生致之胡騎得廣廣時傷置兩馬間絡而盛之補注宋祁曰越本無之字先謙曰越本是也下文臥行十餘里臥行連文不合蓋廣傷不能起坐故絡而盛其臥也史記作絡而盛臥廣行十餘里是臥字屬上爲文不應有之字明矣通鑑亦作絡而盛臥臥行十餘里廣陽

死睨其傍有一兒騎善馬師古曰睨邪視也音五係反補注先謙曰官本注奪視字暫騰而上胡兒馬師古曰騰跳躍也補注先謙曰廣雅釋詁暫猝也因抱兒鞭馬補注先謙曰官本考證茅坤曰史記作因推墮兒是洪頤煊云世表集解抱音普茅反讀如拋枚乘傳抱薪救火抱義亦作拋南馳數十里得其餘軍匈奴騎數百追之廣行取兒弓射殺追騎師古曰且行且射也以故得脫於是至漢漢下廣吏吏當廣亡失多爲虜所生得師古曰當謂處其罪也當斬贖爲庶人數歲與故潁陰侯屏居藍田南山中射獵師古曰潁陰侯灌嬰之孫名彊補注錢大昭曰時彊以有罪免侯故曰故也嘗夜從一騎出從人田間飲補注宋祁曰南本飲作欲先謙曰南本誤史記亦作飲還至亭霸陵尉醉呵止廣補注譚宗浚曰按說文無呵字呵當作抲說文抲下云擨也从手可聲周書曰盡執抲疑此及江充傳館陶公主行馳道中充呵止之皆作抲爲是抲止謂擨止不使行也呵字或淺人所改耳又說文訶下云大言而怒也與抲止之抲義相通而微異先謙曰索隱案百官志云尉大縣二人主盜賊凡有賊發則推索尋案之也廣騎曰故李將軍尉曰今將軍尚不得夜行何故也宿廣亭下居無何匈奴入遼西補注宋祁曰越本作隴西先謙曰事在元朔元年見武紀匈奴傳越本誤殺太守敗韓將軍蘇林曰韓安國韓將軍後徙居右北平死於是上乃召拜廣爲右北平太守廣請霸陵尉與俱師古曰奏請天子而將行至軍而斬之上書自陳謝罪上報曰將軍者國之爪牙也司馬法曰登車不式遭喪不服服虔曰式撫車之式以禮敬人也式者車前橫木也字或作軾補注沈欽韓曰司馬法兵車不式城上不趨無遭喪不服語振旅撫師以征不服率三軍之心同戰士之力故怒形則千里竦威振則萬物伏師古曰竦驚也是以名聲暴於夷貉威稜憺乎鄰國李奇曰神靈之威曰稜憺猶動也蘇林曰陳留人語恐言憺之師古曰稜音來登反憺音徒濫反補注先謙曰廣韻稜俗稜字說文稜柧也一切經音義十八引通俗文木四方爲稜人有威如有稜者然故曰威稜後漢班彪王充傳注並訓稜爲威非獨神靈之威曰稜也文選蕪城賦稜稜霜氣注嚴冬之貌故霜氣亦言霜威矣夫報忿除害捐殘去殺朕之所圖於將軍也若迺免冠徒跣稽顙請罪豈朕之指哉師古曰指意也將軍其率師東轅彌節白檀孟康曰白檀縣名也屬右北平李奇曰彌節少安之貌師古曰彌音亡俾反補注錢大昕曰地理志白檀屬漁陽不屬右北平孟注因下有右北平字而誤耳沈欽韓曰一統志漢白檀縣在今古北口外承

德州界相傳在古北口東北一百四十里此眞漢白檀縣地紀要云白檀廢縣在昌平州密雲縣南白檀山在縣南二十里此本漢厗奚縣地後魏於此置白檀縣爲密雲治非漢之白檀也紀要誤先謙曰顧炎武云彌與弭同司馬相如傳於是楚王乃弭節徘徊郭璞曰弭猶低也節所杖信節也官本注無也字㠯臨右北平盛秋師古曰盛秋馬肥恐虜爲寇故令折衝禦難也補注王先愼曰臨盛秋即後世所謂防秋唐書邢君牙傳田神功爲兗鄆節度使使君牙將兵屯好畤防盛秋是也廣在郡匈奴號曰漢飛將軍避之數歲不入界廣出獵見草中石㠯爲虎而射之中石沒矢視之石也他日射之終不能入矣補注沈欽韓曰西京雜記李廣與兄弟共獵於冥山之北見臥虎焉射之一矢即斃斷其髑髏以爲枕示服猛也他日復獵於冥山之陽又見臥虎射之沒矢飲羽進而視之乃石也退而更射鏃破簳折而石不傷余嘗以問揚子雲子雲曰至誠則金石爲開按呂覽精通篇養由基新序雜事楚熊渠子事並同北史李遠傳遠陵之後也嘗校獵於沙柵見石於叢薄中以爲伏兔射之而中鏃入寸餘就而視之乃石也周文聞而異之賜書曰昔李將軍親有此事公今復爾可謂世載其德然則北史所載想非虛造果有其事矣廣所居郡聞有虎常自射之及居右北平射虎虎騰傷廣廣亦射殺之石建卒上召廣代爲郎中令元朔六年廣復爲將軍從大將軍出定

襄諸將多中首虜率爲侯者如淳曰中猶充也充本法得首若干封侯也師古曰率謂軍功封賞之科著在法令者也中音竹仲反其下率亦同補注先謙曰官本無末五字而廣軍無功後三歲廣㠯郎中令將四千騎出右北平博望侯張騫將萬騎與廣俱異道行數百里匈奴左賢王將四萬騎圍廣廣軍士皆恐廣迺使其子敢往馳之敢從數十騎直貫胡騎出其左右而還報廣曰胡虜易與耳軍士乃安爲圜陳外鄉師古曰鄉讀曰嚮胡急擊矢下如雨漢兵死者過半漢矢且盡廣乃令持滿毋發師古曰注矢於弓弩而引滿之不發矢也補注先謙曰官本引作張而廣身自㠯大黃射其裨將服虔曰黃肩弩也孟康曰太公陷堅卻敵以大黃參連弩也晉灼曰黃肩即黃間也大黃其大者也師古曰服晉二說是也補注齊召南曰注太公下應有六韜曰三字此刊本訛脫也沈欽韓曰文選射雉賦奉黃間以密彀鍾鼎款識右中郎將弩機上字云中郎將曹悅赤黑間按所謂黃間白間皆在弩機處名之也先謙曰集解韋昭曰角弩色黃而體大也索隱韋說是殺數人胡虜益解補注先謙曰益漸也解在景十三王傳會暮吏士無人色師古曰言懼甚而廣意氣自如師古曰自如猶云如舊益治軍師古曰巡部曲整行陳也軍中服其勇也明日復力戰而博望侯軍亦至匈奴迺解去漢軍罷弗能追師古曰罷讀曰疲是時廣軍幾沒罷師古曰幾音鉅衣反補注宋祁曰浙本及越本並無罷字先謙曰此師古誤讀罷字連歸爲文謂罷兵歸也下迺言漢法云云耳若罷字連上讀則沒罷不成義浙本越本刪去罷字迺爲顏讀所誤也歸漢法博望侯後期當死贖爲庶人廣軍自當亡賞師古曰自當謂爲虜所勝又能勝虜功過相當也補注先謙曰軍自當史記作軍功自如如當義同初廣與從弟李蔡俱爲郎事文帝景帝時蔡積功至二千石武帝元朔中爲輕車將軍從大將軍擊右賢王有功中率補注錢大昭曰中率中首虜率也上文云諸將多中首虜率爲侯封爲樂安侯師古曰此傳及百官表並爲樂安侯而功臣表作安樂侯是功臣表誤也補注周壽昌曰樂安地理志屬千乘郡在今山東青州府博興縣北無安樂縣名自以樂安爲是元狩二年代公孫弘爲丞相蔡爲人在下中師古曰在下輩之中補注李慈銘曰下中者即人表第八等謂下等之中也名聲出廣下遠甚然廣不得爵邑官不過九卿廣之軍吏及士卒或取封侯廣與望氣王朔語曰補注先謙曰官本曰作云天文志王朔所候決於日旁開元占經日占中多引朔說自

漢擊匈奴廣未嘗不在其中而諸妄校尉已下張晏曰妄猶凡也補注先謙曰史記妄作部材能不及中師古曰中謂中庸之人也㠯軍功取侯者數十人廣不爲後人補注先謙曰索隱謂不在人後也然終無尺寸功㠯得封邑者何也豈吾相不當侯邪補注先謙曰史記此句下有且固命也四字以相與命兼說朔曰將軍自念豈嘗有恨者乎師古曰恨悔也補注王念孫曰案恨上有所字而今本脫之則語意不完藝文類聚封爵部御覽封建部一引此皆有所字史記同廣曰吾爲隴西守羌嘗反吾誘降者八百餘人詐而同日殺之至今恨獨此耳朔曰禍莫大於殺已降補注沈欽韓曰吳越春秋吳王曰吾聞誅降殺服禍及三世此迺將軍所㠯不得侯者也廣歷七郡太守前後四十餘年得賞賜輒分其戲下師古曰戲讀曰麾又音許宜反飲食與士卒共之家無餘財終不言生產事爲人長爰臂如淳曰臂如猨臂通肩也或曰似當爲猨臂也師古曰王國風菟爰之詩云有菟爰爰爰爰緩意也其義兩通補注沈欽韓曰淮南修務訓羿左臂修而善射此亦如猨之通臂也或曰緩臂何能善射乎先謙曰史記作猨臂爰猨省字集解引如說作臂如猿通肩此注下臂字當是衍文官本爰爰緩意也作亦緩意三字其

善射亦天性雖子孫他人學者莫能及〔補注〕先謙曰藝文志有李將軍射法三篇廣吶口少言師古曰吶亦訥字。與人居則畫地爲軍陳射闊狹㠯飲專㠯射爲戲如湻曰爲戲求疏密持酒以飲不勝者也將兵乏絕處見水士卒不盡飲不近水不盡餐不嘗食〔補注〕沈欽韓曰三略軍井未鑿將不言渴軍竈未炊將不言飢寬緩不苛師古曰苛細也士㠯此愛樂爲用其射見敵非在數十步之內度不中不發師古曰度音待各反中音竹仲反發即應弦而倒用此其將數困辱〔補注〕先謙曰非見敵急不射故其將軍數被敵窘迫及射猛獸亦數爲所傷云元狩四年大將軍票騎將軍大擊匈奴廣數自請行上㠯爲老不許良久乃許之㠯爲前將軍大將軍青出塞捕虜知單于所居迺自㠯精兵走之師古曰走趣也音奏而令廣幷於右將軍軍出東道師古曰幷合也合軍而同道〔補注〕齊召南曰案後文注右將軍趙食其也應在此文下先謙曰師古爲食其作注耳齊說誤官本注末有也字東道少回遠師古曰回繞也曲也音胡悔反大軍行水草少其勢不屯行張晏曰以水草少不可羣輩也廣辭曰臣部爲前將軍今大將軍乃徙臣出東道且臣結髮而與匈奴戰師古曰言始勝冠即在戰陳迺今一得當單于臣願居前先死單于師古曰致死而取單于大將軍陰受上指㠯爲李廣數奇孟康曰奇隻不耦也如湻曰數爲匈奴所敗爲奇不耦師古曰言廣命隻不耦合也孟說是矣數音所角反奇音居宜反〔補注〕宋祁曰數南本浙本並所具反予按師古是孟說自然音所具反音所角當從如說未有解從孟而音從如也可判其繆焉譚宗浚曰按孫奕示兒編引宋景文筆錄云孫奭亦誤以爲溯先謙曰索隱小顏音所具反宋說是毋令當單于恐不得所欲師古曰謂不勝敵也〔補注〕先謙曰胡注謂指欲禽單于脫有邂逅失之爲不得所欲是時公孫敖新失侯爲中將軍〔補注〕劉奉世曰按青去病傳是歲出塞無中將軍而敖傳是歲以校尉從大將軍此傳誤也先謙曰武紀云青將四將軍去病傳有前後左右將軍則無中將軍明矣但敖既爲校尉不爲將軍即青欲令當單于與廣從他道與否無涉非若敖廣俱爲將軍必須從一將軍乃留一將軍也若謂廣與青俱敖即不能留軍中俱當單于此必無之理廣死由青當時哀廣者歸過於青不免曲加文致此自史公元文之誤班氏承用之耳大將軍亦欲使敖與俱當單于〔補注〕先謙曰胡注青本與敖友又脫青於阸故青欲使當單于而立功故徙廣廣知之固辭大將軍弗聽令長史封書與廣之莫府師古曰之往也莫府衞青行軍府〔補注〕宋祁曰廣之莫府景祐本無廣字劉攽曰莫府乃廣之前將軍莫府也凡將兵皆有莫府張敖監平樂兵置莫府是矣大將軍既不許廣辭面不從故但封書與廣之莫府使奉行耳及後急責廣之莫府亦是劉奉世曰此莫府廣軍之莫府曹吏文書所在也廣見大將軍未肯去青徑封與廣莫府令如書也與之幕府者猶言與其莫府也李慈銘曰廣之莫府謂廣所自立之莫府也上云廣行軍莫府省文書則將軍之出各有莫府明矣先謙曰劉李說是奉世所見漢書與景祐本同故謂之爲其但景祐本奪廣字耳曰急詣部如書〔補注〕先謙曰此青面告廣之言詣部即下所云就部也不明示之但令詣部如書指而行然弗聽之意已在言外故廣不謝而起行也正義謂令廣如其文牒急引兵徙東道是以爲青明告廣徙東道則上封書爲贅文矣廣不謝大將軍而起行意象慍怒師古曰言慍怒之色形於外也而就部引兵與右將軍食其合軍出東道師古曰趙食其也食音異其音基惑失道後大將軍師古曰惑迷也在後不及期也〔補注〕王念孫曰正文注文本皆作或今作惑者後人不識古字而改之以字本作或故師古釋之曰或迷也衞青霍去病傳或失道師古亦曰或迷也若作惑則不須訓釋矣文選范彥龍效古詩注御覽兵部五引此並作或史記同先謙曰注在衍字史記或上有軍亡導三字大將軍與單于接戰單于遁走弗能得而還南絕幕迺遇兩將軍師古曰絕渡也〔補注〕朱一新曰幕與漠同先謙曰注渡當爲度廣已見大將軍還入軍大將軍使長史持糒醪遺廣師古曰糒乾飯也醪汁滓酒也糒音備醪音牢因問廣食其失道狀曰青欲上書報天子失軍曲折師古曰曲折猶言委曲也〔補注〕先謙曰史記無失字正義軍曲折言委曲而行回折使軍後大將軍也王念孫云軍上當有失字廣食其軍與大將軍軍相失故曰失軍報失軍曲折者報失軍之委曲情狀也正義失其指矣廣未對大將軍長史急責廣之莫府上簿師古曰之往也簿謂文狀也音步戶反廣曰諸校尉亡罪乃我自失道吾今自上簿至莫府〔補注〕劉奉世曰此兩莫府亦廣之莫府也廣見青已還入軍未至莫府而長史來問廣廣未對而長史又旁責廣之莫府曹吏令上簿故廣云我今自上簿然後退至莫府乃自剄耳謂其麾下曰廣結髮與匈奴大小七十餘戰今幸從大將軍出接單于兵而大將軍徙廣部行回遠又迷失道豈非天哉且廣年六十餘終不能復對刀筆之吏矣遂引刀自剄百姓聞之知與不知老壯皆爲垂泣師古曰知謂素相識知也而右將軍獨下吏當死贖爲庶人廣三子曰當戶椒敢皆爲郎上與韓嫣戲嫣少不遜師古曰嫣音偃當戶擊嫣嫣走於是上㠯爲能〔補注〕先謙曰史記能作勇當戶蚤死師古曰蚤古早字〔補注〕先謙曰當爲早借蚤字乃拜椒爲代郡太守皆先廣死廣死軍中時敢從票騎將軍廣死明年李蔡㠯丞相坐詔賜冢地陽陵當得二十畝蔡盜取三頃頗賣得四十餘萬又盜取神道外壖地一畝葬其中師古曰壖音人椽反〔補注〕先謙曰索隱云壖地神道之地也黃圖云陽陵闕門西出神道四通茂陵神道廣四十三丈也案陽陵景帝陵蔡爲丞相得賜冢地陵旁於所當得地外侵盜賣錢又取神道地營葬也史記作坐侵孝景園壖地表作坐以丞相侵賣園陵道壖地並以陵壖二事言當下獄自殺敢㠯校尉從票騎將軍擊胡左賢王力戰奪左賢王旗鼓斬首多賜爵關內侯食邑二百戶代廣爲郎中令〔補注〕先謙曰公卿表敢爲郎中令在元狩五年頃之怨大將軍青之恨其父師古曰令其父恨而死也〔補注〕先謙曰恨讀爲很很違也謂廣欲居前部當單于而青不聽說詳劉向傳顏訓非迺擊傷大將軍大將軍匿諱之居無何敢從上雍至甘泉宮獵師古曰無何謂未多時也雍之所在地形積高故云上也上音時掌反地皆類此〔補注〕周壽昌曰從上雍言從上於雍也故被去病射死而上爲諱若謂地形高爲上則所云敢從者爲從誰哉時武帝連歲幸雍故敢從之本紀亦祇云幸雍不稱上雍也票

騎將軍去病怨敢傷青射殺敢去病時方貴幸上爲諱云鹿觸殺之居歲餘去病死〔補注〕先謙曰据武紀元狩六年敢有女爲太子中人愛幸〔補注〕沈欽韓曰中人蓋未有位號者猶唐宋宮人曰內人敢男禹有寵於太子然好利亦有勇嘗與侍中貴人飲侵陵之莫敢應師古曰言畏其勇氣後愬之上上召禹使刺虎縣下圈中未至地有詔引出之禹從落中㠯劒斫絕纍欲刺虎師古曰落與絡同謂當時縋絡之而下也纍索也音力追反上壯之遂救止焉而當戶有遺腹子陵將兵擊胡兵敗降匈奴後人告禹謀欲亡從陵下吏死

陵字少卿少爲侍中建章監善騎射愛人謙讓下士師古曰下音胡亞反甚得名譽武帝㠯爲有廣之風使將八百騎深入匈奴二千餘里過居延視地形不見虜還拜爲騎都尉將勇敢五千人教射酒泉張掖㠯備胡數年漢遣貳師將軍伐大宛使陵將五校兵隨後行至塞會貳師還上賜陵書陵留吏士與輕騎五百出敦煌至鹽水〔補注〕沈欽韓曰紀要鹽水在火州東有道從水中行赴火州[illegible]裴矩西域記鹽水在西州高昌縣東南去瓜州一千三百里並沙磧地道路不可準惟以人畜骸骨及駝馬糞爲標驗迎貳師還復留屯張掖天漢二年貳師將三萬騎出酒泉擊右賢王於天山〔補注〕先謙曰官本右作左召陵欲使爲貳師將輜重師古曰重音直用反〔補注〕先謙曰左宣十二年傳注輜重也疏蔽前後以載物謂之輜車載物必重謂之重車人挽以行謂之輦輜重輦一物也陵召見武臺師古曰未央宮有武臺殿〔補注〕先謙曰見黃圖叩頭自請曰臣所將屯邊者皆荆楚勇士奇材劒客也〔補注〕先謙曰上文將勇敢五千人史記本作將丹陽楚人五千人力扼虎射命中師古曰扼謂捉持之也命中者所指名處即中之也扼音厄願得自當一隊師古曰隊部也音徒內反到蘭干山南㠯分單于兵〔補注〕先謙曰官本干作于南作前案通鑑作蘭于山南毋令專鄉貳師軍師古曰鄉讀曰向〔補注〕先謙曰官本向作嚮是上曰將惡相屬邪吾發軍多毋騎予女〔補注〕先謙曰毋無同陵對無所事騎師古曰猶言不事須騎也臣願㠯少擊眾步兵五千人涉單于庭上壯而許之因詔彊弩都尉路博德將兵半道迎陵軍博德故伏波將軍亦羞爲陵後距

〔補注〕先謙曰論語其不可者拒之拒古本作距釋文距雞爪也案統言則距亦爲爪分言則前者爲爪後者爲距雞行爪伸其後屈不動者距也淮南修務訓前爪後距是也奏言方秋匈奴馬肥未可與戰臣願留陵至春俱將酒泉張掖騎各五千人並擊東西浚稽可必禽也師古曰浚稽山名時虜分居此兩山也浚音峻稽音雞〔補注〕周壽昌曰浚稽唐設羈縻州屬關內道李兆洛云當在今吳喇忒境書奏上怒疑陵悔不欲出而教博德上書迺詔博德吾欲予李陵騎云欲㠯少擊眾今虜入西河其引兵走西河遮鉤營之道張晏曰胡來要害道令博德遮之師古曰走音奏〔補注〕先謙曰帝疑陵因徙博德出他道鉤營地名詔陵㠯九月發出遮虜鄣師古曰鄣者塞上險要之處往往修築別置候望之人所㠯自鄣蔽而伺敵也遮虜鄣名也〔補注〕沈欽韓曰元和志遮虜鄣在肅州酒泉縣北二百四十里李陵與匈奴戰處隋鎮將楊元於其地得銅弩牙箭鏃先謙曰官本注末無也字胡注遮虜障在張掖居延縣路博德所築括地志漢居延故城在甘州張掖之東北一千五百三十里有遮虜障至東浚稽山南龍勒水上徘徊觀虜〔補注〕齊召南曰胡注地志敦煌龍勒縣有龍勒水出南羌中東北入澤溉民田蓋其下流在浚稽山下召南案陵出居延遮虜障此龍勒水當在居延塞外直北沙磧中故下文曰陵出居延北行三十日至浚稽山不當以西陲敦煌之龍

勒縣實之也且志言有氏置水不云郎龍勒水胡氏地學極精而此條則誤沈欽韓曰一統志按浚稽山直受降城北趙破奴從朔方出漢書言出朔方二千餘里李陵從居延出漢書言北行三十日至浚稽山止營其山當在今土喇河及鄂爾渾河之間所謂龍勒水在東浚稽山南郎亡所見從浞野侯趙破奴故道抵受降城休士師古曰抵歸也受降城本公孫敖所築休息也浞音仕角反補注先謙曰初漢築受降城受匈奴左大都尉之降猶以爲遠使破奴出朔方期至浚稽山而還後浞野敗沒單于攻受降城侵入邊而去事詳匈奴傳此命陵循其出兵故道而歸抵至也因騎置㠯聞師古曰騎置謂驛騎也所與博德言者云何張晏曰天子疑陵教博德上書求至春乃俱西也具㠯書對陵於是將其步卒五千人出居延北行三十日至浚稽山止營舉圖所過山川地形使麾下騎陳步樂還㠯聞補注何焯曰以圖爲信也浚稽山出居延行三十日始至程大昌北邊備對引應劭云在武威塞北疏矣步樂召見道陵將率得士死力上甚說師古曰說讀曰悅拜步樂爲郎陵至浚稽山與單于相直補注先謙曰直讀曰值騎可三萬圍陵軍軍居兩山間補注何焯曰上云東西浚稽故云居兩山間㠯大車爲營補注沈欽韓曰陵以此車載輜重固行陳備衝突晉馬隆討鮮卑樹機能作偏箱車地廣則爲鹿角

車營路狹則爲木屋施於車上亦是此法要其臨鬬乃用步騎未嘗以車戰也先謙曰霍去病傳衛青以武剛車自環爲營與此同陵引士出營外爲陳前行持戟盾後行持弓弩師古曰行並音胡剛反令曰聞鼓聲而縱補注先謙曰縱擊之也聞金聲而止師古曰金謂鉦也一名鐲鐲音濁虜見漢軍少直前就營陵搏戰攻之如淳曰手對戰也千弩俱發應弦而倒虜還走上山漢軍追擊殺數千人單于大驚召左右地兵八萬餘騎攻陵陵且戰且引南行數日抵山谷中師古曰抵當也至也其下亦同連戰士卒中矢傷三創者載輦兩創者將車補注先謙曰傷重者不能行故載於輦令人挽以行將亦挽也胡注將如字詩無將大車鄭氏曰將猶扶進也一創者持兵戰陵曰吾士氣少衰而鼓不起者何也師古曰擊鼓進士而士氣不起也一曰士卒以有妻婦故聞鼓音而不時起也軍中豈有女子乎始軍出時關東羣盜妻子徙邊者隨軍爲卒妻婦大匿車中補注宋祁曰大字南本浙本並作伏陵搜得皆劒斬之明日復戰斬首三千餘級引兵東南循故龍城道行補注先謙曰龍城解見衛青傳四五日抵大澤葭葦中師古曰葭卽蘆

也音家虜從上風縱火陵亦令軍中縱火㠯自救師古曰預自燒其旁草木令虜火不得延及也南行至山下單于在南山上使其子將騎擊陵陵軍步鬬樹木間復殺數千人因發連弩射單于服虔曰三十弩共一弦也張晏曰三十絭共一臂也師古曰張說是也絭音去權反又音眷補注劉攽曰三十弩一弦三十絭一臂皆無此理妄說也蓋如今之合蟬或併兩弩共一弦之類先謙曰胡注據魏氏春秋諸葛亮損益連弩以鐵爲矢矢長八寸一弩十矢俱發今之划車弩梯弩蓋亦損益連弩而爲之雖不能三十臂共一弦亦十數臂共一弦單于下走是日捕得虜言單于曰此漢精兵擊之不能下日夜引吾南近塞得毋有伏兵乎諸當戶君長皆言師古曰當戶匈奴官名也單于自將數萬騎擊漢數千人不能滅後無㠯復使邊臣令漢益輕匈奴復力戰山谷間尚四五十里得平地不能破迺還補注先謙曰捕虜述匈奴君臣之言是時陵軍益急匈奴騎多戰一日數十合復殺傷虜二千餘人虜不利欲去會陵軍候管敢爲校尉所辱亡降匈奴補注沈欽韓曰文選注四十一引陵傳云被校尉笞之五十乃亡人匈奴與此不同先謙曰胡注續漢志凡領軍皆有部

曲部有校尉部下有曲曲有軍候一人具言陵軍無後救射矢且盡獨將軍麾下及成安侯校各八百人爲前行㠯黃與白爲幟師古曰幟旗也音式志反當使精騎射之卽破矣成安侯者潁川人父韓千秋故濟南相奮擊南越戰死武帝封子延年爲侯㠯校尉隨陵單于得敢大喜使騎並攻漢軍疾呼曰李陵韓延年趣降師古曰且攻且呼也呼音火故反趣讀曰趨遂遮道急攻陵陵居谷中虜在山上四面射矢如雨下漢軍南行未至鞮汗山師古曰鞮音丁奚反補注沈欽韓曰紀要鞮汗山在遮虜障西北百八十里一日五十萬矢皆盡補注先謙曰官本一日作百引宋祁曰越本百字作一日晉召南云按百字通鑑作一日然則溫公所見本與今本不同也案晉氏未證毛本及宋說故云然卽棄車去士尚三千餘人徒斬車輻而持之師古曰徒但也補注先謙曰說文輻輪轑也卽輪木中之直指者斬而持之以當軍器軍吏持尺刀補注先謙曰以弩戟都盡但持短刀抵山補注先謙曰至鞮汗山入陿谷單于遮其後乘隅下壘石服虔曰山名也師古曰此說非也言放石以投人因山隅曲而下也壘音盧對反補注錢大昭曰陵居谷中虜在山上故以壘石投之亦謂之礧石鼂錯傳云

具礧石服虔曰礧石可投人石如淳曰礧石城上雷石先謙曰周禮量人注軍壁曰壘廣雅釋詁壘重也又云積也石重積而下高若軍壁然故云壘石陵入谷欲南出而匈奴遮其後乘山隅下石以壘斷谷口也若投人之石無壘石之名顏錢說亦誤也士卒多死不得行昏後陵便衣獨步出營蘇林曰搴衣卷褏而行也師古曰此說非也便衣謂著短衣小褏也補注周壽昌曰便衣不介冑猶古人免冑欲致死於敵也止左右毋隨我丈夫一取單于耳師古曰言一身獨取也良久陵還大息曰兵敗死矣軍吏或曰將軍威震匈奴天命不遂後求道徑還歸補注先謙曰勸陵且降匈奴後求得間道而徑歸漢也如浞野侯爲虜所得後亡還天子客遇之況於將軍乎補注宋祁曰浙本客作容王念孫曰客字義不可通據破奴傳無所謂天子客遇之事客當依浙本作容字之誤也容寬也覠𧢲遇待也覠𧢲籠紆任寬待之謂不問其沒軍之罪先謙曰王說是也此後人因下有單于客遇李緒之文妄改此容遇亦爲客遇不思武帝無客遇破奴之理也陵曰公止補注先謙曰止令勿言吾不死非壯士也於是盡斬旌旗及珍寶埋地中陵歎曰復得數十矢足以脫矣補注宋祁曰南本浙本復字下有人字須得人字義乃安若只云數十矢何能脫也先謙曰宋說是今無兵復戰師古曰兵謂矢及矛戟之屬也天明坐受縛矣各鳥獸散猶有得脫歸報天子者師古曰脫免也音吐活反次下亦同令軍士人持二升糒一半冰如淳曰半讀曰片或云五升曰半師古曰半讀曰判判大片也時冬寒有冰持之以備渴也補注周壽昌曰時天漢二年五月故有冰持以備渴顏說誤先謙曰通鑑作一片冰期至遮虜鄣者相待補注先謙曰胡注與軍士期有先至遮虜鄣者留駐以待後至也夜半時擊鼓起士鼓不鳴補注沈欽韓曰六韜五音篇鼙鼓之聲溼以沐此大敗之徵也陵與韓延年俱上馬壯士從者十餘人虜騎數千追之韓延年戰死陵曰無面目報陛下遂降軍人分散脫至塞者四百餘人陵敗處去塞百餘里邊塞以聞上欲陵死戰召陵母及婦使相者視之無死喪色後聞陵降上怒甚責問陳步樂步樂自殺羣臣皆罪陵上以問太史令司馬遷遷盛言陵事親孝與士信常奮不顧身以殉國家之急師古曰殉營也一曰從也其素所畜積也師古曰畜讀曰蓄有國士之風今舉事一不幸全軀保妻子之臣隨而媒糵其短服虔曰媒音欺謂詆欺也孟康曰媒酒教糵麴也謂釀成其罪也師古曰孟說是也齊人名麴餅曰媒補注先謙曰胡注引賈公彥云齊人名麴餅爲媒者麴麩和合成酒醴名之爲媒誠可痛也且陵提步卒不滿五千深輮戎馬之地師古曰輮踐也音人九反抑數萬之師補注先謙曰遷傳作仰億萬之師仰向也讀爲仰此作抑則謂戰勝匈奴抑之在下也抑卬形近致有不同虜救死扶傷不暇悉舉引弓之民共攻圍之轉鬭千里矢盡道窮士張空拳文穎曰拳弓弩拳也師古曰拳字與桊同音去權反又音眷補注先謙曰拳當爲弮字之誤也遷傳作張空弮通鑑用此傳文亦作士張空弮胡注引文說拳並作弮兼引師古兩音遷傳顏注弮音丘權反又音眷與此同是司馬胡氏所見漢書本正文及注並作弮無疑解詳遷傳冒白刃北首爭死敵師古曰冒犯也北首北嚮也冒音莫北反首音式救反補注宋祁曰南浙兩本冒音莫匊反首音式授反淯化本冒音莫到反首音式受反當從南浙得人之死力雖古名將不過也身雖陷敗然其所摧敗亦足暴於天下師古曰所摧敗匈奴之兵也暴猶章也彼之不死宜欲得當以報漢也師古曰言欲立功以當其罪也補注先謙曰當謂適可也謂欲得適可之事會而動非眞降匈奴顏說非初上遣貳師大軍出財令陵爲助兵師古曰財與纔同謂淺也僅也史傳通用字他皆類此補注王念孫曰廣雅堇少也堇與僅同凡言財幸裁幸財察裁察財擇財哀財覽義皆訓少及陵與單于相値而貳師功少上以遷誣罔欲沮貳師爲陵游說師古曰沮謂毀壞之音才呂反下遷腐刑久之上悔陵無救曰陵當發出塞迺詔彊弩都尉令迎軍坐預詔之得令老將生姦詐孟康曰坐預詔彊弩都尉路博德迎陵博德老將出塞不至令陵見沒也補注先謙曰胡注孟說非也帝意旣悔追思前事以爲當陵發出塞之時方可詔博德繼其後以迎陵軍乃於陵未行時預詔之使博德羞爲陵後遂得生姦詐上奏而遂令博德別出西河致陵軍無救也迺遣使勞賜陵餘軍得脫者陵在匈奴歲餘上遣因杅將軍公孫敖孟康曰因杅胡地名也師古曰杅音于補注先謙曰天漢四年事將兵深入匈奴迎陵敖軍無功還曰捕得生口言李陵教單于爲兵以備漢軍故臣無所得上聞於是族陵家母弟妻子皆伏誅補注何焯曰史記云匈奴單于以其女妻陵而貴之漢聞族陵與此先後不同先謙曰陵入匈奴後事漢書較詳審當以漢書爲正陵是當戶遺腹子不得有弟史記作族陵母妻子是隴西士大夫以李氏爲愧師古曰恥其不能死節累及家室補注先謙曰史記作自是之後李氏名敗而隴西之士居門下者皆用爲恥焉其後漢遣使使匈奴陵謂使者曰吾爲漢將步卒五千人橫行匈奴以亡救而敗何負於漢

而誅吾家使者曰漢聞李少卿敎匈奴爲兵[補注]宋祁曰浙本無少字只云李卿下同陵曰迺李緒非我也李緒本漢塞外都尉居奚侯城匈奴攻之緒降而單于客遇緒常坐陵上陵痛其家㠯李緒而誅使人刺殺緒大閼氏欲殺陵師古曰大閼氏單于之母單于匿之北方大閼氏死迺還單于壯陵㠯女妻之立爲右校王衞律爲丁靈王師古曰丁靈胡之別種也立爲王而主其人也[補注]先謙曰胡注引魏略云丁靈在康居北去匈奴廷接習水七千里匈奴蓋以丁靈王封衞律耳先謙案下文云律常在單于左右胡說是也皆貴用事衞律者父本長水胡人律生長漢[補注]先謙曰百官表長水校尉掌長水宣曲胡騎律父蓋胡人降漢爲胡騎而屯長水故律生長爲漢人也又詳蘇武傳善協律都尉李延年延年薦言律使匈奴使還會延年家收律懼幷誅亡還降匈奴匈奴愛之[補注]先謙曰當云單于愛之也下匈奴二字史駮文常在單于左右陵居外有大事迺入議昭帝立大將軍霍光左將軍上官桀輔政素與陵善遣陵故人隴西任立政等三人師古曰故人謂舊與相知者俱至匈奴招陵立政等至單于置酒賜漢使者李陵衞律皆侍坐立政等見陵未得私語卽目視陵師古曰以目相視而感動之今俗所謂眼語者也而數數自循其刀環師古曰循謂摩順也[補注]周壽昌曰環者還也故循刀環先謙曰官本注順作循是握其足陰諭之言可還歸漢也後陵律持牛酒勞漢使博飲蘇林曰博且飲也師古曰勞音來到反兩人皆胡服椎結師古曰結讀曰髻一撮之髻其形如椎[補注]譚宗浚曰史記陸賈傳陸生至尉佗魋結集解引服虔曰魋音椎今兵士椎頭結本書魋注顧索隱魋直追反結音計且案其魋結依字讀之亦得謂夷人本被髮左衽今他同其風俗但魋其髮而結之據此則魋結乃中國所有胡服椎結者正謂其俗雜漢夷耳或以椎結爲夷服者恐非立政大言曰漢已大赦中國安樂主上富於春秋師古曰言天子年少霍子孟上官少叔用事師古曰子孟光之字少叔桀之字也㠯此言微動之陵墨不應[補注]先謙曰墨讀曰嘿孰視而自循其髮荅曰吾已胡服矣有頃律起更衣立政曰咄少卿良苦師古曰言甚勞苦霍子孟上官少叔謝女師古曰謝以辭相問也陵曰霍與上官無恙乎師古曰恙憂病也立政曰請少卿來歸故鄉毋憂富貴陵字立政曰少公

師古曰呼其字[補注]宋祁曰字字一作呼歸易耳恐再辱奈何語未卒衞律還頗聞餘語曰李少卿賢者不獨居一國范蠡徧遊天下[補注]沈欽韓曰韓詩外傳九范蠡行遊與齊地居奄忽龍變仁義沈浮由余去戎入秦今何語之親也因罷去立政隨謂陵曰亦有意乎師古曰隨其後而語之陵曰丈夫不能再辱陵在匈奴二十餘年元平元年病死[補注]王先愼曰北史李賢傳賢自云隴西成紀人漢騎都尉陵之後陵沒匈奴子孫因居北狄後隨魏南遷復歸汧隴據此是陵娶單于女後復有子也賢祖父兄弟仕魏周皆至大官先謙曰天漢二年至宣帝元平元年二十六年

蘇建杜陵人也[補注]譚宗浚曰新唐書宰相世系表云蘇氏出自己姓顓頊裔孫吳回爲重黎生陸終生樊封於昆吾昆吾之子封於蘇其地鄴西蘇城是也蘇忿生爲周司寇世居河內後徙武功杜陵至漢代郡太守建徙扶風平陵封平陵侯云云此必唐以來譜牒所載而歐公宋之地理志杜陵下云宣帝更名而戰國策齊助楚攻秦章楚兵大敗於杜陵鮑注屬京兆疑秦漢時本有杜陵之名宣帝特因以置縣故蘇建以前得稱徙武功杜陵也至明康海武功縣志據此以蘇建蘇武爲武功人則不脫地志牽附之習耳先謙曰史記家在大猶鄉㠯校尉從大將軍青擊匈奴封平陵侯㠯將軍築朔方後㠯衞尉爲遊擊將軍從大將軍出朔方[補注]先謙曰據武紀元朔二年城朔方五年出朔方後一歲㠯右將軍再從大將軍出定襄亡翕侯服虔曰趙信也失軍當斬贖爲庶人其後爲代郡太守卒官有三子嘉爲奉車都尉賢爲騎都尉[補注]宋祁曰南本騎作駙馬中子武最知名

武字子卿少㠯父任兄弟並爲郎稍遷至栘中廏監師古曰栘中廏名爲之監也栘音移[補注]先謙曰詳昭紀時漢連伐胡數通使相窺觀匈奴留漢使郭吉路充國等前後十餘輩匈奴使來漢亦留之㠯相當天漢元年且鞮侯單于初立師古曰且音子閭反鞮音丁奚反[補注]先謙曰據匈奴傳單于立歸漢使在太初四年武使匈奴在天漢元年恐漢襲之迺曰漢天子我丈人行也師古曰丈人尊老之稱行音胡浪反[補注]沈欽韓曰尸子發蒙篇家人子姪和臣妾力則家富丈人雖厚衣食無傷也此以丈人爲家長也故單于比漢天子於丈人行若泛然尊老之稱不當加一行字唐世呼婦翁爲丈人劉禹錫集劉氏集略說云子壻博陵崔生關言曰某也鄉遊京師偉人多聞丈人新書幾何且欲取去此剛一義盡歸漢使路充國等武帝嘉其義迺遣武㠯中郎將使持節送匈奴使留在漢者[補注]先謙

曰官本遺作遺因厚賂單于荅其善意補注錢大昭曰賂閩本作賂先謙曰賂譌字官本作賂通鑑同武與副中郎將張勝及假吏常惠等師古曰假吏猶言兼吏也時權爲使之吏若今之差人充使典矣募士斥候百餘人俱師古曰募人㠯充士卒及在道爲斥候者既至匈奴置幣遺單于單于益驕非漢所望也補注先謙曰胡注漢望其同心鄉善今乃益驕故曰非漢所望方欲發使送武等會緱王與長水虞常等謀反匈奴中師古曰緱音工侯反補注先謙曰官本注候作侯是胡注漢有長水校尉掌長水胡騎師古曰長水胡名其註戾太子傳則又曰今鄠縣東有長水余據水經注長水出杜縣白鹿原北入霸水胡騎蓋屯於此非胡名也戾傳說是虞常蓋亦先沒於匈奴緱王者昆邪王姊子也師古曰昆音胡門反與昆邪王俱降漢後隨浞野侯沒胡中師古曰從趙破奴擊匈奴兵敗而降及衞律所將降者補注沈欽韓曰此下應有虞常二字蓋衞律長水胡人上文云長水虞常則常以長水胡屬律若不敍虞常沒匈奴之由則幷此語爲贅文陰相與謀劫單于母閼氏歸漢會武等至匈奴虞常在漢時素與副張勝相知私候勝曰聞漢天子甚怨衞律常能爲漢伏弩射殺之吾母與弟在漢幸蒙其賞賜張勝許

之㠯貨物與常後月餘單于出獵獨閼氏子弟在虞常等七十餘人欲發其一人夜亡告之單于子弟發兵與戰緱王等皆死虞常生得師古曰被執獲也單于使衞律治其事張勝聞之恐前語發㠯狀語武武曰事如此此必及我見犯迺死重負國欲自殺師古曰言被匈奴侵犯然後迺死是爲更負漢國故欲先自殺也重音直用反勝惠共止之虞常果引張勝單于怒召諸貴人議欲殺漢使者左伊秩訾曰臣瓚曰胡官之號也補注先謙曰胡注匈奴傳呼韓邪之敗其右伊秩訾王使之降漢則此乃胡王之號卽謀單于何㠯復加師古曰言謀衞律而殺之其罰太重也補注先謙曰官本無也字宜皆降之單于使衞律召武受辭師古曰致單于之命而取其對也武謂惠等屈節辱命雖生何面目㠯歸漢引佩刀自刺衞律驚自抱持武馳召毉鑿地爲坎置熅火師古曰熅謂聚火無焱者也音於云反焱音弋贍反補注先謙曰說文熅鬱煙也覆武其上師古曰覆身於坎上也覆音芳目反蹈其背㠯出血武氣絕半日復息師古曰息謂出氣也惠等哭輿歸營補注宋祁曰浙本哭作共單于壯其節朝夕

遣人候問武而收繫張勝武益愈補注先謙曰益漸也單于使使曉武師古曰諭說令降也會論虞常補注先謙曰論斷其罪欲因此時降武劍斬虞常已律曰漢使張勝謀殺單于近臣師古曰衞律自謂也當死單于募降者赦罪補注先謙曰募招也舉劍欲擊之勝請降律謂武曰副有罪當相坐武曰本無謀又非親屬何謂相坐復舉劍擬之武不動律曰蘇君律前負漢歸匈奴幸蒙大恩賜號稱王擁衆數萬馬畜彌山富貴如此師古曰彌滿也蘇君今日降明日復然空㠯身膏草野誰復知之武不應律曰君因我降與君爲兄弟今不聽吾計後雖欲復見我尚可得乎武罵律曰女爲人臣子不顧恩義畔主背親爲降虜於蠻夷何㠯女爲見師古曰言何用見女爲也補注王念孫曰見字本當在女字上何以見女爲猶論語言何以文爲何以伐爲耳若云何以女爲見則文不成義矣漢紀孝昭紀作何用見女爲兄弟乎爲下加兄弟二字遂失其指然據此知漢書本作何以見女爲也且單于信女使決人死生不平心持正反欲鬬兩主觀禍敗南越殺漢使

者屠爲九郡宛王殺漢使者頭縣北闕朝鮮殺漢使者卽時誅滅獨匈奴未耳若知我不降明師古曰若汝也言汝知我不肯降明矣欲令兩國相攻匈奴之禍從我始矣律知武終不可脅白單于單于愈益欲降之迺幽武置大窖中師古曰舊米粟之窖而空者也音工孝反絕不飲食師古曰飲方於禁反食讀曰飤補注王念孫曰此本作絕不與飲食師古所見本脫與字則義不可通乃曲爲之說曰飲於禁反食讀曰飤誤矣舊本北堂書鈔設官部十五陳禹謨本依漢書刪與字服飾部三此卷與字未刪藝文類聚天部下御覽天部十二人事部百二十七服用部十引此皆作絕不與飲食是諸家所見本皆與師古異也漢紀本於漢書而亦作絕不與飲食是仲豫所見本正與諸家同也今據以訂正新序節士篇本作絕不與飲食先謙曰官本注方作音是天雨雪武臥齧雪與旃毛幷咽之師古曰咽吞也音宴數日不死匈奴㠯爲神乃徙武北海上無人處補注齊召南曰按北海爲匈奴北界其外卽丁令也塞外遇大水澤通稱爲海唐書地理志骨利幹都播二部落北有小海冰堅時馬行八日可渡海北多大山卽此北海也今曰白哈兒湖在喀爾喀極北鄂羅斯國之南界使牧羝羝乳乃得歸師古曰羝牡羊也羝不當產乳故設此言示絕其事若燕太子丹烏白頭馬生角之比也羝音丁奚反乳音人喻反補注宋祁曰牧羝字下疑有羊字別其官屬常

惠等各置他所武既至海上廩食不至師古曰無人給飤之掘野鼠去屮實而食之蘇林曰取鼠所去草實而食之張晏曰取鼠及草實并而食之師古曰蘇說是也屮古草字去謂藏之也音丘呂反補注劉攽曰今北方野鼠之類甚多皆可食也武掘野鼠得卽食之其草食乃頗去藏耳餘韻餘饌周壽昌曰去卽弆字陳遵傳遵性善書與人尺牘皆藏去以爲榮注去藏也與此同王文彬曰左昭十九年傳以度而去之疏去亦藏也又云字書去作弆謂掌物也今關西仍呼爲弆東人輕言爲去文彬按訓去爲藏一本反言以見意猶治之言亂香之言臭也王先愼曰御覽九百十一引此文無去字灖秕又引唐書云吐蕃有草名速古芒葉長二寸狀如鍼萵每莖不過三四葉其莖蔓其花其根連珠如麥門冬有鼠長於常鼠每二三十同一穴至秋鼠皆收此草爲藏多者至數石俗亦掘草根食之而畱給鼠糧案此可取證蘇說與張劉說並通杖漢節牧羊臥起操持節旄盡落積五六年單于弟於靬王弋射海上師古曰靬音居言反武能網紡繳檠弓弩師古曰繳生絲縷也可以弋射檠謂輔正弓弩也繳音斫檠音警又音巨京反補注宋祁曰網字上疑有結字王念孫曰結網與紡繳對文宋說是也御覽人事部百二十七引此正作結網紡繳漢紀同沈欽韓曰管子輕重甲篇十鈞之弩不得棐檠不能自正韓非外儲右榜檠者所以矯不直也於靬王愛之給其衣食三歲餘王病賜武馬畜服匿穹廬劉德曰服匿如小旃帳孟康曰服匿如罌小口大腹方底用受酒醪穹廬旃帳也晉灼曰河東北界人呼小石罌受二斗所曰服匿師古曰孟晉二說是也補注闞宗萬曰南齊書陸澄傳竟陵王子良得古器小口方腹而底平可將七八升以問澄澄曰此名服匿單于以與蘇武子良後詳觀器底有字髣髴如澄所言可以證孟晉二注沈欽韓曰劉云服匿如小旃帳案今徼卒所宿若倚廬者是也范成大石湖集河邊服匿多生口乃承用劉說十國春秋南唐章僚使高麗有溫器名服匿狀中國之鐺其底方其蓋圓可容七八升及南齊陸澄所言又與孟晉二說合其穹廬則大帳淮南齊俗訓作窮廬梁書諸夷傳高昌屋宇雜以百子帳唐書吐蕃傳貴人處於大氈帳名爲拂廬氿乾鶻鞮誅包蔡絛鐵圍山叢談古號百子帳北之穹廬也今俗謂之氈帳程大昌演繁露唐人昏禮多用百子帳特貴其名與婚宜而其制本出戎虜特穹廬拂廬之具體耳捲柳爲圈以相連瑣可張可合爲其圈之多也亦非眞有百圈也其弛張既成大抵如今尖頂圓亭子而用青氈通冒四隅上下便於移置耳王死後人衆徒去其冬丁令盜武牛羊師古曰令音零丁令卽上所謂丁靈耳補注何焯曰衞律爲丁靈王蓋使人盜之以困武也武復窮厄初武與李陵俱爲侍中武使匈奴明年陵降不敢求武補注先謙曰愧見武不敢求訪之久之單于使陵至海上爲武置酒設樂因謂武曰單于聞陵與子卿素厚故使陵來說足下虛心欲相待終不得歸漢空自苦亡人之地

信義安所見乎前長君爲奉車服虔曰武兄嘉從至雍棫陽宮扶輦下除張晏曰主扶輦下除道也師古曰除謂門屏之間觸柱折轅劾大不敬伏劍自刎師古曰刎斷也斷其頸也音武粉反賜錢二百萬以葬孺卿從祠河東后土張晏曰武弟賢宦騎與黃門駙馬爭船師古曰宦騎官者而爲騎也黃門駙馬天子駙馬之在黃門者也駙副也金日磾傳曰養馬於黃門也推墮駙馬河中溺死宦騎亡詔使孺卿逐捕不得惶恐飲藥而死來時大夫人已不幸師古曰不幸亦謂死補注先謙曰大讀曰太通鑑作太夫人陵送葬至陽陵子卿婦年少聞已更嫁矣獨有女弟二人兩女一男今復十餘年存亡不可知人生如朝露師古曰朝露見日則晞乾人命短促亦如之補注先謙曰官本注無乾字何久自苦如此陵始降時忽忽如狂自痛負漢加以老母繫保宮師古曰百官公卿表云少府屬官有居室武帝太初元年更名保宮補注先謙曰是時陵母誅久矣繫保宮追言始降時子卿不欲降何以過陵補注先謙曰言武家蓋已無人顧慮而不欲降之情無以過於陵也且陛下春秋高法令亡常大臣亡罪夷滅者數十家安危不可知子卿尚復誰爲乎願聽陵計勿復有云武曰武父子亡功德皆爲陛下所成就位列將爵通侯兄弟親近補注周壽昌曰爲朝廷近臣也常願肝腦塗地今得殺身自效雖蒙斧鉞湯鑊誠甘樂之臣事君猶子事父也子爲父死亡所恨願勿復再言陵與武飲數日復曰子卿壹聽陵言武曰自分已死久矣師古曰分音扶問反王必欲降武補注先謙曰胡注匈奴封李陵爲右校王故稱之請畢今日之驩效死於前師古曰效致也陵見其至誠喟然歎曰嗟乎義士陵與衞律之罪上通於天因泣下霑衿與武決去師古曰決別也陵惡自賜武師古曰謂若示己於匈奴中富饒以夸武補注先謙曰顧炎武云今人送物與人而託其名於妻者往往有之其稱賜者陵在匈奴已立爲王故也云惡自賜武蓋嫌於自居其名耳周壽昌云陵自媿於武惡自賜之也其妻爲單于貴主故使賜之先謙案周說是此云惡者所謂羞惡之心也使其妻賜武牛羊數十頭後陵復至北海上語武區脫捕得雲中生口服虔曰區脫土室胡兒所作以候漢者也李奇曰匈奴邊境羅落守衞官也晉灼曰匈奴傳東胡與匈奴間有棄地千餘里各居其邊爲區脫又云漢得區脫王發人民屯區脫以備漢此爲因邊境以爲官

李說是也師古曰匈奴邊境爲候望之室服說是也本非官號區脫王者以其所部居區脫之處因呼之耳李晉二說皆失之區讀
曰甌同音一侯反脫音土活反補注沈欽韓曰區脫猶俗云邊際匈奴與漢連界各謂之區脫似不當以爲土室且候望自有樓櫓
非居土室所辦先謙曰沈說是言邊界捕得生口耳諸家皆誤注讀曰之曰官本作與是言太守㠯下吏民皆
白服曰上崩武聞之南鄉號哭歐血旦夕臨師古曰鄉讀曰嚮臨哭也音力禁反數
月昭帝卽位補注劉敞曰數月字當屬上句先謙曰劉說是也通鑑作旦夕臨數月數年匈奴與漢
和親漢求武等匈奴詭言武死補注宋祁曰江浙本詭作紿後漢使復至匈奴
常惠請其守者與俱得夜見漢使具自陳道補注先謙曰官本道作過敎使者
謂單于言天子射上林中得雁足有係帛書言武等在某澤中補注
王念孫曰某澤二字文義不明某當爲荒字之誤也隸書荒字作𦱤與某相似荒澤卽上文所云北海上無人處也凡塞外大澤通謂之海
邊無人之地故曰荒澤中[illegible]言天子射雁得書知武等在荒澤中也藝文類聚鳥部中引作某澤則此字之譌已久
漢紀正作荒澤使者大喜如惠語以讓單于師古曰讓責也單于視左右而驚謝
漢使曰武等實在於是李陵置酒賀武曰今足下還歸揚名於匈

前漢五十四　三十

奴功顯於漢室雖古竹帛所載丹青所畫何以過子卿陵雖駑怯
令漢且貰陵罪師古曰貰寬也全其老母使得奮大辱之積志庶幾乎曹
柯之盟李奇曰欲劫單于如曹劌劫齊桓公柯盟之時此陵宿昔之所不忘也收族陵家
爲世大戮陵尙復何顧乎已矣令子卿知吾心耳異域之人壹別
長絕陵起舞歌曰徑萬里兮度沙幕爲君將兮奮匈奴路窮絕兮
矢刃摧士眾滅兮名已隤老母已死雖欲報恩將安歸師古曰隤墜也音大
回反補注先謙曰幕讀曰漠官本無欲字引宋祁曰雖字下疑有欲字陵泣下數行因與武決單于
召會武官屬師古曰會謂集聚也前㠯降及物故凡隨武還者九人師古曰物故謂
死也言其同於鬼物而故也一說不欲斥言但云其所服用之物皆已故耳而說者妄欲改物爲勿非也補注宋祁曰物當從南本
作歾音沒齊召南曰按此專記武官屬耳匈奴傳言有馬宏者前以副使使西域爲匈奴所遮不肯降至是與武並還漢王念孫曰
釋名漢以來謂死爲物故言其諸物皆就朽故也此隱古說所本後史記張丞相傳集解引高堂隆荅魏朝訪曰物無也此是讀物爲勿故事也言
無所能於事念孫案宋說近之物與歾同說文歾終也或作歿歾物聲近而字通今吳人言物字聲如沒語有輕重耳物故猶言死

亡楚元王傳云物故流離以十萬數夏侯勝傳云百姓流離物故者過半物故與流離對文皆兩字平列諸家皆不知物爲歾之借
字故求之愈深而失之愈遠也武㠯元始六年春至京師詔武奉一太牢謁武帝
園廟補注先謙曰胡注引程大昌演繁露曰牛羊豕具爲太牢有羊豕而無牛則爲少牢今人獨以太牢名牛失之矣拜
爲典屬國秩中二千石補注先謙曰胡注班表典屬國本秦官掌歸義蠻夷漢因之今以命武以武久在匈
奴中習外夷事故使爲是官其後省倂大鴻臚賜錢二百萬公田二頃宅一區常惠徐聖
趙終根皆拜爲中郎賜帛各二百匹其餘六人老歸家賜錢人十
萬復終身師古曰復音芳目反常惠後至右將軍封列侯自有傳武留匈奴
凡十九歲始㠯彊壯出及還須髮盡白武來歸明年上官桀子安
與桑弘羊及燕王蓋主謀反武子男元與安有謀坐死初桀安與
大將軍霍光爭權數疏光過失予燕王師古曰疏謂條錄之令上書告之又
言蘇武使匈奴二十年不降還迺爲典屬國師古曰實十九年而言二十者欲久其事
以見冤屈故多言也補注朱一新曰二十年者舉成數耳顏注非大將軍長史無功勞爲搜粟都

前漢五十四　三十一

尉補注朱一新曰楊敞也光顓權自恣師古曰顓與專同及燕王等反誅窮治黨與
武素與桀弘羊有舊數爲燕王所訟子又在謀中廷尉奏請逮捕
武補注先謙曰據公卿表廷尉王平也霍光寢其奏免武官數年昭帝崩武㠯故二
千石與計謀立宣帝師古曰與讀曰預賜爵關內侯食邑三百戶久之衞
將軍張安世薦武明習故事奉使不辱命先帝㠯爲遺言補注先謙曰據
表地節三年安世爲衞將軍霍光已歿薦武當卽其時宣帝卽時召武待詔宦者署師古曰百官公
卿表少府屬官有宦者令丞其署親近故令於此待詔也以數進見復爲右曹典屬國補注先謙曰百
官志左右曹皆加官諸曹受尚書事㠯武著節老臣補注王念孫曰著節本作苦節字之誤也舊本北堂書鈔設官
部十九出蘇武苦節優寵六字注引此傳云宣帝以武苦節老臣令朝朔望隸書誤本故苦爲著仍藝文類聚職官部二同令朝朔
望號稱祭酒師古曰加祭酒之號所以示優尊也祭酒已解在伍被傳甚優寵之武所得賞賜
盡㠯施予昆弟故人家不餘財皇后父平恩侯帝舅平昌侯樂昌
侯師古曰平恩侯許伯平昌侯王無故樂昌侯王武也車騎將軍韓增丞相魏相御史大夫

丙吉皆敬重武武年老子前坐事死上閔之問左右武在匈奴久豈有子乎武因平恩侯自白前發匈奴時胡婦適產一子通國有聲問來補注先謙曰聲問猶言音問願因使者致金帛贖之上許焉後通國隨使者至上以爲郎又以武弟子爲右曹武年八十餘神爵二年病卒補注先謙曰天漢元年至神爵二年共四十一年武使匈奴時年方四十甘露三年單于始入朝上思股肱之美迺圖畫其人於麒麟閣張晏曰武帝獲麒麟時作此閣圖畫其象於閣遂以爲名師古曰漢宮閣疏名云蕭何造補注先謙曰胡注閣在未央宮中圖畫功臣自此始法其形貌補注先謙曰呂覽情欲篇注法象也署其官爵姓名師古曰署表也題也唯霍光不名曰大司馬大將軍博陸侯姓霍氏次曰衛將軍富平侯張安世次曰車騎將軍龍頟侯韓增補注朱祁曰頟或作雒沈欽韓曰衛將軍車騎將軍俱應以大司馬冠將軍之上史脫文次曰後將軍營平侯趙充國次曰丞相高平侯魏相次曰丞相博陽侯丙吉次曰御史大夫建平侯杜延年次曰宗正陽城侯劉德次曰少府梁丘賀次曰太子太傅蕭望之次曰典屬國蘇武皆有功德知名當世是以表而揚之明著中興輔佐列於方叔召虎仲山甫焉師古曰三人皆周宣王之臣有文武之功佐宣王中興者也言宣帝亦重興漢室而霍光等並爲名臣皆比於方叔之屬召讀曰邵凡十一人皆有傳自丞相黃霸廷尉于定國補注先謙曰定國於甘露二年由廷尉爲御史大夫三年代霸爲丞相廷尉二字史駁文大司農朱邑京兆尹張敞右扶風尹翁歸及儒者夏侯勝等皆以善終著名宣帝之世然不得列於名臣之圖以此知其選矣

贊曰李將軍恂恂如鄙人口不能出辭師古曰恂恂誠謹貌也音荀補注李慈銘曰恂恂史記作悛悛案方言悛改也說文悛止也恂信也則悛悛乃叚借字及死之日天下知與不知皆爲流涕彼其中心誠信於士大夫也諺曰桃李不言下自成蹊師古曰蹊謂徑道也言桃李以其華實之故非有所召呼而人爭歸趣來往不絕其下自然成徑以喻人懷誠信之心故能潛有所感也蹊音奚此言雖小可以喻大然三代之將道家所忌補注宋祁曰南本代作世沈欽韓曰史記客言王離曰爲將三世者必敗自廣至陵遂亡其宗哀哉孔子稱志士仁人有殺身以成仁無求生以害仁使於四方不辱君命師古曰皆論語載孔子之言蘇武有之矣

李廣蘇建傳第五十四終

漢書五十四

衛青霍去病傳第二十五　　漢書五十五

漢　蘭　臺　令　史班　固　撰

唐正議大夫行祕書少監琅邪縣開國子顏師古　注

賜進士出身前翰林院編修國子監祭酒加三級臣　王先謙補注

衛青字仲卿其父鄭季河東平陽人也以縣吏給事侯家〔補注〕先謙曰官本吏作史史記亦云爲吏給事平陽侯家作吏是也平陽侯曹壽尚武帝姊陽信長公主師古曰壽姓曹爲平陽侯當是曹參之後然參傳及功臣侯表並無之未詳其意也〔補注〕齊召南曰曹相國世家參曾孫時尚平陽公主生子襄時病癘歸國立二十三年卒謚夷侯本傳後文云平陽侯曹壽有惡疾就國事與史記正合然則壽卽時之別名也先謙曰集解徐廣曰曹參曾孫平陽夷侯時尚武帝姊平陽公主生子襄索隱案如淳曰本陽信長公主爲平陽侯所尚故稱平陽公主世家及功臣表時或作疇漢書作壽並文字殘缺故不同也先謙案平陽侯當是名疇時與疇形近致譌壽又奪疇之半耳史表注一名時則時與疇各存其半如以爲文字殘缺致有不同是也季與主家僮衛媼通師古曰僮者婢妾之總稱也媼者後年老之號非當時所呼也衛者舉其夫家姓也〔補注〕沈欽韓曰索隱云媼婦人老少通稱按廣雅媪謂之妻嫗與媼並兼老少先謙曰史記作與侯妾衛媼通索隱漢書曰與主家僮衛媼通案既云家僮故知非老或者媼是年老之稱後追呼耳然外戚傳云薄姬父又與魏王宗女魏媼通則少亦稱媼也小顏云衛者舉其夫家姓也案此云侯妾衛媼則似無夫下云同母兄衛長子及姊衛子夫皆冒衛氏又似有夫其所冒之姓爲父與母皆未明也先謙案史記明言青自姊子夫得幸天子後冒姓衛氏字仲卿兄長子更字長君長君母號爲衛媼則媼是年老追呼之稱無可疑者僮奴婢也妾婢亦得通稱特給事賤者之號頭鬚注太辟妾人貽女貧嫁之家語籍錄女工妾數十人注言給使者不必定是副室班氏慮啟後世之疑故易侯妾爲家僮顏謂衛媼爲舉其夫家姓不誤索隱未審耳官本注妾作女生青青有同母兄衛長君及姊子夫〔補注〕先謙曰據史記長君先字長子於子夫貴後更字子夫自平陽公主家得幸武帝故青冒姓爲衛氏師古曰冒謂假稱若人首之有覆冒也衛媼長女君孺〔補注〕先謙曰史記作長女衛孺次女少兒次女則子夫子夫男弟步廣皆冒衛氏師古曰言步廣及青二人皆不姓衛而冒稱〔補注〕先謙曰集解徐廣曰步一作少青爲侯家人少時歸其父父使牧羊民母之子皆奴畜之不以爲兄弟數服虔曰民母嫡母也師古曰言鄭季正妻本在編戶之間以別於公主家也今流俗書本云牧羊人間先母之子不以爲兄弟數妄增也〔補注〕俞樾曰丙吉傳官婢則令民夫上書自陳有阿保之功顏注謂未爲宮婢時有舊夫見在俗間者案民母民夫語意正同服解未得古人之旨先謙曰史記作先母疑唐因諱改之索隱數音去聲青嘗從人至甘泉居室張晏曰居室甘泉中徒所居也〔補注〕先謙曰正義居室署名武帝改曰保宮灌夫繫居室是也先謙案甘泉別有居室百官表少府屬官有居室及甘泉居室令丞武帝更名居室爲保宮甘泉居室爲昆臺正義誤有一鉗徒相青曰貴人也官至封侯青笑曰人奴之生〔補注〕沈欽韓曰論衡骨相篇作人奴之道按人奴謂衛媼本主家僮也費兗梁溪漫志以人奴之爲讀非也得無笞罵卽足矣安得封侯事乎青壯爲侯家騎從平陽主建元二年春青姊子夫得入宮幸上皇后大長公主女也文穎曰陳皇后武帝姑女也〔補注〕周壽昌曰堂邑侯陳嬰之孫夷侯午尚景帝姊長公主無子妒大長公主聞衛子夫幸有身妒之迺使人捕青青時給事建章師古曰建章宮中〔補注〕先謙曰索隱案晉灼云建章上林宮中名也未知名大長公主執囚青欲殺之其友騎郎公孫敖與壯士往篡之師古曰逆取曰篡〔補注〕沈欽韓曰說文屰而奪取曰篡法言問明篇鴻飛冥冥弋人何篡淮南氾論相與篡之故得不死上聞迺召青爲建章監侍中及母昆弟貴賞賜數日間累千金君孺爲太僕公孫賀妻少兒故與陳掌通師古曰掌卽陳平曾孫也〔補注〕周壽昌曰下云爲詹事陳掌妻此逃其故與之通也上召貴掌公孫敖由此益顯子夫爲夫人青爲太中大夫元光六年拜爲車騎將軍擊匈奴出上谷公孫賀爲輕車將軍出雲中太中大夫公孫敖爲騎將軍出代郡衛尉李廣爲驍騎將軍出雁門軍各萬騎青至籠城師古曰籠讀與龍同〔補注〕宋祁曰浙本籠字從竹者無龍音後人誤作先謙曰官本史記作蘢城毛本與此同武紀匈奴傳並作龍城斬首虜數百〔補注〕王先和曰武紀云獲首虜七百級案它處或言級或言人或無人級字或言斬或言獲或言捷或言斬首捕虜若干級次參差無一定義例騎將軍敖亡七千騎〔補注〕先謙曰案敖傳云亡卒七千人衛尉廣爲虜所得得脫歸〔補注〕先謙曰事詳廣傳皆當斬贖爲庶人賀亦無功唯青賜爵關內侯〔補注〕何焯曰以深入故首虜不多得賜爵是後匈奴仍侵犯邊師古曰仍頻也語在匈奴傳元朔元年春衛夫人有男〔補注〕周壽昌曰太子據也立爲皇后其秋青復將三萬騎出雁門李息出代郡青斬首虜數千〔補注〕先謙曰史記青是役爲車騎將軍明年青復出雲中西至高闕師古曰高闕山名也一曰塞名也在

朔方之北〔補注〕沈欽韓曰一統志陰山在吳喇忒旗西北二百四十里高闕塞在陰山西榆林舊志高闕北去大磧凡三百里遂至於隴西捕首虜數千畜百餘萬〔補注〕先謙曰史記作畜數十萬走白羊樓煩王遂取河南地爲朔方郡師古曰當北地郡之北黃河之南也〔補注〕何焯曰出雲中則若向單于庭者忽西至隴西攻其無備所以遂取河南地也劉敬傳云匈奴河南白羊樓煩王去長安近者七百里輕騎一日一夕可至攻瑕紓患是役爲得勝算矣沈欽韓曰水道提綱黃河正派東北流鄂爾多斯北境六十里又分二支一南支東流一北支北流八十里又分爲二一北與庫庫池東北流會一東南流南北地百餘里間三渠並東流二百六十里經鄂爾多斯後旗北境即古朔方河南地也最北一派中分復合東至嘎札爾賀邵山即陰山之南大漢得兒山之西南始折東南流又分而合復分而東南共百三十里至吳喇旗西之墨爾楚克賀邵山北始折而西南流北派自西來會又西南至几爾哈郎圖南南派亦自西來會三派復合自古稱南河北河二派今則三支分合如織先謙曰正義朔方今夏州也案此唐夏州朔方縣也在今榆林府懷遠縣西漢朔方郡在今鄂爾多斯右翼後旗套外黃河西岸朔方縣在黃河東岸白羊樓煩二王也匈奴傳作樓煩白羊王以三千八百戶封青爲長平侯青校尉蘇建爲平陵侯張次公爲岸頭侯晉灼曰河東皮氏亭也〔補注〕先謙曰皮氏河東縣也在今絳州河津縣西二里使建築朔方城師古曰蘇建築之也〔補注〕先謙曰正義括地志云夏州朔縣北什賁故城是蘇建築什賁之號蓋出番語也先謙案匈奴傳云築朔方復繕故秦時蒙恬所爲塞因河而爲固上曰匈奴逆天理亂人倫暴長虐老師古曰謂其俗貴少壯而賤長老也以盜竊爲務行詐諸蠻夷造謀籍兵數爲邊害張晏曰從蠻夷借兵鈔邊〔補注〕宋祁曰姚本改鈔作鈔王先慎曰籍有借義穀梁宣十五年傳籍而不稅疏引徐邈曰籍借也書孔疏籍者借也借此簡書以紀錄政事籍借義通故張訓籍兵爲借兵或謂作簿錄兵數解則上下文義乖隔矣借兵又作藉兵戰國策薛公與韓魏攻秦而藉兵乞食於西周本書趙充國傳羌侯狼何果遣使至匈奴藉兵注藉借也故興師遣將以征厥罪詩不云乎薄伐玁允至于太原師古曰小雅六月之詩美宣王北代也薄伐者言逐出之也玁允北狄名即匈奴也玁音險〔補注〕先謙曰北代官本作北伐是出車彭彭城彼朔方師古曰小雅出車之詩也彭彭眾車聲也朔方北方也此詩人美出車而征因築城以攘玁允也〔補注〕宋祁曰注文城字下當添壘字今車騎將軍青度西河〔補注〕沈欽韓曰通典河水自靈武郡西南今甯夏府是便北流凡千餘里過九原郡唐豐州今在鄂爾多斯右翼後旗界乃東流自靈武以北漢人謂之西河自九原以東謂之北河榆林志黃河在榆林衛北千里自甯夏橫城堡西折而北逕三受降城南東中受降城西受降城二城在吳喇忒旗西黃河東岸北界至廢東勝州西北亦在歸化城西折而南入府谷縣州屬黃甫川東九里其中謂之河套周回數千里至高闕獲首二千三百級車輜畜產畢收爲鹵〔補注〕先謙曰宋書禮志引字林云輧車有衣蔽無後轅其有後轅者謂之輜故說文云輜輧衣車前衣車後也集韻引字林云輜載衣物車前後皆蔽若今庫車案言車輜則車當是輕車與去病傳車重同義鹵虜借字已封爲列侯遂西定河南地案榆谿舊塞如淳曰案尋也榆谿舊塞名也師古曰上郡之北有諸次山諸次水出焉東經榆林塞爲榆谿言軍尋此塞而行也〔補注〕沈欽韓曰元周伯溫扈從詩紀云懷來縣南則榆林驛即榆谿舊塞按懷來縣今宣化府屬驛在縣東南三十里秦漢時爲內地伯溫誤也水經注上郡諸次山水東逕榆林塞世又謂之榆林山即榆溪舊塞也自溪西北悉榆柳之藪緣歷沙陵屆龜茲縣西北故謂廣長榆也元和志榆林關在勝州榆林縣東三十里東北臨河秦卻匈奴之處隋開皇於此置城勝州今鄂爾多斯一統志在鄂爾多斯左右翼界內先謙曰集解引如淳曰按行也榆谿舊塞名或曰按尋也與此微異絕梓領梁北河討蒲泥破符離如淳曰絕度也爲北河作橋梁也晉灼曰蒲泥符離二王號也師古曰符離塞名也〔補注〕沈欽韓曰紀要木根山在廢夏州西北唐州故城在榆林府懷遠縣西梓嶺疑即木根山符離塞在豐州河西北明志榆林關西北有符離塞先謙曰正義括地志云梁北河在雲州界案北河已見上注武紀出高闕遂西至符離是符離爲塞名矣蒲泥王號當依晉說斬輕銳之卒捕伏聽者張晏曰伏於隱處聽軍虛實〔補注〕沈欽韓曰晉書載記石勒爲伏夜牙門孫子謂之伏姦俗謂之夜不收李德裕會昌一品集幽州紀聖功碑盡羅服聽誤伏爲服三千一十七級師古曰本以斬敵一首拜爵一級故謂一首爲一級因復名生獲一人爲一級也〔補注〕先謙曰史記作三千七十一級執訊獲醜師古曰執訊謂生執其人而訊問之也獲醜者得其眾也一曰醜惡也訊音信驅馬牛羊百有餘萬全甲兵而還益封青三千八百戶〔補注〕先謙曰史記作三千戶其後匈奴比歲入代郡雁門定襄上郡朔方師古曰比頻也所殺略甚眾語在匈奴傳元朔五年春令青將三萬騎出高闕衛尉蘇建爲游擊將軍左內史李沮爲彊弩將軍文穎曰沮音沮太僕公孫賀爲騎將軍代相李蔡爲輕車將軍〔補注〕錢大昭曰代王義之相也皆領屬車騎將軍俱出朔方〔補注〕先謙曰遙領屬青大行李息岸頭侯張次公爲將軍俱出右北平〔補注〕何焯曰右賢王怨漢侵奪其河南地數侵擾朔方此出專以擊走右賢王經前功也前出雲中而忽西焉知不出朔方而忽東平亦令兩將軍出右北平者綴單于疑右賢王也不著兩將軍功罪未嘗使深入故錢大昭曰大行下當有令字下同先謙曰史記亦無令字官稱省文也兩將軍李息敘功獨岸頭無賞耳何說未諦匈奴右賢王當青等兵以爲漢兵不能至此飲醉漢兵夜至圍右賢王右賢王驚夜逃獨與其愛妾一人騎

數百馳潰圍北去漢輕騎校尉郭成等追數百里弗得得右賢裨王十餘人師古曰裨王小王也若言裨將也裨音頻移反衆男女萬五千餘人畜數十百萬師古曰數十萬以至百萬補注先謙曰史記作數千百萬於是引兵而還至塞天子使使者持大將軍印卽軍中拜青爲大將軍師古曰卽就也諸將皆㠯兵屬立號而歸補注先謙曰索隱立大將軍之號令而歸也上曰大將軍青躬率戎士師大捷獲匈奴王十有餘人益封青八千七百戶補注先謙曰史記作六千戶而封青子伉爲宜春侯師古曰伉音抗又音工郎反子不疑爲陰安侯子登爲發干侯補注錢大昭曰西京雜記衞將軍青生子或有獻騧馬者乃命其子曰騧字叔馬其後改爲登字叔升青固謝曰師古曰固謂再三也臣幸得待罪行間賴陛下神靈軍大捷皆諸校力戰之功也陛下幸已益封臣青臣青子在繈褓中未有勤勞上幸裂地封爲三侯非臣待罪行間所㠯勸士力戰之意也伉等三人何敢受封上曰我非忘諸校功也今固且圖之乃詔御史曰護軍都尉公孫

敖三從大將軍擊匈奴常護軍傅校獲王師古曰傅讀曰附言敖總護諸軍每附部校以致克捷而獲王也校者營壘之稱故謂軍之一部爲一校或曰幡旗之名非也每軍一校則別爲幡耳不名校也補注錢大昕曰盧文弨云釋名旛幡也其貌幡幡然也校號也將帥號令之所在也則校亦旛之類張景陽七命叩鉦散校舉麾旌獲李善注引漢書大校獵如淳曰合軍聚衆有幡校也唯校是幡類故可散爲陳列而行若營壘安得言散然則幡校之說未爲非也先謙曰索隱顧祕監云傳領也五百人謂之校封敖爲合騎侯晉灼曰猶冠軍從票之名也補注先謙曰索隱案非邑地因戰功爲號謂軍合驃騎故云合騎先謙案取戰功立侯國號耳凡徹侯無非縣者索隱誤都尉韓說從大軍出寘渾服虔曰塞名也師古曰說讀曰悅寘音田渾音魂補注劉攽曰大軍當云大將軍齊召南曰按應云從大將軍脫將字耳寘渾史記作窴渾徐廣曰窴渾在朔方音庚以地理志覈之朔方有窴渾縣爲西部都尉治有道西北出雞鹿塞此寘渾當卽窴渾也先謙曰史記大下有將字至匈奴右賢王庭爲戲下師古曰戲讀曰麾又音許宜反言在大將軍麾旗之下不別統衆也搏戰獲王師古曰搏戰擊戰補注宋祁曰注末當添也字先謙曰索隱搏今史記漢書本多作傳傳猶轉也封說爲龍頟侯師古曰頟字或作額騎將軍賀從大將軍獲王封賀爲南窌侯臣瓚曰茂陵中書云南窌侯此本字也師古曰窌音普教反窌亦同字輕車將軍李蔡再從大

將軍獲王封蔡爲樂安侯校尉李朔趙不虞公孫戎奴各三從大將軍獲王封朔爲陟軹侯不虞爲隨成侯戎奴爲從平侯將軍李沮李息及校尉豆如意中郎將綰皆有功賜爵關內侯沮息如意食邑各三百戶補注齊召南曰樂安侯表作安樂侯陟軹侯史記作涉軹侯表但作軹隨成侯表作隨城侯又中郎將綰史記無此四字先謙曰據表李朔虜關氏戎奴至右王庭爲雁行上石山先登不虞攻辰吾先登石壘也官本豆作竇通鑑胡注豆如意班史豆作竇是胡氏所見漢書本亦不作豆其秋匈奴入代殺都尉補注先謙曰史記云朱英明年春大將軍青出定襄合騎侯敖爲中將軍太僕賀爲左將軍翕侯趙信爲前將軍衞尉蘇建爲右將軍郎中令李廣爲後將軍左內史李沮爲彊弩將軍咸屬大將軍斬首數千級而還月餘悉復出定襄斬首虜萬餘人蘇建趙信并軍三千餘騎獨逢單于兵與戰一日餘漢兵且盡信故胡人降爲翕侯見急匈奴誘之遂將其餘騎可八百犇降單于師古曰犇古奔字也補注宋祁曰注末也字當去蘇建盡亡其

軍獨㠯身得亡去自歸青青問其罪正閎長史安議郎周霸等張晏曰正軍正也閎名也如淳曰律都軍官長史一人補注錢大昭曰議郎是郎中令屬官大將軍莫府中不得有此官疑卽從事中郎之類先謙曰問建罪於此三人也胡三省云凡軍行置軍正掌舉軍法以正軍中劉昭志大將軍長史秩千石先謙案霸蓋當時奉詔從軍若今時奏調差遣之員非必大將軍莫府官也集解徐廣曰霸儒生索隱案郊祀志議封禪有周霸故知儒生也建當云何師古曰謂處斷其罪法何至也補注王念孫曰注言處斷其罪則誤以當爲廷尉當之當楊惲傳廷尉當惲大逆無道師古曰當謂處斷其罪解云何二字亦未了余謂云何者如何也問建棄軍之罪當如何也如云語之轉李陵傳所與博德言者云何東方朔傳隱云何王莽傳五聲八音條各云何皆謂如何也霸曰自大將軍出未嘗斬裨將今建棄軍可斬㠯明將軍之威閎安曰不然兵法小敵之堅大敵之禽也師古曰言衆寡不敵以其堅戰無有退心故士卒喪盡也一說若建恥敗而不自歸則亦被匈奴禽之而去補注沈欽韓曰曹操注小不能當大也按陳餘所以不肯餌秦注謬先謙曰胡注此孫子之言言大小不敵小雖堅於戰終必爲大所禽今建㠯數千當單于數萬力戰一日餘士皆不敢有二心自歸而斬之是示後無反意也不當斬補注先謙曰史記作士盡不敢有二心自歸自歸而斬之云云案士盡斷句上文言建盡亡其軍自

歸青故云士盡不敢有二心自歸此專屬建言無旁及所部意通鑑從史記班氏易盡爲皆文義遂別青曰青幸得
以肺附待罪行間師古曰肺附謂親戚也解在田蚡傳也補注宋祁曰注末也字當刪先謙曰肺附當作柹附解
在劉向傳史記作肺腑誤不患無威而霸說我以明威甚失臣意補注先謙曰胡注言失爲
臣之意也且使臣職雖當斬將以臣之尊寵而不敢自擅專誅於境外
其歸天子補注李慈銘曰史記作而具歸天子此其字疑具字之誤先謙曰通鑑亦作具歸天子天子自裁
之於以風爲人臣不敢專權不亦可乎師古曰風讀曰諷軍吏皆曰善遂
囚建行在所補注劉敞曰當云詣行在所先謙曰史記有詣字此脫是歲也霍去病始侯
霍去病大將軍青姊少兒子也其父霍仲孺先與少兒通生去病
及衞皇后尊少兒更爲詹事陳掌妻去病以皇后姊子年十八爲
侍中善騎射再從大將軍大將軍受詔予壯士爲票姚校尉服虔曰音
飄搖師古曰票音頻妙反姚音羊召反票姚勁疾之貌也荀悅漢紀作票鷂字去病後爲票騎將軍尚取票姚之字耳今讀者音飄
遙則不當其義也補注宋祁曰票姚當作本音先謙曰史記票作剽與輕勇騎八百直棄大將軍數

百里赴利斬捕首虜過當師古曰言計其所將人數則捕首虜爲多過於所當也一曰漢軍失亡者少而
殺獲匈奴數多故曰過當也其下並同補注劉敞曰大將軍衍將字先謙曰史記無將字於是上曰票姚校尉
去病斬首捕虜二千二十八級得相國當戶補注先謙曰當戶匈奴官名斬單
于大父行藉若侯產張晏曰藉若胡侯也產名也師古曰此人單于祖父之行也行音胡浪反補注先謙曰藉
官本作籍史記同捕季父羅姑比再冠軍師古曰亦單于之季父也羅姑其名也比頻也補注先謙曰索
隱案顧氏云羅姑比單于季父名小顏云比頻也案下既云再無容更言頻也案索隱說是以二千五百戶封
去病爲冠軍侯補注齊召南曰冠軍初無此縣名武帝褒去病功以南陽穰縣盧陽鄉宛縣臨駣聚爲冠軍侯國解
見地理志二千五百戶史記作千六百戶上谷太守郝賢四從大將軍捕首虜千三百
級封賢爲終利侯補注先謙曰史記千三百級作二千餘人終作眾表同終眾古通用騎士孟已有
功賜爵關內侯邑二百戶補注先謙曰史記無孟已事是歲失兩將軍補注先謙曰史
記作失兩將軍軍是也此奪軍字亡翕侯功不多故青不益封蘇建至上弗誅贖
爲庶人青賜千金是時王夫人方幸於上甯乘說青曰師古曰史記云甯乘

齊人將軍所以功未甚多身食萬戶三子皆爲侯者以皇后故也今
王夫人幸而宗族未富貴願將軍奉所賜千金爲王夫人親壽師古
曰親母也青以五百金爲王夫人親壽上聞問青青以實對上迺拜甯
乘爲東海都尉校尉張騫從大將軍以嘗使大夏留匈奴中久補注
先謙曰據騫傳當作使月氏氏後迺君大夏耳騫留十三歲道軍知善水草處師古曰道讀曰導軍得
以無飢渴因前使絕國功封騫爲博望侯去病侯三歲補注宋祁云三越本
作一先謙曰越本誤說見下元狩三年春補注宋祁曰三越本作二王念孫曰越本是也景祐本及史記並作元狩
二年本書武紀亦云元狩二年春遣驃騎將軍霍去病出隴西緯月又史記建元以來侯者表云冠軍景桓侯霍去病以元朔六年
從大將軍擊匈奴斬相國功侯元狩二年以驃騎將軍擊匈奴至祁連益封自元朔六年至元狩二年凡三年故曰侯三歲爲
票騎將軍補注先謙曰票史記並作驃將萬騎出隴西有功上曰票騎將軍率
戎士隃烏盭師古曰隃與踰同盭古戾字也烏盭山名也討遬濮師古曰遬古速字也遬濮匈奴部落名也
涉狐奴晉灼曰水名也補注先謙曰官本名作者歷五王國輜重人眾攝讋者弗取師古

曰攝讋謂振動失志氣言距戰者誅服者則赦也讋音之涉反補注李慈銘曰攝讋史作慴慴讋與慴同義攝則慴之叚借幾
獲單于子師古曰幾音距衣反補注先謙曰史記幾作冀集解徐廣曰子一作與先謙案作與則是冀獲單于與轉戰六
日與字連下爲文也幾冀元可通用但作與則文義全別矣轉戰六日過焉支山千有餘里合
短兵補注先謙曰官本考證括地志曰焉支山一名刪丹山在甘州刪丹縣東南五十里沈欽韓云寰宇記刪丹山東西百餘
里南北二十里紀要山丹衞東南百二十里鏖皋蘭下應劭曰隴西白石縣塞外河名也蘇林曰匈奴中山關名也李
奇曰鏖音鏖津名也晉灼曰世俗謂盡死殺人爲鏖糟文穎曰鏖音意曹反師古曰鏖字本從金鏖聲轉寫訛耳鏖謂苦擊而多殺
也皋蘭山名也言苦戰於皋蘭山下而多殺虜也晉說文音皆得之今俗猶謂打擊之甚者曰鏖鏖牝鹿也音於求反補注洪亮吉
曰白石縣前漢屬金城後漢縣省此注云隴西蓋就金城郡未立時言之沈欽韓曰廣韻隋文帝置蘭州取皋蘭山爲名九域志蘭
州西南九十五里皋蘭縣有皋蘭山然蘭州西北至甘州千餘里上云過焉支山未審其何以復鏖皋蘭也一統志石門山在河州
西南水經注云疑卽皋蘭山門也然此二說皆非是皋蘭山蓋在張掖塞外矣先謙曰史記無四字殺折蘭王斬盧
侯王張晏曰折蘭盧侯胡國名也殺者殺之而已斬者獲其首也師古曰折蘭匈奴中姓也今鮮卑有是蘭姓者卽其種也折
音上列反補注先謙曰史記侯作胡聲字變銳悍者誅全甲獲醜執渾邪王子師古曰全甲謂

軍中之甲不喪失也渾音下昆反〔補注〕齊召南曰按此文上史記無銳悍者三字則以誅全甲爲一句此傳則銳悍者誅爲一句全甲獲醜爲一句先謙曰史記亦無獲醜二字及相國都尉捷首虜八千九百六十級〔補注〕先謙曰史記無捷字捷猶斬也下文捷首虜三萬二百史記捷作斬可證八千九百六十史記作八千餘收休屠祭天金人如淳曰祭天以金人爲主也張晏曰佛徒祠金人也師古曰今之佛像是也休音許虯反屠音儲〔補注〕宋祁曰舊本多作天祭金人作祭天天者非是刊誤亦改沈欽韓曰匈奴傳云五月大會龍城祭其先天地鬼神玉篇祆胡神也先謙曰案宋說不合疑天祭祭天四字後人傳寫誤倒也師率減什七師古曰言其破敵故匈奴之師十減其七也一曰漢兵失亡之數下皆類此也〔補注〕劉奉世曰詔書以爲全甲則不應兵失亡至七分也匈奴人數又何由知之元狩四年出塞馬十四萬及還不滿三萬則非減什二矣然則率蓋謂軍興財用大率以減少爲功故四年詔既言率減什二遂云取食於敵而糧不絕功相因也先謙曰師古前說謂匈奴之師什減其七是也此語傳凡三見兩言率一言大率率計也大率者總計之辭也本書高紀宣紀外戚傳[illegible]去病是役捷首虜近九千匈奴約萬三千人故云什減其七祁連山之役捷首虜三萬餘匈奴約十萬人故云什減其三封狼居胥之役獲首虜七萬餘匈奴約三十五萬人故云什減其二也敵兵多寡可諜而知當時將軍奏報故詔書張之以美其功一說以爲漢兵失亡之數固非劉氏謂率爲軍興財用既無塙據案之文義尤爲未合也益封去病二千二百戶〔補注〕先謙曰史記作二千戶

其夏去病與合騎侯敖俱出北地異道博望侯張騫郎中令李廣俱出右北平異道廣將四千騎先至騫將萬騎後匈奴左賢王將數萬騎圍廣廣與戰二日死者過半所殺亦過當騫至匈奴引兵去騫坐行留當斬贖爲庶人師古曰軍行而輒稽留故坐法而去病出北地遂深入合騎侯失道不相得去病至祁連山師古曰祁連山即天山也匈奴呼天爲祁連祁音上夷反〔補注〕沈欽韓曰祁連山在甘州張掖縣西南二百里東西二百里南北一百里明志甘州衞西北有故祁連城西南有祁連山捕首虜甚多上曰票騎將軍涉鈞耆濟居延張晏曰鈞者居延皆水名也淺曰涉深曰濟師古曰涉謂人馬涉度也濟謂以舟船遂臻小月氏師古曰臻至也氏音支攻祁連山揚武乎鱳得鄭氏曰鱳音鹿張掖縣也師古曰鄭說非也此鱳得匈奴中地名而張掖縣轉取其名耳〔補注〕錢大昭曰鱳當作觻注同地理志作觻說文觻角也沈欽韓曰寰宇記甘州張掖縣本漢觻得縣西河舊事云本匈奴觻得王所居一統志觻得故城在甘州府張掖縣西北先謙曰尋按地理鄭錢沈三說不誤顏氏非也詳在地志得單于單桓酋涂王張晏曰單桓酋涂皆胡王也師古曰酋音才由反涂音塗〔補注〕劉敞曰衍單于字先謙曰注桓字避宋諱缺筆則正文亦當作桓史記但云得酋涂王

及相國都尉以眾降下者二千五百人可謂能舍服知成而止矣師古曰服而舍之功成則止也捷首虜三萬二百〔補注〕先謙曰以上下文例之此處奪級字也史記有獲五王王母單于閼氏王子五十九人相國將軍當戶都尉六十三人師大率減什三益封去病五千四百戶〔補注〕先謙曰史記王母上有五字五千四百戶作五千戶賜校尉從至小月氏者爵左庶長師古曰第十爵鷹擊司馬破奴師古曰趙破奴再從票騎將軍斬遬濮王捕稽且王師古曰且音子閭反右千騎將王王母各一人〔補注〕先謙曰史記無右字將下有得字索隱漢書作右千騎將王然則此云千騎將是漢之將屬趙破奴得匈奴王及王母也或云右千騎將即匈奴王號也先謙案既云右千騎將即非匈奴王號可知下文有左大將非王是其例或說望文生義耳此文自是右千騎將得王王母各一人史記脫右字本書又脫得字右千騎將正與下前行二字相對爲文皆破奴之部校也王子已下四十一人捕虜三千三百三十人前行捕虜千四百人師古曰前行謂在軍之前而行〔補注〕先謙曰前行猶言前隊行讀如顏行之行顏說非封破奴爲從票侯張晏曰從票騎將軍有功因以爲號校尉高不識〔補注〕先謙曰史記校尉下有句王二字索隱云與破奴並匈奴人也從票騎將軍捕呼于耆王〔補注〕先謙曰史記耆作屠索隱三字其爲王號王子已下十一人捕虜千七百六十八人封不識爲宜冠侯〔補注〕先謙曰冠讀如冠軍之冠從票宜冠取義同也校尉僕多有功封爲煇渠侯師古曰功臣侯表作僕朋今此作多轉寫者誤也煇音暉也〔補注〕宋祁曰注末也字當刪合騎侯敖坐行留不與票騎將軍會當斬贖爲庶人諸宿將所將士馬兵亦不如去病師古曰宿舊也兵兵器也去病所將常選師古曰選取驍銳〔補注〕宋祁曰注末當有也字然亦敢深入常與壯騎先其大軍〔補注〕先謙曰言大軍在後去病已與壯騎先赴敵與上文直棄大軍數百里赴利義同史記大下衍將字軍亦有天幸未嘗困絕也然而諸宿將常留落不耦師古曰留謂遲留落謂墜落故不諧耦而無功也〔補注〕王念孫曰留落即不耦之意耦之言遇也言無所遇合也故史記作留落不遇留落者牢落也陸機文賦心牢落而無偶是牢落即無偶之意易林比之否曰失意懷憂如幽狴牢明夷之旅曰膠目啟牢振冠無憂嫉之大壯曰亡羊補牢毋損於憂釋名留幕留牢也幕絡也言牢絡在衣表也是牢字古讀若留故牢落通作留落今人言流落義亦相近也留落雙聲字不得分爲兩義留落與不耦亦不得分爲兩義由此去病日已親貴比大將軍其後單于怒渾邪王

居西方數爲漢所破亡數萬人以票騎之兵也欲召誅渾邪王渾邪王與休屠王等謀欲降漢使人先要道邊師古曰道猶言也先爲要約來言之於邊界補注王念孫曰當依史記作使人先要邊集解云遣使向邊境要遮漢人令報天子是也今本集解誤入正文內案史記作使人先遣使向邊境要遮漢人令報天子要邊使人至要邊十八字蕪累不成文理蓋正文但有使人先要邊五字其遣使向邊境要遮漢人令報天子十三字乃集解之誤入正文也索隱本出先要邊三字注曰謂先於邊境要候漢人言其欲降漢書作使人先要道邊此皆其明證矣道即邊字之誤而衍者師古曲爲之說非也或謂道邊爲路旁尤不成語先謙曰史記誤文當依王說但道非衍字顔解道爲言亦非也道讀曰導言遣入先與漢要約請於邊境上導之入內地耳是時大行李息將城河上補注先謙曰將兵於河上築城也得渾邪王使即馳傳以聞師古曰傳音張戀反次下亦同上恐其以詐降而襲邊乃令去病將兵往迎之去病既度河與渾邪衆相望渾邪裨王將補注王念孫曰當依史記作渾邪王裨將先謙曰案渾邪裨王將者渾邪之裨王裨將也下文云封其裨王呼毒尼是渾邪所部有裨王之明證且去病斬其欲亡者至八千人之多其中未必無有裨將無裨王此本書易史記而意義更密王說非也見漢軍而多欲不降者師古曰恐被掩覆也頗遁去去病乃馳入得與渾邪王相見斬其欲亡者八千人遂獨遣渾邪王乘傳先詣行在所盡將

其衆度河降者數萬人號稱十萬補注先謙曰詔書稱之既至長安天子所以賞賜數十鉅萬封渾邪王萬戶爲漯陰侯如淳曰漯陰平原縣也師古曰漯音吐合反封其裨王呼毒尼爲下摩侯文穎曰呼毒尼胡王名也雁疪爲煇渠侯文穎曰雁音鷹疪音庇蔭之庇師古曰疪音匹履反其字從疒非庇蔭之庇疒音女革反補注先謙曰疪庇並比聲文顔音皆是表作應疕史記作鷹庇集解徐廣曰一云篇訾索隱案漢書功臣表元狩二年以煇渠封僕朋至三年又封鷹庇其地俱屬魯陽未詳所以正義煇渠表作順梁先謙案史表煇渠侯扁訾不作順梁正義誤也索隱引韋昭云僕多所封則作煇渠應庇所封則作渾渠二者皆鄉名在魯陽今並作煇誤也案漢表及傳亦作煇孔文祥云同是元狩中封則邑分封二人也其義爲得先謙謂索隱表傳兩注不相應煇渠之說孔較韋長廱之爲應鷹疪之爲庇疕庇並轉寫脫誤扁訾則一人異名耳禽黎爲河綦侯師古曰功臣侯表作烏黎今此作禽黎轉寫誤耳補注先謙曰史記作禽黎集解徐廣曰禽一作烏索隱案表作烏黎先謙案史表作烏犂與索隱異索隱又注云漢書作禽犂是索隱所見漢書亦與今本異也大當戶調雖爲常樂侯師古曰功臣侯表作稠雖今此傳作調雖表傳不同當有誤者補注先謙曰表作稠雖與顔說異史記作銅離集解徐廣曰一作稠離索隱徐注與漢表同此文云銅漢書云調字又異也先謙案徐注稠離與本表稠雖不同索隱謂銅調字異而不言離與雖異是索隱所見漢書本下一字尚與史記同也史表作稠雕與本表同索隱注漢書衛青傳作雕離則轉寫愈失其眞矣於是上嘉去病之功曰票騎將軍去病率師征匈奴西域王渾邪王及厥衆萌咸犇於率師古曰萌字與甿同犇古奔字也補注宋祁曰注末也字當刪先謙曰犇於率謂犇於我所率之師也史記作咸相犇率則是相率來犇也以軍糧接食并將控弦萬有餘人師古曰言能引弓皆堪戰陣誅獟悍師古曰獟健行輕貌也字或作趬悍勇也獟音丘昭反又音丘召反補注先謙曰健行輕貌也當爲行輕健貌也誤倒索隱說文獟作趬行疾貌案說文獟狃犬也狃獟犬也一曰逐虎犬也狾狂犬也狂狾犬也玉篇獟狾狗也狂狗也廣雅獟狂也是獟狾狂狾異文同義與趬訓不同此獟當作趬悍屬匈奴說猶言狂悍也不當作趬捷首虜八千餘級降異國之王三十二補注先謙曰史記捷作獲二下有人字王作主誤戰士不離傷師古曰離遭也十萬之衆畢懷集服仍興之勞爰及河塞庶幾亡患師古曰重興軍旅之勞及北河沙塞之表可得寧息無憂患也補注先謙曰仍頻也興軍興也周禮旅師平頒其興積注縣官徵聚物曰興今云軍興是也又司稼平其興注興所徵賦本書功臣表成安侯韓延年坐爲太常行大行令事留外國書一月乏興師古注云當有所興發因其遲留故闕乏是因軍旅而賦物以備調發謂之興也此文言頻數軍興甚爲勞苦今幸兵威已及於河塞之外庶幾自此亡患乎故下文言減戍卒以寬天下繇役也顔說不詞史記興作與轉寫之誤無患下有幸既永綏矣五字亦羨文班刪之以千七百戶益封

票騎將軍減隴西北地上郡戍卒之半以寬天下繇役迺分處降者於邊五郡故塞外補注先謙曰正義五郡謂隴西北地上郡朔方雲中並是故塞外又在北海西南濊之誤而皆在河南因其故俗爲屬國師古曰不改其本國之俗而屬於漢故號屬國其明年匈奴入右北平定襄殺略漢千餘人其明年上與諸將議曰翕侯趙信爲單于畫計常以爲漢兵不能度幕輕留師古曰言輕易漢軍故留而不去也一曰謂漢兵不能輕入而久留也補注宋祁曰姚本於此下有臣瓚曰沙上曰幕李陵歌曰經千里兮渡沙幕十五字先謙曰索隱案幕即沙幕古字少耳輕留者謂匈奴以漢軍不能至故輕易留而不去也先謙案幕讀曰漠借幕字耳非古字少也匈奴傳言信教單于益北絕幕以誘罷漢兵徼極而取之毋近塞故此文言信以爲漢兵不能度幕北輕留於彼地也匈奴傳云漢謀以爲信爲單于計居幕北以爲漢兵不能至意與此同匈奴既絕幕毋近塞不得云留而不去顔氏一說近之然增字成文轉沒其本義矣今大發卒其埶必得所欲是歲元狩四年也春上令大將軍青票騎將軍去病各五萬騎步兵轉者踵軍數十萬師古曰轉者謂運輜重也踵接也而

敢力戰深入之士皆屬去病去病始爲出定襄當單于補注先謙曰爲猶將也說詳匈奴傳捕虜虜言單于東迺更令去病出代郡令青出定襄郎中令李廣爲前將軍太僕公孫賀爲左將軍主爵趙食其爲右將軍師古曰食音異其音基補注錢大昭曰主爵下當有都尉二字先謙曰省文也本書食其傳稱主爵都尉史記作主爵可證平陽侯襄爲後將軍師古曰曹襄皆屬大將軍趙信爲單于謀曰漢兵即度幕人馬罷師古曰罷讀曰疲匈奴可坐收虜耳師古曰言收虜取漢軍人馬可不費力故言坐迺悉遠北其輜重師古曰迻輜重遠去令處北也皆以精兵待幕北而適直青軍出塞千餘里師古曰直讀曰值見單于兵陳而待師古曰爲行陳而待於是青令武剛車自環爲營張晏曰兵車也師古曰環繞也補注沈欽韓曰文選注孫吳兵法曰有巾有蓋謂之武剛車明史兵志景泰三年吏部郎中李賢請造武剛車四圍箱板人處其中下穴銃眼上闢小窗環列槍刃長五尺高六尺四寸每車前後占地五步以十兩計一方袤四里四四十有六車馬芻糧器械輜重咸取給焉騎不得衝射不能貫敵若近前火礮齊發奇兵繼出備邊長策莫善于此帝令亟行[illegible]而縱五千騎往當匈奴匈奴亦從萬

騎補注先謙曰從當作縱史記作匈奴亦縱可萬騎傳寫奪其半也會日且入師古曰言日欲沒也而大風起沙礫擊面師古曰礫小石也音歷兩軍不相見漢益縱左右翼繞單于師古曰翼謂左右舒引其兵如鳥之翅翼單于視漢兵多而士馬尚彊戰而匈奴不利薄莫單于遂乘六贏壯騎可數百直冒漢圍西北馳去師古曰贏者驢種馬子堅忍單于自乘善走贏而壯騎隨之也冒犯也贏音來戈反冒音莫克反補注先謙曰贏當正作贏說文贏袒也從衣贏聲贏或作果贏驢父馬母從馬贏聲昏漢匈奴相紛挐師古曰紛挐亂相持搏也挐音女居反殺傷大當師古曰各大相殺傷補注先謙曰索隱言所殺傷大略相當漢軍左校捕虜言單于未昏而去漢軍因發輕騎夜追之青因隨其後匈奴兵亦散走會明行二百餘里不得單于頗捕斬首虜萬餘級遂至窴顏山趙信城如淳曰趙信前降匈奴匈奴築城居之補注先謙曰集解徐廣曰窴音田得匈奴積粟食軍師古曰食讀曰飤留一日而還悉燒其城餘粟以歸青之與單于會也而前將軍廣右將軍食其軍別從東道或失道師古曰或迷也補注先謙曰廣傳作惑失道食其傳作迷失道大將軍引還過幕南迺相逢青欲使使歸報令長史簿責廣師古曰簿音步戶反廣自殺食其贖爲庶人青軍入塞凡斬首虜萬九千級是時匈奴衆失單于十餘日右谷蠡王自立爲單于師古曰谷音鹿蠡音盧奚反單于後得其衆右王迺去單于之號師古曰去除也音丘呂反去病騎兵車重與大將軍軍等師古曰重音直用反補注先謙曰輜車亦曰重車車重猶上言車輜也而亡裨將悉以李敢等爲大校當裨將補注錢大昭曰此李敢非廣子郎中令也廣子早爲去病射死蓋別是一人先謙曰廣傳明言廣死軍中時敢從票騎將軍後爲去病射死是此李敢即廣子錢說謬出代右北平二千餘里直左方兵師古曰直當也補注先謙曰左方當爲左王匈奴傳票騎之出代二千餘里與左王接戰漢兵得胡首虜凡七萬餘人左王將皆遁走是其證功臣表路博德復陸支伊即軒下皆作擊左王無作左方者方與王音近而誤也史記亦誤此與左王接戰故云直左王兵若左方但虛指其地則所直爲誰之兵乎史文率無此例胡注以爲匈奴分其國爲左右故謂之左右方亦曰左右地說雖有據以釋此文未當也所斬捕功已多於青既皆還上曰票騎將軍去病率師躬將所獲葷允之士服虔曰葷音熏葷允熏鬻也堯時曰熏鬻周曰獫狁秦曰匈奴師古曰葷字與薰同

鬻音弋六反補注先謙曰言既率漢兵又躬將所得匈奴歸義之士也葷同熏允同狁取熏鬻獫狁併稱之史記作葷粥集解徐廣曰粥一作允約輕齎絕大幕師古曰輕齎者不以輜重自隨而所齎糧食少也一曰齎字與資同謂資裝也涉獲單于章渠師古曰涉謂涉水也章渠單于之近臣也涉水而破獲之補注王念孫曰上文曰涉狐奴又曰涉鈞耆濟居延下文曰濟弓盧凡言涉言濟者其下皆是水名今不言所涉之水而但言涉獲則涉非涉水之謂矣余謂涉猶入也入其軍獲其近臣故曰涉獲單于章渠高紀贊涉魏而東晉灼曰涉猶入也是其證先謙曰單于字衍史記作涉獲章渠集解徐廣曰獲一作護形近致誤以誅北車耆晉灼曰王號也補注先謙曰史記北作比索隱比音必耳反是北字誤也轉擊左大將雙補注先謙曰史記無雙字索隱按漢書名雙也獲旗鼓補注先謙曰史記作斬獲旗鼓連上爲文歷度難侯師古曰山名也補注先謙曰史記作涉離侯索隱漢書作度離侯是小司馬所見漢書本不作難也濟弓盧晉灼曰水名也補注先謙曰史記作弓閭索隱包愷弓音穹亦如字讀獲屯頭王韓王等三人李奇曰皆匈奴王號補注先謙曰韓王集解徐廣曰王一作藉將軍相國當戶都尉八十三人封狼居胥山禪於姑衍登臨翰海張晏曰登海邊山以望海也有大功故增山而廣地也如淳曰翰海北海名也師古曰積土增山曰封爲墠祭地曰禪也補注齊召南曰按翰海北史作瀚海即大漠之別名沙磧四際無涯故謂之海張晏如淳直以

大海北海解之非也本文明云出代右北平二千餘里則其地正在大漠安能及絕遠之北海哉且塞外遇巨澤大湖通稱為海如蘇武牧羊北海上竇憲追至私渠北鞮海皆巨澤大湖如後世稱闊欒海之類非大海也沈欽韓曰魏書高車傳後徙鹿渾海太祖度弱洛水西行襲破之復討其餘種于狼山大破之狼山蓋即狼居胥也一統志康熙三十五年二月　御駕親征厄魯特噶爾丹抵克魯倫河此瀚海東北征時御路　上諭曰朕所經過之處非大翰海也西之瀚海較此更闊然觀之亦非平衍之地山阜聯綿沙石間雜自出喀倫未見寸土其沙亦堅硬履之不陷營中軍士鑿井甚易一人可鑿二三十處有謂之善達者地窪而闊未二尺即及泉有謂之賽爾者山澗溝徑掘僅尺餘即可及泉有謂之布里度者乃叢草積潦水雖有而佳者少有謂之窺布爾者水流地中以手探之泉即隨出故野贏以蹄抉之而飲風土景況一無所取地盡碎石下馬偶佇立可射之處亦少草則叢生而土高所以縈絆馬匹又各種野鼠所穿之穴較興安一帶鼢鼠之穴更深殊覺可厭草名頗多有郁爾呼草牛羊駝馬食之最宜以此稱佳

執訊獲醜七萬有四百四十三級師率減什二補注先謙曰史記作什三取食於敵卓行殊遠而糧不絕師古曰卓亦遠意補注先謙曰史記卓作逴說文逴遠也以五千八百戶益封票騎將軍右北平太守路博德屬票騎將軍會與城不失期補注先謙曰史記作會與城正義與音余從至檮余山師古曰檮音籌其字從木補注先謙曰索隱檮余音桃徙斬首捕虜二千八百級補注先謙曰史記八作七封博德為邳離侯北地都尉衞山從票騎將軍獲王封山為義陽侯補注先謙曰史記邳離作符離衞山作邢山案本表及博德傳作邳離史表傳作符離集解徐廣曰邢山一作衞山案史漢表並作衞山則作邢山者誤本也故歸義侯因湻王復陸支師古曰復音芳福反補注先謙曰史記無侯字樓剸王伊即軒師古曰剸音之兗反軒音居言反補注先謙曰史記剸作專史漢表並作剸皆從票騎將軍有功封復陸支為杜侯補注先謙曰本表亦作杜侯史記表傳並作壯侯伊即軒為衆利侯從票侯破奴昌武侯安稽補注先謙曰集解徐廣曰姓趙故匈奴王從票騎有功益封各三百戶漁陽太守解校尉敢皆獲鼓旗賜爵關內侯解食邑三百戶敢二百戶補注先謙曰史記無漁陽太守解校尉自為爵左庶長補注先謙曰史記作大庶長索隱徐自為也百官表爵十左庶長十八大庶長軍吏卒為官賞賜甚多而青不得益封吏卒無封者唯西河太守常惠補注齊召南曰案此常惠與從蘇武北使後封長羅侯為右將軍典屬國者別是一人雲中太守遂成受賞遂成秩諸侯相賜食邑二百戶黃金百斤惠爵關

內侯補注先謙曰史記無常惠遂成事兩軍之出塞塞閱官及私馬凡十四萬匹而後入塞者不滿三萬匹補注先謙曰武紀云兩軍士戰死者數萬人迺置大司馬位大將軍票騎將軍皆為大司馬晉灼曰悉加大司馬者欲令票騎將軍去病與大將軍青等耳定令令票騎將軍秩祿與大將軍等自是後青日衰而去病日益貴青故人門下多去事去病輒得官爵唯獨任安不肯去師古曰安滎陽人後為益州刺史即遺司馬遷書者去病為人少言不泄有氣敢往補注先謙曰史記往作任上嘗欲教之吳孫兵法師古曰吳吳起也孫孫武也對曰顧方略何如耳不至學古兵法師古曰顧念也補注先謙曰顧視也上為治第令視之對曰匈奴不滅無以家為也由此上益重愛之然少而侍中貴不省士師古曰省視也不恤視也其從軍上為遣太官齎數十乘師古曰齎與資同解已在前也補注先謙曰百官表有太官顏注太官主膳食說文齎持遺也據本文太官下文重車餘棄粱肉此齎字專以食言不當與資裝同解也既還重車餘棄粱肉師古曰粱粟類也米之善者重音直用反而士有飢者其在塞外卒乏糧或不能自振師古曰振舉也而去病尚穿域蹋鞠也服虔曰穿地作鞠室也師古曰鞠以皮為之實以毛蹵蹋而戲也蹋音徒臘反鞠音鉅六反補注先謙曰官本注臘作獵蹋俗字說文有蹋無蹋史記作蹋集解徐廣曰穿地為營域正義按蹵鞠書有域說篇即今之打毬也黃帝所作起戰國時程武士知其材力也事多此類青仁喜士退讓師古曰喜音許吏反補注先謙曰史記作為人仁善退讓不言喜士以和柔自媚於上然於天下未有稱也補注何焯曰大將軍將略以伍被所答淮南王問參觀乃備不可獨據於天下未有稱之語此即出太史公淮南衡山列傳也先謙曰因其不招士故天下未有稱即贊語賢士大夫無稱之意不論其將略也去病自四年軍後三歲元狩六年薨上悼之發屬國玄甲軍陳自長安至茂陵師古曰送其葬所以寵衞之也屬國即上所云分處降者於邊五郡者也玄甲謂甲之黑色也補注先謙曰案注文當作衞送其葬所以寵之文誤倒在下為冢象祁連山師古曰在茂陵旁冢上有豎石冢前有石人馬者是也補注先謙曰索隱姚氏案冢在茂陵東北與衞青冢並西者是青東者是去病冢上有豎石前有石馬相對又有石人也官本亦作豎石豎字誤元和志霍去病墓在京兆府興平縣東北十九里唐興平縣即今西安府興平縣治諡之幷武與廣地曰景桓侯蘇林曰景武諡也桓廣地諡也義見諡法張晏曰諡法布義行剛曰景辟土服遠曰桓也子嬗嗣師古曰嬗音上戰反嬗字子侯

上愛之幸其壯而將之爲奉車都尉從封泰山而薨無子國除自去病死後青長子宜春侯伉坐法失侯【補注】先謙曰據表元鼎元年免後去病死一歲 後五歲伉弟二人陰安侯不疑發干侯登皆坐酎伉失侯【補注】先謙曰酎下伉字誤官本作金據表二人失侯在元鼎五年 後二歲冠軍侯國絕【補注】先謙曰元封元年 後四年元封五年青薨諡曰烈侯子伉嗣六年坐法免自青圍單于後十四歲而卒【補注】先謙曰元狩四年至元封五年十四歲 竟不復擊匈奴者以漢馬少又方南誅兩越東伐朝鮮擊羌西南夷以故久不伐胡初青既尊貴而平陽侯曹壽有惡疾就國長公主問列侯誰賢者左右皆言大將軍【補注】先謙曰據表計夷侯曹時薨在元光四年曹襄嗣侯在五年後七年當元朔五年而青爲大將軍長公主尚青當在其時是曹壽之爲曹時無可疑者後人紛紛致辨葢未審也 主笑曰此出吾家常騎從我奈何左右曰於今尊貴無比於是長公主風白皇后師古曰風讀曰諷 皇后言之上迺詔青尚平陽主如淳曰本陽信長公主也爲平陽侯所尚故稱平陽主 與主合葬起

冢象廬山云師古曰在茂陵東次去病冢之西相併者是也【補注】宋祁曰浙本廬作盧何焯曰廬當作盧匈奴傳揚雄上書曰運府庫之財塡盧山之壑而不悔注盧山匈奴中山也以上文象祁連山例之自明沈欽韓曰揚雄傳孟康注盧山單于南庭山也按唐書貞觀二十一年以回紇思結部置盧山都督府紀要竇顏山亦名盧山長安志衞青墓在興平縣東北十五里 最師古曰最亦凡也【補注】沈欽韓曰何休公羊傳注最聚也若今聚民爲投最莊子德充符音義最聚也此總聚擊匈奴之數與樊酈傳云最者小異先謙曰官本注在凡上最下提行史記亦提行汲古本史記與此同下文將軍公孫賀不提行將軍李息至趙破奴等並上空一格以後文自衞氏興云云結語推之則附傳皆不應提行汲古本葢其元式也 大將軍青凡七出擊匈奴斬捕首虜五萬餘級一與單于戰收河南地置朔方郡再益封凡萬六千三百戶【補注】宋祁曰景德本無益字先謙曰史記作萬一千八百戶 封三子爲侯侯千三百戶幷之二萬二百戶【補注】先謙曰史記作萬五千七百戶 其裨將及校尉侯者九人爲特將者十五人也師古曰特將謂獨別爲將而出征【補注】先謙曰史記作十四人又云爲裨將者曰李廣自有傳故止十四人索隱案漢書云爲特將者十五人葢通李廣也 李廣張騫公孫賀李蔡曹襄韓說蘇建皆自有傳師古曰七人自有傳八人今列於此下凡十五人也說讀曰悅

李息郁郅人也師古曰北地之縣也郅音之日反 事景帝至武帝立八歲爲材官將軍軍馬邑【補注】先謙曰元光二年 後六歲爲將軍出代後三歲爲將軍從大將軍出朔方皆無功【補注】先謙曰青傳出朔方之役息有功爵關內侯與此異 凡三爲將軍其後常爲大行【補注】先謙曰公卿表息元朔三年爲中尉元狩元年爲大行凡七年至元鼎元年張騫代據青傳元朔五年出朔方已書大行李息表失載疑息當時兩爲大行或自元朔五年已爲大行也後因張湯事去官詳汲黯傳

公孫敖義渠人以郎事景帝【補注】先謙曰史記作以郎事武帝下無至字 至武帝立十二歲爲騎將軍【補注】宋祁云十二歲景德本作八歲先謙曰事在元光六年作八歲者誤 出代亡卒七千人當斬贖爲庶人後五歲以校尉從大將軍封合騎侯後一歲以中將軍從大將軍再出定襄無功後二歲以將軍出北地後票騎失期當斬【補注】宋祁云景德本無失字王念孫曰景德本無失字後票騎期卽失期也無庸更加失字景祐本及史記皆無失字 贖爲庶人後二歲以校尉從大將軍無功後十四歲以因杅將軍築受降城【補注】沈欽韓曰明志甘州衞東北有古受降城先謙曰官本杅作杅是也史記作杅素隱杅音

于匈奴傳作杅杅字韓鶻之誤傳云元封六年因匈奴左大都尉欲降故築此城武紀在太初元年 七歲復以因杅將軍再出擊匈奴至余吾師古曰水名也在朔方北【補注】沈欽韓曰紀要余吾水在廢夏州北塞外先謙曰天漢四年 亡士多下吏當斬詐死亡居民間【補注】劉奉世曰武紀敖自余吾還明年太始元年有罪要斬與此不同必有誤先謙曰敖葢於斬時詐死而行刑者以已斬報武紀書斬敖於太始元年正其失律之誅五六歲後復出乃覺其詐耳武帝雖英主然其時刑法少桼奸俠橫行情事可以推見非紀傳歧誤也 五六歲後覺復繫坐妻爲巫蠱族凡四爲將軍

李沮雲中人沮音狙【補注】先謙曰注脫師古曰三字 事景帝武帝立十七歲以左內史爲彊弩將軍後一歲復爲彊弩將軍

張次公河東人【補注】錢大昭曰酷吏傳云義縱少年時嘗與張次公俱攻剽爲羣盜 以校尉從大將軍封岸頭侯其後太后崩爲將軍軍北軍【補注】先謙曰據武紀及功臣表元朔二年五月封侯六月皇太后崩 後一歲復從大將軍凡再爲將軍後坐法失侯【補注】先謙曰史記下有次公父隆輕車武射也以善射景帝幸近之也十八字

趙信以匈奴相國降爲侯〔補注〕王念孫曰侯上脫翕字當依史記補翕侯又見功臣表及匈奴傳史記同先謙曰史漢表竝云匈奴相國惟匈奴傳云胡小王也武帝立十八年爲前將軍與匈奴戰敗降匈奴〔補注〕先謙曰史記作十七歲案事在元朔六年作十八是

趙食其祋祤人師古曰馮翊之縣也祋音丁活反又音丁外反祤音許羽反武帝立十八年以主爵都尉從大將軍〔補注〕先謙曰事在元朔六年公卿表於元狩三年書主爵都尉趙食其是元朔中食其尙未爲主爵未知孰誤斬首六百六十級元狩三年賜爵關內侯黃金百斤明年爲右將軍從大將軍出定襄迷失道當斬贖爲庶人

郭昌雲中人以校尉從大將軍元封四年以太中大夫爲拔胡將軍屯朔方還擊昆明無功奪印〔補注〕先謙曰西南夷傳略云南粵反上使發南夷兵且蘭君遂反漢發八校尉擊之會越已破漢八校尉不下中郎將郭昌衞廣引兵還行誅且蘭遂平南夷爲牂柯郡據武紀定越地及西南夷是元鼎六年事又武紀元封二年遣郭昌衞廣發巴蜀兵平西南夷未服者以爲益州郡昌將兵有功本傳並不載其擊昆明無功西南夷傳亦不載也惟武紀元封六年書益州昆明反遣拔胡將軍郭昌擊之

荀彘太原廣武人以御見侍中師古曰以善御得見因爲侍中也御謂御車也用校尉數從大將軍元封三年爲左將軍擊朝鮮無功坐捕樓船將軍誅〔補注〕先謙曰事詳朝鮮傳

最票騎將軍去病凡六出擊匈奴其四出以將軍師古曰再出爲票姚校尉也斬首虜十一萬餘級渾邪王以衆降數萬開河西酒泉之地西方益少胡寇四益封凡萬七千七百戶〔補注〕先謙曰史記作萬五千一百戶其校尉吏有功侯者六人爲將軍者二人

路博德西河平州人〔補注〕錢大昕曰地理志西河郡有平周無平州先謙曰史記亦作平州王莽傳民棄城郭流亡爲盜賊并州平州尤甚西河郡平州在并州部內故云或當時周州通叚也以右北平太守從票騎將軍封邳離侯票騎死後博德以衞尉爲伏波將軍伐破南越益封其後坐法失侯爲彊弩都尉屯居延卒〔補注〕先謙曰据表紀失侯在太初元年屯居延在三年又匈奴傳云天漢二年使公孫敖與博德會涿邪山亡所得四年博德萬餘人與李廣利會武紀同傳並不載

趙破奴太原人〔補注〕先謙曰史記作故九原人案九原五原之縣也九太形近易誤嘗亡入匈奴已而歸漢爲票騎將軍司馬出北地封從票侯坐酎金失侯後一歲爲匈河將軍〔補注〕先謙曰元鼎六年攻胡至匈河水無功後一歲擊虜樓蘭王後爲浞野侯〔補注〕先謙曰史記作後二歲集解徐廣曰元封二年案事詳西域傳不著其年功臣表云元封三年破奴以匈河將軍擊樓蘭封浞野侯史表云元封三年擊樓蘭功復侯據此當云後三歲作一歲二歲者並誤浞野郎以樓蘭功封不得云後爲浞野侯史記後作復承前封從票侯言之是也史表亦云復侯後復形近又緣上文後字而誤後六歲以浚稽將軍將二萬騎擊匈奴左王左王與戰兵八萬騎圍破奴破奴爲虜所得遂沒其軍〔補注〕先謙曰事在太初二年詳匈奴傳居匈奴中十歲復與其太子安國亡入漢〔補注〕宋祁云越本國作定後坐巫蠱族〔補注〕先謙曰官本下提行

自衞氏興大將軍青首封其後支屬五人爲侯凡二十四歲而五侯皆奪國征和中戾太子敗衞氏遂滅而霍去病弟光貴盛自有傳

贊曰蘇建嘗說責大將軍至尊重而天下之賢士大夫無稱焉師古曰言不爲賢士大夫所稱譽願將軍觀古名將所招選者勉之哉師古曰勸令招賢薦士也青謝曰自魏其武安之厚賓客天子常切齒彼親待士大夫招賢黜不肖者人主之柄也人臣奉法遵職而已何與招士師古曰與讀曰豫〔補注〕何焯曰此言得之其言主父偃滅宣於上乃在名位未盛之時也武帝雄猜拔擢一人必欲恩自己出丞相猶不敢薦士況爲將握兵者乎沈欽韓曰褚少孫田仁傳任安曰將軍尙不知人何乃家監有詔募擇衞將軍舍人以爲郎將軍取舍人中富給者少府趙禹得田仁任安曰獨此兩人可耳衞將軍見此兩人貧意不平推此言之青實不知士其謙遜猶託語耳票騎亦方此意爲將如此師古曰方比類也〔補注〕先謙曰方讀曰放史記作放爲將上有其字

衞青霍去病傳第二十五終　漢書五十五

董仲舒傳第二十六　　漢書五十六

漢　蘭臺令史班固撰

唐正議大夫行祕書少監琅邪縣開國子顏師古注

賜進士出身前翰林院編修國子監祭酒加三級臣王先謙補注

董仲舒廣川人也補注齊召南曰按志廣川屬信都國今直隸棗強縣有廣川鎮與景州相近郎漢廣川故縣沈欽韓曰紀要廣川城在冀州棗強縣東北十八里春秋繁露五行對河間獻王問溫城董君則仲舒爲廣川溫城人也水經注桑林舊溝又東逕修市縣故城北王莽更曰居寧俗謂之溫城非也地理風俗記曰修縣西北二十里有修市城故縣也按修市縣屬渤海以俗稱溫城證之則修市縣郎溫城所改其後改屬渤海耳於明爲景州西北有修市故縣王文彬曰魏地形志冀州勃海郡修縣有董仲舒祠少治春秋補注先謙曰史記傳末云故漢興至於五世之間唯董仲舒名爲明於春秋其傳公羊氏也孝景時爲博士下帷講誦弟子傳以久次相授業或莫見其面師古曰言新學者但就其舊弟子受業不必親見仲舒補注劉氏曰久行字先謙曰史記亦有久字文義較足劉說非據顏注授業當作受業且上言傳則下不得復言授轉寫誤授耳史記正作受業蓋三年不窺園其精如此師古曰雖有園圃不窺視之言專學也補注沈欽韓曰論衡儒增篇言不窺園菜實也言三年增之也[illegible]之先謙曰史記作蓋三年董仲舒不觀於舍園進退容止非禮不行學士皆師尊之武帝卽位舉賢良文學之士前後百數師古曰數音所具反而仲舒以賢良對策焉制曰朕獲承至尊休德師古曰休美也言承先帝極尊之位至美之德也補注宋祁曰浙本至尊下有之字傳之亡窮而施之罔極師古曰罔亦無也極盡也任大而守重是以夙夜不皇康寧師古曰皇暇也康樂也永惟萬事之統猶懼有闕師古曰永深也惟思也統緒也補注何焯曰統紀也總也注釋爲緒者非此處本意觀第三策中統紀不絕之語可見故廣延四方之豪儁郡國諸侯公選賢良修絜博習之士師古曰郡郡守也國王國也諸侯列侯也郡國及諸侯總謂四方在外者公選謂以公正之道選士無偏私也補注先謙曰意重廣延四方之士故制辭不及二府諸侯王不得治國其在國者相選之欲聞大道之要至論之極師古曰極中也今子大夫褎然爲舉首服虔曰子男子之美號也張晏曰褎進也爲舉賢良之首也師古曰褎然盛服貌也詩邶風旄丘之篇曰褎如充耳褎音弋授反補注王念孫曰褎然者出眾之貌故曰褎然爲舉首[illegible]

之[illegible]張晏訓褎爲進猶爲近之師古訓爲盛服貌則與爲舉首三字義不相屬且下句云朕甚嘉之者嘉其賢良出眾非嘉其盛服也李慈銘曰字當爲褎褎從衣從采采古禾穗字褎卽古衣袖字也與褎字從保省者異先謙曰官本作褎是說文袖下云俗褎從由釋名袖由也手所由出入也衣有領袖皆舉之在上故凡言首舉者稱領袖也[illegible]王說未申朕甚嘉之子大夫其精心致思朕垂聽而問焉蓋聞五帝三王之道改制作樂而天下洽和百王同之補注宋祁曰渻化本作制禮按古本無禮字下云韶勺甯有禮字存之不成文洽一作治當虞氏之樂莫盛於韶師古曰韶舜樂於周莫盛於勺張晏曰勺周頌篇也言能成先祖之功以養天下也師古曰勺讀與酌同聖王已沒鍾鼓筦絃之聲未衰師古曰筦與管字同而大道微缺陵夷至虖桀紂之行師古曰陵夷言漸替也解在成紀補注宋祁曰行字古本作作字今浙本亦有作字又一本題云又云桀紂之行語意常若不了王念孫曰浙本是也此言桀紂之行作而王道大壞脫去作字則語意不完治要及文選移讓太常博士書注引此皆有作字沈欽韓曰言周道陵夷世主之行類桀紂也故下文云五百年之間王道大壞矣夫五百年之間守文之君當塗之士補注先謙曰謂當路而爲政者欲則先王之法以戴翼其世者甚眾師古曰翼助也然猶不能反

日以仆滅師古曰反還也還於正道也仆斃也音赴至後王而後止補注先謙曰言亂極於秦而後息豈其所持操或誖繆而失其統與師古曰操執也誖乖也統緒也操音千高反與讀曰歟後皆類此固天降命不可復反必推之於大衰而後息與師古曰息止也補注錢大昭曰衰漢紀作中疑是衷字之誤先謙曰衰譌爲衷又轉改作中耳烏虖師古曰虖讀曰呼嗚呼歎辭也凡所爲屑屑夙興夜寐務法上古者又將無補與師古曰屑屑動作之貌補益也補注先謙曰屑說文作屑云動作切切也荀子儒效篇注屑然雜碎眾多之貌廣雅釋訓屑屑不安也言不得治道雖瑣碎勤勞日思法古無補益也本書王莽傳晨夜屑屑與此同意將殆也三代受命其符安在災異之變何緣而起性命之情或夭或壽或仁或鄙師古曰夭壽命也仁性也鄙謂不通也補注先謙曰仁寬裕鄙狹陋也習聞其號未燭厥理師古曰燭照也伊欲風流而令行刑輕而姦改師古曰伊惟也百姓和樂政事宣昭何脩何飭而膏露降百穀登師古曰登成也補注先謙曰官本飭作飾引宋祁曰古本飾作飭悳潤四海澤臻屮木師古曰臻至也屮古草字也三光全補注先謙曰無虧蝕流霣之變寒暑平受天之祜師古曰祜福也音怙享鬼神之靈師古曰爲鬼神所歆

饗悳澤洋溢施虖方外延及羣生師古曰施亦延也洋音羊施音弋豉反〔補注〕先謙曰方外殊域羣生庶物也子大夫明先聖之業習俗化之變終始之序講聞高誼之日久矣其明吕諭朕師古曰諭謂曉告也科別其條勿猥勿并師古曰猥積也并合也欲其一一疏理而言之〔補注〕先謙曰官本一作一是劉歆傳注猥苟也取之於術愼其所出〔補注〕先謙曰非正道勿以上陳時丞相衞綰奏所舉賢良治申韓蘇張之言者皆罷制詞特申戒之迺其不正不直不忠不極枉于執事書之不泄興于朕躬毋悼後害師古曰極中也公卿執事有不忠直而阿枉者皆令言之朕自發書不有漏泄勿懼有後害而不言也子大夫其盡心靡有所隱朕將親覽焉仲舒對曰陛下發德音下明詔求天命與情性皆非愚臣之所能及也臣謹案春秋之中視前世已行之事吕觀天人相與之際甚可畏也國家將有失道之敗而天迺先出災害吕譴告之師古曰譴責也不知自省又出怪異吕警懼之師古曰省視也〔補注〕先謙曰爾雅釋詁省察也尚不知變而傷敗迺至吕此見天心之仁愛人君而欲止其亂也自非大

亾道之世者天盡欲扶持而全安之事在彊勉而已矣師古曰彊音其兩反此下並同〔補注〕先謙曰官本並作亦彊勉學問則聞見博而知益明彊勉行道則德日起而大有功此皆可使還至而立有效者也師古曰還讀曰旋旋速也〔補注〕宋祁曰越本無立字詩曰夙夜匪解師古曰大雅烝人之詩也夙早也解讀曰懈懈怠也其下亦同〔補注〕先謙曰官本人作民無夙早也三字書云茂哉茂哉師古曰虞書咎繇謨之辭也茂勉也〔補注〕先謙曰今書茂作懋說文懋勉也茂草豐盛經典多借茂爲懋詳釋文皆彊勉之謂也道者所繇適於治之路也師古曰繇讀與由同由從也適往也仁義禮樂皆其具也故聖王已沒而子孫長久安寧數百歲此皆禮樂教化之功也王者未作樂之時迺用先王之樂宜於世者而吕深入教化於民教化之情不得雅頌之樂不成故王者功成作樂樂其德也樂者所以變民風化民俗也其變民也易其化人也著師古曰著明也易音弋豉反著音竹筯反故聲發於和而本於情接於肌膚臧於骨髓故王道雖微缺而筦絃之聲未衰也夫虞氏之不

爲政久矣然而樂頌遺風猶有存者是吕孔子在亝而聞韶也〔補注〕先謙曰官本亝作齊引宋祁曰古本齊作亝夫人君莫不欲安存而惡危亾然而政亂國危者甚衆所任者非其人而所繇者非其道師古曰繇讀與由同下亦類此是吕政日吕仆滅也夫周道衰於幽厲非道亾也幽厲不繇也至於宣王思昔先王之德興滯補弊明文武之功業〔補注〕先謙曰晉語注滯廢也周道粲然復興詩人美之而作上天祐之爲生賢佐後世稱誦至今不絕此夙夜不解行善之所致也孔子曰人能弘道非道弘人也師古曰論語載孔子之言也言明智之人則能行道內無其質非道所化〔補注〕先謙曰言人能大其道道不能大其人引孔子之言以明繇道在人圖治自己也顏說非故治亂廢興在於己非天降命不可得反〔補注〕先謙曰官本作不得可反引劉敞曰當云不可得反其所操持誖謬失其統也臣聞天之所大奉使之王者〔補注〕先謙曰言奉以天下而使之王也王音于況反必有非人力所能致而自至者此受命之符也天下之人同心歸之若歸父母故天瑞應誠

而至書曰白魚入于王舟有火復于王屋流爲烏師古曰今文尙書泰誓之辭也謂伐紂之時有此瑞也復歸也音扶目反〔補注〕宋祁曰古本流字上有而字存而可緩而文王文彬曰復讀爲覆言火下垂而屋在其覆中也觀史記周本紀有火自上復于下句文義甚明顏訓歸未合此蓋受命之符也周公曰復哉復哉師古曰周公觀火烏之瑞迺曰復哉復哉復報也言周有盛德故天報吕此瑞也亦見今文泰誓也〔補注〕劉奉世曰復當爲覆覆聲字之誤也王文彬曰劉說是也周公觀火復之瑞重言以歎美之與仲尼曰水哉水哉同一歎稱之意顏說非繆荃孫曰尙書大傳引作茂哉茂哉茂與復聲相近孔子曰德不孤必有鄰師古曰論語載孔子之言也鄰近也言修德者不獨空爲之而已必有近助也皆積善絫德之效也師古曰絫古累字及至後世淫佚衰微師古曰佚與逸同不能統理羣生諸侯背畔殘賊良民吕爭壤土廢德教而任刑罰刑罰不中則生邪氣師古曰中音竹仲反邪氣積於下怨惡畜於上師古曰畜讀曰蓄蓄聚也上下不和則陰陽繆盭而妖孽生矣師古曰盭古戾字孽災也此災異所緣而起也臣聞命者天之令也性者生之質也情者人之欲也或夭或壽或仁或鄙陶冶而成之不能粹美師古曰陶

吕喻造瓦冶吕喻鑄金也言天之生人有似於此也粹純也有治亂之所生故不𠀤也補注先謙曰官本𠀤作齊引宋祁曰古本齊作𠀤孔子曰君子之德風也小人之德屮也屮上之風必偃師古曰論語載孔子之言也言人之從化若屮遇風則偃仆也補注宋祁曰風也屮也越本無兩也字故堯舜行德則民仁壽桀紂行暴則民鄙夭夫上之化下下之從上猶泥之在鈞唯甄者之所爲師古曰甄作瓦之人也鈞造瓦之法其中旋轉者甄音吉延反猶金之在鎔唯冶者之所鑄師古曰鎔謂鑄器之模範也鎔音容補注沈欽韓曰管子任法篇堯之治天下也猶埴之在埏唯陶之所以爲猶金之在鑪恣冶之所以鑄先謙曰文選上蕭太傅固謝奪禮啟注蒼頡曰鎔炭鑪所以行消鐵也綏之斯倈動之斯和此之謂也師古曰論語載子貢對陳子禽之言也綏安也言治國家者安之則競來動之則和悅耳臣謹案春秋之文求王道之端得之於正師古曰謂正月也音之成反補注宋祁曰正越本作之盛反正次王王次春師古曰解春秋書春王正月之一句也春者天之所爲也正者王之所爲也其意曰上承天之所爲而下吕正其所爲正王道之端云爾然則王者欲有所爲宜求其端於天天道之大者

在陰陽陽爲德陰爲刑刑主殺而德主生是故陽常居大夏而吕生育養長爲事補注先謙曰大盛也其下亦同陰常居大冬而積於空虛不用之處吕此見天之任德不任刑也天使陽出布施於上而主歲功使陰入伏於下而時出佐陽陽不得陰之助亦不能獨成歲終陽吕成歲爲名蘇林曰卒以陽名歲尚德不尚刑也師古曰謂年首稱春也即上文所云王次春者是也補注王鳴盛曰沈彤云終上當有陰字陰終陽本易傳地道無成而代有終義然終陽之事即助其成功故曰以成歲爲佐名當作佐形似而譌先謙曰言陽不得陰助固不能獨成歲然卒年首稱春者陽以成歲爲名也終者究竟之辭名稱也沈說陰終陽之義已見本文迺欲以意增改斯爲謬矣此天意也王者承天意吕從事故任德教而不任刑刑者不可任吕治世猶陰之不可任吕成歲也爲政而任刑不順於天故先王莫之肯爲也今廢先王德教之官而獨任執法之吏治民毋迺任刑之意與師古曰與讀曰歟孔子曰不教而誅謂之虐師古曰論語載孔子之言虐政用於下而欲德教之被四海故難成也臣謹案春秋謂一元之意師古曰釋公始即位何不稱一年而言元年也一者萬物之所從始也元者辭之所謂大也師古曰易稱元者善之長也故曰辭之所謂大也補注宋祁曰辭古本作解王念孫曰大當爲本下文曰謂一爲元者視大始而欲正本也視大始承上始字而言欲正本承上本字而言又曰春秋深探其本而反自貴者始仍承始字本字而言則上文本作辭之所謂本明矣本字上半與大相似又涉下視大始而誤元字雖可訓爲大而仲舒則訓元爲本以起下欲正本之語非訓爲大也春秋繁露王道篇春秋何貴乎元而言之元者始也言本正也重政篇春秋變一謂之元元猶原也其義以隨天地終始也故元者爲萬物之本而人之元在焉以上二條皆訓元爲本又訓爲始始亦本也晉語注曰始本根也呂氏春秋孝行篇注曰本始也若訓元爲大則別出一義非仲舒正本之指矣漢紀孝武紀正作元者辭之所謂本也謂一爲元者視大始而欲正本也師古曰視讀曰示春秋深探其本而反自貴者始故爲人君者正心吕正朝廷正朝廷吕正百官正百官吕正萬民正萬民吕正四方四方正遠近莫敢不壹於正而亡有邪氣奸其間者師古曰奸犯也音干是吕陰陽調而風雨時羣生和而萬民殖五穀孰而屮木茂天地之間被潤澤而大豐美四海之內聞盛德而皆徠臣補注先謙曰官本徠作倈字同

諸福之物可致之祥莫不畢至而王道終矣孔子曰鳳鳥不至河不出圖吾已矣夫師古曰論語載孔子之言補注先謙曰官本無注自悲可致此物而身卑賤不得致也師古曰鳳鳥河圖皆王者之瑞仲尼自歎有德無位故不至也今陛下貴爲天子富有四海居得致之位操可致之勢師古曰操執持也音千高反又有能致之資師古曰資材質也行高而恩厚知明而意美愛民而好士可謂誼主矣然而天地未應而美祥莫至者何也凡吕教化不立而萬民不正也夫萬民之從利也如水之走下師古曰走音奏不吕教化隄防之不能止也是故教化立而姦邪皆止者其隄防完也教化廢而姦邪並出刑罰不能勝者其隄防壞也古之王者明於此是故南面而治天下莫不吕教化爲大務立大學吕教於國補注先謙曰官本大作太設庠序吕化於邑師古曰庠序教學之處也所吕養老而行禮焉禮學記曰古之敎者家有塾黨有庠術有序國有學也漸民吕仁摩民吕誼師古曰漸謂浸潤之摩謂砥礪之也節民吕禮故其刑罰甚輕而

禁不犯者教化行而習俗美也聖王之繼亂世也埽除其迹而悉去之師古曰去亦除也音丘呂反復修教化而崇起之教化已明習俗已成子孫循之師古曰循順也順而行之行五六百歲尚未敗也至周之末世大爲亾道以失天下秦繼其後獨不能改又益甚之重禁文學不得挾書棄捐禮誼而惡聞之其心欲盡滅先王之道而顓爲自恣苟簡之治蘇林曰苟爲簡易之治也師古曰此說非也苟謂苟於權利也簡謂簡於仁義也簡易乾坤之德豈秦所行乎顓與專同補注先謙曰苟簡謂苟且簡略也蘇但不當言簡易耳顏訓非通鑑改作苟且之治故立爲天子十四歲而國破亾矣自古以來未嘗有以亂濟亂大敗天下之民如秦者也師古曰濟益也補注宋祁曰濟古作泲先謙曰古下奪本字其遺毒餘烈至今未滅使習俗薄惡人民嚚頑抵冒殊扞文穎曰扞突也師古曰口不道忠信之言爲嚚心不則德義之經爲頑抵觸也冒犯也殊絕也扞距也冒讀如字又音莫克反補注先謙曰官本距作拒孰爛如此之甚者也孔子曰腐朽之木不可彫也糞土之牆不可圬也師古曰論語載孔子之言也圬鏝也所以泥飾牆也言內

質敗壞不能修治也圬音一胡反鏝音莫干反補注先謙曰官本注不能作不可依正文則不可是今漢繼秦之後如朽木糞牆矣雖欲善治之亾可柰何法出而姦生令下而詐起師古曰下音胡亞反如以湯止沸抱薪救火愈甚亾益也補注宋祁曰越本甚作其甚與其小差則成誤矣然其字施於此則未安也竊譬之琴瑟不調甚者必解而更張之迺可鼓也補注沈欽韓曰淮南氾論道猶金石一調不更事猶琴瑟每絃改調亦見文子上義篇爲政而不行甚者必變而更化之迺可理也當更張而不更張雖有良工不能善調也當更化而不更化雖有大賢不能善治也故漢得天下以來常欲善治而至今不可善治者補注宋祁曰越本無上一善字然善治要須複語不容上言治而下言善治也浙本亦同有善字失之於當更化而不更化也古人有言曰臨淵羨魚不如蛛而結網師古曰言當自求之補注沈欽韓曰文子上德篇臨河欲魚不若歸而織網錢大昭曰蛛南監本閩本竝作退先謙曰官本作退今臨政而願治七十餘歲矣補注齊召南曰按仲舒對策之年先儒疑而未定漢書武紀載於元光元年與公孫弘竝列既失之太後通鑑據史記武帝即位爲江都相之文載於建元元年與嚴助

竝列亦失之太前若以仲舒此文推之則在建元五年也計漢元年至建元三年爲七十歲而五年始置五經博士即傳所謂推明孔氏抑黜百家立學校之官也至元光元年初令郡國舉孝廉各一人即傳所謂州郡舉茂才孝廉也若在元光元年豈得云七十餘歲乎先謙曰仲舒對策有夜郎康居殊方萬里說德歸誼之語西南夷傳夜郎之通在建元六年大行王恢擊東粵後文年即爲元光元年是漢書載仲舒對策於元光元年竝不失之太後齊說非也建元五年始置五經博士元光元年初令郡國舉孝廉各一人其時武帝崇儒已有此盛舉傳所稱立學校之官州郡舉茂才孝廉二事文與武紀不盡符合或因仲舒對策推擴規模抑或後世緣時事相當傳疑附會班氏未審因而歸美未可知也康居或誼於史無徵蓋武帝初立欲事滅胡遣人往通西域而康居於其時一至中國史官失載若張騫之道康居又後十數歲矣武紀載賢良一詔於元光元年五月又云於是董仲舒公孫弘等出焉特史家綜述此舉得人之盛非謂董與公孫皆出是年公孫元光五年後徵通擢見本傳而詔書之在是歲不可易也至通鑑之誤更不足辨不如退而更化更化則可善治善治則災害日去福祿日來詩云宜民宜人受祿于天師古曰大雅假樂之詩也爲政而宜於民者固當受祿于天夫仁誼禮知信五常之道王者所當脩飭也補注宋祁曰越本飭作飾下亦同五者脩飭故受天之祐而享鬼神之靈德施于方外延及羣生也天

子覽其對而異焉迺復冊之曰補注宋祁曰景德本冊作策制曰蓋聞虞舜之時游於巖郎之上文穎曰巖郎殿下小屋也晉灼曰堂邊廡巖郎謂嚴峻之郎也師古曰晉說是也補注先謙曰按案郎官本正文及注竝作廊引宋祁曰古本浙本廊竝作郎余按廊本作郎後人加广而俗人作郎則驚而不喜更改爲廊吁可惜耶先謙案說文無廊字借郎爲之周書作雒解重亢重郎韓勑後碑庫室中郎竝以郎爲廊說文新附以爲廊東西序是也不當釋作屋廡詳竇嬰傳嚴郎猶相如傳所稱高廊矣垂拱無爲而天下太平周文王至於日昃不暇食師古曰昃亦昊字補注先謙曰官本昊作昃是而宇內亦治夫帝王之道豈不同條其貫與師古曰與讀曰歟何逸勞之殊也蓋儉者不造玄黃旌旗之飾及至周室設兩觀乘大路朱干玉戚八佾陳於庭師古曰兩觀謂闕也大路玉路之車也干盾也戚鉞也朱丹其盾玉爲戚柲也佾列也舞者之行列也一列八人天子八列六十四人也補注先謙曰爾雅觀謂之闕郭注宮門雙闕釋名觀觀也於上觀望也闕闕也在門兩旁中央闕然爲道也詩子衿正義引孫炎曰宮門雙闕舊章懸焉使民觀之因謂之觀佾官本作佾注文在而頌聲興下杷作把佾佾異文或爲佾而頌聲興夫帝王之道豈異指哉師古曰言意趣不同或曰良玉不瑑師古曰瑑謂彫刻爲文也音篆下皆類此又曰非文

無㠯輔德二端異焉殷人執五刑㠯督姦傷肌膚㠯懲惡師古曰督視責也懲止也成康不式四十餘年師古曰式用也成康之時刑措不用天下不犯囹圄空虛秦國用之死者甚衆刑者相望秏矣哀哉師古曰秏虛也言用刑酷烈誅殺甚衆天下空虛也秏音呼到反或曰秏不明也言刑罰闇亂音莫報反〔補注〕先謙曰官本秏作耗字同烏虖師古曰虖讀曰呼朕夙寤晨興師古曰夙早也寤寐之覺也興起也覺音工孝反惟前帝王之憲師古曰憲法也永思所㠯奉至尊章洪業師古曰永深也章明也洪大也皆在力本任賢師古曰力本謂勤力行於本業也本謂農也今朕親耕藉田〔補注〕先謙曰官本藉作籍㠯爲農先勸孝弟崇有德使者冠蓋相望問勤勞恤孤獨盡思極神功烈休德未始云獲也〔補注〕錢大昭曰云閩本作亡先謙曰據仲舒對閩本誤也今陰陽錯繆氛氣充塞師古曰氛惡氣也充滿也羣生寡遂黎民未濟師古曰遂成也〔補注〕先謙曰官本濟作濟引宋祁曰濟古作濟下同廉恥貿亂賢不肖渾淆師古曰貿易也渾殽雜也貿音武又反渾音胡本反〔補注〕先謙曰官本淆作殽顏注作渾殽明正文淆字後人妄改未得其眞故詳延特起之士意庶幾乎師古曰詳盡也一曰審也〔補注〕宋祁曰古浙本

有意字他本無但云庶幾乎則促而不緩必待意字句乃自安今子大夫待詔百有餘人或道世務而未濟稽諸上古之不同〔補注〕先謙曰淮南原道訓注濟通也之官本作而是考之于今而難行毋迺牽於文繫而不得騁歟師古曰牽於文繫謂懼於文吏之法與讀曰歟其下類此〔補注〕先謙曰官本歟作與又無注文與下八字是也前注既云後皆類此不宜復出將所繇異術所聞殊方與師古曰繇讀與由同方謂道也各悉對著于篇師古曰悉謂盡意而對也毋諱有司師古曰言不當忌畏有司而不極言明其指略切磋究之㠯稱朕意師古曰究極也磋音千何反仲舒對曰臣聞堯受命㠯天下爲憂而未㠯位爲樂也〔補注〕宋祁曰古本位字上有在字王念孫曰治要引此未下有聞字語意較完故誅逐亂臣務求賢聖是㠯得舜禹稷卨咎繇衆聖輔德賢能佐職敎化大行天下和洽萬民皆安仁樂誼各得其宜動作應禮從容中道師古曰從音千容反中音竹仲反故孔子曰如有王者必世而後仁此之謂也師古曰論語載孔子之言也言如有受命王者必三十年仁政迺成堯在位七十載迺遜于位㠯禪虞舜堯崩天下不歸堯子丹朱而歸舜

舜知不可辟師古曰辟讀曰避迺即天子之位㠯禹爲相因堯之輔佐繼其統業是㠯垂拱無爲而天下治孔子曰韶盡美矣又盡善也師古曰論語載孔子之言韶舜樂也孔子嘉舜之德故聽其樂而云盡善盡美矣〔補注〕錢大昕曰傳引孔子曰韶盡美矣又盡善矣又引武盡美矣未盡善也上矣下也語意不同當是論語古本今漢書亦改作也唯景祐本是矣字西漢策要與景祐本同王念孫曰錢說是也據顏注云故聽其樂而云盡善盡美矣則正文本是矣字治要引作韶盡善矣文雖從省而亦是矣字先謙曰官本注無論語載孔子之言七字此之謂也至於殷紂逆天暴物殺戮賢知殘賊百姓伯夷太公皆當世賢者隱處而不爲臣守職之人皆奔走逃亡入于河海師古曰謂若鼓方叔播鼗武少師陽之屬也事在禮樂志天下秏亂萬民不安師古曰秏不明也音莫報反故天下去殷而從周文王順天理物師用賢聖是㠯閎夭大顚散宜生等亦聚於朝廷臣瓚曰皆文王賢臣愛施兆民天下歸之故太公起海濱而即三公也師古曰濱涯也即就也濱音賓又音頻當此之時紂尙在上尊卑昏亂百姓散亡故文王悼痛而欲安之是㠯日昃而不暇食也

孔子作春秋先正王而繫萬事見素王之文焉師古曰見顯示也〔補注〕王先愼曰廣雅釋詁素空也素王謂空王指在下者而言莊子天道篇云以此處上帝王天子之德也以此處下玄聖素王之道也上下對舉語極明顯史記殷紀載伊尹從湯言素王及九主之事賈子過秦論謂諸侯非有素王之行是古以素王推尊在下有德者通稱何曾屬之孔子董子生當西漢必不以素王爲孔子自稱故繁露玉杯篇云孔子立新王之道三代改制篇春秋作新王之事而不云孔子立素王之號尤其確證自緯書出遂有孔子自號素王之說東漢宗之謬種流傳誣及董子緯書作僞也繇此觀之師古曰繇讀與由同〔補注〕先謙曰官本無此注帝王之條貫同然而勞逸異者所遇之時異也孔子曰武盡美矣未盡善也師古曰亦論語載孔子之言也武周武王樂也以其用兵伐紂故有慙德未盡善也此之謂也臣聞制度文采玄黃之飾所㠯明尊卑異貴賤而勸有德也〔補注〕錢大昭曰勸有德閩本作觀德二字故春秋受命所先制者改正朔易服色所㠯應天也然則宮室旌旗之制有法而然者也故孔子曰奢則不遜儉則固師古曰論語載孔子之言遜順也固陋也儉非聖人之中制也臣聞良玉不瑑資質潤美不待刻瑑此亡異於達巷黨人不學而

自知也孟康曰人項橐也〔補注〕沈欽韓曰孟說本秦策甘羅之言蓋師說相傳㠯爲達巷黨人天中記引圖經云橐魯人十歲而亡時人尸而祝之號小兒神一統志達巷在兗州府滋陽縣西北五里然則常玉不琢不成文章君子不學不成其德臣聞聖王之治天下也少則習之學長則材諸位服虔曰在位當知材知曰有益於政也應劭曰隨其材之優劣而授之位也師古曰應說近之謂授之位㠯試其材也爵祿㠯養其德刑罰㠯威其惡故民曉於禮誼而恥犯其上武王行大誼平殘賊周公作禮樂㠯文之至於成康之隆囹圄空虛四十餘年此亦教化之漸而仁誼之流〔補注〕宋祁曰古本流作沵非獨傷肌膚之效也至秦則不然師申商之法行韓非之說師古曰申申不害也商商鞅也〔補注〕先謙曰官本注在法字下韓非至秦卽死秦未嘗行其說秦所行與非說合耳憎帝王之道㠯貪狼爲俗師古曰狼性皆貪故謂貪爲貪狼也非有文德㠯教訓於天下也〔補注〕宋祁曰景德本無天字古本有誅名而不察實師古曰誅責也爲善者不必免而犯惡者未必刑也是㠯百官皆飾空言虛辭而不顧實〔補注〕宋祁曰景祐本無空言二字古本有外有事君之禮內有背上之心造僞飾詐趣利無恥又好用憯酷之吏師古曰憯痛也音千感反賦斂亡度竭民財力百姓散亡不得從耕織之業羣盜並起是㠯刑者甚眾死者相望而姦不息俗化使然也故孔子曰導之㠯政亝之㠯刑民免而無恥師古曰論語載孔子之言也言㠯政法教導之㠯刑戮整齊之則人苟免而已無恥愧也〔補注〕先謙曰官本亝作齊引宋祁曰古本齊作亝此之謂也今陛下并有天下海內莫不率服廣覽兼聽極羣下之知盡天下之美至德昭然施於方外〔補注〕先謙曰言德被殊域也說讀曰悅夜郎康居殊方萬里說德歸誼師古曰夜郎西南夷也康居西域國此太平之致也然而功不加於百姓者殆王心未加焉曾子曰尊其所聞則高明矣〔補注〕宋祁曰浙本尊作遵行其所知則光大矣高明光大不在於它在乎加之意而已師古曰曾子之書也曾子曾參〔補注〕沈欽韓曰語見大戴禮曾子疾病篇願陛下因用所聞設誠於內而致行之則三王何異哉陛下親耕藉田㠯爲農先夙寤晨興憂勞萬民思惟往古而務㠯求賢

此亦堯舜之用心也然而未云獲者士素不厲也師古曰厲謂勸勉之也一曰砥礪其行也夫不素養士而欲求賢譬猶不琢玉而求文采也〔補注〕宋祁曰景祐本琢作瑑當從此本故養士之大者莫大虖太學〔補注〕先謙曰官本虖作乎是大學者賢士之所關也師古曰關由也教化之本原也今㠯一郡一國之眾對亡應書者師古曰書謂舉賢良文學之詔書也〔補注〕先謙曰既㠯對言則所謂亡應書者皆是不應經義也此仲舒泛論平日郡國之眾顏說非是王道往往而絕也臣願陛下興太學置明師㠯養天下之士數考問㠯盡其材則英俊宜可得矣今之郡守縣令民之師帥所使承流而宣化也〔補注〕宋祁曰古本流作沵故師帥不賢則主德不宣恩澤不流今吏既亡教訓於下或不承用主上之法暴虐百姓與姦爲市師古曰言小吏有爲姦欺者守令不舉劾反與之交易求利也貧窮孤弱冤苦失職甚不稱陛下之意是㠯陰陽錯繆氛氣充塞羣生寡遂黎民未濟皆長吏不明使至於此也夫長吏多出於郎中中郎吏二千石子弟選郎吏又㠯富訾未必賢也師古曰訾與資同〔補注〕王鳴盛曰中郎句絕郎吏句絕其上文專言郡守縣令之重長吏卽守令郎吏卽郎中中郎也據其義當云長吏多出於郎中中郎選郎吏多出於二千石子弟又㠯富訾蓋選郎大約出任子算訾二途者尤多故未必賢王應麟玉海論此事云郎選其塗非一有以父兄任子弟爲郎者如張安世爰盎楊惲霍光是也有以富訾爲郎者張釋之傳如湻注引漢儀注謂訾五百萬得爲常侍郎如釋之及司馬相如是也有以獻策上書爲郎者婁敬主父偃是也有以孝著爲郎者馮唐是也余謂唐傳但言以孝著非因孝行得爲郎王說獨此條不確漢有以舉孝廉爲郎者王吉京房孟喜是也有以射策甲科爲郎者儒林傳云歲課甲科爲郎中如馬宮翟方進何武召信臣是也有以六郡良家子爲郎者如馮奉世是也大約漢之郎選盡於此六途王氏所舉任子富訾兩條卽仲舒之所病至於算訾爲郎始於漢初事見景紀並非入粟拜爵而今人往往誤解竊謂後世薦舉人有身家殷實一條乃其遺制耳食貨志云入財者得補郎郎選衰矣郎選二字與此同但入財補郎乃武帝晚年事仲舒對策當武帝卽位初時尚無此不牽以當之先謙曰百官志縣令長掌治其縣萬戶以上爲令秩千石至六百石減萬戶爲長秩五百石至三百石是爲長吏又云郎掌守門戶出充車騎有議郎中郎侍郎郎中皆無員多至千人議郎中郎秩比六百石侍郎比四百石郎中比三百石中郎有五官左右三將秩皆比二千石郎中有車戶騎三將秩皆比千石又云郡守掌治其郡秩二千石仲舒言其時令長多出於郎而選郎非任子卽筭貲故未必賢大抵漢世郎秩有差而皆可出補長吏翟方進傳

方逆由郎遷議郎是郎秩遷遷之證也酷吏傳義縱以中郎補上黨郡中令何武傳武以射策甲科爲郎遷鄠令王吉傳吉以郡吏舉孝廉爲郎補若盧右丞遷雲陽令儒林傳費直治易爲郎至單父令循吏傳召信臣以明經甲科爲郎補穀陽長是長吏多出於郎中中郎之證也[illegible]王吉傳吉言俗吏得任子弟[illegible]率多驕驁不通古今至於積功治人亡益於民宜明選求賢除任子之令是吏二千石子弟選郎復出爲長吏之證也[illegible]言郎中中郎以該侍郎議郎言吏二千石子弟以該朝臣之子弟言二千石必加吏者以別於朝臣二千石也又以富訾即筭訾之謂王說郎吏即郎中中郎深爲未當詳上下文義郎下不得有吏字疑衍文且古所謂功者以任官稱職爲差〔師古曰差次也〕非所謂積日絫久也〔補注〕王念孫曰下所字涉上所字而衍景祐本作非謂積日絫久也通鑑與荀紀一九并同漢紀作不謂積日累久也皆無所字故小材雖絫日不離於小官賢材雖未久不害爲輔佐〔師古曰害猶妨也〕是以有司竭力盡知〔補注〕先謙曰通鑑胡注知讀曰智務治其業而以赴功今則不然累日以取貴〔補注〕先謙曰官本累作絫積久以致官是以廉恥貿亂賢不肖渾殽未得其眞臣愚以爲使諸列侯郡守二千石〔補注〕先謙曰不言刺史者時不常置各擇其吏民之賢者歲貢各二人以給宿衞且以觀大臣之能所貢賢者有賞所貢不肖者有罰夫如是諸侯吏二千石皆盡心於求賢天下之士可得而官使也〔師古曰授之以官以使其材也〕〔補注〕何焯曰上所謂英俊乃能明王道輔世長民者也養之不可不素此吏民之賢者以備郡守縣令之材承流宣化者也求之不可不廣徧得天下之賢人則三王之盛易爲而堯舜之名可及也毋以日月爲功實試賢能爲上量材而授官錄德而定位〔師古曰錄謂存視也〕則廉恥殊路賢不肖異處矣陛下加惠寬臣之罪令勿牽制於文使得切磋究之臣敢不盡愚於是天子復冊之〔補注〕宋祁曰浙本之字下有曰字二曰雖相重史體則然制曰蓋聞善言天者必有徵於人〔師古曰徵證也〕善言古者必有驗於今〔補注〕沈欽韓曰語本荀子性惡篇驗彼作節故朕垂問乎天人之應上嘉唐虞下悼桀紂〔補注〕先謙曰官本乎作虖寖微寖滅寖明寖昌之道〔師古曰寖古浸字浸漸也〕〔補注〕先謙曰寖字誤官本俱作寖虛心以改今子大夫明於陰陽所以造化習於先聖之道業〔補注〕宋祁曰所以予按古本無以字語徑易了浙本道作遺文典可從作道傳寫誤

耳然而文采未極豈惑虖當世之務哉條貫靡竟統紀未終意朕之不明與聽若眩與〔師古曰眩惑也音郡縣之縣與讀皆曰歟〕〔補注〕先謙曰官本讀皆作皆讀夫三王之教所祖不同而皆有失〔師古曰祖始也〕或謂久而不易者道也意豈異哉今子大夫既已著大道之極陳治亂之端矣其悉之究之孰之復之〔師古曰悉盡也究竟也復反復重言之也復音扶目反〕詩不云虖嗟爾君子毋常安息神之聽之介爾景福〔師古曰小雅小明之詩也安處也介助也景大也言人君不當苟自安處而已若能靖共其位直道而行則神聽而知之助以大福也〕朕將親覽焉子大夫其茂明之〔師古曰茂勉也〕仲舒復對曰臣聞論語曰有始有卒者其唯聖人虖〔師古曰論語載孔子之言卒終也言終始如一者唯聖人能之〕〔補注〕先謙曰官本孔子作子夏引宋祁曰景祐本注子夏作孔子又案官本能上無人字今陛下幸加惠留聽於承學之臣〔師古曰言轉承師說而學之〕〔補注〕先謙曰蓋謙辭也復下明冊以切其意而究盡聖德非愚臣之所能具也前所上對條貫靡竟統紀不終辭不別白指不分明此臣淺陋之罪也冊曰善言天者必有徵於人善言古者必有驗於今臣聞天者羣物之祖也故徧覆包函而無所殊〔師古曰函與含同殊異也〕建日月風雨以和之經陰陽寒暑以成之故聖人法天而立道亦溥愛而亡私〔師古曰溥徧也音普〕布德施仁以厚之設誼立禮以導之春者天之所以生也仁者君之所以愛也夏者天之所以長也德者君之所以養也霜者天之所以殺也刑者君之所以罰也繇此言之〔師古曰繇讀與由同下皆類此〕天人之徵古今之道也孔子作春秋上揆之天道下質諸人情參之於古考之於今故春秋之所譏災害之所加也春秋之所惡怪異之所施也書邦家之過兼災異之變以此見人之所爲其美惡之極迺與天地流通而往來相應此亦言天之一端也古者修教訓之官務以德善化民民已大化之後天下常亡一人之獄矣今世廢而不脩亡以化民民以故棄行誼而死財利是以犯法而罪多〔補注〕宋祁曰犯法古本浙本並作法

犯予謂法犯罪多語中輕重自偶易之非是一歲之獄㠯萬千數㠯此見古之不可不用也師古曰古謂古法也故春秋變古則譏之天令之謂命命非聖人不行質樸之謂性性非教化不成人欲之謂情情非度制不節是故王者上謹於承天意㠯順命也下務明教化民㠯成性也正法度之宜別上下之序㠯防欲也脩此三者而大本舉矣人受命於天固超然異於羣生入有父子兄弟之親出有君臣上下之誼會聚相遇則有耆老長幼之施師古曰施設也陳設其序粲然有文㠯相接師古曰粲明貌驩然有恩㠯相愛此人之所㠯貴也生五穀㠯食之桑麻㠯衣之師古曰食讀曰飤衣音於旣反六畜㠯養之服牛乘馬圈豹檻虎是其得天之靈貴於物也故孔子曰天地之性人爲貴師古曰孝經載孔子之言也性生也明於天性知自貴於物知自貴於物然後知仁誼知仁誼然後重禮節重禮節然後安處善師古曰處於善道㠯爲安安處善然後樂循理師古曰循順也樂循理

然後謂之君子故孔子曰不知命亡㠯爲君子師古曰論語載孔子之言也補注何焯曰董子所謂知命以天命之性言之此之謂也冊曰上嘉唐虞下悼桀紂寖微寖滅寖明寖昌之道虛心㠯改臣聞眾少成多積小致鉅師古曰鉅大也故聖人莫不㠯晻致明㠯微致顯師古曰晻與暗同是㠯堯發於諸侯師古曰謂從唐侯升天子之位舜興虖深山孟康曰舜耕於歷山非一日而顯也蓋有漸㠯致之矣言出於己不可塞也行發於身不可掩也言行治之大者君子之所㠯動天地也故盡小者大慎微者著師古曰能盡眾小則致高大能慎至微則著明也詩云惟此文王小心翼翼師古曰大雅大明之詩也翼翼恭肅貌故堯兢兢日行其道而舜業業日致其孝師古曰兢兢戒慎也業業危懼也善積而名顯德章而身尊此其寖明寖昌之道也積善在身猶長日加益而人不知也師古曰長言身形之脩短自幼及壯也補注先謙曰言如短景日漸加長也積惡在身猶火之銷膏而人不見也非明虖情性察虖流俗者孰能知之此唐虞之所㠯得

令名而桀紂之可爲悼懼者也夫善惡之相從如景鄉之應形聲也師古曰鄉讀曰響故桀紂暴謾師古曰謾與慢同讒賊並進賢知隱伏惡日顯國日亂晏然自㠯如日在天師古曰晏然自安意也如日在天言終不墜亡也終陵夷而大壞夫暴逆不仁者非一日而亡也亦㠯漸至故桀紂雖亡道然猶享國十餘年此其寖微寖滅之道也冊曰三王之教所祖不同而皆有失或謂久而不易者道也意豈異哉臣聞夫樂而不亂復而不厭者謂之道師古曰復謂反復行之也音扶目反道者萬世亡弊弊者道之失也師古曰言有弊非道出失道故有弊先王之道必有偏而不起之處故政有眊而不行師古曰眊不明也音莫報反舉其偏者㠯補其弊而已矣三王之道所祖不同非其相反將㠯捄溢扶衰所遭之變然也師古曰捄古救字故孔子曰亡爲而治者其舜虖師古曰論語載孔子之言改正朔易服色㠯順天命而已其餘盡循堯道何更爲哉故王者有改制之名亡變道之實然

夏上忠殷上敬周上文者所繼之捄當用此也師古曰繼謂所受先代之次也救謂救其弊也補注先謙曰注上救字當作捄孔子曰殷因於夏禮所損益可知也周因於殷禮所損益可知也其或繼周者雖百世可知也師古曰論語載孔子之言謂忠敬與文因循爲教立政垂則不遠此也補注宋祁曰浙本云孔子曰殷因於夏禮周因於殷禮其損益可知也當考此言百王之用㠯此三者矣夏因於虞而獨不言所損益者其道如一而所上同也道之大原出於天天不變道亦不變是㠯禹繼舜舜繼堯三聖相受而守一道亡救弊之政也師古曰言政和平不須救弊也故不言其所損益也繇是觀之繼治世者其道同繼亂世者其道變今漢繼大亂之後若宜少損周之文致師古曰致至極也補注何焯曰文致謂文敝之極也然致字屬下句讀貢父希元之說並同似宜從之用夏之忠者補注劉敞曰致字屬下句繆荃孫曰用夏之忠此公羊家說春秋所祖述仲舒正公羊家也陛下有明悳嘉道愍世俗之靡薄悼王道之不昭師古曰靡散也薄輕也昭明也故舉賢良方正之士論誼考問補注先謙曰此誼字不可通蓋涉下誼字

而誤也治要引作論議考問畜從之將欲興仁誼之休德明帝王之法制師古曰休美也建太平之道也臣愚不肖述所聞誦所學道師之言廑能勿失耳師古曰廑與僅同僅少也若迺論政事之得失察天下之息秏師古曰息生也秏虛也秏音呼到反此大臣輔佐之職三公九卿之任非臣仲舒所能及也然而臣竊有怪者夫古之天下亦今之天下今之天下亦古之天下共是天下古亦大治〔補注〕錢大昭曰亦閩本作以先謙曰閩本是也亦字於義不合又緣上兩亦字而誤也治要正作古以大治上下和睦習俗美盛不令而行不禁而止吏亡姦邪民亡盜賊囹圄空虛德潤草木澤被四海鳳皇來集麒麟來游以古準今壹何不相逮之遠也安所繆盭而陵夷若是師古曰安焉也意者有所失於古之道與有所詭於天之理與師古曰與讀皆曰歟詭違也〔補注〕先謙曰官本奪去皆字試迹之古返之於天黨可得見乎師古曰反謂還歸之也黨音他朗反〔補注〕宋祁曰姚本古字上有於字錢大昭曰黨儻借字伍被傳黨可以徼幸是也先謙曰官本注反作返是夫天亦有所分予予之齒者去其角師古曰謂牛無上齒則有角其餘無角者則有上齒〔補注〕宋祁曰齒字上古本浙本同有上字據注亦當有只云予之齒者是通上下殊非義理也吳仁傑曰顏注本出淮南書所云戴角者無上齒此非通論也其他羊鹿之屬豈皆無上齒乎按行露詩誰謂雀無角何以穿我屋蓋古謂咮爲角也獸有齒而鳥有咮鳥有翼而獸四足故曰予之齒者去其角傳之翼者兩其足互文以見鳥與獸不相兼耳大戴禮亦言戴角者無上齒又云有角者無前齒有羽者無後齒又與顏注小異太元掜云嘖以牙者童其角言如乎九日無無餘分也葢祖仲舒之意王念孫曰治要引作予上齒者去其角無之字與下句相對句法較爲整齊春秋繁露度制篇亦云有角不得有上齒沈欽韓曰有角者無上齒亦見呂覽博志篇先謙曰牛善觸以角爲用而無上齒若羊鹿之屬雖有角又有上齒然角不爲力用非牛之比斯言亦就物理參悟無取拘牽古義相承由來已久吳氏妄說耳傳其翼者兩其足師古曰傳讀曰附附箸也言鳥不四足〔補注〕先謙曰官本箸作著是是所受大者不得取小也古之所予祿者不食於力不動於末師古曰末謂工商之業也是亦受大者不得取小與天同意者也夫已受大又取小天不能足而況人乎此民之所以囂囂苦不足也師古曰囂讀與嗸同音敖嗸嗸眾怨愁聲也身寵而載高位家溫而食厚祿師古曰載亦乘也因乘富貴之資力以與民爭利於下民安能如之哉〔補注〕先謙曰王念孫云如猶當也亦見李廣傳是故眾其奴婢多其牛羊廣其田宅博其產業畜其積委師古曰畜讀曰蓄務此而亡已〔補注〕先謙曰已止也以迫蹵民師古曰蹵音子育反民日削月朘孟康曰朘音揎謂轉褰踧也蘇林曰朘音鐫石俗語謂縮朒爲朘縮師古曰孟說是也揎音宣踧音子六反〔補注〕先謙曰官本褰作蹇集韻朘縮也孟說爲轉蹇踧謂若行步之安舒者轉而蹇踧蹇跛也踧同蹙蹇踧即蹙縮意也若衣作褰褰亦兼蹙義惟褰踧二字不相聯貫玉篇縮朒不寬伸之貌朒說文作朒是蘇孟義同顏是孟而置蘇所未解也寑以大窮富者奢侈羨溢貧者窮急愁苦師古曰羨饒也讀與衍同音弋戰反窮急愁苦而上不救則民不樂生民不樂生〔補注〕錢大昭曰閩本四字不重尙不避死安能避罪此刑罰之所以蕃而姦邪不可勝者也師古曰蕃多也音扶元反故受祿之家食祿而已不與民爭業然後利可均布而民可家足此上天之理而亦太古之道天子之所宜法以爲制大夫之所當循以爲行也故公儀子相魯師古曰公儀休之其家見織帛怒而出其妻食於舍而茹葵慍而拔其葵師古曰食菜曰茹茹音㨉〔補注〕先謙曰官本㨉作汝曰吾已食祿又奪園夫紅女利虖師古曰紅讀曰工古之賢人君子在列位者皆如是故下高其行而從其教民化其廉而不貪鄙及至周室之衰其卿大夫緩於誼而急於利亡推讓之風而有爭田之訟故詩人疾而刺之曰節彼南山惟石巖巖赫赫師尹民具爾瞻師古曰小雅節南山之詩也節高峻貌巖巖積石貌赫赫顯盛也師尹周太師尹氏也言三公之位人所瞻仰若山之高也節音才結反爾好誼則民鄉仁而俗善師古曰爾汝也鄉讀曰嚮爾好利則民好邪而俗敗由是觀之天子大夫者下民之所視效遠方之所四面而內望也〔補注〕先謙曰面向也近者視而放之遠者望而效之師古曰放依也音甫往反〔補注〕先謙曰官本注文在遠者上豈可以居賢人之位而爲庶人行哉夫皇皇求財利常恐乏匱者庶人之意也師古曰皇皇急速之貌也皇皇求仁義常恐不能化民者大夫之意也易曰負且乘致寇至師古曰此易解卦六三爻辭也乘車者君子之位也負擔者小人之事也此言居君子之位而爲庶人之行者其患禍必至也

若居君子之位當君子之行則舍公儀休之相魯亡可爲者矣師古曰舍廢也言爲君子之行者當如公儀休若廢其所行則無可爲也補注先謙曰胡注舍讀曰捨言爲君子者當如公儀休若廢而不遵則無可爲者矣先謙案休事見史記春秋大一統者天地之常經古今之通誼也師古曰一統者萬物之統皆歸於一也春秋公羊傳隱公元年春王正月何言乎王正月大一統也此言諸侯皆繫統天子不得自專也補注先謙曰官本繫作係今師異道人異論百家殊方指意不同是吕上亡吕持一統法制數變下不知所守臣愚吕爲諸不在六藝之科孔子之術者皆絕其道勿使竝進邪辟之說滅息師古曰辟讀曰僻然後統紀可一而法度可明民知所從矣對既畢天子吕仲舒爲江都相事易王補注先謙曰名非易王帝兄素驕好勇仲舒吕禮義匡正王敬重焉久之王問仲舒曰粵王句踐與大夫泄庸種蠡謀伐吳師古曰種大夫種也蠡范蠡也種音之勇反蠡音禮補注齊召南曰泄庸師古無注疑卽國語所謂舌庸者與苦成文種范蠡皋如竝爲大夫稱五大夫吳晉之會黃池也舌庸與蠡率師沿海泝淮以絕吳路泄與舌音相近而字異耳錢大昭曰泄庸漢紀及人表竝作后庸遂

滅之孔子稱殷有三仁寡人亦吕爲粵有三仁師古曰泄庸一也大夫種二也范蠡三也桓公決疑於管仲寡人決疑於君仲舒對曰臣愚不足吕奉大對師古曰大對謂對大問也聞昔者魯君問柳下惠師古曰魯大夫展禽也柳下所食菜邑之名惠謚也補注先謙曰官本菜作采是吾欲伐亝何如柳下惠曰不可歸而有憂色曰吾聞伐國不問仁人此言何爲至於我哉徒見問耳且猶羞之師古曰徒但也況設詐吕伐吳虖繇此言之粵本無一仁夫仁人者正其誼不謀其利明其道不計其功是吕仲尼之門五尺之童羞稱五伯師古曰伯讀曰霸次下亦同爲其先詐力而後仁誼也苟爲詐而已故不足稱於大君子之門也張晏曰仲尼之門故稱大也五伯比於他諸侯爲賢其比三王猶武夫之與美玉也應劭曰武夫石而似玉者也補注先謙曰官本注無也字王曰善仲舒治國吕春秋災異之變推陰陽所吕錯行故求雨閉諸陽縱諸陰其止雨反是師古曰謂若閉南門禁舉火及開北門水灑人之類是也補注錢大昭曰求雨止雨之法詳見春秋繁露行

之一國未嘗不得所欲中廢爲中大夫先是遼東高廟長陵高園殿災仲舒居家推說其意中稾未上師古曰所作起草爲稾也補注沈欽韓曰張懷瓘書斷引如淳注與師古語同又引姚察曰草猶麤也麤書爲本曰稾史記屈原傳屈平屬草稾未定先謙曰史記中廢爲中大夫居舍著災異之記是時遼東高廟災是災在爲中大夫後此云先是則災在爲中大夫前按武紀高廟高園災在建元六年時仲舒尚未對策班氏知史記之誤故易是時爲先是也主父偃候仲舒私見嫉之竊其書而奏焉補注錢大昕曰按偃傳元光元年西入關而高廟高園殿災乃在建元六年其明年始改元元光計其年月似不相應周壽昌曰此書全載五行志先謙曰災在建元六年仲舒草稾未上其後偃竊奏之非一時事也錢氏獻疑未當上召視諸儒師古曰視讀曰示補注先謙曰史記作天子召諸生示其書有刺譏仲舒弟子呂步舒補注宋祁曰古人舒作昌先謙曰官本考證云人字當作本又按呂步舒本書儒林傳及史記竝同宋祁所見之古本作步昌者非也先謙案集解引徐廣曰步舒之一作荼亦音舒步舒官丞相長史見儒林傳後上思仲舒言使步舒持斧鉞治淮南獄見五行志又鹽鐵論孝養篇呂步舒弄口而見戮不知其師書吕爲大愚補注先謙曰史記作下愚於是下仲舒吏當死詔赦之仲舒遂不敢復言災異仲舒爲人廉直是時方外攘四夷師古曰攘

卻也公孫弘治春秋不如仲舒補注何焯曰弘傳少爲獄吏年四十餘乃學春秋雜說而弘希世用事師古曰希觀相也位至公卿仲舒吕弘爲從諛弘嫉之膠西王亦上兄也尤縱恣數害吏二千石補注先謙曰膠西于王端也事詳本傳弘迺言於上曰獨董仲舒可使相膠西王膠西王聞仲舒師古曰素聞其賢也大儒善待之補注先謙曰官本無儒字引宋祁曰古本大字下有儒字且謂依古本存儒字則顏不當於仲舒下作注此蓋顏注時已失儒字矣先謙案史記作膠西王素聞董仲舒有行亦善待之仲舒恐久獲辠病免凡相兩國輒事驕王正身吕率下數上疏諫爭教令國中所居而治及去位歸居終不問家產業補注沈欽韓曰潛夫論讚學篇董仲舒終身不問家事景君明經年不出戶庭先謙曰史記作居家至卒終不治產業與潛夫論同語意更完足吕修學著書爲事仲舒在家朝廷如有大議補注宋祁曰古本無如字使使者及廷尉張湯就其家而問之其對皆有明法補注齊召南曰藝文志有公羊董仲舒治獄十六篇王充曰仲舒表春秋之義稽合于律無乖異者應劭曰朝廷遣廷尉湯問得失於是作春秋決獄二百二十三事動以經對卽其事也隋唐志尚有十卷自武帝初立魏其武安侯

為相而隆儒矣及仲舒對冊推明孔氏抑黜百家立學校之官師古曰校音下教反州郡舉茂材孝廉皆自仲舒發之年老以壽終於家家徙茂陵〔補注〕王先慎曰案仲舒死葬長安宋敏求長安志云蝦蟆陵在萬年縣南六里韋述西京記本仲舒墓李肇國史補曰昔漢武帝幸芙蓉園卽秦之宜春苑也每至此墓下馬時人謂之下馬陵歲月深遠誤傳為蝦蟆耳陝西通志引馬谿田集云墓在長安故城二十里武帝幸芙蓉園過此下馬一時文士罔不下馬故名按在西安府城內長安縣志在城內臙脂坡下子及孫皆以學至大官仲舒所著皆明經術之意及上疏條教凡百二十三篇而說春秋事得失聞舉玉杯蕃露清明竹林之屬師古曰皆其所著書名也杯音布回反蕃音扶元反〔補注〕齊召南曰玉杯以下並是書名而今所傳十七卷玉杯第二竹林第三凡八十二篇總名蕃露此先儒所以疑其書或後人採綴以成也蕃露之義崔豹曰古之冕旒似露而垂沈欽韓曰西京雜記董仲舒夢蛟龍入懷乃作春秋繁露詞先謙曰聞舉亦書名也復數十篇十餘萬言皆傳於後世掇其切當世施朝廷者著于篇師古曰掇采拾也音丁活反

贊曰劉向稱董仲舒有王佐之材雖伊呂亡以加師古曰伊伊尹呂呂望也筦晏之屬伯者之佐殆不及也師古曰筦筦仲也晏晏嬰也伯者齊桓晉文之屬也伯讀曰霸至向子歆以為伊呂迺聖人之耦師古曰耦對也〔補注〕先謙曰官本迺作乃引宋祁曰越本無乃字王者不得則不興故顏淵死孔子曰噫天喪余師古曰事見論語噫歎聲也言失其輔佐也噫音於其反唯此一人為能當之自宰我子贛子游子夏不與焉師古曰與讀曰豫仲舒遭漢承秦滅學之後六經離析下帷發憤潛心大業令後學者有所統壹為羣儒首然考其師友淵原所漸猶未及乎游夏師古曰漸浸潤也游子游夏子夏也〔補注〕先謙曰官本原作源而曰筦晏弗及伊呂不加過矣至向曾孫龔篤論君子也以歆之言為然〔補注〕何焯曰劉歆末路狓猖班氏恐人以言廢故復以龔所論定者佐之王先慎曰後漢書蘇竟傳略云延岑護軍鄧仲況擁兵據南陽陰縣為寇劉歆兄子龔為其謀主竟與龔書曉之於是仲況與龔遂降龔字孟公善議論馬援班彪並器重之章懷注云前書及三輔決錄並云向曾孫又引三輔決錄注曰唯有孟公論可觀者班叔皮與京兆丞郭季通書劉孟公藏器於身用心篤固實瑚璉之器宗廟之寶也

虛受堂　二十

董仲舒傳第二十六　終　漢書五十六

司馬相如傳卷二十七上師古曰近代之讀相如賦者多矣皆改易文字競為音說致失本眞徐廣鄒誕生諸詮之陳武之屬是也今依班書舊文為正於彼數家並無取焉自喻巴蜀之後分為下卷　漢書五十七

漢　蘭　臺　令　史班　固　撰

唐正議大夫行祕書少監琅邪縣開國子顏師古　注

賜進士出身前翰林院編修國子監祭酒加三級臣王先謙補注

司馬相如字長卿蜀郡成都人也少時好讀書學擊劍師古曰擊劍者以劍遙擊而中之非斬刺也〔補注〕沈欽韓曰學擊劍學擊刺之法也莊子說劍日夜相擊於前吳越春秋越處女曰竊好擊之顏說謬名犬子師古曰父母愛之不欲稱斥故為此名也〔補注〕先謙曰索隱引孟康云愛而字之是也顏以為不欲稱斥則非也相如既學〔補注〕先謙曰索隱案秦宓云文翁遣相如受七經慕藺相如之為人也更名相如師古曰藺相如六國時趙人也義而有勇故追慕之以訾為郎事孝景帝為武騎常侍非其好也師古曰訾讀與貲同貲財也以家財多得拜為郎也武騎常侍秩六百石〔補注〕何焯曰訾郎猶今擇有身家之人非入粟拜爵之比漢初得官皆由訾算有市籍者亦不得官也郎官宿衛親近欲其有所顧藉重於犯法沈欽韓曰武騎常侍其官與李廣李蔡同亦郎中被選者耳云六百石非先謙曰據史記李廣傳當是八百石會景帝不好辭賦是時梁孝王來朝從游說之士齊人鄒陽淮陰枚乘吳嚴忌夫子之徒師古曰嚴忌本姓莊當時尊尚號曰夫子史家避漢明帝諱故遂為嚴耳相如見而說之師古曰說讀曰悅因病免客游梁〔補注〕先謙曰史記云梁孝王令與諸生同舍得與諸侯游士居數歲迺著子虛之賦〔補注〕先謙曰顧炎武云子虛賦乃游梁時作後更為楚稱齊難而歸之天子非當日本文矣會梁孝王薨相如歸而家貧無以自業素與臨邛令王吉相善〔補注〕先謙曰官本考證引淩稚隆云劉知幾謂此傳相如自作子長錄之班氏曾無增損如果相如自作何以自述鄙事而不諱耶觀賦後有非義理所尚故刪取其要數語此子長斷語自作之說未可據也吉曰長卿久宦游不遂而困師古曰遂達也來過我於是相如往舍都亭師古曰臨邛所治都之亭〔補注〕先謙曰索隱臨邛郭下之亭也先謙案詩彼都人士箋城郭之邑曰都華嚴經音義下引漢書音義云都城也故索隱以為郭下之亭都亭亦見嚴延年傳臨邛令繆為恭敬師古曰繆詐也日往朝相如相如初尚見之後稱病使從者謝吉吉愈益謹肅臨邛多富人卓王孫僮客八百人師古曰僮謂奴〔補注〕先謙曰史

虛受堂　一

記僮客作家僮程鄭亦數百人師古曰程鄭亦人姓名言其家富亞王孫也〔補注〕先謙曰程鄭亦見貨殖傳迺相謂曰令有貴客爲具召之師古曰具謂酒食之具召請也并召令令既至卓氏客以百數至日中請司馬長卿長卿謝病不能臨臨邛令不敢嘗食身自迎相如相如爲不得已而强往師古曰示衆人以此意也一坐盡傾師古曰皆傾慕其風采也酒酣臨邛令前奏琴曰竊聞長卿好之願以自娛師古曰奏進也〔補注〕周壽昌曰不敢云娛客故以自娛爲言相如辭謝爲鼓一再行師古曰行謂曲引也古樂府長歌行短歌行此其義也〔補注〕先謙曰官本無古下十三字索隱鼓一再行謂一兩曲是時卓王孫有女文君新寡好音故相如繆與令相重而以琴心挑之師古曰寄心於琴聲以挑動之也挑音徒了反〔補注〕先謙曰索隱引其詩曰鳳兮鳳兮歸故鄉遨遊四海求其皇有一豔女在此堂室邇人遐毒我腸何由交接爲鴛鴦又曰鳳兮鳳兮從皇棲得託子尾永爲妃交情通體必和諧中夜相從別有誰相如時從車騎雍容閒雅師古曰閒讀曰閑甚都張揖曰甚得都士之節也韋昭曰都邑之容也師古曰都閑美之稱也張說近之詩鄭風有女同車之篇曰洵美且都山有扶蘇之篇又云不見子都則知都者美也韋言都邑失之遠矣及飲卓氏弄琴文君

竊從戶窺心說而好之師古曰說讀曰悅悅其人而好其音也〔補注〕王文彬曰好愛也楚辭惜誦注言悅而愛之不必分指其人其音恐不得當也師古曰當謂對偶之〔補注〕先謙曰官本之作也既罷相如迺令侍人重賜文君侍者通殷勤文君夜亡奔相如相如與馳歸成都家徒四壁立師古曰徒空也但有四壁更無資產〔補注〕宋祁云別本無夜亡二字錢大昕曰西京雜記文君姣好眉色如望遠山臉際常若芙蓉肌膚柔滑如脂十七而寡爲人放誕風流故悅長卿之才而越禮焉卓王孫大怒曰女不材我不忍殺一錢不分也人或謂王孫王孫終不聽文君久之不樂謂長卿曰弟俱如臨邛文穎曰弟且也張揖曰如往也師古曰弟但也發聲之急耳酈食其曰弟言之此類甚多義非且也〔補注〕先謙曰史記作第同從昆弟假貸猶足以爲生師古曰貸音吐得反何至自苦如此相如與俱之臨邛盡賣車騎買酒舍迺令文君當盧郭璞曰盧酒盧師古曰賣酒之處累土爲盧以居酒瓮四邊隆起其一面高形如鍛盧故名盧耳而俗之學者皆謂當盧爲對溫酒火盧失其義矣〔補注〕宋祁曰注文酒盧下當有也字先謙曰盧史記作鑪集解引韋昭曰鑪酒肆也以土爲墮邊高似鑪與顏說同字當作壚說文壚剛土也通作鑪爾雅釋天注即今夜獵載鑪照也釋文鑪本作壚說文鑪方鑪也蓋以冶器即顏所云鍛鑪耳壚則文省也說文盧飯器也因文省作盧故或解爲酒瓮本書趙廣漢傳注盧所以居罌食貨志下注盧者賣酒之區也與此義並合食貨志注又引臣瓚曰盧酒瓮也即顏所謂溫酒火盧矣相如身自著犢鼻褌師古曰即今之衳也形似犢鼻故以名云衳音之容反〔補注〕劉奉世曰犢鼻穴在膝下爲褌財令至膝故習俗因以爲名非謂其形似也先謙曰吳越春秋越王服犢鼻廣雅衳襣褌也方言無祠袴謂之襣郭云袴無踦者即今犢鼻褌祠亦襱字異耳案說文襱絝踦也急就篇顏注袴之兩股曰襱玉篇襱袴襱也據此形製但以蔽前反繫於後而無袴襱即吾楚俗所稱圍裙是也與庸保雜作師古曰庸即謂賃作者也保謂庸之可信任者也滌器於市中師古曰滌洒也器食器也食已則洒之賤人之役也洒音先禮反卓王孫恥之爲杜門不出師古曰杜塞也昆弟諸公更謂王孫曰師古曰更互也音工衡反〔補注〕先謙曰集解引郭璞曰諸公父行也有一男兩女所不足者非財也師古曰言不患少財也今文君既失身於司馬長卿長卿故倦游文穎曰倦疲也言疲厭游學博物多能也〔補注〕何焯曰倦游意言所游之多今人以怠且病解之誤矣先謙曰倦游謂游宦病免而歸耳言其曾爲官也雖貧其人材足依也且又令客奈何相辱如此師古曰言縣令之客不可以辱也卓王孫不得已師古曰已止也分與文君僮百人錢百萬及其嫁時衣被財物文君迺與相如歸成都買田宅爲富人〔補注〕錢大昭曰西京雜記司馬相如初與卓文君還成都居貧愁懣以所著鷫鷞裘就市人陽昌貰酒與文君爲懽既而文君抱頸而泣曰我生平富足今乃以衣裘貰酒遂相與謀於臨邛賣酒相如親著犢鼻褌滌器以恥王孫王孫果以爲病乃厚給文君文君遂爲富人

居久之蜀人楊得意爲狗監師古曰主天子田獵犬也侍上上讀子虛賦而善之曰朕獨不得與此人同時哉得意曰臣邑人司馬相如自言爲此賦上驚迺召問相如相如曰有是然此迺諸侯之事未足觀請爲天子游獵之賦上令尚書給筆札師古曰札木簡之薄小者也時未多用紙故給札以書札音壯黠反相如以子虛虛言也爲楚稱師古曰稱說楚之美也烏有先生者烏有此事也師古曰烏於何也爲齊難師古曰難詰楚事也亡是公者亡是人也師古曰亡讀曰無下皆類此欲明天子之義故虛藉此三人爲辭師古曰藉假也以推天子諸侯之苑囿其卒章歸之於節儉師古曰卒終也謂終篇之言若隤牆塡塹之比者〔補注〕宋祁曰章疑作常先謙曰史記亦作章卒章猶言終篇不當作常因以風諫師古曰風讀曰諷〔補注〕沈欽韓曰西京雜記司馬相如爲上林子虛賦意思蕭散不復與外事相關控引天地錯綜古今忽然如睡煥然而興幾百日而成奏之天子天子

大說師古曰說讀曰悅（補注）王念孫曰奏下正文注文皆後人加之景祐本所無也賦奏在下文則此不得先言奏且下其辭曰三字乃總承上文言之忽插此二句則語意中斷矣後人以下文云相如既奏大人賦天子大說遂增此二句而不自知其謬也史記有此二句亦後人所加其辭曰楚使子虛使於齊齊王悉發車騎與使者出田師古曰田獵也田罷子虛過姹烏有先生師古曰姹誇誑之也音丑亞反字本作詫也（補注）錢大昭曰李善文選本作奼史記及五臣本竝作詫陶紹曾曰姹當爲吒亡是公存焉（補注）宋祁曰存疑作在先謙曰史記作在坐定烏有先生問曰今日田樂乎子虛曰樂獲多乎曰少然則何樂對曰僕樂王之欲夸僕以車騎之眾而僕對以雲夢之事也張揖曰楚藪也在南郡華容縣師古曰夢讀如本字又音莫鳳反字或作瞢其音同耳曰可得聞乎子虛曰可王駕車千乘選徒萬騎田於海濱師古曰濱涯也音賓又音頻列卒滿澤罘罔彌山師古曰罘覆車也即今幡車罔也王國兔爰之詩曰雉罹于罦罦亦罘字耳彌竟也罘音浮（補注）錢大昭曰說文罟兔罟也玉篇罘同罟掩菟轔鹿射麋格麟師古曰轔謂車踐轢之也音吝（補注）格字或作腳言持引其腳也（補注）先謙曰史記格作腳索隱引司馬彪曰腳掎也說文云掎偏引一腳也麟說文大牝鹿也左襄十四年傳譬如捕鹿晉人角之諸戎掎之謂或持其角或掎其腳也鹿唯用掎猛獸則須格擊明此格字爲腳之變文而誤鶩於鹽浦割鮮染輪張揖曰海水之涯多出鹽也李奇曰鮮生也染擩也切生肉擩車輪鹽而食之也師古曰鶩謂亂馳也擩揾也鶩音務擩音如閱反揾音一頓反（補注）郭嵩燾曰案割鮮染輪與下獲多句相應言割鮮多而血浸漬兩輪爲之斑也下文將割輪焠與此異訓將割輪焠正謂割取一臠就輪間炙而食之又與終日馳騁曾不下輿句相應兩輪字各有意義顏注因鶩於鹽浦一語謂擩車輪鹽而食之幷云焠亦揾染之義恐誤先謙曰索隱染或爲淬與下文將割輪淬意同詳文意郭義較長射中獲多矜而自功師古曰自矜其能以爲功也顧謂僕曰楚亦有平原廣澤遊獵之地饒樂若此者乎楚王之獵孰與寡人師古曰與猶如也僕下車對曰臣楚國之鄙人也幸得宿衞十有餘年時從出遊遊於後園（補注）宋祁曰一本無一遊字覽於有無然猶未能徧覩也又烏足以言其外澤乎（補注）宋祁曰一本無其字齊王曰雖然略以子之所聞見言之僕對曰唯唯師古曰唯唯恭應之辭也音弋癸反臣聞楚有七澤嘗見其一未覩其餘也臣之所見蓋特其小小者耳名曰雲夢雲夢者方九百里其中有山焉其山則盤紆岪鬱隆

崇律崒郭璞曰詰屈竦起也崣音佛（補注）宋祁曰越本無隆崇律崒四字王念孫曰景祐本亦無此四字而史記文選有之疑皆後人所加也注引郭璞曰詰屈竦起也[illegible]紆二字[illegible]竦起是釋[illegible]峍不與爲且岪字有音而崒字無音其可疑一[illegible]崒而兩字皆無音其可疑二也[illegible]產業部下引子虛賦云其山則盤紆崒鬱岑崟[illegible]無隆崇律崒四字與越本景祐本同其可疑三[illegible]而以鬱崒爲韻不知此三句但以差虧爲韻而[illegible]謙曰史記岪作弟律作嵂廣韻岪山曲楚辭招[illegible]鬱與盤紆同義故郭釋爲詰屈而以竦起釋隆[illegible]明縣文選注隆崇竦起也上或有脫文或誤詰[illegible]知王以竦起爲釋岪鬱二字則非越本景祐本自脫文耳[illegible]岑崟參差日月蔽虧張揖曰高山壅蔽日月虧缺半見師古曰岑音仕林反崟音吟（補注）錢大昭曰江淹雜體詩岑崟還相蔽李善引郭注方言[illegible]彬曰蔽全隱也虧半缺也山岑崟而參差則日[illegible]未晰先謙曰史記崟作巖官本注壅作擁見下[illegible]作擁交錯糾紛上干青雲郭璞曰言相摎結而峻絕罷池陂陁下屬江河郭璞曰言旁頹也屬連也罷音疲陂音婆陁音馳文穎曰南方無河也冀州凡水大小皆謂之河詩賦通方言耳晉灼曰文意假[illegible]古曰文晉之說皆非也下屬江河者總言山之[illegible]於文無妨陂音普河反屬音之欲反（補注）王文彬曰玉篇罷極也

顏氏刊謬正俗陂池讀如坡陁猶言靡迤耳是[illegible]極其所至靡迤下盡也一曰罷池即坡池之異[illegible]轉寫作罷耳先謙曰官本注皆作章先作俱意作章文選注亦譌作章其土則丹青赭堊雌黃白坿錫碧金銀張揖曰丹丹沙也青青雘也赭赤土也堊[illegible]坿白石英也師古曰丹沙今之朱砂也青[illegible]今之赤土也堊今之白土也錫青金也碧謂玉[illegible]音惡坿音附雘音一郭反（補注）沈欽韓曰正義[illegible]武都山谷案吳氏本草經雄黃產山之陽然則[illegible]索隱白坿出晉陽山先謙曰注引張揖與文選[illegible]赤土出少室山堊白堊本草云一名白墻也文[illegible]注此卷多不題注者姓名解者云是張揖亦兼[illegible]解者謂師古也此卷注殆有本非揖注而誤附[illegible]說文坿益也呂覽孟冬紀坿城郭高注坿益也[illegible]與塗同[illegible]釋名堊亞也次也先泥之[illegible]據此即今之石灰因其可以坿飾牆壁故得白[illegible]涂故別色可涂者亦謂之堊山海經孟門之山其下多黃堊是也眾色炫燿照爛龍鱗師古曰言采色相燿若龍鱗之間雜也炫音州縣之縣（補注）先謙曰官本鱗作麟其石則赤玉玫瑰琳琨昆吾張揖曰琳玉也琨石之次玉者也昆吾山名也出善金尸子曰昆吾之金晉灼曰玫瑰火齊珠也師古曰火齊珠今南方之出火珠也玫音枚瑰音回又音瓌琳音林琨音昆（補注）宋祁曰注文琳玉也越本玉祥珠沈欽韓曰西京雜記武帝得天馬以玫瑰石爲鞍則非火齊

珠也昆吾非金元和志鐵石山在嶲州臺登縣東三十里有碧石火鍊成鐵極剛利是此類也先謙曰沈說是也史記昆吾作琨珸梁章鉅云此承上其石張氏忽釋以金誤矣索隱引司馬彪曰琨珸石之次玉也河圖云流州多積石名琨珸石鍊之成鐵以作劍光明如水精藝文類聚劍部引龍魚河圖與此略同又石部引十州記與河圖亦同而琨珸皆仍作昆吾與此賦合說文玫下云火齊玫瑰也一曰石之美者瑰下云玫瑰一曰圓好一切經音義三引作石之美好曰玫圓好曰瑰此文上云其石則以為石之美好得之昆吾史記作琨珸注玉也集解引作球也越本作珠又球之謀**瑊玏玄厲**張揖曰瑊玏石之次玉者玄厲黑石可用磨也如淳曰瑊音緘玏音勒補注先謙曰梁章鉅云瑊玏即說文之玲瑿玉篇玲同瑊中山經葛山其下多瑊石廣韻瑊字注引郭璞云瑊玏似玉之石厲廣韻引作礪先謙案說文厲旱石也[illegible]急就篇顏注黑石曰厲即此所謂玄厲矣**礝石武夫**張揖曰皆石之次玉者礝石白者如冰半有赤色武夫赤地白采蔥蘢白黑不分郭璞曰礝音而兖反補注錢大昭曰礝當作碝說文碝石次玉者中山經扶豬之山其上多碝石沈欽韓曰海內經鹽長國有武夫之丘郭云此山出美石先謙曰史記文選礝並作碝集解引漢書音義曰碝石出雁門武夫出長沙也今無顏刪**其東則有蕙圃衡蘭芷若**張揖曰蕙圃蕙草之圃也衡杜衡也其狀若葵其臭如蘼蕪芷白芷若杜若也師古曰蘭即今澤蘭也今流俗書本芷若下有射干字妄增之也補注劉奉世曰澤蘭自別一種草非蘭也蘭今管城多有之苗如麥門冬而長大花黃紫兩色宋祁曰南本浙本芷作茝齊召南

曰史記有射干二字文選亦有[illegible]然則俗本妄增有自來矣據下文射干一獸名一草名此是香草名如史記文選則此賦凡三用射干字先謙曰衡同蘅楚辭及文選洛神賦並作蘅然說文無蘅字杜蘅與杜若二草也桂馥說文義證若下引陶宏景云葉似薑而有文理根似高良薑而細味辛香又絕似旋復根殆欲相亂葉小異耳此草一名杜蘅今復別有杜蘅不相似馥案王微四氣詩蘅若首春華亦分杜蘅杜若為二草蘭下引圖經云澤蘭與蘭草大抵相類但蘭草葉光潤根小紫五六月盛而澤蘭葉尖微有毛不光潤方莖紫節七八月初採微辛此為異是也炮炙論以蘭為大澤蘭以澤蘭為小澤蘭馥謂因此名稱易淆耳先謙案此分別衡蘭若三者最晰芷即茝也故南本浙本作茝說文茝虈也本草白芷一名虈本書禮樂志茝蘭芳顏注茝即今白芷**穹窮昌蒲江離蘪蕪**張揖曰江離香草也蘪蕪蘄芷也似蛇床而香師古曰蘪蕪即穹窮苗也郭璞曰江離似水薺而藥對曰蘪蕪一名江離張勃又云江離出臨海縣海水中正青似亂髮郭義恭云江離赤葉諸說不同未知孰是今無識之者然非蘪蕪也藥對誤耳補注錢大昭曰說文虈楚謂之蘺晉謂之虈齊謂之茝是三者同物異名說文又云蘺江蘺蘪蕪許蓋引子虛賦文非謂江蘺即蘪蕪也先謙曰梁章鉅文選旁證云营六臣本作芎胡氏攷異云注中字作芎考說文艸部营藭香艸也重文芎司馬相如說营或从弓謂凡將如此史記漢書作穹者假借也字書別未載䓖字此與甘泉賦發蘭蕙與䓖藭正文及注並誤桂馥義證蘼下云此文蓋後人亂之相如傳三句同韻每句竝舉二物上文云芎藭昌蒲下文云諸柘巴且中云江離蘪蕪傳又云揜以綠蕙

被以江離糅以蘪蕪雜以流夷此四句各舉一草江離蘪蕪非一物又可見故顏師古毛晃洪興祖皆謂蘼蕪非江蘺蘺者藭也先謙案如錢桂二說以離為虈則與上芷複出索隱案今芎藭苗曰江離綠葉白華樊光曰藁本一名蘪蕪根名蘄芷藥對以為蘪蕪一名江離芎藭苗也則芎藭藁本江離蘪蕪並相似備是一物也先謙謂三者若是一物文中不應加入昌蒲蓋其苗曰江離根曰芎藭[illegible]葉名蘪蕪本草又名蘄芷[illegible]雖一本所出判然三物名稱各不相混後人不察耳官本注正作色**諸柘巴且**張揖曰諸柘甘柘也蓴苴蘘荷也文穎曰巴且草一名巴蕉師古曰文說巴且是也且音子余反蓴音曹各反蓴且自蘘荷耳非巴且也補注劉奉世曰諸柘巴且四物也諸山芋字當為諸且蓴苴也蓴音普各反蘘荷也沈欽韓曰嵇含南方草木狀諸蔗一名甘蔗交趾所生者圍數寸長丈餘頗似竹斷而食之甚甘先謙曰史記作諸蔗猼且文選作諸柘巴苴說文藷下云諸蔗也蔗下云諸蔗也史記作蔗此作柘字通段耳楚詞招魂有柘漿些注柘藷蔗也劉說非巴且即蓴苴也注尊乃蓴字之誤說文蘘下云蘘荷也一名葍菹廣雅蘘荷蓴苴也蓴曹憲音普各反[illegible]楚詞九歎注作蓴菹大招倒作苴蓴吳仁傑離騷草木疏謂蘘荷至齊柴蜀猶呼稷菹案蓴與巴雙聲苴覆又尊聲之轉若作尊無緣轉寫為巴葍覆三字顏音亦不作普各反矣且史記作猼且猼尊同音巴為蓴之異字更無疑義也[illegible]王引之廣雅疏證釋草云張云蓴苴蘘荷也蓋一本有作蓴苴者故索隱引郭璞子虛賦注云巴且蘘荷屬則亦以巴且為蓴苴也顏言蓴苴

非巴且殆不通段借之例耳文氏以巴且為巴蕉特因且蕉雙聲望文生訓不知巴蕉後出之物說文蕉下止訓生枲若長卿賦有之許氏在後漢豈不為巴蕉立說知其未足據也[illegible]**其南則有平原廣澤登降陁靡**師古曰登上也降下也陁靡旁袤也陁音弋爾反補注先謙曰陁官本作陀集解陁靡音移靡**案衍壇曼**師古曰寬廣之貌也衍音弋戰反壇音徒但反曼音莫幹反補注先謙曰索隱引司馬彪云案衍窊下壇曼平博也官本注文無衍音下十五字**緣㠯大江限㠯巫山**張揖曰巫山在南郡巫縣也**其高燥則生葴析苞荔**張揖曰葴馬藍也析似燕麥苞藨也荔馬荔蘇林曰析音斯師古曰藨即今所用作席者也馬荔今之馬蘭也葴音之林反苞音包荔音隸藨音皮表反補注宋祁曰注文蘄本蘇林上有也字沈欽韓曰釋草葴寒漿注今酸漿草蜀本草酸漿即苦葴根如菹芹白色絕苦又云葴馬藍注今大葉冬藍然則二物同名也錢大昭曰說文苞艸也南陽以為麤履又云荔艸也似蒲而小根可作㕞注析音斯斯下脫歷反二字文選引蘇注作斯歷反先謙曰索隱引郭璞云葴酸醬江東名烏葴案酸醬即酸漿也通志馬藍田野人以為菜茹張訓葴為馬藍則非絕苦不可食之酸漿草矣析文選作菥史記作蘄說文無菥蘄二字蓋皆後人誤加艸耳[illegible]索隱引孟康云斯禾似燕麥廣志云涼州地生析草皆中國苗燕麥是也禮曲禮苞履扱稚厭冠不入公門注苞藨也蓋其物可為草履者亦中為席玉篇藨蔽屬可為席與顏注合月令荔挺出注荔挺馬薤也程瑤田云余居豐潤二三

月閒見草似幽蘭叢生長者二尺許開花藕褐色亦略似藺土人呼馬蓮亦呼馬藺意其爲月令之荔也形與韭薤相類故又有馬薤之名草甚堅韌市人以貫錢及繫物皆用之通俗文亦云馬藺顏氏家訓書證篇江東頗有此物人或種於階庭但呼爲旱蒲故不識馬薤據此則相如以爲高燥所生是矣**薛莎青薠**張揖曰薛藾蒿也莎鎬侯也青薠似莎而大生江湖雁所食師古曰莎即今青莎草薠音煩補注宋祁曰一本無薛莎青薠四字並張揖等注先謙曰薛史記文選竝作薛玉篇薛莎也案下既言莎若作薛則爲複出作薛是也釋草苹藾蕭郭云今藾蒿也初生亦可食桂馥謂苹薛一聲之轉莎爾雅說文竝云鎬侯也文選注作薃侯玉篇薃莎草一名莎侯本草莎艸一名薃一名侯莎與此讀異晏殊庭莎記是草耐水旱樂延蔓雖拔心隕葉弗之絶也薠說文青薠似莎者淮南覽冥訓路無莎薠西山經陰山其草多茆蕃郭注蕃音煩似莎而大據二說薠實生於高燥之地與此賦合張氏以爲薠生江湖失理遠矣**其埤溼則生藏莨蒹葭**郭璞曰藏莨草中牛馬芻蒹荻也似萑而細小葭蘆也師古曰埤音婢謂下地也莨音郎蒹葭音兼[illegible]荻音敵補注先謙曰集解引漢書音義曰藏似薍而葉大莨莨尾草也蒹藨也葭蘆也說文新附藏匿也漢書通用臧字從艸後人所加先謙案此傳不應獨作藏字亦後人因是艸名加艸藏上然艸無名藏者音義說未確故顏不採之而從郭說也文選注引郭云藏莨草名中牛馬芻此脫名字中音竹仲反藏莨即狼尾草也詩不稂不莠稂狼尾草莠狗尾草也二草相雜生野地秋月適野彌望皆是狗尾草密狼尾毛疏其芒老則轉赤而黑與狼尾不異說本程氏瑤田[illegible]稂童粱說文以禾采之不成者當董蓈而別數爲艸名與爾雅異程氏從之詩浸彼苞稂生於埤溼故水得浸之與此賦合苞从包聲苞亦通作包易泰卦書禹貢釋文偁[illegible]草木漸包說文艸[illegible]作[illegible]苞包藏也本書外戚傳注故苞稂亦爲藏莨矣說文蒹萑之未秀者葭葦之未秀者夏小正傳葦未秀爲蘆蒹葭即荻蘆二物而相混注文荻索隱引作蒹萑葭葦**東蘠雕胡**張揖曰東蘠實可食雕胡菰米也師古曰東蘠似蓬其實如葵子也補注先謙曰梁章鉅旁證云史記蘠作薔索隱引廣志云東蘠子色青黑河西記云貸我東蘠償我白粱也徐廣曰烏桓國有蘠似蓬草實如葵子十月熟按廣韻引亦作薔又按彫胡史記漢書並作雕胡玉篇廣韻並作蔣胡即枚乘七發之安胡也**蓮藕觚盧**張揖曰蓮荷之實也其根藕張晏曰觚盧扈魯也郭璞曰菰蔣也蘆葦也師古曰書不爲菰蘆字郭說非也但不知瓠蘆於今是何草耳補注劉奉世曰詞人不從本字者固多何獨於此不然耶宜用郭說先謙曰張注瓠盧官本作瓠蘆顏注瓠蘆當作瓠盧官本不誤上文葭即蘆此不得複出蘆郭說非也瓠盧即瓠𤬪[illegible]瓠盧瓠𤬪扈魯並一聲之轉爾雅瓠棲瓣釋文舍人本瓠又作瓠此瓠瓠通假之證**奄閭軒于**張揖曰奄閭蒿也子可治疾軒于蕕草也生水中揚州有之師古曰奄音淹蕕音猶補注王文彬曰五音集韻奄閭草名狀如艾蒿爾雅菁蔓于郭注多生水中一名軒于江東呼菁爲循郝懿行義疏云今水中皆有亦單名于後漢馬融傳注于一名蕕生於水中是也先謙曰奄史記文選作菴閭官本作藺[illegible]于史記作芊**眾物居之不可勝圖**師古曰勝舉也不可盡舉而圖寫之言其多也補注先謙曰顏訓勝爲舉又於舉上加盡以足其意則舉字爲贅設勝即盡也本書賈山傳注勝盡也文選神女賦序不可勝贊封禪文不可勝數句法與此同注亦皆訓盡**其西則有涌泉清池激水推移**郭璞曰波抑揚也**外發夫容蔆華內隱鉅石白沙**應劭曰夫容蓮華也蔆芰也師古曰鉅大也補注先謙曰夫容史記文選並作芙蓉蔆史記作陵誤爾雅說文竝作蔆文選作菱**其中則有神龜蛟鼉毒冒鼈黿**張揖曰蛟狀魚身而蛇尾皮有珠鼉似蜥蜴而大身有甲皮可作鼓毒冒似觜蠵甲有文黿似鼈而大師古曰張說蛟者適是鮫魚非蛟龍之蛟也蛟解在武紀鼉音徒何反又音大河反毒音代冒音妹他皆倣此補注宋祁曰徒何大河二反是一音疑上云徒丹反丹何近而相亂上林靈鼉亦自有注錢大昭曰毒冒古字爾雅注作瑇瑁釋文云字又作蝳蝐先謙曰朱珔云南山經注蛟似蛇四足龍屬與此魚身而蛇尾合其云皮有珠則又南都賦鮫鱷注引山海經注所謂鮫鯌刀屬皮有珠文而堅者據說文蛟龍屬無角曰蛟鮫魚也皮可飾刀本截然兩物如此張注則似合爲一物矣蓋呂覽季夏伐蛟注蛟魚屬因遂以蛟爲鮫淮南道應訓注蛟水居其皮有珠世人以爲刀劍之口而說山訓注亦云鮫魚之長其皮有珠今世以爲刀劍之口所云鮫魚之長又即說文池魚滿三千六百蛟來爲之長也荀子禮論注引徐廣蛟鼉以蛟魚皮爲之諸文皆蛟鮫無別禮記中庸黿鼉蛟龍釋文鮫本又作蛟也先謙案此與武紀射蛟注互證益明**其北則有陰林巨樹楩柟豫章**服虔曰陰林山北之林也豫章大木也生七年乃可知師古曰陰林言其樹木眾而且大常多陰也楩音便又音步田反即今黃楩木也柟音南今所謂楠木補注先謙曰巨文選謂其正義引溫活人云豫今之枕木也章今之樟木也二木生至七年枕樟乃可分別**桂椒木蘭檗離朱楊**師古曰桂即藥之所用其皮者也椒即所食椒樹也木蘭皮似椒而香可作面膏藥檗黃檗也離山梨也朱楊赤莖柳也生水邊補注先謙曰正義引廣雅云木蘭似桂皮辛可食其實如小甘辛美南人以爲梅也離同樆釋木梨山樆郭云即今梨樹[illegible]注梨一名山樆索隱朱楊爾雅云檉河柳急就篇顏[illegible]**樝梨梬栗橘柚芬芳**張揖曰樝似梨而甘梬梬棗也師古曰樝即今所謂樝子也梬棗即今之梬棗也柚即橙也似橘而大味酢皮厚樝音側加反梬音弋整反柚音弋救反橙音文莖反芬芳言橘柚之氣也補注劉奉世曰橙柚各自一種顏所說乃柚也先謙曰顏專爲樝立訓而不及梨蓋以梨即上文之離分樝梨爲二物非也上文言梨此不當復出樝梨者梨之別種也廣雅樝梨也禮內則柤梨曰攢之鄭注柤梨之不臧者又作查宋書張敷小名查傳亮熟覩敷面云查故是梨中不臧者此樝梨一物之證郝懿行以爲即鐵梨也先謙謂即今之山查說文樝果似梨而酢王禎農書樝似小梨味劣於梨蜜煮則香美過之藝文類聚八十六引張敷曰乎邱有甘樝蓋樝梨酸酢難得甘者張氏謂樝似梨而甘於理未該矣梬集解音郢說文梬下云棗也似柹一切經音義十一引說文云梬似柹而小也爾雅翼梬今之梬棗也結實似柹而極小其蒂四出枝葉皮核皆似柹秋晚而紅乾之則紫黑如蒲萄其大小亦然今

人謂之丁香柹又謂之牛乳柹柚劉說是說文橙橘屬柚似橙而酢博物志橙似橘而非若柚而有芬香風土記橙柚屬而柴正圓

綜此數說足證橙柚之異物矣注文槓乃橠之誤**其上則有宛雛孔鸞騰遠射干**張揖曰宛雛似

鳳孔孔雀鸞鸞鳥射干似狐能緣木服虔曰騰遠獸名也師古曰鸞鳥形如翟而五采文見山海經宛音於元反射音弋舍反〔補注〕

沈欽韓曰廣東新語騰豺生高要西七十五里騰狌嶺狀一類沐猴頭正方髮長丈許覆其面欲有所視輒搖頭以兩手披之一名騰

升上樹甚捷故以名疑即騰遠也射干薔佛書所謂野干翻譯名義悉伽羅此云野干似狐而小形色青黃如狗羣行夜鳴如狼廣

志巢於絕岩高木也梁章鉅曰莊子山木篇騰猿得柘棘南都賦騰猿飛蝠棲其下豈即所謂騰遠耶射干即野干揚慎云射干胡

地野犬也法苑珠林云有說爲野干鳴無說爲獅子吼先謙曰史記有赤猨獲猱四字在宛雛孔鸞之上蓋班刪之宛文選作鵷史

記同集解引漢書音義曰騰遠鳥名射干與騰遠連文射干是獸知騰遠非鳥也索隱司馬彪云騰遠蛇也郭璞云騰蛇龍屬能興

雲霧先謙案騰蛇龍屬既嫌不倫沈說騰豺所采亦一隅之書未爲塙據梁說騰遠近之新序謂元蝯居桂林之中峻叢之上從容

游戲超騰極遠故受騰遠之名矣蝯一作猨或作猿[illegible]猿與遠篆文相似竝疑此賦本作騰猿誤猿爲遠耳射干沈梁說

與張合官本注無見山海經四字**其下則有白虎玄豹蟃蜒貙豻**郭璞曰蟃蜒大獸似狸長百尋

貙似貍而大豻胡地野犬也似狐而小蟃音萬蜒音延豻音岸師

古曰蜒又音弋戰反貙音丑于反豻合韻音五安反〔補注〕沈欽韓

曰蟃蜒百尋過長郭不爲此誕言也說文獌狼屬謝靈運山居賦

注獌似貙而長狼之屬一曰貙廣韻獌狿長八尺蓋狼類長八尺

者已爲大矣百尋乃八尺之誤釋獸貙獌似貍彼注山民呼貙虎

之大者爲貙豻先謙曰說文無蟃蜒字據廣韻獌狿從犬從虫者

借字百尋乃一尋之誤豻自是胡地野犬非此貙豻也周禮射人

士以三耦射豻侯鄭司農云豻者獸名也一獸有貙豻證之爾雅注

文山民呼貙虎之大者爲貙豻則貙豻是一物此賦手格之猛獸

特以虎豹狼貙四者言之不當加入胡地野犬郭偶未審耳官本

注五作互史記下有兕象之野犀窮奇獌狿八字亦班刪之**於是乎迺使剸諸之倫手格此獸**師古

曰剸諸吳人刺吳王僚者也方言勇士故舉吕爲剸諸類剸與專同〔補注〕先謙曰史記作專**楚王迺駕馴駮之駟**

張揖曰馴擾也駮如馬白身黑尾一角鋸牙食虎豹擾而駕之駟當騶馬也師古曰馴音旬〔補注〕劉奉世曰馴駮止是駮馬耳虎嘗

見而伏故出獵駕之非眞駮也先謙曰駮史記作駁駮駁通殳鶡[illegible]正劉說本管子是也駟一乘也**乘雕玉之輿**

師古曰吕玉飾輿而離鏤之**靡魚須之橈旃**張揖曰吕魚須爲旃柄驅馳逐獸正橈靡也郭璞曰通帛爲旃旃師古

曰大魚之須出東海見尚書大傳橈旃即曲旃也橈音女教反〔補注〕先謙曰說文旃下云旗曲柄也旃柄本自上曲非因驅馳而橈

集解引郭璞曰以海魚須爲旒旌言橈弱也顏不取之因其不達橈旃之義張注與郭同意亦不爲顏所取也本書韓信傳注靡轅

麗也文選琴賦靡靡猗猗注靡靡順風貌此文以靡與曳對狀旃之靡然而輕揚耳文選引注正作也橈撓通作官本注無見尚書

大傳五字**曳明月之珠旗**張揖曰吕明月珠綴飾旗也**建干將之雄戟**[illegible]

雄戟胡中有鉅者干將所造〔補注〕沈欽韓曰吳越春[illegible]人也與歐冶子同師張謂韓王劍師非方言三刃枝[illegible]

之匽戟注今戟中有小子刺者所謂雄戟也[illegible]名先謙曰索隱䑌音巨周禮冶氏爲戈胡三之注云[illegible]

周禮圖謂戟反曲下爲胡也**左烏號之雕弓**應劭曰楚有柘桑烏[illegible]著地不得飛欲墮號[illegible]

張揖曰黃帝乘龍上天小臣不得上挽持龍顏顏拔墮黃帝弓臣下抱弓而號故名弓烏號郭璞曰雕畫也師古曰烏[illegible]

皆有據也〔補注〕先謙曰官本雕作彫史記號作嘷索[illegible]傳云弓工之妻曰此弓是太山南烏號之柘案淮南[illegible]

桑其材堅勁烏棲其上將飛枝勁復起摽呼其上伐[illegible]因名烏號古史考風俗通皆同此說案索隱所引較[illegible]

右夏服之勁箭伏儼曰服盛箭器也夏后氏之良弓[illegible]亦良卽煩弱箭服也故曰夏服師古[illegible]

之步叉也〔補注〕宋祁曰南本勁作良齊召南曰案[illegible]左傳封父之繁弱是也先謙曰集解引韋昭云夏[illegible]

同以羿善射也然伏說較長官本無師古十一字**陽子驂乘孅阿爲御**張[illegible]也[illegible]

名陽郭璞曰孅阿古之善御者孅音纖〔補注〕先謙[illegible]音義曰陽子仙人陽陵子纖阿月御也韋昭曰陽[illegible]

不取索隱引樂彥曰孅阿山名有女子處其巖月[illegible]中因爲月御也文選注引楚辭曰孅阿不御焉又[illegible]

有見楚辭三字**案節未舒卽陵狡獸**師古曰案節猶弭節也[illegible]意驅馳已凌狡獸狡捷[illegible]

宋祁曰注文當云已淩狡獸矣狡獸狡捷之獸也[illegible]文合如此先謙曰文選注引天文志曰案節徐行[illegible]

張揖曰蛩蛩青獸狀如馬距虛似贏而小郭璞曰距[illegible]文互言耳師古曰據爾雅文郭說是也楚音子六反[illegible]

史記蹵轔互易蛩蛩一作邛後漢廉范傳注轔蠑[illegible]踐也距虛一作駏驉一切經音義十三駏驉似嬴而[illegible]

者也劉氏新論審名篇蛩蛩巨虛其實一獸因其[illegible]集解引穆天子傳曰邛邛距虛日走五百里也先[illegible]

馬迅疾雖至捷之獸亦能蹴踐之也**軼野馬轉騊駼**張揖曰軼過也野[illegible]北海內有獸狀如[illegible]

璞曰轉車軸頭也師古曰轉謂軸頭衝兩殺之也軼[illegible]騊音逃駼音塗〔補注〕王念孫曰軼讀若迭左隱九年[illegible]

我也杜注軼突也僖三十二年傳將有西師過軼我[illegible]直結反戚十年傳迭我殺地迭與軼同此言軼野馬[illegible]

意當讀若迭兩訓爲突也轉讀爲躛躛蹢也莊子馬[illegible]廣雅曰踶蹄也說文踶躛也躛踶躛也[illegible]

躛爲蹄也躛轉二字竝音衛故字亦相通言突野馬[illegible]上林賦之轉白鹿義與此同蹵蛩蛩轔距虛軼野馬[illegible]

文所云陵狡獸也張訓軼爲過郭訓轉爲軸頭顏謂[illegible]之[illegible]皆非是先謙曰轉說文作專[illegible]

或作轒俗作轒因譌作轉耳字林騊駼北狄良馬也[illegible]策遺衛君野馬四百高注野馬騊駼也淮南主術訓[illegible]

駒騄高注駒騄野馬也通典駒騄野馬類也是野馬駒騄爲一物故賦取與蛩蛩距虛之一物二名相對爲文郭璞山海經贊駒騄野駿產自北域交頸相摩分背翹陸雖有孫陽終不在服郭亦以騊駼爲野馬矣**乘遺風射遊騏**張揖曰遺風千里馬也爾雅曰巂如馬一角不角者曰騏師古曰巂音攜騏音其補注先謙曰梁章鉅云說文騏馬青驪文如博棊也繫傳引此賦語先謙案索隱引呂氏春秋云遺風之乘古今注曰秦始皇馬名詳見王褒傳**儵胂倩浰**張揖曰皆疾貌也師古曰儵音式六反胂音式刃反倩音千見反浰音練補注先謙曰官本儵作倏儵倏本字胂史記文選作胂是[illegible]倩史記作淒[illegible]楚辭九歌儵而來兮忽而逝儵忽皆言疾也呻者驚疾之貌蜀都賦鷹犬儵胂李善注胂驚也胂又與眴同眴亦驚也莊子德充符少焉眴若釋文引司馬注眴驚也眴即瞬之異文[illegible]人之爲用唯目最捷儵胂迺轉瞬之義耳倩無疾義蓋淒之借文[illegible]通淒利皆疾也說文淒雲雨起也雲雨之起其流迅疾楚辭悲回風涕泣交而淒淒兮注淒淒流貌狀涕泣之下交而疾流也玉篇浰疾流也浰利聲亦兼利義利亦疾也淮南墜形訓輕土多利注利疾也二字皆從水而訓爲疾流故賦舉以狀車騎之迅疾矣**雷動猋至**師古曰猋疾風也若雷之動如猋之至言其威且疾也猋音必遙反補注先謙曰猋史記作標文選作猋案文選是也猋本作颷說文颷扶搖風也初學記引作疾風也一切經音義十六颷暴風也字从猋非大非火也颷俗省作猋故本書刑法志猋起雲合韓安國傳至如猋風顏注並云猋疾風也此傳顏訓疾風知當作猋不作猋矣[illegible]猋無疾義說文猋火華也[illegible]標亦無疾義說文標火飛也[illegible]史記作標蓋因通段而誤猋與颷俱借爲飄[illegible]飄熛偏旁俱從票因轉寫作熛耳**星流電擊弓不虛發中必決眦**師古曰眦即決獸之目眦言射審也眦即眥字補注先謙曰注曰下當有決字集解韋昭曰在目所指中必決於眼眥也於義亦通顏注較安**洞胸達掖絕乎心繫**張揖曰自左射之貫胸通右髃中心絕系也師古曰髃謂肩前骨也音五口反繫讀曰系也補注沈欽韓曰詩毛傳自左膘而射之達於右腢爲上殺正義貫心死疾肉最潔美**獲若雨獸揜屮蔽地**師古曰言獲殺之多如天雨獸也雨音于具反屮古草字也**於是楚王迺弭節徘徊翱翔容與**郭璞曰弭猶低也節所杖信節也翱翔容與自得也師古曰弭節者示安徐也補注王文彬曰文選李善本引楚辭注云弭案也此弭節猶案節也[illegible]亞夫傳天子乃按轡徐行按轡與案節同意案安聲亦兼安義按轡案節皆安徐之貌也弭亦安也[illegible]故顏氏訓弭節爲示安徐矣郭訓低非**覽乎陰林觀壯士之暴怒與猛獸之恐懼徼谻受詘**蘇林曰谻音倦谻之谻詘音谻強之谻郭璞曰詘詘折也谻疲極詘音屈師古曰蘇音是也谻音與劇同詘音其勿反徼工堯反徼

要也詘盡也言獸有倦極者要而取之力盡者受而有之補注宋祁曰注文工堯反上當有音字錢大昭曰谻當作谻說文谻相踦谻也作疲極解當作御勞也今之劇字先謙曰谻官本作谻史記作谻文選作谻案當作作谻谻左从谷[illegible]右从丮[illegible]谻也是谻字本義而云作谻作疲極解當作御說尚未備說文谻下云徼御受屈也段注按長卿用段借字作御許用正字作倦也御漢書曰谻音倦谻之谻當作音倦御之御也方言御倦也御同倦同倦御下云勞也與御音義同史記匈奴傳漢書趙充國傳皆云徼極與徼御音異義同又案小徐御下注云困劇也言見徼遮困劇則受屈也谻下注云按上林賦曰徼谻受屈謂以力相踦角徼要極而受屈也其義並通踦一足也相踦谻謂倦極以足相倚與御之訓勞無異詁也[illegible]**殫覩眾物之變態**郭璞曰殫盡也變態姿則也師古曰殫音單補注先謙曰文選引郭注則作貌是**於是鄭女曼姬**文穎曰鄭國出好女曼者言其色理曼澤也如淳曰鄭女夏姬也曼姬楚武王夫人鄧曼也師古曰文說是也補注劉敞曰予謂曼鄧姓也姬亦婦人通稱耳先謙曰曼即美也本書司馬遷傳曼辭以自解如淳曰曼美也[illegible]鄭女多美故鄭女爲當時美女恆稱不必果出自鄭鄭女曼姬猶言美女美姬耳鄧國不聞有美色也**被阿錫揄紵縞**張揖曰阿細繒也錫細布也揄引也師古曰紵織紵也縞鮮支也今之所謂素者也揄音踰又音投也補注宋祁曰句末也字當刪錢大昭曰錫文選作緆古字通王文彬曰注織紵也正義引作織紵本書高紀注亦云紵織紵爲布及疏也周禮典枲注緦十五升布抽其半者白而細疏曰紵然與絲異質不得言織作織是也小爾雅縞帛之粗者曰素縞素同物異名惟粗細差別耳先謙曰文選注引列子曰鄭衛之處子衣阿錫戰國策魯連曰君後宮皆衣紵縞先謙案禮樂志如注亦釋阿爲細繒列子周穆王篇淮南修務訓並以阿爲細縠繒乃帛之總名下文言縠則此訓細繒是也錫詳禮樂志**雜纖羅垂霧縠**張揖曰縠縐如霧垂以爲裳也師古曰纖細也霧縠者言其輕靡如霧非謂縐文補注先謙曰官本脫張下十二字文下有也字楚辭招魂注羅綺屬也釋名羅文羅疏也綺欹也其文欹邪不順經緯之縱橫也據此羅乃繒之文理交錯者今俗謂之起花文選神女賦動霧縠以徐步注縠今之輕紗薄如霧也集解引郭璞曰言細如霧垂以覆頭據神女賦顏說得之**襞積褰縐鬱橈谿谷**張揖曰襞積猶簡齰也褰縮也縐裁也其縐中文理茀鬱有似於谿谷也師古曰張說非也襞積即今之帬襵古所謂皮弁素積者即謂之積也言襞積隨身所著或褰縐委屈如谿谷也襞音壁縐音側救反補注郭嵩燾曰說文襞韏衣也褰絝也引春秋傳徵褰與襦蓋皆褻服襞積狀衣之褶疊婦人無冕服不得有皮弁之素積也衣在外絝在內錫縞羅縠之屬輕輭多蹙紋故以鬱橈谿谷爲言表裏之深邃也先謙曰索隱引蘇林曰褰縐縮蹙之也案蘇說是士冠禮注積猶辟也以素爲裳辟蹙其要中謂帬摺疊處也一鬱橈谿谷四字總狀其縮蹙耳郭說亦通縐下文選有紆徐委曲一句注郎謂之積也官本之作此索隱古下十三字引作古謂之皮弁素積是也**紛紛裶裶揚袘戌削**張揖曰紛音芬袘衣袖也戌鮮

也削衣刻除貌也師古曰揚舉也袘曳也或舉或曳則戌削然見其降殺之美也裶音霏袘音弋示反戌讀如本字［補注］錢大昭曰說文裶長衣貌襃長衣貌今人乃以裴爲氏氏族之裴古用蜚先謙曰史記戌作卹集解引漢書音義曰卹削攱韢作裁制貌也文選引作張揖說與此不同則此非張說索隱以爲兼有餘人是其一證也袘史記文選並作袉玉篇袘衣緣也士昏禮纁袡注袡謂緣袘之言施以緇緣裳象陽氣下施也類篇袘裳下緣也袘之袉同一字訓爲裳緣戌削狀行時裳緣之整齊張訓裁制貌得之顔說非

蜚襳垂髾 張揖曰襳離袿也髾髾後垂也師古曰張說非也襳袿衣之長帶也髾謂燕尾之屬皆衣上假飾非髾垂也蜚古飛字也襳音纖髾音所交反［補注］郭嵩燾曰玉篇襳袿衣飾也袿婦人之上服也廣雅袿長襦也玉篇廣韻亦釋襳爲小襦其云袿飾未詳何物類篇襂或作襳說文襂爲襂旗之旒也字亦作襂本傳大人賦垂旬始以爲襂曳彗星以爲髾彼云襂髾屬旗此云襳髾屬衣蓋叚借爲名耳爾雅纁帛襂郭注襂衆旒所著周禮巾車注正幅爲襂旒則屬焉襂襳字通則此所云襳者袿衣之正幅下垂爲飾者也釋名婦人上服曰袿其下垂者上廣下狹如刀圭正此所謂襳也廣韻髾髮尾顔注釋此爲燕尾正若今長帶交股岐分爾雅繼旐曰旆郭注帛續旐末爲燕尾是也疑此云髾如續漢志之赤罽繐赤絲繐施之綬帶者蓋綴雙帶於袿衣之前飾其下爲垂繐二者皆袿衣本制顔注訓襳爲長帶而訓髾爲燕尾似未分明先謙曰襳史記作纖集解引郭璞曰襳袿衣飾髾髾也文選注司馬彪曰襳袿飾也髾燕尾也善曰襳與燕尾皆婦人袿衣之飾也先謙案郭說與善合官本注奪非髾垂三字

扶輿猗靡 張揖曰扶持楚王車輿相隨也師古曰張說非也此自言鄭女曼姬爲侍從者所扶輿而猗靡耳非謂扶持楚王車輿也猗音於綺反今人猶呼相攙掩容養爲猗靡［補注］劉奉世曰扶輿猗靡此言衣裳稱人美之貌耳不煩曲解沈欽韓曰淮南修務訓今鼓舞者繞身若環曾折摩地扶旋猗那其物狀模蘇正與此同顔說非先謙曰汲古本史記輿作與引郭璞曰淮南所謂曾折摩地扶與猗委也[illegible]與輿古通[illegible]靡委聲近義同扶輿猗靡劉以爲衣裳稱美之貌是也

翕呷萃蔡 張揖曰翕呷衣張起也萃蔡衣聲也師古曰呷音火甲反萃音翠又音千賄反［補注］先謙曰史記翕作噏翕呷皆無張義張說非也扶輿猗靡衣之狀翕呷萃蔡衣之聲翕合而盛也呷吸也廣韻喤呷衆聲衣聲有似翕呷故取爲狀萃蔡亦作綷縩班婕妤傳紛綷縩兮紈素聲又作綷縩潘岳藉田賦綃紈綷縩是也亦作翠粲文選琴賦新衣翠粲注引此萃蔡作翠粲蔡粲一聲之轉

下摩蘭蕙上拂羽蓋 師古曰下摩蘭蕙謂垂髾也上拂羽蓋謂飛襳也［補注］先謙曰文選注垂髾飛襳飄揚上下故或摩蘭蕙或拂羽蓋較顔說爲長

錯翡翠之葳蕤 師古曰錯雜也葳蕤羽飾貌［補注］先謙曰文選葳作威史記同集解引徐廣曰或作錯紛翠蕤李善注引張揖曰錯其羽毛以爲首飾也先謙案據正義引見葳蕤乃旗名也一作萎蕤唐時鹵簿中用之唐人詩遙見萎蕤舉翠華蓋以翠飾萎蕤之上與此云翡翠之葳蕤義正相合省文迺爲翠蕤軍中亦用此旗故杜甫魏將軍歌云翠蕤雲旓相盪摩也張說非

繆繞玉綏 張揖曰楚王車之綏已玉飾之也郭璞曰綏登車所執也師古曰二說皆非也已玉飾綏亦謂鄭女曼姬之容服也綏卽今之所謂采繶垂鑷者也繆繞相纏結也繆音蓼綏音隱［補注］沈欽韓曰如顔注綏當爲緌天官夏采注綏當爲緌字之誤也士冠禮及玉藻冠緌之字故書亦多作綏者今禮家定作蕤段玉裁周禮漢讀考云緌者下垂之意故系於冠纓爲飾者謂之緌旌旗之旄亦謂之緌按士冠禮注緌纓飾左傳子玉爲瓊弁玉纓廣韻纓五色絲飾鑷鑷子續志華勝上爲鳳皇爵以翡翠爲毛羽下有白珠垂黃金鑷釵類也先謙曰正義玉綏以玉飾綏也言飛襳垂髾錯雜翡翠之旌旛或繞玉綏也以摩拂錯繞相承爲義則訓綏爲車綏亦通官本注無亦字

眇眇忽忽若神之髣髴 郭璞曰言其容飾奇豔非世所見戰國策曰鄭之美女粉白黛黑而立於衢不知者謂之神也［補注］先謙曰史記作縹乎忽忽若神仙之彷彿

於是迺羣相與獠於蕙圃 文穎曰宵獵爲獠師古曰獠音力笑反［補注］劉奉世曰獠雖宵獵之名以訓此賦則不通直獵耳先謙曰史記文選無羣字

媻姍勃窣上金隄 師古曰媻姍勃窣謂行於叢薄之間也金隄言水之隄塘堅如金也媻音盤姍音先安反窣音先忽反隄音丁兮反［補注］沈欽韓曰史記平原君傳槃散行汲集解散或作姍楚詞嫫母勃屑而日侍注勃屑猶媻姍膝行貌世說張憑勃窣於理窟則勃窣亦躄躄之狀也先謙曰沈說是文選勃作敎敎勃同字上下有乎字韋昭注媻姍勃窣匍匐上也

揜翡翠射鵔鸃 師古曰鳥赤羽者曰翡青羽者曰翠鵔鸃鷩鳥也似山雞而小冠背毛黃腹下赤項綠色其尾毛紅赤光采鮮明今俗呼爲山雞其實非也鵔音峻鸃音儀［補注］先謙曰說文鵔鸃鷩也鷩赤雉也

史記文選注並引漢書音義曰鵕鸃鳥似鳳也

微矰出孅繳施 師古曰矰短矢也繳生絲縷也已繳係矰仰射高鳥謂之弋射矰音增繳音灼［補注］先謙曰孅史記作纖

弋白鵠連駕鵝 師古曰鵠水鳥也其鳴聲鵠鵠云駕鵝野鵝也連謂重累獲之也鵠音胡沃反駕音加

雙鶬下玄鶴加 師古曰鶬鶬鴰也今關西呼爲鴰鹿山東通謂之鶬鄙俗名爲錯落錯者亦言鶬聲之急耳又謂鴰捋捋音來奪反鴰鹿鴰捋皆象其鳴聲也玄鶴黑鶴也相鶴經云鶴壽滿二百六十歲則色純黑言弋射之妙既中白鵠而連駕鵝又下雙鶬而加玄鶴也鶬音倉

怠而後游於清池 郭璞曰怠倦也［補注］宋祁曰浙本南本後字下並有發字先謙曰史記文選亦有發字

浮文鷁 張揖曰鷁水鳥也畫其象於船首淮南曰龍舟鷁首天子之乘也師古曰鷁音五歷反［補注］先謙曰官本南下有子字

揚旌枻 張揖曰揚舉也析羽爲旌建於船上枻㮇也師古曰枻音曳㮇音大可反［補注］宋祁曰枻㮇並從木別本從枻誤王念孫曰史記作揚桂枻集解引韋昭曰枻樴也文選作揚旌枻[illegible]李善注引郭璞曰枻船艖樹以旌於上念孫案當從史記作揚桂枻韋昭訓枻爲檝是也桂枻謂以桂爲檝猶楚辭言桂櫂兮蘭枻也浮文鷁揚桂枻張翠帷建羽蓋皆相對爲文旌字隸書或作旍與桂字相似枻與枻亦相似故桂枻譌爲旌枻張揖謂建旌於船上而訓枻爲㮇郭璞訓枻爲船艖而謂樹旌於其上揆之本句及上下文義均有未安先謙曰枻當從木漢書從手從木之字每多通作非誤也

張翠帷建羽蓋 郭璞曰施之船上也師古曰翠帷帷翠色也羽蓋以雜羽飾蓋

補注先謙曰文選注翠帷羽蓋謂以翠羽飾帷蓋案善說是顏謂帷翠色非也**罔毒冒釣紫貝**郭璞曰紫貝紫質黑文也師古曰貝水中介蟲古吕爲貨也補注先謙曰釣文選作鉤**摐金鼓**師古曰摐撞也金鼓謂鉦也摐音窻補注先謙曰鉦鐃也其形似鼓故名金鼓後漢郡國志注洞庭山宮門東石樓樓下兩石鼓扣之聲清越世謂之神鉦晉孝武樂章神鉦一震九域來同此鉦鼓通名之證**吹鳴籟**張揖曰籟簫也**榜人歌**張揖曰榜船也月令云命榜人榜人船長也主倡聲而歌者也師古曰榜音謗又方孟反補注先謙曰梁章鉅云釋言舫舟也廣雅釋水舟舫榜船也說文舫船師也明堂月令曰舫人習水者按舫榜聲相近故舫人或作榜人月令命漁師伐蛟鄭注云今月令漁師爲榜人是也此引月令與鄭同爲明堂月令矣**聲流喝**郭璞曰言悲嘶也師古曰喝音一介反嘶音蘇奚反補注先謙曰喝讀若嗄所謂嗄酒之聲郎權歌也嗄酒與欸乃同參諸郭說若今歌之尾聲羨字激楚含哀矣**水蟲駭波鴻沸**郭璞曰魚鼈讙躍濤浪作也師古曰沸音普蓋反補注先謙曰鴻大也**涌泉起奔揚會**郭璞曰暴溢激相鼓薄也師古曰溢音普頓反補注先謙曰官本考證文選作奔物會案史記文選竝與此同作物者蓋別本**礧石相擊琅琅磕磕**師古曰礧石轉石也礧音盧對反磕音口蓋反補注錢大昭曰楚詞九思云雷霆兮硠磕說文硠石聲磕石聲王文彬曰礧磊同[illegible]說文磊眾石也文選海賦注磊大皃魯靈光殿賦注引山海經郭注云礧硌大石也礧石相擊言石之大而且多水與相擊琅磕作聲也顏訓礧爲轉非先謙曰琅琅史記文選作硠硠**若雷霆之聲聞乎數百里外**補注宋祁曰江南本里字下有之字**將息獠者擊靈鼓起烽燧**師古曰靈鼓六面擊之所吕警眾也補注郭嵩燾曰周禮冥氏攻猛獸以靈鼓敺之左文十年傳宋華御事逆楚子遂道以田孟諸命夙駕載燧燧所以舉火田亦用之此獵罷飭歸之事猶始田也言車騎鼓行之整肅**車案行騎就隊**師古曰案依也行列也隊部也行音胡郎反隊音大內反補注先謙曰案文選作按字同**纚乎淫淫般乎裔裔**郭璞曰皆羣行貌師古曰纚音屣般音盤補注先謙曰纚若織絲相連屬也淫淫漸進也般以次相連而行史記作班義同裔裔流行貌本書禮樂志先以雨般裔裔**於是楚王迺登陽雲之臺**孟康曰雲夢中高唐之臺宋玉所賦者言其高出雲之陽也補注何焯曰按孟注當從文選作雲陽此本對以雲夢之事也先謙曰朱珔云集解引徐廣曰楚王游於陽雲之臺則以陽雲爲有據案朱說是**泊乎無爲澹乎自持**師古曰泊澹皆安靜意也泊音步各反澹音徒濫反補注先謙曰泊澹文選作怕憺李善注引老子曰我獨怕然而未兆說文怕無爲也廣雅憺怕靜也憺與澹同怕與泊同**勺藥之和具而後御之**伏儼曰勺藥以蘭桂調食文穎曰五味之和也晉灼曰南都賦曰歸雁鳴鵽香稻鮮魚吕爲勺藥酸恬滋味百種千名文說是也師古曰諸家之說皆未當也勺藥藥草名其根主和五藏又辟毒氣故合之於蘭桂五味吕助諸食因呼五味之和爲勺藥耳讀賦之士不得其意妄爲音訓吕誤後學今人食馬肝馬腸者猶合勺藥而食之

豈非古之遺法乎鷄音竹滑反補注王引之曰韋昭曰勺藥和齊酸鹹美味也勺丁削反藥旅酌反[illegible]文選李善注枚乘七發曰勺藥之醬然則調和之言於義爲得引之案師古說非諸家及韋李之說皆是也韋云勺丁削反藥旅酌反者勺藥之言適歷也適歷均調也說文𪏰和也从甘麻麻調也[illegible]周官遂師注歷者適歷疏曰分布希疏得所名爲適歷也然則均調謂之適歷聲轉則爲勺藥揚雄蜀都賦乃使有伊之徒調夫五味甘甜之和勺藥之羹論衡譴告篇釀酒於罌烹肉於鼎皆欲其氣味調得也時或鹹苦酸淡不應口者由人勺藥失其和也稽康聲無哀樂論太羹不和不極勺藥之味張協七命味重九沸和兼勺藥皆其證矣服虔注此賦列或說云以勺藥調食[illegible]蕭該亦云芍藥香草可和食[illegible]師古譏用其說遂謂勺藥主和五藏故合之於蘭桂五味以助諸食不知五味之和總謂之勺藥故云勺藥之和具若專指一物何以得言具乎然且歷詆諸家妄爲音訓斯爲謬矣[illegible]沈欽韓曰韓文公集鄭城聯句云五鼎調勺藥注云勺藥字子虛賦及文選凡四見皆音酌略姚令威曰後語有仍祈卻老藥此當異讀或作芍藥集韻芍藥調和五味也今案集韻十八藥以藥爲部首而下凡兩出一式灼切云藥熟皃一力灼切云勺藥調味也以韓詩證之當從李善說而世混爲一音皆緣師古而誤蕭鄴嶺南節度使韋正貫神道碑云覰娃拜京兆尹京師稱難治公能勺藥其間安然無一事則見唐人文辭猶能依據古訓不惑俗說也**不若大王終日馳騁曾不下輿脟割輪焠自吕爲娛**師古曰脟字與臠同焠音千內反焠亦揾染之義耳言臠割其肉揾車輪鹽而食之此蓋吕譏上割鮮染輪之言也補注沈欽韓曰呂覽察今篇嘗一脟肉而知一鑊之味莊子在宥臠卷獊囊劉向九歎作脟圈是臠脟同字先謙曰梁章鉅云史記焠作淬說文繫傳引亦作淬說文脟與臠分字各訓脟字注脊肉也一曰脟腸間肥也一曰膫也徐鍇云子虛賦脟割輪淬注脟臠也當是借爲臠字錄設反又臠字注臞也一曰切肉臠也婁遺反又有膞字注云切肉也徐鍇云子虛賦脟割輪淬應作此字借脟字也殊斬反**臣竊觀之齊殆不如**師古曰殆近也**於是王無吕應僕也烏有先生曰是何言之過也足下不遠千里來況齊國**師古曰言有惠賜而來也補注先謙曰文選作貺引郭璞曰言有惠貺也史記正文並郭注作況**王悉境內之士備車騎之眾**師古曰悉盡也**與使者出田迺欲戮力致獲吕娛左右也**師古曰謙不斥言使者故指云其左右也補注先謙曰戮讀若勠**何名爲夸哉問楚地之有無者願聞大國之風烈先生之餘論也**張晏曰願聞先賢之遺談美論也師古曰此說非也先生即謂子虛耳下又言先生行之豈先賢也**今足下不稱楚王之德厚而盛推雲夢吕爲驕奢言淫樂而顯侈靡竊爲足下不取也**補注朱一新曰文選驕作高李善注引郭璞曰以爲高談也奢屬下讀引郭璞曰奢闊也文義甚明此誤先謙曰史記亦作高**必若所言固非**

楚國之美也有而言之是章君之惡也無而言之是害足下之信也章君惡傷私義師古曰非楚國之美是章君惡害足下之信是傷私義也[補注]先謙曰文選無有而言之十字李善注非楚國之美彰君惡也害足下之信傷私義也本或云有而言之是彰君之惡者非也先謙案據顏注則漢書亦本無此十字必若所言亦卽有而言之也淺學不察妄加入耳史記有此二句亦後人所加二者無一可而先生行之必且輕於齊而累於楚矣師古曰言楚使者失辭自爲累重而於齊無所負檐故云輕也累音力瑞反[補注]先謙曰文選注使者失辭爲輕於齊使非其人爲累於楚也較顏說爲長檐擔通作字且齊東階鉅海南有瑯邪蘇林曰小州曰階張揖曰瑯邪臺名也在勃海間師古曰東階鉅海東有大海之階字與渚同也[補注]齊召南曰按瑯邪在東海濱不在勃海張揖注講地理志云瑯邪郡瑯邪越王嘗治此起臺館自齊國言之在南若如揖說反在齊北境矣先謙曰史記階作有正義云瑯邪山名在密州東南百三十里瑯邪臺在山上官本注州作洲俗字觀乎成山張揖曰觀闕也成山在東萊不夜縣於其土築宮闕師古曰觀音工喚反[補注]沈欽韓曰紀要成山在登州府文登縣東北百五十里海濱斗入海中先謙曰錢東垣云詩唐風噬肯來游毛傳訓游爲觀孟子云吾何修而可以比于先王觀也趙岐訓觀爲游此觀字亦當作游解方與下三句相協張揖郭璞張守節李善並以觀爲闕非官本注土作上是射乎之罘晉灼曰之罘山在東萊腄縣射

獵其上也師古曰腄音直瑞反又音誰[補注]先謙曰集解引漢書音義曰之罘山在牟平縣射獵其上也與此不同浮勃澥師古曰勃澥海別枝也澥音蟹[補注]先謙曰此注史記引作漢書音義文選引作應劭說此師古當爲應劭索隱云案齊都賦云海旁曰勃斷水曰澥也游孟諸文穎曰宋之大澤也故屬齊邪與肅慎爲鄰郭璞曰肅慎國名在海外也師古曰邪讀爲左謂東北接也[補注]先謙曰左官本作斜是引宋祁曰注文斜或作袤右㠯湯谷爲界師古曰湯谷日所出也許慎云熱如湯也[補注]劉奉世曰右當爲左先謙曰文選注引司馬彪曰湯谷日所出也以爲東界也善曰言爲東界則右當爲左字之誤也劉氏承用其說秋田乎青丘服虔曰青丘國在海東三百里[補注]郭嵩燾曰東方朔十洲記長洲一名青丘在南海辰巳之地北史隋紀青丘之表咸脩職貢蓋卽本此杜甫詩澶漫山東一百州削成如案抱青丘今蓬萊諸島在海中者服虔以爲國誤先謙曰梁章鉅云淮南子本經訓堯繳大風於青丘之澤呂覽求人篇禹東至鳥谷青丘之鄉海外東經大荒東經並有青丘國逸周書王會解注青丘海東地名先謙案正義引郭云青丘山名上有田亦有國出九尾狐在海外案青丘之山所在郭未確指其後說與服同當以郭嵩燾說爲是仿偟乎海外師古曰仿音旁吞若雲夢者八九其於匈中曾不蔕芥張揖曰蔕芥刺鯁也師古曰蔕音丑介反[補注]先謙曰索隱引郭璞云言不覺有也其於文選作於其若迺俶儻瑰瑋異方殊類師古曰俶儻猶非常也俶音吐歷反[補注]先謙曰廣

雅俶儻卓異也俶讀與倜同說文倜儻不羈也珍怪鳥獸萬端鱗崪師古曰崪與萃同集也如鱗之集言其多也[補注]先謙曰史記崪作萃充仞其中者不可勝記禹不能名离不能計張揖曰禹爲堯司空辨九州名山別草木离爲堯司徒敷五教率萬事師古曰言其所有衆多雖禹离之賢聖不能名而數之也[補注]先謙曰仞與牣同文選作牣然在諸侯之位不敢言游戲之樂苑囿之大先生又見客師古曰見猶至也言至此國爲客也若今人自稱云見顧見至耳[補注]先謙曰見至官本作見眷索隱文選注竝引如湻曰見賓客禮待故也案如說是見客猶言見禮於王耳顏訓客爲賓字非是㠯王辭不復師古曰復反也謂不反報也楚則失矣何爲無㠯應哉亡是公听然而笑曰師古曰听笑貌也音斷又音牛隱反而齊亦未爲得也夫使諸侯納貢者非爲財幣所㠯述職也郭璞曰諸侯朝於天子曰述職師古曰述循也謂順行也封彊畫界者非爲守禦所㠯禁淫也郭璞曰天下有道守在四夷立境界者欲㠯禁絕淫放耳師古曰彊讀曰彊今齊列爲東蕃而外私肅愼郭璞曰私與通也捐國隃限越海而田師古曰捐棄也謂田於青丘也[補注]先謙曰史記文選隃作踰本書通用其於義固未可也且二君之論不務明君臣之義正諸侯之禮徒

事爭於游戲之樂苑囿之大欲㠯奢侈相勝荒淫相越此不可㠯揚名發譽而適足㠯卑君自損也師古曰卑古貶字[補注]先謙曰史記作貶文選注引師古說作晉灼說文巢部卑傾覆也從寸臼覆之寸人手也從巢省杜林說以爲貶損之貶且夫齊楚之事又烏足道乎師古曰烏於何也道言也君未覩夫巨麗也師古曰巨大也麗美也獨不聞天子之上林乎左蒼梧右西極文穎曰蒼梧郡屬交州在長安東南故言左爾雅曰西至于幽國爲西極在長安西故言右也[補注]吳仁傑曰檀弓言舜葬于蒼梧之野注謂零陵是其地零陵在長安之南不得云左按山海經都州在海中一曰郁州郭注今在東海朐縣世傳此山自蒼梧從南徙來上皆有南方物崔季珪敘初賦云郁州者故蒼梧之山也輿地廣記云郁州山一名蒼梧不知相如果用此事否不然當作蒼海如甘泉賦所用乃當丹水更其南應劭曰丹水出上洛冢領山東南至析縣入鈞水師古曰更歷也音工衡反[補注]吳仁傑曰注指丹水爲宏農丹水縣其地之相去與蒼梧西極紫淵不類且天子以四海爲境八藪爲囿亡是公方侈而張之豈肯近取三輔而止按山海經南有丹穴之山丹水出焉而南流注于海甘泉賦亦云東燭滄海西燿流沙北壙幽都南煬丹崖二賦皆指丹穴之水言之以其在長安極南之境故也先謙曰吳說是也官本注冢作冢是紫淵徑其北文穎曰西河有轂羅縣有紫澤在縣西北於長安爲在北也[補注]先謙曰官本注河下無有字是官

本考證按地理志穀羅武澤在西北據文此注則彼武字譌也正義引山海經云紫淵水出根耆之山西流注河

終始霸產出入涇渭師古曰霸水出藍田谷西北而入渭產水亦出藍田谷北至霸陵入霸二水終始盡於苑中不復出也涇水出安定涇陽幵頭山東至陽陵入渭渭水出隴西首陽縣鳥鼠同穴山東北至華陰入河從苑外來又出苑去也幵音牽又音口見反補注先謙曰注本張揖見索隱引

鄠鎬潦潏紆餘委蛇經營其內應劭曰潦流也潏涌出聲也張揖曰豐水出鄠南山灃谷北入渭鎬在昆明池北潦行潦也又有潏水出南山晉灼曰下言八川計從丹水已下至潏除潦為行潦凡九川從霸產已下為數凡七川潏音決潏水涌出聲也除潦潏下為水餘適八下言經營其內於數則計其外者矣師古曰應晉二說皆非也張言潦為行潦又失之潦音牢亦水名也出鄠縣西南山潦谷而北流入於渭上言左蒼梧右西極丹水更其南紫泉徑其北皆謂苑外耳丹水紫泉非八川數也霸產涇渭豐鎬潦潏是為八川言經營其內信則然矣潏晉音是也地里志鄠縣有潏水北過上林苑入渭而今之鄠縣則無此水許慎云潏水在京兆杜陵此即今所謂沈水從皇子陂西北流經昆明池入渭者也葢為字或作水旁穴與沈字相似俗人因名沈水乎將鄠縣潏水今則改名人不識也但八川之義賨在於斯耳補注沈欽韓曰長安志豐水出長安縣西南五十里終南山豐谷其源闊十五步其下闊六十步水深三尺自鄠縣界來入縣界由馬坊村入咸陽縣西十一里流至宋村入渭鎬水出長安縣西北十八里鎬池澇水在鄠縣西二里文選注潦水即澇水也潏水在長安縣南一十里自萬年縣界流入長安縣張禮遊城南記注潏水今不至皇子陂水經注沈水上承皇子陂于樊川由瓜州村附神禾塹上穿申店而其原愈高鑿原而通深至八九十尺俗謂之坑河是也先謙曰官本注無潏晉音是也五字豐作灃是豐亦作灃牢下無亦字里作理穴作穴坑河葢沈河傳寫誤

蕩蕩乎八川分流相背異態郭璞曰變態不同也補注先謙曰索隱引潘岳關中記曰涇渭霸滻豐鎬澇潏上林賦所謂八川分流也文選注引澇作潦足證上顏說之塙

東西南北馳騖往來郭璞曰言更相錯涉也師古曰來音盧代反補注先謙曰來如字讀不煩改音

出乎椒丘之闕服虔曰丘名也兩山俱起象雙闕者補注沈欽韓曰離騷馳椒丘且焉止息王逸曰土高四墮曰椒丘按三國志華歆傳注虞溥江表傳曰孫策在椒丘遣虞翻說歆寰宇記椒丘城在洪州北水路屈曲一百四十八里先謙曰此指闕內八川非上蒼梧西極丹水紫淵之比不得遠引豫章亦如下桂林太湖不能汎指他所也史記索隱引如淳云丘多椒也亦屬聽說當從王逸為訓其義又見廣雅椒丘四語以八川出入苑內外經行之地約略言之

行乎州淤之浦師古曰水中可居者曰州淤漫也浦水涯也淤音於庶反補注先謙曰文選注引方言曰水中可居者曰洲三輔謂之淤也

徑乎桂林之中如淳曰桂樹之林也補注先謙曰集解引郭璞文選注引張揖竝舉南海經桂林為證誤

過乎泱莽之壄張揖曰山海經所謂大荒之野也師古曰凡言此者著水流之長遠也泱音烏朗反補注先謙曰莽漭同文選海賦泱漭瀇泞注泱漭廣大也此言廣大之壄耳不煩遠引山海經

汩乎混流順阿而下師古曰汩疾貌也混流豐流也曲陵曰阿汩音于筆反混音下本反補注先謙曰混史記作渾古通用說文混下云豐流也此顏說所本渾下云混流聲也文選注引郭璞曰混并也先謙案荀子非十二子篇注混然無分別之貌八川合流故曰混豐流言流之盛方言渾盛也

赴隘陿之口師古曰兩岸間相迫近者也隘音於懈反陿音狹

觸穹石激堆埼張揖曰穹石大石也埼曲岸頭也師古曰堆高阜也音丁回反埼音巨依反補注先謙曰集解引郭璞曰堆沙堆葢沙壅而成曲岸水遇之則激起正與穹石對文顏以高阜釋堆與埼為二義詁字雖是證文則非

沸乎暴怒郭璞曰沸水聲也音拂補注先謙曰官本無音拂二字

洶涌彭湃師古曰洶涌跳起也彭湃相戾也洶音許勇反湃音普拜反補注先謙曰顏注本司馬彪見文選注引相上有波字說文洶涌也涌滕也彭湃史記作滂濞彭旁古通故澎亦為滂下滂濞史記又作澎濞玉篇澎下云澎浡滂沛也湃郎沛字音轉異文說文無湃字洶涌謂水之上滕澎湃謂水之旁溢

滭弗宓汨蘇林曰滭音畢宓音密師古曰滭弗盛貌也宓汨去疾也汨音干筆反補注先謙曰顏注本司馬彪見文選注引官本干作于是史記弗宓作浡滵說文沸下云畢沸濫泉即詩之觱沸檻泉詩毛傳觱沸泉出貌觱沸滭弗字義竝同說文宓下云安也周語決汨九川韋昭注汨通也滭弗謂水盛出宓汨言水勢稍平處得安通也

偪側泌瀄郭璞曰泌瀄音筆擳師古曰偪側相逼也泌瀄相楔也偪字與逼同楔音先結反補注先謙曰偪側史記作湢測顏說本司馬彪集解文選注引相逼竝作相迫官本楔作揳史記文選注同案揳同擊史記貨殖傳揳鳴琴後漢申屠剛傳尚書近臣至乃捶楔牽曳於前義竝作擊

橫流逆折轉騰潎洌孟康曰轉騰相過也潎洌相撇也師古曰潎音匹列反洌音列撇又音普結反補注先謙曰說文潎於水中擊絮也洌水清也玉篇潎漂潎也方言潎清也葢擊絮水中跳轉迸散清洌尤甚故取以狀橫流逆折之水也

滂濞沆溉郭璞曰滂音旁濞音匹祕反溉音胡慨反皆水流聲貌師古曰沆音胡朗反補注先謙曰史記滂作澎溉作瀣索隱瀣亦作溉司馬彪云沆溉徐流也郭璞云鼓怒鬱𩰟之貌也案說文滂下云沛也濞下云水暴至聲沆溉郭說是猶言忼慨也

穹隆雲橈師古曰橈曲也言水急旋回如雲之屈曲也橈音女教反補注先謙曰言水勢起伏作穹然而上隆旋如雲而低曲也顏說本服虔見索隱引

宛潬膠盭郭璞曰憤薄相膠也師古曰宛音婉潬音善盭古戾字補注先謙曰史記作蜿灗膠戾索隱引司馬彪云蜿灗展轉也膠戾邪曲也音宛善交戾四音先謙案宛潬猶蜿蜒狀水勢之縣遠

踰波趨浥涖涖下瀨郭璞曰踰躍也浥窊陷也涖涖聲也師古曰浥音於俠反涖音利瀨疾流也補注先謙曰文選注引司馬彪云踰波後波凌前波也趨浥輸於淵也先謙案說文浥下云溼也趨浥猶易言流溼就下之意也說文瀨下云水流沙上也涖涖史記作莅莅

批巖衝擁奔揚滯沛師古曰批反擊也擁曲隈也言水觸批巖崖而衝隈曲則奔揚而滯沛然也批音步結反滯音丑制反沛音普葢反補注先謙曰顏說批擁二字本司馬彪見正義引梁章鉅云批當作㧙說文㧙反手擊也無批字先謙案

擁史記作壅索隱引郭璞云滯沛水灑散貌案說文滯下云凝也與沛義不相屬此蓋言水觸巖衝壅奔而忽揚滯而仍沛也**臨坻注壑瀺灂霣墜**師古曰坻謂水中隆高處也秦風終南之詩曰宛在水中坻坻音遲瀺音士咸反灂音才弱反又音仕角反霣音隕字隊音直類反補注先謙曰文選注引字林云瀺灂小水聲也隊即墜字**沈沈隱隱砰磅訇磕**師古曰砰音普冰反磅音普萌反訇音呼宏反磕音口蓋反皆水流鼓怒之聲也補注先謙曰梁章鉅云廣雅釋詁砰磅砿磕聲也當即釋此案文選注沈沈深貌也隱隱盛貌也沈沈史記作湛湛隱隱言水聲殷然也與下四字義貫文選閒居賦煌煌乎隱隱乎注隱隱一作殷殷音義同李於深盛下加貌爲訓轉隔**潏潏淈淈湁潗鼎沸**郭璞曰皆水微轉細涌貌也淈音骨湁音敕立反師古曰潏音決潗音子入反言水之流如鬻鼎沸也補注先謙曰梁章鉅云說文湁湒鬻也从水拾聲徐鍇曰上林賦湁湒鼎鬻又鬻涫也徐鍇曰沸也相如上林賦湁潗鼎鬻如此作也先謙案說文潏下云涌出也淈下云水出貌索隱引周成雜字云湁潗水沸之貌也據說文及繫傳是潗亦作湒沸當作鬻**馳波跳沫汨㴔漂疾**晉灼曰㴔音華給反郭璞曰㴔音許立反師古曰言水波急馳而白沫跳起汨㴔然也汨音于筆反㴔晉郭二音皆通漂音匹姚反補注先謙曰汨誤官本作汨然也上㴔字官本作急姚作遙索隱引郭璞云汨㴔急轉貌也**悠遠長懷寂漻無聲**郭璞曰懷亦歸變文耳漻音聊師古曰言長流安靜補注先謙曰郭說與下肆乎永歸意複釋言懷來也文選注引說文曰漻清深也**肆

乎永歸**補注先謙曰安然而長往也**然後顥溔潢漾**郭璞曰皆水無涯際貌師古曰顥音浩溔音弋少反潢音胡廣反漾音弋丈反肆放也言水放流而長歸也補注先謙曰玉篇浩溔水無際也文選江賦沆瀁皛溔注皛溔深白之貌不當作顥說文顥下云豆汁也潢下云積水池集韻增韻引作積水也文選登樓賦注引韓詩章句云漾長也言水盛積而長流**安翔徐佪**郭璞曰言運轉也補注先謙曰佪文選作回**翯乎滈滈**郭璞曰水白光貌也師古曰翯音胡角反滈音鎬**東注大湖**郭璞曰大湖在吳縣尚書所謂震澤也補注齊召南曰按此大湖自指關中巨澤言之非吳地震澤也顏引郭說非是凡巨澤瀦水俱可稱大湖不必震澤**衍溢陂池**郭璞曰言溢溢而出也陂池江旁小水**於是蛟龍赤螭**文穎曰龍子爲螭張揖曰赤螭雌龍也如淳曰螭山神也獸形師古曰許慎云离山神也字則單作螭形若龍字迺從虫此作螭別是一物既非山神又非雌龍龍子三家之說皆失之虫音許尾反補注劉奉世曰尋師古之說既不以三家爲然則是螭字本不從虫也故云別是一物矣後人誤並注改從虫非也洪亮吉曰螭與彲同齊世家非龍非彲文選注引歐陽尚書說螭猛獸也說文螭若龍而黃廣雅無角曰螭廣韻螭若龍無角而黃則螭蓋似龍而無角者此云赤螭揚雄解難言絳螭則螭非盡黃色可知王念孫曰呂覽舉難篇龍食乎清而游乎清螭食乎清而游乎濁高注螭龍之別也自蛟龍赤螭以下九句皆指水族言之且赤螭與蛟龍連文則螭爲龍屬甚明若山神獸形之离則非其類矣而師古乃云既非山神又非雌龍龍子則果爲何物乎先謙

曰正義云文張二說皆非廣雅云有角曰虯無角曰螭按此皆龍類而非龍先謙案正義之文與顏注所云非雌龍龍子合顏謂离山神也字則單作离形[illegible]若龍子迺從虫作螭[illegible]此據文氏龍子爲螭之說以正如氏詁字之謬又云此別是一物既非山神又非雌龍龍子則謂螭乃龍類而非龍與正義同意併文張二說正之也後人傳寫譌龍子爲龍字倒此字於作螭之上遂無能通其說者矣此螭乃水族洪引猛獸之螭以釋之非**䱭䲛漸離**李奇曰周洛曰䱭蜀曰䲛出鞏山穴中三月遡河上能度龍門之限則得爲龍矣漸離未聞師古曰䱭音工鄧反䲛音莫鄧反補注沈欽韓曰御覽九百三十六魏武四時食制曰䱭䲛一名黃魚大數百斤骨輭可食出江陽犍爲邵晉涵爾雅正義今呼爲鱘鰉魚先謙曰漸史記作螹案䱭避宋諱闕筆官本作䱭說文䱭下云鮪也周禮謂之䱭螹下云螹離也類篇螹離龍無角文選注引司馬彪云螹離魚名也**鰅鰫鰬魠**如淳曰鰅音顒鰬音乾魠音託郭璞曰鰫音常容反鰅魚有文采鰫似鰱而黑鰬似鯶魠鰔也一名黃頰師古曰鰅如音是也鰫鰬魠郭說是也鯶音善鰔音感也補注宋祁曰注末感字當作咸也字當删沈欽韓曰鰫史記作鱅東山經旄山多鱃魚本草拾遺以爲即鱅魚李時珍云此魚中之下品蓋魚之庸常以供饈食者又東山經食水中多鱅鱅之魚其狀如犁牛其音如彘鳴蓋即下文禺禺也通雅鰫如鰱而黑則一鰫類也廣雅大鰈[illegible]謂之鰫中山經番條之山減水中多鱤郭注云一名黃頰[illegible]玉篇鱤黃魚也李時珍云鱤生江湖中體似鯮而腹平頭似鯇而口大頰似鮎而色黃鱗似鱒而稍細大者三四十斤啖魚最毒池中有此不

能畜魚亦名鰫魚先謙曰說文鰅下云魚名皮有文出樂浪東暆神爵四年初捕收輸考工周成王時揚州獻鰅[illegible]如其云皮有文與郭說合說文鰫下鱅下並云魚名應是二魚史記鰫作鱅疑二書必有一誤陳藏器本草鱅魚嶺南人作鮑魚劉元紹云其臭如屍海人食之所謂海上有逐臭之夫也集解引漢書音義曰鰬似鯉而大也廣雅鮔鰈也大鯉謂之鰬說文鰈下云鱧也鱧下云鱯也玉篇鱯似鮎而大本草蜀本圖經鱯魚有二種口腹俱大者名鱯背青而口小者名鮎說文鮎下云大鮎也廣雅鮷鮎也一字或作鰬先謙案說文無鰬字鮎鰬音近故轉寫作鰬與鱯鮷實一物也說文魠下云哆口魚也韓詩外傳魚之哆口垂腴者魚畏之廣雅鯸鮐河䱊鯸鮐也桂馥據類篇引博雅云鯸鮐鈍也以爲今本鈍誤作魠案鈍即俗所謂河豚魠魚有毒似之今本未必誤也說文無鰔鱤二字山經玉篇並作鱤則顏音感不誤宋祁謂感當作咸弗深考耳**禺禺魼鰨**如淳曰魼音去魚反晉灼曰鰨音奴搨反郭璞曰禺禺魚皮有毛黃地黑文魼比目魚也狀似牛脾細鱗紫色兩相合迺得行鰨鯢魚也似鮎有四足聲如嬰兒師古曰禺音隅又音顒鯢音五奚反鮎音迺兼反補注沈欽韓曰王會解揚州禺禺徐廣曰魚牛也[illegible]爾雅比目魚謂之鰈玉篇魼亦作鰈[illegible]鰨廣雅作魶鯢也玉篇魶魚似鼈無甲[illegible]一物也山海經作鮨又作鯑也先謙曰禺禺即東山經所謂鱅鱅之魚沈說是鱅鱅乃段借字與上文鱅別一物也魼鰨史記作鰈鰨集解引徐廣曰魼一作鱋鰨一作鰨又引漢書音義曰魼比目魚也鰨魚先謙案說文鰨下云虛鰨也戴侗云薄魚鰨土而比行者今謂之鰨

鰅說文鰅下云刺魚也刺集韻作𩷑音韓鯯𩷑葢音轉異文宋玉對楚王問所謂尺澤之鯢也**揵鰭掉尾振鱗奮翼**師古曰揵舉也鰭魚背上鬣也掉搖也揵音鉅言反掉音徒釣反（補注）先謙曰掉史記作擢文選注引高唐賦曰振鱗奮翼**潛處乎深巖**郭璞曰隱岸底也（補注）先謙曰文選注引底作坻**魚鼈讙聲萬物衆夥**師古曰讙譁也夥多也讙音許元反夥音下果反**明月珠子的皪江靡**應劭曰明月珠子生於江中其光耀照於江邊也師古曰皪音歷的皪光貌也江靡江邊靡迤之處也迤音弋爾反（補注）沈欽韓曰吳都賦濯明月于漣漪注云濯光珠于麗水又郭璞江賦玉珧海月注臨海水土物志曰海月大如鏡白色正圓[illegible]海鏡廣人呼爲膏藥盤兩片合以成形殼圓中甚瑩滑日照如雲母光內有少肉如蚌胎腹中有小蟹子其小如黃[illegible]瓊蚌晞曜以瑩珠先謙曰明月珠子二物沈說是的皪史記作玓瓅文選注引應劭曰靡邊也集解引郭璞曰靡崖也顏說非**蜀石黃碝水玉磊砢**張揖曰蜀石石次玉者也郭璞曰碝石黃色水玉水精也師古曰碝音如兗反磊音洛賄反砢音洛可反又音可（補注）先謙曰文選注引山海經曰堂庭之山其上多水玉郭璞曰磊砢魁礨貌也**磷磷爛爛采色澔汗**郭璞曰皆玉石符采映曜也師古曰磷音吝澔音浩**叢積乎其中鴻鷫鵠鴇駕鵝屬玉**張揖曰鴻大鳥也郭璞曰鷫鷞也鴇似雁而無後指屬玉似鴨而大長頸赤目紫紺色鷫音肅鴇音保師古曰鴻古鴻字鴇即今俗呼爲獨豹者也豹者鴇聲之譌耳駕音加屬音之欲反鵝音

鵞（補注）吳仁傑曰案馬融解鷫爽云雁也其羽如練高首而脩頸高誘亦曰鷫鷞綠身其形似雁則知鷫鷞雁屬而綠羽者耳西京賦直以爲雁云鷫鷞鴰鴇駕鵝鴻鶤上春候來季秋就溫南翔衡陽北棲雁門是也西京雜記司馬相如以所服鷫鷞裘市酒盎用水鳥綠羽爲飾如鶡冠之比先謙曰鳵文選史記作鴻說文鳵下云唯或从鳥唯下云鳥肥大唯唯也从鳥工聲鴻下云鴻鵠也从鳥江聲則作鴻爲是說文鵠下云鴻鵠也桂馥云一切經音義引作黃鵠也又云形如鶴色蒼黃也西都賦注引同玉篇鵠黃鵠仙人所乘急就篇鳳爵鴻鵠雁鶩雉顏注鴻鵠分釋云鵠黃鵠也一舉千里其鳴聲鵠鵠云蜀都賦其中則有鴻儔鵠侶亦鴻鵠分言其白者爲鴻鵠以別於黃鵠急就篇顏注鴻水鳥其色正白莊子天運篇鵠不日浴而白漢書司馬相如傳弋白鵠皆謂鴻也先謙案鴻鵠異類同性桂說甚晰此賦亦以鴻鵠爲二物然名稱相溷自昔然矣鷫吳說是說文鷫或體鷞引司馬相如說從鳥叜聲許引相如說備在諸篇疑此賦鷫本作鷞後人傳寫改之也急就篇鷹鷂鴇鴰翳雕尾顏彼注同段成式酉陽雜俎獨豹鴇也遇鷙鳥能激糞糞之著毛悉脫駕說文作鴚云鴚鵝也鵝下亦云鴚鵞也顧炎武云爾雅舒雁鵞注今江東呼鴚郎駕字先謙案鴚駕音轉異文屬玉史記作鸀鳿正義引郭注同又云辟水毒生子在深谷澗中若時有雨鳴雌者生子善鬭江東呼爲獨玉**交精旋目**郭璞曰交精似鳧而腳高有毛冠辟火災旋目未詳也師古曰今荆郢間有水鳥大於鷺而短尾其色紅白深目目旁毛皆長而旋此其旋目乎（補注）先謙曰史記作鵁鶄旋目禽經旋目其名䴇方目其名鴋交目其名鳽說文鳽下云鵁鶄也是交精即鵁鶄盧矣詳下鵁盧注此其旋目乎正義引作此其是乎**煩鶩庸渠**郭璞曰煩鶩鴨屬也庸渠似鳧灰色而雞腳一名章渠鶩音木師古曰庸渠即今之水雞也（補注）沈欽韓曰西山經松果山有鳥曰螐渠其狀如山雞黑身赤足郭云螐音彤日之彤郎此庸渠也[illegible]名按今太湖邊有水鳥黑色如雞者土人呼爲樟雞先謙曰庸渠史記作鱅鰈集解引徐廣曰煩鶩一作番鰈又引漢書音義曰煩鶩鳧也鱅鰈似鶩灰色而雞足先謙案說文鶩下云舒鳧也周禮掌畜疏云鶩即今之鴨鰈下云水鳥也劉欣期交州記鷀鶋水鳥出九眞交趾大如孔雀與番鰈義合他處無稱鶩爲煩鶩者疑番鰈是也說文鰈下云鳥也鰈下云雝鰈也鴉下云石鳥一名雝鰈一曰精列案精列即脊令聲轉也脊令非水鳥又云無水雞之名且說文鰈下但云鳥也不取雝鰈爲證明與雝鰈異物不得以鰈雝聲近說爲一物而稠此庸渠乃水鳥沈說近是矣**箴疵鵁盧**張揖曰箴疵似魚虎而蒼黑色鵁鵲頭鳥也盧白雉也郭璞曰盧鶿也箴音針師古曰盧郭說是也白雉不浮水上疵音貲鵁音火交反鵁音鳥了反鶿音慈也（補注）宋祁曰注文鵁字並當作鴙何焯曰盧是黑色安得反爲白非獨雉不浮也沈欽韓曰爾雅鵁頭鵁郭云似鳧腳近尾略不能行江東謂之魚鵁御覽引孫炎云鳥鵁也玉篇頭鵁爲水鳥而不利於行御覽九百二十五引異物志鸕鶿不生卵而孕雛於池澤間又吐生多者八九少者五六相連而出若絲緒水鳥而巢高樹之上或在窟穴之間先謙曰史記作鸌鵝鷫集解引漢書音義曰鸌鵝蒼黑色是裴駰所見漢書本亦作鸌鵝說文鸌下鵝下並云鸌鵝也據此箴當作鸌疵當作鷲又駮下云駮鯖也从鳥交聲一曰駮鱸也

一切經音義三鵁鶄鳥名也一名鵁鱸據此鵁盧是一物郎鸕鵝也正與箴疵爲對張揖分爲二物誤鵁當爲鵝宋說是文選注引張揖正作鵝廣韻集韻音坳又音坳**羣浮乎其上汎淫氾濫隨風澹淡**郭璞曰皆鳥任風波自縱漂貌師古曰汎音馮氾音敷劍反澹音大覽反淡音琰（補注）先謙曰官本注縱作從**與波搖蕩奄薄水渚**張揖曰奄覆也草叢生曰薄郭璞曰薄猶集也師古曰薄郭說是也言奄集渚上而遊戲（補注）先謙曰史記奄作掩水作草渚作渚古通用字水中小洲也**唼喋菁藻咀嚼菱藕**張揖曰菱芰也郭璞曰菁水草藻聚藻也師古曰唼喋銜食也唼音所甲反喋音丈甲反咀音才汝反嚼音才削反**於是乎崇山矗矗巃嵸崔巍**郭璞曰皆高峻貌也巃音籠嵸音才總反崔音摧巍音五回反師古曰嵸音總（補注）王念孫曰矗矗二字後人所加也崇山巃嵸崔巍六字連讀後人加矗矗二字而以崇山矗矗爲句失之矣史記作崇山巃嵸崔巍文選西都賦注引作崇山巃嵸崔巍皆無矗矗二字且矗矗二字漢書文選皆無音釋其爲後人所加無疑[illegible]林萃無賦之矗似長雲李善皆有[illegible]賦之都音釋而此獨無則本無矗矗二字可知**深林巨木嶄巖參差**師古曰嶄巖尖銳貌參差不齊也嶄音士銜反參音楚林反差音楚宜反（補注）先謙曰參差史記文選作嵾嵳**九嵕巀嶭南山峩峩**師古曰九嵕山今在醴泉縣界巀嶭山即今所謂嵳峩山也在三原縣西也南山終南山也峩峩高貌嵕音子公反又音總巀音截嶭音齧巀嶭又音在割五割反峩音娥（補注）先謙曰集解引漢書音義曰九嵕山在左馮翊谷口縣西巀嶭山

在池陽縣北。**巖陁甗錡，摧崣崛崎。**張揖曰摧崣高貌崛崎斗絕也蘇林曰摧音頹水反崣音卒郚反郭璞曰陁岸際也音豸甗錡隆屈宂折貌甗音魚晚反錡音蟻崛音掘崎音倚摧音作罪反崣字作委師古曰蘇郭兩說並通郭音作罪反又音將水反〔補注〕先謙曰陁史記文選作陁摧作摧李善注引司馬彪曰陁靡也甗甑也錡欹也上大下小有似欹甑也先謙案釋山重甗隒注甗甑也釋畜善陞甗郭注甗山形似甑上大下小釋文甗者陂也又引顧注云山嶺曰甗案詩公劉陟則在甗釋文甗本作巘據此甗與巘通張衡南都賦坂坻巀嶭而成巘明巘是山嶺故詩以陟言訓陂非也方言鍑江淮陳楚之間謂之錡注錡三腳釜也山之嵌空玲瓏有若然與甗對文甑釜相類之物故舉以爲喻巖陁甗錡四字各爲一義言或巖而峻或陁而下或如甗而巀嶭或如錡而嵌空也司馬彪以甗錡串讀失之摧摧通作文選史記竝作摧推崣即崔巍字形有增省耳甘泉賦雲譎波詭摧嗺而成觀注謂山林叢集也嗺與崣同音即摧崣也莊子齊物論山林之畏佳注畏摧也畏崣聲轉而異字畏摧即摧崣倒文也說文崛下云山短高也蜀都賦崫巍巍以峨峨注崫特起也崎即說文敧字敧下云敧嶇也玉篇崎嶇山路不平也崛嶇一聲之轉是崛崎即崎嶇矣

振溪通谷，蹇產溝瀆。張揖曰振拔也水注川曰溪注溪曰谷蹇產屈折也郭璞曰自溪及瀆皆水相通注也〔補注〕先謙曰索隱引郭璞云振猶灑之也文選注引張揖屈折作詰曲善曰言山石收斂溪水而不分泄

谽呀豁閜，阜陵別隝。郭璞曰谽呀豁閜谷之形容也隝水中山也谽音呼含反呀音呼加反閜音呼下反隝音擣師古曰大阜曰陵言阜陵居在水中各別爲隝也豁音呼活反〔補注〕周壽昌曰閜文選作閕郭音呵下反似從閕爲是下閜字音烏可反足知此閜字爲閕字之誤也先謙曰谽文選史記作谽閕閜雙聲古字通用文選注引司馬彪曰谽呀大貌豁閜空虛也先謙案後漢班彪傳注引字林云呀大空也是谽呀當訓大空文義乃足亦作谽嘲文選思元賦越谽嘲之洞穴兮注谽嘲大貌案彼以洞穴言亦當訓大空後漢張衡傳引思元賦作谽嘲注谽嘲深貌也嘲之爲嘲亦猶此閕之爲閜矣說文閕下云大開也谽呀豁閜屬上溪谷溝瀆言阜陵別隝與下連文上隝即島字官本注擣作禱

崴磈嵔廆，丘虛堀礨。郭璞曰皆其形埶也崴音於鬼反磈音魚鬼反嵔音惡罪反廆音瘣虛音墟堀音窟礨音磊師古曰磈又音於瘣反廆音胡賄反〔補注〕先謙曰史記廆作瘣虛作墟堀礨作崫崫正義嵬魂崑瘣皆高峻貌巨墟崫崫皆堆壟不平貌

隱轔鬱壘，登降施靡。郭璞曰隱轔鬱壘堆壟不平貌轔音洛盡反師古曰壘音律施音弋爾反施靡猶連延也〔補注〕先謙曰官本注壘作嵒史記作嵒登降猶言高下施同陁

陂池貏豸。郭璞曰陂池旁穨貌也陂音皮貏音衣被之被師古曰陂又音彼奇反貏又音彼〔補注〕先謙曰陂池讀如陂陀文選注貏豸漸平貌先謙案貏聲義竝从卑說文豸下云獸長脊行豸豸然欲有所司殺形徐鍇云豸豸背隆長貌此二字以蟲喻山形言其漸卑而隆長也李說未晰

允溶淫鬻。張揖曰水流溪谷之間也師古曰溶音容鬻音育〔補注〕先謙曰史記允作沇索隱引郭璞云游激淖衍貌案郭說文不成義依本文釋之當爲游衍激淖貌游衍釋沇溶激淖釋淫鬻也本書郊祀志沇沇四塞顏注沇沇流行之貌也說文溶水盛也水流行而盛溢與游衍義合故郭訓允溶爲游衍[illegible][illegible]說文淫浸淫隨理也鬻同粥釋名粥濁於糜粥粥然也水濁似之故以爲狀釋言孫注鬻淖糜也左昭七年傳鬻於是疏淖者曰鬻字林濡甚曰淖淫鬻激淖同義故郭訓淫鬻爲激淖矣

散渙夷陸，師古曰散渙分散而渙然也易曰風行水上渙夷平也廣平曰陸〔補注〕先謙曰言將至平地水則允溶而淫鬻山則散渙而夷陸也

亭皋千里，靡不被築。師古曰水爲亭候於皋隰之中千里相接皆築令平也被音皮義反〔補注〕先謙曰文選注引服虔曰皐澤也隄上十里一亭集解引郭璞曰言爲亭候於皋隰皆築地令平賈山所謂隱以金椎也先謙案加亭字於皋上稱曰亭皋文不成義尋上下文意此處亦不應遠及亭候且靡不被築謂築地盡平耳而先言皋上有亭尤屬倒置服注郭顏皆非也亭當訓平淮南原道訓味者甘立而五味亭矣高注亭平也秦始皇紀決河亭水正義亭平也酷吏傳亭疑法集解引李奇曰亭平也[illegible]亭皋千里猶言平皋千里皋水旁地之觀故以平言下哀二世賦注平皋之廣衍此變文爲亭耳

揜以綠蕙，張揖曰掩覆也綠王芻也蕙薰草也師古曰綠蕙言蕙草色綠耳非王芻也

被以江離，〔補注〕先謙曰文選離作蘺

糅以蘪蕪，雜以畱夷。張揖曰畱夷新夷也師古曰畱夷香草也非新夷新夷乃樹耳〔補注〕先謙曰畱離騷畦畱夷與揭車兮王逸注畱夷香草也楚辭湘夫人辛夷楣兮藥房又山鬼辛夷車兮結桂旗注竝云香草也辛夷即新夷與畱夷同是香草張說似未誤後漢馮衍傳載衍顯志賦云攢射干雜蘼蕪兮搆木蘭與新夷光扈扈而煬燿兮紛郁郁而暢美章懷注新夷亦樹也其花甚香則承用顏說

布結縷，師古曰結縷蔓生著地之處皆生細根如綫相結故名結縷今俗呼鼓箏草兩幼童對銜之手鼓中央則聲如箏也因已名云〔補注〕沈欽韓曰一切經音義引孫炎云三輔曰結縷今關西饒之俗名句屨草[illegible]先謙曰史記布作專集解引徐廣曰專古布字一作怖漢書音義曰結縷似白茅曼聯而生布種之者也

攢戾莎。師古曰攢聚也戾莎言莎草相交戾也攢音材官反〔補注〕先謙曰文選注引司馬彪曰戾莎莎名也集解引徐廣曰草可染紫按釋草藐茈草郭云可以染紫廣雅茈莨茈草也據此是可染紫者亦戾也說文莨下云草也可以染畱黃綟下云帛戾艸染色是莨亦作戾云染畱黃則非染紫之茈莨戾也廣雅畱黃綠也毛終朝采綠陳啟源云綠即本草之盡草說文謂之莨草案綠莨本染色之草後遂以爲染色之稱本書百官志諸侯王盭綬綟綠綬也故後漢輿服志注作綠綟綬[illegible]此言莎草濃綠以戾狀其色曰戾莎猶言綠莎也後人多見綠莎少見戾莎遂無能通其義者顏以爲莎草相交戾加交戾於攢字下不辭甚矣

揭車衡蘭，應劭曰揭車一名芝輿香草也師古曰揭音巨列反芝音乞〔補注〕沈欽韓曰本草拾遺揭車味辛生彭城高數尺白花先謙曰說文藒下云芞輿也釋草藒車芞輿釋文云車音居又云輿或作蕪沈說亦見御覽引廣志又齊民要術云凡諸樹木有蛀者煎藒車香冷淋之善辟蛀蟲也衡蘭見上

槀本射干。師古曰槀本草類白芷根似芎藭射干即烏扇耳射音弋舍反〔補注〕先謙曰集解引郭璞曰槀本槀茇射干十月生皆香草荀

于西方有木焉名曰射干莖長四寸生於高山之上而臨百仞之淵木莖非能長也所立者然也後漢馮衍傳注射干烏翼也與顏云烏扇不同

茈薑蘘荷 如淳曰茈薑薑上齊也師古曰薑之息生者連其株本則紫色也蘘荷蓴苴也根旁生筍可以為葅又治蠱毒茈音紫蘘音人羊反補注沈欽韓曰爾雅翼蘘荷葉似初生甘蔗根似薑芽其葉冬枯其根為葅亦可醬有白有赤今人乃呼赤者為蘘荷白者為覆葅食之赤者勝藥用白者中蠱者服其汁並臥其葉即呼蠱主姓名亦主諸溪毒沙蝨輩人家種之辟蛇御覽九百八十引葛洪方曰人得蠱欲蘘荷葉著臥席下不使知立呼蠱名又見干寶搜神記先謙曰官本苴作蔓引宋祁曰注文蔓越本作苴又蓴當作蓴說見上葅官本作藥據沈說蘘荷可為葅亦可為藥官本注文可為藥蓋與汲古本所據宋本不同耳文選注張揖曰茈薑子薑也茈音紫

葴持若蓀 如淳曰葴音鍼張揖曰葴持闕若杜若也蓀香草也師古曰葴寒漿也持當為符字之誤耳符鬼目也杜若苗頗類薑而為櫻葉之狀今流俗書本持字或作橙非也後人妄改耳其下適言黃甘橙榛此無橙也葴音之林反蓀音孫補注沈欽韓曰爾雅翼杜若苗如山薑花黃赤子赤色大如棘子中似荳蔻集韻蓀亦作荃楚詞補注陶隱居云東間溪側有名溪蓀者根形氣色極似石上菖蒲而葉正如蒲無脊羅願便以為菖蒲非也李慈銘曰此葴持為一草若蓀為一草爾雅葴寒漿郭注今酸漿草江東呼曰苦葴又蘵黃蒢郭注蘵草葉似酸漿華小而白中心黃江東以作菹食釋文蘵又作職說文蒢黃蒢職也玉篇作蘵云蘵草華似酸漿夏小正三月采識蓋古字祇作職通作識蘵蘵皆後出字御覽引本草吳普云酸漿一名酢漿陶宏景注處處人家多有葉

亦可食顏氏家訓書證篇云江南別有苦菜葉似酸漿此菜可以釋勞即爾雅蘵黃蒢也是葴蘵實一物葴持即蘵職也持職一聲之轉葴持亦雙聲上文箴疵鶂盧箴疵亦是一物大凡鳥獸草木之名多取雙聲疊韻若蓀亦雙聲也先謙曰文選注引韋昭曰持音懲史記作橙集解引郭璞云橙柚索隱云姚氏以為此前後皆草非橙柚也漢書作葴持小顏云葴寒漿也持當為符字之誤爾符鬼目也案今讀者亦呼為登謂登草也先謙案持無懲音韋昭所見本亦當作橙後人改持耳葴持即蘵職李說是也

鮮支黃礫 師古曰鮮支即今支子樹也黃礫今用染者黃屑之木也二者雖非草類既云延曼太原或者賦雜言之耳補注沈欽韓曰鮮支非梔子也即燕支耳崔豹古今注燕支葉似薊花如蒲公英出西方土人以染名為燕支中國人謂之紅藍以染粉為面色謂為燕支粉今人以重絳為燕支非燕支花所染也燕支花所染自[illegible]紅藍爾爾雅翼或止謂之紅花大抵三月初種花出時日日乘摘取之五月種晚花七月中摘深色鮮明耐久不黦勝春種者花生時但作黃色茸茸然故又名黃藍杵碓水淘絞去汁更擣以清酸粟漿淘之絞如初即收取染紅然後更擣而暴之染紅色極鮮明黃礫礫當為茣李慈銘曰沈說礫當為茣是也此所賦皆草類既不容有木石之屬且鮮支為一草黃礫為一草鮮支以染紅黃礫以染黃說文茣艸也可以染畱黃畱黃即騂黃亦作流黃本字作茣通作綟假借作礫亦作盭漢書百官公卿表諸侯王金璽盭綬晉灼曰盭草名也出琅邪平昌縣似艾可染綠說文段注引作綟染黃段說是也續漢百官志注引徐廣曰綟音戾草名也以染似綠又似紫艾本蒼白色近黃而云似綠似紫明本非綠色也百官志云乘輿黃赤綬諸侯王赤綬注引徐廣又曰太子及諸王纁朱綬纁者淺絳赤黃色明諸侯王亞天子一等故用淺黃色微似綠耳相國以下乃綠綬矣史文有云綠綟綬者謂綠黃綬也先謙曰史記支作枝索隱引張揖云皆草也司馬彪云鮮支即今支子或云鮮枝亦香草也小顏云黃礫者黃屑木恐非也案鮮支沈說近之黃礫李說近之

蔣芧青薠 張揖曰蔣菰也芧三稜也郭璞曰芧音杼師古曰蔣音將芧音丈與反補注沈欽韓曰莊子齊物論狙公賦芧音義司馬云橡子也案後漢李恂傳注橡櫟實也先謙曰王褒僮約云當編蔣織箔注蔣菰蒲草也通志菰曰蓬今人謂之茭爾雅齧彫蓬薦黍蓬彫蓬者米茭也其米謂之彫胡可作飯故曰齧黍蓬者野茭也不能結實惟堪薦藉故曰薦芧文選作苧玉篇苧與芧同說文芧下云艸也可以為繩文選南都賦其草則薦芧薠莞李善注芧直呂切說文云可以為索即謂此也管子小匡篇首戴苧蒲注苧蔣也則誤蔣與苧為一物本草有荆三稜圖經云荆湘江淮水澤之間皆有葉似莎草極長莖三稜如削大如人指高五六尺莖端開花大體皆如莎草而好生水際及淺水中蓋芧蔣皆生淺溼橡子為芧別自一物沈引司馬說誤也青薠見上官本注文作芧文

布濩閎澤延曼太原 郭璞曰布濩猶布露也師古曰閎亦大也濩音護延音弋戰反補注先謙曰濩無露義蓋普徧之意下卷汜布護之師古注布護言遍布也此本書借護為濩史記作汜布濩之索隱引胡廣曰普遍布散無所不濩也楚辭疾世望江漢兮濩茖注濩茖大貌也案大貌亦自普徧生義也此言草普徧布散於大澤之中訓露則於義隔矣太原猶言廣原

離靡廣衍 師古曰離靡謂相連不絕也衍布也離音力爾反補注先謙曰文選注離靡離而邪靡不絕之貌也孟康甘泉賦注衍無崖岸也史記作

麗靡古字通用

應風披靡吐芳揚烈 師古曰烈酷烈之氣也披音丕蟻反補注先謙曰官本蟻作儀是文選注亦誤作丕蟻切

郁郁菲菲眾香發越 郭璞曰香氣射散也菲音妃補注先謙曰菲菲史記作斐斐

肸蠁布寫晻薆咇茀 師古曰肸蠁盛作也寫吐也晻薆咇茀皆芳香意也肸音許乙反蠁音響晻音奄又音烏感反薆音愛咇音步必反茀音勃薆字或作隱也補注先謙曰史記作晻曖苾勃文選晻亦作晻李善注引司馬彪曰肸過也芬芳之過若蠁之布寫也郭璞曰香氣盛馝馞也善曰說文肸響布也馝馞咇茀音義同說文馣馤香氣奄藹也馣與晻馤與薆音義同先謙案說文肸下云響布也今人因李善注上林賦甘泉賦並引響作蠁遂謂肸蠁連文訓為布也而以今本說文為誤余謂肸自訓響布言聲響四布也說文蠁知聲蟲也桂馥義證引蟲異賦注蠁知聲蟲也能令人不迷韻會蠁從響省足證蠁為形聲兼會意之字凡言肸蠁者蓋聲入則此蟲知之其應最捷故以喻靈感通微之義文選羽獵賦蠁留如神注蠁留疾也是以蠁之捷應為喻也此賦肸蠁布寫及文選吳都賦芬馥肸蠁皆謂香氣四達而入人心甘泉賦肸蠁豐融懿懿芬芬謂秬鬯香美通於神明蜀都賦景福肸蠁而興作謂天帝建福默相欲應皆靈感通微之意也今人讀說文肸蠁篆注為連文令肸字無義可求且肸蠁為布古無此訓司馬釋肸為過迺云芬芳之過若蠁之布寫既於文義難通師古因甘泉蜀都二賦豐融興作之文而訓肸蠁為盛作亦弗思之甚矣[illegible]說文蚼下云司馬相如說蠁從向說字脫此賦蠁字疑當作蚼晻薆咇茀善說是

於是乎

周覽氾觀師古曰氾普也音敷劒反補注先謙曰氾史記文選竝作泛縝紛軋芴孟康曰縝紛衆盛也軋芴緻密也師古曰縝音丑人反軋音於黠反芴音勿補注先謙曰官本縝音爭忍反引宋祁曰越本注文縝音丑人反縝紛軋芴史記作縝紛軋汐集解引徐廣曰盼一作縎郭璞曰皆不可分貌芒芒怳忽郭璞曰言眼亂也師古曰芒音莫郎反視之無端察之無涯師古曰涯畔也音儀補注先謙曰涯史記作崖日出東沼入虖西陂張揖曰朝出苑之東池莫入於苑西陂中也補注先謙曰文選注引漢宮殿簿曰長安有西陂池東陂池其南則隆冬生長涌水躍波師古曰言其土地氣溫經冬草木不死水不凍補注先謙曰文選注引張揖曰其苑南陽煖則盛冬十月草木生長也郭璞曰躍波言不凍也此顏說所本其獸則庸旄貘犛沈牛麈麋張揖曰旄旄牛其狀如牛而四節毛犛牛黑色出西南徼外沈牛水牛也能沈沒水中麈似鹿而大郭璞曰庸牛領有肉堆貘似熊庳腳銳鬐骨無髓食銅鐵貘音貊犛音貍師古曰庸牛即今之犎牛也旄牛即今所謂偏牛者也犛牛即今之貓牛者也犛字又音茅麈音主補注先謙曰庸文選作鏞史記作鏞集解引徐廣曰鏞音容獸類也今案說文鏞下云猛獸也與徐說合則字當作鏞矣玉篇犣犎牛又云犣野牛也韻會引緯略云犣牛抵觸百獸無敢當者故金吾刻犣牛於槊首說文以爲猛獸是也後漢順帝紀注封牛領上肉隆起若封然因以名之即今之峰牛是北山經潘侯之山有獸焉其狀如牛而四節生毛名曰旄牛書牧誓右秉白旄馬注白旄旄牛尾旄或作牦正字通云牦牛出甘肅臨洮及西南徼外野牛也人多畜之狀如水牛髀膝尾背胡下黑毛長尺許尾長大如斗嘗自愛護古取爲旄旄今人以爲纓帽毛雜白色者以茜染紅色用之又引永東日記云牦牛與封牛合則生犏牛狀類牦牛偏氣使然故謂之犏據此犏又牦之遺種師古言牦牛即偏牛非也說文貘似熊而黃黑色出蜀中一切經音義貘又作貊字林似熊黃黑出蜀郡一曰白豹也桂馥云貊貘聲近詩貊其德音韓詩作莫先謙案白居易貘屛贊序云貘者象鼻犀目牛尾虎足生南方山谷中寢其皮溫圖其形辟邪蜀都賦戟食鐵之獸即此是也說文犛下云西南夷長髦牛也索隱犛音貍又音茅或以爲貓牛毛可爲翿是也桂馥云禹貢正義誤以旄牛爲犛牛一切經音義今隴西出犛牛經文作貓非經義也馥謂經所謂貓牛一正犛牛也中次八經荊山其中多犛牛郭注旄牛屬也黑色出西南徼外馥案張揖顏師古以旄牛犛牛爲二物郭璞以犛牛爲旄牛屬是旄非犛牛矣鄭注周禮樂師旄舞云旄舞者犛牛之尾又注旄人云旄旄牛尾是鄭亦分爲二矣旄牛大犛牛小犛牛黑色旄牛黑白二色此其別也先謙案唐書南詔傳犩犪皆插貓牛尾貓犛一聲之轉文選注引南越志曰潛牛形角似水牛一名沈牛也則沈牛非即今所謂水牛別一物也說文麈麋屬麋鹿屬急就篇顏注麈似鹿尾大而一角談說者飾其尾而執之以爲儀麋似鹿而大冬至則解角目上有眉因以爲名也又案索隱引張說節下有生字文選李注引毛下有貘白豹三字索隱同又文選注引郭璞說庸牛作庸似牛索隱作犣犣牛堆下有即今之犎牛也六字似熊以下作張揖注集解引郭注鬐作頭赤首圜題窮奇象犀張揖

曰題額也窮奇狀如牛而蝟毛其音如嗥狗食人師古曰象大獸也長鼻牙長一丈犀頭似豬一角在鼻一角在額前補注先謙曰東山經北號之山有獸焉其狀如狼赤首鼠目其音如豚名曰獦狙是食人中山經即公之山有獸焉其狀如龜而白身赤首名曰蛫是可以禦火此赤首未定何獸也題訓額額無不圜者題蓋蹏之誤文禮王制雕題交阯白虎通禮樂篇作雕踶交阯禮月令注相蹏齧也釋文蹏本作踶疑此文書蹏爲踶後遂改踶爲題耳下文麒麟張注狠題索隱引作狠蹏廣雅麒麟狠題瑞應圖作一狠蹏並題蹏互易之證本書武紀注麟麏身牛尾馬足黃色圜蹏一角毛詩義疏作圜蹏是圜蹏者麟也麟乃瑞獸字當作麐與麟之訓大牝鹿者各別相如因下言麒麟故變文爲圜蹏取與赤首相對此與下文地分南北一物不妨兩見耳其北則盛夏含凍裂地涉冰揭河師古曰言其土地氣寒當暑凝凍地爲之裂故涉冰而渡河也揭褰衣也詩邶風匏有苦葉之篇曰深則厲淺則揭揭音巨例反補注先謙曰官本音上少一揭字也其獸則麒麟角端騊駼橐駝張揖曰雄曰麒雌曰麟其狀麇身牛尾狠題一角角端似牛其角可以爲弓郭璞曰麒似麟而無角角端似豬角在鼻上中作弓師古曰麒麟角端郭說是也橐駝者言其可負橐囊而馱物故已名云補注沈欽韓曰端史記作觽郭璞曰李陵嘗以角端弓十張遺蘇武是何角端之多耶宋史符瑞志角端日行一萬八千里又曉四夷之語明聖在上明達方外幽遠之事則奉書而至元史太祖十九年帝至東印度角端見班師詳耶律楚材傳先謙曰注麖誤當作麋狠題索隱引作狠蹏案廣雅作狠題何法盛徵祥記作狠頭京房易傳作狠頷此注作狠題是也釋獸麐麕身牛尾一角說文麒仁獸也麇身牛尾一角[illegible]牝麒也[illegible]考諸書並相符合不同郭說[illegible]角端牛以角爲弓俗謂之角端弓也亦見魏志鮮卑傳宋志元史之角端乃神獸[illegible]蛩蛩驒騱駃騠驢騾郭璞曰驒騱駏驢類也駃騠生三日而超其母驒音顛騱音奚駃音決騠音提補注先謙曰蛩蛩見上說文驒騱野馬也一曰青驪白鱗文如鼉魚案野馬乃騊駼之異名耳是驒騱即騊駼也郭以爲駏驢類似未當說文駃騠馬父贏子也本書鄒陽傳孟康注駃騠駿馬生七日而超其母通典作父生十日而超其母與郭互異未知孰是說文贏驢父馬母從馬贏聲史記作騾驢騾並俗字於是乎離宮別館彌山跨谷師古曰彌滿也跨猶騎也補注先謙曰凌稚隆云長安志上林秦舊苑也武帝始廣開之漢舊儀謂廣長三百里離宮七十所容千乘萬騎關中記謂苑門十二中有苑三十六宮十二觀二十五則規制之宏侈可知矣先謙案谿谷低處以浮梁承狂而越之有若跨然高廊四注重坐曲閣師古曰廊堂下四周屋也重坐謂增室也曲閣閣之屈曲相連者也補注先謙曰注屬也[illegible]四注謂四周相屬而下垂也集解引郭璞曰重坐重軒也曲閣閣道曲也文選注引

司馬彪曰廊廡上級下級皆可坐故曰重坐曲閣閣道委曲也先謙案說文亟止也从土从畱省土所止也是重坐卽重室矣虵敞故郭云重軒者軒長廊之窗也文騷亦謂檻上板也埤弢本選注郭說非義後漢書班彪傳注引御覽七百七十三引通俗文云後重曰軒此言廊自高而下注其形勢重疊窗檻參差若車軒之後重者然故曰重軒矣周書作雒篇重亢重郎注重郎累屋也又云凡五宮明堂咸有重廊皆其義也枚乘七發連廊四注臺城增構此云重坐彼言增構並重廊之變文耳司馬說非曲閣顏說是

華榱璧璫輦道纚屬 師古曰榱椽也華謂彫畫之也璧璫玉爲椽頭當卽所謂璇題玉題者也一曰以玉飾瓦之當也輦道謂閣道可以乘輦而行者也纚屬纚迤紬連屬也纚音力爾反屬音之欲反補注先謙曰一說本司馬彪見索隱引非是說文纚冠織也言閣道回環如織絲之相連屬

步櫩周流長途中宿 師古曰步櫩言其下可行步卽今之步廊也謂其途長遠雖經日行之尚不能達故中道而宿也補注先謙曰文選注周流周徧流行也楚辭曰曲屋步櫩史記集解引郭璞曰途樓閣間陛道

夷嵕築堂纍臺增成 師古曰夷平也山之高聚者曰嵕纍古累字言平山而築堂於其上爲累臺也增重也一重爲一成也嵕音子公反

巖窔洞房 師古曰於巖穴底爲室若竈突然潛通臺上補注王念孫曰突當從史記作窔字之誤也[illegible]文選作窔李善引郭[illegible]璞注曰言於巖窔底爲室潛通臺上也說文窔深窔兒窔與突同巖窔洞房皆言其幽深故下句曰頫杳眇而無見甘泉賦雷鬱律於巖窔兮[illegible]魯靈光殿賦巖窔洞出逶迤詰屈皆其證也師古不知突爲窔之誤乃曰於巖穴底爲室若竈突然潛通臺上襲郭注而小變之強爲突字作解斯爲謬矣先謙曰索隱窔音一弔反釋名以爲窔幽也楚詞云冬有窔厦室寒王逸以爲複室也

頫杳眇而無見仰艸橑而捫天 師古曰頫古俯字也杳眇視遠貌艸古攀字也橑椽也言臺榭之高有升上之者俯視則不見地仰攀其椽可以捫天也橑音老捫音門補注先謙曰官本艸作拜橑並作橑

奔星更於閨闥宛虹拖於楯軒 師古曰奔星流星也更歷也閨闥宮中小門也宛虹曲屈之虹也拖謂申加於上也楯軒軒之藺板也並言室宇之高故星虹得經加之也更音工衡反虹音紅拖音吐賀反又音徒可反補注先謙曰官本曲屈作屈曲言作音是正義引顏注曲屈亦作屈曲申作中藺作闌文選注引應劭曰楯闌檻也司馬彪曰軒楯下板也

青龍蚴蟉於東箱象輿婉僤於西清 師古曰象輿瑞應車也西清者西箱清靜之處也蚴蟉婉僤皆行動之貌蚴音一糾反蟉音力糾反僤音善補注沈欽韓曰楚詞惜誓駕太一之象輿韓非十過黃帝合鬼神於泰山之上駕象車先謙曰史記龍作虯僤作蟬文選注蚴蟉龍行貌也孫炎爾雅注箱夾室前堂也山出象輿瑞應車也[illegible]西清者箱中淸淨處也[illegible]今案說文蚴下蟉下並云蚴蟉也玉篇蟉與蚴同蚴蚪龍兒詳蚴蟉之音義若今俗言天矯矣說文蟺下云蟺蜿蟺也集韻引作蛩蟺廣韻作蜿蟺揚雄傳作冤延此賦之作婉僤婉蟬字形雖異音義並同冤延亦爲蜿蜒下卷大人賦云驂赤螭青虯之蚴蟉蜿蜒四字合併言之足證蚴蟉之與婉僤皆轉訓同義此對舉成文耳後漢虞詡傳注引埤蒼云箱序也字亦作廂文選顏延之赭白馬賦故能代驂象輿注引張揖曰德流則山出象車山之精瑞也較此注所引文義爲顯又見下卷大人賦及禮樂志

靈圄燕於閒館 張揖曰靈圄衆仙號也師古曰閒讀曰閑補注沈欽韓曰淮南俶眞訓眞人騎蜚廉而從敦圄注云敦圄似虎而小一曰仙人名按以似虎者爲是梲致之字作致亦爲伏虎形西山經陸吾神狀虎身而九尾人面而虎爪司天之九部及帝之圄蓋卽此靈圄先謙曰文選圄作圉注引楚辭曰天坐靈圉而來謁案圉圄通用字集解引郭璞曰靈圉淯圉仙人名也索隱引張揖云靈圉衆仙號淮南子云騎飛龍從淯圉是也是張說元引淮南師古刪之淯圉敦圄字之異耳蓋仙人而虎形沈說近是館史記作觀

偓佺之倫暴於南榮 郭璞曰偓佺仙人也食松子而眼方暴謂偃臥日中也榮屋南檐也偓音握佺音銓補注先謙曰索隱引韋昭云古仙人姓偓列仙傳云槐里採藥父也食松形體生毛數寸方眼能行逮走馬也應劭曰南榮屋檐兩頭如翼也故鄭玄云榮屋翼也高誘云飛榮似鳥舒是也先謙案榮非專指南檐郭注榮字上有南字應

醴泉涌於淸室通川過於中庭 師古曰醴泉瑞水味甘如醴言於室中涌出而通流爲川從中庭而過也

磐石裖崖 孟康曰裖砥致也崖廉也已石致川之廉也師古曰裖砥並音之忍反致音直二反謂重密而累積補注沈欽韓曰集韻裖同移說文玄服於義非也集韻十六軫砂以石致川之廉也字又作砂與此孟康語合先謙

曰磐史記作槃文選作盤通用字易漸卦虞注聚石稱磐裖崖沈引集韻砂義是也集韻又有砛字下云砂砛石垂貌益砂變爲砛[illegible]故孟訓爲致矣又變而爲致猶今俗言整緻也[illegible]李善注引李奇曰振整也以石整頓池水之涯也[illegible]孟說以崖乃石厓之異文廉亦同意廉隅也卽涯字也[illegible]蓋醴泉通流而成川之處以磐石密緻其崖下文嶔巖倚傾皆指砂崖之石而言砂與整同義振整古義通用[illegible]選作振崖是此作張形近致誤耳[illegible]

嶔巖倚傾 郭璞曰嶔巖欹貌師古曰嶔音口銜反倚音於綺反補注先謙曰隨水之高下以石砂之故其低處則嶔巖倚傾其高處則嵯峨嶕嶫也揚雄甘泉賦深溝嶔巖而爲谷文選注嶔巖深貌也本書雄傳注云深險貌公羊僖三十二年傳殽之嶔巖亦同此義郭訓爲欹貌非

嵯峨嶕嶫刻削崢嶸 蘇林曰削音陗峻之陗崢音傖爭反嶸音戶萌反郭璞曰言自然若彫刻也嶕音昨盍反嶫音五盍反師古曰直言刻削耳非云峭峻郭說是也嶕音捷嶫音業補注先謙曰嵯峨集解高大貌集韻嶫山貌亦作嶕嶫嶫狀石勢之高也史記作礁碟集解引徐廣曰巖一作池案嵯池義同差池謂石之不齊也刻削崢嶸皆言石狀

玫瑰碧琳珊瑚叢生 郭璞曰珊瑚生水底石邊大者可高三尺餘枝格交錯無有葉補注先謙曰官本注可作樹玫瑰碧琳見上

瑉玉旁唐玢豳

文磷蘇林曰玢音分郭璞曰旁唐言盤礴玢豳文理貌師古曰磷唐文石也唐字本作碭言珉玉及石並玢豳也玢音彼旻反磷又音彼閑反〔補注〕先謙曰珉石之次玉者淮南脩務訓唐碧堅忍之類注唐碧石似玉顏謂字本作碭碭文石也[illegible]故顏訓唐爲文石不從郭說廣雅釋詁旁大也豳同邠太元文次四斐如邠如注邠者文盛貌也史記玢豳作璸斒義同廣雅釋詁璘文也疑字不當爲磷史記文選並作鱗言其文斑然鱗次也

赤瑕駁犖雜臿其閒張揖曰赤瑕赤玉也郭璞曰言雜廁崖石中駁犖采點也犖音洛角反〔補注〕先謙曰索隱引說文云瑕玉之小赤色集解引徐廣曰雜一云插臿一云還

鼂采琬琰和氏出焉晉灼曰鼂采闕師古曰鼂古朝字也朝采者美玉每旦有白虹之氣光采上出故名朝采猶言夜光之璧矣琬琰美玉名和氏之璧卞和所得亦美玉也言今皆出於上林〔補注〕先謙曰官本注無晉下六字鼂采史記作垂綏

於是乎盧橘夏孰應劭曰伊尹書曰箕山之東青馬之所有盧橘夏孰晉灼曰此雖賦上林博引異方珍奇不係於一也師古曰盧黑色也〔補注〕沈欽韓曰呂覽本味篇伊尹說湯以至味箕山之東青鳥之所有甘櫨焉應劭所云伊尹書當是此也[illegible]說文作櫨與應劭引同亦不名其何物齊民要術引裴淵廣州記曰羅浮山有橘夏熟實大如李剝皮噉則酢合食極甘又有壺橘形色都是甘但皮厚氣臭味亦劣又云盧橘皮厚氣色大如甘正月至二月漸變爲青至夏孰味亦不異冬時土人呼爲盧橘其類有七八種不如吳會橘先謙曰索隱引廣州記云盧橘皮厚大小如甘酢多九月結實正赤

明年二月更青黑夏熟可與沈引互證左思三都賦序云相如賦上林而引盧橘夏孰考之果木則生非其壤故晉灼云然

黃甘橙榛郭璞曰黃甘橘屬而味精榛亦橘之類也音湊張揖曰榛小橘也出武陵師古曰橙卽柚也音丈耕反〔補注〕先謙曰張協七命漢皐之榛是榛非獨出武陵矣橙吾楚俗謂之橘紅

枇杷橪柿亭柰厚朴張揖曰枇杷似斛樹長葉子若杏橪支香草也亭山梨也厚朴藥名也郭璞曰橪支木也師古曰此二句總論樹木不得雜已香草也橪郭說得之朴木皮也此藥以皮爲用而皮厚故呼厚朴云橪音煙朴音匹角反〔補注〕沈欽韓曰西京雜記上林苑枇杷十株楟十株御覽九百七十四引曹毗魏都賦果則谷榛山楟廣雅櫨楟梨也蘇頌本草圖經厚朴廣雅謂之重皮春生葉如槲葉四季不凋紅花而青實皮極鱗皺而厚先謙曰集解引徐廣曰橪音而善反果也索隱引說文曰橪酸小棗也淮南子云伐橪棗以爲矜亭柰作楟棕索隱引司馬彪曰上黨謂之楟棕先謙案郭訓橪爲木是以爲橪支則非也劉向九歎采橪支于中洲則橪支爲草疑卽今馬支花故顏讀橪爲煙橪木乃酸棗也音從徐讀廣雅釋木楟梨也蜀都賦橙柿梬楟是亭柰二物司馬誤合爲一據張揖說及廣雅楟卽櫨也[illegible]詳楟棕俗字注斛同槲

樗棗楊梅張揖曰楊梅其實似穀子而有核其味酢出江南也〔補注〕先謙曰注穀從木不從禾楮也官本作穀史記文選作穀竝誤樗棗詳上集解引徐廣曰樗音弋井反

櫻桃蒲陶師古曰櫻桃卽今之朱櫻也禮記謂含桃爾雅謂之荊桃櫻音於耕反〔補注〕先謙曰集解引郭璞曰蒲陶似燕薁可作酒也案玉篇作蒲萄

隱夫薁棣師古曰隱夫未詳薁卽今之郁李也棣今之山櫻桃薁音於六反棣音徒計反〔補注〕先謙曰注徒官本作徒是隱卽櫽之省文說文櫽栝也栝櫽也[illegible]葢櫽木卽栝木矣[illegible]馬注栝白栝也廣雅栝柏也文選西京賦木則樅栝椶柟薛注栝柏葉松身此文變栝言櫽耳或曰隱卽蘙之省文蘙葼也茱名管子地員篇其種蘙葼是也字或作隱釋草蒡隱忍案上下文皆言木不應此獨言草疑蘙不合夫卽枎之省文木名管子地員篇五沃之土桐柞枎櫄是也史記薁作鬱詩豳風疏薁是鬱類而小別晉宮閣銘云華林園有車下李三百一十四株薁李一株車下李卽鬱薁李卽薁二者相類而同時熟棣說文白棣也詩采薇維常之華傳云常常棣也陸璣疏云似李而小如櫻桃正白今官園種之先謙案此棣乃常棣薁卽唐棣也[illegible]說文櫟下云木也以棣爲白棣則櫟是唐棣矣

荅遝離支張揖曰荅遝似李出蜀晉灼曰離支大如雞子皮粗剝去皮肌如雞子中黃味甘多酢少師古曰遝音沓離音力智反〔補注〕先謙曰史記作榙㯓荔枝索隱本仍作離支說文荔艸也似蒲而小不以爲荔支字葢古皆通作離支集解引郭璞曰榙㯓似李案說文㯓下云榙㯓木也从木遝聲榙下云榙㯓果似李从木荅聲讀若嚃

羅乎後宮列乎北園貤丘陵下平原師古曰貤猶延也一曰次第而重也貤音弋豉反〔補注〕先謙曰貤史記文選作貤

楊翠葉扤紫莖師古曰扤搖也音兀

〔補注〕先謙曰說文扤動也方言扤不安也顏說本郭璞張揖見史記文選注引

發紅華垂朱榮煌煌扈扈照曜鉅野師古曰言其光采之盛也鉅野大野煌音皇〔補注〕先謙曰垂史記作秀禮記檀弓爾毋扈扈爾注扈扈謂大廣詩簡兮碩人俁俁釋文引韓詩扈扈美貌後漢馮衍傳注扈扈光彩盛也此扈扈皆可通

沙棠櫟櫧張揖曰沙棠狀如棠黃華赤實其味似李無核呂氏春秋曰果之美者沙棠之實櫟果名也櫧似柃葉冬不落應劭曰櫟采木也郭璞曰櫧似采柔師古曰櫟非果名又非采木之櫟葢木蓼也葉辛初生可食櫟音歷櫧音諸柃音零采音菜柔音食諸反〔補注〕宋祁曰柔字當作食渚反沈欽韓曰詩山有苞櫟草木疏云秦人謂柞櫟爲櫟河內人謂木蓼爲櫟椒櫧之屬也璣以爲此秦詩宜從其方土之言按應劭謂采木又集于苞栩疏云今柞櫟也徐州人謂櫟爲杼或謂之爲栩其子爲皁或言皁斗其殼爲汁可以染皁今按應云采木卽是皁斗之櫟顏強改木蓼非中山經前山其木多櫧爾雅翼櫧似柃葉冬不落政和證類本草櫧子小於橡子味苦濇止洩痢皮樹如栗冬月不凋生江南先謙曰集解引張注柃作櫺疑誤柔無食諸渚二音迺柔之誤也杼說文篆字作柔後人承寫作杼少見柔字遂誤改爲柔據宋音爾時所見本尚不誤

華楓枰櫨師古曰華卽今之皮貼弓者也楓樹脂可爲香今之楓膠香也爾雅云一名欇欇枰卽平仲木也櫨今黃櫨木也華音胡化反楓音風枰音平櫨音盧〔補注〕沈欽韓曰華當作樺玉篇樺木似山桃室韋國用樺皮葢屋又隋大業中汾州起汾陽宮南外平林一率是大樺木高百餘尺從行文武皆剝取皮覆菴舍取脂燒辟鬼一統志

樺似山桃皮有紫黑花可裏弓及鞍韂諸物奉天府諸山中最多今吉林烏喇有樺皮屯設丁壯采其皮進御爾雅楓欇欇說文楓木厚葉弱枝善搖一名欇又欇木葉搖白也徐鍇云木遇風而翻見葉背背多白故曰搖白也楓木一名欇欇義出於此唐顧孫炎云欇欇生江上有寄生枝高三四尺生毛一名欇子天旱以泥泥之即雨閬楓又稱異徐鍇云今人謂其上瘤癭樹欇遇風雨則長或二三尺亦曰楓人玉篇枰仲木名吳都賦平仲君遷劉成云平仲之木實白如銀李時珍曰未知即今銀杏是否說文櫨字一以爲甘櫨夏熟一曰有宅櫨木出宏農山古今注以櫨木爲無患木案師古所云黃櫨木者陳藏器本草云生商洛山谷葉圓木黃可染黃色其無患木本草拾遺謂之桓木今之菩提子也先謙曰史記作華汜檘櫨集解引徐廣曰汜一作楓索隱枰平仲木也亦云火桑木一云玉精食其子得爲神仙也先謙案諸家以枰爲平仲說本郭璞䚂攱[illegible]但史記作檘檘自是皮可染之黃木[illegible]而索隱訓爲平仲木疑索隱所見本亦作枰後人竄改耳宅櫨或作杔櫨玉篇杔杔櫨也集韻杔櫨木名**留落胥邪仁頻并閭**張揖曰并閭椶也郭璞曰落檴也中作器素胥邪似并閭皮可作索師古曰仁頻即賓根也頻字或作賓胥音先余反邪音弋奢反檴音鑊〔補注〕沈欽韓曰爾雅注劉子生山中實如梨酢甜核堅出交趾吳都賦作榴南方草木狀劉樹子大如李實三月花苞仍連著實七八月熟其色黃其味酢煮蜜藏之仍甘好畱與劉同釋木檴落注可爲杯器素邢疏檴一名落素謂檴也詩無浸檴薪陸疏檴榔楡也其葉如楡其皮堅韌剝之長數尺可爲絙索其材可爲杯器胥邪即椰子樹吳都賦注椰樹似檳榔無枝條高十餘尋葉在其末實大如瓠繫在樹頭如挂物也膚裏有汁升餘清如水美如蜜核作飲

器御覽九百七十一李當之藥錄曰檳榔一名賓門一統志檳榔一名仁頻先謙曰畱胥邪沈說是也索隱引司馬彪說胥邪與沈同又引孟康曰仁頻椶也姚氏云檳一名椶即仁頻也先謙案說文栟下云栟櫚椶也椶下云栟櫚也六書故栟櫚木高者一二丈葉如蒲扇實如魚子葉下有毛如髮故亦謂髮櫚是椶乃并閭不謂仁頻疑孟注仁頻當作并閭傳寫誤耳**欃檀木蘭**孟康曰欃檀檀別名郭璞曰欃音讒〔補注〕沈欽韓曰爾雅翼木蘭葉似長生冬夏榮常以冬華其實如小柹皮如桂而香生零陵及泰山狀如栟樹高數仞楚詞王逸注木蘭去皮不死洛陽宮殿簿顯陽前殿有之先謙曰索隱引皇覽云孔子墓後有欃檀樹孔子世家集解引作[illegible]檀**豫章女貞**師古曰女貞樹冬夏常青未嘗凋落若有節操故以名焉〔補注〕沈欽韓曰李時珍本草女貞木一名冬青女貞葉長四五寸子黑色冬青葉微圓子紅色爲異今人不知女貞但呼爲蠟樹立夏前後取蠟蟲之種子裹置枝上半月其蟲化出延緣枝上造成白蠟民大獲利**長千仞大連抱**師古曰八尺曰仞連抱者言非一人所抱〔補注〕先謙曰文選注引司馬彪曰七尺曰仞案七尺八尺經典箋注並無定說小爾雅廣度四尺謂之仞本書食貨志應劭注仞五尺六寸也說文仞伸臂一尋八尺食貨志顏注八尺曰仞取人申臂之一尋也義主說文則當以八尺爲是**夸條直暢實葉葰楙**郭璞曰夸張布也張揖曰葰甬也師古曰暢通也通謂上下相稱也葰音峻楙古茂字也甬音踊〔補注〕王文彬曰夸即荂之省文說文雩草木華也或从艸从夸釋草華荂也華荂榮也吳都賦異荂蓲蘛今俗作花字此賦以荂條實葉四字相對爲文蓋

荂與條氣機直達實與葉蕃殖大茂也郭依本字訓荂爲張布誤顏訓暢爲通又申言上下相稱亦非先謙曰文選注引司馬彪曰葰大也說文甬下云草木華甬甬然也此張說所本**攢立叢倚連卷欐佹**師古曰攢立聚立也叢倚相倚也連卷屈曲也欐佹支柱也倚音於綺反卷音巨專反又音巨專反欐音力爾反佹音詭〔補注〕宋祁曰注文柱景本作住先謙曰欐佹史記作累佹文選注引司馬彪曰欐佹支重累也案欐聲義並從麗麗附也詩皇矣箋釋文佹戾也樹之枝柯相附而又相戾顏訓支柱得之猶言交戾矣**崔錯癹骫**師古曰崔錯交雜也癹委蟠戾也崔音千賄反癹音步葛反骫古委字〔補注〕沈欽韓曰淮南招隱士樹輪相糾兮林木茷骫說文癹以足蹋夷草也字當爲茷說文茷草葉多也先謙曰崔音七罪反後人加玉爲璀文選作靈光殿賦下蕤蔚以璀錯注璀錯眾盛貌與此交雜同義又作璀璨璨錯一聲之轉集解引徐廣曰癹音拔案如顏音則讀如撥玉篇骫骨曲也王逸釋茷骫爲枝條盤紆沈謂癹當作茷是也癹乃借字顏說本郭璞見文選注引索隱引郭云崔錯癹骫者蟠戾相樛也與文選異**坑衡閜砢**師古曰坑衡勁直貌也閜砢相扶持也坑音口庚反閜音烏可反砢音來可反坑字或作抗言樹之枝幹相抗爭衡也其義兩通〔補注〕先謙曰顏說前四句本郭璞見文選注引史記坑作阬案索隱引郭璞云阬衡閜砢者揭孽傾敵貌也[illegible]案據郭注則所見本亦作坑衡傾敵訓坑衡揭孽訓閜砢也坑即抗之同音借字傾敵謂條幹支柱相傾相敵正抗衡之義說文閜大開也砢磊砢也本傳水玉磊砢郭注魁礨貌是閜砢亦開廣累積之意總言其高耳文選魯靈光殿

賦飛陛揭孽注揭孽高貌則揭孽乃閜砢之義郭注當爲傾敵揭孽貌也後人誤倒**垂條扶疏落英幡纚**師古曰扶疏四布也英謂華也幡纚飛揚貌也纚音山爾反〔補注〕先謙曰說文枎下云枎疏四布也通作扶史記作扶於集解引郭璞曰扶於猶扶疏也幡纚偏幡也案偏幡即詩之翩反也詩巷伯傳幡幡猶翩翩也文選景福殿賦注纚相連之貌**紛溶箾蔘猗柅從風**郭璞曰紛溶箾蔘支竦擢也猗柅猶阿郍也箾音蕭蔘音森猗音於氏反柅音諾氏反師古曰溶音容箾亦音山交反〔補注〕沈欽韓曰九辯櫹槮之可哀王逸云莖獨立也考工記注引作紛容掣參先謙曰史記作紛容蕭蔘旖旎從風文選柅作狔注猗狔猶阿郍也並引作張揖說先謙案箾蔘今承用作蕭森阿郍作婀娜**藰莅芔歙**師古曰林木鼓動之聲也藰音劉莅音利芔古卉字也音諱歙音翕〔補注〕先謙曰史記藰作劉歙作吸楚辭九歎秋風劉以蕭蕭劉莅謂風之吹木其聲淒清或通作漻淚文選南都賦漻淚減汨言水之清又作憭慄懰慄楚辭九辯憭慄兮若在遠行武帝李夫人賦懰慄不言言心之悽愴並義同字異芔歙猶呼吸也芔呼雙聲歙吸疊韻**蓋象金石之聲管籥之音**師古曰金石謂鐘磬也管長一尺圍一寸六孔無底籥三孔並已竹爲之〔補注〕先謙曰正義籥謂之笛有七孔說文籥三孔籥也官本磬作聲六作大**柴池茈虒旋還乎後宮**如淳曰茈音此虒音豸張揖曰柴池參差也茈虒不齊也郭璞曰柴音差還還繞也音宦〔補注〕先謙曰柴郭音是也文選作偨柴池即茈虒音義並同差池猶上言龍池陂隴均是陂訛耳參差不齊非有二義還史記作環

集韻還音患繞也儀禮旣夕禮祖還車不還器釋文亦同此讀**雜襲纍輯**師古曰雜襲相因也纍輯重積也纍古累字輯與集同補注先謙曰史記雜襲作雜遝集解引徐廣曰雜一作插案雜襲輯皆重積之義**被山緣谷循阪下隰**師古曰循順也下溼曰隰**視之無端究之亡窮於是乎玄猨素雌蜼玃飛蠝**張揖曰蜼似母猴卬鼻而長尾玃佀獼猴而大飛蠝飛鼠也其狀如兔而鼠首以其頓飛郭璞曰蠝鼯鼠也毛紫赤色飛且生一名飛生蜼音遺蠝音誄師古曰玄猨素雌言猨之雄者玄黑而雌者白也補注沈欽韓曰北山經曰天池之山有獸焉其狀如兔而鼠首以其背飛其名曰飛鼠先謙曰史記索隱引郭璞注云蠝鼯鼠也爾雅釋獸鼯鼠夷由郭注狀如小狐似蝙蝠肉翅翅尾項脅毛紫赤色背上蒼艾色腹下黃喙頷雜白腳短爪長尾三尺許飛且乳亦謂之飛生聲如人呼食火烟能從高赴下不能從下上高一名鼯鼠與此郭注略同又曰蠝鼠亦曰鼯鼠其大如猿東吳諸郡皆有飛生者也劉逵吳都賦注引異物志云云

理志台州土貢飛鼠一曰鼺鼠以其飛生且產子便隨母而飛有鸓肉翼如蝙蝠狸頭鼠目飛且乳亦作鸓蠝之省也**蛭蜩蠼蝚**張揖曰蛭音質蜩音調蠼音矍蝚音柔蛭蜩蠼蝚皆獸名也師古曰說者或以蛭為水蛭蜩為蟬蠼為蠼螋蝚為蝚母並非也此四者皆山獸之名也山海經曰北嶽之山有獸焉其狀如牛而四角名曰蛭山海經曰有獸焉其狀如猿而白首名曰蠼郭璞注云蠼音矍蝚音柔說文蜩蟬也案蛭蜩蠼蝚並獸名也補注先謙曰史記蠼作玃

如鹿而白尾馬足人手而四角名曰玃如郭注玃如手當作獲之玃案此賦玃字當作玃並非也小雅毋教猱升木傳猱猿屬又獑胡猴也楚人謂之沐猴老者為玃長臂者為猨猨之白腰者為獑胡**獑胡穀蛫**張揖曰獑胡似獼猴頭上有髦要以後黑穀白狐子也郭璞曰穀音斛蛫音詭蛫似猴黑音步乎其間長嘯哀鳴翩幡互經郭璞曰互經過也**夭蟜枝格偃蹇杪顛**郭璞曰杪頭也師古曰夭蟜頻申也杪音眇補注先謙曰枝格謂樹枝也**隃絕梁騰殊榛**師古曰梁謂水上橫木也殊絕也梁水無橋梁也榛音臻**捷垂條掉希間**張揖曰垂條樹之垂者也掉音徒弔反師古曰捷接也希間空疏之處也**牢落陸離爛漫遠遷**師古曰牢落猶遼落也陸離參差也爛漫分散也**若此者數百千處娛游往來宮宿館舍**師古曰娛戲也音許其反補注先謙曰文選注引司馬彪曰娛游往來宮宿館舍

曰娭一作娛非是招魂縣人以娭娭一作娛漢書揚雄傳羽獵賦蹠天蟜娭澗門五臣本文選娭作嬉李善本作娛葢後人多見娛少見娭故娭字多誤爲娛矣先謙曰舍止也一宿爲舍見左莊三年傳史記舍作客疑誤**庖廚不從後宮不移百官備具**師古曰言所在之處供具皆足也**於是乎背秋涉冬天子校獵**李奇曰已五校兵出獵也師古曰李說非也校獵者已木相貫穿總爲闌校遮止禽獸而獵取之說者或已爲周官校人掌田獵之馬因云校獵亦失其義養馬稱校人者謂已爲闌校已養馬耳故呼爲閑也事具周禮非已獵馬故稱校人〔補注〕先謙曰注謂下已字疑衍閑官本作關**乘鏤象六玉虯**張揖曰鏤象路也已象牙疏鏤其車輅六玉虯謂駕六馬已玉飾其鑣勒有似玉虯龍子有角曰虯〔補注〕先謙曰集解引郭璞曰鏤象山所出輿言有雕鏤虯龍屬也韓子曰黃帝駕象車六交龍是也文選注云此依古成文而假言之非謂似也今依郭說案象輿詳上**拖蜺旌**張揖曰析羽毛染已五采綴已縷爲旌有似虹蜺之氣也師古曰拖音土賀反又音徒可反**靡雲旗**張揖曰畫熊虎於旒爲旗似雲氣〔補注〕先謙曰文選注云此亦假言也高唐賦曰蜺爲旌雲旗已見東京賦先謙案東京賦雲旗拂霓善注引楚辭曰載雲旗之逶夷華嚴經音義下引漢書拾遺靡傾也文選琴賦注靡順風貌**前皮軒後道游**文穎曰皮軒已虎皮飾車天子出道車五乘游車九乘在乘輿車前賦頌爲偶辭耳師古曰文說非也言皮軒最居前而道游次皮軒之後耳非謂在乘輿之後也皮軒之上已赤皮爲重葢今此制尚存又非猛獸之皮用飾車也道讀曰導〔補注〕沈欽韓曰續漢志注胡廣曰皮軒以虎皮爲軒宋史輿服志皮軒車漢前驅車也冒以虎皮爲軒取曲禮前有士師則載虎皮之義赤質曲壁上有柱貫五輪相重畫虎文駕四馬參按前後並云虎皮師古謬也先謙曰集解引郭璞曰皮軒革車也或曰卽曲禮前有士師則載虎皮者也道道車游游車皆見周禮也案據諸說漢世實以虎皮飾軒後世迺以赤質之皮畫虎文耳顏據唐制爲說不稽古之失也**孫叔奉轡衛公參乘**鄭氏曰孫叔者太僕公孫賀也字子叔衛公者大將軍衛青也大駕太僕御大將軍參乘師古曰參乘在車之右也解具在文紀也〔補注〕吳仁傑曰此兩人葢指古之善御者耳下云青琴虙妃之徒色授神予心愉于側又豈當時眞有此耶案孫叔卽楚詞所謂驥躊躇于弊輦遇孫陽而得代者是也衛公卽國語所謂衛莊公爲右曰吾九上九下擊人盡殪者是也校獵賦蚩尤並轂蒙公先驅二京賦大丙弭節風后陪乘亦祇用古人此類甚多不可偏舉至長楊賦迺命票衞此則指言青去病也**扈從橫行出乎四校之中**文穎曰凡五校今言四者一校中隨天子乘輿也師古曰此說又非也四校者闌校之四面也言其跋扈縱恣而行出於校之四外也〔補注〕先謙曰梁章鉅云葉夢得石林燕語云從駕謂之扈從始自上林賦張揖以爲跋扈顏注因之亦以爲縱恣而行侍天子而言跋扈可乎唐封演以爲扈養以從猶之僕御近之公羊宣十二年傳斯役扈養何休注養馬者曰扈然則扈從葢任牧圉之役者也先謙案如顏說乃出校之四外不當言出四校之中矣其說非也文說亦非校部也衞青傳顏注校者營壘之稱故謂軍之一部爲一校百官志中部壘

屯騎步兵越騎長水胡騎射聲虎賁八校尉皆武帝初置刑法志內增七校晉灼注胡騎不常置故此言七校據此武帝時不止五校若元紀任千秋將五校並進乃所將有五部曲非必拘定五數趙充國傳之九校三校陳湯傳之六校皆其證亦與天子之獵無涉竊謂此祇是以四校行獵耳四校當卽屯騎步兵射聲虎賁四校尉皆天子行獵必當隨從者而掌北軍之中壘校尉掌胡越騎之三校尉不與班氏燕然山銘四校橫徂星流彗埽本此賦四校橫行之文但彼言軍有四校亦與此四校無涉也顏注扈從本郭璞集解引郭璞曰言跋扈縱恣不安鹵簿矣文選注引作張揖曰跋扈縱橫不案鹵簿也扈索隱引晉灼曰扈大也文選注引同今案郭說不可訓晉解大從不辭梁引扈養義近之案廣雅釋詁扈使也扈從從駕而供使令也或曰考工記弓人注扈緩也扈從從駕而緩行也於義並通橫行謂軍士分校就列天子周回按部不由中道放行而旁出**鼓嚴簿縱獵者**孟康曰鼓嚴嚴鼓也簿鹵簿也師古曰縱放也簿音步戶也〔補注〕先謙曰官本也作反是文選注言擊嚴鼓簿鹵之中也獵史記作獠集解謂鼓嚴於林簿之中然後縱獠也先謙案蔡邕獨斷天子出車駕次第謂之鹵簿五經精義車駕行羽儀導謂之鹵簿自秦漢始有其名葢天子儀衞森嚴故曰嚴簿言鼓於嚴簿之中而縱獵者也嚴字不當屬上爲文集解本林簿作林薄據裴說則簿一作薄然其說非也**江河爲陆泰山爲櫓**蘇林曰陆獵者圖陳遮禽獸也張揖曰櫓大盾已爲翳也郭璞曰櫓望樓也因山谷遮禽獸爲陆師古曰因江河已遮禽登泰山而望獲言田獵之廣遠耳郭說是也陆音怯〔補注〕錢大昭曰劉屈氂傳以牛車爲櫓與此同意先謙曰官本怯作祛是**車騎靁起殷天動地**郭璞曰殷猶震也師古曰靁古雷字也殷音隱**先後陸離離散別追**師古曰陸離分散也言各有所追逐也追合韻音竹遂反〔補注〕先謙曰地韻裔施追不煩合韻**淫淫裔裔緣陵流澤雲布雨施**郭璞曰言偏山野也**生貔豹搏豺狼**郭璞曰貔執夷虎屬也音毗師古曰貔豹二物皆猛獸也生謂生取之也搏擊也〔補注〕先謙曰貔一名執夷一名白狐見陸璣詩疏爾雅貔白狐郭璞贊書稱猛士如虎如貔貔葢豹屬亦曰執夷白狐之云似是而非凡猛獸以生得手搏爲能**手熊羆足壄羊**張揖曰熊犬身人足黑色羆如熊黃白色壄羊麢羊也似羊而青師古曰壄羊今之所謂山羊也非麢羊矣手言手擊殺之足謂蹵蹈而獲之〔補注〕沈欽韓曰郭注爾雅云羱羊似吳羊而大角角橢出西方李時珍云山羊有二種一種有大角盤環肉至百斤者一種角細說文謂之莧羊音桓陸氏云羱羊狀如驢而羣行其角暑天塵露在上生草戴行故代都賦云羱羊養草以盤桓先謙曰集解引郭璞曰野羊如羊千斤手足謂拍蹢殺之釋畜釋文引字林云羱野羊大角者也一切經音義八引字林云羱野羊也其角堪爲羣月小榼也出西方似吳羊而大角也角重於肉江南呼爲羱羝說文莧下云山羊細角者桂馥義證引杜預奏事云臣前在南聞魏興北山有野羊大者數百斤試令求今者得牝壯一其形不異土羊然是野獸土所稀有先謙案不異土羊則是細角可知郭注如羊千斤既與杜合顏云山羊亦與說文合是郭顏皆以此賦壄羊爲莧羊非角重於肉之羱羊矣說文麢下云大羊而細角案卽今所稱羚羊角可入藥者無壄羊之名張說誤**蒙鶡蘇**孟康曰鶡鶡尾

也蘇析羽也張揖曰鵕似雉鬭死不卻郭璞曰蒙其尾爲帽也鵕音曷補注先謙曰集解引徐廣曰蘇尾也索隱案蒙謂覆而取之鵕以蘇爲奇故特言之以成文耳決疑注云鳥尾爲蘇也先謙案據下索隱被班文注引輿服志則當如郭說鵕冠爲是且與下三句文義相貫**絝白虎**張揖曰著白虎文絝也師古曰絝古袴字補注先謙曰集解引郭璞曰絝謂絆絡之不如張說爲合**被班文**師古曰被謂衣著之也斑文亦貙豹之皮也被音皮義反補注先謙曰史記斑作幽通用字索隱輿服志云虎賁騎鵕冠武文單衣卽此斑文也唐諱虎爲武選注引作虎文**跨壄馬**師古曰騎之也補注先謙曰野馬詳上喻所跨之駿捷**陵三嘍之危**師古曰陵上也三嘍三聚之山也補注先謙曰集解引漢書音義曰三嘍三成之山文選注引郭璞三倉注曰三嘍山在聞喜**下積歷之坻**師古曰積歷沙石之貌也坻水中高處也磧音千狄反坻音遲補注王念孫曰師古說坻與磧歷之義皆非也坻謂山阪也說文秦謂陵阪曰阺字或作坻玉篇坻直飢切水中可居曰坻又音底埤蒼云坂也是陵阪之坻音底與水中之坻音遲者不同張衡南都賦坂坻巀嶭而成甗是也文選西京賦右有隴坻之隘李善注引應劭漢書注曰天水有大坂名隴坻張揖曰積歷不平也見文選注案磧歷疊韻字謂山阪不平磧歷然也師古以積與沙石相類輒云磧歷沙石之貌望文生義失其本指矣故曰下積歷之坻坻爲山阪故言下若水中之坻則不得言下矣陵三嘍之危下積歷之坻皆言山而不言水下文越壑厲水乃始言涉水耳坻讀如底與下文水豸氏家爲韻非與危爲韻危字古音魚戈反亦不與坻爲韻也**徑峻赴險越壑厲水**師古曰厲已衣度也補注錢大昭曰厲卽履石渡水之砅先謙曰莊子秋水篇徑流之大釋文引崔注直度曰徑史記作徑集韻直也釋水以衣涉水繇帶以上爲厲說文砅下云履石渡水也詩曰深則砅濿下云砅或从濿**推蜚廉弄解廌**郭璞曰飛廉龍雀也鳥身鹿頭張揖曰解廌似鹿而一角人君刑罰得中則生於朝廷主觸不直者可得而弄也師古曰推亦謂弄之也其字從手今流俗讀作椎擊之椎失其義矣解音蟹廌音丈介反補注朱一新曰文選注可上有今字是推作椎李善無注五臣銑注椎謂擊殺也葢望文生訓小顏所謂失其義者是也先謙曰文選江賦蜚廉無以睎其蹤注蜚廉善走又詳武紀說文推排也**格蝦蛤鋋猛氏**孟康曰蝦蛤猛氏皆獸名也郭璞曰今蜀中有獸狀似熊而小毛淺有光澤名猛氏師古曰鋋鐵把短矛也蝦音遐蛤音閤鋋音蟬補注先謙曰蝦史記作瑕**縎騕褭射封豕**張揖曰要褭馬金啄赤色一日行萬里者郭璞曰封豕大豬也要褭音窈嫋師古曰縎謂羅縶之也音工犬反補注王念孫曰要當依景祐本作騕騕隸續斥彰長田君斷碑究屆道騕跋引漢書縎騕褭又引注云騕古要字今則正文改作要又剞去注文矣先謙曰官本騕作要注啄作喙是要或作騕亦作腰淮南子待騕褭飛兔而駕之則世莫乘車瑞應圖要褭者神馬也金喙赤身日行萬八千里與飛兔同君有德則至封豕神獸而豕形大荒北經有封豕注大豬也羿射殺之郭璞贊有物貪婪號曰封豕薦食無厭肆其殘毀羿乃飲羽獻帝效技亦作封豨淮南本經訓遠至堯之時封豨脩蛇皆爲民害堯乃斷脩蛇於洞庭擒封豨於桑林高注封豨大豕脩蛇大蛇吞象三年而出其骨脩務訓吳爲封豨脩蛇卽用左傳吳爲封豕長蛇之文史記天官書奎曰封豕

本書天文志作封豨是封豨卽封豕也楚辭天問馮珧利決封豨是射王逸注封豨神獸也言羿不循道德而挾弓矢韝獵捕神獸以快其情也**箭不苟害解脰陷腦弓不虛發應聲而倒**張揖曰脰項也師古曰言射必命中非詭遇也脰音豆**於是乘輿弭節徘徊翱翔往來**郭璞曰言周旋也補注先謙曰史記弭作彌徘作裴其義竝同文選注引楚辭曰颸弭節而高厲詳在衛青傳**覭部曲之進退覽將帥之變態**師古曰覭邪視也部曲解在李廣傳覭音五計反補注先謙曰官本邪作亦**然後侵淫促節**郭璞曰言短驅也補注朱一新曰注短文選注作疾此誤先謙曰史記侵淫作浸潭索隱浸潭猶漸冉也漢書作浸淫或作乘與案節也據此索隱所見漢書本不作侵先謙案侵淫浸淫義同皆漸進之意促節則由徐而疾**鯈敻遠去**師古曰鯈然敻然疾遠貌補注先謙曰官本本文及注鯈竝作儵案儵疾也儵忽卽倏忽楚辭九歌儵而來兮忽而逝莊子應帝王篇南海之帝爲儵北海之帝爲忽是也**流離輕禽蹵履狡獸**師古曰流離困苦之也補注先謙曰文選注張揖曰流離放散也輕禽飛鳥也晉灼曰輕小之禽案流離當如顏說與蹵履意對輕禽飛禽之輕疾者與狡獸意對**轊白鹿捷狡兔**郭璞曰狡兔健跳故捷取之也補注宋祁曰南本郭璞曰下云轊軸也言軸轢白鹿追捷狡兔也轊音衞余謂子虛賦已於轊騶駼下注並音矣此疑不合再出先謙曰文選注故捷取之也引作故曰捷耳轊文選作轊史記作轄集解徐廣曰轄音銳一作惠也正義轄音衞抱朴子云白鹿壽千歲滿五百歲色純白也晉徵祥記云白鹿色若霜不與他鹿爲羣**軼赤電遺光耀**張揖曰軼過也郭璞曰皆妖氣爲變怪者遊光之屬補注先謙曰郭以光耀爲遊光則遺字無義此言行疾可以軼過赤電而遺其光耀反在後也與下二句連讀總謂迅捷耳集解引徐廣曰超陵赤電電光不及言去速也不引郭說**追怪物出宇宙**張揖曰怪物奇禽也天地四方曰宇古往今來曰宙師古曰張說宙非也許氏說文解字云宙舟輿所極覆也補注先謙曰正義怪物謂游梟飛虡也先謙案禮記山林川谷丘陵能出雲爲風雨見怪物皆曰神本書武紀帝登封泰山詔曰遭天地況施著見景象屑然如有聞震于怪物欲止不敢據此怪物不得專指奇禽張說誤正義謂指下文亦非**彎蕃弱滿白羽**文穎曰彎牽也蕃弱夏后氏之良工名引弓盡箭鏑爲滿曰白羽羽箭故言白羽也師古曰彎音烏還反蕃音扶元反補注先謙曰案史記作繁弱文選注左氏傳衞子魚曰分魯公以封父之繁弱蕃與繁古字通國語吳秦甲白羽之矰望之如荼注良工官本作良弓是羽箭誤文選注引作爲箭**射游梟櫟蜚遽**張揖曰梟惡鳥故射之也櫟梢也飛遽天上神獸也鹿頭而龍身郭璞曰梟梟羊也似人長脣被髮食人師古曰梟郭說近是矣非謂惡鳥之梟也櫟音洛遽音鉅補注沈欽韓曰文選注高誘淮南子注梟羊山精也按淮南氾論山出嘄陽與罔象畢方並言是爲怪物又非狒狒一名梟羊者也先謙曰集解引郭注長脣下有反踵二字山海經嘄陽國在北朐之西其爲人人面長脣黑身有毛反踵見人笑亦笑左手操管與郭說梟羊人獸雖殊形狀相似羽獵賦蹈飛豹羂嘄陽文

選注嗚陽郎佛佛也據此梟羊郎嗚陽矣遽史記作虡說文虡下云鍾鼓之柎也飾爲猛獸從虍異象其下足鐻下云虡或从金豦聲虡下云篆文虡省後漢董卓傳鍾虡章懷注前書音義曰虡鹿頭龍身神獸也據此虡虡鐻義同遽乃傳寫誤字擇肉而後發先中而命處郭璞曰言必如所志者也補注先謙曰文選注引郭無者字擇其肥者而後射先命其射處迺從而中之言矢不苟發發必奇中文選注廣雅曰命名也弦矢分藝殪仆文穎曰所射準的爲藝一發矢爲殪郭璞曰仆斃也殪音翳仆音赴師古曰言弦矢適分則殪死而赴如射埶也埶謂射的即今之埻上縻也埶讀與藝同字亦作臬音魚列反補注錢大昭曰尋文氏注義則埶當爲槷攷工記匠人置槷以縣眂以景注云故書槷或作弋元謂槷古文臬段借字傳作埶字轉寫譌耳小顏以與技藝字同失之矣先謙曰官本發下矢作死是選注引亦作死而赴之赴當作仆然後揚節而上浮郭璞曰言騰遊也陵驚風歷駭猋師古曰猋謂疾風從下而上也音必遙反補注先謙曰猋當作猋說見上乘虛亡與神俱張揖曰虛無寥廓與元通靈言其所乘氣之高故能出飛鳥之上而與神俱也補注先謙曰正義引與此同文選注曰下有郭璞老子經注曰七字也上有者字官本元作天藺玄鶴亂昆雞張揖曰昆雞似鶴黃白色郭璞曰亂者言亂其行伍也補注先謙曰藺躪省文文選作躪李善注引郭璞曰躪踐也史記作轔集解引徐廣曰轔音躪說文鶤鶤雞也昆即鵾字與鶤同釋畜雞三尺爲鶤文鶤本作鵾淮南覽冥訓軼鶤雞於姑餘注鶤雞鳳皇之別名遒孔鸞促鵔鸃

郭璞曰遒促皆迫捕之也師古曰遒音材由反拂翳鳥張揖曰山海經曰九疑之山有五采之鳥名曰翳鳥也補注先謙曰梁章鉅云海內經南方蒼梧之邱蒼梧之淵其中有九疑山又曰北海之內有蛇山者有五采之鳥飛蔽一鄉名曰翳鳥此注誤合爲一案史記作翳說文翳是屬與上下文不相類從翳爲是捎鳳皇師古曰捎音山交反捷鵷雛揜焦明張揖曰焦明似鳳西方之鳥也補注先謙曰文選作焦朋李善注方言揜取也樂汁圖焦朋狀似鳳凰宋衷曰水鳥也史記集解索隱作鷦明正義云長喙疏翼員尾非幽閑不集非珍物不食梁章鉅云圖下當有徵字各本皆脫惟索隱有朋當作明張注西當作南說文鷫下云五方神鳥也東方發明南方焦明西方鷫鷞北方幽昌中央鳳皇先謙案楚辭遠遊從元鶴與鷦朋王注鷦朋俊鳥吳都賦作鷦鵬廣雅釋鳥又云焦明鳳凰屬也是明朋互寫其來已久疑以朋爲正此鳥鳳屬說文朋鵬二字並鳳之異文且非焦朋吳都賦無緣作鵬鵬也道盡塗殫迴車而還消搖乎襄羊降集乎北紘張揖曰淮南子云九州之外曰八澤八澤之外迺有八紘北方之紘曰委羽郭璞曰襄羊猶彷徉也師古曰紘音宏率乎直指師古曰率然直去意揜乎反鄉師古曰揜然疾歸貌補注先謙曰揜文選作晻史記作闇蹷石闕歷封巒過鳷鵲望露寒張揖曰此四觀武帝建元中作在雲陽甘泉宮外師古曰蹷蹋歷經也蹷音鉅月反巒音鸞鳷音支補注宋祁曰鳷越作支餘越下當本字周壽昌曰石闕文選史記及本書揚雄傳並作石闕案黃圖作石闕下堂梨息宜春

張揖曰堂梨宮名在雲陽東南三十里師古曰宜春宮名在杜縣東即今曲江池是其處也補注先謙曰官本注文堂作棠文選史記作棠正義引括地志云宜春宮在雍州萬年縣西南三十里西馳宣曲張揖曰宣曲宮名也在昆明池西補注先謙曰文選史記注引同官本西作曲濯鷁牛首張揖曰牛首池名也在上林苑西頭師古曰濯者所以刺船也鷁即鷁首之舟也濯音直孝反補注先謙曰濯即櫂字解在佞幸傳牛首詳霍光傳登龍臺張揖曰觀名也在豐水西北近渭掩細柳郭璞曰觀名也在昆明池南也補注先謙曰文選注方言掩者息也觀士大夫之勤略師古曰略智略也觀士之勤大夫之略也鈞獵者之所得獲郭璞曰平其多少也補注先謙曰獵史記一本作獠集解徐廣曰鈞一作診也徒車之所閻轢郭璞曰徒步也閻踐也轢輾也音來各反師古曰輾音女展反補注先謙曰史記徒上有觀字閻作轔文選作轔騎之所蹂若人之所蹈藉師古曰蹂若謂踐蹈也蹂音人九反補注劉攽曰徒字乃助辭徒猶但也若亦助辭若預及之辭先謙曰騎上史記有乘字文選有步字史記人下有民字藉作蹈文選人下有臣字李善注廣倉曰若蹈足貌先謙案徒是語助則不辭若義選注得之獵者與徒車對文騎與人對文也劉說非步乘民臣四字並後人妄加與其窮極倦谻驚憚讋伏郭璞曰窮極倦谻疲憊也驚憚讋伏怖不動貌師古曰谻音劇憚音丁曷反讋音之涉反補注先謙曰文選注引憊下有者字怖上無讋字是貌下有也字谻官本作谻文選作𠛬史記作谻說見上不被

創刃而死者它它藉藉郭璞曰言交橫也師古曰它音徒何反補注先謙曰它它文選作他他史記作佗佗藉藉史記作籍籍填阬滿谷掩平彌澤師古曰平平原也彌亦滿也補注先謙曰文選注廣雅曰大野曰平於是乎游戲懈怠置酒乎顥天之臺張揖曰臺高上干皓天也師古曰顥音胡考反張樂乎膠葛之寓郭璞曰言曠遠深貌也補注錢大昭曰寓猶文宇荀子精微乎毫毛而盈大乎寓宙亦作寓先謙曰史記作轇轕之宇膠葛轇轕猶今言寥闊也撞千石之鐘張揖曰千石十二萬斤也補注沈欽韓曰齊策左右曰大王撞千石鍾萬石虡舊唐書樂志漢儀云高廟撞千石之鍾十枚即上林賦所謂也鍾當十二而此十枚未識其義立萬石之虡師古曰虡獸名也立一百二十萬斤之虡以縣鍾也補注先謙曰史記虡作鉅借字釋器木謂之虡郭注縣鍾磬之木植者名虡詩靈臺虡業維樅傳植者曰虡橫者曰栒案刻猛獸其上也詳上飛遽注建翠華之旗樹靈鼉之鼓師古曰翠華之旗以翠羽爲旗上葆也靈鼉之鼓以鼉皮爲鼓鼉音徒河反又音徒丹反補注先謙曰文選注引郭璞曰華葆也案說文葆草盛兒後漢光武紀下注葆車謂上建羽葆也合聚五采羽名爲葆集解引郭璞曰木貫鼓中加羽葆其上所謂樹鼓先謙謂羽葆自言建旗不涉樹鼓疑郭誤奏陶唐氏之舞郭璞曰陶唐堯有天下號也如淳曰舞咸池師古曰二家之說皆非也陶唐當爲陰康傳寫字誤耳古今人表有葛天氏陰康氏呂氏春秋曰昔陰康氏之始陰多滯伏湛積陽道壅塞不行其序

民氣鬱閼筋骨縮栗不達故作爲舞以宣導之高誘亦誤解云陶唐堯有天下之號也案呂氏說陰康之後方一一歷言黃帝顓頊帝嚳迺及堯舜作樂之本皆有次第豈再陳堯而錯亂其序乎盖誘不覩古今人表妄改易呂氏本文(補注)先謙曰梁章鉅云今本呂覽古樂篇陰康仍作陶唐此賦李注亦沿其誤惟章懷注後漢馬融傳引作陰康耳 **聽葛天氏之歌** 張揖曰葛天氏三皇時君號也其樂三人持牛尾投足以歌八曲一曰載民二曰玄鳥三曰育草木四曰奮五穀五曰敬天常六曰徹帝功七曰依地德八曰總禽獸之極師古曰張說八曲是也其事亦見呂氏春秋張云三皇時君失之矣(補注)先謙曰案文選注呂氏春秋云葛天氏之樂以歌八闋一曰載民二曰遂草木六曰建帝功今注以民爲氏以遂爲育以建爲徹皆誤案史記索隱引並不誤梁章鉅云按張李所見呂覽皆與今本異今本古樂篇持作操遂作達禽獸作萬物據李所辨則今本達字爲誤索隱及初學記十五引並作總禽獸之極與此注合則今本萬物字亦誤 **千人倡萬人和** 師古曰倡讀曰唱(補注)先謙曰梁章鉅云文心雕龍事類篇陳思報孔璋書曰葛天氏之歌千人倡萬人和聽者因以蔑部夏案葛天之歌倡和三人而已相如上林濫侈葛天推三成萬信賦妄書致斯謬也按此賦千倡萬和乃總承上文非專屬葛天當由陳思誤用不得以此譏相如矣 **山陵爲之震動川谷爲之蕩波** 郭璞曰波浪起也 **巴俞宋蔡淮南干遮** 師古曰巴俞之人剛勇好舞初高祖用之克平三秦美其功力後使樂府習之因名巴俞舞也宋蔡二國名淮南地名干遮曲名也(補注)錢大昭曰說文嗬謌

聲嗬喻也引司馬相如說淮南宋蔡謳舞嗬喻許君所引即此文疑巴俞古作嗬喻矣先謙曰史記干作于索隱引張揖曰禮樂記曰宋音宴女溺志蔡人謳員三人楚詞云吳謠蔡謳淮南員四人于遮曲是其意也文選注引無禮字宴作燕無楚詞七字南下有數字曲下有名字無是其意也四字[illegible]不案巴俞蔡淮南並見禮樂志 **文成顚歌** 文穎曰文成遼西縣名也其縣人善歌顚益州顚縣其民能作西南夷歌也師古曰顚即滇字也其音則同耳 **族居遞奏金鼓迭起** 師古曰族聚也聚居而遞奏也金鐘也鐘之與鼓亦互起也迭音徒結反(補注)王念孫曰歌聲可言起不可言居師古言聚居非也居讀爲舉族舉也遞奏者更奏也荀子王制篇云舉錯應變而不窮非相篇云居錯遷徙應變不窮居錯即舉錯書大傳民能敬長憐孤取舍好讓舉事力者韓詩外傳舉作居古字通也史記正作族舉遞奏 **鏗鎗闉鞈洞心駭耳** 師古曰鏗鎗金聲也闉鞈鼓音也洞徹也駭驚也鏗音口耕反鎗音切衡反闉音託郎反鞈音楊(補注)先謙曰汲古本史記作鏗鏘鐺磬文選注毛詩曰擊鼓其鏜字書曰鞠鼓聲闉與鏜鞠與鞈古字通官本鏘作鎗是切作初 **荆吳鄭衛之聲** 郭璞云皆淫哇之聲(補注)先謙曰文選注引之聲作也官本云作曰 **韶濩武象之樂** 文穎曰韶舜樂也濩湯樂也武武王樂也張揖曰象周公樂也南人服象爲虐於夷成王命周公以兵追之至於海南迺爲三象樂也(補注)先謙曰案呂氏春秋成王立殷人反王命周公踐伐之南人服象爲虐於東夷周公遂以師逐之至於江南乃爲三象以嘉其德 **陰淫案衍之音** 郭璞曰流湎曲也師古曰衍音弋戰反(補注)先謙曰文選

注引湎作沔詩賓之初筵序沈湎淫液箋淫液者飲酒時情態也故郭以陰淫案衍之音爲流湎曲左傳醫和曰陰淫寒疾此陰淫二字所本案衍見上又文選琴賦案衍陸離是也淫放濫也注衍溢也毛詩傳衍長言之則爲陰淫案衍約言之則爲淫衍詩淫衍而廣滿阮籍賦淫衍而莫止兮皆其義謂其過而無節也 **鄢郢繽紛激楚結風** 李奇曰鄢今宜城縣也郢楚都也繽紛舞貌也郭璞曰激楚歌曲也師古曰結風亦曲名也繽音匹人反(補注)錢大昭曰揚雄反離騷云暗纍以其繽紛注繽紛交雜也楚辭九懷云撫余佩兮繽紛王逸注持我玉帶相糾結也張有以說文之闋闋二字當之音義俱合先謙曰鄢郢繽紛謂楚歌楚舞交雜並進古歌必兼舞激楚結風並歌舞曲名李專以繽紛爲舞貌非錢說是也集解引郭璞曰激楚歌曲也列女傳曰聽激楚之遺風也文選注引張揖曰楚歌曲也文穎曰衝激急風也結風亦急風也楚地風氣既自漂疾然歌樂者猶復依激結之急風爲節也其樂促迅哀切也索隱無文穎曰三字衝激作激楚結風下有風二字爲節也作以爲節今案文說不辭張以楚爲歌曲亦非舉魏文帝詩流鄭激楚度宮中此如上巴俞宋蔡之比不得[illegible]歟楚辭宮庭震驚發激楚些後漢邊讓傳揚激楚之清宮兮展新聲而長歌淮南子揚鄭衛之浩樂結激楚之遺風以鄭衛激楚對文文選嘯賦收激楚之哀荒節北里之奢淫以激楚北里對文皆與郭說激楚歌曲合唐獨孤及詩齊童如花解郢曲起舞激楚歌采蓮激楚采蓮對舉尤激楚爲歌舞曲名之明證徐陵玉臺新詠序騁纖腰於結風此以結風爲舞曲也陸機演連珠烈火流金不能焚影沈寒凝海不能結風蓋歌聲哀鬱悲風爲之凝結故以結風爲名如遏雲迴雪之比矣 **俳優侏儒狄鞮之倡** 張揖曰狄鞮西方譯名郭璞曰西戎樂名也師古曰俳優侏儒倡樂可狎玩者也狄鞮郭說是也鞮音丁奚反(補注)先謙曰文

選注三蒼曰俳倡也優樂也禮記曰夫新樂及優侏儒集解引徐廣曰韋昭云狄鞮地名在河內出善倡者先謙案公羊定十年傳注夾谷之會齊侯作侏儒之樂欲以執定公孔子曰匹夫而熒惑諸侯者誅於是誅侏儒禮記注侏儒短人也狄鞮二說未知孰是 **所以娛耳目樂心意者麗靡爛漫於前** 郭璞曰言恣所觀也(補注)先謙曰索隱引所作其下有列女傳曰桀造爛漫之樂十字 **靡曼美色於後** 張揖曰靡細也曼澤也(補注)先謙曰文選注言作樂於前者皆是靡曼美色也下或云於後非也 **若夫青琴虙妃之徒** 伏儼曰青琴古神女也文穎曰虙妃洛水之神女也師古曰虙讀與伏字同字本作虙也(補注)先謙曰官本無注末五字文選注如淳曰宓妃伏羲氏女溺死洛水遂爲洛水之神索隱引同 **絕殊離俗** 郭璞曰世無雙也(補注)先謙曰索隱引作俗無雙也文選注引作離俗無雙也 **妖冶閑都靚莊刻飾便嬛綽約** 郭璞曰靚莊粉白黛黑也刻刻畫鬋鬢也便嬛輕麗也綽約婉約也嬛音翾靚音淨師古曰妖冶美好也閑都雅麗也綽音綽(補注)先謙曰史記妖作姣閑作嫺索隱引郭璞云姣好也都雅也說文嫺雅也或作閑漢書本作閑文選注字書曰妖巧也小雅曰都盛也莊作糚韓史記文選作綽先謙案靚同靜後漢南匈奴傳豐容靚飾玉篇莊草盛兒引申之爲凡盛義故韻會以莊爲盛飾也後人加米作糚亦見後漢梁冀傳說文鬋女鬢垂兒刻飾以膠刷鬢使就理如刻畫然也說文韓

緩也或省作綽綽約舒而不縱之意**柔橈嬛嬛嫵媚孅弱**師古曰橈動曲也嬛嬛謂柔屈貌也孅細也細弱總謂骨體也橈音女教反嬛音於圓反嫵音武孅即纖字耳補注先謙曰案纖細也之纖當作孅嬛官本作嫚是屈作曲嬛嬛文選作嫚嫚李善注引郭璞曰柔橈嫚嫚皆骨體耎弱長豔貌也埤蒼曰嫵媚悅也方言曰自關而西凡物小謂之孅史記作柔橈嬛嬛嫵媚姌嫋索隱引張揖曰嬛嬛猶婉婉也通俗文云頰輔謂之嫵媚郭璞云姌嫋細弱也先謙案說文嫚下云侮易也與慢同意見本書高紀元后傳嬛下云材緊也春秋傳曰嬛嬛在疚[illegible]嫚嬛皆借字之誤本書作嬽嬽是也說文嬽好也讀若蜀郡布名玉篇嬽美女也廣韻嬽媚容也廣雅嬽嬽容也[illegible]姌當作姌說文姌弱長皃嫋姌也後人書姌爲嫋遂以姌嫋爲嫋矣索隱本賦仍作嫵姌**曳獨繭之褕袣眇閻易以恤削**張揖曰褕襜褕也袣袖也郭璞曰獨繭一繭絲也閻易衣長貌也恤削言如刻畫作之也師古曰褕音踰袣音曳易弋示反補注錢大昕曰閻易猶跳易也出史篇先謙曰官本弋上有音字袣史記作袘文選作袘恤史記作戌文選作卹卹削解見上**便姍嫳屑與世殊服**師古曰言其行步安詳容服絕異也便音步千反姍音先嫳音步結反補注先謙曰史記作媥姺徶循集解引郭璞曰衣服婆娑貌案媥姺即蹁躚故顏讀媥爲先**芬芳漚鬱酷烈淑郁**郭璞曰香氣盛也師古曰漚音一候反補注先謙曰香氣鬱積則其發愈烈故以漚鬱爲言說文淑清湛也**皓齒粲爛宜笑的皪**郭璞曰鮮明貌也師古曰皪音礫補注先謙曰索隱楚詞曰美人皓齒以姱又曰蛾眉笑以的皪文選注楚辭曰嫮目宜笑蛾眉曼**長眉連娟微睇緜藐**郭璞曰連娟言曲細緜藐遠視貌音邈師古曰微睇小視也娟音一全反睇音大計反補注沈欽韓曰宋玉舞賦眉連娟以增繞目流睇而橫波王念孫曰下文云色授魂予心愉於側則此非謂視遠貌也今案緜藐好視也方言南楚江淮之間矊瞳子謂之矊郭璞曰言緜邈也楚辭招魂曰靡顏膩理遺視矊些矊與緜同義藐音莫角莫沼二反楚辭九歌目眇眇兮愁予王注眇眇好貌眇與藐同義合言之則曰緜藐方言注作緜邈張衡西京賦昭藐流眄一顧傾城[illegible]並字異而義同**色授魂予心愉於側**張揖曰彼色來授魂往與接也師古曰愉樂也音踰補注先謙曰文選注引授下有我字索隱引授下有二我字**於是酒中樂酣**師古曰酒中飲酒中半也樂酣奏樂洽也中音竹仲反**天子芒然而思**師古曰芒然猶罔然也芒音莫郎反**似若有亡**師古曰如有失也**曰嗟乎此大奢侈朕已覽聽餘閒無事棄日**師古曰言聽政餘暇不能棄日也閒讀曰閑補注蘇輿曰言閒居無事是虛棄此日故順天殺伐顏注未晰**順天道已殺伐**郭璞曰因秋氣也**時休息已於此**郭璞曰謂苑囿中也補注宋祁曰浙本無以字先謙曰史記文選竝無以字則無以字者是也**恐後世靡麗遂往而不返非所已爲繼嗣創業垂統也**郭璞曰言不可已示將來也師古曰爲音于僞反**於是乎迺解**

酒罷獵而命有司曰地可墾辟悉爲農郊已贍甿隸師古曰辟讀曰闢闢開也邑外謂之郊郊野之田故曰農郊也衞風碩人之詩曰稅于農郊也補注先謙曰官本稅作說**隤牆填塹**師古曰隤墜也音徒回反**使山澤之民得至焉**師古曰恣其芻牧樵采者也**實陂池而勿禁虛宮館而勿仞**師古曰實謂人滿其中言恣其有所取也仞亦滿也勿仞言發罷之也補注先謙曰案官本發作廢是有字當衍文選注引司馬彪曰養魚鼈滿陂池而不禁民取也與顏說異於義並通又引郭璞曰虛言不聚人眾其中也仞滿也案仞讀曰牣孟子音義上引丁音云物本作仞**發倉廩已救貧窮補不足恤鰥寡存孤獨出德號省刑罰**師古曰德號德音之號令也易夬卦曰孚號有厲是也**改制度易服色革正朔與天下爲始**補注先謙曰文選爲下有更字李善注引郭璞曰變宮室車服衣尚黑更以十二月爲正平旦爲朔梁章鉅云尚書大傳夏以平旦爲朔殷以鷄鳴爲朔周以夜半爲朔白虎通三正引同**於是歷吉日已齊戒**張揖曰歷猶算也**襲朝服乘法駕**補注先謙曰文選注引司馬彪曰襲服也法駕六馬也**建華旗鳴玉鸞**郭璞曰鸞鈴也在軌曰鸞在軾曰和**游于六藝之囿馳騖乎仁義之塗**郭璞曰六藝禮樂射御書數也塗道也師古曰郭說非也此六藝謂六經者也補注先謙曰史記無馳字**覽觀春秋之林**如淳曰春秋義理繁茂故比之於林藪也補注先謙曰集解引郭璞曰春秋所以觀成敗明善惡也先謙案游其圃馳其塗覽其林皆以射獵之地借喻也**射貍首兼騶虞**郭璞曰貍首逸詩篇名諸侯已爲射節騶虞召南之卒章天子已爲射節也**弋玄鶴舞干戚**郭璞曰干盾戚斧也補注先謙曰文選注言古者舞玄鶴以爲瑞令弋取之而舞干戚也尚書大傳曰舜樂歌曰和伯之樂舞玄鶴公羊傳曰朱干玉戚以舞大夏**載雲罕揜羣雅**張揖曰罕畢也前有九流雲罕之車詩小雅之材七十四人大雅之材三十一人故曰羣雅也補注先謙曰案流同旒見公羊襄十六年傳爾雅釋天注釋文文選注引畢作畢闔若璪云小雅除笙詩自鹿鳴至何草不黃凡七十四篇大雅自文王至召旻凡三十一篇當以篇數言也先謙案文選注先用雲罕以獵獸今載之於車而捕羣雅之士也集解引漢書音義曰大雅小雅也索隱張揖曰罕車也[illegible]前有九旒雲罕之車說者以雲罕爲旌旗皆非也且案中朝鹵簿圖云雲罕駕駟不兼言九旒罕車與九旒車別也先謙謂雲罕自是畢網雲罕九旒自是旌旗說文罕网也廣雅釋器罕率也文選羽獵賦及至罕車飛揚李善注罕畢罕也詩盧令令序齊侯畢弋注畢當作畢雲罕畢罕也是雲罕爲畢網其義甚明蓋出獵則載之於車故此言載雲罕以揜物羽獵賦言罕車飛揚也蔡邕獨斷天子前驅有九旒雲罕敝本注大旗名文選東京賦雲罕九斿[illegible]薛注雲罕旌旗之別名也南史梁武帝紀齊帝命帝乘金根車駕六馬置旄頭雲罕此即天子前驅九旒雲罕之旗張以此雲罕爲九旒雲罕固謬小司馬謂罕車與九旒車別並斥說者以雲罕爲旌旗之非不知

雲罕，固有旗名，特不可以訓此賦耳。[illegible]揜羣雅網羅賢俊之意。悲伐檀，師古曰：伐檀，魏國之詩，刺在位貪鄙也。補注沈欽韓曰：宋玉笛賦歌伐檀，號孤子。先謙曰：索隱引張揖曰：其詩刺賢者不遇明主。樂樂胥，鄭氏曰：詩云「于胥樂兮」。師古曰：此說非也。謂取小雅桑扈之篇云「君子樂胥，萬邦之屏」耳。胥，有材知之人也。王者樂得有材知之人使在位也。胥音先呂反。修容乎禮園，翱翔乎書圃，師古曰：此言上皆取經典之嘉辭以代游獵之娛樂。補注先謙曰：文選注引郭璞曰：禮所以整禮儀自修飾也，尚書所以疏通知遠者，故游涉之。述易道，郭璞曰：修絜靜精微之術。放怪獸，張揖曰：苑中奇怪之獸，不復獵也。登明堂，坐清廟，補注先謙曰：正義「明堂有五帝廟，故言清廟，王者朝諸侯之處」。恣羣臣，奏得失，四海之內，靡不受獲。師古曰：言天下之人皆受恩惠，豈直如田獵得獸而已。補注先謙曰：官本如作於。於斯之時，天下大說，鄉風而聽，隨流而化，師古曰：說讀曰悅，鄉讀曰嚮。補注先謙曰：官本無此注。芔然興道而遷義，師古曰：芔然猶歘然也。遷，徙也，徙就於義也。芔音許貴反。補注先謙曰：史記芔作喟，官本無注末五字。刑錯而不用，德隆於三皇，功羨於五帝。師古曰：錯，置也。羨，饒也。五帝謂黃帝、顓頊、帝嚳、堯、舜也。一曰少昊、顓頊、高辛、堯、舜也。錯音千故反。羨音弋戰反。若此故獵，迺可喜也。若夫終日馳騁，勞神苦

前漢五十七上　卒

形，罷車馬之用，抗士卒之精，師古曰：罷讀曰疲。抗，挫也，音五官反。費府庫之財，而無德厚之恩，補注先謙曰：文選注管子曰：國雖盛滿，無德厚以安之，國非其國也。務在獨樂，不顧衆庶，忘國家之政，貪雉菟之獲，則仁者不繇也。師古曰：繇讀與由同。由，用也。從此觀之，齊楚之事，豈不哀哉！地方不過千里，而囿居九百，補注沈欽韓曰：新序刺奢篇魏王將起中天臺，許綰曰：盡王之地，不足以爲臺趾。謂此類也。是草木不得墾辟，而民無所食也。師古曰：辟讀曰闢。夫以諸侯之細，而樂萬乘之所侈，補注何焯曰：萬乘之所侈，謂天子猶自謂此太奢侈者也。文選無所字，非也。僕恐百姓被其尤也。師古曰：尤，過也。被音皮義反。於是二子愀然改容，超若自失，師古曰：愀，變色貌，音材小反，又音秋誘反。補注宋祁曰：景本無又音秋誘反五字。逡巡避席，補注何焯曰：席，文選作廗，爲是，此賦多古字。先謙曰：張雲璈云陸德明經典釋文、郭忠恕佩觿皆以廗爲席之俗書，非古字也。曰：「鄙人固陋，不知忌諱，迺今日見教，謹受命矣。」賦奏，天子以爲郎。亡是公言上林廣大，山谷水泉萬物，及子虛言雲夢所有甚衆，侈靡多過其實，且非義理所止，故刪取其要，歸正道而論之。

師古曰：言不尚其侈靡之論，但取終篇歸於正道耳，非謂削除其辭也。而說者便謂此賦已經史家刊剟，失其意矣。補注劉奉世曰：觀傳所云，則是嘗刪其辭矣。若是，顏說則刪字爲長辭，恐非傳意。先謙曰：一切經音義一引聲類：刪，定也。後漢孔奮傳注：刪定其義也。亡是公云云，文本史記，言不尚其侈靡過實之辭，特定取其終篇歸於正道而論列之，非刪削之謂也。玩此賦文辭首尾完具，卽所謂侈靡失實者固在，豈爲刊剟之本？劉氏以辭害意，其謬甚矣。索隱：大顏云不取其夸奢靡麗之論，唯取終篇歸於正道耳。小顏云刪取非謂削除其詞，而說者謂此賦已經史家刊剟，失其意也。今併一人師古注，索隱特存其眞，昔人謂師古篡取游秦之書，此亦其一證。

虛受堂　圭

司馬相如傳卷第二十七上終　　漢書五十七

司馬相如傳第二十七下　漢書五十七

漢　蘭　臺　令　史班　固　撰

唐正議大夫行祕書少監琅邪縣開國子顏師古　注

賜進士出身前翰林院編修國子監祭酒加三級臣王先謙補注

相如為郎數歲會唐蒙使略通夜郎僰中師古曰行取曰略夜郎僰中皆西南夷也僰音蒲北反〔補注〕沈欽韓曰華陽國志武帝開南中令蜀通僰青衣道僰道令通之費功無成使者唐蒙以道不通執令將斬之令歎曰忝官益土恨不見成都市蒙即令送成都市而殺之蒙乃斬石通閣道世為諺曰思都郵斬令頭先謙曰集解徐廣曰羌之別種也索隱張揖云蒙故鄱陽令為郎中使行略取之文穎曰夜郎僰中皆西南夷後以為牂牁犍為二郡先謙案開二郡事在建元六年相如已為郎數歲是獻賦在武帝即位初矣通夜郎僰中詳西南夷傳發巴蜀吏卒千人郡又多為發轉漕萬餘人用軍興法誅其渠率師古曰渠大也〔補注〕先謙曰史記無軍字漕水運也音在到反巴蜀民大驚恐上聞之迺遣相如責唐蒙等因諭告巴蜀民以非上意檄曰告巴蜀太守蠻夷自擅〔補注〕先謙曰說文擅專也不討之日久矣

時侵犯邊境勞士大夫陛下即位存撫天下集安中國然後興師出兵北征匈奴單于怖駭交臂受事屈膝請和〔補注〕先謙曰元光三年從大行王恢議誘匈奴擊之無功然匈奴貪漢財物漢亦通關市不絕以中之詳匈奴傳屈膝請和蓋飾言之文選注引戰國策張儀曰儀交臂而事齊楚康居西域重譯納貢稽首來享師古曰來入朝覲豫享亂也一曰享獻也獻其國珍也〔補注〕先謙曰西域傳漢興至于孝武事征四夷廣威德而張騫始開西域之迹據史記騫傳騫使西域以元朔三年歸喻巴蜀時西域康居疑尚未通中國乃相如夸飾之辭或其時偶有通貢之事史無明文耶享一說是移師東指閩越相誅〔補注〕先謙曰建元六年閩越王郢攻南越遣王恢韓安國擊之越人殺郢降詳閩粵傳右弔番禺太子入朝文穎曰弔至也番禺南海郡治也東伐越後至番禺故言右也師古曰南越為東越所伐漢發兵救之南越蒙天子德惠故遣太子入朝所以云弔耳非訓至也〔補注〕先謙曰左襄十四年傳注弔恤也周禮世婦疏致禮亦名為弔番禺南粵都閩粵殺郢天子使嚴助往南粵諭意其王胡遣太子嬰齊入宿衛詳南粵傳南夷之君西僰之長常效貢職不敢惰怠延頸舉踵喁喁然師古曰喁喁眾口向上也音魚龍反〔補注〕瞿鴻禨曰說文喁魚口上見喁喁以喻向風之狀爾眾口向上似泥解喁喁然三字屬下句讀為順皆鄉風慕義欲為臣妾師古曰鄉讀曰嚮道

里遼遠山川阻深不能自致師古曰致至也夫不順者已誅而為善者未賞故遣中郎將往賓之〔補注〕先謙曰索隱引賈逵云賓伏也案上言為善者未賞下言奉幣則此謂賓禮之也賓有敬義亦有導義周禮鄉大夫以禮禮賓之司農注賓敬也書堯典寅賓出日傳賓導也賈義儌偏官本賓作賞發巴蜀之士各五百人以奉幣衛使者不然張揖曰不然之變也靡有兵革之事戰鬬之患今聞其乃發軍興制師古曰以發軍之法為興眾之制也〔補注〕先謙曰許應元云發軍興制即前所謂用軍興法顏注非先謙案索隱引張揖云發軍謂發三軍之眾興制謂起軍法誅渠帥也案唐蒙為使而用軍興法制故驚懼蜀人也案張說乃師古所本索隱已駮之矣驚懼子弟憂患長老郡又擅為轉粟運輸皆非陛下之意也當行者或亡逃自賊殺師古曰賊猶害也亦非人臣之節也夫邊郡之士聞烽舉燧燔孟康曰烽如覆米籅縣著契皋頭有寇則舉之燧積薪有寇則燔然之也〔補注〕宋祁曰籅音郁漉水籔先謙曰集解引漢書音義契皋作桔槔索隱引字林云籅漉米籔也說文同水字誤皆攝弓而馳荷兵而走師古曰攝謂張弓注矢而持之也攝音女涉反流汗相屬惟恐居後師古曰屬逮也音之欲反觸白刃冒流矢師古曰冒犯也議不反顧計不旋踵〔補注〕先謙曰史記議作義人懷怒心如報私讎彼豈樂死惡生非編列之民而與巴蜀異主哉師古曰編列謂編戶也編音布先反計深慮遠急國家之難而樂盡人臣之道也故有剖符之封析圭而爵位為通侯如淳曰析中分也白藏天子青在諸侯也〔補注〕先謙曰高紀與功臣剖符作誓亦詳文紀注周禮大宗伯以玉作六瑞以等邦國王執鎮圭公執桓圭侯執信圭伯執躬圭析圭而爵言分圭而爵之也此蓋古語析即分頒之義非中分為二疑如說誤楊雄解嘲析人之圭本書顏注析亦分也不謂中分居列東第師古曰東第甲宅也居帝城之東故曰東第也〔補注〕沈欽韓曰初學記二十四引魏王奏事曰出不由里門面大道者名曰第列侯食邑不滿萬戶不得作第其舍在里中皆不稱第隋志梁制封公侯者境內稱曰第下自稱寡人蓋以此蜀都賦之亦有甲第當衢向術西京賦北闕甲第當道直啟夏侯嬰高后德之賜北第第一蓋甲第又以北第為尊也先謙曰文選注引張揖曰列東第在天子下方索隱列甲第在帝城東故曰東第也先謙案有甲乙次第故曰第見高紀注據此賦知漢以東第為甲西第為乙顏注是也至北第與北闕同嚮則更尊矣後世如後漢馬融傳為梁冀作大將軍西第頌晉書會稽王道子傳趙牙為道子開東第南史徐勉傳隨在南第則不論方位甲乙但取第宅宏侈為貴耳終則遺顯號於後世傳土地於子孫事行甚忠敬居位甚安佚師古曰佚樂也讀與逸同〔補注〕先謙曰事行史記文選俱作行事

名聲施於無窮功業著而不滅是以賢人君子肝腦塗中原膏液潤埜中而不辭也師古曰埜與壄同古野字也中古草字補注先謙曰說文中艸木初生也古文或以爲草字讀若徹今奉幣使至南夷補注宋祁曰越本使作役王念孫曰越本是也景祐本亦作役奉幣役謂奉幣之役卽上文所云發巴蜀之士各五百人以奉幣者也發役奉幣以衞使者則當言奉幣役不當言奉幣使也役字古文作役與使相似而誤史記文選及藝文類聚雜文部四竝作役又韓延壽傳取官錢帛私假繇使吏使亦當依淅本作役漢紀作私假徭役吏民是其證卽自賊殺或亡逃抵誅師古曰抵至也亡逃而至於誅也補注瞿鴻禨曰抵當也呂覽分職而抵誅者無怨矣注當也較至義爲長身死無名師古曰無善名也謚爲至愚師古曰謚者行之迹也終以愚死後葉傳稱故謂之謚補注先謙曰文選注謚猶號顏注非恥及父母爲天下笑人之度量相越豈不遠哉然此非獨行者之罪也父兄之敎不先子弟之率不謹師古曰不先者謂往日不素敎之也寡廉鮮恥而俗不長厚也師古曰寡鮮皆少也鮮音息淺反其被刑戮不亦宜乎陛下患使者有司之若彼補注先謙曰官本有作所引宋祁曰所司疑作有司悼不肖愚民之如此故遣信使師古曰誠信之人以爲使也曉諭百姓以發

前漢五十七下　三

卒之事師古曰諭告也因數之以不忠死亡之罪師古曰數責也音所具反讓三老孝弟以不敎誨之過師古曰讓責也責其敎誨不備也補注先謙曰文選注引漢書景帝詔曰置三老孝悌以道民焉方今田時重煩百姓師古曰重難也不欲召聚之也已親見近縣師古曰近縣之人使者以自見而口諭之矣故爲檄文馳以示遠所也恐遠所谿谷山澤之民不徧聞檄到亟下縣道師古曰亟急也縣有蠻夷曰道咸喻陛下意毋忽師古曰忽怠忽也相如還報師古曰使訖還報天子也唐蒙已略通夜郎因通西南夷道發巴蜀廣漢卒作者數萬人治道二歲道不成士卒多物故師古曰物故死也解在蘇武傳補注先謙曰廣漢亦郡名事詳西南夷傳費以億萬計蜀民及漢用事者多言其不便是時邛莋之君長文穎曰邛者今爲邛都縣莋者今爲定莋縣師古曰莋才各反補注先謙曰才上官本有音字邛莋西夷也聞南夷與漢通得賞賜多多欲願爲內臣妾請吏比南夷補注先謙曰索隱謂請置漢吏與南夷爲比例也上問相如相如曰邛莋冉駹者近蜀道易通師古曰今夔州開州等首領姓冉者皆舊冉種也駹音龍補注沈欽韓曰邛今四川甯遠府地莋今雅州清溪縣唐置黎州冉駹今茂州先謙曰龍

官本注作尨案易說卦傳虞注周禮巾車犬人注並駹龍互通疑龍音亦是異時嘗通爲郡縣矣師古曰異時猶言往時也補注先謙曰史記作秦時至漢興而罷今誠復通爲置縣愈於南夷晉灼曰南夷謂犍爲牂柯也西夷謂越嶲益州也師古曰愈勝也上以爲然乃拜相如爲中郎將補注先謙曰索隱四百石五歲遷補大縣令先謙案此及上文中郎將與史記同西南夷傳竝作郎中將史記亦同未知孰是百官志中郎有五官左右三將秩皆比二千石郎中有車戶騎三將秩皆比千石非四百石也建節往使副使者王然于壺充國以越人馳四乘之傳師古曰傳音張戀反補注先謙曰公卿表充國太初元年爲大鴻臚卿四乘亦急傳也六乘傳見吳王濞傳七乘傳見武五子傳因巴蜀吏幣物以賂西南夷補注先謙曰史記無南字至蜀太守以下郊迎師古曰迎於郊界之上也補注宋祁曰太守字上疑更有蜀字縣令負弩矢先驅師古曰導路也補注沈欽韓曰古今注兩漢京兆河南尹執金吾司隸校尉皆使人導引傳呼使行者止坐者起四人皆持角弓違者則射之有乘高窺闞者亦射之魏晉設角弩而不用也按此負弩矢先驅之用也先謙曰索隱案亭吏名亭長弩矢合是亭長負之今縣令自負矢則亭長當負弩也且負弩是守宰無定或隨時輕重耳按霍去病出擊匈奴河東太守郊迎負弩又魏公子救趙擊秦秦軍解去平原君負韊矢迎公子於界上是也先謙案傳明言縣令負弩矢索隱旣謂隨時輕重又

前漢五十七下　四

言亭長當負弩文義兩失矣蜀人以爲寵補注先謙曰索隱引華陽國志云蜀大城北十里有升僊橋送客觀相如初入長安題其門云不乘赤車駟馬不過汝下也於是卓王孫臨邛諸公皆因門下獻牛酒以交驩卓王孫喟然而歎自以得使女尙司馬長卿晚師古曰尙猶配也義與尙公主同今流俗書本此尙字作當蓋後人見前云文君恐不得當故改此文以就之耳乃厚分與其女財與男等相如使略定西南夷補注先謙曰史記作相如便略定西夷案史記是也且相如自行略定未嘗使人使使形近致譌南字衍邛莋冉駹斯榆之君皆請爲臣妾補注沈欽韓曰斯榆今雅州府天全州漢置徙縣音斯蜀志作斯都晉曰徙陽先謙曰史記臣妾作內臣是索隱鄭氏斯音曳張揖云斯俞才俞國也案今斯讀如字益部耆舊傳謂之斯叟華陽國志云邛都縣有四部斯叟一也除邊關益斥師古曰斥開廣也補注先謙曰官本關下再有邊關二字引宋祁云湻化本無下邊關二字齊召南云按史記作除邊關關益斥文選亦然案文字疑譌二似湻化本脫一關字而今本又衍一邊字也先謙案通鑑十八關下亦有關字言除去舊設之關更於新開之地置關也益斥文意連下西至沫若水張揖曰沫水出蜀廣平徼外若水出旄牛徼外師古曰沫音妹補注齊召南曰蜀郡有廣都廣柔二縣無廣平縣平字訛也但地理志於廣都廣柔二縣不云沫水出徼外未知張揖所据又按沫水卽大渡水志曰渽水出汶江縣徼外南至南

安東入江而大渡水出青衣縣東南至南安入涐涐水即水經注之涐水也若水今名打沖河沈欽韓曰方輿紀要大渡河出雅州西北生羌界一名沫水流經雅州蘆山縣北又西南流經黎州所西折而東南經建昌行都司越嶲衞北境東流入嘉定州歷嘉眉縣南至州城東南入大江瀘水出黎州西徼外其源曰若水一下流曰瀘水流經建昌行都司南又南經會川衞西而入金沙江水一統志鴉龍江在西藏裏塘城東二百四十里至四川打箭鑪占對安撫司西名鴉龍江又三百餘里至四川鹽井衞名打沖河折東流一百五十餘里又折而南流二百餘里會金沙江即古若水一名瀘水又云青衣江上源出自天全州北界木枰司地有四水會流東南至蘆山縣南即水經之沫水先謙曰通鑑胡注引張揖曰沫水出蜀廣平徼外與青衣水合若水出旄牛徼外至僰道入江華陽國志漢嘉縣有沫水李文子曰若水南至大作入繩水先謙案水經沫水出廣柔徼外足證平為柔之誤字又云東北與青衣水合注云華陽國志曰二水於漢嘉青衣縣東合為一川自下亦謂之為青衣水又水經青衣水出青衣縣西蒙山東與沫水合也至犍為南安縣入于江齊氏偶有不照耳若水注若水至僰道又謂之馬湖江繩水瀘水孫水淹水大渡水隨決入而納通稱是以諸書錄記羣水或言入若又言注繩亦咸言至僰道入江正是異水沿注通為一津更無別川可以當之 **南至牂柯為徼** 張揖曰徼謂以木石水為界者也如淳曰斯榆之君等自求去邊關欲與牂柯作徼塞也師古曰徼音工釣反補注先謙曰索隱引張揖云徼塞也以木柵水為蠻夷界明此石字誤

通靈山道橋孫水 張揖曰鑿開靈山道置靈道縣孫水出臺登縣南至會無入若水師古曰於孫水上作橋也補注齊召南曰史記作通靈關道以地理志證之越嶲有靈關道則本文山字訛也張揖注置靈道縣亦脫一關字錢大昭曰兩漢志俱作靈關道沈欽韓曰一統志孫水自甯遠府冕甯縣北發源南流經縣東又南經西昌縣西又南經會理州西合若水一名長河又名安甯河至迷易所西南合打沖河元和志作橋在巢州衞山縣北二十里以竹篾為索架北在水又長江水本名孫水出嶲州臺登縣北胡退山下司馬相如傳作孫水以通邛莋都故水也通鑑同胡注引張揖曰鑿靈山為道寰宇記靈關山在雅州盧山縣北二十里靈關鎮在盧山縣北八十二里元和志云縣西北六十里靈山在下有藏如似門闊三長二尺許零靈通用又引孟康曰孫水一名白沙江李文子曰孫水本名長河水先謙案據張揖說本文山字不誤齊氏誤也先鑿靈山之道後乃置靈關道縣義得兩通不須據史記以駁本書水經沫水出廣柔徼外東南過旄牛縣北又東至越嶲靈道縣出蒙山南注云靈道縣一名靈關道齊氏謂張注脫一關字亦非也若水注又有孫水出臺高縣即臺登縣也孫水一名白沙江南流逕邛都縣司馬相如定西夷橋孫水即是水也又南至會無入若水 **以通邛莋** 補注先謙曰莋史記作都索隱本作莋案華陽國志云相如卒開僰道通南中置越嶲郡韓說開益州唐蒙開牂柯斬莋王首置牂柯郡也 **還報天子大說** 師古曰說讀曰悅 **相如使時蜀長老多言通西南夷之不為用大臣亦以為然相如欲諫業已建之不敢** 師古曰本由相如立此事故不敢更諫也 **乃著書藉蜀父老為辭而己詰難之以風天子** 師古曰藉假也風讀曰諷 **且因宣其使詣** 補注錢大昭曰詣當作指史記及閩本俱作指先謙曰官本作指 **令百姓皆知天子意**

其辭曰 補注先謙曰官本此下不提行 **漢興七十有八載** 補注先謙曰集解徐廣曰元光六年也 **德茂存乎六世** 補注宋祁曰六世高帝惠帝呂后文帝景帝武帝六世 **威武紛云湛恩汪濊** 師古曰紛云盛貌汪濊深廣也湛讀曰沈汪音烏皇反濊音於喙反補注宋祁曰汪當作㳷先謙曰字書無㳷字疑㳷之譌 **羣生霑濡洋溢乎方外** 師古曰洋音羊補注先謙曰霑史記作澍 **於是乃命使西征隨流而攘** 師古曰攘卻也音人羊反 退 **風之所被罔不披靡** 師古曰被音丕靡反 **因朝冉從駹定莋存邛略斯榆舉苞蒲** 補注先謙曰史記蒲作滿索隱引服虔云夷種也 **結軼還轅東鄉將報** 師古曰結屈也軼車迹也鄉讀曰嚮報天子也補注先謙曰文選注楚辭曰結余軫于西山王逸曰結旋也索隱本作結軼音轍 **至于蜀都耆老大夫搢紳先生之徒二十有七人儼然造焉** 師古曰造至也音千到反 **辭畢進曰** 師古曰辭謂初謁見之辭 **蓋聞天子之於夷狄也其義羈縻勿絕而已** 師古曰羈馬絡頭也縻牛靷也言牽制之故取諭也補注宋祁曰於疑作牧先謙曰文選作牧

今罷三郡之士通夜郎之塗 師古曰罷讀曰疲 **三年於茲而功不竟士卒勞倦萬民不贍今又接之以西夷百姓力屈恐不能卒業** 師古曰屈盡也卒終也業事也屈音其勿反補注先謙曰官本無注末五字 **此亦使者之累也** 師古曰累音力瑞反 **竊為左右患之且夫邛莋西僰之與中國並也歷年茲多不可記已** 師古曰已詔終之辭也補注先謙曰詔字誤官本作語 **仁者不以德來強者不以力并意者殆不可乎** 師古曰言古往帝王雖有仁德不能招來之雖有強力不能并吞之以其險遠理不可也補注先謙曰古往疑作往古 **今割齊民以附夷狄** 補注何焯曰附附益之也割齊民謂賂以巴蜀吏幣物先謙曰文選注附謂令之親附也非是當從何說 **弊所恃以事無用** 師古曰所恃即中國之人也無用謂西南夷也 **鄙人固陋不識所謂** 師古曰烏於何也 **使者曰烏謂此乎必若所云則是蜀不變服而巴不化俗也僕尚惡聞若說** 師古曰尚猶也若如也言僕猶惡聞如此之說況乎遠識之人也惡音一故反補注宋祁曰若汝爾也莊子語若之類不容詁為如先謙曰宋說是索隱引張揖云惡聞若曹之言也 **然斯事體大固非觀者之所覯也** 師古曰覯見也音搆 **余之行急其詳不可得聞已** 師古曰言

行程急速不暇爲汝詳言之請爲大夫粗陳其略師古曰粗猶麤也音千戶反蓋世必有非常之人然後有非常之事有非常之事然後有非常之功非常者固常人之所異也師古曰常人見之已爲異也故曰非常之元黎民懼焉師古曰元始也非常之事其始難知眾人懼之補注先謙曰史記元作原及臻厥成天下晏如也師古曰臻至也晏安也昔者洪水沸出氾濫衍溢補注王念孫曰李善本文選衍溢作湓溢注引張揖曰湓溢也字林匹寸切古漢書爲湓今爲衍非也據此則李所見古本作湓與顏異也溝洫志河水湓溢師古曰湓踊也崔瑗河隄謁者箴亦曰湓溢蕩汨後漢陳忠傳徐岱之濱海水盆溢漢武都太守李翕析里橋郙閣頌涉秋霖漉盆溢□漏盆並與湓同文選江賦注引淮南子曰人莫鑒於流潦而鑒於澄水[illegible]許慎曰楚人謂水暴溢曰潦扶園切潦與湓聲近而義同瞿鴻禨曰下文浸淫衍溢師古曰衍溢言有餘也於彼作注則師古所見本此文必作盆溢顏與李異非李與顏異矣民人升降移徙崎嶇而不安夏后氏戚之乃堙洪原師古曰堙塞也水本曰原堙音因補注何焯曰以禹爲堙亦者始自相如而孟堅仍之先謙曰文選作湮洪塞源決江疏河灑沈澹災東歸之於海師古曰疏通也灑分也沈深也澹安也言分散其深水以安定其災也灑音所宜反澹音徒濫反補注先謙曰史記作灑沈贍菑據顏音灑讀爲釃文選注引蘇林云灑或作澌音讀並同澹贍災菑通用注濫官本作監索隱引作暫而天下永寧當斯之勤豈惟民哉補注先謙曰索隱案謂非獨人勤禹亦親其勞也心煩於慮而身親其勞躬傶骿胝無胈膚不生毛張揖曰躬體也戚湊理也孟康曰胈毳膚皮也言禹勤骿胝無有毳毛也師古曰胈音步曷反骿音步千反胝音竹尸反補注張佖曰檢字書無傶字又戚字說文曰戉也按李善注文選云孟康曰湊湊理也疑漢書傳寫相承誤以湊字作傶字耳合爲湊宋祁曰傶南本浙本並作戚集韻傶與戚同收注云博雅近也此文難得句不知師古如何讀之必以躬傶骿胝無胈爲一句膚不生毛爲一句則長短不均先謙曰史記作躬胝無胈文選作躬腠胝無胈集解引徐廣曰胈[illegible]也一曰作腠音湊膚理也索隱張揖曰腠一作戚躬體也戚湊理也韋昭曰胈白中小毛也牧[illegible]莊子云腓無胈脛不生毛李頤云胈白肉也先謙案據徐張二說是無胈一作無腠無腠一作無戚腠同湊字書無腠字廣雅湊聚也周書作雒解注湊會也腠亦作奏公食大夫禮注奏謂皮膚之理也張訓戚爲湊理者手足骿胝剝血減理萎無腠無戚義得並通本文既作無胈不應上更有戚字傳寫者誤增之也師古所見本已如此未加詳審乃引張說而删去腠一作戚四字又不能通其讀有音無注致啟千古之疑然所見本尚作戚不作傶故引張說以釋戚義未爲傶字作注張佖宋祁所見本則已作傶矣文選作躬腠胝無胈腠字亦後人誤增當以史記躬胝無胈爲正孟康所見本有骿字特爲骿字立義而史記文選本皆無之疑亦傳寫誤增也說文骿并脅也[illegible]

胝胼也胝瘢胝也荀子子道篇手足胼胝注胝皮厚也戰國策墨子聞之百舍重繭高注重繭累胝也淮南子申包胥累繭重胝骿胝蓋即累胝重胝之義謂體之瘢胝重疊相並也字書無胈字孟訓胈爲毳毳細毛也與韋訓小毛同義莊子天下篇禹親自操橐耜而九雜天下之川腓無胈脛無毛蓋此文所本官本注胈音步曷反在末是此誤故休烈顯乎無窮聲稱浹乎于茲師古曰休美也烈業也浹徹也于茲猶言今茲也浹音子牒反補注瞿鴻禨曰今茲當作于今且夫賢君之踐位也豈特委瑣握躪拘文牽俗師古曰握躪局陿也不拘微細之文不牽流俗之議也躪音初角反補注先謙曰握躪史記作握齪索隱孔文祥云委瑣細碎握齪局促也文選作喔躪李善注引應劭曰急促之貌也循誦習傳當世取說云爾哉師古曰說讀曰悅言非直因循舊誦習所傳聞取美悅於當時而已補注先謙曰文選循作修必將崇論谹議師古曰谹深也音宏補注先謙曰官本注在爲萬世規下創業垂統爲萬世規故馳騖乎兼容并包而勤思乎參天貳地師古曰比德於地是貳地也地與己并天爲三是參天也且詩不云乎普天之下莫非王土率土之濱莫非王臣師古曰小雅北山之詩也普大也濱涯也是以六合之內八方之外師古曰天地四方謂之六合四方四維謂之八方也浸淫衍溢師古曰浸淫猶漸漬也衍溢言有餘也補注先謙曰淫史記作潯懷生之

物有不浸潤於澤者賢君恥之今封疆之內冠帶之倫師古曰倫類也咸獲嘉祉靡有闕遺矣而夷狄殊俗之國遼絕異黨之域舟車不通人迹罕至政教未加流風猶微內之則犯義侵禮於邊境外之則邪行橫作放殺其上師古曰內之謂通其朝獻也外之謂棄而絕之也橫音胡孟反殺讀曰試補注先謙曰既通朝獻何爲侵犯邊境棄而絕之又不止放弒其上顏說非也言其於中國則犯邊在其國則放弒自我言之中國爲內夷狄爲外文義自明官本注試作弒是君臣易位尊卑失序父兄不辜幼孤爲奴虜係纍號泣師古曰爲人所獲而繫係之故號泣也纍音力追切補注先謙曰官本無音字切作反內鄉而怨師古曰鄉讀曰嚮嚮中國而怨慕也曰蓋聞中國有至仁焉德洋恩普物靡不得其所師古曰洋多也補注先謙曰官本注在普下今獨曷爲遺己師古曰曷何也己謂怨者之身也舉踵思慕若枯旱之望雨盭夫爲之垂涕張揖曰很戾之夫也師古曰盭古戾字況乎上聖又烏能已師古曰烏猶焉也已止也故北出師以討彊胡南馳使以誚勁越師古曰誚責也音材笑反四面風德師古曰風化也二方之君鱗集仰流師古曰二方謂西夷及南夷也若魚

鱗之相次而仰向承流也〔補注〕瞿鴻禨曰鄭康成說鱗魚龍之顯屬呂覽注鱗魚也鱗集猶言魚聚而向流不必定爲鱗之相次得受號者以億計師古曰號謂爵號也一曰受天子之號令也故乃關沫若張揖曰以沫若水爲關也徼牂柯鏤靈山梁孫原師古曰鏤謂疏通之以開道也梁橋也孫原孫水之原也〔補注〕先謙曰靈史記作零創道德之塗垂仁義之統將博恩廣施遠撫長駕張揖曰駕行也使恩遠安長行之也〔補注〕先謙曰長駕猶遠馭文選注長駕謂所駕者遠張說微隔使疏逖不閉師古曰逖遠也言疏遠者不被閉絕曶爽闇昧得耀乎光明師古曰曶爽未明也曶音忽〔補注〕先謙曰曶爽史記作昒爽索隱本與此同引三蒼云曶爽早朝也曶音妹案字林又音忽也文選注引郭璞三倉解詁曰曶旦明也尚書曰甲子昧爽孔安國曰昧早旦也爽明也先謙案曶爽猶昧旦蓋徵明之義與闇昧有別顏注失之以偃甲兵於此而息討伐於彼遐邇一體中外禔福不亦康乎師古曰禔安也康樂也禔音土支反〔補注〕宋祁曰禔景本止支反浙本上支反先謙曰禔史記作提夫拯民於沈溺師古曰沈升也言人在沈溺之中升而舉之也〔補注〕先謙曰沈升也之沈官本作拯是奉至尊之休德師古曰休美也反衰世之陵夷繼周氏之絕業師古曰陵夷謂弛替也天子之急務也百姓雖勞又惡可以已哉師古曰惡讀與烏同已止也且夫王者固未有不始於憂勤而終於佚樂者也師古曰言始能憂勤則終獲逸樂也佚字與逸同然則受命之符合在於此張揖曰合在於憂勤逸樂之中也〔補注〕先謙曰此謂天子遜西南夷憂民勤遠之事張說非方將增太山之封加梁父之事鳴和鸞揚樂頌上咸五下登三李奇曰五帝之德比漢爲減三王之德漢出其上師古曰此說非也咸皆也言漢德與五帝皆盛而登於三王之上也相如不當言漢減於五帝也〔補注〕瞿鴻禨曰減五皆五義俱未安詩閟宮克咸厥功鄭箋咸同也爾雅登爲升左昭三年傳皆登一焉注登加也猶曰漢之德上同五帝下加三王不煩加字詞意皆適集解引韋昭曰咸同於五帝近之先謙曰瞿說是李言五帝比漢爲減未嘗言漢減於五帝顏蓋誤駮文選咸作減引李說亦作比漢爲減索隱引作漢比爲減因顏說而倒其文尤謬又引虞喜志林云相如欲減五帝之一以漢盈之然以漢爲五帝之數自然是登於三王之上也亦屬曲說集解引徐廣曰咸一作函又傳寫誤改耳觀者未覩指聽者未聞音猶焦朋已翔乎寥廓師古曰寥廓天上寬廣之處寥音聊〔補注〕先謙曰焦朋史記作鷦明文選作鷦鵬解見前而羅者猶視乎藪澤師古曰澤無水曰藪悲夫於是諸大夫茫然師古曰茫音莫郞反喪其所懷來失厥所以進師古曰初有所懷而來欲進而陳之今並喪失其來意也喟然並稱曰允哉漢德師古曰允信也

小雅車攻之詩曰允矣君子此鄙人之所願聞也百姓雖勞請以身先之〔補注〕先謙曰史記勞作怠敞罔靡徙遷延而辭避師古曰敞罔失志貌靡徙自抑退也〔補注〕瞿鴻禨曰敞罔即悵惘之借字其後人有上書言相如使時受金失官居歲餘復召爲郞相如口吃而善著書常有消渴病〔補注〕錢大昭曰西京雜記長卿常有消渴疾乃還成都悅文君之色遂以發痟疾乃作美人賦欲以自刺而終不能改卒以此疾致死文君爲誄傳于世沈欽韓曰素問奇病論脾癉者數食甘美而多肥也肥者令人內熱甘者令人中滿故其氣上溢轉爲消渴治之以蘭除陳氣也馬蒔注胃中熱盛津液枯涸水穀即消謂之曰消有上消中消下消劉河間云飲水多而小便多者曰消渴蓋指上消而言與卓氏婚饒於財故其事宦未嘗肯與公卿國家之事師古曰與讀曰豫〔補注〕劉奉世曰事當作仕先謙曰史記作其進仕宦仕事音近又涉下事字而譌也常稱疾閒居不慕官爵師古曰閒讀曰閑也嘗從上至長楊獵師古曰長楊宮也在盩厔〔補注〕先謙曰盩當爲盩正義括地志云秦長楊宮在雍州盩厔縣東南三里上起以宮內有長楊樹以爲名是時天子方好自擊熊豕馳逐壄獸相如因上疏諫其辭曰〔補注〕先謙曰官本此下不提行

臣聞物有同類而殊能者故力稱烏獲捷言慶忌師古曰烏獲秦武王力士也慶忌吳王僚子也射能捷矢也勇期賁育師古曰孟賁古之勇士也水行不避蛟龍陸行不避兕狼發怒吐氣聲響動天夏育亦猛士也臣之愚竊以爲人誠有之獸亦宜然今陛下好陵阻險射猛獸卒然遇逸材之獸駭不存之地師古曰卒讀曰猝音千忽反謂暴疾也不存不可得安存也〔補注〕劉攽曰不存猶言不虞下文云存變之意先謙曰釋詁存察也謂不及察之地顏說非犯屬車之清塵應劭曰古者諸侯貳車九乘秦滅九國兼其車服漢依秦制故大駕屬車八十一乘師古曰屬者言相連續不絕也塵謂行而起塵也言清者尊貴之意也而說者乃以爲清道灑塵謂之清塵非也屬音之欲反〔補注〕先謙曰集解引作蔡邕說輿不及還轅人不暇施巧雖有烏獲逢蒙之技不得用師古曰逢蒙古之善射者也孟子曰逢蒙學射於羿也〔補注〕先謙曰史記文選技下有力字官本得作能注末無也字枯木朽株盡爲難矣是胡越起於轂下而羌夷接軫也豈不殆哉師古曰軫車後橫木殆危也雖萬全而無患然本非天子之所宜近也〔補注〕宋祁曰或無近字且夫清道而後行中路而馳〔補注〕宋祁曰浙本馳字上有后字先謙曰史記有後字猶時有銜橜之變張揖曰銜馬勒銜也橜騑

馬口長銜也師古曰橜謂車之鉤心也銜橜之變言馬銜或斷鉤心或出則致傾敗以傷人也橜音鉅月反補注王念孫曰顏說非也徧考諸書無謂車鉤心爲橜者說文䮒馬口中橜也史記索隱引周遷輿服志云鉤逆上者爲橜橜在銜中以鐵爲之大如雞子此與張說小異而皆以爲馬口中橜字或作橛莊子馬蹄篇前有橛飾之患而後有鞭策之威而馬之死者已過半矣韓子姦劫弒臣篇無棰策之威銜橛之備雖造父不能以服馬鹽鐵論刑德篇猶無銜橛而禦捍馬也是銜橛皆所以制馬若鉤心則在輿之下軸之上釋名鉤心從輿心下鉤軸也小畜正義引鄭注云輹謂輿下縛木與軸相連鉤心之木是也與馬何步當從張說爲是又王吉傳其樂豈徒銜橛之閒哉義亦與此同

況乎涉豐草騁丘虛師古曰豐草茂草也虛讀曰墟前有利獸之樂補注先謙曰文選注引禮記鄭注利猶貪也而內無存變之意其爲害也不難矣補注宋祁曰越本作不亦難矣劉敞曰亦字不當刊先謙曰史記文選並有亦字夫輕萬乘之重不以爲安補注先謙曰史記文選有而字樂出萬有一危之塗以爲娛臣竊爲陛下不取蓋明者遠見於未萌而知者避危於無形師古曰萌謂事始若草木初生者也禍固多藏於隱微而發於人之所忽者也故鄙諺曰家絫千金坐不垂堂張揖曰畏櫩瓦墮中人也師古曰垂堂者近堂邊外自恐墜墮耳非畏櫩瓦也言富人之子則自愛深也補注沈欽韓曰論衡四諱篇毋承屋櫩而坐恐瓦墜擊人首也先謙曰索隱引樂彥云垂邊也近堂邊恐其墮墜也非謂畏簷瓦蓋顏氏所本然據論衡漢時諺語意正如此與張說合顏說非也此言雖小可以諭大補注周壽昌曰諭同喻臣願陛下留意幸察上善之

還過宜春宮補注先謙曰正義括地志云秦宜春宮在雍州萬年縣西南三十里宜春苑在宮之東杜之南始皇本紀云葬二世杜南宜春苑中按今宜春宮見二世陵故作賦以哀也先謙案今當爲經相如奏賦以哀二世行失師古曰宜春本秦之離宮胡亥於此爲閻樂所殺故感其處而哀之補注先謙曰官本有也字其辭曰補注先謙曰官本此下不提行

登陂阤之長阪兮坌入曾宮之嵯峩蘇林曰坌音馬坌吮之坌張揖曰坌並也師古曰曾重也嵯峩高貌也陂音普何反阤音徒何反坌音普頓反又音步頓反臨曲江之隑州兮望南山之參差張揖曰隑長也苑中有曲江之象中有長洲也師古曰曲岸頭曰隑隑卽碕字耳言臨曲岸之洲今猶謂其處曰曲江隑音鉅依反巖巖深山之谾谾兮通谷豁乎谽谺晉灼曰谾音籠古巃字也師古曰谾谾深通貌豁音呼括反谽大開貌谽音呼含反谺音呼加反補注先謙曰說文谾大長谷也豁卽谽字谽谺史記作谽谺解見上汩淢靸以永逝兮注平皋之廣衍師古曰汩淢疾貌也靸然輕舉意也皋水邊地也汩音于筆反淢音域靸音先

合反補注先謙曰文選南都賦漻淚淢汩李善注云說文淢疾流也王逸楚辭注汩去貌淢汩與汩淢義同靸說文小兒履也與水流無涉史記靸作噏下更有習字文選吳都賦翕習容裔翕習與噏習意同案廣韻噏與吸同詩大東載翕其舌玉篇口部作載噏其舌此又借靸爲吸耳吳都賦靸雲警捷注靸雲走疾貌借靸以狀水流之疾於義亦通觀眾樹之蓊薆兮覽竹林之榛榛師古曰蓊薆蔭蔽貌榛榛盛貌蓊音烏孔反薆音愛榛音側巾反補注先謙曰史記蓊作塕東馳土山兮北揭石瀨師古曰揭褰衣而渡也石而淺水曰瀨音賴揭音巨例反補注先謙曰官本而作面是弭節容與兮歷弔二世持身不謹兮亡國失勢信讒不寤兮宗廟滅絕師古曰信讒謂殺李斯也烏乎操行之不得師古曰操音千到反補注先謙曰史記烏乎下有哀哉二字不得下有兮字蓋衍墓蕪穢而不修兮魂亡歸而不食補注宋祁曰姚本作墳墓蕪穢而不修魂魄亡歸而不食先謙曰此下史記有夐邈絕而不齊兮彌久遠而愈佅精罔閬而飛揚兮拾九天而永逝嗚呼哀哉五句蓋班刪之

相如拜爲孝文園令補注周壽昌曰陵園令六百石掌按行埽除也上既美子虛之事相如見上好僊因曰上林之事未足美也尚有靡者師古曰靡麗也臣嘗爲大人賦未就師古曰就成也請具而奏之相如以爲列僊之儒居山澤閒師古曰儒柔也術士之稱也凡有道術皆爲儒今流俗書本作傳字非也後人所改耳補注王念孫曰史記作列僊之傳索隱案傳者謂相傳以列僊居山澤閒小顏及劉氏並作儒云儒柔也術士之稱非念孫案司馬說是也郊祀志此三神山者其傳在勃海中與此傳字同義儒與僊意不相屬劉顏曲爲之說而終不可通隸書傳或作傳儒或作儒二形相似故傳譌爲儒矣沈欽韓曰戰國以來儒墨並稱未聞以巖穴人爲儒也晏子外篇難者在內而傳者無其外一本作儒者無其外是傳儒以形近易譌顏說非形容甚臞師古曰臞瘠也音鉅句反又音衢此非帝王之僊意也乃遂奏大人賦補注先謙曰史記奏作就案上文云嘗爲大人賦未就請具而奏之後文云相如奏大人賦則此處作就者是疑涉下奏大人賦而誤耳其辭曰補注先謙曰官本此下不提行

世有大人兮在乎中州師古曰大人以諭天子也中州中國也補注周壽昌曰向秀云聖人在位謂之大人宅彌萬里兮曾不足以少留師古曰彌滿也悲世俗之迫隘兮揭輕舉而遠游師古曰揭去意也音丘例反補注先謙曰索隱如淳曰武帝云誠得如黃帝去妻子如脫屣是悲世俗迫隘也說文揭去也乘絳幡之素蜺兮載雲氣而上浮張揖曰乘用也赤氣爲幡綴以白氣也師古曰上音時掌反補注先謙曰乘與載對文解如上乘虛無之乘猶言駕素蜺而載雲氣耳不當訓用史記乘作垂建格澤之修竿

兮張揖曰格澤之氣如炎火狀黃白色起地上至天下大上銳修長也建此氣爲長竿也師古曰格音胡各反澤音大各反總
光燿之采旄張揖曰旄葆也總係也係光燿之氣於長竿以爲葆也師古曰總音摠葆即今所謂纛頭也補注先謙曰
官本注即上有者字今下有之字垂旬始以爲幓兮李奇曰旬始氣如雄雞見北斗旁張揖曰幓旒也縣旬始
於葆下以爲十二旒也師古曰幓音所銜反補注沈欽韓曰楚詞遠遊造旬始而觀清都曳彗星而爲髾張揖曰髾
燕尾也櫆彗星綴著旒以爲燕尾也補注沈欽韓曰楚詞遠遊擥彗星以爲旍先謙曰史記曳作拪注櫆作拪是官本亦作櫆本書
從手從木字皆通作在讀者審之掉指橋以偃蹇兮張揖曰指橋隨風指靡也偃蹇委曲貌師古曰掉音徒釣
反蹇音居偃反補注宋祁曰注文指靡也越本無指字又猗抳以招搖晉灼曰猗音依倚反抳音年纚反張揖曰
猗抳下垂貌招搖跳踊也師古曰招音韶踊音蕭補注先謙曰猗抳史記作旖旎攬攙搶以爲旌兮靡屈
虹而爲綢張揖曰彗星爲攙搶注髦首曰旌今以彗星代之也靡順也綢韜也以斷虹爲旌杠之韜也師古曰韜謂裏冒
旌旗之竿也攙音初咸反搶音初衡反屈音其勿反綢音直流反補注先謙曰史記攬作擥攙搶同亦作欃槍正義引天官書云天
攙長四丈末銳天搶長數丈兩頭銳其形類彗也注裏官本作裹是紅杳眇以玄湣兮猋風涌而雲
浮蘇林曰玄音炫湣音麵晉灼曰紅赤色貌杳眇深遠也玄湣混合也言自絳幡以下衆氣色盛光采相燿幽藹炫亂也師古曰

如猋風之踊如雲之浮言輕舉也猋音必遙反補注先謙曰史記玄作眩猋作焱集解引漢書音義曰句始屈虹氣色紅杳眇眩湣
闇冥無光也索隱紅或作虹引蘇林麵作麪官本踊作涌是駕應龍象輿之蠖略委麗兮驂赤
螭青虬之蚴蟉宛蜒文穎曰有翼曰應龍最其神妙者也師古曰蠖略委麗蚴蟉宛蜒皆其行步進止之貌也
蠖音於縛反麗音力爾反蚴音一糾反蟉音力糾反宛音於元反蜒音延補注先謙曰史記委作逶蚴作蟉宛作蜿文選班孟堅答
賓戲故夫泥蟠而天飛者應龍之神也象輿蚴蟉解見前宛蜒詳上宛僤注本書甘泉賦蠖略蕤綏注蠖略蕤綏龍行貌委麗猶委
蛇行步自得之貌官本虬作蛇注其當作具低卬天蟜裾以驕驁兮詘折隆窮躩以連
卷張揖曰裾直項也驕驁縱恣也詘折曲委也隆窮舉髻也躩跳也連卷句踳也師古曰裾音倨驕音居召反驁音五到反躩音
鉅縛反卷音鉅圓反補注先謙曰史記裾作据躩作蠼裾据並借字當作倨而訓爲直項也隆窮即隆穹窮穹字躬蓋詘折而隆起之狀
太元元告天穹隆而周乎下注穹隆天之形也穹隆斯高砰曲一曰長曲貌也文選西京賦閣道穹隆長曲貌不當作舉髻解論語足躩如也疏躩盤辟而爲敬也詩卷阿傳
卷曲也言其連卷局曲狀若盤辟故曰躩以連卷也連卷亦作連蜷楚辭雲中君靈連蜷兮既留甘泉賦蛟龍連蜷于東厓兮注連
蜷長曲貌張說非沛艾赳螑仡以佁儗兮張揖曰沛艾駊騀也赳螑申頭低卬也仡舉頭也佁儗不前也
師古曰沛音普蓋反赳音古幼反螑音火幼反仡音魚乞反佁音丑吏反儗音魚吏反佁儗又音態礙補注先謙曰官本古幼之幼

作有是礙下衍反字集解引漢書音義曰赳螑申頸低卬也佁儗不前也索隱引張揖曰赳螑互跳也仡舉頭也並與此書不合文
選東京賦齊騰驤而沛艾李善注沛艾作姿容貌也張解爲駊騀玉篇駊騀馬搖頭與選訓合類篇赳螑龍申頭行貌螑當爲趙之
借字說文赳輕勁有才力也趙行也集韻趙或作踘又云𨀤踘行不正也𨀤踘即赳趙之異文矣詩大雅崇墉仡仡傳仡仡高大也
說文佁癡貌集韻佁儗固滯貌儗音海去聲放散畔岸驤以孱顏師古曰畔岸自縱之貌也驤舉也孱顏不
齊也孱音士顏反補注先謙曰索隱引服虔曰馬仰頭其口開正孱顏也跮踱輵螛容以骫麗兮張揖曰跮
踱互前卻也輵螛搖目吐舌也容龍體貌也骫麗左右相隨也師古曰跮音丑日反踱音丑略反輵音遏螛音曷骫古委字也麗音
力爾反補注先謙曰史記螛作轄骫作委集解引徐廣曰跮踱作前作卻也集韻輵轄轉搖也士相見禮注容謂趨翔尋前後文此
容字不當訓體貌索隱引張說互上有疾行二字蜩蟉偃寋怵臭以梁倚張揖曰蜩蟉掉頭也怵臭奔走
也梁倚相著也師古曰蜩音徒釣反蟉音盧釣反怵音黜臭音丑若反倚音於綺反補注先謙曰史記蜩蟉作綢繆誤索隱本仍作
蜩蟉寋作蹇集解引漢書音義走上無奔字索隱引廣雅曰偃蹇夭矯也臭當作臭梁倚如屋梁之相倚文選魯靈光殿賦奔虎攫
拏以梁倚官本注下釣作鉤糾蓼叫奡踏以艐路兮張揖曰糾蓼相引也叫奡相呼也踏下也艐著也皆
下著道也師古曰叫奡高舉之貌蓼音力糾反奡音五到反踏音沓艐音屆補注沈欽韓曰釋詁艐至也方言同艐宋語也郭云艐

古屆字故注爾雅依方言云宋曰屆索隱引孫炎云艐古屆字張揖作廣雅當依雅訓今云腆至也腆當爲艐之誤師古引張揖作
艐著也艐音居是不知艐屆古今字無須音其義又譌舛至爾雅釋文引顧野王艐音子公反益非先謙曰史記踏作蹋艐作艐索
隱引三蒼云踏著地先謙案蓼參爲繚之借字奡界爲嚻之借字嚻音嗸奡界嚻同音通段叫奡即叫嚻張訓相呼是也柳宗元集捕蛇者
說悍吏之來吾鄉叫嚻乎東西即相呼之義下云踏以艐路則叫奡不得爲高舉師古望文生義耳葠蒙踊躍騰而
狂趭張揖曰葠蒙飛揚也踊躍跳也騰馳也趭奔走也師古曰蒙音莫孔反趭音醮補注先謙曰史記葠作蔑趭作趡案唐柳
宗元集乞兩河效用狀葠爾小醜尚欲稽誅葠即蔑字蔑小也蒙昧也龍行空際覗之若甚微昧也甘泉賦浮蔑蠓而撇天師古注
蔑蠓疾也文選作蠛蠓義皆相近說文趡動也音唯河東賦神騰鬼趡注趡走也玉篇趡走貌莅颯芔歙猋至電
過兮煥然霧除霍然雲消張揖曰莅颯飛相及也芔歙走相追也師古曰莅音利颯音立芔音諱歙音翕
補注先謙曰史記芔歙作卉翕焱作熛解並見上邪絕少陽而登太陰兮與眞人乎相求
張揖曰少陽東極太陰北極邪度東極而升北極也眞人謂若士也游於太陰之中師古曰眞人至眞之人也非指謂若士也補注
先謙曰說文眞下云僊人變形而登天也从匕从目从乚乚音隱八所乘載也若士見淮南子盧敖經乎太陰所見若士者也互
折窈窕以右轉兮橫厲飛泉以正東張揖曰飛泉飛谷也在崑崙山西南師古曰厲渡也補注

先謙曰正義引張說谷上無飛字說文窈深遠也窕深肆極也楚辭吸飛泉之微液兮河水注崑崙山東北臨大活之井西南至承淵之谷疑張說所謂飛泉谷也 **悉徵靈圉而選之兮部署衆神於搖光** 張揖曰搖光北斗杓頭第一星補注先謙曰靈圉解見上署史記作乘 **使五帝先導兮反大壹而從陵陽** 應劭曰五帝五時太皞之屬也如淳曰天極大星一明者太一常居也張揖曰陵陽仙人陵陽子明也師古曰令太一反其所居而使陵陽侍從於已補注宋祁曰注文五時當從浙本作五時先謙曰正義五帝五時帝太皓之屬也天官書云中宮天極星其一明者太一常居也列僊傳云子明於沛銍縣旋溪釣得白龍放之後白龍來迎子明去止陵陽山上百餘年遂得仙也先謙案封禪書亳人謬忌奏祠太一方曰天神貴者太一太一佐曰五帝宣紀修興泰一五帝后土之祠是太一為尊五帝為佐故使五帝先導而反太一也楚辭東皇太一注太一星名天之尊神 **左玄冥而右黔雷兮** 張揖曰玄冥北方黑帝佐也黔雷黔嬴也天上造化神名也楚辭曰召黔嬴而見之或曰水神也補注沈欽韓曰遠遊注云黔嬴造化之神問以得失按嬴或為黯故轉雷先謙曰史記作含靁黔含並今聲以音近通叚 **前長離而後矞皇** 服虔曰皆神名也師古曰長離靈鳥也解在禮樂志矞音已出反補注先謙曰史記長離作陸離矞皇作潏湟陸離不聞有神名蓋涉下陸離而誤 **廝征伯僑而役羨門兮詔岐伯使尚方** 應劭曰廝役也張揖曰伯僑仙人王子僑也羨門碣石山上仙人羨門高也尚主也岐伯者黃帝太醫屬使主方藥也師古曰征伯僑者仙人姓征名伯僑非王子僑也郊祀志征字作正其音同耳或說云征謂役使之非也補注先謙曰詔史記作屬張說屬使主方藥集解引作漢書音義是漢書本作屬不作詔疑傳寫誤也 **祝融警而蹕御兮清氣氛而后行** 張揖曰祝融南方炎帝之佐也獸身人面乘兩龍師古曰蹕止行人也御禦也氛惡氣也補注先謙曰氣氛蓋誤倒史記作氛氣氣亦作雰氣 **屯余車而萬乘兮綷雲蓋而樹華旗** 師古曰綷合也合五采雲以為蓋也綷音子內反 **使句芒其將行兮吾欲往乎南娭** 張揖曰句芒東方青帝之佐也鳥身人面乘兩龍師古曰將行將領從行也娭音許其反補注先謙曰娭史記作嬉楚辭招魂注娭戲也廣雅釋詁嬉戲也義得兩通顏注正義引作將行領從者也 **歷唐堯於崇山兮過虞舜於九疑** 張揖曰崇山狄山也海外經曰狄山帝堯葬於其陽九疑山在零陵營道縣舜所葬也師古曰疑似也山有九峰其形相似故曰九疑 **紛湛湛其差錯兮雜遝膠輵以方馳** 師古曰湛湛積厚之貌差錯交互也雜遝重累也膠輵猶交加也湛音徒感反遝音大合反輵音葛補注先謙曰史記輵作葛索隱廣雅膠葛驅馳也案方並也 **騷擾衝蓯其相紛挐兮滂濞泱軋麗以林離** 張揖曰衝蓯相入貌滂濞衆盛貌泱軋不前也麗靡也林離摻攦也師古曰衝音尺勇反蓯音相勇反挐音女居反滂音普郎反濞音普備反泱音烏朗反軋音於黠反摻音所林反攦音所宜反補注先謙

曰官本無相字史記有麗作灑案蓯當為摐之借字廣雅釋言摐撞也泱軋一作坱圠亦作軮軋本書甘泉賦忽軮軋而無垠文選作坱圠謂無涯際也林離一當為淋離說文淋以水沃也一曰淋淋山下水貌灑水流貌也淋一作滲河東賦澤滲灑而下降灑亦省作離羽獵賦淋離廓落是也今俗作淋漓張訓摻攦蓋借字 **攢羅列聚叢以蘢茸兮衍曼流爛痑以陸離** 張揖曰痑衆貌一曰罷極也陸離參差也師古曰蘢茸聚貌流爛布散也痑自放縱也蘢音來孔反茸音而孔反衍音弋扇反痑音式爾反張云罷極義則非矣補注先謙曰史記攢作鑽痑作壇俱借字痑亦借字當為嘽痑嘽古同音而通用壇又以音同而通叚也說文痑下云馬病也詩曰痑痑駱馬嘽下云喘息也一曰喜也詩曰嘽嘽駱馬許所見諸家詩不同故兩引之廣雅痑痑疲也義與馬病喘息為近張訓痑為罷極然與上下文義不合故師古駮之詩小雅戎車嘽嘽傳嘽嘽衆也大雅王旅嘽嘽傳嘽嘽然盛也徒御嘽嘽傳嘽嘽喜樂也人衆盛則讙然喜樂故說文有喜義此當如張說訓為衆貌師古讀為侈而釋以自放縱音義兩失矣離騷長余佩之陸離注陸離參差衆貌班離其上下注班亂貌陸離分散也與痑衆貌之義並相貫注 **徑入雷室之砰磷鬱律兮洞出鬼谷之堀礨崴魁** 張揖曰雷室雷淵也洞通也鬼谷在崑崙北直北辰下衆鬼之所聚也堀礨崴魁不平也師古曰砰磷鬱律深峻貌砰音普萌反磷音力耕反堀音口骨反礨音洛賄反崴音一迴反補注先謙曰堀礨崴魁史記作崫壘嵬磈集解引漢書音義聚也下有楚辭曰贅鬼谷於北辰九字案昔人以後賢著作效屈原文體者統謂之楚辭劉向九歎云淩驚雷以軼駭電兮綴鬼谷於北辰蓋裴注所引即用相如此文也入雷室出鬼谷出入陰陽之界也砰磷雷聲[illegible]韓愈讀東方朔雜事詩偷入雷電室輷輘掉狂車輷輘即砰磷之異文[illegible]巖甘泉賦雷鬱律於巖窔兮師古注鬱律雷聲也李善文選注[illegible]小聲也師古訓四字為深峻貌非也堀礨見上魁嵬之借字楚辭九章軫石崴嵬注崴嵬高貌嵬一作嵔埤蒼崴嵔不平也文選吳都賦隱賑崴嵔注崴嵔排積貌集韻嵔或作㠢亦作峞崴嵔山谷不平貌嵔又 **徧覽八紘而觀四海兮朅度九江越五河** 張揖曰九江在廬江尋陽縣南皆東合為大江者服虔曰河有九今越其五也晉灼曰五河五湖取河之聲合其音耳師古曰服晉說五河皆非也五河五色之河也仙經說有紫碧絳青黃之河非謂九河之內亦非五河也補注先謙曰官本注末句河作湖是淮南子九州之外有八夤八夤之外有八紘東北方之紘曰荒土東方之紘曰桑野東南方之紘曰衆安南方之紘曰反戶西南方之紘曰火土西方之紘曰沃野西北方之紘曰河所北方之紘曰委羽晉書陸機傳葛洪稱機文猶懸圃之積玉無非夜光五河之吐流泉源如一梁庾闡游仙詩崑崙涌五河是五河皆崑崙山水也博物志云崑崙有五色流水其泉東南流入中國名為河也 **經營炎火而浮弱水兮杭絕浮渚涉流沙** 應劭曰楚辭曰越炎火之萬里弱水出張掖刪丹西至酒泉合黎餘波入于流沙張揖曰杭舩也絕度也浮渚流沙中渚也流沙沙與水流行也師古曰弱水謂西域絕遠之水乘毛車以度者耳非張掖弱

水也又流沙但有沙流本無水也言絕度浮渚乃涉流沙也杭音下郎反補注先謙曰十洲記天漢二年西國王使使來獻使者曰中國有好道之君故搜奇蘊而貢神香乘毛車以濟弱水于今十三年矣又云鳳麟洲在西海之中央洲四面有弱水繞之鴻毛不浮不可越也大荒西經西海之南流沙之濱赤水之後黑水之前有大山名曰昆侖之邱其下有弱水之淵環之其外有炎火之山投物輒然蓋此文所本**奄息葱極氾濫水娭兮**張揖曰奄然休息也葱極葱領山也在西域中補注先謙曰史記葱作總娭作嬉總葱之借字梁江總辭行李賦蹔借譽于瑟杜免妄徭于葱極葱嶺詳西域傳河水出葱嶺下故憩息而爲水嬉也氾濫搖動貌述異記吳王作天池池中造青龍舟舟中盛陳妓樂日與西施爲水嬉**使靈媧鼓琴而舞馮夷**服虔曰靈媧女媧也伏犧作琴使女媧鼓之馮夷河伯字也淮南子曰馮夷得道以潛大川師古曰媧音瓜又工蛙反補注先謙曰琴史記一作瑟集解引無伏下九字徐廣曰媧一作貽案帝王世紀云女媧一號女希是爲女皇希貽聲近故又爲女貽也海內北經從極之淵深三百仞維冰夷恆都焉即馮夷馮冰聲相近楚詞遠遊使湘靈鼓瑟兮令海若舞馮夷**時若曖曖將混濁兮召屏翳誅風伯刑雨師**應劭曰屏翳天神使也張揖曰風伯字飛廉師古曰屏音步丁反補注先謙曰史記曖曖作薆薆正義引韋云屏翳雷師也案離騷時曖曖其將罷兮注曖曖昏昧貌釋言薆隱也義本相近故晻曖亦作晻薆覩混濁不明也廣雅雨師謂之荓翳曹植洛神賦屏翳收風李善注王逸楚辭注曰屏翳雨師名虞喜志林曰韋昭云屏翳雷師喜云雨師然說屏翳者雖多並無明據曹植結洛文曰河伯典澤屏翳司風植既皆爲風師不可引他說以非之先謙案此文下言風伯雨師則屏翳不當爲風雨神故應韋說各不同**西望崑崙之軋沕荒忽兮**張揖曰崑崙去中國五萬里天帝之下都也其山廣袤百里高八萬仞增城九重面有九井以玉爲檻旁有五門開明獸守之軋沕荒忽不分明之貌師古曰沕音勿荒音呼廣反補注先謙曰山海經云方八百里高萬仞旁有五門作面有九門**直徑馳乎三危**張揖曰三危山在鳥鼠山之西與嶓山相近黑水出其南陂書曰導黑水至于三危也**排閶闔而入帝宮兮載玉女而與之歸**張揖曰玉女青要乘弋等也補注沈欽韓曰神異經九府玉童玉女與天地同休息男女無爲匹配而仙道自成先謙曰文選甘泉賦屏玉女而御宓妃李善注神異經曰東荒中有大石室東王公居之常與玉女共投壺又思元賦載太華之玉女兮召洛浦之宓妃注列仙傳曰毛女者字玉姜在華陰山中體生毛所止巖中有鼓琴聲是有兩玉女也**登閬風而遙集兮亢烏騰而壹止**張揖曰閬風山在崑崙閶闔之中遙遠也應劭曰亢然高飛如烏之騰也師古曰閬音浪亢音抗補注先謙曰史記登作舒遙作搖烏作烏集解引應說亦作烏正義引張說無山遙遠也四字有楚辭云登閬風而緤馬也十字**低徊陰山翔以紆曲兮吾乃今日覩西王母暠然白首戴勝而穴處兮亦幸有三足烏爲之使**張揖曰陰山在崑崙西二千七百里西王母其

狀如人豹尾虎首蓬髮暠然白首石城金室穴居其中三足烏青鳥也主爲西王母取食在崑崙墟之北如淳曰山海經曰西王母梯几而戴勝師古曰低徊猶徘徊也勝婦人首飾也漢代謂之華勝暠音工老反字或作皜音學補注沈欽韓曰西山經三危之山三青鳥居之此云三足烏蓋誤先謙曰史記曰作目屬作皠西山經有陰山以經文校之去崑崙二千七百八十里非地志西河郡之陰山也又云三危之山三青鳥居之郭注三青鳥主爲西王母取食者大荒西經王母之山有三青鳥赤首黑目一名曰大鷔一名少鵹一名曰青鳥郭注皆西王母所使也海內北經蛇巫之山西王母梯几而戴勝杖其南有三青鳥爲西王母取食在昆侖虛北郭注又有三足烏主給使案經文皆言三青鳥郭引又有三足烏疑郎傳會此傳之文也郝懿行箋疏引史記正義引注輿地圖云有三足神鳥爲王母取食焉無言三足青鳥者張揖合三青鳥三足烏爲一疑非又春秋元命苞云陽數起於一成於三故日中有三足烏考案諸書不言王母所使是三足烏蓋烏因轉寫而譌其來久矣官本注革作華是正義引張說在下有大字脫室字青鳥上無三足字崑崙下無墟字引顏說婦上衍代字**必長生若此而不死兮雖濟萬世不足以喜**師古曰昔之談者咸以西王母爲仙靈之最故相如言大人之仙娭遊之盛顧覩王母鄙而陋之不足羨慕也補注先謙曰晉語注濟度也官本注陋作陋**回車朅來兮絕道不周**張揖曰不周山在崑崙東南二千三百里也補注先謙曰集解引無南下六字**會食幽都呼吸沆瀣兮餐朝霞**張揖曰幽都在北方如淳曰淮南云八極西北曰幽都之門應劭曰列仙傳陵陽子言春朝朝霞朝霞者日始欲出赤黃氣也夏食沆瀣沆瀣北方夜半氣也并天地玄黃之氣爲六氣師古曰沆音胡朗反瀣音蟹補注先謙曰會食幽都四字上屬爲句注春朗之朗官本作食是**咀噍芝英兮嘰瓊華**張揖曰芝草蒻也榮而不實謂之英嘰食也瓊樹生崑崙西流沙濱大三百圍高萬仞華蘂也食之長生師古曰芝英芝菌之英也咀音才汝反噍音才笑反又音才弱反嘰音機又音祈補注先謙曰集解徐廣曰嘰小食也韋昭曰瓊華玉英**僸祲尋而高縱兮紛鴻溶而上厲**張揖曰僸卬也鴻溶踊也師古曰僸音角甚反祲音子禁反鴻音胡孔反溶音弋孔反補注先謙曰史記僸作㑂祲尋作侵潯溶作涌索隱漢書㑂作襟襟仰也音禁先謙案襟當爲僸之誤祲潯侵尋之借字言漸進也**貫列缺之倒景兮**服虔曰列缺天閃也人在天上下向視日月故景倒在下也張揖曰貫穿也陵陽子明經曰列缺氣去地二千四百里倒景氣去地四千里其景皆倒在下也補注先謙曰集解引漢書音義無人下十五字有倒景日在下五字閃一本譌門列缺一作烈缺文選羽獵賦霹靂列缺吐火施鞭應劭注列缺閃隙也火電照也倒景謂電光倒在下耳非日月景也**涉豐隆之滂濞**應劭曰豐隆雲師也楚辭曰吾令豐隆乘雲兮淮南子曰季春三月豐隆乃出以將雨師古曰豐隆將雨故言涉也滂濞雨水多也滂音普郎反濞音匹備反補注先謙曰史記濞作沛**騁游道而脩降兮鶩遺霧而遠逝**張揖曰馳疾而遺霧在後也師古曰游道車也道道車也脩長也降下也言周覽天

上然後驂車也循長路而下馳棄遺霧而遠逝也道讀曰導補注先謙曰司常道車載旞斿車載旌斿游字通用游車先驅之乘也
道車出入持馬陪乘迫區中之隘陝兮舒節出乎北垠師古曰舒緩也垠崖也音銀遺屯
騎於玄闕兮張揖曰玄闕北極之山也補注先謙曰淮南子盧敖游乎北海經乎太陰入乎玄闕軼先驅於
寒門應劭曰寒門北極之門也師古曰軼過也音逸補注先謙曰集解引漢書音義曰寒門天北門案淮南子北方北極之山
曰寒門疑應說非言行疾屯騎先驅皆遺而軼之屈原遠遊舒并節以馳騖兮逴絕垠乎寒門此文數語祖之下崢嶸而
無地兮師古曰崢嶸深遠貌崢音仕耕反嶸音宏上嵺廓而無天師古曰嵺廓廣遠也嵺音遼補注先謙曰
嵺史記作寥嵺借字視眩泯而亡見兮聽敞怳而亡聞師古曰眩泯目不安也敞怳耳不諦也眩
音州縣之縣泯音眄補注先謙曰史記泯作眠敞怳作惝怳乘虛亡而上遐兮超無友而獨存
師古曰上音時掌反補注宋祁曰友字浙本作有字先謙曰史記作友或作有案獨存不勞更言無友作有者是宋蘇軾詩超世無
有我獨行即用此賦意相如既奏大人賦天子大說師古曰說讀曰悅飄飄有陵雲
氣游天地之閒意補注李慈銘曰史記游上有似字此十二字為一句揚雄傳帝反縹縹有陵雲之志句可證
相如既病免家居茂陵補注沈欽韓曰西京雜記相如將聘茂林人女為妾卓文君作白頭吟自絕乃止

天子曰司馬相如病甚可往從悉取其書若後之矣師古曰若汝也言汝今去
已在他人後也補注李慈銘曰史記作若不然後失之矣文意甚明此祇少二字便卒不可解顏注非使所忠往師古
曰使者姓名也解在食貨志補注宋祁曰浙本正文無使字而相如已死家無遺書問其妻補注
宋祁曰別本無其字對曰長卿未嘗有書也時時著書人又取去長卿未死
時為一卷書曰有使來求書奏之其遺札書言封禪事師古曰書於札而留
之故云遺札所忠奏焉天子異之其辭曰補注先謙曰官本下不提行
伊上古之初肇自顥穹生民師古曰肇始也顥穹皆謂天也顥言氣顥汗也穹言形穹隆也謂自初始
有天地已來也顥音胡老反補注翟鴻禨曰師古注自初始有天地以來是以肇字屬下句讀非也史記穹下有兮字六字為句讀
之極順漢書傳寫誤脫如若後之矣之類非班氏刪之也歷選列辟以迄乎秦師古曰選數也辟君也迄至也
辟音璧率邇者踵武聽逖者風聲文穎曰率循也邇近也踵蹈也武迹也逖遠也言循履近者之遺迹
聽遠者之風聲風謂著於雅頌者也師古曰風聲總謂遺風嘉聲耳無繫於雅頌也補注先謙曰聽逖史記作逖聽循省近世則顯
然之迹可踵聽察遠古詳不得聞獨其聲可風也紛綸威蕤堙滅而不稱者不可勝數也

張揖曰紛綸威蕤亂貌補注先謙曰史記輪作綸威作葳索隱本仍作威說文無葳字繼昭夏崇號諡略可
道者七十有二君文穎曰昭明也夏大也德明大相繼封禪於泰山者七十有二人也補注李慈銘曰史記作續
韶夏韶昭字古通先謙曰李說是也春秋繁露楚莊王篇韶者昭也獨斷舜曰大韶一曰大昭史記李斯傳昭虞武象者索隱昭一
作韶此傳文選作韶官本史記亦作昭足證昭韶通用昭舜樂夏禹樂繼昭夏謂繼舜禹而起文穎望文生義非也尊號人主生時
所上美諡歿後所加七十二君索隱云見韓詩外傳及封禪書也罔若淑而不昌疇逆失而能存
應劭曰罔無也若順也淑善也疇誰也師古曰言行順善者無不昌大為逆失者誰能久存也軒轅之前遐哉邈
乎其詳不可得聞已師古曰遐邈皆遠也已語終之辭五三六經載籍之傳維見
可觀也師古曰五五帝也三三皇也補注宋祁曰皇當作王先謙曰文選作維風可觀也李善注引漢書音義曰五五帝也
三三王也經籍所載善惡可知也書曰元首明哉股肱良哉師古曰此虞書益稷之辭也元首君也股
肱大臣也因斯以談君莫盛於堯臣莫賢於后稷后稷創業於唐補注先謙
曰文選唐下多一堯字李善注引漢書音義曰唐堯之世播殖百穀公劉發迹於西戎文王改制爰
周郅隆大行越成文穎曰郅至也行道也文王始開王業改正朔服色太平之道於是成也應劭曰大行道德大

行也師古曰郅音質補注王念孫曰文說是大行越成者大道於是始成也古謂道為行先謙曰越粵同集解引注朔下有易字文
選注同而后陵夷衰微千載亡聲豈不善始善終哉鄭氏曰無聲無有惡聲也師古
曰雖後嗣衰微政教積替猶經千載而無惡聲補注先謙曰史記徐廣注周之王四海千載之後聲教乃絕與鄭顏異文選注引漢
書音義曰美周家終始相副若一也莊子曰善始善終人猶效之然無異端慎所由於前謹遺教
於後耳師古曰言既創業定制又垂裕後昆也補注先謙曰文選注言周之先王創制垂業既慎其規模又謹其遺教也較
顏說為晰故軌迹夷易易遵也師古曰夷易皆平也易音弋豉反湛恩厖洪易豐也師古
曰湛讀曰沈沈深也厖洪皆大也厖音尨補注先謙曰厖洪史記作濛涌文選作厖鴻憲度著明易則也垂
統理順易繼也張揖曰垂縣也統緒也理道也文王重易六爻窮理盡性縣於後世其道和順易續而明孔子得錯
其象而彖其辭也師古曰統業直言所垂之業其理至順故令後嗣易繼之耳非謂演易也補注王念孫曰理亦順也說文順理也
廣雅理順也說卦傳和順於道德而理於義考工記匠人水屬不理順謂之不行是理與順同義軌迹夷易湛恩厖洪憲度著明垂
統理順夷易皆平也厖洪皆大也著明皆明也理順皆順也先謙曰王說是是以業隆於繼保而崇冠
乎二后孟康曰繼保謂成王也二后謂文武也周王負成王以致太平功德冠於文武者遵成法易故也補注先謙曰保史

記文選作祼李善注引末無成字也字集解引無已字遵作道**撰厥所元終都攸卒**師古曰元始也都於也攸所也卒亦終也言度其所始究其所終也補注先謙曰都總也言總計其所終**未有殊尤絕迹可考於今者也**師古曰尤異也考校也言不得與漢校其德也補注先謙曰言無殊尤之迹可稽考於今日者無與漢校德意**然猶躡梁甫登大山建顯號施尊名**補注先謙曰文選注顯號尊名謂封禪也**大漢之德逢涌原泉沕潏曼羨**師古曰逢讀曰熢言如熢火之升原泉之流也沕潏曼羨盛大之意也沕音勿潏音聿羨音弋扇反補注先謙曰逢史記作熢集解引韋昭曰漢德熢涌如泉原也索隱張揖曰逢遇也喻其德盛若遇泉原之流也[illegible]又作峯讀張說顏氏未引蓋以爲不合而刪之今案遇涌原泉固不辭顏讀爲熢謂如熢火之升原泉之流是逢一字涌原泉三字各爲一義尤非句法韋說漢德熢涌如泉原熢涌二字文義平列是也逢讀爲漨文選吳都賦歘霧漨浡漨浡水盛貌言霧氣如水之盛也集韻漨與浲同又與洚同洚水卽洪水言水盛大不擇地而出漨涌卽漨浡之義耳逢本義亦大也書洪範子孫其逢吉馬注逢大也禮記儒行衣逢掖之衣注逢猶大也是逢讀本字而訓逢涌爲盛涌亦無不順與下文沕潏曼羨文義正相貫注不必如顏讀爲熢也史記作熢乃借字韋知其義故不煩改字直訓爲熢涌如原泉耳善注服虔曰潏泉貌徐廣曰沕沒也亡必反音義或曰曼羨廣散也官本注戈作弋**旁魄四塞雲布霧散**師古曰旁魄廣被也魄音步各反補注先謙曰魄同薄史記布作專徐廣曰專音布**上暢九垓下泝八埏**服虔曰暢達也垓重也天有九重如淳曰淮南云若士謂盧敖吾與汗漫期乎九垓之上孟康曰泝流也埏地之八際也言德上達於九重之天下流於地之八際師古曰埏本音延合韻音弋戰反淮南子作八殥也**懷生之類霑濡浸潤協氣橫流武節猋逝**師古曰言和氣橫被四表威武如猋之盛補注先謙曰猋官本作猋史記作飄文選作猋李善注橫流多也猋逝遠也武紀朕將巡邊垂擇兵振旅躬秉武節**爾陋游原迥闊泳末**孟康曰爾近也原本也迥遠也闊廣也泳浮也恩德比之於水近者游其原遠者浮其末也補注先謙曰官本爾作邇義同史記陋作陜末作沬皆借字**首惡鬱沒闇昧昭晰**師古曰始爲惡者皆卽湮滅素暗昧者皆得光明也晰音之舌反補注先謙曰集解引漢書音義曰始爲惡者皆湮滅闇昧喻夷狄皆化文選注引作孟康**昆蟲闓懌回首面內**文穎曰闓懌皆樂也師古曰闓讀曰凱言四方幽遐皆懷和樂回首革面而內鄉也補注先謙曰集解引韋昭曰面向也**然后囿騶虞之珍羣徼麋鹿之怪獸**師古曰言騶虞自擾而充苑囿怪獸自來若入徼塞言符瑞之盛也徼音工釣反補注劉奉世曰此言騶虞可致於囿中怪獸可驅於徼外耳吳仁傑曰封禪文於傳載之云受命所乘刊誤云如長卿所云元狩以前皆當有此瑞史不徧記何也賸刊誤仁傑按長卿言符瑞三事序頌互見序云囿騶虞頌則曰般般之獸樂我君囿序云犧雙觡共抵之獸頌則曰濯濯之麟遊彼靈畤序云招翠黃乘龍於沼頌則曰

宛宛黃龍服虔謂麟指武帝獲白麟事是在元狩元年孟康謂乘龍指余吾水神馬事是在三年獨騶虞一事無所考見故刊誤疑元狩以前當有此事然非史不盡記褚先生補傳有之按史記建章宮後閣重櫟中有物出焉其狀若麋武帝詔東方朔視之朔曰所謂騶牙者也長卿所指豈謂是乎山海經騶吾爲珍獸故長卿有騶虞珍羣之語其頌曰昔聞其聲今眡其來厥塗靡從天瑞之徵蓋以其出於建章宮後莫知其所從來故也顏注上文亦曰騶虞自擾而充苑囿但不悟其爲騶牙且曼倩言遠方當來歸後一歲昆邪王果降按昆邪降在元狩之二年則騶牙之出當是初元也先謙曰顏劉說徼義皆非也集解引漢書音義曰徼遮也麋鹿得其奇怪者謂獲白麟也案音義說徼是惟下言雙觡共抵之獸此不應先言白麟子虛賦徼𨘋受詘史記索隱引司馬彪云徼遮也音工堯反麋鹿非怪獸且中國所有不應武帝時始入徼塞更何至驅之徼外所謂麋鹿之怪獸卽其狀若麋之騶虞也非麋似麋故云麋鹿之怪獸一事而擧成文古人多有此法**導一莖六穗於庖**鄭氏曰導擇也一莖六穗謂嘉禾之米於庖廚以供祭祀也補注瞿鴻禨曰導史記作䆃索隱鄭德云䆃擇也說文嘉禾一名䆃字林云禾一莖六穗謂之䆃也顏氏家訓相如封禪書曰導一莖六穗於庖犧雙觡共抵之獸此導訓擇光武詔云非徒有豫養導擇之勞是也而說文云䆃是禾名引封禪書爲證無妨自當有禾名䆃非相如所用也禾一莖六穗於庖豈成文乎縱使相如天才鄙拙强爲此語則下句當云麟雙觡共抵之獸不得云犧也吾嘗笑許純儒不達文章之體如此之流不足憑信鴻禨案導當作䆃本書百官表有䆃官卽擇米之官北堂書鈔五十五䆃官令掌諸御米飛麪也字正從禾不從寸與史記說文合漢書作導乃傳寫之訛凡說文引經典不必全文呂忱顏之推輩遂誤斷爲禾之一莖六穗[illegible]不知導擇卽䆃擇欲離而二之無怪乎是其所非而非其所是矣**犧雙觡共抵之獸**服虔曰犧牲也觡角也抵本也武帝獲白麟兩角共一本因以爲牲也補注宋祁曰觡音居額反**獲周餘放龜于岐**文穎曰周放畜餘龜於池沼之中至漢得之於岐山之旁龜能吐故納新千歲不死也補注先謙曰餘下當有珍字史記作獲周餘珍收龜于岐館[illegible]集解徐廣曰一作放龜又引漢書音義曰周餘珍得周鼎也岐水名也據此是裴駰所見漢書本有珍字音義以獲周餘珍放龜爲二事言寶鼎放龜皆岐周所有漢不併獲之文穎小顏所見漢書並無珍字蓋轉寫奪去周餘放龜文不成義文穎顛倒正文爲之立訓究屬牽就不如音義爲當周淪九鼎漢得其一故曰餘珍也文選亦作獲周餘珍放龜于岐**招翠黃乘龍於沼**張揖曰乘龍四龍也孟康曰翠黃乘黃也龍翼馬身黃帝乘之而仙言見乘黃而招呼之禮樂志曰訾黃其何不來下余吾渥洼水中出神馬故曰乘龍於沼也師古曰此說非也言招致翠黃及乘龍於池沼耳乘音食證反春秋傳曰帝賜之乘龍補注劉奉世曰此則下文黃龍一瑞也翠黃言其色翠而黃非別物何焯曰翠黃當如孟說作乘黃言黃帝孔甲之乘黃乘龍皆歸池沼也先謙曰索隱服虔云乘龍四龍也翠黃孟說是也周書云乘黃似狐背上有兩角也先謙案竹書地出乘黃之馬管子河出圖洛出書地出乘黃注乘黃神馬也翠黃卽訾黃疑

喈翠以雙聲借字喈黃乘龍祇以取喻渥洼神馬耳語意無嫌複疊非謂黃帝孔甲之馬皆歸池沼亦非其色翠而黃也廣雅釋言
招來也官本注律作注是鬼神接靈圉賓於閒館文穎曰是時上求神仙之人得上郡之巫長陵女子能與
鬼神交接治病輒愈置於上林苑中號曰神君有似於古之靈圉禮待之於閒館舍中也師古曰閒讀曰閑補注劉奉世曰鬼神接
下疑少三字先謙曰集解徐廣曰言至德與神明通接故靈圉爲賓旅於閑館矣郭璞曰靈圉仙人名也徐以靈圉下屬則鬼神接
三字不辭當如文說奇物譎詭俶儻窮變師古曰俶音吐歷反補注先謙曰官本黨作儻史記同文選注引漢
書音義曰俶儻卓異也奇偉之物譎詭非常卓然絕異窮極事變欽哉符瑞臻茲猶以爲薄不敢
道封禪補注先謙曰文選薄上有德字蓋周躍魚隕杭休之以燎應劭曰杭舟也休美也師古曰
燎祭天也謂武王伐紂白魚入于王舟俯取以燎微夫斯之爲符也以登介丘不亦恧乎
服虔曰介大也丘山也言周以白魚爲瑞登太山封禪不亦慙乎補注沈欽韓曰冊府元龜封禪三十五貞觀十一年封禪議曰請
介丘山圓壇廣五丈高九尺用五色土加之高宗乾封元年帝登于泰山封玉牒于介山按此則介丘本山名服注非進攘
之道何其爽與張揖曰進周也攘漢也爽差也言周未可封禪而封爲進漢可封禪而不爲爲攘也師古曰攘古讓
字也補注先謙曰官本末無也字於是大司馬進曰文穎曰大司馬上公故先進議也陛下仁育
羣生義征不譓文穎曰譓順也補注先謙曰史記譓作憓釋言惠順也說文無譓憓字諸夏樂貢百
蠻執贄師古曰夏大也諸夏謂中國之人比蠻夷爲大也德侔往初功無與二師古曰侔等也休
烈液洽符瑞衆變期應紹至不特創見師古曰言符瑞衆多應期相續而至不獨初創而見
也補注宋祁曰液疑作浹期應浙本作斯應予謂疑當作應期先謙曰液史記文選作浹索隱文穎云不獨一物初創見也李善注
引作不獨一物造見也創初創也先謙案造亦創也較顏注晰意者太山梁父設壇場望幸蓋號
以況榮孟康曰意者言太山梁父設壇場望聖帝往封禪記號以褒榮名也師古曰幸臨幸也蓋發語辭也補注先謙曰官
本記作紀是文選注引漢書音義亦作紀集解徐廣曰以況受上天之榮爲名號索隱案本或作望華蓋華蓋星名在紫微大帝之上
上今言望聖帝之臨幸也義亦兩通而孟康服虔注本皆幸下有華字摯虞流別集則唯云幸幸當是也於義亦通直以後人見幸
下有蓋字又幸字似華故因疑惑遂定華字使誤也文穎曰蓋合也言考合前代之君揆其榮而相比況以爲號也大顏云蓋彼也
言欲化功立號受天之況賜榮名也於義爲極然其文云蓋詞義與質又上與幸字連文致令有華蓋之謬也先謙案華蓋之誤索
隱說是蓋義皆非也釋名蓋加也加物上也言太山梁父望帝臨幸加上尊號以比榮於往代語意甚明上帝垂恩儲
祉將以慶成師古曰上帝天也言垂恩於下豫積祉福用慶告成之禮補注先謙曰史記慶作薦陛下嗛讓

而弗發也張揖曰不肯發意往也師古曰嗛古謙字挈三神之歡缺王道之儀應劭曰挈絕也
缺闕也如淳曰三神地祇天神山岳也師古曰挈音口計反補注先謙曰集解徐廣曰挈猶言垂也韋昭曰挈缺也索隱挈猶垂非
也應劭挈作絕李奇韋昭作缺意亦不遠案索隱說是釋詁契絕也廣雅栔缺也挈蓋借字羣臣恧焉師古曰恧愧也
音女六反或謂且天爲質闇示珍符固不可辭師古曰言天道質昧以符瑞見意不可辭讓也
補注先謙曰注集解引作漢書音義史記無示字文選有謂作曰若然辭之是泰山靡記而梁父
罔幾也張揖曰泰山之上無所表記梁父壇場無所庶幾也亦各並時而榮咸濟厥世而屈
說者尚何稱於後而云七十二君哉應劭曰屈絕也言古帝王若但各一時之榮畢世而絕者
則說者無從顯稱於後也師古曰屈音其勿反夫修德以錫符奉符以行事不爲進越也
文穎曰越踰也不爲苟進踰禮也故聖王弗替而修禮以祇謁款天神文穎曰謁告也款誠
也師古曰替廢也不廢封禪之事也補注先謙曰史記文選以祇作地祇官本不誤勒功中岳以章至尊張揖
曰蓋先禮中岳而幸太山也師古曰章明也舒盛德發號榮受厚福以浸黎民補注先謙曰官
本史記號榮作榮號皇皇哉斯事天下之壯觀王者之卒業不可貶也師古曰皇

皇盛貌也卒終也字或作本或作丕丕大也補注先謙曰史記作丕願陛下全之張揖曰願以封禪全其終也而
后因雜縉紳先生之略術使獲曜日月之末光絕炎以展采錯事
文穎曰采官也使諸儒記功著業得觀日月末光殊絕之明以展其官職設錯其事業也李奇曰炎音火之光炎師古曰炎音弋贍
反錯音千故反補注先謙曰因雜猶言重積謂總萃之也上文雜襲彙輯注雜襲相因也即因雜之意略術猶言道術左定四年傳
注略道也絕炎與末光同意文訓殊絕之明則與末光義不貫文選長暢賦注絕遠也言諸儒贍仰帝德譬猶日月高顯僅得曬其
餘光而已據下兼正列其義此尚不及記功著業意文說非也書堯典馬注采官也文選正文及引文說並作采蓋後人妄改
錯措古通用猶兼正列其義祓飾厥文作春秋一藝孟康曰猶作春秋者正天時列人事
也言諸儒既得展事業因兼正天時列人事敘述大義爲一經也師古曰祓除也祓飾者言除去舊事更飾新文也祓音敷勿反補
注宋祁曰浙本祓音方吠反先謙曰官本正文及注並作祓飾文選同史記作校飾集解徐廣曰校一作祓祓猶拂也音廢官本史
記注作祓其字從衣疑祓飾猶祿飾意也正義飾文紀述時事垂之史官此春秋一家法故曰作春秋一藝將襲舊六爲
七攄之無窮文穎曰六經加一爲七也師古曰攄布也音丑居反補注先謙曰集解徐廣曰攄一作臚臚敘也索隱廣
雅云攄張舒也文選注引孔安國尚書傳曰襲因也俾萬世得激清流揚微波蜚英聲騰茂

實師古曰蜚古飛字補注先謙曰索隱胡廣曰飛揚英偉之聲騰馳茂盛之實也前聖之所以永保鴻名而常為稱首者用此師古曰稱音尺孕反補注先謙曰稱舉也常為後人稱舉之首顏音誤宜命掌故悉奏其儀而覽焉師古曰掌故太常官屬主故事者補注先謙曰史記儀作義於是天子沛然改容曰俞乎朕其試哉師古曰沛然感動之意也俞者然也其所請也沛音普大反俞音踰補注先謙曰文選沛作俙李善注引張揖曰俙感動之意也俙或為沛乃遷思回慮總公卿之議詢封禪之事詩大澤之博廣符瑞之富孟康曰詩所以詠功德謂下四章之頌也大澤之博謂自我天覆雲之油油也廣符瑞之富謂斑斑之獸以下三章言符應廣大富饒也補注劉奉世曰嘉穀亦符瑞之一也此但包舉作頌之意不必別之廣謂廣聞其事王念孫曰詩字若訓為詩賦之詩則詩大澤之博殊為不詞且字法與總公卿之議詢封禪之事廣符瑞之富皆為不類矣今案詩者志也志者記也謂作此頌以記大澤之溥博廣符瑞之富饒也詩訓志意之志又訓志記之志詩序曰詩者志之所之也在心為志發言為詩詩譜正義引春秋說題辭曰在事為詩未發為謀恬澹為心思慮為志詩之為言志也是詩訓為志意之志也賈子道德說篇書者著德之理於竹帛而陳之令人覿焉以著所從事故曰書者此之著者也詩者志德之理而明其指令人緣之以自成也故曰詩者此之志者也是詩又訓為志記之志也沈欽韓曰內則注詩之言承也特牲禮詩懷之注詩猶承

也孔穎達正義詩有三訓持也承也志也[illegible][illegible]此詩大澤之博正以承為訓孟注謬先謙曰孟注詩所以詠功德集解引作詩歌詠功德也下四章之頌也文選注引同是以詩字作歌詠功德解得古人實字虛用之義例[illegible]顏氏引之改為詩所以詠功德詩字遂成實解不可通矣王沈二說亦通然謂孟氏誤解則非由未檢史記文選注也遂作頌曰自我天覆雲之油油蘇林曰油音油麻之油李奇曰油油雲行貌孟子曰油然作雲沛然下雨甘露時雨厥壤可游師古曰言雨露滂沛其澤可以游泳也滋液滲漉何生不育師古曰滲漉謂潤澤下究故無生而不育也滲音山禁反漉音鹿補注先謙曰文選注說文滲下漉也又曰漉水下貌嘉穀六穗我穡曷蓄李奇曰我之稼穡何等不蓄積匪唯雨之又潤澤之匪唯偏我氾布護之師古曰氾普也布護言遍布也氾音敷劍反補注先謙曰史記作非惟濡之文選作非惟偏之朱一新云索隱胡廣曰言雨澤非偏於我普遍布散無所不濩也據此則史記本亦作偏後人誤改耳文選我上有之字衍文萬物熙熙懷而慕之補注先謙曰之史記文選作思名山顯位望君之來補注先謙曰文選注韋昭曰名山泰山也顯位封禪之事也集解引無之事二字君兮君兮侯不邁哉師古曰侯何也邁行也言君何不行封禪補注先謙曰文選注引作李奇無邁行也三字般般之獸樂我君囿白質黑章其儀可喜師古曰謂騶虞也般字與斑同耳從丹青之丹喜音許記反補注朱一新曰文選五臣本圖作囿李善作圖本史記同圖喜古音叶也此作圖誤又史記文選喜作嘉非瞿鴻禨曰說文禽獸曰囿種菜曰圃此當作囿旼旼穆穆君子之態孟康曰旼旼和也穆穆敬也言容態和且敬有似君子也張揖曰旼音旻補注先謙曰史記態作能蓋聞其聲今視其來師古曰言往昔但聞其聲今親見其來也來合韻音郎代反補注瞿鴻禨曰來與之哉喜態皆叶顏讀非也先謙曰文選視作親李善注云親見其來據顏注疑漢書亦作親史記作觀厥塗靡從天瑞之徵文穎曰其來之道何從乎此乃天瑞之應也茲爾於舜虞氏以興文穎曰百獸舞則騶虞在其中也補注王念孫曰爾字於義無取當從史記文選作亦文選呂延濟注曰言此獸於舜亦見也今本作爾者亦譌為尒後人因改為爾矣[illegible]同先謙曰索隱引文注曰舜百獸率舞則騶虞亦在其中也為亦字作注是文穎所見本爾字為亦之證[illegible]濯濯之麟游彼靈畤孟冬十月君徂郊祀文穎曰濯濯肥也武帝冬幸雍祠五時獲白麟也師古曰濯音直角反大雅靈臺之詩云麀鹿濯濯馳我君輿帝用享祉文穎曰馳我君車之前也師古曰帝天帝也以此祭天天既享之荅以祉福也三代之前蓋未嘗有宛宛黃龍興德而升文穎曰起至德而見也采色玄耀爗炳煇煌師古曰玄讀曰炫煇煌光貌煇音下本反補注先謙曰官本作

炳炳注引宋祁曰炳炳越本作爗炳案史記玄作炫爗作熿徐廣曰熿音晃煇音魂熿晃雙聲煇不必如顏改讀正陽顯見覺寤黎烝文穎曰陽明也師古曰黎烝眾庶也補注先謙曰五行志龍陽類貴象也續漢五行志注引風俗通龍者陽類君之象也故曰正陽顯見眾隱謂南面受朝非於傳載之云受命所乘師古曰謂易云時乘六龍以御天也補注劉奉世曰如長卿所云則盖元狩以前皆嘗有此瑞不知史不備記何也先謙曰此謂渥注神馬事詳上圖騶虞招翠黃注非史不備記也文選注如淳曰書傳挨其比類或以漢土德則宜有黃龍之應於成紀是也故言受命者所乘索隱引如小異厥之有章不必諄諄文穎曰天之所命表以符瑞章明其德不必諄諄然有語言也師古曰諄諄告喻之熟也諄音之純反依類託寓諭以封巒文穎曰寓寄也巒山也言依事類託寄以喻封禪披藝觀之天人之際已交上下相發允答聖王之事兢兢翼翼師古曰兢兢戒也翼翼敬也補注先謙曰言聖王戒敬修禮信所以答天休也史記文選事作德故曰於興必慮衰安必思危是以湯武至尊嚴不失肅祗師古曰言居天子之位猶不忘恭敬也補注沈欽韓曰周書程典解於安思危於始思終舜在假典顧省厥遺師古曰在察也假天也典則也言舜察璇璣玉衡恐己政化有所遺失不合天心今漢亦當順天意而封禪也補注先謙曰天官本作大是文選厥作闕李善注湯武雖居至尊嚴之位而猶不失肅祗之道舜所

以在於大典謂能顧省其遺失言漢亦當不失恭敬而自省也祭天是不忘敬也不封禪是遺失也毛詩曰湯降不遲上帝是祗**此之謂也相如既卒**補注先謙曰徐廣注元狩五年也**五歲上始祭后土八年而遂禮中岳封于太山至梁甫禪肅然**補注何焯曰傳遂終言其事固不悟封禪之非而直以爲惟此盛典皆發自相如也史通云馬卿爲自敘傳具在其集中子長因錄斯篇即爲列傳班氏仍舊更無改作固於揚馬傳末皆云遷雄之自敘如此至於相如篇下獨無此言其例不純按傳中終言相如卒後之事則非止錄自敘也**相如它所著若遺平陵侯書**補注先謙曰徐廣注蘇建也**與五公子相難屮木書篇不采采其尤著公卿者云**

贊曰司馬遷稱春秋推見至隱李奇曰隱猶微也言其義顯而文隱若隱公見弒死而經不書隱諱之也補注何焯曰言由人事之見著者推而至於天道之隱微也李注失之然近人讀見爲本字則去之彌遠矣先謙曰集解韋昭曰推見事至於隱諱謂若晉文召天子經言狩河陽之屬於義亦通索隱引虞喜志林曰春秋以人事通天道是推見至隱也易以天道接人事索隱以之明顯也是何說爲長**易本隱以之顯**張揖曰作八卦以通神明之德是本隱也有天道焉有地道焉有人道焉以類萬物之情是之顯也師古曰之往也**大雅言王公大人而德逮黎庶**張揖曰謂文王公劉在位大人之德下及眾民者也補注先謙曰集解韋昭曰先言王公大人之德乃後及眾庶也**小雅譏小己之得失其流及上**張揖曰己詩人自謂也己小有得失不得其所作詩流言以諷其上也師古曰小己者謂卑少之人以對上言大人耳補注先謙曰集解韋昭曰小雅云人志狹小先道己之憂苦其流乃及上政之得失者索隱云故詩緯云小雅譏己得失及之於上也先謙案說文譏誹也廣雅釋言譏怨也所謂小雅怨誹是也詩人怨思之作雖極哀傷憔悴每以己身之得失爲小不足道而憂及於國家之大故曰譏小己之得失顏訓不詞張韋說亦非**所言雖殊其合德一也相如雖多虛辭濫說然要其歸引之於節儉此亦詩之風諫何異**師古曰風讀曰諷次下亦同**揚雄以爲靡麗之賦勸百而風一**師古曰奢靡之辭多而節儉之言少也補注先謙曰官本風作諷按顏注上文言次下亦同作風爲是**猶騁鄭衞之聲曲終而奏雅不已戲乎**張揖曰不亦輕戲乎哉補注宋祁曰已當作亦先謙曰謂揚雄之論過輕相如也史記戲作虧

司馬相如傳第二十七下終　　漢書五十七

公孫弘卜式兒寬傳第二十八　　漢書五十八

漢　蘭臺令史班固撰

唐正議大夫行祕書少監琅邪縣開國子顏師古注

賜進士出身前翰林院編修國子監祭酒加三級臣王先謙補注

公孫弘補注齊召南曰史記字季漢書於名字里居往往視史記加詳此文獨脫沈欽韓曰西京雜記鄒長倩遺弘書云次卿足下則弘一字次卿**菑川薛人也**補注先謙曰顧炎武云史記傳稱齊菑川薛縣人也薛並不屬二國正義表云菑川國文帝分齊置都劇括地志故劇城在青州壽光縣南三十一里故薛城在徐州滕縣界按薛與劇隔兗州及泰山儒林傳言薛人公孫弘是弘審爲薛人言齊菑川者誤也齊召南云本傳牧豕海上惟菑川北近海若魯國薛縣東去海絕遠又云菑川國復推上弘史漢並合然則弘爲薛人尚可疑其爲菑川人似無可疑也錢大昕云地理志菑川國三縣無薛縣然高五王傳菑川王終古曾削四縣安知薛縣不在所削之內漢志所載侯國領縣若干皆元成以後之制如蠡吾故屬河間良鄉安次文安故屬燕陘城故屬趙之類頗有列傳略見一二未可据志駁傳沈欽韓云菑川治劇薛蓋劇字之誤洪頤煊云薛當是鄉聚名如東方朔傳平原厭次人之類先謙案史漢並書薛人則薛非劇誤史稱薛縣則非鄉聚名也薛去菑川絕遠亦不應在終古所削四縣之內史記云少時爲薛獄吏蓋弘本菑川人其先齊未分故稱齊菑川人因少在薛久故或亦稱爲薛人耳此史家承譌班未及栞正者也**少時爲獄吏有罪免**補注先謙曰史記爲下有薛字不可去**家貧牧豕海上年四十餘乃學春秋雜說**補注何焯曰雜說雜家之說兼儒墨合名法者也藝文志亦有公羊雜記八十三篇以宏所對智者術之原也一條味之其學蓋出於雜家則此雜說非春秋經師之雜說也**武帝初即位招賢良文學士**補注宋祁曰士字上疑有之字**是時弘年六十以賢良徵爲博士使匈奴還報不合意**師古曰奏事不合天子之意**上怒以爲不能弘乃移病免歸**師古曰移病謂移書言病也一曰以病移居補注先謙曰一說非**元光五年復徵賢良文學菑川國復推上弘**補注沈欽韓曰案西京雜記云公孫弘以元光五年爲國士所推爲賢良國人鄒長倩以其家貧少自資致乃解衣裳以衣之釋所著冠履以與之又贈以芻一束素絲一緵撲滿一枚書題遺之**弘謝曰前已嘗西用不能罷願更選**補注先謙曰用猶以史記作以**國人固推弘弘至太常上策詔諸儒制曰**補注王念孫曰景祐本儒下有曰字是也制曰二字即策中之語則上句曰字不可省董仲舒傳云天子乃復冊之曰制曰即其證**蓋聞上古至治畫衣冠異章服而民不犯**補注先謙曰解詳武紀亦見元紀刑法志**陰陽和**

五穀登六畜蕃師古曰登成也蕃多也音扶元反甘露降風雨時嘉禾興朱屮生師古曰屮古草字山不童澤不涸師古曰童無草木也涸水竭也音胡各反麟鳳在郊藪龜龍游於沼師古曰邑外謂之郊澤無水曰藪沼池也河洛出圖書父不喪子兄不哭弟補注先謙曰無短折北發渠搜南撫交阯師古曰言威德之盛北則徵發于渠搜南則綏撫於交阯也渠搜遠夷之國也補注先謙曰二語本大戴禮少閒篇盧辨注以北發爲北狄地名其言北發渠搜氐羌徠服與南撫交阯文不相屬制策用爲對舉葢誤故弘對略而不言渠搜西域之國亦不在北方顏依文立訓耳詳見武紀舟車所至人迹所及跂行喙息咸得其宜師古曰跂行有足而行者也喙息謂有口能息者也跂音岐喙音許穢反朕甚嘉之今何道而臻乎此師古曰臻至也子大夫修先聖之術明君臣之義講論洽聞有聲乎當世問子大夫補注先謙曰官本問上有敢字是天人之道何所本始吉凶之效安所期焉師古曰安焉也禹湯水旱厥咎何由仁義禮知四者之宜當安設施屬統垂業物鬼變化師古曰屬繫也音之欲反其下亦同補注先謙曰屬統垂業下接物鬼變化四字語似不倫据弘對屬統垂業之本也以下無一語及物鬼變化之事疑衍文天命之符廢

前漢五十八　二

興何如天文地理人事之紀子大夫習焉其悉意正議詳具其對著之于篇師古曰悉盡也篇簡也朕將親覽焉靡有所隱弘對曰臣聞上古堯舜之時不貴爵賞而民勸善不重刑罰而民不犯躬率㠯正而遇民信也師古曰躬謂身親行之遇謂處待之而己補注宋祁曰注文而己字疑當刪末世貴爵厚賞而民不勸深刑重罰而姦不止其上不正遇民不信也夫厚賞重刑補注錢大昭曰當閩本及漢紀並作賞先謙曰官本作賞是未足㠯勸善而禁非必信而已矣是故因能任官則分職治師古曰分音扶問反去無用之言則事情得不作無用之器即賦斂省補注先謙曰即官本作則古即則通用不奪民時不妨民力則百姓富有德者進無德者退則朝廷尊有功者上無功者下則羣臣逡師古曰言有次第也師古曰逡音七旬反其字從辵補注先謙曰官本注上師古作李奇是辵作辶引宋祁曰逡疑作㣍姚本注文改辵作辶先謙案李訓逡爲有次第古無此義其說非也逡退也言羣臣明退讓之義也說文逡復也復乃復之誤字徐鍇韻譜逡復也復即退字逡集韻作㣍本書王莽傳亦作㣍故景文以爲逡疑作㣍今傳寫誤作俊耳景文不能改逡爲俊也

罰當罪則姦邪止賞當賢則臣下勸凡此八者治之本也補注先謙曰官本治下有民字引宋祁云江南本無民字王念孫云江南本是也民字涉上下文而衍上文八事皆治道之大者不專指民而言漢紀無民字下文凡此四者治之本亦無民字故民者業之即不爭理得則不怨有禮則不暴愛之則親上師古曰各得其業則無爭心各申其理則無所怨使之由理則無暴慢子而愛之則知親上也補注先謙曰由下理字官本作禮是此有天下之急者也故法不遠義則民服而不離和不遠禮則民親而不暴師古曰遠違也音于萬反故法之所罰義之所去也師古曰去除也音丘呂反補注先謙曰官本作去棄也音丘舉反和之所賞禮之所取也禮義者民之所服也而賞罰順之則民不犯禁矣補注宋祁曰監本浙本止云不犯矣南本云民之所服也不犯禁矣而賞罰順之則民從余謂不犯禁矣四字疑當刪止作則民從故畫衣冠異章服而民不犯者此道素行也臣聞之氣同則從聲比則應師古曰比亦和也音頻寐反補注先謙曰官本無亦字此衍今人主和德於上百姓和合於下師古曰合謂與上合德也故心和則氣和氣和則形和形和則聲和聲和則天地之和應矣

前漢五十八　三

故陰陽和風雨時甘露降五穀登六畜蕃嘉禾興朱草生山不童澤不涸此和之至也故形和則無疾無疾則不夭故父不喪子兄不哭弟德配天地明並日月則麟鳳至龜龍在郊河出圖洛出書遠方之君莫不說義師古曰說讀曰悅奉幣而來朝此和之極也臣聞之仁者愛也義者宜也禮者所履也師古曰履而行之補注先謙曰官本注履上有覼字智者術之原也致利除害兼愛無私謂之仁師古曰致謂引而至也明是非立可否謂之義進退有度尊卑有分謂之禮師古曰分音扶問反擅殺生之柄通塞之塗師古曰擅專也補注錢大昭曰通下脫壅字南監本閩本及鼂錯所引並有壅字先謙曰官本有壅字權輕重之數論得失之道使遠近情僞必見於上謂之術師古曰見顯也凡此四者治之本道之用也皆當設施不可廢也得其要則天下安樂補注宋祁曰南本云得其要道浙本云得其要術王念孫曰術字承上文謂之術而言下文不得其術又對得其要術而言則有術字者是也治要引此亦有術字漢紀同法設而不用師古曰下不犯法無所加刑也不得其術則主

蔽於上官亂於下此事之情屬統垂業之本也臣聞堯遭鴻水使禹治之未聞禹之有水也若湯之旱則桀之餘烈也桀紂行惡受天之罰禹湯積德㠯王天下因此觀之天德無私親〔補注〕宋祁曰天德浙本無德字順之和起逆之害生〔補注〕王念孫曰和當爲利草書之誤也順逆利害皆對文若作和則與害不相對矣漢紀作和亦後人以誤本漢書改之文選永明十一年策秀才文注引此正作利此天文地理人事之紀臣弘愚戇不足㠯奉大對師古曰大對大問之對也時對者百餘人太常奏弘第居下策奏天子擢弘對爲第一召入見容貌甚麗〔補注〕先謙曰官本無入字引宋祁曰浙本云召入見拜爲博士待詔金馬門如淳曰武帝時相馬者東門京作銅馬法獻之立馬於魯斑門外更名魯斑門爲金馬門〔補注〕先謙曰官本斑俱作班是弘復上疏曰陛下有先聖之位而無先聖之名〔補注〕先謙曰官本名作民蓋緣下民字而誤有先聖之民而無先聖之吏是㠯勢同而治異先世之吏正故其民篤師古曰篤厚也今世之吏邪故其民薄政弊而不行令倦而不聽夫使邪吏行弊政用倦令治薄

民民不可得而化此治之所㠯異也臣聞周公旦治天下朞年而變三年而化五年而定唯陛下之所志師古曰言志所在也書奏天子㠯冊書答曰〔補注〕宋祁曰答字下疑有焉字問弘稱周公之治弘之材能自視孰與周公賢師古曰與猶如也弘對曰愚臣淺薄安敢比材於周公雖然愚心曉然見治道之可㠯然也夫虎豹馬牛禽獸之不可制者也及其教馴服習之師古曰馴順也音巡至可牽持駕服唯人之從師古曰從人意臣聞揉曲木者不累日師古曰揉謂矯而正之也累積也揉音人九反〔補注〕宋祁曰累當作絫注文累積字上當有絫古累字四字銷金石者不累月夫人之於利害好惡豈比禽獸木石之類哉師古曰好音呼到反惡音一故反朞年而變臣弘尚竊遲之上異其言時方通西南夷巴蜀苦之詔使弘視焉還奏事盛毀西南夷無所用上不聽每朝會議開陳其端使人主自擇不肯面折庭爭於是上察其行慎厚辯論有餘習文法吏事〔補注〕沈欽韓曰西京雜記公孫弘著公孫子言刑名事謂字直百金緣

飾㠯儒術師古曰緣飾者譬之於衣加純緣者上說之師古曰說讀曰悅一歲中至左內史〔補注〕先謙曰史記作二歲徐廣注一云一歲弘奏事有所不可不肯庭辯師古曰不於朝廷顯辯論之〔補注〕宋祁曰庭當作廷後庭詰並同常與主爵都尉汲黯請閒師古曰求空隙之暇黯先發之弘推其後上常說師古曰說讀曰悅所言皆聽㠯此日益親貴嘗與公卿約議師古曰約要也至上前皆背其約㠯順上指汲黯庭詰弘曰齊人多詐而無情始爲與臣等建此議今皆背之不忠〔補注〕先謙曰史記情下有實字始下無爲字爲讀曰僞上問弘弘謝曰夫知臣者㠯臣爲忠不知臣者㠯臣爲不忠上然弘言左右幸臣每毀弘上益厚遇之弘爲人談笑多聞師古曰善於談笑而又多聞也談字或作詼音恢詼謂嘲也善嘲謔也〔補注〕先謙曰史記作恢奇多聞常稱㠯爲人主病不廣大人臣病不儉節養後母孝謹後母卒服喪三年爲內史數年遷御史大夫時又東置蒼海〔補注〕宋祁云一作滄北築朔方之郡弘數諫㠯爲罷弊中國㠯奉無用之地師古曰罷讀曰疲〔補注〕先謙曰官本無此注願罷

之於是上迺使朱買臣等難弘置朔方之便發十策弘不得一師古曰言其利害十條弘無以應之〔補注〕先謙曰集解引韋昭曰弘才非不能得一不敢逆上耳弘迺謝曰山東鄙人不知其便若是願罷西南夷蒼海專奉朔方上迺許之汲黯曰弘位在三公奉祿甚多師古曰奉音扶用反其下亦同然爲布被〔補注〕沈欽韓曰鹽鐵論救匱篇公孫弘布被兒寬練袍此詐也上問弘弘謝曰有之夫九卿與臣善者無過黯然今日庭詰弘誠中弘之病夫㠯三公爲布被誠飾詐欲㠯釣名師古曰釣取也言若釣魚之謂也且臣聞管仲相齊有三歸師古曰三歸取三姓女也婦人謂嫁曰歸侈擬於君師古曰擬疑也言相似也〔補注〕先謙曰官本注文在亦上僭於君下桓公㠯霸亦上僭於君晏嬰相景公食不重肉妾不衣絲齊國亦治亦下比於民師古曰比方也一曰比近也音頻寐反今臣弘位爲御史大夫爲布被自九卿㠯下至於小吏無差誠如黯言〔補注〕先謙曰差別也且無黯陛下安聞此言上㠯爲有讓愈益賢之元朔中代薛澤爲丞相〔補注〕先謙曰通鑑考異云史記將相名臣表漢書百

官公卿表弘爲相皆在元朔五年建元以來侯者表恩澤侯表皆云元朔三年封侯按三年弘始爲御史大夫葢誤書五爲三因置於三年耳先是漢常㠯列侯爲丞相唯弘無爵上於是下詔曰朕嘉先聖之道開廣門路宣招四方之士葢古者任賢而序位量能㠯授官勞大者厥祿厚德盛者獲爵尊故武功㠯顯重而文德㠯行襃其㠯高成之平津鄉戶六百五十封丞相弘爲平津侯補注齊召南曰按志高成縣屬勃海郡宋白云滄州鹽山縣古高成縣也有平津縣又戶六百五十表作三百七十三戶表傳互異其後㠯爲故事至丞相封自弘始也時上方興功業婁舉賢良師古曰婁古屢字弘自見爲舉首起徒步數年至宰相封侯於是起客館開東閤㠯延賢人師古曰閤者小門也東向開之避當庭門而引賓客㠯別於掾史官屬也補注錢大昭曰西京雜記其一曰欽賢館以待大賢次曰翹材館以待大才次曰接士館以待國士其有德任毗贊佐理陰陽者處欽賢之館其有才堪九列將軍二千石者居翹材之館其有一介之善一方之藝居接士之館姚鼐曰此閤是小門不以賢者爲吏屬別開門延之若後漢汝南太守韓崇召蔡顧爲東閤祭酒其後魏晉至梁陳稱東閤祭酒者甚多此則正是參佐耳又有西閤祭酒如孔琳之爲桓元太尉西閤祭酒是也葢公

府及州郡皆得作閤室以居參佐故有東西之稱與平津東閤自別而書籍字形往往外互當各隨義正之先謙曰官本閤作閣與參謀議弘身食一肉脫粟飯師古曰才脫粟而已不精鑿也脫音他活反補注李楨曰說文糲米一斛舂九斗曰糳廣韻糳精細也不當作鑿先謙曰官本作糳故人賓客仰衣食師古曰故人平生故交也仰音牛向反補注沈欽韓曰西京雜記弘起家徒步爲丞相故人高賀從之弘食以脫粟飯覆以布被賀怨曰何用故人富貴爲脫粟布被我自有之弘大慙賀告人曰公孫弘內服貂蟬被縕襌非內服弘亦不爲侍中葢襌字外衣麻枲內厨五鼎外膳一肴豈可以示天下於是朝廷疑其矯焉弘歎曰甯逢惡賓不逢故人奉祿皆㠯給之家無所餘然其性意忌外寬內深師古曰意忌多所忌害也補注王念孫曰意忌二字平列意者疑也內多疑忌故曰外寬內深廣雅意疑也文三王傳顏注意疑也陳平張湯二傳並同此文諸常與弘有隙補注宋祁曰南本常作嘗無近遠雖陽與善後竟報其過補注先謙曰史記過作禍殺主父偃徙董仲舒膠西皆弘力也後淮南衡山謀反治黨與方急弘病甚自㠯爲無功而封侯居宰相位宜佐明主塡撫國家師古曰塡音竹刃反使人由臣子之道師古曰由從也今諸侯有畔逆之計此大臣奉職不稱也師古曰稱副也恐病死無㠯塞責師古曰塞當也補注先謙曰塞答也乃上書曰臣聞天下通道五所㠯行之者三君臣父子夫婦長幼朋友之交五者天下之通道也仁知勇三者所㠯行之也故曰好問近乎知師古曰疑則問之故成其智力行近乎仁師古曰屈己濟物故爲仁也知恥近乎勇師古曰不求苟得故爲勇也知此三者知所㠯自治知所㠯自治然後知所㠯治人師古曰自好問近乎智㠯下皆禮記中庸之辭未有不能自治而能治人者也陛下躬孝弟監三王建周道兼文武招徠四方之士任賢序位量能授官將㠯厲百姓勸賢材也今臣愚駑無汗馬之勞師古曰言未嘗從軍旅陛下過意擢臣弘卒伍之中師古曰過猶誤也補注周壽昌曰過意猶言過垂恩意先謙曰官本下字不重是史記不重封爲列侯致位三公臣弘行能不足㠯稱師古曰不副其任也加有負薪之疾恐先狗馬塡溝壑終無㠯報德塞責願歸侯乞骸骨避賢者路補注何焯曰淮南輕宏至有發蒙振落之語當日治其獄無有不聞於上者皇恐避位葢亦非得已也上報曰古者賞有功襃有德守成文補注錢大昭曰成下脫上

字南監本閩本皆有先謙曰官本有上字據下注顏本有上字史記亦作尙文遭遇右武師古曰右亦上也禍亂時則上武耳補注先謙曰遇官本作禍據顏注亦當是禍字史記作遭遇索隱引顏云言遭遇亂時而上武也又與此注異疑遇字篆文與禍相涉因譌禍爲遇耳未有易此者也師古曰易改也朕夙夜庶幾獲承至尊懼不能寧惟所與共爲治者君宜知之師古曰惟思也知謂知治道也補注先謙曰知謂知朕意也葢君子善善及後世若茲行常在朕躬師古曰朕常思此不息於心也補注先謙曰史記作葢君子善善惡惡君宜知之君若謹行常在朕躬郭嵩燾云此答其歸侯之意善善及後世謂世傳國爲侯行者所以行賞也武帝自言身任賞罰之權與史記文義各別而漢書爲勝君不幸罹霜露之疾何恙不已師古曰罹遭也恙憂也已止也言何憂於疾不止也禮記曰疾止復初也補注先謙曰集解引漢書音義曰何恙喩小疾不以時愈索隱恙憂也以言罹霜露寒涼之疾輕何憂於病不止乃上書歸侯乞骸骨是章朕之不德也師古曰章明也今事少閒師古曰閒言有空隙也閒讀曰閑君其存精神止念慮輔助醫藥㠯自持因賜告牛酒雜帛補注郭嵩燾曰後漢陳忠傳注古者召吏休假曰告汲黯傳黯多病上常賜告者數此速牛酒雜帛爲文謂因賜告兼賜牛酒雜帛也居數月有瘳視事凡爲丞相御史六歲

年八十終丞相位補注先謙曰陳鵬年云按史記弘以建元元年徵為博士罷歸年六十至元光五年凡十一年年七十一是年即以博士為左內史元朔三年為御史大夫年七十五五年為丞相年七十七元狩二年三月薨在相位二年餘年八十其後李蔡嚴青翟趙周石慶公孫賀劉屈氂繼踵為丞相師古曰繼踵言相躡也屈音丘勿反又鉅勿反氂音力之反自蔡至慶丞相府客館丘虛而已師古曰言不能進賢故不繕修其室屋也虛讀曰墟補注郭嵩燾曰息夫躬傳寄居丘亭師古曰丘空也當時或名空虛為丘墟依師古前注則此不當讀虛為墟至賀屈氂時壞以為馬廄車庫奴婢室矣補注先謙曰說文庫兵車藏也从車在广下唯慶以惇謹復終相位師古曰惇厚也音敦其餘盡伏誅云弘子度嗣侯為山陽太守十餘歲詔徵鉅野令史成詣公車度留不遣坐論為城旦元始中修功臣後下詔曰漢興以來股肱在位身行儉約輕財重義未有若公孫弘者也位在宰相封侯而為布被脫粟之飯奉祿以給故人賓客無有所餘可謂減於制度應劭曰禮貴有常尊衣服有品補注先謙曰官本注併入而率下篤俗者也下而率下篤俗者也師古曰篤厚也與內富厚

而外為詭服以釣虛譽者殊科師古曰詭違也詭服謂與心志相違也一曰違眾之服也補注先謙曰富厚官本作厚富夫表德章義所以率世厲俗聖王之制也其賜弘後子孫之次見為適者師古曰見音胡電反適讀曰嫡補注先謙曰次謂世次爵關內侯食邑三百戶補注何焯曰此莽借宏以自褒大耳史家不探其隱而錄之

卜式河南人也以田畜為事有少弟弟壯式脫身出師古曰脫身謂引身出也脫音他活反補注先謙曰官本他作徒獨取畜羊百餘田宅財物盡與弟式入山牧十餘年羊致千餘頭買田宅而弟盡破其產式輒復分與弟者數矣師古曰數音所角反時漢方事匈奴式上書願輸家財半助邊上使使問式欲為官乎式曰自少牧羊補注先謙曰官本少作小不習仕宦不願也使者曰家豈有冤欲言事乎式曰臣生與人亡所爭邑人貧者貸之師古曰貸音土戴反不善者教之所居人皆從式式何故見冤使者曰苟子何欲師古曰言子苟如此輸財必有所欲補注齊召南曰按平準書作苟如此子何欲而然此傳節去數字意似不了又按卜式始末本無足稱班氏但節取平準書中數段為傳與食貨志復矣且贊語以式質直配汲黯尤覺不倫式曰天子誅匈奴愚以為賢者宜死節有財者宜輸之如此而匈奴可滅也使者以聞上以語丞相弘弘曰此非人情不軌之臣師古曰軌亦法也不可以為化而亂法願陛下勿許上不報補注先謙曰史記作於是上久不報式但云不報則疑為不報弘言矣式字似當有數歲乃罷式式歸復田牧歲餘會渾邪等降縣官費眾倉府空師古曰倉粟所積也府錢所聚也貧民大徙皆卬給縣官師古曰卬音牛向反無以盡贍式復持錢二十萬與河南太守以給徙民河南上富人助貧民者補注周壽昌曰史記助下有籍字式姓名在載籍中也若無籍字則所上者何物乎上識式姓名曰是固前欲輸其家半財助邊乃賜式外繇四百人蘇林曰外繇謂戍邊也一人出三百錢謂之過更式歲得十二萬錢也一說在繇役之外得復除四百人也師古曰一說是補注郭嵩燾曰漢律踐更過更謂之繇戍出錢給代更者皆官主之故名更賦外繇正謂出繇戍錢者下云式又盡復與官是所賜者四百人更賦錢又復納之官非復除至四百人也疑古無除其家至四百人之例一說誤式又盡復與官是時富豪皆爭匿財師古曰匿

藏也唯式尤欲助費上於是以式終長者乃召拜式為中郎賜爵左庶長師古曰第十爵田十頃布告天下尊顯以風百姓師古曰風讀曰諷初式不願為郎上曰吾有羊在上林中欲令子牧之式既為郎布衣屩而牧羊師古曰屩即今之鞋也南方謂之屩字本作蹻並音居略反補注先謙曰官本正文屩作草注作屩即今草屩也引宋祁曰注文今草屩也景本作今之鞋也歲餘羊肥息師古曰息生也言羊既肥而又生多也上過其羊所善之式曰非獨羊也治民亦猶是矣以時起居惡者輒去師古曰去除也音丘呂反補注先謙曰官本作邱呂反公孫弘傳義之所去也下顏音丘呂反丘與邱同兵乃丘之誤文丘去雙聲兵去非雙聲也呂與巨形涉遂誤為巨毋令敗羣補注沈欽韓曰齊民要術羊有疥者間別之不別相染汙或能合羣致死上奇其言欲試使治民拜式緱氏令緱氏便之遷成皋令將漕最師古曰為縣令而又使令領漕其課最上補注先謙曰官本注無下令字上以式朴忠師古曰朴質也拜為齊王太傅轉為相會呂嘉反式上書曰臣聞主媿臣死羣臣宜盡死節其駑下者宜出財以佐軍如是則彊國不犯之道也師古曰國家威彊而不見

侵犯臣願與子男師古曰子男自謂其子也及臨菑習弩博昌習船者請行死之
以盡臣節師古曰從軍而致死補注錢大昭曰時式爲齊相故卽舉齊地言之沈欽韓曰齊書高帝紀楊運長領三齊射手七百人引强命中新唐書杜牧傳今若以青州弩手五千則臨菑習弩古今所同先謙曰博昌千乘縣上賢之下詔
曰朕聞報德以德報怨以直師古曰論語稱孔子以直報怨以德報德故詔引之補注先謙曰官本注孔子下有曰字是引宋祁曰注文南本作孔子之言曰今天下不幸有事郡縣諸侯未有奮
繇直道者也孟康曰未有奮迅樂出身勞於傜役者也臣瓚曰言未有奮厲於正直之道也師古曰二說皆非也奮憤激也繇讀與由同由從也直道謂報怨以直征南越也言無欲奮厲而從於報怨之道也齊相雅行躬耕臣瓚曰雅素也言卜式躬耕於野不要名利晉灼曰雅正也師古曰晉說是也言其行雅正又躬耕也補注先謙曰余謂瓚說是官本無晉說是也四字隨牧蓄番輒分昆弟更造師古曰言蓄牧滋多則與昆弟而更自營爲也番音扶元反補注先謙曰官本蓄作畜注同番作蕃竝是惟注文音上作番與此同言下多一其字不爲利惑師古曰言不惑於利補注宋祁曰惑一作或注同王念孫曰惑字本作或故師古曰言不惑於利若作惑則不煩訓釋矣先謙曰本書惑多作或日者北
邊有興師古曰日者往日也興謂發軍上書助官往年西河歲惡率齊人入粟師古曰歲惡猶凶歲也禮記曰歲凶年穀不登今又首奮師古曰爲首而奮厲願從軍也雖未戰可謂義形

於內矣師古曰形見也其賜式爵關內侯黃金四百斤田十頃布告天下
使明知之補注先謙曰官本作黃金四十斤以理度之十字是也史記作金六十斤又詔文與此多不同元鼎中
徵式代石慶爲御史大夫式既在位言郡國不便鹽鐵而船有算
可罷上由是不說式師古曰說讀曰悅明年當封禪式又不習文章補注何焯曰文章謂文物典章稽古以立文垂訓者也貶秩爲太子太傅以兒寬代之式以壽終
兒寬千乘人也師古曰千乘郡千乘縣也兒音五奚反治尚書事歐陽生以郡國選
詣博士補注王念孫曰千乘郡名非國名國字蓋後人所加文選兩都賦序注引此作以郡選詣博士史記儒林傳兒寬以文學應郡舉詣博士受業郡下皆無國字受業孔安國貧無資用嘗爲弟子都養師古曰都凡衆也養主給亨炊者也貧無資用故供諸弟子亨炊也養音弋向反補注沈欽韓曰論衡骨相篇韓太傅爲諸生時借相工五千錢與之俱入辟雍中相辟雍弟子拔試帝時無辭此文記弘胡之誰當貴者相工指兒寬曰彼生當貴秩至三公韓生謝遺相工通刺兒寬結膠漆之契徙舍從寬深自附納寬病韓生養視如僕狀恩深踰於骨肉寬至御史大夫州郡承旨召請舉在本朝遂至太傅時行

賃作補注先謙曰賃作爲人庸也司馬相如傳顏注庸卽謂賃作者帶經而鉏休息輒讀誦其精蘇林
如此以射策爲掌故補注周壽昌曰掌故屬太常主故事功次補廷尉文學卒史曰秩六百石舊郡亦有也臣瓚曰漢注卒史秩百石師古曰瓚說是也補注郭嵩燾曰此廷尉官屬不與郡卒史同文學卒史主行文書下云除爲從史後又以爲奏讞掾似卒史有員額從史無員額其秩又在掾下廷尉左右平秩六百石掾史之屬自當下之故知蘇說非也寬爲人溫良有廉知自將師古曰將衞也以智自衞護也善屬文師古曰屬綴也音之欲反然懦於武師古曰懦柔也音乃喚反又音儒口弗能發明也時張湯爲廷尉
廷尉府盡用文史法律之吏師古曰史謂善史書者而寬以儒生在其間見
謂不習事不署曹張晏曰不署爲列曹也師古曰署表也置也凡言署官表其秩位置立爲之也除爲從
史師古曰從史者但只隨官僚不主文書之北地視畜數年師古曰之往也畜謂廷尉之畜在北地者若今諸司公廨牛羊還至府上畜簿師古曰簿謂文計也會廷尉時有疑奏已再見卻矣師古曰卻退也掾史莫知所爲寬爲言其意掾史因使寬爲奏奏成讀之
皆服補注宋祁曰越本無一奏字先謙曰一當爲下以白廷尉湯湯大驚召寬與語乃奇

其材以爲掾上寬所作奏卽時得可異日湯見上問曰前奏非俗
吏所及誰爲之者湯言兒寬上曰吾固聞之久矣湯由是鄉學師古曰鄉讀曰嚮以寬爲奏讞掾以古法義決疑獄甚重之及湯爲御史大
夫以寬爲掾舉侍御史見上語經學上說之師古曰說讀曰悅從問尚書
一篇補注朱一新曰事詳儒林傳擢爲中大夫遷左內史補注先謙曰表在元鼎四年寬既
治民勸農業緩刑罰理獄訟卑體下士務在於得人心師古曰下音胡稼反
擇用仁厚士推情與下補注先謙曰與猶接待也不求名聲吏民大信愛之寬
表奏開六輔渠韋昭曰六輔謂京兆馮翊扶風河東河南河內也劉德曰於六輔界中爲渠也師古曰二說皆非也溝洫志云兒寬爲左內史奏請穿六輔渠以益溉鄭國旁高卬之田此則於鄭國渠上流南岸更開六道小渠以輔助溉灌耳今雍州雲陽三原兩縣界此渠尚存鄉人名曰六渠亦號輔渠故河渠書云關內則輔渠靈軹是也焉說三河之地哉定水令
以廣溉田師古曰爲用水之次具立法令皆得其所也補注宋祁曰注令皆下當添使字何焯曰召信臣爲民作均水約束本之此也收租稅時裁闊狹與民相假貸師古曰謂有貧弱及農要之時不卽徵收也貸音土

代反補注先謙曰裁審度也闕謂寬裕挾謂窘迫㠯故租多不入後有軍發左內史㠯負租課殿當免民聞當免皆恐失之大家牛車小家擔負輸租繦屬不絕師古曰繦索也言輸者接連不絕於道若繦索之相屬也猶今言續索矣屬音之欲反補注沈欽韓曰苞氏論語注負者以器皇疏以竹爲之或云以布爲之今蠻夷猶以布帊裹兒負之背也此繦屬卽上擔負者師古安謂繩索相屬先謙曰輸租繦屬不絕承上牛車擔負言故顏以爲取譬是也沈云卽上擔負者繦屬但言負亦不言擔也說文繦下云捔纇也繦下云負兒衣本不相涉後混爲一故注家多互訓呂覽明理篇直諫篇本書宣紀後漢清河孝王慶傳注並可證宣紀李奇注繦絡也以繒布爲之絡負小兒匡謬正俗云繦負謂以繩絡而負之與此注意同顏本不誤俗書繦爲鏹故文選蜀都賦藏鏹巨萬劉注訓鏹爲錢貫也課更㠯最上由此愈奇寬及議欲放古巡狩封禪之事師古曰放依也音甫往反諸儒對者五十餘人未能有所定先是司馬相如病死有遺書頌功德言符瑞足㠯封泰山上奇其書㠯問寬寬對曰陛下躬發聖德統楫羣元張晏曰統察楫聚也如淳曰厤數之元也臣瓚曰統猶總覽也楫當作輯師古曰輯楫與集三字竝同虞書曰楫五瑞是也其字從木瓚曰當爲輯輯不通補注齊召南曰按師古解輯楫與集三字竝同是也但虞書作輯五瑞其字從車未知師古所據何本錢大昕

曰楫當爲揖虞書輯五瑞史記本作揖秦始皇紀摶心揖志亦與輯義同小顏旣知揖輯集三字相同何又誣瓚說爲不通邪且虞書輯字亦不從木注文當有譌誤朱一新曰顏云瓚說不通者謂輯揖本同字不煩改讀瓚乃謂揖當爲輯是未明同字之義爲不通也宗祀天地薦禮百神精神所鄉徵兆必報師古曰鄉讀曰嚮徵證也天地並應符瑞昭明其封泰山禪梁父昭姓考瑞帝王之盛節也然享薦之義不著于經師古曰封禪之享薦也㠯非常禮故經無其文著音竹筯反㠯爲封禪告成合祛於天地神祇李奇曰祛開散合閉也開閉於天地也補注宋祁曰散字下當添也字先謙曰李訓祛爲開義本廣雖然於文爲不辭文選舞賦注後漢班彪傳注竝云祛舉也是祛有舉義宗祀天地薦禮百神是爲合舉於天地神祇也祇戒精專㠯接神明總百官之職各稱事宜而爲之節文師古曰稱副也唯聖主所由補注先謙曰由從也制定其當師古曰當猶中也非羣臣之所能列今將舉大事優游數年師古曰言不決也使羣臣得人自盡終莫能成師古曰所言不同各有執見也唯天子建中和之極兼總條貫師古曰極正也周禮曰以爲人極也金聲而玉振之師古曰言振揚德音如金玉之聲也㠯順成天慶垂萬世之基上然之乃自制

儀采儒術㠯文焉旣成將用事拜寬爲御史大夫從東封泰山還登明堂寬上壽曰臣聞三代改制屬象相因李奇曰政教之法象相因屬也師古曰屬連也音之欲反閒者聖統廢絕師古曰聖統聖人之遺業謂禮文也陛下發憤合指天地祖立明堂辟雍師古曰祖始也宗祀泰一師古曰宗尊也補注先謙曰官本泰一作泰山六律五聲師古曰六律謂黃鍾太蔟姑洗蕤賓夷則無射也五聲宮商角徵羽也幽贊聖意師古曰幽深也贊明也神樂四合各有方象如淳曰四方色及五神祭祀聲樂各有等㠯丞嘉祀爲萬世則師古曰則法也補注先謙曰丞同承孝經注前疑後丞釋文本亦作承公卿表應劭注丞者承也天下幸甚將建大元本瑞登告岱宗發祉闓門㠯候景至癸亥宗祀日宣重光上元甲子肅邕永亭李奇曰太平之世日抱重光謂日有重日也蘇林曰將甫始之辭也太元太初歷也本瑞謂白麟寶鼎之屬也㠯候景至冬至之景也上元甲子太初元年甲子朔旦冬至也師古曰宗尊也肅敬也雍和也旣敬且和則長爲天所亨也闓讀與開同補注李楨曰武紀是歲登封在夏四月距冬至尚遠蘇說非也景謂景象武紀云遭天地況施著見景象帝意封禪必有光應是以開門候之癸亥宗祀卽上云宗祀天地也甲子爲癸亥明日上元卽指甲子爲六十日之元肅雍永亨卽上云薦禮百神也爾

雅永遐也遠也遐遠有徧及之象猶虞書言徧於羣神也李慈銘曰亭當作亨古亨享字通然說文無亨字先謙曰注謂曰下當有下字太元官本作大元是郊祀志有司言元宜以天瑞謂以本瑞改建元年是歲以封禪改元元封亦其義也時尚未改故言將建大元不指太初歷本瑞亦不追指白麟之屬公卿表寬以元封元年爲御史大夫從封泰山卽在是歲而改定太初歷在後本傳詳之上元甲子不應豫指大初元年事也亭官本作享光輝充塞天文粲然師古曰塞滿也粲然明貌補注先謙曰郊祀志云其夜若有光晝有白雲出封中充象日昭報降符應師古曰言大顯示景象日日昭明也降下符應㠯報德化補注先謙曰官本正文充作見注大作天是上日作白臣奉觴再拜上千萬歲壽補注先謙曰官本臣下有寬字制曰敬舉君之觴後太史令司馬遷等言歷紀壞廢漢興未改正朔宜可正上乃詔寬與遷等共定漢太初歷語在律歷志初梁相褚大通五經爲博士時寬爲弟子及御史大夫缺徵褚大大自㠯爲得御史大夫補注先謙曰自上大字官本作夫引宋祁曰褚大下夫字當作大爲下官本脫得字至洛陽聞兒寬爲之褚大笑及至與寬議封禪於上前大不能及退而服曰上誠知人寬爲御史大夫㠯稱意任職故久無有

所匡諫於上官屬易之師古曰易輕也音弋豉反〔補注〕周壽昌曰案武帝時寬有重罪繫以按道侯韓說諫而免見劉向傳又向云御史大夫未有及寬者也前事此傳未載後說與此云官屬易之之語不合錢大昭曰向傳所云當即前以負租課殿當免事寬之咎不止於免官免疑死字形近而譌先謙日負租課罪未必至死据公卿表寬爲左內史後未嘗解官則有重罪繫非此時事錢改文就己說未可從且說以元封元年封按道侯寬時已爲御史大夫則罪繫或是居位九歲中事耳稱意謂稱上意官本注鼓作豉是廣韻集韻並云以豉切與此同居位九歲目官卒〔補注〕先謙曰表作八年卒案太初三年正月延廣爲御史大夫則八年是也武紀書寬卒於太初二年十二月尤居位八年之塙證

贊曰公孫弘卜式兒寬皆目鴻漸之翼困於燕爵李奇曰漸進也鴻一舉而進千里者羽翼之材也弘等皆目大材初爲俗所薄若燕爵不知鴻志也師古曰易漸卦上九爻辭曰鴻漸于陸其羽可目爲儀鴻大鳥也漸進也高平曰陸言鴻進於陸目其羽翼爲威儀也喻弘等皆有鴻之羽儀未進之時燕爵所輕也遠迹羊豕之閒師古曰遠寘其迹也非遇其時焉能致此位乎師古曰焉於也〔補注〕先謙曰官本曰作何是是時漢興六十餘載海內艾安師古曰艾讀曰乂府庫充實而四夷未賓制度多闕上方欲用文武求之如弗及師古曰恐失之始目蒲輪迎枚生見主父而歎息師古曰謂言公皆安在何相見之晚羣士慕嚮異人並出卜式拔於芻牧〔補注〕先謙曰史記公孫弘傳後錄此贊拔作試弘羊擢於賈豎衞青奮於奴僕日磾出於降虜斯亦曩時版築飯牛之明已師古曰版築傳說也飯牛甯戚也已語終辭也飯音扶晚反〔補注〕先謙曰明官本作朋是史贊同漢之得人於茲爲盛儒雅則公孫弘董仲舒兒寬篤行則石建石慶質直則汲黯卜式推賢則韓安國鄭當時定令則趙禹張湯〔補注〕宋祁曰南本令作律文章則司馬遷相如滑稽則東方朔枚皋師古曰滑稽轉利之稱也滑亂也稽礙也言其變亂無留礙也一說稽考也言可滑亂不可考校也滑音骨稽音工奚反〔補注〕先謙曰史記滑稽傳索隱引崔浩云滑音骨滑稽流酒器也[illegible]轉注吐酒終日不已言出口成章詞不窮竭若滑稽之吐酒故揚雄酒賦云鴟夷滑稽腹大如壺盡日盛酒人復藉沽是也顏說非應對則嚴助朱買臣歷數則唐都洛下閎〔補注〕先謙曰史贊洛作落協律則李延年運籌則桑弘羊奉使則張騫蘇武將率則衞青霍去病受遺則霍光金日磾其餘不可勝紀師古曰紀記也是目興造功業制度遺文後世莫及孝宣承統纂修洪業亦講論六蓺招選茂異而蕭望之梁丘賀夏侯勝韋玄成嚴彭祖尹更始目儒術進劉向王襃目文章顯將相則張安世趙充國魏相丙吉于定國杜延年治民則黃霸王成龔遂鄭弘召信臣師古曰召讀曰邵韓延壽尹翁歸趙廣漢嚴延年張敞之屬〔補注〕先謙曰史贊無嚴延年張敞皆有功迹見述於世參其名臣亦其次也師古曰次於武帝時〔補注〕郭嵩燾曰疑當作參諸名臣經文其諸二字多通用葢一聲之疾徐

公孫弘卜式兒寬傳第二十八終

張湯傳第二十九　漢書五十九

漢　蘭臺令史班固撰

唐正議大夫行祕書少監琅邪縣開國子顏師古注

賜進士出身前翰林院編修國子監祭酒加三級臣王先謙補注

張湯杜陵人也父爲長安丞出湯爲兒守舍師古曰稱爲兒者言其尚幼小也還鼠盜肉父怒笞湯湯掘熏得鼠及餘肉補注先謙曰史記掘熏作掘窟劾鼠掠治傳爰書訊鞫論報師古曰傳謂傳逮若今之追逮赴對也爰換也以文書代換其口辭也訊考問也鞫窮也謂窮覈之也論報謂上論之而獲報也訊音信補注錢大昕曰傳當作傅傳音附謂附於爰書也顏訓爲傳逮似非先謙曰各本無作傅者錢說非史記酷吏傳亦作傳集解引蘇林曰謂傳囚也爰易也以此書易其辭處按處字疑衍張晏曰傳考證驗也爰書自證不如此言反受其罪訊考三日復問之分與前辭同不也索隱引韋昭云爰換也古者重刑嫌有愛惡故移換獄書使他官考實之故曰傳爰書也先謙案蘇訓爰爲易與韋顏訓換同湯爲兒戲不必如平日有移換他官考實之事捕得盜鼠亦豈煩三日復問蘇顏說是傳爰書者傳囚辭而著之文書傳譌爲傳囚辭本劉說見下蘇顏解爲傳囚失之蓋此數者皆見之文辭劾一也爰書二也論報三也三事具而獄成矣掠治適有爰書訊鞫然後論上故下言父視其文辭也并取鼠與肉具獄磔堂下師古曰具爲治獄之文處正其罪而磔鼠也補注宋祁曰顏解具獄似失其意直謂成按耳于定國杜緩兩傳已解緩延年之子先謙曰治獄之文已具於上宋說是父見之視文辭如老獄吏大驚遂使書獄如湻曰決獄之書謂律令也補注劉奉世曰傳非逮也若傳逮則不當先言掠治矣傳者傳囚辭也爰書者蓋趙高作爰歷教學隸書時獄吏書體蓋用此故從俗呼爲爰書也以此父使之書獄謂案牘耳非律令也沈欽韓曰湯父爲長安丞丞主獄凡傳逮出死之事皆令書之非泛謂律令也先謙曰劉訓爰書於義亦通但謂父以此使之書獄則非湯父驚異其文辭令書獄使練習非以其曉書體也沈說近之父死後湯爲長安吏周陽侯爲諸卿時師古曰姓趙補注齊召南曰顏注誤恩澤侯表固有周陽侯趙兼以淮南王舅得封然當孝文六年卽以罪免矣此周陽侯卽田蚡弟田勝孝武初以皇太后弟得封徐廣注史記是也下文言武安侯爲丞相徵湯爲史可知湯由田氏進身謂周陽侯姓趙不亦誤乎王啟原曰田勝爲卿百官表闕蓋在景帝後元之末嘗繫長安湯傾身事之補注先謙曰事之史記作爲之及出爲侯大與湯交徧見貴人補注先謙曰周陽侯徧見湯於諸貴人也史記見下有湯字湯給事內史爲甯成掾以湯爲無害言大府師古曰大府丞相府也無害言其最勝也解在蕭何傳調茂陵尉師古曰調選也選以

爲此官也調音徒釣反治方中孟康曰方中陵上土作方也湯主治之蘇林曰天子卽位豫作陵諱之故言方中或言斥土如湻曰漢注陵方中用地一頃深十二丈師古曰蘇說非也古謂掘地爲阬曰方今荊楚俗土功築作算程課者猶以方計之非謂避諱也武安侯爲丞相師古曰田蚡徵湯爲史薦補侍御史治陳皇后巫蠱獄深竟黨與上以爲能遷太中大夫與趙禹共定諸律令務在深文拘守職之吏蘇林曰拘刻於守職之吏補注錢大昭曰以循分供職者爲拘泥也王闓運曰言以文法律令拘制守職之吏使不得出入李楨曰按刑法志湯禹條定律令作見知故縱監臨部主之法緩深故之罪急縱出之誅所以深文拘吏者如此先謙曰王李說是已而禹至少府湯爲廷尉兩人交驩兄事禹師古曰事之如兄禹志在奉公孤立而湯舞知以御人師古曰舞弄其智制御它人也始爲小吏乾沒與長安富賈田甲魚翁叔之屬交私服虔曰乾沒射成敗也如湻曰豫居物以待之得利爲乾失利爲沒師古曰乾音干補注沈欽韓曰此言無所將而沒取利今猶有乾折之稱晉潘岳母誚岳曰汝當知足而乾沒不已乎與陸沈義相類先謙曰正義乾沒謂無潤及之而取他人也或云掩取貨利沒爲己有如水盡涸也諸說以沈爲長及列九卿收接天下名士大夫己心內雖不合然陽浮道與之師古曰陽以道義爲交非其中心故云浮也補注先謙曰道稱道也與許也道與之猶言稱許之也顏訓道爲道義則浮道與之爲不辭史記作陽浮慕之是時上方鄉文學師古曰鄉讀曰嚮湯決大獄欲傅古義師古曰傅讀曰附乃請博士弟子治尚書春秋補廷尉史補注先謙曰用兒寬是其一證平亭疑法奏讞疑李奇曰亭亦平也師古曰亭均也調也言平均疑法及爲讞疑奏之補注宋祁曰浙本疑字下有事字王念孫曰北堂書鈔御覽引漢書皆有事字史記通典同顏云爲讞疑奏之則所見本無事字先謙曰亭卽平也此平字衍文師古所見本多平字就爲之說實則亭訓均調平亦均調並無異詁也史記無平字是集解引李奇曰亭平也此李說多亦字明師古妄加以右己說讞白也請也必奏先爲上分別其原補注王念孫曰下奏字涉上奏字而衍史記作奏讞疑事必豫先爲上分別其原則無下奏字明矣舊本北堂書鈔設官部五陳禹謨本依俗本漢書加奏字御覽職官部二十九引漢書皆無下奏字通典職官七同奏讞疑乃起下之詞非承上之詞顏連上文平亭疑法釋之非也上所是受而著讞法廷尉挈令韋昭曰在板挈也師古曰著謂明書之也挈獄訟之要也書於讞法挈令以爲後式也挈音口計反補注先謙曰言上所允行者則受而書之於板著其上請之事爲定法復舉此令以宣布上美杜周傳云後主所是疏爲令也挈舉也史記作絜借字挈絜古通用周禮夏官序官挈壺氏注挈讀如絜髮之絜大學是以君子有絜矩之道也注絜挈也是其證揚主之明師古曰言此自天子之意非由臣下有司奏事

卽譴湯摧謝蘇林曰深自挫按也師古曰若上有責卽摧折而謝也補注郭嵩燾曰摧謝二字不辭史記作應謝集解引徐廣曰應一作權是徐所見本有作權謝者摧卽權之壞字鄉上意所便師古曰謂如天子責湯之指而言其端也鄉讀曰嚮必引正監掾史賢者曰固爲臣議如此師古曰如上之意補注先謙曰白官表廷尉有正左右監皆秩千石官本無曰字上責臣臣弗用愚抵此蘇林曰坐不用諸掾語故至於此補注劉敞曰上責臣此衍字耳妄斷之先謙曰史記作固爲臣議如上責臣明漢書如下此字爲衍文也劉說上責臣上當有固爲臣議如五字轉寫奪之罪常釋臣瓚曰謂常見原也間卽奏事上善之曰臣非知爲此奏迺監掾史某所爲師古曰間謂非當朝奏者補注王闓運曰間卽奏事猶言有時奏事先謙曰史記作聞屬上爲句集解引徐廣曰詔答聞也如今制曰聞矣先謙尋上下文義連屬不當於此處分別當朝奏與否史記聞字亦未安王說是也其欲薦吏揚人之善解人之過如此補注先謙曰史記解作蔽所治卽上意所欲擧予監吏深刻者卽上意所欲釋予監吏輕平者補注劉攽曰吏皆當作史先謙曰史記下兩吏字正作史所治卽豪必舞文巧詆師古曰詆誣也音丁禮反其下並同補注先謙曰官本無其下並同四字卽下戶羸弱時口言雖文致法上裁察於是往往釋湯所

言李奇曰先見上口言之欲與輕平故皆見原釋也如淳曰雖文書按察致下戶之罪湯以先口解之矣上以湯言輒裁察之輕其罪也師古曰李如二說皆非也此言下戶羸弱湯欲佐助雖具文奏之而又口奏言雖律令之文合致此罪聽上裁察蓋爲此人希恩貸也於是上得湯此言往往釋其人皐非未奏之前口豫言也補注宋祁曰注文希字下當添幸字王闓運曰希冀古字通不必添幸字湯至於大吏內行修交通賓客飲食於故人子弟爲吏及貧昆弟調護之尤厚師古曰調和適之令得其所也護謂保佑也其造請諸公不避寒暑師古曰造至諸也請謁問也造音七到反是以湯雖文深意忌不專平然得此聲譽而深刻吏多爲爪牙用者依於文學之士丞相弘數稱其美及治淮南衡山江都反獄皆窮根本嚴助伍被上欲釋之湯爭曰伍被本造反謀而助親幸出入禁闥腹心之臣乃交私諸侯如此弗誅後不可治上可論之師古曰可湯所奏而論決之其治獄所巧排大臣自以爲功多此類繇是益尊任師古曰繇讀與由同遷御史大夫補注先謙曰通鑑考異云公卿表元狩三年三月壬辰廷尉張湯爲御史大夫史記將相名臣表元狩二年御史大夫湯按李蔡既遷湯卽應補其缺史記表是會渾

邪等降漢大興兵伐匈奴山東水旱貧民流徙皆卬給縣官師古曰卬音牛向反縣官空虛湯承上指請造白金及五銖錢籠天下鹽鐵師古曰籠羅其事皆令利入官排富商大賈出告緡令鉏豪彊并兼之家舞文巧詆以輔法師古曰輔助也以巧詆助法言不公平也補注何焯曰鹽鐵出於宏羊告緡出於楊可然非倚湯不能取信於天子以酷虐助而成之故惡皆歸之湯湯每朝奏事語國家用日旰師古曰旰晚也論事既多至於日晚旰音幹補注劉攽曰日旰當屬下句天子忘食丞相取充位師古曰但充其位而已無所造設也補注先謙曰集解徐廣注時李蔡莊青翟爲丞相天下事皆決湯百姓不安其生騷動縣官所興未獲其利姦吏並侵漁師古曰並且也補注劉奉世曰並音步浪反旁緣爲姦也先謙曰劉說是於是痛繩以辠自公卿以下至於庶人咸指湯湯嘗病上自至舍視其隆貴如此補注宋祁曰南本浙本其字下並有病字匈奴求和親羣臣議前師古曰於上前議事博士狄山曰和親便上問其便山曰兵凶器未易數動師古曰言難可屢動高帝欲伐匈奴大困平城乃遂結和親孝惠高后時天下安樂及

文帝欲事匈奴北邊蕭然苦兵師古曰蕭然猶騷然擾動之貌也補注先謙曰官本無也字孝景時吳楚七國反景帝往來東宮間師古曰謂諸謀於太后也天下寒心數月師古曰懼於兵難也補注先謙曰史記作景帝往來兩宮間寒心者數月吳楚已破竟景帝不言兵師古曰訖景帝之身更不議征伐之事天下富實今自陛下興兵擊匈奴中國以空虛邊大困貧由是觀之不如和親上問湯湯曰此愚儒無知狄山曰臣固愚忠若御史大夫湯乃詐忠湯之治淮南江都以深文痛詆諸侯別疏骨肉使藩臣不自安臣固知湯之爲詐忠補注先謙曰官本無爲字引宋祁曰浙本此句詐字上有爲字於是上作色曰吾使生居一郡能無使虜入盜乎師古曰博士之官故呼爲生也山曰不能曰居一縣曰不能復曰居一鄣間師古曰鄣謂塞上要險之處別築爲城因置吏士而爲鄣蔽以扞寇也鄣音之向反山自度辯窮且下吏師古曰度計也見詰自辯而辭窮當下吏也曰能迺遣山乘鄣師古曰乘登也登而守之至月餘匈奴斬山頭而去是後羣臣震讋師古曰震動也讋失氣也讋音之涉反補注先謙曰失下誤重失字官本不

誅湯客田甲雖賈人有賢操師古曰操謂所執持之志行也音千到反補注先謙曰官本音上有操字始湯爲小吏與錢通師古曰爲小吏之時與田甲爲錢財之交及爲大吏而甲所以責湯行義有烈士之風補注先謙曰官本無以字湯爲御史大夫七歲敗河東人李文故嘗與湯有隙已而爲御史中丞薦數從中文事有可以傷湯者不能爲地服虔曰薦藉也文與湯故有隙已而爲御史中丞藉己在內臺中文書有可用傷湯者因會致之不能爲湯作道地蘇林曰薦仍也師古曰薦數義同蘇說是也數數在中其有文書事可用傷湯者不爲作道地也薦音在見反數音所角反大雅雲漢之詩曰饑饉薦臻字亦如此補注劉奉世曰薦數猶言簡閱數音色主反薦如字其訓擧計數從中文事也太史公作悉數從中文書盡閱數從中所下文書或受詔如此其間事有可以傷湯者文以前隙亦不能與之爲地然文似本無意造事中之也[illegible]王闓運曰薦服訓藉是數劉訓閱是言李文籍閱內中文事爲名每欲傷湯也先謙曰史記文下有書字以事下屬讀是也此刪書字則以文事上屬爲句不能爲地不爲湯餘地也餘以王解爲長湯有所愛史魯謁居知湯弗平使人上飛變告文姦事師古曰飛變猶言急變也補注劉奉世曰飛變謂如飛語無姓名上變者故上問從迹安起而湯云殆文故人也事下湯湯治論殺文而湯心知

謁居爲之上問變事從迹安起師古曰從讀曰蹤湯陽驚曰此殆文故人怨之師古曰殆近也謁居病臥閭里主人補注先謙曰言於閭里主人家臥病也湯自往視病爲謁居摩足趙國以冶鑄爲業王數訟鐵官事湯常排趙王趙王求湯陰事謁居嘗案趙王趙王怨之并上書告湯大臣也史謁居有病湯至爲摩足疑與爲大姦事下廷尉謁居病死事連其弟弟繫導官蘇林曰漢儀注獄二十六所導官無獄也師古曰蘇說非也導擇也以主擇米故曰導官事見百官表時或以諸獄皆滿故權寄在此署繫之非本獄所也補注先謙曰官本注文作獄官無導也引宋祁曰注文獄官無導景祐本作導官無獄湯亦治它囚導官見謁居弟欲陰爲之而陽不省師古曰省視也謁居弟不知而怨湯使人上書告湯與謁居謀兵變李文補注先謙曰兵官本作共是史記同下有告字郭嵩燾云變告疑漢人常語韓信傳一云變告一云上書變告正言之則告變也黥布傳云上變事史記作言變事上變言變與告變同文此文謀共變李文則不詞變下當脫告字事下減宣宣嘗與湯有隙及得此事窮竟其事未奏也會人有盜發孝文園瘞錢如淳曰瘞埋也埋錢於園陵以

送死也補注沈欽韓曰唐書王璵傳漢以來喪葬皆有瘞錢後世里俗稍以紙寓錢爲鬼事清異錄葬家例用朱書鐵券若人家契帖標四界及主名意謂亡者居室號曰券臺朱子云埋地券處曰券臺上書財若干緡[illegible]文益此瘞錢埋墓四隅傳稱盜發者即是四隅所瘞不在冢藏中也丞相青翟朝與湯約俱謝師古曰將入朝之時爲此要約至前師古曰至天子之前湯念獨丞相以四時行園當謝補注沈欽韓曰冊府元龜五百八十七唐舊制每年四季之月嘗遣使往諸陵起居蓋沿漢制後改二時巡陵通典五十二唐高宗以每年二時太常卿少卿分行二陵事重人輕乃詔三公行事與漢丞相四時行園之制不異湯無與也不謝師古曰行音下更反與讀曰豫無豫謂不干其事也丞相謝上使御史案其事湯欲致其文丞相見知張晏曰見知故縱以其罪罪之也丞相患之三長史皆害湯欲陷之師古曰百官表丞相有兩長史今此云三者蓋以守者非正員也始長史朱買臣素怨湯語在其傳王朝齊人以術至右內史補注錢大昕曰公卿表作王鼂鼂與朝同司馬遷傳朝錯即鼂錯也邊通學短長師古曰短長術興於六國時長短其語隱謬用相激怒也張晏曰蘇秦張儀之謀趣彼爲短歸此爲長戰國策名長短術也補注沈欽韓曰劉向上戰國策云舊號或曰短長鬼谷子權篇智者不用其所短而用愚人之所長唐趙蕤著長短經命名本此先謙曰官本師古作

應劭是集解引作漢書音義此下引張晏不當在師古後也正文及注短長史記並作長短又注長短二字集解作行長入短剛暴人也官至濟南相故皆居湯右師古曰言舊在湯上已而失官守長史詘體於湯師古曰謂拜伏也湯數行丞相事知此三長史素貴常陵折之故三長史合謀曰始湯約與君謝已而賣君今欲劾君以宗廟事此欲代君耳吾知湯陰事使吏捕案湯左田信等李奇曰左證左也師古曰謂之左者言除罪人正身之外又取其左右者考問也補注郭嵩燾曰說文ナ手相左也右助也是左右皆相佐助之義左即佐字楊惲傳左證明白證驗也謂其事有徵驗左者從旁佐益證成之證以事言左以人言助之以實其語也凡手之用順者爲右相牾者爲左助成其罪名使無所遯飾是相牾也故曰左證顏注楊惲傳言當時在左右見此事者也與此注並據左右爲訓誤曰湯且欲爲請奏補注先謙曰史記作湯且欲奏請信輒先知之居物致富與湯分之服虔曰居謂儲也及它姦事事辭頗聞師古曰聞於天子也上問湯曰吾所爲賈人輒知益居其物師古曰益多也是類有以吾謀告之者師古曰類似也湯不謝又陽驚曰固宜有減宣亦奏謁居事上以湯懷詐面欺師古曰對面欺誣也使使

入薰簿責湯〔蘇林曰簿音主簿之簿簿悉責也師古曰以文簿次第一一責之〕湯具自道無此不服於是上使趙禹責湯禹至讓湯曰〔師古曰讓亦責也〕君何不知分也〔師古曰分音扶問反〕君所治夷滅者幾何人矣〔師古曰幾音居起反〕今人言君皆有狀〔補注宋祁曰南本今字下有之字〕天子重致君獄〔師古曰重猶難也〕欲令君自爲計〔師古曰言引決〕何多以對爲〔師古曰言何用多對〕湯迺爲書謝曰湯無尺寸之功起刀筆吏陛下幸致位三公〔補注先謙曰官本無位字引宋祁曰越本作致位三公史記位作爲〕無以塞責〔師古曰塞當也補注先謙曰塞答也言無以答上責望〕然謀陷湯者三長史也遂自殺湯死家產直不過五百金皆所得奉賜〔師古曰奉音扶用反〕無它贏〔師古曰贏餘也〕昆弟諸子欲厚葬湯湯母曰湯爲天子大臣被惡言而死〔師古曰被加也音皮義反補注何焯曰惡言謂分田信所居物先謙曰被蒙也〕何厚葬爲載以牛車有棺而無槨〔補注先謙曰欲令湯貧狀上聞冀冤得白也〕上聞之曰非此母不生此子〔補注先謙曰美湯母之智〕乃盡按誅三長史丞相青翟自殺出田信上惜湯復稍進其子安世

安世字子孺少以父任爲郎用善書給事尚書〔師古曰於尚書中給事也給供也〕精力於職休沐未嘗出上行幸河東嘗亡書三篋詔問莫能知唯安世識之〔師古曰識記也音式志反〕具作其事〔補注郭嵩燾曰續志尚書令掌奏下尚書文書成帝初置尚書四人分四曹武帝時尚書未分曹凡文書皆總理之亡書三篋即所下尚書文書也具作其事謂最舉其事所下文書皆能最舉其事無所遺失不必其文皆記錄也安世因給事尚書遂識其事情事明顯而顏注未詳後人遂失其義矣〕後購求得書以相校無所遺失上奇其材擢爲尚書令遷光祿大夫昭帝即位大將軍霍光秉政以安世篤行〔師古曰篤厚也〕光親重之會左將軍上官桀父子及御史大夫桑弘羊皆與燕王蓋主謀反誅光以朝無舊臣白用安世爲右將軍光祿勳以自副焉久之天子下詔曰右將軍光祿勳安世輔政宿衞肅敬不怠十有三年咸以康寧夫親親任賢唐虞之道也其封安世爲富平侯明年昭帝崩未葬大將軍光白太后徙安世爲車騎將軍與共徵立昌邑王王行淫亂光復與安世謀廢王尊立宣帝帝初即位襃賞大臣詔曰〔補注先謙曰官本詔上有下字〕夫襃有德賞有功古今之通義也車騎將軍光祿勳富平侯安世宿衞忠正宣德明恩勤勞國家守職秉義以安宗廟其益封萬六百戶〔補注先謙曰據表凡萬三千六百四十戶則元封三千戶也〕功次大將軍光安世子千秋延壽彭祖皆中郎將侍中大將軍光薨後數月御史大夫魏相上封事曰聖王襃有德以懷萬方〔師古曰懷來也〕顯有功以勸百寮是以朝廷尊榮天下鄉風〔師古曰鄉讀曰嚮〕國家承祖宗之業制諸侯之重新失大將軍宜宣章盛德以示天下顯明功臣以塡藩國〔師古曰塡音竹刃反〕毋空大位以塞爭權〔師古曰大臣位空則起爭奪之權也〕所以安社稷絕未萌也〔師古曰未萌謂變故未生者也〕車騎將軍安世事孝武皇帝三十餘年忠信謹厚勤勞政事夙夜不怠與大將軍定策天下受其福國家重臣也宜尊其位以爲大將軍毋令領光祿勳事使專精神憂念天下思惟得

失安世子延壽重厚可以爲光祿勳領宿衞臣上亦欲用之安世聞之懼不敢當請閒求見免冠頓首曰老臣耳妄聞言之爲先事不言情不達〔師古曰事未施行而遽言之故曰先事也〕誠自量不足以居大位繼大將軍後唯天子財哀以全老臣之命〔師古曰財與裁同補注先謙曰財猶少也言惟天子少哀憐之〕上笑曰君言泰謙君而不可尚誰可者〔師古曰言君尚不可誰更可也補注先謙曰官本誰更作更誰〕安世深辭弗能得後數日竟拜爲大司馬車騎將軍領尚書事數月罷車騎將軍屯兵更爲衞將軍兩宮衞尉城門北軍兵屬焉時霍光子禹爲右將軍上亦以禹爲大司馬罷其右將軍屯兵以虛尊加之而實奪其眾後歲餘禹謀反夷宗族安世素小心畏忌已內憂矣〔師古曰忌者戒盈滿之禍〕其女孫敬爲霍氏外屬婦〔師古曰女孫即今所謂孫女也〕當相坐安世瘦懼形於顏色〔師古曰形見也〕上怪而憐之以問左右乃赦敬以慰其意安世寖恐〔師古曰寖益也〕職典樞機以謹慎周密自著外

內無間師古曰著明也間隙也每定大政已決輒移病出師古曰移病謂移書言病也一曰以病而移居補注先謙曰後說非聞有詔令乃驚使吏之丞相府問焉自朝廷大臣莫知其與議也師古曰與讀曰豫嘗有所薦其人來謝安世大恨以為舉賢達能補注先謙曰達薦進也豈有私謝邪絕勿復為通師古曰有欲謝者皆不通也一曰告此人而絕之更不與相見也補注宋祁曰南本浙本並云豈有私邪謝絕勿復為通先謙曰勿官本作弗顏注後說是有郎功高不調師古曰調選也音徒釣反自言安世應曰君之功高明主所知人臣執事何長短而自言乎絕不許補注先謙曰言人臣所執持是職分之事何所為長短而自言功已而郎果遷師古曰安世外陽距之而實令其遷莫府長史遷辭去之官安世問以過失師古曰問己有何失長史曰將軍為明主股肱而士無所進論者以為譏安世曰明主在上賢不肖較然師古曰較明貌臣下自修而已何知士而薦之其欲匿名迹遠權埶如此師古曰遠離也音于萬反為光祿勳郎有醉小便殿上主事白行法安世曰何以知其不反水漿邪師古曰反讀曰翻如何以小過成罪郎淫官婢婢兄自言安世曰奴以恚怒誣汙衣冠補注王念孫曰案此本作郎有淫官婢與上郎有醉小便殿上文同一例今本脫去有字則語意不完舊本北堂書鈔設官部五[illegible]本初學記職官部下御覽職官部二十七引此皆有有字通典職官七同周壽昌曰漢官舊儀云給使尚書侍中皆使官婢宮殿中宦者署郎署皆官奴婢其法給尚書郎女侍史二人皆選端正者從直女侍史自止車門執香爐燒熏從入臺護衣自署適奴師古曰適讀曰讁補注先謙曰官本自作告郭嵩燾云作自署無義告是也安世以奴誣郎告郎署自適罰之不加推按也其隱人過失皆此類也安世自見父子尊顯懷不自安為子延壽求出補吏上以為北地太守歲餘上閔安世年老復徵延壽為左曹太僕補注先謙曰公卿表元康元年北海太守張延壽為太僕四年病免此作北地未知孰是初安世兄賀幸於衞太子太子敗賓客皆誅安世為賀上書得下蠶室師古曰謂腐刑也凡養蠶者欲其溫而早成故為密室蓄火以置之而新腐刑亦有中風之患須入密室乃得以全因呼為蠶室耳後為掖庭令而宣帝以皇曾孫收養掖庭賀內傷太子無辜而曾孫孤幼所以視養拊循恩甚密焉及曾孫壯大賀教書令受詩為取

許妃以家財聘之曾孫數有徵怪師古曰徵證也語在宣紀賀聞知為安世道之稱其材美安世輒絕止以為少主在上不宜稱述曾孫及宣帝即位而賀已死上謂安世曰掖廷令平生稱我將軍止之是也補注先謙曰廷誤官本作庭下並同上追思賀恩欲封其冢為恩德侯置守冢二百家師古曰身死追封故云封冢也補注何焯曰以封侯告墓故曰封其冢賀有一子蚤死師古曰蚤古早字補注先謙曰官本注在無子下無子子安世小男彭祖師古曰言養以為子補注先謙曰顧炎武云謂賀無見存之子而以安世小男為子也賀早死之子別有一子乃下文所謂孤孫霸賀非無子也彭祖又小與上同席研書指欲封之補注先謙曰書指欲封之之言詔書意欲封之先賜爵關內侯故安世深辭賀封又求損守冢戶數稍減至三十戶上曰吾自為掖廷令非為將軍也安世乃止不敢復言遂下詔曰其為故掖廷令張賀置守冢三十家上自處置其里師古曰處安也音昌汝反補注先謙曰上下六字與下居冢西鬭雞翁舍南八字為一句謂處置三十家於此地也顏誤斷讀居冢西鬭雞翁舍南上少時所嘗游處也明年復下詔曰朕微眇時故掖廷令張賀輔道朕躬師古曰道讀曰導修文學經術恩惠卓異厥功茂焉詩云無言不讎無德不報師古曰大雅抑之詩其封賀弟子侍中關內侯彭祖為陽都侯賜賀諡曰陽都哀侯補注先謙曰賀以彭祖為子而詔仍稱賀弟子表稱彭祖世父賀者不沒其所生也時賀有孤孫霸年七歲拜為散騎中郎將賜爵關內侯食邑三百戶安世以父子封侯在位大盛乃辭祿補注宋祁曰浙本作辭祿不受詔都內別臧張氏無名錢以百萬數文穎曰都內主臧官也張晏曰安世以還官官不簿也然身衣弋綈師古曰弋黑色也綈厚繒也夫人自紡績家童七百人皆有手技作事內治產業累積纖微是以能殖其貨師古曰殖生也富於大將軍光天子甚尊憚大將軍然內親安世心密於光焉元康四年春安世病上疏歸侯乞骸骨天子報曰將軍年老被病朕甚閔之雖不能視事折衝萬里君先帝大臣明於治亂朕所不及得數問焉師古曰言

意所不及者即以問君也何感而上書歸衛將軍富平侯印師古曰感恨也音胡闇反補注先謙曰感即憾省文見吳世家索隱左傳釋文皆可證故顏釋感爲恨薄朕忘故蘇林曰本望君重於此也師古曰蘇說非也薄猶嫌也君意嫌朕遺忘故舊而求去也補注先謙曰言今遽求去是待朕不厚而忘舊恩也顏說失之非所望也願將軍強餐食近醫藥專精神以輔天年補注先謙曰專精神少思慮也安世復強起視事至秋薨補注先謙曰公卿表八月丙寅薨天子贈印綬送以輕車介士師古曰輕車古之戰車續漢書曰彫朱輪輿不巾不蓋萿矛戟幢也麾輂弩介士謂甲士也萿插也輂皮篋盛弩也萿音側事反輂音服補注宋祁曰注文幢也下別本浙本並無也字先謙曰官本書下曰作云無也字是輂皮篋古以盛玉後世乃盛弩耳諡曰敬侯賜塋杜東師古曰塋冢地也補注沈欽韓曰一統志張安世墓在咸甯縣南寰宇記在明德門南八里俗呼張車騎冢王啟原曰杜爲杜陵之三年安世始薨賜塋陪陵也史記張湯傳云杜人本書云杜陵入不應此獨否疑傳寫脫一陵字將作穿復土起冢祠堂補注錢大昭曰祠堂起於漢龔勝傳勿隨俗動吾冢種柏作祠堂循吏傳文翁終於蜀吏民爲立祠堂朱邑葬桐鄉西郭外民爲起冢立祠後漢書馬援傳援夫人卒乃更修封樹起祠堂潛夫論云廬舍祠堂崇侈上僭子延壽嗣

延壽已歷位九卿既嗣侯國在陳留補注錢大昭曰陳留風俗傳云陳留尉氏縣安陵鄉故富平縣也別邑在魏郡補注錢大昭曰魏郡之別邑當在武始縣故安世六世孫純封武始侯先謙曰錢說未審辨見下租入歲千餘萬延壽自以身無功德何以能久堪先人大國數上書讓減戶邑又因弟陽都侯彭祖口陳至誠天子以爲有讓迺徙封平原并一國補注先謙曰徙封後仍舊名故侯表地志富平并屬平原戶口如故而租稅減半薨諡曰愛侯子勃嗣補注錢大昕曰表作敀古書勃爲敦敦與敀字形相涉因譌爲敀耳爲散騎諫大夫元帝初即位詔列侯舉茂材勃舉太官獻丞陳湯蘇林曰獻丞主貢獻物也補注王先惠曰湯傳作獻食丞案續志太官令有左丞甘丞湯官丞果丞本注左丞主飲食甘丞主膳具湯官丞主酒果丞主果此獻食丞蓋即主飲食之左丞太官不主貢獻物蘇說失之湯有罪勃坐削戶二百會薨故賜諡曰繆侯師古曰以其所舉不得人故加惡諡繆者妄也補注先謙曰謬官本作繆是後湯立功西域世以勃爲知人子臨嗣臨亦謙儉每登閣殿補注先謙曰其家之閣殿也古殿得通稱常歎曰桑霍爲我戒豈不厚哉師古曰桑桑弘羊也霍霍禹也言以驕奢致禍也且

死分施宗族故舊師古曰言將死之時多以財分施也薄葬不起墳臨尚敬武公主文穎曰成帝姊也陳瓚曰敬武公主是元帝姊也師古曰二說皆非也薛宣傳云主怒曰嫂何以取妹殺之既謂元后爲嫂是則元帝妹也補注先謙曰官本注陳作臣是下姊字作妹薨子放嗣鴻嘉中上欲遵武帝故事與近臣游宴放以公主子開敏得幸放取皇后弟平恩侯許嘉女上爲放供張師古曰供音居用反張音竹亮反賜甲第充以乘輿服飾號爲天子取婦皇后嫁女大官私官並供具第服虔曰私官皇后之官也補注錢大昭曰具南監本閩本作其先謙曰官本作其是兩宮使者冠蓋不絕賞賜以千萬數放爲侍中中郎將監平樂屯兵置莫府儀比將軍與上臥起寵愛殊絕常從爲微行出游北至甘泉南至長楊五莋師古曰莋與柞同鬬雞走馬長安中積數年是時上諸舅皆害其寵白太后太后以上春秋富動作不節甚以過放師古曰以放爲罪過時數有災異議者歸咎放等於是丞相宣御史大夫方進師古曰薛宣翟方進奏放驕蹇縱恣奢淫不制前侍御史修等四

人奉使至放家逐名捕賊劉德曰謂詔捕罪人有名者也時放見在奴從者閉門設兵弩射吏距使者不肯內知男子李游君欲獻女使樂府音監景武強求不得孟康曰音監監主樂人也姓景名武使奴康等之其家賊傷三人又以縣官事怨樂府游徼莽師古曰樂府之游徼名莽而使大奴駿等四十餘人羣黨盛兵弩白晝入樂府攻射官寺縛束長吏子弟斫破器物宮中皆犇走伏匿師古曰犇古奔字補注周壽昌曰古者宮室通訓禮君子將營宮室又由命士以上父子皆異宮此宮中即室中也本書亦屢見莽自髡鉗衣赭衣及守令史調等皆徒跣叩頭謝放放乃止奴從者支屬並乘權勢爲暴虐至求吏妻不得殺其夫或恚一人妄殺其親屬輒亡入放弟不得補注先謙曰弟官本作第是幸得勿治補注王啟原曰幸冀也下吏當考實其罪今匿不出以冀吏之不治此隱度負罪者之意放行輕薄連犯大惡有感動陰陽之咎爲臣不忠首師古曰不忠之罪放爲首罪名雖顯前蒙恩補注郭嵩燾曰所奏事皆在前前侍御史云云與前蒙恩相應謂連犯大惡罪名顯著前已蒙恩不加究治故但請免歸國也驕

逸悖理師古曰悖乖也音布內反與背畔無異臣子之惡莫大於是不宜宿衞在位臣請免放歸國以銷眾邪之萌厭海內之心師古曰萌始生者也厭滿也音一豔反補注先謙曰厭服也上不得已師古曰已止也左遷放爲北地都尉數月復徵入侍中太后以放爲言出放爲天水屬國都尉永始元延間比年日蝕師古曰比頻也故久不還放璽書勞問不絕居歲餘徵放歸第視母公主疾數月主有瘳出放爲河東都尉上雖愛放然上迫太后下用大臣故常涕泣而遣之後復徵放爲侍中光祿大夫秩中二千石歲餘丞相方進復奏放上不得已免放賜錢五百萬遣就國數月成帝崩放思慕哭泣而死初安世長子千秋與霍光子禹俱爲中郎將將兵隨度遼將軍范明友擊烏桓還謁大將軍光問千秋戰鬭方略山川形埶補注王念孫曰問上更有一光字而今本脫之則語意不完北堂書鈔藝文部二御覽人事部七十三引此皆重一光字千秋口對兵事畫地成圖無所忘失光復問禹禹不能記曰皆有文書光由是賢千秋以禹爲不材歎曰霍氏世衰張氏興矣及禹誅滅而安世子孫相繼自宣元以來爲侍中中常侍諸曹散騎列校尉者凡十餘人功臣之世唯有金氏張氏親近寵貴比於外戚放子純嗣侯恭儉自修明習漢家制度故事有敬侯遺風王莽時不失爵建武中歷位至大司空更封富平之別鄉爲武始侯補注錢大昭曰別鄉疑當作別邑上文所謂別邑在魏郡也武始是魏郡縣非富平鄉先謙曰後書純傳云建武初先來詣闕故得復國又云有司奏列侯非宗室不宜復國光武曰張純宿衞十有餘年其勿廢更封武始侯食富平之半案富平不屬魏郡則武始不得稱富平之別邑此自富平之別鄉耳章懷注范書亦云武始縣屬魏郡蓋未細檢此傳也張湯本居杜陵安世武昭宣世輒隨陵服虔曰隨所事帝徙處其陵也凡三徙復還杜陵補注王啟原曰延壽以後不隨陵者元帝後園陵不邑故張氏止杜陵居焉

贊曰馮商稱張湯之先與留侯同祖而司馬遷不言故闕焉如淳曰班固目錄馮商長安人成帝時以能屬書待詔金馬門受詔續太史公書十餘篇師古曰劉歆七略云商陽陵人治易事五鹿充宗能屬文博通強記與孟柳俱待詔頗序列傳未卒會病死補注周壽昌曰藝文志春秋家有馮商所續太史公七篇注引韋昭曰商受詔續太史公十餘篇在班彪別錄據此則班氏當有其文豈即在漢書中未經別出邪商字子高賦家有待詔馮商賦九篇知商所著尚多王尊傳當是商作元文見趙尹韓張兩王傳贊內漢興以來侯者百數保國持寵未有若富平者也湯雖酷烈及身蒙咎其推賢揚善固宜有後安世履道滿而不溢賀之陰德亦有助云

杜周傳第三十　　漢書六十

漢　蘭　臺　令　史班　固　撰

唐正議大夫行祕書少監琅邪縣開國子顏師古　注

賜進士出身前翰林院編修國子監祭酒加三級臣　王先謙補注

杜周補注先謙曰正義引杜氏譜云字長孺南陽杜衍人也義縱爲南陽太守以周爲爪牙補注先謙曰縱在酷吏傳薦之張湯爲廷尉史使案邊失亡文穎曰邊卒多亡也或曰郡縣主守有所亡失也師古曰此說皆非也謂因虜入爲寇而失人畜甲兵倉廩者也補注宋祁曰句末也字當刪先謙曰史記使案邊失亡上有云湯數言其無害至御史是案邊失亡乃爲御史後上使之也二語似不可少所論殺甚多奏事中意任用師古曰以奏事當天子之意旨故被任用也中音竹仲反與減宣更爲中丞者十餘歲師古曰更互也音工衡反補注先謙曰宣在酷吏傳周少言重遲師古曰遲謂性非敏速也而內深次骨李奇曰其用法深刻至骨宣爲左內史周爲廷尉補注先謙曰據公卿表並在元封間其治大抵放張湯師古曰大抵大歸也放依也音甫往反而善候司師古曰觀望天子意補注李楨曰司相吏反史記作伺同上所欲擠者因而陷之孟康曰擠音躋師古曰擠墜也補注先謙曰擠謂推排而去之上所欲釋久繫待問而微見其冤狀師古曰見顯也客有謂周曰君爲天下決平不循三尺法孟康曰以三尺竹簡書法律也師古曰循因也順也補注宋祁曰浙本無法字沈欽韓曰孟說言其大凡耳鹽鐵論詔聖篇二尺四寸之律古今一也論衡正說篇周以八寸爲尺則二尺四寸當周之三尺左傳正義鉤命決云春秋二尺四寸書之故知六經之策皆稱長二尺四寸按律令國家所重故長亦二尺四寸也郭嵩燾曰蔡邕獨斷策書制長二尺短者半之命諸侯以策書罪免亦賜策以尺一木邕所述漢制策簡如此說文檄二尺書段注引後漢光武紀注說文以木簡書長尺二者謂之檄與前書高祖紀同蓋古本說文如此檄與常簡宜有異也儀禮聘禮疏引鄭論語序易詩書禮樂春秋策尺二寸孝經謙半之論語策八寸者三分居一又謙馬左傳序疏又云春秋二尺四寸書之孝經一尺二寸書之六經之策較常簡長四寸所以尊經儀禮疏云尺二寸蓋有脫誤合諸傳記證之策長不逾二尺惟刑書策三尺朱博傳云奉三尺律令以從事正以異於常簡故自漢相沿以爲三尺法左傳昭六年鄭人鑄刑書昭二十九年晉趙鞅荀寅鑄刑鼎著范宣子所爲刑書疑自春秋以來刑書皆用鑄定九年竹刑注鄧析造刑法書之竹簡說文范竹簡書古法有竹刑鄧析蓋私造之故取簡易書之竹簡秦漢以後因相襲用木簡長三尺者以示嚴重不可移易其他簡策無及三尺者姚鼐言漢官書制必三尺天子詔亦三尺沈氏因據春秋緯之文以漢尺二尺四寸準周之三尺不知簡策長短諸儒但據漢制言之於周無與也專以人主意指爲獄獄者固如是乎師古曰言不當然也周曰三尺安出哉師古曰安猶焉也前主所是著爲律後主所是疏爲令師古曰著謂明表也疏謂分條也補注沈欽韓曰唐六典凡文法之名有四一曰律二曰令三曰格四曰式詳在唐書職官志漢甲乙之令雖條目不存大約不外乎此宋史職官志禁於未然之謂令施於已然之謂敕設於此而使彼至之謂格設於此而使彼效之謂式當時爲是何古之法乎師古曰各當其時而爲是也補注先謙曰當合也音丁浪反言法無一成惟以當其時爲是耳至周爲廷尉詔獄亦益多矣二千石繫者新故相因不減百餘人郡吏太府舉之廷尉如淳曰郡吏太守也文穎曰大府公府也孟康曰舉之廷尉以章劾付廷尉治之也師古曰孟說非也舉皆也言郡吏大府獄事皆歸廷尉也大府丞相御史之府也補注郭嵩燾曰漢制郡國秋冬遣無害吏按訊諸囚此言公府及郡國之獄皆由廷尉鞫治如以郡吏專屬太守亦誤先謙曰太官本作大是一歲至千餘章章大者連逮證案數百小者數十人遠者數千里近者數百里會獄師古曰往赴對也吏因責如章告劾師古曰皆令服罪如所告劾之本章不服以掠笞定之師古曰定其辭令服也於是聞有逮證皆亡匿獄久者至更數赦十餘歲而相告言師古曰更歷也其罪或非赦例故不得除而久逃亡不出至於十餘歲猶相告言由周用法深刻故也更音工衡反大氐盡詆以不道以上師古曰氐讀與抵同抵歸也詆誣也並音丁禮反補注先謙曰罪至不道極矣更無所謂不道以上也索隱道字絕句以上屬下讀謂吏具獄以上之廷尉及中都官也似當從之廷尉及中都官詔獄逮至六七萬人師古曰中都官凡京師諸官府也獄辭所及追考問者六七萬人也吏所增加十有餘萬師古曰吏又於此外以文致之更增加也周中廢後爲執金吾補注先謙曰公卿表周爲廷尉十一年免數之應在天漢二年而是年卽書周爲執金吾則中廢纔數月逐捕桑弘羊衞皇后昆弟子刻深補注先謙曰顧炎武云百官表天漢三年二月執金吾杜周爲御史大夫四年卒而衞太子巫蠱事乃在征和二年周卒已四年矣又十一年昭帝元鳳元年御史大夫桑弘羊坐燕王旦事誅書之謬如此先謙案周天漢二年爲執金吾三年遷御史大夫據武紀天漢二年秋大搜因泰山琅邪羣盜起復遣暴勝之等分部逐捕刺史郡守以下皆伏誅周之逐捕盡力正在斯時史記周傳明言逐盜捕治也後七年爲征和元年乃書巫蠱起二年衞皇后弟子長平侯伉坐巫蠱誅逐捕與巫蠱兩事卒不相涉據公卿表周爲執金吾時弘羊爲大司農此蓋桑衞昆弟子皆在逐捕中非指弘羊本身所云衞皇后昆弟子亦非卽巫蠱坐誅之衞伉也周執法不避貴戚故武帝嘉之必牽合後事以此傳爲謬失理甚矣上以爲盡力無

私遷爲御史大夫始周爲廷史有一馬師古曰廷史即廷尉史也及久任事列三公而兩子夾河爲郡守〔補注〕齊召南曰唐書宰相世系表周三子延壽延考延年延年最幼昭帝初始爲吏則夾河爲郡守者延壽延考也何焯曰褚先生書田仁事云仁刺舉三河時河南河內太守皆杜周子弟河東太守石丞相子孫仁已刺三河皆下吏誅死當史遷作酷吏傳時未覩其終班氏遂仍之爾天之報虐無或爽也家訾累巨萬矣師古曰訾與貲同治皆酷暴唯少子延年行寬厚云

延年字幼公亦明法律昭帝初立大將軍霍光秉政以延年三公子吏材有餘補軍司空蘇林曰主獄官也如淳曰律營軍司空軍中司空各二人〔補注〕宋祁曰空字下疑有令字案令令鈴音始元四年益州蠻夷反延年以校尉將南陽士擊益州還爲諫大夫左將軍上官桀父子與蓋主燕王謀爲逆亂假稻田使者燕倉知其謀以告大司農楊敞敞惶懼移病師古曰移病謂移書言病也一曰以病而移居〔補注〕先謙曰前說是以語延年延年以聞桀等伏辜延年封爲建平侯

延年本大將軍霍光吏首發大姦師古曰首謂初首先發之〔補注〕先謙曰初首先三字同義復出不辭初字蓋衍有忠節由是擢爲太僕右曹給事中光持刑罰嚴延年輔之以寬治燕王獄時御史大夫桑弘羊子遷亡過父故吏侯史吳師古曰姓侯史名吳〔補注〕繆荃孫曰通志引風俗通云董狐爲晉侯史官後因氏焉先謙曰通鑑胡注晉武帝時有侯史光後遷捕得伏法會赦侯史吳自出繫獄廷尉王平與少府徐仁雜治反事師古曰交雜同共治之也〔補注〕先謙曰官本考證按公卿表平字子心仁字中孫俱齊人皆以爲桑遷坐父謀反而侯史吳臧之非匿反者迺匿爲隨者也孟康曰言桑遷但隨坐耳非自反也即以赦令除吳罪後侍御史治實師古曰重覈其事也〔補注〕宋祁曰江南本後字下有使字以桑遷通經術知父謀反而不諫爭與反者身無異侯史吳故三百石吏首匿遷師古曰首匿者言身爲謀首而藏匿人也他皆類此不與庶人匿隨從者等吳不得赦奏請覆治劾廷尉少府縱反者師古曰縱放也少府徐仁即丞相車千秋女壻也故千秋數爲侯史吳言恐光不聽千秋即召中二千石博士會公車門議問吳法師古曰言法律之中吳當得何罪〔補注〕先謙曰官本注言作于議者知大將軍指皆執吳爲不道明日千秋封上衆議光於是以千秋擅召中二千石以下外內異言張晏曰外則去疾欲盡內則爲其壻也師古曰此說非也外內謂外朝及內朝也〔補注〕宋祁曰注文疾一本作侯遂下廷尉平少府仁獄朝廷皆恐丞相坐之延年迺奏記光爭以爲吏縱罪人有常法今更詆吳爲不道恐於法深師古曰詆誣也次下亦同又丞相素無所守持而爲好言於下盡其素行也師古曰言非故有所執持但其素行好與在下人言議耳〔補注〕先謙曰好言美言也謂丞相素無定見而爲美言於下以市惠皆其素行顏讀好爲呼到反則爲好言三字不辭至擅召中二千石甚無狀師古曰無善狀〔補注〕先謙曰無狀猶言無禮延年愚以爲丞相久故及先帝用事師古曰言在位已久是爲故舊又嘗及仕先帝而任事也非有大故不可棄也間者民頗言獄深吏爲峻詆師古曰峻謂峭刻也今丞相所議又獄事也如是以及丞相恐不合衆心羣下讙譁庶人私議流言四布延年竊重將軍失此名於天下也師古曰重猶難也以此爲重事也光以廷尉少府弄法輕重皆論棄市而不以及

丞相終與相竟師古曰謂終丞相之身無貶黜也〔補注〕先謙曰姚範云言不窮竟其事耳十字一句讀案顏姚二說並通延年論議持平合和朝廷皆此類也見國家承武帝奢侈師旅之後數爲大將軍光言年歲比不登流民未盡還師古曰比頻也〔補注〕先謙曰官本注在不登下宜修孝文時政示以儉約寬和順天心說民意年歲宜應師古曰言儉約寬和則豐年當應也說讀曰悅光納其言舉賢良議罷酒榷鹽鐵皆自延年發之吏民上書言便宜有異輒下延年平處復奏言師古曰先平處其可否然後奏言處音昌汝反〔補注〕先謙曰此謂令延年平處復奏延年乃擇其可試以官者言之於上言字下屬若於復奏下加言字則是贅文可官試者至爲縣令或丞相御史除用滿歲以狀聞〔補注〕先謙曰可官試蓋若今之試用官員外則至爲縣令內則兩府除用掾吏滿歲以其事狀奏聞或抵其罪法師古曰抵至也言事之人有姦妄者則特致之於罪法〔補注〕先謙曰官本特作持法下有也字常與兩府及廷尉分章如淳曰兩府丞相御史府也諸章有所疑使延年決之師古曰此說非也上書言事者其章或下丞相御史或付延年故云分章耳非令決疑也〔補注〕郭嵩燾曰吏民上書宜下丞相御史兩府其有異者令延年平處非徑下之延年也上書言便宜尤與廷尉無涉漢官儀諸

吏給事中日上朝謁平尚書奏事分左右曹所謂諸吏郎左右曹也屬侍中延年時爲右曹給事中平處所奏事或由丞相御史除用或由廷尉議罰第其功罪分別下其章兩府及廷尉行之上云平處下云分章係兩事與下典領方藥皆侍中所領職延年爲光信任故常專主其事也如顏失考昭帝末寢疾徵天下名醫延年典領方藥帝崩昌邑王卽位廢大將軍光車騎將軍張安世與大臣議所立時宣帝養於掖廷號皇曾孫與延年中子佗相愛善延年知曾孫德美勸光安世立焉宣帝卽位褒賞大臣延年以定策安宗廟益戶二千三百與始封所食邑凡四千三百戶補注先謙曰表延年始侯二千戶益封三千三百六十戶此傳云益戶二千三百凡四千三百戶則表云益三千乃二千之譌傳不數六十者舉大數也詔有司論定策功大司馬大將軍光功德過太尉絳侯周勃車騎將軍安世丞相楊敞功比丞相陳平前將軍韓增御史大夫蔡誼功比潁陰侯灌嬰太僕杜延年功比朱虛侯劉章後將軍趙充國大司農田延年少府史樂成功比典客劉揭師古曰據如此傳樂成姓史而霍光傳云使樂成小家子則又似姓使功臣侯表迺云使樂成三者不同尋史使一也故當姓史或作使字而表遂誤爲使耳皆封侯益土延年爲人安和備於諸事師古曰言皆明習也久典朝政上任信之出卽奉駕入給事中居九卿位十餘年賞賜賂遺訾數千萬霍光薨後子禹與宗族謀反誅上以延年霍氏舊人欲退之而丞相魏相奏延年素貴用事官職多姦遣吏考案但得苑馬多死官奴婢乏衣食師古曰傳言延年身不犯法但丞相致之於罪耳補注李楨曰太僕掌輿馬故有苑馬及官奴婢延年坐免官削戶二千後數月復召拜爲北地太守延年以故九卿外爲邊吏治郡不進師古曰比於諸郡不爲最也上以璽書讓延年師古曰讓責也延年迺選用良吏捕繫豪強補注劉奉世曰繫當爲擊字之誤也郡中清靜居歲餘上使謁者賜延年璽書黃金二十斤徙爲西河太守治甚有名五鳳中徵入爲御史大夫補注何焯曰凡居外十餘年始徵又以丙吉遺言薦之故也錢大昭曰公卿表作五鳳三年六月辛酉漢舊儀云大夫初拜策曰惟五鳳三年正月乙巳御史大夫之官皇帝延登親詔之曰御史大夫其進虛受朕言朕鬱於大道獲保宗廟兢兢師師夙夜思己失不遑

康寧盡思百姓未能綏於戲御史大夫其帥意盡心以補朕闕於戲九卿羣大夫百官慎哉不勖於厥職厥有常辟往悉乃心和裕開賢俾賢能反本乂民靡諱朕躬天下之衆受制於朕以法爲命可不慎與於戲御史大夫其誡之此其策命之詞也延年居父官府不敢當舊位坐臥皆易其處是時四夷和海內平延年視事三歲以老病乞骸骨天子優之使光祿大夫持節賜延年黃金百斤牛酒補注先謙曰官本無牛字引宋祁曰浙本酒字上有牛字加致醫藥延年遂稱疾篤補注錢大昭曰疾南監本閩本作病先謙曰官本作病賜安車駟馬罷就第師古曰安車坐乘之車也後漢輿服志云公列侯安車朱斑輪倚鹿較伏熊軾皁蓋倚鹿較者畫立鹿於車之前兩藩外也伏熊軾者車前橫軾爲伏熊之形也補注先謙曰官本云作曰後數月薨諡曰敬侯子緩嗣緩少爲郎本始中以校尉從蒲類將軍擊匈奴文穎曰趙充國也臣瓚曰征蒲類海故以爲名還爲諫大夫遷上谷都尉雁門太守父延年薨徵視喪事拜爲太常治諸陵縣每冬月封具獄日常去酒省食師古曰獄案已具當論決之故封上官屬稱其有恩元帝初卽位穀貴民流永光中補注先謙曰官本作元光引宋祁曰元光當從南浙本作永光西羌反緩輒上書入錢穀以助用前後數百萬補注先謙曰公卿表緩以甘露三年爲太常七年坐盜賊多免七年當元帝初元三年緩六弟五人至大官少弟熊歷五郡二千石三州牧刺史有能名唯中弟欽官不至而最知名

欽字子夏少好經書家富而目偏盲師古曰盲目無見也偏盲者患一目也今俗迺以兩目無見者始爲盲語移轉也補注繆荃孫曰兩目無見曰盲今欽一目故謂之偏盲非語有移轉也故不好爲吏茂陵杜鄴與欽同姓字師古曰竝字子夏俱以材能稱京師故衣冠謂欽爲盲杜子夏以相別師古曰衣冠謂士大夫也補注王念孫曰俱以材能稱絕句故字當在京師上而以故京師衣冠五字連讀京師衣冠謂京師士大夫也白帖十二引此作京師衣冠謂欽爲盲杜子夏御覽疾病部三同則京師衣冠四字連讀明矣漢紀作俱好學以才能稱故京師謂欽爲盲子夏則故京師三字連讀又明矣欽惡以疾見詆師古曰詆毀也音丁禮反迺爲小冠高廣財二寸師古曰財與纔同古通用字由是京師更謂欽爲小冠杜子夏而鄴爲大冠杜子夏云時帝舅大將軍王鳳以外戚輔政求賢知自助鳳父頃侯禁與欽兄緩相善故鳳深知欽能奏請

欽爲大將軍軍武庫令職閒無事欽所好也師古曰閒讀曰閑補注宋祁曰軍武庫一本無軍字諸本皆有予謂當存軍字是大將軍之軍武庫也周壽昌曰續漢書武庫令一人秩六百石主兵器先謙曰荀紀成帝建始三年作大將軍武庫令杜欽不重軍字通鑑同欽爲人深博有謀自上爲太子時以好色聞及即位皇太后詔采良家女欽因是說大將軍鳳曰禮壹娶九女所以極陽數廣嗣重祖也張晏曰陽數一三五七九九數之極也臣瓚曰天子一娶九女夏殷之制也欽故舉前代之約以刺今之奢也補注李楨曰公羊傳諸侯一聘九女諸侯不再娶不言天子禮記鄭注云帝嚳有四妃象后妃四星其一明者爲正妃餘三小者爲次妃帝堯因焉舜不立正妃但三妃而已謂之三夫人夏后氏增以三三而九合十二人春秋說云天子取十二夏制也殷人又增以三九二十七合三十九人周人上法帝嚳立正妃又增九九八十一合之百二十人其位后也夫人也嬪也世婦也女御也蔡邕獨斷天子一娶十二女象十二月三夫人九嬪諸侯一娶九女象九州一妻八妾以上三說皆與瓚說不合班氏白虎通義天子諸侯一娶九女何重國廣繼嗣也適也者何法地有九州承天之施無所不生也王度記曰天子一娶九女此同瓚說但不必爲夏殷之制爾必鄉舉求窈窕不問華色師古曰鄉舉者博問鄉里而舉之也窈窕幽閒也窈音一了反窕音徒了反所以助德理內也娣姪雖缺不復補所以養壽塞爭也師古曰媵女之內兄弟之女則謂之姪己之女弟則謂之娣塞絕也故后妃有貞淑之行則胤嗣有賢聖之君制度有威儀之節則人君有壽考之福廢而不由則女德不厭師古曰由用也從也女德不厭言好色之甚也女德不厭則壽命不究於高年師古曰究竟也書云或四三年師古曰周書亡逸篇曰惟湛樂之從罔或克壽或十年或七八年或五六年或四三年謂逸欲過度則損壽也言失欲之生害也師古曰失讀曰佚佚與逸同男子五十好色未衰婦人四十容貌改前以改前之容侍於未衰之年而不以禮爲制則其原不可救而後徠異態後徠異態則正后自疑而支庶有間適之心師古曰間代也音居莧反適讀曰嫡次下亦同是以晉獻被納讒之謗申生蒙無罪之辜師古曰蒙亦被也今聖主富於春秋未有適嗣方鄉術入學師古曰鄉讀曰嚮補注李楨曰術道也未親后妃之議將軍輔政宜因始初之隆建九女之制詳擇有行義之家求淑女之質毋必有聲色音技能爲萬世大法師古曰惟求淑質無論美色及音聲技能如此則可爲萬代法也補注先謙曰據顏注則

正文作毋必有色聲音技能顏所見本尙不誤後人傳寫誤倒色聲作聲色則音字爲贅文矣通鑑作毋必有聲色技能刪去音字夫少戒之在色師古曰論語孔子曰君子有三戒少之時血氣未定戒之在色言好色無節則致損敗故戒之也小卞之作可爲寒心張晏曰刺幽王廢申后而立褒姒黜太子宜咎而立伯服也臣瓚曰小卞之詩太子之傅作也哀太子之放逐愍周室之大壞也師古曰詩小雅也二說皆是卞音盤補注先謙曰官本考證按今詩作小弁與孟子同蓋卞弁二字古通用故師古音盤與陸氏毛詩音義同唯將軍常以爲憂鳳白之太后太后以爲故事無有欽復重言師古曰重音直用反詩云殷監不遠在夏后氏之世師古曰大雅蕩之詩也言殷之所監見其事不遠近在夏后氏之時刺戒者至迫近而省聽者常怠忽師古曰怠忽忘也可不愼哉前言九女略陳其禍福甚可悼懼竊恐將軍不深留意后妃之制夭壽治亂存亡之端也迹三代之季世覽宗宣之饗國察近屬之符驗韋昭曰宗殷高宗也宣周宣王也皆饗國長久師古曰宗宣之義韋說是也近屬者謂漢家之事耳屬猶言甫爾也音之欲反補注先謙曰漢人屬文以殷高宗周宣王並稱以其爲中興之君也宣紀贊侔德殷宗周宣卽用此義屬亦近也近屬猶言近今李尋傳故屬者頗有改變與此義同禍敗曷常不由女德是以佩玉晏鳴關雎歎之李奇曰后夫人雞鳴佩玉去君所周康王后不然故詩人歎而傷之臣瓚曰此魯詩也補注繆荃孫曰何焯云劉氏校本注文鳴字下更有鳴字荃孫案此字當有后夫人雞鳴郎起鳴佩玉而去君所也下鳴字指玉言故佩玉晏鳴歎康王后之晏起先謙曰列女傳魏曲沃負篇云周之康王夫人晏出朝關雎豫見思得淑女以配君子論衡謝短篇周衰而詩作蓋康王時也康王德缺於房大臣刺晏故詩作袁宏後漢紀楊賜云昔周康王承文王之盛一朝晏起夫人不鳴璜宮門不擊柝關雎之人見幾而作古文苑載張超誚青衣賦云周漸將衰康王晏起畢公喟然深思古道感彼關雎性不雙侶但願周公妃以窈窕防微消漸諷諭君父孔氏大之列冠篇首劉向王充習魯詩楊賜與蔡邕同定石經魯詩張超字子竝河間鄭人見蔡邕作青衣賦志蕩詞淫作詩規之皆用魯說是此詩乃刺康王后夫人作者是畢公也本書匡衡傳衡引齊詩說及王應麟詩攷引韓詩敘皆與魯詩說同知毛傳非也知好色之伐性短年離制度之生無厭天下將蒙化陵夷而成俗也師古曰蒙被也補注宋祁曰離字下疑有脫文先謙曰官本顏注在蒙化下故詠淑女幾以配上師古曰關雎之詩云窈窕淑女君子好仇故云然也淑善也幾讀曰冀忠孝之篤仁厚之作也師古曰作謂作詩也夫君親壽尊國家治安誠臣子之至願所當勉之也易曰正其本萬物理師古曰今易無此文補注李楨曰易緯坤靈圖正其本萬物理差之

豪釐謬以千里故君子必謹其始凡事論有疑未可立行者求之往古則典刑無考之來今則吉凶同卒搖易之則民心惑鄭玄曰卒急也師古曰卒音于忽反補注先謙曰玄誤官本作氏若是者誠難施也今九女之制合於往古無害於今不逆於民心至易行也行之至有福也將軍輔政而不蚤定師古曰蚤古早字非天下之所望也唯將軍信臣子之願念關雎之思師古曰信讀曰申遠委政之隆及始初清明師古曰委政之隆言天子委鳳政事權寵隆盛也始初清明天子新即位宜立法制補注先謙曰逮亦及也爲漢家建無窮之基誠難以忽不可以遴李奇曰遴難也師古曰遴與吝同補注先謙曰官本無與字鳳不能自立法度循故事而已會皇太后女弟司馬君力蘇林曰字君力爲司馬氏婦與欽兄子私通事上聞欽慙懼乞骸骨去後有日蝕地震之變詔舉賢良方正能直言士合陽侯梁放舉欽補注齊召南曰按漢代列侯具見於表此合陽侯梁放功臣恩澤二表不見何也師古亦無注錢大昭曰梁喜之子先謙曰喜宣帝功臣齊氏偶有不照欽上對曰陛下畏天命悼變異延見公卿舉直

言之士將以求天心迹得失也師古曰觀得失之蹤迹也補注先謙曰迹當作虛字解猶言尋求之也周禮地官序官迹人注迹之言跡知禽獸處跡知謂尋求而知之也後漢儒林傳跡衰敝之所由致注跡猶尋也顏讀迹爲實字而訓爲觀得失之蹤迹非是季布傳迹且至臣家注迹謂尋其蹤迹也平當傳宜深迹其道注迹謂求其蹤迹也此二迹字皆當卽訓爲尋求注並失之臣欽愚戇經術淺薄不足以奉大對師古曰大對謂對大問也臣聞日蝕地震陽微陰盛也臣者君之陰也子者父之陰也妻者夫之陰也夷狄者中國之陰也春秋日蝕三十六地震五師古曰解在劉向傳或夷狄侵中國或政權在臣下或婦乘夫師古曰乘陵也補注先謙曰荀紀作或妻不承夫或臣子背君父補注宋祁曰江南本作臣背君子背父事雖不同其類一也臣竊觀人事以考變異則本朝大臣無不自安之人外戚親屬無乖刺之心師古曰刺戾也音來曷反關東諸侯無強大之國三垂蠻夷無逆理之節師古曰三垂謂東南西也補注先謙曰說文垂遠邊也殆爲後宮師古曰殆近也何以言之日以戊申蝕時加未戊夫土也補注錢大昭曰夫當作未南監本閩本皆不誤先謙曰官本作未土者中宮

之部也其夜地震未央宮殿中此必適妾將有爭寵相害而爲患者師古曰適讀曰嫡嫡謂正后也補注宋祁曰南本相害字作於宮唯陛下深戒之變感以類相應人事失於下變象見於上能應之以德則異咎消亡不能應之以善則禍敗至高宗遭雊雉之戒飭己正事享百年之壽殷道復興師古曰解在五行志補注沈欽韓曰蔡邕石經肆高宗之享國百年與劉向五行傳同則漢時古今文皆云百年竹書紀年武丁五十九年陟僞古文出於汲郡古文之後故無逸作五十九年要在所以應之應之非誠不立非信不行宋景公小國之諸侯耳有不忍移禍之誠出人君之言三熒惑爲之退舍張晏曰宋景公熒惑守心太史子韋請移之於大臣及國人與歲公皆不聽天感其誠熒惑爲之退舍景公享延期之祚也補注先謙曰注景公下當有時字以陛下聖明內推至誠深思天變何應而不感何搖而不動孔子曰仁遠乎哉師古曰論語載孔子之言也言仁道不遠求之而至也唯陛下正后妾抑女寵防奢泰去佚游躬節儉親萬事數御安車由輦道師古曰由從也親二宮之饔膳韋昭曰二宮卽成太后與成帝母也師古曰熟食曰

饔具食曰膳膳之言善也補注先謙曰太后上當有帝字致晨昏之定省補注先謙曰官本晨昏作昏晨如此卽堯舜不足與比隆咎異何足消滅如不留聽於庶事不論材而授位殫天下之財以奉淫侈匱萬姓之力以從耳目師古曰殫匱皆盡也從讀曰縱近諂諛之人而遠公方師古曰方正也信讒賊之臣以誅忠良賢俊失在巖穴大臣怨於不以師古曰失在巖穴謂隱處巖穴朝廷失之也論語稱周公謂魯公不使大臣怨乎不以以用也不見用而怨也補注王念孫曰失讀爲放佚之佚字或作逸謂賢俊自放於巖穴非謂朝廷失之也古多以失爲佚雖無變異社稷之憂也天下至大萬事至衆祖業至重誠不可以佚豫爲不可以奢泰持也師古曰爲治也唯陛下忍無益之欲以全衆庶之命臣欽愚戇言不足采其夏上盡召直言之士詣白虎殿對策師古曰此殿在未央宮也策曰天地之道何貴王者之法何如六經之義何上人之行何先取人之術何以師古曰以用也當世之治何務各以經對師古曰據經義以對補注先謙曰官本據作取欽對曰臣聞天道貴信地道貴貞師古曰貞正也不信

不貞萬物不生生天地之所貴也王者承天地之所生理而成之昆蟲草木靡不得其所王者法天地非仁無以廣施非義無以正身克己就義恕以及人師古曰恕仁也言以仁愛爲心內省己志施之於人也六經之所上也不孝則事君不忠涖官不敬師古曰涖臨也戰陳無勇朋友不信補注李楨曰四語禮記祭義曾子之言孔子曰孝無終始而患不及者未之有也師古曰孝經載孔子之言也言人能終始行孝而患不及於道者未之有也一說行孝終始不備而患禍不及者無此事也補注先謙曰官本注能下終始作始終不及下無於字孝人行之所先也觀本行於鄉黨考功能於官職達觀其所舉富觀其所予窮觀其所不爲乏觀其所不取補注沈欽韓曰以上四語說苑臣術篇李克對魏文侯語周書及大戴官人篇略同近觀其所爲補注劉敞曰當云近觀其所爲主注文舊有妄刊去之宋祁曰爲字下南本浙本並有主字先謙曰據下顏注明有主字是也遠觀其所主師古曰所爲主謂託人以爲援而自進也其所主爲人之援而進也補注宋祁曰注文爲主越本作所爲非是進也當作進之也孔子曰視其所以觀其所由察其所安人焉廋哉師古曰論語載孔子之言也廋匿也此言視人之所用觀人之所從察人之所樂則可知其善惡無所匿其情也補注先謙曰官本注無此字取人之術也殷因於夏尚質周因於殷尚文今漢家承周秦之敝宜抑文尚質廢奢長儉表實去僞師古曰長謂崇貴之也表明也孔子曰惡紫之奪朱師古曰論語載孔子之言也朱正色也紫間色之好者也惡其邪好而奪正色以喻利口之人多言少實傾惑者也當世治之所務也補注王念孫曰治之當爲之治上文策曰當世之治何務故欽對曰當世之治所務也今本之治二字倒轉則文義不順臣竊有所憂言之則拂心逆指師古曰拂謂違戾也音佛不言則漸日長爲禍不細然小臣不敢廢道而求從違忠而耦意師古曰從順也耦合也臣聞玩色無厭必生好憎之心好憎之心生則愛寵偏於一人愛寵偏於一人則繼嗣之路不廣而嫉妒之心興矣如此則匹婦之說不可勝也師古曰匹婦一婦人也補注宋祁曰說別本浙本作謀唯陛下純德普施無欲是從師古曰從讀曰縱不縱心於所欲也此則眾庶咸說師古曰說讀曰悅繼嗣日廣而海內長安萬事之是非何足備言師古曰如此則細故萬端不足憂也欽以前事病賜帛罷補注先謙曰因前事

稱病故未錄用後爲議郎復以病免徵詣大將軍莫府國家政謀鳳常與欽慮之師古曰慮計也數稱達名士王駿韋安世王延世等師古曰王駿王陽子也韋安世韋賢之孫方山之子也王延世郎成帝時塞河隄者也補注宋祁曰一本只云王延無世字注同予據成紀校尉王延世塞決河是歲改河平元年此本是劉奉世曰治河者王延世或者此脫一世字歟救解馮野王王尊胡常之罪過補注何焯曰欽爲野王奏記王鳳不見聽語在馮奉世傳野王以京兆尹王章薦以代鳳鳳風御史中丞劾之欽之救解亦爲王氏補過也先謙曰胡常見翟方進儒林傳欽救解胡常事無所見及繼功臣絕世補注齊召南曰功臣表杜業納說云云於是成帝復紹蕭何是建議繼功臣絕世乃欽兄子業之事非欽事也表傳互異如此填撫四夷師古曰填音竹刃反當世善政多出於欽者見鳳專政泰重戒之曰昔周公身有至聖之德屬有叔父之親而成王有獨見之明無信讒之聽然管蔡流言而周公懼穰侯昭王之舅也文穎曰穰侯魏冉也權重於秦威震鄰敵有旦莫偃伏之愛師古曰言昭王幼少旦夕偃伏戲弄於舅之旁側也補注先謙曰官本少作小心不介然有間補注李楨曰說文介畫也畫則必有間故介一訓間古莧切言穰侯昭王其君臣心中不留介然有間隔也然范雎起徒步由異國無雅信師古曰雅信謂素相任信開一朝之說而穰侯就封師古曰范雎爲丞相穰侯就國補注先謙曰官本師古作文穎及近者武安侯之見退師古曰武安侯謂田蚡也退謂請考工地益宅上怒迺退之也三事之跡相去各數百歲若合符節甚不可不察願將軍由周公之謙懼師古曰由從也用也損穰侯之威放武安之欲補注先謙曰穀梁宣元年傳注放猶屏也毋使范雎之徒得間其說師古曰間音居莧反頃之復日蝕京兆尹王章上封事求見果言鳳專權蔽主之過宜廢勿用以應天變於是天子感寤召見章與議欲退鳳鳳甚憂懼欽令鳳上疏謝罪乞骸骨文指甚哀太后涕泣爲不食上少而親倚鳳亦不忍廢師古曰倚音於綺反復起鳳就位鳳心慙稱病篤欲遂退欽復說之曰將軍深悼輔政十年變異不已故乞骸骨歸咎於身刻己自責至誠動眾愚知莫不感傷雖然是無屬之臣執進退之分絜其去就之節者耳師古曰無屬無親屬於上也分音扶問反字或作介介隔也其義兩通補注先謙曰分別也介

亦別也合則進不則退辨之書然守而不移故曰執進退之分分介隸形相亂經典字多互用陸氏釋文中不可枚舉非主上所吕待將軍非將軍所吕報主上也昔周公雖老猶在京師明不離成周示不忘王室也仲山父異姓之臣無親於宣就封於齊鄧展曰詩言仲山甫徂齊者言銜命往治齊城郭也而韓詩以爲封於齊此誤耳晉灼曰韓詩誤而欽引之阿附權貴求容媚也師古曰韓詩既有明文而欽引以爲喻則是其義非繆而與今說詩者不同鄧晉諸人雖曰涉學未得專非杜氏追咎韓詩也補注錢大昭曰漢孟鯱碑云天生仲山甫翼佐中興宣平功遂受封於齊其言與欽同猶歎息永懷宿夜徘徊不忍遠去況將軍之於主上主上之與將軍哉夫欲天下治安變異之意莫有將軍師古曰言衆人之意皆不如也補注宋祁曰南本浙本意並作息先謙曰顏讀欲天下治安變異之意爲句但治安變異四字不辭疑作息是也主上照然知之補注錢大昭曰照南監本閩本並作昭先謙曰官本作昭是故攀援不遣師古曰援引也音爰書稱公毋困我師古曰此周書洛誥成王告周公詞也言公必須留此毋得遂去而令我困蓋成帝與鳳詔書引此言之補注先謙曰元后傳鳳乞骸骨上報曰書云公毋困我僞古文作公無困哉非也逸周書祭公解亦云公毋困我哉唯將軍不爲四國流言自疑於成王吕固

至忠鳳復起視事上令尚書劾奏京兆尹章章死詔獄語在元后傳章既死衆庶冤之吕譏朝廷欽欲救其過復說鳳曰京兆尹章所坐事密吏民見章素好言事吕爲不坐官職疑其吕日蝕見對有所言也假令章內有所犯雖陷正法事不暴揚自京師不曉況於遠方恐天下不知章實有罪而吕爲坐言事也補注周壽昌曰時章不以劾鳳見罪而以奏薦馮野王詆張美人爲罪故欽欲鳳暴揚之如是塞爭引之原損寬明之德師古曰爭引謂引事類以諫爭也一曰下有諫爭之言上引而納之也補注先謙曰左昭元年傳引其封疆注引正也一曰引者控執之爭引猶言爭執也欽愚吕爲宜因章事舉直言極諫補注宋祁曰南本無章事二字並見郎從官展盡其意加於往前吕明示四方使天下咸知主上聖明不吕言罪下也若此則流言消釋疑惑著明鳳白行其策欽之補過將美皆此類也師古曰將助也優游不仕吕壽終欽子及昆弟支屬補注先謙曰官本支作友引宋祁曰友疑當作支至二千石者且十人欽兄綏前免太常吕列

侯奉朝請成帝時迺薨子業嗣補注錢大昕曰業字君都見公卿表業有材能吕列侯選復爲太常數言得失不事權貴與丞相翟方進衛尉定陵侯湻于長不平後業坐法免官補注先謙曰公卿表成帝鴻嘉元年業爲太常七年免七年當永始三年復爲函谷關都尉會定陵侯長有罪當就國長舅紅陽侯立與業書曰誠哀老姊垂白隨無狀子出關師古曰垂白者言白髮下垂也無狀猶言不肖補注周壽昌曰長母王若元后姊李楨曰定陵汝南縣也長就國當出關願勿復用前事相侵定陵侯既出關伏罪復發蘇林曰長與許后書也語在外戚傳下雒陽獄丞相史搜得紅陽侯書奏業聽請不敬服虔曰受立屬請爲不敬補注先謙曰立與業書而丞相史於長所搜得者蓋長出關時業以此市恩坐免就國其春補注先謙曰綏和二年丞相方進薨業上書言方進本與長深結厚更相稱薦師古曰更音工衡反長陷大惡獨得不坐苟欲鄣塞前過不爲陛下廣持平例師古曰俱與長厚善而方進獨不坐是不平也又無恐懼之心反因時信其邪辟師古曰信讀曰伸辟讀曰僻報睚眦怨師古曰睚音厓睚舉眼也眦即眥字謂目匡也

言舉目相忤者即報之也一說睚音五懈反眦音仕懈反睚眦瞋目貌也兩義並通他皆類此故事大逆朋友坐免官無歸故郡者今在長者歸故郡已深一等補注錢大昭曰在當作坐南監本閩本不誤先謙曰官本作坐紅陽侯立坐子受長貨賂故就國耳非大逆也而方進復奏立黨友後將軍朱博鉅鹿太守孫宏補注錢大昕曰翟方進傳作孫閎故少府陳咸皆免官歸咸故郡刑罰無平在方進之筆端衆庶莫不疑惑皆言孫宏不與紅陽侯相愛宏前爲中丞時方進爲御史大夫舉掾隆可侍御史師古曰御史大夫之掾也名隆宏奏隆前奉使欺謾師古曰謾誑也音慢又音莫連反不宜執法近侍方進吕此怨宏又方進爲京兆尹時陳咸爲少府在九卿高弟補注先謙曰弟同第官本作第陛下所自知也方進素與司直師丹相善臨御史大夫缺使丹奏咸爲姦利請案驗卒不能有所得而方進果自得御史大夫爲丞相卽時詆欺奏免咸師古曰詆誣也復因紅陽侯事歸咸故郡衆人皆言國家假方進權太甚案師

丹行能無異及光祿勳許商被病殘人（服虔曰殘癃也）皆但㠯附從方進嘗獲尊官（補注先謙曰官本嘗作常）丹前親屬㠯子丞相史能使巫下神爲國求福幾獲大利（師古曰幾讀曰冀補注先謙曰屬官本作厲是）幸賴陛下至明遣使者毛莫如先考驗（補注錢大昭曰莫如太山人官至常山太守毛當作屯說見儒林傳）卒得其姦皆坐死假令丹知而白之此誣罔罪也不知而白之是背經術惑左道也（師古曰左道不正之道也）二者皆在大辟重於朱博孫宏陳咸所坐方進終不舉白專作威福阿黨所厚排擠英俊（師古曰擠墜也音子詣反）託公報私橫厲無所畏忌（師古曰縱橫陵厲也）欲㠯熏轑天下（師古曰熏言熏灼之轑讀曰燎假借用字）天下莫不望風而靡（師古曰靡猶弭）自尚書近臣皆結舌杜口（師古曰杜塞也）骨肉親屬莫不股栗（師古曰言懼之甚故股戰慄也）威權泰盛而不忠信非所㠯安國家也今聞方進卒病死（師古曰卒讀曰猝）不㠯尉示天下（補注郭嵩燾曰車千秋傳尉安黎庶尉慰字通百官表應劭曰自上安下曰尉張釋之傳亦曰廷尉天下之平也是尉亦有平意上云廣持平例此云尉示天下言持平以慰安天下之心也）反復賞賜厚葬唯陛下深思往事㠯戒來今會成帝崩哀帝即位業復上書言王氏世權日久朝無骨鯁之臣（師古曰鯁亦骾字）宗室諸侯微弱與繫囚無異自佐史㠯上至於大吏皆權臣之黨曲陽侯根前爲三公輔政知趙昭儀殺皇子不輒白奏反與趙氏比周恣意妄行（師古曰比音頻寐反）譖愬故許后被加㠯非罪（師古曰被音皮義反）誅破諸許族敗元帝外家內嫉妒同產兄姊紅陽侯立及湻于氏（師古曰兄紅陽侯立也姊湻于長母也）皆老被放棄新喋血京師威權可畏高陽侯薛宣有不養母之名安昌侯張禹姦人之雄惑亂朝廷使先帝負謗於海內尤不可不慎陛下初即位謙讓未皇（師古曰皇暇也）孤獨特立莫可據杖權臣易世（補注先謙曰謂世執朝權）意若探湯（師古曰言重難之若以手探熱湯也）宜蚤㠯義割恩安百姓心竊見朱博忠信勇猛材略不世出（師古曰言其希有也）誠國家雄俊之寶臣也宜徵博置左右㠯塡天下（師古曰塡音竹刃反）此人在

朝則陛下可高枕而臥矣昔諸呂欲危劉氏賴有高祖遺臣周勃陳平尚存不者幾爲姦臣笑（師古曰幾音鉅依反）業又言宜爲恭王立廟京師㠯章孝道時高昌侯董宏亦言宜尊帝母定陶王丁后爲帝太后大司空師丹等劾宏誤朝不道坐免爲庶人業復上書訟宏前後所言皆合指施行朱博果見拔用業由是徵復爲太常歲餘左遷上黨都尉（補注先謙曰據公卿表哀帝建平四年業爲太常三年貶與下元壽二年丙昌爲太常合此云歲餘誤也）會司隸奏業爲太常選舉不實業坐免官（補注先謙曰選舉屬官不以實也）復就國哀帝崩王莽秉政諸前議立廟尊號者皆免徙合浦業㠯前罷黜故見闊略（師古曰闊略謂寬縱不問也）憂恐發病死業成帝初尚帝妹潁邑公主主無子薨業家上書求還京師與主合葬不許而賜諡曰荒侯傳子至孫絕（補注繆荃孫曰業子輔輔子憲見表）初杜周武帝時徙茂陵至延年徙杜陵云

贊曰張湯杜周並起文墨小吏致位三公列於酷吏而俱有良子德器自過（師古曰言其子德器各過二人之身）爵位尊顯繼世立朝相與提衡（如淳曰提衡猶言相提攜也臣瓚曰衡平也言二人齊也師古曰瓚說是也）至於建武杜氏爵迺獨絕（師古曰建武之後張氏尚有張純爲侯故言杜氏獨絕也補注先謙曰業孫憲建武中先降梁王劉永不得封）迹其福祚元功儒林之後莫能及也（師古曰元功蕭曹張陳之屬也儒林貢薛韋匡之輩）自謂唐杜苗裔豈其然乎（師古曰謂在周爲唐杜氏也補注何焯曰史家之微辭也蓋謂推其故而不得）及欽浮沈當世好謀而成㠯建始之初深陳女戒終如其言庶幾乎關雎之見微（師古曰關雎國風之始言夫婦之際政化所由故云見微微謂微妙也補注王念孫曰關雎見微卽指上文杜欽說王鳳語言之用魯詩說也覩佩玉晏鳴而知治化之將衰故曰見微馮衍顯志賦亦云美關雎之識微兮愍王道之將崩顏說未碻先謙曰官本妙作細）非夫浮華博習之徒所能規也業因勢而抵陒（服虔曰抵音紙陒音羲謂罪敗而復抨彈之蘇秦書有此法師古曰抵擊也陒毀也言因事形勢而擊毀之也陒音詭一說陒讀與戲同音許宜反戲亦險也言擊其危險之處鬼谷有抵戲篇也補注先謙曰陒垝之或體說文垝毀垣也詩乘彼垝垣傳垝毀也管子霸形篇注垝敗牆也抵陒謂因其

毀而擊之如劾方進於已死及哀帝立而排擊王氏皆所謂抵其巇也師古謂擊毀之非是一說亦非稱朱博毀師丹愛憎之議可不畏哉

杜周傳第三十終　　漢書六十

張騫李廣利傳第三十一

漢　蘭　臺　令　史班　固　撰

唐正議大夫行祕書少監琅邪縣開國子顏師古　注

賜進士出身前翰林院編修國子監祭酒加三級臣王先謙補注

張騫漢中人也師古曰陳壽益部耆舊傳云騫漢中成固人也〔補注〕宋祁曰也字疑可刪建元中爲郎時匈奴降者言匈奴破月氏王師古曰月氏西域胡國也氏音支以其頭爲飲器韋昭曰飲器椑榼也晉灼曰飲器虎子屬也或曰飲酒之器也師古曰匈奴傳云以所破月氏王頭共飲血盟然則飲酒之器是也韋云椑榼晉云獸子皆非也椑榼即今之偏榼所以盛酒耳非用飲者也獸子褻器所以溲便者也椑音鼙〔補注〕沈欽韓曰趙策以知伯頭爲飲器呂覽云斷其頭以爲觴則云虎子者非也元僧楊璉真伽截理宗頂骨爲飲器胡俗同然月氏遁而怨匈奴無與共擊之師古曰無人援助也漢方欲事滅胡〔補注〕先謙曰漢胡構兵始於元光二年馬邑之役而建元中即欲事滅胡則知武帝雄心定於即位之始矣聞此言欲通使道必更匈奴中師古曰更過也音工衡反〔補注〕先謙曰史記大宛傳索隱更經也迺募能使者騫以郎應募使月

氏與堂邑氏奴甘父服虔曰堂邑姓也漢人其奴名甘父師古曰堂邑氏之奴本胡人名甘父下云堂邑父者蓋取主之姓以爲氏而單稱其名曰父〔補注〕劉攽曰奴甘父直是此人名號耳非謂堂邑氏之奴名甘父也按胡人名字多以奴爲號又後言堂邑父益知其人自氏堂邑名奴甘父也先謙曰史記作堂邑氏故胡奴甘父則服顏說是索隱云下云堂邑父者蓋後史家從省唯稱堂邑父而略甘字俱出隴西徑匈奴師古曰道由匈奴過〔補注〕先謙曰据下文騫以軍臣單于死之歲還爲元朔三年去十三歲則出使在建元三年匈奴得之傳詣單于單于曰月氏在吾北漢何以得往使吾欲使越漢肯聽我乎畱騫十餘歲予妻有子然騫持漢節不失居匈奴西〔補注〕先謙曰史記作居匈奴中益寬騫因與其屬亡鄉月氏師古曰屬謂同使之官屬鄉讀曰嚮西走數十日師古曰走趨也不指知其道里多少故以日數言之走音奏一曰走謂奔走也讀如本字〔補注〕先謙曰官本無指字是至大宛大宛聞漢之饒財欲通不得見騫喜問欲何之騫曰爲漢使月氏而爲匈奴所閉道今亡唯王使人道送我師古曰道讀曰導〔補注〕先謙曰官本今作脫引宋祁曰越本脫作今錢大昕云予見宋大字本正作今詳其文義以今亡爲句閉道連文謂閉其道不使往也上下文但云亡無脫字知爲校書者妄改先謙案史記亦作今誠

得至反漢漢之賂遺王財物不可勝言大宛㠯爲然遣騫爲發譯道抵康居師古曰抵至也道讀曰導〔補注〕先謙曰史記作爲發導驛抵康居下烏孫發譯道送騫史作發道譯送騫譯驛並通然合諸文校之蓋譯字是也康居傳致大月氏大月氏王已爲胡所殺立其夫人爲王〔補注〕宋祁曰古本夫人字下有太子二字齊召南曰史作立其太子爲王外國固時有女王然以下文推之似史是先謙曰集解引徐廣云一云夫人爲王宋所見古本蓋兩存而未刊者既臣大夏而君之師古曰以大夏爲臣爲之作君也〔補注〕郭嵩燾曰史記君作居是也西域傳明言月氏爲匈奴所敗益遠去過宛西擊大夏而臣之都嬀水北爲王城而大夏傳云都嬀水南嬀水今阿母河其地屬布哈爾近多爲俄羅斯侵踞當時皆大夏地月氏襲居之盡嬀水以北爲界以兵力臣屬大夏而大夏仍自爲國也地肥饒少寇志安樂又自㠯遠遠漢殊無報胡之心師古曰下遠音于萬反〔補注〕先謙曰史記不重遠字官本千作于是于遠雙聲千遠非雙聲且本傳益以爲神而遠之注可證騫從月氏至大夏竟不能得月氏要領李奇曰要領要契也師古曰李說非也要衣要也領衣領也凡持衣者則執要與領言騫不能得月氏意趣無以持歸於漢故以要領爲喻要音一遙反畱歲餘還並南山欲從羌中歸師古曰並音步浪反〔補注〕先謙曰正義引西域傳云其南山東出金城與漢南山屬焉並卽傍

字復爲匈奴所得畱歲餘單于死〔補注〕先謙曰集解引徐廣曰元朔三年史記此下云左谷蠡王攻其太子自立據匈奴傳徐說是也國內亂騫與胡妻及堂邑父俱亡歸漢拜騫太中大夫堂邑父爲奉使君騫爲人彊力寬大信人師古曰彊力言堅忍於事蠻夷愛之堂邑父胡人善射窮急射禽獸給食師古曰給供也〔補注〕宋祁曰古本胡字上有故字先謙曰史記亦有故字其上亦云故胡奴蓋既歸漢則不應直謂之胡人且本書前省故胡奴三字似此處故字尤不可省古本有故字是初騫行時百餘人去十三歲唯二人得還〔補注〕先謙曰通鑑考異云史記西南夷傳元狩元年張騫使大夏來言通身毒之利按年表騫以元朔六年二月封博望侯必非元狩元年始歸也或者元狩元年始令騫通身毒國疑不能明先謙案騫歸在元朔三年史記大宛傳迺確據西南夷傳特遙溯前事非謂騫以元狩元年歸也考異所疑何其不審騫身所至者大宛大月氏大夏康居而傳聞其旁大國五六〔補注〕宋祁曰古本旁字下有有字具爲天子言其地形所有師古曰土地之形及所生之物也語皆在西域傳騫曰臣在大夏時見邛竹杖蜀布臣瓚曰邛山名生此竹高節可作杖服虔曰布細布也師古曰邛竹杖人皆識之無假多釋而蘇林迺言節間合而體離誤後學矣〔補注〕先謙曰邛山卽地志嚴道

下之邛來山元和志邛來山在今滎經縣西五十里山出竹高節實中堪爲杖名邛竹因山以爲名也一統志山在今滎經縣西南餘詳地理志問安得此大夏國人曰吾賈人往市之身毒國鄧展曰毒音篤李奇曰一名天篤則浮屠胡是也師古曰卽敬佛道者〔補注〕宋祁曰注文天篤古本作天竺身毒國在大夏東南可數千里其俗土著師古曰土著者謂有城郭常居不隨畜牧移徙也著音直略反其下亦同〔補注〕周壽昌曰史所稱居國也漢時中國謂之地著見食貨志與大夏同而卑溼暑熱其民乘象㠯戰師古曰象大獸垂鼻長牙其國臨大水焉㠯騫度之師古曰度計也大夏去漢萬二千里居西南〔補注〕先謙曰官本考證云史記作居漢西南此漢字似不可省今身毒又居大夏東南數千里有蜀物此其去蜀不遠矣今使大夏從羌中險羌人惡之少北則爲匈奴所得從蜀宜徑又無寇師古曰徑直也宜猶當也從蜀向大夏其道當直〔補注〕宋祁曰顏未注前古本宜作直天子既聞大宛及大夏安息之屬皆大國多奇物土著頗與中國同俗而兵弱貴漢財物其北則大月氏康居之屬兵彊可㠯賂遺設利朝也師古曰設施也施之以利誘令入朝誠得而㠯義屬之師古

曰謂不以兵革則廣地萬里重九譯致殊俗威德徧於四海天子欣欣㠯騫言爲然迺令因蜀犍爲發閒使四道並出師古曰閒使者求閒隙而行〔補注〕先謙曰犍官本作犍四道作數道出駹出莋出徙出邛出僰師古曰皆夷種名駹音尨莋音材各反徙音斯僰音蒲北反〔補注〕宋祁曰新本邛字上有出字先謙曰史作出駹出冉出徙出邛僰官本注此作北是皆各行一二千里其北方閉氐莋服虔曰漢使見閉於夷也師古曰氐與莋二種也〔補注〕宋祁云越本無行字南方閉巂昆明師古曰巂昆明亦皆夷種名也巂音先橤反昆明之屬無君長善寇盜輒殺略漢使終莫得通然聞其西可千餘里有乘象國名滇越服虔曰滇音顛滇烏出其國〔補注〕先謙曰官本此注併在或至焉下烏作馬是而蜀賈閒出物者或至焉師古曰閒出物謂私往市者〔補注〕先謙曰史記閒作姦於是漢㠯求大夏道始通滇國初漢欲通西南夷費多罷之及騫言可㠯通大夏迺復事西南夷師古曰事謂經略通之專以爲事也〔補注〕先謙曰胡三省云元朔四年罷西夷元狩元年復通騫㠯校尉從大將軍擊匈奴知水草處軍得㠯不乏〔補注〕劉敞曰水草處宜有知字案處下應有上字劉所見本無知字宋祁云古本將軍下有數字淯化本無知字迺

封騫爲博望侯師古曰取其能廣博瞻望〔補注〕周壽昌曰地理志南陽博望縣注侯國水經注亦以爲卽騫所封後宣帝復以封王舜爲侯顏不引地志但取美名幾疑無此地名矣是歲元朔六年也後二年騫爲衛尉與李廣俱出右北平擊匈奴〔補注〕先謙曰後二年爲元狩二年與武紀合史記作其明年誤匈奴圍李將軍軍失亡多而騫後期當斬贖爲庶人是歲驃騎將軍破匈奴西邊殺數萬人至祁連山其秋渾邪王率眾降漢而金城河西西竝南山至鹽澤空無匈奴師古曰並音步浪反〔補注〕齊召南曰鹽澤卽蒲昌海于闐及蔥嶺二河之所匯也今名洛普池沈欽韓曰一統志蒲昌海在沙州衛西北境外裴矩西域記云鹽澤在西州高昌縣東[illegible]人東南去瓜州一千三百里並沙磧之地水地記今番呼羅布淖爾在安西府西少北邊外錢大昭曰南監本閩本皆不重西字先謙曰官本不重西字史記重匈奴時有候者到而希矣後二年漢擊走單于於幕北〔補注〕先謙曰據武紀霍去病匈奴傳事在元狩四年天子數問騫大夏之屬騫既失侯因曰臣居匈奴中聞烏孫王號昆莫昆莫父難兜靡本與大月氏俱在祁連焞煌間小國也師古曰祁連山以東焞煌以西〔補注〕齊召南曰西域傳月氏遠去過大宛

擊大夏而臣之其餘小眾不能去者保南山羌號小月氏然則本文祁連卽指酒泉張掖金城之南山霍去病所奪者地在敦煌之東〔補注〕當云祁連以西敦煌以東也先謙曰兩焞字官本俱作敦大月氏攻殺難兜靡奪其地人民亡走匈奴子昆莫新生傅父布就翎侯抱亡置草中服虔曰傅父如傅母也李奇曰布就字也翎侯烏孫官名也爲昆莫作傅父也師古曰翎侯烏孫大臣官號其數非一亦猶漢之將軍耳而布就者又翎侯之中別號猶右將軍左將軍耳非其人之字翎與翕同〔補注〕先謙曰據史記殺昆莫父者匈奴非大月氏爲求食還見狼乳之師古曰以乳飲之又烏銜肉翔其旁〔補注〕先謙曰史記作烏嗛肉蜚其上以爲神遂持歸匈奴單于愛養之及壯以其父民眾與昆莫使將兵數有功時月氏已爲匈奴所破西擊塞王師古曰塞音先得反西域國名卽佛經所謂釋種者塞釋聲相近本一姓耳〔補注〕郭嵩燾曰案西域傳罽賓西北與大月氏接匈奴破大月氏大月氏西君大夏而塞王南君罽賓塞種分散自疏勒西北休循捐毒之屬皆故塞種捐毒傳云至疏勒南與蔥嶺屬西上蔥嶺則休循也環蔥嶺左右爲今東西布魯特地烏孫卽今伊犁蓋皆沿蔥嶺南徙烏孫傳云本塞地大月氏破走塞王塞王南越縣度大月氏居其地後烏孫昆莫擊破大月氏大月氏徙西臣大夏而烏孫昆莫居之故烏孫民有塞種大月氏種云據此則塞卽烏孫地昆莫立國乃改名烏孫是烏孫之民本塞種而雜有

大月氏種漢書西域諸國實與身毒佛國無涉塞地爲大月氏所併其遺種踰蔥嶺南至罽賓罽賓傳亦云成帝時大將軍王鳳言縣度之險非罽賓所能越縣度在今巴達克山之西罽賓又在其西可知唐僧元奘西域記以迦濕彌羅爲舊罽賓迦濕彌羅今北印度之克什米爾也於是相沿以北印度爲罽賓唐書言罽賓治浮圖法亦據印度言之瀛環志略以月氏在嬀水北當今布哈爾罽賓在縣度南當今阿富汗其言至確[illegible]蓋踰蔥嶺以西經縣度又折而南乃至罽賓不得爲北印度明矣唐時以北印度當罽賓遂并以塞釋聲相近謂之釋種不知烏孫塞地詳見西域傳顏注以意附會言之殆誤也塞王南走遠徙月氏居其地昆莫既健〔補注〕先謙曰健壯大也自請單于報父怨遂西攻破大月氏大月氏復西走徙大夏地昆莫略其眾因留居兵稍彊會單于死不肯復朝事匈奴匈奴遣兵擊之不勝益以爲神而遠之師古曰遠離也音于萬反今單于新困於漢而昆莫地空蠻夷戀故地又貪漢物誠以此時厚賂烏孫招以東居故地漢遺公主爲夫人結昆弟〔補注〕先謙曰官本遺作遺引劉敞曰遺字當作遺宋祁曰作遺是其勢宜聽師古曰言事事聽從於漢則是斷匈奴右臂也〔補注〕何焯曰騫所謂斷匈奴右臂者指招烏孫居祁連敦煌間故地而言先謙曰昆莫地空史記作渾邪

地空無人招以東居故地史記作招以益東居故渾邪之地郭嵩燾云西域傳大月氏遠去過宛西其餘小眾不能去者保南山羌號小月氏據此則月氏烏孫在祁連敦煌間月氏當近南而烏孫稍北月氏既併烏孫又爲匈奴所破乃西踰塞地昆莫攻破月氏而踞其地號烏孫則所謂昆莫故地者正指敦煌間地言之武紀元狩二年匈奴渾邪王殺休屠王來降以其地置武威酒泉郡昆莫故地當在敦煌時尚未置郡故騫以爲昆莫地空可以招烏孫使居故地史記作渾邪者是也漢書推原昆莫故地徑據昆莫地爲言此所言今烏孫地恐未達班意渾邪王正治昆莫故地其後十餘年始置敦煌郡此云金城西傍南山至鹽澤亦與地勢未合又案地理志張掖郡注應劭曰張國臂掖故云張掖武帝猶感於張騫之言取斷匈奴右臂爲義因有此名耳既連烏孫自其西大夏之屬皆可招來而爲外臣天子以爲然拜騫爲中郎將將三百人馬各二匹牛羊以萬數齎金幣帛直數千鉅萬多持節副使師古曰爲騫之副而各令持節道可便遺之旁國〔補注〕宋祁曰古本及浙本遺字下並有一遺字何焯曰於道中騫得便宜遣其副也先謙曰古本浙本遺字下當是遣字而後人誤書爲遺也遺下加遣則文不成義宋所見蓋元是遺字若是遺字則當云重一遣字不得云有一遺字矣史記作道可使使遺之他旁國騫既至烏孫致賜諭指師古曰以天子意指曉告之未能得其決語在西域傳騫卽分遣副使使大

宛康居月氏大夏補注先謙曰大夏下史記有安息身毒于窴扜罙諸國烏孫發譯道送騫師古曰道讀曰導與烏孫使數十人馬數十匹報謝師古曰與騫相隨而來報謝天子因令窺漢知其廣大騫還拜爲大行歲餘騫卒補注先謙曰公卿表元鼎二年騫爲大行三年卒與此異後歲餘補注宋祁曰古本騫卒下複騫卒二字其所遣副使通大夏之屬者皆頗與其人俱來晉灼曰其國人於是西北國始通於漢矣然騫鑿空蘇林曰鑿開也空通也騫始開通西域道也師古曰空孔也猶言始鑿其孔穴也故此下言當空道而西域傳謂孔道也諸後使往者皆稱博望侯以爲質於外國李奇曰質信也外國由是信之其後烏孫竟與漢結婚初天子發書易鄧展曰發易書以卜補注宋祁曰古本作發易書先謙曰史記亦作發書易然詳鄧說則古本是也曰神馬當從西北來得烏孫馬好名曰天馬及得宛汗血馬益壯更名烏孫馬曰西極馬宛馬曰天馬云而漢始築令居以西臣瓚曰令居縣名也屬金城築塞西至酒泉也師古曰令音零初置酒泉郡以通西北國因益發使抵安息奄蔡犛靬條支身毒國李奇曰軒音劇服虔曰犛靬張掖縣名也師古曰抵至也自安息以下五國皆西域胡也犛靬卽大秦國也張掖驪靬縣蓋取此國爲名耳驪靬聲相近靬讀與軒同李奇音是也服說非也補注郭嵩燾曰西域傳康居西北二千里有奄蔡國臨大澤無厓卽北海其地距安息諸國絕遠疑所謂北海者卽雷翥海之北境今謂之裏海其南境之烏滸河界波斯故自奄蔡達安息黎軒諸國皆所通西域至遠之地終西漢之世惟安息遣使貢獻餘國雖經遣使固未一通中國也後漢西域傳大秦一名犂鞬卽今意大利西隔地中海爲安息所闕漢使亦未能一至班史亦約畧言之不詳其始末也先謙曰史記犂軒作黎軒官本注劇作軒而天子好宛馬使者相望於道一輩大者數百少者百餘人所齎操大放博望侯時師古曰操持也所齎持謂節及幣也放依也音甫往反補注先謙曰官本數百下有人字其後益習而衰少焉師古曰以其串習故不多發人漢率一歲中使者多者十餘少者五六輩遠者八九歲近者數歲而反師古曰道遠則還遲近則來疾是時漢既滅越蜀所通西南夷皆震請吏置牂柯越嶲益州沈黎文山郡補注錢大昭曰地志無沈黎文山二郡沈黎省於天漢四年文山省於地節三年皆併蜀欲地接以前通大夏李奇曰欲地界相接至大夏也補注先謙曰前往也迺遣使歲十餘輩出此初郡師古曰文山以上初置者補注先謙曰史記遣使下有柏始昌呂越人等索隱

謂之初郡者後皆叛而併廢之皆復閉昆明如淳曰爲昆明所閉補注宋祁曰越本無皆字爲所殺奪幣物於是漢發兵擊昆明斬首數萬補注先謙曰集解引徐廣曰元封二年後復遣使竟不得通語在西南夷傳自騫開外國道以尊貴其吏士爭上書言外國奇怪利害求使天子爲其絕遠非人所樂聽其言師古曰凡人皆不樂去故有自請爲使者卽聽而遣之補注先謙曰史記樂下有往字予節募吏民無問所從來師古曰不爲限禁遠近雖家人私隸並許應募補注先謙曰予節予求使者節也屬上爲句募吏民則從往之人衆耳官本顏注在以廣其道下爲具備人衆遣之以廣其道補注先謙曰具備人衆官本作備衆錢大昕云宋大字本備衆作具備人衆來還不能無侵盜幣物及使失指師古曰乖天子指意天子爲其習之輒覆按致重罪師古曰言其串習不以爲難必當更求充使也以激怒令贖師古曰令立功以贖罪補注郭嵩燾曰顏注非也漢法死罪皆聽贖罪愈重則贖金愈多所侵盜幣不足當重罪輒加覆按致之重罪使竊所侵盜以贖既贖而復求使是以其事益習而其犯法益輕復求使使端無窮而輕犯法其吏卒亦輒復盛推外國所有言大者予節言小者爲副故妄言無行之徒皆爭相效其使皆私縣官齎物師古曰言所齎官物竊自用之同於私有補注先謙曰史記其使下有皆貧人子四字欲賤市以私其利師古曰所市之物得利多者不盡入官也補注先謙曰謂外國市漢使所齎官物使者以賤直上聞而自私其利也外國亦厭漢使人人有言輕重服虔曰漢使言於外國人人輕重不實度漢兵遠不能至師古曰度計也而禁其食物以苦漢使師古曰令其困苦也漢使乏絕責怨至相攻擊樓蘭姑師小國當空道師古曰空卽孔也補注宋祁曰怨浙本作怨先謙曰責史記作積姑師集解引徐廣曰卽車師攻劫漢使王恢等尤甚而匈奴奇兵又時時遮擊之使者爭言外國利害師古曰言服之則利不討則爲害補注先謙曰史記作災害與此義異皆有城邑兵弱易擊於是天子遣從票侯破奴師古曰趙破奴補注周壽昌曰時從票已失侯因此役更封浞野侯也此應稱故從票侯將屬國騎及郡兵數萬以擊胡胡皆去明年擊破姑師虜樓蘭王酒泉列亭鄣至玉門矣韋昭曰玉門關在龍勒界補注先謙曰據功臣表破奴元封三年封浞野侯所謂明年卽元封三年也與破奴傳云後一年合而大宛諸國發使隨漢使來觀漢廣大以大鳥卵及犛靬眩人獻於漢應劭

曰卵大如一二石甕也眩相詐惑也鄧太后時西夷檀國來朝賀詔令爲之而諫大夫陳禪以爲夷狄僞道不可施行後數日尚書陳忠案漢舊書迺知世宗時犛靬獻見幻人天子大悅與俱巡狩迺知古有此事師古曰鳥卵如汲水之甕耳無一二石也應說失之眩讀與幻同即今吞刀吐火植瓜種樹屠人截馬之術皆是也本從西域來甕音貪補注宋祁曰如只曰大鳥則成一事當云大鳥及卵犛靬越本作黎軒者非又注文甕予按西域烏弋傳師古音甕於龍反汲水瓶也今雝與雍是一字同從瓦無容別音貪必無二音亦當云一音貪郭嵩燾曰西域傳安息王以大鳥卵及犛靬眩人獻於漢而於烏弋山離國亦云有大鳥卵如甕後漢西域傳條支國出大雀其卵如甕永元十三年安息獻條支大鳥時謂之安息雀安息今波斯烏弋山離今俾路芝條支今阿剌伯據西域傳獻大鳥卵者安息也而其種實出條支烏弋山離蓋皆近海炎地也其性不能耐寒僅後漢時一來獻餘皆獻卵而已今阿剌伯出此鳥名駝鳥其形如駝可以挽車西人尤重其卵以爲供具或朱綠之飾以金銀宋祁謂大鳥與卵并獻蓋未究知其實耳先謙曰犛靬史記並作黎軒外國地名多同聲異字越本亦未遽非宋說皆未當 天子大說師古曰說讀曰悅 而漢使窮河源補注先謙曰此句下史記有河源出于寘五字 其山多玉石采來臣瓚曰漢使采取持來至漢 天子案古圖書名河所出山曰昆侖云補注王闓運曰爾雅西方之美者有昆侖虛之球琳琅玕故以玉石名河所出山爲昆侖 是時上方數巡狩海上迺悉從外國客大都

多人過之則散財帛賞賜厚具饒給之補注先謙曰史記則字在過之上文義更顯所以示外國富庶也帛下具下並有以字 㠯覽視漢富厚焉師古曰視讀曰示言示之令其觀覽 大角氐師古曰氐音丁禮反解在武紀 出奇戲諸怪物多聚觀者師古曰聚都邑人令觀看以誇示之觀音工喚反 行賞賜酒池肉林令外國客徧觀各倉庫府臧之積欲㠯見漢廣大傾駭之師古曰見顯示 及加其眩者之工而角氐奇戲歲增變其益興自此始補注先謙曰其史記作甚盛二字 而外國使更來更去師古曰遞互來去前後不絕更音工衡反 大宛㠯西皆自恃遠尚驕恣未可詘㠯禮羈縻而使也漢使往既多其少從率進孰於天子孟康曰少從不如計也或曰少者少年從行之微者也進孰美語如成孰也晉灼曰多進虛美之言必成之計於天子而率不果也師古曰漢時謂隨使而出外國者爲少從總言其少年而從使也從音材用反事見班固與弟仲升書進孰者但空進成孰之言補注王闓運曰進孰言進見孰習也以習孰故無所不言而言及馬矣先謙曰王說是 言大宛有善馬在貳師城匿不肯示漢使天子既好宛馬聞之甘心師古曰志懷美悅專事求之 使壯士車令等持千金及金馬㠯請宛王

貳師城善馬宛國饒漢物師古曰素有漢地財物故不貪金馬之幣 相與謀曰漢去我遠而鹽水中數有敗服虔曰水名道從水中行師古曰沙磧之中不生草木水又鹹苦即今敦煌西北惡磧者也數有敗言每自死亡也補注先謙曰胡三省云裴矩西域記鹽水在西州高昌縣東東南去瓜州一千三百里並沙磧之地道路不可準惟以人畜骸骨及駝馬糞爲標驗由此數有死亡 出其北有胡寇出其南乏水草又且往往而絕邑師古曰言近道之處無城郭之居也補注先謙曰官本注無言字及上之字 乏食者多漢使數百人爲輩來常乏食死者過半是安能致大軍乎且貳師馬宛寶馬也遂不肯予漢使漢使怒妄言椎金馬而去如淳曰駡詈也師古曰椎破金馬也椎音直追反其字從木補注先謙曰椎破金馬攜之而去示絕宛也 宛中貴人怒曰師古曰中貴人中臣之貴者補注周壽昌曰顏注非也此言宛國中之貴臣不得以中貴人連讀觀李廣利傳云宛貴人皆以爲然又云虜宛貴人勇將煎靡可證 漢使至輕我遣漢使去令其東邊郁成王遮攻殺漢使取其財物天子大怒諸嘗使宛姚定漢等言宛兵弱誠㠯漢兵不過三千人彊弩射之卽破宛矣天子㠯嘗使浞野侯攻樓蘭㠯七百騎

先至虜其王㠯定漢等言爲然而欲侯寵姬李氏師古曰欲封其兄弟 迺㠯李廣利爲將軍伐宛鶱孫猛字子游有俊才元帝時爲光祿大夫使匈奴給事中爲石顯所譖自殺

李廣利補注周壽昌曰廣利中山人 女弟李夫人有寵於上產昌邑哀王太初元年㠯廣利爲貳師將軍發屬國六千騎及郡國惡少年數萬人㠯往師古曰惡少年謂無行義者 期至貳師城取善馬故號貳師將軍故浩侯王恢使道軍補注齊召南曰徐廣云恢先受封一年坐使酒泉矯制爵除案此王恢以擊破車師功封浩侯與元光中設計馬邑以大行令爲將軍下獄死者不同此在後先謙曰史記故浩侯上有趙始成爲軍正六字此下有而李哆爲校尉制軍事九字 既西過鹽水當道小國各堅城守不肯給食攻之不能下下者得食不下者數日則去比至郁成士財有數千師古曰比音必寐反財與才同補注先謙曰官本師古曰比音必寐反在郁成下財與才同與罷讀曰疲倂在皆飢罷下省下師古曰三字 皆飢罷師古曰罷讀曰疲 攻郁成城郁成距之所殺傷甚衆貳師將軍與左右計至郁

成尚不能舉況至其王都乎引而還往來二歲至敦煌士不過什一二師古曰十人之中一二人得還使使上書言道遠多乏食且士卒不患戰而患飢人少不足㠯拔宛願且罷兵益發而復往師古曰益多也天子聞之大怒使使遮玉門關曰軍有敢入斬之貳師恐因留屯敦煌其夏漢亡浞野之兵二萬餘於匈奴師古曰趙破奴後封浞野侯浞音士角反〔補注〕先謙曰据武紀太初二年秋遣浞野擊匈奴不還其夏當作其秋史記亦誤公卿議者皆願罷宛軍專力攻胡天子業出兵誅宛宛小國而不能下則大夏之屬漸輕漢而宛善馬絕不來烏孫輪臺易苦漢使晉灼曰易輕也師古曰輪臺亦國名〔補注〕先謙曰輪臺史記作侖頭爲外國笑迺案言伐宛尤不便者鄧光等師古曰案其罪而行罰赦囚徒扞寇盜如淳曰放囚徒使其扞御寇盜師古曰使從軍爲斥候〔補注〕王闓運曰寇盜嘗爲寇盜當刑者也扞讀若扞掫之扞謂以人監守之耳郭嵩燾曰案王說非也秦法弛刑徒戍邊爲發讁漢因之有七科發讁所發之惡少年亡命則亦寇盜之流也刑徒兼及死罪而從未云發及寇盜蓋亦古人正名之義疑赦囚徒扞寇盜當時常語然也弛刑徒有罪者隸之兵籍校尉領之當以兵法部勒

無貲扞掫如王說則此扞字與上赦字下發字相牾而義不可通矣顏注以使從軍爲斥候釋扞寇盜二字亦臆斷斥候軍中一事發讁從征萬里外豈得專爲斥候而已先謙曰官本注徙作徒是發惡少年及邊騎歲餘而出敦煌六萬人師古曰興發部署歲餘迺得行負私從者不與師古曰負私糧食及私從者不在六萬人數中也與讀曰豫〔補注〕王念孫曰此謂負私裝以從者不在六萬人中也顏誤分負私與從爲二事匈奴傳私負從馬凡十四萬匹亦謂私負裝以從之馬也顏云私負衣裝者及私將馬從者亦誤分爲二事牛十萬馬三萬匹驢橐駝㠯萬數齎糧〔補注〕先謙曰史記驢下有騾字齎上有多字兵弩甚設師古曰施張甚具也天下騷動轉相奉伐宛五十餘校尉宛城中無井汲城外流水於是遣水工徙其城下水空㠯穴其城師古曰空孔也徙其城下水者令從他道流不迫其城也空以穴其城者圍而攻之令作孔使穿穴也下云決其水原移之又云圍其城攻之皆再敘其事也一曰既徙其水不令於城下流而因其舊引水入城之孔攻而穴之〔補注〕沈欽韓曰瀉水使涸就其空爲地穴攻城也墨子備穴篇善攻者穴土而入郭嵩燾曰大宛當今浩罕地北依納林河城外流水蓋環城山溪注納林河者先謙曰此敘遣水工之故尚未至宛而顏云下再敘其事誤也此文作一句讀從水穴城不分二事一說近之空讀如字沈說優矣益發戍甲卒十八萬酒泉張掖北置居延休屠㠯衞酒泉如淳曰立二縣以衞

邊也或曰置二部都尉〔補注〕先謙曰地理志居延張掖縣休屠武威縣皆都尉治武紀太初三年遣路博德築居延澤蓋二縣於是時置居延休屠皆匈奴地取於元狩中而志云二郡縣太初所開也衞酒泉者以備胡觀武紀匈奴傳甚明而發天下七科適師古曰適讀曰謫七科解在武紀及載糒給貳師師古曰糒乾飯音備轉車人徒相連屬至敦煌師古曰屬音之欲反〔補注〕宋祁曰車當作運而拜習馬者二人爲執驅馬校尉師古曰習猶便也一人爲執馬校尉一人爲驅馬校尉〔補注〕先謙曰史記驅下無馬字備破宛擇取其善馬云於是貳師後復行兵〔補注〕宋祁曰古無後字予謂後字當存爲是蘇枯邡下先謙曰兵字應下屬與多字連文爲句明小國畏服之由宋誤讀史記作兵多而所至小國莫不迎知多字單文不成句多所至小國莫不迎出食給軍〔補注〕沈欽韓曰御覽三百四十五引漢書曰李廣利征大宛軍中無水拔佩刀刺山飛泉涌出蓋傳言夸誕不知出何書也至輪臺輪臺不下攻數日屠之自此而西平行至宛城師古曰平行言無寇難兵到者三萬宛兵迎擊漢兵漢兵射敗之宛兵走入保其城貳師欲攻郁成城恐留行而令宛益生詐師古曰留行謂留止軍廢其行迺先至宛決其水原移之〔補注〕宋祁曰古本作源先謙曰史記亦作源同則宛固已憂

困圍其城攻之四十餘日宛貴人謀曰王毋寡匿善馬殺漢使師古曰毋寡宛王名今殺王而出善馬漢兵宜解即不〔補注〕宋祁曰不字下當有解字先謙曰不即否字本書用不字讀句者甚多宋因史記有解字而云然未當迺力戰而死未晚也宛貴人皆㠯爲然共殺王其外城壞虜宛貴人勇將煎靡師古曰宛之貴人爲將而勇者名煎靡也煎音子延反宛大恐走入中城相與謀曰漢所爲攻宛㠯王毋寡〔補注〕王念孫曰其外城壞至以王毋寡錯簡正文六十九字當依史記移置攻之四十餘日下宛貴人謀曰王毋寡八字衍當依史記刪持其頭遣人使貳師約曰漢無攻我我盡出善馬恣所取而給漢軍食即不聽我我盡殺善馬康居之救又且至至我居內康居居外與漢軍戰孰計之何從師古曰令貳師孰計之而欲攻戰乎欲不攻而取馬乎是時康居候視漢兵尚盛不敢進貳師聞宛城中新得漢人知穿井而其內食尚多〔補注〕先謙曰史記漢人作秦人外夷稱中國秦漢一也亦見匈奴傳計㠯爲來誅首惡者毋寡毋寡頭已至如此不許則堅守而康居候漢兵罷來救宛破漢軍

必矣師古曰罷讀曰疲軍吏皆㠯爲然許宛之約宛迺出其馬令漢自擇之而多出食食漢軍師古曰下食讀曰飤漢軍取其善馬數十匹中馬㠯下牝牡三千餘匹而立宛貴人之故時遇漢善者名昧蔡爲宛王服虔曰蔡音楚言蔡師古曰昧音本末之末蔡音千曷反〔補注〕繆荃孫曰按服說言蔡字當以楚言讀之說文𩯁下云讀若江南謂酢母爲𩯁淮南脩務訓注訬讀燕人言趮操善趍者謂之訬本字爲音漢魏注家此例甚多蓋漢人未有反切徒以聲相譬況聲不足明則又爲內言外言緩氣言急氣言籠口言閉口言急舌言作江淮閒人言以舌頭以舌腹言諸法委曲曉示之近儒段若膺獨不明乎此注說文於此等處均改他字不知漢人本有此例也先謙曰史記時作待漢下有使字文義較明昧蔡後事在西域傳與盟而罷兵終不得入中城罷而引歸初貳師起敦煌西爲人多道上國不能食師古曰起發也道上國近道諸國也食讀曰飤〔補注〕先謙曰爲音于僞反史記爲上有以字則爲讀本音分爲數軍從南北道校尉王申生故鴻臚壺充國等〔補注〕先謙曰壺充國太初元年爲鴻臚二年免見公卿表千餘人別至郁成城〔補注〕宋祁曰成城古本浙本作都城王闓運曰郁成下當重郁成二字與城守爲一句先謙曰宋說讀斷守字王說是也史記正作別到郁成郁成城守古本浙本蓋因郁都形近誤郁爲都其上下又脫兩成字也守不肯給食申生去大軍二百里負而輕之師古曰負恃也恃大軍之威而輕敵人〔補注〕先謙曰史記負作偵疑本書誤脫偵字之半後人見貞字無義遂改爲負師古依文立訓耳攻郁成急〔補注〕先謙曰史記但云責郁成未嘗急攻情事不同郁成窺知申生軍少晨用三千人攻殺申生等數人脫亡走貳師師古曰走音奏貳師令搜粟都尉上官桀〔補注〕齊召南曰外戚傳並不言左將軍桀從貳師伐宛有功則此搜粟都尉後爲少府者另是一人公卿表太初元年搜粟都尉上官桀爲少府年老免卽合此傳而顏注乃謂疑此非上官桀表誤何哉左將軍上官桀與霍光同輔政者在此人後姓名偶同耳往攻破郁成郁成降其王亡走康居桀追至康居康居聞漢已破宛出郁成王與桀桀令四騎士縛守詣大將軍如淳曰時多別將故謂貳師爲大將軍〔補注〕何焯曰將字衍文如注強爲之說耳下同先謙曰此與下文大將軍史記並同則是班用元文非衍也諸將獨貳師尊貴因而稱之大者大其爲將軍耳要是駁文不合史例四人相謂郁成漢所毒師古曰言毒恨今生將卒失大事師古曰卒讀曰猝〔補注〕李慈銘曰生將謂生致之也將讀將送之將先謙曰史記將下有去字文義更明恐其猝佚去事重大也欲殺莫適先擊師古曰適主也無有主意先擊者也音丁歷反上邽騎士趙弟

拔劒擊斬郁成王桀等遂追及大將軍初貳師後行〔補注〕先謙曰後行上文所謂後復行也天子使使告烏孫大發兵擊宛烏孫發二千騎往持兩端不肯前貳師將軍之東師古曰東旋軍東出〔補注〕先謙曰將郎諒反諸所過小國聞宛破皆使其子弟從入貢獻見天子因爲質焉軍還入玉門者萬餘人馬千餘匹後行非乏食〔補注〕先謙曰後行與上義同史記作貳師後行軍非乏食戰死不甚多而將吏貪不愛卒侵牟之㠯此物故者眾師古曰侵牟言如牟賊之食苗也物故謂死也解具在景紀及蘇武傳〔補注〕沈欽韓曰楚策下牟百姓亦作恈荀子榮辱篇恈恈然惟利之見集韻牟取也大也此爲侵取之義顏注非先謙曰牟訓取是也食貨志注牟取也景紀侵牟萬民李奇注牟食苗根蟲也則顏說所本天子爲萬里而伐不錄其過迺下詔曰〔補注〕何焯曰張騫傳云並南山至鹽澤空無匈奴匈奴時有候者到而稀矣所以爲此詔起本深明其事不實而兵爲得已也先謙曰案武紀太初三年路博德築居延後匈奴復入酒泉張掖殺都尉匈奴傳聞貳師將軍破大宛斬其王還單于欲遮之不敢蓋匈奴雖徙幕北侵掠未已何据騫傳數語遽謂詔書不實臆說失理之甚匈奴爲害久矣今雖徙幕北與旁國謀共要絕大月氏使遮殺中郎將江故雁門守攘〔補注〕先謙曰江攘名危須㠯西及大宛皆合約殺期門車令服虔曰危須國名也文穎曰漢使期門郎也車令姓名也中郎將朝及身毒國使隔東西道貳師將軍廣利征討厥罪伐勝大宛賴天之靈從泝河山涉流沙通西海山雪不積張晏曰是歲雪少故得往還喜得天人之應也師古曰從由也泝逆流而上也言路由山險又泝河也泝音素〔補注〕郭嵩燾曰案河山卽張騫傳所云天子按古圖書名河所出山曰昆侖是也河源所出凡二一北出葱嶺一南出于闐同匯於蒲昌海東南海爲星宿海而騫傳云漢使窮河源其山多玉石疑所据爲河源者于闐山也自玉門陽關以西皆流沙地水道提綱以今青海當西海則所云河山爲河所出之山明甚從河上泝而名所出山曰昆侖顏注析河山爲二而不詳其地與涉流沙通西海自爲虛實恐未然也李慈銘曰泝正字當作𣴎今作溯先謙曰地理志張掖郡居延下云居延澤在東北古文以爲流沙先使路博德築城其地爲貳師軍行所必經也士大夫徑度師古曰言無屯難也獲王首虜珍怪之物畢陳於闕其封廣利爲海西侯食邑八千戶又封斬郁成王者趙弟爲新時侯〔補注〕先謙曰嘉其能勇決審輕重斬王首軍正趙始成功最多爲光祿大夫上官桀敢深入爲少府李哆有計謀爲上黨太守師古曰哆

音昌野反軍官吏爲九卿者三人諸侯相郡守二千石百餘人千石吕下千餘人奮行者官過其望孟康曰奮迅也自樂而行者吕適過行者皆黜其勞師古曰適讀曰讁言吕罪讁而行者免其所犯不敍功勞補注郭嵩燾曰漢法七科發讁一曰吏有罪者此云黜其勞主軍官吏言之蓋吏之有罪者也但許其立功贖罪而不授官故曰黜其勞意在示人以重犯法也士卒賜直四萬錢師古曰或吕他財物充之故云直補注先謙曰史記作四萬金郭嵩燾云食貨志黃金一斤直錢萬史記平準書注秦以一鎰爲一金漢以一斤爲一金上文還入玉門者萬餘人而爲軍官吏千餘人是士卒受賜約萬人史記云四萬金直錢四萬萬蓋通言之此云四萬錢則一士卒所得之賜也漢法凡賞賜有帛有金有錢各分數品云直四萬錢通金幣數者合計之無以他財物充賞者顏注未審張騫傳云齎金幣帛直數千鉅萬此可證伐宛再反師古曰再反猶今言兩廻凡四歲而得罷焉後十一歲征和三年貳師復將七萬騎出五原擊匈奴度郅居水師古曰郅音質兵敗降匈奴爲單于所殺語在匈奴傳

贊曰禹本紀言河出昆侖昆侖高二千五百里餘補注先謙曰史記餘在里字上此誤倒日月所相避隱爲光明也自張騫使大夏之後窮河原惡睹所謂昆侖者乎鄧展曰漢吕窮河原於何見昆侖乎尚書曰道河積石是謂河原出於積石積石在金城河關不言出昆侖也師古曰惡音烏補注王闓運曰惡睹所謂昆侖言無二千五百里高之山也故言九州山川尚書近之矣至禹本紀山經所有放哉如淳曰放蕩迂闊不可信也師古曰如說是也荀悅謂吕放爲效字因解爲不效蓋失之矣補注先謙曰此全本史記大宛傳贊不敢斥言武帝志窮荒遠之失舉昆侖之非實以寓諷也武帝所名昆侖非眞河源然因此並疑昆侖則蔽所不見之失也謹案康熙四十三年　聖祖命侍衛拉錫等窮河源至星宿海乾隆四十七年　高宗命侍衛阿彌達窮河源還奏星宿海西南一河名阿勒坦郭勒蒙古語阿勒坦卽黃金郭勒卽河也河水色黃回旋三百餘里入星宿海阿勒坦郭勒之西有巨石高數丈名阿勒坦噶達素齊老蒙古語噶達素北極星齊老石也其崖壁黃赤色壁上爲天池池中流泉噴涌釃爲百道皆作金色入阿勒坦郭勒則眞黃河之上源伏讀　高宗御製文集有河源按語河源簡明語二篇恭錄於此以曉學者餘詳西域傳　御製河源按語曰按班固漢書張騫傳天子使窮河源其山多玉石采來天子按古圖書名河所出山曰昆侖云又固贊又謂騫使大夏之後窮河源惡睹所謂昆侖者乎故言九州山川尚書近之於是鄧展遂謂河源出於積石是皆拘墟未見顏色之言蓋千古以上中國以外紀載已舛言語不通而欲定其確實何異北轅適越考元史始有星宿海之名而以爲河源元蒙古也鄂敦卽星宿彼時譌譯爲火敦則漢人不通蒙古語耳此爲近之今則更溯以上遂得眞源然昆侖之語

亦不爲無因蓋昆侖在今回部中回部諸水皆東注蒲昌海卽鹽澤也鹽澤之水皆入地伏流至青海始出則星宿海諸水皆是也而大河之源獨黃色爲靈異更在星宿海之上非昆侖之水伏地至此以出而挾星宿海諸水爲河瀆而何濟水三伏三見此亦一證矣獨漢書所云采玉則因昆侖出玉未免牽就詢之阿彌達則稱河源皆土山無石無石安能有玉夫非精通蒙古語及漢書更問之親履其地之人率欲定此事體大而地遠理博之事不亦甚難乎於甚難而得決疑傳正亦一大快也　御製河源簡明語曰予既爲河源詩並按語繼讀宋史河渠志有文命輯河源紀略有論茲以體大物博考今證古不無費辭雖彼此細勘事則明恐毫釐或差義乃紊茲爲簡明之語庶因提要而便覽蓋河源究以張騫所探蒲昌海鹽澤及漢武所定昆侖爲是雖山海經水經注皆略具其說但山海經劉歆稱伯益所著本無所据水經注則桑欽酈道元皆張騫後人實祖其說而廣之以至於煩文且昆侖在回部原出玉也獨未明揭伏流至青海於阿勒坦噶達素之天池而出耳歷唐宋以至元乃有鄂敦諾爾爲河源之語鄂敦爲蒙古語漢語卽星宿海也彼時雖未考至天池而中國之河源實由此頗見梗槩矣溯伏流以至蒲昌海鹽澤非河源而何星宿海亦鹽澤之伏流至青海而出爲清水黃河挾之以流始爲微淡後爲純黃是二水本一源至中國出地爲二色而終歸於一若夫曲折纖細則見近所爲詩文及紀略之書獨敘其簡明崖略如此

張騫李廣利傳第三十一　終　漢書六十一

漢　蘭　臺　令　史班　固　撰

唐正議大夫行祕書少監琅邪縣開國子顏師古　注

賜進士出身前翰林院編修國子監祭酒加三級臣王先謙補注

昔在顓頊〔補注〕錢大昕曰劉知幾謂篇首當云司馬遷字子長馮翊夏陽人繼以其自序曰云云方合著述之體其說固然然此例人所共知孟堅命世大才詎猶未了葢叔皮父子踵史遷而作書故自敘一篇悉因舊文附以後事取述而不作之義意主撝謙非失於檢照也**命南正重司天火正黎司地**張晏曰南方陽也火水配也水爲陰故命南正重主天火正黎兼地職也臣瓚曰重黎司天地之官也唐虞謂之羲和則司地者宜曰北正古文作北正師古曰瓚說非也据班氏幽通賦云黎湻燿於高辛則此爲火正是也〔補注〕郭嵩燾曰律厤志太陽者南方南任也淮南天文訓天道圓圓者主明南正者主明之義也淮南亦云積陽之熱氣生火火氣之精者爲日故天用莫如日人用莫如火司天屬神者主日司地屬民者主火南正向明以測日火正順時以改火各据所用言之先謙曰郭說是尚書孔疏引左傳稱重爲句芒黎爲祝融祝融火官可得稱爲火正句芒木官不得號爲南正且木不主天火不主地而外傳稱顓頊命南正司天火正司地者葢使木官兼掌天火官兼掌地南爲陽地

故掌天謂之南正黎稱火官故掌地猶爲火正据此以兼職言稱異然火正之不爲北正益可見矣史記火作北傳寫誤耳索隱援顏注正之又引國語曰黎爲火正以湻曜敦大光照四海此班賦所本又引瓚注古文作北正作古文作火字非也七字明古無作北正之本此注引誤**唐虞之際紹重黎之後使復典之至於夏商故重黎氏世序天地**〔補注〕錢大昭曰楚語少皡之衰也九黎亂德顓頊受之乃命南正重司天以屬神命火正黎司地以屬民使復舊常無相侵瀆其後三苗復九黎之德堯復育重黎之後不忘舊者使復典之以至于夏商故重黎氏世序天地而別其分主者也其在周程伯休父其後也當宣王時失其官守而爲司馬氏**其在周程伯休甫其後也**應劭曰封爲程國伯休甫字也〔補注〕繆荃孫曰續志雒陽有上程聚古程伯休父之國先謙曰索隱引左氏重是少昊之子黎乃顓頊之胤二氏二正所出各別而遷意欲合二氏爲一故總云在周程伯休甫其後非也按彪之序及干寶皆云司馬氏黎之後是也今總稱伯休甫是重黎之後者凡言地即舉天稱黎則兼重自是相對之文其實二官亦通職然休甫則黎之後也亦是太史公欲以史爲己任故言先代天官所以兼稱重耳先謙案楚世家索隱引劉氏云少昊氏之後曰重顓頊氏之後曰重黎對彼重則單稱黎若自言當家則稱重黎故楚及司馬氏皆重黎之後非關少昊之重小司馬以彼說爲當不應於此反不曉也大戴禮帝繫篇亦云老童產重黎是黎本名重黎且此文皆本國語小司馬以爲遷誣其先失理遠矣**當宣王時官失其守而爲司馬氏**師古曰失其守之職也〔補注〕何焯曰詩常武王謂尹氏命程伯休父毛傳尹氏掌命卿士程伯休父始命爲大司馬正當宣王之時已失典司天地之守故僅以時王所命之官別爲司馬氏也先謙曰官本注其下有所字是**司馬氏世典周史**〔補注〕宋祁曰浙本此句無司馬氏三字先謙曰索隱司馬夏官卿不掌國史自是先代兼爲史衛宏云司馬氏周史佚之後恐或有所据王啟原云史佚逸周書或稱尹逸則佚姞姓黃帝後也春秋尹氏是其胄靈景時猶貴盛爲公卿未嘗中衰佚後爲司馬氏別無他證未能與史公爭審矣**惠襄之間司馬氏適晉**張晏曰周惠王襄王有子穨叔帶之難故司馬氏奔晉也**晉中軍隨會犇魏**如湻曰左氏傳晉僞使魏壽餘誘士會於秦謀而還時也師古曰犇古奔字也據春秋隨會奔秦其後自秦入魏而還晉今此言隨會奔魏司馬氏因入少梁則似謂自晉出奔魏耳但魏國在獻公時已滅爲邑封畢萬矣既非別國不得言奔未詳遷之所說〔補注〕齊召南曰奔魏史記作奔秦是也漢書本誤作魏耳又案隨會奔秦時未爲中軍將也史文以後官冠其名先謙曰索隱會自晉奔秦後乃奔魏自魏還晉故漢書云會奔魏也先謙案奔秦奔魏理元可通遷說自不誤顏之獻疑適增其謬**而司馬氏入少梁**師古曰少梁本梁國也爲秦所滅號爲少梁**自司馬氏去周適晉分散或在衛或在趙或在秦其在衛者相中山**張晏曰司馬喜爲中山相〔補注〕先謙曰見國策呂覽及人表**在趙者以傳劍論顯**服虔曰世善劍也師古曰劍論劍術之論

也論來頓反〔補注〕先謙曰正義何法盛晉書及晉譙王司馬無忌司馬氏系本皆云名凱集解引蘇林曰傳手搏論而釋之此讀傳爲搏也又引晉灼云史記吳起贊曰非信廉勇不能傳劍論兵書也劍論兵書相對爲文葢善劍術者著論傳世晉顏說是集解引服說善下有傳字官本來上有音字**蒯聵其後也**如湻曰刺客傳之蒯聵也師古曰蒯苦怪反聵五怪反〔補注〕沈欽韓曰淮南主術訓握劍鋒以離北宮司馬蒯聵不使應敵非刺客傳中人張文虎曰刺客傳無蒯聵惟荊軻嘗游過榆次與蓋聶論劍云云疑葢聶即蒯聵之誤榆次本趙地古蒯字本作𦾔與葢並從艸𣪠與盍形相涉爾雅釋詁𣪠釋文云又作𦾔說文耳部聵字重文作䫥與聶字形皆相涉葢傳寫錯亂如湻魏時人或尚見史記舊文索隱云葢姓聶名則所見本已訛矣**在秦者錯與張儀爭論**應劭曰秦惠王欲伐蜀張儀曰不如伐韓司馬錯曰當先伐蜀惠王從之起兵伐蜀取之師古曰錯音千古反〔補注〕先謙曰官本古作各是**於是惠王使錯將兵伐蜀遂拔因而守之**蘇林曰爲郡守**錯孫靳**師古曰音新〔補注〕先謙曰靳史記作靳**事武安君白起而少梁更名夏陽**〔補注〕沈欽韓曰秦紀惠文王十二年更名少梁曰夏陽張儀傳說魏王入上郡少梁以謝秦是入秦即名夏陽上句云事武安君白起則爲昭襄王時此語殊乖次第先謙曰少梁更名夏陽尚在惠文後九年錯拔蜀之前此文補述之也**靳與武安君阬趙長平軍**文穎曰趙孝成王時趙括爲將**還而與之俱賜死杜郵**李奇曰地名在咸陽

西十里。師古曰郵音尤。**葬於華池**。晉灼曰池名也在鄠縣師古曰晉說非也華池在左馮翊界近夏陽非鄠縣補注先謙曰正義括地志華池在同州韓城縣西南七十里在夏陽城西北四里有司馬遷碑**靳孫昌爲秦王鐵官**補注先謙曰王史記作主**當始皇之時蒯聵玄孫卬**補注先謙曰索隱司馬氏系本云蒯聵生昭預昭預生憲憲生卬**爲武信君將而徇朝歌**師古曰武信君即武臣也未爲趙王之前號武信君項籍傳曰趙將司馬卬是知爲武臣之將也補注劉攽曰此言當始皇時爲武信君將則武信君非武臣也王念孫曰蒯通傳云武臣略定趙地號武信君是武信君即武臣也此秦二世時事而云當始皇之時記者之誤耳蟣蝨始皇之時卬安得爲武信君將而徇朝歌乎貢父据此一句而輒生異說謬矣先謙曰本書項籍傳趙將司馬卬定河內數有功封爲殷王史記秦楚之際月表卬爲殷王都朝歌卬降漢地爲河內郡是徇朝歌定河內實一事武信君之爲武臣更無可疑劉說非也但此文本言昌爲鐵官當始皇時屬上讀與卬事無涉後人自誤會耳王謂史記誤亦非**諸侯之相王王卬於殷**師古曰項羽封卬爲殷王**漢之伐楚卬歸漢以其地爲河內郡昌生毋懌**師古曰懌弋赤反補注先謙曰史記作無澤索隱漢書作毋擇是小司馬所見漢書本不作懌也繙王本史記索隱擇仍作懌**毋懌爲漢市長**補注先謙曰百官表長安四市有四長**毋懌生喜喜爲五大夫**補注先謙曰百官表爵九級曰五大夫**卒皆葬高門**

蘇林曰長安北門也師古曰蘇說非也高門地名在夏陽西北而東去華池三里補注先謙曰正義括地志云高門原俗名馬門原在同州韓城縣西南十八里漢司馬遷墓在韓城縣南二十二里**喜生談談爲太史公**如淳曰漢儀注太史公武帝置位在丞相上天下計書先上太史公副上丞相序事如古春秋遷死後宣帝以其官爲令行太史公文書而已晉灼曰百官表無太史公在丞相上又衞宏所說多不實未可以爲正師古曰談爲太史令耳遷尊其父故謂之爲公如說非也補注劉攽曰周制外史掌四方之志布在諸侯國其位上士皆在諸侯之卿上秦亦有之故漢儀注所謂太史公在丞相上謂此也衞宏所說亦不可謂之全非宋祁曰遷與任安書自言僕之先人文史星歷近乎卜祝之間故上所戲弄倡優畜之流俗之所輕也若其位在丞相上安得有此言耶百官表不著其官信其非也吳仁傑曰韋昭云史記稱遷爲太史公者外孫楊惲所稱志林以爲古者主天官皆上公至漢官屬仍以舊名尊而稱公案遷報任少卿書亦以太史公自稱則非官屬與外孫尊之矣文選報任少卿書云太史公牛馬走五臣注太史公遷之父按遷被刑談死久矣安得以父故官爲稱史記自序太史公曰先人有言索隱先人謂先代賢人意以太史公爲談自稱按遷此書言僕之先人又非先代賢人之謂又遷自序云談爲太史公謂尊其父可也下文太史公遭李陵之禍則遷自謂矣安有官爲令而自尊曰公者蓋春秋之世楚邑令皆稱爲公漢書音義陳涉爲楚王沛公起應涉故從楚制稱公史記有栢公畱公索隱栢縣畱縣令也故曹參爲戚令稱戚公夏侯嬰爲滕令稱滕公是也按茂陵書談由太史丞爲太史令本傳言談卒三歲而遷爲太史公則是遷父子官爲令耳其稱公者如栢畱戚滕之比非尊其父而然李慈銘曰太史公自是當時官府通稱固非官名亦非尊加如後世之稱太史氏亦非有此官名也流俗相沿如晉之中書令稱令君唐之御史稱端公不必以其尊官也衞說不過因公字而附會之至官曹稱謂例不見於百官志亦不必疑朱一新曰衞宏所說謂位在丞相上者蓋謂朝會之位以其國史所關使之密邇至尊以便記注非以其爵秩亦非必以尊寵也[illegible]此如唐之起居舍人秩從六品上而分侍左右秉筆隨宰相入殿蓋其職事使然惟言遷死後宣帝以其官爲令則非其實本傳言卒三歲而遷爲太史令李陵傳言太史令司馬遷是遷官爲太史令無疑李云太史公爲當時通稱其說甚確遷自云廁下大夫之列百官志太史令六百石索隱引博物志太史令茂陵顯武里大夫司馬遷年二十八三年六月除六百石本紀宣帝詔吏六百石位大夫合以史公自言則其官爲太史令其秩爲六百石安有如衞氏所云者惟漢舊儀言太史公秩二千石爲異此則或談任職時增其秩以示寵或官秩尊卑隨時升降或記者偶失其實闕疑可矣先謙曰遷言近乎卜祝之間廁下大夫之列官職自明宋晉吳氏駁衞說是遷自謂太史公則太史令實有太史公之稱顏謂遷尊其父爲公韋昭謂楊惲尊遷爲公合之遷書理不可通李朱二說得之吳氏縣公之說失之鑿矣**太史公學天官於唐都**師古曰郎律厤志所云方士唐都者**受易於楊何**師古曰何字叔元菑川人見儒林傳**習道論於黃子**師古曰景帝時人也儒林傳謂之黃生與轅固爭論於上前謂湯武非受命乃殺也

太史公仕於建元元封之閒愍學者不達其意而師誖師古曰誖惑也各習師法惑於所見誖音布內反補注先謙曰史記誖作悖集解引顏注亦作悖法作書**乃論六家之要指曰易大傳曰**補注宋祁曰越本無曰字**天下一致而百慮同歸而殊塗**張晏曰大傳謂易繫辭**夫陰陽儒墨名法道德此務爲治者也直所從言之異路有省不省耳**師古曰言發迹雖殊同歸於治但學者不能省察昧其端緒耳直猶但也補注郭嵩燾曰言六家同務爲治而所施異宜不相爲用務此則忽彼故曰有省不省下言道家爲術無所不宜則亦無所不省也顏注誤**嘗竊觀陰陽之術大詳而眾忌諱**補注李慈銘曰史記詳作祥古詳祥字通易視履考祥釋文本或作詳孟子申詳檀弓作祥先謙曰眾猶名也**使人拘而多畏**李奇曰陰陽之術月令星官是其枝葉也師古曰拘曲礙也補注李楨曰褚補史記日者傳言孝文時聚會占家問之某日可取婦乎五行家曰可堪輿家曰不可建除家曰不吉叢神家曰大凶厤家曰小凶天人家曰小吉太一家曰大吉辨訟不決以狀聞制曰避諸死忌以五行家爲主人取諸五行者也据此知忌諱拘畏西漢時已如是**然其序四時之大順不可失也儒者博而寡要勞而少功是以其事難盡從然其敘君臣父子之禮列夫婦長幼之別不可易也**師古曰易變也

墨者儉而難遵補注先謙曰正義引韋昭云墨翟之術也尙儉是以其事不可徧循師古曰言
難盡用然其彊本節用不可廢也法家嚴而少恩然其正君臣上下
之分不可改也名家使人儉而善失眞師古曰劉向別錄云名家者流出於禮官古者名位
不同禮亦異數孔子曰必也正名乎補注李慈銘曰梁玉繩史記志疑以儉字爲未的引評林董份說爲檢字之誤案梁說是也名
家以察覈名實爲務不得云使人儉蓋檢卽斂也孟子狗彘食人食而不知檢趙注檢斂也本書食貨志作不知斂名家以繩墨檢
察人使各約束於禮而不得肆故曰使人檢而善失眞若作儉則與墨家義犯矣繆荃孫曰古檢儉險多通用易君子以儉德避難
虞翻云一作險險且枕釋文云古文鄭本作檢可證然其正名實不可不察也道家使人精
神專一動合無形澹足萬物師古曰澹古贍字補注先謙曰史記作贍其爲術也因陰
陽之大順采儒墨之善撮名法之要師古曰撮總取也音千活反與時遷徙應
物變化立俗施事無所不宜指約而易操事少而功多師古曰操執持也音
千高反儒者則不然以爲人主天下之儀表也君唱臣和主先臣隨
如此則主勞而臣佚師古曰佚樂也字與逸同至於大道之要去健羨服虔曰門戶健

壯也如淳曰知雄守雌是去健也不見可欲使心不亂是去羨也晉灼曰老子曰善閉者無關楗嚴君平曰折關破楗使姦者自止
服說是也師古曰二義並通健其偃反然今書本字皆作健字也補注沈欽韓曰荀子哀公篇孔子曰無取健注健羨之人說苑尊
賢篇健者必欲兼不可以爲法也王先慎曰玩晉說則服注健壯似當作健牡蓋以健爲楗[illegible]楗牡戶
牡也服讀健爲楗不如本義集解獨取如說顏意亦不右服也先謙曰健其偃反官本健作揵是此注楗字官本皆從手亦漢書通
作如此黜聰明如淳曰不尙賢絕聖棄知也晉灼曰嚴君平曰黜聰弃明倚依太素反本歸眞則理得而海內鈞也師古
曰黜廢也補注先謙曰史記黜作絀釋此而任術夫神大用則竭形大勞則敝神形
蚤衰師古曰蚤古早字補注先謙曰蚤衰史記作騷動欲與天地長久非所聞也夫陰陽
四時八位十二度二十四節各有教令張晏曰八位八卦位也十二度十二次也二十四節
就中氣也各有禁謂月令也補注先謙曰集解引禁下有忌字月令作日月曰順之者昌逆之者亡未
必然也故曰使人拘而多畏夫春生夏長秋收冬臧此天道之大
經也師古曰經常法弗順則無以爲天下紀綱故曰四時之大順不可失
也夫儒者以六藝爲法六藝經傳以千萬數絫世不能通其學當

年不能究其禮師古曰究盡也補注蘇輿曰晏子外篇載晏子沮景公封仲尼云兼壽不能殫其教當年不能究其
禮[illegible]是太史公所稱儒者卽謂孔子爲後世非儒之斷故班贊正之謂遷先黃老而後六經蓋其家學然也當年猶丁年釋
詁丁當也淮南齊俗訓丈夫丁壯而不耕婦人當年而不織丁當與丁壯對文同義管子輕重丁篇男女當壯戊篇又作丁壯丁當
雙聲互訓是其證此言禮文緐縟年雖丁壯不能究盡故曰博而寡要勞而少功若夫列君
臣父子之禮序夫婦長幼之別雖百家弗能易也墨者亦上堯舜
言其德行曰堂高三尺土階三等茅茨不翦采椽不斲師古曰屋蓋曰茨
茨以茅覆屋也棌柞木也茨音疾茲反棌音采又音[illegible]韓曰玉篇棌槲也釋木樕樸心注槲樕別名李時珍云櫟有二種
一種叢生小者名枹見爾雅一高者名大葉櫟樹葉[illegible]粗厚冬月凋落其木理粗不及櫟木樃柞所謂樗櫟[illegible]
古以棌爲柞非也先謙曰詩柞棫拔矣箋柞櫟也山[illegible]山上多穀柞注云柞櫟風土記吳越之間名柞爲櫟[illegible]
疏秦人謂柞櫟爲櫟據諸說是柞卽櫟也史記自序[illegible]爲櫟顏承其誤於此傳及藝文志茅屋采椽揚雄傳[illegible]
釋爲柞先謙案柞卽皁斗槲木與櫟相似亦有斗槲[illegible]樸下云樸樕木李壽本作樸樕小木繫傳云卽今小[illegible]
詩野有死麕正義云釋木樸樕心某氏曰樸樕斛樕[illegible]江河間以作柱傳云樸樕小木也据此則爲椽之棌[illegible]

柱之斛樕小木玉篇訓棌爲槲是其明證因其似櫟[illegible]昔人或誤混爲一沈駁顏說是也說文無棌字藝文[illegible]
及雄傳並後人妄加木旁史記自序亦作采始皇紀[illegible]不刮注云一作棌椽不斲言質素也官本棌作採亦[illegible]
歠土刑師古曰簋所以盛飯也刑以盛羹也土謂燒土爲之卽瓦器也飯扶晚反簋音軌歠尺悅反補注先謙[illegible]
注刑下有所字此脫官本扶上有音字集解引徐廣云簋一作灑歠史作啜案灑當作墻糲粱之食[illegible]
晏曰一斛粟七斗米爲糲音賴師古曰食飯也補注[illegible]云一斛粟七斗米爲糲非也九章算術粟米法粟率[illegible]
十粺二十七鑿二十四御米二十一言粟五升爲糲[illegible]米益精則數亦漸減至御米得二升一合也夏侯陽[illegible]
爲糲米三斗三十乘之五十而一其法亦同則一斛[illegible]六斗也王念孫曰服虔云糲粗米也賈逵晉語注粱[illegible]
[illegible]是糲粗而粱精不得以糲粱連文粱當[illegible]
桓二年左傳粢食不鑿玉藻稷食菜羹論語鄉黨篇[illegible]食稷食疏食異名而同實也粢與糲皆食之粗者李[illegible]
天下也粢糲之食藜藿之羹韓子五蠹篇堯之王天[illegible]食藜藿之羹淮南精神篇珍怪奇味人之所美也而[illegible]
藜藿之羹主術篇堯太羹不和粢食不毀皆其證也[illegible]北宮子謂西門子曰朕衣則裋褐食則粢糲子衣則文錦食則粱
肉以糲粢與粱肉對言淮南人間篇陳駢子對孟嘗君曰臣之處於齊也糲粢之飯藜藿之羹以身歸君食芻豢饌黍[illegible]

云鬻以鬻黍粱下文云服虔鬻字良與粱爲韻今據改以糲粢與黍粱對言是粱精而糲粗可言糲粢不可言糲粱也先謙曰官本糲作糲注糲作粝引宋祁曰景本糲作糲注同越本糲音賴先謙案糲是糲之俗省說文無糲有糲糲下云粟重一秳爲十六斗大半斗舂爲米一斛曰糲史自序瓚注五斗粟三斗米爲糲沈駁張說是粱當爲粢王說是 藜藿之羹師古曰藜草似蓬也藿豆葉也 夏日葛衣冬日鹿裘其送死桐棺三寸補注先謙曰正義以桐木爲棺厚三寸也 舉音不盡其哀教喪禮必以此爲萬民率故天下共若此則尊卑無別也補注宋祁曰越本共作法先謙曰史記故作使共作法 夫世異時移事業不必同故曰儉而難遵也要曰彊本節用則人給家足之道也師古曰給亦足也人人家家皆得足也 此墨子之所長雖百家不能廢也法家不別親疏不殊貴賤壹斷於法則親親尊尊之恩絕矣可以行一時之計而不可長用也故曰嚴而少恩若尊主卑臣明分職不得相踰越雖百家不能改也師古曰分扶問反補注先謙曰官本分下有音字 名家苛察繳繞如淳曰繳繞猶纏繞也師古曰繳公鳥反補注先謙曰集解引如淳纏繞下有不通大體四字 使人不得反其意剸決於名時失人情師古曰剸讀與專同又音章兗反補注先謙曰剸史記作專時作而 故曰使人儉而善失眞若夫控名責實參伍不失晉灼曰引名責實參錯交互明知事情也補注沈欽韓曰鄧析子無厚篇循名責實君之事也 此不可不察也道家無爲又曰無不爲師古曰無爲者守靜一也無不爲者功利大也補注王啟原曰道經云道常無爲而無不爲 其實易行其辭難知師古曰言指趣幽遠 其術以虛無爲本以因循爲用師古曰任自然也 無成勢無常形故能究萬物之情不爲物先後補注先謙曰史記作不爲物先不爲物後集解引韋昭曰因物爲制 故能爲萬物主有法無法因時爲業有度無度因物興舍師古曰興起也舍廢也補注王念孫曰史記作因物與合於義爲長舍者居也言因物與居而無成心也鶡冠子世兵篇亦云聖人捐物從理與舍因物與舍與因時爲業相對爲文先謙曰法度與時物爲變通神而明之故曰有法無法有度無度因物與舍後漢馮衍傳下引作與物趨舍官本史記作因物與合正義因其萬物之形成度與合也 故曰聖人不巧時變是守師古曰無機巧之心但順時也補注先謙曰巧史記作朽 虛者道之常也補注王啟原曰韓非解老云虛者之無爲也不以無爲有常 因者君之綱也師古曰言因百姓之心以爲教但執其綱而已 羣臣竝至使各自明也其實中其聲者謂之端

實不中其聲者謂之款服虔曰款空也李奇曰聲則名也師古曰中當也充也音竹仲反補注沈欽韓曰爾雅釋器款足者謂之鬲封禪書其空足曰鬲索隱云款者空也亦同窾莊子養生主云道大窾音義云空也先謙曰款史記作窾下同言爲心聲有實者爲正言無實者爲空言觀上下文甚明李奇及索隱訓聲爲名以爲實不稱名非是 款言不聽姦迺不生補注先謙曰索隱引申子云款言無成 賢不肖自分白黑迺形師古曰形見也 在所欲用耳何事不成迺合大道混混冥冥師古曰元氣之貌也混音胡本反 光燿天下復反無名師古曰反還也 凡人所生者神也補注宋祁曰浙本所字下有以字 所託者形也神大用則竭形大勞則敝形神離則死死者不可復生離者不可復合故聖人重之補注先謙曰合史記作反 由此觀之神者生之本形者生之具不先定其神形而曰我有以治天下何由哉師古曰凡此皆言道家之教爲長也補注先謙曰史記無形字 太史公既掌天官不治民有子曰遷遷生龍門蘇林曰禹所鑿龍門也師古曰龍門山其東則在今秦州龍門縣北其西則在今同州韓城縣北而河從其中下流補注齊召南曰地理志左馮翊夏陽縣故少梁禹貢梁山在西北龍門山在北部遷所生之地顏注所云其西在今同州韓城縣北者也龍門一山跨河故注先言東岸耳秦州應作泰州唐武德元年於隋汾陰縣置泰州二年徙治龍門縣在漢爲河東皮氏縣地與夏陽隔河相望今曰河津縣非遷所生地在西岸者也 耕牧河山之陽師古曰河之北山之南也 年十歲則誦古文補注周壽昌曰索隱云遷及事伏生是學誦古文尚書劉氏以爲左傳國語系本等書是亦名之古文也案遷生於景帝後元年距鼂錯之死十一年錯孝文時受書伏生生已九十餘孝文在位二十三年計伏生當遷生時應百三十餘歲遷十歲誦古文及事伏生不已百四十餘耶伏生不聞有此大年揆之情事亦不合史公從安國問故索隱蓋誤以孔爲伏 二十而南游江淮上會稽探禹穴窺九疑張晏曰禹巡狩至會稽而崩因葬焉上有孔穴民閒云禹入此穴九疑舜墓在焉師古曰會稽山名本茅山也禹於此會諸侯之計因名曰會稽九疑山有九峯解在司馬相如傳補注先謙曰會稽顏據越絕書爲說 浮沅湘師古曰沅水出牂柯湘水出零陵二水皆入江 北涉汶泗師古曰汶泗兩水名在地理志汶音問 講業齊魯之都觀夫子遺風鄉射鄒嶧師古曰鄒縣名也嶧山名也近曲阜地也於此行鄉射之禮嶧音懌 阸困蕃薛彭城師古曰蕃縣名也音皮補注先謙曰蕃薛並魯國縣蕃今兗州府滕縣治薛在滕縣東南四十四里 過梁楚以歸於是遷仕爲郎中奉使西征巴蜀以南略邛筰昆明師古曰筰才各反 還報命補注先謙曰集解引徐廣曰元鼎六年平西南夷以爲五郡其明年

元封元年是也是歲天子始建漢家之封而太史公留滯周南如淳曰周南洛陽也
張晏曰洛陽而謂周南者自陝以東皆周南之地也不得與從事師古曰與讀曰豫發憤且卒而子
遷適反見父於河雒之閒太史公執遷手而泣曰予先周室之太
史也自上世嘗顯功名虞夏典天官事後世中衰絕於予乎汝復
為太史則續吾祖矣今天子接千歲之統封泰山而予不得從行
是命也夫命也夫予死爾必為太史為太史毋忘吾所欲論著矣
且夫孝始於事親中於事君終於立身揚名於後世以顯父母此
孝之大也師古曰此孔子說孝經之辭也夫天下稱周公補注先謙曰史記稱下有誦字言其能
論歌文武之德宣周召之風師古曰召讀曰邵達大王王季思慮爰及公
劉以尊后稷也師古曰爰曰也發語辭也一曰爰於也幽厲之後王道缺禮樂衰孔
子脩舊起廢論詩書作春秋則學者至今則之自獲麟以來四百
有餘歲補注先謙曰集解年表魯哀公十四年獲麟至漢元封元年三百七十一年而諸侯相兼史記

放絕今漢興海內壹統明主賢君忠臣義士補注先謙曰義士史記作死義之士予
為太史而不論載廢天下之文予甚懼焉爾其念哉補注先謙曰史記文上有
史字遷俯首流涕曰小子不敏請悉論先人所次舊聞不敢闕卒三
歲而遷為太史令紬史記石室金鐀之書如淳曰紬徹舊書故事而次述之師古曰此說
非也紬謂綴集之音胄鐀與匱同補注周壽昌曰談卒於元封元年先謙曰索隱引如說紬作抽李慈銘云紬卽籀字亦作抽詩鄘
風不可讀也毛傳讀抽也說文籀讀書也方言抽讀也故亦曰紬繹言讀而尋繹之也索隱石室金匱皆國家藏書之處五年
而當太初元年李奇曰遷為太史後五年適當武帝太初元年時述史記也十一月甲子朔旦
冬至天歷始改建於明堂諸神受記張晏曰以元新改立明堂朝諸侯及郡守受正朔各有山
川之祀故曰諸神受記孟康曰明堂班十二月之政歷紀四時故云建於明堂諸神受記若句芒祝融之屬皆受瑞記遷因此而作
師古曰張說是矣補注何焯曰謂自此初用夏正也先謙曰史記作紀官本云作改太史公曰先人有言補注
先謙曰正義太史公遷自稱先人謂談自周公卒五百歲而有孔子孔子至於今五
百歲有能紹而明之正易傳繼春秋本詩書禮樂之際意在斯乎

意在斯乎小子何敢攘焉師古曰攘古讓字言當述成先人之業何敢自謙當五百歲而讓之也補注先
謙曰案史記至上有卒後二字紹而明之作紹明世攘作讓顏注襲晉灼見索隱引作何敢自嫌值五百歲而讓之也明此謙為嫌
之訛上大夫壺遂曰昔孔子為何作春秋哉補注先謙曰索隱遂為詹事秩二千石故位上
大夫也太史公曰余聞之董生服虔曰仲舒也補注周壽昌曰生亦先生也遷自居後學故稱先生周
道廢孔子為魯司寇諸侯害之大夫壅之孔子知時之不用道之
不行也是非二百四十二年之中師古曰是非謂本其得失補注先謙曰是非猶褒貶以為
天下儀表貶諸侯討大夫以達王事而已矣師古曰時諸侯僭侈大夫擅權故貶討之
也貶退也討治也補注先謙曰史記貶下有天子退三字蓋班氏刪之子曰我欲載之空言不如見
之於行事之深切著明也補注李楨曰繁露俞序篇吾因其行事而加乎王心焉以為見之空言不如見
之行事博深切明其文正與此同史公自言聞之董生正義云此春秋緯文王應麟以為緯書述張守節語耳先謙曰謂空言義理
以教人不如附見諸侯大夫僭逆之行事垂誡尤切春秋上明三王之道下辨人事之經紀
別嫌疑明是非定猶與師古曰與讀曰豫補注先謙曰史記無紀字善善惡惡賢賢賤

不肖存亡國繼絕世補弊起廢王道之大者也補注先謙曰弊官本作敝史記同
易著天地陰陽四時五行故長於變師古曰以變化之道為長也長讀如本字一曰長謂崇長
之也音竹兩反下皆類此補注宋祁曰滈化本作長於變化予準書記等語不當有化字傳者見注中有化字誤足之先謙曰一說
非禮綱紀人倫故長於行書記先王之事故長於政詩記山川谿
谷禽獸草木牝牡雌雄故長於風樂樂所以立故長於和春秋辯
是非故長於治人是故禮以節人樂以發和書以道事詩以達意
易以道化春秋以道義師古曰道言也撥亂世反之正莫近於春秋春秋
文成數萬其指數千張晏曰春秋萬八千字當言減而云成字誤也師古曰張說非也一萬之外卽以萬言之
故云數萬何遽忽言減乎學者又為曲解云公羊經傳凡四萬四千餘字尤疏謬矣史遷豈謂公羊之傳為春秋乎補注張文虎曰
說文數計也徐音爽主切蓋云文以萬計指以千計諸人誤讀如數目之數遂多窒礙先謙曰顏所云曲解迺裴駰說裴謂遷此辭
是述董生之言董生治公羊故云云何焯以為裴說得之沈欽韓亦謂公羊為董生所習合本經與師說文有數萬又其條例舛雜
假瑣如三科九旨五始七等六輔二類七缺之目故云其指數千繁露十指篇春秋大略約有十指則又約而言之先謙案一萬之

外何得郎以萬言而稱爲數萬顏說終不可通所謂文成數萬其指數千蓋指公羊推演春秋之文義裴意非謂遷以公羊傳爲春秋也時公羊之學特顯故舉以見春秋之閎深不竆何沈說是文虎說亦通官本注在數萬下萬物之散聚皆在春秋〔補注〕郭嵩燾曰物猶事也萬物之散聚謂會盟侵伐散見諸國合而聚之其事皆可觀而其義皆可尋下云弒君亡國舉其重者春秋之中弒君三十六亡國五十二諸侯奔走不得保社稷者不可勝數師古曰解並在劉向傳〔補注〕先謙曰春秋書弒君三十四亡國四十一說見向傳察其所以皆失其本已師古曰已語終之辭故易曰差以豪氂謬以千里師古曰今之易經及彖象繫辭並無此語所稱易緯者則有之焉斯蓋易家之別說者也〔補注〕沈欽韓曰禮記經解篇大戴禮察篇皆引此爲易文選注六十引作乾鑿度今通卦驗亦有之先謙曰史記作失之豪氂差以千里徐廣引一本與此同故臣弒君子弒父非一朝一夕之故其漸久矣師古曰易坤卦文言之辭有國者不可以不知春秋前有讒而不見後有賊而不知爲人臣者不可以不知春秋守經事而不知其宜遭變事而不知其權師古曰經常也爲人君父者〔補注〕宋祁曰浙本無者字先謙曰浙本是也此與爲人臣子對舉爲文且下文有者字此復出則文不成義史記亦無者字而不通於

春秋之義者必蒙首惡之名師古曰蒙猶被也爲人臣子不通於春秋之義者必陷篡弒誅死之罪其實皆以善爲之而不知其義師古曰其心雖善以不知義理之故則陷於惡也被之空言不敢辭蘇林曰趙盾不知討賊而不敢辭弒君之罪夫不通禮義之指至於君不君臣不臣父不父子不子夫君不君則犯師古曰爲臣下所干犯也曰違犯禮義也〔補注〕先謙曰官本曰上有一字正義引此作一云違犯禮義明此奪一字瞿鴻禨云景祐本注文正作一曰臣不臣則誅父不父則無道子不子則不孝此四行者天下之大過也以天下大過予之受而不敢辭故春秋者禮義之大宗也夫禮禁未然之前法施已然之後法之所爲用者易見而禮之所爲禁者難知壺遂曰孔子之時上無明君下不得任用故作春秋垂空文以斷禮義師古曰斷決也決之於禮義也當一王之法今夫子上遇明天子下得守職萬事既具咸各序其宜夫子所論欲以何明太史公曰唯唯否否晉灼曰唯唯謙應也否否不通也師古曰唯弋癸反不然余聞之先人

曰虙戲至純厚作易八卦師古曰虙讀與伏同堯舜之盛尚書載之禮樂作焉湯武之隆詩人歌之春秋采善貶惡推三代之德襃周室非獨刺譏而已也漢興已來至明天子獲符瑞封禪改正朔易服色受命於穆清師古曰於歎辭也穆美也言天子有美德而政化清也於讀曰烏〔補注〕劉攽曰言於穆清遂不成文理穆清天也先謙曰劉說是正義引注政作敎澤流罔極師古曰罔無也極止也海外殊俗重譯款塞師古曰款叩也請來獻見者不可勝道師古曰道言也臣下百官力誦聖德猶不能宣盡其意師古曰力勤也〔補注〕先謙曰宣盡官本作盡宣且士賢能矣而不用有國者恥也主上明聖德不布聞有司之過也且余掌其官廢明聖盛德不載滅功臣賢大夫之業不述墮先人所言師古曰墮毀也謂不修之也音火規反〔補注〕先謙曰史記功臣下有世家二字罪莫大焉余所謂述故事整齊其世傳〔補注〕宋祁曰本無世字非所謂作也而君比之春秋謬矣於是論次其文十年而遭李陵之禍幽於纍紲師古曰纍係也紲長繩也纍音力追反紲音先列反〔補注〕何焯曰十年史作七年徐廣注天漢三年作七爲是瞿鴻禨曰乾道本作七年朱一新曰陵降在天漢二年冬豈史公受刑以三年春歟迺喟然而歎曰

是余之辠師古曰喟然歎息貌也音邱位反〔補注〕宋祁曰浙本辠字下有也字先謙曰官本注在夫字下是貌作聲史記作是余之罪也夫重一句夫身虧不用矣退而深惟曰師古曰惟思也夫詩書隱約者欲遂其志之思也師古曰隱憂也約屈也〔補注〕先謙曰索隱謂其義隱微而言約正義遷深惟欲依其隱約而成其志意也此下昔西伯拘羑里一段班氏删之卒述陶唐以來至於麟止服虔曰武帝得白麟而鑄金作麟足形作史記止於此也張晏曰武帝獲麟遷以爲述事之端上記黃帝下至麟止猶春秋止於獲麟也師古曰遷序事盡太初故言至麟而止張說是也〔補注〕吳仁傑曰自太初改元至太始改元之明年適盈十年是歲更黃金爲麟趾趾與止通遷所謂至於麟止者此也張謂遷以獲麟爲述事之端按獲白麟在元狩元年子長嗣父職在元封三年獲白麟之歲未爲史官也安得以爲述事之端顏是晏說失之又云遷序事盡太初按太初盡四年又更天漢太始凡六年而後至麟止遺此何耶蓋不究遷自序之文故麟止之說前後失據而論序事所止亦不得其實先謙曰史記成於天漢要以太初爲限史記高祖功臣表序荀紀後書班彪傳及本書敘傳可證武帝獲麟改號元狩至太初四年凡廿二歲至太始二年凡廿八歲更黃金爲麟趾追紀前瑞時雖遼隔事本一端遷借以終其史特假託是事取象春秋猶曰終於獲麟之代云爾班彪傳載彪論遷作史記云上自黃帝下訖獲麟則彪已解此爲獲

麟矣孔子卒至太初之元三百七十五年而遷云五百歲又史記之作不爲感麟遷仰希聖經取義絕筆文人恢奇難可拘閡讀止爲趾意切事理實傷文辭未可從也索隱引服說作麟足形下有故云麟止四字顏刪之則文義不明止於此下有猶春秋終於獲麟然八字集解引張說記作包自黃帝始師古曰遷之書序衆篇各別有辭班氏故此單目盡於六十九至惟漢繼五帝末流之後迺言第七十讀者不詳其意或於目中加云敘傳第七十此大妄矣五帝本紀第一夏本紀第二殷本紀第三周本紀第四秦本紀第五始皇本紀第六項羽本紀第七高祖本紀第八呂后本紀第九孝文本紀第十孝景本紀第十一今上本紀第十二三代世表第一十二諸侯年表第二六國年表第三秦楚之際月表第四漢諸侯年表第五高祖功臣年表第六惠景閒功臣年表第七建元以來侯者年表第八王子侯者年表第九漢興以來將相名臣年表第十禮書第一樂書第二律書第三曆書第四天官書第五封禪書第六河渠書第七平準書第八吳太伯世家第一齊太公世家第二

魯周公世家第三燕召公世家第四師古曰召讀曰邵管蔡世家第五陳杞世家第六衞康叔世家第七宋微子世家第八晉世家第九楚世家第十越世家第十一鄭世家第十二趙世家第十三魏世家第十四韓世家第十五田完世家第十六孔子世家第十七陳涉世家第十八外戚世家第十九楚元王世家第二十荆燕王世家第二十一齊悼惠王世家第二十二蕭相國世家第二十三曹相國世家第二十四留侯世家第二十五陳丞相世家第二十六絳侯世家第二十七梁孝王世家第二十八五宗世家第二十九師古曰景帝子凡十三人爲王而母五人所生遷謂同母者爲一宗故云五宗也三王世家第三十伯夷列傳第一管晏列傳第二老子韓非列傳第三司馬穰苴列傳第四師古曰苴音子閭反孫子吳起列傳第五伍子胥列傳第六仲尼弟子列傳第七商君列傳第八蘇秦列傳第九張儀列傳第十樗里甘茂列傳第十一穰侯列傳第十二白起王翦列傳第十三孟子荀卿列傳第十四平原虞卿列傳第十五孟嘗君列傳第十六補注繆荃孫曰今本史記孟嘗君傳第十五平原虞卿傳第十六魏公子列傳第十七春申君列傳第十八范雎蔡澤列傳第十九樂毅列傳第二十廉頗藺相如列傳第二十一田單列傳第二十二魯仲連列傳第二十三屈原賈生列傳第二十四呂不韋列傳第二十五刺客列傳第二十六李斯列傳第二十七蒙恬列傳第二十八張耳陳餘列傳第二十九魏豹彭越列傳第三十黥布列傳第三十一淮陰侯韓信列傳第三十二韓信盧綰列傳第三十三補注先謙曰韓下脫王字官本有田儋列傳第三十四樊酈滕灌列傳第三十五張丞相倉列傳第三十六酈生陸賈列傳第三十七傅靳鄘成侯列傳第三十八師古曰鄘成侯周緤也鄘音普肯反又音陪補注先謙曰官本鄘作蒯劉敬叔孫通列傳第三十九季布欒布列傳第四十

爰盎朝錯列傳第四十一張釋之馮唐列傳第四十二萬石張叔列傳第四十三田叔列傳第四十四扁鵲倉公列傳第四十五吳王濞列傳第四十六魏其武安列傳第四十七韓長孺列傳第四十八李將軍列傳第四十九衞將軍驃騎列傳第五十平津主父列傳第五十一匈奴列傳第五十二補注繆荃孫曰今本史記匈奴列傳第五十衞將軍驃騎列傳第五十一平津主父列傳第五十二南越列傳第五十三閩越列傳第五十四朝鮮列傳第五十五西南夷列傳第五十六司馬相如列傳第五十七淮南衡山列傳第五十八循吏列傳第五十九汲鄭列傳第六十儒林列傳第六十一酷吏列傳第六十二大宛列傳第六十三游俠列傳第六十四佞幸列傳第六十五滑稽列傳第六十六日者列傳第六十七龜策列傳第六十八貨殖列傳第六十九惟漢繼五帝末流接三代絕業補注先謙曰史記絕作統周道既廢秦撥去古文焚

滅詩書故明堂石室金鐀玉版圖籍散亂如淳曰玉版刻玉版畫爲文字也補注先謙曰集解引畫作以是否則畫字當在刻字下矣漢興蕭何次律令韓信申軍法張倉爲章程補注先謙曰倉官本作蒼集解引如淳曰章厤數之章術也程者權衡丈尺斛斗之平法也瓚曰茂陵書丞相爲工用程數其中言百工用材多少之量及制度之程品者是也叔孫通定禮儀則文學彬彬稍進詩書往往閒出師古曰彬彬文章貌彬音邠閒音居莧反自曹參薦蓋公言黃老補注先謙曰事見參傳而賈誼朝錯明申韓補注先謙曰史記韓作商公孫宏以儒顯百年之閒天下遺文古事靡不畢集太史公仍父子相繼籑其職師古曰籑讀與撰同補注宋祁曰籑當作纂何焯曰敍當代文獻足徵以見述而不作之意仍推本先世以終前文之緒曰於戲師古曰於戲歎聲也於讀曰烏戲讀曰呼古字或作烏虖今字或作烏呼音義皆同耳而俗之讀者隨字而別又曲爲解釋云有吉凶美惡之殊是不通其大指也義例具在詩及尚書不可一二徧舉之余維先人嘗掌斯事顯於唐虞至於周復典之故司馬氏世主天官補注先謙曰天官統太史之職故云至於余乎欽念哉師古曰欽敬也罔羅天下放失舊聞補注先謙曰索隱舊聞有遺失放逸者網羅而考論之王迹所

興原始察終見盛觀衰論考之行事略三代補注先謙曰史記略下有推字錄秦漢上記軒轅下至於茲著十二本紀既科條之矣並時異世年差不明作十表師古曰並時則年厤差殊異代則難以明辨故作表也補注先謙曰科條之謂本紀既成自黃帝至今科分條列大綱已舉也並時謂侯國同時異世謂世家傳嗣其年厤差互皆非表不明禮樂損益律厤改易兵權山川鬼神天人之際承敝通變作八書補注先謙曰索隱兵權即兵書也遷歿之後亡褚少孫以律書補之今律書亦略言兵也山川即河渠書也鬼神即封禪書也故云山川鬼神也先謙案天人之際謂天官書承敝通變謂平準書也二十八宿環北辰三十輻共一轂運行無窮孟康曰象黃帝以下三十家也老子言車三十輻運行無窮以象王者如此也師古曰此說非也言眾星共繞北辰諸輻咸歸車轂若文武之臣尊輔天子也補注朱一新曰集解引孟注三十下有世字是輔弼股肱之臣配焉忠信行道以奉主上作三十世家扶義俶儻不令己失時師古曰俶儻大節也俶吐歷反補注先謙曰索隱己音紀言扶義俶儻之士能立功名於當代不後於時也立功名於天下作七十列傳凡百三十篇五十二萬六千五百字爲太史公書序補注錢大昕曰案太史公以官名書桓譚云遷著書示東方朔朔署曰太史公署之者名其書也漢志太史公百三十篇馮商所續太史公七篇俱入春秋家後漢范升傳楊終傳俱稱太史公無稱史記者略以拾遺補藝成一家言孟康曰藝音褋謂裳下壞褋李奇曰藝六藝也師古曰李說是也藝古藝字補注宋祁曰越本補字下有闕字先謙曰史記亦作補藝索隱漢書作補闕此作藝謂補六藝之闕也是小司馬所見漢書與今本異越本作闕又有藝字蓋亦兩存而未刊定耳協六經異傳補注先謙曰協合也言稽合同異折衷取裁索隱謂遷言所撰取協於經異傳諸家之說謙不敢比經藝非也異傳者正義以爲如春秋外傳國語子夏易傳毛公詩傳韓詩外傳伏生尚書大傳之流是也齊百家雜語補注先謙曰史記齊上有整字臧之名山副在京師師古曰臧於山者備亡失也其副貳本迺留京師也以竢後聖君子第七十師古曰竢古俟字遷之自敘云爾師古曰自此以前皆其自敘之辭也自此以後迺班氏作傳語耳而十篇缺有錄無書張晏曰遷沒之後亡景紀武紀禮書樂書兵書漢興以來將相年表日者列傳三王世家龜策列傳傅靳列傳元成之間褚先生補缺作武帝紀三王世家龜策日者傳言辭鄙陋非遷本意也師古曰序目本無兵書張云亡失此說非也補注劉奉世曰兵書即律書蓋當時有爾先謙曰如顏所駁缺者不足十篇前人皆謂律書即兵書當從之遷既被刑之後爲中書令尊寵任職故人益州刺史任安師古曰故人者言其舊交也予遷書

責以古賢臣之義遷報之曰少卿足下如淳曰少卿任安字補注先謙曰文選起句作太史公牛馬走司馬遷再拜言少卿足下曩者辱賜書教以慎於接物推賢進士爲務意氣勤勤懇懇師古曰懇懇至誠也音墾若望僕不相師用師古曰望怨也而流俗人之言師古曰謂隨俗人之言而流移其志補注齊召南曰文選作若望僕不相師而用流俗人之言倒用字於而字下甚順先謙曰顏說非也齊說亦非王念孫云蘇林曰而猶如也見文選注不相師用文選而流俗人之言謂視少卿之言如流俗人之言而不相師用也張銑注而如也言少卿書若怨望我不相師用以少卿勸我之言如流俗之人所言我非敢如此流俗人猶言世俗人今本文選用字在而字下乃後人所改又文選志餘云六臣本注云而而用善本作用而若如今本作不相師而用流俗人之言則而字不得訓爲如矣又案張銑注云云則五臣本亦作不相師用而流俗人之言明矣今本作而用後人以意改之也六臣本注引李善本作用而而今本亦作而用又後人据己誤之五臣本改之也此傳作用而足以互證僕非敢如是也雖罷駑亦嘗側聞長者遺風矣師古曰罷讀曰疲補注宋祁曰者字下當有之字先謙曰文選有之字蓋班刪之非必當有也顧自以爲身殘處穢動而見尤師古曰顧思念也尤過也欲益反損是以抑鬱而無誰語師古曰無誰語者言無相知心之人誰可告語諺曰誰爲爲之孰令聽之師古曰言無知己者設欲修名節立言行誰可爲作

之又令誰聽之上為音于偽反〔補注〕先謙曰文選注誰為猶為誰也言己假欲為善當為誰為之乎顏注未明蓋鍾子期死伯牙終身不復鼓琴師古曰伯牙鍾子期皆楚人也伯牙鼓琴子期聽之方鼓琴而志在泰山子期曰巍巍乎若泰山既而志在流水子期又曰湯湯乎若流水及子期死伯牙破琴絕弦終身不復鼓琴以時人無足復為鼓琴耳〔補注〕先謙曰事在呂覽何則士為知己用女為說己容師古曰說讀曰悅〔補注〕宋祁曰浙本容字下有也字王啟原曰趙策豫讓曰士為知己者死女為悅己者容文選注引之死亦作用與此同若僕大質已虧缺雖材懷隨和行若由夷應劭曰由夷許由伯夷也師古曰隨隨侯珠也和和氏璧〔補注〕先謙曰官本注未有也字終不可以為榮適足以發笑而自點耳師古曰點汙也書辭宜答師古曰宜早答會東從上來服虔曰從武帝還也〔補注〕先謙曰官本作會從東上來文選與此同又迫賤事孟康曰卑賤之事若煩務也晉灼曰賤事家之私事賤小者也師古曰謂所供職事也孟說是也〔補注〕先謙曰官本苦作若職下奪事字文選注引苦亦作若相見日淺卒卒無須臾之間得竭指意文穎曰卒言倉卒師古曰卒卒促遽之意也閒隙也卒音千忽反〔補注〕先謙曰官本文注作卒言急也引宋祁曰越本注文文穎曰卒言倉卒與此不同先謙案文選注引文穎作卒卒促遽之意也閒隙也又與此異今少卿抱不測之罪如淳曰平居時遷不肯報其書今有罪在獄故

報往日書欲使其怨以度己也師古曰不測謂深也涉旬月迫季冬〔補注〕何焯曰謂恐行法也時安為北軍使者坐受戾太子節當腰斬沈欽韓曰戾太子事在征和二年七月武紀三年正月上行幸雍安以懷貳心要斬而猶繫至冬盡則漢法之異於後也周壽昌曰衛青傳故人門下多去事去病獨任安不肯去顏注安滎陽人後為益州刺史卽遺司馬遷書者僕又薄從上上雍李奇曰薄迫也迫當從行也如淳曰遷時從上在鹵簿中也師古曰李說是也〔補注〕先謙曰文選不重上字是恐卒然不可諱師古曰卒讀曰猝不可諱謂安死也是僕終已不得舒憤懣以曉左右師古曰懣煩悶也曉告喻也懣音滿則長逝者魂魄私恨無窮師古曰謂在安恨不見報請略陳固陋闕然不報幸勿過師古曰謂中間久不報也〔補注〕宋祁曰浙本不字上有久字先謙曰過責也僕聞之修身者智之府也師古曰府者所聚之處也〔補注〕沈欽韓曰以下四語亦見說苑孔叢蓋古語先謙曰文選府作符愛施者仁之端也取予者義之符也師古曰符信也〔補注〕先謙曰文選符作表恥辱者勇之決也立名者行之極也士有此五者然後可以託於世列於君子之林矣〔補注〕宋祁曰浙本列字上有而字故禍莫憯於欲利師古曰憯亦痛也音千敢反〔補注〕沈欽韓曰韓非解老篇苦痛雜於腸胃之間則傷人也憯憯則退而自咎退而自咎也生於欲利故曰咎莫憯於欲利悲莫痛於傷心〔補注〕沈欽韓曰管子侈靡篇傷心者不可以致功行莫醜於辱先而詬莫大於宮刑師古曰詬恥也音姤刑餘之人無所比數非一世也〔補注〕宋祁曰越本無世字所從來遠矣昔衛靈公與雍渠載孔子適陳應劭曰雍渠奄人也靈公近之〔補注〕先謙曰文選注引家語曰孔子居衛月餘靈公與夫人同車出令宦者雍渠參乘使孔子為次乘遊過市孔子曰吾未見好德如好色於是恥之去衛過曹此言適陳未詳商鞅因景監見趙良寒心應劭曰景監秦嬖人也服虔曰趙良賢者〔補注〕先謙曰見史記商君傳同子參乘爰絲變色蘇林曰趙談也與遷父同諱故曰同子〔補注〕王啟原曰趙同而曰同子猶田盼稱盼子臣章稱章子也先謙曰絲爰盎字見本書盎傳自古而恥之夫中材之人事關於宦豎〔補注〕宋祁曰浙本事字下有有字莫不傷氣況忼慨之士乎師古曰忼音口朗反如今朝雖乏人柰何令刀鋸之餘薦天下豪儁哉僕賴先人緒業得待罪輦轂下二十餘年矣師古曰言侍從天子之車輿所以自惟師古曰惟思也上之不能納忠效信師古曰效致也有奇策材力之譽自結明主次之又不能拾遺補闕招賢進能顯巖穴之士外之不能備行伍

攻城戰野有斬將搴旗之功師古曰搴拔也拔取敵人之旗也搴音蹇〔補注〕先謙曰官本戰野作野戰文選同注蹇官本作騫下之不能累日積勞〔補注〕先謙曰謂循年資平進也取尊官厚祿以為宗族交遊光寵四者無一遂苟合取容無所短長之效可見於此矣鄉者僕亦嘗廁下大夫之列韋昭曰周官太史位下大夫也臣瓚曰漢太史令千石故比下大夫師古曰鄉讀曰嚮嚮曩昔時也〔補注〕沈欽韓曰百官志太史令六百石宣帝黃龍元年詔曰吏六百石位大夫有罪先請瓚以太史令為千石非也陪外廷末議不以此時引維綱〔補注〕瞿鴻禨曰文選注引臣瓚曰外廷郎今僕射外朝也又劉逵曰漢氏大司馬侍中散騎諸吏為中朝丞相六百石為外朝維綱今本文選作綱維宋本文選與此同盡思慮今已虧形〔補注〕沈欽韓曰呂不韋傳嫪毒詐論腐拔其鬚眉為宦者則論腐刑皆去鬚眉故云虧形韓非十過豎刁自獖注獖虧勢也先謙曰虧形卽虧勢也前說非是毒詐為宦者狀耳非論腐刑則去鬚眉也為埽除之隸在闒茸之中師古曰闒茸猥賤也闒下也茸細毛也言非豪桀也闒吐合反茸人勇反〔補注〕先謙曰文選注引張揖訓詁以為闒駑劣也呂忱字林闒茸不肖也迺欲卬首信眉論列是非師古曰卬讀曰仰信讀曰伸列陳也不亦輕朝廷羞當世之士邪師古曰羞辱也嗟乎嗟乎如僕尚何言哉尚何言

哉補注宋祁曰越本尙何言哉無復句余按太史公語多重復此自一體不可削也且事本末未易明也僕少負不羈之材長無鄉曲之譽師古曰不羈言其材質高遠不可羈繫也負者亦言無此事也補注瞿鴻禨曰宋本文選注引燕丹子夏扶曰士無鄉曲之譽未可以論行也先謙曰負才猶言恃才說文負恃也从人守貝有所恃也本書注訓負爲恃者甚多顏解失之主上幸以先人之故使得奉薄技出入周衞之中服虔曰薄技薄材也師古曰周衞言宿衞周密也僕以爲戴盆何以望天如淳曰頭戴盆則不得望天望天則不得戴盆事不可兼施言己方有所造不暇脩人事也師古曰言營職務耳未論造書也如說失之補注王啟原曰易林戴盆望天不見星辰後漢書第五倫云戴盆望天事不兩施疑漢世有此諺故史遷焦贛第五倫俱引之如氏未可兼施之說與論語同此本義也何焯曰造書卽其職務下文亦自云草剏未就適會此禍則如說是也先謙曰造書固是職務然與下文意隔且遷意豈以望天喻造書耶特言壹意親媚主上故披豁一切以營職爲受知地耳天以喻上何有如說迺非其指故絕賓客之知忘室家之業日夜思竭其不肖之材力務壹心營職以求親媚於主上而事迺有大謬不然者夫僕與李陵俱居門下補注沈欽韓曰公羊疏漢主謂司馬遷曰李陵非汝同門之朋同志之友乎按陵侍中則遷亦以太史令侍中也唐六典志云初秦漢置侍中

曹無臺省之名自晉始有門下省今此云門下則其名肇端於漢素非相善也趣舍異路師古曰趣所嚮也舍所廢也未嘗銜盃酒接殷勤之歡然僕觀其爲人自奇士事親孝與士信臨財廉取予義分別有讓恭儉下人師古曰下音胡亞反常思奮不顧身以徇國家之急師古曰徇從也營也其素所畜積也師古曰畜讀曰蓄僕以爲有國士之風夫人臣出萬死不顧一生之計赴公家之難斯已奇矣今舉事壹不當而全軀保妻子之臣隨而媒孽其短臣瓚曰媒謂遘合會之孽謂爲生其罪釁也師古曰媒如媒娉之媒孽如麴孽之孽一曰齊人謂麴餅爲媒也補注先謙曰文選孽作蘗注引瓚謂下無爲字僕誠私心痛之且李陵提步卒不滿五千深踐戎馬之地足歷王庭垂餌虎口橫挑彊胡李奇曰挑音銚師古曰音徒了反補注先謙曰銚官本作誂文選引李奇作挑身獨戰不須衆挑茶弔切不云挑音銚又引說文曰挑相呼也臣瓚曰挑挑敵求戰也古書之致師卬億萬之師師古曰卬讀曰仰漢軍北向匈奴南下北方地高故云然補注劉奉世曰匈奴乘高攻故曰卬也李慈銘曰卬卽迎之省古卬迎字通先謙曰玉篇卬向也李說並通顏劉說鑿李陵傳作抑數萬之師謂戰勝匈奴抑之在下義得兩通疑文字脫誤致不同也與單

于連戰十餘日所殺過當師古曰率計戰士殺敵數多故云過當也虜救死扶傷不給師古曰給猶供也旃裘之君長咸震怖補注先謙曰文選旃作氊注氊裘匈奴所服也故曰氊裘之君先謙案君下當有長字迺悉徵左右賢王舉引弓之民師古曰能引弓者皆發之一國共攻而圍之轉鬬千里矢盡道窮救兵不至士卒死傷如積然李陵一呼勞軍師古曰呼音火故反士無不起躬流涕沬血飲泣張空弮冒白刃北首爭死敵孟康曰沬音頮李奇曰弮弩弓也師古曰沬古頮字頮洒面也言流血在面如盥頮冒犯也首嚮也沬音呼內反字從午未之未弮音丘權反又音眷冒音莫克反首音式救反讀者迺以爲拳擊之拳大謬矣拳則屈指不當言張陵時矢盡故張弮之空弓非是手拳也補注沈欽韓曰弮當爲桊廣韻桊弦也集韻弩弓或從弓爲弮說文桊攘臂繩也又弩弓有臂說文臂繩上似脫一弩字張晏注李陵傳云連弩三十桊共一臂則桊乃扣弩臂之繩宋神臂弩之名亦取於此李慈銘曰沬今靧字先謙曰起躬流涕爲句猶言流涕而起立此文至爭死敵皆屬士言字二十向一不指陵文選躬下有自字淺學人所加自王念孫讀書雜志餘當有迺以下疑奪弮爲二字陵未沒時使有來報漢公卿王侯皆奉觴上壽後數日陵敗書聞主上爲之食不甘味聽朝不怡大臣憂懼不知所出

僕竊不自料其卑賤師古曰料量也音聊見主上慘悽怛悼誠欲效其款款之愚以爲李陵素與士大夫絕甘分少師古曰自絕旨甘而與衆人分之共同其少多也補注先謙曰文選注引孝經援神契曰母之於子絕少分甘宋均注少則自絕甘則分之文選亦作絕甘分少義得並通也能得人之死力雖古名將不過也身雖陷敗彼觀其意且欲得其當而報漢師古曰欲於匈奴立功而歸以其當破敗之罪補注先謙曰官本其當作當其是案當謂適可也欲得其當謂欲伺適可之事會而動顏云以當其破敗之罪非也事已無可柰何其所摧敗功亦足以暴於天下師古曰謂摧破匈奴之兵也僕懷欲陳之而未有路適會召問卽以此指推言陵功師古曰指意也欲以廣主上之意塞睚眦之辭未能盡明師古曰睚眦舉目眥也猶言顧瞻之頃也睚音厓眥音才賜反補注周壽昌曰睚眦之辭怨家之辭也恐素怨陵者藉此報陵而有辭故以此塞之先謙曰文選注言欲廣主上之意及塞羣臣睚眦之辭靈樞經癲狂篇注眥者睛外之眼角也凡人正眡則目上指側眡則目指眥本書杜欽傳報睚眦怨注睚舉眼也眦目匡也言舉目相忤者必報之也陵敗降胡舉朝怨恨羣誣之故謂之睚眦之辭周說以爲素怨陵者藉此報陵於義並通顏訓睚眦爲顧瞻之頃失之遠矣明主不深曉以爲僕沮貳師而

為李陵游說師古曰沮毀壞也音才汝反遂下於理補注周壽昌曰景帝中六年更廷尉名大理武帝時復為廷尉此稱理者從舊名也拳拳之忠終不能自列師古曰拳拳忠謹之貌劉向傳作惓惓字音義同耳列陳也因為誣上卒從吏議師古曰卒終也家貧財賂不足以自贖交遊莫救左右親近不為壹言身非木石獨與法吏為伍深幽囹圄之中誰可告愬者此正少卿所親見僕行事豈不然邪李陵既生降隤其家聲孟康曰家世為將有名聲陵降而隤之也師古曰隤墜也音頹補注先謙曰文選注引孟康作蘇林而僕又茸以蠶室蘇林曰茸次也若人相俾次師古曰此說非也茸音人勇反推也蠶室初腐刑所居溫密之室也謂推致蠶室之中也補注劉奉世曰茸讀如闒茸之茸先謙曰文選茸作佴引蘇林作如淳曰佴次也若人相次也此俾字疑即佴字之誤如淳蘇林傳寫更變耳[illegible]說文挾下云俾持夾下云蔽人俾夾蘇云若人相俾次正即俾持俾夾之義蓋古俾語誤似非佴字之也其說亦通說文佴依也小徐作次也釋言佴貳也郭云佴次即副貳遷言陵降後族誅隤其家聲已又以救陵下蠶室罪居其次也蘇解茸為次則亦讀茸為佴耳官本注初作乃是重為天下觀笑師古曰觀視之而笑也悲夫悲夫事未易一二為俗人言也僕之先人非有剖符丹書之功補注先謙曰文選注漢初功臣剖符世爵申以丹書之信文史星歷

近乎卜祝之閒固主上所戲弄倡優畜之流俗之所輕也假令僕伏法受誅若九牛亡一毛與螻螘何異師古曰螻螻蛄也螘蚍蜉也皆蟲之微小者螻音樓而世又不與能死節者比師古曰與許也不許其能死節補注王念孫曰比字後人所加據顏云與許也不許其能死節則無比字明矣文選李善本無比字注云與如也言時人以我之死不如能死節者皆其明證也劉良注言世人輕我見誅死不與死王事者相比則所見本已有比字今五臣本作而世俗又不能與死節者次比[illegible]與能二字倒轉又於世下加俗字比上加次字揆之李劉二注均不相符此後人妄改非五臣原本也與字顏訓為許李訓為如於義均有未安後人不得其解因於句末加比字耳今案與猶謂也言世人不謂我能死節者特謂我罪固當死無可解免耳古者與謂同義夏小正傳獺獻魚其必與之獻何也與之獻謂之獻也來降燕乃睇室舊本脫室字今據傳文補與之室何也與之室謂之室也韓詩外傳子路與巫馬期曰與巫馬期謂巫馬期也史高紀劉季乃書帛射城上謂沛父老曰漢書謂作與是與與謂同義不與能死節即不謂能死節也後人不達而句末加比字斯為謬矣與字顏訓為許李訓為如若於句末加比字則顏李二訓皆不可通矣於特以為智窮罪極不能自免卒就死耳何也素所自樹立使然人固有一死死有重於泰山或輕於鴻毛用之所趨異也師古曰趨讀曰趣趣嚮也補注瞿鴻禨曰選作趣宋本文選仍作趨王啟原曰燕丹子荊軻曰側聞烈士之節死有重於太山有輕於鴻毛者但問用之所在

耳選書蓋本軻語太上不辱先其次不辱身其次不辱理色補注先謙曰文選注理道理也色顏色也先謙案如選注理色二字義不相屬荀子解蔽篇注理肌膚之文理又正名篇形體色理以自異色理猶理色也不辱理色即謂不辱顏色其次不辭令其次詘體受辱其次易服受辱補注先謙曰文選注詘體被縲繫易服著赭衣其次關木索被箠楚受辱師古曰箠杖也音止蘂反其次鬄毛髮嬰金鐵受辱師古曰嬰繞也鬄音吐計反補注先謙曰文選注謂髡鉗其次毀肌膚斷支體受辱補注先謙曰謂劓刵臏黥之屬最下腐刑極矣師古曰腐刑解在景紀傳曰刑不上大夫此言士節不可不厲也猛虎處深山百獸震恐及其在穽檻之中搖尾而求食師古曰穽掘地以陷獸也音才性反積威約之漸也補注先謙曰文選注言威為人制約積漸至此先謙案言人以威制約非指獸威下積威約之埶也句可證故士有畫地為牢埶不入削木為吏議不對定計於鮮也文穎曰未遇刑自殺為鮮明也補注錢大昭曰釋詁鮮善也詩邶風籧篨不鮮小雅鮮我方將鄭箋並訓鮮為善此言定計為善不遺刑辱文解為鮮明未當沈欽韓曰左昭五年傳葬鮮者杜預云不以壽終為鮮此言定計自裁不必復轉作鮮明先謙曰錢沈說並通今交手足受木索暴肌膚受

榜箠師古曰榜音彭幽於圜牆之中師古曰圜牆獄也周禮謂之圜土當此之時見獄吏則頭槍地師古曰槍千羊反補注先謙曰官本千上有音字視徒隸則心惕息師古曰惕懼也息喘息也何者積威約之埶也及已至此言不辱者所謂彊顏耳曷足貴乎師古曰彊音其兩反且西伯伯也拘牖里李斯相也具五刑師古曰說在刑法志淮陰王也受械於陳師古曰高祖偽遊雲夢而信至陳上謁助見因執械謂桎梏之補注先謙曰官本助作即是彭越張敖南鄉稱孤繫獄具罪師古曰或繫於獄或至大罪也鄉讀曰嚮補注王念孫曰如顏注則正文本作繫獄氐罪氐者至也故注言至大罪氐字或作抵禮樂志大氐皆因秦舊事焉師古曰其後字或作抵音義竝同文選作繫獄抵罪是其明證也今本作具罪者氐譌為且隸書氐字或作互又作互形與且相似因譌為且史記高祖功臣侯者年表[illegible]侯陳[illegible]漢表泜作沮地理志常山郡元氏沮水首受中丘西山窮泉谷今本沮譌作泜皆其例也後人又改為具耳說文氐至也呂覽必已篇宋桓司馬抵罪出亡高誘曰抵當也本書高紀傷人及盜抵罪已應劭曰抵至也當也除秦酷政但至於罪也記集解杜延年傳或抵其罪法師古曰抵至也致之於罪法以上凡言抵罪者皆謂至於罪也抵與氐同故此注云或至大罪若改氐罪為具罪則非其義矣絳侯誅諸呂權傾五伯囚於請室師古曰伯讀曰霸魏其大將也衣赭關三木師古曰三木在頸及手足季布為朱家鉗奴灌夫受辱居室

此人皆身至王侯將相聲聞鄰國及罪至罔加不能引決自財師古曰財與裁同古通用字在塵埃之中古今一體安在其不辱也由此言之勇怯埶也彊弱形也審矣補注沈欽韓曰勇怯二語見孫子兵勢篇曷足怪乎且人不能蚤自財繩墨之外已稍陵夷至於鞭箠之閒補注先謙曰早自財則朝廷不更繩以法是引身繩墨之外也已以同文選作以稍漸也迺欲引節斯不亦遠乎古人所㠯重施刑於大夫者殆爲此也師古曰重難也夫人情莫不貪生惡死念親戚顧妻子補注先謙曰親謂父母兄弟至激於義理者不然師古曰言激於義理者則不顧念親戚妻子迺有不得已也補注先謙曰言非不顧念特義理所在勢不可止今僕不幸蚤失二親無兄弟之親獨身孤立少卿視僕於妻子何如哉且勇者不必死節怯夫慕義何處不勉焉師古曰勇敢之人闇於分理未必能死名節怯懦之夫心知慕義則處處皆能勉勵也補注宋祁曰越本勉作免非僕雖怯耎欲苟活師古曰耎柔弱也音人阮反亦頗識去就之分矣補注先謙曰去就謂舍生就義何至自湛溺累紲之辱哉師古曰湛讀曰沈累音力追反且夫臧獲婢妾猶能引決應劭曰揚雄方言云海岱之間罵奴曰臧罵婢曰獲燕之北郊民而聟婢謂之臧女而婦奴謂之獲晉灼曰臧獲敗敵所被虜獲爲奴隸者師古曰應說是也況若僕之不得已乎所㠯隱忍苟活函糞土之中而不辭者補注王念孫曰案函訓爲容容糞土之中則爲不辭函當爲臽臽本作臽形與函相似因譌而爲函說詳經義述聞李善本文選作幽於糞土之中幽又函之譌說文臽小阱也今經史通作陷廣雅臽坑也漢武都太守李翕天井道碑堅無臽潰西狹頌刻臽確嵬其字皆作臽今經史相承作陷未必非後人所改也此傳臽糞土之中若非譌作函則後人亦必改爲陷矣臽者墜入之謂玉篇陷墜人坑也故曰臽糞土之中猶僖四年公羊傳云大陷于沛澤之中也漢紀作身陷糞土之中是其明證矣楚語若合而函吾中韋注函入也函亦臽字之譌故韋訓爲入舊音及補音皆音含咸失之矣史記禮書函及士大夫集解函音含索隱作臽云臽音含鄒誕生音徒濫反案函亦臽之譌臽與陷聲相近故鄒誕生本作陷裴駰司馬貞音含亦失之矣及經史中臽字既相承作陷而國語之臽吾中史記之臽及士大夫及此傳之臽糞土之中又皆譌而爲函後人多見函少見臽遂莫有能正其失者矣恨私心有所不盡鄙沒世而文采不表於後也補注先謙曰鄙下文選有陋字王念孫志餘云鄙恥也所鄙恥也王注鄙賤恥沒世而文不著也此句鄙字與上句恨字相對爲文後人於鄙下加陋字謬矣古者富貴而名摩滅不可勝記補注周壽昌曰摩即磨詩如琢如磨釋文本作摩莊子徐無鬼篇循古而不摩釋文一本作磨漢州輔碑所謂摩而不磷即用論語磨而不磷之文唯俶儻非

常之人稱焉葢西伯拘而演周易仲尼戹而作春秋屈原放逐迺賦離騷左丘失明厥有國語補注宋祁曰左丘當作左丘明疑脫明字王啟原曰左丘明作春秋內外傳茲舉國語避上春秋字先謙曰宋說非也文選亦無明字此省文便句而宋不解致爲淺陋孫子臏腳兵法修列文穎曰孫子與龐涓學而爲龐涓所斷足師古曰臏音頻忍反不韋遷蜀世傳呂覽蘇林曰呂氏春秋篇名八覽六論韓非囚秦說難孤憤師古曰說難孤憤韓子之篇名補注齊召南曰呂覽爲不韋相秦日著故能懸之市門即韓非書亦在游秦之前也此大意言二人身雖遭難其所著作已傳當世耳下文爲自己發憤著書比例故專引孫臏邱明詩三百篇大氐賢聖發憤之所爲作也師古曰氐歸也音丁禮反此人皆意有所鬱結不得通其道故述往事思來者師古曰令將來之人見己志也及如左丘明無目補注宋祁曰越本無明字王念孫曰越本是也無明字者省文便句耳上文左丘失明即其證後人不達而增入明字則累於詞矣景祐本及文選皆無明字孫子斷足終不可用退論書策㠯舒其憤思垂空文㠯自見師古曰見胡電反僕竊不遜近自託於無能之辭網羅天下放失舊聞考之行事稽其成敗興壞之理師古曰稽計也補注先謙曰官本此四字在顏注上是凡百三十篇亦欲㠯究天人之際通古今之變成一家之言草創未就適會此禍惜其不成是㠯就極刑而無慍色僕誠已著此書藏之名山傳之其人通邑大都師古曰其人謂能行其書者則僕償前辱之責雖萬被戮豈有悔哉然此可爲智者道難爲俗人言也且負下未易居補注先謙曰文選注負累之下未易可居官本考證云文選作負累之下未易居似較此文爲明顯葢誤記注爲正文郭嵩燾云負下猶言所憑汙下文選注疑屬曲解下流多謗議補注先謙曰官本作上流引宋祁曰上流上字景本越本並作下瞿鴻禨云宋本文選亦作下引論語君子惡居下流爲注僕㠯口語遇遭此禍重爲鄉黨戮笑汙辱先人亦何面目復上父母之丘墓乎雖累百世垢彌甚耳是㠯腸一日而九回居則忽忽若有所亡出則不知所如往師古曰如亦往也每念斯恥汗未嘗不發背霑衣也身直爲閨閤之臣甯得自引深臧於巖穴耶故且從俗浮湛與時俯仰師古曰湛讀曰沈㠯通其狂惑補注先謙曰文選注引鬻子曰吾聞之於政也知善不行者謂之狂知惡不改者謂之惑夫狂與

惑者聖人之戒也先謙案如遷注意則遷以不能自裁免辱而復浮湛任職爲狂惑也正文五字官本在顏注七字上今少卿迺欲㠯推賢進士無迺與僕之私指謬乎師古曰指意也今雖欲自彫瑑師古曰瑑刻也音篆曼辭㠯自解如淳曰曼美也師古曰曼音萬無益於俗不信祇取辱耳師古曰祇適也要之死日然後是非迺定書不能盡意故略陳固陋遷既死後其書稍出宣帝時遷外孫平通侯楊惲祖述其書遂宣布焉至王莽時求封遷後爲史通子應劭曰以遷世爲史官通於古今也李奇曰史通國子爵也補注宋祁曰越本無至字周壽昌曰地志及莽所更名俱無此地名是葢美稱如奉春平國之類非實有此國也先謙曰周說是注宜字誤官本作官

贊曰補注何焯曰此贊本叔皮之論蘇輿曰自嗚呼以下則固自譔詳玩後書固傳論詞可見自古書契之作而有史官其載籍博矣至孔氏籑之師古曰籑與撰同上繼唐堯下訖秦繆唐虞㠯前雖有遺文其語不經師古曰非經典所說故言黃帝顓頊之事未可明也及孔子因魯史記而作春秋而左丘明論輯其本事㠯

爲之傳師古曰輯與集同補注宋祁曰舊本㠯字上有是字又籑異同爲國語又有世本錄黃帝㠯來至春秋時帝王公侯卿大夫祖世所出春秋之後七國竝爭服虔曰關東六國與秦七國補注宋祁曰注文當云與秦爲七國秦兼諸侯有戰國策漢興伐秦定天下有楚漢春秋故司馬遷據左氏國語補注瞿鴻禨曰乾道本伐秦作代秦王念孫曰左氏下脫春秋二字則文義不全漢紀孝武紀引此贊正作据左氏春秋國語采世本戰國策述楚漢春秋接其後事訖於大漢其言秦漢詳矣至於采經摭傳師古曰摭拾也音之亦反分散數家之事甚多疏略或有抵捂如淳曰捂讀曰迕相觸迕也師古曰抵觸也捂相支柱不安也捂音悟補注周壽昌曰抵捂說文抵觸也捂猶忤也俗多誤作牾王莽傳亡所牾意後書桓典傳以牾宦官賞不行皆牾字俗譌也此抵捂借字耳先謙曰据如讀顏訓當時漢書本已作捂亦其涉獵者廣博貫穿經傳馳騁古今上下數千載閒斯㠯勤矣又其是非頗繆於聖人師古曰頗普我反論大道則先黃老而後六經序遊俠則退處士而進姦雄述貨殖則崇勢利而羞賤貧此其所蔽也然自劉向揚雄博極羣書皆稱遷有良史之材服其善序事理辨而不華質而不俚劉德曰俚鄙也如淳曰言雖質猶不如閭里之鄙言也師古曰劉說是也俚音里其文直其事核師古曰核堅實也不虛美不隱惡故謂之實錄應劭曰言其錄事實補注先謙曰自唐後每帝修實錄蓋取於此烏呼㠯遷之博物洽聞而不能㠯知自全既陷極刑幽而發憤書亦信矣師古曰言其報任安書自陳己志信不謬迹其所㠯自傷悼小雅巷伯之倫師古曰巷伯奄官也遇讒而作詩列在小雅其詩曰萋兮斐兮成是貝錦是也夫唯大雅既明且哲能保其身難矣哉師古曰尹吉甫作烝民之詩美宣王而論仲山甫之德曰既明且哲以保其身其詩列於大雅故贊云然補注蘇輿曰班氏西都賦云大雅宏達文選注大雅謂有大雅之才者詩有大雅故以立稱焉此大雅義與彼同不因引詩景十三王傳贊夫惟大雅卓爾不羣亦是通贊其才顏注稍泥此言惟大雅乃能保身用爲遷惜後書范論稱固傷遷博物洽聞不能以智免極刑然亦身陷大戮云云因此贊而發也

司馬遷傳第三十二終

武五子傳第三十三師古曰諸帝子傳皆言王而此獨云子者以戾太子在其中也漢書六十三

漢　蘭　臺　令　史班　固　撰

唐正議大夫行祕書少監琅邪縣開國子顏師古　注

賜進士出身前翰林院編修國子監祭酒加三級臣王先謙補注

孝武皇帝六男衞皇后生戾太子趙婕妤生孝昭帝王夫人生齊懷王閎師古曰閎音宏李姬生燕剌王旦廣陵厲王胥師古曰不知官秩故云李姬諡法暴戾無親曰剌剌音來葛反李夫人生昌邑哀王髆師古曰髆音博戾太子據補注先謙曰戾太子官本及他本提行是元狩元年立為皇太子年七歲矣初上年二十九乃得太子甚喜為立禖師古曰禖求子之神也解在枚皋傳補注王文彬曰詩天命玄鳥降而生商傳湯之先祖有娀女簡狄配高辛氏帝帝率與之祈於郊禖而生契禮月令注高辛之世玄鳥遺卵娀簡吞之而生契後王以爲媒官嘉祥而立其祠焉變媒言禖神之也又克禋克祀以弗無子傳弗去也去無子求有子古者必立郊禖焉臧朱毛於此及玄鳥傳依作鄭箋則讀高爲郊告是前代立禖在未生子之先漢初無高禖之祀武帝生太子始立禖蓋因得子之晚祀禖以誌喜故云為太子立禖也枚皋傳云立皇子禖以立禖屬之皇子其義正同先謙曰御覽一百四十七引此傳為立禖下有張晏曰禖者求子月令曰祀于高禖是十五字註文與今本異今皋傳亦無張註使東方朔枚皋作禖祝師古曰祝禖之祝辭補注周壽昌曰據朔皋傳朔皋又作皇太子生賦少壯詔受公羊春秋師古曰少壯者言漸長大也少讀如本字又從瑕丘江公受穀梁補注先謙曰江公魯申公弟子太子既通公羊復私問穀梁而善之事見儒林傳及冠就宮上為立博望苑師古曰取其廣博觀望也補注先謙曰黃圖苑在長安杜門外五里使通賓客從其所好補注周壽昌曰從讀曰縱故多以異端進者元鼎四年納史良娣韋昭曰良娣太子之內官也太子有妃有良娣有孺子凡三等師古曰娣音弟產子男進號曰史皇孫張晏曰皆以男氏姓為氏以相別也師古曰進者皇孫名補注繆荃孫曰臨江王栗姬所生號栗太子館陶公主竇太后所生號竇太主皆是武帝末衞后寵衰江充用事充與太子及衞氏有隙師古曰充為直指使者劾太子家車行馳道上沒入車馬太子求充充不聽也補注先謙曰事見充傳恐上晏駕後為太子所誅會巫蠱事起充因此為姦是時上春秋高意多所惡以為左右皆為蠱道祝詛窮治其事丞相公孫賀父子陽石諸邑公主師古曰兩公主補注沈欽韓曰公主所封縣稱邑陽石不書邑者史省文及皇后弟

子長平侯衞伉皆坐誅師古曰伉音抗又音剛補注先謙曰伉誅事賀充傳不見巫蠱獄在征和二年伉兩失侯傳云坐法表云元鼎元年坐撟制不害免又太初元年嗣侯五年闌入宮完為城旦五年實天漢元年也距征和二年懸隔十載伉失侯久故坐誅不載於傳表中此文長平侯追溯稱之語在公孫賀江充傳充典治巫蠱既知上意白言宮中有蠱氣入宮至省中壞御座掘地上使按道侯韓說御史章贛黃門蘇文等助充師古曰說讀曰悅贛音貢充遂至太子宮掘蠱得桐木人補注朱一新曰禮記王制疏云掘得桐人六枚盡以鍼刺之瞿鴻禨曰偶桐木人也得桐木人猶言得木偶矣時上疾辟暑甘泉宮師古曰辟讀曰避補注沈欽韓曰御覽三百六十七引三輔故事曰衞太子嶽鼻太子來省疾至甘泉宮江充告太子勿入陛下有詔惡太子嶽鼻尚以紙蔽其鼻充語武帝曰太子不欲聞陛下膿臭故蔽鼻武帝怒太子走還北堂書鈔百五引三輔故事作太子大鼻獨皇后太子在師古曰在京師太子召問少傅石德師古曰石慶子補注周壽昌曰石奮傳奮子慶慶子德後為太常坐法免國除百官表德為太常三年坐廟牲瘦入穀論恩澤侯表德天漢元年坐為太常失法罔上祠不如令完為城旦是德未官太子少傅且免官失侯在天漢元年距征和二年已十年無緣復為太子少傅據劉屈氂傳功臣表景建以獲德侯屈氂傳又云其隨太子發兵以反法族是德以隨太子發兵反應族誅矣而萬石君傳及各表無之此別一石德非慶子也師古偶未審耳德懼為師傅并誅因謂太子曰前丞相父子兩公主及衞氏皆坐此今巫與使者掘地得徵驗不知巫置之邪將實有也無以自明可矯以節收捕充等繫獄師古曰矯託也託詔命也窮治其姦詐且上疾在甘泉皇后及家吏請問皆不報蘇林曰家吏皇后吏也臣瓚曰太子稱家家吏是太子吏也師古曰既言皇后及家吏此為皇后吏及太子吏耳瓚說是也補注沈欽韓曰西京雜記皇太子官稱家臣上存亡未可知而姦臣如此太子將不念秦扶蘇事耶韋昭曰始皇死趙高詐殺扶蘇而立胡亥也太子急然德言征和二年七月壬午乃使客為使者收捕充等按道侯說疑使者有詐補注錢大昭曰詔當作詐先謙曰官本作詐不肯受詔客格殺說御史章贛被創突亡自歸甘泉太子使舍人無且師古曰且音子閭反持節夜入未央宮殿長秋門補注繆荃孫曰黃圖有長秋殿云后宮在西秋之象也此門即長秋殿門因長御倚華鄭氏曰長音長者如湻曰漢儀注女長御比侍中皇后見婕妤以下長御稱謝倚華字也師古曰倚音於綺反具白皇后發中廄車載射士師古曰中廄皇后車馬所在也

補注先謙曰通鑑胡注廄者天子之內廄也秦二世時公子高曰中廄之寶馬得賜之非專主皇后車馬也先謙案黃圖都廄天子車馬所在中廄皇后車馬所在顏詁不誤胡據秦語以駁漢制失之出武庫兵發長樂宮衛告令百官曰江充反迺斬充㠯徇炙胡巫上林中服虔曰作巫蠱之胡人也炙燒也師古曰胡巫受充意指妄作蠱狀太子特忿且欲得其情實故以火炙之令毒痛耳遂部賓客爲將率與丞相劉屈氂等戰補注先謙曰詳屈氂傳長安中擾亂言太子反㠯故眾不肯附太子兵敗亡不得師古曰太子出亡而吏追捕不得也補注宋祁曰不肯越本無肯字上怒甚羣下憂懼不知所出師古曰計無所出壺關三老茂上書曰師古曰壺關上黨之縣也荀悅漢紀云令狐茂班史不載其姓不知於何得也補注沈欽韓曰班氏偶失記耳劉昭續漢志注引上黨記魏收地形志水經注皆載令狐徵君墓豈可誣者今刊本漢紀脫令狐茂三字梁玉繩曰漢武故事作鄭茂梁元帝同姓名錄從之未知孰是濁漳水注作壺關三老公乘興乃誤以訟王尊之湖三老爲茂耳繆荃孫曰後漢張皓傳李注太子死後壺關三老令狐茂上書訟太子冤見前書疑舊本有令狐二字顏本偶脫反以荀紀爲異也臣聞父者猶天母者猶地子猶萬物也故天平地安陰陽和調物迺茂成父慈母愛室家之中子迺孝順陰陽

不和則萬物夭傷父子不和則室家散亡補注錢大昭曰散南監本閩本作喪先謙曰官本作喪故父不父則子不子君不君則臣不臣雖有粟吾豈得而食諸師古曰論語云齊景公問政於孔子孔子對曰君君臣臣父父子子公曰善哉信如君不君臣不臣父不父子不子雖有粟吾豈得而食諸言父子君臣之道不立則國必危亡倉廩雖多吾不得食也補注朱一新曰此文引論語及顏注均有豈字與皇疏本合史記孔子世家亦有豈字釋文本亦作焉得而食諸焉豈義同周壽昌曰阮元校勘記高麗本吾下有豈字御覽二十二引作吾惡得而食諸昔者虞舜孝之至也而不中於瞽叟師古曰中當也瞽叟舜父也言不當其意也中音竹仲反孝已被謗伯奇放流師古曰孝已伯奇並已解於上骨肉至親父子相疑何者積毀之所生也由是觀之子無不孝而父有不察今皇太子爲漢適嗣師古曰適讀曰嫡補注錢大昭曰令當作今先謙曰官本作今承萬世之業體祖宗之重親則皇帝之宗子也江充布衣之人閭閻之隸臣耳師古曰隸賤也陛下顯而用之銜至尊之命㠯迫蹵皇太子師古曰蹵音千六反補注繆荃孫曰廣雅釋詁迫急也呂覽貴生篇註促也此於急促義近說文蹵躡也先謙曰迫之使不得退蹵之使不得進造飾姦詐羣邪錯謬是㠯親戚之路鬲塞而不通師古曰鬲與隔同太子進則不得上見退則困於亂臣獨冤結而亡告不忍忿忿之心起而殺充恐懼逋逃師古曰逋亡也子盜父兵㠯救難自免耳臣竊㠯爲無邪心詩云補注先謙曰云官本作曰營營青蠅止于藩愷悌君子無信讒言讒言罔極交亂四國師古曰小雅青蠅之詩也營營往來之貌也藩籬也愷樂悌易也言青蠅來往止於藩籬變白作黑讒人構毀間親令疏樂易之君子不當信用若讒言無極則四國亦以交亂宜深察也補注周壽昌曰藩毛詩作樊昌邑王傳龔遂引此詩亦作藩蓋魯詩本如是史記滑稽傳作止于蕃卽藩也先謙曰漢紀引詩下讒言仍作讒人往者江充讒殺趙太子天下莫不聞其罪固宜師古曰充宜得罪也補注先謙曰趙太子事在充傳陛下不省察深過太子師古曰以太子爲罪過而深責之補注先謙曰深過太子深責太子也過有責義淮南覽冥訓過歸鴈於碣石注過讀過責之過呂覽審威篇煩爲教而過不識注過責也顏云以太子爲罪過而深責之訓過爲罪過而加責之於下則深過二字不辭高紀聞將軍有意督過之亦謂督責之也顏注督謂視責也捨過字不釋而不知過之卽爲責矣發盛怒舉大兵而求之三公自將智者不敢言辯士不敢說臣竊痛之臣聞子胥盡忠

而忘其號師古曰忘亡也吳王殺之被以惡名失其善稱號補注先謙曰被惡名而不顧所謂忘其號也顏訓忘爲亡失非比干盡仁而遺其身師古曰比干殷之賢臣以道諫紂紂怒殺之而剖其心也忠臣竭誠不顧鈇鉞之誅師古曰鈇所以斫人如今莝刃也音膚㠯陳其愚志在匡君安社稷也師古曰匡正也正其失也詩云取彼譖人投畀豺虎師古曰小雅巷伯之詩言譖讒之人誠可疾惡願投與猛獸食之畀音必寐反唯陛下寬心慰意少察所親師古曰父子之道天性之親也毋患太子之非補注先謙曰非謂逆亂也亟罷甲兵無令太子久亡師古曰亟急也音居力反臣不勝惓惓師古曰惓讀曰拳解在劉向傳出一旦之命待罪建章闕下書奏天子感寤太子之亡也東至湖師古曰湖縣名今虢州閿鄉湖城二縣皆其地也補注先謙曰湖京兆縣今陝州閿鄉縣東四十里臧匿泉鳩里師古曰泉鳩水今在閿鄉縣東南十五里見有戾太子冢冢在澗東也補注先謙曰河南通志戾太子墓在今閿鄉縣南泉鳩里河水注河水又東逕閿鄉城南東與全鳩澗水合水出南山北逕皇天原東述征記曰全鳩地名也其西名桃原古之桃林周武王克殷休牛之地先謙案全鳩卽泉鳩字隨音變今河水自陝西東流入河南界逕虎踞山北玉溪河注之又東有十二澗水注之又東逕盤豆鎮盤豆河入之河南通志輿圖盤豆河作盤澗水玉溪河卽酈注所云河水又東北玉澗水注之

水南出玉溪者也盤澗水即注所云河水又會槃澗水也下注閺稽合圖記泉鳩水殆十二澗水之一矣主人家貧常賣屨以給太子。太子有故人在湖，聞其富贍，使人呼之師古曰贍足也而發覺。吏圍捕太子，太子自度不得脫，師古曰度音大各反即入室距戶自經。山陽男子張富昌為卒，足蹋開戶，新安令史李壽趨抱解太子，主人公遂格鬬死，皇孫二人皆并遇害。補注周壽昌曰皇孫進弟也失其名上既傷太子，乃下詔曰：「蓋行疑賞，所以申信也。其封李壽為邘侯，韋昭曰邘在河內師古曰為其解救太子也邘音于補注先謙曰壽抱解太子以其自經欲生得之非救之也上文云亡不得云三公自將求之時上方以反購太子覽壺關三老書而感寤然無明詔赦之也富昌壽乃吏卒相從圍捕太子者既獲之後上雖傷太子之死不能不賞獲者功故曰疑賞申信功臣表壽以得衛太子侯豈以解救太子封乎如顏註之謬上下文義皆不可通矣張富昌為題侯。」孟康曰縣名也晉灼曰地理志無也功臣表食邑鉅鹿師古曰晉說是也補注先謙曰荀紀作抱侯蹋踶侯蓋是雜采他書之謬不足據證

久之，巫蠱事多不信。上知太子惶恐無他意，而車千秋復訟太子冤，補注先謙曰詳千秋傳上遂擢千秋為丞相，而族滅江充家，焚蘇

文於橫橋上，師古曰橫音光師古曰即橫門渭橋也補注先謙曰此橫門橫橋也非渭橋黃圖引三輔舊事云秦造橫橋漢承秦制廣六丈三百八十步置都水令以掌之號為石柱橋又云渭橋秦始皇造元注渭橋在長安北三里跨渭水為橋畢校本無此玉海百七十二引此並合玉海渭橋下注引初學記云秦造渭橋及橫橋此明是二橋師古誤合為一案玉海橫橋下引雍州圖曰在長安北二里橫門外面渭橋在北三里此亦橫渭異橋之證孫星衍校黃圖必欲定為一橋謂今本黃圖為誤遂併玉海駁之未敢從渭水注長安城北出西頭第一門本名橫門王莽更名霸都門左幽亭如淯曰音光故曰光門此謂時俗音呼曰光也橫光字古同音而通用上言西出南頭第三門曰西城門又曰光門則是本名光門昔人動緣兩光門致疑斯未審耳注上師古官本作孟康是及泉鳩里加兵刃於太子者，初為北地太守，後族。補注周壽昌曰失其名疑者下有脫文先謙曰洪邁容齋隨筆云張猷李壽加兵刃於太子亦以他事族此誤記史文非有他據功臣表壽坐為衛尉居守擅出長安界送海西侯至高橋又使吏謀殺方士不道誅不以北地太守族也上憐太子無辜，乃作思子宮，為歸來望思之臺於湖。師古曰言己望而思之庶太子之魂來歸也其臺在今湖城縣之西閿鄉之東基趾猶存補注先謙曰河水注河水又會槃澗水水出湖縣夸父山北逕漢武帝思子宮歸來望思臺東又北流入於河河南通志思子宮城在閿鄉城東北二十里歸來望思臺在其西北今本黃圖於甘泉宮門列入思子宮疑誤孫校本無但云思子宮武帝為戾太子無辜被殺作思子宮為歸來望思之臺於湖荀紀云為思子臺於湖則併宮與臺為一天下聞而悲之。

初，太子有三男一女，女者平輿侯嗣子尚焉。補注錢大昭曰史表無平輿侯及太子敗，皆同時遇害。衛侯史良娣葬長安城南。補注錢大昭曰侯當作后外戚傳瘞之城南桐柏先謙曰官本作后史皇孫、皇孫妃王夫人及皇女孫葬廣明。蘇林曰苑名也皇孫二人隨太子者，與太子并葬湖。師古曰今太子冢北有二冢相次則二皇孫也

太子有遺孫一人，史皇孫子，王夫人男，年十八即尊位，是為孝宣帝。帝初即位，帝詔曰：補注先謙曰詔上帝字官本作下是「故皇太子在湖，未有號謚，歲時祠，其議謚，置園邑。」補注宋祁曰楊本云多歲時祠其議謚六字有司奏請：「禮『為人後者，為之子也』，補注齊召南曰按韋元成傳此議本始元年丞相蔡義等所奏也後八歲有司復言云云元康元年丞相魏相等所奏也故降其父母不得祭，師古曰謂本生之父母也尊祖之義也。陛下為孝昭帝後，承祖宗之祀，制禮不踰閑。師古曰閑猶限也謹行視孝昭帝所為故皇太子起位在湖，文穎曰位冢位也師古曰行音下更反補注先謙曰冢不得以位言周禮小宗伯成葬而祭墓為位鄭注位壇位也先祖形體託於此地祀其神以安之今為太子議謚置邑則宜就墓為位有司歲時祠之故言起位不言冢也史良娣冢在博望苑

北，親史皇孫位在廣明郭北。如淳曰親謂父也謚法曰『謚者，行之迹也』，愚以為親謚宜曰悼皇，補注王念孫曰景祐本無皇字是也下文云比諸侯王園則不得稱悼皇明矣此涉下文悼園宜稱尊號曰皇考而誤通典禮三十二通鑑漢紀十六並作宜曰悼漢紀作宜曰悼考皆無皇字先謙曰皇字後人誤加王說是又或以下悼后為疑不知漢制諸侯王母妻得稱太后后也母曰悼后，比諸侯王園，置奉邑三百家。故皇太子謚曰戾，置奉邑二百家。史良娣曰戾夫人，置守冢三十家。園置長丞，補注先謙曰百官志諸廟寢園有食官令長丞周衛奉守如法。」以湖閿鄉邪里聚為戾園，師古曰閿古闅字從門中旻建安中正作閿師古曰旻舉目使人也旻音許密反闅字本從旻其後轉訛誤遂作門中受耳而郭璞遂音汝授反蓋失理遠耳補注先謙曰上師古官本作孟康闔作閿是轉下脫寫字長安白亭東為戾后園，補注沈欽韓曰渭水注昆明故渠之北有白亭博望苑長安志漢博望苑在長安縣北五里寰宇記戾園本秦白亭在金城坊戾園東南本長安社門外大道東先謙曰顧炎武云下云後八歲尊戾夫人曰戾后置園奉邑此戾后園之目豫見於八年之前蓋兩收而未貫通也廣明成鄉為悼園。補注沈欽韓曰渭水注昆明故渠東逕奉明縣廣成鄉之廣明苑南戴校廣明作縣號非史皇孫及王夫人葬於郭北宣帝遷苑南為悼園在東都門長安志皇城西第

一衖次南休祥坊南有漢奉明園園之北漢奉明縣寰宇記爲驗一統志戾后園悼園並在長安縣北先謙曰據酈注成鄉上應有廣字未知其審皆改葬焉後八歲有司復言禮父爲士子爲天子祭以天子悼園宜稱尊號曰皇考立廟因園爲寢以時薦享焉益奉園民滿千六百家以爲奉明縣〔補注〕先謙曰京兆縣也今西安府長安縣北尊戾夫人曰戾后置園奉邑及益戾園各滿三百家

齊懷王閎與燕王旦廣陵王胥同日立皆賜策各以國土風俗申戒焉〔補注〕錢大昭曰本紀是年初作誥故三王俱載賜策先謙曰三王定位建國大司馬霍去病建議詳載三王世家曰惟元狩六年四月乙巳〔補注〕先謙曰据三王世家四月戊寅朔則乙巳二十八日皇帝使御史大夫湯師古曰張湯廟立子閎爲齊王師古曰於廟授策也曰烏呼小子閎受茲青社張晏曰王者以五色土爲太社封四方諸侯各以其方色土與之苴以白茅歸以立社朕承天序惟稽古建爾國家師古曰言考於古道而立子爲王〔補注〕先謙曰天序史記作祖考封于東土世爲漢藩輔烏呼念哉共朕之詔師古曰共讀曰恭言敬聽我詔惟命不于常師古曰言皇天無親

惟德是輔善則得之惡則失之人之好德克明顯光義之不圖俾君子怠師古曰言人若好德則能明顯有光輝若不圖於義則君子懈怠無歸附之者圖謀也俾使也〔補注〕曾廣鈞曰公羊傳俾君子易怠此蓋承用其文悉爾心允執其中天祿永終師古曰能盡爾心信執中和之得則能終天祿者也〔補注〕先謙曰得官本作德是厥有愆不臧迺凶于乃國而害于爾躬師古曰臧善也乃汝也嗚呼保國乂民可不敬與王其戒之師古曰保安也乂治也與讀曰歟閎母王夫人有寵閎尤愛幸立八年薨無子國除〔補注〕先謙曰王夫人趙人閎且立爲王而病請王閎雒陽帝不許言關東國莫大於齊夫人謝及死帝痛之使使奉璧一拜爲齊王太后閎不幸早死國絕天下稱齊不宜王云詳三王世家閎元封元年薨

燕剌王旦賜策曰嗚呼小子旦受茲元社建爾國家〔補注〕先謙曰官本社作土史記此及厲王策社下皆有朕承祖考惟稽古七字漢書無蓋班氏刪之封于北土世爲漢藩輔嗚呼薰鬻氏虐老獸心以姦巧邊甿服虔曰薰鬻堯時匈奴號也孟康曰甿音萌師古曰虐老謂貴少壯而食甘肥賤耆老而與粗惡也獸心言貪暴而無仁義也甿庶人薰音勳鬻音育〔補注〕先謙曰薰鬻史記作葷粥音同字異耳下同心下作侵犯寇盜加以姦巧邊萌十字顏說本匈奴傳朕命將率徂征厥罪師古曰徂往也〔補注〕先謙曰厥上史記有於戲二字萬夫長千夫長三十有二帥張晏曰時所獲三十二帥也〔補注〕宋祁曰別本三十並作三千誤齊召南曰事見霍去病傳上嘉去病之功曰渾邪王及厥眾萌咸奔於率降異國之王三十二先謙曰帥史記作君下有皆來二字降旗奔師如淳曰昆邪王偃其旗鼓而來降也薰鬻徙域張晏曰匈奴徙東〔補注〕劉奉世曰匈奴徙漢北先謙曰劉說是北州以安孟康曰古綏字也臣瓚曰安安也師古曰瓚說是也安音他果反〔補注〕李慈銘曰安者綏之省古無安字段玉裁補入說文女部非也先謙曰孟說是也禮曲禮下大夫則綏之注國君綏視注並云綏讀曰安士相見禮安而後傳言注云古文安爲綏安綏古通用並訓爲安史記安作綏集解引臣瓚曰綏安也是瓚說本亦作綏顏是瓚而舍孟由不知古義耳悉爾心毋作怨毋作棐德服虔曰棐薄也師古曰棐古匪字也匪非也〔補注〕朱一新曰食貨志賦入貢棐應劭注竹器也師古注棐讀與匪同知匪棐古通用說文匪器似竹筐从匚非聲筐車笭也從竹匪聲經傳中匪多以筐爲之今筐行而匪之本義晦漢書凡筐匪之匪皆作棐地理志中屢見之顏彼注云棐讀與筐同蓋筐字從俗也匪之段借則爲非故顏注以棐爲古匪字而訓非至敘傳亦云實棐諶而相顧則用尚書大誥天棐諶辭之語顏注既引大誥而又引詩其命匪諶謂一棐讀與匪同則非其本訓矣先謙曰史記棐作俷集解徐廣曰俷一作菲索隱蘇林云菲廢也本亦作俷俷敗也孔文祥云菲

薄也漢書作棐毋迺廢備師古曰禦邊之備不可廢非教士不得從徵張晏曰士不素習不得應召〔補注〕沈欽韓曰管子小匡篇君有此教士三萬人以橫行於天下[illegible]先謙曰索隱引韋昭云士非素教習不得從軍徵發故孔子曰不教而戰是謂棄之正謂此也案承上毋廢備言韋沈說勝褚先生解云非習禮義不得在於側也則張說所本王其戒之〔補注〕先謙曰史記此及厲王策王上皆有於戲保國艾民可不敬與十字亦班氏刪省旦壯大就國爲人辯略博學經書雜說好星歷數術倡優射獵之事招致游士及衛太子敗齊懷王又薨旦自以次第當立上書求入宿衛上怒下其使獄〔補注〕先謙曰三王世家孝武見其書擊地怒曰生子當置之齊魯禮義之鄉乃置之燕趙果有爭心不讓之端見矣於是使使卽斬其使者於門下後坐臧匿亡命削良鄉安次文安三縣武帝由是惡旦後遂立少子爲太子帝崩太子立是爲孝昭帝賜諸侯王璽書旦得書不肯哭曰璽書封小張晏曰文少則封小京師疑有變遣幸臣壽西長〔補注〕先謙曰廣韻壽下云前漢燕王遣壽西長之長安蘇林云壽西姓也是宋本漢書長下有註七字而後奪之孫縱之王孺等之長安師古曰之往也以問禮儀爲名王孺見執金吾

廣義師古曰郭廣義補注錢大昭曰義字疑誤下文作廣意公卿表亦作廣意先謙曰官本正文及註並作意問帝崩所病師古曰因何病而崩立者誰子年幾歲廣意言待詔五莋宮師古曰莋讀與祚同宮中讙言帝崩諸將軍共立太子為帝年八九歲葬時不出臨師古曰臨音力禁反歸以報王王曰上棄羣臣無語言蓋主又不得見甚可怪也復遣中大夫至京師上書言竊見孝武皇帝躬聖道孝宗廟慈愛骨肉和集兆民德配天地明並日月威武洋溢師古曰洋溢言盛多也洋音羊遠方執寶而朝增郡數十斥地且倍師古曰斥開也封泰山禪梁父巡狩天下遠方珍物陳于太廟德甚休盛師古曰休美也請立廟郡國奏報聞時大將軍霍光秉政褒賜燕王錢三千萬益封萬三千戶旦怒曰我當為帝何賜也遂與宗室中山哀王子劉長齊孝王孫劉澤等結謀詐言以武帝時受詔得職吏事修武備備非常如淳曰諸侯不得治民與職事是以為詐言受詔得知職事發兵為備也補注王念孫曰爾雅職主也謂得主其國中之吏事耳如解職字義未確先謙曰如說詐義是王說職義是長於是為旦命令羣臣曰寡人賴先帝休德師古曰休美也獲奉北藩親受明詔職吏事領庫兵飭武備師古曰飭讀與勅同飭整也任重職大夙夜兢兢子大夫將何以規佐寡人且燕國雖小成周之建國也師古曰自周以來即為燕國言以久遠上自召公下及昭襄師古曰召公謂召公奭也昭襄六國時燕之二王也召讀曰邵于今千載豈可謂無賢哉寡人束帶聽朝三十餘年曾無聞焉其者寡人之不及與師古曰與讀曰歟補注錢大昕曰者讀如諸意亦子大夫之思有所不至乎其咎安在方今寡人欲撟邪防非章聞揚和師古曰撟正也章表也撟與矯同其字從手也撫慰百姓移風易俗厥路何由子大夫其各悉心以對寡人將察焉羣臣皆免冠謝郎中成軫謂旦曰大王失職獨可起而索不可坐而得也師古曰失職謂當為漢嗣而不被用也索求也大王壹起國中雖女子皆奮臂隨大王旦曰前高后時偽立子弘為皇帝諸侯交手事之八年師古曰交手謂拱手也呂太后崩大臣誅諸呂迎立文

帝天下迺知非孝惠子也我親武帝長子反不得立上書請立廟又不聽立者疑非劉氏即與劉澤謀為姦書言少帝非武帝子補注先謙曰褚補史記云旦出言曰我安得弟在者今立者乃大將軍子也大臣所共立天下宜共伐之使人傳行郡國以搖動百姓澤謀歸發兵臨淄與燕王俱起旦遂招來郡國姦人賦斂銅鐵作甲兵數閱其車騎材官卒建旌旗鼓車旄頭先敺師古曰敺與驅同郎中侍從者著貂羽黃金附蟬晉灼曰以翠羽飾冠也師古曰貂羽以貂尾為冠之羽也附蟬謂金蟬以附冠前也凡此旄頭先驅皆天子之制而貂羽附蟬又天子侍中之飾王僭為之補注先謙曰後漢輿服志武冠一曰武弁大冠諸武官冠之侍中中常侍加黃金璫附蟬為文貂尾為飾謂之趙惠文冠胡廣說曰趙武靈王效胡服以金璫飾首前插貂尾為貴職秦滅趙以其君冠賜近臣据此顏說是也官本注謂作為皆號侍中旦從相中尉以下勒車騎發民會圍大獵文安縣補注先謙曰顧炎武云上文言武帝時旦坐削良鄉安次文安三縣是文安已削不屬燕又云昭帝立褒賜燕王益封萬三千戶然則文安之仍屬於燕必在益封之後也史文之互見者可以參考得之以講士馬須期日師古曰講習也須待也郎中韓義等數諫旦旦殺義等凡十五人會缾侯劉成知澤等謀師古曰缾侯菑川靖王子也缾音步丁反告之青州刺史雋不疑不疑收捕澤以聞天子遣大鴻臚丞治補注周壽昌曰劉德傳德為宗正丞雜治劉澤詔獄徙大鴻臚丞連引燕王有詔弗治補注先謙曰漢遣宗正與太中大夫公戶滿意等風諭旦旦恐懼謝過事詳三王世家而劉澤等皆伏誅益封缾侯補注周壽昌曰成薨諡敬侯先謙曰不疑擢京兆尹久之旦姊鄂邑蓋長公主張晏曰食邑鄂蓋侯王信妻也師古曰為蓋侯妻是也非王信信者武帝之舅耳不取鄂邑主為妻妻當是信子頃侯充耳補注先謙曰信武帝舅信子充疑不得取武帝女為妻据表充子受嗣侯以元鼎五年坐酎金免則主當是受妻受免侯後薨主遂私近丁外人也李慈銘云据昭紀言公主子文信則主不得為信妻及子婦益明左將軍上官桀父子與霍光爭權有隙皆知旦怨光即私與燕交通旦遣孫縱之等前後十餘輩多齎金寶走馬師古曰走馬馬之善走者賂遺蓋主上官桀及御史大夫桑弘羊等皆與交通數記疏光過失與旦令上書告之桀欲從中下其章師古曰下音胡稼反旦聞之喜上疏曰昔秦據南面之位制一世之命威服四夷

輕弱骨肉[補注]宋祁曰浙本輕字上有然字顯重異族廢道任刑無恩宗室其後
尉佗入南夷陳涉呼楚澤師古曰呼音火故反近狎作亂內外俱發師古曰狎習也
近習之人謂趙高也趙氏無炊火焉韋昭曰趙秦之別氏師古曰無炊火言絕祀也[補注]錢大昭曰秦之先造父封
於趙城更爲趙氏故秦亦稱趙高皇帝覽蹤迹觀得失見秦建本非是故改其路
規土連城布王子孫師古曰規畫也是以支葉扶疏異姓不得閒也師古曰閒
音土莧反今陛下承明繼成師古曰承聖明之後繼已成之業委任公卿羣臣連與成
朋非毀宗室師古曰與謂黨與也膚受之愬日騁於廷惡吏廢法立威主恩
不及下究師古曰究竟也言不終竟於下[補注]王念孫曰景祐本無及字疑後人所加據注云不終竟於下則正文但作
不下究而無及字明矣武紀亦云化不下究臣聞武帝使中郎將蘇武使匈奴見留二
十年不降還亶爲典屬國師古曰亶音但[補注]先謙曰武在匈奴十九年曰二十年舉成數也今大
將軍長史敞無勞爲搜粟都尉師古曰楊敞也又將軍都郎羽林張晏曰都試肄
羽林也師古曰都大也謂大會試之漢光祿挈令諸當試者不會都所免之[補注]宋祁曰又將軍浙本作又又闕大將軍沈欽韓曰此

漢世敎練禁衞之制至宋始詳宋史兵志禁軍日習武技容齋隨筆國朝宿衞禁旅遷補之制可參證註云諸當試者不會都所免
之與宋御前不赴堆垛沙汰者其制同也先謙曰都謂都肄也霍光傳漢紀皆作都肄郎羽林此去肄言都文省而義自見都之爲
言大總也謂總郎屬而閱之若如顏註軍釋爲大都郎羽林爲大郎羽林光傳都郎屬耳爲大郎屬耳文不成義矣光傳都肄顏云
謂總閱試習武備也亦訓都爲總而於此失之道上移驛如淳曰移猶傳也太官先置師古曰昭紀云詐令
人爲燕王旦上書又云上曰朕知此書詐也將軍都郎屬耳燕王何以得知之而此傳乃云旦自上疏此下又云帝覺有詐遂親信
光參錯不同疑此傳爲誤[補注]王闓運曰顏注隔絕章句當移在喜上疏曰之下爲合先謙曰桀令旦上書告光而桀下其章欲速
成事故詐令人爲旦上書旦實知情預謀即與旦自上疏一也昭紀光傳言詐令人爲旦上書帝以調校尉不及十日燕不及知決
其詐所以著當時事實此云旦自上疏所以著旦逆迹本無參錯頗說非也註厭知此書云云乃光傳語又下當有霍光傳三字而
傳寫奪之臣旦願歸符璽入宿衞察姦臣之變是時昭帝年十四覺其
有詐遂親信霍光而疏上官桀等桀等因謀共殺光廢帝迎立燕
王爲天子旦置驛書往來相報許立桀爲王外連郡國豪桀以千
數旦以語相平平曰大王前與劉澤結謀事未成而發覺者以劉

澤素夸好侵陵也平聞左將軍素輕易車騎將軍少而驕臣恐其
如劉澤時不能成又恐既成反大王也旦曰前日一男子詣闕自
謂故太子[補注]先謙曰男子張延年詳昭紀雋不疑傳長安中民趣鄉之師古曰鄉讀曰嚮正
讙不可止師古曰人眾既多故讙譁也大將軍恐出兵陳之以自備耳[補注]先謙曰言
非桀安謀洩也我帝長子天下所信何憂見反後謂羣臣蓋主報言獨患
大將軍與右將軍王莽張晏曰天水人也字稚叔今右將軍物故師古曰謂死也[補注]先謙
曰公卿表莽元鳳元年卒丞相病幸事必成徵不久令羣臣皆裝是時天雨虹
下屬宮中師古曰屬猶注也音之欲反飲井水水泉竭[補注]宋祁曰越本無泉字王念孫曰越本是也
景祐本亦無井水二字即承上文言之不當更有泉字此是一本作水一本作泉而後人誤合之也開元占經虹蜺占篇初學記天
部下白帖二引此並作井水竭漢紀同先謙曰官本作井水泉竭廁中豕羣出壞大官竈師古曰廁養豕
圂也圂音胡困反[補注]先謙曰說文圂廁也象豕在口中廣雅一切經音義並云圂圂屏廁也晉語少溲於豕牢韋昭云豕牢廁也
五行志燕王宮永巷中豕出圂壞都竈銜其鬴六七枚置殿前故顏訓廁爲圂大官竈顏五行志註以爲烝炊之大竈是也烏

鵲鬭死[補注]先謙曰五行志烏與鵲鬭宮中池上烏墮池死鼠舞殿端門中師古曰端門正門也[補注]先謙
曰五行志王使吏以酒脯祠鼠舞不休一日一夜死殿上戶自閉不可開天火燒城門大風
壞宮城樓折拔樹木流星下墮后妃以下皆恐王驚病使人祠葭
水台水晉灼曰地理志葭水在廣平南和台水在雁門師古曰葭音家台音怡[補注]先謙曰官本妃作姬下后妃同是妃當
爲姬之誤地理志廣平國南和下列葭水東入漳此無列字或時俗省文稱之今長蘆水也雁門郡陰館下累頭山治水所出東至
泉州入海過郡六行千一百里師古曰治燕刺王傳作台字治水今桑乾河上源其下流爲永定河也說詳志晉注雁門下奪陰館
二字以南和例知之王客呂廣等知星[補注]錢大昭曰天文志有燕王候星者吳莫如爲王言當有
兵圍城期在九月十月漢當有大臣戮死者語具在五行志王愈
憂恐謂廣等曰謀事不成妖祥數見兵氣且至柰何會蓋主舍人
父燕倉知其謀告之由是發覺丞相賜璽書部中二千石逐捕孫
縱之及左將軍桀等皆伏誅旦聞之召相平曰事敗遂發兵乎平
曰左將軍已死百姓皆知之不可發也王憂懣師古曰懣音滿又音悶解在司馬遷

傳置酒萬載宮會賓客羣臣妃妾坐飲王自歌曰歸空城兮狗不吠雞不鳴橫術何廣廣兮固知國中之無人蘇林曰廣音曠臣瓚曰術道路也師古曰廣讀如本字此歌意言身死之後國當空也補注王念孫曰蘇音是也曠曠者虛無人之貌故下云固知國中之無人若讀爲廣大之廣則與下句義不相屬矣莊子天道篇廣廣乎其無不容也荀子非十二子篇恢恢然廣廣然義並與曠同華容夫人起舞曰髮紛紛兮寘渠孟康曰寘音鬒髮歷鬒挂岸也臣瓚曰寘塞溝渠師古曰瓚說是也寘音徒一反補注沈欽韓曰寘當作窴說文窴塞也從穴眞聲集韻或從土爲塡周壽昌曰寘音闐李慈銘曰謂人首相從塡渠也非專謂髮先謙曰沈說周音李說並是注一字汪本南監本官本作干是骨籍籍兮亡居師古曰籍籍從橫貌也居處也母求死子兮妻求死夫裴回兩渠間兮君子獨安居師古曰置酒之宮池沼所在其間有渠故即其所見以爲歌辭也坐者皆泣有赦令到王讀之曰嗟乎獨赦吏民不赦我補注先謙曰先赦吏民所以散逆黨因迎后姬諸夫人之明光殿王曰老虜曹爲事當族師古曰曹輩也補注沈欽韓曰索隱虜奴隸也說苑反質篇始皇見侯生大怒曰老虜不良欲自殺左右曰黨得削國師古曰黨音他朗反幸不死后妃夫人共啼泣止王補注先謙曰官本妃作姬是會天子使使者賜燕王璽書曰昔高皇帝王天下建立子弟以藩屏社稷先日諸呂陰謀大逆劉氏不絕若髮賴絳侯等誅討賊亂尊立孝文以安宗廟非以中外有人表裏相應故鄛樊酈曹灌攜劍推鋒師古曰樊噲酈商曹參灌嬰等從高帝補注先謙曰官本高下有皇字墾菑除害耘鉏海內師古曰菑古災字補注錢大昭曰此下脫正文當此之時頭如蓬葆八字又註文頭久不理如蓬草羽葆也師古曰草叢生曰葆音保二十字當据南監本閩本補先謙曰官本有此二十八字又引宋祁曰浙本注文頭字上有服虔曰三字勤苦至矣然其賞不過諸侯補注先謙曰官本諸作封是今宗室子孫曾無暴衣露冠之勞裂地而王之分財而賜之父死子繼兄終弟及補注沈欽韓曰春秋莊三十二年公羊傳注兄終弟繼曰及今王骨肉至親敵吾一體師古曰言若四支之一也迺與他姓異族謀害社稷親其所疏疏其所親有逆悖之心無忠愛之義如使古人有知當何面目復舉齊酎見高祖之廟乎師古曰古人謂先人補注先謙曰舉官本作奉是旦得書以符璽屬醫工長師古曰屬委也醫工長王官之

醫者也屬音之欲反補注先謙曰醫者上官本有主字是謝相二千石奉事不謹死矣即以綬自絞后夫人隨旦自殺者二十餘人天子加恩赦王太子建爲庶人賜旦謚曰剌王旦立三十八年而誅補注先謙曰元鳳元年十月國除後六年宣帝即位封旦兩子慶爲新昌侯賢爲定安侯補注先謙曰慶本始四年封賢元年封定安官本作安定是表亦作安定又立故太子建是爲廣陽頃王補注先謙曰本始元年立二十九年薨子穆王舜嗣二十一年薨子思王璜嗣二十年薨補注宋祁曰二十年浙本作二十九年錢大昭曰表云二十一年先謙曰据表嘉以建平四年立是璜薨於建平三年距陽朔二年璜立之歲恰二十年浙本及表誤子嘉嗣王莽時皆廢漢藩王爲家人嘉獨以獻符命封扶美侯賜姓王氏補注周壽昌曰表云莽貶嘉爲公明年廢未獻符命前事

廣陵厲王胥賜策曰嗚呼小子胥受茲赤社建爾國家封于南土世世爲漢藩輔補注劉攽曰多一世字古人有言曰大江之南補注先謙曰正義謂京口南至荊州以南也五湖之間補注先謙曰索隱五湖者具區洮滆彭蠡青草洞庭或曰太湖五百里故曰五湖也其

人輕心揚州保彊李奇曰保恃也補注先謙曰集解引徐廣云彊一作疆則謂恃其疆域阻深也三代要服不及以正師古曰要服次荒服之內者也正政也要音一遙反補注先謙曰史記正作政褚先生解云三代之時迫要使從中國俗服不大及以政敎以意御之而已嗚呼悉爾心祗祗兢兢迺惠迺順師古曰祗敬也兢兢慎也言當慈惠于下忠順于上也補注先謙曰祗祗史記作戰戰毋桐好逸毋邇宵人應劭曰無好逸遊之事邇近小人也張晏曰桐音同師古曰桐音通桐輕脫之貌也補注王念孫曰桐字若訓爲輕脫之貌則毋桐好逸爲殊不辭按三王世家作毋侗好佚佚與逸同褚釋曰毋長好佚樂馳騁弋獵是侗訓爲長也侗爲長久之長亦爲長大之長論衡齊世篇上世之人侗長佼好是也作桐者段借字耳侗與桐古字通楊子學行篇桐子之命宋咸曰桐當爲侗侗之爲長乃漢人常訓故應註但言無好逸游而不釋桐字李慈銘曰据法言桐子之命也注桐洞也桐子洞然未有所知之時蓋桐與童通此毋桐好逸言毋童心好逸游也先謙曰史記張晏註侗音同此張注作桐疑顏改以就正文顏音通而訓爲通脫意與禮樂志注桐讀爲通同是顏所見漢書本作桐王謂侗桐段借字是也漢世文字未正因轉寫而生通段至於鄙別雜揉不可爬梳今人動謂當時字少取用相代者誤也侗之爲桐猶菲之爲棐矣李說並通宵人索隱云或作佞人惟法惟則師古曰言當依法則書云臣不作福不作威師古曰周書洪範云臣無有作威作福也靡有後羞王其戒之師古曰言宜戒愼勿令後有羞辱之事也胥壯大好倡樂逸游

力扛鼎師古曰扛舉也音江空手搏熊彘猛獸補注沈欽韓曰西京雜記胥於別囿學格熊後遂能空手搏之莫不絕脰後爲獸所傷陷胸而死按末句誤或當作幾死動作無法度故終不得爲漢嗣補注先謙曰霍光傳昭帝崩羣臣議立王有郎上書言不可承宗廟遂立昌邑故云終不得昭帝初立益封胥萬三千戶元鳳中入朝復益萬戶賜錢二千萬黃金二千斤安車駟馬寶劍及宣帝卽位封胥四子聖曾寶昌皆爲列侯補注錢大昕曰下文云胥子南利侯寶坐殺人奪爵卽四侯之一也子弟大昭曰孜王子侯表但有朝陽荒侯聖平曲節侯曾南利侯昌三人別無名寶者表稱南利侯昌地節二年坐賊殺人免此傳云南利侯寶疑誤先謙曰此文本作聖曾昌皆爲列侯淺學者以爲不足四子之數見下南利侯寶之誤文而謬加入寶字也封胥四子句絕與蘇子王句傳絕立也三王世家云以本始元年中裂漢地盡以封廣陵王胥四子一子爲朝陽侯一子爲平曲侯一子爲南利侯最愛少子弘立以爲高密王與此脗合是不得有寶字明矣又立胥小子弘爲高密王所以褒賞甚厚始昭帝時胥見上年少無子有覬欲心師古曰覬音冀而楚地巫鬼師古曰言其土俗尊尚巫鬼之事胥迎女巫李女須使下神祝詛師古曰女須者巫之名也女須泣曰

孝武帝下我補注先謙曰顧炎武云言孝武帝降憑其身而言也左右皆服師古曰見女須云武帝神下故伏而聽之補注錢大昭曰服南監本閩本作伏周壽昌曰服伏一也衞青傳服聽史記作伏聽與此同先謙曰註言伏而聽之是顏所見漢書本作伏也官本正作伏言吾必令胥爲天子胥多賜女須錢使禱巫山師古曰卽楚地之巫山也補注沈欽韓曰越絕記地云巫山者越䰠神巫之官也死葬其上去山陰縣十三里許又吳地記虞山者巫咸所出也虞故神出奇怪按所禱在吳越俱未可知顏指爲夔州之巫山何由泝江數千里而祈禱乎會昭帝崩胥曰女須良巫也殺牛塞禱師古曰以爲因禱祝詛而崩也塞音先代反補注沈欽韓曰韓非右儲說秦襄王病百姓爲之禱病愈殺牛塞禱今俗作賽朱一新曰塞字郊祀志中屢見說文新附收入賽字非然後書曹節傳注已云塞當爲賽通用則賽字行而塞義漸晦唐初已然觀阮嗣宗爲鄭沖勸晉王牋西塞江源望祀岷山句作塞知晉時賽字尚未行也及昌邑王徵復使巫祝詛之後王廢胥寖信女須等師古曰寖古浸字也寖漸也益也補注先謙曰寖訓益是數賜予錢物宣帝卽位胥曰太子孫何以反得立復令女須祝詛如前又胥女爲楚王延壽后弟婦數相餽遺通私書師古曰餽亦饋字後延壽坐謀反誅辭連及胥有詔勿治賜胥黃金前後

五千斤它器物甚眾胥又聞漢立太子謂姬南等曰我終不得立矣迺止不詛後胥子南利侯寶補注先謙曰据表寶應作昌說見上坐殺人奪爵還歸廣陵與胥姬左修姦事發覺繫獄棄市相勝之奏奪王射陂草田以賦貧民張晏曰射水之陂在射陽縣補注先謙曰地理志射陽屬臨淮寰宇記射陽湖在今楚州山陽縣東南八十里漢書廣陵王胥有罪其相勝之奏奪王射陂卽此與鹽城寶應二縣分湖爲界縈回三百里一統志射陽湖在今淮安府山陽縣東南七十里古射陂也奏可胥復使巫祝詛如前胥宮園中棗樹生十餘莖莖正赤補注先謙曰正官本作上葉白如素池水變赤魚死有鼠晝立舞王后廷中補注先謙曰廷官本作庭胥謂姬南等曰棗水魚鼠之怪甚可惡也居數月祝詛事發覺有司按驗胥惶恐藥殺巫及宮人二十餘人以絕口公卿請誅胥天子遣廷尉大鴻臚卽訊師古曰就問也補注朱祁曰浙本鴻臚字下有卿字先謙曰据公卿表廷尉于定國大鴻臚王禹也胥謝曰罪死有餘誠皆有之師古曰誠實也事久遠請歸思念具對胥既見使者還置酒顯陽殿召太子霸及子女董訾胡生等夜飲師古曰董訾胡生皆女名補注宋祁曰注文當云皆其女名使所幸八子郭昭君家人子趙左君等鼓瑟歌舞師古曰八子姬妾之秩號也家人子無官秩者也補注周壽昌曰八子秩視千石比中更爲第十三爵家人子視有秩斗食斗食佐史也王自歌曰欲久生兮無終長不樂兮安窮師古曰人所以欲久生者貴其安豫無有終極而我在生長不歡樂焉用窮盡年壽也補注先謙曰言冀望久生而不幸無終既死爲鬼則長不樂安有窮極也文自明了顏注迂晦奉天期兮不得須臾張晏曰奉天子期當死不得復延年千里馬兮駐待路張晏曰二卿亭驛待以答詔命黃泉下兮幽深人生要死何爲苦心師古曰言人生必當有死無假勞心懷悲戚何用爲樂心所喜出入無悰爲樂亟韋昭曰悰亦樂也音裁宗反亟數亦疾也謂不久也言人生以何爲樂但以心志所喜好耳今我出入皆無歡怡不得久長也喜音許吏反亟音邸吏反補注先謙曰亟猶促也蒿里召兮郭門閱師古曰蒿里死人里死不得取代庸身自逝師古曰言死當自去不如他徭役得顧庸自代也逝合韻音上列反補注王念孫曰代字句絕庸用古字通堯典皋陶謨三十五貨殖傳十五論衡齊世篇庸作用詐賦本帝紀庸作傭歌史用以蒼頡篇用以也說見音義一切經七言死不得取代當以身自往也如顏說則當以死不得取代庸爲句大爲不詞矣左右悉更涕泣奏酒師古曰更互也奏進也更

音工衡反至雞鳴時罷胥謂太子霸曰上遇我厚今負之甚我死骸骨當暴幸而得葬薄之無厚也補注沈欽韓曰馬永卿嬾眞子揚州天長道中地名甘泉有大古冢如山未到三十里已見之土人呼爲琉璃王冢按廣陵王胥賜謚曰厲爲劉厲王轉訛爲琉璃王旁有居民數十家地名甘泉恐胥僭擬云李慈銘曰阮元揅經室三集甘泉山獲石記云揚州甘泉山舊志皆以爲漢厲王冢旱鳴鼓攻之輒致雨今冢基不可覸而西峯有靈雨壇舊址土人亦言山有琉璃王墳琉璃劉厲之傳譌也嘉慶十一年甘泉山惠照寺階下獲四石其一石有中殿第廿八字體在篆隸間江鄭堂謂卽淮南厲王冢上石也卽以綬自絞死及八子郭昭君等二人皆自殺補注先謙曰官本及作父引宋祁曰姚本父作及天子加恩赦王諸子皆爲庶人賜謚曰厲王立六十四年而誅補注錢大昭曰表作六十三年先謙曰胥五鳳四年正月誅恰六十四年表誤國除後七年元帝復立胥太子霸是爲孝王補注先謙曰初元二年立十三年薨子共王意嗣師古曰共讀曰恭三年薨補注先謙曰表十三年薨案護以建始二年嗣則意薨於建始元年距建昭五年立恰三年表誤子哀王護嗣十六年薨無子絕補注先謙曰表十五年薨案下云後六年立守表在元延二年逆數至永始元年爲六年則護以鴻嘉四年薨距建始三年嗣恰十五年表是此誤後六

年成帝復立孝王子守補注先謙曰官本復作後引宋祁曰後立姚本作復立是爲靖王立二十年薨補注先謙曰表十七年薨案宏以居攝二年嗣則守薨於居攝元年距元延二年立恰十七年表是此誤子宏嗣王莽時絕初高密哀王弘本始元年以廣陵王胥少子立九年薨補注先謙曰表八年薨案章以元康元年立則弘薨於地節四年距本始元年恰八年表是此誤子頃王章嗣補注先謙曰以弘薨在胥得罪前天子加恩不除國三十三年薨補注先謙曰表三十四年薨案寬以建始二年嗣則章薨於建始元年距元康元年恰三十四年表是此誤子懷王寬嗣十一年薨子愼嗣王莽時絕

昌邑哀王髆天漢四年立十一年薨子賀嗣立十三年補注先謙曰表作十二年誤昭帝崩無嗣大將軍霍光徵王賀典喪師古曰令爲喪主補注先謙曰今官本作令是璽書曰制詔昌邑王師古曰太后璽書使行大鴻臚事少府樂成師古曰史樂成宗正德光祿大夫吉師古曰丙吉也中郎將利漢師古曰不知姓徵王乘七乘傳補注先謙曰通鑑胡注文帝之人立乘六乘傳今乘七乘傳詣長安邸夜漏未盡一刻以火發書其日中賀發餔時至定陶行百三十五里侍從者馬死相望於道補注先謙曰從人衆也郎中令龔遂諫王令還郎謁者五十餘人賀到濟陽求長鳴雞師古曰鳴聲長者也補注先謙曰御覽九百十八引西京雜記曰成帝時交阯越嶲獻長鳴雞卽下漏驗之晷刻無差長鳴雞一鳴一食時不絕長距善鬭吳錄曰魏文帝遣使於吳求長鳴短鳴雞江表傳曰南郡獻長鳴承露雞[illegible][illegible]日雞冠四開如蓮花鳴清聲徽也道買積竹杖文穎曰合竹作杖也補注錢大昭曰說文欑積竹杖也先謙曰御覽七百十引新序昌邑王置積竹刺杖二枚龔遂諫曰積竹刺杖者驕蹇少年杖也說文䈪積竹矛戟矜也殳以積竹八觚徐鍇曰積竹木謂合竹木爲之也若今之杖多然又說殳字云積竹謂削去白取其靑處合爲之取其有力也据此蓋以竹縷合纏作杖若今之矛稍猶然過弘農使大奴善以衣車載女子師古曰凡言大奴者謂奴之尤長大者也補注沈欽韓曰衣車輜軿也詩毛傳帷裳婦人之車也正義大夫之車立乘有蓋無帷裳周壽昌曰大奴謂羣奴之長也王尊傳匡衡又使官大奴入殿中是亦官奴長故使入殿中豈必須長大者耶又云劉輔嘗醉過尊大奴利家則尊用事之奴也先謙曰後書梁冀傳注引蒼頡篇軿衣車也軿車制詳後書輿服志注大奴周說是至湖師古曰卽湖縣使者以讓相安樂張晏曰使者長安使人也師古曰讓責也安樂告遂遂入問賀賀曰無有遂曰卽無有何愛一

善以毀行義請收屬吏師古曰以善付吏也屬音之欲反其下亦同以湔洒大王師古曰湔澣也洒濯也湔音子顯反洒音先禮反卽捽善屬衞士長行法師古曰捽持頭也衞士長主衞之官捽音材兀反賀到霸上大鴻臚郊迎騶奉乘輿車王使僕壽成御郎中令遂參乘旦至廣明東都門補注先謙曰此郭門亦蒙東都門之稱故遂謂是長安東郭門也黃圖長安城東出北頭第一門曰宣平門民間謂東都門其郭門亦曰東都畢校本據王海改郭誤亦者承上東都言則郭門必是東都王海引黃國於此下郎引昌邑傳至廣明東都門龔遂曰此長安東郭門也爲注足證玉海本作都不作郭而今本傳訛也孫校本作亦曰東都注云後漢書注引作其外郭門名東都門亦其壽謐特疑上民闇謂東都門都字當爲城又誤矣渭水注東出北頭第一門本名宣平門王莽更名春王門正月亭亦曰東城門其郭門亦曰東都門卽逢萌挂冠處也下文昆明渠下云其一渠東逕奉明縣廣成鄉之廣明苑南史皇孫及王夫人葬於郭北宣帝遷苑南卜以爲悼園益園民千六百家立奉明縣以奉二園園在東都門昌邑王賀自霸上御法駕郎中令龔遂驂乘至廣明東都門是也遂曰禮奔喪望見國都哭此長安東郭門也賀曰我嗌痛不能哭師古曰嗌喉咽也音益至城門遂復言補注先謙曰此城門則宣平門賀曰城門與郭門等耳且至未央宮東闕補注先謙曰蕭何造未央宮立東闕北闕北闕爲正門說詳高紀遂曰昌邑帳在是闕外馳道北文穎曰弔哭帳也師古曰是謂此補注沈欽韓

曰帳周禮之次也鄭云大次初往所止居小次卽官待事之處未至帳所有南北行道馬足未至數步大王宜下車鄉闕西面伏哭盡哀止師古曰鄉讀曰嚮補注先謙曰在東闕故面西伏也王曰諾到哭如儀王受皇帝璽綬襲尊號卽位二十七日行淫亂大將軍光與羣臣議白孝昭皇后廢賀歸故國賜湯沐邑二千戶故王家財物皆與賀及哀王女四人各賜湯沐邑千戶語在霍光傳國除爲山陽郡初賀在國時數有怪嘗見白犬高三尺無頭補注先謙曰通鑑考異云五行志云無尾且云不得置後之象傳誤也沈欽韓云列女傳莊姪曰有龍無尾者年既四十無太子也亦以無尾爲絕嗣之徵此誤先謙案下云頸以下似人若無頭何由知爲犬考異及沈說是其頸以下似人而冠方山冠補注先謙曰董巴漢輿服志云方山冠似進賢冠以五彩縠爲之五行志賀常冠方山冠後見熊補注宋祁曰浙本後作復王念孫曰浙本是也見犬見熊皆一時之事故總言之曰左右皆莫見不當云後見熊也御覽皇王部十四引此正作復見熊左右皆莫見又大鳥飛集宮中王知惡之輒以問郎中令遂遂爲言其故語在五行志王卬天歎曰不祥何爲數來師古曰卬讀曰仰遂叩頭曰臣不敢隱忠數言危亡之戒大王不說師古曰說讀曰悅夫國之存亡豈在臣言哉願王內自揆度師古曰度音徒各反大王誦詩三百五篇人事浹王道備師古曰浹徹也音子牒反補注沈欽韓曰說苑至公篇夫子修春秋人事浹王道備上通於天而麟至王之所行中詩一篇何等也師古曰言王所行皆不合法度王自謂當於何詩之文也中音竹仲反大王位爲諸侯王行汙於庶人師古曰汙濁穢補注先謙曰官本穢作也以存難以亡易宜深察之後又血汙王坐席王問遂遂叫然號曰宮空不久祅祥數至血者陰憂象也補注沈欽韓曰大戴少閒篇血者猶血盧辯注血憂色也宜畏愼自省賀終不改節居無何徵旣卽位後王夢青蠅之矢積西階東可五六石以屋版瓦覆師古曰版瓦大瓦也補注李慈銘曰王夢下青蠅之三字衍不則下語贅矣矢本字作菌見說文版當作瓪說文瓪敗瓦也玉篇廣韻瓪牝瓦也牝瓦者瓦之仰者也發視之青蠅矢也以問遂遂曰陛下之詩不云乎蘇林曰猶言陛下所讀之詩也營營青蠅至于藩愷悌君子毋信讒言師古曰已解於上補注先謙曰至詩作止官本與此同陛下左側讒人衆

多如是青蠅惡矣師古曰惡卽矢也越王句踐爲吳王嘗惡亦其義也補注王念孫曰案君側有讒人不當獨指左側言之左側當爲在側字之誤也藝文類聚蟲豸部御覽蟲豸部一引此並作在側李慈銘曰惡當讀烏路反與污通凡不潔之物皆污穢可憎惡也今江浙方音尙如是瞿鴻禨曰如是六字爲句猶言如此青蠅矢也先謙曰左側猶今言左近卽旁近之意非專指左言宋書樂志漢鐃歌遠如期曲處天左側大樂萬歲與天亡極不得謂彼文爲處天在側也郭茂倩樂府所載亦作左側王說誤會文義所引亦係誤本不足據宜進先帝大臣子孫親近以爲左右如不忍昌邑故人師古曰如若也不忍謂不能疏遠也補注朱一新曰晉語以忍去過注忍以義斷也顏注義未備信用讒諛必有凶咎願詭禍爲福皆放逐之師古曰詭猶反補注先謙曰六字官本在皆字上臣當先逐矣賀不用其言卒至於廢大將軍光更尊立武帝曾孫是爲孝宣帝卽位心內忌賀元康二年遣使者賜山陽太守張敞璽書曰制詔山陽太守其謹備盜賊察往來過客毋下所賜書師古曰密令警察不欲宣露也敞於是條奏賀居處著其廢亡之效師古曰著明也曰臣敞地節三年五月視事故昌邑王居故宮奴婢在中者百八十三人閉大門開小門廉吏一人補注先謙曰廉察選使之非吏以廉察爲名也爲領錢物市買朝內食物師古曰每旦一內之它不得出入師古曰食物之外皆不得妄有出入督盜一人別主徼循察往來者以王家錢取卒迣宮清中備盜賊李奇曰迣遮也鄧展曰令其宮中淸靖不得妄有異人也師古曰以王家錢顧人爲卒也補注周壽昌曰巡迣宮垣淸除中禁皆以備匪人也中猶內郎上奴婢在中者之中迣宮與淸中對舉鄧說是特淸中二字義未析臣敞數遣丞吏行察師古曰行音下更反四年九月中臣敞入視居處狀故王年二十六七爲人青黑色小目鼻末銳卑少須眉身體長大疾痿行步不便師古曰痿風痺疾也音人佳反衣短衣大絝冠惠文冠蘇林曰治獄法冠也孟康曰今侍中所著也服虔曰武冠也或曰趙惠文王所服故曰惠文晉灼曰柱後惠文法冠也但言惠文侍中冠孟說是也補注先謙曰惠文冠已見上補注御覽六百八十八引徐廣輿服雜注曰武官皆惠文冠本趙服也一名武弁大冠凡侍臣加貂蟬不論加貂蟬與否統名惠文孟服二說並是也柱後惠文高五寸以纚爲展筩鐵柱卷執法者服之與此不同佩玉環簪筆持牘趨謁師古曰簪筆插筆於首也牘木簡也臣敞與坐語中庭閱妻子奴婢臣敞欲動觀其意卽以惡鳥感之曰昌邑多梟

故王應曰然前賀西至長安殊無梟復來東至濟陽迺復聞梟聲臣敞閱至子女持轡師古曰賀之子女名持轡故王跪曰持轡母嚴長孫女也臣敞故知執金吾嚴延年字長孫女羅紨師古曰羅紨其名也紨音敷補注齊召南曰此郎公卿表地節三年所書之執金吾延年與酷吏傳嚴延年字次卿者不同周壽昌曰嚴次卿同時正爲涿郡太守故稱字長孫以別之羅紨卽羅敷古美人名故漢女子多取爲名如秦羅敷之類瞿鴻禨曰王士正香祖筆記引馬永卿之言曰李西臺小詞中書羅敷爲羅紨不知何故蓋未知羅敷卽羅紨而紨乃紨之訛也前爲故王妻察故王衣服言語跪起清狂不惠蘇林曰凡狂者陰陽脈盡濁今此人不狂似狂者故言清狂也或曰色理清徐而心不慧曰清狂清狂如今白癡也補注先謙曰官本白癡作白癡是周壽昌云左成十八年傳周子有兄而無慧杜注不慧蓋世所謂白癡此注所本惠慧古通列子穆王篇逢氏有子少而惠後漢孔融傳將不早惠乎皆謂慧也妻十六人子二十二人其十一人男十一人女昧死奏名籍及奴婢財物簿臣敞前書言補注先謙曰以書白丞相御史也昌邑哀王歌舞者張修等十人無子又非姬但良人無官名王薨當罷歸太傅豹等擅留以爲哀王園中人所不當得

爲師古曰於法不當然請罷歸故王聞之曰中人守園疾者當勿治相殺傷者當勿法補注曾廣鈞曰法亦治也欲令亟死太守柰何而欲罷之師古曰亟急也音居力反其天資喜由亂亡終不見仁義如此師古曰喜好也由從也喜音許吏反後丞相御史以臣敞書聞奏可皆以遣補注先謙曰以已字通上由此知賀不足忌其明年春迺下詔曰蓋聞象有罪舜封之骨肉之親析而不殊師古曰析分也殊絕也其封故昌邑王賀爲海昏侯食邑四千戶師古曰海昏豫章之縣補注沈欽韓曰贛水注繚水東北逕昌邑城而東出豫章大江謂之慨口漢昌邑王封海昏每乘流東望輒憤慨而還世因名焉侍中衞尉金安上上書言賀天之所棄陛下至仁復封爲列侯賀嚚頑放廢之人不宜得奉宗廟朝聘之禮奏可賀就國豫章數年揚州刺史柯奏賀師古曰柯者刺史之名也與故太守卒史孫萬世交通萬世問賀前見廢時何不堅守毋出宮斬大將軍而聽人奪璽綬乎賀曰然失之萬世又以賀且王豫章不久爲列侯賀曰且然師古曰謂亦將如此

非所宜言補注先謙曰以上二語皆非賀所應言也有司案驗請逮捕制曰削戶三千後薨補注先謙曰表神爵三年薨豫章太守廖奏言舜封象於有鼻師古曰廖太守名也有鼻在零陵今鼻亭是也廖音聊死不爲置後以爲暴亂之人不宜爲太祖師古曰謂一國之始祖海昏侯賀死上當爲後者子充國師古曰上謂由上其名於有司補注瞿鴻禨曰由當作申唐人詩州家申名使家抑正是申上其名也充國死復上弟奉親奉親復死是天絕之也陛下聖仁於賀甚厚雖舜於象無以加也宜以禮絕賀以奉天意願下有司議議皆以爲不宜爲立嗣國除元帝卽位復封賀子代宗爲海昏侯傳子至孫今見爲補注先謙曰案顧炎武云後漢書光武紀建武二年詔宗室列侯並復故國十三年下云其宗室及絕國封侯者凡一百三十七人然漢書表傳中往往言王莽篡位絕惟此傳言今見爲侯侯表云釐侯代宗以賀子紹封傳孫原侯保世曾孫會邑免建武復封又安眾侯寵以建武二年紹封十三年侯松嗣今見蓋光武時亦但隨宜封拜未嘗徧及安眾以褒忠海昏以嘗居尊位故特紹封與錢大昭曰爲下南監本閩本有侯字先謙曰官本有侯字

贊曰巫蠱之禍豈不哀哉此不唯一江充之辜亦有天時非人力所致焉建元六年蚩尤之旗見其長竟天後遂命將出征略取河南建置朔方其春戾太子生補注劉奉世曰案武紀建元六年長星見更元光至元朔元年春戾太子始生贊殊爲乖誤錢大昕曰本傳戾太子元狩元年立爲皇太子年七歲初上年二十九乃得太子以年歲推之戾太子生於元朔元年非建元六年衞青傳元朔元年春衞夫人有男外戚傳衞皇后元朔元年生男據皆與本傳合贊語似未推校年歲若衞青收河南置朔方郡則在元朔二年又在戾太子生之後矣李慈銘曰此等大事班氏不宜錯誤讀者不得其解耳此贊蓋謂自建元六年長星見遂有征胡之事至建置朔方之年而其春戾太子生史家省文連屬言之耳攷武帝太初元年始用夏正以春孟爲歲首其前皆建亥以冬十月爲歲首建朔方郡在元朔二年春二月以後戾太子蓋生於是年歲首至太初用夏正之後以前時月皆追正之故以戾太子爲元朔元年生班氏志其實遂以爲其春生矣蓋元朔二年之三四月間夏正之十二月正月間也先謙曰武帝命將出征自建元六年遣王恢等擊閩越始長星見後也先惟嚴助持節發會稽兵未嘗命將贊推原禍始歷敘兵凶其云後遂命將出征則推之建元六年以後未嘗以戾太子生屬之建元六年也既云後遂不得更言其春如以其春屬建元六年下不得復詔自是之後師行以文言牽連本至如此劉錢安識殊爲不審惟取河南置朔方在戾太子生後一年而云其春則當如李說自是之後師行三十年兵所

誅屠夷滅死者不可勝數及巫蠱事起京師流血僵尸數萬（師古曰僵偃也音居羊反）太子子父皆敗故太子生長於兵與之終始何獨一嬖臣哉秦始皇即位三十九年（補注王念孫曰九當爲七見史記秦始皇紀及六國表御覽皇王部十一引此作九亦後人以誤本漢書改之其人事部四引此正作七）內平六國外攘四夷死人如亂麻暴骨長城之下頭盧相屬於道（師古曰盧額骨也屬連也音之欲反）不一日而無兵由是山東之難興四方潰而逆秦秦將吏外畔（補注宋祁曰一本無下秦字）賊臣內發亂作蕭牆禍成二世（師古曰蕭牆謂屏牆也解在五行志）故曰兵猶火也弗戢必自焚（師古曰左傳隱四年衞有州吁之亂公問於眾仲曰州吁其成乎對曰兵猶火也不戢將自焚也言兵不可妄動久而不戢則自焚燒戢斂也）信矣（補注何焯曰舉秦以見漢之得禍未極猶有倖焉痛其詞以著戒也）是以倉頡作書止戈爲武（師古曰武字從止從戈所謂會意）聖人以武禁暴整亂止息干戈非以爲殘而興縱之也易曰天之所助者順也人之所助者信也君子履信思順自天祐之吉無不利也（師古曰易上繫辭也）故車千秋指明蠱情章太子之冤千秋材知未必能過人也以其銷惡運遏亂原（師古曰遏止也音一曷反）因衰激極道迎善氣（師古曰激去至極之災引致福善之氣也道讀曰導補注先謙曰千秋適因惡運之衰激於禍亂之極而建言以寤主也）傳得天人之祐助云（師古曰傳引也補注先謙曰傳猶稱也）

武五子傳第六十三終　　漢書三十三

嚴朱吾丘主父徐嚴終王賈傳第三十四上（師古曰分嚴安以後爲下卷）　　漢書六十四

漢　蘭　臺　令　史班固　撰

唐正議大夫行祕書少監琅邪縣開國子顏師古　注

賜進士出身前翰林院編修國子監祭酒加三級臣王先謙補注・

嚴助會稽吳人嚴夫子子也（張晏曰夫子嚴忌也補注先謙曰忌見藝文志鄒陽司馬相如傳）或言族家子也（師古曰亦云夫子之族子也）郡舉賢良對策百餘人武帝善助對繇是獨擢助爲中大夫（補注齊召南曰助對策在建元元年）後得朱買臣吾丘壽王司馬相如主父偃徐樂嚴安東方朔枚皋膠倉終軍嚴蔥奇等並在左右（補注齊召南曰膠倉藝文志作聊蒼縱橫家有待詔金馬聊蒼三篇班自注趙人嚴蔥奇志作莊怱奇官常侍郎有賦十一篇班自注枚皋同時蓋其人本姓莊史因避明帝諱改爲嚴猶莊忌稱嚴忌莊助稱嚴助也周壽昌曰藝文志顏注引七略云蔥奇或言莊夫子子或言族家子莊助昆弟）是時征伐四夷開置邊郡軍旅數發內改制度朝廷多事婁舉賢良文學之士（師古曰婁古屢字）公孫弘起徒步數年至丞相開東閣延賢人與謀議（補注先謙曰官本閣作閤）朝覲奏事因言國家便宜上令助等與大臣辨論中外相應以義理之文（師古曰中謂天子之賓客若嚴助之輩也外謂公卿大夫也）大臣數詘（師古曰詘謂服也音丘勿反）其尤親幸者東方朔枚皋嚴助吾丘壽王司馬相如相如常稱疾避事朔皋不根持論上頗俳優畜之（師古曰論議委隨不能持正如樹木之無根柢也）唯助與壽王見任用而助最先進建元三年閩越舉兵圍東甌東甌告急於漢（補注沈欽韓曰溫州府志東甌故城在永嘉縣西南三十里）時武帝年未二十以問太尉田蚡（補注繆荃孫曰田蚡傳蚡以侯家居雖不任職以王太后故親幸數言事此其證矣先謙曰通鑑考異云是時蚡不爲太尉云太尉誤也下云太尉不足與計蓋亦追呼其官或亦誤耳郭嵩燾云百官表太尉官建元二年省是田蚡免並罷太尉故可仍其舊稱非誤也）蚡以爲越人相攻擊其常事又數反覆不足煩中國往救也自秦時棄不屬（師古曰言不臣屬於中華）於是助詰蚡曰特患力不能救德不能

覆誠能何故棄之且秦舉咸陽而棄之何但越也師古曰舉總也言總天下乃至京師皆棄也今小國以窮困來告急天子不振尚安所愬師古曰振舉也起也安焉也補注王念孫曰振救也[illegible]故漢紀作天子不能救先謙曰王說是又何以子萬國乎師古曰子謂畜爲臣子也上曰太尉不足與計吾新即位不欲出虎符發兵郡國補注沈欽韓曰以銅爲符鑄虎爲飾中分之頒其右而藏其左起軍旅時則出以合中外之契唐用銅魚符宋用虎豹符明以金牌用寶調發非古制迺遣助以節發兵會稽補注沈欽韓曰唐六典云旌以專賞節以專殺故助得斬司馬也按周禮地官掌節惟道路用旌節注云今使者所擁節是也司常注全羽析羽皆五采繫之於旞旌之上所謂注旄於干首也夏采注綏以旄牛尾爲之綴於橦上所謂注旄於干首者王建大常今以之復去其旒異之於王然則漢之使節但繫旄徒綏亦去旒不用故蘇武得臥起操持明志禮部奏漢光武時以竹爲節柄長八尺其旄三重黃公紹韻會注漢節柄長三尺朱一新曰案武紀及兩粵傳建元三年事會稽守欲距法不爲發師古曰以法距之爲無符驗也補注先謙曰距同拒助迺斬一司馬諭意指師古曰以天子意指曉告之遂發兵浮海救東甌未至閩越引兵罷後三歲閩越復興兵擊南越南越守天子約不敢擅發兵而上書以聞上多其義師古曰多猶重也大爲發興補注先謙曰興謂軍興遣兩將軍將兵誅閩越補注周壽昌曰建元六年事兩將軍王恢韓安國淮南王安上書諫曰陛下臨天下布德施惠緩刑罰薄賦斂哀鰥寡恤孤獨養耆老振匱乏盛德上隆和澤下洽近者親附遠者懷德天下攝然孟康曰攝安也音奴協反補注先謙曰詩既醉疏攝者收斂之言訓安微隔且與下人安其生意複人安其生自以身不見兵革補注錢大昭曰自以下脫沒字南監本閩本皆有先謙曰官本有今聞有司舉兵將以誅越臣安竊爲陛下重之師古曰重難也越方外之地劗髮文身之民也晉灼曰淮南云越人劗髮張揖以爲古翦字也師古曰劗與翦同晉說是也補注先謙曰治要正作翦官本下晉作張是不可以冠帶之國法度理也自三代之盛胡越不與受正朔師古曰與讀曰豫非彊弗能服威弗能制也以爲不居之地不牧之民不足以煩中國也師古曰地不可居而民不可牧養也故古者封內甸服師古曰封內謂封圻千里之內也甸服主治王田以供祭祀也封外侯服師古曰封外千里之外也侯候也爲王者斥候補注錢大昭曰此用國語文避高祖諱故作封

侯衞賓服服虔曰侯服之外又有衞服賓見於王也侯衞二服同爲賓也蠻夷要服師古曰又在侯衞之外而居九州之地也要言以文德要來之耳音一遙反補注先謙曰官本地作內是戎狄荒服師古曰此在九州之外者也荒言其荒忽絕遠來去無常也遠近埶異也自漢初定已來七十二年吳越人相攻擊者不可勝數然天子未嘗舉兵而入其地也臣聞越非有城郭邑里也處谿谷之間篁竹之中服虔曰竹叢也音皇師古曰竹田曰篁補注先謙曰顏說是說文及史記樂毅傳集解引徐廣同習於水鬭便於用舟地深昧而多水險師古曰昧暗也言多草木中國之人不知其埶阻而入其地雖百不當其一得其地不可郡縣也攻之不可暴取也以地圖察其山川要塞相去不過寸數而間獨數百千里師古曰間中間也或八九百里或千里也補注郭嵩燾曰說文間隙也言其隙地與所著山川要塞曠遠不相屬其中險阻林叢必尚多弗能詳也間讀爲古莧切謂相間隔之意阻險林叢弗能盡著師古曰不可盡載於圖也著音竹助反視之若易行之甚難天下賴宗廟之靈方內大寧戴白之老不見兵革師古曰戴白言白髮在首民得夫婦相守父子相保陛下之德也越人名爲藩臣貢酎之奉不輸大內應劭曰越國僻遠珍奇之貢宗廟之祭皆不與也大內都內也國家寶藏也師古曰百官公卿表云治粟屬官有都內令丞也補注姚鼐曰後人率稱天子宮中爲大內誤會此書之語應顏以官解之是也而即以大內爲都內則尚非也蓋武帝太初以後國家穀貨統於大司農若漢初之制則治粟內史自掌穀粟大內自掌財貨故景帝紀云中六年以治粟內史爲大農以大內爲二千石置左右內官屬大內觀是大農大內各爲一職之徵也淮南上書在建元六年其時大內之官固在及後更定官制裁大內之官而左右內官之名亦去更設均輸平準都內之官以領左右內官之舊職而皆屬於大司農然則大司農誠掌穀貨矣若爲治粟內史之時但掌穀耳百官表蓋未稽其分合因大農原於治粟遂先書云治粟內史秦官掌穀貨表內更不載大內之名則已疏矣應顏因班表爲注固有未盡悉者若大內之官蓋亦本於周之職內非秦官也又律厤志言度者分寸丈尺其法用銅又用竹爲引職在內官顏注引宗正屬之內官長丞余疑此內官乃本大內屬之左右內官後爲都內主財貨者若爲宗正之內官恐是主宮內者非律厤志之內官也先謙曰通鑑胡注言越國僻遠既不輸土貢又不輸酎金於中國得其地無益也一卒之用不給上事師古曰給供也自相攻擊而陛下發兵救之是反以中國而勞蠻夷也師古曰疲勞中國之人於蠻夷之地且越人愚戇輕薄負約反覆其不可用天子之法度非一日

之積也師古曰積久也補注先謙曰官本無可字壹不奉詔舉兵誅之臣恐後兵革無
時得息也間者數年歲比不登民待賣爵贅子以接衣食如淳曰淮南俗
賣子與人作奴婢名爲贅子三年不能贖遂爲奴婢師古曰贅質也一說云贅子者謂令子出就婦家爲贅壻耳贅壻解在賈誼傳
補注沈欽韓曰韓愈柳子厚墓誌銘柳州俗以男女質錢約不時贖子本相侔則没爲奴婢如說非虛也淮南本經訓贅妻鬻子注
贅從嫁也或作賃妻與此贅子義同說文贅以物質錢也從敖貝贅者猶放貝當復取之先謙曰文紀後六年夏大旱蝗發倉庾以
振民民得賣爵蓋即武紀所謂移賣也贅子一說非賴陛下德澤振救之得毋轉死溝壑四
年不登五年復蝗民生未復師古曰生謂生業復音扶目反補注先謙曰官本扶作扶是今發
兵行數千里資衣糧入越地師古曰資猶齎輿轎而隃領服虔曰轎音橋梁謂隃道輿車
也臣瓚曰今竹輿車也江表作竹輿以行是也項昭曰陵絕水曰轎音旗廟反領山領也不通舩車運轉皆擔輿也師古曰服音瓚
說是也項氏謬矣此直言以轎過領耳何云陵絕水乎又旗廟之音無所依據隃與踰同補注劉攽曰按今南方竹輿正作旗廟音
項亦未可全非先謙曰俞正燮云河渠書山行即橋徐廣云橋近遙反直轅車也橋當即是轎轎者橋也狀如橋中空離地胡注江
南人又謂之籃輿不通舟車故用肩輿以行謂上官本無梁字領官本作嶺拕舟而入水師古曰拕曳也音它補注

先謙曰正文及注拕官本皆作柁案當從手行數百千里夾以深林叢竹水道上下擊
石師古曰謂舩觸石難以行也林中多蝮蛇猛獸師古曰蝮惡蛇也音敷福反解在田儋傳夏月暑
時歐泄霍亂之病相隨屬也師古曰泄吐也音弋制反屬音之欲反補注先謙曰泄無吐義說文歐吐
也或作嘔疑顏注當作歐吐也泄音弋制反寫者脫歐字又倒泄字於吐上耳通鑑注作歐吐也泄利也亦其證曾未施
兵接刃死傷者必衆矣前時南海王反陛下先臣使將軍間忌將
兵擊之文穎曰先臣淮南厲王長也間忌人姓名師古曰淮南王傳作簡忌此本作間轉寫字誤省耳以其軍降
處之上淦蘇林曰淦音耿弇之弇師古曰音工含反補注沈欽韓曰地理志有新淦縣無上淦紀要淦水在臨江府南三
十里新淦縣既遷水遂屬清江縣源自縣東南茂材鄉之離嶺經紫淦山出洋湖至清江鎮會蛇溪水入贛江又寰宇記信州玉山
縣東五里有上干溪水一統志上饒江在廣信府城南上源即上干溪干淦聲近或今之上干溪與後復反會天暑
多雨樓船卒水居擊櫂師古曰言常居舟中水上而又有擊櫂行舟之役故多死也櫂音直孝反未戰
而疾死者過半親老涕泣孤子謕號師古曰謕古啼字破家散業迎尸千
里之外裹骸骨而歸悲哀之氣數年不息長老至今以爲記補注先謙

曰書其事爲監戒曾未入其地而禍已至此矣臣聞軍旅之後必有凶年
言民之各以其愁苦之氣薄陰陽之和感天地之精師古曰薄迫也而災
氣爲之生也陛下德配天地明象日月恩至禽獸澤及草木一人
有飢寒不終其天年而死者爲之悽愴於心今方內無狗吠之警
師古曰方內中國四方之內也而使陛下甲卒死亡暴露中原霑漬山谷邊境之
民爲之早閉晏開師古曰晏晚也言有兵難故邊城早閉而晚開也鼂不及夕師古曰鼂古朝字也
言憂危亡不自保也臣安竊爲陛下重之師古曰重難也不習南方地形者多以越
爲人衆兵彊能難邊城服虔曰爲邊城作難也淮南全國之時多爲邊吏師古
曰全國謂未分爲三之時也淮南人於邊爲吏與越接境故知其地形也臣竊聞之與中國異師古曰言其風
土不同限以高山人迹所絕車道不通天地所以隔外內也其入中
國必下領水領水之山峭峻漂石破舟師古曰言水流湍急石爲之漂轉觸破舟船也漂音
匹遙反補注沈欽韓曰一統志自贛水而上信豐甯都俱有石磧險阻號十八灘此所云下領水蓋由貢水上流入贛江此閩越之

徑也領水之山即今大庾嶺矣郭嵩燾曰時所擊者閩越非南越淮南立國之初兼有豫章之地南越閩越並其邊境自秦時通謂
之百越皆有嶺間之如今新城之杉嶺水出黎灘名黎川歷南城下入盱江鉛山分水嶺水北流合紫金溪出鉛山河口入上饒江
江山之仙霞嶺水一名鹿溪北流至大溪灘又北爲衢江環豫章會稽兩郡嶺水皆峭石同旋下云田餘干界中則所下之嶺水蓋
建昌之四望嶺杉嶺水出盱江者也服虔但以山嶺爲訓嶺路蓋多無可指名也沈氏據爲大庾嶺恐失之不可以大
船載食糧下也越人欲爲變必先田餘干界中韋昭曰越邑今鄱陽縣也補注齊召
南曰韋注非也餘干即志所謂餘汗屬豫章郡非越邑也越人先於餘干縣接界之地治田耳先謙曰今饒州府餘干縣治積
食糧迺入伐材治船補注沈欽韓曰越船不能過嶺故須於嶺北別治船晉時盧循入寇先於豫章伐材治船
見晉書循傳邊城守候誠謹越人有入伐材者輒收捕焚其積聚雖百
越奈邊城何補注宋祁曰浙本奈字上有無字且越人緜力薄材孟康曰緜音滅薄力也師古曰
緜弱也言其柔弱如緜讀如本字孟說非也不能陸戰又無車騎弓弩之用然而不可
入者以保地險而中國之人不能其水土也師古曰能堪也補注錢大昕曰能耐二字
古書多通用食貨志能風與旱鼂錯傳其性能寒其性能暑趙充國傳漢馬不能冬西域傳不能饑渴顏皆讀如耐此亦當從耐音

先謙曰通鑑改作耐臣聞越甲卒不下數十萬所以入之五倍迺足師古曰不下言
不減也漢軍多之五倍然後可入其地也輓車奉饟者不在其中師古曰輓引也音晚饟亦餉字南方
暑濕近夏癉熱師古曰癉黃病音丁幹反補注王念孫曰訓癉爲黃病則癉熱二字義不相屬顏說非也今案癉者
盛也周語陽癉憤盈言陽盛憤盈也字通作僤又作憚大雅板篇下民卒癉釋文癉一作僤釋詁注引小雅大東篇哀我癉人今本癉作憚大雅桑柔篇逢天僤怒言盛怒也
秦策王之威亦憚矣言威之盛也呂覽重已篇衣不燀熱高注燀讀曰亶亶厚也義與癉熱亦相近癉熱即盛熱言南方暑濕之地
近夏則盛熱也下文疾癘多作乃始言疾病耳暴露水居蝮蛇蠚生師古曰蠚毒也音壑補注宋祁曰浙本生
作蟲疾癘多作補注宋祁曰景本癘作災兵未血刃而病死者什二三雖舉越國
而虜之不足以償所亡師古曰舉謂總取也臣聞道路言閩越王弟甲弑而
殺之師古曰甲者閩王弟之名補注先謙曰顧炎武云即下文所云閩越王弟餘善殺王以降者也當淮南王上書時不知其
名故謂之甲猶云某甲耳顏注非甲以誅死其民未有所屬陛下若欲來內補注先謙
曰內與納同來內猶言招納處之中國使重臣臨存師古曰存謂省問之施德垂賞以招
致之此必攜幼扶老以歸聖德若陛下無所用之則繼其絕世存

其亡國建其王侯以爲畜越李奇曰如人畜養六畜也師古曰直謂畜養之耳非六畜也此必
委質爲藩臣世共貢職師古曰共讀曰供陛下以方寸之印丈二之組塡
撫方外師古曰組者印之綬補注先謙曰塡音竹刃反不勞一卒不頓一戟師古曰頓壞也一曰頓讀
曰鈍而威德並行今以兵入其地此必震恐以有司爲欲屠滅之也
必雉兔逃入山林險阻師古曰如雉兔之逃竄而入山林險阻之中背而去之則復相
羣聚留而守之歷歲經年則士卒罷勸食糧乏絕師古曰罷讀曰疲勸亦倦字
男子不得耕稼種樹補注先謙曰官本作樹種婦人不得紡績織紝師古曰樹植也機縷
曰紝紝音人禁反丁壯從軍老弱轉餉師古曰餉亦饟字居者無食行者無糧民
苦兵事亡逃者必眾隨而誅之不可勝盡盜賊必起臣聞長老言
秦之時嘗使尉屠睢擊越張晏曰郡都尉姓屠名睢也又使監祿鑿渠通道張晏
曰監郡御史也名祿補注沈欽韓曰淮南人間訓使監祿轉餉以卒鑿渠通糧道注云鑿通湘水離水之渠寰宇記秦鑿渠在桂州
興安縣二十里本灕水自柘山之陰西北流至縣西南合零渠五里始分爲二水昔秦命御史監祿自零陵鑿渠至桂林故漢歸義

侯嚴爲戈船將軍出零陵下灕水即此役漢馬援唐李渤魚孟威因秦舊瀆續有興造詳輿地廣記及范成大石湖集先謙曰渠在
今廣西興安縣西北一十里越人逃入深山林叢不可得攻留軍屯守空地曠
日持久補注宋祁曰越本持作引王念孫曰景祐本亦作引引與持字不相似若本是持字無緣而譌爲引疑後人熟於曠
日持久之語而輒改之也引久者長久也過秦論曠日長久而社稷安是也漢紀作曠日彌久彌亦長也士卒勞倦越
迺出擊之補注宋祁曰越本無迺字秦兵大破迺發適戍以備之師古曰適讀曰讁補注沈
欽韓曰明志桂林府臨桂縣北有秦城相傳秦時戍守處當此之時外內騷動百姓靡敝師古曰靡
散也音糜行者不還往者莫反補注先謙曰莫官本作莫是皆不聊生亡逃相從羣
爲盜賊於是山東之難始興此老子所謂師之所處荊棘生之者
也師古曰老子道經之言也師旅行必殺傷士眾侵暴田畝故致荒殘而生荊棘也補注先謙曰官本無致字兵者凶
事一方有急四面皆從補注王念孫曰從字師古無音案當讀爲聳聳動也言一方有急而四方皆聳動也
聳或作[illegible]文選海賦[illegible]李善曰[illegible]動也韋賢傳云一方有急三面救之是天下皆動而被其害也彼言皆動猶此言皆聳也作從者借字耳故漢紀
作四面皆聳先謙曰通鑑亦作聳臣恐變故之生姦邪之作由此始也周易曰高

宗伐鬼方三年而克之師古曰既濟九三爻辭鬼方小蠻夷高宗殷之盛天
子也以盛天子伐小蠻夷三年而後克言用兵之不可不重也臣
聞天子之兵有征而無戰言莫敢校也師古曰校計也不敢與計彊弱曲直補注先謙曰官
本校作校伐罪而弔其民故莫敢校顏說未當如使越人蒙死徼幸以逆執事之顏行文穎
曰顏行猶雁行在前行故曰顏也師古曰蒙犯也行音胡郎反補注宋祁曰越本無死字先謙曰顏雁一聲之轉文說是也顏之爲
雁猶岸之爲顏皆以聲轉通用管子輕重甲篇有士爭前戰爲顏行之語後世遂謂戰士在前者爲顏行也廝輿之卒
有一不備而歸者張晏曰廝微輿眾也師古曰廝析薪者輿主駕車者此皆言賤役之人補注沈欽韓曰鶡冠博
選篇四曰廝輿五曰徒隸何休公羊注刈草爲防曰廝先謙曰不備謂有損傷雖得越王之首臣猶竊爲
大漢羞之陛下以四海爲境九州爲家八蔬爲囿江海爲池師古曰八
藪謂魯有大野晉有大陸秦有楊汙宋有孟諸楚有雲夢吳越之間有具區齊有海隅鄭有圃田補注先謙曰蔬官本作藪是生
民之屬皆爲臣妾人徒之眾足以奉千官之共師古曰千官猶百官也多言之耳共
讀曰供租稅之收足以給乘輿之御玩心神明秉執聖道負黼依師古

曰負背也白與黑畫爲斧文謂之黼也依讀曰扆扆形如屛風而曲之畫以黼文張於戶牖之間馮玉几師古曰馮讀曰凭南面而聽斷號令天下四海之內莫不嚮應師古曰嚮讀曰響補注先謙曰嚮讀如字亦通陛下垂德惠㠯覆露之師古曰露謂使之沾潤澤也或露或覆言養育也使元元之民安生樂業則澤被萬世傳之子孫施之無窮天下之安猶泰山而四維之也師古曰維謂聯繫之補注沈欽韓曰秦策呂不韋說陽泉君曰甯于泰山四維夷狄之地何足㠯爲一日之閒如淳曰得其地物不足爲一日閒暇之虞也補注郭嵩燾曰說文閒隙也隙壁際也引申之凡有罅釁皆曰隙閒者隙之可尋者也有隙則兩相閒隔言天下大安閩粵相攻不足爲中國閒隙當讀爲古莧切如說恐未然先謙曰虞娛通而煩汗馬之勞乎詩云王猶允塞徐方既來師古曰大雅常武之詩猶道也允信也塞滿也既盡也言王道信充滿於天下則徐方淮夷盡來服也言王道甚大而遠方懷之也臣聞之農夫勞而君子養焉師古曰言農夫勤力於耕稼所得五穀以養君子也愚者言而智者擇焉補注沈欽韓曰語見文子上德篇趙策武靈王胡服趙文諫語同臣安幸得爲陛下守藩㠯身爲鄣蔽人臣之任也邊境有警愛身之死而不畢其愚非

忠臣也師古曰畢盡也盡言其意也臣安竊恐將吏之㠯十萬之師爲一使之任也師古曰言漢發一使鎭撫之則越人賓服不煩兵往是時漢兵遂出踰領補注宋祁曰一本踰字上有未字王念孫曰一本是也漢紀作兵已出未踰五嶺南粵閩粵兩傳皆云兵未踰領史記同先謙曰遂竟也適會閩越王弟餘善殺王㠯降漢兵罷上嘉淮南之意美將卒之功補注宋祁曰浙本卒作率王念孫曰浙本是也率卽帥字漢紀作美將帥之功是其證隸書率與卒相近因譌爲卒迺令嚴助諭意風指於南越也師古曰風讀曰諷以天子之意指諷告補注宋祁曰一本南越下有王字南越王頓首曰補注先謙曰王趙佗孫胡天子迺幸興兵誅閩越死無㠯報卽遣太子隨助入侍助還又諭淮南曰皇帝問淮南王使中大夫玉上書言事聞之補注先謙曰所上書已得聞也朕奉先帝之休德夙興夜昧補注先謙曰昧官本作寐是明不能燭師古曰燭照也重㠯不德師古曰重音直用反是㠯比年凶菑害眾師古曰菑古災字夫㠯眇眇之身託于王侯之上內有飢寒之民南夷相攘師古曰攘謂相侵奪也音人羊反使邊騷然不安朕甚懼焉今王深惟重慮師古曰惟思也慮計也明太平㠯弼朕失稱三代至盛際天接地人迹所及咸盡賓服藐然甚懃如淳曰王之所言藐然閒之甚懃也師古曰藐遠也言不可及也藐音武卓反嘉王之意靡有所終師古曰靡無也終極也使中大夫助諭朕意告王越事助諭意曰今者大王㠯發屯臨越事上書陛下故遣臣助告王其事王居遠事薄遽不與王同其計如淳曰薄迫也言事迫不暇得先與王共議之或曰薄語助也師古曰薄迫是也遽速也㠯其据反朝有闕政遺王之憂師古曰言朝政有闕乃使王有憂也遺猶與也補注先謙曰官本庄無言字陛下甚恨之夫兵固凶器明主之所重出也師古曰重難也然自五帝三王禁暴止亂非兵未之聞也漢爲天下宗操殺生之柄師古曰操執持也音千高反㠯制海內之命危者望安亂者卬治師古曰卬讀曰仰謂仰而望之今閩越王狠戾不仁師古曰狠性貪戾凡言狠戾者謂貪而戾補注王念孫曰顏以狠爲豺狼之狠非也狠亦戾也戾字亦作盭廣雅狠戾很也又曰狠很盭也是狠與戾同義燕策趙王狠戾無親淮南要略秦國之俗貪狼狠戾貪饕皆兩字平列非謂如狠之戾如狠之貪也文選洞簫賦貪饕者聽之而廉隅狠戾者聞之而不懟長笛賦氣噴勃以布覆作跱蹠以狠戾貪饕布覆狠戾亦皆兩

字平列惟吳都賦曰料其虓勇則鵰悍狠戾狠戾與鵰悍相對則始誤以狠爲豺狼之狼矣不知狠戾乃雙聲之字不可分爲二義若必謂如狠之戾則樂歲粒米狠戾又將何說乎殺其骨肉離其親戚所爲甚多不義又數舉兵侵陵百越并兼鄰國㠯爲暴彊陰計奇策入燔尋陽樓船師古曰漢有樓船貯在尋陽也欲招會稽之地㠯踐句踐之迹師古曰先是越王句踐稱霸中國今越王欲慕之句音工侯反補注先謙曰招古義訓爲舉也陳項傳贊招八州而朝同列蘇林曰招舉也今者邊又言閩王率兩國擊南越陛下爲萬民安危久遠之計使人諭告之曰天下安寧各繼世撫民禁毋敢相并有司疑其㠯虎狼之心貪據百越之利或於逆順補注先謙曰或與惑同不奉明詔則會稽豫章必有長慮且天子誅而不伐焉有勞百姓苦士卒乎師古曰王者之兵但行誅耳無有戰鬬故云不伐也故遣兩將屯於境上震威武揚聲鄉師古曰鄉讀曰嚮屯曾未會師古曰言兵未盡集天誘其衷閩王隕命輒遣使者罷屯毋後農時師古曰令及農時不待後也南越王甚嘉被惠澤蒙休德願革心易行身從使者入謝師古

曰革改也有狗馬之病不能勝服師古曰服謂朝服也故遣太子嬰齊入侍病有瘳願伏北闕望大廷㠯報盛德補注先謙曰事詳南粵傳閩王㠯八月舉兵於冶南蘇林曰山名也今名東冶屬會稽補注沈欽韓曰紀要故冶縣在福州府治北吳錄云越句踐冶鑄處也漢閩越國都冶山前故曰越王山先謙曰閩越傳師古注冶即侯官縣是也士卒罷倦師古曰罷讀曰疲三王之眾相與攻之因其弱弟餘善㠯成其謀補注郭嵩燾曰前云閩王率兩國擊南粵是並劫東粵兵以行南粵上書以聞而發兵守邊則非擅發兵也三王之眾並南越東越及閩越言之蓋據閩粵傳建元三年東越內徙江淮間其地當遂爲閩越所并故此云率兩國先謙曰謀官本作誅是至今國空虛遣使者上符節請所立不敢自立㠯待天子之明詔此一舉不挫一兵之鋒不用一卒之死而閩王伏辜南越被澤威震暴王義存危國此則陛下深計遠慮之所出也事效見前師古曰見顯也前謂目前補注先謙曰言事效已見於前所云也顏注非故使臣助來諭王意於是王謝曰雖湯伐桀文王伐崇誠不過此臣安妄㠯愚意狂言陛下不忍加誅使使者臨詔臣安㠯所不聞師古曰先未聞者今得聞也臣不勝厚幸助由是與淮南王相結而還上大說師古曰說讀曰悅助侍燕從容師古曰從容閒語也從音千容反上問助居鄉里時助對曰家貧爲友壻富人所辱師古曰友壻同門之壻上問所欲對願爲會稽太守於是拜爲會稽太守數年不聞問師古曰無善聲補注李慈銘曰不聞問謂不通信問也故詔云間者闊焉久不聞問而助以不能事父母爲比顏注非賜書曰制詔會稽太守君厭承明之廬張晏曰承明廬在石渠閣外直宿所止曰廬補注沈欽韓曰說苑修文篇天子左右之路寢謂之承明何也曰承乎明堂之後者也勞侍從之事補注先謙曰以侍從爲勞苦懷故土師古曰懷思也出爲郡吏會稽東接於海南近諸越師古曰越種非一故言諸北枕大江師古曰枕臨也間者闊焉久不聞問具㠯春秋對毋㠯蘇秦從橫師古曰從音子容反助恐上書謝稱春秋天王出居于鄭不能事母故絕之師古曰周惠王之子襄王也弟叔帶有寵於惠后欲立之故襄王避難而出奔也僖二十四年經書天王出居於鄭公羊傳曰王者無外此其言出何不能乎母也補注郭嵩燾曰春秋據事直書縱橫則飾辯而已詔蓋詰其所以不樂侍中而外求郡之指助據春秋天王出居於鄭爲對正承詔言之然不自述己意而述公羊說經之意是其善於立言臣事君猶

子事父母也臣助當伏誅陛下不忍加誅願奉三年計最如淳曰舊法當使丞奉歲計令躬自欲入奉也晉灼曰最凡要也補注沈欽韓曰韓非外儲右篇西門豹爲鄴令期年上計漢法亦以歲盡上計預歲首大會而遣歸此三年計最蓋遠郡如此覲見後漢西南夷傳先謙曰注令躬官本作今助是詔許因留侍中有奇異輒使爲文師古曰謂非常之文及作賦頌數十篇後淮南王來朝厚賂遺助交私論議及淮南王反事與助相連上薄其罪欲勿誅師古曰以其過爲輕小廷尉張湯爭㠯爲助出入禁門腹心之臣而外與諸侯交私如此不誅後不可治助竟棄市補注先謙曰助得罪在元狩元年

朱買臣字翁子吳人也補注沈欽韓曰一統志朱買臣宅在吳縣穹隆山相傳寺基故址也李慈銘曰翁子即公子也如儒林傳劉公子游俠傳高公子羽公子尹翁歸傳暴公子之比後漢辟漢亦字公子家貧好讀書不治產業常艾薪樵賣㠯給食師古曰艾讀曰刈給供也擔束薪行且誦書其妻亦負戴相隨數止買臣毋歌嘔道中師古曰嘔讀曰謳音一侯反補注沈欽韓曰淮南泰族訓趙王遷思故鄉作爲山水之嘔嘔古謳字買臣愈益疾歌妻羞之求去買臣笑曰我年五十當富貴補注宋祁曰浙本無富字今已四十餘矣女苦日久待我富貴報女功師古曰女皆讀曰汝妻恚怒曰如公等終餓死溝中耳何能富貴買臣不能留即聽去其後買臣獨行歌道中負薪墓間故妻與夫家俱上冢見買臣飢寒呼飯飲之師古曰飯謂飤之音扶晚反飲音於禁反補注先謙曰飯飲之猶言飲食之也後數歲買臣隨上計吏爲卒將重車至長安師古曰買臣身自充卒而與計吏將重車也載衣食具曰重車重音直用反補注沈欽韓曰重以大車駕牛風俗通汝南戴幼起爲上計吏獨車載衣資表汝南太守上計吏載紹車獨車乃鹿車也是他計吏固有衣裝大車計吏職貢方物所載不止衣食具也詣闕上書書久不報待詔公車糧用乏上計吏卒更乞匄之師古曰更音工衡反乞音氣匄音工大反會邑子嚴助貴幸補注錢大昕曰邑子猶言邑人助與買臣皆吳人同邑故有邑子之稱疏廣傳公卿大夫故人邑子設祖道供帳東都門外趙廣漢傳廣漢疑其邑子榮畜教令尹翁歸傳定國家在東海欲屬託邑子二人皆與此同義六朝碑多有題邑子者薦買臣召見說春秋言楚詞帝甚說之師古曰說讀曰悅拜買臣爲中大夫與嚴助俱侍中是時方築朔方補注先謙曰元朔二年築朔方時助自會稽入侍中

也又三年而助誅公孫弘諫㠯為罷敝中國師古曰罷讀曰疲上使買臣難詘弘語在弘傳後買臣坐事免久之召待詔是時東越數反覆補注先謙曰漢誅閩粵後別立餘善為東越王其數反覆詳閩粵傳買臣因言故東越王居保泉山師古曰泉山即今泉州之山也臨海去海十餘里保者保守之以自固也說者乃云保是地名失之矣補注齊召南曰泉山今曰清源山在泉州府城北去海甚近而下文乃云今聞東越王更徙處南行去泉山五百里居大澤中然則所謂大澤中者即大海中島嶼歟郭嵩燾曰永嘉記甌水出永寧山東流為永嘉江一名甌江東甌故城在今永嘉縣西南東越始立國時實都東甌此云居保泉山則是其後南徙泉州據險自守故曰保大澤若今泉州之洋嶼漳州之南澳蓋皆阻海為險是以前討東越王郢分出豫章會稽及討餘善橫海將軍韓說直浮海擊之此可以推其用兵之迹者也齊氏疑大澤為大海中島嶼誤閩越通名泉州自唐景雲二年置閩州旋改福州而泉州相承至今方輿勝覽云山顛有清泉因名泉山東越王居保泉山即此一人守險千人不得上今聞東越王更徙處南行去泉山五百里居大澤中今發兵浮海直指泉山陳舟列兵席卷南行可破滅也上拜買臣會稽太守上謂買臣曰富貴不歸故鄉如衣繡夜行今子何如買臣頓首辭謝

詔買臣到郡治樓船備糧食水戰具須詔書到軍與俱進師古曰須待也初買臣免待詔常從會稽守邸者寄居飯食師古曰飯音扶晚反拜為太守買臣衣故衣懷其印綬步歸郡邸補注沈欽韓曰西京雜記買臣懷章綬還至舍亭而國人未知也所知錢勃見其暴露乃勞之曰得無罷乎遺與紈扇買臣至郡引為上客尋遷為掾吏先謙曰郡邸會稽邸直上計時會稽吏方相與羣飲師古曰直讀曰值不視買臣買臣入室中補注錢大昭曰閩本不重買臣二字先謙曰顧炎武云室中即會稽邸中也邸如今京師之會館守邸與共食食且飽少見其綬師古曰見顯示也守邸怪之前引其綬視其印會稽太守章也守邸驚出語上計掾吏皆醉大呼曰妄誕耳師古曰誕大言也呼音火故反次下亦同守邸曰試來視之補注錢大昭曰閩本無來字其故人素輕買臣者入視之補注王念孫曰景祐本入下有內字是也今本無內字者後人不曉古義而刪之耳入內即上文所云入室中也古者謂室為內故謂入室為入內武紀云甘泉宮內中產芝淮南傳云閉太子使與妃同內鼂錯傳家有一堂二內皆是也[illegible]御覽職官部五十七引此正作入內視之室謂之內故臥室謂之臥內詳見盧綰傳還走疾呼曰實然坐中驚駭白守丞

服虔曰守邸丞也張晏曰漢舊郡國丞長吏與計吏俱送計也師古曰張說是也謂之守丞者繫太守而言也守音式授反補注周壽昌曰守丞自一官顏謂繫太守而言非也縣亦有守丞不必郡太守熹平時蒼頡廟碑碑陰題名有衙守丞臨晉張疇衙左馮翊屬縣朱雲傳華陰守丞嘉上封事華陰京兆屬縣此縣有守丞之證丞以守名殆亦居守之義先謙曰注舊下疑脫儀字相推排陳列中庭拜謁買臣徐出戶有頃長安廄吏乘駟馬車來迎張晏曰故事大夫乘官車駕駟如今州牧刺史矣買臣遂乘傳去師古曰傳音張戀反會稽聞太守且至發民除道縣吏並送迎車百餘乘入吳界見其故妻妻夫治道買臣駐車呼令後車載其夫妻到太守舍置園中給食之師古曰食讀曰飤居一月妻自經死買臣乞其夫錢令葬師古曰乞音氣悉召見故人與飲食諸嘗有恩者皆報復焉師古曰復音扶目反居歲餘買臣受詔將兵與橫海將軍韓說等俱擊破東越師古曰說讀曰悅補注齊召南曰按說出句章浮海從東方往即前買臣所畫浮海直指泉山之策也有功徵入為主爵都尉列於九卿數年坐法免官補注先謙曰上言數反覆此言與橫海以閩粵傳證之即是滅粵之役朱一新云說傳以待詔為橫海將軍擊破東越封按道

侯功臣表按道侯說以元封元年五月封十九年為衛太子所殺自元封元年至征和二年衛太子敗時適得十九年與說傳合元封以前說僅待詔未嘗為橫海將軍此云橫海將軍即滅粵之役可知矣先謙案公卿表於元狩元年書會稽太守朱買臣為主爵都尉三年書主爵都尉趙食其是買臣為主爵都尉止二年此傳及張湯傳云買臣因湯死誅案湯死在元鼎二年公卿表與武紀合漢滅東越在元封元年閩粵傳亦與武紀合是東越之滅後湯死六年若買臣以滅東越功為主爵都尉又數年而免官則湯死已久何至尚有與湯仇害之事湯死越滅紀與表傳年相符合此大事不容有誤蓋買臣實不預滅越載記流傳班氏誤採致有抵牾漢紀通鑑載買臣害湯而削其獻計滅越事予謂買臣或因倡伐越之謀拜會稽太守而未預其功宜刪去上買臣受詔將兵二十一字則情事脗合矣復為丞相長史張湯為御史大夫始買臣與嚴助俱侍中貴用事湯尚為小吏趨走買臣等前後湯㠯廷尉治淮南獄排陷嚴助買臣怨湯及買臣為長史湯數行丞相事知買臣素貴故陵折之買臣見湯坐牀上弗為禮師古曰言不動容以禮之也為音于僞反補注先謙曰為讀如字不當別音買臣深怨常欲死之師古曰致死以害之補注宋祁曰越本無深字後遂告湯陰事湯自殺上亦誅買臣補注先謙曰事詳湯傳買臣子山拊如淳曰拊音夫官至

郡守右扶風補注先謙曰公卿表孝宣本始四年六安相朱山拊爲右扶風一年下獄死
吾丘壽王補注錢大昕曰兩都賦序作虞邱沈欽韓曰說苑善說篇作虞邱新序列女傳楚莊王令尹有虞邱子說苑敬
愼篇作吾邱子御覽七百六十四作吾邱注吾一曰虞虞吾古同音通用字子贛補注先謙曰治要贛作贛趙人也
年少以善格五召待詔蘇林曰博之類不用箭但行梟散孟康曰格音各行伍相各故言各劉德曰格五棊
行簺法曰塞白乘五至五格不得行故云格五師古曰卽今戲之簺也音先代反補注李慈銘曰案後書梁冀傳注引鮑宏簺經曰白
簺有四采塞白乘五是也至五卽格不得行故謂之格五是塞白乘五者簺四采之名其制雖不得詳據冀傳注又引鮑宏博經曰
瓊有五采刻爲一畫者謂之塞刻爲兩畫者謂之白刻爲三畫者謂之黑由此推之則塞白乘五亦皆刻畫之異名簺卽格五也輿
博異傳本字作簙用六棊六箸亦謂之六箭總曰十二棊其擲頭謂之瓊瓊有五采格五所行者謂之簺簺有四采舊唐書經籍志
載鮑宏簺經鮑宏小簙經各一卷朱一新曰太平廣記博戲門引酉陽雜俎云小戲中於弈局一枰各布五子角遲速名蹙融段成
式讀座右方爲之蹙戎是蹙融亦用五子與格五相類故夢谿筆談謂蹙融卽格五顏注謂卽今之簺得諸目驗自必不誤詔
使從中大夫董仲舒受春秋高材通明遷侍中中郎坐法免上書
謝罪願養馬黃門上不許師古曰請於黃門供養馬之事後願守塞扞寇難補注先謙

曰官本扞作捍復不許久之上疏願擊匈奴詔問狀壽王對良善復召爲
郎稍遷會東郡盜賊起拜爲東郡都尉上以壽王爲都尉不復置
太守是時軍旅數發年歲不孰多盜賊詔賜壽王璽書曰子在朕
前之時知略輻湊師古曰言其無方而至若車輪之歸於轂以爲天下少雙海內寡二
及至連十餘城之守補注先謙曰官本考證地理志東郡領二十二縣都尉治東阿壽王時以都尉兼太守則並屬都尉矣任四千石之重師古曰郡守都尉皆二千石以壽王爲都尉不置太守兼總二任故云四千石也
職事並廢盜賊從橫師古曰從音子庸反甚不稱在前時何也壽王謝罪因
言其狀後徵入爲光祿大夫侍中補注周壽昌曰百官志太初元年更名中大夫爲光祿大夫案公孫弘相在元朔五年踰三年薨當元狩二年下距太初元年凡十八年此當公孫丞相時應稱中大夫云光祿大夫者史駁文
丞相公孫弘奏言民不得挾弓弩十賊彍弩百吏不敢前張晏曰彍音郭師古曰引滿曰彍補注錢大昭曰彍說文作彉云弩滿也淮南子兵略訓疾如彍弩盜賊不輒伏辜免脫者
眾害寡而利多此盜賊所以蕃也師古曰蕃亦多也音扶元反禁民不得挾弓

弩則盜賊執短兵短兵接則眾者勝以眾吏捕寡賊其埶必得盜
賊有害無利則莫犯法刑錯之道也臣愚以爲禁民毋得挾弓弩
便上下其議壽王對曰臣聞古者作五兵非以相害以禁暴討邪
也師古曰五兵謂矛戟弓劍戈安居則以制猛獸而備非常有事則以設守衞
而施行陣及至周室衰微上無明王諸侯力政彊侵弱眾暴寡海
內抏敝師古曰抏訛盡也音五官反補注先謙曰抏摧挫消耗之意也訛同鈋是以巧詐並生知者
陷愚補注錢大昭曰南監本閩本是以二字俱在巧詐並生之下先謙曰官本與監閩本同治要亦同勇者威怯
苟以得勝爲務不顧義理故機變械飾所以相賊害之具不可勝
數於是秦兼天下廢王道立私議滅詩書而首法令師古曰以法令爲首去
仁恩而任刑戮師古曰去除也墮名城殺豪桀師古曰墮毀也音火規反補注先謙曰官本注文在殺豪桀上銷甲兵折鋒刃其後民以耰鉏箠梃相撻擊師古曰耰摩田之器也箠馬檛也梃大杖也耰音憂箠音之累反梃音大鼎反犯法滋眾盜賊不勝師古曰滋益也不勝言不可勝也至

於赭衣塞路羣盜滿山卒以亂亡故聖王務教化而省禁防知其
不足恃也今陛下昭明德建太平舉俊材興學官三公有司或由
窮巷起白屋裂地而封師古曰白屋以白茅覆屋也壽王言此者並以譏公孫弘補注沈欽韓曰程大昌演繁露春秋莊公丹威宮楹非禮也在禮楹天子丹諸侯黝堊大夫蒼士黈黈黃色也按此則士以上屋楹方許循等級用采色庶人則不許是以謂爲白屋顏云以白茅覆屋古無其傳也後世諸侯王及達官所居屋皆飾以朱故曰朱門朱邸言朱以別於白也瞿鴻禨曰管子乘馬篇白徒三十人奉車兩魏書食貨志白民輸五百石聽依第出身北史李敏傳周宣帝謂樂平公主曰敏何官對曰一白丁耳白猶素也無官業空一人耳白屋卽起家無所憑藉之義顏解近迂沈說亦未確周公致白屋之士非必庶人如素王素臣不必定以色言也宇內日化方外鄉風師古曰鄉讀曰嚮然而盜賊猶有者郡
國二千石之罪非挾弓弩之過也禮曰男子生桑弧蓬矢以舉之
明示有事也師古曰有四方扞禦之事孔子曰吾何執執射乎師古曰論語載孔子之言大
射之禮自天子降及庶人三代之道也詩云大侯既抗弓矢斯張
射夫既同獻爾發功師古曰小雅賓之初筵之詩也侯所以居的以皮爲之天子射豹侯諸侯射熊侯卿大夫

射麋侯士射鹿豕侯抗舉也射夫眾射者也同同耦也言旣舉大侯又張弓矢分耦而射則獻其發矢中的之功也言貴中也師古曰中音竹仲反愚聞聖王合射㠯明教矣未聞弓矢之爲禁也且所爲禁者爲盜賊之㠯攻奪也攻奪之罪死然而不止者大姦之於重誅固不避也臣恐邪人挾之而吏不能止良民㠯自備而抵法禁師古曰抵觸也是擅賊威而奪民救也師古曰擅專也竊㠯爲無益於禁姦而廢先王之典使學者不得習行其禮大不便書奏上㠯難丞相弘弘詘服焉及汾陰得寶鼎武帝嘉之薦見宗廟臧於甘泉宮羣臣皆上壽賀曰陛下得周鼎壽王獨曰非周鼎上聞之召而問之曰今朕得周鼎羣臣皆㠯爲然壽王獨㠯爲非何也有說則可無說則死壽王對曰臣安敢無說臣聞周德始乎后稷長於公劉大於大王師古曰公劉后稷曾孫也大王文王之祖則古公亶甫也成於文武顯於周公德澤上昭天下漏泉師古曰昭明也漏言潤澤下霑如屋之漏無所不通上天報應鼎爲周出補注

沈欽韓曰公羊桓二年傳注周家以世孝天瑞之鼎以助享祭故名曰周鼎今漢自高祖繼周亦昭德顯行布恩施惠六合和同至於陛下恢廓祖業功德愈盛天瑞並至珍祥畢見昔秦始皇親出鼎於彭城而不能得天祚有德而寶鼎自出此天之所㠯與漢迺漢寶非周寶補注先謙曰官本有也字上曰善羣臣皆稱萬歲是日賜壽王黃金十斤後坐事誅補注周壽昌曰壽王誅死後武帝頗悔恨見劉向傳狡道侯韓說諫帝語

主父偃齊國臨菑人也學長短從橫術服虔曰蘇秦法百家書說也師古曰長短解在張湯傳從橫說在蓺文志晚迺學易春秋百家之言游齊諸子閒師古曰諸子諸侯王子補注郭嵩燾曰史記作游齊諸生閒莫能厚遇也此諸子卽諸儒史記云莫能厚遇者卽據下假貸無所得言之河閒獻王喜儒術毛生貫生爲之博士梁孝王好文莊忌枚乘爲客可云游諸侯而不可云游諸侯王子閒據本傳及齊悼惠王傳主父偃無從齊諸王子游事也顏注恐未然諸儒生相與排儐不容於齊補注錢大昭曰儐與擯同說文儐或作擯文王世子云退儐于西序釋文本亦作擯客疑當作容先謙曰官本正作容史記同家貧假貸無所得師古曰貸音土得反北游燕趙中山皆莫能厚客甚困㠯諸侯莫足游者元光元年迺西入關補注先謙曰通鑑考異云漢書謂元光元年三人上書據嚴安書云徇南夷朝夜郎降羌僰畧薉州其事皆在元光元年以後蓋誤以朔字爲光字耳先謙案偃書詞氣實爲始伐匈奴而發據武紀元光二年王恢建議擊匈奴未成六年衞青始爲將軍伐匈奴有功偃以元光元年入關衞將軍爲言於上不見用迺上書當在元光六年惟謂與嚴徐同上書上召見三人考異因據安書以合偃事欲易元光爲元朔案漢紀列三人上書於元光二年固未當通鑑載之元朔元年衞皇后已立之後亦非也傳明言元光元年偃西入關留久乃上書未嘗以上書爲元光二年事竊意三人上書皆在元光六年史記載安書令欲招南夷云云欲者將然之詞非已成之迹也本書刪去欲字遂滋後人之疑餘詳安傳見衞將軍師古曰衞青衞將軍數言上上不省資用乏留久諸侯賓客多厭之迺上書闕下朝奏暮召入見所言九事其八事爲律令一事諫伐匈奴曰臣聞明主不惡切諫㠯博觀忠臣不避重誅㠯直諫是故事無遺策而功流萬世今臣不敢隱忠避死㠯效愚計願陛下幸赦而少察之司馬法曰國雖大好戰必亡天下雖平忘戰必危師古曰司馬穰苴善用兵著書言兵法謂之司

馬法一說司馬古主兵之官有軍陳用兵之法補注先謙曰通鑑胡注史記齊威王使大夫追論古者司馬兵法而附穰苴於其中因號司馬穰苴兵法天下既平天子大愷應劭曰大愷周禮還師振旅之樂也補注沈欽韓曰見司馬法仁本篇春蒐秋獮諸侯春振旅秋治兵所㠯不忘戰也師古曰春爲陽中其行木也秋爲陰中其行金也金木兵器所資故於此時蒐獮治兵也蒐蒐索也取不孕者獮應殺氣也振整旅眾也獮音先淺反且怒者逆德也兵者凶器也爭者末節也補注沈欽韓曰尉繚子兵議篇兵者凶器也爭者逆德也說苑指武篇屈宜咎語同古之人君一怒必伏尸流血故聖王重行之師古曰重難也夫務戰勝窮武事未有不悔者也昔秦皇帝任戰勝之威蠶食天下并吞戰國海內爲一功齊三代務勝不休欲攻匈奴李斯諫曰不可夫匈奴無城郭之居委積之守補注先謙曰胡注委積者倉廩之藏也鄭氏云少曰委多曰積遷徙鳥舉難得而制輕兵深入糧食必絕運糧㠯行重不及事得其地不足㠯爲利得其民不可調而守也李奇曰不可和調也勝必棄之非民父母補注李慈銘曰謂勝其國而棄其民非爲民父母之道先謙曰史記棄作殺似誤靡敝中國甘

心匈奴師古曰靡散也音糜其下類此非完計也秦皇帝不聽遂使蒙恬將兵而攻胡卻地千里以河爲境地固澤鹵不生五穀師古曰地多沮澤而鹹鹵補注王念孫曰顏用薛瓚注而誤澤鹵卽斥鹵非謂沮澤也史記作地固澤鹹鹵鹹字後人所加集解引瓚曰其地多水澤又有鹵則鹵上本無鹹字又引徐廣曰澤一作斥漢書作澤鹵漢紀作斥鹵是澤鹵卽斥鹵之間加一鹹字則文不成義矣又案夏本紀海濱廣潟徐廣亦曰潟一作澤又作斥偊頎河渠書潟澤鹵之地索隱云澤一作寫本或作斥寫鹵澤鹵並與斥鹵同瓚以澤爲水澤鹵爲鹹鹵分澤鹵爲二義亦失之然後發天下丁男以守北河補注錢大昭曰漢紀作河北先謙曰漢紀誤也下云終不能踰河而北何能守河北乎暴兵露師十有餘年死者不可勝數終不能踰河而北是豈人眾之不足兵革之不備哉其埶不可也又使天下飛芻輓粟師古曰運載芻槀令其疾至故云飛芻也輓謂引車船也音晚起於黃腄琅邪負海之郡轉輸北河師古曰黃腄二縣名也並在東萊言自東萊及琅邪緣海諸郡皆令轉輸至北河也腄音直瑞反又音誰補注先謙曰胡注河水逕安定北地朔方界皆北流至高闕始屈而東流過雲中楨林縣又屈而南流故朔方雲中之河謂之北河先謙案負海見國策齊地濱海故七國時直稱齊曰負海也率三十鍾而致一石師古曰六斛四斗爲鍾計其道路所費凡用百九十二斛乃得一石至男子疾耕不足於糧餉師古曰餉亦饟字女子紡績不足於帷幕百姓靡敝孤寡老弱不能相養道死者相望師古曰道死謂死於路也蓋天下始叛也及至高皇帝定天下略地於邊聞匈奴聚代谷之外而欲擊之御史成諫曰不可夫匈奴獸聚而鳥散從之如搏景師古曰搏擊也搏人之陰景言不可得也補注沈欽韓曰管子兵法篇善者之爲兵使敵若據虛若搏景先謙曰胡注景隨物而生者也存滅不常難得而搏之今以陛下盛德攻匈奴臣竊危之高帝不聽遂至代谷果有平城之圍高帝悔之迺使劉敬往結和親然後天下亡干戈之事故兵法曰興師十萬日費千金秦常積眾數十萬人雖有覆軍殺將係虜單于師古曰覆音芳目反補注先謙曰官本注文在係虜單于上適足以結怨深讎不足以償天下之費夫匈奴行盜侵敺所以爲業天性固然師古曰來侵邊竟而敺略人畜也敺與驅同其字從文音普木反補注先謙曰官本敺竝作毆從文作從支上自虞夏殷周固不程督師古曰程課也督視責也禽獸畜之不比爲人

夫不上觀虞夏殷周之統而下循近世之失此臣之所以大恐百姓所疾苦也且夫兵久則變生事苦則慮易師古曰言思慮變易失其常也使邊境之民靡敝愁苦將吏相疑而外市張晏曰與外國交市已利若章邯之比也補注先謙曰治要引注文作與外國交市若章邯之比也集解引交市已利作交求利也故尉佗章邯得成其私師古曰佗音徒何反而秦政不行權分二子此得失之效也故周書曰安危在出令存亡在所用師古曰此周書者本尚書之餘補注沈欽韓曰周書王佩解存亡在所用離合在出命願陛下孰計之而加察焉是時徐樂嚴安亦俱上書言世務書奏上召見三人謂曰公皆安在何相見之晚也師古曰言皆者各在何處補注宋祁曰皆字疑作比謂言比來在何處也若云皆安在則似淺而不雅郭嵩燾曰史記作公等皆安在此脫等字則文句不完宋改皆爲比無義迺拜偃樂安皆爲郎中偃數上疏言事遷謁者中郎中大夫歲中四遷偃說上曰古者諸侯地不過百里彊弱之形易制今諸侯或連城數十地方千里緩則驕奢易爲淫亂急則阻其彊而合從師古曰從音子容反以逆京師今以法割削則逆節萌起師古曰萌謂事之始生如草木之萌芽也前日朝錯是也今諸侯子弟或十數而適嗣代立師古曰適讀曰嫡餘雖骨肉無尺地之封則仁孝之道不宣願陛下令諸侯得推恩分子弟以地侯之彼人人喜得所願上以德施實分其國必稍自銷弱矣於是上從其計補注錢大昭曰中山王勝傳云其後更用主父偃謀令諸侯以私恩自裂地分其子弟而漢爲定制封號輒別屬漢郡此偃銷弱之計也先謙曰集解引徐廣曰元朔二年始令諸侯王分封子弟又說上曰茂陵初立天下豪桀兼并之家亂眾民皆可徙茂陵補注先謙曰史記作亂眾之民案文義此之字似不可省亂猶惑也內實京師外銷姦猾此所謂不誅而害除上又從之尊立衞皇后及發燕王定國陰事補注先謙曰敬王澤之孫偃有功焉大臣皆畏其口賂遺累千金或說偃曰大橫師古曰橫音胡孟反偃曰臣結髮游學四十餘年身不得遂師古曰遂猶達也親不以爲子昆弟不收賓客棄我我阸日久矣丈夫生不五鼎食死則五鼎亨耳張晏曰五鼎食牛羊豕魚麋也諸侯

五卿大夫三師古曰五鼎亨之謂被鑊亨之誅補注沈欽韓曰聘禮注少牢鼎五羊豕腸胃魚腊是五鼎無牛也少牢饋食禮五鼎羊豕膚魚腊腊用麋李慈銘曰牛惟周禮膳夫之牢鼎九儀禮聘禮之飪鼎七始有之張注明是誤字偃時爲中大夫故以大夫禮言之生不五鼎食非語辭與下則字相應爲文言不生而五鼎食則死而五鼎亨耳先謙曰胡注引孔穎達曰少牢陳五鼎羊一豕二膚三魚四腊五亦不言有牛吾日暮故倒行逆施之師古曰暮言年齒老也倒行逆施謂不遵常理此語本出五子胥偃述而稱之補注先謙曰史記日暮下有途遠二字本書伍子胥皆作五官本注作伍蓋後人所改偃盛言朔方地肥饒外阻河蒙恬築城以逐匈奴補注王念孫曰築字後人加之景祐本所無也城卽築城也小雅出車曰城彼朔方是也無庸更加築字史記作蒙恬城之以逐匈奴內省轉輸戍漕廣中國滅胡之本也上覽其說下公卿議皆言不便公孫弘曰秦時嘗發三十萬眾築北河終不可就師古曰就成也已而棄之朱買臣難詘弘遂置朔方本偃計也元朔中偃言齊王內有淫失之行師古曰失讀曰佚音尹一反上拜偃爲齊相至齊徧召昆弟賓客散五百金予之數曰師古曰數責也數音所具反始吾貧時昆弟不我衣食賓客不我內門師古曰衣音於既反食讀曰飤內門謂內之於門中也

今吾相齊諸君迎我或千里吾與諸君絕矣毋復入偃之門迺使人以王與姊姦事動王補注先謙曰官本以作告引宋祁曰越本告作以王以爲終不得脫恐效燕王論死迺自殺補注先謙曰齊厲王次昌也事互見齊王肥傳偃始爲布衣時嘗游燕趙及其貴發燕事趙王恐其爲國患欲上書言其陰事爲居中不敢發補注先謙曰趙王景帝子彭祖及其爲齊相出關卽使人上書告偃受諸侯金以故諸侯子多以得封者補注先謙曰史記子下有弟字及齊王以自殺聞補注宋祁曰浙本云及齊以王自殺聞上大怒以爲偃劫其王令自殺迺徵下吏治偃服受諸侯之金實不劫齊王令自殺上欲勿誅公孫弘爭曰齊王自殺無後國除爲郡入漢偃本首惡非誅偃無以謝天下迺遂族偃補注先謙曰據表齊厲王元光四年嗣封五年薨無後薨當作自殺史駁文案元光四年至元朔二年共五年燕王自殺事在元朔二年秋厲王自殺亦在二年偃誅蓋元朔二三年之交矣計偃上書貴幸至誅死先後不及三年通鑑載偃誅於元朔二年史記偃傳言偃誅時公孫弘爲御史大夫考弘傳及百官表弘爲御史大夫在元朔三年則偃誅以三年矣通鑑係於二年誤偃方貴幸時客以千數及族死無一人視獨孔車收葬焉上聞之以車爲長者補注先謙曰史記作洨孔車集解引徐廣曰沛有洨縣

徐樂燕郡無終人也補注先謙曰顧炎武云地理志無燕郡而無終屬右北平考燕王定國以元朔二年秋有罪自殺國除而元狩六年夏四月始立皇子旦爲燕王其間爲燕郡者十年而志佚之也徐樂上書當在此時而無終於其時屬燕郡後改屬右北平耳錢大昕云地理志所載郡縣以元始初版籍爲斷一代沿革不能悉書志末所載十二國分域如新汲之屬汝南酸棗之屬河南北新成之屬涿郡與本文既已牴牾蠡吾故屬河間良鄉安次文安故屬燕陘城故屬趙皆見列傳而志不書衛綰稱代大陵人公孫弘稱菑川薛人鄧通稱蜀郡南安人較之本志皆不合蓋傳所據者孝武以前郡縣徐樂稱燕郡無終亦其類也漢初諸侯王封國甚大涿郡遼東西右北平皆燕故地韓廣封遼東王都無終未幾卽爲臧荼所滅則仍屬燕矣徐樂武帝時人其時無終屬燕郡當得其實未可斷以爲誤王念孫云景祐本及文選別賦注引此並作燕無終人也治要引作燕人也皆無郡字顧氏據俗本漢書作燕郡謂徐樂上書在元朔二年改國爲郡之後非也主父偃傳云元光元年偃西入關上書時徐樂嚴安亦俱上書言世務上召見三人拜爲郎中[illegible]是樂之上書卽在元光元年之後故漢紀列其事於元光二年在元朔二年之前凡六年其時燕國尚未改爲郡不得稱燕郡也郡字乃後人所加先謙案樂與主父偃同上書召見當亦在元光六年燕王定國未死之前

時國未除爲郡止當作燕無終人王說是也但如漢紀作元光二年上書則未審耳上書曰臣聞天下之患在於土崩不在瓦解補注朱一新曰文選東方朔非有先生論是以輔弼之臣瓦解注引春秋考異郵曰瓦解土崩淮南泰族訓紂士億有餘萬武王麾之則瓦解而走土崩而下古今一也何謂土崩秦之末世是也陳涉無千乘之尊尺土之地補注宋祁曰越本尺作疆身非王公大人名族之後鄉曲之譽補注王念孫曰史記主父傳作無鄉曲之譽是也此脫無字則文義不明非有孔曾墨子之賢陶朱猗頓之富也然起窮巷奮棘矜師古曰棘戟也矜者戟之把也時秦銷兵器故但有戟之把耳矜音巨巾反此下亦同補注朱一新曰說文矜矛柄也段注謂矜當从令作矜說甚確今案顏注云矜音巨巾反則字亦當从令傳寫誤从今耳項羽傳贊注云矜字亦作穫偏袒大呼天下從風師古曰呼音火故反補注先謙曰官本注文在天下從風上此其故何也由民困而主不恤下怨而上不知俗已亂而政不修此三者陳涉之所以爲資也此之謂土崩故曰天下之患在乎土崩何謂瓦解吳楚齊趙之兵是也七國謀爲大逆號皆稱萬乘之君帶甲數十萬威足以嚴其境內財足以勸

其士民然不能西攘尺寸之地師古曰攘謂侵取漢地而身爲禽於中原者，此其故何也？非權輕於匹夫而兵弱於陳涉也，當是之時，先帝之德未衰補注先謙曰史記德下有澤字，而安土樂俗之民眾，故諸侯無竟外之助師古曰竟讀曰境其下同。此之謂瓦解，故曰天下之患不在瓦解。由此觀之，天下誠有土崩之埶，雖布衣窮處之士或首難而危海內師古曰首難謂首唱而作難也，陳涉是也，況三晉之君或存乎師古曰韓趙魏三國本共分晉故稱三晉！天下雖未治也，誠能無土崩之埶，雖有彊國勁兵，不得還踵而身爲禽矣師古曰還讀曰旋，吳楚是也，況羣臣百姓能爲亂乎！此二體者，安危之明要，賢主之所留意而深察也。間者關東五穀數不登補注宋祁曰浙本無數字先謙曰治要引有數字，年歲未復師古曰復音扶目反，民多窮困，重之以邊境之事師古曰重音直用反，推數循理而觀之，民宜有不安其處者矣。不安故易動，易動者，土崩之埶也。故賢主獨觀萬化之原，明於安危之機，修之廟堂之上，而銷未形之患也。其要期使天下無土崩之埶而已矣。故雖有彊國勁兵，陛下逐走獸，射飛鳥，弘游燕之囿，淫從恣之觀，極馳騁之樂，自若師古曰自若者言如其常無所廢損也從讀曰縱。金石絲竹之聲不絕於耳，帷幄之私補注先謙曰史記幄作帳，俳優朱儒之笑不乏於前，而天下無宿憂師古曰宿久也補注先謙曰宿留也。名何必夏子，俗何必成康服虔曰夏禹也子湯也湯子姓補注先謙曰夏子史記作湯武下禹湯亦作湯武蓋班氏改之！雖然，臣竊以爲陛下天然之質補注先謙曰史記質作聖，寬仁之資，而誠以天下爲務，則禹湯之名不難侔，而成康之俗未必不復興也師古曰侔等也。此二體者立，然後處尊安之實，揚廣譽於當世，親天下而服四夷，餘恩遺德爲數世隆，南面背依攝袂而揖王公師古曰依讀曰扆已解於上，此陛下之所服也師古曰服事也。臣聞圖王不成，其敝足以安師古曰言其敝末之法猶足自安也補注沈欽韓曰御覽七十七桓譚新論曰儒者或曰圖王不成其敝可以霸後漢書王元說隗囂亦作霸。安則陛下何求而不得，何威而不成，奚征而不服哉補注周壽昌曰據史記樂後遷中大夫先謙曰樂拜郎中見主父偃傳此下官本有師古曰奚何也注文六字！

嚴朱吾丘主父徐嚴終王賈傳第三十四上終　漢書六十四

嚴朱吾丘主父徐嚴終王賈傳第三十四下師古曰此卷首尙載嚴朱吾丘主父徐者存其本書題目以示不變易也　漢書六十四

漢　蘭　臺　令　史班　固　撰

唐正議大夫行祕書少監琅邪縣開國子顏師古　注

賜進士出身前翰林院編修國子監祭酒加三級臣王先謙補注

嚴安者〔補注〕先謙曰顧炎武云鄧伯羔謂安自姓嚴然藝文志曰莊安一篇是安一姓莊也志之稱莊安班氏所未及改也史記之稱嚴安後人所追改也臨菑人也以故丞相史上書曰臣聞鄒衍曰師古曰鄒衍之書也〔補注〕錢大昭曰衍南監本閩本並作子先謙曰官本作子政教文質者所以云救也師古曰以救敝當時則用過則舍之師古曰非其時則廢置也有易則易也師古曰可變易者則易也〔補注〕先謙曰官本也作之故守一而不變者未睹治之至也今天下人民用財侈靡車馬衣裘宮室皆競修飾調五聲使有節族蘇林曰族音奏師古曰節止也奏進也雜五色使有文章重五味方丈於前以觀欲天下孟康曰觀猶顯也師古曰顯示之使其慕欲也彼民之情見美則願之是教民以侈也侈而無節則不可贍師古曰贍足也民離本而徼末矣師古曰徼要求也音工堯反末不可徒得師古曰徒空也故搢紳者不憚爲詐帶劍者夸殺人以矯奪師古曰夸大也競也矯僞也而世不知媿故姦軌浸長師古曰浸漸也夫佳麗珍怪固順於耳目故養失而泰樂失而淫禮失而采如淳曰采飾也師古曰采者文過其實也教失而僞僞采淫泰非所以範民之道也師古曰範謂爲之立法也是以天下人民逐利無已犯法者衆臣願爲民制度以防其淫使貧富不相燿以和其心心既和平其性恬安恬安不營則盜賊銷盜賊銷則刑罰少刑罰少則陰陽和四時正風雨時草木暢茂五穀蕃孰六畜遂字師古曰蕃多也遂成也字生也蕃音扶元反民不夭厲和之至也師古曰厲病也〔補注〕先謙曰以上史記無臣聞周有天下其治三百餘歲成康其隆也刑錯四十餘年而不用及其衰亦三百餘年故五伯更起師古曰伯讀曰霸晉音工衡反以下並同〔補注〕先謙曰官本晉作更是以作其

伯者常佐天子興利除害誅暴禁邪匡正海內以尊天子五伯既沒賢聖莫續〔補注〕郭嵩燾曰孟子其事則齊桓晉文其文則史此爲深於春秋者蓋春秋奉一王之大法以正當時之諸侯急獎伯者而進之聖人之不得已也是以西周亡而王道絕戰國興而伯道終聖人之獎伯也所以濟王道之窮也孟子之黜伯也所以傷王道之終不復也漢初嚴助諸人皆習春秋觀嚴安之言足證當時說春秋之旨無黜伯之文也天子孤弱號令不行諸侯恣行彊陵弱衆暴寡田常篡齊六卿分晉並爲戰國此民之始苦也於是彊國務攻弱國修守合從連衡馳車轂擊師古曰車轂相擊言其衆多也從音子容反〔補注〕王先慎曰馳車兵車周禮大司馬中冬教大閱車馳徒走左傳車馳卒奔鄭杜二注並謂兵車也介胄生蟣蝨民無所告愬及至秦王蠶食天下幷吞戰國稱號皇帝一海內之政壞諸侯之城銷其兵鑄以爲鍾虡師古曰虡懸鍾者也解在賈山司馬相如傳示不復用元元黎民既免於戰國逢明天子人人自以爲更生師古曰言天下既免戰國之苦若逢明聖之主則可以更生而秦皇反爲虐政以殘害也〔補注〕先謙曰言秦併六國示不復用兵人人以爲逢明天子有更生之慶顏注非官本既作得据顏注作既是鄕使秦緩刑罰薄

賦斂師古曰鄉讀曰嚮省繇役貴仁義賤權利上篤厚下佞巧〔補注〕先謙曰史記佞作智變風易俗化於海內則世世必安矣秦不行是風循其故俗爲知巧權利者進篤厚忠正者退法嚴令苛讇諛者衆師古曰讇古諂字日聞其美〔補注〕先謙曰日誤官本作曰史記同章廣心逸〔補注〕錢大昭曰章當作意先謙曰官本作意史記同欲威海外〔補注〕先謙曰史記欲下有肆字使蒙恬將兵以北攻彊胡辟地進境師古曰辟讀曰闢戍於北河飛芻輓粟以隨其後又使尉屠睢將樓船之士攻越使監祿鑿渠運糧深入越地越人遁逃曠日持久糧食乏絕越人擊之秦兵大敗秦迺使尉佗將卒以戍越〔補注〕沈欽韓曰尉佗任囂之誤使囂戍越因爲南海尉趙佗應以偏裨與行耳先謙曰因後尉佗擅越特舉之非誤也上尉下史記有佗字誤衍當是時秦禍北構於胡南挂於越師古曰挂懸也〔補注〕王念孫曰挂讀爲絓絓結也言禍結於越也廣韻絓絲結也楚辭九章曰心絓結而不解兮上句秦禍北構於胡構亦結也史記律書秦二世結怨匈奴絓禍於越尤其明證矣宿兵於無用之地師古曰宿畱也進而不得退行十餘年丁男被甲丁女轉輸苦不

聊生自經於道樹死者相望及秦皇帝崩天下大畔陳勝吳廣舉陳師古曰舉謂起兵也武臣張耳舉趙項梁舉吳田儋舉齊景駒舉郢周市舉魏韓廣舉燕窮山通谷豪士並起不可勝載也然本皆非公侯之後非長官之吏師古曰長官謂一官之長也無尺寸之勢起閭巷杖棘矜應時而動不謀而俱起不約而同會壤長地進至乎伯王張晏曰長進益也師古曰言其稍稍攻伐進益土境以至彊大也長音竹兩反伯讀曰霸時教使然也秦貴爲天子富有天下滅世絕祀窮兵之禍也故周失之弱秦失之彊不變之患也今荷南夷朝夜郎〔補注〕先謙曰西南夷傳唐蒙通夜郎開犍爲郡乃建元六年事武紀元光五年發巴蜀治南夷道元朔三年罷自建元六年凡十年始罷詳見公孫宏西南夷諸傳元狩中又因張騫之言重開至元鼎六年始定安所謂荷南夷朝夜郎者指前役而言是時夜郎道雖通而未來朝史記載是書作今欲招南夷朝夜郎班刪欲字遂啟後人之疑降羌僰略薉州建城邑張晏曰薉貉也師古曰薉與穢同〔補注〕先謙曰僰郎犍爲蠻夷也建元六年爲郡見地理志羌降自元鼎六年平西羌外史無明文據後書西羌傳景帝時研種留何率種人求守隴西塞則諸羌早有保塞者武帝初或頗事招徠未

著成效史遂略而不書武紀元朔元年東夷薉君南閭等口二十八萬人降爲蒼海郡三年罷蓋元光末安上書時招降薉州事已萌芽也深入匈奴燔其龍城師古曰燔燒也龍城匈奴祭天處燔音扶元反〔補注〕先謙曰龍史記作龍本書衞青傳作籠武紀與此同元光六年青伐匈奴至龍城也議者美之此人臣之利非天下之長策也今中國無狗吠之警而外累於遠方之備靡敝國家師古曰累音力瑞反非所以子民也師古曰子謂養之如子也行無窮之欲甘心快意結怨於匈奴非所以安邊也禍拏而不解兵休而復起師古曰拏相連引也音女居反〔補注〕錢大昭曰拏當作紛拏之拏霍去病傳漢匈奴相紛拏先謙曰官本顏注在不解下正文及注皆作拏此本誤也觀顏音則所見本亦作拏近者愁苦遠者驚駭非所以持久也今天下鍛甲摩劍矯箭控弦師古曰矯正曲使直也控引也轉輸軍糧未見休時此天下所共憂也夫兵久而變起〔補注〕先謙曰官本久作多引宋祁曰多或作久事煩而慮生今外郡之地或幾千里師古曰幾音鉅依反次下亦同列城數十形束壤制孟康曰言其土地形埶足以束制其民帶脅諸侯師古曰帶者言諸侯之於郡守譬若佩帶謂輕小也脅謂其威力足以脅之也一曰帶在脅旁附著之義也〔補注〕先謙曰史記作旁脅非宗室之利也上觀齊晉所以亡公室卑削六卿大盛也下覽秦之所以滅刑嚴文刻欲大無窮也今郡守之權非特六卿之重也地幾千里非特閭巷之資也甲兵器械非特棘矜之用也以逢萬世之變則不可勝諱也師古曰言不可盡諱者言必滅亡也後以安爲騎馬令師古曰主天子之騎馬也騎音其寄反〔補注〕錢大昭曰騎馬令屬太僕

終軍字子雲濟南人也少好學以辨博能屬文聞於郡中師古曰屬音之欲反年十八選爲博士弟子至府受遣師古曰博士弟子屬太常受遣者由郡遣詣京師太守聞其有異材召見軍甚奇之與交結軍揖太守而去至長安上書言事武帝異其文拜軍爲謁者給事中從上幸雍祠五畤獲白麟一角而五蹄師古曰每一足有五蹄也時又得奇木其枝旁出輒復合於木上上異此二物博謀羣臣師古曰訪其徵應也軍上對曰臣聞詩頌君德樂舞后功異經而同指明盛德之所隆也南越竄屏葭葦與鳥魚羣

師古曰葭蘆也成長則曰葦葭音加正朔不及其俗有司臨境而東甌內附閩王伏辜南越賴救北胡隨畜薦居蘇林曰薦草也師古曰蘇說非也薦讀曰荐荐屢也言隨畜牧屢易故居不安住也左傳戎狄荐居者也〔補注〕宋祁曰注文中左字下當有氏字王念孫曰師古訓薦爲屢隨畜屢居則爲不辭故於屢下加易故二字以曲成其說謬矣蘇林訓薦爲草是也隨畜薦居謂隨畜牧而草居也史記匈奴傳逐水草遷徙毋城郭常處耕田之業本書趙充國傳今虜亡其美地薦草襄四年左傳戎狄荐居服虔曰荐草也言狄人逐水草而居徙無常處杜預曰荐聚也晉語戎狄荐處韋昭亦曰荐聚也案韋杜之說與服異而荐字皆不訓爲屢師古訓荐爲屢而引左傳戎狄荐居斯爲誤矣劉炫案莊子云麋鹿食荐則荐是草也服說是今本莊子齊物論篇荐作薦釋文薦司馬云美草也郭璞注三蒼云六畜所食曰薦管子八觀篇薦草多衍則六畜易繁也問篇曰其就山藪林澤食薦者幾何韓子七術篇猶獸鹿也唯薦草而就說文薦獸之所食艸從鹿草古者神人以薦遺黃帝帝曰何食曰食薦此皆古人謂草爲薦之證禽獸行虎狼心上古未能攝大將軍秉鉞單于犇幕師古曰犇古奔字〔補注〕先謙曰幕讀曰漠票騎抗旌昆邪右衽師古曰抗舉也右衽從中國化也昆音下門反〔補注〕齊召南曰按此封在元狩元年冬十月行幸雍祠五畤獲白麟時也昆邪來降其事在二年秋終軍此時何以能預言耶當指元朔六年衞青率六將軍絕幕克獲而霍去病以票姚校尉立功封冠軍侯耳況去病至元狩二年始爲票騎將軍在元年何以豫言票騎疑票騎抗旌

二語後人所改寘而班氏誤承用也先謙曰齊說是也惟去病爲票騎在元狩二年非三年言票騎抗旌尙可昆邪右衽則不可通矣**是澤南洽而威北暢也**師古曰洽溥也暢達也**若罰不阿近舉不遺遠設官族賢縣賞待功**師古曰族古侯字次下亦同**能者進吕保祿罷者退而勞力**師古曰罷讀曰疲謂不堪職任者也勞力歸農畝也**刑於宇內矣**師古曰刑法也言成法於宇內也一曰刑見也補注先謙曰一說非**履眾美而不足懷聖明而不專**師古曰言自謙也**建三宮之文質章厥職之所宜**服虔曰三宮明堂辟雍靈臺也鄭氏曰於三宮班政教有文質者也補注先謙曰言三宮制度文質得中各有攸宜職主也鄭說非**封禪之君無聞焉**張晏曰前世封禪之君不聞若斯之美也**夫人命初定萬事草創**師古曰謂始受命之君也補注先謙曰人官本作天是**及臻六合同風九州共貫必待明聖潤色祖業傳於無窮**師古曰潤色謂光飾之**故周至成王然後制定而休徵之應見**師古曰休美也徵證也**陛下盛日月之光垂聖思於勤成**補注李慈銘曰勤成者封禪也班固東都賦云憲章稽古封岱勒成儀炳乎世宗張衡東京賦云登岱勒封與黃比崇是勒成爲當時常語故以對郊宮**專神明之敬奉燔瘞於郊宮**師古曰燔祭天也瘞祭地也祭天則燒之祭地則薶之郊宮謂泰畤及后土也補注劉攽曰是時未有泰畤后土顏注失之先謙曰官本瘞作瘞是**獻享之精交神積和之氣塞明**師古曰塞荅也明者明靈亦謂神也補注先謙曰和氣充塞天地日月所照無不到也交神與塞明爲對言陰陽微顯之交皆以精氣感孚故致靈異顏訓塞爲荅則讀如今賽字失之遠矣**而異獸來獲宜矣昔武王中流未濟白魚入於王舟俯取吕燎羣公咸曰休哉**師古曰謂伐紂時解在董仲舒傳**今郊祀未見於神祇而獲獸吕饋**師古曰以饋謂充祭俎也**此天之所吕示饗而上通之符合也宜因昭時令日改定告元**張晏曰改元年以告神祇也師古曰昭明也令善也補注劉奉世曰軍此對頗可疑按紀獲麟在元狩元年昆邪降在二年其上對已大緩又史記封禪書元鼎三年有司始言元不宜以一二數乃云三元爲狩蓋於此年追述三元也而軍此云宜改元史又云由是改元有來降者皆可疑軍對非眞史誤因之先謙曰封禪書孝武紀皆作後三年有司言元不宜以一二數三元郊得一角獸曰狩云郊祀志作今郊得一角獸曰狩云案既云今則非元鼎中語後三年三字蓋誤當是後一年故漢紀於獲麟之下書由是改元朔爲元狩通鑑亦於獲麟下書久之有司又言云莫能定爲何年以此傳證之則獲麟未久改元不疑故下文匈奴來降止後數月事也**苴吕白茅於江淮發嘉號于營丘吕應緝熙**服虔曰苴作席也張晏曰江淮職貢三脊茅爲藉也孟康

曰嘉號封禪也泰山在齊分野故曰營丘也或曰登封泰山以明姓號也師古曰苴音租又音子豫反非苞苴之苴也補注先謙曰苴下以字官本無**使著事者有紀焉**師古曰謂史官也紀記也**蓋六鶂退飛逆也**張晏曰六鶂退飛象諸侯畔逆宋襄公伯道退也**白魚登舟順也**張晏曰周木德也舟木也殷水德魚水物魚躍登舟象諸侯順周以紂畀武王也臣瓚曰時論者未以周爲木殷爲水也謂武王伐殷而魚入王舟象征而必獲故曰順也師古曰瓚說是也**夫明闇之徵上亂飛鳥下動淵魚**師古曰亂變也**各吕類推今野獸幷角明同本也**師古曰幷合也獸皆兩角今此獨一故云幷也**眾支內附示無外也若此之應殆將有解編髮削左衽襲冠帶要衣裳而蒙化者焉**師古曰要衣裳謂著中國之衣裳也編讀曰辮要音一遙反補注郭嵩燾曰詩魏風要之襋之毛傳要褸也襋領也士喪禮復者左執要右執領衣上曰領裳上曰要夷狄有衣無裳要者衣裳之際也**斯拱而族之耳**師古曰拱手而待之言其卽至**對奏上甚異之由是改元爲元狩後數月越地及匈奴名王有率眾來降者**補注先謙曰元狩二年匈奴昆邪王殺休屠王幷將其眾合四萬人來降見武紀越地來降者表傳無攷武紀及南粵傳所載故歸義粵侯嚴甲二人當是也**時皆吕軍言爲中**師古曰中音竹仲反**元鼎中博士徐偃使行風俗**師古曰行音下更反**偃矯制**師古曰矯託也託言受詔也**使膠東魯國鼓鑄鹽鐵**如淳曰鑄銅鐵扇熾火謂之鼓**還奏事徙爲太常丞御史大夫張湯劾偃矯制大害法至死**補注沈欽韓曰功臣侯表注如淳曰律矯詔大害要斬唐職制諸侯上書奏事郎誤有害者各加三等[illegible]十注云有害謂當言勿原而言原之當言千匹而言十匹**偃吕爲春秋之義大夫出疆有可吕安社稷存萬民顓之可也**師古曰顓與專同下亦類此**湯吕致其法**補注先謙曰吕與已同**不能詘其義有詔下軍問狀軍詰偃曰古者諸侯國異俗分百里不通時有聘會之事安危之埶呼吸成變故有不受辭造命顓己之宜**補注沈欽韓曰繁露精華篇公子結受命媵陳道生事從齊桓盟春秋弗非以爲救莊公之危公子遂受命使京師道生事之晉春秋非之以爲是時僖公安甯無危也故有危而不專救謂之不忠無危而擅生事是卑君也軍義本此**今天下爲一萬里同風故春秋王者無外偃巡封域之中稱吕出疆何也且鹽鐵郡有餘臧**師古曰先有畜積**正二國廢國家不足吕爲利害**補注王念孫曰正猶卽也言卽廢二國之鹽鐵亦無關於國家之利害也又循吏傳黃霸謂督郵曰許丞廉吏雖老尙能拜起送迎正頗重聽何傷言卽

頗重聽亦無傷也又酷吏傳尹賞戒其諸子曰丈夫爲吏正坐殘賊免追思其功效則復爲吏矣言卽使坐殘賊免猶可以前功復用也又游俠傳或譏原涉曰正復讎取仇猶不失仁義何故遂自放縱爲輕俠之徒乎言卽復讎取仇猶不失仁義也又王莽傳嚴尤奏言貉人犯法不從騶起正有它心宜令州郡且尉安之言騶卽有它心亦宜且慰安之也此五正字師古皆無注故具解之而目安社稷存萬民爲辭何也又詰偃膠東南近琅邪補注沈欽韓曰地理志膠東國治卽墨紀要卽墨故城在今平度州東南六十里今俗稱爲朱毛城案卽朱墨毛聲轉字訛北接北海魯國西枕泰山東有東海受其鹽鐵偃度四郡口數田地師古曰度計也音大各反率其用器食鹽不足目幷給二郡邪補注先謙曰率總也將埶宜有餘而吏不能也何目言之偃矯制而鼓鑄者欲及春耕種贍民器也師古曰贍足也今魯國之鼓當先具其備師古曰備者猶今言調度至秋迺能舉火此言與實反者非師古曰重問之補注先謙曰謂此明係言與實反偃能以此語爲非情實乎正詰責之辭故顏云重問之偃已前三奏無詔師古曰不報聽也不惟所爲不許師古曰惟思也而直矯作威福目從民望干名采譽師古曰干求也采取也此明聖所必加誅也枉尺直尋孟

子稱其不可師古曰孟子孟軻也八尺曰尋孟子之書曰陳代問於孟子曰枉尺直尋若可爲也孟子曰子過矣枉己者未有能直人者也尋長而尺短故陳代言所直者多而所曲者少則可爲之孟子以爲苟有小曲則害於大直故不可也今所犯罪重所就者小師古曰就成也偃自予必死而爲之邪師古曰予許也將幸誅不加欲目采名也師古曰幸冀也偃窮詘服罪當死軍奏偃矯制顓行非奉使體請下御史徵偃卽罪師古曰徵召也卽就也補注先謙曰郊祀志載徐偃云太常諸生行禮不如魯善事在元封元年是偃卽罪後仍得赦免也奏可上善其詰有詔示御史大夫初軍從濟南當詣博士步入關關吏予軍繻張晏曰繻音須繻符也書帛裂而分之若券契矣蘇林曰繻帛邊也舊關出入皆以傳傳須因裂繻頭合以爲符信也師古曰蘇說是也補注沈欽韓曰繻卽過所書紙也盧氏旣濟卦注繻者布帛端末之識也先謙曰注傳下須字官本作煩是軍問目此何爲吏曰爲復傳師古曰復返也謂返出關更以爲傳復音扶福反傳音張戀反次下亦同還當目合符補注劉奉世曰還當以合符還字宜屬上句軍曰大丈夫西游終不復傳還棄繻而去軍爲謁者使行郡國師古曰行音下更反其後亦同建節東出關關吏識之曰此使者迺前棄繻生也軍行郡國所見便宜目聞還奏事上甚說師古曰說讀曰悅當發使使匈奴師古曰漢朝欲遣人爲使於匈奴也補注王念孫曰景祐本少一使字念孫案注云漢朝欲遣人爲使於匈奴則正文似祇有一使字軍自請曰軍無橫草之功師古曰言行草中使草偃臥故云橫草也得列宿衞食祿五年邊境時有風塵之警臣宜被堅執銳當矢石啓前行師古曰行音下郎反補注先謙曰啓當作開此後人回改駑下不習金革之事今聞將遣匈奴使者臣願盡精厲氣奉佐明使畫吉凶於單于之前臣年少材下孤於外官師古曰孤遠也外官謂非侍衞之臣也補注先謙曰外官官於外而捍邊境也自言孤負所願不任一方之寄軍給事中得列宿衞顏以爲謂非侍衞之臣非也不足目亢一方之任師古曰亢當也音抗竊不勝憤懣詔問畫吉凶之狀上奇軍對擢爲諫大夫南越與漢和親迺遣軍使南越說其王欲令入朝比內諸侯軍自請願受長纓必羈南越王而致之闕下師古曰言如馬羈也軍遂往說越王越王聽許請舉國內屬天子大悅師古曰說讀曰悅補注先謙曰悅官本作說是賜南越大臣印綬壹用漢法

目新改其俗令使者畱塡撫之師古曰塡音竹刃反越相呂嘉不欲內屬發兵攻殺其王及漢使者皆死語在南越傳軍死時年二十餘故世謂之終童

王褒字子淵蜀人也宣帝時修武帝故事講論六藝羣書博盡奇異之好徵能爲楚辭九江被公師古曰被姓也音皮義反召見誦讀補注沈欽韓曰御覽八百五十九宣帝詔徵被公見誦楚辭被公年衰老每一誦輒與粥益召高材劉向張子僑華龍柳褒等待詔金馬門師古曰華音戶化反補注周壽昌曰張子僑華龍俱見蕭望之傳龍爲宏恭石顯傾望之非正士子僑作子蟜又見東平王傳以太中大夫奉璽書諭王藝文志詩賦家光祿大夫張子僑賦三篇漢中都尉丞華龍賦二篇又有車郎張豐賦三篇注云張子僑子是子僑且有子能文也柳褒無考神爵五鳳之間天下殷當補注先謙曰當官本作富是數有嘉應上頗作歌詩欲興協律之事丞相魏相奏言知音善鼓雅琴者渤海趙定梁國龔德皆召見待詔補注錢大昭曰龔當作龍藝文志樂家有雅琴龍氏九十九篇名德梁人周壽昌曰藝文志樂家雅琴趙氏七篇注云名定渤海人宣帝時丞相魏相所奏鄒

此趙定也龔德後拜為侍郎見劉向別錄於是益州刺史王襄欲宣風化於眾庶聞王襃有俊材請與相見使襃作中和樂職宣布詩師古曰中和者言政治和平也樂職者言百官各得其職也宣布者風化普洽無所不被補注郭嵩燾曰中和樂職蓋王襃撰為之名即協律之意晉書樂志云酒揚節奏以暢中和宋書樂志稱晉荀勗典知樂事作新律散騎常侍阮咸譏新律不合中和是所云中和實為協律之義唐世有中和樂舞即雅樂中宮調也樂職樂官所司宣布者作為詩歌譜其聲以彰聖德而依鹿鳴之節以合雅樂之律與上欲興協律之事相應顏注未免望文生義選好事者令依鹿鳴之聲習而歌之補注沈欽韓曰鹿鳴之樂漢見存也唐行鄉飲酒禮亦歌鹿鳴通典禮三十三開元十八年宣州刺史裴耀卿上疏曰州縣久絕雅聲不識古樂請於太常調習雅聲則當時歌鹿鳴自有雅聲宋政和中亦按習之見宋史樂志郭嵩燾曰晉書樂志魏武平荊州獲漢雅樂郎河南杜夔能識舊法撰定雅樂又云杜夔傳舊雅樂四曲一曰鹿鳴二曰騶虞三曰伐檀四曰文王及太和中左延年改騶虞伐檀文王三曲惟因鹿鳴不改是鹿鳴雅樂流傳最遠時氾鄉侯何武為僮子選在歌中師古曰氾音凡久之武等學長安歌太學下轉而上聞宣帝召見武等觀之皆賜帛謂曰此盛德之事吾何足以當之襃既為刺史作頌師古曰即上中和樂職宣布詩也以美盛

德故謂之頌也又作其傳師古曰解釋頌歌之義及作者之意補注郭嵩燾曰顏注非也傳者依聲應律傳其音容節奏以合雅樂作蓋興起之義即上中和樂職宣布詩所依鹿鳴之聲不宜異訓益州刺史因奏襃有軼材師古曰軼與逸同上迺徵襃既至詔襃為聖主得賢臣頌其意襃對曰夫荷旃被毳者難與道純緜之麗密師古曰純絲也謂織為繒帛之麗緜纖之密也一說純緜不雜緜也補注先謙曰文選注應劭曰纊以為純絲此師古前說所本羹藜唅糗者不足與論太牢之滋味服虔曰唅音含師古曰糗即今之熬米麥所為者音巨九反又音昌少反補注先謙曰黎官本作藜王闓運云說文黎履黏也黏以黍米蓋若今漿粉故可羹以充飢與糗之熬米以為乾糧二者皆窮餓聊自救之物若作藜不甚與糗對今臣辟在西蜀師古曰辟讀曰僻生於窮巷之中長於蓬茨之下師古曰蓬茨以蓬蓋屋也茨音才私反無有游觀廣覽之知顧有至愚極陋之累師古曰顧猶反也累音力瑞反不足以塞厚望應明指師古曰塞當也補注先謙曰塞答也無當義雖然敢不略陳愚而抒情素師古曰抒猶泄也音食汝反補注先謙曰文選愚字下有心字記曰共惟春秋法五始之要服虔曰共敬也張晏曰要春秋稱元年春王正月此五始也師古曰元者氣之始春者四時之始王者受命之始正月者政教

之始公即位者一國之始是為五始共讀曰恭補注沈欽韓曰說苑尊賢篇共惟五始之要治亂之端在乎審己而任賢也先謙曰張注要上疑脫五始之三字在乎審己正統而已夫賢者國家之器用也所任賢則趨舍省而功施普師古曰趨讀曰趣普博也補注先謙曰省亦少也趨舍省言不煩改變器用利則用力少而就效眾故工人之用鈍器也勞筋苦骨終日矻矻應劭曰矻矻勞極貌如湻曰健作貌也師古曰如說是也矻音口骨反及至巧冶鑄干將之樸清水焠其鋒師古曰焠謂燒而內水中以堅之也鋒刃芒端也焠音千內反補注先謙曰堯官本作燒是越砥斂其咢晉灼曰砥百出南昌故曰越也師古曰咢刃旁也音五各反補注宋祁曰砥別本注文砥字下無石字先謙曰文選注引亦有石字百誤官本作石越也文選注引作越石是水斷蛟龍陸剸犀革師古曰剸截也音之兗反又音徒官反補注先謙曰文選引漢書音義曰剸章兗切忽若彗氾畫塗師古曰彗帚也氾氾灑地也塗泥也如以帚埽氾灑之地以刀畫泥中言其易補注宋祁曰別本注文只一氾字王念孫曰文選注如淳曰若以彗埽於氾灑之處也念孫案如顏以彗為帚氾為氾灑則彗氾二字義不相屬必於氾字之上加一埽字而其義始明案彗氾與畫塗相對為文彗者埽也氾者污也謂如以帚埽穢以刀畫泥耳後漢光武紀注彗埽也班固東都賦戈鋋彗雲羽旄埽霓是也彗或作篲枚乘七發淩赤岸篲扶桑謂濤勢之

大淩赤岸而埽扶桑李善以篲爲埽惜非是是彗為埽也方言氾洿也[illegible][illegible]氾自關而東或曰氾漢博陵太守孔彪碑浮游塵埃之外皭[illegible]焉氾而不俗是氾為污也如此則使離婁督繩公輸削墨張晏曰離婁黃帝時明目者也應劭曰公輸魯般性巧者也師古曰督察視也雖崇臺五增延袤百丈而不溷者工用相得也師古曰溷亂也音胡頓反補注先謙曰增同層文選作層庸人之御駑馬亦傷吻敝策而不進於行師古曰吻口角也策所以擊馬也匈喘膚汗人極馬倦及至駕齧郄驂乘旦孟康曰良馬低頭口至郄故曰齧郄張晏曰駕則旦至故曰乘旦師古曰乘音食證反補注王念孫曰張以駕則旦至釋乘旦二字甚為迂曲今案乘旦當為乘且字之誤也且與駔同駔者駿馬之名謂之乘駔者猶言乘黃乘牡耳說文駔牡馬也楚辭九歎同駑贏與乘駔兮王注乘駔駿馬也乘駔即乘且爾雅奘駔也樊光孫炎本奘作將駔作且駿馬謂之乘駔亦謂之繁駔晏子春秋外篇景公乘侈輿服繁駔韓子外儲說左篇作趨駕煩且之乘繁駔之為煩且猶乘駔之為乘且是駔與且字異而義同此頌內多用韻之句乘且之且古讀若苴故與輿為韻張讀為旦暮之旦則失其韻矣王良執靶張晏曰王良郵無恤字伯樂晉灼曰靶音霸謂轡也師古曰參驗左氏傳及國語孟子郵無恤郵良劉無止王良總一人也楚辭云驥躊躇於敝輂遇孫陽而得代王遜云孫陽伯樂姓名也列子云伯樂秦穆公時人考其年代不相當張說云良字伯樂斯失之矣補注吳仁傑曰案孟子所稱王良左

傳所稱郵良郵無恤國語所稱郵無正顏氏謂總一人是固然矣國語載郵無正其下云伯樂與尹鐸有怨以其賞如伯樂氏則伯樂郎郵無正而顏謂晏失之非也顏旣誤以王良伯樂爲兩人而人表又並列郵無恤王良柏樂爲三人豈未嘗考春秋傳耶良爲趙簡子御得名未嘗事秦亦與穆公生不並世先謙曰晉語韋昭註與張晏同顏偶有不照吳說是也至列子云伯樂秦穆公時人此蓋別一伯樂顏引之以實王良伯樂之非一人未全失理吳氏所駁非其指矣李慈銘云兪正燮癸巳存稿云古有兩伯樂趙之伯樂曰王良曰郵無恤亦曰郵良又曰郵無政曰王子期曰王子於期良樂無恤是一義名字相發也政期是一義亦名字相發蓋簡子時名無恤字良亦字樂後避襄子名則改名政字期伯樂蓋王族故曰王曰王子其曰郵者以官氏也秦之伯樂曰孫陽曰孫明莊子馬蹄篇釋文云伯樂姓孫名陽呂氏春秋似順論言晉陽事以國語郵無正爲孫明疑因伯樂而誤觚訛皆今案史天官書漢天文志皆言有王良星主車駕是必先有星名而後之善御者皆以王良稱之猶善射者皆傅羿善占者皆傅羲和也至伯樂自是郵無恤之字開元占經引星名有伯樂則又後世以伯樂善御而目王良之星兪氏謂無政當是避襄子名而改其說得之謂伯樂當是王族未必然先謙案注劉無止當作郵無正吳引如是可證宋人所見漢書本尙不誤韓哀附輿應劭曰世本韓哀作御師古曰宋衷云韓哀韓文侯也時已有御此復言作者加其精巧也然則善御者耳非始作也補注錢大昕曰宋說非也呂覽勿躬篇寒衰作御寒韓古字通哀衰字形相似蓋即一人呂氏以寒哀與儀狄伯益史皇巫咸諸人並列則亦夏商以前人矣豈

得謂非始作者乎縱馳騁騖忽如景靡師古曰亂馳曰騖景靡者如光景之徙靡也過都越國蹶如歷塊師古曰如經歷一塊言其起疾之甚塊音口內反補注先謙曰起當爲超字之誤官本作速疾速即疾也疑後人見起字未是以意改之追奔電逐遺風師古曰呂氏春秋云遺風之乘言馬行尤疾每在風前故遺風於後今此言逐遺風則是風之遺逸在後者馬能逐及也補注王念孫曰顏說甚迂追奔電逐遺風奔遺皆疾意也鄭注考工記弓人曰奔猶疾也遺讀曰隧隧風疾風也大雅桑柔篇大風有隧有隧者狀其疾也說見經義述聞楚詞九歌衝風起兮橫波王注衝隧也遇隧風大波涌起是古謂疾風爲隧風也隧與遺古同聲而通用小雅角弓篇莫肯下遺荀子非相篇遺作隧南山經旄山之尾其南有谷曰育遺遺或作隧皆其證也凡從㒸從貴之字聲義多相近說文隤下隧也小雅小旻篇是用不潰于成毛傳潰遂也白虎通遂之爲言遺也說文遂或作𨗼史記項羽紀乃分其騎以爲四隊四嚮漢書作於是引其騎因四隤山而爲圜陳外嚮皆其證也揚雄傳輕先疾雷以馭遺風楚辭九章悲江介之遺風義並與此同呂覽本味篇馬之美者遺風之乘亦以其疾如隧風名之非謂行在風前也文選李善注遺風風之疾者於義爲長周流八極萬里壹息何其遼哉人馬相得也師古曰遼謂所行遠故服絺綌之涼者不苦盛暑之鬱燠師古曰鬱熱氣也燠溫也音於六反襲貂狐之煖者不憂至寒之悽愴師古曰悽愴寒冷也煖音乃短反何則有其具者易其備賢人君子亦聖主之所以易海內也補注先謙曰主官本作王文選同是以嘔喻受之應劭曰嘔喻和悅貌師古曰嘔音於付反補注先謙曰文選注嘔一侯切開寬裕之路以延天下英俊也師古曰裕饒也夫竭知附賢者必建仁策索人求士者必樹伯迹師古曰伯讀曰霸昔周公躬吐捉之勞故有圄空之隆師古曰一飯三吐飡一沐三捉髮以賓賢士故能成太平之化刑措不用圄圄空虛也補注先謙曰官本圄並作圉注飡作食文選捉作握圄作圉注引文子曰法寬刑緩囹圄空虛下云囹圄所以拘辠人圄下云守之也圉與禦同[illegible]圄亦訓禦[illegible]左定四年經孔圉公羊作孔圄南人間訓馬圉論衡逢遇篇作馬圄本書地理志天水郡圄與圉同是二字音義一也齊桓設庭燎之禮故有匡合之功應劭曰有以九九求見桓公桓公不納其人曰九九小術而君不納之況大於九九者乎於是桓公設庭燎之禮而見之居無幾隰朋自遠而至齊桓遂以霸師古曰九九計數之書若今算經也匡謂一匡天下也合謂九合諸侯補注先謙曰注逐官本作遂是由此觀之君人者勤於求賢而逸於得人師古曰逸間也補注先謙曰間當作閒官本作閑人臣亦然昔賢者之未遭遇也圖事揆策則君不用其謀陳見悃誠則上不然其信師古曰悃至也音口本反進仕不得施效斥逐又非其愆是故伊尹勤於鼎

俎太公困於鼓刀師古曰勤於鼎俎謂負鼎俎以干湯也鼓刀謂屠牛於朝歌也百里自鬻甯子飯牛師古曰鬻賣也呂氏春秋云百里奚之未遇時也虞亡而虜縛鬻以五羊之皮公孫枝得而說之獻諸穆公飯牛解在鄒陽傳鬻音弋六反離此患也師古曰離遭也及其遇明君遭聖主也運籌合上意諫諍即見聽進退得關其忠補注先謙曰關通也任職得行其術去卑辱奧渫而升本朝張晏曰奧幽也渫狎也汙也言微奧渫汙不章顯也師古曰渫音先列反補注王念孫曰文選注引如淳曰奧音郁念孫案張訓奧爲幽則誤分奧渫爲二義如音郁是也奧者濁也言去卑辱汙濁之中而升於朝廷也班固典引有沈而奧有浮而清蔡邕曰奧濁也廣雅澳濁也曹憲音於六反澳與奧同離疏釋蹻而享膏粱應劭曰離疏食釋此木蹻也臣瓚曰以繩爲蹻也師古曰蹻自今之鞋耳瓚說是也蹻音居略反補注先謙曰正文及注疏字文選作蔬注木下蹻作屩爲下蹻作屩蓋屩之誤說文屩下云屐也蹻下云舉足行高也後世屩蹻通叚韓非外儲說猶羸縢而屩蹻淮南氾論訓乃爲粗蹻史記虞卿傳躡蹻擔簦皆借蹻爲屩也自官本作郎剖符錫壤而光祖考傳之子孫以資說士師古曰談說也士傳以爲資也補注先謙曰官本注說也作說之是故世必有聖知之君而後有賢明之臣故虎嘯而風冽龍興而致雲師古曰冽冽風貌也音列補注先謙曰官本作

風冽通鑑同文選作虎嘯而谷風冽龍興而致雲氣蟋蟀俟秋唫蜉蝣出以陰孟康曰蜉蝣渠略也師古曰蟋蟀今之促織也蜉蝣甲患也好叢聚而生也朝生而夕死蝣音由字亦作蝣其音同也補注先謙曰文選注引蟲魚疏曰渠略甲下有翅能飛夏月陰時出地中官本注患作蟲是易曰飛龍在天利見大人師古曰乾卦九五爻辭也言王者居正陽之位賢才見之則利用也詩曰思皇多士生此王國師古曰大雅文王之詩也思語辭也皇美也言美哉此眾多賢士生此周王之國也故世平主聖俊艾將自至師古曰艾讀曰乂若堯舜禹湯文武之君獲稷契皋陶伊尹呂望師古曰契讀與卨同字本作偰後從省耳補注先謙曰文選下有之臣二字明明在朝穆穆列布師古曰明明察也穆穆美也聚精會神相得益章師古曰章明也雖伯牙操遞鍾晉灼曰遞音遞迭之遞二十四鍾各有節奏擊之不常故曰遞臣瓚曰楚辭云奏伯牙之號鍾號鍾琴名也馬融笛賦曰號鍾高調伯牙以善鼓琴不聞說能擊鍾也師古曰琴名是也字既作遞則與楚辭不同不得即讀為號當依晉音耳補注宋祁曰景本作號校作遞又注文中當字上當有遞字王念孫曰琴無遞鍾之名作遞者號之譌耳淮南修務篇亦云鼓琴者期於鳴廉修營而不期於濫脅號鍾沈欽韓曰宋書樂志齊桓琴曰號鍾雲笈七籤軒轅本紀黃帝之琴名號鍾作遞者俗寫誤先謙曰文選引注故曰遞下有鍾字是也又聞字當在不字上作伯牙以善鼓琴聞句意方足文選引作謂伯牙以善鼓琴不說能擊鍾也不下亦無聞字是其證下有且漢書多借假或以箎為號不得便以迭遞判其音也二十一字予案文選遞作箎引晉瓚注亦作箎與此遞字皆轉寫之誤蓋元文作號與鯱相似鯱即箎字說文鯱或从竹作箎大箎謂之沂孔本作篪讀號啼呼也見易同人注鯱亦取啼呼之義釋名箎啼也聲从孔出如嬰兒啼聲也二字漢時或以聲義近而相亂轉寫者誤號為鯱又改鯱為箎因而加辵於箎下為遞師古箎無加辵遞字其為或並誤遞字之竹為厂而成遞故文選作遞鍾漢書作遞鍾宋見景本作號鍾而校者改為遞蓋俗本流傳久莫知其所從矣晉灼所見本作遞河本師古所見自雖作遞故云音遞迭之遞乃其誤也逢門子彎烏號師古曰逢門善射者卽逢蒙也烏號弓名也並解在前也補注沈欽韓曰諸書作逢門門蒙同聲韓詩外傳六齊弓人之妻見景公曰此弓者太山之南烏號之柘猶未足以喻其意也故聖主必待賢臣而弘功業俊士亦俟明主以顯其德上下俱欲驩然交欣千載壹合論說無疑翼乎如鴻毛過順風補注先謙曰過官本作遇引宋祁曰越本遇作過沛乎如巨魚縱大壑師古曰巨大也沛音普大反其得意若此則胡禁不止曷令不行師古曰胡曷皆何也化溢四表橫被無窮補注先謙曰此用尚書光被四表語光被今文作橫被遐夷貢獻萬祥畢溱師古曰溱字與臻同補注周壽昌曰王莽傳聖瑞畢溱亦同臻莽傳百蠻并轃又假轃作臻字是以聖王不偏窺望

而視已明補注先謙曰王官本作主文選同不單頃耳而聽已聰師古曰單盡也頃讀曰傾恩從祥風翱德與和氣游師古曰翱翔也太平之責塞優游之望得師古曰塞滿也遵遊自然之埶恬淡無為之場補注先謙曰文選注引莊子曰夫恬淡寂寞虛無無為此天地之平而道德之至休徵自至壽考無疆雍容垂拱永永萬年何必偃卬詘信若彭祖呴噓呼吸如僑松如淳曰五帝紀彭祖堯舜時人列仙傳彭祖殷大夫也歷夏至商末壽年七百師古曰信讀曰伸呴噓皆張口出氣也僑王僑松赤松子皆仙人也呴音許于反噓音虛補注沈欽韓曰偃卬屈信者熊經鳥伸若五禽之戲也呴噓呼吸數息服氣眇然絕俗離世哉師古曰眇然高遠之意也詩云濟濟多士文王以寧師古曰亦文王之詩也濟濟盛貌也言文王能多用賢人故邦國得以安寧也蓋信乎其以寧也是時上頗好神僊故襃對及之上令襃與張子僑等並待詔數從襃等放獵師古曰放士眾大獵也一曰游放及田獵補注王念孫曰放獵當為斿獵字之誤也斿與游同古書言游獵者多矣未有言放獵者舊本北堂書鈔設官部八陳禹謨本仍改作游為藝文部八此字卷游藝文類聚雜文部二御覽文部三引此並作游獵所幸宮館輒為歌頌第其高下以差賜帛議者多以為淫靡不急上曰不有博奕者乎為之猶賢乎已師古曰此論語載孔子之辭也言博奕雖非道藝無事為之猶賢也奕今之圍其補注先謙曰注其官本作碁是辭賦大者與古詩同義小者辯麗可喜師古曰喜好也音許吏反辟如女工有綺縠音樂有鄭衛師古曰辟讀曰譬今世俗猶皆以此虞說耳目師古曰虞與娛同說讀曰悅辭賦比之尚有仁義風諭師古曰風讀曰諷鳥獸草木多聞之觀賢於倡優博奕遠矣頃之擢襃為諫大夫其後太子體不安苦忽忽善忘不樂補注先謙曰事詳外戚傳詔使襃等皆之太子宮虞侍太子師古曰之往也朝夕誦讀奇文及所自造作疾平復迺歸師古曰復音扶目反太子喜襃所為甘泉及洞簫頌師古曰喜音許吏反令後宮貴人左右皆誦讀之後方士言益州有金馬碧雞之寶可祭祀致也宣帝使襃往祀焉補注沈欽韓曰後漢西南夷傳注王襃碧雞頌曰持節使者王襃謹拜南崖敬移金精神馬縹碧之雞處南之荒深谿回土非上之鄉歸來歸來漢德無疆廉平唐虞澤配三皇一統志金馬山在雲南府昆明縣東二十五里碧雞山在縣西南三十里襃於道病死上閔惜之

賈捐之字君房賈誼之曾孫也元帝初卽位上疏言得失召待詔金馬門初武帝征南越元封元年立儋耳珠厓郡補注錢大昭曰案本紀二郡立於元鼎六年皆在南方海中洲居師古曰居海中之洲也水中可居者曰洲補注宋祁曰海字上當有大字先謙曰胡注海中洲上以黎母山爲主環山列置諸縣下文山南縣蓋置於黎母山之南廣袤可千里師古曰袤長也合十六縣戶二萬三千餘其民暴惡自吕阻絕數犯吏禁吏亦酷之補注沈欽韓曰吳志薛綜傳珠厓之廢起於長吏覩其好髮髡以爲髲率數年壹反殺吏漢輒發兵擊定之自初爲郡至昭帝始元元年二十餘年間凡六反叛至其五年罷儋耳郡并屬珠厓至宣帝神爵三年珠厓三縣復反反後七年甘露元年九縣反輒發兵擊定之元帝初元元年珠厓又反發兵擊之諸縣更叛連年不定師古曰更音工衡反上與有司議大發軍捐之建議吕爲不當擊上使侍中駙馬都尉樂昌侯王商詰問捐之曰珠厓內屬爲郡久矣今背叛逆節而云不當擊長蠻夷之亂

虧先帝功德經義何吕處之師古曰於六經之內當何者之科條也捐之對曰臣幸得遭明盛之朝蒙危言之策無忌諱之患師古曰危言直言也言出而身危故云危言論語稱孔子曰邦有道危言行危補注先謙曰行危官本作危行是敢昧死竭卷卷師古曰卷讀與拳同臣聞堯舜聖之盛也禹入聖域而不優臣瓚曰禹之功德裁入聖人區域但不能優泰耳故孔子稱堯曰大哉韶曰盡善禹曰無間師古曰論語稱孔子曰大哉堯之爲君也又曰韶盡美矣又盡善也又曰禹吾無間然矣韶舜樂名間音工莧反吕三聖之德地方不過數千里被流沙補注先謙曰被上脫西字官本有東漸于海朔南暨聲教迄于四海師古曰此引禹貢之辭漸入也一曰浸也朔北方也暨及也迄至也欲與聲教則治之不欲與者不彊治也師古曰與讀曰豫故君臣歌德師古曰言皆有德可歌頌補注先謙曰帝庸作歌皐陶載賡此所謂君臣歌德顏注微隔含氣之物各德其宜補注錢大昭曰德南監本閩本作得先謙曰官本作得是武丁成王殷周之大仁也師古曰武丁殷之高宗然地東不過江黃西不過氐羌南不過蠻荆補注王念孫曰此及下文詩云蠢爾蠻荆當依通典兵四作荆蠻小雅采芑篇蠢爾蠻荆段玉裁詩經小學曰漢書韋元成傳引詩蠻荆來威案毛云荆州之蠻也然則毛詩固作荆蠻傳寫誤倒之也案今本毛傳云蠻荆荆州之蠻也蠻荆二字亦後人所改世說新語排調篇注引此正作荆蠻荆州之蠻傳寫顛倒武傳云荆蠻荆州之楚國也文義與此同晉語叔向曰楚爲荆蠻韋注荆州之蠻正用毛傳爲說又齊語萊莒徐夷吳越韋注徐夷徐州之夷也可證荆蠻文法又案吳都賦跨躡蠻荆李善注引詩蠢爾蠻荆然則唐初詩不誤左思倒字以與并精垌爲韻耳後漢李膺傳應奉疏曰緄前討荆蠻均吉甫之功毛荆不誤注文盛本蠻倒作蠻荆所改易也文選王仲宣誄遠竄荆蠻注引詩蠢爾蠻荆亦誤倒顧莼云正義宣王承厲王之亂荆蠻內侵是正義本作荆蠻下文皆作蠻荆後世依經注本倒之而有未盡也臧和貴云漢書陳湯傳引詩蠻荆來威師古注曰令荆土之蠻亦畏威而來是本作蠻荆孫案段顧說是也經傳皆言荆蠻或作蠻荆者後人依誤本毛念詩倒之耳御覽兵部五十八引漢書正作蠢爾荆蠻荆蠻者羣蠻之一若史記之言楚蠻楚世家周成王封熊繹於楚蠻不當倒言蠻荆也揚雄揚州牧箴獲矣淮夷蠢蠢荆蠻翩彼昭王南征不旋蠻與旋爲韻後魏肅宗詔亦云蠢爾荆蠻氛埃不息傳休奕鼓吹曲蠢爾吳蠻虎視江湖句法亦本於詩北不過朔方是吕頌聲並作視聽之類咸樂其生越裳氏重九譯而獻晉灼曰遠國使來因九譯言語乃通也張晏曰越不著衣裳慕中國化遣譯來著衣裳也故曰越裳也師古曰張說非也越裳自是國名非以襲衣裳始爲稱號王充論衡作越嘗此則不作衣裳之字明矣此非兵革之所能致及其衰也南征不還師古曰謂昭王也謂楚所溺也補注先謙曰官本下謂作爲爲謂古

通用齊桓捄其難師古曰謂襄王也初爲太子而惠王欲立王子帶齊桓公爲首止之盟以定太子之位事在左傳僖五年補注宋祁曰注文五年當作九年先謙曰此言齊桓伐楚以尊周孔子所謂微管左衽也捐之意以治世不勤遠略遠人自歸德衰則勤遠無益故周王南巡不還藉諸侯之伯業大聖之空文攘夷尊周以維持之顏以捄難爲定太子之位失其旨矣孔子定其文張晏曰孔子作春秋夷狄之國雖大自稱王者皆貶爲子吕至乎秦興兵遠攻補注宋祁曰郭本去乎字似兩通貪外虛內務欲廣地不慮其害然地南不過閩越北不過太原而天下潰畔禍卒在於二世之末師古曰卒終也長城之歌至今未絕補注沈欽韓曰河水注引揚泉物理論曰秦築長城死者相屬民歌曰生男慎勿舉生女哺用脯不見長城下屍骸相支拄賴聖漢初興爲百姓請命平定天下至孝文皇帝閔中國未安偃武行文則斷獄數百民賦四十丁男三年而一事如淳曰常賦歲百二十歲一事時天下民多故出賦四十三歲而一事時有獻千里馬者詔曰鸞旗在前屬車在後師古曰鸞旗編以羽毛列繫橦旁載於車上大駕出則陳於道而先行屬車相連屬而陳於後也屬音之欲反補注沈欽韓曰宋史輿服志鸞旗車漢爲前驅赤質曲壁一轅上載赤旗繡鸞鳥駕四馬駕士十八人吉行日五十里師

行二十里補注先謙曰官本二作三是朕乘千里之馬獨先安之師古曰安之言何所適
於是還馬與道里費而下詔曰朕不受獻也其令四方毋求來獻
當此之時逸游之樂絕奇麗之賂塞鄭衛之倡微矣補注宋祁曰浙本去求字賂字當作路王念孫曰浙本去求字是也求即來之誤字今作求來獻者一本作來一本作求而後人誤合之耳藝文類聚獸部上引此無求字漢紀孝元紀通典邊防四並同文紀亦云令郡國無來獻先謙曰治要有求字則唐初本已如此夫後宮盛
色則賢者隱處佞人用事則諍臣杜口而文帝不行故謚為孝文
廟稱太宗至孝武皇帝元狩六年太倉之粟紅腐而不可食師古曰粟久腐壞則色紅赤也補注劉奉世曰元狩末漢以伐匈奴馬少不復出征捐之之云蓋其誤也或者誤以建元為元狩數都內
之錢貫朽而不可挍師古曰挍謂數計也補注先謙曰正文及注挍官本作校迺探平城之事
師古曰追計其事故言探錄冒頓以來數為邊害籍兵厲馬因富民以攘服之
師古曰攘卻也補注宋祁曰一作籍兵厲馬越本作籍厲兵馬先謙曰謂取貲富民以供兵用也一作籍兵厲馬或當是籍馬厲兵否則宋所見漢書本是籍馬厲兵故宋云一作籍兵厲馬也籍馬厲兵文義較長官本與此同西連諸國至于安

息東過碣石以玄菟樂浪為郡師古曰樂音洛浪音郎比卻匈奴萬里更起
營塞補注先謙曰比官本作北是制南海以為八郡補注王念孫曰漢紀孝元紀作南制南海以為八郡念孫案上文言西連諸國東過碣石北卻匈奴則此亦當云南制南海今本制上無南字者因兩南字相亂而脫其一耳八郡當為九郡南粵傳遂以其地為儋耳珠崖南海蒼梧鬱林合浦交阯九眞日南九郡漢紀孝武紀同孝元紀亦誤作八郡五行志元鼎五年四將軍眾十萬征南越開九郡皆其證矣通典邊防四正作制南海以為九郡今本通典制亦脫南字上又韋元成傳南滅百粵起七郡七亦當為九則天
下斷獄萬數補注沈欽韓曰風俗通云太宗時民重犯法治理不能過中宗之世地節元年天下斷獄四萬七千餘人如捐之言復不類前世斷獄皆以萬數按捐之言文帝斷數百武帝斷萬數皆謂死刑也宣帝時斷獄四萬七千餘人蓋通計髡鉗以上若如應劭之言豈宣帝時反酷於武帝數倍必不然矣民賦數百造鹽鐵酒榷之利以佐用
度猶不能足當此之時寇賊並起軍旅數發父戰死於前子鬭傷
於後女子乘亭鄣孤兒號於道老母寡婦飲泣巷哭師古曰淚流被面以入於口故言飲泣也遙設虛祭想魂乎萬里之外淮南王盜寫虎符陰聘名士
關東公孫勇等詐為使者補注先謙曰武紀在征和三年是皆廓地泰大征伐不
休之故也今天下獨有關東關東大者獨有齊楚民眾久困連年
流離離其城郭相枕席於道路如淳曰席音藉師古曰席即藉也不勞借音人情莫親
父母莫樂夫婦至嫁妻賣子法不能禁義不能止此社稷之憂也
今陛下不忍悁悁之忿補注先謙曰說文悁忿也詩陳風中心悁悁欲驅士眾擠之大
海之中師古曰擠墜也音子詣反又子奚反補注先謙曰通鑑胡注擠排也推也快心幽冥之地非所
以救助飢饉保全元元也補注先謙曰救官本作校引宋祁曰校助當作救助先謙案通鑑治要並作救助詩云蠢爾蠻荊大邦為讎師古曰詩小雅采芑之詩蠢動貌也蠻荊荊州之蠻也言敢與大國為讎敵也言聖人起則後服中國衰則先畔動為國家難自古而患之久
矣何況迺復其南方萬里之蠻乎駱越之人父子同川而浴補注沈欽韓曰尚書大傳吳越之俗男女同川而浴相習以鼻飲補注沈欽韓曰御覽七百八十六引裴淵廣州記云烏滸人以鼻飲水口中進啗如故桂海虞衡志南人習鼻飲有陶器旁植一小管若瓶觜赤雅鼻夷獠族鼻如垂鉤隅目好殺間出市鹽與之酒鼻飲輒盡皆其類也與禽獸無異本不足郡縣置也顓顓獨居一海之中

師古曰顓與專同專專猶區區也一曰圜貌也補注沈欽韓曰淮南覽冥訓猛獸食顓民先謙曰說文顓下云頭顓顓謹皃此言顓顓狀其蠢蒙無所知識亦從謹字生訓霧露氣溼多毒草蟲蛇水土之害人未見虜戰
士自死又非獨珠厓有珠犀瑇瑁也師古曰瑇瑁文甲也瑇音代瑁音妹棄之不足
惜不擊不損威其民譬猶魚鼈何足貪也臣竊以往者羌軍言之
補注先謙曰胡注此蓋指宣帝神爵元年羌反時暴師曾未一年兵出不踰千里費四十
餘萬萬大司農錢盡迺以少府禁錢續之師古曰少府錢主供天子故曰禁錢夫一
隅為不善費尚如此況於勞師遠攻亡士毋功乎求之往古則不
合施之當今又不便臣愚以為非冠帶之國禹貢所及春秋所治
皆可且無以為師古曰為猶用也補注王引之曰皆可且無以用殊為不辭今案無以者無用也為語助耳[illegible]一解云無用為者無則此之為為是助語言非禹貢所及春秋所治者其地皆可無用也凡言無以為何以為者皆謂無用也郊祀志寶鼎事已決矣尚何以為言此書尚何用也論語叔孫武叔毀仲尼子貢曰無以為也言無用毀也又曰何用以文為何以伐為言何用文何用伐也又曰雖多亦奚以為言雖多何用也為字常是語助古書若是者多矣詳見經傳釋詞願遂棄珠厓專用恤關

東爲憂對奏上㠯問丞相御史補注錢大昭曰御史下當有大夫二字先謙曰不言大夫省文通鑑亦無大夫二字本書凡言丞相御史大夫省去大夫二字者甚多御史大夫陳萬年㠯爲當擊丞相于定國㠯爲前日興兵擊之連年護軍都尉校尉及丞凡十一人還者二人卒士及轉輸死者萬人㠯上費用三萬萬餘尚未能盡降今關東困乏民難搖動捐之議是上迺從之遂下詔曰珠厓虜殺吏民背畔爲逆今廷議者或言可擊或言可守或欲棄之其指各殊朕日夜惟思議者之言羞威不行則欲誅之狐疑辟難則守屯田師古曰辟讀曰避次下亦同通于時變則憂萬民夫萬民之饑餓與遠蠻之不討危孰大焉且宗廟之祭凶年不備補注先謙曰胡注王制冢宰制國用視年之豐耗祭用數之仂鄭氏曰算今年一歲經用之數用其什一夫以凶年之入制經用之什一以供祭則宗廟之禮宜有不備者矣況乎辟不嫌之辱哉補注先謙曰胡注嫌當讀作慊慊之爲言厭也意自足也先謙案不嫌之辱言非甚可羞也似不煩改讀今關東大困倉庫空虛無㠯相贍又㠯動兵非特勞民凶

年隨之其罷珠厓郡民有慕義欲內屬便處之師古曰欲有來入內郡者所至之處卽安置之補注先謙曰官本注末作也胡注便處者各隨其便而處之也先謙案謂擇便地安處之不欲勿彊珠厓由是罷補注齊召南曰珠厓始爲郡在武帝元鼎六年至元帝初元三年而罷凡立郡六十五歲捐之數召見言多納用時中書令石顯用事捐之數短顯師古曰談說其長短補注先謙曰胡注此言數陳其短耳先謙案此於人前短之非陳奏也故下文得復薦奏㠯故不得官後稀復見而長安令楊興新㠯材能得幸與捐之相善捐之欲得召見謂興曰京兆尹缺補注先謙曰胡注按百官表初元四年京兆尹成永光四年光祿大夫琅邪張譚爲京兆尹四年不勝任免蓋是時成已去而譚未除是以缺官也使我得見言君蘭張晏曰楊興字補注先謙曰通鑑考異云荀紀作君簡京兆尹可立得興曰縣官嘗言興瘉薛大夫張晏曰瘉也薛廣德爲御史大夫師古曰瘉與愈同補注先謙曰注瘉下脫勝字官本有我易助也君房下筆言語妙天下師古曰於天下最爲精妙耳使君房爲尚書令勝五鹿充宗遠甚補注先謙曰胡注續漢志尚書令承秦所置武帝用宦者更爲中書謁者令是時石顯爲中書令五鹿充宗爲尚書令疑兩官並置也百官表成帝建始元年尚書令五鹿充宗爲少府五年既爲玄菟太守逆而數之則知充宗是年猶爲尚書令也姓譜趙大夫食采於五鹿因以爲氏捐之曰令我得代充宗君蘭爲京兆京兆郡國首尚書百官本天下眞大治士則不隔矣捐之前言平恩侯可爲將軍張晏曰許嘉也補注先謙曰公卿表嘉以初元三年爲右將軍期思侯並可爲諸曹師古曰期思侯當是賁赫之後嗣也而表不載補注錢大昕曰侯並當是人姓名期思其所居之地也期思侯賁赫薨於文帝時以無後國除安得更有嗣侯者顏說非錢大昭曰期思侯並疑是二人姓名廣韻期姓下引風俗通有期思國不言復姓若以爲期思地名則下文滿宣又不言所居之縣何以侯並獨載居地乎先謙曰後錢說是皆如言又薦謁者滿宣立爲冀州刺史言中謁者不宜受事宦者不宜入宗廟立止補注先謙曰成帝建始四年始罷中書宦官元帝之世任宏恭石顯典機要未嘗止中謁者不受事也或是止宦者不入宗廟言二事而從其一抑或詔皆從之而未行邪相薦之信不當如是乎師古曰冀相薦之效當如前所言諸事見納用補注先謙曰官本注事作士引宋祁曰注文士字姚本作事興曰我復見言君房也捐之復短石顯興曰顯鼎貴如淳曰鼎音釘言方且欲貴矣師古曰方且是也讀如今字補注先謙曰官本今作本是上信用之今欲進弟從我計師古曰弟但也且與合意卽

得入矣捐之卽與興共爲薦顯奏曰竊見石顯本山東名族有禮義之家也持正六年未嘗有過明習於事敏而疾見補注先謙曰見事速出公門入私門師古曰言自公庭出卽歸其家不妄交游宜賜爵關內侯引其兄弟㠯爲諸曹又共爲薦興奏曰竊見長安令興幸得㠯知名數召見興事父母有曾氏之孝師古曰曾參也事師有顏閔之材師古曰顏回閔子騫榮名聞於四方明詔舉茂材列侯㠯爲首爲長安令吏民敬鄉師古曰鄉讀曰嚮道路皆稱能觀其下筆屬文則董仲舒進談動辭則東方生置之爭臣則汲直張晏曰汲黯方直故世謂之汲直用之介胄則冠軍侯施之治民則趙廣漢抱公絕私則尹翁歸興兼此六人而有之守道堅固執義不回師古曰回邪也補注先謙曰回枉也臨大節而不可奪國之良臣也可試守京兆尹石顯聞知白之上迺下興捐之獄令皇后父陽平侯禁補注先謙曰王鳳父與顯共雜治奏興捐之懷詐僞㠯上語相風更相薦譽師古曰風讀曰

諷（更音工衡反）欲得大位，漏泄省中語，罔上不道（補注先謙曰罔官本作罔是）書曰「讒說殄行，震驚朕師。」（師古曰虞書舜典之辭也言讒巧之說殄絕君子之行震驚我眾）王制「順非而澤，不聽而誅。」（師古曰禮記王制云行偽而堅言偽而辨學非而博順非而澤以疑眾殺謂人有堅為辨言不以誠質學於非道雖博無用飾非文過辭語順澤不聽教命有如此者皆誅殺也補注劉攽曰不聽而誅者即王制所云此四誅者不以聽耳何說不聽教命乎）請論如法。」捐之竟坐棄市。興減死罪一等，髡鉗為城旦。（補注先謙曰通鑑列此事於永光元年蓋據薛廣德為御史大夫之歲也）成帝時，至部刺史。（補注何焯曰成帝時諫大夫楊興與博士駟勝對黃霧四塞終日咎由太后諸侯以無功封不知即君蘭否）

贊曰：詩稱「戎狄是膺，荊舒是懲」，（師古曰魯頌閟宮之詩也膺當也懲創刈也言魯僖公與齊桓舉義兵北當戎狄南創荊蠻與羣舒以靖難）久矣其為諸夏患也。漢興，征伐胡越，於是為盛。究觀淮南、捐之、主父、嚴安之義，深切著明，（師古曰究極也）故備論其語。世稱公孫弘排主父，張湯陷嚴助，石顯譖捐之，察其行迹，主父求欲鼎亨而得族，嚴、賈出入禁門招權利，死皆其所也，亦何排陷之恨哉！

虛受堂　主

嚴朱吾丘主父徐嚴終王賈傳第三十四下　終　漢書六十四

東方朔傳第三十五　漢書六十五

漢　蘭臺令史班固撰

唐正議大夫行祕書少監琅邪縣開國子顏師古注

賜進士出身前翰林院編修國子監祭酒加三級臣王先謙補注

東方朔字曼倩，（師古曰倩音千見反）平原厭次人也。（師古曰高祖功臣表有厭次侯爰類是則厭次之名也其來久矣而說者乃云後漢始為縣於此致疑斯未通也厭音一涉反又音一琰反補注錢大昕曰案地理志平原郡有富平侯國應劭云明帝更名厭次後人因疑西京無厭次之名攷厭次侯爰類傳子至孝文五年以謀反誅國除而張安世封富平侯在昭帝時其封邑本在陳留郡及子延壽嗣侯上書讓減戶邑徙封平原乃宣帝之世然則昭帝以前平原無富平侯國也蓋厭次國除之後本為厭次縣宣帝移富平侯國於此始去厭次之名明帝時仍復其舊水經注謂厭次故名非始明帝益復故耳其說精而當矣漢時列侯國除有即為縣者如武帝以穰之盧陽鄉宛之臨駣聚封霍去病為冠軍侯去病子嬗薨國除為冠軍縣是也武帝以高成之平津鄉封公孫丞相為平津侯元帝以僮之樂安鄉封匡衡為樂安侯而地理志無平津樂安縣是國除之後仍為鄉矣南陽郡有博山侯國故順陽縣哀帝以封丞相孔光改名明帝改曰順陽亦是從其舊名與厭次正相類沈欽韓曰明一統志厭次故城在濟南府陵縣東北三十里周壽昌曰褚補史記作齊人）

虛受堂　一

武帝初即位，徵天下舉方正賢良文學材力之士，待以不次之位，（師古曰不拘常次言超擢也補注先謙曰官本也作之）四方士多上書言得失，自衒鬻者以千數，（師古曰衒行賣也鬻亦賣也衒音州縣之縣又音工縣反）其不足采者輒報聞罷。（師古曰報云天子已聞其所上之書而罷之令歸）朔初來，上書曰：「臣朔少失父母，長養兄嫂。年十三學書，三冬文史足用。（如淳曰貧子冬日乃得學書言文史之事足可用也補注先謙曰十三官本作十二引宋祁曰十二景本作十三先謙案三冬謂三年猶言三春三秋耳學書三年除十五數之則十二是也文者各書之體史者史籀所作世之通俗文字諷誦在口者也足用者言足用以應試藝文志大史試學童能諷書九千字以上乃得為史又以六體試之六當為八說文序諷書作諷籀書據此各體之文與所諷之史並試皆學童習以待用者也）十五學擊劍。（師古曰擊劍者以手臂劍遙擊而中之非斬刺也補注劉攽曰擊劍今有此戲非遙擊也）十六學詩書，誦二十二萬言。（補注沈欽韓曰釋言邢昺疏論語曰詩三百一言以蔽之曰思無邪左傳趙簡子稱子太叔遺我以九言皆以一句為一言漢書東方朔誦二十二萬言則以一字為一言也邵晉涵云戰國策臣請三言而已曰海大魚左傳疏引易說云伏羲作十言之教曰乾坤震巽坎離艮兌消息是則一字為一言其來已久）十九學孫

吳兵法戰陣之具鉦鼓之敎師古曰鉦鼓所以爲進退士衆之節也鉦音正補注先謙曰官本注正作
征亦誦二十二萬言凡臣朔固已誦四十四萬言又常服子路之
言服虔曰無宿諾補注劉攽曰子路之言可使有勇者劉敞曰旣曰子路之言則無宿諾者非子路之言也臣朔年二
十二長九尺三寸目若懸珠齒若編貝師古曰編列次也音鞭補注沈欽韓曰韓詩外傳九
引傳曰目如擗杏齒如編貝古語已久勇若孟賁師古曰孟賁衛人古之勇士也尸子說云人謂孟賁生乎曰勇貴乎
曰勇富乎曰勇三者人之所難而皆不足以易勇故能攝三軍服猛獸也捷若慶忌師古曰王子慶忌也射之矢滿把不
能中駟馬追之不能及也廉若鮑叔師古曰齊大夫也與管仲分財自取其少而說者乃妄解云鮑焦非也焦自介士耳
信若尾生師古曰尾生古之信士與女子期於梁下待之不至遇水而死一曰卽微生高也補注先謙曰官本注梁作橋
若此可以爲天子大臣矣臣朔昧死再拜以聞朔文辭不遜高自
稱譽上偉之師古曰以爲大奇也令待詔公車師古曰公車令屬衛尉上書者所詣也補注先謙曰褚補
史記朔初入長安至公車上書凡用三千奏牘公車令兩人共持舉其書僅能勝之人主從上方讀之止輒乙其處讀之二月乃盡
奉祿薄未得省見師古曰不被省納不得見於天子也奉音扶用反其下並同補注宋祁曰一本改本作奉先謙

曰據宋說所見本奉作本也官本注無於字久之朔紿騶朱儒文穎曰朱儒之爲騶者也師古曰朱儒短人也
騶本廄之御騶也後人以爲騎謂之騶騎補注周壽昌曰騶說文廄御也左成十八年傳程鄭爲乘馬御六騶屬焉使訓羣騶知禮
惠紀謁者執楯執戟武士騶比外郎顏注騶本廄之騶者百官表有騶僕射此朱儒蓋屬於騶僕射所謂羣騶者也朱儒禮記作侏
儒蓋漢時取短人備供御戲弄若幸倡之類御覽四百八十八引語林云董昭爲魏武重臣後失勢文明世入爲衛尉昭乃厚加意
於侏儒正朝大會侏儒作衛尉啼面云云是魏承漢制猶備有此等人仍名爲侏儒也先謙曰官本注後下無人字曰上以
若曹無益於縣官師古曰若汝也曹輩也耕田力作固不及人臨衆處官不
能治民從軍擊虜不任兵事無益於國用徒索衣食如淳曰索盡也師古曰音
先各反下云索長安米亦同也補注先謙曰索求也易繫辭上傳探賾索隱疏云索謂求索今欲盡殺若曹朱
儒大恐啼泣補注宋祁曰啼當刪王本作號朔敎曰上卽過叩頭請罪居有頃聞
上過朱儒皆號泣頓首上問何爲對曰東方朔言上欲盡誅臣等
上知朔多端補注先謙曰多端謂辯知不窮召問朔何恐朱儒爲對曰臣朔生亦
言死亦言朱儒長三尺餘奉一囊粟錢二百四十臣朔長九尺餘

亦奉一囊粟錢二百四十朱儒飽欲死臣朔飢欲死臣言可用幸
異其禮不可用罷之無令但索長安米上大笑因使待詔金馬門
稍得親近上嘗使諸數家射覆師古曰數家術數之家也於覆器之下而置諸物令闇射之故云射
覆數音所具反覆音芳目反置守宮盂下射之皆不能中師古曰守宮蟲名也術家云以器養之食
以丹砂滿七斤擣治萬杵以點女人體終身不滅若有房室之事則滅矣言可以防閑淫逸故謂之守宮也今呼俗爲辟宮辟亦禦
扞之義耳盂食器也若盋而大今之所謂盋盂也盋音撥補注劉攽曰守宮生屋壁如守宮然故名之何在防淫逸也一蟲之微何
能食丹砂七斤人亦安肯捐七斤丹砂以餌一蟲也劉敞曰守宮卽人家屋壁中蝘蜓俗呼爲蝎虎者是也此物唯在屋壁窗戶閒
夜亦出葢用此得名耳術家之說安有此理師古乃信之何哉沈欽韓曰御覽三十一引淮南萬畢術云七月七日採守宮陰乾之
合以井華水和塗女身有文章卽以丹塗之不去者不淫去者有姦先謙曰官本注呼俗作俗呼是朔自贊曰臣嘗
受易請射之師古曰贊進也補注沈欽韓曰東方朔有靈棊經見藝文志案管輅射覆亦以易卦其卦辭葢如焦氏易
林有立成法也迺別蓍布卦而對曰師古曰別分也音彼列反臣以爲龍又無角謂之
爲蛇又有足跂跂脈脈善緣壁是非守宮卽蜥蜴師古曰跂跂行貌也脈脈視貌

也爾雅云蠑螈蜥蜴蜥蜴蝘蜓蝘蜓守宮是則一類耳揚雄方言云其在澤中者謂之蜥蜴故朔曰是非守宮則蜥蜴也蜥音歷反蜴音
余赤反蠑音榮螈音原蝘音烏典反蜓音殄補注宋祁曰角音盧谷反獸不童也先謙曰官本注不重蜥蜴字蜓作蜒歷上有先字
是上曰善賜帛十匹復使射他物連中輒賜帛師古曰中音竹仲反其下並同
有幸倡郭舍人滑稽不窮師古曰幸倡倡優之見幸遇者也滑音骨滑稽解在公孫弘傳補注沈欽韓曰
西京雜記郭舍人善投壺激矢令還一矢百餘反謂之爲驍言如博擊梟於掌中爲驍傑也每投壺輒賜金帛先謙曰郭舍人事詳
褚補史記常侍左右曰朔狂幸中耳非至數也師古曰至實也臣願令朔復射
朔中之臣榜百不能中臣賜帛師古曰榜擊也音步行反補注先謙曰官本不上有朔字迺覆
樹上寄生令朔射之朔曰是寠藪也蘇林曰寠音貧寠之寠藪音數錢之數寠數絢灌四股鉤
也師古曰寠數戴器也以盆盛物戴於頭者則以寠數薦之今賣白團餠人所用者是也寄生者芝菌之類淋潦之日著樹而生形
有周圜象寠數者今關中俗亦呼爲寄生非爲蔦之寄生寓木宛童有林葉者也故朔云著樹爲寄生盆下爲寠數明其常在盆下
今讀書者不曉其意謂射覆之物覆在盆下輒改前覆守宮盂下爲盆字失之遠矣楊惲傳鼠不容穴銜寠數也盆下之物有飲食
氣故鼠銜之四股鐵鉤非所銜也補注劉敞曰若不緣寄生在盆下何得曰寠數前覆守宮自以盂此以盆何怪乎不然盂亦盆類

朔故詭言之欲以誤郭舍人也又曰朔意蓋以寄生寠數皆是附著他物而得名故謂今在盆下之寄生爲寠數以大物在盆下小物在盂下固可知也但不當改前盂字爲盆爾又不必一日之中用一盂覆射此諸物也顏說未通又以寄生爲芝菌形圜似寠數而云非寓木尤疏謬矣錢大昕曰釋名寠數猶局縮皆小意也說文檳遝負戴器寠數卽檳遝聲之轉也與寄生聲亦相近故樹上之寄生亦有寠數之名廣韻寠藪四足几也此與蘇林四股鉤之說相近皆以形相似名之先謙曰官本寠藪並作寠數引宋祁曰數音藪景本作藪先謙案顏謂寠數非寓木者以寓木寄生必有枝葉不中覆射故決是以芝菌也何晏景福殿賦蘭栭積重寠數矩設言其重疊交互之狀以蘭栭對寠數亦是以爲芝菌之類與顏說合芝菌之形襞縮鬱卷故釋名以音近字釋之云寠數猶局縮而訓爲小意芝菌雖微物其巨者不能入鼠穴故楊惲取爲喻也說文之負戴器廣韻之四足几皆非此所謂寠數也注林官本作枝是楊惲傳下官本有云字

舍人曰果知朔不能中也朔曰生肉爲膾乾肉爲脯著樹爲寄生盆下爲寠數上令倡監榜舍人舍人不勝痛呼謈服虔曰謈音暴鄧展曰呼音髐箭之髐謈音爪犳之犳師古曰鄧音是也謂痛切而叫呼也與田蚡傳呼服音義皆同一曰鄧音近之謈自冤痛之聲也舍人榜痛乃呼云謈今人痛甚則稱阿謈音步高反是故朔逐韻而謿之云口無毛聲謷謷也補注錢大昭曰說文謈大呼自冤也先謙曰官本注無謂字服作報引宋祁曰呼報當作呼服朔笑之曰咄口無毛聲謷謷

尻益高鄧展曰咄音豽裘之豽也師古曰咄叱咄之聲也音丁骨反鄧說非也謷音敖補注王先愼曰尻當作尻從九說文尻脾也從几者居處字與尻別舍人恚曰朔擅詆欺天子從官當棄市師古曰詆毀辱也音丁禮反補注錢大昭曰舍人以幸倡常侍左右故自稱天子從官上問朔何故詆之對曰臣非敢詆之迺與爲隱耳師古曰隱謂隱語也補注周壽昌曰案藝文志有隱語十八篇世謂之廋辭亦謂之謎說文謎隱語也文心雕龍云自魏代以來頗非俳優而君子化爲隱語隱也者廻互其辭使昬迷也鞠窮庚癸見左傳卽隱之權輿郡姓名字詩見孔北海集黃絹幼婦見蔡邕題碑井謎見鮑照集皆繼朔而起者也上曰隱云何朔曰夫口無毛者狗竇也聲謷謷者鳥哺鷇也項昭曰凡鳥哺子而活者爲鷇生而自啄曰雛師古曰雛音口豆反補注劉攽曰狗竇文不全明少一字當云狗穴竇也緣兩穴相重遂誤爾先謙曰官本鳥並作烏項作韋雛音作鷇音是尻益高者鶴俛啄也師古曰俛卽俯字也俯低也啄鳥觜也俛又音免啄音竹救反補注錢大昭曰啄讀與噣同舍人不服因曰臣願復問朔隱語不知亦當榜卽妄爲諧語曰師古曰諧者和韻之言也令壺齟老柏塗伊優亞狋吽牙何謂也張晏曰齟音樝梨之樝應劭曰狋音銀師古曰齟音側加反又壯加反塗音丈加反優音一侯反亞音烏加反狋音五伊反吽音五侯反補注先謙曰官本注又下有音字朔曰令者命也壺者所以盛也師古曰盛受物也音時政反齟者齒不正也老者人所敬也柏者鬼之廷也師古曰言鬼神尚幽闇故以松柏之樹爲廷府補注沈欽韓曰陵寢兆域爲柏城齊書王僧虔傳鬼惟知愛深松茂柏塗者漸洳徑也師古曰漸洳浸溼也漸音子廉反洳音人庶反伊優亞者辭未定也狋吽牙者兩犬爭也補注沈欽韓曰秦策投之一骨輕起相牙有爭意也龍龕手鑑吽與呴同牛鳴也舍人所問朔應聲輒對變詐鋒出補注先謙曰官本考證云鏠當作鋒莫能窮者左右大驚上以朔爲常侍郎遂得愛幸久之伏日師古曰三伏之日也解在郊祀志詔賜從官肉大官丞日晏不來師古曰晏晚也補注先謙曰少府屬官有大官丞見百官表朔獨拔劍割肉謂其同官曰伏日當蚤歸師古曰蚤古早字補注沈欽韓曰宋史職官志祕書省官遇庚伏則前期遣中使諭旨聽以早歸所以待遇儒臣非他司比請受賜卽懷肉去大官奏之朔入上曰昨賜肉不待詔以劍割肉而去之何也補注劉攽曰而去之何也之衍字先謙曰顧炎武云以劍割肉而去之者裴松之注魏志云古人謂藏爲去蘇武傳掘野鼠去屮實而食之師古曰去謂藏之也王念孫云上文云拔劍割肉卽懷肉去此云以劍割肉而去兩去字前後相應則去

是來去之去非藏去之去而去下本無之字明矣御覽治道部十四引此有之字亦後人依誤本漢書加之其時序部十六人事部一百七引此皆無之字藝文類聚食物部初學記歲時部下引此亦皆無之字劉以之爲衍字是也朔免冠謝上曰先生起自責也朔再拜曰朔來朔來受賜不待詔何無禮也拔劍割肉壹何壯也割之不多又何廉也歸遺細君又何仁也師古曰細君朔妻之名一說細小也朔自比於諸侯謂其妻曰小君補注周壽昌曰漢武故事朔娶長陵民家女宛若爲小妻生子三人與朔俱死先謙曰褚補史記時詔賜之飯於前飯已盡懷其餘肉持去衣盡汙數賜縑帛擔揭而去徒用所賜錢帛取少婦於長安中好女率取婦一歲所者卽弃去更取婦所賜錢財盡索之於女子左右諸郎半呼之狂人官本注自上有輒字上笑曰使先生自責迺反自譽復賜酒一石肉百斤歸遺細君初建元三年微行始出補注王念孫曰案微行上脫上字藝文類聚職官部一御覽職官部四十引此並作上微行始出文選西京賦注東京賦注荅魏太子牋注引此並作武帝微行始出選注以武帝代上字則有上字明矣通鑑亦云建元三年上始爲微行北至池陽西至黃山晉灼曰宮名在槐里補注先謙曰池陽馮翊縣扶風槐里有黃山宮見地理志渭水注引東方朔傳云武帝微行至黃山宮故世謂之游城也南獵長楊補注先謙曰通鑑胡注水經注云槐里縣東有漏水出南山赤谷東

北遷長楊宮宮有長楊因名其地在盩厔界 東游宜春 師古曰宜春宮也在長安城東南說者乃以爲在鄠非也在鄠者自是宜春觀耳在長安城西豈得言東游也〔補注〕先謙曰黃圖宜春下苑在京城東南隅杜縣東近下杜 微行常用飲酎已 師古曰酎酒新孰以祭宗廟也酎音紂解在景紀〔補注〕先謙曰以酎祭畢時 八九月中與侍中常侍武騎及待詔隴西北地良家子能騎射者期諸殿門故有期門之號自此始 〔補注〕先謙曰百官表期門掌執兵送從稱名始此 微行以夜漏下十刻迺出常稱平陽侯 如淳曰平陽侯曹壽尚帝姊時見尊寵故稱之 旦明入山下馳射鹿豕狐兔 〔補注〕先謙曰官本馳作騎 手格熊羆馳騖禾稼稻秔之地 師古曰稻有芒之穀總稱也秔其不黏者也音庚 民皆號呼罵詈 師古曰呼音火故反〔補注〕先謙曰御覽八十八漢武故事曰與霍去病等十餘人案建元三年疑霍去病尚未入侍皆輕服爲微行且以觀戲市里察民風俗嘗至蓮勺通道中行行人皆奔避路上怪之使左右問之云有持戟前呵者數百人時微行率不過二十人馬七八疋更步更騎衣如凡庶不可別也又嘗至柏谷亭夜宿亭長不內乃宿於逆旅逆旅翁謂上曰汝長大多力當勤稼穡何忽帶劍眾夜行此不欲爲盜則淫耳上嘿然不應因乞漿飲翁荅曰無止有溺無漿也有頃還內上使覘之見翁方與少年十餘人皆持弓矢刀劍令主人嫗出探過客嫗歸謂其翁曰吾觀此丈夫非常人也且亦有備不可圖也天

寒嫗酌酒多與夫及諸少年皆醉嫗自縛其夫諸少年皆走嫗出謝客殺雞作食平旦上去是日還宮乃召逆旅夫妻見之賜嫗千金擢夫爲羽林郎自是懲戒希復微行案此事通鑑采之亦見潘岳西征賦 相聚會自言鄠杜令 〔補注〕周壽昌曰民自訴言於鄠杜令也 令往欲謁平陽侯諸騎欲擊鞭之令大怒使吏呵止獵者數騎見留迺示以乘輿物久之迺得去時夜出夕還後齎五日糧會朝長信宮 師古曰五日一朝長信宮故齎五日糧也長信太后之宮也 上大驩樂之是後南山下乃知微行數出也 〔補注〕先謙曰胡注終南山橫亘關中南面西起秦隴東徹藍田凡雍岐郿鄠長安萬年相距且八百里而連綿峙據其南者皆此一山也 然尚迫於太后未敢遠出 〔補注〕周壽昌曰案武帝屢幸雍幸甘泉幸汾陰踰隴登空同幸緱氏登嵩高登封泰山臨決河通回中道出蕭關自代還幸河東幸東都南巡狩登灊天柱山自潯陽浮江出樅陽北至琅邪竝海東巡海上幸東萊安定皆自建元六年太后崩後車駕四出無安歲故史特載此語於此 丞相御史知指 師古曰指謂天子之意也 乃使右輔都尉徼循長楊以東 師古曰徼遮繞也循行視也戒備非常也徼音工釣反〔補注〕錢大昕曰是時但分內史爲左右初無三輔之名也而先有右輔都尉有右輔必有左輔矣京兆馮翊扶風爲三輔始於太初元年而百官表云元鼎四年更置三輔都尉則三輔之名在太初以前矣王太后以元朔三年崩又在元鼎之前此傳先言迫於太后未敢遠出下言使右輔都尉徼循則左右輔都尉亦不始於元鼎表所言恐尚有誤 右內史發小民共待會所 師古曰共讀曰供 後迺私置更衣 師古曰爲休息易衣之處亦置宮人〔補注〕劉攽曰更衣休息處爾非必有宮人也史文自無之後傳出延年起至更衣然則貴賤同此名也 從宣曲以南十二所中休更衣 師古曰宣曲宮名在昆明池西〔補注〕先謙曰爲適中休息之所凡十二 投宿諸宮 師古曰晝休更衣夜則別宿於諸宮 長揚五柞倍陽宣曲尤幸 師古曰倍陽卽萯陽也其音同耳宮名在鄠縣也〔補注〕先謙曰官本揚作楊本書字通作五柞宮在盩厔縣長楊宮東北 於是上以爲道遠勞苦又爲百姓所患迺使太中大夫吾丘壽王與待詔能用算者二人舉籍阿城以南 師古曰舉計其數而爲簿籍也阿城本秦阿房宮也以其牆壁崇廣故俗呼爲阿城〔補注〕沈欽韓曰長安志秦阿房宮一名阿城在長安縣西二十里西北三面有牆一面無牆周五里一百四十步 盩厔以東 〔補注〕先謙曰盩厔扶風縣山曲曰盩水曲曰厔 宜春以西提封頃畝及其賈直 師古曰提封亦謂提舉四封之內總計其數也賈讀曰價〔補注〕先謙曰提封都凡也說詳刑法志顏訓非 欲除以爲上林苑屬之南山 師古曰屬連也音之欲反 又詔中尉左右內史表屬縣草田欲以償鄠

杜之民 師古曰時未爲京兆馮翊扶風故云中尉及左右內史也草田謂荒田未耕墾也 吾丘壽王奏事上大說稱善 師古曰說讀曰悅 時朔在傍進諫曰臣聞謙遜靜慤天表之應應之以福 師古曰慤謹也音口角反〔補注〕先謙曰官本遜作遊引宋祁曰遊當作遜 驕溢靡麗天表之應應之以異今陛下累郎臺恐其不高也 師古曰郎堂下周屋 弋獵之處恐其不廣也如天不爲變則三輔之地盡可以爲苑何必盩厔鄠杜乎 師古曰中尉及左右內史則爲三輔矣非必謂京兆馮翊扶風也學者疑此言爲後人所增斯未達也 奢侈越制天爲之變上林雖小臣尚以爲大也夫南山天下之阻也南有江淮北有河渭其地從汧隴以東商雒以西 服虔曰商與上雒二縣也師古曰汧汧水也隴隴坻也 厥壤肥饒漢興去三河之地 〔補注〕先謙曰謂去雒陽不都 止霸產以西都涇渭之南此所謂天下陸海之地 師古曰高平曰陸關中地高故稱耳海者萬物所出言關中山川物產饒富是以謂之陸海也〔補注〕先謙曰官本稱下有陸字是產滻水 秦之所以虜西戎兼山東者也其山出玉石金銀銅鐵豫章檀柘異類之物不可勝原 師古曰原

本也言說不能盡其根本〔補注〕先謙曰原計也言不可勝計說詳劉向傳顏訓非 此百工所取給萬民所卬足也 師古曰卬音牛向反 又有秔稻梨栗桑麻竹箭之饒土宜薑芋水多鼃魚 師古曰芋草名其葉似藕荷而長不圓其根正白可食鼃卽蛙字也似蝦蟆而小長腳蓋人亦取食之 貧者得㠯人給家足無飢寒之憂故酆鎬之閒號爲土膏其賈畝一金 師古曰賈讀曰價 今規㠯爲苑絕陂池水澤之利而取民膏腴之地上乏國家之用下奪農桑之業棄成功就敗事損耗五穀 師古曰耗減也音呼到反 是其不可一也且盛荆棘之林而長養麋鹿廣狐菟之苑大虎狼之虛 師古曰虛讀曰墟 又壞人冢墓發人室廬令幼弱懷土而思耆老泣涕而悲是其不可二也斥而營之垣而圍之 師古曰斥御也〔補注〕王念孫曰案御而營之殊爲不詞斥之言度也謂量度而經營之也史記李將軍傳索隱引許愼淮南注曰斥度也 騎馳東西車騖南北 師古曰亂馳曰騖 又有深溝大渠夫一日之樂不足㠯危無隄之輿 蘇林曰隄限也輿乘輿也無限若言不訾也不敢斥天子故言輿也張晏曰一日之樂謂田獵也無隄之輿謂天子富貴無隄限也師古曰張

說是也音丁奚反〔補注〕劉攽曰不足以危不字當作亦隄猶防也言車輿馳騁不爲防慮必有顚虞之變先謙曰官本注音上有隄字 是其不可三也故務苑囿之大不恤農時非所㠯彊國富人也夫殷作九市之宮而諸侯畔 應劭曰紂於宮中設九市〔補注〕沈欽韓曰御覽一百七十三引六韜曰殷君喜治宮室七十三所大宮百里宮中九市初學記居處部太公六韜曰武王伐殷得二大夫問曰殷國將亡亦有妖乎曰殷君喜修宮室大者宮室九市 靈王起章華之臺而楚民散 師古曰楚靈王作章華之臺納亡人㠯實之卒有乾谿之禍也章華臺在華容城也 秦興阿房之殿而天下亂糞土愚臣忘生觸死 師古曰忽忘其生而觸死罪也 逆盛意犯隆指罪當萬死不勝大願願陳泰階六符 孟康曰泰階三台也每台二星凡六星符六星之符驗也應劭曰黃帝泰階六符經曰泰階者天之三階也上階爲天子中階爲諸侯公卿大夫下階爲士庶人上階上星爲男主下星爲女主中階上星爲諸侯三公下星爲卿大夫下階上星爲元士下星爲庶人三階平則陰陽和風雨時社稷神祇咸獲其宜天下大安是爲太平三階不平則五神乏祀日有食之水潤不浸稼穡不成冬雷夏霜百姓不寍故治道傾天子行暴令好興甲兵修宮榭廣苑囿則上階爲之奄奄疏闊也㠯孝武皆有此事故朔爲陳之〔補注〕宋祁曰奄奄當作奢奢何焯曰應引黃帝泰階六符經與今之占三台者異周壽昌曰案藝文志天文家有泰階六符一卷注引李奇曰三台謂之泰階兩兩成體三台故六觀色以知吉凶故曰符疑朔卽陳此書 㠯觀天變不可不省是日因奏泰階之事上迺拜朔爲太中大夫給事中賜黃金百斤然遂起上林苑如壽王所奏云〔補注〕沈欽韓曰御覽四百五十七東方朔別傳曰人有殺上林鹿武帝大怒下有司殺之羣臣皆相阿殺人主鹿大不敬當死東方朔時在旁曰是人罪當死者三使陛下以鹿之故殺人一當死使天下聞之皆以陛下重鹿賤人二當死匈奴卽有急推鹿逐之三當死武帝默然遂釋殺鹿者之罪先謙曰遂竟也 久之隆慮公主子昭平君 師古曰慮音廬 尙帝女夷安公主隆慮主病困㠯金千斤錢千萬爲昭平君豫贖死罪〔補注〕周壽昌曰病困之困各本作困以病字斷句此本作困則從困字句似困字勝以困字可省困則下屬贖及隆慮卒句有根呂后傳云病困以趙王祿爲上將軍正與此同先謙曰官本作困 上許之隆慮主卒昭平君日驕醉殺主傅獄繫內官 服虔曰主傅主之官也如淳曰禮有傅姆說者又曰傅者老大夫也漢使中行說傅翁主也師古曰傅姆是也服說失之內官署名解在律歷志〔補注〕沈欽韓曰漢官儀長公主傅秩六百石千石賊殺 㠯公主子廷尉上請請論 師古曰論決其罪也 左右人人爲言前又入贖陛下許之上曰吾弟老有是一子死㠯屬我 師古曰老乃有子言

其晚孕育也屬音之欲反〔補注〕錢大昭曰案此以隆慮公主爲武帝女弟而景十三王傳又以爲帝姊未知孰是 於是爲之垂涕歎息良久曰法令者先帝所造也用弟故而誣先帝之法吾何面目入高廟乎又下負萬民迺可其奏哀不能自止左右盡悲朔前上壽曰臣聞聖王爲政賞不避仇讎誅不擇骨肉書曰不偏不黨王道蕩蕩 師古曰周書洪範之辭也蕩蕩平坦之貌 此二者五帝所重三王所難也陛下行之是㠯四海之內元元之民各得其所天下幸甚臣朔奉觴昧死再拜上萬歲壽上迺起入省中夕時召讓朔 師古曰讓責也〔補注〕宋祁曰夕當作少 曰傳曰時然後言人不厭其言 師古曰論語稱孔子問公叔文子於公明賈曰信乎夫子不言不笑不取乎對曰夫子時然後言人不厭其言樂然後笑人不厭其笑義然後取人不厭其取 今先生上壽時乎 師古曰言所上壽豈謂時乎 朔免冠頓首曰臣聞樂太甚則陽溢哀太甚則陰損陰陽變則心氣動心氣動則精神散而邪氣及〔補注〕先謙曰官本重精神散三字 銷憂者莫若酒〔補注〕沈欽韓曰述異記漢武帝幸甘泉長安阪道中有蟲赤如肝頭目口

齒悉具人莫知也東方朔曰此古秦獄地積憂所致夫積憂者得酒而解乃取蟲置酒中立銷臣朔所㠯上壽者明陛下正而不阿因㠯止哀也愚不知忌諱當死先是朔嘗醉入殿中小遺殿上師古曰小遺者小便也補注宋祁曰注文者下當添遺字劾不敬有詔免爲庶人待詔宦者署因此時復爲中郎賜帛百匹補注先謙曰官本時作對是

初帝姑館陶公主號竇太主如淳曰竇太后之女也故曰竇太主也堂邑侯陳午尚之午死主寡居年五十餘矣近幸董偃始偃與母㠯賣珠爲事偃年十三隨母出入主家左右言其姣好師古曰姣美麗也音狡主召見曰吾爲母養之因留第中教書計相馬御射師古曰計謂用算也頗讀傳記至年十八而冠出則執轡入則侍內爲人溫柔愛人㠯主故諸公接之名稱城中號曰董君主因推令散財交士補注沈欽韓曰藝文類聚二十一史記曰董偃與館陶主家兒博戲殿下主伏檻視之偃負財饑人勝則有讓主益奇之令中府曰師古曰中府掌金帛之臧者也補注沈欽韓曰漢官儀公主私府秩六百石先謙曰官本無者也二字引宋祁曰之藏下姚本添者也董君所發一日金滿

百斤錢滿百萬帛滿千匹乃白之師古曰言不滿此數者皆恣與之補注何焯曰竇太后崩遺詔盡以東宮金錢財物賜長公主嫖豈知乃以佐其淫縱如此耶安陵爰叔者爰盎兄子也補注周壽昌曰盎有兄子種爲盎畫策此爰叔亦盎兄子善畫策疑卽爰種與偃善謂偃曰足下私侍漢主挾不測之罪將欲安處乎師古曰不測者言其深也安處何㠯自安處也一曰身挾大罪迺欲自安而居處者乎偃懼曰憂之久矣不知所㠯師古曰㠯用也不知用何計也爰叔曰顧城廟遠無宿宮又有萩竹籍田如淳曰其間雖有地皆有萩竹籍田無可作宿觀也師古曰如說非也萩卽楸字也言有楸樹及竹林可遊玩而籍田所在上又須躬親行事當有宿宮故宜獻此園補注劉攽曰城改成先謙曰文帝廟足下何不白主獻長門園如淳曰竇太主園在長門長門在長安城東南園可㠯爲宿館處所故獻之此上所欲也如是上知計出於足下也則安枕而臥長無慘怛之憂久之不然上且請之於足下何如偃頓首曰敬奉教入言之主主立奏書獻之上大說師古曰說讀曰悅更名竇太主園爲長門宮主大喜使偃㠯黃金百斤爲爰叔壽叔因是爲董君畫求見上之策令主稱疾不朝上往臨疾問所欲主辭謝曰妾幸蒙陛下厚恩先帝遺德奉朝請之禮備臣妾之儀師古曰請音才姓反補注先謙曰官本儀作使引宋祁曰使景本作儀列爲公主賞賜邑入師古曰既別得賞賜又所食之邑入其租賦也隆天重地死無㠯塞責師古曰塞補也一日卒有不勝洒埽之職師古曰卒讀曰猝洒音信又音山豉反補注張佖曰東方朔傳云一日卒有不勝洒埽之職顏師古注云卒讀曰猝洒音信又音山豉反檢諸本及前所校過并如此臣佖案許愼說文洒字解云音先禮反古又爲灑埽字其灑字解云汛也汛音信今校定此注合云洒音先禮反古又爲灑埽字灑汛也所蟹反汛音信葢傳寫脫誤少一十七字多又音山豉反五字先狗馬塡溝壑竊有所恨不勝大願願陛下時忘萬事養精游神從中掖庭回輿枉路臨妾山林應劭曰公主園中有山謙不敢稱第故託山林也服虔曰主所豫作廟陵故曰山林師古曰山林應說是也不當請帝臨其冢墓也得獻觴上壽娛樂左右如是而死何恨之有上曰主何憂幸得愈恐羣臣從官多大爲主費上還有頃主疾愈起謁上㠯錢千萬從主飲後數日上臨山林主自執宰敝膝師古曰爲賤者之服補注劉攽曰執當作服先謙曰敝當作蔽道入登

階就坐坐未定上曰願謁主人翁補注沈欽韓曰宋玉風賦臣嘗出行僕飢馬疲正值主人門開主人翁出主人翁三字所本主迺下殿去簪珥師古曰珥珠玉飾耳者也音餌徒跣頓首謝曰妾無狀師古曰狀形貌也無狀猶言無顏面㠯見人也一曰自言所行醜惡無善狀負陛下身當伏誅陛下不致之法頓首死罪有詔謝主簪履起之東箱自引董君師古曰之往也董君綠幘傅韝應劭曰宰人服也韋昭曰韝形如射韝㠯縛左右手於事便也師古曰綠幘賤人之服也傅著也韝卽今之臂韝也傅讀曰附韝音工侯反補注沈欽韓曰隋禮儀志黑幘上下通服之庖人則綠幘古今注襪衣厮役之服也取其便於用耳乘輿進食者服襪衣漢董偃綠幘青韝加襪衣以見武帝廚人之服按韝卽是襪衣非別有襪衣襪字當爲攘鄉射禮注遂射韝也其非射時則謂之拾拾斂也所以斂衣滑稽傳親有嚴容髡帣韝鞠䩙徐廣云帣收衣袖韝臂捍也案此卑幼當行酒供炙故亦服之與此傳韝事同也列女傳文伯引衽攘捲淮南原道訓短袂攘捲䠷䫿皆是韜束其袂以便手作卽古今注云攘衣者矣攘衣必須傅韝御覽八百十六引漢舊儀曰大官賜官奴婢各三十人大置酒日皆絳韝蔽膝此其證也別有襌衣無胡之褠非此臂韝也隨主前伏殿下主迺贊師古曰贊進也進傳謁辭館陶公主胞人臣偃昧死再拜謁師古曰胞與庖同補注沈欽韓曰莊子庚桑楚湯以胞人籠伊尹釋文庖本禮祭統燀胞翟閽亦以胞

爲庖因叩頭謝上爲之起有詔賜衣冠上師古曰上上坐補注劉敞曰賜衣冠上上者上殿偃起走就衣冠主自奉食進觴當是時董君見尊不名稱爲主人翁飲大驩樂主迺請賜將軍列侯從官金錢雜繒各有數於是董君貴寵天下莫不聞郡國狗馬蹵鞠劍客輻湊師古曰蹵音千六反鞠音鉅六反解在藝文志董氏補注劉敞曰董氏當屬上句常從游戲北宮馳逐平樂觀雞鞠之會補注先謙曰官本考證云黃圖上林苑中有平樂觀先謙案平樂固是觀名此觀字當屬下爲句不則於文不協角狗馬之足師古曰角猶校也上大歡樂之於是上爲竇太主置酒宣室使謁者引內董君是時朔陛戟殿下師古曰持戟列陛側補注先謙曰官本列作立辟戟而前曰師古曰辟音頻亦反董偃有斬罪三安得入乎上曰何謂也朔曰偃吕人臣私侍公主其罪一也敗男女之化而亂婚姻之禮傷王制其罪二也陛下富於春秋方積思於六經留神於王事馳騖於唐虞折節於三代偃不遵經勸學反吕靡麗爲右奢侈爲務師古曰右尊也補注先謙曰官本注尊下有之字是盡狗馬之樂極耳目之欲行邪枉之道徑淫辟之路師古曰徑由也辟讀曰僻是乃國家之大賊人主之大蜮師古曰蜮魅也音或說者以爲短狐非也短狐射工耳於此不當其義今俗猶河魅蜮也補注劉敞曰劉向說春秋蜮南方淫氣所生以應哀姜然則朔正用指偃爾何必遷就魅蜮也先謙曰官本句末有也字引宋祁曰姚本句末無也字又注河官本作云是偃爲淫首其罪三也昔伯姬燔而諸侯憚應劭曰憚敬也敬其節直也師古曰伯姬宋恭姬也遇火災待姆不出而死也補注蘇輿曰襄三十年經諸侯會于澶淵宋災故公羊傳會言其所爲者錄伯姬也何注重錄伯姬之賢爲諸侯所閔憂憚與怛同考工記注故書憚或作怛憯也即閔憂意奈何乎陛下上默然不應良久曰吾業吕設飲補注先謙曰吕已同後而自改朔曰不可夫宣室者先帝之正處也非法度之政不得入焉故淫亂之漸其變爲篡補注沈欽韓曰繁露王道篇觀乎陳佗宋閔知妒淫之禍是吕豎貂爲淫而易牙作患師古曰豎貂易牙皆齊桓公臣也管仲有病桓公往問之曰將何吕教寡人管仲曰願君之遠易牙豎貂公曰易牙亨其子吕快寡人尚可疑邪對曰人之情非不愛其子其子之忍又將何有於君公曰豎貂自宮吕近寡人猶可疑邪對曰人之情非不愛其身也其身之忍又將何有於君公曰諸管仲死盡逐之而公食不甘宮不治居三年公曰仲父

不亦過乎於是皆復召即反之明年公有病易牙豎貂相與作亂塞宮門築高牆不通人有一婦人踰垣入至公所公曰我欲食婦人曰吾無所得又曰我欲飲婦人曰吾無所得公曰何故對曰易牙豎貂相與作亂塞宮門築高牆不通人故無所得公慨然歎涕出曰嗟乎聖人所見豈不遠哉若死者有知我將何面目見仲父乎蒙衣袂而絕乎壽宮蟲流出於戶蓋吕楊門之扉三月不葬慶父死而魯國全師古曰慶父魯桓公子莊公弟也莊公薨慶父殺莊公之子閔公而欲作亂不克奔莒其後僖公立吕賂求之於莒莒人歸之及密乃縊而死僖公乃定其位管蔡誅而周室安上曰善有詔止更置酒北宮引董君從東司馬門東司馬門更名東交門蘇林曰吕偃從此門入交會於內故吕名焉補注何焯曰案東司馬門後已更名故曰疏之不如蘇說也王念孫曰案從東司馬門下當有入字而今本脫之據蘇注吕偃從此門入交會於內故吕名焉則有入字明矣御覽居處部一引此有入字先謙曰通鑑亦有入字胡注東司馬門東闕內之司馬門也先謙案此納朔正言更名吕避謗非取交會之義爲美稱也自此東交之名仍而不改外戚趙后傳會東交掖門即東司馬掖門也賜朔黃金三十斤董君之寵由是日衰至年三十而終後數歲竇太主卒與董君會葬於霸陵是後公主貴人多踰禮制自董偃始補注何焯曰如蓋主近幸丁外人陽石公主與太僕公孫敬聲私通皆是時天下侈靡趨末師古曰趨讀曰趣末謂工商之業百姓多離農畝上從容問朔吾欲化民豈有道乎師古曰從音千容反朔對曰堯舜禹湯文武成康上古之事經歷數千載尚難言也臣不敢陳願近述孝文皇帝之時當世耆老皆聞見之貴爲天下補注先謙曰官本下作子是富有四海身衣弋綈師古曰弋黑色也綈厚繒音徒奚反足履革舄師古曰革生皮也不用柔韋言儉率也吕韋帶劍師古曰但空用韋不加飾莞蒲爲席師古曰莞夫離也今謂之葱蒲吕莞及蒲爲席亦尚質也莞音完又音官兵木無刃服虔曰兵器如木而無刃言不大治兵器也衣縕無文師古曰縕亂絮也言內有亂絮上無文綵也縕音於粉反集上書囊吕爲殿帷師古曰集謂合聚也補注沈欽韓曰風俗通云文帝雖節儉未央前殿至奢雕文五采畫華欀壁璫軒檻皆飾吕黃金其勢不可吕書囊爲帷奢儉好醜不相副侔案未央前殿創自蕭何令後世子孫無吕加與文帝無涉集書囊爲帷自可他處作障不必即施前殿應劭之論固矣東觀記舊制上書吕青布囊素裏封書不中式不得上吕道德爲麗吕仁義爲準師古曰麗美也準平法也於是天下望風成俗昭然化之今陛下吕城中爲小圖起建章左鳳闕右神明如淳曰闕名也師古曰鳳闕闕名神明臺名也號稱千門萬

戶木土衣綺繡，狗馬被繢罽，師古曰：繢，五綵也。罽，織毛也，郎氈之屬。補注先謙曰：官本注郎下有今字，末有是也二字。宮人簪瑇瑁，垂珠璣，師古曰：瑇瑁，文甲也。璣，珠之不圓者。瑇音代。瑁音昧。璣音居依反，又音鉅依反。設戲車，補注周壽昌曰：戲爲戲弄之戲。顏注衞綰傳云：如今弄車之技是也。韓延壽傳：又使騎士戲車弄馬盜驂。教馳逐，飾文采，藂珍怪，師古曰：藂，古叢字。補注先謙曰：官本注末有也字。撞萬石之鍾，擊雷霆之鼓，師古曰：言其聲震大也。作俳優，舞鄭女，上爲淫侈如此，而欲使民獨不奢侈失農，事之難者也。師古曰：失農，謂失農業也。陛下誠能用臣朔之計，推甲乙之帳燔之於四通之衢，應劭曰：帳多，故以甲乙第之耳。孟康曰：西域傳贊云：興造甲乙之帳，絡以隨珠和璧，天子襲翠被，馮玉几而處其中也。師古曰：謂推而去之。燔，焚燒也。卻走馬示不復用，師古曰：卻，退也。走馬，善走之馬也。則堯舜之隆宜可與比治矣。易曰：「正其本，萬事理；失之豪氂，差以千里。」師古曰：今易無此文，已解於上也。補注沈欽韓曰：說苑建本、賈子胎教引易同，列女貞順傳引作傳曰。知非易正文。周壽昌曰：文選任彥升竟陵文宣王行狀李注引易乾鑿度云云，本下多一而字。願陛下留意察之。朔雖詼笑，師古曰：詼，嘲戲也。詼笑，謂嘲謔發言可笑也。詼音恢。其下詼嘲、詼諧並同。然時觀察顏

色，直言切諫，上常用之。自公卿在位，朔皆敖弄，無所爲屈。師古曰：敖讀曰傲。爲音于僞反。上以朔口諧辭給，師古曰：給，捷也。好作問之。師古曰：故動作之，而問以言辭也。補注周壽昌曰：禮樂記注：作，造也。好造說以問之。嘗問朔曰：「先生視朕何如主也？」朔對曰：「自唐虞之隆，成康之際，未足以諭當世。臣伏觀陛下功德，陳五帝之上，在三王之右。師古曰：右，亦高上也。非若此而已，誠得天下賢士，公卿在位咸得其人矣。譬若以周邵爲丞相，師古曰：周公旦、邵公奭二人也。孔丘爲御史大夫，應劭曰：御史大夫職典制度文章。太公爲將軍，師古曰：太公，呂望也。知戰陳征伐之事，故云爲將軍。畢公高拾遺於後，師古曰：畢公高，文王之子也，爲周太師，故云拾遺也。弁嚴子爲衞尉，師古曰：以其有勇。補注周壽昌曰：弁與卞同。弁嚴子卽卞莊子，避明帝諱改。皋陶爲大理，師古曰：以其作士。士亦理官。后稷爲司農，師古曰：主播種。伊尹爲少府，應劭曰：伊尹善亨割，太官屬少府，故令作之也。補注周壽昌曰：少府掌山海池澤之稅，主天子內職也。伊尹一介不與，一介不取，故以此屬之，應注謬。先謙曰：官本注末無也字。子贛使外國，師古曰：以其有辯說。顏閔爲博士，師古曰：顏回、閔子騫爲皆有德行也。子夏爲太常，師古曰：以有文學，故爲太常也。

而應劭曰以子夏兩字總合爲夔，解云夔知樂，故可以爲太常，此說非也。補注劉攽曰：作夔字乃是。先謙曰：官本注奪學字，應劭下無曰字，是。益爲右扶風，應劭曰：益作舜虞，掌山澤之官也。諸苑多在右扶風，故令作之。補注周壽昌曰：右扶風以下諸官多太初元年所改。公孫宏爲丞相在元朔五年，薨在元狩二年，下去太初二十餘年。此文下云上復問朔方今公孫丞相云云，則所引官名多不合，疑朔此等雜文後有改易，流傳轉寫，致多譌舛也。先謙曰：此葢傳寫者以後官易前文也。右扶風當爲主爵中尉，否則三輔並數，不當在京兆、馮翊前，下文葢同。季路爲執金吾，師古曰：亦以有勇力。補注錢大昭曰：閩本作子路。契爲鴻臚，應劭曰：离作司徒，敬敷五教。是時諸侯王治民，鴻臚主諸侯王也。師古曰：契讀與离同，字本作偰，葢後從省耳。龍逢爲宗正，師古曰：關龍逢，桀之臣也，忠諫而死也，以其直無所阿私。伯夷爲京兆，應劭曰：帝曰：伯夷，汝作秩宗。主郊廟，京兆與太常同典齋祀，故令爲之。管仲爲馮翊，應劭曰：管仲定民之居，寄軍令於內政，終令匡霸，故令爲馮翊也。魯般爲將作，師古曰：以其巧也。般與班同。仲山甫爲光祿，晉灼曰：光祿主三大夫諫正之官，取其柔亦不茹，剛亦不吐。申伯爲太僕，應劭曰：申伯，周宣王之舅也。太僕主大駕，親御職，又密近，故用親親也。延陵季子爲水衡，應劭曰：水衡主池苑，季子吳人，故使爲之。師古曰：季子卽吳公子札。百里奚爲典屬國，應劭曰：奚，秦人。秦近西戎，曉其風俗，故令爲之。柳下惠爲大長秋，師古曰：惠，魯大夫展禽也。

食采柳下，諡曰惠。以其貞絜，故爲大長秋。史魚爲司直，師古曰：史魚，衞大夫史鰌也。論語稱孔子曰：直哉史魚！邦有道如矢，邦無道如矢。蘧伯玉爲太傅，如淳曰：太傅傅人主，使無過。伯玉欲寡其過，故令爲之。師古曰：蘧伯玉，衞大夫也，名瑗。蘧音渠。孔父爲詹事，應劭曰：孔父正色而立於朝，則莫敢過而致難乎其君，故爲詹事。師古曰：孔父，宋大夫也。父讀曰甫。孫叔敖爲諸侯相，子產爲郡守，師古曰：善治邦邑也。王慶忌爲期門，應劭曰：以其勁捷，可爲期門郎也。師古曰：王慶忌卽王子慶忌也。夏育爲鼎官，或曰：夏育，衞人，力舉千鈞。鼎官，今殿前舉鼎者也。補注沈欽韓曰：秦策：夏育、太史啟叱呼駭三軍，然而身死於庸夫。先謙曰：或字誤，當是師古。羿爲旄頭，應劭曰：羿善射，故令爲旄頭。今以羽林爲之，髮正上向而長，衣繡衣，在乘輿車前。師古曰：羿音詣。宋萬爲式道候，師古曰：萬，宋閔公臣，亦有勇力也。式，表也。表道之候，若今之武候引駕。補注先謙曰：式道候屬中尉，見百官表。官本注末有人字。上迺大笑。是時朝廷多賢材，上復問朔：「方今公孫丞相、兒大夫、師古曰：公孫弘及兒寬也。兒音五奚反。補注周壽昌曰：案寬之爲御史大夫在元封元年，距公孫薨時已十有二年，其中如司馬相如等人多已故者，此乃以方今兩字冠下相提並舉，益徵此文雜出，不能以事實繩之。董仲舒、夏侯始昌、司馬相如、吾丘壽王、主父偃、朱買臣、嚴助、汲黯、膠倉、終軍、嚴安、徐樂、司馬遷

之倫皆辯知閎達溢于文辭師古曰溢者言其有餘也先生自視何與比哉師古曰何與猶言何如也朔對曰臣觀其臿齒牙樹頰胲師古曰頰肉曰胲音改補注先謙曰官本臿作函吐脣吻擢項頤師古曰頤頷下也音怡結股腳連脽尻師古曰脽臀也音誰遺蛇其迹行步偊旅師古曰遺蛇猶逶迤也偊旅曲躬貌也蛇音移偊音禹補注沈欽韓曰字書無偊字列子立命篇北宮子偊偊而步釋文云本作踽字林云疏行皃旅當爲膂說文呂脊骨也篆文從膂此旅乃膂之省也莊子列御寇一命而呂鉅音義云矯貌正與偊旅相反此則傴僂曲謹也臣朔雖不肖尚兼此數子者朔之進對澹辭皆此類也師古曰澹古贍字也贍給也武帝既招英俊程其器能用之如不及師古曰程謂量計之也如不及者恐失之也時方外事胡越內興制度國家多事自公孫弘以下至司馬遷皆奉使方外或爲郡國守相至公卿而朔嘗至太中大夫後常爲郎與枚皋郭舍人俱在左右詼啁而已師古曰啁與嘲同音竹交反補注先謙曰褚補史記云朔任其子爲郎又爲侍謁者常持節出使朔行殿中郎謂之曰人皆以先生爲狂朔曰如朔等所謂避世於朝廷間者也古之人乃避世於深山中時坐席中酒酣據地歌曰陸沈於俗避世金馬門宮殿中可以避世全

前漢六十五　十六

身何必深山之中蒿廬之下久之朔上書陳農戰彊國之計因自訟獨不得大官欲求試用其言專商鞅韓非之語也指意放蕩頗復詼諧辭數萬言終不見用朔因著論設客難己用位卑以自慰諭其辭曰客難東方朔曰蘇秦張儀一當萬乘之主而都卿相之位如淳曰都居也澤及後世今子大夫修先王之術慕聖人之義諷誦詩書百家之言不可勝數著於竹帛脣腐齒落服膺而不釋師古曰服膺俯服其胸臆也釋廢置也補注宋祁曰數當作記字而不下添可字好學樂道之效明白甚矣補注先謙曰史記無二句自以智能海內無雙補注沈欽韓曰鹽鐵論毀學篇東方朔自稱辯略消堅釋石當世無雙先謙曰史記智能作爲則可謂博聞辯智矣然悉力盡忠以事聖帝曠日持久官不過侍郎位不過執戟意者尚有遺行邪師古曰可遺之行言不盡也補注王念孫曰案此言遺行不言可遺之行顏說非也遺者失也謂尚有過失之行先謙曰官本盡言作盡善是同胞之徒無所容居其故何也蘇林曰胞音胞胎之胞也言親兄弟補注先謙曰史記無同下八字東方先生喟然長息仰而應之曰是固非子之所能備也彼一時也此一時也豈可同哉夫蘇秦張儀之時周室大壞諸侯不朝力政爭權相禽以兵并爲十二國未有雌雄師古曰十二國謂魯衞齊楚宋鄭魏燕趙中山秦韓也補注周壽昌曰文選李注引張晏說同卽顏所本然鄭爲韓所滅在周烈王元年去儀秦時已遠似不當有鄭也得士者彊失士者亡故談說行焉補注宋祁曰故談說行焉改作故說得行焉周壽昌曰文選作故說得行焉先謙曰史記作說聽行通身處尊位珍寶充內外有廩倉補注先謙曰史記無二句澤及後世子孫長享今則不然聖帝流德天下震慴補注先謙曰史記作聖帝在上德流天下諸侯賓服師古曰慴恐也音之涉反補注先謙曰史記有威振四夷句連四海之外以爲帶師古曰言如帶之相連也安於覆盂師古曰言不可傾搖補注周壽昌曰此下文選有天下均平合爲一家八字先謙曰史記同動猶運之掌師古曰言至易補注周壽昌曰文選作動發舉事猶運之掌先謙曰史記同官本注末有也字賢不肖何以異哉遵天之道順地之理物無不得其所故綏之則安動之則苦尊之則爲將卑之則爲虜抗之則在青雲之上抑之則在深泉之下補注宋祁曰泉疑作

前漢六十五　十七

淵用之則爲虎不用則爲鼠雖欲盡節效情安知前後夫天地之大補注先謙曰史記無遵下十三句夫字作方今以三字士民之衆竭精談說補注先謙曰史記談作馳是並進輻湊者不可勝數悉力募之補注先謙曰官本募作慕引宋祁曰慕當作募先謙案募之史記作慕義趙策寡人願募公叔之義以成胡服之功則疑作募義是也困於衣食或失門戶師古曰言不得所由入也一曰謂被誅戮喪其家室也使蘇秦張儀與僕並生於今之世曾不得掌故安敢望常侍郎乎補注宋祁曰常字當刪周壽昌曰文選無常字先謙曰史記作常侍侍郎故曰時異事異補注沈欽韓曰韓非五蠹篇世異則事異周壽昌曰文選此句上有傳曰天下無害雖有聖人無所施才上下和同雖有賢人無所立功二十六字先謙曰史記作時異則事易上與文選大同雖然安可以不務修身乎哉詩云鼓鐘于宮聲聞于外師古曰小雅白華之詩也言苟有於中必形於外也鶴鳴于九皋聲聞于天師古曰小雅鶴鳴之詩也言處卑而聲徹其高遠苟能修身何患不榮太公體行仁義補注先謙曰史記體作躬七十有二迺設用於文武得信厥說師古曰設施也信讀曰伸補注周壽昌曰文選李注云說苑太公七十而相周案此出尊賢篇而荀子君道篇太公行年七十有二文王

舉而用之韓詩外傳四太公年七十二而用之者文王皆作七十二與此同先謙曰官本延作迺是史記作逢文王得行其說封於齊七百歲而不絕此士所以日夜孳孳敏行而不敢怠也師古曰孳孳與孜同敏勉也〔補注〕周壽昌曰文選敏行上有修學二字先謙曰史記作修學行道不敢止也辟若鸎鴒飛且鳴矣師古曰鸎鴒雍渠小青雀也飛則鳴行則搖言其勤苦也辟讀曰譬鸎音脊鴒音零〔補注〕周壽昌曰鸎鴒詩小雅作脊令左昭七年傳引作即令釋鳥作鸎鴒傳曰天不為人之惡寒而輟其冬師古曰輟止也地不為人之惡險而輟其廣君子不為小人之匈匈而易其行師古曰匈匈讙議之聲〔補注〕沈欽韓曰以上語見荀子天論天有常度地有常形君子有常行君子道其常小人計其功師古曰道由也〔補注〕沈欽韓曰荀子榮辱篇君子道其常而小人道其怪詩云禮義之不愆何恤人之言師古曰逸詩也愆過也恤憂也故曰水至清則無魚人至察則無徒師古曰徒眾也〔補注〕沈欽韓曰自此至使自索之並見大戴子張問入官篇冕而前旒所以蔽明黈纊充耳所以塞聰如淳曰黈音工苟反謂以玉為瑱用黈纊縣之也師古曰如說非也黈黃色也纊緜也以黃緜為丸用組縣之於冕垂兩耳旁示不外聽非玉瑱之縣也〔補注〕沈欽韓曰大戴記作黈絖[illegible]又晏子諫篇冕前有旒惡多所見也纊結珫耳惡多所聞也

前漢六十五　六

明有所不見聰有所不聞舉大德赦小過無求備於一人之義也師古曰論語仲弓問政於孔子孔子曰赦小過舉賢才周公謂魯公曰故舊無大故則不棄也毋求備於一人故朔引此言也士有百行功過相除不可求備也枉而直之使自得之優而柔之使自求之揆而度之使自索之師古曰枉曲也索亦求也度音徒各反蓋聖人教化如此欲自得之自得之則敏且廣矣師古曰敏疾也〔補注〕何焯曰此望武帝知之不盡而言明有所遺者君道固然或有遺行獲在所恕不亟勸我以大官者亦所以待其自得非棄之也先謙曰辟若至此史記無今世之處士魁然無徒廓然獨居師古曰魁讀曰塊〔補注〕先謙曰史記作崛然獨立塊然獨處上觀許由下察接輿計同范蠡忠合子胥師古曰許由堯讓以天下而恥聞之楚狂接輿陽狂匿迹范蠡佐句踐功成而退子胥忠諫至死不易天下和平與義相扶寡耦少徒固其宜也師古曰耦合也徒眾也子何疑於我哉若夫燕之用樂毅秦之任李斯酈食其之下齊說行如流曲從如環所欲必得功若丘山海內定國家安是遇其時也子又何怪之邪語曰以筦闚天以蠡測海服虔曰筦

音管張晏曰蠡瓠瓢也師古曰筦古管字蠡音來奚反瓢音平搖反〔補注〕沈欽韓曰說苑辯物篇趙中庶子謂扁鵲曰以管窺天以錐刺地方言蠡陳楚宋衞之間或謂之瓢韓詩外傳八子貢曰臣之事仲尼譬猶渴操壺杓就江海而飲之腹滿而去又安知江海之深乎先謙曰官本注搖作遙以莛撞鐘文穎曰謂稾莛也師古曰音唐丁反〔補注〕吳仁傑曰論衡篇不能鳴鐘篇當作稾周官矢人注云笴讀為稾又稾人注云笴幹謂之稾集韻笴稾通穎云稾者謂箭幹耳楚辭索瓊茅以莛篿王逸曰莛小破竹也王莽傳以竹莛導其脈師古曰莛竹挺也說文莛維絲筦也四說不同大意不離於竹五臣文選注乃云莛小木枝不知何所根据說苑曰建天下之鳴鐘撞之以挺豈以說苑字從木而為是說邪韓文公詩寸莛撞鉅鐘音義云莛草莖也莛從竹而此以從艸釋之誤矣案從艸之莛一曰屋梁莊周書舉莛與楹厲與西施郭象曰莛橫而楹從司馬彪以莛為梁楹為柱案莊生本以莛楹大小之殊厲西施美惡之異一類言之以莛為梁則失其趣矣先謙曰官本注唐作徒豈能通其條貫考其文理發其音聲哉師古曰考究也繇是觀之譬猶鼱鼩之襲狗服虔曰音縱鼩如淳曰鼱鼩小鼠也音精劬〔補注〕洪頤煊曰釋獸鼩鼠郭注小鼱鼩也亦名鼩鼱此服音所本先謙曰官本縱作蹤孤豚之咋虎師古曰孤豚孤特之豚也咋嚙也音仕客反〔補注〕沈欽韓曰吳子圖國備進戰退守而不求能用者譬之猶伏雞之搏狸乳犬之犯虎雖有鬭心隨之死矣至則靡耳何功之有師古曰靡碎也耳語辭今以下愚而非處

前漢六十五　九

士雖欲勿困固不得已此適足以明其不知權變而終或於大道也〔補注〕先謙曰若夫至此史記無又設非有先生之論其辭曰非有先生仕於吳進不稱往古以厲主意〔補注〕王念孫曰案進不下亦有能字而今本脫之文選及藝文類聚人部八皆作進不能又厲字皆作廣退不能揚君美以顯其功默默無言者三年矣〔補注〕先謙曰默默官本作默然吳王怪而問之曰寡人獲先人之功寄於眾賢之上夙興夜寐未嘗敢怠也今先生率然高舉遠集吳地師古曰率然猶颯然將以輔治寡人誠竊嘉之體不安席食不甘味目不視靡曼之色耳不聽鐘鼓之音虛心定志欲聞流議者三年于茲矣師古曰流末流也猶言餘論也今先生進無以輔治退不揚主譽竊不為先生取之也蓋懷能而不見是不忠也見而不行主不明也師古曰見顯也意者寡人殆不明乎非有先生伏而唯唯師古曰唯唯恭應也音弋癸反吳王曰可以談矣寡人將竦意而覽焉師古曰竦企待也先生曰於戲師古曰於讀曰烏戲讀曰呼可乎哉可乎哉師古

曰言不可談何容易師古曰不見寬容則事不易故曰何容易也易弋豉反〔補注〕沈欽韓曰鹽鐵論箴石篇賈生有言曰懇言則辭淺而不入深言則逆耳而失指故曰談何容易夫談有悖於目拂於耳謬於心而便於身者師古曰悖逆也拂違戾也悖音布內反拂音佛〔補注〕先謙曰官本佛作弗或有說於目順於耳快於心而毀於行者師古曰說讀曰悅非有明王聖主孰能聽之吳王曰何爲其然也中人吕上可吕語上也師古曰引論語載孔子之言中品之人則可吕與言上道也〔補注〕先謙曰官本注無吕字先生試言寡人將聽焉先生對曰昔者關龍逢深諫於桀而王子比干直言於紂此二臣者皆極慮盡忠閔王澤不下流而萬民騷動師古曰閔病也〔補注〕先謙曰官本王作主故直言其失切諫其邪者將吕爲君之榮除主之禍也〔補注〕錢大昭曰禍閩本作病今則不然反吕爲誹謗君之行無人臣之禮師古曰不省其忠而被吕此罪也果紛然傷於身蒙不辜之名師古曰蒙被也戮及先人爲天下笑〔補注〕何焯曰張湯譖顏異被誅陰擠狄山死地汲黯亦以直廢朔之言皆藥武帝之病也故曰談何容易是吕輔弼之臣瓦解而邪諂之人並

前漢六十五　二十

進及蜚廉惡來革等蘇林曰二人皆紂時邪佞人也孟康曰蜚廉善走師古曰蜚古飛字〔補注〕先謙曰官本及上有遂字蜚作革沈欽韓云秦紀惡來革者蜚廉子說苑雜言子石曰惡來革長鼻決耳楚詞惜誓來革順志而用國此蜚字訛汪文盛本及文選並是革二人皆詐僞巧言利口吕進其身陰奉琱瑑刻鏤之好吕納其心師古曰琱與彫同畫也瑑謂刻爲文也音篆務快耳目之欲吕苟容爲度遂往不戒〔補注〕先謙曰論語遂事不諫既往不咎此謂不以遂往之事爲戒也身沒被戮宗廟崩阤國家爲虛師古曰阤頹也音直氏反虛讀曰墟放戮聖賢親近讒夫詩不云乎讒人罔極交亂四國師古曰小雅青蠅之詩也解在戾太子傳此之謂也故卑身賤體說色微辭師古曰說讀曰悅愉愉呴呴終無益於主上之治師古曰愉愉顏色和也呴呴言語順也呴音許于反則志士仁人不忍爲也將儼然作矜嚴之色深言直諫上吕拂主之邪下吕損百姓之害師古曰拂與弼同損減也〔補注〕王念孫曰顏注非也損當爲捐言將以捐除百姓之害非但減之而已也文選及治要亦誤作損唯漢紀作除則損爲捐字之誤可知先謙曰捐形近易誤下文捐車馬之用捐亦誤損是其證則忤於邪主之心歷於衰世之法師古曰忤逆也歷猶經也離也故

養壽命之士莫肯進也遂居家山之間〔補注〕錢大昭曰家閩本積作深先謙曰官本作深土爲室編蓬爲戶彈琴其中吕咏先王之風亦可吕樂而忘死矣是吕伯夷叔齊避周餓于首陽之下後世稱其仁如是邪主之行固足畏也故曰談何容易於是吳王懼然易容師古曰懼然失守之貌也懼音居具反〔補注〕錢大昭曰懼漢紀作瞿捐薦去几危坐而聽師古曰捐薦席而去馮几自貶損也先生曰接輿避世箕子被髮陽狂師古曰解並在鄒陽傳此二人者皆避濁世吕全其身者也使遇明王聖主得清燕之間寬和之色師古曰閒讀曰閑閑暇也〔補注〕先謙曰官本得下有賜字發憤畢誠師古曰畢盡也圖畫安危揆度得失師古曰圖謀畫計也〔補注〕先謙曰官本畫並作盡引宋祁曰盡姚本作畫上吕安主體下吕便萬民則五帝三王之道可幾而見也師古曰幾庶幾故伊尹蒙耻辱負鼎俎和五味吕干湯師古曰蒙冒也犯也太公釣於渭之陽吕見文王心合意同謀無不成計無不從誠得其君也深念遠慮引義吕正其身推恩吕廣其下本仁祖義

前漢六十五　二十一

師古曰吕仁爲本吕義爲始襃有德祿賢能誅惡亂總遠方一統類美風俗此帝王所由昌也上不變天性下不奪人倫則天地和洽遠方懷之故號聖王臣子之職既加矣於是裂地定封爵爲公侯傳國子孫名顯後世民到于今稱之吕遇湯與文王也太公伊尹吕如此龍逢比干獨如彼豈不哀哉故曰談何容易於是吳王穆然張晏曰穆音默師古曰穆然靜思貌俛而深惟仰而泣下交頤曰嗟乎余國之不亡也緜緜連連殆哉世不絕也師古曰殆危也〔補注〕先謙曰官本世下有之字於是正明堂之朝齊君之位〔補注〕先謙曰官本君下有臣字是舉賢材布德惠施仁義賞有功躬節儉減後宮之費損車馬之用〔補注〕先謙曰官本損作捐是放鄭聲遠佞人師古曰遠離也音于萬反省庖廚去侈靡卑宮館壞苑囿填池塹吕子貧民無產業者〔補注〕先謙曰官本子作予是開內藏振貧窮存耆老卹孤獨薄賦斂省刑辟行此三年海內晏然天下大治〔補注〕先謙曰官本治作洽陰陽和調萬物咸得其

宜國無災害之變民無飢寒之色家給人足畜積有餘囹圄空虛師古曰畜讀曰蓄(補注)王念孫曰毛晃增修禮部韻略引此圄作圉古今韻會同今則各本皆改爲圄矣說文圉囹圉所以拘罪人也圄守之也兩字不同義司馬遷傳深幽囹圄之中史記秦始皇紀贊引過秦論虛囹圄而免刑戮其字竝作圉鳳凰來集麒麟在郊甘露既降朱草萌牙遠方異俗之人鄉風慕義師古曰鄉讀曰嚮各奉其職而來朝賀故治亂之道存亡之端若此易見而君人者莫肯爲也臣愚竊以爲過故詩云王國克生惟周之楨濟濟多士文王以寧師古曰大雅文王之詩也言文王之國生此多士爲周室楨幹之臣所以安寧也此之謂也朔之文辭此二篇最善其餘有封泰山責和氏璧及皇太子生禖屏風殿上柏柱平樂觀賦獵八言七言上下晉灼曰八言七言詩各有上下篇(補注)沈欽韓曰楚詞章句有東方朔七諫疑即八言七言不然不應遺於劉向也又御覽三百五十有東方朔對驃騎難從公孫弘借車(補注)沈欽韓曰御覽四百八十五東方朔別傳曰朔與公孫弘借車書曰朔當從甘泉願借外廄之後乘木棤夕死而朝生者士亦不必長貧也凡向所錄朔書具是矣師古曰劉向別錄所載世所傳他

事皆非也師古曰謂如東方朔別傳及俗用五行時日之書皆非實事也

贊曰劉向言少時數問長老賢人通於事及朔時者皆師古曰與朔同時也曰朔口諧倡辯不能持論喜爲庸人誦說師古曰喜音許吏反爲音于僞反故令後世多傳聞者(補注)先謙曰官本令作今而楊雄亦以爲朔言不純師行不純德其流風遺書蔑如也師古曰言辭義淺薄不足稱也然朔名過實者以其詼達多端不名一行應諧似優不窮似智正諫似直穢德似隱非夷齊而是柳下惠戒其子以上容應劭曰容身避害也首陽爲拙應劭曰伯夷叔齊不食周粟餓死首陽山爲拙柱下爲工應劭曰老子爲周柱下史朝隱終身無患是爲工也(補注)宋祁曰當從集本作柳下爲定飽食安步以仕易農依隱玩世詭時不逢如淳曰依違朝隱樂玩其身於一世也反時直言正諫則與富貴不相逢矣臣瓚曰行與時詭而不逢禍害也師古曰瓚說是也詭違也(補注)周壽昌曰朔本集載其誡子詩全篇云明者處世莫尚於中優哉游哉於道相從首陽爲拙柳下爲工飽食安步以仕代農依隱玩世詭時不逢才盡身危好名得華有羣累生孤貴失和遺餘不匱自盡無多聖人之道一龍一蛇形見神藏與物變化隨時之宜無有常家贊止節錄首陽以下六語先謙曰官本注矣作也其滑稽之雄乎師古曰雄謂爲之長帥也朔之詼諧逢占射覆如淳曰逢占逢人所問而占之也師古曰此說非也逢占逆占事猶云逆刺也其事浮淺行於衆庶童兒牧豎莫不眩燿而後世好事者因取奇言怪語附著之朔故詳錄焉師古曰言此傳所以詳錄朔之辭語者爲俗人多以奇異妄附於朔故耳欲明傳所不記皆非其實也而今之爲漢書學者猶更取他書雜說假合東方朔之事以博異聞良可歎矣他皆類此著音直略反(補注)何焯曰此傳詳著其事者不欲異端之徒得假託於朔非剌取叢脞以博異聞也

東方朔傳第三十五終

公孫劉田王楊蔡陳鄭傳第三十六　漢書六十六

漢　蘭　臺　令　史　班　固　撰

唐正議大夫行祕書少監琅邪縣開國子顏師古　注

賜進士出身前翰林院編修國子監祭酒加三級臣王先謙補注

公孫賀字子叔北地義渠人也賀祖父昆邪師古曰昆音戶門反〔補注〕錢大昭曰攷功臣表賀是昆邪之子祖字衍景帝時爲隴西守以將軍擊吳楚有功封平曲侯著書十餘篇師古曰藝文志陰陽家有公孫渾邪十五篇是也賀少爲騎士〔補注〕周壽昌曰昆邪以罪免故賀未嗣侯從軍數有功自武帝爲太子時賀爲舍人及武帝即位遷至太僕賀夫人君孺衞皇后姊也賀由是有寵元光中爲輕車將軍軍馬邑後四歲出雲中後五歲以車騎將軍從大將軍青出有功封南窌侯臣瓚曰茂陵中書云封南窌侯表亦作窌師古曰窌窌二字同耳音普教反〔補注〕先謙曰官本注云作賀侯上窌字作窌後再以左將軍出定襄無功坐酎金失侯復以浮沮將軍

出五原二千餘里無功師古曰沮音子閭反後八歲遂代石慶爲丞相封葛繹侯〔補注〕周壽昌曰武帝太初二年時朝廷多事督責大臣師古曰督謂察視也自公孫弘後丞相李蔡嚴青翟趙周三人比坐事死師古曰比頻也石慶雖以謹得終然數被譴初賀引拜爲丞相不受印綬頓首涕泣曰臣本邊鄙以鞍馬騎射爲官材誠不任宰相上與左右見賀悲哀感動下泣曰扶起丞相賀不肯起上迺起去賀不得已拜出左右問其故賀曰主上賢明臣不足以稱恐負重責從是殆矣師古曰殆危也賀子敬聲代賀爲太僕父子並居公卿位敬聲以皇后姊子驕奢不奉法征和中擅用北軍錢千九百萬發覺下獄是時詔捕陽陵朱安世不能得上求之急賀自請逐捕安世以贖敬聲罪上許之後果得安世安世者京師大俠也〔補注〕周壽昌曰游俠傳獨不敘朱安世以其造巫蠱之亂貽戚國家不足稱俠也聞賀欲以贖子〔補注〕先謙曰官本子下有罪字是笑曰丞相禍及宗矣南山之竹不足受我辭斜谷之木不足爲我械師古曰斜谷名也其中多木械謂桎梏也言我方欲告丞相事獄辭且多械桊方久故云然也斜音弋奢反安世遂從獄中上書告敬聲與陽石公主私通師古曰武帝女及使人巫祭祠詛上且上甘泉當馳道埋偶人師古曰甘泉宮在北山故欲往皆言上也刻木爲人象人之形謂之偶人偶並也對也〔補注〕劉攽曰使人巫多人字祝詛有惡言下有司案驗賀窮治所犯遂父子死獄中家族巫蠱之禍起自朱安世成於江充遂及公主皇后太子皆敗語在江充戾園傳師古曰武五子傳敘戾太子謚戾而置園邑故云戾園也〔補注〕錢大昕曰外戚王夫人傳云語在戾太子傳劉屈氂傳云語在太子傳此傳稱戾太子而此與江充傳俱稱戾園亦例之不一也劉屈氂武帝庶兄中山靖王子也師古曰屈音丘勿反又音其勿反〔補注〕周壽昌曰此宗室爲相之始不知其始所以進征和二年春制詔御史故丞相賀倚舊故乘高埶而爲邪師古曰帝爲太子賀已爲舍人故云舊故〔補注〕先謙曰官本據作乘興美田以利子弟賓客不顧元元無益邊穀如淳曰戍邊卒糧之不能爲方計以益之也貨賂上流師古曰丞

相貪冒受賂于下故使眾庶貨賄上流執事者也朕忍之久矣終不自革師古曰革改也迺以邊爲援如淳曰使內郡自作車耕者自轉所以饒邊饒邊所以行恩施爲己名援也或曰以胡爲援也〔補注〕先謙曰用邊郡吏自援助益受其貨賂而行此不平均之政也饒邊以爲名其過尚小未至死罪若以胡爲援又豈得稱胡爲邊乎使內郡自省作車服虔曰詐令內郡自省作車轉輸也邊屯無事之時宜自治作車以給軍用師古曰令郡自省減諸餘功用而作車也省音所領反又令耕者自轉文穎曰自輸轂於邊〔補注〕先謙曰官本注在農下以困農煩擾畜者〔補注〕先謙曰畜者謂養馬之民重馬傷耗武備衰減師古曰重謂懷孕者也言轉運之勞畜產疲困故使懷孕者爲之傷耗以減武備也耗音呼到反〔補注〕先謙曰官本注無反字引宋祁曰故字下景本有反字下吏妄賦百姓流亡又詐爲詔書以姦傳朱安世師古曰傳逮捕也獄已正於理〔補注〕劉攽曰獄合屬上句先謙曰理法官其以涿郡太守屈氂爲左丞相分丞相長史爲兩府以待天下遠方之選師古曰待得賢人當拜爲右丞相〔補注〕宋祁曰長史下當添使字李慈銘曰此武帝有意欲復惠帝高后時兩府之舊而本紀及表敘俱未載夫親親任賢周唐之道也以澎戶二千二百封左丞相爲澎侯服虔曰澎音彭晉灼曰東海縣〔補注〕齊召南曰案地理東海郡無澎縣先

謙曰彭卽彭也說詳表其秋戾太子爲江充所譖殺充發兵入丞相府屈氂挺身逃亡其印綬師古曰挺引也獨引身而逃難故失印綬也是時上避暑在甘泉宮丞相長史乘疾置以聞師古曰置謂所置驛也上問丞相何爲對曰丞相祕之未敢發兵上怒曰事籍籍如此何謂祕也師古曰籍籍猶紛紛也〔補注〕錢大昭曰景十三王傳云國中口語籍籍愼無復至江都旹言謳聒之意先謙曰本書籍藉通假丞相無周公之風矣周公不誅管蔡乎乃賜丞相璽書曰捕斬反者自有賞罰以牛車爲櫓師古曰櫓楯也遠與敵戰故以車爲櫓用自蔽也一說櫓望敵之樓也毋接短兵多殺傷士眾師古曰用短兵則士眾多死傷堅閉城門毋令反者得出太子既誅充發兵宣言帝在甘泉病困疑有變姦臣欲作亂上於是從甘泉來幸城西建章宮詔發三輔近縣兵部中二千石以下丞相兼將太子亦遣使者撟制師古曰撟與矯同其字從手撟制託稱詔命也赦長安中都官囚徒師古曰京師諸官府發武庫兵命少傅石德及賓客張光等分將使長安囚如侯持節發長

水及宣曲胡騎師古曰長水校名宣曲宮也並胡騎所屯令鄠縣東長水鄉卽舊營校之地〔補注〕宋祁曰持節發下別本有兵字先謙曰發字下屬爲一句別本誤長水宣曲胡騎皆長水校尉所掌見百官表營近長水故以爲名皆以裝會侍郎莽通使長安〔補注〕劉攽曰以當作已先謙曰官本攷證云莽通武紀作馬通本姓馬也後漢明德皇后惡其先人有反者易其姓爲莽見孟康注因追捕如侯告胡人曰節有詐勿聽也遂斬如侯引騎入長安又發輯濯士以予大鴻臚商丘成師古曰輯濯士主用輯及濯行船者也短曰輯長曰濯輯音集字本從本其音同耳濯字本亦作櫂並音直孝反初漢節純赤以太子持赤節故更爲黃旄加上以相別太子召監北軍使者任安發北軍兵安受節已閉軍門不肯應太子〔補注〕先謙曰褚補史記任安傳安爲北軍使者護軍太子立車北軍南門外召安與節令發兵安拜受節入閉門不出太子引兵去毆四市人師古曰毆與驅同〔補注〕先謙曰通鑑胡注廟記曰長安市有九各方二百六十五步六市在道西三市在道東凡四里爲一市此言四市蓋以東西南北分爲市也一說四市者東市西市直市柳市先謙案此時倉卒烏集何能定爲某市之人四市人猶言諸市人耳四者廣博之詞胡說失之泥矣凡數萬眾至長樂西闕下〔補注〕先謙曰官本闕作闕逢丞相軍合戰五

日死者數萬人血流入溝中師古曰溝街衢之旁通水者也〔補注〕先謙曰官本注無也字丞相附兵浸多師古曰浸漸也太子軍敗南犇覆盎城門得出師古曰長安城南出東頭第一門曰覆盎城門一號杜門〔補注〕先謙曰胡注黃圖長樂宮在東直杜門故太子戰敗長樂闕下南犇覆盎城門而出亡也會夜司直田仁部閉城門坐令太子得出丞相欲斬仁御史大夫暴勝之謂丞相曰司直吏二千石當先請柰何擅斬之丞相釋仁師古曰釋放也上聞而大怒下吏責問御史大夫曰司直縱反者丞相斬之法也大夫何以擅止之勝之皇恐自殺及北軍使者任安坐受太子節懷二心司直田仁縱太子皆要斬〔補注〕先謙曰褚補史記安笞辱北軍錢官小吏小吏上書言之以爲受太子節言幸與我其鮮好者書上聞武帝曰是老吏也見兵事起欲坐觀成敗見勝者欲合從之有兩心下安吏誅死上曰侍郎莽通獲反將如侯長安男子景建從通獲少傅石德可謂元功矣大鴻臚商丘成力戰獲反將張光其封通爲重合侯建爲德侯成爲秺侯孟康曰秺音妬在濟陰成武今有亭諸太子賓客嘗出入宮門皆

坐誅其隨太子發兵以反法族吏士劫略者皆徙焞煌郡師古曰非其本心然被太子劫略故徙之也〔補注〕先謙曰官本焞作敦以太子在外始置屯兵長安諸城門後二十餘日太子得於湖師古曰湖縣名其明年貳師將軍李廣利將兵出擊匈奴丞相爲祖道送至渭橋師古曰祖者送行之祭因設宴飲焉與廣利辭決廣利曰願君侯早請昌邑王爲太子如淳曰漢儀注列侯爲丞相稱君侯師古曰楊惲傳丘常謂惲爲君侯是則通呼列侯之尊稱耳非必在於丞相也如氏之說不爲通矣〔補注〕周壽昌曰顏駁如說雖是而不盡然也楊敞傳爲丞相封安平侯敞夫人謂敞曰使九卿來報君侯亦列侯爲丞相稱君侯之證丘常借尊稱以詔惲非典故也如據漢舊儀爲說自是正論後漢以來凡尊官俱稱君侯六朝更濫矣如立爲帝君侯長何憂乎師古曰如若也屈氂許諾昌邑王者貳師將軍女弟李夫人子也貳師女爲屈氂子妻故共欲立焉是時治巫蠱獄急內者令郭穰告丞相夫人以丞相數有譴使巫祠社祝詛主上有惡言及與貳師共禱祠欲令昌邑王爲帝有司奏請案驗罪至大逆不道有詔載屈氂

廚車㠯徇師古曰廚車載食之車也徇行示也要斬東市妻子梟首華陽街補注先謙曰胡注長安城中八街華陽其一也貳師將軍妻子亦收貳師聞之降匈奴宗族遂滅

車千秋本姓田氏補注周壽昌曰項安世云田千秋好乘小車子孫遂爲車氏案其子田順嗣侯尙爲田氏則更爲車氏之說未確其先齊諸田徙長陵師古曰劉敬所言徙關東大族者補注先謙曰官本注末有也字千秋爲高寢郎師古曰高廟衞寢之郎會衞太子爲江充所譖敗久之千秋上急變訟太子冤師古曰所告非常故云急變也曰子弄父兵罪當笞天子之子過誤殺人當何罪哉臣嘗夢見一白頭翁敎臣言是時上頗知太子惶恐無他意乃大感寤召見千秋至前千秋長八尺餘體貌甚麗補注周壽昌曰麗字不訓美好公孫宏傳亦有此語言其容貌俊偉而光明也武帝見而說之師古曰說讀曰悅謂曰父子之間人所難言也公獨明其不然此高廟神靈使公教我補注何焯曰千秋高寢郎又自言白頭翁教之言故曰此高廟神靈使公公當遂爲吾輔佐立拜千秋爲大鴻臚師古曰當其立見而卽拜之言不移時也補注朱一新曰立拜特言其速顏因上有召見字曲爲傳合耳賈捐之傳立拜爲冀州刺史立止皆與此義同豈亦立見乎

數月遂代劉屈氂爲丞相封富民侯千秋無他材能術學又無伐閱功勞師古曰伐積功也閱經歷也補注周壽昌曰伐閱卽閥閱猶門第也門在左曰閥門在右曰閱史記功臣年表人臣功有五品明其等曰閥積日曰閱後漢章帝紀或起𤰈畝不繫閥閱與此同意特㠯一言寤意旬月取宰相封侯世未嘗有也後漢使者至匈奴單于問曰聞漢新拜丞相何用得之師古曰言此人何㠯得爲相也使者曰㠯上書言事故單于曰苟如是漢置丞相非用賢也妄一男子上書卽得之矣補注蘇輿曰妄一男子當作一妄男子晏子諫下則嬰有壹妄能書足以治之矣語意正同使者還道單于語武帝㠯爲辱命欲下之吏良久迺貰之師古曰貰寬縱也謂釋放之也其下亦同然千秋爲人敦厚有智居位自稱踰於前後數公師古曰言其稱職也初千秋始視事見上連年治太子獄誅罰尤多羣下恐懼思欲寬廣上意尉安衆庶師古曰尉安之字本無心也是㠯漢書往往存古體字焉補注宋祁曰當删字字錢大昭曰胡建傳所以尉薦走卒甚得其心注云尉者自上安之也韓安國傳云猶頗可得以尉士大夫心師古曰故尉安之字正如此其後流俗乃加心耳案王嘉傳遣使者賜金尉厚師丹傳有以尉復師傅之臣龔遂傳選用良吏尉安牧養焉宣元六王傳益封孝王萬戶以尉其意王莽傳宜令州郡且尉安之皆不從心迺與御史中二千石共上壽頌德美勸上施恩惠緩刑罰玩聽音樂養志和神爲天下自虞樂師古曰虞與娛同上報曰朕之不德自左丞相與貳師陰謀逆亂巫蠱之禍流及士大夫師古曰謂與太子戰死者也補注劉攽曰旣云自左丞相流及士大夫則不及太子時人也朕日一食者累月迺何樂之聽痛士大夫常在心旣事不咎師古曰言旣往之事不可追咎雖然巫蠱始發詔丞相御史督二千石求捕師古曰督察視也廷尉治未聞九卿廷尉有所鞫也師古曰鞫問也補注先謙曰鞫謂明治其罪曩者江充先治甘泉宮人轉至未央椒房師古曰椒房殿名皇后所居也㠯椒和泥塗壁取其温而芳也㠯及敬聲之疇李禹之屬謀入匈奴有司無所發補注先謙曰敬聲公孫賀子禹李廣孫事見廣傳疇儔通借字發謂發其事今丞相親掘蘭臺蠱驗所明知也補注先謙曰百官表御史中丞在殿門蘭臺掌圖籍祕書据此蘭臺在殿門外至今餘巫頗脫不止師古曰言往往尙爲蠱也補注先謙曰餘巫頗脫逃在外尙爲蠱不止

陰賊侵身遠近爲蠱朕媿之甚何壽之有補注先謙曰官本甚作其敬不舉君之觴補注周壽昌曰臣下上壽允之則曰敬舉君之觴如兒寬是也不允則曰敬不舉君之觴如田千秋是也後書明帝紀十七年百官公卿奉觴上壽制荅之末云不敢有辭其敬舉觴蓋中興後制尙如此謹謝丞相二千石各就館師古曰謝告也館宮舍也補注先謙曰官本宮作官是書曰毋偏毋黨王道蕩蕩師古曰周書洪範之辭也毋有復言師古曰不許其更請後歲餘武帝疾立皇子鉤弋夫人男爲太子師古曰鉤弋宮名也昭帝母趙婕妤居之故號鉤弋夫人也拜大將軍霍光車騎將軍金日磾御史大夫桑弘羊及丞相千秋並受遺詔輔道少主師古曰道讀曰導武帝崩昭帝初卽位未任聽政師古曰年幼故未堪聽政補注宋祁曰正文未任王本作未堪政事壹決大將軍光千秋居丞相位謹厚有重德每公卿朝會光謂千秋曰始與君侯俱受先帝遺詔今光治內君侯治外宜有㠯教督使光毋負天下師古曰督視也補注先謙曰督責也千秋曰唯將軍畱意卽天下幸甚終不肯有所言光㠯此重之每有吉祥嘉

應數褒賞丞相訖昭帝世國家少事百姓稍益充實〔補注〕先謙曰益漸進也始元六年詔郡國舉賢良文學士問以民所疾苦於是鹽鐵之議起焉師古曰議罷鹽鐵之官令百姓皆得煮鹽鑄鐵因總論政治得失也〔補注〕先謙曰此議因千秋不言宏羊力持鹽鐵卒不能罷但罷榷酤而已班於贊中痛責千秋而附宏羊誅滅事於此傳末所以深致其不然也千秋爲相十二年薨謚曰定侯初千秋年老上優之朝見得乘小車入宮殿中故因號曰車丞相子順嗣侯官至雲中太守宣帝時以虎牙將軍擊匈奴坐盜增鹵獲自殺〔補注〕錢大昭曰表作虜獲鹵虜通用字國除〔補注〕周壽昌曰千秋尚有弟爲函谷關都尉一子爲雒陽武庫令見魏相傳桑弘羊爲御史大夫八年自以爲國家興榷筦之利師古曰榷謂專其利使入官也筦即管字也義與幹同皆謂主也榷解在昭紀〔補注〕宋祁曰榷從木俗從才者非伐其功師古曰自矜其功也欲爲子弟得官怨望霍光與上官桀等謀反遂誅滅

王訢濟南人也師古曰訢字與欣同以郡縣吏積功稍遷爲被陽令孟康曰故千乘

縣也被音罷師古曰音皮彼反武帝末軍旅數發郡國盜賊羣起繡衣御史暴勝之使持斧逐捕盜賊以軍興從事誅二千石以下勝之過被陽欲斬訢訢已解衣伏質師古曰質鍖也欲斬人皆伏於鍖上也鍖音竹林反仰言曰使君顓殺生之柄威震郡國師古曰爲使者故謂之使君使音所吏反顓與專同今復斬一訢不足以增威不如時有所寬以明恩貸師古曰貸猶假也言饒假之貸音土戴反〔補注〕先謙曰官本注在死力下令盡死力勝之壯其言貫不誅因與訢相結厚勝之使還薦訢徵爲右輔都尉守右扶風上數出幸安定北地過扶風宮館馳道脩治供張辦師古曰供音居用反張音竹亮反〔補注〕錢大昭曰辦古辦字攷工記云或審曲面埶以辨民器鄭注辦猶具也釋文辦皮莧反特牲饋食禮云宗人告有司具鄭注具猶辦也易剝牀以辨徐音辦具之辦說文辦字在新附中先謙曰官本辦作辦武帝嘉之駐車拜訢爲真視事十餘年昭帝時爲御史大夫代車千秋爲丞相封宜春侯明年薨謚曰敬侯子譚嗣以列侯與謀廢昌邑王立宣帝師古曰與讀曰豫益封三百戶薨子咸嗣王莽妻卽咸女莽篡位宜春氏以外戚寵張晏曰莽諱取同姓故氏侯邑也師古曰此說非也若云王氏則與莽族相涉故以侯號稱之耳莽本以與譚得姓不同祖系各別故爲婚娶既非私竊不須避諱諱亦不可掩也〔補注〕宋祁曰掩一作卞自訢傳國至玄孫莽敗迺絕

楊敞華陰人也給事大將軍莫府爲軍司馬〔補注〕先謙曰又爲長史見昭紀及燕王旦傳霍光愛厚之稍遷至大司農元鳳中稻田使者燕倉〔補注〕先謙曰官本倉皆作蒼知上官桀等反謀以告敞敞素謹畏事不敢言迺移病臥師古曰移病請以書言病一曰以病而移居也〔補注〕先謙曰官本請以作謂移以告諫大夫杜延年延年以聞蒼延年皆封敞以九卿不輒言故不得侯師古曰聞之不卽告言也後遷御史大夫代王訢爲丞相封安平侯明年昭帝崩昌邑王徵卽位淫亂大將軍光與車騎將軍張安世謀欲廢王更立議既定使大司農田延年報敞敞驚懼不知所言汗出洽背徒唯唯而已師古曰唯唯恭應之辭也音弋癸反延年起至更衣師古曰古者延賓必有更衣之處也敞夫人遽從東箱師古

曰遽速也〔補注〕何焯曰敞夫人是後妻非司馬遷女觀下惲傳中後母無子之文可證謂敞曰此國大事今大將軍議已定使九卿來報君侯君侯不疾應與大將軍同心猶與無決先事誅矣師古曰與讀曰豫延年從更衣還敞夫人與延年參語許諾師古曰三人共言故云參語請奉大將軍教令遂共廢昌邑王立宣帝宣帝卽位月餘敞薨〔補注〕周壽昌曰帝六月卽位敞以八月薨謚曰敬侯子忠嗣以敞居位定策安宗廟益封三千五百戶忠弟惲字子幼師古曰惲音於粉反〔補注〕朱一新曰監本惲下重一惲字提行先謙曰官本重惲字提行以忠任爲郎補常侍騎師古曰爲騎郎而常侍故謂之常侍騎也惲母司馬遷女也惲始讀外祖太史公記頗爲春秋以材能稱好交英俊諸儒名顯朝廷擢爲左曹霍氏謀反惲先聞知因侍中金安上以聞召見言狀霍氏伏誅惲等五人皆封〔補注〕錢大昭曰五人閬本作有功案功臣表是時同日封者張章董忠金安上及惲有四人其一人史高在外戚侯表惲爲平通侯遷中郎將郎官故事令郎出錢市財用給文書迺得出名曰山郎張晏

曰山財用之所出故取名焉補注錢大昭曰此郎非尙書郎是宿衞郎移病盡一日輒償一沐晉灼曰五
日一洗沐也師古曰言出財用者雖非休沐常得在外也貧者實病皆已沐假償之也或至歲餘不得沐其
豪富郎日出游戲或行錢得善部師古曰郎官之職各有主部故行錢財而擇其善已招權也
貨賂流行傳相放效師古曰放音斧往反惲爲中郎將罷山郎移長度大司
農已給財用應劭曰長久也一歲之調度也蘇林曰簿書給縑之長也師古曰應說是也言總計一歲所須財用及文
書之調度而移大司農已官錢供給之更不取於郎也補注宋祁曰簿書給縑之長也別本給作餘無縑字其疾病休
謁洗沐皆已法令從事郎謁者有罪過輒奏免薦舉其高弟有行
能者至郡守九卿郎官化之莫不自厲絕請謁貨賂之端令行禁
止宮殿之內翕然同聲由是擢爲諸吏光祿勳補注錢大昭曰加諸吏者始見於此
然孝文時賈山上至言已云又選其賢者使爲常侍諸吏則官制久矣親近用事初惲受父財五百
萬及身封侯皆已分宗族後母無子財亦數百萬死皆予惲惲盡
復分後母昆弟再受訾千餘萬皆已分施其輕財好義如此惲居

殿中廉絜無私郎官稱公平然惲伐其行治師古曰自矜其節行及政治之能也又
性刻害好發人陰伏同位有忤己者必欲害之已其能高人由是
多怨於朝廷與太僕戴長樂相失卒已是敗師古曰卒終也長樂者宣帝
在民閒時與相知及即位拔擢親近長樂嘗使行事隸宗廟服虔曰兼
行天子事先隸習威儀也師古曰隸音弋二反補注錢大昭曰隸閬本作肄下副帝隸及注同先謙曰官本同隸肄古通還謂
掾史曰我親面見受詔副帝隸秺侯御師古曰我副帝隸而秺侯迺爲御耳御謂御車也秺
音丁故反補注先謙曰秺侯金賞也人有上書告長樂非所宜言事下廷尉長樂疑
惲教人告之亦上書告惲罪高昌侯車犇入北掖門師古曰犇古奔字也補注
先謙曰高昌侯董忠惲語富平侯張延壽曰聞前曾有犇車抵殿門師古曰抵觸也
音丁禮反補注先謙曰官本無曾字門關折馬死而昭帝崩今復如此天時非人力
也左馮翊韓延壽有罪下獄惲上書訟延壽郎中丘常謂惲曰聞
君侯訟韓馮翊當得活乎惲曰事何容易脛脛者未必全也師古曰脛

脛直貌也補注周壽昌曰脛脛即硜硜通借字我不能自保師古曰言我尙不能自保訟人何已得活眞人所
謂鼠不容穴銜窶數者也李奇曰眞人正人也如淳曰所已不容穴坐銜窶數自妨故不得入穴師古曰
窶數戴器也窶音其羽反數音山羽反解在東方朔傳惲自云今之訟人亦於己有妨補注宋祁曰正文數者也多也字何焯曰眞
人猶云誠若人言也李注非先謙曰官本注不得入穴下有也字窶數非戴器詳東方朔傳又中書謁者令宣
持單于使者語視諸將軍中朝二千石師古曰謂譯者所錄也視讀曰示補注先謙曰中書
謁者令成帝改爲中謁者令見百官表惲曰冒頓單于得漢美食好物謂之殠惡單
于不來明甚師古曰時使者云單于欲來朝故惲云不來補注先謙曰官本注來朝作求朝惲上觀西閣
上畫人指桀紂畫謂樂昌侯王武曰天子過此一二問其過可已
得師矣師古曰過此謂經過此也問其過謂桀紂之過惡畫人有堯舜禹湯不稱而舉桀
紂惲聞匈奴降者道單于見殺惲曰得不肖君大臣爲畫善計不
用自令身無處所師古曰無處所謂死滅也若秦時但任小臣誅殺忠良竟已
滅亡令親任大臣即至今耳師古曰言國祚長遠可已至今猶不亡也古與今如一丘

之貉師古曰言其同類也貉獸名似狐而善睡音胡各反惲妄引亡國已誹謗當世無人臣
禮又語長樂曰正月已來天陰不雨此春秋所記夏侯君所言張晏
曰夏侯勝諫昌邑王曰天久陰不雨臣下必有謀上者春秋無久陰不雨之異也漢史記勝所言故曰春秋所記謂說春秋災異者
耳師古曰春秋有不雨事說者因論久陰附著之也張謂漢史爲春秋失之矣補注先謙曰官本言下有也字行必不至
河東矣張晏曰后土祠在河東天子歲祠之已主上爲戲語尤悖逆絕理事下廷尉
廷尉定國考問左驗明白師古曰定國于定國也左證左也言當時在其左右見此事者也奏惲
不服罪而召戶將尊蘇林曰直主門戶者也師古曰戶將官名主戶衞屬光祿也欲令戒飭富
平侯延壽師古曰飭與敕同富平侯張延壽也曰太僕定有死罪數事朝暮人也師古
曰言不久活也惲幸與富平侯婚姻今獨三人坐語侯言時不聞惲語自
與太僕相觸也師古曰令延壽證云惲無此語長樂誣之也尊曰不可惲怒持大刀曰
蒙富平侯力得族罪師古曰惲言富平侯依太僕言而證之則我得罪至於族滅深怨之辭也毋泄惲
語令太僕聞之亂餘事文穎曰勿使太僕聞惲此語師古曰亂餘事者恐長樂心忿更加增其餘罪狀也

惲幸得列九卿諸吏宿衞近臣上所信任與聞政事師古曰與讀曰豫不竭忠愛盡臣子義而妄怨望稱引爲訞惡言師古曰訞與妖同大逆不道請逮捕治上不忍加誅有詔皆免惲長樂爲庶人惲既失爵位家居治產業起室宅以財自娛歲餘其友人安定太守西河孫會宗知略士也與惲書諫戒之爲言大臣廢退當闔門惶懼爲可憐之意師古曰闔閉也不當治產業通賓客有稱譽補注朱一新曰監本作稱譽文選注引漢書仍作稱舉先謙曰官本作稱譽惲宰相子少顯朝廷一朝晻昧語言見廢師古曰晻與暗同補注先謙曰官本一朝下有以字是內懷不服報會宗書曰惲材朽行穢文質無所底師古曰底致也音之履反幸賴先人餘業得備宿衞遭遇時變以獲爵位終非其任卒與禍會師古曰卒亦終也足下哀其愚蒙賜書教督以所不及師古曰蒙蔽督視也補注先謙曰官本蔽下有也字殷勤甚厚然竊恨足下不深惟其終始師古曰惟思也而猥隨俗之毀譽也師古曰猥曲也言鄙陋之愚心若逆指而文

過師古曰逆足下之意而自文飾其過默而息乎恐違孔氏各言爾志之義師古曰論語云顏回季路侍子曰盍各言爾志故惲引之補注宋祁曰息乎疑作自守之義疑作之善故敢略陳其愚唯君子察焉惲家方隆盛時乘朱輪者十人位在列卿爵爲通侯總領從官補注何焯曰中郎將光祿勳所領皆宿衞士故曰總領從官周壽昌曰柏梁詩光祿勳曰總領從官柏梁臺與聞政事師古曰與讀曰豫曾不能以此時有所建明以宣德化又不能與羣僚同心并力陪輔朝廷之遺忘已負竊位素餐之責久矣師古曰素空也不稱其職空食祿也懷祿貪勢不能自退遭遇變故橫被口語師古曰橫音胡孟反身幽北闕妻子滿獄當此之時自以夷滅不足以塞責師古曰塞補也豈意得全首領復奉先人之丘墓乎伏惟聖主之恩不可勝量君子游道樂以忘憂小人全軀說以忘罪師古曰說讀曰悅竊自思念過已大矣行已虧矣長爲農夫以沒世矣是故身率妻子戮力耕桑補注先謙曰官本戮作勠是灌園治產以給公上師古曰充縣官之賦斂也不意當復用此爲譏

議也夫人情所不能止者聖人弗禁故君父至尊親師古曰父至親君至尊送其終也有時而既張晏曰喪不過三年臣見放逐降居三月復初師古曰既已也補注劉攽曰惲但云送終三年本不及放逐三月也臣之得罪已三年矣田家作苦歲時伏臘亨羊炰羔斗酒自勞師古曰炰毛炙肉也即今所謂爊也炰音步交反爊音一高反勞音來到反補注先謙曰官本亨作烹家本秦也能爲秦聲婦趙女也雅善鼓瑟奴婢歌者數人酒後耳熱仰天拊缶應劭曰缶瓦器也秦人擊之以節歌師古曰缶即今之盆類也補注先謙曰官本拊作撫而呼烏烏師古曰李斯上書云擊甕叩缶彈箏搏髀而呼烏烏快耳者眞秦聲也是關中舊有此曲也其詩曰田彼南山蕪穢不治種一頃豆落而爲萁人生行樂耳須富貴何時張晏曰山高而在陽人君之象也蕪穢不治言朝廷之荒亂也一頃百畝以喻百官也言豆者貞實之物當在囷倉零落在野喻己見放棄也萁曲而不直言朝臣皆諂諛也師古曰其豆莖也音基須待也補注周壽昌曰張晏詳作詩注文致周內顏注取之竊意宣帝惡者書中君父送終數語蓋先時戴長樂告惲罪有昭帝崩今復如此又上行不至河東等語觀此書更實其言矣不係此詩是日也拂衣而喜奮褎低卬師古曰褎古衣袖字補注先謙曰官本褎作褏注無衣字是頓足起舞誠

淫荒無度不知其不可也師古曰自謂爲可也惲幸有餘祿方糴賤販貴逐什一之利此賈豎之事汙辱之處惲親行之補注錢大昭曰貢禹傳近臣自諸曹侍中以上家無得私販賣與民爭利惲免爲庶人故欲爲賈豎之事下流之人眾毀所歸不寒而栗師古曰栗竦縮也雖雅知惲者猶隨風而靡師古曰言逐眾議皆相毀也尚何稱譽之有董生不云乎明明求仁義常恐不能化民者卿大夫意也補注宋祁曰卿字當刪先謙曰官本意上有之字明明求財利常恐困乏者庶人之事也師古曰引董仲舒之辭也仲舒傳作皇皇也故道不同不相爲謀師古曰論語載孔子之辭惲又引之爲音于僞反今子尙安得以卿大夫之制而責僕哉夫西河魏土文侯所興有段干木田子方之遺風應劭曰段干木田子方魏賢人也漂然皆有節槩知去就之分師古曰漂然高遠意槩度量也漂音匹遙反槩音工代反分音扶問反補注先謙曰漂飄借字頃者足下離舊土臨安定安定山谷之閒昆戎舊壤文穎曰昆夷之地也子弟貪鄙豈習俗之移人哉於今迺睹子之志矣師古曰言豈隨安定貪鄙之俗而易其操乎平生謂子爲達道今乃

見子之志與我不同也〔補注〕先謙曰官本注也上有者字方當盛漢之隆願勉旃毋多談師古曰旃之也言子當自勉厲目立功名不須多與我言也又惲兄子安平侯譚爲典屬國謂惲曰西河太守建平杜侯師古曰杜延年前目罪過出今徵爲御史大夫侯罪薄又有功且復用惲曰有功何益縣官不足爲盡力惲素與蓋寬饒韓延壽善譚卽曰縣官實然蓋司隸韓馮翊皆盡力吏也俱坐事誅會有日食變騶馬猥佐成上書告惲如淳曰騶馬目給騶使乘之佐主猥馬吏也有吏有佐名成者〔補注〕先謙曰通鑑注末者引作也是驕奢不悔過日食之咎此人所致章下廷尉案驗得所予會宗書宣帝見而惡之廷尉當惲大逆無道師古曰當謂處斷其罪〔補注〕先謙曰顧炎武云以書中有君父送終語要斬妻子徙酒泉郡譚坐不諫正惲與相應有怨望語免爲庶人召拜成爲郎諸在位與惲厚善者未央衞尉韋玄成京兆尹張敞及孫會宗等皆免官〔補注〕錢大昭曰案杜業傳故事大逆朋友坐免官無歸故郡者

蔡義河內温人也目明經給事大將軍莫府家貧常步行資禮不逮衆門下好事者相合師古曰言衆斂錢物爲義買犢車令乘之數歲遷補覆盎城門候師古曰門候主候時而開閉也久之詔求能爲韓詩者徵義待詔久不進見義上疏曰臣山東草萊之人行能亡所比容貌不及衆然而不棄人倫者竊目聞道於先師自託於經術也願賜清閒之燕師古曰燕安息也閒讀曰閑得盡精思於前上召見義說詩甚說之師古曰下說讀曰悅擢爲光祿大夫給事中進授昭帝數歲拜爲少府遷御史大夫代楊敞爲丞相封陽平侯又目定策安宗廟益封加賜黃金二百斤義爲丞相時年八十餘短小無須眉貌似老嫗行步俛僂師古曰俛卽俯字也僂曲背也僂音力主反〔補注〕劉敞曰俛讀如本字自可常兩吏扶夾迺能行時大將軍光秉政議者或言光置宰相不選賢苟用可顓制者師古曰顓與專同其後類此光聞之謂侍中左右及官屬曰目爲人主師當爲宰相〔補注〕周壽昌曰義授經昭帝故云爲人主師何謂云云師古曰云云衆語謂有不選賢之言也此語不可使天下聞也義爲相四歲薨謚曰節侯無子國除

陳萬年字幼公沛郡相人也爲郡吏察舉至縣令遷廣陵太守師古曰屢被察廉及舉薦故得遷之也〔補注〕先謙曰官本注作遷也無之字引宋祁曰遷也改作遷之目高弟入爲右扶風遷太僕〔補注〕先謙曰官本弟作第萬年廉平內行修然善事人賂遺外戚許史傾家自盡尤事樂陵侯史高丞相丙吉病中二千石上謁問疾師古曰上謁若今通名也遣家丞出謝謝已皆去萬年獨畱昏夜迺歸及吉病甚上自臨問目大臣行能吉薦于定國杜延年及萬年萬年竟代定國爲御史大夫八歲病卒子咸字子康年十八目萬年任爲郎有異材抗直數言事刺譏近臣書數十上遷爲左曹萬年嘗病召咸教戒於牀下語至夜半咸睡頭觸屛風萬年大怒欲杖之曰乃公教戒汝汝反睡不聽吾言何也咸叩頭謝曰具曉所言大要

教咸讇也師古曰大要大歸也讇古諂字也萬年迺不復言萬年死後元帝擢咸爲御史中丞總領州郡奏事課第諸刺史內執法殿中公卿目下皆敬憚之是時中書令石顯用事顓權咸頗言顯短顯等恨之時槐里令朱雲殘酷殺不辜有司舉奏未下師古曰天子未下其章也咸素善雲雲從刺候教令上書自訟晉灼曰雲從咸刺探伺候事之輕重咸因教令上書於是石顯微伺知之白奏咸漏泄省中語下獄掠治師古曰掠笞擊也音力向反減死髡爲城旦因廢成帝初卽位大將軍王鳳目咸前指言石顯有忠直節奏請咸補長史遷冀州刺史奉使稱意徵爲諫大夫復出爲楚內史北海東郡太守坐爲京兆尹王章所薦章誅咸免官起家復爲南陽太守所居目殺伐立威豪猾吏及大姓犯法輒論輸府師古曰府謂郡之府〔補注〕宋祁曰輸府下當添下字目律程作司空師古曰司空主行役之官〔補注〕先謙曰司空說詳賈誼傳官本注行作作是爲地臼木杵舂不中程或私解脫鉗鈦衣服不如法師古

曰鉗在頸鈦在足皆㠯鐵爲之鉗音其炎反鈦音弟輒加罪笞督作劇不勝痛師古曰作程劇苦又被督察笞罰既多故不勝痛也自殺死歲數百千人〔補注〕先謙曰官本死下有者字久者蟲出腐爛家不得收其治放嚴延年其廉不如所居調發屬縣所出食物㠯自奉養師古曰調徒釣反〔補注〕先謙曰官本徒上有音字奢侈玉食師古曰玉食美食如玉也然操持掾史師古曰操持也音于向反〔補注〕先謙曰官本注持作執向作高是郡中長吏皆令閉門自斂不得踰法公移敕書曰師古曰公然移書㠯約敕也〔補注〕周壽昌曰唐惟詔命始稱敕時有不經鳳閣鸞臺不得爲敕之語師古注此故云移書約敕案之本文則云敕書不云書敕也蓋漢時敕爲上命下之辭凡官長行於掾史祖父行於子孫皆可稱敕韓延壽傳敕功曹議罰白孫寶傳敕曰今日鷹隼始擊當順天氣後書張奮傳臨終敕家丞又奮稱純遺敕固不肯受歐陽氏集古錄書韓敕碑後云書無以敕命名者秦制天子之命稱敕漢用秦法臣下豈敢以敕命名而繁陽令楊君碑陰有故民程敕字伯嚴是漢時不獨一韓敕董逌廣川書跋云南齊時有劉敕爲始興內史是名敕者不獨漢爲然歐陽或攷之未審也卽各欲求索自快是一郡百太守也何得然哉下吏畏之豪彊執服師古曰執讀曰慹音之涉反令行禁止然亦㠯此見廢咸三公子少顯名於

朝廷而薛宣朱博翟方進孔光等仕宦絕在咸後皆㠯廉儉先至公卿而咸滯於郡守時車騎將軍王音輔政信用陳湯咸數賂遺湯予書曰卽蒙子公力得入帝城死不恨師古曰子公湯之字後竟徵入爲少府少府多寶物屬官咸皆鉤校發其姦臧師古曰鉤音工侯反沒入辜榷財物師古曰辜榷專固也〔補注〕王念孫曰翟方進傳多辜榷爲姦利者師古曰榷專也辜榷者言己自專之它人取者輒有辜罪念孫案辜榷或作辜較又作嫴榷一切經音義二十引漢書音義曰辜固也較專也謂規固販鬻專略其利分辜榷爲二義已失之迂師古乃訓辜爲罪訓榷爲專又云已自專之它人取者輒有辜罪則其謬滋甚今案辜榷雙聲字也廣雅嫴榷都凡也故總括財利謂之辜榷略陳指趣亦謂之辜榷孝經蓋天子之孝也孔傳曰蓋者辜較之辭劉炫曰辜較猶梗槩也孝道既廣此纔舉其大略也梗槩與辜榷一聲之轉分言之則或曰辜或曰榷武紀初榷酒酤韋昭曰以木渡水曰榷謂禁民酤釀獨官開置如道路設木爲榷獨取利也王莽傳豪吏猾民辜而榷之廣雅嫴榷也是辜榷二字分而言之亦都凡之意也先謙曰官本注辜下有罪也二字據翟方進傳注則有者是也官屬及諸中宮黃門鉤盾掖庭官吏舉奏案論畏咸皆失氣爲少府三歲與翟方進有隙方進爲丞相奏咸前爲郡守所在殘酷毒螫加於吏民主守盜受所監如淳曰律主守而盜直十金棄市師古曰受所監法解在景紀〔補注〕周壽昌曰案卽今律監守自盜也注引如氏云云是漢律最重而陳咸僅坐免官殆所取未足十金也先謙曰官本注景下有帝字紀下有螫式亦反四字而官媚邪臣陳湯㠯求薦舉苟得無恥不宜處位咸坐免頃之紅陽侯立舉咸方正爲光祿大夫給事中方進復奏免之〔補注〕先謙曰當與方進傳參證後數年立有罪就國方進奏歸咸故郡〔補注〕先謙曰胡注後書陳寵傳寵之曾祖陳咸不仕莽世雖亦居沛各是一人㠯憂死

鄭弘字穉卿泰山剛人也師古曰穉古稚字兄昌字次卿亦好學皆明經通法律政事次卿爲太原涿郡太守弘爲南陽太守皆著治迹條教法度爲後所述次卿用刑罰深不如弘平遷淮陽相㠯高弟入爲右扶風〔補注〕先謙曰官本弟作第京師稱之代韋玄成爲御史大夫六歲坐與京房論議免〔補注〕齊召南曰案公卿表弘以永光二年爲御史大夫五年有罪自殺據京房傳但言房見道幽厲事出爲弘言之弘坐免爲庶人與此傳合表云自殺誤也語在房傳

贊曰所謂鹽鐵議者起始元中徵文學賢良問㠯治亂皆對願罷郡國鹽鐵酒榷均輸師古曰酒榷均輸解在武紀及食貨志務本抑末毋與天下爭利然後化可興〔補注〕錢大昭曰後下南監本閩本俱有敎字先謙曰官本有敎字御史大夫弘羊㠯爲此乃所㠯安邊竟制四夷師古曰竟讀曰境〔補注〕先謙曰官本注在摩也下國家大業不可廢也當時相詰難頗有其議文至宣帝時汝南桓寬次公師古曰次公者寬之字〔補注〕錢大昭曰相當作桓先謙曰官本作桓宋世諱桓缺末筆因訛而爲相也治公羊春秋舉爲郎至廬江太守丞博通善屬文推衍鹽鐵之議增廣條目極其論難著數萬言師古曰卽今之所行鹽鐵論十卷是也亦欲㠯究治亂成一家之法焉其辭曰師古曰謂相寬總評議其善惡〔補注〕先謙曰官本相作桓是觀公卿賢良文學之議異乎吾所聞師古曰論語載子張之言言不與己志同也故寬引聞汝南朱生言〔補注〕宋祁曰未下當添先字錢大昭曰朱生鹽鐵論作朱子伯當此之時英俊並進賢良茂陵唐生文學魯國萬生之徒六十有餘人咸聚闕庭舒六藝之風陳治平之原

知者贊其慮仁者明其施勇者見其斷師古曰斷音丁喚反辯者騁其辭斷斷焉行行焉師古曰斷斷辯爭之貌行行剛彊之貌也斷音牛斤反行音胡浪反補注周壽昌曰鹽鐵論作誾誾焉侃侃焉雖未詳備斯可略觀矣中山劉子補注錢大昭曰鹽鐵論作劉子雍推言王道撟當世反諸正師古曰正曲曰撟諸之也撟讀曰矯同其字從手補注先謙曰官本注下曰作與是彬彬然弘博君子也師古曰彬彬文章貌也音彼旻反九江祝生奮史魚之節發憤懣譏公卿師古曰懣音滿又莫本反補注先謙曰官本又下有音字介然直而不撓師古曰撓曲也音女教反可謂不畏彊圉矣桑大夫據當世合時變上權利之略雖非正法鉅儒宿學不能自解師古曰解釋也言理不出於弘羊也博物通達之士也然攝公卿之柄不師古始放於末利師古曰放縱也謂縱心於利也一說放依也音方往反論語稱孔子曰放於利而行多怨也處非其位行非其道果隕其性以及厥宗師古曰性生也謂與上官桀謀反誅也車丞相履伊呂之列當軸處中括囊不言容身而去師古曰括結也易坤卦六四爻辭曰括囊無咎無譽言自閉慎如囊之括結也補注先謙曰官本自作口彼哉彼哉師古曰論語云或問

子西孔子曰彼哉彼哉言彼人哉無足稱也補注先謙曰官本注彼人哉作彼人者若夫丞相御史兩府之士不能正議以輔宰相成同類長同行阿意苟合以說其上師古曰說讀曰悅斗筲之徒何足選也師古曰筲竹器也容一斗選數也論語云子貢問曰今之從政者何如孔子曰噫斗筲之人何足選也言其材器小劣不足數也筲音所交反選音先阮反噫歎聲也噫音於其反補注錢大昭曰今本論語選作算選算古字通邶風威儀棣棣不可選也後漢書朱穆傳注絕交論引作不可算也今本仍作選詩攷以爲作算蓋宋本與今本異齊風舞則選兮文選舞賦注引作舞則纂兮纂即算也周語纂修其緒史記周本紀作遵脩徐廣曰遵一作選是選算同

公孫田劉王楊蔡陳鄭傳第三十六　終　　漢書六十六

楊胡朱梅云傳第三十七　　漢書六十七

漢　蘭臺令史班固撰

唐正議大夫行祕書少監琅邪縣開國子顏師古注

賜進士出身前翰林院編修國子監祭酒加三級臣王先謙補注

楊王孫者孝武時人也補注沈欽韓曰西京雜記楊貴字王孫京兆人死卒裸葬於終南山其子孫掘土鑿石深七尺而下屍上復蓋之以石欲儉而反奢常璩漢中志云成固人學黃老之術家業千金厚自奉養生亡所不致師古曰致至也補注劉攽曰顏說非也凡奉養難得之物皆能致之以自供也及病且終先令其子師古曰先令爲遺令補注先謙曰官本此注併入下注爲作謂曰吾欲臝葬以反吾眞師古曰臝者不爲衣衾棺槨者也反歸也眞者自然之道也臝音郎果反補注劉攽曰形魂復歸于土此其所謂反眞也何自然之謂必亡易吾意師古曰易改也死則爲布囊盛尸入地七尺旣下從足引脫其囊以身親土其子欲默而不從重廢父命師古曰重難也欲從其心又不忍補注錢大昭曰閩本其作之先謙曰官本作之迺往見王孫友人祁侯師古曰祁侯繒

賀之孫承嗣者名它祁侯與王孫書曰王孫苦疾僕迫從上祠雍補注沈欽韓曰功臣表祁侯它以元光三年免侯帝紀元光二年行幸雍祠五畤則祁侯書所云從祠雍卽在元光二年未得詣前師古曰詣至也至前言求見也補注先謙曰官本注求作來是願存精神省思慮進醫藥補注先謙曰官本進下有近字引宋祁曰近字當刪厚自持竊聞王孫先令臝葬補注先謙曰聞官本作聞是令死者無知則已若其有知是戮尸地下將臝見先人竊爲王孫不取也且孝經曰爲之棺槨衣衾是亦聖人之遺制何必區區獨守所聞師古曰區區小意也願王孫察焉王孫報曰蓋聞古之聖王緣人情不忍其親故爲制禮今則越之師古曰言踰禮而厚葬也吾是以臝葬將以矯世也師古曰正曲曰矯夫厚葬誠亡益於死者而俗人競以相高靡財單幣腐之地下師古曰靡散也單盡也或迺今日入而明日發師古曰言見發掘也此眞與暴骸於中野何異補注先謙曰眞疑直之譌且夫死者終生之化而物之歸者也補注王念孫曰終字師古無音蓋讀始終之終案淮南精神篇注化猶死也旣言終而又言化則複矣終當讀爲眾祭義眾生必死死必

歸土故曰死者衆生之化而物之歸者也衆之爲終借字耳貼經義述聞字多以終爲衆說漢紀正作衆生之化歸者得至化者得變是物各反其眞也反眞冥冥亡形亡聲迺合道情夫飾外㠯華衆厚葬㠯鬲眞（師古曰鬲與隔同其後並類此）使歸者不得至化者不得變是使物各失其所也且吾聞之精神者天之有也形骸者地之有也（師古曰文子稱天氣爲魂延陵季子云骨肉下歸於土是㠯云然）精神離形各歸其眞故謂之鬼鬼之爲言歸也其尸塊然獨處豈有知哉（師古曰塊音口對反）裹㠯幣帛鬲㠯棺槨支體絡束口含玉石欲化不得（〔補注〕沈欽韓曰御覽八百十一引漢東園私記日亡人以黃金塞九竅則尸終不朽八百八云以雲母壅尸則亡人不朽）鬱爲枯腊千載之後棺槨朽腐迺得歸土就其眞宅繇是言之焉用久客（師古曰言不用久爲客也繇讀與由同〔補注〕先謙曰歸土則與爲一久不歸是客也）昔帝堯之葬也窾木爲匵葛藟爲緘（服虔曰窾音款款空也空木爲匵師古曰匵卽櫝字也櫝小棺也藟葛蔓也一曰藟亦草名葛之類也緘束也藟音力水反緘音工咸反〔補注〕沈欽韓曰墨翟節葬篇堯北教乎北狄道死葬蛩山之陰衣衾三領穀木之棺葛以緘之土地之深下毋及泉上無通臭尸子舜葬南巴之中衣衾三領款木之棺葛以緘之先謙曰官本款空也款作窾）其穿下不亂泉上不泄殠（師古曰亂絕也〔補注〕先謙曰不至泉是不亂也）故聖王生易尚死易葬也（師古曰尚崇也言生死皆儉約也〔補注〕先謙曰尚謂尊奉聖王不勞民以自厚是生易尊奉也）不加功於亡用不損財於亡謂（師古曰謂者名稱也亦指趣也）今費財厚葬畱歸鬲至死者不知生者不得是謂重惑於戲吾不爲也（師古曰於讀曰烏戲讀曰呼）祁侯曰善遂臝葬

胡建字子孟河東人也孝武天漢中守軍正丞（師古曰南北軍各有正正又置丞而建未得眞官兼守之〔補注〕劉敞曰南北軍各有正正又置丞而建未得眞官兼守之建之所守軍正之丞耳未嘗兼守正也故建奏云丞於用法疑若兼守正何疑之有自是其時無正耳齊召南曰案後文御史穿北軍壘垣則建守北軍正丞也何焯曰以軍正之丞故係正言之猶上卷言廬江太守丞）貧亡車馬常步與走卒起居所㠯尉薦走卒甚得其心（師古曰尉者自上安之也薦者舉籍也〔補注〕王念孫曰趙廣漢傳其尉薦待遇吏殷勤甚備如淳曰尉亦薦藉也師古曰尉薦謂安尉而薦達之案如說是也薦藉一聲之轉尉薦猶尉藉耳匈奴傳慰薦撫循漢紀作慰藉是其證慰與尉通若以薦爲舉薦則上與尉字不相比附下與甚得其心及殷勤甚備之文皆不相連屬矣）時監軍御史爲姦穿北軍壘垣㠯爲賈區（師古曰坐賣曰賈爲賣物之區也區者小室之名若今小庵屋之類耳故衞士之屋謂之區廬宿衞官外士稱爲區士也賈音古其下亦同〔補注〕先謙曰官本注官作宮是北軍壘中壘校尉所掌見百官表）建欲誅之迺約其走卒（師古曰約束也）曰我欲與公有所誅吾言取之則取斬之則斬於是當選士馬日監御史與護軍諸校列坐堂皇上（師古曰校者軍之諸部校也室無四壁曰皇〔補注〕沈欽韓曰廣雅釋器堂皇壂也爾雅釋宮無室曰榭郭云卽今堂堭案今爲講武榭）建從走卒趨立堂皇下拜謁因上堂（〔補注〕錢大昭曰堂下脫皇字南監本閩本皆有先謙曰官本有皇字）走卒皆上建指監御史曰取彼走卒前曳下堂皇建曰斬之遂斬御史（〔補注〕王先愼曰御史上脫監字傳前後並有監字）護軍諸校皆愕驚不知所㠯建亦已有成奏在其懷中遂上奏曰臣聞軍法立武㠯威衆誅惡㠯禁邪今監御史公穿軍垣㠯求賈利（師古曰公謂顯然爲之）私買賣㠯與士市不立剛毅之心勇猛之節亡㠯帥先士大夫尤失理不公用文吏議不至重法黃帝李法曰（蘇林曰獄官名也天文志左角李右角將孟康曰兵書之法也師古曰李者法官之號也總主征伐刑戮之事也故稱其書曰李法蘇說近之〔補注〕沈欽韓曰說苑作理法李理義同兵陰陽家黃帝李法十六篇下軍法乃漢南北軍制也）壁壘已定穿窬不繇路是謂姦人姦人者殺（師古曰窬小竇也音踰繇讀與由同下皆類此）臣謹按軍法曰正亡屬將軍將軍有罪㠯聞（師古曰言軍正不屬將軍將軍有罪過得表奏之〔補注〕先謙曰官本㠯作已引宋祁曰已改作以）二千石㠯下行法焉（孟康曰二千石謂軍中校尉都尉之屬）丞於用法疑（孟康曰丞屬軍正斬御史於法有疑）執事不諉上（師古曰諉累也言執事者當見法卽行不可㠯事累於上也諉音女瑞反累音力瑞反）臣謹㠯斬昧死㠯聞制曰司馬法曰國容不入軍軍容不入國何文吏也（師古曰司馬法亦兵書之名也解在主父偃傳詔言在於軍中何用文吏議也〔補注〕先謙曰官本兵書上無亦字）三王或誓於軍中欲民先成其慮也（師古曰慮謂計念也先意謂先爲之意也）或誓於軍門之外欲民先意㠯待事也或將交刃而誓致民志也（師古曰欲致民勇志使不奔北〔補注〕沈欽韓曰以上語見司馬法天子之義篇）建又何疑焉建繇是顯名後爲渭城令治甚有聲值昭帝幼皇后父上官將軍安與帝姊蓋主私夫丁外人相善外人驕恣

怨故京兆尹樊福使客射殺之補注先謙曰據公卿表福昭帝始元六年守京兆尹客臧公主廬吏不敢捕渭城令建將吏卒圍捕補注齊召南曰案渭城屬右扶風在長安稍西即秦故都咸陽也此時蓋主第在渭城故建圍之以索賊耳蓋主聞之與外人上官將軍多從奴客往犇射追吏師古曰犇古奔字也吏散走主使僕射劾渭城令游徼傷主家奴補注先謙曰此僕射是主家僕射百官表云僕射宮人皆有取其領事之號此僕射蓋公主宮人領事者建報亡宅坐服虔曰言游徼奉公無它坐也補注劉攽曰多坐字蓋主怒使人上書告建侵辱長公主射甲舍門師古曰甲舍即甲第公主之宅補注先謙曰官本注公上有謂字是知吏賊傷奴辟報故不窮審蘇林曰辟迴也報論也斷獄也爲報故言有故也不窮審窮盡其事也師古曰蘇說非也言爲游徼避罪而妄報文書故不窮治也辟讀曰避補注朱一新曰注南監本斷獄下無也字窮盡上有不字先謙曰官本無也字有不字是也大將軍霍光寢其奏後光病上官氏代聽事補注周壽昌曰光傳云光時休沐出桀輒入代光決事桀安父也下吏捕建建自殺補注沈欽韓曰鹽鐵論訟賢篇東海成顒河東胡建以術蒙舉起卒伍爲縣令文學曰二公懷精白之行行忠正之道不避彊禦卒爲眾枉所排周壽昌曰據鹽鐵論賢良文學議在昭帝始元六年二月已云建不得其死則此必是年正二月事吏民稱冤至今渭城立其祠

朱雲字游魯人也徙平陵少時通輕俠補注王先慎曰通謂交通借客報仇師古曰借助也音子夜反長八尺餘容貌甚壯以勇力聞年四十迺變節從博士白子友受易補注齊召南曰案儒林傳東海孟喜授同郡白光少子爲博士由是有白氏學然則白子友當即白光但彼云字少子此云子友字不同耳又事前將軍蕭望之受論語皆能傳其業好倜儻大節師古曰倜音吐歷反當世以是高之補注何焯曰成帝以後士皆依附儒術容身固位志節日微卒成王氏之篡史家於朱雲深有取焉特爲立傳蓋激於張孔之徒爾元帝時琅邪貢禹爲御史大夫而華陰守丞嘉上封事師古曰守華陰縣丞者其人名嘉言治道在於得賢御史之官宰相之副九卿之右師古曰右言在上也不可不選平陵朱雲兼資文武忠正有智略可使以六百石秩試守御史大夫以盡其能上迺下其事問公卿太子少傅匡衡對以爲大臣者國家之股肱萬姓所瞻仰明王所慎擇也傳曰下輕其上爵賤人圖柄臣則國家搖

動而民不靜矣師古曰上爵大官也圖謀也柄臣執權之官補注先謙曰官本注官作臣今嘉從守丞而圖大臣之位欲以匹夫徒走之人補注錢大昭曰走南監本閩本作步先謙曰官本作步而超九卿之右非所以重國家而尊社稷也自堯之用舜文王於太公猶試然後爵之又況朱雲者乎雲素好勇數犯法亡命受易頗有師道其行義未有以異今御史大夫禹絜白廉正經術通明有伯夷史魚之風海內莫不聞知而嘉猥稱雲師古曰猥曲也補注先謙曰官本猥作猥欲令爲御史大夫妄相稱舉疑有姦心漸不可長宜下有司案驗以明好惡嘉竟坐之補注何焯曰貢禹雖賢然爲石顯所薦朱雲好大節又從蕭望之受經此固顯等所畏惡也衡之對嘉之坐其或有使之者歟是時少府五鹿充宗貴幸爲梁丘易自宣帝時善梁丘氏說元帝好之欲考其異同令充宗與諸易家論充宗乘貴辯口師古曰乘因也言因藉尊貴之權也諸儒莫能與抗皆稱疾不敢會有薦雲者召入攝齋登堂師古曰齋衣下之裳音子私反補注沈欽韓曰孔安國鄉黨注衣下曰齊皇侃云裳下縫也師古謬爲裳

抗首而請音動左右師古曰抗舉也既論難連拄五鹿君師古曰拄刺也距也音竹庾反故諸儒爲之語曰五鹿嶽嶽朱雲折其角師古曰嶽嶽長角之貌補注錢大昕曰嶽即顒字說文顒冄面岳岳也沈欽韓曰西京雜記長安有儒生曰惠莊聞朱雲折五鹿充宗之角乃嘆曰藺栗犢反能爾耶吾終恥溺死溝中遂裹糧從雲雲與言莊不能對逡巡而去拊心謂人曰吾口不能劇談此中多有繇是爲博士遷杜陵令坐故縱亡命補注何焯曰故縱亡命是猶通輕俠之餘習也會赦舉方正爲槐里令時中書令石顯用事與充宗爲黨百僚畏之唯御史中丞陳咸年少抗節不附顯等而與雲相結雲數上疏言丞相韋玄成容身保位亡能往來李奇曰不能有所前卻也師古曰周書君奭之篇稱周公曰惟文王尚克修和有夏有若虢叔閎夭散宜生泰顛南宮括又曰亡能往來故雲引此以爲言也補注先謙曰官本疏作書引宋祁曰上書越本作上疏而咸數毀石顯久之有司考雲疑風吏殺人師古曰風讀曰諷羣臣朝見上問丞相以雲治行丞相玄成言雲暴虐亡狀師古曰無善狀也時陳咸在前聞之以語雲雲上書自訟咸爲定奏草求下御史中丞事下丞相

丞相部吏考立其殺人罪師古曰立成也雲亡入長安復與咸計議丞相具發其事奏咸宿衞執法之臣幸得進見漏泄所聞以私語雲爲定奏草欲令自下治師古曰咸爲御史中丞而奏請下中丞故云自下治後知雲亡命罪人而與交通雲以故不得師古曰吏捕之不得上於是下咸雲獄減死爲城旦補注宋祁曰獄下當添治字咸雲遂廢錮終元帝世補注先謙曰官本世上有之字至成帝時丞相故安昌侯張禹以帝師位特進甚尊重補注劉攽曰故字當在丞相上禹時罷相侯如故也錢大昕曰禹以成帝河平四年爲丞相鴻嘉元年以老病乞骸骨賜安車駟馬罷就第以列侯朝朔望位特進此稱位特進則在罷相後故雲但斥言安昌侯張禹不言丞相而成帝亦但以廷辱師傅罪雲也文當云故丞相安昌侯今本轉寫誤耳王念孫曰治要引此正作故丞相安昌侯張禹雲上書求見公卿在前雲曰今朝廷大臣上不能匡主下亡以益民皆尸位素餐師古曰尸主也素空也尸位者不舉其事但主其位而已素餐者德不稱官空當食祿孔子所謂鄙夫不可與事君苟患失之亡所不至者也師古曰皆論語所載孔子之言也苟患失其寵祿則言行僻邪無所不至也臣願賜尚方斬馬劍

斷佞臣一人以厲其餘師古曰尚方少府之屬官也作供御器物故有斬馬劍劍利可以斬馬也補注王念孫曰案佞臣一人下原有頭字而今本脫之後漢書楊賜傳注初學記人部中白帖十三九十二御覽兵部七十三人事部六十八九十三引此竝作斷佞臣一人頭漢紀通鑑同沈欽韓曰唐六典武庫令職注陌刀長刀蓋古之斬馬劍上問誰也對曰安昌侯張禹補注先謙曰因禹右王氏事詳禹傳上大怒曰小臣居下訕上廷辱師傅師古曰訕謗也音所諫反又音刪罪死不赦御史將雲下雲攀殿檻檻折師古曰檻軒前欄也雲呼曰師古曰呼叫也音火故反臣得下從龍逄比干遊於地下足矣師古曰關龍逄桀臣王子比干紂之諸父皆以諫而死故云然未知聖朝何如耳師古曰言殺直臣其聲惡御史遂將雲去於是左將軍辛慶忌免冠解印綬叩頭殿下曰此臣素著狂直於世師古曰著表也言此名久彰表使其言是不可誅其言非固當容之臣敢以死爭慶忌叩頭流血上意解然後得已及後當治檻補注先謙曰官本治下有殿字上曰勿易因而輯之以旌直臣師古曰輯與集同謂補合之也旌表也補注沈欽韓曰容齋隨筆至今宮殿正中一間橫檻獨不施欄楯謂之折檻自漢以來相傳如此雲自是之後不復

仕常居鄠田時出乘牛車從諸生補注先謙曰官本無出字所過皆敬事焉薛宣爲丞相雲往見之宣備賓主禮因留雲宿從容謂雲曰師古曰從音七庸反在田野亡事且留我東閤可以觀四方奇士雲曰小生迺欲相吏邪師古曰小生謂其新學後進言欲以我爲吏乎補注王鳴盛曰公孫弘爲丞相起客館開東閣以延賢人師古曰閤者小門東向開之避當庭門而引賓客以別於掾吏官屬也然則屬吏皆從當庭中門入東閣相延正所以示敬備賓主禮非欲相吏也而雲言乃如此其彊項可見宣不敢復言其教授擇諸生然後爲弟子九江嚴望及望兄子元字仲能傳雲學皆爲博士望至泰山太守雲年七十餘終於家病不呼醫飲藥遺言以身服斂棺周於身土周於槨師古曰棺周於身小棺裁容身也土周於槨冢壙裁容槨也爲丈五墳葬平陵東郭外

梅福字子真九江壽春人也少學長安明尚書穀梁春秋爲郡文學補南昌尉師古曰豫章之縣後去官歸壽春數因縣道上言變事師古曰附縣道之使而封奏也變謂非常之事補注王先愼曰下云陛下距臣者三矣明上變事者三數字混言之求假軺傳師古

曰小車之傳也軺音遙傳音張戀反補注沈欽韓曰晉書輿服志一馬曰軺車二馬曰軺傳詣行在所條對急政師古曰條對者一一條錄而對之輒報罷是時成帝委任大將軍王鳳鳳專埶擅朝而京兆尹王章素忠直譏刺鳳爲鳳所誅王氏浸盛師古曰浸漸也災異數見羣下莫敢正言福復上書曰補注周壽昌曰百官表鳳死於陽朔三年八月成紀鴻嘉三年廣漢男子鄭躬反永始二年山陽鐵官蘇令等反福上書中有此二事則必在永始二三年矣距鳳死已八九年則是時以下云云疑有舛誤臣聞箕子佯狂於殷而爲周陳洪範叔孫通遁秦歸漢制作儀品師古曰遁逃也補注沈欽韓曰玉海六十八論衡曰高祖詔叔孫通制作儀品十六篇案後書曹褒傳云叔孫通漢儀十二篇夫叔孫先非不忠也師古曰先猶言先生也一曰先謂在秦時補注先謙曰一說非箕子非疏其家而畔親也師古曰箕子紂之諸父故言疏家畔親也不可爲言也昔高祖納善若不及從諫若轉圜師古曰不及恐失之也轉圜言其順也補注先謙曰官本注順下有易字聽言不求其能舉功不考其素師古曰直取其功不論其舊行及所從來也陳平起於亡命而爲謀主韓信拔於行陳而建上將師古曰立以爲大將軍故天下之士雲

合歸漢師古曰言四面而至爭進奇異知者竭其策愚者盡其慮勇士極其節怯夫勉其死合天下之知并天下之威是目舉秦如鴻毛取楚若拾遺師古曰鴻毛喻輕拾遺言其易也此高祖所目亡敵於天下也師古曰亡讀曰無孝文皇帝起於代谷師古曰從代谷而來卽帝位非有周召之師伊呂之佐也師古曰召讀曰邵循高祖之法加目恭儉當此之時天下幾平師古曰幾音距依反繇是言之循高祖之法則治不循則亂何者秦爲亡道削仲尼之迹滅周公之軌師古曰軌法也壞井田除五等禮廢樂崩王道不通故欲行王道者莫能致其功也孝文皇帝好忠諫補注錢大昭曰文南監本閩本作武先謙曰官本作武是說至言師古曰說讀曰悅補注先謙曰至言猶直也詳見賈山傳出爵不待廉茂慶賜不須顯功師古曰謂諫爭合意卽得官爵不由薦舉及軍功也廉廉吏也茂茂材也補注梁玉繩曰孝廉茂材稱廉茂猶抱朴子審舉篇魏書高祖紀隋書禮儀志稱秀才孝廉爲秀孝也是目天下布衣各厲志竭精目赴闕廷自衒鬻者不可勝數漢家得賢於此爲盛使孝武皇帝聽用

其計升平可致張晏曰民有三年之儲曰升平於是積尸暴骨快心胡越故淮南安王緣閒而起補注錢大昭曰安王二字當乙朱一新曰監本作王安先謙曰官本作王安所目計慮不成而謀議泄者目眾賢聚於本朝師古曰本朝漢朝也故其大臣埶陵不敢和從也服虔曰臣埶陵君也師古曰謂淮南大臣相內史之屬也補注王念孫曰案此言漢多賢臣故淮南大臣不敢與王俱叛故曰其大臣不敢和從也埶陵二字與上下文皆不相屬蓋涉後文埶陵於君而衍而服注以爲臣埶陵君則所見本已衍此二字矣方今布衣迺窺國家之隙見閒而起者蜀郡是也孟康曰成帝鴻嘉中廣漢男子鄭躬等反是也及山陽亡徒蘇令之羣蹈藉名都大郡求黨與索隨和李奇曰求索與己和及隨己者補注劉敞曰漢氏世寶隨和珠玉謂匹夫至欲求索此物所謂與上爭衡也先謙曰劉說謬以隨和爲珠玉然則黨與又是何物耶仍如李解爲是而亡逃匿之意此皆輕量大臣亡所畏忌國家之權輕故匹夫欲與上爭衡也士者國之重器得士則重失士則輕詩云濟濟多士文王目寧師古曰大雅文王之詩也已解於上廟堂之議非草茅所當言也補注先謙曰官本議作義臣誠恐身塗野草尸并卒伍故

數上書求見輒報罷臣聞齊桓之時有目九九見者桓公不逆欲目致大也師古曰九九算術若今九章五曹之輩補注沈欽韓曰事見說苑尊賢韓詩外傳三周髀算經商高曰數之法出於圓方圓出於方方出於矩矩出於九九八十一注九九者乘除之原也夏侯陽算經曰夫乘除之法先明九九一從十橫百立千僵千十相望萬百相當滿六已上五在上方六不積算五不單張上下相乘實居中央言十自過不滿自當以法除之宜得上商從算相似橫算相當以次右行極於左方今臣所言非特九九也陛下距臣者三矣此天下士所目不至也昔秦武王好力任鄙叩關自鬻師古曰秦武王卽孝公之孫惠文王之子也任鄙力士也繆公行伯繇余歸德師古曰卽秦穆公也伯讀曰霸繇讀曰由今欲致天下之士民有上書求見者輒使詣尚書問其所言言可采取者秩目升斗之祿賜目一束之帛若此則天下之士發憤懣吐忠言師古曰懣音滿補注先謙曰官本注在發憤懣下嘉謀日聞於上天下條貫國家表裏爛然睹矣師古曰爛然分明之貌也夫目四海之廣士民之數能言之類至眾多也然其儁桀指世陳政言成文章質之先聖而不繆施之當世合

時務師古曰質正也若此者亦亡幾人師古曰無幾言不多也幾音居豈反故爵祿束帛者天下之底石高祖所目厲世摩鈍也師古曰底細石也音之履反又音砥孔子曰工欲善其事必先厲其器師古曰論語載孔子之言也工目喻國政利器喻賢材補注先謙曰官本厲作利是此厲字緣上而誤至秦則不然張誹謗之罔目爲漢歐除倒持泰阿授楚其柄師古曰泰阿劒名歐治所鑄也言秦無道令陳涉項羽乘閒而發譬倒持劒而目把授與人也補注先謙曰官本注譬作喻故誠能勿失其柄天下雖有不順莫敢觸其鋒此孝武皇帝所目辟地建功爲漢世宗也師古曰辟讀曰闢今不循伯者之道師古曰伯讀曰霸次下亦同補注先謙曰元紀宣帝言漢本以王伯道雜之故不高言三王之道迺欲目三代選舉之法取當世之士猶察伯樂之圖求騏驥於市而不可得亦已明矣補注宋祁曰而當作其字故高祖棄陳平之過而獲其謀師古曰盜嫂受金之事晉文召天王齊桓用其讎師古曰召天王謂狩于河陽也用其讎謂目管仲爲相並解於上亡益於時不顧逆順此所謂伯道者也補注王念孫曰案亡益於時四字與上下文義不相屬亡當爲有此承上文高祖晉文齊

柘而言言霸主之舉事但求有益於時而不顧理之逆順也今本作亡益於時蓋涉後文亡益於時有遺於世而誤一色成體謂之醇〔補注〕先謙曰官本醇作純是白黑雜合謂之駮欲目承平之法治暴秦之緒師古曰緒謂餘業也猶目鄉飲酒之禮理軍市也〔補注〕沈欽韓曰淮南詮言訓滌杯而食洗爵而飲浣而後饋可以養家老而不可以饗三軍今陛下旣不納天下之言又加戮焉夫鳶鵲遭害則仁鳥增逝師古曰鳶鴟也仁鳥鸞鳳也鳶音緣〔補注〕先謙曰增高也說詳賈誼傳愚者蒙戮則知士深退師古曰蒙被也間者愚民上疏多觸不急之法或下廷尉而死者衆師古曰目其所言爲不急而罪之也自陽朔目來天下目言爲諱朝廷尤甚師古曰妨人之口法禁嚴切〔補注〕先謙曰官本注末有也字羣臣皆承順上指莫有執正何目明其然也取民所上書陛下之所善試下之廷尉廷尉必曰非所宜言大不敬目此卜之一矣〔補注〕王念孫曰一矣二字文不成義一矣本作可見矣言以此卜之可見羣臣之承順上指也可見矣三字與上文何以明其然也正相呼應今作一矣者脫去見字又脫去可字下半耳漢紀孝成紀正作以此卜之可見矣故京兆尹王章資質忠直敢面引廷爭孝元皇

帝擢之目厲具臣而矯曲朝師古曰具臣具位之臣無益者也矯正也及至陛下戮及妻子且惡惡止其身王章非有反畔之辜而殃及家折直士之節結諫臣之舌羣臣皆知其非然不敢爭天下目言爲戒最國家之大患也願陛下循高祖之軌杜亡秦之路師古曰杜塞也數御十月之歌孟康曰福讖切王氏十月之詩刺后族大盛也師古曰詩小雅十月之交篇也留意亡逸之戒師古曰周書篇名也周公作之目戒成王除不急之法下亡諱之詔博覽兼聽謀及疏賤令深者不隱遠者不塞所謂辟四門明四目也師古曰虞書舜典曰闢四門明四目言開四門目致衆賢則明視於四方也且不急之法誹謗之微者也往者不可及來者猶可追方今君命犯而主威奪師古曰君命犯者謂大臣犯君之命外戚之權日目益隆陛下不見其形願察其景建始目來日食地震目率言之三倍春秋水災亡與比數師古曰言其極多不可比校而數也陰盛陽微金鐵爲飛此何景也張晏曰河平二年沛郡鐵官鑄鐵如星飛上去權臣用事之異也蘇林曰言之不從是謂不艾則金不從革景象也何象言將

危亡也漢興目來社稷三危呂霍上官皆母后之家也親親之道全之爲右師古曰務全安之此爲上當與之賢師友傅教目忠孝之道今迺尊寵其位授目魁柄師古曰目斗爲喻也斗身爲魁使之驕逆至於夷滅師古曰夷平也謂平除之此失親親之大者也自霍光之賢不能爲子孫慮故權臣易世則危書曰毋若火始庸庸師古曰周書洛誥之辭也庸庸微小貌也言火始微小不早撲滅則至熾盛大臣貴擅亦當早圖黜其權也〔補注〕錢大昕曰今本作燄燄庸燄聲相近勢陵於君權隆於主然後防之亦亡及已師古曰已語終辭上遂不納〔補注〕先謙曰遂猶竟也成帝久亡繼嗣福目爲宜建三統封孔子之世目爲殷後復上書曰臣聞不在其位不謀其政政者職也位卑而言高者罪也越職觸罪危言世患雖伏質橫分臣之願也師古曰伏質斬刑也橫分謂身首分離也〔補注〕先謙曰質與鑕同解見張蒼王訢傳守職不言沒齒身全死之日尸未腐而名滅雖有景公之位伏歷千駟臣不貪也師古曰景公齊景公也論語云齊景公有馬千駟死之日人無得而稱焉故引之也〔補注〕先謙曰歷櫪字同

故願壹登文石之陛涉赤墀之塗應劭曰目丹淹泥塗殿上也當戶牖之法坐師古曰戶牖之閒謂之扆言負扆也法坐正坐也聽朝之處猶言法官法駕也坐音才卧反〔補注〕王鳴盛曰戶牖之法坐卽尚書顧命篇所謂牖閒南嚮是也先謙曰官本注負作自引宋祁曰自扆當作負扆也盡平生之愚慮亡益於時有遺於世師古曰遺留也此臣寢所目不安食所目忘味也願陛下深省臣言師古曰省察也臣聞存人所目自立也壅人所目自塞也善惡之報各如其事昔者秦滅二周夷六國師古曰二周東周西周君也六國齊楚韓魏趙燕〔補注〕先謙曰官本注趙燕作燕趙隱士不顯佚民不舉師古曰佚與逸同絕三統滅天道是目身危子殺厥孫不嗣張晏曰身爲燕丹張良所謀子二世見殺孫謂子嬰所謂壅人目自塞者也故武王克殷未下車存五帝之後封殷於宋紹夏於杞師古曰謂封黃帝之後於薊帝堯之後於祝帝舜之後於陳幷杞宋是爲五帝明著三統示不獨有也是目姬姓半天下遷廟之主流出於戶李奇曰言其多所謂存人目自立者也今成湯不祀殷人亡後陛下繼嗣久微殆爲此也春秋經曰宋殺其大

夫穀梁傳曰其不稱名姓㠯其在祖位尊之也師古曰事在僖二十五年穀梁所云在祖位者謂孔子本宋孔父之後防叔奔魯遂爲魯人今宋所殺者亦孔父之後畱在宋者於孔子爲祀列故尊而不名也補注先謙曰官本祀作祖是此言孔子故殷後也雖不正統封其子孫㠯爲殷後禮亦宜之何者諸侯奪宗聖庶奪適如淳曰奪宗始封之君尊爲諸侯則奪其舊爲宗子之事也奪適文王舍伯邑考而立武王是也孔子雖庶可爲殷後師古曰適讀曰嫡傳曰賢者子孫宜有土補注沈欽韓曰公羊昭三十一年傳曷爲通濫賢者子孫宜有地也而況聖人又殷之後哉昔成王㠯諸侯禮葬周公而皇天動威雷風著災師古曰尚書大傳云周公疾曰吾死必葬於成周示天下臣於成王也周公死天乃雷雨㠯風禾盡偃大木斯拔國恐王與大夫開金縢之書執書㠯泣曰周公勤勞王家予幼人弗及知乃不葬之於成周而葬之於畢示天不敢臣補注齊召南曰案大傳伏生所著其說王啟金縢在周公既葬之後史記魯世家即用其說朱一新曰示天下監本有下字先謙曰官本有下字是也靁並作雷今仲尼之廟不出闕里師古曰闕里孔子舊里也言除此之外更無祭祀孔子者也補注先謙曰官本注末無也字孔氏子孫不免編戶師古曰列爲庶人也㠯聖人而歆匹夫之祀非皇天之意也今陛下誠能據仲

尼之素功㠯封其子孫師古曰素功素王之功也穀梁傳曰孔子素王則國家必獲其福又陛下之名與天亡極何者追聖人素功封其子孫未有法也補注先謙曰言前無所承後聖必㠯爲則不滅之名可不勉哉福孤遠又譏切王氏故終不見納武帝時補注錢大昭曰武帝上闕本有初字先謙曰官本有初字始封周後姬嘉爲周子南君至元帝時尊周子南君爲周承休侯位次諸侯王使諸大夫博士求殷後分散爲十餘姓郡國往往得其大家推求子孫絕不能紀師古曰不自知其昭穆之數也時匡衡議㠯爲王者存二王後所㠯尊其先王而通三統也其犯誅絕之罪者絕而更封他親爲始封君上承其王者之始祖春秋之義諸侯不能守其社稷者絕今宋國已不守其統而失國矣則宜更立殷後爲始封君而上承湯統非當繼宋之絕侯也宜明得殷後而已今之故宋推求其嫡久遠不可得雖得其嫡嫡之先已絕不當得立禮記孔子曰丘殷人

也先師所共傳宜㠯孔子世爲湯後上㠯其語不經師古曰不合於經也遂見寢至成帝時梅福復言宜封孔子後㠯奉湯祀綏和元年立二王後推迹古文㠯左氏穀梁世本禮記相明遂下詔封孔子世爲殷紹嘉公補注錢大昕曰孔何齊初封殷紹嘉侯尋進爵爲公語在成紀是時福居家補注先謙曰居家疑當作家居常㠯讀書養性爲事至元始中王莽顓政師古曰顓讀與專同福一朝棄妻子去九江至今傳㠯爲仙其後人有見福於會稽者變名姓爲吳市門卒云師古曰其後謂棄妻子去之後

云敞字幼儒補注先謙曰官本儒作孺是平陵人也師事同縣吳章章治尚書經爲博士補注先謙曰官本考證云儒林傳吳章字偉君受尚書於許商平帝㠯中山王即帝位年幼莽秉政自號安漢公㠯平帝爲成帝後不得顧私親帝母及外家衛氏皆留中山不得至京師莽長子宇非莽鬲絕衛氏師古曰鬲讀與隔同恐帝長大後見怨宇與吳章謀夜㠯血塗莽門補注錢大昭曰莽下南雍

本閩本有第字先謙曰官本有第字若鬼神之戒冀㠯懼莽章欲因對其咎事發覺莽殺宇誅滅衛氏謀所聯及死者百餘人章坐要斬磔尸東市門初章爲當世名儒教授尤盛弟子千餘人莽㠯爲惡人黨皆當禁固補注錢大昭曰固南監本閩本作錮周壽昌曰石慶陳咸等傳皆作禁錮固即錮也後漢黨錮之禍自莽倡之先謙曰官本固作錮不得仕宦門人盡更名他師師古曰更㠯他人爲師諱不言是章弟子敞時爲大司徒掾自劾吳章弟子收抱章尸歸棺斂葬之師古曰棺音工喚反斂音力贍反補注沈欽韓曰廣韻云姓出自祝融之後西京雜記平陵曹敞在吳章門下獨稱吳章弟子收葬其屍平陵人爲立碑於吳章墓側在龍首山南幙嶺上案傳作云敞彼爲曹敞參錯京師稱焉車騎將軍王舜高其志節比之欒布表奏㠯爲掾薦爲中郎諫大夫莽篡位王舜爲太師復薦敞可輔職師古曰爲輔弼之任㠯病免唐林言敞可典郡擢爲魯郡大尹補注周壽昌曰漢魯國王莽時改爲郡漢書僅此一見東漢復爲魯國更始時安車徵敞爲御史大夫復病免去卒于家

贊曰昔仲尼稱不得中行則思狂狷師古曰論語載孔子曰不得中行而與之必也狂狷乎狂者進取狷者有所不爲中行中庸也狷介也言不必得中庸之人與之論道則思狂狷猶愈於頑嚚無識者也狷音工掾反補注宋祁曰進取下應添於道二字觀楊王孫之志賢於秦始皇遠矣補注何焯曰漢諸陵無不爲赤創所發故班氏特追稱楊王孫之志立傳以諷曉當代其言始皇所謂借秦爲喻不敢謗議上及山陵也世稱朱雲多過其實蓋有不知而作之者我亡是也師古曰論語稱孔子之言也疾時人妄有述作非有實也胡建臨敵敢斷武昭於外師古曰昭明也斬伐姦隙軍旅不隊補注先謙曰隊墜字同梅福之辭合於大雅雖無老成尚有典刑殷監不遠夏后所聞師古曰大雅蕩之詩曰雖無老成人尚有典刑言今雖無其人尚有故法可案用也又曰殷監不遠在夏后之時言殷視夏桀之亡可爲戒也贊引此者謂梅福請封孔子後是案武王克商之法而行之又視秦滅二周夷六國不爲立後自取喪亡可爲戒也補注先謙曰顧炎武云贊謂福引呂霍上官之事以規切王氏師古謂封孔子後非也先謙案注引詩世作時避唐諱遂從所好全性市門云敞之義著於吳章爲仁由己再入大府師古曰論語稱孔子曰爲仁由己而由人乎哉此贊引之再入大府謂初爲大司徒掾後爲車騎將軍掾也補注先謙曰官本注此上有故字清

虛受堂　西

則濯纓何遠之有師古曰楚辭漁父之歌曰滄浪之水清可㠯濯我纓滄浪之水濁可㠯濯我足遇治則仕遇亂則隱云敞謝病去職近於此義也

楊胡朱梅云傳第三十七終　漢書六十七

霍光金日磾傳第三十八　漢書六十八

漢　蘭　臺　令　史班　固　撰

唐正議大夫行秘書少監琅邪縣開國子顏師古　注

賜進士出身前翰林院編修國子監祭酒加三級臣　王先謙補注

霍光字子孟票騎將軍去病弟也父中孺河東平陽人也師古曰中讀曰仲㠯縣吏給事平陽侯家師古曰縣遣吏於侯家供事也與侍者衞少兒私通而生去病中孺吏畢歸家娶婦生光因絕不相聞久之少兒女弟子夫得幸於武帝立爲皇后去病㠯皇后姊子貴幸既壯大迺自知父爲霍中孺未及求問會爲票騎將軍擊匈奴道出河東河東太守郊迎負弩矢先驅師古曰郊迎迎於郊界之上也先驅者導其路也至平陽傳舍遣吏迎霍中孺中孺趨入拜謁將軍迎拜因跪曰去病不早自知爲大人遺體也中孺扶服叩頭師古曰服音蒲北反補注先謙曰扶服即匍匐曰老臣得託命

虛受堂　一

將軍此天力也去病大爲中孺買田宅奴婢而去還復過焉乃將光西至長安時年十餘歲任光爲郎稍遷諸曹侍中去病死後光爲奉常都尉光祿大夫補注錢大昭曰常當作車先謙曰官本作車出則奉車入侍左右出入禁闥二十餘年師古曰宮中小門謂之闥小心謹慎未嘗有過甚見親信征和二年衞太子爲江充所敗而燕王旦廣陵王胥皆多過失是時上年老寵姬鉤弋趙倢伃有男師古曰倢伃居鉤弋宮故稱之上心欲㠯爲嗣命大臣輔之察羣臣唯光任大重可屬社稷師古曰任堪也屬委也任音壬屬音之欲反上迺使黃門畫者畫周公負成王朝諸侯㠯賜光師古曰黃門之署職任親近㠯供天子百物在焉故亦有畫工後元二年春上游五柞宮病篤光涕泣問曰如有不諱誰當嗣者師古曰不諱言不可諱也上曰君未諭前畫意邪師古曰諭曉也立少子君行周公之事光頓首讓曰臣不如金日磾日磾亦曰臣外國人不如光上㠯光爲大司馬大將軍日磾爲車騎將軍及太

僕上官桀爲左將軍搜粟都尉桑弘羊爲御史大夫皆拜臥內牀下師古曰於天子所臥牀前拜職〔補注〕王念孫曰室謂之內故臥室謂之臥內盧綰楚元王傳並云出入臥內周仁傳入臥內史丹傳直入臥內皆是也顏此注及金日磾傳注皆未曉臥內二字之義受遺詔輔少主明日武帝崩太子襲尊號是爲孝昭皇帝帝年八歲政事壹決於光先是後元年侍中僕射莽何羅與弟重合侯通謀爲逆師古曰莽音莫戶反時光與金日磾上官桀等共誅之功未錄武帝病封璽書曰帝崩發書以從事遺詔封金日磾爲秺侯上官桀爲安陽侯光爲博陸侯文穎曰博大陸平取其嘉名無此縣也食邑北海河東城師古曰蓋亦取鄉聚之名以爲國號非必縣也公孫弘平津鄉則是矣〔補注〕齊召南曰注河字下脫間字城則郡之譌恩澤侯表云北海河間東郡師古注光初封食北海河間後益封又食東郡可知此注脫誤顯然先謙曰日磾擒何羅桀光蓋共捕誅通也皆以前捕反者功封時衞尉王莽子男忽侍中師古曰郎右將軍王莽也其子名忽揚語曰師古曰揚謂宣唱之帝病忽常在左右安得遺詔封三子事師古曰安猶焉羣兒自相貴耳光聞之切讓王莽師古曰切深也讓責也

莽酖殺忽〔補注〕先謙曰燕王旦傳蓋主報言獨患光及莽則莽亦重臣也莽字稚叔天水人見公卿表光爲人沈靜詳審長財七尺三寸師古曰財與纔同白晳疏眉目美須頿師古曰晳潔白也頿頰毛也晳音先歷反頿音人占反每出入下殿門止進有常處郎僕射竊識視之不失尺寸師古曰識記也音式志反〔補注〕先謙曰郎有僕射爲諸郎長見百官表其資性端正如此初輔幼主政自己出師古曰自從也天下想聞其風采師古曰采文采殿中嘗有怪一夜羣臣相驚光召尚符璽郎師古曰恐有變難故欲收其璽〔補注〕先謙曰通鑑此句下有欲收取璽四字復引顏注於下是也顏注正釋收璽之故若無四字則召郎語意不完下文郎不肯授無根顏注文義亦無所承各本皆脫賴通鑑存之胡注續志符璽郎中二人在中主璽及虎符竹符之半者官本注其作取郎不肯授光光欲奪之郎按劒曰臣頭可得璽不可得也光甚誼之明日詔增此郎秩二等眾庶莫不多光師古曰多猶重也以此事爲多足重也光與左將軍桀結婚相親光長女爲桀子安妻有女年與帝相配晉灼曰漢語光嫡妻東閭氏生安夫人昭后之母也桀因帝姊鄂邑蓋主內安女後宮爲倢伃師古曰鄂邑所食邑爲蓋侯所尚故云蓋主也〔補注〕先謙曰蓋侯王信子充見侯表數月立爲皇后父安爲票騎將軍封桑樂侯光時休沐出〔補注〕先謙曰通鑑胡注漢制中朝官五日一下里舍休沐桀輒入代光決事桀父子既尊盛而德長公主師古曰懷其恩德也公主內行不修近幸河閒丁外人桀安欲爲外人求封幸依國家故事以列侯尚公主者光不許又爲外人求光祿大夫欲令得召見又不許長主大以是怨光而桀安數爲外人求官爵弗能得亦慚自先帝時桀已爲九卿位在光右師古曰右上也〔補注〕錢大昕曰公卿表後元二年太僕上官桀爲左將軍其初除太僕表不得其年蓋征和二年公孫敬聲有罪下獄即以桀代之也先謙曰官本考證云桀爲太僕秩中二千石光爲奉車都尉僅比二千石故曰位在光右及父子並爲將軍有椒房中宮之重師古曰椒房殿皇后所居皇后親安女光迺其外祖而顧專制朝事師古曰顧猶反也繇是與光爭權師古曰繇讀與由同燕王旦自以昭帝兄常懷怨望及御史大夫桑弘羊建造酒榷鹽鐵爲國興利伐其功師古曰伐矜也欲爲子弟得官亦怨恨光於是蓋主上

官桀安及弘羊皆與燕王旦通謀詐令人爲燕王上書〔補注〕齊召南曰案武五子傳作旦聞之喜上疏云云則是燕王實使人上書也但下文云調校尉以來未能十日燕王何以得知之又云上書者果亡捕之甚急則此傳謂蓋主桀安等詐令人爲燕王上書正得其實燕刺王傳未及刊正耳先謙曰此正互文見義齊說過泥言光出都肄郎羽林道上稱趕孟康曰都試也肄習也師古曰謂總閱試習武備也〔補注〕先謙曰都大總也肄試習也若今軍營云大操矣省言之則但曰都下文云都郎屬是也孟訓都爲試非太官先置師古曰供食飲之具〔補注〕先謙曰太官掌御飲食有令丞屬少府二事皆言其僭又引蘇武前使匈奴拘留二十年不降還迺爲典屬國〔補注〕先謙曰實十九年而言二十者舉成數也而大將軍長史敞亡功爲搜粟都尉師古曰楊敞也又擅調益莫府校尉師古曰調選也莫府大將軍府也調音徒釣反光專權自恣疑有非常臣旦願歸符璽入宿衞察姦臣變候司光出沐日奏之桀欲從中下其事師古曰下謂下有司也音胡稼反〔補注〕先謙曰胡注伺光出沐不在禁中桀欲自從禁中下其事也桑弘羊當與諸大臣共執退光〔補注〕先謙曰胡注當者以之自任也書奏帝不肯下明旦光聞之止畫室中不入如淳曰近臣所止計畫之室也或曰彫畫

之室師古曰彫畫是也補注何焯曰畫室即武帝畫周公負武王朝諸侯以賜光光奉之於室中也沈欽韓曰時蓋已移光祿勳禁止也續志少府屬有畫室署長然則被告劾者待罪之所周壽昌曰畫室當是殿前西閣之室楊敞傳上觀西閣上畫人指桀紂畫謂樂昌侯王武云云又云畫人有堯舜禹湯則知西閣畫古帝王像故稱畫室蔡質漢官典職曰明光殿省中皆以胡粉塗殿紫青界之畫古烈士重行書讚文苑英華盧碩畫諫曰漢文帝於未央宮承明殿畫屈軼草進善旌誹謗木敢諫鼓獬豸益知漢宮殿皆有圖畫也時昭帝御殿內光止西閣之室中以待命不入言不入殿也先謙曰下文光不敢入至殿前而不入也如何說則畫室乃光私室固非沈說移光祿勳禁止此時無詔書亦非桀等所敢出也周說是上問大將軍安在左將軍桀對曰以燕王告其罪故不敢入有詔召大將軍光入免冠頓首謝上曰將軍冠師古曰令復著冠也朕知是書詐也將軍亡罪光曰陛下何以知之上曰將軍之廣明都郎屬耳師古曰之往也廣明亭名也屬耳近耳也屬音之欲反補注先謙曰耳語詞郎羽林皆郎屬也屬不當訓近胡注廣明亭在長安城東東都門外亦詳戾太子傳調校尉以來未能十日燕王何以得知之且將軍為非不須校尉文穎曰帝云將軍欲反不由一校尉是時帝年十四尚書左右皆驚補注先謙曰胡注據表尚書中書為兩官續志合為一官

前漢六十八　四

此時既有尚書則與中書謁者為兩官明矣沈約宋志亦以為兩官而上書者果亡捕之甚急桀等懼白上小事不足遂師古曰遂猶竟也不須窮竟也上不聽後桀黨與有譖光者上輒怒曰大將軍忠臣先帝所屬以輔朕身師古曰屬委也音之欲反其下亦同敢有毀者坐之自是桀等不敢復言迺謀令長公主置酒請光伏兵格殺之因廢帝迎立燕王為天子事發覺光盡誅桀安弘羊外人宗族燕王蓋主皆自殺光威震海內昭帝既冠遂委任光訖十三年補注先謙曰遂竟也言終委任之訖至也百姓充實四夷賓服元平元年昭帝崩亡嗣武帝六男獨有廣陵王胥在羣臣議所立咸持廣陵王王本以行失道先帝所不用光內不自安郎有上書言周太王廢太伯立王季文王舍伯邑考立武王唯在所宜師古曰太伯者王季之兄伯邑考文王長子也雖廢長立少可也廣陵王不可以承宗廟言合光意光以其書視丞相敞等師古曰視讀曰示敞即楊敞也擢郎為九江太守即日承皇太后詔遣行

大鴻臚事少府樂成宗正德光祿大夫吉中郎將利漢迎昌邑王賀補注何焯曰史樂成光所親信故首遣之丙吉亦故大將軍長史也賀者武帝孫昌邑哀王子也既至即位行淫亂光憂懣師古曰懣音滿又音悶獨以問所親故吏大司農田延年補注周壽昌曰光為大將軍在武帝朝無印綬官屬延年初以材略給事大將軍莫府故稱故吏延年曰將軍為國柱石師古曰柱者梁下之柱石者承柱之礎也言大臣負國重任如屋之柱及其石也審此人不可何不建白太后師古曰立議而白之更選賢而立之光曰今欲如是於古嘗有此否師古曰光不涉學故有此問也補注先謙曰官本否作不延年曰伊尹相殷廢太甲以安宗廟後世稱其忠師古曰商書太甲篇曰太甲既立弗明伊尹放諸桐是也將軍若能行此亦漢之伊尹也光迺引延年給事中陰與車騎將軍張安世圖計師古曰圖謀也遂召丞相御史將軍列侯中二千石大夫博士會議未央宮光曰昌邑王行昏亂恐危社稷如何羣臣皆驚鄂失色師古曰凡言鄂者皆謂阻礙不依順也後字作愕其義亦同補注王念孫曰鄂亦驚也若以為阻礙不依順則上與驚字不相比附下與

前漢六十八　五

失色二字不相連屬矣廣雅愕驚也燕策羣臣驚愕卒起不意盡失其度今人猶曰驚愕曰愕然豈阻礙不依順之謂乎莫敢發言但唯唯而已田延年前離席按劍曰先帝屬將軍以幼孤寄將軍以天下以將軍忠賢能安劉氏也今羣下鼎沸社稷將傾且漢之傳謚常為孝者以長有天下補注宋祁曰孝者下當添所字先謙曰添所字文不順宋說謬令宗廟血食也如令漢家絕祀師古曰如若也將軍雖死何面目見先帝于地下乎今日之議不得旋踵師古曰宜速決羣臣後應者臣請劍斬之光謝曰九卿責光是也天下匈匈不安光當受難師古曰受其憂責也補注宋祁曰受難改作處難於是議者皆叩頭曰萬姓之命在於將軍唯大將軍令師古曰言一聽之也光即與羣臣俱見白太后具陳昌邑王不可以承宗廟狀皇太后迺車駕幸未央承明殿補注先謙曰胡注未央宮有承明殿天子於是延儒生學士武帝責莊助曰君厭承明之廬西都賦曰承明金馬著作之庭是也詔諸禁門毋內昌邑羣臣王入朝太后還乘輦欲歸溫室補注先謙曰胡注晉灼云長樂宮有溫室殿黃圖溫室在未央殿北武帝建余

謂長樂周亦有溫室但漢諸帝皆居未央則此當爲未央之溫室也中黃門宦者各持門扇補注先謙曰中黃門屬少府黃門令見表王入門閉昌邑羣臣不得入王曰何爲大將軍跪曰有皇太后詔毋內昌邑羣臣王曰徐之何迺驚人如是光使盡驅出昌邑羣臣置金馬門外車騎將軍安世將羽林騎收縛二百餘人皆送廷尉詔獄令故昭帝侍中中臣侍守王補注錢大昭曰侍中爲中朝官故稱中臣朱一新曰臣當作常先謙曰云守王不須言侍守中臣二字史亦罕見據百官表侍中中常侍皆加官得入禁中則朱說是也通鑑亦誤作臣光敕左右謹宿衞卒有物故自裁令我負天下有殺主名師古曰卒讀曰猝物故死也自裁自殺也王尚未自知當廢謂左右我故羣臣從官安得罪而大將軍盡繫之乎師古曰安焉也補注先謙曰胡注安得罪猶言何所得罪也頃之有太后詔召王王聞召意恐迺曰我安得罪而召我哉太后被珠襦如淳曰以珠飾襦也晉灼曰貫珠以爲襦形若今革襦矣師古曰晉說是也盛服坐武帳中侍御數百人皆持兵期門武士陛戟陳列殿下師古曰陛戟謂執戟以衞陛下也羣臣以次

上殿召昌邑王伏前聽詔光與羣臣連名奏王尚書令讀奏曰丞相臣敞師古曰楊敞也大司馬大將軍臣光車騎將軍臣安世師古曰張子孺度遼將軍臣明友師古曰范明友前將軍臣增師古曰韓增後將軍臣充國師古曰趙充國御史大夫臣誼師古曰蔡誼補注錢大昕曰卽蔡義也儒林傳亦作蔡誼案鄭仲師注周禮云古者書儀但爲義[illegible]今時所謂義爲誼[illegible]漢書項籍傳贊董仲舒夏侯勝傳皆以誼爲義義者宜也故字從宜[illegible]宜春侯臣譚師古曰王訢子當塗侯臣聖師古曰姓魏也隨桃侯臣昌樂師古曰姓趙故蒼梧王趙光子杜侯臣屠耆堂師古曰故胡人太僕臣延年師古曰杜延年太常臣昌師古曰蒲侯蘇昌大司農臣延年師古曰田延年宗正臣德師古曰劉向父少府臣樂成師古曰姓史也廷尉臣光師古曰李光執金吾臣延壽師古曰李延壽大鴻臚臣賢師古曰韋賢左馮翊臣廣明師古曰田廣明右扶風臣德師古曰周德長信少府臣嘉師古曰不知姓典屬國臣武師古曰蘇武補注沈欽韓曰容齋四筆武傳昭帝時免武官以故二千石與定策此奏直稱典屬國宣紀封侯亦然恐誤京輔都尉臣廣漢師古曰趙廣漢司隸校尉臣辟兵師古曰不知姓諸吏文學光祿大夫臣遷師古曰王遷臣畸師古曰宋畸臣吉師古曰景吉補注錢大昭曰景吉卽丙吉也唐諱丙字故丙丁皆爲景丁臣賜臣管臣勝臣梁臣長幸師古曰不知姓也臣夏侯勝李奇曰同官同名故以姓別也太中大夫臣德師古曰不知姓臣卬師古曰趙充國子也昧死言皇太后陛下臣敞等頓首死罪天子所以永保宗廟總壹海內者補注錢大昭曰大當作天先謙曰官本大作天以慈孝禮誼賞罰爲本孝昭皇帝早棄天下亡嗣臣敞等議禮曰爲人後者爲之子也昌邑王宜嗣後遣宗正大鴻臚光祿大夫奉節使徵昌邑王典喪服斬縗師古曰典喪服言爲喪主也斬縗謂縗裳下不緶直斬割之而已緶音步千反補注錢大昭曰典喪爲喪主也下言賀服斬縗無悲哀之心顏以典喪服爲句失其指矣先謙曰官本注直下斬字不重胡注引顏刪服字亡悲哀之心廢禮誼居道上不素食師古曰素食菜食無肉也言王在道常肉食非居喪之制也而鄭康成解喪服素食云平常之食失之遠矣素食義亦見王莽傳補注沈欽韓曰喪服傳始死至葬朝一溢米夕一溢米既虞食疏食[illegible]水飲既練始食菜果飯素食[illegible]蓋葬前裁令毋絕粒餓死而已既葬始惡食不取飽至練後哀殺乃復其故量取飽而止不飲酒食

肉若侍於尊者亦食之矣通計前後故鄭注素猶故也謂復平生時食也子夏作傳時安知佛法所謂葷素之食顏不當以鄙俗習聞輕訾先儒經訓至此傳稱不素食又別一義管子禁藏篇果蓏素食當十石注果蓏不以火化而食故曰素食墨子辭過篇古之民未知爲飲食時素食而分處然則居喪之禮亦不火食只以糒糗菜果爲膳讀如春秋獻素之素亦不當以釋氏說爲解使從官略女子載衣車內所居傳舍補注先謙曰內與納同始至謁見立爲皇太子補注何焯曰先立爲皇太子則無明世宗不父孝宗之變矣此舊儀不可不素講也常私買雞豚以食受皇帝信璽行璽大行前孟康曰漢初有三璽天子之璽自佩行璽信璽在符節臺大行前昭帝柩前也韋昭曰大行不反之辭也就次發璽不封師古曰璽既國器常當緘封而王於大行前受之退還所次遂爾發漏更不封之不得令凡人皆見言不重慎也從官更持節師古曰更音工衡反次下亦同引內昌邑從官騶宰官奴二百餘人常與居禁闥內敖戲自之符璽取節十六師古曰之往也自往之署取節也朝暮臨師古曰臨哭臨也音力禁反補注先謙曰官本注奪音字令從官更持節從師古曰更互執節從至哭臨之所爲書曰皇帝問侍中君卿師古曰昌邑之侍中名君卿也使中御府令高昌補注先謙曰百官表御府令屬少府奉黃金千斤賜君卿取十妻大

行在前殿發樂府樂器引內昌邑樂人擊鼓歌吹作俳倡師古曰俳優諧戲也倡樂人也俳音排會下還上前殿如淳曰下謂柩之入冢葬還不居喪位便處前殿也師古曰下音胡稼反擊鐘磬召內泰壹宗廟樂人輦道牟首鄭氏曰祭泰壹神樂人也孟康曰牟首地名也上有觀如淳曰輦道閣道也牟首屏面也以屏面自隔無哀戚也臣瓚曰牟首池名也在上林苑中方在衰絰而輦游於池言無哀戚也師古曰召泰壹樂人內之於輦道牟首而鼓吹歌舞也牟首瓚說是也屏面之言失之遠矣又左思吳都賦云長塗牟首劉逵以爲牟首閣道有室屋也此說更無所出或者思及逵据此輦道牟首便誤用之乎補注劉敞曰輦道輦仁之牟首也郁訐疑予謂牟者岑牟也岑牟盔鼓角士冑卽禰衡爲鼓吏所著者錢大昭曰吳都當作魏都注是張孟陽非劉淵林先謙曰言納祀泰壹及祀宗廟之樂人由輦道至牟首爲樂耳牟首似孟說是泰壹見郊祀志鼓吹歌舞悉奏眾樂發長安廚三太牢具祠閣室中如淳曰黃圖北出中門有長安廚故謂之廚城門閣室閣道之有室者不知禱何淫祀也祀已與從官飲啗師古曰啗食也音徒敢反駕法駕皮軒鸞旗驅馳北宮桂宮弄彘鬪虎師古曰皮軒鸞旗皆法駕所陳也北宮桂宮竝在未央宮北補注先謙曰胡注黃圖桂宮武帝造周回十餘里有紫房複道通未央宮三秦記未央宮漸臺西有桂宮先謙案此卽龔遂傳所云召皮軒車九流驅馳東西也召皇太后御

小馬車張晏曰皇太后所駕遊宮中輦車也漢廄有果下馬高三尺以駕輦師古曰小馬可於果樹下乘之故號果下馬補注蘇輿曰黃圖有果馬廄述異記漢樂浪郡有果下馬高三尺魏志穢國出果下馬漢桓帝時獻之使官奴騎乘遊戲掖庭中與孝昭皇帝宮人蒙等淫亂詔掖庭令敢泄言要斬太后曰止師古曰令且止讀奏爲人臣子當悖亂如是邪師古曰責王也悖乖也音布內反王離席伏尚書令復讀曰取諸侯王列侯二千石綬及墨綬黃綬以幷佩昌邑郎官者免奴師古曰免奴謂免放爲良人者補注沈欽韓曰御覽五百引新序曰昌邑王治側鑄注之冠十枚以冠賜師友儒者後以冠冠奴龔遂免冠歸之王曰王賜儒者冠下至臣今以餘冠冠奴虜是大王奴虜畜臣也又六百八十二引新序曰龔遂諫云高皇帝造花綬五等陛下取之而與賤人臣以爲不可先謙曰諸綬詳百官表者字當衍變易節上黃旄以赤師古曰以劉屈氂與戾太子戰加節上黃旄遂以爲常賀今輒改之補注沈欽韓曰東京之世皆承用黃旄不敢改至董卓始改赤見袁紹傳注發御府金錢刀劍玉器采繒賞賜所與遊戲者與從官官奴夜飲湛沔於酒師古曰湛讀曰沈又讀曰躭沈沔荒迷也詔太官上乘輿食如故食監奏未釋服未可御故食師古曰釋謂解脫也復詔太官趣具無關食監師古曰趣讀曰促關由也太官不敢具卽使從官出買雞豚詔殿門內以爲常師古曰內入也令每日常入雞豚也獨夜設九賓溫室師古曰於溫室中設九賓之禮也九賓解在叔孫通傳延見姊夫昌邑關內侯祖宗廟祠未舉補注沈欽韓曰未滿既葬三十六日之制故未祠廟爲璽書使使者持節以三太牢祠昌邑哀王園廟稱嗣子皇帝師古曰時在喪服故未祠宗廟而私祭昌邑哀王也補注先謙曰胡注賀入繼大宗不當於昌邑哀王稱嗣子皇帝既於禮悖三年不祭之義又悖爲人後者爲之子之義受璽以來二十七日使者旁午如淳曰旁午分布也師古曰一從一橫爲旁午猶言交橫也持節詔諸官署徵發凡千一百二十七事文學光祿大夫夏侯勝等及侍中傅嘉數進諫以過失使人簿責勝師古曰簿音步戶反簿責以文簿具責之縛嘉繫獄荒淫迷惑失帝王禮誼亂漢制度臣敞等數進諫不變更師古曰更改也日以益甚恐危社稷天下不安臣敞等謹與博士臣霸臣雋舍晉灼曰雋姓舍名也下有臣虞舍故以姓別之師古曰雋音辭阮反又音字阮反臣德臣虞舍臣射臣倉議皆曰高皇帝建功業爲漢

太祖孝文皇帝慈仁節儉爲太宗今陛下嗣孝昭皇帝後行淫辟不軌師古曰軌法也辟讀曰僻詩云籍曰未知亦既抱子師古曰大雅抑之詩衛武公刺厲王也籍假也此言假令人云王尚幼少未有所知亦已長大而抱子矣實不幼少也補注先謙曰官本籍作藉案本書藉籍通作五辟之屬莫大不孝師古曰五辟卽五刑也辟音頻亦反補注先謙曰胡注孝經孔子曰五刑之屬三千其罪莫大於不孝周襄王不能事母春秋曰天王出居于鄭繇不孝出之絕之於天下也師古曰襄王惠王子也僖二十四年經書天王出居于鄭公羊傳曰王者無外此其言出何不能乎母也繇讀與由同宗廟重於君陛下未見命高廟補注先謙曰未見高廟而受命不可以承天序奉祖宗廟子萬姓當廢臣請有司御史大夫臣誼宗正臣德太常臣昌與太祝以一太牢具告祠高廟臣敞等昧死以聞皇太后詔曰可光令王起拜受詔王曰聞天子有爭臣七人雖無道不失天下師古曰引孝經之言補注沈欽韓曰荀子子道篇作四人家語三恕篇作七人光曰皇太后詔廢安得天子迺卽持其手師古曰卽就也解脫其璽組奉上太后扶王下殿出金

馬門羣臣隨送王西面拜〔補注〕宋祁曰西疑作四先謙曰漢紀通鑑作西曰愚戇不任漢
事起就乘輿副車大將軍光送至昌邑邸〔補注〕何焯曰自送至邸防其自裁或他人承望
意指逼之使死致負謗於天下此亦皆光之謹愼也不審其素行於置後之始此則不學爲之光謝曰王行自絕
於天臣等駑怯不能殺身報德臣寧負王不敢負社稷願王自愛
臣長不復見左右師古曰言不復得侍見於左右光涕泣而去羣臣奏言古者廢
放之人屛於遠方不及以政師古曰言不豫政令請徙王賀漢中房陵縣太
后詔歸賀昌邑賜湯沐邑二千戶昌邑羣臣坐亡輔導之誼陷王
於惡光悉誅殺二百餘人出死號呼市中師古曰呼音火故反〔補注〕陳景雲曰出死出獄
赴市也又見張敞趙廣漢傳曰當斷不斷反受其亂師古曰悔不早殺光等也〔補注〕何焯曰誅其尤無誼
者而流放其餘可也悉誅二百餘人不已濫乎然觀其臨死之言則昌邑羣臣亦謀爲變光微覺之不獨以其行淫亂而憂懣改圖
史家使人得諸言外耳光坐庭中會丞相以下議定所立廣陵王已前不用
及燕刺王反誅其子不在議中近親唯有衞太子孫號皇曾孫在

民間咸稱述焉光遂復與丞相敞等上奏曰禮曰人道親親故尊
祖尊祖故敬宗太宗亡嗣〔補注〕王念孫曰太宗當爲大宗各本皆誤王先愼曰宣紀太作大不誤擇
支子孫賢者爲嗣孝武皇帝曾孫病已武帝時有詔掖庭養視至
今年十八師受詩論語孝經躬行節儉〔補注〕王先愼曰宣紀躬作操慈仁愛人
可以嗣孝昭皇帝後奉承祖宗廟子萬姓臣昧死以聞皇太后詔
曰可光遣宗正劉德至曾孫家尚冠里洗沐賜御衣〔補注〕王念孫曰御衣當爲
御府衣史記李斯傳公子高曰御府之衣臣得賜之中廄之寶馬臣得賜之是也下文云入未央宮見皇太后封爲陽武侯已而光
奉上皇帝璽綬則此時未得遽賜御衣也宣紀正作賜御府衣先謙曰通鑑作御衣蓋承其譌脫太僕以軨獵車
迎曾孫就齋宗正府入未央宮見皇太后封爲陽武侯師古曰解竝在宣紀
軨音零已而光奉上皇帝璽綬謁于高廟是爲孝宣皇帝明年下詔
曰夫褒有德賞元功古今通誼也大司馬大將軍光宿衞忠正宣
德明恩守節秉誼以安宗廟其以河北東武陽〔補注〕先謙曰河北河東縣在今解州

芮城縣東北一里東武陽東郡縣在曹州府朝城縣西四十里益封光萬七千戶與故所食凡二
萬戶賞賜前後黃金七千斤錢六千萬雜繒三萬疋奴婢百七十
人馬二千疋甲第一區自昭帝時光子禹及兄孫雲皆中郎將雲
弟山奉車都尉侍中領胡越兵光兩女壻爲東西宮衞尉〔補注〕齊召南曰
案范明友爲未央衞尉鄧廣漢爲長樂衞尉昆弟諸壻外孫皆奉朝請爲諸曹大夫騎
都尉給事中黨親連體根據於朝廷〔補注〕何焯曰光懲燕王上官之難故使其子孫黨親典兵
居中以自衞不思時勢遷變權重勢逼滿盈致禍又基於此不涉學之患也光自後元秉持萬機及上
卽位迺歸政上謙讓不受諸事皆先關白光然後奏御天子光每
朝見上虛己斂容禮下之已甚師古曰下音胡稼反光秉政前後二十年地
節二年春病篤車駕自臨問光病上爲之涕泣光上書謝恩曰願
分國邑三千戶以封兄孫奉車都尉山爲列侯奉兄票騎將軍去
病祀〔補注〕先謙曰去病子嬗嗣封薨無後國除故光乞分國邑以奉其祀事下丞相御史卽日拜光

子禹爲右將軍光薨上及皇太后親臨光喪太中大夫任宣與侍
御史五人持節護喪事中二千石治莫府冢上如淳曰典爲冢者賜金錢
繒絮繡被百領衣五十篋璧珠璣玉衣師古曰漢儀注以玉爲襦如鎧狀連綴之以黃金爲縷
縷要已下玉爲札長尺廣二寸半爲甲下至足亦綴以黃金縷梓宮服虔曰棺也師古曰以梓木爲之親身之棺也爲天子制
故亦稱梓宮便房黃腸題湊各一具服虔曰便房藏中便坐也蘇林曰以柏木黃心致累棺外故曰黃腸
木頭皆向內故曰題湊如淳曰漢儀注天子陵中明中高丈二尺四寸周二丈內梓宮次楩椁柏黃腸題湊師古曰便房小曲室也
如氏以爲楩木名非也〔補注〕劉敞曰以次言之先親身者衣被次梓宮次便房次題湊次外藏則當以如說爲是也且出漢儀注宜
以爲信爾今但云曲室果何用木爲之置於何所耶自是臆說耳宋祁曰小柏室也姚改小曲室也以爲梓木姚改以爲楩木沈欽
韓曰檀弓天子柏椁以端長六尺鄭云以端題湊也正義椁材並皆從下累至上始爲題湊之嚮也言木之頭相嚮而作四阿也釋文
題頭也湊聚也呂覽節喪篇題湊之室高誘注室椁藏也題湊複累桊此爲椁之題湊也喪大記注云天子之殯居棺以龍輴欑木題湊象
椁上四柱如屋以覆之盡塗之諸侯輴不畫龍欑不題湊象椁其他亦如之此殯之題湊也皆天子之制先謙曰果何用木爲之疑
作果用何木爲之誤倒耳樅木外臧椁十五具服虔曰在正臧外婢妾臧也或曰廚廄之屬也蘇林曰樅木柏

葉松身師古曰爾雅及毛詩傳並云樅木松葉柏身檜木乃柏葉松身耳蘇說非也樅音七庸反檜音工闊反柏字亦作栝東園
溫明服虔曰東園處此器形如方漆桶開一面漆畫之以鏡置其中以懸屍上大斂並蓋之師古曰東園署名也屬少府其署
主作此器也〔補注〕王念孫曰案溫明下有秘器二字而今本脫之据服顏二注皆是釋秘器二字後孔光傳光父霸薨賜東園秘器
光薨賜乘輿秘器師古皆無注以注已見於此篇也御覽禮儀部三十二引此已脫秘器二字文選齊竟陵文宣王行狀注引此正
作東園溫明秘器漢紀同北堂書鈔禮儀部十三引[illegible]薨[illegible]東園溫明秘器皆如乘輿制度載光尸柩以輼輬
車文穎曰輼輬車如今喪轜車也孟康曰如衣車有窗牖閉之則溫開之則涼故名之輼輬車也臣瓚曰秦始皇道崩祕其事載
以輼輬車百官奏事如故此不得是轜車類也案杜延年奏載霍光柩以輬車駕大廄白虎駟以輼車駕大廄白鹿駟爲倅師古曰
輼輬本安車也可以臥息後因載喪飾以柳翣故遂爲喪車耳輼者密閉輬者旁開窗牖各別一乘隨事爲名後人既專以載喪又
去其一總爲藩飾而合二名呼之耳倅副也音千內反黃屋左纛師古曰解在高紀也發材官輕車北
軍五校士〔補注〕先謙曰百官表虎賁校尉掌輕車中壘校尉掌北軍壘門內外續志中興省中壘但置中候以監五營据北
此知西京北軍亦止五營五校即五營也軍陳至茂陵以送其葬〔補注〕沈欽韓曰寰宇記霍光冢在茂平二
陵閭今人耕田時得柏木如塹形謂之柏塹案傳云送至茂陵茂陵在西安府興平縣東北十七里則光墓當亦在此蓋平陵之西

茂陵之東諡曰宣成侯發三河卒穿復土起冢祠堂置園邑三百家長
丞奉守如舊法既葬封山爲樂平侯以奉車都尉領尚書事天子
思光功德下詔曰〔補注〕宋祁曰此詔紀中已有故大司馬大將軍博陸侯宿衛
孝武皇帝三十有餘年〔補注〕先謙曰官本無有字輔孝昭皇帝十有餘年遭大
難躬秉誼率三公九卿大夫〔補注〕王先慎曰宣紀三公下有諸侯二字定萬世冊以安
社稷〔補注〕先謙曰冊同策天下蒸庶咸以康寧功德茂盛朕甚嘉之復其後
世疇其爵邑應劭曰疇等也師古曰復音方目反世世無有所與功如蕭相國師古曰與
讀曰豫明年夏封太子外祖父許廣漢爲平恩侯復下詔曰宣成侯
光宿衛忠正勤勞國家善善及後世師古曰善善者謂褒寵善人也其封光兄孫
中郎將雲爲冠陽侯禹既嗣爲博陸侯太夫人顯改光時所自造
塋制而侈大之師古曰塋墓域也音營起三出闕築神道北臨昭靈南出承
恩服虔曰昭靈承恩皆館名也李奇曰昭靈高祖母冢園也文穎曰承恩宣平侯冢園也師古曰服說是也文李並失之盛

飾祠室輦閣通屬永巷而幽良人婢妾守之晉灼曰閣道乃通屬至永巷中也師古曰
此亦其冢上作輦閣之道及永巷也非謂掖庭之永巷也廣治第室作乘輿輦〔補注〕姚鼐曰輦者古人一稱而
其制有三者之別詩我任我輦周禮注引司馬法夏后氏謂輦曰余車殷曰胡奴車周曰輜車及左傳輦重如役之輦皆以人輓行
重車而大者也巾車連車組輓連讀爲輦后居宮中從容所乘此則以人輓行輕車而小者也左傳南宮萬以乘車輦其母及魏獻
子以二婦人輦以如公國策老婦恃輦而行及此傳乘輿輦皆略與巾車連車同制而與輦重之輦異制制雖異而皆有輪皆以人
輓行者也至後世帝王游行宮中升降高下又以有輪之輦爲不便乃前後皆以人輦之如今之轎無輪唐人謂之擔子亦曰輦王
莽傳晉灼注引漢儀注皇后婕好好乘輦輿皆以茵四人擧以行此西都賦乘茵步輦是也言步所以別於有輪之車加畫
繡絪馮黃金塗如淳曰絪亦茵馮所謂馮者也以黃金塗飾之師古曰茵蓐也以繡爲茵馮而黃金塗輿輦也〔補注〕
先謙曰官本注所謂作謂所是也與作於引宋祁曰於姚改輿韋絮薦輪晉灼曰御輦以韋緣輪著之以絮師古曰取其
行安不搖動也著音張呂反侍婢以五采絲輓顯游戲第中師古曰輓謂牽引車輦也音晚初
光愛幸監奴馮子都常與計事及顯寡居與子都亂晉灼曰漢語東閭氏亡顯
以婢代立素與馮殷姦也師古曰監奴謂奴之監知家務者也殷者子都之名〔補注〕周壽昌曰以情事推之疑東閭氏無子僅一女

爲上官安妻顯生子禹故光以爲後妻也而禹山亦並繕治第宅走馬馳逐平樂館雲
當朝請數稱病私出師古曰請音才姓反多從賓客張圍獵黃山苑中使蒼
頭奴上朝謁文穎曰朝當用謁不自行而令奴上謁者也師古曰上謁若今參見尊貴而通名也〔補注〕何焯曰上謁猶
今鴻臚所收職名先謙曰黃山見東方朔傳莫敢譴者而顯及諸女晝夜出入長信宮
殿中亡期度師古曰長信宮上官太后所居宣帝自在民間聞知霍氏尊盛日久
內不能善光薨上始躬親朝政御史大夫魏相給事中顯謂禹雲
山女曹不務奉大將軍餘業師古曰女音汝曹輩也今大夫給事中他人壹
間女能復自救邪師古曰間音居莧反後兩家奴爭道師古曰謂霍氏及御史家霍氏奴
入御史府欲躢大夫門〔補注〕先謙曰躢與蹋同御史爲叩頭謝迺去人以謂
霍氏師古曰告語也顯等始知憂會魏大夫爲丞相數燕見言事平恩侯
與侍中金安上等徑出入省中時霍山自若領尚書師古曰自若猶言如故也
上令吏民得奏封事不關尚書〔補注〕何焯曰上下之情通則權復歸王室羣臣進見獨

往來（師古曰謂各各得盡言於上也）於是霍氏甚惡之宣帝始立立微時許妃爲皇后（〔補注〕先謙曰官本不重立字引宋祁曰微字上別本更有立字）顯愛小女成君欲貴之私使乳醫淳于衍行毒藥殺許后（師古曰乳醫視產乳之疾者乳音而樹反〔補注〕錢大昭曰宣紀作女侍醫）因勸光內成君代立爲后語在外戚傳始許后暴崩吏捕諸醫劾衍侍疾亡狀不道下獄吏簿問急（師古曰簿音步戶反）顯恐事敗即具已實語光光大驚（〔補注〕宋祁曰語疑作告）欲自發舉不忍猶與（師古曰猶與不決也與讀曰豫）會奏上因署衍勿論（師古曰署者題其奏後也〔補注〕齊召南曰案外戚傳同此文注李奇曰光題其奏也師古曰言之於帝故解釋耳光不自署也二注並出師古之手而判然不同胡三省云光薨後帝始聞毒許后事光於是時安敢言於帝耶李奇說是也）光薨後語稍泄（〔補注〕宋祁曰稍下疑有漏字）於是上始聞之而未察（師古曰未知其虛實）迺徙光女壻度遼將軍未央衞尉平陵侯范明友爲光祿勳次壻諸吏中郎將羽林監任勝出爲安定太守（〔補注〕宋祁曰次字下當有女字）數月復出光姊壻給事中光祿大夫張朔爲蜀郡太守羣孫壻中郎

將王漢爲武威太守頃之復從光長女壻長樂衞尉鄧廣漢爲少府（〔補注〕錢大昭曰此少府是長信少府見本紀）更吕禹爲大司馬冠小冠（〔補注〕先謙曰胡注大司馬大將軍冠武弁大冠今罷禹故使冠小冠）亡印綬罷其右將軍屯兵官屬特使禹官名與光俱大司馬者（蘇林曰特但也〔補注〕宋祁曰使禹官名字刪官字名下當添爲字先謙曰通鑑亦無爲字）又收范明友度遼將軍印綬但爲光祿勳及光中女壻趙平爲散騎騎都尉光祿大夫將屯兵又收平騎都尉印綬諸領胡越騎羽林及兩宮衞將屯兵悉易已所親信許史子弟代之（〔補注〕何焯曰先收其兵權）禹爲大司馬稱病禹故長史任宣候問（〔補注〕周壽昌曰此禹爲右將軍時之長史也大司馬無官屬宣即前太中大夫護喪事者）禹曰我何病縣官非我家將軍不得至是（如淳曰縣官謂天子）今將軍墳墓未乾盡外我家（師古曰外謂疏斥之）反任許史奪我印綬（〔補注〕周壽昌曰右將軍金印紫綬禹拜右將軍至是罷職僅領大司馬虛銜）令人不省死（師古曰不自省有過也〔補注〕先謙曰官本注也作耳）宣見禹恨望深（師古曰望怨也）迺謂曰大將軍時何可復行（師古曰言今何得復如此也）持國權柄殺生在手中廷尉李种王平（師古曰种音沖〔補注〕先謙曰官本考證云李种公卿表作李仲字季主雒陽人始元元年爲廷尉王平徐仁賈勝胡事詳杜延年傳）左馮翊賈勝胡及車丞相女壻少府徐仁（〔補注〕周壽昌曰仁字中孫）皆坐逆將軍竟下獄死（〔補注〕朱一新曰竟當作意先謙曰官本作意是）使樂成小家子得幸將軍至九卿封侯（師古曰即上所云少府樂成者也使者其姓也字或作史〔補注〕周壽昌曰使疑史之誤表作便樂成則又因與使字近而誤）百官以下但事馮子都王子方等（服虔曰皆光奴）視丞相亡如也（師古曰亡如猶如無所象似也〔補注〕王念孫曰師古之說甚迂亡如猶云蔑如言百官以下皆蔑視丞相也東方朔傳贊其流風遺書蔑如也蔑與亡一聲之轉史記范睢傳索隱亡猶輕蔑也宣元六王傳今迺遭命離于惡疾夫子所痛曰蔑之命矣夫論語雍也篇蔑作亡論衡問孔篇又作無無與亡古字通故大雅桑柔傳曰蔑無也）各自有時今許史自天子骨肉貴正宜耳大司馬欲用是怨恨愚已爲不可禹默然數日起視事顯及禹山雲自見日侵削數相對啼泣自怨山曰今丞相用事縣官信之盡變易大將軍時法令已公田賦與貧民發揚大將軍過失又諸儒生多窶人子（師古曰窶貧而無禮音其羽反〔補注〕朱一新曰爾雅窶貧也詩北門毛傳窶無禮也疏謂貧窶無可爲禮師古加而字義不晰）遠客飢寒喜妄說狂言（師古曰善音許吏反）不避忌諱大將軍常

讎之（師古曰言嫉之如仇讎也）今陛下好與諸儒生語人人自使書對事（〔補注〕何焯曰對或作封誤也後因上書屏不奏乃上封事耳先謙曰官本對作封通鑑作對）多言我家者嘗有上書言大將軍時主弱臣強專制擅權今其子孫用事昆弟益驕恣恐危宗廟災異數見盡爲是也其言絕痛山屏不奏其書後上書者益黠盡奏封事輒使中書令出取之（〔補注〕先謙曰官本使作下引宋祁曰輒下添使字）不關尚書（〔補注〕何焯曰使中書令出取不關尚書一時以防權臣壅蔽然自此浸任宦豎矣成帝以後政出外家有太后爲之內主故宦豎不得橈不然霍顯之後必有五侯十常侍之禍人君權宜之制偶然一用事過隨復舊章乃不至左右近習得以干政耳）益不信人顯曰丞相數言我家獨無罪乎山曰丞相廉正安得罪我家昆弟諸壻多不謹又聞民間讙言霍氏毒殺許皇后（師古曰讙眾聲也音計爰反〔補注〕先謙曰官本注計作許）寍有是邪顯恐急即具已實告山雲禹山

雲禹驚曰如是何不早告禹等縣官離散斥逐諸壻用是故也此大事誅罰不小柰何於是始有邪謀矣初趙平客石夏善爲天官師古曰曉星文者語平曰熒惑守御星御星太僕奉車都尉也不黜則死平內憂山等雲舅李竟所善張赦見雲家卒卒師古曰卒讀曰猝忽遽之貌也謂竟曰今丞相與平恩侯用事可令太夫人言太后先誅此兩人移徙陛下在太后耳長安男子張章告之〔補注〕何焯曰褚先生建元以來侯者年表後續記云張章故潁川人爲長安亭長失官之北闕上書寄宿霍氏第舍臥馬櫪閒夜聞養馬奴相與語言霍氏子孫欲謀反狀因上書告反事下廷尉執金吾捕張赦石夏等後有詔止勿捕山等愈恐相謂曰此縣官重太后故不竟也師古曰重難也竟窮竟其事也然惡端已見又有弒許后事陛下雖寬仁恐左右不聽久之猶發發即族矣不如先也師古曰言先反遂令諸女各歸報其夫皆曰安所相避師古曰言無處相避當受禍也會李竟坐與諸侯王交通辭語及霍氏有詔雲山不宜宿衞免就第

光諸女遇太后無禮服虔曰光諸女自以爲上官太后爲姨母遇之無禮〔補注〕先謙曰官本注以下爲作於是馮子都數犯法上幷以爲讓師古曰總以此事責之也山禹等甚恐顯夢第中井水溢流庭下竈居樹上又夢大將軍謂顯曰知捕兒不師古曰知兒見捕否亟下捕之蘇林曰且疾下捕之師古曰亟音居力反〔補注〕先謙曰官本注且作亟第中鼠暴多與人相觸以尾畫地鴞數鳴殿前樹上師古曰鴞惡聲之鳥也古者室屋高大則通呼爲殿耳非止天子宮中其語亦見黃霸傳鴞音羽驕反〔補注〕先謙曰官本注止作正引宋祁曰正天子姚改止天子第門自壞雲尙冠里宅中門亦壞巷端人共見有人居雲屋上徹瓦投地就視亡有大怪之禹夢車騎聲正讙來捕禹舉家憂愁山曰丞相擅減宗廟羔菟鼃如淳曰高后時定令敢有擅議宗廟者弃市師古曰羔菟鼃所以供祭也可以此罪也謀令太后爲博平君置酒文穎曰宣帝外祖母也召丞相平恩侯以下使范明友鄧廣漢承太后制引斬之因廢天子而立禹約定未發雲拜爲玄菟太守太中大夫任宣爲代郡太守山又坐寫祕書顯爲上書

獻城西第入馬千匹以贖山罪書報聞師古曰不許之會事發覺雲山明友自殺顯禹廣漢等捕得禹要斬顯及諸女昆弟皆弃市唯獨霍后廢處昭臺宮與霍氏相連坐誅滅者數千家〔補注〕先謙曰此言其株連之多通鑑作數十疑非上迺下詔曰迺者東織室令史張赦使魏郡豪李竟報冠陽侯雲謀爲大逆師古曰解在宣紀也朕以大將軍故抑而不揚冀其自新今大司馬博陸侯禹與母宣成侯夫人顯及從昆弟子冠陽侯雲樂平侯山諸姊妹壻謀爲大逆欲詿誤百姓賴祖宗神靈〔補注〕先謙曰祖宗官本作宗廟先發得咸伏其辜師古曰事發而捕得朕甚悼之諸爲霍氏所詿誤事在丙申前未發覺在吏者皆赦除之男子張章先發覺以語期門董忠忠告左曹楊惲惲告侍中金安上惲召見對狀後章上書以聞侍中史高與金安上建發其事師古曰言共立意發之也言無入霍氏禁闥卒不得遂其謀師古曰遂成也皆讎有功晉灼曰讎等也師古曰言其功相等類也〔補注〕先謙曰顧

炎武云注非也此如詩無言不讎之讎左傳憂必讎焉注讎猶對也律歷志廣延宣問以理星度未能讎也郊祀志其方盡多不讎伍被傳忠不終而詐讎魏其傳上使御史簿責嬰所言頗不讎王念孫云晉說是也爾雅讎匹也廣雅等匹讎輩也與晉說讎等義一而已召誥敵以王之讎民百君子是讎爲相等之義也此言張章諸人皆讎有功則讎當訓爲等不當訓爲對故師古曰言其功相等類也若詩之無言不讎左傳之憂必讎焉則與此訓爲等者異義至所引律歷志以下諸條則去此益遠矣封章爲博成侯忠高昌侯惲平通侯安上都成侯高樂陵侯初霍氏奢侈茂陵徐生曰霍氏必亡夫奢則不遜不遜必侮上侮上者逆道也在人之右眾必害之師古曰右上也霍氏秉權日久害之者多矣天下害之而又行以逆道不亡何待迺上疏言霍氏泰盛陛下即愛厚之宜以時抑制無使至亡書三上輒報聞其後霍氏誅滅而告霍氏者皆封人爲徐生上書曰臣聞客有過主人者見其竈直突傍有積薪〔補注〕何焯曰突當爲窔式林反與突字窔字異義玉篇所分甚明客謂主人更爲曲突遠徙其薪〔補注〕沈欽韓曰淮南說山訓淳于髡之告失火高誘注淳于髡告其鄰使曲突徙薪鄰人不從後竟失火言者不爲功焦

頭爛額爲上客不者且有火患主人嘿然不應俄而家果失火鄰里共救之幸而得息於是殺牛置酒謝其鄰人灼爛者在於上行師古曰灼謂被燒炙者也行音胡浪反〔補注〕先謙曰浪宮本作郎餘各以功次坐而不錄言曲突者人謂主人曰鄉使聽客之言不費牛酒終亡火患師古曰鄉讀曰嚮次下亦同也今論功而請賓曲突徙薪亡恩澤燋頭爛額爲上客耶主人迺寤而請之今茂陵徐福數上書言霍氏且有變宜防絕之鄉使福說得行則國亡裂土出爵之費臣亡逆亂誅滅之敗往事既已而福獨不蒙其功唯陛下察之貴徙薪曲突之策使居焦髮灼爛之右師古曰右上也上迺賜福帛十疋〔補注〕王念孫曰告霍氏者皆封侯而徐福僅賜帛十匹則輕重相去太遠十匹當爲千匹通鑑作十匹則所見漢書本已誤御覽居處部十四治道部十四引此並作千匹漢紀同後以爲郎宣帝始立謁見高廟大將軍光從驂乘〔補注〕先謙曰胡注漢制大駕大將軍驂乘上內嚴憚之若有芒刺在背後車騎將軍張安世代光驂乘天子從容肆體甚安近焉師古曰肆放也展也近音鉅靳反及光身死而宗族竟誅故俗傳之曰威震主者不畜霍氏之禍萌於驂乘師古曰萌謂始生也至成帝時爲光置守冢百家吏卒奉祠焉元始二年封光從父昆弟曾孫陽爲博陸侯千戶

金日磾字翁叔師古曰磾音丁奚反本匈奴休屠王太子也師古曰休音許虯反屠音儲武帝元狩中票騎將軍霍去病將兵擊匈奴右地多斬首虜獲休屠王祭天金人〔補注〕宋祁曰去病傳作天祭金人其夏票騎復西過居延攻祁連山大克獲於是單于怨昆邪休屠居西方多爲漢所破師古曰昆音下門反召其王欲誅之昆邪休屠恐謀降漢休屠王後悔昆邪王殺之并將其眾降漢封昆邪王爲列侯日磾以父不降見殺與母閼氏弟倫俱沒入官輸黃門養馬時年十四矣久之武帝游宴見馬師古曰方於宴游之時而召閱諸馬後宮滿側日磾等數十人牽馬過殿下莫不竊視師古曰視宮人至日磾獨不敢日磾長八尺二寸容貌甚嚴馬又肥好上異而問之具以本狀對上奇焉即日賜湯沐衣冠拜爲馬監遷侍中駙馬都尉光祿大夫日磾既親近未嘗有過失上甚信愛之賞賜累千金出則驂乘入侍左右貴戚多竊怨曰陛下妄得一胡兒反貴重之上聞愈厚焉日磾母教誨兩子甚有法度上聞而嘉之病死〔補注〕宋祁曰病疑作母詔圖畫於甘泉宮署曰休屠王閼氏師古曰題其畫日磾每見畫常拜鄉之涕泣然後迺去師古曰鄉讀曰嚮日磾子二人皆愛爲帝弄兒常在旁側〔補注〕王先愼曰旁即側也二字不當連文疑旁是帝形近而誤弄兒或自後擁上項師古曰擁抱也日磾在前見而目之師古曰目視怒也弄兒走且啼曰翁怒上謂日磾何怒吾兒爲其後弄兒壯大不謹自殿下與宮人戲日磾適見之惡其淫亂遂殺弄兒弄兒即日磾長子也上聞之大怒日磾頓首謝具言所以殺弄兒狀上甚哀爲之泣已而心敬日磾

初莽何羅與江充相善及充敗衞太子何羅弟通用誅太子時力戰得封後上知太子冤迺夷滅充宗族黨與何羅兄弟懼及師古曰及謂及於禍也遂謀爲逆日磾視其志意有非常心疑之陰獨察其動靜與俱上下師古曰上下於殿也何羅亦覺日磾意以故久不得發是時上行幸林光宮服虔曰甘泉一名林光師古曰秦之林光宮胡亥所造漢又於其旁起甘泉宮日磾小疾臥廬師古曰殿中所止曰廬何羅與通及小弟安成矯制夜出共殺使者發兵明旦上未起〔補注〕王念孫曰案未起上脫臥字通鑑無臥字則所見漢書本已然文選西征賦注御覽人事部五十八引此並作上臥未起漢紀同何羅亡何從外入師古曰無何猶言無故也日磾奏廁心動師古曰奏向也日磾方向廁而心動立入坐內戶下〔補注〕先謙曰內房也坐殿房之戶下以侯之或據御覽四百十七引作臥內以爲坐當作臥但上之臥內日磾何敢遽入且何羅見日磾在臥內無反趨臥內欲入之理御覽未足據也如此文作臥內顏解臥內之義不應在下知所見本亦作坐不作臥也須臾何羅褱白刃從東箱上師古曰置刃於衣褱中也褱古袖字見日磾色變走趨臥內欲入師古曰趨讀曰趣嚮也臥內天子臥處〔補注〕先謙曰臥內

即臥室詳見上行觸寶瑟僵日磾得抱何羅因傳曰莽何羅反師古曰傳謂傳聲而唱之上驚起左右拔刃欲格之上恐並中日磾師古曰中音竹仲反止勿格日磾捽胡投何羅殿下孟康曰胡音互捽胡若今相僻卧輪之類也晉灼曰胡頸也捽其頸而投殿下也師古曰晉說是也捽音才乞反〔補注〕宋祁曰卧輪當改卧輪沈欽韓曰釋名胡互也在咽下垂能歛互物也先謙曰官本注乞作兀得禽縛之窮治皆伏辜繇是著忠孝節師古曰繇讀與由同日磾自在左右目不忤視者數十年師古曰忤逆也賜出宮女不敢近上欲內其女後宮不肯其篤慎如此上尤奇異之師古曰篤厚也及上病屬霍光以輔少主師古曰屬音之欲反〔補注〕宋祁曰及上下當添疾字光讓日磾日磾曰臣外國人且使匈奴輕漢於是遂爲光副〔補注〕齊召南曰案與霍光同傳故篆其文不言拜爲車騎將軍也光以女妻日磾嗣子賞初武帝遺詔以討莽何羅功封日磾爲秺侯師古曰秺音丁故反〔補注〕沈欽韓曰說文作秺云濟陰有秺縣明志兗州府城武縣南有廢秺縣日磾以帝少不受封〔補注〕何焯曰以帝少不受封安得來王忽自相貴之謗大將軍譏不逮也輔政歲餘病困大將軍光白封日

磾臥授印綬一日薨賜葬具冢地送以輕車介士軍陳至茂陵謚曰敬侯日磾兩子賞建俱侍中與昭帝略同年共臥起賞爲奉車〔補注〕王念孫曰奉車下亦有都尉二字而今本脫之百官表云奉車都尉掌御乘輿車駙馬都尉掌駙馬藝文類聚人部十七御覽儀式部三引此並作賞爲奉車都尉建駙馬都尉建駙馬都尉及賞嗣侯佩兩綬上謂霍將軍曰金氏兄弟兩人不可使俱兩綬邪霍光對曰賞自嗣父爲侯耳上笑曰侯不在我與將軍乎光曰先帝之約有功迺得封侯時年俱八九歲宣帝即位賞爲太僕霍氏有事萌芽上書去妻師古曰萌芽者言始有端緒若草之始生〔補注〕錢大昕曰案公卿表宣帝甘露四年秺侯金賞爲侍中太僕距霍氏之亡已十六年矣霍氏有事之始賞祇爲侍中未任太僕也王文彬曰賞去妻乃[illegible]筆不必與上爲太僕連文錢說過泥先謙曰官本芽作牙上亦自哀之獨得不坐元帝時爲光祿勳薨亡子國除元始中繼絕世封建孫當爲秺侯奉日磾後初日磾所將俱降弟倫字少卿爲黃門郎早卒日磾兩子貴及孫則衰矣而倫後嗣遂盛子安上始貴

顯封侯安上〔補注〕先謙曰官本並與上連文字子侯少爲侍中惇篤有智宣帝愛之頗與發舉楚王延壽反謀師古曰與讀曰豫賜爵關內侯食邑三百戶後霍氏反安上傳禁門闥無內霍氏親屬師古曰禁止也門闥宮中大小之門也傳聲而止諸門闥也封爲都成侯至建章衛尉薨賜冢塋杜陵謚曰敬侯四子常敞岑哭今明〔補注〕錢大昭曰哭今當作明岑南監本閩本皆不誤先謙曰官本不誤皆爲諸曹中郎將常光祿大夫元帝爲太子時敞爲中庶子幸有寵帝即位爲騎都尉光祿大夫中郎將侍中元帝崩故事近臣皆隨陵爲園郎敞以世名忠孝太后詔留侍成帝爲奉車水衡都尉〔補注〕錢大昭曰百官表奉車都尉掌御乘輿車水衡都尉掌上林苑此云奉車水衡都尉當是先後任此兩職不重言都尉者省文也至衛尉〔補注〕先謙曰敞以成帝河平四年由侍中奉車都尉爲水衡次年陽朔元年爲衛尉見公卿表敞爲人正直敢犯顏色左右憚之唯上亦難焉師古曰臣下皆敬憚唯有天子一人亦難之〔補注〕先謙曰唯與雖同言不獨左右憚之雖上亦

難之也顏訓誤詳見韓信傳病甚上使使者問所欲以弟岑爲託上召岑拜爲郎使主客師古曰官名屬鴻臚主胡客也〔補注〕先謙曰官本召作詔無郎字引宋祁曰拜爲下當添郎字錢大昕云百官表大鴻臚屬無此官敞子涉本爲左曹上拜涉爲侍中使待幸綠車載送衛尉舍李奇曰輦綠車常設以待幸也臨敞病拜子爲侍中以此車送欲敞見其榮寵也如淳曰幸綠車常置左右以待召載皇孫今遣涉歸以皇孫車載之寵之也晉灼曰漢注綠車名皇孫車太子有子乘以從師古曰如晉二說是也〔補注〕周壽昌曰續志皇孫綠車如云幸綠車不成文義先謙曰官本病下有困字是須臾卒〔補注〕先謙曰据表敞卒於陽朔四年敞三子涉參饒涉明經儉節諸儒稱之成帝時爲侍中騎都尉領三輔胡越騎師古曰胡越騎之在三輔者若長水長楊宣曲之屬是也哀帝即位爲奉車都尉至長信少府而參使匈奴匈奴中郎將師古曰以其出使匈奴故拜爲匈奴中郎將也〔補注〕周壽昌曰使匈奴下應有拜字各本俱脫惟凌本有宜從之越騎校尉關都尉〔補注〕先謙曰官本作關內都尉引宋祁曰當刪內字安定東海太守饒爲越騎校尉涉兩子湯融皆侍中諸曹將大夫師古曰將亦謂中郎將也〔補注〕先謙曰將大夫之稱亦見百官表而涉之從父弟欽舉明經爲

太子門大夫〔補注〕先謙曰門大夫亦太子太傅少傅屬官哀帝卽位爲太中大夫給事中欽從父弟遷爲尚書令兄弟用事帝祖母傅太后崩欽使護作師古曰監主葬送之事也〔補注〕王文彬曰欽使疑當作使欽職辦擢爲泰山弘農太守著威名平帝卽位徵爲大司徒司直〔補注〕周壽昌曰一本作大司馬案哀帝時更丞相爲大司徒丞相有司直大司馬位雖尊於元壽二年始置官屬有長史不聞有司直也先謙曰官本作大司馬京兆尹帝年幼選置師友大司徒孔光以明經高行爲孔氏師京兆尹金欽以家世忠孝爲金氏友徙光祿大夫侍中秩中二千石封都成侯時王莽新誅平帝外家衞氏召明禮少府宗伯鳳如淳曰宗伯姓〔補注〕先謙曰鳳字君房見表入說爲人後之誼白令公卿將軍侍中朝臣並聽師古曰白令皆聽之欲以內厲平帝而外塞百姓之議師古曰塞止也欽與族昆弟秺侯當俱封初當曾祖父日磾傳子節侯賞〔補注〕錢大昕曰功臣表失載賞謚而欽祖父安上傳子夷侯常皆亡子國絕故莽封欽當奉其後當母南卽莽母功顯君

同產弟也當上南大行爲太夫人文穎曰南名也大行官名也當上名狀於大行也鄧展曰當上南爲太夫人特莽姨母故耳爲父立廟非也〔補注〕先謙曰官本注官名下無也字欽因緣謂當詔書陳日磾功亡有賞語當名爲以孫繼祖也自當爲父祖父立廟晉灼曰當是賞弟建之孫此言自當爲其父及祖父建立廟也賞故國君使大夫主其祭如淳曰以賞故國君使大夫掌其祭事臣瓚曰當是支庶上繼大宗不得顧其外親也而欽見當母南爲太夫人遂尊其祖父以續日磾不復爲後賞而令大夫主賞祭事師古曰瓚說是也〔補注〕先謙曰官本祖父作父祖時甄邯在旁庭叱欽師古曰於朝庭中叱之也因劾奏曰欽幸得以通經術超擢侍帷幄重蒙厚恩封襲爵號師古曰重音直用反知聖朝以世有爲人後之誼前遭故定陶太后背本逆天孝哀不獲厥福迺者呂寬衞寶復造姦謀至於反逆咸服厥辜太皇太后懲艾悼懼師古曰艾讀曰乂乂創也逆天之咎非聖誣法大亂之殃誠欲奉承天心遵明聖制專壹爲後之誼以安天下之命數臨正殿延見羣臣講習禮經孫繼祖者謂亡正統持重者也賞見嗣日磾後成爲君持大宗重〔補注〕先謙曰官本後作從引宋祁曰從成姚本作後成則禮所謂尊祖故敬宗大宗不可以絕者也欽自知與當俱拜同誼卽數揚言殿省中教當云云師古曰云云者多言也謂上所陳以孫繼祖也當卽如其言則欽亦欲爲父明立廟而不入夷侯常廟矣進退異言頗惑衆心〔補注〕宋祁曰頗惑當作疑惑亂國大綱開禍亂原誣祖不孝罪莫大焉尤非大臣所宜大不敬秺侯當上母南爲太夫人失禮不敬莽白太后下四輔公卿大夫博士議郞皆曰欽宜以時卽罪師古曰卽就也謁者召欽詣詔獄欽自殺邯以綱紀國體亡所阿私忠孝尤著益封千戶更封長信少府涉子右曹湯爲都成侯湯受封日不敢還歸家以明爲人後之誼益封之後莽復用欽弟遵封侯歷九卿位

贊曰霍光以結髮內侍起於階闥之間確然秉志誼形於主師古曰形見也受襁褓之託任漢室之寄當廟堂擁幼君摧燕王仆上官師古曰仆頓也音赴

因權制敵以成其忠處廢置之際臨大節而不可奪遂匡國家安社稷擁昭立宣光爲師保雖周公阿衡何以加此師古曰阿衡伊尹官號也阿倚也衡平也言天子所倚羣下取平也然光不學亡術闇於大理陰妻邪謀晉灼曰不揚其過也立女爲后湛溺盈溢之欲以增顛覆之禍師古曰湛讀曰沈死財三年宗族誅夷師古曰財與纔同哀哉昔霍叔封於晉師古曰霍叔文王之子武王之弟也〔補注〕何焯曰昭宣之際有推霍光爲霍叔後者其語殊謬足累光之誠節詳見史記三代世表後褚少孫所記班氏特畧舉於贊中以傳疑亦兼以爲微戒云晉卽河東光豈其苗裔乎金日磾夷狄亡國羈虜漢庭而以篤敬寤主忠信自著勒功上將傳國後嗣世名忠孝七世內侍何其盛也本以休屠作金人爲祭天主故因賜姓金氏云

霍光金日磾傳第三十八 終　　漢書六十八

趙充國辛慶忌傳第三十九　漢書六十九

漢　蘭臺令史班固撰

唐正議大夫行祕書少監琅邪縣開國子顏師古注

賜進士出身前翰林院編修國子監祭酒加三級臣王先謙補注

趙充國字翁孫隴西上邽人也 師古曰邽音圭補注沈欽韓曰明統志趙充國宅在秦州清水縣北二里先謙曰上邽今秦州西南 後徙金城令居 師古曰令音零補注先謙曰今涼州府平番縣西北 始為騎士以六郡良家子 服虔曰金城隴西天水安定北地上郡是也師古曰隴西天水安定北地上郡西河是也昭帝分隴西天水置金城充國武帝時已為假司馬則初以六郡良家子者非金城也此名數正與地理志同也補注王鳴盛曰東方朔傳建元三年上始微行與待詔隴西北地良家子能騎射者期諸殿門則隴西北地固在六郡之數餘四郡無所見而馮奉世傳武帝末奉世以良家子選為郎奉世上黨人而云良家子然則六郡中何以無上黨疑顏注未確朱一新曰顏注是也續志羽林郎三百石無員掌宿衛侍從常選漢陽隴西安定北地上郡西河凡六郡良家補之漢陽即天水後漢永平中更名先謙曰官本注在補羽林下武帝上有自字 善騎射補羽林為人沈勇有大略少好將帥之節而學兵法通知四夷事 師古曰通知者謂明曉也 武帝時以假司馬從貳師將軍擊匈奴 補注齊召南曰案天漢二年事也李廣利以三萬騎出酒泉擊右賢王於天山得首虜萬餘級即此役 大為虜所圍漢軍乏食數日死傷者多充國迺與壯士百餘人潰圍陷陳貳師引兵隨之遂得解身被二十餘創貳師奏狀詔徵充國詣行在所武帝親見視其創嗟歎之 補注王念孫曰案見即視字之誤今作見視者一本作視一本作見而後人誤合之御覽職官部四十六引此無見字 拜為中郎遷車騎將軍長史昭帝時武都氐人反 師古曰氐音丁奚反 充國以大將軍護軍都尉將兵擊定之 補注齊召南曰案昭紀元鳳元年武都氐人反遣執金吾馬適建龍額侯韓增大鴻臚廣明將三輔太常徒皆免刑擊之然則充國以護軍為裨將而戰功多耳又案匈奴傳匈奴降者言匈奴方發二萬騎擊烏桓霍光欲發兵要擊之以問充國充國以為非計乃拜范明友為度遼將軍亦充國為大將軍護軍都尉時事也充國為水衡都尉公卿表在元鳳元年而遷後將軍在元平元年先謙曰百官表護軍都尉武帝元狩四年屬大司馬昭帝時霍光為大司馬大將軍故此稱大將軍護軍都尉也 遷中郎將將屯上谷 師古曰領兵屯於上谷也將音子亮反 還為水衡都尉擊匈奴獲西祁王 文穎曰匈奴王也 擢為後將軍兼水衡如故與大將軍霍光定冊尊立宣帝封營平侯本始中為蒲類將軍征匈奴斬虜數百級還為後將軍少府 補注劉攽曰案百官表本始年後少府皆有姓名充國未嘗為之亦未嘗有將軍兼少府者明此府字是時字少時猶言無幾也先謙曰少時不詞劉說非此蓋長信少府故不見公卿表 匈奴大發十餘萬騎南旁塞至符奚盧山 師古曰旁依也音步浪反補注周壽昌曰案匈奴傳封題除渠堂為鹿奚盧侯蓋即其地符與鹿譯寫各異也先謙曰盧官本作廬 欲入為寇亡者題除渠堂降漢言之遣充國將四萬騎屯緣邊九郡 文穎曰五原朔方之屬也師古曰九郡者五原朔方雲中代郡雁門定襄北平上谷漁陽也四萬騎分屯之而充國總統領之 單于聞之引去是時光祿大夫義渠安國使行諸羌 師古曰行音下更反 先零豪言願時渡湟水北 鄭氏曰零音憐孟康曰豪帥長也師古曰湟水出金城臨羌塞外東入河湟水之北是漢地湟音皇補注劉奉世曰湟北非謂漢地也羌意欲稍北近匈奴合而為寇安國不知其情故受其詞詳下文可見齊召南曰案顏注是劉說非也胡三省云羌依南山渡湟水而北固欲與匈奴合而湟北則漢地所以隔絕羌與匈奴通之路正在於此於地形可謂明曉沈欽韓曰一統志湟河番名波洛冲克克河在西甯府邊外西北青海源出噶爾藏嶺入西甯西川邊內是為西甯河先謙曰漢得昆邪休屠王地開河西武威張掖酒泉敦煌四郡羌與匈奴隔遠不得復通因湟水旁地肥美故斥逐羌人不使渡湟水北也 逐民所不田處畜牧安國以聞充國劾安國奉使不敬 補注先謙曰以其不詳審情實 是後羌人旁緣前言抵冒渡湟水 師古曰旁依也抵冒犯突而前旁音步浪反冒音莫北反補注宋祁曰冒作莫報反周壽昌曰前先零豪所言雖經安國奏為充國所劾朝議故未許也羌人乃緣前言抵法冒禁而渡故云抵冒 郡縣不能禁元康三年先零遂與諸羌種豪二百餘人解仇交質盟詛 師古曰羌人無大君長而諸種豪遞相殺伐故每有仇讎往來相報今解仇交質者自相親結欲入漢為寇也 上聞之以問充國對曰羌人所以易制者以其種自有豪數相攻擊埶不壹也往三十餘歲西羌反時亦先解仇合約攻令居 師古曰合約共為要契也 與漢相距五六年迺定 補注先謙曰胡注元鼎五年西羌反攻安故枹罕六年郎平至是五十一年案與充國所言不甚合疑別一事 至征和五年 補注王先慎曰五當為三貳師將軍降匈奴在征和三年見武紀李廣利傳匈奴傳貳師降匈奴歲餘衛律害其寵收貳師屠以祠玩匈奴告諸羌語當在初降時不得在貳師死後且征和無五年五為三譌尤其明證 先零豪封煎等通使匈奴 師古曰煎讀曰翦

匈奴使人至小月氏師古曰氏音支傳告諸羌曰漢貳師將軍衆十餘萬人降匈奴羌人爲漢事苦師古曰事使役張掖酒泉本我地地肥美可共擊居之㠯此觀匈奴欲與羌合非一世也閒者匈奴困於西方〔補注〕先謙曰胡注謂本始五年爲烏孫所破聞烏桓來保塞恐兵復從東方起〔補注〕先謙曰恐漢再伐之數使使尉黎危須諸國〔補注〕錢大昕曰西域傳黎作犂設㠯子女貂裘欲沮解之師古曰設謂聞許之也沮壞也欲壞其計令解散之沮音才汝反〔補注〕先謙曰官本聞作開是其計不合〔補注〕先謙曰諸國不與匈奴合謀疑匈奴更遣使至羌中道從沙陰地出鹽澤過長阬入窮水塞〔補注〕沈欽韓曰沙陰卽流沙地寰宇記居延海在甘州張掖縣東北一千六百里古之流沙澤鹽澤卽蒲昌海長阬長城之窟寰宇記故長城漢書謂之遮虜障在肅州酒泉縣北窮水塞亦在張掖縣北淮南地形訓弱水出自窮石注窮石山名在張掖北塞水也正義括地志云窮石山在甘州刪丹縣西南七十一里案入此塞卽罕幵所居鮮水上矣晉書載記禿髮傉檀追沮渠蒙遜於窮泉是也南抵屬國〔補注〕沈欽韓曰此當爲張掖屬國時金城尚未置屬國與先零相直師古曰直當也臣恐羌變未止此且復結聯他種宜及未然爲之備師古曰未然者其計未成後月餘羌侯狼何果遣使至匈奴藉兵師古曰藉借也欲擊鄯善敦煌㠯絕漢道師古曰鄯音善充國㠯爲狼何小月氏種在陽關西南〔補注〕沈欽韓曰一統志古陽關在安西廳沙州衞西南埶不能獨造此計疑匈奴使已至羌中先零罕幵迺解仇作約蘇林曰罕幵在金城南師古曰罕幵羌之別種也此下言遣幵豪雕庫宣天子至德罕幵之屬皆聞知明詔其下又云河南大幵小幵則罕羌幵羌姓族殊矣幵音口堅反而地理志天水有罕幵縣蓋㠯此二種羌來降處之此地因以名縣也而今之羌姓有罕幵者總是罕幵之類合而言之因爲姓耳變幵爲井字之訛也到秋馬肥變必起矣宜遣使者行邊兵豫爲備敕視諸羌毋令解仇師古曰行音下更反視讀曰示示語之也其下並同〔補注〕宋祁曰解仇上疑有復字㠯發覺其謀於是兩府復白遣義渠安國行視諸羌分別善惡〔補注〕先謙曰兩府丞相御史大夫府安國至召先零諸豪三十餘人㠯尤桀黠皆斬之師古曰桀堅也言不順從也黠惡也爲惡堅也縱兵擊其種人斬首千餘級於是諸降羌及歸義羌侯楊玉等恐怒亡所信鄉師古曰恐中國汎怒不信其心而納嚮之鄉讀曰嚮〔補注〕劉奉世曰恐怒且恐且怒也羌未有變而漢吏無故誅殺其人故楊玉等謂漢無所

信向於是與他族皆叛也王念孫曰案顏劉二說皆非也恐怒二字義不相屬恐當爲怨字之誤也怨怒無所信嚮謂怨怒漢吏不親信而歸嚮之也後漢西羌傳述其事曰安邦召先零豪四十餘人斬之因放兵擊其種斬首千餘級於是諸羌怨怒遂寇金城此文大略本於漢書怨怒二字亦本漢書也王莽傳五威將帥出改句町王以爲侯王邯怨怒不附文義亦與此相似遂劫略小種背畔犯塞攻城邑殺長吏安國㠯騎都尉將騎三千屯備羌至浩亹師古曰浩音誥亹音門水名也解在地理志〔補注〕先謙曰胡注縣名也屬金城郡有浩亹水出西塞外東至允吾入湟水杜佑云漢浩亹縣故城在今金城郡廣武縣西南先謙案在今西甯府碾伯縣東爲虜所擊失亡車重兵器甚衆師古曰重音直用反安國引還至令居㠯聞是歲神爵元年春也時充國年七十餘上老之使御史大夫丙吉問誰可將者充國對曰亡踰於老臣者矣上遣問焉曰將軍度羌虜何如當用幾人師古曰度計也音大各反其下亦同充國曰百聞不如一見兵難隃度鄭氏曰隃遙也三輔言也師古曰隃讀曰遙〔補注〕先謙曰官本注曰遙作遥臣願馳至金城圖上方略師古曰圖其地形幷爲攻討方略俱奏上也〔補注〕先謙曰胡注金城郡昭帝始元六年置唐蘭鄯廓州地先謙案在今蘭州府臯蘭縣西南然羌戎小夷逆天背畔滅亡不久願陛下㠯屬老臣勿㠯爲憂師古曰屬委也音之欲反上笑曰諾充國至金城須兵滿萬騎師古曰須待也欲渡河恐爲虜所遮卽夜遣三校銜枚先渡師古曰銜枚者欲其無聲使虜不覺渡輒營陳〔補注〕先謙曰胡注立營陳則虜不得犯諸軍可以繼渡會明畢遂㠯次盡渡虜數十百騎來出入軍傍充國曰吾士馬新倦不可馳逐此皆驍騎難制又恐其爲誘兵也擊虜㠯殄滅爲期小利不足貪令軍勿擊遣騎候四望陿中亡虜文穎曰金城有三陿在南六百里師古曰山陗而夾水曰陿四望者陿名也陿音狹〔補注〕沈欽韓曰寰宇記鄯州湟水縣四望山有水出其陽一名湟河亦謂樂都水明志西甯衞東南有峽石山亦曰湟峽又東有四望山亦曰四望峽夜引兵上至落都服虔曰山名也〔補注〕先謙曰胡注據水經注破羌縣之西有落都城後漢志浩亹縣有雒都谷沈欽韓曰卽樂都南涼禿髮傉檀所居因此名一統志故樂都今西甯府碾伯縣治召諸校司馬謂曰吾知羌虜不能爲兵矣使虜發數千人守杜四望陿中兵豈得入哉師古曰杜塞也充國常㠯遠斥候爲務行必爲戰備止必堅營壁尤能持重愛士卒先計而

後戰遂西至西部都尉府孟康曰在金城補注沈欽韓曰地理志失載治所後書西羌傳和帝時曹鳳爲金城西部都尉屯龍支元和志鄯州有龍支縣明志西甯衛東南有龍支城吐蕃曰宗哥城日饗軍士師古曰日日饗飤之士皆欲爲用虜數挑戰充國堅守捕得生口言羌豪相數責曰語汝亡反今天子遣趙將軍來年八九十矣善爲兵今請欲一鬬而死可得邪充國子右曹中郎將卬將期門佽飛羽林孤兒胡越騎爲支兵至令居虜並出絕轉道師古曰並猶俱也轉道運糧之道也並讀如字又音步朗反補注劉奉世曰並猶具爾羣聚不一同出鈔絕故曰並也何煩曲解下文分兵並出又當爲且邪蘇輿曰顏注俱本作且劉注具本作俱下居民得並田作注可證此並誤卬以聞有詔將八校尉與驍騎都尉金城太守合疏捕山間虜蘇林曰疏搜索也師古曰疏字本作跡言尋跡而捕之也補注沈欽韓曰小司徒注胥伺捕盜賊也疏胥字義並通先謙曰八校尉中壘屯騎步兵越騎長水胡騎射聲虎賁通轉道津渡補注宋祁曰渡姚改作度初罕开豪靡當兒使弟雕庫來告都尉曰先零欲反後數日果反雕庫種人頗在先零中都尉卽留雕庫爲質補注先謙曰都尉卽金城西部都尉充國

以爲亡罪迺遣歸告種豪大兵誅有罪者明白自別毋取并滅師古曰言勿相和同自取滅亡天子告諸羌人犯法者能相捕斬除罪斬大豪有罪者一人賜錢四十萬中豪十五萬下豪二萬大男三千女子及老小千錢又以其所捕妻子財物盡與之充國計欲以威信招降罕开及劫略者解散虜謀徼極迺擊之師古曰徼要也要其倦極者也徼音工堯反補注先謙曰通鑑作徼其疲劇乃取之吳王濞傳欲以全制其極史記作以全勝制其疲極是以極爲倦極班書義固有之時上已發三輔太常徒弛刑師古曰弛刑謂不加鉗鈦者也弛之言解也音式爾反三河潁川沛郡淮陽汝南材官金城隴西天水安定北地上郡騎士羌騎與武威張掖酒泉太守各屯其郡者合六萬人矣酒泉太守辛武賢奏言郡兵皆屯備南山北邊空虛勢不可久或曰至秋冬迺進兵此虜在竟外之冊師古曰竟讀曰境補注先謙曰冊同策今虜朝夕爲寇土地寒苦漢馬不能冬師古曰能讀曰耐屯兵在武威張掖酒泉萬騎以上皆多羸瘦可益

馬食以七月上旬齎三十日糧分兵並出張掖酒泉合擊罕开在鮮水上者補注齊召南曰案鮮水卽西海一名青海又名卑禾羌海地理志金城郡臨羌縣西北至塞外有仙海鹽池者也後書西羌傳武帝時先零羌與匈奴通寇邊遣李息徐自爲擊平之羌乃去湟中依西海鹽池左右又本書王莽傳羌豪獻鮮水海允谷鹽池地爲西海郡虜以畜產爲命今皆離散兵卽分出補注先謙曰卽疑既字之譌雖不能盡誅亶奪其畜產虜其妻子師古曰亶讀曰但復引兵還冬復擊之大兵仍出虜必震壞師古曰仍頻也天子下其書充國令與校尉以下吏士知羌事者博議充國及長史董通年以爲武賢欲輕引萬騎分爲兩道出張掖回遠千里師古曰回謂路紆曲也音胡悔反以一馬自佗負三十日食師古曰佗音徒何反凡以畜產載負物者皆爲佗爲米二斛四斗麥八斛又有衣裝兵器難以追逐勤勞而至虜必商軍進退稍引去師古曰商計度也補注宋祁曰稍引去當更添一稍字逐水屮入山林師古曰屮古草字隨而深入虜卽據前險守後阸以絕糧道必有傷危之憂爲夷狄笑千載不可復師古曰復音扶

目反補注先謙曰胡注復報也而武賢以爲可奪其畜產虜其妻子此殆空言非至計也師古曰殆僅也又武威縣張掖日勒皆當北塞有通谷水草師古曰日勒張掖之縣臣恐匈奴與羌有謀且欲大入幸能要杜張掖酒泉以絕西域師古曰要遮也杜塞也其郡兵尤不可發先零首爲畔逆它種劫略師古曰言被劫略而反叛非其本心故臣愚冊欲捐罕开闇昧之過隱而勿章先行先零之誅以震動之宜悔過反善因赦其罪選擇良吏知其俗者揗循和輯師古曰揗古撫字輯與集同補注先謙曰官本揗作拊通鑑作拊此全師保勝安邊之冊天子下其書公卿議者咸以爲先零兵盛而負罕开之助師古曰負恃也不先破罕开則先零未可圖也上迺拜侍中樂成候許延壽爲彊弩將軍卽拜酒泉太守武賢爲破羌將軍師古曰卽就也就其郡而拜之賜璽書嘉納其冊以書敕讓充國曰師古曰讓責也皇帝問後將軍甚苦暴露將軍計欲至正月迺擊罕羌羌人當獲麥已遠其妻子師古曰徙其妻子令遠居

而身來爲寇也精兵萬人欲爲酒泉敦煌寇〔補注〕先謙曰言羌獲麥後將如此邊兵少民守保不得田作今張掖㠯東粟石百餘芻稾束數十師古曰皆謂直錢之數言其貴〔補注〕先謙曰官本直錢作錢直轉輸並起百姓煩擾將軍將萬餘之衆不早及秋共水草之利爭其畜食師古曰此畜謂畜產牛羊之屬也食謂穀麥之屬也一曰畜食畜之所食卽謂草也欲至冬虜皆當畜食師古曰此畜讀曰蓄蓄聚積也多藏匿山中依險阻將軍士寒手足皸瘃文穎曰皸坼裂也瘃寒創也師古曰皸音軍瘃音竹足反〔補注〕王念孫曰案士上有將字而今本脫之將士皆寒不當獨言士寒也御覽疾病部五引此已脫將字舊本北堂書鈔歲時部四出將士皸瘃四字注引此傳云將軍將士寒手足皸瘃足補今本之缺陳禹謨本删注內將字而正文尙未刪寧有利哉將軍不念中國之費欲㠯歲數而勝微師古曰久歷年歲乃勝小敵也數音所具反〔補注〕劉奉世曰微無也讀當屬下句言雖無充國誰不樂此安便也周壽昌曰通鑑作欲以歲數而勝敵注仍顏說案師古勝小敵云云原釋勝微之微字通鑑就顏說改微字作敵似不如舊讀義長且荀紀亦作微不作敵將軍誰不樂此者師古曰言凡爲將軍者皆樂此〔補注〕先謙曰顧炎武云言豈獨將軍苟安人人皆欲爲之與劉說大同案微字上下讀皆可通今詔破羌將軍武賢將兵六千一百

人敦煌太守快將二千人長水校尉富昌酒泉侯奉世將婼月氏兵四千人服虔曰婼音兒羌名也蘇林曰婼音兒遮反師古曰蘇音是也〔補注〕沈欽韓曰侯當爲侯奉世卽馮奉世亡慮萬二千人師古曰亡慮大計也解在食貨志齎三十日食㠯七月二十二日擊罕羌入鮮水北句廉上服虔曰句音鉤師古曰句廉謂水岸曲而有廉稜也去酒泉八百里去將軍可千二百里將軍其引兵便道西並進雖不相及使虜聞東方北方兵並來〔補注〕宋祁曰並來越本作正來分散其心意離其黨與雖不能殄滅當有瓦解者已詔中郎將卬將胡越佽飛射士步兵二校益將軍兵〔補注〕王念孫曰案景祐本校下有尉字當據補上文云詔卬將八校尉是其證各本校下不空一字非先謙曰王校本校下空一字故云但百官表云步兵校尉掌上林苑門屯兵二校者言步兵中之二校耳若今言二營矣步兵止一校尉無二校尉校下增尉字則不可通下文言步兵九校同今五星出東方中國大利蠻夷大敗張晏曰五星所聚其下勝羌人在西星在東則爲漢〔補注〕先謙曰天文志五星分天之中積於東方中國大利積於西方夷狄用兵者利太白出高用兵深入敢戰者吉弗敢戰者凶〔補注〕先謙曰天文志太白兵象也出而高用兵

深吉淺凶埤淺吉深凶將軍急裝因天時誅不義萬下必全〔補注〕王文彬曰言無往不利勿復有疑充國既得讓㠯爲將任兵在外便宜有守㠯安國家師古曰言爲將之道受任行兵於外雖受詔命若有便宜則當固守以取安利也〔補注〕先謙曰注國當爲固官本不誤迺上書謝罪因陳兵利害曰臣竊見騎都尉安國前幸賜書〔補注〕錢大昭曰卽義渠安國先謙曰言安國得此賜書也擇羌人可使使罕〔補注〕先謙曰擇可使者令往諭告㠯大軍當至漢不誅罕㠯解其謀恩澤甚厚非臣下所能及臣獨私美陛下盛德至計亡已故遣开豪雕庫宣天子至德罕开之屬皆聞知明詔今先零羌楊玉此羌之首帥名王〔補注〕錢大昭曰閩本無此羌句將騎四千及煎鞏騎五千阻石山木候便爲寇師古曰謂依阻山之木石以自保固罕羌未有所犯今置先零先擊罕釋有罪誅亡辜師古曰釋置也放也起壹難就兩害誠非陛下本計也臣聞兵法攻不足者守有餘〔補注〕沈欽韓曰孫子形篇守則不足攻則有餘曹操注吾所以守者力不足也所以攻者守有餘也又曰善戰者致人不致於人師古曰皆兵法之辭也致人引致而取之也致於人爲人所引也〔補注〕蘇輿曰見虛實篇今罕羌欲爲敦煌酒泉寇飭兵馬練戰士㠯須其至師古曰飭整也須待也飭與勑同也〔補注〕先謙曰官本飭上有宜字坐得致敵之術㠯逸擊勞取勝之道也今恐二郡兵少不足㠯守而發之行攻釋致虜之術而從爲虜所致之道師古曰釋廢也〔補注〕宋祁曰廢也姚改作廢棄先謙曰通鑑注引作廢也臣愚㠯爲不便先零羌虜欲爲背畔故與罕开解仇結約然其私心不能亡恐漢兵至而罕开背之也臣愚㠯爲其計常欲先赴罕开之急㠯堅其約先擊罕羌先零必助之今虜馬肥糧食方饒擊之恐不能傷害適使先零得施德於罕羌堅其約合其黨師古曰施德自樹恩德也虜交堅黨合精兵二萬餘人迫脅諸小種附著者稍衆莫須之屬不輕得離也服虔曰莫須小種羌名也如是虜兵寖多師古曰寖漸也誅之用力數倍臣恐國家憂累繇十年數不二三歲而已師古曰累音力瑞反繇與由同〔補注〕先謙曰漢紀作一二歲臣得蒙天子厚恩父子俱爲顯列臣位至

上卿爵爲列侯犬馬之齒七十六爲明詔塡溝壑死骨不朽亡所顧念獨思惟兵利害至孰悉也於臣之計先誅先零已則罕开之屬不煩兵而服矣先零已誅而罕开不服涉正月擊之得計之理又其時也〔補注〕先謙曰官本得下計作利以今進兵誠不見其利唯陛下裁察六月戊申奏七月甲寅璽書報從充國計焉〔補注〕沈欽韓曰容齋隨筆金城至長安一千四百五十里往返倍之中間更下公卿議臣而自上書得奏報首尾纔七日爾案初學記二十漢舊儀云驛三騎行日夜千里爲程充國引兵至先零在所虜久屯聚解弛師古曰解讀曰懈弛放也望見大軍棄車重欲渡湟水師古曰重音直用反道阨狹充國徐行驅之或曰逐利行遲師古曰逐利宜疾今行太遲充國曰此窮寇不可迫也緩之則走不顧急之則還致死師古曰謂更回還盡力而死戰諸校皆曰善虜赴水溺死者數百降及斬首五百餘人鹵馬牛羊十萬餘頭車四千餘兩兵至罕地令軍毋燔聚落芻牧田中師古曰不得燔燒人居及於田畝之中刈芻放牧也罕羌聞之喜曰漢果

不擊我矣豪靡忘使人來言願得還復故地服虔曰靡忘羌帥名也〔補注〕先謙曰官本作復還引宋祁曰復還一本作還復充國以聞未報靡忘來自歸充國賜飲食遣還諭種人護軍以下皆爭之曰此反虜不可擅遣充國曰諸君但欲便文自營師古曰苟取文墨之便而自營衞便音頻面反非爲公家忠計也師古曰爲音于僞反語未卒璽書報令靡忘以贖論後罕竟不煩兵而下其秋充國病上賜書曰制詔後將軍聞苦腳脛寒泄師古曰脛膝以下骨也寒泄下利也言其患足脛又苦下利脛音下定反泄音息列反將軍年老加疾一朝之變不可諱師古曰恐其死朕甚憂之今詔破羌將軍詣屯所爲將軍副急因天時大利吏士銳氣以十二月擊先零羌即疾劇留屯毋行〔補注〕先謙曰詔充國止養病獨遣破羌彊弩將軍時羌降者萬餘人矣充國度其必壞欲罷騎兵屯田以待其敝作奏未上會得進兵璽書中郎將卬懼使客諫充國曰誠令兵出破軍殺將以傾國家將軍守之可也即利與病又何足爭〔補注〕先謙曰言出兵利病小不必遂傾危國家一旦不合上意遣繡衣來責將軍將軍之身不能自保師古曰繡衣謂御史〔補注〕周壽昌曰漢制直指使者繡衣案部可以軍興法從事何國家之安〔補注〕先謙曰漢紀安上有能字充國歎曰是何言之不忠也本用吾言羌虜得至是邪師古曰言豫防之可無今日之寇也往者舉可先行羌者吾舉辛武賢師古曰行音下更反丞相御史復白遣義渠安國竟沮敗羌師古曰沮壞也音才汝反金城湟中穀斛八錢〔補注〕周壽昌曰食貨志穀至石五錢是中土也此每斛八錢是邊地也皆當宣帝時豐穰屢歲吾謂耿中丞服虔曰耿壽昌也爲司農中丞糴二百萬斛穀羌人不敢動矣師古曰言豫儲糧食可以制敵〔補注〕先謙曰通鑑作三百萬耿中丞請糴百萬斛迺得四十萬斛耳義渠再使且費其半失此二冊〔補注〕沈欽韓曰前一策孫子所謂上兵伐謀也不得已而用兵釋罪开誅先零所謂其次伐交也[illegible]東不行故堅持釋罪誅零之議後策不[illegible]空虛故堅持屯田之議羌人故敢爲逆失之毫釐差之千[illegible]〔補注〕先謙曰官[illegible]兵久不決四夷卒有動搖相因而起讀曰[illegible]能善其後羌獨足憂邪師古[illegible]

曰言儻如此則所憂不獨在羌吾固以死守之明主可爲忠言遂上屯田奏曰臣聞兵者所以明德除害也故舉得於外則福生於內不可不愼臣所將吏士馬牛食月用糧穀十九萬九千六百三十斛鹽千六百九十三斛茭藁二十五萬二百八十六石師古曰茭乾芻也藁禾稈也石百二十斤稈音工旱反〔補注〕沈欽韓曰孫子作慧期秆一石注石百二十斤難久不解繇役不息又恐它夷卒有不虞之變師古曰卒讀曰猝相因並起爲明主憂誠非素定廟勝之冊師古曰廟勝謂謀於廟堂而勝敵也且羌虜易以計破難用兵碎也故臣愚以爲擊之不便也〔補注〕先謙曰官本也故作故也引宋祁曰故也當作也故計度臨羌東至浩亹師古曰度音大各反〔補注〕先謙曰臨羌金城縣在今西甯府西甯縣西羌虜故田〔補注〕宋祁曰故田姚刪故字先謙曰通鑑有故字羌舊所田也及公田民所未墾可二千頃以上其間郵亭多壞敗者〔補注〕周壽昌曰金城郡爲昭帝六年所置至宣帝神爵初不過二十年而郵亭已多壞敗觀下云繕鄉亭浚溝渠治湟陿以西道橋七十所足徵壞敗不少臣前部士入山伐材木大小六萬餘枚皆在水次願罷騎

兵畱弛刑應募補注何焯曰漢已有應募從軍之人但如能使絕域之比不在尋常調發之數及淮陽汝南步兵與吏士私從者合凡萬二百八十一人用穀月二萬七千三百六十三斛鹽三百八斛分屯要害處冰解漕下繕鄉亭浚溝渠師古曰漕下吕水運木而下也繕補也浚深治也治湟陿吕西道橋七十所令可至鮮水左右田事出賦人二十畮師古曰田事出謂至春人出營田也賦謂班與之也畮古畝字至四月草生發郡騎及屬國胡騎伉健各千倅馬什二就草師古曰倅副也什二者千騎則與副馬二百匹也伉音口浪反爲田者遊兵補注先謙曰以衞屯田者吕充入金城郡益積蓄省大費師古曰畜讀曰蓄補注先謙曰據注蓄當爲畜官本不誤今大司農所轉穀至者足支萬人一歲食補注王念孫曰今當爲令令使也言務積畜省費使穀足支一歲食也上文云令可至鮮水左右與此令字文同一例今本令作今則與上文義不相屬矣通典食貨志二作今亦後人以誤本漢書改之御覽兵部六十四引此正作令謹上田處及器用簿師古曰簿音步戶反唯陛下裁許上報曰皇帝問後將軍言欲罷騎兵萬人畱田卽如將軍之計虜當何時伏誅兵當何時得決孰計其便復奏充國上狀曰臣聞帝王之兵吕全取勝是吕貴謀而賤戰戰而百勝非善之善者也故先爲不可勝吕待敵之可勝師古曰此兵法之辭也言先自完堅令敵不能勝我乃可以勝敵也補注先謙曰胡注此本孫子蠻夷習俗雖殊於禮義之國然其欲避害就利愛親戚畏死亡一也今虜亡其美地薦草師古曰薦稠草補注沈欽韓曰韓非內儲說獸鹿唯薦草而就齊物論音義司馬云美草也愁於寄託遠遯骨肉離心人有畔志而明主般師罷兵鄧展曰般音班班還也萬人畱田順天時因地利吕待可勝之虜雖未卽伏辠兵決可期月而望羌虜瓦解前後降者萬七百餘人及受言去者凡七十輩如湻曰羌胡言欲降受其言遣去者師古曰如說非也謂羌受充國之言歸相告喻者也羌虜卽羌賊耳無豫於胡也補注宋祁曰七十疑作五十七此坐支解羌虜之具也補注王文彬曰不勞甲兵坐令解體臣謹條不出兵畱田便宜十二事步兵九校師古曰一部爲一校也吏士萬人畱屯吕爲武備因田致穀威德並行一也又因排折羌虜令不得歸肥

饒之墜師古曰墜古地字貧破其眾補注錢大昭曰貧漢紀作分案說文貧財分少也則貧亦有分意先謙曰通鑑作貧仍以貧字爲是吕成羌虜相畔之漸二也居民得並田作不失農業三也師古曰並且也讀如本字又音步浪反補注劉奉世曰居民得並田作並亦俱也周壽昌曰言民田與屯田同時並作兩不相妨軍馬一月之食度支田士一歲師古曰度音大各反罷騎兵吕省大費四也至春省甲士卒循河湟漕穀至臨羌補注先謙曰胡注縣西北卽塞外吕眎羌虜師古曰眎亦示字揚威武傳世折衝之具五也吕閒暇時下所伐材師古曰閒讀曰閑補注先謙曰通鑑下下有先字繕治郵亭充入金城六也兵出乘危徼幸師古曰言不可必勝不出令反畔之虜竄於風寒之地離霜露疾疫瘃墮之患師古曰離遭也墮謂因寒瘃而墮指者也坐得必勝之道七也亡經阻遠追死傷之害八也內不損威武之重外不令虜得乘閒之埶九也師古曰閒謂軍之閒隙者也又亡驚動河南大开小开服虔曰皆羌種在河西之河南也使生它變之憂十也治湟陿中道橋令可至鮮水吕制西域信威千里師古曰信讀曰伸從枕席上過師十一也鄭氏曰橋成軍行安易若於枕席上過也補注沈欽韓曰大戴記王言篇明主之守也必折衝乎千里之外其征也衽席之上還師大費既省繇役豫息吕戒不虞十二也畱屯田得十二便出兵失十二利臣充國材下犬馬齒衰不識長冊唯明詔博詳公卿議臣採擇上復賜報曰皇帝問後將軍言十二便聞之虜雖未伏誅兵決可期月而望期月而望者謂今冬邪謂何時也將軍獨不計虜聞兵頗罷且丁壯相聚攻擾田者及道上屯兵復殺略人民將何吕止之又大开小开前言曰我告漢軍先零所在兵不往擊久畱得亡效五年時不分別人而并擊我如湻曰此語謂本始五年伐先零不分別大小开本意是吕大小开有此言也補注劉奉世曰本始年未伐先零此卽元康五年未改神爵已前義渠安國召誅先零之時所謂無所信鄉卽是今無事但羌人不能追言爾先謙曰亡與毋同言得毋效前事否漢紀作得無不分別人而并擊我耶其意常恐今兵不出得亡變生與先零爲一將軍孰計復奏充國奏曰臣聞兵吕計爲本故多算勝少算先零羌精兵

分餘不過七八千人補注先謙曰官本分作今是通鑑同失地遠客分散飢凍罕开
莫須又頗暴略其羸弱畜產畔還者不絕皆聞天子明令相捕斬
之賞臣愚以爲虜破壞可日月冀遠在來春故曰兵決可期月而
望竊見北邊自敦煌至遼東萬一千五百餘里乘塞列隧有吏卒
數千人虜數大眾攻之而不能害今留步士萬人屯田地埶平易
多高山遠望之便部曲相保爲壍壘木樵師古曰樵與譙同謂爲高樓以望敵也音才消
反校聯不絕如淳曰播校相連也師古曰此校謂用木自相貫穿以爲固者亦猶周易荷校滅耳也周禮校人掌王馬
之政六廄成校蓋用闌械闌養馬也說文解字云校木囚也亦謂以木相貫遮闌禽獸也今云校聯不絕言營壘相次便兵
弩飭鬭具師古曰便利也飭整也其字從力烽火幸通埶及并力補注先謙曰漢紀作烽火相連
勢足并力以逸待勞兵之利者也臣愚以爲屯田內有亡費之利外有
守禦之備騎兵雖罷虜見萬人留田爲必禽之具其土崩歸德宜
不久矣從今盡三月虜馬羸瘦必不敢捐其妻子於他種中遠涉

河山而來爲寇又見屯田之士精兵萬人終不敢復將其累重還
歸故地師古曰累重謂妻子也累音力瑞反重音直用反是臣之愚計所以度虜且必瓦
解其處師古曰各於其處自瓦解不戰而自破之冊也至於虜小寇盜時殺人
民其原未可卒禁師古曰卒讀曰猝臣聞戰不必勝不苟接刃補注沈欽韓曰六韜
軍勢篇上戰無與戰故爭勝白刃之前者非良將也攻不必取不苟勞眾誠令兵出雖不能
滅先零亶能令虜絕不爲小寇則出兵可也師古曰亶讀曰但即今同是
師古曰俱不能止小寇盜而釋坐勝之道從乘危之埶往終不見利空內自罷
敝師古曰罷讀曰疲貶重而自損補注先謙曰貶重胡注謂貶中國之威重非所以視蠻夷也
師古曰視讀曰示又大兵一出還不可復留湟中亦未可空如是繇役復
發也補注宋祁曰別本復下有更字先謙曰通鑑從別本有更字且匈奴不可不備烏桓不可
不憂今久轉運煩費傾我不虞之用以澹一隅師古曰澹古贍字贍給也臣愚
以爲不便校尉臨眾幸得承威德奉厚幣拊循眾羌諭以明詔宜

皆鄉風師古曰諭曉告之鄉讀曰嚮雖其前辭嘗曰得亡效五年宜亡它心不
足以故出兵補注王念孫曰不足以故出兵本作不足以疑故出兵疑故者疑事也襄二十六年左傳注昭二十一年公羊傳注周語注呂氏春秋本生
篇注並曰故事也宣帝以罕开前言而疑其生變故急欲出兵充國則謂罕开雖有前言而既聞明詔宜皆鄉風無有異心不足因此疑事
而出兵也今本脫去疑字則文不成義漢紀孝宣紀正作不足以疑故出兵先謙曰官本效作校引宋祁曰校當作效臣竊
自惟念奉詔出塞引軍遠擊窮天子之精兵散車甲於山野雖亡
尺寸之功媮得避慊之便師古曰媮苟且也慊亦嫌字補注錢大昭曰坊記云貴不慊於上鄭注慊或爲
嫌說文慊疑也是慊古嫌字而亡後咎餘責此人臣不忠之利非明主社稷之
福也臣幸得奮精兵討不義久留天誅師古曰言不早殄滅賊也罪當萬死陛
下寬仁未忍加誅今臣數得孰計師古曰數音所角反其下亦同補注先謙曰官本今作令是
愚臣伏計孰甚不敢避斧鉞之誅昧死陳愚唯陛下省察充國奏
每上輒下公卿議臣補注宋祁曰議臣字下當更有一議字初是充國計者什三中
什五最後什八有詔詰前言不便者皆頓首服丞相魏相曰臣愚

不習兵事利害後將軍數畫軍冊其言常是臣任其計可必用也
師古曰任保也上於是報充國曰皇帝問後將軍上書言羌虜可勝之道
今聽將軍將軍計善其上留屯田及當罷者人馬數將軍彊食慎
兵事自愛上以破羌彊弩將軍數言當擊又用充國屯田處離散
恐虜犯之於是兩從其計詔兩將軍與中郎將卬出擊彊弩出降
四千餘人破羌斬首二千級中郎將卬斬首降者亦二千餘級而
充國所降復得五千餘人詔罷兵獨充國留屯田明年五月充國
奏言羌本可五萬人軍凡斬首七千六百級降者三萬一千二百
人溺河湟飢餓死者五六千人定計遺脫與煎鞏黃羝俱亡者不
過四千人補注先謙曰胡注定計以定數計算也羌靡忘等自詭必得師古曰詭責也自以爲憂
責言必能得之請罷屯兵奏可充國振旅而還所善浩星賜迎說充國鄧展
曰浩星姓賜名也曰眾人皆以破羌彊弩出擊多斬首獲降虜以破壞補注

宋祁曰獲作坐然有識者㠯為虜埶窮困兵雖不出必自服矣將軍卽見宜歸功於二將軍出擊非愚臣所及如此將軍計未失也充國曰吾年老矣爵位已極豈嫌伐一時事㠯欺明主哉補注先謙曰胡注言一時用兵之事當以實敷奏豈可以自矜伐為嫌兵埶國之大事當為後法老臣不㠯餘命壹為陛下明言兵之利害卒死誰當復言之者師古曰卒讀曰猝卒㠯其意對師古曰卒終也上然其計罷遣辛武賢歸酒泉太守官充國復為後將軍衞尉其秋羌若零離留且種兒庫師古曰且子閭反共斬先零大豪猶非楊玉首文穎曰猶非人名也師古曰猶非及楊玉二人也宣紀作酋非而此傳作猶字疑紀誤補注劉奉世曰宣紀作五月斬楊玉降與此不同疑是紀誤王文彬曰宣紀作斬首惡大豪楊玉酋非首是與傳異者楊玉列酋非上耳劉單主楊玉而款疑不知所謂王先慎曰酋猶二字古通用史記樗里子傳仇猶國策作仇由高注云或作仇酋今本誤蘇酋呂覽權勳篇作厹繇今本誤厹蘇雎作高注或作仇酋此酋猶通用之證顏疑紀作酋誤失考先謙曰通鑑考異從傳及諸豪弟澤陽雕良兒靡忘皆帥煎鞏黃羝之屬四千餘人降漢封若零弟澤二人為帥

眾王離留且種二人為侯兒庫為君補注李慈銘曰為侯者帥眾侯為君者帥眾君承上省言之下同陽雕為言兵侯良兒為君靡忘為獻牛君初置金城屬國㠯處降羌補注先謙曰王應麟云段熲言先零作寇充國徙令居內地始服終叛至今為鯁以地理志考之神爵二年金城置破羌允街二縣葢處降羌之地羌在湟河之南而漢地在湟河之北謂之屬國置都尉以主降者羌為患不自屬國始也建武中馬援徙羌天水隴西扶風三郡永平中竇固馬武徙羌三輔於是始熾或以充國遷先零內地為非而不知金城非內地也不得不為充國辨詔舉可護羌校尉者時充國病四府舉辛武賢小弟湯補注宋祁曰小弟湯湯淅本作陽先謙曰胡注丞相御史車騎將軍前將軍府也并後將軍為五府充國遽起奏湯使酒不可典蠻夷師古曰使酒因酒以使氣若今言惡酒者補注錢大昭曰使酒應劭以為酗酒是也季布使酒難近灌夫為人剛直使酒不如湯兄臨眾時湯已拜受節有詔更用臨眾後臨眾病免五府復舉湯湯數醉酗羌人師古曰酗音況務反師古曰卽酬字也醉怒曰酗補注錢大昭曰說文無酗字微子篇云我用沈酗於酒釋文云以酒為凶曰酗先謙曰前師古誤羌人反畔卒如充國之言初破羌將軍武賢在軍中時與中郎將卬宴語師古曰閑宴時共語也卬道

車騎將軍張安世始嘗不快上如淳曰所為行不可上意上欲誅之卬家將軍㠯為安世本持橐簪筆張晏曰橐契囊也近臣負橐簪筆從備顧問或有所紀也師古曰橐所以盛書也有底曰囊無底曰橐簪筆者插筆於首橐音丁各反又音託補注沈欽韓曰晏子外篇擁札摻筆給事宮殿中晉輿服志筆者白筆也三臺五省二品文官簪之王公侯伯子男卿尹及武官不簪加內侍位者乃簪之手版卽古笏矣手版頭有白筆又八座尚書荷紫以生紫為袷囊綴之服外加於左肩昔周公負成王制此服衣至今以為朝服或云漢世用盛奏事負之以行齊書輿服志肩[illegible]囊名曰契囊世呼為紫荷周壽昌曰案契卽挈挈囊言可挈之以行也梁書劉杳傳周捨問杳尚書官著紫荷橐相傳云挈囊竟何所出杳荅曰張安世傳曰持橐簪筆事孝武皇帝數十年韋昭張晏注並云橐囊也近臣簪筆以備顧問今無韋昭注而張亦無此言此杳一時誤記耳先謙曰官本無橐音八字引宋祁曰橐舊音丁各反今讀又音託事孝武帝數十年見謂忠謹宜全度之師古曰全安而免度之不令喪敗也安世用是得免及充國還言兵事武賢罷歸故官深恨補注先謙曰胡注以破羌希賞而格不行也上書告卬泄省中語卬坐禁止而入至充國莫府司馬中亂屯兵如淳曰方見禁止而入至充國莫府司馬中司馬中律所謂營軍司馬中也補注先謙曰既泄省中語又坐此罪下吏自殺充國乞骸

骨賜安車駟馬黃金六十斤能就第補注錢大昕曰案公卿表神爵二年書後將軍充國不言何年罷免據此傳似郎是神爵二年事而常惠傳言甘露中後將軍充國薨天子遂以惠為右將軍則充國雖以病免宣帝猶以後將軍待之終充國之身虛將軍位不置也朝庭每有四夷大議常與參兵謀問籌策焉師古曰與讀曰豫補注宋祁曰庭改作廷周壽昌曰庭廷古通用說見前年八十六甘露二年薨諡曰壯侯傳子至孫欽欽尚敬武公主主亡子主教欽良人習詐有身名它人子欽薨子岑嗣侯習為太夫人岑父母求錢財亡已忿恨相告岑坐非子免國除元始中修功臣後復封充國曾孫伋為營平侯師古曰伋音汲補注錢大昕曰恩澤侯表失載此事初充國㠯功德與霍光等列畫未央宮成帝時西羌嘗有警上思將帥之臣追美充國迺召黃門郎楊雄卽充國圖畫而頌之師古曰卽就也於畫側而書頌補注先謙曰官本注末有也字曰明靈惟宣戎有先零先零昌狂侵漢西疆漢命虎臣惟後將軍整我六師是討是震師古曰震合韻音真既臨其域諭㠯威德有守矜功謂之弗克

請奮其旅于罕之羌天子命我從之鮮陽應劭曰酒泉太守辛武賢自將萬騎出張掖擊羌宣帝使充國共武賢討罕开於鮮水之陽也營平守節婁奏封章師古曰婁古屢字料敵制勝威謀靡亢師古曰料量也亢當也合韻音康遂克西戎還師於京鬼方賓服罔有不庭師古曰鬼方言其幽昧也庭來帝庭也一說庭直也昔周之宣有方有虎張晏曰方叔邵虎也〔補注〕先謙曰官本邵作召下同詩人歌功迺列于雅師古曰大雅小雅之詩也在漢中興充國作武赳赳桓桓亦紹厥後師古曰赳赳劲也桓桓威也紹厥後謂繼周之方邵也〔補注〕錢大昭曰後文選作緒

充國爲後將軍徙杜陵辛武賢自羌軍還後七年復爲破羌將軍征烏孫至敦煌後不出徵未到病卒子慶忌至大官

辛慶忌字子眞少以父任爲右校丞隨長羅侯常惠屯田烏孫赤谷城與歙侯戰師古曰歙卽翕字也歙侯烏孫官名〔補注〕宋祁曰歙改作翎陳景雲曰亦谷城在烏孫西偏與康居相接据匈奴傳康居亦有翕侯之官且與烏孫連兵日久此與歙侯戰者謂康居所遣之將也常惠屯田烏孫時漢與烏孫甚睦不當有交戰事顏注似誤陷陳卻敵惠奏其功拜爲侍郎遷校尉將吏士屯焉書國還爲謁者尚未知名元帝初補金城長史〔補注〕錢大昭曰百官表邊郡有長史掌兵馬舉茂材遷郎中車騎將軍〔補注〕劉敞曰郎中車騎將軍不成文明衍軍字是歷郎中兼車騎將史省文總言之耳又曰郎中車騎將軍衍車軍字當云郎中騎將不然著車去騎爲車將也齊召南曰案以文義推之敞後說尤長車騎將軍位次大將軍未有以郎中兼者觀下文云轉爲校尉遷張掖太守郎知非車騎將軍矣軍字顯是衍文又案百官表郎中有車戶騎三將秩皆比二千石此文應云遷郎中騎將又誤衍一車字耳沈欽韓曰案文衍軍字蓋辛慶忌爲長史已六百石又舉茂材爲車騎將秩千石也下云爲校尉則秩二千石也朝庭多重之者〔補注〕先謙曰官本庭作廷轉爲校尉遷張掖太守徙酒泉所在著名成帝初徵爲光祿大夫遷左曹中郎將至執金吾始武賢與趙充國有隙後充國家殺辛氏至慶忌爲執金吾坐子殺趙氏左遷酒泉太守歲餘大將軍王鳳薦慶忌前在兩郡著功迹徵入歷位朝廷莫不信鄉師古曰鄉讀曰嚮質行正直仁勇得眾心通於兵事明略威重任國柱石師古曰任堪也父破羌將軍武賢顯名前世有威西夷臣鳳不宜久處慶忌之右師古曰右上也迺

復徵爲光祿大夫執金吾數年坐小法左遷雲中太守復徵爲光祿勳時數有災異丞相司直何武上封事曰虞有宮之奇晉獻不寐應劭曰晉獻公欲伐虞以宮之奇在寢不寐〔補注〕宋祁曰注不寐下當添也字衞青在位淮南寢謀〔補注〕先謙曰顧炎武云謂伍被言大將軍數將習兵未易當又言雖古名將不過是爲淮南所憚也故賢人立朝折衝厭難勝於亡形師古曰厭抑也未有禍難之形豫勝之也厭音一葉反〔補注〕沈欽韓曰齊策蘇代說閔王曰百尺之衝折之衽席之上說苑尊賢篇遠乎賢者之厭難折衝也司馬法曰天下雖安忘戰必危夫將不豫設則亡以應卒師古曰卒讀曰猝謂暴也士不素厲則難使死敵是以先帝建列將之官近戚主內異姓距外故姦軌不得萌動而破滅師古曰始生曰萌誠萬世之長冊也光祿勳慶忌行義修正柔毅敦厚師古曰和柔而能沈毅也尚書咎繇謨曰擾而毅擾亦柔也今流俗書本柔字作果者妄改之謀慮深遠前在邊郡數破敵獲虜外夷莫不聞迺者大異並見未有其應加以兵革久寢春秋大災未至而豫禦之師古曰莊十八年公追戎於濟西公羊傳曰此未有伐中國者言追何大其未至而豫禦也〔補注〕劉敞曰衍災字宋祁曰注國有下當添其字慶忌宜在爪牙官以備不虞師古曰虞度也言有寇難非意所度也其後拜爲右將軍諸吏散騎給事中歲餘徙爲左將軍〔補注〕先謙曰慶忌直諫救朱雲詳雲傳慶忌居處恭儉食飲被服尤節約然性好輿馬號爲鮮明唯是爲奢〔補注〕王文彬曰言獨輿馬奢華餘皆從儉也爲國虎臣遭世承平匈奴西域親附敬其威信年老卒官長子通爲護羌校尉中子遵函谷關都尉少子茂水衡都尉出爲郡守〔補注〕錢大昭曰茂字子淵由中郎將遷見公卿表皆有將帥之風宗族支屬至二千石者十餘人元始中安漢公王莽秉政見慶忌本大將軍鳳所成三子皆能欲親厚之是時莽方立威柄用甄豐甄邯以自助豐邯新貴威震朝廷水衡都尉茂自見名臣子孫兄弟並列不甚詘事兩甄時平帝幼外家衞氏不得在京師而護羌校尉通長子次兄素與帝從舅衞子伯相善師古曰次兄其字也兄讀如本字亦讀曰況兩人俱游俠賓客甚盛及呂寬事起

補注錢大昭曰呂寬事見莽傳莽誅衞氏兩甄構言諸辛陰與衞子伯爲心腹有背恩不說安漢公之謀師古曰說讀曰悅於是司直陳崇舉奏其宗親隴西辛興等侵陵百姓威行州郡莽遂按通父子遵茂兄弟及南郡太守辛伯等皆誅殺之辛氏繇是廢師古曰繇讀與由同慶忌本狄道人爲將軍從昌陵昌陵罷留長安

贊曰秦漢已來補注宋祁曰已當作以山東出相山西出將秦時將軍白起郿人師古曰郿扶風之縣也音媚補注先謙曰官本無時字引宋祁曰秦下當添時字郿縣在今鳳翔府郿縣東北王翦頻陽人漢興郁郅王圍甘延壽師古曰圍爲强弩將軍見蓺文志郁音於六反郅音質補注先謙曰頻陽馮翊縣今西安府富平縣東北五十里郁郅北地縣今慶陽府安化縣治義渠公孫賀傅介子成紀李廣李蔡杜陵蘇建蘇武上邽上官桀趙充國襄武廉褒狄道辛武賢慶忌補注先謙曰義渠北地縣今慶陽府寧州西北成紀天水縣今秦州秦安縣北三十里杜陵京兆縣今西安咸寧縣東南上邽隴西縣今秦州西南襄武狄道並隴西縣襄武今鞏昌府隴西縣西南狄道今蘭州府狄道縣治皆㠯勇

武顯聞蘇辛父子著節此其可稱列者也其餘不可勝數何則山西天水隴西安定北地處埶迫近羌胡民俗修習戰備高上勇力鞍馬騎射故秦詩曰王于興師修我甲兵與子皆行師古曰小戎之詩也解在地理志其風聲氣俗自古而然今之歌謠慷慨風流猶存耳

趙充國辛慶忌傳第三十九 終　漢書六十九

傅常鄭甘陳段傳第四十　漢書七十

漢　蘭　臺　令　史　班　固　撰

唐正議大夫行祕書少監琅邪縣開國子顏師古　注

賜進士出身前翰林院編修國子監祭酒加三級臣王先謙補注

傅介子北地人也師古曰趙充國傳贊云義渠公孫賀傅介子然則介子北地義渠人也補注沈欽韓曰西京雜記傅介子年十四好學書嘗棄觚而歎曰大丈夫當立功絕域何能坐事散儒㠯從軍爲官先是龜茲樓蘭皆嘗殺漢使者服虔曰龜茲音丘慈語在西域傳至元鳳中介子㠯駿馬監求使大宛補注周壽昌曰駿馬監當屬太僕而百官表駿馬有令丞無監續志注引同後漢有左駿令亦無監疑此監字爲令丞字誤也因詔令責樓蘭龜茲國介子至樓蘭責其王教匈奴遮殺漢使大兵方至王苟不教匈奴匈奴使過至諸國何爲不言王謝服言匈奴使屬過師古曰屬近也近始過去屬音之欲反當至烏孫道過龜茲介子至龜茲復責其王王亦服罪介子從大宛還到龜茲龜茲言匈

奴使從烏孫還在此介子因率其吏士共誅斬匈奴使者還奏事詔拜介子爲中郎遷平樂監補注王先慎曰監上脫廄字功臣世系表義陽侯傅介子以平樂廄監使誅樓蘭王斬首侯是介子實監平樂廄通鑑胡注謂平樂監監平樂觀据誤文爲說御覽二百一引有廄字猶未脫也介子謂大將軍霍光曰樓蘭龜茲數反覆而不誅無所懲艾師古曰艾讀曰乂介子過龜茲時其王近就人易得也師古曰附近而親就言不相猜阻也願往刺之㠯威示諸國大將軍曰龜茲道遠且驗之於樓蘭於是白遣之介子與士卒俱齎金幣揚言㠯賜外國爲名至樓蘭樓蘭王意不親介子介子陽引去至其西界使譯謂曰補注先謙曰胡注此謂樓蘭國之譯人漢使者持黃金錦繡行賜諸國師古曰徧往賜之王不來受我去之西國矣卽出金幣㠯示譯譯還報王王貪漢物來見使者介子與坐飲陳物示之飲酒皆醉介子謂王曰天子使我私報王師古曰謂密有所論王起隨介子入帳中屛語師古曰屛人而獨共語也壯士二人從後刺之刃交匈立死

其貴人左右皆散走介子告諭以王負漢罪天子遣我來誅王當更立前太子質在漢者漢兵方至毋敢動動滅國矣遂持王首還詣闕公卿將軍議者咸嘉其功〔補注〕何焯曰光所遣也故無異議上迺下詔曰樓蘭王安歸〔補注〕先謙曰官本考證云此傳及昭紀並作安歸西域傳作嘗歸必有一誤先謙案通鑑考異從紀及本傳嘗爲匈奴間候遮漢使者師古曰間爲匈奴之間爲候伺〔補注〕齊召南曰案西域傳云後數爲匈奴反間注云間音居莧反則此間字亦去聲注爲匈奴之間當作爲匈奴反間也反字誤作之字耳先謙曰注爲候伺上亦當更有候字官本注上間字作言爲作而發兵殺略衞司馬安樂光祿大夫忠期門郎遂成等三輩及安息大宛使盜取節印獻物晉灼曰此安息大宛遣使獻漢而樓蘭王使人盜取所獻之物也師古曰節及印漢使者所賫也獻物大宛等使所獻也樓蘭既殺漢使又殺諸國使者甚逆天理平樂監傅介子持節使誅斬樓蘭王安歸首縣之北闕以直報怨師古曰論語載孔子言曰以直報怨以德報德言怨於我者則直道而報之故詔引之也〔補注〕先謙曰官本注而作以不煩師眾其封介子爲義陽侯食邑七百戶士刺王者皆補侍郎介子薨子

敞有罪不得嗣國除元始中繼功臣世復封介子曾孫長爲義陽侯王莽敗迺絕

常惠太原人也少時家貧自奮應募隨移中監蘇武使匈奴師古曰移中廄名也音移解在昭紀〔補注〕宋祁曰蘇林曰移音移如淳曰移爾雅唐棣移也移園之中有馬廄也釋文唐棣移郭璞注云似白楊江東呼爲移音以支反姚本改作移先謙曰事互詳蘇武匈奴傳幷見拘留十餘年昭帝時迺還漢嘉其勤勞拜爲光祿大夫〔補注〕周壽昌曰蘇武傳惠還時僅拜爲中郎或不久即遷是時烏孫公主上書言〔補注〕錢大昕曰此傳與西域傳相同者幾三百言匈奴發騎田車師師古曰車師西域國名也車師與匈奴爲一共侵烏孫唯天子救之漢養士馬議欲擊匈奴會昭帝崩宣帝初即位本始二年遣惠使烏孫公主及昆彌皆遣使因惠言匈奴連發大兵擊烏孫取車延惡師地收其人民去使使脅求公主師古曰脅謂以威迫之也欲隔絕漢昆彌願發國半精兵自給人馬五萬騎盡力擊匈奴唯天子出兵以救公主昆彌於是漢大發十五萬騎五將軍分道出師古曰祁連將軍田廣明蒲類將軍趙充國武牙將軍田順度遼將軍范明友前將軍韓增語在匈奴傳以惠爲校尉持節護烏孫兵昆彌自將翎侯以下五萬餘騎師古曰翎即翕字也翎侯烏孫官號也從西方入至右谷蠡庭師古曰谷音鹿蠡音黎獲單于父行及嫂居次晉灼曰匈奴女號若言公主也師古曰行音胡浪反名王騎將以下三萬九千人〔補注〕先謙曰官本考證云西域傳作名王犂汙都尉千長騎以下四萬級而匈奴傳作名王犂汙都尉千長將以下三萬九千餘級得馬牛驢驘橐佗五萬餘匹羊六十餘萬頭烏孫皆自取鹵獲惠從吏卒十餘人隨昆彌還未至烏孫烏孫人盜惠印綬節惠還自以當誅師古曰謂失印綬及節爲辱命時漢五將皆無功天子以惠奉使克獲遂封惠爲長羅侯復遣惠持金幣還賜烏孫貴人有功者惠因奏請龜茲國嘗殺校尉賴丹未伏誅請便道擊之宣帝不許大將軍霍光風惠以便宜從事師古曰言至前所專命而行也風讀曰諷惠與吏士五百人俱至烏孫還過發西國兵二萬人令副使

發龜茲東國二萬人烏孫兵七千人從三面攻龜茲兵未合先遣人責其王以前殺漢使狀王謝曰迺我先王時爲貴人姑翼所誤耳我無罪惠曰即如此縛姑翼來吾置王師古曰置猶放〔補注〕宋祁曰注文放字下疑有也字王執姑翼詣惠惠斬之而還後代蘇武爲典屬國明習外國事勤勞數有功甘露中後將軍趙充國薨天子遂以惠爲右將軍典屬國如故宣帝崩惠事元帝三歲薨〔補注〕周壽昌曰惠隨蘇武在匈奴十九年歸四十五歲而卒計出使時年二十至卒時亦當八十餘歲謚曰壯武侯〔補注〕錢大昕曰功臣表作壯侯傳國至曾孫建武中迺絕

鄭吉會稽人也〔補注〕何焯曰謝承後漢書鄭宏會稽山陰人其曾祖父本齊國臨淄人官至蜀郡屬國都尉武帝時從強宗大姓不得族居將三子移居山陰因遂家焉長子吉雲中都尉西域都護案吉出自卒伍未必有官閥但爲宏之從祖居在山陰或可信也沈欽韓曰寰宇記都護門在會稽縣南二里即鄭吉遺宅樂史以爲晉王薈傳譌以卒伍從軍數出西域由是爲郎吉爲人彊執習外國事師古曰彊力而有執志者自張騫通

西域李廣利征伐之後初置校尉屯田渠黎補注齊召南曰黎字應作犂傳寫誤耳先謙曰譯音無定字諸傳黎犂通作本不畫一非誤也至宣帝時吉目侍郎田渠黎積穀因發諸國兵攻破車師遷衞司馬使護鄯善目西南道師古曰鄯音善補注齊召南曰案西域傳出西域有二道自鄯善西行至莎車爲南道自車師前王庭西行至疏勒爲北道本文西字應讀言護鄯善以西之南道也下北道亦然神爵中匈奴乖亂日逐王先賢撣欲降漢師古曰撣音纏使人與吉相聞吉發渠黎龜茲諸國五萬人迎日逐王口萬二千人小王將十二人隨吉至河曲頗有亡者吉追斬之遂將詣京師漢封日逐王爲歸德侯吉既破車師降日逐威震西域遂幷護車師目西北道故號都護師古曰並護南北二道故謂之都都猶大也總也都護之置自吉始焉上嘉其功效迺下詔曰都護西域騎都尉鄭吉拊循外蠻宣明威信師古曰禮云東夷北狄西戎南蠻然夷蠻戎狄亦四方之總稱耳故史傳又云百蠻也迎匈奴單于從兄日逐王衆擊破車師兜訾城師古曰訾音子移反補注沈欽韓曰紀要兜訾城在廢庭州境庭州城在火州北四百十里功效茂著其封吉爲安遠侯食邑千戶吉於是中西域而立莫府師古曰中西域者言最處諸國之中近遠均也中音竹仲反補注周壽昌曰後遂稱都護府治烏壘城鎭撫諸國誅伐懷集之漢之號令班西域矣師古曰班布也始自張騫而成於鄭吉語在西域傳吉薨諡曰繆侯子光嗣薨無子國除元始中錄功臣不目罪絕者封吉曾孫永爲安遠侯

甘延壽字君況北地郁郅人也少目良家子善騎射爲羽林投石拔距絕於等倫應劭曰投石目石投人也拔距即下超踰羽林亭樓是也張晏曰范蠡兵法飛石重十二斤爲機發行二百步延壽有力能目手投之拔距超距也師古曰投石應劭是也拔距者有人連坐相把据地距目爲堅而能拔取之皆言其有手掣之力超踰亭樓又言其趫捷耳非拔距也今人猶言拔爪之戲蓋拔距之遺法補注宋祁曰注文堅字疑作掔字掔字疑作掔字王念孫曰左思吳都賦袒裼徒搏拔距投石之部劉逵云拔距謂兩人以手相案能拔引之也師古之解拔距蓋本於此今案投石拔距者石擿也投石猶言投擿擿亦投也廣雅擿投也石擿也賈子連語篇提石之者猶未肯止是也[illegible]拔距超距也故下文即云超踰亭樓史記王翦傳方投石超距徐廣云超一作拔應劭以拔距爲超踰是也距亦超也[illegible]超亦拔也投石拔距投石超距皆四字平列管子輕重丁篇戲笑超距亦四字平列應劭謂投石爲以石投人劉逵謂拔距爲兩人以手相案能拔引之皆非是先謙曰官本注二百步作三百步應劭是作應說是猶下言作嘗超踰羽林亭樓由是遷爲郎試弁爲期門孟康曰弁手搏補注宋祁曰注末當有也字目材力愛幸稍遷至遼東太守免官車騎將軍許嘉薦延壽爲郎中諫大夫使西域都護騎都尉與副校尉陳湯共誅斬郅支單于封義成侯薨諡曰壯侯傳國至曾孫王莽敗迺絕

陳湯字子公山陽瑕丘人也補注沈欽韓曰一統志兗州府滋陽縣漢瑕邱縣宋大觀四年避先聖諱改曰瑕縣尋又改爲滋陽明成化間昜滋爲嵫故城在縣西二十五里少好書博達善屬文師古曰屬音之欲反家貧匄貣無節不爲州里所稱師古曰匄乞也貣音吐得反西至長安求官得太官獻食丞補注錢大昭曰太官屬少府主膳食獻食丞百官表所無數歲富平侯張勃與湯交高其能初元二年元帝詔列侯舉茂材勃舉湯湯待遷父死不犇喪師古曰犇古奔字司隸奏湯無循行補注宋祁曰循疑作脩勃選舉故不目

實坐削二百戶補注先謙曰官本戶字在削下會薨因賜諡曰繆侯師古曰目其繆舉人也湯下獄論後復目薦爲郎數求使外國久之遷西域副校尉與甘延壽俱出先是宣帝時匈奴乖亂五單于爭立呼韓邪單于與郅支單于俱遣子入侍漢兩受之後呼韓邪單于身入稱臣朝見郅支目爲呼韓邪破弱降漢不能自還即西收右地會漢發兵送呼韓邪單于郅支由是遂西破呼偈堅昆丁令服虔曰呼偈小國名在匈奴北師古曰偈音起厲反令與零同補注齊召南曰案呼偈匈奴傳作烏偈沈欽韓曰魏志注魏略曰呼得國在蔥嶺北烏孫西北康居東北堅昆國在康居北勝兵六萬人或以爲此丁令即匈奴北丁令而此丁令在烏孫中明有北丁令西丁令也呼偈即呼得李德裕會昌一品集賈耽古今四夷述云黠戛斯古堅昆國先謙曰官本注無音字引宋祁曰偈字下當添音字兼三國而都之怨漢擁護呼韓邪而不助己困辱漢使者江迺始等初元四年遣使奉獻因求侍子願爲內附漢議遣衞司馬谷吉送之御史大夫貢禹博士匡衡目爲春秋之義許夷狄者不壹而足師古曰言制節之不皆稱

其所求也〔補注〕先謙曰官本制節作節制今郅支單于鄉化未湻師古曰鄉讀曰嚮不雜曰醇醇一也厚也〔補注〕先謙曰官本正文作醇據顏注所見本亦作醇此湻字誤所在絕遠宜令使者送其子至塞而還吉上書言中國與夷狄有羈縻不絕之義〔補注〕先謙曰官本靡作縻是今既養全其子十年德澤甚厚空絕而不送近從塞還示捐弃不畜師古曰畜謂愛養也〔補注〕先謙曰捐弃官本作弃捐使無鄉從之心師古曰鄉讀曰嚮從謂向化而從命也棄前恩立後怨不便議者見前江迺始無應敵之數知勇俱困以致恥辱卽豫爲臣憂臣幸得建彊漢之節承明聖之詔宣諭厚恩不宜敢桀師古曰言郅支畏威當不敢桀黠也若懷禽獸加無道於臣則單于長嬰大罪師古曰嬰猶帶也〔補注〕宋祁曰禽獸字下疑有心字長嬰大罪罪字疑作漢必遁逃遠舍不敢近邊師古曰舍止也沒一使以安百姓國之計臣之願也願送至庭師古曰上單于庭以示朝者禹復爭以爲吉往必爲國取悔生事不可許右將軍馮奉世以爲可遣上許焉既至郅支單于怒竟殺吉等自知負漢又

聞呼韓邪益彊遂西奔康居康居王以女妻郅支郅支亦以女予康居王康居甚尊敬郅支欲倚其威以脅諸國師古曰倚音於綺反郅支數借兵擊烏孫深入至赤谷城殺略民人歐畜產師古曰歐與驅同下皆類此〔補注〕先謙曰官本歐作毆烏孫不敢追西邊空虛不居者且千里郅支單于自以大國威名尊重又乘勝驕〔補注〕先謙曰通鑑胡注郅支嘗破殺閏振攻破呼韓邪又殺伊利目屢破烏孫兵故驕也不爲康居王禮怒殺康居王女及貴人人民數百或支解投都賴水中師古曰支解謂截其四支也都賴郅支水名〔補注〕齊召南曰案注稍誤蓋康居國水名而郅支來築城其地故下文曰前至郅支城都賴水上也沈欽韓曰通典一百九十三康居國王亦在蘇薤城卽都賴聲同案西域傳康居有小王五一曰蘇薤王治蘇薤城隋書西域傳米國都那蜜水西曹國何國都那蜜水南皆舊康居地蓋那蜜水爲彼土大水卽都賴水先謙曰官本注截上有解字發民作城日作五百人二歲迺已又遣使責闔蘇大宛諸國歲遺師古曰胡廣云康居北可一千里有國名奄蔡一名闔蘇然則闔蘇卽奄蔡也歲遺者年常所獻遺之物遺音弋季反〔補注〕沈欽韓曰後書西域傳奄蔡改名阿蘭聊北史西域傳粟特國在葱嶺之西故名奄蔡一名溫那沙寰宇記十三州志云奄蔡粟特各有君長而魏收以爲一國謬也粟特溫那沙皆闔蘇聲之轉胡廣所言誤也先謙曰官本無音字引宋祁曰弋季字上當有音字不敢不予漢遣使三輩至康居求谷吉等死師古曰死尸也〔補注〕先謙曰死屍省文廣川王傳卽取他死人與都死付其母都死謂都屍也與此同郅支困辱使者不肯奉詔而因都護上書言居困戹願歸計彊漢遣子入侍師古曰故爲此言以調戲也歸計謂歸附而受計策也其驕嫚如此建昭三年湯與延壽出西域湯爲人沈勇有大慮多策謀喜奇功師古曰喜音許吏反每過城邑山川常登望既領外國與延壽謀曰夷狄畏服大種其天性也西域本屬匈奴〔補注〕先謙曰胡注武帝雖通西域匈奴猶役屬之至宣帝時朝呼韓邪降日逐西域乃咸屬漢今郅支單于威名遠聞侵陵烏孫大宛常爲康居畫計欲降服之如得此二國〔補注〕王念孫曰二國當爲三國三國謂烏孫大宛康居也漢紀孝元紀作如得此三國是其證北擊伊列〔補注〕沈欽韓曰魏略伊列國在康居北寰宇記康居與粟弋伊列鄰接西取安息南排月氏山離烏弋數年之間城郭諸國危矣服虔曰山離烏弋不在二十六國中去中國二萬里師古曰謂西域國爲城郭者言不隨畜牧遷徙以別於匈

奴也〔補注〕錢大昭曰西域傳烏弋山離國王去長安萬二千二百里此云山離烏弋疑傳寫倒置服虔以爲去中國二萬里未詳先謙曰官本作三十六國且其人剽悍師古曰剽輕也悍勇也剽音頻妙反又音匹妙反悍音胡幹反好戰伐數取勝久畜之必爲西域患郅支單于雖所在絕遠〔補注〕王念孫曰郅支單于雖所在絕遠本作郅支單于分離句所在絕遠句上文曰郅支單于西奔康居康居在大宛之西北去匈奴甚遠故曰郅支單于分離所在絕遠也去國既遠又無金城強弩之守則攻之易克下文守則不足自保承無金城強弩而言亡則無所之承所在絕遠而言若云雖所在絕遠則與下文義不相屬矣隸書離字或作離漢北海相景君碑陰當離墓側魯相韓勑造孔廟禮器碑離敗聖輿字並作離顏氏家訓書證篇離則配禹正謂此也形與雖相似因誤爲雖荀子解蔽篇是以與治離走而是已不輟也雖或作離史記衛將軍驃騎傳大當戶銅離漢書作調雖上又脫去分字耳御覽職官部四十九不得其解而刪去雖字謬矣漢紀正作郅支分離所在絕遠蠻夷無金城強弩之守〔補注〕先謙曰蠻夷無強弩之守所謂胡者全兵也下文郅支城中以弓射外人似亦有弩下又云胡兵弓弩不利頗得漢巧則知久與漢戰亦非全無弓弩矣如發屯田吏士歐從烏孫眾兵師古曰歐帥之令隨從也〔補注〕先謙曰官本正文歐作歐注作驅直指其城下彼亡則無所之守則不足自保師古曰之往也保安也〔補注〕先謙曰官本無上也字千載之功可一朝而成也延壽亦以爲然欲奏請之湯曰國家與公

卿議〔補注〕先謙曰胡注此時已稱天子爲國家非至東都始然也大策非凡所見事必不從師古曰言凡庸之人不能遠見故壞其事也〔補注〕宋祁曰注文中壞字上疑有破字延壽猶與不聽師古曰與讀曰豫會其久病湯獨矯制發城郭諸國兵車師戊已校尉屯田吏士延壽聞之驚起欲止焉湯怒按劒叱延壽曰大眾已集會豎子欲沮眾邪師古曰沮止也壞也音才汝反延壽遂從之部勒行陳益置揚威白虎合騎之校張晏曰西域陳法之名也師古曰張說非也一校則別爲一部軍故稱校耳湯特新置此等諸校名以爲威聲也漢兵胡兵合四萬餘人延壽湯上疏自劾奏矯制陳言兵狀即日引軍分行別爲六校〔補注〕先謙曰胡注別分也揚威白虎合騎三校併副校尉戊校尉己校尉爲六校其三校從南道踰葱領徑大宛其三校都護自將發溫宿國從北道入赤谷過烏孫涉康居界至闐池西而康居副王抱闐將數千騎寇赤谷城東文穎曰闐音塡〔補注〕沈欽韓曰新唐書西域傳于闐國有玉河葢即闐池又隋西域傳有抱恒國通典引韋節西書記云親問其國人並自稱抱闐又案漢書陳湯征郅支康居副王抱闐抄其後重此康居之種類然傳自遠國夷語訛舛莫知

根實案今書作抱闐又傳寫之訛西域傳康居小王五曰奧鞬王當即抱闐記者互異不考耳周壽昌曰副王其王之副若匈奴中左右賢王也殺略大昆彌千餘人敺畜產甚多從後與漢軍相及頗寇盜後重師古曰重謂輜重也音直用反湯縱胡兵擊之殺四百六十人得其所略民四百七十人還付大昆彌其馬牛羊以給軍食又捕得抱闐貴人伊奴毒入康居東界令軍不得爲寇師古曰勿抄掠間呼其貴人屠墨見之師古曰間謂密呼也諭以威信與飲盟遣去徑引行未至單于城可六十里止營復捕得康居貴人貝色子男開牟以爲導〔補注〕先謙曰通鑑貝作眞貝色子即屠墨母之弟師古曰母之弟即謂舅也皆怨單于由是具知郅支情明日引行未至城三十里止營單于遣使問漢兵何以來應曰單于上書言居困阸願歸計彊漢身入朝見天子哀閔單于棄大國屈意康居故使都護將軍來迎單于妻子〔補注〕齊召南曰案都護不稱將軍延壽湯自稱以羅遠人耳下文見將軍受事者同恐左右驚動故未敢至城下使數往來相荅報

延壽湯因讓之師古曰讓責也我爲單于遠來而至今無名王大人見將軍受事者師古曰名王諸王之貴者受事受教命而供事也〔補注〕周壽昌曰案匈奴稱貴臣爲大人何單于忽大計失客主之禮也師古曰忽忘也兵來道遠人畜罷極食度且盡師古曰罷讀曰疲度音大各反恐無以自還願單于與大臣審計策〔補注〕何焯曰示弱以堅之使毋走下郅支所云不如堅守漢兵遠來不能久攻爲此語所紿也明日前至郅支城都賴水上離城三里止營傅陳師古曰傅讀曰敷敷布也望見單于城上立五采幡織師古曰織讀曰幟音式志反數百人被甲乘城師古曰乘謂登之備守也又出百餘騎往來馳城下步兵百餘人夾門魚鱗陳師古曰言其相接次形若魚鱗講習用兵城上人更招漢軍曰鬬來師古曰更互也音工行反百餘騎馳赴營營皆張弩持滿指之騎引卻頗遣吏士射城門騎步兵騎步兵皆入延壽湯令軍聞鼓音皆薄城下師古曰薄迫也四面圍城各有所守穿塹塞門戶鹵楯爲前戟弩爲後卬射城中樓上人師古曰卬讀曰仰樓上人下走土城外有重木城

從木城中射頗殺傷外人外人發薪燒木城夜數百騎欲出外迎射殺之〔補注〕宋祁曰出外下疑有人字初單于聞漢兵至欲去疑康居怨己爲漢內應又聞烏孫諸國兵皆發自以無所之師古曰之往也〔補注〕先謙曰胡注自計無所往而可郅支已出復還曰不如堅守漢兵遠來不能久攻單于乃被甲在樓上諸閼氏夫人數十皆以弓射外人外人射中單于鼻諸夫人頗死單于下騎傳戰大內師古曰下騎謂下樓而騎馬也傳戰轉戰也大內單于之內室也言且戰且行而入內室〔補注〕周壽昌曰傳戰大內葢傳呼大內諸人助戰此時城未破何由入內而且戰且行邪觀下走入大內知顏注誤夜過半木城穿中人卻入土城乘城呼師古曰乘登也呼音火故反次下亦同〔補注〕先謙曰穿塹穴也木城穿中人即上文重木城中人也胡注中人木城中人也是以木城穿爲句誤時康居兵萬餘騎分爲十餘處四面環城亦與相應和師古曰環繞也音患和音胡臥反〔補注〕先謙曰康居兵來救者與乘城呼者應和也夜數犇營不利輒卻師古曰犇古奔字也平明四面火起吏士喜大呼乘之師古曰乘逐也鉦鼓聲動地康居兵引卻漢兵四面推鹵

楯並入土城中單于男女百餘人走入大內漢兵縱火吏士爭入單于被創死軍候假丞杜勳〔補注〕先謙曰胡注漢制軍行有各部校尉部下有曲曲有軍候一人又都護有副校尉秩比二千石丞一人司馬候千人各二人杜勳本爲軍候而假丞也斬單于首得漢使節二及谷吉等所齎帛書諸鹵獲㠯畀得者師古曰畀予也各㠯與所得人畀音必寐反〔補注〕何焯曰此云諸鹵獲以畀得者則湯無私焉下云湯素貪所鹵獲財物入塞多不法殆丞相御史誣枉之凡斬閼氏太子名王㠯下千五百一十八級生虜百四十五人降虜千餘人賦予城郭諸國所發十五王師古曰賦謂班與之也所發十五王謂所發諸國之兵共圍郅支王者也於是延壽湯上疏曰臣聞天下之大義當混爲一師古曰混同也音胡本反昔有唐虞今有彊漢匈奴呼韓邪單于已稱北藩唯郅支單于叛逆未伏其辜大夏之西㠯爲彊漢不能臣也師古曰謂漢爲不能使郅支臣服也郅支單于憯毒行於民大惡通于天臣延壽臣湯將義兵行天誅賴陛下神靈陰陽並應天氣精明〔補注〕周壽昌曰精明卽晴也亦作暒陷陳克敵斬郅支首

及名王㠯下宜縣頭稾街蠻夷邸閒晉灼曰黃圖在長安城門內師古曰稾街街名蠻夷邸在此街也邸若今鴻臚客館也崔浩㠯爲稾當爲橐橐街卽銅駝街也此說失之銅駝街在雒陽西京無也㠯示萬里明犯彊漢者雖遠必誅事下有司丞相匡衡御史大夫繁延壽師古曰繁音蒲何反㠯爲郅支及名王首更歷諸國蠻夷莫不聞知師古曰更音工衡反月令春掩骼埋胔之時應劭曰禽獸之骨曰骼骼大也鳥鼠之骨曰胔胔可惡也臣瓚曰枯骨曰骼有肉曰胔師古曰瓚說是也骼音工客反胔音才賜反宜勿縣車騎將軍許嘉右將軍王商〔補注〕齊召南曰案此樂昌侯王商以右將軍後爲丞相自有列傳非王鳳弟成都侯王商也㠯爲春秋夾谷之會優施笑君孔子誅之師古曰夾谷地名卽祝其也定十年公會齊侯於夾谷孔子攝相事齊侯奏宮中之樂俳優侏儒戲於前孔子歷階而上曰匹夫侮諸侯者罪應誅於是斬侏儒首足異處齊侯懼有慚色施者優人之名夾音頰方盛夏首足異門而出宜縣十日迺埋之有詔將軍議是初中書令石顯嘗欲㠯姊妻延壽延壽不取及丞相御史亦惡其矯制皆不與湯師古曰與猶許〔補注〕先謙曰官本注末有也字湯素貪所鹵獲財物入塞多不法師古曰不法者私自取之不依軍法〔補注〕先謙曰胡注不法者以外國財物闌入邊關也司隸校尉移書道上繫吏士按驗之湯上疏言臣與吏士共誅郅支單于幸得禽滅萬里振旅師古曰師入曰振旅振整也旅衆也宜有使者迎勞道路師古曰勞音力到反今司隸反逆收繫按驗〔補注〕先謙曰胡注當勞來而收是於事理爲反也逆迎也是爲郅支報讎也上立出吏士令縣道具酒食㠯過軍〔補注〕先謙曰百官表縣有蠻夷曰道既至論功石顯匡衡〔補注〕何焯曰匡衡之上冠以石顯史家之辭嚴矣㠯爲延壽湯擅興師矯制幸得不誅如復加爵土則後奉使者爭欲乘危徼幸生事於蠻夷師古曰若如也〔補注〕先謙曰官本作如若也是爲國招難漸不可開元帝內嘉延壽湯功而重違衡顯之議師古曰重難也議久不決故宗正劉向上疏曰〔補注〕先謙曰胡注帝初卽位向爲宗正免官久矣故曰故宗正郅支單于囚殺使者吏士㠯百數事暴揚外國傷威毀重羣臣皆閔焉師古曰閔病也陛下赫然欲誅之意未嘗有忘西域都護延壽副校尉湯承聖指倚神靈總百蠻之君擥城郭之兵師古曰擥總持之也

其字從手出百死入絕域遂蹈康居屠五重城〔補注〕先謙曰荀紀作五通鑑作三胡注郅支城木城再重幷土城爲三重則作三是也下文谷永亦云屠三重城搴歙侯之旗師古曰搴拔也音騫〔補注〕齊召南曰案西域傳俱作翎侯師古注翎卽翕字則此文歙字誤也斬郅支之首縣旌萬里之外揚威昆山之西〔補注〕先謙曰胡注昆山指言崐崘山也埽谷吉之恥立昭明之功萬夷慴服莫不懼震師古曰慴恐也音之涉反呼韓邪單于見郅支已誅且喜且懼鄉風馳義稽首來賓師古曰馳義慕義驅馳而來也鄉讀曰嚮願守北藩累世稱臣立千載之功建萬世之安羣臣之勳莫大焉昔周大夫方叔吉甫爲宣王誅獫狁而百蠻從其詩曰嘽嘽焞焞如霆如雷顯允方叔征伐獫狁蠻荊來威師古曰小雅采芑之詩也嘽嘽衆也焞焞盛也言車徒既衆且盛有如雷霆故能克定獫狁而令荊土之蠻亦畏威而來也嘽音他丹反焞音他回反〔補注〕先謙曰官本注無兩音字此蠻荊亦當作荊蠻說詳賈捐之傳易曰有嘉折首獲非其醜師古曰離上九爻辭也嘉善也醜類也言王者出征克勝斬首多獲非類故㠯爲善〔補注〕先謙曰官本非作匪通鑑同荀紀作非言美誅首惡之人而諸不順者皆來從也今延

壽湯所誅震雖易之折首詩之雷霆不能及也論大功者不錄小過舉大美者不疵細瑕司馬法曰軍賞不踰月欲民速得爲善之利也蓋急武功重用人也吉甫之歸周厚賜之其詩曰吉甫燕喜既多受祉來歸自鎬我行永久師古曰小雅六月之詩也鎬地名非豐鎬之鎬此鎬及方皆在周之北時獫狁侵鎬及方至於涇陽吉甫薄伐自鎬而還王以燕禮樂之多受福賜以其行役有功日月長久故也千里之鎬猶以爲遠況萬里之外其勤至矣延壽湯既未獲受祉之報反屈捐命之功久挫於刀筆之前師古曰捐弃其軀命言無所顧也挫屈折也刀筆謂吏也非所以勸有功厲戎士也昔齊桓公前有尊周之功師古曰謂伐楚責苞茅及會王太子于首止後有滅項之罪師古曰項國名也春秋僖十七年夏滅項公羊傳曰齊滅之也不言齊爲桓公諱也桓常有繼絕存亡之功故君子爲之諱君子以功覆過而爲之諱行事師古曰行事謂滅項之事也補注劉敓曰諱行事非辭也諱以上爲句行事者言已行之事舊例成法也漢世人作文言行事成事者意皆同錢大昕曰顏解行事爲滅項之事是也劉疑其不辭欲以行事屬下句淺陋可笑王念孫曰行事二字乃總目下文之詞劉屬下讀是也行者往也見秦風無衣傳及鹿鳴[illegible]

往事卽下文所稱李廣利常惠鄭吉三人之事漢紀改行事爲近事近事亦往事也儒林傳谷永疏曰近事大司空朱邑右扶風翁歸德茂夭年孝宣皇帝愍冊厚賜近事二字亦總目下文之詞然則行事爲總目下文之詞明矣若以行事上屬爲句則大爲不詞通典邊防十一載此疏亦以行事屬上讀而改其文云君子以功覆過而爲之諱其行亦爲應注所惑錢以顏說爲是劉說爲淺陋失之矣春秋繁露俞序篇仲尼之作春秋也引史記理往事又引孔子曰吾因其行事而加乎王心焉行事卽往事謂春秋二百四十年之事也史記自序子曰我欲載之空言不如見之於行事之深切著明也本書藝文志仲尼與左邱明觀魯史記據行事劉向傳云采傳記行事著新序說苑凡五十篇司馬遷傳考之行事稽其成敗興壞之理李尋傳序行事考變易訛言之效未嘗不至王尊傳府問詔書行事尊無不對翟方進傳時慶有章劾自道行事以贖論師古彼注亦誤解行事二字劉敓云漢時人言行事成事皆謂已行已成事也王充書亦有之案劉說是也論衡一書言行事者甚多皆謂往事也其問孔篇云行事雷擊殺人水火燒溺人牆屋壓殺人行事二字乃總目下文之詞與陳湯傳之行事同又云成事季康子患盜孔子對曰苟子之不欲雖賞之不竊成事二字亦是總目下文故劉云漢人言行事成事者意皆同也儒林傳因魯春秋舉十二公行事貨殖傳序故列其行事以傳世變云匈奴傳贊察仲舒之論考諸行事迺知其未合於當時而有闕於後世也又云若乃征伐之功秦漢行事嚴尤論之當矣王莽傳近觀行事高祖之約非劉氏不王敘傳王命論歷古今之得失驗行事之成敗又藝文志天文家有漢五星彗客行事占驗八卷漢日旁氣行事占驗三卷漢流星行事占驗八卷漢日旁氣行事占驗十三卷今本脫事字漢日食月暈雜變行事占驗十三卷行事占驗諸謂吉凶已然之故卽李尋所云案行事考變易也皆謂往事爲行事也又魏相傳云相以爲方今務在奉行故事而已數條漢興以來國家便宜行事奏請施行是所謂行事者卽故事也又云故

事[illegible]諸上書者皆爲二封署其一曰副領尚書者先發副封所言不善屏去不奏故事二字亦是總目下文[illegible]與行事文同一例先謙曰通鑑無行事二字蓋亦以諱行事相屬不詞而刪之下文云近事之功則高於安遠長羅行事之卽近事益明貳師將軍李廣利捐五萬之師靡億萬之費經四年之勞師古曰靡散也音糜而厪獲駿馬三十匹師古曰厪與僅同僅少也雖斬宛王毋鼓之首師古曰西域傳作毋寡而此云毋鼓鼓寡聲相近蓋戎狄之言不甚諦也猶不足以復費師古曰復償也音扶目反其私罪惡甚多孝武以爲萬里征伐不錄其過遂封拜兩侯三卿二千石百有餘人今康居國彊於大宛郅支之號重於宛王殺使者罪甚於留馬而延壽湯不煩漢士不費斗糧比於貳師功德百之師古曰百倍勝之且常惠隨欲擊之烏孫鄭吉迎自來之日逐猶皆裂土受爵故言威武勤勞則大於方叔吉甫列功覆過則優於齊桓貳師近事之功則高於安遠長羅師古曰安遠侯鄭吉長羅侯常惠也而大功未著小惡數布臣竊痛之宜以時解縣通籍孟康曰縣罪未竟也如言縣罰也通籍不禁止令得出入也

除過勿治尊寵爵位以勸有功於是天子下詔曰匈奴郅支單于背畔禮義留殺漢使者吏士甚逆道理朕豈忘之哉所以優游而不征者重動師衆勞將帥師古曰重難也補注先謙曰官本帥作率故隱忍而未有云也今延壽湯睹便宜乘時利結城郭諸國擅興師矯制而征之賴天地宗廟之靈誅討郅支單于斬獲其首及閼氏貴人名王以下千數雖踰義干法師古曰干犯也內不煩一夫之役不開府庫之臧因敵之糧以贍軍用立功萬里之外威震百蠻名顯四海爲國除殘兵革之原息邊竟得以安師古曰竟讀曰境然猶不免死亡之患罪當在於奉憲補注先謙曰謂奉法之吏奏當其罪狀朕甚閔之其赦延壽湯罪勿治詔公卿議封焉議者皆以爲宜如軍法捕斬單于令匡衡石顯以爲郅支本亡逃失國竊號絕域非眞單于元帝取安遠侯鄭吉故事封千戶衡顯復爭迺封延壽爲義成侯賜湯爵關內侯食邑各三百戶

加賜黃金百斤，告上帝宗廟，大赦天下。拜延壽爲長水校尉，湯爲射聲校尉。延壽遷城門校尉護軍都尉，薨於官。成帝初即位，丞相衡復奏湯㠯吏二千石奉使，補注先謙曰胡注湯爲西域副校尉秩比二千石顓命蠻夷中，師古曰顓與專同不正身㠯先下，而盜所收康居財物，戒官屬曰絕域事不覆校。補注先謙曰胡注言外域之事漢朝務存寬大必不考覆也雖在赦前，補注先謙曰胡注事在竟甯元年七月赦前不宜處位。湯坐免。後湯上書言康居王侍子非王子也，按驗實王子也，湯下獄當死。太中大夫谷永上疏訟湯曰：「臣聞楚有子玉得臣，文公爲之仄席而坐，師古曰子玉楚大夫也得臣其名也春秋僖二十八年子玉帥師與晉文公戰于城濮楚師敗績晉師三日館穀而文公猶有憂色曰得臣猶在憂未歇也及楚殺子玉公喜而後可知也禮記曰有憂者仄席而坐蓋自貶也仄古側字也趙有廉頗、馬服，彊秦不敢窺兵井陘，師古曰廉頗趙將也馬服君趙奢亦趙將也井陘之口趙之西界山險道也近漢有郅都、魏尙，匈奴不敢南鄉沙幕。師古曰鄉讀曰嚮補注先謙曰都事見酷吏傳尙見馮唐傳由是言之，戰克之將，國之爪

牙，不可不重也。蓋君子聞鼓鼙之聲，則思將率之臣。師古曰禮之樂記曰鼓鼙之聲讙讙以立動動以進眾君子聽鼓鼙之聲則思將率之臣也竊見關內侯陳湯，前使副西域都護，忿郅支之無道，閔王誅之不加，師古曰閔憂也策慮愊億，義勇奮發，師古曰愊億憤怒之貌也愊音皮逼反補注沈欽韓曰方言愊滿也腹滿曰愊又臆滿也郭云愊臆氣滿之也億與臆憶通用師古解爲憤怒非也卒興師奔逝，橫厲烏孫，踰集都賴，如淳曰踰遠也遠集郅支都賴水上也師古曰卒讀曰猝厲度也踰讀曰遙補注王念孫曰奔當爲猋字之誤也猋逝言如猋風之逝司馬相如封禪文云武節猋逝是也韓長孺傳云匈奴輕疾悍亟之兵也至如猋風去如收電司馬相如子虛賦云雷動猋至星流霆擊曰猋逝曰橫厲曰遙集皆言其行軍之速若作奔逝則非其旨矣此字師古無音則所見本已誤作奔漢紀孝成紀正作興師猋逝朱一新曰案師古注踰當作險屠三重城，補注劉奉世曰劉向云五重谷永云三重疑五重者誤先謙曰五當爲三說詳上斬郅支首，報十年之逋誅，雪邊吏之宿恥，師古曰逋亡也威震百蠻，武暢西海，漢元㠯來，補注周壽昌曰言自漢建元以來也武帝始伐匈奴建元始武帝故以爲言先謙曰胡注漢元謂漢初也征伐方外之將，未嘗有也。今湯坐言事非是，幽囚久繫，歷時不決，執憲之吏欲致之大辟。昔白起爲秦將，南拔郢都，北阬趙括，㠯纖介之過，賜死杜郵，師古曰地名也在咸陽西也秦民憐之，莫不隕涕。今湯親秉鉞，席卷喋血萬里之外，師古曰如席之卷言其疾也喋血解在文紀補注朱一新曰喋即喋字唐人避諱缺筆先謙曰官本作喋薦功宗廟，補注先謙曰官本宗作祖告類上帝，張晏曰謂㠯所征之國事類告天也介胄之士靡不慕義。㠯言事爲罪，無赫赫之惡。周書曰：『記人之功，忘人之過，宜爲君者也。』師古曰尙書之外逸書也補注沈欽韓曰今周書佚此文賈子大政篇易使喜難使怒者宜爲君識人之功而忘人之罪者宜爲貴夫犬馬有勞於人，尙加帷蓋之報，師古曰禮記稱孔子云敝帷弗弃爲薶馬也敝蓋弗弃爲薶狗也況國之功臣者哉！竊恐陛下忽於鼓鼙之聲，不察周書之意，而忘帷蓋之施，庸臣遇湯，卒從吏議，師古曰㠯庸臣之禮待遇之也卒終也使百姓介然有秦民之恨，師古曰介然猶耿耿非所㠯厲死難之臣也。」書奏，天子出湯，奪爵爲士伍。後數歲，西域都護段會宗爲烏孫兵所圍，驛騎上書，願發城郭敦煌兵㠯自救。師古曰西域城郭諸國及敦煌兵也丞相王商、大將軍王鳳及百僚議數

日不決。補注錢大昕曰案會宗傳竟甯陽朔中再爲西域都護不云爲烏孫所圍惟元延中嘗被圍其時又非都護且不與丞相王商大將軍王鳳同時此傳云會宗爲烏孫所圍似當在陽朔中又攷公卿表王商於河平四年罷相以張禹代之其明年始改元陽朔使會宗果於陽朔中被圍則丞相乃張禹非王商矣以二傳參互攷之當有一誤或會宗傳陽朔字當爲河平或此傳王商當爲張禹也鳳言湯多籌策，習外國事，可問。上召湯見宣室。湯擊郅支時中寒病，兩臂不詘申。湯入見，有詔毋拜，示㠯會宗奏。湯辭謝曰：「將相九卿皆賢材通明，小臣罷癃，不足㠯策大事。」師古曰罷讀曰疲上曰：「國家有急，君其毋讓。」對曰：「臣㠯爲此必無可憂也。」上曰：「何㠯言之？」湯曰：「夫胡兵五而當漢兵一，何者？兵刃朴鈍，弓弩不利。今聞頗得漢巧，然猶三而當一。又兵法曰『客倍而主人半然後敵』，補注先謙曰胡注此言憑城而守者主人之半可以敵客之倍王文彬云湯引兵法爲客立論言必倍主人而後敵也胡兵以三當一是倍猶不敵半矣眾不足故無憂胡注未晰今圍會宗者人眾不足㠯勝會宗，唯陛下勿憂！且兵輕行五十里，重行三十里，今會宗欲發城郭敦煌，歷時迺至，所謂

報讎之兵非救急之用也上曰柰何其解可必乎度何時解師古曰度音徒各反湯知烏孫瓦合不能久攻師古曰瓦合謂碎瓦之雜居不齊同故事不過數日師古曰故事謂以舊事測之因對曰已解矣詘指計其日曰不出五日當有吉語聞師古曰吉善也善謂兵解之事〔補注〕王文彬曰吉語猶言好音居四日軍書到言已解大將軍鳳奏以爲從事中郎莫府事壹決於湯湯明法令善因事爲埶納說多從常受人金錢作章奏卒以此敗初湯與將作大匠解萬年相善自元帝時渭陵不復徙民起邑成帝起初陵數年後樂霸陵曲亭南更營之萬年與湯議以爲武帝時工楊光以所作數可意師古曰可天子之意自致將作大匠及大司農中丞耿壽昌造杜陵賜爵關內侯將作大匠乘馬延年以勞苦秩中二千石師古曰姓乘馬名延年乘音食孕反今作初陵而營起邑居成大功萬年亦當蒙重賞子公妻家在長安兒子生長長安不樂東方宜求徙可得賜田宅俱善湯心利之卽上封事言初陵京師之地最爲肥美可立一縣天下民不徙諸陵三十餘歲矣關東富人益衆多規良田役使貧民師古曰規畫也自古爲彊界也可徙初陵以彊京師衰弱諸侯又使中家以下得均貧富湯願與妻子家屬徙初陵爲天下先於是天子從其計果起昌陵邑後徙內郡國民〔補注〕先謙曰後疑復之譌萬年自詭三年可成師古曰詭責也自以爲憂責也後卒不就師古曰卒終也就亦成也羣臣多言其不便者下有司議皆曰昌陵因卑爲高積土爲山度便房猶在平地上師古曰度音徒各反客土之中不保幽冥之靈淺外不固卒徒工庸以鉅萬數至𦛗脂火夜作師古曰𦛗古然字也取土東山且與穀同賈師古曰賈讀曰價作治數年天下徧被其勞國家罷敝府臧空虛師古曰罷讀曰疲下至衆庶熬熬苦之師古曰熬熬衆愁聲故陵因天性〔補注〕王文彬曰性生也據眞土處埶高敞旁近祖考前又已有十年功緒師古曰緒謂端次也宜還復故陵勿徙民上迺下詔罷昌陵語在成

紀丞相御史請廢昌陵邑中室師古曰徙人新所起室居奏未下人以問湯第宅不得徹毋復發徙師古曰問其不被發徹更移徙邪〔補注〕朱一新曰監本得徹二字倒王文彬曰注末邪字正爲得毋作訓是顏所見本尚未誤倒先謙曰官本得在徹下是湯曰縣官且順聽羣臣言猶且復發徙之也時成都侯商新爲大司馬衞將軍輔政素不善湯商聞此語白湯惑衆下獄治按驗諸所犯湯前爲騎都尉王莽上書言父早死犯不封〔補注〕錢大昭曰犯南監本閩本作獨先謙曰官本作獨是母明君共養皇太后尤勞苦師古曰莽傳言莽母渠今此云明君則明君者字也宜封竟爲新都侯〔補注〕沈欽韓曰竟當作莽後皇太后同母弟苟參爲水衡都尉死子伋爲侍中師古曰參伋音汲妻欲爲伋求封湯受其金五十斤許爲求比上奏師古曰比例也音必寐反弘農太守張匡坐臧百萬以上狡猾不道有詔卽訊師古曰就其所居考問之〔補注〕周壽昌曰卽訊謂卽時定讞也無有司就所居考問之理顏說非王文彬曰卽訊來就鞫訊也先謙曰二說並通恐下獄使人報湯湯爲訟罪得踰冬月許謝錢二百萬皆此類也事在赦

前後東萊郡黑龍冬出人以問湯湯曰是所謂玄門開〔補注〕沈欽韓曰范望太元沈首注土爲中宮下爲玄龍已蟄而出是則玄門開也微行數出出入不時故龍以非時出也又言當復發徙傳相語者十餘人丞相御史奏湯惑衆不道妄稱詐歸異於上非所宜言大不敬廷尉增壽議以爲不道無正法晉灼曰增壽姓趙也以所犯劇易爲罪師古曰易音弋豉反〔補注〕周壽昌曰劇事之最要者易事之稍平者宜以此爲罪輕重臣下丞用失其中故移獄廷尉如淳曰如今讞罪輕重〔補注〕先謙曰官本丞作承是無比者先以聞師古曰比謂相比附也所以正刑罰重人命也明主哀憫百姓下制書罷昌陵勿徙吏民已申布湯妄以意相謂且復發徙雖頗驚動所流行者少百姓不爲變不可謂惑衆湯稱詐虛設不然之事非所宜言大不敬也制曰廷尉增壽當是師古曰當謂處正其罪也湯前有討郅支單于功其免湯爲庶人徙邊又曰故將作大匠萬年佞邪不忠妄爲巧詐多賦斂煩繇役興卒暴之作師古曰卒讀曰猝卒徒

蒙辜死者連屬師古曰蒙被也屬音之欲反毒流眾庶海內怨望雖蒙赦令不宜居京師於是湯與萬年俱徙敦煌久之敦煌太守奏湯前親誅郅支單于威行外國不宜近邊塞詔徙安定議郎耿育上書言便宜因冤訟湯曰延壽湯爲聖漢揚鉤深致遠之威雪國家累年之恥討絕域不羈之君係萬里難制之虜豈有比哉先帝嘉之仍下明詔宣著其功師古曰仍頻也改年垂歷傳之無窮師古曰謂改年爲竟寧也不以此事蓋當其年上書者附著耳〔補注〕先謙曰胡注案元紀詔曰匈奴郅支單于背叛禮義既服其辜呼韓邪單于修朝保塞邊垂長無兵革之事其改元爲竟寧則改元實以此非附著也應是南郡獻白虎邊垂無警備會先帝寢疾然猶垂意不忘數使尚書責問丞相趣立其功師古曰趣讀曰促獨丞相匡衡排而不予封延壽湯數百戶此功臣戰士所以失望也孝成皇帝承建業之基乘征伐之威兵革不動國家無事而大臣傾邪讒佞在朝曾不深惟本末之難以防未然之戒欲專主威排妒

有功使湯塊然師古曰塊然獨處之意如土塊也音口內反被冤拘囚不能自明卒以無罪老棄敦煌正當西域通道令威名折衝之臣旋踵及身復爲郅支遺虜所笑誠可悲也至今奉使外蠻者未嘗不陳郅支之誅以揚漢國之盛〔補注〕王念孫曰案盛當爲威字之誤也上文云揚威昆山之西又云爲聖漢揚鉤深致遠之威皆其證今本威作盛則非其旨矣漢紀正作揚漢國之威御覽人事部九十三引作陳郅支之誅夷以揚漢國之威棱文雖小異而字亦作威夫援人之功以懼敵棄人之身以快讒師古曰援引也音爰豈不痛哉且安不忘危盛必慮衰今國家素無文帝累年節儉富饒之畜師古曰畜讀曰蓄謂府庫也又無武帝薦延如淳曰薦延使羣臣薦士而延納之梟俊禽敵之臣獨有一陳湯耳師古曰梟謂斬其首而縣之也俊謂敵之魁率郅支是也春秋左氏傳曰得俊曰克〔補注〕劉攽曰梟俊禽敵之臣宜與薦延通爲一句則與上文相配而下言獨有一陳湯耳自不妨梟善鬬故云梟俊猶言梟將也假使異世不及陛下尚望國家追錄其功封表其墓以勸後進也湯幸得身當聖世功曾未久反聽邪臣鞭逐斥遠〔補注〕王先愼曰湯未受刑不得云鞭鞭疑貶音近而誤

使逃亡分竄死無處所師古曰分謂散離也虞書舜典曰分北三苗遠覽之士莫不計度師古曰度音大各反〔補注〕先謙曰官本無音字以爲湯功累世不可及而湯過人情所有師古曰言湯所犯之罪過人情共有此事耳非特詭異深可誅責也湯尚如此雖復破絕筋骨暴露形骸猶復制於脣舌爲嫉妒之臣所係虜耳此臣所以爲國家尤戚戚也書奏天子還湯卒於長安死後數年王莽爲安漢公秉政既內德湯舊恩又欲諂皇太后以討郅支功尊元帝廟稱高宗以湯延壽前功大賞薄及候丞杜勳不賞迺益封延壽孫遷千六百戶追謚湯曰破胡壯侯封湯子馮爲破胡侯勳爲討狄侯

段會宗字子松天水上邽人也〔補注〕齊召南曰案地理志上邽縣屬隴西不屬天水郎趙充國亦上邽人傳曰隴西上邽人可證也此文疑誤錢大昕曰外戚上官皇后傳亦云隴西上邽人竟寧中以杜陵令五府舉爲西域都護騎都尉光祿大夫〔補注〕沈欽韓曰百官表是時丞相匡衡御史大夫李延壽車騎將軍許嘉大將軍王鳳右將軍王商西域敬其威信三歲更盡還如淳曰邊吏三歲一更下言終更皆是也師古曰更工衡反其下並同拜爲沛郡太守以單于當朝徙爲鴈門太守

數年坐法免西域諸國上書願得會宗陽朔中復爲都護會宗爲人好大節矜功名與谷永相友善谷永閔其老復遠出予書戒曰足下以柔遠之令德復典都護之重職師古曰柔安也柔遠言能安遠人虞書舜典曰柔遠能邇甚休甚休師古曰休美也若子之材可優遊都城而取卿相何必勒功昆山之仄總領百蠻懷柔殊俗子之所長愚無以喻師古曰言子思慮深長當不待己曉告也〔補注〕劉攽曰此言總領百蠻懷柔殊俗是子之所長愚無以相喻也劉奉世說同雖然朋友以言贈行敢不略意師古曰贈行謂將別相贈也略意略陳本意也方今漢德隆盛遠人賓服傅鄭甘陳之功沒齒不可復見願吾子因循舊貫毋求奇功師古曰貫事也終更亟還亦足以復鴈門之踦應劭曰踦隻也會宗從沛郡下爲鴈門又坐法免爲踦隻不偶也師古曰亟急也復猶補也亟音居力反踦音居宜反〔補注〕劉攽曰由沛徙鴈門非踦也謂免官爲踦耳萬里之外以身爲本願詳思愚言會宗既出諸國遣子弟郊迎小昆彌安日前

爲會宗所立德之師古曰懷會宗之恩德也欲往謁諸翎侯止不聽遂至龜茲謁城郭甚親附師古曰謂城郭諸國康居太子保蘇匿率眾萬餘人欲降會宗奏狀漢遣衞司馬逢迎師古曰迎之於道隨所到而逢之故曰逢迎也會宗發戊己校尉兵隨司馬受降司馬畏其眾欲令降者皆自縛保蘇匿怨望舉眾亡去會宗更盡還㠯擅發戊己校尉之兵乏興有詔贖論拜爲金城太守㠯病免歲餘小昆彌爲國民所殺諸翎侯大亂徵會宗爲左曹中郎將光祿大夫使安輯烏孫師古曰輯與集同補注先謙曰官本注末有也字立小昆彌兄末振將服虔曰人姓名也師古曰其名也昆彌之兄不可別舉姓也補注先謙曰通鑑考異云烏孫傳以末振將爲安日弟此傳作兄誤周壽昌云案此下云小昆彌烏犂靡者末振將兄子也烏犂靡爲安日之子則此兄字乃轉寫之譌非傳誤也定其國而還明年末振將殺大昆彌會病死漢恨誅不加補注錢大昕曰案西域傳大昆彌翎侯難栖殺末振將漢恨不自責誅末振將復使段會宗斬其太子番丘會宗以難栖殺末振將雖不指爲漢合於討賊奏以爲堅守都尉是末振將實難栖所殺傳以爲病死者誤也元延中復遣會宗

發戊己校尉諸國兵卽誅末振將太子番丘師古曰番音步安反會宗恐大兵入烏孫驚番丘亡逃不可得卽留所發兵墊婁地服虔曰墊音墊阸之墊鄭氏曰婁音贏師古曰墊音丁念反婁音樓補注沈欽韓曰鄭氏音婁爲贏是猶能名其處師古妄改非也選精兵三十弩李奇曰三十人人持一弩徑至昆彌所在召番丘責㠯末振將骨肉相殺殺漢公主子孫未伏誅而死使者受詔誅番丘卽手劍擊殺番丘官屬㠯下驚恐馳歸小昆彌烏犂靡者末振將兄子也補注錢大昕曰西域傳作安犂靡烏安聲相近勒兵數千騎圍會宗會宗爲言來誅之意今圍守殺我如取漢牛一毛耳宛王郅支頭縣稾街烏孫所知也昆彌㠯下服曰末振將負漢誅其子可也獨不可告我令飲食之邪師古曰飲音於禁反食讀曰飤次下亦同會宗曰豫告昆彌逃匿之爲大罪卽飲食㠯付我傷骨肉恩故不先告昆彌㠯下號泣罷去會宗還奏事公卿議會宗權得便宜㠯輕兵深入烏孫卽誅番丘師古曰卽就也宣明國威宜加重賞天子賜會宗爵關內侯黃金百斤是時小昆彌季父卑爰疐師古曰疐音竹二反擁眾欲害昆彌漢復遣會宗使安輯與都護孫建并力明年會宗病死烏孫中年七十五矣城郭諸國爲發喪立祠焉

贊曰自元狩之際張騫始通西域至于地節鄭吉建都護之號補注王先慎曰据宣紀吉迎日逐破車師爲都護在神爵二年吉傳亦云神爵中非地節西域傳作神爵三年三當爲二此與百官表作地節並誤訖王莽世凡十八人皆㠯勇略選然其有功迹者具此廉褒㠯恩信稱郭舜㠯廉平著孫建用威重顯補注齊召南曰案廉褒孫建事見烏孫傳郭舜事見康居傳褒字子上襄武人官至右將軍建字子夏官至左將軍元始中封成武侯周壽昌曰西域傳兩昆彌皆弱卑爰疐侵陵都護孫建襲殺之建之功僅此一見後事詳王莽傳其餘無稱焉陳湯儻募不自收斂師古曰儻募無行檢也募音蕩卒用困窮議者閔之故備列云

傳常鄭甘陳段傳第四十　終　漢書七十

漢　蘭　臺　令　史班　固　撰

唐正議大夫行祕書少監琅邪縣開國子顏師古　注

賜進士出身前翰林院編修國子監祭酒加三級臣王先謙補注

雋不疑字曼倩勃海人也師古曰雋音字兗反又辭兗反〔補注〕宋祁曰昭紀中師古亦兩音景本只音徂兗反治春秋為郡文學進退必以禮〔補注〕宋祁曰邵本無必字名聞州郡武帝末郡國盜賊羣起暴勝之為直指使者〔補注〕齊召南曰按此天漢二年事也勝之河東人以光祿大夫出為直指使者至太始三年為御史大夫衣繡衣持斧逐捕盜賊督課郡國師古曰督謂察視之東至海以軍興誅不從命者師古曰有所追捕及行誅罰皆依興軍之制威振州郡勝之素聞不疑賢至勃海遣吏請與相見不疑冠進賢冠帶櫑具劒應劭曰櫑具木摽首之劒櫑落壯大也晉灼曰古長劒首以玉作井鹿盧形上刻木作山形如蓮花初生未敷時今大劒木首其狀似此師古曰晉說是也櫑音磊摽音匹遙反〔補注〕先謙曰官本如下有似字摽作標引宋祁曰注文浙本有似字疑其意重複當刪去似字佩環玦師古曰環玉環也玦即玉珮之玦也帶環而又著玉佩也禮記曰孔子佩象環也褒衣博帶師古曰褒大裾也言著褒大之衣廣博之帶也而說者乃以為朝服垂褒之衣非也盛服至門上謁師古曰上謁若今通名也門下欲使解劒不疑曰劒者君子武備〔補注〕沈欽韓曰初學記二十二賈子曰古者天子二十而冠帶劒諸侯三十而冠帶劒大夫四十而冠帶劒庶人無事不得帶劒所以衞身不可解請退吏白勝之勝之開閤延請〔補注〕先謙曰官本閤作閣望見不疑容貌尊嚴衣冠甚偉勝之躧履起迎文穎曰躧音纚師古曰履不著跟曰躧躧謂納履未正曳之而行言其遽也躧音山爾反登堂坐定不疑據地曰〔補注〕周壽昌曰據地以手下據古人席地而坐不疑因進戒辭故先據地以示敬王文彬曰禮玉藻鄭注據按也竊伏海瀕聞暴公子威名舊矣師古曰瀕厓也公子勝之字也舊久也瀕音頻又音賓〔補注〕先謙曰官本厓作涯今乃承顏接辭〔補注〕宋祁曰南本浙本作乃今字凡為吏太剛則折〔補注〕沈欽韓曰說苑敬慎篇桓公曰金剛則折革剛則裂人君剛則國家滅人臣剛則交友絕太柔則廢威行施之以恩然後樹功揚名永終天祿師古曰樹立也勝之知不疑非庸人師古曰庸常也敬納其戒深接以禮意問當世所施行〔補注〕宋祁

曰意南本作適門下諸從事皆州郡選吏師古曰選州郡吏之最者乃得為從事側聽不疑莫不驚駭至昏夜罷去勝之遂表薦不疑徵詣公車拜為青州刺史久之武帝崩昭帝即位而齊孝王孫劉澤交結郡國豪傑謀反〔補注〕先謙曰孝王齊悼惠王肥子也澤與燕王旦及中山靖王勝孫長結謀欲先殺青州刺史不疑發覺收捕〔補注〕先謙曰因菑川靖子緋侯成告知發覺皆伏其辜擢為京兆尹賜錢百萬京師吏民敬其威信每行縣錄囚徒還師古曰省錄之知其情狀有冤滯與不也今云慮囚本錄聲之去者耳音力具反而近俗不曉其意訛其文遂為思慮之慮失其源矣行音下更反其母輒問不疑有所平反活幾何人如淳曰反音幡幡奏使從輕也師古曰幾音居起反〔補注〕先謙曰通鑑胡注平反理正幽枉也即不疑多有所平反母喜笑為飲食語言異於他時或亡所出母怒為之不食〔補注〕先謙曰官本同引宋祁曰南本不食字上有之字先謙案宋所見本蓋無故云然故不疑為吏嚴而不殘始元五年有一男子乘黃犢車建黃旐師古曰旐旌旗之屬畫龜蛇曰旐衣黃襜褕著黃冒師古曰襜褕直裾襌衣襜音昌瞻反褕音踰冒所以覆冒其首即今之下裙冒也〔補注〕錢大昕曰冒即今帽字說文小兒蠻夷頭衣也此傳作冒乃通用字後人又加巾旁先謙曰官本注裙作裾是詣北闕〔補注〕先謙曰未央宮北闕也上書奏事謁見者皆詣北闕公車司馬在焉自謂衞太子師古曰戾太子公車以聞師古曰公車主受章奏者詔使公卿將軍中二千石雜識視師古曰雜共也有素識之者令視知其是非也長安中吏民聚觀者數萬人右將軍勒兵闕下以備非常〔補注〕沈欽韓曰是時衞尉王莽為右將軍丞相御史中二千石至者立莫敢發言〔補注〕王念孫曰治要引此同案立字於義無取立當為並並皆也謂丞相以下皆莫敢發言也漢紀孝昭紀作並不敢言是其證先謙曰通鑑亦作並京兆尹不疑後到叱從吏收縛或曰是非未可知且安之師古曰安猶徐也不疑曰諸君何患於衞太子昔蒯聵違命出奔輒距而不納春秋是之師古曰蒯聵衞靈公太子輒蒯聵子也蒯聵得罪於靈公而出奔晉及靈公卒使輒嗣位而晉趙鞅納蒯聵於戚欲求入衞魯哀公三年春齊國夏衞石曼姑帥師圍戚公羊傳曰曼姑受命於靈公而立輒曼姑之義固可以距蒯聵也輒之義可以立乎曰可柰何不以父命辭王父命也〔補注〕宋祁曰注文柰何字上浙本有其字先謙曰官本輒作輙衞太子得罪先帝亡不即死〔補注〕先謙曰胡注即就也今來自詣此罪人也遂送詔

獄天子與大將軍霍光聞而嘉之曰公卿大臣當用經術明於大誼〔補注〕先謙曰句似未了疑有奪文通鑑作當用有經術明於大誼者漢紀作當用經術士方明於大義繇是名聲重於朝廷師古曰繇讀與由同在位者皆自以不及也大將軍光欲以女妻之不疑固辭不肯當久之以病免終於家京師紀之後趙廣漢爲京兆尹言我禁姦止邪行於吏民至於朝廷事不及不疑遠甚廷尉驗治何人竟得姦詐師古曰凡不知姓名及所從來者皆曰何人他皆類此〔補注〕王文彬曰竟究也謂窮究〔補注〕先謙曰官本注人下有也字本夏陽人〔補注〕錢大昭曰故昭紀謂之夏陽男子姓成名方遂居湖師古曰湖縣名以卜筮爲事有故太子舍人嘗從方遂卜謂曰子狀貌甚似衞太子方遂心利其言幾得以富貴師古曰幾讀曰冀即詐自稱詣闕廷尉逮召鄉里識知者張宗祿等方遂坐誣罔不道要斬東市一姓張名延年師古曰故昭紀謂之張延年〔補注〕王念孫曰案一下本有云字上言姓成名方遂此言一云姓張名延年所謂傳聞異辭也脫去云字則文義不明漢紀正作一云姓張名延年

疏廣字仲翁東海蘭陵人也〔補注〕先謙曰今兗州府嶧縣東五十里于欽齊乘二疏宅在嶧州東四十里羅滕城墓亦在焉城周五六里土人指以爲宅少好學明春秋家居教授學者自遠方至徵爲博士太中大夫地節三年立皇太子選丙吉爲太傅廣爲少傅數月吉遷御史大夫廣徙爲太傅廣兄子受字公子亦以賢良舉爲太子家令受好禮恭謹敏而有辭師古曰敏謂所見捷利宣帝幸太子宮受迎謁應對及置酒宴奉觴上壽辭禮閑雅上甚讙說師古曰讙讀曰悅頃之拜受爲少傅太子外祖父特進平恩侯許伯〔補注〕先謙曰胡注伯即廣漢稱伯者蓋尊之也先謙案伯蓋其字非謂尊之以爲太子少白使其弟中郎將舜監護太子家上以問廣廣對曰太子國儲副君師友必於天下英俊不宜獨親外家許氏且太子自有太傅少傅官屬已備今復使舜護太子家視陋非所以廣太子德於天下也師古曰視讀曰示言獨親外家示天下以淺陋上善其言以語丞相魏相相免冠謝曰此非臣等所能及廣繇

是見器重數受賞賜師古曰繇讀與由同太子每朝因進見太傅在前少傅在後父子並爲師傅〔補注〕周壽昌曰漢時從父從子稱父子朝廷以爲榮在位五歲皇太子年十二通論語孝經廣謂受曰吾聞知足不辱知止不殆功遂身退天之道也師古曰此皆老子之言廣引之殆危也遂成也今仕宦至二千石〔補注〕先謙曰官本宦作官引宋祁曰官字謝本作宦字宦成名立如此不去懼有後悔豈如父子相隨出關歸老故鄉以壽命終不亦善乎受叩頭曰從大人議即日父子俱移病師古曰移病即移書言病也一曰以病而移居〔補注〕先謙曰一說非滿三月賜告廣遂稱篤上疏乞骸骨上以其年篤老皆許之加賜黃金二十斤皇太子贈以五十斤公卿大夫故人邑子設祖道供張東都門外蘇林曰長安東郭門也師古曰祖道餞行也解在景十三王及劉屈氂傳供音居共反張音竹亮反〔補注〕王念孫曰案設上脫爲字[illegible]府文選西征賦注別賦注張協詠史詩注藝文類聚人部十二御覽人事部百三十引此皆有爲字先謙曰漢紀作爲祖道通鑑作設祖道設即爲也似不必定加爲字送者車數百兩辭決而去及道路觀者皆曰

賢哉二大夫或歎息爲之下泣廣既歸鄉里日令家共具設酒食師古曰日日設之也共讀曰供其他類此〔補注〕宋祁曰日字下疑更有日字請族人故舊賓客與相娛樂數問其家金餘尚有幾所趣賣以共具師古曰幾所猶言幾許也趣讀曰促居歲餘廣子孫竊謂其昆弟老人廣所愛信者曰子孫幾及君時頗立產業基阯師古曰幾讀曰冀今日飲食廢且盡〔補注〕先謙曰官本廢作費是宜從丈人所勸說君買田宅鄧展曰宜令意自從丈人所出無泄吾言也師古曰丈人莊嚴之稱也故親而老者皆稱焉〔補注〕周壽昌曰案易師貞丈人吉注嚴莊之稱也即師古說所本先謙曰官本注吾作我莊嚴作嚴莊老人即以閒暇時爲廣言此計師古曰閒即閑字也廣曰我豈老誖不念子孫哉師古曰誖惑也音布內反顧自有舊田廬師古曰顧思念也令子孫勤力其中足以共衣食與凡人齊今復增益之以爲贏餘但教子孫怠惰耳賢而多財則損其志愚而多財則益其過且夫富者眾人之怨也〔補注〕沈欽韓曰韓詩外傳李克曰富者則貧者惡之先謙曰官本無人字引宋祁曰眾字下疑有人字吾既亡以教化子孫不欲益其

過而生怨〔補注〕宋祁曰南本浙本生字下有其字王念孫曰通鑑漢紀十七無其字案南本浙本是也益其過生其怨兩其字皆指子孫言之少一其字則語意不完漢史孝宣紀正作生其怨 又此金者聖主所㠯惠養老臣也故樂與鄉黨宗族共饗其賜㠯盡吾餘日不亦可乎於是族人說服師古曰說讀曰悅 皆㠯壽終

于定國字曼倩東海郯人也師古曰郯音談〔補注〕先謙曰今沂州府郯城縣西南三十里 其父于公為縣獄史郡決曹決獄平羅文法者于公所決皆不恨師古曰羅罹也遭也 郡中為之生立祠號曰于公祠〔補注〕周壽昌曰後世立生祠始此 東海有孝婦少寡亡子養姑甚謹姑欲嫁之終不肯姑謂鄰人曰孝婦事我勤苦〔補注〕宋祁曰南本浙本作事養我勤苦又一本作養我 哀其亡子守寡我老久絫丁壯柰何師古曰絫古累字也音力瑞反〔補注〕周壽昌曰女亦以丁口算故云少婦為丁壯 其後姑自經死師古曰不欲累婦故自殺〔補注〕宋祁曰景德本作經死他本作縊死 姑女告吏婦殺我母吏捕孝婦孝婦辭不殺姑吏驗治孝婦自誣服具獄上府師古曰府郡之曹府也上音時掌反 于

公㠯為此婦養姑十餘年㠯孝聞必不殺也太守不聽于公爭之弗能得乃抱其具獄哭於府上師古曰具獄者獄案已成其文備具也 因辭疾去太守竟論殺孝婦郡中枯旱三年後太守至卜筮其故于公曰孝婦不當死前太守彊斷之咎黨在是乎師古曰黨音他朗反〔補注〕宋祁曰前太守南本作故浙本作前錢大昭曰黨古儻字伍被言黨可以徼幸揚雄傳此非人力之所能黨鬼神可也皆作黨 於是太守殺牛自祭孝婦冢〔補注〕先謙曰官本無太守二字 因表其墓天立大雨〔補注〕沈欽韓曰搜神記于公辨東海孝婦之冤而天大雨長老相傳云孝婦名周青青將死車載十丈竹竿以懸五旛立誓於眾曰青若有罪而殺血當順下青若枉死血當逆流既行刑已其血青黃緣旛竹而上極標又緣旛而下 歲孰郡中㠯此大敬重于公定國少學法于父父死後定國亦為獄史郡決曹補廷尉史㠯選與御史中丞從事〔補注〕宋祁曰與南本作為浙本作與王文彬曰與讀曰預而師古無注則所見本當亦作為 治反者獄㠯材高舉侍御史遷御史中丞會昭帝崩昌邑王徵即位行淫亂定國上書諫後王廢宣帝立〔補注〕宋祁曰宣帝立浙本作宣帝即位 大將軍光

領尚書事條奏羣臣諫昌邑王者皆超遷定國繇是為光祿大夫師古曰繇與由同 平尚書事甚見任用數年遷水衡都尉超為廷尉定國乃迎師學春秋身執經北面備弟子禮〔補注〕何焯曰黃霸于定國皆晚嚮經術故起獄吏致宰相而無曹人維鵜之刺如丙吉則尤能施於有政者 為人謙恭尤重經術士雖卑賤徒步往過定國皆與鈞禮師古曰鈞禮猶言亢禮 恩敬甚備學士咸聲焉〔補注〕錢大昭曰聲當作稱南監本閩本不誤先謙曰官本作稱 其決疑平法務在哀鰥寡罪疑從輕加審慎之心朝廷稱之曰張釋之為廷尉天下無冤民師古曰言決罪皆當 于定國為廷尉民自㠯不冤師古曰言知其寬平皆無冤枉之慮 定國食酒至數石不亂如淳曰食酒猶言喜酒也師古曰若依如氏之說食字當音嗜此說非也下敘定國子永乃言嗜酒耳食酒者謂能多飲費盡其酒猶云食言焉今流俗書本輒改食字作飲字失其真也〔補注〕劉攽曰論語云沽酒市脯不食然則酒自可云食也然此下則云飲酒益精明共說一事耳兩字不同疑當作飲為真王念孫曰劉說是也上下文皆作飲酒如本上飲字偶誤為食遂以食酒為喜酒顏又以為費盡其酒皆非也北堂書鈔酒食部八藝文類聚食物部白帖十五四十六御覽刑罰部五飲食部一引此並作飲酒至數

石漢紀同 冬月請治讞飲酒益精明師古曰讞平議也音魚列反〔補注〕何焯曰冬月請讞似今之秋審先謙曰請治讞官本作治請讞 為廷尉十八歲〔補注〕齊召南曰定國以地節元年為廷尉至甘露三年遷御史大夫公卿表作為廷尉十七年蓋從為廷尉之次年實數故與傳不同也 遷御史大夫甘露中代黃霸為丞相封西平侯三年宣帝崩元帝立㠯定國任職舊臣敬重之時陳萬年為御史大夫與定國並位八年論議無所拂師古曰言不相違戾也拂音佛 後貢禹代為御史大夫數處駮議師古曰言與定國不同 定國明習政事率常丞相議可師古曰言事者可定國所言〔補注〕先謙曰上可定國所議與言事者何涉官本言事者作天子皆三字是也此涉下言事者而誤 然上始即位關東連年被災害民流入關言事者歸咎於大臣師古曰言事者謂上書陳事也 上於是數㠯朝日引見丞相御史師古曰五日一聽朝故云朝日也 入受詔條責㠯職事曰惡吏負賊妄意良民師古曰賊發不得恐負其殿故妄疑善人致其罪也 至亡辜死或盜賊發吏不亟追而反繫亡家師古曰亟急也不急追賊反禁繫失物之家 後不敢復告㠯故寖廣師古曰寖漸也 民多冤結

州郡不理連上書者交於闕廷補注宋祁曰連字南本浙本並作遠王念孫曰案遠字是二千石選舉不實是㠯在位多不任職師古曰謂令長丞尉民田有災害吏不肯除收趣其租㠯故重困師古曰趣讀曰促重音直用反關東流民飢寒疾疫已詔吏轉漕虛倉廩開府臧相振救賜寒者衣至春猶恐不贍師古曰贍足也今丞相御史將欲何施㠯塞此咎師古曰塞補也悉意條狀陳朕過失師古曰悉盡也定國上書謝罪永光元年春霜夏寒日青亡光上復㠯詔條責曰郎有從東方來者言民父子相棄師古曰㠯遭飢饉不能相養丞相御史案事之吏匿不言邪將從東方來者加增之也何㠯錯繆至是師古曰錯互也繆違也謂吏及東方人言不相同也欲知其實方今年歲未可預知也卽有水旱其憂不細公卿有可㠯防其未然救其已然者不各㠯誠對師古曰言能防救已不宜各㠯實對補注先謙曰不字斷句與否同毋有所諱定國惶恐上書自劾歸侯印乞骸骨上報曰君相朕躬不敢怠息師古曰息謂自休息萬方之事大

錄于君師古曰大錄總錄也補注先謙曰顧炎武云今所傳王肅注舜典納于大麓云麓錄也納舜使大錄萬機之政蓋西京時有此解故詔書用之沈欽韓云論衡正說篇尚書說曰言大麓三公之位也居一公任大總錄二公之事蔡邕陽球傳統大錄之重案此今文尚書之說王肅及僞孔傳從之魏晉後錄尚書事者謂之錄公本此能毋過者其唯聖人方今承周秦之敝俗化陵夷師古曰言頹替也民寡禮誼陰陽不調災咎之發不爲一端而作自聖人推類㠯記補注周壽昌曰推類㠯記皆緯書所言此已開東漢信緯之漸不敢專也況於非聖者乎師古曰非聖者謂常人日夜惟思所㠯未能盡明師古曰所㠯所由也言何由致此災經曰萬方有罪罪在朕躬師古曰此論語堯曰篇載殷湯伐桀告天之辭補注沈欽韓曰稱經者古文尚書也孔安國堯曰注此伐桀告天文墨子引湯誓其辭若此案周語內史過曰其在湯誓余一人有罪無以萬夫萬夫有罪在予一人韋注湯誓商書伐桀之誓也今湯誓無此言則已散亡矣然則西京時眞古文應有之孔安國親傳古文何用引墨子故近人疑論語孔注亦非眞本也君雖任職何必顓焉師古曰顓與專同事不專由君也其勉察郡國守相郡牧非其人者毋令久賊民補注先謙曰上言郡國下不得復言郡牧官本郡作羣是永執綱紀務悉聰明强食愼疾師古曰悉盡也定國遂稱篤

固辭上迺賜安車駟馬黃金六十斤罷就第數歲七十餘薨謚曰安侯子永嗣少時耆酒多過失師古曰耆讀曰嗜年且三十乃折節修行㠯父任爲侍中中郎將長水校尉定國死居喪如禮孝行聞補注宋祁曰南本孝字上有以字由是㠯列侯爲散騎光祿勳至御史大夫尚館陶公主施施者宣帝長女成帝姑也賢有行永㠯選尚焉上方欲相之會永薨子恬嗣恬不肖薄於行補注先謙曰恩澤表恬嗣侯四十三年更始元年絕始定國父于公其閭門壞父老方共治之師古曰閭里門也于公謂曰少高大閭門補注先謙曰官本作門閭令容駟馬高蓋車我治獄多陰德未嘗有所冤子孫必有興者至定國爲丞相永爲御史大夫封侯傳世云

薛廣德字長卿沛郡相人也補注先謙曰官本考證云唐書宰相世系表辟公獻策滅黥布封千戶侯生瑑瑑生茂宣茂宣生懷則懷則生引孫引孫生廣德㠯魯詩敎授楚國龔勝舍師事焉補注先謙曰列傳所謂楚二龔蕭望之爲御史大夫除廣德爲屬數與論議器之師古

曰㠯爲大器也薦廣德經行宜充本朝師古曰經明行修宜於本朝任職也爲博士論石渠張晏曰石渠閣名也遷諫大夫代貢禹爲長信少府御史大夫補注錢大昭曰二職俱代貢禹廣德爲人溫雅有醞藉服虔曰寬博有餘也師古曰醞言如醞釀也藉有所薦藉也醞音於問反藉才夜反補注錢大昭曰聘禮鄭注藉謂繅也繅所以縕藉也匡張孔馬傳贊曰其醞藉可也醞縕同亦作溫藉義縱傳少溫藉師古曰言無所含容也史記作縕藉王念孫曰服說及顏注義縱傳是也溫藉者含蓄有餘之意或作醞藉又作蘊藉不必分醞爲醞釀藉爲薦藉也小雅小宛篇飲酒溫克鄭箋飲酒雖醉猶能溫藉自持以勝禮器故禮有擯詔樂有相步溫之至也鄭注皆爲溫藉重禮也含蓄謂之溫藉故和柔亦謂之溫藉內則柔色以溫之鄭注溫藉也轉之則爲慰藉矣及爲三公直言諫爭始拜旬日閒上幸甘泉郊泰畤禮畢因留射獵補注先謙曰事在永光元年廣德上書曰竊見關東困極人民流離陛下日撞亡秦之鐘聽鄭衞之樂師古曰撞音丈江反臣誠悼之今士卒暴露從官勞倦願陛下亟反宮師古曰亟急也思與百姓同憂樂天下幸甚上卽日還其秋上酎祭宗廟出便門師古曰長安城南面西頭第一門欲御樓船廣德當乘輿車免冠頓首曰

宜從橋詔曰大夫冠廣德曰陛下不聽臣臣自刎以血汙車輪陛下不得入廟矣師古曰言不以理終不得立廟也一曰以見死傷犯於齋絜不得入廟祠也補注劉攽曰一說是也時上方入廟陽夏公曰以杜牧論諫書考之當作陛下不廟矣若本有得入二字小顏不應費辭如此先謙曰官本注理作禮上不說師古曰說讀曰悅先歐光祿大夫張猛進曰師古曰先歐導乘輿也歐與驅同猛張騫之孫補注先謙曰猛事詳劉向傳臣聞主聖臣直乘船危就橋安聖主不乘危御史大夫言可聽上曰曉人不當如是邪師古曰謂諫爭之言當如猛之詳善也補注先謙曰言當如猛之得體乃從橋後月餘以歲惡民流師古曰歲惡年穀不熟也與丞相定國大司馬車騎將軍史高俱乞骸骨皆賜安車駟馬黃金六十斤罷廣德爲御史大夫凡十月免東歸沛太守迎之界上沛以爲榮縣其安車傳子孫師古曰縣其所賜安車以示榮也致仕縣車蓋亦古法韋孟詩云縣車之義以洎小臣也補注劉攽曰致仕縣車言休息不出也故韋孟云薛廣德自縣其安車也錢大昕說沈欽韓曰白虎通致仕篇縣車示不用也先謙曰官本注榮下有幸字

平當字子思祖父以訾百萬自下邑徙平陵師古曰下邑梁國之縣也當少爲大行治禮丞補注先謙曰續志大行令有丞一人治禮郎四十七人据此丞亦以治禮名也功次補大鴻臚文學察廉爲順陽長栒邑令師古曰栒音詢以明經爲博士補注周壽昌曰當治尚書學於太子太傅林尊公卿薦當論議通明給事中每有災異當輒傳經術言得失師古曰傳讀曰附文雅雖不能及蕭望之匡衡然指意略同自元帝時韋玄成爲丞相奏罷太上皇寢廟園當上書言臣聞孔子曰如有王者必世而後仁師古曰論語載孔子之言也言治天下者三十年然後仁道成著也三十年之間道德和洽制禮興樂災害不生禍亂不作今聖漢受命而王繼體承業二百餘年孜孜不怠政令清矣然風俗未和陰陽未調災害數見意者大本有不立與師古曰與讀曰歟何德化休徵不應之久也禍福不虛必有因而至者焉宜深迹其道而務修其本師古曰迹謂求其蹤迹也昔者帝堯南面而治先克明俊德以親九族而化及萬國師古曰虞書堯典序堯之德曰克明俊德以親九族九族既睦平章百姓百姓昭明協和萬邦故云然也孝經曰天地之性人爲貴人之行莫大於孝孝莫大於嚴父嚴父莫大於配天則周公其人也師古曰言嚴謂尊嚴補注先謙曰言字疑衍夫孝子善述人之志周公既成文武之業而制作禮樂修嚴父配天之事知文王不欲以子臨父故推而序之上極於后稷而以配天師古曰言文王始受命宜爲周之始祖乃追王太王王季以及后稷是不以卑臨尊此聖人之德亡以加於孝也高皇帝聖德受命有天下尊太上皇猶周文武之追王太王王季也此漢之始祖後嗣所宜尊奉以廣盛德孝之至也補注何焯曰此臨川新安廟議所本然后稷始封之君有粒民之功太王肇基王迹王季其勤王家太上皇未可擬此爲比孟子但言以天下養非文王之聖周公亦不敢以配天也書云正稽古建功立事可以永年傳於亡窮師古曰今文泰誓之辭言能正考古道以立功立事則可長年享國補注齊召南曰案此文西京所行僞泰誓辭也郊祀志亦引此文云正稽古立功立事可以永年丕天之大律然則傳於無窮四字當所自撰以結引書之意也上納其言下詔復太上皇寢廟園補注先謙曰事在成帝河平元年頃之使行流民幽州師古曰行音下更反舉奏刺史二千石勞倈有意者師古曰勞倈謂勸勉也勞者恤其勤勞也倈者以恩招倈也勞音盧到反倈音盧代反言勃海鹽池可且勿禁以救民急師古曰恣民煑鹽官不專也補注何焯曰弛鹽禁亦救荒一法不假轉饋賑濟之勞勃海亦可謂之鹽池今人獨以稱解鹽沈欽韓曰清水注清河又東逕漂榆邑故城南魏土地記曰高城縣東北百里北盡漂榆[illegible]東臨巨海民咸煑海水藉鹽爲業即其地也所過見稱奉使者十一人爲最補注先謙曰官本稱下有舉字引宋祁曰奉字景德本作奏刊誤謂當削舉改奏作奉直云所過見稱奉使者十一人爲最今景祐本越本無舉字遷丞相司直坐法左遷朔方刺史師古曰武帝初置朔方郡別令刺史監之不在十三州之限復徵入爲太中大夫給事中累遷長信少府大鴻臚光祿勳師古曰絫古累字先是太后姊子衞尉淳于長白言昌陵不可成下有司議當以爲作治連年可遂就師古曰就亦成也上既罷昌陵以長首建忠策復下公卿議封長當又以爲長雖有善言不應封爵之科坐前議不正左遷鉅鹿太守師古曰前議謂罷昌陵後上遂封長當以經明禹貢使行河

師古曰尚書禹貢載禹治水次第山川高下當明此經故使行河也行音下更反為騎都尉領河隄哀帝即位徵當為光祿大夫諸吏散騎復為光祿勳御史大夫至丞相以冬月賜爵關內侯明年春上使使者召欲封當如淳曰漢儀注御史大夫為丞相更春乃封故先賜爵關內侯李奇曰一以冬月非封侯時故且先賜爵關內侯也師古曰李說是也補注先謙曰官本如注末有也字李注無一字當病篤不應召室家或謂當不可彊起受侯印為子孫邪當曰吾居大位已負素餐之責矣起受侯印還臥而死死有餘罪今不起者所以為子孫也遂上書乞骸骨上報曰朕選於眾以君為相視事日寡輔政未久陰陽不調冬無大雪旱氣為災朕之不德何必君罪君何疑而上書乞骸骨歸關內侯爵邑使尚書令譚賜君養牛一上尊酒十石如淳曰律稻米一斗得酒一斗為上尊稷米一斗得酒一斗為中尊粟米一斗得酒一斗為下尊師古曰稷即粟也中尊者宜為黍米不當言稷且作酒自有澆醇之異為上中下耳非必繫之米補注沈欽韓曰如注引漢律自是實事師古駮之非也造酒法詳齊民要術稻粱穄黍粟各有釀法其厚薄之齊即為上中下尊之差君其勉致醫藥以自持後月餘卒子晏以明經歷位大司徒封防鄉侯漢興唯韋平父子至宰相師古曰韋謂韋賢也補注齊召南曰此但言由布衣以文學升庸者耳不然絳侯條侯輔佐文帝非父子宰相邪周壽昌曰晏為大司徒在平帝末年莽始建國元年晏為就德侯已不用漢之防鄉封矣後事詳莽傳

彭宣字子佩淮陽陽夏人也師古曰夏音假治易事張禹舉為博士遷東平太傅補注宋祁曰太傅淳化本作太守刊誤據史館本作傅禹以帝師見尊信薦宣經明有威重可任政事繇是入為右扶風師古曰繇讀與由同遷廷尉以王國人出為太原太守李奇曰初漢制王國人不得在京師補注周壽昌曰李注在當作仕數年復入為大司農光祿勳右將軍哀帝即位徙為左將軍歲餘上欲令丁傅處爪牙官迺策宣曰有司數奏言諸侯國人不得宿衞將軍不宜典兵馬處大位朕唯將軍任漢將之重而子又前取淮陽王女婚姻不絕非國之制使光祿大夫曼賜將軍黃金五十斤安車駟馬其上左將軍印綬以關內侯歸家宣罷數歲諫大夫鮑宣數薦宣會元壽元年正月朔日蝕鮑宣復上言迺召宣為光祿大夫補注先謙曰官本作言上上字屬下讀遷御史大夫轉為大司空補注周壽昌曰成紀綏和元年夏四月罷御史大夫為大司空封列侯哀紀建平二年罷大司空復御史大夫元壽二年正月三公官分職御史大夫宣為大司空百官表云元壽二年復為大司空是大司空即御史大夫更名此云轉為大司空似未合封長平侯會哀帝崩新都侯王莽為大司馬秉政專權宣上書言三公鼎足承君一足不任則覆亂美實師古曰美實謂鼎中之實也易鼎卦九四爻辭曰鼎折足覆公餗餗食也故宣引以為言覆音芳目反臣資性淺薄年齒老眊師古曰眊與耄同數伏疾病昏亂遺忘願上大司空長平侯印綬乞骸骨歸鄉里竢寘溝壑師古曰竢古俟字補注先謙曰寘當作寘莽白太后策宣曰惟君視事日寡功德未效迫于老眊昏亂非所以輔國家綏海內也使光祿勳豐冊詔君其上大司空印綬便就國莽恨宣求退故不賜黃金安車駟馬宣居國數年薨謚曰頃侯傳子至孫王莽敗迺絕

贊曰雋不疑學以從政臨事不惑遂立名迹終始可述疏廣行止足之計免辱殆之絫師古曰絫音力瑞反亦其次也于定國父子哀鰥哲獄為任職臣應劭曰哲智也鄭氏曰當言折獄師古曰哀鰥哀憐鰥寡也哲獄知獄情也補注劉奉世曰詩何草不黃云何人不矜則鰥字也然則古文鰥矜音字並通用班氏特用古字此乃哀矜折獄爾如顏說則哀鰥哲獄皆不成辭于丞相傳又云務在哀鰥寡此亦後人不曉矜字妄增之爾凡決疑平法豈獨鰥寡乃哀之哉甫刑之言鰥寡洪範之言煢獨意義自不同也吳仁傑曰書大傳引孔子曰聽獄者雖得其情必哀矜之書曰哀矜哲獄又曰古之聽民者察貧窮哀孤獨矜寡及贊文皆出於此然哀鰥哲獄刊誤讀為哀矜固合於大傳孔子之言至所謂務在哀鰥寡以大傳哀孤獨矜寡等語推之疑班氏本文如此非後人所增也葢大傳前後文自設兩意孟堅因之耳鰥矜古字雖通而鴻鴈之詩曰爰及矜人哀此鰥寡鄭箋謂矜人為可憐之人則矜鰥又自各義辥廣德保縣車之榮平當逡遁有恥師古曰遁與巡同補注先謙曰官本注在有恥下與上有讀字彭宣見險而止異乎苟患失之者矣師古曰論語稱孔子曰鄙夫不可與事君其未得之患得之既得之患失之苟患失之無所不至矣謂其患於失位而為傾邪也贊言當宣二人立操有異於此矣補注何焯曰贊

并廣德言之讀序傳可見

雋疏于薛平彭傳第四十一終　漢書七十一

王貢兩龔鮑傳第四十二　漢書七十二

漢　蘭　臺　令　史班　固　撰

唐正議大夫行祕書少監琅邪縣開國子顏師古　注

賜進士出身前翰林院編修國子監祭酒加三級臣王先謙補注

昔武王伐紂遷九鼎於雒邑師古曰九鼎即夏禹所鑄者也遷謂從紂都遷之以來春秋左氏傳曰夏之方有德也遠方圖物貢金九牧以鑄鼎象物桀有昬德鼎遷于商載祀六百商紂暴虐鼎遷于周伯夷叔齊薄之師古曰夷齊以武王父死不葬而用干戈為不孝以臣伐君為不忠補注吳仁傑曰山谷夷齊廟記以諫武王不用去而餓死為疑又載謝景平之言曰二子之事凡孔孟所不言無取也其初蓋出於莊周空無事實後司馬遷作列傳韓愈作頌事傳三人而空言成實竊謂山谷以諫武王不用餓死為疑則猶有說諫武王非伐商乃遷鼎耳左傳武王遷九鼎於洛邑義士猶或非之杜征南謂義士伯夷之屬是也餓於首陽謂不食其祿非不食周粟也莊書所言亦見呂氏春秋故史公采以為傳孟堅之書顏用史記語實之大非本指餓于首陽不食其祿師古曰馬融云首陽山在河東蒲阪華山之北河曲之中高誘則云在雒陽東北阮籍詠懷詩亦以為然今此二山並有夷齊祠耳而曹大家注幽通賦云隴西首陽縣是也今隴西亦有首陽山許慎又云

首陽山在遼西諸說不同致有疑惑而伯夷歌云登彼西山則當隴西者近為是也補注先謙曰官本于作死周猶稱盛德焉然孔子賢此二人㠯為不降其志不辱其身也師古曰事見論語而孟子亦云聞伯夷之風者貪夫廉懦夫有立志師古曰懦柔弱也音乃喚反又音儒奮乎百世之上行乎百世之下補注先謙曰官本無行乎二字引宋祁曰浙本多二字作行乎百世之下莫不興起非賢人而能若是乎漢興有園公綺里季夏黃公角里先生師古曰四皓稱號本起於此更無姓名可稱知此蓋隱居之人匿迹遠害不自標顯祕其氏族故史傳無得而詳至於後代皇甫謐圈稱之徒及諸地理書說竟為四人施安姓字自相錯互語又不經班氏不載於書諸家皆臆說今並弃略一無取焉補注宋祁曰季字下當有公字角用不成字當作角齊召南曰田汝成云四皓名字當讀為綺里季夏而後人誤讀為夏黃公亦猶樂正裘牧仲之誤耳召南案杜甫詩黃綺終辭漢以黃綺並稱即知唐人讀本不誤又案甪里角字宋史儒林傳崔偓佺為直講太宗顧謂曰李覺嘗奏朕云四皓中一先生姓或言用字加撇或云加點爾知否偓佺對曰臣聞刀用為角䚥兩點為甪䚥用上一撇一點俱不成字据偓佺此論則俗本作角字者亦非也宋云甪不成字當作角俗本又誤角作角蓋緣不知崔偓佺之論耳此四人者當秦之世避而入商雒深山師古曰即今之商州商雒縣山也㠯待天下

之定也自高祖聞而召之不至其後呂后用留侯計使皇太子卑辭束帛致禮安車迎而致之四人既至從太子見高祖客而敬焉太子得以爲重遂用自安語在留侯傳其後谷口有鄭子眞補注先謙曰谷口馮翊縣蜀有嚴君平師古曰地理志謂君平爲嚴遵三輔決錄云子眞名樸君平名尊則君平子眞皆其字也補注沈欽韓曰高士傳蜀有富人羅沖者問君平曰君何以不仕君平曰無以自發沖爲君平具車馬衣糧君平曰吾病耳非不足也我前宿子家人定而役未息晝夜汲汲未嘗有足今我以卜爲業不下床而錢自至猶餘數百塵埃厚寸不知所用此非我有餘而子不足耶沖大慚君平歎曰益我貨者損我神生我名者殺我身竟不仕皆修身自保非其服弗服非其食弗食成帝時元舅大將軍王鳳以禮聘子眞子眞遂不詘而終補注先謙曰遂猶竟也下同君平卜筮於成都市以爲卜筮者賤業而可以惠衆人有邪惡非正之問則依蓍龜爲言利害與人子言依於孝與人弟言依於順與人臣言依於忠各因埶導之以善補注何焯曰易不可以占險斯正理也從吾言者已過半矣裁日閱數人師古曰裁與才同閱歷也得百

錢足自養則閉肆下簾而授老子師古曰肆者市也列所坐之處也博覽亡不通依老子嚴周之指著書十餘萬言師古曰嚴周卽莊周補注沈欽韓曰君平作老子指歸先謙曰官本作十萬餘言楊雄少時從遊學以而仕京師顯名數爲朝廷在位賢者稱君平德補注先謙曰以與已同杜陵李彊素善雄久之爲益州牧喜謂雄曰吾眞得嚴君平矣雄曰君備禮以待之彼人可見而不可得詘也彊心以爲不然及至蜀致禮與相見卒不敢言以爲從事乃歎曰楊子雲誠知人君平年九十餘遂以其業終蜀人愛敬至今稱焉及雄著書言當世士稱此二人其論曰或問君子疾沒世而名不稱師古曰以身沒而無名爲病盍埶諸名卿可幾曰君子德名爲幾孟康曰盍何不也言何不因名卿之埶以求名韋昭曰言有勢之名卿庶幾可不朽楊子以爲不然唯有德者可以有名師古曰或人以事有權力之卿用自表顯則其名可庶幾而立楊雄以爲自蓄其德則有名也補注蘇輿曰案荀子正名篇云無埶列之位而可以養名楊注埶列班列也此埶字與彼同義言何不取富貴班列名卿之位則名可庶幾也法言李注訓埶爲親義亦未當下言二人以隱獲名而云豈其卿言不必貴爲卿相非謂因親事名卿而取名也班復申言黃綺等以未嘗仕而樹風聲是此以仕隱對舉尤其明證顏注未晰梁齊楚趙之君非不富且貴也師古曰謂當時諸侯王也惡虖成其名師古曰惡於何也惡音烏谷口鄭子眞不詘其志耕於巖石之下名震於京師豈其卿豈其卿楚兩龔之絜其清矣乎蜀嚴湛冥孟康曰蜀郡嚴君平湛深玄默無欲也師古曰湛讀曰沈不作苟見不治苟得師古曰不爲苟顯之行不事苟得之業久幽而不改其操雖隨和何以加諸師古曰隨隨侯珠也和和氏璧也諸之也舉茲以旃不亦寶乎師古曰旃亦之也言舉此人而用之不亦國之寶乎自此以上皆楊雄之言也補注何焯曰以諸人事迹不備故總序之於傳首蓋亦傳也以此爲論者未讀序傳耳體與後牽連群方郭蔣諸人例同蘇輿曰自或問至豈其卿見法言問神篇楚兩龔以下見問明篇先謙曰官本注以作已引宋祁曰注文已字疑作以自園公綺里季夏黃公甪里先生鄭子眞嚴君平皆未嘗仕然其風聲足以激貪厲俗近古之逸民也若王吉貢禹兩龔之屬皆以禮讓進退云

王吉字子陽琅邪皋虞人也補注齊召南曰吉爲琅邪王氏之祖唐書宰相世系表秦將王離子元避

亂遷琅邪後徙臨沂四世孫吉始家皋虞後徙臨沂都鄉南仁里先謙曰皋虞在今萊州府卽墨縣東北五十里少時學明經補注先謙曰官本時作好是以郡吏舉孝廉爲郎補若盧右丞師古曰少府之屬官有若盧令丞漢舊儀以爲主治庫兵者遷雲陽令舉賢良爲昌邑中尉而王好遊獵驅馳國中動作亡節吉上疏諫曰臣聞古者師日行三十里吉行五十里詩云匪風發兮匪車揭兮顧瞻周道中心怛兮師古曰檜國匪風之篇發發飄風貌揭揭疾驅貌怛古怛字傷也言見此飄風及疾驅則顧念哀傷思周道也揭音丘列反補注宋祁曰注文怛字下疑有怛字先謙曰毛詩揭作偈怛作怛据儒林傳吉學韓詩故與毛異說曰是非古之風也發發者是非古之車也揭揭者蓋傷之也師古曰今之發發然者非古有道之風也今之揭揭然者非古有道之車也故傷之補注劉攽曰案文及注當云發發者是非古之風也揭揭者是非古之車也怛怛者蓋傷之也今皆誤矣陽夏公云倒文取新古蓋多如此不爲誤今者大王幸方與師古曰縣名也音房預補注宋祁曰注文音字上當有方與先謙曰通鑑胡注方與縣本屬山陽郡武帝以山陽爲昌邑王國方與縣屬焉曾不半日而馳二百里百姓頗廢耕桑治道牽馬臣愚以爲民不可數變也師古曰數音所角反補注宋祁

曰一本無也字昔召公述職師古曰召讀曰邵邵公名奭自陝以西邵公主之當民事時舍於棠下而聽斷焉師古曰舍止息是時人皆得其所後世思其仁恩至虖不伐甘棠甘棠之詩是也師古曰邵南之詩也其詩曰蔽芾甘棠勿翦勿伐邵伯所茇蔽芾小樹貌也甘棠杜也茇舍也蔽音必二反芾音方味反茇音步末反補注先謙曰官本注芾作芾字同杜下有梨字大王不好書術而樂逸游馮式撙銜臣瓚曰撙促也師古曰撙挫也音子本反補注先謙曰式與軾同銜馬勒也胡注馮讀曰憑馳騁不止口倦乎叱咤師古曰咤亦吒字也音竹駕反手苦於箠轡師古曰箠馬策也音止蘂反補注先謙曰官本蘂作蘂身勞虖車輿朝則冒霧露晝則被塵埃師古曰冒犯也音莫克反補注宋祁曰克景作克校作報浙本作克夏則為大暑之所暴炙冬則為風寒之所匽薄師古曰匽與偃同言遇疾風則偃靡也薄迫也數以耎脆之玉體犯勤勞之煩毒師古曰耎柔也音而兗反非所以全壽命之宗也師古曰宗尊也補注何焯曰宗本也又非所以進仁義之隆也師古曰隆高也夫廣夏之下細旃之上師古曰廣夏大屋也旃與氈同補注沈欽韓曰韓詩外傳天子居廣廈之下帷帳之內旃茵之上明師居前勸誦在後上論唐虞之際下

及殷周之盛考仁聖之風習治國之道訢訢焉發憤忘食日新厥德師古曰訢古欣字其樂豈徒銜橛之閒哉師古曰銜馬銜也橛車鉤心也張揖以橛為馬之長銜非也橛音其月反休則俛仰詘信以利形師古曰形體也信讀曰伸進退步趨以實下如淳曰今人不行則郄已下虛弱不實吸新吐故以練臧專意積精以適神師古曰臧五臧也練練其氣也適和也於以養生豈不長哉大王誠留意如此則心有堯舜之志體有喬松之壽師古曰喬松仙人伯喬及赤松子也美聲廣譽登而上聞補注宋祁曰登疑作發則福祿其轃而社稷安矣師古曰轃與臻同臻至也補注先謙曰官本注至上無臻字皇帝仁聖至今思慕未怠師古曰皇帝謂昭帝也言武帝晏駕未久故尚思慕於宮館囿池弋獵之樂未有所幸大王宜夙夜念此以承聖意諸侯骨肉莫親大王大王於屬則子也補注先謙曰兄弟之子猶子也疏廣與兄子受稱父子見廣傳於位則臣也一身而二任之責加焉恩愛行義孅介有不具者於以上聞非饗國之福也臣吉愚戇願大王察之王賀雖不遵道然猶知敬禮吉

乃下令曰寡人造行不能無惰補注宋祁曰惰疑作憜類篇渠伊反畏也敬也先謙曰通鑑與此同造行謂所作所行此自責之詞宋說不根中尉甚忠補注先謙曰官本作尉是數輔吾過使謁者千秋賜中尉牛肉五百斤酒五石脯五束其後復放從自若師古曰從音子用反吉輒諫爭甚得輔弼之義雖不治民補注先謙曰百官表王國中尉掌武職內史治國民成帝後省內史令相治民國中莫不敬重焉久之昭帝崩亡嗣大將軍霍光秉政遣大鴻臚宗正迎昌邑王吉即奏書戒王曰臣聞高宗諒闇三年不言師古曰已解於上今大王以喪事徵宜日夜哭泣悲哀而已慎毋有所發師古曰發謂興舉眾事補注宋祁曰南本浙本毋有所發句上有毋有所言一句一本發作言王念孫曰發謂發言也上文云高宗諒闇三年不言下文云南面之君何言哉則毋有所發即指發號施令而言師古以為興舉眾事非也別本或加毋有所言一句或改發為言皆非且何獨喪事凡南面之君何言哉天不言四時行焉百物生焉師古曰論語稱孔子曰天何言哉四時行焉百物生焉天何言哉故吉引之願大王察之大將軍仁愛勇智忠信之德天下莫不聞事孝武皇帝二十餘年

未嘗有過先帝棄羣臣屬以天下寄幼孤焉師古曰屬音之欲反大將軍抱持幼君襁緥之中補注先謙曰官本緥作褓布政施教海內晏然雖周公伊尹亡以加也今帝崩亡嗣大將軍惟思可以奉宗廟者攀援而立大王師古曰援引也音爰其仁厚豈有量哉師古曰言其深多也量音力向反臣願大王事之敬之政事壹聽之大王垂拱南面而已願留意嘗以為念補注先謙曰官本嘗作常是王既到即位二十餘日以行淫亂廢昌邑羣臣坐在國時不舉奏王罪過令漢朝不聞知又不能輔道陷王大惡師古曰道讀曰導皆下獄誅唯吉與郎中令龔遂以忠直數諫正得減死髡為城旦起家復為益州刺史病去官復徵為博士諫大夫是時宣帝頗修武帝故事宮室車服盛於昭帝時外戚許史王氏貴寵而上躬親政事任用能吏吉上疏言得失曰陛下躬聖質總萬方帝王圖籍日陳于前惟思世務將興太平詔書每下民欣然若更生臣伏而

恩之可謂至恩未可謂本務也師古曰言天子如此雖於百姓爲至恩然未盡政務之本也欲治之主不世出師古曰言有時遇之不常也〔補注〕沈欽韓曰文子上德篇欲治之主不世出可與治之臣不萬一先謙曰官本注作不常值引宋祁曰注文不字下疑有可字公卿幸得遭遇其時言聽諫從然未有建萬世之長策舉明主於三代之隆者也師古曰三代夏殷周其務在於期會簿書斷獄聽訟而已此非太平之基也臣聞聖王宣德流化必自近始朝廷不備難目言治左右不正難目化遠民者弱而不可勝愚而不可欺也聖主獨行於深宮得則天下稱誦之失則天下咸言之行發於近必見於遠故謹選左右審擇所使左右所目正身也所使所目宣德也詩云濟濟多士文王目寧師古曰大雅文王之詩〔補注〕先謙曰官本注末有也字此其本也春秋所目大一統者六合同風九州共貫也師古曰解在董仲舒傳今俗吏所目牧民者非有禮義科指可世世通行者也獨設刑法目守之其欲治者不知所繇師古曰繇與由同目意穿

鑿各取一切權譎自在〔補注〕王念孫曰張晏注翟方進傳曰一切權時也案自在二字於義無取在當爲任之誤言事不師古而自任權譎也故一變之後不可復修也師古曰言其敝深難久行是目百里不同風千里不同俗戶異政人殊服詐僞萌生刑罰亡極師古曰萌生言其爭出如草木之初生質樸日銷〔補注〕先謙曰官本銷作消恩愛寖薄師古曰寖漸也孔子曰安上治民莫善於禮師古曰孝經載孔子之言非空言也王者未制禮之時引先王禮宜於今者而用之臣願陛下承天心發大業與公卿大臣延及儒生述舊禮明王制敺一世之民濟之仁壽之域師古曰以仁撫下則羣生安逸而壽考〔補注〕先謙曰官本濟作躋通鑑同胡注此以仁壽並言仁者不鄙詐壽者不夭折也則俗何目不若成康壽何目不若高宗師古曰高宗殷王武丁也享國百年竊見當世趨務不合於道者謹條奏師古曰趨讀曰趣趣向也唯陛下財擇焉師古曰財與裁同〔補注〕王念孫曰財猶少也言惟陛下少擇之吉意目爲夫婦人倫大綱天壽之萌也師古曰由之而生故云萌〔補注〕先謙曰官本考證引眞德秀云吉意以下史家撮其大旨如此世俗嫁娶太早未知爲人父母之

道而有子是目敎化不明而民多夭聘妻送女亡節則貧人不及故不舉子又漢家列侯尚公主諸侯則國人承翁主晉灼曰娶天子女則曰尚公主國人娶諸侯女曰承翁主尚承皆卑下之名也師古曰翁主者言其父自主婚也解具在高紀使男事女夫詘於婦逆陰陽之位故多女亂古者衣服車馬貴賤有章目褒有德而別尊卑今上下僭差人人自制師古曰言無節度是目貪財趨利〔補注〕先謙曰官本作誅利引宋祁曰南本浙本作趨利先謙案通鑑亦作誅胡注誅責也求也不畏死亡周之所目能致治刑措而不用者目其禁邪於冥冥絕惡於未萌也師古曰冥冥言未有端緒又言舜湯不用三公九卿之世而舉皋陶伊尹李奇曰不繼世而爵也言皋陶伊尹非三公九卿之世不仁者遠師古曰任用賢人放黜讒佞今使俗吏得任子弟張晏曰子弟以父兄任爲郎〔補注〕宋祁曰南本浙本無俗字王念孫曰案南本浙本是也子弟以父兄得官則多驕驁而不通古今非獨俗吏之子弟爲然也俗字涉上文今俗吏而衍通鑑漢紀十八有俗字則所見本已誤治要及御覽治道部九引此皆無俗字通典選舉一同率多驕驁不通古今師古曰驁與傲同至於積功治人亡益於民此伐

檀所爲作也師古曰伐檀詩篇名刺不用賢也在魏國風也〔補注〕先謙曰官本刺下作在位貪鄙無功而受祿九字引宋祁曰注文一本刺不用賢也在魏國風也宜明選求賢除任子之令〔補注〕王念孫曰子下脫弟字治要御覽通鑑有周壽昌曰哀帝即位始除任子令距王吉時已更四帝矣外家及故人可厚目財不宜居位去角抵減樂府省尚方師古曰尚方主巧作明視天下目儉師古曰視讀曰示古者工不造琱瑑商不通侈靡師古曰瑑者刻鏤爲文瑑音篆非工商之獨賢政敎使之然也民見儉則歸本本立而末成其指如此上目其言迂闊不甚寵異也師古曰迂遠也音于吉遂謝病歸琅邪始吉少時學問居長安東家有大棗樹垂吉庭中吉婦取棗目啖吉師古曰啖謂使食之音徒濫反啖亦啗字耳此義與高紀啗以利同吉後知之乃去婦東家聞而欲伐其樹鄰里共止之因固請吉令還婦里中爲之語曰東家有樹王陽婦去東家棗完去婦復還其厲志如此吉與貢禹爲友世稱王陽在位貢公彈冠師古曰彈冠者且入仕也〔補注〕先謙曰官本且作言言其取舍同也師古曰取進趣也舍止息也元帝

初即位遣使者徵貢禹與吉吉年老道病卒上悼之復遣使者弔祠云〔補注〕何焯曰弔祠即後兩龔傳中韓福故事初吉兼通五經能爲騶氏春秋〔補注〕何焯曰騶氏春秋至班史時已成絕學有錄無書故於兼通五經之下復特著之吕詩論語教授好梁丘賀說易令子駿受焉〔補注〕周壽昌曰駿不及梁邱賀時實受易學於賀之子臨駿吕孝廉爲郎左曹陳咸薦駿賢父子〔補注〕齊召南曰案賢父子猶云賢父之子經明行修宜顯吕厲俗光祿勳匡衡亦舉駿有專對材師古曰專對謂見問即對無所疑也論語稱孔子曰使於四方不能專對雖多亦奚以爲遷諫大夫使責淮陽憲王師古曰以其有口辭〔補注〕先謙曰詳憲王欽傳遷趙內史吉坐昌邑王被刑後戒子孫毋爲王國吏故駿道病免官歸起家復爲幽州刺史遷司隸校尉奏免丞相匡衡〔補注〕先謙曰詳衡傳遷少府八歲成帝欲大用之出駿爲京兆尹試吕政事先是京兆有趙廣漢張敞王尊王章至駿皆有能名故京師稱曰前有趙張後有三王而薛宣從左馮翊代駿爲少府會御史大夫缺谷永奏言聖

王不吕名譽加於實效師古曰言不聽虛名考績用人之法師古曰言用人之法皆須考以功績薛宣政事已試師古曰言有效也上然其議宣爲少府月餘遂超御史大夫至丞相駿乃代宣爲御史大夫並居位六歲病卒翟方進代駿爲大夫數月薛宣免遂代爲丞相眾人爲駿恨不得封侯駿爲少府時妻死因不復娶或問之駿曰德非曾參子非華元如淳曰華與元曾參之二子也韓詩外傳曰曾參喪妻不更娶人問其故曾子曰以華元善人也一曰曾參之子字華元師古曰二子是也〔補注〕先謙曰盧文弨云大戴禮曾子疾病篇曾元抑首曾華抱足盧辯注元華二子說苑敬慎篇同抑首作抱首檀弓曾子寢疾病曾元曾申坐於足申與華殆即一人亦何敢娶駿子崇吕父任爲郎歷刺史郡守治有能名建平三年吕河南太守徵入爲御史大夫數月是時成帝舅安成恭侯夫人放寡居共養長信宮師古曰放者夫人之名也共音居用反養音弋亮反〔補注〕先謙曰安成恭侯王崇太后母弟建始二年薨放寡居故得共養太后坐祝詛下獄崇奏封事爲放言放外家解氏與崇爲昏師古曰婚姻之家哀帝吕崇爲不忠誠策詔崇

曰朕吕君有累世之美故踰列次師古曰謂自祖及身皆有名也〔補注〕先謙曰官本注在之美下以太守超御史大夫是踰列次也在位吕來忠誠匡國未聞所繇師古曰繇與由同由從也反懷詐諼之辭師古曰諼詐言也音虛袁反欲吕攀救舊姻之家大逆之辜舉錯專恣師古曰錯置也不遵法度亡吕示百僚左遷爲大司農後徙衛尉左將軍平帝即位王莽秉政大司空彭宣乞骸骨罷崇代爲大司空封扶平侯歲餘崇復謝病乞骸骨皆避王莽莽遣就國歲餘爲傅婢所毒薨國除師古曰凡言傅婢者謂傅相其衣服衽席之事一說傅曰附謂近幸也〔補注〕周壽昌曰不能正終故除其國先謙曰官本注說作讀是自吉至崇世名清廉然材器名稱稍不能及父而祿位彌隆皆好車馬衣服其自奉養極爲鮮明而亡金銀錦繡之物及遷徙去處所載不過囊衣師古曰一囊之衣也有底曰囊無底曰橐不畜積餘財師古曰畜讀曰蓄去位家居亦布衣疏食天下服其廉而怪其奢故俗傳王陽能作黃金師古曰以其無所求取不營產業而車服鮮明故謂自作黃金以給用〔補注〕沈欽韓曰風俗通

正失篇語曰金不可作世不可度王陽居官食祿雖爲車馬衣服亦能幾何何足怪之乃傳俗說班固之論陋於是矣

貢禹字少翁琅邪人也吕明經絜行著聞徵爲博士涼州刺史病去官復舉賢良爲河南令歲餘吕職事爲府官所責師古曰太守之府免冠謝禹曰冠壹免安復可冠也遂去官元帝初即位徵禹爲諫大夫〔補注〕先謙曰爲石顯所薦詳佞幸傳數虛己問吕政事師古曰虛己謂聽受其言也是時年歲不登郡國多困禹奏言古者宮室有制宮女不過九人秣馬不過八匹師古曰秣養也謂以粟米飯也〔補注〕王先慎曰宮女九人謂九嬪也周禮匠人內有九室九嬪居之內宰九嬪掌婦學之法教九御分居九室故稱宮女牆塗而不琱木摩而不刻師古曰琱字與彫同彫畫也車輿器物皆不文畫苑囿不過數十里與民共之任賢使能什一而稅亡它賦斂繇戍之役使民歲不過三日〔補注〕先謙曰說詳賈山傳千里之內自給千里之外各置貢職而已師古曰言天子以畿內賦斂自供千里之外令其以時入貢不欲煩勞也故天下家給人足頌聲並作至高祖孝文孝景皇帝循古節儉宮女

不過十餘廄馬百餘匹補注王念孫曰十餘下脫人字則文義不全且與下句不對漢紀孝元紀通鑑皆有人字上文亦云宮女不過九人秣馬不過八匹孝文皇帝衣綈履革師古曰綈厚繒音徒奚反器亡琱文金銀之飾後世爭爲奢侈轉轉益盛補注先謙曰官本盛作甚通鑑同臣下亦相放效師古曰放音甫往反其下亦同衣服履絝刀劍亂於主上師古曰絝古袴字補注先謙曰亂謂近似主上時臨朝入廟眾人不能別異甚非其宜然非自知奢僭也猶魯昭公曰吾何僭矣補注沈欽韓曰公羊昭二十五年傳昭公語子家駒曰吾何僭哉今大夫僭諸侯諸侯僭天子天子過天道其日久矣承衰救亂矯復古化在於陛下師古曰正曲曰矯復音方目反臣愚以爲盡如太古難宜少放古以自節焉論語曰君子樂節禮樂師古曰論語稱孔子曰益者三樂樂節禮樂樂道人之善樂多賢友也方今宮室已定亡可奈何矣其餘盡可減損故時齊三服官輸物不過十笥師古曰三服官主作天子之服在齊地笥盛衣竹器音先嗣反補注先謙曰齊三服官解詳元紀方今齊三服官作工各數千人一歲費數鉅萬蜀廣漢主金銀器歲

各用五百萬三工官官費五千萬如湻曰地理志河內懷蜀郡成都廣漢皆有工官工官主作漆器物者也師古曰如說非也三工官謂少府之屬官考工室也右工室也東園匠也上已言蜀漢主金銀器是不入三工之數也補注錢大昭曰三工官當謂考工室之一令二丞也百官表少府有若盧考工室令丞屬焉表不言員數是爲一令一丞矣然王吉傳云補若盧右丞有右必有左若盧既有二丞考工室亦宜有二丞如以地理志懷成都廣漢之工官爲三工殊不知志言工官者尙有河南陽翟宛東平陵太山郡奉高雒七處豈得單舉三者以當之顏以爲考工室右工室東園匠攷右工室不見於表東園匠則專作園陵器物觀下文見賜杯案云云則非東園匠所作明矣顏說誤先謙曰官本注漆作銀東西織室亦然補注先謙曰百官表有東織西織令丞成帝時省東織更名西織爲織室廄馬食粟將萬匹臣禹嘗從之東宮師古曰從天子往太后宮見賜杯案盡文畫金銀飾非當所以賜食臣下也師古曰食讀曰飤東宮之費亦不可勝計天下之民所爲大飢餓死者是也今民大飢而死死又不葬爲犬豬所食師古曰食人之骸骨補注宋祁曰浙本無所字人至相食而廄馬食粟苦其大肥氣盛怒至迺日步作之師古曰日日行步而動作之以散充溢之氣補注沈欽韓曰廣韻步馬習馬孫恤案左傳左師見夫人之步馬案周禮庾人職教駣攻駒注教駣始乘習之也今俗謂之潘馬亦曰壓馬王者受命於天爲民父母固當若此乎天不見邪武帝時又多取好女至數千人以塡後宮師古曰此塡字讀與寘同及弃天下昭帝幼弱霍光專事不知禮正妄多臧金錢財物鳥獸魚鼈牛馬虎豹生禽凡百九十物盡瘞臧之又皆以後宮女置於園陵補注宋祁曰以字疑作取字何焯曰宮人奉陵自孝武茂陵始昭宣循之遂爲故事大失禮逆天心又未必稱武帝意也昭帝晏駕光復行之至孝宣皇帝時陛下烏有所言師古曰不能自言減省之事補注何焯曰諒闇不言也先謙曰官本烏作惡胡注惡有所言者惡以天下儉其親此語承上園陵言羣臣亦隨故事甚可痛也故使天下承化取女皆大過度師古曰取讀曰娶諸侯妻妾或至數百人豪富吏民畜歌者至數十人是以內多怨女外多曠夫師古曰曠空也室家空也及眾庶葬埋皆虛地上以實地下補注王文彬曰厚葬者爲虛擲地上之物其過自上生師古曰自從也上謂天子也皆在大臣循故事之辠也唯陛下深察古道從其儉者大減損乘輿服御器物三分

去二子產多少有命審察後宮擇其賢者畱二十人餘悉歸之師古曰言人產子多少自有定命非由廣妾媵也故請止畱二十人及諸陵園女亡子者宜悉遣獨杜陵宮人數百誠可哀憐也補注何焯曰獨杜陵一處已有數百茂陵平陵不言者已多老死也廄馬可亡過數十匹獨舍長安城南苑地以爲田獵之囿師古曰舍置也獨畱置之其餘皆廢去自城西南至山西至鄠皆復其田以與貧民師古曰復音方目反補注何焯曰郎武帝所起上林苑地方今天下飢饉可亡大自損減以救之稱天意乎天生聖人蓋爲萬民非獨使自娛樂而已也故詩曰天難諶斯不易惟王上帝臨女毋貳爾心師古曰大雅大明之詩也諶誠也上帝亦天也言承天之意此誠難也王者之命不妄改易天常降監信可畏也毋貳爾心機事易失勿猶豫也補注先謙曰官本注難下也作矣監作鑒當仁不讓師古曰論語稱孔子曰當仁不讓於師故引之獨可以聖心參諸天地揆之往古師古曰揆度也不可與臣下議也若其阿意順指隨君上下師古曰上下猶言高下謂苟順從也上音時掌反臣禹不勝拳拳不敢不盡愚心師古曰拳拳解在劉向傳下鮑宣傳惓惓音義亦同

補注先謙曰官本注倦倦作惓惓是天子納善其忠迺下詔令太僕減食穀馬水衡減食肉獸省宜春下苑以與貧民又罷角抵諸戲及齊三服官遷禹爲光祿大夫補注周壽昌曰此孝元初元五年事是歲十二月禹卒時以光祿大夫月餘遷長信少府旋遷御史大夫數月而卒適八十一歲頃之禹上書曰臣禹年老貧窮家訾不滿萬錢妻子穅豆不贍裋褐不完師古曰裋者謂僮豎所著布長襦也褐毛布之衣也裋音豎有田百三十畝陛下過意徵臣師古曰過猶誤也臣賣田百畝以供車馬至拜爲諫大夫秩八百石奉錢月九千二百師古曰奉音扶用反其下亦同補注周壽昌曰百官表諫大夫秩比八百石此脫比字考表注及後書百官領奉例無八百石比八百石兩等時僅有諫大夫一官及左右庶長爵是八百石至成帝時除八百石就六百石故奉錢無可考賴此猶存其數若以十斛抵千錢則校千石轉多二斛蓋千石奉月九十斛也廩食太官師古曰謂太官給其食又嘗賞賜四時雜繒緜絮衣服酒肉諸果物德厚甚深疾病侍醫臨治師古曰侍醫天子之醫也賴陛下神靈不死而活又拜爲光祿大夫秩二千石奉錢月萬二千補注周壽昌曰百官表光祿大夫秩比二千石此亦脫比字二千石奉月百二十斛若以十斛抵一千恰如其數而續志云凡諸受奉皆半錢半穀則未知何算也祿賜愈多家日以益富身日以益尊誠非屮茅愚臣所當蒙也師古曰屮古草字伏自念終亡以報厚恩補注先謙曰官本恩作德日夜慙愧而已臣禹犬馬之齒八十一血氣衰竭耳目不聰明非復能有補益所謂素餐尸祿洿朝之臣也師古曰洿與汚同音一故反自痛去家三千里凡有一子年十二非有在家爲臣具棺槨者也誠恐一旦蹎仆氣竭不復自還師古曰蹎音顚蹎蹶也仆音赴仆頓也不自還者遂死也還讀曰旋洿席薦於宮室骸骨弃捐孤魂不歸不勝私願願乞骸骨及身生歸鄉里師古曰及身生謂及未死之前死亡所恨天子報曰朕以生有伯夷之廉史魚之直師古曰生謂先生也史魚衞大夫史鰌也論語稱孔子曰直哉史魚邦有道如矢邦無道如矢言其壹志守經據古不阿當世孳孳於民俗之所寡師古曰孳與孜同孜孜不怠也寡少也言少有此人故親近生幾參國政師古曰幾讀曰冀今未得久聞生之奇論也而云欲退意豈有所恨與師古曰與讀曰歟將在位者

與生殊乎師古曰言志趣不同往者嘗令金敞語生欲及生時祿生之子既已諭矣今復云子少夫以王命辨護生家雖百子何以加補注先謙曰辨與辦同傳曰亡懷土師古曰論語孔子曰君子懷德小人懷土何必思故鄉生其強飯慎疾以自輔後月餘以禹爲長信少府會御史大夫陳萬年卒禹代爲御史大夫列於三公自禹在位數言得失書數十上禹以爲古民亡賦算口錢起武帝征伐四夷重賦於民民產子三歲則出口錢故民重困師古曰重音直用反補注王鳴盛曰食貨志田租口賦二十倍於古漢取民所以比古若是之重者半由增加口賦故也若古之制孟子言布縷粟米力役之征盡之安有口賦周禮太宰九賦鄭康成注賦口率出泉也今之算泉民或謂之賦此其舊名與疏引漢法民年二十五已上至六十出口賦錢人百二十以算其實康成意不過因漢謂口錢爲口賦故援以解賦字之義見此九賦亦錢穀並出非謂口錢三代已有也口錢實始於漢耳至於生子輒殺甚可悲痛宜令兒七歲去齒乃出口錢年二十迺算又言古者不以金錢爲幣專意於農故一夫不耕必有受其飢者今漢家鑄錢及諸鐵官皆置吏卒徒攻山取銅鐵一歲功十萬人已上補注宋祁曰已當作以中農食七人是七十萬人常受其飢也鑿地數百丈銷陰氣之精地臧空虛不能含氣出雲斬伐林木亡有時禁水旱之災未必不繇此也師古曰繇讀與由同自五銖錢起已來七十餘年民坐盜鑄錢被刑者衆富人積錢滿室猶亡厭足民心搖動補注先謙曰官本作動搖商賈求利東西南北各用智巧好衣美食歲有十二之利師古曰若有萬錢爲賈則獲二千之利而不出租稅農夫父子暴露中野不避寒暑捽屮杷土手足胼胝師古曰捽拔取也屮古草字也杷手掊之也胼併也胝繭也捽音才兀反杷音蒲巴反其字從木胼音步千反胝音竹尸反掊音蒲交反已奉穀租又出稾稅師古曰稾禾稈也鄉部私求不可勝供師古曰言鄉部之吏又私有所求不能供之故民棄本逐末耕者不能半貧民雖賜之田猶賤賣以賈師古曰賣田與人而更爲商賈之業窮則起爲盜賊何者末利深而惑於錢也是以姦邪不可禁其原皆起於錢也疾其末者絕其本宜罷採珠玉金

鋃鑄錢之官亡復㠯爲幣市井勿得販賣師古曰賤買貴賣曰販除其租銖之律師古曰租稅之法皆依田畝不得雜計百物之銖兩租稅祿賜皆㠯布帛及穀使百姓壹歸於農復古道便師古曰追遵古法於事便也復音扶目反又言諸離宮及長樂宮衞可減其太半㠯寬繇役師古曰繇讀曰傜補注周壽昌曰元紀初元三年六月詔罷甘泉建章宮衞令就農百官各省費其長樂衞屬太后自不能省也百官表初元五年六月少府貢禹爲御史大夫十二月卒與紀傳俱合是宮衞罷已三年當是禹爲諫大夫時所奏故上文以自禹在位統言之又諸官奴婢十萬餘人戲遊亡事稅良民㠯給之歲費五六鉅萬宜免爲庶人稟食師古曰給其食補注先謙曰官本稟作廩注其作以令代關東戍卒乘北邊亭塞候望師古曰乘登也又欲令近臣自諸曹侍中㠯上家亡得私販賣與民爭利犯者輒免官削爵不得仕宦禹又言孝文皇帝時貴廉絜賤貪汙賈人贅壻及吏坐贓者皆禁錮不得爲吏補注先謙曰官本贓作臧賞善罰惡不阿親戚罪白者伏其誅師古曰白明也疑者㠯與民師古曰罪疑從輕也補注王文彬曰禮王制疑獄汜與衆共之衆疑赦之又周禮小司寇以三刺斷庶民獄訟之中一曰訊羣臣二曰訊羣吏三曰訊萬民聽民之所刺宥以施上服下服之刑鄭注民言殺殺之

言寬寬之此言與民亦當如禮所云示天下以大公也顏注似未審亡贖罪之法故令行禁止海內大化補注何焯曰孝文寬而有制所以異於仁柔天下斷獄四百與刑錯亡異武帝始臨天下尊賢用士闢地廣境數千里自見功大威行遂從耆欲師古曰從讀曰縱耆讀曰嗜用度不足迺行壹切之變補注先謙曰謂權時之變法也使犯法者贖罪入穀者補吏是㠯天下奢侈官亂民貧補注先謙曰漢紀官作國盜賊並起亡命者衆郡國恐伏其誅則擇便巧史書習於計簿能欺上府者㠯爲右職師古曰上府謂所屬之府右職高職也補注朱一新曰監本無於字是姦軌不勝補注先謙曰軌究之借字則取勇猛能操切百姓者㠯苛暴威服下者使居大位師古曰操持也切刻也操音千高反補注劉放曰百姓下多者字宋祁曰去者字故亡義而有財者顯於世欺謾而善書者尊於朝師古曰謾誑也謾音慢又音武連反誖逆而勇猛者貴於官師古曰誖亂也音布內反故俗皆曰何㠯孝弟爲財多而光榮何㠯禮義爲史書而仕宦何㠯謹慎爲勇猛而臨官故黥劓而髡鉗者猶復攘臂爲政於世行雖犬彘家富埶足目指氣使是爲賢耳師古曰動目以指物出氣以使人補注沈欽韓曰以上語與新書時變篇同彼正言孝文時風俗如此故謂居官而置富者爲雄桀補注先謙曰漢紀置作致置致同字處姦而得利者爲壯士兄勸其弟父勉其子俗之壞敗迺至於是察其所㠯然者皆㠯犯法得贖罪求士不得眞賢相守崇財利師古曰相諸侯相也守郡守也崇尚也誅不行之所致也今欲與至治致太平宜除贖罪之法相守選舉不㠯實及有臧者輒行其誅亡但免官師古曰不止免官而已則爭盡力爲善貴孝弟賤賈人進眞賢舉實廉而天下治矣孔子匹夫之人耳㠯樂道正身不解之故師古曰解讀曰懈四海之內天下之君微孔子之言亡所折中師古曰微亦無也折斷也非孔子之言則無以爲中也音竹仲反斷音丁煥反補注周壽昌曰顏音訓俱失史記孔子世家贊言六藝者折中於孔子索隱注引離騷曰明五帝以折中王叔師云折中正也是訓中爲正知當讀本音亦作折衷衷中心也音義同況乎㠯漢地之廣陛下之德處南面之尊秉萬乘之權因天地之助其於變世

易俗調和陰陽陶冶萬物化正天下易於決流抑隊師古曰決欲流之水抑將隊之物言其便易自成康㠯來幾且千歲師古曰幾音鉅依反欲爲治者甚衆然而太平不復興者何也㠯其舍法度而任私意奢侈行而仁義廢也陛下誠深念高祖之苦師古曰言取天下艱難也醇法太宗之治正己㠯先下選賢㠯自輔開進忠正致誅姦臣遠放讇佞師古曰遠離也音于萬反讇古諂字放出園陵之女罷倡樂絕鄭聲去甲乙之帳退僞薄之物修節儉之化驅天下之民皆歸於農如此不解師古曰解讀曰懈則三王可侔五帝可及唯陛下畱意省察天下幸甚天子下其議令民產子七歲迺出口錢自此始又罷上林宮館希幸御者及省建章甘泉宮衞卒減諸侯王廟衞卒省其半餘雖未盡從然嘉其質直之意禹又奏欲罷郡國廟定漢宗廟迭毀之禮皆未施行師古曰迭互也親盡則毀故曰迭毀迭音

大結反爲御史大夫數月卒天子賜錢百萬以其子爲郎官至東郡都尉禹卒後上追思其議竟下詔罷郡國廟定迭毀之禮語在韋玄成傳補注先謙曰禮下官本有然通儒或非之六字引宋祁曰然通儒或非之江南兩浙本無此六字錢大昭云閩本有六字

兩龔皆楚人也補注先謙曰据下文勝彭城人舍武原人並隷楚國勝字君賓舍字君倩師古曰倩音千見反二人相友並著名節故世謂之楚兩龔少皆好學明經勝爲郡吏舍不仕久之楚王入朝聞舍高明補注先謙曰官本作名是聘舍爲常侍不得已隨王歸國固辭補注沈欽韓曰梁元帝金樓子龔舍初仕楚王非其所欲見飛蟲觸蜘蛛網而死嘆曰仕宦亦人之羅網也遂挂冠而退時人謂之蜘蛛隱願卒學復至長安師古曰卒終也終其經業而勝爲郡吏三舉孝廉以王國人不得宿衛補吏補注宋祁曰補字上疑有出字再爲尉壹爲丞勝輒至官迺去州舉茂材爲重泉令師古曰重泉左馮翊縣也補注先謙曰今同州府蒲城縣東南五十里病去官大司空何武執金吾閻崇補注錢大昕曰公卿表作閻宗薦勝哀帝自爲定陶王固已聞其名徵爲諫大夫引見勝薦龔舍及亢父甯壽濟陰侯嘉師古曰亢音抗父音甫補注先謙曰亢父東平縣今濟甯州南五十里濟陰郡今曹州府定陶縣西北四里有詔皆徵勝曰竊見國家徵醫巫常爲駕徵賢者宜駕上曰大夫乘私車來邪勝曰唯唯師古曰唯唯恭應之辭也音戈癸反補注先謙曰官本戈作弋有詔爲駕補注周壽昌曰若今之馳驛龔舍侯嘉至皆爲諫大夫甯壽稱疾不至勝居諫官數上書求見言百姓貧盜賊多吏不良風俗薄災異數見不可不憂制度泰奢刑罰泰深賦斂泰重宜以儉約先下其言祖述王吉貢禹之意爲大夫二歲餘遷丞相司直徙光祿大夫守右扶風數月上知勝非撥煩吏迺復還勝光祿大夫師古曰依舊官諸吏給事中勝言董賢亂制度繇是逆上指師古曰繇讀與由同後歲餘丞相王嘉上書薦故廷尉梁相等尚書劾奏嘉言事恣意迷國罔上不道下將軍中朝者議左將軍公孫祿司隷鮑宣光祿大夫

孔光等十四人皆以爲嘉應迷國不道法勝獨書議曰嘉資性邪僻所舉多貪殘吏位列三公陰陽不和諸事並廢咎皆繇嘉師古曰繇讀與由同迷國不疑文穎曰信必迷國不疑也今舉相等過微薄日暮議者罷明日復會左將軍祿問勝君議亡所據今奏當上宜何從師古曰今欲奏此事君定從何議也勝曰將軍以勝議不可者通劾之師古曰并劾勝博士夏侯常見勝應祿不和起至勝前謂曰宜如奏所言師古曰謂如尚書所劾奏也勝以手推常曰去後數日復會議可復孝惠孝景廟不議者皆曰宜復勝曰當如禮常復謂勝禮有變勝疾言曰去是時之變師古曰疾急也言時人意自變耳禮不變也常恚謂勝曰我視君何若師古曰何若言無所似也君欲小與衆異外以采名君迺申徒狄屬耳服虔曰殷之末世介士也自沈於河者先是常又爲勝道高陵有子殺母者勝白之尚書問誰受師古曰言於誰聞之也對曰受夏侯常尚書使勝問常常連恨勝師古曰連恨謂再被謂去補注先謙曰官本下謂作詰王念孫云恨讀爲很很者相爭訟也謂常屢與勝相爭訟也下文相非恨義同曲禮很毋求勝鄭注很鬩也謂爭訟也詩小雅兄弟鬩于牆毛傳鬩很也爾雅鬩恨也孫炎本作很云相很戾也作恨者借字耳說詳劉向傳卽應曰聞之白衣戒君勿言也服虔曰聞之白衣耳戒君勿言之如何使士之邪師古曰白衣給官府趨走賤人若今諸司亭長掌固之屬補注沈欽韓曰白衣謂庶人道路之言耳何必以官府給使爲白衣韓昌黎詩白衣長衫紫領巾差科未動是閒人亭長掌固舊唐書職官志檢校省門戶倉庫聽事陳設之事奏事不詳妄作觸罪師古曰言奏事不審妄有發作自觸罪補注先謙曰官本注末有也字勝窮亡以對尚書卽自劾奏與常爭言洿辱朝廷事下御史中丞召詰問劾奏勝吏二千石常位大夫皆幸得給事中與論議師古曰與讀曰豫補注劉奉世曰前云博士後云位大夫然博士非中朝臣疑言傳士者誤也錢大昕曰常前稱博士此稱大夫劉疑之是也至以博士非中朝臣疑稱博士爲誤則失之未攷漢時博士多加給事中如韋賢申咸炔欽之倫皆是也博士非中朝臣加給事中卽中朝矣陳咸舉方正對策拜光祿大夫給事中翟方進奏咸前爲九卿坐爲貪邪免不當蒙方正舉備內朝臣此給事中在中朝之明證也不崇禮義而居公門下相非恨疾言辯訟婧謾亡狀師古曰疾急也婧古惰字謾讀與慢同亡狀無善狀也皆不敬制曰貶秩各一等勝謝罪乞骸

骨上迺復加賞賜㠯子博爲侍郎出勝爲渤海太守勝謝病不任之官積六月免歸上復徵爲光祿大夫勝常稱疾臥數使子上書乞骸骨會哀帝崩初琅邪邴漢亦㠯清行徵用至京兆尹後爲太中大夫〔補注〕周壽昌曰漢字游君綏和二年以光祿大夫遷京兆尹數月病爲太中大夫見百官表王莽秉政勝與漢俱乞骸骨自昭帝時涿郡韓福㠯德行徵至京師賜策書束帛遣歸詔曰朕閔勞㠯官職之事其務修孝弟㠯教鄉里行道舍傳舍師古曰於傳舍止宿若今官人行得過驛也縣次具酒肉食從者及馬師古曰道次給酒肉并飤其從者及馬也食讀曰飤長吏㠯時存問常㠯歲八月賜羊一頭酒二斛不幸死者賜複衾一祠㠯中牢〔補注〕齊召南曰韓福事昭紀作郡縣常以正月賜羊酒紀係錄詔書原文疑此八月當爲正月之訛又案羊壹頭壹字應作一各本俱誤耳先謙曰此本作一齊偶不照於是王莽依故事白遣勝漢策曰惟元始二年六月庚寅光祿大夫太中大夫耆艾二人㠯老病罷太皇太后使謁者僕射策詔之曰蓋聞古者有

司年至則致仕所㠯恭讓而不盡其力也今大夫年至矣朕愍㠯官職之事煩大夫其上子若孫若同產同產子一人師古曰同產兄弟也同產子即兄弟子也〔補注〕沈欽韓曰宋致仕蔭補之法同此大夫其修身守道㠯終高年賜帛及行道舍宿歲時羊酒衣衾皆如韓福故事所上子男皆除爲郎〔補注〕先謙曰官本攷證引孔武仲云龔勝邴漢乞骸骨詔謂之耆艾二人而不名時勝爲光祿大夫漢爲太中大夫特詔行道舍傳舍傳舍如今驛舍也漢得入驛如此之嚴也於是勝漢遂歸老于鄉里漢兄子曼容〔補注〕何焯曰曼容名冄見儒林傳亦養志自修爲官不肯過六百石輒自免去其名過出於漢初龔舍㠯龔勝薦徵爲諫大夫病免復徵爲博士又病去頃之哀帝遣使者即楚拜舍爲太山太守師古曰即猶就也舍家居在武原〔補注〕先謙曰楚國縣在今徐州府邳州西北八十里使者至縣請舍欲令至廷拜授印綬師古曰廷謂縣之庭內舍曰王者㠯天下爲家何必縣官〔補注〕先謙曰官謂官舍也遂於家受詔便道之官既至數月上書乞骸骨上徵舍至京兆東湖界

師古曰湖縣也時屬京兆〔補注〕先謙曰今陝州閿鄉縣東固稱病篤天子使使者收印綬拜舍爲光祿大夫數賜告舍終不肯起迺遣歸舍亦通五經㠯魯詩教授〔補注〕周壽昌曰承其師辟廣德之傳舍勝既歸鄉里郡二千石長吏初到官皆至其家如師弟子之禮舍年六十八王莽居攝中卒莽既篡國遣五威將帥行天下風俗將帥親奉羊酒存問勝明年莽遣使者即拜勝爲講學祭酒師古曰即就也就其家而拜之勝稱疾不應徵後二年莽復遣使者奉璽書太子師友祭酒印綬安車駟馬迎勝即拜師古曰就家迎之因拜官秩上卿先賜六月祿直㠯辦裝〔補注〕先謙曰辦官本作辨字同使者與郡太守縣長吏三老官屬行義諸生千人㠯上入勝里致詔師古曰行義謂鄉邑有行義之人也諸生謂學徒也行音下更反使者欲令勝起迎久立門外勝稱病篤爲牀室中戶西南牖下師古曰牖窗也於戶之西室之南牖下也東首加朝服拕紳師古曰拕引也臥著朝衣故云加引大帶於體也論語稱孔子疾君視之東首加朝服拕紳故放之也拕音土賀反使者入戶西行南

面立致詔付璽書遷延再拜奉印綬內安車駟馬進謂勝曰聖朝未嘗忘君制作未定待君爲政思聞所欲施行㠯安海內勝對曰素愚加㠯年老被病命在朝夕隨使君上道必死道路師古曰示若尊敬使者故謂之使君無益萬分使者要說師古曰要音一遙反說音式銳反〔補注〕周壽昌曰要猶挾也使者挾莽威勢以說之至㠯印綬就加勝身勝輒推不受使者即上言方盛夏暑熱勝病少氣可須秋涼迺發師古曰須待也有詔許使者五日壹與太守俱問起居〔補注〕先謙曰官本壹作一爲勝兩子及門人高暉等言朝廷虛心待君㠯茅土之封雖疾病宜動移至傳舍示有行意必爲子孫遺大業暉等白使者語勝自知不見聽即謂暉等吾受漢家厚恩亡㠯報今年老矣旦暮入地誼豈㠯一身事二姓下見故主哉勝因敕㠯棺斂喪事師古曰棺音工㶇反斂音力贍反衣周於身棺周於衣勿隨俗動吾冢種柏作祠堂師古曰若葬多設器備則恐被掘故云動吾冢也亦不得種柏及作祠堂皆不隨俗〔補注〕劉攽曰勝意一

葬之後更不得隨俗動冢土種柏作祠堂先謙曰顧炎武云古人族葬勝必已自有墓若隨俗人之意更於冢上種柏作祠堂則是
動吾冢也葢以朝代遷革一切飾終之禮俱不欲用語畢遂不復開口飲食積十四日死死
時七十九矣使者太守臨斂賜複衾祭祠如法門人衰絰治喪者
百數有老父來弔哭甚哀既而曰嗟虖薰㠯香自燒膏㠯明自銷
師古曰薰芳草〔補注〕沈欽韓曰莊子人間世山木自寇也膏火自煎也御覽引蘇子曰蘭以芳自燒膏以明自焫龔生竟
夭天年〔補注〕周壽昌曰七十九死而謂之夭悲其不能隱去致不令終也非吾徒也遂趨而出莫
知其誰勝居彭城廉里後世刻石表其里門

鮑宣字子都渤海高城人也〔補注〕先謙曰官本考證高城地理志作高成先謙案在今天津府鹽山縣
東南好學明經爲縣鄉嗇夫守東州丞師古曰東州渤海之縣也〔補注〕先謙曰在今河間府河間
縣東北四十里俗名如林鄉後爲都尉太守功曹舉孝廉爲郎病去官復爲州
從事大司馬衛將軍王商辟宣薦爲議郎後㠯病去哀帝初大司
空何武除宣爲西曹掾甚敬重焉薦宣爲諫大夫遷豫州牧歲餘

丞相司直郭欽奏宣舉錯煩苛代二千石署吏聽訟所察過詔條
師古曰出六條之外行部乘傳去法駕師古曰行音下更反傳音張戀反駕一馬師古曰言其單率不
依典制也〔補注〕沈欽韓曰一馬則軺車庶人所乘也舍宿鄉亭爲眾所非〔補注〕周壽昌曰景紀中五年五月特
詔車駕衣服宜稱不如法令者皆上丞相御史請之張敞傳敞無威儀時罷朝會使御史驅自以便面拊馬終以此不得大位宣領
豫州牧位甚尊而行部簡略故郭欽以違制劾奏後書謝夷吾爲鉅鹿太守以行春乘柴車從兩吏冀州刺史上其儀序失中有損
國令左轉下邳令葢其制至後漢猶然也宣坐免歸家數月復徵爲諫大夫宣每居位
常上書諫爭其言少文多實是時帝祖母傅太后欲與成帝母俱
稱尊號封爵親屬丞相孔光大司空師丹何武大司馬傅喜始執
正議失傅太后指皆免官丁傅子弟並進董賢貴幸宣㠯諫大夫
從其後上書諫曰竊見孝成皇帝時外親持權人人牽引所私㠯
充塞朝廷師古曰塞滿也妨賢人路濁亂天下奢泰亡度窮困百姓是㠯
日蝕且十彗星四起危亡之徵陛下所親見也今柰何反覆劇於
前乎〔補注〕先謙曰胡注覆當作復劇增也甚也朝臣亡有大儒骨鯁白首耆艾魁壘之
士服虔曰魁壘壯貌也師古曰魁音口賄反壘音磊論議通古今喟然動眾心師古曰喟然歎息貌
音丘位反憂國如飢渴者臣未見也敦外親小童及幸臣董賢等在公
門省戶下師古曰敦謂厚重也〔補注〕先謙曰漢紀敦作厚謂親厚之顏注未晰陛下欲與此共承天
地安海內甚難師古曰共讀曰恭〔補注〕劉奉世曰共讀如字先謙曰官本恭作供今世俗謂不智
者爲能謂智者爲不能昔堯放四罪而天下服師古曰四罪流共工于幽州放驩兜
於崇山竄三苗于三危殛鯀于羽山也今除一吏而眾皆惑古刑人尚服今賞人反
惑鄧展曰不得其人使之天下惑也〔補注〕先謙曰官本注無之字是請寄爲姦師古曰請寄謂以事私相託也羣
小日進國家空虛用度不足民流亡去城郭盜賊並起吏爲殘賊
歲增於前凡民有七亡師古曰亡謂失其作業也陰陽不和水旱爲災一亡也
縣官重責更賦稅租二亡也師古曰更謂爲更卒也音工行反〔補注〕先謙曰稅租官本作租稅貪
吏並公受取不已三亡也師古曰並依也音步浪反〔補注〕先謙曰並與傍同所謂因緣爲姦也豪彊

大姓蠶食亡厭四亡也〔補注〕宋祁曰大姓下疑有家字苛吏繇役失農桑時五亡
也部落鼓鳴男女遮迣六亡也晉灼曰迣古列字也師古曰言聞桴鼓之聲以爲有盜賊皆當遮列
而追捕〔補注〕先謙曰官本注無當字通鑑有當字迣作列漢紀同盜賊劫略取民財物七亡也七
亡尚可又有七死酷吏毆殺一死也師古曰毆擊也音一口反治獄深刻二死
也冤陷亡辜三死也盜賊橫發四死也師古曰橫音胡孟反怨讎相殘五死
也歲惡飢餓六死也時氣疾疫七死也民有七亡而無一得欲望
國安誠難民有七死而無一生欲望刑措誠難此非公卿守相貪
殘成化之所致邪師古曰守郡守也相諸侯相也羣臣幸得居尊官食重祿豈有
肯加惻隱於細民助陛下流教化者邪師古曰惻隱皆痛也志但在營私家
稱賓客爲姦利而已師古曰務稱賓客所求也稱音尺孕反㠯苟容曲從爲賢㠯供
默尸祿爲智師古曰尸主也不憂其職但主食祿而已〔補注〕先謙曰官本供作拱是胡注拱默拱手而默然不言也
謂如臣宣等爲愚陛下擢臣巖穴誠冀有益豪毛豈徒欲使臣美

食大官重高門之地哉晉灼曰高門殿名也師古曰在未央宮中補注先謙曰宣益言徒知養賢爲朝廷之重而不計其有益於時與否百官表少府有太官令主膳食天下迺皇天之天下也陛下上爲皇天子下爲黎庶父母爲天牧養元元視之當如一合尸鳩之詩師古曰尸鳩曹國風之篇也其詩云尸鳩在桑其子七兮淑人君子其儀一兮言尸鳩之鳥養其子七平均如一善人君子布德施惠亦當然也尸鳩拮掬也拮音居黠反補注宋祁曰浙本無之詩二字今貧民菜食不厭衣又穿空師古曰厭飽足也空孔也補注先謙曰官本無厭飽足也四字父子夫婦不能相保誠可爲酸鼻陛下不救將安所歸命乎師古曰安焉也奈何獨私養外親與幸臣董賢多賞賜以大萬數使奴從賓客漿酒霍肉劉德曰視酒如漿視肉如霍也師古曰霍豆葉也貧人茹之也蒼頭廬兒皆用致富非天意也孟康曰黎民黔首黎黔皆黑也下民陰類故以黑爲號漢名奴爲蒼頭非純黑以別於良人也諸給殿中者所居爲廬蒼頭侍從因呼爲廬兒臣瓚曰漢儀注官如給書計從侍中已下爲蒼頭青幘補注沈欽韓曰蒼頭廬兒守舍兒也孫子注所謂家子漢舊儀掖庭有廬監續志注風俗通曰尚書御史臺皆以官倉頭爲史主賦舍守門戶先謙曰官本注如作奴是通鑑引同及汝昌侯傅商亡功而封夫官爵

非陛下之官爵迺天下之官爵也陛下取非其官官非其人師古曰此官不當加於此人此人不當受於此官也而望天說民服豈不難哉師古曰說讀曰悅方陽侯孫寵宜陵侯息夫躬辯足以移衆彊可用獨立補注蘇輿曰以用同姦人之雄或世尤劇者也補注先謙曰或與惑同宜以時罷退及外親幼童未通經術者皆宜令休就師傅急徵故大司馬傅喜使領外親故大司空何武師丹故丞相孔光故左將軍彭宣經皆更博士位皆歷三公師古曰更亦歷也音工衡反補注先謙曰胡注言經學有師法也智謀威信可與建敎化圖安危師古曰建立也圖謀也龔勝爲司直郡國皆愼選舉補注先謙曰胡注司直掌佐丞相舉不法勝守正不阿郡國懼爲所舉奏故皆愼於選舉三輔委輸官不敢爲姦師古曰委輸謂輸委積者也委音迂僞反輸音式喻反補注宋祁曰注文輸景本作式俞反可大委任也陛下前以小不忍退武等海內失望師古曰小有不快於心不能忍之也陛下尙能容亡功德者甚衆曾不能忍武等邪治天下者當用天下之心爲心不得自專快意而已也

上之皇天見譴下之黎庶怨恨次有諫爭之臣陛下苟欲自薄而厚惡臣天下猶不聽也臣雖愚戇獨不知多受祿賜美食太官補注先謙曰官本太作大廣田宅厚妻子不與惡人結讎怨以安身邪誠迫大義官以諫爭爲職不敢不竭愚惟陛下少留神明覽五經之文原聖人之至意深思天地之戒臣宣吶鈍於辭師古曰吶亦訥字也不勝惓惓盡死節而已上以宣名儒優容之是時郡國地震民訛言行籌明年正月朔日蝕上迺徵孔光免孫寵息夫躬罷侍中諸曹黃門郎數十人宣復上書言陛下父事天母事地子養黎民卽位已來父虧明母震動子訛言相驚恐今日蝕於三始如淳曰正月一日爲歲之朝月之朝日之朝始猶朝也誠可畏懼小民正月朔日尙恐毀敗器物補注先謙曰今時民俗猶然足徵古今人情不相遠也何況於日虧乎陛下深內自責避正殿舉直言求過失罷退外親及旁仄素餐之人師古曰仄古側字也徵拜孔光爲光祿大夫發

覺孫寵息夫躬過惡免官遣就國衆庶歙然莫不說喜師古曰歙音翕說音悅亦同也天人同心人心說則天意解矣迺二月丙戌白虹虷日連陰不雨師古曰虷音干補注王念孫曰虷字從虫無義蓋字本作干干犯也因虹字而誤加虫顏注文爲音也說文玉篇皆無虷字莊子秋水篇還虷蟹與科斗釋文虷音寒井中赤蟲也亦與干日之義無涉廣韻虷字有寒音而無干音集韻虷音寒井中赤蟲又音干蟲名一曰犯也蓋爲師古注所惑先謙曰通鑑作干胡注犯也不用顏說此天有憂結未解民有怨望未塞者也侍中駙馬都尉董賢本無葭莩之親師古曰葭音工遐反莩音孚葭莩喻輕薄而附著也解在景十三王傳但以令色諛言自進師古曰令善也諛諂也賞賜亡度竭盡府藏幷合三第尙以爲小復壞暴室師古曰時以三第總爲一第賜賢猶嫌陿小復取暴室之地以增益之也補注先謙曰許廣漢爲暴室嗇夫見外戚傳賢父子坐使天子使者將作治第補注先謙曰將作大匠掌治宮室使爲之治第行夜吏卒皆得賞賜師古曰爲賢第上特埼行夜者音下更反補注先謙曰官本音上有行字上冢有會輒太官爲供補注先謙曰胡注爲之供具也海內貢獻當養一君今反盡之賢家豈天意與民意邪天下可久

負補注先謙曰下字誤官本作不胡注暴殄天物以私嬖幸是謂負天厚之如此反所以害之也誠欲哀賢宜爲謝過天地解讎海內免遣就國收乘輿器物還之縣官補注蘇輿曰縣官謂天子東平王傳縣官年少霍光傳縣官非我家將軍不得至是皆此義也後書劉盆子傳尙云當爲縣官何故爲賊如此可以父子終其性命不者海內之所讎未有得久安者也孫寵息夫躬不宜居國可皆免以視天下師古曰視讀曰示復徵何武師丹彭宣傅喜曠然使民易視以應天心師古曰易改也建立大政以興太平之端高門去省戶數十步求見出入二年未省師古曰不被省視也欲使海瀕仄陋自通遠矣師古曰瀕涯也音頻又音賓願賜數刻之間師古曰刻漏刻也閒空隙極竭毣毣之思師古曰毣音沐沐猶蒙蒙也如湻曰謹愿之貌也補注宋祁曰浙本無竭字沈欽韓曰方言純毣好也郭云毣毣小好兒先謙曰官本注沐沐下再有沐字是退入三泉死亡所恨師古曰三重之泉言其深也上感大異納宣言徵何武彭宣旬月皆復爲三公拜宣爲司隸時哀帝改司隸校尉但爲司隸官比司直丞相孔光四時行園陵

師古曰行音下更反官屬以令行馳道中如湻曰令諸使有制得行馳道中者行旁道無得行中央三丈也宣出逢之使吏鉤止丞相掾史師古曰鉤畱也沒入其車馬摧辱宰相事下御史補注王念孫曰案摧辱上原有以字言哀帝以宣摧辱宰相遂下其事於御史也今本脫去以字則文義不明通典職官十四無以字亦後人依誤本漢書刪之御覽職官部四十八引此正作以摧辱宰相事下御史漢紀作宣坐摧辱宰相事下御史文異而義同也中丞侍御史至司隸官補注周壽昌曰官官舍也禮玉藻在官不俟屨注朝廷治事處曰官先謙曰至司隸官止言官不言官舍猶之下吏止言吏不言吏獄也欲捕從事閉門不肯內師古曰御史欲捕從事而司隸閉門不得入也宣坐距閉使者亡人臣禮大不敬不道補注宋祁曰南本無不道二字下廷尉獄博士弟子濟南王咸舉幡太學下曰欲救鮑司隸者會此下諸生會者千餘人朝日遮丞相孔光自言師古曰朝日謂早旦欲入朝也丞相車不得行又守闕上書上遂抵宣罪減死一等髡鉗宣既被刑迺徙之上黨以爲其地宜田牧又少豪俊易長雄師古曰長爲之長帥也雄爲之雄豪補注沈欽韓曰褚先生田仁傳任安以爲武功小邑無豪易高郎此意先謙曰官本注末有也字是遂家

于長子師古曰上黨之縣也長讀如本字平帝卽位王莽秉政陰有篡國之心迺風州郡以辠法案誅諸豪桀師古曰風讀曰諷及漢忠直臣不附己者宣及何武等皆死補注宋祁曰武字下疑有與宣女壻字時名捕隴西辛興師古曰詔顯其名而捕之興與宣女壻許紺俱過宣一飯去師古曰飯音扶晚反宣不知情補注宋祁曰情字上疑有其字錢大昕曰案後書孔融傳漢律與罪人交關三日已上皆應知情知情者應坐罪不知情者不坐故揚雄傳云雄不知情有詔勿問宋疑情上當有其字蓋未攷漢律也坐繫獄自殺自成帝至王莽時清名之士琅邪又有紀逡王思齊則薛方子容太原則郇越臣仲郇相稚賓沛郡則唐林子高唐尊伯高師古曰并列其人本土及姓名字也後皆類此逡音千旬反郇音荀又音胡頑反今荀郇二姓並有之俱稱周武王之後也補注周壽昌曰林師事許商商號其弟子爲四科林爲德行見儒林傳莽傳云尊字子虞與此作伯高異皆以明經飭行顯名於世師古曰飭謹也讀與敕同紀逡兩唐皆仕王莽封侯貴重歷公卿位唐林數上疏諫正有忠直節唐尊衣敝履空服虔曰履猶屨也師古曰衣音於既反著敝衣躡空屨也空穿也以瓦器飲食又以歷

遺公卿服虔曰以瓦器遺之補注先謙曰官本注末有也字被虛僞名師古曰被音皮義反郇越相同族昆弟也並舉州郡孝廉茂材數病去官越散其先人訾千餘萬以分施九族州里志節尤高相王莽時徵爲太子四友病死莽太子遣使裞以衣衾師古曰贈喪衣服曰裞裞音式芮反其字從衣其子攀棺不聽曰死父遺言師友之送勿有所受今於皇太子得託友官故不受也京師稱之薛方嘗爲郡掾祭酒嘗徵不至及莽以安車迎方方因使者辭謝曰堯舜在上下有巢由今明主方隆唐虞之德小臣欲守箕山之節也張晏曰許由隱於箕山在陽城有許由祠補注宋祁曰由字案注并贊注及江浙本作許字今字上疑有亦猶二字王念孫曰案小臣上原有亦猶二字言小臣之慕巢由亦猶明主之慕唐虞也後人不解其意而刪去亦猶二字謬矣通鑑無亦猶二字則所見漢書本已然文選薦譙元彥表注逸民傳論注御覽逸民部一引此皆有亦猶二字漢紀同使者以聞莽說其言不強致師古曰說讀曰悅方居家以經教授喜屬文師古曰喜音許吏反屬音之欲反著詩賦數十篇始隃麋郭欽哀帝時爲丞相司直師古曰隃麋扶

風之縣也險音踰也〔補注〕先謙曰官本末無也字奏免豫州牧鮑宣京兆尹薛修等又奏董賢左遷盧奴令平帝時遷南郡太守而杜陵蔣詡元卿爲兗州刺史亦㠯廉直爲名王莽居攝欽詡皆㠯病免官歸鄉里臥不出戶卒於家〔補注〕沈欽韓曰初學記十八三輔決錄曰蔣詡舍中三徑惟羊仲求仲從之遊二仲皆推廉逃名羣輔錄羊仲求仲二人皆治車爲業推廉逃名蔣元卿之去兗州還杜陵荊棘塞門舍中有三徑不出惟二人從之游見嵇康高士傳周壽昌曰渭水注汧水又東南逕隃麋縣故城南昔郭欽恥王莽之徵而遯跡於斯此郭欽疑卽郭欽欽與欽字近而譌也莽傳戊己校尉郭欽又別一人北堂書鈔引三輔決錄云王邑爲從弟奇求蔣詡女盛服送之詡女辭不取但衣青布曰受公命不敢違邑乃歎曰所以與賢者婚欲爲此也魏志荀彧傳注昔蔣詡姻於王氏無損清高之操正指此事邑在莽時爲大司空齊栗融客卿北海禽慶子夏蘇章游卿山陽曹竟子期皆儒生去官不仕於莽〔補注〕齊召南曰宣傳特附薛方諸人皆不仕莽世清節著名者据後書卓茂傳茂與孔休蔡勳劉宣龔勝鮑宣六人同志又申徒剛宣秉王丹王良郭丹蔡茂及陳寵之曾祖咸各見本傳而儒林傳載高詡包咸獨行傳載譙元李業王皓王嘉劉茂逸民傳載向長逢萌王君公周黨譚賢殷謨王霸戴遵皆立志較然不汙新室爵命宜與薛方諸賢牽連書之莽死漢更始徵竟

㠯爲丞相封侯欲視致賢人銷寇賊師古曰視讀曰示竟不受侯爵會赤眉入長安欲降竟竟手劒格死世祖卽位徵薛方道病卒兩龔鮑宣子孫皆見褒表至大官〔補注〕齊召南曰案兩龔子孫後書無傳鮑宣子永孫昱三世司隸後書有傳而宣妻桓少君在列女傳

贊曰易稱君子之道或出或處或默或語師古曰上繫辭也謂發跡雖異同歸於道言其各得道之一節譬諸草木區㠯別矣師古曰言蘭桂異類而各芬馨也〔補注〕先謙曰官本注末無也字故曰山林之士往而不能反朝廷之士入而不能出二者各有所短春秋列國卿大夫及至漢興將相名臣懷祿耽寵㠯失其世者多矣師古曰懷思也言不能去〔補注〕蘇輿曰言或得罪見誅滅也是故清節之士於是爲貴然大率多能自治而不能治人王貢之材優於龔鮑守死善道勝實蹈焉師古曰論語稱孔子曰篤信好學守死善道危邦不入亂邦不居今龔勝不受莽官蹈斯之迹也〔補注〕宋祁曰注文之字當刪何焯曰言見幾先去爲莽所迫卒又死之合於孔子之經也貞而不諒薛方近之師古曰論語稱孔子曰君子貞而不諒謂君子之人正其道耳言不必信也薛方志避亂朝詭引巢許爲喻近此義也郭欽蔣詡好遯不汙絕紀唐矣師古曰欽詡不仕於莽遯逃亂不汙其節殊於紀逡及兩唐〔補注〕蘇輿曰絕謂相懸遠

王貢兩龔鮑傳第四十二終　　漢書七十二

韋賢傳第四十三　漢書七十三

漢　蘭　臺　令　史班　固　撰

唐正議大夫行祕書少監琅邪縣開國子顏師古注

賜進士出身前翰林院編修國子監祭酒加三級臣王先謙補注

韋賢字長孺，魯國鄒人也。其先韋孟家本彭城，為楚元王傅，傅子夷王及孫王戊。師古曰官為楚王傅而歷相三王也 戊荒淫不遵道，孟作詩風諫。後遂去位，徙家於鄒，又作一篇。其諫詩曰：補注先謙曰官本與下連文是

肅肅我祖，國自豕韋，應劭曰在商為豕韋氏也 黼衣朱紱，四牡龍旂。師古曰黼衣畫為斧形而白與黑為彩也朱紱為朱裳畫為亞文也亞古弗字也故因謂之紱字又作黻其音同聲補注宋祁曰注黼衣字下當更有衣字為彩當作謂彩亞字當作亞其音同聲當作同耳錢大昕曰亞當作亞兩己相背也與亞次字音義全別此朱紱諸侯之服當訓為韠不當作黼黻解顏注誤 彤弓斯征，撫寧遐荒，師古曰言受彤弓之賜於此得專征伐也 總齊羣邦，㠯翼大商，師古曰翼佐助也 迭彼大彭，勳績惟光。應劭曰國語曰大彭豕韋為商伯師古曰

迭互也自言豕韋氏與大彭互為伯於殷商也迭音徒結反 至于有周，歷世會同。師古曰繼為諸侯預盟會之事也補注齊召南曰唐書宰相世系表韋氏出自風姓顓頊孫大彭為夏諸侯少康封其別孫元哲於豕韋其地滑州韋城也豕韋大彭迭為商伯周赧王時始失國徙居彭城以國為氏其說即本此詩然豕韋顯名夏商國語左傳有明文至周以後書傳未見若春秋戰國數百年中則諸書並無有國名豕韋者韋孟謂歷世會同豈可信哉漢初人去古未遠其自譜世系即已荒略如此宜無怪乎楊子雲之自敘多誤也 王赧聽譖，寔絕我邦。應劭曰王赧周末王聽讒受譖絕豕韋氏也 我邦既絕，厥政斯逸。應劭曰言自絕豕韋氏之後政教逸漏不由王者也臣瓚曰逸放也管仲曰令而不行謂之放師古曰瓚說是也補注劉攽曰予謂王赧時詎有豕韋哉有豕韋亦非王赧所能絕也又云我邦既絕厥政斯逸周之逸政久矣不由赧也孟此詩為不曉其祖者齊召南曰案孟詩已不可解應劭又從而實之愈誤劉論確矣但詩中尚有可疑者漢以高祖諱邦為國此句及下文寤其外邦於異他邦凡三用邦字倘所謂臨文不諱者耶沈欽韓曰洪邁容齋四筆所論亦同案紀年夏桀二十八年商師取韋則商頌所云韋顧既伐也又武丁五年征豕韋克之則左傳所云在商為豕韋氏自後不復有豕韋氏矣 賞罰之行，非繇王室，師古曰繇與由同也補注宋祁曰注文也字當刪 庶尹羣后，靡扶靡衞，五服崩離，宗周㠯隊。應劭曰五服謂甸服侯服綏服要服荒服也師古曰庶尹眾官之長也羣后諸侯也隊失也音直類反補注王文彬曰周之五服侯甸男采衞見周禮不當引夏書為注 我祖斯微，遷于彭城，師古曰言我之先祖於此遂微也遷古遷字其下並同 在予小子，勤誒厥生，師古曰誒歎聲音許其反補注宋祁曰誒浙本作唉先謙曰官本攷證楊慎云方言楚謂然曰誒說文誒譍也離騷云欸秋冬之緒風說文欸譍二字音義並同實一字耳皆楚語也先謙案文選作勤唉善注引方言唉歎詞也勤誒猶勤然 阸此嫚秦，耒耜㠯耕。師古曰言遭秦暴嫚無有列位躬耕於野補注先謙曰文選以作斯 悠悠嫚秦，上天不寧，迺眷南顧，授漢于京。師古曰高祖起豐沛於秦為南故曰南顧言以秦之京邑授與漢也補注劉奉世曰秦視沛猶在東北安得云南孟意以漢興於巴蜀故云爾王念孫曰沛在秦之東南故秦始皇曰東南有天子氣非在東北也高祖起於沛非起於巴蜀也劉說殊憒憒 於赫有漢，四方是征，師古曰於讀曰烏烏歎辭也赫赫明貌凡此詩中諸歎辭稱於者其音皆同 靡適不懷，萬國逌平。師古曰懷思也來也逌古攸字攸所也言漢兵所往之處人皆思附而來萬國所以平也 迺命厥弟，建侯於楚，俾我小臣，惟傅是輔。兢兢元王，恭儉淨壹，師古曰兢兢謹戒也補注先謙曰文選兢兢作矜矜壹作一 惠此黎民，納彼輔弼。饗國漸世，垂烈于後，師古曰元王立二十七年而薨垂遺業於後嗣也補注先謙曰文選注漸沒也 迺及夷王，克奉厥緒。咨命不永，唯王

統祀，師古曰咨嗟也永長也夷王立四年薨戊乃嗣位故言不永也 左右陪臣，此惟皇士。師古曰爾雅云皇正也補注先謙曰文選此作斯 如何我王，不思守保，不惟履冰，㠯繼祖考！師古曰惟亦思也言不思念敬慎如履薄冰之義用繼其祖考之業也 邦事是廢，逸游是娛，犬馬繇繇，是放是驅。師古曰繇與悠同悠悠行貌放放犬也驅驅馬也 務彼鳥獸，忽此稼苗，烝民㠯匱，我王㠯媮。師古曰媮與愉同樂也言眾人失此稼穡以致困匱而王反以為樂也補注先謙曰官本烝作烝 所弘非德，所親非俊，唯圛是恢，唯諛是信。師古曰恢大也諛諂言也 睮睮諂夫，咢咢黃髮，如淳曰睮睮自媚貌也師古曰咢咢直言也睮音踰咢音五各反補注沈欽韓曰說文玉篇俱無睮字說文盱張目也玉篇舉眼也集韻依此注收入十虞其實盱睮字同 如何我王，曾不是察！既藐下臣，追欲從逸，應劭曰藐遠也言疏遠忠賢之輔追情欲從逸遊也臣瓚曰藐陵藐也師古曰藐與邈同應說是也下臣孟自謂也從讀曰縱 嫚彼顯祖，輕茲削黜。嗟嗟我王，漢之睦親，曾不夙夜，師古曰睦密也言服屬近 㠯休令聞！師古曰休美也令善也聞聲名也 穆穆天子，臨爾下土，補注先謙曰文選臨爾作照臨 明明羣司，執憲靡顧。師古曰靡無也言執天子之法無所顧望也顧讀如古協韻 正遐繇近，殆

其怙茲師古曰言欲正遠人先從近始而王怙恃與漢戚屬不自勖慎以致危殆也緜讀與由同〔補注〕先謙曰官本注近下有親字文選怙茲作茲怙案下與思韻作怙茲是也文選誤倒嗟嗟我王曷不此思非思非鑒嗣其罔則師古曰不思鑒戒之義是令後嗣無所法則也彌彌其失岌岌其國應劭曰彌彌猶稍稍也罪過茲甚也岌岌欲毀壞也師古曰岌岌危動貌音五合反〔補注〕先謙曰文選失作逸案失與佚同與逸通致冰匪霜致隊靡嫚瞻惟我王昔靡不練師古曰言堅冰之成起於微霜隕隊之咎由於怠嫚也練猶閱歷之言往昔之事皆在王心無所不閱也〔補注〕先謙曰文選昔作時善注時是也練委也言王於上所言之事無不委練也所見與顏注本異王文彬云作時是也時古作旹與昔形近而誤顏望文生訓耳興國救顛孰違悔過追思黃髮秦繆以霸師古曰言興復邦國救止顛隊之道無如能自悔其過惡秦穆公伐鄭爲晉所敗而歸迺作秦誓曰雖則員然尚猶詢茲黃髮則罔所愆謂雖有員然之失庶幾以道謀於黃髮之賢則行無所過矣黃髮老壽之人也謂髮落更生黃者也員與云同〔補注〕劉奉世曰老人髮白久而變黃色非謂更生而黃也歲月其徂年其逮耇師古曰逮及也耇者老人面色如垢也言歲月驟往年將及耇不可殆忽於昔君子庶顯于後師古曰於歎辭也言昔之君子庶幾善道所以能光顯於後世也〔補注〕宋祁曰昔一作赫先謙曰文選作赫我王如何曾不斯覽師古曰覽視也叶韻音濫

黃髮不近胡不時監師古曰黃髮不近者斥遠耇老之人也近音其靳反〔補注〕先謙曰官本斥作言引宋祁曰注文言字姚改作斥其在鄒詩曰〔補注〕先謙曰官本與下連文是微微小子既耇且陋師古曰自言年老材質鄙陋也豈不牽位穢我王朝應劭曰言豈不戀此爵位乎以王朝汙穢不肅清故也師古曰此說非也恐己穢王朝所以去耳故下又言懼穢此征也〔補注〕宋祁曰牽一作幸淳化本作幸刊誤据史館本改作幸王朝肅清唯俊之庭顧瞻余躬懼穢此征李奇曰於此便行也師古曰此皆孟已去遜辭不欲顯王之過惡也〔補注〕宋祁曰注文便行字下疑有去字我之退征請于天子天子我恤矜我髮齒赫赫天子明悊且仁懸車之義以洎小臣應劭曰古者七十懸車致仕洎及也天子以懸車之義及我也師古曰洎音鉅異反〔補注〕沈欽韓曰公羊桓五年傳疏云舊說日在懸輿一日之暮人年七十一世之暮而致其政事於君故曰懸輿致仕案淮南天文訓至於悲泉爰息其馬是謂懸車先謙曰官本注異作冀嗟我小子豈不懷土庶我王寤越遷于魯應劭曰言豈不懷土乎庶幾王之寤覺欲還輔相之相近居魯也〔補注〕宋祁曰遷當作䙴後遷絕同既去禰祖惟懷惟顧師古曰父廟曰禰言去其父祖舊居所以懷顧也禰音迺禮反祁祁我徒戴負盈路師古曰祁祁衆貌一曰祁祁徐行也徒謂學徒

也戴負者謂隨其徙居也爰戾于鄒鬋茅作堂師古曰戾至也鬋字與剪同我徒我環築室于牆師古曰環遶也我既遷逝心存我舊夢我瀆上立于王朝應劭曰瀆上孟所居彭城東里名曰猶不忘本也〔補注〕何焯曰易曰再三瀆言中猶諫之也上謂王先謙曰何說是也官本名下曰作也其夢如何夢爭王室其爭如何夢王我弼師古曰弼戾也言夢爭王室之事王違戾我言也〔補注〕宋祁曰注文之事字下疑有而字言字下疑有故怨之三字先謙曰官本王我作我王未合寤其外邦歎其喟然師古曰夢在王朝及寐之寤乃在鄒也寤覺也喟音丘位反覺音工效反〔補注〕宋祁曰外邦字疑爲異邦念我祖考泣涕其漣師古曰漣漣泣下貌音連微微老夫咨既遷絕師古曰咨嗟也謂與舊居絕也洋洋仲尼視我遺烈師古曰洋洋美盛也烈業也視讀曰示孔子鄒人故言示我遺業也洋音祥又音羊濟濟鄒魯禮義唯恭誦習弦歌于異他邦師古曰言禮樂之教不同餘土也〔補注〕王文彬曰釋詁于曰也我雖鄙耇心其好而我徒侃爾樂亦在而師古曰而者句端之辭侃和樂貌音口旦反〔補注〕先謙曰官本注端作絕引宋祁曰景德本絕作端孟卒于鄒或曰其子孫好事述先人之志而作是詩也自孟至賢五世賢爲人質朴少欲篤志於學師古曰篤厚也

兼通禮尚書以詩教授號稱鄒魯大儒〔補注〕周壽昌曰自孟至賢五世皆習魯詩追元孫賞猶以明詩稱儒林傳稱詩有韋氏學漢執金吾丞武榮碑有云治魯詩經韋君章句則似韋有章句矣榮去韋時未遠碑語當不妄或謂魯詩亡於西晉并此章句亦亡之然七略藝文志均未錄何也徵爲博士給事中進授昭帝詩稍遷光祿大夫詹事至大鴻臚昭帝崩無嗣大將軍霍光與公卿共尊立孝宣帝帝初即位賢以與謀議安宗廟賜爵關內侯食邑師古曰與讀曰豫徙爲長信少府師古曰長信者太后宮名爲太后官屬也以先帝師甚見尊重本始三年代蔡義爲丞相封扶陽侯孟康曰屬沛郡食邑七百戶時賢七十餘爲相五歲地節三年以老病乞骸骨賜黃金百斤罷歸加賜弟一區〔補注〕先謙曰官本弟作第丞相致仕自賢始年八十二薨謚曰節侯賢四子長子方山爲高寢令早終次子弘至東海太守次子舜畱魯守墳墓少子玄成復以明經歷位至丞相故鄒魯諺曰遺子黃金滿籯不如一經如淳曰籯竹器受三四斗今陳畱俗有此器蔡謨曰滿籯者言其多耳非器名也若論陳

留之俗則我陳人也不聞有此器師古曰許慎說文解字云籯笭也楊雄方言云陳楚宋魏之間謂筲爲籯然則筐籠之屬是也今書本籯字或作盈又是盈滿之義蓋兩通也補注先謙曰官本注筲作箾引宋祁曰籯浙本不從竹詳蔡注不從竹爲是注文吾陳字下疑有留字箾字疑作筲吳仁傑云方言籯儋也齊楚陳宋之閒謂之籯滿籯之義非他直謂其滿儋耳史文傳寫誤加偏傍諸家遂以竹器名之淮南書蘇秦贏蓋項羽贊贏糧並同此義而儋字復多異說蒯通傳守儋石之祿應劭曰齊人名小甕爲儋貨殖傳漿千儋孟康曰儋罌也師古曰儋人儋之也要之人所負皆可謂之儋不必有罌甕之拘沈欽韓云管子山國軌篇勝籯屑糗證諸方言則籯爲受飯之器審矣論語鄭注筲竹器也受斗二升方言陳楚宋衞之閒謂之筲或謂之籯吳据訛本方言强以爲籯儋一何淺陋也

玄成字少翁以父任爲郎常侍騎少好學修父業尤謙遜下士師古曰下音胡亞反出遇知識步行輒下從者與載送之師古曰輒從者之車馬也補注宋祁曰與疑作輿先謙曰顧炎武云下字如爰盎傳下趙談之下與之共載復送至其家也以爲常其接人貧賤者益加敬繇是名譽日廣師古曰繇與由同以明經擢爲諫大夫遷大河都尉服虔曰今東平郡也本爲濟東國後王國除爲大河郡補注周壽昌曰濟東國武帝元鼎元年除爲郡名大河凡六十五年至

宣帝甘露二年爲東平國故本書地理志無大河名也大河改爲東平正元成由太常免侯廢居之時初玄成兄弘爲太常丞補注先謙曰百官表奉常有丞續志比千石掌凡行禮及祭祀小事總署曹事職奉宗廟典諸陵邑煩劇多罪過父賢以弘當爲嗣故敕令自免師古曰恐其有罪見黜妨爲繼嗣故令以病去官也弘懷謙不去官師古曰謂若欲代父爲侯故避嫌不肯也補注周壽昌曰疑唐時本懷謙作懷嫌元成詩云惟我俊兄是讓是形則作謙爲是及賢病篤弘竟坐宗廟事繫獄罪未決室家問賢當爲後者補注周壽昌曰室蓋宗之誤賢恚恨不肯言於是賢門下生博士義倩等與宗家計議師古曰博士姓義名倩也宗家賢之同族也倩音千見反補注何焯曰漢去古未遠韋氏世傳經業宜有宗法則宗家者其宗子也非師古所云同族之謂共矯賢令師古曰矯託也使家丞上書言大行師古曰爲文書於大行以言其事也補注先謙曰下言大鴻臚奏狀則此大行是大鴻臚之屬官武帝時由行人更名者也以大河都尉玄成爲後賢薨玄成在官聞喪補注宋祁曰越本及別本作在官或作任官又言當爲嗣玄成深知其非賢雅意卽陽爲病狂臥便利妄笑語昏亂師古曰便利大小便補注宋祁曰笑作咲注文大小便下有也字徵至長安既葬當襲爵以病狂不應召大鴻臚奏狀補注先謙曰官本奉作奏是章下丞相御史案驗玄成素有名聲士大夫多疑其欲讓爵辟兄者師古曰辟讀曰避案事丞相史迺與玄成書師古曰卽案驗玄成事者曰古之辭讓必有文義可觀故能垂榮於後今子獨壞容貌蒙恥辱爲狂癡光曜晻而不宣師古曰晻讀與暗同微哉子之所託名也李奇曰名聲名也僕素愚陋過爲宰相執事師古曰過猶謬也願少聞風聲補注先謙曰使微聞外間疑議自知改悔不然恐子傷高而僕爲小人也補注宋祁曰子字下疑有之字先謙曰欲高蹈而被劾是傷高發其不病之實是爲小人也玄成友人侍郎章亦上疏言聖王貴以禮讓爲國宜優養玄成勿枉其志師古曰枉屈也使得自安衡門之下師古曰衡門謂橫一木於門上貧者之所居也而丞相御史遂以玄成實不病劾奏之有詔勿劾引拜玄成不得已受爵補注宋祁曰受字下疑有侯字宣帝高其節以玄成爲河南太守兄弘太山都尉遷東海太守數歲玄成徵爲未央衞尉遷太常坐與故平通侯楊

惲厚善惲誅黨友皆免官後以列侯侍祀孝惠廟當晨入廟天雨淖師古曰淖泥也音女教反不駕駟馬車而騎至廟下有司劾奏等輩數人皆削爵爲關內侯補注蘇輿曰等輩猶等夷史記留侯世家索隱引如淳曰等夷言等輩孔融薦禰衡表若衡等輩不可多得此以等夷爲義也漢時稱同僚亦謂之等輩如此傳及後書賈復傳陵折等輩第五倫傳等輩笑之是也先謙曰據表傳魏相子弘丙吉子顯卽所謂等輩數人也玄成自傷貶黜父爵歎曰吾何面目以奉祭祀作詩自劾責曰赫矣我祖侯于豕韋賜命建伯有殷以綏師古曰建立也立爲伯也綏安也以有此伯故天下安也厥績既昭車服有常朝宗商邑四牡翔翔師古曰翔翔安舒貌德之令顯慶流于裔宗周至漢羣后歷世應劭曰歷世有爵位補注宋祁曰注末當有也字肅肅楚傅輔翼元夷師古曰元王夷王也厥駟有庸惟慎惟祗孟康曰駟駟馬也尙書車服以庸庸功也師古曰庸亦常也卽上車服有常同義也祗敬也嗣王孔佚越遷于鄒師古曰孔甚也佚與逸同五世壙僚至我節侯應劭曰自孟至賢五世無官壙空也補注先謙曰壙與曠同亦見李夫人傳元紀衆僚久曠曠皆借字惟我節侯顯德遐聞師古曰聞合韻音問左右昭宣

五品吕訓師古曰左右助也言爲相也五品五教也訓理也左讀曰佐右讀曰佑補注錢大昭曰訓古馴字故與聞爲韻周禮土訓鄭司農讀訓爲馴殷本紀帝舜命契曰百姓不親五品不馴後漢書引作訓既耇致位惟懿惟奐師古曰言以年致仕也懿美也奐盛也厥賜祁祁百金洎館師古曰祁祁行來貌洎及也補注錢大昭曰謂賢乞骸骨賜黃金百斤也王念孫曰祁祁言賜予之衆多也上文祁祁我徒戴負盈路亦謂弟子之衆多也豳風七月篇采蘩祁祁商頌元鳥篇來假祁祁傳箋竝曰祁祁衆多也大雅韓奕篇諸娣從之祁祁如雲義亦同也國彼扶陽在京之東惟帝是畱政謀是從補注先謙曰不聽之國備顧問也繹繹六轡是列是理師古曰繹繹和調之貌威儀濟濟朝享天子天子穆穆是宗是師師古曰穆穆天子之容也宗尊也言天子尊之以爲師四方遐爾補注錢大昭曰爾與邇同觀國之煇師古曰煇光也茅土之繼在我俊兄惟我俊兄是讓是形師古曰形見也言其謙讓志節顯見也於休厥德於赫有聲師古曰於皆歎辭也休美也致我小子越畱於京師古曰言致爵位於己身而畱在京師豫朝請補注宋祁曰注末當添也字惟我小子不肅會同師古曰肅敬也嫷彼車服黜此附庸師古曰嫷古惰字也削爵爲關內侯故云黜此附庸言見黜而爲附庸也赫赫顯爵自我隊之

微微附庸自我招之誰能忍媿寄之我顏誰將遐征從之夷蠻師古曰言己恥辱之甚無所自措故曰誰有能忍媿者以我顏寄之誰欲遠行去者當與相從適於蠻夷不能見朝廷之士也於赫三事匪俊匪作於蔑小子終焉其度師古曰於歎辭也三事三公之位也度居也言三公顯職以賢俊爲之我雖微蔑方自勉厲終當居此也度音大各反後並同誰謂華高企其齊而誰謂德難厲其庶而師古曰華華山也華山雖高企仰則能齊觀道德不易克厲然庶幾可及也補注王念孫曰庶與齊韻不相協庶當作幾與齊爲韻幾亦庶也故史記韓非傳索隱云幾庶也高注淮南要略云幾庶幾也誰謂德難厲其幾而言道德雖難而自勉者可以庶幾也故師古曰道德不易克厲然庶幾可及也今正文作庶者即涉注文庶幾而誤王文彬曰上文隊招非韻疊之爲韻此亦疊而爲韻無庸改庶爲幾嗟我小子于貳其尤師古曰于往也尤過也自戒云今以往勿貳其過一曰貳不一也言心不專一致此過也補注先謙曰官本不一上有謂字隊彼令聲申此擇辭師古曰令善也擇可擇之辭一曰擇謂創也四方羣后我監我視威儀車服唯肅是履師古曰戒他人初

宣帝寵姬張婕妤男淮陽憲王好政事通法律上奇其材有意欲

吕爲嗣然用太子起於細微又早失母故不忍也久之上欲感風

憲王輔吕禮讓之臣師古曰風讀曰諷迺召拜玄成爲淮陽中尉補注先謙曰以其畱讓國是時王未就國玄成受詔與太子太傅蕭望之及五經諸儒雜論同異於石渠閣條奏其對及元帝即位吕玄成爲少府遷太子太傅至御史大夫永光中代于定國爲丞相貶黜十年之間補注周壽昌曰據百官表元成以太常免官在五鳳三年至永光二年爲丞相十五年此云十年之間約辭也遂繼父相位封侯故國榮當世焉補注先謙曰褚補史記云韋賢以讀書術爲吏至大鴻臚有相工相之當至丞相有男四人使相工相之至第二子名玄成曰此子貴當封韋丞相言曰我即爲丞相有長子是安從得之後竟爲丞相病死長子不得嗣而立玄成其治容容隨世俗浮沈而見謂諂巧而相工本謂之當爲侯代父而後失之復自游宦而起至丞相玄成復作詩自著復玷缺之囏難師古曰玉缺曰玷復音房目反囏古艱字玷音丁念反因吕戒示子孫曰於肅君子既令厥德師古曰於歎辭也肅敬也令善也言君子之人皆肅敬以善其德也儀服此恭棣棣其則李奇曰善威儀也師古曰詩邶柏舟曰威儀逮逮不可選也逮逮閒習之貌音徒繼反補注先謙曰官本注並作棣棣引宋祁曰棣棣疑作逮逮王文彬云韋氏世習魯詩蓋魯作逮逮與毛異詳顏注所見本正作逮逮官本作棣棣

乃後人依毛詩改之故宋以爲疑咨余小子既德靡逮師古曰逮及也自言德不及也曾是車服荒嫚吕隊師古曰曾之言則也明明天子俊德烈烈不遂我遺恤我九列師古曰恤安也九列卿之位謂少府補注宋祁曰注末當有也字自戒也我既茲恤惟夙惟夜師古曰夙早也言早夜常自戒也畏忌是申供事靡憜師古曰申約束也憜古惰字天子我監登我三事師古曰監察也三事三公之位謂丞相也顧我傷隊爵復我舊我既此登望我舊階先后茲度漣漣孔懷應劭曰我既此登爲丞相也先后茲度父所在也臣瓚曰案古文宅度同師古曰先后即先君也以父昔居此位故泣涕而甚思之也司直御事我熙我盛師古曰司直丞相司直也御事治事之吏也言司直及治事之人助我興盛而爲職務也補注蘇輿曰釋詁熙興也顏注熙訓興是而云助我興盛則非此言司直輩以我復爵爲興盛門閭之事而我方戚懼不皇也與下我嘉我慶同一句例羣公百僚我嘉我慶補注先謙曰官本嘉作加于異卿士非同我心三事惟囏莫我肯矜師古曰言己居尊位懼不克勝而羣公百官皆來相慶是與我心不同也赫赫三事力雖此畢非吾所度退其罔日師古曰我雖畢力於此然懼非所居貶退無日補注先謙曰官本吾作我昔我之隊畏不此居師古曰居合韻音基庶反今我

度茲戚戚其懼師古曰度亦居也嗟我後人命其靡常靖享爾位瞻仰靡荒師古曰靖謀也享當也言天會無常唯善是祐謀當爾位無荒怠也〔補注〕先謙曰官本注無言字會作命是慎爾會同戒爾車服無嬌爾儀以保爾域師古曰嬌亦古憍字也域謂封邑也爾無我視不愼不整我之此復惟祿之幸師古曰言我之得復此爵乃蒙天之福幸而遇之爾等不當視效而怠慢也於戲後人惟肅惟栗師古曰於戲讀曰嗚乎〔補注〕先謙曰官本乎作呼無忝顯祖〔補注〕宋祁曰祖一作位以蕃漢室玄成為相七年守正持重不及父賢而文采過之建昭三年薨諡曰共侯初賢以昭帝時徙平陵玄成別徙杜陵病且死因使者自白曰不勝父子恩願乞骸骨歸葬父墓上許焉子頃侯寬嗣薨子僖侯育嗣薨子節侯沈嗣自賢傳國至玄孫迺絕玄成兄高寢令方山子安世歷郡守大鴻臚長樂衞尉朝廷稱有宰相之器會其病終而東海太守弘子賞亦明詩哀帝為定陶王時賞為太傅哀帝即位賞以舊恩為大司馬車騎將軍列為三

公〔補注〕宋祁曰為疑作於賜爵關內侯食邑千戶亦年八十餘以壽終〔補注〕先謙曰公卿表哀帝元壽元年十一月壬午諸吏光祿大夫章賞為大司馬車騎將軍乙丑卒在位止八日宗族至吏二千石者十餘人初高祖時令諸侯王都皆立太上皇廟〔補注〕先謙曰官本祖作帝至惠帝尊高帝廟為太祖廟景帝尊孝文廟為太宗廟〔補注〕先謙曰官本孝文作文帝行所嘗幸郡國各立太祖太宗廟至宣帝本始二年〔補注〕宋祁曰二浙本作二越本作三復尊孝武廟為世宗廟行所巡狩亦立焉凡祖宗廟在郡國六十八合百六十七所師古曰六十八者郡國之數也百六十七所宗廟之數也〔補注〕宋祁曰注文百六十七所下當添者字而京師自高祖下至宣帝與太上皇悼皇考各自居陵旁立廟師古曰悼皇考者宣帝之父即史皇孫并為百七十六又園中各有寢便殿如淳曰黃圖高廟有便殿是中央正殿也師古曰如說非也凡言便殿便室者皆非正大之處寢者陵上正殿若平生露寢矣便殿者寢側之便殿耳〔補注〕何焯曰後書祭祀志云古不墓祭漢諸陵皆有園寢承秦所為也古宗廟前制廟後制寢秦始出寢起於墓側漢因而弗改先謙曰官本注之下便作別日祭於寢月祭於廟時祭於便殿

寢日四上食廟歲二十五祠如淳曰月祭朔望加臘月二十五晉灼曰漢儀注宗廟一歲十二祠五月嘗麥六月七月三伏立秋貙婁又嘗粢八月先夕饋飧皆一太牢酎祭用九太牢十月嘗稻又飲蒸二太牢十一月嘗十二月臘二太牢又每月一太牢如閏加一祀與此上十二為二十五祠師古曰晉說是也〔補注〕先謙曰官本注十月嘗作十一月嘗是便殿歲四祠又月一游衣冠〔補注〕先謙曰先帝衣冠月出游之見叔孫通傳而昭靈后武哀王昭哀后孝文太后孝昭太后衞思后戾太子戾后各有寢園〔補注〕先謙曰昭靈后高祖母見高紀武哀王高祖兄伯昭哀后高祖姊見呂后紀衞思后戾太子母戾后即史良娣見宣紀武五子傳與諸帝合凡三十所一歲祠上食二萬四千四百五十五用衞士四萬五千一百二十九人祝宰樂人萬二千一百四十七人養犧牲卒不在數中至元帝時貢禹奏言古者天子七廟今孝惠孝景廟皆親盡宜毀〔補注〕先謙曰胡注禹蓋以悼考廟足為七廟及郡國廟不應古禮宜正定天子是其議未及施行而禹卒永光四年迺下詔先議罷郡國廟曰朕聞明王之御世也遭時為法因事制宜師古曰言不必同也往者天下

初定遠方未賓因嘗所親以立宗廟師古曰親謂親臨幸處也蓋建威銷萌一民之至權也師古曰銷遏逆亂使不得萌生〔補注〕宋祁曰浙本無威字一字當作壹今賴天地之靈〔補注〕宋祁曰江浙本並無地字宗廟之福四方同軌蠻貊貢職師古曰同軌言車轍皆同示法制齊也〔補注〕宋祁曰注文法制越本作教化久遵而不定令疏遠卑賤共承尊祀師古曰共讀曰恭〔補注〕周壽昌曰顏說非也共字讀如本音不得如他處作恭文義自明殆非皇天祖宗之意朕甚懼焉傳不云乎吾不與祭如不祭師古曰論語載孔子之言與讀曰預其與將軍列侯中二千石二千石諸大夫博士議郎議〔補注〕先謙曰官本無下二千石三字丞相玄成御史大夫鄭弘太子太傅嚴彭祖少府歐陽地餘諫大夫尹更始等七十人皆曰臣聞祭非自外至者也〔補注〕宋祁曰江南本無也字浙本有繇中出生於心也師古曰繇讀與由同故唯聖人為能饗帝孝子為能饗親師古曰言情禮皆備立廟京師之居躬親承事四海之內各以其職來助祭〔補注〕宋祁曰浙本無助字尊親之大義五帝三王所共不易之道也師古曰易改也詩云有

來雍雍〔補注〕宋祁曰來字疑作徠至止肅肅相維辟公天子穆穆師古曰此周頌雍篇祖太祖之詩也雍雍和也肅肅敬也相助也辟百辟卿士也公諸侯也有來而和者至而敬者助王禘祭是百辟諸侯也天子是時則穆穆然承事也〔補注〕先謙曰官本注篇下祖字作禘是春秋之義父不祭於支庶之宅〔補注〕沈欽韓曰喪服小記庶子不祭祖者明其宗也正義適子庶子俱是人子並宜供養而適子烝嘗庶子獨不祭者正是推本崇適明有所宗又云庶子不祭禰正義此下士立廟於宗子之家庶子共其牲物宗子主其禮魯季氏有桓公廟郊特牲云公廟之設於私家非禮也由三桓始也君不祭於臣僕之家王不祭於下土諸侯〔補注〕沈欽韓曰周官都宗人掌都宗祀之禮注云王子弟則立其祖王之廟又家宗人掌家祭祀之禮注大夫采地之所祀與都同若先王之子孫亦有祖廟文二年傳宋祖帝乙鄭祖厲王正義云宋爲王者之後得祀殷之先王帝乙之廟不毀者蓋以爲其所出故特存周制之王子有功德出封者得廟祀所出之王魯以周公之故得立文王之廟襄十二年傳稱魯爲諸姬臨於周廟周廟文王廟也鄭之桓武世有大功故得立厲王之廟昭十八年傳稱鄭人救火使祝史徙主祏於周廟周廟厲王廟也郊特牲正義云匡衡說支庶不敢薦其禰下土諸侯不得專祖於王古春秋左氏說天子之子以上德爲諸侯者得祖所自出魯以周公之故立文王廟左傳凡邑有宗廟先君之主曰都以其有先君之主公子爲大夫所食采地亦自立所出宗廟其立先公廟準禮公子得祖先君公孫不得祖諸侯許慎謹案諸侯有得祖天子者知大夫亦得祖諸侯鄭氏無駁與許慎同也其王子母弟

食采畿內賢於餘者亦得采地之中立祖王廟故都宗人家宗人皆爲都家祭所出祖王之廟也余案經傳雖有祭祖王之文然玄成等所說自是正禮臣等愚以爲宗廟在郡國宜無修臣請勿復修奏可因罷昭靈后武哀王昭哀后衞思后戾太子戾后園皆不奉祠裁置吏卒守焉罷郡國廟後月餘復下詔曰蓋聞明王制禮立親廟四祖宗之廟萬世不毀所以明尊祖敬宗著親親也師古曰著亦明也朕獲承祖宗之重惟大禮未備戰栗恐懼不敢自顓師古曰顓與專同其與將軍列侯中二千石二千石諸大夫博士議玄成等四十四人奏議曰禮王者始受命諸侯始封之君皆爲太祖以下五廟而迭毀師古曰迭互也親盡則毀故云迭也音大結反〔補注〕宋祁曰太祖下疑有繼太祖三字王念孫曰宋說是也通典禮七載此奏正作繼太祖以下五廟而迭毀漢紀作繼太祖五廟皆迭毀下文亦云繼祖以下五廟而迭毀今本脫繼太祖三字則文義不全毀廟之主臧乎太祖五年而再殷祭言壹禘壹祫也師古曰殷大也禘諦也一一祭之也祫合也禘音大系反祫音洽〔補注〕先謙曰官本注一一祭之也上一字作壹是祫祭者毀廟與未毀廟之主皆合食於太祖父爲昭子爲穆孫復爲昭古之正禮也師古曰昭穆者父子易其號序也昭明也穆美也後以晉室諱昭故學者改昭爲韶〔補注〕宋祁曰注末當有字耳兩字祭義曰王者禘其祖自出師古曰祖所從出者〔補注〕錢大昭曰此是喪服小記文非祭義以其祖配之而立四廟〔補注〕周壽昌曰劉攽云而立四廟云天子立四廟非也此一句上有脫簡耳當曰諸侯及其太祖而立四廟吳澄云而立四廟四字無所系屬義不可通案大傳以其祖配之之下有此六字劉氏所謂有缺文者是也今從其說而以大傳篇之文補之秦蕙田云元成他無所据而引此闕文爲據一誤指立四[illegible]雖有配天之祖亦不得立廟則天子止得立四廟比[illegible]二誤禮莫大於配天既祭天以祖配矣而乃不爲[illegible]之禮反隆於天之禮而乃斬之耶三誤配天以[illegible]世之祖而不爲立廟親盡也四誤小記之文本[illegible]自出而以太祖配之如商禘嚳而契配周禘嚳而[illegible]天何與而乃以禘爲祭天以配爲配天五誤惟劉歆之論足以正章之失壽昌竊謂而立四廟依鄭注亦自可解古禮傳自高堂生至戴聖始傳禮記正當元成時不致有脫誤而反引之也或此篇舍意未申大傳篇補申其說後至劉歆推闡愈密而皆從元成發之耳言始受命而王祭天以其祖配而不爲立廟親盡也〔補注〕宋祁曰配字下疑有之字立親廟四親親也親盡而迭毀親疏之殺示有終也師古曰殺漸降也音所例反周之所以七廟者〔補注〕王鳴盛曰七廟始於周夏商以前未有也王制天子七廟三昭三穆與太

祖之廟而七鄭云此周制鄭據禮緯稽命徵及鉤命決云唐虞五廟親廟四與始祖五禹四廟至子孫五殷五廟至子孫六周六廟至子孫七故七廟獨周制爲然以后稷始封文王武王受命而王是以三廟不毀與親廟四而七非有后稷始封文武受命之功者皆當親盡而毀成王成二聖之業師古曰二聖文王武王也制禮作樂功德茂盛廟猶不世〔補注〕先謙曰漢紀作廟猶從毀以行爲謚而已師古曰謂之成王則是以行表謚也禮廟在大門之內不敢遠親也師古曰遠離也音于萬反〔補注〕沈欽韓曰小宗伯之掌建國之神位右社稷左宗廟注云庫門內雉門外之左右聘禮公揖賓入每門每曲揖及廟門公揖入疏云諸侯三門皋應路應門爲中門入大門東行即至廟門其間得有每門者諸侯有五廟太祖之廟居中二昭居東二穆居西廟皆別門門外兩邊皆有南北隔牆隔牆中夾通門若然祖廟已西隔牆有三則閤門固亦有三東行經三門乃至太祖廟門中則相逼入門則相遠是以每門皆有曲有曲即相揖也又大行人朝位賓主之間九十步廟中將幣三享注朝位謂大門外賓下車及王車出迎所立處也廟受命祖之廟也[illegible]在大門內左昭十八年傳子太叔之廟在道南其寢在道北正義廟當在宅內以其居狹隘故廟在道南寢在道北即游吉所居宅

也此廟與宅異處其偶然者也臣愚以爲高帝受命定天下〔補注〕宋祁曰帝字上疑有皇字宜爲帝者太祖之廟世世不毀承後屬盡者宜毀今宗廟異處昭穆不序宜入就太祖廟而序昭穆如禮太上皇孝惠孝文孝景廟皆親盡宜毀〔補注〕齊召南曰案景帝初年詔卽尊孝文爲太宗是卽百世不祧之廟與高祖並崇矣可因親盡而毀乎宜許嘉等駮其議也又悼考立廟非正宜有尹更始之言皇考廟親未盡如故張晏曰悼皇考於元帝禰也大司馬車騎將軍許嘉等二十九人以爲孝文皇帝除誹謗去肉刑躬節儉不受獻罪人不帑不私其利師古曰重罪之人不及妻子是不私其利也帑讀與孥同〔補注〕王念孫曰案不私其利承上不受獻言之非承罪人不帑言之除誹謗去肉刑罪人不帑稱其仁也躬節儉不受獻不私其利稱其廉也罪人不帑二句別言之者上以三字爲句此以四字爲句各從其類耳景紀語曰孝文皇帝除誹謗去肉刑又曰減耆欲不受獻不私其利也此卽許嘉等奏議所本出美人重絕人類賓賜長老〔補注〕宋祁曰賓字浙本作賞王念孫曰賓賜二字義不相屬當依浙本作賞賜字之誤也景紀正作賞賜長老收恤孤獨德厚侔天地利澤施四海宜爲帝者太宗之廟廷尉忠以爲孝武皇帝改正朔易

服色攘四夷宜爲世宗之廟師古曰忠尹忠也攘卻也〔補注〕錢大昭曰尹忠字子賓魏郡人諫大夫尹更始等十八人以爲皇考廟上序於昭穆非正禮宜毀於是上重其事師古曰重難也依違者一年師古曰依違者不決也迺下詔曰蓋聞王者祖有功而宗有德尊尊之大義也存親廟四親親之至恩也高皇帝爲天下誅暴除亂受命而帝功莫大焉孝文皇帝國爲代王諸呂作亂海內搖動然羣臣黎庶靡不壹意北面而歸心猶謙辭固讓而後卽位削亂秦之迹興三代之風是以百姓晏然咸獲嘉福德莫盛焉高皇帝爲漢太祖孝文皇帝爲太宗世世承祀傳之無窮朕甚樂之孝宣皇帝爲孝昭皇帝後於義壹體師古曰一體謂俱爲昭也禮孫與祖俱爲昭宣帝之於昭帝爲從孫故云於義一體〔補注〕劉攽曰予謂此言壹體者以孝宣爲昭帝後臣子壹體也尋其文自可見何焯曰於義一體言不得復顧私親以皇考廟上序於昭穆孝景皇帝廟及皇考廟皆親盡其正禮儀〔補注〕何焯曰此詔獨取許嘉尹更始二議得之玄成等奏曰祖宗之廟世世不毀

繼祖以下五廟而迭毀今高皇帝爲太祖孝文皇帝爲太宗孝景皇帝爲昭孝武皇帝爲穆孝昭皇帝與孝宣皇帝俱爲昭皇考廟親未盡太上孝惠廟皆親盡宜毀太上廟主宜瘞園孝惠皇帝爲穆主遷於太祖廟寢園皆無復修奏可議者又以爲清廟之詩言交神之禮無不清靜師古曰清廟周頌祀文王之詩其詩云於穆清廟肅雝顯相又曰對越在天駿奔走在廟〔補注〕宋祁曰注末疑有是也兩字今衣冠出游有車騎之衆風雨之氣非所謂清靜也祭不欲數數則瀆瀆則不敬師古曰此禮記祭法之言瀆煩汙也數音所角反〔補注〕王文彬曰此祭義之文瀆作煩宜復古禮四時祭於廟諸寢園日月閒祀皆可勿復修師古曰閒音工莧反上亦不改也明年玄成復言古者制禮別尊卑貴賤〔補注〕宋祁曰貴字上疑有明字國君之母非適不得配食則薦於寢師古曰適讀曰嫡也〔補注〕先謙曰官本注末無也字身沒而已陛下躬至孝承天心建祖宗定迭毀序昭穆大禮既定孝文太后孝昭太后寢祠園宜如禮勿復修奏可後

歲餘玄成薨匡衡爲丞相上寢疾夢祖宗譴罷郡國廟上少弟楚孝王亦夢焉上詔問衡議欲復之〔補注〕宋祁曰詔字南本浙本作召衡深言不可上疾久不平衡惶恐〔補注〕宋祁曰恐疑作懼字禱高祖孝文孝武廟曰嗣曾孫皇帝〔補注〕周壽昌曰此曾孫不以世次言書武成云惟有道曾孫周王發詩信南山曾孫田之注曾孫主祭者之稱曾重也自曾祖以至無窮皆得稱之續志注引漢儀云桓帝祠恭懷皇后祝文孝曾孫皇帝志撮辭云於爾孝孫曾孫皇帝蓋仿此恭承洪業夙夜不敢康寧思育休烈以章祖宗之盛功師古曰育養也休美也烈業也故動作接神必因古聖之經往者有司以爲前因所幸而立廟將以繫海內之心非爲尊祖嚴親也今賴宗廟之靈六合之內莫不附親廟宜一居京師天子親奉郡國廟可止毋修皇帝祗肅舊禮尊重神明卽告于祖宗而不敢失師古曰不敢失禮今皇帝有疾不豫迺夢祖宗見戒以廟楚王夢亦有其序師古曰序緒也謂端緒也皇帝悼懼卽詔臣衡復修立謹案上世帝王承祖禰之大義〔補注〕宋祁曰義越本作禮錢大昭曰閩本

義作禮皆不敢不自親郡國吏卑賤不可使獨承又祭祀之義吕民爲本間者歲數不登百姓困乏郡國廟無吕修立禮凶年則歲事不舉吕祖禰之意爲不樂是吕不敢復師古曰復音房目反如誠非禮義之中違祖宗之心咎盡在臣衡師古曰如若也中音竹仲反當受其殃大被其疾隊在溝瀆之中皇帝至孝肅慎宜蒙祐福唯高皇帝孝文皇帝孝武皇帝省察右饗皇帝之孝師古曰右讀曰祐開賜皇帝眉壽亡疆師古曰眉壽言壽考而眉秀也疆竟也補注先謙曰官本考作者末有居良反三字令所疾日瘳平復反常師古曰反猶還也永保宗廟天下幸甚又告謝毀廟曰往者大臣吕爲在昔帝王承祖宗之休典取象於天地師古曰休美也典法也天序五行人親五屬師古曰五屬謂同族之五服斬衰齊衰大功小功緦麻也天子奉天故率其意而尊其制是吕禘嘗之序靡有過五受命之君躬接于天萬世不墮繼烈吕下五廟而遷師古曰墮毀也烈業也繼謂始嗣位者也墮音火規反補注先謙曰官本注無位字上陳太祖間歲

而祫師古曰間歲隔一歲也其道應天故福祿永終太上皇非受命而屬盡義則當遷又吕爲孝莫大於嚴父故父之所尊子不敢不承補注沈欽韓曰喪服傳曰繼母之配父與因母同故孝子不敢殊也父之所異子不敢同禮公子不得爲母信爲後則於子祭於孫止李奇曰不得信尊其父也公子去其所而爲大宗後尚得私祭其母爲孫則止不得祭公子母也明繼祖不得顧其私祖母也師古曰信讀曰伸補注先謙曰官本注顧上得作復尊祖嚴父之義也補注何焯曰此指孝文太后孝昭太后言寢日四上食園廟間祠皆可亡修師古曰間音工莧反補注先謙曰官本祠作祀皇帝思慕悼懼未敢盡從惟念高皇帝聖德茂盛受命溥將欽若稽古承順天心師古曰溥廣也將大也欽敬也若善也稽考也商頌烈祖之篇曰我受命溥將虞書堯典曰欽若昊天又曰若稽古帝堯故衡總引之補注先謙曰官本注末有也字子孫本支陳錫亡疆師古曰詩大雅文王之篇曰陳錫載周侯文王孫子文王孫子本支百世陳敷也載始也本本宗也支支子也言子孫承受敷錫初始之福故得永久無窮竟也誠吕爲遷廟合祭久長之策高皇帝之意迺敢不聽師古曰言不敢不從卽吕令日師古曰令善也謂吉日也遷太上孝惠廟孝文

太后孝昭太后寢將吕昭祖宗之德順天人之序定無窮之業今皇帝未受茲福迺有不能共職之疾師古曰共讀曰恭皇帝願復修立承祀臣衡等咸吕爲禮不得師古曰於禮不合也如不合高皇帝孝惠皇帝孝文皇帝孝武皇帝孝昭皇帝孝宣皇帝太上皇孝文太后孝昭太后之意罪盡在臣衡等當受其咎今皇帝尚未平詔中朝臣具復毀廟之文補注宋祁曰廟字下疑有寢字臣衡中朝臣咸復吕爲天子之祀義有所斷禮有所承違統背制不可吕奉先祖皇天不祐鬼神不饗六藝所載皆言不當師古曰六藝之經也補注先謙曰官本之作六是無所依緣吕作其文事如失指罪迺在臣衡當深受其殃皇帝宜厚蒙祉福嘉氣日興疾病平復永保宗廟與天亡極羣生百神有所歸息師古曰息止也諸廟皆同文久之上疾連年遂盡復諸所罷寢廟園皆修祀如故初上定迭毀禮獨尊孝文廟爲太宗而孝武廟親未盡故未毀上於是

迺復申明之曰孝宣皇帝尊孝武廟曰世宗損益之禮不敢有與焉師古曰與讀曰預其下亦同他皆如舊制唯郡國廟遂廢云元帝崩衡奏言前吕上體不平故復諸所罷祠卒不蒙福師古曰卒終也案衞思后戾太子戾后園親未盡師古曰言不當毀也孝惠孝景廟親盡宜毀及太上皇孝文孝昭太后昭靈后昭哀后武哀王祠請悉罷勿奉奏可初高后時患臣下妄非議先帝宗廟寢園官故定著令補注周壽昌曰漢制上特定著令則在律令之外如高祖制詔御史長沙王忠其定著令是也此則高后所定猶今之欽定專條敢有擅議者棄市至元帝改制蠲除此令成帝時吕無繼嗣河平元年復復太上皇寢廟園世世奉祠昭靈后武哀王昭哀后幷食於太上寢廟如故又復擅議宗廟之命師古曰復音方目反成帝崩哀帝卽位丞相孔光大司空何武奏言永光五年制書高皇帝爲漢太祖孝文皇帝爲太宗建昭五年制書孝武皇帝爲世宗損益之禮不敢有與臣愚吕爲

迭毀之次當以時定非令所爲擅議宗廟之意也〔補注〕宋祁曰所爲疑作所謂先
謙曰爲謂通作字 臣請與羣臣雜議奏可於是光祿勳彭宣詹事滿昌博
士左咸等五十三人皆以爲繼祖宗以下五廟而迭毀後雖有賢
君猶不得與祖宗並列子孫雖欲褒大顯揚而立之鬼神不饗也
孝武皇帝雖有功烈親盡宜毀太僕王舜中壘校尉劉歆議曰臣
聞周室既衰四夷並侵獫狁最彊於今匈奴是也〔補注〕宋祁曰狁浙本作允王念
孫曰案說文無狁字則浙本是也凡經傳中作獫狁者皆因獫字而誤衞青傳匈奴傳敘傳並作獫允引詩亦作獫允玁狁詩作玁狁亦說文
所無當作獫小雅采薇釋文云玁本或作獫狁本亦作允大雅韓奕箋爲玁狁[illegible]遍釋文作獫允是也 至宣王而伐之〔補注〕宋祁曰宣字上景本有周字 詩人
美而頌之曰薄伐獫狁至于太原師古曰小雅六月之詩也薄伐言逐出之 又曰嘽嘽
推推如霆如雷顯允方叔征伐獫狁荆蠻來威師古曰小雅采芑之詩也嘽嘽衆也
推推盛也顯明也允信也方叔周之卿士命爲將率也言出師衆盛有如雷霆方叔又能信明其德既伐獫狁懲其侵暴則南荆之
蠻亦畏威而來服也嘽嘽音他丹反推音他回反〔補注〕宋祁曰注文嘽嘽當刪一嘽字 故稱中興及至幽王

犬戎來伐殺幽王取宗器師古曰宗器宗廟之器也 自是之後南夷與北夷交
侵中國不絕如綫師古曰綫縷也音思薦反〔補注〕沈欽韓曰公羊僖四年傳之文 春秋紀齊桓南
伐楚北伐山戎孔子曰微管仲吾其被髮左衽矣師古曰論語載孔子之言也微
無也被髮左衽戎狄之服言無管仲佐齊桓公征討則中夏皆將爲戎狄也〔補注〕先謙曰官本注爲下戎字作夷 是故弃
桓之過而錄其功〔補注〕沈欽韓曰公羊十七年傳注桓公繼絕存亡足以除殺子糾滅譚遂項覆終身之惡 以
爲伯首師古曰伯讀曰霸 及漢興冒頓始彊破東胡禽月氏師古曰氏讀曰支 并
其土地地廣兵彊爲中國害南越尉佗總百粵自稱帝故中國雖
平猶有四夷之患且無寧歲一方有急三面救之是天下皆動而
被其害也孝文皇帝厚以貨賂與結和親猶侵暴無已甚者興師
十餘萬衆近屯京師及四邊歲發屯備虜其爲患久矣非一世之
漸也諸侯郡守連匈奴及百粵以爲逆者非一人也匈奴所殺郡
守都尉略取人民不可勝數孝武皇帝愍中國罷勞無安寧之時

師古曰罷讀曰疲 迺遣大將軍驃騎伏波樓船之屬南滅百粵起七郡〔補注〕
先謙曰七當爲九詳賈捐之傳 北攘匈奴降昆邪十萬之衆師古曰昆音下門反 置五屬國
起朔方以奪其肥饒之地〔補注〕何焯曰此指朔方及開河西四郡 東伐朝鮮起玄菟
樂浪以斷匈奴之左臂師古曰樂音來各反浪音郎 西伐大宛并三十六國結
烏孫起敦煌酒泉張掖以鬲婼羌裂匈奴之右肩師古曰婼音而遮反〔補注〕錢大
昭曰鬲與隔同先謙曰官本肩作臂引宋祁曰景祐本越本臂作肩 單于孤特遠遁于幕北四垂無
事〔補注〕宋祁曰四疑作西 斥地遠境起十餘郡師古曰斥開也遠廣也 功業既定迺封
丞相爲富民侯以大安天下富實百姓其規橅可見師古曰橅讀曰摹其字從
木 又招集天下賢俊與協心同謀興制度改正朔易服色立天地
之祠建封禪殊官號存周後定諸侯之制永無逆爭之心至今累
世賴之單于守藩百蠻服從萬世之基也中興之功未有高焉者
也高帝建大業爲太祖孝文皇帝德至厚也爲文太宗孝武皇帝

功至著也爲武世宗此孝宣帝所以發德音也禮記王制及春秋
穀梁傳天子七廟諸侯五大夫三士二天子七日而殯七月而葬
諸侯五日而殯五月而葬此喪事尊卑之序也與廟數相應其文
曰天子三昭三穆與太祖之廟而七諸侯二昭二穆與太祖之廟
而五〔補注〕何焯曰匡衡五廟之說似尤深然合陰陽五行數之則可以七爲斷矣 故德厚者流光德薄
者流卑師古曰流謂流風餘福 春秋左氏傳曰〔補注〕周壽昌曰西漢奏議內引左氏傳始見此及翟方進
傳 名位不同禮亦異數自上以下降殺以兩禮也師古曰殺音所例反 七者
其正法數可常數者也宗不在此數中宗變也師古曰言非常數故云變也 苟
有功德則宗之不可預爲設數故於殷太甲爲太宗太戊曰中宗
武丁曰高宗師古曰太甲湯之孫太丁之子也太戊太庚之子雍己之弟也武丁小乙之子〔補注〕宋祁曰注文太庚景
祐本作康校作庚刊誤据商紀改作康先謙曰此今文尚書說與古文不同史記殷本紀帝太甲脩德諸侯咸歸殷百姓以寧伊尹
嘉之迺作太甲訓三篇襃帝太甲稱太宗段玉裁云隸釋所載漢石經殘碑高宗之饗國百年與自時厥後緊接不隔一字洪氏云

此碑獨闕祖甲計其字當在中宗之上以傳序爲次也儻非尚書有太宗二字司馬王劉不能臆造賈誼云顧成之廟稱爲太宗景帝元年申屠嘉等議云高皇帝廟宜爲太祖之廟孝文皇帝廟宜爲太宗之廟實本尚書其文之次當云昔在殷王太宗其在中宗其在高宗否則今文家末由側易其次序也先謙案段說是也其後平帝時尊孝宣廟爲中宗孝元廟爲高宗王莽大誥云尊中宗高宗之號明莽用今文尚書說仿殷三宗東觀書章帝賜東平王蒼書云此放三宗誠有其美亦用今文說是太宗中宗高宗漢儒據尚書次序如此不得執古文祖甲之文將史記石經末殺歸之劉歆傅會也 周公爲毋逸之戒舉殷三宗㠯勸成王師古曰毋逸尚書篇名戒以無逸豫也 繇是言之宗無數也師古曰繇與由同也補注先謙曰官本作讀與由同 然則所㠯勸帝者之功德博矣㠯七廟言之孝武皇帝未宜毀㠯所宗言之則不可謂無功德禮記祀典曰夫聖王之制祀也功施於民則祀之㠯勞定國則祀之能救大災則祀之補注蘇輿曰案今見禮記祭法篇或漢時一名祀典與 竊觀孝武皇帝功德皆兼而有焉凡在於異姓猶將特祀之況于先祖或說天子五廟無見文又說中宗高宗者宗其道而毀其廟名與實異非尊德貴功之意也補注先謙

曰案五經異義詩魯說丞相匡衡以爲殷中宗周成宣王皆以時毀古文尚書說經稱中宗明其廟宗而不毀許君案春秋公羊御史大夫貢禹說王者宗有德廟不毀宗而復毀非尊德之義鄭因而不駮據此傳則古文尚書說即本之劉歆歆又本之貢禹又或說云云乃今文尚書與三家詩說合也 詩云蔽芾甘棠勿鬋勿伐邵伯所茇師古曰召南甘棠之詩也解已在前鬋字與翦同茇音步葛反 思其人猶愛其樹況宗其道而毀其廟乎迭毀之禮自有常法無殊功異德固㠯親疏相推及至祖宗之序多少之數經傳無明文至尊至重難㠯疑文虛說定也孝宣皇帝舉公卿之議用眾儒之謀既㠯爲世宗之廟建之萬世宣布天下臣愚㠯爲孝武皇帝功烈如彼孝宣皇帝崇立之如此不宜毀上覽其議而從之制曰太僕舜中壘校尉歆議可歆又㠯爲禮去事有殺師古曰去除也殺漸也去音丘呂反殺音所例反其下並同也補注宋祁曰注末也字當刪 故春秋外傳曰日祭月祀時享歲貢終王祖禰則日祭曾高則月祀二祧則時享壇墠則歲貢張晏曰去祧爲壇墠埽地而祭也師古曰祧是遠祖也築土爲壇除地爲墠祧音他堯反墠音善

注宋祁曰注文是字刪 大禘則終王服虔曰蠻夷終王迺入助祭各以其珍貢以共大禘之祭也師古曰每一王終新王即位迺來助祭補注吳仁傑曰案禮不王不禘王非謂天子蓋所謂終王者鄭康成孔穎達以禘爲郊祭謂非不郊祭不思下文王者禘其祖之所自出諸侯及其太祖則禘非郊祭而爲天子諸侯之所通矣韋玄成等議亦引祭義所云乃謂始受命而王祭天以其祖配此鄭孔之失所從起也國語荒服終王韋昭曰終謂世終也朝嗣王及即位而來見與顏注小異夷考二說韋昭爲近之案國語祭公諫王謂今自大畢伯士之終也犬戎氏以其職來王則是彼以即位而來見耳非爲新王而來顏說止及一事而韋說乃兩事也 德盛而游廣親親之殺也如淳曰游亦流也 彌遠則彌尊故禘爲重矣孫居王父之處正昭穆則孫常與祖相代此遷廟之殺也聖人於其祖出於情矣禮無所不順故無毀廟晉灼曰以情推子以子況祖得人心禮何所違故無毀弃不禘之主也謂下三廟廢而爲虛者也 自貢禹建迭毀之議惠景及太上寢園廢而爲虛師古曰虛讀曰墟補注宋祁曰惠景字下疑有廟字 失禮意矣至平帝元始中補注宋祁曰越本無至字校本添 大司馬王莽奏本始元年丞相義等議師古曰蔡義也 謚孝宣皇帝親曰悼園置邑三百家至元康元年丞相相等奏

師古曰魏相也 父爲士子爲天子祭㠯天子悼園宜稱尊號曰皇考立廟益故奉園民滿千六百家㠯爲縣臣愚㠯爲皇考廟本不當立累世奉之非是又孝文太后南陵師古曰在霸陵之南故曰南陵 孝昭太后雲陵園雖前㠯禮不復修陵名未正謹與大司徒晏等百四十七人議皆曰孝宣皇帝㠯兄孫繼統爲孝昭皇帝後㠯數故孝元世㠯孝景皇帝及皇考廟親未盡不毀此兩統貳父補注宋祁曰父南本浙本作文 違於禮制案義奏親謚曰悼裁置奉邑皆應經義相奏悼園稱皇考立廟益民爲縣違離祖統乖繆本義父爲士子爲天子祭㠯天子者迺謂若虞舜夏禹殷湯周文漢之高祖受命而王者也補注宋祁曰文字下疑有王字 非謂繼祖統爲後者也臣請皇高祖考廟奉明園毀勿修張晏曰奉明園悼皇考園也 罷南陵雲陵爲縣補注何焯曰此奏合禮雖王莽爲丁傅衞氏發難然不以人廢與東京末董卓蔡邕議和帝以下不應爲宗奏同 奏可

司徒掾班彪曰師古曰漢書諸贊皆固所爲其有叔皮先論述者謂固亦具顯以示後人而或者固竊盜父名觀此可以免矣〔補注〕宋祁曰注文謂固亦具顯以示後人越本謂字在後或者字下劉敞曰注謂字注在上合在或者下漢承亡秦絕學之後祖宗之制因時施宜自元成後學者番滋師古曰番音扶元反〔補注〕先謙曰官本番作蕃是貢禹毀宗廟匡衡改郊兆何武定三公後皆數復故紛紛不定師古曰數音所角反復音扶目反何者禮文缺微古今異制各爲一家未易可偏定也考觀諸儒之議劉歆博而篤矣

韋賢傳第四十三　終

魏相丙吉傳第四十四　漢書七十四

漢　蘭　臺　令　史班　固　撰

唐正議大夫行祕書少監琅邪縣開國子顏師古　注

賜進士出身前翰林院編修國子監祭酒加三級臣王先謙補注

魏相字弱翁濟陰定陶人也師古曰說者謂相即魏無知之後蓋承淺近之書爲妄深矣徙平陵少學易爲郡卒史舉賢良㠯對策高第爲茂陵令〔補注〕齊召南曰案相對策見韓延壽傳但彼文云以文學對策又祇舉褒崇節義一段亦非全文也頃之御史大夫桑弘羊客詐稱御史止傳師古曰傳謂縣之傳舍丞不㠯時謁客怒縛丞相疑其有姦收捕案致其罪論棄客市師古曰殺之於市茂陵大治後遷河南太守〔補注〕宋祁曰浙本遷字下有爲字禁止姦邪豪彊畏服會丞相車千秋死先是千秋子爲雒陽武庫令〔補注〕周壽昌曰案田千秋子順已嗣侯此當是其次子自見失父而相治郡嚴恐久獲罪〔補注〕宋祁曰罪字疑從辠書迺自免去相使掾追呼之遂不肯還〔補注〕先謙曰遂竟也相獨恨曰大將軍聞此令去官必㠯爲我用丞相死不能遇其子〔補注〕先謙曰用亦以也遇謂待遇使當世貴人非我殆矣師古曰殆危也武庫令西至長安大將軍霍光果㠯責過相曰幼主新立㠯爲函谷京師之固武庫精兵所聚故㠯丞相弟爲關都尉子爲武庫令今河南太守不深惟國家大策師古曰惟思也苟見丞相不在而斥逐其子何淺薄也後人有告相賊殺不辜事下有司河南卒戍中都官者二三千人師古曰來京師諸官府爲戍卒若今衞士上番分守諸司遮大將軍自言願復留作一年㠯贖太守罪河南老弱萬餘人守關欲入上書關吏㠯聞大將軍用武庫令事遂下相廷尉獄師古曰光心以武庫令事嫌之而下其賊殺不辜之獄也〔補注〕先謙曰官本注末無也字久繫踰冬會赦出〔補注〕宋祁曰繫字下疑有之字復有詔守茂陵令遷揚州刺史〔補注〕先謙曰官本楊作揚考案郡國守相多所貶退相與丙吉相善時吉爲光祿大夫與相書曰朝廷已深知弱翁行治〔補注〕先謙曰官本作治行

是方且大用宊願少愼事自重臧器于身師古曰易下繫辭云君子藏器於身待時而動
言不顯見其材能相心善其言爲霽威嚴蘇林曰霽音限齊之齊臣瓚曰此兩霽字也霽止也師古曰二
說皆是也音才詣反又音子詣反居部二歲徵爲諫大夫復爲河南太守數年宣
帝卽位徵相入爲大司農遷御史大夫補注周壽昌曰本始二年徵爲大司農三年遷御史
大夫四歲大將軍霍光薨上思其功德㠯其子禹爲右將軍兄子樂
平侯山復領尙書事師古曰山者去病之孫今言兄子此傳誤補注齊召南曰案依顏注當如張敞傳稱兄孫
山然下文魏相封事曰兄子秉樞機卽說此事蒙霍禹言之可稱兄子蕭望之傳亦曰光薨子禹復爲大司馬兄子山領尙書與此
文同非誤也相因平恩侯許伯奏封事補注何焯曰因許伯乃得至帝前其不因王史而因許者專欲
發其弒許后之謀也言春秋譏世卿惡宋三世爲大夫師古曰解在五行志補注先謙曰公羊傳
宋三世無大夫三世內取也爲當作無及魯季孫之專權皆危亂國家自後元㠯來
祿去王室政繇冢宰師古曰繇與由同補注周壽昌曰光爲大將軍而稱冢宰案論語百官總己以聽於冢宰
周書惟周公位冢宰古昔總政者卽爲冢宰不必如周官冢宰之稱天官也今光死子復爲大將軍補注
劉敞曰禹不爲大將軍字之誤也何焯曰大當作右先謙曰通鑑作右足證爲後人傳寫之誤兄子秉樞機昆弟
諸壻據權埶在兵官補注先謙曰在當作任光夫人顯及諸女皆通籍長信
宮師古曰通籍謂禁門之中皆有名籍恣出入也或夜詔門出入驕奢放縱恐寖不制師古
曰寖漸也不制不可制御也宜有㠯損奪其權破散陰謀㠯固萬世之基全功
臣之世又故事諸上書者皆爲二封署其一曰副領尙書者先發
副封所言不善屛去不奏相復因許伯白去副封㠯防雍蔽師古曰雍
讀曰壅宣帝善之補注何焯曰此一時制霍山之權計後遂行之詔相給事中皆從其議補注
先謙曰通鑑胡注漢三公九卿皆外朝今相給事中則得入禁中預中朝之議霍氏殺許后之謀始得上
聞迺罷其三侯令就第師古曰禹及雲山也親屬皆出補吏補注先謙曰詳見霍光傳於
是韋賢㠯老病免相遂代爲丞相補注周壽昌曰在地節三年封高平侯食邑
八百戶及霍氏怨相又憚之謀矯太后詔先召斬丞相然後廢天
子事發覺伏誅宣帝始親萬機厲精爲治練羣臣補注周壽昌曰禮月令簡練桀

俊本書禮樂志練時日注練選也言簡選羣臣也核名實而相總領衆職甚稱上意元康
中匈奴遣兵擊漢屯田車師者不能下補注先謙曰不能下謂不能勝匈奴也時鄭吉往救
爲匈奴所圍上與後將軍趙充國等議欲因匈奴衰弱出兵擊其右地
使不敢復擾西域相上書諫曰臣聞之救亂誅暴謂之義兵兵義
者王敵加於己不得已而起者謂之應兵兵應者勝爭恨小故不
忍憤怒者謂之忿兵補注先謙曰王念孫云恨讀爲很謂相爭鬭也孟子言好勇鬭很是很與爭鬭同義故以
爭很連文作恨者借字耳說詳劉向傳兵忿者敗利人土地貨寶者謂之貪兵兵貪
者破恃國家之大矜民人之衆欲見威於敵者謂之驕兵兵驕者
滅補注沈欽韓曰文子道德篇義兵王應兵勝忿兵敗貪兵死驕兵滅相論本之此五者非但人事迺天
道也間者匈奴嘗有善意所得漢民輒奉歸之未有犯於邊境雖
爭屯田車師補注宋祁曰浙本無屯字不足致意中補注周壽昌曰致置同今聞諸將軍
欲興兵入其地補注先謙曰胡注丞相不預中朝之議故言聞諸將軍大將軍車騎將軍前後左右將軍皆中朝官
臣愚不知此兵何名者也今邊郡困乏父子共犬羊之裘食草萊
之實常恐不能自存難㠯動兵師古曰不可以兵事動之軍旅之後必有凶年
師古曰此引老子道經之言補注先謙曰官本言作語言民㠯其愁苦之氣傷陰陽之和也
出兵雖勝猶有後憂恐災害之變因此㠯生今郡國守相多不實
選師古曰言不得其人風俗尤薄水旱不時案今年計子弟殺父兄妻殺夫
者凡二百二十二人臣愚㠯爲此非小變也今左右不憂此師古曰左
右謂近臣在天子左右者迺欲發兵報纖介之忿於遠夷殆孔子所謂吾恐季
氏之憂不在顓臾而在蕭牆之內也師古曰論語季氏將伐顓臾孔子謂冉有季路曰吾恐季
孫之憂不在顓臾而在蕭牆之內故相引之顓臾魯附庸國蕭牆屛牆也解在五行志願陛下與平昌侯樂
昌侯平恩侯及有識者詳議迺可師古曰平昌侯王無故樂昌侯王武並帝之舅平恩侯許伯皇
太子外祖父也補注先謙曰官本考證蘇轍云三人者非賢于趙充國也然其與國同憂樂無徽倖功名之心則過於充國遠甚
上從其言而止補注先謙曰官本其作相帝但遣常惠迎鄭吉從車師國民居渠犂以其故地與匈奴相明

易經有師法好觀漢故事及便宜章奏師古曰既觀國家故事又觀前人所奏便宜之章也以爲古今異制方今務在奉行故事而已數條漢興已來（補注）宋祁曰已字疑作以字先謙曰已以字同國家便宜行事及賢臣賈誼朝錯董仲舒等所言奏請施行之（補注）先謙曰官本朝作鼂曰臣聞明主在上賢輔在下則君安虞而民和睦師古曰虞與娛同（補注）錢大昭曰案此虞字與匡衡傳未有游虞弋射之晏揚雄傳長楊賦反五帝之虞同孟子驩虞如也亦此意臣相幸得備位不能奉明法廣敎化理四方以宣聖德民多背本趨末師古曰本農業也末商賈也趨讀曰趣或有飢寒之色爲陛下之憂臣相罪當萬死臣相知能淺薄不明國家大體時用之宜惟民終始未得所繇師古曰惟思也繇讀與由同由從也因也竊伏觀先帝聖德仁恩之厚勤勞天下垂意黎庶憂水旱之災爲民貧窮發倉廩賑乏餧師古曰餧餓也音迺賄反遣諫大夫博士巡行天下師古曰行音下更反察風俗舉賢良平冤獄冠蓋交道師古曰言其往來不絕也省諸用寬租賦弛山澤波池師古曰弛放也言不禁障

之也波音陂（補注）宋祁曰注文音字當作讀曰禁秫馬酤酒貯積師古曰秫以粟米飤馬也酤酒者糜費深也貯積者滯米粟也所以周急繼困慰安元元便利百姓之道甚備臣相不能悉陳昧死奏故事詔書凡二十三事臣謹案王法必本於農而務積聚量入制用以備凶災師古曰謂視年歲之豐儉亡六年之畜尚謂之急師古曰畜讀曰蓄禮記王制云國無九年之蓄曰不足無六年之蓄曰急無三年之蓄曰國非其國也（補注）宋祁曰亡字上疑有故字元鼎二年平原勃海太山東郡溥被災害師古曰溥與普同（補注）宋祁曰注文溥字下當有一讀字民餓死於道路二千石不豫慮其難使至於此師古曰慮思也賴明詔振捄迺得蒙更生師古曰捄古救字今歲不登穀暴騰踊師古曰價忽大貴也臨秋收斂猶有乏者至春恐甚亡以相恤西羌未平師旅在外兵革相乘臣竊寒心宜蚤圖其備師古曰蚤古早字也（補注）宋祁曰注末也字當刪唯陛下留神元元帥繇先帝盛德以撫海內師古曰帥循也繇與由同由從也（補注）宋祁曰注文繇字下當有讀字上施行其策又數表采易陰陽及明堂月令奏之師古曰表爲標明之采撮取也（補注）先謙曰官本爲作謂同曰臣相幸得備員奉職不修不能宣廣敎化陰陽未和災害未息咎在臣等臣聞易曰天地以順動故日月不過四時不忒聖王以順動故刑罰清而民服師古曰豫卦象辭也忒差也天地變化必繇陰陽師古曰繇與由同（補注）宋祁曰注文繇字下當有讀字陰陽之分以日爲紀日冬夏至則八風之序立（補注）宋祁曰江南本紀字下無日字浙本有沈欽韓曰淮南天文訓條風至則出輕繫去稽留明庶風至則正封疆修田疇清明風至則出幣帛使諸侯景風至則爵有位賞有功涼風至則報地德祀四郊繇兆以北本朼於朗此之試閶闔風至則收縣垂琴瑟不張不周風至則修宮室繕邊城廣莫風至則閉關梁決刑罰萬物之性成各有常職不得相干東方之神太昊乘震執規司春張晏曰木爲仁仁者生生者圜故爲規南方之神炎帝乘離執衡司夏張晏曰火爲禮禮者齊齊者平故爲衡西方之神少昊乘兌執矩司秋張晏曰金爲義義者成成者方故爲矩北方之神顓頊乘坎執權司冬張晏曰水爲智智者謀謀者重故爲權中央之神黃帝乘坤艮執繩司下土張晏曰土爲信信者誠誠者直故爲繩（補注）宋祁曰浙本無下字茲五帝所司各有時也（補注）沈欽韓曰天文訓規生矩殺衡長權藏繩居中央爲四時根

東方之卦不可以治西方南方之卦不可以治北方春興兌治則飢秋興震治則華冬興離治則泄師古曰天地之氣不閉密也夏興坎治則雹明王謹於尊天慎于養人故立羲和之官以乘四時師古曰乘治也節授民事師古曰各依其節而授以事君動靜以道奉順陰陽則日月光明風雨時節寒暑調和三者得敘則災害不生五穀熟絲麻遂師古曰遂成也屮木茂鳥獸蕃師古曰屮古草字蕃多也音扶元反民不夭疾衣食有餘若是則君尊民說上下亡怨師古曰說讀曰悅政敎不違禮讓可興夫風雨不時則傷農桑農桑傷則民飢寒飢寒在身則亡廉恥寇賊姦宄所繇生也師古曰亂在外爲姦在內爲宄繇與由同其下類此（補注）宋祁曰注文繇字下當有讀字下當有皆字先謙曰官本注下字上無其字臣愚以爲陰陽者王事之本羣生之命自古賢聖未有不繇者也天子之義必純取法天地而觀於先聖高皇帝所述書天子所服第八如淳曰第八天子衣服之制也於施行詔書第八曰

大謁者臣章受詔長樂宮曰〔補注〕周壽昌曰章即襄章也令羣臣議天子所服以安治天下相國臣何御史大夫臣昌師古曰蕭何周昌也謹與將軍臣陵太子太傅臣通等議師古曰陵王陵通叔孫通春夏秋冬天子所服當法天地之數中得人和故自天子王侯有土之君下及兆民能法天地順四時以治國家身亡禍殃年壽永究師古曰究竟也是奉宗廟安天下之大禮也臣請法之中謁者趙堯舉春應劭曰四時各舉所施行政事服虔曰主一時衣服禮物朝祭百事也師古曰服說是也〔補注〕齊召南曰案此趙堯疑另是一人必非江邑侯代周昌爲御史大夫者也上文云相國臣何御史大夫臣昌將軍臣陵太子太傅臣通其事當在高帝十年之初丞相之改稱相國周昌之出爲趙相而趙堯之代爲御史大夫叔孫通之由奉常徙爲太子太傅皆此年事也据功臣表江邑侯趙堯以漢五年爲御史則未嘗爲中謁者矣李舜舉夏兒湯舉秋貢禹舉冬師古曰高帝時自有一貢禹也兒音五奚反四人各職一時大謁者襄章奏制曰可孝文皇帝時以二月施恩惠於天下賜孝弟力田及罷軍卒祠死事者頗非時節師古曰罷軍卒卒之疲於軍事者也罷音疲一曰新從軍而休罷者也音薄蟹反〔補注〕先謙曰官本無罷音疲三字引宋祁曰罷音疲

御史大夫朝錯時爲太子家令奏言其狀臣相伏念陛下恩澤甚厚然而災氣未息竊恐詔令有未合當時者也願陛下選明經通知陰陽者四人各主一時時至明言所職以和陰陽天下幸甚相數陳便宜上納用焉相敕掾史案事郡國及休告從家還至府輒白四方異聞或有逆賊風雨災變郡不上相輒奏言之時丙吉爲御史大夫同心輔政上皆重之相爲人嚴毅〔補注〕先謙曰褚補史記相好武令諸吏帶劍前奏事或有不帶劍者當入奏事至乃借劍而後敢入不如吉寬視事九歲神爵三年薨謚曰憲侯子弘嗣甘露中有罪削爵爲關內侯師古曰弘坐騎至宗廟下大不敬也〔補注〕周壽昌曰表作甘露元年騎至司馬門非宗廟下云不敬無大字若大不敬豈尚能降爲關內侯也先謙曰史記傳云坐騎至廟不敬

丙吉字少卿魯國人也治律令爲魯獄史積功勞稍遷至廷尉右監坐法失官歸爲州從事武帝末巫蠱事起吉以故廷尉監徵師古曰被召詣京師詔治巫蠱郡邸獄時宣帝生數月以皇曾孫坐衛太子事繫吉見而憐之又心知太子無事實重哀曾孫無辜師古曰重音直用反吉擇謹厚女徒令保養曾孫置閒燥處師古曰閒讀曰閑閑寬淨之處也燥高敞也吉治巫蠱事連歲不決後元二年武帝疾往來長楊五柞宮師古曰長楊五柞宮並在盩厔往來二宮之間望氣者言長安獄中有天子氣於是上遣使者分條中都官詔獄繫者師古曰條謂疏錄之亡輕重一切皆殺之內謁者令郭穰夜到郡邸獄吉閉門拒使者不納〔補注〕宋祁曰納字疑作內曰皇曾孫在他人亡辜死者猶不可〔補注〕宋祁云浙本無者字況親曾孫乎相守至天明不得入穰還以聞因劾奏吉武帝亦寤曰天使之也因赦天下郡邸獄繫者獨賴吉得生恩及四海矣師古曰吉拒閉使者天子感寤乃普赦天下其郡邸繫獄者既因吉得生而赦宥之恩遂及四海也曾孫病幾不全者數焉師古曰幾音鉅依反數音所角反次下亦同〔補注〕周壽昌曰宣帝名病已蓋以此先謙曰官本無二音字引宋祁曰注文鉅字所字上疑皆有音字吉數敕保養乳母加

致醫藥視遇甚有恩惠以私財物給其衣食後吉爲車騎將軍軍市令遷大將軍長史霍光甚重之入爲光祿大夫給事中昭帝崩亡嗣大將軍光遣吉迎昌邑王賀賀即位以行淫亂廢光與車騎將軍張安世諸大臣議所立未定吉奏記光曰將軍事孝武皇帝受襁褓之屬任天下之寄師古曰屬音之欲反〔補注〕先謙曰官本無音字引宋祁曰注文之字上當有音字孝昭皇帝早崩亡嗣海內憂懼欲亟聞嗣主師古曰亟急也音居力反發喪之日以大誼立後師古曰雖無嫡嗣旁立支屬令宗廟有奉故云大誼所立非其人復以大誼廢之師古曰恐危社稷故廢黜之天下莫不服焉方今社稷宗廟羣生之命在將軍之壹舉竊伏聽於衆庶察其所言諸侯宗室在列位者〔補注〕先謙曰官本作位列引宋祁曰位列浙本作列位未有所聞於民間也而遺詔所養武帝曾孫名病已在掖庭外家者蘇林曰外家猶言外人民家不在宮中晉灼曰出郡邸獄歸在外家史氏後入掖庭耳師古曰晉說是也吉前使居郡邸時見其幼少至今十八九矣通經

術有美材行安而節和願將軍詳大議參以蓍龜豈宜褒顯先使入侍師古曰侍太后〔補注〕朱子文曰豈宜褒顯豈字於文爲悖恐是直字當爲直宜褒顯錢大昕曰豈宜者猶言宜也古人語急以豈不爲不不可爲可此當言豈不宜亦語急而省文耳朱疑當爲直字非孟堅之旨王念孫曰案古人無謂豈不爲豈者錢說亦未安余謂豈猶其也言曾孫有美材如此其宜褒顯也吳語天王豈辱裁之燕策曰將軍豈有意乎史記魏公子傳曰我豈有所失哉豈字竝與其同義令天下昭然知之然後決定大策天下幸甚〔補注〕齊召南曰此時定策吉爲首功不止從前保護曾孫有恩也傳詳述其奏記云云見杜延年等勸光立宣帝其功實在丙吉之下光覽其議師古曰省納而用之遂尊立皇曾孫遣宗正劉德與吉迎曾孫於掖庭宣帝初卽位賜吉爵關內侯吉爲人深厚不伐善自曾孫遭遇吉絕口不道前恩師古曰遭遇謂升大位也故朝廷莫能明其功也地節三年立皇太子吉爲太子太傅數月遷御史大夫及霍氏誅上躬親政省尚書事〔補注〕宋祁曰親字下疑有治字是時掖庭宮婢則令民夫上書自陳嘗有阿保之功師古曰謂未爲宮婢時有舊夫見在俗間者〔補注〕錢大昭曰則宮婢名章下掖庭令考問

則辭引使者丙吉知狀掖庭令將則詣御史府以視吉師古曰視讀曰示吉識謂則曰汝嘗坐養皇曾孫不謹督笞汝安得有功師古曰督謂視察之〔補注〕沈欽韓曰此督字當如陳咸傳作杖罰解師古說非隋書刑法志定八等之差自免官加杖督一百至杖督一十亦可謂之視察乎獨渭城胡組淮陽郭徵卿有恩耳分別奏組等共養勞苦狀師古曰共音居用反養音弋亮反詔吉求組徵卿已死有子孫皆受厚賞詔免則爲庶人賜錢十萬上親見問然後知吉有舊恩而終不言上大賢之制詔丞相朕微眇時御史大夫吉與朕有舊恩厥德茂焉師古曰茂美也詩不云虖亡德不報師古曰大雅抑之詩〔補注〕宋祁曰注末當有也字其封吉爲博陽侯邑千三百戶〔補注〕先謙曰官本考證案表作千三百三十戶又案此詔宣帝紀元康三年吉與史曾史玄許舜許延壽及張賀子彭祖同日封臨當封吉疾病上將使人加紼而封之及其生存也應劭曰吉時病不能起欲如君視疾如朝服拖紳就封之也師古曰紼繫印之組也音弗也〔補注〕先謙曰官本注病作疾末無也字上憂吉疾不起太子太傅夏侯勝曰此未死也臣聞有陰德者必饗其樂〔補注〕沈欽韓曰列女傳孫叔敖母曰有陰德者陽報之文子上德篇有陰德者必有陽報有隱行者必有昭名以及子孫今吉未獲報而疾甚非其死疾也後病果瘉師古曰瘉與愈同吉上書固辭自陳不宜以空名受賞上報曰朕之封君非空名也而君上書歸侯印是顯朕之不德也方今天下少事君其專精神省思慮近醫藥以自持後五歲代魏相爲丞相〔補注〕先謙曰公卿表在神爵三年褚補史記長安中有善相工田文者與韋丞相魏丞相邴丞相微賤時會於客家田文言曰今此三君皆丞相也其後三人竟相代爲丞相吉本起獄法小吏後學詩禮皆通大義及居相位上寬大好禮讓掾史有罪臧不稱職輒予長休告師古曰長給休假令其去職也〔補注〕宋祁曰長休告浙本無休字終無所案驗客或謂吉曰君侯爲漢相姦吏成其私然無所懲艾師古曰艾讀曰乂〔補注〕王念孫曰然猶乃也言姦吏成其私而君乃無所懲艾也古者然與乃同義說見釋詞吉曰夫以三公之府有案吏之名吾竊陋焉〔補注〕宋祁曰陋疑作陋後人代吉因以爲故事公府不案吏自吉始〔補注〕何焯曰因以爲故事則姦吏遂無所懲艾矣丙公當宣帝之朝方練

羣臣核名實不妨時有寬舍可否相濟耳於官屬掾史務掩過揚善吉馭吏耆酒數逋蕩師古曰逋亡也蕩放也謂亡其所供之職而游放也耆讀曰嗜〔補注〕王文彬曰逋謂常在外若逋逃然顏謂亡其所供之職則亡爲遺忘與逋義隔嘗從吉出醉歐丞相車上師古曰歐吐也音一口反〔補注〕王念孫曰案車下有茵字而今本脫之則文義不明後師古注茵蓐也音因五字本在此注內因此文脫去茵字校書者遂移入後注耳御覽職官部二人事部百三十八車部五引此竝作醉歐丞相車茵上白帖四十八作歐丞相車茵漢紀作醉嘔吐吉車茵皆有茵字西曹主吏白欲斥之師古曰斥弃逐〔補注〕何焯曰續志西曹主府史署用先謙曰官本注無逐字引宋祁曰注末當添也字吉曰以醉飽之失去士使此人將復何所容師古曰言無所容身也西曹地忍之李奇曰地猶第也師古曰地亦但也語聲之急也〔補注〕周壽昌曰地之爲第並無義不過音同而隨筆書之後人不敢改古書因望文生訓耳外戚傳班倢伃傳蛾而大幸之蛾卽俄亦猶是也漢碑此類尤多先謙曰官本注猶作由引宋祁曰注文由字越本作猶謝改作由注末也字疑作耳此不過汙丞相車茵耳師古曰茵蓐也音因遂不去也此馭吏邊郡人習知邊塞發犇命警備事師古曰犇古奔字也有命則奔赴之言應速也嘗出適見驛騎持赤白囊邊郡發犇命書馳來至〔補注〕先謙曰官本犇作奔引宋

祁曰奔疑作犇馭吏因隨驛騎至公車刺取師古曰刺謂採候之也知虜入雲中代郡遽歸府見吉白狀師古曰遽速也因曰恐虜所入邊郡二千石長吏有老病不任兵馬者宜可豫視〔補注〕宋祁曰視字下疑有瑣字吉善其言召東曹案邊長吏〔補注〕何焯曰續志東曹主二千石長吏遷除及軍吏瑣科條其人張晏曰瑣錄也欲科條其人老少及所經歷知其本以文武進也〔補注〕沈欽韓曰詩傳瑣瑣小也此爲細科別不當解瑣爲錄未已詔召丞相御史問吕虜所入郡吏吉具對御史大夫卒遽不能詳知師古曰卒讀曰猝〔補注〕周壽昌曰御史大夫黃霸也吕得譴讓師古曰讓責也而吉見謂憂邊思職馭吏力也吉迺歎曰士亡不可容能各有所長嚮使丞相不先聞馭吏言何見勞勉之有掾史繇是益賢吉師古曰繇與由同〔補注〕宋祁曰注文與字上當有讀字吉又嘗出逢清道羣鬭者死傷橫道李奇曰清道時反羣鬭也師古曰清道謂天子當出或有齋祠先令道路清淨〔補注〕沈欽韓曰丞相出當清道反有羣鬭者塞道也師古謂天子出非宋史儀衛志一品鹵簿中道清道四人蓋漢世已然先謙曰官本注祠作祀吉過之不問掾史獨怪之吉前行逢人逐牛牛喘吐舌

師古曰喘急息音昌兗反〔補注〕宋祁曰逐字下疑有失字吉止駐〔補注〕宋祁曰駐字疑作騎使騎吏問逐牛行幾里矣掾史獨謂丞相前後失問或吕譏吉吉曰民鬭相殺傷長安令京兆尹職所當禁備逐捕歲竟丞相課其殿最奏行賞罰而已宰相不親小事非所當於道路問也方春少陽用事未可大熱師古曰少音式邵反〔補注〕宋祁云大熱浙本作以熱王念孫曰案浙本是也以與已同鄭注檀弓曰以與已字本同鄭注考工記云已太也甚也後人不知以爲已之借字故改以熱爲大熱耳治要及舊本北堂書鈔設官部三陳禹謨依俗本改以爲大御覽職官部二獸部十引此竝作未可以熱通典職官三同漢紀作未可以暑暑上亦是以字恐牛近行用暑故喘此時氣失節恐有所傷害也三公典調和陰陽職所當憂是吕問之掾史迺服吕吉知大體〔補注〕先謙曰官本無所字引宋祁曰當字上疑有所字王念孫云治要及北堂書鈔設官部御覽職官部獸部引此皆有所字漢紀通典同五鳳三年春吉病篤上自臨問吉曰君卽有不諱誰可吕自代者師古曰不諱言死不可復言也〔補注〕先謙曰官本注下言作諱吉辭謝曰羣臣行能明主所知愚臣無所能識上固問吉頓首曰西河太守杜延

年明於法度曉國家故事前爲九卿十餘年今在郡治有能名廷尉于定國執憲詳平天下自吕不冤太僕陳萬年事後母孝惇厚備於行止此三人能皆在臣右唯上察之上吕吉言皆是而許焉及吉薨御史大夫黃霸爲丞相徵西河太守杜延年爲御史大夫會其年老乞骸骨病免吕廷尉于定國代爲御史大夫黃霸薨而定國爲丞相太僕陳萬年代定國爲御史大夫居位皆稱職上稱吉爲知人吉薨謚曰定侯子顯嗣甘露中有罪削爵爲關內侯官至衞尉太僕〔補注〕先謙曰公卿表甘露三年爲太僕一年爲建章衞尉此言衞尉太僕從其後復任次第之始顯少爲諸曹嘗從祠高廟至夕牲日迺使出取齋衣師古曰未祭一日其夕展視牲具謂之夕牲〔補注〕沈欽韓曰續輿服志秦郊祀之服皆以袀玄漢承秦故祀宗廟諸祀則冠長冠齋一紐玉藻正義鄭云四命以上齋祭異冠者諸侯玄冕祭玄冠齋孤則爵弁祭亦玄冠齋是齋祭異冠也其三命以下大夫則朝服以祭士則玄端以祭皆玄冠也玉藻云玄冠綦組纓士之齋冠是齋祭同冠也其天子之祭玄冕祭則玄冠齋絺冕祭則絺冕齋以次差之可知也若助祭於君則齋

祭同冠雜記大夫士弁而祭於君齋時服之祭時亦服之以此傳夕牲乃取齋衣則齋衣卽祭服也丞相吉大怒謂其夫人曰宗廟至重而顯不敬慎亡吾爵者必顯也夫人爲言然後迺已師古曰免其罪罰也吉中子禹爲水衡都尉少子高爲中壘校尉元帝時長安士伍尊上書師古曰先嘗有爵經奪免之而與士卒爲伍故稱士伍其人名尊言臣少時爲郡邸小吏竊見孝宣皇帝吕皇曾孫在郡邸獄〔補注〕宋祁曰景祐本作孝武無以皇字淳化本作孝武非江浙本曾孫上無皇字刊誤據衆本添皇字是時治獄使者丙吉見皇曾孫遭離無辜吉仁心感動涕泣悽惻選擇復作胡組養視皇孫吉常從臣尊日再侍臥庭上師古曰郡邸之庭也侍謂參省之也時皇孫孩弱常在襁褓故指言臥也後遭條獄之詔吉扞拒大難不避嚴刑峻法既遭大赦吉謂守丞誰如皇孫不當在官孟康曰郡守丞也來詣京師邸治獄姓誰名如言皇孫不當在獄官宜屬郡縣也文穎曰不當在郡邸官也師古曰守丞者守獄官之丞耳非郡丞也誰如者其人名不作譙字言姓又非也〔補注〕劉奉世曰守丞諸說皆非蓋郡邸守邸之丞也與朱買臣傳守丞同沈欽韓曰上云大赦則曾孫已出獄在郡邸劉謂此守邸之丞是也先謙曰官本注不作

本作作使誰如移書京兆尹遣與胡組俱送京兆尹不受復還及組日滿當去皇孫思慕吉以私錢顧組令留與郭徵卿並養數月迺遣組去後少內嗇夫白吉曰食皇孫亡詔令師古曰少內掖庭主府臧之官也食讀曰飤詔令無文無從得其稟具也〔補注〕宋祁曰注文稟字疑作稟時吉得食米肉月月以給皇孫吉即時病師古曰有病病時也輒使臣尊朝夕請問皇孫視省席蓐燥溼候伺組徵卿不得令晨夜去皇孫敖盪師古曰去離也敖游戲也盪放也盪讀與蕩同數奏甘毳食物師古曰奏進也毳讀與脆同所以擁全神靈成育聖躬功德已亡量矣時豈豫知天下之福而徼其報哉師古曰徼要也音工堯反誠其仁恩內結於心也雖介之推割肌以存君不足比也師古曰韓詩外傳云晉公子重耳之亡也過曹里鳧須以從因盜其資而逃重耳無糧餧不能行介子推割其股肉以食重耳然後能行也〔補注〕先謙曰比也二字官本作以比孝宣皇帝時臣上書言狀幸得下吉吉謙讓不敢自伐刪去臣辭師古曰刪削也專歸美於組徵卿組徵卿皆以受田宅賜錢吉封為博陽侯臣尊不得比組徵卿臣年老居貧死在旦暮欲終不言恐使有功不著吉子顯坐微文奪爵為關內侯臣愚以為宜復其爵邑師古曰復音防目反以報先人功德先是顯為太僕十餘年〔補注〕先謙曰公卿表永光元年故建章衞尉丙顯為太僕十年免案免在竟寧元年與官屬大為姦利臧千餘萬司隸校尉昌案劾罪至不道奏請逮捕上曰故丞相吉有舊恩朕不忍絕免顯官奪邑四百戶後復以為城門校尉顯卒子昌嗣爵關內侯成帝時修廢功以吉舊恩尤重鴻嘉元年制詔丞相御史蓋聞褒功德繼絕統〔補注〕宋祁曰浙本無德字校本添所以重宗廟廣賢聖之路也故博陽侯吉以舊恩有功而封今其祀絕朕甚憐之夫善善及子孫古今之通誼也其封吉孫中郎將關內侯昌為博陽侯奉吉後國絕三十二歲復續云昌傳子至孫王莽時迺絕

贊曰古之制名必繇象類師古曰繇與由同遠取諸物近取諸身故經謂

君為元首臣為股肱師古曰謂虞書益稷云元首明哉股肱良哉也〔補注〕先謙曰官本注末無也字明其一體相待而成也是故君臣相配古今常道自然之埶也近觀漢相高祖開基蕭曹為冠師古曰名位在眾臣之上孝宣中興丙魏有聲是時黜陟有序眾職修理公卿多稱其位師古曰稱副也海內興於禮讓覽其行事豈虛虖哉師古曰言君明臣賢所以致治非徒然也

魏相丙吉傳第四十四終　　漢書七十四

眭兩夏侯京翼李傳第四十五　　漢書七十五

漢　蘭　臺　令　史班　固　撰

唐正議大夫行祕書少監琅邪縣開國子顏師古　注

賜進士出身前翰林院編修國子監祭酒加三級臣王先謙補注

眭弘字孟，魯國蕃人也。師古曰：眭音息隨反。今河朔尚有此姓，音字皆然。而韋昭、應劭並云音桂，非也。今有炅姓，乃音桂耳。漢之決錄又不作眭字，寧可混糅將為一族？又近代學者旁引炅氏譜以相附著，私譜之文出於閭巷，家自為說，事非經典，苟引先賢，妄相假託，無所取信，寧足據乎？蕃音皮。〔補注〕宋祁云：決錄浙本作炔欽。沈欽韓曰：今鎮江府有眭姓，讀如雖。葉德輝曰：儒林傳許商門人有齊人炔欽，則作決錄者誤也。洪邁隸釋陳球碑跋云：姓苑載炅氏兄弟各分一姓，曰炅、香、桂、炷，字皆九畫。按隸書圭中直通連書，故云皆九畫。若眭則不止九畫矣。眭非炷姓可知。先謙曰：蕃今兗州府滕縣治。少時好俠，鬬雞走馬，長迺變節，從嬴公受春秋。師古曰：嬴，姓也。公，長老之號耳。〔補注〕宋祁曰：俠字上疑有游字。先謙曰：官本考證，儒林傳嬴公東平人，受公羊春秋於董仲舒，故弘書稱先師董仲舒。以明經為議郎，至符節令。〔補注〕先謙曰：百官表符節令屬少府。孝昭元鳳三年正月，泰山萊蕪山南匈匈有數千人聲，民視之，有大石自立，高丈五尺，大四十八圍，入地深八尺，三石為足。石立後有白烏數千下集其旁。是時昌邑有枯社木卧復生，師古曰：社木，社主之樹也。〔補注〕先謙曰：此則昌邑嗣立之應。又上林苑中大柳樹斷枯卧地，亦自立生，有蟲食樹葉成文字，曰「公孫病已立」。孟推春秋之意，以為「石柳皆陰類，下民之象；而泰山者岱宗之嶽，王者易姓告代之處。今大石自立，僵柳復起，師古曰：僵，偃也。偃卧於地，音居羊反。〔補注〕先謙曰：官本無而字，引宋祁云：象字下疑有而字。葉德輝云：德藩本、閩本有而字。非人力所為，此當有從匹夫為天子者。枯社木復生，故廢之家公孫氏當復興者也。」孟意亦不知其所在，即說曰：「先師董仲舒有言，雖有繼體守文之君，不害聖人之受命。漢家堯後，〔補注〕齊召南曰：案以漢為堯後，始見此文。然則弘雖習公羊，亦兼通左氏矣。其後劉向父子申明其義，而新莽亦因以為篡竊之本。葉德輝曰：後書賈逵傳逵具奏曰：又五經家皆無以證圖讖明劉氏為堯後者，而左氏獨有明文。五經家皆言顓頊代黃帝，而堯不得為火德。左氏以為少昊代黃帝，即圖讖所謂帝宣也。如令堯不得為赤，其所發明補益實多。有傳國之運。漢帝宜誰差天下，求索賢人，孟康曰：誰，問也。差，擇也。問擇天下賢人。禪以帝位，師古曰：禪，古禪字也。而退自封百里，如殷周二王後，以承順天命。」〔補注〕葉德輝曰：退封百里如二王後，亦公羊家新周故宋之說。孟使友人內官長賜上此書。師古曰：內官，署名。百官表云內官長丞初屬少府，中屬主爵，後屬宗正。賜者，其長之名。時，昭帝幼，大將軍霍光秉政，惡之，下其書廷尉。奏賜、孟妄設祅言惑衆，大逆不道，皆伏誅。後五年，孝宣帝興於民閒，即位，徵孟子為郎。

夏侯始昌，魯人也。通五經，以齊詩、尚書教授。自董仲舒、韓嬰死後，武帝得始昌，甚重之。始昌明於陰陽，先言柏梁臺災日，至期日果災。〔補注〕蘇輿曰：據五行志在太初元年十一月乙酉，下日字當衍。時昌邑王以少子愛，上為選師，始昌為太傅。年老，以壽終。族子勝亦以儒顯名。〔補注〕錢大昕曰：始昌習尚書，名已見儒林傳，其說災異祗有言柏梁臺災事，附見勝傳可矣，乃以兩夏侯題其篇目，何也？朱一新曰：班以兩夏侯標題，蓋謂勝及建為大小夏侯氏學，故以此題其篇，並未數始昌也。今本提行，皆後人分併，非復班舊，錢議過矣。先謙曰：朱說袒班，然失其敘次列傳徵意。且下文勝上冠以夏侯，建上不冠夏侯，明本書勝傳提行，與始昌別傳，而建係帶敘，不當謂兩夏侯為勝、建也。

夏侯勝〔補注〕宋祁曰：陸德明論語序釋文，夏，戶雅反。勝音升，或式證反，一作升證反。字長公。初，魯共王分魯西寧鄉以封子節侯，師古曰：共讀如恭。恭王名餘，景帝之子也。〔補注〕宋祁云：于字下疑有時字。別屬大河，大河後更名東平，故勝為東平人。〔補注〕錢大昕曰：案魯共王子寧陽侯恬、瑕邱侯政皆謚節侯，此傳所稱節侯蓋寧陽侯也。地理志寧陽屬泰山郡，不屬東平，蓋宣帝建東平為王國，復以寧陽屬它郡。勝少孤，好學，從始昌受尚書及洪範五行傳，說災異。後事蕑卿，師古曰：姓蕑，名卿。蕑音姦。〔補注〕錢大昭曰：蕑卿，勝同郡人，兒寬門人。蕑姓廣韻不收，淮南王有中尉蕑忌，小顏以為从艸不從竹。又從歐陽氏問。為學精孰，所問非一師也。善說禮服。師古曰：禮之喪服也。徵為博士、光祿大夫。會昭帝崩，昌邑王嗣立，數出。師古曰：每出游戲也。勝當乘輿前諫曰：「天久陰而不雨，臣下有謀上者，陛下出欲何之？」師古曰：之，往也。〔補注〕宋祁曰：輿字下疑有車字。王念孫曰：宋說是也。後人以乘輿即是車，故刪去車字，不知此乘輿謂天子也。乘輿車即天子車。蔡邕獨斷曰：乘輿出於律，律曰：敢盜乘輿服御物，謂天子所服食者也。天子至尊，不敢渫瀆言之，故託之於乘輿。百官表奉車都尉掌御乘輿車，周勃傳滕公召乘輿車載少帝出，武五子傳騶奉乘輿車，薛廣德傳當乘輿車免冠頓首儒林傳劒刃鄉乘輿車皆其證矣通鑑漢紀十六無車字則所見漢書本已誤後漢書儒林傳注引此正作乘輿車王怒謂勝爲祅言縛㠯屬吏師古曰屬委也音之欲反吏白大將軍霍光光不舉法是時光與車騎將軍張安世謀欲廢昌邑王光讓安世㠯爲泄語安世實不言補注宋祁曰言字疑作泄乃召問勝勝對言在鴻範傳曰皇之不極厥罰常陰時則下人有伐上者補注沈欽韓曰洪範五行傳鄭注夏侯勝說伐宜爲代此勝語正宜爲代惡察察言師古曰惡謂忌諱也察謂計謀不敢明顯言之也五行志曰不敢察察言也補注先謙曰官本注下謂作爲引宋祁曰注文爲疑作謂案爲謂同字故云臣下有謀補注劉攽曰傳本云下人伐上而勝自以爲不欲分明道之故改云臣下有謀爾光安世大驚㠯此益重經術士後十餘日光卒與安世共白太后師古曰卒終也補注先謙曰官本無共字引宋祁曰白字上疑有共字廢昌邑王尊立宣帝光㠯爲羣臣奏事東宮太后省政師古曰省視也補注先謙曰上官太后也宜知經術白令勝用尚書授太后遷長信少府賜爵關內侯㠯與謀廢立師古曰與讀曰豫定策安宗廟益千戶補注劉奉世曰關內侯無國云何言益周壽昌曰案漢初封關內侯食邑者多申屠嘉傳云孝文元年舉故以二千石從高祖者悉以爲關內侯食邑二十四人而嘉食邑五百戶婁敬傳云迺封敬二千戶爲關內侯是關內侯食邑也何不可益戶乎宣帝初卽位欲襃先帝詔丞相御史曰朕㠯眇身蒙遺德承聖業奉宗廟夙夜惟念師古曰惟思也孝武皇帝躬仁誼厲威武北征匈奴單于遠遁南平氐羌補注劉奉世曰氐羌不在南恐誤昆明甌駱兩越師古曰甌駱皆越號東定薉貉朝鮮張晏曰薉也貉也在遼東之東師古曰薉字與穢同貉音莫客反廓地斥境立郡縣百蠻率服款塞自至珍貢陳於宗廟協音律造樂歌薦上帝封太山立明堂改正朔易服色明開聖緒尊賢顯功興滅繼絕襃周之後補注宋祁曰周之後越本邵本無之備天地之禮廣道術之路上天報況師古曰況賜也符瑞並應寶鼎出白麟獲海效鉅魚師古曰效致也鉅大也神人並見山稱萬歲補注先謙曰事並見武紀又山稱萬歲泰山東萊兩見功德茂盛不能盡宣而廟樂未稱師古曰稱副也補注葉德輝曰荀悅漢紀本始二年夏四月詔有司議孝武廟樂朕甚悼焉其與列侯二千石博士議於是羣臣

大議廷中皆曰宜如詔書長信少府勝獨曰武帝雖有攘四夷廣土斥境之功然多殺士眾竭民財力奢泰亡度天下虛耗師古曰耗減也音呼到反百姓流離物故者過半師古曰物故謂死也補注先謙曰官本無過字引宋祁曰者字下疑有過字蝗蟲大起赤地數千里師古曰言無五穀之苗或人民相食畜積至今未復師古曰畜讀曰蓄亡德澤於民不宜爲立廟樂公卿共難勝曰此詔書也勝曰詔書不可用也人臣之誼宜直言正論非苟阿意順指議已出口雖死不悔於是丞相義御史大夫廣明師古曰蔡義田廣明劾奏勝非議詔書毀先帝不道及丞相長史黃霸阿縱勝不舉劾俱下獄有司遂請尊孝武帝廟爲世宗廟奏盛德文始五行之舞天下世世獻納㠯明盛德武帝巡狩所幸郡國凡四十九皆立廟如高祖太宗焉勝霸既久繫霸欲從勝受經勝辭㠯罪死霸曰朝聞道夕死可矣師古曰論語稱孔子曰朝聞道夕死可矣故霸引之補注先謙曰官本注無稱字勝賢其言遂授之繫再更冬講論不怠師古曰更歷也音工衡反至四年夏關東四十九郡同日地動或山崩壞城郭室屋殺六千餘人上迺素服避正殿遣使者弔問吏民賜死者棺錢下詔曰補注錢大昭曰此詔已見本紀可不復載蓋災異者天地之戒也朕承洪業託士民之上未能和羣生曩者地震北海琅邪壞祖宗廟朕甚懼焉補注宋祁曰曩字疑作迺字其與列侯中二千石博問術士有㠯應變補朕之闕毋有所諱因大赦勝出爲諫大夫給事中霸爲揚州刺史勝爲人質樸守正簡易亡威儀見時謂上爲君師古曰見見於天子誤相字於前師古曰前天子之前也前臣名不當相呼字也上亦㠯是親信之師古曰知其質樸也嘗見出道上語師古曰入見天子而以其言爲外人道之上聞而讓勝師古曰讓責也勝曰陛下所言善臣故揚之堯言布於天下至今見誦臣㠯爲可傳故傳耳朝廷每有大議上知勝素直謂曰先生通正言無懲前事師古曰通謂陳道之也懲創也前事謂坐議廟樂事勝復爲長信少府遷太子太

傳受詔撰尚書論語說師古曰解說其意若今義疏也〔補注〕葉德輝曰藝文志尚書家有大小夏侯章句大小夏侯解故論語家無夏侯說賜黃金百斤年九十卒官賜冢塋葬平陵太后賜錢二百萬爲勝素服五日以報師傅之恩儒者以爲榮始勝每講授常謂諸生曰士病不明經術經術苟明其取青紫如俛拾地芥耳師古曰地芥謂草芥之橫在地上者俛而拾之言其易而必得也青紫卿大夫之服也俛即俯字也〔補注〕王鳴盛曰葉夢得云漢丞相太尉皆金印紫綬御史大夫銀印青綬此三府官之極崇者勝云青紫謂此顏據當時所見誤以爲卿大夫之服漢卿大夫蓋未服青紫也葉說是楊雄傳紆青拕紫注云青紫謂綬之色此注自相歧學經不明不如歸耕勝從父子建字長卿師古曰從父昆弟之子名建字長卿自師事勝及歐陽高左右采獲師古曰言於勝及高兩處采問疑義而得之〔補注〕先謙曰官本注末無之字引宋祁曰注末當有之字又從五經諸儒問與尚書相出入者牽引以次章句具文飾說勝非之曰建所謂章句小儒破碎大道建亦非勝爲學疏略難以應敵建卒自顓門名經師古曰顓與專同專門者自別爲一家之學〔補注〕宋祁曰注顓字下當有音專字爲議郎博士至

太子少傅勝子兼爲左曹太中大夫孫堯至長信少府司農鴻臚〔補注〕錢大昕曰公卿表元帝永光元年成帝元延三年俱有大司農堯相距三十三年恐非一人未審誰是夏侯堯也其爲大鴻臚則表失書曾孫蕃郡守州牧長樂少府〔補注〕先謙曰平帝元始四年更長信名長樂見百官表勝同產弟子賞爲梁內史梁內史子定國爲豫章太守而建子千秋亦爲少府太子少傅〔補注〕先謙曰公卿表無千秋名蓋長信少府

京房字君明東郡頓丘人也〔補注〕蘇輿曰房與夏侯勝復於儒林中著小傳以明學派此班氏刱例之精治易事梁人焦延壽〔補注〕沈欽韓曰潛夫論讚學篇京君明經年不出戶庭銳精其學先謙曰通鑑胡注云洪适隸釋漢中黃門譙敏碑云其先故國師譙贛傳道與京君房以焦爲譙左傳楚師伐陳取焦夷注謂焦今譙縣若是則焦譙可通用後書律麻志房受學小黃令焦延壽六十律相生之法延壽字贛師古曰贛音貢贛貧賤以好學得幸梁王王共其資用師古曰共讀曰恭〔補注〕宋祁曰王字上更有梁字令極意學既成爲郡史察舉補小黃令〔補注〕先謙曰小黃陳留縣今開封府陳留縣東北以候司先知姦邪盜賊不得發師古曰以其常先知姦邪故欲爲盜賊者不敢起發〔補注〕蘇輿曰隋經籍志有京君明推偷盜書一卷知此亦有術京氏即傳師法也又有太一飛鳥雜決捕盜賊法一卷不著撰人亦傳斯術者京定課吏法有盜賊三日不覺准罪之例亦恃其術以難人耳愛養吏民化行縣中舉最當遷師古曰以課最而被舉故欲遷爲他官也三老官屬上書願留贛有詔許增秩留師古曰依許留而增其秩〔補注〕宋祁曰注許字上疑有請字卒於小黃贛常曰得我道以亡身者必京生也其說長於災變分六十四卦更直日用事〔補注〕沈欽韓曰易緯稽覽圖甲子卦氣起中孚六日八十分之七而從四時卦注云六以候也八十分爲一日之七者一卦六日七分也四時卦者謂四正卦離坎震兌四時方伯之卦也[illegible]坎先謙曰官本無四字引宋祁曰別本作六十四卦以風雨寒溫爲候孟康曰分卦直日之法一爻主一日六十四卦爲三百六十日餘四卦震離兌坎爲方伯監司之官所以用震離兌坎者是二至二分用事之日又是四時各專王之氣各卦主時其占法各以其日觀其善惡也師古曰更音工衡反〔補注〕葉德輝曰王充論衡云易京氏布六十四卦於一歲中六日七分一卦用事卦有陰陽氣有升降陽升則溫陰升則寒寒溫隨卦而至又樊毅修華嶽碑云風雨應卦亦本京氏說也先謙曰官本注無音字各有占驗房用之尤精好鍾律知音聲初元四年以孝廉爲郎永光建昭間西羌反日蝕又久青亡光陰霧不精師古曰精謂日光清明也〔補注〕

錢大昭曰古晴字作精說文作姓葉德輝曰天文志天暒而見景星孟康曰暒精明也按晴暒姓一字開元占經日占五引京氏曰日青益蝕惟命是爭誅又引春秋感精符曰日將蝕必先青黃不卒至漸消也房數上疏先言其將然師古曰言且欲有此事近數月遠一歲所言屢中天子說之師古曰說讀曰悅數召見問房對曰古帝王以功舉賢則萬化成瑞應著師古曰萬化萬機之事施教化者也一曰萬物之類也末世以毀譽取人故功業廢而致災異宜令百官各試其功災異可息詔使房作其事房奏考功課吏法晉灼曰令丞尉治一縣崇教化亡犯法者輒遷有盜賊滿三日不覺者則尉事也令覺之自除二尉負其二率相准如此法〔補注〕先謙曰官本注率上二作皋是上令公卿朝臣與房會議溫室師古曰溫室殿名也皆以房言煩碎〔補注〕錢大昭曰煩碎猶瑣小也亦見黃霸薛宣王莽傳令上下相司〔補注〕蘇輿曰司與伺同不可許上意鄉之師古曰鄉讀曰嚮時部刺史奏事京師〔補注〕先謙曰胡注刺史各部一州故曰部刺史上召見諸刺史令房曉以課事刺史復以爲不可行唯御史大夫鄭弘光祿大夫周堪初言不可後善之是時中書令石顯顓權師古曰顓與專同顯

友人五鹿充宗爲尚書令與房同經論議相非（補注蘇輿曰充宗爲梁丘易同經異師又乘貴口辯務欲陵抗諸家匪獨師說異也）二人用事房嘗宴見（師古曰以間宴時而入見天子）問上曰幽厲之君何以危所任者何人也上曰君不明而所任者巧佞房曰知其巧佞而用之邪將以爲賢也上曰賢之房曰然則今何以知其不賢也上曰以其時亂而君危知之房曰若是任賢必治任不肖必亂必然之道也幽厲何不覺寤而更求賢曷爲卒任不肖以至於是（師古曰卒終也）上曰臨亂之君各賢其臣令皆覺寤天下安得危亡之君房曰齊桓公秦二世亦嘗聞此君而非笑之（補注王念孫曰此君本作此二君二君謂幽厲也今本脫二字則文義不明治要無二字亦後人依誤本漢書刪之通鑑御覽治道部四引此有二字漢紀同）然則任豎刁趙高政治日亂盜賊滿山何不以幽厲卜之而覺寤乎上曰唯有道者能以往知來耳（補注宋祁曰江南本云能以性智求耳徐鍇改往知來非是王念孫曰以往知來正對上文以幽厲卜之而言江南本作性智求者智與知同古書知字多作智說見管子法法篇往性來求則字形相似而誤耳世說新語規箴篇注及治要御覽引此竝作以往知來漢紀亦然則楚金之改不誤）房因免冠頓首曰

春秋紀二百四十二年災異以視萬世之君（師古曰視讀曰示）令陛下即位已來日月失明星辰逆行山崩泉涌地震石隕夏霜冬靁（師古曰靁古雷字）春凋秋榮隕霜不殺水旱螟蟲民人飢疫盜賊不禁刑人滿市春秋所記災異盡備（師古曰言皆備有之）陛下視今爲治邪亂邪上曰亦極亂耳尚何道房曰今所任用者誰與（師古曰與讀曰歟補注齊召南曰案通鑑考異云故資政殿學士邵亢得兩浙錢王寫本漢書無亂邪二字有上曰亦極亂爾尚何道房曰今十二字據此則古本無亂邪二字王念孫曰案景祐本作陛下視今爲治邪亂邪所任用者誰與無上曰以下至房曰今十二字是也下文上曰然幸其瘉於彼又以爲不在此人也云云幸其瘉於彼是對上文治邪亂邪而言云不在此人是對上文所任用者誰而言故師古曰言今之災異及政道猶幸勝於往日又不由所任之人也若如今本云亦極亂耳尚何道則與下文瘉於彼之語相左然則上曰以下十二字皆後人所加明矣世說新語注治要皆無此十二字漢紀亦無）上曰然幸其瘉於彼又以爲不在此人也（師古曰瘉與愈同愈猶勝也言今之災異及政道猶幸勝於往日又不由所任之人補注錢大昕曰帝意謂我所用者幸其愈於豎刁趙高之輩且災異之來不在此人顏注疑誤朱一新曰說文無愈字古祇用瘉爲之先謙曰錢說係依今本釋之故以顏注爲誤）房曰夫前世之君亦皆然矣臣恐後之視今猶今之視前也上良久迺曰今爲亂者誰哉房曰明主宜自知之上曰不知也如知之何故用之（師古曰如若也補注先謙曰官本如知下無之字）房曰上最所信任與圖事帷幄之中進退天下之士者是矣（師古曰圖謀也）房指謂石顯上亦知之謂房曰已諭（師古曰言已曉此意）房罷出後上令房上弟子曉知考功課吏事者（補注周壽昌曰令房上其弟子名籍也）欲試用之房上中郎任良姚平願以爲刺史試考功法臣得通籍殿中爲奏事以防雍塞（師古曰雍讀曰壅）石顯五鹿充宗皆疾房欲遠之（師古曰出之令遠去）建言宜試以房爲郡守（師古曰立議云然也）元帝於是以房爲魏郡太守秩八百石（補注周壽昌曰漢制郡太守秩二千石增秩者中二千石元帝建元二年益三河大郡太守秩魏固大郡也而其秩八百石者考黃霸傳霸守京兆尹以乏軍興等罪連貶秩以八百石爲潁川太守房爲郡本六百石出試爲守未郎眞特爲增損其秩如宣帝時之制又成帝時除吏八百石就六百石此在

元帝時尚存八百石秩也）居得以考功法治郡房自請願無屬刺史得除用它郡人自第吏千石已下（如淳曰令長屬縣自課第殿最）歲竟乘傳奏事（師古曰傳音張戀反其下亦同補注先謙曰通鑑胡注歲竟歲終也）天子許焉房自知數以論議爲大臣所非內與石顯五鹿充宗有隙不欲遠離左右及爲太守憂懼房以建昭二年二月朔拜上封事（補注錢大昕曰二月當作三月以三統術推是年正月甲午朔二月甲子朔房封事所稱辛酉者正月二十八日也己卯庚辰辛巳則二月之十六十七十八日也張晏注以辛巳蒙乘卦爲晉卦解卦太陽侵色爲大壯夬卦氣圖晉解大壯皆二月卦則房上封事必在二月後矣）曰辛酉以來蒙氣衰去太陽精明臣獨欣然以爲陛下有所定也然少陰倍力而乘消息（孟康曰房以消息卦爲辟辟君也息卦曰太陰消卦曰太陽其餘卦曰少陰少陽謂臣下也并力雜卦氣干消息也補注宋祁曰注文當作息卦曰太陽消卦曰太陰沈欽韓曰稽覽圖注太陰謂消也從否卦至臨爲太陰雜卦九三爲少陽之效雜卦九三行於太陰之中效微溫一辰其餘皆當隨太陰爲寒其陰效也太陽謂息也從泰卦至遯爲太陽雜卦六三案此下似脫少陰之效數字行於太陽之中效微寒一辰其餘皆當隨太陽爲溫效盡六日七分也孟注消息字互倒葉德輝曰說卦傳數往者順知來者逆虞翻注坤消從午至亥上下故順也

乾息從子至巳下上故逆也又九家注泰卦曰陽息而升陰消而降陽稱息者起復終巽陰言消者起姤終乾據此則息爲陽消爲陰合之則爲辟鄭氏注乾鑿度曰辟天子也郎本京氏之學臣疑陛下雖行此道猶不得如意臣竊悼懼守陽平侯鳳欲見未得〔補注〕先謙曰守王鳳欲因以自見而未能至己卯臣拜爲太守此言上雖明下猶勝之效也師古曰言權臣蔽主之明故己出爲郡守也臣出之後恐必爲用事所蔽身死而功不成故願歲盡乘傳奏事蒙哀見許〔補注〕先謙曰通鑑胡注言蒙帝憐哀而許之迺辛巳蒙氣復乘卦太陽侵色張晏曰晉卦解卦也太陽侵色謂大壯也〔補注〕劉攽曰蒙氣起而太陽侵色則太陽指日也大壯解卦可云太陽而非所侵色也錢大昕曰以三統術推是年二月二十四日丁亥春分其前六日辛巳正當晉卦用事之始而蒙氣乘之春分後解卦用事又六日七分而大壯乃用事則三月癸巳朔也大壯消息卦晉解皆雜卦又日下文云太陽色日月相薄則非大壯卦劉氏所正是也此上大夫覆陽而上意疑也師古曰覆掩蔽也〔補注〕沈欽韓曰乾鑿度初爲元士二爲大夫三爲公四爲諸侯五爲天子上爲宗廟郎顗傳易中孚傳曰陽感天不旋日鄭注陽者天子也此云覆陽是以二乘五大夫蒙蔽天子之象上疑當作二稽覽圖注邪臣謀覆冒其君先霧從夜昏起或從夜半或從平旦君不覺悟日中不解遂成蒙君復不覺悟下爲霧也己卯庚

辰之間必有欲隔絕臣令不得乘傳奏事者房未發上令陽平侯鳳承制詔房止無乘傳奏事〔補注〕王念孫曰通鑑同案房止當依漢紀作止房今二字倒轉則文義不順房意愈恐去至新豐因郵上封事師古曰郵行書者也若今傳送文書矣郵音尤曰臣㠯六月中言遯卦不效〔補注〕葉德輝曰德藩本監本閩本臣下有前字先謙曰官本有前字法曰道人始去寒涌水爲災師古曰道人有道術之人也天氣寒而又有水涌出也〔補注〕葉德輝曰易緯稽覽圖曰有實無貌諂道人也有貌無實佞人也鄭注云有寒溫無貌濁清靜此賢者諂仕于不肖君也有貌濁清靜無寒溫此佞人以便巧仕于世也又郎顗上便宜七事引易傳曰有貌無實佞人也有實無貌道人也寒溫爲實清濁爲貌郎引易傳亦即易緯也先謙曰胡注法者房占候之法著之於書者也至其七月涌水出臣弟子姚平謂臣曰房可謂知道未可謂信道也房言災異未嘗不中今涌水已出道人當逐死尚復何言臣曰陛下至仁於臣尤厚雖言而死臣猶言也師古曰自云不避死也平又曰房可謂小忠未可謂大忠也〔補注〕先謙曰胡注小忠謂以諫殺身而無益於國大忠謂諫行言聽而身與國同休也昔秦時趙高用事有正先者非刺高而死

孟康曰姓正名先秦博士也高威自此成故秦之亂正先趣之師古曰趣讀曰促今臣得出守郡自詭效功師古曰詭責也〔補注〕先謙曰官本下有自以爲憂責也六字恐未效而死惟陛下毋使臣塞涌水之異師古曰塞亦當也當正先之死爲姚平所笑房至陝復上封事師古曰陝弘農之縣也音式冉反曰乃丙戌小雨丁亥蒙氣去〔補注〕錢大昕曰丙戌四月二十四日其明日丁亥直小滿小畜卦用事亦雜卦也然少陰并力而乘消息戊子益甚到五十分蒙氣復起孟康曰分一日爲八十分分起夜半是爲戊子之日日在已西而蒙也蒙常以晨夜今向中而蒙起是臣黨盛君不勝也此陛下欲正消息雜卦之黨并力而爭消息之氣不勝彊弱安危之機不可不察己丑夜有還風盡辛卯孟康曰諸卦氣以寒溫不效後九十一日爲還風還風暴風也風爲教令言正令還也〔補注〕錢大昕曰己丑四月二十七日辛卯二十九日葉德輝曰易緯稽覽圖云還風者善令還也鄭注還暴也君出善令君弱臣強還而不行陽氣逆積不以時降後得同類并下故暴也故曰令還也太陽復侵色至癸巳日月相薄孟康曰京房傳曰雖非日月同宿之時陰道盛猶上薄日光如此但日無光不食也〔補注〕錢大昕曰癸巳五月二日正當乾卦用事之始而有相薄之異故云邪陰同力而太

陽爲之疑也此邪陰同力而太陽爲之疑也臣前白九年不改必有星亡之異張晏曰九陽數之極也孟康曰晝食爲既夜食爲盡而星亡爲星不見也〔補注〕葉德輝曰易緯稽覽圖云晝則爲蝕既暮則爲星亡之蝕鄭注晝不蝕既暮不星亡不能成災爲異而已矣臣願出任良試考功臣得居內星亡之異可去議者知如此於身不利臣不可蔽〔補注〕先謙曰議者謂顯等房居內不可隔蔽則於顯等不利故云使弟子不若試師〔補注〕先謙曰弟子謂良師房自謂臣爲刺史又當奏事故復云爲刺史恐太守不與同心不若㠯爲太守此其所㠯隔絕臣也陛下不違其言而遂聽之此迺蒙氣所㠯不解太陽亡色者也臣去朝稍遠太陽侵色益甚唯陛下毋難還臣而易逆天意師古曰易輕也音弋豉反邪說雖安于人天氣必變〔補注〕先謙曰胡注言人君雖安其邪說而不之覺天氣必爲之變而失其常故人可欺天不可欺也願陛下察焉房去月餘竟徵下獄初淮陽憲王舅張博從房受學㠯女妻房房與相親每朝見輒爲博道其語師古曰所與天子言皆具說之㠯爲上意欲用房議

而羣臣惡其害己故爲衆所排博曰淮陽王上親弟敏達好政欲爲國忠師古曰爲音于僞反今欲令王上書求入朝得佐助房房曰得無不可師古曰恐不可也博曰前楚王朝薦士何爲不可房曰中書令石顯尙書令五鹿君相與合同巧佞之人也事縣官十餘年及丞相韋侯皆久亡補於民可謂亡功矣師古曰韋玄成也此尤不欲行考功者也淮陽王即朝見勸上行考功事善〔補注蘇輿曰即猶若也詳張敞傳不然但言丞相中書令任事久而不治可休丞相以御史大夫鄭弘代之遷中書令置他官以鉤盾令徐立代之〔補注先謙曰百官表鉤盾令屬少府續志典諸近池苑囿游觀之處如此房考功事得施行矣博具從房記諸所說災異事因令房爲淮陽王作求朝奏草〔補注葉德輝曰德藩本閩本囙作因先謙曰官本囙作因皆持東與淮陽王〔補注宋祁曰與疑作予下文同先謙曰胡注淮陽國在關東石顯微司具知之以房親近未敢言及房出守郡顯告房與張博通謀非謗政治歸惡天子詿誤

諸侯王語在憲王傳初房見道幽厲事出爲御史大夫鄭弘言之房博皆棄市弘坐免爲庶人〔補注先謙曰通鑑考異云元紀及荀紀房死皆在建昭元年末案本傳二月末上封事去月餘徵下獄百官表八月癸亥匡衡代鄭弘爲御史大夫房死必不在歲末也紀不知月日故繫之歲末耳房本姓李推律自定爲京氏〔補注沈欽韓曰白虎通姓名篇古者聖人吹律定姓以紀其族人含五常而生正聲有五轉而相雜五五二十五轉生四時異氣殊音故姓有百也御覽三百六十二引易是類謀曰黃帝吹律以定姓周語司商協民姓韋昭云司商掌賜族受姓之官商金聲清謂人姓吹律合定其姓名也葉德輝曰合璧事類外集引古今姓纂云李姓徵音京姓角音蓋徵角微有淸濁之別故吹律重定之死時年四十一〔補注周壽昌曰御覽五引謝承後漢書曰吳郡周徵師事京房房爲石顯所譖繫獄謂徵曰吾死後四十日客星必入天市即吾無辜之驗也房死後果如房言案五行志元帝初平元年二年俱有客星見此在建昭以後末書客星豈志失載抑謝承書未可信邪

翼奉字少君東海下邳人也治齊詩與蕭望之匡衡同師〔補注齊召南曰案儒林傳其師東海后蒼也三人經術皆明衡爲後進望之施之政事而奉惇學不仕好律歷陰陽之占元帝初即位諸儒薦之徵待詔宦者署〔補注先謙曰百官表少府屬有宦者令丞數言事宴見天子敬焉時平昌侯王臨以宣布外屬侍中〔補注錢大昭曰臨宣帝舅王無故孫也布乃帝字之譌葉德輝曰德藩本閩本作帝先謙曰官本作帝稱詔欲從奉學其術奉不肯與言而上封事曰臣聞之於師〔補注葉德輝曰奉師后蒼藝文志詩家有齊后氏故后氏傳則此下師說皆后蒼詩說也治道要務在知下之邪正人誠鄉正雖愚爲用師古曰鄉讀曰嚮若迺懷邪知益爲害〔補注宋祁曰知當讀作去聲知下之術在於六情十二律而已〔補注沈欽韓曰白虎通情性篇情所以六者何人本含六律五行之氣而生故內有五藏六府此情性之所由出入也北方之情好也好行貪狼申子主之孟康曰北方水水生於申盛於子水性觸地而行觸物而潤多所好好故多好好則貪而無厭故爲貪狼也〔補注宋祁曰注文故多好字多字可刪可添四字云多所好故爲好多所好則貪而無厭故爲貪狼沈欽韓曰白虎通好在北方北方陽氣始施故好東方之情怒也怒行陰賊亥卯主之孟康曰東方木木生於亥盛於卯木性受水氣而生貫地而出故爲怒以陰氣賊害土故爲陰賊也〔補注沈欽韓曰白虎通怒在東方東方萬物之生故怒貪狼必待陰賊而後動陰賊必待貪狼而後用二陰並行是以王者忌子卯也禮經

避之春秋諱焉李奇曰北方陰也卯又陰賊故爲二陰王者忌之不舉樂春秋禮記說皆同賈氏說桀以乙卯亡紂以甲子喪惡以爲戒張晏曰子刑卯卯刑子相刑之日故以爲忌而云夏以乙卯亡殷以甲子亡不推湯武以興此說非也師古曰儒者以爲子卯夏殷亡日大失之矣何儒亮以爲學者雖駁云只取夏殷亡日不論殷周之興以爲大失不博考其義且天人之際其理相符有德者昌無德者亡以桀紂之暴虐又遇惡日其理必亡以湯武之德固先天而天不違所謂德能消殃矣豈殃能消德也〔補注劉攽曰王者忌子卯陰陽家言子卯相刑午酉自刑若相刑可忌自刑不可忌邪言夏殷亡日是也此聖人戒後世使自儆爾故當其日稷食菜羹爲戒也非以其日凶也何說湯武興及德勝殃乎今桀以丙辰滅紂以乙丑亡亦用二辰丑爲疾日爾何焯曰忌子卯吉午酉相對而言翼氏專主二陰二陽與賈氏所云夏殷興亡異義葉德輝曰禮玉藻子卯稷食菜羹鄭注忌日貶也鄭說又互見檀弓子卯不樂喪禮朝夕哭不辟子卯下春秋左氏昭公九年傳辰在子卯謂之疾日君徹宴樂學人舍業爲疾故也公羊莊二十二年傳肆大眚何注謂子卯日也夏以卯日亡殷以子日亡先王常以此日省吉事不忍舉云云忌子卯爲疾日公羊無明文此何暗襲左氏禮記疏引鄭衆注曰五行子卯自刑釋文引賈逵注曰桀以乙卯日死紂以甲子日亡故以爲戒按逵注即李引賈說也當以子卯相刑之說爲長子卯有亡午酉固無興也張顏說皆非南方之情惡也惡行廉貞寅午主之孟康曰南方火火生於寅盛於午火性炎猛無所加受故爲惡其氣精專嚴整故爲廉貞〔補注沈欽韓曰白虎通惡在南方南方陰氣始起故惡先謙曰官本注加作容是西方之情喜也喜行

寬大㠯酉主之孟康曰西方金金生於巳盛於酉金之爲物喜以利刃加於萬物故爲喜利刃所加無不寬大故曰寬大也〔補注〕沈欽韓曰白虎通喜在西方西方萬物之成故喜案此與董仲舒說喜春之答也怒秋之答也樂夏之答也哀冬之答也又不同二陽並行是㠯王者吉午酉也〔補注〕錢大昭曰穆天子傳云天子命吉日戊午又云吉日辛酉天子升於昆侖之丘與翼奉吉午酉之說合詩曰吉日庚午師古曰小雅吉日之詩也其詩曰吉日庚午既差我馬言以庚午之吉日簡擇車馬以出田也上方之情樂也樂行姦邪辰未主之孟康曰上方謂北與東也陽氣所萌生故爲上辰窮水也未窮木也翼氏風角曰木落歸本水流歸末故木利在亥水利在辰盛衰各得其所故樂也水窮則無隙不入木上出窮則旁行故爲姦邪〔補注〕錢大昕曰注利當作刑木刑於亥水刑於辰火刑於午金刑於酉五行家所謂自刑也亥爲木之生方故云本辰爲水之生方故云末葉德輝曰孟注木利在亥水利在辰當云木刑在亥水刑在辰蕭吉五行大義引翼氏說正如此據風角木落歸本亥卯未木之本位是歸本也木亥水辰皆自刑下方之情哀也哀行公正戌丑主之孟康曰下方謂南與西也陰氣所萌生故爲下戌窮火也丑窮金也翼氏風角曰金剛火彊各歸其鄉故火刑於午金刑於酉酉午金火之盛也盛時而受刑至窮無所歸故曰哀也火性無所私金性方剛故曰公正辰未屬陰戌丑屬陽萬物各㠯其類應今陛下明聖虛靜㠯待物至萬事雖眾何聞而不諭師古曰諭謂曉解之豈況乎執十二律而御六情〔補注〕先謙曰豈況況也於㠯知下參實亦甚優矣萬不失一自然之道也迺正月癸未日加申有暴風從西南來未主姦邪申主貪狼風㠯大陰下抵建前是人主左右邪臣之氣也張晏曰初元二年歲在甲戌正月二十二日癸未也太陰在太歲後孟康曰時太陰在未月建在寅風從未下至寅南也建爲主氣太陰臣氣也加主氣是人主左右邪臣驗也晉灼曰癸未日風未辰也時加申張說是也〔補注〕吳仁傑曰揚雄傳招搖與太陰兮張晏曰太陰歲後二辰也案奉初元二年奏封事云今年太陰建於甲戌案是年甲戌歲也四年上疏云如因丙子孟夏順太陰以東行案是年丙子歲也以奉言推之太陰卽太歲其說出淮南書孟康乃云太陰在甲戌則太歲在子張晏亦曰丙子太陰在甲戌是誤以太歲之外別有太陰且并二年所上疏爲四年事也漢紀又誤以四年所上疏并列於二年王引之曰此太陰謂太歲也下文大陰建於甲戌指太歲言之則此亦當然奉上封事在初元元年元年太歲在癸酉酉在西方未與申皆在西南風從西南來則在未申之交而當酉下故曰太陰下也孟康誤以歲後二辰之太陰說之以爲是年太歲在酉則太陰後二辰而在未若然則未卽在西南風從西南來正當太陰不得謂之太陰下矣張晏又誤以元年事爲二年事其意蓋謂太歲在戌則太陰後二辰而在申欲以牽合正文之日加申而竟忘奉上封事之在元年癸酉其失不

已甚乎太歲亦名太陰與歲後二辰之太陰迥異說見下平昌侯比三來見臣皆㠯正辰加邪時辰爲客時爲主人㠯律知人情王者之祕道也張晏曰平昌侯欲依上來學爲時邪也風日加申申知祕道也孟康曰謂乙丑之日也丑爲正日加未而來爲邪時晉灼曰奉以未爲邪時占知平昌侯爲邪人此當言皆以邪辰加邪時字誤作正耳下言大邪之見辰時俱邪是也翼氏曰五行動爲五音四刑散爲十二律也愚臣誠不敢㠯語邪人上㠯奉爲中郎召問奉來者㠯善日邪時孰與邪日善時〔補注〕先謙曰與猶如也奉對曰師法用辰不用日孟康曰假令甲子日子爲辰甲爲日用子不用甲也辰爲客時爲主人見於明主侍者爲主人張晏曰禮君燕見臣則使臣爲主人故侍者爲主人辰正時邪見者正侍者邪辰邪時正見者邪侍者正忠正之見侍者雖邪辰時俱正孟康曰大正厭小邪也凡辰時屬南與西爲正北與東爲邪晉灼曰以上占推之南方巳午西方酉戌東北寅丑爲正西南申未北方亥子東方辰卯爲邪大邪之見侍者雖正辰時俱邪孟康曰大邪厭小正也卽㠯自知侍者之邪而時邪辰正見者反邪孟康曰凡占以見者爲本今自知侍者邪而時復邪則邪無所施故屬見者晉灼曰上言忠正客見侍者雖邪辰時俱正然則小邪屬主人矣何以知之見者以大正來反我小邪故也卽㠯自知侍者之正而時正辰邪見者反正孟康曰已自知侍者正而時復正則正無所施辰雖邪而見者更正也晉灼曰上言大邪客見侍者雖正辰時俱邪然則小正屬主人矣以此法占之卽以自知主人之正而時正辰邪矣何以知之見者以大邪來反我小正故也辰爲常事時爲一行孟康曰假令甲子日則一日一夜爲子時十二時也日加之行過也辰疏而時精其效同功必參五觀之〔補注〕先謙曰參五與參伍同本書伍多作五然後可知故曰察其所繇師古曰繇與由同省其進退參之六合五行則可㠯見人性知人情難用外察從中甚明故詩之爲學情性而已五性不相害六情更興廢師古曰更音工衡反〔補注〕宋祁曰興疑作與字觀性㠯歷張晏曰性謂五行也歷謂日也晉灼曰翼氏五性肝性靜靜行仁甲己主之心性躁躁行禮丙辛主之脾性力力行信戊癸主之肺性堅堅行義乙庚主之腎性智智行敬丁壬主之也〔補注〕沈欽韓曰白虎通五藏肝仁肺義心禮腎智脾信也其以日配之素問天元諸論詳之矣葉德輝曰禮中庸鄭注木神則仁金神則義火神則禮水神則信土神則智蕭吉五行大義云詩緯同白虎通二引春秋元命苞云肝者木之精心者火之精脾者土之精肺者金之精腎者水之精與鄭氏禮注及詩緯說異按易乾鑿度云北方陰氣形盛陽氣含閉信之類也故北方爲信中央所以繩四方行

也智之決也故中央爲智蓋緯書傳授不同觀之以歷則十幹相合不可強配矣先謙曰官本注戊上性作信是觀情以律張晏曰情謂六情廉貞寬大公正姦邪陰賊貪狠也律十二律也〔補注〕葉德輝曰初學記引樂緯云六律黃鍾十一月太蔟正月姑洗三月蕤賓五月夷則七月無射九月六呂大呂十二月夾鍾二月仲呂四月林鍾六月南呂八月應鍾十月陽爲律陰爲呂總謂之十二月律按十二律即十二支上云某方之情某支主之是也先謙曰官本注無六情二字明主所宜獨用難與二人共也故曰顯諸仁臧諸用師古曰易上繫之辭也道周萬物故曰顯諸仁日用不知故曰藏諸用也露之則不神獨行則自然矣唯奉能用之學者莫能行是歲關東大水郡國十一飢疫尤甚上迺下詔江海陂湖園池屬少府者以假貧民勿租稅損太官膳減樂府員省苑圉〔補注〕王念孫曰景祐本苑圉作苑馬案景祐本是也元紀云初元元年六月令大官損膳減樂府員省苑馬是其證諸宮館稀御幸者勿繕治太僕少府減食穀馬水衡省食肉獸明年二月戊午地震其夏齊地人相食七月己酉地復震〔補注〕錢大昕曰以三統術推初元二年七月己未朔無己酉日恐是乙酉之誤先謙曰通鑑漢紀皆作己酉劉向傳云冬地復震上曰蓋聞賢聖在位陰陽和風

雨時日月光星辰靜黎庶康寧考終厥命今朕共承天地託于公侯之上明不能燭德不能綏災異並臻連年不息乃二月戊午地大震于隴西郡毀落太上廟殿壁木飾〔補注〕先謙曰此及元紀皆作太上皇廟然隴西郡非諸侯王國都而有太上皇廟與高紀韋元成傳不合所當闕疑壞敗豲道縣師古曰豲音完〔補注〕劉奉世曰有蠻夷曰道稱道則不稱縣也此縣字衍陽夏公曰案地理志豲道乃天水部十六縣之一表云列侯所食縣曰國皇太后公主所食曰邑有蠻夷曰道然則道國邑皆可謂之縣先謙曰官本完作桓城郭官寺及民室屋〔補注〕先謙曰壞至此十三字爲句顏誤讀厭殺人眾山崩地裂水泉涌出一年地再動天惟降災震驚朕躬〔補注〕先謙曰元紀作朕師是也不當專言朕躬蓋字誤治有大虧咎至於此夙夜兢兢不通大變深懷鬱悼未知其序比年不登元元困乏不勝飢寒以陷刑辟朕甚閔焉憯怛於心師古曰憯音千感反〔補注〕先謙曰元紀憯作慘字同已詔吏虛倉廩開府臧振捄貧民師古曰捄古救字羣司其茂思天地之戒師古曰茂勉也有可蠲除減省以便萬姓者各條奏悉意陳朕過失靡有所諱師古

曰悉盡也因赦天下舉直言極諫之士〔補注〕錢大昕曰元紀初元二年三月詔書舉茂材異等直言極諫之士文與此略同其七月又有詔書卻無舉直言極諫事此傳誤合兩詔爲一因添一年地再動之語先謙曰錢說合兩詔爲一是也一年中地再動乃後詔語非班所增奉奏封事曰臣聞之於師曰天地設位懸日月布星辰分陰陽定四時列五行以視聖人名之曰道師古曰視讀曰示下亦類此〔補注〕先謙曰官本無亦字聖人見道然後知王治之象故畫州土建君臣立律歷陳成敗以視賢者名之曰經賢者見經然後知人道之務則詩書易春秋禮樂是也易有陰陽詩有五際應劭曰君臣父子兄弟夫婦朋友也孟康曰詩內傳曰五際卯酉午戌亥也陰陽終始際會之歲於此則有變改之政也〔補注〕齊召南曰案孔穎達詩疏云鄭元六藝論引春秋緯孔演圖曰詩含五際六情春秋有災異皆列終始推得失考天心以言王道之安危〔補注〕葉德輝曰列終始謂列其事之終始推得失謂推其事之得失五行志言春秋某災應某事皆是則又左氏家說也奉諸奏言春秋或主左傳以其師后蒼傳左氏學故也至秦迺不說傷之以法師古曰說音悅言不悅詩書而以文法傷文學之人也是以大道不通至於滅亡今陛下明聖深懷

要道燭臨萬方師古曰燭照也布德流惠靡有闕遺罷省不急之用振救困貧賦醫藥賜棺錢師古曰賦謂分給之恩澤甚厚又舉直言求過失盛德純備天下幸甚臣奉竊學齊詩聞五際之要十月之交篇師古曰小雅篇名也〔補注〕沈欽韓曰郎顗傳詩氾歷樞曰卯酉爲革政午亥爲革命神在天門出入候聽宋均曰天門戌亥之閒周禮保章氏疏引[illegible]虞云乾度天門麓歲星也大門在戌案乾坤鑿度云乾爲天門乾位亥北方也注又引氾歷樞曰凡推其數皆從亥之仲起此天地所定位陰陽氣周而復始萬物死而復蘇大統之始詩正義引氾歷樞曰卯天保也酉祈父也午采芑也亥大明也然則亥爲革命一際也辰又爲天門出入候聽二際也卯爲陰陽交際三際也午爲陽謝陰興四際也酉爲陰盛陽微五際也案翼奉所陳五際連十月之交言之蓋據卯爲陰陽交際也鄭箋云八月朔日日月交會而日食陰侵陽臣侵君之象日辰之義日爲君辰爲臣辛金也卯木也又以卯侵辛故甚惡之正義引推度災曰辛者正秋之王氣卯者正春之臣位日爲君辰爲臣八月之日交卯食辛辛之爲君幼弱而不明卯之爲臣秉權而爲政故辛之言新陰氣盛而陽微生其君幼弱而任卯臣也爲鄭所據釋此詩爲周之十月與翼奉言卯行陰驗正合蘇輿曰初元二年歲在甲戌後人因據此以十月之交篇爲戌際其詩云日有食之又曰百川沸騰山冢崒崩故下云知日蝕地震之效知日蝕地震之效昭然可明猶巢居知風穴處知雨師古曰巢居鳥鵲之屬也穴處狐狸之類也〔補注〕沈欽韓曰爰居知風見魯語詩傳將陰雨則穴處先知之矣亦不足多適所習耳〔補注〕蘇輿曰言術易知不足爲重但偶習此易耳臣聞人氣內逆則感動天地天

變見於星氣日蝕地變見於奇物震動所以然者陽用其精陰用其形猶人之有五藏六體五藏象天六體象地故藏病則氣色發於面體病則欠申動於貌補注先謙曰荀紀作伸屈見於形今年太陰建於甲戌補注錢大昕曰古法太陰與太歲不同奉上封事在初元二年以今法推之太歲正在甲戌蓋以太歲爲太陰實自奉始矣漢初言太歲者皆用超辰之法故太初之元歲在丙子依此下推初元二年歲當在癸酉而云甲戌者以三統歲術計之太初元年歲星在婺女六度已是星紀之末則太歲亦在丙子之末太歲與歲星每年多行一分至太始二年歲星已度壽星而入大火太歲亦超乙酉而在丙戌矣故算至初元二年太歲得在甲戌也王引之曰錢以太初元年歲在丙子下推初元二年當在癸酉故以甲戌爲超辰不知太初以前皆以十月爲歲首而終於九月自太初元年五月改厤二年以後遂以正月爲歲首故元年九月以後獨多亥子丑三月凡十五月前三月爲丙子年之冬歲星以建子之月與日同次於丑宮星紀故太歲應之而在子後十二月爲丁丑年之春夏秋冬歲星以建丑之月與日同次於子宮元枵故太歲應之而在丑蔡邕厤議所謂太初元用丁丑也由丁丑下推五十七年而至初元二年太歲實在甲戌何待超辰而後爲甲戌乎太歲超辰之法始於劉歆三統厤而前此無之不得云漢初言太歲者皆用超辰之法超辰之期必待百四十四年自太初元年距初元二年才五十七年未及超辰之期亦不得以爲太歲超辰且太陰爲太

歲之一名太歲建辰有二法或應歲星與日隔次而晨見之月或應歲星與日同次之月而皆謂之太歲亦皆謂之太陰又不得分太陰太歲爲二也律以庚寅初用事歷以甲午從春孟康曰太陰在甲戌則大歲在子十一月庚寅日黃鍾律初起用事也補注吳仁傑曰案奉先上封事論暴風實初元元年歲在癸酉次年封事論地震實初元二年孟康又以後一事爲初元四年疊此二誤顏注不一參考何耶錢大昕曰案推律自歲前十一月始依三統術推得初元二年天正癸亥朔十卯一初月元也元年冬至與朔同日庚寅則月之二十八日也冬至日黃鍾律始用事孟康云庚寅日黃鍾律初起用事其法未詳也又以三統術推是年二月四日甲午春分故云歷以甲午從春又注案太陰在戌太歲當在申孟說非也王引之曰此孟誤以歲後之太陰當之也太陰有二一爲主歲之太陰即太歲之別名淮南天文篇所言太陰在寅之屬是也一爲歲後二辰之太陰張晏注揚雄傳曰太陰歲後二辰今陰陽家所謂歲后也太初元年歲在丁丑五十七年而至初元二年太歲在甲戌矣太歲一名太陰故曰今年太陰建於甲戌其爲主歲之太陰甚明若以爲歲後二辰之太陰則太歲在戌太陰當在申不得言太陰建於甲戌矣且是年太歲在戌而以爲在子可乎孟說失之錢氏謂太陰在戌太歲當在申其說亦誤太陰建於甲戌即指太歲言之又豈有在申之太歲乎歷中甲庚律得參陽性中仁義情得公正貞廉張晏曰甲庚皆三陽甲在東方爲仁庚在西方爲義戌爲公正寅午爲廉貞晉灼曰木數三寅在東方木位之始故曰參陽也師古曰中音竹仲反百年之

精歲也正以精歲本首王位張晏曰春也日臨中時接律而地大震其後連月久陰雖有大令猶不能復師古曰大令謂虛倉廩開府庫之屬也復補也音扶目反陰氣盛矣古者朝廷必有同姓以明親親必有異姓以明賢賢此聖王之所以大通天下也同姓親而易進異姓疏而難通故同姓一異姓五迺爲平均今左右亡同姓獨以舅后之家爲親異姓之臣又疏補注吳仁傑曰何武傳不宜令異姓大臣持權師古注異姓謂非宗室及外戚仁傑按朝事篇土揖庶姓時揖異姓天揖同姓同姓謂宗族異姓謂婚姻甥舅庶姓則非宗族非婚姻甥舅者也翼奉乃以外戚爲非異姓顏注之誤本此沈欽韓曰鄭君云異姓婚姻也案五者姑姊妹女子子之家及母妻之黨禮之內宗外宗皆是奉意以異姓五當同姓一錯雜用之無偏重之患故下云獨以舅后之家爲親是單有母親之黨也吳以師古注何武傳之謬而輒譏翼奉此語非也二后之黨滿朝非特處位埶尤奢僭過度呂霍上官足以卜之甚非愛人之道又非後嗣之長策也陰氣之盛不亦宜乎臣又聞未央建章甘泉宮才人各以百數皆不得天性師古曰言絕男女之好也若杜陵園其已御見者臣

子不敢有言雖然太皇太后之事也及諸侯王園與其後宮宜爲設員出其過制者補注何焯曰貢禹以前奉先言之欲以太皇太后詔放先帝園宮人爲得事體成紀永始四年京師火災屢降出杜陵諸未嘗御者歸家去奉奏封事時初元二年已三十五年矣此損陰氣應天救邪之道也今異至不應災將隨之其法大水補注先謙曰五行志凡言其法云云者下皆有爲字荀紀作其法爲大水與下爲大旱相應是也此大水上脫爲字極陰生陽反爲大旱甚則有火災春秋宋伯姬是矣師古曰伯姬魯成公女宋恭公之夫人也幽居守寡既久而遇火災極陰生陽也補注宋祁曰注文火災下疑有故云二字葉德輝曰春秋襄公三十年事公羊何休注云伯姬守禮含悲極思之所生穀梁傳云婦人以貞爲行詳其事賢伯姬也左傳云君子謂宋共姬女而不婦女待人婦義事也五行志引董仲舒以爲伯姬如宋五年宋共公卒伯姬憂居守節三十餘年又憂傷國家之患禍積陰生陽故火生災也劉向以爲先是宋公聽讒而殺太子痤應火不炎上之罰也經傳及諸說不同公羊傳無明文則何休董仲舒所據必公羊師說故其義略同劉向列女傳則云春秋詳錄其事爲賢伯姬以爲婦人以貞爲行者也此從穀梁說而與五行志異出向先習穀梁故也奉蓋本公羊家說唯陛下財察師古曰財與裁同明年夏四月乙未孝武園白鶴館災補注先謙曰官本無災字引宋祁曰館字下疑有災字奉

自㠯爲中上疏曰臣前上五際地震之效曰極陰生陽恐有火災不合明聽未見省答臣竊內不自信今白鶴館㠯四月乙未時加於卯月宿亢災與前地震同法臣奉迺深知道之可信也不勝拳拳願復賜閒卒其終始（師古曰閒空隙也卒盡也）上復延問㠯得失奉㠯爲祭天地於雲陽汾陰及諸寢廟不㠯親疏迭毀皆煩費違古制又宮室苑囿奢泰難供㠯故民困國虛亡累年之畜所繇來久（師古曰畜讀曰蓄繇與由同〔補注〕先謙曰官本注與上有讀字）不改其本難㠯末正迺上疏曰臣聞昔者盤庚改邑㠯興殷道聖人美之（師古曰盤庚殷王名也將遷亳殷眾庶咸怨作盤庚三篇以告之遂乃遷都事見尚書也）竊聞漢德隆盛在於孝文皇帝躬行節儉外省繇役其時未有甘泉建章及上林中諸離宮館也未央宮又無高門武臺麒麟鳳皇白虎玉堂金華之殿獨有前殿曲臺漸臺宣室溫室承明耳孝文欲作一臺度用百金（師古曰度計也音大各反）重民之財廢而不爲

其積土基至今猶存（師古曰今在新豐縣南驪山頂上也）又下遺詔不起山墳故其時天下大和百姓洽足（〔補注〕宋祁曰洽疑作給錢大昭曰閩本作給）德流後嗣如令處於當今因此制度必不能成功名天道有常王道亡常亡常者所㠯應有常也必有非常之主然後能立非常之功臣願陛下徙都於成周左據成皋左阻黽池（〔補注〕錢大昭曰左阻疑當作右阻葉德輝曰德藩本閩本作右先謙曰官本作右）前鄉崧高後介大河（師古曰鄉讀曰嚮介隔也礙也）建滎陽扶河東南北千里㠯爲關而入敖倉（〔補注〕先謙曰此處文義不順當作建滎陽而入敖倉扶河東南北千里以爲關葢傳寫誤倒建與鍵同禮樂記名之曰建櫜注建讀爲鍵續志滎陽有敖亭劉昭注秦立爲敖倉是滎陽敖倉卽在一地此言徙都成周以滎陽之險阸爲鍵閉而入敖倉於腹地故曰建滎陽而入敖倉天文志晉灼注扶附也釋名扶傳也傳近之也河東郡名）地方百里者八九足㠯自娛東厭諸侯之權西遠羌胡之難（師古曰厭抑也音一葉反遠音于萬反）陛下共己亡爲（師古曰共讀曰恭）按成周之居兼盤庚之德萬歲之後長爲高宗（〔補注〕李慈銘曰賈誼上文帝疏曰使顧成之廟稱爲太宗此云萬歲之後長爲高宗亦人無忌諱其後王莽奏尊元帝廟爲高宗葢卽采奉議也）漢家郊兆寢廟祭祀之禮多不應古臣奉誠難亶居而改作（如淳曰亶居猶虛居也欲徙都乃可更制度也師古曰亶讀曰但但居謂依舊都也〔補注〕沈欽韓曰新書先醒篇書曰大道亶亶其去身不遠爲平易之義亶居猶平居也文子道原篇作大學坦坦去身不遠是亶與坦通先謙曰依舊居則不能改作故奉意難之）故願陛下遷都正本眾制皆定亡復繕治宮館不急之費歲可餘一年之畜（師古曰畜讀曰蓄次下亦同）臣聞三代之祖積德㠯王然皆不過數百年而絕周至成王有上賢之材因文武之業㠯周召爲輔（師古曰召讀曰邵）有司各敬其事在位莫非其人（師古曰言所任皆得賢材也）天下甫二世耳（師古曰甫始也）然周公猶作詩書深戒成王㠯恐失天下書則曰王毋若殷王紂（師古曰周書亡逸篇也其書曰周公曰烏虖毋若殷王紂之迷亂酗于酒德哉是也）其詩則曰殷之未喪師克配上帝宜監于殷駿命不易（師古曰詩大雅文王之詩也師眾也駿大也言殷家自帝乙以上未喪天下之時皆能配天而行至紂荒怠自取敗滅今宜以殷王賢愚爲鏡知天之大命甚難也）今漢初取天下起於豐沛㠯兵征伐德化未洽後世

奢侈國家之費當數代之用非直費財又迺費士孝武之世暴骨四夷不可勝數有天下雖未久至於陛下八世九主矣（如淳曰呂后爲主不得爲世故八世九主矣）雖有成王之明然亡周召之佐（師古曰召讀曰邵）今東方連年飢饉加之㠯疾疫百姓菜色或至相食（師古曰人專食菜故肌膚青黃爲菜色也）地比震動天氣溷濁日光侵奪（師古曰比頻也溷汙也音下頓反）繇此言之（師古曰繇與由同〔補注〕先謙曰官本注與上有讀字）執國政者豈可㠯不懷怵惕而戒萬分之一乎（〔補注〕先謙曰萬分之一謂國祚不永不欲斥言之）故臣願陛下因天變而徙都所謂與天下更始者也天道終而復始窮則反本故能延長而亡窮也今漢道未終陛下本而始之於㠯永世延祚不亦優乎如因丙子之孟夏順太陰㠯東行（張晏曰如因今丙子之四月也太陰是時在甲戌當轉在乙亥丙子左旋之也〔補注〕沈欽韓曰此謂二年之四月太陰左轉在丙子淮南天文訓太陰所居不可背而可嚮）到後七年之明歲必有五年之餘蓄然後大行考室之禮（李奇曰凡宮新成殺牲以釁祭致其五祀之神謂之考室師古曰考

成也成其禮也詩小雅斯干之詩序曰斯干宣王考室也故奉引之雖周之隆盛亡以加此唯陛下
留神詳察萬世之策書奏天子異其意答曰問奉今園廟有七云
東徙狀何如奉對曰昔成王徙洛般庚遷殷補注先謙曰官本般作盤其所避
就皆陛下所明知也非有聖明不能一變天下之道臣奉愚憃狂
惑唯陛下裁赦其後貢禹亦言當定迭毀禮上遂從之及匡衡爲
丞相奏徙南北郊其議皆自奉發之奉以中郎爲博士諫大夫年
老以壽終子及孫皆以學在儒官

李尋字子長平陵人也治尚書與張孺鄭寬中同師補注齊召南曰案孺字誤
也据儒林傳張山拊事小夏侯建授同縣李尋鄭寬中少君山陽張無故子儒此文張孺即張無故而舉其字當云張子儒傳寫之
訛遂合兩字爲孺字耳寬中等守師法教授尋獨好洪範災異補注蘇輿曰以洪範推五
行是今文家法災異又其旁流耳又學天文月令陰陽事丞相翟方進方進亦善
爲星歷除尋爲吏數爲翟侯言事補注先謙曰事見方進傳帝舅曲陽侯王根

爲大司馬票騎將軍補注先謙曰据公卿表在元延元年厚遇尋是時多災異根輔
政數虛己問尋尋見漢家有中衰阸會之象其意以爲且有洪水
爲災迺說根曰書云天聰明師古曰虞書皋陶謨之辭也天視聽人君之行不可不畏慎也蓋言
紫宮極樞通位帝紀孟康曰紫宮天之北宮也極天之北極星也樞是其迴轉者也天文志曰天極其一明者
太一常居也太一天皇大帝也與通極爲一體故曰通位帝紀也補注先謙曰紫宮中有紫微大帝之坐故名中宮天極星即北極也
五星之一宋史天文志北極五星在紫微宮中北辰最尊者也其紐星爲天樞天樞即天極此所云紫宮極樞也旁三星三公或曰
子屬後四星后妃之屬環以匡衛十五星藩臣總爲紫微垣與人君宮垣列位綱紀消息相通故曰通位帝紀也太微四
門廣開大道孟康曰太微天之南宮也四門太微之四門也補注先謙曰南宮爲太微垣孟注作宮誤据天文志太微
廷中端門左右掖門晉書天文志東藩有東太陽門中華東門東太陰門西西藩有西太陽門中華西門西太陰門此言四門特約舉
之詞非必拘四數也五經六緯尊術顯士孟康曰六緯五經與樂緯也張晏曰六緯五經就孝經緯也師古曰
六緯者五經之緯及樂緯也孟說是也補注劉攽曰正言星宿何故忽說五經蓋謂二十八舍先謙曰注就當作及官本考證云劉
攽駁顏其論甚合但所云天文六緯名目劉亦未嘗指實姚鼐云言天文當爲人主所取法此五經者五經星也六緯者十二次相

向爲六故人主當法之以尊五行之術顯十二州之士耳與經書讖緯何涉哉先謙案天文志太微廷掖門內六星諸侯其內五星
五帝坐五帝者晉志黃帝坐在太微中四帝星夾黃帝坐蓋即五經六緯者六諸侯天官書同蓋漢世天文家說如此姚謂五經爲
五經星六緯爲十二次上下文義不屬疑非術道也術士有道之士少微士大夫在太微星西故以尊顯言之翼張舒布
燭臨四海張晏曰翼二十八星十八度舒布張廣也翼翅夾張故言也補注先謙曰天文志翼爲羽翼主遠客張嗉爲廚
主觴客晉志翼二十二星主外夷遠客負海之事張六星主天廚飲食賞賚之事故曰翼張舒布燭臨四海也翼張皆星名張注誤
其位皆近太微垣故次言之少微處士爲比爲輔孟康曰少微四星在太微西主處士儒學之官爲太微輔
佐也補注先謙曰天文志廷藩西有隨星四名曰少微士大夫晉志第一星處士第二星議士第三星博士第四星大夫其占明大
黃潤則賢士舉不明反是秦漢置議郎博士隸大大太中光祿大夫象此故文帝廷女宮在後孟康曰言少微四星在太微次太微
爲天帝廷女宮謂軒轅星也補注先謙曰天文志軒轅前大星女主象旁小星御者後宮屬南官朱鳥權衡軒轅爲權太微爲衡也
聖人承天賢賢易色取法於此師古曰賢賢尊上賢人易色輕略於色不貴之也易音弋二反天
官上相上將皆顓面正朝孟康曰朝太微宮垣也西垣爲上將東垣爲上相各專一面而正天之朝事也
補注先謙曰天文志太微三光之廷匡衛十二星藩臣西將東相晉志東蕃四星南第一星曰上相第二星曰次相第三星曰次將

第四星曰上將西蕃南第一星曰上將第二星曰次將第三星曰次相第四星曰上相案此皆面南正列於廷中故曰專面正朝非
謂正天之朝事也星應官名故史記爲天官書上相上將又官之尊者故以天官冠之憂責甚重要在得人
得人之效成敗之機不可不勉也昔秦穆公說諓諓之言任仡仡
之勇身受大辱社稷幾亡師古曰諓諓小善也仡仡壯健也謂聽杞子逢孫楊孫之言鄭可襲乃使孟
明視西乞術白乙丙帥師伐鄭遂爲晉襄公所禦而敗於殽三帥盡獲匹馬隻輪皆無反者諓音踐仡音目乙反又音牛乞反補注
葉德輝曰書秦誓惟截截善諞言釋文引馬本作戔戔注云戔戔辭語截削省要也說文戈部引同馬本蓋古文也又訖訖勇夫馬
注云訖訖無所省錄之貌此作仡仡字亦不同蓋尋治夏侯尚書今文學也公羊文十二年傳惟諓諓善竫言允爲今文家之明證
先謙曰官本注目作巨上無音字悔過自責思惟黃髮任用百里奚卒伯西域德
列王道師古曰謂晉歸三帥之後穆公自悔作秦誓云雖則員然尚猶詢茲黃髮則罔所愆自言前有云然之過今庶幾以
道謀此黃髮賢老則行事無所過失矣百里奚本虞人也穆公用之卒成霸業補注何焯曰秦誓孔子取之故云德列王道先謙曰
官本注員作云二者禍福如此可不慎哉夫士者國家之大寶功名之本
也將軍一門九侯二十朱輪漢興以來臣子貴盛未嘗至此夫物

盛必衰自然之理唯有賢友彊輔庶幾可以保身命全子孫安國家書曰歷象日月星辰師古曰虞書堯典之辭也此言仰視天文俯察地理觀日月消息候星辰行伍揆山川變動參人民繇俗師古曰繇讀與謠同繇俗者謂若童謠及輿人之誦以制法度考禍福舉錯誖逆咎敗將至徵兆為之先見師古曰誖乖也音布內反明君恐懼修正側身博問轉禍為福不可救者即蓄備以待之故社稷亡憂竊見往者赤黃四塞地氣大發補注先謙曰赤黃四塞即謂建始元年黃霧四塞五行志作雲氣赤黃四塞此地氣大發謂徵兆非謂地震地動見下也動土竭民天下擾亂之徵也彗星爭明張晏曰與日月爭明補注宋祁曰南本無動字民字下疑有困字沈欽韓曰是類謀曰書視无日虹蜺煌煌夜視无月彗茀將將案晉志彗體無光傅日而為光故夕見則東指辰見則西指張謂與日月爭明非也先謙曰建始元年星孛營室流星貫紫宮庶雄為桀補注先謙曰庶雄庶人之雄為桀謂為亂此彗星之應大寇之引也師古曰將引致大寇也此二者已頗效矣補注先謙曰鴻嘉元年徙作昌陵是動土竭民也陽朔三年潁川申屠聖自稱將軍鴻嘉三年廣漢鄭躬自稱山君永始二年尉氏樊竝山陽蘇令等反是庶雄為桀也城中訛言大水奔走上城朝廷驚駭女孽入宮應劭曰謂小女陳持弓也補注先謙曰事見成紀建始三年此獨未效間者重以水泉涌溢旁宮闕仍出李奇曰旁宮闕而出水也師古曰旁附也仍頻也重音直用反旁音蒲郎反補注先謙曰官本注無兩音字建始二年北宮井水溢出旁當音步浪反與傍意同言仍出則不止一次而紀志不見月太白入東井犯積水缺天淵張晏曰犯東井有水災孟康曰積水一星在北河北天淵十星在北斗星東南缺者拂其角而過之也補注先謙曰天文志有星守三淵天下大水廣雅天淵謂之三淵開元占經引荊州占云太白守天淵海水出江決溢若海魚出宋史天文志天淵在鼈星東又天文志云積水在北戍東北案月太白入東井紀志並不載日數湛於極陽之色張晏曰眾陽之宗故為極陽也色宜明耀而無光也羽氣乘宮孟康曰天文志曰西方為羽羽少陰之位少陰臣氣乘於君也晉灼曰羽北方水也水陰為臣宮中央土也土為君今水乘土言臣氣勝於君也起風積雲又錯以山崩地動河不用其道師古曰錯雜也言河徙流不從故道也補注宋祁曰正文河字下疑有決字先謙曰不用其道即是決也宋說非成紀元延元年前山崩地震各二河決東郡金隄盛冬靁電補注先謙曰紀志不載潛龍為孽孟康曰黑龍冬見張晏曰五行傳曰龍見井中幽囚之象也補注先謙曰成紀鴻嘉元年黃龍見眞定永始二年詔云龍見于東萊繼以隕星流彗補注先謙曰元延元

年四月有流星頭大如缶長十餘丈四面或大如盂或如雞子燿燿如雨下郡國皆言星隕又永始二年星隕如雨元延元年七月星孛東井並見紀志維塡上見孟康曰有地維星有四塡星皆妖星也晉灼曰天文志四塡星出四隅去地可四丈地維藏光亦出四隅去地可二丈若月始出所見下有亂者亡有德者昌補注先謙曰開元占經引荊州占云有星出大而赤出地二三丈如月始出是謂地維藏光黃帝占云出東北隅天下大水荊州占又云四塡星見四隅皆為兵起其下日蝕有背鄉師古曰背音步內反鄉讀曰嚮補注先謙曰自成帝即位至元延元年二十一年間日蝕九次天文志如淳注凡氣食日在旁如牛環向日為抱向外為背此鄉即抱也此亦高下易居洪水之徵也不憂不改洪水迺欲盪滌流彗迺欲埽除改之則有年亡期師古曰言可延期得禳災故屬者頗有變改小貶邪猾師古曰屬者謂近時也屬音之欲反日月光精時雨氣應師古曰精謂光明也補注宋祁曰光字江浙本作立字先謙曰精與晴同此皇天右漢亡已也師古曰右讀曰祐何況致大改之補注先謙曰後漢荀爽傳李注致猶盡也極也宜急博求幽隱拔擢天士任以大職李奇曰天士知天道者也晉灼曰嚴君平言師於天士天士應宿台鼎之臣也師古曰李說是也補注宋祁曰注文言字下當有賞公養士四字諸闒茸佞讇抱虛求進師古曰闒音吐臘反茸音人勇反讇古諂字補注蘇輿曰

抱虛謂懷挾虛僞無實意也及用殘賊酷虐聞者若此之徒補注宋祁曰聞字當改作閒先謙曰聞改為閒文義上下不貫用猶以也言以殘賊酷虐聞者宋屬下讀誤皆嫉善憎忠壞天文敗地理涌趯邪陰湛溺太陽師古曰趯字與躍同湛讀曰沈為主結怨於民師古曰為音于僞反宜以時廢退不當得居位誠必行之凶災銷滅子孫之福不旋日而至政治感陰陽猶鐵炭之低卬見效可信者也孟康曰天文志云縣土炭也以鐵易土耳先冬夏至縣鐵炭於衡各一端令適停冬陽氣至炭仰而鐵低夏陰氣至炭低而鐵仰以此候二至也及諸蓄水連泉務通利之修舊隄防省池澤稅以助損邪陰之盛補注葉德輝曰邪陰德藩本閣本作陰邪先謙曰官本作陰邪案行事考變易訛言之效未嘗不至請徵韓放服虔曰姓名也曉水掾周敞王望可與圖之根於是薦尋哀帝初即位召尋待詔黃門使侍中衛尉傅喜問尋曰補注先謙曰通鑑考異云案公卿表傅喜為衛尉二月遷右將軍十一月罷地震在九月當是時喜已不為衛尉矣間者水出地動日月失度星辰亂行災異仍重師古曰重音直用反極言毋有所諱尋對曰陛下聖德尊天敬

地畏命重民悼懼變異不忘疏賤之臣幸使重臣臨問愚臣不足以奉明詔竊見陛下新即位開大明除忌諱博延名士靡不並進臣尋位卑術淺過隨衆賢待詔師古曰過猶謬也食太官衣御府久汙玉堂之署師古曰玉堂殿在未央宮補注何焯曰漢時待詔於玉堂殿唐時待詔於翰林院至宋以後翰林遂并蒙玉堂之號沈欽韓曰後書百官志玉堂署長宦者爲之尋待詔於其署耳比得召見亡以自效師古曰比頻也復特見延問至誠補注先謙曰官本特作時自以逢不世出之命願竭愚心不敢有所避庶幾萬分有一可采唯棄須臾之間宿留瞽言師古曰間謂空隙之時也宿音先就反留音力救反補注先謙曰史記孝武紀遂至東萊宿留之索隱宿留遲待之意此宿留亦謂存其言於心以待後時之參驗也考之文理稽之五經揆之聖意以參天心夫變異之來各應象而至臣謹條陳所聞易曰縣象著明莫大乎日月師古曰上繫之辭也在天成象故曰縣象也夫日者衆陽之長煇光所燭萬里同晷人君之表也師古曰晷景也故日將旦清風發羣陰伏君以臨朝不牽於色日初出炎以

陽君登朝佞不行忠直進不蔽障日中輝光君德盛明大臣奉公日將入專以壹君就房有常節補注何焯曰此亦古書相傳之語讀之皆有韻君不修道則日失其度晻昧亡光師古曰晻與暗同又音烏感反各有云爲補注先謙曰云猶所也諸葛豐傳未有云補言未有所補也爲音于僞反言各有所應隨時而見其於東方作日初出時師古曰作起也日出之時人物皆起補注王引之曰如師古說則是人物作非東方作矣東方作者日未出而光已起若詩之言明發俗語之言東方發白也分而言之則曰東方作日初出合而言之則日出亦謂之東方作故莊子外物篇東方作矣司馬彪曰謂日出也陰雲邪氣起者法爲牽於女謁服虔曰謁請也補注先謙曰官本無注有所畏難補注先謙曰畏不敢斷難不敢絕日出後爲近臣亂政日中爲大臣欺誣日且入爲妻妾役使所營師古曰營謂繞也補注宋祁曰謂繞惑之間者日尤不精光明侵奪失色邪氣珥蜺數作補注葉德煇曰開元占經日占三引石氏曰氣青赤曲向外中有一橫狀如帶鉤名爲珥如淳曰日刺日曰珥珥決傷也本起於晨相連至昏其日出後至日中間差瘉師古曰瘉與愈同小臣不知內事竊以日視陛下志操衰於始初多矣其咎恐有

以守正直言而得罪者傷嗣害世不可不慎也唯陛下執乾剛之德彊志守度毋聽女謁邪臣之態諸保阿乳母甘言悲辭之託斷而勿聽補注先謙曰保阿乳三母也保母見禮記內則說文妿女師也从女加聲杜林說加教於女也讀若阿史記倉公傳作阿母蓋轉寫失眞音存字變景十三王傳贊引魯哀公言生於深宮之中長於阿保之手阿雖女師而教兼男女凡幼小者隨事教之蓋其職也保阿本二母後遂爲統稱丙吉傳掖庭宮婢則自陳嘗有阿保之功是也勉強大誼絕小不忍良有不得已可賜以貨財補注先謙曰良甚也貨財官本作財貨不可私以官位誠皇天之禁也補注宋祁曰浙本官位下更有官位二字日失其光則星辰放流張晏曰日夜食則失光晝立六尺木不見其景也日陽失光明陰得施也補注宋祁曰注文中陰得施也當作月陰桀得施也陽不能制陰陰桀得作補注周壽昌曰毛詩傳伯兮桀兮桀特立也言陰本伏於陽而陽不能制之故陰特出而得起也間者太白正晝經天宜隆德克躬以執不軌補注先謙曰淮南主術篇注執制也臣聞月者衆陰之長銷息見伏百里爲品千里立表萬里連紀孟康曰品同也言百里內數度同也千里則當立表度其景萬里則繼其本所起紀其宿度也補注先謙曰官本繼作紀是妃后大臣

諸侯之象也朔晦正終始弦爲繩墨補注沈欽韓曰周官馮相氏注春分日在婁秋分日在角而月弦於牽牛東井亦以其景知氣至不疏云案通卦驗云夫八卦氣驗常不在望以入月八日不盡八日候諸卦氣注云入月八日不盡八日陰氣得正而平以此而言明致月景亦用此日矣若然春分日在婁其月上弦在東井圓於角下弦於牽牛秋分日在角上弦於牽牛圓於婁下弦於東井案此則弦爲繩墨之義也望成君德補注先謙曰月望合朔繼日而明所以助成君德春夏南秋冬北間者月數以春夏與日同道孟康曰房有四星其間有三道春夏南行南頭第一星裏道也秋冬北行北頭第一星裏道也與日同道者謂中央道也此三道者日月五星之所由也補注先謙曰天文志月有九行者黑道二出黃道北赤道二出黃道南白道二出黃道西青道二出黃道東立春春分月東從青道立秋秋分西從白道立冬冬至北從黑道立夏夏至南從赤道青赤出陽道白黑出陰道此言春夏南秋冬北者日行黃道爲中道月行青赤白黑道仍出入於黃道其極遠者去黃道六度月行黃道之內曰陰歷行黃道之外曰陽歷北爲內南爲外今與日同道則是失節度而妄行矣過軒轅上后受氣孟康曰軒轅南大星爲后補注先謙曰上后猶言正后入太微帝廷楊光輝補注葉德煇曰閩本德藩本作揚先謙曰官本作揚犯上將近臣補注先謙曰近臣謂左右執法闚者三公九卿五諸侯之屬列星皆失色厭厭如滅鄭氏曰厭音壓桑之壓師古曰音烏點反此爲母

后與政亂朝（師古曰與讀曰豫）陰陽俱傷兩不相便外臣不知朝事竊信天文卽如此近臣已不足杖矣（師古曰杖謂倚任也）屋大柱小可爲寒心（師古曰言天下事重大臣之任當得賢能者）唯陛下親求賢士無彊所惡以崇社稷尊彊本朝（師古曰邪佞之人誠可賤惡勿得寵異令其盛彊也）臣聞五星者五行之精五帝司命應王者號令爲之節度（補注葉德輝曰開元占經五星占引荊州占曰五星者五行之精也五帝之子天之使者又引春秋緯曰天有五帝五星爲之使先謙曰淮南天文訓東方木也其帝太皞其佐句芒執規而治春其神爲歲星南方火也其帝祝融其佐朱明執衡而治夏其神爲熒惑西方金也其帝少昊其佐蓐收執矩而治秋其神爲太白北方水也其帝顓頊其佐元冥執權而治冬其神爲辰星中央土也其帝黃帝其佐后土執繩而治四方其神爲鎭星）歲星主歲事爲統首號令所紀今失度而盛此君指意欲有所爲未得其節也又塡星不避歲星者后帝共政相留於奎婁（張晏曰歲星爲帝塡星爲女主也補注先謙曰晉志歲星人主之象也天官書塡星女主象也隋志司天下女子之過塡不避歲下所謂塡歲相守也奎婁西方之宿相留無義疑宿留之譌宿脫上半故誤爲相耳上文宿留晉言卽其證也）當以義斷之營惑往來亡常（補注劉攽曰營當作熒先謙曰官本作熒據劉說所見是營也）周歷兩宮作態低卬（張晏曰兩宮謂紫微太微補注葉德輝曰開元占經熒惑占七引黃帝占曰熒惑入太微天下有急兵又引荊州占曰熒惑入太微宮爲天下驚曰有兵又引石氏曰熒惑入紫微宮中大臣有謀兵起宮中又引荊州占曰熒惑入紫微天下大亂）入天門上明堂貫尾亂宮（孟康曰角兩星爲天門房爲明堂尾爲後宮蘇林曰常占常從尾北而今貫之尾爲後宮之義也補注宋祁曰注文義字疑作象葉德輝曰開元占經熒惑占二引郗萌曰熒惑入天門出復反天下大亂守反者事大又引郗萌曰熒惑以十月守心期六十日有辱王一日皆兵起又引郗萌曰熒惑入守尾天下成兵又引東宮候曰熒惑入尾後宮有憂一曰幸臣亂宮先謙曰晉志角二星爲天闕其閒天門也其內天廷也故黃道經其中七曜之所行心爲明堂孟說誤元命包云尾九星爲後宮之場皆東方之宿官本注下常字作當是）太白發越犯庫（張晏曰發越疾貌也庫天庫也孟康曰奎爲天庫補注葉德輝曰開元占經太白占八引郗萌曰太白入庫樓三日兵起尤甚一曰兵起西北方先謙曰天文志軫南眾星曰天庫晉志庫樓十星其六大星爲庫南四星爲樓一曰天庫兵甲之府也故下文云兵寇之應奎非天庫孟說誤）兵寇之應也貫黃龍入帝庭（張晏曰黃龍軒轅也補注先謙曰天文志軒轅黃龍體帝廷卽上文太微帝廷）當門而出隨熒惑入天門至房而分欲與熒惑爲患不敢當明堂之精（補注先謙曰言熒惑入心上明堂太白至房而

分不入心是欲與熒惑爲患不敢當明堂之精也）此陛下神靈故禍亂不成也熒惑厥弛（張晏曰厥弛動搖貌補注宋祁曰注末疑少晉灼曰行遲貌六字）佞巧依執微言毀譽進類蔽善（師古曰進其黨類而擁蔽善人補注先謙曰注擁當爲壅）太白出端門（孟康曰端門太微正南門補注先謙曰天文志中端門左右掖門）臣有不臣者（補注葉德輝曰開元占經太白占七引帝覽嬉曰太白入太微而出端門臣不臣）火入室金上堂（張晏曰熒惑入營室也孟康曰火入室謂熒惑歷兩宮也金謂太白星也上堂入房星也補注宋祁曰注文兩宮字下疑有宮亦室三字先謙曰太白至房而分未上明堂也自熒惑厥弛至又主內亂皆引古占驗之詞不當泥視）不以時解其憂凶塡歲相守又主內亂（補注先謙曰天文志歲與塡合則爲內亂）宜察蕭牆之內毋忽親疏之微（師古曰微謂其事微補注宋祁曰注末當有細字）誅放佞人防絕萌牙以遏滌濁濊消散積惡（師古曰濊與穢同也補注先謙曰官本注末無也字）毋使得成禍亂辰星主正四時當效於四仲（補注先謙曰天文志晉灼注常以二月春分見奎婁五月夏至見東井八月秋分見角亢十一月冬至見牽牛出以辰戌入以丑未二旬而入晨候之東方夕候之西方也）四時失序則辰星作異今出於歲首之孟天所以譴告陛下也政急則出蚤政緩則出晚政絕不行則伏不見而爲彗茀（師古曰茀與孛同補注葉德輝曰開元占經辰星占一引甘氏曰辰星政緩則不出急則不入）四孟皆出爲易王命四季皆出星家所諱（補注葉德輝曰開元占經辰星占一引洪範五行傳曰辰星出四孟易王之表也又引海中占曰辰星出四孟爲月食出四季彗星則生）今幸獨出寅孟之月蓋皇天所以篤右陛下也（師古曰篤厚也右與祐同祐猶助也）宜深自改治國故不可以戚戚（補注王念孫曰戚戚二字無注案戚讀爲蹙蹙急也故事也言治國事不可急也考工記無以爲戚速也鄭注齊人有名疾爲戚者春秋傳曰（公羊傳莊公十年）蓋以操之爲已戚矣今騶胐徹人歛之公羊釋文戚徐劉將六反李音蹙今公羊傳作蹙）欲速則不達經曰三載考績三考黜陟（師古曰虞書舜典之辭也言三年一考功績三考一行黜陟也）加以號令不順四時既往不咎來事之師也閒者春三月治大獄（補注宋祁曰來字疑作或字春三月浙江本作春月蘇輿曰來事猶云後事宋說誤）時賊陰立逆恐歲小收（補注宋祁曰小字疑作少字）季夏舉兵法時寒氣應恐後有霜雹之災秋月行封爵其月土溼奧（張晏曰違於月令也師古曰奧溫也音於六反補注蘇輿曰言溼則非溫顏注未審釋名天陰蔭也氣在內奧蔭也釋言語懿僾也言奧僾也此奧字與僾

同義言土氣陰濕說文奧宛也宛屈艸自覆也氣覆在下是謂之奧王襃傳注引張晏奧幽也義與此近恐後有雷雹之變〔補注〕葉德輝曰霜凝於寒故應寒氣爲災雷生於溼故應溼奧爲災夫以喜怒賞罰〔補注〕宋祁曰罰疑作誅而不顧時禁雖有堯舜之心猶不能致和善言天者必有效於人〔補注〕蘇輿曰效亦驗也設上農夫而欲冬田〔補注〕沈欽韓曰呂覽首時篇水凍方固后稷不種肉袒深耕汗出種之然猶不生者非人心不至天時不得也易曰時止則止時行則行動靜不失其時其道光明師古曰此艮卦彖辭也言動止隨時則有光明也書曰敬授民時師古曰虞書堯典之辭也言授下以四時之命不可不敬也故古之王者尊天地重陰陽敬四時嚴月令順之以善政則和氣可立致猶枹鼓之相應也師古曰枹擊鼓之椎也音孚其字從木也〔補注〕沈欽韓曰呂氏春秋知士篇相得則然後成譬之若枹之與鼓韓非功名至治之國君若枹臣若鼓亦爲素問岐伯語先謙曰官本注末無也字令朝廷忽於時月之令諸侍中尚書近臣宜皆令通知月令之意設羣下請事若陛下出令有謬於時者當知爭之以順時氣〔補注〕先謙曰若猶及也臣聞五行以

水爲本其星玄武婺女天地所紀終始所生孟康曰婺女須女也北方天地之統陰陽之終始也〔補注〕先謙曰北方黑帝其精爲玄武七宿婺女其一也水爲準平王道公正修明則百川理落脈通師古曰落謂經絡也偏黨失綱則踊溢爲敗〔補注〕先謙曰官本踊作涌下同書云水曰潤下師古曰周書洪範之辭也陰動而卑不失其道天下有道則河出圖洛出書故河洛決溢所爲最大今汝潁畎澮皆川水漂踊與雨水並爲民害師古曰畎澮小流也許慎說廣尺深尺曰畎廣二尋深二刃謂之澮川者水貫穿而通流也畎音工犬反澮音工外反〔補注〕先謙曰官本注刃作仞此詩所謂爗爗震電不寧不令百川沸騰者也師古曰詩小雅十月之交之詩也爗爗光貌寧安也令善也言陰陽失和雷電失序不安不善故百川又沸騰其咎在於皇甫卿士之屬師古曰皇甫卿士周室女寵之族也解在劉向傳唯陛下留意詩人之言少抑外親大臣臣聞地道柔靜陰之常義也地有上中下〔補注〕蘇輿曰上中下以地形言之中謂中央上下謂四方下所云四方中央是也楊泉物理論云西北高東南下論衡云地之最下者有楊兗二州其上位震應妃后不順中位應大臣作亂下位應庶民離畔震

或於其國國君之咎也四方中央連國歷州俱動者其異最大間者關東地數震五星作異亦未大逆宜務崇陽抑陰以救其咎固志建威閉絕私路拔進英雋退不任職以彊本朝〔補注〕蘇輿曰本朝猶朝廷蕭望之傳望之雅意在本朝遠爲郡守內不自得淮南子繆稱訓晉文得之乎閨內失之乎境外齊桓失之乎閨內而得之本朝大戴禮保傅篇賢者立于本朝而天下之豪相率而趨之也竝此義夫本彊則精神折衝本弱則招殃致凶爲邪謀所陵師古曰折衝言有欲衝突爲害者則能折挫之聞往者淮南王作謀之時其所難者獨有汲黯公孫弘等不足言也〔補注〕先謙曰官本公上有以爲二字弘漢之名相於今亡比而尚見輕何況亡弘之屬乎故曰朝廷亡人則爲賊亂所輕其道自然也天下未聞陛下奇策固守之臣也語曰何以知朝廷之衰人人自賢不務於通人故世陵夷師古曰通人謂薦達賢材也陵夷謂頹替也馬不伏歷不可以趨道士不素養不可以重國師古曰伏歷謂伏槽歷而秣之也趨讀曰趣詩曰濟濟多士文王以寧師古曰大雅文王之詩也已解於上孔

子曰十室之邑必有忠信師古曰論語載孔子之言也非虛言也陛下秉四海之眾曾亡柱幹之固守聞於四境殆開之不廣取之不明勸之不篤傳曰士之美者善養禾君之明者善養士〔補注〕蘇輿曰賈山傳亦有此二語士作地明作仁中人皆可使爲君子師古曰言在所以勸厲之詔書進賢良赦小過無求備以博聚英雋如近世貢禹以言事忠切蒙尊榮當此之時士厲身立名者多禹死之後日日以衰及京兆尹王章坐言事誅滅智者結舌師古曰不敢出言也邪僞並興外戚顓命師古曰顓與專同君臣隔塞至絕繼嗣女宮作亂師古曰謂趙飛燕姊妹也此行事之敗誠可畏而悲也本在積任母后之家非一日之漸往者不可及來者猶可追也先帝大聖深見天意昭然使陛下奉承天統欲矯正之也宜少抑外親選練左右舉有德行道術通明之士充備天官〔補注〕先謙曰天工人代故官曰天官然後可以輔聖德保帝位承大宗下至郎吏從官行能亡以異又不通

一蓺及博士無文雅者宜皆使就南畝[師古曰遣歸農業]以視天下[師古曰視讀曰示]明朝廷皆賢材君子於以重朝尊君滅凶致安此其本也臣自知所言害身不辟死亡之誅唯財留神反覆覆愚臣之言[師古曰財與裁同謂裁量而反思之　補注劉攽曰衍一覆字王念孫曰案下覆字訓爲察謂反覆察臣之言也谷永傳云唯陛下留神反覆熟省臣言文義正與此同爾雅覆察審也考工記弓人覆之而角至鄭注覆猶察也定四年左傳藏在周府可覆視也月令命舟牧覆舟謂察舟也孫子行軍篇軍行有險阻潢井葭葦山林翳薈者必謹覆索之謂察索之也然則下覆字訓爲察與上覆字異義劉以爲衍一覆字蓋未達古訓也宋一新曰監本無下覆字先謙曰財留神猶言少留神耳顏訓裁量非]是時哀帝初立成帝外家王氏未甚抑黜而帝外家丁傅新貴祖母傅太后尤驕恣欲稱尊號丞相孔光大司空師丹執政諫爭[補注何焯曰政當作正執守也先謙曰政正字同]久之上不得已遂免光丹而尊傅太后語在丹傳上雖不從尋言然采其語每有非常輒問尋尋對屢中遷黃門侍郎以尋言且有水災故拜尋爲騎都尉使護河隄初成帝時齊人甘忠可詐造天官歷包元太平經十二卷以言漢家逢天地之大終當更受命於天天帝使眞人赤精子下教我此道忠可以教重平夏賀良容丘丁廣世[服虔曰重平勃海縣也晉灼曰容丘東海縣也]東郡郭昌等中壘校尉劉向奏忠可假鬼神罔上惑眾下獄治服未斷病死賀良等坐挾學忠可書以不敬論後賀良等復私以相教哀帝初立司隸校尉解光[補注周壽昌曰百官表司隸校尉哀帝綏和二年復置但爲司隸此稱司隸校尉不合]亦以明經通災異得幸白賀良等所挾忠可書事下奉車都尉劉歆歆以爲不合五經不可施行而李尋亦好之光曰前歆父向奏忠可下獄歆安肯通此道時郭昌爲長安令勸尋宜助賀良等尋遂白賀良等皆待詔黃門數召見陳說漢歷中衰當更受命成帝不應天命故絕嗣今陛下久疾變異屢數[師古曰數音所角反]天所以譴告人也宜急改元易號迺得延年益壽皇子生災異息矣得道不得行咎殃且亡[師古曰言知道不能行之必有殃咎將至滅亡　補注宋祁曰下得字可刪劉攽曰得道不得行下得字衍朱一新曰監本無下得字是]不有洪水將出災火且起滌盪人民[補注葉德輝曰德藩本作民人先謙曰官本作民人]哀帝久寢疾幾其有益[師古曰幾讀曰冀]遂從賀良等議於是詔制丞相御史[補注劉攽曰當云制詔]蓋聞尚書五曰考終命[師古曰周書洪範五福之數也言得壽考而終其命也　補注宋祁曰南本浙本命字上有厥字]言大運壹終更紀天元人元考文正理推歷定紀數如甲子也[補注蘇輿曰詩既醉正義引洪範鄭注考終命云考成也終性命謂皆生佼好以至老也鄭意以屬五事之貌與惡對舉說苑建本篇引河間獻王云夫穀者國家所以昌熾士女所以佼好亦說書義與鄭合河間傳古文學則知鄭是古文說元帝紀初元二年詔云黎庶康寧考終厥命五年詔又云天不終命五行志亦以考終命與凶短折同屬思心蓋根伏傳爲說並今文義也此以考爲考正以終命爲運終受命則今文異說易緯乾鑿度孔子執以七百六十爲世軌者堯以甲子受天元爲推術又云入天元二百七十五萬九千二百八十歲昌以西伯受命又言求日之法甲子始數立立算皆爲甲旁算亦爲甲以日次次之諸所推演多合斯旨蓋緯書亦今文家言故得相通也陳氏喬樅今文尚書經說考以此爲小夏侯解詁讀李尋鄭寬中爲小夏侯之學寬中授成帝尚書案此詔是哀帝詔陳以爲成帝大繆]朕以眇身入繼太祖承皇天總百僚子元元未有應天心之效即位出入三年災變數降日月失度星辰錯謬高下貿易[師古曰言山崩川竭也]大異連仍盜賊並起[師古曰仍頻也　補注宋祁曰連字一本作逆字]朕甚懼焉戰戰兢兢唯恐陵夷[師古曰慮漸滅亡也]惟漢興至今二百載歷紀開元皇天降非材之右漢國再獲受命之符[師古曰右讀曰祐祐助也帝自言不材而得天助也　補注先謙曰官本無興字引宋祁曰漢字下疑有興字今字上疑有于字]朕之不德曷敢不通夫受天之元命必與天下自新其大赦天下以建平二年爲太初元將元年[補注先謙曰官本奪元將二字]號曰陳聖劉太平皇帝漏刻以百二十爲度布告天下使明知之後月餘上疾自若[師古曰自若言如故也]賀良等復欲妄變政事大臣爭以爲不可許賀良等奏言大臣皆不知天命宜退丞相御史以解光李尋輔政上以其言亡驗遂下賀良等吏而下詔曰朕獲保宗廟爲政不德變異屢仍恐懼戰栗未知所繇[師古曰繇讀與由同]待詔賀良等建言改元易號增益漏刻可以永安國家朕信道

不篤過聽其言師古曰過誤也補注先謙曰官本無注幾爲百姓獲福師古曰幾讀曰冀卒無嘉應久旱爲災已問賀良等對當復改制度皆背經誼違聖制不合時宜夫過而不改是爲過矣補注宋祁曰爲字當作謂先謙曰爲謂字同六月甲子詔書非赦令也師古曰唯赦令不改餘皆除之補注先謙曰官本注在下句下是也皆蠲除之賀良等反道惑衆姦態當窮竟皆下獄光祿勳平當光祿大夫毛莫如補注先謙曰毛當爲屯見儒林傳與御史中丞廷尉雜治當賀良等執左道亂朝政師古曰當謂處正其罪名傾覆國家誣罔主上不道賀良等皆伏誅尋及解光減死一等徙敦煌郡

贊曰幽贊神明通合天人之道者莫著乎易春秋師古曰幽深贊明也補注宋祁曰注文幽深下當有也字然子贛猶云夫子之文章可得而聞師古曰謂易辭文言及春秋之屬是夫子之言性與天道不可得而聞已矣師古曰性命玄遠天道幽深故孔子不言之也此皆論語述子貢之言也漢興推陰陽言災異者孝武時有董仲舒夏侯始昌

昭宣則眭孟夏侯勝元成則京房翼奉劉向谷永哀平則李尋田終術補注先謙曰官本考證田終術見翟方進王莽傳此其納說時君著明者也察其所言仿佛一端師古曰仿讀曰髣佛與髴同假經設誼依託象類或不免乎億則屢中師古曰論語稱孔子曰賜不受命而貨殖焉億則屢中故此贊引之言仲舒等億度所言既多故時有中者耳非必道術皆通明也億音於力反補注先謙曰官本注無音字仲舒下吏夏侯囚執眭孟誅戮李尋流放此學者之大戒也京房區區不量淺深危言刺譏構怨彊臣罪辜不旋踵亦不密已失身悲夫師古曰易上繫辭曰君不密則失臣臣不密則失身故贊引之也

眭兩夏侯京翼李傳第四十五終　漢書七十五

趙尹韓張兩王傳第四十六　漢書七十六

漢　蘭　臺　令　史班　固　撰

唐正議大夫行祕書少監琅邪縣開國子顏師古　注

賜進士出身前翰林院編修國子監祭酒加三級臣王先謙補注

趙廣漢字子都補注沈欽韓曰論衡命祿篇趙子都明經階甲科至郎博士宋邵博聞見後錄今章奏不當名趙廣漢案國史會要本朝廣漢之後也涿郡蠡吾人也師古曰蠡音禮補注先謙曰今保定府博野縣西南故屬河間師古曰言蠡吾舊屬河間後屬涿郡少爲郡吏州從事以廉絜通敏下士爲名師古曰敏謂材識捷疾也下音胡嫁反舉茂材平準令補注劉奉世曰材字下當有爲字周壽昌曰續漢書平準令六百石韋昭辨釋名云主平物價使相依準察廉爲陽翟令以治行尤異遷京輔都尉守京兆尹會昭帝崩而新豐杜建爲京兆掾護作平陵方上孟康曰壙臧上也師古曰方上在張湯傳補注宋祁曰注文方上字下當有解字齊召南曰案惠紀作斥上亦作斥土而張湯傳作方中建素豪俠賓客爲姦利廣漢聞之先風告建不改師古曰風讀曰諷補注宋祁云建漸本作及於是收案致法師古曰致至也令至於罪罰之法補注王文彬曰致置也謂置之於法顏訓近迂中貴人豪長者爲請無不至終無所聽師古曰中貴人居中朝而貴者也豪豪桀也長者有名德之人也補注先謙曰官本注人也下有服虔曰內臣之貴幸者九字引劉奉世曰顏解中貴人與李廣傳同服說不同當以服說爲是宗族賓客謀欲篡取師古曰逆取曰篡廣漢盡知其計議主名起居師古曰起居謂居止之處及欲發起之狀補注周壽昌曰主名謂其宗族賓客之名姓起居猶動定也顏注泥使吏告曰若計如此且并滅家令數吏將建棄市莫敢近者京師稱之是時昌邑王徵卽位行淫亂大將軍霍光與羣臣共廢王尊立宣帝廣漢以與議定策賜爵關內侯師古曰與讀曰豫遷潁川太守郡大姓原褚宗族橫恣李奇曰原音元師古曰原褚二姓也原讀如本字橫音胡孟反補注宋祁云原褚當作原氏褚氏賓客犯爲盜賊前二千石莫能禽制廣漢既至數月誅原褚首惡郡中震栗先是潁川豪桀大姓相與爲婚姻吏俗朋黨廣漢患之厲使其中可用者受記服虔曰受相訟譏記也師古曰擇其中可使者獎厲而使之補注朱一新曰受記受太守語誡也張

錄傳受記義同出有案問旣得罪名行法罰之廣漢故漏泄其語令相怨咎師古曰遣知其事由某人發故結怨咎也又數吏爲缿筩蘇林曰缿音項如缾可受投書孟康曰筩竹筩也如今官受密事筩也師古曰缿若今盛錢臧缾爲小孔可入而不可出或缿或筩皆爲此制而用受書令投於其中也筩音同補注何焯曰孟康曹魏時人已有受密事筩則廣漢此法歷代施用不至武后始行也廣漢亦祖王溫舒沈欽韓曰說文缿受錢器也古以瓦今以竹案西京雜記撲滿者以土爲器以蓄錢具有入竅而無出竅滿則撲之卽缿也周壽昌曰案缿從缶知是瓦爲之葢一器工製如缿而形狀似筩可投書其中令人不得出也師古云或缿或筩非是先謙曰官本注筒作筩是及得投書削其主名而託㠯爲豪桀大姓子弟所言其後彊宗大族家家結爲仇讎姦黨散落風俗大改吏民相告訐師古曰面相斥曰訐音居乂反又音居謁反補注宋祁曰相告訐疑相字上有好字注文面相斥疑作告而相斥廣漢得㠯爲耳目盜賊㠯故不發發又輒得壹切治理威名流聞師古曰言諸事皆治理也治音直吏反一切解在平紀及匈奴降者言匈奴中皆聞廣漢本始二年漢發五將軍擊匈奴徵廣漢㠯太守將兵屬蒲類將軍趙充國補注宋祁曰景本有遣字學官本云徵遣浙本無遣字祁

案徵廣漢不當便云遣若已云遣下又言將兵屬蒲類意致緐複從浙本爲長楊伯時云徵而遣之以屬蒲類何不可也從軍還復用守京兆尹滿歲爲眞廣漢爲二千石㠯和顏接士其尉薦待遇吏殷勤甚備如淳曰尉亦薦藉也師古曰尉薦謂安尉而薦達之補注錢大昭曰薦猶藉也尉薦卽慰藉亦見韓延壽匈奴傳顏分尉薦爲二義非事推功善歸之於下曰某掾卿所爲補注先謙曰戰國人褒尊人曰卿漢世遂爲常語下文捕賊兩卿是也非二千石所及行之發於至誠吏見者皆輸寫心腹無所隱匿補注錢大昭曰小雅蓼蕭云旣見君子我心寫兮毛傳輸寫其心也鄭箋我心寫者輸其情意無畱恨也咸願爲用僵仆無所避師古曰僵偃也仆頓也僵音薑仆音赴補注先謙曰官本注薑作畺廣漢聰明皆知其能之所宜盡力與否其或負者輒先聞知風諭不改迺收捕之師古曰風讀曰諷無所逃按之辠立具卽時伏辠廣漢爲人彊力天性精於吏職見吏民或夜不寢至旦尤善爲鉤距㠯得事情蘇林曰鉤得其情使不得去也晉灼曰鉤致距閉也使對者無疑若不問而自知眾莫覺所由以閉其術爲距也師古曰晉說是也補注宋祁曰注文疑字下疑有示字先謙曰鬼谷子飛箝篇鉤箝之語其說辭也作同作異或是能立勢以鉤之或伺候見罅而箝之案鉤若鉤取物也距與致同尚書予決九川距四海濬畎澮距川史記距並作致是其證鉤距謂鉤而致之義本明了諸說皆非也鉤距者設欲知馬賈則先問狗師古曰賈讀曰價已問羊又問牛然後及馬參伍其賈㠯類相準則知馬之貴賤不失實矣唯廣漢至精能行之它人效者莫能及也補注宋祁曰越本無也字郡中盜賊閭里輕俠其根株窟穴所在及吏受取請求銖兩之姦皆知之長安少年數人會窮里空舍謀共劫人師古曰窮里里中之極隱處坐語未訖廣漢使吏捕治具服富人蘇回爲郎二人劫之師古曰劫取其身爲質令家將財物贖之補注王念孫曰案師古言劫取其身爲質則正文劫下當有質字下文曰無得殺質此處師古無注故質字已見於上也又曰釋質束手皆承此質字而言今本脫去質字則下文及師古注皆不可通矣漢紀孝宣紀作二人私劫質之尤爲明證有頃廣漢將吏到家自立庭下使長安丞龔奢叩堂戶曉賊師古曰曉謂喻告之曰京兆尹趙君謝兩卿無得殺質此宿衞臣也釋質束手得善相遇幸逢赦令或時解脫師古曰若束手自來雖合處牢獄當善處遇之或逢赦令則得免脫也脫音吐活反二人驚愕又素

聞廣漢名卽開戶出下堂叩頭廣漢跪謝曰幸全活郎甚厚送獄敕吏謹遇給酒肉至冬當出死豫爲調棺給斂葬具告語之師古曰調辦具之也棺斂以棺衣斂尸也調音徒釣反棺音工喚反斂音力贍反補注宋祁曰給字疑可刪李慈銘曰疑作調棺斂給葬具觀注以棺斂爲文可知王文彬曰案給當從宋刪明涉上文給字而衍李說亦未合葢告以棺斂葬具並豫爲調辦無煩以給別言之皆曰死無所恨廣漢嘗記召湖都亭長師古曰爲書記以召之若今之下符追呼人也補注先謙曰湖縣之都亭長都猶總也百官表有亭長無都亭長湖都亭長西至界上界上亭長戲曰至府爲我多謝問趙君師古曰多厚也言殷勤若今人言千萬問訊矣亭長旣至廣漢與語問事畢謂曰界上亭長寄聲謝我師古曰謝告也何㠯不爲致問亭長叩頭服實有之廣漢因曰還爲吾謝界上亭長勉思職事有㠯自效京兆不忘卿厚意其發姦擿伏如神皆此類也師古曰擿謂動發之也音它狄反廣漢奏請令長安游徼獄吏秩百石師古曰特增其秩以厲其行補注宋祁曰浙本作獄史先謙曰百官表游徼徼循禁賊盜其後百石吏皆差自重不敢枉法妄繫畱人

京兆政清吏民稱之不容口長老傳吕爲自漢興吕來治京兆者莫能及〔補注〕先謙曰官本引楊伯時曰言漢興足矣何必以來二字左馮翊右扶風皆治長安中師古曰治音直吏反〔補注〕沈欽韓曰黃圖治所云京兆在故城南尚冠里馮翊在故城內太上皇廟西南扶風在夕陰街北犯法者從迹喜過京兆界師古曰從讀曰縱喜音許吏反〔補注〕先謙曰縱當作蹤廣漢歎曰亂吾治者常二輔也誠令廣漢得兼治之直差易耳初大將軍霍光秉政廣漢事光及光薨後廣漢心知微指師古曰識天子意也發長安吏自將與俱至光子博陸侯禹第直突入其門廋索私屠酤椎破盧罌斧斬其門關而去師古曰廋讀與搜同謂入室求之也盧所以居罌罌所以盛酒也盧解在食貨志司馬相如傳罌音於耕反〔補注〕宋祁曰其門或無其字沈欽韓曰鹽鐵論取下篇公卿議奏且罷郡國榷酤是關內仍榷酤也說文關以木橫持門戶也文子上義篇五寸之關能制開闔時光女爲皇后聞之對帝涕泣帝心善之吕召問廣漢廣漢由是侵犯貴戚大臣〔補注〕何焯曰廣漢始欲以此自遠於霍氏耳因帝善之而遂以爲務則謬矣所居好用世吏子孫新進年少者師古曰言舊吏家子孫而其人後出求進又年少也〔補注〕宋祁曰注末也字疑是者字專厲彊壯蠭氣師古曰蠭與鋒同言鋒銳之氣見事風生無所回避師古曰風生言其速疾不可當也回曲也率多果敢之計莫爲持難廣漢終吕此敗初廣漢客私酤酒長安市丞相史逐去客〔補注〕先謙曰官本無客字引宋祁云史越本作吏去字下南本更有客字客疑男子蘇賢言之吕語廣漢廣漢使長安丞按賢師古曰按致其罪也尉史禹故劾賢爲騎士屯霸上不詣屯所乏軍興師古曰尉史尉部史也禹其名〔補注〕先謙曰官本史作吏注同引宋祁云吏越作史賢父上書訟罪告廣漢事下有司覆治禹坐要斬請逮捕廣漢有詔卽訊師古曰令就問之不追入獄也〔補注〕沈欽韓曰冊府元龜刑法部序曰漢有大獄則令雜治其次卽令就問辭服會赦貶秩一等廣漢疑其邑子榮畜教令師古曰蘇賢同邑之子也令音力成反後吕它法論殺畜人上書言之事下丞相御史案驗甚急廣漢使所親信長安人爲丞相府門卒令微司丞相門內不法事地節三年七月中丞相傅婢有過自絞死〔補注〕周壽昌曰百官表地節三年六月魏相爲丞相此事在七月爲相剛一月先謙曰官本考證通鑑考異云蓋婢死已數年而廣漢追發其事廣漢聞之疑丞相夫人妒殺之府舍而丞相奉齋酎入廟祠師古曰將酎祭宗廟而先絜齋也廣漢得此使中郎趙奉壽風曉丞相師古曰風讀曰諷欲吕脅之毋令窮正己事丞相不聽按驗愈急〔補注〕宋祁曰不聽字上疑有怒字廣漢欲告之先問太史知星氣者言今年當有戮死大臣廣漢卽上書告丞相罪制曰下京兆尹治廣漢知事迫切遂自將吏卒突入丞相府召其夫人跪庭下受辭師古曰受其對辭也〔補注〕宋祁曰突字新本添先謙曰荀紀有突字通鑑無收奴婢十餘人去責吕殺婢事丞相魏相上書自陳妻實不殺婢廣漢數犯罪法不伏辜吕詐巧迫脅臣相幸臣相寬不奏願下明使者治廣漢所驗臣相家事事下廷尉治罪〔補注〕王念孫曰案罪字後人所加事下廷尉治者治其事之曲直非謂治罪也上文魏相上書自陳願下明使者治廣漢所驗相家事故宣帝使廷尉治其事既而廣漢所驗皆誣乃治廣漢罪此不得先言治罪也景祐本無罪字先謙曰王說是通鑑亦無罪字實丞相自吕過譴笞傅婢出至外弟迺死〔補注〕先謙曰官本弟作第不如

廣漢言司直蕭望之劾奏〔補注〕沈欽韓曰史記丞相傳云丞相司直繁君奏京兆尹趙君脅迫丞相案蕭望之傳霍光薨地節三年夏望之上疏拜爲謁者歲中累遷諫大夫丞相司直歲中三遷是望之爲司直卽在地節三年趙廣漢以元康二年冬要斬則望之已遷官百官表元康二年少府蕭望之爲左馮翊是其去司直官久矣作繁延壽者是廣漢摧辱大臣欲吕劫持奉公逆節傷化不道宣帝惡之下廣漢廷尉獄〔補注〕先謙曰時廷尉于定國又坐賊殺不辜鞫獄故不吕實擅斥除騎士乏軍興數罪師古曰斥除逐遣之天子可其奏吏民守闕號泣者數萬人或言臣生無益縣官願代趙京兆死使得牧養小民廣漢竟坐要斬廣漢雖坐法誅爲京兆尹廉明威制豪彊小民得職師古曰得職各得其常所也〔補注〕宋祁曰使得牧養越本無得字廣漢雖坐法誅景邵本去雖坐法誅字校本添先謙曰公卿表元康元年書京兆尹彭城太守遺是廣漢死在元年通鑑据書之宣紀作二年誤百姓追思歌之至今〔補注〕周壽昌曰廣漢兄子趙貢爲吏亦有能名見薛宣傳

尹翁歸字子兄師古曰兄讀曰況河東平陽人也徙杜陵翁歸少孤與季

父居爲獄小吏曉習文法喜擊劍人莫能當師古曰喜音許吏反是時大將軍霍光秉政諸霍在平陽奴客持刀兵入市鬭變吏不能禁師古曰變亂也〔補注〕先謙曰功臣表合陽侯梁喜以平陽大夫告霍徵史史子信等侯蓋光後族滅平陽諸霍亦以反誅而霍氏無遺種矣及翁歸爲市吏〔補注〕周壽昌曰漢內史屬官有長安市長齊職儀曰市令周有司虜肆師司市皆其任也莫敢犯者公廉不受餽師古曰餽亦饋字也〔補注〕宋祁曰受餽下有遺字注末也字可刪百賈畏之後去吏居家〔補注〕先謙曰官本無吏字引宋祁云浙本作家居會田延年爲河東太守行縣至平陽悉召故吏五六十人延年親臨見令有文者東有武者西閱數十人次到翁歸獨伏不肯起對曰翁歸文武兼備唯所施設〔補注〕沈欽韓曰案此後有相類者二事北堂書鈔會稽典錄曰上見天下郡郎制曰文左武右陳宮乃正中立上問此何郡郎對曰有文有武未知所如又問何施答曰文爲顏氏春秋武爲孫吳兵法上擢拜大夫又謝承書方儲爲郎中章帝使文郎居左武郎居右儲正住中曰臣文武兼備任所施用功曹吕爲此吏倨敖不遜師古曰敖讀曰傲延年曰何傷遂召上辭問師古曰爲文辭而問之甚奇其對除補卒史〔補注〕宋祁曰除補字上疑

有是日字便從歸府〔補注〕王念孫曰便當爲使謂除補翁歸卒史遂使從歸府中案事也今本使作便則非其指矣御覽職官部五十一引此正作使案事發姦窮竟事情延年大重之自吕能不及翁歸徙署督郵河東二十八縣〔補注〕齊召南曰地理志河東郡統縣二十四自安邑至騏可數也此入字當是四字之誤周壽昌曰蓋元始時改除四縣入他郡此宣帝時猶二十八縣也張敞傳山陽郡戶九萬三千口五十萬地理志山陽郡戶十七萬二千八百四十七口八十萬一千二百八十八傳綜宣帝時地理綜元始時之數故不能齊同凡此可類推分爲兩部閎孺部汾北翁歸部汾南師古曰閎姓也音宏〔補注〕先謙曰官本注在北下後漢橋元傳注部猶領也所舉應法得其罪辜屬縣長吏雖中傷莫有怨者舉廉爲緱氏尉歷守郡中所居治理師古曰歷於郡中守丞尉之職也〔補注〕宋祁曰中字一作守遷補都內令〔補注〕先謙曰百官表大司農屬官舉廉爲弘農都尉〔補注〕先謙曰都尉卽郡尉也景帝時更名徵拜東海太守過辭廷尉于定國定國家在東海欲屬託邑子兩人師古曰邑子同邑人之子也屬音之欲反令坐後堂待見定國與翁歸語終日不敢見其邑子既去定國乃謂邑子曰此賢將汝不任事也又不可干

吕私師古曰任堪也干求也翁歸治東海明察郡中吏民賢不肖及姦邪罪名盡知之縣縣各有記籍自聽其政師古曰言決斷諸縣姦邪之事不委令長有急名則少緩之〔補注〕先謙曰急名謂縣令以嚴急稱者吏民小解輒披籍服虔曰披有罪者籍也師古曰解讀曰懈縣縣收取黠吏豪民案致其罪高至於死〔補注〕先謙曰顧炎武云高謂罪名之上者猶言上刑矣周壽昌云高猶極也下極者同收取人必於秋冬課吏大會中及出行縣師古曰於大會之中及行縣時則收取罪人以警眾也行音下更反〔補注〕周壽昌曰漢以冬盡決囚必於秋冬收取者使不得展緩逃死不吕無事時其有所取也吕一警百吏民皆服恐懼改行自新東海大豪郯許仲孫師古曰郯縣之豪姓許名仲孫爲姦猾亂吏治郡中苦之二千石欲捕者輒吕力埶變詐自解終莫能制翁歸至論棄仲孫市一郡怖栗莫敢犯禁東海大治吕高第入守右扶風滿歲爲眞選用廉平疾姦吏吕爲右職〔補注〕先謙曰胡注職居諸吏之上爲右職接待吕禮好惡與同之其負翁歸罰亦必行〔補注〕先謙曰負翁歸謂不舉職治如在東海故迹姦

邪罪名亦縣縣有名籍盜賊發其比伍中師古曰比謂左右相次者也五家爲伍若今五保也比音頻寐反〔補注〕先謙曰官本注保上五作伍翁歸輒召其縣長吏曉告吕姦黠主名教使用類推迹盜賊所過抵師古曰抵歸也所經過及所歸投也類常如翁歸言無有遺託師古曰類猶率也〔補注〕錢大昭曰託南監本閩本並作脫先謙曰官本作脫是緩於小弱急於豪彊豪彊有論罪輸掌畜官師古曰論罪決罪也扶風畜牧所在有苑師之屬故曰掌畜官也畜音許救反〔補注〕錢大昭曰百官表右扶風有掌畜令丞顏注誤使斫莝師古曰莝斬芻音千臥反責吕員程不得取代師古曰員數也計其人及日數爲功程〔補注〕沈欽韓曰淮南說山訓春至旦不中員呈猶讀之呈與程同鹽鐵論水旱篇有司多爲大器務應員程不中程輒笞督師古曰督責也〔補注〕先謙曰官本無注極者至吕鈇自剄而死師古曰鈇斫莝刃也音大夫之夫使其斫莝故因以莝刃自剄而說者或謂爲斧或云劒鈇皆失之也京師畏其威嚴扶風大治盜賊課常爲三輔最師古曰言發則獲之無有遺失故爲最也翁歸爲政雖任刑其在公卿之間清絜自守語不及私然溫良嗛退不吕行能驕人師古曰嗛古以爲謙字〔補注〕沈欽韓曰說文嗛口有所銜也借爲謙字易釋文謙子夏作嗛云嗛謙也

甚得名譽於朝廷視事數歲元康四年病卒家無餘財天子賢之制詔御史朕夙興夜寐以求賢爲右師古曰右猶上也不異親疏近遠務在安民而已扶風翁歸廉平鄉正師古曰鄉讀曰嚮治民異等早夭不遂不得終其功業朕甚憐之其賜翁歸子黃金百斤以奉祭祠〔補注〕先謙曰官本祭上有其字翁歸三子皆爲郡守少子岑歷位九卿至後將軍〔補注〕齊召南曰據表岑字子河成帝永始四年以護羌校尉爲執金吾元延元年爲右將軍此文作後將軍必有一誤而閎孺亦至廣陵相有治名由是世稱田延年爲知人

韓延壽字長公燕人也徙杜陵少爲郡文學父義爲燕郎中刺王之謀逆也義諫而死燕人閔之是時昭帝富於春秋大將軍霍光持政徵郡國賢良文學問以得失時魏相以文學對策以爲賞罰所以勸善禁惡政之本也日者燕王爲無道師古曰日者猶言往日也韓義出身彊諫爲王所殺義無比干之親而蹈比干之節師古曰殷之比干紂之諸父諫紂而死故以爲喻也宜顯賞其子以示天下明爲人臣之義光納其言因擢延壽爲諫大夫遷淮陽太守治甚有名徙潁川潁川多豪彊難治國家常爲選良二千石先是趙廣漢爲太守患其俗多朋黨故構會吏民令相告訐師古曰構結也一切以爲聰明〔補注〕王文彬曰猶言以爲耳目潁川由是以爲俗民多怨讎延壽欲更改之教以禮讓恐百姓不從乃歷召郡中長老爲鄉里所信向者數十人設酒具食親與相對接以禮意人人問以謠俗民所疾苦師古曰謠俗謂閭里歌謠政教善惡也爲陳和睦親愛銷除怨咎之路長老皆以爲便可施行因與議定嫁娶喪祭儀品略依古禮不得過法延壽於是令文學校官諸生皮弁執俎豆師古曰校亦學也音效〔補注〕周壽昌曰官卽官舍也後書明帝紀永平十年召校官子弟作雅樂奏鹿鳴校官二字與此同猶言學舍之諸生弟子也不作官職解爲吏民行喪嫁娶禮百姓遵用其教賣偶車馬下里僞物者棄之市道張晏曰下里地下蒿里僞物也師古曰偶謂木土爲之象眞車馬之形也偶對也弃其物

於市之道上也〔補注〕周壽昌曰史記孟嘗君傳木偶人謂土偶人注象人曰偶木土像亦曰偶本書郊祀志木寓龍史記封禪書作木禺龍偶一作寓唐以來謂爲寓車寓馬數年徙爲東郡太守黃霸代延壽居潁川霸因其迹而大治延壽爲吏上禮義好古教化所至必聘其賢士以禮待用廣謀議納諫爭〔補注〕先謙曰爭讀曰諍舉行喪讓財表孝弟有行修治學官師古曰學官謂庠序之舍也〔補注〕先謙曰官本官作宮考證云學宮應作學官漢書各傳皆然諸本並誤耳周壽昌云學官亦謂學舍漢學校立官肇自董仲舒見仲舒傳實京師學校也郡縣立學官始文翁見文翁傳春秋鄉社〔補注〕先謙曰官本社作射是陳鍾鼓管弦盛升降揖讓〔補注〕先謙曰胡注周禮鄉大夫以鄉射之禮五物詢衆庶一曰和二曰容三曰主皮四曰和容五曰興舞及都試講武設斧鉞旌旗習射御之事治城郭收賦租先明布告其日以期會爲大事吏民敬畏趨鄉之師古曰趨讀曰趣鄉讀曰嚮又置正五長師古曰正若今之鄉正里正也五長同伍之中置一人爲長也相率以孝弟不得舍姦人師古曰舍止也閭里仟佰有非常〔補注〕先謙曰仟佰乃阡陌借字也官本正作阡陌吏輒聞知姦人莫敢入界其始若煩後吏無追捕之苦民無箠楚之憂師古曰箠杖也楚荊木也卽今之荊子也箠音止蘂反皆便安之接待下吏恩施甚厚而約誓明或欺負之者延壽痛自刻責豈其負之何以至此師古曰言豈我負之邪其人何以爲此事吏聞者自傷悔其縣尉至自刺死及門下掾自剄人救不殊因瘖不能言師古曰殊絕也以人救之故身首不相絕也瘖音於今反延壽聞之對掾史涕泣遣吏醫治視師古曰遣醫治之而吏護視之厚復其家師古曰復音方目反延壽嘗出臨上車騎吏一人後至〔補注〕沈欽韓曰續志公以下至二千石騎吏四人敕功曹議罰白師古曰令定其罪名而更白之還至府門門卒當車願有所言延壽止車問之卒曰孝經曰資於事父以事君而敬同故母取其愛而君取其敬兼之者父也師古曰資取也取事父之道以事君其敬則同也母則極愛君則極敬不如父之兼愛敬也今旦明府早駕久駐未出騎吏父來至府門不敢入騎吏聞之趨走出謁適會明府登車以敬父而見罰得毋虧大化乎延壽舉手輿中曰微子太守不自知過師古曰微無也歸舍召見門卒卒本

諸生聞延壽賢無因自達故代卒師古曰代人爲卒也延壽遂待用之補注王念
孫曰待讀爲特[illegible]獨特謂特用此門卒爲掾也莊子逍遙遊篇彭祖乃今以久特聞崔譔本特作待待特聲相近故字相
通而師古無音則已不知其爲特之借字矣漢紀正作遂特用之其納善聽諫皆此類也在東郡
三歲令行禁止斷獄大減爲天下最入守左馮翊滿歲稱職爲眞
歲餘不肯出行縣師古曰行音下更反其後亦同丞掾數白宜循行郡中覽觀民
俗考長吏治迹延壽曰縣皆有賢令長督郵分明善惡於外行縣
恐無所益重爲煩擾師古曰重音直用反丞掾皆以爲方春月可壹出勸耕
桑延壽不得已行縣至高陵補注齊召南曰案地理志高陵雖爲左馮翊首縣而非其治所趙廣漢傳
左馮翊右扶風皆治長安中故曰行縣至高陵也民有昆弟相與訟田自言延壽大傷之
曰幸得備位爲郡表率不能宣明教化至令民有骨肉爭訟既傷
風化重使賢長吏嗇夫三老孝弟受其恥師古曰重音直用反補注先謙曰通鑑胡注賢
長吏謂縣令丞也後漢志注三老孝弟力田三者皆鄉官之名也三老高帝置孝弟力田高后置所以勸導鄉里助成敎化也先謙

案百官志嗇夫職聽訟三老掌敎化咎在馮翊當先退是日移病不聽事因入臥傳
舍閉閤思過一縣莫知所爲令丞嗇夫三老亦皆自繫待罪補注宋祁
曰自字疑作同字於是訟者宗族傳相責讓此兩昆弟深自悔皆自髡肉
袒謝願以田相移終死不敢復爭師古曰移猶傳也一說兄以讓弟弟又讓之故云相移延
壽大喜開閤延見內酒肉與相對飲食厲勉以意告鄉部有以表
勸悔過從善之民師古曰以其悔過從善故令表顯以示勸勵延壽迺起聽事勞謝令
丞以下引見尉薦補注先謙曰尉薦猶慰藉郡中歙然莫不傳相敕厲不敢犯
補注先謙曰歙與翕同延壽恩信周徧二十四縣莫復以辭訟自言者推其
至誠吏民不忍欺紿師古曰紿誑也延壽代蕭望之爲左馮翊而望之遷
御史大夫補注錢大昕曰公卿表望之之後尙有左馮翊彊一人非即以延壽代也望之由馮翊遷大鴻臚又二年而拜
御史大夫其時延壽亦爲左馮翊矣傳所書未核侍謁者福補注先謙曰百官表有謁者無侍謁者續志後漢常侍謁
者五人比六百石掌殿上時節威儀疑侍上脫常字福其名也爲望之道延壽在東郡時放散官

錢千餘萬望之與丞相丙吉議吉以爲更大赦不須考師古曰吏音工衡反
會御史當問事東郡補注宋祁曰越本景祐本無事字望之因令幷問之師古曰望之以
延壽代己爲馮翊而有能名出己之上故忌害之欲陷以罪法延壽聞知即部吏案校望之在馮
翊時廩犧官錢放散百餘萬補注先謙曰百官表左馮翊屬官有廩犧令丞尉顏注廩主藏穀犧主養
牲皆所以供祭祀廩犧吏掠治急自引與望之爲姦延壽劾奏移殿門禁
止望之補注何焯曰嚴延年傳張晏注故事有所劾奏並移宮門禁止不得入望之自奏職在總領
天下聞事不敢不問而爲延壽所拘持上由是不直延壽各令窮
竟所考望之卒無事實而望之遣御史案東郡具得其事延壽在
東郡時試騎士師古曰每歲大試也補注先謙曰胡注即都試也治飾兵車畫龍虎朱爵
補注沈欽韓曰輿服志乘輿金薄繆龍爲輿倚較文虎伏軾鸞雀立衡延壽衣黃紈方領晉灼曰以黃色素作
直領也師古曰衣音於既反駕四馬傳總建幢棨李奇曰戟也晉灼曰傳著也總以緹縿飾鑣轄也建立也
幢旌幢也棨戟也師古曰幢麾也棨有衣之戟也其衣以赤黑繒爲之幢音大江反棨音啟補注沈欽韓曰輿服志乘輿金鑁方釳

插翟象鑣獨斷金鑁者馬冠也高廣各五寸上如五華形在馬髦前案總即鑁也植羽葆師古曰植亦立也羽葆聚翟尾
爲之亦今纛之類也植音常職反補注宋祁曰注文今字下疑有叢字鼓車歌車孟康曰如今郊駕時車上鼓吹也師
古曰郊駕郊祀時備法駕也補注沈欽韓曰隋禮儀志鼓吹車上施層樓四角金龍銜流蘇羽葆樓上有翔鷺棲烏或爲鵠形歌車
未詳或樂人所載功曹引車皆駕四馬載棨戟補注沈欽韓曰古今注棨戟殳之遺像前驅之器以
木爲之後世滋僞無復典刑以赤油韜之亦謂之油戟王公以下通用之以前驅五騎爲伍分左右部軍
假司馬千人持幢旁轂師古曰旁音步浪反補注王念孫曰通鑑漢紀十九亦作千人案既云旁轂則不得
有千人之多千人當依漢紀作十人先謙曰續志大將軍部下有軍假司馬此當讀部字爲句馮奉世傳如湻注引漢注云邊郡置
都尉及千人司馬皆不治民百官表中尉有候司馬千人西域都護下有司馬候千人各二人屬國都尉下有丞候千人此千人皆
官名王說誤歌者先居射室李奇曰都試射堂也望見延壽車噭咷楚歌服虔曰噭音叫
呼之叫咷音滌灌之滌師古曰咷音它釣反延壽坐射室騎吏持戟夾陛列立騎士從
者帶弓鞬羅後師古曰鞬弓衣也音居言反令騎士兵車四面營陳被甲鞮鞪
居馬上抱弩負籣如湻曰籣盛弩箭箙也師古曰鞮鞪即兜鍪也籣盛弩矢者也其形如木桶鞮音丁奚反鞪音

莫侯反又使騎士戲車弄馬盜驂孟康曰戲車弄馬之技也馳盜解驂馬御者不見也補注沈欽韓曰通典舞輪伎蓋今之戲車輪者弄馬蓋舞馬盜驂則秦穆公事效爲之象百戲之始延壽又取官銅物候月蝕鑄作刀劒鉤鐔放效尙方事師古曰鉤亦兵器也似劒而曲所以鉤殺人也鐔劒喉也又曰鐔似劒而小陿鐔音淫又音尋補注蘇輿曰說文云鐔劒鼻也案鐔又謂之劒口顏云劒喉義並同因其有孔總受諸名先謙曰胡注漢制尙方主作御刀劒及取官錢帛私假繇使吏師古曰假謂顧賃也繇讀與徭同補注宋祁曰繇字下疑有役字王念孫曰使當爲役役古文作伇與使形近而誤漢紀作私假傜役吏民是其證及治飾車甲三百萬吕上於是望之劾奏延壽上僭不道又自陳前爲延壽所奏今復舉延壽罪衆庶皆吕臣懷不正之心侵寃延壽願下丞相中二千石博士議其罪事下公卿皆吕延壽前既無狀後復誣愬典法大臣欲吕解罪狡猾不道天子惡之延壽竟坐弃市吏民數千人送至渭城補注沈欽韓曰左馮翊治長安有罪不就戮長安市而至右扶風所屬渭城不可曉老小扶持車轂爭奏酒炙師古曰奏進也延壽不忍距逆人人爲飲計飲酒石餘使掾史

分謝送者遠苦吏民延壽死無所恨百姓莫不流涕延壽三子皆爲郎吏且死屬其子勿爲吏吕己爲戒師古曰屬音之欲反子皆吕父言去官不仕至孫威迺復爲吏至將軍威亦多恩信能拊衆得士死力威又坐奢僭誅延壽之風類也

張敞字子高本河東平陽人也祖父孺爲上谷太守徙茂陵敞父福事孝武帝官至光祿大夫敞後隨宣帝徙杜陵敞本吕鄉有秩補太守卒史師古曰鄉有秩者嗇夫之類也補注先謙曰百官表有秩次於三老察廉爲甘泉倉長稍遷太僕丞補注先謙曰百官表太僕有兩丞杜延年甚奇之師古曰延年時爲太僕也會昌邑王徵卽位動作不由法度敞上書諫曰孝昭皇帝蚤崩無嗣師古曰蚤古早字大臣憂懼選賢聖承宗廟東迎之日唯恐屬車之行遲師古曰不欲斥乘輿故但言屬車耳屬音之欲反今天子吕盛年初卽位天下莫不拭目傾耳觀化聽風師古曰言改易視聽欲急聞見善政化也拭音式國輔大臣未褒而昌邑小輦先遷李奇曰挽輦小臣也此過之大者也後十餘日王賀廢敞吕切諫顯名擢爲豫州刺史吕數上事有忠言宣帝徵敞爲太中大夫補注先謙曰上事謂上封事百官表太中大夫秩比千石與于定國並平尙書事吕正違忤大將軍霍光師古曰守正不阿也而使主兵車出軍省減用度師古曰令其主節減軍興之用度也復出爲函谷關都尉宣帝初卽位廢王賀在昌邑上心憚之徙敞爲山陽太守補注錢大昭曰地節三年五月視事先謙曰敞奏賀行事不足畏詳賀傳久之大將軍霍光薨宣帝始親政事封光兄孫山雲皆爲列侯吕光子禹爲大司馬頃之山雲吕過歸第霍氏諸壻親屬頗出補吏敞聞之上封事曰臣聞公子季友有功於魯大夫趙衰有功於晉師古曰衰音初爲反大夫田完有功於齊皆疇其官邑補注先謙曰官本作疇其庸引宋祁曰疇其庸浙本作疇其軍邑邵本作官爵案宣紀疇其爵邑張晏注云律非始封十減二疇者等也言不復減也先謙案通鑑作疇其庸漢紀作疇其官位延及子孫終後田氏篡齊趙氏分晉季氏顓魯師古曰顓與專同下皆類此故仲尼作

春秋迹盛衰師古曰著盛衰之跡補注蘇輿曰迹猶推尋也顏訓非譏世卿最甚迺者大將軍決大計安宗廟定天下功亦不細矣夫周公七年耳而大將軍二十歲補注先謙曰胡注周公輔成王七年而反政自武帝後元二年至地節二年適二十歲海內之命斷於掌握方其隆時補注先謙曰通鑑隆下有盛字感動天地侵迫陰陽月朓日蝕晝冥宵光師古曰冥闇也宵夜也朓音它了反地大震裂火生地中天文失度祅祥變怪不可勝記皆陰類盛長臣下顓制之所生也朝臣宜有明言曰陛下褒寵故大將軍吕報功德足矣間者輔臣顓政貴戚太盛君臣之分不明請罷霍氏三侯皆就弟及衞將軍張安世宜賜几杖歸休時存問召見吕列侯爲天子師補注先謙曰言朝臣宜如此官本弟作第明詔吕恩不聽羣臣吕義固爭而後許天下必吕陛下爲不忘功德而朝臣爲知禮霍氏世世無所患苦今朝廷不聞直聲師古曰言朝臣不進直言以陳其事而令明詔自親其文非策之得者也師古曰言失計也今兩侯吕出

補注先謙曰吕己同人情不相遠吕臣心度之大司馬及其枝屬必有畏懼之心夫近臣自危非完計也補注宋祁曰危字疑作疑字先謙曰荀紀通鑑皆作危臣敞願於廣朝白發其端直守遠郡其路無由師古曰直讀曰值夫心之精微口不能言也言之微眇書不能文也師古曰眇細也故伊尹五就桀五就湯師古曰孟子云五就湯五就桀者伊尹也言伊尹為湯臣見貢於桀桀不用而湯復貢之如此者五也蕭相國薦淮陰累歲乃得通況乎千里之外因書文諭事指哉唯陛下省察上甚善其計然不徵也久之勃海膠東盜賊並起敞上書自請治之曰臣聞忠孝之道退家則盡心於親進宦則竭力於君夫小國中君猶有奮不顧身之臣況於明天子乎今陛下遊意於太平勞精於政事亹亹不舍晝夜師古曰亹亹言勉彊也舍息也亹音尾羣臣有司宜各竭力致身山陽郡戶九萬三千口五十萬吕上補注齊召南曰案地理志山陽郡戶十七萬二千八百四十七口八十萬一千二百八十八與此文大相懸殊蓋元始中戶口十倍於宣帝時矣訖計盜賊未得者七十七人師古曰訖盡也它課諸事亦略如此臣敞愚駑既無吕佐思慮久處閒郡師古曰閒讀曰閑身逸樂而忘國事非忠孝之節也伏聞膠東勃海左右郡歲數不登師古曰年穀頻不孰也盜賊並起至攻官寺補注蘇輿曰說文寺廷也有法度者也後書光武紀注引風俗通云宮府所止皆曰寺也篡囚徒搜市朝劫列侯吏失綱紀姦軌不禁臣敞不敢愛身避死唯明詔之所處願盡力摧挫其暴虐存撫其孤弱事即有業所至郡條奏其所由廢及所吕興之狀師古曰有業言各得其所補注周壽昌曰淮南憲王傳大王緒欲救世顏注緒業也一曰始為端緒業與緒互相訓此言事有端緒也蘇輿曰即猶若也[illegible]言事若有端緒便條奏也本書己即訓若者如孫寶傳即度稱季而譴它事言若度稱季而譴它事也趙充國傳兵即分出言兵若分出也又云虜即據前險守後阨以絕糧道言虜若據前險守後隘以絕糧道也王尊傳即不如章言若不如章也陳萬年傳即各欲求索自快言若各欲求索自快也又云即蒙子公力言若蒙子公力也酷吏傳即有避言若有避也又云即無勢言若無勢也此類甚多顏並失注[illegible]書奏天子徵敞拜膠東相補注宋祁曰膠東景帝子康王寄之後賜黃金三十斤敞辭之官自請治劇郡非賞

罰無吕勸善懲惡師古曰懲止也補注先謙曰官本請作謂吏追捕有功效者願得壹切比三輔尤異如淳曰壹切權時也趙廣漢奏請令長安游徼獄史秩百石又循吏傳左馮翊有二百石卒史此之謂尤異也補注劉攽曰下言上名尚書調補縣令然則三輔尤異如此天子許之敞到膠東明設購賞開羣盜令相捕斬除罪吏追捕有功上名尚書調補縣令者數十人師古曰調選也音徒釣反由是盜賊解散傳相捕斬吏民歙然師古曰歙音翕國中遂平居頃之王太后數出游獵敞奏書諫曰臣聞秦王好淫聲葉陽后為不聽鄭衛之樂孟康曰葉陽秦昭王后也師古曰葉陽式涉反補注沈欽韓曰論衡譴告篇秦穆公好淫樂華陽后為之不聽鄭衛之音然則葉陽是華陽之誤彼作穆公又非先謙曰式上陽官本作音是楚嚴好田獵樊姬為之不食鳥獸之肉師古曰樊姬楚莊王姬也口非惡旨甘耳非惛絲竹也所吕抑心意絕耆欲者師古曰耆讀曰嗜將吕率二君而全宗祀也禮君母出門則乘輜軿下堂則從傅母師古曰輜軿衣車也輜音甾又音楚疑反軿音步千反又音步丁反補注沈欽韓曰穀梁傳宋伯姬曰婦人之義傅母不在宵不下堂進退則鳴玉佩補注王念孫曰案鳴玉佩本作鳴佩玉謂鳴所佩之玉也玉藻云行則鳴佩玉[illegible]傳尚書大傳云夫人鳴佩玉於房中[illegible]皆敞書所本也漢紀正作進退則鳴佩玉[illegible]內飾則結綢繆文穎曰謂衣裹結束綢繆也師古曰組紐之屬所以自結固也綢音直留反繆音一虯反補注沈欽韓曰列女傳齊孝孟姬曰進退則鳴玉環佩內飾則結紐綢繆詩傳綢繆猶纏綿也此言尊貴所吕自斂制不從恣之義也師古曰從讀曰縱今太后資質淑美慈愛寬仁諸侯莫不聞而少吕田獵縱欲為名補注王念孫曰縱欲當為縱恣縱恣二字即指田獵言之徐樂傳陛下逐走獸射飛鳥宏游燕之囿淫從恣之觀極馳騁之樂義與此同且田獵縱恣四字皆見上文則當為縱恣明矣恣與慾字相似恣譌為慾又譌欲耳漢紀正作縱恣王文彬曰少以猶言微以於吕上聞亦未宜也師古曰上聞聞於天子也唯觀覽於往古全行乎來今令后姬得有所法則下臣有所稱誦補注宋祁曰臣字可刪先謙曰漢紀下臣作臣下臣敞幸甚書奏太后止不復出是時潁川太守黃霸吕治行第一入守京兆尹霸視事數月不稱罷歸潁川於是制詔御史其吕膠東相敞守京兆尹補注先謙曰据公卿表在神爵元年自趙廣漢誅後比更守尹師古曰比頻也更歷也音工衡反如

霸等數人皆不稱職〔補注〕先謙曰公卿表廣漢後惟書守兆尹彭城太守遺及霸此云數人蓋表有脫漏京師寖廢師古曰寖漸也長安市偷盜尤多百賈苦之上以問敞敞以爲可禁敞既視事求問長安父老偷盜酋長數人應劭曰酋長帥師古曰酋音才由反居皆溫厚出從童騎閭里以爲長者師古曰溫厚言富足也童騎以童奴爲騎而自從也〔補注〕沈欽韓曰韓非說使篇重厚自尊謂之長者敞皆召見責問因貰其罪把其宿負師古曰貰緩也把執持也音步馬反令致諸偷以自贖師古曰致至也引至于官府偷長曰今一旦召詣府恐諸偷驚駭願一切受署師古曰自言願權補吏職也〔補注〕先謙曰官本一作壹敞皆以爲吏遣歸休置酒小偷悉來賀且飲醉偷長以赭汙其衣裾師古曰赭赤土也吏坐里閭閱出者師古曰閭謂里之門也汙赭輒收縛之一日捕得數百人窮治所犯或一人百餘發盡行法罰〔補注〕先謙曰百餘發猶言百餘次重則致法輕則行罰由是枹鼓稀鳴市無偷盜師古曰枹擊鼓椎也音桴其字從木也天子嘉之敞爲人敏疾賞罰分明見惡輒取時時越法縱舍有足大者如淳曰有可貴

異而大之者也晉灼曰越法縱舍郎足大者也師古曰晉說是也〔補注〕沈欽韓曰御覽八百二十引漢書曰獄張敞爲京兆尹長安游徼受臧布罪名已定其母年八十守遺腹子詣敞自陳願乞一生之命敞多其母守節而出教更量所受布狹幅短度中疏虧二尺價直五百由此得不死蘇輿曰有足大者猶言有足多者晉專以越法言非其治京兆略循趙廣漢之迹方略耳目發伏禁姦不如廣漢然敞本治春秋以經術自輔〔補注〕周壽昌曰敞蓋治左氏春秋前封事所引公子季友晉趙衰齊田完等事皆與左傳合其政頗雜儒雅往往表賢顯善不醇用誅罰以此能自全竟免於刑戮京兆典京師長安中浩穰於三輔尤爲劇師古曰浩大也穰盛也言人眾之多也穰音人掌反郡國二千石以高弟入守及爲真〔補注〕先謙曰官本弟作第久者不過二三年近者數月一歲輒毀傷失名以罪過罷唯廣漢及敞爲久任職敞爲京兆朝廷每有大議引古今處便宜公卿皆服天子數從之然敞無威儀時罷朝會過走馬章臺街孟康曰在長安中臣瓚曰在章臺下街也〔補注〕沈欽韓曰古今注京兆尹執金吾司隸校尉皆使人導引傳呼使行者止坐者起四人皆持角弓違者則射之有乘高窺闞者亦射之案走馬則舍駕而騎謝夷吾鮑宣

俱以舍法駕被劾於此見其無威儀也使御吏驅自以便面拊馬師古曰便面所以障面蓋車之類也不欲見人以此自障面則得其便故曰便面亦曰屏面今之沙門所持竹扇上袤平而下圜即古之便面也音頻面反〔補注〕王鳴盛曰南齊褚淵以腰扇障日通鑑注云腰扇佩之於腰今謂之摺疊扇以上諸文參之今之聚頭扇竹骨紙身者即此遺製先謙曰官本注車作扇是又爲婦畫眉長安中傳張京兆眉憮應劭曰憮大也孟康曰憮音詡北方人謂媚好爲詡畜蘇林曰憮音嫵師古曰本以好媚爲稱何說於大乎蘇音是〔補注〕宋祁曰憮音嫵媚之嫵音舞沈欽韓曰方言憮愛也韓鄭曰憮僷嫵釋詁憮大也此應所本廣雅嫿嫵好也孟云媚好爲詡畜即嫿也詡應爲瞴方言作盱郭云舉眼也依本字當如愛訓舉眼即聯覑騰光之意故爲媚好有司以奏敞上問之對曰臣聞閨房之內夫婦之私有過於畫眉者上愛其能弗備責也然終不得大位〔補注〕宋祁曰或無終字敞與蕭望之于定國相善始敞與定國俱以諫昌邑王超遷定國爲大夫平尚書事敞出爲刺史時望之爲大行丞〔補注〕先謙曰武帝更行人爲大行後望之先至御史大夫定國後至丞相敞終不過郡守爲京兆九歲〔補注〕先謙曰甘露元年坐與光祿勳楊惲厚善後惲坐大逆誅

公卿奏惲黨友不宜處位等比皆免師古曰比例也音必寐反而敞奏獨寢不下師古曰天子惜敞故留所奏事不出敞使卒捕掾絮舜有所案驗李奇曰絮音挐師古曰賊捕掾主捕賊者也絮姓也音女居反又音人餘反〔補注〕先謙曰卒字誤官本作賊据注本作賊下文作賊捕掾不誤舜以敞劾奏當免不肯爲敞竟事私歸其家人或諫舜舜曰吾爲是公盡力多矣今五日京兆耳安能復案事〔補注〕宋祁曰當添作安能爲後案事敞聞舜語即部吏收舜繫獄是時冬月未盡數日案事吏晝夜驗治舜竟致其死事〔補注〕先謙曰胡注罪不至死而以事致之所謂文致也舜當出死〔補注〕宋祁曰當添爲舜臨當出死敞使主簿持教告舜曰〔補注〕先謙曰胡注主簿處郡閤下主文簿因以名官五日京兆竟何如冬月已盡延命乎師古曰言汝不欲望延命乎〔補注〕周壽昌曰敞謂舜所恃冬月未盡僅數日至春則不行刑今冬月已盡汝果得延命乎自詡五日京兆之尚有權以轉詰舜也顏注失語氣迺棄舜市會立春行冤獄使者出師古曰行音下更反舜家載尸并編敞教師古曰編聯也聯之於章前也自言使者使者奏敞賊殺不辜天子薄其罪師古曰以其事爲輕小也欲令敞得自便利

師古曰從輕法以免也便音頻面反〔補注〕周壽昌曰敞本罪爲賊殺不辜當從重比坐楊惲事僅免爲庶人猶今官吏被訟逮主法者輕之令自例輕罪一事得薄罰以免也卽先下敞前坐楊惲不宜處位奏〔補注〕先謙曰下前公卿所奏免爲庶人敞免奏既下詣闕上印綬便從闕下亡命師古曰不還其本縣邑也數月京師吏民解弛枹鼓數起師古曰弛放也音式爾反〔補注〕先謙曰胡注盜賊多也先謙案官本注在弛下而冀州部中有大賊天子思敞功效使使者卽家在所召敞師古曰就其所居處而召之敞身被重劾師古曰謂前有賊殺不辜之事及使者至妻子家室皆泣惶懼而敞獨笑曰吾身亡命爲民郡吏當就捕今使者來此天子欲用我也卽裝隨使者〔補注〕先謙曰胡注治行裝而隨使者也詣公車上書曰〔補注〕先謙曰官本作詣公車上書引宋祁曰當添爲上書謝曰錢大昭云當作詣公車上書蘇輿云百官表衞尉屬官有公車司馬掌天下上事臣前幸得備位列卿待罪京兆〔補注〕宋祁曰當作京兆尹先謙曰胡注西都之制爲三輔者列於九卿待罪者謙言也謂身居其官而不稱職則將有瘝曠之罪故謂居職爲待罪西都之臣率有是言坐殺賊捕掾絮舜舜本臣敞素所厚吏數蒙恩貸師古曰貸音土帶反以臣有章劾當免受記考事師古曰記書也若今之州縣爲符敎也便歸臥家謂臣五日京兆背恩忘義傷化薄俗〔補注〕宋祁曰一本作傷薄俗化先謙曰通鑑與一本同臣竊以舜無狀枉法以誅之臣敞賊殺無辜鞫獄故不直雖伏明法死無所恨天子引見敞拜爲冀州刺史敞起亡命復奉使典州既到部而廣川王國羣輩不道賊連發不得敞以耳目發起賊主名區處師古曰區謂居止之所也誅其渠帥廣川王姬昆弟及王同族宗室劉調等通行爲之囊橐師古曰言容止賊盜若囊橐之盛物也〔補注〕先謙曰廣川王海陽也詳景十三王傳後廢徙房陵吏逐捕窮窘縱迹皆入王宮〔補注〕周壽昌曰縱卽蹤謂跡也先謙曰官本縱作蹤敞自將郡國吏車數百兩師古曰一乘車爲兩也圍守王宮搜索調等果得之殿屋重轑中蘇林曰轑椽也重轑重棼中師古曰重棼卽今之廊舍也一邊虛爲兩夏者也轑音老棼音扶分反〔補注〕宋祁曰殿屋一無屋字沈欽韓曰說文橑椽也又棼複屋棟也孔晁作雅注重郎累屋也先謙曰官本注無之字敞傳吏皆捕格斷頭師古曰傳讀曰附言敞自監護吏而捕之縣其頭王宮門外因劾奏廣川王天子不忍

致法削其戶敞居部歲餘冀州盜賊禁止守太原太守〔補注〕宋祁曰當作徙守太原滿歲爲眞太原郡清〔補注〕宋祁曰當作郡清靜周壽昌曰案北堂書鈔引典錄曰張敞爲太原太守有三人劫郡界持三人以爲質敞聞之自往詣劫所諭曉之曰釋質太守釋汝乃解印綬以示之曰大夫不敢欺願釋質自首遂解縱之遂自劾詔復其冠履如故先謙曰朱博傳郡中清嚴延年傳郡中正清趙廣漢傳京兆政清與太原郡清句例同宋說非頃之宣帝崩元帝初卽位待詔鄭朋〔補注〕先謙曰朋見劉向蕭望之傳薦敞先帝名臣宜傅輔皇太子上以問前將軍蕭望之望之以爲敞能吏任治煩亂材輕非師傅之器天子使使者徵敞欲以爲左馮翊會病卒〔補注〕先謙曰敞事又見郊祀志蕭望之黃霸朱邑傳敞所誅殺太原吏吏家怨敞隨至杜陵刺殺敞中子璜敞三子官皆至都尉初敞爲京兆尹而敞弟武拜爲梁相是時梁王驕貴〔補注〕先謙曰王定國也孝王武之元孫民多豪彊號爲難治敞問武欲何以治梁武敬憚兄謙不肯言敞使吏送至關戒吏自問武武應曰馭黠馬者利其銜策梁國大都吏民凋敝且當以柱

後惠文彈治之耳應劭曰柱後以鐵爲柱今法冠是也一名惠文冠晉灼曰漢注法冠也一號柱後惠文以纚裹鐵柱卷秦制執法服今御史服之謂之解廌一角今冠兩角以解廌爲名耳師古曰晉說是也纚卽今方目紗也纚音山爾反卷音去權反〔補注〕李慈銘曰一角上宜疊解廌二字解廌今作獬豸獬俗字豸借字秦時獄法吏冠柱後惠文武意欲以刑法治梁吏還道之敞笑曰審如掾言武必辨治梁矣〔補注〕先謙曰辨與辦同武既到官其治有迹亦能吏也敞孫竦王莽時至郡守封侯博學文雅過於敞然政事不及也〔補注〕何焯曰竦事詳莽傳及游俠傳杜鄴傳竦死敞無後〔補注〕周壽昌曰竦從兄紹爲安衆侯劉崇相從崇起義誅莽兵敗死之實敞孫也宜附傳末

王尊字子贛師古曰贛音貢涿郡高陽人也少孤歸諸父使牧羊澤中〔補注〕宋祁曰當作少歸諸父諸父使牧羊澤中尊竊學問能史書年十三求爲獄小吏數歲給事太守府問詔書行事尊無不對師古曰以施行詔條問之皆曉其事太守奇之除補書佐署守屬監獄師古曰署爲守屬令監獄主囚也監音工銜反久之尊稱病去事師郡文學官師古曰郡有文學官而尊事之以爲師也治尙書論語略通大義復召署

守屬治獄爲郡決曹史數歲㠯令舉幽州刺史從事如淳曰漢儀注刺史得擇所部二千石卒史與從事〔補注〕宋祁曰決曹史淳化本無史字予案如注須得史字乃安止作決曹非是而太守察尊廉補遼西鹽官長如淳曰地理志遼西有鹽官〔補注〕錢大昭曰據志在海陽縣數上書言便宜事事下丞相御史初元中舉直言遷虢令如淳曰本西虢也屬右扶風〔補注〕先謙曰今鳳翔府寶雞縣東五十里轉守槐里兼行美陽令事〔補注〕先謙曰槐里美陽並扶風縣槐里今西安府興平縣東南十里美陽今乾州武功縣西南春正月美陽女子告假子不孝〔補注〕沈欽韓曰前妻之子也列女傳魏芒慈母曰於假子而不爲何以異於凡母其父爲其孤也而使妾爲其繼母繼母頌曰慈惠仁義扶養假子晉書閻纘傳家門無祕三世假親案纘自言繼母也武梁畫像題云閔子騫與假母居與此假子對也曰兒常㠯我爲妻妒笞我〔補注〕宋祁曰妒當改作妬尊聞之遣吏收捕驗問辭服尊曰律無妻母之法聖人所不忍書此經所謂造獄者也晉灼曰歐陽尚書有此造獄事也師古曰非常刑名造殺戮之法尊於是出坐廷上取不孝子縣磔著樹〔補注〕周壽昌曰漢制春不行刑此以非常逆惡不能緩至冬即今律之決不待時也先謙曰景紀顏注磔謂張其尸也此謂縣而張之與磔相似故亦曰縣磔非謂張尸

下乃言射殺也使騎吏五人張弓射殺之吏民驚駭後上行幸雍過虢尊供張如法而辦師古曰尊雖行美陽令而就虢供張也供音居用反張音竹亮反〔補注〕劉攽曰自長安上雍不過虢過美陽虢字是史氏誤齊召南曰案顧炎武亦駁此文云今鳳翔縣古之雍城而虢在陝幸雍何以得過虢當是過美陽之誤案攽及炎武並疑虢地在陝幸雍不當東行而不知右扶風自有虢縣也據地理志雍虢美陽三縣並屬右扶風虢縣故城在今鳳翔府城南雍縣即今鳳翔府治漢帝西幸雍必過虢道里甚明何乃疑周之虢國東在弘農者乎夫漢時於周虢國地置陝縣屬弘農郡固不云虢縣也本文不誤何焯曰尊已轉守槐里不爲虢令周壽昌曰槐里爲守美陽爲兼仍實任虢縣未他徙齊說是也㠯高弟擢爲安定太守〔補注〕先謙曰官本弟作第到官出教告屬縣曰令長丞尉奉法守城爲民父母師古曰城謂縣城也抑彊扶弱宣恩廣澤甚勞苦矣太守㠯今日至府願諸君卿勉力正身㠯率下〔補注〕錢大昕曰君謂令長卿謂丞尉應劭漢官云大縣丞左右尉所謂卿三人小縣一尉一丞命卿二人故行貪鄙能變更者與爲治師古曰更改也有如此者太守乃共爲治者也明慎所職毋㠯身試法又出教敕掾功曹各自底厲助太守爲治其不中用〔補注〕周壽昌曰後世謂無才爲不中用本此趣自避退毋

久妨賢師古曰趣讀曰促夫羽翮不修則不可㠯致千里〔補注〕宋祁曰浙本無則字闑內不理無㠯整外師古曰闑門橛也音魚烈反府丞悉署吏行能分別白之賢爲上〔補注〕宋祁曰當作以賢爲上毋㠯富賈人百萬不足與計事昔孔子治魯七日誅少正卯今太守視事已一月矣五官掾張輔懷虎狼之心貪汙不軌師古曰汙濁也不軌不修法制也一郡之錢盡入輔家然適足㠯葬矣〔補注〕蘇輿曰言適足以致死也今將輔送獄直符史詣閤下從太守受其事師古曰直符史若今之當直佐史也〔補注〕沈欽韓曰商子定法篇主法令之吏各爲尺六寸之符漢舊儀夜漏起宮中宮城門傳五百官直符行衞士周廬與此直符同義丞戒之戒之〔補注〕宋祁曰下戒之亦當作丞戒之相隨入獄矣師古曰意丞敎戒張輔令其避罪故以此言豫敕之〔補注〕朱一新曰此特敎丞令當謹戒否則隨輔入獄矣顏注迂曲輔繫獄數日死盡得其狡猾不道百萬姦臧威震郡中盜賊分散入傍郡界豪彊多誅傷伏辜者坐殘賊免起家復爲護羌將軍轉校尉師古曰爲校尉主轉運事而屬護羌將軍護送軍糧委輸而羌人反絕轉道師古曰絕轉運之道兵數

萬圍尊尊㠯千餘騎奔突羌賊功未列上師古曰未列上於天子也坐擅離部署會赦免歸家涿郡太守徐明薦尊不宜久在閭巷上㠯尊爲郿令師古曰右扶風之縣音媚〔補注〕宋祁曰刊誤改媚作郿先謙曰郿不能音郿當作眉遷益州刺史先是琅邪王陽爲益州刺史行部至邛郲九折阪應劭曰在蜀郡嚴道縣臣瓚曰郲山名也師古曰郲音來〔補注〕先謙曰嚴道今雅州府滎經縣治邛崍山在縣西南地理志作邛來山歎曰奉先人遺體奈何數乘此險師古曰乘登也後㠯病去及尊爲刺史至其阪問吏曰此非王陽所畏道邪吏對曰是尊叱其馭曰驅之師古曰驅馬令疾行也王陽爲孝子王尊爲忠臣尊居部二歲懷來徼外蠻夷歸附其威信博士鄭寬中使行風俗師古曰行音下更反〔補注〕先謙曰寬中見儒林傳舉奏尊治狀遷爲東平相是時東平王㠯至親驕奢不奉法度〔補注〕先謙曰宣帝子宇也傅相連坐師古曰前任傅相者頻坐以王得罪及尊視事奉璽書至庭中〔補注〕宋祁曰庭當作廷王未及出受詔尊持璽書歸舍食已乃還致詔後謁見王太傅在前說相

鼠之詩師古曰相鼠鄘風篇名刺無禮之詩也其辭曰相鼠有皮人而無儀人而無儀不死何爲相視也言視鼠有皮雖處高顯之地偸食苟得不知廉恥人無禮儀亦與鼠同不如速死也補注先謙曰此以譏尊不致詔而遽歸故下尊云云也尊曰毋持布鼓過雷門師古曰雷門會稽城門也有大鼓越擊此鼓聲聞洛陽故尊引之也布鼓謂以布爲鼓故無聲補注沈欽韓曰隋書音樂志越王句踐擊大鼓於雷門以厭吳晉時移於建康御覽五百八十二劉瓛定軍禮曰昔吳王夫差啟蛇門以厭越越人爲雷門以禳之擊大鼓於雷門之下而蛇門聞焉先謙曰會稽洛陽相距絕遠顏引流俗妄談不爲典要蛇門之聞亦微近虛誕也王怒起入後宮尊亦直趨出就舍先是王數私出入驅馳國中與后姬家交通尊到官召敕廄長大王當從官屬鳴和鸞乃出自今有令駕小車叩頭爭之言相教不得補注先謙曰言尊有教敕不得復如前後尊朝王王復延請登堂尊謂王曰尊來爲相人皆弔尊也以尊不容朝廷故見使相王耳天下皆言王勇顧但負貴安能勇師古曰顧念也負恃也安焉也補注宋祁曰浙本顧字上更有王字蘇輿曰顧猶特也如尊乃勇耳王變色視尊意欲格殺之卽好謂尊曰願觀相君佩刀師古曰陽爲好語也尊舉掖顧謂

傍侍郎前引佩刀視王師古曰視讀曰示王欲誣相拔刀向王邪補注沈欽韓曰公羊傳祁彌明呼趙盾曰食飽則出何故拔劍於君所王情得師古曰謂尊所測正得其情也又雅聞尊高名大爲尊屈酌酒具食相對極驩太后徵史奏尊張晏曰太后名也韋昭曰徵召也召東平史令爲奏也師古曰張說是也徵史太后之名亦猶東平王后之稱謁也補注先謙曰官本注在奏尊上是也太后事詳宣元六王傳爲相倨慢不臣王血氣未定不能忍愚誠恐母子俱死今妾不得使王復見尊陛下不畱意妾願先自殺不忍見王之失義也尊竟坐免爲庶人大將軍王鳳奏請尊補軍中司馬擢爲司隸校尉初中書謁者令石顯貴幸專權爲姦邪丞相匡衡御史大夫張譚補注先謙曰公卿表譚字仲叔琅邪人皆阿附畏事顯不敢言久之元帝崩成帝初卽位顯徙爲中太僕師古曰皇后之屬官補注先謙曰百官表掌皇太后輿馬不常置不復典權衡譚迺奏顯舊惡請免顯等尊於是劾奏丞相衡御史大夫譚位三公典五常九德師古曰五常仁義禮智信也九德寬而栗柔而立愿而恭亂而敬擾而毅直而溫簡而廉剛而塞彊而義也事見虞書皋陶謨也以總方略壹統類廣教化美風俗爲職知中書謁者令顯等專權擅埶大作威福縱恣不制無所畏忌爲海內患害不以時皆奏行罰補注錢大昭曰皆南本閩本作白先謙曰官本作白是而阿諛曲從附下罔上懷邪迷國無大臣輔政之義補注宋祁曰越本義下有也字皆不道在赦令前赦後衡譚舉奏顯不自陳不忠之罪而反揚著先帝任用傾覆之徒妄言百官畏之甚於主上卑君尊臣非所宜稱失大臣體又正月行幸曲臺臨饗罷衞士如淳曰諸衞士更盡得代去故天子自臨而饗之補注先謙曰續志載饗罷衞士儀衡與中二千石大鴻臚賞等補注先謙曰據公卿表浩賞也會坐殿門下衡南鄉賞等西鄉衡更爲賞布東鄉席師古曰鄉讀曰嚮也補注先謙曰官本注無也字起立延賞坐私語如食頃衡知行臨如淳曰天子當臨饗士時百官共職萬眾會聚師古曰共讀曰供而設不正之席補注先謙曰言東鄉非禮論語鄉黨篇席不正不坐與此義同使下坐上相比爲小惠於公門之下師古曰比周也音頻寐反補注宋祁曰浙本作相比

詐又注文添比比周也動不中禮師古曰中當也音竹仲反亂朝廷爵秩之位補注吳仁傑曰案觀禮諸侯朝於天子同姓西面北上異姓東面北上蓋異姓爲後也漢以東鄉爲上西鄉爲下則尚右故爾匈奴傳其坐長左而北向師古曰左者以左爲尊先王之禮也中國尚右而夷狄尚左所謂禮失求諸野者是不然禮南鄉北鄉以西方爲上鄭康成曰凡坐隨於陰陽若坐在陽則上左在陰則上右蓋尊者南鄉則其下以西面者爲上東面者次之是上左也尊者北鄉則其下亦以西面者爲上東面者次之是上右也今匈奴之俗一以北鄉爲禮而其坐長左此正與中國背馳是烏知禮意哉衡又使官大奴入殿中問行起居還言漏上十四刻行臨到補注宋祁曰行臨到當作行臨時衡安坐不變色改容無怵惕肅敬之心驕慢不謹皆不敬補注何焯曰此二事并言失輕重故御史丞得目爲飾成小過也有詔勿治於是衡慙懼免冠謝罪上丞相侯印綬天子以新卽位重傷大臣師古曰重難也迺下御史丞問狀補注宋祁曰一作御史中丞問狀劾奏尊妄詆欺非謗赦前事師古曰詆毀也音丁禮反非讀曰誹也猥歷奏大臣師古曰猥多也曲也歷謂所奏非一人無正法飾成小過以塗汙宰相摧辱公卿輕薄國家奉使不敬有詔左遷尊爲高陵令數月以

病免會南山羣盜傰宗等數百人蘇林曰傰音朋晉灼曰音倍師古曰晉音是也補注王先愼曰說文無傰字當作倗倗輔也讀若陪位與晉音合明古本作倗廣韻十七登倗姓也引此傳正作倗爲吏民害拜故弘農太守傅剛爲校尉補注周壽昌曰據後公乘興上書知爲步兵校尉將迹射士千人逐捕師古曰迹射言能尋跡而射取之也射音食亦反補注錢大昭曰馮奉世傳云今發三輔河東恆農越騎迹射佽飛彀者歲餘不能禽或說大將軍鳳賊數百人在轂下師古曰在天子輦轂之下明其逼近也發軍擊之不能得難已視四夷師古曰視讀曰示獨選賢京兆尹補注宋祁曰賢字下有行字乃可於是鳳薦尊徵爲諫大夫守京輔都尉行京兆尹事旬月間盜賊清補注宋祁曰一本作盜賊清靜遷光祿大夫守京兆尹後爲眞凡三歲補注先謙曰公卿表成帝建始四年守京輔都尉王尊爲京兆尹二年免河平二年書楚相齊宋登爲京兆尹是尊任止二歲此云凡三歲蓋總行事時數之故下文亦云三期之間也坐遇使者無禮司隸遣假佐放奉詔書白尊發吏捕人蘇林曰胡公漢官假佐取內郡善史書佐給諸府也補注宋祁曰浙本注文給諸府字下有府有史故言佐也七字先謙曰哀帝時但爲司隸此在成帝時司隸下亦當有校尉二字官本注末無也字放謂尊

詔書所捕宜密尊曰治所公正京兆善漏泄人事師古曰謂司隸官屬爲治所者尊之也若今謂使人爲尙書矣治音直吏反補注何焯曰治所郎謂司隸治所非使人尊稱沈欽韓曰宋書劉式之傳爲宣城淮南二太守在任贓貨狼藉揚州刺史王弘遣從事簡較式之召從事謂曰治所還白使君劉式之於國家粗有微分偸數百萬錢何有況不偸耶案此則治所正謂使人放曰所捕宜今發吏師古曰當卽發也尊又曰詔書無京兆文不當發吏補注先謙曰司隸有督察姦猾之責故詔書下之其時司隸已罷兵去節因以詔書白尊發吏而尊復以無京兆文也以上遇使者無禮事及長安繫者三月間千人已上尊出行縣男子郭賜自言尊師古曰有冤事自言而與許仲相訟也補注先謙曰此下至歸舍賜所自言吏不敢捕而尊還奏餙詞故御史以外爲大言劾之許仲家十餘人共殺賜兄賞公歸舍師古曰公然而歸無所避畏者吏不敢捕尊行縣還上奏曰彊不陵弱各得其所寬大之政行和平之氣通御史大夫中奏尊暴虐不改補注宋祁曰中諸本皆改作忠謂張忠也先謙曰暴虐謂繫千人以上外爲大言倨嫚姍嫌師古曰姍古訕字也訕誹也音所諫反又音删補注錢大昭曰嫌南監本閩本作上先謙曰官本作上是無注訕誹也三字威信日廢不宜備位九卿尊坐

先補注錢大昭曰先當作免先謙曰官本作免吏民多稱惜之湖三老公乘興等師古曰湖縣名也今虢州湖城縣取其名補注先謙曰在今陝州閿鄉縣東任鄉三老爵爲公乘興其名上書訟尊治京兆功効日著補注劉攽曰日當作日著字衍劉敞說同往者南山盜賊阻山橫行剽劫良民殺奉法吏道路不通城門至以警戒步兵校尉使逐捕暴師露衆曠日煩費不能禽制二卿坐黜如淳曰三輔皆秩中二千石號爲卿也卽前京兆尹王昌貶爲鴈門太守甄遵河內太守也補注先謙曰据公卿表遵當爲尊內當爲南羣盜寖強吏氣傷沮師古曰寖益也沮壞也音才汝反流聞四方爲國家憂當此之時有能捕斬不愛金爵重賞關內侯寬中使問所徵故司隸校尉王尊捕羣盜方略補注先謙曰先徵至問其方略寬中卽上鄭寬中拜爲諫大夫守京輔都尉行京兆尹事尊盡節勞心夙夜思職卑體下士師古曰下音胡嫁反厲奔北之吏起沮傷之氣二旬之間大黨震壞渠率效首師古曰效致也斬其首而致之也賊亂蠲除民反農業拊循貧弱鉏耘豪彊長安宿豪大猾東市賈萬城西萬章翦張

禁酒趙放蘇林曰萬音矩晉灼曰翦張禁酒趙放此二人作翦酒之家補注宋祁曰翦張禁江南本浙本並作箭張禁于案注意正文當依校本作箭張禁注中悉作箭乃安朱一新曰西西市賈也東市賈萬城監本作萬城是先謙曰詳游俠傳杜陵楊章等皆通邪結黨挾養姦軌上干王法下亂吏治并兼役使侵漁小民爲百姓豺狼更數二千石二十年莫能禽討師古曰更歷也音工衡反補注宋祁曰今越本無討字先謙曰官本無十字是也不能至二十年之久尊已正法案誅皆伏其辜姦邪銷釋吏民說服師古曰釋解也音懌說讀曰悅補注宋祁曰正文與注釋當作繹尊撥劇整亂誅暴禁邪皆前所稀有補注宋祁曰當作皆前世所稀有名將所不及補注先謙曰此將謂郡將也雖拜爲眞未有殊絕褒賞加於尊身今御史大夫奏尊傷害陰陽爲國家憂無承用詔書之意補注宋祁曰一本改承作以靖言庸違象龔滔天師古曰引虞書堯典之辭也靖治也庸用也違僻也滔漫也謂其言假託於治實用違僻貌象恭敬過惡漫天也漫音莫干反一曰滔漫也補注宋祁曰浙本作庸韋注云韋違也王念孫曰浙本是也說文韋相背也是古違背字本作韋古文尙書酒誥薄韋農父覲辯經馬注韋違行也覡釋是其證後人依今本尙書改韋爲違故又改注文耳蘇輿曰顏旣以漫釋滔矣一

說疑有誤或是慢字毛詩蕩傳滔慢也　原其所吕出御史丞楊輔〔補注〕宋祁曰浙本作出於御史先謙曰所吕謂得罪之由故爲尊書佐素行陰賊惡口不信師古曰謂其口而惡心不信也〔補注〕沈欽韓曰御覽二百七十三引六韜曰多言多語惡口惡舌先謙曰官本注而惡作惡而是　好吕刀筆陷人於法輔常醉過尊大奴利家利家捽搏其頰師古曰捽持頭也音才兀反搏擊也兄子閎拔刀欲剄之〔補注〕宋祁曰剄一本作刺輔吕故深怨疾毒欲傷害尊疑輔內懷怨恨外依公事建畫爲此議傳致奏文師古曰建立謀畫此議也傳讀曰附謂益其事而引致於罪狀〔補注〕宋祁曰浙本無爲字浸潤加誣吕復私怨師古曰浸潤猶漸染也復報也昔白起爲秦將東破韓魏南拔郢都應侯譖之賜死杜郵師古曰應侯范睢也杜郵地名在咸陽也吳起爲魏守西河而秦韓不敢犯讒人間焉斥逐奔楚師古曰間音工莧反〔補注〕沈欽韓曰史記吳起傳公叔害吳起呂覽爲王錯所譖　秦聽浸潤吕誅良將魏信讒言吕逐賢守此皆偏聽不聽失人之患也臣等竊痛傷尊修身絜已砥節首公師古曰砥厲也首向也砥音指首音式救反　刺譏不憚將相誅惡不避豪彊

誅不制之賊〔補注〕宋祁曰浙本作討不制之賊　解國家之憂功岩職修〔補注〕錢大昭曰岩當作著閩本不誤先謙曰官本作著　威信不廢誠國家爪牙之吏〔補注〕宋祁曰江浙本只作誠國爪牙之吏折衝之臣今一旦無辜制於仇人之手〔補注〕先謙曰官本仇作僥引宋祁曰一作仇人之手先謙案通鑑亦作仇傷於詆欺之文上不得吕功除罪下不得蒙棘木之聽張晏曰周禮三槐九棘公卿於下聽訟　獨掩怨讎之偏奏被共工之大惡臣瓚曰共工官名堯時諸侯舜流之於幽州也〔補注〕宋祁曰當作猥被共工之大惡劉奉世曰瓚說非也共工之大惡謂上劾奏云靜言庸違象龔滔天也　無所陳怨愬罪〔補注〕先謙曰通鑑愬作冤　尊吕京師廢亂羣盜並興選賢徵用起家爲卿賊亂既除豪猾伏辜卽吕佞巧廢黜一尊之身三期之閒乍賢乍佞豈不甚哉師古曰期年也音基〔補注〕宋祁曰注文當添作期期年也　孔子曰愛之欲其生惡之欲其死是惑也浸潤之譖不行焉可謂明矣師古曰論語稱孔子之言　願下公卿大夫博士議郎定尊素行夫人臣而傷害陰陽死誅之罪也靖言庸違〔補注〕宋祁曰違當依前注改作韋　放殛之刑也師古曰殛誅也

音居力反審如御史章尊乃當伏觀闕之誅張晏曰孔子誅少正卯於兩觀之閒　放於無人之域不得苟免師古曰非止合免官而已也　及任舉尊者當獲選舉之辜〔補注〕宋祁曰一作皆當獲選舉之辜先謙曰胡注任保也漢法選舉而其人不稱者與同罪　不可但已師古曰但徒也空也已止也不可空然而止也　卽不如章〔補注〕先謙曰言若不如所奏　飾文深詆吕愬無罪師古曰詆毀也　亦宜有誅吕懲讒賊之口絕詐欺之俗師古曰懲傖也〔補注〕先謙曰官本俗作路是創誂傖　唯明主參詳使白黑分別書奏天子復吕尊爲徐州刺史遷東郡太守久之河水盛溢泛浸瓠子金隄老弱奔走恐水大決爲害尊躬率吏民投沈白馬師古曰以祭水也　祀水神河伯尊親執圭璧使巫策祝請吕身塡金隄師古曰塡塞也音大賢反　因止宿廬居隄上吏民數千萬人爭叩頭救止尊〔補注〕宋祁曰邵本無尊字　尊終不肯去及水盛隄壞吏民皆奔走唯一主簿泣在尊旁立不動〔補注〕宋祁曰立字上疑有尊字王念孫曰宋說是也下文詔曰大守身當水衝正指此言之脫去尊字則文義不明水經河水注御覽職官部六十三引此並作尊立不動漢紀同　而水波

稍卻迴還吏民嘉壯尊之勇節白馬三老朱英等奏其狀〔補注〕宋祁曰浙本英作莫先謙曰官本考證地理志東郡有白馬縣今滑縣也　下有司考皆如言於是制詔御史東郡河水盛長毀壞金隄未決三尺百姓惶恐奔走太守身當水衝履咫尺之難不避危殆吕安衆心吏民復還就作水不爲災朕甚嘉之秩尊中二千石加賜黃金二十斤數歲卒官吏民紀之尊子伯亦爲京兆尹〔補注〕朱一新曰公卿表失載　坐耎弱不勝任免

王章字仲卿泰山鉅平人也少吕文學爲官稍遷至諫大夫在朝廷名敢直言元帝初擢爲左曹中郎將與御史中丞陳咸相善共毀中書令石顯爲顯所陷咸減死髡章免官成帝立徵章爲諫大夫遷司隸校尉大臣貴戚敬憚之王尊免後代者不稱職章吕選爲京兆尹〔補注〕先謙曰据公卿表代者齊宋登貶東萊都尉章任在河平四年　時帝舅大將軍王鳳輔政章雖爲鳳所舉非鳳專權不親附鳳會日有蝕之章奏封事

召見言鳳不可任用宜更選忠賢上初納受章言後不忍退鳳章由是見疑遂爲鳳所陷罪至大逆語在元后傳初章爲諸生學長安獨與妻居章疾病無被臥牛衣中師古曰牛衣編亂麻爲之郎今俗呼爲龍具者〔補注〕沈欽韓曰晉書劉寔作牛衣賣以自給亦作烏衣義同也魏志鄧艾身被烏衣隋五行志北齊後主於苑內作貧兒村令人服烏衣以相執縛程大昌演繁露云牛衣編草使煖以被牛體蓋蓑衣之類案南齊書張融傳融悉脫衣以爲牘披牛被而反是也今以稻稿作之被牛背與妻決涕泣師古曰自謂將死故辭決其妻呵怒之曰仲卿京師尊貴在朝廷人誰踰仲卿者今疾病困戹不自激卬如淳曰激厲抗揚之意也師古曰卬讀曰仰仰頭爲健〔補注〕宋祁曰卬音昂爲是乃反涕泣何鄙也後章仕宦〔補注〕宋祁曰一本仕宦作任官歷位及爲京兆欲上封事妻又止之曰人當知足獨不念牛衣中涕泣時耶章曰非女子所知也書遂上果下廷尉獄妻子皆收繫章小女年可十二〔補注〕劉奉世曰云年可十二辭太俚蓋衍可字或者章女名可誤倒書之宋祁曰可十二猶言約十二不煩曲解當存之沈欽韓曰案列女傳無可字夜起號哭曰平生獄上呼囚素常至九今八而止張晏曰平生先時也獄卒夜閱囚數有九人常呼問九人今八人便止知一人死也我君數剛先死者必君〔補注〕宋祁曰我字下疑有家字周壽昌曰我君猶言我家君易家人有嚴君焉父母之謂也明日問之章果死妻子皆徙合浦大將軍鳳薨後弟成都侯商復爲大將軍輔政白上還章妻子故郡其家屬皆完具采珠致產數百萬時蕭育爲泰山太守皆令贖還故田宅章爲京兆二歲死不㠯其罪眾庶冤紀之號爲三王王駿自有傳駿卽王陽子也

贊曰自孝武置左馮翊右扶風京兆尹〔補注〕宋祁曰置字上當有初字而吏民爲之語曰前有趙張後有三王然劉向獨序趙廣漢尹翁歸韓延壽馮商傳王尊揚雄亦如之張晏曰劉向作新序不道王尊馮商續史記爲作傳雄作法言亦論其美也廣漢聰明下不能欺延壽厲善所居移風然皆訐上不信㠯失身墮功師古曰墮毀也音火規反翁歸抱公絜己爲近世表張敞衎衎履忠進言師古曰衎衎彊敏之貌也音口翰反緣飾儒雅刑罰必行縱赦有度〔補注〕先謙曰敞傳云時時越法縱舍有足大者贊卽指此而言則縱赦當爲縱舍赦舍音近而誤它文亦但有縱舍無縱赦也條教可觀然被輕媠之名師古曰媠古惰字也謂走馬拊馬及畫眉〔補注〕沈欽韓曰方言媠美也廣雅以爲好也非古惰字王尊文武自將師古曰將助也所在必發譎詭不經好爲大言王章剛直守節不量輕重㠯陷刑戮妻子流遷哀哉

趙尹韓張兩王傳四十六終

蓋諸葛劉鄭孫毋將何傳第四十七　漢書七十七

漢　蘭臺令史班固撰

唐正議大夫行祕書少監琅邪縣開國子顏師古注

賜進士出身前翰林院編修國子監祭酒加三級臣王先謙補注

蓋寬饒字次公，魏郡人也。師古曰蓋音公盍反明經為郡文學，以孝廉為郎。舉方正，對策高第，遷諫大夫，行郎中戶將事。師古曰百官公卿表郎中令屬官有郎中車戶騎三將蓋各以所主為名也戶將者主戶衛也劾奏衛將軍張安世子侍中陽都侯彭祖不下殿門，師古曰過殿門不下車也并連及安世居位無補。彭祖時實下門，寬饒坐舉奏大臣非是，師古曰不以實也左遷為衛司馬。蘇林曰如今衛士令也臣瓚曰漢注有衛屯司馬(補注)先謙曰衛屯司馬亦作屯衛司馬百官表衛尉掌宮門衛屯兵屬有諸屯衛候司馬二十二官屯衛候司馬者謂衛候衛司馬也衛候見馮奉世傳衛司馬亦見元紀谷永鄭吉傳屯兵為衛故又稱屯衛司馬馮逡傳為長樂屯衛司馬以屯衛並言是其證百官表刖有衛士令蘇說誤也先是時衛司馬在部，見衛尉拜謁，常為衛官繇使市買。師古曰繇讀與徭同(補注)王文彬曰衛官謂衛尉官舍下衛官同觀下衛尉私使寬饒出則知衛官非指衛尉屬官也寬饒視事，案舊令，遂揖官屬以下行衛者。蘇林曰衛尉官屬也或曰詔遣使行衛者也師古曰或說非也行音下更反(補注)劉攽曰案此文錯亂本當云寬饒視事案舊令遂揖衛尉沈欽韓曰案衛司馬於衛尉部曲也亦猶三署郎見光祿勳執板拜不當僅揖疑上文見衛尉拜謁脫官屬二字先謙曰下云候司馬不拜則見衛尉亦不拜矣舊令如此不當以意比例沈說非上言見衛尉拜此云揖官屬於文不備劉說近之案百官表衛尉屬官有公車司馬衛士旅賁三令丞衛士三丞此云官屬以下行衛者蓋專指衛士令丞言之衛尉私使寬饒出，寬饒以令詣官府門上謁辭。文穎曰私見使而公辭尚書也蘇林曰以法詣衛尉府門上謁也師古曰文說是也(補注)許應元曰文說非也蓋上謁辭闕庭耳尚書主通章奏故得責問衛尉若今報單是也上奏辭即上謁辭也往時不辭辭自寬饒始故自是衛尉不敢私使候司馬也先置衛者當出則輒其宿衛之事也如說亦非尚書責問衛尉，文穎曰由寬饒以法令不給使尚書責衛尉不復使司馬由是衛官不復私使候司馬。(補注)先謙曰因司馬以及候皆不敢私使候司馬不拜，出先置衛，輒上奏辭，如淳曰天子出為天子先導先天子發故上奏辭自此正焉。寬饒初拜為司馬，未出殿門，(補注)周壽昌曰漢舊儀云衛尉寺在宮內胡廣云主宮闕之門內衛士於周廬為區廬區廬若今之宿仗屋矣斷其襌衣，令短離地，師古曰襌音單其字從衣(補注)沈欽韓曰方言襌衣江淮南楚之閒謂之褋古謂之深衣冠大冠，帶長劍，躬案行士卒廬室，視其飲食居處，有疾病者身自撫循臨問，加致醫藥，遇之甚有恩。及歲盡交代，上臨饗罷衛卒，師古曰得代當歸者也(補注)先謙曰漢儀正月五日大置酒饗衛士也衛卒數千人皆叩頭自請，願復留共更一年，師古曰更猶今言上番也音工衛反(補注)先謙曰共讀曰供以報寬饒厚德。宣帝嘉之，以寬饒為太中大夫，使行風俗，師古曰行音下更反多所稱舉貶黜，奉使稱意，擢為司隸校尉，刺舉無所迴避，小大輒舉，所劾奏眾多，廷尉處其法，半用半不用，師古曰以其峻刻故有不用者公卿貴戚及郡國吏繇使至長安，皆恐懼莫敢犯禁，師古曰繇讀與傜同供傜役及為使而來者京師為清。平恩侯許伯入第，師古曰許伯皇太子外祖也入第者治第新成始入居之丞相、御史、將軍、中二千石皆賀，寬饒不行。(補注)先謙曰百官表司隸校尉二千石許伯請之，迺往，從西階上，東鄉特坐。師古曰言自尊抗無所詘也鄉讀曰嚮許伯自酌曰：「蓋君後至。」寬饒曰：「無多酌我，我迺酒狂。」丞相魏侯笑曰：(補注)宋祁曰笑或作咲錢大昕曰史家敘事之詞當稱人名此傳稱魏相為魏侯鄭崇傳稱貢禹為貢公司馬相如傳或稱長卿儒林傳或稱丁寬為丁將軍費直為費公召信臣傳末云九江以召父皆援引舊文未及刊正「次公醒而狂，何必酒也？」坐者皆屬目卑下之。師古曰屬猶注也音之欲反下音胡稼反(補注)先謙曰卑下之謂自詘降酒酣樂作，長信少府檀長卿起舞，為沐猴與狗鬭，師古曰沐猴獼猴(補注)沈欽韓曰樂記優侏儒獶雜子女鄭云獶獼猴言舞者如獼猴正義引漢書此事先謙曰官本獼作獮坐皆大笑。寬饒不說，卬視屋而歎師古曰說讀曰悅卬讀曰仰(補注)宋祁曰坐字下疑有者字曰：「美哉！然富貴無常，忽則易人，(補注)先謙曰言忽然而更易此如傳舍，所閱多矣。師古曰言如客舍行客輒過之故多所經歷也(補注)先謙曰寬饒視屋而言此謂屋也唯謹慎為得久，君侯可不戒哉！」因起趨出，劾奏長信少府以列卿而沐猴舞，(補注)錢大昭曰少府列於九卿故長信少府亦稱列卿然其名不列於表失禮不敬。上欲罪少府，許伯為謝，良久，上迺解。寬饒為人剛直高節，志在奉公。家貧，奉錢月數千，師古曰奉音扶用反半以給吏民為耳目言事者身爲司隸子常步行自戍北邊蘇林曰子自行戍不取代補注沈欽韓曰如淳云雖丞相子亦在戍邊之調寬饒以貧故不能雇人公廉如此然深刻喜陷害人師古曰喜音許吏反在位及貴戚人與爲怨師古曰人人皆怨之又好言事刺譏奸犯上意師古曰奸音干上吕其儒者優容之然亦不得遷同列後進或至九卿寬饒自吕行清能高有益於國而爲凡庸所越補注宋祁曰庸疑是庶字浙本作庸愈失意不快數上疏諫爭太子庶子王生高寬饒節而非其如此予書曰明主知君絜白公正不畏彊禦師古曰彊禦彊梁而禦善者也補注劉奉世曰禦禁也言威力足以禁制於人爾雅云王念孫曰禦亦彊也說詳經義述聞曾是彊禦下故命君吕司察之位擅君吕奉使之權尊官厚祿已施於君矣君宜夙夜惟思當世之務奉法宣化憂勞天下雖日有益月有功猶未足吕稱職而報恩也自古之治三王之術各有制度師古曰三王謂夏殷周文質不同也今君不務循職而已補注宋祁曰循一作修迺欲吕太古久遠之事匡拂天子師古曰匡正也拂讀曰弼數進不用難

聽之語吕摩切左右非所吕揚令名全壽命者也方今用事之人皆明習法令言足吕飾君之辭補注先謙曰飾謂增成之文足吕成君之過君不惟蘧氏之高蹤師古曰蘧伯玉邦無道則可卷而懷之而慕子胥之末行師古曰伍子胥知吳王不可諫而不能止自取誅滅也用不訾之軀臨不測之險師古曰訾與貲同不貲者言無貲量可吕比之貴重之極也不測謂深也竊爲君痛之夫君子直而不挺曲而不詘師古曰挺然直貌言雖執直道而遭遇時變與時紆曲然其本志不屈橈也挺音吐鼎反補注劉奉世曰此所謂內直而外曲顏說未盡宋祁曰注文遇時字疑是則字大雅云既明且哲吕保其身師古曰烝民之詩也言明智者可吕自全不至亡身狂夫之言聖人擇焉唯裁省覽補注先謙曰裁與財同猶言少也詳賈誼傳寬饒不納其言是時上方用刑法信任中尚書宦官寬饒奏封事曰方今聖道寖廢儒術不行師古曰寖漸也吕刑餘爲周召師古曰言使奄人當權軸也周謂周公旦也召謂召公奭也召讀曰邵吕法律爲詩書師古曰言吕行法成教化也補注先謙曰官本注行作刑是又引韓氏易傳言五帝官天下三王家天下補注沈欽韓曰御覽一百九十三引韓詩外傳有此語下云故自唐虞以上經傳無太子稱號夏殷之王雖則傳嗣其文略矣至周始見文王世子之制案山海經顓頊有太子長琴吕覽殷太史據法爭紂爲太子後儒但據二十八篇之書以爲古無太子耳說苑至公篇博士鮑白令之對秦始皇曰天下官則讓賢天下家則世繼故五帝以天下爲官三王以天下爲家後世官家之稱本此文選干令昇晉紀總論云至乃易天子以太上之號而有免官之謠注臧榮緒晉書曰中書令繆播云太史奏星變事當有免官天子俚俗之談亦本於此家吕傳子官吕傳賢若四時之運功成者去不得其人則不居其位書奏上吕寬饒怨謗終不改下其書中二千石時執金吾議補注錢大昭曰據公卿表名廣意吕爲寬饒指意欲求禪大逆不道師古曰禮古禪字言欲使天子傳位於己諫大夫鄭昌愍傷寬饒忠直憂國吕言事不當意而爲文吏所詆挫師古曰詆毁也挫折也上書頌寬饒曰師古曰頌謂稱其美補注劉奉世曰頌讀如尚書自訟之訟周壽昌曰劉說是臣聞山有猛獸藜藿爲之不采國有忠臣姦邪爲之不起補注沈欽韓曰文子尚德篇山有猛獸林木爲之不斬園有螫蟲葵藿爲之不采[illegible]國有賢者折衝千里淮南說山[illegible]鹽鐵論引作春秋曰云云知此語由來已久范蔚宗孔融傳贊引此傳蓋就事論事耳司隸校尉寬饒居不求安食不求飽師古曰論語稱孔子曰君子食無求飽居無求安故引之進有憂國之心退有死節

之義上無許史之屬下無金張之託應劭曰許伯宣帝皇后父史高宣帝外家也金金日磾也張張安世也此四家屬無不聽師古曰此說非也許氏史氏有外屬之恩金氏張氏自託在於近狎也屬讀如本字也補注宋祁曰注未也字當刪何焯曰屬當讀之欲反謂屬託也應說是以下文直道而行多讐少與之語求之自見職在司察直道而行多仇少與師古曰仇怨讐也與黨與也上書陳國事有司劾吕大辟臣幸得從大夫之後官吕諫爲名不敢不言上不聽遂下寬饒吏寬饒引佩刀自剄北闕下眾莫不憐之

諸葛豐補注沈欽韓曰吳志注風俗通曰葛嬰爲陳涉將軍有功而誅孝文帝追錄封其孫諸縣侯因幷氏焉字少季琅邪人也吕明經爲郡文學名特立剛直貢禹爲御史大夫除豐爲屬舉侍御史元帝擢爲司隸校尉刺舉無所避京師爲之語曰間何闊逢諸葛師古曰言間者何久闊不相見吕逢諸葛故也上嘉其節加豐秩光祿大夫補注先謙曰百官表光祿大夫秩比二千石司隸校尉秩二千石時侍中許章吕外屬貴幸奢淫不奉法度賓客犯事與章相連豐案劾章欲奏其事適逢許

侍中私出豐駐車舉節詔章曰下欲收之章迫窘馳車去豐追之許侍中因得入宮門自歸上師古曰歸誠乞哀於天子也豐亦上奏於是收豐節司隸去節自豐始豐上書謝曰臣豐駑怯文不足以勸善武不足以執邪陛下不量臣能否拜爲司隸校尉未有以自效復秩臣爲光祿大夫官尊責重非臣所當處也又迫年歲衰暮常恐卒塡溝渠師古曰卒讀曰猝德無以報厚補注錢大昭曰當作無以報厚德南監本閩本不誤先謙曰官本不誤使論議士譏臣無補長獲素餐之名師古曰素空也言不舉職務空食祿奉而已補注先謙曰官本奉作俸故常願捐一旦之命不待時而斷姦臣之首縣於都市編書其罪師古曰編謂聯次簡牘也使四方明知爲惡之罰然後却就斧鉞之誅師古曰却退也補注宋祁曰却字並注文却字疑作卻誠臣所甘心也夫以布衣之士尙猶有刎頸之交師古曰刎斷也音吻今以四海之大曾無伏節死誼之臣率盡苟合取容阿黨相爲念私門之利忘國家之政邪穢濁溷之氣上

感于天師古曰溷亦濁也音下頓反是以灾變數見百姓困乏此臣下不忠之效也臣誠恥之亡已凡人情莫不欲安存而惡危亡然忠臣直士不避患害者誠爲君也今陛下天覆地載物無不容師古曰如天之覆如地之載也使尙書令堯賜臣豐書曰夫司隸者刺舉不法善善惡惡非得顓之也師古曰善善襃賞善人也惡惡誅罰惡人也顓與專同免處中和補注宋祁曰免越本作勉劉奉世曰免當作勉順經術意恩深德厚臣豐頓首幸甚臣竊不勝憤懣願賜淸宴師古曰懣音滿補注先謙曰請間賜對也唯陛下裁幸補注王念孫曰裁猶少也裁財通用佞幸傳唯陛下哀憐財幸義同上不許是後所言益不用豐復上書言臣聞伯奇孝而棄於親子胥忠而誅於君師古曰並解於上也補注先謙曰官本注無也字隱公慈而殺於弟師古曰魯隱公欲立弟桓公爲其尙少已且攝位而卒爲桓公所殺補注宋祁曰注文爲桓公所殺一本無公字叔武弟而殺於兄師古曰叔武衞成公之弟夷叔也成公避晉之難出奔陳使大夫元咺奉叔武以居守其後晉人納成公成公疑叔武而先期入叔武將沐聞君至喜捉髮走出前驅射而殺之事在左傳僖二十八年叔武弟音大計反補注宋祁曰注文叔武弟下疑有弟字夫以四子之行屈平之材師古曰屈平卽是屈原也然猶不能自顯而被刑戮豈不足以觀哉使臣殺身以安國蒙誅以顯君師古曰蒙被也臣誠願之獨恐未有云補補注沈欽韓曰文選傳長虞詩進則無云補本此而爲衆邪所排令讒夫得遂正直之路雍塞師古曰雍讀曰壅忠臣沮心智士杜口師古曰沮壞杜塞也沮音才汝反補注先謙曰沮亦塞意顏訓壞未安此愚臣之所懼也豐以春夏繫治人在位多言其短上徙豐爲城門校尉豐上書告光祿勳周堪光祿大夫張猛補注先謙曰事詳劉向傳上不直豐迺制詔御史城門校尉豐前與光祿勳堪光祿大夫猛在朝之時數稱言堪猛之美豐前爲司隸校尉不順四時修法度專作苛暴補注宋祁曰修疑作循以獲虛威朕不忍下吏以爲城門校尉不內省諸己師古曰省察也而反怨堪猛以求報舉師古曰舉言其事以報怨告案無證之辭暴揚難驗之罪毀譽恣意不顧前言師古曰前言謂譽堪猛之美今乃更言其短是不顧也不信之大者也朕憐豐之耆老不

忍加刑其免爲庶人終於家

劉輔河閒宗室也補注錢大昕曰輔蓋河閒獻王之裔故稱宗室然於史家書郡縣之例未合當云河閒人也以宗室爲襄賁令先謙曰官本室下有人字舉孝廉爲襄賁令蘇林曰賁音肥東海縣也補注先謙曰在今沂州府蘭山縣西南百二十里上書言得失召見上美其材擢爲諫大夫會成帝欲立趙倢伃爲皇后先下詔封倢伃父臨爲列侯輔上書言補注沈欽韓曰漢紀有王仁上疏大旨與輔同臣聞天之所與必先賜以符瑞天之所違必先降以灾變此神明之徵應自然之占驗也昔武王周公承順天地以饗魚烏之瑞師古曰謂伐紂時有白魚赤烏之瑞也事見今文尙書然猶君臣祗懼動色相戒況於季世不蒙繼嗣之福屢受威怒之異者虖雖夙夜自責改過易行畏天命念祖業妙選有德之世考卜窈窕之女師古曰窈窕幽閑也以承宗廟順神祇心塞天下望師古曰塞滿也子孫之祥猶恐晚暮今迺觸情縱欲傾於卑賤之女欲以母天下不畏于天不媿于人惑莫

大爲里語曰腐木不可㠯爲柱卑人不可㠯爲主天人之所不予必有禍而無福市道皆共知之師古曰市道市中之道也一曰市人及行於道路者也〔補注〕先謙曰一說是朝廷莫肯壹言臣竊傷心自念得㠯同姓拔擢尸祿不忠汚辱諫爭之官不敢不盡死唯陛下深察書奏上使侍御史收縛輔繫掖庭祕獄師古曰漢書舊儀掖庭詔獄令丞宦者爲之主理婦人女官也〔補注〕周壽昌曰谷永傳云又以掖庭獄大爲亂阱搒箠憯於炮烙絕滅人命主爲趙李報德復怨今輔正以論趙氏繫此獄羣臣莫知其故於是中朝左將軍辛慶忌右將軍廉褒光祿勳師丹太中大夫谷永孟康曰中朝內朝也大司馬左右前後將軍侍中常侍散騎諸吏爲中朝丞相以下至六百石爲外朝也〔補注〕劉奉世曰案文則丹永皆中朝臣也蓋時爲給事中侍中諸吏之類錢大昕曰漢書稱中朝官或稱中朝者其文非一唯孟康此注最爲分明蕭望之傳詔遣中朝大司馬車騎將軍韓增諸吏富平侯張延壽光祿勳楊惲太僕戴長樂問望之計策王嘉傳事下將軍中朝者光祿大夫孔光左將軍公孫祿右將軍王安光祿勳馬宮光祿大夫龔勝龔勝傳又有司隸鮑宣光祿大夫非內朝官而孔光龔勝得與議者加給事中故也此傳太中大夫谷永亦以給事中故得與朝者之列則給事中亦中朝官孟康所舉不無遺漏矣光祿勳掌宮殿掖門戶在九卿中最爲

親近昭宣以後張安世蕭望之馮奉世辛慶忌皆以列將軍兼領光祿勳而楊惲爲光祿勳亦加諸吏故其與孫會宗書自稱與聞政事也然中外朝之分漢初蓋未之有武帝始以嚴助主父偃輩入直承明與參謀議而其秩尚卑衛青霍去病雖貴幸亦未干丞相御史職事至昭宣之世大將軍權兼中外又置前後左右將軍在內朝預聞政事而由庶僚加侍中給事者皆自託爲腹心之臣矣此西京朝局之變史家未明言之讀者可推驗而得也又攷趙倢伃父之封侯在永始二年四月則劉輔繫掖庭獄亦當在是時而公卿表慶忌爲左將軍師丹爲光祿勳皆在三年廉褒爲右將軍則在四年谷永爲太中大夫依本傳推校亦當在三年此傳所書諸人官位俱爲乖舛周壽昌曰段會宗傳贊云廉褒以恩信稱而褒無傳百官表成帝永始四年執金吾廉褒爲右將軍五年免西域傳云都護廉褒賜姑莫匿等金二十斤繒三百匹當在建始年中爲執金吾以前其可見者惟此上書列名及孔光傳議立定陶王爲事卒坐淳于長王立事免爲庶人後又起用事王莽雜見莽傳子廉丹其後人廉范後書有傳俱上書曰臣聞明王垂寬容之聽崇諫爭之官廣開忠直之路不罪狂狷之言師古曰狷急也音絹然後百僚在位〔補注〕宋祁曰浙本無然字予謂然後字當刪當作使百僚在位竭忠盡謀不懼後患朝廷無讇諛之士元首無失道之僁師古曰元首謂天子也讇古諂字也〔補注〕先謙曰官本注末無也字竊見諫大夫劉輔前㠯縣令求見擢爲諫大夫此其言必有卓詭切至當聖心者師古曰卓高遠也詭異於衆也故得拔至於此旬日之間收下祕獄臣等愚㠯爲輔幸得託公族之親在諫臣之列新從下土來未知朝廷體〔補注〕宋祁曰一本來字上有而字體字上有之字浙本無獨觸忌諱不足深過〔補注〕先謙曰過責也小罪宜隱忍而已如有大惡宜暴治理官與衆共之師古曰令衆人知其罪狀而罰之〔補注〕先謙曰官本無與字引宋祁曰衆共之衆字上疑有與字昔趙簡子殺其大夫鳴犢孔子臨河而還張晏曰趙簡子欲分晉國故先殺鳴犢又聘孔子孔子聞其死至河而還也師古曰戰國策說二人姓名云鳴犢鐸犨而史記及古今人表並㠯爲鳴犢竇犨蓋鐸犢及竇其聲相近故有不同耳今永等指舉殺鳴犢一人不論竇犨也〔補注〕先謙曰官本注指作止今天心未豫張晏曰豫悅豫也灾異屢降水旱迭臻師古曰迭互也音徒結反方當隆寬廣問褒直盡下之時也而行慘急之誅於諫爭之臣震驚羣下失忠直心假令輔不坐直言所坐不著師古曰著明也天下不可戶曉師古曰言不可家家曉喻之也〔補注〕先謙曰官本喻作諭同姓近臣本㠯言顯其於治親養忠之義誠不宜幽囚于掖庭獄公

卿㠯下見陛下進用輔亟而折傷之暴師古曰亟急也人有懼心師古曰人人皆懼也精銳銷耎蘇林曰耎弱也師古曰音乃喚反〔補注〕先謙曰官本注音上有耎字莫敢盡節正言非所㠯昭有虞之聽廣德美之風也師古曰舜有敢諫之鼓故言有虞之聽也一曰謂達四聰也臣等竊深傷之唯陛下留神省察上迺從繫輔共工獄蘇林曰考工也師古曰少府之屬官也亦有詔獄共讀與龔同〔補注〕周壽昌曰百官表少府屬有考工室王莽始改少府曰共工輔獄在成帝時此共工應仍曰考工爲是減死罪一等論爲鬼薪終於家

鄭崇字子游本高密大族世與王家相嫁娶師古曰女嫁王家男又娶也祖父㠯訾徙平陵父賓明法令爲御史事貢公師古曰貢禹也〔補注〕周壽昌曰貢禹稱貢公蕭育傳亦如此名公直崇少爲郡文學史至丞相大車屬如淳曰丞相大車屬如今公府御屬弟立與高武侯傅喜同門學相友善師古曰同門謂同師也喜爲大司馬薦崇哀帝擢爲尚書僕射數求見諫爭上初納用之每見曳革履師古曰孰曰韋生曰革上笑曰我識鄭尚書履聲久之上欲封祖母傅太后

從弟商崇諫曰孝成皇帝封親舅五侯天爲赤黃晝昏日中有黑氣今祖母從昆弟二人已侯孔鄉侯皇后父高武侯以三公封尙有因緣師古曰孔鄉侯傅晏也高武侯傅喜也補注周壽昌曰喜爲大司馬故曰以三公封因緣二字始此六朝造譯佛經者沿用之今無故欲復封商壞亂制度逆天人心補注宋祁曰心字上疑有之字非傅氏之福也臣聞師曰逆陽者厥極弱逆陰者厥極凶短折補注沈欽韓曰鴻範五行傳王之不極是謂不建厥極弱注天爲剛德剛氣失故於人爲弱案君者法天失君道爲逆陽思之不容是謂不聖厥極凶短折注殖氣失則於人爲凶短折案土位陰違土性爲逆陰犯人者有亂亡之患犯神者有疾夭之禍故周公著戒曰惟王不知艱難唯耽樂是從時亦罔有克壽師古曰周書亡逸之篇也言王者不知稼穡之艱難唯從耽樂則致夭喪無能壽考也故衰世之君夭折蚤沒師古曰蚤古早字也補注先謙曰官本早作早是無也字此皆犯陰之害也補注宋祁曰浙本陰字下有陽字臣願以身命當國咎崇因持詔書案起李奇曰持當受詔書案起也師古曰李說非也案者卽寫詔之文補注沈欽韓曰廣雅案謂之㮣攷工記玉人之事案十有二寸注案玉飾案也禮器注禁如今方案隋長局

足高三寸此詔書案者承受詔書之案吳志孫權拔佩刀斫前奏案古者進食奏書俱別設案李說是也先謙曰通鑑胡注更始時常侍奏事韓夫人起抵破書案則案非文案之案也傅太后大怒曰何有爲天子乃反爲一臣所顓制邪師古曰顓與專同也補注先謙曰官本注無也字上遂下詔曰朕幼而孤皇太太后躬自養育免于襁褓教道以禮至於成人師古曰道讀曰導惠澤茂焉師古曰茂美也欲報之德皞天罔極師古曰詩小雅蓼莪之篇曰父兮生我母兮鞠我欲報之德昊天罔極言欲報父母之恩德心無已也呼昊天者陳己至誠也皞字與昊同前追號皇太太后父爲崇祖侯惟念德報未殊朕甚恧焉師古曰殊異也恧愧也音女六反侍中光祿大夫商皇太太后父同產子小自保大如淳曰太后從小養之使至大也補注宋祁曰產字下疑有弟字恩義最親其封商爲汝昌侯補注錢大昕曰哀紀建平四年二月封帝太太后從弟侍中傅商爲汝昌侯六月尊帝太太后爲皇太太后此詔稱皇太太后史家追改爲崇祖侯後更號崇祖侯爲汝昌哀侯崇又以董賢貴寵過度諫由是重得罪師古曰重音直用反數以職事見責發疾頸癰欲乞骸骨不敢尙書令趙昌佞諂素害崇知其

見疏因奏崇與宗族通疑有姦請治上責崇曰君門如市人何以欲禁切主上師古曰言請求者多交通賓客崇對曰臣門如市臣心如水師古曰言至清也願得考覆上怒下崇獄窮治死獄中

孫寶字子嚴潁川鄢陵人也師古曰鄢音偃以明經爲郡吏御史大夫張忠辟寶爲屬補注周壽昌曰忠爲御史大夫在建始四年欲令授子經更爲除舍師古曰除謂修飾埽除也設儲偫師古曰謂豫備器物也偫音丈紀反寶自劾去忠固還之師古曰固者謂再三留之心內不平師古曰恨其去也後署寶主簿寶徙入舍祭竈請比鄰忠陰察怪之使所親問寶前大夫爲君設除大舍子自劾去者欲爲高節也今兩府高士俗不爲主簿子既爲之徙舍甚說師古曰說讀曰悅何前後不相副也寶曰高士不爲主簿而大夫君以寶爲可一府莫言非師古曰言大夫以爲寶適可爲主簿耳府中之人又不以爲不當也士安得獨自高前日君男欲學文而移寶自近師古曰文謂書也禮有來學義無往教道不可詘身

詘何傷且不遭者可無不爲況主簿乎師古曰言士不遭遇知己則當屈辱無所不爲也忠聞之甚慙上書薦寶經明質直宜備近臣爲議郎遷諫大夫鴻嘉中廣漢羣盜起選爲益州刺史廣漢太守扈商者大司馬車騎將軍王音姊子軟弱不任職寶到部親入山谷諭告羣盜非本造意渠率皆得悔過自出師古曰渠大也遣歸田里自劾矯制奏商爲亂首師古曰擅放羣盜歸故云矯制也商不任職致有賊盜故云爲亂首也補注先謙曰官本注制下也作由春秋之義誅首惡而已商亦奏寶所縱或有渠率當坐者師古曰縱放也商徵下獄寶坐失死罪免益州吏民多陳寶功效言爲車騎將軍所排上復拜寶爲冀州刺史遷丞相司直時帝舅紅陽侯立使客因南郡太守李尙占墾草田數百頃師古曰隱度而取之也草田荒田也占音之贍反頗有民所假少府陂澤略皆開發師古曰舊爲陂澤本屬少府其後以假百姓百姓皆已田之而立總謂爲草田占云新自墾上書願以入縣官師古曰立上書云新墾得此田請以入官也有詔郡平田予直師古曰受

其田而準償價直也錢有貴一萬萬已上師古曰增於時價寶聞之遣丞相史按驗發其奸劾奏立尙懷姦罔上狡猾不道尙下獄死立雖不坐後兄大司馬衞將軍商薨次當代商上度立而用其弟曲陽侯根爲大司馬票騎將軍如淳曰度過也過立而用根會益州蠻夷犯法巴蜀頗不安上已寶著名西州拜爲廣漢太守秩中二千石賜黃金三十斤蠻夷安輯吏民稱之師古曰輯與集同徵爲京兆尹故吏侯文已剛直不苟合常稱疾不肯仕寶已恩禮請文欲爲布衣友日設酒食妻子相對文求受署爲掾進見如賓禮數月已立秋日署文東部督郵入見敕曰今日鷹隼始擊當順天氣取姦惡以成嚴霜之誅補注王念孫曰日字後人所加今鷹隼始擊卽承上文立秋日言之無庸更加日字御覽時序部十引此有日字亦後人依誤本漢書加之其職官部五十一羽族部十二引此皆無日字又文選西征賦注舊本北堂書鈔歲時部三陳禹謨本加設官部二十九陳本加日字藝文類聚歲時部上鳥部中初學記歲時部上白帖三引此亦皆無日字掾部渠有其人乎師古曰渠讀曰詎詎豈也言掾所部內豈

有其人乎文卬曰無其人不敢空受職師古曰卬讀曰仰謂仰頭而對也寶曰誰也文曰霸陵杜穉季寶曰其次師古曰除穉季之外更有誰也文曰豺狼橫道不宜復問狐貍師古曰言不當釋大而取小也寶默然穉季者大俠與衞尉湻于長大鴻臚蕭育等皆厚善寶前失車騎將軍與紅陽侯有郤師古曰失車騎將軍謂失王音意奏扈商事也郤與隙同自恐見危時湻于長方貴幸友寶寶亦欲附之始視事而長已穉季託寶故寶窮無已復應文文怪寶氣索師古曰索盡也音先各反知其有故因曰明府素著威名今不敢取穉季當且闔閤勿有所問師古曰闔閉也如此竟歲吏民未敢誣明府也師古曰誣謗也卽度穉季而譴它事李奇曰過度不治罪補注周壽昌曰度越也言越過穉季而譴他事蕭望之傳度行積思注亦訓度爲越也本傳上亦云度立而用根衆口讙譁終身自墮也師古曰墮毀也音火規反寶曰受教穉季耳目長聞知之杜門不通水火師古曰杜塞也不通水火謂雖鄰伍亦不往來也穿舍後牆爲小戶但持鉏自治園因文所厚自陳如此師古曰具言恐懼改節之狀也文曰

我與穉季幸同土壤素無睚眥師古曰睚音涯眥音才賜反睚又音五懈反眥又音仕懈反已解於前也顧受將命分當相直師古曰言自顧念受郡將之命分當相值遇也分音胡問反直讀曰值也補注王念孫曰師古以顧爲顧念直爲値遇皆非也顧猶特也凡漢書中顧字在句首者如張耳陳餘傳顧其勢初定顧爲士實不反韓信傳顧王策安出顧諸君弟察耳顧恐臣計未足用皆當訓爲特師古皆訓爲念非也他放此篇直繩也言我與穉季本無宿怨特受郡將之命分當相繩耳說卦傳巽爲繩直大雅抑箋云內有繩直則外有廉隅淮南繆稱篇行險者不得履繩出林者不得直道高注繩亦直也繩訓爲直故直亦訓爲繩先謙曰官本注末無也字誠能自改嚴將不治前事卽不更心但更門戶適趣禍耳師古曰更改也趣讀曰促穉季遂不敢犯法寶亦竟歲無所譴明年穉季病死寶爲京兆尹三歲補注宋祁曰浙本無尹字京師稱之會湻于長敗寶與蕭育等皆坐免官文復去吏死於家穉季子杜蒼字君敖名出穉季右在游俠中哀帝卽位徵寶爲諫大夫遷司隸初傅太后與中山孝王母馮太后俱事元帝有郤師古曰已當熊事慙而嫉之傅太后使有司考馮太后令自殺補注先謙曰詳外戚傳衆庶冤之寶奏請覆治傅太后大怒曰帝置司隸主使察我補注沈欽

韓曰司隸罷於成帝故傳太后言此以微哀帝馮氏反事明白故欲擿觖已揚我惡師古曰擿觖謂挑發之也擿音它歷反觖音決挑音它聊反補注宋祁曰擿字正文注文當作讁我當坐之上迺順指下寶獄尙書僕射唐林爭之補注沈欽韓曰論衡效力篇谷子雲唐子高章奏百上筆力有餘上已林朋黨比周師古曰比音頻寐反左遷敦煌魚澤障候補注王念孫曰敦煌之魚澤障自武帝時已改爲效穀縣此云魚澤障候者仍舊名也地理志敦煌郡效穀班氏自注云本魚澤障也桑欽說孝武元封六年濟南崔不意爲魚澤尉教力田以勤效得穀因立爲縣名今本注首有師古曰三字後人所加也已謂之辯大司馬傅喜光祿大夫龔勝固爭上爲言太后出寶復官頃之鄭崇下獄寶上書曰臣聞疏不圖親外不慮內師古曰圖謀也慮思也臣幸得銜命奉使職在刺舉不敢避貴幸之埶已塞視聽之明按尙書令昌奏僕射崇下獄覆治榜掠將死卒無一辭師古曰榜掠謂笞擊而考問之也榜音彭道路稱冤疑昌與崇內有纖介師古曰言有細故宿嫌也浸潤相陷自禁門內樞機近臣蒙受冤譖師古曰蒙被也虧損國家爲謗不小臣請治昌已解衆心書奏天子不說師古曰說讀曰悅已寶名臣不忍誅迺制詔丞

相大司空〔補注〕劉攽曰此既云丞相不得復有大司空也先謙曰通鑑考異云哀紀及恩澤侯表皆云傳商以建平二年二月封而寶傳云制詔丞相大司空按建平二年已罷大司空官疑傳誤司隸寶奏故尚書僕射崇冤請獄治尚書令昌案崇近臣罪惡暴著而寶懷邪附下罔上以春月作詆欺遂其姦心蓋國之賊也傳不云乎惡利口之覆國家師古曰論語稱孔子之言其免寶爲庶人哀帝崩王莽白王太后徵寶以爲光祿大夫與王舜等俱迎中山王平帝立寶爲大司農會越巂郡上黃龍游江中〔補注〕王念孫曰通鑑漢紀二十七同案上下本有言字上言二字見於本書者多矣今本脫言字則文義不明漢紀孝平紀有言字太師孔光大司徒馬宮等咸稱莽功德比周公宜告祠宗廟寶曰周公上聖召公大賢尚猶有不相說著於經典兩不相損師古曰周書君奭之序曰召公爲保周公爲師相成王爲左右召公不說周公作君奭是也兩不相損者言俱有令名也召讀曰邵說讀曰悅〔補注〕沈欽韓曰列子楊朱篇周公攝天子之政召公不悅今風雨未時百姓不足每有一事羣臣同聲師古曰言雷同阿附妄說福祥得無非其美者師古曰言此非朝廷美事也時

大臣皆失色侍中奉車都尉甄邯即時承制罷議者會寶遣吏迎母母道病留弟家獨遣妻子司直陳崇以奏寶事下三公即訊師古曰就問之也寶對曰年七十誖眊恩衰共養營妻子如章師古曰誖惑也眊與耄同自言老耄心志亂惑供養之恩衰具如所奏之章也誖音布內反共讀曰供音居用反寶坐免終於家建武中錄舊德臣以寶孫伉爲諸長師古曰伉音抗諸琅邪之縣也〔補注〕何焯曰寶橈定陵是其微過然不附王氏始終一節亦何武鮑宣之儔故建武中錄其後也

母將隆字君房東海蘭陵人也大司馬車騎將軍王音內領尚書外典兵馬蹕故選置從事中郎師古曰蹕猶躡也言承躡故事也〔補注〕姚鼐曰從事中郎幕府之官自漢至六朝皆有之始見此傳案中郎本天子之衞臣以衞臣而從事公卿之幕府故曰從事中郎唐時藩鎮幕僚有郎官御史之稱其端蓋已啟於漢也與參謀議奏請隆爲從事中郎遷諫大夫成帝末隆奏封事言古者選諸侯入爲公卿以褒功德宜徵定陶王使在國邸以塡萬方師古曰塡音竹刃反其後上竟立定陶王爲太子隆遷冀州牧潁川太守哀帝卽位以高第入爲京兆尹遷執金吾時侍中董賢方貴上使中黃門發武庫兵前後十輩送董賢及上乳母王阿舍隆奏言武庫兵器天下公用國家武備繕治造作皆度大司農錢蘇林曰用度皆出大司農大司農錢自乘輿不以給共養師古曰共音居用反養音弋向反共養勞賜壹出少府蓋不以本臧給末用不以民力共浮費師古曰共讀曰供別公私示正路也古者諸侯方伯得顓征伐迺賜斧鉞師古曰顓與專同也〔補注〕先謙曰官本注末無也字漢家邊吏職在距寇亦賜武庫兵皆任其事然後蒙之春秋之誼家不臧甲〔補注〕沈欽韓曰公羊定十二年傳孔子曰家不臧甲邑無百雉之城所以抑臣威損私力也今賢等便僻弄臣〔補注〕宋祁曰僻當作辟私恩微妾而以天下公用給其私門契國威器共其家備李奇曰契缺也晉灼曰契取也師古曰李說是也共讀曰供〔補注〕錢大昕曰契與挈同非契缺之義周壽昌曰晉說是也契卽挈也說見溝洫志民力分於弄臣武兵設於微妾建立非宜以廣驕僭非所以示四方也孔子曰

奚取於三家之堂師古曰三家謂魯大夫叔孫仲孫季孫也論語云三家者以雍徹孔子曰相維辟公天子穆穆奚取於三家之堂言三家以雍徹食此乃天子之禮耳何爲在三家之堂也臣請收還武庫上不說師古曰說讀曰悅頃之傅太后使謁者買諸官婢賤取之復取執金吾官婢八人隆奏言賈賤請更平直師古曰賈讀曰價其下亦同上於是制詔丞相御史大夫交讓之禮興則虞芮之訟息師古曰虞芮二國名文王爲西伯爲斷其訟二國各慙而止也隆位九卿既無以匡朝廷之不逮而反奏請與永信宮爭貴賤之賈程奏顯言蘇林曰露奏也眾莫不聞舉錯不由誼理師古曰錯音千故反爭求之名自此始無以示百僚傷化失俗以隆前有安國之言如淳曰徵定陶王使在國邸也左遷爲沛郡都尉遷南郡太守王莽少時慕與隆交隆不甚附哀帝崩莽秉政使大司徒孔光奏隆前爲冀州牧治中山馮太后獄冤陷無辜不宜處位在中土本中謁者令史立侍御史丁玄自典考之〔補注〕先謙曰百官表成帝改中書謁者令爲中謁者但與隆連名奏事史立時

爲中太僕補注先謙曰中太僕掌皇太后輿馬丁玄泰山太守及尙書令趙昌譖鄭崇者爲河內太守補注先謙曰公卿表哀帝建平三年尙書令琢郡趙昌君仲爲少府一年爲河內太守是昌已前列九卿皆免官徙合浦

何並字子廉祖父㠯吏二千石自平輿徙平陵師古曰平陵汝南之縣也補注周壽昌曰平輿汝南縣平陵縣屬右扶風注平陵當作平輿並爲郡吏至大司空掾事何武武高其志節舉能治劇爲長陵令道不拾遺初邛成太后外家王氏貴應劭曰宣帝王皇后父奉光封邛成侯成帝母亦姓王故㠯父爵別之也而侍中王林卿通輕俠傾京師後坐法免賓客愈盛歸長陵上冢因留飲連日並恐其犯法自造門上謁師古曰造至也音千到反謂林卿曰冢閒單外君宜㠯時歸師古曰單外言在郊郭之外而單露林卿曰諾先是林卿殺婢壻埋冢舍師古曰婢壻外人與其婢姦者也冢舍守冢之舍也補注先謙曰官本考證云婢壻當是使女所嫁之夫如師古注本文應云殺婢私夫而林卿罪亦不重矣並具知之㠯非己時補注先謙曰非己在任時又見其新免故不發舉欲無令留界

中而已即且遣吏奉謁傳送補注宋祁曰傳越本作侍林卿素驕慙於賓客並度其爲變儲兵馬㠯待之師古曰儲豫備也度音徒各反林卿既去北度涇橋令騎奴還至寺門拔刀剝其建鼓師古曰諸官曹之所通呼爲寺建鼓一名植鼓建立也謂植木而旁縣鼓焉縣有此鼓者所㠯召集號令爲開閉之時補注周壽昌曰韋昭辨釋名自漢以來九卿所居謂之寺據此則縣令署亦可稱寺不必九卿矣並自從吏兵追林卿行數十里林卿迫窘迺令奴冠其冠被其襜褕自代乘車從童騎師古曰襜褕曲裾禪衣也童騎童奴之騎也身變服從閒徑馳去會日暮追及收縛冠奴奴曰我非侍中奴耳並心自知已失林卿迺曰王君困自稱奴得脫死邪叱吏斷頭持還縣所剝鼓置都亭下署曰故侍中王林卿坐殺人埋冢舍使奴剝寺門鼓師古曰署謂書表其事也吏民驚駭林卿因亡命眾庶讙譁㠯爲實死師古曰讙譁眾議也讙音許元反成帝太后㠯邛成太后愛林卿故聞之涕泣爲言哀帝哀帝問狀而善之遷並隴西太守徙潁川太守代陵陽嚴詡詡本㠯孝行爲官謂掾史爲師友有過輒閉閤自責終不大言郡中亂王莽遣使徵詡官屬數百人爲設祖道詡據地哭掾史曰明府吉徵不宜若此詡曰吾哀潁川士身豈有憂哉我㠯柔弱徵必選剛猛代代到將有僵仆者故相弔耳師古曰僵偃也仆頓也僵音薑仆音赴詡至拜爲美俗使者文穎曰宣美風化使者補注先謙曰官本注化作俗是時潁川鍾元爲尙書令領廷尉補注先謙曰据公卿表元字寍君領謂兼官用事有權弟威爲郡掾臧千金師古曰臧謂致罪之臧也並爲太守故辭鍾廷尉補注先謙曰官本故作過是廷尉免冠爲弟請一等之罪如淳曰減死罪一等願蚤就髡鉗並曰罪在弟身與君律補注何焯曰廷尉典法之官三尺是掌故曰君律不在於太守元懼馳遣人呼弟陽翟輕俠趙季李款多畜賓客㠯氣力漁食閭里師古曰漁者謂侵奪取之若漁獵之爲也至姦人婦女持吏長短從橫郡中師古曰從音子用反橫音胡孟反聞並且至皆亡去並下車求勇猛曉文法吏且十人使文吏治三人獄武吏往捕之各有所

部敕曰三人非負太守迺負王法不得不治鍾威所犯多在赦前驅使入函谷關勿令汙民閒不入關迺收之趙李桀惡雖遠去當得其頭㠯謝百姓鍾威負其兄止雒陽師古曰負謂恃其權力也吏格殺之亦得趙李它郡持頭還並皆縣頭及其具獄於市郡中清靜表善好士師古曰好音呼到反見紀潁川名次黃霸性清廉妻子不至官舍數年卒疾病召丞掾作先令書師古曰先爲遺令也曰告子恢吾生素餐日久死雖當得法賻勿受如淳曰公令吏死官得法賻師古曰賵終者布帛曰賻音附葬爲小槨亶容下棺張晏曰禮三重棺趙簡子曰不設屬辟下卿之罰也或曰但下棺無餘器物也師古曰言止作小槨纔容下棺而已無令高大也亶讀曰但恢如父言王莽擢恢爲關都尉建武中㠯並孫爲郎

贊曰蓋寬饒爲司臣補注周壽昌曰寬饒官司隸故稱司臣正色立於朝雖詩所謂國之司直無㠯加也師古曰詩鄭風羔裘之篇曰彼已之子邦之司直言其德美可主正直之任也補注先謙曰官本注任作司若采王生之言㠯終其身斯近古之賢臣矣諸葛劉鄭

雖云狂瞽有異志焉補注李慈銘曰異志猶奇志謂其異於常人也孔子曰吾未見剛者師古曰論語稱孔子之言也言有剛德者爲難也㠯數子之名迹然毋將汙於冀州孟康曰汙下也師古曰毋將隆爲冀州牧與史立丁玄共奏馮太后事是爲汙曲也汙音一胡反補注何焯曰毋將之事本非其罪然名則難解故止曰汙孫寶橈於定陵師古曰橈亦曲也謂受湻于長託而不治杜穉季也橈音女教反況俗人乎何並之節亞尹翁歸云

葢諸葛劉鄭孫毋將何傳第四十七終　　漢書七十七

蕭望之傳第四十八　　漢書七十八

漢　蘭　臺　令　史　班　固　撰

唐正議大夫行祕書少監琅邪縣開國子顏師古注

賜進士出身前翰林院編修國子監祭酒加三級臣王先謙補注

蕭望之字長倩東海蘭陵人也師古曰近代譜諜妄相託附乃云望之蕭何之後追次昭穆流俗學者共祖述焉但酇侯漢室宗臣功高位重子孫胄緒具詳表傳長倩鉅儒達學名節竝隆博覽古今能言其祖市朝未變年載非遙長老所傳耳目相接若其實承何後史傳寧得弗詳漢書既不敘論後人焉所取信不然之事斷可識矣補注錢大昭曰梁書武帝紀云漢相國何生酇定侯延延生侍中彪彪生公府掾章章生皓皓生仰仰生太傅望之此顏注所指妄相託附者也徙杜陵家世㠯田爲業至望之好學治齊詩事同縣后倉且十年補注錢大昭曰后倉東海郯人見儒林傳與望之同郡非同縣也縣疑當作郡㠯令詣太常受業如湻曰令郡國官有好文學敬長肅政教者二千石奏上與計偕詣太常受業如弟子也補注周壽昌曰案武紀顏注云郡國每歲令所徵之人與上計簿使俱來京師也續百官志云太常每歲選試博士奏其能否詳見儒林傳序復事同學博士白奇師古曰常同於后倉受業而奇後爲博士補注先謙曰官本注於作與又從夏侯勝問論語禮服師古曰禮之喪服也京師諸儒稱述焉是時大將軍霍光秉政長史丙吉薦儒生王仲翁與望之等數人皆召見先是左將軍上官桀與蓋主謀殺光光既誅桀等後出入自備吏民當見者露索去刀兵兩吏挾持師古曰索搜也露形體而搜也索音山客反望之獨不肯聽自引出閤曰不願見吏牽持匈匈光聞之告吏勿持望之既至前說光曰將軍㠯功德輔幼主將㠯流大化致於洽平師古曰令太平之化通洽四方也補注宋祁曰注文通字疑是遍字王念孫曰案古無以洽平二字連文者師古曲爲之說非也洽平當爲治平字之誤也王嘉傳以致治平卽其證是㠯天下之士延頸企踵爭願自効㠯輔高明補注先謙曰効官本作效是今士見者皆先露索挾持恐非周公相成王躬吐握之禮致白屋之意師古曰周公攝政一沐三握髮一飯三吐哺以接天下之士白屋謂白葢之屋㠯茅覆之賤人所居葢音合補注宋祁曰注握字疑是捉字於是光獨不除用望之而仲翁等皆補大將軍史三歲閒仲翁至光祿大夫

給事中望之以射策甲科爲郎師古曰射策者謂爲難問疑義書之於策量其大小署爲甲乙之科列而置之不使彰顯有欲射者隨其所取得而釋之以知優劣射之言投射也對策者顯問以政事經義令各對之而觀其人辭定高下也補注先謙曰官本注人作文是署小苑東門候師古曰署補署也門候主候時而開閉也補注先謙曰黃圖長安十二城門無小苑東門名此宮苑門仲翁下車趨門也苑疑不應以小名或謂下苑之譌元紀有宜春下苑是仲翁出入從倉頭廬兒師古曰皆官府之給賤役者也解在貢禹傳補注宋祁曰貢禹傳當是鮑宣傳沈欽韓曰漢官儀丞相東西曹長安給騎亭長七十人六月一更倉頭廬兒出入大車駟馬然案諸官給使皆有之晉宋謂之僮幹也下車趨門傳呼甚寵師古曰趨讀曰趨趨嚮也下車而嚮門傳聲而呼侍從者甚有尊寵也補注宋祁曰注文尊寵下疑有之榮字沈欽韓曰漢官儀官奴擇給事計從侍中以下爲倉頭青幘從入歌傳以呼名本注歌傳取於雞陽古周時傳呼聲注案周禮雞人夜嘑旦以嘂百官此傳呼法也御覽二百三十漢官解詁曰有官位得出入者令執御者每傳呼前後以相通顧謂望之曰不肯錄錄反抱關爲師古曰錄錄謂循常也言望之不能隨例搜索以爲牾執政不得大官而守門也補注朱一新曰爲監本作違先謙曰官本作違望之曰各從其志後數年坐弟犯法不得宿衞免歸爲郡吏及御史大夫魏相補注宋祁曰浙本無及字除望之爲屬察廉爲大行治禮丞補注先謙曰大鴻臚屬官有行人丞武帝改爲大行丞下屬有治禮郎丞亦名治禮丞通鑑但書大行丞而胡注云據傳爲大行治禮丞是未知大行丞即大行治禮丞也時大將軍光薨子禹復爲大司馬兄子山領尚書師古曰霍山去病之孫今云兄子者轉寫誤爾補注先謙曰謂禹兄子山耳緣上文書之顏誤會親屬皆宿衞內侍地節三年夏京師雨雹望之因是上疏願賜淸閒之宴口陳災異之意師古曰閒讀曰閑宣帝自在民閒聞望之名曰此東海蕭生邪下少府宋畸問狀師古曰畸音居宜反補注錢大昕曰公卿表作宋疇字之譌也宣帝紀有詹事畸師古注宋畸也亦音居宜反由詹事歷大鴻臚左馮翊遷少府無有所諱望之對以爲春秋昭公三年大雨雹是時季氏專權卒逐昭公鄉使魯君察於天變宜亡此害師古曰鄉讀曰嚮亡讀曰無今陛下以聖德居位思政求賢堯舜之用心也然而善祥未臻陰陽不和是大臣任政一姓擅勢之所致也附枝大者賊本心私家盛者公室危師古曰本心樹之本株也補注先謙曰荀紀賊作敗唯明主躬萬機補注宋祁曰一本作躬親浙本無先謙曰荀紀躬作親選同姓舉賢材以爲腹心

與參政謀令公卿大臣朝見奏事明陳其職以考功能如是則庶事理公道立姦邪塞私權廢矣對奏天子拜望之爲謁者時上初即位思進賢良多上書言便宜輒下望之問狀高者請丞相御史師古曰望之以其人所言之狀請於丞相御史或以奏聞即見超擢補注劉奉世曰顏說非也高者則令丞相御史試事次者則令中二千石試事歲滿各以狀聞誤斷其文爾劉敞同先謙曰顏注文意固是一貫而分高次則非誤斷也次者中二千石試事滿歲以狀聞師古曰試令行其所言之事或以諸它職事試之下者報聞或罷歸田里補注先謙曰其言不可用故但報聞或罷斥之所白處奏皆可師古曰當主上之意也累遷諫大夫丞相司直歲中三遷官至二千石其後霍氏竟謀反誅望之寖益任用師古曰寖漸也是時選博士諫大夫通政事者補郡國守相以望之爲平原太守望之雅意在本朝遠爲郡守內不自得乃上疏曰陛下哀愍百姓恐德化之不究師古曰究竟也謂周偏於天下悉出諫官以補郡吏所謂憂其末而忘其本者也朝無爭臣則不知過國無達士則不聞善師古曰達士謂達於政事也願陛下選明經術温故知新通於幾微謀慮之士以爲內臣與參政事諸侯聞之則知國家納諫憂政亡有闕遺若此不怠成康之道其庶幾乎師古曰周成康二王致太平也補注宋祁曰乎一作矣外郡不治豈足憂哉書聞徵入守少府宣帝察望之經明持重論議有餘材任宰相師古曰任堪也欲詳試其政事復以爲左馮翊望之從少府出爲左遷恐有不合意即移病師古曰移病謂移書言病一曰以病而移居上聞之使侍中成都侯金安上諭意曰補注先謙曰功臣表霍光傳皆作都成侯此作成都侯傳寫誤倒所用皆更治民以考功師古曰更猶經歷也音工衡反君前爲平原太守日淺故復試之於三輔非有所聞也師古曰所聞謂聞其短失望之即視事是歲西羌反漢遣後將軍征之京兆尹張敞上書言國兵在外軍以夏補注王念孫曰國兵在外軍以夏本作充國兵在外軍以經夏後將軍即趙充國也以與已同充國兵在外軍已經夏言其在外已久也宣紀神爵元年夏四月遣後將軍趙充國彊弩將軍許延壽擊西羌此傳下文曰竊憐涼州被寇方秋饒時民尙有飢乏之病死

於道路則敝之上書已在秋時故曰軍已經夏也今本脫夫充字經字則文不成義藝文類聚刑法部所引已與今本同漢紀孝宣紀正作充國兵在外已經夏 發隴西以北安定以西吏民並給轉輸田事頗廢素無餘積雖羌虜以破來春民食必乏窮辟之處買亡所得師古曰辟讀曰僻也補注先謙曰官本注末無也字縣官穀度不足以振之師古曰度音徒各反願令諸有辠非盜受財殺人及犯法不得赦者補注宋祁曰浙本改財作賕皆得以差入穀此八郡贖罪師古曰差次也八郡即隴西以北安定以西務益致穀以豫備百姓之急事下有司望之與少府李彊議補注先謙曰公卿表彊字仲君以爲民函陰陽之氣有仁義欲利之心師古曰函與含同也補注宋祁曰注末也字當刪先謙曰官本仁作好是注在之氣下荀紀函作含仁作好據下文則作仁者誤在教化之所助堯在上不能去民欲利之心補注王念孫曰下文云雖桀在上不能去民好義之心則此文堯上亦當有雖字漢紀及藝文類聚刑法部御覽治道部四引此皆有雖字而能令其欲利不勝其好義也雖桀在上不能去民好義之心而能令其好義不勝其欲利也故堯桀之分在於義利而已

道民不可不慎也師古曰道讀曰導今欲令民量粟以贖罪如此則富者得生貧者獨死是貧富異刑而法不壹也補注宋祁曰壹或作一人情貧窮父兄囚執聞出財得以生活爲人子弟者將不顧死亡之患敗亂之行以赴財利求救親戚一人得生十人以喪如此伯夷之行壞公綽之名滅師古曰公綽魯大夫孟公綽也論語稱孔子曰若臧武仲之智公綽之不欲卞莊子之勇冉求之藝文之以禮樂可以爲成人矣政教壹傾雖有周召之佐恐不能復師古曰召讀曰邵復音扶目反補注先謙曰官本無音字古者臧於民不足則取有餘則予詩曰爰及矜人哀此鰥寡師古曰小雅鴻鴈之詩也矜人可哀矜之人謂貧弱者也言王者惠澤下及哀矜之人以至鰥寡上惠下也又曰雨我公田遂及我私師古曰小雅大田之詩也言衆庶喜於時雨先潤公田又及私田是則其心先公後私雨音于具反補注先謙曰官本無音字引宋祁曰注文于字上當有音字下急上也今有西邊之役民失作業雖戶賦口斂以贍其困乏師古曰率戶而賦計口而斂也古之通義百姓莫以爲非以死救生恐未可也師古曰子弟竭死以救父兄令其生也陛下

布德施教教化既成堯舜亡以加也今議開利路以傷既成之化臣竊痛之於是天子復下其議兩府丞相御史以難問張敞敞曰少府左馮翊所言常人之所守耳昔先帝征四夷兵行三十餘年百姓猶不加賦而軍用給今羌虜一隅小夷跳梁於山谷閒漢但令辠人出財減辠以誅之其名賢於煩擾良民橫興賦斂也師古曰橫音胡孟反又諸盜及殺人犯不道者百姓所疾苦也皆不得贖首匿見知縱所不當得爲之屬議者或頗言其法可蠲除師古曰言其罪輕而法重故常欲除此科條今因此令贖其便明甚何化之所亂甫刑之罰小過赦薄罪贖師古曰呂侯爲周穆王司寇作贖刑之法謂之呂刑後改爲甫侯故又稱甫刑也有金選之品應劭曰選音刷金銖兩名也師古曰音刷是也字本作鋝鋝即鍰也其重十一銖二十五分銖之十三一曰重六兩呂刑曰墨辟疑赦其罰百鍰劓辟疑赦其罰惟倍剕辟疑赦其罰倍差宮辟疑赦其罰六百鍰大辟疑赦其罰千鍰是其品也補注錢大昕曰周本紀黥辟疑赦其罰百率率選與鋝皆聲相近也今尚書作鍰蓋鋝之譌戴震云六兩大半兩爲鋝十一銖二十五分銖之十三爲鍰輕重異名不可假借呂刑贖罪計鋝不計鍰鋝之爲鍰字形相涉說文已不能辨正矣

所從來久矣何賊之所生敞備皁衣二十餘年如淳曰雖有五時服至朝皆著皁衣補注沈欽韓曰言出身爲吏之年也趙策願令備黑衣之數論衡程材篇吏衣黑衣宮闕赤單則朝服仍朱衣也嘗聞罪人贖矣未聞盜賊起也竊憐涼州被寇方秋饒時民尚有飢乏病死於道路況至來春將大困乎補注宋祁曰大字上疑有不字不早慮所以振救之策而引常經以難恐後爲重責常人可與守經未可與權也敞幸得備列卿以輔兩府爲職不敢不盡愚望之彊復對曰先帝聖德賢良在位作憲垂法爲無窮之規永惟邊竟之不贍師古曰惟思也竟讀曰境其下亦同故金布令甲曰師古曰金布者令篇名也其上有府庫金錢布帛之事因以名篇令甲者其篇甲乙之次邊郡數被兵離飢寒師古曰離遭也天絕天年父子相失令天下共給其費師古曰同共給之也自此以上令甲之文固爲軍旅卒暴之事也師古曰卒讀曰猝言此令文專爲軍旅猝暴而施設補注宋祁曰注文疑有之字聞天漢四年常使死罪人入五十萬錢減死罪一等豪彊吏民請

奪假貣師古曰貣音土得反至爲盜賊㠯贖罪其後姦邪橫暴羣盜並起師古曰橫音胡孟反至攻城邑殺郡守充滿山谷吏不能禁明詔遣繡衣使者以興兵擊之師古曰軍興之法也【補注】宋祁曰浙本無興字劉攽曰當云以軍興兵擊之誅者過半然後衰止愚㠯爲此使死罪贖之敗也故曰不便時丞相魏相御史大夫丙吉亦㠯爲羌虜且破轉輸略足相給遂不施敞議望之爲左馮翊三年京師稱之遷大鴻臚先是烏孫昆彌翁歸靡因長羅侯常惠上書師古曰昆彌烏孫之王號也翁歸靡其人名也願㠯漢外孫元貴靡爲嗣得復尚少主蘇林曰宗室女也結婚內附畔去匈奴詔下公卿議望之㠯爲烏孫絕域信其美言萬里結婚非長策也天子不聽神爵二年遣長羅侯惠使送公主配元貴靡未出塞翁歸靡死其兄子狂王背約自立惠從塞下上書願留少主敦煌郡惠至烏孫責㠯負約因立元貴靡還迎少主詔下公卿議望之復㠯爲不可烏孫持兩端

亡堅約其效可見前少主在烏孫四十餘年恩愛不親密邊境未㠯安此已事之驗也今少主㠯元貴靡不得立而還信無負於四夷此中國之大福也少主不止繇役將興其原起此天子從其議徵少主還【補注】先謙曰通鑑考異云烏孫傳請婚在元康二年案元康二年望之未爲鴻臚蓋誤後烏孫雖分國兩立㠯元貴靡爲大昆彌漢遂不復與結婚三年代丙吉爲御史大夫五鳳中匈奴大亂議者多曰匈奴爲害日久可因其壞亂舉兵滅之詔遣中朝大司馬車騎將軍韓增諸吏富平侯張延壽光祿勳楊惲太僕戴長樂問望之計策望之對曰春秋晉士匄帥師侵齊聞齊侯卒引師而還君子大其不伐喪師古曰士匄晉大夫范宣子也春秋公羊傳襄十九年齊侯環卒晉士匄帥師侵齊至穀聞齊侯卒乃還還者何善辭也大其不伐喪也㠯爲恩足㠯服孝子誼足㠯動諸侯前單于慕化鄉善稱弟蘇林曰弟順也師古曰鄉讀曰嚮弟音悌【補注】劉奉世曰漢與匈奴嘗約爲兄弟此弟直自謂爲弟耳遣使請求和親海內欣然夷狄

莫不聞未終奉約不幸爲賊臣所殺今而伐之是乘亂而幸災也彼必奔走遠遁不㠯義動兵恐勞而無功宜遣使者弔問輔其微弱救其災患四夷聞之咸貴中國之仁義如遂蒙恩得復其位必稱臣服從此德之盛也上從其議後竟遣兵護輔呼韓邪單于定其國是時大司農中丞耿壽昌奏設常平倉【補注】先謙曰詳見食貨志上善之望之非壽昌師古曰此望之不知權道丞相丙吉年老上重焉望之又奏言百姓或乏困盜賊未止二千石多材下不任職三公非其人則三光爲之不明今首歲日月少光師古曰首歲歲之初首謂正月也咎在臣等上㠯望之意輕丞相師古曰言三公非其人又云咎在臣等是其意毀丞相乃下侍中建章衞尉金安上光祿勳楊惲御史中丞王忠并詰問望之師古曰三人同共問之望之免冠置對天子繇是不說師古曰繇讀與由同說讀曰悅後丞相司直緐延壽師古曰緐音婆奏侍中謁者良使丞制詔望之【補注】朱一新曰丞同承百官表丞相掌丞天子助理萬幾

亦同承義監本於此文改丞作承非先謙曰官本作承望之再拜已良與望之言望之不起因故下手蘇林曰伏地而言也【補注】王文彬曰蘇注當在曰下下手以手至地也蓋良先未下手望之因不起而故自下其手以禮不備責良而謂御史曰良禮不備故事丞相病明日御史大夫輒問病朝奏事會庭中差居丞相後【補注】宋祁曰南本庭作廷下同先謙曰宋誤斷後字下屬今移正丞相謝大夫少進揖令丞相數病望之不問病會庭中與丞相鈞禮師古曰不爲前後之差也時議事不合意望之曰侯年寧能父我邪服虔曰寧能與吾父同年邪【補注】劉攽曰言侯年雖高寧能爲我父邪不足敬也劉奉世曰此直謂其安能爲我之父輕之之辭周壽昌曰上以丞相年老重之故望之云然望之時已年近六十也知御史有令不得擅使望之多使守史自給車馬之杜陵護視家事如淳曰漢儀注御史大夫史旨四十五人皆六百石其十五人給事殿中其餘三十人留守治百事皆冠法冠師古曰自給車馬者令其自乘私車馬也【補注】錢大昭曰注留守當作留寺漢舊儀云御史員四十五人皆六百石其十五人衣絳給事殿中爲侍御史宿廬左右渠門外二人尚璽四人持書給事二人中丞一人領餘三十人留寺理百官也先謙曰官本注旨作員是少史冠法冠爲妻先引蘇林曰少史曹史之下者也文穎曰

先引謂導車前〔補注〕宋祁曰注末當添也字沈欽韓曰漢舊儀少史秩比六百石與蘇說高卑懸絕要之亦如丞相有長史少史耳
又使賣買私所附益凡十萬三千師古曰使其史爲望之家有所賣買而史吕其私錢增益之用潤望之也案望之大臣通經術居九卿之右本朝所仰師古曰右上也〔補注〕周壽昌曰本朝猶言中朝前云望之雅意在本朝先謙曰官本注在之右下至不奉法自修踞慢不遜攘師古曰攘古讓字受所監臧二百五十吕上師古曰二百五十吕上者當時律令坐罪之次若今律條言一尺吕上一疋吕上矣〔補注〕沈欽韓曰唐職制律諸監臨主司受財而枉法者一尺杖一百一疋加一等十五疋絞不枉法者一尺杖九十二疋加一等三十疋加役流請逮捕繫治上於是策望之曰有司奏君責使者禮遇丞相亡禮廉聲不聞敖慢不遜師古曰敖讀曰傲亡吕扶政帥先百僚君不深思陷于玆穢朕不忍致君于理使光祿勳惲策詔左遷君爲太子太傅授印其上故印使者師古曰使者卽謂楊惲也命惲授太傅印而望之吕大夫印上於惲便道之官〔補注〕沈欽韓曰道當爲導敕楊惲收印綬便導往太傅官署猶唐時云送上也君其秉道明孝正直是與帥意亡諐靡有後言師古曰諐古愆字後言謂自申理望之旣

左遷〔補注〕先謙曰在五鳳二年而黃霸代爲御史大夫數月間丙吉薨霸爲丞相霸薨于定國復代焉望之遂見廢不得相爲太傅吕論語禮服授皇太子初匈奴呼韓邪單于來朝詔公卿議其儀丞相霸御史大夫定國議曰聖王之制施德行禮先京師而後諸夏先諸夏而後夷狄詩云率禮不越遂視旣發相土烈烈海外有截師古曰商頌長發之詩也率循也遂徧也旣盡也發行也相土契之孫也烈烈威也截齊也言殷宗受命爲諸侯能修禮度無有所踰越也徧省視之教令盡行而相土之威烈烈然盛四海之外皆整齊〔補注〕宋祁曰注末當有也字陛下聖德充塞天地師古曰充實也塞滿也光被四表師古曰四表四海之外匈奴單于鄉風慕化奉珍朝賀師古曰鄉讀曰嚮自古未之有也其禮儀宜如諸侯王位次在下〔補注〕宋祁曰如疑作加望之吕爲單于非正朔所加〔補注〕先謙曰胡注言班歷所不及也故稱敵國宜待吕不臣之禮位在諸侯王上外夷稽首稱藩中國讓而不臣此則羈縻之誼謙亨之福也師古曰易謙卦之辭曰謙亨天道下濟而光明地道卑而上行言謙之爲德無所不通也亨音火庚反書曰戎狄荒服師古曰逸書也〔補注〕先謙曰胡注此語或者伏生之書有之今國語猶載此言言其來荒忽亡常〔補注〕錢大昭曰閩本來下有服字先謙曰官本有服字如使匈奴後嗣卒有鳥竄鼠伏闕於朝享不爲畔臣師古曰卒終也本吕客禮待之若後不來非叛臣〔補注〕先謙曰朝朝見也享獻也古者諸侯見於天子必以所貢助祭於廟孝經所謂四海之內各以其職來祭者也信讓行乎蠻貉福祚流于亡窮萬世之長策也天子采之下詔曰蓋聞五帝三王教化所不施不及吕政今匈奴單于稱北蕃朝正朔朕之不逮德不能弘覆〔補注〕先謙曰通鑑無德字其吕客禮待之令單于位在諸侯王上贊謁稱臣而不名及宣帝寑疾選大臣可屬者師古曰屬音之欲反引外屬侍中樂陵侯史高太子太傅望之少傅周堪至禁中拜高爲大司馬車騎將軍望之爲前將軍光祿勳堪爲光祿大夫皆受遺詔輔政領尚書事〔補注〕先謙曰胡注漢尚書職典樞機凡諸曹文書眾事皆由之自是之後凡受遺輔政皆領尚書事至東都曰錄尚書事宣帝崩太子襲尊號是爲孝元帝望之堪本吕師傅見尊

重上卽位數宴見言治亂陳王事〔補注〕先謙曰胡注王者之事先謙案宣帝言漢朝本以王霸道雜之今欲復古興王道也望之選白宗室明經達學散騎諫大夫劉更生給事中與侍中金敞並拾遺左右四人同心謀議勸道上吕古制師古曰道讀曰導多所欲匡正上甚鄉納之師古曰鄉讀曰嚮意信嚮之而納用其言初宣帝不甚從儒術任用法律而中書宦官用事中書令弘恭石顯久典樞機明習文法亦與車騎將軍高爲表裏論議常獨持故事不從望之等恭顯又時傾仄見詘文穎曰恭顯心不自安也師古曰文說非也言其不能持正故議論大事見詘於天子也仄古側字〔補注〕周壽昌曰此直謂其論議傾仄見詘於望之等四人故望之爲帝云云大與恭顯忤也望之吕爲中書政本宜吕賢明之選自武帝游宴後庭故用宦者非國舊制又違古不近刑人之義師古曰禮曰刑人不在君側也白欲更置士人繇是大與高恭顯忤師古曰繇讀與由同忤謂相違逆也上初卽位謙讓重改作師古曰重難也未欲更置士人於中書也議久不定出劉更生爲宗正〔補注〕先謙曰胡注散騎給事中中朝官也宗正外朝官也

故云出望之堪數薦名儒茂材㠯備諫官會稽鄭朋陰欲附望之上疏言車騎將軍高遣客爲姦利郡國及言許史子弟罪過章視周堪師古曰視讀曰示㠯朋所奏之章示堪也堪白令朋待詔金馬門朋奏記望之曰將軍體周召之德秉公綽之質有卞莊之威師古曰周謂周公旦召謂召公奭公綽孟公綽也廉正寡欲卞莊子魯卞邑大夫蓋勇士也召讀曰邵至乎耳順之年師古曰論語稱孔子曰六十而耳順履折衝之位號至將軍誠士之高致也窟穴黎庶莫不懽喜咸曰將軍其人也師古曰國家委任誠得其人也今將軍規橅云若管晏而休遂行日庂至周召乃留乎師古曰問望之立意當趣如管晏而止爲欲恢廓其道日昃不食追周邵之蹟然後已乎橅讀曰模其字從木若管晏而休則下走將歸延陵之皋應劭曰下走僕也張晏曰吳公子札食邑延陵薄吳王之行棄國而耕於皋澤朋云望之所爲若但如管晏則不處漢朝將歸會稽尋延陵之軌隱耕皋澤之中也師古曰下走者自謙言趨走之役也修農圃之疇師古曰美田曰疇畜雞種黍竢見二子沒齒而已矣師古曰論語云子路從而後遇丈人㠯杖荷蓧止子路宿殺雞爲黍而食之見其二子焉明日子路行㠯告子曰隱者也使子路反見之至則行矣朋之所云蓋謂此也竢古俟字也俟待世沒齒終身也蓧草器也音徒釣反〔補注〕先謙曰官本注世作也是如將軍昭然度行積思塞邪枉之險蹊宣中庸之常政師古曰度行度越常檢而爲高行也蹊徑謂道也音奚與周召之遺業親日庂之兼聽則下走其庶幾願竭區區底厲鋒鍔師古曰鋒刃端也鍔刃旁也音五各反奉萬分之一望之見納朋接待㠯意師古曰與之相見納用其說也〔補注〕先謙曰胡注言推誠待之接以殷勤顏說非朋數稱述望之短車騎將軍師古曰短謂毀其短惡也言許史過失後朋行傾邪望之絕不與通朋與大司農史李宮俱待詔堪獨白宮爲黃門郎朋楚士怨恨張晏曰朋會稽人會稽并屬楚蘇林曰楚人脃急也更求入許史推所言許史事曰皆周堪劉更生教我我關東人何㠯知此於是侍中許章白見朋〔補注〕先謙曰白見於帝朋出揚言曰我見言前將軍小過五大罪一中書令在旁知我言狀望之聞之㠯問弘恭石顯顯恭恐望之自訟下於它吏即挾朋及待詔華龍師古曰華音胡化反龍者宣帝時與張子蟜等待詔

師古曰蟜音巨遙反字或作僑㠯行汙濊不進師古曰濊與穢同欲入堪等堪等不納故與朋相結恭顯令二人告望之等謀欲罷車騎將軍疏退許史狀候望之出休日〔補注〕先謙曰漢制自三署郎以上入直禁中者十日一出休沐令朋龍上之事下弘恭問狀望之對曰外戚在位多奢淫欲㠯匡正國家非爲邪也恭顯奏望之堪更生朋黨相稱舉〔補注〕周壽昌曰朋黨二字陷人始此數譖訴大臣毀離親戚欲㠯專擅權勢爲臣不忠誣上不道請謁者召致廷尉時上初即位不省謁者召致廷尉爲下獄也可其奏後上召堪更生曰繫獄上大驚曰非但廷尉問邪㠯責恭顯皆叩頭謝上曰令出視事〔補注〕宋祁曰令出視事疑作今出視事一本作出乃使視事先謙曰作令是也通鑑亦作令恭顯因使高〔補注〕宋祁曰恭顯因使高疑作恭顯乃因使高言上新即位未㠯德化聞於天下而先驗師傅既下九卿大夫獄〔補注〕先謙曰胡注劉更生爲宗正九卿也周堪爲光祿大夫宜因決免於是制詔丞相御史前將軍望之傅朕八年〔補注〕先謙曰宣帝五鳳二年望之爲太子太傅至黃龍元年爲八年亡它罪過今事久遠識忘難明師古曰言不能盡記有遺忘者故難明其赦望之罪收前將軍光祿勳印綬及堪更生皆免爲庶人而朋爲黃門郎後數月制詔御史國之將興尊師而重傅〔補注〕沈欽韓曰荀子大畧篇國之將興必貴師而重傅貴師而重傅則法度存故前將軍望之傅朕八年道㠯經術厥功茂焉師古曰道讀曰導茂美也其賜望之爵關內侯食邑六百戶給事中朝朔望坐次將軍天子方倚欲㠯爲丞相師古曰倚音於綺反會望之子散騎中郎伋上書訟望之前事師古曰伋音級事下有司復奏望之前所坐明白無譖訴者師古曰言望之自有罪非人讒譖而訴之也而教子上書稱引亡辜之詩〔補注〕先謙曰胡注史不載伋書不知其所稱引者何詩變雅云無罪無辜讒口嗸嗸豈伋所引者即此詩乎失大臣體不敬請逮捕弘恭石顯等知望之素高節不詘辱建白望之師古曰建立此議而白之於天子前爲將軍輔政欲排退許史專權擅朝幸得不坐復賜爵邑與聞政事師古曰與讀曰豫〔補注〕錢大昕曰給事中掌顧問應對故云與聞政事孔光罷相後徵拜

光祿大夫給事中自稱備內朝臣與聞政事師丹傳尚書劾給事中博士申咸炔欽希得以儒官選擢備腹心上所折中定疑則漢時給事中亦要地矣不悔過服罪深懷怨望教子上書歸非於上師古曰言歸惡於天子也自以託師傅懷終不坐師古曰言恃舊恩自謂終無罪坐懷此心補注王念孫曰師古讀懷終不坐爲句非也懷當爲德字之誤也懷字俗書作褱形與德相近又涉上文深懷怨望而誤自以託師傅德爲句終不坐爲句言望之自以託於師傅之德終不坐罪也漢紀孝元紀作自以託師傅恩德終不坐是其證非頗詘望之於牢獄塞其怏怏心則聖朝亡以施恩厚服虔曰非不也上曰蕭太傅素剛安肯就吏顯等曰人命至重補注先謙曰胡注言人所重者性命也望之所坐語言薄罪必亡所憂上乃可其奏顯等封以付謁者敕令召望之手付因令太常急發執金吾車騎馳圍其第補注宋祁曰越本車作軍字先謙曰太常掌諸陵縣執金吾掌徼循京師望之時居杜陵故令太常發執金吾車騎往圍其第以恐脅之速其自盡也使者至召望之望之欲自殺其夫人止之以爲非天子意望之以問門下生朱雲雲者好節士勸望之自裁於是望之卬天歎曰師古曰卬讀曰仰吾嘗備位將相年踰六十矣老

入牢獄苟求生活不亦鄙乎字謂雲曰游師古曰朱雲字游呼其字趣和藥來無久留我死師古曰趣讀曰促竟飲鴆自殺天子聞之驚拊手曰曩固疑其不就牢獄果然殺吾賢傅是時太官方上晝食上乃卻食爲之涕泣哀慟左右師古曰慟動也補注先謙曰荀紀通鑑並作哀動左右疑顏見誤本作慟因而加注於是召顯等責問以議不詳師古曰詳審也皆免冠謝良久然後已望之有罪死有司請絕其爵邑有詔加恩長子伋嗣爲關內侯天子追念望之不忘每歲時遣使者祠祭望之冢補注沈欽韓曰長安志蕭望之墓在萬年縣東南五里古城春明門外終元帝世望之八子至大官者育咸由

育字次君少以父任爲太子庶子元帝即位爲郎病免後爲御史大將軍王鳳以育名父子補注齊召南曰案名父子與王吉傳賢父子同猶云名父之子也著材能除爲功曹遷謁者使匈奴副校尉師古曰時令校尉爲使於匈奴而育爲之副使故授副校尉也補注沈欽韓曰此專設之官爲使匈奴中郎將之副亦如西域副校尉爲都護之副也取匈奴傳證之自明師古殊謬後爲茂陵令會課育第六師古曰如今之考第高下而漆令郭舜殿見責問師古曰殿後也言有所負最居下也殿音丁見反育爲之請扶風怒曰君課第六補注沈欽韓曰第六則在中下唐六典考功郎中職云職事粗理善最弗聞爲中下裁自脫師古曰脫免也音吐活反何暇欲爲左右言師古曰左右者言與同列在其左右若今言旁人也及罷出傳召茂陵令詣後曹如淳曰賊曹決曹皆後曹當以職事對師古曰忿其爲漆令言故欲以職事責之補注宋祁曰注文忿字越本作怒育徑出曹書佐隨牽育育案佩刀曰蕭育杜陵男子何詣曹也師古曰自言欲免官而去但是杜陵一白衣男子耳何須召我詣曹乎補注齊召南曰案男子猶言大丈夫言我不以官爵介意遂趨出欲去官明旦詔召入拜爲司隸校尉育過扶風府門官屬掾史數百人拜謁車下後坐失大將軍指免官復爲中郎將使匈奴歷冀州青州兩郡刺史補注錢大昕曰育又爲朔方刺史見馮野王傳本傳失書長水校尉補注先謙曰百官表長水校尉掌長水宣曲胡騎泰山太守入守大鴻臚以鄠名賊梁子政阻山爲害久不伏辜師古曰名賊者自顯其名無所避匿言其彊也補注先謙曰官本彊作事引宋祁曰注文事字

當作彊字顧炎武云名賊猶言名王謂賊之有名號者周壽昌云顧說是也但賊不得以名王比蓋著名之賊名猶名捕之名謂詔所指名欲誅者也育爲右扶風數月盡誅子政等坐與定陵侯淳于長厚善免官哀帝時南郡江中多盜賊拜育爲南郡太守上以育耆舊名臣乃以三公使車載育入殿中受策孟康曰使車三公奉使之車若安車也補注宋祁曰三公下疑有官字沈欽韓曰即輿服志之小使車曰南郡盜賊羣輩爲害朕甚憂之以太守威信素著故委南郡太守之官其於爲民除害安元元而已補注王念孫曰其與期同中山策與不其衆少其於當厄怨不其深淺其於傷心淮南說林篇其滿腹而已其竝與期同繫辭傳死期將至釋文作其韓子十過篇至於期日之夜淮南人問篇作其燕策樊於期漢武梁石室畫象作其亡拘於小文加賜黃金二十斤育至南郡盜賊靜病去官起家復爲光祿大夫執金吾以壽終於官補注朱一新曰公卿表孝哀建平三年光祿大夫蕭育爲執金吾一年免此云以壽終於官參錯不同未審誰是育爲人嚴猛尚威居官數免稀遷少與陳咸朱博爲友著聞當世往者有王陽貢公補注宋祁曰公字當作禹字故長安語曰蕭朱結

綬王貢彈冠言其相薦達也補注蘇輿曰王吉傳世稱王陽在位貢公彈冠言其取舍同也始育與陳咸俱㠯公卿子顯名咸最先進年十八爲左曹二十餘御史中丞補注宋祁曰餘字下當添爲字時朱博尙爲杜陵亭長爲咸育所攀援入王氏師古曰援引也音爰後遂並歷刺史郡守相及爲九卿而博先至將軍上卿歷位多於咸育遂至丞相育與博後有隙不能終故世㠯交爲難

咸字仲補注先謙曰咸張禹增見禹傳爲丞相史舉茂材好畤令補注錢大昭曰茂材下當有爲字遷淮陽泗水內史張掖弘農河東太守所居有迹數增秩賜金後免官復爲越騎校尉護軍都尉中郎將使匈奴至大司農終官補注先謙曰平帝元始元年咸爲大司農二年卒見公卿表

由字子驕爲丞相西曹衞將軍掾遷謁者使匈奴副校尉後舉賢良爲定陶令遷太原都尉安定太守治郡有聲多稱薦者初哀帝

爲定陶王時由爲定陶令失王指頃之制書免由爲庶人哀帝崩爲復土校尉京輔左輔都尉遷江夏太守平江賊成重等有功增秩爲陳留太守元始中作明堂辟雍大朝諸侯徵由爲大鴻臚會病不及賓贊師古曰贊導九賓之事補注宋祁曰會病不及當云會病行遲不及賓贊注文贊導九賓之事當云贊導九賓之禮也周壽昌曰案漢雜事云入爲鴻臚卿不任賓贊蓋以病不能任贊導九賓之事此云不及卽不任異文非有別義也還歸故官病免復爲中散大夫補注錢大昭曰百官表無此大夫終官家至吏二千石者六七人

贊曰蕭望之歷位將相籍師傅之恩補注先謙曰籍藉字同可謂親昵亡間師古曰間隙也及至謀泄隙開讒邪構之卒爲便嬖宦豎所圖師古曰圖謀也哀哉補注朱一新曰監本哀哉下有不然二字先謙曰官本有二字望之堂堂折而不橈師古曰橈曲也音女教反補注沈欽韓曰管子水地篇折而不橈勇也身爲儒宗有輔佐之能近古社稷臣也

蕭望之傳第四十八　終　　漢書七十八

馮奉世傳第四十九　　漢書七十九

漢　蘭　臺　令　史班　固　撰

唐正議大夫行祕書少監琅邪縣開國子顏師古　注

賜進士出身前翰林院編修國子監祭酒加三級臣　王先謙補注

馮奉世字子明上黨潞人也師古曰潞音路徙杜陵其先馮亭爲韓上黨守補注錢大昕曰此傳敘馮氏世系百餘言與司馬遷揚雄自序略相似竊意馮商續太史公書亦當有自序而班史承用之故與它傳不同秦攻上黨絕太行道師古曰太行山名險道所經行也行音胡郎反補注宋祁曰注文經行疑當刪行字韓不能守馮亭乃入上黨城守於趙師古曰據守上黨城而㠯降趙趙封馮亭爲華陽君與趙將括距秦師古曰括趙括趙奢之子也戰死於長平補注沈欽韓曰寰宇記省冤谷東西南北各六十步在澤州高平縣西北二十五里秦壘西面百步卽趙括降卒四十萬坑處地名殺谷唐開元十年正月玄宗行幸親祭改名省冤一統志長平故城在澤州府高平縣西北二十里王報村今猶稱舊縣宗族繇是分散師古曰繇讀與由同或畱潞或在趙在趙者爲官帥將師古曰帥音所類反字或作師其義兩通官帥將子爲代相及秦滅六國而馮亭之後馮毋擇馮去疾馮劫皆爲秦將相焉漢興文帝時馮唐顯名卽代相子也至武帝末奉世㠯良家子選爲郎昭帝時㠯功次補武安長補注先謙曰武安魏郡縣今彰德府武安縣治失官年三十餘矣乃學春秋涉大義讀兵法明習補注先謙曰官本無二字引宋祁曰浙本兵法下有明習二字前將軍韓增奏㠯爲軍司空令補注錢大昕曰軍司空令不見於百官表當是將軍之屬員也杜延年傳大將軍霍光以延年三公子吏材有餘補軍司空蘇林曰主獄官也如淳曰律營軍司空軍中司空各二人本始中從軍擊匈奴軍罷復爲郎先是時漢數出使西域多辱命不稱或貪汙爲外國所苦師古曰苦謂困辱之補注先謙曰以貪汙爲外國所患苦也上辱命乃有被困辱者在其中耳顏注非是時烏孫大有擊匈奴之功而西域諸國新輯師古曰輯與集同集和也漢方善遇欲㠯安之選可使外國者前將軍增舉奉世㠯衞候補注先謙曰候亦衞尉屬官見百官表使持節送大宛諸國客至伊脩城師古曰伊脩城在鄯善國漢於其中置屯田吏士也補注齊召南曰伊脩城當作伊循城各本俱誤西域傳鄯善國中有伊循城其地肥美漢置都尉所謂伊循田官也

通鑑亦作伊循知宋時漢書本尚不誤後來刊本訛循作脩耳顏注亦然錢大昕曰循脩二字相似因譌作脩耳三國志蜀後主傳費禕爲蜀降人郭循所殺禕傳亦作郭循而魏三嗣主傳張嶷傳竝作郭脩 都尉宋將言莎車與旁國共攻殺漢所置莎車王萬年 師古曰莎車國名萬年其名王也莎音素和反補注宋祁曰宋字疑是宗字先謙曰官本注名王作主名是 并殺漢使者奚充國時匈奴又發兵攻車師城不能下而去莎車遣使揚言北道諸國已屬匈奴矣於是攻劫南道與歃盟畔漢從鄯善以西皆絕不通 師古曰鄯音善 都護鄭吉校尉司馬意皆在北道諸國間奉世與其副嚴昌計以爲不亟擊之則莎車日彊 師古曰亟急也音居力反補注先謙曰官本注在擊之下 其埶難制必危西域遂以節諭告諸國王因發其兵南北道合萬五千人進擊莎車攻拔其城莎車王自殺傳其首詣長安諸國悉平威振西域奉世乃罷兵以聞宣帝召見韓增曰賀將軍所舉得其人奉世遂西至大宛大宛聞其斬莎車王敬之異於它使得其名馬象龍而還 師古曰言馬形似龍者補注劉攽曰此馬名曰象龍也 上甚說 師古曰說讀曰悅 下議封奉世 師古曰下其事令議之 丞相將軍皆曰春秋之義大夫出疆有可以安國家則顓之可也 師古曰顓與專同 奉世功效尤著宜加爵士之賞少府蕭望之獨以奉世奉使有指 師古曰本爲送諸國客 而擅矯制違命發諸國兵雖有功效不可以爲後法即封奉世開後奉使者利以奉世爲比 師古曰比音必寐反補注先謙曰官本無音字引宋祁曰注文比字下疑有音字 爭逐發兵要功萬里之外 師古曰逐競也 爲國家生事於夷狄漸不可長奉世不宜受封上善望之議以奉世爲光祿大夫水衡都尉 補注宋祁曰善望之議下疑有竟不封三字 元帝即位爲執金吾上郡屬國歸義降胡萬餘人反去初昭帝末西河屬國胡伊酋若王亦將眾數千人畔 師古曰酋音才由反補注齊召南曰案昭帝應是宣帝之訛昭帝時奉世名尚未著安得持節將兵且西河屬國始置於五鳳四年宣紀可證也當昭帝時尚無西河屬國安得有叛人耶周壽昌曰齊說是下云右將軍典屬國常惠薨考惠封長羅侯爲宣帝本始四年薨在元帝初元二年皆不及昭帝時 奉世輒持節將兵追擊 師古曰言

西河上郡羌胡反畔子明再追擊之 右將軍典屬國常惠薨奉世代爲右將軍典屬國加諸吏之號數歲爲光祿勳永光二年秋隴西羌彡姐旁種反 師古曰彡音所廉反又音先廉反姐音紫今西羌尚有此姓而彡音先冉反補注先謙曰官本注所上無音字引宋祁曰注文彡字下當有音字 詔召丞相韋玄成御史大夫鄭弘大司馬車騎將軍王接左將軍許嘉右將軍奉世入議 補注周壽昌曰此所謂五府也 是歲時比不登 師古曰比類也登成也補注朱一新曰監本歲時倒是先謙曰官本注類作頻是歲時字倒 京師穀石二百餘 師古曰一石直二百餘錢也下皆類此 邊郡四百關東五百 補注周壽昌曰此元帝永光二年事食貨志云元帝初元二年齊地饑穀石三百餘視宣帝時京師穀石五錢邊郡穀斛八錢豐歉大不侔矣顏注二百餘云一石直二百餘錢是也方扶南云漢世錢以緡論二百餘緡斯貴矣此方謨也二百餘止二百餘錢非二百餘緡檢食貨志可證即上云石五錢斛八錢亦豈得以緡算耶 四方饑饉朝廷方以爲憂 補注先謙曰官本廷作庭引宋祁曰庭當作廷 而遭羌變玄成等漠然莫有對者 師古曰漠無聲也音莫 奉世曰羌虜近在竟內背畔 師古曰竟讀曰境 不以時誅亡以威制遠蠻臣願帥師討之上問用兵之數對曰臣聞善用兵者役不再興糧不三載 補注沈欽韓曰見孫子作戰篇杜佑注人力舟車之運不至於三也又文選注四十三引六韜曰聖人興兵爲天除患去賊非利之也故役不再籍一舉而得 故師不久暴而天誅亟決 師古曰暴露也亟急也音居力反補注宋祁曰注文暴字下疑有讀暴字 往者數不料敵 師古曰料量也音聊 而師至於折傷再三發軵 如淳曰軵推也淮南子曰內郡軵車而餉音而隴反補注宋祁曰注文而隴字疑是如腫字沈欽韓曰淮南覽冥訓廝徒馬圉軵車奉饟高誘注軵推也讀楫拊之拊說文軵軨軱軵軞又氾論相戲以刃者太祖軵其肘注軵擠也讀近茸案此軵字有兩讀今通作茸音先謙曰此文軵車當如高讀而隴反即如腫反而如雙聲隴腫疊韻宋故作狡獪 則曠日煩費威武虧矣今反虜無慮三萬人 師古曰無慮舉凡之言也無小思慮而大計也補注先謙曰官本注在六萬人下 法當倍用六萬人 補注王文彬曰陳湯傳引兵法曰客倍而主人半然後敵 然羌戎弓矛之兵耳器不犀利 如淳曰今俗刀兵利爲犀晉灼曰犀堅也師古曰晉說是 可用四萬人一月足以決丞相御史兩將軍皆以爲民方收斂時未可多發萬人屯守之且足 補注先謙曰通鑑發下更有發字是也疑此奪文胡注且足猶言且可足也 奉世曰不可天下被饑饉士馬羸秏 師古曰秏

減也音呼到反守戰之備久廢不簡師古曰簡謂選揀〔補注〕宋祁曰注文揀字疑是練字夷狄皆有輕邊吏之心而羌首難師古曰言創首爲寇難也今㠯萬人分屯數處虜見兵少必不畏懼戰則挫兵病師守則百姓不救如此怯弱之形見羌人乘利諸種並和師古曰和應也音胡臥反相肩而起臣恐中國之役不得止於四萬非財幣所能解也故少發師而曠日師古曰曠空也空費其日而無功也與一舉而疾決利害相萬也師古曰相比則爲萬倍也固爭之不能得有詔益二千人於是遣奉世將萬二千人騎㠯將屯爲名師古曰且云領兵屯田不言討賊〔補注〕宋祁曰萬二千人浙本無人字注文屯田字上疑有爲字王念孫曰無人字者是也此涉上文二千人而衍漢紀亦無人字沈欽韓曰將屯是屯營前此亦屢見非屯田也典屬國任立護軍都尉韓昌爲偏裨到隴西分屯三處典屬國爲右軍屯白石〔補注〕先謙曰白石金城縣在今蘭州府河州西南護軍都尉爲前軍屯臨洮〔補注〕先謙曰臨洮隴西縣今鞏昌府岷州治奉世爲中軍屯首陽西極上如湻曰西極山名也〔補注〕先謙曰首陽隴西縣今蘭州府渭源縣治紀要鞏昌府隴西縣四十里有首陽山山當往來通道有關在其上官本注無也字前軍到降同阪師古曰阪平陂也降同者阪名也阪音府板反降音下江反陂音普何反〔補注〕先謙曰官本注阪下無音字引宋祁曰注文府字上當有音字先遣校尉在前與羌爭地利又別遣校尉救民於廣陽谷羌虜盛多皆爲所破殺兩校尉奉世具上地形部眾多少之計願益三萬六千人乃足㠯決事書奏天子大爲發兵六萬餘人拜太常弋陽侯任千秋爲奮武將軍㠯助焉奉世上言願得其眾不須復煩大將〔補注〕先謙曰官本無復字引宋祁曰須字下當有復字因陳轉輸之費上於是㠯璽書勞奉世且讓之師古曰讓責也責其不須大將曰皇帝問將兵右將軍師古曰官爲右將軍而將兵在外故謂之將兵右將軍也甚苦暴露羌虜侵邊境殺吏民甚逆天道故遣將軍帥士大夫行天誅㠯將軍材質之美奮精兵誅不軌百下百全之道也〔補注〕宋祁曰徐鍇去百下二字予謂不當去王文彬曰百下百全與趙充國傳萬下必全同意蓋當時有此語例今乃有畔敵之名如湻曰不敢當敵攻戰爲畔敵也〔補注〕沈欽韓曰廣雅釋詁畔離也大爲中國羞㠯昔不閑習之故邪師古曰言

未嘗當羌虜不測其形便㠯恩厚未洽信約不明也師古曰言將軍恩惠未洽於士卒又不能明其約誓使在下信也〔補注〕先謙曰官本注也作之朕甚怪之上書言羌虜依深山多徑道不得不多分部遮要害須得後發營士足㠯決事部署已定埶不可復置大將聞之〔補注〕先謙曰言所奏已得聞前爲將軍兵少不足自守故發近所騎日夜詣師古曰近所隨近之處也日夜言兼行不休息也詣詣軍所〔補注〕先謙曰官本注未有也字非爲擊也師古曰助其守今發三輔河東弘農越騎迹射佽飛彀者羽林孤兒及呼速絫嗕種劉德曰嗕音辱羌別種也彀者謂能張弩者也彀音工豆反絫音力追反嗕音乃彀反〔補注〕劉奉世曰呼速絫則呼遬果單于所將五萬眾來降者也嗕者匈奴傳所謂西嗕君長數千人降漢者此二種有兵眾皆宣帝時來降今使征羌方急遣師古曰言令速至軍所也且兵凶器也必有成敗者患〔補注〕宋祁曰南本作成敗者之患周壽昌曰患字連上讀不合敗可患成有何患乎且下兩句意亦不接當屬下爲文策不豫定料敵不審也故復遣奮武將軍兵法曰大將軍出必有偏裨所㠯揚威武參計策將軍又何疑焉夫愛吏士得眾心舉而無悔禽敵必全將軍

之職也若乃轉輸之費則有司存將軍勿憂須奮武將軍兵到合擊羌虜師古曰須待也十月兵畢至隴西十一月並進羌虜大破斬首數千級餘皆走出塞兵未決閒漢復發募士萬人拜定襄太守韓安國爲建威將軍師古曰自別有此安國非武帝時人也未進聞羌破還上曰羌虜破散創艾亡出塞師古曰創艾謂懲懼也創音初向反艾讀曰乂〔補注〕錢大昭曰南監本閩本亡下有逃字先謙曰官本有逃字其罷吏士頗留屯田備要害處明年二月奉世還京師更爲左將軍光祿勳如故其後錄功拜爵下詔曰羌虜桀黠賊害吏民攻隴西府寺燔燒置亭師古曰置謂置驛之所也絕道橋甚逆天道左將軍光祿勳奉世前將兵征討斬捕首虜八千餘級鹵馬牛羊㠯萬數賜奉世爵關內侯食邑五百戶黃金六十斤裨將校尉三十餘人皆拜後歲餘奉世病卒居爪牙官前後十年爲折衝宿將功名次趙充國奮武將軍任千秋者其父宮昭帝時㠯丞相徵事捕斬反者

左將軍上官桀封侯宣帝時爲太常薨千秋嗣後〔補注〕宋祁曰後疑作侯復爲太常成帝時樂昌侯王商代奉世爲左將軍而千秋爲右將軍後亦爲左將軍〔補注〕先謙曰俱見公卿表千秋字長伯子孫傳國至王莽乃絕云奉世死後二年西域都護甘延壽㠯誅郅支單于封爲列侯時丞相匡衡亦用延壽矯制生事據蕭望之前議㠯爲不當封而議者咸美其功上從眾而侯之於是杜欽上疏追訟奉世前功曰前莎車王殺漢使者約諸國背畔師古曰約謂共爲契約左將軍奉世㠯衞侯便宜發兵誅莎車王策定城郭功施邊境師古曰城郭謂西域諸國爲城郭而居者議者㠯奉世奉使有指春秋之義亡遂事漢家之法有矯制師古曰無遂事者謂臨時制宜前事不可必遂也漢家之法擅矯詔命雖有功勞不加賞也〔補注〕宋祁曰師古誤注遂事可駁蘇輿曰公羊桓八年傳遂者何生事也大夫無遂事此用其義何注生猶造也專事之辭故不得侯今匈奴郅支單于殺漢使者亡保康居都護延壽發城郭兵屯田吏士四萬餘人㠯誅斬之封爲列侯臣愚㠯爲比罪則郅支薄量敵則莎車眾用師則奉世寡計勝則奉世爲功於邊境安慮敗則延壽爲禍於國家深其違命而擅生事同延壽割地封而奉世獨不錄臣聞功同賞異則勞臣疑罪鈞刑殊則百姓惑疑生無常惑生不知所從亡常則節趣不立師古曰趣讀曰趨趨謂意所嚮不知所從則百姓無所措手足師古曰錯置也音千故反〔補注〕先謙曰據注正文措當作錯官本不誤奉世圖難忘死信命殊俗師古曰圖難謀除國難也信讀曰伸威功白著爲世使表師古曰白著謂顯明也表猶首〔補注〕先謙曰官本注末有也字獨抑厭而不揚師古曰厭音一涉反非聖主所㠯塞疑厲節之意也願下有司議上㠯先帝時事不復錄奉世有子男九人女四人長女媛㠯選充後宮爲元帝昭儀產中山孝王元帝崩媛爲中山太后隨王就國奉世長子譚太常舉孝廉爲郎功次補天水司馬如淳曰漢注邊郡置都尉及千人司馬皆不治民也奉世擊西羌譚爲校尉隨父從軍有功未拜病死譚弟野王逡立參至大官師古曰逡音千旬反

野王字君卿受業博士通詩少㠯父任爲太子中庶子〔補注〕先謙曰百官表無中庶子蓋脫漏續志後漢有太子庶子太子中庶子二官漢舊儀中庶子秩六百石庶子比四百石年十八上書願試守長安令宣帝奇其志問丞相魏相相㠯爲不可許後㠯功次補當陽長遷爲櫟陽令徙夏陽令元帝時遷隴西太守㠯治行高入爲左馮翊〔補注〕先謙曰公卿表在永光二年歲餘而池陽令並素行貪汙輕野王外戚年少治行不改野王部督郵掾祋祤趙都師古曰都祋祤人而爲掾也祋音丁活反又音丁外反祤音許羽反案驗得其主守盜十金罪收捕並不首吏師古曰不首吏謂不伏從收捕也都格殺並家上書陳冤事下廷尉〔補注〕宋祁曰並字下當更有並字都詣吏自殺㠯明野王京師稱其威信遷爲大鴻臚〔補注〕先謙曰公卿表在建昭二年數年御史大夫李延壽病卒〔補注〕先謙曰官本考證云即公卿表所云繁延壽也此文作李此人有二姓在位多舉野王上使尚書選第中二千石師古曰定其高下之差也而野王行能第一上曰吾用野王爲三公後世必謂我私後宮親屬㠯野王爲比師古曰比例也音必寐反乃下詔曰剛彊堅固確然亡欲大鴻臚野王是也心辨善辭可使四方少府五鹿充宗是也廉絜節儉太子少傅張譚是也其㠯少傅爲御史大夫上繇下第而用譚師古曰繇讀與由同越次避嫌不用野王㠯昭儀兄故也〔補注〕何焯曰野王爲石顯所間故不得爲三公當以佞倖傳參觀之帝之引嫌顯所教也野王乃歎曰人皆㠯女寵貴我兄弟獨㠯賤野王王雖不爲三公甚見器重有名當世成帝立有司奏野王王舅不宜備九卿㠯秩出爲上郡太守如淳曰㠯鴻臚秩爲太守〔補注〕周壽昌曰野王本官大鴻臚秩中二千石太守則二千石也漢制郡大增秩者爲中二千石元帝建昭二年益三河大郡太守秩上郡係邊郡未增秩加賜黃金百斤朔方刺史蕭育奏封事〔補注〕先謙曰育傳但云歷冀州青州兩部刺史而脫漏朔方薦言野王行能高妙內足與圖身外足㠯慮化師古曰圖謀慮思也〔補注〕宋祁曰注文謀字下當添也字竊惜野王懷國之寶而不得陪朝廷與朝者並野王

前㠯王舅出㠯賢復入明國家樂進賢也上自爲太子時聞知野
王會其病免復㠯故二千石使行河隄因拜爲琅邪太守是時成
帝長舅陽平侯王鳳爲大司馬大將軍輔政八九年矣時數有灾
異京兆尹王章譏鳳顓權不可任用薦野王代鳳上初納其言而
後誅章語在元后傳於是野王懼不自安遂病滿三月賜告與妻
子歸杜陵就醫藥大將軍鳳風御史中丞劾奏野王師古曰風讀曰諷賜
告養病而私自便師古曰便安也音頻面反持虎符出界歸家奉詔不敬杜欽
時在大將軍莫府欽素高野王父子行能奏記於鳳爲野王言曰
竊見令曰吏二千石告過長安謁如淳曰謁者自白得告也律吏二千石㠯上告歸歸寧道不過
行在所者便道之官無辭不分別予賜如淳曰予予告也賜賜告也今有司㠯爲予告得歸
賜告不得是一律兩科失省刑之意師古曰省減也音所領反夫三最予告令
也師古曰在官連有三最則得予告也病滿三月賜告詔恩也令告則得詔恩則不

得補注宋祁曰景德本令告詔則得恩不得浙本南本云令告則得詔恩不得王念孫曰案令當爲今此涉上下諸令字而誤上
文云今有司以爲予告得歸賜告不得是一律兩科失省刑之意下文云今釋令與故事而假不敬之法甚違闕疑從去之意此云
今告則得詔恩則不得失輕重之差三今字文同一例則當作今明矣藝文類聚刑法部白帖四十三御覽治道部十五引竝作今
失輕重之差又二千石病賜告得歸有故事不得去郡亡著令如淳
曰律施行無不得去郡之文也傳曰賞疑從予所㠯廣恩勸功也師古曰疑當賞不當賞則與之
疑厚薄則從厚罰疑從去所㠯慎刑闕難知也師古曰疑當罰不當罰則赦之疑輕重則從輕今
釋令與故事而假不敬之法師古曰釋廢弃也假謂假託法律而致其罪甚違闕疑從
去之意卽㠯二千石守千里之地任兵馬之重不宜去郡將㠯制
刑爲後法者則野王之罪在未制令前也刑賞大信不可不慎鳳
不聽竟免野王郡國二千石病賜告不得歸家自此始初野王嗣
父爵爲關內侯免歸數年年老終于家子座嗣爵師古曰座音才戈反至孫
坐中山太后事絕遂字子產補注先謙曰官本遂下提行通易太常察孝廉爲

郎補謁者建昭中選爲復土校尉光祿勳于永補注先謙曰定國子舉茂材
爲美陽令功次遷長樂屯衛司馬補注先謙曰百官表衛尉諸屯衛候司馬皆屬焉據此則它處
稱衛司馬者卽屯衛司馬省文稱之言屯而爲衛非別有屯司馬也百官表又云衛尉掌宮門衛屯兵屯衛兼言亦其證矣清
河都尉隴西太守治行廉平年四十餘卒爲都尉時言河隄方略
在溝洫志補注宋祁曰在字上當有語字立字聖卿補注先謙曰官本立下提行通春秋㠯父
任爲郎稍遷諸曹竟寧中㠯王舅出爲五原屬國都尉數年遷五
原太守徙西河上郡立居職公廉治行略與野王相似而多知有
恩貸師古曰貸音吐戴反好爲條教吏民嘉美野王立相代爲太守歌之曰
大馮君小馮君兄弟繼踵相因循聰明賢知惠吏民政如魯衛德
化鈞周公康叔猶二君師古曰論語稱孔子曰魯衛之政兄弟也言周公康叔親則兄弟治國之政又相似
後遷爲東海太守下溼病痺師古曰東海土地下溼故立病痺也痺音必寐反補注宋祁曰注文痺字
上疑有風字天子聞之徙立爲太原太守更歷五郡師古曰更音工衡反補注先謙曰官

本注衡作行所居有迹年老卒官參字叔平補注先謙曰官本參下提行學通尚書
少爲黃門郎給事中宿衛十餘年參爲人矜嚴好修容儀進退恂
恂甚可觀也師古曰恂恂謹信之貌音荀補注王念孫曰進退本作進止此後人以意改之也北堂書鈔設官部十初
學記設官部下引此竝作進止漢紀同薛宣傳云宣爲人好威儀進止雍容甚可觀也文義正與此同參昭儀少弟
行又敕備㠯嚴見憚終不得親近侍帷幄竟寧中㠯王舅出補渭
陵食官令如淳曰給陵上祭祀之事補注先謙曰諸廟寢園食官令長丞屬太常見百官表㠯數病徙爲
寢中郎師古曰亦渭陵之寢郎也有詔勿事張晏曰不與勞役職事擾之師古曰雖居其官不親職也補注先謙
曰官本注職作執擾作優引宋祁曰注文優之當作擾之也陽朔中中山王來朝參擢爲上河
農都尉師古曰上河在西河富平於此爲農都尉補注齊召南曰地理志西河郡有富昌縣無富平縣且富昌縣下亦不云
農都尉治又顏注敘傳曰上河地名農都尉者典農事二注自相矛盾案地理志富平有二一屬平原郡故名厭次宣帝時更名也
一屬北地郡有北部都尉渾懷都尉亦不云農都尉治也惟張掖郡番和縣有農都尉治明文沈欽韓曰河水注河水自麥田山又
東北逕眴卷縣故城西河水於此有上河之名又北歷峽北注枝分東出又北逕富平縣故城西一統志眴卷故城在寍夏府中衛

縣東富平故城在靈州西南漢屬北地郡師古謬云西河先謙曰据此傳北地都尉當時或偶更名志不詳載耳病免官復爲渭陵寢中郎永始中超遷代郡太守以邊郡道遠徙爲安定太守數歲病免復爲諫大夫使領護左馮翊都水補注錢大昭曰百官表左馮翊有左都水長丞是時馮翊當有河渠之事故令參領護之綏和中立定陶王爲皇太子以中山王見廢師古曰見廢謂不得爲漢嗣也補注宋祁曰以字上疑有上字故封王舅參爲宜鄉侯以慰王意參之國上書願至中山見王太后補注先謙曰王及太后也行未到而王薨王病時上奏願貶參爵以關內侯食邑留長安上憐之下詔曰中山孝王短命早薨願以舅宜鄉侯參爲關內侯歸家朕甚愍之其還參京師以列侯奉朝請五侯皆敬憚之師古曰王氏五侯也丞相翟方進亦甚重焉數謂參物禁太甚師古曰言萬物之禁在於太甚人道亦當隨時不宜獨異補注周壽昌曰此李斯引荀卿語也見史記斯傳顏不引此而別注失之君侯以王舅見廢補注沈欽韓曰漢舊儀列侯爲丞相相國號君侯案霍光稱田千秋爲君侯是也此呼馮參爲君侯則列侯亦通稱周壽昌曰楊惲傳邱常稱惲爲君侯後漢

任尙稱班超爲君侯皆因侯爵稱之不必爲相後卽不侯亦稱久不遵漢儀之說矣不得在公卿位今五侯至尊貴也與之並列宜少詘節卑體視有所宗師古曰視讀曰示宗尊也而君侯盛修容貌以威嚴加之此非所以下五侯而自益者也師古曰下音胡亞反參性好禮儀終不改其恆操頃之哀帝卽位帝祖母傅太后用事追怨參姊中山太后陷以祝詛大逆之罪語在外戚傳參以同產當相坐謁者承制召參詣廷尉參自殺且死仰天嘆曰參父子兄弟皆備大位身至封侯今被惡名而死姊弟不敢自惜傷無以見先人於地下死者十七人眾莫不憐之宗族徙歸故郡

贊曰詩稱抑抑威儀惟德之隅師古曰大雅抑之詩也抑抑密也隅廉也言有密靜之德審於威儀則其持心有廉隅宜鄉侯參鞠躬履方擇地而行師古曰鞠躬謹敬貌履方踐方直之道也鞠音居六反補注宋祁曰注中鞠躬當云鞠躬曲躬也王念孫曰案師古訓方爲方直而加之道二字以增成其義失之迂矣方卽道也履方猶言踐道樂記樂行而民鄉方又曰是先王立樂之方也經解降禮由禮謂之有方之士論語雍也篇可謂仁之方也已孔傳鄭注竝曰方道也又師古云鞠躬謹敬貌是也宋云當云鞠躬曲躬也案聘禮記執圭入門鞠躬焉如恐失之論語鄉黨篇入公門鞠躬如也如不容孔傳斂身也蹴踖鞠躬皆雙聲以形容之故皆言如孔傳本謂鞠躬爲斂身之貌非訓鞠爲斂躬爲身也皇侃疏實鞠曲斂也躬身也則如字之義不可通訓鞠躬之躬爲身其誤始於此而邢疏因之子京更無論已斂身卽謹敬之意故又訓爲謹敬史記韓長孺傳贊云壺遂之內廉行脩斯鞠躬君子也太史公自序云敦厚慈孝訥於言敏於行務在鞠躬君子長者是鞠躬爲謹敬也廣雅匔匔謹敬也曹憲上音邱六下音邱弓匔匔與鞠躬同可謂淑人君子然卒死於非罪不能自免師古曰卒終也哀哉讒邪交亂貞良被害自古而然故伯奇放流師古曰說苑云王國子前母子伯奇後母子伯封兄弟相重後母欲令其子立爲太子乃譖伯奇而王信之乃放伯奇也補注宋祁曰注文重字當作愛字孟子宮刑張晏曰寺人孟子賢者被讒見宮刑作巷伯之詩也申生雉經師古曰國語云晉獻公黜太子申生乃雉經于新城之廟蓋爲俛頸閉氣而死若雉之爲補注沈欽韓曰檀弓疏雉牛鼻繩也申生以牛繩自縊而死鄭注地官封人云絼著牛鼻繩所以牽牛者今時人謂之雉師古說非屈原赴湘師古曰楚辭漁父之篇云屈原曰寗赴湘流葬於江魚腹中也小弁之詩作離騷之辭興師古曰小弁小雅之篇名也太子之傅作焉刺幽王信讒黜申后而放太子宜咎也離騷經屈原所作也離遭也騷憂也遭憂而作辭弁音盤經曰心之憂

矣涕既隕之師古曰卽小弁之詩也隕墜也補注周壽昌曰毛傳以小弁爲宜咎作三家詩以爲伯奇此以離騷配小弁以屈原配伯奇用三家說也馮參姊弟亦云悲矣

馮奉世傳第四十九終　　漢書七十九

漢　蘭　臺　令　史班　固　撰

唐正議大夫行祕書少監琅邪縣開國子顏師古　注

賜進士出身前翰林院編修國子監祭酒加三級臣王先謙補注

孝宣皇帝五男許皇后生孝元帝張倢伃生淮陽憲王欽衞倢伃生楚孝王囂師古曰囂音敖公孫倢伃生東平思王宇戎倢伃生中山哀王竟

淮陽憲王欽元康三年立母張倢伃有寵於宣帝霍皇后廢後上欲立張倢伃爲后久之懲艾霍氏欲害皇太子師古曰艾讀曰乂乂創也補注錢大昭曰懲闕本作徵古懲字詩曰荆舒是懲迺更選後宮無子而謹慎者迺立長陵王倢伃爲后令母養太子后無寵希御見唯張倢伃最幸而憲王壯大好經書法律聰達有材帝甚愛之太子寬仁喜儒術師古曰喜好也音許吏反上數嗟歎憲王曰眞我子也常有意欲立張倢伃與憲王然用太子起於微細上少依倚許氏師古曰倚音於起反及即位而許后㠯殺死太子蚤失母故弗忍也師古曰蚤古早字也補注宋祁曰也字疑可刪久之上㠯故丞相韋賢子玄成陽狂讓侯兄補注宋祁曰兄字上疑有於字先謙曰詳元成傳經明行高稱於朝廷乃召拜玄成爲淮陽中尉欲感諭憲王輔㠯推讓之臣補注宋祁曰推字疑作禮字由是太子遂安宣帝崩元帝即位乃遣憲王之國時張倢伃已卒憲王有外祖母舅張博兄弟三人歲至淮陽見親師古曰憲王外祖母隨王在淮陽博等每來謁見其母輒受王賜後王上書請徙外家張氏於國博上書願留守墳墓獨不從王恨之後博至淮陽王賜之少博言負責數百萬師古曰責謂假貸人財物未償者也責音側懈反願王爲償王不許博辭去令弟光恐王云王遇大人益解師古曰恐謂怖動也大人博自稱其母也解讀曰懈補注先謙曰官本恐下無王字引宋祁曰恐字下疑有王字注文怖字下疑有之字先謙案益漸也博欲上書爲大人乞骸

骨去王乃遣人持黃金五十斤送博博喜還書謝師古曰還書報書補注宋祁曰注末當有也字爲諂語盛稱譽王因言當今朝廷無賢臣災變數見足爲寒心萬姓咸歸望於大王大王奈何恬然師古曰恬然安靜貌也恬音大兼反不求入朝見輔助主上乎使弟光數說王宜聽博計令於京師說用事貴人爲王求朝王不納其言後光欲至長安辭王復言願盡力與博共爲王求朝王即日至長安可因平陽侯補注宋祁曰陽字疑作陵字先謙曰元帝時平陽侯曹參後絕平陵侯范明友宣帝時誅宋說亦非也平陽當是陽平誤倒王鳳時嗣陽平侯光得王欲求朝語馳使人語博博知王意動復遺王書曰博幸得肺附師古曰自云於王有親也補注先謙曰官本作胏胏案肺附是也肺即胏字詳劉向傳數進愚策未見省察北游燕趙欲循行郡國求幽隱之士聞齊有駟先生者善爲司馬兵法大將之材也博得謁見承間進問五帝三王究竟要道卓爾非世俗之所知師古曰卓爾高遠貌也自言見駟先生問㠯要道知其高遠也今邊境不安天下騷動微此人其莫能安也師古曰微無也補注宋祁曰浙本無人字又一本無此人字又聞北海之瀕有賢人焉師古曰瀕涯也音頻又音賓累世不可逮然難致也師古曰逮及也言其材智不可及也致至也難得召而至也得此二人而薦之功亦不細矣博願馳西㠯此赴助漢急無財幣㠯通顯之趙王使謁者持牛酒黃金三十斤勞博博不受師古曰勞謂問遺之音來到反補注先謙曰官本注在勞博下上言北游燕趙此復言趙王厚餽請婚皆辭之以明專欲爲淮陽王盡力也復使人願尚女聘金二百斤博未許師古曰尚女者王欲取博女㠯自配也補注先謙曰官本注在尚女下會得光書云大王已遣光西與博并力求朝博自㠯棄捐不意大王還意反義結㠯朱顏師古曰還猶回也願殺身報德朝事何足言大王誠賜咳唾使得盡死湯禹所㠯成大功也駟先生蓄積道術書無不有師古曰言凡是書籍皆有之願知大王所好請得輒上補注宋祁曰此下當添八字云師古曰上上與王也王得書喜說如淳曰上上與王也補注宋祁曰此注當改作師古曰說讀曰悅報博書曰子高迺幸左顧存恤發心惻隱師古曰左顧猶言枉顧也顯至

誠[補注]宋祁曰顯字下疑有以字納吕嘉謀語吕至事師古曰以至極之事告語我[補注]宋祁曰注末疑有也字雖亦不敏敢不諭意師古曰諭曉也今遣有司爲子高償責二百萬是時博女壻京房吕明易陰陽得幸於上數召見言事自謂爲石顯五鹿充宗所排謀不得用[補注]先謙曰詳見房傳數爲博道之博常欲誑耀淮陽王即具記房諸所說災異及召見密語持予淮陽王吕爲信驗詐言已見中書令石君求朝許吕金五百斤賢聖制事蓋慮功而不計費師古曰志在成功不惜財費也[補注]宋祁曰詐言別本無詐字先謙曰石君即謂石顯昔禹治鴻水百姓罷勞師古曰罷讀曰疲成功既立萬世賴之今聞陛下春秋未滿四十髮齒墮落太子幼弱佞人用事陰陽不調百姓疾疫飢饉死者且半鴻水大害殆不過此師古曰謂堯時水災不大於今[補注]先謙曰官本大作之大王緒欲救世師古曰緒業也一曰始爲端緒將比功德何可吕忽師古曰言比功德於古帝王也忽怠忘也博已與大儒知道者爲大王爲便宜奏師古曰大儒知道謂京房也道道術也陳安

危指災異大王朝見先口陳其意而後奏之上必大說師古曰說讀曰悅事成功立大王即有周邵之名邪臣散亡公卿變節功德亡比而梁趙之寵必歸大王如淳曰梁王景帝弟欲爲嗣趙王如意幾代惠帝也外家亦將富貴何復望大王之金錢王喜說師古曰說讀曰悅報博書曰酒者詔下止諸侯朝者寡人憯然不知所出師古曰憯痛也不知計策何所出也憯音才感反子高素有顏冉之資臧武之智師古曰顏顏回也冉冉耕也字伯牛皆孔子弟子論語稱孔子曰德行顏淵閔子騫冉伯牛仲弓臧武者魯大夫臧武仲也名紇論語稱孔子曰若臧武仲之智故王引之爲言也[補注]先謙曰官本注末無也字子貢之辯師古曰論語稱孔子云言語宰我子貢卞莊子之勇師古曰卞莊子古之勇士兼此四者世之所鮮師古曰鮮少也音先踐反既開端緒願卒成之師古曰卒終也求朝義事也奈何行金錢乎博報曰已許石君須吕成事師古曰須待也王吕金五百斤予博會房出爲郡守離左右顯具得此事告之[補注]宋祁曰顯字上疑有石字告之之字當刪王念孫曰漢紀無之字周壽昌曰案上已有石顯此不得再有石字房漏泄省中語博兄弟詿誤

諸侯王誹謗政治狡猾不道皆下獄有司奏請逮捕欽上不忍致法遣諫大夫王駿賜欽璽書曰皇帝問淮陽王有司奏王王舅張博數遺王書非毀政治謗訕天子褒舉諸侯稱引周湯吕諂惑王師古曰諂古諂字也[補注]宋祁曰周當作禹先謙曰官本注無也字所言尤惡悖逆無道王不舉奏而多與金錢報吕好言辠至不赦朕惻焉不忍聞師古曰惻痛也[補注]宋祁曰朕惻焉當云朕甚惻焉爲王傷之推原厥本不祥自博師古曰祥善也自從也不善之事從博起也惟王之心匪同于凶已詔有司勿治王事遣諫大夫駿申諭朕意師古曰申謂約束之[補注]宋祁曰注文申字下當有諭字詩不云乎靖恭爾位正直是與師古曰大雅小明之詩也與借也言人能安靜而恭吕守其位借於正直則明神聽之用錫福善王其勉之駿諭指曰師古曰璽書之外天子又有指意并令駿曉告於王也禮爲諸侯制相朝聘之義蓋吕考禮壹德尊事天子也師古曰考成也壹德謂不二其心也[補注]周壽昌曰禮王制云天子無事與諸侯相見曰朝考禮正刑一德以尊於天子注考稽考也壹即一且王不學詩乎詩云俾侯於魯爲周室輔

師古曰魯頌閟宮之詩也言立周公子伯禽使爲諸侯於魯國而作周家之藩輔今王舅博數遺王書所言悖逆王幸受詔策通經術如淳曰詔策若廣陵王策曰無邇宵人毋作匪德也經術之義不得內交知諸侯名譽不當出竟師古曰竟讀曰境天子普覆德布於朝而恬有博言師古曰恬安也聞博邪言安而受之多予金錢與相報應不忠莫大焉故事諸侯王獲罪京師罪惡輕重縱不伏誅必蒙遷削貶黜之罪師古曰故事者言舊制如此也未有但已者也師古曰但徒也空也已止也未有空然而止者也今聖主赦王之罪又憐王失計忘本爲博所惑加賜璽書使諫大夫申諭至意殷勤之恩豈有量哉博等所犯罪惡大[補注]先謙曰官本無罪字引宋祁曰犯字下當有罪字羣下之所共攻王法之所不赦也自今吕來王毋復吕博等累心師古曰累音力瑞反務與眾棄之春秋之義大能變改師古曰吕有過而能變改者爲大[補注]沈欽韓曰公羊文十二年傳秦伯使遂來聘云賢秦繆公以爲能變也易曰藉用白茅无咎師古曰此大過初六爻辭也茅者絜白之物取其自然故用藉致享於神慎之至也[補注]宋祁曰注文故用藉當作故用爲藉言臣子之道改

過自新絜己㠯承上然後免於咎也王其留意慎戒惟思所㠯悔過易行塞重責稱厚恩者（師古曰塞猶補也稱副也）如此則長有富貴社稷安矣於是淮陽王欽免冠稽首謝曰奉藩無狀（師古曰無善狀）過惡暴列（師古曰暴謂章顯也）陛下不忍致法加大恩遣使者申諭道術守藩之義伏念博罪惡尤深當伏重誅臣欽願悉心自新奉承詔策（師古曰悉盡也）頓首死罪京房及博兄弟三人皆棄市妻子徙邊至成帝即位㠯淮陽王屬爲叔父敬寵之異於它國王上書自陳舅張博時事頗爲石顯等所侵因爲博家屬徙者求還丞相御史復劾欽前與博相遺私書指意非諸侯王所宜蒙恩勿治事在赦前不悔過而復稱引自㠯爲直失藩臣體不敬上加恩許王還徙者三十六年薨子文王玄嗣二十六年薨子縯嗣（孟康曰縯音引師古曰音弋善反）王莽時絕

楚孝王囂甘露二年立爲定陶王三年徙楚成帝河平中入朝時

被疾天子閔之下詔曰蓋聞天地之性人爲貴人之行莫大於孝（師古曰孝經載孔子之言）楚王囂素行孝順仁慈之國㠯來二十餘年孅介之過未嘗聞朕甚嘉之今迺遭命離于惡疾（師古曰離亦遭也）夫子所痛曰蔑之命矣夫斯人也而有斯疾也（師古曰夫子孔子也論語云伯牛有疾子問之自牖執其手曰蔑之命矣夫斯人也而有斯疾也蔑無也言命之所遭無有善惡如斯善人而有如此惡疾深痛之也〔補注〕先謙曰官本注如此作如斯）朕甚閔焉夫行純茂而不顯異則有國者將何勗哉（師古曰純大也一曰善也茂美也勗勉厲也）書不云乎用德章厥善（師古曰商書盤庚之辭也言褒賞有德㠯明其善行〔補注〕先謙曰官本注商作尚）今王朝正月詔與子男一人俱（師古曰從王入朝也）其㠯廣戚縣戶四千三百封其子勳爲廣戚侯明年囂薨子懷王文嗣（〔補注〕先謙曰官本考證云案文表作芳）一年薨無子絕明年成帝復立文弟平陸侯衍（〔補注〕宋祁曰陸一本作陵）是爲思王二十一年薨子紆嗣王莽時絕（〔補注〕何焯曰紆子般後書有傳范氏稱自囂至般積累仁義世有名節而紆尤慈篤般子愷復㠯讓爵顯蓋宣帝有功德於民而元帝㠯後國統三絕其餘慶在楚矣）初成帝時又立紆弟景爲定陶王廣戚侯勳薨諡曰煬侯子顯嗣平帝崩無子王莽立顯子嬰爲孺子奉平帝後莽篡位㠯嬰爲定安公漢既誅莽更始時嬰在長安平陵方望等頗知天文㠯爲更始必敗嬰本統當立者也（師古曰言其舊已繼平帝後當正統）其起兵將嬰至臨涇（〔補注〕先謙曰安定縣今涇州鎮原縣南五十里）立爲天子更始遣丞相李松擊破殺嬰云（〔補注〕周壽昌曰王子侯表但云莽敗死從略也）

東平思王宇甘露二年立元帝即位就國壯大通姦犯法（師古曰與姦猾交通好犯法〔補注〕先謙曰官本末有也字）上㠯至親貰弗罪傅相連坐（師古曰傅坐王獲罪〔補注〕先謙曰亦詳王尊傳）久之事太后內不相得太后上書言之求守杜陵園（張晏曰宣帝陵也宮人無子乃守園陵也〔補注〕先謙曰官本注末無也字）上於是遣太中大夫張子蟜（師古曰蟜字或作僑並音鉅昭反〔補注〕齊召南曰案藝文志及劉向王褒傳並作僑則僑字是也）奉璽書敕諭之（師古曰約敕而曉告之也）曰皇帝問東平王蓋聞親親之恩莫重於孝尊尊之義莫

大於忠故諸侯在位不驕㠯致孝道制節謹度㠯翼天子（師古曰翼佐也）然後富貴不離於身（〔補注〕先謙曰官本於作其引宋祁曰舊無不字云離於身蘇子瞻云此文與孝經小異離附離也今作不離其身疑爲俗儒所添也錢大昭云於閩本作其）而社稷可保今聞王自修有闕本朝不和（師古曰謂東平國之朝也）流言紛紛（〔補注〕宋祁曰下紛字當作然）謗自內興朕甚憯焉爲王懼之（師古曰憯痛也音千感反）詩不云乎毋念爾祖述修厥德永言配命自求多福（師古曰大雅文王之詩也無念念也言當念爾先祖之道修其德則長配天命此乃所㠯自求多福〔補注〕先謙曰官本考證云今詩作聿修即漢書他傳亦作聿修惟此文作述或齊魯韓三家所傳不同耳錢大昕云述與聿同爾雅遹自也孫炎云遹古述字讀若聿）朕惟王之春秋方剛（師古曰言其年少血氣盛〔補注〕宋祁曰注末當有也字）忽於道德（師古曰忽遺忘也）意有所移忠言未納（師古曰謂漸染其惡人而移其性未受忠言也）故臨遣太中大夫子蟜諭王朕意（師古曰親臨遣之令㠯朕意曉告王）孔子曰過而不改是謂過矣（師古曰論語載孔子之言也謂人有失行許㠯自新）王其深惟孰思之無違朕意又特㠯璽書賜王太后曰皇帝使諸吏宦者令承問東平

王太后補注先謙曰百官表宦者令屬少府朕有聞師古曰言母子不和也不欲指斥言之故云有聞也王太后少加意焉夫福善之門莫美於和睦患咎之首莫大於內離今東平王出襁褓之中而託于南面之位加以年齒方剛補注宋祁曰考諸本無位加字劉敞曰南面之文不具涉學日寡驁忽臣下師古曰驁讀曰傲同補注先謙曰官本曰傲作敖不自它於太后李奇曰不自它者親之辭也師古曰言不自同它人補注宋祁曰注文親字上疑有自字以是之間能無失禮義者其唯聖人乎傳曰父爲子隱直在其中矣師古曰論語云葉公謂孔子曰吾黨有直躬者其父攘羊而子證之孔子曰吾黨之直者異於是父爲子隱子爲父隱直在其中矣故引之也王太后明察此意不可不詳閨門之內母子之間同氣異息骨肉之恩豈可忽哉豈可忽哉昔周公戒伯禽曰故舊無大故則不可棄也毋求備於一人師古曰事見論語言人有小惡當思其善不可責以備行而即棄之耳補注先謙曰官本注末耳作也夫以故舊之恩猶忍小惡而況此乎已遣使者諭王王既悔過服罪太后寬忍以貰之師古曰貰猶赦補注宋祁曰注末當有也字後宜不敢

師古曰言王於後當不敢更爲非也王太后強餐止思念慎疾自愛宇慙懼因使者頓首謝死罪願洒心自改師古曰洒音先弟反詔書又敕傅相曰夫人之性皆有五常及其少長耳目牽於耆欲師古曰耆讀曰嗜故五常銷而邪心作情亂其性利勝其義張晏曰性者所受而生也情者見物而動者也而不失厥家者未之有也今王富於春秋氣力勇武獲師傅之教淺加以少所聞見自今以來非五經之正術敢以游獵非禮道王者輒以名聞師古曰道讀曰導補注先謙官本讀曰作音宇立二十年元帝崩宇謂中謁者信等曰漢大臣議天子少弱未能治天下以爲我知文法建欲使我輔佐天子師古曰建謂立其議我見尚書晨夜極苦使我爲之不能也今暑熱縣官年少張晏曰不敢指斥成帝謂之縣官也持服恐無處所如淳曰言不從道冀如昌邑王也我危得之孟康曰危殆也我殆得爲天子也師古曰危者猶今之言險不得之也補注先謙曰官本注末也作矣比至下宇凡三哭張晏曰下下棺也師古曰比音必寐反下音胡稼反飲酒食肉妻妾不離側又姬朐臑

故親幸後疏遠服虔曰朐音劬臑音奴溝反又音奴皋反數歎息呼天宇聞斥朐臑爲家人子師古曰其秩位埽除永巷數笞擊之朐臑私疏宇過失數令家告之宇覺知絞殺朐臑有詔奏請逮捕補注錢大昭曰詔當作閩本不誤先謙曰官本作司有詔削樊亢父二縣師古曰音抗甫後三歲天子詔有司曰蓋聞仁以親親古之道也前東平王有闕師古曰闕謂過失也有司請廢朕不忍又請削朕不敢專補注宋祁曰削字下疑有地字蘇輿曰言不敢專己廢法因聽削地惟王之至親未嘗忘於心今聞王改行自新尊修經術親近仁人非法之求不以姦吏師古曰姦音干朕甚嘉焉傳不云乎朝過夕改君子與之其復前所削縣如故師古曰復音扶目反後年來朝上疏求諸子及太史公書補注蘇輿曰是時史記幖名太史公此稱其書名自晉以後始有史記之稱上以問大將軍王鳳補注宋祁曰鳳字下當更有鳳字對曰臣聞諸侯朝聘考文章正法度非禮不言今東平王幸得來朝不思制節謹度以防危失師古曰危失謂失道而傾危也而求諸書補注宋祁曰書

字上當有子字先謙曰諸書就子史言之不當有子字非朝聘之義也諸子書或反經術非聖人或明鬼神信物怪師古曰物亦鬼太史公書有戰國縱橫權譎之謀漢興之初謀臣奇策天官災異地形阸塞皆不宜在諸侯王不可予不許之辭宜曰五經聖人所制萬事靡不畢載王審樂道補注蘇輿曰審猶誠也傅相皆儒者旦夕講誦足以正身虞意師古曰虞與娛同也補注先謙曰官本注末無也字夫小辯破義小道不通致遠恐泥皆不足以留意師古曰論語稱孔子曰雖小道必有可觀者焉致遠恐泥是以君子不爲也泥爲陷滯不通也音乃細反補注先謙曰官本注泥下爲作謂同諸益於經術者不愛於王師古曰愛惜也於王無所惜補注先謙曰官本注末有之字對奏天子如鳳言遂不與立三十三年薨師古曰皇覽云東平思王冢在無鹽人傳言王在國思歸京師後葬其冢上松柏皆西靡也補注沈欽韓曰元和志思王墓在鄆州須昌縣東四十九里其松柏皆西靡王奢侈生葬所愛幸者守冢者嘗聞號呼數年後乃不復聞聲案劉孝標荅劉秣陵書云東平之樹望咸陽而西靡周壽昌曰表作三十二年先謙曰思王冢在今泰安府東平州境子煬王雲嗣哀帝時無鹽危山土自起覆草如馳道狀

又瓠山石轉立晉灼曰漢注作報山山脅石一枚轉側起立高九尺六寸旁行一丈廣四尺也師古曰報山山名也古作瓠字爲其形似瓠耳晉説是也〔補注〕先謙曰官本考證云息夫躬傳作無鹽危山有石自立開道與此稍異先謙案山東通志東平州北有瓠山山東北有危山雲及后謁自之石所祭治石象瓠山蘇林曰於宮中作山象〔補注〕宋祁曰作山象瓠山立石東倍草并祠之師古曰倍草黃倍草也音步賄反〔補注〕劉敞曰立石屬上句沈欽韓曰夏官大馭注菩芻爲神主説文繫傳案字書黃菩草則説文亦作菩也此倍乃借字蘸䕯作東菩草并祠之卽菩芻爲神主也建平二年〔補注〕朱一新曰案諸侯王表及帝紀乃三年事先謙曰官本作三年是息夫躬孫寵等共因幸臣董賢告之〔補注〕周壽昌曰躬因宋宏上變事哀帝寵賢欲侯之故詔云躬寵因賢以聞傳從詔書是時哀帝被疾多所惡事下有司逮王后謁下獄驗治言使巫傅恭婢合歡等祠祭詛祝上如淳曰傅恭巫姓字爲雲求爲天子雲又與知災異者高尚等指星宿言上疾必不愈雲當得天下石立宣帝起之表也有司請誅王有詔廢徙房陵雲自殺謁棄市立十七年國除元始元年王莽欲反哀帝政師古曰政其所爲也白太皇太后立雲太子開明爲東平王又立思王孫成都爲中山王〔補注〕周壽昌曰成都於莽篡時貶爲公明年獻書言莽德封烈侯賜姓王開明立三年薨無子復立開明兄嚴鄉侯信子匡爲東平王〔補注〕周壽昌曰匡立在居攝元年奉開明後王莽居攝東郡太守翟義與嚴鄉侯信謀舉兵誅莽立信爲天子兵敗皆爲莽所滅

中山哀王竟初元二年立爲淸河王三年徙中山以幼少未之國建昭四年薨邸葬杜陵〔補注〕宋祁曰江南本邸字上有郡字浙本無無子絕太后歸居外家戎氏〔補注〕何焯曰既立爲國君則不當殤矣乃不爲置後使其母歸居外家失禮甚矣豈當時謬引子卒夫人姜氏歸於齊之文耶

孝元皇帝三男王皇后生孝成帝傅昭儀生定陶共王康師古曰共讀曰恭馮昭儀生中山孝王興

定陶共王康永光三年〔補注〕宋祁曰一本作元光三年立爲濟陽王八年徙爲山陽王八年徙定陶王少而愛師古曰言少小卽爲帝所愛長多材藝習知音聲上奇器之母昭儀又幸幾代皇后太子師古曰幾音鉅衣反語在元后及史丹傳成帝卽位緣先帝意厚遇異於它王十九年薨子欣嗣十五年成帝無子徵入爲皇太子上以太子奉大宗後不得顧私親乃立楚思王子景爲定陶王奉共王後成帝崩太子卽位是爲孝哀帝卽位二年追尊共王爲共皇〔補注〕錢大昕曰一本有帝字衍文哀紀外戚傳但云共皇無稱帝之文丁姬初稱共皇后後稱帝太后太后之號從子不從夫也漢制非有天下者不稱帝故高帝父太公稱太上皇而後漢追稱孝德皇孝崇皇孝仁皇皆不稱帝周壽昌曰明監本淩本有帝字惟毛本無帝字是也哀紀共作恭先謙曰官本皇下有帝字置寢廟京師序昭穆儀如孝元帝如淳曰恭王元帝子也爲廟京師列昭穆之次如元帝言如天子之儀〔補注〕沈欽韓曰言與元帝序昭穆如魯閔僖徙定陶王景爲信都王云如淳曰不復爲定陶王立後者哀帝自以己爲後故〔補注〕何焯曰楊廷和不先爲興獻王立後故啟異日紛紜若成帝已有此舉哀帝復蔑大宗而顧私親且徙景封其悖甚矣宜享國之不永也

中山孝王興建昭二年王爲信都王〔補注〕劉敞曰王爲信都王上王字當作立字十四年徙中山成帝之議立太子也御史大夫孔光以爲尚書有殷及王兄終弟及師古曰謂兄死以弟代立非父子相繼故言及〔補注〕何焯曰案公羊曰臣子一例也及謂次第及之然未嘗不如父子相繼之禮三綱五常三代相因周如是則殷亦如是顏注惑於後儒之說耳中山王元帝之子宜爲後成帝以中山王不材又兄弟不得相入廟〔補注〕宋祁曰入字上當有繼字外家王氏與趙昭儀皆欲用哀帝爲太子故遂立爲上乃封孝王舅馮參爲宜鄉侯而益封孝王萬戶以慰其意三十年薨子衎嗣師古曰諸侯王表云中山孝王薨綏和二年王箕子嗣而元始二年詔云皇帝二名通於器物今更名合於古制是則嗣位之時名爲箕子未諱衎也今此傳云子衎嗣葢史家追書之也〔補注〕宋祁曰浙本注文元始字上有平紀字七年哀帝崩無子徵中山王衎入卽位是爲平帝太皇太后以帝爲成帝後故立東平思王孫桃鄉頃侯子成都爲中山王奉孝王後〔補注〕何焯曰此孔光知太后王氏追怨哀帝遂不復主及王之議使哀帝絕嗣也王莽時絕

贊曰孝元之後徧有天下師古曰孝元之子孫徧得爲天子也徧卽古遍字然而世絕於

孫豈非天哉淮陽憲王於時諸侯爲聰察矣張博誘之幾陷無道師古曰幾音鉅依反詩云貪人敗類師古曰大雅蕩之詩也類善也言貪惡之人不可習近則敗善也〔補注〕蘇輿曰顔注末語疑有脫誤先謙曰顧炎武云大雅桑柔之詩師古誤以爲蕩古今一也

宣元六王傳第五十　終　　漢書八十

匡張孔馬傳第五十一　　漢書八十一

漢　蘭臺令史班固撰

唐正議大夫行祕書少監琅邪縣開國子顔師古注

賜進士出身前翰林院編修國子監祭酒加三級臣王先謙補注

匡衡字稚圭東海承人也師古曰承音證〔補注〕宋祁曰集解音證集解葢臣瓚書也先謙曰承縣在今兗州府嶧縣西北一里父世農夫至衡好學家貧庸作以供資用師古曰庸作言賣功庸爲人作役而受顧也〔補注〕錢大昭曰西京雜記匡衡勤學而無燭鄰舍有燭而不逮衡乃穿壁引其光以書映光而讀之邑人大姓文不識家富多書衡乃與其傭作而不求償主人怪問衡衡曰願得主人書遍讀之主人感歎資給以書遂成大學王符潛夫論云匡衡自鬻於保徒周壽昌曰庸作卽司馬相如傳所云與庸保雜作也西京雜記言衡與客作案三國志注引魏畧云焦光饑則出爲人客作飽食而已不取其直是客作但供力役不受庸貲先謙曰顔注順正文以供資用解之雜記言客作不求償自別一義耳尤精力過絕人諸儒爲之語曰無說詩匡鼎來服虔曰鼎猶言當也若言匡且來也應劭曰鼎方也張晏曰匡衡少時字鼎長乃易字稚圭世所傳衡與貢禹書上言衡敬報下言匡鼎白知是字也師古曰服應二說是也賈誼曰天子春秋鼎盛其義亦同而張氏之說葢穿鑿矣假有其書乃是後人見此傳云匡鼎來不曉其意妄作衡書云鼎白耳字曰表德豈人之所自稱乎今有西京雜記者其書淺俗出於里巷多有妄說乃云匡衡小名鼎葢絕知者之聽〔補注〕宋祁曰祝季張云匡鼎來來音離協上韻僕檢左傳宣公二年棄甲復來亦音離注文若言匡且來也考無若字沈欽韓曰西京雜記亦多可采此書葛洪所序其大駕鹵簿雜入晉制如枚鄒諸賦非閭巷所能造也師古注擯斥過甚周壽昌曰賈捐之傳顯鼎貴如淳注言方且欲貴矣義亦猶是也下云匡說詩不云鼎說詩益知鼎非字也先謙曰官本注豈人下無之字匡說詩解人頤如淳曰使人笑不能止也〔補注〕先謙曰官本說作語引宋祁曰南本浙本以語爲說衡射策甲科以不應令除爲太常掌故師古曰投射得甲科之策而所對文指不應令條也儒林傳說歲課甲科爲郎中乙科爲太子舍人景科補文學掌故今不應令是不中甲科之令所以止爲掌故〔補注〕宋祁曰注文浙本無說字沈欽韓曰史記丞相傳衡才下數射策不中至九乃中丙科補平原文學卒史[illegible]周壽昌曰景科卽丙科顏在唐時諱丙也儒林傳自作丙科調補平原文學師古曰調選也音徒釣反學者多上書薦衡經明當世少雙令爲文學就官京師後進皆欲從衡平原衡不宜在遠方事下太子太傅蕭望之少府梁丘賀問衡對詩諸大義其對深美〔補注〕宋祁曰別

本作矣當作美望之奏衡經學精習說有師道可觀覽宣帝不甚用儒遣衡歸官〔補注〕周壽昌曰遣歸平原學官舍 而皇太子見衡對私善之會宣帝崩元帝初即位樂陵侯史高以外屬爲大司馬車騎將軍領尚書事前將軍蕭望之爲副望之名儒有師傳舊恩天子任之多所貢薦高充位而已師古曰言凡事不在也〔補注〕先謙曰不在疑作不任與望之有隙長安令楊興說高曰將軍以親戚輔政貴重於天下無二然衆庶論議令問休譽不專在將軍者何也師古曰令善問名休美也〔補注〕宋祁曰注文善字名字下並當有也字 彼誠有所聞也師古曰以其不能進賢也〔補注〕先謙曰彼謂望之聞謂薦達也以將軍之莫府海內莫不卬望師古曰卬讀曰仰 而所舉不過私門賓客乳母子弟人情以不自知師古曰言高輕忽此事不自知其非〔補注〕錢大昭曰以南監本閩本作忽先謙曰官本作忽是然一夫竊議語流天下夫富貴在身而列士不譽〔補注〕王念孫曰譽當爲舉此涉上文令問休譽而誤也列士不舉正對上文所舉不過私門賓客乳母子弟而言白帖十二四十三引此竝作不舉漢紀同是有狐白之裘而反衣之也師古曰狐白謂狐掖下之皮其色純白集以爲裘輕柔難得故貴也反衣之者以其毛在內也今人則以背毛爲裘而棄其白蓋取厚而溫也衣音於既反〔補注〕宋祁曰注文故貴字下疑有之字於既字上疑有音字先謙曰官本有音字宋所見本蓋無之注集以官本作集之 古人病其若此故卑體勞心以求賢爲務傳曰以賢難得之故因曰事不待賢以食難得之故而曰飽不待食或之甚者也〔補注〕先謙曰官本或作惑平原文學匡衡材智有餘經學絕倫但以無階朝廷故隨牒在遠方師古曰階謂升次也隨牒謂隨選補之恒牒不被超擢者將軍誠召置莫府學士歙然歸仁師古曰誠謂實行之也歙音翕與參事議觀其所有貢之朝廷必爲國器師古曰所有謂材藝所長以此顯示衆庶名流於世高然其言辟衡爲議曹史薦衡於上上以爲郎中遷博士給事中〔補注〕沈欽韓曰史記云御史徵之以補百石屬薦爲郎而補博士與此異是時有日蝕地震之變上問以政治得失衡上疏曰臣聞五帝不同樂〔補注〕先謙曰官本樂作禮引宋祁曰禮監本作樂字浙本同案禮樂記五帝殊時不相沿樂三王異世不相襲禮作樂是三王各異教民俗殊務所遇之時異也陛

下躬聖德開太平之路閔愚吏民觸法抵禁師古曰抵觸也〔補注〕宋祁曰注文抵字下有亦字 比年大赦師古曰比頻也使百姓得改行自新天下幸甚臣竊見大赦之後姦邪不爲衰止今日大赦明日犯法相隨入獄此殆導之未得其務也蓋保民者陳之以德義示之以好惡師古曰保養也陳施也孝經曰陳之以德義而民莫遺其親示之以好惡而民知禁故衡引以爲言觀其失而制其宜故動之而和綏之而安今天下俗貪財賤義好聲色上侈靡廉恥之節薄淫辟之意縱師古曰辟讀曰僻 綱紀失序疏者踰內師古曰疏者妻妾之家內者同姓骨肉也踰謂過越也親戚之恩薄婚姻之黨隆苟合徼幸以身設利不改其原師古曰設施也原本也〔補注〕王引之曰以身施利殊爲不辭設當爲沒草書相似而誤也沒謂貪冒也冒沒語之轉耳秦策沒利於前而易患於後高注沒貪也一本沒利作設利誤與此同史記春申君傳新序善謀篇竝作[illegible]晉語再拜不稽首不沒爲後也韋注沒貪也下文又曰退而不私不沒於利也史記貨殖傳吏士舞文弄法刻章僞書不避刀鋸之誅者沒於賂遺也皆其證雖歲赦之刑猶難使錯而不用也師古曰歲赦謂每歲一赦也錯置也音千故反臣愚以爲宜壹曠然大變其俗孔子曰能以禮讓爲國乎何有師古曰論語載孔子之言謂能以禮讓治國則其事甚易〔補注〕先謙曰官本注無國字 朝廷者天下之楨幹也公卿大夫相與循禮恭讓則民不爭師古曰循順也好仁樂施則下不暴上義高節則民興行寬柔和惠則衆相愛四者明王之所以不嚴而成化也何者朝有變色之言則下有爭鬭之患上有自專之士則下有不讓之人上有克勝之佐〔補注〕先謙曰克勝謂忌克求勝其民則下有傷害之心上有好利之臣則下有盜竊之民此其本也師古曰言下之所行皆取化於上也今俗吏之治皆不本禮讓而上克暴〔補注〕宋祁曰克當作刻或忮害好陷人於罪師古曰忮堅也謂酷害之心堅也忮音之豉反〔補注〕宋祁曰忮字說見酷吏甯成傳韋昭曰忮音洎如湻曰詩云不忮不求展弊也蕭該案字書忮恨也之豉反先謙曰朱注展當爲忮之誤貪財而慕埶故犯法者衆姦邪不止雖嚴刑峻法猶不爲變此非其天性有由然也師古曰非其天性自惡由上失於教化耳臣竊考國風之詩周南召南被賢聖之化深故篤於行而廉於色師古曰篤厚也謂樂得淑女以

配君子憂在進賢不淫其色之類也（補注）先謙曰官本考證云此概論二南風化之美耳注以關雎一詩爲解非也 鄭伯好勇而國人暴虎 師古曰詩鄭風太叔于田之篇曰襢裼暴虎獻于公所將叔無狃戒其傷汝襢裼肉袒也暴虎空手㠯搏之也公鄭莊公也將請也叔莊公之弟太叔也狃忕也汝亦太叔也言㠯莊公好勇之故太叔肉袒空手搏虎取而獻之國人愛叔故請之曰勿忕爲之恐傷汝也襢音袒裼音錫字並從衣將音千羊反狃音女九反（補注）宋祁曰注文中三虎字浙本並作䖘字 秦穆貴信而士多從死 應劭曰秦穆公與羣臣飲酒酣公曰生共此樂死共此哀於是奄息仲行鍼虎許諾及公薨皆從死黃鳥詩所爲作也（補注）宋祁曰穆字浙本作繆字周壽昌曰風俗通五霸篇云殺賢臣百里奚以子車氏爲殉詩黃鳥之所爲作故謚曰繆與此注所引應說不同 陳夫人好巫而民淫祀 張晏曰胡公夫人武王之女大姬無子好祭鬼神鼓舞而祀故其詩云坎其擊鼓宛丘之下無冬無夏値其鷺羽 晉侯好儉而民畜聚 師古曰唐風山有樞之詩序云刺晉昭公也不能修道㠯正其國有財不能用有鍾鼓不能㠯自樂其詩曰子有衣裳弗曳弗婁子有車馬弗馳弗驅宛其死矣它人是愉故其俗皆吝嗇而積財也畜讀曰蓄 太王躬仁邠國貴恕 師古曰太王周文王之祖卽古公亶父也國於邠修德行義戎狄攻之欲得地與之人人皆怒欲戰古公曰㠯我故戰殺人父子而居之予不忍也乃與其私屬度漆沮踰梁山止於岐下邠人舉國扶老攜弱盡復歸古公於岐下及它旁國聞古公仁亦多歸之邠卽今豳州是其地也言化太王之仁故其俗皆貴誠恕（補注）宋祁曰注文父子而居之浙本作父子而君之王文彬曰上皆引詩此亦當本繇詩爲說 由此觀之治天下者審所上而已 師古曰上謂崇尚也 今之僞薄忮害不讓極矣臣聞教化之流非家至而人說之也 師古曰言非家家皆到人人勸說也 賢者在位能者布職（補注）先謙曰官本布作在引宋祁曰下在字越本作布字別本同王念孫云景祐本亦作布職（元紀曰明王在上忠賢布職）廣雅布列也疑舊本作布職而後人依孟子改之 朝廷崇禮百僚敬讓道德之行由內及外自近者始然後民知所法遷善日進而不自知是㠯百姓安陰陽和神靈應而嘉祥見詩曰商邑翼翼四方之極壽考且寧㠯保我後生 師古曰商頌殷武之詩也商邑京師也極中也言商邑之禮俗翼翼然可則傚乃四方之中正也王則壽考且安㠯此全守我子孫也（補注）宋祁曰我一作爾王念孫曰案此引詩本作京邑翼翼四方是則乃齊詩非毛詩下文今長安天子之都是承京邑翼翼言之郡國來者無所法則是承四方是則言之今本京作商是則作之極皆後人以毛詩改之也師古所見本已誤說見經義述聞周壽昌曰後書樊準傳京師翼翼四方是則注韓詩之文與齊詩同也 此成湯所㠯建至治保子孫化異俗而懷鬼方也 應劭曰鬼方遠方也（補注）齊召南曰案殷武所以頌高宗武丁而衡云成湯事蓋齊詩之說如此

今長安天子之都親承聖化然其習俗無㠯異於遠方郡國來者無所法則或見侈靡而放效之 師古曰放依也音甫往反 此教化之原本風俗之樞機宜先正者也臣聞天人之際精祲有㠯相盪 李奇曰祲氣也言天人精氣相動也師古曰祲謂陰陽氣相浸漸㠯成災祥者也音子鴆反（補注）宋祁曰字林云祲精氣成祥也音字鴆反沈欽韓曰淮南泰族訓國危亡而天文變世惑亂而虹蜺見萬物有以相連精祲有以相蕩也 善惡有㠯相推事作乎下者象動乎上陰陽之理各應其感陰變則靜者動陽蔽則明者晻 鄧展曰靜者動謂地震也明者晻謂日蝕也師古曰晻與暗同（補注）先謙曰官本考證引蕭該案字林曰晻不明也應劭曰晻音闇 水旱之災隨類而至今關東連年饑饉百姓乏困或至相食此皆生於賦斂多民所共者大 師古曰共讀曰供 而吏安集之（補注）宋祁曰江南本無之字浙本有 不稱之效也陛下祗畏天戒哀閔元元大自減損省甘泉建章宮衛罷珠崖（補注）宋祁曰此下當有郡字 偃武行文將欲度唐虞之隆絕殷周之衰也 師古曰度過也絕謂除其惡政也 諸見罷珠崖詔書者莫不欣欣人自㠯將見太平也宜遂滅宮室之度（補注）先謙曰度亦過也 省靡麗之飾考制度修外內近忠正遠巧佞放鄭衛進雅頌舉異材開直言任溫良之人退刻薄之吏顯絜白之士昭無欲之路 師古曰昭亦明也 覽六蓺之意察上世之務明自然之道博和睦之化㠯崇至仁匡失俗易民視 師古曰匡正也易變也（補注）宋祁曰視字下疑有聽字先謙曰失與佚同 令海內昭然咸見本朝之所貴道德弘於京師淑問揚乎疆外 師古曰淑善也問名也 然後大化可成禮讓可興也上說其言 師古曰說讀曰悅 遷衡爲光祿大夫太子少傅時上好儒術文辭頗改宣帝之政言事者多進見人人自㠯爲得上意（補注）先謙曰爲字後人所加凡漢書作以爲解者多不用爲字閒有用爲字如韓王信傳上以爲信壯武趙廣漢傳以爲自漢興以來韓延壽傳長老皆以爲便齊王肥傳自以爲不得脫長安此類益刪汰未盡吳王濞傳今吳王自以與大王同憂雋不疑傳在位皆自以不及也于定國傳民自以不冤嚴助傳自以沒身不見兵革尹翁歸傳自以能不及常惠傳自以當誅陳湯傳自以無所之蕭望之傳自以託師傅西南夷傳各自以一州主及本傳人自以將見太平也皆無爲字史記淮南王傳吾以爲不至如此本書伍被傳作吾以不至如此班氏剟

去爲字尤其顯證不應於此文獨加爲字也元紀於是言事者衆或進擢召見人人自以得上意與此一事同文亦不用爲字更爲明白可據又傅昭儀及子定陶王愛幸寵於皇后太子師古曰寵踰也衡復上疏曰臣聞治亂安危之機在乎審所用心蓋受命之王務在創業垂統傳之無窮繼體之君心存於承宣先王之德而褒大其功昔者成王之嗣位思述文武之道以養其心休烈盛美皆歸之二后而不敢專其名師古曰休亦美也烈業也后君也二君文王武王也是以上天歆享鬼神祐焉其詩曰念我皇祖陟降廷止師古曰周頌閔予小子之詩言成王常念文王武王之德奉而行之故鬼神上下臨其朝廷（補注）宋祁曰注文詩字下疑有也字先謙曰念我毛詩作念茲言成王常思祖考之業而鬼神祐助其治也陛下聖德天覆子愛海內然陰陽未和姦邪未禁者殆論議者未丕揚先帝之盛功師古曰丕大也丕字或作本言修其本業而顯揚也爭言制度不可用也務變更之師古曰更改也（補注）宋祁曰也字當刪所更或不可行而復復之師古曰下復音扶目反是以羣下更相是非師古曰更音工衡反吏民

無所信臣竊恨國家釋樂成之業而虛爲此紛紛也師古曰釋廢也樂成謂已成之業人情所樂也願陛下詳覽統業之事留神於遵制揚功以定羣下之心大雅曰無念爾祖聿修厥德師古曰大雅文王之詩也無念念也聿述也孔子著之孝經首章蓋至德之本也傳曰審好惡理情性而王道畢矣能盡其性然後能盡人物之性能盡人物之性（補注）宋祁曰江南本二句中並無物字浙本有可以贊天地之化師古曰贊明也治性之道必審己之所有餘而強其所不足師古曰強勉也音其兩反蓋聰明疏通者戒於大察寡聞少見者戒於壅蔽師古曰雍讀曰壅勇猛剛強者戒於大暴仁愛溫良者戒於無斷湛靜安舒者戒於後時師古曰湛讀曰沈廣心浩大者戒於遺忘（補注）先謙曰廣大則易有所遺忘故以爲戒必審己之所當戒而齊之以義然後中和之化應而巧僞之徒不敢比周而望進師古曰比音頻寐反唯陛下戒所以崇聖德（補注）先謙曰所疑作之臣又聞室家之道修則天下之理得故詩始國風師古曰關雎美后妃之德而爲國風之首禮本冠婚師古曰禮記冠義曰冠者禮之始也婚義曰婚者禮之本也（補注）蘇輿曰儀禮篇次首士冠士昏據鄭目錄大小戴及別錄皆同匡義指此本亦始也始乎國風原情性而明人倫也本乎冠婚正基兆而防未然也福之興莫不本乎室家之道衰莫不始乎梱內師古曰梱與閫同謂門橛也音苦本反（補注）錢大昭曰之道二字當乙先謙曰官本作道之衰故聖王必慎妃后之際別適長之位師古曰適讀曰嫡其下並同禮之於內也卑不隃尊新不先故師古曰隃與踰同所以統人情而理陰氣也其尊適而卑庶也適子冠乎阼禮之用醴師古曰阼主階也醴甘酒也貴於衆酒衆子不得與列所以貴正體而明嫌疑也非虛加其禮文而已乃中心與之殊異故禮探其情而見之外也聖人動靜游燕所親物得其序師古曰言凡物大小高卑皆有次序得其序則海內自修百姓從化如當親者疏當尊者卑師古曰如若也則佞巧之姦因時而動以亂國家故聖人慎防其端禁於未然不以私恩害公義陛下聖德純備莫不修正則天下無爲而

治詩云于以四方克定厥家師古曰周頌桓之詩也言欲治四方者先當能定其家從內以及外傳曰正家而天下定矣師古曰易家人卦之象也（補注）何焯曰衡爲少傅數年乃遷光祿勳時建昭元年也則上疏時在初元三四年間元帝初立蕭望之周堪輔政選白劉更生金敞拾遺左右勸道以古制多所欲匡正以中書政本欲更置士人中書令宏恭石顯與車騎將軍史高表裏常獨持故事不從望之等衡本因高進此疏所謂遵制揚功者蓋與高顯等陰爲唱和務堅帝以率由宣帝故事所謂釋樂成之業虛爲紛紛巧僞之徒不敢比周而望進皆以杜塞堪更生復進之路如得其情雖夷之誦六藝以文姦言可也復條言慎妃后別適長則以身爲師傅爲福其之石顯又常擁佑太子高子丹帝命護太子家故衡敢以爲言且兩事並陳聽者尤不之疑耳先謙曰官本象也作象辭衡爲少傅數年數上疏陳便宜及朝廷有政議傅經以對師古曰傅讀曰附附依也言多法義上以爲任公卿師古曰任堪也由是爲光祿勳御史大夫建昭三年代韋玄成爲丞相封樂安侯食邑六百戶（補注）錢大昕曰恩澤侯表作六百四十七戶此舉其成數耳元帝崩成帝即位衡上疏戒妃匹勸經學威儀之則曰陛下秉至孝哀傷思慕不絕於心未有游虞弋射之宴師古曰虞與娛同誠隆於慎終追遠無窮已

也師古曰慎終慎孝道之終也追遠不忘本也論語稱孔子慎終追遠則民德歸厚矣故衡引之〔補注〕王文彬曰魯論曾子之言
顏引孔子蓋誤竊願陛下雖聖性得之〔補注〕宋祁曰聖字可刪猶復加聖心焉師古曰言
天性已自然矣又當加意也詩云煢煢在疚師古曰周頌閔予小子之詩煢煢憂貌也疚病也〔補注〕先謙曰官本
貌下無也字言成王喪畢思慕意氣未能平也蓋所以就文武之業崇
大化之本也師古曰就成也臣又聞之師曰〔補注〕蘇輿曰據儒林傳衡受詩后蒼妃匹之際
〔補注〕先謙曰妃匹官本作匹配引宋祁曰匹配當作妃匹生民之始萬福之原婚姻之禮正然
後品物遂而天命全師古曰遂成也孔子論詩以關雎為始言太上者民
之父母師古曰太上居尊上之位也〔補注〕先謙曰官本注末也作者后夫人之行不侔乎天地
則無以奉神靈之統而理萬物之宜師古曰侔等也故詩曰窈窕淑女君
子好仇師古曰周南關雎之詩也窈窕幽閒也仇匹也〔補注〕蘇輿曰仇毛作逑魯作仇匡傳齊詩據此知齊與魯同言
能致其貞淑不貳其操情欲之感無介乎容儀服虔曰不見色於容儀也師古曰介
繫也言不以情欲繫心而著於容儀者〔補注〕宋祁曰無當作毋宴私之意不形乎動靜師古曰形見也夫

然後可以配至尊而為宗廟主此綱紀之首王教之端也自上世
已來〔補注〕宋祁曰已當作以三代興廢未有不由此者也願陛下詳覽得失
盛衰之效以定大基采有德戒聲色近嚴敬遠技能師古曰無德之人雖有技
能則斥遠之〔補注〕王文彬曰技能謂奇技淫巧竊見聖德純茂專精詩書好樂無厭師古曰樂
音五教反臣衡材駑〔補注〕宋祁曰蕭該作材儍儍亦駑也無以輔相善義宣揚德音師古曰相
助也臣聞六經者聖人所以統天地之心著善惡之歸明吉凶之分
通人道之正師古曰分音扶問反使不悖於其本性者也師古曰悖乖也音布內反故審
六蓺之指則天人之理可得而和草木昆蟲可得而育此永永不
易之道也師古曰易變也及論語孝經聖人言行之要宜究其意師古曰究盡也
臣又聞聖王之自為動靜周旋奉天承親臨朝享臣物有節文以
章人倫師古曰物事也事事皆有節文蓋欽翼祗栗事天之容也溫恭敬遜承親
之禮也〔補注〕宋祁曰浙本禮作體正躬嚴恪臨眾之儀也師古曰嚴讀曰儼嘉惠和說

饗下之顏也師古曰說讀曰悅饗燕饗也舉錯動作物遵其儀故形為仁義動
為法則孔子曰德義可尊容止可觀進退可度以臨其民是以其
民畏而愛之則而象之師古曰孝經載孔子之言也則法也象似也大雅云敬慎威儀
惟民之則師古曰抑之詩諸侯正月朝覲天子天子惟道德〔補注〕先謙曰惟思念也
昭穆穆以視之師古曰昭明也穆穆天子之容也視讀曰示又觀以禮樂饗醴酒歸師古
曰觀亦視也饗醴以醴酒饗也故萬國莫不獲賜祉福蒙化而成俗今正月初幸
路寢臨朝賀置酒以饗萬方傳曰君子慎始願陛下留神動靜之
節使群下得望盛德休光師古曰休美也以立基楨〔補注〕周壽昌曰基址也楨當牆兩端者也
基以立其址楨以固其防取義如此天下幸甚上敬納其言頃之衡復奏正南北郊
罷諸淫祀語在郊祀志初元帝時中書令石顯用事自前相韋玄
成及衡皆畏顯不敢失其意至成帝初即位衡迺與御史大夫甄
譚共奏顯〔補注〕劉奉世曰甄當作張沈欽韓曰百官表王尊傳皆作張譚此誤追條其舊惡并及黨

與於是司隸校尉王尊劾奏〔補注〕錢大昕曰此奏已見尊傳較此文為詳衡譚居大臣
位知顯等專權埶作威福為海內患害不以時白奏行罰而阿諛
曲從附下罔上無大臣輔政之義既奏顯等不自陳不忠之罪而
反揚著先帝任用傾覆之徒師古曰著明也罪至不道有詔勿劾衡慙懼
上疏謝罪因稱病乞骸骨上丞相樂安侯印綬上報曰君以道德
修明位在三公先帝委政遂及朕躬君遵修法度勤勞公家朕嘉
與君同心合意庶幾有成今司隸校尉尊妄詆欺加非於君師古曰詆
毀也音丁禮反朕甚閔焉方下有司問狀師古曰問司隸君何疑而上書歸侯乞
骸骨是章朕之未燭也師古曰燭照也傳不云乎禮義不愆何恤人之言
師古曰愆過也恤憂也〔補注〕蘇輿曰左昭四年傳引詩曰禮義不愆何恤於人言杜注逸詩荀子正名篇引詩曰禮義之不愆兮何
恤人之言兮楊注逸詩也本書東方朔傳亦引作詩云與荀子同無兩兮字此云傳謂傳記有之非謂左傳也君其察焉
專精神近醫藥强食自愛因賜上尊酒養牛師古曰上尊解在薛廣德傳衡起

視事上旦新卽位褒優大臣然羣下多是王尊者衡嘿嘿不自安
每有水旱風雨不時連乞骸骨讓位上輒旦詔書慰撫不許久之
衡子昌爲越騎校尉醉殺人繫詔獄越騎官屬與昌弟且謀篡昌
師古曰逆取曰篡（補注）宋祁曰注文逆監本作奪事發覺衡免冠徒跣待罪天子使謁者
詔衡冠履而有司奏衡專地盜土衡竟坐免初衡封僮之樂安鄉
文穎曰屬臨淮郡（補注）先謙曰官本郡作鄉考證曰當云屬臨淮郡沈欽韓云一統志樂安鄉在鳳陽府虹縣東北鄉本田
隄封三千一百頃師古曰提封舉其封界內之總數南旦閩佰爲界師古曰佰者田之東西界
也閩者佰之名也佰音莫客反（補注）宋祁曰佰當作陌注及下文並同朱一新曰佰卽今陌字古祇作百作佰韓延壽傳亦作佰
初元元年郡圖誤旦閩佰爲平陵佰積十餘歲衡封蘇林曰平陵佰在閩佰南
誤十餘歲衡乃始封此鄉（補注）錢大昕曰漢時郡國各有圖至魏猶然清河平原爭界八年更二刺史不決孫禮請以烈祖初封平原時圖決之是也先謙曰衡封謂衡始封侯臨淮郡遂封眞平陵佰旦爲界多四百頃
至建始元年郡迺定國界上計簿更定圖言丞相府（補注）先謙曰郡言之衡

謂所親吏趙殷曰師古曰所親素所親任者主簿陸賜故居奏曹習事曉知國
界署集曹掾明年治計時衡問殷國界事曹欲奈何殷曰賜旦爲
舉計令郡實之師古曰舉發上計之簿令郡故從平陵佰以爲定實（補注）先謙曰官本注故作改恐郡不
肯從實可令家丞上書衡曰顧當得不耳何至上書師古曰顧念也亦不
告曹使舉也聽曹爲之後賜與屬明（補注）沈欽韓曰集曹之屬名明舉計曰案故
圖樂安鄉南旦平陵佰爲界不足故而旦閩佰爲界解何師古曰不足故
者不依故圖而滿足也解何者旦分解此時意猶今言分疏也補注先謙曰詰問郡不依故圖而以此爲解是何意也本書何字爲句如周亞夫傳君侯欲反何伍被傳公獨以爲無福何汲黯傳不早言之何皆其例也顏說非郡卽復旦四百頃
付樂安國衡遣從史之僮收取所還田租穀千餘石入衡家（補注）錢大
昕曰衡以建昭三年封侯距初元之元已十三年又四歲爲成帝建始元年衡多收租入三歲矣此租穀千餘石卽三歲中多收之數郡初上計簿時還之官至是乃復收之也以是推之列侯封戶雖有定數要以封界之廣狹定租入之多寡不專以戶數爲定也
司隸校尉駿少府忠行廷尉事劾奏（補注）錢大昕曰公卿表衡以建始三年十二月免相而張

忠爲少府在建始四年不應有劾衡事衡免相時廷尉則何壽也洪頤煊曰恩澤侯表衡以建始四年免王商傳建始三年秋京師民無故驚言大水至明年商代匡衡爲丞相此傳是公卿表誤也衡監臨盜所主守直十金旦上
師古曰十金旦上當時律定罪之次若今律條言一尺旦上一匹旦上春秋之義諸侯不得專地所
旦壹統尊法制也衡位三公輔國政領計簿知郡實正國界計簿
已定而背法制專地盜土旦自益及賜明阿承衡意猥舉郡計亂
減縣界師古曰猥曲也（補注）宋祁曰南本無承字只云阿丞相衡意浙本作阿承附下罔上擅旦地附
益大臣皆不道於是上可其奏勿治丞相免爲庶人終於家子咸
亦明經歷位九卿（補注）錢大昕曰咸字子期元始三年爲左馮翊見公卿表家世多爲博士者
張禹字子文河內軹人也至禹父徙家蓮白師古曰左馮翊縣名也音輦酌（補注）錢大
昭曰白當作勺先謙曰官本作勺此傳寫之誤禹爲兒數隨家至市喜觀於卜相者前師古
曰至其人之前而觀之喜音許吏反久之頗曉其別蓍布卦意師古曰別分也音彼列反時從旁
言卜者愛之又奇其面貌謂禹父是兒多知可令學經（補注）宋祁曰父字下

當有曰字錢大昭曰閩本有曰字及禹壯至長安學從沛郡施讎受易琅邪王陽
膠東庸生問論語既皆明習有徒衆舉爲郡文學甘露中諸儒薦
禹有詔太子太傅蕭望之問（補注）周壽昌曰奉詔策問也禹對易及論語大義
望之善焉奏禹經學精習有師法可試事師古曰試以職事也奏寢罷歸故
官師古曰寢謂不下也久之試爲博士初元中立皇太子而博士鄭寬中旦
尚書授太子薦言禹善論語（補注）宋祁曰善字下疑有說字詔令禹授太子論語
由是遷光祿大夫數歲出爲東平內史元帝崩成帝卽位徵禹寬
中皆旦師賜爵關內侯寬中食邑八百戶禹六百戶拜爲諸吏光
祿大夫秩中二千石給事中領尚書事是時帝舅陽平侯王鳳爲
大將軍輔政專權而上富於春秋謙讓方鄉經學敬重師傅師古曰鄉
讀曰嚮而禹與鳳並領尚書內不自安數病上書乞骸骨欲退避鳳
上報曰朕旦幼年執政萬機懼失其中君旦道德爲師故委國政

君何疑而數乞骸骨忽忘雅素欲避流言師古曰雅素故也謂師傅故舊之恩朕無聞焉師古曰不聞有毀短之言君其固心致思總秉諸事推以孳孳無違朕意〔補注〕宋祁曰無當作毋加賜黃金百斤養牛上尊酒太官致餐侍醫視疾使者臨問師古曰侍醫侍天子之醫禹惶恐復起視事河平四年代王商爲丞相封安昌侯爲相六歲鴻嘉元年以老病乞骸骨上加優再三廼聽許賜安車駟馬黃金百斤罷就第以列侯朝朔望位特進見禮如丞相置從事史五人益封四百戶天子數加賞賜前後數千萬禹爲人謹厚內殖貨財師古曰殖生也家以田爲業〔補注〕宋祁曰晏本業作樂及富貴多買田至四百頃皆涇渭溉灌極膏腴上賈師古曰賈讀曰價宅財物稱是禹性習知音聲內奢淫身居大第後堂理絲竹筦弦如淳曰今樂家五日一習樂爲理樂師古曰筦亦管字〔補注〕劉敞曰絲竹管絃等二物爾於文爲駢禹成就弟子尤著者淮陽彭宣至大司空沛郡戴崇至少府九卿宣爲人恭儉有法度而崇愷

弟多智師古曰愷樂也弟易也言性和樂而簡易二人異行禹心親愛崇敬宣而疏之崇每候禹常責師宜置酒設樂與弟子相娛禹將崇入後堂飲食婦女相對優人筦弦鏗鏘極樂昏夜乃罷師古曰極樂盡其歡樂之情而宣之來也禹見之於便坐師古曰便坐謂非正寢在於旁側可以延賓者也坐音才臥反講論經義日晏賜食不過一肉卮酒相對師古曰一豆之肉一卮行酒宣未嘗得至後堂及兩人皆聞知各自得也服虔曰各自爲得宜〔補注〕先謙曰顧炎武云崇以禹爲親之宣以禹爲敬之故各自得禹年老自治冢塋起祠室好平陵肥牛亭部處地師古曰肥牛亭名欲得置亭處之地爲冢塋又近延陵〔補注〕宋祁曰別本無延字予謂當存延字成帝營昌陵不成更還延陵奏請求之上以賜禹詔令平陵徙亭宅所曲陽侯根聞而爭之此地當平陵寢廟衣冠所出游道〔補注〕先謙曰游衣冠詳叔孫通傳禹爲師傅不遵謙讓至求衣冠所游之道又徙壞舊亭重非所宜師古曰重音直用反孔子稱賜愛其羊我愛其禮師古曰論語云子貢欲去告朔之餼羊孔子曰賜也爾愛其羊我愛其禮故引之〔補注〕先謙曰官本注無孔字宜更賜禹宅地根雖爲舅上敬重之不如禹根言雖切猶不見從卒以肥牛亭地賜禹根由是害禹寵數毀惡之師古曰惡謂言其過惡天子愈益敬厚禹禹每病輒以起居聞師古曰謂其食飲寢臥之增損車駕自臨問之上親拜禹牀下禹頓首謝恩歸誠〔補注〕宋祁曰恩字下當有因字王念孫曰宋說是也因歸誠三字下屬爲義若無因字則語意不完此以恩因二字相似故寫者脫去因字耳通典禮二十七有因字言老臣有四男一女愛女甚於男遠嫁爲張掖太守蕭咸妻不勝父子私情思與相近上卽時徙咸爲弘農太守又禹小子未有官上臨候禹禹數視其小子上卽禹牀下拜爲黃門郎〔補注〕宋祁曰郎字上疑有侍字給事中禹雖家居以特進爲天子師國家每有大政必與定議師古曰與讀曰豫永始元延之間日蝕地震尤數吏民多上書言災異之應譏切王氏專政所致上懼變異數見意頗然之未有以明見〔補注〕宋祁曰未字上當有而字廼車駕至禹弟〔補注〕先謙曰官本作第辟左右師古曰辟讀曰闢親問禹以天

變因用吏民所言王氏事示禹禹自見年老子孫弱又與曲陽侯不平恐爲所怨禹則謂上曰〔補注〕宋祁曰則當作卽先謙曰古則卽字通春秋二百四十二年閒日蝕三十餘地震五十六〔補注〕宋祁曰案劉向傳日蝕三十六地震五今云五十六疑衍十六兩字今越本與別本無十六兩字劉敞曰案春秋地震五耳疑衍十六字或爲諸侯相殺夷狄侵中國災變之異深遠難見故聖人罕言命不語怪神師古曰罕稀也論語云子罕言利與命與仁又曰子不語怪力亂神性與天道自子贛之屬不得聞師古曰論語云夫子之言性與天道不可得而聞也謂孔子未嘗言性命之事及天道何況淺見鄙儒之所言〔補注〕先謙曰官本言作見陛下宜修政事以善應之與下同其福喜此經義意也〔補注〕先謙曰官本作福善引宋祁曰福善越本作福喜新學小生亂道誤人宜無信用以經術斷之上雅信愛禹由此不疑王氏後曲陽侯根及諸王子弟聞知禹言皆喜說師古曰說讀曰悅〔補注〕宋祁曰皆當作此遂親就禹〔補注〕先謙曰朱雲請上方劍斬禹見雲傳禹見時有變異若上體不安擇日絜齋露蓍服虔曰露筮蓍於星宿下明日乃用言得天

氣也師古曰蓍草名筮者所用也音式夷反〔補注〕宋祁曰有字上疑有常字先謙曰若及也官本注露下無筮字正衣冠立筮得吉卦則獻其占如有不吉禹為感動憂色〔補注〕宋祁曰感動字下疑有有字成帝崩禹及事哀帝建平二年薨謚曰節侯禹四子長子宏嗣侯官至太常列於九卿〔補注〕先謙曰宏字子夏平帝元始二年為太常二月貶為越騎校尉見公卿表三弟皆為校尉散騎諸曹初禹為師以上難數對己問經為論語章句獻之〔補注〕周壽昌曰藝文志論語家有魯安昌侯說二十一篇始魯扶卿及夏侯勝王陽蕭望之韋玄成皆說論語篇第或異禹先事王陽後從庸生采獲所安〔補注〕先謙曰謂文義所安最後出而尊貴諸儒為之語曰欲為論念張文〔補注〕宋祁曰監本越本欲字下有不字沈欽韓曰論語集解序劉向言安昌侯張禹本受魯論兼講齊說善者從之號曰張侯論為世所貴案此傳云禹先事王陽後從庸生然二人皆為齊論而藝文志直係張禹於魯論之下志傳不相蒙傳為疏朱一新曰論語序邢疏引漢書曰欲不為論念張文阮元校勘記云宋本漢書有不字周壽昌曰念背誦也今猶云讀書為念書由是學者多從張氏餘家寖微師古曰寖漸也

孔光字子夏孔子十四世之孫也〔補注〕王鳴盛曰十四世連前後并及身總言之後人言譜牒者當以此為例沈約宋書自序蕭子顯南齊書序太祖道成先世例同孔子生伯魚鯉師古曰名鯉字伯魚先言其字者孔氏自為譜諜示尊其先也下皆類此鯉生子思伋師古曰伋音級伋生子上帛〔補注〕宋祁曰帛禮記作白漢書作帛古字通用監本浙本同錢大昭曰孔子世家作白帛生子家求求生子眞箕〔補注〕齊召南曰案子眞箕史記作箕字子京箕生子高穿穿生順〔補注〕齊召南曰史記作子愼順為魏相順生鮒鮒為陳涉博士死陳下鮒弟子襄為孝惠博士長沙太傅襄生忠忠生武及安國武生延年〔補注〕宋祁曰浙本監本無忠生二字於安國字下又添忠字云襄生忠武及安國忠武生延年齊召南曰史記云武生延年及安國世次不同必有一誤延年生霸字次孺霸生光焉安國延年皆以治尚書為武帝博士安國至臨淮太守霸亦治尚書事太傅夏侯勝昭帝末年為博士宣帝時為太中大夫以選授皇太子經遷詹事〔補注〕先謙曰百官表詹事掌皇后太子家成帝省併大長秋高密相是時諸侯王相在郡守上〔補注〕錢大昭曰漢制王國相統衆官尚有內史治國民故在郡守上至成帝時省內史而令相治民則與郡守等矣元帝即位徵霸以師賜爵關內侯食邑八百戶號褒成君如淳曰為帝師教令成就故曰褒成君〔補注〕宋祁曰注文為帝師教令成就當作嘗為帝師教帝今成就蘇輿曰後王莽封孔子後孔均為褒成侯奉其祀謚孔子為褒成宣尼公褒成之名即原於此給事中加賜黃金二百斤第一區徙名數于長安師古曰名數戶籍也霸為人謙退不好權埶常稱爵位泰過何德以堪之上欲致霸相位自御史大夫貢禹卒及辟廣德免輒欲拜霸霸讓位自陳至三上深知其至誠迺弗用〔補注〕宋祁曰三字下當有日字以是敬之賞賜甚厚及霸薨上素服臨弔者再至賜東園祕器錢帛〔補注〕先謙曰東園祕器解見霍光傳策贈以列侯禮〔補注〕宋祁曰贈一作賜謚曰烈君霸四子長子福嗣關內侯〔補注〕宋祁曰監浙二本皆云嗣爵次子捷捷弟喜皆列校尉諸曹光最少子也經學尤明年未二十〔補注〕宋祁曰二一作三舉為議郎光祿勳匡衡舉光方正為諫大夫〔補注〕先謙曰官本諫下有議字坐議有不合左遷虹長師古曰不合謂不合天子意也虹沛之縣也音貢〔補注〕先謙曰官本注無之字虹地理作蛙今泗州治自免歸教授成帝初即位舉為博士數使錄冤獄行風俗師古曰行音下更反振贍流民奉使稱旨〔補注〕宋祁曰旨當作意越本作意由是知名是時博士選三科高第為尚書〔補注〕先謙曰官本無第字引宋祁曰監本浙本作三科高第次為刺史其不通政事以久次補諸侯太傅光以高第為尚書觀故事品式數歲明習漢制及法令上甚信任之轉為僕射尚書令師古曰先為僕射後為尚書令有詔光周密謹慎未嘗有過〔補注〕宋祁曰有詔字下當有以字加諸吏官〔補注〕先謙曰百官表諸吏加官所加或尚書令此其一證以子男放為侍郎給事黃門數年遷諸吏光祿大夫秩中二千石給事中賜黃金百斤領尚書事後為光祿勳復領尚書諸吏給事中如故凡典樞機十餘年守法度修故事上有所問據經法以心所安而對不希指苟合師古曰希指望天子之旨意也〔補注〕先謙曰官本注無之字如或不從不敢強諫爭以是久而安〔補注〕宋祁曰浙本云獲安時有所言輒削草稾師古曰言已繕事書輒削壞其草〔補注〕先謙曰官本注師古作服虔無事字草下有也字

引宋祁曰注文𦂳字下監本有事字㠯爲章主之過㠯奸忠直人臣大罪也師古曰奸求也奸忠直之名也奸音干〔補注〕宋祁曰注文奸忠當作求忠王念孫曰案如師古說則忠直下須加之名二字而其義始明矣漢紀孝成紀作以訐爲忠直是也訐字正承章主之過而言且用論語訐以爲直之文今本訐誤爲奸又脫爲字耳有所薦舉唯恐其人之聞知沐日歸休兄弟妻子燕語終不及朝省政事或問光溫室省中樹皆何木也晉灼曰長樂宮中有溫室殿光嘿不應更荅㠯它語其不泄如是光帝師傅子少㠯經行自著進官蚤成師古曰蚤音早字不結黨友養游說有求於人旣性自守亦其勢然也師古曰言㠯名父之子學宦早成不須黨援也〔補注〕宋祁曰注文宦字別本作官徙光祿勳爲御史大夫綏和中上卽位二十五年無繼嗣至親有同產弟中山孝王及同產弟子定陶王在定陶王好學多材於帝子行師古曰行音胡浪反〔補注〕宋祁曰於帝子行越本云於帝爲子行而王祖母傅太后陰爲王求漢嗣私事趙皇后昭儀及帝舅大司馬驃騎將軍王根故皆勸上上於是召丞相翟方進御史大夫

光右將軍廉褒後將軍朱博皆引入禁中議中山定陶王誰宜爲嗣者〔補注〕先謙曰官本宜作可引宋祁曰可字越本作宜字方進根㠯爲定陶王帝弟之子禮曰昆弟之子猶子也爲其後者爲之子也定陶王宜爲嗣褒博皆如方進根議光獨㠯爲禮立嗣㠯親中山王先帝之子帝親弟也㠯尚書般庚殷之及王爲比師古曰兄終弟及也比音必寐反〔補注〕沈欽韓曰般庚爲陽甲之弟受於兄故云及王中山王宜爲嗣上㠯禮兄弟不相入廟又皇后昭儀欲立定陶王故遂立爲太子光㠯議不中意左遷廷尉師古曰中當也光久典尚書練法令號稱詳平時定陵侯淳于長坐大逆誅長小妻迺始等六人皆㠯長事未發覺時棄去或更嫁及長事發丞相方進大司空武議師古曰翟方進及何武㠯爲令犯法者各㠯法時律令論之師古曰此其引令條之文也法時謂始犯法之時也〔補注〕先謙曰官本注其作具明有所訖也師古曰訖止也長犯大逆時迺始等見爲長妻已有當坐之罪與身犯法無異後迺弃去於法無㠯解師古曰解免也請論光議㠯爲大逆無道父母妻子同產無少長皆弃市欲懲後犯法者也師古曰懲創止也〔補注〕先謙曰官本無後字引宋祁曰監本正文懲字下有後字夫婦之道有義則合無義則離長未自知當坐大逆之法〔補注〕先謙曰官本無自字引宋祁曰知字上當有自字而弃去迺始等或更嫁義已絕而欲㠯爲長妻論殺之名不正不當坐有詔光議是是歲右將軍褒後將軍博坐定陵紅陽侯師古曰廉褒朱博坐與淳于長王立交厚也皆免爲庶人㠯光爲左將軍居右將軍官職執金吾王咸爲右將軍居後將軍官職罷後將軍官數月丞相方進薨召左將軍光當拜已刻侯印書贊師古曰贊進也延進而拜之書贊者書贊辭於策也上暴崩卽其夜於大行前拜受丞相博山侯印綬哀帝初卽位躬行儉約省減諸用政事由己出朝廷翕然望至治焉褒賞大臣益封光千戶時成帝母太皇太后自居長樂宮而帝祖母定陶傅太后在國邸有詔問丞相大司空定陶

共王太后宜當何居光素聞傅太后爲人剛暴長於權謀自帝在襁緥而養長教道至於成人帝之立又有力光心恐傅太后與政事師古曰與讀曰豫不欲令與帝旦夕相近卽議㠯爲定陶太后宜改築宮大司空何武曰可居北宮上從武言北宮有紫房復道通未央宮師古曰復讀曰複傅太后果從復道朝夕至帝所求欲稱尊號貴寵其親屬使上不得直道而行師古曰不得依正直之道〔補注〕先謙曰官本無而字引宋祁曰行字上監本有而字頃之太后從弟子傅遷在左右尤傾邪上免官遣歸故郡傅太后怒上不得已復畱遷光與大司空師丹奏言詔書侍中駙馬都尉遷巧佞無義漏泄不忠國之賊也免歸故郡復有詔止天下疑惑無所取信虧損聖德誠不小愆陛下㠯變異連見避正殿見羣臣思求其故至今未有所改師古曰舊有不善之事皆未改除臣請歸遷故郡㠯銷姦黨應天戒卒不得遣復爲侍中脅於傅太后皆此類也又傅

太后欲與成帝母俱稱尊號羣下多順指言母以子貴宜立尊號
以厚孝道唯師丹與光持不可蘇林曰執持不可補注先謙曰官本注末有也字上重違
大臣正議師古曰重難也又內迫傅太后猗違者連歲如淳曰不決事之言也師古曰猗違
猶依違耳猗音於奇反補注先謙曰官本無耳字猗依通假字丹以罪免補注宋祁曰丹字下當有先字而朱博
代為大司空光自先帝時議繼嗣有持異之隙矣又重忤傅太后
指師古曰重音直用反補注宋祁曰又字上當有後字先謙曰官本注無音字由是傅氏在位者與朱
博為表裏共毀譖光後數月遂策免光曰丞相者朕之股肱所與
共承宗廟統理海內師古曰共讀曰恭輔朕之不逮以治天下也朕既不
明災異重仍師古曰仍頻也重音直用反日月無光山崩河決五星失行是章
朕之不德而股肱之不良也師古曰章明也君前為御史大夫輔翼先帝
補注先謙曰官本輔翼作翼輔出入八年卒無忠言嘉謀今相朕出入三年憂國
之風復無聞焉陰陽錯謬歲比不登師古曰比頻也天下空虛百姓饑饉

父子分散流離道路以十萬數而百官羣職曠廢師古曰曠空也姦軌放
縱盜賊並起或攻官寺殺長吏數以問君君無怵惕憂懼之意對
毋能為師古曰言盜賊不能為害是以羣卿大夫咸惰哉莫以為意咎由君焉
君秉社稷之重總百僚之任上無以匡朕之闕下不能綏安百姓
書不云乎毋曠庶官天工人其代之師古曰虞書咎繇謨之辭也位非其人是為空官言人代
天理官不可以天官私非其材於虖師古曰於讀曰烏虖讀曰呼君其上丞相博山侯印綬罷
歸師古曰漢舊儀云丞相有宅過使者奉策書即時步出府乘棧車歸田里補注周壽昌曰據朱博傳知亦免為庶人也光
退閭里杜門自守師古曰杜塞也而朱博代為丞相數月坐承傅太后指
妄奏事自殺平當代為丞相數月薨王嘉復為丞相補注宋祁曰復字下當有
代字數諫爭忤指旬歲間閱三相師古曰閱猶歷也補注王文彬曰旬歲迺三歲之誤公卿表建平二
年四月光免歷建平三年四年至元壽元年二月王嘉下獄死恰三歲議者皆以為不及光上由是
思之會元壽元年正月朔日有蝕之後十餘日傅太后崩是月徵

光詣公車問日蝕事光對曰臣聞日者眾陽之宗人君之表至尊
之象君德衰微陰道盛彊侵蔽陽明則日蝕應之書曰羞用五事
建用皇極師古曰周書洪範之言羞進也皇大也極中也如貌言視聽思失師古曰如若也補注先謙
曰官本注末無也字大中之道不立則咎徵薦臻六極屢降皇之不極是為
大中不立其傳曰時則有日月亂行謂朓側匿孟康曰朓行疾也側匿行遲也師古
曰朓音吐了反補注宋祁曰浙本有兩亂行字朓案書曰朓晦而日見西方也蕭該音丑召反先謙曰官本正文注匿皆作慝慝匿
同字甚則薄蝕是也又曰六沴之作師古曰沴惡氣也音戾補注宋祁曰韋昭云沴謂皇極五行之
氣相沴戾不和音持軫反服虔曰沴音戾歲之朝曰三朝師古曰歲之朝月之朝日之朝故曰三朝其應至
重迺正月辛丑朔日有蝕之變見三朝之會上天聰明苟無其事
變不虛生書曰惟先假王正厥事師古曰商書高宗肜日之辭也假至也言先代至道之王必正
其事言異變之來起事有不正也臣聞師曰天右與王者師古曰右讀曰佑佑
助也補注宋祁曰右景祐本作左注亦作左子案王商傳擁佑太子注佑助也凡右為親左為遠故左遷左道皆離背去正之義不

得訓左為助也王念孫曰案子京改左為右而各本皆從之非也
古無佐字但作左說文左則箇切ナ手相左也ナ則可切徐鍇本誤作手ナ相左也徐鉉
改搴手相左助也尢非今詁正從ナ工爾雅曰詔亮左右相導也詔相導左右助
勴也左右亮也凡經典中佐佑字皆作左右師古注韋元成傳師
丹傳竝云左右助也左讀曰佐右讀曰佑子京不知左為古佐字故有此謬說故災異數見以譴告之欲
其改更若不畏懼有以塞除而輕忽簡誣則凶罰加焉其至可必
師古曰言輕忽天戒簡傲欺誣者其罰必至詩曰敬之敬之天惟顯思命不易哉師古曰周
頌敬之篇顯明也思辭也言天甚明察宜敬之以承受天命甚難
補注宋祁曰浙本注云師古曰周頌敬之篇也敬肅也顯明也思辭也言天甚明察宜敬以承之受天
命甚難也先謙曰官本注末有也字又曰畏天之威于時保之師古
曰周頌我將之詩言必敬天之威於是乃得安皆謂不懼者凶懼之則吉也陛下聖德聰
明兢兢業業師古曰兢兢戒也業業危也承順天戒敬畏變異勤心虛己延見
羣臣思求其故然後敕躬自約總正萬事放遠讒說之黨援納斷
斷之介師古曰援引也斷斷專壹之貌介謂一介之人援音爰補注周壽昌曰書秦誓如有一介臣斷斷猗先謙曰尚書庶
頑讒說退去貪殘之徒進用賢良之吏平刑罰薄賦斂恩澤加於百

姓誠爲政之大本應變之至務也天下幸甚書曰天既付命正厥德師古曰商書高宗肜日之辭言既受天命宜正其德言正德㠯順天也又曰天棐諶辭師古曰周書大誥之辭棐輔也諶誠也諶辭至誠之辭也棐音匪諶音上林反言有誠道天輔之也明承順天道在於崇德博施加精致誠孳孳而已師古曰孳孳不怠也孳音茲俗之祈禳小數終無益於應天塞異銷禍興福師古曰祈求福也禳除禍也較然甚明無可疑惑師古曰較明貌也音角〔補注〕先謙曰官本注也作較書奏上說師古曰說讀曰悅賜光束帛拜爲光祿大夫秩中二千石給事中位次丞相〔補注〕周壽昌曰罷相復起降秩拜官漢相中僅見詔光舉可尚書令者封上光謝曰臣㠯朽材前比歷位典大職卒無尺寸之效師古曰卒終也〔補注〕宋祁曰謝字上當有固字前比歷位典大職考本越本邵本並作前所歷位天職幸免罪誅全保首領今復拔擢備內朝臣與聞政事師古曰與讀曰豫臣光智謀淺短犬馬齒䥇師古曰䥇老也讀與耋同今書本有作䥇字者俗寫誤也誠恐一旦顚仆無㠯報稱師古曰稱副也竊見國家故事尚書㠯久次轉遷非有踔絕之能不相踰越師古曰踔高遠也音竹角反尚書僕射敞公正勤職通敏於事可尚書令謹封上敞㠯舉故爲東平太守〔補注〕宋祁曰舉字上當有光字錢大昭曰王國有相無太守此言太守者東平王雲以建平三年有罪國除至開明嗣封在元始元年其間爲郡者四五年敞爲郡守正當其時敞姓成公東海人也〔補注〕錢大昭曰廣韻作東郡人光爲大夫月餘丞相嘉下獄死師古曰王嘉也御史大夫賈延免光復爲御史大夫二月復丞相〔補注〕先謙曰官本復作爲是復故國博山侯上迺知光前免非其罪㠯過近臣毀短光者〔補注〕先謙曰過責也復免傅嘉〔補注〕先謙曰官本無復字引宋祁曰免字上當有復字曰前爲侍中毀譖仁賢誣愬大臣令俊艾者久失其位師古曰艾讀曰乂嘉傾覆巧僞挾姦㠯罔上崇黨㠯蔽朝傷善㠯肆意師古曰肆極也詩不云乎讒人罔極交亂四國師古曰小雅青蠅之詩解在車千秋傳其免嘉爲庶人歸故郡明年定三公官光更爲大司徒會哀帝崩太皇太后㠯新都侯王莽爲大司馬徵立中山王是爲平帝帝年幼太后稱制委政

於莽初哀帝罷黜王氏故太后與莽怨丁傅董賢之黨莽㠯光爲舊相名儒天下所信太后敬之備禮事光所欲搏擊輒爲草㠯太后指風光令上之師古曰謂文書之藁草也風讀曰諷次下亦同〔補注〕先謙曰官本注無也字厓眥莫不誅傷師古曰厓音崖眥音漬厓又音五懈反眥又音仕懈反解具在杜欽傳〔補注〕宋祁曰學林云史記游俠傳曰以睚眦殺人此用厓者省文也何焯曰細尋莽傳當元始初政非光爲言則莽猶不能必得之於元后也莽權日盛光憂懼不知所出上書乞骸骨莽白太后帝幼少宜置師傅徙光爲帝太傅位四輔給事中領宿衞供養行內師古曰行內行在所之內中猶言禁中也〔補注〕胡三省曰行內署門戶當爲一句此宿衞事也省服御食物則供養事也文理甚明師古誤斷其句因曲爲之說耳沈欽韓曰王莽傳更始將史謁行諸署與此同義署門戶省服御食物師古曰省視也明年徙爲太師〔補注〕周壽昌曰百官表太師太保皆古官平帝元始元年皆初置卽指此事光薨後惟馬宮爲之旋廢自是至後漢不拜後漢末董卓始拜此官而莽爲太傅光常稱疾不敢與莽並有詔朝朔望領城門兵莽又風羣臣奏莽功德稱宰衡位在諸侯王上百官統焉〔補注〕宋祁曰統字上當有總字光愈恐固稱疾辭位太后詔曰太師光聖人之後先師之子德行純淑道術通明居四輔職輔道于帝師古曰道讀曰導今年耆有疾俊艾大臣惟國之重其猶不可㠯闕焉師古曰艾讀曰乂書曰無遺耇老師古曰周書召誥之辭也言不遺老成之人也國之將興尊師而重傅其令太師毋朝十日一賜餐賜太師靈壽杖孟康曰扶老杖也服虔曰靈壽木名師古曰木似竹有枝節長不過八九尺圍三四寸自然有合杖制不須削治也〔補注〕先謙曰官本毋作每是似竹二字在削上黃門令爲太師省中坐置几太師入省中用杖賜餐十七物師古曰食具有十七種物然後歸老于第官屬按職如故師古曰言十日一入朝受此寵禮它日則常在家自養而其屬官依常各行職務光凡爲御史大夫丞相各再壹爲大司徒太傅太師歷三世居公輔位前後十七年自爲尚書止不教授後爲卿時會門下大生講問疑難舉大義云〔補注〕蘇輿曰大生猶言高弟其弟子多成就爲博士大夫者見師居大位幾得其助力師古曰幾讀曰冀光終無所薦舉至或怨之其公如此

光年七十元始五年薨莽白太后使九卿策贈㠯太師博山侯印綬賜乘輿祕器金錢雜帛少府供張諫大夫持節與謁者二人使護喪事博士護行禮太后亦遣中謁者持節視喪公卿百官會弔送葬載㠯乘輿轀輬及副各一乘師古曰轀輬車及副各一乘也轀輬解具在霍光傳〔補注〕宋祁曰轀輬下當有車字注文同羽林孤兒諸生合四百人輓送車萬餘兩道路皆舉音㠯過喪師古曰喪到之處行道之人皆舉音哭須過迺止將作穿復土可甲卒五百人〔補注〕劉奉世曰可字疑非王念孫曰可甲當爲河東字之誤也此謂將作穿復土用河東卒五百人霍光傳云發三河卒穿復土與此事同一例御覽禮儀部三十二引此正作河東卒起墳如大將軍王鳳制度謚曰簡烈侯初光㠯丞相封後益封凡食邑萬一千戶〔補注〕宋祁曰益字上當有再字病甚上書讓還七千戶及還所賜一弟〔補注〕宋祁曰一字當刪先謙曰官本弟作第子放嗣莽篡位後㠯光兄子永爲大司馬封侯昆弟子至卿大夫四五人始光父霸㠯初元元年爲關內侯食邑霸上書求奉孔子祭祀元

帝下詔曰其令師褒成君關內侯霸㠯所食邑八百戶祀孔子焉故霸還長子福名數於魯〔補注〕先謙曰官本長下有安字引宋祁曰江南湻化本作長安浙本無安字晏公論美安字甚堅浙本作遷長子福名數於魯案霸既詔許以八百戶祀孔子卽是令長子福還名數於魯以千八百戶爲祀矣雖浙本作遷遷與還小異而大同言長安則後人妄添且復終始無義昔頴川陳彭年亦以安字爲衍龔子曰長如字凡以安爲衍字者誤以長爲長幼之長也福雖霸之長子然此傳前言霸於魯從名數於長安此言還長安子福名數其義自明無可疑者當從江南本王念孫云案陳晏宋說皆是也或引龔說以此傳前言霸從名數於長安故此言還長安子福名數其說殊謬不足辯吳祐本及御覽禮儀部四所引並作長子福無安字奉夫子祀霸薨子福嗣福薨子房嗣房薨子莽嗣元始元年封周公孔子後爲列侯食邑各二千戶莽更封爲襃成侯後避王莽更名均〔補注〕先謙曰光尊敬董賢哀帝拜光兩兄子官事見賢傳

馬宮字游卿東海戚人也治春秋嚴氏〔補注〕周壽昌曰儒林傳眭孟弟子以嚴彭祖顏安樂爲明安樂授淮陽泠豐豐授馬宮春秋自分嚴氏顏氏兩家學此當云治春秋顏氏不當云嚴氏也㠯射策甲科爲郎遷楚長史免官後爲丞相史司直師丹薦宮行能高絜遷廷尉平〔補注〕先謙曰百官表廷尉左右平秩皆六百石宣帝置青州刺史汝南九江太守所在見稱徵爲詹事光祿勳右將軍代孔光爲大司徒封扶德侯光爲太師薨宮復代光爲太師兼司徒官初宮哀帝時與丞相御史雜議帝祖母傅太后謚及元始中王莽發傅太后陵徙歸定陶㠯民葬之追誅前議者宮爲莽所厚獨不及內慙懼上書謝罪乞骸骨莽㠯太皇太后詔賜宮策曰太師大司徒扶德侯上書言前㠯光祿勳議故定陶共王母謚曰婦人㠯夫爵尊爲號謚宜曰孝元傅皇后稱渭陵東園臣知妾不得體君〔補注〕錢大昭曰臣疑當作誠卑不得敵尊而希指雷同詭經辟說師古曰詭違辟讀曰僻㠯惑誤上爲臣不忠當伏斧鉞之誅幸蒙洒心自新師古曰洒音先禮反又令得保首領伏自惟念入稱四輔出備三公爵爲列侯誠無顏復望闕廷無心復居官府無宜復食國邑願上太師大司徒扶德侯印綬避賢者路下君章有司皆

㠯爲四輔之職爲國維綱三公之任鼎足承君不有鮮明固守無㠯居位如君言至誠可聽惟君之惡在洒心前不敢文過朕甚多之師古曰多猶重也不奪君之爵邑㠯著自古皆有死之義孟康曰己宮上書不文過爲信不奪其爵邑師古曰論語載孔子言曰自古皆有死民無信不立故引之其上太師大司徒印綬使者㠯侯就弟〔補注〕先謙曰官本弟作第王莽篡位㠯宮爲太子師卒官本姓馬矢宮仕學稱馬氏云〔補注〕何焯曰宮與平晏事莽尤儒之賤者著此以別於他馬沈欽韓曰矢疑適之轉變漢有執金吾馬適建無緣取馬糞爲姓

贊曰自孝武興學公孫弘㠯儒相其後蔡義韋賢玄成匡衡張禹翟方進孔光平當馬宮及當子晏咸㠯儒宗居宰相位服儒衣冠孟康曰方領逢掖之衣傳先王語其醞藉可也師古曰醞藉謂如醞釀及薦藉道其寬博重厚也醞音於問反藉音才夜反〔補注〕吳仁傑曰義縱傳少溫藉顏注言無所含容也案醞藉之音大概言有所緣飾非直情徑行者耳傳一作醞一作溫而記禮者亦作溫禮器曰禮有擯詔樂有相步溫之至也皇侃云溫謂承藉凡玉以物縕裹承藉君子亦以威儀擯相以自

承藉易曰藉用白茅无咎苟錯諸地而可矣藉之用茅何咎之有疏謂薦鬯之物藉以潔白之茅合禮易二義論之温藉之意顯矣先謙曰醞藉說詳薛廣德傳吳說非然皆持祿保位被阿諛之譏彼以古人之迹見繩烏能勝其任乎如淳曰迹謂既明且哲也繩謂抨彈之也師古曰古人之迹謂直道以事人也烏何也抨音普耕反〔補注〕宋祁曰注文抨彈字書曰抨彈也抨音迸蓳反何焯曰古人之迹謂以道事君不可則止

臣張孔馬傳第五十一終 漢書八十一

王商史丹傅喜傳第五十二 漢書八十二

漢 蘭臺令史班固撰

唐正議大夫行祕書少監琅邪縣開國子顏師古注

賜進士出身前翰林院編修國子監祭酒加三級臣王先謙補注

王商字子威涿郡蠡吾人也師古曰蠡音禮徙杜陵商父武武兄無故皆以宣帝舅封無故爲平昌侯武爲樂昌侯語在外戚傳商少爲太子中庶子以肅敬敦厚稱父薨商嗣爲侯推財以分異母諸弟身無所受居喪哀慼〔補注〕宋祁曰慼疑作戚周壽昌曰說文慼憂也即慼字於是大臣薦商行可以厲羣臣義足以厚風俗宜備近臣繇是擢爲諸曹侍中中郎將師古曰繇讀與由同〔補注〕先謙曰爲中郎將而加諸曹侍中也加諸曹得受尚書事加侍中得出入禁中元帝時至右將軍光祿大夫是時定陶共王愛幸幾代太子師古曰共讀曰恭幾音鉅依反〔補注〕先謙曰官本無音字引宋祁曰注文鉅字上當有音字商爲外戚重臣輔政擁佑太子頗有力焉師古曰佑助也元帝崩成帝即位甚敬重商徙爲左將軍而帝元舅大司馬大將軍王鳳顓權行多驕僭商論議不能平鳳鳳知之亦疏商建始三年秋京師民無故相驚言大水至百姓奔走相蹂躪師古曰蹂踐也躪轢也蹂音人九反躪音藺〔補注〕先謙曰官本注人上無音字引宋祁曰注文人字上當有音字長安中大亂〔補注〕先謙曰官本長安上有正文老弱號呼四字注文師古曰呼音火故反八字此本脫天子親御前殿召公卿議大將軍鳳以爲太后與上及後宮可御船令吏民上長安城以避水羣臣皆從鳳議左將軍商獨曰自古無道之國水猶不冒城郭師古曰冒蒙覆也今政治和平世無兵革上下相安何因當有大水一日暴至此必訛言也師古曰訛僞也不宜令上城重驚百姓師古曰重音直用反上迺止有頃長安中稍定問之果訛言上於是美壯商之固守數稱其議而鳳大慙自恨失言明年商代匡衡爲丞相益封千戶天子甚尊任之爲人多質有威重師古曰多質言不僞文飾長八尺餘身

體鴻大容貌甚過絕人河平四年單于來朝引見白虎殿師古曰在未央宮中丞相商坐未央廷中單于前拜謁商師古曰單于將見天子而經未央廷中過也商起離席與言單于仰視商貌大畏之遷延卻退天子聞而歎曰此眞漢相矣初大將軍鳳連昏楊肜爲琅邪太守如淳曰連昏者婚家之婚親也其郡有災害十四已上商部屬按問如淳曰部屬猶差次差次其屬令治之〔補注〕宋祁曰已字疑作以按字疑作案沈欽韓曰如說非也續志東曹主二千石長吏遷除及軍吏案丙吉救東曹案邊長吏荅郡國皆東曹所部屬者其掾屬也鳳㠯曉商師古曰告語也曰災異天事非人力所爲肜素善吏宜㠯爲後師古曰且勿按問也〔補注〕宋祁曰注文按疑作案商不聽竟奏免肜奏果寢不下〔補注〕宋祁曰寑疑作寢鳳重㠯是怨商師古曰重音直用反陰求其短使人上書言商閨門內事〔補注〕周壽昌曰卽下張匡對中所云頻陽耿定上書也天子㠯爲暗昧之過不足㠯傷大臣鳳固爭下其事司隸〔補注〕先謙曰此在成帝初不言司隸校尉省文先是皇太后嘗詔問商女欲㠯備後宮時女病商意亦難之㠯病對不入及商

㠯閨門事見考自知爲鳳所中師古曰中傷也音竹仲反惶怖更欲內女爲援迺因新幸李婕妤家白見其女會日有蝕之太中大夫蜀郡張匡其人佞巧上書願對近臣陳日蝕咎下朝者文穎曰令下朝者平之也孟康曰中朝臣也師古曰文說是也下音胡稼反左將軍丹等問匡師古曰史丹也〔補注〕劉攽曰下朝者左將軍丹等都是一句上以匡章下丹等令問匡也王嘉傳亦有一下朝者劉奉世曰孟說是也時左將軍等俱謂之中朝當屬下句云下朝者左將軍丹等問而後云匡對曰齊召南曰案攽及奉世說是師古誤斷下朝者爲句上文張匡願對近臣陳日蝕咎所謂近臣卽指中朝將軍侍中等官也周壽昌曰匡衡傳事下太子太傅蕭望之少府梁邱賀問朱博傳有詔左將軍彭宣與中朝者雜問與此句例同對曰竊見丞相商作威作福從外制中取必於上師古曰意欲所行必果之性殘賊不仁〔補注〕宋祁曰性字上疑有稟字遣票輕吏微求人罪師古曰票疾也微謂私求之也票音頻妙反又音匹妙反欲㠯立威天下患苦之前頻陽耿定上書言商與父傅通及女弟淫亂師古曰傅謂傅婢也奴殺其私夫疑商教使師古曰私夫女弟之私與姦通者章下有司商私怨懟師古曰懟音直類反〔補注〕宋祁曰懟該音直遂反商子俊欲上書

告商俊妻左將軍丹女持其書㠯示丹丹惡其父子乖迕師古曰迕逆也爲女求去商不盡忠納善㠯輔至德知聖主崇孝遠別不親師古曰遠離女色而分別之故云不親也〔補注〕劉攽曰當斷不親後庭之事爲句乃不煩注釋矣劉敞說同齊召南曰劉說是王文彬曰遠遠色別別嫌顏以分別爲說未當後庭之事皆受命皇太后太后前聞商有女欲㠯備後宮商言有固疾後有耿定事更詭道因李貴人家內女師古曰詭違也〔補注〕沈欽韓曰後漢妃妾稱貴人始此執左道㠯亂政師古曰左道僻左之道謂不正〔補注〕王文彬曰語本禮王制誣罔誖大臣節師古曰誖乖也音布內反故應是而日蝕周書曰㠯左道事君者誅師古曰逸書也易曰日中見昧則折其右肱蘇林曰日者君之象中者明之盛盛而昧折去右肱之臣用無咎也師古曰此豐卦九三爻辭〔補注〕宋祁曰易作見沬王弼云沬微昧之明也王觀國云昧與沬義同蘇輿曰王莽傳引亦作昧不作沬易釋文云鄭作昧與此合服虔說易昧義云日中而昏也案此引以證日蝕莽傳引以指日中黑氣知服說是西漢舊義子夏傳以爲星之小者字林以爲斗杓後星皆爲異訓今易無則字王觀國學林九引此傳亦無疑衍文据蘇注似正文元有无咎二字先謙曰官本注君上有人字往者丞相周勃再建大功及孝文時

纖介怨恨而日爲之蝕於是退勃使就國卒無怵悐憂師古曰卒終也悐古惕字〔補注〕宋祁曰勃傳及天文志五行志皆無是事疑匡妄爲此言以害商爾悐與惕同二字文雖異其音訓則一今商無尺寸之功而有三世之寵師古曰自宣帝至成帝凡三主身位三公宗族爲列侯吏二千石侍中諸曹給事禁門內連昏諸侯王權寵至盛審有內亂殺人怨懟之端宜窮意考問〔補注〕錢大昭曰意當作竟南監本閩本不誤先謙曰官本作竟臣聞秦丞相呂不韋見王無子意欲有秦國卽求好女㠯爲妻陰知其有身而獻之王產始皇帝及楚相春申君亦見王無子心利楚國卽獻有身妻而產懷王〔補注〕劉攽曰春申君獻妾所生子乃幽王非懷王也疑匡自誤非傳者之失自漢興幾遭呂霍之患師古曰幾音鉅依反今商有不仁之性迺因怨㠯內女其姦謀未可測度前孝景世七國反將軍周亞夫㠯爲卽得雒陽劇孟關東非漢之有今商宗族權埶合貲鉅萬計私奴㠯千數非特劇孟匹夫之徒也且失道之至親戚畔之閨門內亂父子相

許師古曰訐告斥其罪也音居謁反〔補注〕宋祁曰訐蕭該音九列反引字林面相斥罪也浙本音居乂反而欲使之宣明聖化調和海內豈不謬哉商視事五年官職陵夷而大惡著於百姓甚虧損盛德有鼎折足之凶師古曰易鼎卦九四爻辭曰鼎折足覆公餗其形渥凶餗鼎實也謂所亨之物也渥厚也言鼎折其足則覆喪其實喻大臣非其任則虧敗國典故宜加以厚刑臣愚以爲聖主富於春秋卽位以來未有懲姦之威加以繼嗣未立大異並見尤宜誅討不忠以遏未然師古曰遏止也未然謂未有其事恐將然也行之一人則海內震動百姦之路塞矣於是左將軍丹等奏商位三公爵列侯親受詔策爲天下師不遵法度以翼國家師古曰翼助也而回辟下媚以進其私師古曰回衺也辟讀曰僻執左道以亂政爲臣不忠罔上不道甫刑之辟皆爲上戮罪名明白臣請詔謁者召商詣若盧詔獄孟康曰若盧獄名屬少府黃門內寺是也〔補注〕先謙曰若盧說詳百官表上素重商知匡言多險制曰弗治鳳固爭之於是制詔御史蓋丞相以德輔翼國家典領百寮協和萬國爲

職任莫重焉今樂昌侯商爲丞相出入五年未聞忠言嘉謀而有不忠執左道之辜〔補注〕宋祁曰而字下疑有迺字陷于大辟前商女弟內行不修奴賊殺人疑商教使爲商重臣故抑而不窮今或言商不以自悔而反怨懟朕甚傷之惟商與先帝有外親未忍致于理其赦商罪使者收丞相印綬商免相三日發病毆血薨〔補注〕先謙曰官本毆作歐諡曰戾侯而商子弟親屬爲駙馬都尉侍中中常侍諸曹大夫郎吏者皆出補吏莫得留給事宿衞者有司奏商罪過未決請除國邑有詔〔補注〕先謙曰下有脫文長子安嗣爵爲樂昌侯至長樂衞尉光祿勳商死後連年日蝕地震直臣京兆尹王章上封事召見訟商忠直無罪言鳳顓權蔽主鳳竟以法誅章語在元后傳至元始中王莽爲安漢公誅不附己者樂昌侯安見被以罪自殺國除師古曰被加也音皮義反

史丹字君仲魯國人也徙杜陵祖父恭有女弟武帝時爲衞太子良娣產悼皇考皇考者孝宣帝父也宣帝微時依倚史氏師古曰倚音於綺反〔補注〕先謙曰官本無音字引宋祁曰注文倚字下當有音字語在史良娣傳及宣帝卽尊位〔補注〕先謙曰官本無尊字引宋祁曰監本作卽尊位恭已死三子高曾玄皆以外屬舊恩封曾爲將陵侯〔補注〕沈欽韓曰褚補侯表將陵侯史子回封二千六百戶玄平臺侯〔補注〕沈欽韓曰表云字子叔侯二千五百戶先謙曰官本玄下有爲字高侍中貴幸以發舉反者大司馬霍禹功封樂陵侯〔補注〕沈欽韓曰表云高字子長封三千五百戶宣帝疾病拜高爲大司馬車騎將軍領尚書事帝崩太子襲尊號是爲孝元帝高輔政五年乞骸骨賜安車駟馬黃金罷就第薨諡曰安侯自元帝爲太子時丹以父高任爲中庶子侍從十餘年元帝卽位爲駙馬都尉侍中出常驂乘甚有寵上以丹舊臣皇考外屬親信之詔丹護太子家是時傅昭儀子定陶共王有材藝子母俱愛幸而太子頗有酒色之失母王皇后無寵建昭之間〔補注〕宋祁曰間考作後越本作後元帝被疾不親

政事留好音樂孟康曰留意於音樂也或置鼙鼓殿下師古曰鼙本騎上之鼓音步迷反天子自臨軒檻上隤銅丸以擿鼓師古曰檻軒闌版也隤下也擿投也隤音頹擿音持益反一曰擿搥也音丁歷反䃥音丁回反〔補注〕沈欽韓曰管子宙合篇鼓之有桴擿擂則擊先謙曰官本注無軒字注末有韋昭曰擿持歷反如湁音嫡十一字搥作䃥誤聲中嚴鼓之節李奇曰莊嚴之鼓節也晉灼曰疾擊之鼓也師古曰李說是也後宮及左右習知音者莫能爲而定陶王亦能之上數稱其材丹進曰凡所謂材者敏而好學溫故知新師古曰敏速疾也溫厚也溫故厚蓄故事也皇太子是也若乃器人於絲竹鼓鼙之間則是陳惠李微高於匡衡可相國也如淳曰器人取人器能也陳惠李微是時好音者也服虔曰二人皆黃門鼓吹也於是上嘿然而咲師古曰咲古笑字其後中山哀王薨〔補注〕先謙曰官本考證曰案建昭四年事也太子前弔哀王者帝之少弟與太子遊學相長大師古曰同處同養以至於壯大〔補注〕先謙曰官本同養作長養是上望見太子感念哀王悲不能自止太子既至前不哀上大恨曰安有人不慈仁而可奉宗廟爲民父母者乎上以責謂丹師古

曰謂者告語也 丹免冠謝上曰臣誠見陛下哀痛中山王至㠯感損向者太子當進見臣竊戒屬毋涕泣感傷陛下 師古曰屬音之欲反 罪迺在臣當死上㠯爲然意迺解丹之輔相皆此類也竟寧元年上寢疾傅昭儀及定陶王常在左右而皇后太子希得進見 補注王念孫曰或無后字景祐本皇下有后字是也皇后太子希得進見正對上文傅昭儀及定陶王常在左右言之下文皇后太子皆憂又承此句言之則當有后字明矣若但言太子希得進見則文偏而不具御覽人事部九十三引此正作皇后太子通鑑同元后傳亦云皇后自有子後希復進見先謙曰官本無后下同 上疾稍侵意忽忽不平 師古曰稍侵言漸篤也平和也 數問尚書㠯景帝時立膠東王故事是時太子長舅陽平侯王鳳爲衛尉侍中與皇后太子皆憂不知所出 師古曰不知計所出 丹㠯親密臣得侍視疾候上閒獨寢時丹直入臥內頓首伏青蒲上 服虔曰青緣蒲席也應劭曰㠯青規地曰青蒲自非皇后不得至此孟康曰㠯蒲青爲席用蔽地也師古曰應說是也 涕泣言曰皇太子㠯適長立積十餘年 師古曰適讀曰嫡 名號繫於百姓天下莫不歸心臣子 師古曰自託爲臣子 補注劉奉世曰臣子宜屬下句不當斷之陽夏公謂如顏讀亦雅先謙曰通鑑胡注以下文大意觀之顏注是

見定陶王雅素愛幸今者道路流言爲國生意㠯爲太子有動搖之議審若此公卿㠯下必㠯死爭不奉詔臣願先賜死㠯示羣臣天子素仁不忍見丹涕泣言又切至上意大感喟然太息曰吾日困劣而太子兩王幼少意中戀戀亦何不念乎然無有此議且皇后謹慎先帝又愛太子吾豈可違指駙馬都尉安所受此語 師古曰安焉也 丹卽卻頓首曰愚臣妄聞罪當死 師古曰卻退也離青蒲上 上因納謂丹曰 補注周壽昌曰上因納丹毋動搖太子之言而諭之 吾病寖加恐不能自還 師古曰寖漸也不自還者言當遂至崩亡也還讀曰旋 善輔道太子毋違我意 師古曰道讀曰導 丹噓唏而起 師古曰噓音虛唏音許既反 太子由是遂爲嗣矣元帝竟崩成帝初卽位擢丹爲長樂衛尉遷右將軍賜爵關內侯食邑三百戶給事中後徙左將軍光祿大夫 補注宋祁曰徙字下當有丹字 鴻嘉元年上遂下詔曰夫褒有德賞元功古今

通義也左將軍丹往時導朕㠯忠正 補注先謙曰官本忠作中 秉義醇壹舊德茂焉其封丹爲武陽侯國東海郯之武彊聚戶千一百 加淯曰聚字喻反聚邑居也 丹爲人足知愷弟愛人 師古曰愷樂也弟易也言有和樂簡易之德 貌若儻蕩不備 師古曰儻蕩疏誕無檢也 然心甚謹密故尤得信於上丹兄嗣父爵爲侯讓不受分 補注齊召南曰案表丹兄名術卽樂陵嚴侯也 丹盡得父財身又食大國邑重㠯舊恩數見褒賞 師古曰重音直用反 賞賜累千金僮奴㠯百數後房妻妾數十人內奢淫好飲酒極滋味聲色之樂爲將軍前後十六年永始中病乞骸骨 補注周壽昌曰案百官表在永始三年 上賜策曰左將軍寢病不衰 師古曰言病不損也 願歸治疾朕愍㠯官職之事久留將軍使躬不瘳使光祿勳賜將軍黃金五十斤安車駟馬其上將軍印綬宜專精神務近醫藥㠯輔不衰丹歸第數月薨諡曰頃侯有子男女二十人九男皆㠯丹任並爲侍中諸曹親近在左右史氏凡四人侯至卿大夫

二千石者十餘人皆訖王莽迺絕唯將陵侯曾無子絕於身云 補注沈欽韓曰褚補表妻宜君故成王孫嫉妒絞殺侍婢四十餘人盜斷婦人初產子臂膝以爲媚道爲人所上書言論弃市子回以外家故不失侯

傅喜字稚游河內溫人也哀帝祖母定陶傅太后從父弟少好學問有志行哀帝立爲太子成帝選喜爲太子庶子哀帝初卽位㠯喜爲衛尉遷右將軍是時王莽爲大司馬乞骸骨避帝外家上既聽莽退眾庶歸望於喜喜從弟孔鄉侯晏親與喜等 加淯曰俱傅太后從父弟也 而女爲皇后又帝舅陽安侯丁明皆親㠯外屬封 補注劉敞曰親當作新 喜執謙稱疾傅太后始與政事喜數諫之 師古曰與讀曰豫 由是傅太后不欲令喜輔政上於是用左將軍師丹代王莽爲大司馬賜喜黃金百斤上將軍印綬㠯光祿大夫養病大司空何武尚書令唐林皆上書言喜行義修絜忠誠憂國內輔之臣也今㠯寢病一旦遣

歸眾庶失望皆曰傅氏賢子㠯論議不合於定陶太后故退百寮莫不爲國恨之忠臣社稷之衞魯㠯季友治亂師古曰謂季氏亡則魯不昌楚㠯子玉輕重師古曰謂楚殺子玉而晉侯喜可知魏㠯無忌折衝師古曰信陵君項㠯范增存亡故楚跨有南土帶甲百萬鄰國不㠯爲難子玉爲將則文公側席而坐及其死也君臣相慶師古曰已解在上也【補注】先謙曰官本無也字百萬之眾不如一賢故秦行千金㠯間廉頗師古曰趙孝成王七年秦與趙兵相距長平趙將廉頗固壁不戰秦迺使人反間於趙曰秦之所惡獨畏趙奢之子趙括爲將耳趙王信之因㠯括爲將代廉頗而括軍遂敗數十萬之眾降秦秦皆阬之【補注】宋祁曰注末當有於長平二字漢散萬金㠯疏亞父師古曰事在陳平傳喜立於朝陛下之光輝傅氏之廢興也如淳曰傅喜顯則傅氏興其廢亦如之晉灼曰用喜於陛下有光明而傅氏之廢復得興也師古曰如說是也上亦自重之明年正月迺徙師丹爲大司空而拜喜爲大司馬封高武侯丁傅驕奢皆嫉喜之恭儉又傅太后欲求稱尊號與成帝母齊尊喜與丞相孔光大司空師丹共執正議

傅太后大怒上不得已先免師丹㠯感動喜喜終不順後數月遂策免喜曰君輔政出入三年【補注】蘇輿曰漢世君字上下通稱此君稱臣也王章傳章女云我君素剛先死者必君此子稱父也未有昭然匡朕不逮而本朝大臣遂其姦心師古曰遂申也成也咎由君焉其上大司馬印綬就第傅太后又自詔丞相御史曰高武侯喜無功而封內懷不忠附下罔上與故大司空丹同心背畔放命圮族應劭曰放弃教令毀其族類【補注】先謙曰尚書作方今文作放馬鄭王皆依今文讀方爲放方與放文異義同亦見朱博傳虧損德化罪惡雖在赦前不宜奉朝請其遣就國後又欲奪喜侯上亦不聽喜在國三歲餘哀帝崩平帝卽位王莽用事免傅氏官爵歸故郡晏將妻子徙合浦莽白太后下詔曰高武侯喜姿性端愨論議忠直師古曰愨謹也音口角反雖與故定陶太后有屬終不順指從邪介然守節㠯故斥逐就國傳不云乎歲寒然後知松柏之後凋也師古曰論語載孔子之言㠯喻有節操之人也其還喜長安㠯故高安侯莫府賜喜【補注】錢大昕曰高安侯謂董賢也漢制將軍出征有莫府而列將軍在京師者亦有莫府之稱霍光薨中二千石治莫府冢上霍光傳楊敞給事大將軍莫府楊敞傳張安世以衞將軍莫府長史選辟去之官安世問以過失張安世傳蔡義以明經給事大將軍莫府蔡義傳杜欽在大將軍莫府杜欽傳王商以特進領城門兵置莫府得舉吏如將軍元后傳大將軍王鳳秉政陳咸薦蕭育朱博除莫府屬朱博傳王鳳奏陳湯爲從事中郎莫府事壹決於湯陳湯傳張放爲侍中中郎將監平樂屯兵置莫府儀比將軍張放傳楊興說史高曰以將軍之莫府海內莫不卬望匡衡傳是也董賢嘗爲大司馬衞將軍後雖去將軍號而司馬亦典兵之官故居第稱莫府位特進奉朝請喜雖外見襃賞孤立憂懼後復遣就國㠯壽終莽賜謚曰貞侯子嗣莽敗乃絕師古曰史不得其子名也【補注】齊召南曰案表高武侯傅喜封十五年薨建國二年侯勁嗣然則喜子名勁史特以無關緊要故略之非不得其子名也王念孫曰此文傳寫脫勁字耳非史失其名也

贊曰自宣元成哀外戚興者許史三王丁傅之家師古曰三王謂邛成侯及商鳳三家也【補注】周壽昌曰邛成宣帝上后之族王奉光王舜王駿王章王成諸人陽平之王元帝王后之族王禁王鳳王崇王譚王商王立王根王逢時王音王莽諸人涿郡之王史皇孫之妻黨王武王無故皆㠯宣帝舅封侯商則武子與謚景武侯之王商又別皆重侯累將窮貴極富見其位矣未見其人也師古曰言無善人也陽平之

王多有材能好事慕名【補注】宋祁曰事當作士其埶尤盛曠貴最久師古曰陽平謂王鳳之家也言居非其位是爲曠官故云曠貴然至於莽亦㠯覆國王商有剛毅節廢黜㠯憂死非其罪也史丹父子相繼高㠯重厚位至三公丹之輔道副主掩惡揚美傅會善意師古曰道讀曰導傅讀曰附【補注】周壽昌曰禮天子之元子注儲君副主也雖宿儒達士無㠯加焉及其歷房闥入卧內推至誠犯顏色動寤萬乘轉移大謀卒成太子安母后之位無言不讎終獲忠貞之報師古曰大雅抑之詩曰無言不讎無德不報故贊引之㠯喻丹也【補注】先謙曰官本注無曰字也字傅喜守節不傾亦蒙後凋之賞哀平際會禍福速哉

王商史丹傅喜傳第五十二終　漢書八十二

辥宣朱博傳第五十三　漢書八十三

漢　蘭　臺　令　史班　固　撰

唐正議大夫行祕書少監琅邪縣開國子顏師古　注

賜進士出身前翰林院編修國子監祭酒加三級臣王先謙補注

辥宣字贛君東海郯人也師古曰贛音貢郯音談補注宋祁曰贛如淳音鉗少為廷尉書
佐都船獄史補注先謙曰官本史作吏引宋祁曰吏疑是史齊召南云案百官表中尉屬官有都船令丞先謙案如淳
注治水官也後㠯大司農斗食屬察廉補不其丞師古曰斗食者祿少一歲不滿百石計日
㠯斗為數也不其縣名也其音基補注宋祁曰注文也字當刪先謙曰不其琅邪縣今萊州府即墨縣西南琅邪太守
趙貢行縣師古曰行音下更反其下亦同補注先謙曰官本無音字引宋祁曰注文行字下當有音字見宣甚
說其能師古曰說讀曰悅從宣歷行屬縣師古曰㠯宣自從也還至府令妻子與相
見戒曰贛君至丞相我兩子亦中丞相史察宣廉遷樂浪都尉丞
師古曰趙貢察舉宣故得遷也樂音洛浪音郎補注先謙曰官本考證云地理志樂浪郡有兩都尉其南部都尉治昭明縣東部都

尉治不而縣幽州刺史舉茂材為宛句令師古曰樂浪屬幽州故為刺史所舉也宛音於元反句音
劬補注先謙曰官本宛下無音字引宋祁曰注文宛字下當有音字志作冤句濟陰縣今曹州府荷澤縣西南大將軍王
鳳聞其能薦宣為長安令治果有名㠯明習文法詔補御史中丞
是時成帝初即位宣為中丞執法殿中外總部刺史上疏曰陛下
至德仁厚哀閔元元躬有日仄之勞而亡佚豫之樂師古曰周書亡逸之篇稱
文王之德曰至于日中仄弗皇暇食宣引此言也仄古側字也佚與逸同允執聖道刑罰惟中師古曰允信也
中音竹仲反補注先謙曰官本無音字引宋祁曰注文竹字上當有音字然而嘉氣尚凝陰陽不和師古
曰凝謂不通也是臣下未稱而聖化獨有不洽者也補注先謙曰獨疑猶字之誤臣竊
伏思其一端殆吏多苛政政教煩碎大率咎在部刺史或不循守
條職師古曰刺史所察本有六條今則踰越故事信意舉劾妄為苛刻也六條解在百官公卿表舉錯各㠯其
意多與郡縣事師古曰錯置也音千故反與讀曰豫豫干也至開私門聽讒佞㠯求吏
民過失譴呵及細微責義不量力師古曰言求備於人郡縣相迫促亦內相

刻流至眾庶是故鄉黨闕於嘉賓之懽九族忘其親親之恩飲食
周急之厚彌衰送往勞來之禮不行師古曰勞音郎到反來音郎代反補注先謙曰官本無二
音字引宋祁曰注文勞字下來字下並當有音字夫人道不通則陰陽否鬲師古曰否閉也音皮鄙反
鬲與隔同和氣不興未必不由此也詩云民之失德乾餱㠯愆師古曰小雅伐
木之詩也餱食也解在元紀餱音侯鄙語曰苛政不親煩苦傷恩方刺史奏事時宜
明申敕師古曰申束也謂約束也使昭然知本朝之要務臣愚不知治道唯明
主察焉上嘉納之宣數言政事便宜舉奏部刺史郡國二千石所
貶退稱進白黑分明師古曰稱舉也白黑猶言清濁也繇是知名師古曰繇讀與由同出為
臨淮太守政教大行補注沈欽韓曰御覽四百九十六風俗通曰臨淮有一人持一匹縑到市賣之道遇雨披
戴後人求共庇蔭授與一頭雨霽當別因共爭各云我縑詣府自言丞相辥宣劾實兩人莫肯首服宣曰縑直數百錢耳何足紛紛
自致縣官呼騎吏中斷縑各與半使追聽之後人曰受恩前撮之縑主稱怨宣曰然固知當爾因詰責之具服縑悉還本主會
陳留郡有大賊廢亂師古曰廢亂者政教不行也上徙宣為陳留太守盜賊禁

止吏民敬其威信入守左馮翊滿歲稱職為真始高陵令楊湛補注
先謙曰官本陽作楊櫟陽令謝游皆貪猾不遜持郡短長前二千石數案不
能竟師古曰雖每案驗之不能窮竟其事補注宋祁曰謝疑作尉字及宣視事詣府謁宣設酒飯
與相對接待甚備已而陰求其罪臧具得所受取宣察湛有改節
敬宣之效迺手自牒書條其姦臧師古曰牒書謂書於簡牒也封與湛曰吏民
條言君如牒或議㠯為疑於主守盜孟康曰法有主守盜斷官錢自入己也補注宋祁曰注文
也字當刪馮翊敬重令又念十金法重不忍相暴章師古曰依當時律條臧直十金則至
重罪補注周壽昌曰漢律科吏臧至十金即死罪馮野王傳池陽令並素行貪汙野王部督郵掾趙都案驗其主守盜十金罪收捕
並不首吏都格殺翟義傳宛令劉立以主守盜十金賊殺不辜義部掾夏恢等收縛立傳送鄧獄皆可證故密㠯手書
相曉欲君自圖進退可復伸眉於後師古曰伸眉言無憂也且令自去職不廢其後更為官
即無其事復封還記得為君分明之師古曰記謂所與湛書也分明謂考問使知清白也宣恐
其距諱即欲驗治之湛自知罪臧皆應記師古曰與宣書記相當而宣辭語溫潤無傷

害意湛卽時解印綬付吏爲記謝宣終無怨言而櫟陽令游自以
大儒有名輕宣宣獨移書顯責之曰告櫟陽令吏民言令治行煩
苛適罰作使千人以上師古曰適讀曰讁賊取錢財數十萬給爲非法師古
曰言歛取錢財以供給興造非法之用補注宋祁曰賊字浙本作賦字王念孫曰浙本是也賦賊字相似據注云歛取錢財則當作
賦明矣賣買聽任富吏賈數不可知師古曰賈讀曰價證驗以明白欲遣吏
考案恐負舉者恥辱儒士師古曰游本因薦舉得官而身又是儒者故云然補注宋祁曰以明疑作已洪
頤煊曰負舉者卽令所謂罪坐舉主也陳湯傳富平侯張勃舉湯司隷奏湯無循行勃選舉故不以實坐削二百戶何武傳坐舉方
正所舉者召見槃辟雅拜坐左遷楚內史皆其證先謙曰已字通故使掾平鐫令如湻曰平鐫激切使之自知過
也晉灼曰王常爲光武鐫說其將帥此爲徐以微言鐫鑿遣之也師古曰平掾之名鐫謂琢鑿也鐫音子全反補注先謙曰官本考
證引蕭該音義云案晉灼之意引鐫與之言能無說乎出論語巽語之言蓋依鄧展鐫音子緣反與此引晉灼不同先謙案官本此
爲作此謂孔子曰陳力就列不能者止師古曰論語載孔子之荅冉有季路之言也列次也言自審己
之力用而就官次不能則退令詳思之方調守師古曰言欲選人且代游守令職游得檄亦解

印綬去又頻陽縣北當上郡西河補注先謙曰頻陽在今西安府富平縣東北五十里爲數
郡湊多盜賊其令平陵薛恭本縣孝者補注先謙曰此以孝薦舉卽諸帝紀所載孝者是也
功次稍遷未嘗治民職不辦而粟邑縣小辟在山中師古曰辟讀曰僻補注先
謙曰粟邑在今同州府白水縣西北八十里民謹樸易治令鉅鹿尹賞久郡用事吏爲
樓煩長補注錢大昭曰地理志樓煩屬鴈門郡舉茂材遷在粟宣卽以令奏賞與恭
換縣師古曰時令條有材不稱職得改之補注錢大昭曰後漢第五種拜高密侯相以能換爲衞相令縣令有人地兩不相宜
者上官奏請交易其任爲對調古人謂之換縣二人視事數月而兩縣皆治宣因移書勞
免之曰補注先謙曰免勉通借官本作勉昔孟公綽優於趙魏而不宜滕薛師古曰孟
公綽魯大夫也論語云孔子曰孟公綽爲趙魏老則優不可以爲滕薛大夫言器能各有所施也趙魏晉之卿族老謂家之長相也
滕薛小國諸侯也故或以德顯或以功舉補注先謙曰禮文王世子或以德進或以事舉君子之
道焉可憮也蘇林曰憮同也兼也晉灼曰憮音誣師古曰論語載子夏之言謂行業不同所守各異唯聖人爲能體備
之補注先謙曰官本考證引蕭該曰學林云此傳直用憮字以當誣字耳憮有空之義可借與誣字通用屬縣各有賢

君馮翊垂拱蒙成師古曰自言端拱無爲而受縣之成功願勉所職卒功業師古曰卒終也
宣得郡中吏民罪名輒召告其縣長吏使自行罰曉曰府所以不
自發舉者不欲代縣治奪賢令長名也長吏莫不喜懼免冠謝宣
歸恩受戒者宣爲吏賞罰明用法平而必行所居皆有條教可紀
多仁恕愛利師古曰愛人而安利也池陽令舉廉吏獄掾王立府未及召聞
立受囚家錢宣責讓縣縣案驗獄掾迺其妻獨受繫者錢萬六千
受之再宿獄掾實不知掾慙恐自殺宣聞之移書池陽曰縣所舉
廉吏獄掾王立家私受賕而立不知殺身以自明立誠廉士甚可
閔惜其以府決曹掾書立之柩以顯其魂師古曰以此職追贈府掾史素與
立相知者皆予送葬及日至休吏師古曰冬夏至之日不省官事故休吏賊曹掾張
扶獨不肯休坐曹治事宣出教曰蓋禮貴和人道尚通日至吏以
令休所繇來久師古曰繇讀與由同由從也曹雖有公職事家亦望私恩意掾

宜從衆歸對妻子設酒肴請鄰里壹笑相樂應劭曰以壺矢相樂也晉灼曰書篆形壺
关字象壺矢因曰壺矢此說非也師古曰晉說是也壹关謂一爲歡关耳关古笑字也補注錢大昕曰說文無笑字䉿䶠关亦不知
所從當卽芺字芺蓟之芺說文媄從女芺聲女子笑也莞爾之莞亦從艸明芺卽古笑字矣漢隸從竹從艸之字皆省作卄後人往往相
亂如著作字當從竹而反從艸笑語字當從艸而反從竹皆由隸省而譌也隸書艸在上者或變爲兩點一畫故班史或作关斯
亦可矣扶慙愧官屬善之宣爲人好威儀進止雍容甚可觀也性
密靜有思師古曰有智思也思音先寺反思省吏職求其便安師古曰省視也下至財用
筆研皆爲設方略利用而省費師古曰利便也省減也便於用而減於費也省音所領反補注先謙
曰官本注無音字吏民稱之郡中清靜遷爲少府共張職辦師古曰共讀曰供音居用
反張音竹亮反補注先謙曰公卿表陽朔四年宣爲少府二月遷月餘御史大夫于永卒谷永上
疏曰帝王之德莫大於知人知人則百僚任職天工不曠師古曰工官也
曠空也故皐陶曰知人則哲能官人師古曰虞書皐陶謩之辭也哲智也無所不知故能官人也
御史大夫內承本朝之風化外佐丞相統理天下任重職大非庸

材所能堪今當選於羣卿㠯充其缺得其人則萬姓欣喜百僚說
服師古曰說讀曰悅不得其人則大職墮數王功不興師古曰墮毀也數壞也墮音火規反
數音丁固反虖帝之明在茲壹舉可不致詳竊見少府宣材茂行絜達
於從政補注錢大昕曰嚴延年傳雖冉有子貢通藝於從政不能絕也通與達同後漢書鄭頒傳稱黃瓊果於從政周澤傳
稱孫堪清廉果於從政吳志士燮傳達於從政漢人引論語皆如此讀前爲御史中丞執憲轂下師古
曰言在天子輦轂之下不吐剛茹柔師古曰大雅蒸人之詩云惟仲山甫剛亦不吐柔亦不茹言其平正也茹食也
音人庶反補注先謙曰官本注蒸人作烝民舉錯時當師古曰言其合時而當理也當音丁浪反出守臨淮
陳留二郡稱治爲左馮翊崇教養善威德並行衆職修理姦軌絕
息辭訟者歷年不至丞相府赦後餘盜賊什分三輔之一文穎曰減三輔
之賊什九也功效卓爾自左內史初置㠯來未嘗有也師古曰馮翊本左內史之地故
云然孔子曰如有所譽其有所試師古曰論語載孔子之言也所㠯言譽人者必當試之㠯事宣
考績功課簡在兩府師古曰簡大也一曰明也兩府丞相御史府也不敢過稱㠯奸欺誣

之辠師古曰過稱謂踰其實而妄稱譽之也奸犯也音千臣聞賢材莫大於治人宣㠯有效
其法律任廷尉有餘經術文雅足㠯謀王體斷國論身兼數器有
退食自公之節師古曰自從也召南羔羊之詩美在位皆節儉正直其詩曰退食自公委蛇委蛇言卿大夫履行清
潔減退膳食率從公道也宣無私黨游說之助臣恐陛下忽於羔羊之詩舍公
實之臣任華虛之譽是用越職陳宣行能唯陛下留神考察上然
之遂㠯宣爲御史大夫數月代張禹爲丞相封高陽侯食邑千戶
補注先謙曰公卿表宣爲御史大夫在鴻嘉元年正月癸巳爲丞相在四月庚辰宣除趙貢兩子爲史貢
者趙廣漢之兄子也爲吏亦有能名宣爲相補注周壽昌曰或以相府連讀非也府字
屬下句上守馮翊時自言府所以不自發舉者亦府字冠首可證府辭訟例不滿萬錢不爲移書
後皆遵用薛侯故事補注沈欽韓曰潛夫論愛日篇郡縣既加冤枉州司不治遠詣公府公府不能昭察眞僞
則但欲罷以久困之資故猥說一科令此注百日乃爲移書其不滿百日輒更造數甚違召伯頌棠之義又云公府不能察而
苟欲以錢刀課之則貧弱少貨者終無以曠旬滿祈豪富饒錢者客使往可盈千日非徒百也觀王氏所論則知公府理訟例納錢

貨又須百日乃傳證決遣也納錢者亦周官鈞金束矢之遺意而其弊至於小民無告沿及東京猶循其故宣之相業可鄙矣然
官屬譏其煩碎無大體不稱賢也時天子好儒雅宣經術又淺上
亦輕焉久之廣漢郡盜賊羣起丞相御史遣掾史逐捕不能克上
迺拜河東都尉趙護爲廣漢太守㠯軍法從事數月斬其渠帥鄭
躬師古曰渠大也降者數千人迺平補注先謙曰官本考證云成紀鴻嘉三年廣漢男子鄭躬等自號山君四
年趙護擊之遷護爲執金吾公卿表護字子夏以元延元年爲執金吾會邛成太后崩喪事倉卒吏
賦斂㠯趨辦師古曰邛成太后宣帝王皇后也趨讀曰趣言苟取辦其後上聞之㠯過丞相
御史補注先謙曰過責也遂冊免宣曰君爲丞相出入六年忠孝之行率先
百僚朕無聞焉師古曰不聞其有此行也朕既不明變異數見歲比不登倉廩
空虛師古曰比頻也登成也年穀不成補注宋祁曰多朕既不成止空虛十六字百姓飢饉流離道路
疾疫死者㠯萬數人至相食盜賊並興羣職曠廢是朕之不德而
股肱不良也迺者廣漢羣盜橫恣殘賊吏民朕惻然傷之數㠯問

君君對輒不如其實西州鬲絕幾不爲郡師古曰鬲與隔同幾音鉅依反三輔賦
斂無度酷吏並緣爲姦師古曰並音步浪反侵擾百姓詔君案驗復無欲得
事實之意九卿㠯下咸承風指同時陷于謾欺之辠咎繇君焉師古
曰謾誣也音慢又音莫干反繇讀與由同有司法君領職解嫚師古曰法謂據法㠯劾也解讀曰懈嫚與慢同
開謾欺之路傷薄風化無㠯帥示四方不忍致君于理其上丞相
高陽侯印綬罷歸初宣爲丞相而翟方進爲司直宣知方進名儒
有宰相器深結厚焉後方進竟代爲丞相思宣舊恩宣免後二歲
薦宣明習文法練國制度師古曰練猶熟也言其詳熟前所坐過薄可復進用
上徵宣復爵高陽侯加寵特進位次師安昌侯補注先謙曰張禹也給事中
視尚書事宣復尊重任政數年後坐善定陵侯淳于長罷就第初
宣有兩弟明修明至南陽太守修歷郡守京兆尹少府善交接得
州里之稱後母常從修居官宣爲丞相時修爲臨菑令宣迎後母

修不遣後母病死修去官持服宣謂修三年服少能行之者兄弟相駮不可（師古曰駮者執意不同猶如色之閒雜）修遂竟服（補注先謙曰竟服終三年）繇是兄弟不和（師古曰繇讀與由同）久之哀帝初即位博士申咸給事中亦東海人也毀宣不供養行喪服薄於骨肉前以不忠孝免不宜復列封侯在朝省宣子况爲右曹侍郎數聞其語賕客楊明欲令創咸面目使不居位（師古曰創謂傷之也音初良反其下並同補注先謙曰官本考證引蕭該音義云賕韋昭曰行貨財以有求於人曰賕字林以財枉法相謝曰賕音巨又反該案今人亦爲求音）會司隸缺况恐咸爲之遂令明遮斫咸宮門外斷鼻脣身八創事下有司御史中丞衆等奏（補注先謙曰衆其名）况朝臣父故宰相再封列侯不相敕丞化（補注宋祁曰丞當作承先謙曰丞承通借不必改作釋名敕飭也言不能互相警飭宣承聖化）而骨肉相疑疑咸受修言以謗毀宣咸所言皆宣行迹衆人所共見公家所宜聞况知咸給事中恐爲司隸舉奏宣而公令明等迫切宮闕要遮創戮近臣於大道人衆中欲以鬲塞聰明杜絕論議之端（師古曰鬲與隔同杜塞也）桀黠無所畏忌萬衆讙譁流聞四方不與凡民忿怒爭鬭者同臣聞敬近臣爲近主也禮下公門式路馬（師古曰過公門則下車見路馬則撫式蓋崇敬也式車前橫木）君畜產且猶敬之春秋之義意惡功遂不免於誅（師古曰遂成也言舉意不善雖有成功猶加誅）上浸之源不可長也（師古曰浸近也言傷戮大臣有所逼近也浸字或作侵侵犯也其義兩通長音竹兩反）况首爲惡明手傷功意俱惡（孟康曰手傷人爲功使人行傷人者爲意補注王念孫曰手傷下原有人字况首爲惡明手傷人相對爲文今本脫人字則文義不明而句法亦不協矣據孟注手傷人爲功使人行傷人者爲意則正文本作手傷人明矣通典刑四無人字則所見本已誤漢紀孝哀紀有人字王文彬曰手傷即是傷人班省文非脫也文義甚明不煩四字爲句觀下文亦作手傷不加人字即其證）皆大不敬明當以重論及况皆弃市廷尉直（補注齊召南曰案公卿表即廷尉麗眞也眞字與直字相近而誤缺筆耳）以爲律曰鬭以刃傷人完爲城旦其賊加罪一等與謀者同罪詔書無以詆欺成罪（師古曰詆毀也音丁禮反）傳曰遇人不以義而見痏者與痏人之罪鈞惡不直也（應劭曰以杖手毆擊人剝

其皮膚腫起青黑而無創瘢者律謂疻痏遇人不以義爲不直雖見毆與毆人罪同也師古曰疻音侈痏音鮪補注先謙曰官本考證引蕭該音義曰案晉灼曰疻音侈侈裂也韋昭曰疻謂毀傷也疻音胥地反說文疻毆傷也手支反又思詣反痏說文痏病也該案三倉云痏瘡也音如鮪魚之鮪王念孫云案正文之痏人本作疻人遇人不以義而見疻者與疻人之罪鈞兩疻字上下相應應注云雖見毆與毆人罪同兩毆字亦上下相應若下句變疻言痏則與上句不相應矣應云律謂之疻痏此是引律以釋正文疻字非釋痏字也師古曰痏音鮪自爲應注痏字作音非爲正文作音也凡師古注爲舊注作音者全部皆然不可枚舉後人不察遂謂正文內有痏字而改疻人爲痏人斯爲謬矣師古注急就篇云毆人皮膚腫起曰疻毆傷曰痏是疻痏大同而小異又不得徑改疻人爲痏人也白帖四十入九十二竝作遇人不以義而見疻者與疻人之罪鈞通典刑四同先謙案官本注毆並作毆）咸厚善修而數稱宣惡流聞不誼不可謂直（師古曰言咸爲修而毀宣是不誼而不直）况以故傷咸計謀已定後聞置司隸因前謀而趣明（師古曰趣讀曰促）非以恐咸爲司隸故造謀也本爭私變雖於掖門外傷咸道中與凡民爭鬭無異殺人者死傷人者刑古今之通道三代所不易也孔子曰必也正名名不正則至於刑罰不中刑罰不中則民無所錯手足（師古曰論語載孔子之言也錯置也音千故反）今以况爲首惡明手傷爲大不敬公私無差春秋之義原心定罪（師古曰原謂尋其本也）原况以父見謗發忿怒無它大惡加詆欺輯小過成大辟（師古曰輯與集同集合也）陷死刑違明詔恐非法意不可施行聖王不以怒增刑明當以賊傷人不直（師古曰以其受賕也）况與謀者皆爵減完爲城旦（師古曰以其身有爵級故得減罪而爲完也况身及同謀之人皆從此科）上以問公卿議臣丞相孔光大司空師丹以中丞議是自將軍以下至博士議郎皆是廷尉况竟減罪一等（補注宋祁曰罪字上當有死字）徙敦煌宣坐免爲庶人（補注周壽昌曰漢相免爲庶人終者匡衡及宣）歸故郡卒於家宣子惠亦至二千石始惠爲彭城令宣從臨淮遷至陳留過其縣橋梁郵亭不修（師古曰郵行書之舍亦如今之驛及行道館舍也音尤）宣心知惠不能留彭城數日案行舍中處置什器（師古曰處安也什器爲生之具也解在平紀）觀視園菜終不問惠以吏事惠自知治縣不稱宣意遣門下掾送宣至陳留令掾進見自從其所問宣不

教戒惠吏職之意師古曰若自出其意不云惠使之言宣笑曰吏道以法令爲師可問而知及能與不能自有資材何可學也眾人傳稱以宣言爲然

初宣後封爲侯時妻死而敬武長公主寡居補注朱一新曰公主本嫁營平侯趙欽欽薨主無子見趙充國傳上令宣尙焉及宣免歸故郡公主留京師後宣卒主上書願還宣葬延陵奏可況私從敦煌歸長安會赦因留與主私亂補注周壽昌曰主宣帝女外戚傳宣帝有一館陶主爲華倢伃所生其敬武姊耶即敬武爲宣帝末年所生至平帝初元已五十餘若元始中將六十乃留子與亂平漢末政雖不綱清議尙嚴矧與莽不協必遭劾治乃主薨後太后猶欲親臨其喪其無失德亦可證矣此因主平日出言非莽莽恨畏誣衊之觀莽傳云窮治呂寬獄內及敬武公主固欲致主死並死其子辥況也史氏襲莽舊聞不將年事審正以辨其非不得謂非巨戾也哀帝外家丁傅貴主附事之而疏王氏元始中莽自尊爲安漢公主又出言非莽而況與呂寬相善及寬事覺時莽幷治況發揚其罪使使者以太皇太后詔賜主藥主怒曰劉氏孤弱王氏擅朝排擠宗室師古曰擠墜也音子詣反補注宋祁曰擠玉篇云子詣子稽二切

且嫂何與取妹披抉其閨門而殺之師古曰敬武公主宣帝女也故謂元后爲嫂披發也抉挑也與讀曰豫豫干也言此事不干於嫂也抉音一穴反挑音它凋反補注宋祁曰抉字林曰抉挑也音一穴反蕭該案左傳云鄭人絓抉之以出門者又曰以杙抉其傷王念孫曰與讀如字何與猶何爲也與古說者見謂爲詗主與況私亂而莽矯元后詔賜之死故主怒曰嫂何爲取妹披抉其閨門而殺之也師古讀與爲豫而以且嫂何與絕句則與下文義不相屬矣先謙曰官本注一穴作古穴使者迫守主師古曰守猶逼之遂飮藥死況梟首於市白太后云主暴病薨太后欲臨其喪補注王先慎曰觀此莽知誣公主姦不合情理未敢公白太后莽固爭乃止

朱博字子元杜陵人也家貧少時給事縣爲亭長好客少年捕搏敢行師古曰好賓客及少年而追捕擊搏無所避也補注錢大昕曰捕搏當爲蒲博之誤師古解爲追捕擊搏非也王文彬曰好客少年好結少年爲客也不當分釋若客屬賓客則下好交爲複文矣稍遷爲功曹伉俠好交師古曰伉健也音口浪反隨從士大夫不避風雨是時前將軍望之子蕭育御史大夫萬年子陳咸以公卿子著材知名博皆友之矣時諸陵縣屬太常補注錢大昕曰元帝永光元年改屬三輔博以太常掾察廉補安陵丞後去官入京兆歷曹史列掾出爲督郵書掾補注沈欽韓曰韋昭辨釋名曰言督郵書掾者郵過也此官不自造書主督上官所下所過之書也劉昭輿服志注東晉猶有郵驛共置承受旁郡縣文書有郵有驛行傳以相付縣置屋二區有承驛吏皆條所受書每月言上州郡風俗通曰今吏郵書掾府督郵職掌此案督郵本以主郵書爲職因得糾劾長吏耳所部職辦郡中稱之而陳咸爲御史中丞坐漏泄省中語下獄博去吏間步至廷尉中師古曰去吏自解職也間步謂步行而伺間隙以去補注王念孫曰案候司在下文則此非伺間隙之謂也間者私也謂私步至廷尉中也古謂私爲間候伺咸事咸掠治困篤博詐得爲醫入獄得見咸具知其所坐罪博出獄又變姓名爲咸驗治數百師古曰謂被掠笞也卒免咸死罪咸得論出而博以此顯名爲郡功曹久之成帝卽位大將軍王鳳秉政奏請陳咸爲長史咸薦蕭育朱博除莫府屬鳳甚奇之舉博櫟陽令徙雲陽平陵三縣以高弟入爲長安令補注先謙曰官本弟作第京師治理遷冀州刺史博本武吏不更文法師古曰更歷也音工衡反及爲刺史行部師古曰行音下更反吏民數百人遮道自言官寺盡滿從

事白請且留此縣錄見諸自言者事畢迺發欲以觀試博博心知之告外趣駕師古曰趣讀曰促既白駕辦博出就車見自言者使從事明敕告吏民欲言縣丞尉者刺史不察黃綬各自詣郡師古曰丞尉職卑皆黃綬欲言二千石墨綬長吏者使者行部還詣治所師古曰治所刺史所止理事處補注宋祁曰楊本幷別本云使者還部越本無使者二字周壽昌曰治所平時刺史所居之治也非行部時所止故必俟其行部還始令詣之也下云各使屬其部從事方是行部時所治續志冀州刺史治在高邑前漢爲鄗屬常山其民爲吏所冤及言盜賊辭訟事各使屬其部從事師古曰屬委也音之欲反博駐車決遣四五百人皆罷去如神吏民大驚不意博應事變迺至於此後博徙問果老從事教民聚會博殺此吏州郡畏博威嚴從爲幷州刺史護漕都尉遷琅邪太守齊郡舒緩養名師古曰言齊人之俗其性遲緩多自高大以養名聲博新視事右曹掾史皆移病臥師古曰右曹上曹也移病謂移書言病也一曰以病而移居也博問其故對言惶恐師古曰言懼新太守之威補注周壽昌曰惴於欲太守存問始起故以惶恐二字先之猶奏記之先

言主臣皆發語辭也顏云懼新太守之威非是若誠懼則無以下云云故事二千石新到輒遣吏存問致意迺敢起職補注周壽昌曰起職言起而就職也明凌氏諸本職字上有就字後人加之博奮髯抵几曰師古曰髯頰毛也抵擊也音紙觀齊兒欲以此爲俗邪迺召見諸曹史書佐及縣大吏選視其可用者出教置之師古曰皆新補置以代移病者皆斥罷諸病吏白巾走出府門郡中大驚頃之門下掾贛遂耆老大儒教授數百人拜起舒遲博出教主簿師古曰以此敎告主簿贛老生不習吏禮主簿且教拜起閑習迺止又敕功曹官屬多褒衣大袑師古曰袑音紹謂大袴也補注先謙曰官本考證引蕭該音義云案韋昭曰袴上曰袑音黍矯反鄧展音紹不中節度自今掾史衣皆令去地三寸博尤不愛諸生所至郡輒罷去議曹曰豈可復置謀曹邪文學儒吏時有奏記稱說云云博見謂曰如太守漢吏奉三尺律令以從事耳亡奈生所言聖人道何也師古曰言不能用且持此道歸堯舜君出爲陳說之其折逆人如此視事數年大改其俗掾

史禮節如楚趙吏博治郡常令屬縣各用其豪桀以爲大吏文武從宜師古曰各因其材而任之縣有劇賊及它非常博輒移書以詭責之其盡力有效必加厚賞懷詐不稱誅罰輒行師古曰稱副也以是豪強慹服師古曰慹音之涉反補注周壽昌曰說文慹悑也從心執聲悑一作怖莊子曰子方慹然似非人注不動貌與讋通失氣也姑幕縣有羣輩八人報仇廷中皆不得師古曰於縣廷之中報仇殺人而其賊亡捕不得也補注先謙曰姑幕在今青州府諸城縣五十里官本注亡上有皆字捕下有之字長吏自繫書言府曰以書上白賊曹掾史自白請至姑幕事留不出功曹諸掾卽皆自白復不出於是府丞詣閤博迺見丞掾曰以爲縣自有長吏府未嘗與也丞掾謂府當與之邪師古曰與讀皆曰豫閤下書佐入博口占檄文曰師古曰隱度其言口授之占音之贍反府告姑幕令丞言賊發不得補注先謙曰不得解具上有書師古曰言已得縣之文書如此檄到令丞就職游徼王卿力有餘如律令師古曰游徼職主捕盜賊故云如律令補注周壽昌曰如律令三字漢制官府文移中常語史記儒林傳太常臧博士平等議末云請著功令佗如律令

文選載陳琳爲袁紹檄豫州文末云如律令東觀餘論載漢破羌檄皆有之漢聞憙長韓仁銘碑末亦有如律令三字本傳前云如太守漢吏奉三尺律令下云三尺律令人事出其中皆不專指捕盜賊也顏注泥王卿得敕惶怖親屬失色晝夜馳騖補注先謙曰官本考證引蕭該音義云字書曰騖亂馳也十餘日間捕得五人博復移書曰王卿憂公甚效檄到齎伐閱詣府師古曰伐功勞也閱所經歷也補注先謙曰官本考證引蕭該音義云字林曰閱其數也部掾以下亦可用漸盡其餘矣師古曰部掾所部之掾也補注何焯曰以未獲三人責部掾以下也先謙曰用猶以也其操持下皆此類也以高弟入守左馮翊補注先謙曰官本弟作第滿歲爲眞其治左馮翊文理聰明殊不及辪宣而多武譎網絡張設少愛利敢誅殺師古曰言少仁愛而不能便利於人然亦縱舍時有大貸師古曰縱放也舍置也貸謂寬假於下也音吐戴反下吏以此爲盡力長陵大姓尚方禁師古曰姓尚方名禁少時嘗盜人妻見斫創著其頰府功曹受賂白除禁調守尉博聞知以它事召見視其面果有瘢師古曰瘢創痕也音盤痕音胡恩反博辟左右問禁師古曰辟讀曰闢是何等創也禁自知情得師古曰言

其得被斫之情狀叩頭服狀博笑曰大丈夫固時有是事師古曰言情欲之人所不免補注王念孫曰大字後人所加禁以盜人妻見斫面有瘢故博笑謂之曰丈夫固時有是據顏注云言情欲之事人所不免則不得言大丈夫明矣景祐本及白帖四十一引此皆無大字馮翊欲洒卿恥抆拭用禁師古曰抆拭摩也洒音先禮反抆音文粉反補注王念孫曰禁當爲卿此涉上下文禁字而誤也欲洒卿恥抆拭用卿兩卿字上下相承白帖四十一四十八引此並作用卿能自效不禁且喜且懼對曰必死師古曰言盡死力也博因敕禁毋得泄語有便宜輒記言師古曰不令泄抆拭之言而外有便宜之事爲書記以言於博因親信之以爲耳目禁晨夜發起部中盜賊及它伏姦有功效博擢禁連守縣令久之召見功曹閉閤數責以禁等事補注先謙曰如受禁賂之類與筆札便自記補注朱一新曰使監本作便是先謙曰官本作使積受取一錢以上無得有所匿師古曰積累前後受取之事欺謾半言斷頭矣師古曰謾誑也音慢又音莫連反功曹惶怖具自疏姦臧大小不敢隱博知其對以實迺令就席受敕自改而已投刀使削所記遣出就職功曹後常戰栗不敢蹉跌師古曰蹉音千何反跌音

徒結反博遂成就之師古曰言進達也遷爲大司農歲餘坐小法左遷犍爲太守先是南蠻若兒數爲寇盜師古曰若兒其豪長之名博厚結其昆弟使爲反閒襲殺之師古曰閒音居莧反郡中清徙爲山陽太守病免官復徵爲光祿大夫遷廷尉職典決疑當讞平天下獄【補注】先謙曰典主也言其職固如此博恐爲官屬所誣視事召見正監典法掾史謂曰廷尉本起於武吏不通法律幸有衆賢亦何憂然廷尉治郡斷獄以來且二十年亦獨耳剽日久師古曰剽刦也猶言行聽也剽音頻妙反【補注】先謙曰若今諺云剽學三尺律令人事出其中師古曰言可以人情知之掾史試與正監共撰前世決事吏議難知者數十事持以問廷尉得諸君覆意之如淳曰但欲用意覆之不近法律事故也師古曰覆音芳目反【補注】先謙曰官本得下有爲字此脫意猶揣也如如說當云意覆不當作覆意矣正監以爲博苟强意未必能然卽共條白焉博皆召掾史並坐而問爲平處其輕重十中八九師古曰中音竹仲反官屬咸服博之疏略材過人也每遷徙易官所到輒出奇譎如此以明示下爲不可欺者久之遷後將軍與紅陽侯立相善立有罪就國有司奏立黨友博坐免後歲餘哀帝卽位以博名臣召見起家復爲光祿大夫遷爲京兆尹數月超爲大司空

初漢興襲秦官置丞相御史大夫太尉至武帝罷太尉始置大司馬以冠將軍之號非有印綬官屬也及成帝時何武爲九卿建言古者民樸事約師古曰立此議而奏之也約少也國之輔佐必得賢聖然猶則天三光備三公官各有分職師古曰則法也三光日月星也分音扶問反今末俗文弊政事煩多【補注】先謙曰官本文作之引宋祁曰之監本邵本作之校本作文宰相之材不能及古而丞相獨兼三公之事所以久廢而不治也宜建三公官定卿大夫之任分職授政以考功效其後上以問師安昌侯張禹禹以爲然時曲陽侯王根爲大司馬票騎將軍而何武爲御史大夫於是上賜曲陽侯根大司馬印綬置官屬罷票騎將軍官以御史大夫何武爲大司空封列侯皆增奉如丞相師古曰奉音扶用反【補注】先謙曰官本注在焉下以備三公官焉議者多以爲古今異制漢自天子之號下至佐史皆不同於古而獨改三公職事難分明無益於治亂【補注】何焯曰王莽蘇綽宋神宗皆昧此理然何武謂不可以丞相獨兼三公之事則可採也是時御史府吏舍百餘區井水皆竭又其府中列柏樹常有野烏數千棲宿其上晨去暮來號曰朝夕烏烏去不來者數月長老異之師古曰史言此者著御史大夫之職當休廢也【補注】宋祁曰顏之推云漢書御史府中列柏樹常有野鳥數千棲宿其上晨去暮來號朝夕鳥而文士往往作烏鳶用之浙本亦作烏予謂烏字當作鳥字沈欽韓曰顏氏家訓文章篇朝夕鳥文士往往誤作烏鳶用之其說非也惟烏喜集廟宇聽事人不之怪不當爲野鳥唐書柳仲郢傳自拜諫議後每遷官羣烏大集於昇平里第廷尉樹戟架皆滿此豈可亦目爲野鳥也周壽昌曰顏氏當日所見漢書或傳鈔偶誤宋氏取此孤證欲改古書未可信也考御史府稱烏署見唐制書烏府烏臺見白六帖唐張良器有烏臺賦云門凌晨而豸出樹夕陽而烏來正用此事是唐以來漢書皆作烏益可證先謙曰宋引顏說前兩烏字當作鳥後二歲餘朱博爲大司空奏言帝王之道不必相襲各繇時務師古曰繇讀與由同高皇帝以聖德受命建立鴻業置御史大夫位次丞相典正法度以職相參總領百官上下相監臨歷載二百年天下安寧今更爲大司空與丞相同位未獲嘉祐故事選郡國守相高第爲中二千石選中二千石爲御史大夫任職者爲丞相位次有序所以尊聖德重國相也今中二千石未更御史大夫而爲丞相師古曰更經也音工衡反權輕非所以重國政也臣愚以爲大司空官可罷復置御史大夫遵奉舊制臣願盡力以御史大夫爲百僚率哀帝從之迺更拜博爲御史大夫會大司馬喜免【補注】宋祁曰喜字上當有傅字以陽安侯丁明爲大司馬衛將軍置官屬大司馬冠號如故事後四歲哀帝遂改丞相爲大司徒復置大司空大司馬焉初何武爲大司空又與丞相方進共奏言古選諸侯賢者以爲州伯書曰咨十有二牧師古曰虞書舜典之辭也【補注】宋祁曰浙本云咨十有二牧配哉所以廣聰明燭幽隱也今部刺史居牧伯之位秉

一州之統選第大吏所薦位高至九卿所惡立退任重職大春秋之義用貴治賤不吕卑臨尊刺史位下大夫而臨二千石輕重不相準失位次之序臣請罷刺史更置州牧吕應古制奏可及博奏復御史大夫官補注宋祁曰復字下當有置字又奏言漢家至德溥大宇內萬里師古曰溥與普同立置郡縣部刺史奉使典州督察郡國吏民安寍故事居部九歲舉爲守相其有異材功效著者輒登擢秩卑而賞厚咸勸功樂進師古曰勸功自勸勉而立功也補注何焯曰每歲盡詣京都奏事則天下之情上通居部九歲則所部利病周知中興以後但因計吏不復自詣京師與天子隔遠權寄輕矣翟方進傳爲朔方刺史再三奏事遷爲丞相司直是有異材功效著者輒登擢不必滿九歲限也何武爲揚州刺史五歲入爲丞相司直前此則黃霸爲揚州刺史三歲遷潁川太守前丞相方進奏罷刺史更置州牧秩眞二千石位次九卿九卿缺吕高弟補補注先謙曰官本弟作第其中材則苟自守而已恐功效陵夷師古曰陵夷漸廢替姦軌不禁臣請罷州牧置刺史如故補注何焯曰罷刺史而置州牧東漢遂以此亡非特功效陵夷也博議是當合後書百官志注中劉昭語觀之奏可博爲人廉儉不好酒色游宴自微賤至富貴食不重味案上不過三桮夜寑早起妻希見其面有一女無男然好樂士大夫爲郡守九卿賓客滿門欲仕宦者薦舉之欲報仇怨者解劒吕帶之其趨事待士如是博吕此自立然終用敗補注何焯曰博俠吏趙京兆尹扶風之亞少與蕭陳結交慕用爲俠未有不致敗者況位逾其量乎初哀帝祖母定陶太后補注宋祁曰陶字下當有傅字欲求稱尊號太后從弟高武侯傅喜爲大司馬與丞相孔光大司空師丹共持正議孔鄉侯傅晏亦太后從弟諂諛欲順指會博新徵用爲京兆尹與交結謀成尊號吕廣孝道繇是師丹先免師古曰繇讀與由同博代爲大司空數燕見奏封事言丞相光志在自守不能憂國大司馬喜至尊至親阿黨大臣無益政治上遂罷喜遣就國免光爲庶人吕博代光爲丞相封陽鄉侯食邑二千戶補注先謙曰官本考證云案表作楊鄉又下文願還千戶表作還千五十戶博上書讓曰故

事封丞相不滿千戶而獨臣過制誠慙懼願還千戶上許焉傅太后怨傅喜不已使孔鄉侯晏風丞相令奏免喜侯師古曰風讀曰諷博受詔與御史大夫趙玄議玄言事已前決得無不宜師古曰得無猶言無乃也博曰已許孔鄉侯有指匹夫相要尙相得死補注王念孫曰尙相得死文不成義通鑑漢紀二十六同當依漢紀孝哀紀作尙得相死何況至尊博唯有死耳玄卽許可博惡獨斥奏喜吕故大司空氾鄉侯何武前亦坐過免就國師古曰氾音凡事與喜相似卽并奏喜武前在位皆無益於治雖已退免爵土之封非所當得也請皆免爲庶人上知傅太后素常怨喜疑博玄承指卽召玄詣尙書問狀補注先謙曰通鑑胡注丞相御史同奏而獨召問玄者以博強毅多權詐難遽得其情而玄易以窮詰也玄辭服有詔左將軍彭宣與中朝者雜問宣等劾奏博宰相玄上卿晏吕外親封位特進股肱大臣上所信任不思竭誠奉公務廣恩化爲百寮先皆知喜武前已蒙恩詔決事更三赦師古曰詔已罷官事又經三赦也更音工衡反補注先謙曰詔決卽上文所稱事已前決也博執左道虧損上恩吕結信貴戚背君鄉臣師古曰鄉讀曰嚮傾亂政治姦人之雄補注沈欽韓曰說苑指武篇孔子誅少正卯曰此姦人之雄也附下罔上爲臣不忠不道玄知博所言非法枉義附從大不敬晏與博議免喜失禮不敬臣請詔謁者召博玄晏詣廷尉詔獄制曰將軍中二千石二千石諸大夫博士議郎議右將軍蟜望等四十四人師古曰蟜音矯補注齊召南曰案此哀帝建平二年八月事據公卿表光祿勳丁望爲左將軍執金吾公孫祿爲右將軍至三年蟜望始爲右將軍此文似應云左將軍先謙曰官本考證引蕭該案呂靖曰蟜毒蟲也已兆反今借以爲蟜字此蓋古字無定耳周壽昌云禮檀弓蟜固不脫齊衰而入見通志氏族畧漢有逸人蟜愼據此則蟜之受姓舊矣殆國語有蟜氏之後裔歟吕爲如宣等言可許諫大夫龔勝等十四人吕爲春秋之義姦吕事君常刑不舍師古曰舍置也魯大夫叔孫僑如欲顓公室譖其族兄季孫行父於晉晉執囚行父吕亂魯國春秋重而書之師古曰僑如叔孫宣伯也行父季文子也宣伯通於成公之母穆姜欲去季孟而取其室使告晉曰魯之有季孟猶晉之有欒范也政令

於是乎成今其謀曰晉政多門不可從也若欲得志於魯請止行父而殺之不然歸必畔矣晉人執文子于苕丘事在成十六年今晏放命圮族補注先謙曰解見傳喜傳干亂朝政要大臣目罔上本造計謀補注蘇輿曰本猶始也職爲亂階師古曰此引詩小雅巧言之章也職主也階者基之漸也宜與博玄同罪罪皆不道上減玄死罪三等削晏戶四分之一假謁者節召丞相詣廷尉詔獄博自殺國除初博目御史爲丞相封陽鄉侯玄目少府爲御史大夫竝拜於前殿延登受策有音如鍾聲語在五行志

贊曰辥宣朱博皆起佐史歷位目登宰相宣所在而治爲世吏師及居大位目苛察失名師古曰苛副也補注先謙曰官本作苛細也是此緣下稱副也而誤器誠有極也補注宋祁曰別本有字下有所字博馳騁進取不師道德已亡可言師古曰言其事行不足可道也又見孝成之世委任大臣假借用權鄧展曰假音休假借音目物借人補注宋祁曰注末當有之借二字借蕭該謂本作藉字若作借何煩更云音以物借人之借蓋傳寫之繆何焯曰贊得其隱如王鳳之陷王商廢馮野王是也世主已更好惡異前師古曰更改也復附丁傳稱順孔鄉師古曰稱副也副其所求而順其意也稱音尺孕反事發見詰遂陷誣罔辭窮情得仰藥飲鴆師古曰仰藥謂仰頭而飲藥也補注先謙曰與傳互文見事孔子曰久矣哉由之行詐也博亦然哉師古曰論語云子疾病子路使門人爲臣子曰久矣哉由之行詐也無臣而爲有臣吾誰欺欺天乎故贊引之

辥宣朱博傳第五十三終　　漢書八十三

翟方進傳第五十四　　漢書八十四

漢　蘭　臺　令　史班　固　撰

唐正議大夫行祕書少監琅邪縣開國子顏師古　注

賜進士出身前翰林院編修國子監祭酒加三級臣王先謙補注

翟方進字子威汝南上蔡人也家世微賤至方進父翟公好學爲郡文學方進年十二三失父孤學補注周壽昌曰孤學猶言獨學無父教之獨學無所成也一曰孤學猶棄學吳語以心孤句踐注孤棄也給事太守府爲小史號遲頓不及事師古曰頓讀曰鈍數爲掾史所詈辱方進自傷迺從汝南蔡父相問己能所宜師古曰言從何術蓺可目自達蔡父大奇其形貌謂曰小史有封侯骨當目經術進努力爲諸生學問補注先謙曰官本有淳化本努作怒六字方進既厭爲小史聞蔡父言心喜因病歸家辭其後母欲西至京師受經母憐其幼補注宋祁曰於母字上疑有後字隨之長安織屨目給方進讀經博士受春秋補注先謙曰官本考證云案儒林傳方進受穀梁春秋於尹更始又兼左氏春秋案讀字斷句經猶歷也積十餘年經學明習徒衆日廣諸儒稱之目射策甲科爲郎二三歲舉明經遷議郎是時宿儒有清河胡常師古曰宿久舊也與方進同經補注蘇輿曰同習經也京房傳亦云五鹿充宗與房同經常爲先進名譽出方進下師古曰常宦學雖在前而名譽不及方進心害其能論議不右方進師古曰毀短也補注劉攽曰多一論字方進知之候伺常大都授時師古曰都授謂總集諸生大講授也補注王引之曰大字涉注文大講授而衍都即大也不當更有大字廣雅都大也五行志豕出圂壞都竈師古注都竈烝炊之大竈也武五子傳將軍都郎羽林注都大也謂大會試之鄭吉傳故號都護注都猶大也總也漢紀孝成紀有大字亦後人依誤本漢書加之據師古注云都授謂總集諸生大講授則正文本無大字遣門下諸生至常所問大義疑難因記其說如是者久之常知方進之宗讓已師古曰宗尊也內不自得補注先謙曰猶言不自安其後居士大夫之閒未嘗不稱述方進遂相親友河平中方進轉爲博士數年遷朔方刺史居官不煩苛所察應條輒舉補注蘇輿曰應條謂應科條吏有無狀如科條所禁者察出輒舉奏也下云上以方進所舉應科義同甚有威名再三奏事師古曰刺史歲盡輒奏事

京師也遷爲丞相司直從上甘泉行馳道中司隸校尉陳慶補注先謙曰官本考證云公卿表慶字君卿後方進爲丞相時慶以琅邪太守入爲廷尉一年徙爲長樂少府劾奏方進沒入車馬既至甘泉宮會殿中慶與廷尉范延壽語補注先謙曰官本考證云公卿表延壽字子路安成人河平二年以北海太守入爲廷尉八年卒時慶有章劾自道行事以贖論師古曰當祭奏時時行事有闕失罪合贖補注劉攽曰漢時人言行事成事皆請已行已成事也王充書亦有之又下文所謂自設不坐之比是也今尚書持我事來當於此決前我爲尚書時嘗有所奏事忽忘之留月餘師古曰言此者冀尚書忘己之事不奏補注劉攽曰予謂非冀尚書忘己不奏也言及之耳尋下文可見方進於是舉劾慶曰案慶奉使刺舉大臣故爲尚書知機事周密壹統明主躬親不解師古曰解讀曰懈慶有罪未伏誅無恐懼心豫自設不坐之比師古曰比例也音必寐反補注蘇輿曰謂慶自云當論贖也猶今日坐事者非大故輒抵銷但慶自設比例非上意又暴揚尚書事言遲疾無所在補注蘇輿曰言遲疾無定即上所云忽忘留月餘也虧損聖德之聽明奉詔不謹皆不敬師古曰既自云不坐又言遲疾無所在此之二條於法皆爲不敬臣

謹以劾慶坐免官會北地浩商爲義渠長所捕亡師古曰義渠北地之縣也商被縣長捕而逃亡補注先謙曰義渠在今慶陽府甯州西北公卿表縣減萬戶爲長長取其母與豭豬連繫都亭下師古曰以深辱之豭牡豕也音家商兄弟會賓客自稱司隸掾長安縣尉殺義渠長妻子六人亡丞相御史請遣掾史與司隸校尉部刺史并力逐捕察無狀者師古曰無狀謂商及義渠長本狀之違曲也補注劉攽曰謂察司隸刺史捕賊之無狀者故下文云以宰士督察奉使命大夫先謙曰此遣掾史督趣司隸故以并力爲詞逐捕亡賊察義渠長無狀之情實顏注未析劉說尤非既與司隸刺史并力逐捕又反察其無狀乎奏可司隸校尉涓勳奏言補注錢大昭曰廣韻涓姓列仙傳有齊人涓子春秋之義王人微者序乎諸侯之上尊王命也臣幸得奉使以督察公卿以下爲職師古曰督視也補注先謙曰公卿表司隸督大姦猾續志掌察舉百官以下及京師近郡犯法者今丞相宣補注先謙曰薛宣請遣掾史以宰士督察天子奉使命大夫師古曰謂丞相掾史爲宰士者言其宰相之屬官而位爲士也奉使命大夫謂司隸也甚誖逆順之理師古曰誖乖也音布內反補注先謙曰言其不當以掾督趣宣本不師受經術補注蘇輿曰宣傳云宦經術淺上亦輕焉蓋自董仲舒公孫宏兒寬等以經術緣飾吏事見重武帝遂成一代風尚而大臣不通經術者往往見之劾章矣因事以立姦威案浩商所犯一家之禍耳而宣欲專權作威迺害於迺國不可之大者師古曰周書洪範云臣之有作福作威迺凶于迺國害于厥躬故引之補注先謙曰官本迺並作乃引宋祁曰乃監本作迺姚本刪願下中朝特進列侯將軍以下正國法度補注周壽昌曰案漢舊儀丞相爲外朝此劾丞相故請下中朝議也議者以爲丞相掾不宜移書督趣司隸師古曰趣讀曰促會浩商捕得伏誅家屬徙合浦故事司隸校尉位在司直下初除謁兩府師古曰丞相及御史也其有所會居中二千石前與司直並迎丞相御史初方進新視事而涓勳亦初拜爲司隸不肯謁丞相御史大夫後朝會相見禮節又倨師古曰倨傲也方進陰察之勳私過光祿勳辛慶忌又出逢帝舅成都侯商道路下車立頌過迺就車師古曰頌待也於是方進舉奏其狀因曰臣聞國家之興尊尊而敬長補注宋祁曰揚本復有敬長二字爵位上下之禮王道綱紀師古曰言王道綱紀以尊卑上

下之禮爲大也春秋之義尊上公謂之宰海內無不統焉補注蘇輿曰穀梁僖九年傳天子之宰通于四海方進習穀梁故用其義丞相進見聖主御坐爲起在輿爲下師古曰漢舊儀云皇帝見丞相起謁者贊稱曰皇帝爲丞相起起立迺坐皇帝在道丞相迎謁謁者贊稱曰皇帝爲丞相下輿立迺升車補注先謙曰注立乃升車上以上文起立例之似當更有下輿二字羣臣宜皆承順聖化以視四方師古曰視讀曰示勳吏二千石幸得奉使不遵禮儀輕謾宰相賤易上卿師古曰謾讀與慢同易音弋豉反而又詘節失度邪諂無常師古曰諂古諂字也私過辛慶忌見王商而下車是邪諂也色厲內荏應劭曰荏屈橈也師古曰論語稱孔子曰色厲而內荏譬諸小人其猶穿窬之盜也與言外色莊厲而內懷荏弱故方進引以爲言隳國體師古曰隳毀也音火規反亂朝廷之序不宜處位臣請下丞相免勳時太中大夫平當給事中奏言方進國之司直不自敕正以先羣下前親犯令行馳道中司隸慶平心舉劾方進不自責悔而內挾私恨伺記慶之從容語言師古曰從音七容反以詆欺成罪師古曰詆毀也音丁禮反後丞相宣以一不道賊如淳曰律殺不辜一家三人爲不道補注先謙曰謂浩商請

遺掾督趣司隸校尉司隸校尉勳自奏暴於朝廷今方進復舉奏勳議者吕爲方進不吕道德輔正丞相苟阿助大臣欲必勝立威師古曰必勝必取勝宜抑絕其原〔補注〕蘇輿曰言互劾取勝之風不可長勳素行公直姦人所惡可少寬假使遂其功名上吕方進所舉應科不得用逆詐廢正法師古曰逆詐者謂吕詐意逆猜人也逆迎也論語曰子不逆詐〔補注〕先謙曰官本注曰字在子下是遂貶勳爲昌陵令方進旬歲閒免兩司隸師古曰旬徧也滿也旬歲猶言滿歲也若十日之一周朝廷由是憚之丞相宣甚器重焉常誡掾史謹事司直翟君必在相位不久〔補注〕蘇輿曰言遷擢必速是時起昌陵營作陵邑貴戚近臣子弟賓客多辜榷爲姦利者師古曰榷專也辜榷者言己自專之它人取者輒有辜罪〔補注〕宋祁曰學林云辜榷者乃阻障而獨阻其利後漢靈帝紀光和四年豪右辜榷馬一匹至二百萬章懷注引前書音義曰辜障也謂障餘人賣買而自取其利此訓是也師古以謂他人取者輒有辜罪此訓迂矣方進部掾史覆案發大姦贓數千萬上吕爲任公卿師古曰任堪也欲試吕治民徙方進爲京兆尹博擊豪彊〔補注〕先謙曰博官本

作搏是京師畏之時胡常爲青州刺史聞之與方進書曰竊聞政令甚明爲京兆能則恐有所不宜師古曰言當犯迕貴戚而見毀〔補注〕先謙曰官本注末有也字方進心知所謂其後少弛威嚴師古曰弛解也居官三歲永始二年遷御史大夫數月會丞相薛宣坐廣漢盜賊羣起及太皇太后喪時三輔吏並徵發爲姦師古曰並音步浪反免爲庶人方進亦坐爲京兆尹時奉喪事煩擾百姓左遷執金吾二十餘日丞相官缺羣臣多舉方進上亦器其能遂擢方進爲丞相封高陵侯食邑千戶身既富貴而後母尚在方進內行修飾供養甚篤師古曰飾謹也篤厚也及後母終既葬三十六日除服起視事吕爲身備漢相不敢踰國家之制師古曰漢制自文帝遺詔之後國家遵吕爲常大功十五日小功十四日緦麻七日方進自吕大臣故云不敢踰制〔補注〕何焯曰後書安帝紀元初三年初聽大臣二千石刺史行三年喪注云文帝遺詔以日易月於後大臣遂以爲常至此復遵古制方進之事是其徵也沈欽韓曰三十六日既葬後則不計未葬前月日舊唐書張柬之傳弘文館直學士王玄感著論云三年之喪合三十六月豈誤會漢以日易月歟爲相公絜請託不行郡國師古曰言不吕私事託於四方郡國持法刻深舉奏牧守九卿峻文深詆師古曰詆毀也音丁禮反中傷者尤多如陳咸朱博蕭育逢信孫閎之屬〔補注〕周壽昌曰逢信字少子平陵人皆京師世家吕材能少歷牧守列卿知名當世而方進特立後起十餘年閒至宰相據法吕彈咸等皆罷退之初咸最先進自元帝初爲御史中丞顯名朝廷矣成帝初即位擢爲部刺史歷楚國北海東郡太守〔補注〕錢大昕曰楚國不當有太守當從陳咸傳作楚內史陽朔中京兆尹王章譏切大臣而薦琅邪太守馮野王可代大將軍王鳳輔政東郡太守陳咸可御史大夫是時方進甫從博士爲刺史云師古曰甫始也後方進爲京兆尹咸從南陽太守入爲少府與方進厚善先是逢信已從高弟郡守歷京兆太僕爲衞尉矣〔補注〕先謙曰官本弟作第官簿皆在方進之右師古曰簿謂伐閱也簿音主簿之簿〔補注〕宋祁曰官簿一作薄王念孫曰案說文無簿字則一本是也今漢書中簿字無作薄者此一本作薄乃古字之僅存者漢郃陽令曹全碑諸國禮遺

且二百萬悉以薄官其字正作薄又各碑中主簿字作薄者不可枚舉是古字以薄爲簿也朱一新曰觀師古云音主簿之簿則所見本簿作薄無疑及御史大夫缺三人皆名卿俱在選中而方進得之會丞相宣有事與方進相連上使五二千石雜問丞相御史晉灼曰大臣獄重故吕秩二千石五人詰責之咸詰責方進冀得其處方進心恨初大將軍鳳奏除陳湯爲中郎與從事師古曰每有政事皆與謀之而行也鳳薨後從弟車騎將軍音〔補注〕宋祁曰邵本無從字代鳳輔政亦厚湯逢信陳咸皆與湯善湯數稱之於鳳音所久之音薨鳳弟成都侯商復爲大司馬衞將軍輔政商素憎陳湯白其罪過下有司案驗遂免湯徙敦煌時方進新爲丞相陳咸內懼不安迺令小冠杜子夏〔補注〕先謙曰杜欽也見本傳往觀其意微自解說師古曰解說猶今言分疏子夏既過方進揣知其指不敢發言師古曰揣謂探求之音初委反〔補注〕先謙曰官本考證引蕭該曰揣案集解音曰揣音喘說文曰喘疾息也尺兗反說文揣量也初委反又丁果反方言曰揣試也郭璞曰揣度試之也該謂今讀揣音初委反居亡何師古曰無何猶言無幾謂少時方進奏咸

與逢信邪枉貪汙營私多欲皆知陳湯姦佞傾覆利口不軌而親交賂遺吕求薦舉後爲少府數饋遺湯信咸幸得備九卿不思盡忠正身內自知行辟亡功效師古曰辟讀曰僻而官媚邪臣欲吕徼幸苟得亡恥孔子曰鄙夫可與事君也與哉師古曰論語載孔子之言也謂鄙夫不可與事君也與哉與讀曰歟補注先謙曰官本注無不字咸信之謂也過惡暴見不宜處位臣請免吕示天下奏可後二歲餘詔舉方正直言之士紅陽侯立舉咸對策拜爲光祿大夫給事中方進復奏咸前爲九卿坐爲貪邪免自知罪惡暴陳依託紅陽侯立徼幸有司莫敢舉奏冒濁苟容師古曰冒貪蔽也不顧恥辱不當蒙方正舉備內朝臣幷劾紅陽侯立選舉故不吕實有詔免咸勿劾立後數年皇太后姊子侍中衞尉定陵侯湻于長有罪上吕太后故免官勿治罪有司奏請遣長就國長吕金錢與立立上封事爲長求直曰陛下既託文吕皇太后故蘇林曰託於詔文也

誠不可更有它計師古曰言不宜遣長就國後長陰事發遂下獄補注宋祁曰浙本云陰事發遂下獄先謙曰宋引浙本與今本同疑所見本異也方進劾立懷姦邪亂朝政欲傾誤要主上狡猾不道請下獄上曰紅陽侯朕之舅不忍致法遣就國於是方進復奏立黨友曰立素行積爲不善衆人所共知邪臣自結附託爲黨庶幾立與政事欲獲其利師古曰與讀曰豫今立斥逐就國所交結尤著者不宜備大臣爲郡守案後將軍朱博鉅鹿太守孫閎故光祿大夫陳咸與立交通厚善相與爲腹心有背公死黨之信師古曰死黨盡死力於朋黨也欲相攀援死而後已師古曰援引也已止也援音爰皆內有不仁之性而外有儁材過絕於人補注先謙曰官本有倫字引宋祁曰一作於人無倫字監本有倫字勇猛果敢處事不疑所居皆尚殘賊酷虐苛刻慘毒吕立威而亡纖介愛利之風師古曰愛利謂仁愛而欲安利人也天下所共知愚者猶惑孔子曰人而不仁如禮何人而不仁如樂何師古曰論語載孔子之言也言用不仁之人則禮樂廢壞言不仁之人亡所施用不仁而多材國之患也此三人皆內懷姦猾國之所患而深相與結信於貴戚姦臣此國家大憂大臣所宜沒身而爭也師古曰沒盡也補注蘇輿曰猶云盡死力爭昔季孫行父有言曰補注宋祁曰父疑作甫見有善於君者愛之若孝子之養父母也見不善者誅之若鷹鸇之逐鳥爵也師古曰事見左氏傳行父魯卿季文子也鸇似鷂而小今謂之土鶻音之然反補注周壽昌曰案西漢文中無引左氏者獨方進奏中引此數句緣方進好爲左氏學韋賢傳中始見劉歆等引左氏傳此尚在前也左傳毛詩平帝時始立學官僅見於儒林傳贊王文彬曰左文十八年傳作見有禮於君者事之見無禮於君者誅之文稍異蘇輿曰朱博傳冀勝之議春秋之義姦以事君常刑不赦云云亦左傳義也翅翼雖傷不避也貴戚彊黨之衆誠難犯犯之衆敵並怨善惡相冒師古曰冒覆蔽也臣幸得備宰相不敢不盡死請免博閎咸歸故郡吕銷姦雄之黨絕羣邪之望奏可咸既廢錮補注宋祁曰姚本既作知復徙故郡吕憂發疾而死補注宋祁曰監本楊本云以憂發疾而死別本越本云以憂死錢大昭曰閩本無發疾而三字方進知能有餘兼通文法吏事吕儒

雅緣飭法律補注錢大昭曰飭閩本作飾號爲通明相天子甚器重之奏事亡不當意內求人主微指吕固其位初定陵侯湻于長雖外戚然吕能謀議爲九卿新用事方進獨與長交稱薦之補注錢大昭曰潛夫論云翟方進稱湻于長而不能薦一士及長坐大逆誅諸所厚善皆坐長免上吕方進大臣又素重之爲隱諱方進內慙上疏謝罪乞骸骨上報曰定陵侯長已伏其辜君雖交通傳不云乎朝過夕改君子與之師古曰與許也君何疑焉其專心壹意毋怠近醫藥吕自持補注宋祁曰監本有近字別本無方進迺起視事條奏長所厚善京兆尹孫寶右扶風蕭育刺史二千石吕上免二十餘人其見任如此方進雖受穀梁然好左氏傳天文星歷其左氏則國師劉歆星歷則長安令田終術師也如湻曰劉歆及田終術二人皆受學於方進厚李尋吕爲議曹補注先謙曰互見尋傳爲相九歲綏和二年春熒惑守心尋奏記言應變之權君侯所自明往者數白三光垂象

變動見端張晏曰九年之中而日三食月朓側匿星孛營室東井熒惑守心補注先謙曰白告方進山川水泉反理視患張晏曰元延中峭山崩壅江江水不流山地之鎮宜固而崩水逆流反於常理所己示人患也師古曰視讀曰示民人訛謠斥事感名如淳曰斥事井水溢之事也有言溢者後果井溢感名燕燕尾涏涏是也補注宋祁曰注文井監作幷先謙曰官本注涏涏作涏涏三者既效可爲寒心今提揚眉矢貫中服虔曰提攝提星也揚眉揚其芒角也矢枉矢也孟康曰綏和元年正月枉矢從東南入北斗攝提與北斗杓建寅貫攝提中是也張晏曰矢一星貫中者謂正直弧中也補注齊召南曰孟注是也如張說則與下文狼弓複矣沈欽韓曰天中記春秋元命苞曰天有攝提人有兩眉爲人表候陽立於二故眉長二寸注攝提兩星頰曲人眉似之狼奮角弓且張張晏曰狼一星奮角者有芒角也狼芒角則盜賊起天弓九星不欲明明猶張也兵起之象金歷庫土逆度張晏曰庫二十星在軫南金太白也歷武庫則兵起土鎮星也逆度逆行也輔湛沒火守舍張晏曰北斗第四星旁一小星曰輔沈沒不見則天下之兵銷三十日爲守舍謂日月所經宿舍也一曰火守舍熒惑守心師古曰湛讀曰沈補注周壽昌曰天文志輔星明近輔臣親強斥小疏弱史記正義輔大臣之象也占欲其小而明若大而明則臣奪君政小而不明則臣不任職明大與斗合國兵暴起暗而遠斗臣不死則奪此明言湛沒爲方進將死之占張注不合萬歲之期近慎朝暮師古曰萬歲之期謂死也慎朝暮者言其事在朝夕補注王鳴盛曰萬歲之期意謂宮車晏駕故郞賁麗欲以此災移於宰相也朱一新曰賁麗但言大臣宜當之不言可移於相則萬歲之解仍當從顏注古人稱萬歲不必專指君上顧炎武日知錄已詳言之上無惻怛濟世之功下無推讓避賢之效欲當大位爲具臣以全身難矣師古曰具謂具位之臣無功德也補注先謙曰官本注謂作臣是大責日加安得但保斥逐之勠師古曰言其事重不但斥逐而已也補注劉敞曰案勠改戮闔府三百餘人唯君侯擇其中與盡節轉凶師古曰三百餘人謂丞相之官屬也方進憂之不知所出會郎賁麗善爲星師古曰賁姓也麗名也賁音肥言大臣宜當之補注周壽昌曰爲上言也時在綏和二年春熒惑守心故賁麗言之二月方進自殺三月而帝亦晏駕矣案熒惑所居之宿國受殃心爲明堂其大星爲天王占曰火犯心王者惡之故成帝欲殺方進以應星變也上迺召見方進還歸未及引決上遂賜冊曰皇帝問丞相君有孔子之慮孟賁之勇朕嘉與君同心一意庶幾有成惟君登位於今十年災害竝臻民被飢餓加以疾疫溺死關門牡開張晏曰元延元年章門函谷門牡自亡補注宋祁曰案五行志注晉灼曰章城門西出南頭第一門也牡是出籥者師古曰牡所以下閉者以鐵爲之非出籥也失國守備盜賊黨輩師古曰黨衆多補注宋祁曰監本浙本作盜黨羣輩姚本作盜賊羣輩吏民殘賊毆殺良民師古曰毆擊也音一口反斷獄歲歲多前補注先謙曰謂每歲加增上書言事交錯道路懷姦朋黨相爲隱蔽皆亡忠慮羣下兇兇更相嫉妒師古曰更音工衡反其咎安在觀君之治無欲輔朕富民便安元元之念間者郡國穀雖頗孰師古曰閒謂近者已來也補注先謙曰官本無也字百姓不足者尚衆前去城郭補注先謙曰謂流亡未能盡還夙夜未嘗忘焉朕惟往時之用與今一也師古曰謂財用也百僚用度各有數君不量多少一聽羣下言用度不足奏請一切增賦稅城郭堧及園田過更算馬牛羊張晏曰一切權時也堧城郭旁地園田入多益其稅也百人爲卒取一人所贍常爲之月用二千使人直之謂之過更又牛馬羊頭數出稅算千輪二十也師古曰堧音人緣反解在食貨志補注沈欽韓曰所謂算及六畜也增益鹽鐵變更無常朕既不明隨奏許可使議者以爲不便補注何焯曰此禍之及民者詔書已詳故史不重敘制詔下君君云賣酒醪後請止未盡補注錢大昭曰使南監本閩本作後先謙曰官本使作後

月復奏議令賣酒醪補注沈欽韓曰官自賣之也朕誠怪君何持容容之計無忠固意師古曰容容隨衆上下也將何以輔朕帥道羣下而欲久蒙顯尊之位豈不難哉師古曰蒙冒也傳曰高而不危所以長守貴也師古曰孝經之言也欲退君位尚未忍君其孰念詳計塞絕姦原憂國如家務便百姓以輔朕朕既已改君其自思強食慎職使尚書令賜君上尊酒十石養牛一君審處焉方進卽日自殺如淳曰漢儀注有天地大變天下大過皇帝使侍中持節乘四白馬賜上尊酒十斛牛一頭策告殃咎使者去半道丞相卽上病使者還未白事尚書以丞相不起病聞上祕之遣九卿冊贈以丞相高陵侯印綬賜乘輿祕器少府供張柱檻皆衣素師古曰柱屋柱也檻軒前闌版也皆以白素衣之補注何焯曰以方進塞變故祕之而加殊禮天子親臨弔者數至禮賜異於它相故事師古曰漢舊儀云丞相有疾皇帝法駕親至問疾從西門入卽薨移居第中車駕往弔贈棺歛具賜錢葬地葬日公卿已下會葬焉補注宋祁曰注文已字當作也先謙曰官本贈賜互易宋說當作也也當爲已諡曰恭侯長子宣嗣宣字太伯亦明經篤行君子人也及方進在爲

關都尉南郡太守師古曰言方進未死之時宣已爲此官少子曰義義字文仲少以父任爲郎稍遷諸曹年二十出爲南陽都尉宛令劉立與曲陽侯爲婚【補注】先謙曰曲陽侯王根又素著名州郡輕義年少義行太守事行縣至宛師古曰行音下更反其下并同丞相史在傳舍立持酒肴謁丞相史對飲未訖【補注】宋祁曰相對飲浙本無相字景祐本無飲字會義亦往外吏白都尉方至立語言自若師古曰自若言如故【補注】宋祁曰自監本作目須與義至內謁徑入師古曰內謁猶今之通名也【補注】周壽昌曰內讀若納立迺走下義既還大怒陽以他事召立至以主守盜十金賊殺不辜部掾夏恢等收縛立傳送鄧獄師古曰部分其掾而遣之鄧亦南陽之縣【補注】錢大昭曰薛宣傳云十金法重是也沈欽韓曰地理志鄧縣南陽都尉治所恢亦以宛大縣恐見篡奪白義可因隨後行縣送鄧師古曰因太守行縣以立自隨即送鄧之獄義曰欲令都尉自送則如勿收邪師古曰言若都尉自送至獄不如本不收治【補注】錢大昭曰公羊隱元年傳如勿與而已矣何休注云如即不如齊人語左僖二十二年傳若愛重傷則如勿傷愛其二毛則如服焉與此同義王念孫曰師古以如勿收爲不

如勿收則與邪字語意不合余謂如猶將也言汝欲令都尉自送則將勿收邪古者如與將同義說見釋詞先謙曰王說是載環宛市迺送師古曰環繞也音下串反吏民不敢動威震南陽立家輕騎馳從武關入語曲陽侯曲陽侯白成帝帝以問丞相方進遣吏敕義出宛令宛令已出吏還白狀方進曰小兒未知爲吏也其意以爲入獄當輒死矣師古曰謂其不知立有所恃挾以自免脫後義坐法免起家而爲弘農太守遷河南太守青州牧所居著名有父風烈徙爲東郡太守數歲平帝崩王莽居攝義心惡之迺謂姊子上蔡陳豐曰新都侯攝天子位號令天下故擇宗室幼稚者以爲孺子依託周公輔成王之義且以觀望師古曰言漸試天下人心必代漢家其漸可見方今宗室衰弱外無彊蕃天下傾首服從莫能亢扞國難吾幸得備宰相子身守大郡父子受漢厚恩義當爲國討賊以安社稷欲舉兵西誅不當攝者選宗室子孫輔而立之設令時命不成死國埋名猶可以不慙

於先帝師古曰埋名謂身埋而名立【補注】蘇輿曰埋名即以身殉名之意爲國而死爲名而埋也今欲發之乃肯從我乎師古曰乃汝也豐年十八勇壯許諾義遂與東郡都尉劉宇嚴鄉侯劉信信弟武平侯劉璜結謀及東郡王孫慶素有勇略以明兵法徵在京師義迺詐移書以重罪傳逮慶師古曰追赴獄也於是以九月都試日如淳曰太守都尉令長丞尉會都試課殿最也【補注】齊召南曰案都試日即講武日也故下文云勒車騎材官漢制常以秋行都試韓延壽傳最詳如淳以課殿最解之非是斬觀令文穎曰觀縣名師古曰音工喚反【補注】先謙曰觀東郡縣在今曹州府觀城縣西因勒其車騎材官士募郡中勇敢部署將帥嚴鄉侯信者東平王雲子也雲誅死信兄開明嗣爲王薨無子而信子匡復立爲王故義舉兵并東平立信爲天子義自號大司馬柱天大將軍以東平王傅蘇隆爲丞相中尉皋丹爲御史大夫移檄郡國言莽鴆殺孝平皇帝矯攝尊號今天子已立共行天罰師古曰共讀曰恭郡國皆震比至山陽衆十餘萬師古曰比音必寐反莽聞之大懼迺拜其

黨親【補注】先謙曰胡注孫建劉宏竇況莽之黨王邑王駿王況王昌莽之親輕車將軍成武侯孫建爲奮武將軍光祿勳成都侯王邑爲虎牙將軍明義侯王駿爲強弩將軍春王城門校尉王況爲震威將軍師古曰春王長安城東出北頭第一門也本名宣平門莽更改焉【補注】先謙曰胡注漢城門校尉掌十二城門觀此則莽改官名十二城門各置城門校尉宗伯忠孝侯劉宏爲奮衝將軍【補注】先謙曰莽更宗正爲宗伯中少府建威侯王昌爲中堅將軍【補注】先謙曰胡注中少府長樂少府也以職在宮中故曰中少府中郎將震羌侯竇兄爲奮威將軍師古曰兄讀曰況凡七人自擇除關西人爲校尉軍吏將關東甲卒發奔命以擊義焉復以太僕武讓爲積弩將軍屯函谷關將作大匠蒙鄉侯逯並爲橫壄將軍屯武關師古曰逯姓也並名也逯音祿又音鹿今東郡有逯姓二音並行書本逯字或作逮今河朔有逮姓自呼音徒戴反其義兩通【補注】先謙曰官本祿作錄行作得義和紅休侯劉歆爲揚武將軍屯宛太保後丞丞陽侯甄邯爲大將軍屯霸上師古曰丞陽侯音烝【補注】先謙曰官本霸作灞常鄉侯王惲爲車騎將軍屯平樂館【補注】

先謙曰館觀通作騎都尉王晏爲建威將軍屯城北城門校尉趙恢爲城門將軍皆勒兵自備補注朱祁曰兵字下疑有以字莽曰抱孺子謂羣臣而稱曰補注朱一新曰北監本謂作會是先謙曰官本作會通鑑同昔成王幼周公攝政而管蔡挾祿父已畔師古曰祿父紂子也父讀曰甫今翟義亦挾劉信而作亂自古大聖猶懼此況臣莽之斗筲師古曰斗筲自喻材器小也解在公孫劉田傳羣臣皆曰不遭此變不章聖德莽於是依周書作大誥師古曰武王崩周公相成王而三監淮夷叛周公作大誥莽自比周公故依放其事補注先謙曰莽作大誥皆用今文尚書說曰惟居攝二年十月甲子攝皇帝若曰補注先謙曰書稱王若曰此稱攝皇帝若曰足證書之王是周公代王與史記鄭注合大誥道諸侯王三公列侯于汝卿大夫元士御事應劭曰言已大道告於諸侯已下也御事主事也補注先謙曰書猷大誥爾多邦釋文馬本作大誥繇爾多邦孔疏鄭本猷在誥下案釋詁方言繇猷並訓道知莽用今文與馬鄭同應注道在告上非其義也不弔天降喪于趙傅丁董應劭曰趙飛燕傅太后丁太后董賢也師古曰不弔言不爲天所弔閔降下也補注朱祁曰注文閔字下疑有也字先謙曰書有不少延三字此省文洪惟我幼沖孺子當承

繼嗣無疆大歷服事師古曰洪大也惟思也沖稚也大思幼稚孺子當承繼漢家無竟之歷服行政事予未遭其明悊能道民於安況其能往知天命師古曰予莽自稱也言不遭遇明智之人已自輔佐而道百姓於安葢爲謙辭也道讀曰導補注錢大昭曰書作弗造哲遭造古字通甫刑兩造具備史記作遭文侯之命嗣造天丕愆孔傳訓遭下文予遭天役書作造熙我念孺子若涉淵水師古曰熙歎辭補注錢大昕曰大誥熙作已已葢熙省文先謙曰惠棟云梓材已若茲監已讀爲熙歎辭也段玉裁云熙已皆卽今之嘻字下文已亦作熙予惟往求朕所濟度奔走師古曰言我當求所已濟度之故奔走盡力不憚勤勞補注王念孫曰師古以奔走屬上讀案奔走二字與涉水義不相屬當以予惟往求朕所濟度爲句此效經文之予惟往求朕攸濟也奔走以傳近奉承高皇帝所受命爲句奔與賁傳與敷古字通用此效經文之敷賁敷前人受命也莽大誥皆用今文尚書疑今文無上敷字但作奔傳前人受命而莽以奔爲奔走傳爲傳近亦用今文說也皮錫瑞曰王說是漢書武紀詔曰若涉淵水未知所濟魏志潘勗作策命魏公曰若涉淵水非君攸濟知今文皆於濟字絕句已傳近奉承高皇帝所受命師古曰傳讀曰附近音其靳反予豈敢自比於前人乎師古曰前人謂周公補注先謙曰書作茲不忘大功予不敢閉于段玉裁云以莽誥證之今文閉作比無于字先謙案莽言不敢自比高皇帝猶周公不敢比文王顏說非天降威明用寍帝室

遺我居攝寶龜師古曰威明猶言明威也遺音弋季反補注先謙曰据傳則書稱用寍王亦謂王室也太皇太后已丹石之符迺紹天明意師古曰紹紹承也詔予卽命居攝踐祚如周公故事反虜故東郡太守翟義擅興師動衆曰有大難于西土西土人亦不靖師古曰者遮翟義之言云爾也西土謂西京也言在東郡之西也補注先謙曰据傳則書之曰有大艱于西土是遮管叔之言也西土卽謂鎬京大艱謂不利於孺子也於是動嚴鄉侯信誕敢犯祖亂宗之序師古曰誕大也補注王引之曰當作誕敢犯祖亂宗之序先謙曰据傳則書以越茲蠢殷小腆爲句誕敢紀其敘紀是犯之譌天降威遺我寶龜固知我國有呰災使民不安師古曰言天所已降威遺龜者知國有災病義信當反天下不安之故同補注洪頤煊曰以今大誥證之遺我寶龜四字當涉上文而衍唐本已誤先謙曰官本攷證引蕭該曰呰韋昭音疵字別有音於地理志及序傳中已具也先謙案書作疵是天反復右我漢國也師古曰復音扶目反右讀曰祐補注先謙曰据傳則書曰予復反鄙我周邦七字爲一句曰者設爲天言復反猶反復鄙當作啚啚嗇也嗇愛也愛之斯助之與此右助同意兼采俞樾皮錫瑞說粵其聞曰孟康曰翟義反書上聞日也師古曰粵發語辭也補注先謙曰官本日作曰引宋祁曰景本日作日皮錫瑞云書今蠢今翼日五字難通据傳今文

有異宗室之儁有四百人孟康曰諸劉見在者民獻儀九萬夫孟康曰民之表儀謂賢者補注王引之曰正文本作民儀九萬夫今本儀上有獻字者後人據古文大誥加之也下文師古注我用此宗室之儁及獻儀者共謀圖國事則師古所見本已有獻字然考孟注及下文皆言民之表儀而不言民獻下文曰亦惟宗室之儁民之表儀則此句內本無獻字明矣大誥民獻有十夫傳訓獻爲賢大傳作民儀有十夫孟康曰民之表儀謂賢者廣雅亦曰儀賢也葢皆用今文尚書說也古聲儀與獻通周官司尊彝鬱齊獻酌鄭司農讀獻爲儀郭璞爾雅音儀說文轙從車義聲或作钀從金獻聲皆其證也漢斥彰長田君碑安惠黎儀伐討姦軌泰山都尉孔宙碑乃綏二縣黎儀以康堂邑令費鳳碑黎儀瘁傷泣涕連漣黎儀卽皋陶謨之萬邦黎獻也漢碑多用經文此三碑皆言黎儀則皋陶謨之黎獻今文必作黎儀矣然則今文之民儀卽古文之民獻王莽本用今文故曰民儀九萬夫今據古文加入獻字民獻儀九萬夫斯爲不詞矣班固寶車騎將軍北征頌民儀響慕羣英景附亦用今文也已終於此謀繼嗣圖功師古曰我用此宗室之儁及獻儀者共謀圖國事終成其功補注先謙曰据傳則書予翼之翼當訓敬今文多一終字我有大事休予卜幷吉師古曰大事戎事也言人謀既從卜又幷吉是爲美也故我出大將告郡太守諸侯相令長曰予得吉卜予惟已汝于伐東郡嚴鄉逋播臣師古曰逋亡也播散也尒國君或者無不反曰難大

民亦不靜亦惟在帝宮諸侯宗室於小子族父敬不可征師古曰言尒等
國君或有言曰禍難既大衆庶不安又劉信國之宗室於孺子爲族父當加禮敬不可征討補注先謙曰据傳於小子族父則書今
文越予小子考句絕管叔羣弟皆王諸父故云考也帝不違卜師古曰卜既得吉天命不違補注皮錫瑞曰莽誥於書王
宮室王等字皆易爲帝此文義同周稱王漢稱帝也顏說以爲天帝非先謙曰据傳書王害不違卜今文無害字故予爲
沖人長思厥難曰烏虖義信所犯誠動鰥寡哀哉師古曰無妻無夫之人亦同受
其害故可哀哉補注先謙曰据傳書肆予沖人永思艱予下當有爲字予遭天役遺大解難於予身
已爲孺子不身自卹師古曰言天已漢家役事遺我而令身解其難故我征伐已爲孺子除亂非自憂己身也
補注先謙曰據顏注從遺字絕句予義彼國君泉陵侯上書應劭曰泉陵侯劉慶也上書令莽行天子
事補注齊召南曰案泉陵王子侯表作衆陵据地理志泉陵侯國屬零陵郡則此文是表誤也皮錫瑞曰義彼謂義其人江聲云義
讀爲儀儀度也非曰成王幼弱周公踐天子位已治天下六年朝諸侯於
明堂制禮樂班度量而天下大服師古曰班謂布行也補注王文彬曰禮明堂位之文太皇
太后承順天心成居攝之義皇太子爲孝平皇帝子師古曰皇太子即謂孺子

年在繈褓宜且爲子知爲人子道令皇太后得加慈母恩畜養成
就加元服然後復予明辟師古曰辟君也已明君之事還孺子補注皮錫瑞曰据莽擬經文則書綏予曰
無毖于恤不可不成乃寍考圖功必以爲周公設爲國君慰己之言謂無勞于憂不可不成寍考之謀績也先謙曰官本予作子是
熙爲我孺子之故師古曰重歎而言予惟趙傅丁董之亂遏絕繼嗣變剝
適庶危亂漢朝已成三阸晉灼曰古厄字服虔曰厄會也謂三七二百一十歲師古曰適讀曰嫡補注劉
奉世曰阸者國統三絕也隊極厥命師古曰隊隕也極盡也烏虖害其可不旅力同心戒
之哉師古曰害讀曰曷曷何也旅陳也予不敢僭上帝命師古曰僭不信也言順天命而征討補注先謙
曰書僭作替段玉裁云篇末云天命不僭此作僭爲長天休於安帝室興我漢國惟卜用克
綏受茲命師古曰言天美於興復漢國故我惟用卜吉能安受此命補注先謙曰据此書天休于寍王亦謂安王室與上
寍王同訓惟卜用上無寍王二字也今天其相民況亦惟卜用師古曰言天道當思助人況更用卜吉可
知矣太皇太后肇有元城沙鹿之右張晏曰沙鹿在元城縣春秋時沙鹿崩王莽已爲元后之祥語
在元后傳師古曰右讀曰祐陰精女主聖明之祥李奇曰李親懷元后夢月入懷陰精女主之祥配元

生成已興我天下之符遂獲西王母之應孟康曰民傳祀西王母之應也神靈之
徵師古曰徵證也已祐我帝室已安我大宗補注先謙曰官本大作太已紹我後嗣已
繼我漢功厥害適統不宗元緒者辟不違親辜不避戚師古曰其有害國之
正統不尊大緒者當速加刑辟不避親戚適讀曰嫡夫豈不愛亦惟帝室師古曰非不愛此人但爲帝室不得
止補注王文彬曰左昭元年傳周公殺管叔而蔡蔡叔夫豈不愛王室故也此襲用其文是已廣立王侯並建
曾玄俾屏我京師綏撫宇內師古曰屏謂蔽捍其難也博徵儒生講道於廷論
序乖繆制禮作樂同律度量混壹風俗師古曰混亦同也音胡本反正天地之
位昭郊宗之禮定五時廟祧咸秩亡文孟康曰諸廢祀無文籍皆祭之建靈臺立
明堂設辟雍張太學尊中宗高宗之號服虔曰宣帝元帝也昔我高宗崇德
建武克綏西域已受白虎威勝之瑞應劭曰元帝誅滅郅支單于懷輯西域時有獻白虎者所
已威遠勝猛也天地判合乾坤序德師古曰言元帝既有威德太后又兆符應則是天地乾坤夫妻之義相配
合也判之言片也太皇太后臨政有龜龍麟鳳之應五德嘉符相因而備

河圖雒書遠自昆侖出於重壄師古曰昆侖河所出重壄洛所出皆有圖書故本言之壄古野字
古讖著言肆今享實師古曰肆故也言有其讖故今當其實此迺皇天上帝所已安
我帝室俾我成就洪烈也師古曰洪大也烈業也烏虖天用威輔漢始而大
大矣師古曰言因此難更已強大補注朱一新曰北監本用作明是先謙曰据此知書弼我丕丕基基訓始爾有惟
舊人泉陵侯之言爾不克遠省爾豈知太皇太后若此勤哉師古曰言
爾當思久舊之人泉陵侯所言爾不克遠省識古事豈知太后之勤乎補注先謙曰書不作丕丕不同字今文作不於義爲優爾知
寍王若勤哉鄭注以受命曰寍王指文王言此以太皇太后代寍王是今文亦不盡以寍王爲安王室也天毖勞我成
功所孟康曰天慎勞我國家成功之所在補注先謙曰書天閟毖我成功所段玉裁云閟毖不當複用閟是衍文今文多勞字
予不敢不極卒安皇帝之所圖事師古曰卒終也言我不敢不終祖宗之業安帝室所謀之事
肆予告我諸侯王公列侯卿大夫元士御事師古曰肆陳也陳其理而告之補注先謙
曰顏訓肆爲陳陳在予上不詞當依上文訓故告者曉諭之與書化誘義同天輔誠辭師古曰言有至誠之辭則爲天
所輔補注皮錫瑞曰孔光傳引書曰天棐誠辭言有誠道天輔之也與此義合天其累我已民予害敢不

於祖宗安人圖功所終師古曰累託也言天以百姓託我我曷敢不謀終祖宗安人之功也累音力瑞反書讀曰曷下皆類此補注先謙曰書其考我民此增字釋之使人易曉也江聲云淮南氾論夏后氏之璜不能無考又說林訓白璧有考不得爲寶是考有疵累之義先謙案顔訓累爲託猶今人言以此累汝矣書前寧人此易爲祖宗安人下文則直作祖宗不云安人知今文訓義亦隨文變改也天亦惟勞我民若有疾予害敢不於祖宗所受休輔師古曰言天欲撫勞我衆衆若有疾苦我曷敢不順祖宗之意休息而輔助之勞來到反補注先謙曰書天亦惟用勤毖我民段玉裁云据此今文無毖字攸受休畢畢當爲弼故此曷爲輔予聞孝子善繼人之意忠臣善成人之事予思若考作室厥子堂而構之師古曰父有作室之意則子當築室而御名椽橑㠯成之補注朱一新曰御名即構字宋避高宗諱先謙曰官本注築室作築堂是御名二字作構厥父菑厥子播而穫之師古曰父菑耕其田子當布種而收穫之反土爲菑一曰田一歲曰菑予害敢不於身撫祖宗之所受大命師古曰作室農人猶不弃其本業我於今日不得有避而不征討叛逆也若祖宗迺有效湯武伐厥子民長其勸弗救師古曰譬有人來伐其子而長養彼心反勸助之弗救其子者正已子惡故也言湯武疾惡其心亦然今所征討不得避親當已公義補注先謙曰官本注正作止言若漢家祖宗在上迺有義信等效湯武

伐其子孫爾等爲民之長者其可相勸弗救乎段玉裁云書作乃有友伐厥子此易友爲效湯武者爻爻二字音形相亂今文蓋作爻而說者云爻者效也故莽用其說烏虖肆哉師古曰肆陳也勸令陳力諸侯王公列侯卿大夫元士御事其勉助國道明師古曰道由也言當由於明智之事已助國也補注先謙曰書爽邦由哲孫星衍云方言廣雅爽猛也猛孟聲近釋詁孟勉也說文爽明也明都即孟諸明孟字通是明亦勉也故莽誥易爽爲勉亦惟宗室之俊民之表儀迪知上帝命師古曰迪道也言當遵道而知天命補注錢大昭曰此下脫正文粵天輔誠爾不得易定九字又脫注文師古曰粵詞也天道輔誠爾不得改易天之定命十九字南監本閩本皆有惟汲古本脫王念孫曰不言易天之定命而言易定則文義不明余謂定當爲金說文金古文法字形與定相似而誤大誥作爾時罔敢易法是其證朱一新曰北監本不脫先謙曰官本不脫下文降戾作降定則此作不得易定義自貫注似不必改定爲法疑古文法字亦當爲定轉因形近而誤也況今天降定于漢國惟大艱人翟義劉信大逆欲相伐於厥室豈亦知命之不易乎師古曰言義信不知天命不可改易迺大爲艱難已干國紀是自相謀誅伐其室也艱古艱字補注先謙曰書誕鄰胥伐于厥室据此知今文以大逆訓誕鄰也孫星衍云說文遴行難也或作僯僯鄰蓋通借字誕鄰即大難也予永念曰天惟喪翟義劉信若嗇夫予害敢不終予晦師古曰嗇夫治田志除草穢天之欲喪義信事亦如之我當順天已終竟田晦之事天亦惟休於祖宗予害其極卜害敢不卜從師古曰言天美祖宗之事我何其極卜法敢不往從言必從也補注先謙曰官本下卜作于江聲云予曷爲究極之於卜哉以爾衆心不安今既卜矣曷敢不惟卜是從乎先謙案据莽誥書敢弗于從亦訓敢不卜從顔依僞孔傳訓爲往從非率寧人有旨疆土況今卜幷吉師古曰言循祖宗之業務在安人而美疆土況今卜幷吉乎言不可不從也補注先謙曰据莽誥則書指亦同旨訓美故予大㠯爾東征命不僭差師古曰言必信之矣卜陳惟若此師古曰卜兆陳列惟如此補注先謙曰官本作兆陳引宋祁曰邵本兆作卜迺遣大夫淵聖御名譚等補注周壽昌曰據後書桓譚傳譚爲掌樂大夫先謙曰官本淵聖御名作桓班行諭告當反位孺子之意還封譚爲明告里附城師古曰明告者㠯其出使能明告諭於外也附城云如古附庸也諸將東破陳畱菑孟康曰菑故戴國在梁後屬陳畱今日考城補注錢大昭曰破字誤南監本閩本作至先謙曰官本作至與義會戰破之斬劉璜首莽大喜復下詔曰太皇太后遭家不造國統三絕師古曰謂成帝哀帝平帝皆無子矣補注先謙曰官本矣作也絕輒復續恩莫厚焉信莫立焉孝平皇帝短命蚤崩師古曰蚤古早字幼

嗣孺沖詔子居攝子承明詔奉社稷之任持大宗之重補注先謙曰官本大作太養六尺之託受天下之寄補注宋祁曰監本楊本郭本託作孤別本云養六尺之孤託受天下之寄戰戰兢兢不敢安息伏念太皇太后惟經藝分析王道離散師古曰惟思也補注宋祁曰姚本散作㪚漢家制作之業獨未成就故博徵儒士大興典制備物致用立功成器㠯爲天下利王道粲然基業既著千載之廢百世之遺於今迺成道德庶幾於唐虞功烈比齊於殷周師古曰烈業也今翟義劉信等謀反大逆流言惑衆欲㠯篡位賊害我孺子罪深於管蔡惡甚於禽獸信父故東平王雲不孝不謹親毒殺其父思王名曰鉅鼠師古曰鉅大也莽誣雲呼其父曰鉅鼠也後雲竟坐大逆誅死義父故丞相方進險詖陰賊師古曰詖佞也音彼義反兄宣靜言令色外巧內嫉師古曰靜安也令善也言其陽爲安靜之言外有善色而實嫉害也補注王念孫曰靜言令色即巧言令色下文外巧二字統承靜言令色言之則靜非安靜之謂也古文尚書秦誓惟截截善諞言今文作惟諓諓善靜言漢書皆用今文故作靜言也靜字或作竫又作靖文十二

年公羊傳引書作惟諓諓善竫言王注楚辭九辯曰靜言諓諓而無信又注九歎曰諓諓言貌也引書曰諓諓靖言潛夫論救邊篇諓諓善竫並字異而義同越語又安知是諓諓者乎賈逵注諓諓巧言也觀公羊而今文尚書曰惟諓諓善靜言是靜言即巧言也師古不見今文故訓靜言爲安靜之言而加陽爲二字以足其義所殺鄉邑汝南者數十人今積惡二家迷惑相得此時命當殄天所滅也義始發兵上書言宇信等與東平相輔謀反師古曰輔者東平王相之名也〔補注〕劉奉世曰義發兵時東平相蘇隆此輔未喻或者當爲傳聲之誤也宋祁曰前云以東平王傳蘇隆爲丞相執捕械繫欲以威民先自相被以反逆大惡師古曰被加也音皮義反轉相捕械此其破殄之明證也已捕斬斷信二子穀鄉侯章德廣侯鮪義母練兄宣親屬二十四人皆磔暴於長安都市四通之衢當其斬時觀者重疊師古曰言人多而聚積天氣和清可謂當矣命遣大將軍共行皇天之罰師古曰共讀曰恭討海內之讎功効著焉予甚嘉之司馬法不云乎賞不踰時欲民速覩爲善之利也今先封車騎都尉孫賢等五十五人皆爲列侯戶邑之數別下

遣使者持黃金印赤韍縌朱輪車即軍中拜授服虔曰縌即今之綬也師古曰韍所以繫印也縌者系也謂逆受之也即就也韍音弗縌音逆〔補注〕宋祁曰注文系字上當有其字因大赦天下於是吏士精銳遂攻圍義於圉城破之義與劉信弃軍庸亡孟康曰謂挺身逃亡如奴庸也至固始界中捕得義尸磔陳都市〔補注〕沈欽韓曰古今注平陵東翟義門人所作也王莽殺義義門人作歌以怨之卒不得信初三輔聞翟義起自茂陵以西至汧二十三縣盜賊並發趙明霍鴻等自稱將軍攻燒官寺殺右輔都尉及斄令師古曰斄讀曰邰劫略吏民眾十餘萬火見未央宮前殿莽晝夜抱孺子禱宗廟復拜衛尉王級爲虎賁將軍大鴻臚望鄉侯閻遷爲折衝將軍與甄邯王晏西擊趙明等正月虎牙將軍王邑等自關東還便引兵西彊弩將軍王駿以無功免揚武將軍劉歆歸故官復以邑弟侍中王奇爲揚武將軍城門將軍趙恢爲彊弩將軍中郎將李棽爲厭難將軍師古曰棽音所林反〔補注〕宋祁曰服虔棽音禁如淳音琴說文丑心反晉灼音參參音森復將兵西二月明等殄滅諸縣悉平還師振旅莽迺置酒白虎殿勞饗將帥大封拜先是益州蠻夷及金城塞外羌反畔時州郡擊破之莽迺并錄以小大爲差封侯伯子男凡三百九十五人曰皆以奮怒東指西擊羌寇蠻盜反虜逆賊不得旋踵應時殄滅天下咸服之功封云〔補注〕周壽昌曰言其敘功封爵策命如此云爾莽於是自謂大得天人之助至其年十二月遂即眞矣初義所收宛令劉立聞義舉兵上書願備軍吏爲國討賊內報私怨莽擢立爲陳留太守封明德侯始義兄宣居長安先義未發家數有怪師古曰言義未發兵之前夜聞哭聲聽之不知所在宣教授諸生滿堂有狗從外入齧其中庭羣鴈數十比驚救之已皆斷頭師古曰比音必寐反〔補注〕王引之曰鴈者鵝也故曰中庭羣鴈古謂鵝爲鴈說見經義述聞周官膳用六牲下狗走出門求不知處宣大惡之謂後母曰東郡太守文仲素俶儻師古曰俶音士歷反今數有惡怪恐有妄爲而大禍至也〔補注〕宋祁曰恐有當作恐其大夫人可歸爲弃去宣家者師古曰言歸其本族自絕於翟氏〔補注〕先謙曰官本注在以避害下以避害母不肯去後數月敗莽盡壞義第宅汙池之師古曰汙停水也音烏發父方進及先祖冢在汝南者燒其棺柩夷滅三族〔補注〕沈欽韓曰全唐文七百三十三載長孫修漢丞相翟公重建碑表猗氏城西五里曰漢故丞相翟子威之墓公本汝南上蔡人歸葬本郡値東郡之敗其餘子孫逃難西遷改於此故諸孫代爲河東猗氏人誅及種嗣至皆同坑以棘五毒并葬之如淳曰野葛狼毒之屬也而下詔曰蓋聞古者伐不敬取其鱷鯢築武軍封以爲大戮於是乎有京觀以懲淫慝師古曰此左傳載楚莊王之辭也鱷鯢大魚爲害者也以比敵人之勇桀者京高丘也觀謂如闕形也懲創乂也慝惡也鱷古鯨字音其京反鯢音五奚反觀音工喚反〔補注〕先謙曰官本注乂作艾胡注崔豹古今注鯨大者長千里小者數丈一生數萬子常以五六月就岸生子至七八月導從其子還大海中鼓浪成雷噴沫成雨水族驚畏皆逃匿莫敢當其雌曰鯢大者亦長千里蓋鯨鯢有力能驅食小魚故以喻夫强暴而淩弱者而導從數萬子跋扈大海中亦有渠魁之義鱷古鯨字迺者反虜劉信翟義誖逆作亂於東而芒竹羣盜趙明霍鴻造逆西土師古曰芒竹在盩厔南界芒水之曲而多竹林也即中司竹園

是其地矣芒音亡〔補注〕沈欽韓曰渭水注芒水出南山芒谷北逕盩厔縣之竹圃中長安志司竹監在盩厔縣東南三十里晉地道記司竹都尉治鄠縣其園周百里以供國隋義甯元年唐高祖起兵其第三女平陽公主舉兵於司竹園號娘子軍先謙曰官本注中作今是遣武將征討咸伏其辜惟信義等始發自濮陽結姦無鹽〔補注〕洪頤煊曰義守東郡并東平濮陽東郡治無鹽東平治殄滅於圉趙明依阻槐里環隄師古曰槐里縣界其中有環曲之隄而明依之以自固也〔補注〕沈欽韓曰渭水注晉太康中始平郡治槐里其城遞帶防陸舊渠尚在即漢書所謂槐里環隄者也長安志興平縣百頃泊宋泊曲沿並有蒲魚之利隋開皇十五年各築隄防護槐里故城在縣東南十里霍鴻負倚盩厔芒竹師古曰負恃也倚音於綺反咸用破碎亡有餘類其取反虜逆賊之鱷鯢聚之通路之旁濮陽無鹽圉槐里盩厔凡五所〔補注〕先謙曰胡注濮陽無鹽圉義黨之尸槐里盩厔明鴻黨之尸各方六丈高六尺築為武軍封以為大戮薦樹之棘師古曰薦讀曰荐荐重也聚也〔補注〕先謙曰官本考證引蕭該音義曰字林作栫柴木擁也在見反該案今作薦字者借以為栫字建表木高丈六尺師古曰表者所以標明也書曰反虜逆賊鱷鯢在所長吏常以秋循行師古曰行音下更反勿令壞敗以懲淫慝焉初汝南舊有鴻隙大陂郡以為饒師古曰鴻隙陂名藉其溉灌及魚鼈萑蒲之利以多財用〔補注〕沈欽韓曰明志汝甯府汝陽縣東有鴻郤陂成帝時關東數水陂溢為害方進為相與御史大夫孔光共遣掾行事師古曰行音下更反〔補注〕錢大昭曰事當作視南監本閩本不誤先謙曰官本作視以為決去陂水其地肥美省隄防費而無水憂遂奏罷之及翟氏滅鄉里歸惡言方進請陂下良田不得而奏罷陂云王莽時常枯旱郡中追怨方進童謠曰壞陂誰翟子威飯我豆食羹芋魁師古曰言田無溉灌不生秔稻又無黍稷但有豆及芋也豆食者豆為飯也羹芋魁者以芋根為羹也飯音扶晚反食音飤〔補注〕先謙曰官本注不生上有而字反乎覆陂當復師古曰事之反覆無常言禍兮福所倚誰云者兩黃鵠師古曰託言有神來告之、

司徒掾班彪曰丞相方進以孤童攜老母羈旅入京師身為儒宗致位宰相盛矣當莽之起葢乘天威雖有賁育奚益於敵師古曰賁謂孟賁育謂夏育皆古之勇士言得之無益不能敵莽也賁音奔義不量力懷忠憤發以隕其宗悲夫〔補注〕沈欽韓曰潛夫論本政篇自成帝以降至於莽公卿列侯下訖令尉大小之官十萬人惟安衆侯劉崇東郡太守翟義思事君之禮義勇奮發欲誅莽功雖不成志節可紀御覽陳羣汝潁士論曰潁川士雖嫉惡未有如汝南翟文仲破家為國者也

翟方進傳第五十四終

谷永杜鄴傳第五十五　　漢書八十五

漢　蘭　臺　令　史班　固　撰

唐正議大夫行祕書少監琅邪縣開國子顔師古注

賜進士出身前翰林院編修國子監祭酒加三級臣王先謙補注

谷永字子雲長安人也父吉爲衛司馬補注先謙曰百官表衛司馬衛尉屬官使送郅支單于侍子師古曰爲使而送之還本國也郅音質爲郅支所殺語在陳湯傳永少爲長安小史後博學經書建昭中御史大夫繁延壽師古曰即李延壽也一姓繁音蒲何反補注先謙曰公卿表建昭三年衛尉李延壽爲御史大夫三年卒一姓繁聞其有茂材除補屬舉爲太常丞補注先謙曰續志太常丞比千石掌凡行禮及祭祀小事總署曹事數上疏言得失建始三年冬日食地震同日俱發詔舉方正直言極諫之士補注沈欽韓曰杜欽傳云舉賢良方正帝紀亦有賢良字大常陽城侯劉慶忌補注先謙曰官本考證云慶忌陽城侯劉德之孫安民之子自宗正徙爲太常案慶忌爲太常在建始二年任五年免舉永待詔公車對曰陛下

秉至聖之純德懼天地之戒異飭身修政納問公卿師古曰飭與敕同敕整也補注先謙曰官本注在修政下又下明詔帥舉直言師古曰帥舉謂公卿守相皆令舉也帥字或作師師衆也補注何焯曰作師舉爲是蘇輿曰作帥是也帥與率同儀禮帥古文作率本書多言率意親文又言悉意帥率悉三字聲義得相通悉盡也帥舉猶言悉舉矣揚雄傳帥與之同苦樂與此義同燕見紬繹吕求咎愆師古曰紬讀曰抽紬繹者引其端緒也補注先謙曰官本此下有韋昭曰繹陳也六字使臣等得造明朝承聖問師古曰造至也音千到反臣材朽學淺不通政事竊聞明王即位正五事建大中吕承天心師古曰五事貌言視聽思也大中即皇極也解在五行志則庶徵序於下日月理於上師古曰庶衆也徵證也如人君淫溺後宮般樂游田師古曰如若也般讀與盤同五事失於躬大中之道不立則咎徵降而六極至師古曰六極謂一曰凶短折二曰疾三曰憂四曰貧五曰惡六曰弱凡災異之發各象過失吕類告人迺十二月朔戊申日食婺女之分地震蕭牆之內師古曰蕭牆屏牆也解在五行志二者同日俱發吕丁寍陛下師古曰丁寍謂再三告示也厥咎不遠宜厚求諸身師古曰厚猶深也意豈陛下志在閨門未卹政事不慎舉錯師古曰志在閨門謂畱心於女色也錯置也音千故反補注錢大昭曰此及下文意豈將軍忘湛漸之義皆當讀爲抑婁失中與師古曰婁古屢字也與讀曰歟下皆類此內寵大盛女不遵道嫉妒專上妨繼嗣與古之王者廢五事之中失夫婦之紀妻妾得意謁行於內埶行於外至覆傾國家或亂陰陽師古曰謁請也內則所請必行外則擅其權力言女寵盛也補注先謙曰或惑同昔褒姒用國宗周吕喪師古曰褒姒褒人所獻之女也幽王惑之卒有犬戎之禍閻妻驕扇日吕不臧師古曰閻嬖寵之族也扇熾也臧善也魯詩小雅十月之交篇曰此日而食于何不臧又曰閻妻扇方處言厲王無道內寵熾盛政化失理故致災異日爲之食爲不善也補注先謙曰官本考證引蕭該音義曰劉氏曰閻一音淫該案秦毛詩作豔齊召南云案毛詩說豔妻即指褒姒此另指一人蓋齊魯韓三家詩字句本有不同不可執毛詩以難三家也班婕妤亦曰哀褒閻之爲郵錢大昭云永用魯詩故爲閻魯詩以閻妻爲厲王后鄭箋從之詩正義引中候擿雒貳云昌受符厲倡孽期十之世權在相又曰剡者配姬以放賢山崩水潰納小人家伯罔主異載震既言昌受符爲王命之始即云期十之世自文數之至厲王除文王爲十世也剡豔古今字耳以剡對姬爲其姓以此知非褒姒也本傳下文永又言幽王惑於褒姒周德降亡又云抑褒閻之亂褒閻對舉魯說爲長此其效也經曰皇極

皇建其有極師古曰周書洪範之辭也皇大也極中也大立其有中所吕行九疇之義也傳曰皇之不極是謂不建時則有日月亂行陛下踐至尊之祚爲天下主奉帝王之職吕統羣生方內之治亂在陛下所執師古曰方內四方之內也誠畱意於正身勉强於力行損燕私之閒吕勞天下師古曰損減也閒讀曰閑勞憂也放去淫溺之樂罷歸倡優之笑師古曰笑古笑字絕卻不享之義慎節游田之虞師古曰卻退也享當也言所爲不善不當天心也一曰天不祐之不歆享其祀也虞與娛同補注錢大昕曰義古儀字書洛誥享多儀儀不及物曰不享謂當卻貢獻而不受也與下文不享上帝義自不同師古兩解皆誤先謙曰官本注末有應劭曰享呼庚反七字起居有常循禮而動躬親政事致行無倦安服若性師古曰致至也安心而服行之如天性自然也經曰繼自今嗣王其毋淫于酒毋逸于游田惟正之共師古曰周書無逸之辭也言從今吕往繼業嗣立之王毋過欲於酒毋放於田獵惟宜正身恭己也共讀曰恭補注先謙曰官本注曰恭作與恭同未有身治正而臣下邪者也夫妻之際王事綱紀安危之機聖王所致慎也補注宋祁曰南本無致字別本作之所慎也昔舜飭正二女

以崇至德師古曰虞書堯典云釐降二女于嬀汭嬪于虞謂堯以二女妻舜觀其治家欲使治國而舜謹敕正躬以待二女其德益崇遂受堯禪也飭與敕同楚莊忍絕丹姬以成伯功應劭曰楚莊王得丹姬三月不聽朝保申諫忍絕不復見迺勤政事遂爲盟主也師古曰丹姬是楚文王姬也莊王用申公巫臣之諫不納夏姬谷永集丹字作夏是也今此傳作丹轉寫誤耳應氏就而謬釋非本實也伯讀曰霸補注沈欽韓曰呂覽直諫篇說苑正諫篇並云丹之姬是荊文王事正諫篇又云莊王立鼓鐘之閒左伏陽姬右擁越姬未知谷永所用何等作夏姬文義亦順幽王惑於褒姒周德降亡魯桓脅於齊女社稷以傾師古曰解並在五行志誠修後宮之政明尊卑之序貴者不得嫉妒專寵以絕驕嫚之端抑褒閻之亂賤者咸得秩進各得厥職師古曰秩次也以次而進御也以廣繼嗣之統息白華之怨師古曰詩小雅白華之篇也幽王惑於褒姒而黜申后故國人作此詩以刺之永言此者譏成帝專寵趙昭儀也補注劉奉世曰案永後疏云建始河平許班之事傾動前朝今之後起天所不享則建始四年未當有趙昭儀也後宮親屬饒之以財勿與政事師古曰與讀曰豫以遠皇父之類損妻黨之權師古曰皇父周卿士也小雅十月之交詩曰皇父卿士番惟司徒刺厲王淫於色故皇父之屬因嬖寵而爲官也遠音于萬反父讀曰甫未有閨門治而

天下亂者也治遠自近始習善在左右昔龍筦納言而帝命惟允師古曰龍舜臣名也筦字與管同管主也虞書舜典曰帝曰龍命汝作納言夙夜出納朕命惟允允信也四輔既備成王靡有過事師古曰四輔謂左輔右弼前疑後丞也周書洛誥稱成王曰誕保文武受命亂爲四輔誠敕正左右齊栗之臣孟康曰左右謂尚書官也齊栗言其整齊萬事嘗戰栗謹敬也補注何焯曰齊當讀側加反先謙曰官本注無謂字嘗作常是戴金貂之飾執常伯之職者師古曰常伯侍中也伯長也常使長事者也一曰常任使之人此爲長也皆使學先王之道知君臣之義濟濟謹孚無敖戲驕恣之過師古曰孚信也則左右肅艾師古曰肅敬也艾讀曰乂乂治也羣僚仰法化流四方經曰亦惟先正克左右師古曰周書君牙之辭也言王者欲正百官要在能先正其左右近臣也補注齊召南曰案君牙篇作亦惟先王之臣克左右亂四方蓋今本之誤孔安國傳作先正是也其下文又曰乃惟由先正舊典時式郎指此先正矣證以此傳尤明所可疑者西都祇行伏生今文今文缺君牙篇惟孔安國古文有之然則谷永亦嘗見古文尚書者邪王念孫曰案顏齊二說皆非也此所引乃文侯之命非晚出古文之君牙師古誤記耳未有左右正而百官枉者也師古曰枉曲也治天下者尊賢考功則治簡賢違功則亂師古曰簡略也

謂輕慢也誠審思治人之術歡樂得賢之福論材選士必試於職明度量以程能考功實以定德師古曰程效也補注先謙曰官本注在能下無用比周之虛譽毋聽寖潤之譖愬師古曰比周言阿黨親密也寖潤積漸之深也比音頻寐反則抱功修職之吏無蔽傷之憂比周邪僞之徒不得即工李奇曰即就也工官也小人日銷俊艾日隆師古曰艾讀曰乂其下亦同經曰三載考績三考黜陟幽明師古曰虞書舜典之辭也言居官者三年一考其功三考則退其幽闇無功者升其昭明有功者又曰九德咸事俊艾在官師古曰虞書咎繇謨之辭也言使九德之人皆用事俊桀治能之士並在官也九德謂寬而栗柔而立愿而恭亂而敬擾而毅直而溫簡而廉剛而塞彊而義未有功賞得於前眾賢布於官而不治者也堯遭洪水之災天下分絕爲十二州制遠之道微孟康曰本九州洪水隔分更爲十二州處所離遠相制之道微也師古曰十二州謂冀兗豫青徐荊揚雍梁幽并營也補注先謙曰堯時分十二州詳地理志而無乖畔之難者德厚恩深無怨於下也秦居平土一夫大呼而海內崩析者師古曰呼音火故反刑罰深酷吏行殘賊也夫違天害德爲上取怨

於下莫甚乎殘賊之吏誠放退殘賊酷暴之吏一廢勿用補注先謙曰官本一作錮益選溫良上德之士以親萬姓師古曰親謂愛養之平刑釋冤以理民命師古曰釋解也務省繇役毋奪民時薄收賦稅毋殫民財師古曰殫盡也音單使天下黎元咸安家樂業不苦踰時之役師古曰古者行役不踰時時謂三月是爲一月補注先謙曰官本作一時是不患苛暴之政不疾酷烈之吏師古曰言免此疾患雖有唐堯之大災民無離上之心師古曰堯遭洪水故云大災經曰懷保小人惠于鰥寡師古曰周書無逸之辭也懷和也保安也補注蘇輿曰此今文尚書與石經同未有德厚吏良而民畔者也臣聞災異皇天所以譴告人君過失猶嚴父之明誡畏懼敬改則禍銷福降忽然簡易則咎罰不除經曰饗用五福畏用六極師古曰周書洪範之辭饗當也言所行當於天心則降以五福若所爲不善則以六極畏罰之五福一曰壽二曰富三曰康寧四曰攸好德五曰考終命六極之解已具於前傳曰六沴作見若不共御六罰既侵六極其下師古曰此洪範之傳也沴災氣也共讀曰恭御讀曰禦言敬所修德以禦災補注沈欽韓曰五行傳作六伐伐罰義同今

三年之間災異鋒起小大畢具所行不享上帝師古曰享當也不當天心上帝不豫師古曰豫悅也炳然甚著不求之身無所改正疏舉廣謀又不用其言晉灼曰疏遠也是循不享之迹無謝過之實也天責愈深此五者王事之綱紀南面之急務唯陛下留神對奏天子異焉特召見永其夏皆令諸方正對策語在杜欽傳永對畢因曰臣前幸得條對災異之效禍亂所極言關於聖聽書陳於前陛下委棄不納而更使方正對策背可懼之大異問不急之常論廢承天之至言角無用之虛文師古曰角竟也〔補注〕宋祁曰竟疑作競欲末殺災異滿讕誣天師古曰末殺埽滅也滿讕謂欺罔也殺音先曷反讕音來亶反〔補注〕沈欽韓曰淮南俶眞訓獨浮游無方之外不與物相弊撥注弊撥猶雜糅弊音跛涉之跛撥讀楚人言殺也手上下之言也與弊撥音義同滿毋官切義同謾說文讕詆讕也先謙曰官本攷證引蕭該曰滿讕或音漫是故皇天勃然發怒甲己之間暴風三溱拔樹折木師古曰自甲至己凡六日也溱與臻同臻至也此天至明不可欺之效也上特復問永永對曰日

食地震皇后貴妾專寵所致語在五行志是時上初卽位謙讓委政元舅大將軍王鳳議者多歸咎焉永知鳳方見柄用師古曰言任用之授以權也陰欲自託迺復曰方今四夷賓服皆爲臣妾北無薰粥冒頓之患師古曰粥音戈六反〔補注〕先謙曰官本戈作弋南無趙佗呂嘉之難三垂晏然靡有兵革之警師古曰晏安也諸侯大者迺食數縣漢吏制其權柄不得有爲亡吳楚燕梁之埶〔補注〕先謙曰燕燕王旦梁梁孝王也百官盤互親疏相錯師古曰盤互盤結而交互也錯間雜也互字或作牙言如豕牙之盤曲犬牙之相入也〔補注〕何焯曰互古字作𠀤與牙不同顏後解頗乖小學沈欽韓曰廣韻互俗作𠀤非古字骨肉大臣有申伯之忠師古曰申伯周申后之父〔補注〕先謙曰通鑑胡注申伯宣王之舅谷永以之況王鳳也洞洞屬屬小心畏忌師古曰洞洞驚肅也屬屬專謹也洞音動屬音之欲反無重合安陽博陸之亂師古曰重合莽通安陽上官桀博陸霍禹也三者無毛髮之辜不可歸咎諸舅此欲以政事過差丞相父子中尙書宦官〔補注〕朱一新曰此當爲比檻塞大異皆瞽說欺天者也師古曰檻義取檻柙之檻檻猶閉也其字從木瞽說言不中道若無目之人也〔補注〕宋祁曰蘇林曰濫氾也濫音作檻閉也晉灼曰於義蘇音是該案蘇濫氾者字林曰濫氾濫也濫音力暫反如湻曰檻閉者字林曰檻櫳也一曰圈也丁斬反又力甘反宦官或無宦字顏注文閑字越本作閉蘇輿曰文選西京賦薛注檻闌也廣雅闌遮也檻塞猶遮塞若今云搪塞矣諸說皆未了京房傳惟陛下毋使臣塞涌水之異義同漢時天地有變輒譴大臣以塞當之如成帝殺翟方進終無解於晏駕之厄是則信災異之害也唯永此言意在媚王氏無足取耳先謙曰官本注閑作開据宋注所見本作開竊恐陛下舍昭昭之白過忽天地之明戒聽晻昧之瞽說師古曰舍謂置也晻字與暗同又音一感反〔補注〕沈欽韓曰韓詩外傳士欲行義白名說苑立節篇作著名此白過亦卽著明之過也先謙曰下文白罪亦同胡注舍置也讀曰捨歸咎乎無辜倚異乎政事師古曰倚依也音於綺反次下亦同重失天心師古曰重音直用反不可之大者也師古曰此則爲大不可也陛下卽位委任遵舊〔補注〕先謙曰官本委作遂引宋祁曰遂或作委未有過政元年正月白氣較然起乎東方師古曰較明貌〔補注〕先謙曰官本貌下有也字引宋祁曰注文也字當刪至其四月黃濁四塞覆冒京師申以大水著以震蝕師古曰申重也著明也各有占應相爲表裏百官庶事〔補注〕先謙曰官本事作士是無所歸倚陛下獨不怪與師古曰倚音於綺反與讀曰歟

白氣起東方賤人將興之表也黃濁冒京師王道微絕之應也夫賤人當起而京師道微二者已醜師古曰已甚也〔補注〕王文彬曰禮學記比物醜類鄭注醜猶比也言二者之徵兆已相連比而見也顏訓已爲甚則解醜爲醜恥之義似非陛下誠深察愚臣之言致懼天地之異長思宗廟之計改往反過抗湛溺之意解偏駮之愛師古曰抗舉也湛讀曰沈駮不周普也奮乾剛之威平天覆之施使列妾得人人更進猶尙未足也師古曰更互也音工衡反急復益納宜子婦人毋擇好醜毋避嘗字如湻曰王鳳上小妻弟以納後宮以嘗字乳王章言之坐死今永及此爲鳳洗前過也〔補注〕劉奉世曰案王章言事坐誅在陽朔初而永此對乃是建始四年則非爲鳳而言也然觀永前後之文實若爲鳳但班固於此對後乃云永爲上第擢爲光祿大夫則同是建始四年中事也先謙曰胡注此時鳳蓋已納張美人於後宮故永爲之言若王章指言鳳過則在陽朔初也周壽昌云案章對言聞張美人未嘗任身就館也是嘗字之說亦誤考漢初高帝納薄后生文帝景帝王后先在民間嫁金姓生一女景帝納之生武帝漢世祖宗家法如此故永敢爲此言毋論年齒推法言之陛下得繼嗣於微賤之間迺反爲福得繼嗣而已母非有賤也師古曰苟得子耳勿論其母之貴賤〔補注〕

蘇輿曰公羊傳所謂母以子貴也後宮女史使令有直意者廣求於微賤之間師古
曰求當也令音力成反補注先謙曰官本注求作直是胡注引同又引鄭玄云女史女奴曉書者使令給役後宮無爵秩者也㠯
遇天所開右師古曰右讀曰佑佑助也補注蘇輿曰開右即啟佑避景帝諱慰釋皇太后之憂慍
師古曰釋散也補注蘇輿曰慰當作尉本書從心者皆後人加之解謝上帝之譴怒則繼嗣蕃滋
災異訖息師古曰蕃多也訖止也蕃音扶元反陛下則不深察愚臣之言補注王念孫曰案則
不深察若不深察也古者則與若同義說見釋詞忽於天地之戒咎根不除水雨之災山
石之異補注沈欽韓曰隋五行志洪範傳曰石自高隕者君將有危殆也將發不久補注蘇輿曰言不久將發
也與翟方進傳必在相位不久同一語例發則災異已極天變成形臣雖欲捐身闕策
不及事已師古曰言禍敗既成不可如何也已語終辭也補注先謙曰闕策白通其計策於上前疏賤之臣
至敢直陳天意斥譏帷幄之私欲間離貴后盛妾師古曰間音居莧反自知
忤心逆耳必不免於湯鑊之誅此天保右漢家使臣敢直言也師古
曰右讀曰佑三上封事然後得召待詔一句然後得見夫由疏賤納至

忠甚苦師古曰由從也苦勞苦也由至尊聞天意甚難語不可露願具書所言
因侍中奏陛下㠯示腹心大臣如淳曰永爲鳳言而言示腹心大臣無不可矣腹心大臣
㠯爲非天意臣當伏妄言之誅即㠯爲誠天意也補注先謙曰官本即作則引宋
祁曰則字姚本改作即蘇輿云則即字通並訓若奈何忘國家大本背天意而從欲師古曰從
讀曰縱唯陛下省察熟念厚爲宗廟計時對者數十人補注先謙曰官本十作千
引宋祁曰姚本改千作十永與杜欽爲上第焉上皆㠯其書示後宮後上嘗賜
許皇后書采永言㠯責之語在外戚傳永既陰爲大將軍鳳說矣
能實最高由是擢爲光祿大夫永奏書謝鳳曰補注沈欽韓曰著此者賤其拜爵公
朝謝恩私室也永斗筲之材師古曰筲竹器也斗筲喻小而不大也解在公孫劉田傳筲音所交反質薄學
朽無一日之雅左右之介師古曰雅素也介紹也言非宿素之交又無介紹而進也將軍說其
狂言師古曰說讀曰悅擢之皁衣之吏補注沈欽韓曰永爲太常丞掌祭祀小事續志祀宗廟諸祀冠長冠
服袀玄張敞云備皁衣二十餘年亦謂侍祠服之非朝衣也廁之爭臣之末不聽浸潤之譖不

食膚受之愬師古曰食猶受納也膚受謂初入皮膚至骨髓言其深也補注先謙曰官本無初字雖齊桓晉
文用士篤密察父悊兄覆育子弟誠無㠯加師古曰察明也悊智也昔豫子
吞炭壞形㠯奉見異師古曰豫讓也爲智伯報讎欲殺趙襄子恐人識之故吞炭㠯變其聲黵面㠯壞其形云
智伯國士遇我故也齊客隕首公門㠯報恩施師古曰舍人魏子三收邑入不與孟嘗孟嘗怒之魏子曰
假與賢者齊湣王受讒孟嘗出奔魏子所與粟賢者到宮門自剄㠯明孟嘗之心補注沈欽韓曰此當爲北郭騷自刎以白晏子事
見晏子雜篇及呂覽士節說苑復恩篇師古所引見史記孟嘗君傳一事而傳異也知氏孟嘗猶有死士何
況將軍之門鳳遂厚之數年出爲安定太守時上諸舅皆修經書
任政事平阿侯譚年次當繼大將軍鳳輔政尤與永善陽朔中鳳
薨鳳病困薦從弟御史大夫音㠯自代上從之㠯音爲大司馬車
騎將軍領尚書事補注先謙曰陽朔三年而平阿侯譚位特進領城門兵永
聞之與譚書曰君侯躬周召之德執管晏之操師古曰召讀曰邵其下亦同敬
賢下士樂善不倦師古曰下音胡亞反宜在上將久矣㠯大將軍在故抑鬱

於家不得舒憤今大將軍不幸蚤薨師古曰蚤古早字累親疏序材能宜
在君侯師古曰絫古累字累親疏謂積累其次而計之拜吏之日京師士大夫悵然失望
此皆永等愚劣不能褒揚萬一師古曰言萬分之一補注王文彬曰官本作萬分以下文報塞萬分
證之疑作萬分者是屬聞㠯特進領城門兵師古曰屬近也音之欲反補注蘇輿曰屬猶頃也史丹傳臣竊
戒屬冊涕泣義同是則車騎將軍秉政雍容于內而至戚賢舅執管籥於
外也愚竊不爲君侯喜宜深辭職自陳淺薄不足㠯固城門之守
收太伯之讓保謙謙之路師古曰太伯王季之兄也讓不爲嗣而適吳越闔門高枕爲知
者首願君侯與博覽者參之師古曰參詳其事小子爲君侯安此補注周壽昌曰
書中自稱小子始此譚得其書大感遂辭讓不受領城門職由是譚音相與
不平永遠爲郡吏恐爲音所危病滿三月免音奏請永補營軍司
馬永數謝罪自陳得轉爲長史音用從舅越親輔政威權損於鳳
時永復說音曰將軍履上將之位食膏腴之都任周召之職擁天

下之樞師古曰樞持也可謂富貴之極補注宋祁曰之疑作至人臣無二天下之責四面至矣將何以居之宜夙夜孳孳師古曰孳孳不怠也孳與孜同執伊尹之彊德以守職匡上誅惡不避親愛舉善不避仇讎以章至公立信四方師古曰篤厚也章明也篤行三者迺可以長堪重任久享盛寵師古曰享當也太白出西方六十日法當參天今已過期服虔曰太白出當居天三分之一已過期言其行遲在戌亥之間尚在桑榆之間補注沈欽韓曰天官書太白出而留桑榆間疾其下國上而疾未盡其日過參天疾其對國質弱而行遲形小而光微如淳曰言其行遲象王音也永見音爲司馬以疏間親自以位過故以太白喻司馬司馬主兵故也是永之佞曲從苟合也熒惑角怒明大逆行守尾其逆常也補注宋祁曰常字下疑有道字先謙曰常變對文不當有道字守尾變也意豈將軍忘湛漸之義委曲從順師古曰湛讀曰沈漸讀曰潛周書洪範曰沈潛剛克言人性沈密謂潛深者行之以剛則能堪也故激勸之云爾補注周壽昌曰左傳文五年引商書曰沈漸剛克杜注沈漸猶滯溺也釋文漸以廉反史記宋世家亦引作沈漸先謙曰官本注謂作而是所執不彊不廣用士尚有好惡之忌蕩蕩之德未純師古曰此永自知有忤於音故以斯言自救解方與將相大臣乖離之萌也何故始襲司馬之號

俄而金火並有此變上天至明不虛見異唯將軍畏之慎之深思其故改求其路以享天意音猶不平薦永爲護苑使者補注沈欽韓曰典護牧苑在西北邊郡者音薨成都侯商代爲大司馬衛將軍補注先謙曰永始二年永遷爲涼州刺史奏事京師訖當之部補注先謙曰通鑑胡注漢制諸州刺史常以八月循行所部錄囚徒考殿最歲盡詣京師奏事時有黑龍見東萊上使尚書問永受所欲言師古曰永有所言令尚書卽受之永對曰臣聞王天下有國家者患在上有危亡之事而危亡之言不得上聞如使危亡之言輒上聞師古曰如若也有卽上聞則商周不易姓而迭興三正不變改而更用師古曰迭音徒結反更音工衡反補注王念孫曰案變改更三字語意重疊改當爲政謂變其政而更用之也變政與易姓對文此因字形相似而誤夏商之將亡也行道之人皆知之師古曰凡在道路行者也晏然自以若天有日莫能危師古曰自謂如日在天而無有能傷危也補注先謙曰胡注尚書大傳曰桀云天之有日猶吾之有民日有亡哉日亡吾亦亡矣是

故惡日廣而不自知大命傾而不寤易曰危者有其安者也亡者保其存者也師古曰下繫之辭也言安必思危存不忘亡乃得保其安存補注先謙曰今易作危者安其位者也陛下誠垂寬明之聽無忌諱之誅使芻蕘之臣得盡所聞於前補注先謙曰胡注刈草曰芻采薪曰蕘文王詢于芻蕘不懼於後患直言之路開則四方衆賢不遠千里輻湊陳忠羣臣之上願社稷之長福也漢家行夏正夏正色黑黑龍同姓之象也張晏曰夏以建寅爲正萬物在地中色黑今黑龍見同姓象也補注先謙曰李光地云永爲異姓游說漢以火德王如何更以黑案漢以火王水滅火異姓爲陰類此則王氏傾國之兆龍陽德由小之大師古曰言因小以至大故爲王者瑞應未知同姓有見本朝無繼嗣之慶多危殆之隙欲因擾亂舉兵而起者邪將動心冀爲後者殘賊不仁若廣陵昌邑之類補注先謙曰廣陵王胥昌邑王賀臣愚不能處也師古曰處謂斷決也元年九月黑龍見補注宋祁曰元年當作去年沈欽韓曰成紀永始二年詔曰迺者龍見於東萊與此同在元年荀紀編於二年冬彼誤也其晦日有食之今年二月己未夜星隕補注錢大昕曰五行志成紀己未皆作癸未沈欽韓曰癸未與乙酉相距二日此誤乙酉日有食之六月之間大異

四發二而同月補注先謙曰官本重二字三代之末春秋之亂未嘗有也臣聞三代所以隕社稷喪宗廟者皆由婦人與羣惡沈湎於酒書曰迺用婦人之言自絕于天師古曰今文周書泰誓之辭婦人妲己言紂用妲己之言自取殄滅非天絕之四方之逋逃多罪是宗是長是信是使師古曰亦泰誓之辭也宗尊也言紂容納逃亡多罪之人尊而長之親信使用詩云燎之方陽甯或滅之赫赫宗周褒姒威之師古曰小雅正月之詩威亦滅也言火燎方熾甯有能滅之者乎而宗周之盛爲褒姒所滅怨其甚也威音呼悅反補注先謙曰官本甯作能引宋祁曰說文曰威滅也從火戌聲火死乃戌陽氣至戌而盡音許滅反姚本能作甯注文盛作熾王念孫云案師古此注殆沿鄭箋之誤此引詩作能或滅之非謂甯有能滅之者也案能者乃也言燎火方熾而乃有滅之者以喩赫赫之宗周而竟爲褒姒所滅也能字古讀若耐耐與乃聲相近故義亦相同左昭十二年傳中美能黃上美爲元下美則裳能爲則三字相對爲文能者乃也言中美乃黃上美爲元下美則裳也孫子謀攻篇故用兵之法十則圍之五則攻之倍則分之敵則能戰少則能守不若則能避之言敵則乃戰少則乃守不若則乃避之也魏策奉陽君約魏魏王將封其子謂魏王曰王嘗身濟漳朝邯鄲抱葛薜陰成以爲趙養

邑而趙無爲王有也王能又封其子河陽姑泌乎臣爲王不取也言王乃又封其子乎臣爲王不取也史記淮陰侯傳今韓信兵號數萬其實不過數千能千里而襲我亦以罷極言韓信兵不過數千乃千里而襲我亦已疲極也太史公序佞幸傳非獨色愛能亦各有所長言非獨以色見愛乃亦各有所長也列女傳賢明傳先王以不斜之故能至於此言以不斜之故乃至於此也能與乃義同故二字可以互用後漢書荀爽傳陳便宜策曰鳥則雄者鳴雊雌能順服獸則牡爲唱導牝乃相從是也能與乃同義故又可以通用淮南人間篇此何遽不能爲福乎藝文類聚禮部下引此能作乃漢書匈奴傳東援海代南取江淮然後乃備漢紀乃作能是也能與寍一聲之轉故此作能或滅之毛詩作寍或滅之宋云舊本能作寍此依詩改也毛寍亦乃也鄭箋誤解寍字說見經義述聞寍或滅之下易曰濡其首有孚失是師古曰未濟上九爻辭也言耽樂無節飲酒濡首有信之道於是遂失也濡濕也秦所以二世十六年而亡者補注先謙曰胡注秦始皇二十六年初并天下三十七年崩二世三年而亡其有天下財十六年養生泰奢奉終泰厚也二者陛下兼而有之臣請略陳其效易曰在中饋無攸遂師古曰家人六二爻辭也饋與餽同饋食也言婦人之道居中主食遜順而已無所必遂補注王文彬曰遂成也言婦道無成言婦人不得與事也師古曰與讀曰豫詩曰懿厥悊婦爲梟爲鴟匪降自天生自婦人師古曰大雅瞻卬之詩懿美也悊智也言幽王以悊婦爲美實迺爲梟鴟也婦謂褒姒也梟鴟惡聲之鳥故以諭焉又言此禍亂非從天而下但以寵褒姒之故生此災耳補注先謙曰今詩匪上有亂字據顏注當有建始河平之際許班之貴頃動前朝師古曰許皇后及班婕妤之家熏灼四方賞賜無量空虛內臧女寵至極不可上矣師古曰上猶加也今之後起天所不饗什倍於前如淳曰謂趙李本從卑賤起也廢先帝法度聽用其言官秩不當縱釋王誅師古曰縱放也釋解也王誅謂王法當誅者驕其親屬假之威權從橫亂政師古曰從音子用反橫音胡孟反刺舉之吏莫敢奉憲又以掖庭獄大爲亂阱師古曰穿地爲坑阱以拘繫人也亂者言其非正而又多也阱音材性反補注劉奉世曰言設獄陷人如阱耳榜箠瘖於炮格師古曰瘖痛也炮格紂所作刑也膏塗銅柱加之以火上令罪人行其上輒墮炭中笑而以爲樂瘖音千感反補注先謙曰官本格作烙下無上字考證引蕭該音義曰榜音彭王念孫云炮烙本作炮格格音古伯反不音洛故師古曰膏塗銅柱此釋格字加之火上令罪人行其上輒墮炭中此釋炮字江鄰幾雜志引漢書正作炮格今諸書皆作炮烙者後人不知古義而改之也沈欽韓云呂覽過理篇糟丘酒池肉圃爲格高注格以銅爲之布火其下以人置上人爛墜火而死笑之以爲樂御覽八十四桓子新論曰紂無道爛金爲格諸書皆訛爲炮烙絶滅人命主爲趙李報德復怨

師古曰復亦報也音扶福反反除白罪建治正吏師古曰反讀曰幡罪之明白者反而除之吏之公正者建議劾治也補注王念孫曰建治二字義不相屬師古以爲建議劾治此曲爲之說也建當爲逮逮捕也言罪之明白者則反而除之吏之公正者則逮而治之也王莽傳遣三公大夫逮治黨與隸書建或作逮見北海相景君銘漢中鄭固碑與逮相似故逮譌作建多繫無辜掠立迫恐師古曰掠笞服之立其罪名至爲人起責分利受謝師古曰言富賈有錢假託其名代之爲主放與它人以取利息而共分之或受報謝別取財物補注沈欽韓曰唐置捉錢令史爲官生息似之生入死出者不可勝數是以日食再既孟康曰既盡也補注先謙曰官本注併在其辜下以昭其辜師古曰昭明也王者必先自絶然后天絶之陛下棄萬乘之至貴樂家人之賤事師古曰謂私畜田及奴婢財物厭高美之尊號好匹夫之卑字孟康曰成帝好微行更作私字以相呼補注周壽昌曰帝與張放微行自稱富平侯家時有張公子之謠崇聚僄輕無義小人以爲私客師古曰僄疾也音頻妙反又音匹妙反數離深宮之固挺身晨夜與羣小相隨師古曰挺引也音大鼎反烏集雜會飲醉吏民之家師古曰言聚散不恆如烏鳥之集補注先謙曰通鑑飲醉作醉飽亂服共坐流湎媟嫚溷殽無別閔免遁樂晝夜在路師古曰閔免猶黽勉也遁流遁也補注先謙曰胡注引師古曰黽勉言不息也遁流遁也言流遁爲樂與此異典門戶奉宿衛之臣執干戈而守空宮公卿百僚不知陛下所在積數年矣王者以民爲基民以財爲本財竭則下畔下畔則上亡是以明王愛養基本不敢窮極使民如承大祭師古曰言常畏慎今陛下輕奪民財不愛民力聽邪臣之計去高敞初陵捐十年功緒師古曰緒謂功作之端次改作昌陵反天地之性因下爲高積土爲山發徒起邑並治宮館大興繇役重增賦斂徵法如雨師古曰言其多也補注先謙曰官本法作發是役百乾谿費疑驪山師古曰疑讀曰儗儗比也言勞役之功百倍於楚靈王費財之廣比於秦始皇補注宋祁曰史記楚世家靈王樂乾谿不能去也國人苦役沈欽韓曰繁露王道篇楚靈王內罷其眾乾谿有物女水盡則見女水滿則不見靈王舉發其國而役三年不罷楚國大怨靡敝天下師古曰靡散也音式皮反五年不成而後反故又廣旰營表晉灼曰旰音吁旰大也補注宋祁曰姚本注末有廣大營表四字發人冢墓斷截骸骨暴揚尸柩百姓財竭力盡愁恨感天災異婁降饑饉仍臻師古曰婁古屢字也仍頻也流散

宂食餧死於道㠯百萬數師古曰宂亦散也餧餓也宂音人勇反餧音踒賄反公家無一年
之畜百姓無旬日之儲師古曰畜讀曰蓄上下俱匱無㠯相救詩云殷監
不遠在夏后之世師古曰大雅蕩之詩也願陛下追觀夏商周秦所㠯失之
㠯鏡考己行師古曰鏡謂監照之考校也有不合者臣當伏妄言之誅師古曰言上之
所爲違於節儉皆與永言同補注先謙曰言所行與前代失天下之事合非謂與永言同也顏注誤漢興九世百九
十餘載繼體之主七皆承天順道遵先祖法度或㠯中興或㠯治
安至於陛下獨違道縱欲輕身妄行當盛壯之隆無繼嗣之福有
危亡之憂積失君道不合天意亦已多矣爲人後嗣守人功業如
此豈不負哉方今社稷宗廟禍福安危之機在於陛下陛下誠肯
發明聖之德昭然遠寤畏此上天之威怒深懼危亡之徵兆蕩滌
邪辟之惡志師古曰辟讀曰僻厲精致政專心反道師古曰反猶還也絕羣小之
私客免不正之詔除師古曰除謂除補爲官者悉罷北宮私奴車馬媠出之具
師古曰媠亦惰字耳惰出惰游也補注宋祁曰姚本媠作媠音又耦也蕭該音義媠作媠音惰王念孫曰案媠出二字義不相屬師
古強訓爲惰游非也當依蕭該本作媠出說文媠耦也從女有聲讀若祐或從人作侑然則媠出者耦出也車馬耦出謂與北宮私
奴共乘車馬而出也上文云陛下挺身晨夜與羣小相隨閔免遁樂晝夜在路故此云絕羣小之私客悉罷北宮私奴車馬媠出之
具也媠與媠字相似世人多見媠少見媠故媠譌爲媠矣克己復禮毋貳微行出飮之過師古曰貳
謂重爲之也論語稱孔子云顏回不貳過㠯防迫切之禍深惟日食再既之意抑損椒
房玉堂之盛寵師古曰椒房皇后所居玉堂嬖幸之舍也補注何焯曰時嬖倖小人亦有參錯於玉堂待詔之中者
故並舉椒房玉堂言之周壽昌曰揚雄解謿曰歷金門上玉堂注晉灼曰黃圖有大玉堂小玉堂殿是玉堂非止一處也毋聽
後宮之請謁除掖庭之亂獄去炮格之陷阱補注先謙曰官本格作烙誅埶邪
佞之臣及左右執左道㠯事上者㠯塞天下之望且寢初陵之作
止諸繕治宮室闕更減賦盡休力役師古曰闕亦謂減削之更謂更卒也音工衡反存䘏
振捄困乏之人㠯弭遠方師古曰捄古救字也弭安也厲崇忠直放退殘賊無
使素餐之吏久尸厚祿㠯次貫行固執無違師古曰貫聯續也謂上所陳眾條諸事宜

次第相續行之不當更違異也貫音工端反補注宋祁曰工端反當作工斷反王念孫曰案貫可訓爲聯不可訓爲續今案貫行猶
言服行謂以次服行之也後書光武十王傳奉承貫行義與此同爾雅服貫事也廣雅服貫行也是貫與服行同義夙夜孳
孳婁省無怠師古曰婁古屢字也屢省屢自觀省也舊愆畢改新德既章師古曰章明也纖
介之邪不復載心補注宋祁曰載當作惑則赫赫大異庶幾可銷天命去就
庶幾可復師古曰去就者言去離無德而就有德社稷宗廟庶幾可保唯陛下留神
反覆熟省臣言臣幸得備邊部之吏不知本朝失得瞽言觸忌諱
罪當萬死成帝性寬而好文辭又久無繼嗣數爲微行多近幸小
臣趙李從微賤專寵皆皇太后與諸舅夙夜所常憂至親難數言
故推永等使因天變而切諫勸上納用之永自知有內應展意無
所依違師古曰展申也每言事輒見答禮師古曰加禮而答之至上此對上大怒衞
將軍商密擿永令發去師古曰擿謂發動之音它歷反上使侍御史收永敕過交
道廄者勿追晉灼曰交道廄去長安六十里近延陵御史不及永還上意亦解自悔

補注先謙曰悔遣收永也明年徵永爲太中大夫遷光祿大夫給事中元延元
年爲北地太守時災異尤數永當之官上使衞尉淳于長受永所
欲言永對曰臣永幸得㠯愚朽之材爲太中大夫備拾遺之臣從
朝者之後進不能盡思納忠輔宣聖德退無被堅執銳討不義之
功猥蒙厚恩仍遷至北地太守絕命隕首身膏草野補注錢大昭曰草野南監
本閩本竝作野草先謙曰官本作野草不足㠯報塞萬分陛下聖德寬仁不遺易忘
之臣師古曰易忘言其微賤不足記也垂周文之聽下及芻蕘之愚有詔使衞尉
受臣永所欲言臣聞事君之義有言責者盡其忠師古曰謂職當諫爭有官
守者修其職臣永幸得免於言責之辜有官守之任師古曰言不爲諫官但郡
守耳當畢力遵職養綏百姓而已師古曰綏安也不宜復關得失之辭忠臣
之於上志在過厚是故遠不違君死不忘國昔史魚既沒餘忠未
訖委柩後寢㠯屍達誠如淳曰禮大夫殯於正室士於適室韓非曰史魚卒委柩後寢衞君弔而問之曰不

能進遽伯玉退彌子瑕以屍諫也汲黯身外思內發憤舒憂遺言李息師古曰謂論張湯也事見黯傳經曰雖爾身在外迺心無不在王室師古曰周書康王之誥也言諸蕃屏之臣身雖在外其心常當忠篤而在王室臣永幸得給事中出入三年雖執干戈守邊垂思慕之心常存於省闥是以敢越郡吏之職陳累年之憂臣聞天生蒸民不能相治師古曰蒸眾也爲立王者以統理之方制海內非爲天子列土封疆非爲諸侯皆以爲民也垂三統列三正去無道開有德不私一姓明天下迺天下之天下非一人之天下也王者躬行道德承順天地博愛仁恕恩及行葦師古曰詩大雅行葦之篇曰敦彼行葦牛羊勿踐履言政化所及仁道霑被雖草木至賤無所殘傷籍稅取民不過常法宮室車服不踰制度事節財足黎庶和睦則卦氣理效五徵時序補注先謙曰胡注五徵卽洪範之八庶徵曰雨曰暘曰寒曰燠曰風也百姓壽考庶屮蕃滋師古曰庶眾也屮古草字也蕃多也音扶元反符瑞並降以昭保右師古曰保安也右助也言爲天所安助也右讀曰佑失道妄行逆天暴物窮奢極

欲湛湎荒淫師古曰湛讀曰沈婦言是從誅逐仁賢離逖骨肉羣小用事師古曰逖遠也峻刑重賦百姓愁怨則卦氣悖亂咎徵著郵師古曰悖乖也郵字與尤同尤過也悖音布內反補注先謙曰胡注洪範之常雨常暘常燠常寒常風爲咎徵著明也天見咎徵以明著人君之過也上天震怒災異婁降日月薄食五星失行山崩川潰水泉踊出妖孽並見補注先謙曰胡注洪範五行傳草木之異謂之妖蟲豸之異謂之孽茀星耀光師古曰茀與孛同音步內反饑饉荐臻百姓短折萬物夭傷終不改寤惡洽變備補注沈欽韓曰一切經音義六引蒼頡篇洽徧徹也不復譴告更命有德補注先謙曰如魯哀禍大天不降譴是也詩云迺眷西顧此惟予宅師古曰大雅皇矣之詩也言天以殷紂爲惡不變迺眷然西顧見文王之德而與之宅居也夫去惡奪弱遷命賢聖天地之常經百王之所同也加以功德有厚薄期質有修短時世有中季天道有盛衰師古曰中讀曰仲陛下承八世之功業補注先謙曰八世高惠文景武昭宣元當陽數之標季孟康曰陽九之末季也師古曰標音必遙反涉三七之節紀孟康曰至平帝迺三七二百一十歲之厄今已涉向其節紀遭无妄之卦運

應劭曰天必先雲而後雷雷而後雨而今無雲而雷无妄者無所望也萬物无所望於天災異之最大者也師古曰取易之无妄卦爲義補注沈欽韓曰易稽覽圖无妄九月天下無雲而雷三十日之外雷行夜從西南正東北位此應劭所據也案京房六日七分圖无妄爲九月卦九月雷已收聲無雲而雷故爲大災[illegible][illegible]人論衡寒温篇案易無妄之應水旱之至自有期節劉淵林吳都賦注易無妄曰災氣有九陽厄陰厄則律歷志所謂陽九也虞氏易曰京氏及俗儒以无妄爲大旱之卦萬物皆死無所復望也失之遠矣有无妄然後可畜不死明矣是漢以前師說並以无望妄卦爲惡運至虞乃始據經文正之師古但云以无妄卦爲義亦至陋矣先謙曰胡注引項安世曰古妄與望通秦漢言無妄皆无望也朱英之說黃歇與揚子法言皆然故太玄以去準无妄謂其無所復望也在易則自爲誠妄之妄直百六之災阸師古曰直當也補注先謙曰百六之阸解詳律麻志三難異科雜焉同會師古曰雜謂相參也一曰雜音先合反雜焉總萃貌補注先謙曰三七之紀一難也无妄之運二難也百六之阸三難也建始元年以來二十載間羣災大異交錯鋒起多於春秋所書八世著記久不塞除李奇曰高祖以來至元帝著記災異未塞除也補注先謙曰李說非也言災異多於春秋所書及八世著記重以今年正月己亥朔日有食之師古曰重音直用反三朝之會師古曰歲月日三者之始故云三朝補注王念孫曰案三朝上原有於字於猶在也言日

食在三朝之會也今脫去於字則上下義不相屬後書班固傳注文選東都賦注鮑照數詩注引此竝作日有食之於三朝之會四月丁酉四方眾星白晝流隕七月辛未彗星橫天乘三難之際會畜眾多之災異師古曰畜讀曰蓄蓄積聚也因之以饑饉接之以不贍彗星極異也土精所生流隕之應出於飢變之後兵亂作矣厥期不久隆德積善懼不克濟師古曰修德積善尚恐不濟況不隆不積者乎內則爲深宮後庭將有驕臣悍妾醉酒狂悖卒起之敗師古曰卒讀曰猝補注先謙曰胡注驕臣指湻于長等悍妾指趙昭儀姊弟也北宮苑囿街巷之中臣妾之家幽閒之處師古曰閒讀曰閑徵舒崔杼之亂師古曰陳夏徵舒殺其君平國齊崔杼弒其君光補注先謙曰謂帝微行將有此禍官本注殺作弒外則爲諸夏下土將有樊並蘇令陳勝項梁奮臂之禍補注周壽昌曰樊並蘇令之亂皆永始三年事內亂朝暮日戒諸夏師古曰內亂則禍在朝暮諸夏則日戒有兵舉兵以火角爲期張晏曰以熒惑芒角爲期安危之分界宗廟之至憂師古曰分音扶問反臣永所以破膽寒心師古曰言懼甚豫言之累年下有其萌然後變見於上師古曰萌謂事

之始生如草木萌牙者也〔補注〕先謙曰官本木下有之字可不致愼禍起細微姦生所易師古曰易輕也音弋豉反願陛下正君臣之義無復與羣小媟黷燕飲師古曰媟狎也黷汙也中黃門後庭素驕慢不謹嘗以醉酒失臣禮者悉出勿留勤三綱之嚴修後宮之政師古曰三綱君臣父子夫婦也〔補注〕先謙曰胡注君爲臣綱父爲子綱夫爲婦綱所謂嚴也抑遠驕妒之寵崇近婉順之行加惠失志之人懷柔怨恨之心師古曰懷和也保至尊之重秉帝王之威朝覲法出而後駕〔補注〕王念孫曰法出而後駕當作法駕而後出謂法駕既具而後出也[illegible]今本駕出二字互誤則文不成義漢紀孝成紀正作朝覲法駕而後出陳兵淸道而後行無復輕身獨出飲食臣妾之家三者既除內亂之路塞矣〔補注〕先謙曰胡注三者謂微行縱飲好色也諸夏舉兵萌在民饑饉而吏不卹興於百姓困而賦斂重發於下怨離而上不知〔補注〕先謙曰上言諸夏舉兵以火角爲期又言兵萌及興與發之由明其將然也易曰屯其膏小貞吉大貞凶孟康曰膏者所以潤人肌膚爵祿亦所以養人者也小貞臣也大貞君也遭屯難飢荒君當開倉廩振百姓而反吝則凶臣吝嗇則吉論語曰

出內之吝謂之有司師古曰易屯卦九五爻辭傳曰飢而不損茲謂泰厥災水厥咎亡師古曰洪範傳之辭〔補注〕錢大昕曰案五行志乃京房易傳之文非洪範傳文顏注誤也五行志厥咎牡亡此傳脫牡字周壽昌曰觀下文闕動牡飛此傳寫奪之也本傳云永於天官京氏易最密訞辭曰闕動牡飛辟爲無道臣爲非厥咎亂臣謀篡師古曰易訞占之辭也訞即妖字耳〔補注〕沈欽韓曰隋經籍志梁周易妖占十三卷京房撰御覽咎徵部多引京氏妖占王者遭衰難之世有飢饉之災不損用而大自潤故凶百姓困貧無以共求師古曰共讀曰供無以供在上之所求愁悲怨恨故水城關守國之固固將去焉故牡飛往年郡國二十一傷於水災禾黍不入今年蠶麥咸惡百川沸騰江河溢決大水泛濫郡國十五有餘〔補注〕宋祁曰十五姚本作五十比年喪稼師古曰比頻也時過無宿麥師古曰時過者失時不得種也秋種夏收故云宿麥百姓失業流散羣輩守關如淳曰欲入就賤穀也大異較炳如彼水災浩浩黎庶窮困如此宜損常稅小自潤之時師古曰言所潤益於己者當減小之而有司奏請加賦甚繆經義逆於民心布怨趨禍之道也牡飛之

狀殆爲此發古者穀不登虧膳災婁至損服凶年不塈塗明王之制也師古曰塈仰也今北國谷泥屋也音許旣反詩云凡民有喪扶服捄之師古曰北國谷風之詩服音蒲北反捄古救字論語曰百姓不足君孰予足師古曰論語載有若對魯哀公之辭也言百姓不足君安得獨足乎〔補注〕先謙曰予與通借字官本注無魯字臣願陛下勿許加賦之奏益減大官導官中御府均官掌畜廩犧用度〔補注〕先謙曰大官主膳食導官主擇米御府主宮婢作中衣服及補浣之屬故曰中御府與均官長丞並屬少府掌畜主畜牧屬右扶風廩犧主藏穀養牲以供祭祀屬左馮翊止尚方織室京師郡國工服官發輸造作〔補注〕先謙曰尚方織室並屬少府見百官表工服官見貢禹傳以助大司農流恩廣施振贍困乏開關梁內流民恣所欲之師古曰之往也以救其急立春遣使者循行風俗宣布聖德師古曰行音下更反〔補注〕先謙曰官本注在俗下存卹孤寡問民所苦勞二千石師古曰勞慰勉也二千石謂郡守諸侯相也音來到反敕勸耕桑毋奪農時以慰綏元元之心防塞大姦之隙師古曰綏安也〔補注〕先謙曰官本注在上句下諸夏之亂庶幾可息臣聞上主可與爲善而不可與

爲惡下主可與爲惡而不可與爲善陛下天然之性疏通聰敏上主之姿也師古曰姿材也少省愚臣之言感寤三難師古曰省視也深畏大異定心爲善捐忘邪志毋貳舊愆厲精致改〔補注〕錢大昭曰改南監本閩本作政先謙曰官本作政至誠應天則積異塞於上禍亂伏於下何憂患之有竊恐陛下公志未專私好頗存尚愛羣小不肯爲耳對奏天子甚感其言永於經書汎爲疏達師古曰汎普也音敷劒反與杜欽杜鄴略等不能洽浹如劉向父子及楊雄也其於天官京氏易最密故善言災異前後所上四十餘事略相反覆專攻上身與後宮而已〔補注〕王念孫曰攻字義不可通攻當爲政字之誤也政與正同正諫也[illegible]正上身與後宮而已不言王氏專權之事也漢紀正作正上身與後宮黨於王氏上亦知之不甚親信也永所居任職師古曰言所處之官皆稱職爲北地太守歲餘衞將軍商薨曲陽侯根爲票騎將軍〔補注〕先謙曰元延元年薦永徵入爲大司農〔補注〕先謙曰公

卿表元延四年歲餘丞病三月有司奏請免故事公卿病輒賜告至丞獨即時免補注周壽昌曰此即近世因病勒休之例數月卒於家本名並吕尉氏樊並反更名丞云

杜鄴字子夏本魏郡繁陽人也祖父及父積功勞皆至郡守武帝時徙茂陵鄴少孤其母張敞女鄴壯從敞子吉學問得其家書吕孝廉爲郎與車騎將軍王音善平阿侯譚不受城門職後薨上閔悔之迺復令譚弟成都侯商位特進領城門兵得舉吏如將軍府補注先謙曰漢制列將軍置幕府得舉吏鄴見音前與平阿有隙即說音曰鄴聞人情恩深者其養謹愛至者其求詳師古曰詳悉也夫戚而不見殊孰能無怨師古曰戚近也殊謂異於疏也此棠棣角弓之詩所爲作也師古曰棠棣角弓皆小雅篇名也棠棣美燕兄弟角弓刺不親九族也昔秦伯有千乘之國而不能容其母弟春秋亦書而譏焉師古曰秦景公母弟公子鍼有寵於其父桓公景公立鍼懼而奔晉事在昭元年故經書秦伯之弟鍼出奔晉傳曰稱弟罪秦伯也周召則不然師古曰言周公召公無私怨也補注沈欽韓曰召公文王庶子故鄴云然先謙曰胡注不然者不爲秦伯之爲也忠吕相輔義吕相匡同己之親等己之尊不吕聖德獨兼國寵又不爲長專受榮任分職於陝並爲弼疑師古曰分職於陝謂自陝吕東周公主之自陝吕西召公主之陝即今陝州縣也音式冉反而說者妄云分郟是潁川郟縣繆矣弼疑謂左輔右弼前疑後承也補注先謙曰宦本分郟作分陝承作丞胡注陝從兩入郟從兩人人自不考耳故內無感恨之隙外無侵侮之羞師古曰感音胡闇反俱享天祐兩荷高名者蓋吕此也竊見成都侯吕特進領城門兵復有詔得舉吏如五府補注先謙曰胡注丞相御史及車騎左右將軍此明詔所欲寵也將軍宜承順聖意加異往時每事凡議必與及之指爲誠發出於將軍則孰敢不說諭師古曰言此之意指皆出忠誠彼必和悅無憂乖異也說讀曰悅昔文侯寤大鴈之獻而父子益親師古曰魏文侯廢太子擊立擊弟訢封擊於中山三年不往來擊臣趙倉唐進大鴈於文侯應對吕禮文侯感寤廢訢而召立擊父子更親也補注周壽昌曰錢泰吉云大鴈宋本作犬鴈是也御覽一百四十六引說苑魏太子擊使趙倉唐繅北犬奉晨鳧以獻七百七十九引韓詩外傳事更詳此鄴語所本李慈銘曰文選四子講德論注引同陳平共壹飯之饗而將相加驩師古曰陳平用陸賈說五百金爲絳侯具食是也共讀曰供補注宋祁曰饗景本作饌本作饔聲類曰饌字或作饔晉灼同聲類饔即饌字蕭該音義曰今人不識饔遂易識作饌字耳所接雖在楹階俎豆之閒其於爲國折衝厭難豈不遠哉師古曰厭音一葉反竊慕倉唐陸子之義所白奧內唯深察焉師古曰奧內室中隱奧之處也補注王念孫曰奧亦內也奧內猶隱奧也所言隱奧唯將軍深察之非謂室中隱奧之處也堯典厥民奧作隩尚書隩攄乃異敝己包之改書大傳壇四奧鄭注並云奧內也昭十三年左傳國有奧主正義奧主國內之主字或作隩周語宅居四隩韋注隩內也是奧內二字同義爾雅厓內爲隩釋文烏到反隩與奧亦同義音甚嘉其言由是與成都侯

商親密二人皆重鄴後吕病去郎商爲大司馬衞將軍除鄴主簿吕爲腹心舉侍御史哀帝即位遷爲涼州刺史鄴居職寬舒少威嚴數年吕病免是時帝祖母定陶傅太后稱皇太太后帝母丁姬稱帝太后而皇后即傅太后從弟子也傅氏侯者三人丁氏侯者二人又封傅太后同母弟子鄭業爲陽信侯傅太后尤與政專權

與讀曰豫元壽元年正月朔上吕皇后父孔鄉侯傅晏爲大司馬衞將軍而帝舅陽安侯丁明爲大司馬票騎將軍臨拜日食詔舉方正直言扶陽侯韋育舉鄴方正補注先謙曰育玄成孫寬子鄴對曰臣聞禽息憂國碎首不恨應劭曰禽息秦大夫薦百里奚而不見納繆公出當車吕頭擊闑腦迺播出曰臣生無補於國而不如死也繆公感寤而用百里奚秦吕大治卞和獻寶刖足願之師古曰解在鄒陽傳臣幸得奉直言之詔無二者之危敢不極陳臣聞陽尊陰卑卑者隨尊尊者兼卑天之道也是吕男雖賤各爲其家陽女雖貴猶爲其國陰故禮明三從之義師古曰謂婦人在家從父既嫁從夫夫死從子補注宋祁曰晏本無國字雖有文母之德必繫於子師古曰文母文王之妃太姒也補注劉奉世曰文母文王之母也何預太姒先謙曰胡注劉說是詩云思齊太任文王之母周壽昌云毛詩亦右文母傳曰文母太姒也列女傳云太姒號曰文母本書元后傳稱爲新室文母後書鄧隲傳伏惟和熹皇后聖善之德爲漢文母何敞傳伏惟皇太后秉文母之操皆本周頌雝對上假哉皇考言故稱文母烈考爲武王所謂繫之於子也若是太任則武之祖母當云繫之於孫矣顏注未諦春秋不書紀侯之母陰義殺也

曰隱三年紀侯使履緰來逆女公羊傳曰婚禮不稱主人主人謂婿也不稱母母不通也殺謂減降也音所例反補注沈欽韓曰繁露陽尊陰卑篇春秋之於昏禮達宋公而不達紀侯之母達陽而不達陰以天道制人也昔鄭伯隨姜氏之欲終有叔段篡國之禍周襄王內迫惠后之難而遭居鄭之危師古曰解並在前漢興呂太后權私親屬又以外孫爲孝惠后是時繼嗣不明凡事多晻師古曰晻與暗同晝昏冬雷之變不可勝載竊見陛下行不偏之政每事約儉非禮不動誠欲正身與天下更始也然嘉瑞未應而日食地震民訛言行籌傳相驚恐補注蘇輿曰傳轉同字案春秋災異以指象爲言語師古曰謂天不言但以景象指意告喻人故在於得一類而達之也日食明陽爲陰所臨坤卦乘離明夷之象也應劭曰明夷之卦上六不明晦初登于天後入于地明夷者明傷也初登于天者初爲天子言以善聞于天也後入于地者傷賢害仁佞惡在朝必以惡終入于地也坤以法地爲土爲母以安靜爲德震不陰之效也師古曰言地當安靜而今迺震是爲不遵陰道也占象甚明臣敢不直言其事昔曾子問從令之義孔子曰是何

言與師古曰曾子問子從父之令可謂孝乎孔子非之事見孝經與讀曰歟善閔子騫守禮不苟從親所行無非理者故無可間也師古曰論語稱孔子曰孝哉閔子騫人不間於其父母昆弟之言是也閒音居莧反補注周壽昌曰後書范升傳升聞子以人不閒於其父母爲孝臣以下不非其君上爲忠又云知而從令則過大矣是以不苟從令爲說與鄭言同閒訓非閒漢說此經如此論語注引陳羣曰言子騫上事父母下順兄弟動靜盡善故人不得有非閒之言猶作非閒解前大司馬新都侯莽退伏弟家補注先謙曰官本弟作第以詔策決復遣就國高昌侯宏去蕃自絕猶受封土師古曰董宏也制書侍中駙馬都尉遷不忠巧佞免歸故郡師古曰傳遷也閒未旬月則有詔還補注先謙曰則卽字同大臣奏正其罰卒不得遣而反兼官奉使顯寵過故補注先謙曰大臣孔光師丹也事詳光傳及陽信侯業皆緣私君國非功義所止師古曰謂緣私恩而得封爵爲一國之君耳非有功而侯也補注王念孫曰功與公同公私對文言業緣私恩得封非公義所在也如顏說則功義二字不相屬先謙曰業鄭業諸外家昆弟無賢不肖並侍帷幄布在列位師古曰不問賢與不肖皆親近在位或典兵衛或將軍屯寵意并於一家積貴之埶世所希見

所希聞也至迺并置大司馬將軍之官皇甫雖盛三桓雖隆魯爲作三軍無以甚此補注先謙曰胡注言周以皇甫爲卿士魯三桓強盛作三軍而三分公室比丁傅無以甚也當拜之日晻然日食師古曰晻音烏感反不在前後臨事而發者明陛下謙遜無專承指非一所言輒聽所欲輒隨師古曰謂皆迫於太后也有罪惡者不坐辜罰無功能者畢受官爵流漸積猥補注先謙曰胡注猥遝也其流漸至積遝也正尤在是師古曰尤過也言過惡正在於此欲令昭昭以覺聖朝昔詩人所刺春秋所譏指象如此殆不在它由後視前忿邑非之師古曰由從也邑於邑也遠身所行不自鏡見則以爲可計之過者師古曰逮及也鏡鑒照也自以所行爲可是計策之誤也疏賤獨偏見疑內亦有此類如淳曰在外而賤舉錯有過失爲主上所疑也師古曰此說非也言天子不自見其過疏賤獨偏見鄴自謂旁觀而見之也疑內亦有此類謂後宮嬖幸非理寵遇亦有如傅遷鄭業等妄受恩賞者補注朱一新曰偏見蓋謙言所見之偏天變不空保右世主如此之至奈何不應應劭曰右讀曰佑應謂應天戒而修德政臣聞野雞著怪高宗深動師古曰謂雉升鼎耳故懼而修德解在五行志大

風暴過成王怛然師古曰謂成王信流言而疑周公天迺雷電以風禾盡偃大木斯拔王迺啟金縢之書悔而還周公願陛下加致精誠思承始初事稽諸古師古曰每事皆考於古昔以厭下心師古曰厭滿也音一贍反補注先謙曰官本無注則黎庶羣生無不說喜師古曰說讀曰悅上帝百神收還威怒禎祥福祿何嫌不報師古曰嫌疑也鄴未拜病卒補注沈欽韓曰西京雜記杜子夏葬長安北四里墓前種松柏樹五株至今茂盛鄴言民訛言行籌補注先謙曰見五行志思心傳及谷永言王者買私田彗星隕石牡飛之占語在五行志初鄴從張吉學吉子竦又幼孤從鄴學問亦著於世尤長小學師古曰小學謂文字之學也周禮八歲入小學保氏教國子以六書故因名云鄴子林清靜好古亦有雅材建武中歷位列卿至大司空其正文字過於鄴竦故世言小學者由杜公補注周壽昌曰吉官至都尉張敞傳無其名竦幼孤則吉蓋早世矣郊祀志載敞辨汾脽寶鼎銘文藝文志云蒼頡多古文敞從齊人能正讀者受之張氏世擅古文學鄴則吉甥至林著蒼頡訓纂蒼頡故等篇

贊曰孝成之世委政外家諸舅持權重於丁傅在孝哀時故杜鄴

敢譏丁傅而欽永不敢言王氏其埶然也及欽欲挹損鳳權而鄴附會音商永陳三七之戒斯爲忠焉至其引申伯㠯阿鳳隙平阿於車騎師古曰謂勸王譚不受城門之職指金火㠯求合師古曰謂陳金火之變說音云蕩蕩之德未純冀音覬己忘舊怨也可謂諒不足而談有餘者師古曰諒信也孔子稱友多聞三人近之矣師古曰孔子云友直友諒友多聞益矣贊言杜鄴杜欽谷永無直諒之德但多聞也

谷永杜鄴傳第五十五 終　　漢書八十五

何武王嘉師丹傳第五十六　　漢書八十六

漢　蘭　臺　令　史班　固　撰

唐正議大夫行祕書少監琅邪縣開國子顏師古　注

賜進士出身前翰林院編修國子監祭酒加三級臣王先謙補注

何武字君公蜀郡郫縣人也師古曰郫音疲補注先謙曰今成都府郫縣治宣帝時天下和平四夷賓服神爵五鳳之間婁蒙瑞應師古曰婁古屢字也補注宋祁曰注文也字當衍而益州刺史王襄使辯士王襃頌漢德補注周壽昌曰辯士才辯之士也易明辯晳也注辯明析也作才慧解不專主能言說作中和樂職宣布詩三篇師古曰中和者言政教隆平得中和之道也樂職謂百官萬姓樂得其常道也宣布德化周治徧於四海也補注先謙曰顏說未諦詳王襃傳武年十四五與成都楊覆眾等共習歌之是時宣帝循武帝故事補注宋祁曰循字疑是脩浙本作脩求通達茂異士召見武等於宣室師古曰殿名也解在賈誼傳上曰此盛德之事吾何足㠯當之哉㠯襃爲待詔武等賜帛罷武詣博士受業治易㠯射策甲科爲郎與翟方進交志相友光祿勳舉四行師古曰元帝永光元年詔舉質樸敦厚遜讓有行義各一人時詔書又令光祿歲㠯此科第郎從官故武㠯此四行得舉之也遷爲鄠令坐法免歸武兄弟五人皆爲郡吏補注沈欽韓曰常璩先漢士女志武兄中郎將何霸字翁君武弟潁川太守何顯郡縣敬憚之武弟顯家有市籍租常不入縣數負其課師古曰㠯顯家不入租故每令縣負課殿市嗇夫求商捕辱顯家師古曰求姓商名也補注錢大昭曰廣韻求姓三輔決錄漢有求仲沈欽韓曰唐六典注漢代諸郡國皆有市長隋氏始有市令案此乃縣市但置嗇夫顯怒欲㠯吏事中商師古曰中傷之也又音竹仲反武曰㠯吾家租賦繇役不爲眾先奉公吏不亦宜乎武卒白太守召商爲卒吏補注劉攽曰吏改作史周壽昌曰太守有卒史無卒吏劉說是州里聞之皆服焉久之太僕王音舉武賢良方正徵對策拜爲諫大夫遷揚州刺史所舉奏二千石長吏必先露章服罪者爲虧除免之而已師古曰虧減也減係其狀直令免去也補注先謙曰官本注係作除是不服極法奏之抵罪或至死九江太守戴聖禮經號小戴者也行治多

不法前刺史㠯其大儒優容之及武爲刺史行部錄囚徒有所舉㠯屬郡師古曰屬委也音之欲反聖曰後進生何知迺欲亂人治師古曰言武仕學未久故謂之後進生也皆無所決武使從事廉得其罪師古曰廉察也聖懼自免後爲博士毀武於朝廷武聞之終不揚其惡而聖子賓客爲羣盜得師古曰聚爲羣盜而吏捕得也繫廬江聖自㠯子必死武平心決之卒得不死自是後聖慙服武每奏事至京師師古曰刺史每歲盡則入奏事於京師也聖未嘗不造門謝恩師古曰造至也音千到反武爲刺史二千石有罪應時舉奏其餘賢與不肖敬之如一是㠯郡國各重其守相州中清平補注何焯曰此敬待二千石之效王嘉傳中詳之行部必先卽學官見諸生師古曰卽就也學官學舍也補注王念孫曰一本正文注文作學宮景祐本毛本皆作學官是也賈誼傳學者所學之官也注官謂舍韓延壽傳脩治學官注學官謂庠序之舍也文翁傳脩起學官注學官學之官舍也此傳注亦云學舍則正文本作學官明矣舊本北堂書鈔設官部二十四陳禹謨本改官爲宮藝文類聚職官部六御覽職官部五十四引此傳並作學官先謙曰官本作學宮試其誦論問㠯得失補注周壽昌曰陶宗儀輟耕錄

云凡學官朔望講說所屬上司官省憲官至自教授學官暨學賓齋諭等皆講說一書其制實昉於武今各省學政蒞學官弟子每講說一書謂之下學講書卽此然後入傳舍出記問墾田頃畝五穀美惡師古曰記謂教命之書已迺見二千石㠯爲常師古曰常依次第也補注宋祁曰注文次第字上疑有此字初武爲郡吏時事太守何壽壽知武有宰相器㠯其同姓故厚之後壽爲大司農補注先謙曰公卿表河平二年由廷尉遷其兄子爲廬江長史補注劉攽曰廬江長史案百官表邊郡有長史秩六百石廬江無緣有長史就令有之已六百石不待刺史一見爲重而郡舉之也明此多長字不然是卒字爾沈欽韓曰爲曹史之長非與府丞對秩之長史也其後歲中得舉則是右曹掾史而舉孝廉也時武奏事在邸壽兄子適在長安壽爲具召武弟顯及故人楊覆衆等師古曰具謂酒食之具也酒酣見其兄子師古曰令出見顯等曰此子楊州長史師古曰言楊州部內長史也材能駑下未嘗省見師古曰省視也言不爲武所識拔也顯等甚慙退㠯謂武武曰刺史古之方伯上所委任一州表率也職在進善退惡吏治行有茂異民有隱逸迺當召見不可有所私問顯覆衆強之不得已召見

賜巵酒師古曰對賜一巵之酒也歲中廬江太守舉之師古曰終得武之力助也其守法見憚如此爲刺史五歲入爲丞相司直丞相薛宣敬重之出爲清河太守數歲坐郡中被災害什四㠯上免久之大司馬曲陽侯王根薦武徵爲諫大夫遷兗州刺史入爲司隸校尉徙京兆尹二歲坐舉方正所舉者召見槃辟雅拜服虔曰行禮容拜也師古曰槃辟猶言槃旋也辟音闢補注沈欽韓曰春官太祝奇拜杜子春云奇讀爲奇偶之奇謂先屈一膝今雅拜是也有司㠯爲詭衆虛僞師古曰詭違也武坐左遷楚內史遷沛郡太守補注沈欽韓曰御覽六百三十九引風俗通曰沛郡有富家公貲二千餘萬小婦子年裁數歲頃失其母又無親近其大婦女甚不賢公病困思念惡壻爭其財兒判不全因呼族人爲遺令云悉以財屬女但以一劍與兒年十五以還付之其後兒大姊不肯與劍男乃詣郡自言求劍時太守大司空何武也得其辭因錄女及壻省其手書顧謂掾史曰女性強梁壻復貪鄙其父畏賊害其兒又計小兒正得此財不能自全護故且俾與女內寄之耳不當以劍與之乎夫劍者亦所以決斷也限年十五者智力足以自活度此女壻必不復還其劍當聞縣官縣官或能證察得以見伸展也且庸何能思慮強遠如是哉悉奪取財以與子曰弊女惡壻溫飽十五歲亦以幸矣于是論者乃服謂武原情度事得其理周壽昌曰

此亦見宋桂萬榮棠陰比事引風俗通今風俗通無之知宋時風俗通所傳尚多也復入爲廷尉綏和三年補注朱一新曰案公卿表武以御史大夫乃綏和元年事綏和止二年此作三年誤別本均作元年先謙曰官本作元年御史大夫孔光左遷廷尉武爲御史大夫成帝欲修辟雍通三公官師古曰通開也謂更開置之卽改御史大夫爲大司空師古曰就其所任之人而并官俱改不別拜授也武更爲大司空封氾鄉侯食邑千戶氾鄉在琅邪不其師古曰爲後改食博望鄉故此指言在琅邪不其也氾音凡其音基哀帝初卽位襃賞大臣更㠯南陽犨之博望鄉爲氾鄉侯國師古曰犨音昌牛反增邑千戶武爲人仁厚好進士獎稱人之善師古曰獎勸也進而勸之爲楚內史厚兩龔在沛郡厚兩唐師古曰兩龔龔勝龔舍也兩唐唐林唐遵也及爲公卿薦之朝廷此人顯於世者何侯力也補注王念孫曰案此人當作此四人謂兩龔兩唐也今本脫四字則文義不明世㠯此多焉師古曰多重也重武進賢也然疾朋黨問文吏必於儒者問儒者必於文吏㠯相參檢欲除吏先爲科例㠯防請託其所居亦無赫赫名去後常見思及爲御史大

夫司空（補注周壽昌曰武爲御史大夫旋詔改大司空傳已敘明此不容以御史大夫司空兼說且漢制無司空官明衍御史夫三字而大字宜加於司空上也）與丞相方進共奏言往者諸侯王斷獄治政內史典獄事相總綱紀輔王中尉備盜賊今王不斷獄與政（師古曰與讀曰豫）中尉官罷職并內史郡國守相委任所以壹統信安百姓也（師古曰令百姓信之而安附也）今內史位卑而權重威職相踰不統尊者難以爲治臣請相如太守內史如都尉以順尊卑之序平輕重之權制曰可以內史爲中尉初武爲九卿時奏言宜置三公官又與方進共奏罷刺史更置州牧後皆復復故（師古曰又依其舊也下復音扶目反補注宋祁曰監本有二復字案注宜有二復字越本無一復字）語在朱博傳唯內史事施行多所舉奏號爲煩碎不稱賢公（補注先謙曰公謂三公官）功名略比辥宣其材不及也而經術正直過之武後母在郡遣吏歸迎會成帝崩吏恐道路有盜賊後母留止左右或譏武事親不篤（師古曰左右謂天子側近之臣）哀帝亦欲改易大臣遂策免武曰君舉錯煩苛不合眾心（師古曰錯置也音千故反）孝聲不聞惡名流

行無以率示四方其上大司空印綬罷歸就國後五歲諫大夫鮑宣數稱寃之天子感丞相王嘉之對而高安侯董賢亦薦武武由是復徵爲御史大夫月餘徙爲前將軍先是新都侯王莽就國數年上以太皇太后故徵莽還京師莽從弟成都侯王邑爲侍中矯稱太皇太后指白哀帝爲莽求特進給事中哀帝復請之事發覺（師古曰哀帝反更以此事請於太后太后本無此言故矯事發覺也復音扶目反補注宋祁曰越本無莽字監本有）太后爲謝上以太后故不忍誅之（補注宋祁曰浙本去之字）左遷邑爲西河屬國都尉削千戶後有詔舉大常莽私從武求舉武不敢舉後數月哀帝崩太后即日引莽入收大司馬董賢印綬詔有司舉可大司馬者莽故大司馬辭位辟丁傅（師古曰辟讀曰避）眾庶稱以爲賢又太后近親自大司徒孔光以下舉朝皆舉莽武爲前將軍素與左將軍公孫祿相善二人獨謀以爲往時孝惠孝昭少主之世外戚呂霍上官持權幾危社稷（師古曰幾音鉅依反）今孝成孝哀比世無嗣（師古曰比頻也）方當選立親近輔幼主不宜令異姓大臣持權（師古曰異姓謂非宗室及外戚補注宋祁曰南本徐錯去外不字予據顏注刪之爲允劉敞曰周禮時揖異姓異姓婚姻也異姓正謂外戚爾恐不當去不字王念孫曰宋說是劉說非也下文云親疏相錯爲國計便便字正承宜字而言若作不宜則與下文義不相屬不字乃後人妄加之耳漢紀作今不宜置異姓大臣持權親疏相錯爲國計不便兩不字皆後人妄加外戚親而異姓疏故曰宜令異姓大臣持權親疏相錯爲國計便然則異姓非謂外戚也故顏注云異姓謂非宗室及外戚下文云於是武舉公孫祿而祿亦舉武武與祿皆異姓而非外戚是其明證矣翼奉傳云今左右亡同姓獨以舅后之家爲親異姓之臣又疏二后之黨滿朝此異姓亦非指外戚劉引周官時揖異姓非此所謂異姓也此所謂異姓乃周官所謂庶姓耳御覽治道部十一引此正作宜令異姓大臣持權）親疏相錯爲國計便（師古曰錯謂間雜也）於是武舉公孫祿可大司馬而祿亦舉武太后竟自用莽爲大司馬莽風有司劾奏武公孫祿互相稱舉（師古曰風讀曰諷補注先謙曰官本注在皆免下）皆免武就國後莽寖盛爲宰衡（師古曰寖漸也）陰誅不附己者元始三年呂寬等事起

時大司空甄豐承莽風指（師古曰風謂風采也指意也）遣使者乘傳案治黨與（師古曰傳音張戀反）連引諸所欲誅上黨鮑宣南陽彭偉杜公子（師古曰彭偉及杜公子二人皆南陽人補注先謙曰後書彭寵傳父宏爲漁陽太守與何武鮑宣並遇害即偉也而名互異）郡國豪桀坐死者數百人武在見誣中大理正檻車徵武（補注先謙曰百官表有廷尉正哀帝元壽二年復廷尉爲大理）武自殺眾人多冤武者莽欲厭眾意令武子況嗣爲侯（師古曰厭滿也音一瞻反補注先謙曰官本注在意下）謚武曰刺侯（師古曰刺音來曷反）莽篡位免況爲庶人

王嘉字公仲平陵人也以明經射策甲科爲郎坐戶殿門失闌免（師古曰戶止也嘉掌守殿門止不當入者而失闌入之故坐免也春秋左氏傳曰屈蕩戶之補注王鳴盛曰宣十二年傳作屈蕩尸之注訓尸爲主吳下錢氏所藏淳熙九經作戶疏亦作戶宣六年公羊傳入其門無人門焉者戶之門焉一也）光祿勳于永除爲掾察廉爲南陵丞（師古曰南陵縣名屬宣州補注先謙曰官本注州作城引劉攽曰南陵薄太后陵耳漢無南陵縣宋祁曰案地理志宣城丹陽郡縣名未爲郡齊召南云此注誤劉謂漢無南陵縣亦非也南陵屬京兆尹因薄太

后陵得名地理志甚明至宣城非漢郡則宋祁已言之矣王鳴盛云屬宣州者係唐縣乃漢丹陽郡春穀縣地也南監板無此注殆校者因其舛謬刪去之先謙案南陵縣在西安府咸寧縣東南復察廉爲長陵尉鴻嘉中舉敦朴能直言召見宣室對政事得失超遷太中大夫出爲九江河南太守治甚有聲徵入爲大鴻臚徙京兆尹遷御史大夫建平三年代平當爲丞相封新甫侯加食邑千一百戶〔補注〕劉敞曰加食邑多加字何焯曰朱博傳云故事封丞相不滿千戶此千一百戶故云加嘉爲人剛直嚴毅有威重上甚敬之哀帝初立欲匡成帝之政多所變動師古曰匡正也正其乖失者嘉上疏曰臣聞聖王之功在於得人孔子曰材難不其然與師古曰論語載孔子之言也材難謂有賢材者難得也與讀曰歟故繼世立諸侯象賢也師古曰象其先父祖之賢耳非必其人皆有德也〔補注〕先謙曰通鑑胡注禮記郊特牲之文雖不能盡賢天子爲擇臣立命卿吕輔之師古曰命卿命於天子者也〔補注〕先謙曰胡注禮王制大國三卿皆命於天子次國三卿二卿命於天子一卿命於其君小國二卿皆命於其君齊高國魯三桓皆世卿也漢之王國傳相中尉命於天子猶古之命卿居是國也累世尊重然後士民之眾附焉是吕教化行而治功立今之郡守重於古諸侯〔補注〕先謙曰胡注周初班爵五等公侯地方百里伯七十里子男五十里漢郡守方制千里連城十數是重於古諸侯往者致選賢材〔補注〕先謙曰胡注致極也賢材難得拔擢可用者或起於囚徒昔魏尚坐事繫文帝感馮唐之言遣使持節赦其辠拜爲雲中太守匈奴忌之武帝擢韓安國於徒中〔補注〕先謙曰胡注韓安國傳坐法抵罪會梁內史缺漢使使拜安國爲梁內史起徒中爲二千石此景帝時事也武帝當作景帝拜爲梁內史骨肉吕安師古曰言梁孝王得免罪也張敞爲京兆尹有罪當免黠吏知而犯敞〔補注〕先謙曰京兆賊捕掾絮舜也詳敞傳敞收殺之其家自冤〔補注〕先謙曰自言其冤使者覆獄劾敞賊殺人師古曰覆音芳目反上逮捕不下師古曰言使者上奏請逮捕敞而天子不下其事也下音胡稼反會免亡命數十日宣帝徵敞拜爲冀州刺史卒獲其用前世非私此三人貪其材器有益於公家也孝文時吏居官者或長子孫吕官爲氏倉氏庫氏則倉庫吏之後也其二千石長吏亦安官樂職然後上下相望莫有

苟且之意其後稍稍變易公卿吕下傳相促急又數改更政事師古曰更亦變也司隸部刺史察過悉劾發揚陰私師古曰悉盡也言事無大小盡皆舉劾過於所察之條也〔補注〕先謙曰司隸部三輔三河弘農其餘部刺史分部諸郡國吏或居官數月而退送故迎新交錯道路中材苟容求全師古曰不敢操持羣下也下材懷危內顧師古曰常恐獲罪每爲私計也壹切營私者多二千石益輕賤吏民慢易之師古曰易亦輕也音弋豉反或持其微過增加成辠言於刺史司隸或至上書章下師古曰依其所上之章而下令治之眾庶知其易危師古曰言易可輕危也〔補注〕先謙曰官本輕作傾是胡注引同小失意則有離畔之心前山陽亡徒蘇令等從橫師古曰從音子用反橫音胡孟反吏士臨難莫肯伏節死義吕守相威權素奪也師古曰守郡守也相諸侯相也素奪謂先不假之威權也孝成皇帝悔之下詔書二千石不爲縱孟康曰二千石不吕故縱爲罪所吕優也遣使者賜金尉厚其意誠吕爲國家有急取辦於二千石二千石尊重難危迺能使下孝宣皇帝愛其良民吏師古曰良善也良人吏善治百姓者〔補注〕先謙曰官本注人作民引宋祁曰愛其良民吏其字當刪先謙案通鑑改作愛其善治民之吏有章劾事畱中會赦壹解師古曰不即下治其事恐爲擾動故每畱中或經赦令一切皆解散也〔補注〕沈欽韓曰如上所稱張敞事是也續禮儀志立春之日下寬大書罪非殊死且勿按驗則漢世雖不逢赦入春令亦得寬故事尚書希下章爲煩擾百姓證驗繫治或死獄中章文必有敢告之字迺下師古曰所以丁寧告者之辭絕其相誣也〔補注〕先謙曰胡注此乃妨其誣告唯陛下畱神於擇賢記善忘過容忍臣子勿責吕備師古曰不求備於一人也〔補注〕先謙曰胡注責備者求全也二千石部刺史三輔縣令有材任職者人情不能不有過差宜可闊略師古曰當寬恕其小罪也令盡力者有所勸此方今急務國家之利也前蘇令發師古曰謂蘇令等初發起爲盜賊也欲遣大夫使逐問狀〔補注〕先謙曰胡注使之逐盜而問其狀也時見大夫無可使者師古曰謂見在大夫皆不堪爲使也召盩厔令尹逢拜爲諫大夫遣之令諸大夫有材能者甚少〔補注〕先謙曰官本諸上令作今是通鑑同宜豫畜養可成就者則士赴難不愛其死臨事倉卒迺求非所吕明朝廷也〔補注〕先謙曰胡注人才當聚於

朝廷事會之來無可用者倉卒求之適所以明朝廷之無人耳先謙案明猶言光顯也
滿昌及能吏蕭咸辟修等皆故二千石有名稱天子納而用之會
息夫躬孫寵等因中常侍宋弘上書告東平王雲祝詛又與后舅
伍宏謀弒上爲逆〔補注〕宋祁曰弒當作殺字雖作殺讀亦作弒雲等伏誅躬寵擢爲吏
二千石是時侍中董賢愛幸於上上欲侯之而未有所緣傅嘉勸
上因東平事以封賢上於是定躬寵告東平本章師古曰定謂改治也掇去
宋弘更言因董賢以聞師古曰掇讀曰剟剟削也削去其名也剟音竹劣反欲以其功侯之
皆先賜爵關內侯頃之欲封賢等上心憚嘉迺先使皇后父孔鄉
侯傅晏持詔書視丞相御史師古曰視讀曰示於是嘉與御史大夫賈延
上封事言竊見董賢等三人始賜爵眾庶匈匈咸曰賢貴其餘并
蒙恩師古曰言董賢以貴寵故妄得封而躬寵等遂蒙恩至今流言未解陛下仁恩於賢等
不已宜暴賢等本奏語言師古曰暴謂章露也延問公卿大夫博士議郎考

合古今明正其義然後迺加爵土不然恐大失眾心海內引領而
議暴平其事〔補注〕朱一新曰平監本作下先謙曰官本平作下是必有言當封者〔補注〕宋祁曰言字上
當有對字在陛下所從天下雖不說咎有所分師古曰說讀曰悅不獨在陛下
前定陵侯淳于長初封其事亦議大司農谷永以長當封眾人歸
咎於永先帝不獨蒙其譏師古曰蒙被也臣嘉臣延材駑不稱死有餘責
師古曰稱副也知順指不迕可得容身須臾師古曰迕逆也所以不敢者思報厚
恩也上感其言止數月遂下詔封賢等〔補注〕先謙曰遂猶竟也因以切責公
卿曰朕居位以來寢疾未瘳師古曰瘳差也音丑留反反逆之謀相連不絕賊
亂之臣近侍帷幄前東平王雲與后謁祝詛朕使侍醫伍宏等內
侍案脈師古曰案謂切診也幾危社稷殆莫甚焉師古曰幾音鉅依反殆亦危也昔楚有子
玉得臣晉文爲之側席而坐師古曰已解於上近事汲黯折淮南之謀今
雲等至有圖弒天子逆亂之謀者是公卿股肱莫能悉心務聰明

以銷厭未萌之故師古曰悉盡也務聰明者廣視聽也厭音一涉反賴宗廟之靈〔補注〕宋祁曰靈
字上當有神字先謙曰通鑑亦無侍中駙馬都尉賢等發覺以聞咸伏厥辜書不
云乎用德章厥善師古曰商書盤庚之辭也其封賢爲高安侯南陽太守寵爲
方陽侯左曹光祿大夫躬爲宜陵侯後數月日食舉直言嘉復奏
封事曰臣聞咎繇戒帝舜曰亡敖佚欲有國兢兢業業一日二日
萬機師古曰虞書咎繇謩之辭也言有國之人不可傲慢逸欲但當戒慎危懼以理萬事之機也敖讀曰傲〔補注〕宋祁曰賁暇
集云孔安國云幾微也當戒萬事之微也晉文帝謂丞相於事動必經年恠其遲柏溫曰萬機那得速耶此對眞得書義近改爲郎
離之具當由漢王嘉封事誤從木傍也顏氏不知引孔注以證後人不根其本且曰漢書尙爾曾不知班顏自誤後人也先謙曰官
本考證案尙書作毋敎佚欲有邦此所引伏生今文也邦字當以避高帝諱作國齊召南云案晉文帝指簡文帝也刊本脫簡字耳
箕子戒武王曰臣無有作威作福亡有玉食臣之有作威作福玉
食害于而家凶于而國人用側頗辟民用僭慝師古曰周書洪範載箕子對武王之
辭也玉食精好如玉也而汝也頗偏也僭不信也慝惡也言如此則逆尊卑之序亂陰陽之統

而害及王者其國極危〔補注〕宋祁曰極字當作凶字國人傾仄不正民用僭差
不壹此君不由法度上下失序之敗也武王躬履此道隆至成康
師古曰言武王能履法度故至成康之時德化隆盛也自是以後縱心恣欲法度陵遲師古曰陵
遲即陵夷也言漸頹替也至於臣弒君子弒父父子至親失禮患生何況異姓
之臣孔子曰道千乘之國敬事而信節用而愛人使民以時師古曰論
語載孔子之言也道治也千乘謂兵車千乘說在刑法志孝文皇帝備行此道海內蒙恩爲漢
大宗孝宣皇帝賞罰信明施與有節記人之功忽於小過師古曰忽忘也
以致治平孝元皇帝奉承大業溫恭少欲都內錢四十萬萬〔補注〕沈欽
韓曰御覽六百二十七引桓譚新論漢百姓賦斂一歲爲四十餘萬萬吏俸用其半餘二十萬萬藏於都內爲禁錢少府所領園地
作務八十三萬萬以給宮室供養諸賞賜先謙曰百官表大司農有都內令丞水衡錢二十五萬萬少府
錢十八萬萬師古曰言不費用故蓄積也嘗幸上林後宮馮貴人從臨獸圈猛
獸驚出貴人前當之元帝嘉美其義賜錢五萬師古曰此言雖嘉其義而賞亦不多

掖庭見親有加賞賜屬其人勿衆謝師古曰掖庭宮人有親戚來見而帝賜之者屬其家勿使於衆人中謝也屬音之欲反（補注）先謙曰胡注有見親幸者加之賞賜則屬其人勿於衆中謝也先謙案据下文賢家有賓婚及見親則見親非見親幸之謂顏注是也二字亦見淮陽憲王傳荅漢世恆言示平惡偏（補注）周壽昌曰言示以均平惡其偏黨也惡音烏路切重失人心賞賜節約是時外戚貲千萬者少耳故少府水衡見錢多也師古曰見在之錢也（補注）先謙曰少府掌禁錢水衡都尉有鍾官辯銅令丞掌鑄錢雖遭初元永光凶年飢饉加有西羌之變（補注）先謙曰永光二年隴西羌反外奉師旅內振貧民終無傾危之憂以府臧內充實也孝成皇帝時諫臣多言燕出之害師古曰燕出謂微行也及女寵專愛耽於酒色損德傷年其言甚切然終不怨怒也寵臣淳于長張放史育育數貶退家貲不滿千萬放斥逐就國長榜死於獄師古曰榜笞擊也音彭不以私愛害公義故雖多內譏朝廷安平師古曰雖有好內之譏而不害政也傳業陛下陛下在國之時好詩書上儉節徵來所過道上稱誦德美此天下所以回心也師古曰望

爲治也（補注）先謙曰胡注謂回其戴成帝之心而戴哀帝初即位易帷帳去錦繡乘輿席緣綈繒而已師古曰綈厚繒也音徒奚反共皇寢廟比比當作師古曰共皇哀帝之父即定陶恭王也比比猶頻頻也共讀曰恭憂閔元元惟用度不足師古曰惟思也以義割恩輒且止息今始作治而駙馬都尉董賢亦起官寺上林中又爲賢治大第開門鄉北闕師古曰鄉讀曰嚮引王渠灌園池蘇林曰王渠官渠也由今御溝也晉灼曰渠名也在城東覆盎門外師古曰晉說是（補注）沈欽韓曰水經注昆明故渠又東而北屈逕青門外出未央宮桂宮之間謂之明渠明渠又東逕長樂宮北故渠又東出城分爲二渠即漢書所謂王渠也一水逕楊橋下即青門橋也北注渭今無水其一水右入昆明故渠一統志王渠在西安府城北先謙曰宮本注由作猶字同使者護作師古曰護監視也賞賜吏卒甚於治宗廟賢母病長安廚給祠具師古曰長安有廚官主爲官食道中過者皆飲食如淳曰禱於道中故行人皆得飲食（補注）先謙曰胡注据文理則飲音於禁反食讀曰飤爲賢治器器成奏御迺行或物好特賜其工自貢獻宗廟三宮猶不至此師古曰三宮天子太后皇后也（補注）劉攽曰子謂是時太皇太后稱長信宮傅太后稱永信宮而丁姬中安宮故以三宮爲言先謙曰胡注此時丁姬死矣三宮葢謂長信永信及趙太后宮也賢家有賓婚及見親諸官竝共師古曰見親親戚相見也竝供言百官各以所掌事及財物就供之共讀曰供（補注）蘇輿曰賓婚亦漢世恆言史記畱侯世家項伯見沛公沛公與飲爲壽結賓婚新結爲婚禮加賓敬故云然賜及倉頭奴婢人十萬錢使者護視發取市物百賈震動師古曰賈謂販賣之人也言百賈者非一之稱也賈音古道路讙譁羣臣惶惑詔書罷苑而以賜賢二千餘頃均田之制從此墮壞孟康曰自公卿以下至於吏民名曰均田皆有頃數於品制中令均等今賜賢二千餘頃則壞其等制也師古曰苑古苑字墮音火規反（補注）先謙曰均田在綏和二年奢僭放縱變亂陰陽災異衆多百姓訛言持籌相驚師古曰言行西王母籌也被髮徒跣而走乘馬者馳天惑其意不能自止或以爲籌者策失之戒也陛下素仁智慎事今而有此大譏孔子曰危而不持顛而不扶則將安用彼相矣師古曰論語稱季氏將伐顓臾冉有季路見於孔子孔子以此言責之以其不匡諫也臣嘉幸得備位竊內悲傷不能通愚忠之信身死有益於國不敢自惜唯陛下慎己之所獨鄉察衆人之所共疑師古曰鄉讀曰嚮往者寵臣

鄧通韓嫣師古曰嫣音偃驕貴失度逸豫無厭小人不勝情欲卒陷罪辜師古曰卒終也亂國亡軀不終其祿所謂愛之適足以害之者也宜深覽前世以節賢寵全安其命於是上寖不說師古曰寖漸也說讀曰悅而愈愛賢不能自勝會祖母傅太后薨（補注）劉奉世曰薨當作崩上因託傅太后遺詔令成帝母王太后下丞相御史益封賢二千戶及賜孔鄉侯汝昌侯陽新侯國師古曰傅晏傅商鄭業也（補注）錢大昭曰案新信古字通侯表亦作陽新本紀及杜鄴傳竝作陽信先謙曰三人先雖封侯未有國邑今賜之國邑也嘉封還詔書師古曰還謂卻上之於天子也（補注）先謙曰胡注後世給舍封駁本此因奏封事諫上及太后曰臣聞爵祿土地天之有也書云天命有德五服五章哉師古曰虞書咎繇謨之辭也言皇天命於有德者以居列位天子諸侯卿大夫士尊卑之服采章各異也王者代天爵人尤宜慎之裂地而封不得其宜則衆庶不服感動陰陽其害疾自深師古曰言此氣損害故令天子身自有疾也今聖體久不平此臣嘉所內懼也高安侯賢佞幸之臣陛下傾爵位以貴之單貨

財吕富之師古曰單盡也損至尊吕寵之師古曰言上意傾惑爲下所竊也補注先謙曰胡注謂帝爲賢治第擬於宮闕乘輿器物充牣其家也主威已黜府藏已竭唯恐不足財皆民力所爲孝文皇帝欲起露臺重百金之費補注先謙曰官本重作惜引宋祁曰惜越本作重錢大昭云閩本作惜克己不作今賢散公賦吕施私惠一家至受千金往古吕來貴臣未嘗有此流聞四方皆同怨之補注先謙曰官本無此字引宋祁曰流字上或有此字里諺曰千人所指無病而死臣常爲之寒心今太皇太后吕永信太后遺詔詔丞相御史益賢戶賜三侯國臣嘉竊惑山崩地動日食於三朝師古曰歲月日之朝也已解於上皆陰侵陽之戒也前賢已再封補注先謙曰謂先封關內侯復封高安侯晏商再易邑補注先謙曰胡注商先嗣爵崇祖侯後改封汝昌侯晏先以皇后父封三千戶又益二千戶食邑於夏丘業緣私橫求恩已過厚師古曰橫音胡孟反補注宋祁曰求當作受求索自恣不知厭足甚傷尊卑之義補注錢大昭曰尊卑南監本閩本竝作尊尊先謙曰官本作尊尊通鑑同胡注封三侯所以尊傳太后今求濫恩則傷尊尊之義矣不可吕示天下爲害痛矣補注先謙曰胡注痛甚也予謂痛切也臣驕侵罔陰陽失節師古曰罔謂誣蔽也補注宋祁曰驕字下當有主字氣感相動害及身體陛下寖疾久不平繼嗣未立宜思正萬事順天人之心吕求福祐柰何輕身肆意師古曰肆放也不念高祖之勤苦垂立制度欲傳之於無窮哉孝經曰天子有爭臣七人雖無道不失其天下師古曰言上能納諫則免於過惡也臣謹封上詔書補注沈欽韓曰漢舊儀詔書下朱鉤施行詔書有違法令施行之不便曹史白封還尚書對不便狀不敢露見非愛死而不自法補注先謙曰胡注謂不以違拒詔旨之法自劾恐天下聞之故不敢自劾補注沈欽韓曰漢有廢格詔書之罪本當自劾也朱一新曰劾監本作效先謙曰官本作效通鑑作劾胡注言自劾則天下知其事也愚戇數犯忌諱補注先謙曰官本作愚戇此誤脫戇下心唯陛下省察初廷尉梁相與丞相長史御史中丞及五二千石雜治東平王雲獄時冬月未盡二旬而相心疑雲冤獄有飾辭師古曰假飾之辭非其實也奏欲傳之長安師古曰傳謂移其獄事也更下公卿覆治尚書令鞫譚僕射宗伯鳳吕爲可許師古曰鞫及宗伯皆姓也鞫音居六反天子

吕相等皆見上體不平外內顧望操持兩心師古曰操音千高反幸雲踰冬補注先謙曰胡注謂僥幸雲獄踰冬可減死無討賊疾惡主讎之意制詔免相等皆爲庶人補注朱一新曰百官表相貶爲東海都尉後數月大赦嘉奏封事薦相等明習治獄相計謀深沈譚頗知雅文鳳經明行修聖王有計功除過師古曰收采其功吕明罪過也補注先謙曰官本明作免是臣竊爲朝廷惜此三人補注先謙曰胡注公卿表建平元年相爲廷尉二年貶三年方賞爲廷尉四年徙本紀雲自殺在建平四年大赦天下在元壽元年正月當治東平時廷尉乃賞非相又表言相貶不言免爲庶人大赦亦不在後數月也先謙案此表傳寫年月之誤惟相免與貶則未知孰誤耳書奏上不能平師古曰心怒也後二十餘日嘉封還益董賢戶事上迺發怒召嘉詣尚書責問吕相等前坐在位不盡忠誠外附諸侯操持兩心背人臣之義今所稱相等材美足吕相計除罪君吕道德位在三公吕擔方略一統萬類補注宋祁曰或無萬字劉奉世曰多萬字分明善惡爲職知相等罪惡陳列著聞天下時輒吕自劾今又稱譽相等云爲朝廷惜之大臣舉錯恣心自在師古曰錯置也補注蘇輿曰在疑任形近而譌迷國罔上近由君始將謂遠者何師古曰近臣尚然則遠者固宜爾也對狀師古曰敕令具對也嘉免冠謝罪事下將軍中朝者補注先謙曰事下將軍中朝者猶師丹傳之上問將軍中朝臣也中朝者謂中朝臣通鑑無中字胡注朝者當時見入朝之臣也通鑑所見本蓋與顏異光祿大夫孔光左將軍公孫祿右將軍王安光祿勳馬宮光祿大夫龔勝補注錢大昕曰孔光龔勝俱爲光祿大夫而光以故丞相拜秩中二千石位次丞相故得列於左右將軍之上其它大夫雖給事內朝要皆屬於光祿勳不當駕而上之故仍在光祿勳之下也龔勝傳敘此事以孔光列於司隸鮑宣之後失其次劾嘉迷國罔上不道請與廷尉雜治補注錢大昕曰劾上當有皆字方與下獨字相應勝獨吕爲嘉備宰相諸事並廢咎由嘉生師古曰孔光吕下眾共劾嘉而勝獨爲異議也補注王念孫曰案劾嘉之上不當有光祿大夫龔勝六字下文勝獨以爲上當有光祿大夫龔五字此謂諸臣皆劾嘉迷國罔上而光祿大夫龔勝獨以爲不然故師古曰孔光以下眾共劾嘉而勝獨爲異議也若劾嘉上有光祿大夫龔勝六字則與勝獨以爲之語相反校書者不知此六字之爲衍文反刪去下文之光祿大夫龔五字斯爲顛倒矣漢紀孝哀紀云事下將軍中朝者皆劾嘉迷國罔上不道光祿大夫龔勝獨以爲嘉坐薦相等罪微薄應以迷國罔上不道不可以示

天下足證今本之誤又龔勝傳云左將軍公孫祿司隸鮑宣光祿大夫孔光等十四人皆以爲嘉應迷國不道法勝獨曰嘉舉相等過徵薄尤足與此傳互相證明嘉坐薦相等微薄以應迷國罔上不道恐不可以示天下遂可光等奏光等請謁者召嘉詣廷尉詔獄制曰票騎將軍御史大夫中二千石二千石諸大夫博士議郎議衛尉雲等五十人〔補注〕錢大昭曰雲孫雲也河內人以爲如光等言可許議郎龔等以爲嘉言事前後相違無所執守不任宰相之職宜奪爵土免爲庶人永信少府猛等十人〔補注〕先謙曰永信少府因傅太后居永信宮暫置故不入表以爲聖王斷獄必先原心定罪探意立情故死者不抱恨而入地生者不銜怨而受罪明主躬聖德重大臣刑辟廣延有司議欲使海內咸服嘉罪名雖應法聖王之於大臣在輿爲下御坐則起師古曰解在翟方進傳疾病視之無數死則臨弔之廢宗廟之祭進之以禮退之以義誅之以行師古曰言大臣之死積累其行而爲誄也誄者累德行之文案嘉本以相等爲罪罪惡雖著大臣括髮關械裸躬就笞師古曰括結也關貫也裸露也〔補注〕周壽昌曰漢笞辱大臣若此可補刑法志所不及非所以重國褒宗廟也今春月寒氣錯繆霜露數降宜示天下以寬和臣等不知大義唯陛下察焉有詔假謁者節召丞相詣廷尉詔獄使者既到府掾史涕泣共和藥進嘉嘉不肯服主簿曰將相不對理陳冤相踵以爲故事師古曰踵由躡也〔補注〕先謙曰自周勃繫獄賈誼以爲言文帝自此待大臣有節將相有罪皆自殺不受刑然景帝時周亞夫武帝時公孫賀劉屈氂猶下獄死相踵爲故事言其槩也理獄也言大臣縱有冤不對獄而自陳君侯宜引決師古曰令自殺也使者危坐府門上師古曰言逼促嘉也主簿復前進藥嘉引藥杯以擊地謂官屬曰丞相幸得備位三公奉職負國當伏刑都市以示萬衆丞相豈兒女子邪何謂咀藥而死師古曰咀嚼也音才汝反〔補注〕先謙曰謂與爲同嘉遂裝出〔補注〕先謙曰胡注裝出者朝服而出見使者再拜受詔乘吏小車去蓋〔補注〕沈欽韓曰隋書刑法志陳制階品死罪將決乘露車蓋沿漢法不冠隨使者詣廷尉廷尉收嘉丞相新甫侯印綬縛嘉載致都船詔獄〔補注〕錢大昭曰百官表執金吾屬官有都船令丞如淳曰漢儀注有都船獄令上聞嘉生自詣吏大怒使將軍以下與五二千石雜治吏詰問嘉嘉對曰案事者思得實竊見相等前治東平王獄不以雲爲不當死欲關公卿示重慎〔補注〕先謙曰關通白也置驛馬傳囚勢不得踰冬月誠不見其外內顧望阿附爲雲驗〔補注〕先謙曰驗徵驗也復幸得蒙大赦相等皆良善吏臣竊爲國惜賢不私此三人獄吏曰苟如此則君何以爲罪猶當〔補注〕先謙曰前相坐罪時嘉以爲當且以自劾今言如此故吏詰之謂此卽負國矣有以負國不空入獄矣吏稍侵辱嘉嘉喟然卬天歎曰師古曰卬讀曰仰幸得充備宰相不能進賢退不肖以是負國死有餘責吏問賢不肖主名嘉曰賢故丞相孔光故大司空何武不能進惡高安侯董賢父子佞邪亂朝而不能退罪當死死無所恨嘉繫獄二十餘日不食歐血而死〔補注〕宋祁曰而字刪帝舅大司馬票騎將軍丁明素重嘉而憐之上遂免明以董賢代之語在賢傳嘉爲相三年誅國除死後上覽其對而思嘉言復以孔光代嘉爲丞相徵用何武爲御史大夫元始四年詔書追錄忠臣封嘉子崇爲新甫侯追謚嘉爲忠侯

師丹字仲公琅邪東武人也治詩事匡衡舉孝廉爲郎元帝末爲博士免建始中州舉茂材復補博士出爲東平王太傅丞相方進御史大夫孔光舉丹論議深博〔補注〕先謙曰官本作議論引宋祁曰越本作論議廉正守道徵入爲光祿大夫丞相司直數月復以光祿大夫給事中由是爲少府光祿勳侍中甚見尊重成帝末年立定陶王爲皇太子以丹爲太子太傅哀帝卽位爲左將軍賜爵關內侯食邑領尚書事遂代王莽爲大司馬封高樂侯月餘徙爲大司空〔補注〕宋祁曰以外戚恩澤侯表攷之丹爲大司馬封高樂侯在綏和二年七月以傅喜傳攷之徙爲大司徒在明年正月恐不當云月餘上少在國見成帝委政外家王氏僭盛常內邑邑卽位多欲有所匡正封拜丁

傅奪王氏權丹自吕師傅居三公位得信於上上書言古者諒闇不言聽於冢宰師古曰論語云子張曰書云高宗諒闇三年不言孔子曰何必高宗古之人皆然君薨百官總己吕聽於冢宰三年諒信也闇默然也補注宋祁曰注文默然然字當刪三年無改於父之道師古曰論語稱孔子曰父在觀其志父沒觀其行三年無改於父之道可謂孝矣前大行尸柩在堂而官爵臣等吕及親屬赫然皆貴寵封舅爲陽安侯皇后尊號未定豫封父爲孔鄉侯補注齊召南曰案哀帝紀帝以四月即位五月丙戌立皇后傅氏封后父傅晏爲孔鄉侯則封后父時后已正位中宮矣以外戚恩澤侯表核之陽安侯丁明及晏俱以四月壬寅封在丙戌立后之前四十四日與此傳正合蓋帝紀係史文類敘不如表爲確實也出侍中王邑射聲校尉王邯等詔書比下變動政事師古曰比頻也卒暴無漸師古曰卒讀曰猝臣縱不能明陳大義復曾不能牢讓爵位師古曰牢堅也相隨空受封侯增益陛下之過間者郡國多地動水出流殺人民日月不明五星失行此皆舉錯失中號令不定法度失理陰陽溷濁之患也師古曰溷音胡頓反臣伏惟人情無子年雖六七十猶博取

而廣求師古曰取讀曰娶孝成皇帝深見天命燭知至德師古曰燭照也至德指謂哀帝吕壯年克己立陛下爲嗣先帝暴弃天下而陛下繼體四海安寍百姓不懼此先帝聖德當合天人之功也補注先謙曰當音丁浪反臣聞天威不違顏咫尺師古曰言常若在前宜自肅懼也補注蘇輿曰語見左僖九年傳願陛下深思先帝所吕建立陛下之意且克己躬行吕觀羣下之從化天下者陛下之家也胏附何患不富貴補注先謙曰胏附即柹附也說詳劉向傳不宜倉卒先帝不量臣愚吕爲太傅陛下吕臣託師傅故亡功德而備鼎足封大國加賜黃金位爲三公職在左右師古曰左右助也左讀曰佐右讀曰佑不能盡忠補過而令庶人竊議災異數見此臣之大罪也臣不敢言乞骸骨歸於海濱恐嫌於僞誠慙負重責義不得不盡死書數十上多切直之言初哀帝即位成帝母稱太皇太后成帝趙皇后稱皇太后補注宋祁曰一本云成帝趙皇太后而上祖母傅太后與母丁后皆在國邸自吕定陶共王爲稱高昌侯董宏上書言秦莊襄王母本夏氏而爲華陽夫人所子師古曰莊襄王始皇之父也華陽夫人孝文王之夫人也子謂養吕爲子也及即位後俱稱太后宜立定陶共王后爲皇太后事下有司時丹吕左將軍與大司馬王莽共劾奏宏知皇太后至尊之號天下一統而稱引亡秦吕爲比喻詿誤聖朝非所宜言大不道上新立謙讓納用莽丹言免宏爲庶人傅太后大怒要上欲必稱尊號上於是追尊定陶共王爲共皇補注錢大昕曰一本有帝字衍下文稱共皇者不一辭皆不云帝也詳見定陶王康傳先謙曰官本有帝字尊傅太后爲共皇太后丁后爲共皇后郎中令泠襃黃門郎段猶等復奏言師古曰泠音零補注劉攽曰案是時無郎中令王先愼曰漢紀無泠字案令郎泠之誤衍荀紀作令當爲泠之缺譌也定陶共皇太后共皇后皆不宜復引定陶蕃國之名吕冠大號車馬衣服宜皆稱皇之意師古曰皇者至尊之號其服御宜皆副稱之也稱音尺孕反置吏二千石吕下各供厥職師古曰謂詹事太僕少府等衆官也又宜爲共皇立廟京師上

復下其議有司皆吕爲宜如襃猶言丹議獨曰聖王制禮取法於天地補注先謙曰官本無地字故尊卑之禮明則人倫之序正人倫之序正則乾坤得其位而陰陽順其節人主與萬民俱蒙祐福尊卑者所吕正天地之位不可亂也今定陶共皇太后共皇后吕定陶共爲號者補注宋祁曰共字下當有皇字母從子妻從夫之義也欲立官置吏車服與太皇太后並非所吕明尊卑亡二上之義也補注王念孫曰卑字涉上文兩尊卑而衍此言傅昭儀丁姬不得與元后並尊故曰尊無二上下不當有卑字通典禮三十二通鑑漢紀二十五皆無卑字定陶共皇號謚已前定義不得復改禮父爲士子爲天子祭吕天子其尸服吕士服子亡爵父之義尊父母也爲人後者爲之子故爲所後服斬衰三年而降其父母朞明尊本祖而重正統也孝成皇帝聖恩深遠故爲共王立後奉承祭祀令共皇長爲一國太祖萬世不毀恩義已備陛下既繼體先帝持重大宗承宗廟天地社稷之

祀義不得復奉定陶共皇祭入其廟今欲立廟於京師而使臣下祭之是無主也又親盡當毀空去一國太祖不墮之祀（師古曰墮亦毀也音火規反〔補注〕先謙曰官本太作泰引宋祁曰泰當作太）而就無主當毀不正之禮非所㠯尊厚共皇也丹由是浸不合上意（師古曰浸漸也）會有上書言古者㠯龜貝爲貨今㠯錢易之民㠯故貧宜可改幣上㠯問丹丹對言可改章下有司議皆㠯爲行錢㠯來久難卒變易（師古曰卒讀曰猝）丹老人忘其前語後從公卿議（〔補注〕陳景雲曰後當作復）又丹使吏書奏吏私寫其草丁傅子弟聞之使人上書告丹上封事行道人徧持其書上㠯問將軍中朝臣皆對曰忠臣不顯諫大臣奏事不宜漏泄令吏民傳寫流聞四方臣不密則失身（師古曰易上繫之辭）宜下廷尉治事下廷尉廷尉劾丹大不敬事未決給事中博士申咸炔欽上書（蘇林曰炔音桂〔補注〕周壽昌曰欽字幼卿齊人從許商受尚書先謙曰咸亦見薛宣傳）言丹經行無比（師古曰比音必寐反）自近世大臣能若丹者少發憤懣奏封事不及深思遠慮使主簿書漏泄之過不在丹㠯此貶黜恐不厭衆心（師古曰厭音一贍反）尚書劾咸欽幸得㠯儒官選擢備腹心上所折中定疑（師古曰折斷也取其言㠯斷事之中而定所疑）知丹社稷重臣議罪處罰國之所愼咸欽初傅經義㠯爲當治（師古曰傅讀曰附）事㠯暴列（〔補注〕先謙曰㠯已同）迺復上書妄稱譽丹前後相違不敬上貶咸欽秩各二等遂策免丹曰夫三公者朕之腹心也輔善相過匡率百僚和合天下者也朕既不明委政於公間者陰陽不調寒暑失常變異婁臻（師古曰婁古屢字）山崩地震河決泉涌流殺人民百姓流連無所歸心司空之職尤廢焉君在位出入三年未聞忠言嘉謀而反有朋黨相進不公之名迺者㠯挺力田議改幣章示君（師古曰挺引拔也謂特拔異力田之人優寵之也挺音徒鼎反而說者㠯挺爲縣名失之遠矣〔補注〕錢大昭曰挺寬也言優寵力田之人寬其租賦繇役）君內爲朕建可改不疑（師古曰共立此議也）㠯君之言博考朝臣（〔補注〕宋祁曰言或作議）君迺希衆雷同外㠯爲不便令觀聽者歸非於朕朕隱忍不宣爲君受愆朕疾夫比周之徒（師古曰比音頻寐反）虛僞壞化浸㠯成俗故屢㠯書飭君（師古曰飭與敕同）幾君省過求己（師古曰省視也自求諸己不尤人也幾音冀）而反不受退有後言及君奏封事傳於道路布聞朝市言事者㠯爲大臣不忠辜陷重辟獲虛采名謗譏匈匈流於四方腹心如此謂疏者何（〔補注〕先謙曰言無以爲疏者法）殆謬於二人同心之利焉（師古曰易上繫辭曰二人同心其利斷金故詔書引之）將何㠯率示羣下附親遠方朕惟君位尊任重慮不周密懷諼迷國（師古曰諼詐也音虛袁反）進退違命反覆異言甚爲君恥之非所㠯共承天地永保國家之意（師古曰共讀曰恭）㠯君嘗託傳位未忍考於理已詔有司赦君勿治其上大司空高樂侯印綬罷歸尚書令唐林上疏曰竊見免大司空丹策書泰深痛切君子作文爲賢者諱丹經爲世儒宗德爲國黃耇（師古曰黃耇老人之稱也黃謂白髮落更生黃者也耇老人面色不淨如垢也〔補注〕宋祁曰注末也字一本作然）親傅聖躬位在三公所坐者微海內未見其大過事既已往免爵大重京師識者咸㠯爲宜復丹邑爵使奉朝請（師古曰識者謂有識之人也請音材性反〔補注〕先謙曰官本之人上有見字）四方所瞻卬也（師古曰卬讀曰仰）惟陛下財覽衆心有㠯尉復師傅之臣（師古曰財與裁同復報也音扶目反〔補注〕先謙曰王念孫云財猶少也言惟陛下少覽衆心）上從林言下詔賜丹爵關內侯食邑三百戶丹既免數月上用朱博議尊傅太后爲皇太太后（〔補注〕宋祁曰一本作太皇太后先謙曰一本非）丁后爲帝太后與太皇太后及皇太后同尊又爲共皇立廟京師儀如孝元皇帝傅遷爲丞相復與御史大夫趙玄奏言前高昌侯宏首建尊號之議而爲丹所劾奏免爲庶人時天下衰麤委政於丹（師古曰言新有成帝之喪斬衰麤服故天子不親政事也〔補注〕宋祁曰天下據姚本作天子）丹不深惟褒廣尊親之義而妄稱說抑貶尊號虧損孝道不忠莫大焉陛下聖仁昭然定尊號宏㠯忠孝復封高昌侯丹惡逆暴著雖蒙

赦令不宜有爵邑請免爲庶人奏可丹於是廢歸鄉里者數年平帝卽位新都侯王莽白太皇太后發掘傳太后丁太后冢奪其璽綬更㠯民葬之定陶隳廢共皇廟師古曰隳音火規反諸造議泠褒段猶等皆徙合浦復免高昌侯宏爲庶人補注宋祁曰通鑑考異云案功臣表建平四年董宏已死元壽二年子武坐父爲佞邪免不得至今此傳誤也徵丹詣公車賜爵關內侯食故邑數月太皇太后詔大司徒大司空曰夫襃有德賞元功先聖之制百王不易之道也故定陶太后造稱僭號甚悖義理師古曰悖乖也音布內反關內侯師丹端誠於國不顧患難執忠節據聖法分明尊卑之制確然有柱石之固臨大節而不可奪可謂社稷之臣矣有司條奏邪臣建定稱號者已放退而丹功賞未加殆繆乎先賞後罰之義非所㠯章有德報厥功也補注先謙曰官本無所字其㠯厚丘之中鄉戶二千一百補注沈欽韓曰厚邱縣屬東海郡封丹爲義陽侯月餘薨謚曰節侯子業嗣王莽敗迺絕

贊曰何武之舉王嘉之爭師丹之議師古曰何武舉公孫祿爲大司馬王嘉爭益董賢封邑師丹議丁傅不宜稱尊號考其禍福迺效於後師古曰終㠯王莽篡位董賢遇禍丁傅喪敗當王莽之作外內咸服董賢之愛疑於親戚師古曰疑讀曰擬擬比也武嘉區區㠯一蕢障江河用沒其身師古曰蕢織草爲器所㠯盛土也一蕢之土固不能障塞江河是㠯其身沈沒也蕢音匱丹與董宏更受賞罰師古曰更互也宏初建議尊號爲丹所劾而免爵土及丹廢黜宏復獲封至王莽執政宏爲庶人丹受國邑故云互受賞罰也更音工衡反補注先謙曰官本考證引黃震云班氏說未然也武嘉以剛正之資居大臣之位苟得中主而事之去董賢如殺狐兔耳何江河一蕢之足云師丹引經義開陳婉切彼董宏何人而以較勝負也賞罰何足計哉君子惟論是非耳哀哉故曰依世則廢道違俗則免殆師古曰言隨時曲直則廢於正道違迕流俗則其身不安也補注沈欽韓曰說苑敬慎篇孔子論詩至於正月之六章懼然曰不逢時之君子豈不殆哉從上依世則廢道違上離俗則危身先謙曰免免官殆危身此古人所㠯難受爵位者也

何武王嘉師丹傳第五十六 終　漢書八十六

揚雄傳第五十七上師古曰自長楊賦以後分爲下卷　漢書八十七

漢　蘭　臺　令　史班　固　撰

唐正議大夫行祕書少監琅邪縣開國子顏師古　注

賜進士出身前翰林院編修國子監祭酒加三級臣王先謙補注

揚雄字子雲蜀郡成都人也其先出自有周伯僑者㠯支庶初食采於晉之楊師古曰采官也以官受地謂之采地因氏焉不知伯僑周何別也師古曰別謂分系緒也補注先謙曰顧炎武云謂不知何王之別子楊在河汾之閒應劭曰左傳霍楊韓魏皆姬姓也楊今河東陽縣補注先謙曰楊在西漢亦河東縣在今平陽府洪洞縣東南十五里周衰而楊氏或稱侯號曰楊侯會晉六卿爭權韓魏趙興而范中行知伯弊當是時偪楊侯晉灼曰漢名臣奏載張衡說云晉大夫食采於楊爲楊氏食我有罪而楊氏滅無楊侯有楊侯則非六卿所偪也師古曰晉說是也雄之自序譜諜蓋爲疏謬范中行不與知伯同時滅何得言當是時偪楊侯乎偪古逼也補注宋祁曰注文食字上疑有揚字錢大昕曰張晉顏諸人皆譏子雲自序譜諜爲疏謬以予攷之揚氏之先出自有周伯僑初非出於羊舌且羊舌食采之楊從木此文從

手其云揚侯者非五等之侯如邢侯張侯之類耳六卿爭權之時安知不別有楊侯畏偪而奔楚者乎王念孫曰段玉裁云此傳爲錄雄自序不增改一字贊曰雄之自序云乃總上一篇之辭唐初自序已無單行本故師古注特就贊首一語明之劉貢父漢書注云揚氏兩族赤泉氏從木子雲自敍其受氏從才而楊修書稱修家子雲又似震族貢父所見雄自序必是唐以後僞作雄果自序其受氏從才不從木漢書音義及師古注必載其說何唐以前並無是說至宋而乃有之且班氏用序爲傳但曰其先食采於楊因氏焉楊在河汾之閒攷左傳霍楊韓魏皆滅於晉羊舌肸食采於楊故亦稱楊肸其子食我亦稱楊石漢志河東郡楊縣卽楊侯國說左傳漢書家未有謂其字從才者則雄何得變其受氏之始而從才也修與雄姓果不同字斷不曰修家子雲以啟臨淄侯之歎笑也作僞自序者但因班氏無他楊於蜀一語不知師古注但云蜀諸姓楊者皆非雄族不云諸姓楊者皆從木與雄從才異也廣韻揚字註不言姓楊字注則云姓出宏農天水二望本自周宣王子尚父幽王邑諸楊號曰楊侯後并於晉因爲氏然則姓有楊而無揚甚明案段說致確景祐本汪本毛本楊揚二字雜出於一篇之中而明監本則皆改爲揚其分見於各志各傳者五行地理藝文三志[illegible]元[illegible]谷永游俠匈奴元后五傳及敘傳又劉向傳唐司馬相如司馬遷東方朔五傳贊趙尹韓張兩王傳贊王貢兩龔鮑傳序景祐本汪本毛本從木者尚多而監本則否余考漢郞中鄭固碑云君之孟子有楊烏之才烏卽雄之子也而其字從木則雄姓之不從手益明矣先謙曰官本注末也作字是偪正字逼俗字揚楊字同王說是也漢書從手從木之字類多通作不能枚舉而各本又復互異楊揚通作如揚州景祐本汪本多作楊明監本全書皆作

楊左傳之楊干汲古本人表作楊干本書之楊惲見於宣紀者作楊惲與各傳同閩本作揚惲高紀之楊熊汲古本樊噲夏侯嬰伍被傳作揚熊李尋傳之揚光輝汲古本作楊光輝足證此書二字通寫元無一定今汲古本雄傳作揚諸志傳多作楊證以雄自序世系其本從木不從手又何疑乎楊侯逃於楚巫山因家焉師古曰巫山今在荊州西南也楚漢
之興也楊氏遡江上處巴江州李奇曰江州縣名也巴郡所治也師古曰遡謂逆流而上也音素補注先謙曰江州今重慶府巴縣西而楊季官至廬江太守漢元鼎間避仇復遡江
上處㟭山之陽曰郫師古曰㟭山江水所出也山南曰陽郫縣名也㟭音旻郫音疲補注先謙曰今成都府郫縣治有田一㙻有宅一區晉灼曰周禮上地夫一㙻一百畝也補注宋祁曰㙻當作廛世世以農
桑爲業自季至雄五世而傳一子故雄亡它楊於蜀師古曰蜀諸姓楊者皆非雄族故言雄無它楊雄少而好學不爲章句訓詁通而已師古曰詁謂指義也補注蘇輿曰言不治章句但通訓詁而已後書班固傳云不爲章句舉大義而已語意相類博覽無所不見爲人簡易
佚蕩張晏曰佚音鐵蕩音讜晉灼曰佚蕩緩也補注先謙曰官本引宋祁校本云蕭該蕩亦作傷韋佚爲替傷爲黨晉音鐵儻口吃不能劇談鄭氏曰劇甚也晉灼曰或作遽遽疾也口吃不能疾言師古曰劇亦疾也無煩作遽也補注先謙曰官本引宋祁校本云浙本無吃字

默而好深湛之思師古曰湛讀曰沈清靜亡爲少耆欲師古曰耆讀曰嗜不汲汲於富貴不戚戚於貧賤師古曰汲汲欲速之義如井汲之爲也補注宋祁曰注文也字當作耳不修廉隅以徼名當世師古曰徼要也音工堯反徼字或作激激發也音工歷反
家產不過十金乏無儋石之儲晏如也師古曰儋石解在蒯通傳補注宋祁曰乏字上疑有至字先謙曰官本多韋昭曰儋音若擔戴也說文曰丁甘反十五字自有大度補注蘇輿曰此語屬上爲義與高紀常有大度不事家人生產作業意同非聖哲之書不好也非其意雖富貴不事也顧嘗
好辭賦師古曰顧反也補注周壽昌曰禮祭統注顧但也顏訓非先是時補注先謙曰官本引宋祁校本云南本無時字蜀有司馬相如作賦甚弘麗溫雅雄心壯之每作賦常擬之以
爲式師古曰擬謂比象也又怪屈原文過相如至不容補注先謙曰不爲世所容作離騷
自投江而死悲其文讀之未嘗不流涕也以爲君子得時則大行
不得時則龍蛇應劭曰易曰龍蛇之蟄以存身也師古曰大行安步徐行補注沈欽韓曰莊子山木篇一龍一蛇與時俱化先謙曰孟子云君子所性雖大行不加焉行謂行道顏訓非遇不遇命也何必湛身哉師古曰湛讀曰沈謂投水而死

迺作書往往摭離騷文而反之師古曰摭拾取也音之亦反自㟭山
投諸江流以弔屈原名曰反離騷補注王念孫曰離字涉上下文而衍下文獨載反離騷同曰反騷曰廣騷其篇名皆省一離字後書梁竦傳感悼子胥屈原以非辜沈身乃作悼騷賦應奉傳追愍屈原因以自傷著感騷三十篇篇名皆省一離字義與此同也文選頭陀寺碑文注引作反離騷離字亦後人依誤本漢書加之其魏都賦注贈秀才入軍詩注陳情表注與稽茂齊書注運命論注辯命論注皆引作反騷又江水注後漢書馮衍傳注舊本北堂書鈔藝文部八陳禹謨本加離字藝文類聚雜文部二白帖六十五八十六御覽文部十二百卉部三亦皆引作反騷吳氏刊誤補遺引此文作反騷則吳所見本尙無離字又旁離騷作重一
篇名曰廣騷師古曰旁依也音步浪反其下類此重音直用反又旁惜誦以下至懷沙一
卷名曰畔牢愁李奇曰畔離也牢聊也與君相離愁而無聊也師古曰惜誦懷沙皆屈原所作九章中之名也補注宋祁曰蕭該案牢字旁著水晉直作牢韋昭曰浡騷也鄭氏愁音曹王念孫曰如李說則畔牢愁三字義不相屬訓牢爲聊而又言無聊義尤不可通余謂牢讀爲懰廣韻懰力求切烈也廣雅烈烈憂也是懰爲憂也集韻懰慄憂也外戚傳懰慄不言師古曰懰慄哀愴之意也義並相近牢字古讀若劉說見古韻標準故與懰通牢愁㬪韻字也畔者反也或言反騷或言畔牢愁其義一而已矣畔
牢愁廣騷文多不載獨載反離騷補注宋祁曰獨字疑可刪其辭曰有周氏之

蟬嫣兮或鼻祖於汾隅應劭曰蟬嫣連也言與周氏親連也劉德曰鼻始也師古曰雄自言系出周氏而食采於楊故云始祖於汾隅也嫣音於連反補注宋祁曰注文姚本作鼻有始也沈欽韓曰能改齋漫錄云方言獸之初生謂之鼻人之初生謂之首梁益謂鼻爲初注云鼻始也非靈宗初諜伯僑兮流于末之楊侯應劭曰諜譜也言從伯僑以來可得而敘也補注周壽昌曰隋經籍志有揚雄家牒牒即諜也先謙曰以出自有周爲神靈後裔故曰靈宗淑
周楚之豐烈兮超既離虖皇波應劭曰淑善也言去汾隅從巫山得周楚之美烈也超遠也晉灼曰離歷也皇大也師古曰言其先祖所居經河及江也江河四瀆之水故云大波也虖古乎字其下並同補注先謙曰淑美豐大超遠離去也周楚大烈謂衰周稱侯至楚爲家超離皇波謂遡江上處㟭山之陽也因江潭而淮記兮欽弔楚
之湘纍蘇林曰潭水邊也鄧展曰淮往也李奇曰諸不以罪死曰纍荀息仇牧皆是也屈原赴湘死故曰湘纍也師古曰記書記也謂弔文也言因江水之邊而投書記以往弔也欽敬也潭音尋淮音于放反纍音力追反補注宋祁曰蕭該淮作淮淮音誑韋音同潭音淫該案晉灼纍作累此言累世承楚之族案字林纍文索也注文皆是也字姚本刪惟天軌之不辟
兮何純絜而離紛師古曰天軌猶言天路也離遭也紛難也言天路不開故使純善貞絜之人遭此難也易曰天地閉賢人隱辟讀曰闢補注宋祁曰注文天路下疑有也字王念孫曰天軌猶天道也周語及淮南本經[illegible]注並曰軌道也辟明也見王制祭義及洪範五行

傳言天道不明故使純絜之人遭此難也若云天路不開則去遭難之意尚遠先謙曰紛亂也下同紛纍吕其淟涊兮暗纍吕其繽紛應劭曰淟涊穢濁也師古曰繽紛交雜也淟音吐典反涊音乃典反繽音匹人反(補注)宋祁曰淟涊晉灼云今俗謂水漿不寒而溫爲淟涊字林曰淟涊垢濁也淟蕭該音他本反先謙曰繽紛謂讒慝交加暗者身晦而不光也

漢十世之陽朔兮招搖紀于周正晉灼曰十世數高祖呂后至成帝也成帝八年迺稱陽朔應劭曰招搖斗杓星也主天時周正十一月也蘇林曰言己以此時弔屈原也正皇天之清則兮度后土之方貞應劭曰平正司法者莫過於天養物均調者莫過於地也父伯庸名我爲平吕法天字我爲原吕法地也晉灼曰此雄取離騷辭反之應說是也師古曰應晉二說皆非也自漢十世吕下四句不道屈原也此乃雄自論己心所履行取法天地耳自圖纍以下方論屈原云也(補注)何焯曰師古注非也蓋謂遭漢之隆天清地寧非若原時天軌不辟也先謙曰官本注末有如淳曰清正則法也十一月爲歲首天之正地稱方貞貞正也十一月坤體成故方貞音眞爲是三十七字圖纍承彼洪族兮又覽纍之昌辭師古曰圖按其本系之圖書也洪大也覽省視也昌美也(補注)宋祁曰彼考作破先謙曰圖思也顏訓非帶鉤矩而佩衡兮履欃槍吕爲綦應劭曰鉤規也矩方也衡平也鄧展曰欃槍妖星也晉灼曰綦履跡也此反屈原雖佩帶方平之行而蹈惡人跡以致放退也師古曰綦履下飾也欃音初咸反槍音初行反綦音其(補注)宋

祁曰履考作治沈欽韓曰墨子辭過篇鑄金以爲鉤珠玉以爲佩繁露服制篇鉤之在前朱鳥之象也案鉤以繫革帶謂鉤法矩之方也應說非先謙曰官本注咸作減末有晉灼曰綦路也六字素初貯厥麗服兮何文肆而質䰩應劭曰貯積也肆放也䰩狹也如淳曰文肆者楚辭遠游乘龍之言也質䰩者恨世不用己而自沈也師古曰麗服謂扈江離與辟芷紉秋蘭以爲佩之類是也䰩音械(補注)沈欽韓曰廣韻䰩狹也在械字紐與應劭音義同不作䰩資娵娃之珍髢兮鶩九戎而索賴孟康曰娵閭娵也娃吳娃也髢髲也賴得也九戎被髮髢雖珍好無所用也師古曰娵娃皆美女也賴利也言屈原以高行仕楚亦猶資美女之髢賣於九戎而求其利必不得也娵音子踰反娃音烏佳反髢音徒計反(補注)先謙曰官本注末有韋昭曰娵當作頌梁王魏嬰之美人曰閭頌十七字鳳皇翔於蓬陼兮豈駕鵝之能捷應劭曰蓬陼蓬萊之陼也在海中晉灼曰捷及也師古曰駕鵝鳥名也解在司馬相如傳駕音加(補注)何焯曰蓬陼蓬藋雜生之洲渚言不能捷於駕鵝也捷速也當以上下語脈例之先謙曰官本引蕭該音義曰案駕字亦作䳷音加宋祁曰字林云䳷鵝鳥似鴈䳷音柯騁驊騮吕曲囏兮驢騾連蹇而齊足師古曰驊騮駿馬名也其色如華而赤也言使駿馬馳騖於屈曲艱阻之中則與驢騾齊足也驊音華連音力展反囏古艱字(補注)宋祁曰以字疑作於周壽昌曰驢騾字見文中始此先謙曰官本騮作駵引蕭該音義曰駵音畱俗作騮枳棘之榛榛兮蝯貁擬而不敢

下師古曰榛榛梗穢貌也蝯善攀援貁似猴卬鼻而長尾擬疑也榛音臻又士臻反貁音弋授反靈修既信椒蘭之唼佞兮吾纍忽焉而不蚤睹服虔曰靈修楚王也蘇林曰椒蘭令尹子椒子蘭也師古曰蚤古早字也唼佞讒言也唼音妾(補注)宋祁曰韋昭曰唼音祖獵反鄭音接蘇音詩唼唼幡幡之唼蕭該音義案詩作捷先謙曰蘇音是接捷字同故接唼通用也忽輕忽也衿芰茄之綠衣兮被夫容之朱裳應劭曰衿音衿系之衿衿帶也芰蔆也師古曰衿音其禁反茄亦荷字也見張揖古今字詁被音披又音皮義反(補注)宋祁曰注文字譜一作字詁沈欽韓曰釋草荷其莖茄茄非荷字明矣師古知字詁而忘爾雅芳酷烈而莫聞兮固不如襞而幽之離房師古曰襞疊衣也離房別房也襞音壁(補注)先謙曰官本無固字閨中容競淖約兮相態吕麗佳應劭曰衆士競善猶女競容也師古曰淖約善容止也相態以麗佳言競爲佳麗之態以相傾也淖音綽(補注)宋祁曰監本幷上二句兮字下皆有固字錢大昭曰莊子綽約若處子廣雅作婥約說文作[illegible]約子虛賦云便嬛𦅾約知衆嫭之嫉妒兮何必颺纍之蛾眉晉灼曰離騷云衆女嫉余之蛾眉師古曰嫭美貌也颺古揚字也蛾眉形若蠶蛾眉也此亦譏屈原自舉蛾眉令衆嫉之嫭音胡故反眉古眉字(補注)先謙曰官本嫉下無之字引宋祁曰韋昭曰嫭音呼言其目如茱萸之拆也刊誤嫭出故反當作胡故反蕭該音義下故反滔化本火故反眉一本作眉顏注蛾眉字下當有謂眉字衆嫉字下

當有之字懿神龍之淵潛竢慶雲而將舉亡春風之被離兮孰焉知龍之所處晉灼曰龍竢風雲而後升士須明君而後進國無道則愚誰知其所邪師古曰懿美也竢待也龍以潛居待雲爲美以譏屈原不能隱德自取禍也被讀曰披(補注)宋祁曰韋昭曰被讀如光被之被蕭該音義曰慶音羌今漢書亦有作羌字者淵潛字下當有兮字王念孫曰龍潛於淵得雲而舉不必竢慶雲也竢慶雲而將舉本作慶竢雲而將舉此後人不知慶之讀爲羌而妄改之耳王逸注離騷曰羌楚人語辭也羌與慶古字通[illegible]晉灼曰龍竢風雲而後升師古曰龍潛居待雲皆但言雲而不言慶雲則慶爲語辭明矣又下文慶天顇而喪榮張晏曰慶辭也師古曰慶亦與羌同[illegible]亦者承上之辭然則此注內本有慶與羌同之文而後人删之也宋祁說此句云蕭該音義曰慶音羌今漢書亦有作羌字者此尤其明證矣先謙曰雲得風而飛揚龍竢雲而騰舉既無春風之披離則龍當伏處而不令人知愍吾纍之衆芬兮颺爗爗之芳苓遭季夏之凝霜兮慶天顇而喪榮晉灼曰雄愍屈原香奄先秋遇凋生亦不辰也張晏曰慶辭也師古曰爗爗光盛苓香草名音零慶讀與羌同顇古悴字(補注)先謙曰官本凝作疑注讀當爲亦說見上橫江湘吕南沍兮云走乎彼蒼吾馳江潭之汎溢兮將折衷虖重華應劭曰舜葬蒼梧在江湘之南屈原欲敺質聖人陳己情要也師古曰沍往也走趣也重華舜名也

洼音于放反走音奏潭音尋衷音竹仲反補注先謙曰官本亦作吾引宋祁曰蕭本作蒼梧今作蒼吾恐非華叶音敷**舒中情之煩或兮恐重華之不纍與**張晏曰舜聖卒避父害以全身賁於事父以事君恐不與屈原爲黨與補注蘇輿曰與猶許也張訓非**陵陽侯之素波兮豈吾纍之獨見許**應劭曰陽侯古之諸侯也有罪自投江其神爲大波陵乘也言屈原襲陽侯之罪而欲折中求舜未必獨見然許之也補注宋祁曰注文陽侯之罪罪當作非**精瓊靡與秋菊兮將㠯延夫天年臨汨羅而自隕兮恐日薄於西山**應劭曰精細靡屑也瓊玉之華也晉灼曰離騷云精瓊靡㠯爲粻兮予夕餐秋菊之落英又曰老冉冉其將至日忽忽其將暮師古曰此又譏屈原云瓊靡秋菊將以延年崦嵫忽迫喜於未暮何乃自投汨羅言行相反補注先謙曰官本有韋昭曰汨音冪靡作靡引蕭該音義曰如浼音河水浼浼之浼案詩浼音莫罪反楚詞曰精瓊靡以爲糧讀楚辭者依字不借音也宋祁曰兮字下疑有何字**解扶桑之總轡兮縱令之遂奔馳**應劭曰總結也扶桑日所拂木也晉灼曰離騷云總余轡於扶桑聊消搖以相羊屈原言結我車轡於扶桑㠯畱日之入人年得不老日㠯喻君而反離朝自沈解轡縱君使遂奔馳也**鸞皇騰而不屬兮豈獨飛廉與雲師**應劭曰楚辭云鸞皇爲余先戒兮後飛廉使奔屬雲師告余以未具飛廉風伯也雲師豐隆也鸞皇俊鳥也晉灼曰已縱其轡使之奔馳鸞皇迅飛亦無所及非獨飛廉雲師言莊嚴未具使君不適道也補注先謙曰官本注無已字**卷薜芷與若蕙兮臨湘淵而投之棍申椒與菌桂兮赴江湖而漚之**師古曰離騷云貫薜荔之落蘂雜杜衡與芳芷又樹蕙之百晦雜申椒與菌桂皆㠯自喻德行芬芳也今何爲自投江湘而喪此芳乎棍大束也漚漬也今漚麻也棍音下本反漚音一搆反又音一侯反補注宋祁曰棍疑作混錢大昭曰棍疑當作捆方言捆同也宋衞之閒語先謙曰官本蕙作惠注末有韋昭曰薜芷若惠四者皆是草也十三字**費椒稰㠯要神兮又勤索彼瓊茅**孟康曰椒稰以椒香米饊也離騷曰懷椒稰而要之晉灼曰離騷云索瓊茅以筳篿師古曰索求也瓊茅靈草也筳篿析竹所用卜也稰音所又音思呂反筳音廷篿音專補注錢大昭曰稰與稰同古者卜筮先用精鑿之米以享神謂之稰東山經曰稰用稌米淮南說山訓云巫用稰藉郭璞高誘並云祀神之米楚詞云巫咸將夕降兮懷椒稰而要之王逸曰言巫咸將下願懷椒稰要之使筮者占茲吉凶之事史記日者列傳云卜而有不審不見奪稰先謙曰官本引蕭該音義曰稰從米案王逸曰精米也官本注饊作饌析作折**違靈氛而不從兮反湛身於江皋**晉灼曰靈氛古之善占者離騷曰欲從靈氛之吉占兮心猶豫而狐疑師古曰既不從靈氛之占何爲費椒稰而勤瓊茅也湛讀曰沈江皋江水邊之澌地也補注宋祁曰浙本從作定**纍既兆夫傅說兮奚不信而遂行**晉灼曰兆攀也離騷曰說操築於傅巖兮武丁用之而不疑師古曰兆古攀字既攀援傅說何不信其所行自見用而遂

去補注先謙曰官本兆作氷引宋祁曰姚本氷作兆官本注用作困**徒恐鷤鴂之將鳴兮顧先百草爲不芳**師古曰離騷云鷤鴂之先鳴兮使夫百草爲不芳雄言終㠯自沈何惜芳草而憂鷤鴂也鴂鴂字也鷤鴂鳥一名買鶗一名子規一名杜鵑常以立夏鳴鳴則眾芳皆歇鷤音大系反鴂音桂鷤字或作鶗亦音題鴂又音決鶗音謚補注何焯曰師古注非言何爲畏其將鳴先自隕吾芳耶錢大昭曰廣雅鷤鴂鶗鴂子鴂也曹憲音釋云鷤音弟又音嗁鴂古惠反又古二反鴂音規爾雅嶲周郭璞曰子嶲出蜀中史記律書云百艸奮興秭鴂先鳴徐廣以爲子規也玉篇以鶗鴂爲子嶲宋景文公筆記引蕭該音義云該案蘇林鷤鴂音殄絹子京據之以譏小顏之失予謂殄絹杜鵑鶗鴂一聲之轉其實是一物也王引之曰杜鵑一名鷤鴂一名買鶗一名子鴂鷤鴂一作鵜鴂一作鶗鴂楚辭離騷恐鵜鴂之先鳴兮使夫百草爲之不芳王注曰鵜鴂一名買鶗常以春分鳴反騷徒恐鷤鴂之將鳴兮服虔曰鷤鴂一名鵙伯勞也順陰氣而生賊害之鳥也王逸以爲春鳥謬也[illegible]案服意蓋謂春分之時眾芳始盛不得言百草不芳因以爲五月始鳴之鵙五月陰氣生故百草爲之不芳也今案離騷言此者以爲小人得志則君子沈淪野鳥羣鳴則芳草衰謝此乃假設爲文不必實有其事亦如九章云鳥獸鳴以號羣兮草苴比而不芳豈謂鳥獸羣號之時實有不芳之草哉若然則子鴂爭鳴而眾芳歇絕可無以春鳥爲疑矣況鷤鴂杜鵑一聲之轉方俗所傳尤爲可據玉篇鷤鴂又名杜鵑思元賦注引臨海異物志曰鷤鴂一名杜鵑至三月鳴晝夜不止宋祁筆記引蕭該漢書音義曰蘇林鷤鴂音殄絹是鴂鷤同聲也子鴂御覽引蜀王本紀作子鴂華陽國志作子鵑子鴂之爲子鵑猶鷤鴂之爲杜鵑矣故廣雅亦以鷤鴂爲子鴂也而師古注漢書乃牽就其說云鷤鴂常以立夏鳴鳴則眾芳將歇張衡思元賦舊注則云鶗鴂以秋分鳴廣雅又云鶗鴂春分鳴則眾芳生秋分鳴則眾芳歇也皆於王服兩家之說不能決定故爲游移兩可之詞而不知鷤鴂春月即鳴不得遲至立夏物候皆記其始又不得兼言秋分也先謙曰官本注末有韋昭曰鷤鴂趣農鳥也九字**初纍棄彼虙妃兮更思瑤臺之逸女**師古曰離騷云吾令豐隆乘雲兮求虙妃之所在又曰望瑤臺之偃蹇兮見有娀之佚女此又譏其執心不定也虙妃古神女有娀女即簡狄也虙讀曰伏**抍雄鴆㠯作媒兮何百離而曾不壹耦**師古曰離騷云吾令鴆爲媒兮鴆告余以不好雄鴆之鳴逝兮余猶惡其佻巧故云百離不一耦也抍使也耦合也抍音普耕反補注宋祁曰鴆江南本作鴆監本作鴆今從監本作鴆王念孫曰案宋校非也離騷本作雄鴆此文及注亦本作雄鴆離騷先言鴆而後言雄鴆此文但言雄鴆又云百離而曾不壹耦則不言鴆而鴆在其中故注必兼引鴆與雄鴆而其義乃全而監本作雄鴆即因注內鴆字而誤[illegible]子京不察且并改注文之雄鴆爲雄鴆則豈有上言鴆而下又言雄鴆者乎弗思甚矣沈欽韓曰抍當爲伻抍擊也伻使也郭忠恕佩觿抍彈也非此文義**乘雲蜺之旖柅兮望昆侖㠯樛流覽四荒而顧懷兮奚必云女彼高丘**蘇林曰離騷云登閬風而緤馬忽反顧㠯流涕哀高丘之無女女㠯喻士高丘謂楚也師古曰離騷又云揚雲蜺之晻藹閬風在昆侖山上故云望昆侖也旖柅雲

貌也樛流猶周流也女仕也何必要仕於楚也旖音於綺反柅音女綺反樛音居虯反女音尼據反補注宋祁曰景祐本作旖旎越本旎作柅先謙曰官本柅作旎引蕭該音義曰樛應作手旁翏今作心旁翏者亦是古字通用先謙案据蕭說所見本樛作憀

既亡鸞車之幽藹兮焉駕八龍之委蛇晉灼曰離騷云駕八龍之蜿蜿兮載雲旗之委蛇師古曰言既無鸞車則不得云駕八龍也幽藹猶晻藹也蛇音移補注先謙曰官本無焉字引宋祁曰古本駕字上有焉字滈化本無刊誤据史館本添臨江瀕而掩涕兮何有九招與九歌晉灼曰離騷云摯茹蕙以掩涕又曰奏九歌以舞韶師古曰此又譏其哀樂不相副也招讀曰韶夫聖哲之不遭兮固時命之所有雖增欷曰於邑兮吾恐靈修之不纍改師古曰離騷云曾歔欷余鬱邑兮哀朕時之不當增重也雄言自古聖哲皆有不遇屈原雖自歎於邑而楚王終不改寤也於邑短氣也於音烏邑音烏合反於邑亦讀如本字補注先謙曰官本不遭無不字注曾作增引宋祁曰晉灼曰於下當著心作愁惁本作愁惁本作聖哲之不遭兮昔仲尼之去魯兮斐斐遲遲而周邁師古曰斐斐往來貌也音芳非反終回復於舊都兮何必湘淵與濤瀨師古曰言孔子去其本邦遲遲系戀意在舊都裴回反覆屈原何獨不懷鄢郢而赴江湘也濤大波也瀨急流也濤音大高反補注劉奉世曰言何不若仲尼不用於魯歷聘外國周邁天下而歸舊都反眷眷於楚而自投於湘也注非何焯曰

言進退去就自有中道孔子不用於季桓子則去及康子召之則歸屈子亦可去可歸不當必期自沈也與前折衷重華之語相應溷漁父之餔歠兮絜沐浴之振衣師古曰漁父云何不餔其糟而歠其醨屈原㠯爲溷濁不肯從之乃云新沐者必彈冠新浴者必振衣也餔音必胡反歠音昌悅反補注先謙曰官本注無二音字弃由聃之所珍兮蹠彭咸之所遺師古曰由許由也聃老聃也二人守道不爲時俗所汙然保己全身無殘辱之醜彭咸殷之介士也不得其志投江而死此又非屈原不慕由聃高蹤而遵彭咸遺蹟蹠蹈也亦之亦反補注先謙曰官本引蕭該音義曰該案雄往往摭離騷文而反之蹠應作手旁庶說文摭拾也先謙案官本注之上亦作音是一切經音義五引蒼頡篇云蹠躡也顏是蕭非

孝成帝時客有薦雄文似相如者上方郊祠甘泉泰時汾陰后土㠯求繼嗣召雄待詔承明之庭師古曰承明殿在未央宮補注宋祁曰劉良曰客則楊莊也雄文則線竹頌也李善曰雄荅劉歆書曰雄作成都城四隅銘蜀人有楊莊者爲郎誦之於成帝以爲似相如雄遂以此得見錢大昭曰雄荅劉歆書云雄作縣邸銘王佴頌階闥銘及成都城四隅銘楊莊華陽國志作尚書郎楊壯李周翰注文選亦作莊作壯者避漢明韙改先謙曰官本考證云線竹頌當作綿竹頌文選李善注諸以材術見知直於承明待詔郎見故曰待詔焉正月從上甘泉還奏甘泉賦㠯風師古曰風讀曰諷補注沈欽韓曰御覽五百八十七引桓子新論曰予少時見偒子雲麗文高論不量年少猥欲逮及業作小賦用思大劇而立感動發病子雲亦言成帝至甘泉詔使作賦爲之卒暴倦臥夢其五臟出地以手收之覺大少氣病一歲餘李善注甘泉賦引新論云雄作甘泉賦始成夢腸出收而內之明日遂卒此文有脫誤御覽他卷所引亦與文選注同吳曾能改齋漫錄疑之又引七略曰甘泉賦永始三年正月待詔臣雄上漢書三年無幸甘泉之文疑七略誤也愚案成帝紀永始四年正月元延二年正月四年正月俱有行幸甘泉一事據此傳下云其三月將祭后土其十二月羽獵不別年頭則爲一年以內之事奏甘泉賦當在元延二年與紀文方合先謙曰卒蓋病之誤字其辭曰惟漢十世將郊上玄定泰畤補注先謙曰善注上玄天也雍神休尊明號晉灼曰雍祐也休美也言見祐護以休美之祥也師古曰雍聚也明號謂總三皇五帝之號而稱皇帝也雍讀曰擁補注先謙曰五臣文選本雍作擁訓聚是明號者明神之號尊而祀之顏謂皇帝之號非也下迺言三皇五帝耳同符三皇錄功五帝卹胤錫羨拓迹開統應劭曰卹憂也胤續也錫與也羨饒也拓廣也時成帝憂無繼嗣故修祠泰時后土言神明饒與福祥廣迹而開統也師古曰羨音弋戰反拓音託補注先謙曰後漢和帝紀錄謂總領之也言五帝之功並總而有之因憂卹胤嗣而錫予饒衍於庶民拓廣基迹而開啟統緒也於是迺命羣僚歷吉日協靈辰師古曰歷選吉日而合善時也補注先謙曰善注楚詞曰歷吉日吾將行郭璞上林賦注歷選也先謙案靈善也星陳而天行師古曰如星之陳象天之行也補注先謙曰此句總

領故下文以星爲喻詔招搖與泰陰兮伏鉤陳使當兵張晏曰禮記云招搖在上急繕其怒太陰歲後三辰也服虔曰鉤陳紫宮外營陳星補注錢大昭曰泰陰蕭該音義本作泰壹先謙曰善注引服說鉤陳下有神明也三字禮記鄭注當主也主謂典領也先謙案天文志杓端有兩星內爲矛招搖孟康注近北斗者招搖招搖爲天矛又云房爲天駟其陰右驂宋史天文志云房南二星爲太陽道北二星爲太陰道又云北二星爲右驂次下爲右服詔招搖與泰陰猶云詔天矛與天駟耳泰一星乃天帝之別名不得言詔蕭本誤也鉤陳之星在紫微垣耳步天歌所云句陳尾指北極顛天皇猶在句陳裏也故云使主兵屬堪輿㠯壁壘兮梢夔魖而抶獝狂張晏曰堪輿天地總名也孟康曰堪輿神名造圖宅書者木石之怪曰夔夔神如龍有角人面魖耗鬼也獝狂亦惡鬼也今皆梢而去之師古曰堪輿張說是也屬委也以壁壘委之梢擊也抶笞也梢音山交反魖音虛屬音之欲反抶音丑乙反獝音揆聿反補注宋祁曰韋昭曰魖音昌慮反一作熙慮反蕭該音義曰獝狂無頭鬼也見字林李善曰許慎云堪天道也輿地道也錢大昭曰說文夔神魖也如龍一足從夊象有角手人面之形是夔魖一物也先謙曰善注引孟說無夔神二字此當衍言天地清肅鬼怪伏藏八神奔而警蹕兮振殷轔而軍裝師古曰自招搖至獝狂凡八神也殷轔盛貌也軍裝爲軍戎之飾裝也轔音來忍反補注宋祁曰殷音隱劉敞曰此八神齊之八神也劉奉世曰擊而出之固非八神也蓋自有八神耳王念孫曰善注漢書武紀用事八神文穎曰八方之神也案李

說是也萬石君傳巡方州禮嵩嶽通八神以合宣房亦謂八方之神也孟康曰八神郊祀志八神也師古曰誤非也自言致禱中岳通八神耳此楚辭九歎合五嶽與八靈王注亦云八靈八方之神先謙曰賦言八神奔走警蹕未言擊去也堪輿既爲天地不當同列八神上言天地此言八方之神王說爲正**蚩尤之倫帶干將而秉玉戚兮飛蒙茸而走陸梁**張晏曰玉戚以玉爲戚柲也晉灼曰飛者蒙茸而亂走者陸梁而跳也師古曰茸音人蒙反柲柄也音祕補注先謙曰蚩尤之倫謂武衛之士**齊總總撙撙其相膠葛兮猋駭雲訊奮㠯方攘**晉灼曰方攘半散也師古曰總總撙撙聚貌也膠葛猶言膠加也訊亦奮訊也撙音子本反訊音信攘音人羊反補注錢大昭曰廣雅云總總傳傳聚也撙傳古字通先謙曰官本無訊音下八字引宋祁曰韋昭曰方攘周禮方相氏蕭該音義依韋昭音相別本顏注子本反下更有訊音信攘音人羊反八字先謙案文選總總下多以字訊作迅此借字注半散與泮散同泮亦散也言衞士先總聚而後奔離解爲方相失之遠矣膠加猶交加**駢羅列布鱗㠯雜沓兮柴虒參差魚頡而鳥䀏**師古曰柴虒參差不齊貌也頡䀏上下也柴音初蟻反虒音豸參音初林反頡音胡結反䀏音胡剛反補注王念孫曰䀏者肮之譌肮字古讀胡剛反史記龜策傳壯士斬其肮與狂爲韻故借爲頡頏之頏不知何時肉旁譌作目旁而集韻十一唐遂收入䀏字矣說文玉篇廣韻皆無䀏字先謙曰官本引蕭該音義曰柴一本作偨諸詮賦偨音初綺反虒姚本初擬反先謙案善注駢猶併也頡䀏猶頡頏鱗言其相次也又案上林賦柴池茈虒音義

並同差池此賦柴虒約文易字其義同也**翕赫曶霍霧集蒙合兮半散照爛粲㠯成章**師古曰翕赫曶霍開合之貌也霧地氣發也蒙天氣下也如霧之集如蒙之合也半散照爛言其分布而光明也曶讀與忽同補注先謙曰半與泮同子虛賦照爛龍鱗文選霧集下有而字照誤昭善注翕赫盛貌曶霍疾貌朱琦云爾雅天氣下地不應曰霿地氣發天不應曰霧霿與雺同霧與霿同先謙案以上並言兵衞之眾盛嚴整**於是乘輿迺登夫鳳皇兮翳華芝**師古曰鳳皇者車以鳳皇爲飾也翳蔽也以華芝爲蔽也補注宋祁曰兮字下疑有而字先謙曰文選有而字善注引服虔曰華芝華蓋也**駟蒼螭兮六素虯**師古曰四六駕數也言或四或六也螭似龍一名地螻虯即龍之無角者補注宋祁曰韋昭曰螭似虎而鱗鄭氏曰螭虎類也龍形李奇曰螭雌龍也字林曰螭若龍而黃北方之地螻消化本作一名螻刋誤据今說文添虯字監本作地螻金靖刊誤据今說文作一名地螻當有地字先謙曰善注高唐賦曰乘玉輿兮駟蒼螭上林賦乘鏤象六玉虯**蠖略蕤綏灕虖幓纚**師古曰蠖略蕤綏虯螭貌也灕虖幓纚車飾貌也蠖音於鑊反灕音離幓音森其字從巾纚音所宜反補注宋祁云於鑊反一作於郭反綏先佳反先謙曰李善本文選幓作襂六臣本與此同皆圖寫聲貌假借用之無定字也善注蠖略蕤綏龍行之貌灕乎襂纚龍翰下垂之貌也先謙案大人賦駕應龍象輿之蠖略委麗兮又云滂濞泱軋麗以林離張揖注林離摻攦也灕虖幓纚與麗以林離音義俱合皆眾盛意也幓纚摻攦林離淋離[illegible]滲灕[illegible]東並字異

而訓同蕤綏猶萎蕤**帥爾陰閉霅然陽開**晉灼曰帥聚也霅散也師古曰霅音所甲反又音先合反補注先謙曰帥與率同帥爾即率爾猶言倏爾也善注文子曰與陰俱閉與陽俱開霅然猶颯然**騰清霄而軼浮景兮夫何旟旐郅偈之旖柅也**師古曰騰升也霄日旁氣也軼過也晝鳥隼曰旟龜蛇曰旐郅偈竿杠之狀也旖柅旐繆之形也郅音吉又音質偈音居桀反旖音猗柅音女支反補注先謙曰官本注末有韋昭曰偈音桀六字柅作旎女支反作女倚反引宋祁曰旎越本作柅女支反景本旎作柅先謙案郅偈旖柅並形容之詞中加之字則文不成義之字當在旟旐下各本誤倒也文選柅作旎善注引服虔曰旖旎從風柔弱貌浮景流景也**流星旄㠯電燭兮咸翠蓋而鸞旗**師古曰如星之流如電之照也咸皆也**敦萬騎於中營兮方玉車之千乘**師古曰敦讀曰屯屯聚也方並也補注先謙曰六臣本敦作屯**聲駍隱㠯陸離兮輕先疾雷而馺遺風**師古曰馺然疾意也駍音普萌反馺音先合反補注先謙曰官本而作以引宋祁云姚本以作而先謙案官本注末有韋昭馺蘇及反六字善注廣雅陸離參差也駍隱車聲大而盛也說文馺馬相及也遺風說見王褒傳**陵高衍之嵱嵷兮超紆譎之清澄**孟康曰衍無厓岸也紆譎曲折也李奇曰嵱音踊嵷音竦如湻曰嵱嵷上下眾多貌師古曰衍即所謂墳衍者也補注先謙曰官本無岸字者字引宋祁云姚本愆作衍晉灼作漾監本注文厓字下有岸字先謙案據宋說所見本衍作愆

高衍猶高平亦猶墳衍顏以衍爲墳衍非也**登椽欒而羾天門兮馳閶闔而入凌兢**服虔曰椽欒甘泉南山也李奇曰羾音貢蘇林曰羾至也師古曰入陵兢者亦寒涼戰栗之處也兢音鉅陵反補注先謙曰善注王逸曰閶闔天門也官本注亦作言是**是時未轃夫甘泉也迺望通天之繹繹**師古曰轃與臻同轃至也通天臺名也言雖未至甘泉則遙望見通天臺也繹繹相連貌補注宋祁曰晉灼曰繹音夕諸詮賦音亦李善曰薛君韓詩章句云繹繹盛貌**下陰潛㠯慘廩兮上洪紛而相錯**師古曰慘廩亦寒涼之意也洪大也紛亂雜也錯互也廩讀如本字又音來感反**直嶢嶢㠯造天兮厥高慶而不可虖疆度**師古曰嶢嶢高貌造至也慶發語辭也疆境也度量也言此臺至天其高不可究竟而量度也嶢音堯造音千到反慶讀曰羌度音大各反補注先謙曰選疆作彊慶下而字當衍**平原唐其壇曼兮列新雉於林薄**鄧展曰唐道也服虔曰新雉香草也雉夷聲相近師古曰言平原之道壇曼然廣大又列樹辛夷於林薄之閒也草蘩生曰薄新雉即辛夷耳爲樹甚大非香草也其木枝葉皆芳一名新矧壇音徒旦反曼音莫旦反補注宋祁曰雉當作夷學林云周禮薙氏掌殺草鄭氏注云薙或作夷引春秋傳曰如農夫之務去草芟夷蘊崇之又音鬀然則雄賦本用薙爲夷而又省薙之草止用雉字耳王念孫曰案訓唐爲道雖本爾雅然平原道其壇曼殊爲不詞今案唐者廣大之貌唐其者形容之詞既言唐而又言壇曼者言重詞複以形容之若上文言灕

平幓纚矣說文唐大言也白虎通唐蕩蕩也蕩蕩者道德至大之貌也是唐爲廣大之名沈欽韓曰本草綱目辛夷本經名新雉拾遺名木筆先謙曰子虛賦案衍唐曼 **攢幷閭與茇苦兮紛被麗其亡鄂** 如淳曰井閭其葉隨時政政平則平政不平則傾也師古曰如氏所說自是平慮耳此幷閭謂椶樹也茇苦草名也鄂垠也茇音步末反苦音括被皮義反麗讀如本字被麗又音披離補注沈欽韓曰集韻茇䓞瑞草也櫖字唐本草作拔蔄寇宗奭本草作薄荷先謙曰官本注時下政作改是皮上有音字善注被麗分散貌也鄂垠鄂也先謙案被麗卽披離之同音變字顏又音是也故風賦云被麗披離亡鄂猶無垠言其多不可涯際也 **崇巨陵之駊騀兮深溝嶔巖而爲谷** 蘇林曰駊騀音叵我師古曰駊騀高大狀也嶔巖深險貌也嶔音口銜反補注宋祁曰別本口作已 **迣迣離宮般㠯相燭兮封巒石關施靡虖延屬** 應劭曰言秦離宮三百武帝復往往修治之師古曰迣古往字往往言所往之處則有之般連貌也燭照也封巒石關皆宮名也施靡相及貌屬連也般音盤施音弋爾反屬音之欲反補注先謙曰善注往往言非一也般布也與班同黃圖甘泉有石關觀封巒觀先謙案漢鐃歌遠如期曲遊石關望諸國謂此 **於是大夏雲譎波詭摧嶉而成觀** 孟康曰言夏屋變巧迺爲雲氣水波相譎詭也摧嶉材木之崇積貌也晉灼曰摧音樶水反師古曰嶉音子木反觀謂形也音工喚反樶音丑成反補注先謙曰善注言大廈之高而成觀闕也顏訓觀爲形非材官本及選注作林誤摧嶉卽崔嵳之同音變字若今言崔巍矣 **仰撟首㠯高視兮目冥眴而亡見** 師古曰撟舉也冥眴視不諦也撟與矯同其字從手冥音莫見反眴音州縣之縣補注先謙曰五臣本撟作矯 **正瀏濫㠯弘惝兮指東西之漫漫** 服虔曰惝音敞師古曰瀏濫猶汎濫弘惝高大也漫漫長也瀏音劉補注先謙曰官本注有韋昭瀏劉又反濫音覽九字案以上下文推之瀏濫卽瀏攬瀏今作瀏覽弘惝卽弘敞濫惝並借字善注漫漫無厓際之貌 **徒回回㠯徨徨兮魂固眇眇而昏亂** 師古曰言駭其深博補注先謙曰選無固字 **據軨軒而周流兮忽軮軋而亡垠** 師古曰軨軒謂前軒之軨也軨者軒間小木也字與櫺同周流周視也軮軋遠相映也軨音零軮音烏郎反軋音於黠反補注先謙曰文選軮軋作坱圠善注廣大貌也說見賈誼傳顏訓非 **翠玉樹之青蔥兮壁馬犀之瞵瑂** 應劭曰瞵音鄰晉灼曰瑂音䦧師古曰玉樹者武帝所作集眾寶爲之用供神也非謂自然生之而左思不曉其意以爲非本土所出蓋失之矣馬犀者馬腦及犀角也以此二種飾殿之壁瞵瑂文貌補注先謙曰官本引蕭該音義曰該案字書瞵瑂采色也當從玉旁粦宋祁曰學林云此傳作壁師古訓爲殿壁文選作璧五臣訓爲璧玉其義迥不同賦曰抑矯首以高視兮目冥眴而亡見正瀏濫以弘敞兮指東西之漫漫徒回回以皇皇兮魂魄眇眇而昏亂據軨軒而周流兮忽軮軋而亡垠翠玉樹之青蔥兮璧馬犀之璘瑂金人仡仡其承鍾虡兮嵌巖巖其龍鱗凡此皆以下句釋上句其曰据軨軒而周流兮忽軮軋而亡垠然後言玉樹

金人者蓋謂依欄檻而四顧見其廣大而無際畔但見庭中玉樹之青蔥金人之巖巖耳玉樹植於殿庭金人捧露盤亦在殿庭皆言望見殿庭中物不應反言殿壁也案甘泉賦漢書文選字不同者甚多它皆可以假意而讀惟壁璧二字不可假意通思而注釋者又皆不同不可不辨也又劉禹錫嘉話云雲陽縣界多漢離宮故地有槐而葉細土人謂之玉樹揚子雲甘泉賦玉樹青蔥左思以爲假稱珍怪蓋不詳也先謙案宋說是五臣本瞵作璘璘瑂若今言斕斑 **金人仡仡其承鍾虡兮嵌巖巖其龍鱗** 師古曰仡仡勇健狀嵌開張貌言其鱗甲開張若負龍之形也仡音魚乙反又音其乞反嵌音火敢反補注宋祁曰蕭該音義改欿從山諸詮賦音苦銜反先謙曰據宋說所見本嵌作欿 **揚光曜之燎燭兮乘景炎之炘炘** 師古曰炘炘光盛貌也炎音弋贍反炘音欣補注宋祁曰越本炘作忻先謙曰官本楊作揚 **配帝居之縣圃兮象泰壹之威神** 服虔曰曾城縣圃閬風昆侖之山三重也天帝神在其上補注先謙曰以上六句皆賦金人 **洪臺掘其獨出兮撠北極之嶟嶟** 應劭曰掘特貌也撠至也晉灼曰嶟嶟穊撠也師古曰言高臺特出乃至北極其狀竦峭嶟嶟然也掘音其勿反撠音竹指反嶟音千旬反又音遵補注宋祁曰撠字書竹几反韋昭知已反嶟嶟字林曰山貌穊撠姚本作穊繳先謙曰選掘作崛是此借字 **列宿迺施於上榮兮日月纔經於柍桭** 服虔曰柍中央也桭屋梠也師古曰施延也榮屋翼也凡此者言屋宇高大之甚施音弋豉反柍音央桭音辰一曰施直謂安施音之耳讀如本字補注宋祁曰姚本刪音字纔韋昭什兼反蕭該音義柍於兩反又於郎反桭之人反王念孫曰師古曰柍音鞅今本鞅譌作央考玉篇廣韻集韻類篇柍字俱無央音宋祁引蕭該音義柍於兩反李善文選注同以訂正今案柍當作央今作柍者因桭字而誤加木旁耳[illegible]桭與宸同說文宸屋宇也卽服注所謂屋梠鄭注士喪禮曰宇梠也卽今人所謂屋檐央桭謂半檐也日月纔經於半檐極言臺之高也央桭與上榮相對爲文則央字不當作柍服虔訓爲中央則所見本亦必作央也蕭該音義曰柍於兩反則所見本已譌作柍矣西京賦消雰埃於中宸集重陽之清澂彼言中宸猶此言央桭則央之不當作柍益明矣魏都賦旅楹閑列暉鑒柍桭張載曰柍中央也則其字亦必作央今本作柍亦是傳寫之誤說文柍梅也於京切玉篇於兩切此卽爾雅所謂時英梅者也與央桭之義無涉集韻柍屋中央也則爲誤本漢書所惑矣 **雷鬱律而巖突兮電倏忽於牆藩** 師古曰鬱律雷聲也倏忽電光也藩籬也倏音式六反藩音甫元反補注宋祁曰而字當作於先謙曰文選作於是倏作儵善注上林賦巖窔洞房釋名窔幽也倏忽疾貌案突是誤字 **鬼魅不能自還兮半長途而下顚** 師古曰言屋之高深雖鬼魅亦不能至其極而反故於長途之半而顚墜也還讀曰旋或作逮逮及也補注先謙曰文選還作逮 **歷倒景而絕飛梁兮浮蔑蠓而撇天** 晉灼曰飛梁浮道之橋也蔑蠓疾也師古曰撇猶拂也蠓音莫孔反撇音匹列反又音普結反補注先謙曰官本注疾作蚊案選作蠛蠓皆借字呂向注蠛蠓浮氣

也後書張衡傳浮蔑蒙而上征注引此賦作蔑蒙**左欃槍右玄冥兮前熛闕後應門**晉灼曰大人賦欃槍以爲旌又曰左玄冥而右黔雷雄擬相如故云爾熛闕赤色之闕南方之帝曰赤熛怒應門正在熛闕之內也師古曰熛音匹遙反補注宋祁曰浙本右字後字上皆有而字注文旌攷作旗姚本熛必遙反先謙曰文選有兩而字**陰西海與幽都兮涌醴汨㠯生川**如淳曰言闕之高遁陰西海也師古曰蔭映西海也㠯及幽都幽都北方絕遠之地也涌醴醴泉涌出汨汨然也汨音于筆反補注先謙曰文選陰作蔭**蛟龍連蜷於東厓兮白虎敦圉虖昆侖**師古曰連蜷卷曲貌敦圉盛怒也言甘泉宮中皆有此象也蜷音拳敦音屯補注先謙曰善注引春秋漢含孳曰天一之帝居左青龍右白虎**覽樛流於高光兮溶方皇於西清**服虔曰高光宮名也師古曰樛流屈折也溶然閑暇貌也方皇彷彿也西清西廂清閑之處也溶音容補注宋祁曰樛諸詮賦音株溶字林弋冢反先謙曰官本注廂作箱樛流與周流同意方皇猶旁皇也善注以方皇爲觀名則文義不通六臣本作彷徨上林賦象輿僊蹇於西清**前殿崔巍兮和氏瓏玲**孟康曰以和氏璧爲梁璧帶也其聲玲瓏也晉灼曰以黃金爲璧帶含藍田璧瓏玲明見貌也師古曰崔巍高貌瓏玲晉說是也崔音才回反巍音五回反瓏音聾玲音零補注宋祁曰瓏玲字林曰瓏禱旱玉爲瓏又音龍呂氏春秋曰大旱用瓏玲先謙曰官本注玲瓏作瓏玲含作合梁章鉅云法言五百篇云瓏璗其聲者其質玉乎璗與玲同太元唐次三范望

注瓏玲金玉之聲也据此善說爲長**炕浮柱之飛榱兮神莫莫而扶傾**師古曰炕與抗同抗舉也榱屋椽也言舉立浮柱而駕飛榱其形危竦有神於闇莫之中扶持故不傾也補注宋祁曰李善曰毛詩君婦莫莫毛萇云莫莫清淨也先謙曰官本注闇作冥六臣本炕作抗**閌閬閬其寥廓兮佀紫宮之崢嶸**師古曰閌高門貌閬閬空虛也寥廓宏遠也紫宮天帝之室也崢嶸深邃也閌音抗閬音浪寥音僚崢音仕耕反嶸音宏補注先謙曰官本嶸作嶸文選作嶸通用字注室作宮**駢交錯而曼衍兮峻嵲隗虖其相嬰**師古曰言宮室臺觀相連不絕也峻安施之貌嵲隗猶崔巍也衍音赤戰反峻音它賄反嵲音臯隗音五賄反補注先謙曰官本注赤作亦引蕭該音義曰峻按字書物果反嵲音臯善注引埤蒼峻山長貌嬰繞也五臣本嵲隗作嶵隗嶵隗猶崔嵬也**乘雲閣而上下兮紛蒙籠㠯掍成**師古曰乘登也雲閣亦言其高入於雲也蒙籠深通貌掍成言其有若自然也掍音胡本反補注先謙曰官本掍並作棍善注引服虔曰蒙籠膠葛貌老子曰有物混成棍與混同今字作渾成**曳紅采之流離兮颺翠氣之冤延**師古曰言宮室曠大自然有紅翠之氣補注錢大昭曰冤延與蜿蜒同先謙曰官本引蕭該音義曰冤於元反**襲琁室與傾宮兮若登高妙遠肅虖臨淵**服虔曰襲繼也桀作旋室紂作傾宮㠯此微諫也應劭曰登高遠望當以亡國爲戒若臨深淵也補注宋祁曰妙一作眇遠字下當有亡國字先謙曰文選妙作眇下有

亡國二字旋室傾宮見晏子春秋案言旋室傾宮則臨淵之意自見不當直言亡國無二字是也眇遠猶言望遠妙借字**回猋肆其碭駭兮披桂椒鬱移楊**師古曰回猋回風也肆放也碭過也駭動也披古披字鬱聚也移唐棣也楊楊樹也言回風放起過動眾樹則桂椒披散而移楊鬱聚也碭音徒浪反移音移補注宋祁曰浙本椒字下有而字先謙曰文選有而字六臣本碭作盪是也碭借字顏訓碭爲過則過駭二字義不相屬矣**香芬茀㠯穹隆兮擊薄櫨而將榮**師古曰言桂椒香氣乃擊薄櫨及屋翼也薄枅也櫨音盧補注先謙曰官本引蕭該音義曰薄櫨字林曰柱柵也學林云欂彌戟切通用薄字一作乎戟反先謙案茀即馥字文選窮作穹穹隆謂高也善注以擊爲拂擊是也將送也說文欂壁柱櫨柱上柎也言香風之高飄上送屋翼**蘮呹肹㠯掍根兮聲駍隱而歷鍾**師古曰又言風之動樹聲響振起眾根合駍隱而盛歷入殿上之鍾也根猶株也蘮讀與響同呹音丑乙反肹音許乙反掍音下本反駍音普耕反補注先謙曰官本引蕭該音義曰呹別本丑乙反文選余日反肹別本作盻靈乞反案今漢書本盻或作肹者傳寫之誤宋祁曰注文合字下當有同字先謙案文選根作批批亦擊也較掍根爲合振根拔木似不宜施於此文善注蘮蘮亦香字呹疾貌肹蠁布也案顏以上言香此不當複言蘮故讀蘮爲響當從之据說文蠁當爲響徐鍇引此賦肹蠁豐融亦作響香風駍殷歷十二鍾而成聲言諸合律呂也**排玉戶而颺金鋪兮發蘭惠與穹窮**李奇曰鋪門首也師古曰言風之所至又排門揚鋪

擊動鍰鈕回旋入宮發奮眾芳補注王先慎曰文選類聚三十九引穹窮作芎藭穹字通用先謙曰官本惠作蕙發蘭蕙句言眾芳隨風雜不可辨**惟弸環其拂汨兮稍暗暗而靚深**蘇林曰弸音石墮井弸爾之弸環音宏孟康曰弸環風吹帷帳鼓貌師言曰拂汨亦風動貌暗暗幽隱靚即靜字耳弸音普萌反拂音普密反汨音于密反暗音烏感反補注先謙曰官本引蕭該音義曰弸文萌反環音宏拂芳勿反先謙案以上六句言香風之深入據孟注惟當爲帷文選不誤注鼓下當有動字善注弸環風吹帷帳之聲拂汨鼓動之貌**陰陽清濁穆羽相和兮若夔牙之調琴**張晏曰聲細不過羽穆然相和也師古曰夔舜典樂也牙伯牙也補注王引之曰羽聲穆然相和不得謂之穆羽且於五音之中獨言羽則相和之義不著張說非也今案和讀唱和之和穆變音也羽正音也淮南天文篇說律曰徵生宮宮生商商生羽羽生角角生姑洗生辯見淮南姑洗生應鍾不比於正音今本見淮南不字故爲和凡言和穆者並同讀和睦之和下應鍾生蕤賓不比於正音故爲繆繆與穆同穆謂變宮變徵也穆在變音之末言穆而和可知矣羽在正音之末言羽而宮商角徵可知矣變聲與正聲相應故曰穆羽相和以律管言之則變宮爲和變徵爲穆以琴弦言之則當以少宮爲和少商爲穆琴有和穆二音而風聲似之故曰穆羽相和若夔牙之調琴也**般倕弃其剞劂兮王爾投其鉤繩**應劭曰剞曲刀也劂曲鑿也師古曰般公輸般也倕其工也王爾亦巧人也見淮南子言土木之功窮極巧麗故令般倕之徒弃其常法也般讀與班同倕音垂剞音居爾反劂音

居衞反補注宋祁曰剞劂當作掎劇注文倕字下當有舜字雖方征僑與偓佺兮猶仿佛其若夢晉灼曰方常也征行也言宮觀之高嶮雖使仙人常行其上恐遽不識其形觀猶仿佛若夢也師古曰方謂並行也征僑姓征名伯僑仙人也偓佺亦仙人名偓音屋佺音詮仿佛即髣髴字也征郊祀志作正字其音同補注宋祁曰字林曰仿相似也佛見不審也先謙曰官本注屋作渥征僑偓佺並見相如傳於是事變物化目駭耳回師古曰言驚視聽也葢天子穆然珍臺閒館琁題玉英蜵蜎蠖濩之中應劭曰題頭也榱椽之頭皆以玉飾言其英華相燭也張晏曰蜵蜎蠖濩刻鏤之形師古曰穆然天子之容也蜵蜎蠖濩言屋中之深廣也開讀曰閑蜵音一兗反蜎音下兗反蠖音烏郭反濩音胡郭反補注先謙曰官本引蕭該音義曰琁題案左思蜀都賦曰金鋪相映玉題交輝是也蜵蜎予案字書蜵蜎好皃也上一甸反下一軟反先謙案善注范子曰玉英出藍田孝經援神契曰玉英玉有英華之色惟夫所以澄心清魂儲精垂思師古曰言絜精以待冀神降福補注先謙曰善注文選本思作恩云冀神垂恩也然不如思順感動天地逆釐三神者師古曰釐讀曰禧禧福也補注宋祁曰三神天地神也王九樸日宋注下神字當作人先謙曰善注引韋昭曰逆迎也迎受福釐也迺搜逑索耦皋伊之徒冠倫魁應劭曰冠其羣倫魁桀也師古曰言選擇賢臣可匹耦於古賢皋繇伊尹之類冠等倫而魁桀補注宋祁曰搜逑淳化本作披求刊誤謂求當從辵蕭本同校本作

逑又注末當有者字能函甘棠之惠挾東征之意師古曰甘棠之惠邵公奭也東征之意周公旦也補注宋祁曰函當作含劉攽曰能屬上句劉敞曰能屬魁字齊召南曰案文選以冠倫魁能爲句則劉攽說是也師古誤以魁字斷句而以能字下連函甘棠之惠甚屬牽強先謙曰此應劭誤讀而師古從之相與齊虖陽靈之宮師古曰齊同也同集於此也祭天之處故曰陽靈之宮也補注宋祁曰諸詮云齊沮譖反李善云韓康伯周易注曰洗心曰齊側皆反先謙曰漢舊儀皇帝祭天居雲陽宮齋百日善注是靡薜荔而爲席兮折瓊枝以爲芳師古曰靡纖密也謂纖纖之也一曰靡謂偃而靡之藉地也補注先謙曰善注從後說又引楚詞曰折瓊枝以繼佩噏清雲之流瑕兮飲若木之露英師古曰言其齋戒自新居處飲食皆芳絜也瑕謂日旁赤氣也露英言其英華之露補注先謙曰官本清作青瑕霞借字大人賦呼吸沆瀣餐朝霞文選噏作吸善注山海經曰灰野之山有赤樹青葉名曰若木露英英之含露者歟顏訓爲優集虖禮神之囿登乎頌祇之堂師古曰頌歌也登以祭也地神曰祇建光燿之長旓兮昭華覆之威威服虔曰昭明也華覆華蓋也師古曰威威猶威蕤也旓旗之旒也一曰燕尾旓音所交反攀琁璣而下視兮行遊目虖三危陳眾車所東阬兮肆玉釱而下馳漂龍淵而還九垠兮窺地底而上回張晏曰三危山名也晉灼曰釱車轄也九垠九

垓也師古曰假設言周流曠遠升降天地爲神通一也肆放也阬大阜也讀與岡同釱音大又音弟還讀曰旋補注宋祁曰張銑曰琁璣北斗也晉灼曰阬古坑字也字書曰阬閬也口盎反注文爲神通一也爲當作與一字當刪先謙曰官本所作於是也善注引如淳曰東阬東海也楚詞曰齊玉軑而並馳說文漂浮也海非陳車之所又自高而下馳明所云東阬非東海也故顏讀阬爲岡詳文意從北望南自東徂西乃至禮神之所風從從而扶轄兮鸞鳳紛其御蕤師古曰從從前進之意也御猶乘也蕤車之垂飾纓蕤也從音竦今書御字或作銜者俗妄改也補注宋祁曰注文纓蕤字上當有若字從鄭氏音摠先謙曰文選從從作縱縱御作銜善注縱縱疾貌晉灼曰蕤綏也梁弱水之濿濴兮躡不周之逶蛇服虔曰昆侖之東有弱水度之若濿濴耳師古曰濿濴小水之貌不周山名逶蛇亦言不艱難也濿音吐定反濴音熒又音胡鎣反蛇音移補注先謙曰善注山海經曰西海之外有山不合名曰不周想西王母欣然而上壽兮屛玉女而卻虙妃師古曰西王母在西方周穆王所見者也玉女虙妃皆神女也虙讀曰伏玉女無所眺其清盧兮虙妃曾不得施其蛾眉服虔曰盧目童子也補注宋祁曰監本作玉女欣眺浙本無作亡先謙曰文選盧作矑方摯道德之精剛兮眸神明與之爲資晉灼曰等天地之忖量也師古曰摯總也音覽其字從手補注先謙曰官本注忖作瓚眸作侔引宋祁曰瓚量當作忖量摯力敢反先謙案文選眸作侔此借字摯

作攬善注說文攬撮持也於是欽祡宗祈燎熏皇天師古曰欽敬也祡積祡也宗尊也祈求福也補注先謙曰案注積祡之祡當作柴招繇泰壹舉洪頤樹靈旗張晏曰招搖泰壹皆神名也服虔曰洪頤旗名也李奇曰欲伐南越告祈太一畫旗樹太一壇上名靈旗以指所伐之國也見郊祀志補注宋祁曰招繇一本作皋陶晉灼音義作皋搖蕭該音義曰如淳作皋搖云皋楔槔積柴於招搖頭致牲玉於其上舉而燒之欲其近天也故曰皋搖先謙曰文選作皋搖於是欽祡宗祈單句領起燎熏皇天與招搖泰壹對舉如說是也泰壹之祠詳在郊祀志招搖雖亦神名施於此處則不類善注引服說旗作旐樵蒸焜上配藜四施張晏曰配藜披離也師古曰樵木薪也蒸麻幹也焜同也言以樵及蒸燎火炎上於天又披離四出補注先謙曰官本注燎作燒引蕭該音義曰焜音昆火貌也配藜如淳曰藜爲火正能使火氣施四裔也先謙案依如說配字無著張顏依聲釋之爲長王先慎云藝文類聚冊九引藜作黎是也玩如注所見本亦作黎後人加草作藜耳東燭倉海西燿流沙北爌幽都南煬丹厓服虔曰丹厓丹水之厓也師古曰爌古晃字煬熱也言祡燎之光遠及四表也煬音弋向反補注宋祁曰浙本爌作熿先謙曰文選作熿玄瓚觩髎秬鬯泔淡服虔曰以玄玉飾之故曰玄瓚張晏曰瓚受五升口徑八寸以圭爲柄用灌鬯觩髎其貌也應劭曰泔淡滿也師古曰觩音虯髎音力幽反泔音胡感反淡音大敢反補注宋祁曰泔淡美味也注文以圭字下別本有文字一作大字肸蠁豐融補注先謙曰肸

㩦詳司馬相如傳懿懿芬芬師古曰言秬鬯之芬烈也炎感黃龍兮熛訛碩麟師古曰言光炎熛盛感神物也訛化也碩大也熛音必遙反〔補注〕宋祁曰蕭該音義本炎字作熛王念孫曰文選李善本炎作猋注曰言猋熛熾盛感動神物也字林猋火光也[illegible]解廞說文熛火飛也毛萇詩傳訛動也案李說是也選巫咸兮叫帝閽開天庭兮延羣神服虔曰令巫祝叫呼天門也師古曰巫咸古神巫之名儐暗藹兮降清壇瑞穰穰兮委如山張晏曰儐贊也師古曰暗藹神之形影也穰穰多也委積也暗音烏感反〔補注〕先謙曰官本引蕭該音義曰儐甫刃反於是事畢功弘回車而歸度三巒兮偈棠梨師古曰三巒即封巒觀名也棠梨宮名偈讀曰憩天閫決兮地垠開八荒協兮萬國諧師古曰天閫天門之闓也決亦開也言德澤普洽無極限也登長平兮雷鼓磕天聲起兮勇士厲師古曰長平涇水上坂名也磕擊鼓聲也天聲聲至天也聲字或作嚴言擊嚴鼓也厲奮也〔補注〕先謙曰官本引蕭該音義曰磕口盍反又口艾反李善曰字指大聲也先謙案長平見宣紀文選磕作礚雲飛揚兮雨滂沛于胥德兮麗萬世師古曰于曰也胥皆也麗美也沛音普大反亂曰師古曰亂者理也總理一賦之終也崇崇圜丘隆隱天兮師古曰言其高登降峛施單埢垣兮師古曰峛施上下之道也單周也埢垣圜貌也峛音力爾反施音弋

爾反單音蟬埢音拳〔補注〕先謙曰官本引蕭該音義曰字林峛施沙邱也增宮嵾差駢嵯峨兮師古曰增重也嵾差不齊也駢並也嵾音初林反駢音步千反嵯音材何反峨音娥岭巆嶙峋洞亡厓兮師古曰岭巆深邃貌嶙峋節級貌岭音零巆音營嶙音隣峋音荀〔補注〕宋祁曰李善云埤蒼曰岭巆嶙峋深無厓之貌刊誤云据史館本改嶙峋上天之縡杳旭卉兮師古曰縡事也杳高遠也旭卉疾速也縡讀與載同〔補注〕宋祁曰縡財代反先謙曰善注旭卉幽昧之貌六臣本旭卉難知也卉疑晦之借字與顏說異聖皇穆穆信厥對兮李奇曰對配也能與天地相配也詩云帝作邦作對師古曰穆穆美也信實也徠祇郊禋神所依兮師古曰言已祇敬而來郊祭禋饗則神祇依附〔補注〕宋祁曰祇一本作秖蕭該音義曰字林曰禋絜祀也音一人反俳佪招搖靈遲迡兮師古曰言神久畱安處不即去也招音上遙反遲音栖迡音又夷反〔補注〕先謙曰官本遲作屖引宋祁曰呂向云招搖神名李善云招搖猶彷徨也屖涫化本作遲刊誤据說文改作屖張揖字詁云迡今遲徐也先謙案文選作靈迟迡兮善注迟迡即棲遲煇光眩燿隆厥福兮師古曰眩音州縣之縣〔補注〕先謙曰文選隆作降子子孫孫長亡極兮甘泉本因秦離宮既奢泰師古曰本秦之林光宮也而武帝復增通天高光迎風宮外近則洪厓旁皇儲胥弩陆遠則石關封巒枝鵲露寒棠梨師得遊

觀屈奇瑰瑋師古曰棠梨宮在甘泉苑垣外師得宮在櫟陽界其餘皆甘泉苑垣內之宮觀也陆音祛〔補注〕先謙曰官本引蕭該音義曰三蒼因山谷爲牛馬圈謂之陆音祛瑰偉字林曰玫瑰火齊珠該案詩云何以贈之瓊瑰玉佩埤蒼云瑰瑋珠琦也又考證云案枝鵲應作鳷鵲司馬相如傳可證先謙案屈與崛同言遊觀之所皆崛奇瑰偉也蕭說謬非木摩而不彫牆塗而不畫周宣所考般庚所遷夏卑宮室唐虞棌椽三等之制也師古曰小雅斯干之詩序曰宣王考室也考謂成也般庚殷王名也遷謂遷都亳也唐虞謂堯舜也棌柞木也三等土階三等言不過也棌音采又音菜其字從木〔補注〕先謙曰棌椽詳司馬遷傳且其爲已久矣非成帝所造欲諫則非時欲默則不能已故遂推而隆之迺上比於帝室紫宮師古曰帝謂天也若曰此非人力之所能黨鬼神可也師古曰黨音它莽反〔補注〕先謙曰官本能作爲又是時趙昭儀方大幸每上甘泉常法從師古曰法從者以言法當從耳非失禮也一曰從法駕也〔補注〕先謙曰一說是在屬車閒豹尾中服虔曰大駕屬車八十一乘作三行尚書御史乘之最後一乘縣豹尾豹尾以前皆爲省中故雄聊盛言車騎之眾參麗之駕非所以感動天地逆釐三神師古曰參三神也麗偶也〔補注〕劉攽曰麗茲也言所以參乘茲駕者非其人也宋祁曰注文神

字可刪劉攽茲字當作並字沈欽韓曰晉輿服志大駕有從官中道左右道並驅者此參駕也有但分左右道者此麗駕也先謙曰沈說是又言屏玉女卻虙妃以微戒齋肅之事賦成奏之天子異焉其三月將祭后土上迺帥羣臣橫大河湊汾陰師古曰橫橫度之也湊趣也既祭行遊介山回安邑師古曰介山在汾陰東北回謂繞過〔補注〕宋祁曰注末當有之字先謙曰介山說見下顧龍門覽鹽池師古曰龍門山在今蒲州龍門縣北鹽池在今虞州安邑縣南登歷觀師古曰歷山上有觀也晉灼曰在河東蒲阪縣〔補注〕沈欽韓曰一統志歷山在蒲州府永濟縣東南三十里其東爲神嶺先謙曰官本注山下有之字陟西岳以望八荒迹殷周之虛眇然以思唐虞之風師古曰陟升也西岳華山之上高峻故言以望八荒殷都河內周在岐豐堯都平陽舜都蒲坂皆可相見故云迹殷周之墟思唐虞之風也虛讀曰墟〔補注〕宋祁曰注文之上當作其上先謙曰官本注相作想是雄以爲臨川羨魚不如歸而結罔師古曰言成帝追觀先代遺迹思欲齊其德號故雄勸令自興至治以凝帝皇之風〔補注〕先謙曰臨川二語見董仲舒傳還上河東賦以勸其辭曰伊年暮春將瘗后土師古曰伊是也謂是祠甘泉之年也祭地曰瘗薶故云瘗后土瘗音乙例反禮靈祇謁汾陰于東郊師古曰京師之東故曰東郊也因茲以勒崇垂

鴻發祥隤祉欽若神明者盛哉鑠乎越不可載已師古曰勒崇垂鴻勒崇名而垂鴻業也隤降也祉福也欽敬也若順也鑠美也越曰也已辭也言發祥降福敬順神明其事盛美不可盡載**於是命羣臣齊法服整靈輿迺撫翠鳳之駕六先景之乘**師古曰翠鳳之駕天子所乘車爲鳳形而飾以翠羽也先景爲馬行速疾常在景前也補注先謙曰官本注無所字引宋祁曰注文乘車字上當有所字先謙案注下爲字與謂同六謂駕六馬也**掉犇星之流旃彏天狼之威弧**晉灼曰有狼弧之星也師古曰彏急張也音钁**張燿日之玄旄揚左纛被雲梢**張晏曰雲梢梢雲也師古曰梢與旓同旓者旌旗之流以雲爲旓也被音皮義反補注先謙曰官本注流作旒同**奮電鞭驂雷輜**師古曰輜衣車也淮南子云電以爲鞭策雷以爲車輪故雄用此言也**鳴洪鍾建五旗**師古曰洪大也尙書大傳云天子左右五鍾天子將出則撞黃鍾之鍾左五鍾皆應入則撞蕤賓之鍾右五鍾皆應漢舊儀云皇帝車駕建五旗蓋謂五色之旗也以木牛承其下取其負重致遠補注先謙曰官本注漢下有書字引宋祁曰注文漢書舊儀當刪書字沈欽韓曰漢舊儀清道建五旗晉輿服志以五牛建旗車設五牛青赤在左黃在中白黑在右又云豎旗於牛背行則使人輿之牛之爲義蓋取其負重致遠而安穩也宋書禮志則云木牛宋史儀衞志熙甯七年太常寺言五牛旗蓋古之五時副車也以木牛載旗用人輿之失其本制宜省去**義和司日顏倫奉輿**師古曰倫古善御者也義和日御名補注沈欽韓曰韓詩外傳二孔子曰美哉顏無父之御也至於顏淪而少衰至於顏夷而衰矣顏倫卽顏淪**風發飇拂神騰鬼趡**師古曰飇回風也趡走也飇音必遙反趡音子笑反又音才笑反補注宋祁曰趡一本作趭蕭該音義曰今漢書鬼趡或作趭字韋昭慈昭反云趭超也字林音才召反錢大昭曰廣雅騰趡犇也**千乘霆亂萬騎屈橋**師古曰霆亂言如雷霆之盛而亂動也屈橋言壯捷貌屈音其勿反橋音其召反補注先謙曰官本注無下言字是引蕭該音義曰橋音嶠嶠之嶠先謙案橋嶠借字言馬驤首之狀**嘻嘻旭旭天地稠嶅**師古曰稠嶅動搖貌師古曰嘻嘻旭旭自得之貌嘻音許其反稠音徒弔反嶅音五到反**簸丘跳巒涌渭躍涇**師古曰山小而銳曰巒言車騎之威罰隱之盛至於涌躍涇渭跳簸丘山者也**秦神下讋跖魂負沴**蘇林曰秦文公時庭中有怪化爲牛走到南山梓樹中伐梓樹後化入豐水文公惡之故作其象以厭焉今之葺頭是也故曰秦神服虔曰沴河岸之坻也晉灼曰沴渚也師古曰跖蹈也言此神怖讋下入水中自蹈其魂而負沴渚蓋威懼之甚也跖音之亦反坻音直尸反補注宋祁曰注文葺字上當有施字先謙曰秦神卽怒特祠如蘇林說葺頭當爲旄頭顏訓跖魂爲自蹈其魂語殊牽強跖與蹠同字說文楚人謂跳躍曰蹠言秦神讋懼其靈魂跳躍遠避而負倚坻岸也**河靈矍踢爪華蹈衰**蘇林曰河靈巨靈也華華山也衰衰山也掌據之足蹈之也踢音試郞反服虔曰踢音石奐反師古曰矍踢驚動之貌矍音钁踢音惕二音並通爪

古掌字凡言此者以車騎之眾羽旄之盛故秦神河靈莫不恐懼而自放之補注宋祁曰江鄰幾云趙師民指中條山曰此所謂襄山揚雄賦爪華蹈襄檢余靖初校漢書監本作襄馳介問之云据郊祀志襄字誤矣郊祀志云自華以西名山七華山薄山薄山者襄山也史記封禪書卻作襄山徐廣云蒲坂縣有襄山則知二字紛錯久矣又襄一本作嶁蕭該音義曰該案說文字林並無嶁字未詳其音請俟來哲李善注西京賦引河東賦云河靈矍踢掌華蹈衰先謙曰官本踢並作踼爪作爪衰作襄注郞作郎無音惕二字末之作也王念孫云案衰與沴爲韻則作衰者是也今當先審定沴字之音則衰襄二字之孰是孰非不辯而自明秦風蒹葭篇宛在水中坻毛傳坻小渚也坻與沴同字故晉灼訓沴爲渚李善注南都賦引郭璞上林注曰坻岸也坻與沴同字故服虔訓沴爲河岸之坻張衡思元賦伏靈龜以負坻此賦曰跖魂負沴負沴卽負坻此尤其明證也沴字從㐱得聲古音在諄部沴又爲災沴之沴漢書孔光傳六沴之作宋祁曰韋昭云沴謂皇極五行之氣相沴戾不和音持軫反服虔曰沴音戾案韋昭音持軫反則在諄部服虔音戾則又在脂部坻字從氏得聲古音在脂部脂部之音多與諄部相通故從氏之字亦與從㐱之字相通曲禮畛於鬼神鄭注畛或爲祗小雅無將大車篇無思百憂祗自疧兮思元賦思百憂以自疹自疹卽自疧是其證也然則負沴之沴古讀若坻故與衰爲韻若改衰爲襄則與沴字不協余靖初校本作衰是也蕭該所見一本作嶁者雖非正體然加山作嶁則其字之本作衰明矣郊祀志作襄者傳寫誤耳未可引以爲據宋祁所引封禪書及西京賦注竝作衰而今本皆作襄則又後人據郊祀志改之也封禪書正義尙作衰音色眉反則襄字爲後人所改無疑義門讀書記云從汲古後人得小字宋本史記襄字止作衰水經河水注引封禪書河東賦蹈作襄恐亦後人所改先謙案踢當作足旁易從易從昜之字多相亂踢之誤踢猶碭之誤碭矣河水注云華岳本一山當河河水過而曲行河神巨靈手盪腳蹋開而爲兩今掌足之跡仍存華嶽開山圖曰有巨靈胡者徧得坤元之道能造山川出江河所謂巨靈贔屭首冠靈山者也說文爪亦丮也從反爪闕不以爲掌一字一統志雷首山在蒲州府永濟縣南四十五里一名襄山**遂臻陰宮穆穆肅肅蹲蹲如也**師古曰陰宮汾陰之宮也穆穆肅敬也蹲行有節也蹲音千旬反**靈祇既鄉五位時敘**師古曰鄉讀曰嚮服虔曰五位五方之神補注先謙曰官本注末有也字**細縕玄黃將紹厥後**師古曰細縕天地合氣也玄黃天地色也易下繫辭曰天地細縕萬物化淳坤文言曰玄黃者天地之雜也天玄而地黃將大也言天地之氣大興發於祭祀之後細音因縕音於云反補注先謙曰官本注縕下無音字合作含引宋祁曰注文含氣當作合氣**於是靈輿安步周流容與**師古曰靈輿天子之輿也容暇而安豫也與讀曰豫**以覽虖介山嗟文公而愍推兮勤大禹於龍門**師古曰龍門山禹鑿之以通河水故勤勞之補注先謙曰地理志汾陰縣有介山汾水注介山卽汾山也其山特立周七十里高十餘里晉太康地記及地道記等竝言介子推隱於是山卽實非也又云汾水南與石桐水合水出界休之綿山北流逕石桐寺西卽介子推之祠也昔子推逃晉文公之賞而隱於綿上之山文公求之不得乃封綿爲介子推田曰以志吾過且旌善人因名斯山爲介山故袁山松郡國志曰界休縣有介山綿上

聚子推廟先謙案界休太原縣今汾州府介休縣東南十五里汾陰河東縣今蒲州府滎河縣北斯荅地說流傳文人寄託非紀實之詞矣官本注末之作也灑沈菑於谿濆兮播九河於東瀕師古曰灑分也菑古災字也沈災洪水也谿開也濆謂江河淮濟也播布也九河名在地理志東瀕東海之瀕也禹分治洪水之災通之四瀆布散九河於東海之瀕也灑音所宜反瀕音頻又音賓補注宋祁曰蕭該音義曰灑沈菑而呀壑瀆兮該案呀或以爲呵呵叱問四瀆也孔武仲筆記亦錄此灑韋昭音義作西旁麗云音疏佳反又注文江河淮濟字上當有四瀆字禹字上當有言字分治別本作分河洪當改作泄錢大昭曰菑當作菑先謙曰官本菑作菑注同河水篇河水南出龍門口汾水從東來注之注云魏土地記曰梁山北有龍門山大禹所鑿通孟津河口廣八十步巖際鐫跡遺功尚存先謙案播九河並舉其委登歷觀而遙望兮聊浮游㠯經營樂往昔之遺風兮喜虞氏之所耕師古曰舜耕歷山故云然補注宋祁曰喜古本作娭韋昭音熙先謙曰据宋說喜當爲嬉借字河水注蒲阪縣南有歷山謂之歷觀舜所耕處也有舜井嬀汭二水出焉瞰帝唐之嵩高兮脈隆周之大寧師古曰瞰脈皆視也帝唐堯也嵩亦高也嵩高者謂孔子云巍巍乎唯天爲大唯堯則之也一曰堯嘗遊於陽城故於嵩高山瞰其遺蹟也大寧者詩大雅云濟濟多士文王以寧瞰音苦濫反脈即覓字補注宋祁曰脈別本作脈爾雅曰相視也沈欽韓曰周語順時覛土韋昭云覛視釋詁覛相也郭謂相視也先謙曰嵩即崇字謂觀唐帝之

崇高與大寧爲對後人不知嵩爲崇之借字故一說云然而顏亦誤引之詳在武紀注汨低回而不能去兮行覛陔下與彭城應劭曰覛不正視也彭城項羽所都也晉灼曰陔下項羽敗處也師古曰汨往意也低佪猶言俳佪也行且也意且欲往觀也汨音于筆反覛音五系反濊南巢之坎坷兮易豳岐之夷平李奇曰南巢桀敗處也易樂也師古曰濊與穢同坎坷不平貌坎音口紺反坷音口賀反易音弋豉反補注宋祁曰南巢湯放桀之處非桀敗處也乘翠龍而超河兮陟西岳之嶢崢師古曰翠龍穆天子所乘馬也西岳即華山也嶢崢謂嶕嶢而崢嶸也嶢音堯崢音士耕反補注先謙曰崢與峥同字崢嶸即峥嶸雲霏霏而來迎兮澤滲灕而下降師古曰霏古霏字霏霏雲起貌澤雨露也滲灕流貌也降下也滲音林灕音離降音胡江反補注宋祁曰滲韋昭史禁反灕蘇林曰灕音薄酒之灕先謙曰官本注湖作湘薄酒之灕灕與漓同字鬱蕭條其幽藹兮滃汎沛㠯豐隆師古曰皆雲雨之貌滃音烏孔反汎音敷劍反沛音普蓋反吮風伯於南北兮呵雨師於西東師古曰言皆從命也補注宋祁曰滈化舊本作東西刊誤謂當作西東叶韻參天地而獨立兮廓盪盪其亡雙師古曰天地曰二儀王者大位與之合德故曰參天地參之言三也盪盪大貌補注何焯曰此狀登華之峻非如師古注所云合德遵逝虖歸來師古曰遵路而旋京師也㠯函夏之大漢兮彼曾

何足與比功服虔曰函夏函諸夏也師古曰函包容也彼謂堯舜殷周也函讀與含同建乾坤之貞兆兮將悉總之㠯羣龍張晏曰乾六爻悉稱龍也麗鉤芒與驂蓐收兮服玄冥及祝融師古曰鉤芒東方神蓐收西方神玄冥北方神祝融南方神麗並駕也驂三馬也言皆役服也補注宋祁曰驂字可刪服字當作驂蕭該音義曰麗案韋昭作儷儷偶也王念孫曰宋說是也麗鉤芒與蓐收所謂兩服上襄也驂元冥及祝融所謂兩驂雁行也顏注麗並駕也是釋上句驂三馬也是釋下句言皆役服是總釋二句之義而正文內本無服字也今本驂誤作服而上句又衍一驂字則上句文不成義且與下句不對矣敦眾神使式道兮奮六經㠯攄頌師古曰敦勉也式表也六經謂易詩書春秋禮樂也攄散也頌謂詩頌所㠯美盛德之形容也言發其志而爲歌頌也攄音丑於反頌讀曰容補注先謙曰百官表有式道候此式道二字所本隃於穆之緝熙兮過清廟之雝雝師古曰周頌清廟之詩云於穆清廟肅雝顯相昊天有成命之詩曰於緝熙言漢德之盛皆過之也隃讀與踰同於讀曰烏軼五帝之遐迹兮躡三皇之高蹤師古曰軼亦過也音逸既發軔於平盈兮誰謂路遠而不能從服虔曰軔止車之木將行故發去平盈之地無高下也師古曰軔音刃補注先謙曰官本引蕭該音義曰軔如戰反錢大昭云楚詞云朝發軔於蒼梧王逸注軔止輪木也說文軔礙車也其十二月羽獵服虔曰士負羽補注

朱一新曰文選注引士下有卒字雄從㠯爲昔在二帝三王應劭曰二帝堯舜三王夏殷周宮館臺榭沼池苑囿林麓藪澤財足㠯奉郊廟御賓客充庖廚而已師古曰財讀與纔同御侍也充當也補注先謙曰官本引蕭該音義曰林麓字林守山澤吏御五舉反先謙案善注毛詩傳御進也禮記天子無事歲三田一爲乾豆二爲賓客三爲充君之庖不奪百姓膏腴穀土桑柘之地女有餘布男有餘粟國家殷富上下交足補注先謙曰六臣本交作充故甘露零其庭醴泉流其唐應劭曰爾雅廟中路謂之唐鳳皇巢其樹黃龍游其沼麒麟臻其囿神爵棲其林昔者禹任益虞而上下和屮木茂師古曰益臣名也任㠯爲虞虞主山澤之官也上山也下平地也屮古草字補注宋祁曰益韋昭作菸古益字成湯好田而天下用足補注先謙曰善注引呂氏春秋曰湯見網置四面湯拔其三面也文王囿百里民㠯爲尚小齊宣王囿四十里民㠯爲大補注王先慎曰孟子作文王之囿方七十里齊宣王之囿方四十里案袁宏後漢紀樂崧云宣王之囿五十里民以爲大文王百里民以爲小范氏後漢書楊震傳同范書五十里作五里奪十字大雅靈臺篇王在靈囿毛傳云囿所以域養禽獸也天子百里諸侯四十里卽據此而言是文王之囿古固有百里之說唐陸贄奏罷瓊林庫狀云周文王之囿百里

時患其尚小齊宣王之囿四十里時病其太大循本百里之文明相傳有百里七十里之異至宣王囿袁范書言五十里疑五爲四之誤周禮天官閽人疏引白虎通云天子百里大國四十里次國三十里小國二十里若漢有五十里之文則班氏不應言大國四十里也樂松說當依此訂正先謙曰官本引宋祁曰大字上當有泰字案各本及文選本俱無泰字裕民之與奪民也師古曰裕饒也武帝廣開上林南至宜春鼎胡御宿昆吾晉灼曰鼎胡宮也黃圖㠯爲在藍田昆吾地名也有亭師古曰宜春近下杜御宿在樊川西也補注先謙曰官本注川作圜引宋祁曰御蕭該音義曰案說文曰籞禁苑也牛呂反注文樊圜西姚本圜作川先謙案文選胡作湖旁南山而西至長楊五柞師古曰旁音步浪反北繞黃山瀕渭而東師古曰循渭水涯而東也瀕音頻又音賓補注先謙曰此數語與東方朔傳互證周袤數百里師古曰袤長也音茂穿昆明池象滇河師古曰滇音丁賢反補注宋祁曰賢一作玄先謙曰善注引瓚曰西南夷有昆明國又有滇池故作昆明池以象之以習水戰營建章鳳闕神明馺娑師古曰殿名也師古曰馺音先合反娑音先河反補注先謙曰官本無下師古曰三字善注引孟康曰馺娑殿名善曰神明臺名先謙案皆在建章宮內漸臺泰液師古曰漸臺在泰液池中漸浸也言爲池水所浸也象海水周流方丈瀛洲蓬萊服虔曰海中三山名法效象之游觀侈靡窮妙極麗雖頗割其三垂㠯贍齊民師古曰贍給也齊人解在食貨志補注先謙曰官本注人作民垂邊也然至羽獵田車戎馬器械儲偫禁禦所營師古曰營謂圍守也補注宋祁曰禦當作籞先謙曰文選田作甲是注圍誤官本作圍說文儲偫也偫待也尚泰奢麗誇詡師古曰詡大也音許羽反補注先謙曰尚猶也泰猶言過也非堯舜成湯文王三驅之意也師古曰三驅古射獵之等也一爲乾豆二爲賓客三爲充君之庖也補注宋祁曰一說三驅者三面驅之闕其一面使有可去之道而不忍盡物蓋先王之仁心也禮所謂天子不合圍者也又恐後世復修前好不折中㠯泉臺服虔曰魯莊公築泉臺非禮也至文公毀之公羊譏云先祖爲之而毀之勿居而已今揚雄㠯宮觀之盛非成帝所造勿修而已當㠯泉臺折中也補注宋祁曰注文勿居字上當有不如字故聊因校獵賦㠯風師古曰校獵謂圍守禽獸而大獵也風讀曰諷補注沈欽韓曰文選注七略曰羽獵賦永始三年十二月上案帝紀當在元延二年其辭曰或稱戲農豈或帝王之彌文哉師古曰設或人云言儉質者皆舉伏戲神農爲之首是則豈謂後代帝王彌加文飾乎故論者荅之於下也論者雄自謂也彌猶稍稍也諸家之釋皆不當意徒爲煩雜故無所取補注王念孫曰師古以豈謂二字代豈或非也或者有也或與有聲相近其義相同亦字亦相通說見釋詞言伏羲神農豈有後世帝王之彌文哉論者云否各亦竝時而得宜奚必同條而共貫師古曰所向不必同也則

泰山之封烏得七十而有二儀孟康曰言封禪各異也師古曰若不如是於何得七十二儀也補注先謙曰善注管子曰古之封泰山禪梁父者七十二家案則與卽同字是㠯創業垂統者俱不見其爽遐邇五三孰知其是非師古曰爽差也創業垂統皆無差忒五帝三王誰是誰非言文質政教各不同也補注先謙曰言後世刱業垂統者俱不見儀文之差爽遐而五帝邇而三王孰能定其尚質尚文之是非也遂作頌曰麗哉神聖處於玄宮富既與地虖侔訾貴正與天虖比崇師古曰頌漢德也玄宮言清淨也訾與貲同補注先謙曰官本引蕭該音義曰侔字林亡又反先謙案善注莊子曰夫道顓頊得之以處玄宮齊桓曾不足使扶轂楚嚴未足㠯爲驂乘陿三王之阸薛嶠高舉而大興師古曰薛亦僻字也嶠舉步貌也音去昭反補注先謙曰官本引蕭該音義曰陿音洽阸諸詮音烏隔反一音於賣反薛音辟韋昭曰薛平狄反嶠音嬌先謙案薛僻借字選作狹三王之阸僻善注本作嶠五臣作嬌歷五帝之寥廓涉三皇之登閎師古曰寥廓空曠也登閎高遠也寥音聊補注先謙曰官本引蕭該音義曰登閎韋昭曰高大也諸詮登張萌反先謙案五臣本涉作陟建道德㠯爲師友仁義與爲朋於是玄冬季月天地隆烈師古曰北方色黑故曰玄冬隆烈者陰氣盛萬物權輿於內徂落於外師古曰權輿始也徂落死也言草木萌芽始生於內而枝葉凋殞死傷於外也補注先謙曰善注大戴禮曰孟春百草權輿六臣本徂作殂帝將惟田于靈之囿師古曰靈囿有靈德之苑囿也詩大雅靈臺之篇曰王在靈囿開北垠受不周之制孟康曰西北爲不周風謂冬時也師古曰垠厓也音銀㠯終始顓頊玄冥之統應劭曰顓頊玄冥皆北方之神主殺戮也補注宋祁曰姚本注文無之字先謙曰文選㠯下有奉字六臣本無蓋衍迺詔虞人典澤東延昆鄰西馳閶闔張晏曰東至昆明之邊也師古曰昆明池也閶闔門名也閶讀與閶同也又音吐郎反補注先謙曰閶文選作閭朱珔云說文閶闔盛皃此假閶爲閭大司馬注鼓聲不過閭又假閭爲閭儲積共偫戍卒夾道師古曰共讀曰供偫音丈紀反斬叢棘夷野草師古曰夷平也禦自汧渭經營酆鎬應劭曰禦禁也師古曰將獵其中故止禁不得人行及獸出也汧渭已東酆鎬已西皆爲獵圍也章皇周流出入日月天與地沓師古曰章皇周流言帀徧也謂苑囿之大遙望日月皆從中出入而天地之際沓然縣遠也沓者及㠯沓爲沓解云重沓非唯乖理蓋㠯失韻補注宋祁曰沓然舊作者刊誤改者作沓景本無然字先謙曰選沓作沓善注章皇猶彷徨也出入日月言其廣大日月似在其中出入也應劭曰沓合也先謙案據應說則所見本作沓孫志祖云楚詞天問天何所沓王逸注沓合也言天與地會合何所子雲蓋祖屈原之語爾迺虎路三嵕㠯爲司馬圍經百里

而爲殿門晉灼曰路音落服虔曰㠯竹虎落此山也應劭曰外門爲司馬門殿門在內也師古曰落㯡也以繩周繞之也三嵏三峰聚之山也嵏音子公反補注先謙曰官本引蕭該音義曰該案晁錯傳中周虎落韋昭曰於城中爲藩落如落虎矣謂之虎落先謙案經讀與徑同外則正南極海邪界虞淵應劭曰虞淵日所入補注錢大昭曰邪古與左通禮記王制云執左道以亂政盧植曰左道謂邪道子虛賦云邪與肅愼爲鄰師古曰邪讀爲左案長楊賦同戈邪指亦謂左指鴻濛沆茫碣㠯崇山師古曰鴻濛沆茫廣大貌碣山特立貌鴻音胡孔反濛音莫孔反沆音胡浪反茫音莽碣音竭營合圍會然后先置虖白楊之南昆明靈沼之東張晏曰先置供具於前服虔曰白楊觀名補注宋祁曰置景本作置諸詮音置靈沼李善云三秦記曰昆明池中有靈沼神池賁育之倫蒙盾負羽杖鏌邪而羅者㠯萬計師古曰賁孟賁也育夏育也皆古之勇士也鏌邪大戟也羅列遮禽獸鏌音莫邪音弋奢反補注宋祁曰注文列字當刪獸下當有也字其餘荷垂天之畢張竟壄之罘靡日月之朱竿曳彗星之飛旗如淳曰垂天言長大如天之垂也師古曰畢田罔也罘幡車罔也補注先謙曰官本引蕭該音義曰李善云言畢之大垂天邊也朱竿太常之竿也日月爲太常河圖曰彗星者天地之旗也楚詞曰攬彗星以爲旗青雲爲紛紅蜺爲繯屬之虖昆侖之虛師古曰紛旄也繯系也屬綴也昆侖西極之山

也繯音下犬反屬音之欲反虛讀曰墟補注先謙曰官本引蕭該音義曰紛張晏曰紛燕尾也韋昭曰紛旗旒也音邠繯該案說文字林三蒼並于善反云繯絡也陳武音環通俗文曰所以懸繩楚曰繯繯胡犬反先謙案姜皋云方言胡以縣欉宋魏陳楚江淮之閒謂之繯或謂之環故玉篇云繯環也說文繯落也均作維系解惟韋昭以爲旗上繫渙若天星之羅浩如濤水之波師古曰天星之羅言布列也濤水之波言廣大補注先謙曰官本注未有也字淫淫與與前後要遮師古曰淫淫與與往來貌欃槍爲闉明月爲候孟康曰闉闉戰自障蔽如城門外女垣也補注先謙曰善注候望敵者熒惑司命天弧發射張晏曰熒惑法使司不祥天弧虛危上二星也補注先謙曰官本考證云案注誤弧星在參星南顧廣圻云法上當有執字熒惑或謂之執法見廣雅鮮扁陸離駢衍佖路師古曰鮮扁輕疾貌駢衍言其並廣大也佖次比也一曰滿也扁音篇音步千反佖音頻一反又音步結反補注先謙曰官本引蕭該音義曰鮮扁服虔曰扁音篇戰鬪車陳貌也該案服云以春秋傳曰高渠彌奉公爲魚麗之陳先偏後伍伍承彌縫杜預曰司馬法車二十五乘爲偏以車居前以伍次之承偏之隙而彌縫闕漏五人爲伍此蓋魚麗法也先謙案扁與㷠同鮮扁言鮮明而㷠爛與陸離對文蕭說未當徽車輕武鴻絧緁獵師古曰徽車有徽幟之車也鴻絧直馳貌緁獵相差次也鴻音胡孔反絧音徒孔反緁音捷補注宋祁曰景本注文無之車至次也十四字先謙曰官本幟作幟是蕭該音義曰鴻諸詮胡揀反絧音慟

先謙案善注廣雅武健也鴻絧相連貌詳文義善注是殷殷軫軫被陵緣阪窮冥極遠者相與迾虖高原之上師古曰殷軫盛也冥幽深也殷讀曰隱補注先謙曰官本引蕭該音義曰諸詮作負迾負呼盛反先謙案文選冥作負迾作列羽騎營營昈分殊事蘇林曰昈明也師古曰營營周旋貌也言其服飾分明各殊異也昈音戶繽紛往來轠轤不絕若光若滅者布虖青林之下孟康曰轠轤連屬貌如淳曰轠音雷轤音盧師古曰繽紛眾疾也轠轤環轉也繽音匹人反補注先謙曰官本引蕭該音義曰轠轤韋昭音壘落先謙案若光若滅猶乍明乍暗於是天子迺㠯陽鼂始出虖玄宮師古曰陽朝日出之後也北方之宮故曰玄宮撞鴻鍾建九流補注錢大昭曰流南監本閩本竝作旒先謙曰官本作旒字同六白虎載靈輿蚩尤並轂蒙公先驅服虔曰蒙公蒙恬也孟康曰神名也師古曰服說是也並音步浪反補注何焯曰文選注如淳曰蒙公髦頭也晉灼曰此多說天子事如說是則此注中孟說爲長先謙曰善注韓子曰黃帝駕象車異方並轂蚩尤居前立歷天之旍曳捎星之旃師古曰歷經也捎猶拂也歷天梢雲言其高也捎音所交反補注宋祁曰校改旂作旍辟歷列缺吐火施鞭應昭曰辟歷雷也列缺天隙電照也師古曰言燬火之燿及馳騎奮鞭如電吐光及象其疾補注先謙曰官本引蕭該音義曰施如淳音㢮萃從允溶淋離廓落戲八鎮

而開關應劭曰四方四隅爲八鎮如淳曰不言九者一鎮在中天子居之故也師古曰戲讀曰麾麾謂指麾八鎮使之開關也從音先勇反又音叢溶音容補注先謙曰官本引蕭該音義曰從案字林及埤蒼云從從走貌也允諸詮音余永反溶音勇戲陳武去危反先謙案官本從並作從選作從從蓋總借字萃從猶萃聚也善注允溶盛多之貌也上林賦允溶淫鬻飛廉雲師吸嚊潚率鱗羅布列攢㠯龍翰師古曰吸嚊開張也潚率聚斂也言布列則如魚鱗之羅攢聚則如龍之豪翰嚊音許冀反潚音肅翰合韻音韓補注先謙曰官本引蕭該音義曰嚊張晏音彭濞之濞先謙案善注說文吸內息也埤蒼曰濞喘息聲也先謙謂潚率即蕭索同音字言風聲也秋秋蹌蹌入西園切神光師古曰秋秋蹌蹌騰驤之貌切神光者言車之眾飾相切靡而光起有若神也蹌音千羊反補注宋祁曰秋秋淯化本作啾啾刊誤据禮樂志龍秋游改啾爲秋案蕭該說啾舊作愁韋昭音裁梟反今書或作口旁啾該引埤蒼啾啾眾聲也又引楚詞鳴玉鸞之啾啾啾猿啾啾兮又夜鳴爲据云又諸詮秋作口旁秋蹌蕭該本作此槍先謙案官本注飾作飾是善注引張晏曰切近也神光宮名案以上下文律之神光宮名無疑顏注非望平樂徑竹林張晏曰平樂館名也晉灼曰在上林中補注先謙曰盧文弨云東方朔傳長門園有萩竹竇太后獻爲宮即竹林也蹂惠圃踐蘭唐師古曰惠圃惠草之圃也蘭唐陂唐之上多生蘭也補注宋祁曰踐韋本作跋又作跃先謙曰官本惠作蕙舉烽烈火轡者施披師古曰轡者御人執轡也補注宋祁曰披

當作拔先謙曰文選紊作燧拔作技**方馳千駟校騎萬師**師古曰方馳並驅也校騎騎而爲部校者也補注先謙曰官本引蕭該音義曰校張晏音劾**虓虎之陳從橫膠輵猋泣雷厲驃駻駘磕**服虔曰虓音哮鄧展曰泣音粒師古曰哮虎之陳謂勇士奮怒狀如猛獸而爲行陳也泣猋風疾貌也驃駻駘磕皆聲響眾盛也哮音火交反輵音葛驃音匹人反駻音普萌反駘音力莖反磕音口盍反補注先謙曰官本引蕭該音義曰輵舊作鶡又作謁驃諸詮作石旁賓磕諸詮苦葢反先謙案官本注哮虎作虓虎泣猋作猋泣文選膠輵作轇轕泣作拉善注拉風聲也鄧展曰拉音獵與顏引不同猋不能以泣言顏据所見本以疾貌訓之葢亦知泣之不可通矣作拉爲是**洶洶旭旭天動地吸**蘇林曰吸音吸動搖之吸師古曰洶音匈吸音五合反補注先謙曰官本引蕭該音義曰吸韋昭曰吸擬及反**羨漫半散蕭條數千萬里外**師古曰羨音弋戰反補注王念孫曰萬字後人所加文選無先謙曰官本引蕭該音義曰半諸詮音叛先謙案半與泮同**若夫壯士忼慨殊鄉別趣**師古曰鄉讀曰嚮**東西南北騁耆奔欲**師古曰言隨其所欲而各馳騁取之也耆讀曰嗜欲合韻音弋樹反補注先謙曰官本引蕭該音義曰耆諸詮音市至反欲字書瑜注反**拕蒼豨跋犀犛蹶浮麋**張晏曰跋躐也鄭氏曰蹶音馬蹄蹶之蹶師古曰拕曳也跋反戾也蹶蹴也浮麋木上浮者也拕音佗跋音步末反補注先謙曰官本豨作豨引蕭該音義曰豨字林曰東方名豕曰豨語豈反蹶諸詮居衞反鄭氏居月反**齗巨狿搏玄蝯**師古曰齗斬也狿獸名也解在司馬相如傳齗音側略反補注先謙曰官本引蕭該音義曰狿音延**騰空虛歫連卷**張晏曰連卷之木也師古曰歫即距字也卷音拳補注先謙曰官本歫作距注作距即拒字也引宋祁曰今越本距作歫注歫即距也別本亦同先謙案距當訓如超距之距解在甘延壽傳**踔天蟜娭澗門**師古曰踔走也天蟜亦木枝曲也娭戲也踔音丑孝反又音徒鈞反蟜音嬌娭音許其反補注先謙曰官本引蕭該音義曰踔韋音卓晉灼曰踔音魚罩之罩今依晉灼音宋祁曰娭澗門當作娭澗閒先謙案善注引三蒼詁訓曰踔踰也騰距踔娭皆謂壯士**莫莫紛紛山谷爲之風猋林叢爲之生塵**師古曰莫莫塵埃貌紛紛亂起貌**及至獲夷之徒蹶松柏掌疾棃**服虔曰獲夷能獲夷狄者也師古曰掌以掌擊也補注劉敞曰獲烏獲夷夷羿皆有力者宋祁曰注文擊字下當有之字何焯曰劉以爲烏獲夷羿說勝服虔但此下更有羿氏控弦之文周壽昌曰疑漢兵卒之設此名說如射聲依飛之類**獵蒙蘢轔輕飛**師古曰蒙蘢草木所蒙蔽處也轔轢也輕飛猶言輕禽也轔音吝**履般首帶修蛇**如淳曰般音班班首虎之類也師古曰履謂踐履之也修長也補注先謙曰官本引蕭該音義曰案諸本般首般作般下蟲當作盤先謙案文選履作屨**鉤赤豹摼象犀**師古曰摼古牽字**跇巒阬超唐陂**師古曰跇渡也巒阬並解於上唐陂陂之有隄唐者也阬音剛跇音弋制反補注先謙曰官本引蕭該音義曰跇鄧展曰跇音

厲厲度也該案字林曰跇逃也弋世反先謙案唐近字作塘塘陂與巒阬對文**車騎雲會登降闇藹**師古曰闇音烏感反補注先謙曰闇藹不分明也近字作晻藹**泰華爲旒熊耳爲綴**師古曰旒旌旗之旒也綴所已縣旒也**木仆山還漫若天外**如淳曰還音旋言山爲之回旋也補注先謙曰官本引蕭該音義曰仆字林疋豆反又疋住反**儲與虖大溥聊浪乎宇內**服虔曰儲與相羊也溥水厓也師古曰聊浪言游放也與音餘溥音普浪音琅補注先謙曰文選溥作浦此借字善注淮南子曰陰陽儲與先謙案儲與即紆徐也**於是天清日晏**師古曰晏無雲也**逢蒙列眥羿氏控弦**師古曰逢蒙及羿皆古善射者列眥也控引也補注先謙曰官本引蕭該音義曰眥字林曰眥目崖也音漬該案淮南曰瞋目裂眥靜計反莊周曰多言而不眥司馬彪曰眥視也王念孫云蕭引淮南出秦族篇其說是也韓彭英盧吳傳贊咸得裂土南面稱孤燕王劉澤傳裂十餘縣王之史記裂竝作列內則衣裳綻裂釋文云裂本又作列艮九三列其夤大戴記曾子天圓篇割列禳瘞管子五輔篇大袂列列荀子哀公篇兩驂列[illegible]列皆古分裂字也說文列分解也裂繒餘也義各不同今則分裂字皆作裂而列但爲行列字矣**皇車幽輵光純天地**李奇曰純緣也師古曰幽輵車聲也輵音一轄反純音之允反補注王念孫曰李善引方言曰純文也案二李說皆非純讀曰焞焞明也光焞天地猶言光燿天地也說文焞明也引鄭語焞燿天地今本焞作淳云夫黎爲高辛氏火正以淳燿敦大天明地德光昭四海故命之曰祝融韋注曰淳大也燿明也始焞淳古竝通用敘傳黎淳燿于高辛義與鄭語同應劭訓淳爲美亦失之太元元測序盛哉日乎丙明離章五色淳光范望亦曰淳明也王先慎曰幽輵即轇轕東京賦注轇轕廣大貌顏訓爲車聲則與光純天地句隔矣先謙曰善注引服虔曰皇車君車也**望舒彌轡**師古曰望舒月御也彌斂也言天子之車斂轡徐行故假望舒爲言耳彌音莫爾反補注先謙曰彌轡即弭轡六臣本作弭**翼乎徐至於上蘭**晉灼曰上蘭觀在上林中**移圍徙陳浸淫蹙部**師古曰部軍之部校也言稍聚逼而重蹙音千欲反補注宋祁曰注文重下當有也字先謙曰善注毛傳蹙促也蹙古字通**曲隊堅重各按行伍**師古曰隊亦部也按依也隊音徒內反行音胡郎反補注先謙曰官本按作案引蕭該音義曰重直龍反**壁壘天旋神扶電擊**師古曰言所扶擊如鬼神雷電也扶音丑乙反**逢之則碎近之則破鳥不及飛獸不得過軍驚師駭刮野埽地**師古曰言殺獲皆盡無遺餘也埽音先早反**及至罕車飛揚武騎聿皇**師古曰罕車畢罕之車也聿皇疾貌補注先謙曰聿皇近字作矞皇聿矞字通用**蹈飛豹絹嘄陽**師古曰嘄陽費費也人面黑身有毛反踵見人則笑脣蔽其目絹音工犬反嘄音工聊反費音扶味反補注先謙曰官本引蕭該音義曰絹蘇林曰絹音絹鹿之絹先謙案文選絹作羂**追天寶出一方**應劭曰天寶陳寶也晉灼曰天寶雞頭人身補注先謙曰官本注頭下有而字善注引同上林賦追怪物出宇宙此二句祖之

應騁聲擊流光㷌盡山窮囊括其雌雄如淳曰陳寶神來下時殷然有聲又有光精也應劭曰下時窮極山川天地之間然後得其雌雄也師古曰雄在陳倉雌在南陽也故云野盡山窮也騁音普萌反沇沇容容遙噱虖紭中師古曰口內之上下名為噱言禽獸奔走倦極皆遙張噱吐舌於紭罔之中也師古曰噱音其略反紭古紘字補注宋祁曰沈蕭該本作沇音餘水反文選亦作沇沇紘服虔音宏王念孫曰蕭本是也沇容雙聲字謂禽獸眾多之貌也上文萃從允溶文選亦作沇溶李善曰沇溶盛多之貌也上林賦沇溶淫鬻沇以水切今本水作永據上林賦注改溶音容是其證沇沈草書相似故沇譌為沈史記六國表索隱驂音驛沇反今本沇譌為沈而師古無音則所見本已作沈矣又案注文師古兩見則前非師古之注文選注引作晉灼是也晉以口之上下為噱則噱虖紭中四字義不相屬故又言張噱吐舌以曲通其義殆失之汪矣余謂噱讀為窮極倦谻之谻字本作仰又作谻方言谻倦也倦與惓同說文作仰玉篇廣韻並其虐切廣雅疲羸券仰極也券亦與倦同師曹憲音巨略去逆二反司馬相如傳子虛賦徼谻受詘郭璞曰谻疲極也上林賦與其窮極倦谻驚憚讋伏郭璞曰窮極倦谻疲憊也然則遙噱虖紭中謂禽獸皆遙倦谻於羅網之中也作噱者假借字耳谻噱竝音其略反故字亦相通先謙曰據文選注引此衍內字三軍芒然窮允鬩與孟康曰允行也鬩止也言三軍之盛窮鬩禽獸使不得逸漏也晉灼曰鬩與容貌也師古曰鬩與容暇之貌也芒音莫郎反允音淫鬩音於庶反與音豫補注先謙曰官本引蕭該音義曰窮如淳音穹允諸詮余臚反吳仁傑云案馬援言允豫未決注曰允行貌豫未定也與豫字通然則此賦言三軍捕禽獸行者窮追之未定者鬩止之耳允與二文相對顏監乃以鬩與為容暇之貌於義未安五臣注以允為穴音柔臚切云窮穴倦怠貌愈失之矣又允猶音相近南史淫預堆寰宇記作猶與言取途不決淮南書云善用兵者擊其猶猶陵其與與此賦上文亦云淫淫與與前後要遮其義一也沈欽韓云說文允淫淫行兒從人出口下鬩與之與即豫允豫義連言獸允豫者窮鬩取之也亶觀夫票禽之紲隃犀兕之抵觸熊羆之挐攫虎豹之凌遽師古曰亶讀曰但票禽輕疾之禽也紲與跇同紲度也隃與踰同挐牽引也攫搏持之也凌戰栗也遽惶也票音頻妙反跇音弋制反觸合韻音昌樹反挐音女居反攫音钁遽音詎補注先謙曰官本引蕭該音義曰亶丁但反挐諸詮奴加反文選票作剽徒角搶題注蹴竦讋怖魂亡魄失觸輻關脰師古曰徒亦但也搶猶刺也題領也脰頸也言眾獸迫急以角搶地以領注地或自觸車輻關頸而死也搶音千羊反蹴音子育反脰音豆妄發期中進退履獲師古曰言矢雖妄發而必有中進則履之退則獲之創淫輪夷巨累陵聚師古曰淫過也夷平也言創過大血流平於車輪也巨累陵聚言其積多補注先謙曰官本注大作長引宋祁曰注文長字一本作大先謙案六臣本無注大血流車四字胡氏攷異云無者是也言獸被創過解創淫二字與輪平也解輪夷二字即謂獲獸平輪耳於是禽殫中衰師古曰殫盡也中射中也音竹仲反相與集於靖冥之館晉灼曰靖冥深閒之館補注先謙曰

官本引蕭該音義曰張晏曰靖冥極高之貌也㠯臨珍池灌㠯岐梁溢㠯江河晉灼曰梁梁山也服虔曰珍池山下之流也補注宋祁曰景本無以臨珍池并服虔注十四字今案晉灼曰靖冥深閒之館服虔曰珍池山下之流也當在珍池字下先謙曰梁章鉅云黃圖昭帝始元元年穿琳池廣千步池南起桂臺以望遠東引太液之水昭帝有琳池歌玉海以為臨珍池即此先謙案岐梁二山之水下注池中故曰灌以岐梁東瞰目盡西暢亡厓師古曰瞰視也目盡極望無厓也言廣遠也補注先謙曰官本注亡字在無厓上是隨珠和氏焯爍其陂師古曰焯古灼字也焯爍光貌爍音式藥反玉石嶜崟眩燿青熒師古曰玉石石之似玉者也嶜崟高銳貌青熒言其色青而有光熒也嶜音仕金反崟音牛林反補注先謙曰官本引蕭該音義曰嶜案字詁古文岑字漢女水潛怪物暗冥不可殫形應劭曰漢女鄭交甫所逢二女弄大珠大如荊鷄子師古曰不可殫形不能盡其形貌之狀玄鸞孔雀翡翠垂榮師古曰言其毛羽有光華王雎關關鴻鴈嚶嚶師古曰王雎雎鳩也關關和聲也嚶嚶相命也嚶音於行反補注先謙曰官本注相命下有聲字是行作耕羣娭虖其中噍噍昆鳴師古曰娭戲也昆同也娭音許其反噍音子由反補注先謙曰娭文選善注本作娛誤六臣本作嬉字同善注噍與啾同鳧鷖振鷺上下砰磕聲若雷霆師古曰鳧水鳥即今之野鴨也鷖鳧屬也鷺白鳥也振者言振羽翼而飛也詩大雅曰鳧鷖在涇周頌曰振鷺于飛三者皆水鳥也言其羣飛上下翅翼之聲若雷霆也鷖音烏奚反砰音普萌反乃使文身之技水格鱗蟲服虔曰文身越人也能入水取物補注先謙曰子虛賦乃使專諸之倫手格此獸此二句祖之凌堅冰犯嚴淵探巖排碕薄索蛟螭師古曰嚴言不可犯也嚴水岸嶔巖之處也碕曲岸也薄迫也索搜求也碕音鉅依反嶔音口銜反補注先謙曰官本引蕭該音義曰探字林曰遠取也薄索諸詮上音博下音桑各反蹈獱獺據黿鼉蘇林曰獱音賓師古曰獺形如狗在水中食魚獱小獺也獺音它曷反抾靈蠵鄭氏曰抾音怯應劭曰蠵大龜也雄曰毒冒雌曰觜蠵師古曰抾挹拔也又音袪蠵音弋隨反又音攜補注先謙曰官本注拔作取引蕭該音義曰蠵字林曰龜也以胃鳴善注章昭曰抾捧也入洞穴出蒼梧晉灼曰洞穴禹穴也師古曰洞通也補注宋祁曰李善云郭璞山海經注曰吳縣南太湖中有包山山下有洞庭道也言潛行水底無所不通也何焯曰洞穴即具區之洞庭穴謂之地脈李說得之乘鉅鱗騎京魚師古曰京大也或讀為鯨鯨大魚也浮彭蠡目有虞應劭曰彭蠡大澤在豫章師古曰目猶視也望也有虞謂舜陟方在江南言遙望也方椎夜光之流離剖明月之珠胎師古曰珠在蛤中若懷姙然故謂之胎也椎音直佳反其字從木補注先謙曰梁章鉅云五臣注流離玉也吳都賦流離與珂珹凡此言流離本用琉璃耳晉書音義璢璃字林云火齊珠也鞭洛水之虙妃餉屈原與彭胥師古曰彭彭咸胥伍

子胥皆水死者虙讀曰伏〔補注〕朱一新曰卽甘泉賦屏玉女而卻虙妃之意餉屈云云言當求賢以自輔也於茲虖鴻生鉅儒俄軒冕雜衣裳師古曰俄俄陳舉之貌雜者言衣與裳皆雜色也〔補注〕先謙曰善注韋昭曰俄卬也車有藩曰軒雜衣裳言衣裳殊色也修唐典匡雅頌揖讓於前師古曰匡正也昭光振燿蠁曶如神師古曰蠁與嚮同曶與忽同〔補注〕先謙曰注嚮當作響善注蠁曶疾也蠁與響同仁聲惠於北狄武義動於南鄰師古曰南方有金鄰之國極遠也故云南鄰一曰鄰邑也是㠯旃裘之王胡貉之長移珍來享抗手稱臣如淳曰㠯物與人曰移師古曰貉東北夷也享獻也抗舉手也言其肅恭合掌而拜也貉音莫百反前入圍口後陳盧山孟康曰單于南庭山也〔補注〕宋祁曰庭下當有南字先謙曰六臣本南庭作庭南是也宋說非羣公常伯楊朱墨翟之徒師古曰常伯侍中也解在谷永傳楊朱墨翟取古賢㠯爲喩也喟然稱曰師古曰喟歎息也音丘位反〔補注〕先謙曰文選稱上有並字崇哉乎德雖有唐虞大夏成周之隆何㠯侈茲太古之覲東嶽禪梁基〔補注〕先謙曰選太作夫梁梁父也羽獵賦亦云禪梁父之基舍此世也其誰與哉上猶謙讓而未俞也張晏曰俞然也師古曰俞音踰方將上獵三靈之流下決醴泉之滋如淳曰三靈日月星垂象之應也師古曰流者言其和液下流

發黃龍之穴窺鳳皇之巢臨麒麟之囿幸神雀之林奢雲夢侈孟諸師古曰雲夢楚藪澤名也春秋昭公三年楚靈王與鄭伯田于江南之夢孟諸宋藪澤名文公十年楚穆王欲伐宋昭公導之㠯田孟諸言今皆以二者爲奢侈而改也非章華是靈臺師古曰言㠯楚靈王章華之臺爲非而周文王靈臺之制爲是也罕徂離宮而輟觀游師古曰罕希也徂往也輟止也土事不飾木功不雕承民乎農桑師古曰承舉也〔補注〕朱一新曰文選承作丞善注聲類云丞亦拯字也說文云拯上舉也案作丞是也此誤師古亦訓爲舉若作承不得訓舉勸之㠯弗迨〔補注〕先謙曰文選迨作怠儕男女使莫違師古曰儕耦也違謂失婚姻時也儕音仕皆反恐貧窮者不偏被洋溢之饒開禁苑散公儲創道德之囿弘仁惠之虞師古曰虞與娛同〔補注〕何焯曰虞對囿乃虞人之虞顏李皆云通娛非也馳弋乎神明之囿覽觀乎羣臣之有亡〔補注〕先謙曰善注觀其有無而加恩施放雉菟收罝罘麋鹿芻蕘與百姓共之師古曰芻所㠯飯牛馬蕘草薪〔補注〕先謙曰官本注飯作飤是蓋所㠯臻茲也於是醇洪鬯之德豐茂世之規師古曰洪大也鬯與暢同暢通也加勞三皇勖勤五帝不亦至乎迺祗莊雍穆之徒師古曰祗莊敬也雍穆和也立君臣之節崇賢聖之業未皇苑囿之麗游獵之靡也師古曰皇暇也因回軫還衡師古曰軫輿後橫木也衡轅前橫木也背阿房反未央

楊雄傳第五十七上　終　　漢書八十七

揚雄傳第五十七下　　漢書八十七

漢　蘭臺令史班固撰

唐正議大夫行祕書少監琅邪縣開國子顏師古注

賜進士出身前翰林院編修國子監祭酒加三級臣王先謙補注

明年（補注）宋祁曰李善云明年謂作羽獵賦之明年即漢書成紀云元延二年冬幸長楊宮從胡客大校獵是也七略云羽獵賦永始三年十二月上然永始三年去校獵之歲首尾四載謂之明年疑班固誤也又七略云長楊賦綏和元年上綏和在校獵後四歲無容元延二年校獵綏和元年賦又疑七略誤錢大昕曰此傳皆取子雲自序與本紀敘事多相應如上文云正月從上甘泉郎紀所書元延二年正月行幸甘泉郊泰畤也云其三月將祭后土上迺帥羣臣橫大河湊汾陰郎紀所書三月行幸河東祠后土也云其十二月羽獵郎紀所書冬行幸長楊宮從胡客大校獵也此年秋復幸長楊射熊館則本紀無之蓋行幸近郊射獵但書最初一次餘不盡書耳但二年校獵無從胡客事至次年乃有之并兩事爲一則紀失之也戴氏震以本紀元延三年無長楊校獵事斷爲傳誤不知羽獵長楊二賦元非一時所作羽獵在元延二年之冬長楊則三年之秋子雲自序必不誤也沈欽韓曰羽獵長楊二賦均是二年冬事而傳次序一在當年一在明年蓋以上賦之先後爲次也羽獵賦序但言苑囿之廣泰奢以風先聞有校獵之

詔逆作賦在行幸長楊之前及雄從幸長楊親覩搏獸歸奏此賦在明年爾蓋雄於每篇自敘作賦之由故須別起班但承其文耳非有誤也又疑七略篇當時文不當有失或雄自敘止據奏御之日祕書典校則憑寫進之年故參差先後也**上將大誇胡人以多禽獸秋命右扶風發民入南山**（補注）先謙曰善注冬將校獵故秋先命之也**西自褒斜東至弘農南敺漢中**師古曰褒斜南山二谷名也漢中今梁州也斜音弋奢反**張羅罔罝罘捕熊羆豪豬虎豹狖玃狐菟麋鹿**師古曰狖似獼猴仰鼻而長尾玃亦獼猴類也長臂善搏玃身長金色狖音弋授反玃音钁（補注）宋祁曰李善云山海經曰竹山有獸其狀如豚白毛毛大如笄而黑端以毛射物名豪彘寶苹云狀如蝟大如豚**載以檻車輸長楊射熊館**師古曰長楊宮名也在盩厔縣其中有射熊館（補注）宋祁曰射諸詮音食射反**以罔爲周阹**李奇曰阹遮禽獸圍陳也師古曰阹音袪（補注）宋祁曰阹陳武音古業反先謙曰梁章鉅云蕭該音義引三倉曰因山谷爲牛馬圈謂之阹**從禽獸其中**（補注）先謙曰從讀曰縱官本作縱文選同**令胡人手搏之自取其獲**（補注）先謙曰善注引服虔曰令胡客自取其得也**上親臨觀焉是時農民不得收斂雄從至射熊館還上長楊賦聊因筆墨之成文章**（補注）先謙曰官本無之字文選有**故藉翰林以爲主人子墨爲客卿以風**師古曰藉借也風讀曰諷**其辭曰子墨客卿問於翰林主人曰蓋聞聖主之養民也仁霑而恩洽動不爲身**師古曰言憂百姓也**今年獵長楊先命右扶風左太華而右褒斜**師古曰太華即西嶽華山（補注）先謙曰上文所謂東至宏農也善注太華在宏農縣華陰西長安東故言左**椓截嶭而爲弋紆南山以爲罝**師古曰巀嶭即所謂嵳峩山也在京師之北凡言此者示獵圍之寬廣也巀嶭音截嶭又音材葛反又音五葛反（補注）先謙曰弋讀曰杙故言椓也截官本作巀是地理志左馮翊池陽下云巀嶭山在北**羅千乘於林莽列萬騎於山隅**師古曰草平曰莽**帥軍踤阹錫戎獲胡**師古曰踤足蹙之也錫戎獲胡言以禽獸賦戎狄令胡人獲取之踤音才恤反（補注）先謙曰善注引漢書音義曰踤聚也又引方言曰踤蹴蹋也二說並通又引顏注蹵下無之字**搤熊羆拕豪豬**師古曰搤捉持之也豪豬亦名帚豵也自爲牝牡者也搤音厄拕音佗貆音完（補注）宋祁曰拕諸詮音他先謙曰官本亦作一完作桓**木雍槍纍以爲儲胥**蘇林曰木擁柵其外又以竹槍纍爲外儲也服虔曰儲胥猶言有餘也師古曰儲峙也胥須也以木擁槍及纍繩連結以爲儲胥言有儲畜以待所須也槍音千羊反纍音力佳反（補注）宋祁曰黃朝英云漢武作儲胥館儲胥猶言皇居也不必言有儲蓄以待時須也甘泉賦云近則洪崖旁皇儲胥弩阹皆宮館名王念孫曰儲胥猶言儲蓄也謂驅禽獸於阹中外則木擁槍纍以爲儲

蓄也儲胥疊韻字師古謂有儲畜以待所須分儲胥爲二義已失之迂若黃說以儲胥爲宮館名則與以爲二字義不相屬其失甚矣沈欽韓曰六韜軍用篇三軍拒守木螳蜋劒刃扶胥廣二丈一百二十具一名行馬周禮司戈盾及舍設藩盾鄭云盾可以蕃衛如今之扶蘇歟又尚書大傳太公曰愛人者兼其屋上之烏不愛人者及其胥餘鄭云里落之壁[illegible][illegible]文選注韋昭云儲胥藩落之類是也諸書雖文異而義同顏說非又木擁槍纍者即以木爲拒馬槍耳[illegible][illegible]行營圍守皆用之師古謂以木擁柵又非也冊府元龜九百八十一唐長慶元年大理卿劉元鼎赴吐蕃時贊普建牙帳於野以柵槍爲壘每十里攢長槊一百枚而中建大施次第有三門相去百步門有甲士此其制也朱一新曰袁本茶陵本文選注引顏注作高其儲畜先謙曰儲胥沈說是**此天下之窮覽極觀也雖然亦頗擾于農民三旬有餘其廑至矣**師古曰廑古勤字**而功不圖**張晏曰不可圖畫以示後人師古曰此說非也圖謀也言百姓甚勤勞矣而不見謀恤之事（補注）先謙曰善注凡人之所爲皆有所圖今則百姓甚勞而無所圖言勞而無益也愼子曰無法之勞不圖於功較張顏爲合**恐不識者外之則以爲娛樂之遊內之則不以爲乾豆之事**師古曰乾豆三驅之一也乾豆者言爲脯羞以充實豆薦宗廟**豈爲民乎哉且人君以玄默爲神澹泊爲德**師古曰澹泊安靜也澹音徒濫反泊音步各反又音魄**今**

樂遠出吕露威靈師古曰露謂顯暴不深固數搖動吕罷車甲師古曰罷讀曰疲本非人主之急務也蒙竊或焉師古曰蒙自謂蒙蔽也翰林主人曰吁謂之茲邪師古曰吁疑怪之辭也謂茲邪猶云何爲如此也吁音于補注先謙曰善注文選本作吁客何謂之茲邪六臣本無之字先謙案據顏注無之字是難蜀父老云烏謂此乎此擬其語也客字又後人妄加若客所謂知其一未睹其二見其外不識其內者也補注先謙曰善注莊子曰識其一不知其二治其內而不治其外僕嘗倦談不能一二其詳師古曰詳悉也補注先謙曰其乃具之誤請略舉凡而客自覽其切焉師古曰凡大指也切要也補注先謙曰文選舉下有其字客曰唯唯主人曰昔有彊秦封豕其士窫窳其民鑿齒之徒相與摩牙而爭之應劭曰淮南子云堯之時窫窳封豨鑿齒皆爲民害窫窳類貙虎爪食人服虔曰鑿齒長五寸似鑿亦食人李奇曰吕喻秦貪婪殘食其民也師古曰封大也窫音於黠反窳音愈補注錢大昭曰所爭者秦也猶云秦失其鹿天下共逐之鑿齒之徒謂陳勝項籍等朱一新曰文選注引齒下重一齒字先謙曰官本注堯下無之字重齒字善注文選本士誤土豪俊麋沸雲擾補注先謙曰善注廣雅麋饘也案當作麋羣黎爲之不康師古曰黎眾康安也於是上帝眷顧高祖高祖奉命順斗極運

天關補注先謙曰善注服虔曰隨天斗極運轉也雒書曰聖人受命必順斗極爾雅北極謂之北辰天官星占曰北辰一名天關橫鉅海票昆侖師古曰票猶言搖動也音匹昭反補注宋祁曰票諸詮音匹妙反先謙曰文選票作漂提劍而叱之所麾城摲邑下將降旗李奇曰摲音車幰之幰師古曰摲舉手擬之也補注宋祁曰韋昭曰幷也音芟蕭該案李善云鄭玄注禮記曰摲之言芟也字林曰摲山檻反呂向云蒼頡篇曰摲指取也王念孫曰文選摲作摲李善注並作摲案玉篇廣韻皆無摲字葢即摲字之譌沈欽韓曰集韻攇摲同博雅擬也一曰手約物案蜀志許慈傳時尋楚撻以相震攇則是恐愒之義也管子揆度篇隨之以法則中內摲民也與此摲義同[illegible]作摲爲是先謙曰善注引顏注摲作摲無之字若本是摲無緣改引作摲摲疑李所見漢書本元作摲宋時傳刻誤摲耳一日之戰不可殫記師古曰殫盡也不可盡記言其多也當此之勤頭蓬不暇疏飢不及餐師古曰蓬謂髮亂如蓬也補注宋祁曰疏與梳疑古通用先謙曰官本注在飢上文選疏作梳鞮鍪生蟣蝨介胄被霑汗師古曰鞮鍪即兜鍪也鞮音丁奚反鍪音牟蟣音居豈反補注宋祁曰李善云韓子曰攻戰無已甲胄生蟣蝨汗文選協韻音寒吕爲萬姓請命虖皇天補注先謙曰善注淮南子曰高皇帝奮袂執銳以爲百姓請命于皇天迺展民之所詘振民之所乏師古曰展申也振起也補注宋祁曰諸詮曰詘古屈字規億載恢帝業

七年之間而天下密如也師古曰密靜也補注宋祁曰李善云高祖五年誅羽自六年至十二年崩凡七載逮至聖文補注周壽昌曰聖文文帝下聖武即武帝隨風乘流補注先謙曰善注言順從高祖之風流也方垂意於至寍躬服節儉綈衣不敝革鞜不穿師古曰言不穿敝而已無取紛華也鞜革履音踏補注宋祁曰注文言字下當有苟字履字下當有也字大夏不居木器無文師古曰大夏夏屋也於是後宮賤瑇瑁而疏珠璣卻翡翠之飾除彫瑑之巧師古曰瑑刻鏤也瑑音篆補注先謙曰文選瑑作琢惡麗靡而不近斥芬芳而不御師古曰斥卻也抑止絲竹晏衍之樂憎聞鄭衞幼眇之聲師古曰衍音弋戰反幼音一笑反眇音妙補注先謙曰善注晏衍邪聲也六臣本衍作衍是吕玉衡正而太階平也師古曰玉衡天儀也太階解在東方朔傳其後熏鬻作虐東夷橫畔師古曰鬻音弋六反橫音胡孟反補注先謙曰東夷謂朝鮮善注以爲東越非羌戎睚眦閩越相亂師古曰睚眦瞋目貌睚音五懈反眦音仕懈反睚字或作矔矔者怒其目眥也音工喚反補注宋祁曰蕭該案晉灼音義睚作矔蘇林音貫習之貫晉灼曰揚雄方言瞋目曰矔該案方言曰矔瞋目也梁益之閒瞋目曰矔音光旦反遐萌爲之不安中國蒙被其難師古曰遐遠也補注錢大昭曰萌文選作氓萌與甿同霍去病傳及厥眾

萌劉向傳民萌何以勸勉師古並云萌與甿同孟子書皆悅而願爲之氓孫奭音義云氓或作萌或作甿於是聖武勃怒爰整其旅迺命票衞師古曰票票騎霍去病衞衞青也補注先謙曰官本票作驃引宋祁曰驃越本及浙本並作票汾沄沸渭雲合電發師古曰汾沄沸渭奮擊貌汾音紛沄音雲補注先謙曰汾沄即紛紜沸渭猶薈蔚善注以爲眾盛皃是也猋騰波流機駭蠭軼師古曰猋疾風也騰舉也蠭與鋒同軼過也如機之駭如蠭之過言其疾也軼與逸同疾如奔星擊如震霆師古曰霆雷之急者音廷補注先謙曰官本注音上有霆字砰轒轀破穹廬應劭曰轒轀匈奴車也師古曰穹廬旃帳也轒音扶云反轀音於云反補注宋祁曰砰字當作碎子沈欽韓曰此言以轒轀攻車破匈奴之穹廬也六韜軍略攻城圍邑則有轒轀臨衝墨子備城門篇攻者轒轀軒車孫子謀攻篇注轒轀四輪其下四輪從中推之至城下案明史朱燮元傳所云呂公車也應以爲匈奴車非先謙曰轒轀爲中國或匈奴之物史傳並無明徵文選作碎則爲匈奴車矣此皆望文生義非有塙見腦沙幕髓余吾師古曰腦塗沙幕地髓入余吾水言其大破死亡髓古髓字補注先謙曰官本幕沙作沙幕是遂獵乎王廷孟康曰匈奴王廷也補注宋祁曰姚本無乎字敺橐它燒熐蠡張晏曰熐蠡乾酪也吕爲酪母燒之壞其養生之具也師古曰熐音覓蠡音黎又音來戈反補注沈欽韓曰齊民要術有作乾酪法又云煎乳以先成甜酪爲酵大率熟乳一升用酵半匙攪

使匈調以氈絮之屬茹瓶令煖戹久以單布蓋之明旦酪成案酥酪酪母與乾酪異物張說誤爓當爲䆃言酪之甘如蠭蜜也分梨單于磔裂屬國師古曰梨與剺同謂剺析也剺音力私反補注先謙曰文選作剺此通借字夷阬谷拔鹵莽刊山石師古曰鹵莽淺草之地也阬音口衡反莽音莫戶反補注先謙曰六臣本注鹵莽鹵中生草莽也善注說文鹵西方鹹地也刊削也拔莽削石以通道蹂屍輿厮係累老弱師古曰言已死則蹂蹸其屍破傷者則輿之而行也厮破折也音斯累音力追反補注劉奉世曰輿輿隸厮厮卒也兗鋋瘢耆金鏃淫夷者數十萬人如湻曰兗括也孟康曰瘢耆馬脊創瘢處也蘇林曰㠯耆字爲著字著音儥之著鏃著其頭也師古曰鋋鐵矜小矛也淫夷過傷也據如孟氏之說則箭括及鋋所中皆有創瘢於耆而被金鏃過傷者復眾也如蘇氏㠯耆字爲著字依其所釋則括及鋋所傷皆有瘢又著金鏃於頭上而過傷者亦多矣用字既別分句不同據今書本多作耆字宜從孟說鋋音蟬又音延著音竹略反矜音巨巾反補注張佖曰案字書無兗字今俗以爲兗州字本作沇此兗鋋合作鈗鋋許慎說文鈗字注曰侍臣所執兵從金允聲周書曰一人冕執鈗讀若允與鋋字相次又案今文尚書云一人冕執銳孔安國傳云銳矛屬也疑孔安國之時舊是鈗字後傳寫作銳耳說文銳芒也亦與矛不類矣漢書相承疑誤書爲兗字如湻注釋乃云兗括也顏師古又依孟康所說爲箭括即愈無所據且箭括非刃豈與鋋小矛同可以傷夷人乎此兗字故合作鈗吳仁傑曰鈗銳銑三寫之誤良然非說文存古則此誤不可復

正文選亦載此作吮鋋五臣音辭兖切云稍也案稍與槊同字書吮嚙也豈誤以嚙爲槊耶顏謂鋭爲箭括雖無所據猶並緣下句金鏃之意至以吮爲稍則愈益無據矣顏注視五臣之說固可以五十步笑之先謙曰官本注儥作犢引宋祁曰南本亦云犢之著予以意求之當云者音著犢之著此最爲允儥作犢添一著字先謙案善注文選本兗作喨六臣本作吮梁章鉅云兗即吮字曹全碑兗膿之仁直以兗爲吮先謙案善注引服虔曰耆鬣鰭鬐傷者或矛攢內未出其瘡如含然或箭插其項未拔叢若鬣焉分釋吮鋋瘢與耆金鏃二事解耆爲鬣則讀如鬐言叢聚金鏃文義較順當從之淫夷者屬下讀皆稽顙樹領扶服蛾伏如湻曰叩頭時項下向則領樹上向也師古曰樹豎也領音胡感反服音蒲北反蛾與蟻同蛾伏者言其伏如蟲蟻也補注宋祁曰蕭該音義案韋昭曰稽顙樹領當依古本作犁顙樹領犁顙顙搨也樹領領觸土也今作稽顙傳寫誤耳服諸詮音扶北反先謙曰文選領作領韋昭曰領音蛤二十餘年矣尚不敢惕息師古曰惕息懼而小息也息出入氣也夫天兵四臨幽都先加師古曰幽都北方謂匈奴回戈邪指南越相夷師古曰夷傷也一曰平殄也靡節西征羌僰東馳是㠯遐方疏俗殊鄰絕黨之域師古曰疏亦遠也鄰邑也自上仁所不化補注先謙曰上仁猶至仁茂德所不綏莫不蹻足抗手請獻厥珍師古曰蹻舉也音嬌使海內澹然師古曰澹安也音徒濫反永亡邊城之災金

革之患今朝廷純仁遵道顯義并包書林聖風雲靡師古曰靡合韻音武義反英華沈浮洋溢八區普天所覆莫不沾濡士有不談王道者則樵夫笑之師古曰樵夫采樵之人故意者㠯爲事罔隆而不殺物靡盛而不虧師古曰罔無也殺衰也音所例反補注先謙曰文選無故字故平不肆險安不忘危服虔曰肆棄也師古曰肆放也不放心於險而言當思念也補注宋祁曰李善云孫卿子曰平則慮險安則慮危王念孫曰不棄險不放險於義皆有未安若云不放心於險則必加心於二字而其義始明矣今案平不肆險安不忘危肆亦忘也肆讀曰悚廣雅悚忘也又曰悚緩也淮南精神篇高誘注肆緩也是肆與悚同先謙曰官本注無言字迺時㠯有年出兵整輿竦戎師古曰有年有豐年也因豐年而時出兵也竦勸也補注宋祁曰注文有豐年有字當刪振師五莋習馬長楊師古曰振亦整也莋與柞同補注宋祁曰莋文選音作簡力狡獸校武票禽師古曰校計量也票禽輕疾之禽也票音頻妙反又音匹妙反補注宋祁曰簡李善曰爾雅曰簡擇也賈逵國語注曰簡習也騕越本別本並作票先謙曰據宋說所見本票作驃迺萃然登南山瞰烏弋晉灼曰萃集也服虔曰三十六國烏弋最在其西師古曰瞰遠視也音口濫反西厭月𡸣東征日域服虔曰𡸣音窟穴月𡸣月所生也師古曰日域日初出之處也厭音一涉反補注先

謙曰官本征作震文選同此誤字又穴下有之窟二字又恐後世迷於一時之事常㠯此取國家之大務淫荒田獵陵夷而不禦也師古曰禦止也補注宋祁曰取當作爲先謙曰文選作爲是㠯車不安軔日未靡旃從者仿佛骫屬而還張晏曰從者見仿佛委釋迴旋師古曰車不安軔未及止也日未靡旃不移景也仿佛讀曰髣髴骫古委字也屬音之欲反還讀曰旋也補注先謙曰官本軔作軌注未無也字引宋祁曰軌越本作軔注同先謙案注從者見仿佛委釋迴旋選注引無見字釋下宜有而字亦所㠯奉太宗之烈補注齊召南曰案太宗文選作太尊謂高祖也下句文武之度指文帝武帝於理甚順若此文作太宗則下句爲重出矣遵文武之度復三王之田反五帝之虞師古曰虞與娛同合韻音牛具反補注先謙曰善注三王之田文王三驅是也尚書帝曰益女作朕虞當從之梁章鉅云此與羽獵賦創道德之囿宏仁義之虞同一句法使農不輟耰工不下機師古曰耰摩田之器也音憂補注宋祁曰耰當作櫌婚姻㠯時男女莫違師古曰已解於上也出愷弟行簡易矜劬勞休力役師古曰易合韻音弋赤反補注先謙曰官本注在行簡易下見百年存孤弱補注先謙曰善注禮記曰百年者就見之春秋說題辭曰存恤幼孤帥與之同苦樂補注先謙曰帥與率同言悉與之同憂樂也然後陳鐘鼓之樂鳴鞀磬之

和建碣磍之虡孟康曰碣磍刻猛獸爲之故其形碣磍而盛怒也師古曰鞀古鼗字鞀小鼓也碣音一轄反磍音轄
〔補注〕宋祁曰孟武云刻作猛獸其形碣磍而威怒也先謙曰宋引與注複出武卽康之誤桔隔鳴球掉八列之
舞師古曰桔隔擊考也鳴球玉磬也掉搖也搖身而舞也一曰桔隔彈鼓也鳴球以玉飾琴瑟也桔音居黠反球音求又音虯掉
音徒釣反〔補注〕宋祁曰隔韋昭云古文爲擊蕭該音擊鳴球韋昭曰玉磬也掉廣雅曰振迅也八列李善云八佾也先謙曰官本桔
並作拮漢書從手從木之字通用當以拮爲正文選韋昭注拮櫟也古文隔爲擊段玉裁云古說皆謂戞擊爲柷敔拮卽戞字櫟謂
櫟敔也隔卽擊字謂擊柷也韋云古文隔爲擊者謂今文尚書隔字古文尚書作擊也不言古文拮爲戞者或韋時今古文皆作拮
故略之先謙案雄用今文故作拮隔白虎通禮樂篇引書曰戞擊鳴球則三家今文亦有同於古文者矣酌允鑠肴樂
胥張晏曰允信也鑠美也言酌信義以當酒師禮樂以爲肴也師古曰小雅車攻之詩曰允矣君子展也大成周頌酌之詩曰於
鑠王師小雅桑扈之詩曰君子樂胥故引之爲言也胥音先呂反〔補注〕先謙曰善注引張晏作張揖義作美是也聽廟中
之雍雍受神人之福祜師古曰大雅思齊之詩曰雝雝在宮肅肅在廟小雅桑扈之詩曰受天之祜祜福也
音戶〔補注〕宋祁曰祜考作祐音右歌投頌〔補注〕先謙曰善注引服虔曰聲之相投也吹合雅其勤若此
故眞神之所勞也師古曰大雅旱麓之詩曰愷弟君子神所勞矣勞謂勞來之猶言勸勉也故雄引之云勞音郎

到反〔補注〕宋祁曰麓舊鹿刊誤改作麓方將俟元符師古曰元善也符瑞也㠯禪梁甫之基增
泰山之高延光于將來比榮乎往號〔補注〕先謙曰善注引張晏曰往號三五也豈徒欲
淫覽浮觀馳騁稉稻之地〔補注〕宋祁曰稉古作秔周流梨栗之林蹂踐芻蕘
誇詡衆庶盛狖玃之收多麋鹿之獲哉且盲不見咫尺〔補注〕宋祁曰盲字下
當有者字先謙曰文選有者字而離婁燭千里之隅師古曰離婁古明目者一號離朱燭照也〔補注〕宋祁曰婁
力朱反客徒愛胡人之獲我禽獸曾不知我亦已獲其王侯言未卒
羣客降席再拜稽首曰大哉體乎〔補注〕先謙曰體謂禮也言大哉此田獵之禮乎允非小
子之所能及也師古曰允信也〔補注〕先謙曰言見不及此文選小子作小人廼今日發矇廓然
已昭矣〔補注〕先謙曰善注禮記曰昭然若發蒙矣古字通哀帝時丁傅董賢用事諸附離
之者或起家至二千石師古曰離著也音麗時雄方草太玄〔補注〕宋祁曰草字下當有創字
先謙曰文選作方草創有㠯自守泊如也師古曰泊安靜也音步各反或謿雄㠯玄尚白
師古曰玄黑色也言雄作之不成其色猶白故無祿位也〔補注〕宋祁曰或字上當有人字先謙曰文選作人有謿雄以玄之尚白有

或古字通而雄解之號曰解謿其辭曰客謿楊子曰吾聞上世之士人
綱人紀師古曰爲衆人之綱紀也不生則已生則上尊人君下榮父母析人之
圭儋人之爵師古曰析亦分也儋荷負也懷人之符〔補注〕先謙曰善注引應劭曰文帝始與諸王竹使符
分人之祿紆青拕紫朱丹其轂師古曰青紫謂綬之色也紆縈也拕曳也拕音吐賀反又音徒可反
〔補注〕先謙曰官本引蕭該音義曰拕徒何反又音他先謙案漢制公侯紫綬九卿青綬吏二千石朱兩幡今子幸得遭
明盛之世處不諱之朝與羣賢同行師古曰同行謂同行列歷金門上玉堂
有日矣應劭曰金門金馬門也晉灼曰黃圖有大玉堂小玉堂殿也曾不能畫一奇出一策上
說人主下談公卿目如燿星〔補注〕宋祁曰越本燿作曜舌如電光壹從壹衡論
者莫當師古曰從音子容反〔補注〕沈欽韓曰韓策秦王曰吾固患韓之難知一從一橫此其說何也顧而作太
玄五千文師古曰顧反也〔補注〕先謙曰文選顧字下有默字是顧而文不成義支葉扶疏獨說十餘
萬言師古曰扶疏分布也〔補注〕王鳴盛曰今太元經具存晉范望叔明所注共十卷正文大約與五千文之數合法言凡十三
篇分爲十卷正文不及萬言此云十餘萬言不可解先謙曰文選十上有數字深者入黃泉高者出蒼天

大者含元氣纖者入無倫師古曰纖微之甚無等倫〔補注〕先謙曰案善注文選作細者入無間六臣本與
此同然而位不過侍郎擢纔給事黃門師古曰纔淺也言僅得之也纔音才意者玄得
毋尚白乎何爲官之拓落也師古曰拓落不耦也拓音託楊子笑而應之曰客
徒欲朱丹吾轂不知一跌將赤吾之族也師古曰跌足失厝也見誅殺者必流血故云赤
族跌音徒結反〔補注〕宋祁曰竇革云古人謂空盡無物曰赤如赤地千里南史稱其家赤貧是也赤族言盡殺無遺師古注以爲流
血赤其族大謬王念孫曰顏說是也上言朱丹下言赤其義一也猶云客徒欲赤吾之轂不知一跌將赤吾之族耳赤字正指血色
言之而竇乃以空盡無物爲赤引赤地赤貧爲證夫赤地千里謂徒有地在也其家赤貧謂其家一無所有亦是徒有家在也若赤
族則非徒有族在之謂矣以赤地赤貧解赤族所謂似是而非者也往者周罔解結羣鹿爭逸師古曰謂
戰國時諸侯也離爲十二合爲六七師古曰十二謂魯衛齊楚宋鄭燕秦韓趙魏中山也六七者齊趙韓魏燕
楚六國及秦爲七也四分五剖並爲戰國晉灼曰道其分離之意四分則文五而裂如田字〔補注〕宋祁曰剖韋
本作副疋力反字林副判也王念孫曰文選亦作剖剖與副義得兩通然恐本是副字而後人改之也說文副判也又曰副判也籀
文作疈玉篇疈副並普逼切大雅生民篇不坼不副正義曰坼副皆裂也引曲禮爲天子削瓜者副之是也後人誤讀副爲去聲遂

不得其解而改副爲剖耳匡謬正俗曰副本音普力反義訓剖劈後之學者但以爲副貳字讀詩不坼不副乃以朱點發副字而此字師古無音則所見本已作剖矣副與腷同音而俱訓爲判故韋本作腷若本是剖字不得與腷通矣且結逸七爲一韻古音在質部副國爲一韻古音在職部若改副爲剖則失其韻矣史記楚世家陸終生子六人坼副而產焉今本副作剖御覽人事部二引史記作坼書副生郭注海內經引啟筮曰鯀死三歲不腐副之以吳刀今本亦作剖初學記武部引歸藏曰大副之以吳刀是用出禹呂氏春秋行論篇亦曰殛之於羽山副之以吳刀皆後人不識古字而妄改之也**士無常君國亡定臣得士者富失士者貧矯翼厲翮恣意所存**師古曰言來去如鳥之飛各任所息也〔補注〕宋祁曰注文任當作止**故士或自盛以橐或鑿坏以遁**應劭曰自盛以橐謂范雎也鑿坏謂顏闔也魯君聞顏闔賢欲以爲相使者往聘因鑿後垣而亡坏壁也蘇林曰坏音陪師古曰又音普回反〔補注〕沈欽韓曰范雎傳無橐盛事秦策范睢說昭王云伍子胥橐載而出昭關雄言范睢扶服入橐者疑牽引及之先謙曰官本引蕭該音義曰後垣該案作後坏**是故騶衍以頡亢而取世資**應劭曰衍齊人也著書所言皆天事故齊人曰談天衍遊諸侯所言則以爲迂闊遠於事情然終不屈嘗仕於齊位至卿師古曰頡亢上下不定也頡音下結反亢音湖浪反〔補注〕宋祁曰晉本頡旁從手音挈今不用李善云頡亢奇怪之辭**孟軻雖連蹇猶爲萬乘師**張晏曰連蹇難也言値世之屯難也師古曰連音輦〔補注〕先謙曰善注蘇林曰連蹇言語不便利也易林胡言連蹇**今大漢左東海**〔補注〕先謙曰官本有應劭曰會稽東

海也八字注**右渠搜**〔補注〕先謙曰官本有服虔曰西戎國也應劭曰禹貢析支渠搜屬雍州在金城河間之西西二十六字注**前番禺**〔補注〕先謙曰官本有應劭曰番禺南海郡張晏曰南越王都也十六字注汲古本並脫**後陶塗**如淳曰小國也師古曰騊駼馬出北海上今此云後陶塗則是北方國名也本國出馬因以爲名今書本陶字有作椒者流俗所改〔補注〕宋祁曰番蘇林音藩注文馬字上當有此字先謙曰文選作椒塗應劭曰漁陽之北界顏所不取然顏說亦未諦闕疑可也**東南一尉**孟康曰會稽東部都尉也〔補注〕沈欽韓曰御覽二百四十一臨江記曰漢元鼎五年立都尉府於候官以鎮撫二粵所謂東南一尉也洪頤煊曰地理志會稽郡錢塘注西部都尉治回浦注南部都尉治而無東部都尉越絕書漢文帝前九年會稽并故鄣郡太守治故鄣都尉治山陰前十六年太守治吳郡都尉治錢塘此西部都尉也三國志虞翻傳注元始五年立東部都尉後徙章安陽朔二年又徙治鄞或有寇害復徙句章宋書州郡志臨海太守本會稽東部都尉前漢都尉治鄞後漢分會稽爲吳郡疑是都尉徙治章安此東部都尉也晉太康記章安本鄞縣南之回浦鄉地理志南部是東部之譌**西北一候**孟康曰敦煌玉門關候也〔補注〕沈欽韓曰地理志中部都尉治敦煌步廣候官續志張掖屬國有候官城**徽以糾墨製以質鈇**師古曰言有罪者則係於徽墨尤惡者則斬以鈇質也徽糾墨皆繩也質鍖也鈇莝刃也音膚鍖音竹林反〔補注〕先謙曰官本引蕭該音義曰徽舊作徽應劭曰徽音以繩徽弩之徽該案音揮王念孫云顏訓徽爲繩義本坎卦之係用徽纆不知徽以糾墨與

制以質鈇對文則徽非徽纆之徽今云徽糾墨皆繩則是繩以繩也今案廣雅徽束也束以糾墨猶言係用徽纆耳太元養次七云小子牽象婦人徽猛[illegible]見是徽爲束也文選李注引服虔曰徽縛束也[illegible]應劭曰徽音以繩徽弩之徽[illegible]則舊注皆不誤下文免於徽索之徽乃訓爲繩耳梁章鉅云說文糾繩三合也纆索也墨當作纆纆與纆同**散以禮樂風以詩書**師古曰風化也**曠以歲月結以倚廬**孟康曰在倚廬行服三年也應劭曰漢律以不爲親行三年服不得選舉師古曰倚廬倚牆至地而爲之無楣柱倚音於綺反〔補注〕沈欽韓曰廬謂學舍後書儒林傳序博士倚席不講即明學士倚廬誦讀此非孝子所居門外東壁倚木爲廬者也詳文義不當指行三年喪於禮既虞翦屏柱楣既練舍外寢纒亦不三年居倚廬也周壽昌曰莊子天下篇南方有倚人焉釋文倚本作畸說文畸殘田也是倚廬或即田廬晉陶潛曰結廬在人境結廬二字即節取此語晉時必有正訓不作喪居解也**天下之士雷動雲合魚鱗雜襲咸營于八區**師古曰八區八方也**家家自以爲稷契人人自以爲咎繇戴縰垂纓而談者皆擬於阿衡**師古曰縰韜髮者也音山爾反〔補注〕先謙曰善注縰與纚同**五尺童子羞比晏嬰與夷吾**師古曰夷吾管仲也羞比之也以其不爲王者之佐〔補注〕朱一新曰也當爲者先謙曰官本無也字**當塗者入青雲**〔補注〕先謙曰文選入作升**失路者委溝渠旦握權則爲卿相夕**

失埶則爲匹夫譬若江湖之雀勃解之鳥乘雁集不爲之多雙鳧飛不爲之少應劭曰乘鴈四鴈也師古曰雀字或作厓鳥字或作島島海中山也其義兩通乘音食證反〔補注〕宋祁曰一本勃解旁有水字蕭該音義曰案字林渤澥海別名也字旁宜安水王念孫曰臧玉林經義雜記云古島字有通借作鳥者書禹貢鳥夷孔讀鳥爲島可證此言江湖之厓勃解之島其地廣闊故鴈鳧飛集不足形其多少子雲借鳥爲島淺者因改厓作雀以配之師古不能定因謂其義兩通也若此文先言雀鳥則下文之乘鴈雙鳧爲贅語矣文選載此正作江湖之崖渤澥之島案臧說是也又案應以乘鴈爲四鴈非也雙鳧當爲隻鳧乘鴈隻鳧謂一鴈一鳧也子雲自言生逢盛世羣才畢集有一人不爲多無一人不爲少故以一鳥自喻不當言四鴈雙鳧也乘之爲數其訓不一有訓爲四者若今言乘馬乘禽乘矢乘壺乘皮之屬是也有訓爲二者廣雅雙耦匹乘二也淮南泰族篇關雎興於鳥而君子美之爲其雌雄之不乘居也[illegible]列女仁智傳夫雎鳩之鳥猶未見其乘居而匹處也是乘又訓爲二也有訓爲一者方言絓挈儻介特也楚曰儻晉曰絓秦曰挈物無耦曰特嘼無耦曰介飛鳥曰隻今本隻作雙後人所改[illegible]鴈曰乘廣雅乘壹弌也弌古一字管子地員篇有三分而去其乘尹知章曰乘三分之一也是乘又訓爲一也乘鴈隻鳧即方言所謂飛鳥曰隻鴈曰乘矣應但知乘之訓爲四而不知其又訓爲一故以乘鴈爲四鴈後人又改隻鳧爲雙鳧以配四鴈殊失子雲之旨文選作雙鳧亦誤李善注引方言飛鳥曰雙四鴈曰乘四字亦後人所加方言無四字**昔三仁去而殷虛**師古曰論

語稱微子去之箕子爲之奴比干諫而死孔子曰殷有三仁焉虛空也一曰虛讀曰墟言其亡國爲丘墟二老歸而周熾應劭曰二老伯夷太公也子胥死而吳亡種蠡存而粵伯師古曰伯讀曰霸五羖入而秦喜樂毅出而燕懼師古曰五羖謂百里奚也買㠯羖羊之皮五故稱五羖也范雎㠯折摺而危穰侯晉灼曰摺古拉字也蔡澤雖噤吟而笑唐舉師古曰噤吟頷頤之皃澤從唐舉相謂之曰聖人不相殆先生乎澤曰吾自知富貴噤音鉅錦反吟音魚錦反舉合韻音居御反補注蘇輿曰文選雖作㠯故當其有事也非蕭曹子房平勃樊霍則不能安當其亡事也章句之徒相與坐而守之亦亡所患師古曰章句小儒也患合韻音胡關反故世亂則聖哲馳騖而不足世治則庸夫高枕而有餘夫上世之士或解縛而相孟康曰管仲也或釋褐而傅孟康曰甯戚也補注宋祁曰李善云墨子曰傅說被褐帶索庸築傅巖武丁得之舉㠯爲三公沈欽韓曰案管子小問呂覽舉難皆無甯戚爲傅事[illegible]蓋甯越之訛也呂覽博志篇甯越學十五歲而周威公師之或倚夷門而笑應劭曰侯嬴也爲夷門卒秦伐趙趙求救無忌將十餘人往辭嬴嬴無所戒更還嬴笑之㠯謀告無忌也或橫江潭而漁師古曰漁父也師古曰江潭而漁潭音尋漁合韻音牛助反補注先謙曰官本上師古作服虔引宋

祁曰注文江潭而漁四字當刪舊服虔字作師古今改又劉注左思魏都賦曰潭淵也屈平卜居曰橫江潭而漁龔子曰觀淵林之所引則知子雲之言實本於原也然今卜居無此語豈今楚辭非古全本也楚人名深曰潭淵林亦以潭爲淵即當音徒南反若從師古音尋則是水之旁深者耳恐非是或七十說而不遇應劭曰孔丘也補注先謙曰孔子歷聘七十二君說見莊子天運篇淮南泰族說苑善說史記十二諸侯年表漢書儒林傳序仍之呂覽遇合篇謂孔子周流海內所見八十餘君而論衡儒增篇謂孔子所至不能十國余謂周千八百餘國雖春秋兼併小國尚多紀載闕如無從推究古籍傳流必有其緒王充執後疑前固非達論也或立談閒而封侯服虔曰薛公也補注宋祁曰李善云史記曰虞卿說趙孝成王再見爲趙上卿故號爲虞卿譙周曰食邑於虞也先謙曰文選無閒字或枉千乘於陋巷應劭曰齊有小臣稷桓公一日三至而不得見從者曰可㠯止矣桓公曰士之傲爵祿者固輕其主主傲霸王者亦輕其士縱彼傲爵祿吾庸敢傲霸王乎遂見之補注宋祁曰注文縱彼傲爵祿者字當刪先謙曰善注引無者字作從夫子傲爵祿從縱同字或擁帚彗而先驅應劭曰鄒衍之燕昭王郊迎擁彗爲之先驅也師古曰彗亦㠯埽者也音似歲反補注先謙曰文選無帚字是㠯士頗得信其舌而奮其筆師古曰信讀曰申窒隙蹈瑕而無所詘也李奇曰君臣上下有釁罅瑕隙乖離之漸則可抵而取也師古曰窒塞也罅音呼駕反當今縣令不請士郡守不

迎師補注沈欽韓曰曹參禮梁石君東郭先生于定國迎師受春秋故爲當時所難羣卿不揖客將相不俛眉師古曰自高抗也俛低也言奇者見疑行殊者得辟師古曰辟罪法補注宋祁曰注末當有也字先謙曰善注言世尚同而惡異是㠯欲談者宛舌而固聲欲行者擬足而投迹師古曰宛屈也固閉也擬疑也補注先謙曰文選宛作卷固作同案以擬足投迹意例之則同字爲是宛卷義同言屈舌不談俟彼發而同聲應之善注亦作同同固形近而譌顏據誤本爲說鄉使上世之士處虖今師古曰鄉讀曰嚮補注先謙曰文選今下有世字策非甲科補注先謙曰善注史記曰歲課甲科爲郎中乙科爲太子舍人然甲科爲第一行非孝廉舉非方正獨可抗疏時道是非師古曰抗舉也謂上之也疏者疏條其事而言之疏音所據反高得待詔下觸聞罷師古曰報聞而罷之又安得青紫補注宋祁曰此下疑脫師古曰安焉也六字先謙曰合高下言之或卑官或不用且吾聞之炎炎者滅隆隆者絕觀雷觀火爲盈爲實天收其聲地藏其熱師古曰炎炎火光也隆隆雷聲也人之觀火聽雷謂其盈實終㠯天收雷聲地藏火熱則爲虛無言極盛者亦滅亡也補注先謙曰李光地云此段全釋豐卦義炎炎者火也隆隆者雷也當其炎炎隆隆以爲盈且實也然豐卦雷居上則是天收其聲火居下則是地藏其熱此其盛不可久而滅且絕之徵也豐之義如此

故卦爻俱發日中之戒至窮極則曰豐其屋蔀其家闚其戶闃其無人卽揚子所謂高明之家鬼瞰其室也揚子是變易辭象以成文自王輔嗣以來未有知之者高明之家鬼瞰其室李奇曰鬼神害盈而福謙也師古曰瞰視也音口濫反攫挐者亡默默者存師古曰攫挐妄有搏執牽引也挐音女居反位極者宗危補注何焯曰此言丁傅董賢方將顛仆何足慕也沈欽韓曰周語高位實疾顛太玄上次八曰升于高危或斧之梯自守者身全是故知玄知默守道之極爰清爰靜游神之廷師古曰靜合韻音才性反補注宋祁曰景本作爰靜爰清案注言合韻才性反則正文自合作爰清爰靜也惟寂惟寞守德之宅世異事變人道不殊彼我易時未知何如李奇曰或能勝之今子迺㠯鴟梟而笑鳳皇執蝘蜓而嘲龜龍師古曰蝘蜓蜥蜴也蝘音烏典反蜓音殄補注先謙曰善注引孫卿雲賦曰以龜龍爲蝘蜓鴟梟爲鳳皇說文在壁曰蝘蜓在草曰蜥蜴不亦病乎子徒笑我玄之尚白吾亦笑子之病甚不遭與跗扁鵲師古曰二人皆古之良醫也跗音甫無反補注宋祁曰跗字下當有與字先謙曰官本注無之字文選作不遇俞跗與扁鵲也善注引史記中庶子謂扁鵲曰臣聞上古之時醫有俞跗悲夫客曰然則靡玄無所成名乎師古曰靡亦無補注先謙曰官本注末有也字范蔡㠯下何必玄哉楊

子曰范雎魏之亡命也折脅拉髂免於徽索師古曰髂骨也徽繩也髂音格補注先謙曰官本引蕭該音義曰髂口亞反字林腰骨也翕肩蹈背扶服入橐師古曰翕斂也服音蒲北反補注宋祁曰呂向曰翕肩畏懼貌雎初入秦道遇穰侯藏於王稽車中恐穰侯知之故懼也書傳無蹈背之事扶服謂使扶持而入於橐中橐無底袋也蘇輿曰扶服卽匍匐亦作蒲伏又作扶伏宋解泥激卬萬乘之主如淳曰卬怒也言秦安得王獨太后穰侯耳師古曰卬讀曰仰補注宋祁曰陳正敏云音昂激卬猶激厲也界涇陽抵穰侯而代之蘇林曰抵音紙界間其兄弟使疏應劭曰涇陽秦昭王弟貴用事也補注先謙曰文選界作介同善注說文抵側擊也當也師古曰言當其際蔡澤山東之匹夫也顉頤折頞涕涶流沫師古曰顉曲頤也音欽補注先謙曰官本顉作頷引宋祁曰顉一作頷商敬順曰顉驅音反又曲感反顉猶搖頭也蕭該音義頷作顉韋昭曰曲上曰顉音欺甚反該案字林曰顉醜也上飲反與韋昭音同字林顉狹面銳頤之貌也倉頡篇亦云顉巨斂反又吾檢反頞字林曰鼻莖也一曷反涶卽唾也才臥反吳仁傑云案文選作顉頤韋昭顉邱甚切後書周燮傳欽頤章懷太子曰欽音邱凡切或作顉又韓詩有美一人碩大且醶薛君曰重頤也字亦作顉毛詩作碩大且儼或作曮集韻儼曮顉醶同魚檢切儼曮好貌又醶衣檢切美也凡頷顉欽醶儼曮六字其音切固不一而訓釋亦異辭自蔡澤周燮言之則曲頤醜狀也自韓詩集韻言之則重頤美好也案古語以曲爲欽至今猶然王得臣云巾作前詘者謂之欽巾然則顉頤音切當從顏氏若訓釋則亦各當其義而已錢大昭云說文顉低頭也春秋傳曰迎於門顉之而已玉篇引杜預注亦作顉又音欽曲頤也列子云巧夫顉其頤而歌合律張湛曰顉猶搖頭也王念孫云作顉者正字作頷者借字作鎮者譌字也莊子駢內顉玉篇顉音欽曲頤也廣韻及殷敬順列子湯問篇釋文並音義與師古同上文蔡澤雖噤吟師古曰噤吟顉頤之貌其字正作顉故知此顉字爲鎮字之譌玉篇廣韻顉字皆無欽音集韻顉類音胡曲頤或作與出卽惑於俗本茨書而誤文選作顉周燮傳欽頤折頞皆顉之借字西揖彊秦之相搤其咽炕其氣附其背而奪其位張晏曰蔡澤說范雎己功成身退禍福之機適値雎有間於王因薦己自代師古曰搤謂急持之咽頸也炕絕也咽音一千反炕音抗補注宋祁曰附當作拊劉攽曰拊背猶隨後繼跡也先謙曰文選炕作亢附作捬卽拊也時也師古曰遇其時天下已定金革已平都於雒陽婁敬委輅脫輓掉三寸之舌師古曰輅音胡格反輓音晚掉音徒釣反解在劉敬傳建不拔之策舉中國徙之長安師古曰不拔謂其堅固不拔也中國謂京師適也師古曰中其適五帝垂典三王傳禮百世不易叔孫通起於枹鼓之間師古曰枹音孚解甲投戈遂作君臣之儀得也師古曰得其所甫刑靡敝秦法酷烈師古曰靡散也音靡補注先謙曰文選甫作呂聖漢權制而蕭何造律宜也師古曰合其宜故有造蕭何

律於唐虞之世則誖矣師古曰誖乖也音布內反補注先謙曰文選誖作悖善注悖布迷切或作繆有作叔孫通儀於夏殷之時則惑矣有建婁敬之策於成周之世則繆矣補注先謙曰文選繆作乖有談范蔡之說於金張許史之閒則狂矣蕭規曹隨師古曰隨從也言蕭何始作規模曹參因而從之補注錢大昭曰蕭字上南監本閩本皆有夫字先謙曰官本有夫字文選同法言淵騫篇夫蕭也規曹也隨留侯畫策陳平出奇功若泰山嚮若阺隤師古曰阺音氏巴蜀人名山旁堆欲墮落曰阺應劭己爲天水龍氏失之矣氏音丁禮反補注宋祁曰蘇林阺音邐迤之迤弋爾反何承天亦云巴蜀謂山岸傍欲墮者爲阺阺崩聲聞數百里又龔曠曰案說文巴蜀名岸脅之傍箸欲落墮者曰氏氏崩聞數百里引揚雄賦嚮若氏隤注云承紙切然則阺當作氏錢大昭曰阺古作氏說文氏巴蜀名山岸脅之傍箸欲落墮者曰氏氏崩聲聞數百里象形揚雄賦嚮若氏隤氏與是通鄭康成注尚書云桓是隴坂名其道盤桓旋曲而上故名曰桓是今其下民謂是爲阪曲爲盤也先謙曰官本注龍作隴是阺當爲阺各本並誤唯其人之贍知哉亦會其時之可爲也師古曰非唯其人贍知乃會時之可爲也補注朱一新曰文選贍作瞻誤東方朔畫象贊贍知宏才馬汧督誄才博知贍李善注均引此文先謙曰唯讀爲雖文選作雖顏注誤詳見韓信傳故爲可爲於可爲之時則從爲不可爲於不可爲之時則凶夫藺先生收功於章臺孟康曰秦昭王趙成王飲於此臺藺相如前折昭王也晉灼曰相如獻璧於此臺師古曰晉說是也謂齎璧入秦秦不與趙地相如詭取其璧使人間己歸趙也史記始皇本紀云章臺在渭南而秦趙會飲酒在黽池非章臺也孟說失之補注先謙曰文選作藺生卽先生也四皓采榮於南山師古曰榮者謂聲名也一曰榮謂草木之英采取己充食公孫創業於金馬孟康曰公孫弘對策金馬門驃騎發迹於祁連師古曰霍去病也祁音止夷反補注先謙曰官本注止作子司馬長卿竊訾於卓氏東方朔割名於細君師古曰割損也言己肉歸遺細君是損割其名補注宋祁曰舊本攷無祁連下注幷司馬十六字先謙曰顧炎武云名字是炙字之誤文選可證僕誠不能與此數公者並故默然獨守吾太玄補注先謙曰說文氏字注引揚雄賦曰響若氏隤徐鉉云解嘲之文古通謂之賦故下文賦者云云接續申言之雄己爲賦者將己風也師古曰風讀曰諷下己諷刺上也補注先謙曰官本風也作風之必推類而言極麗靡之辭閎侈鉅衍競於使人不能加也師古曰言專爲廣大之言既迺歸之於正然覽者已過矣師古曰言其末篇反從之正道故觀覽之者但得浮華而無益於諷諫也往時武帝好神仙相如上大人賦欲己風師古曰風讀曰諷補注宋祁曰

正文句末别本有也字今考作之字帝反縹縹有陵雲之志師古曰縹音匹昭反繇是言之賦勸而不止明矣師古曰繇讀與由同又頗似俳優淳于髡優孟之徒師古曰髡孟皆滑稽補注宋祁曰注末當有者字非法度所存賢人君子詩賦之正也於是輟不復為師古曰輟止也而大潭思渾天師古曰潭深也渾天天象也渾音胡昆反補注沈欽韓曰御覽天部二桓譚新論曰揚子雲因衆儒之說天以為蓋常左旋日月星辰隨而東西乃圖畫形體行度參以四時歷數昏明晝夜欲為世人立紀律以垂法後嗣王蕃渾天說曰舊說天地之體狀如鳥卵天包地外猶殼裹黃也周迴如彈丸故曰渾天言其形體渾渾如也參摹而四分之蘇林曰三拆而四分天之宿度甲乙也補注先謙曰官本注拆並作析引劉敞曰參摹者玄首一二三也四分者玄首四重也宋祁曰參摹蘇林音模字林曰摹廣求也七具反注文三析下當更有析字極於八十一補注沈欽韓曰司馬溫公說玄云最上曰方次曰州次曰部次曰家凡家每首輒變三首而復初如中周礥之類是也州三首一變九首而復初如中閑上之類是也部九首一變二十七首而復初如中羨從之類是也方二十七首一變八十一首而復初如中更減之類是也八十一首以上不可復加故曰自然之道易有七八九六謂之四象系有一二三謂之三摹案玄圖三方天地人也天地人各三州故九州也天地人各九部故二十七部旁則三摹九据晉灼曰据今據字也據猶位也處也補注沈欽韓曰玄告云玄一摹而得乎天故謂之有

天再摹而得乎地故謂之有地三摹而得乎人故謂之有人案此天地人為三摹天三據而乃成故謂之始中終地三據而乃形故謂之下中上人三據而乃著故謂之思禍福案此天地人三變也說玄圖云玄有二道一以三起一以三生以三起者方州部家也以三生者三分陽氣以為三重極為九營是為同本離生天地之經極之七百二十九贊亦自然之道也故觀易者見其卦而名之觀玄者數其畫而定之玄首四重者非卦也數也補注沈欽韓曰說玄云易有六位系有四重易卦六爻爻皆有辭玄首四重而別為九贊以繫其下首舉贊分道而行不相因者也首猶卦贊猶爻其用自天元推一晝一夜陰陽數度律歷之紀九九大運與天終始補注沈欽韓曰說玄云易卦氣起中孚除震離兌坎四正卦二十四爻主二十四氣外其餘六十卦每卦六日七分凡得三百六十五日四分日之一中孚初九冬至之初也頤上九大雪之末也周而復始系八十一首每首九贊凡七百二十九每二贊合為一日一贊為晝一贊為夜凡三百六十四日半益以踦贏二贊成三百六十五日四分日之一句中初一句冬至之初踦贏二贊大雪之末亦周而復始故玄三方九州二十七部八十一家二百四十三表補注沈欽韓曰玄數云贊贏入表范望曰一五七為一表二四八為一表三六九為一表旦中夕各有所用故贊滿而入三表案八十一首每首有三表以三乘之故二百四十三表也七百二十九贊分為三卷曰

一二三與泰初歷相應補注沈欽韓曰太玄歷云漢歷以八十一為日法一歲三百六十五日以日法乘之得二萬九千五百六十五分以四分日之一二十分少句合二萬九千五百八十五分少句以二十四氣除之每氣得一千二百三十二分餘一十七分少句以三十二乘分句八乘少句通分內子為五百五十二又除之得二十三秒每氣一千二百三十二分二十三秒以三十二為秒母每首得三百六十四分十六秒每贊得四十分十六秒求氣所入贊法置冬至一氣分秒以首分秒去之不滿首者以贊分秒去之餘若干分秒算外命之得小寒所入首贊分秒求次氣置前氣所餘分秒益以一氣分秒如前法求之亦有顓頊之歷焉揲之㠯三策蘇林曰三三而分之師古曰揲音食列反補注沈欽韓曰說玄云易大衍之數五十其用四十有九玄天地策各十有八合為三十六策地則虛三用三十三策易揲之以四玄揲之以三太玄揲法挂一而中分其餘以三揲之并餘於扐一扐之後而數其餘七為一八為二九為三關之㠯休咎補注沈欽韓曰玄數云逢有上中下下思也中福也上禍也思福禍各有下中上以晝夜別其休咎焉一從二從三從是謂大休一從二從三違始中休終咎一從二違三違始休中終咎一違二從三從始咎中終休一違二違三從始中咎終休一違二違三違是謂大咎先謙曰官本關作開引宋祁曰開越本作關絣之㠯象類晉灼曰絣雜也師古曰絣并也音并補注宋祁曰絣說文方并反字林布莖反縷布也沈欽韓曰玄掜曰錯絣也播之㠯人事師古曰播布也補注沈欽韓曰玄告曰善言天地者以人事善言人事者以天地文之㠯五行擬

之㠯道德仁義禮知無主無名補注劉敞曰當作無名今越本學官本作知名要合五經苟非其事文不虛生為其泰曼漶而不可知張晏曰曼音滿漶音緩師古曰曼漶不分別貌猶言濛鴻也曼音莫幹反漶音奐故有首衝錯測攡瑩數文掜圖告十一篇晉灼曰攡音離服虔曰掜音晲師古曰攡音摛補注先謙曰官本引蕭該音義曰玄衝云八十一家相對若輻輪之衝也今漢書或誤作衡者非也攡今漢書及韋昭晉灼音義並作攡字今字書無手傍離字今人讀漢書相承以攡字音力支反案劉向別錄揚雄經目有玄首玄衝玄錯玄測玄舒不作攡字然字林云攡舒也攡音丑支反太玄經曰玄者幽攡萬物而不見其形宋忠曰攡者張也與晉灼同掜服虔音兒晉灼曰掜擬也字林五弟反莊子曰終日握之而手不掜司馬彪曰但抱而握之手不捉也太玄經曰別一日以握掜於左手之小指又今人不見太玄及別錄以玄衝玄攡下有玄瑩玄數玄文玄掜玄圖玄告玄問合十二篇今漢書祇有首衝錯測攡瑩數文掜圖告十一篇皆以解剝玄問一篇故云十一該取未詳是故述之龔晴曰大玄自漢宋衷作解詁吳陸績作釋文范望作贊以至唐及國朝為之注解及音義之類者非一家皆止有十一篇不知該所謂別錄者果何書也衝亦不聞作衡當更問知者皆㠯解剝玄體離散其文章句尚不存焉師古曰玄中之文雖有章句其旨深妙尚不能盡存故解剝而離散也補注宋祁曰注文也字當作之劉敞曰言此十一篇財以離散玄文未有章句也玄文多故

不著觀之者難知學之者難成客有難玄大深衆人之不好也雄解之號曰解難其辭曰客難楊子曰凡著書者爲衆人之所好也美味期乎合口工聲調於比耳師古曰比和也音頻二反今吾子迺抗辭幽説閎意眇指師古曰眇讀曰妙獨馳騁於有亡之際而陶冶大鑪旁薄羣生師古曰旁薄猶言蕩薄也歷覽者茲年矣而殊不寤師古曰茲益也茲年言其久也不寤不曉其意補注宋祁曰茲年及注中茲字並當從水旁亶費精神於此而煩學者於彼師古曰亶讀曰但譬畫者畫於無形弦者放於無聲殆不可乎師古曰放依也殆近也放音甫往反楊子曰俞師古曰俞然也音踰若夫閎言崇議幽微之塗蓋難與覽者同也昔人有觀象於天視度於地察法於人者天麗且彌地普而深師古曰麗著也日月星辰之所著也彌廣也普遍也昔人之辭迺玉迺金師古曰貞實美麗如金玉也彼豈好爲艱難哉勢不得已也師古曰已止也獨不見夫翠虯絳螭之將登虖天師古曰虯螭解並在前補注沈欽韓曰淮南覽冥訓今夫赤螭青虯之游冀州也至於玄雲之素朝陰陽交爭降扶風雜凍雨扶搖而登

之威動天地聲震海內必聳身於倉梧之淵補注先謙曰官本倉作蒼不階浮雲翼疾風虛舉而上升則不能擶膠葛騰九閎師古曰擶揭也膠葛上清之氣也騰升也九閎九天之門擶音戟揭音居足反補注先謙曰官本引蕭該音義曰擶如淳曰擶著也膠葛大也韋昭曰擶音擄畧反字林擶揭也揭擶持也擶音戟先謙案膠葛猶寥闊日月之經不千里則不能燭六合燿八紘師古曰燭照也六合謂天地四方八紘八方之綱維也紘音宏泰山之高不嶕嶢則不能浡滃雲而散歊烝師古曰嶕嶢高貌也浡滃盛也滃雲氣貌歊烝氣上出也嶕嶢音焦堯浡音勃滃音一孔反歊音許昭反補注王念孫曰師古注浡滃盛也滃字衍各本並同當刪浡滃雲與散歊烝對文則浡當訓爲作[illegible]爾雅浡作也郭注曰浡然興作貌字或作悖又作勃莊十一年左傳其興也悖焉孟子梁惠王篇則苗浡然興之矣莊子天地篇則勃然作色皆興作之貌先謙曰官本昭作照引宋祁曰蕭該音義曰韋昭曰歊氣之發見者也注文許照當作許昭是吕宓犧氏之作易也師古曰宓音伏緜絡天地經吕八卦文王附六爻師古曰因而重之孔子錯其象而彖其辭然後發天地之臧定萬物之基補注宋祁曰然後字下當有能字典謨之篇雅頌之聲不溫純深潤則不足吕揚鴻烈而章緝熙師古曰造化鴻大也烈業也緝

熙光明也補注朱一新曰造化蓋涉下句而誤衍蓋胥靡爲宰李奇曰造化之神宰割萬物也張晏曰胥相也靡無也言相師吕無爲作宰者也寂寞爲尸李奇曰道化吕寂寞爲主大味必淡大音必希師古曰淡謂無至味也音徒濫反大語叫叫大道低回師古曰叫叫遠聲也低回紆衍也是吕聲之眇者不可同於衆人之耳眇讀曰妙補注先謙曰各本並脫師古曰三字形之美者不可棍於世俗之目師古曰棍亦同也音胡本反辭之衍者不可齊於庸人之聽師古曰衍旁廣也今夫弦者高張急徽追趨逐者則坐者不期而附矣師古曰徽琴徽也所吕表發撫抑之處追趨逐者隨所趨嚮愛嗜而追逐之也趨讀曰趣者讀曰嗜補注先謙曰官本注處下有也字試爲之施咸池揄六莖發簫韶詠九成則莫有和也師古曰揄引也和應也揄音踰和音胡臥反補注先謙曰官本簫作蕭是是故鍾期死百牙絕弦破琴而不肯與衆鼓師古曰解在司馬遷傳補注錢大昕曰即伯牙也古文伯百通用先謙曰官本作伯牙獿人亡則匠石輟斤而不敢妄斲服虔曰獿古之善塗墍者也施廣領大袖吕仰塗而領袖不汙有小飛泥誤著其鼻因令匠石揮斤而斲知匠石之善斲故敢使之也師古曰墍即今之仰泥也獿抆拭也故謂塗者爲獿人獿音乃高反又音乃回反今書本獿字有作郢者流

俗改之墍音許既反補注王念孫曰獿當作獶說文獶[illegible]讀若水溫䵷[illegible]徐鉉依唐韻乃昆切[illegible]篇奴回奴昆二切廣韻乃回乃案二切廣雅墀墍獶塗也[illegible]獶字曹憲音奴回鹽鐵論散不足篇富者堊獶壁飾[illegible]莊子徐無鬼篇郢人堊慢其鼻端若蠅翼使匠石斲之釋文郢人漢書音義作獶人[illegible]服虔云[illegible]獶音溫䵷[illegible]韋昭乃回反[illegible]要而論之此字本作獶從巾夒聲非從夒聲音乃昆乃回二反非音乃高反夒籀文婚字故獶從其聲而讀乃昆反車部之輭字亦從夒聲而讀若閔是其例也許服竝讀獶爲溫䵷與乃昆之音相近韋讀乃回反則師古之音所本也廣韻乃昆之音在魂部乃回之音在灰部古者魂灰二部多相轉故獶字亦兼乃昆乃回二音若夒字則在豪部音乃高反與獶字之音迥不相涉祇以世人多見夒少見獶故漢書說文廣雅之獶字遂譌爲獿與諾聲字之理不合然玉篇音奴回奴昆二切曹憲音奴回師古音乃回則字雖譌而音尙未譌也不知漢書獶字何時又譌而爲獿後人不察遂增乃高一音於乃回之上以從獿字之音則誤之又誤矣案說文獶獶從也從犬夒聲女交切玉篇獶與猱同獸也乃刀切此與乃昆乃回二反之獶字訓爲塗墍者截然兩字今服讀若溫䵷而訓爲塗墍顏音乃回反而訓爲抆拭明是獶字非獿字也何得加以乃高之音乎且獿字本無乃回之音亦不得云又乃回反也玉篇廣韻獿字皆無乃回之音集韻上平聲十五灰獶奴回切古之善塗墍者下平聲六豪夒奴刀切說文貪獸也或作獿一曰獿善塗墍者此皆惑於俗本漢書

而誤今本莊子釋文引漢書作慢其心旁卽巾旁之譌然則漢書幔字之從巾不從犬甚明今改㺜爲幔以正其字刪去乃高反以正其音而正文注文乃各還其舊矣先謙曰官本幔並作㺜師曠之調鍾竢知音者之在後也應劭曰晉平公鍾工者已爲調矣師曠曰臣竊聽之知其不調也至於師涓而果知鍾之不調是師曠欲善調之鍾爲後世之有知音〔補注〕宋祁曰注文平公字下當有鑄鍾字沈欽韓曰見呂覽長見篇孔子作春秋幾君子之前睹也師古曰幾讀曰冀老聃有遺言貴知我者希師古曰老子德經云知我者希則我貴矣此非其操與師古曰與讀曰歟雄見諸子各以其知舛馳師古曰舛相背大氐詆訾聖人卽爲怪迂析辯詭辭以撓世事師古曰大氐大歸也詆訾毀也迂遠也析分也詭異也言諸子之書大歸皆非毀周孔之教爲巧辯異辭以撓亂時政也訾音紫迂音于撓音火高反其字從手也〔補注〕宋祁曰司馬溫公云大氐下脫不字又注文詭異也字下當有撓攪也三字王念孫曰案司馬說非也卽猶或也或爲怪迂析辯詭辭也師古注不誤但未釋卽字耳卽與或古同義說見釋辭雖小辯終破大道而或眾使溺於所聞而不自知其非也及太史公記六國歷楚漢記麟止〔補注〕錢大昭曰記當作訖先謙曰官本作訖不與聖人同是非頗謬於經師古曰頗音普我反故人時有問雄者常用法應之譔以爲十三卷師古曰譔與撰同〔補注〕先謙曰官本引蕭該音義曰字林譔專教也音論惟禮記音撰字書並音詮象論語號曰法言〔補注〕沈欽韓曰論衡佚文篇揚子雲作法言蜀富人齎錢千萬願載於書子雲不聽法言文多不著獨著其目師古曰雄已序著篇之意天降生民倥侗顓蒙鄭氏曰童蒙無所知也師古曰倥音空侗音同顓與專同〔補注〕先謙曰官本引蕭該音義曰案字林及埤蒼倥音日弄反侗音勑動反恣于情性聰明不開訓諸理師古曰訓告也譔學行第一〔補注〕宋祁曰司馬溫公云行讀如字降周迄孔成于王道師古曰周周公旦也迄至也孔孔子也言自周公以降至於孔子設教垂法皆帝王之道〔補注〕宋祁曰宋咸法言本迄作訖字林曰迄至也火乞反終後誕章乖離諸子圖微師古曰言其後澆末虛誕益章乖於七十弟子所謀微妙之言〔補注〕劉敞曰誕大也章法也言王道息而諸子起也宋祁曰法言微作徽吳祕注云圖謀也徽美也辯其異端而謀其徽美錢大昭曰終南監本閩本作然先謙曰官本作然譔吾子第二事有本眞陳施於億李奇曰布陳於億萬事也動不克咸李奇曰不能皆善也本諸身譔修身第三〔補注〕宋祁曰法言億作意溫公云咸感也人欲陳施其意治化天下動而不能感人者蓋由外逐浮僞內無本

眞不能正己以正物故當必本諸身也芒芒天道在昔聖考李奇曰聖人能成天道〔補注〕宋祁曰宋咸天作大蘇輿曰天道謂天與道也篇中有問天問道二段語宋作大非李注以天道連屬爲義亦失之在昔聖考謂諸古聖可考見也篇中云惟聖人可以開明又云法者謂唐虞成周之法也皆其義今本法言在作昔作在過則失中不及則不至不可姦罔蘇林曰罔誣也言不可作姦誣於聖道譔問道第四神心曶怳經緯萬方師古曰曶讀與忽同〔補注〕先謙曰官本曶作曶下同引蕭該音義曰怳音荒韋昭熙放反該案今音況爲是蘇輿云法言作忽怳事繫諸道德仁誼禮譔問神第五明哲煌煌旁燭亡疆師古曰煌煌盛貌也燭照也無疆猶無極也遜于不虞以保天命李奇曰常行遜順備不虞〔補注〕蘇輿曰說文遜遁也遁亦避也避彼不虞保全天命所謂明哲保身也篇中問命云或曰顏氏之子冉氏之孫曰以其無避也若立巖牆之下動而徵病行而招尤命乎命乎又云或問活身曰明哲竝其誼也李注未晰譔問明第六假言周于天地贊于神明師古曰假至也〔補注〕宋祁曰司馬溫公云李宗吳皆作遐光謂當作假劉敞曰案本書云吾寡見人之好假也則假當從充音遐假卽遐也其首章曰吾寡見人之好假也指此矣沈欽韓曰師古說非也下云絕于邇言以邇對遐幽弘橫廣絕于邇言李奇曰理過近世人之言也譔寡見第七聖人聦明淵懿〔補注〕先謙曰官本聦作聰繼天測靈冠于羣倫經諸范師古曰經常也范法也〔補注〕宋祁曰法言作範譔五百鄧展曰五百歲聖人一出〔補注〕先謙曰官本注在第八下第八立政鼓眾動化天下莫上於中和鄧展曰鼓亦動也中和之發在於哲民情師古曰哲知也〔補注〕宋祁曰司馬溫公云哲當作哲明也言將發中和之政在先明民情王念孫曰顏說知讀如字是也吳祕注亦云五行傳哲知也中和之發則民之情僞無不先知古書皆訓哲爲知不當改爲哲說見法言開明篇譔先知第九〔補注〕宋祁曰先景本作光仲尼以來國君將相卿士名臣參差不齊師古曰言志業不同也參音初林反壹槩諸聖師古曰以聖人大道槩平槩音工代反〔補注〕宋祁曰別本注文以字上有一字監本無又平字下當有之字蘇輿曰太史公孔子世家贊云自天子王侯中國言六藝者折中於夫子雄語所本譔重黎第十、仲尼之後訖于漢道〔補注〕宋祁曰李軌注法言本訖作迄德顏閔〔補注〕朱一新曰監本德下有行字先謙曰官本有行字股肱蕭曹爰及名將尊卑之條稱述品藻師古曰品藻者定其差品及文質譔淵騫第十一補注宋祁曰李軌注法言本無此序云與重黎共序張慈據子厚云漢書淵騫自有序慈疑弘範不見漢書中序故云共序子厚又云或班固所作宋咸云品歷世之臣以淵騫冠章首有意哉子雲也有以長爵之達弗逮乎廣道之尊乎或云是篇與重黎共序然漢書有之疑非揚辭而班固實之也未知其據焉蘇輿曰今仿宋槧刻李注本與漢書同疑是後人所改

君子純終領聞李奇曰領理所聞也師古曰純善也領令也聞名也言君子之道能善於終而不失令名也蠢迪檢押師古曰蠢動也迪道也由也檢押猶隱括也言動由檢押也音狎補注宋祁曰司馬溫公云檢押當作檢柙旁開聖則譔君子第十二

孝莫大於寍親寍親莫大於寍神寍神莫大於四表之驩心師古曰寍安也言大孝之在於尊嚴祖考安其神靈所㠯得然者㠯得四方之外驩心譔孝至第十三

贊曰補注錢大昕曰子謂自雄之自序云爾以下至篇終皆傳文非贊也司馬遷傳亦稱遷之自序云爾然後別述遷事以終其篇與此正同遷有贊而雄無贊者篇終載桓譚及諸儒之言褒貶已見不必別爲贊也此贊曰二字後人妄增非班史本文雄

之自序云爾師古曰自法言目之前皆是雄本自序之文也初雄年四十餘自蜀來至游京師補注宋祁曰至字可刪大司馬車騎將軍王音奇其文雅召㠯爲門下史補注錢大昕曰雄以天鳳五年卒年七十一則成帝永始四年年始四十有一而王音之薨乃在永始二年正月使果爲音所薦則遊京師之年尚未盈四十也薦雄待詔歲餘奏羽獵賦除爲郎給事黃門補注宋祁曰通鑑考異云雄自序云上方郊祠甘泉泰時召雄待詔承明之庭奏甘泉賦其十二月奏羽獵賦事在元延元年時王音卒已久蓋王根也先謙曰辯詳下文與王莽劉歆並哀帝之初又與董賢同官當成哀平間莽賢皆爲三公權傾人主所薦莫不拔擢而雄三世不徙官及莽篡位談說之士用符命稱功德獲封爵者甚眾雄復不侯補注宋祁曰雄字上當有唯字㠯耆老久次轉爲大夫恬於埶利迺如是師古曰恬安也實好古而樂道其意欲求文章成名於後世補注宋祁曰求字當作窮㠯爲經莫大於易故作太玄傳莫大於論語作法言史篇莫善於蒼頡作訓纂補注沈欽韓曰藝文志載訓纂而不及方言應劭序風俗通始言之常璩志不言四賦而云典莫正於爾雅作方言應劭云凡九千字其所發明猶未若爾雅之閎麗也亦以比爾雅則班序脫之耳盧文弨云劉歆求方言入錄子雲不與故藝文志無之箴莫善於虞箴作州箴晉灼曰九州之箴也賦莫深於離騷反而廣之辭莫麗於相如作四賦皆斟酌其本相與放依而馳騁云師古曰放音甫往反用心於內不求於外於時人皆曶之師古曰曶與忽同謂輕也補注宋祁曰注文輕下當有之字唯劉歆及范逡敬焉師古曰逡音千旬反而桓譚㠯爲絕倫師古曰無比類王莽時補注周壽昌曰莽始建國二年劉歆甄豐皆爲上公莽既㠯符命自立即位之後欲絕其原㠯神前事而豐子尋歆子棻復獻之師古曰棻亦枌字也音扶云反補注先謙曰官本注枌作分引宋祁曰注文分字當從木莽誅豐父子投棻四裔辭所連及便收不請師古曰不須奏請時雄校書天祿閣上治獄使者來欲收雄雄恐不能自免迺從閣上自投下幾死師古曰幾音鉅依反莽聞之曰雄素不與事何故在此師古曰與讀曰豫補注先謙曰言何故在獻符命事中得相連及閒請問其故師古曰使人密問之迺劉棻嘗從雄學作奇字師古曰古文之異者雄不知情師古曰不知獻符命之事也補注先謙曰官本注末無也字

有詔勿問然京師爲之語曰惟寂寞自投閣爰清靜作符命師古曰㠯雄解嘲之言譏之也今流俗本云惟寂惟寞自投於閣爰清爰靜作符命妄增之補注宋祁曰注文作符命當云作符作命沈欽韓曰此指劇秦美新之文班不爲之諱而注不能舉洪頤煊曰文選謝靈運齋中讀書詩李善注引漢書惟寂惟寞自投于閣皆與流俗本同雄㠯病免復召爲大夫家素貧補注沈欽韓曰御覽五百五十五桓子新論曰楊子雲爲郎居長安素貧比歲亡其兩男哀痛之皆持歸葬於蜀以此困乏之案法言云苗而不秀者其我家之童烏乎九齡而與我玄文烏第一子一棋訶耆酒師古曰耆讀曰嗜人希至其門時有好事者載酒肴從游學而鉅鹿侯芭常從雄居服虔曰芭音葩受其太玄法言焉劉歆亦嘗觀之謂雄曰空自苦今學者有祿利然尚不能明易補注先謙曰言易立學官可得祿利然明者尚不可見又如玄何師古曰言無奈之何吾恐後人用覆醬瓿也師古曰瓿音部小甖也補注先謙曰官本部作蔀雄笑而不應補注沈欽韓曰荅劉歆書云張伯松言恐雄爲太玄經由鼠坻之與牛場也如其用則實五稼飽邦民否則爲牴糞棄之於道矣而雄般之諄鱗論衡齊世篇楊子雲作太玄法言張伯松不肯一觀與之並肩故賤其言也年七十一天鳳五年卒補注何焯曰自莽居攝至此凡十三年周壽昌曰據此書雄卒於莽

之天鳳五年戊寅年七十一則雄生適當宣帝甘露元年戊辰至成帝即位甫二十二歲陽朔三年己亥王音始拜大司馬車騎將軍雄年三十二永始二年丙午音薨雄年三十九與書中所云四十餘自蜀游京師爲王音門下史語不合案古四字作亖傳寫時由三字誤加一畫應正作三十餘始合本書五行志吳王濞封有四郡顧炎武校正曰四郡當作三郡古四字積畫以成與三易混猶左傳陳蔡不羹三國爲四國也自亖誤作三後人遂謂班史七十一歲卒爲不可信因將雄卒年缺之焦竑則謂雄至京見成帝年四十餘矣自成帝建始改元至莽天鳳五年計五十二歲以五十二合四十餘已將近百年與所謂七十一歲者牴牾何焯則云雄生在宣帝甘露元年至成帝永始三年爲四十歲班書贊中言年四十餘自蜀游京師王音薦爲待詔甘泉賦爲四年所上則又未將王音拜大司馬及薨年一考之也 侯芭爲起墳〔補注〕沈欽韓曰論衡案書篇楊子雲作太元侯鋪子隨而宣之鋪子蓋芭字也文選注五十九七畧曰侯芭負土作墳號曰玄家長安志楊雄家牒曰詔陪葬安陵阪上 喪之三年時大司空王邑納言嚴尤聞雄死謂桓譚曰子嘗稱楊雄書豈能傳於後世乎譚曰必傳顧君與譚不及見也 師古曰顧念也〔補注〕蘇輿曰顧猶但也 凡人賤近而貴遠親見楊子雲祿位容貌不能動人故輕其書昔老明著虛無之言兩篇 師古曰謂道德經也 薄仁義非禮學然後世好之者尚以爲過於五經自漢文景之君

及司馬遷皆有是言今楊子之書文義至深而論不詭於聖人 師古曰詭違也聖人謂周公孔子 若使遭遇時君更閱賢知爲所稱善 師古曰更音工衡反 則必度越諸子矣 師古曰度過也〔補注〕何焯曰李光地云至韓文公司馬溫公曾王諸公之論出而譚之言果驗矣推重始於張平子 諸儒或譏以爲雄非聖人而作經猶春秋吳楚之君僭號稱王蓋誅絕之罪也 師古曰絕謂無肖嗣也〔補注〕劉敞曰絕讀如春秋貶絕之絕 自雄之沒至今四十餘年其法言大行而玄終不顯然篇籍具存

揚雄傳第五十七下 終　　漢書八十七

儒林傳第五十八　漢書八十八

漢　蘭臺令史班固撰

唐正議大夫行祕書少監琅邪縣開國子顏師古注

賜進士出身前翰林院編修國子監祭酒加三級臣王先謙補注

古之儒者博學虖六藝之文 師古曰六藝謂易禮樂詩書春秋 六學者〔補注〕王念孫曰案景祐本六學作六藝是也此承上句六藝之文而言今本作六學者涉下文六學從此缺而誤 王教之典籍先聖所以明天道正人倫致至治之成法也周道既衰壞於幽厲禮樂征伐自諸侯出陵夷二百餘年而孔子興 師古曰陵夷言漸頹替〔補注〕宋祁曰注文頹替字下疑有也字 以聖德遭季世知言之不用而道不行迺歎曰鳳鳥不至河不出圖吾已矣夫 師古曰論語載孔子之言也鳳鳥河圖皆王者之瑞自傷有德而無位故云已矣 文王既沒文不在茲乎 師古曰言文王久已沒矣文章之事豈不在此乎蓋自謂也亦見論語 於是應聘諸侯以答禮行誼 師古曰答禮謂有問禮者則爲應答而申明之〔補注〕劉奉世曰答禮者迎之有禮亦以禮答之先謙曰孔子周流欲明禮義於天下顏說是也劉所見殊陋

西入周南至楚畏匡戹陳 師古曰匡邑名即陳留匡城縣孔子貌類陽貨陽貨嘗有怨於匡匡人見孔子以爲陽貨也故圍而欲害之後得免耳戹陳謂在陳絕糧也 奸七十餘君 師古曰奸音干 適齊聞韶三月不知肉味 師古曰美舜樂之善也 自衞反魯然後樂正雅頌各得其所 師古曰自衞反魯謂哀十一年也是時道衰樂廢孔子還修正之故雅頌各得其所 究觀古今之篇籍迺稱曰大哉堯之爲君也唯天爲大唯堯則之 師古曰言堯所行皆法天 巍巍乎其有成功也煥乎其有文章也 師古曰巍巍者高貌煥明也 又云周監於二世郁郁乎文哉吾從周 師古曰言周追視夏殷之制而損益之故禮文大備也郁郁文章盛貌自此以上孔子之言皆見論語〔補注〕劉攽曰世改代先謙曰代之爲世後人回改誤之官本注夏殷下有二代二字 於是敘書則斷堯典 師古曰謂尚書起自堯典也 稱樂則法韶舞 師古曰論語云顏回問爲邦子曰行夏之時乘殷之輅服周之冕樂則韶舞放鄭聲韶舜樂也孔子歎其盡善盡美故欲用之〔補注〕先謙曰官本注回作淵 論詩則首周南 師古曰以關雎爲始也 綴周之禮因魯春秋舉十二公行事繩之以文武之道成一王法 師古曰繩謂治正之 至獲麟而止

蓋晚而好易讀之韋編三絕而爲之傳師古曰編所吕聯次簡也言愛玩之甚故編簡之韋爲之三絕也傳謂彖象繫辭文言說卦之屬皆因近聖之事吕音以（補注）先謙曰二字淺人妄增官本無立先王之教故曰述而不作信而好古下學而上達知我者其天乎師古曰皆論語載孔子之言也作者之謂聖述者之謂明故孔子自謙言我但述者耳下學上達謂下學人事上達天命也行不違天故唯天知我也仲尼既沒七十子之徒散遊諸侯師古曰七十子謂弟子者七十七人也稱七十者但言其成數也（補注）宋祁曰注文弟子字下疑有達字大者爲卿相師傅小者友教士大夫或隱而不見故子張居陳師古曰子張姓顓孫名師（補注）沈欽韓曰史記於上有子路居衞班以其先孔子死削之先謙曰仲尼弟子傳子張陳人索隱引鄭玄目錄陽城人澹臺子羽居楚師古曰子羽姓澹臺名滅明澹音徒甘反（補注）先謙曰弟子傳稱其南游至江子夏居西河師古曰子夏姓卜名商（補注）先謙曰弟子傳索隱在河東郡之西界蓋近龍門正義今汾州子貢終於齊師古曰子貢姓端木名賜（補注）宋祁曰貢蕭該本作贛湻化本景本作子貢刊誤改作贛又云子貢當爲子夏錢大昕曰說文贛賜也從貝贛聲貢獻功也從貝工聲二字音同義異古人字與名相應端木子名賜則非貢獻之貢明矣蕭該本最爲近古禮樂記亦作子贛先謙曰弟子傳常相魯衞家累千金卒終於齊

如田子方段干木吳起禽滑氂之屬皆受業於子夏之倫爲王者師師古曰子方吕下皆魏人也滑音于拔反氂音釐（補注）沈欽韓曰呂覽重言篇注田子方學於子貢尊師篇段干木晉國之大駔也學於子夏史記吳起嘗學於曾子其年不相當經典序錄吳起受左氏傳於曾申非曾子呂覽當染篇禽滑釐學於墨子與墨翟書合[illegible]釐墨子弟子禽滑列子湯問楊朱篇莊子天下篇並同未可援墨入儒也是時獨魏文侯好學天下並爭於戰國儒術既黜焉然齊魯之間學者猶弗廢至於威宣之際孟子孫卿之列咸遵夫子之業而潤色之吕學顯於當世鄧展曰威宣齊二王及至秦始皇兼天下燔詩書殺術士師古曰燔焚也今新豐縣溫湯之處號愍儒鄉溫湯西南三里有馬谷谷之西岸有阬古老相傳吕爲秦阬儒處也衞宏詔定古文官書序云秦既焚書患苦天下不從所改更法而諸生到者拜爲郎前後七百人迺密令冬種瓜於驪山阬谷中溫處瓜實成詔博士諸生說之人人不同迺命就視之爲伏機諸生賢儒皆至焉方相難不決因發機從上塡之吕土皆壓終迺無聲此則閔儒之地亦不謬矣燔音扶元反（補注）周壽昌曰經術之士稱術士猶別傳中有道之人稱道人也六學從此缺矣（補注）周壽昌曰學史記作藝本書述武紀敘云憲章六學統壹聖眞述藝文志敘云六學既登遭世罔宏述儒林傳敘云漢存其業六學析分皆稱六學陳涉之王也魯諸儒

持孔氏禮器而歸之（補注）錢大昭曰而歸南監本閩本並作往歸先謙曰官本作往於是孔甲爲涉博士卒與俱死師古曰孔光傳云鮒爲陳涉博士死陳下今此云孔甲將名鮒而字甲也（補注）先謙曰錢東垣云自陳涉之王也至發憤於陳王大約皆本於鹽鐵論之褒賢篇孔子世家云愼年五十七生鮒爲陳王涉博士孔叢荅問篇子魚名鮒甲陳人或謂之子鮒或稱孔甲獨樂先王之道講習不倦陳勝起兵於陳陳餘以鮒賢說陳王往聘之陳王乃遣使者齎千金加束帛以車三乘聘焉張耳亦謂子魚宜速來以佐王業子魚遂往至陳王郊迎而執其手與議世務子魚以霸王之業勸之王悅其言遂尊爲博士爲太傅凡仕六旬老於陳又載其將沒戒弟子語據此孔叢謬也陳涉起匹夫敺適戍吕立號師古曰敺與驅同適讀曰讁不滿歲而滅亡其事至微淺然而搢紳先生負禮器往委質爲臣者何也吕秦禁其業積怨而發憤於陳王也及高皇帝誅項籍引兵圍魯魯中諸儒尚講誦習禮弦歌之音不絕豈非聖人遺化好學之國哉（補注）先謙曰史記遺上有之字學作禮樂於是諸儒始得修其經學講習大射鄉飲之禮叔孫通作漢禮儀因爲奉常諸弟子共定者咸爲選首然後喟然興於學師古曰喟然歎息貌音丘位反然尚有

干戈平定四海師古曰言陳豨盧綰韓信黥布之徒相次反叛征伐也亦未皇庠序之事也師古曰皇暇也孝惠高后時公卿皆武力功臣孝文時頗登用師古曰言少用文學之士然孝文本好刑名之言及至孝景不任儒竇太后又好黃老術故諸博士具官待問未有進者師古曰具官謂備員而已漢興言易自淄川田生言書自濟南伏生言詩於魯則申培公於齊則轅固生師古曰培固者其人名公生者其號也它皆類此培音陪（補注）先謙曰官本此下有韋昭曰培公之名也八字燕則韓太傅師古曰名嬰也言禮則魯高堂生（補注）先謙曰索隱謝承云秦氏季代有魯人高堂伯則伯其字言春秋於齊則胡毋生於趙則董仲舒及竇太后崩武安君田蚡爲丞相黜黃老刑名百家之言延文學儒者吕百數（補注）先謙曰史記作數百人而公孫弘吕治春秋爲丞相封侯天下學士靡然鄉風矣師古曰鄉讀曰嚮弘爲學官悼道之鬱滯迺請曰丞相御史言師古曰自此吕下皆弘奏請之辭（補注）宋祁曰景德本無悼字刊誤據史記作悼道據南本作以道先謙曰官本曰作白制曰蓋聞導民吕禮風之吕樂師古

曰風化也婚姻者居室之大倫也師古曰倫理也今禮廢樂崩朕甚愍焉故詳
延天下方聞之士咸登諸朝師古曰詳悉也方道也有道及博聞之士也〔補注〕宋祁曰延字刊誤據史
館本添入齊召南曰案史記作詳延天下方正博聞之士義甚明疑當是漢書寫本脫正博二字而師古因曲爲之說耳沈欽韓曰
方旁古今字廣雅旁廣也於義亦通其令禮官勸學講議洽聞舉遺興禮㠯爲天下
先師古曰舉遺謂經典遺逸者求而舉之太常議予博士弟子崇鄉里之化㠯厲賢
材焉師古曰厲勸勉之也一曰砥厲也自此㠯上弘所引詔文〔補注〕先謙曰予與同史記作與謹與太常臧博
士平等議師古曰臧孔臧也〔補注〕周壽昌曰文選兩都賦李注引孔臧集曰臧仲尼之後少以才博知名稍遷御史大夫
辭曰臣代以經學爲家乞爲太常專修家業武帝遂用之通鑑於元朔二年載此條並云臧辭御史大夫乞爲太常典臣家業與從
弟侍中安國綱紀古訓使永垂來嗣上乃以臧爲太常其禮賜如三公云曰聞三代之道鄉里有敎夏
曰校殷曰庠周曰序師古曰敎效也言可效道蓺也〔補注〕先謙曰官本考證云史記作殷曰序周曰庠與孟子
同其勸善也顯之朝廷其懲惡也加之刑罰故敎化之行也建首
善自京師始繇內及外師古曰繇音由由從也今陛下昭至德開大明配天

地本人倫勸學興禮崇化厲賢㠯風四方太平之原也師古曰風化也〔補注〕
宋祁曰姚本改厲賢作屬賢古者政敎未洽不備其禮請因舊官而興焉爲博
士官置弟子五十人復其身師古曰復音方目反太常擇民年十八㠯上儀
狀端正者補博士弟子〔補注〕周壽昌曰漢官儀舉博士狀有身無金痍痼疾一條藝文類聚御覽職官部引
同郡國縣官〔補注〕齊召南曰案史記作郡國縣道邑是也此文有脫誤耳縣有蠻夷曰道列侯公主所食曰邑謂屬於
郡或國之縣及道與邑也漢時稱朝廷曰縣官故凡言令長不曰縣官也有好文學敬長上肅政敎順
鄉里出入不悖師古曰悖乖也音布內反所聞令相長丞上屬所二千石師古曰聞
謂聞其部屬有此人也令縣令相侯相長縣長丞縣丞也二千石謂郡守及諸王相也〔補注〕劉攽曰所聞當屬上句讀之則亦不煩
訓詁矣何焯曰史記聞下有一者字自當屬上出入不悖爲句王鳴盛曰案當作上所屬二千石先謙曰史記亦作屬所二千石王
說非自二千石下言之則曰所屬自令相長丞上言之則曰屬所屬所與在所義同二千石謹察可者常與
計偕師古曰隨上計吏俱至京師〔補注〕先謙曰史記常作當宜依此訂詣太常得受業如弟子一
歲皆輒課能通一蓺㠯上補文學掌故缺其高第可㠯爲郎中太

常籍奏師古曰爲名籍而奏〔補注〕宋祁曰注文爲字下疑有之字先謙曰宋說非史記郎中下有者字即有秀才
異等輒㠯名聞其不事學若下材及不能通一蓺輒罷之而請諸
能稱者師古曰謂列其能通蓺業而相稱其任者奏請補用之也〔補注〕齊召南曰案史記作而請諸不稱者罰此文祇換一
不字省一罰字義遂不同史記言懲儆濫舉此文言登進賢才也沈欽韓曰史記所云當是兼坐舉主也通考四十云諸不稱者謂
太常之謬選博士之失敎及郡國之濫以充賦也功臣表山陽侯張當居坐爲太常擇博士弟子故不以實完爲城旦則其罰可知
先謙曰官本注無相字此文依史記義自貫串疑本書傳寫脫誤非班氏改史記也臣謹案詔書律令下者
師古曰下謂班行也〔補注〕先謙曰謂平時所班下者不蒙上言明天人分際通古今之誼師古曰分音扶
問反〔補注〕先謙曰官本注在上句下文章爾雅訓辭深厚師古曰爾雅近正也言詔辭雅正而深厚也恩
施甚美小吏淺聞弗能究宣亡㠯明布諭下〔補注〕先謙曰明通宣布使下諭其意非俗
吏所能㠯治禮掌故㠯文學禮義爲官遷畱滯師古曰言治禮掌故之官本㠯有文學習
禮義而爲之又所㠯遷擢畱滯之人〔補注〕劉敞曰下以字衍言治禮掌故其遷常畱滯故請特選用以勸之先謙曰上以字衍刪下
㠯字則義不可通史記亦止有下以字請選擇其秩比二百石㠯上及吏百石通一

蓺㠯上補左右內史大行卒史師古曰左右內史後爲左馮翊右扶風而大行後爲大鴻臚也比
百石㠯下補郡太守卒史皆各二人師古曰內地之郡郡各補太守卒史二人也邊郡
一人先用誦多者〔補注〕先謙曰以上言它途選補之法如此不足擇掌故㠯補中二千
石屬蘇林曰屬亦曹史今縣令文書解言屬某甲也〔補注〕先謙曰官本注曹作禮引宋祁曰注文禮史姚本作曹史先謙案史
記不足上有若字下有乃字文義尤晰文學掌故補郡屬備員師古曰云備員者示㠯升擢之非籍其實
用也〔補注〕劉攽曰尋此文意本緣小吏弗能究宣詔書故使文學士布在州郡也然顏解未甚悉今區別言之治禮掌故以文學禮
義爲官遷畱滯者言故治禮掌故令在它官而遷常畱滯今遷之請選擇其秩比二百石以上及吏百石通一蓺以上補左右內史
大行卒史言文學掌故畱滯在比二百石以上又百石通一蓺皆補爲左右內史大行卒史也吏乃以百石用者爲其曉事優之也
比百石以下補郡太守卒史皆各二人邊郡一人言故文學掌故在畱滯及吏比百石皆補郡卒史也不言文學掌故之在百石者
與吏百石同也先用誦多者此數品先用誦多者也不足擇掌故言此數品不足則擇見方爲掌故也以補中二千石屬以與已同
言自比二百石至比百石爲卒史者已而臨二千石屬也有掾有屬卒史遷而爲屬也文學掌故補郡屬者郎不足所擇用故但得
爲郡屬也備員者總言此二者皆備員也錢大昕曰師古說非也平津本意以詔書爾雅深厚非俗吏所解故選文學掌故補卒史

所謂以儒術緣飾吏事也安得云不藉其實用乎備員蓋蒙上不足之文謂如有不足當以文學掌故充之毋使缺額耳中二千石屬郎謂內史大行卒史郡屬郎謂郡卒史劉謂卒史遷爲屬亦非是請著功令師古曰新立此條請吕著於功令功令篇名若今選舉令補注沈欽韓曰索隱功令卽令學令也它如律令師古曰此外並如舊律令制曰可自此吕來公卿大夫士吏彬彬多文學之士矣師古曰彬彬文章貌音斌昭帝時舉賢良文學增博士弟子員滿百人宣帝末增倍之補注沈欽韓曰并增博士秩六百石續志本員十二人元帝好儒能通一經者皆復師古曰蠲其徭賦也復音方目反數年吕用度不足更爲設員千人郡國置五經百石卒史補注沈欽韓曰此鄉學教官之始成帝末或言孔子布衣養徒三千人今天子太學弟子少於是增弟子員三千人歲餘復如故平帝時王莽秉政增元士之子得受業如弟子勿吕爲員師古曰常員之外更開此路歲課甲科四十人爲郎中乙科二十人爲太子舍人丙科四十人補文學掌故云補注先謙曰官本下提行

自魯商瞿子木受易孔子師古曰商瞿姓也瞿音衢補注沈欽韓曰商瞿字子木索隱商姓瞿名廣韻商字下注云姓家語有商瞿未有以商瞿爲複姓者吕授魯橋庇子庸師古曰姓橋名庇字子庸它皆類此庇音必寐反補注宋祁曰蕭該案史記橋音驕子庸授江東馯臂子弓師古曰馯姓也音韓補注先謙曰弟子傳作瞿傳楚人馯臂子弘弘傳江東人矯子庸疵子弓授燕周醜子家子家授東武孫虞子乘子乘授齊田何子裝補注齊召南曰案史記祇云商瞿傳易六世至田何未嘗詳六世姓字也自橋庇子庸至孫虞子乘皆班氏所補又田何子裝史記作子莊班氏當以避明帝諱而改曰裝耳先謙曰弟子傳作庇傳燕人周子家豎豎傳淳于人光子乘羽羽傳齊人田子莊何及秦禁學易爲筮卜之書獨不禁故傳受者不絕也補注宋祁曰越本無也字漢興田何吕齊田徙杜陵號杜田生師古曰高祖用婁敬之言徙關東大族故何吕舊齊田氏見徙也初徙時未爲杜陵蓋史家本其地追言之也授東武王同子中雒陽周王孫丁寬齊服生皆著易傳數篇師古曰田生授王同周王孫丁寬服生四人而四人皆著易傳也子中王同字也中讀曰仲補注朱一新曰藝文志注服生名光同授淄川楊何字叔元補注王文彬曰字字當衍通傳前後附入者字綴名下皆不以字字表之此不得獨異觀顏注於子庸下標它皆類此可知元光中徵爲太中大夫補注先謙曰史儒林傳云元光中徵官至中大夫弟子傳云元朔中爲中大夫則太字當衍齊卽墨成至城陽相師古曰姓卽墨名成廣川孟但爲太子門大夫魯周霸補注周壽昌曰霸與議封禪見郊祀志以議郎在軍中見衞青傳後官至膠西內史莒衡胡師古曰莒人姓衡名胡也補注錢大昭曰廣韻衡姓風俗通云阿衡伊尹之後又云衡魯公字後乃氏焉隸釋有衛尉衡方臨淄主父偃皆吕易至大官補注周壽昌曰史記大官作二千石要言易者本之田何補注先謙曰史記作然要言易者本於楊何之家

丁寬字子襄梁人一王梁項生從田何受易補注錢大昭曰一王二字誤閩本作也初先謙曰官本作也初時寬爲項生從者讀易精敏材過項生遂事何學成何謝寬師古曰告令罷去寬東歸何謂門人曰易吕東矣師古曰言丁寬行其法術以去補注宋祁曰易以東矣或無以字注文法字當刪寬至雒陽復從周王孫受古義號周氏傳補注周壽昌曰周王孫故與寬同學是轉相師授也藝文志易傳周氏二篇景帝時寬爲梁孝王將軍距吳楚號丁將軍作易說三萬言訓故舉大誼而已師古曰故謂經之旨趣也它皆類此補注先謙曰故詁字同今小章句是也寬授同郡碭田王孫師古曰碭者梁郡之縣也音唐又音宕補注周壽昌曰梁國末爲郡顏註誤傳稱同郡者以未便云同國故變文書之越絕書云吳西城屬小城到平門丁將軍築治之此亦寬遜事也先謙曰官本碭並作碭王孫授施讎孟喜梁丘賀繇是易有施孟梁丘之學師古曰繇與由同後類此

施讎字長卿沛人也沛與碭相近讎爲童子從田王孫受易後讎徙長陵田王孫爲博士復從卒業師古曰卒終也與孟喜梁丘賀並爲門人謙讓常稱學廢不教授及梁丘賀爲少府事多迺遣子臨分將門人張禹等從讎問讎自匿不肯見賀固請不得已迺授臨等於是賀薦讎結髮事師數十年師古曰言從結髮爲童丱郎從師學著其早也賀不能及詔拜讎爲博士甘露中與五經諸儒雜論同異於石渠閣師古曰三輔故事云石渠閣在未央殿北吕藏祕書也讎授張禹琅邪魯伯伯爲會稽太守禹至丞相禹授淮陽彭宣沛戴崇子平崇爲九卿補注錢大昕曰公卿表無崇名據張禹傳崇任少府也宣大司空禹宣皆有傳魯伯授太山毛莫如少路師古曰姓毛名莫如字少

路（補注）宋祁曰蕭該案漢書衆本悉作毛字風俗通姓氏篇渾屯氏太昊之佐漢有屯莫如爲常山太守又有毛姓云毛伯文王之子也見左傳漢有毛樽之爲壽張令案此莫如非姓毛乃應作屯字音徒本反今人相承呼爲毛忽聞爲屯驚怪者多毛屯相似容是傳寫誤矣應劭解漢書世人皆用何爲在風俗通而不信錢大昭曰據此則顏注非矣顏采集注漢書家獨未見蕭該音義故有此失沈欽韓曰廣韻屯姓後蜀錄有法部尚書屯度隋地理志館陶縣舊置毛州乃屯氏河誤爲毛因置州與此同誤先謙曰莫如又見杜欽李尋傳琅邪邴丹曼容（補注）宋祁曰此下更有曼容二字著清名莫如至常山太守此其知名者也繇是施家有張彭之學

孟喜字長卿東海蘭陵人也父號孟卿師古曰時人以卿呼之若言公矣善爲禮春秋授后蒼疏廣世所傳后氏禮疏氏春秋皆出孟卿孟卿以禮經多春秋煩雜迺使喜從田王孫受易喜好自稱譽得易家候陰陽災變書詐言師田生且死時枕喜郤獨傳喜諸儒以此耀之師古曰用爲光榮也同門梁丘賀疏通證明之師古曰同門同師學者也疏通猶言分別也證明明其僞也（補注）沈欽韓曰包氏論語注同門曰朋周禮司徒注同師爲朋是同門者同師之謂曰田生絕於施讎手中

時喜歸東海安得此事又蜀人趙賓好小數書後爲易飾易文以爲箕子明夷陰陽氣亡箕子箕子者萬物方荄茲也師古曰易明夷卦彖曰內文明而外柔順以蒙大難文王以之利艱貞晦其明也內難而能正其志箕子以之而六五爻辭曰箕子之明夷利貞此箕子者謂殷父師說洪範者也而賓妄爲說耳荄茲言其根荄方滋茂也荄音該又音皆（補注）沈欽韓曰此說在當時爲怪班意亦以爲非案易釋文蜀才箕作其劉向云今易箕子作荄滋鄒湛云訓箕爲荄詁子爲滋漫衍無經不可致詰以譏荀爽然則荀氏易仍同趙賓也此爲明夷六五爻辭文王重易六爻作上下篇時箕子未蒙其難何得如馬融云紂奴之乎[illegible]易史記律書亥者荄也子者滋也明夷本九月卦侯在九月五出成既濟既濟侯在十月京房易傳明夷積陰盪陽變陽入純陰故趙賓云陰陽氣窮未有萌兆太玄晦上九晦冥冥利於不明之貞待困剝已極則陰氣方消陽滅於靈始有成形耳[illegible]賓持論巧慧易家不能難皆曰非古法也師古曰心不服云受孟喜喜爲名之師古曰名之者承取其名云實授也後賓死莫能持其說喜因不肯仞師古曰仞亦名也仞音刃（補注）錢大昕曰仞古認字說文無認沈欽韓曰列子天瑞篇認而有之皆惑也唐盧重元本作仞淮南人間訓非其事者勿仞也仞人之事者敗今俗通作認以此不見信喜舉孝廉爲郎曲臺署長師古曰曲臺殿名署者主供其事也病免爲丞相掾博士缺衆人薦喜上聞喜改師法（補注）沈欽韓曰荀子儒效篇有師法者人之大寶也無師法者人之大殃也遂不用喜喜授同郡白光少子沛翟牧子兄師古曰兄讀曰況皆爲博士繇是有翟孟白之學（補注）錢大昕曰當云孟家有白翟之學文有脫誤

梁丘賀字長翁琅邪諸人也以能心計爲武騎從太中大夫京房受易房者淄川楊何弟子也師古曰自別一京房非焦延壽弟子爲課吏法者或書字誤耳不當爲京房（補注）周壽昌曰漢時同名姓者多不必是書字誤也房出爲齊郡太守賀更事田王孫宣帝時聞京房爲易明求其門人得賀賀時爲都司空令（補注）先謙曰百官表都司空令宗正屬官坐事論免爲庶人待詔黃門數入說教侍中師古曰爲諸侍中說經爲教授以召賀賀入說上善之師古曰說於天子之前以賀爲郎會八月飲酎行祠孝昭廟師古曰行謂天子出先敺旄頭劒挺墮墜首垂泥中師古曰挺引也劒自然引拔出也墜古地字（補注）宋祁曰垂字當作臿字先謙曰宋說是也泥中可言臿不可言垂說詳劉向傳刃鄉乘輿

車師古曰鄉讀曰嚮馬驚於是召賀筮之有兵謀不吉上還使有司侍祠是時霍氏外孫代郡太守任宣坐謀反誅師古曰霍光傳云任宣霍氏之壻此云外孫誤也（補注）周壽昌曰顏注是也然此以外孫直貫下宣子章如義縱傳捕案太后外孫修成子中修成太后女其子中太后外孫也左僖二十四年傳得罪於母弟之寵子帶與此文法微同宣子章爲公車丞（補注）先謙曰百官表公車司馬丞屬衞尉亡在渭城界中夜玄服入廟居郎閒師古曰郎皆服以廁也（補注）沈欽韓曰祭服皆袀玄也執戟立廟門待上至欲爲逆發覺伏誅故事上常夜入廟其後待明而入自此始也賀以筮有應繇是近幸爲太中大夫給事中至少府爲人小心周密上信重之年老終官傳子臨亦入說爲黃門郎甘露中奉使問諸儒於石渠臨學精孰（補注）沈欽韓曰通典七十七漢石渠議宣帝甘露三年三月黃門侍郎臨奏經曰鄉射合樂大射不合樂何也戴聖聞人通漢韋元成各云云此即問諸儒於石渠事杜氏注云臨失其姓未之考耳專行京房法琅邪王吉通五經聞臨說善之時宣帝選高材郎十人從臨講吉迺使其子郎中駿上疏從臨受易

臨代五鹿充宗君孟爲少府駿御史大夫自有傳充宗授平陵士孫張仲方師古曰姓士孫名張字仲方補注劉奉世曰臨代五鹿充宗代當爲授後人誤改之代充宗者召信臣亦非臨也沈欽韓曰上不敘充宗易所始而下云梁丘有士孫鄧衡之學則授易者梁丘臨不可言充宗陸德明序錄云臨傳少府五鹿充宗及琅邪王駿充宗授平陵士孫張等以朱雲傳證之陸序是也先謙曰藝文志有五鹿充宗略說三篇沛鄧彭祖子夏齊衡咸長賓補注宋祁曰蕭該案風俗通姓氏篇云衡阿衡也伊尹官也見詩傳漢有衡咸講學祭酒張爲博士至楊州牧光祿大夫給事中家世傳業彭祖眞定太傅咸王莽講學大夫繇是梁丘有士孫鄧衡之學

京房受易梁人焦延壽師古曰延壽其字名贛補注先謙曰互見房傳延壽云嘗從孟喜問易會喜死房以爲延壽易卽孟氏學翟牧白生不肯皆曰非也至成帝時劉向校書考易說以爲諸易家說皆祖田何楊叔丁將軍大誼略同補注先謙曰上文云楊何字叔元藝文志班自注同此脫元字唯京氏爲異黨焦延壽獨得隱士之說師古曰黨讀曰儻補注先謙曰惠棟云案文義當以黨字屬上句異黨猶言異類也錢大昭云荀紀以黨字絕句

託之孟氏不相與同房以明災異得幸爲石顯所譖誅自有傳房授東海殷嘉補注先謙曰藝文志及經典釋文作段嘉殷字誤河東姚平補注先謙曰平見房傳河南乘弘師古曰乘姓也音食證反補注劉敞曰今有乘姓音如乘黎之乘錢大昭曰案廣韻十六蒸言乘又姓四十七證不言姓皆爲郎博士繇是易有京氏之學

費直字長翁東萊人也師古曰費音扶味反治易爲郎至單父令師古曰單音善父音甫長於卦筮亡章句徒以彖象系辭十篇文言解說上下經琅邪王璜平中能傳之師古曰中讀曰仲補注先謙曰官本考證云案王璜溝洫志作王橫案後書亦作橫璜又傳古文尚書

高相沛人也治易與費公同時其學亦亡章句專說陰陽災異自言出於丁將軍補注周壽昌曰言其學所從出傳至相相授子康及蘭陵毋將永康以明易爲郎永至豫章都尉及王莽居攝東郡太守翟誼補注先謙曰官本考證云案本傳作翟義義誼古字通用蔡義亦或作蔡誼謀舉兵誅莽事未發康候知東郡有兵私語門人門人上書言之後數月翟誼兵起莽召問對受師高康莽惡之以爲惑衆斬康繇是易有高氏學高費皆未嘗立於學官

伏生濟南人也張晏曰名勝伏生碑云也補注錢大昭曰後漢伏湛傳云九世祖勝字子賤所謂濟南伏生者也故爲秦博士孝文時求能治尚書者天下亡有聞伏生治之欲召時伏生年九十餘老不能行於是詔太常使掌故朝錯往受之師古曰衞宏定古文尚書序云伏生老不能正言言不可曉也使其女傳言教錯齊人語多與潁川異錯所不知者凡十二三略以其意屬讀而已補注劉台拱曰伏女傳言所謂受讀也漢初音讀訓詁學者以口相傳周田觀文王之德讀爲厥亂勸寧王之德其一事也鄭賈受周禮讀馬融受漢書讀東京猶然馬鄭後就經爲注口說絕矣秦時禁書伏生壁藏之其後大兵起流亡補注先謙曰史記作兵大起是也此誤倒漢定伏生求其書亡數十篇獨得二十九篇補注先謙曰此藝文志所云經二十九卷也今文本有太誓董仲舒司馬相如所引是也馬鄭諸人以爲民間後得太誓者非卽以敎於齊魯之閒齊學者由此頗能言尚書補注齊召南曰

案史記但云學者由此頗能言尚書此文似衍齊字然以上下文推之又似齊字下脫魯字如云齊魯學者於文甚順也山東大師亡不涉尚書以敎伏生敎濟南張生及歐陽生張生爲博士而伏生孫以治尚書徵弗能明定是後魯周霸雒陽賈嘉頗能言尚書云師古曰嘉者賈誼之孫也補注先謙曰閻若璩云史記云自此之後魯周霸孔安國洛陽賈嘉頗能言尚書事此指安國通今文下別敘孔氏有古文起自安國班於三人去孔安國專歸古文則安國非伏生一派而史及之爲贅甚失遷意兒寬事歐陽生又事孔安國則安國先通今文明矣古文不列學官若安國不通今文無由爲博士敎授也

歐陽生字和伯千乘人也事伏生授倪寬寬又受業孔安國補注何焯曰倪寬受今文於安國其古文之學自授都尉朝也先謙曰案官本倪作兒至御史大夫自有傳寬有俊材補注宋祁曰俊字當作儁初見武帝語經學上曰吾始以尚書爲樸學弗好及聞寬說可觀迺從寬問一篇歐陽大小夏侯氏學皆出於寬寬授歐陽生子世世相傳至曾孫高子陽爲博士師古曰名高字子陽高孫地餘長賓以太子中庶子授太子後爲博士論石渠元帝卽位地

餘侍中貴幸至少府〔補注〕先謙曰百官表在永光元年戒其子曰我死官屬即送汝財物慎毋受汝九卿儒者子孫以廉絜著可以自成及地餘死少府官屬共送數百萬〔補注〕宋祁曰越本無數字其子不受天子聞而嘉之賜錢百萬地餘少子政為王莽講學大夫由是尚書世有歐陽氏學〔補注〕沈欽韓曰後書儒林傳歐陽歙光武時為大司徒

林尊字長賓濟南人也事歐陽高為博士論石渠後至少府太子太傅〔補注〕先謙曰尊為少府不見公卿表蓋長信少府授平陵平當梁陳翁生當至丞相自有傳翁生信都太傅家世傳業由是歐陽有平陳之學翁生授琅邪殷崇楚國龔勝崇為博士勝右扶風自有傳而平當授九江朱普公文上黨鮑宣普為博士宣司隸校尉自有傳徒眾尤盛知名者也

夏侯勝其先夏侯都尉〔補注〕朱一新曰史失其名蓋嘗為都尉之官後書注云都尉名始誤也百官表都尉

秦官景帝中二年更名都尉從濟南張生受尚書以傳族子始昌始昌傳勝〔補注〕先謙曰互見兩夏侯傳勝又事同郡簡卿〔師古曰簡音姦〔補注〕朱一新曰簡兩夏侯傳作蕳蕳從艸監本正作蕳案古人從竹從艸多通用急就章凡從竹之字多從艸詩鄭風秉蕳釋文云本作簡周壽昌曰明淩氏本作蕳作簡者誤也史記淮南王傳中尉蕳忌索隱蕳姓也與此同先謙曰官本作蕳簡卿者兒寬門人勝傳從兄子建〔補注〕周壽昌曰勝傳作從父子建案勝稱大夏侯建稱小夏侯疑建為勝從子此傳是也建又事歐陽高勝至長信少府建太子太傅自有傳〔補注〕錢大昭曰建當作遷勝本傳云為長信少府遷太子太傅劉向傳同若建官至太子少傳非太子太傳也且建事附勝傳不得云自有傳由是尚書有大小夏侯之學

周堪字少卿齊人也與孔霸俱事大夏侯勝霸為博士堪譯官令〔補注〕先謙曰百官表譯官令屬大鴻臚論於石渠經為最高後為太子少傅而孔霸以太中大夫授太子及元帝即位堪為光祿大夫與蕭望之並領尚書事為石顯等所譖〔補注〕宋祁曰越本邵本無等字皆免官望之自殺上愍之迺擢堪為光祿勳語在劉向傳堪授牟卿〔補注〕宋祁曰舊本卿作鄉及長安許商長伯牟卿為博士霸以帝師賜爵號褒成君傳子光〔補注〕宋祁曰光字下更有光字亦事牟卿至丞相自有傳由是大夏侯有孔許之學商善為算著五行論歷四至九卿〔補注〕錢大昕曰以公卿表攷之永始三年詹事許商為少府綏和元年又由侍中光祿大夫為大司農其年又遷光祿勳當云三至九卿也又據溝洫志商嘗為博士將作大匠河隄都尉皆在未為詹事以前朱一新曰王應麟藝文志攷證引此作五行論蓋以歷字屬下讀藝文志有許商五行傳記一篇算術二十六卷號其門人沛唐林子高為德行平陵吳章偉君為言語重泉王吉少音為政事齊炔欽幼卿為文學〔師古曰依孔子目弟子顏回以下為四科也炔音桂〔補注〕宋祁曰炔字詁曰今炅姓也韋昭音翁決反非錢大昕曰班史書人名字例至精密它傳已見字者不更書唐林字子高已見鮑宣傳而又書者因三人而類及之也朱一新曰炔欽上書請減師丹罪見丹傳王莽時林吉為九卿自表上師冢大夫博士郎吏為許氏學者各從門人會車數百兩儒者榮之欽章皆為博士徒眾尤盛章為王莽所誅〔補注〕宋祁曰越本作所誅也先謙曰詳莽及云敞傳

張山拊字長賓平陵人也〔師古曰拊音膚〔補注〕先謙曰官本注末有韋昭音抚又音甫尤反九字事

小夏侯建為博士論石渠至少府〔補注〕朱一新曰山拊為少府亦不見百官表授同縣李尋鄭寬中少君山陽張無故子儒信都秦恭延君陳留假倉子驕無故善修章句為廣陵太傅守小夏侯說文恭增師法至百萬言〔師古曰言小夏侯本所說之文不多而秦恭又更增益故至百萬言也〔補注〕沈欽韓曰御覽學部桓譚新論曰秦延君說曰若稽古至二萬言文心雕龍論說篇秦延君注堯典十餘萬字為城陽內史倉以謁者論石渠至膠東相尋善說災異為騎都尉自有傳寬中有儁材〔補注〕先謙曰官本儁作雋以博士授太子成帝即位賜爵關內侯食邑八百戶遷光祿大夫領尚書事甚尊重會疾卒谷永上疏曰臣聞聖王尊師傅褒賢儁顯有功生則致其爵祿死則異其禮謚昔周公薨成王葬以變禮而當天心〔師古曰周公死成王欲葬之於成周天迺雷雨以風禾盡偃大木斯拔國大恐王迺葬周公於畢示不敢臣也事見尚書大傳而與古文尚書不同〔補注〕先謙曰官本注國下有人字與上無而字公叔文子卒衞侯加以美謚著為後法〔師古曰公叔文子衞大夫公叔發也文子卒其子請謚於君君曰昔者衞國凶饑夫子為粥與國之

饑者不亦惠乎衛國有難夫子以其死衛寡人不亦貞乎夫子聽衛國之政修其班制以與四鄰交衛國社稷不辱不亦文乎謂夫
子貞惠文子事見禮記檀弓補注先謙曰官本公叔發作公孫發近事大司空朱邑補注劉敞曰空當爲農
右扶風翁歸德茂夭年孝宣皇帝愍冊厚賜贊命之臣靡不激揚
師古曰贊佐也關內侯鄭寬中有顏子之美質包商偃之文學師古曰論語云文學
子游子夏商子夏名偃子游名嚴然總五經之眇論立師傅之顯位師古曰嚴與儼同眇讀曰
妙補注錢大昭曰嚴與儼通曲禮儼若思釋文云儼本又作嚴無逸嚴恭寅畏馬融本作儼入則鄉唐虞之閎
道王法納乎聖聽師古曰鄉讀曰嚮閎大也言陳聖王之法聞於天子出則參冢宰之重職
功列施乎政事退食自公私門不開師古曰退食自公召南羔羊詩之辭言貶退所食之祿而
從至公之道也補注朱一新曰顏注蓋取毛詩鄭箋義散賜九族田畝不益德配周召忠合
羔羊未得登司徒有家臣師古曰司徒掌禮教之官言寬中學行堪爲之也家臣若今諸公國官及府佐
也補注王文彬曰案家臣以治喪葬具也論語子疾病子路使門人爲臣子曰由之行詐也無臣而爲有臣卒然早終
尤可悼痛師古曰卒讀曰猝臣愚㠯爲宜加其葬禮賜之令謚師古曰令善也㠯

章尊師褎賢顯功之德上弔贈寬中甚厚由是小夏侯有鄭張秦
假李氏之學寬中授東郡趙玄無故授沛唐尊恭授魯馮賓賓爲
博士尊王莽太傅玄哀帝御史大夫至大官知名者也補注宋祁曰渻化本
越本無故字下更有無故二字馮賓字下更有一馮字刊誤謂當去無故二字添一賓字先謙曰趙玄見朱博傳
孔氏有古文尚書補注先謙曰詳藝文志孔安國㠯今文字讀之因㠯起其
家補注何焯曰起其家似謂別起家法司馬貞云起者謂起發以出也則當屬下逸書讀逸書得十餘篇蓋
尚書茲多於是矣遭巫蠱未立於學官安國爲諫大夫授都尉朝
服虔曰朝名都尉姓補注周壽昌曰疑都尉官名亡其姓傳中以都尉傳經者不少而司馬遷亦從安國問
故遷書載堯典禹貢洪範微子金縢諸篇多古文說都尉朝授膠
東庸生補注周壽昌曰後書作朝授膠東庸譚是譚爲庸生名也庸生授清河胡常少子師古曰少
子亦常字也補注先謙曰常見翟方進傳㠯明穀梁春秋爲博士部刺史又傳左氏常
授號徐敖敖爲右扶風掾又傳毛詩授王璜補注周壽昌曰案釋文本王璜上有瑯邪

二字平陵塗惲子眞子眞授河南桑欽君長王莽時諸學皆立補注宋祁
曰新本改論作諸先謙曰据宋說所見本作論劉歆爲國師璜惲等皆貴顯世所傳百兩
篇者出東萊張霸分析合二十九篇㠯爲數十補注王引之曰合字與上下文意不
相屬蓋今字之誤今謂伏生所傳之書也分析今之二十九篇以爲數十也上文曰伏生求其書亡數十篇獨得二十九篇是也
又采左氏傳書敘爲作首尾凡百二篇補注沈欽韓曰書正義鄭作書論依尚書緯云孔子
求書得黃帝元孫帝魁之書迄於秦穆公凡三千二百四十篇斷遠取近定可以爲世法者百二十篇以百二篇爲尚書十八篇爲
中候去三千一百二十篇篇或數簡文意淺陋成帝時求其古文者補注周壽昌曰言求
能爲古文者霸㠯能爲百兩徵㠯中書校之非是師古曰以霸私增加分析故與中書之文
不同也中書天子所藏之書也霸辭受父父有弟子尉氏樊並時太中大夫平當
侍御史周敞勸上存之師古曰存者立其學補注沈欽韓曰論衡佚文篇孝成皇帝讀百篇尚書博士郎吏
莫能曉知徵天下能爲尚書者東海東萊之誤張霸通左氏春秋案百兩序以左氏訓詁造作百二篇具成奏上成帝出祕尚書以校考
之無一字相應者下霸於吏吏當器辜未詳或造僞物律辜同沽大不敬成帝奇霸之才赦其辜亦不滅其經故百二篇書傳在民間後樊

並謀反迺黜其書補注周壽昌曰並反在永始三年
申公魯人也補注周壽昌曰申公名培前所稱申培公者也少與楚元王交俱事齊人浮
丘伯受詩漢興高祖過魯申公㠯弟子從師入見于魯南宮補注先謙
曰正義引括地志泮宮在兗州曲阜縣西南二百里魯城內宮之內呂太后時浮丘伯在長安楚元
王遣子郢與申公俱卒學師古曰郢郢客也元王薨郢嗣立爲楚王令申
公傅太子戊戊不好學病申公師古曰患苦也及戊立爲王胥靡申公師古
曰胥靡相係而作役解具在楚元王傳也申公愧之歸魯退居家教終身不出門復謝
賓客師古曰身既不出門非受業弟子其它賓客來者又謝遣之不與相見也獨王命召之迺往補注先謙
曰徐廣注魯恭王也弟子自遠方至受業者千餘人補注齊召南曰案千餘人史記作百餘人下文
言申公弟子爲博士者十餘人大夫郎掌故以百數則此文作千餘人是也又案申公爲魯詩之師又爲穀梁春秋之師故下文言
申公卒以詩春秋授而瑕丘江公盡能傳之也申公獨㠯詩經爲訓故㠯教亡傳師古曰口說其
指不爲解說之傳疑者則闕弗傳蘭陵王臧既從受詩已通事景帝爲太

子少傅免去武帝初卽位臧迺上書宿衞累遷一歲至郎中令及
代趙綰亦嘗受詩申公爲御史大夫綰臧請立明堂㠯朝諸侯不
能就其事師古曰就成也迺言師申公於是上使使束帛加璧安車㠯蒲
裹輪駕駟迎申公補注宋祁曰景祐本改駕作加今兩存弟子二人乘軺傳從師古曰傳音張戀反
至見上上問治亂之事申公時已八十餘老對曰爲治者不
至多言顧力行何如耳師古曰顧念也力行爲勉力爲行也補注王念孫曰不至一作不在景祐本作不至是也今作不在者後人以意改之耳霍去病傳云上嘗欲教之吳孫兵法對曰顧方略何如耳不至學古兵法鹽鐵論水旱篇云議者貴其辭約而指明可於眾人之聽不至繁文稠辭文義並與此相似舊本北堂書鈔設官部八陳禹謨本在御覽人事部百十五引此並作不至史記通鑑同漢紀作不致先謙曰官本至作在注勉上爲作謂
對默然然已招致卽㠯爲太中大夫舍魯邸師古曰舍止息也議明堂事
太皇竇太后喜老子言不說儒術師古曰喜音許既反說讀曰悅得綰臧之過㠯
讓上曰此欲復爲新垣平也師古曰讓責也上因廢明堂事下綰臧吏皆
自殺申公亦病免歸數年卒弟子爲博士十餘人孔安國至臨淮
太守周霸膠西內史夏寬城陽內史碭魯賜東海太守蘭陵繆生
長沙內史徐偃膠西中尉鄒人闕門慶忌膠東內史李奇曰姓闕門名慶忌
其治官民皆有廉節稱其學官弟子行雖不備而至於大夫郎掌
故㠯百數申公卒㠯詩春秋授而瑕丘江公盡能傳之補注朱一新曰地理志瑕丘山陽縣也
皆守學教授韋賢治詩事博士大江公及許生晉灼曰大江公卽瑕丘江公也㠯異下博士江公故稱大補注王念孫曰案景祐本無博士二字是也据晉注此文但作大江公而無博士二字明矣今本有者卽涉注內博士江公而誤經典釋文序錄云韋賢受詩於江公及許生卽本此傳而亦無博士二字又治禮至丞相
傳子玄成㠯淮陽中尉論石渠後亦至丞相玄成及兄子賞㠯詩
授哀帝至大司馬車騎將軍自有傳由是魯詩有韋氏學補注沈欽韓曰執金吾丞武榮碑治魯詩韋君章句

王式字翁思東平新桃人也補注錢大昕曰地理志東平國無新桃縣後書光武紀龐萌蘇茂圍桃城注任城國有桃聚故城在今兗州任城縣北又劉永傳龐萌自號東平王屯桃鄉之北注桃鄉故城在今兗州龔邱縣西北此卽東平之新桃也沈欽韓曰紀要桃城在今東平州東阿縣西南四十里周壽昌曰王子侯表桃鄉頃侯宣東平思王子則新桃卽桃鄉
事免中徐公及許生式爲昌邑王師昭帝崩昌邑王嗣立㠯行淫
亂廢昌邑羣臣皆下獄誅唯中尉王吉郎中令龔遂㠯數諫減死
論式繫獄當死治事使者責問曰師何㠯亡諫書式對曰臣㠯詩
三百五篇朝夕授王至於忠臣孝子之篇未嘗不爲王反復誦之
也師古曰復音方目反至於危亡失道之君未嘗不流涕爲王深陳之也臣
㠯三百五篇諫是㠯亡諫書使者㠯聞亦得減死論歸家不教授
山陽張長安幼君李奇曰長安名先事式後東平唐長賓沛褚少孫亦來
事式補注周壽昌曰釋文敘錄注云褚氏家傳云卽續史記褚先生正義引張晏云褚少孫潁川人元成閒爲博士褚顗家傳云梁相褚大弟之孫宣帝時爲博士寓居沛事大儒王式故號先生案宣帝末距元成閒不過二十年時足相及所傳微有異耳

問經數篇式謝曰聞之於師具是矣自潤色之師古曰言所聞師說具盡於此若嫌簡略任更潤色不肯復授唐生褚生應博士弟子選詣博士摳衣登堂頌
禮甚嚴師古曰摳衣謂㠯手內舉之令離地也摳音口侯反頌讀曰容試誦說有法疑者丘蓋不
言蘇林曰丘蓋不言不知之意也如淳曰齊俗以不知爲丘師古曰二說皆非也論語載孔子曰蓋有不知而作之者我無是也欲遵此意故效孔子自稱丘耳蓋者發語之辭補注劉敞曰予案荀卿書區蓋之閒疑則不言區蓋近意也丘區聲相變殆謂此耳錢大昭曰荀子大略篇云言之信者在乎區蓋之閒楊倞注區藏物處蓋所以覆物者凡言之可信者如物在器皿之閒言有分限不流溢也區與丘聲相近義亦同洪頤煊曰文選陳孔璋爲曹洪與魏文書云恐猶未信丘言廣雅丘空也是丘言爲空言法言問神篇酒誥之說俄空焉蓋者發語詞空蓋不言卽闕疑之意諸博士驚問何師對曰事式皆素
聞其賢共薦式詔除下爲博士師古曰下除官之書也下音胡嫁反式徵來衣博士
衣而不冠曰刑餘之人何宜復充禮官既至止舍中會諸大夫博
士共持酒肉勞式皆注意高仰之師古曰勞音來到反博士江公世爲魯詩
宗師古曰爲魯詩者所宗師也至江公著孝經說心嫉式謂歌吹諸生曰如淳曰其

學官自有此法酒坐歌吹以相樂也歌驪駒服虔曰逸詩篇名也見大戴禮客欲去歌之文穎曰其辭云驪駒在門僕夫具
存驪駒在路僕夫整駕也式曰聞之於師客歌驪駒主人歌客毋庸歸文穎曰庸用也
主人禮未畢且無用歸也補注劉攽曰尋文衍一客字驪駒者客將歸之歌主人無所歸不當歌也今日諸君爲主
人日尚早未可也江翁曰經何以言之師古曰於經何所有此言式曰在曲禮
江翁曰何狗曲也師古曰意怒故妄發言言狗者輕賤之甚也今流俗書本云何曲狗妄改之也補注王念孫曰
戴先生云當作何拘曲也語含刺譏不至妄詈注非朱一新曰若僅刺譏式何至引爲深恥且狗曲本承曲禮而言若作拘曲是別
出一義與上文不相應仍當以顏注爲長式恥之陽醉逿墜師古曰逿失據而倒也墜古地字逿音徒浪反補注
先謙曰官本逿作遏引宋祁曰逿古作踼服虔音湯湯去豆皮之湯蕭該音勑宕反式客罷讓諸生曰我本
不欲來師古曰讓責也諸生彊勸我竟爲豎子所辱遂謝病免歸終於家
張生唐生褚生皆爲博士張生論石渠至淮陽中尉唐生楚太傅
由是魯詩有張唐褚氏之學張生兄子游卿爲諫大夫以詩授元
帝其門人琅邪王扶爲泗水中尉陳留許晏爲博士補注宋祁曰尉字下當有

授字由是張家有許氏學初薛廣德亦事王式以博士論石渠授龔
舍廣德至御史大夫舍泰山太守皆有傳
轅固齊人也補注宋祁曰固字下當有生字周壽昌曰上稱轅固生生卽先生也以治詩孝景時爲
博士與黃生爭論於上前黃生曰湯武非受命迺殺也補注先謙曰史記殺
作弒固曰不然夫桀紂荒亂天下之心皆歸湯武湯武因天下之心
而誅桀紂桀紂之民弗爲使而歸湯武湯武不得已而立非受命
而何師古曰此非受命更何爲補注宋祁曰注文師古曰下當有言字錢大昭曰而何南監本閩本而並作爲朱一新曰案注
則爲字是也此作而蓋涉下非殺而何句誤先謙曰官本作爲何黃生曰冠雖敝必加於首履雖
新必貫於足師古曰語見太公六韜也補注先謙曰官本考證云案貫字史記作關錢大昭云關貫古字通鄉射禮云
不貫不釋鄭注古文貫作關沈欽韓云御覽六百九十七引六韜作崇侯虎語韓非外儲說以爲費仲語何者上下之
分也師古曰分音扶問反今桀紂雖失道然君上也湯武雖聖臣下也夫主
有失行臣不正言匡過以尊天子反因過而誅之代立南面非殺

而何固曰必若云師古曰謂必如黃生之言是高皇帝代秦卽天子之位非邪
於是上曰食肉毋食馬肝未爲不知味也言學者毋言湯武受命
不爲愚師古曰馬肝有毒食之憙殺人幸得無食言湯武爲殺是背經義故以爲喻也補注劉攽曰知味者不必須食馬肝
言學者不必須論湯武此欲令學者皆置之耳遂罷補注先謙曰史記下云是後學者莫敢明受命放殺者竇太后
好老子書召問固固曰此家人言耳師古曰家人言僮隸之屬補注宋祁曰越本耳作矣先謙
曰索隱服虔云如家人言也案老子道德篇雖微妙難通然近而觀之理國理身而已故云此家人之言也太后怒曰
安得司空城旦書乎服虔曰道家以儒法爲急比之於律令也補注沈欽韓曰說文獄司空也御覽六百四十
三引風俗通曰詩云宜犴宜獄犴司空也漢以司空主罪人故賈誼亦云輸諸司空迺使固入圈擊彘上知
太后怒而固直言無辠迺假固利兵師古曰假給與也利兵兵刃之利者下固刺彘
補注王念孫曰上已言假固利兵則毋庸更言固下固當依史記作下圈圈固字相似又涉上下文固字而誤正中其心
彘應手而倒太后默然亡以復辠後上以固廉直拜爲清河太傅
補注先謙曰徐廣注哀王嘉疾免武帝初卽位復以賢良徵諸儒多嫉毀曰固

老罷歸之時固已九十餘矣公孫弘亦徵仄目而事固師古曰言深憚之補
注先謙曰史記事作視固曰公孫子務正學以言無曲學以阿世諸齊以詩
顯貴皆固之弟子也補注先謙曰史記齊下有人字昌邑太傅夏侯始昌最明自
有傳
后蒼字近君東海郯人也事夏侯始昌始昌通五經蒼亦通詩禮
爲博士至少府補注先謙曰公卿表在宣帝本始二年授翼奉蕭望之匡衡奉爲諫
大夫望之前將軍衡丞相皆有傳補注王先愼曰蕭望之傳望之以令詔太常受業復事同學博
士白奇是白奇亦從事后蒼而傳不載衡授琅邪師丹伏理斿君補注錢大昭曰後書伏湛傳注伏理
字斿君潁川滿昌君都君都爲詹事補注周壽昌曰王嘉傳薦儒者滿昌王莽傳潁川滿昌爲講詩
郎此人東觀漢記馬援傳受齊詩師事潁川蒲昌作蒲不作滿廣韻蒲字下引風俗通漢有詹事蒲昌理高密太傅
補注朱一新曰後書理以詩授成帝爲高密太傅注云爲高密王寬傅也家世傳業丹大司空自有傳
由是齊詩有翼匡師伏之學滿昌授九江張邯琅邪皮容皆至大

官徒眾尤盛

韓嬰燕人也孝文時爲博士景帝時至常山太傅〔補注〕先謙曰徐廣注憲王舜嬰推詩人之意而作內外傳數萬言其語頗與齊魯閒殊然歸一也淮南賁生受之師古曰賁音肥燕趙閒言詩者由韓生韓生亦㠯易授人推易意而爲之傳燕趙閒好詩故其易微唯韓氏自傳之武帝時嬰嘗與董仲舒論於上前其人精悍處事分明師古曰悍勇銳仲舒不能難也後其孫商爲博士孝宣時涿郡韓生其後也㠯易徵待詔殿中曰所受易卽先太傅所傳也嘗受韓詩不如韓氏易深太傅故專傳之司隸校尉葢寬饒本受易於孟喜見涿韓生說易而好之卽更從受焉〔補注〕周壽昌曰寬饒傳引韓氏易傳。

趙子河內人也事燕韓生授同郡蔡誼誼至丞相自有傳〔補注〕王先慎曰紀表傳並作義誼義字通用誼授同郡食子公〔補注〕宋祁曰蕭該音義曰案風俗通曰食我韓公子也見戰國策漢有食子公爲博士食音嗣沈欽韓曰公子食我見韓非說林上戰國策作司馬食其當是以司馬爲氏蕭該誤也與王吉吉爲昌邑中尉〔補注〕先謙曰官本邑下多王字自有傳食生爲博士授泰山栗豐吉授淄川長孫順順爲博士豐部刺史由是韓詩有王食長孫之學豐授山陽張就順授東海髮福〔補注〕王先慎曰經典釋文敍錄引髮福作段福皆至大官徒眾尤盛

毛公趙人也治詩爲河閒獻王博士〔補注〕錢大昭曰鄭氏詩譜云魯人大毛公爲故訓傳於其家河閒獻王得而獻之以小毛公爲博士授同國貫長卿長卿授解延年延年爲阿武令〔補注〕先謙曰阿武涿郡縣今河閒府獻縣西北授徐敖敖授九江陳俠爲王莽講學大夫由是言毛詩者本之徐敖

漢興魯高堂生傳士禮十七篇〔補注〕先謙曰史記禮固自孔子時而其經不具及秦焚書散亡至多於今獨有士禮索隱謝承云秦氏季代有魯人高堂伯則伯是其字而魯徐生善爲頌蘇林曰漢舊儀有二郎爲此頌貌威儀事有徐氏徐氏後有張氏不知經但能盤辟爲禮容天下郡國有容史皆詣魯學之師古曰頌讀與容同下皆類此〔補注〕宋祁曰注文姚本刪徐氏二字能字下添揖讓二字沈欽韓曰新書卷六有容經此爲容者所誦習也禮玉藻少儀亦有說容知其有名家也孝文時徐生㠯頌爲禮官大夫〔補注〕沈欽韓曰博士大夫皆禮官傳子至孫延襄師古曰延及襄二人襄其資性善爲頌不能通經延頗能未善也襄亦㠯頌爲大夫至廣陵內史延及徐氏弟子公戶滿意栢生單次皆爲禮官大夫師古曰姓公戶名滿意也與桓生及單次凡三人單音善〔補注〕錢大昭曰栢當作桓沈欽韓曰劉歆移太常書所謂魯國桓公也先謙曰官本栢作桓而瑕丘蕭奮㠯禮至淮陽太守諸言禮爲頌者由徐氏

孟卿東海人也事蕭奮㠯授后倉魯閭丘卿倉說禮數萬言號曰后氏曲臺記服虔曰在曲臺校書著記因㠯爲名師古曰曲臺殿在未央宮〔補注〕先謙曰七略云宣皇帝時行射禮博士后蒼爲之辭至今記之曰曲臺記藝文志晉灼注引漢官曰大射于曲臺晉灼注天子射宮也俞樾云曲臺有二鄒陽上吳王書云秦倚曲臺之宮應劭注秦皇帝所治之處若漢之未央宮此一曲臺也翼奉傳孝文皇帝時未央獨有前殿曲臺宣室溫室承明耳此又一曲臺也葢漢之曲臺在未央宮中黃圖所謂未央宮東有曲臺殿長門賦所謂覽曲臺之央央也秦之曲臺別在一處枚乘上吳王書游曲臺臨上路張晏注曲臺長安臺臨道上王尊傳正月中行幸曲臺當卽此也使郎未央宮之曲臺不得言行幸矣后蒼爲記亦必在此葢卽秦之故宮而習射故以爲天子射宮也先謙案俞說甚覈顏謂著記之曲臺在未央宮疑非授沛聞人通漢子方如淳曰聞人姓也名通漢字子方梁戴德延君戴聖次君沛慶普孝公孝公爲東平太傅德號大戴爲信都太傅聖號小戴㠯博士論石渠至九江太守由是禮有大戴小戴慶氏之學〔補注〕何焯曰此所傳戴氏禮皆謂儀禮十七篇通漢㠯太子舍人論石渠至中山中尉普授魯夏侯敬又傳族子咸爲豫章太守大戴授琅邪徐良斿卿爲博士州牧郡守家世傳業小戴授梁人橋仁季卿楊榮子孫師古曰子孫榮之字也〔補注〕宋祁曰景本作楊子榮新本作楊榮注同仁爲大鴻臚〔補注〕先謙曰公卿表在平帝元始二年家世傳業榮琅邪太守由是大戴有徐氏小戴有橋楊氏之學

胡母生字子都齊人也治公羊春秋爲景帝博士與董仲舒同業仲舒著書稱其德年老歸教於齊齊之言春秋者宗事之公孫弘

亦頗受焉而董生爲江都相自有傳弟子遂之者蘭陵褚大東平嬴公廣川段仲溫呂步舒（師古曰遂謂名位成達者補注宋祁曰遂之者當删之字劉敞曰遂之者之字衍齊召南曰案史記作仲舒弟子通者又東平嬴公史記無廣川段仲史記作殷忠先謙曰徐廣注殷一作段則段字是）大至梁相步舒丞相長史（補注周壽昌曰步舒以長史持節使決淮南獄於諸侯擅專斷不報以春秋之義正之天子皆以爲是弟子通者至於命大夫爲郎謁者掌故者以百數見史記）唯嬴公守學不失師法爲昭帝諫大夫授東海孟卿魯眭孟（補注朱一新曰後書云授東海孟卿孟卿授魯人眭孟）孟爲符節令坐說災異誅自有傳

嚴彭祖（補注周壽昌曰郎酷吏嚴延年之次弟萬石嚴嫗之子也）字公子東海下邳人也與顏安樂俱事眭孟孟弟子百餘人唯彭祖安樂爲明質問疑誼各持所見孟曰春秋之意在二子矣孟死彭祖安樂各顓門教授（師古曰顓與專同專門言各自名家）由是公羊春秋有顏嚴之學（補注周壽昌曰漢嚴訢碑宋政和中出於下邳云訢字少通治嚴氏馮君章句通典引公羊說有高堂隆曰昔馮君八萬言章句云云足徵嚴氏有書并馮君爲之章句而志不錄馮君名）彭祖爲宣帝博士至河南東郡太守（補注宋祁曰或無東字）以高第入爲左馮翊遷太子太傅廉直不事權貴或說曰天時不勝人事君以不修小禮曲意亡貴人左右之助經誼雖高不至宰相願少自勉强彭祖曰凡通經術固當修行先王之道何可委曲從俗苟求富貴乎彭祖竟以太傅官終授琅邪王中爲元帝少府（師古曰中讀爲仲補注先謙曰中爲少府百官表不載蓋它宮少府）家世傳業中授同郡公孫文東門雲雲爲荊州刺史文東平太傅徒衆尤盛雲坐爲江賊拜辱命下獄誅（師古曰逢見賊而拜也補注周壽昌曰江賊卽尹賞傳所云江湖中多盜賊以賞爲江夏太守捕格江賊荊州與江夏接壤也）

顏安樂字公孫（補注宋祁曰一作翁孫）魯國薛人眭孟姊子也家貧爲學精力（補注宋祁曰一作積力）官至齊郡太守丞後爲仇家所殺安樂授淮陽泠豐次君（師古曰泠音零補注沈欽韓曰公羊疏誤作陰豐）淄川任公公爲少府豐淄川太守由是顏家有泠任之學始貢禹事嬴公成於眭孟至御史大夫疎廣事孟卿（補注先謙曰官本疎作疏）至太子太傅皆自有傳廣授琅邪筦路（師古曰筦亦管字也補注宋祁曰蕭該音義案草下完音丸又音官今漢書本卻作草下完風俗通姓氏篇有管筦二姓云筦蘺楚大夫見呂氏春秋漢有筦路爲御史中丞卽此是也又有管姓云管夷吾齊桓佐也見論語漢有管號爲西河太守今筦路是草下完非竹下完及竹下官由來讀者多惑檢風俗通乃知）路爲御史中丞禹授潁川堂谿惠（師古曰姓堂谿也補注周壽昌曰後漢有堂谿典熹平朝與蔡邕等同校刊石經蓋世儒族也）惠授泰山冥都（師古曰冥音莫零反補注宋祁曰蕭該案周禮冥氏鄭司農云讀如冥氏春秋之冥劉昌宗莫歷反案都治公羊春秋當是有所注述解釋公羊故司農云冥氏春秋之冥風俗通姓氏篇冥侯國姒姓禹後見史記漢書有冥都爲丞相史）都爲丞相史都與路又事顏安樂故顏氏復有筦冥之學路授孫寶爲大司農自有傳豐授馬宮琅邪左咸咸爲郡守九卿（補注錢大昕曰公卿表建平元年左咸爲大司農三年爲左馮翊元壽二年復由復土將軍爲大鴻臚元始五年又爲大鴻臚蓋四至九卿）徒衆尤盛官至大司徒自有傳（補注劉攽曰宮改作宮）

瑕丘江公受穀梁春秋及詩於魯申公（補注沈欽韓曰傳不言申公穀梁所授案穀梁序疏云穀梁傳孫卿孫卿傳魯人申公案申公之年不能逮事荀卿而其師浮丘伯也蓋荀卿傳浮丘伯浮丘伯傳申公）傳子至孫爲博士武帝時江公與董仲舒並仲舒通五經能持論善屬文江公吶於口（師古曰屬音之欲反吶古訥字）上使與仲舒議不如仲舒而丞相公孫弘本爲公羊學比輯其議卒用董生（師古曰比次也輯合也比音頻寐反輯與集同補注先謙曰史記作集比其義）於是上因尊公羊家詔太子受公羊春秋由是公羊大興太子既通復私問穀梁而善之其後浸微（師古曰浸漸也）唯魯榮廣王孫皓星公二人受焉（補注錢大昭曰皓星姓也亦作告星趙充國傳有浩星賜）廣盡能傳其詩春秋高材捷敏與公羊大師眭孟等論數困之（師古曰孟等窮屈也）故好學者頗復受穀梁沛蔡千秋少君梁周慶幼君丁姓子孫（師古曰姓丁名姓字子孫）皆從廣受千秋又事皓星公爲學最篤宣帝卽位聞衞太子好穀梁春秋以問丞相韋賢長信少府夏侯勝及侍中樂陵侯史高皆魯人也言穀梁子本魯學公羊氏迺齊學也宜興穀梁時千

前漢八十八 三三

秋爲郎召見與公羊家並說上善穀梁說擢千秋爲諫大夫給事中後有過左遷平陵令復求能爲穀梁者莫及千秋上愍其學且絕迺以千秋爲郎中戶將師古曰戶將官名解在楊惲蓋寬饒傳補注先謙曰百官表郎中有車戶騎三將選郎十人從受汝南尹更始翁君補注周壽昌曰春秋隱九年俠卒穀梁傳曰俠者所俠也孔氏疏云徐邈引尹更始云所者俠之氏是更始之書至晉猶存而班氏未錄本自事千秋能說矣會千秋病死徵江公孫爲博士劉向以故諫大夫通達待詔受穀梁欲令助之江博士復死迺徵周慶丁姓待詔保宮師古曰保宮少府之屬宮也本名居室使卒授十人自元康中始講至甘露元年積十餘歲皆明習迺召五經名儒太子太傅蕭望之等大議殿中平公羊穀梁同異各以經處是非時公羊博士嚴彭祖侍郎申輓伊推宋顯師古曰輓音晚穀梁議郎尹更始待詔劉向周慶丁姓並論公羊家多不見從願請內侍郎許廣使者亦並內穀梁家中郎王亥各五人師古曰使者謂當時詔遣監議者也內外引入議所也公羊家既請內許廣而使者因並內王亥也補注王先慎曰王亥後漢書賈逵傳注作王彥先謙曰注外官本作謂是議三十餘事望之等十一人各以經誼對多從穀梁由是穀梁之學大盛慶姓皆爲博士師古曰周慶丁姓二人也姓至中山太傅授楚申章昌曼君李奇曰姓申章名昌字曼君補注宋祁曰蕭該音義曰晉灼作由章子案風俗通姓氏篇云由余秦相也見史記漢有由章至長沙太傅今宜作由章陽夏公案後言由是穀梁春秋有尹胡申章房氏之學則宜從李奇錢大昭曰廣韻十七眞有禠姓申章昌爲博士至長沙太傅徙眾尤盛尹更始爲諫大夫長樂戶將補注錢大昭曰長樂戶將不見表長樂者太后宮也太后宮不置光祿勳蓋統於長樂衛尉矣又受左氏傳取其變理合者以爲章句傳子咸及翟方進琅邪房鳳咸至大司農補注朱一新曰公卿表不載方進丞相自有傳

房鳳字子元不其人也師古曰不其琅邪之縣也其音基以射策乙科爲太史掌故太常舉方正爲縣令都尉失官大司馬票騎將軍王根奏除補長史薦鳳明經通達擢爲光祿大夫遷五官中郎將補注先謙曰百官表中郎有五官將秩比千石時光祿勳王龔以外屬內卿如淳曰邛成太后親也內卿光祿勳治宮中與奉車都尉劉歆共校書三人皆侍中歆白左氏春秋可立哀帝納之以問諸儒皆不對歆於是數見丞相孔光爲言左氏以求助光卒不肯唯鳳龔許歆遂共移書責讓太常博士語在歆傳大司空師丹奏歆非毀先帝所立上於是出龔等補吏龔爲弘農歆河內鳳九江太守至青州牧始江博士授胡常常授梁蕭秉君房王莽時爲講學大夫由是穀梁春秋有尹胡申章房氏之學

漢興北平侯張蒼及梁太傅賈誼補注先謙曰論衡按書篇魯共王壞孔子授教堂以爲室得佚春秋三十篇左氏傳也案充承劉向別錄之說然蒼誼實左氏始師非緣壁中所得或壁中者與見行本同京兆尹張敞補注先謙曰經典序錄貫長卿傳京兆尹張敞及侍御史張禹此不言敞受自貫太中大夫劉公子皆修春秋左氏傳誼爲左氏傳訓故授趙人貫公爲河間獻王博士子長卿爲蕩陰令師古曰蕩陰河內之縣也蕩音湯授清河張禹長子如淳曰非成帝師張禹也禹與蕭望之同時爲御史數爲望之言左氏望之善之上書數

以稱說後望之爲太子太傅薦禹於宣帝徵禹待詔未及問會疾死授尹更始師古曰禹先授更始更始傳子咸及翟方進胡常常授黎陽賈護季君哀帝時待詔爲郎授蒼梧陳欽子佚以左氏授王莽至將軍而劉歆從尹咸及翟方進受由是言左氏者本之賈護劉歆

贊曰自武帝立五經博士開弟子員設科射策勸以官祿訖於元始百有餘年傳業者寖盛支葉蕃滋師古曰寖漸也蕃多也滋益也一經說至百餘萬言大師眾至千餘人蓋祿利之路然也師古曰言爲經學者則受爵祿而獲其利所以益勸初書唯有歐陽禮后易楊補注沈欽韓曰其後立學但施孟梁丘不言楊何所終三家之易不出於楊易楊爲易田之訛楊本不立博士漢以來言易者皆本田何三家皆田易猶大小戴仍后禮也春秋公羊而已至孝宣世復立大小夏侯尚書大小戴禮施孟梁丘易穀梁春秋至元帝世復立京氏易平帝時又立左氏春秋毛詩逸禮古文

尚書〔補注〕朱一新曰趙邠卿孟子題辭云孝文皇帝欲廣游學之路論語孝經孟子爾雅皆置博士後罷傳記博士獨立五經而已又劉子駿移太常博士書孝文時天下眾書往往頗出皆諸子傳說猶廣立於學官為置博士則趙氏之言審矣本書藝文志周官經六篇王莽時劉歆置博士所㠯罔羅遺失兼而存之是在其中矣如淳曰雖有虛妄之說是當在其中故兼而存之

儒林傳第五十八終　漢書八十八

循吏傳第五十九 師古曰循順也上順公法下順人情也　漢書八十九

漢　蘭臺令史班固撰

唐正議大夫行祕書少監琅邪縣開國子顏師古注

賜進士出身前翰林院編修國子監祭酒加三級臣王先謙補注

漢興之初反秦之敝與民休息凡事簡易禁罔疏闊而相國蕭曹㠯寬厚清靜為天下帥師古曰帥遵也〔補注〕齊召南曰案帥是率先之意顏注非民作畫一之歌師古曰謂歌曰蕭何為法講若畫一曹參代之守而勿失孝惠垂拱高后女主不出房闥而天下晏然民務稼穡衣食滋殖師古曰滋益也殖生也至於文景遂移風易俗是時循吏如河南守吳公蜀守文翁之屬〔補注〕先謙曰吳公見賈誼傳公卿表皆謹身帥先居㠯廉平不至於嚴而民從化孝武之世外攘四夷內改法度師古曰攘卻也民用彫敝姦軌不禁師古曰不可禁時少能㠯化治稱者惟江都相董仲舒內史公孫弘兒寬居官可紀三人皆儒者通於世務明習文法㠯經術潤飾吏事天子器之仲舒數謝病去弘寬至三公孝昭幼沖霍光秉政承奢侈師旅之後海內虛耗光因循守職無所改作至於始元元鳳之間匈奴鄉化百姓益富師古曰鄉讀曰嚮〔補注〕先謙曰官本注在上句下舉賢良文學問民所疾苦於是罷酒榷而議鹽鐵矣及至孝宣繇仄陋而登至尊師古曰仄古側字仄陋言非正統而身經微賤也繇與由同次下類此興于閭閻師古曰閭里門也閻里中門也言從里巷而即大位也知民事之囏難自霍光薨後始躬萬機厲精為治五日一聽事自丞相已下〔補注〕宋祁曰已字當作以先謙曰以已字同各奉職而進及拜刺史守相輒親見問觀其所繇退而考察所行㠯質其言師古曰質正也有名實不相應必知其所㠯然常稱曰庶民所㠯安其田里而亡歎息愁恨之心者政平訟理也師古曰訟理言所訟見理而無冤滯也與我共此者其唯良二千石乎師古曰謂郡守諸侯相㠯為太守吏民之本也〔補注〕宋祁曰越本無也字姚本刪數變易則下不安民知其

將久不可欺罔迺服從其教化故二千石有治理效輒㠯璽書勉厲增秩賜金或爵至關內侯公卿缺則選諸所表㠯次用之師古曰所表謂增秩賜金爵也是故漢世良吏於是爲盛稱中興焉若趙廣漢韓延壽尹翁歸嚴延年張敞之屬皆稱其位然任刑罰或抵罪誅師古曰抵至也音丁禮反王成黃霸朱邑龔遂鄭弘召信臣等師古曰召讀曰邵〔補注〕先謙曰弘自有傳所居民富所去見思生有榮號死見奉祀此廩廩庶幾德讓君子之遺風矣師古曰廩廩言有風采也〔補注〕王念孫曰顏以序言君子之遺風故云廩廩有風采所謂望文生義者也今案廩廩者漸近之意即所謂庶幾也言此數人者廩廩乎幾於德讓君子矣史記孝文紀贊曰漢興至孝文四十有餘載德至盛也廩廩鄉改正服封禪矣襄二十三年公羊傳注曰廩廩近升平竝與此廩廩同義

文翁廬江舒人也少好學〔補注〕沈欽韓曰寰宇記廬州人物云文翁名黨字仲翁廣博物志廬江七賢傳文黨字翁仲未學之時與人俱入叢木謂侶人曰吾欲遠學先試投吾斧高木上斧當挂乃仰投之斧果上挂因之長安授經通春秋㠯郡縣吏察舉景帝末爲蜀郡守〔補注〕沈欽韓曰華陽國志文翁爲蜀守穿湔江口溉灌繁田千七百頃仁愛好教化見蜀地辟陋有蠻夷風師古曰辟讀曰僻文翁欲誘進之乃選郡縣小吏開敏有材者張叔等十餘人〔補注〕沈欽韓曰常璩蜀志文翁遣雋士張叔等十八人東詣博士受七經還叔爲博士明天文災異始作春秋章句官至侍中揚州刺史親自飭厲師古曰飭與敕同遣詣京師受業博士或學律令減省少府用度買刀布蜀物齎計吏㠯遺博士如淳曰金馬書刀今賜計吏是也作馬形於刀環內㠯金鏤之晉灼曰刀書刀布布刀也舊時蜀郡工官作金馬書刀者似佩刀形金錯其拊布刀謂婦人割裂財布刀也師古曰少府郡掌財物之府㠯供太守者也刀凡蜀刀有環者也布布蜀布細密環也二者蜀人作之皆善故賫㠯爲貨無限於書刀布刀也如晉二說皆煩而不當也〔補注〕宋祁曰注文細密環也景本據史館本改作細密者也沈欽韓曰如晉舉金馬書刀當時所尚也御覽三百四十六金馬書刀銘曰巧冶鍊剛金馬託形黃文錯鏤兼勒工名此正博士所需耳豈謂凡斵斬之刀以遺博士哉布者揚雄蜀都賦曰筒中黃潤一端數金數歲蜀生皆成就還歸文翁㠯爲右職師古曰郡中高職也用次察舉〔補注〕先謙曰用次猶以次官有至郡守刺史者又修起學官於成都市中師古曰學官學之官舍也招下縣子弟㠯爲學官弟子師古曰下縣四郊之縣非郡所治也爲除更繇師古曰不

前漢八十九　二

令從役也更音工衡反繇讀曰傜高者㠯補郡縣吏次爲孝弟力田常選學官僮子使在便坐受事師古曰便坐別坐可㠯視事非正廷也坐音財臥反每出行縣益從學官諸生明經飭行者與俱師古曰益多也飭整也讀與敕同使傳教令出入閨閤師古曰閨閤內中小門也〔補注〕王文彬曰爾雅釋宮宮中之門謂之闈其小者謂之閨小閨謂之閤縣邑吏民見而榮之數年爭欲爲學官弟子富人至出錢㠯求之繇是大化師古曰繇讀曰由蜀地學於京師者比齊魯焉〔補注〕齊召南曰案蜀志秦宓曰文翁遣司馬相如東受七經還教吏民然則相如即文翁所拔以爲蜀人師者其語與地理志所云繇文翁倡其教相如爲之師者正合但此傳及相如傳並無明文至武帝時乃令天下郡國皆立學校官自文翁爲之始云文翁終於蜀吏民爲立祠堂歲時祭祀不絕至今巴蜀好文雅文翁之化也師古曰文翁學堂于今猶在益州城內〔補注〕齊召南曰案文翁學堂即石室講堂也江水注文翁爲蜀守立講堂作石室於南城後守更增二石室顏有意益州學館記曰華陽國志文翁講堂石室一名玉堂安帝初間列火爲災惟石室獨存至獻帝興平元年太守高朕於玉堂東更造一石室爲周公禮殿唐志有益州文翁學堂圖一卷沈欽韓曰隸釋益州太守高朕修周公殿記云始自文翁應期鑿度開建畔宮立堂布觀至於甲午故府梓潼文君敎增造吏寺二百餘間

前漢八十九　三

王成不知何郡人也爲膠東相〔補注〕周壽昌曰成爲國相在膠東頃王二十三四年間治甚有聲宣帝最先褒之地節三年下詔曰蓋聞有功不賞有罪不誅雖唐虞不能㠯化天下今膠東相成勞來不怠師古曰謂勸勉招懷百姓也勞音郎到反來音郎代反流民自占八萬餘口師古曰隱度名數而來附業也占音之贍反治有異等之效師古曰異於常等其賜成爵關內侯秩中二千石未及徵用會病卒官後詔使丞相御史問郡國上計長吏守丞㠯政令得失或對言前膠東相成僞自增加㠯蒙顯賞是後俗吏多爲虛名云〔補注〕劉攽曰長吏守丞吏當作史郡使守丞國使長史皆一物也故總言郡國上計長史守丞後漢百官志諸侯王相如太守長史如郡丞又邊郡有丞元有長史長史上計無疑矣長史者通於令丞尉之稱與守丞連言之說不可不爾下言長史守丞同何焯曰宣帝褒成郎燕昭事隗之意史並書此語以窒元始以後上下相蒙之弊黃霸篇詳著張敞奏無非此指務在可否相濟足爲後法也

黃霸字次公淮陽陽夏人也師古曰夏音工雅反㠯豪桀役使徙雲陵師古曰身

爲豪桀而役使鄉里人也霸少學律令喜爲吏師古曰喜謂愛好也音許吏反武帝末己待詔入錢賞官補侍郎謁者孟康曰賞官主賞賜之官也師古曰此說非也因入錢而見賞己官〔補注〕宋祁曰姚本正文刪以字沈欽韓曰食貨志令民得買爵置賞官名曰武功爵則霸由武功爵補官坐同產有罪劾免師古曰同產謂兄弟也〔補注〕宋祁曰景本無罪字後復入穀沈黎郡〔補注〕先謙曰据武紀西南夷傳元鼎六年定莋都爲沈黎郡後書西南夷傳天漢四年併蜀郡爲西部此爲郡時或以振救荒貧例得入穀補官補左馮翊二百石卒史如淳曰三輔郡得仕用它郡人而卒史獨二百石所謂尤異者也馮翊己霸入財爲官不署右職師古曰輕其爲人也右職高職也使領郡錢穀計師古曰計謂出入之數也簿書正己廉稱師古曰言無所侵隱也故察補河東均輸長師古曰己廉見察而遷補〔補注〕先謙曰均輸內筦於大司農水衡都尉所屬皆有均輸令丞此分治於河東故別置長也復察廉爲河南太守丞霸爲人明察內敏師古曰內敏言心思捷疾也又習文法然溫良有讓足知善御眾爲丞處議當於法合人心太守甚任之吏民愛敬焉自武帝末用法深昭帝立幼大將軍霍光秉政大臣爭權上官桀等與燕

前漢八十九　四

王謀作亂光既誅之遂遵武帝法度己刑罰痛繩羣下繇是俗吏上嚴酷己爲能師古曰繇讀與由同〔補注〕先謙曰官本上作尙而霸獨用寬和爲名會宣帝即位在民閒時知百姓苦吏急也聞霸持法平召己爲廷尉正〔補注〕先謙曰百官表廷尉正秩千石數決疑獄庭中稱平師古曰此廷中謂廷尉之中〔補注〕先謙曰官本注廷中亦作庭中引宋祁曰庭當作廷下文同守丞相長史坐公卿大議廷中師古曰大議總會議也此廷中謂朝廷之中知長信少府夏侯勝非議詔書大不敬霸阿從不舉劾皆下廷尉師古曰勝及霸俱下廷尉繫獄當死霸因從勝受尙書獄中再隃冬師古曰隃與踰同積三歲迺出語在勝傳勝出復爲諫大夫令左馮翊宋畸舉霸賢良勝又口薦霸於上上擢霸爲揚州刺史三歲宣帝下詔曰制詔御史其己賢良高第揚州刺史霸爲潁川太守〔補注〕周壽昌曰潁川有富室兄弟同居弟婦與長姒皆懷妊長姒胎傷弟婦生男輒奪以爲己子爭訟三年郡守黃霸使人抱兒於庭令娣姒競取之長姒持之甚猛弟婦恐有所傷於手霸乃叱長姒曰汝貪家財欲得兒寧慮頓有所傷乎乃以兒還弟婦出棠陰比事引風俗通

秩比二千石居官賜車蓋特高一丈別駕主簿車緹油屏泥於軾前己章有德〔補注〕宋祁曰景本越本自賜車蓋止以章有德無此二十三字時上垂意於治數下恩澤詔書吏不奉宣師古曰不令百姓皆知也太守霸爲選擇良吏分部宣布詔令師古曰分音扶問反〔補注〕宋祁曰太守當在爲字下劉攽曰太守字當在霸爲字下令民咸知上意使郵亭鄉官皆畜雞豚師古曰郵行書舍謂傳送文書所止處亦如今之驛館矣鄉官者鄉所治處也〔補注〕先謙曰官本注行作亭是己贍鰥寡貧窮者然後爲條教置父老師帥伍長班行之於民閒勸己爲善防姦之意及務耕桑節用殖財種樹畜養去食穀馬米鹽靡密初若煩碎師古曰米鹽言碎而且細然霸精力能推行之吏民見者語次尋繹師古曰繹謂抽引而出也問它陰伏己相參考嘗欲有所司察擇長年廉吏遣行屬令周密師古曰屬戒也周密不泄漏也屬音之欲反〔補注〕先謙曰官本注泄作漏是吏出不敢舍郵亭師古曰舍止也食於道旁烏攫其肉師古曰攫搏持之也攫音钁〔補注〕宋祁曰攫說文曰捽也音九縛反先謙曰官本注音钁作音厥縛反民有欲詣府口言事者適

前漢八十九　五

見之霸與語道此後日吏還謁霸霸見迎勞之曰甚苦食於道旁乃爲烏所盜肉吏大驚己霸具知其起居所問豪氂不敢有所隱〔補注〕先謙曰官本氂作釐鰥寡孤獨有死無己葬者鄉部書言霸具爲區處師古曰區處謂分別而處置也音昌汝反某所大木可己爲棺某亭猪子可己祭〔補注〕宋祁曰猪當作豬沈欽韓曰方言豚或謂之豯吳揚之閒謂之豬子吏往皆如言其識事聰明如此師古曰識記也音式二反吏民不知所出師古曰不知其用何術也咸稱神明姦人去入它郡盜賊日少霸力行教化而後誅罰師古曰力猶勤也言先己德化於下若有弗從然後用刑罰也務在成就全安長吏師古曰不欲易代及損傷之也許丞老病聾如淳曰許縣丞督郵白欲逐之霸曰許丞廉吏雖老尚能拜起送迎正頗重聽何傷〔補注〕先謙曰正猶即也說詳終軍傳且善助之毋失賢者意或問其故霸曰數易長吏送故迎新之費及姦吏緣絕簿書盜財物師古曰緣因也因交代之際而弃匿簿書己盜官物也公私費耗甚多皆當出於民所易新吏又未必賢或不如其故

徙相益爲亂凡治道去其泰甚者耳霸㠯外寬內明得吏民心戶口歲增治爲天下第一徵守京兆尹秩二千石坐發民治馳道不先㠯聞又發騎士詣北軍馬不適士孟康曰關西人謂補滿爲適馬少士多不相補滿也〔補注〕宋祁曰不先以聞姚本作不先聞蕭該音義適鏑足也鏑音相代反韋昭音詩歷反案今漢書鏑字作適字注云適始歷反予謂與韋昭音同劾乏軍興連貶秩有詔歸潁川太守官㠯八百石居治如其前前後八年郡中愈治是時鳳皇神爵數集郡國潁川尤多天子㠯霸治行終長者下詔稱揚曰潁川太守霸宣布詔令百姓鄉化師古曰鄉讀曰嚮下亦同孝子弟弟貞婦順孫日㠯眾多田者讓畔道不拾遺養視鰥寡贍助貧窮獄或八年亡重罪囚吏民鄉于教化興於行誼可謂賢人君子矣書不云乎股肱良哉師古曰虞書益稷之辭已解於上其賜爵關內侯黃金百斤秩中二千石而潁川孝弟有行義民三老力田皆㠯差賜爵及帛後數月徵霸爲太子太傅遷御史大夫五鳳

三年〔補注〕宋祁曰景本三作二王文彬曰表係三年作二誤代邴吉爲丞相〔補注〕周壽昌曰漢孝宣時霸爲相燕代之閒有三男共娶一女因生一子及欲分離各爭其子遂訟於臺請斷之霸曰非同人類當以禽獸處之遂戮三男其子還母案荀子云有法者以法行無法者以類若夫黃霸戮三男王尊殺假子蓋舉其事之類耳法不禁禽獸聚麀然人殺禽獸無罪則戮之可也出棠陰比事未詳所引何書封建成侯食邑六百戶霸材長於治民及爲丞相總綱紀號令風采不及丙魏于定國〔補注〕齊召南曰案此總計孝宣朝名相而言霸前不及丙魏後不及定國也定國爲相實在霸後功名損於治郡時京兆尹張敞舍鶡雀飛集丞相府蘇林曰今虎賁所著鶡也師古曰蘇說非也此鶡音芬字或作鳻此通用耳鳻雀大而色青出羌中非此武賁所著也武賁鶡色黑出上黨㠯其鬬死不止故用其尾飾武臣首云今時俗人所謂鶡雞者也音曷非此鳻雀也〔補注〕宋祁曰注交鶡音介字本作鳻今本誤作芬竝鳻字予見徐鍇本攺芬爲介鳻爲鳻案許慎說文鳻音古拜反鳥似鶡而色青出羌中與師古所引合徐攺爲允鳻是鳥聚貌非鳥名沈欽韓曰甕牖閒評曰宋景文筆記辨漢書黃霸傳鶡雀二字云顏師古本之解作鳻雀官本謨以爲鳻雀鳻鳥聚皃非鳥名余觀之恐非官本之誤玉篇鳻音扶云切鳻雀如鶡玉篇見漢書有此鳻字故出此字玉篇蓋唐人作以是推之則自唐以來已作鳻矣畢憲曾云案說文鶡似雉鳻似鶡而青出羌中顏氏家訓愍楚友壻竇如同從河州來得一鳥馴養愛玩畢俗呼之爲鶡吾曰鶡出上黨色並黃黑無駮雜也說文鳻雀如鶡而青出羌中集韻音介師古承其祖說漢書注當作鳻音介字或作鳻景文辨之是也玉篇爲宋人重修鳻字自沿㠯本誤爾廣韻鳻字注與說文同先謙曰下云邊吏多知鶡雀者則作鳻是雀出羌中故長安見而神之霸㠯爲神雀議欲㠯聞敞奏霸曰竊見丞相請與中二千石博士雜問郡國上計長吏守丞〔補注〕宋祁曰吏當作史沈欽韓曰漢舊儀郡國守丞長史上計事竟遣君侯出坐庭上親問百姓所疾苦爲民興利除害成大化條其對有耕者讓畔男女異路道不拾遺及舉孝子弟弟貞婦者爲一輩先上殿師古曰丞相所坐屋也古者屋之高嚴通呼爲殿不必宮也〔補注〕宋祁曰景本無弟弟字沈欽韓曰周官臺人注今司徒府中有百官朝會之殿云天子與丞相舊決大事焉續志注引劭曰國每有大議天子車駕親幸其殿殿西王侯以下更衣并菸是古外朝之遺法天子所嘗臨故丞相聽事亦謂之殿漢制尊卑有定禮分逾嚴豈得汎然同稱乎舉而不知其人數者次之不爲條教者在後叩頭謝〔補注〕宋祁曰邵本無後字當作在後丞相雖口不言而心欲其爲之也長吏守丞對〔補注〕宋祁曰吏當作史下文上計長吏同時臣敞舍有鶡雀飛止丞相府屋上丞相㠯下見者數百人邊吏多知

鶡雀者問之皆陽不知丞相圖議上奏師古曰圖謀也曰臣問上計長吏守丞㠯興化條師古曰凡言條者一一而疏舉之若木條然也〔補注〕先謙曰官本問作聞注末無也字皇天報下神雀後知從臣敞舍來乃止郡國吏竊笑丞相仁厚有知略微信奇怪也昔汲黯爲淮陽守辭去之官謂大行李息曰御史大夫張湯懷詐阿意㠯傾朝廷公不早白與俱受戮矣息畏湯終不敢言後湯誅敗上聞黯與息語乃抵息罪而秩黯諸侯相取其思竭忠也臣敞非敢毀丞相也誠恐羣臣莫白而長吏守丞〔補注〕宋祁曰吏當作史畏丞相指歸舍法令各爲私教師古曰舍廢也務相增加澆湻散樸師古曰不雜爲湻㠯水澆之則味離薄樸大質也割之散也〔補注〕沈欽韓曰莊子繕性篇澆湻散樸掊儀澆本先謙曰官本注離作漓是散上有則字竝行僞貌有名亡實傾搖解怠甚者爲妖師古曰解讀曰懈假令京師先行讓畔異路道不拾遺其實亡益廉貪貞淫之行而㠯僞先天下固未可也卽諸侯先行之僞聲軼於京師非細事也師古曰軼

過也音逸〔補注〕朱一新曰軼與溢通禹貢溢爲榮地理志作軼爲榮是其證師古訓軼爲過僞聲過於京師不辭漢家承敝通變造起律令所吕勸善禁姦〔補注〕先謙曰官本所作卽條貫詳備不可復加宜令貴臣明飭長吏守丞師古曰飭讀與勑同次下類此〔補注〕宋祁曰吏當作史先謙曰官本注次作以歸告二千石舉三老孝弟力田孝廉廉吏務得其人郡事皆吕義法令撿式師古曰撿局也音居儉反〔補注〕宋祁曰郡字疑作羣字先謙曰官本撿作檢毋得擅爲條教敢挾詐僞吕奸名譽者必先受戮師古曰奸求也音干吕正明好惡天子嘉納敞言召上計吏使侍中臨飭如敞指意〔補注〕沈欽韓曰晉書王渾傳武帝詔渾元會問郡國計吏方俗之宜渾奏曰舊三朝元會前計吏詣軒下侍中讀詔計吏跪受隋禮儀志梁元會尚書騶騎引計吏郡國各一人皆跪受詔侍中讀五條詔計吏每應諾訖然其制蓋始於宣帝霸甚慙又樂陵侯史高吕外屬舊恩侍中貴重霸薦高可太尉天子使尚書召問霸太尉官罷久矣丞相兼之所吕偃武興文也如國家不虞邊境有事師古曰如若也左右之臣皆將率也〔補注〕先謙曰官本率作帥夫宣明教化通達幽隱使獄無冤

刑邑無盜賊君之職也將相之官朕之任焉師古曰言欲拜將相事自在朕也侍中樂陵侯高帷幄近臣朕之所自親師古曰具知其材質君何越職而舉之〔補注〕先謙曰通鑑胡注丞相職總百官進賢退不肖霸薦史高以爲所薦非其人可也以爲越職則不可也蓋自武帝以來丞相之失其職也久矣齊召南云案自武帝以後外廷之官統於丞相中朝之官統於大司馬霸以丞相而舉史高堪大司馬故以越職責之尚書令受丞相對霸免冠謝罪數日乃決師古曰乃得免罪自是後不敢復有所請然自漢興言治民吏吕霸爲首爲丞相五歲甘露三年薨謚曰定侯霸死後樂陵侯高竟爲大司馬師古曰史著此者亦言霸奏高爲大尉適事宜也〔補注〕何焯曰史著此者見宣帝必欲恩自己出故霸死始用高以實將相之官朕之任焉之語顏注謂其適事宜知其一也霸子思侯賞嗣爲關都尉薨子忠侯輔嗣至衛尉九卿薨〔補注〕先謙曰公卿表輔字子元哀帝元壽三年爲衛尉子忠嗣侯訖王莽迺絕子孫爲吏二千石者五六人始霸少爲陽夏游徼師古曰游徼主徼巡盜賊者也與善相人者共載出師古曰同乘車見一婦人相者言此婦人當富貴不然相書不可用也〔補注〕沈欽韓曰藝文志形法家相人二十四卷霸推問之乃其鄉里巫家女也霸卽取爲妻與之終身〔補注〕錢大昭曰事見論衡骨相篇爲丞相後徙杜陵

朱邑字仲卿廬江舒人也少時爲舒桐鄉嗇夫〔補注〕先謙曰官本考證云案鄉吏之有秩者曰三老曰嗇夫曰游徼嗇夫職聽訟獄收賦稅先謙案寰宇記舒州桐城縣取桐鄉爲名卽今安慶府桐城縣也廉平不苛吕愛利爲行師古曰仁愛人而安利也於未嘗笞辱人存問耆老孤寡遇之有恩所部吏民愛敬焉遷補太守卒史舉賢良爲大司農丞遷北海太守吕治行第一入爲大司農〔補注〕先謙曰公卿表在地節四年爲人惇厚篤於故舊〔補注〕王念孫曰案惇下本無厚字惇篤皆厚也爲人惇篤於故舊作一句讀[illegible]加一厚字則分爲兩句而贅於詞矣舊本北堂書鈔政術部十一[illegible]藝文類聚人部六及十八御覽人事部七十及百十七引此皆無厚字然性公正不可交吕私天子器之朝廷敬焉是時張敞爲膠東相與邑書曰明主游心太古廣延茂士師古曰茂善也此誠忠臣竭思之時也直敞遠守劇郡馭於繩墨師古曰直讀曰值〔補注〕先謙曰爲繩墨所約束猶馬之受馭故云匈臆

約結固亡奇也師古曰約屈也雖有亦安所施師古曰言在遠郡無足展效也〔補注〕宋祁曰注文舊作放姚本改作效足下吕清明之德掌周稷之業師古曰司農主百穀故云周稷之業猶飢者甘糟糠穰歲餘粱肉師古曰穰歲豐穰之歲穰音攘〔補注〕先謙曰飢者自喻穰歲況邑何則有亡之勢異也昔陳平雖賢須魏倩而後進蘇林曰魏無知也韋昭曰無知字也師古曰倩士之美稱故云魏倩也而韋氏便吕爲無知之字非也譬猶謂汲黯爲汲直黯豈字直乎且次下句云賴蕭公而後信亦非何之字也〔補注〕周壽昌曰倩爲無知字亦似之必謂韋注爲非而以倩爲士之美稱似他處稱人爲倩若某公某生者甚少也至謂以魏倩攷蕭公爲偶語尤不盡然如王襃聖主得賢臣頌以伯牙對逢門子揚雄解難以獿人對鍾期師曠對孔子解嘲則以藺先生對四皓如此者不可殫述不得謂倩對公卽非字也田廣明傳與客胡倩等謀反亦得謂胡倩之倩爲美稱而非名乎奈何師古以汲直相擬韓信雖奇賴蕭公而後信師古曰信謂爲君上所信任也一說信讀曰伸得伸其材用也故事各達其時之英俊〔補注〕宋祁曰事當作士若必伊尹吕望而後薦之則此人不因足下而進矣師古曰言能自達也邑感敞言貢薦賢士大夫多得其助者身爲列卿居處儉節祿賜吕共九族鄉黨師古曰共讀曰供家亡餘財

神爵元年卒天子閔惜下詔稱揚曰大司農邑廉潔守節退食自公亡彊外之交束脩之餽師古曰餽與饋同〔補注〕先謙曰官本彊作疆引宋祁曰亡彊景本作亡彊可謂淑人君子遭離凶災朕甚閔之師古曰離亦遭其賜邑子黃金百斤以奉其祭祀初邑病且死屬其子師古曰屬音之欲反曰我故為桐鄉吏其民愛我必葬我桐鄉後世子孫奉嘗我不如桐鄉民師古曰嘗謂蒸嘗之祭及死其子葬之桐鄉西郭外民果然共為邑起冢立祠〔補注〕王念孫曰案然字後人所加凡言果然者皆謂果如此也下既言為邑起冢立祠則然字為贅文矣文選潘尼贈河陽詩注藝文類聚禮部上御覽禮儀部四及三十二引此皆無然字歲時祠祭至今不絕

龔遂字少卿山陽南平陽人也〔補注〕先謙曰今兗州府鄒縣治以明經為官至昌邑郎中令事王賀賀動作多不正遂為人忠厚剛毅有大節內諫爭於王外責傅相引經義陳禍福至於涕泣蹇蹇亡已師古曰蹇蹇不阿順之意也易蹇卦曰王臣蹇蹇面刺王過王至掩耳起走曰郎中令善媿人師古曰媿古愧字愧辱也及國中皆畏憚焉師古曰王及國人皆憚之王嘗久與騶奴宰人游戲飲食賞賜亡度遂入見王涕泣厀行左右侍御皆出涕王曰郎中令何為哭遂曰臣痛社稷危也願賜清閒竭愚王辟左右師古曰閒讀曰閑辟音闢遂曰大王知膠西王所以為無道亡乎〔補注〕先謙曰膠西王卬也景帝時與吳楚反誅王曰不知也曰臣聞膠西王有諛臣侯得王所為儗於桀紂也師古曰儗比也得以為堯舜也王說其諂諛嘗與寢處師古曰說讀曰悅唯得所言以至於是師古曰唯用得之邪言故至亡今大王親近羣小漸漬邪惡所習存亡之機不可不慎也臣請選郎通經術有行義者與王起居坐則誦詩書立則習禮容宜有益王許之遂迺選郎中張安等十人侍王居數日王皆去逐安等〔補注〕朱一新曰監本去逐二字倒先謙曰官本作逐去久之宮中數有妖怪王以問遂遂以為有大憂宮室將空語在昌邑王傳會昭帝崩亡子昌邑王賀嗣立官屬皆徵入王相安樂遷長樂衛尉遂見安樂流涕謂曰王立為天子日益驕溢諫之不復聽今哀痛未盡師古曰謂新居喪服日與近臣飲食作樂鬭虎豹召皮軒車九流〔補注〕沈欽韓曰續志法駕前驅有九斿雲罕注徐廣曰斿車有九乘前史不記形也先謙曰霍光傳云駕法駕皮軒鸞旗驅馳北宮桂宮弄彘鬭虎即謂此驅馳東西所為誖道也師古曰誖乖也音布內反古制寬大臣有隱退今去不得陽狂恐知〔補注〕朱一新曰言求去不得陽狂又恐為人知覺也身死為世戮奈何君陛下故相宜極諫爭王即位二十七日卒以淫亂廢昌邑羣臣坐陷王於惡不道皆誅死者二百餘人唯遂與中尉王陽以數諫爭得減死髡為城旦宣帝即位久之勃海左右郡歲飢盜賊並起師古曰左右謂側近相次者二千石不能禽制上選能治者丞相御史舉遂可用上以為勃海太守時遂年七十餘召見形貌短小宣帝望見不副所聞心內輕焉謂遂曰勃海廢亂朕甚憂之君欲何以息其盜賊以稱朕意遂對曰海瀕遐遠不霑聖化師古曰瀕涯也音頻又音賓其民困於飢寒而吏不恤故使陛下赤子盜弄陛下之兵於潢池中耳師古曰赤子猶言初生幼小之意也積水曰潢曰黃〔補注〕先謙曰官本曰黃作音黃是今欲使臣勝之邪將安之也師古曰勝謂以威力克而殺之也安謂以德化撫而安之〔補注〕先謙曰官本注無也字上聞遂對甚說師古曰說讀曰悅荅曰選用賢良固欲安之也遂曰臣聞治亂民猶治亂繩不可急也唯緩之然後可治臣願丞相御史且無拘臣以文法得一切便宜從事上許焉加賜黃金贈遣乘傳至勃海界師古曰傳音張戀反郡聞新太守至發兵以迎遂皆遣還移書敕屬縣悉罷逐捕盜賊吏諸持鉏鉤田器者皆為良民吏無得問師古曰鉤鐮也持兵者迺為盜賊遂單車獨行至府郡中翕然盜賊亦皆罷師古曰罷讀曰疲言為盜賊久心亦罷厭〔補注〕劉奉世曰盜賊與劫略相隨史以為二事故前云盜賊亦皆罷後云劫略者去兵末乃總云盜賊於是悉平師古疑前未嘗言皆罷條[illegible]疑故解為疲字乃非遂功矣但如字讀之文意自通勃海又多劫略相隨聞遂教令即時解散棄其兵弩而持鉤鉏盜賊於是悉平民安土樂業遂迺開

倉廩假貧民師古曰假謂給與選用良吏尉安牧養焉遂見齊俗奢侈好末技不田作迺躬率已儉約勸民務農桑令口種一樹榆百本薤五十本蔥（補注）先謙曰荀子富國篇楊倞注一本一株也埤雅種法髮一本率七八支諺曰蔥三髮四言種蔥者三支一科髮卽四之也一畦韭師古曰每一口卽如此種也家二母彘五雞師古曰每一家則如此養之也民有帶持刀劍者使賣劍買牛賣刀買犢曰何爲帶牛佩犢春夏不得不趨田畝師古曰趨讀曰趣趣嚮也秋冬課收斂益蓄果實菱芡勞來循行郡中皆有畜積師古曰菱芰也芡雞頭也勞來勸勉也畜讀皆曰蓄芡音儉勞音盧到反來音盧代反（補注）先謙曰注皆字衍官本無吏民皆富貴（補注）先謙曰官本貴作實是獄訟止息數年上遣使者徵遂議曹王生願從（補注）沈欽韓曰此與褚少孫滑稽傳文學卒史王先生實一事也但彼以爲武帝時北海太守卽時地全乖功曹已爲王生素耆酒亡節度不可使師古曰耆讀曰嗜（補注）先謙曰官本無爲字遂不忍逆從至京師王生日飲酒不視太守師古曰日日恆飲酒也會遂引入宮王生醉從後呼師古曰呼音火故反（補注）先謙曰官本注在曰下曰明府且

止願有所白遂還問其故師古曰還回也王生曰天子卽問君何已治勃海君不可有所陳對宜曰皆聖主之德非小臣之力也遂受其言既至前上果問已治狀遂對如王生言天子說其有讓師古曰說讀曰悅笑曰君安得長者之言而稱之遂因前曰臣非知此乃臣議曹教戒臣也上已遂年老不任公卿拜爲水衡都尉（補注）齊召南曰案公卿表遂以地節四年爲水衡都尉卽朱邑以北海太守入爲大司農之歲也議曹王生爲水衡丞已褒顯遂云水衡典上林禁苑共張宮館師古曰共音居用反張音知亮反下亦同爲宗廟取牲官職親近上甚重之已官壽卒師古曰已壽終而卒於官也（補注）周壽昌曰據表遂地節四年任元康四年馮奉世代凡五年年八十餘矣

召信臣字翁卿九江壽春人也師古曰召讀曰劭（補注）先謙曰官本劭作邵是以明經甲科爲郎出補穀陽長舉高第遷上蔡長（補注）周壽昌曰後書劉昭注縣萬戶以上爲令不滿爲長此以穀陽長遷上蔡長一長也而此遷於彼或上蔡戶視穀陽爲多也其治視民如子所居見稱述超爲零陵太守病歸復徵爲諫大夫遷南陽太守其治如上蔡信臣爲人勤力有方略好爲民興利務在富之躬勸耕農（補注）先謙曰官本作躬耕勸農出入阡陌止舍離鄉亭師古曰言休息之時皆在野次稀有安居時行視郡中水泉師古曰行音下更反開通溝瀆起水門提閼凡數十處師古曰閼所已壅水音一曷反（補注）齊召南曰案提應作隄又案信臣於南陽水利無所不興其最鉅者鉗盧陂六門堨並在穰縣之南灌溉穰新野昆陽三縣後漢杜詩修其故迹民有召父杜母之歌晉杜預復其遺規地有二十九陂之利故讀後書晉書及水經注通典而嘆信臣功在南陽並於蜀李冰鄴史起也顏注太略錢大昕曰提閼卽隄堰也古讀閼如焉亦作偃後書董卓傳於所度水中爲立偃以爲捕魚注云續漢書偃字作堰其字義則同但異體耳又作堨後書王景傳與將作謁者王吳共修作浚儀渠吳用景堨流水乃不復爲害閼又有遏音故字亦作遏水經注載魏劉靖碑云以嘉平二年立遏於水道高梁河造戾陵遏卽戾陵堰也說文無堰字周禮𩵚人掌以時𩵚爲梁鄭司農云梁水偃也偃水爲關空以笱承其空是漢人亦作偃也周壽昌曰提隄字通刑法志提封作隄封可證已廣溉灌歲歲增加多至三萬頃民得其利畜積有餘師古曰畜讀曰蓄信臣爲民作均水約束師古曰言用之有次第也（補注）沈欽韓曰長安志涇渠圖制云立三限閘以分水立斗門以均水凡用水先令斗吏入狀官給申帖方許開斗十月一日放水至六月遇漲水歇渠七月往罷每夫一名溉夏秋田二頃六十畝仍驗其工給水行水之序須自下而上晝夜相繼不以公田越次霖潦輟功此均水之法也

刻石立於田畔已防分爭禁止嫁娶送終奢靡務出於儉約府縣吏家子弟好游敖不已田作爲事輒斥罷之甚者案其不法已視好惡師古曰視讀曰示其化大行郡中莫不耕稼力田百姓歸之戶口增倍盜賊獄訟衰止吏民親愛信臣號之曰召父荊州刺史奏信臣爲百姓興利郡已殷富賜黃金四十斤遷河南太守治行常爲第一復數增秩賜金竟寧中徵爲少府列於九卿奏請上林諸離遠宮館稀幸御者勿復繕治共張（補注）何焯曰成帝建始元年秋罷上林宮館希御幸者二十五所此用信臣所請非貢禹事又奏省樂府黃門倡優諸戲及宮館兵弩什器減過泰半（補注）先謙曰官本泰作太太官園種冬生蔥韭菜茹覆已屋廡師古曰廡周室也茹音人庶反廡音舞晝夜難蘊火待溫氣乃生師古曰難古然字蘊火蓄也火蘊音於云反（補注）先謙曰注也火倒官本不誤

信臣㠯為此皆不時之物有傷於人不宜㠯奉供養及它非法食物悉奏罷省費歲數千萬 師古曰素所費者今皆省也 信臣年老㠯官卒 〔補注〕何焯曰案公卿表徙中少府 元始四年詔書祀百辟卿士有益於民者 師古曰百辟百官〔補注〕王文彬曰禮月令仲夏命百縣雩祀百辟卿士有益於民者此舉古制 蜀郡㠯文翁九江㠯召父應〔補注〕錢大昕曰信臣不書名非史例也蓋寬饒傳稱魏相為魏侯鄭崇翰育傳稱貢禹為貢公敘傳稱桓譚為桓生皆史家刊正未歸畫一 詔書歲時郡二千石率官屬行禮奉祠信臣冢而南陽亦為立祠

循吏傳第五十九終　　漢書八十九

酷吏傳第六十　　漢書九十

漢　蘭　臺　令　史　班　固　撰

唐正議大夫行祕書少監瑯邪縣開國子顏師古注

賜進士出身前翰林院編修國子監祭酒加三級臣王先謙補注

孔子曰導之㠯政齊之㠯刑民免而無恥導之㠯德齊之㠯禮有恥且格 師古曰論語載孔子之言也格至也謂御以政刑則人思苟免不恥於惡化以德禮則下知愧辱而至於治也〔補注〕宋祁曰注文不恥景本作不止刊誤作不恥 老氏稱上德不德是㠯有德下德不失德是㠯無德法令滋章盜賊多有 師古曰老子德經之言也上德體合自然是以為德下德務於修建更以喪之法令繁則巧詐益起故多盜賊也〔補注〕宋祁曰注文繁字下疑有滋字 信哉是言也法令者治之具而非制治清濁之原也 師古曰言為治之體亦須法令而法令非治之本 昔天下之罔嘗密矣 師古曰謂秦時 然不軌愈起〔補注〕先謙曰官本不作姦是今作不者後人不知軌究通借而妄改之史記作姦偽萌起 其極也上下相遁至於不振 師古曰遁避也言吏避於君民避於吏至乎衰敗不

可振救也〔補注〕王念孫曰如師古說是下遁上非上下相遁也今案遁者欺也言姦軌竝起而上下相欺猶左傳言上下相蒙也廣韻遁欺也賈子過秦篇姦偽竝起而上下相遁義與此同也管子法禁篇遁上而遁民者聖王之禁也言為人臣而上欺其君下欺其民者聖王之所禁也遁字亦作遯淮南修務篇審於形者不可遯以狀高注遯欺也 當是之時吏治若救火揚沸 師古曰言迫急也本敝不除則其末難正 非武健嚴酷惡能勝其任而媮快乎 師古曰惡讀曰烏烏於何也媮苟且也〔補注〕劉宗萬曰案媮快史記作愉快此文媮字即愉字意顏以苟且解之於義不順 言道德者溺於職矣 師古曰溺謂沈滯而不舉也〔補注〕先謙曰史記作溺其職矣 故曰聽訟吾猶人也必也使無訟乎 師古曰論語載孔子之辭也言使我聽獄訟猶凡人耳然而立政施德則能使其絕於爭訟 下士聞道大笑之 師古曰老子道經之言也大道玄深非其所及故致笑也〔補注〕王念孫曰案此德經之言注德誤作道當據老子改大笑之本作大而笑之大而笑之猶言迂而笑之也文王世子況于其身以善其君乎鄭注于讀為迂迂猶廣也大也是大與迂同義老子又云天下皆謂我道大似不肖莊子逍遙遊篇今子之言大而無用眾所同去也竝與大而笑之同義上士聞道勤而行之中士聞道若存若亡下士聞道大而笑之皆以四字為句且大而笑之與勤而行之句法相對後人不得其解而刪去而字今本老子史記漢書皆然則既失其義而又失其句矣牟子引老子正作大而笑之晉書葛洪傳引抱朴子序云世儒徒知服

膺周孔莫信神仙之書不但大而笑之又將誇毁眞正抱朴子微旨篇亦云大而笑之其來久矣是牟葛所見老子皆作大而笑之又案師古注云大道元深非其所及故致笑也大道元深是釋大字故致笑也是釋笑之二字則漢書亦是大而笑之明矣今本作大笑之亦與顏注不合非虛言也漢興破觚而爲圜斲琱而爲樸孟康曰觚方也師古曰去嚴刑而從簡易抑巧僞而務敦厚也琱謂刻鏤也字與彫同補注沈欽韓曰周髀算經萬物周事而圓方用焉大匠造制而規矩立焉或毁方而爲圓或破圓而爲方先謙曰官本注彫作雕號爲罔漏吞舟之魚師古曰言其疏也而吏治蒸蒸不至於姦師古曰蒸蒸純一之貌也黎民艾安師古曰黎庶也艾讀曰乂乂治也由是觀之在彼不在此師古曰言不在於嚴酷也補注王文彬曰索隱韋昭云言在道德不在嚴酷疑顏注亦當有在道二字高后時酷吏獨有侯封刻轢宗室侵辱功臣師古曰轢謂陵踐也音來的反補注宋祁曰轢當音來各反呂氏已敗遂夷侯封之家師古曰誅除也補注先謙曰官本誅作夷孝景時鼂錯以刻深頗用術輔其資師古曰資材也而七國之亂發怒於錯錯卒被戮師古曰卒終也其後有郅都甯成之倫師古曰郅音之日反

郅都河東大陽人也補注齊召南曰案史記但曰楊人也據地理志楊縣與大陽縣並屬河東郡似此文誤楊爲陽因遂衍大字先謙曰大陽在今解州平陸縣東北十五里楊縣在今平陽府洪洞縣東南十五里正義引括地志云漢楊縣城唐初改爲洪洞以故洪洞鎭爲名郅都墓在洪洞縣東南二十里漢書云河東大陽人班固失之甚也以郎事文帝景帝時爲中郎將敢直諫面折大臣於朝嘗從入上林賈姬在廁師古曰賈姬卽賈夫人生趙敬肅王彭祖中山靖王勝者野彘入廁補注先謙曰史記入上有卒字上目都師古曰動目以使也都不行上欲自持兵救賈姬都伏上前曰亡一姬復一姬進天下所少寧姬等邪陛下縱自輕奈宗廟太后何上還彘亦不傷賈姬太后聞之賜都金百斤上亦賜金百斤由此重都濟南瞯氏宗人三百餘家豪猾應劭曰瞯音馬瞯眼之瞯師古曰音閑補注先謙曰官本考證引蕭該音義曰案爾雅馬一目白曰瞯音閑宋祁曰姚本刪注中一瞯字二千石莫能制於是景帝拜都爲濟南守至則誅瞯氏首惡餘皆股栗師古曰言懼之甚至於股脚戰栗也補注何焯曰史記誅作族滅首惡謂一郡首惡非指一家居歲餘郡中不拾遺旁十餘郡守畏都如大府師古曰言猶如統屬之也都爲人勇有氣公廉不發私書問遺無所受請寄無所聽

補注蘇輿曰史漢多言請寄猶今言請託常稱曰已背親而出補注先謙曰史記作倍親而仕身固當奉職死節官下終不顧妻子矣都遷爲中尉補注先謙曰公卿表景帝七年爲中尉三年免丞相條侯補注先謙曰周亞夫至貴居也師古曰居傲讀與倨同而都揖丞相是時民樸畏罪自重而都獨先嚴酷致行法不避貴戚補注先謙曰致猶極也列侯宗室見都側目而視號曰蒼鷹師古曰言其鷙擊之甚臨江王徵詣中尉府對簿師古曰簿者獄辭之文書也音步戶反補注先謙曰景帝太子榮廢王臨江事詳本傳臨江王欲得刀筆爲書謝上師古曰刀所以削治書也古者書於簡牘故必用刀焉補注先謙曰官本注必作筆是而都禁吏弗與魏其侯使人閒予臨江王師古曰何閒隙而私與也補注先謙曰魏其侯竇嬰臨江王既得爲書謝上因自殺竇太后聞之怒以危法中都師古曰謂搆成其罪也中音竹仲反次下亦同都免歸家景帝迺使使卽拜都爲鴈門太守師古曰就家拜補注先謙曰官本注末有之字便道之官師古曰不令致闕陳謝也補注先謙曰官本致作至是得以便宜從事匈奴素聞郅都節舉邊爲引兵去補注先謙曰史記舉作居竟都死不近鴈門匈奴至爲偶人象都師古曰以木爲人象都之形也偶對也補注王念孫曰史記文與此同索隱偶人漢書作寓人寓卽偶也謂刻木偶類人形也據此則漢書本作寓人注當云寓讀曰偶偶對也今則正文寓字既依史記改爲偶且并刪注文矣偶與寓古同聲而通用字或作耦史記孝武紀以木偶馬代駒漢書郊祀志偶作寓是其證後人不通古音故改寓爲偶令騎馳射莫能中其見憚如此匈奴患之乃中都以漢法補注何焯曰史記竇太后乃竟中都以漢法今去四字似都爲匈奴所閒矣沈欽韓曰遷書疑得其實漢紀云匈奴中以法太后以臨江王之死也怨之遂斬都彼全據班書鈔撮故爲潤飾景帝曰都忠臣欲釋之師古曰釋置也解也謂放免也竇太后曰臨江王獨非忠臣乎於是斬都也補注宋祁曰傳末也字當刪

甯成南陽穰人也以郎謁者事景帝好氣爲少吏補注宋祁曰化本越本少作小據史館本作少今兩存之齊召南曰少吏南本作小吏非也少吏自與長吏對言漢制縣令長及丞尉二百石以上爲長吏百石以下有斗食佐史之秩爲少吏武紀元光六年詔曰少吏犯禁郎此少吏也先謙曰史記自作小吏必陵其長吏爲人上操下急如束溼師古曰操執持也束溼言其急之甚也溼物則易束操音千高反補注先謙曰史記束溼下有薪字猾賊任威稍遷至濟南都尉而郅都爲守始前數都尉步入

府因吏謁守如縣令其畏都如此及成往直陵都出其上都素聞其聲善遇與結驩久之都死後長安左右宗室多犯法師古曰長安左右京邑之中也上召成爲中尉補注先謙曰公卿表在中六年其治效郅都其廉弗如然宗室豪桀人皆惴恐師古曰惴戰栗也人人皆戰恐也惴音之瑞反武帝卽位徙爲內史外戚多毁成之短抵罪髡鉗是時九卿死卽死少被刑補注錢大昭曰文帝深納賈誼之言養臣下有節是後大臣有罪皆自殺至武帝時稍復入獄自甯成始而成刑極自吕爲不復收如淳曰以被重刑將不復見收用也師古曰刑極者言殘毁之重也補注周壽昌曰刑極卽謂被髡鉗迺解脫詐刻傳出關歸家師古曰輒解脫鉗鈦而亡去也傳所以出關之符也音張戀反稱曰仕不至二千石賈不至千萬安可比人乎師古曰賈謂販賣之迺貰貣陂田千餘頃師古曰貰貣假取之也貣音吐得反假貧民役使數千家師古曰假謂雇賃也數年會赦致產數千萬爲任俠持吏長短出從數十騎其使民威重於郡守補注先謙曰成後事在義縱傳

周陽由補注錢大昭曰由眞定人見淮南王傳先謙曰史記周陽由提行別傳是此誤連文其父趙兼吕

淮南王舅侯周陽師古曰封爲周陽侯故因氏焉師古曰遂改趙姓而爲周陽也由吕宗家任爲郎補注先謙曰索隱案與國家有外戚姻屬比於宗室故曰宗家事文帝景帝時由爲郡守武帝卽位吏治尚脩謹補注王文彬曰脩當從史記作循循脩形近多相亂然由居二千石中最爲暴酷驕恣所愛者橈法活之所憎者曲法滅之師古曰橈亦屈曲也音女敎反所居郡必夷其豪師古曰平除之補注宋祁曰豪字下當有桀字爲守視都尉如令爲都尉陵太守奪之治補注先謙曰之與其同義謂干預其政權也汲黯爲忮師古曰忮意堅也音章豉反補注宋祁曰韋昭曰忮音洎字書之豉反司馬安之文惡孟康曰以文法傷害人也俱在二千石列同車未嘗敢均茵馮師古曰茵車中蓐也馮車中所馮者也言此二人皆下讓由故同車之時自處其偏側不均斂也馮讀曰凭補注宋祁曰茵亦作䡛霍光傳作絪晉灼音義作䡛字亦音因沈欽韓曰巾車疏覆笒者古者男子立乘馮軾軾上須皮覆之此馮之謂也周壽昌曰急就篇鞇鞦鞋鞲鞍鑣鍚蓋茵薦軾中或用席爲之字從艸或用絲或用革爲之故字取從絲從革也先謙曰史記作伏與馮一也盧文弨云釋名文鞇車中所坐者也鞦伏也在前人所伏也馮與鞦皆謂軾禱以爲馮當如字讀與鞦一聲之轉韻書亦未以茵馮收入蒸韻後由爲河東都尉與其守勝屠公爭權相告言師古曰勝屠姓也補注先謙曰索隱風俗通云勝屠卽申徒案卽申屠下一字無庸易作徒勝屠公當抵罪議不受刑補注先謙曰議當爲義史記不誤自殺而由棄市自甯成周陽由之後事益多民巧法大抵吏治類多成由等矣師古曰大抵大歸也音丁禮反

趙禹斄人也師古曰斄讀曰邰扶風縣也音胎吕佐史補中都官師古曰京師諸官爲吏也補注宋祁曰湻化本史作吏刊誤據史館本改作史注文師古曰下當有於字用廉爲令史事太尉周亞夫亞夫爲丞相禹爲丞相史府中皆稱其廉平然亞夫弗任曰極知禹無害師古曰無害言無人能勝之者補注劉奉世曰足以知謂廉平之類爲無害也先謙曰劉說非也解詳蕭何傳然文深應劭曰禹持文法深刻不可吕居大府武帝時禹吕刀筆吏積勞遷爲御史上吕爲能至中大夫補注先謙曰史記作太中大夫與張湯論定律令作見知補注先謙曰禹作此法也詳刑法志吏傳相監司吕法盡自此始補注沈欽韓曰謂所部屬吏有非坐其長上也先謙曰傳同轉司同伺盡自此始於文不詞史記作吏傳得相監司用法益刻益自此始盡是益之形近誤字禹

爲人廉裾師古曰裾亦傲也讀與倨同補注先謙曰裾倨通借與郅都傳貴居例同爲吏吕來舍無食客公卿相造請禹終不行師古曰造音千到反補注先謙曰官本注在公卿相造請下據劉說則汲古本是也報謝務在絕知友賓客之請師古曰以此意告報公卿補注劉攽曰報謝當屬上句言公卿造請禹而禹終不詣之朱一新曰史記上無行字更可證孤立行一意而已見法輒取亦不覆案求官屬陰罪師古曰不見知者無所接求也嘗中廢已爲廷尉始條侯吕禹賊深及禹爲少府九卿酷急至晚節事益多吏務爲嚴峻而禹治加緩名爲平王溫舒等後起治峻禹補注先謙曰史記作治酷於禹禹吕老徙爲燕相補注宋祁曰老字上當有先字數歲誖亂有罪免歸師古曰悖惑也言其心意昏惑也誖音布內反補注周壽昌曰猶今俗言昏瞶此老年疾也觀二疏傳云老誖又嚴延年傳丞義年老頗悖可證悖卽誖字先謙曰官本注悖作誖是後十餘年吕壽卒于家補注何焯曰不覆案求陰罪晚節獨以緩名爲平此禹獨以壽卒也

義縱河東人也少年時嘗與張次公俱攻剽爲羣盜師古曰剽劫也音頻妙反縱有姊吕醫幸王太后師古曰武帝母太后問有子兄弟爲官者乎姊曰

有弟無行不可補注宋祁曰校本改時作行太后迺告上上拜義姁弟縱爲中郎孟康曰姁縱姊名也師古曰姁音許于反補注先謙曰官本引蕭該音義曰姁音煕主反韋昭音同李奇音呼補上黨郡中令補注先謙曰史失其縣名治敢往少温籍服虔曰敢行暴害之政師古曰少温籍言無所含容也温音於問反籍音才夜反補注先謙曰温讀曰藴史記作藴藉官本注害作虐縣無逋事師古曰逋亡也負也音必胡反舉第一遷爲長陵及長安令直法行治不避貴戚㠯捕桉太后外孫脩成子中師古曰脩成君王太后所生金氏女也中者其子名也讀曰仲補注先謙曰官本考證云史記作脩成君子仲但以外戚傳證之時本號曰脩成子仲則不必有君字也王文彬云詳顏注似所見本有君字上㠯爲能遷爲河内都尉至則族滅其豪穰氏之屬河内道不拾遺而張次公亦爲郎㠯勇悍從軍師古曰悍音胡旦反敢深入有功封爲岸頭侯甯成家居上欲㠯爲郡守御史大夫弘曰師古曰公孫弘臣居山東爲小吏時補注宋祁曰小或作少甯成爲濟南都尉其治如狼牧羊成不可令治民上迺拜成爲關都尉歲餘關吏稅肄郡國出入關者李奇曰肄閱也師古曰肄音弋二反補注先謙曰官本注李上有蘇林曰稅音伐閱之閱九字史記無稅字肄作隸集解引漢書音義曰隸閱也據此知肄隸字同稅止息也

號曰寍見乳虎無直甯成之怒師古曰猛獸產乳養護其子則搏噬過常故㠯喻也直讀曰値一曰直當其暴如此義縱自河内遷爲南陽太守聞甯成家居南陽及至關甯成側行送迎然縱氣盛弗爲禮至郡遂桉甯氏破碎其家成坐有罪及孔暴之屬皆奔亡南陽師古曰孔氏暴氏二家素豪猾者補注劉攽曰南陽屬下句吏民重足一迹而平氏朱彊杜衍杜周爲縱爪牙之吏任用師古曰平氏杜衍二縣名也遷爲廷尉史補注先謙曰史記無尉字王温舒傳廷尉史史記亦作廷史則義同文省也軍數出定襄定襄吏民亂敗於是徙縱爲定襄太守縱至掩定襄獄中重罪二百餘人補注先謙曰史記重罪下有輕繫二字是也獄中不皆重罪輕繫二字不可省私入相視者尚捕之輕繫者豈得免乎及賓客昆弟私入相視者亦二百餘人縱壹切捕鞠曰爲死罪解脫孟康曰壹切皆捕之也律諸囚徒私解脫桎梏鉗赭加罪一等爲人解脫與同罪縱鞫相賂餉者二百人以爲解脫死罪盡殺之師古曰鞠窮也謂窮治也補注先謙曰史記脫切字當依此補是日皆報殺四百

餘人師古曰奏請得報而論殺補注劉敞曰縱掩定襄獄一切捕鞠而云是日皆報殺則非奏請報可之報矣然則以論決爲報郡中不寒而栗猾民佐吏爲治師古曰百姓有素豪猾爲罪惡者今畏縱之嚴反爲吏耳目助治公務㠯自效是時趙禹張湯爲九卿矣然其治尚寬輔法而行縱㠯鷹擊毛摯爲治師古曰言如鷹隼之擊奮毛羽執取飛鳥也後會更五銖錢白金起師古曰更改也民爲姦京師尤甚迺㠯縱爲右内史王温舒爲中尉温舒至惡所爲弗先言縱縱必㠯氣陵之師古曰言温舒雖酷惡而縱又甚也敗壞其功補注先謙曰其温舒弗先與言者則縱必敗壞之其治所誅殺甚多然取爲小治姦益不勝晉灼曰取音趣直指始出矣補注錢大昭曰直指夏蘭之屬見食貨志吏之治㠯斬殺縛束爲務閻奉㠯惡用矣師古曰閻奉以嚴惡之故而見任用言時政尚急刻也補注周壽昌曰閻奉以元封元年爲水衡都尉史記稱其朴擊賣請蓋酷而不廉者也縱廉其治放郅都上幸鼎湖病久已而卒起幸甘泉師古曰已謂病愈也言帝久病既得愈而忽然卽幸甘泉卒讀曰猝補注先謙曰官本謂作爲字通道不治上怒曰縱㠯我爲不行此道乎銜之師古曰銜含也苞含在心以爲過也補注先謙曰官本注

苞作包至冬楊可方受告緡補注先謙曰集解引韋昭云有告言不出緡者可方受之詳見食貨志縱㠯爲此亂民部吏捕其爲可使者天子聞使杜式治補注先謙曰杜式人姓名㠯爲廢格沮事孟康曰武帝使楊可主告緡沒入其財物縱捕爲可使者此爲廢格詔書沮已成之事也師古曰沮壞也音材汝反格讀曰閣棄縱市後一歲張湯亦死補注朱一新曰七字承史舊文但史次此傳於湯傳後故有此語今湯既別立傳而仍承用於文法爲疏

王温舒陽陵人也補注先謙曰陽陵馮翊縣少時椎埋爲姦師古曰椎殺人而埋之椎音直追反其字從木補注先謙曰集解引徐廣云或謂發冢於義爲長已而試縣亭長師古曰試補也補注王文彬曰試如尚書堯典試可乃已之試似不當訓補數廢數爲吏㠯治獄至廷尉史事張湯遷爲御史督盜賊殺傷甚多稍遷至廣平都尉補注周壽昌曰廣平爲郡在武帝征和二年前故有都尉擇郡中豪敢往吏十餘人爲爪牙師古曰豪桀而性果敢一往無所顧者以爲吏也補注宋祁曰豪字下當有桀字周壽昌曰豪卽其郡人之桀出者不必加桀字也韓安國傳鴈門馬邑豪聶壹敢往吏言敢於前往無所畏避也顏注似以敢字屬上讀幾至不可通王文彬曰周云不加桀是也而詳其語意仍以豪桀爲義甯成傳所居郡必夷其豪

安有豪桀而夷之乎蓋郡中之渠魁豪惡溫舒因擇用之觀下文把其陰重罪義自可見先謙曰史記往誤仕當依此訂皆把其陰重罪師古曰把音布馬反補注先謙曰把挾持之陰重罪罪重而未顯發者而縱使督盜賊師古曰縱放也督察視也快其意所欲得此人雖有百罪弗法師古曰言所捕盜賊得其人而快溫舒意者則不問其先所犯罪也法謂行法也卽有避回夷之亦滅宗師古曰避回謂不盡意捕擊也回音胡內反補注先謙曰史記作卽有避因其事夷之亦滅宗案單言避事理已顯不必更言回疑回卽因之誤師古望文立訓耳以故齊趙之郊盜不敢近廣平廣平聲爲道不拾遺上聞遷爲河內太守素居廣平時皆知河內豪姦之家及往以九月至令郡具私馬五十疋爲驛自河內至長安師古曰以私馬於道上往往置驛也部吏如居廣平時方略捕郡中豪猾相連坐千餘家上書請大者至族小者乃死家盡沒入償臧師古曰以臧致罪者既沒入之又令出倍臧或收入官或還其主也補注先謙曰盡沒入其家以償其前所得臧耳非既沒入之又令出倍臧也奏行不過二日補注先謙曰史記作二三日得可事論報至流血十餘里師古曰天子可其奏而論決之殺人既多故血流十餘里補注劉攽曰驗此可與報益異矣先

謙曰言得奏可之事則論報也河內皆怪其奏以爲神速盡十二月郡中無犬吠之盜其頗不得失之旁郡追求補注先謙曰史記作梨求注梨比也會春溫舒頓足歎曰嗟乎令冬月益展一月卒吾事矣師古曰立春之後不復行刑故云然展伸也補注沈欽韓曰後書陳寵傳漢舊事斷獄報重常盡三冬之月肅宗時始改用冬初十月而已其好殺行威不愛人如此上聞之以爲能遷爲中尉補注先謙曰公卿表在元狩四年其治復放河內師古曰放依也音甫往反徒請召猜禍吏與從事應劭曰徒但也猜疑也取吏好猜疑作禍害者任用之補注先謙曰史記作徙諸名禍猾吏謂徙諸吏名禍猾者於京師而與之從事徒徙請諸名召猜猾皆形相近索隱引漢書與今本同兩義並通河內則楊皆麻戊關中揚贛成信等師古曰此皆猜禍者補注先謙曰官本楊作揚云揚作楊集解引徐廣云麻一作成義縱爲內史憚之未敢恣治師古曰言溫舒憚縱不得恣其酷暴補注宋祁曰或無治字王念孫曰史記有治字然據師古注云言溫舒憚縱不得恣其酷暴但釋恣字而不釋治字則漢書似無治字也治字或後人依史記加之及縱死張湯敗後徙爲廷尉而尹齊爲中尉坐法抵罪溫舒復爲中尉補注先謙曰公卿表元鼎三年溫舒爲廷尉一年復徙中尉爲人少文

居它惽惽不辯師古曰言爲餘官則心意蒙蔽職事不舉惽音昏補注先謙曰史記作居廷義異至於中尉則心開素習關中俗知豪惡吏豪惡吏盡復爲用吏苛察淫惡少年投缿購告言姦師古曰缿所以受投書也音項解在趙廣漢傳也補注先謙曰官本注末無也字史記淫惡少年作盜賊惡少年史記缿作銗同置伯落長以收司姦師古曰伯亦長帥之稱也置伯及邑落之長以收捕司察姦人也補注王念孫曰史記作置伯格長以牧司姦盜賊徐廣曰街陌屯落皆設督長也據此則伯與陌同故食貨志地理志阡陌字竝作仟伯管子四時篇亦云脩封疆正千伯伯音莫白反伯落長三字連讀而師古云置伯及邑落之長則伯讀如字且分伯與落長爲二斯爲謬矣王引之曰收當作牧牧司相監察也詳商君傳溫舒多諂善事有埶者卽無埶視之如奴有埶家雖有姦如山弗犯無埶雖貴戚必侵辱師古曰謂不居權要之職者舞文巧請下戶之猾以動大豪師古曰弄法爲巧而治下戶之狡猾者用誣動大豪之家所以然者爲大豪中有權要不可治故也請謂奏請補注先謙曰史記巧請作攻誣動作焄其治中尉如此姦猾窮治大氐盡靡爛獄中師古曰大氐大歸也靡碎也氐音丁禮反靡音武皮反行論無出者其爪牙吏虎而冠師古曰言其殘暴之甚也非有人情於是中尉部中中

猾以下皆伏有埶者爲游聲譽稱治數歲其吏多以權貴富師古曰爲權貴之家所擁佑故積受取致富者也補注先謙曰史記無貴字義較長溫舒擊東越還補注周壽昌曰擊東越在元鼎六年出會稽破東越議有不中意師古曰不當天子意也中音竹仲反坐以法免是時上方欲作通天臺而未有人溫舒請覆中尉脫卒得數萬人作師古曰覆校脫漏未爲卒者也脫音它活反上說師古曰說讀曰悅拜爲少府徙右內史補注先謙曰公卿表元封二年爲少府四年徙右內史治如其故姦邪少禁坐法失官復爲右輔行中尉如故操補注先謙曰公卿表在元封六年歲餘會宛軍發孟康曰發兵伐大宛詔徵豪吏溫舒匿其吏華成及人有變告溫舒受員騎錢它姦利事罪至族自殺師古曰員騎騎之有正員也其時兩弟及兩婚家亦各自坐它罪而族光祿勳徐自爲曰悲夫夫古有三族而王溫舒罪至同時而五族乎師古曰溫舒與弟同三族而兩妻家各一故爲五也溫舒死家絫千金師古曰絫古累字

尹齊東郡茌平人也師古曰茌音仕疑反補注宋祁曰韋昭音鶅字林曰茌草亦盛也以刀筆吏

稍遷至御史事張湯湯數稱吕爲廉武帝使督盜賊補注王念孫曰湯素稱以爲廉武句帝使督盜賊案帝字後人所加此言湯素稱尹齊之廉武使之督盜賊上文王溫舒傳事張湯遷爲御史督盜賊下文楊僕傳河南守舉爲御史使督盜賊關東非謂武帝使督盜賊也史記使督上無帝字是其明證矣後人誤以廉字絕句而以武字屬下讀因妄加帝字耳下文曰上以爲能拜爲中尉方指武帝言之斬伐不避貴埶遷關都尉補注先謙曰史記關下多內字當依此訂聲甚於甯成上吕爲能拜爲中尉吏民益彫敝輕齊木彊少文師古曰木質也言如木石之爲也豪惡吏伏匿而善吏不能爲治師古曰惡吏不肯爲用獨善吏在故不能治事也吕故事多廢抵罪師古曰吕職事多廢故至於坐罪也後復爲淮陽都尉王溫舒敗後數年病死家直不滿五十金所誅滅淮陽甚多及死仇家欲燒其尸妻亡去歸葬補注先謙曰史記作尸亡去歸葬徐廣注未及斂尸亦飛去風俗通怪神篇說同公羊傳陳侯鮑甲戌之日亡己丑之日死關而得疏亦引此事爲證班氏葢以爲誕而易之楊僕宜陽人也補注先謙曰宜陽弘農縣吕千夫爲吏孟康曰千夫若五大夫武帝以軍用不足令民出錢穀爲之師古曰所謂武功賞官以寵戰士河南守舉爲御史使督盜賊補注宋祁曰越本守作辟先謙曰官本考證云案關東屬上句宋本誤置宋祁注於督盜賊下

關東治放尹齊師古曰放依也音甫往反吕敢擊行師古曰果敢搏擊而行其治也補注先謙曰史記擊作摯稍遷至主爵都尉上吕爲能南越反拜爲樓船將軍有功封將梁侯東越反上欲復使將爲其伐前勞師古曰伐謂矜恃也吕書敕責之曰將軍之功獨有先破石門尋陿劉德曰南越中險地名也補注宋祁曰陿或作阻先謙曰南粵傳樓船將精卒先陷尋陿破石門得粵船粟因推而前挫粵鋒是其事也石門尋陿詳彼傳非有斬將騫旗之實也師古曰騫與搴同搴拔取之補注先謙曰官本注末有也字烏足吕驕人哉師古曰烏於何也前破番禺捕降者吕爲虜掘死人吕爲獲是一過也建德吕嘉逆罪不容於天下師古曰建德南越王名也尉佗玄孫也吕嘉其相也將軍擁精兵不窮追超然吕東越爲援是二過也師古曰以僕不窮追之故令建德得以東越爲援也士卒暴露連歲爲朝會不置酒補注宋祁曰歲字下當有朕字將軍不念其勤勞而造佞巧請乘傳行塞師古曰傳張戀反行音下更反補注先謙曰官本注下傳下有音字因用歸家懷銀黃垂三組夸鄉里是三過也師古曰銀銀印也黃金印也僕爲主爵都尉又爲樓船將軍并將梁侯三印故三組也組印綬也失期內顧吕道惡爲解師古曰內顧言思妻妾也解謂自解說也若今言分疏失尊尊之序是四過也欲請蜀刀問君買幾何對曰率數百孟康曰僕嘗爲將請官蜀刀詔問賈荅言比數率數百也師古曰賈讀曰價補注宋祁曰注文嘗字疑作當將字下當有行字武庫日出兵而陽不知挾僞干君是五過也師古曰干犯也受詔不至蘭池宮如淳曰本出軍時欲使之蘭池宮頓而不去蘭池宮在渭城明日又不對假令將軍之吏問之不對令之不從其罪何如推此心吕在外江海之閒可得信乎今東越深入將軍能率衆吕掩過不僕惶恐對曰願盡死贖罪補注宋祁曰死字下當有以字與王溫舒俱破東越補注何焯曰此自當在東越傳中雜此非史法也後復與左將軍荀彘俱擊朝鮮爲彘所縛語在朝鮮傳還免爲庶人補注周壽昌曰據朝鮮傳以罪當誅贖爲庶人病死

咸宣楊人也師古曰咸音減省之減楊河東之邑補注沈欽韓曰史記作減宣急就篇姓氏有減罷軍彼注即引減宣減咸通用考工記輈人注減亦爲咸先謙曰楊縣在今平陽府洪洞縣東南十五里吕佐史給事河東守衞

將軍青使買馬河東師古曰將軍衞青充使而於河東買馬也見宣無害言上徵爲廄丞補注先謙曰史記作大廄丞此奪文百官表太僕屬官有大廄五丞官事辦稍遷至御史及丞補注宋祁曰淯化本爲御史中丞刊誤據史館本改予依南本添及字先謙曰史記丞作中丞此奪下文亦作中丞尤其明證使治主父偃及淮南反獄所吕微文深詆殺者甚衆師古曰詆誣也稱爲敢決疑數廢數起爲御史及中丞者幾二十歲師古曰幾音鉅依反王溫舒爲中尉而宣爲左內史補注先謙曰史記上爲作免是據公卿表溫舒免中尉在元鼎六年宣爲左內史在元封元年其治米鹽師古曰米鹽細雜也事小大皆關其手自部署縣名曹實物官吏令丞弗得擅搖痛吕重法繩之居官數年壹切爲小治辯補注先謙曰史記辯作辦字同然獨宣吕小至大補注先謙曰官本至作治史記作致能自行之難吕爲經師古曰經常也不可爲常法也中廢爲右扶風補注先謙曰據公卿表元封六年宣免太初元年爲右扶風中廢不過數月坐怒其吏成信補注先謙曰史記怒作怨信亡藏上林中宣使郿令將吏卒師古曰郿扶風縣也音媚闌入上林中蠶室門攻亭格殺信射中苑門師古曰中

音竹仲反宣下吏爲大逆當族自殺而杜周任用補注周壽昌曰周傳宣爲左內史周爲廷尉又云周中廢爲執金吾據公卿表宣自殺當太初四年又云天漢二年故廷尉杜周爲執金吾是宣死時周亦中廢也傳著此以明武帝任用酷吏然周爲執金吾至御史大夫實在宣自殺後數年事勢不相接先謙曰此班沿史記元文是時郡守尉諸侯相二千石欲爲治者大抵盡效王溫舒等而吏民益輕犯法盜賊滋起師古曰滋亦益也南陽有梅免百政師古曰梅百皆姓也補注先謙曰史記百作白楚有段中杜少師古曰中讀曰仲補注先謙曰史記段作殷徐廣注殷作假齊有徐勃燕趙之閒有堅盧范主之屬補注沈欽韓曰鹽鐵論往者應少伯正之屬潰梁楚昆盧徐穀之徒亂齊趙與此文稍異先謙曰官本此下有鄧展曰延篤讀堅曰甄晉灼曰音近甄城字書已先反二十一字史記主作生大羣至數千人擅自號補注先謙曰自立名號也攻城邑取庫兵釋死罪師古曰釋解也縛辱郡守都尉殺二千石爲檄告縣趣具食師古曰趣讀曰促小羣以百數掠鹵鄉里者不可稱數於是上始使御史中丞丞相長史使督之師古曰出爲使者督察也補注先謙曰史記無使字顏因衍文立訓耳猶弗能禁師古曰禁音居禽反乃使光祿大夫范

昆諸部都尉補注何焯曰史記部作輔百官表有左右京輔都尉屬中尉當從史記及故九卿張德等衣繡衣持節虎符發兵以興擊師古曰以軍興之法而討擊也斬首大部或至萬餘級及以法誅通行飲食坐相連郡甚者數千人補注先謙曰史記作坐連諸郡甚者數千人史記郡字句此當於連字句數歲迺頗得其渠率師古曰渠大也散卒失亡復聚黨阻山川往往而羣無可奈何於是作沈命法應劭曰沈沒也敢蔽匿盜賊者沒其命也孟康曰沈藏匿也命亡逃也師古曰應說是補注沈欽韓曰與之相連俱死爲沈命也冊府元龜六百十六長慶二年勅康買得雖殺人當死而爲父可哀若從沈命之科恐失度情之義宜減死處分彼勅正依應劭作沒命義曰羣盜起不發覺發覺而弗捕滿品者師古曰品率也以人數爲率也二千石以下至小吏主者皆死其後小吏畏誅雖有盜弗敢發恐不能得坐課累府府亦使不言孟康曰縣有盜賊府亦并坐使縣不言之也師古曰府郡府也累音力瑞反補注先謙曰官本注末有韋昭曰負累及府府亦使其不言也十四字故盜賊寖多師古曰寖漸也上下相爲匿以避文法焉補注王念孫曰以避文法本作以文避法史作以文辭避法徐廣云詐爲虛文言無盜賊是也今本文避二字倒轉則非其旨矣後書杜

林傳注引漢書正作以文避法田廣明字子公鄭人也師古曰京兆鄭縣即今之華州以郎爲天水司馬功次遷河南都尉以殺伐爲治郡國盜賊竝起遷廣明爲淮陽太守歲餘故城父令公孫勇與客胡倩等謀反師古曰倩音千見反倩詐稱光祿大夫從車騎數十言使督盜賊止陳留傳舍太守謁見欲收取之廣明覺知發兵皆捕斬焉而公孫勇衣繡衣乘駟馬車至圉師古曰陳留圉縣補注周壽昌曰圉在漢屬淮陽後漢始屬陳留廣明爲淮陽太守治此事可證顏注微誤圉使小史侍之補注周壽昌曰圉下當有令字或守尉字不得但云圉使亦知其非是守尉魏不害與廄嗇夫江德補注齊召南曰案江德功臣表作江喜又案此傳魏不害三人之封竝捕斬公孫勇也乃功臣表則云蘇昌以捕故越王子鄒起侯事實稍異何焯曰鄒起亦必公孫勇之黨而此略之尉史蘇昌共收捕之補注何焯曰不害侯表云以捕反者淮陽胡倩侯與此互異上封不害爲當塗侯德轑陽侯師古曰轑音遼昌蒲侯初四人俱拜於前補注先謙曰四人併小史數之小史竊言武帝問言何對曰爲侯者

得東歸不上曰女欲不貴矣師古曰言汝意欲歸不吾今貴汝請賜之爵也補注宋祁曰不字當有音疑注脫女鄉名爲何對曰名遺鄉上曰用遺汝矣師古曰遺音弋季反於是賜小史爵關內侯食遺鄉六百戶補注錢大昭曰隸釋載國三老袁良碑云孝武征和三年袁幹斬賊公先勇拜黃門郎封關內侯食遺鄉六百戶幹薨子經嗣經薨子山嗣此言小史即袁幹公孫勇即公先勇也功臣表例不載關內侯故世次不可攷錢大昕曰漢制列侯大者萬餘戶小者數百戶武帝時襄城侯桀龍四百戶騏侯駒幾五百二十戶膫侯畢取五百一十戶荻苴侯韓陶五百四十戶邢侯李壽一百五十戶[illegible]秒纔而圉小史得食六百戶是列侯封邑有時不如關內侯之多也上以廣明連禽大姦徵入爲大鴻臚擢廣明兄雲中代爲淮陽太守昭帝時廣明將兵擊益州還賜爵關內侯徙衞尉後出爲左馮翊治有能名宣帝初立代蔡義爲御史大夫以前爲馮翊與議定策師古曰與讀曰豫補注宋祁曰爲字下當有左字封昌水侯歲餘以祁連將軍將兵擊匈奴出塞至受降城受降都尉前死喪柩在堂廣明召其寡妻與姦既出不至質服虔曰質所期處也補注宋祁曰韋昭曰所期約誓地蕭該音義質音贄引軍空還

下太僕杜延年簿責師古曰簿音步戶反補注先謙曰官本僕作守引宋祁曰太守姚本作太僕廣明自殺闕下國除兄雲中爲淮陽守補注宋祁曰淮一作灌姚本改作淮亦敢誅殺吏民守闕告之竟坐棄市

田延年字子賓先齊諸田也徙陽陵師古曰高祖時徙之其地後爲陽陵縣補注宋祁曰先字上當有其字延年以材略給事大將軍莫府霍光重之遷爲長史出爲河東太守選拔尹翁歸等以爲爪牙誅鉏豪彊姦邪不敢發以選入爲大司農會昭帝崩昌邑王嗣位淫亂霍將軍憂懼與公卿議廢之莫敢發言延年按劒廷叱羣臣師古曰止於朝廷之中而叱之也若言廷爭矣即日議決語在光傳宣帝即位延年以決疑定策封陽成侯補注周壽昌曰陽成紀作陽城先是茂陵富人焦氏賈氏以數千萬陰積貯炭葦諸下里物孟康曰死者歸蒿里葬地下故曰下里師古曰以數千萬錢爲本而貯此物也昭帝大行時方上事暴起師古曰方上謂壙中也昭帝暴崩故其事倉猝用度未辦延年奏言商賈或豫收方上不祥器物冀其疾用欲以求利師古曰疾速也非民臣所當爲請沒入縣官奏可富人亡財者皆怨出錢求延年罪初大司農取民牛車三萬兩爲僦師古曰一乘爲一兩僦謂賃之與顧直也音子就反補注宋祁曰服虔曰雇載曰僦音將秀反載沙便橋下送至方上車直千錢延年上簿詐增僦直車二千凡六千萬盜取其半焦賈兩家告其事下丞相府丞相議奏延年主守盜三千萬不道補注宋祁曰劉云延年未嘗有酷烈聲而附此傳中何也延年決大議其明勇過雋不疑至詐增僦直是韓延壽比耳劉敞曰議當作義霍將軍召問延年欲爲道地師古曰爲之開通道路使有安全之地也延年抵曰師古曰抵拒諱也音丁禮反本出將軍之門蒙此爵位師古曰延年嘗給事莫府又爲大將軍長史故云然也無有是事光曰即無事當窮竟師古曰既無實事當令有司窮治盡其理補注蘇輿曰光以延年抵拒而忿言即令無是事亦應窮治頗詷即爲既非御史大夫田廣明謂太僕杜延年春秋之義以功覆過當廢昌邑王時非田子賓之言大事不成今縣官出三千萬自乞之何哉師古曰自謂乞與之也乞音氣補注宋祁曰江南本作自之徐鍇改自作丐今詳注云自謂乞與之則正文不應云自乞之今兼存王念孫曰案乞字後人所加自當爲句廣雅句與也謂出三千萬與之故師古曰句謂乞與之也漢紀作出三千萬錢與之是其證隸書句字作句形與自相似因譌爲自徐鍇改自作丐即句字也江南本作自之自下本無乞字後人以師古云乞音氣遂增入乞字不知師古自爲注中乞字作音非正文所有也[illegible][illegible]通鑑漢紀十六作自乞之則所見漢書本已誤周壽昌曰何哉猶云何也願以愚言白大將軍延年言之大將軍大將軍曰誠然實勇士也當發大議時震動朝廷光因舉手自撫心曰使我至今病悸師古曰悸心動也音揆補注宋祁曰韋昭曰心中喘息曰悸音水季反謝田大夫曉大司農通往就獄得公議之師古曰曉者告白意指也通者從公家通理也光忿其拒諱故不佑之田大夫使人語延年延年曰幸縣官寬我耳何面目入牢獄使衆人指笑我卒徒唾吾背乎即閉閤獨居齊舍師古曰齊讀曰齋補注先謙曰官本閣作閤偏袒持刀東西步數日使者召延年詣廷尉聞鼓聲自刎死晉灼曰使者至司農司農發詔書故鳴鼓也師古曰刎謂斷頸也國除

嚴延年字次卿東海下邳人也其父爲丞相掾延年少學法律丞相府歸爲郡吏以選除補御史掾舉侍御史是時大將軍霍光廢昌邑王尊立宣帝宣帝初即位延年劾奏光擅廢立亡人臣禮不道補注宋祁曰立字下當有主字王念孫曰宋說是也景祐本有主字漢紀作擅廢立主上奏雖寢然朝廷肅焉敬憚延年後復劾大司農田延年持兵干屬車師古曰干犯也屬車天子後車也音之欲反大司農自訟不干屬車事下御史中丞譴責延年何以不移書宮殿門禁止大司農而令得出入宮於是覆劾延年闌內罪人法至死張晏曰故事有所劾奏並移宮門禁止不得入師古曰覆反也反以此事劾之覆音芳目反補注周壽昌曰時大司農已被劾奏故稱罪人延年亡命會赦出丞相御史府徵書同日到延年以御史書先至詣御史府復爲掾宣帝識之張晏曰識其前劾霍光擅廢立拜爲平陵令坐殺不辜去官後爲丞相掾復擢好畤令神爵中西羌反彊弩將軍許延壽請延年爲長史從軍敗西羌還爲涿郡太守時郡比得不能太守師古曰比頻也補注宋祁曰還字下當有遷字周壽昌曰不能言不任職猶言不材也涿

人畢野白等由是廢亂師古曰廢公法而狡亂也大姓西高氏東高氏師古曰兩高氏各以所居東西爲號者自郡吏已下皆畏避之莫敢與牾師古曰牾逆也音悟補注周壽昌曰他本作牾非也王莽傳亡所牾意亦正作牾先謙曰官本作牾咸曰寧負二千石無負豪大家賓客放爲盜賊師古曰放放縱也發輒入高氏吏不敢追浸浸日多師古曰浸漸也道路張弓拔刃然後敢行其亂如此延年至遣掾蠡吾趙繡桉高氏得其死罪繡見延年新將師古曰新爲郡將也謂郡守爲郡將者以其兼領武事也補注宋祁曰越本桉作劾錢大昭曰延年太守故稱將尹翁歸傳翁歸爲東海太守于定國謂邑子曰此賢將孫寶傳顧受將命分當相直時寶爲京兆尹故亦稱將心內懼卽爲兩劾欲先白其輕者觀延年意怒迺出其重劾延年已知其如此矣趙掾至果白其輕者延年索懷中得重劾師古曰索搜也音山客反補注宋祁曰越本無果字卽收送獄夜入晨將至市論殺之先所桉者死師古曰在高氏前死吏皆股弁師古曰股戰若弁弁謂撫手也更遣吏分考兩高窮竟其姦誅殺各數十人郡中震恐道不拾遺三歲遷河南太守賜黃金二十斤豪彊脅息師古曰脅斂也屛氣而息野無行盜威震旁郡其治務在摧折豪彊扶助貧弱貧弱雖陷法曲文目出之其豪桀侵小民者目文內之師古曰飾文而入之爲罪衆人所謂當死者一朝出之所謂當生者詭殺之師古曰詭違正理而殺也吏民莫能測其意深淺戰栗不敢犯禁桉其獄皆文致不可得反師古曰致至密也言其文案整密也反音幡延年爲人短小精悍敏捷於事師古曰悍勁也雖子貢冉有通蓺於政事不能絕也補注沈欽韓曰此十四字劉知幾史通浮詞篇譏之周壽昌曰荀子勸學篇注絕過也吏忠盡節者厚遇之如骨肉皆親鄉之師古曰鄉讀曰嚮出身不顧補注先謙曰出身猶言捨身目是治下無隱情然疾惡泰甚中傷者多尤巧爲獄文善史書所欲誅殺奏成於手中主簿親近史不得聞知奏可論死奄忽如神冬月傳屬縣囚會論府上師古曰總集郡府而論殺流血數里河南號曰屠伯鄧展曰言延年殺人如屠兒之殺六畜伯長也令行禁止郡中正清補注先謙曰正是政之通借趙廣漢傳京兆政清郎其例是時張敞

爲京兆尹素與延年善敞治雖嚴然尙頗有縱舍聞延年用刑刻急迺目書諭之曰昔韓盧之取菟也上觀下獲應劭曰韓盧六國時韓氏之黑犬也孟康曰言良犬之取菟仰觀人主之意而獲之喻不妄殺不甚多殺補注何焯曰此謂宣帝雖尙法律然欲民無歎息愁恨之心非以多殺爲能者也願次卿少緩誅罰思行此術延年報曰河南天下喉咽二周餘斃師古曰喉咽言其所在襟要如人體之有喉咽也二周東西周君國也咽音一千反補注周壽昌曰斃敝通借莠甚苗穢何可不鉏也師古曰莠粃穀所在也苗粟苗也莠音誘補注先謙曰官本注在作生是自矜伐其能終不衰止時黃霸在潁川目寬恕爲治郡中亦平婁蒙豐年師古曰婁古屢字鳳皇下上賢焉下詔稱揚其行加金爵之賞延年素輕霸爲人及比郡爲守褒賞反在己前師古曰比接近也音頻二反心內不服河南界中又有蝗蟲府丞義出行蝗還見延年延年曰此蝗豈鳳皇食邪補注宋祁曰府丞義當作府丞狐義義又道司農中丞耿壽昌爲常平倉利百姓延年曰丞相御史不知爲也當避位去壽昌安得權此師古曰作此倉非奇異之功也公卿不知爲之是曠官也壽昌安得擅此以爲權乎後左馮翊缺上欲徵延年符已發爲其名酷復止應劭曰符竹使符也臧在符節臺欲有所拜召治書御史符節令發符下太尉也補注沈欽韓曰周官典瑞注杜子春云珍圭若今時召郡守以竹使符延年疑少府梁丘賀毀之心恨會琅邪太守目視事久病滿三月免延年自知見廢謂丞曰此人尙能去官我反不能去邪師古曰與丞言云爾又延年察獄史廉有臧不入身師古曰延年察舉其獄史爲廉而此人乃有臧罪然臧不入身也補注宋祁曰越本删有字延年坐選舉不實貶秩笑曰後敢復有舉人者矣師古曰言已濫被貶秩後人寧敢復舉人乎丞義年老頗悖師古曰心思惑亂悖音布內反素畏延年恐見中傷延年本嘗與義俱爲丞相史實親厚之無意毀傷也饋遺之甚厚義愈益恐自筮得死卦忽忽不樂取告至長安師古曰取休假上書言延年罪名十事已拜奏因飲藥自殺目明不欺事下御史丞按驗有此數事目結延年師古曰結正其罪也坐怨望非謗政治不道棄市初延年母從東海來欲從

延年臘師古曰建丑之日爲臘祭因會飲若今之蜡節也到雒陽適見報囚師古曰奏報行決也補注劉敞曰檢尋前後直謂斷決因爲報爾非奏得報也如今有司書因罪長吏判准斷定所謂報也母大驚便止都亭不肯入府延年出至都亭謁母母閉閤不見延年免冠頓首閤下良久母乃見之因數責延年師古曰數音所具反補注周壽昌曰數其罪而責之幸得備郡守專治千里不聞仁愛教化有以全安愚民顧乘刑罰多刑殺人師古曰顧反也乘因也欲以立威豈爲民父母意哉延年服罪重頓首謝師古曰重音直用反因自爲母御歸府舍母畢正臘師古曰臘及正歲禮畢也正音之盛反補注沈欽韓曰畢正臘曰卽歸不待卒歲也天文志臘明日人衆卒歲壹會飲食故曰初歲御覽三十三徐爰家儀曰蜡本施祭故不賀其明日爲小歲賀稱初歲福始慶無不宜小歲之慶既非大慶禮止門內案此則人家作臘無不過小歲飲食者嚴母深惡延年故但主臘祭不復飲食師古解爲臘及正歲非也御覽又引會稽典錄云陳修家貧每至正臘僵臥不起可得謂從臘日臥至元日乎魏書高祖紀太和十五年冬初罷小歲賀世說注秦漢以來臘之明日爲初歲與禮唐旣亦行師古莫考謂延年補注王念孫曰案謂上原有已字猶言已而謂延年也上文云趙禹爲中大夫嘗中廢已爲廷尉郊祀志云新垣平言上曰闕下有寶玉氣來者已視之果有獻玉杯者灌夫傳云田蚡起爲壽坐皆避席伏已嬰爲壽獨故人避席李廣傳云廣生得一人果匈奴射鵰者也已縛之上山外戚

傳云丐沐沐我已飯我今本無已字者後人不解其意而刪之耳通鑑無已字則所見漢書本已誤文選辯命論注御覽時序部十八引此皆有已字天道神明人不可獨殺師古曰言多殺人者已亦當死我不意當老見壯子被刑戮也師古曰言素意不自謂如此也行矣去女東歸埽除墓地耳師古曰言待其喪至也遂去歸郡見昆弟宗人復爲言之後歲餘果敗東海莫不賢知其母師古曰稱其賢知也延年兄弟五人皆有吏材至大官東海號曰萬石嚴嫗師古曰一門之中五二千石故總云萬石次弟彭祖至太子太傅在儒林傳

尹賞字子心補注周壽昌曰案後漢豫州從事尹宙碑有云尹吉甫元孫言多世事景王載在史典尹言多事見左傳襄三十年卽賞之先也碑又云故子心騰於楊縣致位執金吾卽指賞言宙殆賞之同族後人也鉅鹿楊氏人也補注先謙曰楊氏今趙州甯晉縣治以郡吏察廉爲樓煩長舉茂材粟邑令左馮翊薛宣奏賞能治劇徙爲頻陽令補注先謙曰與頻陽令薛恭換縣見宣傳坐殘賊免後以御史舉爲鄭令永始元延間上怠於政貴戚驕恣紅陽長仲兄弟交通輕俠臧匿亡命鄧展曰紅陽姓長仲字也如淳曰紅陽南陽縣也長姓仲字也師古曰姓紅陽而兄字長弟字仲今書長字或作張者非也後人所改耳一曰紅陽侯王立之子兄弟長少者也補注何焯曰元后傳紅陽侯立父子臧匿姦猾亡命賓客爲羣盜成帝使尚書責問司隸校尉京兆尹阿縱則顏注後一說是也而北地大豪浩商等報怨殺義渠長妻子六人補注宋祁曰六人或作二十人往來長安中丞相御史遣掾求逐黨與詔書召捕久之迺得長安中姦猾浸多閭里少年羣輩殺吏受賕報仇師古曰或有自怨於吏或受人賕賂報仇讎也補注宋祁曰賕當作財相與探丸爲彈師古曰爲彈丸作赤黑白三色而共探取之也彈音徒旦反補注王念孫曰正文內本無爲彈二字丸卽彈丸也既言探丸則不得更言爲彈師古云爲彈丸作赤黑白三色而共探取之者此自釋相與探丸四字非正文內有爲彈二字也云彈音徒旦反者此自爲注內彈字作音非爲正文作音也期師祜自音祖祐之辥褚全部皆咩校擧然後人不察而於正文內加爲彈二字斯爲謬矣御覽兵部八十一引此有爲彈二字亦後人依誤本漢書加之其地部二刑法部九所引皆無此二字得赤丸者斫武吏得黑丸者斫文吏白者主治喪師古曰其黨與有爲吏及它人所殺者則主其喪事也城中薄暮塵起剽劫行者死傷橫道枹鼓不絕師古曰枹擊鼓椎也音孚其字從木補注先謙曰官本引蕭該音義曰字林曰枹擊鼓柄音浮賞以三輔高第選守長安令得壹切便

宜從事賞至修治長安獄穿地方深各數丈致令辟爲郭師古曰致謂積累之也令辟甋甎也郭謂四周之內也致讀如本字又音緻令音零辟音避歷反補注王文彬曰爾雅瓴甋謂之甓注甋甎也今江東呼爲瓴甓此顏注所本先謙曰致與緻同以大石覆其口名爲虎穴乃部戶曹掾史與鄉吏亭長里正父老伍人師古曰五家爲伍伍人者各其同伍之人也雜舉長安中輕薄少年惡子師古曰惡子不承父母教命者補注宋祁曰注文承字下當有籍字無市籍商販作務補注周壽昌曰作務作業工技之流見貨殖傳而鮮衣凶服被鎧扞持刀兵者悉籍記之師古曰凶服危險之服鎧甲也扞臂衣也籍記爲名籍以記之補注周壽昌曰服無所謂危險也凶服蓋凶徒作亂之服如絳幘黃巾不遵法制之類皆是得數百人賞一朝會長安吏車數百兩分行收捕皆劾以爲通行飲食羣盜師古曰飲音於禁反食讀曰飤賞親閱見十置一師古曰置放也其餘盡以次內虎穴中百人爲輩覆以大石數日壹發視皆相枕藉死便輿出瘞寺門桓東如淳曰瘞埋也舊亭傳於四角面百步築土四方上有屋屋上有柱出高丈餘有大板貫柱四出名曰桓表縣所治夾兩邊各一桓陳宋之俗言桓聲如和今猶謂之和表師古曰卽華表也補注宋祁曰桓

徐鍇改作垣非是蕭該音義作寺門外垣東又云今漢書多作垣字益後人多知墻垣不知桓表當從桓劉攽曰便讀如徒錢大昕
曰桓和華聲皆相近楬著其姓名師古曰楬杙也椓杙於瘞處而書死者名也楬音竭杙音弋字並從木補注沈欽韓
曰秋官蜡氏職埋而置楬鄭司農云楬欲令其識取之今時楬櫫是也百日後迺令死者家各自發
取其尸親屬號哭道路皆歔欷長安中歌之曰安所求子死桓東
少年場師古曰安猶焉也死謂尸也補注何焯曰古詩結客少年場本此蓋所以爲戒也生時諒不謹枯
骨後何葬師古曰諒信也葬字合韻音子郎反賞所置皆其魁宿師古曰魁根本也宿久舊也或
故吏善家子失計隨輕黠願自改者財數十百人師古曰財與纔同皆貰
其罪師古曰貰緩也詭令立功以自贖師古曰詭責也盡力有效者因親用之爲
爪牙追捕甚精甘耆姦惡甚於凡吏師古曰耆讀曰嗜賞視事數月盜賊
止郡國亡命散走各歸其處不敢闚長安江湖中多盜賊以賞爲
江夏太守捕格江賊補注周壽昌曰荆州刺史東門雲至爲江賊拜可知捕格不易及所誅吏民
甚多坐殘賊免南山羣盜起以賞爲右輔都尉遷執金吾督大姦

猾三輔吏民甚畏之數年卒官疾病且死戒其諸子曰丈夫爲吏
正坐殘賊免補注先謙曰正猶卽也說詳終軍傳追思其功效則復進用矣一坐軟
弱不勝任免終身廢棄無有赦時其羞辱甚於貪汙坐臧慎毋然
賞四子皆至郡守長子立爲京兆尹皆尚威嚴有治辦名
贊曰自郅都以下皆以酷烈爲聲然都抗直引是非爭大體張湯
以知阿邑人主與俱上下蘇林曰邑音人相悒納之悒師古曰如蘇氏之說邑字音烏合反然今之書本
或作色字此言阿諛觀人主顏色而上下也其義兩通補注宋祁曰李奇阿音烏蕭該案漢書作阿媚人主者傳寫誤王念孫曰邑
當音烏合反阿邑人主謂曲從人主之意也阿邑雙聲字或作阿匼鴿合唐書蕭復傳云盧杞諂諛阿匼是也師古欲從俗本作色
以知阿色人主則大爲不詞乃爲之說曰言阿諛觀人主顏色而上下其失也迂矣先謙曰史記贊阿色作陰陽時辯當
否國家賴其便趙禹据法守正師古曰据音據杜周從諛以少言爲重張
湯死後罔密事叢師古曰叢謂眾也寖以耗廢師古曰寖漸也耗亂也音莫報反九卿奉
職救國不給師古曰給供也何暇論繩墨之外乎自是以至哀平酷吏眾

多然莫足數此其知名見紀者也其廉者足以爲儀表師古曰謂有儀形可
表明者補注先謙曰儀表說詳哀紀顏訓非其汙者方略教道壹切禁姦師古曰汙濁也道讀曰導
亦質有文武焉雖酷稱其位矣師古曰稱音尺孕反補注宋祁曰亦字下當有皆字何焯曰稱其位
者歸咎於任之者也本馬遷之微辭湯周子孫貴盛故別傳師古曰言所以不列於酷吏之篇也補注蘇輿
曰班言不用史公元例裁篇別出之故

酷吏傳第六十終　漢書九十

貨殖傳第六十一　　漢書九十一

漢　蘭　臺　令　史班　固　撰

唐正議大夫行祕書少監琅邪縣開國子顏師古注

賜進士出身前翰林院編修國子監祭酒加三級臣王先謙補注

昔先王之制自天子公侯卿大夫士至于皁隸抱關擊𣝗者師古曰皁養馬者也隸之言著也屬著於人也抱關守門者也擊𣝗守夜擊木以警衆也𣝗音土各反其爵祿奉養宮室車服棺槨祭祀死生之制各有差品小不得僭大賤不得踰貴夫然故上下序而民志定補注先謙曰易履象辭君子以辨上下定民志於是辯其土地川澤丘陵衍沃原隰之宜師古曰衍謂地平延者也沃木之所灌沃也廣平曰原下溼曰隰補注宋祁曰注文地字下疑有形字下沃疑作浸先謙曰官本注延作衍教民種樹畜養師古曰樹殖也補注先謙曰官本種樹作樹種五穀六畜及至魚鼈鳥獸雚蒲材幹器械之資師古曰雚薍也即今之荻也械者器之總名也雚音桓薍音五宦反荻音敵所以養生送終之具靡不皆育育之以時

而用之有節屮木未落斧斤不入於山林師古曰禮記月令云季秋之月草木黃落乃伐薪為炭豺獺未祭罝網不布於壄澤師古曰禮記王制云獺祭魚然後虞人入澤梁豺祭獸然後田獵月令孟春之月獺祭魚季秋之月豺乃祭獸戮禽罝兔網也音嗟鷹隼未擊矰弋不施於徯隧師古曰隼亦鷙鳥即今所呼為鶻者也月令孟秋之月鷹乃祭鳥用始行戮弋繳射也矰者弋之矢也徯隧徑道也矰音曾徯音奚隧音遂鶻音胡骨反既順時而取物然猶山不槎蘖澤不伐夭師古曰槎古槎字也槎邪斫木也蘖髡斬之也此天謂草木之方長未成者也槎音士牙反蘖音五葛反夭音烏老反補注劉奉世曰蘖讀如牙蘖之蘖旁出嫩枝也義與夭相對宋祁曰槎浙本音犬雅反王引之曰槎從在聲古音屬之部槎從差聲古音屬歌部二部絕不相通無緣借槎為槎槎蓋差字之譌也差槎古同聲故通用隸書差字或作差漢太尉劉寬碑咨嗟是也後人誤認差上之卄為艸頭又因師古言古槎字乃依篆文艸頭作槎與槎字相似因譌而為槎矣玉篇廣韻槎字竝士之切無槎音集韻以槎槎為一字引漢書山不槎蘖則北宋時漢書已譌作槎故作韻者誤收而類篇以下諸書並沿其誤蝝魚麛卵咸有常禁師古曰蝝小蟲也麛鹿子也卵鳥卵也月令孟春之月毋殺孩蟲毋麛毋卵蝝音弋全反麛音莫奚反所以順時宣氣蕃阜庶物師古曰蕃多也阜盛也蕃音扶元反稸足功用如此之備也師古曰稸即蓄字然後四民

因其土宜各任智力夙興夜寐以治其業相與通功易事交利而俱贍師古曰言以其所有交易所無而不匱乏非有徵發期會而遠近咸足故易曰后以財成輔相天地之宜以左右民師古曰泰卦象辭也后君也左右助也言王者資財用以成教贊天地之化育以救助其衆庶也左右讀曰佐佑補注王鳴盛曰財與裁同師古以為資財用以成教非備物致用立成器以為天下利莫大乎聖人師古曰上繫之辭也備物致用謂備取百物而極其功用補注宋祁曰一作立功成器一作立物立功致用成器此之謂也管子云古之四民不得雜處師古曰管仲之書也士相與言仁誼於閒宴師古曰閒讀曰閑工相與議技巧於官府商相與語財利於市井師古曰凡言市井者市交易之處井共汲之所故總而言之也說者云因井而為市其義非也農相與謀稼穡於田壄朝夕從事不見異物而遷焉師古曰言非其本業則弗觀視故能各精其事不移易補注宋祁曰注末疑有也字故其父兄之教不肅而成子弟之學不勞而能各安其居而樂其業甘其食而美其服雖見奇麗紛華非其所習辟猶戎翟之與于越不相入矣孟康曰于越南方越名也師古曰于

發語聲也戎蠻之語則然于越猶句吳耳辟讀曰譬補注王念孫曰案于越本作干越干音干戈之干干越者吳越也墨子兼愛篇禹南為江漢淮汝東流之注五湖之處以利荊楚干越與南夷之民今本脫干字據文選江賦注引補莊子刻意篇夫有干越之劍者釋文司馬云干吳也吳越出善劍也案吳有谿名干谿越有山名若邪並出善鐵鑄為名劍也以上莊子釋文荀子勸學篇干越夷貉之子楊倞曰干越猶言吳越宋本如是近時嘉善謝氏刻本改干為于又改楊注吳越為於越非淮南原道篇干越生葛絺高注干吳也道藏本如是俗本改干為于與高注不合是干越即吳越也干越為二國故云戎翟之與干越猶墨子之言荊楚干越荀子之言干越夷貉也若春秋之於越即是越而以於為發聲此文之干越與戎翟對舉者不同孟康所見本正作干越故云干越南方越名也其意以干越為越之一種若漢時之有閩越甌越駱越耳若於越則即是越不得言南方越名矣案孟康之解干越與司馬彪不同然亦是干字文選吳都賦包括干越宋尤延之本如是今本或與宋本閩或改干為于李善注引此文正作干越又引音義云干南方越名也此下有春秋曰[illegible]杜預注曰于越[illegible]字乃後人所改與李注不合御覽州郡部十六引此亦作干越又引韋昭注[illegible]云干越今餘干縣越之別名案韋以干越為餘干雖非確詁然亦是干字非于字是其證師古改干為于而以春秋之於越釋之誤矣於于古雖通用而春秋之於越未有作于越者學者多聞於越寡聞干越故子史諸書之干越或改為于越皆沿師古之誤是以欲寡而事節財足而不爭於是在民上者道之以德齊之以禮師古曰道讀曰導補注先謙曰官本注在德下故民有恥而且敬貴誼而賤利此三代之所以直道而

行不嚴而治之大略也師古曰直道而行謂以德禮率下不飾僞也及周室衰禮法墮師古曰墮毁也音火規反諸侯刻桷丹楹大夫山節藻梲師古曰桷椽也楹柱也節栭也山刻為山形也梲侏儒柱也藻謂刻鏤為水藻之文也刻桷丹楹魯桓宮也山節藻梲臧文仲也〔補注〕宋祁曰注文椽字疑作欀王文彬曰禮玉藻管仲鏤簋朱紘山節藻梲君子以為濫矣文仲特用以居蔡班序當指管仲顏說非也八佾舞於庭雍徹於堂師古曰八列舞於庭謂季氏也吕雍樂徹食三家則然事見論語〔補注〕先謙曰官本注列作佾其流至乎士庶人莫不離制而棄本稼穡之民少商旅之民多穀不足而貨有餘陵夷至乎桓文之後師古曰齊桓晉文也禮誼大壞上下相冒國異政家殊俗耆欲不制僭差亡極師古曰耆讀曰嗜其下竝同極止也於是商通難得之貨工作亡用之器士設反道之行吕追時好而取世資師古曰追逐也僞民背實而要名姦夫犯害而求利篡弒取國者為王公圉奪成家者為雄桀師古曰圉謂禁守其人也〔補注〕劉敞曰圉讀如禦人於國東門之禦王念孫曰師古以圉為禁守則圉奪二字義不相屬今案圉讀曰禦禦圉古字通大雅桑柔篇孔棘我圉鄭箋圉當作禦逸周書寶典篇不圉我哉管子大匡篇安蕆圉我墨子辭過篇邊足以圉風寒莊子繕性篇其來不可圉並與禦同又大雅烝民篇不畏彊禦漢書王莽傳作彊圉莊子讓王篇列禦寇楚策作圉寇圉奪成家者禦人而奪其財以成其家也孟子萬章篇今有禦人於國門之外者趙注禦人以兵禦人而奪其貨郎此所謂圉奪也漢紀孝文紀作劫奪成家義與圉奪同禮誼不足吕拘君子刑戮不足吕威小人富者木土被文錦犬馬餘肉粟而貧者裋褐不完唅菽飲水師古曰裋布長襦也褐編枲衣也裋音豎唅亦含字也菽豆也其為編戶齊民同列而吕財力相君〔補注〕沈欽韓曰商子錯法篇同列而相臣妾者貧富之謂也同寔而相并兼者强弱之謂也雖為僕虜猶亡慍色故夫飾變詐為姦軌者自足乎一世之閒守道循理者不免於飢寒之患其教自上興繇法度之無限也師古曰繇讀與由同故列其行事吕傳世變云

昔粵王句踐困於會稽之上迺用范蠡計然孟康曰姓計名然越臣也蔡謨曰計然者范蠡所著書篇名耳非人也謂之計然者所計而然也羣書所稱句踐之賢佐種蠡為首豈聞復有姓計名然者乎若有此人越但用半策便以致霸是功重於范蠡蠡之師也焉有如此而越國不記其事書籍不見其名史遷不述其傳乎師古曰蔡說謬矣據古今人表計然列在第四等豈是范蠡書篇乎計然一號計研故賓戲曰研桑心計於無垠即謂此耳計然者濮上人也博學無所不

通尤善計算嘗南遊越范蠡卑身事之其書則有萬物錄著五方所出皆直述之事見皇覽及晉中經簿又吳越春秋及越絕書竝作計倪此則倪研及然聲皆相近實一人耳何云書籍不見哉〔補注〕先謙曰梁章鉅云馬總意林史記貨殖傳集解文選求通親親表注並引范子謂計研姓辛字文子葵丘濮上人其先晉國亡公子范蠡師事之不肯自顯天下莫知故稱計然時遨遊海澤號漁父孟注以為姓計殊誤高似孫子略云姓章通志略云姓宰並因辛而誤吳越春秋作計硯越絕書作計倪則因硯而誤唐徐靈府文子注作計銒因研而誤亦皆以聲相亂耳先謙案官本故賓戲作故戲賓引宋祁曰注文故戲賓當作故荅賓戲計然曰知鬭則修備時用則知物二者形則萬貨之情可得見矣師古曰形顯見也故旱則資舟水則資車物之理也師古曰旱極則水水極則旱故於旱時而預蓄舟水時預蓄車以待其貴收其利也推此類而脩之十年國富厚賂戰士遂報彊吳刷會稽之恥師古曰刷謂拭除之也音所劣反范蠡歎曰計然之策十〔補注〕先謙曰史記十作七吳越春秋越絕書作九術用其五而得意既已施國吾欲施之家迺乘扁舟孟康曰特舟也師古曰音匹延反浮江湖變名姓〔補注〕先謙曰官本名姓作姓名適齊為鴟夷子皮師古曰自號鴟夷者言若盛酒之鴟夷多所容受而可卷懷與時張弛也鴟夷皮之所為故曰子皮〔補注〕先謙曰師古注索隱引作大顏說文小異又引韓子云鴟夷子皮事田成子成子去齊之燕子皮乃從之蓋范蠡也之陶為朱公孟康曰陶即今定陶也〔補注〕先謙曰濟陰縣今曹州府定陶縣西北四里吕為陶天下之中諸侯四通貨物所交易也迺治產積居與時逐孟康曰逐時而居買也師古曰此說非也言豫居貨物隨時而逐利〔補注〕先謙曰集解引孟注買作貨官本注隨時作與時而不責於人〔補注〕劉攽曰與時逐宜屬下句治產治凡可以生息者積居積貯成物居停之與時逐而不責於人言此兩事自與天時馳逐無求責於人也故善治產者能擇人而任時〔補注〕先謙曰史記產作生十九年之間三致千金而再散分與貧友昆弟後年衰老聽子孫脩業而息之師古曰息生也遂至鉅萬故言富者稱陶朱〔補注〕齊召南曰案范蠡子貢白圭猗頓烏氏巴寡婦清其人皆在漢以前不應與程卓諸人並列此則沿襲史記本文未及刊除者也劉知幾每譏班氏失於裁斷此亦其彰彰者

子贛既學於仲尼退而仕衞師古曰孔子弟子姓端木名賜也發貯鬻財曹魯之間師古曰多有積貯趣時而發鬻賣之也鬻音弋六反〔補注〕王念孫曰師古說發字之義非是發讀為廢宣八年公羊傳注廢置也周官廛人疏引鄭志同謂廢置之積貯之以轉鬻於曹魯之間也史記作廢著鬻財於曹魯之間徐廣曰著讀音如貯是其證也廢貯猶廢

居也平準書云富商大賈或蹛財役貧轉轂百數廢居居邑徐廣
曰廢居者貯畜之名也有所廢有所畜言其乘時射利也有所廢謂有所
廢著也師古注食貨志亦云有所廢置有所居畜劉攽蓄以廢爲出賣非是越世家云陶朱公約要父
子耕畜廢居候時轉物廢居或作廢舉仲尼弟子傳子貢好廢舉
與時轉貨貲裴駰曰廢舉謂停貯此即貨殖傳所云子贛發貯鬻
財者也廢與發古同聲而通用爾雅廢說舍也方言發說舍車也是發與廢同論語微子篇廢中權
廢鄭作發莊子列御寇篇曾不發藥乎發司馬本作廢云置也張湛注列子黄帝篇同荀
子禮論篇大昏之未發齊也史記禮書發作廢史記扁鵲傳色廢脉亂徐廣曰一作發七十子之徒賜最爲
饒師古曰言於弟子之中最爲富而顏淵簞食瓢飲在于陋巷師古曰簞笥也一食飯也瓢瓠勺也一
簞之飯一瓢之飲至貧也簞音丁安反食音似瓢音頻遙反〔補注〕
宋祁曰注文至字上當有言字先謙曰史記作原憲不厭糟糠匿
於窮巷子贛結駟連騎束帛之幣聘享諸侯所至國君無不分庭與
之抗禮師古曰爲賓主之禮〔補注〕先謙曰官本抗作亢然孔子賢顏淵而譏子貢曰回也
其庶乎屢空賜不受命而貨殖焉意則屢中師古曰論語載孔子之言也顏回庶幾聖
道雖數空匱而樂在其中子贛不受教命唯財是
殖億度是非幸而中耳意讀曰億中音竹仲反
白圭周人也當魏文侯時李克務盡地力〔補注〕王文彬曰務盡地力攷工記所謂飭力以
長地材也先謙曰索隱案漢書食貨志李悝爲魏文侯作盡地力
之教國以富彊今此及漢書言克皆誤也劉向別錄亦云李悝

而白圭樂觀時變故人棄我取人取我予能薄飲食忍嗜欲節衣
服與用事僮僕同苦樂趨時若猛獸摯鳥之發故曰吾治生猶伊
尹呂尚之謀孫吳用兵商鞅行法是也故智不足與權變勇不足
㠯決斷仁不能㠯取予〔補注〕先謙曰官本能作足彊不能㠯有守雖欲學吾術
終不告也蓋天下言治生者祖白圭師古曰祖始也以其法爲本始也
猗頓用盬鹽起師古曰猗頓魯之窮士也盬鹽池也於盬造鹽故曰盬鹽盬音古〔補注〕沈欽韓曰齊民要術陶朱公
謂猗頓曰子欲速富當畜五牸元和志河中府猗氏縣即猗頓之
所居尸子治天下篇相玉而借猗頓淮南氾論注云猗頓能知玉
理周壽昌曰周禮鹽人云其苦鹽杜子春以爲苦讀如盬謂出
水直用不湅也一說盬河東大鹽散鹽東海煮水爲鹽也邯
鄲郭縱㠯鑄治成業與王者埒富師古曰埒等也
烏氏蠃畜牧師古曰氏音支烏氏姓也蠃名也其人爲畜牧之業
也〔補注〕先謙曰史記蠃作倮集解引韋昭云烏氏縣
名屬安定顏注非及衆斥賣師古曰畜牧蕃盛其數多則出而賣之也求奇繒物間獻戎王師古
曰避時之禁故伺閒隙私遺戎王戎王十倍其償〔補注〕宋祁曰償字上當有價字先謙曰史記同宋說非予

畜畜至用谷量牛馬師古曰言其數饒不可計算故㠯山谷多少言之秦始皇令蠃比封
君㠯時與列臣朝請師古曰與讀曰豫請音才性反
巴寡婦清師古曰以其行絜故號曰清也其先得丹穴而擅其利數世師古曰丹丹砂也穴
者山谷之穴出丹也〔補注〕先謙曰集解引徐廣曰涪陵出丹正義
括地志寡婦清臺山俗名貞女山在涪州永安縣東北七十里也
家亦不訾師古曰言資財衆多無限數訾音子移反清寡婦能守其業用財自衞人不
敢犯始皇㠯爲貞婦而客之爲築女懷清臺
秦漢之制列侯封君食租稅歲率戶二百千戶之君則二十萬朝
覲聘享出其中庶民農工商賈率亦歲萬息二千百萬之家即二
十萬而更繇租賦出其中師古曰更音工衡反繇讀曰傜衣食好美矣故曰陸地
牧馬二百蹏孟康曰五十匹也師古曰蹏古蹄字牛千蹏角孟康曰百六十七頭馬貴而牛賤以此爲率
也師古曰百六十七頭牛則爲蹄與角凡一千二也言千
者舉成數也〔補注〕宋祁曰牛千蹏角越本作牛蹏角千千足羊
師古曰凡言千足者二百五十頭也澤中千足彘水居千石魚波師古曰波讀曰陂言有大陂養魚一

歲收千石魚也說者不曉乃改其波字爲皮又
讀爲披皆失之矣〔補注〕先謙曰史記波作陂山居千章之萩孟康
曰萩任方章者千枚也師古曰大材曰章解在百官公卿表
楸樹字也其下並同也〔補注〕宋祁曰注文浙本百官公卿表下
有萩不在山明矣六字刪樹字兩也字
先謙曰史記萩作材徐廣注一作楸安邑千樹棗〔補注〕沈欽韓曰爾雅翼魏
文帝詔凡棗味莫過安邑御
棗通典河東郡貢棗八千顆燕秦千樹栗〔補注〕沈欽韓曰唐書地理志云幽州貢栗陸璣
詩疏五方皆有栗惟漁陽范陽
栗甜美味長他方者悉不及蜀漢江陵千樹橘〔補注〕沈欽韓曰吳志注襄陽記
李衡爲丹陽太守每欲治家妻輒不聽後密遣客十人於武陵龍
陽汎洲上作宅種甘橘千株臨死敕兒曰汝母惡吾治家故窮如
是然吾州里有千頭木奴不責
汝衣食歲上一匹絹亦可足用淮北滎南河濟之間千樹萩師古曰滎
亦水名濟水所溢作也即今所謂滎澤
也〔補注〕先謙曰史記作滎南作常山以南陳夏千畝桼師古曰陳夏二縣
也皆屬淮陽種桼樹
而取其汁夏音嘏齊魯千畝桑麻渭川千畝竹及名國萬家之
城帶郭千畝畝鍾之田孟康曰一鍾受六斛四斗師古曰一畝收一鍾者凡千畝也〔補注〕宋祁曰注文
下當有
言字若千畝卮茜師古曰茜草卮子可用染也師古曰茜音千見反〔補注〕周壽昌曰茜草名紅藍今俗呼紅
花可染紅卮子俗寫作梔子
可染黃先謙曰若猶及也千畦薑韭師古曰畦音攜此其人皆與千戶

侯等諺曰吕貧求富農不如工工不如商刺繡文不如倚市門此言末業貧者之資也師古曰言其易以得利也通邑大都酤一歲千釀師古曰千瓮以釀酒醯醬千瓨師古曰瓨長頸罌也受十升瓨音胡雙反補注先謙曰官本頸作頭引宋祁曰注文中頭字當作頸升字當作斗字雙字當作江字漿千儋孟康曰儋罌也師古曰儋人儋之也一儋兩罌儋音丁濫反屠牛羊彘千皮穀糴千鍾師古曰謂常糴取而居之薪槀千車船長千丈師古曰總積船之丈數也木千章竹竿萬个孟康曰个者一个兩个師古曰个讀曰箇箇枚也補注宋祁曰注文師字上當有也字軺車百乘師古曰軺車輕小之車也軺音弋昭反補注先謙曰集解引徐廣曰軺馬車也牛車千兩師古曰車一乘曰一兩謂之兩者言其轅輪兩兩而耦木器桼者千枚補注先謙曰史記桼作髤徐廣注髤漆也銅器千鈞孟康曰三十斤爲一鈞素木鐵器若卮茜千石孟康曰百二十斤爲石素木素器也馬蹏噭千師古曰噭口也蹏與口共千則爲馬二百也噭音江釣反又音口釣反補注沈欽韓曰說文噭吼也字書無訓口者[illegible]乃大玄注敫與叫同史記作躈徐廣注馬八髎索隱埤蒼云尻骨爲八髎一曰夜蹄案內經骨空論八髎在腰尻分間呂覽觀表古之善相馬者許鄙相䏙注䏙後竅也躈即尻竅牛千足羊彘千雙師古曰彘即豕童手指千孟康曰童奴婢也古

者無空手游口皆有作務作務須手指故曰手指以別馬牛蹏角也師古曰手指謂有巧伎者指千則人百筋角丹沙千斤補注先謙曰官本沙作砂其帛絮細布千鈞文采千匹師古曰文文繒也帛之有色者曰采荅布皮革千石孟康曰荅布白疊也師古曰麤厚之布也其價賤故與皮革同其量耳非白疊也荅者重厚之貌而讀者妄爲榻音非也補注吳仁傑曰案古者漢書音讀皆有師承之自未可遽非之也晉羊曼與郗鑒卞壺蔡謨等八人號八伯擬古之八雋皆一時名流也而曼爲濌伯顏氏家訓云濌者多饒積厚之貌與荅布重厚之意相近集韻荅濌二字同託合切與榻音亦相近集韻別出濌字引伯事案家訓濌字用盛洪之晉書本而集韻濌字用唐御製本要之荅布之荅乃與晉八伯名實相當字書宜於荅字下注云託合切厚重貌一作濌沈欽韓曰上文言細布則知是麤布其時白氈未入中國故孟說非也荅布即納布宋書徐湛之傳高祖微時伐荻有納布衣襖洪頤煊曰史記作榻布齊民要術卷七引漢書亦作榻布千石桼千大斗師古曰大斗者異於量米粟之斗今俗猶有大量補注先謙曰顧炎武云是漢時已有大斗但用之量麤貨耳齊召南云案史記但云桼千斗無大字糵麴鹽豉千合師古曰麴糵以斤石稱之輕重齊則爲合鹽豉則斗斛量之多少等亦爲合合者相配偶之言耳今西楚荆沔之俗賣鹽豉者鹽豉各一升則各爲裹而相隨焉此則合也說者不曉迺讀爲升合之合又改作台競爲解說失之遠矣補注王引之曰師古以合爲相配耦所謂曲說者也上文云荅布皮革千石桼千大斗下文云鮐鮆千斤鮿鮑

千鈞此獨不言斗斛不言斤石而以相配耦爲名有是理乎史記貨殖傳作千荅徐廣曰或作台器名有瓵孫叔然云[illegible]瓵瓦器受斗六升台當爲瓵音貽案徐說是也爾雅甌瓿謂之瓵郭注瓿甊小甖長沙謂之瓵列女仁智傳臧文仲曰斂小器投諸台台與瓵同史記或本作台是也今本台作荅乃苔字之譌苔台古同聲故得通用漢書作合則又台之譌也[illegible]作師古不達反以作台者爲誤而强爲合字作解其失甚矣鮐鮆千斤師古曰鮐海魚也鮆刀魚也飲而不食者鮐音胎又音落鮆音薺又音才爾反而說者妄讀鮐爲夷非唯失於訓物亦不知音矣鮿鮑千鈞師古曰鮿膊魚也卽今不著鹽而乾者也鮑今之鯘魚也鮿音輒膊音普各反鯘音於業反而說者乃讀鮑爲鮠魚之鮠音五回反失義遠矣鄭康成以爲鮑於煏室乾之亦非也煏室乾之卽鮿耳蓋今巴荆人所呼鰎魚者是也音居偃反秦始皇載鮑亂臭則是鮿魚耳而煏室乾者本不臭也煏音蒲北反補注沈欽韓曰玉篇鮿鹽漬魚也鮑亦鹽漬魚鮑漬魚也今謂裛魚裛卽鮿也玉篇於鮿鮑通謂淹魚無異解也說文鮑饐魚也饐亦裛鮿之變而徐鍇繫傳解饐爲陳臭則沿俗說耳先謙曰史記鮿下有千石二字棗栗千石者三之師古曰三千石補注先謙曰正義如此乃與上物相等狐貂裘千皮羔羊裘千石師古曰狐貂貴故計其數羔羊賤故稱其量也補注先謙曰顧炎武云變皮言石亦互文也齊召南云顏說甚確益非互文旃席千具它果采千種師古曰果采謂於山野采取栗實也補注先謙曰官本注栗作果是史記作佗果茶千鐘

子貸金錢千貫節駔儈孟康曰節節物貴賤也謂除估儈其餘利比於千乘之家也師古曰儈者合會二家交易者也駔者其首率也駔音子朗反儈音工外反貪賈三之廉賈五之孟康曰貪賈未當賣而賣未當買而買故得利少而十得其三廉賈貴乃賣賤乃買故十得五也補注劉敞曰貪賈務貸仍取厚利常多亡失故三之廉賈取之約未嘗亡失故五之劉奉世曰此謂子貸取息也貪賈取利多故三分取息一分廉賈則五分取一耳所謂歲萬息二千也先謙曰李光地云孟說未是貪賈以十計而三之謂得十之三分餘也廉賈以十計而五之謂得息十之二分也亦比千乘之家此其大率也

蜀卓氏之先補注周壽昌曰卓徐廣曰一作淖案此卽卓王孫之祖或父也至孝武時尚有僮客八百人趙人也用鐵冶富秦破趙遷卓氏之蜀夫妻推輦行師古曰步車曰輦諸遷虜少有餘財爭與吏求近處處葭萌師古曰縣名也地理志屬廣漢葭音家唯卓氏曰此地陿薄吾聞崏山之下沃壄下有蹲鴟至死不飢孟康曰蹲音蹲水鄉多鴟其山下有沃野灌溉師古曰孟說非也蹲鴟謂芋也其根可食以充糧故無飢年華陽國志曰汶山郡都安縣有大芋如蹲鴟也民工作市易賈乃求遠遷致之臨邛大憙卽鐵山鼓鑄師古曰卽就也運

鑄箕賈滇蜀民師古曰行販賣於滇蜀之閒也滇音丁賢反富至童八百人〔補注〕先謙曰史記作
千人田池射獵之樂擬於人君
程鄭山東遷虜也亦冶鑄賈魋結民富埒卓氏師古曰魋結西南夷也言程鄭行賈
求利於其人也埒等也魋音直追反結讀曰髻〔補注〕先謙曰魋結史記作椎髻義同下有俱居臨邛四字程卓既衰至
成哀閒成都羅裒訾至鉅萬初裒賈京師隨身數十百萬師古曰言其自
有數十萬且至百萬爲平陵石氏持錢〔補注〕先謙曰顧炎武云持錢猶今人言掌財也其人彊力石
氏訾次如苴孟康曰平陵如氏苴氏也石氏勤力故訾次二人也師古曰孟說非也其人彊力謂羅裒耳訾次如苴自
謂石氏之饒財也苴音側于反〔補注〕先謙曰如苴見下文親信厚資遣之令往來巴蜀數年閒
致千餘萬裒舉其半賂遺曲陽定陵侯師古曰謂王根淳于長也依其權力賖
貸郡國人莫敢負師古曰貸音吐戴反〔補注〕錢大昭曰此谷永所謂爲人起責分利受謝是也擅鹽井
之利期年所得自倍師古曰期音基遂殖其貨
宛孔氏之先梁人也用鐵冶爲業秦滅魏遷孔氏南陽大鼓鑄規

陂田連騎游諸侯因通商賈之利有游閒公子之名師古曰閒讀曰閑言其志
寬大不在急促公子者公侯貴人之子也言其舉動性行有似之也若今言諸郎矣然其贏得過當瘉於孅
嗇師古曰瘉讀爲愈愈勝也孅細也嗇愛恡也言其於利雖不汲汲苟得然所獲贏餘多於細恡者也孅與纖同下云周人既纖
義亦類此家致數千金故南陽行賈盡法孔氏之雍容
魯人俗儉嗇而丙氏尤甚以鐵冶起〔補注〕先謙曰史記作曹邴氏鹽鐵論禁耕篇大夫曰異時
鹽鐵未籠布衣有朐邴案朐即宛朐春秋曹國地也在今曹州府菏澤縣西南故史記作曹邴而當時謂之朐邴也富至鉅
萬〔補注〕王文彬曰集解起屬下讀云起富至鉅萬是也下文刀閒起數千萬史記起下亦有富字然家自父兄子
弟約頫有拾卬有取師古曰頫古俯字也俯仰必有所取拾無鉅細好惡也〔補注〕宋祁曰注末也字上當有者
字蘇輿曰頫拾卬取言人不閒遊物無遺利蘇軾荅梁先詩學如富賈在溥收仰取俯拾無遺籌正用此義約如下約非田畜所生
不衣食之約言家約如此是以行賈徧郡國史記弟作孫貲貸行賈徧郡國鄒魯以其故多去
文學而趨利
齊俗賤奴虜而刀閒獨愛貴之師古曰刀姓閒名也刀音貂〔補注〕先謙曰官本刀並作刁史記同玉

篇刀可幺切亦姓俗作刁桀黠奴人之所患唯刀閒收取使之逐魚鹽商賈之
利或連車騎交守相然愈益任之終得其力起數千萬故曰寧爵
無刀孟康曰刀閒能畜豪奴奴或有連車騎交守相奴自謂寧欲免去作民有爵邪無將止爲刀氏作奴乎無發聲助也〔補注〕
周壽昌曰當時諺語未必如孟說之委曲且如孟說何由使豪奴自饒而盡其力乎蓋此乃反揭語言寧爲爵之貴無若刀之饒邪
言能使豪奴自饒而盡其力也刀閒既衰至成哀閒臨菑姓偉訾
五千萬師古曰姓姓名偉
周人既孅而師史尤甚轉轂百數師古曰轉轂謂以車載物而逐利者〔補注〕宋祁曰尤舊本作光
姚改作尤賈郡國無所不至雒陽街居在齊秦楚趙之中富家相矜以
久賈孟康曰謂街巷居民無田地皆相矜久賈在此諸國也師古曰此說非也言雒陽之地居在諸國之中要衝之所若大街
衢故其賈人無所不至而多得利不憚久行也中音竹仲反〔補注〕何焯曰街居當如孟說作街巷居民在中則顏注居在諸國之中
爲優然以爲要衝之所若大衢疏矣先謙曰顧炎武云說文街四通道鹽鐵論二周之山川天下名都居五諸侯之衢跨街衝之
路則顏說亦自可通過邑不入門設用此等故師史能致十千萬師古曰十千萬即萬
萬也言其財至萬萬也一曰至千萬者十焉〔補注〕先謙曰史記作七千萬師史既衰至成哀王莽時雒

陽張長叔薛子仲訾亦十千萬莽皆以爲納言士欲法武帝然不
能得其利師古曰法武帝者言用卜式東郭咸陽孔僅等爲官也
宣曲任氏〔補注〕先謙曰索隱上林賦云西馳宣曲當在京輔今闕其地其先爲督道倉吏孟康曰若
今史督租穀使上道輸在所也師古曰於京師四方諸道督其租耳道者非謂上道也〔補注〕劉奉世曰督道者倉所在地名耳猶後
傳注漢宮闕疏所稱細柳倉也爲倉吏故能藏粟致富也周壽昌曰督道爲地名若秦時督亢之類先謙曰督道劉周說是倉名無
考者多矣官本注史作吏在所作所在秦之敗也豪桀爭取金玉任氏獨窖倉粟師古
曰取倉粟而窖藏之也窖音工孝反楚漢相距滎陽民不得耕種米石至萬而豪桀
金玉盡歸任氏任氏以此起富富人奢侈而任氏折節爲力田畜
人爭取賤賈任氏獨取貴師古曰言其居賈之物不計貴賤唯在良美也賈讀曰價善富者數
世師古曰折節力田務於本業先公後私率道閭里故云善富〔補注〕王念孫曰此當以任氏獨取貴善爲句富者數世爲句上文
賈讀爲盬謂物之麤惡者也唐風鴇羽傳盬不攻致也小雅四牡傳盬不堅固也漢書息夫躬傳器用盬惡鄧展曰盬不堅牢也其

字或作榛楛之苦荀子勸學篇楊倞注凡器物堅好者謂之功濫楛惡者謂之楛議兵篇械用兵革窳楛不便利或作甘苦之苦周官典婦功辨其苦良鄭司農讀苦爲盬謂分別其縑帛與布紵之麤細齊語辨其功苦韋注功牢也苦脃也淮南時則篇功事苦慢高注苦惡也史記平準書鐵器苦惡或作沽酒之沽喪服傳冠者沽功也鄭注沽猶麤也士喪禮弓矢之新沽功釋文沽竝音古或作榮枯之枯荀子天論篇楛耕傷稼楊倞曰楛耕謂麤惡不楛也韓詩外傳楛作枯或作古今之古士喪禮記沽功今文沽作古此傳則商賈之賈史記同皆以聲相近而字相通賤賈猶言賤惡爭取賤賈謂爭取賤惡之物非謂爭取賤價也謂人之買物皆爭取其賤而惡者任氏獨取其貴而善者貴善與賤惡正相對也若以任氏獨取貴爲句則與上句不對以善富者數世爲句則文不成義矣師古以先公後私率道閭里爲善所謂曲說者也此句言其所居之物必事事善故富及數世耳下文云然任公家約公事不畢則不得飲酒食肉以此爲閭里率乃敘及其先公後私率道閭里之事若此處先稱其善則下文皆成贊詞矣索隱斷任氏獨取貴善爲句是也唯讀賈爲價亦與師古同誤索隱引晉灼曰爭取賤賈金玉也則晉灼已誤讀賈爲價矣先謙曰索隱以善上屬王說是也然謂人爭取賤而惡者於理未允人爭取賤者是矣肯爭取惡者乎讀賈爲鹽古義無徵仍讀價爲是不必定與貴善對文也

然任公家約非田畜所生不衣食公事不畢則不得飲酒食肉師古曰任公任氏之父也言家爲此私約制也晉灼以爲任用公家之約此說非也㠯此爲閭里率故富而主上重之塞之斥也唯橋桃㠯致馬千匹牛倍之羊萬粟㠯萬鍾計孟康曰邊塞主斥候卒也唯此一人能致富若此師古曰此說非也塞斥者言國家斥開邊塞更令寬廣故橋桃得恣其畜牧也姓橋名桃以萬鍾計者不論斗斛千萬之數每率舉萬鍾而計之著其饒多也〔補注〕劉攽曰顏說未盡塞之斥也公私皆有

費用故橋桃得以致富豈謂待廣地恣其畜牧哉先謙曰史記桃作姚羊萬下有頭字吳楚兵之起長安中列侯封君行從軍旅齎貸子錢家師古曰行者須齎糧而出於子錢家貸之也貸謂求假之也音吐得反子錢家㠯爲關東成敗未決莫肯予唯毋鹽氏出捐千金貸師古曰貸謂假與之音吐戴反〔補注〕先謙曰官本毋作毋是毋與無同蓋以無鹽爲氏也史記作無鹽其息十之〔補注〕先謙曰索隱謂出一得十倍三月吳楚平一歲之中則毋鹽氏息十倍用此富關中關中富商大賈大氐盡諸田師古曰氐讀曰抵抵歸也田牆田蘭韋家粟氏安陵杜氏亦鉅萬〔補注〕齊召南曰史記作安陵杜杜氏言安陵縣及杜縣之杜氏皆富也前富者既衰自元成訖王莽京師富人杜陵樊嘉茂陵摯網平陵如氏苴氏長安丹王君房豉樊少翁王孫大卿爲天下高訾師古曰王君房賣丹樊少翁及王孫大卿賣豉亦致高訾訾讀與貲同高訾謂多貲財樊嘉五千萬其餘皆鉅萬矣王孫卿㠯財養士與雄桀交王莽㠯爲京司市師漢司東市令也〔補注〕沈欽韓曰黃圖廟記云長安市有九各方二百六十六步六市在道西三市在道東凡四百爲一市此其章章尤著者

也其餘郡國富民兼業顓利師古曰顓與專同㠯貨賂自行取重於鄉里者不可勝數故秦楊㠯田農而甲一州孟康曰以田地過限從此而富爲州中第一也〔補注〕先謙曰史記楊作陽何焯云田宅踰制六條所劾漢法嚴安得容此孟注非也史記作田農拙業而秦陽以蓋一州不過言其因力田而致富甲一州耳以下數句例之自明翁伯㠯販脂而傾縣邑張氏㠯賣醬而隃侈〔補注〕先謙曰史記翁作雍醬作漿徐廣注雍一作翁質氏㠯洒削而鼎食服虔曰治刀劍者也如淳曰作刀劍削者師古曰二說皆非也洒濯也削謂刀劍室也謂人有刀劍故惡者主爲洒刷之去其垢穢更飾令新也洒音先禮反削音先召反〔補注〕先謙曰史記質作郅濁氏㠯胃脯而連騎晉灼曰今太官常以十月作沸湯燖羊胃以末椒薑坋之暴使燥是也師古曰燖音似兼反坋音蒲頓反〔補注〕沈欽韓曰熟羊胃與脯炙也更始時謠有爛羊胃騎都尉釋名脯炙以餳蜜豉汁淹之脯脯然也先謙曰冐誤官本作胃張里㠯馬醫而擊鍾皆越法矣然常循守事業積累贏利漸有所起至於蜀卓宛孔齊之刀間公擅山川銅鐵魚鹽市井之入運其籌策上爭王者之利下錮齊民之業師古曰錮亦謂專取之也皆陷不軌奢僭之惡又況掘冢搏掩犯姦成富師古曰搏掩謂搏擊掩襲

取人物者也搏字或作博一說搏六博也掩意錢之屬也皆戲而賭取財物〔補注〕先謙曰据史記搏當爲博一說是曲叔稽發雍樂成之徒師古曰姓曲名叔姓稽名發姓雍名樂成也稽音工奚反〔補注〕先謙曰史記稽作桓云曲叔掘冢桓發博戲雍樂成行賈此未分晰猶復齒列師古曰身爲罪惡尙復與良善之人齊齒竝列傷化敗俗大亂之道也

貨殖傳第六十一　終　　漢書九十一

游俠傳第六十二　漢書九十二

漢　蘭　臺　令　史班　固　撰

唐正議大夫行祕書少監琅邪縣開國子顏師古　注

賜進士出身前翰林院編修國子監祭酒加三級臣王先謙補注

古者天子建國，諸侯立家，自卿大夫以至于庶人各有等差，是以民服事其上，而下無覬覦。師古曰：覬，幸也。覦，欲也。幸得其所欲也。覬音冀。覦音踰，又音論。〔補注〕王文彬曰：語本左桓二年傳。孔子曰：「天下有道，政不在大夫。」師古曰：論語載孔子之言也。謂權不移於下也。〔補注〕先謙曰：官本注無上也字。百官有司奉法承令，以脩所職，失職有誅，侵官有罰。夫然，故上下相順，而庶事理焉。周室既微，禮樂征伐自諸侯出。桓文之後，大夫世權，陪臣執命。師古曰：齊桓、晉文，周之二霸也。陪，重也。陵夷至於戰國，合從連衡，力政爭彊。師古曰：力政者，棄背禮義，專任威力也。從音子容反。〔補注〕先謙曰：政讀曰征。繇是列國公子，魏有信陵，趙有平原，齊有孟嘗，楚有春申，師古曰：繇讀與由同。信陵君，魏無忌。平原君，趙勝。孟嘗君，田文。春申君，黃歇。皆藉王公之埶，競為游俠，雞鳴狗盜無不賓禮。師古曰：謂孟嘗君用雞鳴而得亡出關，因狗盜而取狐白裘也。〔補注〕宋祁曰：此注疑是孟康。而趙相虞卿棄國捐君，以周窮交魏齊之厄，師古曰：魏齊，虞卿之交也。將為范雎所殺，卿救之也。信陵無忌竊符矯命，戮將專師，以赴平原之急，師古曰：秦兵圍趙，趙相平原君告急於無忌。無忌因如姬以竊兵符，矯魏僖侯命，代晉鄙為將，而令朱亥鎚殺晉鄙，遂率兵救趙，秦兵以卻，而趙得全。〔補注〕齊召南曰：案應作矯安釐王命。僖字雖與釐通，而魏稱王久矣，不得云魏僖侯也。皆以取重諸侯，顯名天下，搤掔而游談者以四豪為稱首。師古曰：搤，捉持也。掔，古手腕字也。四豪即魏信陵以下也。搤音戹。〔補注〕錢大昭曰：掔當作擘，注同。於是背公死黨之議成，守職奉上之義廢矣。及至漢興，禁網疏闊，未之匡改也。師古曰：匡，正也。是故代相陳豨從車千乘，而吳濞、淮南皆招賓客以千數，外戚大臣魏其、武安之屬競逐於京師，布衣游俠劇孟、郭解之徒馳騖於閭閻，權行州域，力折公侯。眾庶榮其名迹，覬而慕之。雖其陷於刑辟，自與殺身成名，若季路、仇牧，死而

不悔也。師古曰：季路，孔子弟子也，姓仲，名由，衞人也。衞有蒯聵之亂，季路聞之，故入赴難，遇孟黶、石乞以戈擊之，斷纓。季路曰「君子死，冠不免」，結纓而死。仇牧，宋大夫也。宋萬殺閔公，仇牧聞之，趨而至，手劒而叱之，萬臂擊仇牧，碎首，齒著于門闔。言游俠之徒自許節操同於季路、仇牧。〔補注〕宋祁曰：一有也字，邵本無，姚本刪。何焯曰：此言游俠謬託季路、仇牧，非班生以季路、仇牧為可少也。華嶠失其本意，譏以不敘殺身成仁之為美，疎矣。蘇輿曰：與猶謂也。言游俠自謂殺身成名若季路、仇牧。古書謂與與多互作，其義同也。故曾子曰：「上失其道，民散久矣。」師古曰：論語載孔子之言也。解在刑法志。非明王在上，視之以好惡，齊之以禮法，民曷繇知禁而反正乎！師古曰：視讀曰示。繇讀曰由。古之正法：五伯，三王之辠人也；師古曰：伯讀曰霸。下皆類此。〔補注〕先謙曰：官本注在下句下。而六國，五伯之辠人也。夫四豪者，又六國之辠人也。況於郭解之倫，以匹夫之細，竊殺生之權，其罪已不容於誅矣。觀其溫良泛愛，振窮周急，謙退不伐，亦皆有絕異之姿，惜乎不入於道德，苟放縱於末流，殺身亡宗，非不幸也！自魏其、武安、淮南之後，天子切齒，衞、霍改節。然郡國豪桀處處各有，京師親戚冠蓋相望，亦古今常道，莫足言者。〔補注〕蘇輿曰：莫猶無也。下文然莫足數同。唯成帝時，外家王氏賓客為盛，而樓護為帥。及王莽時，諸公之間陳遵為雄，閭里之俠原涉為魁。師古曰：魁者，斗之所用盛，而杓之本也。故言根本者皆云魁。〔補注〕蘇輿曰：禮檀弓鄭注：魁猶首也。天文北斗魁為首，杓為末。廣雅釋詁：魁，主也。顏以為凡根本之稱，意是而徵隔。班氏父子以謂史公序游俠則退處士而進奸雄，故別譔序文。然史公身離刑辱，別有孤懷，觀其與少卿書云「家貧不足以自贖，交遊莫救」云云，意可見矣。

朱家，魯人，高祖同時也。魯人皆以儒教，而朱家用俠聞。所臧活豪士以百數，其餘庸人不可勝言。然終不伐其能，飲其德，孟康曰：有德於人而不自美也。師古曰：飲，沒也，謂不稱顯。〔補注〕劉奉世曰：飲其德，飲字當蒙不字，言沒非義也。飲者，猶飲物自飲，言不飲有其德。宋祁曰：注文顯字下當有也字。王念孫曰：案飲蓋欽字之譌，隸書從金從食之字多相亂。孟子盡心篇「是以言餂之也」，今本餂誤為飲。史記作歆。歆，喜也。言不以德自喜也。周語「民歆而德之」，韋注：歆猶喜服也。學記「不興其藝」，鄭注：興之言喜也，歆也。正義引爾雅：歆，喜，興也。今爾雅作廞、熙，興也。是歆為喜也。歆欽聲相近，歆之通作欽，猶歆之通作廞矣。詳見上。小雅鼓鍾篇「鼓鍾欽欽」，毛傳：欽欽，言使人樂進也。是欽字亦有喜樂之義，故曰不伐其能，欽其德。又案孟云有德於人而不自美，非飲字之義，蓋所見本正作欽也。諸所嘗施，唯恐見之。振人不贍，

先從貧賤始家亡餘財衣不兼采食不重味乘不過軥牛晉灼曰軥軥梔也軥牛小牛也師古曰軥重挽也音工豆反晉說是也補注沈欽韓曰索隱大牛當輾小爲軥牛據此時賤牛車而朱家所乘并是挽軥之小牛言其貧薄說文軥軶下曲者先謙曰官本注梔作柅專趨人之急甚於己私師古曰趨讀曰趣趣向也既陰脫季布之戹補注先謙曰事詳布傳及布尊貴終身不見自關昌東莫不延頸願交楚田仲昌俠聞父事朱家自昌爲行弗及也田仲死後有劇孟

劇孟者洛陽人也周人昌商賈爲資劇孟昌俠顯吳楚反時條侯爲太尉乘傳東將師古曰乘傳車而東出爲大將也傳音張戀反補注先謙曰史記東作車此形近致誤郎如本書作東當從東字斷句將屬下讀不如顏說也至河南得劇孟喜曰吳楚舉大事而不求劇孟吾知其無能爲已師古曰已語終辭天下騷動大將軍得之若一敵國云補注宋祁曰浙本無軍字王念孫曰浙本是也條侯以太尉將諸軍擊吳楚故曰大將下軍字後人以意加之耳且其時大將軍乃竇嬰非條侯也藝文類聚人部十七白帖五十一御覽兵部六後書吳漢傳注引此竝無軍字劇孟行大

類朱家而好博多少年之戲然孟母死自遠方送喪蓋千乘及孟死家無十金之財而符離王孟亦昌俠稱江淮之間師古曰符離沛郡之縣也

是時濟南瞯氏陳周庸亦昌豪聞師古曰瞯音閑補注先謙曰史記庸作庸周姓陳人也景帝聞之使使盡誅此屬補注先謙曰誅瞯氏見郅都傳其後代諸白梁韓毋辟陽翟薛況陝寒孺紛紛復出焉師古曰代郡白姓非一家也故稱諸梁國人姓韓名毋辟陽翟屬潁川陝卽今陝州陝縣也薛況寒孺皆人姓名也辟讀曰避補注先謙曰史記寒作韓

郭解河內軹人也師古曰軹音只補注先謙曰史記云字翁伯温善相人許負外孫也補注蘇輿曰許負相周亞夫見亞夫傳解父任俠補注沈欽韓曰說文甹俠也三輔謂輕財者爲甹徐鍇注任俠也集韻引說文作傳則任卽甹也孝文時誅死解爲人靜悍師古曰性沈靜而勇悍補注齊召南曰史記作解爲人短小精悍漢書移短小二字於後文又改精字作靜王念孫曰靜與精同藝文類聚人部十七御覽人事部百七十三引漢書亦作精悍精與悍義相近故以精悍連文[illegible]作靜者聲近而字通耳若以靜爲沈靜則與悍字義相遠[illegible]矣不飲酒少時陰賊感槩師古曰陰賊者陰懷賊害之意也感槩者感意氣而立節槩也補注先謙曰史記槩作慨感槩郎感慨也顏作節槩解非史記無感字蓋脫不快意所殺甚眾昌軀藉友報仇師古曰藉古藉字也藉謂借助也補注先謙曰說文耤下云帝耤千畝也古者使民如借故謂之耤藉下云祭藉也一曰草不編狼藉籍下云簿書也古書籍藉通用本書藉籍亦通作往往雜糅各依文義讀之顏以耤爲古藉字則非矣臧命作姦剽攻師古曰臧命臧亡命之人也剽劫也攻謂穿窬而盜也剽音匹妙反補注劉攽曰攻直謂攻奪而取之耳何因知其是穿窬也穿窬而盜亦不甚豪矣然剽是用力淺小之稱攻則用力重害二者異耳王念孫曰剽字顏說是攻字劉說是剽攻是一事不分盜賊亦不分大小休乃鑄錢掘冢師古曰不報仇剽攻則鑄錢發冢也補注齊召南曰史記作剽攻不休則休字屬上句漢書省去不字遂屬下句王念孫曰案史記原文亦作藏命作姦剽攻休乃鑄錢掘冢休字本屬下句讀因乃字譌作及字後人不得其解遂於休上加不字而以休字屬上句讀非孟堅省去不字乃後人誤讀史記也不可勝數適有天幸窘急常得脫若遇赦補注沈欽韓曰若及也及解年長更折節爲儉昌德報怨厚施而薄望然其自喜爲俠益甚師古曰自好喜爲此名也喜音許吏反既已振人之命不矜其功師古曰振謂舉救也矜夸恃也補注先謙曰官本注恃作持其陰賊著於心本發於睚眦如故云師古曰著音直略反心本猶言本心也睚音崖眦音漬睚眦又音五懈士懈反解具

在杜欽傳補注王念孫曰顏斷陰賊著於心本爲句而訓心本爲本心所謂彊解者也今案當以陰賊著於心爲句本當依史記作卒卒字下屬爲句卒猶終也言其陰賊在心而終發於睚眦也隸書本字或作夲卒字或作卆二形相似故卒譌爲本司馬相如傳王者之卒業師古曰卒字或作本墨子備高臨篇足以勞卒不足以害城今本卒譌作本皆其證也先謙曰王謂本作卒是也然當作卒暴解不訓終而少年慕其行亦輒爲報讎不使知也解姊子負解之埶師古曰負恃也與人飲使之釂非其任彊灌之師古曰盡爵曰釂其人不飲而使盡爵乃彊灌之故怨怒也釂音子笑反彊音其兩反補注沈欽韓曰史記作嚼與釂同說苑尊賢篇善說篇竝作嚼荀子榮辱篇作噍人怒刺殺解姊子去亡補注先謙曰史記作亡去是此誤倒解姊怒曰昌翁伯時人殺吾子賊不得師古曰翁伯解字也補注先謙曰史記作以翁伯之義棄其尸道旁弗葬欲昌辱解解使人微知賊處師古曰微伺問之也賊窘自歸師古曰窘困急具昌實告解解曰公殺之當吾兒不直遂去其賊師古曰除其罪也去音丘呂反補注劉奉世曰去者遣之令去而已何必除罪辠其姊子補注先謙曰言歸罪死者收而葬之諸公聞之皆多解之義師古曰多猶重也益附焉解出入皆避有一人獨箕踞視之解問其姓

名客欲殺之解曰居邑屋不見敬是吾德不脩也師古曰邑屋猶今人言村舍巷舍也彼何辠乃陰請尉史曰是人吾所重補注沈欽韓曰漢舊儀尉吏曰尉史蓋更繇之事當於尉先謙曰官本史作吏史記作史重作急至踐更時脫之師古曰踐更爲踐更之次也脫免也更音工衡反脫音它活反每至直更數過吏弗求師古曰直當也次當爲更也數音所角反怪之問其故補注先謙曰箕踞者怪問吏解使脫之箕踞者迺肉袒謝辠少年聞之愈益慕解之行洛陽人有相仇者邑中賢豪居閒㠯十數終不聽師古曰居中閒爲道地和輯之而不見許也客迺見解解夜見仇家仇家曲聽師古曰屈曲從其言補注先謙曰官本注屈在曲下解謂仇家吾聞洛陽諸公在閒多不聽今子幸而聽解解奈何從它縣奪人邑賢大夫權乎迺夜去不使人知曰且毋庸待我去令洛陽豪居閒迺聽師古曰庸用也且無用休待洛陽豪更言之迺從其言也解爲人短小恭儉出未嘗有騎師古曰不以騎自隨也不敢乘車入其縣庭師古曰所屬之縣也之旁郡國爲人請求事事可出出之如湻曰事可爲免出者出之不可者各令厭其意師古曰厭滿也音一贍反然後迺敢嘗酒食諸公㠯此嚴重之爭爲用邑中少年及旁近縣豪夜半過門常十餘車請得解客舍養之師古曰舍止也言解多藏亡命喜事少年與解同志者知亡命者多歸解故夜將車來迎取其人居止而養之及徙豪茂陵也解貧不中訾師古曰中充也言訾財不充合徙之數也中音竹仲反其下亦同補注蘇輿曰史記絳侯世家集解引如湻云不相中猶言不相當合此云不中訾者言其訾少不合數也索隱訾不滿三百萬已上爲不中下云不中徙猶言不合徙也顏訓爲充非吏恐不敢不徙衞將軍爲言郭解家貧不中徙補注周壽昌曰青素謹畏不肯薦士所言於上者獨主父偃郭解兩人尚有咸宣亦因青言上爲廐丞上曰解布衣權至使將軍此其家不貧師古曰將軍爲之言是爲其所使也補注先謙曰史記軍下有爲言二字解徙諸公送者出千餘萬軹人楊季主子爲縣掾鬲之師古曰鬲塞其送不令解得之也鬲與隔同補注先謙曰史記鬲之作舉徙解與此義異解兄子斷楊椽頭補注先謙曰椽當爲掾本書從手從木之字通作解入關關中賢豪知與不知聞聲爭交驩師古曰知謂先相知邑人又殺楊季主補注先謙曰史記作已又殺楊季主是解所殺也與此異季主家上書人又殺闕下師古曰於

闕下殺上書人上聞迺下吏捕解解亡置其母家室夏陽身至臨晉補注先謙曰夏陽臨晉並馮翊縣夏陽在今同州府韓城縣南二十里臨晉今同州府大荔縣治臨晉籍少翁素不知解解因出關師古曰出解於關也籍少翁已出解解傳太原補注先謙曰史記作轉入太原所過輒告主人處吏逐迹至籍少翁少翁自殺口絕久之得解窮治所犯爲補注先謙曰爲作也言犯法所作之事而解所殺皆在赦前軹有儒生侍使者坐客譽郭解生曰解專㠯姦犯公法何謂賢解客聞之殺此生斷舌吏㠯責解解實不知殺者殺者亦竟莫知爲誰吏奏解無罪御史大夫公孫弘議曰解布衣爲任俠行權㠯睚眦殺人解不知此辠甚於解知殺之當大逆無道師古曰當謂處斷其罪遂族解補注周壽昌曰後書郭伋傳高祖父解伋父梵蜀郡太守是解曾孫伋財元孫也解雖被族誅必有慕其俠義而藏其後人者故至東漢復盛自是之後俠者極眾而無足數者然關中長安樊中子槐里趙王孫長陵高公子西河郭翁中師古曰中讀皆曰仲補注先謙曰史記作公仲字竝同太原魯翁孺補注先謙曰史記魯作鹵臨淮兒長卿師古曰兒音五奚反東陽陳君孺補注先謙曰史記陳作田亦同字雖爲俠而恂恂有退讓君子之風師古曰恂恂謹信之貌也音荀至若北道姚氏西道諸杜南道仇景東道佗羽公子師古曰據京師而言指其東西南北謂也姓佗名羽字公子它古他字補注宋祁曰注文謂字下當有之道兩字先謙曰史記作趙他羽公子索隱姓趙名他羽字公子也先謙曰官本注在徒下南陽趙調之徒盜跖而居民閒者耳曷足道哉此迺鄉者朱家所羞也師古曰鄉讀曰嚮萬章字子夏長安人也師古曰萬音拒補注陽夏公曰案廣韻萬與距同注漢有萬章距字疑誤集韻萬讀如規矩之矩距亦有作矩讀勵宗萬曰案萬字從草從禹急就篇萬段卿師古注萬亦楀字木名因樹以得姓也詩曰楀惟師氏漢有萬章今各本或作萬章非是長安熾盛街閭各有豪俠章在城西柳市師古曰漢宮闕疏云細柳倉有柳市號曰城西萬子夏爲京兆尹門下督從至殿中師古曰章從京兆也侍中諸侯貴人爭欲揖章莫與京兆尹言者章逡循甚懼其後京兆不復從也師古曰更不以章自隨也與中書令石顯相善亦得顯權力門

車常接轂至成帝初石顯坐專權擅勢免官徙歸故郡補注宋祁曰越本無
徙字顯貲巨萬當去畱牀席器物數百萬直補注宋祁曰畱字下當有其字欲以與
章章不受賓客或問其故章歎曰吾以布衣見哀於石君師古曰言爲石
顯所哀憐補注王念孫曰哀者愛也言吾以布衣之賤見愛於石君上文曰章與石顯相善是其事也呂氏春秋報更篇人主胡可
以不務哀士淮南說林鳥飛反鄉免走歸窟狐死首邱寒蛩翔水各哀其所生高注竝曰哀愛也哀與愛聲相近而義相通故字亦
相通樂記肆直而慈愛者鄭注曰愛或爲哀管子形勢解見愛之交幾於不結形勢篇愛作哀石君家破不能有
以安也師古曰言力不能救而愛其財物此爲石氏之禍萬氏反當以爲福
邪諸公以是服而稱之河平中王尊爲京兆尹捕擊豪俠殺章及
箭張回服虔曰作箭者姓張名回酒市趙君都賈子光服虔曰酒市中人也補注先謙曰顧炎武云服
注非也王尊傳長安宿豪大猾箭張禁酒趙放晉灼注此二人作箭作酒之家今此文上有箭張回郎張禁也君都亦郎放也名偶
異耳齊召南云賈子光當郎尊傳所云東市賈萬矣周壽昌云章被殺當在河平初尊以建始四年爲京兆尹二年即免正河平元
年也此在河平中微未合箭張回尊傳作翦張禁翦與箭字近而譌皆長安名豪報仇怨養刺客者

也
樓護字君卿齊人父世醫也護少隨父爲醫長安出入貴戚家護
誦醫經本草方術數十萬言長者咸愛重之共謂曰以君卿之材
何不宦學乎繇是辭其父學經傳師古曰繇讀與由同爲京兆吏數年甚得
名譽是時王氏方盛賓客滿門五侯兄弟爭名補注宋祁曰邵本無兄弟字其
客各有所厚不得左右師古曰不相經過也唯護盡入其門咸得其驩心補注
沈欽韓曰西京雜記五侯競致奇膳護乃合以爲鯖世稱五侯鯖北堂書鈔引字林云鯖雜肴也結士大夫無所不傾其
交長者尤見親而敬眾以是服爲人短小精辯論議常依名節聽
之者皆竦補注蘇輿曰文心雕龍知音篇云君卿脣舌而謬欲論文乃稱史遷著書諮東方朔於是桓譚之徒相顧嗤笑
彼實博徒輕言負誚況乎文士可妄談哉與谷永俱爲五侯上客長安號曰谷子雲筆
札樓君卿脣舌補注王念孫曰此本作谷子雲之筆札樓君卿之脣舌後人刪去兩之字則句法局促不伸御覽人
事部百二十六引此無兩之字亦後人依誤本漢書刪之其人事部百四文部十一二十二引此皆有兩之字又北堂書鈔藝文部

九及十藝文類聚人部十七雜文部四文選陸厥荅內兄希叔詩注引此亦皆有兩之字漢紀同又白帖三十引樓君卿之脣舌
言其見信用也母死送葬者致車二三千兩閭里歌之曰五侯治
喪樓君卿久之平阿侯舉護方正師古曰王譚也爲諫大夫使郡國護假
貸師古曰官以物假貸貧人令護監之貸音吐戴反多持幣帛過齊補注劉奉世曰此謂樓護假貸於人多齎
幣帛過齊以施親故爾何乃謬斷其句云監護官貸耶劉攽說同上書求上先人冢因會宗族故
人各以親疏與束帛一日散百金之費使還奏事稱意擢爲天水
太守數歲免家長安中時成都侯商爲大司馬衞將軍罷朝欲候
護其主簿諫將軍至尊不宜入閭巷商不聽遂往至護家家狹小
官屬立車下久住移時天欲雨主簿謂西曹諸掾曰不肯彊諫反
雨立閭巷商還或白主簿語商恨以他職事去主簿終身廢錮後
護復以薦爲廣漢太守元始中王莽爲安漢公專政莽長子宇與
妻兄呂寬謀以血塗莽第門欲懼莽令歸政發覺莽大怒殺宇而

呂寬亡寬父素與護相知寬至廣漢過護不以事實語也到數日
名捕寬詔書至師古曰舉姓名而捕之也護執寬莽大喜徵護入爲前煇光師古
曰莽分三輔置前煇光後丞烈以護爲之煇音暉封息鄉侯列於九卿莽居攝槐里大賊
趙朋霍鴻等羣起延入前煇光界護坐免爲庶人其居位爵祿賂
遺所得亦緣手盡既退居里巷時五侯皆已死年老失埶賓客益
衰至王莽篡位以舊恩召見護封爲樓舊里附城師古曰莽爲此爵名效古之附
庸也而成都侯商子邑爲大司空貴重商故人皆敬事邑唯護自安
如舊節邑亦父事之不敢有闕時請召賓客邑居樽下稱賤子上
壽師古曰言以父禮事補注宋祁曰注末當有之字周壽昌曰賤子稱始此坐者百數皆離席伏護獨
東鄉正坐師古曰鄉讀曰嚮字謂邑曰公子貴如何蘇林曰邑字公子也初護有故
人呂公無子歸護護身與呂公妻與呂嫗同食及護家居妻子頗
厭呂公護聞之流涕責其妻子曰呂公以故舊窮老託身於我義

所當奉遂養呂公終身護卒子嗣其爵

陳遵字孟公杜陵人也祖父遂字長子宣帝微時與有故相隨博弈（師古曰博六博奕圍碁也補注先謙曰官本碁作棋）數負進（師古曰進者會禮之財也謂博所賭也解在高紀一說進勝也帝博而勝故遂有所負補注朱一新曰注一說是下文故有事在元平元年赦令前之語謂事已更赦則向所負博進宜不必償矣）及宣帝即位用遂稍遷至太原太守迺賜遂璽書曰制詔太原太守官尊祿厚可以償博進矣妻君寧時在旁知狀（師古曰史皇孫名進而此詔不諱之葢史家追書故有其字耳君寧遂妻名也云妻知負博之狀者著舊恩之深也補注劉攽曰顏云史家追書妄也詔書本字史家何苦改之葢進音贐自不犯諱也先謙曰顧炎武云荀悅漢紀云杜陵陳遂字長子上微時與遊戲博奕數負遂上即位稍見進用至太原太守乃賜遂璽書曰制詔太原太守官尊祿重可以償博負矣進乃悼皇考之名宣帝不應用之荀紀爲長錢大昕云博進之進本作賮與進退字文義俱別故詔書不諱且戾悼二園未上尊號當時臣民本無避諱之例非由追書之故也）遂於是辭謝因曰事在元平元年赦令前其見厚如此元帝時徵遂爲京兆尹至廷尉（補注先謙曰初元元年爲京兆尹二年爲廷尉三年卒見公卿表）遵少孤與張竦伯松俱爲京兆史竦博學通達以廉儉自守而遵放縱不拘操行雖異然相親友哀帝之末俱著名字爲後進冠（如淳曰爲後進人士之冠首也）竝入公府公府掾史率皆羸車小馬不上鮮明（補注王先慎曰上讀曰尚）而遵獨極輿馬衣服之好門外車騎交錯又日出醉歸（師古曰言每日必出飲也）曹事數廢西曹以故事適之（師古曰案舊法令而罰之也適讀曰讁此下皆同）侍曹輒詣寺舍白遵曰陳卿今日以某事適遵曰滿百乃相聞故事有百適者斥滿百西曹白請斥大司徒馬宮大儒優士又重遵（師古曰優禮賢士而尤敬重遵補注蘇輿曰据顏注又當本作尤尤又聲近而誤）謂西曹此人大度士奈何以小文責之迺舉遵能治三輔劇縣補郁夷令（師古曰右扶風之縣補注先謙曰在今鳳翔府隴州西五十里）久之與扶風相失（師古曰意不相得也補注錢大昕曰馮翊扶風皆官名後因以爲郡名耳韓延壽傳民有骨肉爭訟咎在馮翊當先退辭宣傳馮翊敬重令朱博傳馮翊欲洒卿恥拔拭用禁楊惲傳聞君侯訟韓馮翊當得活乎蕭育傳漆令郭舜殿見責問育爲之請扶風怒曰君課弟六裁自脫何暇欲爲左右言）自免去槐里大賊趙朋霍

鴻等起遵爲校尉擊朋鴻有功封嘉威侯居長安中列侯近臣貴戚皆貴重之牧守當之官及郡國豪桀至京師者莫不相因到遵門遵耆酒（師古曰耆讀曰嗜）每大飲賓客滿堂輒關門取客車轄投井中雖有急終不得去（師古曰既關閉門又投車轄也而說者便欲改轄字爲錧云門之錧籥妄穿鑿耳錧自主人所執何煩投井也）嘗有部刺史奏事過遵值其方飲刺史大窮候遵霑醉時突入見遵母（師古曰霑濕言其大醉也霑音竹占反）叩頭自白當對尚書有期會狀（補注沈欽韓曰唐職制律事有期會而違者一日笞三十疏義事有期會謂若朝集使計帳使之類案朝集使正如漢之刺史每歲詣京師奏事也）母迺令從從閤出去（師古曰以其前門關閉故從後閤出之也補注先謙曰下從字誤官本作後）遵大率常醉然事亦不廢長八尺餘長頭大鼻容貌甚偉略涉傳記贍於文辭性善書與人尺牘（補注沈欽韓曰朱長文墨池編釋夢英十八體書芝英篆者陳遵所作）主皆藏去以爲榮（師古曰去亦藏也音丘呂反又音舉補注先謙曰去郎弆字說見蘇武傳）請求不敢逆所到衣冠懷之唯恐在後（師古曰懷來也謂招來而禮之補注周壽昌曰懷想也猶想望風采顏注滯）時列侯有與遵同姓字者每至人門曰陳孟公坐中莫不震動既至而非因號其人曰陳驚坐云王莽素奇遵材在位多稱譽者繇是起爲河南太守（師古曰繇讀與由同）既至官當遣從史西召善書吏十人於前治私書謝京師故人遵馮几（師古曰馮讀曰憑）口占書吏且省官事（師古曰占隱度也口隱其辭以授吏也占音之贍反）書數百封親疏各有意河南大驚數月免初遵爲河南太守而弟級爲荊州牧當之官俱過長安富人故淮陽王外家左氏飲食作樂後司直陳崇聞之劾奏遵兄弟幸得蒙恩超等歷位遵爵列侯備郡守級州牧奉使皆以舉直察枉宣揚聖化爲職不正身自慎始遵初除乘藩車入閭巷（師古曰藩車車之有屏蔽者）過寡婦左阿君置酒謌謳遵起舞跳梁頓仆坐上暮因留宿爲侍婢扶臥遵知飲酒飫宴有節（師古曰宴食曰飫飫音於庶反）禮不入寡婦之門而湛酒溷肴（師古曰湛讀曰沈又音耽）亂男女之別輕辱爵位羞汙印

䡊師古曰此䡊謂印之組也惡不可忍聞臣請皆免遵既免歸長安賓客愈盛飲食自若師古曰言自如其故久之復爲九江及河內都尉凡三爲二千石而張竦亦至丹陽太守封淑德侯後俱免官以列侯歸長安竦居貧無賓客時時好事者從之質疑問事論道經書而已師古曰質正也而遵晝夜呼號師古曰呼音火故反車騎滿門酒肉相屬師古曰屬連續也屬音之欲反先是黃門郎楊雄作酒箴以諷諫成帝其文爲酒客難法度士譬之於物曰子猶瓶矣補注先謙曰謂汲水之瓶觀瓶之居居井之眉師古曰眉井邊地若人目上之有眉處高臨深動常近危酒醪不入口臧水滿懷不得左右牽於纆徽一旦叀礙爲瓽所轠師古曰纆徽井索也叀縣也瓽井以甎爲甃者也轠擊也言瓶忽縣礙不得下而爲井瓽所擊則破碎也叀音上絹反瓽音丁浪反轠音雷諸家之說或以叀爲蠆或音衛又以瓽爲甓皆失之甃音側救反身提黃泉骨肉爲泥師古曰提擲也擲入黃泉之中也提音徒計反自用如此不如鴟夷師古曰鴟夷韋囊以盛酒即今鴟夷勝也補注先謙曰官本注勝作幐引宋祁曰注文幐當作幐浙本作袋鴟夷滑稽腹如大壺師古曰滑稽圜轉縱捨無窮之狀滑音骨稽音雞補注沈欽韓曰御覽七百六十一崔浩漢記音義曰滑稽酒器也轉注吐酒終日不已若今之陽燧尊王先愼曰腹如大壺當作腹大如壺傳寫誤倒北堂書鈔一百四十六藝文類聚七十二初學記二十六御覽七百五十八引並作腹大如壺是其證先謙曰滑稽蓋若今俗所云酒過龍盡日盛酒人復借酤師古曰盡猶竟日也常爲國器託於屬車師古曰天子屬車常載酒食故有鴟夷也屬音之欲反補注沈欽韓曰藝文類聚東方朔別傳曰漢武帝幸甘泉至長平坂上馳道有蟲赤如牛肝東方朔曰是地必秦之故獄處積憂者得酒而忘以酒澆之果消上曰東方生眞先生也賜帛百匹自此後屬車上盛酒出入兩宮經營公家繇是言之酒何過乎師古曰繇讀與由同其下類此遵大喜之師古曰喜好愛也音許吏反常謂張竦吾與爾猶是矣足下諷誦經書苦身自約師古曰約猶束也不敢差跌師古曰跌音徒結反而我放意自恣浮湛俗間師古曰湛讀曰沈官爵功名不減於子而差獨樂顧不優邪師古曰顧念也竦曰人各有性長短自裁子欲爲我亦不能吾而效子亦敗矣雖然學我者易持效子者難將吾常道也及王莽敗二人俱客於池陽師古曰左馮翊之縣也竦爲賊兵所殺李奇曰竦知有賊當去會反支日不去因爲賊所殺桓譚曰爲通人之蔽也補注沈欽韓曰王符潛夫論明帝時公車以反支日不受章奏章懷注范書引陰陽書詳之王制正義云俗禁若前漢張竦行避反支先謙曰官本注譚下日作以是更始至長安大臣薦遵爲大司馬護軍與歸德侯劉颯俱使匈奴鄧展曰颯音立補注洪頤煊曰恩澤侯表陽城繆侯劉德居攝元年侯颯嗣王莽敗絕當即此劉颯此歸德侯蓋更始所封也後漢南匈奴傳光武六年又令歸德侯劉颯使匈奴單于欲脅詘遵遵陳利害爲言曲直單于大奇之遣還會更始敗遵留朔方爲賊所敗時醉見殺

原涉字巨先祖父武帝時以豪桀自陽翟徙茂陵師古曰陽翟潁川之縣也涉父哀帝時爲南陽太守天下殷富大郡二千石死官賦斂送葬皆千萬以上妻子通共受之以定產業時又少行三年喪者及涉父死讓還南陽賻送行喪冢廬三年繇是顯名京師禮畢扶風謁請爲議曹師古曰禮畢行喪終服也衣冠慕之輻輳爲大司徒史丹舉能治劇爲谷口令師古曰左馮翊之縣今之雲陽谷口是其處也補注劉攽曰史丹在成帝時爲大將軍後以光祿大夫養病未嘗爲大司徒又不到哀帝世此自原涉爲大司徒史耳後人妄加丹字劉敞說同齊召南曰案劉攽注史丹在成帝時爲大將軍大字係左字之誤時年二十餘谷口聞其名不言而治先是涉季父爲茂陵秦氏所殺涉居谷口半歲所補注先謙曰所猶許自劾去官欲報仇谷口豪桀爲殺秦氏亡命歲餘逢赦出郡國諸豪及長安五陵諸爲氣節者皆歸慕之師古曰五陵謂長陵安陵陽陵茂陵平陵也班固西都賦曰南望杜霸北眺五陵是知霸陵杜陵非此五陵之數也而說者以爲高祖以下至茂陵爲五陵失其本意涉遂傾身與相待人無賢不肖闐門師古曰闐字與寘同音大千反在所閭里盡滿客或譏涉曰子本吏二千石之世結髮自修以行喪推財禮讓爲名正復讎取仇補注先謙曰正猶即也說詳終軍傳猶不失仁義何故遂自放縱爲輕俠之徒乎涉應曰子獨不見家人寡婦邪始自約敕之時意迺慕宋伯姬及陳孝婦師古曰伯姬魯宣公女嫁於宋恭公恭公卒伯姬寡居至景公時伯姬之宮夜火左右曰夫人少避火伯姬曰婦人之義保傅不具夜不下堂遂逮於火而死陳孝婦者其夫當行戒屬孝婦曰幸有老母吾若不來汝善養吾母孝婦曰諾夫果死孝婦養姑愈固其父母將取嫁之孝婦固欲

（自殺父母懼而不取遂使養姑淮陽太守以聞朝廷高其義賜黃金四十斤役之終身號曰孝婦〔補注〕沈欽韓曰陳孝婦見列女貞順傳文帝時人先謙曰顏注本穀梁襄三十年傳文）不幸壹爲盜賊所汙遂行淫失（師古曰失讀曰泆）知其非禮然不能自還吾猶此矣（師古曰還讀曰旋謂反歸故操〔補注〕先謙曰官本注末有也字）涉自以爲前讓南陽賻送身得其名而令先人墳墓儉約非孝也迺大治起冢舍周閣重門（〔補注〕何焯曰涉能知守身爲孝則無此得已不已之舉先謙曰官本閣作閤）初武帝時京兆尹曹氏葬茂陵民謂其道爲京兆仟涉慕之迺買地開道立表署曰南陽仟人不肯從謂之原氏仟費用皆卬富人長者（師古曰卬音牛向反）然身衣服車馬纔具妻子內困專以振施貧窮赴人之急爲務人嘗置酒請涉涉入里門客有道涉所知母病避疾在里宅者（師古曰在此里之中宅上〔補注〕先謙曰道言也官本注末有也字）涉卽往候叩門家哭涉因入弔問以喪事家無所有涉曰但絜埽除沐浴待涉還至主人（〔補注〕先謙曰主人置酒家）對賓客歎息曰人親臥地不收涉何心鄉此（師古曰鄉讀曰向）願徹去酒食賓客爭問所當得涉迺側席而坐（師古曰禮有憂者側席而坐今涉卹人之喪故側席）削牘爲疏（師古曰牘木簡也疏音所慮反）具記衣被棺木下至飯含之物分付諸客（師古曰飯音扶晚反含音胡紺反〔補注〕周壽昌曰分付二字始見）諸客奔走市買至日昳皆會（師古曰昳音徒結反〔補注〕宋祁曰注文昳字下當有日側也三字）涉親閱視已謂主人願受賜矣既共飲食涉獨不飽（〔補注〕先謙曰食於有喪者之側不飽涉取此意也）迺載棺物從賓客往至喪家爲棺斂勞倈畢葬（師古曰勞倈謂慰勉賓客也棺音工喚反斂音力贍反勞音郎到反倈音郎代反）其周急待人如此後人有毀涉者曰姦人之雄也喪家子卽時刺殺言者賓客多犯法辠過數上聞王莽數收繫欲殺輒復赦出之涉懼求爲卿府掾史欲以避客（〔補注〕宋祁曰避字下當有賓字）文母太后喪時守復土校尉（蘇林曰文母太后元后也）已爲中郎后免官（〔補注〕宋祁曰后字當作後）涉欲上冢不欲會賓客密獨與故人期會涉單車敺上茂陵（師古曰敺與驅同）投暮入其里宅因自匿不見人遣奴至市買肉奴

乘涉氣與屠爭言（〔補注〕宋祁曰與屠字下當有者字）斫傷屠者亡是時茂陵守令尹公（師古曰守茂陵令未眞爲之）新視事涉未謁也聞之大怒知涉名豪欲以示衆厲俗遣兩吏脅守涉至日中奴不出吏欲便殺涉去涉迫窘不知所爲會涉所與期上冢者車數十乘到皆諸豪也共說尹公尹公不聽諸豪則曰原巨先奴犯法不得使肉袒自縛箭貫耳詣廷門謝辠於君威亦足矣尹公許之涉如言謝復服遣去（師古曰令涉如故著衣服也復音扶目反）初涉與新豐富人祁太伯爲友太伯同母弟王游公素嫉涉時爲縣門下掾說尹公曰君以守令辱原涉如是一旦眞令至君復單車歸爲府吏涉刺客如雲殺人皆不知主名可爲寒心涉治冢舍奢僭踰制辠惡暴著主上知之今爲君計莫若墮壞涉冢舍條奏其舊惡（師古曰墮毀也音火規反）君必得眞令如此涉亦不敢怨矣尹公如其計莽果以爲眞令涉繇此怨王游公選賓客遣長子初從車二十乘（〔補注〕先謙曰初其長子名）劫王游公家游公母卽祁太伯母也諸客見之皆拜傳曰（〔補注〕先謙曰轉相告呼也）無驚祁夫人遂殺游公父及子斷兩頭去（師古曰殺游公及其父〔補注〕劉攽曰殺游公父及子謂游公及游公之子耳周壽昌曰游公雖與太伯同母其父自姓王但曰無驚祁夫人明不寬游公之父也宜仍從顏注）涉性略似郭解外溫仁謙遜而內隱（師古曰隱匿其情也）好殺（〔補注〕先謙曰二字屬上讀）睚眦於塵中獨死者甚多（〔補注〕王念孫曰獨死二字義不可通獨當爲觸草書之誤也[illegible]言涉於塵市中數以睚眦之怨而殺人故曰[illegible]甚多郭解傳云少時陰賊感慨不快意所殺甚衆義亦與此同漢紀孝哀[illegible]誤本漢書改之孝武紀云郭解任俠睚眦[illegible]用此篇之文故知孝哀紀獨字爲後人所改[illegible]者橫暴睚眦觸死注引此文云睚眦於塵中觸死者甚多文選西京賦注所引同足證今本之誤）王莽末東方兵起諸王子弟多薦涉能得士死可用（〔補注〕先謙曰官本士死作死士引宋祁曰越本作士死）莽迺召見責以辠惡赦貰（師古曰貰謂寬其罪）拜鎮戎大尹天水太守（〔補注〕錢大昕曰王莽改天水曰鎮戎太守爲大尹既云鎮戎大尹不當更云天水太守疑本注文後人誤入正文沈欽韓曰後書馬援傳莽從弟衞將軍林辟援及原涉爲掾薦之於莽莽以涉爲鎮戎大尹鎮戎

郎王莽所改天水名疑校書者注天水太守於旁而誤入正文也袁宏紀作潁川太守訛涉至官無幾長安敗師古曰無幾言無多時也幾音居豈反郡縣諸假號起兵攻殺二千石長吏以應漢諸假號素聞涉名爭問原尹何在拜謁之時莽州牧使者依附涉者皆得活傳送致涉長安更始西屏將軍申屠建請涉與相見補注先謙曰官本屠作徒大重之故茂陵令尹公壞涉冢舍者為建主簿涉本不怨也涉從建所出尹公故遮拜涉謂曰易世矣宜勿復相怨涉曰尹君何壹魚肉涉也師古曰言以涉為魚肉不以人遇之涉用是怒使客刺殺主簿涉欲亡去申屠建內恨恥之陽言吾欲與原巨先共鎮三輔豈以一吏易之哉賓客通言令涉自繫獄謝建許之賓客車數十乘補注宋祁曰十越本作千共送涉至獄建遣兵道徼取涉於車上師古曰徼要也音工堯反送車分散馳遂斬涉縣之長安市師古曰縣其首自哀平間郡國處處有豪桀然莫足數其名聞州郡者霸陵杜君敖池陽韓幼孺馬領繡君賓西河漕中叔皆有謙退之風師古曰馬領北地之縣繡漕皆姓也漕音才到反中讀曰仲補注周壽昌曰王莽禁二名此應皆其字然如貨殖傳曲叔稽發雍樂成又以名與字雜書先謙曰馬領在今慶陽府環縣東南王莽居攝誅鉏豪俠名捕漕中叔不能得師古曰指其名而捕之素善強弩將軍孫建莽疑建藏匿泛以問建師古曰泛者以常語問之不切責也泛音敷劍反補注先謙曰官本藏作臧是建曰臣名善之誅臣足以塞責莽性果賊無所容忍然重建不竟問遂不得也中叔子少游復以俠聞於世云

虛受堂　十五

游俠傳第六十二終　漢書九十二

佞幸傳第六十三　漢書九十三

漢　蘭臺令史班固撰

唐正議大夫行祕書少監琅邪縣開國子顏師古注

賜進士出身前翰林院編修國子監祭酒加三級臣王先謙補注

漢興佞幸寵臣高祖時則有籍孺孝惠有閎孺此兩人非有材能但以婉媚貴幸師古曰婉順也媚悅也補注先謙曰史記媚作佞與上臥起公卿皆因關說師古曰關說者言由之而納說亦如行者之有關津補注宋祁曰注末當有也字先謙曰關通也顏注比之關津過泥故孝惠時郎侍中皆冠鵕鸃貝帶師古曰以鵕鸃毛羽飾冠海貝飾帶鵕鸃即鷩鳥也鵕音峻鸃音儀說在司馬相如傳補注宋祁曰注文鵕鸃下疑有鳥字傅脂粉化閎籍之屬也兩人徙家安陵其後寵臣孝文時士人則鄧通宦者則趙談北宮伯子師古曰姓北宮名伯子補注先謙曰官本注末有也字孝武時士人則韓嫣師古曰嫣音偃宦者則李延年孝元時宦者則弘恭石顯孝成時士人則張放淳于長孝哀時則有董賢孝景昭宣時皆無寵臣景帝唯有郎中令周仁昭帝時駙馬都尉秺侯金賞師古曰秺音丁護反補注先謙曰仁賞皆有傳嗣父車騎將軍日磾爵為侯二人之寵取過庸不篤師古曰纔過於常人耳不能大厚也宣帝時侍中中郎將張彭祖少與帝微時同席研書及帝即尊位彭祖以舊恩封陽都侯出常參乘號為愛幸其人謹敕無所虧損師古曰敕整也為其小妻所毒薨國除補注蘇輿曰漢世謂妾為小妻枚乘傳取皋母為小妻三國時猶然魏志文德郭皇后傳后姊子孟武還鄉里求小妻后止之亦稱傍妻見本書元后傳

虛受堂　一

鄧通蜀郡南安人也補注錢大昕曰地理志南安屬犍為郡不屬蜀郡犍為武帝所置漢初蓋屬蜀也先謙曰在今嘉定府夾江縣西北二十里以濯船為黃頭郎師古曰濯船能持濯行船也土勝水其色黃故刺船之郎皆著黃帽因號曰黃頭郎也濯讀曰櫂音直孝反補注先謙曰濯船即櫂船也說文無櫂字新附有之云所以進船也俗亦作棹史漢通用濯劉屈氂傳注長曰輯短曰濯輯即楫也司馬相如傳濯鷁牛首文選上林賦濯作櫂注引韋昭曰櫂今棹也楫字蓋起於漢魏間集解引徐廣云著黃帽也又引漢書音義云能持櫂行船也土水之母故施黃旄於船頭因以名其郎曰黃頭郎顏兩取之

而加潤飾文帝嘗夢欲上天不能有一黃頭郎推上天補注王念孫曰案推下有之字而今本脫之則文義不暢御覽人事部十七及四十引此竝作推之上天史記漢紀同顧見其衣尻帶後穿師古曰衣尻帶後謂衣當尻上而居革帶之下處也補注宋祁曰注末也字當刪先謙曰史記尻作裻索隱裻音篤衫襦之橫者覺而之漸臺師古曰覺謂寢寐之寤也未央殿西南有蒼池池中有漸臺覺音工孝反㠯夢中陰目求推者郎師古曰默而視之求所夢者補注先謙曰官本目作自史記同見鄧通其衣後穿夢中所見也召問其名姓姓鄧名通鄧猶登也補注先謙曰史記無此四字索隱漢書云上曰鄧猶登也悅之是小司馬所見漢書與今本異文帝甚說師古曰記讀曰悅尊幸之日日異補注先謙曰史記不重日字疑此衍一字通亦愿謹不好外交師古曰專謹曰愿音願又音原雖賜洗沐不欲出於是文帝賞賜通鉅萬㠯十數師古曰每賜輒鉅萬如此者十數補注劉攽曰積前後賞賜盈鉅萬者以十數爾不謂一賜則鉅萬也官至上大夫補注先謙曰百官表有太中大夫中大夫無上大夫據石奮傳奮為太中大夫二千石以上大夫祿歸老於家是上大夫卽太中大夫也下文上大夫義同文帝時閒如通家游戲師古曰閒謂投隙私行不公顯也如往也然通無他伎能不能有所薦達獨自謹

身㠯媚上而已上使善相人者相通曰當貧餓死上曰能富通者在我何說貧於是賜通蜀嚴道銅山得自鑄錢師古曰嚴道屬蜀郡縣有蠻夷曰道補注沈欽韓曰明志雅州榮經縣東北有銅山卽鄧通鑄錢處西京雜記文字肉好皆與天子錢同鄧氏錢布天下其富如此文帝嘗病癰鄧通常為上嗽吮之師古曰嗽音山角反吮音自兗反補注王鳴盛曰嗽字今吳中尚有山角反之音呼若東常熟呼角為祿皆古音也先謙曰史記嗽作唶下齰亦作唶上不樂從容問曰天下誰最愛我者乎通曰宜莫若太子太子入問疾上使太子齰癰師古曰齰齧也齧出其膿血齰音仕客反補注宋祁曰注文血字下疑有也字太子嗽癰而色難之補注先謙曰官本嗽作齰已而聞通嘗為上齰補注先謙曰官本齰下有之字太子慙繇是心恨通師古曰繇讀與由同其下類此補注蘇輿曰潛夫論賢難篇鄧通欲稱太子之孝則因對曰莫若太子之愛陛下也又云鄧通行所以盡心力而無害人其言所以譽太子而昭孝慈也太子自不能盡其稱則反結怨而歸咎焉輿案通舉太子以極形己之愛上耳以為欲稱太子之孝或未必然及文帝崩景帝立鄧通免家居居無何人有告通盜出徼外鑄錢師古曰徼猶塞也東北謂之塞西南謂之徼塞者以鄣塞為名徼者取徼遮之義也徼音工釣反補注先謙曰通鑑胡注匈奴傳侯應上議曰孝武攘匈奴於幕北建塞徼起亭隧是北方之塞亦曰徼也朝鮮傳曰朝鮮屬遼東外徼是東方之塞亦曰徼也師古迫未深考憖直言徼以要遮為義豈不簡而明乎下吏驗問頗有遂師古曰遂成也成其罪狀補注劉攽曰遂字屬下句先謙曰劉說是也史記作頗有之下文無之字竟案盡沒入之通家尚負責數鉅萬張晏曰顧人采銅鑄錢未還庸直而會沒入故也師古曰此說非也積其前後所犯合沒官者數多除其見在財物以外尚有負官數鉅萬故云吏輒隨沒入之耳非負顧庸之私直長公主賜鄧通師古曰卽館陶長公主文帝之女也吏輒隨沒入之一簪不得著身補注蘇輿曰潛夫論遏利篇鄧通死無簪天子不能違天富無功於是長公主乃令假衣食晉灼曰使假貸而私為償之也師古曰此說非也公主給其衣食也而號云假借之耳非通自有也恐吏沒入故託云然此所謂不得名一錢補注宋祁曰注文公字上疑有長字給字上疑有且字食也也字當刪竟不得名一錢寄死人家

趙談者㠯星氣幸北宮伯子長者愛人故親近然皆不比鄧通

韓嫣字王孫弓高侯穨當之孫也武帝為膠東王時嫣與上學書相愛及上為太子愈益親嫣嫣善騎射補注沈欽韓曰西京雜記韓嫣好彈常以金為丸所失者日十有餘長安為之語曰苦飢寒逐金丸京師兒童每聞嫣出彈輒隨之望丸所落拾焉

聰慧上卽位欲事伐胡而嫣先習兵師古曰言舊自便習補注宋祁曰注文自字疑作己字注末當有也字㠯故益尊貴官至上大夫賞賜儗鄧通師古曰儗比也始時嫣常與上共臥起江都王入朝補注先謙曰江都王非武帝弟從上獵上林中天子車駕趯道未行師古曰已稱趯止行人訖而天子未出也補注先謙曰官本道作通先使嫣乘副車從數十百騎馳視獸江都王望見㠯為天子辟從者伏謁道旁師古曰辟去其從者而身獨伏謁也辟音闢嫣驅不見既過江都王怒為皇太后泣請得歸國師古曰還爵封於天子也宿衞比韓嫣太后繇此銜嫣嫣侍出入永巷不禁師古曰言上恣其出入也補注先謙曰猶言出入掖廷也百官表武帝太初元年改永巷為掖廷㠯姦聞皇太后太后怒使使賜嫣死上為謝終不能得嫣遂死嫣弟說亦愛幸師古曰說讀曰悅㠯軍功封案道侯巫蠱時為戾太子所殺子增封龍雒侯師古曰雒字或作頟大司馬車騎將軍自有傳師古曰在韓信傳末補注錢大昕曰說增父子已附韓王信傳說以愛幸故又牽連書於

嫣傳不必更及其子也

李延年中山人身及父母兄弟皆故倡也師古曰樂人也延年坐法腐刑給事狗監中師古曰掌天子之狗於其中供事也女弟得幸於上號李夫人列外戚傳延年善歌爲新變聲補注先謙曰史記作爲變新聲是也是時上方興天地諸祠補注先謙曰官本引宋氏校本云浙本無新字越本無諸字欲造樂令司馬相如等作詩頌延年輒丞意弦歌所造詩爲之新聲曲補注先謙曰官本丞作承引宋氏校本云景德本承作丞又一本無新字先謙案爲與謂同而李夫人產昌邑王延年繇是貴爲協律都尉佩二千石印綬而與上臥起補注沈欽韓曰御覽五百十七引漢書曰李延年善歌帝幸之時人語曰一雌復一雄雙飛入紫宮案書中無是語當亦漢雜事之類其愛幸埒韓嫣師古曰埒等齊補注宋祁曰注末當有也字久之延年弟季與中人亂補注先謙曰史記作久之寖與中人亂徐廣注引一本與此同出入驕恣及李夫人卒後其愛弛師古曰弛解也音式爾反補注先謙曰官本弛並作弛上遂誅延年兄弟宗族是後寵臣大氐外戚之家也師古曰氐歸也音丁禮反衞青霍去病皆愛幸然亦㠯功能自進

石顯字君房濟南人弘恭沛人也皆少坐法腐刑爲中黃門㠯選爲中尚書宣帝時任中書官補注宋祁曰任中字下當有尚字恭明習法令故事善爲請奏能稱其職恭爲令顯爲僕射元帝卽位數年恭死顯代爲中書令是時元帝被疾不親政事補注宋祁曰浙本無事字方隆好於音樂㠯顯久典事中人無外黨師古曰少骨肉之親無婚姻之家也精專可信任遂委㠯政事無小大因顯白決貴幸傾朝百僚皆敬事顯顯爲人巧慧習事能探得人主微指內深賊持詭辯㠯中傷人師古曰詭違也違道之辯補注宋祁曰注末當有也字忤恨睚眦輒被㠯危法師古曰被加也音皮義反初元中前將軍蕭望之及光祿大夫周堪宗正劉更生皆給事中望之領尚書事知顯專權邪辟師古曰辟讀曰僻補注先謙曰官本僻作闢建白㠯爲尚書百官之本國家樞機師古曰立此議而白之宜㠯通明公正處之武帝游宴後庭故用宦者非古制也宜罷中書宦官應古不近刑人師古曰禮刑人不在君側故曰應古元帝不聽繇是大與顯忤後皆害焉望之自殺堪更生廢錮不得復進用語在望之傳後太中大夫張猛魏郡太守京房御史中丞陳咸待詔賈捐之皆嘗奏封事或召見言顯短顯求索其辠房捐之棄市猛自殺於公車咸抵辠髡爲城旦及鄭令蘇建得顯私書奏之後㠯它事論死自是公卿㠯下畏顯重足一迹師古曰言極恐懼不敢自寬縱顯與中書僕射牢梁少府五鹿充宗結爲黨友諸附倚者皆得寵位師古曰倚依也音於綺反民歌之曰牢邪石邪五鹿客邪印何纍纍綬若若邪師古曰纍纍重積也若若長貌纍音力追反言其兼官據埶也顯見左將軍馮奉世父子爲公卿著名女又爲昭儀在內顯心欲附之薦言昭儀兄謁者逡師古曰逡音千旬反修敕宜侍帷幄師古曰敕整也天子召見欲㠯爲侍中逡請閒言事上聞逡言顯顓權師古曰顓與專同其下類此補注先謙曰閒字不可通疑是問之訛天子大怒罷逡歸郎官補注劉攽曰郎疑作故其後御史大夫缺羣臣皆舉逡兄大鴻臚野王行能第一天子㠯問顯顯曰九卿無出野王者然野王親昭儀兄臣恐後世必㠯陛下度越衆賢師古曰度過也私後宮親㠯爲三公上曰善吾不見是師古曰言不見此理迺下詔嘉美野王廢而不用語在野王傳顯內自知擅權事柄在掌握恐天子一旦納用左右耳目有㠯閒己師古曰閒音工莧反迺時歸誠取一信㠯爲驗補注先謙曰官本信作言是顯嘗使至諸官有所徵發顯先自白恐後漏盡宮門閉請使詔吏開門上許之顯故投夜還稱詔開門入後果有上書告顯顓命矯詔開宮門天子聞之笑㠯其書示顯顯因泣曰陛下過私小臣屬任㠯事師古曰屬委也屬音之欲反羣下無不嫉妬欲陷害臣者事類如此非一唯獨明主知之愚臣微賤誠不能㠯一軀稱快萬衆師古曰稱音尺孕反任天下之怨師古曰任猶當也臣願歸樞機職受後宮埽除之

役死無所恨唯陛下哀憐財幸師古曰財與裁同㠯此全活小臣天子㠯
爲然而憐之數勞勉顯加厚賞賜賞賜及賂遺訾一萬萬師古曰賂遺謂
百官羣下所遺也訾讀與貲同〔補注〕先謙曰官本不重賞賜二字此誤衍初顯聞衆人匈匈言已殺前
將軍蕭望之望之當世名儒顯恐天下學士姍已師古曰姍古訕字訕謗也音所
諫反病之是時明經著節士琅邪貢禹爲諫大夫顯使人致意深自
結納顯因薦禹天子歷位九卿至御史大夫禮事之甚備議者於
是稱顯㠯爲不妬譖望之矣顯之設變詐㠯自解免取信人主者
皆此類也元帝晚節寑疾師古曰晚節猶言末時也定陶恭王愛幸顯擁祐太
子頗有力〔補注〕先謙曰官本力作功元帝崩成帝初即位遷顯爲長信中太僕
秩中二千石顯失倚離權數月丞相御史條奏顯舊惡及其黨牢
梁陳順皆免官顯與妻子徙歸故郡〔補注〕錢大昭曰前代宦者往往有妻後漢劉瑜傳云常侍
黃門亦廣妻娶怨毒之氣結成妖眚周舉傳云豎宦之人亦復虛以形勢威侮良家取女閉之至有白首歿無配偶逆於天心元魏

時御史蕭析疏云高軒和鸞者閹官之嫠婦胡馬鳴珂者黃門之養息唐書載高力士娶李元晤女李輔國娶元擢女吳文碑亦有
妻有子朱子語類云梁師成妻死蘇叔黨范溫衰絰臨喪奄人倚勢作合良家後先一轍憂滿不食道病死師古
曰滿讀曰懣音悶諸所交結㠯顯爲官皆廢罷少府五鹿充宗左遷玄菟
太守御史中丞伊嘉爲鴈門都尉長安謠曰伊徙鴈鹿徙菟去牢
與陳實無賈師古曰賈讀曰價〔補注〕蘇輿曰言去牢陳之功無賈以當之也
湻于長字子鴻〔補注〕宋祁曰鴻越本作鴻校本作孺魏郡元城人也少㠯太后姊子
爲黃門郎未進〔補注〕宋祁曰進字上當有得字先謙曰注當在幸字下幸會大將軍王鳳病
長侍病晨夜扶丞左右甚有甥舅之恩鳳且終㠯長屬託太后及
帝師古曰屬音之欲反帝嘉長義拜爲列校尉諸曹遷水衡都尉侍中至衞
尉九卿久之趙飛燕貴幸上欲立㠯爲皇后太后㠯其所出微難
之長主往來通語東宮師古曰主猶專歲餘趙皇后得立上甚德之迺追
顯長前功下詔曰前將作大匠解萬年奏請營作昌陵罷弊海內

師古曰罷讀曰疲侍中衞尉長數白宜止徙家反故處師古曰陵置邑徙人以實之長奏令
止所徙之家各還本處朕㠯長言下公卿議者皆合長計首建至策民㠯康
寧師古曰康安也其賜長爵關內侯後遂封爲定陵侯大見信用貴傾公
卿外交諸侯牧守賂遺賞賜亦絫鉅萬師古曰絫古累字也其下亦同多畜妻妾
淫於聲色不奉法度初許皇坐執左道〔補注〕錢大昭曰坐字上脫后字先謙曰官本有后字
廢處長定宮而后姊嬿爲龍頟思侯夫人晉灼曰嬿音靡〔補注〕錢大昕曰韓寶嗣父增爲
龍頟侯謚曰思寡居長與嬿私通因取爲小妻許后因嬿賂遺長欲求復
爲倢伃長受許后金錢乘輿服御物前後千餘萬詐許爲白上立
㠯爲左皇后嬿每入長定宮輒與嬿書戲侮許后嫚易無不言師古
曰嫚褻汙也易輕也易音弋豉反交通書記賂遺連年是時帝舅曲陽侯王根爲
大司馬票騎將軍輔政數歲久病數乞骸骨長㠯外親居九卿位
次第當代根根兄子新都侯王莽心害長寵私聞長取許嬿受長

定宮賂遺莽侍曲陽侯疾因言長見將軍久病意喜自㠯當代輔
政至對衣冠議語署置師古曰自謂當輔政故豫言某人爲某官某人爲某事具言其辠過
根怒曰即如是何不白也莽曰未知將軍意故未敢言根曰趣白
東宮師古曰趣讀曰促莽求見太后具言長驕佚師古曰佚讀與逸同欲代曲陽侯
對莽母上車師古曰莽母於長舅之妻也上車當於異處便於前上言不敬私與長定貴人姊通
受取其衣物太后亦怒曰兒至如此往白之帝莽白上上迺免長
官遣就國初長爲侍中奉兩宮使親密師古曰言爲使者傳言語於太后及帝欲立趙飛燕
之類紅陽侯立獨不得爲大司馬輔政立自疑爲長毀譖常怨毒長
上知之及長當就國也立嗣子融從長請車騎師古曰嗣子謂嫡長子當爲嗣者也
長㠯珍寶因融重遺立立因爲長言於是天子疑焉下有司案驗
吏捕融立令融自殺㠯滅口上愈疑其有大姦遂逮長繫洛陽詔
獄窮治長具服戲侮長定宮師古曰侮古侮字謀立左皇后辠至大逆死

獄中妻子當坐者徙合浦母若歸故郡師古曰若者其母名紅陽侯立就國將軍卿大夫郡守坐長免罷者數十人莽遂代根爲大司馬久之還長母及子酺於長安師古曰酺音蒲後酺有罪莽復殺之徙其家屬故郡補注先謙曰官本郡下有歸字是始長㠯外親親近師古曰親近謂近於天子近音其靳反其愛幸不及富平侯張放放常與上臥起俱爲微行出入補注何焯曰放事附見張湯傳後不入佞幸者以張純復顯於建武中也然不掩其惡所以不失爲良史

董賢字聖卿雲陽人也父恭爲御史任賢爲太子舍人哀帝立賢隨太子官爲郞師古曰東宮官屬隨例遷也二歲餘賢傳漏在殿下師古曰傳漏奏時刻爲人美麗自喜師古曰喜音許吏反哀帝望見說其儀貌師古曰說讀曰悅識而問之曰是舍人董賢邪因引上與語拜爲黃門郞繇是始幸問及其父爲雲中侯卽日徵爲霸陵令遷光祿大夫賢寵愛日甚爲駙馬都尉侍中出則參乘入御左右旬月閒賞賜絫鉅萬貴震朝廷常

與上臥起嘗晝寢偏藉上褏師古曰藉謂身臥其上也褏古袖字補注宋祁曰褏字上當有衣字先謙曰官本藉作籍通用字上欲起賢未覺師古曰覺寤也音工効反不欲動賢迺斷褏而起其恩愛至此賢亦性柔和便辟善爲媚㠯自固每賜洗沐不肯出常留中視醫藥補注先謙曰官本當作常是上㠯賢難歸詔令賢妻得通引籍殿中止賢廬師古曰廬謂殿中所宿止處也若吏妻子居官寺舍補注先謙曰若及也因賢妻故竝吏妻子皆得居官寺舍又詔賢女弟㠯爲昭儀補注錢大昭曰詔南監本閩本竝作召先謙曰官本作召位次皇后更名其舍爲椒風㠯配椒房云師古曰皇后殿稱椒房欲配其名故曰椒風昭儀及賢與妻旦夕上下竝侍左右賞賜昭儀及賢妻亦各千萬數遷賢父爲少府賜爵關內侯食邑復徙爲衞尉又㠯賢妻父爲將作大匠弟爲執金吾詔將作大匠爲賢起大第北闕下重殿洞門師古曰重殿謂有前後殿洞門謂門門相當也皆僭天子之制度者也補注沈欽韓曰西京雜記重五殿洞六門柱壁皆畫雲氣華蘤山靈水怪或衣以綈錦或飾以金玉南門三重署曰南中門南上門南便門東西各三門隨方面題署亦如之樓閣臺榭轉相連注山池玩好窮盡雕麗木土之功窮極技巧柱檻衣㠯綈錦師古曰檻謂軒闌之板也綈厚繒也音徒奚反下至賢家僮僕皆受上賜及武庫禁兵上方珍寶其選物上弟盡在董氏補注先謙曰上弟猶上等而乘輿所服迺其副也及至東園祕器珠襦玉柙豫㠯賜賢無不備具師古曰東園署名也漢舊儀云東園祕器作棺梓素木長二丈崇廣四尺珠襦以珠爲襦如鎧狀連縫之以黃金爲縷要以下玉爲柙至足亦縫以黃金爲縷補注宋祁曰柙字下當有皆字又令將作爲賢起冢塋義陵旁內爲便房剛柏題湊孟康曰堅剛之柏也師古曰題湊解在霍光傳外爲徼道周垣數里門闕罘罳甚盛上欲侯賢而未有緣會待詔孫寵息夫躬等告東平王雲后謁祠祀祝詛師古曰謁者后之名下有司治皆伏其辜上於是令躬寵爲因賢告東平事者迺㠯其功下詔封賢爲高安侯躬宜陵侯寵方陽侯食邑各千戶頃之復益封賢二千戶丞相王嘉內疑東平事冤甚惡躬等數諫爭㠯賢爲亂國制度嘉竟坐言事下獄死上初卽位祖母傅太后母丁

太后皆在兩家先貴傅太后從弟喜先爲大司馬輔政數諫失太后指免官上舅丁明代爲大司馬亦任職頗害賢寵及丞相王嘉死明甚憐之上寖重賢欲極其位師古曰寖益也而恨明如此遂冊免明曰前東平王雲貪欲上位祠祭祝詛雲后舅伍宏㠯醫待詔與校祕書郞楊閎結謀反逆禍甚迫切賴宗廟神靈董賢等㠯聞咸伏其辜將軍從弟侍中奉車都尉吳族父左曹屯騎校尉宣皆知宏及栩丹諸侯王后親師古曰栩姓也音許羽反補注宋祁曰知字上當有中字而宣除用丹爲御屬補注沈欽韓曰續志御屬主爲公御吳與宏交通厚善數稱薦宏宏㠯附吳得興其惡心因醫技進幾危社稷師古曰幾音巨依反朕㠯恭皇后故不忍有云師古曰恭皇后謂丁后卽哀帝母將軍位尊任重既不能明威立義折消未萌師古曰未萌謂禍難之未生者又不深疾雲宏之惡而懷非君上阿爲宣吳師古曰以君上爲非懷此心也反痛恨雲等揚言爲羣下所冤又親見言伍宏善醫死

可惜也師古曰見見天子也賢等獲封極幸嫉妒忠良非毀有功於戲傷哉師古曰於讀曰烏戲讀曰呼蓋君親無將將而誅之師古曰將謂將爲逆亂也是以季友鴆叔牙春秋賢之趙盾不討賊謂之弒君師古曰季友魯桓公少子莊公母弟也叔牙亦桓公子莊公有疾叔牙欲立其同母兄慶父故季友使鍼季鴆之公羊傳曰季子殺兄何善爾誅不得避兄弟君臣之義也趙盾晉大夫趙宣子也靈公欲殺之宣子將出奔而趙穿攻靈公於桃園宣子未出山而復太史書曰趙盾弒其君宣子曰不然曰子爲正卿亡不越境反不討賊非子而誰孔子曰董狐古之良史也書法不隱趙宣子古之良大夫也爲法受惡〔補注〕先謙曰官本山作境是朕閔將軍陷于重刑故以書飭師古曰飭與敕同將軍遂非不改復與丞相嘉相比師古曰比謂比周也音頻寐反令嘉有依得以罔上有司致法將軍請獄治朕惟噬膚之恩未忍孟康曰易曰噬膚滅鼻噬食也膚膏也喻爵祿恩澤加之不忍誅也師古曰孟說非也易噬嗑卦九二爻辭曰噬膚滅鼻噬膚言自齧其肌膚詔云爲明是恭后之親有肌膚之愛是以不忍加法故引噬膚之言也〔補注〕先謙曰顧炎武云噬膚之恩是取易睽六五厥宗噬膚言貴戚之卿恩未忍絕先謙案官本云作曰其上票騎將軍印綬罷歸就第遂以賢代明爲大司馬衞將軍冊曰朕承天

序惟稽古建爾于公以爲漢輔往悉爾心統辟元戎師古曰悉盡也統領也辟君也元戎大眾也言爲元戎之主而統之也辟音必亦反折衝綏遠匡正庶事允執其中天下之眾受制於朕以將爲命以兵爲威可不慎與師古曰與讀曰歟是時賢年二十二雖爲三公常給事中領尚書百官因賢奏事以父恭不宜在卿位徙爲光祿大夫秩中二千石弟寬信代賢爲駙馬都尉董氏親屬皆侍中諸曹奉朝請寵在丁傅之右矣師古曰右上也明年匈奴單于來朝宴見羣臣在前〔補注〕宋祁曰臣字下當有賢字單于怪賢年少以問譯師古曰傳語之人也上令譯報曰大司馬年少以大賢居位單于迺起拜賀漢得賢臣初丞相孔光爲御史大夫時賢父恭爲御史事光及賢爲大司馬與光竝爲三公上故令賢過光光雅恭謹知上欲尊寵賢及聞賢當來也光警戒衣冠出門待望見賢車迺卻入賢至中門光入閤〔補注〕宋祁曰入字上當有又字既下車迺出拜謁送迎甚謹不敢以

賓客均敵之禮〔補注〕先謙曰官本均作鈞賢歸上聞之喜立拜光兩兄子爲諫大夫常侍〔補注〕先謙曰中常侍加官得入禁中亦稱常侍見司馬相如東方朔傳賢繇是權與人主侔矣師古曰侔等也是時成帝外家王氏衰廢唯平阿侯譚子去疾哀帝爲太子時爲庶子得幸及即位爲侍中騎都尉上以王氏亡在位者遂用舊恩親近去疾復進其弟閎爲中常侍閎妻父蕭咸前將軍望之子也久爲郡守〔補注〕劉攽曰多久字病免爲中郎將兄弟並列〔補注〕先謙曰案望之傳子育哀帝時爲南郡太守病免起家復爲光祿大夫執金吾此兄弟並列謂育咸賢父恭慕之欲與結婚姻閎爲賢弟駙馬都尉寬信求咸女爲婦咸惶恐不敢當私謂閎曰董公爲大司馬冊文言允執其中此迺堯禪舜之文非三公故事長老見者莫不心懼此豈家人子所能堪邪師古曰家人猶言庶人也蓋咸自謂閎性有知略聞咸言心亦悟迺還報恭深達咸自謙薄之意恭歎曰我家何用負天下而爲人所畏如是意不說師古曰說讀曰悅後

上置酒麒麟殿師古曰在未央宮賢父子親屬宴飲〔補注〕王念孫曰案賢上脫與字則上下句義不相屬御覽人事部九十三引此正作與賢父子親屬宴飲漢紀同王閎兄弟侍中中常侍皆在側上有酒所師古曰言酒在體中〔補注〕先謙曰酒所猶酒意疏廣傳宜從丈人所鄧注宜令意自從丈人所出薛宣傳自從其所顏注若自出其意皆是此注失之從容視賢笑師古曰從音千容反〔補注〕宋祁曰賢字下當有而字曰吾欲法堯禪舜何如閎進曰天下迺高皇帝天下非陛下之有也陛下承宗廟當傳子孫於亡窮統業至重天子亡戲言上默然不說師古曰說讀曰悅左右皆恐於是遣閎出後不得復侍宴賢第新成功堅師古曰言盡功力而作之極堅牢也功字或作攻攻治也言作治之甚堅牢其外大門無故自壞賢心惡之後數月哀帝崩太皇太后召大司馬賢引見東箱問以喪事調度賢內憂不能對免冠謝太后曰新都侯莽前以大司馬奉送先帝大行曉習故事吾令莽佐君賢頓首幸甚〔補注〕宋祁曰首字下當有曰字太后遣使者召莽既至以太后指使尚書劾賢帝病不親醫藥禁

止賢不得入出宮殿司馬中補注宋祁曰入出當作出入中字上當有門字賢不知所為詣闕免冠徒跣謝莽使謁者以太后詔即闕下冊賢師古曰即就也曰間者以來陰陽不調菑害並臻師古曰菑古災字元元蒙辜師古曰蒙被也夫三公鼎足之輔也高安侯賢未更事理師古曰更歷也音工衡反為大司馬不合眾心非所以折衝綏遠也其收大司馬印綬罷歸第即日賢與妻皆自殺家惶恐夜葬補注何焯曰周禮司烜氏注司烜掌明竊則罪人夜葬歟疏云以司烜主明火掌夜事既令掌之則罪人夜葬可知故曾子問云見星而行者惟罪人是夜葬之事也沈欽韓曰荀子禮論罪人之喪不得晝行以昬殣王文彬曰夜葬者蓋賢家惶恐之甚慮有它故乘夜潛葬之故莽以詐為疑以罪葬例之不合莽疑其詐死有司奏請發賢棺至獄診視師古曰謂發冢取其棺柩也診驗也音軫莽復風大司徒光奏賢師古曰風讀曰諷光孔光也質性巧佞翼姦以獲封侯師古曰翼進也補注王文彬曰翼姦謂與姦人相比黨父子專朝兄弟並寵多受賞賜治第宅造冢壙放效無極不異王制師古曰放依也音甫往反費以萬萬計國家為空虛父子驕蹇至不為使者禮師古曰言不敬天子之使受賜不拜辠惡暴著賢自殺伏辜死後父恭等不悔過補注先謙曰官本無等字乃復以沙畫棺師古曰以硃砂塗之而又雕畫也四時之色左蒼龍右白虎上著金銀日月玉衣珠璧以棺師古曰以此物棺斂也棺音工喚反至尊無以加恭等幸得免於誅不宜在中土臣請收沒入財物縣官諸以賢為官者皆免父恭弟寬信與家屬徙合浦母別歸故郡鉅鹿長安中小民讙譁鄉其弟哭幾獲盜之師古曰陽往哭之實欲竊盜也鄉讀曰嚮幾讀曰冀補注先謙曰官本弟作第縣官斥賣董氏財凡四十三萬萬賢既見發臝診其尸師古曰臝露形也音郎果反補注先謙曰官本診作訮同因埋獄中賢所厚吏沛朱詡自劾去大司馬府買棺衣收賢尸葬之王莽聞之而大怒以它辠擊殺詡補注先謙曰官本無而字詡子浮建武中貴顯至大司馬司空封侯補注劉攽曰案後漢傳浮祇為大司空未嘗為司馬明多兩字錢大昕曰豈以其嘗為大司馬主簿相涉而誤歟而王閎王莽時為牧守補注沈欽韓曰御覽七百十六漢名臣奏曰王莽斥出王閎太后憐之閎伏泣失聲太后親自手巾拭閎泣所居見紀莽敗迺去官世祖下詔曰武王克殷表商容之閭師古曰商容殷賢人閎修善謹敕兵起吏民獨不爭其頭首今以閎子補吏至墨綬卒官蕭咸外孫云補注宋祁曰咸字下當有之字

贊曰柔曼之傾意師古曰曼澤也言其質柔而色理光澤也非獨女德蓋亦有男色焉觀籍閎鄧韓之徒非一補注先謙曰官本藉作籍而董賢之寵尤盛父子並為公卿可謂貴重人臣無二矣然進不繇道師古曰言本不以德進繇讀與由同位過其任莫能有終所謂愛之適足以害之者也漢世衰於元成壞於哀平哀平之際國多釁矣師古曰釁謂間隙也主疾無嗣弄臣為輔鼎足不彊棟幹微撓師古曰撓弱也音女教反一朝帝崩姦臣擅命董賢縊死丁傅流放辠及母后奪位幽廢師古曰謂貶皇太后趙氏為孝成皇后退居北宮哀皇后傅氏退居桂宮咎在親便嬖所任非仁賢故仲尼著損者三友師古曰論語稱孔子曰損者三友友便辟友善柔友便佞損矣王者不私人以官殆為此也師古曰殆近也

佞幸傳第六十三　終　　漢書九十三

漢　蘭　臺　令　史班　固　撰

唐正議大夫行祕書少監琅邪縣開國子顏師古　注

賜進士出身前翰林院編修國子監祭酒加三級臣王先謙補注

匈奴，其先夏后氏之苗裔，曰淳維。師古曰以殷時始奔北邊〔補注〕先謙曰索隱引樂彥括地譜云夏桀無道湯放之鳴條三年而死其子獯粥妻桀之眾妾避居北野隨畜移徙中國謂之匈奴其言夏后苗裔或當然也故應劭風俗通曰殷時曰獯粥改曰匈奴又晉灼曰堯時曰葷粥周曰獫狁秦曰匈奴韋昭云漢曰匈奴葷粥其別名則淳維是其始祖蓋與獯粥是一也 唐虞以上有山戎、獫允、薰粥，師古曰皆匈奴別號獫音險粥音戈六反 居于北邊，隨草畜牧而轉移。其畜之所多則馬、牛、羊，其奇畜則橐佗、驢、鸁、駃騠、騊駼、驒奚。師古曰橐佗言能負橐囊而馱物也鸁驢種而馬生也駃騠俊馬也生七日而超其母騊駼馬類也生北海驒奚駏驉類也佗音徒何反駃音決騠音提騊音桃駼音塗驒音顛〔補注〕先謙曰官本俊作駿 逐水草遷徙，無城郭常居耕田之業，然亦各有分地。師古曰分音扶問反其下亦同 無文書，以言語為約束。兒能騎羊，引弓射鳥鼠；師古曰言其幼小則能射 少長則射狐菟，師古曰少長言漸大 肉食。師古曰言無米粟唯食肉〔補注〕王念孫曰師古說非也肉食二字若承上文少長言之則肉食固匈奴之俗自幼時已然不待少長也若不承少長言之則肉食二字與上下文皆不相屬今案肉食當為用食字之誤也隸書用字作𠕎肉字作𠕎二形相似故用猶以也言射狐菟以食也史記作少長則射狐兔用為食是其明證也以訓為用故用亦訓為以此言匈奴習於騎射自為兒時已能騎羊射鳥鼠少長則射狐兔及長而為士則力能彎弓者盡為甲騎非記其飲食之事也下文云自君王以下咸食畜肉乃始言食肉耳 士力能彎弓，盡為甲騎。其俗，寬則隨畜田獵禽獸為生業，急則人習戰攻以侵伐，師古曰人人皆習之 其天性也。其長兵則弓矢，短兵則刀鋋。師古曰鋋鐵把小矛也音蟬 利則進，不利則退，不羞遁走。苟利所在，不知禮義。自君王以下咸食畜肉，衣其皮革，被旃裘。壯者食肥美，老者飲食其餘。貴壯健，賤老弱。父死，妻其後母；兄弟死，皆取其妻妻之。其俗有名不諱而無字。〔補注〕周壽昌曰史記作無姓字集解單于姓攣鞮氏本文下云世姓官號可得而記則不能謂無姓也

夏道衰，而公劉失其稷官，變于西戎，師古曰公劉后稷之曾孫也變化也謂行化於其俗 邑于豳。師古曰豳今之豳州是其地也 其後三百有餘歲，〔補注〕沈欽韓曰困學紀聞王逨曰自后稷五傳而得公劉自亶父三傳而滅商則公劉在夏之中衰亶父在商之末世不啻五六百年曰三百歲未知何據案班承史遷舊文而不知其繆 戎狄攻太王亶父，師古曰自公劉至亶父凡九君也父讀曰甫 亶父亡走于岐下，師古曰岐山之下 豳人悉從亶父而邑焉，作周。師古曰始作周國也 其後百有餘歲，周西伯昌伐畎夷，師古曰西伯昌即文王也畎音工犬反畎夷即畎戎也又曰昆夷昆字或作混又作緄二字並音工本反昆緄畎聲相近耳亦曰犬戎也山海經云黃帝生苗龍苗龍生融吾融吾生弄明弄明生白犬白犬有二牝牡是為犬戎許氏說文解字曰赤狄本犬種也故字從犬〔補注〕先謙曰索隱弄明作并明 後十有餘年，武王伐紂而營雒邑，復居于酆鎬，放逐戎夷涇洛之北，師古曰此洛即漆沮水也本出上郡雕陰泰冒山而東南入于渭〔補注〕宋祁曰注文冒亦作昌越本作冒先謙曰作昌是也索隱亦作昌 以時入貢，名曰荒服。其後二百有餘年，〔補注〕沈欽韓曰竹書紀年穆王十二年伐犬戎從成王數至此年纔九十四年 周道衰，而周穆王伐畎戎，師古曰穆王成王孫康王子也 得四白狼四白鹿以歸。自是之後，荒服不至。於是作呂刑之辟。師古曰即尚書呂刑篇是也辟法也音闢

至穆王之孫懿王時，王室遂衰，戎狄交侵，暴虐中國。中國被其苦，詩人始作，〔補注〕沈欽韓曰紀年懿王十三年翟人侵岐二十一年虢公帥師北伐犬戎敗逋事與此合先謙曰史記周紀云懿王之時王室遂衰詩人作刺白虎通引采薇之詩以為師出踰時怨思而作人表懿王下班注詩作易林睽之小過云采薇出車魚麗思初上下促急君子懷憂是三家采薇詩義與毛傳以為文王詩者不同 疾而歌之，曰：「靡室靡家，獫允之故；豈不日戒，獫允孔棘。」師古曰小雅采薇之詩也孔甚也棘急也言征役踰時靡有室家夫婦之道者以有獫允之難故也豈不日日相警戒乎獫允之難甚急〔補注〕先謙曰毛詩釋文曰戒音越又人栗反鄭箋云豈不日相警戒乎誠曰相警戒也是鄭讀曰字此作日戒明三家詩是日字毛或作曰也唐石經改毛詩曰作日又誤 至懿王曾孫宣王，興師命將以征伐之，詩人美大其功，曰：「薄伐獫狁，至于太原。」師古曰小雅六月之詩也薄伐言逐出之 「出車彭彭，城彼朔方。」師古曰小雅出車之詩也彭彭盛也朔方北方也言獫允既去北方安靜乃築城以守 是時四夷賓服，稱為中興。〔補注〕先謙曰自至穆王之孫至此班氏所增 至于幽王，用寵姬褒姒之故，與申后有隙，師古曰幽王宣王之子〔補注〕先謙曰后字誤官本作申侯 申侯怒而與畎戎共攻殺幽王于麗山之下。師古曰麗

讀曰驪。〔補注〕先謙曰：史記作驪，韋昭云戎後來居此山，故號曰驪戎。遂取周之地鹵獲，〔補注〕先謙曰：史記作焦穫，括地志云焦穫亦名瓠口，亦曰瓠中，在雍州涇陽縣城北十數里。此鹵獲乃誤文。而居于涇渭之間，侵暴中國。秦襄公救周，於是周平王去豐鎬而東徙于雒邑。師古曰：平王，幽王之子。當時秦襄公伐戎至郊，師古曰：郊，古岐字。〔補注〕劉敞曰：當字下疑有是字。先謙曰：劉說是也，此脫文。史記作當是之時。始列為諸侯。後六十有五年，而山戎越燕而伐齊，齊釐公與戰于齊郊。師古曰：釐讀曰僖。後四十四年，而山戎伐燕，燕告急齊。〔補注〕王念孫曰：齊上脫於字，御覽四夷部二十一引此有於字，史記同。齊桓公北伐山戎，山戎走。後二十餘年，而戎翟至雒邑，伐周襄王，師古曰：襄王，惠王之子。襄王出奔于鄭之氾邑。蘇林曰：氾音凡，今潁川襄城是也。師古曰：以襄王嘗處之，因號襄城。初，襄王欲伐鄭，故取翟女為后，與翟共伐鄭。已而黜翟后，翟后怨，而襄王繼母曰惠后，有子帶，欲立之，於是惠后與翟后、子帶為內應，〔補注〕周壽昌曰：內應字始此。開戎翟，戎翟以故得入，破逐襄王，而立子帶為王。於是戎翟或居於陸渾，師古曰：今伊闕南陸渾山川是其地。東至于衞，侵盜尤甚。〔補注〕先謙曰：史記作侵盜暴虐中國，中國疾之，故詩人歌之曰「戎狄是膺」，「薄伐獫狁，至于太原」，「出車彭彭，城彼朔方」。以為襄王時詩，與班義異。周襄王既居外四年，迺使使告急於晉。晉文公初立，欲修霸業，迺興師伐戎翟，誅子帶，迎內襄王于洛邑。當是時，秦晉為彊國。晉文公攘戎翟，居于西河圁、洛之間，晉灼曰：圁音嚚。三倉作圁。地理志圁水出上郡白土縣西，東流入河。師古曰：圁水即今銀州銀水是也。書本作圁，晉說是也，後轉寫者誤為圁耳。洛水即漆沮。〔補注〕沈欽韓曰：一統志圁水在葭州北，自邊外流入，下流入黃河。通志有禿尾河，自建安堡北塞外流入，又東南逕高家堡西，合永利河、蔾川，又東南合開光川，又東入河，蓋即今圁水也。洛河在慶陽府安化縣東北二百五十里。案洛水今發源榆林府定邊縣東南家嶺下，東南流入延安府保安縣界，去安化東北二百五六十里，舊志所記里數與元和志、寰宇記皆同。先謙曰：史記西河作河內。號曰赤翟、白翟。師古曰：春秋所書晉師滅赤狄潞氏、卻缺獲白狄子者。而秦穆公得由余，西戎八國服於秦，故隴以西有緜諸、畎戎、狄獂之戎，師古曰：皆在天水界，即緜諸道及獂道是也。獂音完。在岐、梁、涇、漆之北有義渠、大荔、烏氏、朐衍之戎，師古曰：此漆水在新平。荔音隸，氏音支，朐音許于反。而晉北有林胡、樓煩

之戎，〔補注〕先謙曰：集解引如淳曰林胡即儋林，為李牧所滅。索隱樓煩縣屬鴈門，應劭云故樓煩胡。正義林胡，括地志云朔州春秋時北地也，嵐州樓煩胡地也。先謙案：朔州今朔平府朔州治，嵐州今太原府嵐縣治。燕北有東胡、山戎。服虔曰：烏桓之先也，後為鮮卑。各分散谿谷，自有君長，往往而聚者百有餘戎，然莫能相壹。自是之後百有餘年，〔補注〕沈欽韓曰：困學紀聞魯文公三年秦霸西戎，襄公四年魏絳和戎，裁五十餘歲。晉悼公使魏絳和戎翟，戎翟朝晉。後百有餘年，趙襄子踰句注而破之，并代以臨胡貉。師古曰：貉音莫伯反。〔補注〕先謙曰：索隱貉即濊也。後與韓魏共滅知伯，分晉地而有之，則趙有代、句注以北，而魏有西河、上郡，以與戎界邊。其後義渠之戎築城郭以自守，而秦稍蠶食之，至於惠王，遂拔義渠二十五城。惠王伐魏，魏盡入西河及上郡于秦。秦昭王時，義渠戎王與宣太后亂，有二子。師古曰：即昭王母也。宣太后詐而殺義渠戎王於甘泉，遂起兵伐滅義渠。於是秦有隴西、北地、上郡，築長城以距胡。〔補注〕蘇輿曰：據此，秦在昭王時已築長城，始皇特立萬里之名耳。後人以長城始於始皇，非也。中國自春秋以後各有長城，詳見顧氏日知錄三十二。而趙武靈王亦變俗胡服，習騎射，北破林胡、樓煩，〔補注〕先謙曰：史記亦有築長城三字，此趙之長城。自代並陰山下，至高闕為塞，師古曰：並音步浪反。高闕解在衞青霍去病傳。〔補注〕宋祁曰：邵本樓煩陰山為句。先謙曰：索隱徐廣云西安陽縣北有陰山，陰山在河南，陽山在河北也。正義括地志陰山在朔州北塞外突厥界，朔方臨戎縣北有連山，險於長城，其山中斷，兩峯俱峻，土俗名為高闕也。先謙案：臨戎縣今鄂爾多斯右翼後旗，故漢朔方縣西黃河向北流之東岸。官本注無霍去病三字。而置雲中、鴈門、代郡。其後燕有賢將秦開，為質於胡，胡甚信之。歸而襲破東胡，卻千餘里。師古曰：卻，退也，音丘略反。〔補注〕先謙曰：官本東胡下再有東胡二字，史記同。與荊軻刺秦王秦舞陽者，開之孫也。燕亦築長城，自造陽至襄平，師古曰：造陽，地名，在上谷界。襄平即遼東所治也。〔補注〕沈欽韓曰：通典造陽在今嬀州北。唐嬀州今宣化府懷來縣治。漢襄平在今奉天府遼陽州北七十里。置上谷、漁陽、右北平、遼西、遼東郡以距胡。當是時，冠帶戰國七，而三國邊於匈奴。如淳曰：燕、趙、秦。其後趙將李牧時，匈奴不敢入趙邊。後秦滅六國，而始皇帝使蒙恬將數十萬之物，〔補注〕錢大昭曰：物，南監本、閩本作眾。先謙曰：官本作眾，史記同，無數

字北擊胡悉收河南地因河爲塞築四十四縣城臨河徙適戍以充之師古曰適讀曰讁有罪讁合從戍者令從居之而通直道自九原至雲陽〔補注〕先謙曰正義括地志秦故道在慶州華池縣西四十五里子午山自九原至雲陽千八百里先謙案隋華池縣在今慶陽府合水東北百二十里縣東有子午山舊名翟道山九原漢五原縣雲陽扶風縣因邊山險壍谿谷可繕者繕之師古曰繕補也起臨洮至遼東萬餘里〔補注〕先謙曰臨洮隴西縣正義括地志即今岷州秦長城首起岷州西十二里延袤萬餘里東入遼水先謙案岷州今鞏昌府岷州治又度河據陽山北假中師古曰北假地名〔補注〕先謙曰正義括地志漢五原郡河目縣故城在北假中北假在河北案河目縣在今吳喇忒西北當是時東胡强而月氏盛師古曰氏音支匈奴單于曰頭曼師古曰曼音莫安反頭曼不勝秦北徙十有餘年而蒙恬死諸侯畔秦中國擾亂諸秦所徙適邊者皆復去師古曰適音讁於是匈奴得寬復稍度河南與中國界於故塞單于有太子名曰冒頓後有愛閼氏生少子師古曰閼氏匈奴皇后號也閼音於連反氏音支〔補注〕宋祁曰冒音墨頓音毒無別訓姚令威云僕閱董仲舒傳冒音莫克反又如字司馬遷傳亦音莫克反劉攽曰匈奴單于號其妻爲閼氏爾

顏便以皇后解之太俚俗也頭曼欲廢冒頓而立少子迺使冒頓質於月氏冒頓既質而頭曼急擊月氏月氏欲殺冒頓冒頓盜其善馬騎亡歸頭曼以爲壯令將萬騎冒頓迺作鳴鏑應劭曰髇箭也師古曰鏑音嫡髇音呼交反〔補注〕王念孫曰案作下原有爲字後人以爲即是作故刪去爲字不知古書言作爲者多矣通鑑漢紀三已脫爲字文選左思詠史詩注曹植名都篇注陸機從軍行注張協七命注邱遲與陳伯之書注顏延之陽給事誄注六引漢書皆作作爲鳴鏑史記同習勒其騎射師古曰勒其所部騎皆習射也令曰鳴鏑所射而不悉射者斬行獵獸有不射鳴鏑所射輒斬之已而冒頓以鳴鏑自射善馬左右或莫敢射冒頓立斬之居頃之復以鳴鏑自射其愛妻左右或頗恐不敢射復斬之頃之冒頓出獵以鳴鏑射單于善馬左右皆射之於是冒頓知其左右可用從其父單于頭曼獵以鳴鏑射頭曼其左右皆隨鳴鏑而射殺頭曼盡誅其後母與弟及大臣不聽從者於是冒頓自立爲單于〔補注〕先謙曰集解徐廣云秦二世元年壬辰歲立冒頓既立時東胡彊

聞冒頓殺父自立迺使使謂冒頓曰欲得頭曼時號千里馬冒頓問羣臣羣臣皆曰此匈奴寶馬也勿予冒頓曰奈何與人鄰國愛一馬乎遂與之頃之東胡以爲冒頓畏之使使謂冒頓曰欲得單于一閼氏〔補注〕沈欽韓曰顏籀匡謬正俗以閼氏爲專言正妻案此傳是匈奴妻妾並稱閼氏大抵胡俗烏孫左夫人右夫人元亦有第二皇后第三皇后皇后則稱大斡耳朵元太祖世祖有四斡耳朵匈奴正妻則稱大閼氏冒頓復問左右左右皆怒曰東胡無道迺求閼氏請擊之冒頓曰奈何與人鄰國愛一女子乎遂取所愛閼氏予東胡東胡王愈驕西侵與匈奴中間有棄地莫居千餘里各居其邊爲甌脫服虔曰甌脫作土室以伺也師古曰境上候望之處若今之伏宿處也甌音一侯反脫音土活反〔補注〕錢大昭曰甌脫蘇武傳作區脫先謙曰官本注處作舍東胡使使謂冒頓曰匈奴所與我界甌脫外棄地匈奴不能至也吾欲有之冒頓問羣臣或曰此棄地予之於是冒頓大怒曰地者國之本也奈何予人諸言與者皆斬之冒頓上馬令國中有後者斬遂東

襲擊東胡東胡初輕冒頓不爲備及冒頓以兵至大破滅東胡王虜其民衆畜産既歸西擊走月氏南并樓煩白羊河南王師古曰二王之居在河南悉復收秦所使蒙恬所奪匈奴地者與漢關故河南塞至朝那膚施師古曰朝那屬安定膚施屬上郡〔補注〕先謙曰朝那在今平涼府平涼縣西北膚施在今綏德州東南五十里遂侵燕代是時漢方與項羽相距中國罷於兵革師古曰罷讀曰疲以故冒頓得自强控弦之士三十餘萬師古曰控引也控弦言能引弓者自淳維以至頭曼千有餘歲時大時小別散分離尚矣師古曰尚久遠其世傳不可得而次然至冒頓而匈奴最强大盡服從北夷而南與諸夏爲敵國其世信官號〔補注〕錢大昭曰信當作姓先謙曰官本作姓可得而記云單于姓攣鞮氏師古曰攣音力全反鞮音丁奚反其國稱之曰撐犂孤塗單于蘇林曰撐音掌距之掌師古曰音丈庚反匈奴謂天爲撐犂謂子爲孤塗單于者廣大之貌也言其象天單于然也置左右賢王左右谷蠡師古曰谷音鹿蠡音盧奚反〔補注〕先謙曰谷蠡下史記有王字左

右大將，左右大都尉，左右大當戶，左右骨都侯。〔補注〕先謙曰：骨都，異姓大臣。匈奴謂賢曰「屠耆」，故常以太子爲左屠耆王。自左右賢王以下至當戶，大者萬餘騎，小者數千，凡二十四長，立號曰「萬騎」。其大臣皆世官。呼衍氏，蘭氏，師古曰：呼衍，即今鮮卑姓呼延者是也。蘭姓，今亦有之。其後有須卜氏，此三姓其貴種也。諸左王將居東方，直上谷以東，師古曰：直，當也。其下亦同也。〔補注〕劉攽曰：以東屬下句。接穢貉、朝鮮；右王將居西方，直上郡以西，接氐、羌；〔補注〕先謙曰：西接下，史記有月氏二字。而單于庭直代、雲中。〔補注〕先謙曰：匈奴謂所都處爲庭。各有分地，逐水草移徙。而左右賢王、左右谷蠡最大國，〔補注〕劉攽曰：衍國字。先謙曰：史記亦作最爲大國。左右骨都侯輔政。諸二十四長亦各自置千長、百長、什長、裨小王、師古曰：裨音頻移反。〔補注〕宋祁曰：百長下，舊本有行長二字。先謙曰：舊本衍文，史記無。相、都尉、當戶、且渠之屬。師古曰：且音子餘反。今之沮渠姓，蓋本因此官。歲正月，諸長小會單于庭，祠。〔補注〕先謙曰：言小，以配下大會之文。官本作少，史記作小，明少字非也。五月，大會龍城，〔補注〕沈欽韓曰：後書會五月龍城，索隱崔浩云：西方胡皆事龍神，故名大會處爲龍城。案晉載記，慕容皝使陽裕、唐柱等築龍城，構宮廟，猶循舊俗也。

祭其先、天地、鬼神。秋，馬肥，大會蹛林，課校人畜計。服虔曰：蹛音帶。匈奴秋社八月中皆會祭處也。師古曰：蹛者，繞林木而祭也。鮮卑之俗，自古相傳，秋天之祭，無林木者尚豎柳枝，衆騎馳遶三周迺止，此其遺法。計者，人畜之數。〔補注〕何焯曰：案金源有射柳，但不於秋而於夏五月。沈欽韓曰：索隱鄭氏曰：蹛林，地名也。晉灼曰：李陵與蘇武書云「相競趨蹛林」。案遼史國語解云：蹛林，即松林，故地。然則胡語名林木爲蹛也。新唐書太宗以鐵勒部思結爲蹛林州，隸燕然都護府。先謙曰：官本注無皆字。正義以計字下屬，誤。其法，拔刃尺者死，坐盜者沒入其家；有罪小者軋，服虔曰：刃刻其面也。如淳曰：軋，檛杖也。師古曰：二說皆非也。軋謂輾轢其骨節，若今之厭踝者也。軋音於黠反。輾音女展反。〔補注〕何焯曰：軋之義似當從如說。先謙曰：官本檛作撾。大者死。獄久者不滿十日，一國之囚不過數人。而單于朝出營，拜日之始生，夕拜月。其坐，長左而北向。師古曰：左者以左爲尊。日上戊己。〔補注〕錢大昭曰：以戊己日爲吉也。周壽昌曰：上，尚字同。戊己在天幹居五六，匈奴似亦取天地中合之義。其送死，有棺槨金銀衣裳，〔補注〕先謙曰：史記裳作裘。而無封樹喪服；〔補注〕先謙曰：集解張華曰：匈奴名冢曰豆落。近幸臣妾從死者，多至數十百人。師古曰：或數十人，或百人。〔補注〕先謙曰：史記十作千，正義引顏此注，蓋史誤已久。舉事常隨月，盛壯以攻戰，〔補注〕沈欽韓曰：隋書突厥傳：候月將滿，輒爲寇抄。先謙曰：史記作舉事而候星月，月盛壯則攻戰，疑星字衍。月虧則退兵。其攻戰，斬首虜賜一卮酒，而所得鹵獲因以予之，得人以爲奴婢。故其戰，人人自爲趨利，師古曰：趨讀曰趣。趣，向也。善爲誘兵以包敵。師古曰：包，裹取之。〔補注〕先謙曰：史記包作冒，上言善誘，則包義爲長。故其逐利，如鳥之集；其困敗，瓦解雲散矣。戰而扶轝死者，盡得死者家財。〔補注〕先謙曰：史記轝作輿。扶侍其傷，而輿歸其屍也。後北服渾窳、屈射、丁零、隔昆、龍新犂之國。師古曰：五小國也。渾音胡昆反。窳音戈主反。犂音犁。〔補注〕王念孫曰：五小國者，一渾窳，二屈射，三丁零，四隔昆，五新犂。龍字蓋涉上文龍城而衍。史記、漢紀皆無龍字。沈欽韓曰：魏志注魚豢魏略：匈奴北有渾窳國、屈射國、隔昆國、新犂國，亦無龍字。先謙曰：史記渾窳作渾庾，丁零作丁靈，後又作丁令，隔昆作鬲昆，新犂作薪犂。於是匈奴貴人大臣皆服，以冒頓爲賢。是時，漢初定，徙韓王信於代，都馬邑。匈奴大攻圍馬邑，韓信降匈奴。匈奴得信，因引兵南踰句注，攻太原，至晉陽下。高帝自將兵往擊之。會冬大寒雨雪，師古曰：雨音于具反。卒之墮

指者十二三，於是冒頓陽敗走，誘漢兵。漢兵逐擊冒頓，冒頓匿其精兵，見其羸弱，於是漢悉兵，多步兵，三十二萬，北逐之。高帝先至平城，步兵未盡到，冒頓縱精兵三十餘萬騎〔補注〕先謙曰：史記作四十萬騎。圍高帝於白登，七日，師古曰：白登在平城東南，去平城十餘里。〔補注〕先謙曰：詳婁敬傳。漢兵中外不得相救餉。匈奴騎，其西方盡白，東方盡駹，北方盡驪，南方盡騂馬。師古曰：駹，青馬也。驪，深黑。騂，赤馬也。駹音尨。騂音先營反。〔補注〕沈欽韓曰：釋畜：馬面顙皆白爲駹。駹非青馬，故史記云青駹馬。高帝迺使使閒厚遺閼氏，師古曰：求閒隙而私遺之。〔補注〕沈欽韓曰：此蓋單于用事之正妻。文苑英華有謝觀漢以木女解平城圍賦云：舉國興師，婁敬之言莫聽；七日不食，陳平之計方行。於時命雕木之工，狀佳人之美云云。其奇計蓋如此。閼氏迺謂冒頓曰：「兩主不相困。今得漢地，單于終非能居之。且漢主有神，單于察之。」冒頓與韓信將王黃、趙利期，而兵久不來，疑其與漢有謀，亦取閼氏之言，迺開圍一角。於是高皇帝令士皆持滿傅矢外鄉，從解角直出，師古曰：傅讀曰附。鄉讀曰嚮。言滿引弓弩，注矢外捍，從解圍之隅直角以出去。〔補注〕先謙

（官本注直角作角直是）得與大軍合而冒頓遂引兵去漢亦引兵罷使劉敬結和親之約是後韓信爲匈奴將及趙利王黃等數背約侵盜代鴈門雲中（〔補注〕先謙曰史記無鴈門二字）居無幾何陳豨反（師古曰無幾何言無多時也幾音居豈反）與韓信合謀擊代漢使樊噲往擊之復收代鴈門雲中郡縣不出塞是時匈奴㠯漢將數率衆往降（師古曰卽謂韓信陳豨之屬耳）故冒頓常往來侵盜代地於是高祖患之迺使劉敬奉宗室女翁主爲單于閼氏（師古曰諸王女曰翁主者言其父自主婚）歲奉匈奴絮繒酒食物各有數約爲兄弟㠯和親冒頓迺少止後燕王盧綰復反率其黨且萬人降匈奴（〔補注〕先謙曰史記作率其黨數千人）往來苦上谷㠯東終高祖世孝惠高后時冒頓寖驕（師古曰寖漸也〔補注〕先謙曰惟高后紀六年書匈奴寇狄道攻阿陽七年書寇狄道略二千餘人兩事）迺爲書使使遺高后曰孤僨之君（如淳曰僨仆也猶言不能自立也師古曰僨音方問反〔補注〕先謙曰顧炎武云僨如左傳所謂張脈僨興之僨倉公傳所謂病得之欲男子而不可得也如說非）生於沮澤之中（師古曰沮浸溼之地音子豫反）

長於平野牛馬之域數至邊境願遊中國陛下獨立孤僨獨居兩主不樂無㠯自虞（師古曰虞與娛同）願㠯所有易其所無高后大怒召丞相平及樊噲季布等議斬其使者（〔補注〕宋祁曰越本無平字）發兵而擊之樊噲曰臣願得十萬衆橫行匈奴中問季布布曰噲可斬也前陳豨反於代漢兵三十二萬（〔補注〕齊召南曰案韓王信反誘匈奴攻漢而圍高帝於平城高祖七年事也若陳豨之反於代事在十年與平城之圍了不相涉季布面折樊噲不應誤記後事爲前事疑陳豨二字傳寫之譌）噲爲上將軍時匈奴圍高帝於平城噲不能解圍天下歌之曰平城之下亦誠苦七日不食不能彀弩（師古曰彀張也音工豆反）今歌唫之聲未絕傷痍者甫起（師古曰唫古吟字痍創也甫始也痍音夷）而噲欲搖動天下妄言㠯十萬衆橫行是面謾也（師古曰謾欺詌也音慢又音莫連反）且夷狄譬如禽獸得其善言不足喜惡言不足怒也高后曰善令大謁者張澤報書曰單于不忘弊邑賜之㠯書弊邑恐懼退日自圖（師古曰圖謀也）年老氣衰髮齒墮落行步失度單于過聽不足㠯自汙（師古曰汙過誤也）弊邑無罪宜在見赦竊有御車二乘馬二駟㠯奉常駕冒頓得書復使使來謝曰未嘗聞中國禮義（〔補注〕宋祁曰晏本無嘗字）陛下幸而赦之因獻馬遂和親至孝文卽位復修和親其三年夏匈奴右賢王入居河南地爲寇（〔補注〕何焯曰前此匈奴復得陽山北假地至是入居河南故十四年大入遂至彭陽也先謙曰在北河之南蒙恬衞青所取皆卽此地）於是文帝下詔曰漢與匈奴約爲昆弟無侵害邊境所㠯輸遺匈奴甚厚今右賢王離其國將衆居河南地非常故（師古曰言異於常非舊事）往來入塞捕殺吏卒敺侵上郡保塞蠻夷令不得居其故（師古曰敺與驅同保塞蠻夷謂本來屬漢而居邊塞自保守）陵轢邊吏入盜甚驁無道（師古曰轢音來各反驁與傲同）非約也其發邊吏車騎八萬詣高奴（師古曰上郡之縣也）遣丞相灌嬰將擊右賢王右賢王走出塞文帝幸太原是時濟北王反（〔補注〕先謙曰濟北王興居）文帝歸罷丞相擊胡之兵其明年單于遺漢書曰天所立匈奴大單于敬問皇帝無

恙前時皇帝言和親事稱書意合驩（師古曰稱副也言與所遺書意相副而共結驩親）漢邊吏侵侮右賢王右賢王不請（師古曰不告單于也）聽後義盧侯難支等計與漢吏相恨（〔補注〕先謙曰史記支作氏恨作距王念孫云恨讀爲很謂相爭鬭也詳見劉向傳）絕二主之約離昆弟之親皇帝讓書再至發使㠯書報不來漢使不至（師古曰讓書有責讓之言也謂匈奴再得漢書而發使將書以報漢漢畱其使不得來還而漢又更不發使至匈奴也）漢㠯其故不和鄰國不附今㠯少吏之敗約（師古曰少吏猶言小吏〔補注〕先謙曰史記作小）故罰右賢王使至西方求月氏擊之㠯天之福吏卒良馬力強㠯滅夷月氏（師古曰夷平也）盡斬殺降下定之樓蘭烏孫呼揭及其旁二十六國（〔補注〕先謙曰史記之在定上是）皆已爲匈奴（師古曰皆入匈奴國也揭音巨列反）諸引弓之民幷爲一家北州㠯定願寖兵休士養馬除前事復故約（師古曰復音扶目反）㠯安邊民㠯應古始使少者得成其長老者得安其處世世平樂未得皇帝之志（〔補注〕先謙曰言未知漢意如何）故使郎中係虖淺奉書請（師古曰虖音火姑反〔補注〕先謙

曰史記序作雩下同請字下屬獻橐佗一騎馬二駕二駟師古曰騎馬堪爲騎也駕可駕車也二駟八匹皇帝即不欲匈奴近塞則且詔吏民遠舍師古曰舍居止也使者至即遣之〔補注〕先謙曰請勿羈留六月中來至新望之地服虔曰漢界上塞下之地〔補注〕先謙曰史記新作薪索隱令匈奴使至於此書至漢議擊與和親孰便公卿皆曰單于新破月氏乘勝不可擊也且得匈奴地澤鹵非可居也和親甚便漢許之孝文前六年遺匈奴書曰皇帝敬問匈奴大單于無恙使係虖淺遺朕書云願寢兵休事〔補注〕先謙曰官本事作士是除前事復故約㠯安邊民世世平樂朕甚嘉之此古聖王之志也漢與匈奴約爲兄弟所㠯遺單于甚厚背約離兄弟之親者常在匈奴然右賢王事已在赦前勿深誅單于若稱書意明告諸吏使無負約有信敬如單于書使者言單于自將并國有功甚苦兵事服繡袷綺衣長襦錦袍各一師古曰服者言天子自所服也袷者衣無絮也繡袷綺衣以繡爲表綺爲裏也袷音工洽反〔補注〕先謙曰綺衣下史記作繡袷長襦錦袷袍凡三事比疏一師古曰辮髮之飾也以金爲之比音頻寐反疏字或作余〔補注〕沈欽韓曰廣雅梳枇笸櫛也案張揖訓多混同釋名梳言其齒疏也比言細相比也魏志管輅傳清河令徐季能取十三種物著大篋中使輅射遂一一名之惟以梳爲枇耳顏說未聞先謙曰索隱蒼頡篇靡者爲比麄者爲梳史記作比余官本注飭作飾黃金飭具帶一黃金犀毗一孟康曰要中大帶也張晏曰鮮卑郭洛帶瑞獸名也東胡好服之師古曰犀毗胡帶之鉤也亦曰鮮卑亦謂師比總一物也語有輕重耳〔補注〕沈欽韓曰趙策武靈王賜周紹胡服衣冠具帶黃金師比[illegible]之案具當作貝淮南主術訓趙武靈王貝帶鵕鸃而朝趙國化之[illegible]高誘注以大貝飾帶胡服鵔鸃讀曰私鈚頭二字三音曰郭洛帶案誘此注當有脫文云私鈚頭者即指師比言之其云郭洛帶一名鮮卑帶與張晏說合東觀記詔賜鄧遵金剛鮮卑緄帶一具魏志注典略文帝嘗賜劉楨郭洛帶班固與竇憲牋云賜犀比金頭帶又延篤國策注云胡革帶鉤爲師比蓋賜帶必連鉤故徐廣云犀毗或無一字先謙曰史記飭作飾此誤犀毗史記作胥紕具疑當作貝繡十匹錦二十匹赤綈綠繒各四十匹師古曰繒者帛之總稱綈厚繒也音徒奚反使中大夫意謁者令肩遺單于後頃之冒頓死子稽粥立師古曰稽音雞粥音育號曰老上單于老上稽粥單于初立文帝復遺宗人女翁主爲單于閼氏師古曰宗人女亦諸侯王之女〔補注〕先謙

曰翁史記作公此本以翁主蒙公主之名曰翁主著其實也使宦者燕人中行說傅翁主師古曰姓中行名說也行音胡郎反說讀曰悅說不欲行漢彊使之說曰必我也爲漢患者師古曰言我必於漢生患〔補注〕先謙曰史記作必我行也班刪行字而語意正同顏注不合中行說既至因降單于單于愛幸之初單于好漢繒絮食物中行說曰匈奴人衆不能當漢之一郡然所㠯彊之者〔補注〕先謙曰史記無之字是㠯衣食異無卬於漢師古曰卬音牛向反今單于變俗好漢物漢物不過什二則匈奴盡歸於漢矣師古曰言漢費物十分之二則盡得匈奴之衆也其得漢絮繒㠯馳草棘中衣袴皆裂弊㠯視不如旃裘堅善也師古曰視讀曰示下皆類此得漢食物皆去之師古曰去弃也音上呂反㠯視不如重酪之便美也師古曰重乳汁也重音竹用反字本作湩其音則同〔補注〕先謙曰史記作湩於是說教單于左右疏記㠯計識其人衆畜牧師古曰說者舉中行說之名也疏分條之也識亦記音式志反〔補注〕劉攽曰說當作施鈔音漢遺單于書㠯尺一牘辭曰皇帝敬問匈奴大單于無恙所㠯遺物及言語云云〔補注〕先謙曰史記無㠯字

中行說令單于㠯尺二寸牘及印封皆令廣長大倨驁其辭師古曰倨慢也驁與傲同曰天地所生日月所置匈奴大單于敬問漢皇帝無恙所㠯遺物言語亦云云漢使或言匈奴俗賤老中行說窮漢使曰而漢俗屯戍從軍當發者其親豈不自奪溫厚肥美齎送飲食行者乎師古曰而汝也飲音於禁反食音似其下亦同〔補注〕先謙曰史記親上有老字則文義更顯漢使曰然說曰匈奴明㠯攻戰爲事老弱不能鬬故㠯其肥美飲食壯健㠯自衛如此父子各得相保何㠯言匈奴輕老也漢使曰匈奴父子同穹廬臥師古曰穹廬旃帳也其形穹隆故曰穹廬父死妻其後母兄弟死盡妻其妻無冠帶之飾闕庭之禮〔補注〕先謙曰史記飾作飭是中行說曰匈奴之俗食畜肉飲其汁衣其皮畜食草飲水隨時轉移故其急則人習騎射寬則人樂無事約束徑易行君臣簡可久師古曰徑直也簡率也一國之政猶一體也父兄死則妻其妻惡種姓之失也故匈奴雖亂必立宗種今中

國雖陽不取其父兄之妻親屬益疏則相殺至到易姓皆從此類也〔補注〕先謙曰官本到作制引宋祁曰至制舊本越本作至到史記作至乃且禮義之敝上下交怨而室屋之極生力屈焉師古曰言忠信衰薄彊爲禮義故其未流怨恨彌起棟宇之作土木競勝勞役既重所以力屈屈盡也音其勿反夫力耕桑㠯求衣食師古曰力謂竭力也築城郭㠯自備故其民急則不習戰攻緩則罷於作業師古曰罷讀曰疲嗟土室之人顧無喋喋佔佔冠固何當師古曰嗟者歎愍之言也喋喋利口也佔佔衣裳貌也言漢人且當思念無爲喋喋佔佔耳雖自謂著冠何所當益也喋音牒佔音昌占反〔補注〕先謙曰土室之人斥漢使也使以冠帶爲言故說言冠固何當自是之後漢使欲辯論者中行說輒曰漢使毋多言顧漢所輸匈奴繒絮米糵令其量中必善美而已師古曰顧念也中猶滿也量中者滿其數也中音竹仲反何㠯言爲乎且所給備善則已不備善而苦惡則候秋孰㠯騎馳蹂迺稼穡也師古曰苦猶麤也蹂踐也迺汝也蹂音人九反日夜教單于候利害處〔補注〕先謙曰文紀十一年寇狄道孝文十四年匈奴單于十四萬騎入朝那蕭關殺北地都尉

卬虜人民畜產甚多遂至彭陽服虔曰安定縣也師古曰卽今彭原縣是〔補注〕先謙曰今涇州鎮原縣東使騎兵入燒回中宮師古曰回中地在安定其中有宮也〔補注〕齊召南曰案回中宮秦時所築始皇二十九年巡隴西過回中宮卽此括地志秦回中宮在岐州雍縣西四十里武帝元封四年幸雍通回中道遂北出蕭關又以下文證之則在雍明矣先謙曰史記騎作奇雍縣在今鳳翔府鳳翔縣南候騎至雍甘泉〔補注〕先謙曰正義括地志漢甘泉在雍州雲陽西北八十里於是文帝㠯中尉周舍郎中令張武爲將軍發車千乘十萬騎軍長安旁㠯備胡寇而拜昌侯盧卿爲上郡將軍〔補注〕先謙曰索隱表盧作旅古今字異案今表作旅又旅誤字甯侯魏遬爲北地將軍師古曰遬古速字隆慮侯周竈爲隴西將軍師古曰慮音廬〔補注〕先謙曰上郡北地隴西並以屯地名之東陽侯張相如爲大將軍成侯董赤爲將軍師古曰文紀言建成侯此言成侯紀傳不同當有誤〔補注〕朱一新曰赤成侯渫之子見功臣表史功臣表匈奴傳亦皆作成侯索隱成縣名屬涿郡則此傳無建字是文紀誤先謙曰史記云前將軍時爲將軍者尚有欒布班氏刪之說見文紀大發車騎往擊胡單于留塞內月餘漢逐出塞卽還不能有所殺匈奴日㠯驕歲入邊殺略人民甚眾雲中遼東最甚郡萬餘人〔補注〕先謙曰史記郡上多至代二字漢甚患之迺使使遺匈奴書單于亦使當戶報謝復言和親事孝文後二年使使遺匈奴書曰皇帝敬問匈奴大單于無恙使當戶且渠雕渠難郎中韓遼遺朕馬二匹已至敬受師古曰當戶且渠者一人爲二官雕渠難者其姓名〔補注〕先謙曰史記且渠作且居先帝制〔補注〕先謙曰言高祖制詔如此長城㠯北引弓之國受令單于長城㠯內冠帶之室朕亦制之使萬民耕織射獵衣食父子毋離臣主相安居無暴虐〔補注〕先謙曰官本居作俱是史記作俱無暴逆今聞渫惡民貪降其趨晉灼曰渫音渫水之渫邪惡不正之民師古曰渫音先列反降下也謂下意於利也趨讀曰趣〔補注〕先謙曰史記作貪降其進取之利背義絕約忘萬民之命離兩主之驩然其事已在前矣書云二國已和親兩主驩說師古曰說讀曰悅寑兵休卒養馬師古曰寑息也世世昌樂翕然更始朕甚嘉之聖者日新改作更始使老者得息幼者得長各保其首領而終其天年朕與單于俱由此道師古曰由從也用也順天恤民世世相傳

施之無窮天下莫不咸嘉使漢與匈奴鄰敵之國〔補注〕劉奉世曰鄰上宜有有字不然衍使字王念孫曰劉說非也天下莫不咸嘉使本作天下莫不咸便便安也言順天恤民天下咸安之也漢與匈奴鄰敵之國乃起下之詞非承上之詞便與使形相近因誤爲使後人不得其解遂於咸下增嘉字讀天下莫不咸嘉爲句而以使字下屬爲句義不可通故劉疑使爲衍文而不知其爲便字之誤也史記作天下莫不咸便是其證匈奴處北地寒殺氣早降故詔吏遺單于秫糵金帛綿絮它物歲有數〔補注〕先謙曰史記綿作絲今天下大安萬民熙熙師古曰和樂貌獨朕與單于爲之父母朕追念前事薄物細故謀臣計失皆不足㠯離昆弟之驩師古曰細故小事也朕聞天不頗覆地不偏載師古曰頗亦偏也音普何反朕與單于皆捐細故俱蹈大道也師古曰捐棄也〔補注〕劉敞曰衍也字墯壞前惡㠯圖長久師古曰墯毀也圖謀也墯音火規反使兩國之民若一家子元元萬民下及魚鱉上及飛鳥跂行喙息蠉動之類師古曰跂行凡有足而行者也喙息凡以口出氣者也蠉蠉動貌跂音岐喙音許穢反蠉音人兗反〔補注〕王念孫曰跂行貌也喙息貌也謂跂跂而行喙喙而息蠉蠉而動也禮樂志郊祀歌跂行畢逮公孫宏傳跂行喙息咸得其宜義並與此同說文蠉動也

跂行也文選洞簫賦注七發注並引說文云蚑行也凡生類之行皆曰蚑今本敓一句東方朔傳曰跂跂脈脈善緣壁跂與蚑通方言喙息也自關而西秦晉之間或曰喙廣雅喘喙息也喙息猶言喘息新語道基篇跂行喘息蜎飛蝡動之類王褒洞簫賦蟋蟀蚸蠖蚑行喘息是其證也逸周書周祝篇跂動噦息淮南俶眞篇蠉飛蝡動跂行噲息噦噲竝與喙通喙息爲詞故病而短氣亦謂之喙語余病喙侯韓注喙短氣貌是也儀而短氣亦謂之喙宋玉高唐賦虎豹豺兕失氣恐喙題也師古以跂爲足喙爲口則與蝡動之文不類矣先謙曰官本注岐作啟無兩也字及末兩音字引宋祁曰注文啟字越本作岐字莫不就安利避危殆故來者不止天之道也俱去前事師古曰去除也音丘呂反朕釋逃虜民師古曰謂漢人逃入匈奴者今不追〔補注〕劉奉世曰逃去者虜去者爲二事單于毋言章尼等師古曰背單于降漢者朕聞古之帝王約分明而不食言師古曰凡云食言者終爲不信棄其前言如食而盡〔補注〕先謙曰官本無凡云二字單于留志天下大安師古曰留志謂計念和親和親之後漢過不先師古曰言更不負約單于其察之單于既約和親於是制詔御史匈奴大單于遺朕書和親已定亡人不足以益衆廣地匈奴無入塞漢無出塞犯今約者殺之〔補注〕先謙曰官本今作令是史記作令可以久親後無咎俱便朕已許其布告天下使明知之〔補注〕先謙曰此與文紀所載詔文詳略互見後四年老上單于死子軍臣單于立〔補注〕先謙曰集解徐廣云後元三年立而

中行說復事之漢復與匈奴和親軍臣單于立歲餘〔補注〕先謙曰文帝後六年匈奴復絕和親大入上郡雲中各三萬騎所殺略甚衆於是漢使三將軍軍屯北地代屯句注趙屯飛狐口師古曰險阨之處在代郡之南南衝燕趙之中〔補注〕先謙曰句注山在雁門陰館今代州西北飛狐口在代郡常山關今蔚州南緣邊亦各堅守以備胡寇又置三將軍軍長安西細柳渭北棘門霸上以備胡〔補注〕先謙曰三將軍周亞夫徐厲劉禮胡騎入代句注邊烽火通於甘泉長安數月漢兵至邊匈奴亦遠塞師古曰遠離也音于萬反漢兵亦罷後歲餘文帝崩景帝立〔補注〕先謙曰元年四月遣御史大夫陶青和親二年復與和親並見紀而趙王遂迺陰使於匈奴吳楚反欲與趙合謀入邊漢圍破趙匈奴亦止自是後景帝復與匈奴和親通關市給遺單于遣翁主如故約終景帝世時時小入盜邊無大寇〔補注〕先謙曰帝紀五年遣公主中二年入燕六年入雁門至武泉入上郡後二年入雁門武帝即位明和

親約束厚遇關市饒給之匈奴自單于以下皆親漢往來長城下漢使馬邑人聶翁壹師古曰姓聶名壹翁者老人之稱也〔補注〕周壽昌曰聶翁壹敘傳云以財雄邊又云北方多以壹爲字者顏注非閒闌出物與匈奴交易孟康曰私出塞交易陽爲賣馬邑城以誘單于〔補注〕先謙曰元光二年單于信之而貪馬邑財物迺以十萬騎入武州塞〔補注〕先謙曰索隱蘇林云在雁門也漢伏兵三十餘萬馬邑旁御史大夫韓安國爲護軍將軍護四將軍以伏單于師古曰伏兵而待單于也單于既入漢塞未至馬邑百餘里見畜布野而無人牧者怪之乃攻亭時雁門尉史行徼見寇保此亭師古曰漢律近塞郡皆置尉百里一人士史尉史各二人巡行徼塞也行音下孟反單于得欲刺之尉史知漢謀迺下師古曰尉史在亭樓上虜欲以矛戟刺之懼迺自下以謀告具告單于〔補注〕劉攽曰迺下單于具告單于作一句單于大驚曰吾固疑之迺引兵還出曰吾得尉史天也〔補注〕先謙曰史記此句下有天使若言四字以尉史爲天王〔補注〕周壽昌曰匈奴以天爲重猶云天所封之王也漢兵約單于入馬邑而縱兵師古曰放兵以擊單于〔補注〕王念孫曰案

縱下兵字後人以意加之也史記作漢兵約單于入馬邑而縱縱謂縱兵擊之也漢中多謂縱兵爲縱史記高紀高祖與項羽決勝垓下孔將軍費將軍縱李廣傳中貴人將騎數十縱[illegible]古誤訓從爲隨從[illegible]見前將數十騎從上下又曰聞鼓聲而縱聞金聲而止朝鮮傳率遼東兵先縱以上二條漢書同本書王莽傳今年刑在東方誅貉之部先縱焉皆其證也縱下本無兵字故師古釋之曰放兵以擊單于若本作縱兵則無煩訓釋矣[illegible]縱兵師古無注後人加兵字何弗思之甚也單于不至以故無所得將軍王恢部出代擊胡輜重師古曰重音直用反〔補注〕先謙曰部猶言主領也聞單于還兵多不敢出漢以恢本建造兵謀而不進誅恢自是後匈奴絕和親攻當路塞師古曰塞之當行道處者往往入盜於邊不可勝數然匈奴貪尚樂關市耆漢財物師古曰耆讀曰嗜漢亦通關市不絕以中之師古曰以關市中其意中音竹仲反自馬邑軍後五歲之秋〔補注〕先謙曰武紀元光六年春匈奴入上谷殺略吏民卽書遣衞青云云秋字誤當作春漢使四將各萬騎擊胡關市下將軍衞青出上谷至龍城得胡首虜七百人公孫賀出雲中無所得公孫敖出代郡爲胡所敗七千〔補注〕先謙曰史記七千下有有餘二字語較圜李廣出雁門爲胡所敗匈奴生得廣

廣道亡歸師古曰於道上亡歸漢囚敖廣敖廣贖爲庶人其冬匈奴數千人盜邊漁陽尤甚漢使將軍韓安國屯漁陽備胡〔補注〕先謙曰數千人盜邊史記作數千人入盜邊武紀秋匈奴盜邊遣韓安國屯漁陽其冬當作其秋時未正歷冬不在歲末也其明年〔補注〕先謙曰元朔元年秋匈奴二萬騎入漢殺遼西太守略二千餘人又敗漁陽太守軍千餘人〔補注〕先謙曰武紀作敗都尉與此異圍將軍安國師古曰即韓安國也安國時千餘騎亦且盡會燕救之至〔補注〕劉攽曰衍之字匈奴迺去又入雁門殺略千餘人於是漢使將軍衞青將三萬騎出雁門李息出代郡擊胡得首虜數千其明年衞青復出雲中以西至隴西擊胡之樓煩白羊王於河南得胡首虜數千羊百餘萬於是漢遂取河南地築朔方〔補注〕何焯曰大軍擊其西出匈奴不意漢都長安既取河南地則無㷭火通甘泉之患先謙曰武紀置朔方五原郡復繕故秦時蒙恬所爲塞因河而爲固漢亦棄上谷之斗辟縣造陽地以予胡孟康曰縣斗辟曲近胡師古曰斗絕也縣之斗曲入匈奴界者其中造陽地也辟讀曰僻〔補注〕齊召南曰案造陽地當在上谷最北

即前文所云燕亦築長城自造陽至襄平者也据後文則造陽之北凡九百里後世如開平小興州等地疑即古之造陽是歲元朔二年也其後冬軍臣單于死其弟左谷蠡王伊穉斜自立爲單于攻敗軍臣單于太子於單於單亡降漢漢封於單爲陟安侯〔補注〕先謙曰史記陟作涉本表同陟字誤數月死伊穉斜單于既立其夏匈奴數萬騎入代郡殺太守共友師古曰共友太守姓名也共讀曰龔〔補注〕先謙曰共友史記作恭友略千餘人秋又入鴈門殺略千餘人〔補注〕先謙曰据武紀入鴈門亦在夏其明年〔補注〕先謙曰四年冬又入代郡定襄上郡各三萬騎殺略數千人匈奴右賢王怨漢奪之河南地而築朔方數寇盜邊及入河南侵擾朔方殺略吏民甚眾其明年春〔補注〕先謙曰五年漢遣衞青將六將軍十餘萬人出朔方高闕〔補注〕何焯曰再西衞青傳云大行李息岸頭侯張次公爲將軍俱出右北平以牽綴其東右賢王以爲漢兵不能至飲酒醉漢兵出塞六七百里夜圍右賢王右賢王大驚脫身逃走精騎往往隨後去漢將軍得右賢王人眾男女萬五千人裨

小王十餘人其秋匈奴萬騎入代郡殺都尉朱央〔補注〕先謙曰史記作英略千餘人其明年春〔補注〕先謙曰六年漢復遣大將軍衞青將六將軍十餘萬騎仍再出定襄數百里師古曰仍頻也〔補注〕何焯曰直單于庭北出擊匈奴得首虜前後萬九千餘級而漢亦亡兩將軍三千餘騎右將軍建得以身脫〔補注〕周壽昌曰蘇建也而前將軍翕侯趙信兵不利降匈奴趙信者故胡小王降漢漢封爲翕侯以前將軍與右將軍并軍介獨遇單于兵故盡沒晉灼曰介音戛師古曰介特也本雖并軍至遇單于時特也介讀如本字〔補注〕王念孫曰介即獨也既言獨不必又言介且既與右將軍并軍何以獨遇單于今案并軍介當依史記作并軍分行謂始而并軍繼而分行故獨遇單于兵而書沒也分誤爲介介本作个分俗作分二形相似故分誤爲介傳執選退之分師古曰分字或作介莊三十年[illegible]又脫去行字師古以介獨二字連讀非也單于既得翕侯以爲自次王師古曰自次者尊重次於單于用其姊妻之與謀漢信教單于益北絕幕師古曰直度曰絕以誘罷漢兵徼極而取之師古曰罷讀曰疲徼要也誘令疲要其困極然後取之徼音工堯反毋近塞師古曰不近塞居所以疲勞漢兵也單

于從之其明年〔補注〕先謙曰元狩元年夏胡數萬騎入上谷殺數百人明年春〔補注〕先謙曰二年漢使票騎將軍去病將萬騎出隴西過焉耆山千餘里〔補注〕何焯曰遺票騎擊其西春小嘗之夏大發兵沈欽韓曰耆與支同元和志甘州刪丹縣焉支山一名刪丹山在縣南五十里東西百餘里南北二十里水草茂美先謙曰刪丹漢爲張掖縣今甘州府山丹縣治得胡首虜八千餘級得休屠王祭天金人孟康曰匈奴祭天處本在雲陽甘泉山下秦奪其地後徙之休屠王右地故休屠有祭天金人象也師古曰作金人以爲天神之主而祭之即今佛像是其遺法〔補注〕沈欽韓曰始皇紀十年迎太后復居甘泉宮十五年韓非死雲陽正義括地志云雲陽城在雍州雲陽縣西北八十里秦甘泉宮在焉則雲陽爲秦地久矣二十二年使蒙恬略取河南地即漢之朔方郡耳虜得以前與秦逼處數十里間乎地理志左馮翊雲陽縣有休屠金人祠及徑路神祠越巫䣃祠此因霍去病得休屠金人置諸雲陽郊祀志作甘泉宮以致天神是也本以得金人而有其祠說者反謂匈奴祭天之處傎矣[illegible]先謙曰史記八千上有萬字其夏票騎將軍復與合騎侯數萬騎出隴西北地二千里過居延攻祁連山得胡首虜三萬餘級裨小王以下十餘人是時匈奴亦來入代郡鴈門殺略數百人漢使博望侯及李將軍廣出右北平擊

匈奴左賢王補注何焯曰兩將軍擊其東左賢王圍李廣廣軍四千人死者過半殺虜亦過當會博望侯軍救至李將軍得脫盡亡其軍補注劉奉世曰既云死者過半又云盡亡其軍與武紀本傳無同者必有一誤先謙曰史記作漢亡失數千人李廣傳云廣軍幾沒以自當無賞武紀云廣殺匈奴三千餘人盡亡其軍四千人獨身脫還合證之廣軍四千死者二千餘故云過半殺匈奴三千餘故云過當及獨身脫還其軍盡亡失蓋或降或逃故耳故傳云廣軍幾沒以自當無賞也情事固無不合合騎侯後票騎將軍期及博望侯皆當死贖爲庶人其秋單于怒昆邪王休屠王居西方爲漢所殺虜數萬人欲召誅之昆邪休屠王恐謀降漢漢使票騎將軍迎之昆邪王殺休屠王并將其衆降漢凡四萬餘人補注何焯曰票騎再西前斬三萬級此復降四萬人右王不能軍矣後出代攻左王得首虜亦七萬餘人左王不能軍矣冒頓之盛控弦之士三十餘萬於是幾耗其種之半號十萬於是漢已得昆邪補注先謙曰武紀以其地爲武威酒泉郡則隴西北地河西益少胡寇徙關東貧民處所奪匈奴河南地新秦中以實之師古曰新秦解在食貨志西減北地以西戍卒半補注劉敞曰西當作而明年春補注先謙曰二年匈奴入右北平定襄各數萬騎殺略千餘人其年春補注朱一新曰其年春霍去病傳作其明年攷之武紀去病傳是也此脫明字先謙曰四年也史記亦有明字漢謀以爲翕侯信爲單于計居幕北以爲漢兵不能至乃粟馬師古曰以粟秣馬也發十萬騎私負從馬凡十四萬匹師古曰私負衣裝者及私將馬從者皆非公家發與之限補注王念孫曰私負從馬即謂私負衣裝而從之馬顏分爲二事非糧重不與焉師古曰負戴糧食者重音直用反與讀曰豫令大將軍青票騎將軍去病中分軍大將軍出定襄票騎將軍出代咸約絕幕擊匈奴師古曰約謂爲其要補注何焯曰昆邪來降則西方無復匈奴故兩軍皆東大將軍遇單于票騎值左賢王也先謙曰官本注其作期是單于聞之遠其輜重師古曰從其輜重令遠去以精兵待於幕北與漢大將軍接戰一日會暮大風起漢兵縱左右翼圍單于單于自度戰不能與漢兵師古曰與猶如也度音徒各反補注周壽昌曰左傳一與一誰能懼彼注與敵也遂獨與壯騎數百潰漢圍西北遁走漢兵夜追之不得行捕斬首虜凡萬九千級師古曰且行且捕斬之北至寘顏山趙信城而還

孟康曰趙信所作因以名城師古曰寘音徒千反單于之走其兵往往與漢軍相亂而隨單于單于久不與其大衆相得右谷蠡王以爲單于死迺自立爲單于眞單于復得其衆右谷蠡乃去號復其故位票騎之出代二千餘里與左王接戰漢兵得胡首虜凡七萬餘人左王將皆遁走票騎封於狼居胥山禪姑衍臨翰海而還是後匈奴遠遁而幕南無王庭漢度河自朔方以西至令居師古曰令音零下亦類此往往通渠置田官吏卒五六萬人稍蠶食地接匈奴以北師古曰其地相接不絕初漢兩將大出圍單于所殺虜八九萬而漢士物故者亦萬數師古曰物故謂死也補注先謙曰萬數史記作數萬武紀兩軍士戰死者數萬人此傳誤也漢馬死者十餘萬匹匈奴雖病遠去而漢馬亦少無以復往單于用趙信計遣使好辭請和親天子下其議或言和親或言遂臣之丞相長史任敞曰匈奴新困宜使爲外臣朝請於邊師古曰請音材性反補注先謙曰官本無音字漢使敞使於單于單于聞敞計大怒留之不遣先是漢亦有所降匈奴使者單于亦輒留漢使相當漢方復收士馬會票騎將軍去病死補注先謙曰元狩六年於是漢久不北擊胡數歲伊穉斜單于立十三年死子烏維立爲單于是歲元鼎三年也烏維單于立而漢武帝始出巡狩郡縣其後漢方南誅兩越不擊匈奴匈奴亦不入邊補注先謙曰元鼎五年匈奴入五原殺太守此傳微有未合烏維立三年漢已滅兩越補注先謙曰據武紀遣公孫賀等在元鼎六年秋滅南越在六年春滅東越在明年春六年尚未滅也此兩爲南之誤史記亦誤遣故太僕公孫賀將萬五千騎出九原二千餘里至浮苴井師古曰苴音子餘反武紀苴字作沮其音同補注先謙曰集解臣瓚云去九原二千里見漢輿地圖從票侯趙破奴萬餘騎出令居數千里至匈奴河水臣瓚曰水名也去令居千里補注劉敞曰趙破奴傳但云至匈河此衍奴字劉攽說同皆不見匈奴一人而還是時天子巡邊補注先謙曰元封元年親至朔方勒兵十八萬騎以見武節師古曰見示也而使郭吉風告單于師古曰風讀曰諷既至匈奴匈奴主客問所

使（師古曰主客主接諸客者也問以何事而來〔補注〕周壽昌曰主客應是匈奴官名猶漢之典客漢舊儀云主客尚書主外國事匈奴亦設此官）郭吉卑體好言曰吾見單于而口言單于見吉吉曰南越王頭已縣於漢北闕下今單于即能前與漢戰（〔補注〕先謙曰史記能在即上是也官本脫前字）天子自將兵待邊即不能亟南面而臣於漢（師古曰亟急也音居力反）何但遠走亡匿於幕北寒苦無水草之地爲（師古曰但空也）語卒單于大怒立斬主客見者而留郭吉不歸遷辱之北海上而單于終不肯爲寇於漢邊休養士馬習射獵數使使好辭甘言求和親漢使王烏等闚匈奴匈奴法漢使不去節不以墨黥其面不得入穹廬（師古曰以墨黥面也〔補注〕王文彬曰注複述無謂疑有脫誤荀子正論篇注黥以墨涅面顏注黥或涅之譌）王烏北地人習胡俗去其節黥面入廬單于愛之陽許曰吾爲遣其太子入質於漢以求和親（師古曰言爲王烏故遣太子入質〔補注〕王念孫曰爲猶將也言吾將遣太子入質也下文漢使王烏等如匈奴匈奴紿王烏曰吾欲入漢見天子面相結爲兄弟彼言欲猶此言爲矣古者爲與將同義盧綰傳綰妻與其子亡降會高后病不能見舍燕邸爲欲置酒見之言高后將欲置酒見之也霍去病傳去病始爲出定襄當單于捕虜虜言單于東迺更令去病出代郡言始將出定襄後更出代郡也趙岐注孟子梁惠王篇克告於君君爲來見也趙注君將欲來然則吾爲遣太子即吾將遣太子也師古不曉爲字之義乃云言爲王烏故遣太子入質失之矣）漢使楊信使於匈奴是時漢東拔濊貉朝鮮以爲郡（師古曰濊與穢同亦或作薉〔補注〕先謙曰滅朝鮮在元封三年）而西置酒泉郡以隔絕胡與羌通之路又西通月氏大夏以翁主妻烏孫王以分匈奴西方之援國又北益廣田至眩雷爲塞（服虔曰眩雷地在烏孫北也眩音州縣之縣〔補注〕齊召南曰案地理志西河郡增山縣有道西出眩雷塞北部都尉治則眩雷塞在西河郡之西北邊不得遠在烏孫國也）而匈奴終不敢以爲言是歲翁侯信死漢用事者以匈奴已弱可臣從也楊信爲人剛直屈彊素非貴臣也（師古曰屈音其勿反彊音其兩反）單于不親欲召入不肯去節迺坐穹廬外見楊信楊信說單于曰即欲和親以單于太子爲質於漢單于曰非故約故約漢常遣翁主給繒絮食物有品以和親（師古曰品謂等差也）而匈奴亦不復擾邊今迺欲反古（師古曰反違也）令吾太子爲質無幾矣（師古曰言遣太子爲質則匈奴國中所餘者無幾皆當盡也幾音居豈反〔補注〕先謙曰正義無幾言無所冀望也似較顏注爲長周壽昌云言無冀和好矣於義亦通）匈奴俗見漢使非中貴人其儒生以爲欲說折其辭辯（〔補注〕先謙曰史記無辭字與下對文較合）少年以爲欲刺折其氣每漢兵入匈奴匈奴輒報償（〔補注〕先謙曰史記兵作使是謂有使必荅也時無兵事知作兵者非）漢留匈奴使匈奴亦留漢使必得當迺止楊信既歸漢使王烏等如匈奴匈奴復讇以甘言（師古曰讇古諂字）欲多得漢財物紿王烏曰吾欲入漢（師古曰紿詐也）見天子面相結爲兄弟王烏歸報漢漢爲單于築邸于長安匈奴曰非得漢貴人使吾不與誠語（師古曰誠實也）匈奴使其貴人至漢病服藥欲愈之不幸而死（〔補注〕先謙曰武紀元封四年秋以匈奴弱可遂臣服迺遣使詔之單于使來死京師即此事也）漢使路充國佩二千石印綬使送其喪厚幣直數千金單于以爲漢殺吾貴使者迺留路充國不歸諸所言者單于特空紿王烏（師古曰特但也）殊無意入漢遣太子來

質於是匈奴數使奇兵侵犯漢邊漢迺拜郭昌爲拔胡將軍及浞野侯屯朔方以東備胡（師古曰浞野侯趙破奴也浞音仕角反）烏維單于立十歲死子詹師廬立（〔補注〕先謙曰史記詹作烏）年少號爲兒單于是歲元封六年也自是後單于益西北左方兵直雲中右方兵直酒泉敦煌兒單于立漢使兩使一人弔單于一人弔右賢王欲以乖其國使者入匈奴匈奴悉將致單于單于怒而悉留漢使漢使留匈奴者前後十餘輩而匈奴使來漢亦輒留之相當是歲（〔補注〕先謙曰太初元年）漢使貳師將軍西伐大宛而令因杅將軍築受降城（師古曰杅音于〔補注〕沈欽韓曰一統志漢受降城在吳喇忒旗北吳喇忒三旗在歸化城西三百六十里）其冬匈奴大雨雪（師古曰雨音于具反）畜多飢寒死而單于年少（〔補注〕劉攽曰而改兒先謙曰史記作兒）好殺伐國中多不安左大都尉欲殺單于使人閒告漢（師古曰私來報）曰我欲殺單于降漢漢遠漢即來兵近我我即發（師古曰來兵言以兵來也〔補注〕先謙曰史記作即兵來迎我）初漢聞此言故

築受降城猶以爲遠其明年春〔補注〕先謙曰二年 漢使浞野侯破奴將二萬騎出朔方北二千餘里 師古曰以迎左大都尉 期至浚稽山而還 師古曰浚音俊稽音雞在武威北 浞野侯既至期左大都尉欲發而覺單于誅之發兵擊浞野侯浞野侯行捕首虜數千人還未至受降城四百里匈奴八萬騎圍之浞野侯夜出自求水匈奴生得浞野侯因急擊其軍軍吏畏亡將而誅莫相勸而歸〔補注〕王念孫曰此言浞野侯已爲匈奴所獲軍吏皆恐失將而誅故莫相勸歸也勸下不當有而字益涉上句而衍史記無 軍遂沒於匈奴單于大喜遂遣兵攻受降城不能下迺侵入邊而去明年單于欲自攻受降城未到病死兒單于立三歲而死子少匈奴迺立其季父烏維單于弟右賢王句黎湖爲單于 師古曰句音鉤〔補注〕先謙曰史記作呴犁湖 是歲太初三年也句黎湖單于立漢使光祿徐自爲出五原塞數百里遠者千里築城障列亭至盧朐 師古曰盧朐山名也朐音劬〔補注〕先謙曰正義括地志五原郡相陽縣北出石門鄣得光祿城又西北得支就

縣又西北得頭曼城又西北得牢城河又西北得宿虜城案卽築城鄣列亭至盧朐也 而使游擊將軍韓說長平侯衛伉屯其旁 師古曰說讀曰悅伉音抗卽衞青子 使彊弩都尉路博德築居延澤上〔補注〕沈欽韓曰元和志居延海在甘州張掖縣東北一千六百里卽居延澤 其秋匈奴大入雲中定襄五原朔方〔補注〕先謙曰史記無五原朔方武紀亦無四字疑衍 殺略數千人敗數二千石而去行壞光祿所築亭障又使右賢王入酒泉張掖略數千人會任文擊救 服虔曰任文漢將也師古曰擊救者擊匈奴而自救漢人〔補注〕沈欽韓曰西域傳軍正任文將兵屯玉門關故得援酒泉張掖 盡復失其所得而去聞貳師將軍破大宛斬其王還單于欲遮之不敢〔補注〕先謙曰史記作能漢破大宛在四年 其冬病死句黎湖單于立一歲死其弟左大都尉且鞮侯立爲單于 師古曰且音子余反鞮音丁奚反 漢既誅大宛威震外國天子意欲遂困胡迺下詔曰高皇帝遺朕平城之憂 師古曰遺留也 高后時單于書絕悖逆昔齊襄公復九世之讎春秋大之 師古曰公羊傳莊四年春齊襄公滅紀復讎也襄公之九世祖昔爲紀侯所譖而亨殺于周故襄公滅紀也九世猶可以復讎乎曰雖百世可也 是歲太初四年也且鞮侯單于初立恐漢襲之盡歸漢使之不降者路充國等於漢〔補注〕先謙曰武紀天漢元年匈奴歸漢使者使使來獻 單于迺自謂我兒子安敢望漢天子漢天子我丈人行 師古曰丈人尊老之稱也行音胡浪反 漢遣中郎將蘇武厚幣賂遺單于單于益驕禮甚倨非漢所望也明年浞野侯破奴得亡歸漢其明年〔補注〕先謙曰武紀在天漢二年浞野侯上之明年二字益衍 漢使貳師將軍將三萬騎出酒泉擊右賢王於天山得首虜萬餘級而還匈奴大圍貳師幾不得脫 師古曰幾音鉅依反 漢兵物故什六七 師古曰物故謂死也 漢又使因杅將軍出西河與彊弩都尉會涿邪山〔補注〕先謙曰史記作涿涂山 亡所得使騎都尉李陵將步兵五千人出居延北千餘里與單于會合戰陵所殺傷萬餘人兵食盡欲歸單于圍陵陵降匈奴其兵得脫歸漢者四百人單于迺貴陵以其女妻之後二歲〔補注〕先謙曰武紀天漢三年秋匈奴入鴈門四年遣貳師將軍等 漢使貳師將軍六萬騎

步兵七萬出朔方〔補注〕先謙曰史記七作十 彊弩都尉路博德〔補注〕宋祁曰博舊本作萬校本改作博 將萬餘人與貳師會游擊將軍說步兵三萬人出五原 師古曰卽上韓說也 因杅將軍敖將騎萬步兵三萬人出鴈門匈奴聞悉遠其累重於余吾水北 師古曰累重謂妻子資產也累音力瑞反重音直用反〔補注〕齊召南曰案山海經曰北鮮之山鮮水出焉北流注于余吾疑卽此余吾 而單于以十萬待水南與貳師接戰貳師解而引歸與單于連鬭十餘日游擊亡所得因杅與左賢王戰不利引歸〔補注〕先謙曰史記止此以下班氏所增 明年且鞮侯單于死立五年長子左賢王立爲狐鹿姑單于是歲太始元年也初且鞮侯兩子長爲左賢王次爲左大將病且死言立左賢王左賢王未至貴人以爲有病更立左大將爲單于左賢王聞之不敢進左大將使人召左賢王而讓位焉左賢王辭以病左大將不聽謂曰卽不幸死傳之於我左賢王許之遂立爲狐鹿姑單于狐鹿姑單于立以左大將爲左賢

王數年病死其子先賢撣不得代師古曰撣音纏更以爲日逐王日逐王者賤於左賢王單于自以其子爲左賢王單于既立六年〔補注〕先謙曰征和二年而匈奴入上谷五原殺略吏民其年匈奴復入五原酒泉殺兩部都尉〔補注〕先謙曰據武紀其年當作其明年征和二年事也紀云殺兩都尉部字衍於是漢遣貳師將軍七萬人出五原御史大夫商丘成將三萬餘人出西河〔補注〕先謙曰武紀作二萬人重合侯莽通將四萬騎出酒泉千餘里單于聞漢兵大出悉遣其輜重從趙信城北邸郅居水師古曰邸至也音丁禮反郅音之日反左賢王驅其人民度余吾水六七百里居兜銜山單于自將精兵左安侯度姑且水師古曰且音子余反御史大夫軍至追斜徑無所見還師古曰從疾道而追之不見虜而還也邪音似嗟反〔補注〕王念孫曰案下文有速邪烏是地名則此追邪徑亦是地名言御史大夫軍至此地不見虜而還也師古以邪徑爲疾道追邪徑爲從疾道追之皆是臆說且御史大夫軍至追邪徑作一句讀與下重合侯軍至天山文同一例若如師古所云則御史大夫軍至當別爲一句矣但言至而不言所至之地恐無是理也先謙曰官本斜作邪是匈奴使大將與李陵將三萬餘騎追漢軍至浚稽山合轉戰九日漢兵陷陳卻敵殺傷虜甚眾至蒲奴水虜不利還去重合侯軍至天山匈奴使大將偃渠與左右呼知王將二萬餘騎要漢兵見漢兵彊引去重合侯無所得失是時漢恐車師兵遮重合侯迺遣闓陵侯將兵別圍車師師古曰闓讀與開同〔補注〕錢大昭曰闓陵侯成娩也本匈奴人表作開陵盡得其王民眾而還貳師將軍將出塞匈奴使右大都尉與衞律將五千騎要擊漢軍於夫羊句山狹服虔曰夫羊地名也師古曰句山西山也句音鉤貳師遣屬國胡騎二千與戰虜兵壞散死傷者數百人漢軍乘勝追北至范夫人城應劭曰本漢將築此城將亡其妻率餘眾完保之因以爲名也張晏曰范氏能胡詛者〔補注〕沈欽韓曰一統志趙信城范夫人城並在喀爾喀界內匈奴犇走莫敢距敵會貳師妻子坐巫蠱收聞之憂懼其掾胡亞夫亦避罪從軍說貳師曰夫人室家皆在吏若還不稱意適與獄會郅居以北可復得見乎如淳曰以就誅後雖復欲降匈奴不可得貳師由

是狐疑欲深入要功遂北至郅居水上虜已去貳師遣護軍將二萬騎度郅居之水一日〔補注〕先謙曰之字當衍逢左賢王左大將將二萬騎與漢軍合戰一日漢軍殺左大將〔補注〕先謙曰官本無左字虜死傷甚眾軍長史與決眭都尉煇渠侯謀晉灼曰本匈奴官也功臣表歸義侯僕多子雷後以屬國都尉擊匈奴封煇渠煇渠魯闕縣也師古曰眭音息隨反煇音輝僕多者字當爲朋〔補注〕錢大昭曰据表煇渠侯僕朋子雷電征和三年以五原屬國都尉與貳師俱擊匈奴即其人也據晉云歸義侯表止有歸義之語不云侯也先謙曰官本注雷後作雷電闕作陽多下無者字是曰將軍懷異心欲危眾求功恐必敗謀共執貳師貳師聞之斬長史引兵還至速邪烏燕然山師古曰速邪烏地名也燕然山在其中燕一音于千反〔補注〕沈欽韓曰後書竇憲登燕然山去塞三千餘里魏書蠕蠕傳世祖緣栗水西行過漢將竇憲故壘次於兔園水去平城三千七百里分軍搜討東至瀚海西接張掖水北渡燕然山案亦在喀爾喀部內先謙曰官本注一音作音一是單于知漢軍勞倦自將五萬騎遮擊貳師相殺傷甚眾夜塹漢軍前深數尺從後急擊之軍大亂敗貳師降單于素知其漢大將貴臣以女妻之尊寵在衞

律上其明年〔補注〕先謙曰四年單于遣使遺漢書云南有大漢北有彊胡胡者天之驕子也不爲小禮以自煩今欲與漢闓大關取漢女爲妻師古曰闓讀與開同歲給遺我櫱酒萬石稷米五千斛師古曰以櫱爲酒味尤甜稷米稷粟米也雜繒萬匹它如故約則邊不相盜矣漢遣使者報送其使單于使左右難漢使者曰漢禮義國也貳師道前太子發兵反何也使者曰然迺丞相私與太子爭鬭太子發兵欲誅丞相丞相誣之故誅丞相此子弄父兵罪當笞小過耳孰與冒頓單于身殺其父代立常妻後母禽獸行也單于留使者三歲迺得還貳師在匈奴歲餘衞律害其寵會母閼氏病師古曰單于之母也律飭胡巫師古曰飭與敕同言先單于怒曰胡故時祠兵常言得貳師以社師古曰以祠社今何故不用〔補注〕宋祁曰越本無今字於是收貳師貳師怒曰我死必滅匈奴〔補注〕先謙曰官本怒作罵遂屠貳師以祠會連雨雪數月畜產死人民疫病穀稼不孰師古曰北方早

寒雖不宜黍稷匈奴中亦種黍穄〔補注〕先謙曰官本注宜下黍作禾單于恐爲貳師立祠室自貳師
沒後漢新失大將軍士卒數萬人不復出兵三歲武帝崩〔補注〕先謙曰武
帝崩於後元二年距征和四年止二歲也云三歲自貳師沒年數之昭帝初即位匈奴入朔方前此者漢兵深入
窮追二十餘年匈奴孕重墮殰罷極苦之師古曰孕重懷任者也墮落也殰敗也音讀罷
讀曰疲極困也苦之心厭苦也〔補注〕周壽昌曰殰未及生而胎敗也自單于已下常有欲和親計後
三年單于欲求和親會病死初單于有異母弟爲左大都尉賢國
人鄉之師古曰鄉讀曰嚮謂悉皆附之母閼氏恐單于不立子而立左大都尉也
迺私使殺之左大都尉同母兄怨遂不肯復會單于庭又單于病
且死謂諸貴人我子少不能治國立弟右谷蠡王及單于死衞律
等與顓渠閼氏謀匿單于死詐撟單于令師古曰撟與矯同其字從手矯託也與貴
人飲盟更立子左谷蠡王爲壺衍鞮單于是歲始元二年也壺衍
鞮單于既立風謂漢使者言欲和親師古曰風讀曰諷謂不正言也左賢王右谷
蠡王已不得立怨望率其衆欲南歸漢恐不能自致即脅盧屠王
欲與西降烏孫謀擊匈奴盧屠王告之單于使人驗問右谷蠡王
不服反以其罪罪盧屠王國人皆冤之於是二王去居其所未嘗
肯會龍城師古曰各自居其本處不復會龍城祭〔補注〕先謙曰官本注末有也字後二年秋匈奴入
代殺都尉單于年少初立母閼氏不正國內乖離常恐漢兵襲之
於是衞律爲單于謀穿井築城治樓以藏穀與秦人守之師古曰秦時有
人亡入匈奴者今其子孫尚號秦人〔補注〕先謙曰顧炎武云顏說非也彼時匈奴謂中國人爲秦人猶後世言漢人耳西域傳匈奴
縛馬前後足置城下馳言秦人我丐若馬師古曰謂中國人爲秦人習言故也彼注甚是又大宛傳聞宛城中新得秦人亦謂中國
人漢兵至無奈我何即穿井數百伐材數千或曰胡人不能守城
是遺漢糧也師古曰遺音弋季反衞律於是止迺更謀歸漢使不降者蘇武
馬宏等〔補注〕先謙曰据昭紀在始元六年馬宏者前副光祿大夫王忠使西國爲
匈奴所遮忠戰死馬宏生得亦不肯降故匈奴歸此二人欲以通

善意〔補注〕周壽昌曰傳介子傳引詔曰樓蘭王安歸嘗爲匈奴間候遮漢使者發兵略殺衞司馬安樂光祿大夫忠期門郎遂
成等三輩西域傳云樓蘭數遮殺漢使又云元鳳四年大將軍霍光遣平樂監傅介子往刺其王是宏副王忠使西域當在元鳳四
年前宏爲匈奴所得不肯降持節之苦不減蘇武乃武歸尚有屬國之賞而宏並不得與常惠等同受爵賞不可解是時單
于立三歲矣明年〔補注〕先謙曰元鳳元年匈奴發左右部二萬騎爲四隊師古
曰隊部也音徒內反並入邊爲寇漢兵追之斬首獲虜九千人生得甌脫王
漢無所失亡匈奴見甌脫王在漢恐以爲道擊之師古曰道讀曰導即西
北遠去不敢南逐水草發人民屯甌脫明年〔補注〕先謙曰二年復遣九千
騎屯受降城以備漢北橋余吾令可度師古曰於余吾水上作橋以備奔走師古
曰擬有迫急北走避漢從此橋度也是時衞律已死衞律在時常言和親之利匈奴
不信及死後兵數困國益貧單于弟左谷蠡王思衞律言欲和親
而恐漢不聽故不肯先言常使左右風漢使者師古曰風讀曰諷然其侵
盜益希遇漢使愈厚欲以漸致和親漢亦羈縻之其後左谷蠡王
死明年〔補注〕先謙曰以上下文推之此明年二字當衍單于使犁汙王窺邊〔補注〕周壽昌曰犁汙是匈
奴右谷蠡庭所屬地下有犁汙都尉又有到左犁汙王咸所居地言酒泉張掖兵益弱出兵試擊
冀可復得其地時漢先得降者聞其計天子詔邊警備後無幾右
賢王犁汙王四千騎師古曰無幾謂不多時也幾音居豈反〔補注〕先謙曰官本注在上無幾下分三隊
入日勒屋蘭番和師古曰皆張掖縣也番音盤〔補注〕先謙曰日勒在今甘州府山丹縣東南屋蘭今山丹縣西北
番和今涼州府永昌縣西張掖太守屬國都尉發兵擊大破之得脫者數百人
屬國千長義渠王騎士射殺犁汙王師古曰千長者千人之長〔補注〕沈欽韓曰續志張掖屬國
有千人官賜黃金二百斤馬二百匹因封爲犁汙王屬國都尉郭忠封
成安侯〔補注〕先謙曰据功臣侯表封在元鳳三年二月斬犁汙王二年事也自是後匈奴不敢入張
掖其明年〔補注〕先謙曰三年也元鳳中匈奴三次入邊紀皆不載匈奴三千餘騎入五原略
殺數千人後數萬騎南旁塞獵師古曰旁音步浪反行攻塞外亭長〔補注〕錢大昭曰
長當作障南監本閩本不誤先謙曰官本作障略取吏民去是時漢邊郡烽火候望精明

匈奴爲邊寇者少利希復犯塞漢復得匈奴降者言烏桓嘗發先單于冢匈奴怨之方發二萬騎擊烏桓大將軍霍光欲發兵要擊之師古曰邀迎而擊之邀音工堯反〔補注〕錢大昭曰要依注當作邀先謙曰官本作邀㠯問護軍都尉趙充國充國㠯爲烏桓閒數犯塞師古曰閒卽中閒也猶言比日也今匈奴擊之於漢便又匈奴希寇盜北邊幸無事蠻夷自相攻擊而發兵要之招寇生事非計也光更問中郎將范明友明友言可擊於是拜明友爲度遼將軍將二萬騎出遼東〔補注〕先謙曰昭紀在元鳳三年匈奴聞漢兵至引去初光誡明友兵不空出卽後匈奴遂擊烏桓師古曰後匈奴者言兵遲後邀匈奴不及烏桓時新中匈奴兵師古曰爲匈奴所中傷明友既後匈奴因乘烏桓敝擊之斬首六千餘級獲三王首還封爲平陵侯〔補注〕先謙曰四年匈奴繇是恐師古曰繇讀與由同不能出兵卽使使之烏孫求欲得漢公主擊烏孫取車延惡師地烏孫公主上書下公卿議救未決昭帝崩宣帝卽位

烏孫昆彌復上書言連爲匈奴所侵削昆彌願發國半精兵人馬五萬匹盡力擊匈奴唯天子出兵哀救公主〔補注〕王先慎曰時公主亦遣使上書見西域傳本始二年漢大發關東輕銳士選郡國吏三百石伉健習騎射者皆從軍師古曰伉音古浪反〔補注〕先謙曰官本抗作伉是顏所見本亦當爲伉遣御史大夫田廣明爲祁連將軍四萬餘騎出西河度遼將軍范明友三萬餘騎出張掖前將軍韓增三萬餘騎出雲中後將軍趙充國爲蒲類將軍三萬餘騎出酒泉雲中太守田順爲虎牙將軍三萬餘騎出五原凡五將軍兵十餘萬騎出塞各二千餘里及校尉常惠使護發兵烏孫西域〔補注〕王念孫曰案此句顛倒不成文理當云使護烏孫兵發西域宣紀云校尉常惠持節護烏孫兵常惠傳云以惠爲校尉持節護烏孫兵西域傳云遣校尉常惠使持節護烏孫兵皆其證昆彌自將翕侯㠯下五萬餘騎從西方入與五將軍兵凡二十餘萬眾匈奴聞漢兵大出老弱犇走敺畜產遠遁逃師古曰犇古奔字敺與驅同是㠯五將少所得〔補注〕沈欽韓曰御覽八百三十七東觀漢記曰永平十五年上始欲征匈奴與竇固等議出兵調度皆㠯爲塞外草美可不須穀馬案軍出塞無穀馬故事馬防言當與穀上曰何㠯言之防對曰宣帝時五將出征案其奏言匈奴候騎得漢馬矢見其中有粟知漢兵出㠯故引去㠯是言之馬當與穀上善其用意微緻卽下調穀馬案防㠯此事知馬出塞飼穀後人因此知五將無功者由匈奴先覺遠避也度遼將軍出塞千二百餘里至蒲離候水斬首捕虜七百餘級鹵獲馬牛羊萬餘前將軍出塞千二百餘里至烏員師古曰烏員地名也員音云斬首捕虜至候山百餘級師古曰候山山名也於此山斬捕得人鹵馬牛羊二千餘蒲類將軍兵當與烏孫合擊匈奴蒲類澤烏孫先期至而去漢兵不與相及蒲類將軍出塞千八百餘里西去候山斬首捕虜得單于使者蒲陰王㠯下三百餘級鹵馬牛羊七千餘聞虜已引去皆不至期還天子薄其過寬而不罪祁連將軍出塞千六百里至雞秩山斬首捕虜十九級獲牛馬羊百餘逢漢使匈奴還者冉弘等言雞秩山西有虜眾祁連卽戒弘使言無虜欲還兵御史屬公孫益

壽諫㠯爲不可祁連不聽遂引兵還虎牙將軍出塞八百餘里至丹余吾水上卽止兵不進斬首捕虜千九百餘級鹵馬牛羊七萬餘引兵還上㠯虎牙將軍不至期詐增鹵獲而祁連知虜在前逗遛不進孟康曰律語也謂軍行頓止稽畱不進也師古曰逗讀與住同又音豆〔補注〕王念孫曰案遛本作畱此依俗改也若正文作遛則師古當有音今逗字有音而遛字無音則本作畱明矣宣紀云祁連將軍廣明有罪自殺晉灼曰廣明坐逗畱如淳注韓長孺傳云軍法行而逗畱畏愞者要斬其字並作畱故知此遛字爲後人所改也說文有逗字無遛字後漢書光武紀不拘㠯逗畱法其字亦作畱又元后傳吏畏愞逗遛當坐者遛字師古無音亦是後人所改文選范彥龍效古詩注引匈奴傳舊本北堂書鈔政術部十四引元后傳竝作逗畱皆下吏自殺擢公孫益壽爲侍御史校尉常惠與烏孫兵至右谷蠡庭獲單于父行師古曰行音胡浪反及嫂居次名王犁汙都尉千長將㠯下三萬九千餘級〔補注〕王先慎曰將字上奪騎字常惠傳西域傳竝有是其證虜馬牛羊驢驘橐駝七十餘萬漢封惠爲長羅侯然匈奴民眾死傷而去者及畜產遠移死于不可勝數〔補注〕錢大昭曰于當作亡先謙曰官本作亡

於是匈奴遂衰耗師古曰耗減也音呼到反怨烏孫其冬〔補注〕先謙曰本始三年冬單于自將數萬騎擊烏孫〔補注〕先謙曰官本無數字頗得老弱欲還會天大雨雪師古曰雨音于具反一日深丈餘人民畜產凍死還者不能什一於是丁令乘弱攻其北師古曰令音零烏桓入其東烏孫擊其西凡三國所殺數萬級馬數萬匹牛羊甚眾又重以餓死師古曰重音直用反人民死者什三畜產什五匈奴大虛弱諸國羈屬者皆瓦解攻盜不能理其後漢出三千餘騎爲三道並入匈奴捕虜得數千人還匈奴終不敢取當師古曰當者報其直〔補注〕周壽昌曰取當猶取償也茲欲鄉和親師古曰茲益也鄉讀曰嚮〔補注〕周壽昌曰茲與滋同而邊境少事矣壺衍鞮單于立十七年死弟左賢王立爲虛閭權渠單于是歲地節二年也虛閭權渠單于立以右大將女爲大閼氏而黜前單于所幸顓渠閼氏顓渠閼氏父左大且渠怨望是時匈奴不能爲邊寇於是漢罷外城以休百姓師古曰外城塞外諸城單于聞之喜召貴人謀欲與漢和親左大且渠心害其事曰前漢使來兵隨其後今亦效漢發兵先使使者入迺自請與呼盧訾王各將萬騎南旁塞獵相逢俱入師古曰訾音子移反旁音步浪反行未到會三騎亡降漢言匈奴欲爲寇於是天子詔發邊騎屯要害處使大將軍軍監治眾等四人師古曰治眾者軍監之名將五千騎分三隊師古曰隊音徒內反出塞各數百里捕得虜各數十人而還時匈奴亡其三騎不敢入卽引去是歲也匈奴飢人民畜產死十六七又發兩屯各萬騎以備漢其秋匈奴前所得西嗕居左地者孟康曰嗕音辱匈奴種也師古曰嗕音奴獨反其君長以下數千人皆驅畜產行與甌脫戰所戰殺傷甚眾〔補注〕先謙曰下戰字衍文遂南降漢其明年〔補注〕先謙曰地節三年西域城郭共擊匈奴取車師國師古曰城郭謂諸國爲城居者得其王及人眾而去單于復以車師王昆弟兜莫爲車師王收其餘民東徙不敢居故地而漢益遣屯士分田車師地以實之〔補注〕先謙

曰互詳西域傳其明年〔補注〕先謙曰四年匈奴怨諸國共擊車師遣左右大將各萬餘騎屯田右地欲以侵迫烏孫西域後二歲〔補注〕先謙曰地節後爲元康上是地節四年下明年爲神爵元年此後二歲當爲後四歲方合元康四年之數匈奴遣左右奧鞬各六千騎師古曰奧音郁鞬音居言反與左大將再擊漢之田車師城者不能下其明年〔補注〕先謙曰神爵元年丁令比三歲入盜匈奴師古曰比頻也殺略人民數千驅馬畜去匈奴遣萬餘騎往擊之無所得其明年單于將十餘萬騎旁塞獵師古曰旁音步浪反〔補注〕先謙曰官本餘萬作萬餘欲入邊寇未至會其民題除渠堂亡降漢言狀漢以爲言兵鹿奚盧侯〔補注〕周壽昌曰趙充國傳匈奴大發十餘萬騎南旁塞至符奚盧山欲入爲寇亡者題除渠堂言之是符奚盧山爲塞南地故以封之彼作符此作鹿者傳寫雜出也言兵者趙充國傳漢封羌陽雕爲言兵侯大約漢設此侯以待歸義者此因題除渠堂本匈奴民來降言狀故封爲言兵而加地名爲侯例不入表也而遣後將軍趙充國將兵四萬餘騎屯緣邊九郡備虜月餘單于病歐血因不敢入還去卽罷兵迺使題王都犂胡次等入漢請和親未報會單于死是歲神爵二年也虛閭權渠單于立九年死自始立而黜顓渠閼氏顓渠閼氏卽與右賢王私通右賢王會龍城而去顓渠閼氏語以單于病甚且勿遠後數日單于死郝宿王刑未央使人召諸王未至師古曰郝音呼各反顓渠閼氏與其弟左大且渠都隆奇謀立右賢王屠耆堂爲握衍朐鞮單于握衍朐鞮單于者代父爲右賢王師古曰朐音劬烏維單于耳孫也握衍朐鞮單于立復修和親遣弟伊酋若王勝之入漢獻見師古曰酋音材由反〔補注〕先謙曰伊酋若王宣紀作呼畱若王譯音無定字單于初立凶惡盡殺虛閭權渠時用事貴人刑未央等而任用顓渠閼氏弟都隆奇又盡免虛閭權渠子弟近親而自以其子弟代之虛閭權渠單于子稽侯狦既不得立師古曰狦音先安反又音所姦反亡歸妻父烏禪幕師古曰禪音蟬烏禪幕者本烏孫康居閒小國數見侵暴率其眾數千人降匈奴狐鹿姑單于以其弟子日逐王姊妻之使

長其眾居右地師古曰長眾爲之長帥〔補注〕何焯曰右地疑作左地曰逐王先賢撣〔補注〕先謙曰官本撣作禪引宋祁曰禪當作撣其父左賢王當爲單于讓狐鹿姑單于狐鹿姑單于許立之國人㠯故頗言曰逐王當爲單于日逐王素與握衍朐鞮單于有隙卽率其眾數萬騎歸漢漢封日逐王爲歸德侯〔補注〕先謙曰據紀表歸在神爵二年封在三年單于更立其從兄薄胥堂爲日逐王師古曰胥音先余反明年〔補注〕先謙曰三年單于又殺先賢撣兩弟烏禪幕請之不聽心恚其後左奧鞬王死單于自立其小子爲奧鞬王留庭奧鞬貴人共立故奧鞬王子爲王與俱東徙〔補注〕周壽昌曰留庭者留居單于庭也西域傳康居有小王五其五曰奧鞬王也云至奧鞬城在康居東南地知奧鞬爲西域地名此云奧鞬貴人下云右奧鞬王而其時匈奴未通西域或別一地同名者單于遣右丞相〔補注〕周壽昌曰匈奴故有相此始稱丞相言右必有左若左右賢王也然傳中僅此一見將萬騎往擊之失亡數千人不勝時單于已立二歲暴虐殺伐國中不附及太子左賢王數讒左地貴人左地貴人皆怨其明年烏桓擊

匈奴東邊姑夕王頗得人民單于怒姑夕王恐卽與烏禪幕及左地貴人共立稽侯𤞤爲呼韓邪單于發左地兵四五萬人西擊握衍朐鞮單于至姑且水北師古曰且音子余反未戰握衍朐鞮單于兵敗走使人報其弟右賢王曰匈奴共攻我若肯發兵助我乎師古曰若汝也其下亦同右賢王曰若不愛人殺昆弟諸貴人各自死若處無來汙我師古曰言於汝所居處自死握衍朐鞮單于恚自殺左大且渠都隆奇亡之右賢王所其民眾盡降呼韓邪單于是歲神爵四年也握衍朐鞮單于立三年而敗

匈奴傳第六十四上終

匈奴傳第六十四下

漢　蘭　臺　令　史班　固　撰

唐正議大夫行祕書少監琅邪縣開國子顏師古　注

賜進士出身前翰林院編修國子監祭酒加三級臣　王先謙補注

呼韓邪單于歸庭數月罷兵使各歸故地乃收其兄呼屠吾斯在民閒者立爲左谷蠡王使人告右賢貴人欲令殺右賢王其冬都隆奇與右賢王共立日逐王薄胥堂爲屠耆單于發兵數萬人東襲呼韓邪單于呼韓邪單于兵敗走屠耆單于還㠯其長子都塗吾西爲左谷蠡王少子姑瞀樓頭爲右谷蠡王師古曰瞀音莫搆反留居單于庭明年秋屠耆單于使日逐王先賢撣兄右奧鞬王爲烏藉都尉師古曰撣音纏奧音郁鞬音居言反〔補注〕劉攽曰衍爲字劉奉世曰爲當作與王念孫曰管子戒篇自妾之身之不爲人持接也尹知章曰爲猶與也是爲字可訓爲與孟子公孫丑篇不得不可以爲悅無財不可以爲悅得之爲有財古之人皆用之言得之與有財也齊策犀首以梁爲齊戰於承匡而不勝言以梁與齊戰也韓策嚴仲子避人因爲聶政語言與聶政語也韓詩外傳寡人獨爲仲父言而國人知之何也言獨與仲父言也史記滑于髡傳豈寡人不足爲言邪言不足與言也李斯傳斯其猶人哉安足爲謀言安足與謀也然則右奧鞬王爲烏藉都尉卽右奧鞬王與烏藉都尉也或以爲爲衍字或以爲誤字皆未睹古人文義與爲一聲之轉故爲有與義與亦有爲義互見薛宣傳何與下各二萬騎屯東方㠯備呼韓邪單于是時西方呼揭王來與唯犁當戶謀師古曰揭音巨例反唯音弋癸反共讒右賢王言欲自立爲烏藉單于屠耆單于殺右賢王父子後知其冤復殺唯犁當戶於是呼揭王恐遂畔去自立爲呼揭單于右奧鞬王聞之卽自立爲車犁單于烏藉都尉亦自立爲烏藉單于凡五單于屠耆單于自將兵東擊車犁單于使都隆奇擊烏藉烏藉車犁皆敗西北走與呼揭單于兵合爲四萬人烏藉呼揭皆去單于號共幷力尊輔車犁單于屠耆單于聞之使左大將都尉將四萬騎分屯東方㠯備呼韓邪單于自將四萬騎西擊車犁單于車犁單

于敗西北走屠耆單于卽引西南留闟敦地師古曰闟音蹋敦音頓又音對其明年呼韓邪單于遣其弟右谷蠡王等西襲屠耆單于屯兵殺略萬餘人屠耆單于聞之卽自將六萬騎擊呼韓邪單于行千里未至嗕姑地師古曰嗕音乃穀反〔補注〕先謙曰官本注乃作力逢呼韓邪單于兵可四萬人合戰屠耆單于兵敗自殺都隆奇乃與屠耆少子右谷蠡王姑瞀樓頭亡歸漢車犂單于東降呼韓邪單于呼韓邪單于左大將烏厲屈與父呼遬累烏厲溫敦師古曰呼遬累者其官號也遬古速字也累音力追反〔補注〕先謙曰通鑑考異云宜紀呼速累單于帥衆來降功臣表信成侯王定以匈奴烏桓屠驀單于子左大將率衆降侯義陽侯厲溫敦以匈奴謼速累單于率衆降侯此卽屈與敦也未嘗爲單于或降時自稱單于或紀表二者誤也皆見匈奴亂率其衆數萬人南降漢封烏厲屈爲新城侯〔補注〕先謙曰信成卽新城字通用烏厲溫敦爲義陽侯是時李陵子復立烏藉都尉爲單于呼韓邪單于捕斬之遂復都單于庭然衆裁數萬人屠耆單于從弟休旬王將所主五六

百騎擊殺左大且渠幷其兵至右地自立爲閏振單于在西邊其後呼韓邪單于兄左賢王呼屠吾斯亦自立爲郅支骨都侯單于在東邊其後二年閏振單于率其衆東擊郅支單于郅支單于與戰殺之幷其兵遂進攻呼韓邪呼韓邪破其兵〔補注〕劉攽曰多呼韓邪三字宋祁曰浙本無破其兵三字王文彬曰此文誤倒當作破其兵呼韓邪走文義乃順上三字非衍下三字亦不可無走郅支都單于庭呼韓邪之敗也左伊秩訾王爲呼韓邪計勸令稱臣入朝事漢從漢求助如此匈奴乃定呼韓邪議問諸大臣皆曰不可匈奴之俗本上氣力而下服役師古曰㠯服役於人爲下㠯馬上戰鬭爲國故有威名於百蠻〔補注〕周壽昌曰外夷相謂爲蠻不必南方也故匈奴亦稱百蠻戰死壯士所有也師古曰言人皆有此事耳今兄弟爭國不在兄則在弟雖死猶有威名子孫常長諸國師古曰爲諸國之長帥也漢雖彊猶不能兼幷匈奴奈何亂先古之制臣事於漢卑辱先單于師古曰言忝辱之更令卑下也爲諸國所笑雖如是而安何

㠯復長百蠻左伊秩訾曰不然彊弱有時今漢方盛烏孫城郭諸國皆爲臣妾師古曰謂西域諸國爲城郭而居也自且鞮侯單于㠯來匈奴日削不能取復師古曰且音子餘反復音扶目反雖屈彊於此未嘗一日安也師古曰屈音其勿反今事漢則安存不事則危亡計何㠯過此諸大人相難久之〔補注〕周壽昌曰匈奴貴人相稱爲大人二字始此呼韓邪從其計引衆南近塞遣子右賢王銖婁渠堂入侍師古曰婁音力于反郅支單于亦遣子右大將駒于利受入侍是歲甘露元年也明年呼韓邪單于款五原塞師古曰款叩也願朝三年正月師古曰會正旦之朝賀也漢遣車騎都尉韓昌迎發過所七郡郡二千騎爲陳道上師古曰所過之郡每爲發兵陳列於道以爲寵衞也〔補注〕先謙曰通鑑胡注七郡謂過五原朔方西河上郡北地馮翊而後至長安者也單于正月朝天子于甘泉宮漢寵㠯殊禮位在諸侯王上贊謁稱臣而不名賜㠯冠帶衣裳黃金璽盭綬師古曰盭古戾字戾草名也㠯戾染綬亦諸侯王之制也玉具劍孟康曰標首鐔衞盡用玉爲之也師古曰鐔劍口旁橫出者也衞劍鼻也鐔音淫衞

字本作彘其音同耳〔補注〕先謙曰彘當作璏王莽傳正作璏說文璏劍鼻也古銅劍常有之以玉爲劍鼻故從玉亦有用銅者佩刀弓一張矢四發服虔曰發十二矢也韋昭曰射禮三而止每射四矢故以十二爲一發也師古曰發猶今言箭一放兩放也今則以一矢爲一放也〔補注〕沈欽韓曰四發乘矢也古今並以一矢爲一發隋禮儀志後齊三月三日馬射一品二品三十發三品二十五發此不當如服說十二矢也又騶虞詩壹發五豝箋以爲五豝而矢一發中則殺一而已見仁心之至若四矢爲一發五已中其四盜得爲仁棨戟十師古曰棨戟有衣之戟也棨音啟安車一乘鞌勒一具師古曰勒馬轡也馬十五匹黃金二十斤錢二十萬衣被七十七襲師古曰一稱爲一襲猶今人之言一副衣服也〔補注〕宋祁曰注文之字服字當刪錦繡綺縠雜帛八千匹絮六千斤禮畢使使者道單于先行宿長平師古曰道讀曰導長平涇水上坂也解在宣紀上自甘泉宿池陽宮上登長平詔單于毋謁師古曰不令拜也其左右當戶之羣臣皆得列觀〔補注〕王念孫曰案臣字後人所加左右當戶之羣統當戶以下衆官而言猶言左右當戶之屬耳宣紀云其左右當戶之羣皆列觀是其證後人於羣下加臣字則義不可通通鑑刪去之羣二字亦非及諸蠻夷君長王侯數萬咸迎於渭橋下夾道陳上登渭橋咸稱萬歲單于就邸

留月餘遣歸國單于自請願留居光祿塞下師古曰徐自爲所築者也〔補注〕先謙曰官本注徐上有郡字有急保漢受降城師古曰保守也於此自守〔補注〕齊召南曰案此即公孫敖所築者城在五原郡邊界漢遣長樂衞尉高昌侯董忠車騎都尉韓昌將騎萬六千又發邊郡士馬以千數送單于出朔方雞鹿塞師古曰在朔方窳渾縣西北〔補注〕沈欽韓曰河水注水北逕西谿于窳渾縣故城東有道自縣西北出雞鹿塞明一統志榆林衞西北有雞鹿塞東北爲光祿塞唐地志以奚結部置雞鹿州詔忠等留衞單于助誅不服又轉邊穀米糒師古曰糒乾飯也音備〔補注〕先謙曰官本注在給贍其食下前後三萬四千斛給贍其食是歲郅支單于亦遣使奉獻漢遇之甚厚明年〔補注〕先謙曰四年兩單于俱遣使朝獻漢待呼韓邪使有加明年〔補注〕先謙曰黃龍元年呼韓邪單于復入朝禮賜如初加衣百一十襲錦帛九千匹絮八千斤以有屯兵故不復發騎爲送始郅支單于以爲呼韓邪降漢兵弱不能復自還即引其衆西欲攻定右地又屠耆單于小弟本侍呼韓邪亦亡之右地收兩兄餘兵得數千

人自立爲伊利目單于道逢郅支合戰郅支殺之幷其兵五萬餘人聞漢出兵穀助呼韓邪即遂留居右地自度力不能定匈奴師古曰度音徒各反乃益西近烏孫欲與幷力遣使見小昆彌烏就屠烏就屠見呼韓邪爲漢所擁郅支亡虜欲攻之以稱漢師古曰稱漢朝之意也稱音尺孕反乃殺郅支使持頭送都護在所發八千騎迎郅支郅支見烏孫兵多其使又不反勒兵逢擊烏孫破之師古曰以兵逆之相逢即擊故云逢擊〔補注〕王念孫曰案方言逢迎也自關而西或曰迎或曰逢逢擊猶迎擊耳顏說迂西域傳單于執二王以付使者莽使中郎王萌待西域惡都奴界上逢受亦謂迎受之也師古曰逢受謂先至待之逢見即受取亦非因北擊烏揭師古曰揭音丘例反〔補注〕先謙曰官本考證云烏揭即前文所謂呼揭烏揭降發其兵西破堅昆北降丁令師古曰令音零〔補注〕周壽昌曰堅昆今塔爾巴哈台之西丁令即丁零今科布多之北幷三國數遣兵擊烏孫常勝之堅昆東去單于庭七千里南去車師五千里郅支留都之元帝初即位呼韓邪單于復上書言民衆困乏漢詔雲中五原郡轉穀二

萬斛以給焉郅支單于自以道遠又怨漢擁護呼韓邪遣使上書求侍子漢遣谷吉送之郅支殺吉漢不知吉音問而匈奴降者言聞甌脫皆殺之師古曰於甌脫得聲問云殺之〔補注〕劉攽曰郅支殺谷吉漢不聞音問而降者言甌脫殺吉甌脫屬呼韓邪故漢責其使也言皆者吉有徒衆王念孫曰案劉說是矣而未盡也上言郅支殺吉漢不知吉音問則此殺之二字乃專謂殺吉非兼徒衆言之不得云皆殺之也余謂皆字當在言字上謂匈奴降者皆言聞甌脫殺之耳呼韓邪單于使來漢輒簿責之甚急師古曰簿責以文簿一一責之也簿音步戶反明年漢遣車騎都尉韓昌光祿大夫張猛送呼韓邪單于侍子求問吉等因赦其罪勿令自疑師古曰疑者疑漢欲討伐也昌猛見單于民衆益盛塞下禽獸盡單于足以自衞不畏郅支聞其大臣多勸單于北歸者師古曰塞下無禽獸則射獵無所得又不畏郅支故欲北歸舊處恐北去後難約束師古曰不可更共爲言要昌猛即與爲盟約曰自今以來漢與匈奴合爲一家世世毋得相詐相攻有竊盜者相報行其誅償其物師古曰漢人爲盜於匈奴匈奴人爲盜於漢皆相告報而誅償有寇發兵

相助漢與匈奴敢先背約者受天不祥令其世世子孫盡如盟昌猛與單于及大臣俱登匈奴諾水東山師古曰諾水即今突厥地諾眞水也〔補注〕沈欽韓曰新唐書薛延陀傳李勣選敢死上徑臘河趣白道城北出有高阪謂之白道嶺追大度設大度設渡諾眞水即諾水也刑白馬單于以徑路刀金留犂撓酒應劭曰徑路匈奴寶刀也金契金也留犂飯匕也撓和也契金著酒中撓攪飲之師古曰契刻撓攪也音呼高反〔補注〕宋祁曰注文契刻下當有也字以老上單于所破月氏王頭爲飲器者共飲血盟〔補注〕沈欽韓曰淮南齊俗訓胡人彈骨越人契臂所由各異其於信一也注胡人之盟約置酒人頭骨中飲以相詛即此是也昌猛還奏事公卿議者以爲單于保塞爲藩籬雖欲北去猶不能爲危害昌猛擅以漢國世世子孫與夷狄詛盟令單于得以惡言上告于天羞國家傷威重師古曰羞辱也不可得行宜遣使往告祠天與解盟昌猛奉使無狀罪至不道師古曰無狀蓋無善狀〔補注〕先謙曰官本注蓋作言上薄其過師古曰以其罪過爲輕薄有詔昌猛以贖論勿解盟其後呼韓邪竟北歸庭人衆稍稍歸之國中遂定郅支既殺使者自知負

漢又聞呼韓邪益彊恐見襲擊欲遠去會康居王數爲烏孫所困與諸翕侯計吕爲匈奴大國烏孫素服屬之今郅支單于困阨在外可迎置東邊使合兵取烏孫吕立之師古曰言與郅支并力共滅烏孫吕其地立郅支令居之也長無匈奴憂矣卽使使至堅昆通語郅支郅支素恐又怨烏孫聞康居計大說師古曰說讀曰悅遂與相結引兵而西康居亦遣貴人槖它驢馬數千匹迎郅支郅支人眾中寒道死師古曰中寒傷於寒也道死死於道上也〔補注〕宋祁曰景本無馬字史館本添餘財三千人到康居師古曰財與纔同其後都護甘延壽與副陳湯發兵卽康居誅斬郅支師古曰卽就也語在延壽湯傳郅支既誅呼韓邪單于且喜且懼上書言曰常願謁見天子誠吕郅支在西方恐其與烏孫俱來擊臣〔補注〕沈欽韓曰案文當云康居非烏孫吕故未得至漢今郅支已伏誅願入朝見竟寧元年單于復入朝禮賜如初加衣服錦帛絮皆倍於黃龍時單于自言願壻漢氏吕自親師古曰言

欲取漢女而身爲漢家壻元帝吕後宮良家子王牆字昭君賜單于〔補注〕沈欽韓曰西京雜記元帝後宮既多乃使畫工圖其形案圖召幸諸宮人皆賂畫工獨王嬙自恃容貌不肯與工人乃醜圖之遂不得見後匈奴入朝求美人爲閼氏於是上按圖以昭君行及去召見貌爲後宮第一善應對舉止閑雅帝悔之而名籍已定不復更乃窮案畫工皆弃市單于驩喜上書願保塞上谷吕西至敦煌師古曰保守也自請保守之令無寇盜傳之無窮請罷邊備塞吏卒吕休天子人民天子令下有司議議者皆吕爲便郎中侯應習邊事吕爲不可許上問狀應曰周秦吕來匈奴暴桀寇侵邊境漢興尤被其害臣聞北邊塞至遼東外有陰山〔補注〕沈欽韓曰一統志陰山在吳喇忒旗西北二百四十里九邊考自陰山而北皆大磧磧東西數千里南北亦數千里無水草不可駐牧中國得陰山乘高一望寇出沒蹤跡皆見必踰大磧而居其北去中國益遠故陰山爲禦邊要地陰山以南卽爲漢南彼若得陰山則易以飽其力而內犯此秦漢唐都關中必逾河而北守陰山也東西千餘里草木茂盛多禽獸本冒頓單于依阻其中治作弓矢來出爲寇是其苑囿也至孝武世出師征伐斥奪此地攘之於幕北師古曰斥開也攘卻也音人羊反建塞徼起亭隧師古曰隧謂深開小道而行避敵鈔寇也隧音遂築外城設屯戍吕守之然後邊境得用少安幕北地平少草木多大沙〔補注〕先謙曰所謂大磧也匈奴來寇少所蔽隱從塞吕南徑深山谷往來差難邊長老言匈奴失陰山之後過之未嘗不哭也如罷備塞戍卒示夷狄之大利不可一也今聖德廣被天覆匈奴師古曰如天之覆也匈奴得蒙全活之恩稽首來臣夫夷狄之情困則卑順彊則驕逆天性然也前吕罷外城省亭隧今裁足吕候望通烽火而已古者安不忘危不可復罷二也中國有禮義之敎刑罰之誅愚民猶尚犯禁又況單于能必其眾不犯約哉三也師古曰必極也極保之也自中國尚建關梁吕制諸侯所吕絕臣下之覬欲也師古曰覬音冀設塞徼置屯戍非獨爲匈奴而已亦爲諸屬國降民本故匈奴之人恐其思舊逃亡四也近西羌保塞與漢人交通吏民貪利侵盜其畜產妻子吕此怨恨起而背畔世世不絕

今罷乘塞則生嫚易分爭之漸五也師古曰乘塞登之而守也嫚易猶相欺侮也易音弋豉反往者從軍多沒不還者子孫貧困一旦亡出從其親戚六也又邊人奴婢愁苦欲亡者多曰聞匈奴中樂無奈候望急何然時有亡出塞者七也盜賊桀黠羣輩犯法如其窘急亡走北出則不可制八也起塞吕來百有餘年〔補注〕先謙曰胡注自武帝起塞時數之非皆吕土垣也或因山巖石木柴僵落谿谷水門師古曰僵落謂山上樹木摧折或立死枯僵墯落者僵音薑〔補注〕先謙曰官本注在平之下稍稍平之卒徒築治功費久遠不可勝計〔補注〕先謙曰顧炎武云昌平山水記潮河川至牛闌山與白河合其寬處可一二里昔人斫大樹倒著川中狹處僅二三丈以巨木爲柵其外縱橫布石以限戎馬此漢中郎侯應所謂木柴僵落谿谷水門者然水性湍急大雨則諸崖之水奔騰而下漂木走石當歲歲修治又所云功費久遠不可勝計也臣恐議者不深慮其終始欲吕壹切省繇戍師古曰一切謂權時也解在平紀繇讀曰傜十年之外百歲之內卒有它變障塞破壞亭隧滅絕當更發屯繕治累世之功不可卒復九也師古曰卒讀皆曰猝如罷戍卒省

候望單于自以保塞守御〔補注〕先謙曰御禦同通鑑作禦必深德漢師古曰於漢自稱恩德也請求無已小失其意則不可測開夷狄之隙虧中國之固十也非所以永持至安威制百蠻之長策也對奏天子有詔勿議罷邊塞事使車騎將軍口諭單于師古曰將軍許嘉也諭謂曉告曰單于上書願罷北邊吏士屯戍子孫世世保塞單于鄉慕禮義師古曰鄉讀曰嚮所以爲民計者甚厚此長久之策也朕甚嘉之中國四方皆有關梁障塞非獨以備塞外也亦以防中國姦邪放縱出爲寇害故明法度以專衆心也〔補注〕先謙曰胡注專壹也敬諭單于之意師古曰言已曉知其意也朕無疑焉爲單于怪其不罷故使大司馬車騎將軍嘉曉單于單于謝曰愚不知大計天子幸使大臣告語甚厚初左伊秩訾爲呼韓邪畫計歸漢竟以安定其後或讒伊秩訾自伐其功常鞅鞅師古曰伐謂矜其功力呼韓邪疑之左伊秩訾懼誅將其衆千餘人降漢漢以爲關內侯食邑三

百戶令佩其王印綬師古曰雖於漢爲關內侯而依匈奴王號與印綬及竟寧中呼韓邪來朝與伊秩訾相見謝曰王爲我計甚厚令匈奴至今安寧王之力也德豈可忘我失王意使王去不復顧留師古曰言不復顧念而留住匈奴中皆我過也今欲白天子請王歸庭伊秩訾曰單于賴天命自歸於漢得以安寧單于神靈天子之祐也我安得力既已降漢又復歸匈奴是兩心也願爲單于侍史於漢不敢聽命師古曰言爲單于充使留侍於漢不能還匈奴〔補注〕先謙曰官本史作使是單于固請不能得而歸王昭君號寧胡閼氏師古曰言胡得之國以安寧也生一男伊屠智牙師爲右日逐王呼韓邪立二十八年建始二年死始呼韓邪嬖左伊秩訾兄呼衍王女二人長女顓渠閼氏生二子長曰且莫車師古曰且音子餘反次曰囊知牙斯少女爲大閼氏生四子長曰雕陶莫皐次曰且麋胥師古曰且音子餘反胥音先於反皆長於且莫車少子咸樂二人皆小於囊知牙斯又它閼氏子十餘人

顓渠閼氏貴且莫車愛呼韓邪病且死欲立且莫車其母顓渠閼氏曰匈奴亂十餘年不絕如髮賴蒙漢力故得復安今平定未久人民創艾戰鬭師古曰創音初亮反艾讀曰乂且莫車年少百姓未附恐復危國我與大閼氏一家共子師古曰一家言親姊妹也共子兩人所生恩慈無別也不如立雕陶莫皐大閼氏曰且莫車雖少大臣共持國事今舍貴立賤後世必亂師古曰舍謂棄置也單于卒從顓渠閼氏計立雕陶莫皐約令傳國與弟呼韓邪死雕陶莫皐立爲復株絫若鞮單于師古曰復音服絫音力追反〔補注〕齊召南曰案自雕陶莫皐以下凡單于號俱冠以若鞮二字匈奴謂孝爲若鞮見下文周壽昌曰後書南單于比以下直稱鞮也復株絫若鞮單于立遣子右致盧兒王醢諧屠奴侯入侍以且麋胥爲左賢王且莫車爲左谷蠡王囊知牙斯爲右賢王復株絫單于復妻王昭君〔補注〕沈欽韓曰吳兢樂府解題王昭君不從胡禮乃吞藥而死此好事者飾之生二女長女云爲須卜居次李奇曰居次者女之號若漢言公主也文穎曰須卜氏匈奴貴族也〔補注〕錢大昭曰案云是伊墨居次因

爲須卜當之妻故亦稱須卜居次耳沈欽韓曰以常惠與烏孫兵獲單于嫂居次驗之居次是其王侯妻號猶今王妃稱福晉也非公主之比小女爲當于居次文穎曰當于亦匈奴大族也師古曰須卜當于皆其夫家氏族河平元年單于遣右皐林王伊邪莫演等奉獻朝正月師古曰演音衍〔補注〕先謙曰官本考證莫演荀紀作黃渾通鑑作莫渾既罷遣使者送至蒲反師古曰河東之縣也〔補注〕先謙曰官本作蒲阪伊邪莫演言欲降即不受我我自殺終不敢還歸使者以聞下公卿議議者或言宜如故事受其降〔補注〕王念孫曰漢紀孝成紀或作咸案下文谷永杜欽以爲不如勿受是議者皆言宜受其降惟永欽不可也作咸是光祿大夫谷永議郎杜欽以爲漢興匈奴數爲邊害故設金爵之賞以待降者今單于詘體稱臣列爲北藩遣使朝賀無有二心漢家接之宜異於往時今既享單于聘貢之質師古曰享當也質誠也而更受其逋逃之臣是貪一夫之得而失一國之心擁有罪之臣而絕慕義之君也假令單于初立欲委身中國未知利害師古曰假令猶言或當也私使伊邪莫演詐降以卜吉凶受之虧德

沮善師古曰沮壞也音材汝反令單于自疏不親邊吏或者設爲反間欲因而生隙師古曰間音居莧反受之適合其策使得歸曲而直責師古曰歸曲於漢而以直義來責也此誠邊竟安危之原師旅動靜之首師古曰竟讀曰境不可不詳也不如勿受以昭日月之信抑詐諼之謀懷附親之心便師古曰諼詐也音許遠反對奏天子從之遣中郎將王舜往問降狀伊邪莫演曰我病狂妄言耳遣去歸到官位如故不肯令見漢使明年單于上書願朝河平四年正月遂入朝加賜錦繡繒帛二萬匹絮二萬斤它如竟寧時復株絫單于立十歲鴻嘉元年死弟且麋胥立爲搜諧若鞮單于搜諧單于立遣子左祝都韓王朐留斯侯入侍師古曰朐音許于反〔補注〕先謙曰官本朐並作昫以且莫車爲左賢王搜諧單于立八歲元延元年爲朝二年發行師古曰欲會二年歲首之朝會故豫發其國而行〔補注〕先謙曰官本注朝會作朝禮未入塞病死弟且莫車立爲車牙若鞮單于車牙單于立遣子右於涂仇撣王烏夷當入侍師古曰涂音徒撣音纏〔補注〕宋祁曰撣舊本作禪以囊知牙斯爲左賢王車牙單于立四歲綏和元年死弟囊知牙斯立爲烏珠留若鞮單于烏珠留單于立以第二閼氏子樂爲左賢王以第五閼氏子輿爲右賢王師古曰此二人皆烏珠留之弟也第二閼氏即上所謂大閼氏也第五閼氏亦呼韓邪單于之閼氏〔補注〕先謙曰官本第二竝作第一遣子右股奴王烏鞮牙斯入侍漢遣中郎將夏侯藩副校尉韓容使匈奴時帝舅大司馬票騎將軍王根領尚書事或說根曰匈奴有斗入漢地直張掖郡師古曰斗絕也直當也生奇材木箭竿就羽師古曰就大雕也黃頭赤目其羽可爲箭竿音工旱反〔補注〕先謙曰官本注雕作鵰引宋祁曰注鵰當作雕就即鷲也如得之於邊甚饒國家有廣地之實將軍顯功垂於無窮根爲上言其利〔補注〕先謙曰胡注言得此地爲中國利上直欲從單于求之師古曰直猶正耳〔補注〕先謙曰胡注直徑直也爲有不得傷命損威師古曰詔命不行故云傷命也〔補注〕先謙曰胡注天子之命不行於夷狄爲損中國之威根即但以上指曉藩令從藩所說而求之師古曰自以藩意說單于而求

之藩至匈奴以語次說單于曰〔補注〕先謙曰胡注交語之次也竊見匈奴斗入漢地直張掖郡漢三都尉居塞上士卒數百人〔補注〕先謙曰胡注張掖兩都尉一治日勒澤索谷一治居延又有農都尉治番和是三都尉寒苦候望久勞單于宜上書獻此地直斷閼之〔補注〕宋祁曰閼當作閉先謙曰通鑑閼作割胡注謂從直割地以其斗入者與漢也省兩都尉士卒數百人以復天子厚恩師古曰復亦報〔補注〕先謙曰官本注末有也字其報必大師古曰漢得此地必厚報賞單于〔補注〕宋祁曰賞字當作償單于曰此天子詔語邪將從使者所求也藩曰詔指也然藩亦爲單于畫善計耳單于曰孝宣孝元皇帝哀憐父呼韓邪單于從長城以北匈奴有之此溫偶駼王所居地也師古曰偶音五口反駼音塗次下亦同〔補注〕先謙曰胡注案後書匈奴有溫禺犢王班固燕然山銘曰斬溫禺以釁鼓血尸逐以染鍔意溫偶即溫禺也後人妄於禺旁從人耳當讀曰禺未曉其形狀所生請遣使問之師古曰所生謂山之所出草木鳥獸爲用者藩容歸漢後復使匈奴至則求地單于曰父兄傳五世漢不求此地至知獨求何也〔補注〕先謙曰胡注單于名囊知牙斯王莽專政諷其慕中國不二名始名知史從簡便因以單名書於此已問溫偶駼王匈奴西邊諸侯作穹廬及車皆仰此山材木師古曰謂諸小王爲諸侯者效中國之言耳仰音牛向反〔補注〕周壽昌曰即所謂裨小王之類西邊匈奴邊國小藩類皆是也見西域傳且先父地不敢失也藩還遷爲太原太守單于遣使上書以藩求地狀聞詔報單于曰藩擅稱詔從單于求地法當死更大赦二師古曰更經也音功衡反今徙藩爲濟南太守不令當匈奴明年侍子死歸葬復遣子左於駼仇撣王稽留昆入侍師古曰撣音纏稽音雞至哀帝建平二年烏孫庶子卑援疐師古曰援音爰疐音竹二反翕侯人衆入匈奴西界寇盜牛畜頗殺其民單于聞之遣左大當戶烏夷泠師古曰泠音零將五千騎擊烏孫殺數百人略千餘人敺牛畜去師古曰敺與驅同卑援疐恐遣子趨逯爲質匈奴師古曰逯音錄單于受以狀聞漢遣中郎將丁野林副校尉公乘音使匈奴責讓單于告令還歸卑援疐質子〔補注〕先謙曰以兩國竝爲漢臣不當擅受質子單于受詔遣歸建平四年單于上書

願朝五年時哀帝被疾或言匈奴從上游來厭人服虔曰游猶流也河水從西北來故曰上游也師古曰上游亦總謂地形耳不必係於河水也厭音一涉反自黃龍竟寧時單于朝中國輒有大故師古曰大故謂國之大喪上由是難之㠯問公卿亦㠯為虛費府帑師古曰府物所聚也帑藏金帛之所也音宅莽反又音奴可且勿許單于使辭去未發黃門郎揚雄上書諫曰臣聞六經之治貴於未亂兵家之勝貴於未戰師古曰已亂而後治之戰鬬而後獲勝則不足貴二者皆微師古曰微謂精妙也然而大事之本不可不察也今單于上書求朝國家不許而辭之臣愚㠯為漢與匈奴從此隙矣〔補注〕先謙曰言隙從此開本北地之狄〔補注〕錢大昭曰本閩本作夫五帝所不能臣三王所不能制其不可使隙甚明臣不敢遠稱請引秦㠯來明之㠯秦始皇之彊蒙恬之威帶甲四十餘萬然不敢窺西河迺築長城㠯界之會漢初興㠯高祖之威靈三十萬眾困於平城士或七日不食時奇譎之士石畫之臣甚眾鄧展曰石大也師古曰石言堅固如石也畫計策也音獲〔補注〕朱一新曰石通作碩鄧說是也顏注非卒其所㠯脫者世莫得而言也師古曰卒終也莫得而言謂自免之計其事醜惡故不傳又高皇后嘗忿匈奴羣臣庭議樊噲請㠯十萬眾橫行匈奴中季布曰噲可斬也妄阿順指於是大臣權書遺之師古曰以權道為書順辭以荅之然後匈奴之結解中國之憂平及孝文時匈奴侵暴北邊候騎至雍甘泉京師大駭發三將軍屯細柳棘門霸上㠯備之數月迺罷孝武即位設馬邑之權欲誘匈奴使韓安國將三十萬眾徼於便墬師古曰徼要也音工堯反墬古地字匈奴覺之而去徒費財勞師一虜不可得見況單于之面乎其後深惟社稷之計規恢萬載之策師古曰恢大也迺大興師數十萬使衛青霍去病操兵前後十餘年師古曰操持也音千高反〔補注〕先謙曰官本無注末四字於是浮西河絕大幕破寘顏襲王庭窮極其地追奔逐北封狼居胥山禪於姑衍㠯臨翰海師古曰積土為封而又禪祭也虜名王貴人㠯百數自是之後匈奴震怖益求和親然

而未肯稱臣也且夫前世豈樂傾無量之費役無罪之人快心於狼望之北哉師古曰匈奴中地名也〔補注〕先謙曰胡注邊人謂舉烽燧為狼火狼望謂狼煙候望之地㠯為不壹勞者不久佚不暫費者不永寧師古曰佚與逸同是㠯忍百萬之師㠯摧餓虎之喙運府庫之財填盧山之壑而不悔也師古曰喙口也摧百萬之師於獸口也盧山匈奴中山也喙音許穢反至本始之初匈奴有桀心師古曰桀堅也言其起立不順欲掠烏孫侵公主迺發五將之師十五萬騎獵其南而長羅侯㠯烏孫五萬騎震其西皆至質而還師古曰質信也謂所期處時鮮有所獲師古曰鮮少也音先踐反徒奮揚威武明漢兵若雷風耳雖空行空反尚誅兩將軍故北狄不服中國未得高枕安寢也逮至元康神爵之間大化神明鴻恩溥洽而匈奴內亂五單于爭立日逐呼韓邪攜國歸死〔補注〕王念孫曰案歸死二字於義不可通歸死當為歸化字之誤也此承上大化神明而言謂單于攜一國之人來歸王化也下文曰今單于歸義懷款誠之心歸義猶歸化耳通鑑漢紀二十六作歸死則所見漢書本已誤漢紀孝哀紀通典邊防十一並作歸化扶伏稱臣師古曰伏音蒲北反〔補注〕周壽昌曰扶伏即匍匐然尚羈縻之計不顓制師古曰顓與專同專制謂以為臣妾也自此之後欲朝者不距不欲者不彊師古曰彊音其兩反〔補注〕先謙曰官本無注何者外國天性忿鷙師古曰鷙很也音竹二反形容魁健師古曰魁大也負力怙氣師古曰負恃也難化㠯善易肄㠯惡師古曰肄謂附屬之也惡謂威也〔補注〕先謙曰胡注肄習也言易習於為惡也其彊難詘其和難得故未服之時勞師遠攻傾國殫貨伏尸流血破堅拔敵如彼之難也既服之後慰薦撫循交接賂遺威儀俯仰如此之備也往時嘗屠大宛之城蹈烏桓之壘探姑繒之壁師古曰姑繒謂西南夷種也在益州見昭紀也籍蕩姐之場劉德曰羌屬也師古曰籍猶蹈也姐音紫〔補注〕先謙曰胡注元帝永光三年隴西羌彡姐反豈是邪艾朝鮮之旃拔兩越之旗師古曰艾讀曰刈刈絕也近不過旬月之役遠不離二時之勞師古曰離歷也三月為一時固已犁其庭埽其閭師古曰犁耕也郡縣而置之雲徹席卷後無餘菑師古曰菑古災字也〔補注〕先謙曰官本無也字唯北狄為不然眞中國之堅敵也三垂比之懸矣〔補注〕先謙曰胡注引師古

曰懸絕也此疑脫前世重之茲甚師古曰茲益也未易可輕也今單于歸義懷款誠之心欲離其庭陳見於前此迺上世之遺策神靈之所想望國家雖費不得已者也師古曰已止也奈何距㠯來厭之辭疏㠯無日之期〔補注〕先謙曰胡注來厭或言從上游來厭人也止其來朝辭以他日而無一定之期則匈奴與漢疏消往昔之恩開將來之隙夫款而隙之使有恨心負前言緣往辭師古曰言單于因緣往昔和好之辭以怨漢也〔補注〕先謙曰胡注負恃也負前言者恃前者有和好之言也歸怨於漢因㠯自絕終無北面之心威之不可論之不能焉得不為大憂乎夫明者視於無形聰者聽於無聲誠先於未然即蒙恬樊噲不復施棘門細柳不復備馬邑之策安所設衞霍之功何得用五將之威安所震師古曰先於未然謂計策素定禦難折衝〔補注〕先謙曰思患豫防則兵威可不用不然壹有隙之後雖智者勞心於內辯者轂擊於外師古曰轂擊言使車交馳其轂相擊也猶不若未然之時也〔補注〕先謙曰邊隙既開雖竭盡謀慮較未然時更難措置且往者圖西域制車師師古曰圖謀也置城

郭都護三十六國費歲㠯大萬計者師古曰財用之費一歲數百萬也豈為康居烏孫能踰白龍堆而寇西邊哉孟康曰龍堆形如土龍身無頭有尾高大者二三丈埤者丈餘皆東北向相似也在西域中迺㠯制匈奴也夫百年勞之一日失之費十而愛一〔補注〕先謙曰胡注謂向者不憚十分之費以制匈奴今來朝之費十分之一耳乃愛惜之臣竊為國不安也唯陛下少留意於未亂未戰㠯遏邊萌之禍〔補注〕先謙曰萌氓同字書奏天子寤焉召還匈奴使者更報單于書而許之賜雄帛五十匹黃金十斤〔補注〕先謙曰官本雄作縉單于未發會病復遣使願朝明年故事單于朝從名王㠯下及從者二百餘人單于又上書言蒙天子神靈人民盛壯願從五百人入朝㠯明天子盛德上皆許之元壽二年單于來朝上㠯太歲厭勝所在師古曰厭音一涉反舍之上林苑蒲陶宮師古曰舍止宿〔補注〕先謙曰胡注蒲陶本出大宛武帝伐大宛采蒲陶種植之離宮宮由此得名告之㠯加敬於單于師古曰云以敬於單于故令止上林單于知之加賜衣三百七十襲錦繡繒帛三萬匹絮

三萬斤它如河平時既罷遣中郎將韓況送單于單于出塞到休屯井北度車田盧水道里回遠師古曰回音胡內反況等乏食單于迺給其糧失期不還五十餘日初上遣稽留昆隨單于去到國復遣稽留昆同母兄右大且方與婦入侍師古曰且音子閭反還歸復遣且方同母兄左日逐王都與婦入侍是時漢平帝幼太皇太后稱制新都侯王莽秉政欲說太后㠯威德至盛異於前師古曰說讀曰悅以此事取悅於太后迺風單于師古曰風讀曰諷令遣王昭君女須卜居次云入侍師古曰云者其女名太后所㠯賞賜之甚厚會西域車師後王句姑師古曰句音鉤去胡來王唐兜師古曰為其去胡而來降漢故以為王號〔補注〕先謙曰顧炎武云注非也西域傳婼羌國王號去胡來王皆怨恨都護校尉將妻子人民亡降匈奴語在西域傳單于受置左谷蠡地〔補注〕先謙曰左谷蠡王所居地也遣使上書言狀曰臣謹已受詔遣中郎將韓隆王昌副校尉甄阜侍中謁者帛敞長水校尉王歙使匈奴師古曰歙音翕告

單于曰西域內屬不當得受師古曰既屬漢家不得復臣匈奴今遣之師古曰今即遣還〔補注〕先謙曰今有即訓顏注未晰單于曰孝宣孝元皇帝哀憐為作約束自長城㠯南天子有之長城㠯北單于有之有犯塞輒㠯狀聞有降者不得受臣知父呼韓邪單于蒙無量之恩〔補注〕先謙曰顧炎武云其時尚未更名應曰臣囊知牙斯作史者從其後更名錄之耳死遺言曰有從中國來降者勿受輒送至塞㠯報天子厚恩此外國也得受之使者曰匈奴骨肉相攻國幾絕師古曰幾音鉅依反蒙中國大恩危亡復續妻子完安累世相繼宜有㠯報厚恩單于叩頭謝罪執二虜還付使者詔使中郎將王萌待西域惡都奴界上逆受服虔曰惡都奴西域之谷名也師古曰逆受迎而受之單于遣使送到國因請其罪〔補注〕先謙曰胡注為二虜請於漢求釋其背叛之罪也使者㠯聞有詔不聽師古曰不免其罪會西域諸國王斬㠯示之〔補注〕先謙曰欲以懲後使不敢叛迺造設四條師古曰更新為此制也中國人亡入匈奴者烏孫亡降匈奴者西域諸國佩中國印

綬降匈奴者烏桓降匈奴者皆不得受遣中郎將王駿王昌副校尉甄阜王尋使匈奴班四條與單于雜函封師古曰與璽書同一函而封之付單于令奉行因收故宣帝所爲約束封函還補注先謙曰莽以約束未明故須四條而收舊所爲約束時莽奏令中國不得有二名因使使者㠯風單于師古曰風讀曰諷宜上書慕化爲一名漢必加厚賞單于從之上書言幸得備藩臣竊樂太平聖制臣故名囊知牙斯今謹更名曰知莽大說師古曰說讀曰悅白太后遣使者答諭厚賞賜焉漢既班四條後護烏桓使者告烏桓民毋得復與匈奴皮布稅匈奴㠯故事遣使者責烏桓稅師古曰故時常稅是以求之匈奴人民婦女欲賈販者皆隨往焉烏桓距曰奉天子詔條之當予匈奴稅補注錢大昭曰之當作不先謙曰官本作不匈奴使怒收烏桓酋豪縛到縣之補注周壽昌曰到倒同孟子猶解倒懸也酋豪昆弟怒共入匈奴使補注錢大昭曰入當作殺先謙曰官本作殺及其官屬收略婦女馬牛單于聞之遣使發

左賢王兵入烏桓責殺使者因攻擊之烏桓分散或走上山或東保塞匈奴頗殺人民敺婦女弱小且千人去師古曰敺與驅同置左地告烏桓曰持馬畜皮布來贖之烏桓見略者親屬二千餘人持財畜往贖匈奴受畱不遣師古曰受其皮布而畱人不遣王莽之篡位也建國元年遣五威將王駿率甄阜王颯陳饒帛敞丁業六人師古曰颯音立補注錢大昭曰此率字讀如將帥之帥莽置五威將每一將各置前後左右中帥故下云右率陳饒先謙曰官本注在重遺單于下多齎金帛重遺單于諭曉㠯受命代漢狀因易單于故印故印文曰匈奴單于璽補注齊召南曰案故印即甘露三年宣帝所賜呼韓邪單于黃金璽也莽更曰新匈奴單于章師古曰新者莽自係其國號將率既至授單于印紱師古曰紱者印之組也音弗詔令上故印紱單于再拜受詔譯前欲解取故印紱單于舉掖授之左姑夕侯蘇從旁謂單于曰未見新印文補注宋祁曰一本作止不見新印文錢大昭曰閩本曰下有止字宜且勿與單于止不肯與請使者坐穹廬單于欲前爲壽五威

將曰故印紱當㠯時上單于曰諾復舉掖授譯蘇復曰未見印文且勿與單于曰印文何由變更遂解故印紱奉上將率受著新紱不解視印飲食至夜迺罷右率陳饒謂諸將率曰鄉者姑夕侯疑印文幾令單于不與人師古曰鄉讀曰嚮幾音鉅依反如令視印見其變改必求故印此非辭說所能距也既得而復失之辱命莫大焉不如椎破故印㠯絕禍根將率猶與莫有應者師古曰與讀曰豫饒燕士果悍師古曰果決也悍勇也音胡幹反即引斧椎壞之明日單于果遣右骨都侯當白將率曰漢賜單于印言璽不言章又無漢字諸王已下補注宋祁曰已當作以迺有漢言章今印去璽加新與臣下無別補注王念孫曰案景祐本今印作今即是也即者若也西南夷傳注即猶若也餘見釋詞不能備載言今若去璽加新則與臣下無別也今本即作印者後人不曉即字之義而以意改之耳御覽儀式部四引此正作即願得故印將率示㠯故印謂曰新室順天制作故印隨將率所自爲破壞單于宜承天命奉新室之制當還白單于知已無

可奈何又多得賂遺即遣弟右賢王輿奉馬牛隨將率入謝因上書求故印補注先謙曰顧炎武云故印已壞而云因上書求故印者求更鑄如故印之式去新字而言璽將率還到左犂汗王咸所居地見烏桓民多㠯問咸咸具言狀師古曰謂前驅略得婦女弱小贖之不還者將率曰前封四條不得受烏桓降者亟還之師古曰亟急也音居力反咸曰請密與單于相聞得語歸之單于使咸報曰當從塞內還之邪從塞外還之邪將率不敢顓決㠯聞詔報從塞外還之補注宋祁曰決一作使單于始用夏侯藩求地有距漢語後㠯求稅烏桓不得因寇略其人民釁由是生重㠯印文改易師古曰重音直用反故怨恨迺遣右大且渠蒲呼盧訾等十餘人將兵衆萬騎㠯護送烏桓爲名師古曰陽言云護送烏桓人衆實來爲寇補注宋祁曰注文陽字楊本作揚勒兵朔方塞下朔方太守㠯聞明年西域車師後王須置離謀降匈奴都護但欽誅斬之置離兄狐蘭支將人衆二千餘人敺畜產舉國亡降匈奴師古曰敺與驅同舉其一

國之人皆亡降也單于受之狐蘭支與匈奴共入寇擊車師殺後成長師古曰後成車師小國名也長其長師也【補注】先謙曰成城通作傷都護司馬復還入匈奴時戊己校尉史陳良終帶司馬丞韓玄右曲候任商等見西域頗背叛聞匈奴欲大侵恐并死即謀劫略吏卒數百人共殺戊己校尉刀護師古曰刀音貂【補注】先謙曰官本刀並作刁遣人與匈奴南犁汗王南將軍相聞【補注】周壽昌曰案匈奴有左王將右王將左右大將等官無稱將軍者此南犁汗王所屬稱南將軍殆仿漢官制也先謙曰官本汗作汙下同匈奴南將軍二千騎入西域迎良等良等盡脅略戊己校尉吏士男女二千餘人入匈奴玄商留南將軍所良帶徑至單于庭人眾別置零吾水上田居單于號良帶曰烏桓都將軍留居單于所數呼與飲食西域都護但欽上書言匈奴南將軍右伊秩訾將人眾寇擊諸國莽於是大分匈奴為十五單于遣中郎將藺苞副校尉戴級將兵萬騎多齎珍寶至雲中塞下招誘呼韓邪單于諸子欲

以次拜之使譯出塞誘呼右犁汗王咸咸子登助三人至則脅拜咸為孝單于賜安車鼓車各一黃金千斤雜繒千匹戲戟十師古曰戲戟有旗之戟也戲音許宜反又音麾拜助為順單于賜黃金五百斤傳送助登長安莽封苞為宣威公拜為虎牙將軍封級為揚威公拜為虎賁將軍單于聞之怒曰先單于受漢宣帝恩不可負也今天子非宣帝子孫何以得立遣左骨都侯右伊秩訾王呼盧訾及左賢王樂將兵入雲中益壽塞大殺吏民是歲建國三年也是後單于歷告左右部都尉諸邊王入塞寇盜大輩萬餘中輩數千少者數百殺鴈門朔方太守都尉略吏民畜產不可勝數緣邊虛耗莽新即位怙府庫之富欲立威迺拜十二部將率發郡國勇士武庫精兵各有所屯守轉委輸於邊議滿三十萬眾齎三百日糧同時十道並出窮追匈奴內之于丁令師古曰逐之遣入丁令地令音零因分其地立呼韓邪十五

子莽將嚴尤諫曰臣聞匈奴為害所從來久矣未聞上世有必征之者也後世三家周秦漢征之然皆未有得上策者也周得中策漢得下策秦無策焉當周宣王時獫允內侵至于涇陽命將征之盡境而還其視戎狄之侵譬猶蟁蝱之螫敺之而已師古曰蟁古蚊字也蝱音盲螫音式亦反敺與驅同故天下稱明是為中策漢武帝選將練兵約齎輕糧深入遠戍師古曰約少也少齎衣裝雖有克獲之功胡輒報之兵連禍結三十餘年中國罷耗匈奴亦創艾師古曰罷讀曰疲耗損也創音初向反艾讀曰乂次下亦同而天下稱武是為下策秦始皇不忍小恥而輕民力築長城之固延袤萬里師古曰袤長也音茂轉輸之行起於負海疆境既完中國內竭以喪社稷是為無策今天下遭陽九之阸【補注】先謙曰官本作戹比年饑饉西北邊尤甚發三十萬眾具三百日糧東援海代南取江淮然後乃備師古曰援引也音爰計其道里一年尚未集合兵先至者聚居暴露師老械弊

埶不可用此一難也邊既空虛不能奉軍糧內調郡國不相及屬此二難也師古曰調發也音徒釣反屬音之欲反計一人三百日食用糒十八斛非牛力不能勝牛又當自齎食加二十斛重矣胡地沙鹵多乏水草以往事揆之軍出未滿百日牛必物故且盡師古曰物故謂死也餘糧尚多人不能負此三難也胡地秋冬甚寒春夏甚風多齎鬴鍑薪炭重不可勝師古曰鬴古釜字也鍑釜之大口者也鍑音富食糒飲水以歷四時師有疾疫之憂是故前世伐胡不過百日非不欲久埶力不能此四難也輜重自隨則輕銳者少師古曰重音直用反其下亦同不得疾行虜徐遁逃埶不能及幸而逢虜又累輜重師古曰累音力瑞反如遇險阻銜尾相隨師古曰銜馬銜也尾馬尾也言前後單行不得並驅虜要遮前後危殆不測此五難也大用民力功不可必立臣伏憂之今既發兵宜縱先至者令臣尤等深入霆擊且以創艾胡虜師古曰請率見到之兵且以擊虜莽不聽尤言轉兵穀如故天下騷動

咸既受莽孝單于之號馳出塞歸庭具以見脅狀白單于單于更以爲於粟置支侯匈奴賤官也後助病死莽以登代助爲順單于厭難將軍陳欽師古曰厭音一涉反〔補注〕先謙曰官本注在下葛邪塞下震狄將軍王巡屯雲中葛邪塞是時匈奴數爲邊寇殺將率吏士略人民敺畜產去甚衆師古曰敺與驅同捕得虜生口驗問皆曰孝單于咸子角數爲寇兩將以聞四年莽會諸蠻夷斬咸子登於長安市初北邊自宣帝以來數世不見煙火之警人民熾盛牛馬布野及莽撓亂匈奴與之構難師古曰撓攪也音火高反〔補注〕先謙曰官本構作搆注火作丈邊民死亡係獲又十二部兵久屯而不出吏士罷弊師古曰罷讀曰疲數年之閒北邊虛空野有暴骨矣

烏珠留單于立二十一歲建國五年死匈奴用事大臣右骨都侯須卜當即王昭君女伊墨居次云之壻也〔補注〕先謙曰云是須卜居次上文兩見伊墨二字疑誤云常欲與中國和親又素與咸厚善見咸前後爲莽所拜故

遂越輿而立咸爲烏累若鞮單于師古曰累音力追反烏累單于咸立以弟輿爲左谷蠡王烏珠留單于子蘇屠胡本爲左賢王以弟屠耆閼氏子盧渾爲右賢王師古曰渾音胡昆反烏珠留單于在時左賢王數死以爲其號不祥更易命左賢王曰護于護于之尊最貴次當爲單于故烏珠留單于授其長子以爲護于欲傳以國咸怨烏珠留單于貶賤己號不欲傳國及立貶護于爲左屠耆王云當遂勸咸和親

天鳳元年云當遣人之西河虎猛制虜塞下師古曰虎猛縣名制虜塞在其界〔補注〕沈欽韓曰一統志虎猛廢縣在鄂爾多斯左翼前旗界內直榆林北告塞吏曰欲見和親侯〔補注〕周壽昌曰和親侯王歙展德侯王颯俱王莽時封故表削而不書和親侯王歙者王昭君兄子也師古曰歙音翕中部都尉以聞莽遣歙歙弟騎都尉展德侯颯使匈奴師古曰颯音立賀單于初立賜黃金衣被繒帛給言侍子登在因購求陳良終帶等〔補注〕先謙曰官本購作搆單于盡收四人及手殺校尉刀護賊芝音妻子以下二十七人皆械檻付使者遣廚唯姑夕王富等四十人送歙颯〔補注〕宋祁曰廚字上當有右字莽作焚如之刑燒殺陳良等應劭曰易有焚如死如棄如之言莽依此作刑名也如淳曰焚如死如棄如者謂不孝子也不畜於父母不容於朋友故燒殺棄之莽依此作刑名也師古曰易離卦九四爻辭也罷諸將率屯兵但置游擊都尉單于貪莽賂遺故外不失漢故事然內利寇掠又使還知子登前死怨恨寇虜從左地入不絕師古曰入爲寇而虜掠使者問單于輒曰烏桓與匈奴無狀黠民共爲寇入塞譬如中國有盜賊耳咸初立持國威信尚淺盡力禁止不敢有二心天鳳二年五月莽復遣歙與五威將王咸率伏黯丁業等六人使送右廚唯姑夕王因奉歸前所斬侍子登及諸貴人從者喪皆載以常車劉德曰縣易車也舊司農出錢市車縣次易牛也〔補注〕周壽昌曰若今之長載短卸至塞下單于遣云當子男大且渠奢等至塞迎咸等至多遺單于金珍因諭說改其號號匈奴曰恭奴單于曰善于賜印綬封骨都侯當爲後安

公當子男奢爲後安侯單于貪莽金幣故曲聽之然寇盜如故咸歙又以陳良等購金付云當令自差與之師古曰差其次第多少十二月還入塞莽大喜賜歙錢二百萬悉封黯等單于咸立五歲天鳳五年死弟左賢王輿立爲呼都而尸道皋若鞮單于匈奴謂孝曰若鞮自呼韓邪後與漢親密見漢謚帝爲孝慕之故皆爲若鞮呼都而尸單于輿既立貪利賞賜遣大且渠奢與云女弟當戶居次子醯櫝王師古曰櫝音讀〔補注〕先謙曰上文昭君二女長女云爲須卜居次小女爲當于居次此當戶乃當于之譌與云下應更有云字文義乃明据下文云與當俱來也俱奉獻至長安莽遣和親侯歙與奢等俱至制虜塞下與云當會因以兵迫脅將至長安云當小男從塞下得脫歸匈奴〔補注〕先謙曰即上文子醯櫝王當至長安莽拜爲須卜單于欲出大兵以輔立之兵調度亦不合而匈奴愈怒並入北邊北邊由是壞敗會當病死莽以其庶女陸逯任妻後安公奢李奇曰陸逯邑也莽改公主曰任奢本爲

侯莽㠯女妻之故進爵爲公師古曰逯音錄任音壬〔補注〕錢大昭曰陸當作睦睦逯任名捷莽侍者開明所生女所㠯尊寵之甚厚終爲欲出兵立之者師古曰言爲此計意不止會漢兵誅莽云奢亦死更始二年冬漢遣中郎將歸德侯颯〔補注〕周壽昌曰功臣表歸德侯先賢撣以匈奴日逐王率衆降侯其孫颯嗣侯此殆卽其人颯諷字近又緣上展德侯颯而誤下稱劉颯者必賜姓史失載也以故侯從光武得紹封復國建武六年使匈奴見後書大司馬護軍陳遵使匈奴授單于漢舊制璽綬王侯㠯下印綬因送云當餘親屬貴人從者單于輿驕謂遵颯曰匈奴本與漢爲兄弟匈奴中亂師古曰言中閒之時也亂讀如本字又音竹仲反孝宣皇帝輔立呼韓邪單于故稱臣㠯尊漢今漢亦大亂爲王莽所篡匈奴亦出兵擊莽空其邊境令天下騷動思漢莽卒㠯敗而漢復興亦我力也當復尊我遵與相牚距師古曰牚謂支柱也音丈庚反又丑庚反〔補注〕錢大昭曰攷工記弓人維角牚之鄭注牚讀如牚距之牚說文牚距也單于終持此言〔補注〕周壽昌曰遵傳云單于欲詘脅遵遵陳利害曲直單于大奇之此云單于終持此言是卒未如遵所說也其明年夏還會赤眉入長安更始敗

贊曰書戒蠻夷猾夏師古曰虞書舜典載舜命皐陶作士之言也猾亂也夏謂中夏諸國也詩稱戎狄是膺師古曰魯頌閟宮之詩美僖公興師與齊桓討難膺當也春秋有道守在四夷師古曰春秋左氏傳昭三十二年楚囊瓦爲令尹城郢沈尹戌曰古者天子守在四夷言德及遠〔補注〕王先愼曰春秋有道卽春秋有言也與書戒詩稱同意久矣夷狄之爲患也故自漢興忠言嘉謀之臣曷嘗不運籌策相與爭於廟堂之上乎高祖時則劉敬呂后時樊噲季布孝文時賈誼朝錯孝武時王恢韓安國朱買臣公孫弘董仲舒人持所見各有同異然總其要歸兩科而已縉紳之儒則守和親介胄之士則言征伐皆偏見一時之利害而未究匈奴之終始也自漢興㠯至于今曠世歷年多於春秋其與匈奴有脩文而和親之矣有用武而克伐之矣有卑下而承事之矣師古曰下音胡亞反有威服而臣畜之矣詘伸異變強弱相反是故其詳可得而言也昔和親之論發於劉敬是時天下初定新遭平城之難故從其言約結和親賂遺單于冀㠯救安邊境孝惠高后時遵而不違匈奴寇盜不爲衰止而單于反㠯加驕倨逮至孝文與通關市妻㠯漢女增厚其賂歲㠯千金而匈奴數背約束邊境屢被其害是㠯文帝中年赫然發憤遂躬戎服親御鞌馬從六郡良家材力之士師古曰六郡謂隴西天水安定北地上郡西河也其安定天水西河武帝所置耳史本其土地而追言也馳射上林講習戰陳聚天下精兵軍於廣武顧問馮唐與論將帥喟然歎息思古名臣此則和親無益已然之明效也仲舒親見四世之事猶復欲守舊文頗增其約㠯爲義動君子利動貪人〔補注〕沈欽韓曰列女傳四義動君子利動小人息君夫人不爲利動矣如匈奴者非可㠯仁義說也師古曰此說謂勸諭獨可說㠯厚利結之於天耳師古曰此說讀曰悅故與之厚利㠯沒其意師古曰沒溺也與盟於天㠯堅其約質其愛子㠯累其心師古曰累音力瑞反匈奴雖欲展轉奈失重利何奈欺上天何奈殺愛子何師古曰展轉爲移動其心夫賦斂行賂不足㠯當三軍之

費城郭之固無㠯異於貞士之約晉灼曰堅城固守不勝而遺貞士爲和親之約也而使邊城守境之民父兄緩帶〔補注〕沈欽韓曰穀梁傳一人有子三人緩帶稚子咽哺師古曰咽吞也哺謂所食在口者也咽音宴哺音捕胡馬不窺於長城而羽檄不行於中國不亦便於天下乎察仲舒之論考諸行事迺知其未合於當時而有闕於後世也當孝武時雖征伐克獲而士馬物故亦略相當雖開河南之野建朔方之郡亦棄造陽之北九百餘里匈奴人民每來降漢單于亦輒拘留漢使㠯相報復師古曰復音扶目反其桀驁尚如斯師古曰驁與傲同安肯㠯愛子而爲質乎此不合當時之言也若不置質空約和親是襲孝文既往之悔而長匈奴無已之詐也師古曰襲重也重疊爲其事夫邊城不選守境武略之臣脩障隧備塞之具厲長戟勁弩之械恃吾所㠯待邊寇而務賦斂於民遠行貨賂割剝百姓㠯奉寇讎信甘言守空約而幾胡馬之不窺不已過乎師古曰幾讀曰冀至孝宣之世

承武帝奮擊之威直匈奴百年之運師古曰直當也因其壞亂幾亡之阸師古曰幾近也音鉅依反權時施宜覆以威德然後單于稽首臣服遣子入侍二世稱藩賓於漢庭補注先謙曰官本二作三案呼韓邪復株絫烏珠留三單于來朝是三世賓漢庭也是時邊城晏閉牛馬布野師古曰晏晚也三世無犬吠之警黎庶亡干戈之役師古曰黎古黎字補注沈欽韓曰案隸釋華下民租碑惠滋黎庶[illegible][illegible]鳳碑又作黎堯廟碑作棃此正漢俗黎字不得以爲古先謙曰官本黎作黎三當爲五五世宣元成哀平後六十餘載之間遭王莽篡位始開邊隙單于由是歸怨自絕莽遂斬其侍子邊境之禍搆矣故呼韓邪始朝於漢漢議其儀而蕭望之曰戎狄荒服言其來服荒忽無常時至時去宜待以客禮讓而不臣如其後嗣遂逃竄伏師古曰遂古遁字補注沈欽韓曰此亦遯之俗字不得爲古使於中國不爲叛臣及孝元時議罷守塞之備侯應以爲不可可謂盛不忘衰安必思危遠見識微之明矣至單于咸棄其愛子昧利不顧師古曰昧貪也音妹侵掠所獲歲鉅萬計而和親賂遺不過千金安在其不棄質而失重利也仲舒之言漏於是矣補注蘇輿曰前所云有闕于後世者也夫規事建議不圖萬世之固而媮恃一時之事者未必以經遠也師古曰媮與偷同補注先謙曰官本必作可是若乃征伐之功秦漢行事嚴尤論之當矣故先王度土中立封畿師古曰度音大各反中音竹仲反分九州列五服師古曰九州五服解並在前物土貢制外內師古曰物土貢者各因其土所生之物而貢之也制外內謂五服之差遠近異制補注王念孫曰物土貢非謂各因其土所生之物而貢之也物猶類也言類九州五服之土貢若禹貢某州貢某物周官某服貢某物也周官載師掌任土之灋以物地事草人掌土化之灋以物地義竝與類同桓六年左傳及晉語注竝曰物類也學記比物醜類文十八年左傳醜類惡物杌魖螭周語象物天地比類百則或脩刑政或昭文德遠近之勢異也是以春秋內諸夏而外夷狄師古曰春秋成十五年諸侯會吳于鍾離公羊傳曰曷爲殊會吳外吳也曷爲外也春秋內其國而外諸夏內諸夏而外夷狄也夷狄之人貪而好利被髮左衽人面獸心其與中國殊章服異習俗飲食不同言語不通辟居北垂寒露之野師古曰辟讀曰僻逐草隨畜射獵爲生隔以

山谷雍以沙幕師古曰雍讀曰壅天地所以絕外內也是故聖王禽獸畜之不與約誓不就攻伐約之則費賂而見欺攻之則勞師而招寇其地不可耕而食也其民不可臣而畜也是以外而不內疏而不戚師古曰戚近也政教不及其人正朔不加其國來則懲而御之去則備而守之師古曰懲謂使其創乂其慕義而貢獻則接之以禮讓羈縻不絕使曲在彼蓋聖王制御蠻夷之常道也

匈奴傳第六十四下終　　漢書九十四

西南夷兩粵朝鮮傳第六十五　漢書九十五

漢　蘭　臺　令　史班　固　撰

唐正議大夫行祕書少監琅邪縣開國子顏師古　注

賜進士出身前翰林院編修國子監祭酒加三級臣王先謙補注

西夷君長以十數補注錢大昭曰西當作南監本閩本不誤先謙曰官本作南夜郎最大師古曰後為縣屬牂牁郡補注先謙曰今遵義府桐梓縣東二十里其西靡莫之屬以十數滇最大師古曰地有滇池因為名也滇音顛自滇以北君長以十數邛都最大師古曰今之邛州本其地補注先謙曰今邛州治此皆椎結師古曰椎音直追反結讀曰髻為髻如椎之形也陸賈傳及貨殖傳皆作魋字音義同耳此下朝鮮傳亦同補注先謙曰史記椎作魋同耕田有邑聚其外西自桐師以東補注先謙曰史記桐作同下同索隱漢書作桐鄉是小司馬所見漢書本異沈欽韓云桐師漢志作同並蓋隸體相似在曲靖府霑益州北北至葉榆師古曰葉榆澤名因以立號後為縣屬益州郡補注先謙曰今大理府太和縣東北史記葉作楪名為嶲昆明師古曰嶲即今之嶲州也昆明又在其西南即今之南寗州諸爨所居是其地也嶲音髓先謙曰官本嶲並作嶲是嶲今寗遠府西昌縣昆明今寗遠府鹽源縣治唐之南寗州則今曲靖府南寗縣地也編髮師古曰編音步典反隨畜移徙亡常處亡君長地方可數千里自嶲以東北君長以十數徙莋都最大師古曰徙及莋都二國也徙後為徙縣屬蜀郡莋都後為沈黎郡徙音斯莋音材各反補注先謙曰徙縣在雅州府天全縣東沈黎今雅州府清溪縣東南自莋以東北君長以十數冉駹最大師古曰今夔州開州首領多姓冉者本皆冉種也駹音尨補注先謙曰冉駹國今茂州地其俗或土著或移徙師古曰土著謂有常處著於上地也著音直略反補注先謙曰官本處作居在蜀之西自駹以東北補注先謙曰自下脫冉字史記有君長以十數白馬最大補注齊召南曰案白馬氐居仇池山其山四面斗絕上有平田百頃詳後書南蠻傳先謙曰今階州成縣漢白馬氐地皆氐類也此皆巴蜀西南外蠻夷也始楚威王時補注沈欽韓曰華陽國志作頃襄王與秦取楚黔中郡事較合使將軍莊蹻將兵循江上師古曰循順也謂緣江而上也蹻音居略反略巴黔中以西師古曰黔中即今黔州是其地本巴人也補注先謙曰史記巴下有蜀字衍文莊蹻者楚莊王苗裔也蹻至滇池方三百里師古曰地理志益州滇池縣其澤在西北華陽國志云澤下流淺狹狀如倒池故云滇池補注先謙曰史記方上有地字是此奪一統志滇池在雲南府昆明縣南呈貢縣西晉寗州西北昆陽州北旁平地肥饒數千里師古曰池旁之地也以兵威定屬楚欲歸報會秦擊奪楚巴黔中郡道塞不通因迺以其眾王滇變服從其俗以長之師古曰為其長帥也秦時嘗破略通五尺道師古曰其處險阸故道纔廣五尺補注先謙曰正義括地志五尺道在郎州沈欽韓云敘州府慶符縣南五里即古五尺道也嘗破史記作常頞諸此國頗置吏焉十餘歲秦滅及漢興皆棄此國而關蜀故徼師古曰西南之徼猶北方塞也徼音工釣反補注先謙曰官本關作開史記同案作關是巴蜀民或竊出商賈取其莋馬僰僮旄牛以此巴蜀殷富建元六年大行王恢擊東粵東粵殺王郢以報恢因兵威使番陽令唐蒙風曉南粵師古曰番音蒲何反風讀曰諷南粵食蒙蜀枸醬晉灼曰枸音矩劉德曰枸樹如桑其椹長二三寸味酢取其實以為醬美蜀人以為珍味師古曰劉說非也子形如赤椹耳緣木而生非樹也子又不長二三寸味尤辛不酢今宕渠則有之食讀曰飤補注錢大昭曰南方艸木狀云蒟醬華茇也生於蕃國者大而紫謂之華茇生於番禺者小而青謂之蒟焉可以為食故謂之醬焉交趾九眞人家多種蔓生先謙曰官本赤作桑蒙問所從來曰道西北牂柯江師古曰道由也由此而來也補注先謙曰官本句末無也字江廣數里出番禺城下師古曰番音普安反禺音隅補注齊召南曰案牂牁江即鬱水之上流豚水在後書謂之遯水者也地理志牂牁郡夜郎縣豚水東至廣鬱入鬱鬱林郡廣鬱縣鬱水首受夜郎豚水東至四會入海是也今曰盤江自貴州東南流逕廣西又東逕廣東廣州入海夜郎侯以竹為姓詳見後書蒙歸至長安問蜀賈人獨蜀出枸醬多持竊出市夜郎夜郎者臨牂柯江補注沈欽韓曰紀要盤江在貴州境者為北盤江出四川烏撒府西北五十里今為貴州大定府威寧州之東南流至烏撒南九十里謂之可渡河又東南為七星關河折而南經雲南霑益州界入貴州境經安南衛東又南經永寗州西境普安州東境盤迴曲折於山箐間陰翳蒙密夏秋多障流經慕役長官司東南而南盤江流合焉一統志慕役長官司在永寗州西一百七十里屬安順又東南入廣西泗城州境而謂之左江陶弼云左江即盤江盤江即牂牁江也江廣百餘步足以行船南粵以財物役屬夜郎西至桐師然亦不能臣使也蒙迺上書說上曰南粵王黃屋左纛師古曰言為天子之車服地東西萬餘里名為外臣實一州主今以長沙豫章往水道多絕難行竊聞夜郎所有精兵可得十萬補注先謙曰史記作十餘萬浮船牂柯出不意補注王念孫曰出下脫其字則語意不暢通典邊防三無其字即沿誤本漢書也舊本北堂書鈔政術部十四

陳禹謨本刪其字御覽州郡部十七引漢書皆有其字史記漢紀同此制粵一奇也誠㠯漢之彊巴蜀之饒通夜郎道爲置吏甚易上許之乃拜蒙㠯郎中將補注劉攽曰當作中郎將後使相如以郎中將往諭同周壽昌曰華陽國志作中郎將江水注同先謙曰史記作郎中將百官表郎中令所屬中郎有五官左右三將郎中有車戶騎三將將千人食重萬餘人師古曰食糧及衣重也重音直用反從巴莋關入補注王念孫曰巴莋關本作巴符關水經江水注云江水東過符縣北邪東南有此誤三字鰼部水從符關東北注之注云縣故巴夷之地也漢武帝建元六年以唐蒙爲中郎將從萬人出巴符關者也是符關即在符縣而縣爲故巴夷之地故曰巴符關也漢之符縣在今瀘州合江縣西今合江縣南有符關仍漢舊名也若莋地則在蜀之西不與巴相接不得言巴莋關矣隸書符字作苻與莋相似又涉上下文莋字而誤史記作巴蜀莋關通鑑漢紀十同多作一蜀字於義尤不可通蓋因上文巴蜀而衍杜佑通典邊防略巴字點中以西記舊本北堂書鈔政術部十四引漢書正作巴符關陳禹謨本改符爲莋遂見夜郎侯多同師古曰多同其侯名也厚賜諭㠯威德約爲置吏使其子爲令師古曰比之於漢縣也夜郎旁小邑皆貪漢繒帛㠯爲漢道險終不能有也迺且聽蒙約還報迺㠯爲犍爲郡發巴蜀卒治道自僰道指牂柯江補注先謙曰僰道在今敘州府宜賓縣西南蜀

前漢九十五　三

人司馬相如亦言西夷邛莋可置郡使相如㠯郎中將往諭皆如南夷爲置一都尉十餘縣屬蜀當是時巴蜀四郡補注先謙曰集解徐廣云漢中巴郡廣漢蜀郡通西南夷道載轉相饟師古曰饟古餉字補注先謙曰史記載作成數歲道不通士罷餓餧離暑溼死者甚眾師古曰罷讀曰疲餧飢也離遭也餧音能賄反西南夷又數反發兵興擊耗費亡功師古曰耗損也音呼到反上患之使公孫弘往視問焉還報言其不便及弘爲御史大夫時方築朔方據河逐胡弘等因言西南夷爲害師古曰言通西南夷大爲損害可且罷專力事匈奴上許之罷西夷獨置南夷兩縣一都尉補注先謙曰史記南夷下有夜郎二字其一縣無考稍令犍爲自保就師古曰令自保守且脩成其郡縣補注王念孫曰保就猶言保聚僖二十六年左傳我敝邑用不敢保聚是也聚就一聲之傳逸周書諡法篇就會也是就有聚會之義師古訓就爲成則與保字義不相屬乃云令自保守且脩成其郡縣則增字爲解而非其本旨矣及元狩元年博望侯張騫言使大夏時見蜀布邛竹杖問所從來曰從東南身毒國師古曰即天竺也亦曰捐篤也補注先謙曰集解身毒史記一本作乾毒

漢書音義曰一名天竺則浮屠胡是也先謙案捐篤當作捐毒西域國非天竺也詳見西域傳顏注誤可數千里得蜀賈人市或聞邛西可二千里有身毒國騫因盛言大夏在漢西南慕中國患匈奴隔其道誠通蜀身毒國道便近又亡害於是天子迺令王然于柏始昌呂越人等十餘輩閒出西南夷師古曰求閒隙而出也補注先謙曰南字衍史記無指求身毒國至滇滇王當羌迺留爲求道師古曰當羌滇王名補注宋祁曰遷史當作嘗注云當一作賞四歲餘補注宋祁曰據遷史當云爲求道西此四字當屬上句作西皆閉昆明莫能通師古曰爲昆明所閉塞滇王與漢使言漢孰與我大師古曰與猶如及夜郎侯亦然各自㠯一州王補注王念孫曰王當爲主上文云名爲外臣實一州主南粵傳此亦一州之主皆其證御覽四夷部十一引此正作主史記及通鑑漢紀十一同不知漢廣大使者還因盛言滇大國足事親附師古曰言可專事招來之令其親附天子注意焉及至南粵反上使馳義侯補注先謙曰武紀作越馳義侯遺蓋越人失其姓因犍爲發南夷兵且蘭君恐遠行旁國虜其老弱師古曰恐發兵與漢行後其國空虛而旁國來寇鈔取其老弱也且音子餘反乃

前漢九十五　四

與其眾反殺使者及犍爲太守漢迺發巴蜀罪人當擊南粵者八校尉擊之補注先謙曰史記當作嘗誤官本同會越已破漢八校尉不下中郎將郭昌衛廣引兵還行誅隔滇道者且蘭師古曰言因軍行而便誅之也補注先謙曰史記作頭蘭索隱即且蘭也斬首數萬遂平南夷爲牂牁郡夜郎侯始倚南粵南粵已滅還誅反者師古曰謂軍還而誅且蘭夜郎遂入朝上㠯爲夜郎王南粵破後及漢誅且蘭邛君并殺莋侯冄駹皆震恐請臣置吏㠯邛都爲粵巂郡莋都爲沈黎郡補注先謙曰史記黎作犂冄駹爲文山郡補注先謙曰史記文作汶字同廣漢西白馬爲武都郡使王然于㠯粵破及誅南夷兵威風諭滇王入朝師古曰風讀曰諷滇王者其眾數萬人其旁東北勞深靡莫補注先謙曰史記深作浸皆同姓相杖未肯聽師古曰杖猶倚也相依倚爲援而不聽滇王入朝也杖音直亮反補注先謙曰官本杖作仗史記作扶勞莫數侵犯使者吏卒補注先謙曰勞莫不詞當脫深靡二字史記作勞浸靡莫元封二年天子發巴蜀兵擊滅勞深靡莫㠯兵臨滇滇王始首

善吕故弗誅師古曰言初始吕來常有善意滇王離西夷師古曰言東嚮事漢〔補注〕先謙曰史記離下衍難字滇舉國降〔補注〕劉攽曰多一滇字宋祁曰郭本無滇字請置吏入朝於是吕爲益州郡賜滇王王印復長其民師古曰爲之長帥西南夷君長吕百數〔補注〕先謙曰官本數作入引宋祁曰百入越本作數謝本作入獨夜郎滇受王印滇小邑也最寵焉後二十三歲孝昭始元元年益州廉頭姑繒民反殺長吏牂柯談指同並等二十四邑凡三萬餘人皆反師古曰並音伴遣水衡都尉〔補注〕先謙曰昭紀遣水衡都尉呂破胡募吏民及發犍爲云云破胡郎下辟胡此文不應止書其官當有脫文發蜀郡犍爲犇命萬餘人師古曰犇古奔字奔命解在昭紀擊牂柯大破之〔補注〕先謙曰昭紀作擊益州則是益州牂柯皆破之後三歲姑繒葉榆復反遣水衡都尉呂辟胡將郡兵擊之師古曰辟音璧〔補注〕先謙曰水衡都尉呂五字衍文辟胡不進蠻夷遂殺益州太守乘勝與辟胡戰士戰及溺死者四千餘人〔補注〕先謙曰据昭紀始元四年冬遣田廣明擊益州蓋因辟胡之敗可參證得之明年復遣軍正王平與大鴻臚田廣明等並進大破益州斬首捕虜五萬餘級獲畜產十餘萬〔補注〕先謙曰見昭紀始元五年作三萬餘人獲畜產五萬餘頭上曰鉤町侯亡波率其邑君長人民擊反者師古曰鉤音鉅于反町音大鼎反斬首捕虜有功其立亡波爲鉤町王〔補注〕先謙曰句町牂牁縣在今臨安府通海縣東北五里大鴻臚廣明賜爵關內侯食邑三百戶後閒歲武都氐人反師古曰閒歲隔一歲〔補注〕先謙曰元鳳元年遣執金吾馬適建〔補注〕周壽昌曰姓馬適名建王莽傳鉅鹿男子馬適求漢有此姓龍頟侯韓增與大鴻臚廣明將兵擊之至成帝河平中夜郎王興與鉤町王禹漏臥侯俞孟康曰漏臥夷邑名後爲縣師古曰俞音踰〔補注〕先謙曰官本注併在下更上少師古曰三字更舉兵相攻師古曰更互也音工衡反牂柯太守請發兵誅興等議者吕爲道遠不可擊迺遣太中大夫蜀郡張匡持節和解興等不從命刻木象漢吏立道旁射之杜欽說大將軍王鳳曰太中大夫匡使和解蠻夷王侯王侯受詔已復相攻輕易漢使不憚國威其效可見恐議者選耎復守和解師古曰選耎怯不前之意也選音息兗反耎音人兗反〔補注〕先謙曰官本人作

大太守察動靜有變迺吕聞如此則復曠一時師古曰曠空也一時二月也言空廢一時不早發兵也〔補注〕先謙曰官本二作三是王侯得收獵其眾申固其謀黨助眾多各不勝忿必相殄滅自知罪成狂犯守尉師古曰言起狂勃之心而殺守尉也〔補注〕先謙曰官本勃作悖遠藏溫暑毒草之地雖有孫吳將賁育士師古曰孫孫武也吳吳起也賁孟賁也育夏育也若入水火往必焦沒知勇亡所施屯田守之費不可勝量宜因其罪惡未成未疑漢家加誅陰敕旁郡守尉練士馬師古曰練簡也大司農豫調穀積要害處師古曰調發也要害者在我爲要於敵爲害也調音徒釣反選任職太守往吕秋涼時入誅其王侯尤不軌者卽吕爲不毛之地亡用之民聖王不吕勞中國師古曰卽猶若也不毛言不生草木宜罷郡放棄其民絕其王侯勿復通如吕先帝所立累世之功不可墮壞師古曰如亦若也墮毀也音火規反亦宜因其萌牙早斷絕之及已成形然後戰師則萬姓被害大將軍鳳於是薦金城司馬陳立爲牂柯太守〔補注〕沈欽韓曰常璩序志立字少遷立者臨邛人前爲連然長不韋令蘇林曰皆益州縣也〔補注〕先謙曰連然在今雲南府安寧州南不韋今永昌府保山縣北三十里蠻夷畏之及至牂柯諭告夜郎王興興不從命立請誅之未報迺從吏數十人出行縣師古曰行音下更反至興國且同亭師古曰且音子餘反〔補注〕沈欽韓曰紀要遵義府桐梓縣東北有且同亭召興興將數千人往至亭從邑君數十人入見立立數責因斷頭師古曰數音所具反邑君曰將軍誅亡狀爲民除害願出曉士眾吕興頭示之皆釋兵降師古曰釋解也鉤町王禹漏臥侯俞震恐入粟千斛牛羊勞吏士立還歸郡興妻父翁指與興子邪務收餘兵迫脅旁二十二邑反至冬立奏募諸夷與都尉長史分將攻翁指等翁指據阸爲壘立使奇兵絕其饟道縱反閒吕誘其眾師古曰閒音居莧反都尉萬年曰兵久不決費不可共師古曰共讀曰供引兵獨進敗走趨立營師古曰趨讀曰趣趣向也立怒叱戲下令格之師古曰戲音許宜反又音麾解在高紀及灌夫傳都尉復還戰立引兵救之時天大旱立攻絕其

水道蠻夷共斬翁指持首出降立已平定西夷徵詣京師會巴郡有盜賊復以立爲巴郡太守秩中二千石居賜爵左庶長師古曰第十爵也補注先謙曰居字當衍從爲天水太守勸民農桑爲天下最賜金四十斤入爲左曹衞將軍護軍都尉卒官王莽篡位改漢制貶鉤町王以爲侯王邯怨恨師古曰邯其王名也邯音酣牂柯大尹周欽詐殺邯補注錢大昕曰王莽傳作周歆錢大昭曰改太守爲大尹莽制也牂柯亦當從莽改作同亭邯弟承攻殺欽州郡擊之不能服三邊蠻夷愁擾盡反復殺益州大尹程隆補注錢大昭曰益州亦當從莽改作就新莽遣平蠻將軍馮茂發巴蜀犍爲吏士賦斂取足於民以擊益州出入三年疾疫死者什七巴蜀騷動莽徵茂還誅之更遣寧始將軍廉丹與庸部牧史熊孟康曰莽改益州爲庸部大發天水隴西騎士廣漢巴蜀犍爲吏民十萬人轉輸者合二十萬人擊之始至頗斬首數千其後軍糧前後不相及士卒飢疫三歲餘死者數萬而粵嶲蠻夷任貴亦殺太守枚根自立爲邛穀王師古曰枚根太守之姓名會莽敗漢興誅貴復舊號云師古曰此漢興者謂光武中興也

南粵王趙佗眞定人也師古曰眞定本趙國之縣也佗音徒何反秦并天下略定揚粵師古曰本揚州之分故云揚粵置桂林南海象郡以適徙民與粵雜處師古曰適讀曰謫謫有罪者徙之於越地與其土人雜居十三歲至二世時補注先謙曰集解徐廣曰秦并天下至二世元年十三年蓋始皇并天下八歲乃平越地至二世元年六年總十三年耳南海尉任囂師古曰囂音敖補注先謙曰官本注在病且死下考證云案此郡尉也掌一郡兵事故得移檄發兵病且死召龍川令趙佗師古曰龍川南海之縣也即今之循州補注先謙曰案在今惠州府龍川縣西北唐循州今府歸善縣東北五里語曰聞陳勝等作亂豪桀叛秦相立南海辟遠恐盜兵侵此師古曰辟讀曰僻吾欲興兵絕新道師古曰秦所開越道也補注沈欽韓曰廣東新語湟溪陽山洭口皆有秦關清遠匯口亦有之蓋粵東要害首在西北故秦所置三關皆在連州之境而趙佗分兵絕秦新道亦在焉佗既絕新道於仁化北一百三十里即今城口築城以壯橫浦於樂昌西南二里上抵瀧口築城以壯湟溪蓋仁化接壤桂陽樂昌接壤郴州案明志仁化樂昌二縣俱屬廣東韶州府當時東嶺未開入粵者多由此二道此佗設險之意也案元和志任囂城在韶州樂昌縣南五里輿地紀要趙佗城在韶州仁化縣北九十里城口村昔尉佗據粵以五嶺爲界乃築此城以定粵境自備待諸侯變會疾甚且番禺負山險阻師古曰負偝也補注先謙曰官本偝作背南北東西數千里補注周壽昌曰史記作且番禺負山險阻南海東西數千里明云負山阻海以險字絕句此以阻字絕句海字譌爲北字遂云南北東西數千里與南越地勢亦不合從史記是至下云東南西北數千萬里乃佗上書自夸於漢難以爲據也頗有中國人相輔此亦一州之主可爲國郡中長吏亡足與謀者故召公告之即被佗書行南海尉事師古曰被加也音皮義反囂死佗即移檄告橫浦陽山湟谿關師古曰湟音皇補注先謙曰通典虔州大庾縣橫浦廢關在此案在今南雄州西北陽山桂陽縣在今連州陽山縣東湟溪關在連州西北曰盜兵且至急絕道聚兵自守因稍以法誅秦所置吏以其黨爲守假師古曰令爲郡縣之職或守或假也補注先謙曰史記守假作假守秦已滅佗即擊并桂林象郡自立爲南粵武王高帝已定天下爲中國勞苦故釋佗不誅師古曰釋置也十一年遣陸賈

立佗爲南粵王補注先謙曰事詳賈傳與剖符通使使和輯百粵師古曰輯與集同也補注先謙曰官本無也字毋爲南邊害與長沙接境補注周壽昌曰時桂陽零陵兩郡俱屬長沙未別置郡而皆與南粵接境高后時有司請禁粵關市鐵器佗曰高皇帝立我通使物今高后聽讒臣別異蠻夷鬲絕器物師古曰鬲與隔同此必長沙王計欲倚中國師古曰倚音於綺反擊滅南海并王之自爲功也於是佗乃自尊號爲南武帝補注先謙曰史記南下有越字是荀紀通鑑同或云當作南武帝者非也說詳高后紀發兵攻長沙邊敗數縣焉高后遣將軍隆慮侯竈擊之師古曰周竈也慮音廬會暑溼士卒大疫兵不能隃領師古曰隃與踰同下皆類此歲餘高后崩即罷兵佗因此以兵威財物賂遺閩粵西甌駱役屬焉師古曰西甌即駱越也言西者以別東甌也補注宋祁曰甌集韻於口反駱越種也先謙曰官本役作役東西萬餘里迺乘黃屋左纛稱制與中國侔師古曰侔等也文帝元年初鎭撫天下使告諸侯四夷從代來即位意諭盛德焉師古曰言不以威武加於遠方也迺爲佗親冢在眞定置守邑師古曰親謂父母也歲時奉祀召其從昆弟尊官厚賜寵之詔丞相平舉可

使粤者補注先謙曰陳平平言陸賈先帝時使粤上召賈爲太中大夫謁者一人爲副使賜佗書曰皇帝謹問南粤王甚苦心勞意朕高皇帝側室之子師古曰言非正嫡所生也補注先謙曰顧炎武云顏注非也左傳鄭置側室杜注側室眾子也文公十三年傳趙有側室曰穿沈欽韓云內則妻將生子及月辰居側室鄭云謂夫之室次燕寢又云庶人無側室者及月辰夫出居羣室鄭云凡子生皆就側室疏云世子亦就側室案昭二十九年傳公衍公爲之生其母偕出注云出之產舍是產舍謂之側室漢時猶然外戚傳班倢伃居增城舍再就館所謂陽祿柘館其產舍也文帝以呂后取佗姓子爲帝故特言側室之子明親高帝子也其非嫡生外國已知不待自表師古解非也顧說所引與小宗伯職正室謂之門子相對又非此義先謙案諸說並通棄外奉北藩于代道里遼遠壅蔽樸愚未嘗致書師古曰言未得通使於越高皇帝棄羣臣孝惠皇帝卽世高后自臨事補注錢大昭曰白古自字自臨事者卽尉佗書所云高后自臨用事也先謙曰官本作自王文彬云白爲自古文是也然師古無注元文當爲自白乃轉寫譌耳本書自字多有不得於此獨舉古文不幸有疾日進不衰師古曰言疾病益甚也㠯故誖暴乎治師古曰誖乖也音布內反諸呂爲變故亂法不能獨制迺取它姓子爲孝惠皇帝嗣賴宗廟之

靈功臣之力誅之已畢朕㠯王侯吏不釋之故孟康曰辭讓帝位不見置也不得不立今卽位乃者聞王遺將軍隆慮侯書求親昆弟請罷長沙兩將軍師古曰佗之昆弟在故鄉者求訪之而兩將軍將兵擊越者請罷之以賓附於漢也言親昆弟者謂有服屬者也補注先謙曰官本注訪作親朕㠯王書罷將軍博陽侯補注先謙曰通鑑胡注高祖功臣表有博陽侯陳濞蓋於此時爲將軍也親昆弟在眞定者已遣人存問脩治先人冢前日聞王發兵於邊爲寇災不止當其時長沙苦之南郡尤甚雖王之國庸獨利乎師古曰言越兵寇邊長沙南郡皆厭苦之而漢軍亦當相拒方有戰鬬於越亦非利也必多殺士卒傷良將吏寡人之妻孤人之子獨人父母得一亡十朕不忍爲也朕欲定地犬牙相入者補注先謙曰言欲以予粤猶匈奴傳漢亦棄造陽斗辟地以予胡意也㠯問吏吏曰高皇帝所㠯介長沙土也師古曰介隔也朕不得擅變焉補注先謙曰官本得作能吏曰得王之地不足㠯爲大得王之財不足㠯爲富服領㠯南王自治之蘇林曰山領名也如淳曰長沙南界也雖然王之號爲帝兩帝並立亡

一乘之使㠯通其道是爭也爭而不讓仁者不爲也願與王分棄前患師古曰彼此共棄故云分終今㠯來通使如故師古曰從今通使至於終久故云終今以來也故使賈馳諭告王朕意王亦受之毋爲寇災矣上褚五十衣中褚三十衣下褚二十衣遺王師古曰以綿裝衣曰褚上中下者綿之多少薄厚之差也褚音竹呂反補注沈欽韓曰顏說非也遺人衣服但計精粗何論綿之厚薄周禮廛人注褚藏釋文云本或作貯或作褚左襄三十年傳取我衣冠而褚之注褚畜也呂覽樂成篇作我有衣冠而子產貯之一切經音義四十一引傳亦爲貯是褚乃貯藏之義莊子至樂篇褚小者不可以懷大亦所貯之器也蓋御府所貯衣有上中下三等願王聽樂娛憂補注王文彬曰謂聽樂以消其憂也存問鄰國師古曰謂東越及甌駱等陸賈至南粤王恐乃頓首謝願奉明詔長爲藩臣奉貢職於是下令國中曰吾聞兩雄不俱立兩賢不並世漢皇帝賢天子自今㠯來去帝制黃屋左纛因爲書稱蠻夷大長老夫臣佗昧死再拜上書皇帝陛下老夫故粤吏也高皇帝幸賜臣佗璽㠯爲南粤王使爲外臣時內貢職師古曰言以時輸入貢職孝惠皇帝卽位

義不忍絕所㠯賜老夫者厚甚補注先謙曰官本作甚厚高后自臨用事近細士信讒臣師古曰細士猶言小人也別異蠻夷出令曰毋予蠻夷外粤金鐵田器馬牛羊師古曰言非中國故云外越卽予予牡毋與牝師古曰恐其蕃息老夫處辟馬牛羊齒已長師古曰辟讀曰僻齒已長謂老矣補注先謙曰官本矣作也自㠯祭祀不脩有死罪使內史藩中尉高御史平凡三輩上書謝過皆不反又風聞老夫父母墳墓已壞削兄弟宗族已誅論師古曰風聞聞風聲吏相與議曰今內不得振於漢外亡㠯自高異師古曰振起也故更號爲帝自帝其國非敢有害於天下也高皇后聞之大怒削去南粤之籍使使不通老夫竊疑長沙王讒臣故敢發兵㠯伐其邊且南方卑溼蠻夷中西有西甌補注沈欽韓曰淮南人間訓有西嘔君閩粤傳斬西于王卽西甌也後漢書馬援傳注西于縣故城在今交州龍編縣東其眾半羸師古曰羸謂劣弱也補注何焯曰史記作其西甌駱裸國則羸者羸之譌也顏注非南面稱王東有閩粤其眾數千人亦稱王西北有長沙其半蠻夷亦稱王

師古曰言長沙之國半雜蠻夷之人老夫故敢妄竊帝號聊以自娛老夫身定百邑之地東西南北數千萬里帶甲百萬有餘然北面而臣事漢何也不敢背先人之故老夫處粵四十九年于今抱孫焉然夙興夜寐寢不安席食不甘味目不視靡曼之色耳不聽鍾鼓之音者補注先謙曰官本鍾作鐘以不得事漢也今陛下幸哀憐復故號師古曰復音扶目反通使漢如故老夫死骨不腐改號不敢為帝矣謹北面因使者獻白璧一雙翠鳥千犀角十紫貝五百補注沈欽韓曰表異錄紫貝即研螺也儋振夷黎海畔採以為貨桂蠹一器應劭曰桂樹中蝎蟲也蘇林曰漢舊常以獻陵廟載以赤轂小車師古曰此蟲食桂故味辛而漬之以蜜食之也蠹音丁故反補注沈欽韓曰大業拾遺錄隋時始安紟耕獻桂蠹四瓶以蜜漬之紫色辛香有味啖之去痰飲之疾蘇云赤轂小車者續志云小使車蘭輿赤轂追捕考案有所勅取者之所乘益即追鋒車取其疾速生翠四十雙補注沈欽韓曰王會解蒼梧翡翠桂海虞衡志翡翠出海南邕賀二州亦有腊而賣之故此云生翠孔雀二雙昧死再拜以聞皇帝陛下陸賈還報補注沈欽韓曰御覽百九十四裴淵明廣州記曰尉佗築臺以朔望升拜號為朝臺又傍江構起華館以送陸賈因稱朝亭

文帝大說師古曰說讀曰悅遂至孝景時稱臣遣使入朝請師古曰請音才性反然其居國竊如故號其使天子稱王朝命如諸侯至武帝建元四年補注王鳴盛曰史記作至建元四年卒徐廣引皇甫謐云爾時漢興七十年佗百歲矣案佗於文帝元年已自稱老夫處粵四十九年歷文帝二十三年景帝十六年至武帝建元四年凡四十三年即以二十餘歲為龍川令亦百十餘歲矣佗孫胡為南粵王補注齊召南曰案後文嬰齊嗣立即藏其先武帝文帝璽武帝即佗文帝即胡蓋佗之太子早卒而孫胡嗣立也立三年閩粵王郢興兵南擊邊邑補注王念孫曰此本作閩粵王郢興兵擊南粵邊邑今本擊南二字誤倒又脫粵字則文義不明且南粵在閩粵之西不當言南擊也文選長楊賦注引此正作興兵擊南越邊邑史記及通典邊防四通鑑漢紀九並同粵使人上書曰兩粵俱為藩臣毋擅興兵相攻擊今東粵擅興兵侵臣臣不敢興兵唯天子詔之於是天子多南粵義師古曰多猶重也守職約師古曰守藩臣之職而不踰約制為興師遣兩將軍往討閩粵補注先謙曰據武紀王恢韓安國兵未踰領閩粵王弟餘善殺郢以降於是罷兵天子使嚴助往諭意南粵王胡頓首曰天子迺興兵誅閩粵死亡以報德遣太子嬰齊入宿衛謂助曰國新被寇使者行矣胡方日夜裝入見天子助去後其大臣諫胡曰漢興兵誅郢亦行以驚動南粵且先王言事天子期毋失禮要之不可以怵好語入見師古曰怵誘也不可被誘怵以好語而入漢朝也怵音先聿反補注先謙曰要之猶言總之謂大要在此入見則不得復歸亡國之勢也於是胡稱病竟不入見後十餘歲胡實病甚太子嬰齊請歸胡薨謚曰文王嬰齊嗣立即藏其先武帝文帝璽李奇曰去其僭號嬰齊在長安時取邯鄲樛氏女師古曰樛音居虯反補注先謙曰史記作樛生子興及即位上書請立樛氏女為后興為嗣漢數使使者風諭師古曰風讀曰諷諷諭令入朝嬰齊猶尚樂擅殺生自恣懼入見要以用漢法比內諸侯補注先謙曰要約也固稱病遂不入見遣子次公入宿衛嬰齊薨謚為明王太子興嗣立其母為太后太后自未為嬰齊妻時嘗與霸陵人安國少季通師古曰姓安國字少季補注先謙曰官本嘗作曾及嬰齊薨

後元鼎四年漢使安國少季諭王王太后入朝令辯士諫大夫終軍等宣其辭勇士魏臣等輔其決師古曰助令決策也補注先謙曰史記決作缺徐廣注一作決明缺是誤文衛尉路博德將兵屯桂陽待使者王年少太后中國人安國少季往復與私通國人頗知之多不附太后太后恐亂起亦欲倚漢威師古曰倚音於綺反勸王及幸臣求內屬即因使者上書請比內諸侯三歲壹朝除邊關於是天子許之賜其丞相呂嘉銀印及內史中尉太傅印餘得自置師古曰丞相內史中尉太傅之外皆任其國自選置不受漢之印綬除其故黥劓刑用漢法諸使者皆留塡撫之師古曰塡音竹刃反王王太后飭治行裝重賫為入朝具補注先謙曰史記賫作齎相呂嘉年長矣相三王宗族官貴為長吏七十餘人男盡尚王女女盡嫁王子弟宗室及蒼梧秦王有連孟康曰蒼梧越中王自名為秦王連親婚也晉灼曰秦王即下趙光也趙本與秦同姓故曰秦王補注周壽昌曰孟說是也光自據蒼梧地稱秦王安在以秦趙同姓乎其居國中甚重粵人信之多為耳目者得

衆心愈於王。師古曰愈勝也王之上書數諫止王，王不聽。有畔心，數稱病不見漢使者。使者注意嘉，埶未能誅。王王太后亦恐嘉等先事發，欲介使者權，謀誅嘉等。師古曰介恃也置酒，請使者，大臣皆侍坐飲。嘉弟爲將，將卒居宮外。酒行，太后謂嘉「南粵內屬，國之利，而相君苦不便者，何也」，以激怒使者。使者狐疑相杖，遂不敢發。師古曰杖音直亮反嘉見耳目非是，師古曰異於常也卽趨出。太后怒，欲鏦嘉以矛，師古曰鏦謂撞刺之也音窻補注先謙曰官本無欲字引宋祁曰正文鏦字上別本有欲字王念孫云別本是也若無欲字則與下文不合景祐本及史記皆有欲字王止太后。嘉遂出，介弟兵就舍，李奇曰介被也師古曰介甲也被甲而自衞也弟兵卽上所云弟將卒居外者補注王念孫曰被弟兵甲弟兵皆文不成義當依史記作分弟兵小司馬謂分取其兵是也稱病，不肯見王及使者。迺陰謀作亂。王素亡意誅嘉，嘉知之，以故數月不發。太后獨欲誅嘉等，力又不能。天子聞之，罪使者怯亡決，又以爲王王太后已附漢，獨呂嘉爲亂，不足以興兵，欲使莊參以二千人往。

參曰：「以好往，數人足；以武往，二千人亡足以爲也。」辭不可。天子罷參兵。郟壯士故濟北相韓千秋師古曰潁川郟縣人郟音夾補注錢大昕曰李陵傳作濟南相奮曰：「以區區粵，又有王應，獨相嘉爲害，願得勇士三百人，補注先謙曰史記作二百人必斬嘉以報。」於是天子遣千秋與王太后弟樛樂將二千人往入粵境。呂嘉迺遂反，下令國中曰：「王年少。太后中國人，又與使者亂，專欲內屬，盡持先王寶補注先謙曰史記有器字入獻天子以自媚，多從人行，至長安，虜賣以爲僮，取自脫一時利，補注周壽昌曰史記作虜賣以爲僮僕奴自脫一時之利一本奴作取案僮卽奴也自脫一時之利有取字意方足作僮奴者因奴字近取而譌耳先謙曰官本取作奴亡顧趙氏社稷，爲萬世慮之意。」迺與其弟將卒攻殺太后、王，盡殺漢使者。遣人告蒼梧秦王及其諸郡縣，立明王長男粵妻子術陽侯建德爲王。補注錢大昭曰言粵妻者以別於樛氏而韓千秋兵之入也，破數小邑。其後粵直開道給食，師古曰縱之令深入然後誅滅之未至番禺四十里，粵以兵擊千秋等，滅之。使人函封漢使節置塞上，好爲謾辭謝罪，師古曰謾誑也音慢又音莫連反發兵守要害處。於是天子曰：「韓千秋雖亡成功，亦軍鋒之冠。」師古曰言最爲首也封其子延年爲成安侯。樛樂，其姊爲王太后，首願屬漢，封其子廣德爲龔侯。晉灼曰龔古龍字補注沈欽韓曰史記作龍亢侯表作龍侯蓋脫一字龔又龍亢之併晉以爲古字謬也集韻因此文增入又訛爲龔乃赦天下，曰：「天子微弱，諸侯力政，譏臣不討賊。師古曰力政謂以兵力相加也譏臣不討賊者春秋之義補注王文彬曰政讀曰征呂嘉、建德等反，自立晏如，師古曰言自相置立而心安泰無恐懼令粵人及江淮以南樓船十萬師往討之。」元鼎五年秋，衞尉路博德爲伏波將軍，出桂陽，補注沈欽韓曰今郴州下湟水；師古曰湟音皇主爵都尉楊僕爲樓船將軍，出豫章，下橫浦；補注先謙曰武紀作下湞水然則橫浦卽湞水也說詳紀故歸義粵侯二人爲戈船、下瀨將軍，師古曰從粵來歸義而漢封之補注先謙曰史記瀨作厲字同二人嚴甲出零陵，或下離水，或抵蒼梧；補注先謙曰戈船下離水下瀨抵蒼梧也離後人加水作灕使馳義侯因巴蜀罪人，發夜郎兵，下牂

柯江，咸會番禺。補注先謙曰馳義侯越人名遺亦見武紀六年冬，樓船將軍將精卒先陷尋陿，破石門，補注先謙曰此卽楊僕傳詔書所云將軍之功獨有先破石門尋陿也史記陿作陝索隱姚氏云尋陿在始興縣西三百里近連口廣州記石門在番禺縣北二十里昔呂嘉積石於江名曰石門廣州新語自英德至清遠有三峽英德漢湞陽縣地清遠中宿縣地一曰中宿一曰大廟一曰湞陽大廟介二峽之間尤險陿故尉佗築萬人城於此楊僕先陷尋陿卽此先謙案陳時始興郡始興縣在今南雄州始興縣西北得粵船粟，因推而前，挫粵鋒，以粵數萬人補注劉攽曰挫粵鋒以粵多一粵字先謙曰劉說是史記無下粵字待伏波將軍。伏波將軍將罪人，道遠，後期，與樓船會迺有千餘人，遂俱進。樓船居前，至番禺。建德、嘉皆城守。樓船自擇便處，居東南面；伏波居西北面。會暮，樓船攻敗粵人，縱火燒城。粵素聞伏波，補注先謙曰史記有名字語較足莫不知其兵多少。師古曰莫讀曰暮伏波迺爲營，師古曰設營壘以待降者遣使招降者，賜印綬，復縱令相招。師古曰來降者卽賜以侯印而放令還更相招諭之也補注劉奉世曰何必侯印耶樓船力攻燒敵，師古曰力盡力也反敺而入伏波營中。師古曰敺與驅同遲旦，城中皆降伏波。師古曰遲

音丈二反解在高紀呂嘉建德已夜與其屬數百人亡入海伏波又問降者
知嘉所之遣人追故其校司馬蘇弘得建德爲海常侯師古曰校之司馬若
今行軍總管司馬也補注朱一新曰史作其故校尉司馬益以故校尉而今爲軍司馬也故功臣表云蘇弘以伏波司馬得南越王
建德侯未聞有校司馬之稱也此故其二字誤倒又脫尉字師古因爲之說耳先謙曰建德被獲仍封術陽侯粵郎都稽
得嘉爲臨蔡侯孟康曰越中所自置郎也師古曰稽音雞補注先謙曰都稽表作孫都蒼梧王趙光
與粵王同姓聞漢兵至降爲隨桃侯又粵揭陽令史定降漢爲安
道侯蘇林曰揭音竭南海縣補注朱一新曰功臣表安道侯揭陽定以粵揭陽令聞漢兵至自定降侯而不著其姓史同此作
史定或其人姓史名定耳否則衍一史字先謙曰官本又作及粵將畢取已軍降爲膫侯師古曰越將姓
畢名取也功臣表膫屬南陽音來彫反粵桂林監居翁服虔曰桂林部監也姓居名翁諭告甌駱四
十餘萬口降爲湘城侯補注先謙曰索隱引本書作三十餘萬口湘城表作湘成通用字戈船下
瀨將軍兵及馳義侯所發夜郎兵未下南粵已平遂已其地爲儋
耳珠崖南海蒼梧鬱林合浦交阯九眞日南九郡伏波將軍益封

樓船將軍已推鋒陷堅爲將梁侯自尉佗王凡五世九十三歲而
亡

閩粵王無諸及粵東海王搖其先皆粵王句踐之後也姓騶氏補注
先謙曰集解徐廣曰騶一作駱索隱徐說是上云甌駱此別云閩不姓騶也秦幷天下廢爲君長已其
地爲閩中郡師古曰即今之泉州建安是也補注王鳴盛曰地理志載秦三十六郡無閩中郡蓋置在始皇晚年且雖
屬秦而無諸與搖君其地如故屬秦未久旋率兵從諸侯滅秦故不入三十六郡之數先謙曰徐廣云今建安侯官是及諸
侯畔秦無諸搖率粵歸番陽令吳芮所謂番君者也師古曰吳芮號也番音蒲
河反從諸侯滅秦當是時項羽主命不王也孟康曰主號命諸侯不王無諸搖等也補注先
謙曰官本羽作王已故不佐楚漢擊項籍無諸搖帥粵人佐漢漢五年復
立無諸爲閩粵王王閩中故地都冶師古曰地名即侯官縣是也冶音弋者反補注何焯曰案
朱育傳漢滅東粵以爲冶冶之爲縣在國滅之後又其民盡徙故領於會稽之東部都尉史因後日之名書之先謙曰史記作都東
冶孝惠三年舉高帝時粵功師古曰追論其功曰閩君搖功多其民便附

迺立搖爲東海王都東甌補注沈欽韓曰元和志東甌今溫州永嘉縣是也後以甌地爲回浦縣永嘉縣
即漢回浦縣之東甌鄉紀要東甌城在建寗府東南十里世號曰東甌王后數世師古曰后與後同古通用
字孝景三年吳王濞反欲從閩粵師古曰招粵令從之閩粵未肯行獨東甌
從及吳破東甌受漢購殺吳王丹徒已故得不誅吳王子駒亡走
閩粵怨東甌殺其父常勸閩粵擊東甌建元三年閩粵發兵圍東
甌東甌使人告急天子天子問太尉田蚡蚡對曰粵人相攻擊固
其常不足已煩中國往救也中大夫嚴助詰蚡言當救天子遣助
發會稽郡兵浮海救之語具在助傳漢兵未至閩粵引兵去東粵
請舉國徙中國補注王念孫曰東粵當依上文作東甌此涉下文東粵而誤下文立餘善爲東粵王始有東粵之名
此不當稱東粵也史記及通典邊防二通鑑漢紀九並作東甌迺悉與衆處江淮之間補注朱一新曰與史
記作舉是六年閩粵擊南粵南粵守天子約不敢擅發兵而已聞上遣
大行王恢出豫章大司農韓安國出會稽皆爲將軍兵未隃領閩

粵王郢發兵距險其弟餘善與宗族謀曰王已擅發兵不請故天
子兵來誅漢兵衆彊卽幸勝之後來益多師古曰言漢地廣大兵衆盛彊今雖勝之後必
更來也補注先謙曰官本注盛彊作彊盛滅國乃止今殺王已謝天子天子罷兵固國
完不聽迺力戰不勝卽亡入海皆曰善卽鏦殺王師古曰鏦音初江反使使
奉其頭致大行大行曰所爲來者誅王王頭至不戰而殞利莫大
焉迺已便宜案兵告大司農軍而使使奉王頭馳報天子詔罷兩
將軍兵曰郢等首惡獨無諸孫繇君丑不與謀張晏曰繇邑號也師古曰繇音搖與
讀曰豫乃使郎中將立丑爲粵繇王補注先謙曰官本作中郎無將字引劉敞曰當作中郎將案史
記亦作郎中將劉說誤奉閩粵祭祀餘善已殺郢威行國中民多屬竊自立
爲王繇王不能制上聞之爲餘善不足復興師曰餘善首誅郢師
得不勞因立餘善爲東粵王與繇王並處至元鼎五年南粵反餘
善上書請已卒八十補注先謙曰官本作千是從樓船擊呂嘉等兵至揭陽補注

沈欽韓曰揭陽潮州也元和志潮州西南至廣州水陸路相兼一千六百里大海在潮州海陽縣東南一百三十步以海風波爲解師古曰解者自解說若今言分疏不行持兩端陰使南粵師古曰遣使與相知及漢破番禺樓船將軍僕上書願請引兵擊東粵上以士卒勞倦不許罷兵令諸校留屯豫章梅領待命師古曰聽詔命也補注先謙曰杜佑云梅嶺在虔州虔化縣界先謙案括地志梅嶺在虔化縣東北百二十八里虔化今甯都州治明年秋餘善聞樓船請誅之漢兵留境且往師古曰言兵在境首恐將來討之迺遂發兵距漢道號將軍騶力等爲吞漢將軍入白砂武林梅領補注先謙曰官本砂作沙史記同索隱今豫章北二百里接鄱陽界地名白沙白沙東南八十里有武陽亭亭東南三十里地名武林此白沙武林當閩越之孔道殺漢三校尉是時漢使大司農張成故山州侯齒將屯師古曰齒城陽恭王子也舊封山州侯補注周壽昌曰公卿表元鼎六年大農令張成此稱大司農誤也武帝太初元年始更名大司農故史記此下俱作大農侯表山州侯齒元鼎五年坐酎金免此六年事齒已失侯故云故山州侯不敢擊卻就便處師古曰卻退也音丘略反皆坐畏懦誅餘善刻武帝璽自立詐其民爲妄言師古曰妄言自尊大也上遣橫海將軍

韓說出句章師古曰說讀曰悅句章會稽之縣補注先謙曰句章在今甯波府慈谿縣西三十五里浮海從東方往樓船將軍僕出武林師古曰楊僕也中尉王溫舒出梅領粵侯爲戈船下瀨將軍出如邪白沙補注先謙曰史記如作若沈欽韓云輿地廣記新昌縣西有鹽溪一名若邪溪當是此若邪也正義以爲越州之若邪溪太遠王文彬云一据武紀越侯二人曰嚴曰甲一戈船出灕水一下瀨出蒼梧此則一出如邪一出白沙也元封元年冬咸入東粵東粵素發兵距嶮使徇北將軍守武林敗樓船軍數校尉殺長史樓船軍卒錢唐榬終古斬徇北將軍師古曰錢唐會稽縣也榬姓終古名也榬音袁補注先謙曰史記卒作率榬作轅爲語兒侯孟康曰越中地也今吳南亭是師古曰語字或作篽或作禦其音同補注先謙曰官本禦作籞是語兒詳地理志自兵未往故粵衍侯吳陽前在漢漢使歸諭餘善不聽及橫海軍至陽以其邑七百人反攻粵軍於漢陽補注沈欽韓曰紀要漢陽城在建甯府浦城縣北志云今縣城亦漢東越王餘善創築後廢唐爲浦城縣及故粵建成侯敖與繇王居股謀俱殺餘善以其眾降橫海軍封居股爲東成侯萬戶補注先謙曰史記作東城侯功臣表同封敖爲開陵侯師古曰功臣表云開陵侯建成以故東粵建成侯斬餘善侯二千戶而此傳云名敖疑表誤封陽爲卯石侯師古曰功臣表作外石與此不同疑表誤補注先謙曰官本卯作印引宋祁曰印當作卯先謙案史記作北石表作外石皆非橫海將軍說爲案道侯橫海校尉福爲繚嫈侯師古曰繚音遼嫈音於耕反福者城陽王子補注先謙曰史記云共王子此共字當有故爲海常侯坐法失爵從軍亡功以宗室故侯及東粵將多軍李奇曰多軍名漢兵至棄軍降封爲無錫侯故甌駱將左黃同斬西于王補注王念孫曰故甌駱將左黃同當作故甌駱左將黃同功臣表云下鄜侯左將黃同以故甌駱左將斬西于王功侯史表作左將軍黃同索隱漢書西南夷傳甌駱將左黃同則左是姓恐誤漢表云左將黃同則左將是官不疑封爲下鄜侯師古曰鄜音郛於是天子曰東粵陿多阻閩粵悍數反覆師古曰悍勇也補注先謙曰官本無此注詔軍吏皆將其民徙處江淮之閒東粵地遂虛補注洪頤煊曰武紀元封元年詔東越險阻反覆爲後世患遷其民於江淮閒遂虛其地而不及閩粵此傳云無諸爲閩粵王王閩中故地都治朱買臣傳故東越王居保泉山今閩東粵王更徙處南行去泉山五百里地理志會稽郡有冶縣而無泉山此亦當日謹虛東粵而不及閩粵之證

朝鮮王滿補注齊召南曰案滿姓衛氏朝鮮自周封箕子後傳四十餘世至朝鮮侯準始稱王漢初大亂燕人衛滿擊破準而自王也後書傳正補此傳之缺先謙曰索隱案漢書滿燕人姓衛擊破朝鮮王而自王之今漢書無姓衛兩字是小司馬所見本異燕人自始燕時嘗略屬眞番朝鮮師古曰戰國時燕國略得此地補注王念孫曰案始燕時本作始全燕時全燕者指戰國時燕國言之所以別於漢之燕國也[illegible]今本脫全字則文義不明後書東夷傳注引此正作全燕時史記通典通鑑同爲置吏築障師古曰障所以自障蔽也音之亮反秦滅燕屬遼東外徼漢興爲遠難守復修遼東故塞至浿水爲界師古曰浿水在樂浪縣音普蓋反補注沈欽韓曰紀要大通江在平壤城東亦曰大同江舊名浿水屬燕燕王盧綰反入匈奴滿亡命聚黨千餘人椎結蠻夷服而東走出塞度浿水居秦故空地上下障稍役屬眞番朝鮮蠻夷補注先謙曰官本役作役及故燕齊亡在者王之師古曰燕齊之人亡居此地及眞番朝鮮蠻夷皆屬滿也補注先謙曰亡在史記作亡命都王險李奇曰地名也補注沈欽韓曰隋書高麗傳都於平壤城亦曰長安城東北六里隨山屈曲南臨浿水[illegible]在朝鮮國志平安道治平壤府東南去王京五百餘里杜佑云平壤卽王險城也會孝惠高后天下初定補注先謙曰后下史記有時字

不可省遼東太守卽約滿爲外臣保塞外蠻夷毋使盜邊蠻夷君長欲入見天子勿得禁止吕聞上許之吕故滿得吕兵威財物侵降其旁小邑眞番臨屯皆來服屬方數千里傳子至孫右渠師古曰滿死傳子子死傳孫右渠者其孫名也所誘漢亡人滋多師古曰滋益也又未嘗入見師古曰不朝見天子也眞番辰國欲上書見天子又雍閼弗通師古曰辰謂辰韓之國也雍讀曰壅補注先謙曰史記作眞番旁衆國元封二年漢使涉何譙諭右渠終不肯奉詔師古曰譙責讓也音才笑反何去至界臨浿水使馭刺殺送何者朝鮮裨王長師古曰長者裨王名也送何至浿水何因刺殺之卽渡水馳入塞遂歸報天子曰殺朝鮮將上爲其名美弗詰拜何爲遼東東部都尉補注先謙曰地理志東部都尉治遼東武次縣朝鮮怨何發兵攻襲殺何天子募罪人擊朝鮮其秋遣樓船將軍楊僕從齊浮勃海補注先謙曰胡注僕從齊浮勃海蓋自青萊以北幽平以南皆濱於海其海通謂之勃海非指勃海郡而言也沈欽韓云于欽齊乘北自平州碣石南至登州沙門島是勃海之口闊五百餘里紀要海在幽平間者皆謂之溟渤東西浩瀚千有餘里薛季宣云河入海處舊在平州石城縣東望碣石其後大風逆河皆漸于海舊道堙矣程大昌云逆河世之所謂渤海者也兵五萬左將軍荀彘出遼東誅右渠補注先謙曰史記作討右渠發兵距險左將軍卒多率遼東士如淳曰遼東兵多也補注先謙曰史記作卒正多蓋卒正其官而多其名下文坐法斬者卽此人如解非兵先縱敗散多還走坐法斬師古曰於法合斬樓船將齊兵七千人先至王險補注先謙曰武帝先赦責之見僕傳右渠城守窺知樓船軍少卽出擊樓船樓船軍敗走將軍僕失其衆遁山中十餘日稍求收散卒復聚左將軍擊朝鮮浿水西軍未能破天子爲兩將未有利乃使衞山因兵威往諭右渠右渠見使者頓首謝願降恐將詐殺臣今見信節請服降遣太子入謝獻馬五千匹及餽軍糧師古曰餽亦饋字補注先謙曰官本注末有也字人衆萬餘持兵方度浿水使者及左將軍疑其爲變謂太子已服降宜令人毋持兵太子亦疑使者左將軍詐之遂不度浿水復引歸山報天子誅山補注先謙曰此又一衞山非表中義陽侯衞山也左將

軍破浿水上軍迺前至城下圍其西北樓船亦往會居城南右渠遂堅城守數月未能下左將軍素侍中幸師古曰親幸於天子將燕代卒悍乘勝軍多驕樓船將齊卒入海已多敗亡其先與右渠戰困辱亡卒卒皆恐將心慙其圍右渠常持和節左將軍急擊之朝鮮大臣迺陰閒使人私約降樓船師古曰與樓船爲要約而請降往來言尙未肯決左將軍數與樓船期戰樓船欲就其約不會左將軍亦使人求閒隙降下朝鮮不肯心附樓船補注先謙曰言左將軍不肯與樓船共功吕故兩將不相得左將軍心意樓船前有失軍罪師古曰意疑也今與朝鮮和善而又不降補注先謙曰史記和作私是此形近誤疑其有反計未敢發天子曰將率不能前補注先謙曰官本前作制率作卒引宋祁曰卒越本作率乃使衞山諭降右渠補注先謙曰史記乃作及不能顓決與左將軍相誤卒沮約師古曰顓與專同卒終也沮壞也補注先謙曰史記與左將軍下有計字是此奪今兩將圍城又乖異吕故久不決使故濟南太守公孫遂往正之補注先謙曰正史記作征非有便宜得吕從事遂至左將軍曰朝鮮當下久矣不下者樓船數期不會具吕素所意告遂曰今如此不取恐爲大害非獨樓船又且與朝鮮共滅吾軍遂亦吕爲然而吕節召樓船將軍入左將軍軍計事卽令左將軍戲下執縛樓船將軍師古曰戲讀與麾同補注宋祁曰戲下字上當更有軍字并其軍吕報天子許遂補注齊召南曰許字誤史記作誅遂是也然通鑑考異已謂漢書作許字則舊本已譌矣先謙曰史記贊荀彘爭勞與遂皆誅作誅無疑左將軍已并兩軍卽急擊朝鮮朝鮮相路人相韓陶補注先謙曰史記作韓陰通鑑從之尼谿相參將軍王唊應劭曰凡五人也戎狄不知官紀故皆稱相師古曰相路人一也相韓陶二也尼谿相參三也將軍王唊四也應氏乃云五人誤讀爲句謂尼谿人名失之矣不當尋下文乎唊音頰相與謀曰始欲降樓船樓船今執獨左將軍并將戰益急恐不能與如淳曰不能與左將軍相持也師古曰此說非也不能與猶言不如也補注王念孫曰史記恐不能與下有戰字案如顏皆未曉與字之義史記與下有戰字則後人妄加之也與猶敵也言左將軍并將兩軍而戰益急恐不能敵也古者謂相敵曰與匈奴傳單于自度戰不能與漢兵言不能敵漢兵也史記作不能如漢兵如亦

敵也董仲舒傳乘富貴之資力以與民爭利於下民安能如之哉言安能敵之也宋策夫宋之不足如梁也寡人知之矣高注如當也當亦敵也言宋不足以敵梁也廣雅與如也此言不能與即史記匈奴傳之不不如錦古曰不能與舊言不如雖說與爲如而非[illegible]襄二十五年左傳閭邱嬰與申鮮虞乘而出行及弇中將舍嬰曰崔慶其追我鮮虞曰一與一誰能懼我懼病也說見經義述聞與一誰能懼我下一言狹道之中一以敵一雖崔慶之衆不能病我也哀九年傳宋方吉不可與也言宋不可敵也越語彼來從我固守勿與老子善勝敵者不與皆謂兩軍相敵也管子輕重戊篇郎以戰鬪之道與之矣與之敵之也秦策以此與天下天下不足兼而有也言以此敵天下也淮南人間篇大之與小強之與弱也猶石之投卵虎之啗豚言以大敵小以強敵弱也史記燕世家龐煖易與耳白起傳廉頗易與淮陰侯傳吾平生知韓信爲人易與耳易與皆謂易敵也高紀上自東往擊陳豨聞豨將皆故賈人也上曰吾知所以與之言吾知所以敵之也後人不知與之訓爲敵故或曰不能與左將軍相持或曰不能與猶言不如又或如史記恐不能與之下妄加戰字蓋古義之失其傳也久矣杜預注左傳不可與曰不可與戰韋昭注越語固守勿與曰勿與戰王弼注老子善勝敵者不與曰不與爭皆誤釋與爲與共之與傳以戰字爭字增成其義此不知與訓爲敵即是敵爭之義也如言曰不能與左將軍相持亦是增字以成其義而讀史記者遂於與下加戰字矣王又不肯降陶唊路人皆亡降漢路人道死元封三年夏尼谿相參迺使人殺朝鮮王右渠來降王險城未下故右渠之大臣成已又反復攻吏補注先謙曰官本攻作政引宋祁曰政當作攻一本作改字左將軍使右渠子長師古曰右渠之子名長降相路人子最師古曰相路人前已降漢而死於道故謂之降相最者其子名告諭其民誅成已故遂定朝鮮爲眞番臨屯樂浪玄菟四郡封參爲澅清侯師古曰澅音獲陶爲秋苴侯晉灼曰功臣表秋苴屬勃海師古曰苴音千餘反補注先謙曰史記秋作萩同表作萩誤官本千作子唊爲平州侯長爲幾侯補注先謙曰表作幾侯張路最目父死頗有功爲涅陽侯補注王念孫曰案涅陽史記作溫陽涅溫皆涅字之誤[illegible]作景武昭宣元成功臣表涅陽康侯最以父朝鮮相路人漢兵至首先降道死子侯[illegible]端水注涅水東南逕涅陽縣故城西[illegible]陽漢武帝元封四年封路最爲侯國皆其證舊本北堂書鈔封爵部中引此正作涅陽侯[illegible]先謙曰官本涅作涅左將軍徵至坐爭功相嫉乖計棄市樓船將軍亦坐兵至列口當待左將軍蘇林曰列口縣名也度海先得之補注先謙曰胡注其地當洌水入海之口齊召南云案樂浪郡有列口縣然非洌水入海之口也志曰吞列縣分黎山列水所出西至黏蟬入海然則列口在黏蟬縣矣沈欽韓云紀要列口城在朝鮮國王京西南擅先縱失亡多當誅贖爲庶人

贊曰楚粵之先歷世有土及周之衰楚地方五千里而句踐亦目粵伯師古曰伯讀曰霸秦滅諸侯唯楚尚有滇王漢誅西南夷獨滇復寵及東粵滅國遷眾繇王居股等猶爲萬戶侯三方之開皆自好事之臣故西南夷發於唐蒙司馬相如兩粵起嚴助朱買臣朝鮮由涉何遭世富盛能成功補注先謙曰官本能上多動字然已勤矣師古曰已甚也言其事甚勤勞追觀太宗塡撫尉佗師古曰言文帝以恩德安撫之也塡音竹刃反補注先謙曰官本恩作道引宋祁曰道德一作恩德豈古所謂招攜目禮懷遠目德者哉師古曰春秋左氏傳僖七年諸侯盟于甯母管仲言於齊侯曰臣聞之招攜以禮懷遠以德攜謂離貳者也懷來也言有離貳者則招集之恃險遠者則懷來之也故贊引之

西南夷兩粵朝鮮傳六十五終

漢書九十五

西域傳第六十六上

師古曰自烏孫國已後分爲下卷補注徐松曰史記大宛傳匈奴奇兵時時遮擊使西國者古今國讀如域廣雅釋詁域國也後書烏桓傳有東域西南夷傳有南域此城郭國界中國之西故曰西域太初二年貳師誅宛王漢始通西域在史記後史公但作大宛傳班分大宛傳爲張騫李廣利傳又採錄舊文益以城郭諸國掫爲西域傳

漢書九十六

漢　蘭　臺　令　史　班　固　撰

唐正議大夫行祕書少監琅邪縣開國子顏師古　注

賜進士出身前翰林院編修國子監祭酒加三級　臣　王先謙　補注

西域以孝武時始通補注徐松曰海內東經國在流沙外者大夏月支之國逸周書王會解載伊尹獻令正北大夏莎車是西域建國昉乎夏殷張騫所遣使通大夏之屬者皆頗與其人俱來於是西北國始通於漢本三十六國補注齊召南曰荀紀列三十六國名目王應麟謂傳既言三十六國皆在匈奴之西烏孫之南則烏孫不與矣又康居大月氏安息罽賓烏弋之屬皆以絕遠不在數中難兜屬罽賓亦不在數中大率祇就屬都護者計之也徐松曰此本其初言之匈奴傳樓蘭烏孫呼揭及其旁二十六國皆已爲匈奴其時葢已有三十六國歸匈奴者樓蘭之外惟二十六國也荀紀載西域三十六國婼羌沮沫精絕戎盧渠勒皮山烏秅西夜蒲犂依耐無雷捐毒桃槐休循疏勒尉頭烏貪卑陵渠類谷隋立師單桓蒲類西沮彌劫狐胡山車師凡二十七國小國也小者七百戶大者千戶扜彌于闐難兜莎車溫宿龜茲尉犂危須焉耆者九國次大國小者千餘戶大者六七千戶今案荀說國名與漢書異卑陵即卑陸渠類谷即卑陸國所治之番渠類谷誤數爲國此傳所載國五十二附見之國如條支奄蔡犂靬天篤不與焉傳言三十六國在烏孫之南則烏孫不在數中又言宣帝時破姑師分以爲車師前後王及山北六國則孝武時有姑師國而無車師前後國即山北六國車師都尉國車師後城長國烏貪訾離亦建國元帝時罽賓烏弋山離安息大月支康居五國不屬都護捷枝輪臺皆漢所滅小金附國漢不禁車師之伐不屬漢可知皆所不數葢三十六國者婼羌國樓蘭國且末國小宛國精絕國戎盧國扜彌國渠勒國于闐國皮山國烏秅國西夜國子合國蒲犂國依耐國無雷國難兜國大宛國桃槐國休循國捐毒國莎車國疏勒國尉頭國姑墨國溫宿國龜茲國尉犂國危須國焉耆國姑師國墨山國劫國狐胡國渠犂國烏壘國也王氏不數難兜以爲屬罽賓傳明言不屬都護知其說非其後稍分至五十餘師古曰司馬彪續漢書云至于哀平有五十五國也補注徐松曰分者如姑師分爲車師及山北六國車師分爲前後國車師後國又分爲烏貪訾離國且彌國分爲東西蒲類分爲前後國蒲類後國卑陸分爲卑陸後國之類皆在匈奴之西烏孫之南補注徐松曰孝武時匈奴東境有河西四郡南境至南山下張騫傳並南山欲從羌中歸爲匈奴所得是也故三十六國在其右部西其後漢置四郡取

姑師樓蘭則三十六國在匈奴之南矣三十六國今回疆地匈奴右部今外喀爾喀部落及科布多城塔爾巴哈台城地烏孫國在西域北山之陽先謙曰後書西域傳云其東北與匈奴烏孫相接南北有大山補注徐松曰通鑑胡注南山在于闐之南東出金城與漢南山接北山在車師之北即唐志所謂西州交河縣北柳谷金沙嶺等是以今地理證之西藏部阿里屬之達克喇城東北三百十里有岡底斯里即古崑崙釋氏謂之阿耨達其山分四幹向北者曰僧格喀巴布譯言獅子口當和闐正南僧格喀巴布分二支一支東趨爲張騫傳及此傳所稱南山以在西域之南也一支過和闐西北趨千六百餘里發爲齊齊克里克嶺喀什塔什嶺又西爲和什庫珠克嶺而北折爲吉布察克山又折而東爲阿喇古山復東爲喀克善山環千八百餘里統名蔥嶺蔥嶺又東趨爲天山過回疆北至巴里坤東北而止是爲西域之北山葢西域三面皆山惟東面缺西域南面大山今葉爾羌南之密爾岱山英額齊盤山庫克雅爾山和闐南之哈朗歸山克勒底雅山是北面大山今烏什北之貢古魯克山阿克蘇北之木素爾嶺庫車之汗騰格里山哈喇沙爾北之博羅圖山察罕通格山裕勒都斯山吐魯番北之博克達山巴里坤南之庫舍圖嶺是中央有河補注徐松曰即塔里木河河東流亘西域中東西六千餘里南北千餘里補注徐松曰今回疆輿地以烏道法計之南北兩山間千二百餘里西自和什庫珠克嶺東至黨河五千餘里漢書據步測言也東則接漢補注徐松曰此據置敦煌郡後言之始則限匈奴阸以玉門陽關孟康曰陽關皆在敦煌西界師古曰阸塞也補注徐松曰敦煌郡有敦煌縣龍勒縣今之敦煌縣治以北爲漢敦煌縣地治以南爲漢龍勒縣地地理志云龍勒縣有玉門陽關後魏改龍勒爲壽昌正義引括地志云陽關在壽昌縣西六里玉門關在縣西北百十八里是二關皆在今敦煌縣治之西南唐肅州志云敦煌縣西南一百五十里有廢陽關是也玉門關唐時移於晉昌縣元和志玉門關在晉昌縣東二十步晉昌與瓜州同治在今安西州城西南故高居誨使于闐記云肅州渡金河百里出天門關又西百里出玉門關又西至瓜州沙州又西渡都鄉河出陽關先謙曰官本注陽作二是

西則限以蔥嶺師古曰西河舊事云蔥嶺其山高大上悉生蔥故以名焉補注徐松曰今伊犂西南境善塔斯嶺即蔥嶺之一山山上悉生野蔥其南山東出金城與漢南山屬焉師古曰屬聯也音之欲反補注徐松曰葉爾羌和闐境南諸山自和闐南復東出經羅布淖爾南又東經安西州南又東經青海甘州涼州蘭州南又東經渭水之南又東爲武功太乙諸山又東至西安府長安縣南五十里爲終南山言西域南山至此而終也金城郡昭帝始元六年置今甘肅蘭州府西界其河有兩原一出蔥嶺山補注先謙曰後書云一出蔥嶺東流水經河水下云崑崙墟在西北其高萬一千里河水出其東北陬又從蔥嶺出而東北流即此傳所云一出蔥嶺山也酈注分見各國下一自捐毒國列敘入西海之水也一東流自捐毒國列敘而下有蔥嶺南河蔥嶺北河之異南爲葉爾羌河長二千一百餘里北爲喀什噶爾河長二千七百餘里合爲一河班以爲一原葢考之未詳蔥嶺河又東合于闐河長千一百里又東合阿

克蘇河長九百餘里酈注所謂北河枝水也觀臨河源紀略云會處四水交貫形如井欄**一出于闐**師古曰闐字與寘同音徒賢反又音徒見反補注先謙曰水經河水下云其一源出于闐國南山北流與蔥嶺所出河合者也**于闐在南山下**補注徐松曰南山者今諺稱密克瑪克曲底雪山在和闐額里齊城南五百八十里先謙曰徐氏西域水道記云西域記謂之雪山記中有雪山有大雪山大雪山蓋僧格喀巴布山河水注謂之仇摩置漢書特言南山以別蔥嶺通鑑胡注南山在于闐之南馬氏文獻通考言于闐都蔥嶺北二百餘里誤以蔥嶺為南山**其河北流與蔥嶺河合**補注先謙曰詳見于闐國下其合流在噶巴克阿克集之地**東注蒲昌海**補注徐松曰和闐河與蔥嶺南北河既合又會阿克蘇河東流是為塔里木河又東克勒底雅河自南來會又東至庫車城東南有庫車河自北來會又東至哈喇沙爾城西南有博斯騰淖爾水自東北來會又東至哈喇沙爾城東南入於羅布淖爾即蒲昌海也自和闐河蔥嶺河合流之地至蒲昌海千四百餘里**蒲昌海一名鹽澤者也**補注先謙曰河水注河水又東注於泑澤即經所謂蒲昌海也水積鄯善之東北龍城之西南龍城地廣千里皆為鹽而剛堅行人所經畜產皆布氈臥之掘發其下大鹽方如巨枕以次相累類霧起雲浮寡見星日少禽多鬼西接鄯善東連三沙為海之北隘矣故蒲昌亦有鹽澤之稱也史記正義引括地志云蒲昌海一名泑澤一名鹽澤一名輔日海一名牢蘭亦名臨海在沙州西南說文泑澤在昆侖下今回部語謂之羅布淖爾**去玉門陽關三百餘里**補注

王念孫曰戴震水地記云玉門關在故壽昌縣西百一十八里陽關在縣西六里壽昌本漢龍勒縣地今安西府西百五十里有壽昌城鹽澤去玉門千三百餘里前後書皆脫去千字念孫案郭璞西山經注及爾雅音義引漢書觀釋木皆無千字蓋後人據漢書刪之也漢紀孝武紀作去陽關三千餘里即千三百餘里之誤河水注作東去玉門陽關一千三百里以二書考之則漢書原有千字明矣徐松曰玉門陽關在今色爾騰海之東羅布淖爾在今吐魯番城西南自色爾騰海西北至羅布淖爾相去千餘里不得云三百餘里明傳寫奪千字**廣袤三百里**師古曰袤長也音茂補注王念孫曰三百里本作三四百里謂澤之廣袤不能知其確數大約在三四百里之間也河水注無四字亦後人據漢書刪之御覽地部三十七引水經注作廣輪四百里又脫去三字然據此知水經注原有四字也漢紀作廣長三四百里西山經注及通典州郡四竝作廣袤三四百里郭璞爾雅音義引漢書作廣輪三四百里禹貢正義及史記大宛傳正義爾雅釋水疏竝引作廣袤三四百里則今本脫去四字明矣徐松曰今測淖爾東西二百餘里北有圓池三南有方橢池四**其水亭居冬夏不增減**補注徐松曰郭璞山海經注云其水停冬夏不增減水經注其水澂渟冬夏不減初學記引此傳作其水渟冬夏不減文選李善注引倉頡篇曰亭定也又曰停與亭同古字通說文有亭字無停渟字**皆㠯為潛行地下南出於積石為中國河云**補注徐松曰羅布淖爾水潛於地下東南行千五百餘里至今敦煌縣西南六百餘里之巴顏哈喇山麓伏流始出山麓有巨石高數丈山崖土壁皆黃

赤色蒙古語謂石為齊老謂北極星為噶達素謂黃金為阿勒坦山麓之石遠望如北極星故蒙古名其地曰阿勒坦噶達素齊老伏流自壁上天池湧出歎為百道皆黃金色東南流為阿勒坦河又東北流三百里入鄂敦塔拉中其泉數百泓即元史所謂火敦腦兒譯言星宿海者也又東南流百三十里瀦為札淩淖爾又出淖爾東南流折而南五十里瀦為鄂淩淖爾又自淖爾東北出東流五十里折而東南百四十里又南流二百六十里折而東南三百里又東北二百四十里經阿木奈瑪勒占木遜山南麓即大積石山漢書地理志金城郡河關縣積石山在西南羌中今在西甯府西南邊外五百三十餘里即禹貢導河之地自古言河源者多不了獨此傳綜括詳盡蓋孟堅迎北單于親至私渠海定遠道長西域本其家乘以為國史故所言地形與今若合符節惟謂重源出於積石仍因山海經之訛而後儒異議有指河州之小積石為禹貢之積石轉以班所言積石為妄又謂載張騫窮河源事乃意度之非實見蒲昌海與積石通流繆悠之論不足依據唐辨機西域記云阿那婆答多池北面頗胝師子口流出徙多河繞池一帀入東北海或曰潛流地下出積石山即徙多河之流為中國之河源云蓋初唐人猶祖班說也**自玉門陽關出西域有兩道**補注徐松曰隋書裴矩傳自敦煌至於西海凡為三道北道從伊吾經蒲類海鐵勒部突厥可汗庭度北流河至拂菻國達於西海其中道從高昌焉耆龜茲疏勒度蔥嶺又徑鏺汗蘇對沙那國康國曹國何國大小安國穆國至波斯達於西海其南道從鄯善于闐朱俱波喝槃陀度蔥嶺又經護密吐火羅挹怛帆延漕國至北婆羅門達於西海與此兩道異者漢時兩道

皆在天山南山北為匈奴故無道也隋既有山南之兩道又增山北一道漢隋之南道今不置驛漢之北道隋之中道今謂之南道往回疆者由之隋之北道今亦謂之北道往烏魯木齊伊犂者由之後魏書西域傳又言出西域本有二道後更為四出自玉門渡流沙西行二千里至鄯善為一道自玉門渡流沙北行一千二百里至車師為一道從莎車西行二百里至蔥嶺蔥嶺西一千三百里至伽倍為一道自莎車西南五百里蔥嶺西南一千三百里至波路為一道案至鄯善至車師特入西域者經行之處漢書所不數其餘二道皆經莎車即漢之南道是言西出者實惟一道而已兩道分自敦煌李廣利傳起敦煌西為人多道上國不能食分為數軍從南北道**從鄯善傍南山北波河西行至莎車為南道**師古曰波河循河也鄯音上扇反傍音步浪反波音彼義反此下皆同也補注徐松曰南山北者密爾岱山英額齊盤山庫克雅爾山及和闐諸山之北張騫傳竝南山謂此也始皇本紀竝勃海以東正義竝白浪反竝傍皆傍之假借字波義亦近傍後書班超傳注波傍也音誠段玉裁以波為陂之假借字李廣利傳從泝河山顏注泝逆流而上則此云循河者亦沿泝之意河水東注西行者泝塔里木河葉爾羌河之南岸以達葉爾羌境後漢紀作渡則謂渡蔥嶺南河義亦通先謙曰後書兩波字皆作陂段說是也章懷引史記曰陂山通道李光廷漢西域圖考云敦煌以北為鄯善當漢衝出西域者胥由此自鄯善而西由且末精絕扜彌至于寘又西北至莎車所謂傍南山波河行此南道也其出陽關不經鄯善西自婼羌小宛戎盧至渠勒又南道之南所謂僻南不當孔道者也**南道西踰**

蔥嶺則出大月氏安息 師古曰氏音支〔補注〕先謙曰由莎車而西爲大月氏在大宛南此蔥嶺西國也其南爲罽賓爲高附更西南爲烏弋山離爲安息是爲蔥嶺西南諸國

自車師前王廷〔補注〕王先慎曰匈奴傳作王庭庭廷通用本傳下文亦作車師前王庭

隨北山波河西行至疏勒爲北道〔補注〕徐松曰隨北山者烏什阿克蘇庫車哈喇沙爾諸境之北山路出山之南也波河西行至疏勒者沿塔里木河北岸過阿克蘇則沿烏蘭烏蘇河以至今喀什噶爾境案蔥嶺南北二河至阿克蘇合爲塔里木河以注蒲昌海故此傳於山有傍南山北山之別於河則但曰波河不分南北明西域中央止此一大河先謙曰西域圖考云自鄯善而北至伊吾爲今哈密地自此而西由孤胡至車師前王廷經山國危須尉犂烏壘渠犂焉耆龜茲姑墨温宿尉頭至疏勒所謂隨北山波河行此北道也其自伊吾而北至蒲類又西爲車師後庭經卑陸單桓烏貪訾離至烏孫又北通郁立師卑陸後國劫國則北道之北亦不當孔道也至疏勒之西爲捐毒休循已入蔥嶺于寘之西自皮山西夜子合以至烏秏又皆蔥嶺之國爲通西南諸國之孔道

北道西踰蔥嶺則出大宛康居奄蔡焉耆〔補注〕王念孫曰景祐本無耆字是也焉字絕句焉下耆字則後人妄加之也大宛康居奄蔡皆在蔥嶺之西自都護治所西至大宛四千三十一里至康居五千五百五十里又自康居西北至奄蔡可二千里陜覘故曰西踰蔥嶺出大宛康居奄蔡也若焉耆則在蔥嶺之東且在都護治所之東北四百里陜覘豈得云西踰蔥嶺出焉耆乎漢紀孝武紀後漢書西域傳

通典邊防七焉下皆有耆字此後人依誤本漢書加之耳通鑑漢紀無耆字與景祐本同則北宋本尚未誤也故知諸書內耆字皆後人所加先謙曰由疏勒而西爲大宛在大月氏北亦蔥嶺西國也其北爲康居爲奄蔡又極西北爲條支是爲蔥嶺西北諸國又極西爲大秦陳湯傳云從南道踰蔥嶺徑大宛是大宛亦可從南道踰嶺後稍迤而北耳

西域諸國大率土著 師古曰言著土地而有常居不隨畜牧移徙也著音直略反〔補注〕徐松曰大率者不盡之詞以有休循捐毒諸塞種故不盡爲土著

有城郭田畜與匈奴烏孫異俗故皆役屬匈奴 師古曰服屬於匈奴爲其所役使也〔補注〕徐松曰有城郭故謂之城郭國今天山南回部皆有城郭田畜同漢時西域國天山北蒙古部落事游牧同漢時匈奴烏孫俗

匈奴西邊日逐王〔補注〕徐松曰匈奴傳狐鹿姑單于始以左賢王子先賢撣爲日逐王蓋置在太始時西邊者匈奴右部界西域

置僮僕都尉使領西域〔補注〕沈欽韓曰僮僕都尉蓋主簡閱人口徐松曰匈奴左右大都尉在二十四長之列二十四長又各置相都尉通鑑胡注匈奴蓋以僮僕視西域也禮記樂記注領猶治理也

常居焉耆危須尉黎間賦稅諸國取富給焉 師古曰給足也〔補注〕徐松曰三國在西域北道而東西適中故僮僕都尉治之

自周衰戎狄錯居涇渭之北 師古曰錯雜也〔補注〕徐松曰涇水北今慶陽府延安府鄜州地渭水北今鞏昌府平涼府邠州地在周時爲西戎白翟義渠所居

及秦始皇攘卻戎狄築長城界中國 師古曰爲中國之竟界也〔補注〕先謙曰官本注竟作境

然西不過臨洮 師古曰洮音土高反〔補注〕徐松曰地理志隴西郡有臨洮縣故城在今臨洮府西南二百二十里始皇紀西至臨洮羌中正義引括地志臨洮郡今洮州在京西千五百五十里從臨洮西南芳州扶松府以西並古諸羌地

漢興至于孝武事征四夷〔補注〕徐松曰謂以征伐爲事

廣威德而張騫始開西域之迹〔補注〕先謙曰見騫傳

其後驃騎將軍擊破匈奴右地降渾邪休屠王 師古曰屠音除〔補注〕先謙曰霍去病傳元狩二年

遂空其地〔補注〕徐松曰史記大宛傳渾邪王率其民降漢而金城河西西並南山至鹽澤空無匈奴

始築令居以西 師古曰令音鈴〔補注〕宋祁曰集韻令音連云令居縣名在金城郡徐松曰令連雙聲字匈奴傳漢渡河自朔方以西至令居

初置酒泉郡〔補注〕徐松曰地理志酒泉郡武帝太初元年開匈奴傳漢置酒泉郡以隔絕胡與羌通之路今肅州地

後稍發徙民充實之分置武威張掖敦煌 師古曰敦音徒門反〔補注〕徐松曰地理志張掖郡故匈奴昆邪王地武帝太初元年開武威郡故匈奴休屠王地武帝太初四年開敦煌郡武帝後元元年分酒泉置案武威今涼州府張掖今甘州府敦煌今肅州敦煌縣

列四郡據兩關焉〔補注〕徐松曰陽關在南玉門在北大率出南北道者分由之傳言出陽關自近者始曰婼羌婼羌在南道也武帝時圍車師出玉門迎軍元始中車師後王國開新道通玉門李廣利傳伐大宛天

子使使遮玉門車師大宛在北道也而去胡來王亦守玉關傳又言自玉門陽關出南道歷鄯善是兩關仍得相通

自貳師將軍伐大宛之後西域震懼多遣使來貢獻〔補注〕徐松曰貳師破大宛在太初三年至天漢二年渠黎六國使使來獻是因伐宛而震懼李廣利傳貳師將軍之東諸所過小國聞宛破皆使其子弟從入貢獻

漢使西域者益得職 師古曰賞其勤勞皆得拜職也〔補注〕先謙曰胡注顏說非也此言漢使入西域諸國不敢輕忽爲得其職耳得職者不失其職也王念孫云胡解職字亦未了職非事之職職猶所也言自大宛王以殺漢使見誅西域諸國皆不敢輕忽漢使故漢之使西域者皆得其所也哀十六年左傳克則爲卿不克則烹固其所也史記五子胥傳作固其職也是職與所同義景紀令亡皋罪者失職武紀有冤失職使者以聞宣紀其加賜鰥寡孤獨高年帛毋令失職管子明法解篇孤寡老弱不失其職職皆謂失所也故得其所亦謂之得職趙廣漢傳廣漢爲京兆尹廉明威制豪彊小民得職師古注得職各得其常所也是其證碻王傳朱虛侯章忿劉氏不得職鹽鐵論輕重篇衆人未得其職

於是自敦煌西至鹽澤往往起亭〔補注〕徐松曰今自哈喇淖爾至羅布淖爾有二道一由哈喇淖爾北一由哈喇淖爾南皆經羅布淖爾南至塔里木河之南岸巴罕噶順凡千八百餘里地皆沙漠亭謂如下傳至校尉府脅諸亭之亭非秦法十里一亭也

而輪臺渠犂皆有田卒數百人〔補注〕徐松曰此據昭帝時言之李廣利傳注輪臺國名渠犂武紀臣瓚注西域胡國名蓋西域小國漢滅之以置田卒渠犂田士千五百人今

分出輪臺各數百人故置使者校尉領護師古曰統領保護營田之事也補注徐松曰西域屯田之官皆爲校尉此秩尊加使者以別之亦稱使者史記置使者護田積粟是也鄭吉以後改爲都護遂無使者校尉之名而其副猶稱副校尉後書云武帝置校尉領護西域宣帝改曰都護卽謂此使者校尉也通鑑注引此注營田作屯田目給使外國者師古曰收其所種五穀以供之補注徐松曰據傳有樓蘭負水儋糧送迎漢使又曰驢畜負糧須諸國稟食又曰南道八國給使者往來人馬驢槖駝食又曰漢使至非以幣物不得食皆漢使因糧外國之證所以省齎糧之勞費得積穀以威西國也使外國者通考引作外國使者或西域貢獻之使漢以此爲廩給義亦通至宣帝時遣衞司馬補注徐松曰元紀注衞司馬郞衞尉八屯之衞司馬鄭吉傳以侍郞遷衞司馬使護鄯善目西數國補注徐松曰吉傳使護鄯善以西南道及破姑師未盡殄師古曰雖破其國未能滅之補注錢大昕曰集解徐廣注姑師卽車師姑聲近徐松曰宣紀神爵二年秋吉破車師分目爲車師前後王及山北六國補注徐松曰山天山也今博羅圖山姑師地正今吐魯番及奇臺縣阜康縣境分姑師爲車師前後國且彌東西國卑陸前後國蒲類前後國共八國後書以前後部及東且彌卑陸蒲類移支爲車師六國不數西且彌與卑陸後國者或已爲他國所倂周壽昌曰此都護分之也後書云哀平閒自相分割爲五十五國非也觀五十國皆屬都護惟五國不屬可證此番之分卽三十六國分爲五十餘國之漸匈奴分爲五單于而匈

奴遂衰西域分爲五十五國而西域遂弱此亦衆建而小其力之義也時漢獨護南道未能盡幷北道也然匈奴不自安矣補注徐松曰史記樂毅傳索隱護謂總領之也匈奴傳單于病歐血罷兵使題王都犂胡次等入漢請和親其後日逐王畔單于將衆來降護鄯善目西使者鄭吉迎之既至漢封日逐王爲歸德侯吉爲安遠侯補注先謙曰詳吉傳是歲神爵三年也補注齊召南曰案宣紀是神爵二年事此三字訛通鑑考異已辨之乃因使吉幷護北道故號曰都護都護之起自吉置矣師古曰都猶總也言總護南北之道僮僕都尉由此罷補注先謙曰胡注曰逐王既降西域諸國屬於漢故僮僕都尉罷匈奴益弱不得近西域補注徐松曰是時匈奴內亂五單于爭立是益弱於是徙屯田田於北胥鞬師古曰胥鞬地名也胥音先餘反鞬音居言反補注徐松曰下言披莎車是地近莎車故水經注以爲自輪臺徙莎車第通檢漢書絕不見莎車屯田之事且遠於烏壘千餘里非都護與田官相近之意疑莎車爲車師之訛徙田北胥鞬卽下傳別田車師特水經注已然是酈氏所見漢書已同今本披莎車之地師古曰披分也補注徐松曰左傳披其地以塞夷庚杜注披猶分也屯田校尉始屬都護補注徐松曰卽下傳三校尉都護督察烏孫康居諸外國師古曰督視也補注徐松曰兼護北道故特言北道國動靜補注徐松曰二字當屬上爲句有變目聞可安輯安輯之可擊擊之師古曰輯與集同補注徐松曰謂得便宜行事都護治烏壘城補注宋祁曰烏壘下監本有孫字宋白曰伊州伊吾郡漢伊吾盧地宣帝時鄭吉爲西域都護治烏壘城卽此齊召南曰案本傳言烏壘城去陽關二千七百三十八里而車師國西南至都護治所千八百七里龜茲國東至都護治所三百五十里則烏壘尙在車師西南與龜茲相近非伊州伊吾地在車師之東者也伊吾地卽今哈密城後漢永平中始置宜禾都尉在前漢未聞其名宋說非也徐松曰今庫車城屬策特爾軍臺及其東車爾楚軍臺皆烏壘城地監本有孫字蓋因烏孫致誤去陽關二千七百三十八里補注徐松曰舉陽關以該玉門河水注引作玉門陽關與渠犂田官相近土地肥饒補注徐松曰渠犂西濱龜茲東川東濱敦薨溢出之河南濱塔里木大河北岸故土地肥饒自車爾楚南至河岸二百里於西域爲中故都護治焉補注徐松曰吉傳中西域而立莫府至元帝時復置戊己校尉補注徐松曰百官表戊己校尉元帝初元元年置有丞司馬各一人候五人秩比六百石後書西域傳序元帝置戊己二校尉據傳序言校尉有二人據表言校尉似祇一人偏檢前書如徐普刁護郭欽皆稱戊己無言戊校尉己校尉者獨烏孫傳有己校尉仁傑謂特兵有戊校己校之分尉則兼戊己爲稱吳氏又言兩都設官之制不同先漢有戊校己校兵而尉之官稱則兼戊己後漢有戊己校尉戊校尉己校尉各

以校兵爲名顏於表下注云有戊校尉己校尉亦誤至戊己之名顏說有二義一說戊己校尉鎭安西域無常治處猶甲乙等各有方位而戊與己四季寄王故以名官一說戊己位在中央今所置校尉處三十六國之中胡三省以爲車師不當三十六國之中顏前說爲是吳又引馬融傳注謂戊己居中爲中堅二校爲說取其居屯田之中又引王彥賓說戊己土也屯田以耕土爲事故取爲名案諸說皆非校尉屯田車師亦非無常治者顏前說亦不爲得唯漢官儀厭勝之說爲近蓋屯田校尉所以擬匈奴而安西域西域在西爲金匈奴在北爲木戊己生金而制水耳周壽昌曰匈奴傳云日上戊己元帝置戊己校尉以制匈奴而護西域其特名曰戊己者用匈奴所上者以制之亦卽厭勝之義也屯田車師前王庭補注徐松曰後王庭近匈奴故不可田考漢時屯田常在渠犂昭帝時分置輪臺宣帝時別田車師皆不久卽罷至元帝時屯田車師前王庭方罷渠犂之屯故陳湯傳言發車師戊己校尉屯田吏士不言渠犂是時匈奴東蒲類王茲力支將人衆千七百餘人降都護補注徐松曰匈奴傳擊匈奴蒲類澤得單于使者蒲陰王蒲陰謂在蒲類之陰卽蒲類王也茲力支不見功臣表蓋未侯周壽昌曰率衆降蓋無不侯者他匈奴降侯者可證特封侯不見表者亦有如趙充國傳封若零弟澤爲帥衆王離畱且種二人爲侯陽雕爲言兵侯匈奴傳匈奴民題除渠堂亡降漢言狀漢以爲言兵鹿奚盧侯烏孫國傳元始中封卑爰疐爲歸義侯表皆未見史表云御史大夫陽陵侯岑邁而侯表無之戾太子傳女尚平輿侯嗣子平輿侯姓名表中俱無考也都護分

車師後王之西爲烏貪訾離地㠯處之〔補注〕徐松曰蒲類王舊在車師後國東今移於西蓋界烏孫都護得兼護之自宣元後單于稱藩臣西域服從其土地山川王侯戶數道里遠近翔實矣師古曰翔與詳同假借用耳〔補注〕徐松曰漢吳仲山碑出入敖詳亦借詳爲翔出陽關自近者始〔補注〕徐松曰傳敘諸國以南道始北道終自鄯善至烏弋山離南道也以次而西南其道經蔥嶺東南以至嶺之西南由烏弋山離轉北而東至蔥嶺西得安息四國東入蔥嶺經嶺中休循捐毒二國莎車傍蔥嶺西山之東不當烏弋山離道故下蔥嶺經其國自南道北行至北道得疏勒以次東北至焉耆焉耆之北即天山車師地於此終焉先謙曰官本出陽關提行不連上文曰婼羌孟康曰婼音兒師古曰音而遮反〔補注〕先謙曰御覽引說文羌西婼羌戎牧羊人從人收羊韋元成傳云起敦煌酒泉張掖以鬲婼羌裂匈奴之右臂羌種繁多單舉婼言知當時爲諸羌首帥或單言婼趙充國傳云婼月氏論衡云方今玄牢鄯善婼降附歸德也西域圖考云婼羌當在陽關之西小宛之東今淪爲戈壁婼羌國王號去胡來王師古曰言去離胡戎來附漢也〔補注〕先謙曰去胡來王唐兜見下卷亦見匈奴傳去陽關千八百里〔補注〕宋祁曰越本八作六徐松曰傳言去陽關者十四婼羌爲最近鄯善爲西域門戶烏壘爲建治之所縣度爲極險之地五翎侯五小王所處不一皆特言陽關記其道里其餘往來孔道兩關得通故不言校以樓蘭去陽關長安里數作八者是越本非去長安六千三百里〔補注〕徐松曰傳特於婼羌樓蘭兩國標去陽關去長安知陽關之去長安四千五百里辟在西南不當孔道師古曰辟讀曰僻孔道者穿山險而爲道猶今言穴徑耳〔補注〕王念孫曰顏說甚迂孔道猶言大道謂其國僻在西南不當大道也老子道經孔德之容河上公注孔大也太元羨次五曰孔道夷如蹊路微如孔字亦作空張騫傳樓蘭姑師小國當空道是也說文孔通也故大道亦謂之通道今俗語猶云通衢大道矣徐松曰趙充國傳狠何小月氏種在陽關西南蓋與婼羌雜處者戶四百五十口千七百五十勝兵者五百人〔補注〕徐松曰勝音升胡注勝任也勝兵者謂能操五兵而戰也傳惟罽賓安息烏弋山離三國不言戶口兵數也西與且末接師古曰且音子餘反〔補注〕徐松曰傳或言接或言通或言至案于闐言北與姑墨接而姑墨言南至于闐龜茲言西與姑墨接而姑墨言東通龜茲是因地爲文非有異義先謙曰後書西羌傳南接蜀漢徼外蠻夷西北鄯善車師諸國隨畜逐水草不田作〔補注〕徐松曰後書西羌傳所居無常依隨水草地少五穀以產牧爲業仰鄯善且末穀師古曰賴以自給也仰音牛向反〔補注〕徐松曰鄯善亦仰穀旁國此蓋由鄯善以資且末山有鐵自作兵兵有弓矛服刀劒甲劉德曰服刀拍髀也師古曰拍音貊髀音俾又音陛〔補注〕沈欽韓曰釋名短刀曰拍髀帶時拍髀旁也徐松曰御覽引作自作兵甲有弓矛服刀劒注校本弓下無矛字西北至鄯善乃當道云〔補注〕徐松曰婼羌種與西域別班不

立西羌傳故因西域道里所經並言之先謙曰後書云出玉門首經鄯善鄯善國〔補注〕先謙曰官本提行是後書云鄯善先併小宛精絕戎盧且末四國亦見于闐莎車傳下三國晉魏仍爲鄯善唐書號納縛波西域圖考云唐書地理志鄯善在蒲昌海南三百里而後書云自敦煌西出玉門陽關涉鄯善北通伊吾千餘里此西域之門戶則蒲昌海以東皆其地今噶順之千里戈壁皆其地河水注南河自且末國來東爲注濱河又東逕鄯善國北又東注泑澤北河自墨山國來東逕注濱城南南北河合流在處蓋即以注濱河得名又東逕樓蘭城南而東注蓋墩田士所屯故城禪國名耳河水又東入泑澤彼俗謂是澤爲牢蘭海即蒲昌海也水連鄯善之東北龍城之西南西接鄯善東連三沙爲海北臨河水下入地理志敦煌郡西域水道記云塔里木河自庫爾勒莊東行二百里逕哈喇沙爾城南又東二百餘里逕博斯騰淖爾南又東匯於羅布淖爾回語羅布者謂匯水之區吐魯番回部傳云羅布淖爾鄰吐魯番爲巨澤葉爾羌喀什噶爾諸境水六十餘匯之是也其受水之口今惟一處水經注以爲南北二河各自注澤案漢書分兩道顯言南山北山不見分波南河北河之文知一川渠弁振古如茲酈君所說容有未審大淖爾旁有小淖爾環之北則圖淖爾三南則方橢淖爾四地當哈喇沙爾城東南五百里吐魯番鎮城西南九百餘里鎮城曰廣安唐之安樂城其東七十里曰元火州治今曰喀喇和卓又東五十里曰魯克沁東漢之柳中城也廣安城西二十里爲漢交河城本名樓蘭〔補注〕先謙曰河水注泑澤在樓蘭國北扜泥城故彼俗謂是澤爲牢蘭海因國得名牢樓一聲之轉徐松云匈奴傳單于遺漢書曰樓蘭烏孫是未改國名之證王治扜泥城師古曰扜音一胡反〔補注〕徐松曰御覽注云扜音烏河水注謂之東故城蓋以伊循爲新城也魏書云所都城方一里去陽關千六百里〔補注〕徐松曰魏書自玉門渡流沙西行二千里至鄯善先謙曰婼羌傳云去陽關千八百里此云千六百則視婼羌爲近矣上云自近者始首舉婼羌疑千六百里傳寫有誤魏書出玉門二千里爲得之去長安六千一百里〔補注〕徐松曰傳凡言去長安者四十九戶千五百七十口萬四千一百勝兵二千九百十二人輔國侯〔補注〕徐松曰西域置輔國侯者二十二國凡二十三人卻胡侯師古曰卻音丘略反其字從卩卩音節下皆類此〔補注〕徐松曰凡言卻胡擊胡者皆近匈奴之國焉耆與鄯善有卻胡侯疏勒龜茲有擊胡侯龜茲有卻胡都尉卻胡君危須焉耆有擊胡都尉危須又有擊胡君鄯善都尉〔補注〕徐松曰西域置都尉者三十一國惟此與精絕繫國名爲官擊車師都尉〔補注〕徐松曰西域凡置二人一在龜茲左右且渠〔補注〕徐松曰此因匈奴官名匈奴傳注且音子餘反分左右爲二人擊車師君各一人〔補注〕徐松曰西域凡置二人一在焉耆益鄯善龜茲焉耆皆近車師譯長二人〔補注〕徐松曰西域凡置三十九人猶今之通事凡譯長二人者蓋亦分左右案諸國官皆用其國人爲之而佩漢印綬猶今之回部伯克第官制亦非定於一時鄯善之名定於元鳳其前不得有鄯善都尉車師破於宣帝時其後不得有擊車師之稱西北去都護治所千七百八十

五里補注徐松曰即烏壘城也凡傳言去都護治者五十一國至山國千三百六十五里師古曰此國山居故名山國也補注王念孫曰案山國當作墨山國寫者脫墨字漢紀及後漢書西域傳作山國皆後人依顏本漢書改之河水注抒泥城西北去烏壘千七百八十五里上文云都護治烏壘城至墨山國千八百六十五里本傳八作三未知孰是西北去車師千八百九十里皆本此傳墨山山名也因以爲國名若但云山國則不知爲何山矣而師古云此國山居故名山國則曲爲之說也下文山國王同先謙曰辨見山國王下西北至車師千八百九十里補注徐松曰其地相接故漢每使樓蘭擊車師地沙鹵少田補注徐松曰佛國記鄯善國其地崎嶇薄瘠寄田仰穀旁國師古曰寄於它國種田又糴旁國之穀也仰音牛向反補注徐松曰蓋寄田且末國出玉補注徐松曰今未聞多葭葦檉柳胡桐白草孟康曰白草草之白者胡桐似桑而多曲師古曰檉柳河柳也今謂之赤檉白草似莠而細無芒其乾孰時正白色牛馬所嗜也胡桐亦似桐不類桑也蟲食其樹而沫出下流者俗名爲胡桐淚言似眼淚也可以汗金銀也今工匠皆用之流俗語訛呼淚爲律檉音丑成反補注宋祁曰注文工字別本作匠沈欽韓曰嶺表錄異胡桐淚出波斯國是胡桐樹脂也象胥錄撒馬兒罕貢物有胡桐鹼七十一西域錄云胡桐譯言柴也其樹徧滿沙灘不任器用僅可取作燒柴夏日炎蒸其津液自樹杪流出凝如琥珀者爲胡桐淚自樹身流出色白如粉者名胡桐鹼徐松曰此數種徧西域有之不獨鄯善說胡桐形狀孟說爲近淚者樹之汁非必蟲食

其性大寒治口齒可已馬疾白草顏說是春發新苗與諸草無異冬枯而不萎高三四尺性至堅韌以之織物其用如竹惟哈喇沙爾城東特伯勒古地產者最堅實心可爲箸汪校本銀下無也字今字民隨畜牧逐水草補注徐松曰魏書地多沙鹵少水草有驢馬多橐它師古曰它古他字也音徒何反能作兵與婼羌同初武帝感張騫之言甘心欲通大宛諸國補注先謙曰詳騫傳使者相望於道一歲中多至十餘輩樓蘭姑師當道苦之師古曰每供給使者受其勞費故厭苦之補注先謙曰胡注漢出西域有兩道南道從樓蘭北道從車師故二國當漢使空道攻劫漢使王恢等補注朱一新曰此與大行王恢別又數爲匈奴耳目令其兵遮漢使補注先謙曰並詳大宛傳漢使多言其國有城邑兵弱易擊補注徐松曰如騫傳言諸嘗使宛姚定漢等言宛兵弱漢兵不過三千人强弩射之即破宛之類於是武帝遣從票侯趙破奴將屬國騎師古曰屬國謂諸外國屬漢也補注徐松曰元狩二年置五屬國以處昆邪休屠降衆也先謙曰案官本注在姑師下也當作者及郡兵數萬擊姑師王恢數爲樓蘭所苦上令恢佐破奴將兵破奴與輕騎七百人先至補注徐松曰大宛傳作七百餘虜樓蘭王遂破姑師補注徐松曰功臣表王恢以捕得車師王侯是樓蘭車師二王皆破虜因暴兵威以動烏孫大宛之屬師古曰暴謂顯揚也補注徐松曰史記暴作舉動作困案是時惟大宛未通烏孫已與漢和親不得言舉兵困之漢書義長還封破奴爲浞野侯恢爲浩侯蘇林曰浩音昊於是漢列亭障至玉門矣補注徐松曰史記作酒泉列亭障至玉門言自酒泉郡列亭障至敦煌郡之玉門關也亭障者猶獼道有密艾亭廣至有昆侖障之類樓蘭既降服貢獻匈奴聞發兵擊之於是樓蘭遣一子質匈奴一子質漢後貳師軍擊大宛補注先謙曰據武紀廣利傳再出兵在太初三年匈奴欲遮之貳師兵盛不敢當即遣騎因樓蘭候漢使後過者欲絕勿通補注徐松曰因樓蘭者使漢不覺時漢軍正任文將兵屯玉門關補注徐松曰任文見匈奴傳是年擊右賢王救酒泉張掖者爲貳師後距師古曰後距者居後以距敵補注徐松曰距抵拒也說文無拒字依許義距當作歫捕得生口知狀以聞上詔文便道引兵捕樓蘭王將詣闕補注徐松曰太初二年漢以貳師將軍伐大宛使李陵將五校兵隨後見李廣傳任文之後距亦隨貳師軍後故便道至樓蘭簿責王師古曰以文簿一一責之簿音簿戶反補注先謙曰官本注戶上簿作步是對曰小國在大國閒不兩屬無以自安願徙國入

居漢地上直其言遣歸國師古曰以其言爲直亦因使候司匈奴補注先謙曰司官本作伺匈奴自是不甚親信樓蘭征和元年樓蘭王死國人來請質子在漢者欲立之質子常坐漢法下蠶室宮刑故不遣報曰侍子天子愛之不能遣其更立其次當立者樓蘭更立王補注徐松曰即傳所謂後王漢復責其質子補注徐松曰據下傳文立王弟尉屠耆在漢者傳介子傳作前太子質在漢者即尉屠耆亦遣一子質匈奴補注徐松曰即安歸也後王又死匈奴先聞之遣質子歸得立爲王師古曰匈奴在漢前聞樓蘭王死故即遣質子還也漢遣使詔新王令入朝天子將加厚賞樓蘭王後妻故繼母也補注徐松曰樓蘭用匈奴俗謂王曰先王遣兩子質漢皆不還補注徐松曰據此則安歸尉屠耆於後王爲昆弟故水經注亦稱尉屠耆爲前王質子奈何欲往朝乎王用其計謝使曰新立國未定願待後年入見天子然樓蘭國最在東垂近漢當白龍堆乏水草補注徐松曰案即今噶順沙積千餘里無水草先謙曰後魏書樓蘭北即白龍堆常主發導補注徐松曰大宛傳爲發導譯抵康居索隱發導謂發譯令人導引負水

儋糧送迎漢使補注徐松曰今經沙漠者皆預儲糧水韋昭齊語注背曰負肩曰儋又數爲吏卒所寇懲艾不便與漢通師古曰艾讀曰乂補注徐松曰淮陽憲王欽傳懲艾霍氏顏注艾創也後復爲匈奴反間師古曰間音居莧反數遮殺漢使補注徐松曰傳介子傳樓蘭王殺漢使者衞司馬安樂光祿大夫忠期門郎遂成三輩其弟尉屠耆降漢具言狀補注徐松曰匈奴謂賢曰屠耆葢以匈奴語爲名久在漢故曰降王先愼曰尉屠耆質於漢不得歸而匈奴遣其兄安歸立爲君故遂降漢耳徐謂久在漢故曰降非也元鳳四年大將軍霍光白遣平樂監傅介子往刺其王補注徐松曰詳介子傳平樂監功臣表作平樂廄監介子輕將勇敢士齎金幣揚言以賜外國爲名既至樓蘭詐其王欲賜之王喜與介子飲醉將其王屏語補注先謙曰屏人私語壯士二人從後刺殺之貴人左右皆散走介子告諭曰王負漢罪天子遣我誅王當更立王弟尉屠耆在漢者漢兵方至毋敢動自令滅國矣介子遂斬王嘗歸首師古曰嘗歸者其王名也昭紀言安歸今此作嘗歸紀傳不同當有誤者補注徐松曰介子傳兩見皆作安歸或因詔有安歸嘗爲匈奴間候之語連文致誤馳傳詣闕師古曰傳音張戀反縣首

北闕下補注徐松曰北闕未央宮之北門在北司馬門之北匈奴傳南越王頭已縣於漢北闕下而陳湯傳言斬郅支首縣頭槀街蠻夷邸間黃圖以蠻夷邸在長安城內或槀街卽北闕下之街封介子爲義陽侯乃立尉屠耆爲王更名其國爲鄯善補注徐松曰說文鄯善西胡國也段玉裁云此時初製鄯字周壽昌曰後漢西域傳無樓蘭國名班超傳亦然而班勇傳云勇至樓蘭以鄯善歸附河水注云行貳師將軍索勱將兵千人至樓蘭屯田又云召鄯善龜茲焉耆云云是國號更新地名向存其舊也爲刻印章補注徐松曰衞宏漢舊儀曰匈奴單于黃金印槖駝紐文曰章此葢寵異之比於單于周壽昌曰舊儀所說恐誤非兩漢制也匈奴傳宣帝甘露三年賜呼韓邪單于黃金璽盭綬又曰漢賜單于印言璽不言章又無漢字諸王以下乃有漢言章自王莽遣將維璽後始改用印章又曰更始二年冬漢遣中郎將等使匈奴授單于舊制璽綬後書和帝紀永光四年遣大將軍耿夔授北匈奴單于於渠鞮璽綬則仍用璽不用印此之印章特比之匈奴諸王非比單于也賜以宮女爲夫人備車騎輜重師古曰重音直用反丞相率百官送至橫門外孟康曰橫音光補注先謙曰官本相下有將軍二字引宋祁曰湻化本作丞相將軍百官景德監本及浙本作丞相率百官無將軍字今越本作丞相將軍率百官錢大昭云閩本作丞相將軍無率字南監本丞相下有將軍率三字王先愼云御覽四夷部引有將軍二字祖而遣之師古曰爲設祖道之禮也王自請天子曰身在漢久

今歸單弱而前王有子在恐爲所殺補注徐松曰通考引殺作拒國中有伊循城補注徐松曰馮奉世傳使大宛經鄯善伊脩城脩循二字相亂河水注河水逕伊循城北又東注澤澤在扜泥城是伊循在樓蘭國西界其地肥美願漢遣一將屯田積穀補注先謙曰官本二作一是令臣得依其威重於是漢遣司馬一人吏士四十人田伊循以塡撫之師古曰塡音竹刃反其後更置都尉補注徐松曰都尉秩尊於司馬此漢官與鄯善都尉異伊循官置始此矣補注徐松曰河水注言鄯善國治伊循城葢以地肥美從都之鄯善當漢道衝西通且末七百二十里補注先謙曰唐書西域傳古且末東行又千里至古樓蘭則不止七百二十里自且末以往補注徐松曰且末以西入今和闐境皆種五穀土地草木畜產作兵略與漢同有異乃記云

且末國補注先謙曰後書云出玉門經鄯善至且末又云且末爲鄯善所併後國復立梁書稱末國魏書仍稱且末西域圖考云且末在尉犂之南今淪爲戈壁唐辨機西域記云于窴東行入流沙沙礫流漫行人迷路莫知所指行四百餘里至覩貨邏故國從此東行六百餘里至折摩馱那故國卽沮末城也城郭巋然人烟斷絕從此東行千餘里至納縛波國卽樓蘭也是知沙磧二

千里國久空無晉法顯經行已繞道僞彝國鄯鄯魏宋雲所見有左末城且末捍麼三城至唐康豔典築城樓蘭開鎮且末今亦不知何在矣河水注南河自精絕國來東逕且末國北又東右會阿耨達大水西域記曰阿耨達大山西北有大水北流注牢蘭海者也南河下入鄯善國阿耨達大水北流逕且末南山又北逕且末城西又東北流逕且末北又流而左會南河董祐誠水經圖說云隋志且末郡在古且末城有且末水唐志渡且末河至且末城葢皆指阿耨達大水以此注推之當在唐蒲昌海西南大戈壁中今自和闐以東塔里木河之南藏北山之北東至青海西北境數千里水皆流入沙中別無大川左會塔里木河者以理推之流沙之地古今互易漢代城郭元奘西域記唐時已爲無人之境今則唐代諸鎮城並淪沙磧水泉之匯爲淖爾者以十數皆潛行入沙矣王治且末城補注先謙曰後魏西域傳同去長安六千八百二十里補注徐松曰且末至鄯善七百二十里鄯善至長安六千一百里故且末去長安六千八百二十里其去陽關當二千三百二十里戶二百三十口千六百一十勝兵三百二十人補注徐松曰漢紀以爲小國輔國侯左右將補注徐松曰西域置左右將者十九國凡四十人譯長各一人西北至都護治所二千二百五十八里北接尉犂補注徐松曰且末北界且末河葢與尉犂以河爲界尉犂云南接鄯善且末是尉犂在且末東北界南至小宛可三日行補注徐松曰張騫傳注云不知其道里多少故以日數言之案傳有

言馬行若干日者此當爲步行據小宛去長安里數則且末至小宛三百九十里是步行可三日也有蒲陶諸果西通精絶二千里〔補注〕徐松曰俗本作三千案下精絶國言去長安八千八百二十里則且末通精絶正二千里也魏書云且末西北方流沙數百里夏日有熱風爲行旅之患風之所至唯老駝豫知之卽鳴而聚立埋其口鼻於沙中人每以爲候亦卽將氈擁蔽鼻口其風迅駛斯須過盡若不防者必至危斃是卽通精絶之路也

小宛國〔補注〕先謙曰後書云小宛爲鄯善所并後復立魏志注西戎傳三國時屬鄯善後無攷王治扜零城師古曰扜音烏去長安七千二百一十里〔補注〕徐松曰去陽關當二千七百一十里戶百五十口千五十勝兵二百人輔國侯左右都尉各一人〔補注〕徐松曰西域置左右都尉者十九國凡四十八人西北至都護治所二千五百五十八里〔補注〕徐松曰以在且末南故遠三百里東與婼羌接辟南不當道師古曰辟讀曰僻下皆類此〔補注〕徐松曰戎盧于闐難兜三國皆云南接婼羌而此與渠勒獨言東西者蓋小宛渠勒二國所據之山谷近於南其實羌包有南山此亦當云南也

精絶國〔補注〕先謙曰後書云出玉門經鄯善且末至精絶又云精絶爲鄯善所并後復立魏志注三國時屬鄯善水經圖說云當在今和闐極東大戈壁中河水注南河自扜彌國來東逕精絶國北下入且末國王治精絶城去長安

八千八百二十里〔補注〕徐松曰去陽關當四千三百二十里戶四百八十口三千三百六十勝兵五百人〔補注〕徐松曰漢紀以爲小國精絶都尉左右將譯長各一人北至都護治所二千七百二十三里〔補注〕徐松曰河水注南河又東逕精絶國北傳又言渠犂南接精絶是精絶北境以河爲界過河卽渠犂與都護治南至戎盧國四日行地阸陿〔補注〕徐松曰說文阸下云塞也陝下云隘也陋下云阸陝也是漢時有此語西通扜彌四百六十里師古曰扜音烏〔補注〕徐松曰不言東者與且末互文見義案龜茲云東南接且末南接精絶渠犂亦曰東南接且末南接精絶渠犂西至龜茲五百八十里是知精絶國境東西長也

戎盧國〔補注〕先謙曰後書云戎盧爲鄯善所并後復立魏志注三國屬于闐西域圖考云在渠勒之東今淪爲戈壁王治卑品城去長安八千三百里〔補注〕徐松曰去陽關當三千八百里戶二百四十口千六百一十勝兵三百人〔補注〕徐松曰漢紀以爲小國傳凡無官之國十三僻遠國小故所不具車師都尉及後城長不爲國故亦無官東北至都護治所二千八百五十八里東與小宛南與婼羌西與渠勒接辟南不當道〔補注〕徐松曰傳言不當道之國三皆與婼羌相屬

扜彌國〔補注〕徐松曰史記作扜冞索隱曰扜冞國名也案扜卽扜字之訛彌冞音同先謙曰後書有傳改號拘彌又云出玉門經鄯善且末精絶三千餘里至拘彌又見莎車傳下三國時屬于寘見魏志注晉時號拘睒彌見釋法顯佛國記唐稱憍賞彌見大唐西域記又作俱密卽拘彌之變字也見唐書西域傳河水注南河自于闐國來東北逕扜彌國北下入精絶國案于闐下南北河已合矣此引酈注仍南北分敘亦便尋檢左右諸國疆域西域水道考云于闐河合蔥嶺南北河而東流克勒底雅河從南來注之水出克勒底雅山北流逕和闐屬之克勒底雅城東西域記云瞿薩旦那城東南百餘里有大河西北流卽此河也唐書云于闐東三百里有建德力河東有建德力城亦曰拘彌城卽寧彌故城今河在城東城郭遷移不足爲異河北流三百里入大河王治扜彌城去長安九千二百八十里〔補注〕徐松曰扜彌至精絶四百六十里精絶至長安八千八百二十里故扜彌去長安九千二百八十里也去陽關當四千七百八十里戶三千三百四十口二萬四十勝兵三千五百四十人〔補注〕徐松曰漢紀以爲次大國輔國侯左右將左右都尉左右騎君各一人〔補注〕徐松曰西域置騎君者十一國二十一人譯長二人東北至都護治所三千五百五十三里南與渠勒東北與龜茲西北與姑墨接師古曰龜音丘茲音慈西通于闐三百九十里〔補注〕徐松曰集解引徐廣曰漢紀拘彌去于寘

三百里先謙曰後書及河水注與此同今名寧彌〔補注〕先謙曰官本考證云案此孟堅自据作史時言也後書拘彌國王居寧彌城

渠勒國〔補注〕先謙曰後書云渠勒爲于寘所統後復立魏志注三國時屬于寘西域圖考云今淪爲戈壁王治韃都城師古曰韃音居言反去長安九千九百五十里〔補注〕徐松曰去陽關當五千四百五十里戶三百一十口二千一百七十勝兵三百人〔補注〕徐松曰漢紀以爲小國東北至都護治所三千八百五十二里東與戎盧西與婼羌北與扜彌接〔補注〕徐松曰不言南者戎盧在東于闐在西皆南接婼羌此南亦婼羌可知

于闐國〔補注〕先謙曰後漢有傳亦見魏志注晉梁後魏周隋後晉漢宋明紀傳皆作于闐或作于寘唐書西域傳于闐或曰瞿薩旦那亦曰渙那曰屈丹北狄曰于遁諸胡曰豁旦今爲和闐直隸州王治西城〔補注〕徐松曰後魏書云其地方亘千里連山相次所都城方八九里新唐書其居曰西山城去長安九千六百七十里〔補注〕徐松曰于闐去扜彌三百九十里扜彌去長安九千二百八十里故于闐去長安九千六百七十里也去陽關當五千一百七十里戶三千三百口萬九千三百勝兵二千四百人〔補注〕徐松曰漢紀以爲次大國案新唐書言勝兵四

千人蓋其時並有戎盧扜彌渠勒皮山五國地故兵強也**輔國侯**補注徐松曰後書西域傳有輔國侯仁**左右將左右騎君東西城長**補注徐松曰後魏書于闐部內有大城五又云城東有大水城西亦有大水然則于闐所治之西城爲今額里齊城其東城或玉隴哈什城歟東西城長蓋分治之**譯長各一人東北至都護治所三千九百四十七里**補注徐松曰後魏書東去鄯善千五百里**南與婼羌接**補注徐松曰後魏書于闐在蔥嶺之北二百餘里今之雪山婼羌蓋在南山中也**北與姑墨接**補注徐松曰今南北二河皆遝和闐北界姑墨在北河之北也後魏書北去龜茲千四百里**于闐之西水皆西流注西海**補注徐松曰西域記言覩貨邏國南北千餘里東西三千餘里東扼蔥嶺西接波剌斯南大雪山北據鐵門縛芻大河中境西流案大雪山在于闐南山之南又東扼蔥嶺是覩貨邏地在蔥嶺西南縛芻在其中境正當蔥嶺西矣先謙曰河水注西域記曰蜺羅跂禘出阿耨達山之北西遝于闐國漢書西域傳曰于闐之西水皆西流注西海蜺羅跂禘水下入安息水經圖說云蔥嶺西流入海之水盤曲山中其西北入達里岡阿鄂謨者北流較近與安息入海之水文不合今巴達克山南有水出雅布塔爾西流東南合厄爾古水又西屈東流合達里木水皆出蔥嶺中三水合而西流科克倫回部西南又西遝哈扎爾巴什紅帽回部南南合一水西北流又南合一大水又西北遝布哈爾部落西南又北流入騰吉斯鄂謨與北注西流之河較合騰吉斯鄂謨周圍數千里疑即雷翥海蓋其時突厥西境至此合西域傳與酈注證之休循爲今巴達克山北境難兜爲其南境痕都斯坦北境爲罽賓科克倫諸部落爲大月氏布哈爾諸部落爲安息也又云蔥嶺西流之水南合二水其源出和斯替恒占諸部落皆不遝于闐于闐西南二面蔥嶺環帶亦無西流之水蜺羅跂禘無可指證**其東水東流注鹽澤河原出焉**蘇林曰即中國河也補注先謙曰河水注南河自皮山國來東與于闐河合又東遝于闐國北漢書西域傳曰于闐已東水皆東流南河下入扜彌國于闐河出于闐南山仇摩置北流遝于闐國西又西北流注於南河西域水道記云于闐河二源西源曰哈喇哈什河東源曰玉隴哈什河俱自南山出東北流各百里後魏書云于闐城東二十里有大水北流號樹枝水後周書作樹拔水北史作首拔河即黃河也一名計式水城西五十五里上五字衍周書北史作城西十五里亦有大水名達利水與樹枝水會俱北流蓋樹枝即東源達利爲西源矣一過和闐額里齊城東一過城西北各東流二百餘里而合於額克里雅爾回語額克里不正也地形不正且臨水故名名于闐河又東北遝卡搭里齊山之東又東北遝塔克三克爾之東又東北遝巴什博克巴之東地皆沙磧凡四百餘里合於南河水經圖說云南河今葉爾羌河也和闐河回語爲和闐達里雅今葉爾羌河右合和闐河即左與北河會通爲塔里木河而注敘南河合北河在合且末水之下與今水道不合蓋塔里木河所經皆戈壁沮洳之地水道或有改易矣**多玉石**師古曰玉石玉之璞也一曰石之似玉也補注先謙曰西域水道記云梁書西南夷傳有于闐玉河高居誨使于闐記云于闐河分爲三東曰白玉河西曰綠玉河又西曰烏玉河張匡鄴行程記云白玉河在城東三十里綠玉河在城西二十里烏玉河在綠玉河西七里其源雖一其玉隨地而變據斯以言白者玉隴綠者哈喇烏者爲阜窪勒軍臺東之阜窪勒河未聞出玉差爲異矣又云唐西域記言產白玉鷖玉今和闐采玉皆於水所采皆璞顏前說是先謙案官本注無玉石二字**西通皮山三百八十里**補注徐松曰唐西域記斫句迦國東八百餘里爲于闐後魏書蒲山國在于闐南疑南爲西之訛

皮山國補注先謙曰後書云皮山爲于闐所統後復立亦見于寶德若傳下後魏書作蒲山屬于闐河水注南河自蒲犂國來東遝皮山國北下入于闐國水經圖說云唐書地理志于闐西南三百八十里有皮山城當在今葉爾羌之東南和闐之西**王治皮山城**補注徐松曰後魏書蒲山國居皮城是皮山城亦曰皮城先謙曰西域圖考云自皮山國始上蔥嶺今噶勒察回之乾竺特部東境也宋雲言自子合始上蔥嶺今以輿圖考之僧格喀巴布山當和闐正南西北趣千六百餘里發爲齊齊里克嶺喀什塔什嶺又西爲和什庫珠克嶺噶喀喇庫勒所發也則于闐之西鄙是大山蓋蔥嶺所該者廣宋雲之言指其至高者耳自此南西諸國皆在蔥嶺中矣**去長安萬五十里**補注徐松曰于闐去長安九千六百七十里皮山去于闐三百八十里故去長安一萬零五十里也去陽關當五千五百五十里**戶五百口三千五百勝兵五百人**補注徐松曰漢紀以爲小國**左右將左右都尉騎君譯長各一人東北至都護治所四千二百九十二里西南至烏秅國千三百四十里**鄭氏曰烏秅音鷃拏師古曰烏音一加反秅音直加反急言之聲如鷃拏耳非正音也補注徐松曰顏讀烏爲鴉鴉與鷃雙聲字皮山去都護四千二百九十二里烏秅去都護四千八百九十二里是烏秅遠於皮山僅六百里此言兩國相去千三百四十里疑有誤**南與天篤接**補注先謙曰張騫傳作身毒李奇注一名天篤浮屠胡是也後漢桓紀作天竺杜篤傳作天督魏志注三國時屬大月氏亦見晉宋齊梁陳北魏唐宋紀傳中北天竺見梁書西南天竺見後魏書五天竺見唐書又云天竺或曰摩伽佗曰婆羅門宋史亦稱東印度明史榜葛剌則東印度也西域記云或曰賢豆今從正音宜云印度皮山南即天竺隔雪山不通行**北至姑墨千四百五十里**補注徐松曰河水注河水自蒲犂國東遝皮山國北亦與姑墨以河分界也**西南當罽賓烏弋山離道**補注徐松曰後魏書蒲山國西南三里有凍淩山案子合云東接皮山西接烏秅罽賓云東至烏秅西南接烏弋山離是由皮山至罽賓必先經子合與烏秅不言者略也**西北通莎車三百八十里**補注徐松曰子合云北接莎車子合在皮山之西故皮山西北通莎車

烏秅國補注先謙曰後書德若傳下云自皮山西南經烏秅涉懸度後魏爲權於摩國見西域傳唐爲烏篤通典烏篤在中天竺　南一云烏荼見大唐西域記篤荼皆秅之同音變字　皇淸通考云當今巴達克山地在蔥嶺西**王治烏秅城**補注劉敞曰秅當作秅**去長安九千九百五十里**補注徐松曰皮山之去長安已萬五十里烏秅遠於

皮山不容去長安反近疑有誤戶四百九十口二千七百三十三勝兵七百四十人補注徐松曰漢紀以爲小國東北至都護治所四千八百九十二里北與子合蒲犂補注徐松曰蒲犂云南接子合是蒲犂又在子合北西與難兜接補注徐松曰縣度亦在國西或與難兜爲界歟山居田石間補注徐松曰河水注作佃于石壁間唐西域記達摩悉鐵帝國在兩山間堆埠高下沙石流漫寒風淒烈雖植麥豆少樹林乏花果有白草補注徐松曰後書云西夜國生白草有毒國人煎以爲藥傳箭鏃所中卽死案此非鄯善國之白草故別言之累石爲室補注沈欽韓曰卽今之碉房後書西南夷傳謂之邛籠民接手飲師古曰自高山下谿澗中飲水故接連其手如蝯之爲出小步馬孟康曰種小能步也師古曰此說非也小細也細步能蹀足卽今所謂百步千跡者也豈謂其小種乎補注沈欽韓曰孟說是也明史西域傳納失者罕馬有數種最小者高不過三尺蓋小步馬師古云百步千跡者史傳所未見徐松曰依顏說今俗謂之碎走但馬之能步驟各有不同豈一國所出盡能如一案唐西域記言此多出善馬馬形雖小而耐馳涉則孟說不爲非也先謙曰官本注細步下有言其二字有驢無牛其西則有縣度師古曰縣繩而度也縣古懸字耳補注先謙曰河水注引郭義恭曰烏秅之西有縣度之國山谿不通引繩而度故國得其名也又云釋法顯又言度河便到烏長國烏長國卽是北天竺佛所到國也先謙案烏長疑卽烏秅音近字異也去

陽關五千八百八十八里補注徐松曰陽關之與都護相去二千餘里而此縣度去陽關都護道里差相似者蓋縣度與陽關皆偏南故雖遠而路徑直也去長安當一萬三百八十八里去都護治所五千二百里補注徐松曰據此文是烏秅城至縣度山一百二十八里縣度者石山也補注沈欽韓曰魏書阿鉤羌國在莎車西南有縣度山其間四百里中往往有棧道人行以繩索相持而度因以名之釋法顯西域傳曰度葱嶺已入北天竺境於此順嶺西南行十五日其道艱阻崖岸險絕其山惟石壁立千仞臨之目眩下有水名新頭河通典遙底延國理辛頭河北昔人有鑿石通路施倚梯者凡度七百梯遞輿隴羅伊羅在烏荼國北大雪山坡上緣梯登山接七百梯方到其國度已躡懸緪過河河兩岸相去咸八十步九譯所絕漢之張騫甘英皆不至也酈道元云卽罽賓之境郭義恭曰烏秅之西有懸度之國案罽賓正是漢所往來何云張騫未至乎通典云今案懸度葱嶺迤邐相屬鄯置所絕道阻且長故行人由之莫能分別然法顯宋雲所經卽懸度山也徐松曰石山通典引作名山云在渴槃陀國南四百里谿谷不通補注徐松曰谿谷御覽引作谷磎㠯繩索相引而度云西夜國王號子合王補注先謙曰後書西夜一有傳云一名漂沙漢書中誤云西夜子合是一國今各自有王亦見莎車傳下徐松云考傳文依耐無雷烏秅言子合不言西夜莎車言西夜不言子合此傳亦明言西夜與胡異復別言子合出玉石截然爲二國惟蒲犂下兼言西夜子合而河水注所引仍無西夜二字且漢書之例固有連言二國者如烏弋山離云與黎軒條

支接尉犂山國云與鄯善且末接豈以文義相屬遂指爲一國乎此傳所言地理證以他書皆是子合之事蓋漢書西夜國王號子合王下有戶口兵數及四至之文傳本奪爛因以號子與子合牽連爲一范氏之論爲不察矣後魏書云其王號子治呼犍是號子者其王之稱徐氏管城碩記云西夜國王號爲句子合王治呼犍谷爲句是猶未考後魏書也周壽昌云兩國雖共壤實一行國一土著班並未誤爲一國范偶未審耳本書各國俱未稱王名何獨西夜有號子之稱後魏書云悉居半國故西夜國也一名子合其王號子治呼犍谷是西夜子合已併一國號子或當魏時國王之名相去數百年不得引此作證先謙案後書又云自于窴經皮山至西夜子合德若魏志注三國時西夜屬疏勒子合見佛國記後魏唐時爲朱居槃亦爲朱俱波並見西域傳併有西夜蒲犂依耐德若四國地西域圖考云西夜在皮山西今乾竺特之西境宋雲往天竺由皮山取道於此子合在西夜西櫧賭酘今噶勒察冏之博洛爾部南境治呼犍谷師古曰犍音鉅言反補注徐松曰後書犍作鞬佛國記子合南行四日入葱嶺山新唐書子合在葱嶺北三百里是呼犍爲葱嶺中谷名去長安萬二百五十里補注徐松曰去陽關當五千七百五十里戶三百五十口四千勝兵千人補注徐松曰漢紀以爲小國東北到都護治所五千四十六里東與皮山補注徐松曰佛國記法顯自于闐行二十五日到子合國蓋于闐西通皮山由皮山以達子合西南與烏秅北與莎車補注徐松曰後魏書渠沙國居故莎車城在子合西北西與蒲

犂接補注徐松曰蒲犂言南接子合則此爲西北也蒲犂反依耐無雷國師古曰耐音奴代反補注錢大昭曰反當作及閩本不誤先謙曰官本反作及皆西夜類也補注徐松曰五國同類故壤相接西夜與胡異補注徐松曰臣瓚武紀注渠犂西域胡國名是漢時名西域爲胡故後書梁冀傳馬援傳皆稱西域賈胡說文謂之西胡段氏云說文西胡凡三見言西胡以別匈奴之北胡其種類羌氏行國師古曰言不土著也補注徐松曰商頌箋氐羌夷狄國在西方者蓋羌與氐爲一隨畜逐水草往來而子合土地出玉石補注徐松曰特言之以別西夜蒲犂國補注先謙曰後書云莎車國西經蒲犂漢後無考河水注南河自依耐國來東逕蒲犂國北下入皮山國水經圖說云在今英吉沙爾葉爾羌之閒分流之水當自此東流至葉爾羌合葉爾羌河王治蒲犂谷補注徐松曰蓋亦葱嶺谷先謙曰西域圖考云在今乾竺特部北境去長安九千五百五十里補注徐松曰去陽關當五千五十里戶六百五十口五千勝兵二千人補注徐松曰漢紀以爲小國東北至都護治所五千三百九十六里補注徐松曰蒲犂由莎車至都護治當作二千三百一十二里東至莎車五百四十里補注徐松曰子合云西接蒲犂北接莎車此云東至莎車蓋東北也五當作七北至疏勒五

百五十里，補注徐松曰：疏勒在莎車北，蒲犂在莎車西，故得北至疏勒。南與西夜子合接，補注徐松曰：河水注引無西夜二字。西至無雷五百四十里，補注徐松曰：蒲犂在無雷東北，西下當奪南字。侯、都尉各一人。寄田莎車。補注徐松曰：蓋越依耐以耕。種俗與子合同。補注徐松曰：上言蒲犂類西夜，此言種俗同子合，互文見義。

依耐國，補注先謙曰：魏志注三國時屬疏勒，今爲英吉沙爾直隸廳。河水注：南河自無雷國來東流逕依耐國北，下入蒲犂國。水經圖說云：當在今英吉沙爾南界中。西域圖考云：今薄洛爾北境。西夜、子合、蒲犂、依耐，唐爲朱俱波國。王治補注王念孫曰：案上文皆言某國王治某城，此下不言某城者，闕文。去長安萬一百五十里。補注徐松曰：去陽關當五千六百五十里。戶一百二十五，口六百七十，勝兵三百五十人。補注徐松曰：漢紀以爲小國。東北至都護治所二千七百三十里，補注徐松曰：依耐由蒲犂至都護治，當作二千五百餘里。至莎車五百四十里，補注徐松曰：依耐北接疏勒，莎車西接疏勒，是莎車在依耐東北，故蒙上爲文。至無雷五百四十里，補注徐松曰：依耐南接子合，子合西南接烏秅，西接難兜，難兜西至無雷，是無雷在依耐西南，傳文奪之。無雷距蒲犂五百四十里，依耐在二國適中，里數疑有誤。北至疏勒六百五十里，補注徐松曰：河水注河水自無雷東流逕依耐國北，是與疏勒以河爲界。南與子合接，俗相與同。師古曰：與子合同風俗也。少穀，寄田疏勒、莎車。補注徐松曰：東北二境與二國接壤，故得寄田。

無雷國，補注先謙曰：後書云莎車國西經蒲犂至無雷，漢後無攷。河水注：河水自蔥嶺分源[illegible]東逕迦舍羅國，逕岐沙谷，出谷分爲二水，一水東流逕無雷國北，是爲南河，下入依耐國。水經圖說云：迦舍羅國當在今喀什噶爾極西蔥嶺中。大唐西域記稱噶盤陀國大厓東北至奔穰舍羅，當即迦舍羅矣。無雷當今西布魯特部落之南、博羅爾部落之北、喀什噶爾西邊地，分流之水當即傍山東南流逕其北也。西域圖考云：國在依耐西，今噶勒察同之八達克山東北境也，蔥嶺之脊，其南爲唐喝盤陀國。西域水道考云：葉爾羌河二源，西源出喀楚特城南大山，東北流逕塞勒庫勒莊齊齊克里克嶺水注之，又東爲托里布隆河，又東南流折而東北，又折而西北，凡數百里逕密爾岱山北，即玉山也。河水又折而東北流逕英額齊盤山，爲澤勒普善河，又東北流逕葉爾羌城南，又東北洿爲洗泊，水草之交，是爲黑水，同入稱曰喀喇烏蘇，又東北與東源會。東源出庫克雅爾山，在和闐西與其南山屬，水北流至沙圖城北分爲二，行百八十里復合，東行百里爲聽雜阿布河。唐書于闐西五十里有葦關，又西經瀚海，西北渡繫館河，或即聽雜阿布歐河。水又東北爲哈爾噶里克河，又東北爲沁達勒河，又東北至葉爾羌城東二百里之莫克里特莊西，與西源會，是爲蔥嶺南河。王治盧城，補注王念孫曰：此本作無雷國王治無雷城，猶之且末國王治且末城，精絕國王治精絕城也。隸書盧字作盧，其上半與雷相似，故雷譌作盧，[illegible]又脫無字耳。御覽四夷部十八引此正作無雷城。周壽昌曰：河水注一水東流逕無雷國北，治盧城，與此書合。與其遷就其說以從御覽，何如徑據水經注之爲愈也。去長安九千九百五十里。補注徐松曰：去陽關當五千四百五十里。戶千，口七千，勝兵三千人。補注徐松曰：漢紀以爲小國。東北至都護治所二千四百六十五里，補注徐松曰：無雷由依耐、蒲犂至都護治，當作二千八百五十二里。南至蒲犂五百四十里，補注徐松曰：無雷之東爲難兜，難兜之東爲烏秅，烏秅之北爲蒲犂，在無雷東北，當蒙上東北爲文，南字衍也。南與烏秅、補注徐松曰：烏秅境蓋與婼羌犬牙相錯，故得越難兜而接無雷。北與捐毒、西與大月氏接。師古曰：捐毒即身毒、天篤也，本皆一名，語有輕重耳。補注齊召南曰：案天篤即天竺也。下文罽賓傳曰塞種分散，往往爲數國。師古曰：塞種即所謂釋種者也，蓋即浮屠氏國。其種分散遍於諸國，故又云自疏勒以西北休循、捐毒之屬皆故塞種。後書傳之天竺，即此傳之捐毒，而後世又曰印度國也。徐松曰：捐毒在蔥嶺東，爲今布魯特地；身毒在南山南，爲五印度地。二國絕遠，顏比而同之，斯爲誤矣。水經注亦誤以身毒爲捐毒。衣服類烏孫，俗與子合同。補注徐松曰：不言寄田者，去莎車、疏勒遠。

難兜國，補注先謙曰：後漢以下不見於史。河水注：西河自休循國來，西逕難兜國北，下入罽賓國。西域圖考云：國在蔥嶺西，再西出蔥嶺則大月氏界也，今巴達克山部西境。王治補注王念孫曰：不言治某城，闕文。王先慎曰：御覽四夷部引有難兜城三字。去長安萬一百五十里。補注徐松曰：去陽關當五千六百五十里。戶五千，口三萬一千，勝兵八千人。補注徐松曰：漢紀以爲次大國。東北至都護治所二千八百五十里，西至無雷三百四十里，補注先謙曰：難兜國境不與無雷接，董祐誠以爲此傳無雷誤字也。西南至罽賓三百三十里，補注先謙曰：河水注三十作四十。南與婼羌、補注劉奉世曰：案婼羌小國，最近陽關，去長安六千里耳，在都護之東；而此渠勒、于闐、難兜之類，去長安且萬里，東北行數千里乃至都護，安得與婼羌相接，必誤。徐松曰：通典云敦煌西域之南山中，從婼羌西至蔥嶺數千里，有月氏餘種，曰蔥茈羌、白馬羌、黃牛羌，各有酋豪，北與諸國接，皆不知其道里廣狹，蓋同爲羌種，故傳以婼羌目之，劉氏以爲誤，非也。先謙曰：西域圖考云婼羌西與且末接，而小宛、戎盧、渠勒、于闐、難兜皆南接婼羌，此不可解。十三州志云：婼羌國帶南山，西有蔥嶺，餘種或虜或羌，戶口甚多，強則分種爲豪酋，更相鈔暴。是知沿山布谷，種類實繁，其附近陽關止去胡來王一種，國無治所，又不列傳，諸傳亦未指明。後書西羌傳亦云濱于賜支，至于河首，綿地千里，南接蜀漢，但似未至難兜耳。北與休循、補注徐松曰：河水注言河水自休循又經難兜國北，是休循在難兜東北。西與大月氏接。補注徐松曰：難兜西至無雷，而二國皆西接大月氏，是無雷之北有大月氏境。種五穀、蒲

陶諸果有銀銅鐵作兵與諸國同屬罽賓補注徐松曰唐西域記烏刺尸國半笯蹉國曷邏闍補羅國無大君長皆役屬迦濕彌羅國王先愼曰御覽引銀上有金字**罽賓國**補注先謙曰後書德若傳下云自皮山西南經烏秅涉懸度歷罽賓魏志注三國時屬大月氏後魏唐仍爲罽賓隋爲漕國明爲撒馬兒罕又唐書箇失密傳箇失密或曰迦濕彌邏西域記迦濕彌邏國舊曰罽賓或當時分爲二國西域圖考云今爲阿富汗地朱一新云明史以賽馬爾堪爲罽賓非也賽馬爾堪在敖罕今爲布哈爾所并漢時屬大宛非罽賓徐松云舊唐書作在葱嶺南當以南爲是河水注西河自難兜國來西逕罽賓國北下入月氏國**王治循鮮城**補注徐松曰後魏書都善見城隋書都城方四里循鮮御覽引作脩鮮先謙曰唐書罽賓傳顯慶三年以其地爲脩鮮都督府冊府元龜亦云中宗神龍元年拜罽賓王脩鮮等十一州諸軍事脩鮮都督則作脩鮮者是脩循以形近譌也**去長安萬二千二百里**補注徐松曰去陽關當七千七百里**不屬都護戶口勝兵多**補注徐松曰隋書勝兵者萬餘人**大國也**補注徐松曰唐西域記迦濕彌羅國周七千餘里自古鄰敵無能攻伐**東北至都護治所六千八百四十里東至烏秅國二千二百五十里**補注徐松曰烏秅在難兜東難兜言東北而烏秅反言東者無雷言南接烏秅蓋難兜之南有烏秅地正在罽賓東境**東北至難兜國九日行**補注先謙曰上文云難兜至罽賓三百三十里則不須九日行九字蓋譌**西北與大月氏**補注徐松曰與大月氏中隔雪山**西南與烏弋山離接**補注徐松曰後魏書罽賓居在四山中其地東西八百里南北三百里**昔匈奴破大月氏大月氏西君大夏而塞王南君罽賓**師古曰君謂爲之君也塞音先得反補注徐松曰塞王大夏之王也案史記大夏在大宛西南二千餘里則罽賓在東不專於南**塞種分散往往爲數國**師古曰即所謂釋種者也亦語有輕重耳補注徐松曰張騫傳注塞西域國名即佛經所謂釋種者塞釋聲相近本一姓案梁荀濟論佛教表言漢書西域傳塞種本允姓之戎世居敦煌爲月氏迫逐遂往葱嶺南奔又謂懸度賢豆身毒天毒仍訛轉以塞爲種爲釋種說與顏別然考牟子書言孝明時夜夢神人身有日光明日傅問羣臣通人傅毅對曰臣聞天竺有道者號曰佛輕舉能飛身有日光殆將其神也於是遣羽林將軍秦景博士弟子王遵等十二人之大月氏國寫取佛經四十二部在蘭臺石室是釋氏之法實出於大月氏大月氏國即塞王故地也元和姓纂亦云塞姓天竺胡人之釋後即釋種也**自疏勒巳西北休循捐毒之屬皆故塞種也罽賓地平溫和有目宿**補注徐松曰史記大宛傳馬嗜苜蓿漢使取其實來案今中國有之惟西域紫花爲異**雜草奇木**補注徐松曰隋書漕國出安息青木等香石蜜半蜜黑鹽阿魏藥白附子一切經音義云鬱金出罽賓國**檀櫰梓竹漆**師古曰櫰音懷即槐之類也葉大而黑也補注徐松

曰顏以雅訓爲說案廣韻櫰下引山海經云中曲山有木如棠而圓葉赤實如木瓜食之多力則櫰別是一木惟玉篇云櫰槐別名後魏書載此文即作檀櫰是顏所本**種五穀蒲陶諸果糞治園田地下溼**補注徐松曰都城西臨信度大河故下溼**生稻**補注徐松曰食貨志注五穀謂黍稷麻麥豆是五穀不數稻故別言之王文彬曰稻宜下溼故別言之後烏弋山離亦云暑溼田稻而於五穀仍特別之**冬食生菜**補注徐松曰舊唐書其地暑溼草木凌寒不死**其民巧雕文刻鏤**補注徐松曰罽賓今痕都斯坦其地鏤玉有鬼工**治宮室**補注徐松曰隋書葱嶺山有順天神者儀制極華金銀鏤爲屋以銀爲地亦治宮室之事**織罽**補注徐松曰一切經音義引字林罽之方文者曰毦又引通俗文織文曰罽邪交曰毦案說文罽魚网也繝西胡毳布也則罽當作繝廣韻亦云繝氈類織毛爲之**刺文繡好治食**補注王念孫曰案治食二字義無所取通典邊防八治作理避高宗諱也則唐本漢書巳譌作治漢紀作好酒食是也下文大宛俗耆酒義與此同今本酒作治者涉上文治園田治宮室而譟**有金銀銅錫巳爲器市列**師古曰市有列肆亦如中國也補注王念孫曰通典同案市列上脫有字則文不成義漢紀作有市肆肆即列也徐松曰河水注罽賓土地和平無所不有金銀珍寶異畜奇物踰於中夏大國也**巳金銀爲錢文爲騎馬幕爲人面**張晏曰錢文面作騎馬形漫面作人面目也如淳曰幕音漫師古曰幕即漫耳無勞借音今所呼幕皮者亦謂其平而無文也補注徐松曰通雅云錢面錢幕幕謂背也故扁鵲傳爪幕謂按背穴王先愼曰今西洋銀錢猶沿其製**出封牛水牛象大狗沐猴孔爵**師古曰封牛項上隆起者也郭義恭廣志云罽賓大狗大如驢赤色數里搖靮以呼之沐猴即獼猴也補注錢大昭曰爾雅犦牛郭注即犎牛也領上肉犦胅起高二尺許狀如橐駝肉鞌一邊健行者日三百餘里今交州合浦徐聞縣出此牛徐松曰後書西域傳封牛一切經音義引作犎又云周成難字作犎音妃封反今有此牛形小膊上有犎王氏廣雅疏證云獼猴聲轉爲母猴說文曰爲母猴也又轉爲沐猴御覽引魏文帝與朝臣詔曰前于闐王所上孔雀尾萬枝文采五色罽賓近于闐故亦有之今囘疆有孔雀**珠璣珊瑚虎魄璧流離**孟康曰流離青色如玉師古曰魏略云大秦國出赤白黑黃青綠縹紺紅紫十種流離孟言青色不博通也此蓋自然之物采澤光潤踰於眾玉其色不恆今俗所用皆銷治石汁加以眾藥灌而爲之尤虛脆不貞實非眞物補注沈欽韓曰後魏書大月氏國人商販京師自云能鑄石爲五色瑠璃於是採礦山中於京師鑄之既成光澤乃美於西方來者乃詔爲行殿容百餘人光色映徹觀者見之莫不驚駭以爲神明所作然大月氏既曉鑄作之法則知本非自然之物徐松曰說文璣珠之不圓者一切經音義引字林璣小珠也廣雅虎魄生地中其上及旁不生草深者八九尺大如斛削去皮成虎魄如斗初時如桃膠凝堅乃成壁流離梵書作吠璢璃一切經音義舊言韗稠利夜亦言韗頭梨或云毗璢璃亦作鞞瑠璃皆梵音訛轉從山爲名韗頭梨山出此寶青色一切寶皆不可壞亦非烟焰所能鎔鑄唯有鬼神有道力者能破之爲物或云金翅鳥卵殼說文云珋璧珋石之有光

者也段氏謂璧珋卽此傳之璧流離漢武梁祠堂畫及吳國山碑皆有璧流離今本漢書注脫璧字讀者誤以璧與流離爲二物矣璧與吠音相近又案元應所說孟言青色蓋有據也先謙曰官本注洽作治疑是治字它畜與諸國同自武帝始通罽賓自㠯絕遠漢兵不能至其王烏頭勞數剽殺漢使師古曰剽劫也音頻妙反補注徐松曰據隋書其王姓昭武唐西域記云土俗輕僄烏頭勞死子代立遣使奉獻漢使關都尉文忠送其使補注先謙曰百官表關都尉武帝初置王復欲害忠忠覺之迺與容屈王子陰末赴補注徐松曰容屈王蓋其國小王如康居五王共合謀攻罽賓殺其王補注徐松曰所殺者烏頭勞之子通鑑注以爲殺烏頭勞非是立陰末赴爲罽賓王授印綬補注徐松曰蓋外國王惟漢立者有印綬後軍候趙德使罽賓與陰末赴相失師古曰相失意也陰末赴鎖琅當德師古曰琅當長鎖也若今之禁繫人鎖矣琅音郎補注王念孫曰案琅當上本無鎖字乃後人誤取注文加之也古者以鐵連環係罪人謂之琅當說文作銀鐺云瑣也鏁鈷琅當德卽鎖德也故師古云琅當長鎖也不得又於琅當上加鎖字殺副已下七十餘人遣使者上書謝孝元帝㠯絕域不錄放其使者於縣度補注徐松曰縣度在烏秅國西百二十餘里罽賓東至烏秅二千二百五十里

則縣度在罽賓東北境二千一百餘里絕而不通成帝時復遣使獻謝罪漢欲遣使者報送其使補注徐松曰通鑑繫此事於河平四年杜欽說大將軍王鳳補注徐松曰欽傳徵詣大將軍莫府國家政謀鳳常與欽慮之曰前罽賓王陰末赴本漢所立後卒畔逆師古曰卒終也夫德莫大於有國子民罪莫大於執殺使者所㠯不報恩不懼誅者自知絕遠兵不至也有求則卑辭無欲則嬌嫚補注先謙曰嬌驕之借字終不可懷服凡中國所㠯爲通厚蠻夷補注王念孫曰爲字涉下爲字而衍徐松曰通考引無以字㥷快其求者爲壤比而爲寇也師古曰比近也爲其土壤接近能爲寇也㥷音苦頰反比音頻寐反補注徐松曰通考引求作欲俗本寇下有也字今縣度之阸非罽賓所能越也補注徐松曰唐西域記烏剌尸國東南登山履險度鐵橋行千餘里至迦濕彌羅國卽罽賓也其鄉慕不足㠯安西域師古曰鄉讀曰嚮雖不附不能危城郭師古曰城郭總謂西域諸國也補注徐松曰陳湯傳注謂西域國爲城郭者言不隨畜牧遷徙以別於匈奴也前親逆節補注徐松曰謂親爲逆節惡暴西域師古曰暴謂章露也故絕而不通今悔過來補注王念孫曰悔過來本作悔過來順順字與上文逆字相應而今本脫之則

語意不完通鑑漢紀二十三已與今本同後漢書西域傳注引此正作悔過來順而無親屬貴人奉獻者皆行賈賤人補注徐松曰所謂西域賈胡欲通貨市買㠯獻爲名故煩使者送至縣度恐失實見欺補注徐松曰非奉獻之實凡遣使送客者欲爲防護寇害也起皮山南更不屬漢之國四五師古曰言經歷不屬漢者凡四五國也更音工衡反補注徐松曰皮山南卽天篤印度境時不屬漢斥候士百餘人五分夜擊刀斗自守師古曰夜有五更故分而持之也刀斗解在李廣傳補注徐松曰五更之義顏氏家訓云假令正月建寅斗柄夕則指寅曉則指午自寅至午凡歷五辰冬夏之月雖復長短參差然辰間遼闊盈不過六縮不至四進退常在五者之間更歷也經也故曰五更李廣傳注孟康曰刁斗以銅作鐎受一斗晝炊飯食夜擊持行故名曰刁斗蘇林曰形如鋗無緣師古曰溫器也鋗卽銚今俗或呼銅銚先謙曰官本注刀並作刁尙時爲所侵盜驢畜負糧須諸國稟食得㠯自贍師古曰稟給也贍足也食讀曰飤次下並同補注先謙曰官本次作以國或貧小不能食補注徐松曰言不能供億或桀黠不肯給補注徐松曰如李廣利傳所謂當道小國各堅城守不肯給食也擁彊漢之節餒山谷之閒師古曰餒飢也音能賄反乞匄無所得師古曰匄亦乞也音工大反補注徐松曰乞有訖音與匄轉注離一二

旬則人畜棄捐曠野而不反師古曰離亦歷也曠空也又歷大頭痛小頭痛之山補注沈欽韓曰通典山在渴槃陀國西南宋膺異物志云山皆在渠搜之東疏勒之西夏不可行行則致死惟冬乃可行尙嘔吐山有毒藥氣之所爲也唐書喝槃陀都城員徒多河西南卽頭痛山赤土身熱之阪令人身熱無色頭痛嘔吐驢畜盡然師古曰嘔音一口反補注徐松曰謂驢畜皆病又有三池補注徐松曰北史波知國有三池傳曰大者有龍王次者有龍婦小者有龍子行人經之設祭乃得過不祭多値風雪之困盤石阪補注徐松曰西域記呾叉始羅國東南行二百餘里度大石門道陿者尺六七寸長者徑三十里補注徐松曰唐西域記四境負山山極峭峻雖有門徑而復隘狹臨崢嶸不測之深師古曰崢嶸深險之貌崢音仕耕反嶸音宏補注徐松曰後魏書其閒四百里中往往有棧道下臨不測之淵周壽昌曰據顏注崢嶸深險之貌則下文不得復云深也深本淵字唐人避諱改之後魏書作不測之淵可證行者騎步相持繩索相引二千餘里乃到縣度補注徐松曰佛國記云順葱嶺西南行十五日其道艱阻崖岸險絕其山惟石壁立千仞臨之目眩欲進則投足無所下有水名新頭河昔人有鑿石通路施旁梯者凡度七百度梯已躡懸絙過河河兩岸相去減八十步先謙曰河水注云罽賓之境有盤石之隥道狹尺餘行者騎步相持絙橋相引二十許里方到懸度卽本漢書官本考證云千字誤當以十爲正畜

隊未半阬谷盡靡碎師古曰墜亦墮也靡散也隊音直類反靡音糜補注徐松曰極言阬谷之深先謙曰注墜
當作隊人墮埶不得相收視補注徐松曰言彼此不得救援險阻危害不可勝言聖
王分九州制五服師古曰九州冀兗豫青徐荆楊梁雍也五服侯甸綏要荒補注徐松曰通鑑胡注引顏注而益
之曰此言禹迹也周職方九州有幽并無徐梁又分爲九服務盛內不求外今遣使者承至尊
之命送蠻夷之賈勞吏士之衆涉危難之路罷弊所恃㠯事無用
師古曰罷讀曰疲所恃謂中國之人也無用謂遠方蠻夷之國非久長計也補注徐松曰通考引作之計使者
業已受節可至皮山而還師古曰言已立計遣之不能卽止可至皮山也補注徐松曰注遣一作道通鑑
注引及注校皆作遣之先謙曰官本作道於是鳳白從欽言罽賓實利賞賜賈市其使
數年而壹至云

烏弋山離國王補注先謙曰陳湯傳作山離烏弋後書德若傳下云烏弋山離國地方數千里時改名排持西域圖
考云在今波斯國南境給爾滿法爾斯古爾斯丹剌郡四部地去長安萬二千二百里補注徐松
曰去陽關七千七百里陳湯傳服虔注山離烏弋不在三十六國中去中國二萬里不屬都護戶口勝兵補注
先謙曰戶口勝兵語意不完以上罽賓例之兵下有多字而脫之也大國也東北至都護治所六十
日行東與罽賓補注徐松曰罽賓言西南與烏弋山離接蓋互文見義先謙曰後書自皮山西南經烏秅涉懸度歷
罽賓六十餘日行至烏弋山離國北與撲挑西與犂靬條支接師古曰撲音布木反犂讀與驪同靬
音鉅連反又鉅言反補注宋祁曰景本挑作桃徐松曰顏注布木
當作普木反或撲爲樸之訛後書大月氏滅濮達罽賓悉有其地案
達有唐割反之音與桃雙聲濮達疑卽撲桃沈欽韓曰通典撲挑
作樸桃傳中無撲挑國疑桃槐之誤先謙曰犂靬張騫傳作犛靬
後書作犂鞬西域圖考云犂靬卽後書之大秦兼有今歐羅巴一
洲之地國都羅馬拓地直至土耳其東境與安息鄰後書云從安
息陸路繞海北行出海西至大秦十里一亭三十里一置又云有
飛橋數百里可渡海北諸國其繞黑海之南出海及渡海卽渡他
大尼里峽由黑海通地中海處闊僅數里者也過峽爲土
耳其西土則入歐羅巴洲境矣犂靬爲葱嶺極西之國行可百
餘日乃至條支補注先謙曰後書烏弋山離國復西南馬行百餘日至條支案魏後無條支之名梁書始見波斯後
魏波斯傳云波斯國都宿利城在恆密西古條支國也
隋書波斯國都達曷水之西蘇藺城卽條支之故地也國臨西海
補注先謙曰後書條支傳云國城在山上周回四十餘里臨西海
海水曲環其南及東北唯西北得通陸道又云班超遣甘英使大
秦抵條支臨大海欲渡而安息西界船人謂英曰海水廣大往來
者逢善風三月乃得渡若遇遲風亦有二歲者故入海人皆齎三

歲糧海中善使人思土戀慕數有死亡者英聞之乃止隋書云條
支國去西海數百里西域圖考云條支在今俄羅斯極南之擣里
達部地西海黑海也蓋其國當時兼得俄羅斯高加薩五部地東
界裏海南通安息甘英使大秦由安息抵條支臨黑海東岸故安
息人得沮之漢時大秦國都在意大里亞之羅馬拓土而東與安
息鄰經其國行程及萬里故由海往徐繼畬以天方當之不如海
水之環指城而言天方闢境數千何止四十且西北所通亦非一
隅其臨海不能解良由未審地形也條支爲葱嶺極西北之國
暑溼田稻補注徐松曰後魏書云氣候暑熱地多沙磧引溉灌其五穀惟無稻及黍稷是與漢時異王先愼曰御覽四夷
部田下有宜字有大鳥卵如甕師古曰甕汲水瓶也音於龍反補注徐松曰應劭以爲卵大如一二石甕顏駁之曰
鳥卵如汲水之甕耳無一二石也見張騫傳注後魏書云鳥形如
橐駝有兩翼飛而不能高食草與肉亦能噉火唐杜環大食國經
行記云有駝鳥高四尺以上腳似駝蹄頸項勝得人騎行五六里
其卵大如三升先謙曰後書出師子犀牛封牛孔雀大雀大雀其
卵如甕人衆甚多補注徐松曰隋書勝兵二萬餘人往往有小君長安息役屬之㠯
爲外國師古曰安息以條支爲外國如言蕃國也補注先謙曰後書安息後役屬條支爲置大將監領諸小城焉又云安息
王獻條支大鳥時謂之安息雀善眩師古曰眩讀與幻同解在張騫傳補注沈欽韓曰列子周穆王篇西極之國有化人來張
湛曰化幻人也又老成子學幻於尹文先生深思三月遂能存亡
自在幡校四時冬起雷夏造冰飛者走走者飛魏書悅般國眞君
九年遣使送幻人稱能割人喉脈令斷擊人頭令骨陷皆血出盈
斗以草藥納其口中令嚼咽之須臾血止養瘡一月復常又言其
國有大術者蠕蠕來抄掠術人能作霖雨狂風大雪蠕蠕凍死者
十二三徐松曰後書西域傳注引魏略曰大秦國俗多奇幻口中
出火自縛自解跳十二丸巧妙非常安息長老傳聞條支有弱水西王母亦未嘗見
也師古曰玄中記云崑崙之弱水鴻毛不能起也爾雅曰觚竹北戶西王母日下謂之四荒也補注沈欽韓曰舊唐書高仙芝傳
仙芝討小勃律至坦駒嶺婆夷河卽古之弱水也不勝草芥毛髮
畢沅校山海經據寰宇記延州保安軍之吃莫河以爲弱水非也
弱水不當在中國徐松曰史記索隱引魏略云弱水在大秦西又
引括地象云崑崙弱水非乘龍不至有三足神鳥爲王母取食後
魏書大秦西海水之西有河河西南流河西有南北山山西有
赤水西有白玉山西有王母山玉爲堂云長老一本作長者自
條支乘水西行可百餘日近日所入云補注先謙曰後書大秦國下云或云其國西有弱水
流沙近西王母所居處幾於日所入也漢書云從條支西行二百
餘日近日所入則與今書異矣前世漢使皆自烏弋以還莫有至
條支者先謙案據後書此文可字是二字之譌河水注引作可烏弋地暑熱莽平師古曰言有草莽而平坦也一
曰莽平野之貌補注徐松曰顏此傳及下烏孫國莽平同用此
注案下文有草木不必複言草莽莊子釋文云莽蒼近郊之色莽
卽莽蒼後說爲長其草木畜產五穀果菜補注徐松曰唐杜環大食國經行記云粳米白麪不異中華其

果有遍桃千年棗其蔓菁根大如斗而圓味甚美餘菜亦與諸國同葡萄大者如雞子香油貴者二一名耶塞蔓一名沒囲師香草貴者有二一名查塞菶一名葜蘆茇食飲宮室市列〔補注〕徐松曰大食國經行記云四方輻輳萬貨豐賤錦繡珠貝滿於市肆駝馬驢騾充於街巷刻石密爲廬舍錢貨兵器〔補注〕徐松曰唐書大食國兵刃勁利金珠之屬〔補注〕徐松曰北史波斯國古條支國土地平坦出金鍮石珊瑚琥珀車渠瑪瑙多大眞珠頗梨琉璃水晶瑟瑟金剛火齊鑌鐵銅錫朱砂水銀皆與罽賓同而有桃拔師子犀牛孟康曰桃拔一名符拔似鹿長尾一角者或爲天鹿者兩角或爲辟邪師子似虎正黃有頰彫尾端茸毛大如斗師古曰師子卽爾雅所謂狻猊也狻音酸猊音倪拔音步葛反耏亦頰旁毛也音而茸音人庸反〔補注〕沈欽韓曰後漢符拔形似麟而無角與孟說異蓋亦駮類徐松曰後書章帝紀月氏安息各獻師子扶拔班超傳大月氏亦獻符拔不獨烏弋有也先謙曰注者兩角官本作兩角者是俗重妄殺師古曰重難也言其仁愛不妄殺也〔補注〕徐松曰烏弋已入北天竺境故雜浮圖道後書云天竺國修浮圖道不殺伐遂以成俗其錢獨文爲人頭幕爲騎馬〔補注〕徐松曰言獨者諸國同罽賓惟此正異寰宇記條支市列錢貨其文爲人幕爲騎馬蓋引此傳而奪頭字㠯金銀飾杖師古曰杖謂所持兵器也音直亮反〔補注〕先謙曰官本注無兵字絕遠漢使希至〔補注〕徐松曰後書云前世漢使皆自烏弋以還自玉門陽關出南道歷鄯善而南行〔補注〕徐松曰蓋西南也至烏弋山離南道極矣轉北而東得安息〔補注〕先謙曰後書條支轉北而東復馬行六十餘日至安息西域圖考云安息在其北則烏弋山離在南也漢通道盡此今南向有俾路芝直至小西洋漢未通安息國〔補注〕先謙曰後書有傳亦見後魏周隋唐紀傳後魏時爲忸密隋稱安國唐書安亦曰布豁又曰捕喝西域記喝捍國此言東安捕喝國此言中安伐地國此言西安西域圖考云今波斯國北八部之境雖稱四部不入罽賓高附烏弋山離安息爲葱嶺西南諸國河水注西河自月氏國來西逕安息國南與蜺羅跂禘水同注雷翥海蜺羅跂禘水自于闐國來西逕建陀衞國北至安息注雷翥海先謙案西河卽阿母河雷翥海卽鹹海也王治番兜城蘇林曰番音盤〔補注〕先謙曰番兜後書作和櫝又云其東界木鹿城號爲小安息後魏書云都蔚搜城隋書云城有五重環以流水去長安萬一千六百里〔補注〕徐松曰傳言大月氏西至安息四十九日行今二國去長安里數正同當有誤字不屬都護北與康居東與烏弋山離〔補注〕徐松曰東當從後書作南西與條支接〔補注〕先謙曰西域圖考云後書云自安息西行三千四百里至阿蠻國此今東土耳其地[illegible]從阿蠻西行三千六百里至斯賓國此今中土耳其地[illegible]從斯賓南行渡河[illegible]又西南至于羅國九百六十里此今西土耳其地[illegible]安息西道極矣由羅美里亞西南至日薩壹爾而渡海通大秦此地通羅馬本有陸路惟爲亞得亞海所隔須繞北經奧大甲亞南境至意大里亞北境又折東南始至羅馬不如至此南乘海越亞得亞海而卽至也甘英得之安息人之言而按之千年後之輿圖毫髮不爽如此土地風氣物類所有民俗與烏弋罽賓同亦㠯銀爲錢文獨爲王面幕爲夫人面〔補注〕徐松曰此又與烏弋異王死輒更鑄錢有大馬爵師古曰廣志云大爵頸及膺身蹄似橐駝色蒼舉頭高八九尺張翅丈餘食大麥〔補注〕宋祁曰注文張翅下當有舉字王念孫曰爵上亦有大字而今本脫之則爲不詞矣御覽四夷部十四引此正作有大馬大爵漢紀孝武紀通典邊防八並同沈欽韓曰通典吐火羅國高宗永徽初遣使獻大馬爵高七尺足如駝鼓翅而行日三百里能噉鐵夷俗謂爲駝鳥徐松曰史記正義亦引此文有卵大如甕四字御覽引突厥本末記云短人國有大鳥高七八尺恒伺短人啄而食之短人皆持弓矢以爲之備其屬小大數百城地方數千里最大國也〔補注〕徐松曰河水注引竺芝扶南記曰安息國去私訶條國二萬里國土臨海上卽漢書天竺安息國也戶近百萬最大國也先謙曰西域圖考云葱嶺極西之國臨嬀水〔補注〕徐松曰嬀水卽河水注所謂發原身毒之河水安息都城南臨嬀水通考云今謂烏滸河商賈車船行旁國〔補注〕徐松曰安息西界臨雷翥海又有陸道繞海北行出海西至大秦故車船輻輳書革旁行爲書記服虔曰橫行爲書記也師古曰今西方胡國及南方林邑之徒書皆橫行不直下也革爲皮之不柔者〔補注〕王念孫曰上書字本作畫[illegible]謂畫革爲字而旁行之以爲書記也顏注今西方云云釋旁行爲書記五字非釋書革也今

作書革者卽涉下文書記而誤漢紀通典作書革皆後人以誤本漢書改之史記大宛傳作畫革索隱畫音獲引韋昭漢書注爲解不言漢書作書革也御覽四夷部十四引漢書正作畫革河水注同先謙曰今西洋文字猶如此武帝始遣使至安息王令將將二萬騎迎於東界東界去王都數千里行比至過數十城人民相屬師古曰屬聯也音之欲反〔補注〕徐松曰事見史記大宛傳因發使隨漢使者來觀漢地㠯大鳥卵及犛靬眩人獻於漢〔補注〕沈欽韓曰通典武帝時安息獻犛靬幻人二皆蹙眉峭鼻亂髮拳須長四尺五寸徐松曰黃圖云奇華殿在建章宮旁四海夷狄器服珍寶火浣布切玉刀巨象大雀師子宮馬充塞其中天子大說師古曰說讀曰悅〔補注〕徐松曰張騫傳注鄧太后時西夷檀國來朝賀詔令爲之而諫大夫陳禪以爲夷狄僞道不可施行後數日尚書陳忠案漢書乃知世宗時犛靬獻見幻人天子大悅與俱巡狩乃知古有此事安息東則大月氏

大月氏國〔補注〕先謙曰月支國見海內東經卽月氏也逸周書王會解正北月氏後漢有傳云莎車西經蒲犛無雷至大月氏三國後魏時仍爲月氏魏源海國圖志云大月氏今爲愛烏罕布哈爾二國分得其地一統志以布哈爾爲難兜國地案難兜乃小國不足當之徐繼畬瀛寰志略云月氏旣在嬀水之北嬀水卽今阿母河則月氏乃今之布哈爾非愛烏罕也案今布哈爾地

甚廣焉回部最大之國難兜與大月氏無妨同在其地李光廷以爲布哈爾國南境也月氏大宛爲蔥嶺西國河水注西河自罽賓國來西遷月氏國南下入安息國 **治監氏城**〔補注〕錢大昭曰後書作藍氏徐松曰史記大宛傳大夏民多可百餘萬其都曰藍市城即藍氏也後魏書作盧監氏先謙曰官本治上有王字是 **去長安萬一千六百里**〔補注〕徐松曰據改定龜茲里數積算大月氏當去長安一萬二千二百一十二里去陽關七千七百一十二里改定里數見焉耆下 **不屬都護戶十萬口四十萬勝兵十萬人**〔補注〕徐松曰史記正義引萬震南州志曰大月氏地高燥而遠國王稱天子國中騎乘當數十萬匹城郭宮殿與大秦國同人民赤白便習弓馬土地所出及奇瑋珍物被服鮮好天竺不及也 **東至都護治所四千七百四十里**〔補注〕徐松曰當作四千九百七十四里 **西至安息四十九日行南與罽賓接土地風氣物類所有民俗錢貨與安息同**〔補注〕先謙曰山海經郭注月氏國多好馬美果有大尾羊如驢尾即羬羊也元中記瑪瑙出大月氏又有牛名日及今日取其肉明日瘡愈通典大月氏國人乘四輪車或四牛六牛八牛輓之在車大小而已 **出一封橐駝**師古曰脊上有一封也封言其隆高若封土也今俗呼爲封牛封音峯〔補注〕沈欽韓曰魏書迷密國遣使獻一封黑橐駝通典杜環經行記云大食國其駝小而緊背有孤峯良者日馳千里蕃駝皆兩封故以一封爲貴師古不知其故又非封牛也 **大月氏本行國**

也隨畜移徙與匈奴同俗控弦十餘萬〔補注〕徐松曰匈奴傳注控引也控弦謂能引弓者 **故彊輕匈奴**師古曰自恃其彊盛而輕易匈奴也〔補注〕徐松曰通考引作故恃彊顏注恃與輕對舉是舊本有恃字 **本居敦煌祁連閒**〔補注〕徐松曰據隋書月氏王姓溫居祁連山北之昭武城史記正義云初月氏居敦煌以東祁連山以西案張氏蓋以今甘州南山爲祁連也河西四郡未開時武威張掖諸郡皆匈奴地月氏安得居之故顏張騫傳注易之曰祁連山以東敦煌以西 **至冒頓單于攻破月氏**〔補注〕徐松曰匈奴傳冒頓使右賢王擊走月氏事蓋在孝文二三年閒 **而老上單于殺月氏**〔補注〕王念孫曰月氏下脫王字當依張騫傳補徐松曰河水注引作殺其王通考引作殺月氏王 **以其頭爲飲器月氏乃遠去過大宛西擊大夏而臣之**師古曰解在張騫傳 **都嬀水北爲王庭**〔補注〕徐松曰史記云大夏在大宛西南二千餘里嬀水南蓋大夏時都水南大月氏徙治水北也先謙曰西域圖考云嬀水唐之烏滸河亦名縛芻河今爲阿母河西北流入布哈爾西之鹹池 **其餘小衆不能去者保南山羌號小月氏**〔補注〕先謙曰趙充國傳匈奴使人至小月氏傳告諸羌後書西羌傳湟中月氏胡其先大月氏之別也舊在張掖酒泉地月氏王爲匈奴所殺餘種分散西踰蔥嶺其羸弱者南入山阻依諸羌居止遂與共婚姻霍去病取西河地開湟中月氏來降與漢人錯居在張掖者號曰義從胡靈帝紀所稱北宮伯玉與先零羌叛者也又後魏書小月氏國都富樓沙城其王本大月氏王寄多羅子也寄多羅爲匈奴所逐西徙後令其子守此城因號小月氏先居西平張掖之閒被服頗與羌同其俗以金銀錢爲貨隨畜牧移徙亦類匈奴其城東十里有佛塔周三百五十步高八十丈所謂百丈佛圖也小月氏可考見者如此 **大夏本無大君長城邑往往置小長民弱畏戰故月氏徙來皆臣畜之**〔補注〕徐松曰史記云大夏民多可百餘萬 **共稟漢使者**師古曰同受節度也〔補注〕王鳴盛曰月氏既不屬都護豈有遠遷大夏反受節度之理稟當爲廩給之義共與供同徐松曰即上文所謂須諸國稟食也 **有五翖侯**師古曰翖即翕字〔補注〕徐松曰張騫傳有傳父布就翖侯李奇曰翖侯烏孫官名匈奴傳康居與諸翕侯計是烏孫康居皆有翖侯匈奴傳又言小王趙信爲翕侯先謙曰後書云初月氏爲匈奴所滅遂遷於大夏分其國爲休密雙靡貴霜肸頓都密凡五部翖侯 **一曰休密翖侯**〔補注〕徐松曰數翖侯以東爲上也先謙曰官本一曰至五曰皆不提行連上爲文 **治和墨城**〔補注〕先謙曰後魏書伽倍國故休密翖侯人居山谷閒 **去都護二千八百四十一里去陽關七千八百二里**〔補注〕徐松曰五翖侯道里最爲紛舛據去都護言之則休密去雙靡九百里雙靡去貴霜二千一百九十九里貴霜去肸頓二十二里肸頓去高附七十九里據去陽關言則休密去雙靡二十里雙靡去貴霜二百里貴霜去肸

頓二百二十里肸頓去高附一千八十一里而休密去陽關轉較雙靡爲遠古籍流傳宜有訛奪今各以後魏書校正後魏書云休密翖侯在大月氏東一千五百里是當作去都護三千四百七十四里去陽關六千二百一十二里 **二曰雙靡翖侯治雙靡城**〔補注〕先謙曰後魏書折薛莫孫國故雙靡翖侯在伽倍國西人居山谷 **去都護三千七百四十一里去陽關七千七百八十二里**〔補注〕徐松曰據後魏書雙靡在休密西五百里當作去都護三千九百七十四里去陽關六千七百一十二里 **三曰貴霜翖侯治護澡城**師古曰澡音藻〔補注〕先謙曰後書云後百餘歲貴霜翖侯丘就卻攻滅四翖侯自立爲王號貴霜王侵安息取高附地滅濮達罽賓天竺諸國稱貴霜王漢本其故號言大月氏云後魏書鉗敦國故貴霜翖侯在折薛莫孫西人居山谷閒 **去都護五千九百四十里去陽關七千九百八十二里**〔補注〕徐松曰據後魏書貴霜在雙靡西六十里當作去都護四千三十四里去陽關六千七百七十二里 **四曰肸頓翖侯**師古曰肸音許乙反 **治薄茅城**〔補注〕先謙曰後魏書弗敵殺國故肸頓翖侯在鉗敦西居山谷閒 **去都護五千九百六十二里去陽關八千二百二里**〔補注〕徐松曰據後魏書肸頓在貴霜西一百里當作去都護四千一百三十四里去陽關六千八百七十二里

五曰高附翖侯治高附城〔補注〕先謙曰後書云高附國在大月氏西南亦大國也其俗似天竺所屬無常天竺罽賓安息三國强則得之弱則失之而未嘗屬月氏漢書以爲五翖侯數非其實也後屬安息及月氏破安息始得高附後魏書云閻浮謁國故高附翖侯在弗敵沙南居山谷閒西域圖考云高附在月氏西南安息東罽賓西北當在今阿母河南布哈爾南境阿富汗之西北境也去都護六千四十一里去陽關九千二百八十三里〔補注〕徐松曰據後魏書高附在肸頓南一百里當作去都護四千二百三十四里去陽關六千九百七十二里若以偏南不當孔道則去陽關或近數十里凡五翖侯皆屬大月氏〔補注〕徐松曰高附之去大月氏約七百餘里

康居國〔補注〕先謙曰逸周書王會解有康民孔晁注康亦西戎之別名也後魏西域傳康國者康居之後也隋唐書同是前後皆有康國之稱魏志晉書仍爲康居又後魏有者舌國云故康居國又有悉萬斤國唐書以爲郎康居蓋後分裂國名唐書康國傳康一名薩末鞬亦曰颯秣建西域圖考云今爲哈薩克右部地王冬治樂越慝地師古曰樂音來各反〔補注〕徐松曰傳蓋言康居國王治卑闐城至冬所居樂越匿地馬行七日至夏所居蕃內九千一百四里以下去長安去都護皆據卑闐城言之傳文疑有奪誤先謙曰官本慝作匿下文竝同本書慝字同作匿爲正到卑闐城師古曰闐音徒千反〔補注〕徐松曰大宛國言至康居卑闐城是卑闐爲城名陳湯傳涉康居界至闐池西疑城因池爲名此建治之地而其王冬夏皆不居之猶今哈薩克部以塔什干城爲都會其汗王冬夏各有游牧之所惟死則反葬於塔什干城也哈薩克部即古之康居通考引作治樂越匿地卑闐城以卑闐在樂越匿地誤唐西域記颯秣建國都城周二十餘里極險固多居人去長安萬二千三百里〔補注〕徐松曰據下去都護里數當作去長安一萬二千七百八十八里去陽關當是八千二百八十八里不屬都護至越慝地馬行七日〔補注〕徐松曰奪樂字至王夏所居蕃內九千一百四里師古曰王每冬寒夏暑則徙別居不一處〔補注〕徐松曰蕃內地大約在卑闐城之西烏孫在其東言去蕃內地五千里不得去卑闐轉九千餘里也唐西域記云颯秣建國周千六七百里東西長南北狹戶十二萬口六十萬勝兵十二萬人〔補注〕徐松曰國小於烏孫而大於大月氏東至都護治所五千五百五十里與大月氏同俗〔補注〕徐松曰大月氏在南道康居在北道而俗同者後魏書云康國者康居之後王本月氏人被匈奴所破西踰葱嶺遂有其國支庶各分王故俗同於月氏也東羈事匈奴師古曰爲匈奴所羈牽也〔補注〕先謙曰顧炎武云言不純臣但羈縻事之與烏孫羈屬同意當用彼注刪此注宣帝時匈奴乖亂五單于並爭漢擁立呼韓邪單于而郅支單于怨望殺漢使者西阻康居師古曰依其險阻以自保固也〔補注〕先謙曰詳匈奴傳其後都護甘延壽副校尉陳湯發戊己

校尉西域諸國兵至康居誅滅郅支單于語在甘延壽陳湯傳是歲元帝建昭三年也至成帝時康居遣子侍漢〔補注〕先謙曰通鑑繫於元延二年胡注元帝時康居遣子入侍陳湯上言其非王子今復遣子入侍貢獻〔補注〕先謙曰胡注既遣子入侍而又奉貢也然自㠯絕遠獨驕嫚不肯與諸國相望〔補注〕徐松曰不肯視同諸國都護郭舜數上言〔補注〕徐松曰舜爲都護當在永始中周壽昌曰段會宗傳贊郭舜以廉平著他無所見本匈奴盛時非㠯兼有烏孫康居故也及其稱臣妾非㠯失二國也〔補注〕先謙曰胡注言匈奴之强弱不繫二國之叛服漢雖皆受其質子〔補注〕徐松曰匈奴傳鴻嘉元年搜諧單于遣子左祝都韓王昫留斯侯入侍案烏孫小昆彌時亦有侍子在京師然三國內相輸遺交通如故〔補注〕先謙曰三國匈奴烏孫康居亦相候司見便則發〔補注〕徐松曰三國見有便宜互相侵略合不能相親信離不能相臣役㠯今言之結配烏孫竟未有益反爲中國生事〔補注〕先謙曰胡注謂自武帝以來宗室女下嫁烏孫也然烏孫既結在前今與匈奴俱稱臣義不可距〔補注〕徐松曰服而絕之於義不順而康居驕黠訖不肯拜使者師古曰訖竟也都護吏至其國坐之烏孫諸使下王及貴人先飲食已乃飲啗都護吏師古曰飲音於禁反啗音徒濫反〔補注〕徐松曰都護吏謂若丞以下康居自以不屬都護慢易其使故爲無所省㠯夸旁國師古曰言故不省視漢使也〔補注〕先謙曰胡注夸者自矜耀其能傲漢也旁國鄰國也㠯此度之何故遣子入侍其欲賈市爲好辭之詐也〔補注〕先謙曰胡注謂特欲行賈以市易其爲好辭者詐也匈奴百蠻大國師古曰於百蠻之中最大國也〔補注〕徐松曰蠻者夷狄通稱故匈奴亦謂之蠻匈奴傳故有威於百蠻又云於是而安何以復長百蠻今事漢甚備聞康居不拜且使單于有自下之意師古曰言單于見康居不事漢㠯之爲高自㠯事漢爲太卑而欲改志也宜歸其侍子絕勿復使師古曰不通使於其國也㠯章漢家不通無禮之國〔補注〕先謙曰胡注章顯著也敦煌酒泉小郡及南道八國給使者往來人馬驢橐駝食皆苦之師古曰言二郡八國皆㠯此事爲困苦〔補注〕徐松曰敦煌郡戶萬一千有奇酒泉郡戶萬八千有奇故爲小郡康居在北道而蘇䪥奧鞬已入吐火羅境在葱嶺西南故得從南道苦之通考作苦乏空罷耗所過送迎驕黠絕遠之國師古曰所過所經過之處驕黠謂康居使也罷讀曰疲耗音呼到反〔補注〕王先慎曰康居不拜使者坐都護吏於烏孫使下欲賈市詐爲好辭是謂驕黠

之國非謂康居使者也顏說誤非至計也漢爲其新通重致遠人師古曰以此聲名爲重也終羈縻而未絕〔補注〕徐松曰漢官儀馬曰羈牛曰縻言制四夷如牛馬之受羈縻也其康居西北可二千里有奄蔡國〔補注〕先謙曰後書有傳改名阿蘭聊屬康居魏志注稱阿蘭後魏西域傳粟特國在蔥嶺之西古之奄蔡一名溫那沙周書同西域圖考云奄蔡屬今俄羅斯東境西伯利部自哈薩克右部而北即俄羅斯之多僕斯科再北爲德波爾斯科即臨北海者也後書有嚴國又在奄蔡北且言奄蔡小國益傳聞不同後書有粟弋疑其屬國康居奄蔡爲蔥嶺西北國控弦者十餘萬大與康居同俗〔補注〕徐松曰史記正義引漢書解詁云奄蔡即闔蘇也魏略云西與大秦通東南與康居接其國多貂畜牧水草括地志云奄蔡酒國也先謙曰官本大作人是臨大澤無崖蓋北海云〔補注〕徐松曰說文崖高邊也言遠望不見高岸舉高以該卑後魏書粟特居於大澤匈奴傳留郭吉不歸遷辱之北海上先謙曰魏源云此北海疑即今所謂裏海東岸本俄羅斯屬地也河水注謂之雷翥海徐繼畬云雷翥海乃鹹海非裏海也此北海當爲裏海無疑康居有小王五〔補注〕徐松曰陳湯傳有康居副王抱闐副王殆即小王

一曰蘇䪥王治蘇䪥城師古曰䪥音下戒反〔補注〕徐松曰新唐書史國或曰佉沙曰竭霜那居獨莫水南康居小王蘇薤城故地有鐵門山左右巉峭石色如鐵西域記羯霜那國周千四五百里西南行二百餘里入山山路崎嶇谿徑危險

既絕人理又少水草東南山行三百餘里入鐵門鐵門者左右帶山山極峭峻雖有狹徑加之險阻兩旁石壁其色如鐵既設門扉又以鐵錮多有鐵鈴懸諸門扇因其險固遂以爲名出鐵門至覩貨邏國案此在康居極南境先謙曰官本一曰至五曰並不提行連上爲文是晉書四夷傳康居國在大宛西北可二千里與粟弋伊列鄰接其王居蘇薤城地和暖饒桐柳蒲萄多牛羊出好馬是晉時康居統於蘇薤矣去都護五千七百七十六里〔補注〕徐松曰去康居二百二十里隋書云史國北去康國二百四十里去陽關八千二十五里〔補注〕徐松曰較以去都護里數去陽關當八千四百六里此不同者蘇䪥在蔥嶺西南入蔥嶺山南道徑達陽關也

二曰附墨王治附墨城〔補注〕徐松曰唐書何國或曰屈霜你迦曰貴霜匿即康居小王附墨城故地西域記屈霜你迦國周千四五百里東西狹南北長案此在康居極東境去都護五千七百六十七里去陽關八千二十五里〔補注〕徐松曰蘇䪥極南附墨極東而去陽關正同去都護惟差九里疑有誤

三曰窳匿王師古曰窳音庾治窳匿城〔補注〕徐松曰唐書石國或曰柘支曰柘折曰赭時治柘折城故康居小王窳匿城地西南有藥殺水入中國謂之眞珠河亦曰質河東南有大山生瑟瑟西域記赭時國周千餘里西臨葉河東西狹南北長案此在康居極北境先謙曰隋唐書以赭時爲大宛蓋又爲大宛所并去都護五千二百六十六里去陽關七千五百二十五里〔補注〕徐松曰唐書言石國南五百里爲康居則當作去都護六千五十里去陽關八千六百八十里

四曰罽王治罽城〔補注〕徐松曰唐書安國一曰布豁又曰捕喝西瀕烏滸河治阿濫謐城即康居小君長罽王故地西域記捕喝國周千六七百里東西長南北狹案此在康居東境去都護六千二百九十六里去陽關八千五百五十五里〔補注〕徐松曰西域記自屈霜你迦國西二百餘里至喝捍國又西四百餘里至捕喝國是罽城在附墨西六百餘里傳文去都護之數相距五百二十九里似近之去陽關則相距千三十里疑誤

五曰奧鞬王師古曰奧音於六反鞬音居言反治奧鞬城〔補注〕徐松曰唐書火尋或曰貨利習彌曰過利居烏滸水之陽康居小王奧鞬城故地西域記貨利習彌伽國順縛芻河兩岸東西二三千里南北五百餘里案此在康居東南境去都護六千九百六里去陽關八千三百五十五里〔補注〕徐松曰西域記捕喝國又西四百餘里至伐地國又西南五百餘里至貨利習彌伽國又西南三百餘里至羯霜那國是較蘇䪥近三百餘里而傳紀都護之數遠於蘇䪥千一百三十里陽關之數遠於蘇䪥三百三十里即核之罽城惟都護之數以爲相距六百十里者近之其陽關又轉近二百里誤尤顯然凡五王屬康居

大宛國〔補注〕先謙曰後書見莎車傳下亦見魏晉後魏隋唐紀傳後魏爲洛那隋唐爲石國或曰柘支曰拓折曰赭時西域圖考云由疏勒而西出蔥嶺爲大宛月氏大宛在北今浩罕八城皆其地今敖罕地元時所謂賽馬爾罕城也其西北境兼有今布哈爾之地見四裔考及海國圖志敖罕近爲布哈爾所并王治貴山城去長安萬二千二百五十里〔補注〕錢大昭曰二百南監本閩本作五百徐松曰據改定龜茲里數積算當去長安一萬一千五百二十二里去陽關七千三十二里先謙曰官本作五百御覽引亦作五百戶六萬口三十萬勝兵六萬人〔補注〕徐松曰國又小於大月氏副王〔補注〕徐松曰康居有副王後書班超傳月氏有副王輔國王各一人東至都護治所四千三十一里〔補注〕徐松曰當作四千二百八十里北至康居卑闐城千五百一十里〔補注〕徐松曰卑闐城在蔥嶺西北故以大宛爲南若以蘇䪥奧鞬論之則大宛在西西南至大月氏六百九十里〔補注〕徐松曰休循言西北至大宛西至大月氏是大月氏在西南北與康居南與大月氏接〔補注〕徐松曰三國境相接故張騫自匈奴亡嚮月氏西走乃至大宛言造意至月氏不知向西南而直西行誤至大宛大宛乃送之康居康居傳至大月氏也土地風氣物類民俗與大月氏安息同〔補注〕徐松曰安息俗同罽賓烏弋罽賓云種五穀地下溼生稻烏弋山離亦云暑溼田稻故史記大宛傳云大宛俗土著耕田田稻麥大月氏

與安息同俗大宛同安息是以與大月氏同也大宛左右㠯蒲陶爲酒富人藏酒至萬餘石久者至數十歲不敗〔補注〕徐松曰御覽載魏文帝詔羣臣曰中國珍果甚多且復爲說蒲萄當其朱夏涉秋尚有餘暑醉酒宿醒掩露而食甘而不餶脆而不酸冷而不寒味長汁多除煩解餶又釀以爲酒甘於麴糵善醉而易醒道之固以流涎咽唾況親食之卽他方之果甯有疋者又引後涼錄曰呂光入龜茲城胡人奢侈富於生養家有蒲萄酒或至千斛經十年不敗俗耆酒馬耆目宿師古曰耆讀曰嗜〔補注〕徐松曰俗通考作人今西域回人無不嗜酒者種苜蓿如中國種桑麻四月以後馬蕃苜蓿尤易壯健宛別邑七十餘城〔補注〕徐松曰史記云其屬邑大小七十餘城衆可數十萬多善馬〔補注〕徐松曰通考引朱膺異物志曰大宛馬有肉角數寸或有解人語及知音舞與鼓節相應者又引隋西域圖記云其馬騮馬烏馬多赤耳黃馬赤馬多黑耳唯耳色別自餘毛色與常馬不異馬汗血〔補注〕沈欽韓曰後書東平王蒼傳宛馬血從前髆小孔中出徐松曰藝文類聚引神異經云西南大宛宛邱有良馬其大二丈鬣至膝尾委於地蹄如升腕可屈日行千里至日中而汗血武紀應劭注大宛舊有天馬種蹋石汗血從前肩髆出如血號一日千里案今伊犁馬之强健者前髆及脊往往有小瘡出血名曰傷氣必在前肩髆者以用力多也前賢未目驗故不知其審言其先天馬子也師古曰言大宛國有高山其上有馬不可得因取五色母馬置其下與集生駒皆汗血因號曰天馬子云〔補注〕沈欽韓曰通典吐火羅國城北有頗黎山山南崖穴中有神馬國人每牧馬於其側時產名駒皆汗血馬其北界則漢時大宛之地先謙曰官本師古作孟康張騫始爲武帝言之〔補注〕徐松曰史記漢使者往既多其少從率多進熟於天子言曰宛有善馬在貳師城是言者非一特自騫始也上遣使者持千金及金馬㠯請宛善馬〔補注〕徐松曰據張騫傳漢使壯士車令等往宛王㠯漢絕遠大兵不能至愛其寶馬不肯與漢使妄言師古曰謂詈辱宛王宛遂攻殺漢使取其財物於是天子遣貳師將軍李廣利〔補注〕徐松曰廣利傳期至貳師城取善馬故號貳師將軍唐書云東曹居悉波山之陰漢貳師城地將兵前後十餘萬人伐宛連四年〔補注〕徐松曰伐宛始於太初元年秋至四年春乃斬宛王宛人斬其王毋寡首〔補注〕徐松曰陳湯傳作毋鼓寡古音讀如鼓獻馬三千匹〔補注〕徐松曰廣利傳漢取善馬數十匹中馬以下牝牡三千餘匹漢軍乃還語在張騫傳〔補注〕徐松曰當作張騫李廣利傳貳師既斬宛王更立貴人素遇漢善者名昧蔡爲宛王師古曰昧音秣蔡音千曷反〔補注〕徐松曰史記索隱昧蔡大宛將後歲餘宛貴人㠯爲昧蔡讇使我國遇屠師古曰讇古諂字〔補注〕徐松曰說文讇諛也或從召史記作諛相與兵殺昧蔡立毋寡弟蟬封爲王〔補注〕先謙曰蜀本兵作共

是遣子入侍質於漢漢因使使賂賜鎮撫之又發數十餘輩抵宛西諸國師古曰抵至也〔補注〕錢大昭曰數閩本南監本作使先謙曰官本作使是求其物因風諭㠯代宛之威師古曰風讀曰諷〔補注〕錢大昭曰其當作奇代當作伐先謙曰官本其作奇代作伐宛王蟬封與漢約歲獻天馬二匹漢使采蒲陶目宿種歸〔補注〕徐松曰齊民要術引陸機與弟書曰張騫使外國十八年得苜蓿歸大宛傳作取其實來天子㠯天馬多又外國使來衆益種蒲陶目宿離宮館旁極望焉師古曰今北道諸州舊安定北地之境往往有目宿者皆漢時所種也〔補注〕徐松曰西京雜記云樂遊苑中自生玫瑰樹下多目宿一名懷風時或謂光風風在其間常肅肅然照其光彩故曰苜蓿懷風茂陵人謂爲連枝草述異記曰張騫苜蓿園今在洛中苜蓿本胡中菜騫始於西國得之離宮館傳作離宮別觀李善文選注離別非一所也自宛㠯西至安息國〔補注〕徐松曰歷大月氏康居不斥言者康居偏北大月氏偏南雖頗異言然大同自相曉知也其人皆深目多須頾善賈市〔補注〕徐松曰今安集延種人近之爭分銖〔補注〕徐松曰律歷志一龠容千二百黍重十二銖是百黍爲銖故說文云十絫黍之重貴女子女子所言丈夫乃決正〔補注〕徐松曰以爲正而斷決從之其地皆絲漆〔補注〕王念孫曰皆本作無無絲漆不知鑄鐵器皆言其與中國異也今作其地皆絲漆者涉上文其人皆深目而誤通典邊防八正作無絲漆不知鑄鐵器〔補注〕吳仁傑曰史記作鑄錢器詳下文謂當從史記爲正罽賓傳有金銀銅錫爲器金銀爲錢錢則錢器自是兩事馮奉世言羌衆弓矛之兵耳器不鋒利器謂兵器也大宛諸國但有弓矛下文所謂他兵器者謂凡弓矛之外者也所謂得黃白金以爲器者黃金謂銅白金謂銀錫皆可作兵器者婼羌傳云山有鐵自作兵難兜傳云有銀銅鐵作兵案越絕書赤堇之山破而出錫若邪之谷涸而出銅歐冶子因以爲劍郭景純謂古者通以錫雜銅爲兵器是也若曰彼不知鑄作之利當併舉諸金言之又豈止一物而已哉及漢使亡卒降教鑄作它兵器師古曰漢使至其國及有亡卒降其國者皆教之也得漢黃白金輒㠯爲器不用爲幣〔補注〕徐松曰黃金卽漢所賜大宛幣自烏孫㠯西至安息近匈奴〔補注〕徐松曰匈奴傳北服渾窳屈射丁零又言益西近烏孫案丁零爲今俄羅斯國臨西海是得至安息匈奴嘗困月氏師古曰困苦也〔補注〕徐松曰卽謂冒頓老上事故匈奴使持單于一信到國〔補注〕徐松曰信如外國之傳箭周壽昌曰信卽古之符契也平紀漢律諸乘傳者持尺五轉信司馬相如傳故遣信使曉諭百姓或以緡帛書分持之或用木爲之國傳送食師古曰言畏之甚也食讀曰飤不敢畱苦師古曰不敢畱連及困苦之也及至漢使非出幣物不得食不市畜不得騎〔補注〕徐松曰畜謂馬也所㠯

然者吕遠漢而漢多財物師古曰遠音于萬反故必市乃得所欲及呼韓邪單于朝漢後咸尊漢矣補注徐松曰神爵後西域無侵軼事

桃槐國王去長安萬一千八十里師古曰槐音回補注徐松曰計其道里蓋亦葱嶺西小國案西域記覩貨邏國東扼葱嶺自覩貨邏西至呾密國其國東西六百餘里又東至赤鄂衍那國其國東西四百餘里又東至忽露摩國其國東西百餘里又東至愉漫國其國東西四百餘里又東至鞠和衍那國其國東西二百餘里又東至鑊沙國其國東西三百餘里又東至珂咄羅國其國東西千餘里東接葱嶺是葱嶺西多小國桃槐卽其類歟王先愼曰不言治所與敍婼羌同先謙曰後書以下無考唐書地理志有桃槐州注以阿臘城置隸月支都督府戶七百口五千勝兵千人補注徐松曰漢紀以爲小國案此下疑有奪文

休循國補注徐松曰後漢紀作休修先謙曰河水注西河自捐毒國來西逕休循國南下入難兜國案休循後書以下不見西域水道記云洛陽伽藍記載魏宋雲云入漢盤陀國界西行六日登葱嶺山自此以西山路欹側長坂千里懸崖萬仞極天之阻實在於斯漢盤陀國今之阿賴地也喀爾提錦部布魯特居之捐毒傳云西上葱嶺則休循是矣又云哈喇庫勒大池甂覷西流其沿水西出之岸百里曰布魯滿又西四百六十里曰大河橋梁枝流出焉又西百九十里爲什克南城其南又有一水西流西域記

云西派一大流西至達摩悉鐵帝國東界與縛芻河合而西流蓋哈喇庫勒西流之水下流仍合爲一其一水卽縛芻河也西域圖考云哈喇庫勒西南流之支必匯巴達克山之水同入阿母河以注鹹海無疑惟哈喇庫勒尚有一支經喀爾提錦而西流者或北歸那林河或卽南流同入伊西弭庫爾尚無確據王治烏飛谷補注先謙曰西域記云達摩悉鐵帝國又言護密新唐書護密元魏所謂鉢和顯慶時以地爲鳥飛州疑以鳥飛谷得名然則休循更名護密與在葱嶺西補注徐松曰唐西域記葱嶺者據贍部洲中南接大雪山北至熱池千泉西至活國東至烏鎩國東西南北各數千里崖嶺數百重幽谷險峻恆積冰雪寒風勁烈多出葱故謂葱嶺又以山崖葱翠遂以名焉河水注引郭義恭廣志曰休循國居葱嶺其山多大葱御覽引西域諸國志曰葱嶺高行十二日可至頂先謙曰西域圖考云其南哈喇庫勒卽唐龍池水東流爲雅璊雅爾河卽葱嶺北河之南源唐之波謎羅川也唐書西域傳云南有商彌地大東北踰山七百里至波謎羅川與西域記同其云南有孛露卽今之布魯特去長安萬二百一十里補注徐松曰據改定龜茲里數積算當作去長安一萬六百二里去陽關六千一百二里戶三百五十八口千三十勝兵四百八十人補注徐松曰漢紀以爲小國東至都護治所三千一百二十一里補注徐松曰當作三千三百六十四里至捐毒衍敦谷二百六十里補注徐松曰與葱嶺隔西岡西北至大宛國九百二十里補注徐松曰較捐毒近百一十里西至大月氏千六百一十里補注徐松曰大宛東南爲休循西南爲大月氏在休循西休循倚葱嶺大月氏出嶺外故傳言踰葱嶺出大月氏民俗衣服類烏孫因畜隨水草補注錢大昭曰因當作田王先愼曰因畜隨水草當作隨畜逐水草傳寫者誤逐爲隨校者未審改上隨字爲因字本傳屢言隨畜逐水草可證錢氏就字形改字不知休循卽今布魯特山峻多雪不可耕作與尉頭國異不得云田也本故塞種也

捐毒國補注先謙曰後書無捐毒有天竺云一名身毒或遂以爲卽捐毒誤也天竺自是今之五印度在葱嶺東南捐毒與休循接壤在北道之西迥不相涉西域圖考云今巴爾琿之南地屬薩爾巴噶什布魯特部河水注河水重源有三一西出捐毒國葱嶺之上河源潛發分爲二水一下西入休循國一下東入無雷國水經圖說云西布魯特部落西南至喀什噶爾之西葉爾羌之西南博洛爾拔達克山鄂爾善諸部落皆在葱嶺閒捐毒當今西布魯特地其西流之水自指拔達克山以南之水西北流至布哈爾部落入騰吉斯鄂謨者王治衍敦谷補注徐松曰西域記言奔壤舍羅爲葱嶺東岡此其西岡之谷歟去長安九千八百六十里補注徐松曰據改定龜茲里數積算當作去長安一萬三百四十二里去陽關五千八百四十二里戶三百八十口千一百勝兵五百人補注徐松曰漢紀以爲小國東至都護治所二千八百六十一里補注徐松曰當作三千一百四里至疏勒補注徐松曰傳言自

疏勒以西北休循捐毒是蒙上東至爲文南與葱領屬師古曰屬聯也音之欲反補注徐松曰葱領無南面此居葱領中益近北也先謙曰西域圖考云此今西布魯特地與休循共之捐毒休循爲北道西國無人民西上葱領則休循也補注徐松曰河水注河水西逕休循國葱領云西水皆西流是知休循在葱領外先謙曰河水注西去休循二百餘里西北至大宛千三十里北與烏孫接補注徐松曰與大宛烏孫皆隔葱領衣服類烏孫隨水草依葱領補注徐松曰唐西域記波謎羅川據大葱領內本塞種也補注徐松曰休循捐毒二國爲今東西布魯特種人山峻多雪不可耕故逐水草居

莎車國補注先謙曰後書有傳魏志注三國時屬疏勒後魏爲渠莎國今爲莎車直隸州河水注北河枝水自疏勒國來東逕莎車國南下入溫宿國水經圖說云此言枝河東逕莎車國南則漢莎車城在葉爾羌北境並在北河之北當今葉爾羌屬巴爾楚克諸地其境則南有葉爾羌地故疏勒南至莎車也西域圖考云地跨有葱嶺南河卽唐之徙多河西有塞勒庫勒爲外藩總匯之區殆卽漢南通蒲犂之路王治莎車城補注徐松曰後魏書渠莎國居故莎車城去長安九千九百五十里補注徐松曰據蒲犂去長安減之當作去長安八千八百十里去陽關四千三百十里戶二千三百三十九口萬六千三百七十三勝兵三千四十九人補注徐松曰漢紀以

爲次大國輔國侯左右將左右騎君備西夜君各一人〔補注〕徐松曰南接西夜故備之

都尉二人譯長四人東北至都護治所四千七百四十六里〔補注〕徐松

曰以去陽關數減之當作一千五百七十二里西至疏勒五百六十里〔補注〕徐松曰疏勒又言南至莎車互

文以明西北也先謙曰後書云莎車東北至疏勒疑有誤西南至蒲犂七百四十里〔補注〕徐松曰至莎車

歷蒲犂依耐無雷皆迤邐而西南有鐵山出青玉〔補注〕徐松曰今葉爾羌河所經密爾岱山出青玉穆天子傳曰

天子西征至剞閭氏乃命剞閭氏供養六師之人於鐵山之下天子祭鐵山御覽以爲卽莎車國鐵山宣帝時烏孫

公主小子萬年〔補注〕徐松曰楚主之子元貴靡及大樂皆長於萬年莎車王愛之莎車王無

子死死時萬年在漢〔補注〕徐松曰漢外孫也莎車國人計欲自託於漢又欲

得烏孫心卽上書請萬年爲莎車王漢許之遣使者奚充國送萬

年萬年初立暴惡國人不說師古曰說讀曰悅莎車王弟呼屠徵殺萬年

并殺漢使者自立爲王約諸國背漢〔補注〕先謙曰詳馮奉世傳此葢地節三四年事會衞

候馮奉世〔補注〕徐松曰衞尉屬官有諸屯衞候使送大宛客卽以便宜發諸國兵擊

殺之更立它昆弟子爲莎車王還拜奉世爲光祿大夫〔補注〕徐松曰據奉世

傳以爲光祿大夫本衞都尉是歲元康元年也〔補注〕徐松曰據後書漢末有莎車王延天鳳五年死謚忠武王

子康代立

疏勒國〔補注〕徐松曰莽曰世善見後漢紀先謙曰後漢有傳亦見魏志注西戎傳後魏隋唐紀傳唐書云一曰佉沙西域記

佉沙國舊謂疏勒者乃稱其城號正言宜云室利訖栗多底今爲疏勒直隸廳河水注北河自岐沙谷東分南河以上[illegible]又東北枝

流出焉北河自疏勒流逕南河之北下入溫宿國北河枝水上承北河於疏勒之東西北流逕疏勒國南又東北與疏勒北山水合

下入莎車國北山水出北溪東南流逕疏勒城下入枝水水經圖說云唐書地理志疏勒鎭三面皆山又云疏勒西南入蔥嶺卽今

喀什噶爾也葉爾羌河卽注之南河喀什噶爾河卽注之北河二水異源而注稱一水所分與今水道不合今喀什噶爾自西迤南

至英吉沙爾西迤東南至葉爾羌西南之山回語呼爲塔爾塔什達巴罕卽古蔥嶺岐沙谷當在喀什噶爾西蔥嶺中自此東出山

卽平地英吉沙爾民多引渠以灌田或舊有水傍山東下與葉爾羌河相通後更湮塞與西域圖考云疏勒西當大月氏大宛康居

孔道河曰赫色勒河爲北河之北源唐之赤河也唐志疏勒西南北三面有山城在水中赤河來自疏勒西葛祿嶺至城西分流合

於城東句北入據史德城城在龜茲境孤石山上今屯[illegible]素山在烏什正南二百里西域水道記云喀什噶爾河二源北源爲烏蘭烏蘇河自赫色勒嶺東流逕

別什托海會通布倫嶺水爲得爾必楚克河又東南流逕哈朗歸卡倫與卡倫西小水會爲烏蘭烏蘇河蒙古語謂赤爲烏蘭回語

謂赤爲赫色勒也又東南流合木什水又東南分[illegible]喀什噶爾城又東南與雅璊雅爾河會南源雅璊[illegible]

喇庫勒池池在和什庫珠克嶺東周數百里唐書[illegible]蔥嶺涉播密川西域記云波謎羅川東西千餘里[illegible]

中有大龍池東西三百餘里南北五十餘里案播[illegible]川之異音哈喇庫勒池卽大龍池也西域記又云[illegible]

西至達摩悉鐵帝東界與縛芻河合而西流[illegible]東至佉沙國界與徙多河合而西流佉沙卽疏勒[illegible]

水自庫勒出而東流爲圖巴里克河又東逕塔什[illegible]雅璊雅爾諤斯騰濬成之河曰諤斯騰也又東爲[illegible]

又東北與烏蘭烏蘇河會於喀什噶爾城南是爲[illegible]蔥嶺北河也西域記云東派一大流卽雅璊雅爾[illegible]

卽烏蘭烏蘇也王治疏勒城〔補注〕徐松曰新唐書王居迦[illegible]傳疏勒有盤橐城烏卽城損[illegible]

損中又作楨中頓中隋書云都城方五里案後書耿恭傳之疏勒城非疏勒國地去長安九千三百五十

里〔補注〕徐松曰疏勒遠於莎車五百六十里此五十當作七十去陽關當四千八百七十里戶千五百一十口

萬八千六百四十七勝兵二千人〔補注〕徐松曰漢紀以爲小國疏勒侯擊胡侯

輔國侯都尉〔補注〕徐松曰後書班超傳有都尉黎弇番辰左右將左右騎君左右譯長

各一人〔補注〕徐松曰譯長言左右惟此與卑陸東至都護治所二千二百一十里〔補注〕

徐松曰當作二千一百三十二里南至莎車五百六十里〔補注〕徐[illegible]後魏書[illegible]

河先謙曰後書云莎車東北至疏勒有市列〔補注〕徐松曰後魏書云[illegible]銅鐵錫雌黃錦綿唐西[illegible]

五千餘里稼穡殷盛花果繁茂出綃氈氍工織細氈氍毹西當大月氏大宛康居道也[illegible]

魏書云西帶蔥嶺故踰蔥領者由之

尉頭國〔補注〕先謙曰後書云疏勒東北至尉頭亦[illegible]時屬龜茲見西域傳西域圖考云在今喀[illegible]

生克布魯特部地也準其地望至今烏什地下[illegible]道不通据後書疏勒傳云東北經尉頭溫宿姑墨[illegible]

是開道而南矣今爲烏什直隸廳王治尉頭谷〔補注〕徐松曰葢白山之谷去長安八千六百五

十里〔補注〕徐松曰據改定龜茲里數積算當作去長安九千二十八里去陽關四千五百二十八里戶三百口二

千三百勝兵八百人〔補注〕徐松曰漢紀以爲小國左右都尉各一人左右騎君

各一人東至都護治所千四百一十一里〔補注〕徐松曰當作千七百九十里南與

疏勒接山道不通〔補注〕徐松曰疏勒都白山南故以爲阻先謙曰魏書西域傳在溫宿北水經圖說云溫宿疏勒

東西相距約千里今烏什至喀什噶爾略同其中大山綿亘尉頭在溫宿之西北故與疏勒山道不通今固勒扎巴什諸山是也

西至捐毒千三百一十四里徑道馬行二日〔補注〕徐松曰徑道山徑之道也今自烏什至喀什噶爾驛程二千二百二十里而沿烏蘭烏蘇徑路凡六百餘里殆猶是歟田畜隨水草〔補注〕徐松曰城郭國故田畜近烏孫故隨水草衣服類烏孫

虛受堂　四

西域傳第六十六上終　漢書九十六

西域傳第六十六下　漢書九十六

漢　蘭　臺　令　史　班　固　撰

唐正議大夫行祕書少監琅邪縣開國子顏師古注

賜進士出身前翰林院編修國子監祭酒加三級臣王先謙補注

烏孫國〔補注〕先謙曰後書云班勇擊降焉耆於是龜茲等十七國服從而烏孫蔥領已西遂絕故後書無攷後魏書云其國數爲蠕蠕所侵西徙蔥嶺西域圖考云在今阿克蘇北境木素爾嶺之北伊犂南境特克斯河之南[illegible]下文云漢徙己校尉屯姑墨欲候便討焉是近姑墨唐書地理志云大石城又曰溫肅州西北三十里至粟樓峯又四十里度拔達嶺[illegible]又五十里至頓多城烏孫所治赤山城也又三十里度眞珠河足知其地河即特克斯河矣蓋自今小裕勒都斯河而西南阻天山北距伊犂河[illegible]布魯特北境與霍罕哈薩克爲界南北不過千里東西數千里大昆彌〔補注〕徐松曰未稱昆彌時稱烏孫王匈奴傳以翁主妻烏孫王治赤谷城師古曰烏孫於西域諸戎其形最異今之胡人青眼赤須狀類彌猴者本其種也〔補注〕徐松曰焦氏易林云烏孫氏女深目黑醜是其形異也神爵中分小昆彌別爲部大昆彌仍其舊治後魏書云居赤谷城後西徙蔥嶺中是烏孫在山南之證今阿克蘇城北鹽山土色純赤疑是其地陳湯傳郅支擊烏孫深入至赤谷城去長安八千九百里〔補注〕徐松曰溫宿之去長安當八千七百二十八里烏孫在溫宿北故里數略同戶十二萬口六十三萬勝兵十八萬八千八百人〔補注〕徐松曰西域最大國相大祿〔補注〕徐松曰傳有中子大祿左右大將二人〔補注〕宋祁曰楊本無左右二字徐松曰傳有大樂爲左大將馮夫人爲右大將妻則楊本非也侯三人大將都尉各一人〔補注〕宋祁曰楊本大將作大夫徐松曰各一人者有左右也傳有左右大將都尉楊本似誤大監二人大吏一人舍中大吏二人騎君一人東至都護治所千七百二十一里〔補注〕徐松曰以去長安較之當作千六百六十二里但言東知非在山北西至康居蕃內地五千里〔補注〕徐松曰陳湯傳郅支借康居兵擊烏孫烏孫不敢追西邊空虛不居者且千里是蕃內地在康居境內四千餘里地莽平多雨寒山多松樠師古曰莽平謂有草莽而平坦也一曰莽莽平野之貌樠木名其心似松音武元反〔補注〕徐松曰烏孫之境西自捐毒之北東迄焉耆之北旁白山之陽亘三千五百餘里故曰地莽平倚山故多雨雪而寒樠有二訓一曰松心一曰木名言松心者莊子所謂液樠言木名者此傳及左傳樠木之下馬融廣成頌履修樠也諸書惟廣韻不誤今本說文云樠松心木段氏以爲有奪誤顏所據蓋同今本說文左傳音義樠郎蕩反又莫昆武元二反馬融傳注音莫寒反周壽昌曰洪亮吉雜錄云萬松塘在天山下即詣巴里坤要道也細驗

虛受堂　一

之實非松乃松心木耳說文玉篇皆云樠松心木高誘淮南王書注樠讀如姓樠氏之樠致竟陵縣武來山一名樠木山樂史稱郡國志云楚武王卽卒此山洪又云曾在萬松塘一宿土人佝呼爲樠木也音讀若門不田作種樹師古曰樹植也補注徐松曰近山故不田作隨畜逐水草與匈奴同俗國多馬富人至四五千匹民剛惡貪狠無信補注先謙曰官本狠作狼多寇盜最爲彊國故服匈奴師古曰故謂舊時也服屬於匈奴也補注徐松曰史記言單于令昆莫長守於西域後盛大補注徐松曰大宛傳昆莫收養其民攻旁小邑控弦數萬習攻戰取羈屬不肯往朝會師古曰言纔羈縻屬之而已補注徐松曰匈奴傳歲正月諸長少會單于祠五月大會龍城祭其先天地鬼神秋馬肥大會蹛林課校人畜計是匈奴朝會事東與匈奴補注徐松曰烏孫之地葢並天山之陽直至焉耆以北其東則車師是與匈奴接西北與康居補注徐松曰言西面北面皆接康居故傳又言北附康居西與大宛補注徐松曰捐毒休循北境皆烏孫地故大宛在正西南與城郭諸國相接補注王念孫曰相字後人所加傳凡言某國與某國接者接上皆無相字則此亦當然漢紀孝武紀通典邊防八竝作南與城郭諸國接無相字徐松曰謂姑墨溫宿龜茲焉耆者本塞地也大月氏西破走塞王塞王南越縣度大月氏居其地補注徐松曰南越者第謂南走縣度在西南也後烏孫昆莫擊

破大月氏補注徐松曰張騫傳烏孫王號昆莫昆莫父難兜靡本與大月氏俱在祁連敦煌閒小國也大月氏攻殺難兜靡奪其地人民亡走匈奴子昆莫新生傅父布就翎侯抱亡置草中爲求食還見狼乳之又烏銜肉翔其旁以爲神遂持歸匈奴單于愛養之及壯以其父民衆與昆莫使將兵數有功時月氏已爲匈奴所破西擊塞王塞王南走遠徙月氏居其地昆莫既健自請單于報父怨遂西攻破大月氏大月氏徙西臣大夏補注徐松曰據張騫傳昆莫葢殺月氏王其夫人臣大夏也顏注以大夏爲臣而烏孫昆莫居之故烏孫民有塞種大月氏種云補注徐松曰皆其民去之不盡者始張騫言烏孫本與大月氏共在敦煌閒補注徐松曰敦煌之置在元鼎元年騫時無此郡今烏孫雖彊大可厚賂招令東居故地補注徐松曰史記作招以益東居故渾邪之地妻以公主與爲昆弟補注徐松曰匈奴傳劉敬奉宗室女翁主爲單于閼氏約爲兄弟以和親今用其法於烏孫也以制匈奴語在張騫傳武帝卽位令騫齎金幣往補注劉敞曰衍位字徐松曰騫傳言拜爲中郎將二三百人馬各二匹牛羊以萬數齎金幣帛直數千鉅萬昆莫見騫如單于禮師古曰昆莫自比於單于騫大慙謂曰補注徐松曰大宛傳騫知蠻夷貪故謂之天子致賜王不拜則還賜師古曰還賜謂將賜物還歸漢也昆莫起拜其它如故補注徐松曰其它仍用單于禮初昆莫有十餘子中子大祿彊善將師古曰言其材力優彊能爲將補注徐松曰大祿者居大祿之官將衆萬餘騎別居大祿兄太子太子有子曰岑陬師古曰岑音仕林反陬音子侯反補注徐松曰史記作岑娶太子蚤死師古曰蚤古早字謂昆莫曰必以岑陬爲太子昆莫哀許之大祿怒迺收其昆弟將衆畔謀攻岑陬補注徐松曰史記作謀攻岑陬及昆莫昆莫與岑陬萬餘騎補注徐松曰史記作昆莫老常恐大祿殺岑娶令別居昆莫亦自有萬餘騎以自備國分爲三大總羈屬昆莫騫既致賜諭指曰補注徐松曰以天子意指曉告之烏孫能東居故地則漢遣公主爲夫人結爲昆弟共距匈奴不足破也烏孫遠漢未知其大小師古曰遠音于萬反又近匈奴服屬日久其大臣皆不欲徙昆莫年老補注徐松曰冒頓死於孝文六七年閒昆莫生於冒頓未破月氏之前至元鼎時年葢六十餘國分不能專制迺發使送騫補注徐松曰大宛傳作送騫還案騫使烏孫歸在元鼎二年明年騫卒因獻馬數十匹報謝其使見漢人衆富厚歸其國其國後迺益重漢匈奴聞其與漢通怒欲

擊之補注徐松曰是時匈奴伊稺斜單于死子烏維立爲單于又漢使烏孫迺出其南抵大宛月氏相屬不絕師古曰抵至也屬音之欲反補注徐松曰烏孫在北山下漢使之由南道者並南山下由北道者沿塔里木河北岸皆在烏孫境南烏孫於是恐補注徐松曰漢通大宛月氏則出烏孫後使使獻馬補注徐松曰張騫傳得烏孫馬好名曰天馬願得尚漢公主爲昆弟補注徐松曰事在元封初天子問羣臣議許曰必先內聘補注徐松曰內讀曰納然後遣女烏孫以馬千匹聘師古曰入聘財漢元封中遣江都王建女細君爲公主以妻焉補注先謙曰王建以淫暴自殺江都國除至此十四五年賜乘輿服御物爲備官屬宦官侍御數百人補注徐松曰劉昭百官志諸公主每主家令一人丞一人注又引漢官曰主簿一人僕一人私府長一人家丞一人直吏三人從官二人此有宦官侍御數百人者皆特置異於常制贈送甚盛補注徐松曰玉臺新詠石崇王昭君辭序昔公主嫁烏孫令琵琶馬上作樂以慰其道路之思沈欽韓曰舊唐書音樂志琵琶四弦漢樂也初秦長城之役有弦鼗而鼓之者及漢武帝嫁宗女於烏孫乃裁箏筑爲馬上樂以慰其鄉國之思通典樂部引傅玄琵琶賦同今清樂奏琵琶俗謂之秦漢子圓體修頸而小疑是弦鼗之遺制其他皆兌上充下曲項形制稍大疑此是漢制兼似兩制者謂之秦漢葢謂通用秦漢之法烏孫昆莫以爲右夫人

匈奴亦遣女妻昆莫昆莫㠯爲左夫人〔補注〕徐松曰匈奴傳常以太子爲左屠耆王是匈奴
尙左昆莫先匈奴女者仍畏匈奴也公主至其國自治宮室居〔補注〕徐松曰烏孫雖逐水草而有城郭故
得建宮室玉臺新咏引作自治室宮歲時一再與昆莫會置酒飲食㠯幣帛賜王左
右貴人昆莫年老語言不通公主悲愁自爲作歌曰吾家嫁我兮
天一方遠託異國兮烏孫王穹廬爲室兮旃爲牆〔補注〕徐松曰匈奴傳注穹廬旃
帳也其形穹隆故曰穹廬案周禮共其毳毛爲氈旃爲氈之假借字玉臺新咏作氈㠯肉爲食兮酪爲漿師古
曰食謂飯音飤〔補注〕王念孫曰肉上本無以字後人以上下文皆八字爲句而此句獨少一字故加以字耳不知穹廬爲室旃爲牆
肉爲食酪爲漿皆相對爲文不獨於肉上加以字也御覽樂部八所引已誤北堂書鈔樂部二藝文類聚樂部三文選荅蘇武書
注所引皆無以字徐松曰玉臺新咏亦無以字居常土思兮心內傷師古曰土思謂憂思而懷本土願爲
黃鵠兮歸故鄉師古曰鵠音下督反〔補注〕徐松曰玉臺新咏作願爲飛黃鵠兮還故鄉案謝莊懷園引漢女悲而歌
飛鵠是古本有飛字天子聞而憐之閒歲遣使者持帷帳錦繡給遣焉師古曰閒
歲者謂每隔一歲而往也昆莫年老欲使其孫岑陬尙公主公主不聽上書言

狀天子報曰從其國俗欲與烏孫共滅胡〔補注〕徐松曰言此者以慰喩公主岑陬
遂妻公主昆莫死岑陬代立岑陬者官號也〔補注〕徐松曰官號不見前者或尊官不常
置名軍須靡昆莫王號也名獵驕靡後書昆彌云師古曰昆莫本是王號而其人
名獵驕靡故書云昆彌昆取昆莫彌取驕靡彌靡音有輕重耳盍本一也後遂以昆彌爲其王號也〔補注〕錢大昕曰顏說非也昆彌
即昆莫彌莫聲相轉猶宛王母寡一作母鼓鼓身聲相轉其實一耳莫之爲彌譯音有輕重而名號未改非取王名之一字而沿以
爲號也徐松曰案烏孫人名多有靡字是其語音如此昆彌亦仍其語音未必取意昆莫驕靡也岑陬尙江都公
主生一女少夫師古曰名少夫公主死〔補注〕徐松曰公主在烏孫僅四五年而死漢復㠯楚王
戊之孫解憂爲公主〔補注〕先謙曰楚王戊景帝三年反誅妻岑陬〔補注〕徐松曰在太初中岑陬
胡婦子泥靡尙小岑陬且死㠯國與季父大祿子翁歸靡〔補注〕徐松曰季
父大祿即前中子大祿曰泥靡大㠯國歸之〔補注〕錢大昭曰言俟泥靡長大以國歸之故後云烏孫貴人共
從本約立泥靡也翁歸靡既立號肥王復尙楚主解憂生三男兩女長男
曰元貴靡次曰萬年爲莎車王〔補注〕徐松曰莎車傳言小子萬年此云次子互異爲王在地節中傳

終言之次曰大樂爲左大將〔補注〕徐松曰下又作左大將樂長女弟史爲龜茲王絳
賓妻小女素光爲若呼翖侯妻師古曰弟史素光皆女名〔補注〕徐松曰烏孫有布就翖侯見張騫傳
此若呼翖侯葢如五翖侯之比昭帝時公主上書言匈奴發騎田車師〔補注〕徐松曰匈奴使
四千騎田之見下傳車師與匈奴爲一〔補注〕徐松曰言二國併力共侵烏孫唯天子幸救
之漢養士馬議欲擊匈奴會昭帝崩〔補注〕徐松曰匈奴傳烏孫公主上書下公卿議救未決昭
帝崩宣帝初即位公主及昆彌皆遣使上書〔補注〕徐松曰常惠傳本始二年遣惠使烏孫公
主及昆彌皆遣使因惠言言匈奴復連發大兵侵擊烏孫取車延惡師地〔補注〕徐松
曰車延惡師二地名功臣表下摩侯冠支將家屬闌入惡師居即此地案匈奴傳以此事屬於昭帝公主上書時與此異收人
民去使使謂烏孫趣持公主來師古曰趣讀曰促〔補注〕徐松曰常惠傳作使使脅求公主匈奴傳范
明友乘烏桓敝擊之匈奴繇是恐不能出兵即使使之烏孫求欲得漢公主欲隔絕漢昆彌願發國半
精兵自給人馬五萬騎〔補注〕徐松曰烏孫勝兵十八萬此五萬騎是未得半故宣紀但言國精兵盡力
擊匈奴唯天子出兵㠯救公主昆彌漢兵大發十五萬騎〔補注〕先謙曰本

作漢大發兵兵字誤倒在上五將軍分道並出語在匈奴傳〔補注〕徐松曰案宣紀本始二年秋調
兵三年春乃出兵遣校尉常惠使持節護烏孫兵昆彌自將翖侯㠯下五
萬騎從西方入至右谷蠡王庭〔補注〕徐松曰匈奴傳右王將居西方直上郡以西接氐羌後書班超
傳注南面以西爲右匈奴之西方接烏孫案匈奴傳蒲類將軍兵當與烏孫合擊匈奴蒲類澤烏孫先期至是從西方入者即自蒲
類之西矣宣紀注引服虔曰谷音鹿後書杜篤傳作鹿蠡音同假借字又後書和帝紀注庭謂單于所居此言庭者匈奴以左右
賢王左右谷蠡爲最大故亦言庭獲單于父行及嫂居次名王犂汗〔補注〕徐松曰匈奴傳言右
賢王犂汗王四千騎分三隊又有左犂汗王咸南犂汗王葢次於賢王者左犂汗左或作右案在匈奴西以右爲正都尉千
長騎將㠯下四萬級〔補注〕徐松曰常惠傳作三萬九千人匈奴傳作三萬九千餘級馬牛羊驢槖
駝七十餘萬頭〔補注〕徐松曰常惠傳作得馬牛驢贏槖佗五萬餘匹羊六十餘萬頭烏孫皆自取所
虜獲還封惠爲長羅侯是歲本始三年也〔補注〕徐松曰功臣表長羅侯以本始四年四月
封傳因赦用兵事併言之漢遣惠持金幣賜烏孫貴人有功者〔補注〕徐松曰時公主亦應有賜
後書耿恭傳大昆彌遣使奉宣帝時所賜公主博具元康二年〔補注〕徐松曰通鑑考異以蕭望之於神爵元年爲大鴻臚

傳文有大鴻臚蕭望之則元康爲神爵之誤今案本始四年距神爵二年凡十一年烏孫有大功不應十一年乃往賜之不足據一也常惠傳惠因便道擊龜茲宣帝不許大將軍霍光風惠以便宜從事霍光薨於地節二年若至神爵光死已八年不足據二也且傳叙龜茲事云常惠斬姑翼時烏孫公主正遣女至京比自京還龜茲又得請於元康元年來朝常惠傳明言斬姑翼而還未言復至烏孫不應烏孫是時遣女入京而惠遲至神爵不足據三也即以蕭望之傳推之傳云遷大鴻臚先是烏孫昆彌翁歸靡因常惠上書詔下公卿議望之以爲非長策天子不聽神爵二年送公主配元貴靡未出塞翁歸靡死惠上書云云望之復以爲不可益先是云者追叙以起復爲不可之詞非直謂爲大鴻臚時也此傳因之始云大鴻臚望之舍本傳而用此傳不足據四也合諸傳考之蓋惠於本始四年賜烏孫地節元年即斬姑翼還京至元康二年詔遣常惠將兵揚威武車師旁其時車師王在烏孫故烏孫因惠上書是元康不誤烏孫昆彌因惠上書願以漢外孫元貴靡爲嗣得令復尚漢公主結婚重親〔補注〕徐松曰謂結兩重姻親畔絕匈奴願聘馬贏各千匹詔下公卿議大鴻臚蕭望之〔補注〕徐松曰元康二年望之自少府遷左馮翊云大鴻臚誤以爲烏孫絕域變故難保不可許上美烏孫新立大功〔補注〕徐松曰元康二年去本始三年僅六年故曰新又重絕故業師古曰重難也故業謂先與烏孫婚親也遣使者至烏孫先迎

取聘〔補注〕徐松曰取聘財昆彌及太子〔補注〕徐松曰太子即元貴靡左右大將都尉皆遣使凡三百餘人入漢迎取少主〔補注〕王文彬曰取讀曰娶上迺以烏孫主解憂弟子相夫爲公主〔補注〕宋祁曰越本弟字下無子字徐松曰弟子謂弟之子蓋楚王延壽之女弟行與宣帝爲姑也楚主在烏孫已四十年不應尚有少弟置官屬侍御百餘人舍上林中學烏孫言師古曰舍止也〔補注〕何焯曰先是細君以語言不通而悲愁故學烏孫言而後遣嫁徐松曰舍苑中以其容車騎天子自臨平樂觀會匈奴使者外國君長大角抵設樂而遣之使長盧侯光祿大夫惠爲副〔補注〕錢大昭曰盧當作羅功臣表匈奴傳並作羅先謙曰蕭望之傳同官本作羅凡持節者四人送少主至敦煌未出塞〔補注〕徐松曰出塞出玉門陽關也趙充國傳自敦煌至遼東萬一千五百餘里乘塞列隧聞烏孫昆彌翁歸靡死烏孫貴人共從本約〔補注〕徐松曰從岑陬之約蕭望之傳作背約謂背翁歸靡之約立岑陬子泥靡代爲昆彌號狂王〔補注〕徐松曰蓋以不與主和號曰狂周壽昌曰此從後號之也下云暴惡失眾又云爲烏孫所患苦明不止不與主和一事惠上書願留少主敦煌惠馳至烏孫責讓不立元貴靡爲昆彌〔補注〕徐松曰蕭望之傳作責以負約因立元貴靡還迎少主事下公卿望之復以爲烏孫持兩端難約結〔補注〕徐松曰蕭望之傳作亡堅約前公主在烏孫四十餘年恩愛不親密邊竟未得安師古曰竟讀曰境此已事之驗也今少主以元貴靡不立而還信無負於夷狄中國之福也少主不止繇役將興〔補注〕徐松曰蓋公主在絕域賻送之使興發勞人其原起此天子從之徵還少主狂王復尚楚主解憂生一男鴟靡不與主和又暴惡失眾漢使衛司馬魏和意副候任昌送侍子〔補注〕徐松曰通鑑注候衛候也爲和意之副侍子前所送在京者公主言狂王爲烏孫所患苦易誅也遂謀置酒會罷使士拔劍擊之劍旁下師古曰不正下之〔補注〕先謙曰官本之作也是狂王傷上馬馳去其子細沈瘦師古曰瘦音搜〔補注〕徐松曰蓋先娶胡婦子會兵圍和意昌及公主於赤谷城數月都護鄭吉發諸國兵救之迺解去〔補注〕徐松曰通鑑繫此事於甘露元年非也蓋在五鳳中漢遣中郎將張遵持醫藥治狂王賜金二十斤采繒〔補注〕王念孫曰案下文賜姑莫匿等金人二十斤繒三百匹則此文采繒下亦當有匹數而今

本脫之也因收和意昌係瑣從尉犂檻車至長安斬之〔補注〕徐松曰和意昌蓋繫在烏壘故從尉犂行觀此知漢北道近河北岸在今道之南也車騎將軍長史張翁〔補注〕徐松曰百官表前後左右將軍皆有長史留驗公主與使者謀殺狂王狀〔補注〕徐松曰期門中郎將秩比二千石將軍長史秩千石蓋張翁爲遵之副遵送和意等還長安故翁留也下副使季都蓋亦同時使者主不服叩頭謝張翁捽主頭罵詈師古曰捽持其頭音材兀反〔補注〕錢大昭曰說文捽持頭髮也主上書翁還坐死副使季都別將醫養視狂王〔補注〕徐松曰醫養謂知醫者及廝養狂王從十餘騎送之〔補注〕徐松曰但言送都是翁時已還故上言別將都還坐知狂王當誅見便不發下蠶室〔補注〕徐松曰公主和意謀殺狂王固漢意也特以不死委罪和意耳張翁季都之獲罪皆不知朝廷之意初肥王翁歸靡胡婦子烏就屠狂王傷時驚與諸翎侯俱去居北山中〔補注〕徐松曰即今冰嶺以東至博羅圖山所謂天山以在烏孫北故曰北山此又烏孫在山南之證揚言母家匈奴兵來〔補注〕徐松曰北山之陰爲今伊犂烏魯木齊境皆匈奴也故眾歸之後遂襲殺狂王自立爲昆彌漢遣破羌將軍辛武賢將兵萬五千人至敦煌遣使者案行表〔補注〕何焯

日溝流志令齊人水工徐伯表注謂表記之今之豎標是穿卑鞮侯井㠯西孟康曰大井六通渠也下泉流湧出
在白龍堆東土山下〔補注〕徐松曰胡注謂時立表穿渠於卑鞮侯井以西案今敦煌縣引黨河穿六渠經縣西下流入疏勒河歸哈
喇淖爾淖爾西即大沙磧豈古六通渠遺跡歟先謙曰官本西作面引宋祁曰面當作西欲通渠轉穀積居盧
倉㠯討之〔補注〕錢大昭曰倉閩本作舍徐松曰通渠轉穀欲水運也盧倉謂建倉國朝雍正中大將軍岳鍾琪於黨河
議行水運詳見西域水道記中先謙曰積居猶積貯初楚主侍者馮嫽師古曰音了嫽者慧也故㠯爲名〔補注〕徐
松曰詩陳風佼人僚兮傳僚好貌釋文僚本亦作嫽說文嫽女字也僚好貌方言釗嫽好也蓋僚嫽通婦人以爲美稱顏訓慧未知
所出能史書習事〔補注〕徐松曰胡注內習漢書外習西域諸國事也嘗持漢節爲公主使行
賞賜於城郭諸國敬信之〔補注〕王先慎曰當重諸國二字號曰馮夫人爲烏孫右
大將妻右大將與烏就屠相愛都護鄭吉〔補注〕徐松曰段會宗傳爲西域都護三歲更盡
還如淳曰邊吏三歲一更今鄭吉自神爵二年爲都護至甘露元年已八年不更者或吉時未定此制使馮夫人說
烏就屠㠯漢兵方出必見滅不如降烏就屠恐曰願得小號〔補注〕徐松
曰願得小昆彌之號宣帝徵馮夫人自問狀遣謁者竺次期門甘延壽爲副

送馮夫人馮夫人錦車持節服虔曰錦車以錦衣車也〔補注〕徐松曰通鑑引此注作應劭錦車漢紀作
軺車詔焉烏就屠詣長羅侯赤谷城〔補注〕錢大昭曰焉字衍徐松曰烏就屠或仍居北山中常惠蓋
與辛武賢同討而獨至烏孫也先謙曰官本無焉字立元貴靡爲大昆彌烏就屠爲小昆彌
〔補注〕徐松曰以長幼爲大小皆賜印綬破羌將軍不出塞還〔補注〕徐松曰以上甘露元年事後
烏就屠不盡歸諸翎侯民眾〔補注〕徐松曰烏就居前與諸翎侯俱去漢復遣長羅侯
惠將三校屯赤谷因爲分別其人民地界〔補注〕徐松曰慶忌傳爲右校丞隨常惠屯田烏
孫赤谷城與翎侯戰陷陣卻敵蓋分其人民有不從者故與之戰大昆彌戶六萬餘小昆彌戶四
萬餘〔補注〕徐松曰是時戶不足十二萬也以上當爲二年事然眾心皆附小昆彌元貴靡鴟
靡皆病死公主上書言年老土思願得歸骸骨葬漢地天子閔而
迎之公主與烏孫男女三人俱來至京師〔補注〕王念孫曰烏字涉上下文烏孫而衍孫男
女三人者公主之孫男孫女共三人也孫上不當有烏字下文公主卒三孫留守墳墓是其證漢紀有烏字亦後人依誤本漢書加
之御覽禮儀部二十二引此無烏字是歲甘露三年也〔補注〕徐松曰案宣紀公主歸於三年冬時年且

七十賜㠯公主田宅奴婢〔補注〕宋祁曰舊本主作第奉養甚厚朝見儀比公主
後二歲卒〔補注〕徐松曰蓋黃龍元年三孫因留守墳墓云〔補注〕徐松曰劉昭百官志云公主子孫奉
墳墓於京都者亦隨時見會位在博士議郎下元貴靡子星靡代爲大昆彌弱師古曰言其尚幼少
〔補注〕錢大昭曰弱與健對下文後都護韓宣復奏星靡怯弱可免又云時大昆彌雌栗靡健翎侯皆畏服之是也顏說非周壽昌曰
段會宗爲都護當竟甯元年時星靡死子雌栗靡代立星靡父元貴靡死當甘露三年星靡立幾二十年而死已有子代立且健矣
則代爲大昆彌時必非幼少也馮夫人上書願使烏孫〔補注〕徐松曰馮夫人或隨公主來歸鎮撫星
彌〔補注〕錢大昭曰彌當作靡閩本不誤先謙曰官本作靡漢遣之卒百人送烏孫焉〔補注〕宋祁曰越
本邵本無烏孫字錢大昭曰閩本無烏孫字都護韓宣〔補注〕徐松曰宣代鄭吉當在元帝初奏烏孫大吏
大祿大監皆可㠯賜金印紫綬〔補注〕徐松曰胡注漢列侯金印紫綬今特賜之㠯尊輔大
昆彌漢許之後都護韓宣復奏星靡怯弱可免〔補注〕沈欽韓曰免王也更㠯
季父左大將樂代爲昆彌漢不許〔補注〕宋祁曰大將樂代爲昆彌當作代將樂大爲昆彌先謙曰
宋說疑誤後段會宗爲都護〔補注〕徐松曰會宗傳竟甯中以杜陵令五府舉爲西域都護案竟甯元年封騎都尉

甘延壽爲列侯蓋延壽更還會宗代之招還亡畔安定之師古曰有人眾亡畔者皆招而還之故安定也〔補注〕
徐松曰眾附小昆彌故亡畔星靡死子雌栗靡代小昆彌烏就屠死子拊離代
立師古曰拊讀與撫同〔補注〕徐松曰說文拊揗也段玉裁云古作拊揗今作撫循是拊撫古今字事在成帝建始初爲弟
日貳所殺漢遣使者立拊離子安日爲小昆彌〔補注〕徐松曰會宗傳安日爲會宗所
立日貳亡阻康居〔補注〕徐松曰陳湯傳西域都護段會宗爲烏孫兵所圍卽日貳攻圍之事會宗以竟甯元年爲
都護此事在建始元二年漢徙已校屯姑墨師古曰有戊已兩校兵此直徙已校也〔補注〕徐松曰屯姑墨爲近烏
孫欲候便討焉〔補注〕徐松曰以上爲建始二年事安日使貴人姑莫匿等三人詐
亡從日貳刺殺之師古曰詐畔亡而投之因得以刺殺都護廉褒〔補注〕徐松曰段會宗以建始二年更
盡褒當以三年代褒見公卿表又傳稱常鄭甘陳段傳贊云廉褒以恩信稱賜姑莫匿等金人二十斤繒
三百匹〔補注〕徐松曰以上爲建始河平閒事後安日爲降民所殺〔補注〕徐松曰安日之立蓋已十二三
年段會宗傳小昆彌爲國民所殺諸翎侯大亂漢立其弟末振將代〔補注〕徐松曰段會宗傳徵會宗爲左曹中
郎將光祿大夫使安輯烏孫立小昆彌兄末振將案會宗凡再爲都護後又四使西域此爲使西域之一在永始二年漢立其弟會

宗傳作兄以下文及會宗傳末振將兄子校之是兄字誤時大昆彌雌栗靡健翎侯皆畏服之告民牧馬畜無使入牧師古曰勿入昆彌牧中恐其相擾也補注徐松曰入牧疑當謂入所牧爲稅猶今哈薩克部入內地牧馬每馬百收租馬一之類國中大安和翁歸靡時師古曰勝於翁歸靡時也補注先謙曰依顏注和蓋加之誤小昆靡末振將恐爲所并補注先謙曰官本靡作彌是使貴人烏日領詐降刺殺雌栗靡補注徐松曰案段會宗傳在立末振將之明年是永始二年事漢欲吕兵討之而未能遣中郎將段會宗補注徐松曰會宗傳不載此事此爲使西域之二持金幣與都護圖方略補注徐松曰會宗之再爲都護更盡於鴻嘉二年自鴻嘉三年至永始四年凡六歲當有二都護案傳於康居下有都護郭舜據傳贊敘郭舜於廉褒後孫建前則舜正在永始時此云都護或卽舜歟立雌栗靡季父公主孫伊秩靡爲大昆彌補注徐松曰伊秩靡或大樂子漢沒入小昆彌侍子在京師者補注徐松曰爲其有罪久之大昆彌翎侯難栖殺末振將補注徐松曰段會宗傳載末振將病死與此異末振將兄安日子安犂靡代爲小昆彌師古曰末振將之兄名安日安日之子名安犂靡補注徐松曰段會宗傳作烏犂靡漢恨不自責誅末振將補注宋祁曰越本無責字

錢大昭曰閩本無責字徐松曰汪校亦無復使段會宗卽斬其太子番丘師古曰番音盤還賜爵關內侯是歲元延二年也補注徐松曰詳會宗傳此爲會宗使西域之三會宗吕翎侯難栖殺末振將雖不指爲漢合於討賊奏吕爲堅守都尉補注何焯曰因而旌之則恩威皆歸於漢徐松曰以賞功特置此官責大祿大吏大監吕雌栗靡見殺狀奪金印紫綬更與銅墨云補注徐松曰劉昭輿服志注引東觀書云公侯金印紫綬中二千石至四百石皆銅印墨綬末振將弟卑爰疐師古曰疐音竹二反補注徐松曰匈奴傳哀建平二年烏孫庶子卑援疐翎侯人衆入匈奴西界寇盜牛畜頗殺其民單于聞之遣左大當戶烏夷泠將五千騎擊烏孫殺數百人略千餘人毆牛畜去卑援疐恐遣子趨逯爲質匈奴卽其人也爰援通息夫躬傳注蘇林曰疐音欬嚏之疐晉灼曰音詩載疐其尾之疐匈奴傳注服虔音獻捷之捷顏云晉音是本共謀殺大昆彌將衆八萬餘口北附康居補注徐松曰以番丘見誅謀欲藉兵師古曰藉借也補注徐松曰古多以藉爲借兼并兩昆彌補注徐松曰息夫躬傳烏孫兩昆彌弱卑爰疐彊盛居彊煌之地擁十萬之衆東結單于遣子往侍兩昆彌畏之親倚都護師古曰倚依附也音於綺反補注徐松曰段會宗傳漢復遣會宗使安輯與都護孫建並力哀帝元壽二年大昆彌伊秩靡

與單于並入朝漢吕爲榮補注徐松曰哀紀二年正月匈奴單于烏孫大昆彌來朝案匈奴傳是時爲烏珠留若鞮單于至元始中卑爰疐殺烏日領吕自效漢封爲歸義侯兩昆彌皆弱補注徐松曰王莽傳言大昆彌中國外孫是伊秩靡至始建國時猶存卑爰疐侵陵補注徐松曰謂侵陵兩昆彌都護孫建襲殺之補注徐松曰段會宗傳稱都護孫建在建平中不應元始中尚在西域或再任也自烏孫分立兩昆彌後漢用憂勞且無甯歲師古曰言或鎮撫或威制之故多事也補注徐松曰王莽傳始建國五年烏孫大小昆彌遣使貢獻莽見匈奴諸邊益侵意欲得烏孫心迺遣使者引小昆彌使置大昆彌使上保成師友祭酒滿昌劾奏使者曰夷狄以中國有禮誼故詘而服從大昆彌君也今序臣使於君使之上非所以有夷狄也奉使大不敬莽怒免昌官西域諸國以莽積失恩信焉耆先畔殺都護但欽

姑墨國補注徐松曰莽曰積善見袁宏紀先謙曰後書云自莎車東北經尉頭溫宿至姑墨亦見莎車傳下魏志注云後屬龜茲後魏書作姑默唐書自龜茲嬴六百里踰小沙磧有跋祿迦小國也一曰亟墨卽漢姑墨國橫六百里縱三百里今爲拜城縣西域水道記云哈喇裕勒袞台之東百二十里爲滴水崖皆沙磧唐書之小沙磧謂此也河水注北河自溫宿國來東逕姑墨國南合姑墨川水下入龜茲國姑墨川水導源姑墨西北歷赤沙山東南流逕姑墨國西又東南流右注北河西域圖考云姑墨今阿克蘇

屬之哈喇裕勒袞軍台地姑墨川水今阿爾巴特河唐之撥換河也唐志姑墨南臨渾河卽阿克蘇河下流今名渾巴什河西域水道記云阿爾巴特河亦曰阿察哈喇河出阿克蘇城北瑪咱爾[illegible]山中東南流繞鹽山之東卽赤沙山也又南入沙而伏長凡三百里不入北河與酈注異又云大河合克勒底雅河後又東過布[illegible]斯孔郭爾郭境北爲額爾勾河準語謂河流回抱爲額爾勾也唐志云姑墨州南臨思渾河是其異名矣與李說不同王治南城補注徐松曰後書班超傳姑墨有石城唐西域記跋祿迦國大都城周五六里去長安八千一百五十里補注徐松曰據改定龜茲里數積算當作去長安八千[illegible]百五十八里去陽關三千九百五十八里戶三千五百口二萬四千五百勝兵四千五百人補注徐松曰漢紀不言當爲次大國姑墨侯輔國侯都尉左右將左右騎君各一人譯長二人東至都護治所一千二十一里補注宋祁曰監本作千二十里晏本作二千二十里徐松曰今以改定里數較之當作千二百二十里先謙曰官本作二千二十一里南至於闐補注錢大昭曰於南監本閩本作于先謙曰官本作于是馬行十五日補注徐松曰自姑墨南行度額爾勾河經大沙磧至于闐沙行往往失路難以里計先謙曰今阿克蘇城距烏什里數略同木經圖說云自阿克蘇城南渡河循和闐河有道通和闐城卽馬行十五日之道北與烏孫接補注徐松曰姑墨之北山皆烏孫地蓋今拜城北也出銅鐵雌黃補注徐松

曰今滴水崖地有上下銅廠**東通龜茲六百七十里**〔補注〕徐松曰唐西域記跋祿迦國土宜氣序人性風俗文字法則同屈支國蓋壤地相接故同**王莽時姑墨王丞殺溫宿王幷其國**〔補注〕徐松曰亦以壤地接故幷之

溫宿國〔補注〕先謙曰後書云自莎車東北經尉頭至溫宿後屬龜茲見魏志注及北魏西域傳西域圖考云今阿克蘇境先謙案今爲溫宿直隸州**王治溫宿城**師古曰今雍州醴泉縣北有山名溫宿嶺者本因漢時得溫宿國人令居此地田牧因以爲名〔補注〕沈欽韓曰隋書地理志醴泉縣有溫秀嶺恐不緣溫宿國人得名也此方俗鄙談宋次道作長安志采其語允爲無識徐松曰地理志張掖郡有居延縣安定縣有月氏道上郡有龜茲縣蓋亦類此先謙曰河水注北河自疏勒國來暨於溫宿之南左合北河枝水下入姑墨國北河枝水自莎車國來東逕溫宿國南右入北河水經圖說云喀什噶爾河自喀什噶爾城東南流逕巴爾楚克城南入烏什界別無支流據注當自喀什噶爾城南分枝水北流又東隨山麓東行逕巴爾楚克城諸地至烏什南界合爲一古今或有變徙也西域水道記云阿克蘇近漢溫宿地城西二百四十里爲烏什城烏什西北有蔥嶺支山曰喀克善山阿克蘇河西支發焉合北來一水爲畢底爾河又東經烏什城北河之北岸二百里大山自西而東綿亘不絕其水入阿克蘇境爲托什干河又東與東支水會東支出楚克達爾山爲瑚瑪喇克河又南合湯那哈克河又東至阿克蘇城西南與西支水會又東六

十里分爲二西支爲艾柯爾河又東南流與東支會東支東南流爲渾巴什河又東南與西支會爲哈喇塔勒河又南至噶巴克阿克蘇集北境合蔥嶺北河凡長九百餘里鄺云枝河右入北河卽阿克蘇河也西域圖考云唐代北河水入據史德城地距烏什止二百里其國蓋在兩河合口之北今無城先謙案北河於此已合南河茲仍依鄺注分承以便尋檢左右諸國疆域**去長安八千三百五十里**〔補注〕徐松曰據改定龜茲里數積算當作去長安八千七百二十八里去陽關四千二百二十八里**戶二千二百口八千四百勝兵千五百人**〔補注〕徐松曰漢紀以爲次大國**輔國侯左右將左右都尉左右騎君譯長各二人東至都護治所二千三百八十里**〔補注〕徐松曰據改定里數當作一千四百九十里**西至尉頭三百里**〔補注〕徐松曰後魏書尉頭在溫宿北蓋西兼北也**北至烏孫赤谷六百一十里**〔補注〕徐松曰河水注水導姑墨西北歷赤沙山東南流逕姑墨國西赤沙山疑卽赤谷今之鹽山姑墨西北正溫宿之北**土地物類所有與鄯善諸國同**〔補注〕徐松曰齊近鄯善也**東通姑墨二百七十里**〔補注〕徐松曰後魏書溫宿在姑墨西北今阿克蘇城至滴水崖二百八十里

龜茲國〔補注〕先謙曰後書自莎車東北經尉頭溫宿姑墨至龜茲亦見莎車國下至宋仍爲龜茲唐書一曰邱茲一曰屈茲

唐西域記作屈支皆語音變轉也唐書又云自焉耆步一百里度小山徑大河二又步七百里乃至橫千里纔六百里元號別失八里明史別失八里西域大國也或曰焉耆或曰龜茲明一統志作亦力把力北周書國在白山之南一百七十里東有輪臺卽漢貳師將軍所屠者其南三百里有大水東流號計戍水卽黃河也今爲庫車直隸廳河水注北河自姑墨國來東逕龜茲國南又左合龜茲川水又東右合敦薨之水覩隸犂下下入墨山國龜茲川水二源西源出北大山南逕赤沙山東南流枝水出焉又東南水流三分右二水注北河東川水出龜茲東北又南流枝水右出西南入龜茲城東川水又東南流逕輪臺之東右會西川枝水下入烏壘西川枝水二源俱受西川東流逕龜茲城南合爲一水東南注東川西域水道記云大河又東過沙雅爾城南庫車屬城也庫車爲龜茲北境額爾勾河逕城南百餘里卽魏書所云龜茲國南三百里有大河東流號計戍水者也唐書作計舒河之南岸爲大磧亂山糾紛與羅布淖爾直中隔千里其山高舉崛起凡六百餘里以屬於巴顏哈喇嶺卽中國河源所自出矣大河又東爲塔里木河又東渭干河從北來注之西源出木素爾嶺亦喀克善山支峯故唐書以爲蔥嶺北原也嶺下有白龍口黑龍口二水匯爲木素爾河西南流折而東南爲木咱喇特河又東折而南爲雅爾幹河又東哈布薩朗河入之又東木札特河入之又東南湖水自西北來入之又東會赫色勒河赫色勒河出額什克巴什山所謂白山也隋書曰阿羯山唐書曰阿羯田山山有二水會阿勒坦呼蘇山水南流又會二水爲赫色勒河是爲渭干河東源又南逕千佛洞西緣山會雅爾幹河通爲渭干河渭干河東流折而南凡四十餘里逕

丁谷山西山上有石室五所就壁鑿佛像數十又有一區是沙門題名兩岸有故城水經注引釋氏西域記曰龜茲國北四十里山中有寺名雀離大清淨辨機記亦云屈支國城北四千餘里接山阿隔一河水有二伽藍同名昭怙釐而東西隨稱佛像莊飾殆越人工僧徒清肅誠爲勤勵今溯遺蹤差存仿佛渭干河逕洞前南流八里至山外疏爲五渠又南流逕札依莊東和卓土拉斯莊西庫車城西六十里唐之白馬渡也唐書地理志安西西出柘厥關渡白馬河百八十里西入俱毗羅磧經苦井百二十里至俱毗羅城又六十里至阿悉言城俱毗羅磧今之赫色勒沙磧俱毗羅城今賽喇木城阿悉言城今拜城也渭干河又東南逕沙雅爾城北爲鄂根河同人謂之烏恰特河又東逕沙哈里克湖南又東南五里許折而東逕玉古爾莊南入塔里木大河水經注云北河又東逕龜茲國南又東左合龜茲川水是也渭干河卽龜茲西川矣庫車西北六百餘里通伊犁路有庫克訥克嶺嶺下水三支南流又西南至博勒齊爾山後左右分注復匯爲一西南流逕銅廠山西至山外逕破城東復分爲三最西者曰密爾特彥河南流逕庫車東門水繞注所謂枝水入龜茲城也又折而東南流凡百八十餘里入沙哈里克湖次東者曰烏恰爾薩伊河自分支後東南流亦百八十餘里入沙哈里克湖最東者曰葉斯巴什河自分支後東南流凡五十餘里入阿提委訥克湖諺曰頭道二道三道河卽龜茲東川也水經注曰龜茲川水有二源西源縣當作醾川木出北大山南其水南流逕赤沙山阿克蘇鹽山又出山東南流枝水左派焉又東南水流三分右二水俱東南流注北河東川水出龜茲東北歷赤沙積梨南流庫車銅廠山枝水右出東川分出一支入龜茲城其水又東南流右會西川枝

水水入自城東出自城南與西川末入河之左一支會下文云水文有二源俱受西川東流逕龜茲城南合爲一水即串明此句之木一源東川之源逕龜茲城南合爲一水名即東川枝水右會西川枝水之事其水東南注東川南枝水既合之又東南注大河酈作注時西川分爲三二支先入大河一支逕城南會東川枝水入東川東川達於河東川入河處在渠犁國西漢書所謂渠犁西有河至龜茲五百八十里者也今則西川自入河東川入沏後無復餘水不與河通 **王治延城**【補注】錢大昭曰後漢班超傳注龜茲國居居延城徐松曰唐書伊邏盧城唐西域記屈支國大都城周十七八里後書班超反梁慬傳龜茲又有它乾城案唐書自焉耆西南經二大河至龜茲二大河者今海都河及舊時龜茲東川也延城蓋在今渭干河北岸先謙曰西域圖考云唐爲安西都護治今庫車城南百四十里沙雅爾城北四十里南去渭干河三十里河源西北木素爾嶺折東南流會塔里木河入治 **去長安七千四百八十里**【補注】徐松曰據改定里數當作去長安七千七百八十八里去陽關三千二百八十八里 **戶六千九百七十口八萬一千三百一十七勝兵二萬一千七十六人**【補注】徐松曰漢紀以爲次大國 **大都尉丞輔國侯安國侯擊胡侯卻胡都尉擊車師都尉左右將**【補注】徐松曰後書班超傳有左將軍 **左右都尉左右騎君左右力輔君各一人東西南北部千長各二人**【補注】徐松曰龜茲四達之國故有四部先謙曰官本二作一 **卻胡君三人譯長四人**【補注】徐松曰蓋亦分東西南北 **南與精絕**【補注】徐松曰亦隔河相接 **東南與且末**【補注】徐松曰後書班超傳注引作東與且末奪南字 **西南與杅彌北與烏孫西與姑墨接**【補注】師古曰杅音烏 徐松曰杅彌云東與龜茲接據後魏書龜茲都城在白山南一百七十里故幷白山陽烏孫得居之唐西域記龜茲西行六百餘里經小磧至跋祿迦國河水注龜茲西去姑墨六百七十里 **能鑄冶**【補注】徐松曰梁書劉之遴傳外國澡灌一口有銘云元封二年龜茲國獻是能鑄冶之證 **有鉛**【補注】徐松曰唐西域記土產黃金銅鐵鉛錫 **東至都護治所烏壘城三百五十里**【補注】徐松曰三蓋五字之訛見下焉耆國注以今道計之凡六百餘里

烏壘【補注】徐松曰河水注云治烏壘城今傳文奪之周壽昌曰徐引河水注爲誤證也案傳上特云都護治烏壘城明此城爲都護專治其國王附居城內故此傳又云與都護同治也每國傳皆云至都護治所若干里龜茲國傳又申明之云東至都護治所烏壘城三百五十里直以都護作準的諸國特爲地望無有他屬故於烏壘下不書王亦不言治所也先謙曰後書莎車傳下云莎車國王賢分龜茲爲烏壘國徙嬀塞王駟韃爲烏壘王此未詳烏壘立國始末似西漢專取爲都護治所至東漢始立國故本傳無國王兩字唐置烏壘州屬渠離都督府今策特爾地爲哈喇沙爾之屬境水經圖說云當在今庫車城東西南接庫車河河水注東川水自龜茲來東南逕烏壘國南又東南注北河先謙案東川水今不與河通說見上 **戶百一十口千二百勝兵三百人**【補注】徐松曰亦小國 **城都尉**【補注】徐松曰蓋掌一城之兵烏壘渠犁同置 **譯長各一人與都護同治**【補注】徐松曰雖言同治應別有垣墉以處將吏如今西域回城中別爲鎮城之類據後傳都護在埒婁城或別城名歟 **其南三百三十里至渠犁**【補注】徐松曰河水注於渠犁下云西北去烏壘三百三十里是酈氏所見漢書本此作東南也先謙曰董祐誠云南至渠犁南字當東字之誤先謙案徐說較長此傳蓋脫東字

渠犁【補注】徐松曰武紀天漢二年渠犁六國來獻鄭吉傳作渠黎先謙曰後書不載 **城都尉一人**【補注】徐松曰河水注言龜茲東川水與西川枝水合流逕龜茲城南合爲一水閒有故城屯校所守也酈氏之意以水閒故城爲渠犁田官之城是田官不與渠犁同城之證第渠犁在龜茲東南不應田官在龜茲之南案後書云班超定西域居龜茲是故城或超所居耳 **戶百三十口千四百八十勝兵百五十人東北與尉犁**【補注】徐松曰敦薨水自今日博斯騰淖爾溢出之河渠犁在河西尉犁在河東 **東南與且末南與精絕接**【補注】徐松曰且末之通精絕二千里故龜茲至渠犁皆接之 **西有河**【補注】先謙曰河水注敦薨水自尉犁來屈而南逕渠犁國西故史記曰西有大河即斯水也又東南流逕渠犁國又南流注於北河西域圖考云今喀喇沙爾所屬策特爾車爾楚軍臺之南南濱塔里木河國城在東海都河經其城西合塔里木河道元時河水往西流今移而東也西境接玉古爾軍臺爲輪臺地西域水道考云海都河自車

爾楚軍臺南而西乃折而南行三百里水經曰其水屈而逕渠黎國西余證地形渠犁爲尉犁之誤龜茲東川入河故道在輪臺東敦薨水不得越渠犁也當其其折處水勢彎環鄭吉傳云迎日逐王至河曲以其曲折斯有河曲之名矣水又折而東入塔里木河先謙案徐以渠犁西之河爲龜茲東川所注覬隴與董說異 **至龜茲五百八十里自武帝初通西域置校尉屯田渠犁**【補注】徐松曰漢通西域在太初三年鄭吉傳自張騫通西域李廣利征伐之後初置校尉屯田渠犁 **是時軍旅連出師行三十二年**【補注】徐松曰自元光二年誘單于絕和親爲用兵之始至太初三年西域貢獻凡三十二年 **海內虛耗征和中貳師將軍李廣利以軍降匈奴上既悔遠征伐而搜粟都尉桑弘羊與丞相御史**【補注】徐松曰通鑑繫此事征和四年其時丞相田千秋御史大夫商丘成 **奏言故輪臺以東**【補注】宋祁曰舊本以東有以字元祐考異及越本無以字當除之徐松曰輪臺國爲貳師所屠故稱故 **捷枝渠犁皆故國**【補注】徐松曰河水注東川水逕龜茲東北歷赤沙積黎南流積黎當即捷枝是渠犁在今庫車城東南捷枝在庫車城東北通考作接枝 **地廣饒水草有溉田五千頃以上**【補注】徐松曰皆引河水溉之後魏書云輪臺南三百里有大河東流號計式水即黃河也 **處溫和田美**【補注】徐松曰今回疆恆暖 **可益通溝渠種五穀與中國同時孰其旁**

國少錐刀貴黃金采繒可以易穀食宜給足不可乏師古曰言以錐刀及黃金綵繒與此旁國易穀食可以給田卒不憂乏糧也補注吳仁傑曰錐當作錢其偏旁轉寫以戔爲隹耳周官泉府鄭司農云故書泉作錢䟽曰泉與錢今古異名食貨志錢輕重以銖利于刀流于泉如湻曰名錢爲刀以其利于民也禮記正義世猶呼錢爲錢刀古辭白頭吟男兒欲相知何用錢刀爲則錢刀之稱從古固然西域諸國如罽賓烏弋安息皆有錢貨惟渠犂旁國少此故貴黃金采繒可以用此易五穀史記大宛以西其地無絲漆不知鑄錢器亦謂是也錐刀字見左傳杜注錐刀喻小事也若作少錐刀恐無意義又曰實金謂之黃金銅亦謂之黃金晉灼曰諸賜言黃金眞金也不言黃謂錢也此以實金爲黃金舜典金作贖刑孔傳曰金黃金也呂刑其罰百鍰孔傳鍰黃鐵也孔穎達謂古者金銀銅鐵總名爲金黃金黃鐵皆今之銅也此以銅爲黃金然則西域傳所云黃金漢紀所云黃鐵皆指銅言微荀氏之書讀者不以是爲實金者幾希先謙曰顧炎武云不可乏當作可不乏之王念孫云此承上文而言既有美田可以種穀又以錐刀黃金采繒易穀於他國則食宜給足不乏也不乏之二字間不當有可字此涉上文可以易穀而衍顧說亦非䟽詁確稀疑[illegible]先謙案官本注綵作采臣愚以爲可遣屯田卒詣故輪臺以東置校尉三人分護補注徐松曰欲分田卒故增置一校尉漢紀作二人各舉圖地形通利溝渠務使以時益種五穀張掖酒泉師古曰益多也補注先謙曰官本顏注在五穀下齊召南

云監本及別本刊此注於下句張掖酒泉下非也張掖酒泉連下遣騎假司馬爲斥候讀蓋以時益種五穀指輪臺言不指張掖酒泉言也今從宋本移正徐松云冊府元龜引益多也在酒泉下遣騎假司馬爲斥候補注徐松曰案軍法部有軍司馬曲有軍候又有軍假司馬假候爲之副貳胡注斥拓也候望也言開拓道路候望也屬校尉補注徐松曰斥候士皆領於校尉事有便宜因騎置以聞師古曰騎置即今之驛馬也補注徐松曰文紀注置者置傳驛之所因名置也案置傳驛者謂分置傳與置驛凡出使用車者曰乘傳用馬者曰騎驛又曰據此騎置猶說文言置騎田一歲有積穀募民壯健有累重敢從者詣田所師古曰累重謂妻子家屬也累音力瑞反重音直用反補注徐松曰趙充國傳終不敢將其累重匈奴傳匈奴悉遠其累重案劉屈氂傳重馬傷耗顏注重謂懷孕者也是人畜皆得稱重魏晉閒又或稱爲累如樂賁不得奉攜尊累是也募民敢從如今新疆之客戶就畜積爲本業師古曰畜讀曰蓄補注徐松曰即一歲所得之積穀本業漢紀作產業益墾溉田稍築列亭連城而西以威西國補注先謙曰河水注敦薨之水自尉犂國又西出沙山鐵關谷又西南流逕連城別注裂以爲田桑弘羊云連城以西可遣屯田以威西國即此處也董祐誠云城當在今喀喇沙爾西南庫勒爾城之西自連城西至輪臺皆故屯田地輔烏孫爲便補注徐松曰胡注時烏孫王尚公主故欲屯田列亭連城以輔之臣謹遣徵事臣昌分部

行邊師古曰分音扶問反行音下更反補注徐松曰昭紀有丞相徵事任宮文穎注徵事丞相官屬位差尊掾屬也張晏曰漢儀注徵事比六百石皆故吏二千石不以贓罪免者爲徵事絳衣奉朝賀正月衞霍傳郭昌雲中人以校尉從大將軍元封四年以大中大夫爲拔胡將軍屯朔方還擊昆明無功奪印案徵事以二千石不以贓罪免者爲之則臣昌或即郭昌歟嚴敕太守都尉明烽火補注徐松曰漢舊儀邊郡太守各將萬騎行障塞烽火追虜選士馬謹斥候蓄茭草補注徐松曰費誓峙芻茭疏引鄭氏曰茭乾芻也願陛下遣使使西國以安其意補注徐松曰蓋以貳師降恐西國畏匈奴不安臣昧死請補注徐松曰獨斷云漢承秦法羣臣上書皆言昧死言王莽盜位慕古法去昧死曰稽首上迺下詔深陳既往之悔曰補注徐松曰通鑑見羣臣上乃言曰朕即位以來所爲狂悖使天下愁苦不可追悔前有司奏欲益民賦三十助邊用師古曰三十者每口轉增三十錢也補注徐松曰高紀如湻注引漢儀注民年十五以上至五十六出賦錢人百二十爲一算治庫兵車馬惠紀應劭注漢律人出一算算百二十錢唯賈人與奴婢倍算今口增三十是百五十爲一算其時有司有此奏而未行故讀望之傳張敞曰先帝征行三十餘年百姓猶不加賦是重困老弱孤獨也師古曰重音直用反而今又請遣卒田輪臺輪臺西於車師千餘里補注徐松曰以今道里計之輪臺在車師前部西南一千三四百里前開

陵侯擊車師時晉灼曰開陵侯匈奴介和王來降者補注徐松曰功臣表開陵侯成娩以故匈奴介和王將兵擊車師據後傳事在征和四年危須尉犂樓蘭六國子弟在京師者補注徐松曰六國皆近車師者三國外或且末山國焉者數子弟非必侍子案征和元年樓蘭請其侍子以下蠶室不遣是別有子弟也皆先歸發畜食迎漢軍師古曰畜謂馬牛羊等也又自發兵凡數萬人王各自將補注徐松曰六國之王共圍車師降其王諸國兵便罷力不能復至道上食漢軍師古曰食讀曰飤補注徐松曰車師降後便罷遣諸國兵而諸國已匱乏不能供億漢軍漢軍破城食至多然士自載不足以竟師師古曰士雖各自載糧而在道已盡至於歸塗尚苦之食不足不能終師旅之事也補注徐松曰讀漢破車師時軍食尚多而士所載以歸者不足自給言道遠彊者盡食畜產羸者道死數千人朕發酒泉驢橐駝負食出玉門迎軍補注徐松曰明年始置敦煌郡故第言酒泉吏卒起張掖不甚遠補注徐松曰遣酒泉吏卒出玉門迎軍又使張掖吏卒至酒泉接應二郡接壤故言不甚遠然尚厮留甚眾師古曰厮留言其前後離厮不相逮及也厮音斯補注沈欽韓曰方言廝披散也東齊聲散曰廝器破曰披斯與廝義同宋本作[illegible]曩者朕之不明以軍候弘上書言匈奴縳馬前後足

置城下 補注徐松曰城蓋長城 馳言秦人我匄若馬 師古曰謂中國人爲秦人習故言也匄乞與也若汝也乞音氣補注徐松曰胡注據漢時匈奴謂中國人爲秦人至唐及國朝則謂中國爲漢如漢人漢兒之類皆習故而言馳言者馳馬來言也案匈奴傳衛律謀鑿城藏穀與秦人守之亦以漢降匈奴者謂之秦人 又漢使者久畱不還 補注徐松曰胡注久畱不還謂蘇武等也 故興師遣貳師將軍 師古曰興軍而遣之補注錢大昭曰閩本故興下無師字尋注文則無者是徐松曰汪校興下無師字 欲以爲使者威重也 補注徐松曰即畱匈奴之使欲使匈奴畏而歸之 古者卿大夫與謀 師古曰與讀曰豫 參以蓍龜不吉不行 師古曰謂共卿大夫謀事尚不專決猶雜問蓍龜也補注徐松曰洪範所言者是 迺者以縛馬書徧視丞相御史二千石諸大夫郎爲文學者 師古曰視讀曰示爲文學謂學經書之人補注徐松曰御史謂御史大夫二千石者太子太傅少傅將作大匠詹事大長秋典屬國水衡都尉京兆尹左馮翊右扶風皆是大夫郎者郎中令屬官大夫謂太中大夫中大夫光祿大夫議郎中郎侍郎郎中文學郎大夫郎之堪備顧問者武紀日者淮南衡山修文學 迺至郡屬國都尉成忠趙破奴等 補注徐松曰郡屬國都尉謂郡守及郡與屬國之都尉浞野侯以巫蠱事族此趙破奴別是一人 皆以虜自縛其馬不祥甚哉 補注徐松曰馬見縛兵敗之兆 或以爲欲

以見彊 師古曰見顯示補注宋祁曰別本欲字下有式字劉蹟考異無式字故除之徐松曰亦圍者箝馬秣之之意 夫不足者視人有餘 師古曰言其夸張也視亦讀曰示補注徐松曰此申明見彊以其見彊知其不足也 易之卦得大過爻在九五 補注徐松曰謂以易卜之張騫傳曰天子發書易 孟康曰其繇曰枯楊生華象曰枯楊生華何可久也謂匈奴破不久也補注徐松曰大過上五體震五在震下爲馬足巽爲繩兩巽相承縛馬之象大過乾老坤生坤爲鬼方震爲驚走故曰 匈奴困敗 補注王念孫曰通典邊防七與此同案匈奴上有曰字今本脫之則文義不明曰者眾人之言也大過九五象傳曰枯楊生華何可久也故眾人皆曰匈奴必困敗矣漢紀孝武紀有曰字徐松曰此占者之詞凡對縛馬書者有此三說以下又雜考之星氣占筮也 公車方士太史治星望氣及太卜龜蓍皆以爲吉 補注徐松曰胡注公車方士方士之待詔公車者太史屬太常治星習爲天文之家望氣如周官之眡祲者皆屬太史太卜屬太常有令丞治直之翻 匈奴必破時不可再得也 師古曰今便利之時後不可再得也 又曰北伐行將於鬴山必克 師古曰行將謂遣將率行也鬴山名也鬴古釜字補注徐松曰說文以鬴爲釜之或字 卦諸將貳師最吉 師古曰上遣諸將而於卦中貳師最吉也補注王念孫曰通典與此同案師古所說於文義不順卦當作卜言卜諸將孰吉則貳師最吉也下文云卜漢軍一將不吉卽其證今作卦者涉上下文卦字而誤漢紀正作卜 故朕親發貳師下鬴山 補注徐松曰匈奴傳漢遣貳師將軍七萬人出五原則鬴山者五原塞外山也匈奴傳又云使右大都尉與衛律要擊漢軍於夫羊句山狹 詔之必毋深入今計謀卦兆皆反繆 師古曰言不效也繆妄也補注錢大昭曰惠棟易漢學引程舜俞集筮法師春曰大過木兆卦也外克內應克世之兆所以敗也惠氏又云大過震游魂故云木兆卦五動又成震初六辛丑土乃震之財故云外克內然大過九四丁亥水也而受制於辛丑之土九四立世初六爲應故云應克世當時諸臣以漢爲內卦匈奴爲外卦故皆云吉而實反繆也 重合侯毋虜候者 補注錢大昭曰毋當作得南監本閩本不誤徐松曰是時重合侯莽通將四萬騎出酒泉千餘里先謙曰官本毋作得 言聞漢軍當來匈奴使巫埋羊牛所出諸道及水上以詛軍 師古曰於軍所行之道及水上埋牛羊補注徐松曰匈奴傳衛律飭胡巫言先單于怒戾太子傳炙胡巫上林中葢匈奴有此巫蠱之術 單于遺天子馬裘常使巫祝之縛馬者詛軍事也又卜漢軍一將不吉 補注徐松曰漢將尙有商邱成莽通惟貳師敗也 匈奴常言漢極大然不能飢渴 師古曰能音耐補注徐松曰鼂錯傳風雨罷勞飢渴不困中國之人弗與也 失一狼走千羊 補注徐松曰此亦述匈奴之言謂因失一狼千羊亦不能自存狼喻將帥羊喻士卒 迺者貳師敗軍士死略離散 師古曰言死及被虜略幷自離散也

悲痛常在朕心今請遠田輪臺欲起亭隧 師古曰隧者依深險之處開通行道也補注徐松曰匈奴傳起亭隧顏注隧謂深開小道而避敵鈔寇也依說文當作𨻶謂塞上亭守烽火者也後書西羌傳作亭燧 是擾勞天下非所以優民也 補注徐松曰詩大雅傳優渥也箋寬也說文優饒也 今朕不忍聞大鴻臚等又議欲募囚徒 補注徐松曰公卿表征和四年淮陽太守田廣明爲大鴻臚 送匈奴使者明封侯之賞以報忿五伯所弗能爲也 師古曰伯讀曰霸五霸尙恥不爲況今大漢也補注徐松曰胡注蓋欲使刺單于以報忿也 且匈奴得漢降者常提掖搜索問以所聞 師古曰搜索者恐其或私齎文書也補注徐松曰胡注提謂提挈之也掖謂兩人夾持其兩掖搜索者恐其挾兵刃 今邊塞未正闌出不禁障候長吏使卒獵獸以皮肉爲利卒苦而烽火乏失亦上集不得 師古曰言邊塞有闌出逃亡之人而止者不禁又長吏利於皮肉多使障候之卒獵獸故令烽火有乏又其人勞苦因致奔亡凡有此失皆不集於所亡文書補注沈欽韓曰言上軍簿時皆不能得其闌出之數非謂守烽火之卒奔亡徐松曰武紀注計者上計簿使也郡國每歲遣詣京師上之此上集葢卽上計漢之上計使唐謂朝集使也得者登也言上之簿亦不登載得登雙聲字先謙曰官本注止作主令作今亡作上是 後降者來若捕生口虜

迺知之師古曰既不上書所以當時不知至有降者來及捕生口或虜得匈奴人言之乃知此事補注徐松曰生口虜之生得者不得分爲二也當今務在禁苛暴補注徐松曰禁長吏苛暴者止擅賦補注徐松曰胡注漢有擅賦法今止不行力本農補注徐松曰謂勸農力本脩馬復令孟康曰先是令長吏各以秩養馬亭有牧馬民養馬皆復不事後馬多絕乏至此復修之也師古曰此說非也馬復因養馬以免徭賦也復音方目反補注宋祁曰注文牝應作牡徐松曰亭養牝馬又見昭紀應劭注顏說免徭賦卽復不事之意而以孟說爲非未得其解先謙曰官本注文在而已下㠯補缺毋乏武備而已郡國二千石各上進畜馬方略補邊狀與計對師古曰與上計者同來赴對也補注徐松曰卽所謂與計偕也邊馬有額馬死略盡故補之由是不復出軍而封丞相車千秋爲富民侯㠯明休息思富養民也初貳師將軍李廣利擊大宛還過杅彌補注徐松曰貳師後行攻輪臺還過龜茲在北道而過杅彌者杅彌東北接龜茲杅彌遣太子賴丹爲質於龜茲廣利責龜茲曰外國皆臣屬於漢龜茲何㠯得受杅彌質補注徐松曰匈奴背漢受樓蘭質子龜茲疑於背漢卽將賴丹入至京師昭帝乃用桑弘羊前議補注沈欽韓曰鹽鐵論伐功篇文學曰前君爲先帝畫匈奴之策兵據西

域奪之便勢之地以候其變上以爲然用君之計以搜粟都尉爲御史大夫持政十有餘年未見種蠡之功而見靡弊之效而反妄中國也西域篇大夫曰羣臣議以爲匈奴困於漢兵折翅傷翼可遂擊服會先帝棄羣臣以故匈奴不革譬如爲山未成一簣而止度功業而無斷成之理是棄與胡而資強敵也徐松曰武帝時欲用未果故皆議行之㠯杅彌太子賴丹爲校尉補注徐松曰卽三校尉之一將軍田輪臺輪臺與渠犂地皆相連也補注徐松曰渠犂在東輪臺在西皆傍塔里木河北岸先謙曰西域水道記云塔里木河自玉古爾東流庫車城東北三百二十里爲玉古爾莊爾軍臺南十三里爲玉古爾莊玉古爾者漢輪臺地莊南四十里有故小城又南二十里有大城又南百餘里尤多舊時城郭田疇阡陌直達河岸疑田官所治矣河水又東二百里逕策特爾軍臺南又東一百六十里逕車爾楚軍臺南兩程之間平原衍沃南近河者渠犂故地北近山者烏壘故地漢於此置都護以爲西域之中河水又東逕庫爾勒莊北庫爾勒之境東接哈喇沙爾城西接玉古爾東南至羅布淖爾五百餘里北至多羅嶺二百里玉古爾之境西接庫車東接庫爾勒南至塔里木河二百四十里北至阿依庫穆什山七十里龜茲貴人姑翼謂其王曰賴丹本臣屬吾國今佩漢印綬來迫吾國而田補注徐松曰輪臺爲今玉古爾地在庫車城東三百二十里庫車城南卽龜茲故國必爲害王卽殺賴丹而上書謝漢補注徐松曰如陰末赴之爲漢未能征宣帝時長羅侯常惠使烏

孫還補注徐松曰事在地節元年便宜發諸國兵師古曰以便宜擅發兵也補注徐松曰常惠傳惠請便道擊之宣帝不許霍光風惠以便宜從事合五萬人攻龜茲補注徐松曰常惠傳惠與吏士五百人俱至烏孫還過發西國兵二萬人令副使發龜茲東國二萬人烏孫兵七千人從三面攻龜茲言五萬者舉成數責㠯前殺校尉賴丹龜茲王謝曰迺我先王時爲貴人姑翼所誤我無罪執姑翼詣惠惠斬之時烏孫公主遣女來至京師補注徐松曰楚主女弟史學鼓琴漢遣侍郎樂奉送主女過龜茲補注徐松曰至烏孫而過龜茲是烏孫在天山南龜茲北龜茲前遣人至烏孫求公主女未還會女過龜茲龜茲王留不遣復使使報公主主許之後公主上書願令女比宗室入朝而龜茲王絳賓亦愛其夫人上書言得尚漢外孫爲昆弟補注徐松曰言與主女爲昆弟不敢質言壻也願與公主女俱入朝元康元年遂來朝賀補注徐松曰劉昭禮儀志注引蔡質漢儀正月旦天子幸德陽殿臨軒公卿將大夫百官各陪朝賀蠻貊胡羌朝貢畢見屬郡計吏皆庭覲庭燎宮室諸劉雜會萬人以上立西面王及夫人皆賜印綬夫人號稱公主補注徐松曰用公主之儀當紫綬印其金印賜㠯

車騎旗鼓歌吹數十人補注徐松曰劉昭百官志大將軍賜官騎三十人及鼓吹此蓋寵之如大將軍歌吹者橫吹也後書班超傳注引古今樂錄橫吹胡樂也張騫入西域傳其法於長安乘輿以爲武樂綺繡雜繒琦珍凡數千萬師古曰琦音奇補注徐松曰玉篇引埤蒼云琦瑋也後書仲長統傳琦賂寶貨注引抱朴子曰片玉可以琦數千萬者言其直留且一年厚贈送之後數來朝賀樂漢衣服制度歸其國治宮室作徼道周衞出入傳呼補注徐松曰漢舊儀皇帝起居儀宮司馬內百官案籍出入營衞周廬晝夜誰何輦動則左右侍帷幄者稱警車駕則衞官塡街騎士塞路出殿則傳蹕止人清道撞鐘鼓補注徐松曰劉昭禮儀志諸行出入皆鳴鐘皆作樂東京賦云撞洪鐘伐靈鼓先謙曰官本鐘作鍾如漢家儀外國胡人皆曰驢非驢馬非馬補注沈欽韓曰楚策史疾謂楚王曰此烏不爲烏鵲不爲鵲也與此同意若龜茲王所謂贏也補注徐松曰說文贏驢父馬母者也崔豹曰驢爲牡馬爲牝卽生騾馬爲牡驢爲牝生駃騠絳賓死其子丞德自謂漢外孫補注徐松曰弟史號公主故其子自謂外孫成哀帝時往來尤數漢遇之亦甚親密東通尉犂六百五十里補注徐松曰渠犂在烏壘東烏壘東至尉犂止三百里渠犂東通不得有六百餘也疑六字有誤或中隔敦薨溢出之水而哈勒噶山中道險故迂曲歟

尉犂國補注先謙曰後書見莎車焉耆傳亦見和帝紀魏志注三國時屬焉耆河水注敦薨水自危須國來溢爲西海逕尉犂國又西出沙山鐵關谷又西南流逕連城別注裂以爲田下入渠犂水經圖說云蓋在博斯騰淖爾之西庫車之東後漢班超所討焉耆自西而東先至尉犂焉耆絕葦橋以拒漢軍今喀喇沙爾所屬布爾古城有葦湖惟一土橋可渡則尉犂正當今布古爾地淖爾南出西流仍爲海都河又西逕庫勒爾山北山東接額爾格齊山猶相傳曰沙山西域水道記云博斯騰淖爾西南流數十里經海都河之南又西南行百里折而南入山復南折而西逕哈勒噶阿瑪軍臺南晉書西戎傳次焉耆進屯鐵門未五十餘里要之於遮留谷今自庫爾勒北二十里至巖口所謂遮留谷也入山徑路崎嶇三十里越大石嶺下遍海都河地處要害或曾置關唐岑參有題鐵關關樓及宿鐵關西館詩下嶺十里至哈勒噶阿瑪軍臺河水又西行三十餘里出山故水經注曰又西出沙山鐵關谷也河水又南流二十餘里逕庫爾勒莊與軍臺之閒又西南漾爲葦蕩凡七十里又逕車爾楚軍臺南凡三百里仍爲海都河

王治尉犂城去長安六千七百五十里補注徐松曰據傳鄭吉從尉犂至長安是正當烏壘孔道去長安當作六千九百三十八里去陽關當二千四百三十八里**戶千二百口九千六百勝兵二千人**補注徐松曰漢紀以爲次大國**尉犂侯安世侯左右將左右都尉擊胡君各一人譯長二人西至都護治所三百里**補注徐松曰後魏書龜茲在尉犂西北蓋龜茲國大其境得至烏壘北**南與鄯善且末接**

危須國補注先謙曰後書見焉耆傳下魏志注三國時屬焉耆又見晉書宣帝紀河水注敦薨水東源東南流分爲二水自焉耆來導於危須國西又東南流注於敦薨之藪川流所積潭水斯漲溢流爲海下入尉犂水經圖說云海都河匯於喀喇沙爾之南爲博斯騰淖爾東西廣三百餘里南北半之即敦薨之藪也西域水道記云博斯騰淖爾之側產硝及鹽水復自西南隅溢出故水經注曰溢流爲海也**王治危須城**補注徐松曰危須城當在今博斯騰淖爾東南**去長安七千二百九十里**補注徐松曰以去都護里數計之當作去長安六千七百三十八里去陽關二千二百三十八里**戶七百口四千九百勝兵二千人**補注徐松曰漢紀以爲次大國**擊胡侯擊胡都尉**補注徐松曰匈奴嘗在焉耆危須尉犂閒賦稅諸國蓋三國鼎峙故皆置擊胡官**左右將左右都尉左右騎君擊胡君譯長各一人西至都護治所五百里至焉耆百里**補注徐松曰據河水注文是焉耆在西危須在東傳不言西蒙上爲文河水注引此傳作西至焉耆

焉耆國補注先謙曰後書有傳又云自莎車東北經尉頭溫宿姑墨龜茲至焉耆亦見莎車傳下魏晉後魏周隋唐仍爲焉耆西域記作阿耆尼語音有增減耳晉書焉耆傳地方四百里四面有大山道險隘百人守之千人不過唐書橫六百里縱四百里東高昌西龜茲南尉犂北烏孫今爲喀喇沙爾直隸廳**王治員渠城**師古曰員音于權反補注錢大昕曰員渠即焉耆之轉與尉犂國王治尉犂城危須國王治危須城初不異也周壽昌曰員渠城後書作南河城後漢紀作河南城後魏書太武太平眞君七年萬度歸討焉耆入其界進軍向員渠是尚名員渠也先謙曰河水注敦薨水出焉耆北敦薨山在匈奴之西烏孫之東二源俱導西源東流分二水左水西南流出焉耆之西逕焉耆之野屈而東南流注敦薨之渚右水東南流分爲二左右焉耆之國城居四水之中在河水之洲南會二水同注敦薨之浦東源東南流分二水逕出焉耆之東下入危須徐松云案敦薨水今曰海都河海都河惟一水注博斯騰淖爾漢時入淖爾之處分爲二又有一水自西北來入於敦薨水其會合之地亦分爲二員渠城正當其分處故後書班超傳言焉耆有葦橋之險不欲令漢軍入國超更從他道厲度到焉耆去城二十里正營大澤中可知城四面皆水葦橋大澤均海都河所瀦也今既無敦薨分出同入淖爾之水又無西北來一水海都河南四十里有舊城雉堞猶存周圍九里俗曰四十里城疑爲員渠遺址後魏書云員渠城在白山南七十里隋書云漢時舊國也西域記云都城周六七里水經圖說云今裕勒都斯河爲西源出喀喇沙爾西北楚爾達山哈布齊哈河爲東源出喀喇沙爾地和屯博克塔山皆天山正幹即敦薨山也山迤東爲鎭西府所屬當漢匈奴蒲類王地迤西爲伊犂所屬當漢烏孫地西域水道記云庫車城北汗騰格里山東百餘里有地曰阿喇爾湧泉百餘會以東流爲大裕勒都斯河又東會二水又東會小裕勒都斯河小裕勒都斯河出自阿勒坦陰克遜之北會四水又西會烏里雅蘇台水又西南會大裕勒都斯河又二水東西來會自哈爾噶圖山溝逕烏博木萬壑爭流百川迸集有砥柱巫峽之險又東南分爲二東行爲南北二支東至達蘭嶺之陰復合爲一唐書回鶻傳言鷹娑川在焉耆西北是其焉耆之野歟河水又東南流會烏蘭烏蘇河烏蘭烏蘇二源一博爾圖河發自吐魯番托克遜軍臺之東南西流逕博爾圖山口入焉一哈布齊峻水發自哈布齊峻山有三水俱入烏蘭烏蘇與裕勒都斯河會而東南流爲海都河又東南逕哈喇沙爾城西門外五里兩岸置軍臺河廣三里諺曰通天河自城西繞至城南折而東北流百數十里又東豬爲大澤曰博斯騰淖爾水經注曰敦薨之水二源俱導蓋以裕勒都斯爲西源烏蘭烏蘇水爲東源西源東流分二水此大小裕勒都斯河會以後西南流出於焉耆之西西南當作東南下文又言屈而東南則西南倒指小裕勒都斯源處言之逕流焉耆之野屈而東南流注於敦薨之渚其時小裕勒都斯自入淖爾右水東南流又分爲二此謂大裕勒都斯又分爲二左右焉耆之國南會兩水同注敦薨之浦南會兩水謂大裕勒都斯分流之兩水至焉耆國西復會爲一也東源東南流分二水逕焉耆之東導於危須國西又東南流注敦薨之藪其時烏蘭烏蘇水自入淖爾曰渚曰浦曰藪皆謂淖爾也淖爾西岸有故城諺曰四十里城言距鎭城四十里也河水注城居四水之中在河水之洲是或員渠遺址歟唐郭孝恪討焉耆焉耆城四面皆水孝恪命將士浮水而度所謂四水之中矣**去長安七千三百里**補注徐松曰以去都護里數計之當作去長安六千八百三十八里去陽關二千三百三十八里後魏書焉耆東南去瓜州二千二百里案故瓜州在今安西州城西南八十里陽關又在瓜州西南故瓜州較近**戶四千口三萬二千一百勝兵六**

千人補注徐松曰漢紀以爲次大國隋書勝兵千餘人**擊胡侯卻胡侯輔國侯**補注徐松曰後書班超傳有國相腹久**左右將**補注徐松曰班超傳有左右將北鞬支左侯元孟左侯蓋屬於左右將者**左右都尉擊胡左右君擊車師君歸義車師君各一人**補注徐松曰後魏書焉耆國在車師南案功臣表有匈奴歸義樓剸王伊卽軒又有匈奴歸義王次公此稱歸義車師君蓋車師人之降漢者封爲歸義君而處於焉耆者**擊胡都尉擊胡君各二人**補注徐松曰蓋亦分左右**譯長三人西南至都護治所四百里**補注徐松曰西域記云從焉耆西南行二百餘里踰一小山越二大河西得平川行七百餘里至屈支國案踰一小山當卽阿勒噶山越二大河當卽敦薨水是焉耆至龜茲共九百餘里焉耆至烏壘四百里則烏壘至龜茲當五百五十里也故據此以訂正之**南至尉犂百里**補注徐松曰班超傳超自龜茲討焉耆兵到尉犂界焉耆王廣與其大人迎超於尉犂龜茲東北行先至尉犂後至焉耆是尉犂在南又案尉犂去烏壘三百里危須經尉犂以至烏壘五百里是危須去尉犂二百里焉耆東南去危須百里故西南去尉犂亦百里**北與烏孫接**補注徐松曰烏孫之東境止此**近海水多魚**補注先謙曰此卽河水注所云敦薨藪溢而爲海者今之博斯騰淖爾是也

烏貪訾離國補注徐松曰以下諸國爲車師及匈奴故地皆旁天山山路迂曲里數難知傳文不盡合也周壽昌曰上

傳云都護分車師後王之西爲烏貪訾離地以處匈奴降王茲力支是其國爲都護所置並初立此地名也蓋初本單桓國地爲車師所得漢復取之於車師分置此國也先謙曰後書云烏貪訾離爲車師所滅後復立魏志注三國時屬車師後部西域圖考云在今綏來縣地**王治于婁谷**補注徐松曰以改定車師後國去長安里數計之烏貪訾離在後國西千六百六十里案車師已分爲前後及山北六國不應其後國幅員尚千餘里計車師分國卑陸且彌相距不過百里烏貪訾離以四十戶小國約在車師西三四百里耳正當博克達山中故王治谷中也**去長安萬三百三十里**補注徐松曰此里數有誤**戶四十一口二百三十一勝兵五十七人**補注徐松曰漢紀以爲小國傳言降衆千七百人或都護散處之**輔國侯左右都尉各一人東與單桓南與且彌西與烏孫接**師古曰且音子余反補注徐松曰且彌在天山東烏貪訾離南與之接其去車師不過千里若去長安萬里則烏貪訾離去單桓千四百餘里不得言接且已過天山西亦不能南接且彌後書言車師前部西通焉耆後部西通烏孫是今迪化州界有烏孫地故烏貪訾離西與之接

卑陸國補注先謙曰後書云卑陸爲車師六國之二魏志注三國時屬車師後部卑作畢字形之誤**王治天山東乾當國**師古曰乾音干補注劉奉世曰下國字當作谷徐松曰武紀注晉灼曰天山近蒲類國去長安八千餘里顏云卽祁連山後書竇固傳注以爲折羅漫山在西州交河縣東北又於班超傳注云天山去蒲類海百里唐書地理志交河郡下旣言交河縣北天山又言自西州西南有南平安昌兩城百二十里至天山西南入谷案晉顏不言所在若班超傳注則在今巴里坤竇固傳注及唐志交河縣北之說則在今吐魯番唐志西南入谷之說則在今哈喇沙爾城北蒙古語謂天爲騰格里今西域所稱汗騰格里山卽天山則在庫車城北考匈奴傳重合侯兵道車師北至天山是天山不在車師北之證章懷竇固傳注及唐志交河郡縣之說非也後書蒲類國在柳中西北其非在蒲類海可知近世相承指巴爾庫勒淖爾南之山爲天山蓋誤於章懷余往來西域登陟此山雖云險峻而高止十五里不足當天山之目是班超傳注亦未爲足據尋校傳文蓋漢時以今哈喇沙爾城北之博羅圖山爲天山蜿蜒而北至博克達山以東故匈奴傳云票騎將軍出隴西過焉耆山焉耆卽哈喇沙爾特標焉耆山明其爲大山御覽引西河舊事匈奴歌曰亡我祁連山使我六畜不蕃息失我焉支山使我婦女無顏色焉支卽焉耆別言祁連與焉支者互文見義耳河水注云焉耆東北隔大山與車師接大或爲天字之訛若以汗騰格里山當之地旣遠於車師且此傳言蒲類國在天山西西南至都護可證天山實在烏壘東儻在庫車北是當烏壘西矣唐書言西州西南至天山博羅圖山正在古交河城西南三百餘里乾當谷蓋與今阿拉癸山谷近周壽昌曰徐說雖辨而祁連名旣古卽汗騰格里語亦久恐未能奪之考各圖志及洪氏天山客話等書云由西北各地遷迤至蘭州城高出六百里又由蘭州出關至天山下更高出六百里是平地已高一千二百里仰望山頂積

雪不化烏飛至半空而墜近日西征將士皆云四面皆以此山爲主名無有峻於此者徐或遠過其旁未能細審後書焉耆國傳其國四面皆大山則河水注焉耆東北隔大山恐非訛也山屬焉耆而卑陸依山爲治故列於卑陸國先謙曰西域圖考云今之阜康縣地**去長安八千六百八十里**補注徐松曰以劫國計之卑陸前後國去長安約八千三四百里乃得南接車師**戶二百二十七口千三百八十七勝兵四百二十二人**補注徐松曰漢紀以爲小國**輔國侯左右將左右都尉左右譯長各一人西南至都護治所千二百八十七里**補注徐松曰與車師前國接故去都護道里與前國差等

卑陸後國補注徐松曰分爲後國猶烏孫之有大小昆彌後書無後國或已并之先謙曰西域圖考云當今阜康城之東北**王治番渠類谷**師古曰番音盤**去長安八千七百一十里**補注徐松曰去長安里數不足據而就傳言之是在卑陸西二十里**戶四百六十二口千一百三十七勝兵三百五十人**補注徐松曰更小於卑陸國戶四百疑誤**輔國侯都尉譯長各一人將二人**補注徐松曰都尉譯長皆少一人將則同卑陸也**東與郁立師北與匈奴**補注徐松曰卑陸不言是後國在北後書言卑陸接匈奴其時已并後國**西與劫國南與車師接**補注徐松曰蓋車師前國

郁立師國補注先謙曰後書云郁立爲車師所滅後復立無師字以後不見西域圖考云當今古城之西北王治内咄谷師古曰咄音丁忽反補注徐松曰諸不言天山者略也去長安八千八百三十里補注徐松曰國在卑陸後國之東八百疑作三百戶百九十口千四百四十五勝兵三百三十一人補注徐松曰漢紀以爲小國輔國侯左右都尉譯長各一人東與車師後城長補注徐松曰以此傳言是後城長在車師後國西西與卑陸北與匈奴接

單桓國補注徐松曰霍去病傳得單于單桓酋涂王張晏注單桓酋涂皆胡王也蓋漢因其號以建國先謙曰後書云單桓爲車師所滅後復立魏志注三國時屬車師西域圖考云在烏魯木齊地王治單桓城補注徐松曰不在山中故言城去長安八千八百七十里補注徐松曰據改定車師後國里數單桓在後國西二百里戶二十七口百九十四勝兵四十五人補注徐松曰聚落之小者不足爲國輔國侯將左右都尉譯長各一人

蒲類國補注先謙曰後書有傳其王得罪匈奴徙蒲類人六千餘口內之匈奴右部阿惡地號阿惡國又有移支國居蒲類故地西域圖考云在伊吾北今爲巴里坤地巴爾庫勒淖爾即蒲類海也王治天山西疏榆谷補注徐松曰塞

土宜榆故古者樹榆爲塞朔方有長榆塞謂之榆中西羌傳有大小榆谷今新疆多榆以榆名地如榆樹溝者往往有之去長安八千三百六十里補注徐松曰後書言蒲類東南去長史所居千二百九十里而長史去長安八千一百七十里則蒲類去長安當作九千四百六十里焉耆去柳中九百十五里疏榆谷約在焉耆北三百七十餘里戶三百二十五口二千三十二勝兵七百九十九人補注徐松曰漢紀以爲小國後書作戶八百餘輔國侯左右將左右都尉各一人西南至都護治所千三百八十七里補注徐松曰焉耆去烏壘四百里此在焉耆西里數懸絕疑有誤字後書云廬帳而居逐水草頗知田作有牛馬駱駝羊畜能作弓矢國出好馬

蒲類後國補注徐松曰傳有小蒲類國或即後國歟先謙曰後書云蒲類爲車師六國之三西域圖考云後國又在蒲類海之北逾後國爲車師後王庭王補注徐松曰前國尙知田作故有治地此則專逐水草也王先愼曰上文鄯善西夜大月氏休循捐毒尉頭烏孫諸國皆逐水草皆有治所此奪治所豈因逐水草遂無治地也徐說非去長安八千六百三十里補注徐松曰當亦九千餘里大抵在前國西戶百口千七十勝兵三百三十四人補注徐松曰小於前國後書云移支國戶千餘口三千餘勝兵千餘人其人猛勇敢戰以寇鈔爲事皆被髮隨畜逐水草不知田作

輔國侯將左右都尉譯長各一人補注徐松曰蒲類且彌傍天山左右當在今大小裕勒都斯地土爾扈特和碩特所游牧

西且彌國王治天山東于大谷師古曰且音子余反補注徐松曰于大宋本一作天大先謙曰西域圖考云兩且彌在今呼圖壁河至馬納斯河以南一帶去長安八千六百七十里補注徐松曰西且彌距東且彌百里當去長安九千七十里戶三百三十二口千九百二十六勝兵七百三十八人補注徐松曰大於東且彌西且彌侯左右將左右騎君各一人西南至都護治所千四百八十七里補注徐松曰里數有誤約八百里也後書不言疑爲東且彌所併

東且彌國補注先謙曰後書有傳又云東且彌爲車師六國之一魏志注三國時屬車師後部後魏時屬車師見後魏書王治天山東兌虛谷去長安八千二百五十里補注徐松曰案後書東且彌去柳中八百里是去長安八千九百七十里戶百九十一口千九百四十八補注徐松曰四十八通考作八十四勝兵五百七十二人補注徐松曰漢紀以爲小國案後書云戶三千餘口五千餘勝兵二千餘人蓋并西且彌而彊盛東且彌侯左右都尉各一人西南至都護治所千五百八十七里補注徐松曰里數有誤約九百里也後書云廬帳居逐水草頗田作

劫國補注先謙曰唐時仍爲劫國見西域傳及通典西域圖考云當今昌吉城之北劫與車師後城長郁立師卑陸後國爲北道再北之國今地多戈壁疑皆行國王治天山東丹渠谷去長安八千五百七十里補注徐松曰去陽關四千七十里戶九十九口五百勝兵百一十五人補注徐松曰漢紀以爲小國輔國侯都尉譯長各一人西南至都護治所千四百八十七里補注徐松曰在卑陸之西則去都護當千或千一百也

狐胡國補注王念孫曰國名無上下二字同音者狐胡當依御覽四夷部十八所引作孤胡字之誤也孤胡龜茲皆國名之疊韻者龜茲應劭音邱慈案古讀邱如欺先謙曰後書作孤胡則王說是也爲車師所滅後復立後無考西域圖考云由鄯善逾白龍堆爲狐胡國今闢展西百二十里魯克沁地西距廣安城亦百二十里王治車師柳谷補注齊召南曰後漢班勇爲西域長史屯柳中後書西域傳諸國道里俱以去長史所居爲率疑即此柳谷也王念孫曰孤胡與車師異地不當云治車師柳谷師字蓋涉下文車師而衍御覽作治車柳谷無師字徐松曰唐書地理志交河縣北入谷百三十里經柳谷渡金沙嶺是狐胡在前部北後部南去長安八千二百里補注徐松曰交河城去長安八千九十里入谷六十五里至柳谷則去長安當作八千一百五十五

里戶五十五口二百六十四勝兵四十五人補注徐松曰漢紀以為小國輔國侯左右都尉各一人西至都護治所千一百四十七里補注徐松曰據下至焉耆里數四十七當作七十至焉耆七百七十里補注徐松曰不言西者蒙上為文據此傳知狐胡去交河城六十五里唐書言百三十者謂至金沙嶺柳谷適當道里之中

山國王去長安七千一百七十里師古曰常在山下居不為城治也補注王念孫曰此山國亦當作墨山國上觀王下當有治墨山城四字據河水注國與城皆以墨山得名墨山國王治墨山城猶上文之皮山國王治皮山城也寫者脫之若顏注遂云常在山下居不為城治亦是曲說徐松曰以去尉犂計之當作去長安六千六百九十八里先謙曰河水注北河水自龜茲國來東逕墨山國南治墨山城北河下入鄯善先謙案據酈注山上當有墨字王下當有治墨山城四字然後漢和帝紀及焉耆傳下兩見並作山國則非寫脫蓋所據本異也魏志注山王國屬焉耆西域圖考云在今羅布淖爾之北廣安城之西南山中國戶四百五十口五千勝兵千人補注徐松曰漢紀以為小國輔國侯左右將左右都尉譯長各一人西至尉犂二百四十里補注徐松曰去都護當五百四十里西北至焉耆百六十里補注先謙曰西域圖考云當云三百六十里乃與諸傳合西至危須

二百六十里補注徐松曰墨山在尉犂東則去危須近而焉耆遠里數有誤東南與鄯善且末接補注徐松曰墨山國在博斯騰淖爾南岸東南濱蒲昌海海南即鄯善且末境山出鐵民山居補注徐松曰博斯騰淖爾南岸皆山寄田糴穀於焉耆危須補注徐松曰河水注言龍城地廣千里皆為鹽而剛堅是其地不可耕故寄田糴

車師前國補注先謙曰後書有傳亦見晉書載記後魏傳稱前部西域圖考云在今吐魯番廣安城西二十里王治交河城補注沈欽韓曰寰宇記西州交河縣本車師前王庭明史吐魯番在火州西百里唐西州交河縣安樂城也先謙曰後魏西域傳前部王尚居交河城河水分流繞城下故號交河補注徐松曰唐書地理志交河縣有交河水源出縣北天山今吐魯番廣安城西二十里雅爾湖有故城周七里即古交河城城北三里許有山谷一谷出四泉流逕城東一谷出五泉流逕城西至城南三十餘里入沙而伏去長安八千一百五十里補注徐松曰交河城去柳中八十里柳中去長安八千一百七十里則交河城去長安八千二百五十里去陽關三千七百五十里戶七百口六千五十勝兵千八百六十五人補注徐松曰漢紀以為小國後書云領戶千五百餘口四千餘勝兵二千人輔國侯安國侯左右將都尉歸漢都尉車師君通善君鄉善君各一人師古曰鄉讀曰嚮補注徐松曰車師叛服不常故名官多以降附為義譯長二人西南至都護治所千八百七里補注徐松曰據下至焉耆里數焉耆去烏壘四百里則此去都護當作千二百三十五里至焉耆八百三十五里補注徐松曰亦蒙上西南為文以今驛程計之則一千里蓋因自博羅圖山改設臺站故迂遠也焉耆去柳中九百十五里故後魏書云焉耆國東去高昌九百里先謙曰後書云前部南通焉耆北道

車師後王國補注錢大昭曰依前後例當作車師後國王先謙曰官本作後國王不誤後書有傳又云前後部及東且彌卑陸蒲類移支為車師六國亦見魏志注稱後部西域圖考云今濟木薩地其古城在今保惠城北二十里亦名金滿城唐北庭都護治也後城長國在其東北治務塗谷補注徐松曰後書云自高昌北通後部金滿城五百里通鑑貞觀十四年平高昌以其地為西州以可汗浮圖城為庭州浮圖城務塗之轉音此言務塗谷蓋城在山中今濟木薩城北五里有破城為唐都護府遺址而城南十五里入山是今城在唐城之南有漢城又在今城之南也後書班勇傳後部有金且谷西域傳有且固城去長安八千九百五十里補注徐松曰後書務塗谷去洛陽九千六百二十里案郡國志云雒陽西至京兆尹九百五十里以此減之則去長安當作八千六百七十里戶五百九十五口四千七百七十四勝兵千八百九十人補注徐松曰蓋小於前國後書云領戶四千餘口萬五千餘勝兵三千餘人擊胡侯

補注徐松曰傳有輔國侯狐蘭支則此當有輔國侯後書後部有親漢侯左右將補注徐松曰傳有右將股鞮左將尸泥支後書又有後部候炭遮蓋屬於左右將者左右都尉道民君譯長各一人師古曰道讀曰導西南至都護治所千二百三十七里補注徐松曰今驛程一千六百五十餘里若漢時由前部以至後部則當一千七百三十五里案當與前部互易先謙曰後書云後部西通烏孫

車師都尉國補注徐松曰此蓋漢置都尉監車師者先謙曰西域圖考云廣安城東七十里喀喇和卓即車師都尉國治也後漢戊己校尉居此亦名高昌壁戶四十口三百三十三勝兵八十四人

車師後城長國補注徐松曰案傳車師後王舉國降匈奴匈奴與共寇殺後城長是知後城長與車師都尉皆漢所置以有人民名之為國耳先謙曰西域圖考云在後庭之東北當今奇台縣之北戶百五十四口九百六十補注先謙曰官本九作五勝兵二百六十人武帝天漢二年以匈奴降者介和王為開陵侯補注徐松曰功臣表言開陵侯不得封年案傳文似以天漢二年封也匈奴傳作闓顏注闓讀與開同將樓蘭國兵始擊車師補注徐松曰元封三年漢已破姑師其時西域未通非欲有其地至是始與匈奴爭之故言始匈奴遣右賢王將數萬騎救之漢兵不利引去補注徐松曰案匈奴

傳漢使貳師將軍擊右賢王於天山匈奴大圍貳師幾不得脫漢兵物故十六七繼以李陵敗降是漢兵不利也此漢爭車師者一漢未得車師征和四年〔補注〕徐松曰當從武紀功臣表李廣利傳作三年遣重合侯馬通將四萬騎擊匈奴〔補注〕徐松曰是時貳師出五原商邱成出西河此獨言馬通惟通出酒泉過車師也匈奴傳作莽通道過車師北〔補注〕徐松曰今巴里坤至迪化州路復遣開陵侯將樓蘭尉犂危須凡六國兵別擊車師勿令得遮重合侯諸國兵共圍車師車師王降服臣屬漢〔補注〕徐松曰匈奴傳重合侯軍至天山匈奴使大將偃渠與左右呼知王將二萬餘騎要漢兵見漢兵強引去闓陵侯別圍車師盡得其王民眾而還此漢爭車師者二漢得車師昭帝時匈奴復使四千騎田車師宣帝即位遣五將將兵擊匈奴師古曰謂本始二年御史大夫田廣明爲祁連將軍後將軍趙充國爲蒲類將軍雲中太守田順爲武牙將軍及度遼將軍范明友前將軍韓增凡五將也〔補注〕徐松曰武本作虎顏避唐諱改車師田者驚去車師復通於漢〔補注〕徐松曰此漢爭車師者三車師復降漢匈奴怒召其太子軍宿欲㠯爲質軍宿焉耆外孫不欲質匈奴亡走焉耆車師王更立子烏貴爲太子及烏貴立爲王與匈奴結婚姻教匈奴遮

漢道通烏孫者〔補注〕徐松曰此本始三年至地節元年事凡三年地節二年漢遣侍郎鄭吉校尉司馬憙師古曰憙音許吏反〔補注〕徐松曰鄭吉傳吉以從軍數出西域爲郎憙喜古今字將免刑罪人〔補注〕徐松曰胡注云罪人免其刑使屯田田渠犂積穀欲㠯攻車師至秋收穀〔補注〕徐松曰據傳此爲地節二年秋匈奴傳以爲事在三年誤吉憙發城郭諸國兵萬餘人自與所將田士千五百人〔補注〕徐松曰下言三校尉以五百人爲校共擊車師攻交河城破之王尚在其北石城中〔補注〕徐松曰隋書高昌北有赤石山山北七十里有貪汗山城在山中壘石爲之案姑墨亦有石城是知非城名鄭吉傳擊破車兜訾城或即其城歟未得會軍食盡吉等且罷兵歸渠犂田秋收畢〔補注〕先謙曰官本秋收二字倒復發兵攻車師王於石城王聞漢兵且至北走匈奴求救匈奴未爲發兵王來還與貴人蘇猶議欲降漢恐不見信蘇猶教王擊匈奴邊國小蒲類〔補注〕徐松曰匈奴傳言左右賢王左右谷蠡最大國然則裨小王爲小國矣諸小王亦稱諸侯匈奴傳言匈奴西邊諸侯是也匈奴有東蒲類王斬首略其人民㠯降吉車師旁小金附國〔補注〕徐松曰今吐魯番有勝金口地隨漢軍後盜車師

車師王復自請擊破金附匈奴聞車師降漢發兵攻車師吉憙引兵北逢之〔補注〕徐松曰匈奴傳勒兵逢擊烏孫顏注以兵逆之匈奴不敢前吉憙即留一候〔補注〕徐松曰所謂軍候與卒二十人留守王〔補注〕徐松曰留守石城備其王入匈奴吉等引兵歸渠犂車師王恐匈奴兵復至而見殺也迺輕騎奔烏孫吉即迎其妻子置渠犂〔補注〕徐松曰就屯校城東奏事〔補注〕徐松曰吉蓋奏車師之捷至酒泉有詔還田渠犂及車師益積穀㠯安西國侵匈奴〔補注〕徐松曰吉行至酒泉得詔書如此以吉傳推之吉遷衞司馬使護南道當在此時所謂安西國者即令其護南道吉還傳送車師王妻子詣長安賞賜甚厚每朝會四夷常尊顯㠯示之〔補注〕徐松曰此非本年事傳終言之於是吉始使吏卒三百人別田車師〔補注〕徐松曰別使吏卒之在渠犂者非屯校兵也案匈奴傳地節三年西域城郭共擊匈奴取車師國得其王及人眾而去單于復以車師王昆弟兜莫爲車師王收其餘民東徙不敢居故地而漢益遣屯士分田車師地以實之即此傳二年事也此漢爭車師者四車師復降漢田車師始此得降者言〔補注〕徐松曰自此以下據通鑑爲元康二年事單于大臣皆曰車師地肥美〔補注〕徐松曰前國爲今吐魯番地甚暖宜疏穀近匈奴使漢得之多田積穀必害人國不可不爭也果遣騎

來擊田者吉迺與校尉〔補注〕徐松曰此校尉即司馬憙非屯田之三校尉盡將渠犂田士千五百人往田〔補注〕徐松曰通鑑作吉將渠犂田卒七千餘人即用此傳文而譌士爲七淺人又臆增卒字耳若果七千人下文不得言田卒少也匈奴復益遣騎來漢田卒少不能當保車師城中〔補注〕徐松曰蓋交河城匈奴將〔補注〕徐松曰左大將即其城下謂吉曰師古曰即就也單于必爭此地不可田也圍城數日迺解〔補注〕徐松曰匈奴傳匈奴遣左右奧鞬各六千騎與左大將再擊漢之田車師城者不能下後常數千騎往來守車師吉上書言車師去渠犂千餘里〔補注〕徐松曰前國去烏壘千二百餘里渠犂在烏壘南三百餘里閒㠯河山師古曰閒隔也音居莧反〔補注〕徐松曰河謂敦薨水龜茲東川山謂敦薨山沙山鐵關谷北近匈奴漢兵在渠犂者埶不能相救願益田卒公卿議㠯爲道遠煩費可且罷車師田者〔補注〕徐松曰魏相傳元康中匈奴遣兵擊漢屯田車師者不能下上與後將軍趙充國等議欲因匈奴衰弱出兵擊其右地使不敢復擾西域相上書諫言願與平昌侯樂昌侯平恩侯及有識者詳議乃可上從相言而止公卿者魏相等也詔遣長羅侯師古曰常

惠也將張掖酒泉騎出車師北千餘里揚威武車師旁胡騎引去〔補注〕宋祁曰浩化本作引兵去熙甯本及越本無兵字吉迺得出歸渠犂凡三校尉屯田車師王之走烏孫也〔補注〕先謙曰王上當更有車師二字烏孫留不遣遣使上書願留車師王備國有急可從西道以擊匈奴漢許之〔補注〕徐松曰匈奴傳匈奴怨諸國共擊車師遣左右大將各萬餘騎屯田右地欲以侵迫烏孫西域西道即當右地者於是漢召故車師太子軍宿在焉耆者立以為王〔補注〕徐松曰據下傳蓋殺匈奴所立兜莫而立軍宿盡從車師國民令居渠犂遂以車師故地與匈奴車師王得近漢田官與匈奴絕亦安樂親漢〔補注〕徐松曰此漢爭車師者五漢得其民匈奴得其地後漢使侍郎殷廣德責烏孫〔補注〕徐松曰責其久留烏貴求車師王烏孫貴將詣闕師古曰烏孫遣其將之貴者入漢朝賜第與其妻子居〔補注〕劉敞曰漢求車師王耳烏孫貴將反詣闕又賜第與妻子居非理也案鄭吉傳送車師王妻子詣長安今漢復責烏孫求車師王故賜車師王第使與妻子居耳又當云烏孫遣其貴人將詣闕錢大昕曰烏貴者車師王之名是時車師已別立王故稱其前王名以別之當以求車師王烏貴六字為句將詣闕三字為句刊本誤衍孫字顏不能校正曲為

之說劉知其未安乃謂當云烏孫遣其貴人將詣闕亦非也徐松曰將詣闕猶鄭吉傳言將詣京師此傳亦言捕樓蘭王將詣闕周壽昌曰此亦如上傳都護治烏壘城宋監本作烏壘城衍一孫字也通鑑云元康四年車師王烏貴詣闕是通鑑已正此誤刪去孫字矣錢駁正良是第未檢通鑑耳是歲元康四年也其後置戊己校尉屯田居車師故地〔補注〕徐松曰通鑑注元康二年以車師地與匈奴今匈奴款附故復屯田故地案當并徙還前王而後國之建疑亦於此時也元始中車師後王國有新道出五船北通玉門關往來差近〔補注〕徐松曰道近而易行今小南路有小山五長各半里許頂上平而首尾截立或謂是五船也戊己校尉徐普欲開以省道里半避白龍堆之阸〔補注〕徐松曰今哈密至吐魯番經十三間房風戈壁即龍堆北邊也新道避之又省道里之半故普欲開之車師後王姑句師古曰句音鉤〔補注〕徐松曰匈奴傳作句姑以道當為拄置師古曰拄者支拄也言有所置立而支拄於己故心不便也拄音竹羽反又音竹具反其字從手而讀之者或不曉以拄為梁柱之柱及分破其句言置柱於心皆失之矣〔補注〕劉敞曰道當為拄置者新道出車師後王國則漢使往來後王主為之供億故心不便也拄置猶言儲偫宋祁曰案通典道下有通字徐松曰釋言揞拄也說文作揞柱拄置即揞拄置為揞之假借字耳先謙曰本書從木從手之字通作拄柱皆可特不應失解耳官本注又下無音字心不便也地又頗

與匈奴南將軍地接〔補注〕徐松曰在匈奴南故與南將軍接普欲分明其界然後奏之召姑句使證之不肯繫之〔補注〕徐松曰繫於校尉城先謙曰官本繫作擊姑句數以牛羊賕吏〔補注〕徐松曰說文賕以財物枉法相謝也呂刑五過之疵惟來馬本作惟求云有請求也段氏云惟求者今之枉法贓求出不得姑句家矛端生火其妻股紫陬師古曰陬音子侯反謂姑句曰〔補注〕徐松曰蓋往告之矛端生火此兵氣也〔補注〕徐松曰開元占經引地鏡曰刀劍無故自拔出及光有聲者憂兵傷君有血污利以用兵前車師前王為都護司馬所殺〔補注〕徐松曰事不見傳前王謂兜莫今久繫必死不如降匈奴即馳突出高昌壁〔補注〕齊召南曰高昌壁始見於此後書云自敦煌西出玉門陽關涉鄯善北通伊吾千餘里自伊吾北通車師前部高昌壁千二百里自高昌壁北通後部金滿城五百里此西域之門戶也故戊己校尉更互屯焉案拓跋魏時闞爽始立國於高昌號高昌王即以此壁得名入匈奴〔補注〕徐松曰隋書西域傳高昌國者漢車師前王庭漢武帝遣兵西討師旅頓弊其中尤困者因住焉其地有漢時高昌壘案元歐陽圭齋高昌偰氏家傳云高昌者今哈剌和綽也和綽本言漢高昌高之音近和昌之音近綽遂為和綽也哈剌黑也其地有黑山也所言高昌最詳今名哈喇和卓漢交河城東二十里為今吐魯番廣安城廣安城又東六十里為哈喇和卓即後漢之柳中由此北入

山為後部東出即匈奴境又去胡來王唐兜〔補注〕錢大昭曰婼羌國王號去胡來王國比大種赤水羌師古曰比近也音頻寐反〔補注〕徐松曰後書西羌傳羌爰劍子孫支分凡百五十種九種在賜支河首以西及在蜀漢徼北參狼種在武都氂牛種在越巂白馬種在廣漢又有五十二種入十九種舊唐書太宗紀副總管薛萬均薛萬徹破吐谷渾於赤水源數相寇不勝告急都護都護但欽不以時救助〔補注〕徐松曰匈奴傳言時平帝幼則事在元始中唐兜困急怨欽東守玉門關〔補注〕徐松曰守猶敂也敂關首欽玉門關不內即將妻子人民千餘人亡降匈奴匈奴受之而遣使上書言狀是時新都侯王莽秉政遣中郎將王昌等使匈奴告單于西域內屬不當得受單于謝罪執二王以付使者〔補注〕先謙曰詳匈奴傳二王彼傳作二虜莽使中郎王萌〔補注〕徐松曰匈奴傳作中郎將此奪將字待西域惡都奴界上逢受師古曰逢受謂先至待之逢見即受取也〔補注〕徐松曰息夫躬傳願助戊己校尉保惡都奴之界匈奴傳注惡都奴西域之谷名先謙曰逢受猶迎受說詳匈奴傳彼傳敘此事作逆受逆猶迎也單于遣使送〔補注〕徐松曰匈奴傳作送到國因請其罪師古曰請免其罪也使者以聞莽不聽詔下會西域諸國王陳軍〔補注〕徐松曰為

大會陳兵以示威斬姑句唐兜已示之至莽簒位建國二年〔補注〕徐松曰當作始建國二年以符命言新室當分陝立二伯以豐爲右伯平晏已廣新公甄豐爲右伯〔補注〕徐松曰王莽傳始建國二年以符命言新室當分陝立二伯以豐爲右伯平晏爲左伯當出西域〔補注〕徐松曰王莽傳豐當之職西出車師後王須置離聞之與其右將股鞮左將尸泥支謀曰師古曰鞮音丁奚反聞甄豐爲西域太伯當出〔補注〕錢大昭曰稱太伯尊之之辭故事給使者牛羊穀芻茭導譯〔補注〕徐松曰導嚮導譯譯語者前五威將過〔補注〕徐松曰王莽傳始建國元年秋遣五威將王奇等十二人班符命四十二篇於天下西出者至西域盡改其王爲侯北出者至匈奴庭所給使尚未能備今太伯復出國益貧恐不能稱師古曰不副所求也欲亡入匈奴戊己校尉刀護聞之師古曰刀音彫〔補注〕先謙曰官本刀作刁召置離驗問〔補注〕先謙曰置上疑脫須字下同辭服乃械致都護但欽在所埒婁城師古曰埒婁城名埒音劣婁音樓〔補注〕徐松曰當卽後書班超傳所謂陳睦故城所猶處也置離人民知其不還皆哭而送之至欽則斬置離置離兄輔國侯狐蘭支將置離眾二千餘人驅畜產舉國亡降匈奴師古曰盡率一國之眾也是時莽易單于

璽單于恨怒遂受狐蘭支降遣兵與共寇擊車師殺後城長傷都護司馬〔補注〕徐松曰言都護司馬以別於校尉司馬疑有分治後城長國者及狐蘭兵復還入匈奴〔補注〕徐松曰後城長國在後國西故兵還匈奴當經車師前國之北先謙曰狐蘭下疑更有支字時戊己校尉刀護病遣史陳良屯桓且谷備匈奴寇師古曰且音子余反史終帶取糧食〔補注〕徐松曰劉昭百官志戊己校尉有丞無史據此傳是有史二人案漢制護烏桓校尉有擁節長史二人護羌校尉有擁節長史一人此戊己校尉不言長史者護烏桓護羌二校尉秩皆比二千石其屬得置六百石之長史西域官惟都護與副校尉秩爲比二千石戊己校尉以六百石爲之屬職同於長史故後書卽稱戊己校尉爲長史則此二史者或戊己之副非其屬官也司馬丞韓玄領諸壁右曲候任商領諸壘〔補注〕徐松曰戊己校尉屬有丞一人司馬一人候五人此言司馬丞或丞兼攝司馬也劉昭百官志大將軍營五部部下有曲有軍候一人比六百石其餘將軍亦有部曲右曲候右部之曲候說文壘軍壁也鄭氏周禮注軍壁曰壘此分言者壁壘非一處故互文言之領諸壁壘卽所謂總知營事相與謀曰西域諸國頗背叛〔補注〕徐松曰是時西域騷動尚未顯然背叛至始建國五年焉耆先畔殺都護叛跡始著匈奴欲大侵要死可殺校尉將人眾降匈奴如淳曰言匈奴來侵會當死耳可降匈奴也師古曰要音一妙反〔補注〕徐松曰要死匈奴傳作恐并死卽將數千騎至校尉府脅諸亭令燔積薪師古曰示爲𤏺火也〔補注〕徐松曰亭置𤏺之地卽傳所謂亭燧爲𤏺火者假爲寇至分告諸壁曰匈奴十萬騎來入吏士皆持兵後者斬得三百四人〔補注〕錢大昭曰南監本閩本作三四百人先謙曰官本作三四百人去校尉府數里止晨火𤏺師古曰古然字〔補注〕徐松曰卽燔積薪校尉開門擊鼓收吏士〔補注〕徐松曰見𤏺火故收吏士使入府良等隨入遂殺校尉刀護及子男四人諸昆弟子男〔補注〕徐松曰殺刁護四子及其昆弟之子獨遣婦女小兒師古曰遣留置不殺也止留戊己校尉城〔補注〕徐松曰卽校尉府所在也案傳言姑句馳出高昌壁是其時高昌有壁無城而後書言匈奴車師共圍戊己校尉又校尉城不在交河城內明證蓋前漢校尉城去交河城不遠後漢因之建初元年段彭解戊己校尉之圍而破車師於交河城是也班超再定西域復置戊己校尉乃移治高昌壁耳遣人與匈奴南將軍相聞〔補注〕徐松曰匈奴傳作與匈奴南犂汗王南將軍相聞南將軍蓋屬南犂汗王者南將軍已二千騎迎良等良等盡脅略戊己校尉吏士男女二千餘人入匈奴單于已良帶爲烏賁都尉師古曰賁音奔〔補注〕徐松曰匈奴傳玄商留南將軍所良帶徑至單于庭人眾別置

零吾水上田故惟以良帶二人爲都尉匈奴傳作單于號良帶曰烏桓都將軍是爲都尉官而寵以將軍之號王莽傳始建國二年十一月立國將軍建奏西域將欽上言九月辛巳戊己校尉史陳良終帶共賊殺校尉刁護劫略吏士自稱廢漢大將軍亡入匈奴是其事也建孫建欽但欽後三歲單于死〔補注〕徐松曰烏珠留若鞮單于也匈奴傳立二十一歲建國五年死弟烏累單于咸立師古曰累音力追反復與莽和親莽遣使者多齎金幣賂單于購求陳良終帶等單于盡收四人及手殺刀護者芝音妻子已下二十七人皆械檻車付使者到長安莽皆燒殺之其後莽復欺詐單于和親遂絕〔補注〕徐松曰欺詐謂前紿言侍子登在今知其死匈奴大擊北邊而西域亦瓦解焉耆國近匈奴先叛殺都護但欽莽不能討〔補注〕徐松曰案莽傳事在始建國五年天鳳二年〔補注〕先謙曰官本二作三迺遣五威將王駿〔補注〕徐松曰王莽傳作大使五威將西域都護李崇〔補注〕徐松曰後漢紀作李宗將戊己校尉〔補注〕徐松曰卽郭欽出西域諸國皆郊迎送兵穀〔補注〕徐松曰謂助兵與食兵如莎車龜茲兵是焉耆詐降而聚兵自備駿等將莎車龜茲兵七千餘人分爲數部入焉耆焉耆伏兵

要遮駿及姑墨尉犂危須國兵爲反閒還共襲擊駿等皆殺之唯戊己校尉郭欽別將兵後至焉耆焉耆兵未還欽擊殺其老弱引兵還莽封欽爲剼胡子鄧展曰剼音彡師古曰剼絕也音子小反字本作剿轉寫誤耳〔補注〕錢大昭曰剼莽傳作剿徐松曰說文劋絕也又引夏書曰天用劋絕其命葢作劋者尚書正字衞包改劋作剿從刀刀又誤作力遂相承用勦而劋廢矣王莽傳將遣大司空征伐劋絕之矣猶存古字莽傳拜欽爲塡外將軍又封佐帥何封爲集胡男皆見莽傳李崇收餘士還保龜茲〔補注〕徐松曰近都護者龜茲爲大國故依以爲重數年〔補注〕徐松曰自天鳳三年至更始元年漢兵誅莽凡八年莽死崇遂沒西域因絕最〔補注〕徐松曰漢書衞霍傳後有最顏注最凡也先謙曰最猶撮也謂撮舉其數最凡猶都凡耳若訓最爲凡則不可通凡國五十〔補注〕徐松曰據哀平閒分五十五國除去不屬都護者五國故曰五十自譯長〔補注〕徐松曰三十九人城長〔補注〕徐松曰三人君〔補注〕徐松曰以君名者二十二人監〔補注〕徐松曰以監名者二吏〔補注〕徐松曰以吏名者三大祿〔補注〕徐松曰一人百長〔補注〕徐松曰傳無千長〔補注〕徐松曰八人都尉〔補注〕徐松曰以都尉名者六十二人且渠〔補注〕徐松曰二人當戶〔補注〕徐松曰傳無將相至侯王〔補注〕徐松曰將四十九人相一人侯四十八人王七人皆佩漢印綬凡三

百七十六人〔補注〕徐松曰此卽匈奴傳所謂西域諸國佩中國印綬者合傳所載官數二百四十七人又除不屬都護者其數益懸百長當戶皆在匈奴傳而康居大月氏安息罽賓烏弋之屬皆以絕遠不在數中其來貢獻則相與報〔補注〕徐松曰若康居貢獻則都護吏至其國罽賓奉獻則送其使不督錄總領也

贊曰〔補注〕徐松曰漢紀武帝篇全錄此文稱爲本志猶言本書也孝武之世圖制匈奴患其兼從西國結黨南羌師古曰圖謀也從音子容反迺表河曲〔補注〕王念孫曰曲當爲西字之誤也武帝所開四郡皆在河西故云表河西食貨志云初置張掖酒泉郡而上郡朔方西河河西開田官斥塞卒六十萬人戍田之霍去病傳云開河西酒泉之地後漢書西羌傳云武開河西列置四郡皆其證四郡非在河曲之中不得言表河曲也漢紀孝武紀作河曲乃後人以誤本漢書改之通典邊防八御覽四夷部十三引此贊竝作河西列西郡〔補注〕宋祁曰新本西作四錢大昭曰作四是也四郡武威酒泉張掖敦煌開玉門通西域以斷匈奴右臂〔補注〕徐松曰漢書以取烏孫爲斷匈奴右臂劉歆上議以武帝立五屬國起朔方伐朝鮮起元菟樂浪以斷匈奴左臂班超傳注云南面以西爲右也隔絕南羌月氏單于失援由是遠遁而幕南無王庭〔補注〕先謙曰幕漠借字武紀臣瓚注沙土曰幕遭值文景玄默養民五世〔補注〕徐松曰高惠文景至孝武爲五世獨斷云呂后不入數天下殷富財力有餘士馬彊盛〔補注〕徐松曰漢官儀牧師諸苑三十六所分置西北邊分養馬三十萬頭故能睹犀布瑇瑁則建珠崖七部師古曰瑇音代瑁音妹〔補注〕王念孫曰犀布連文殊爲不類布當爲象象布二字篆文下半相似故象譌作布犀象瑇瑁皆兩粵所產故曰睹犀象瑇瑁則建珠崖七郡也下文云明珠文甲通犀翠羽之珍鉅象師子猛犬大雀之羣正與此犀象瑇瑁相應則當作象明矣御覽珍寶部六引此已誤作犀布漢紀孝武紀通典邊防八引此竝作犀象徐松曰地理志粵地處近海多犀象瑇瑁珠璣銀銅果布之湊建珠崖七郡漢紀作開犍爲珠崖七部案武紀及地理志元鼎六年定越以爲南海蒼梧鬱林合浦交阯九眞日南珠崖儋耳郡元帝時始棄珠崖儋耳兩郡則七郡當作九郡漢紀數犍爲者亦非感枸醬竹杖則開牂柯越巂師古曰枸音矩〔補注〕徐松曰詳西南夷傳武紀元鼎六年定西南夷以爲武都牂柯越巂沈黎文山郡聞天馬蒲陶則通大宛安息〔補注〕徐松曰通考引無安息二字自是之後明珠文甲通犀翠羽之珍盈於後宮如淳曰文甲卽瑇瑁也通犀中央色白通兩頭〔補注〕徐松曰文甲通犀漢紀作文貝犀象東方朔傳宮人簪瑇瑁垂珠璣蒲梢龍文魚目汗血之馬充於黃門孟康曰四駿馬名也師古曰梢馬音所交反〔補注〕徐松曰漢紀作瓘瑜琪瑤蒲萄龍文魚目汗

血名馬東京賦駙承華之蒲梢說文媽馬赤鬣縞身目若黃金名曰吉皇之乘此龍文者謂其文似龍猶驒騾文如鼉魚矣爾雅馬二目白魚西京雜記帝得貳師天馬以玫瑰石爲鞍鏤以金銀鍮石以綠地五色錦爲蔽泥漢舊儀中黃門駙馬大宛馬汗血馬乾河馬天馬果下馬顏注梢馬音當作蒲梢馬名梢音所交反鉅象師子猛犬大雀之羣食於外囿師古曰巨亦大〔補注〕徐松曰漢紀作巨象獅子猛獸大雀之羣實於外囿本紀元狩二年南越獻馴象先謙曰官本注巨作鉅殊方異物四面而至於是廣開上林穿昆明池〔補注〕徐松曰昆明池在上林苑中本紀元狩三年減隴西北地上郡戍卒半發讁吏穿昆明池黃圖云昆明池在長安西周四十里有百艘樓船建樓櫓戈船各數十上建戈矛四角悉垂幡葆麾蓋營千門萬戶之宮〔補注〕徐松曰本紀太初元年起建章宮顏注在未央宮西黃圖云建章宮周二十餘里千門萬戶立神明通天之臺〔補注〕徐松曰神明臺在建章宮閶闔門內通天臺亦曰候神臺又曰望仙臺在甘泉宮武紀元封二年作通天臺顏注通天臺者言此臺高上通於天也漢舊儀云高三十丈望見長安城興造甲乙之帳師古曰其數非一以甲乙次第名之也〔補注〕徐松曰東方朔傳推甲乙之帳燔之於四通之衢應劭曰帳多故以甲乙第之顏注葢用應說西京賦大駕幸乎平樂張甲乙而襲翠被落以隨珠和璧師古曰落與絡同〔補注〕徐松曰漢紀作絡以隋珠荊璧東方朔傳注引亦作絡天子負黼依襲翠被憑玉几而處

其中師古曰依讀曰扆扆如小屏風而畫爲黼文也白與黑謂之黼又爲斧形襲重衣也被音皮義反補注沈欽韓曰西京雜記漢制天子玉几冬則加綈飾其上謂之綈几王文彬曰左昭十二年傳杜注翠被以翠羽飾設酒池肉林以饗四夷之客補注徐松曰酒池在長樂宮中東司馬門內其水來自未央宮自未央北墉出經壽宮南入長樂宮北墉經長秋觀大夏殿之北匯爲池黃圖云太上皇廟在長安城中香室街酒池之北是酒池在香室街寰宇記云武帝作酒池以誇羌胡飲以鐵盃重不能舉皆抵牛飲案黃圖有秦酒池長安志亦言酒池秦始皇造漢武帝行舟於中是非自漢設之作巴俞都盧海中碭極漫衍魚龍角抵之戲以觀視之晉灼曰都盧國名也李奇曰都盧體輕善緣者也碭極樂名也師古曰巴人巴州人也俞水名今渝州也巴俞之人所謂賨人也勁銳善舞本從高祖定三秦有功高祖喜觀其舞因令樂人習之故有巴俞之樂漫衍者即張衡西京賦所云巨獸百尋是爲漫延者也魚龍者爲舍利之獸先戲於庭極畢乃入殿前激水化成比目魚跳躍潄水作霧障日畢化成黃龍八丈出水敖戲於庭炫燿日光西京賦云海鱗變而成龍即爲此色也俞音踰碭音大浪反衍音弋戰反視讀曰示觀示者令觀之也補注徐松曰漢紀俞作渝衍作演抵作觝武紀元封三年作角抵戲三百里內皆來觀劉昭禮儀志注引蔡質漢儀曰正月旦天子幸德陽殿臨軒公卿將大夫百官悉就坐賜作九賓徹樂舍利從西方來戲於庭極畢化爲比目魚又化成黃龍以兩大絲繩繫兩杜中頭閒相去數丈兩倡女對舞行於繩上對面道逢切肩不傾又踃局出身藏形於斗中鐘磬並作樂畢作魚龍曼延蓋後漢相因用之正旦唯無角抵耳巴俞並用於大喪禮先謙曰官本注大作徒引宋祁曰注文入丈一作入又字徒浪反越本作大浪及賂遺贈送萬里相奉師旅之費不可勝計補注徐松曰食貨志渾邪王率數萬眾來降漢發車三萬兩迎之既至受賞賜及有功之士凡百餘鉅萬天子爲伐胡故盛養馬馬之往來食長安者數萬匹胡降者數萬人皆得厚賞衣食仰給縣官縣官不給至於用度不足迺榷酒酤筦鹽鐵鑄白金造皮幣算至車船租及六畜補注徐松曰如淳以租及六畜爲若馬口錢見昭紀注民力屈財用竭師古曰屈音其勿反補注徐松曰漢紀用作貨因之以凶年補注徐松曰食貨志是時山東被河災及歲不登數年人或相食方二三千里寇盜並起道路不通直指之使始出衣繡杖斧斷斬於郡國然後勝之是以末年遂棄輪臺之地而下哀痛之詔豈非仁聖之所悔哉且通西域近有龍堆遠則蔥嶺身熱頭痛縣度之阸淮南杜欽揚雄之論皆以爲此天地所以界別區域絕外內也補注徐松曰淮南王諫伐閩越書自三代之盛胡越不與受正朔非強弗能服威弗能制也以爲不居之地不牧之民不足以煩中國也杜欽論見此傳揚雄論見匈奴傳書曰西戎即序師古曰禹貢之辭也序次也補注徐松曰史記索隱引王肅尚書注西戎西域禹既就而序之非上威服致其貢物也補注徐松曰魏書西域傳序引非上威服作非盛威武西域諸國各有君長兵眾分弱無所統一雖屬匈奴不相親附匈奴能得其馬畜旃罽而不能統率與之進退與漢隔絕道里又遠得之不爲益棄之不爲損盛德在我無取於彼故自建武以來西域思漢威德咸樂內屬唯其小邑鄯善車師界迫匈奴尚爲所拘而其大國莎車于闐之屬數遣使置質于漢願請屬都護聖上遠覽古今補注周壽昌曰聖上稱光武也與藝文志稱武帝同通考引作聖人因時之宜羈縻不絕辭而未許補注徐松曰後書西域傳匈奴單于因王莽之亂略有西域唯莎車王延最強不肯附屬建武十四年莎車王賢與鄯善王安並遣使詣闕貢獻十七年賢復遣使奉獻請都護二十一年車師前王鄯善焉耆等十八國俱遣子入侍願得都護天子以中國初定北邊未服皆還其侍子通考引作聖人遠鑑古今雖大禹之序西戎周公之讓白雉太宗之卻走馬義兼之矣亦何以尚茲師古曰西戎即序說以在前昔周公相成王越裳氏重九譯而獻白雉至王問周公公曰德不加焉則君子不饗其質政不施焉則君子不臣其遠吾何以獲此物也譯曰吾受命國之黃耇曰久矣天之無烈風雨雷也意中國有聖人乎盍往朝之然後歸之王稱先王之神所致以薦宗廟太宗漢文帝也卻走馬謂有人獻千里馬不受還之賜道路費也老子德經曰天下有道卻走馬以糞故贊引也補注徐松曰孟堅生於建武八年明帝永平五年始詣校書郎修漢書至建初乃成是作書正當明帝章帝時而此贊稱光武爲聖上者蓋叔皮之辭孟堅因而不改考叔皮卒於建武三十年西域貢獻請都護在十四年至二十一年叔皮目擊時事言之固詳也先謙曰官本注說下以作已至作成

西域傳第六十六下 終

漢書九十六

外戚傳第六十七上　漢書九十七

漢　蘭　臺　令　史班　固　撰

唐正議大夫行祕書少監琅邪縣開國子顏師古　注

賜進士出身前翰林院編修國子監祭酒加三級臣王先謙補注

自古受命帝王及繼體守文之君（師古曰繼體謂嗣位也守文言遵成法不用武功也）非獨內德茂也蓋亦有外戚之助焉夏之興也以塗山（師古曰禹娶塗山氏之女而生啟也）而桀之放也用末喜（師古曰末喜桀之妃有施氏女也美於色薄於德女子行丈夫心桀常置末喜於膝上聽用其言昏亂失道於是湯伐之遂放桀與末喜死於南巢）殷之興也以有娀又有㜪（師古曰有娀國名其女簡狄吞燕卵而生禼爲殷始祖有㜪氏女湯妃也娀音嵩㜪音詵補注先謙曰官本考證云又有㜪三字及下文太姒二字並史記所無而漢書補之先謙案據考證作又而官本正文又作及南監本同以下文例之作及是）而紂之滅也嬖妲己（師古曰妲己紂之妃有蘇氏女也美好辯辭興於姦宄嬖幸於紂紂用其言毒虐眾庶於是武王伐紂戰於牧野紂師倒戈不爲之戰武王克殷致天之罰斬妲己頭縣之於小白旗以爲紂之亡者由此女也）周之興也以姜嫄及

太任太姒（師古曰姜嫄有邰氏之女帝嚳之妃也履大人迹而生后稷爲周始祖太任文王母太姒武王母也嫄音原）而幽王之禽也淫褒姒（師古曰謂黜申后而致犬戎舉僞烽而諸侯莫救也）故易基乾坤詩首關雎（師古曰基亦始）書美釐降（師古曰釐理也尙書堯典稱舜之美云釐降二女于嬀汭言堯欲觀舜治迹以己二女妻之舜能以治降下二女以成其德）春秋譏不親迎（師古曰春秋公羊經隱二年紀履須來逆女傳曰外逆女不書此何以書譏也何譏爾始不親迎也補注先謙曰以上顏注官本並無南監本同）夫婦之際人道之大倫也（師古曰倫理也）禮之用唯昏姻爲兢兢（師古曰兢兢戒愼也）夫樂調而四時和陰陽之變萬物之統也可不愼與（師古曰與讀曰歟）人能弘道末如命何（師古曰末無也論語載孔子曰人能弘道非道弘人又稱子路曰道之將興命也道之將廢命也公伯寮其如命何故引之補注先謙曰上及此注二條官本無南監本同）甚哉妃匹之愛君不能得之臣父不能得之子況卑下乎（師古曰言雖君父之尊不能奪其所好而移其本意補注沈欽韓曰秦策父之於子也令有必行者必不行者曰去貴妻賣愛妾此令必行者也因曰毋敢思也此令必不行者也後書郅惲引此語）既驩合矣或不能成子姓（師古曰姓生也補注先謙曰索隱即趙飛燕等是）成子姓矣而不能要其終（補注先謙曰索隱如栗姬衞后等是）豈非命也哉孔子罕言命蓋難言之（師古曰論語曰子罕言利與命與仁罕者希也）非通幽明之變惡能識乎性命（師古曰惡音烏謂於何也論語稱子貢曰夫子之文章可得而聞也夫子之言性與天道不可得而聞也已矣謂孔子不言性命及天道而學者誤讀謂孔子之言自然與天道合非唯失於文句實乃大乖意旨補注先謙曰上及此注二條官本無南監本同）漢興因秦之稱號（補注齊召南曰自此以下詳序宮中位號班氏所自撰錄也後書云秦爵列九品即据此傳）帝母稱皇太后祖母稱太皇太后適稱皇后（師古曰適讀曰嫡后亦君也天曰皇天地曰后土故天子之妃以后爲稱取象二儀補注王念孫曰案此文本作正適稱皇后後人以適即是正故刪去正字案大雅大明傳紂殷之正適也初學記儲宮部引白虎通義云周以天子之正嫡爲王后秦稱皇后漢因之是古書多以正適連文後漢皇后紀注班固傳注文選西都賦注後漢皇后紀論注藝文類聚后妃部初學記中宮部御覽皇親部一及十一引此竝作正適稱皇后通典職官十六同）妾皆稱夫人又有美人良人八子七子長使少使之號焉（師古曰良善也八七秩之差也長使少使主供使者補注沈欽韓曰魏書后妃傳美人視三品魏志良人視千石秦紀昭王孝文王母芊八子唐八子許皇后傳有田八子班倢伃馮昭儀嘗爲少使長使）至武帝制倢伃娙娥傛華充依各有爵位（師古曰倢言接幸於上也伃美稱也娙娥皆美貌也傛傛猶言奕奕也便習之意也充依言充後庭而依秩序也倢音接伃音予字或從女其音同耳娙音五經反傛音容補注沈欽韓曰褚補史記云武帝時幸夫人尹婕好邢夫人號娙娥眾人謂之娙何傛依字誤加人旁周禮序官注內司服有女御者以衣服進或當於王廣其禮使無色過鄭正據充衣爲義也宋書后妃傳容華充衣前漢舊號隋書禮儀志順儀順容順華修儀修容修華充儀充容充華是爲九嬪其名皆本此）

而元帝加昭儀之號（師古曰昭顯其儀示隆重也）凡十四等云（師古曰除皇后自昭儀以下至秩百石十四等）昭儀位視丞相爵比諸侯王倢伃視上卿比列侯娙娥視中二千石比關內侯（師古曰中二千石實得二千石也中之言滿也月得百八十斛是爲一歲凡得二千一百六十石言二千者舉成數耳）傛華視眞二千石比大上造（師古曰眞二千石月得百五十斛一歲凡得千八百石耳大上造第十六爵）美人視二千石比少上造（師古曰二千石月得百二十斛一歲凡得一千四百四十石耳少上造第十五爵）八子視千石比中更（師古曰中更第十三爵也更音公衡反其下亦同補注錢大昭曰案甾川王志傳云以令置八子秩比六百石所以廣嗣重祖也蓋天子八子視千石諸侯王之八子比六百石故與傳不同）充依視千石（補注王念孫曰充依不當與八子同視千石當依漢紀作充依視九百石此涉上千石而誤弢選注御覽此皆誤）比左更（師古曰左更第十二爵）七子視

八百石比右庶長師古曰右庶長第十一爵良人視八百石補注王念孫曰良人亦不當與七子同視八百石當依漢紀作良人視七百石此亦涉上八百石而誤此御覽引文選西都賦注引此正作視七百石比左庶長師古曰左庶長第十爵長使視六百石比五大夫師古曰五大夫第九爵少使視四百石比公乘師古曰公乘第八爵五官視三百石師古曰五官所掌亦象外之五官也補注沈欽韓曰元后傳王根聘取五官殷嚴王飛君等順常視二百石無涓共和娛靈保林良使夜者皆視百石師古曰涓絜也無涓言無所不絜也共讀曰恭言恭順而和柔也娛靈可以娛樂情靈也保林言其可安眾如林也良使使令之善者也夜者主職夜事令音力成反補注沈欽韓曰晉書愍懷太子傳考竟謝淑妃及太子保林蔣俊是東宮亦有保林之號隋書后妃傳寶林二十四員品正第五上家人子中家人子視有秩斗食云師古曰家人子者言採擇良家子以入宮未有職號但稱家人子也斗食謂佐史也謂之斗食者言一歲不滿百石日食一斗二升五官以下葬司馬門外服虔曰陵上司馬門之外

高祖呂皇后父呂公單父人也師古曰單音善父音甫好相人高祖微時呂公見而異之乃以女妻高祖生惠帝魯元公主高祖爲漢王元年

封呂公爲臨泗侯二年立孝惠爲太子後漢王得定陶戚姬愛幸補注沈欽韓曰西京雜記戚夫人善鼓瑟帝常擁戚夫人倚瑟而弦歌畢每泣下流漣夫人善爲翹袖折腰之舞歌出塞入塞望歸之曲侍婢數千皆習之後宮齊首高唱聲入雲霄生趙隱王如意太子爲人仁弱高祖以爲不類己常欲廢之而立如意如意類我戚姬常從上之關東日夜啼泣欲立其子補注沈欽韓曰西京雜記戚夫人侍兒賈佩蘭後出爲扶風人段儒妻[illegible]說在宮內時見戚夫人侍高帝常以趙王如意爲言而高祖思之幾半日不言歎息悽愴而未知其術輒使夫人擊筑高祖歌大風詩以和之呂后年長常留守希見益疏如意且立爲趙王留長安幾代太子者數師古曰幾音鉅依反數音所角反賴公卿大臣爭之及叔孫通諫用留侯之策得無易呂后爲人剛毅佐高帝定天下兄二人皆爲列將從征伐長兄澤爲周呂侯次兄釋之爲建成侯逮高祖而侯者三人高祖四年臨泗侯呂公薨高祖崩惠帝立呂后爲皇太后迺令永巷囚戚夫人髡鉗衣赭衣令舂戚夫人舂且歌曰子爲王母爲虜終日舂薄暮常與死爲伍師古曰與死罪者爲伍也相離三千里當誰使告女師古曰女讀曰汝此下皆同太后聞之大怒曰乃欲倚女子邪師古曰乃亦汝乃召趙王誅之補注王念孫曰案誅之上有欲字而今本脫之則文義不明此時趙王尚未至不得遽言誅之也御覽皇親部二引此正作欲誅之漢紀同使者三反師古曰反還也三還猶今言三回也趙相周昌不遣太后召趙相相徵至長安使人復召趙王王來惠帝慈仁知太后怒自迎趙王霸上入宮挾與起居飲食數月帝晨出射趙王不能蚤起太后伺其獨居使人持鴆飲之遲帝還趙王死師古曰遲音直二反解在高紀太后遂斷戚夫人手足去眼煇耳飲瘖藥師古曰去其眼精以藥熏耳令聾也瘖不能言也以瘖藥飲之也飲音於禁反瘖音於今反使居鞠域中師古曰鞠域如蹋鞠之域謂窟室也鞠音巨六反補注先謙曰史記作廁中名曰人彘居數月迺召惠帝視人彘帝視而問知其戚夫人迺大哭因病歲餘不能起使人請太后曰此非人所爲臣爲太后子終不能復治天下師古曰令太后視事己自如太子然以此日飲爲淫樂不聽政七

年而崩太后發喪哭而泣不下師古曰泣謂淚也留侯子張辟彊爲侍中年十五補注沈欽韓曰法言重黎篇或問甘羅之悟呂不韋張辟彊之覺平勃皆以十二齡恐彼連甘羅而誤史記呂后紀亦云年十五謂丞相陳平曰太后獨有帝今哭而不悲君知其解未師古曰解猶解說其意陳平曰何解辟彊曰帝無壯子太后畏君等今請拜呂台呂產爲將將兵居南北軍及諸呂皆官居中用事如此則太后心安君等幸脫禍矣師古曰脫免也補注先謙曰官本無此注南監本同丞相如辟彊計請之太后說其哭迺哀師古曰說讀曰悅呂氏權由此起迺立孝惠後宮子爲帝太后臨朝稱制復殺高祖子趙幽王友共王恢師古曰共讀曰恭及燕靈王建補注周壽昌曰何煌校本無靈字建下多一子字云朱小字本同案何校是也呂后紀七年秋九月燕王薨表傳同是建未爲后殺惟傳云王薨有美人子太后使人殺之絕後是宜作建子也遂立周呂侯子台爲呂王師古曰台音土來反台弟產爲梁王建城侯釋之子祿爲趙王補注先謙曰成城通作台子通爲燕王又封諸呂凡六人皆爲列侯追尊父呂公爲呂

宣王兄周呂侯爲悼武王太后持天下八年病犬禍而崩語在五行志病困㠯趙王祿爲上將軍居北軍梁王產爲相國居南軍戒產祿曰高祖與大臣約非劉氏王者天下共擊之今王呂氏大臣不平我即崩恐其爲變必據兵衞宮愼毋送喪爲人所制太后崩太尉周勃丞相陳平朱虛侯劉章等共誅產祿悉捕諸呂男女無少長皆斬之而迎立代王是爲孝文皇帝

孝惠張皇后宣平侯敖尙帝姊魯元公主有女〔補注〕王念孫曰案此文本作孝惠張皇后宣平侯敖女也敖尙帝姊魯元公主有女今本脫女也敖三字則上下文義不貫此因兩敖字相亂而脫去三字御覽皇親部二引此有女也敖三字又皇親部十一人事部百三十五引首二句皆有女也二字惠帝即位呂太后欲爲重親〔補注〕周壽昌曰張后爲帝姊之女以配帝故云重親以公主女配帝爲皇后欲其生子萬方終無子迺使陽爲有身取後宮美人子名之師古曰名爲皇后子殺其母立所名子爲太子惠帝崩太子立爲帝四年迺自知非皇后子〔補注〕周壽昌曰自知非后子其不云非帝子可知上呂后傳云乃立孝惠後宮子爲帝亦明言爲惠帝子也先謙曰官本子作所則從下出字斷句南監本同淩本云一本作子字出言曰太后安能殺吾母而名我我壯即爲所爲師古曰爲其所爲謂所生之母也並音于僞反〔補注〕陳景雲曰壯後當爲其所爲意欲報復也尋下文語自明王念孫曰兩爲字皆讀平聲爲所爲者謂爲變也爲變者殺呂后以報母仇也故下文云太后恐其作亂史記作我壯即爲變尤其明證矣若讀爲爲去聲而云爲所生之母則辭不達意周壽昌曰王說是也蒯通傳爭欲爲陛下所爲語意類此太后聞而患之恐其作亂迺幽之永巷言帝病甚左右莫得見太后下詔廢之語在高后紀遂幽死更立恆山王弘爲皇帝而㠯呂祿女爲皇后欲連根固本牢甚師古曰牢堅也然而無益也呂太后崩大臣正之卒滅呂氏少帝恆山淮南濟川王皆㠯非孝惠子誅〔補注〕何焯曰前所立者呂后時已幽死此云少帝恆山即恆山王一人也錢大昕曰淮南當作淮陽獨置孝惠皇后廢處北宮師古曰置留也北宮在未央宮之北孝文後元年薨葬安陵不起墳

高祖薄姬文帝母也父吳人秦時與故魏王宗女魏媪通〔補注〕周壽昌曰媪亦當時女通稱衞青傳父鄭季與主家僮衞媪通是媪尙爲僮也史良娣傳良娣母爲王媪末年皆稱曰王嫗知媪與嫗別生薄姬而薄姬父死山陰因葬焉師古曰山陰會稽之縣〔補注〕先謙曰官本注無之字及諸侯畔秦魏豹立爲王而魏媪內其女於魏宮許負相薄姬當生天子是時項羽方與漢王相距滎陽天下未有所定豹初與漢擊楚及聞許負言心喜因背漢而中立與楚連和師古曰自謂當得天下漢使曹參等虜魏王豹㠯其國爲郡而薄姬輸織室豹已死漢王入織室見薄姬有詔內後宮〔補注〕先謙曰史記有下有色字是歲餘不得幸始姬少時與管夫人趙子兒相愛約曰先貴毋相忘已而管夫人趙子兒先幸漢王漢王四年坐河南成皋靈臺〔補注〕先謙曰史記作坐河南宮成皋臺此兩美人侍相與笑薄姬初時約漢王問其故兩人俱㠯實告漢王心悽然憐薄姬是日召欲幸之對曰昨暮夢龍據妾胸〔補注〕先謙曰史記作夢蒼龍據吾腹上曰是貴徵也吾爲汝成之遂幸有身歲中生文帝年八歲立爲代

王自有子後希見高祖崩諸幸姬戚夫人之屬呂后怒皆幽之不得出宮而薄姬㠯希見故得出從子之代爲代太后太后弟薄昭從如代師古曰如往也代王立十七年高后崩大臣議立後疾外家呂氏彊暴皆稱薄氏仁善故迎立代王爲皇帝尊太后爲皇太后封弟昭爲軹侯師古曰軹音只〔補注〕先謙曰昭後有罪自殺見文紀太后母亦前死葬櫟陽北迺追尊太后父爲靈文侯會稽郡致園邑三百家〔補注〕先謙曰致同置長丞㠯下使奉守寢廟上食祠如法〔補注〕先謙曰史記使作吏櫟陽亦置靈文夫人園令如靈文侯園儀太后蚤失父其奉太后外家魏氏有力師古曰言太后爲外家所養也迺召復魏氏師古曰優復之也復音方目反賞賜各㠯親疏受之薄氏侯者一人太后後文帝二歲孝景前二年崩師古曰言文帝崩後二歲太后乃崩葬南陵師古曰薄太后陵在霸陵之南故稱南陵即今所謂薄陵用呂后不合葬長陵師古曰以呂后是正嫡故薄不得合葬也〔補注〕周壽昌曰呂后之葬本紀不載史記集解皇甫謐曰合葬長陵皇覽曰高帝呂后山各一所今據此言則合葬

爲信故特自起陵近文帝

孝文竇皇后補注周壽昌曰初學記四引世王傳曰竇氏少小頭禿不爲家人所齒遇七月七日夜人皆看織女獨不許后出有光照室爲后之瑞景帝母也呂太后時以良家子選入宮太后出宮人以賜諸王各五人竇姬與在行中師古曰與讀曰豫家在清河願如趙近家師古曰如往也請其主遣宦者吏必置我籍趙之伍中師古曰主遣宦者吏謂宦者爲吏而主發遣宮人者也籍謂名簿也伍猶列也宦者忘之誤置籍代伍中籍奏詔可當行竇姬涕泣怨其宦者不欲往相彊迺肯行至代代王獨幸竇姬生女嫖師古曰嫖音匹昭反孝惠七年生景帝代王王后生四男先代王未入立爲帝而王后卒及代王爲帝後王后所生四男更病死師古曰更互也音公衡反文帝立數月公卿請立太子而竇姬男最長立爲太子竇姬爲皇后女爲館陶長公主師古曰年最長故謂長公主補注先謙曰官本注謂下有之字明年封少子武爲代王後徙梁師古曰初封代王後更爲梁王是爲梁孝王竇皇后親

蚤卒葬觀津師古曰觀津清河之縣也觀音工喚反補注錢大昭曰觀津地理志屬信都國郡國志屬安平國顏以爲清河縣非也沈欽韓曰御覽三百九十六三輔決錄曰文帝竇后名猗清河觀津人父遭秦之亂隱身漁釣墜淵而卒景帝即位后登尊號遣使者更塡父所墜淵而築起大墳觀津城南青山是也案唐書竇建德傳建德遣使往觀津祠竇青之墓置守冢二十家誤以青爲竇父名九域志冀州武邑縣有觀津鎭於是薄太后迺詔有司追封竇后父爲安成侯母曰安成夫人令清河置園邑二百家長丞奉守比靈文園法補注先謙曰官本此下提行竇后兄長君弟廣國字少君年四五歲時家貧爲人所略賣其家不知處傳十餘家至宜陽爲其主人入山作炭暮臥岸下百餘人岸崩盡厭殺臥者師古曰厭音一甲反少君獨脫不死師古曰脫免也補注先謙曰官本無此注自卜數日當爲侯補注周壽昌曰劉敞云日當作曰案劉說是也竇廣國之至長安得見竇后當在文帝初而廣國之封章武侯實在景帝朝安所云數日也元后傳使卜數者相政君顏注數計也若言今之祿命書也從其家之長安師古曰從其主家也之往也聞皇后新立家在觀津姓竇氏廣國去時雖少識其縣名及姓又嘗與其姊采桑墯師古曰墯謂墯樹用爲符信上書自陳皇后言帝召見問之具言其故果是復問其所識師古曰識記也音式志反補注先謙曰案史記作又復問他何以爲驗曰姊去我西時與我決傳舍中丐沐沐我已飯我乃去師古曰乞沐具而爲之沐沐訖又飯食之也飯音扶晚反於是竇皇后持之而泣侍御左右皆悲迺厚賜之家於長安絳侯灌將軍等曰吾屬不死命乃且縣此兩人師古曰恐其後擅權則將相大臣當被害此兩人所出微不可不爲擇師傅又復放呂氏大事也師古曰放音甫往反於是選長者之有節行者與居竇長君少君由此爲退讓君子不敢以富貴驕人竇皇后疾失明文帝幸邯鄲愼夫人尹姬皆無子文帝崩景帝立皇后爲皇太后乃封廣國爲章武侯長君先死封其子彭祖爲南皮侯吳楚反時太后從昆弟子竇嬰俠喜士師古曰喜音許吏反補注先謙曰官本作俠音許夾反爲大將軍破吳楚封魏其侯竇氏侯者凡三人竇太后好黃帝老子言景帝及諸竇不得不讀老子尊其術太后

後景帝六歲凡立五十一年元光六年崩師古曰武紀建元六年太皇太后崩此傳云後景帝六歲是也而以建元爲元光則是參錯又當言凡立四十五年而云五十一再三乖謬皆是此傳誤補注先謙曰史記作建元六年崩合葬霸陵遺詔盡以東宮金錢財物賜長公主嫖師古曰東宮太后所居補注先謙曰長公主事詳東方朔傳至武帝時魏其侯竇嬰爲丞相後誅

孝景薄皇后孝文薄太后家女也景帝爲太子時薄太后取以爲太子妃景帝立立薄妃爲皇后無子無寵立六年薄太后崩皇后廢廢後四年薨葬長安城東平望亭南

孝景王皇后武帝母也父王仲槐里人也母臧兒故燕王臧荼孫也爲仲妻生男信與兩女而仲死臧兒更嫁爲長陵田氏婦生男蚡勝臧兒長女嫁爲金王孫婦生一女矣而臧兒卜筮曰兩女當貴欲倚兩女師古曰冀其貴而依倚之得尊寵也倚音於綺反補注先謙曰史記作因欲奇兩女索隱漢書作倚疑所見本與顏同先謙案高紀呂媼怒呂公曰公始常欲奇此女與貴人本傳霍顯謂淯于衍曰將軍素愛小女成君欲奇貴之句例皆

與此同班氏非不知文義者無緣改奇爲倚疑傳者誤改顏馬遂據以爲說耳奪金氏金氏怒不肯與決〔補注〕周壽昌曰言奪諸金氏金氏怒而不肯也決別也蘇武傳與武決去顏注決別也又因與武決注同竇后傳姊去我西時與我決傳舍中元后傳共辭王去上與相對泣而決乃內太子宮太子幸愛之生三女一男男方在身時王夫人夢日入其懷目告太子太子曰此貴徵也〔補注〕沈欽韓曰漢武內傳未生之時景帝夢一赤彘從雲中下直入崇芳閣景帝覺而坐閣下果有赤龍如霧來蔽戶牖宮內嬪御望閣下有丹霞蓊蔚而起霞滅見赤龍盤迴棟閒景帝使王夫人移居崇芳閣改爲猗蘭殿旬餘景帝夢神女捧日以授王夫人夫人吞之十四月而生武帝御覽八十八漢武故事曰景帝又夢見高祖謂己曰王美人四子可名爲彘及生男日因名之焉年七歲爲太子上曰彘者徹也因改曰徹未生而文帝崩景帝即位王夫人生男是時薄皇后無子後數歲景帝立齊栗姬男爲太子而王夫人男爲膠東王長公主嫖有女欲與太子爲妃栗姬妒而景帝諸美人皆因長公主見得貴幸栗姬日怨怒謝長主不許長主欲與王夫人王夫人許之會薄皇后廢長公主日譖栗姬短〔補注〕先謙曰史記主言栗姬與諸夫人幸姬會常使侍者祝唾其背挾邪媚道景帝以故望之

景帝嘗屬諸姬子師古曰諸姬子諸姬所生之子也屬音之欲反此下皆同曰吾百歲後善視之栗姬怒不肯應言不遜景帝心銜之而未發也長公主日譽王夫人男之美帝亦自賢之又耳曩者所夢日符師古曰耳常聽聞而記之也符猶瑞應計未有所定王夫人又陰使人趣大臣立栗姬爲皇后師古曰趣音曰促大行奏事〔補注〕先謙曰百官表典客景帝中六年更名大行令此景帝七年事尚不稱大行此從後追言之文曰子以母貴母以子貴〔補注〕周壽昌曰本春秋公羊傳時朝廷用公羊決事故大行引之今太子母號宜爲皇后帝怒曰是乃所當言邪師古曰乃汝也言此事非汝所當得言遂案誅大行而廢太子爲臨江王栗姬愈恚不得見以憂死卒立王夫人爲皇后師古曰卒終也男爲太子封皇后兄信爲蓋侯初皇后始入太子家後女弟兒姁亦復入師古曰姁音許于反諸婦人之名字音皆同生四男兒姁早卒四子皆爲王師古曰謂廣川惠王越膠東康王寄清河哀王乘常山憲王舜皇后長女爲平陽公主次南宮公主次隆慮公主師古曰慮音廬皇后立

九年景帝崩武帝即位爲皇太后尊太后母臧兒爲平原君封田蚡爲武安侯勝爲周陽侯王氏田氏侯者凡三人蓋侯信好酒田蚡勝貪巧於文辭蚡至丞相追尊王仲爲共侯師古曰共讀曰恭槐里起園邑二百家長丞奉守及平原君薨從田氏葬長陵亦置園邑如共侯法初皇太后微時所謂金王孫生女俗在民閒蓋諱之也師古曰言隨流俗而在閭巷未顯貴〔補注〕錢大昕曰予謂俗蓋金氏女之名先謙曰錢說是也褚補外戚世家後云皇太后在民閒時所生子女者集解引徐廣云名俗顏自誤訓耳官本謂作爲南監本同古字本通此謂乃借字王孫金氏子名武帝始立韓嫣白之師古曰嫣音偃帝曰何爲不蚤言乃車駕自往迎之其家在長陵小市直至其門使左右入求之家人驚恐女逃匿〔補注〕王念孫曰逃匿下有牀下二字而今本脫之御覽封建部五引此正作女逃匿牀下續史記外戚世家亦云女亡匿內中牀下扶將出拜〔補注〕沈欽韓曰說文肝扶也集韻或作擕通作將古詩多用扶將字孔雀東南飛木蘭詩皆是帝下車立曰〔補注〕先謙曰立當爲泣字之誤也褚補史記云武帝下車泣曰嘆大姊何藏之深也情事宛然下車則立不待言此泣脫其半耳大姊何

藏之深也〔補注〕先謙曰官本藏作臧是載至長樂宮與俱謁太后太后垂涕女亦悲泣帝奉酒前爲壽錢千萬奴婢三百人公田百頃甲第以賜姊太后謝曰爲帝費因賜湯沐邑號修成君男女各一人女嫁諸侯〔補注〕先謙曰集解引徐廣云嫁爲淮南王安太子妃男號修成子仲〔補注〕周壽昌曰後爲長安令義縱所捕案者見酷吏傳以太后故橫於京師師古曰橫音胡孟反太后凡立二十五年後景帝十五歲元朔三年崩〔補注〕先謙曰官本考證云史記作元朔四年誤也此與紀合合葬陽陵

孝武陳皇后長公主嫖女也曾祖父陳嬰與項羽俱起〔補注〕先謙曰事詳羽傳後歸漢爲堂邑侯傳子至孫午午尚長公主生女初武帝得立爲太子長主有力取主女爲妃〔補注〕沈欽韓曰御覽八十八漢武故事曰長公主抱著膝上問曰兒欲得婦否膠東王曰欲得婦問曰阿嬌好否於是笑對曰若得阿嬌作婦當作金屋貯之也及帝即位立爲皇后擅寵驕貴十餘年而無子〔補注〕先謙曰褚補史記陳皇后求子與醫錢凡九千萬然竟無子聞衞子夫得幸幾死者數焉師古曰幾音鉅依反數音所角反〔補注〕沈欽韓曰謂欲致子夫於死大長公主

執囚衞青欲殺之亦因子夫也上愈怒后又挾婦人媚道補注沈欽韓曰周官內宰禁其奇衺鄭云若今媚道賈氏云鄭舉漢法證經列女傳夏姬美好無匹內挾伎術葢老而復壯者三此類也頗覺元光五年上遂窮治之女子楚服等坐爲皇后巫蠱祠祭祝詛大逆無道相連及誅者三百餘人楚服梟首於市使有司賜皇后策曰皇后失序惑於巫祝師古曰言失德義之序而妄祝詛也不可以承天命其上璽綬罷退居長門宮補注沈欽韓曰文選長門賦序陳皇后在長門宮愁悶悲思聞蜀郡成都司馬相如天下工爲文奉黃金百斤爲相如文君取酒而相如爲文以悟主上陳皇后復得親幸案末云復得親幸者著述之體皆著其效驗說苑國策皆然明年堂邑侯午薨主男須嗣侯補注錢大昕曰功臣表作季須主寡居私近董偃補注先謙曰詳東方朔傳十餘年主薨須坐淫亂兄弟爭財當死自殺國除後數年廢后乃薨葬霸陵郎官亭東補注沈欽韓曰水經注在長安東南三十里

孝武衞皇后字子夫生微也其家號曰衞氏補注先謙曰衞青傳父鄭季爲吏給事平陽侯家與侯妾衞媼通生青故冒衞氏出平陽侯邑補注先謙曰平陽侯曹壽子夫爲平陽主謳者師古曰齊歌曰謳音一侯反武帝卽位數年無子平陽主求良家女十餘人飾置家帝祓霸上孟康曰祓除也於霸水上自祓除今三月上巳祓禊也師古曰祓音廢禊音系還過平陽主主見所偫美人師古曰偫儲偫也偫音丈紀反補注先謙曰偫字不合史記作侍是也顏据誤文爲說帝不說既飲謳者進帝獨說子夫師古曰說皆讀曰悅帝起更衣子夫侍尚衣如淳曰以帷帳障尊者也晉灼曰代侍五尚之衣師古曰二說皆非也尚主也時於軒中侍帝權主衣裳補注沈欽韓曰六典尚衣宮官晉令有崇德殿大監尚衣尚食大監並銀章艾綬晉謂五尚之衣指此先謙曰官本無如晉二注及二說皆非也五字南監本同軒中得幸師古曰軒謂軒車卽今車之施幰者補注何焯曰案長廊有窗而周迴者曰軒此軒中葢屋也豈有帝方宴飲時上車更衣者乎周壽昌曰史丹傳天子自臨軒檻注軒檻欄板也凡殿堂前檐特起曲椽無中梁者天子不御正座而御平臺曰臨軒左思魏都賦周軒中天此軒中主第旁室中也還坐驩甚賜平陽主金千斤主因奏子夫送入宮子夫上車主拊其背曰行矣師古曰拊謂摩循之也行矣猶今言好去彊飯勉之師古曰彊音其兩反飯音扶晩反卽貴願無相忘入宮歲餘不復幸武帝擇宮人不中用者斥出之子夫得見涕泣請出上憐之復幸遂

有身尊寵召其兄衞長君弟青侍中而子夫生三女元朔元年生男據遂立爲皇后先是衞長君死乃以青爲將軍擊匈奴有功封長平侯青三子皆襁褓中補注先謙曰官本皆作在是南監本同皆爲列侯及皇后姊子霍去病亦以軍功爲冠軍侯至大司馬票騎將軍青爲大司馬大將軍衞氏支屬侯者五人補注先謙曰褚補史記云天下歌之曰生男無喜生女無怒獨不見衞子夫霸天下青還尚平陽主補注先謙曰詳青傳皇后立七年而男立爲太子後色衰趙之王夫人中山李夫人有寵皆蚤卒後有尹倢伃鉤弋夫人更幸師古曰更互也音工衡反補注先謙曰褚補史記云尹夫人與邢夫人同時並幸有詔不得相見尹夫人自請武帝願望見邢夫人帝許之卽令他夫人飾從御者數十人爲邢夫人來前尹夫人前見之曰此非邢夫人身也帝曰何以言之對曰視其身貌形狀不足以當人主矣於是詔使夫人衣故衣獨身來前尹夫人望見之曰此眞是也於是乃低頭俯而泣自痛其不如也衞后立三十八年遭巫蠱事起江充爲姦太子懼不能自明遂與皇后共誅充發兵兵敗太子亡走詔遣宗正劉長樂執金吾劉敢奉策收皇后璽綬自殺黃門蘇文姚定漢輿置公車令空舍盛以小棺瘞之城南桐柏師古曰瘞薶也桐柏亭名也瘞音於例反衞氏悉滅宣帝立乃改葬衞后追謚曰思后置園邑三百家長丞周衞奉守焉師古曰葬在杜門外大道東以倡優雜伎千人樂其園故號千人聚其地在今長安城內金城坊西北隅是補注沈欽韓曰注本皇覽及關中記見長安志引

孝武李夫人本以倡進師古曰倡樂人音昌補注先謙曰官本無此注南監本同初夫人兄延年性知音善歌舞武帝愛之每爲新聲變曲聞者莫不感動補注沈欽韓曰御覽五百七十二引風俗通曰張仲春武帝時人善雅歌與李延年同時每奏新歌莫不稱善延年侍上起舞歌曰北方有佳人絕世而獨立一顧傾人城再顧傾人國寧不知傾城與傾國佳人難再得師古曰非不惜城與國也但以佳人難得愛悅之深不覺傾覆補注先謙曰官本無此注南監本同上嘆息曰善世豈有此人乎平陽主因言延年有女弟上乃召見之補注沈欽韓曰西京雜記武帝過李夫人就取玉簪搔頭自此後宮人搔頭皆用玉玉價倍貴焉

實妙麗善舞由是得幸生一男是爲昌邑哀王李夫人少而蚤卒上憐閔焉圖畫其形於甘泉宮及衞思后廢後四年武帝崩大將軍霍光緣上雅意以李夫人配食師古曰緣因也雅意素舊之意補注先謙曰官本無此注南監本同緣上雅意者緣上以后禮葬夫人之意追上尊號曰孝武皇后初李夫人病篤上自臨候之夫人蒙被謝曰妾久寢病形貌毀壞不可以見帝願以王及兄弟爲託上曰夫人病甚殆將不起一見我屬託王及兄弟豈不快哉夫人曰婦人貌不修飾不見君父補注周壽昌曰禮記婦人不飾不敢見舅姑夫人語本此妾不敢以燕媠見帝師古曰媠與惰同謂不嚴飾上曰夫人弟一見我師古曰弟但也將加賜千金而予兄弟尊官夫人曰尊官在帝不在一見上復言欲必見之夫人遂轉鄉歔欷而不復言師古曰鄉讀曰嚮轉面而嚮裏也歔音虛欷音許既反於是上不說而起師古曰說讀曰悅補注先謙曰官本無此及下二條注夫人姊妹讓之曰師古曰讓責也貴人獨不可一見上屬託兄弟邪何爲恨上如

此補注先謙曰王念孫云恨讀爲很很違也謂不從上意也恨借字晏子雜篇君歡然與子邑子必不受以恨君何也新序節士篇嚴恭承命不以身恨君恨並與很同說詳劉向傳夫人曰所以不欲見帝者乃欲以深託兄弟也我以容貌之好得從微賤愛幸於上夫以色事人者色衰而愛弛師古曰弛解也音式爾反愛弛則恩絕上所以攣攣顧念我者乃以平生容貌也師古曰攣音力全反又讀曰戀補注錢大昭曰易小畜九五有孚攣如子夏傳作戀敘傳云既繫攣於世教隸釋唐公房及景君碑皆以攣爲戀今見我毀壞顏色非故必畏惡吐棄我意補注王念孫曰必畏惡句吐棄我意句吐棄上有有字而今本脫之則文義不明御覽皇親部二引此正作有吐棄我意漢紀同尙肯復追思閔錄其兄弟哉及夫人卒上以后禮葬焉補注沈欽韓曰長安志李夫人墓亦名習仙臺崇二十丈周二百六十步河水注李夫人冢冢形三成世謂之英陵其後上以夫人兄李廣利爲貳師將軍封海西侯延年爲協律都尉上思念李夫人不已方士齊人少翁言能致其神補注周壽昌曰封禪書上有所幸王夫人夫人卒少翁以方蓋夜致王夫人是卽前所云趙之王夫人非李夫人也王李皆早卒而王敘在李前視李夫人先卒可知李夫人有子爲昌邑哀王其封以天漢四年少翁之誅在元狩四年距王封時已二十三年王封十一年而薨謚之曰哀年必不永卽以二十歲分封當少翁死時王尙未生卽李夫人何以死也通鑑據史記作王夫人注曰齊王閎之母亦明班史有誤也鉤弋傳云寵姬王夫人男齊懷王是胡注所本或有以少翁作李少君者尤誤少君誅死更在少翁死十數年前王益之西漢年紀謂漢書史記並誤其考異云少翁之死在元狩四年而褚先生補云元狩六年帝欲王諸子時齊王閎母王夫人病帝自臨問之曰子當王安所置之王夫人曰願君雒陽帝曰先帝以來無王雒陽者關東之國莫勝於齊乃立閎爲齊王是元狩六年王夫人尙無恙而少翁之死已二年矣豈得云致鬼如是王夫人之貌乎故於年紀除其姓云上有所幸夫人云云案王氏考核詳辨然武帝分封三子皆在元狩六年齊王閎封時不必其母猶存封齊之語或先有成約後踐其言未可定也褚補史記每有年與事不相應者史公當武帝朝此當不舛似宜從史記作王夫人爲是亦不必云無姓也迺夜張燈燭設帷帳補注先謙曰官本作帳帷陳酒肉而令上居他帳遙望見好女如李夫人之貌還幄坐而步師古曰夫人之神於幄中坐又出而徐步又不得就視上愈益相思悲感爲作詩曰是邪非邪師古曰言所見之狀定是夫人以否補注先謙曰官本無此注立而望之偏何姍姍其來遲師古曰姍姍行貌音先安反補注王先愼曰詩桑柔旟旐有偏釋文偏作翩是偏與翩通作韋昭周語注翩翩動搖不休止之意此偏亦當讀爲翩言望之何偏然姍姍

遲來也顏未加注則讀如本字矣令樂府諸音家絃歌之補注沈欽韓曰拾遺記武帝思懷李夫人不可復得時穿昆明之池泛翔禽之舟帝自造歌曲使女伶歌之時日已西傾涼風激水女伶歌聲甚遒因賦落葉哀蟬之曲曰羅袂兮無聲玉墀兮塵生虛房冷而寂莫落葉依於重扃望彼美之女兮安得感余心之未寧帝息於延涼室卧夢李夫人授帝蘅蕪之香帝驚起而香氣著衣枕歷月不歇遂改延涼室爲遺芳夢室上又自爲作賦以傷悼夫人其辭曰美連娟以脩嫮兮師古曰嫮美也連娟纖弱也嫮音互娟音一全反命樔絕而不長師古曰樔截也音子小反補注沈欽韓曰甘誓作剿絕釋文剿子六反玉篇子小反馬本作巢與玉篇切韻同案說文剿絕也引夏書天用剿絕其命廣雅剿天也則剿乃正字作巢者或體或乃省刀此又加木旁非也說文樔澤中守草樓飾新宮以延貯兮泯不歸乎故鄉師古曰新宮待神之處貯與佇同佇待也泯然滅絕意補注何焯曰新宮卽設帷帳也慘鬱鬱其蕪穢兮隱處幽而懷傷釋輿馬於山椒兮奄修夜之不陽孟康曰山椒山陵也置輿馬於山陵也師古曰自慘鬱鬱以下皆言夫人身處墳墓而隱翳也修長也陽明也秋氣潛以淒淚兮桂枝落而銷亡師古曰淒淚寒涼之意也桂枝芳香亦喻夫人也潛音千感反淚音戾補注先謙曰官本潛作憯是此注不誤南監本作憯尤非淒淚與淒厲義同神煢煢以遙思兮精浮游而出

畺補注錢大昭曰畺古彊字書召誥無彊惟休古文尚書作畺王子侯表以諸侯王畺土過制注畺亦壃字託沈陰㠯壙久兮惜蕃華之未央師古曰沈陰言在地下也壙與曠同未央猶未半也言年歲未半而早落蕃華故痛惜之蕃音扶元反念窮極之不還兮惟幼眇之相羊師古曰惟思也幼眇猶窈窕也相羊翺翔也幼音一小反相音襄補注先謙曰幼眇之眇字與妙同因今之窮極不反而思幼妙之時函菱荴以俟風兮芳雜襲以彌章李奇曰荴音敷孟康曰菱音綏華中齊也夫人之色如春華含菱敷散以待風也師古曰雜襲重積也的容與以猗靡兮縹飄姚虖愈莊孟康曰言夫人之顏色的然盛美雖在風中縹姚愈益端嚴也師古曰縹音匹妙反補注王文彬曰上二句以氣體言此二句以顏色言飄姚卽飄搖孟注以縹姚連文誤先謙曰的明也燕淫衍而撫楹兮連流視而娥揚師古曰追述平生歡宴之時也娥揚揚其娥眉既激感而心逐兮包紅顏而弗明晉灼曰包藏也謂夫人藏其顏色不肯見帝屬其家室也師古曰此說非也心逐者帝自言中心追逐夫人不能已也包紅顏者言在墳墓之中不可見也補注先謙曰包紅顏而弗明卽上詩所云是邪非邪顏說亦非官本無晉注及此說非也四字南監本同驩接狎以離別兮宵寤夢之芒芒師古曰言絕接狎之驩而遂離別也宵夜也芒芒無知之貌也芒音莫郎反忽遷化而不反兮魄放逸以飛

揚何靈魂之紛紛兮哀裴回㠯躊躇師古曰躊躇住足也躊音躊躇合韻音丈預反埶路日㠯遠兮遂荒忽而辭去師古曰荒音呼廣反超兮西征屑兮不見師古曰屑然疾意也以日爲喻故言西征濅淫敞兌寂兮無音師古曰兌古悅字補注先謙曰敞兌猶惝悅思若流波怛兮在心師古曰流波言恩寵不絕也怛悼也音丁曷反補注王文彬曰尋注意思當爲恩之誤亂曰師古曰亂理也總理賦中之意佳俠函光隕朱榮兮孟康曰佳俠猶佳麗嫉妒闒茸將安程兮師古曰言嫉妒闒茸之徒不足與夫人爲程品也闒茸眾賤之稱也闒音吐獵反茸音人勇反補注先謙曰官本葺作茸注獵作臘南監本同方時隆盛年天傷兮師古曰傷合韻音式向反弟子增欷洿沬悵兮應劭曰弟夫人弟兄也子昌邑王也孟康曰洿沬涕洟也晉灼曰沬音水沬面之沬言涕淚洿集覆面下也師古曰沬晉說是也悵惆悵也洿音烏洿下也沬音呼內反字從午未之未也補注先謙曰官本淚作洟悲愁於邑喧不可止兮師古曰朝鮮之閒謂小兒泣不止名爲喧音許遠反補注沈欽韓曰喧當爲咺方言朝鮮洌水之間小兒泣而不止曰咺說文朝鮮謂兒泣不止曰咺嚮不虛應亦云已兮師古曰嚮讀曰響響之隨聲必當有應而今涕泣從自已耳夫人不知之是虛其應補注先謙曰官本注從作徙是南監本亦作從嫶妍太息嘆稚子兮孟康曰夫人蒙被歔欷不見帝哀其子小而孤也晉灼曰三輔謂憂愁面省瘦曰嫶冥嫶冥猶嫶妍也師古曰嫶音在消反懰慄不言倚所恃兮孟康曰恃平日之恩知上必感念之也師古曰懰慄哀愴之意也懰音劉慄音栗仁者不誓豈約親兮如淳曰仁者之行惠尙一不以爲恩施豈有親親而反當以言約乎既往不來申以信兮師古曰死者一往不返情念酷痛重以此心爲信不有忽忘也信合韻音新補注王鳴盛曰躊躇與去傷與悵信與親爲韻古無四聲之分平仄通爲一音顏云合韻猶吳才老所謂叶韻此字本無此音改以叶之也又趙昭儀居昭陽舍壁帶往往爲黃金釭顏云釭音工流俗讀之音江非也釭江皆從工得聲何所別異沈約以江居東冬鍾之後音猶未變至唐乃變爲似良反矣顏不通古音不能枚舉聊一出之去彼昭昭就冥冥兮既下新宮不復故庭兮師古曰故庭謂平生所居室之庭也復音扶目反嗚呼哀哉想魂靈兮其後李延年弟季坐姦亂後宮廣利降匈奴家族滅矣

孝武鉤弋趙倢伃昭帝母也家在河間武帝巡狩過河間望氣者言此有奇女天子亟使使召之既至女兩手皆拳上自披之手卽時伸由是得幸號曰拳夫人補注先謙曰正義引括地志云鉤弋夫人齊人少好清淨六年臥病右手拳飲食少望氣者云東北有貴人推而得之召到姿色甚佳武帝持其手伸之得玉鉤

先是其父坐法宮刑爲中黃門死長安葬雍門師古曰雍門在長安西北孝里西南去長安三十里廣記云趙父冢在門西也拳夫人進爲倢伃居鉤弋宮師古曰黃圖鉤弋宮在城外漢武故事曰在直門南也大有寵元始三年生昭帝補注王念孫曰元始當依景祐本作太始朱一新曰索隱漢書云元始三年生昭帝誤也元始當爲太始據索隱說則唐時本已作元始今景祐本作太始當是據索隱改正也號鉤弋子任身十四月迺生上曰聞昔堯十四月而生今鉤弋亦然補注王念孫曰鉤弋下原有子字上文云生昭帝號鉤弋子下文云鉤弋子年五六歲壯大多知皆其證今鉤弋子亦然對上句堯十四月而生言之下句云迺命其所生門曰堯母門其所生者鉤弋子所生也脫去子字則上下句皆不可通矣御覽皇親部二引此已脫子字漢紀孝武紀有子字迺命其所生門曰堯母門後衞太子敗而燕王旦廣陵王胥多過失寵姬王夫人男齊懷王李夫人男昌邑哀王皆蚤薨鉤弋子年五六歲壯大多知師古曰壯大者言其形體偉大上常言類我又感其生與眾異甚奇愛之心欲立焉以其年稺母少恐女主顓恣亂國家猶與久之

師古曰與讀曰豫鉤弋倢伃從幸甘泉有過見譴以憂死師古曰譴責也音口羡反補注先謙曰褚補史記後數日帝譴責鉤弋夫人夫人脫簪珥叩頭帝曰引持去送掖庭獄夫人還顧帝曰趣行女不得活夫人死雲陽宮時暴風揚塵百姓感傷其後帝閒居問左右曰人言云何左右對曰人言且立其子何去其母乎帝曰然是非兒曹愚人所知也往古國家所以亂由主少母壯也女主獨居驕蹇淫亂自恣莫能禁也汝不聞呂后邪因葬雲陽師古曰在甘泉宮南今土俗人嘑爲女陵後上疾病乃立鉤弋子爲皇太子拜奉車都尉霍光爲大司馬大將軍輔少主明日帝崩昭帝即位追尊鉤弋倢伃爲皇太后發卒二萬人起雲陵邑三千戶追尊外祖趙父爲順成侯詔右扶風置園邑二百家長丞奉守如法順成侯有姊君姁賜錢二百萬奴婢第宅以充實焉諸昆弟各以親疏受賞賜趙氏無在位者唯趙父追封

孝昭上官皇后祖父桀補注錢大昭曰桀字少叔見李陵傳隴西上邽人也少時爲羽林期門郎補注先謙曰百官表期門掌執兵送從羽林掌送從次期門蓋先爲羽林後爲期門也從武帝

上甘泉天大風車不得行解蓋授桀桀奉蓋雖風常屬車師古曰屬連也音之欲反雨下蓋輒御上奇其材力遷未央廄令補注先謙曰百官表太僕屬官上嘗體不安及愈見馬師古曰見謂呈見之音胡電反補注先謙曰官本無此及下條注南監本同馬多瘦上大怒令曰我不復見馬邪欲下吏桀頓首曰臣聞聖體不安日夜憂懼意誠不在馬師古曰誠實也言未卒泣數行下上曰爲忠由是親近爲侍中稍遷至太僕武帝疾病以霍光爲大將軍太僕桀爲左將軍皆受遺詔輔少主曰前捕斬反者莽通功封桀爲安陽侯初桀子安取霍光女結婚相親光每休沐出桀常代光入決事昭帝始立年八歲帝長姊鄂邑蓋長公主居禁中共養帝師古曰共音居用反養音弋亮反蓋主私近子客河閒丁外人師古曰子客子之賓客也外人其名也上與大將軍聞之不絕主驩有詔外人侍長主補注何焯曰詔使侍主故燕王旦得爲請爵號此霍光不學失之始也長主內周陽氏女令配耦帝補注周壽昌曰淮南王舅趙兼封周陽侯侯廢遂氏周陽也時上官安有女即霍光外孫安因光欲內之光以爲尚幼不聽安素與丁外人善說外人曰聞長主內女安子容貌端正誠因長主時得入爲后師古曰以時得入以臣父子在朝而有椒房之重師古曰椒房殿名在未央宮皇后所居成之在於足下漢家故事常以列侯尚主足下何憂不封侯乎外人喜言於長主長主以爲然詔召安女入爲倢伃安爲騎都尉月餘遂立爲皇后年甫六歲師古曰甫始也補注周壽昌曰雖爲皇后亦待年也安以后父封桑樂侯食邑千五百戶遷車騎將軍日以驕淫受賜殿中出對賓客言與我壻飲補注周壽昌曰漢呼女夫爲壻本書始見大樂見其服飾使人歸欲自燒物安醉則裸行內補注周壽昌曰內亦房也與後母及父諸良人侍御皆亂師古曰良人謂妾也侍御則兼婢矣補注周壽昌曰桀安父子封侯其姬妾得稱良人趙充國傳充國孫欽尚敬武公主主亡子主教欽良人習詐有身是主家妾可稱良人侯家亦稱之子病死仰而罵天數守大將軍光爲丁外人求侯師古曰守求請之及桀欲妄官祿外人師古曰不由材德故云妄

光執正皆不聽又桀妻父所幸充國爲太醫監闌入殿中下獄當死冬月且盡蓋主爲充國入馬二十匹贖罪乃得減死論於是桀安父子深怨光而重德蓋主知燕王旦帝兄不得立亦怨望桀安即記光過失予燕王令上書告之又爲丁外人求侯燕王大喜上書稱子路喪姊期而不除孔子非之子路曰由不幸寡兄弟不忍除之師古曰事見禮記由子路之名故曰觀過知仁師古曰論語云孔子曰人之過也各於其黨觀過斯知仁矣引此言者謂子路厚於骨肉雖違禮制是其仁愛今臣與陛下獨有長公主爲姊陛下幸使丁外人侍之外人宜蒙爵號書奏上以問光光執不許及告光罪過上又疑之愈親光而疏桀安桀安寖恚師古曰寖漸也遂結黨與謀殺光誘徵燕王至而誅之因廢帝而立桀或曰當如皇后何安曰逐麋之狗當顧菟邪師古曰言所求者大不顧小也補注沈欽韓曰淮南說林逐鹿者不顧兔且用皇后爲尊一旦人主意有所移雖欲爲家人亦不可得師古曰家人言

凡庶匹夫此百世之一時也事發覺燕王蓋主皆自殺語在霍光傳桀
安宗族既滅皇后㠯年少不與謀師古曰與讀曰豫亦光外孫故得不廢
皇后母前死葬茂陵郭東追尊曰敬夫人置園邑二百家長丞奉
守如法〔補注〕先謙曰亦以光女故皇后自使私奴婢守桀安冢師古曰廟記云上官桀安冢竝
在霍光冢東東去夏侯勝冢二十步光欲皇后擅寵有子帝時體不安左右及醫皆
阿意言宜禁內雖宮人使令皆爲窮絝多其帶服虔曰窮絝有前後當不得交通也
師古曰使令所使之人也絝古袴字也窮絝即今之緄襠袴也令音力征反緄音下昆反後宮莫有進者皇后
立十歲而昭帝崩后年十四五云〔補注〕洪頤煊曰昭紀始元四年三月立皇后上官氏此傳云立
爲皇后年甫六歲則帝崩時后年十五四字當衍昌邑王賀徵即位尊皇后爲皇太后光
與太后共廢王賀立孝宣帝宣帝即位爲太皇太后〔補注〕何焯曰元誤爲宣當
如劉原父說凡立四十七年年五十二建昭二年崩合葬平陵
衞太子史良娣〔補注〕沈欽韓曰西京雜記宣帝被收繫郡邸獄臂上猶帶史良娣合采婉轉絲繩係身毒國寶鏡一

枚大如八銖錢舊傳此鏡見妖魅得配之者爲天神所福及即大位每持此鏡感咽移長常以虎魄笥盛之宣帝祖
母也太子有妃有良娣有孺子〔補注〕沈欽韓曰魏書孝文帝爲太子恂聘彭城劉長榮陽鄭懿女爲
左右孺子案左傳南孺子之子列女傳四衞夫人謂傅妾曰孺子養我甚謹則通稱貴妾爲孺子矣又王子侯表東城侯遺爲孺子
所殺則列侯亦有孺子妻妾凡三等子皆稱皇孫史良娣家本魯國有母貞
君兄恭㠯元鼎四年入爲良娣生男進號史皇孫師古曰進者皇孫之名武
帝末巫蠱事起衞太子及良娣史皇孫皆遭害史皇孫有一男號
皇曾孫時生數月猶坐太子繫獄積五歲乃遭赦治獄使者邴吉
憐皇曾孫無所歸載㠯附史恭〔補注〕錢大昭曰附南監本閩本作付先謙曰官本作付是恭母
貞君年老見孫孤甚哀之〔補注〕王先慎曰外孫亦得稱孫自養視焉後曾孫收養
於掖庭遂登至尊位是爲宣帝而貞君及恭已死恭三子皆㠯舊
恩封長子高爲樂陵侯曾爲將陵侯玄爲平臺侯及高子丹㠯功
德封武陽侯侯者凡四人高至大司馬車騎將軍丹左將軍自有

傳
史皇孫王夫人宣帝母也名翁須太始中得幸於史皇孫皇孫妻
妾無號位皆稱家人子征和二年生宣帝帝生數月衞太子皇孫
敗家人子皆坐誅莫有收葬者唯宣帝得全即尊位後追尊母王
夫人謚曰悼后祖母史良娣曰戾后皆改葬起園邑長丞奉守語
在戾太子傳地節三年求得外祖母王媼媼男無故無故弟武皆
隨使者詣闕時乘黃牛車故百姓謂之黃牛嫗初上即位數遣使
者求外家久遠多似類而非是既得王媼令太中大夫任宣與丞
相御史屬雜考問鄉里識知者皆曰王嫗嫗言名妄人〔補注〕周壽昌曰嫗言
以下至皆入太子家任宣所錄考問之辭家本涿郡蠡吾平鄉師古曰蠡音禮〔補注〕先謙曰官本蠡作蠡下同
南監本同年十四嫁爲同鄉王更得更得死嫁爲廣望王迺始婦師古
曰廣望亦涿郡之縣產子男無故武女翁須翁須年八九歲時寄居廣望節

侯子劉仲卿宅〔補注〕周壽昌曰廣望節侯名忠中山靖王子也長子中嗣侯仲卿或其次子仲卿謂迺
始曰予我翁須自養長之媼爲翁須作縑單衣師古曰縑即今之絹也音兼送
仲卿家仲卿教翁須歌舞往來歸取冬夏衣居四五歲翁須來言
邯鄲賈長兒求歌舞者仲卿欲㠯我與之媼即與翁須逃走之平
鄉師古曰之往也仲卿載迺始共求媼媼惶急〔補注〕先謙曰官本惶作遑將翁須歸曰
兒居君家非受一錢也師古曰言不當得其聘幣奈何欲予它人仲卿詐曰不
也後數日翁須乘長兒車馬過門呼曰我果見行師古曰呼音火故反〔補注〕先謙
曰官本無此注當之柳宿蘇林曰聚邑名也在中山盧奴東北三十里〔補注〕錢大昭曰柳宿武帝封中山靖王子劉蓋爲
侯國寰宇記柳宿故城在望都縣東北四十三里媼與迺始之柳宿見翁須相對涕泣謂
曰我欲爲汝自言師古曰言自訟理不肯行翁須曰母置之師古曰置之猶言在聽之不須自言
〔補注〕先謙曰官本注在作任是南監本同何家不可㠯居師古曰言所去處皆可安居自言無益也
媼與迺始還求錢用隨逐至中山盧奴見翁須與歌舞等比五人

同處師古曰比音必寐反媪與翁須共宿明日迺始臨視翁須媪還求錢欲隨至邯鄲媪歸糴買未具迺始來歸曰翁須已去我無錢用隨也因絶至今未聞其問補注先謙曰不聞其音問賈長兒妻貞及從者師遂辭師古曰辭對辭往二十歲太子舍人侯明從長安來求歌舞者請翁須等五人長兒使遂送至長安皆入太子家及廣望三老更始劉仲卿妻其等四十五人辭皆驗師古曰其者仲卿妻之名宣奏王媪悼后母明白上皆召見賜無故武爵關內侯旬月閒賞賜以鉅萬計頃之制詔御史賜外祖母號爲博平君以博平蠡吾兩縣戶萬一千爲湯沐邑封舅無故爲平昌侯武爲樂昌侯食邑各六千戶補注錢大昕曰外戚侯表無故武皆六百戶初迺始以本始四年病死後三歲家迺富貴追賜謚曰思成侯詔涿郡治冢室置園邑四百家長丞奉守如法歲餘博平君薨謚曰思成夫人詔徙思成侯合葬奉明顧成廟南置園邑長丞師古曰本號廣明故戾太子傳云皇孫及王夫人皆葬廣明其後以置園邑奉守改曰奉明罷涿郡思成園王氏侯者二人無故子接爲大司馬車騎將軍而武子商至丞相自有傳

孝宣許皇后元帝母也父廣漢昌邑人少時爲昌邑王郎從武帝上甘泉誤取它郎鞍以被其馬發覺吏劾從行而盜當死有詔募下蠶室孟康曰死罪囚欲就宮者聽之補注周壽昌曰誤取一鞍耳以盜劾以死論卒下蠶室漢法治盜之嚴如此後爲宦者丞補注先謙曰少府屬官見百官表上官桀謀反時廣漢部索師古曰部分搜索罪人也索音山客反其殿中廬有索長數尺可以縛人者數千枚滿一篋緘封師古曰殿中廬桀所止宿廬舍在宮中者也緘束篋也音工咸反廣漢索不得它吏往得之師古曰須得此繩索者用爲桀之反具補注先謙曰具當作證廣漢坐論爲鬼薪輸掖庭後爲暴室嗇夫時宣帝養於掖庭號皇曾孫與廣漢同寺居師古曰寺者掖庭之官舍補注先謙曰官本無注南監本同時掖庭令張賀本衞太子家吏及太子敗賀坐下

刑以舊恩養視皇曾孫甚厚及曾孫壯大賀欲以女孫妻之是時昭帝始冠長八尺二寸賀弟安世爲右將軍與霍將軍同心輔政聞賀稱譽皇曾孫欲妻以女安世怒曰曾孫迺衞太子後也幸得以庶人衣食縣官足矣勿復言予女事於是賀止時許廣漢有女平君年十四五當爲內者令歐侯氏子婦師古曰歐侯姓也歐音烏溝反臨當入歐侯氏子死其母將行卜相師古曰將領自隨而行卜補注先謙曰官本無此注言當大貴母獨喜賀聞許嗇夫有女迺置酒請之師古曰請召也召嗇夫飲酒也酒酣爲言曾孫體近下人乃關內侯師古曰言曾孫之身於帝爲近親縱其人材下劣尚作關內侯書本或無人字可妻也廣漢許諾明日嫗聞之怒師古曰廣漢之妻不欲與曾孫廣漢重令爲介師古曰更令人作媒而結婚姻重音直用反補注先謙曰令者掖庭令也賀爲令己爲嗇夫故重其媒介不以嫗言中阻顏注誤遂與曾孫一歲生元帝數月曾孫立爲帝平君爲倢伃是時霍將軍有小女與皇太后有親公卿議更立皇后皆心儀霍將軍女服虔曰儀音蟻晉灼曰儀向也師古曰晉說是也謂附向之補注沈欽韓曰服音蟻者韻會四紙儀語擬切擬也引此傳文宋玉高唐賦惟高唐之大體兮殊無物類之儀比是以儀爲擬之證先謙曰官本無服注六字及晉說是也四字

亦未有言上乃詔求微時故劍大臣知指白立許倢伃爲皇后既立霍光以后父廣漢刑人不宜君國歲餘乃封爲昌成君霍光夫人顯欲貴其小女道無從師古曰從因也由也無由得內其女明年許皇后當娠病女醫淳于衍者霍氏所愛嘗入宮侍皇后疾衍夫賞爲掖庭戶衞謂衍可過辭霍夫人行師古曰過辭夫人乃行入宮也爲我求安池監補注沈欽韓曰安邑鹽池也一統志大安池在解州芮城縣南十五里居民引以溉田下流入於河或此安池衍如言報顯顯因生心辟左右師古曰辟音闢謂屏去之字謂衍少夫幸報我以事如淳曰稱衍字曰少夫親之也晉灼曰報我以事謂求池監也我亦欲報少夫可乎晉灼曰報少夫謀弒許后事衍曰夫人所言何等不可者師古曰無事而不可補注先謙曰官本無此注顯曰將軍素愛小女成君欲奇貴之願以累少夫師古曰累託也音力瑞反衍曰何謂邪顯曰婦人免乳大故十死一生

師古曰免乳爲産子也大故大事也乳音人喻反補注王先愼曰積列女傳免作娩下同說文娩生子免身也免卽娩之省今皇后當免身可因投毒藥去也師古曰去謂除去皇后也音丘呂反成君卽得爲皇后矣如蒙力事成富貴與少夫共之衍曰藥雜治當先嘗安可師古曰與衆醫共雜治之人有先嘗者何可行毒顯曰在少夫爲之耳將軍領天下誰敢言者緩急相護但恐少夫無意耳衍良久曰願盡力卽擣附子齎入長定宮皇后免身後衍取附子幷合大醫大丸以飲皇后晉灼曰大丸今澤蘭丸之屬有頃曰我頭岑岑也藥中得無有毒師古曰岑岑痺悶之意對曰無有遂加煩懣崩師古曰懣音滿又音悶衍出過見顯相勞問師古曰勞音來到反亦未敢重謝衍師古曰恐人知覺之補注沈欽韓曰西京雜記霍光妻遺淳于衍蒲桃錦二十四匹散花綾二十五匹綾出鉅鹿陳寶光家寶光妻傳其法霍顯召入其第使作之機用一百二十鑷六十日成一匹匹直萬錢又與走珠一琲綠綾百端錢百萬黃金百兩爲起第宅奴婢不可勝數衍猶怨曰吾爲爾成何功而報我若是哉後人有上書告諸醫侍疾無狀者皆收繫詔獄劾不道顯恐事急補注王念孫曰案急上本無事字恐急者既恐且急猶言惶遽耳霍光傳霍山謂顯曰聞民閒讙言霍氏毒殺許皇后寧有是邪顯恐急卽具以實告文義正與此同後人不達而於急上加事字失其旨矣景祐本及漢紀孝宣紀通鑑漢紀十六皆無事字卽以狀具語光因曰既失計爲之無令吏急衍光驚鄂默然不應其後奏上署衍勿論李奇曰光題其奏也師古曰言之於帝故解釋耳光不自署也補注先謙曰胡注霍光傳薨後帝始聞毒許后事光於是時安敢言之於帝邪李說是朱一新云此固當從李說但胡駁亦未當顏意但謂爲之善言請於帝耳非必以毒后事告帝也許后立三年而崩諡曰恭哀皇后葬杜南是爲杜陵南園師古曰卽今之所謂小陵者去杜陵十八里後五年立皇太子迺封太子外祖父昌成君廣漢爲平恩侯位特進後四年復封廣漢兩弟舜爲博望侯延壽爲樂成侯許氏侯者凡三人廣漢薨諡曰戴侯無子絕葬南園旁置邑三百家長丞奉守如法宣帝以延壽爲大司馬車騎將軍輔政元帝卽位復封延壽中子嘉爲平恩侯奉戴侯後亦爲大司馬車騎將軍

孝宣霍皇后大司馬大將軍博陸侯光女也母顯既使淳于衍陰殺許后顯因爲成君衣補師古曰謂縫作嫁時衣被也爲音于僞反補注王念孫曰案成君上脫女字則文義不明御覽引此正作女成君周壽昌曰衣補爲嫁衣亦漢時語注本作衣被從顏注誤改也王先愼曰此承上傳文不必有女字續列女傳亦無御覽節引不得不加女字以明之王據以爲脫文非也治入宮具勸光內之果立爲皇后初許后起微賤登至尊日淺從官車服甚節儉五日一朝皇太后於長樂宮親奉案上食以婦道共養及霍后立亦修許后故事而皇太后親霍后之姊子故常竦體敬而禮之皇后輿駕侍從甚盛賞賜官屬以千萬計與許后時縣絕矣上亦寵之顯房燕師古曰顯與專同立三歲而光薨後一歲上立許后男爲太子昌成君者爲平恩侯顯怒恚不食歐血曰此乃民閒時子安得立卽后有子反爲王邪復教皇后令毒太子皇后數召太子賜食保阿輒先嘗之后挾毒不得行後殺許后事頗泄顯遂與諸壻昆弟謀反發覺皆誅滅使有司賜皇后策曰皇后熒惑失道懷不德挾毒與母博陸

宣成侯夫人顯謀欲危太子無人母之恩不宜奉宗廟衣服不可以承天命烏呼傷哉補注先謙曰官本烏作嗚其退避宮上璽綬有司霍后立五年廢處昭臺宮師古曰在上林中後十二歲徙雲林館迺自殺葬昆吾亭東師古曰昆吾地名在藍田補注沈欽韓曰一統志鼎湖宮昆吾亭俱在藍田縣西南杜甫詩昆吾御宿自委蛇是也初霍光及兄驃騎將軍去病皆以功伐封侯居位宣帝以光故封去病孫山山弟雲皆爲列侯侯者前後四人補注先謙曰此下應提行官本不誤

孝宣王皇后其先高祖時有功賜爵關內侯自沛徙長陵傳爵至后父奉光奉光少時好鬬雞宣帝在民閒數與奉光會相識奉光有女年十餘歲每當適人所當適輒死故久不行及宣帝卽位召入後宮稍進爲倢伃是時館陶主母華倢伃師古曰華音戶花反補注先謙曰官本無注主作王南監本同及淮陽憲王母張倢伃楚孝王母衞倢伃皆愛幸霍皇后廢後上憐許太子蚤失母師古曰許后所生故曰許太子幾爲霍氏所害師古曰幾音巨

依反〔補注〕先謙曰官本無此注於是迺選後宮素謹慎而無子者遂立王倢伃爲皇后令母養太子自爲后後希見無寵封父奉光爲邛成侯立十六年宣帝崩元帝即位爲皇太后封太后兄舜爲安平侯後二年奉光薨謚曰共侯葬長門南置園邑二百家長丞奉守如法元帝崩成帝即位爲太皇太后復爵太皇太后弟駿爲關內侯食邑千戶王氏列侯二人關內侯一人舜子章章從弟咸皆至左右將軍時成帝母亦姓王氏故世號太皇太后爲邛成太后邛成太后凡立四十九年年七十餘永始元年崩合葬杜陵稱東園師古曰雖同塋兆而別爲墳王后陵次宣帝陵東故曰東園也奉光孫勳坐法免元始中成帝太后下詔曰孝宣王皇后朕之姑深念奉質共脩之義恩結于心師古曰質讀曰贄惟邛成共侯國廢祀絕朕甚閔焉其封共侯曾孫堅固爲邛成侯至王莽乃絕

外戚傳第六十七上 終 漢書九十七

漢 蘭 臺 令 史班 固 撰

唐正議大夫行祕書少監琅邪縣開國子顏師古 注

賜進士出身前翰林院編修國子監祭酒加三級 臣 王先謙補注

孝元王皇后成帝母也家凡十侯五大司馬師古曰十侯者陽平頃侯禁禁子敬侯鳳安成侯崇平阿侯譚成都侯商紅陽侯立曲陽侯根高平侯逢時安陽侯音新都侯莽也五大司馬者鳳音商根莽也一曰鳳嗣禁爲侯不當重數而十人者湻于長即其一也〔補注〕何焯曰元后傳云後又封太后姊子湻于長爲定陵侯王氏親屬侯者凡十人則顏注後說是周壽昌曰家者專指王家而言不得併戚屬數之禁鳳父子繼侯當爲兩人若必拘論將莽之篡逆亦不得列十侯內矣外戚莫盛焉自有傳

孝成許皇后大司馬車騎將軍平恩侯嘉女也元帝悼傷母恭哀后居位日淺而遭霍氏之辜故選嘉女吕配皇太子初入太子家上令中常侍黃門親近者侍送還白太子懽說狀師古曰說讀曰悅元帝喜謂左右酌酒賀我左右皆稱萬歲久之有一男失之及成帝即位立許妃爲皇后復生一女失之初后父嘉自元帝時爲大司馬車騎將軍輔政已八九年矣及成帝立復吕元舅陽平侯王鳳爲大司馬大將軍與嘉竝杜欽吕爲故事后父重於帝舅〔補注〕沈欽韓曰公羊說天子不臣王后之父御覽四百十袁嶠與褚左軍解交曰皇后踐登正祚臨御皇朝將軍之於國外姓之太上皇也乃說鳳曰車騎將軍至貴將軍宜尊重之敬之無失其意蓋輕細微眇之漸必生乖忤之患師古曰眇亦細也忤違也〔補注〕先謙曰官本無此注不可不慎衞將軍之日盛於蓋侯師古曰衞將軍衞青也武帝衞皇后之弟蓋侯王信也武帝之舅近世之事語尚在於長老之耳〔補注〕先謙曰謂衞氏以尊盛卒被夷滅嫌斥言之唯將軍察焉久之上欲專委任鳳迺策嘉曰將軍家重身尊不宜吕吏職自絫師古曰絫古累字也音力瑞反賜黃金二百斤吕特進侯就朝位〔補注〕周壽昌曰此即續志所謂特侯也後書鄧禹傳注引漢官儀曰諸侯功德優盛朝廷所敬者位特進在三公下後歲餘薨謚曰恭侯后聰慧善

史書自爲妃至卽位常寵於上後宮希得進見皇太后及帝諸舅憂上無繼嗣時又數有災異劉向谷永等皆陳其咎在於後宮上然其言於是省減椒房掖廷用度師古曰椒房殿皇后所居補注先謙曰官本廷作庭南監本同皇后迺上疏曰妾誇布服糲食孟康曰誇大也大布之衣也糲粗米也師古曰言在家時野賤也誇音夸糲音刺補注先謙曰官本無注末六字加以幼稚愚惑不明義理幸得免離茅屋之下備後宮埽除蒙過誤之寵居非命所當託洿穢不修曠職尸官師古曰洿與汙同曠空也尸主也亡又主其官數逆至法踰越制度當伏放流之誅不足以塞責迺壬寅日大長秋受詔椒房儀法御服輿駕所發諸官署及所造作遺賜外家羣臣妾師古曰外家謂后之家族言在外也皆如竟寧以前故事妾伏自念入椒房以來遺賜外家未嘗踰故事每輒決上師古曰每事皆奏決於天子乃敢行也上音時掌反補注先謙曰官本無注末五字南監本同可覆問也師古曰覆音芳目反補注先謙曰官本無此注今誡時世異制長短相補不出漢制而已纖微之間

未必可同若竟寧前與黃龍前豈相放哉晉灼曰竟寧元帝時也黃龍宣帝時也言二帝奢儉不同豈相放哉師古曰放依也音甫往反家吏不曉師古曰家吏皇后之官屬今壹受詔如此且使妾搖手不得今言無得發取諸官殆謂未央宮不屬妾不宜獨取也師古曰未央宮天子之宮故其財物皇后不得取也今言者謂詔書新有所限約之言言妾家府亦不當得妾竊惑焉師古曰此言謂家吏之言幸得賜湯沐邑以自奉養亦小發取其中何害於誼而不可哉又詔書言服御所造皆如竟寧前吏誠不能揆其意卽且令妾被服所爲不得不如前師古曰詔書本云奢儉之制如竟寧前耳而吏乃謂衣服處置一一如之也被音皮義反設妾欲作某屏風張於某所曰故事無有或不能得則必繩妾以詔書矣師古曰言或有所求吏不肯備因云詔書不許也此二事誠不可行唯陛下省察官吏忮佷必欲自勝師古曰官吏奄人爲皇后吏也忮堅也忮音之豉反補注先謙曰官本官並作宦幸妾尙貴時猶以不急事操人師古曰尙貴時謂昔被寵遇之時也操持也音千高反次下亦同況今日日益侵又獲此詔其操約人豈有所訴補注先謙曰言今日益爲吏侵陵又得此詔其操持約束人將至無所控訴也陛下見妾在椒房終不肯給妾纖微師古曰言皇后自有湯沐故更無它纖毫給賜內邪若不私府小取將安所仰乎師古曰內邪言內中所須者也邪語辭也仰音牛向反補注周壽昌曰顏以內邪下屬非當以終不肯給妾纖微內邪爲句纖微內卽上所云纖微之間也疏詞婉宕善用虛字後又云竟寧前於今世而比之豈可邪亦其證也先謙曰百官公卿表詹事屬有中長秋私府令長丞舊故中宮乃私奪左右之賤繒及發乘輿服繒言爲待詔補已而貿易其中師古曰託言此繒擬待別詔有所補浣而私換易取其好者以自用補注先謙曰官本貿作貿南監本同言舊故時中宮嘗爲此左右多竊怨者甚恥爲之又故事以特牛祠大父母戴侯敬侯皆得蒙恩以太牢祠今當率如故事唯陛下哀之今吏甫受詔讀記師古曰甫始也直豫言使后知之非可復若私府有所取也師古曰若謂如未奉詔之前也補注先謙曰謂吏言如此其萌牙所以約制妾者恐失人理師古曰萌牙言其初始發意若草木之方生也今但損車駕及毋若未央宮有所發遺賜衣服如故事則可矣師古曰言今止當減損車馬制度及不得同未央宮輒有發取妄遺

賜人於事則可而后之衣服自當如舊也其餘誡太迫急奈何妾薄命補注沈欽韓曰玉臺新詠曹植有妾薄命詩二篇本此端遇竟寧前師古曰端正也言不得以他時爲比例而正依竟寧前也竟寧前於今世而比之豈可耶師古曰言今時國家制度衆事比竟寧前不肯皆同也故時酒肉有所賜外家輒上表乃決補注先謙曰決謂斷定也上表乃決卽上文所謂每輒決上也言雖酒肉微物不能私賜予又故杜陵梁美人歲時遺酒一石肉百斤耳蘇林曰宣帝美人也妾甚少之遺田八子誠不可若是師古曰當多於梁美人也事率衆多不可勝以文陳師古曰率猶計也類也言以文書陳之不可勝書俟自見索言之師古曰俟待也自見后自見於天子也索盡也見音胡電反索音先各反補注沈欽韓曰漢舊儀皇后五日一上食賜上左右酒肉留宿明日平旦歸中宮案此云自見蓋五日之期也先謙曰官本無俟待也三字及注末十字南監本同唯陛下深察焉上於是采劉向谷永之言以報曰皇帝問皇后所言事聞之夫日者衆陽之宗天光之貴王者之象人君之位也夫以陰而侵陽虧其正體是非下陵上妻乘夫賤踰貴之變與師古曰與讀曰歟春秋二百四十二年變異爲衆

莫若日蝕大自漢興日蝕亦爲呂霍之屬見㠯今揆之豈有此等
之效與師古曰與讀曰歟補注先謙曰官本無上條及此注南監本同諸侯拘迫漢制牧相執持
之也師古曰牧州牧也相諸侯王相也又安獲齊趙七國之難將相大臣褱誠秉
忠唯義是從師古曰褱古懷字又惡有上官博陸宣成之謀師古曰惡於何也上官上
官桀安也博陸博陸侯霍禹也宣成宣成侯夫人顯也惡音烏補注先謙曰官本注無惡於何也四字南監本同若乃徒
步豪桀非有陳勝項梁之羣也匈奴夷狄非有冒頓郅支之倫也
方外內鄉百蠻賓服師古曰鄉讀曰嚮內嚮皆嚮中國也殊俗慕義八州懷德雖使
其懷挾邪意猶不足憂又況其無乎求於夷狄無有求於臣下無
有微後宮也當何㠯塞之師古曰微無也猶言非也塞當也補注先謙曰官本無此注南監本同日
者建始元年正月師古曰日者猶言往日也白氣出於營室營室者天子之後
宮也正月於尙書爲皇極皇極者王氣之極也補注蘇輿曰五行志引傳曰皇之不
極是謂不建釋之云皇君也極中建立也班氏用今文說據谷永傳羅闓明王卽位正五事建大中以承天心亦與班義同此蓋今
文異說所謂以災異說洪範也皇大傳作王二字通訓

白者西方之氣其於春當廢今正於
王極之月與廢氣於後宮補注先謙曰官本王作皇視后妾無能懷任保全者
師古曰視讀曰示㠯著繼嗣之微賤人將起也師古曰著明也補注先謙曰官本無此注及下條南
監本同至其九月流星如瓜出於文昌貫紫宮尾委曲如龍臨於鉤
陳此又章顯前尤著在內也師古曰尤過也其後則有北宮井溢南流逆
理數郡水出流殺人民後則訛言傳相驚震補注先謙曰官本傳相作相傳女童
入殿咸莫覺知師古曰謂陳持弓也夫河者水陰四瀆之長今乃大決沒漂
陵邑師古曰大阜曰陵斯昭陰盛盈溢違經絕紀之應也迺昔之月鼠巢
于樹野鵲變色五月庚子烏焚其巢太山之域補注錢大昕曰五行志河平元年二
月庚子泰山山桑谷有鳶焚其巢此作五月誤下敓有二月易曰鳥焚其巢旅人先咲後號咷
喪牛于易凶師古曰咲古笑字也咷音桃解竝在谷永傳言王者處民上如鳥之處巢
也不顧卹百姓百姓畔而去之若鳥之自焚也雖先快意說咲師古

曰說讀曰悅其後必號而無及也百姓喪其君若牛亡其毛也故稱凶
泰山王者易姓告代之處今正於岱宗之山甚可懼也三月癸未
大風自西搖祖宗寢廟揚裂帷席折拔樹木頓僵車輦毀壞檻屋
災及宗廟足爲寒心四月己亥日蝕東井轉旋且索與既無異師古
曰轉旋且索言須臾之間則欲盡也既亦盡耳春秋書日有食之既故謌引以爲言也索音先各反補注先謙曰官本注無音字南
監本同己猶戊也亥復水也張晏曰己戊皆中宮爲君亥爲水陰氣也明陰盛咎在內於
戊己虧君體著絕世於皇極顯禍敗及京都於東井變怪衆備末
重益大來數益甚補注先謙曰數頻數也成形之禍月㠯迫切不救之患日
寖婁深師古曰寖甚也婁古屢字咎敗灼灼若此豈可㠯忽哉師古曰灼灼明白貌也忽怠忘
也補注先謙曰官本無此注書云高宗肜日粵有雊雉師古曰肜音弋中反祖己曰惟先
假王正厥事又曰雖休勿休惟敬五刑㠯成三德師古曰解竝在谷永傳卽
飭椒房及掖庭耳師古曰謂祖己所言皆以戒後宮也飭與敕同今皇后有所疑便不便

其條刺使大長秋來白之師古曰條謂分條之也刺謂書之於刺板也刺音千賜反補注齊召南曰其條
刺三字一讀使大長秋來白之爲一句監本作刺史非也沈欽韓曰釋名書稱刺書以筆刺簡之上也畫姓名於奏上曰畫刺也
吏拘於法亦安足過補注先謙曰過責也蓋矯枉者過直古今同之師古曰矯正也
枉曲也言意在正曲遂過於直且財帛之省補注錢大昭曰帛南監本閩本竝作幣先謙曰官本作幣特牛之
祠其於皇后所以扶助德美爲華寵也咎根不除災變相襲師古曰襲
重累也補注先謙曰官本無此注及下二條南監本同祖宗且不血食何戴侯也傳不云乎
㠯約失之者鮮師古曰論語載孔子之言也鮮少也謂能行儉約而有過失之事如此者少也鮮音先踐反補注蘇
輿曰論語集解引某氏云奢則驕溢招禍儉約則無憂患以約爲儉約其義最古審皇后欲從其奢與師古
曰與讀曰歟朕亦當法孝武皇帝也如此則甘泉建章可復興矣世俗
歲殊時變日化遭事制宜因時而移舊之非者何可放焉師古曰放音甫
往反君子之道樂因循而重改作昔魯人爲長府閔子騫曰仍舊貫
如之何何必改作師古曰事見論語長府藏貨之府也閔子騫孔子弟子也名損仍因也貫事也言因舊事則可

何乃復更改作乎〔補注〕先謙曰官本無此注南監本同蓋惡之也詩云雖無老成人尚有典刑曾是莫聽大命以傾師古曰大雅蕩之詩也老成人舊故之臣也典刑常法也言闇亂之時不用舊法以至傾危〔補注〕先謙曰官本注末有也字南監本同孝文皇帝厥之師也皇太后皇后成法也假使太后在彼時不如職今見親厚又惡可以踰乎師古曰言假令太后昔時不得其志不依常理而皇后今被親厚何可踰於太后制度乎婦不可踰姑也惡音烏皇后其刻心秉德毋違先后之制度力誼勉行稱順婦道師古曰稱副也減省羣事謙約爲右師古曰以謙約爲先其孝東宮毋闕朔望師古曰東宮太后所居也朔望朝謁之禮也推誠永究爰何不臧師古曰究竟也爰于也臧善也于何不善言何事而不善也養名顯行已息衆讙師古曰讙譁衆議也音許元反垂則列妾使有法焉師古曰言垂法於後宮使皆遵行也皇后深惟毋忽是時大將軍鳳用事威權尤盛其後比三年日蝕師古曰比頻也〔補注〕先謙曰官本頻作類比三年日蝕謂河平三年八月四年三月陽朔元年二月也言事者頗歸咎於鳳矣而谷永等遂著之許氏許氏自知爲鳳所不佑師古曰佑助也〔補注〕先謙曰鳳死於

陽朔三年后廢在鴻嘉三年去鳳死四年矣言此者以見后之廢由王氏肇端也久之皇后寵亦益衰而後宮多新愛后姊平安剛侯夫人謁等爲媚道〔補注〕董教增曰表未見此侯惟邛成家有安平侯王舜子章謚剛侯然非平安也錢大昕曰予謂地理志千乘郡有平安侯國當是王舜所封若豫章郡之安平侯國則長沙孝王子所封涿郡之安平又非侯國也先謙曰錢說是也事在鴻嘉三年剛侯章薨釐侯淵嗣已四年時事脗合則安平當從此傳作平安無疑然不以謁罪株連王氏淵嗣侯如故蓋當時寬典也祝詛後宮有身者王美人及鳳等師古曰謯古詛字事發覺太后大怒下吏考問謁等誅死許后坐廢處昭臺宮師古曰在上林苑中親屬皆歸故郡山陽后弟子平恩侯旦就國凡立十四年而廢在昭臺歲餘還徙長定宮師古曰三輔黃圖林光宮有長定宮後九年上憐許氏下詔曰蓋聞仁不遺遠誼不忘親前平安剛侯夫人謁坐大逆罪家屬幸蒙赦令歸故郡朕惟平恩戴侯先帝外祖魂神廢棄莫奉祭祀念之未嘗忘于心其還平恩侯旦及親屬在山陽郡者是歲廢后敢先是廢后姊孊寡居與定陵侯淳于長私

通師古曰孊者后姊之名也音靡因爲之小妻長紿之曰師古曰紿誑也我能白東宮〔補注〕周壽昌曰趙后之立實得長力時長主往來通語東宮故許后信之復立許后爲左皇后〔補注〕沈欽韓曰其後劉聽及周宣帝竟有此號廢后因孊私賂遺長數通書記相報謝長書有誖謾師古曰誖惑亂也謾欺汙也誖音布內反謾與慢同〔補注〕先謙曰事詳佞幸傳發覺天子使廷尉孔光持節賜廢后藥自殺葬延陵交道廄西〔補注〕沈欽韓曰一統志交道廄在西安府咸陽縣西北長安志去長安六十里

孝成班倢伃帝初卽位選入後宮始爲少使蛾而大幸如淳曰蛾無幾之頃也師古曰蛾與俄同古字通用爲倢伃居增成舍應劭曰後宮有八區增成第三也〔補注〕齊召南曰案黃圖武帝時後宮八區曰昭陽飛翔增成合歡蘭林披香鳳皇鴛鴦等殿鴛鴦西都賦西京賦俱作鴛鸞再就館蘇林曰外舍產子也晉灼曰謂陽祿與柘觀有男數月失之成帝遊於後庭〔補注〕沈欽韓曰拾遺記成帝於太液池旁起宵遊宮以漆爲柱鋪黑綈之幕器服乘輿皆尚黑色宮中美御皆服皁衣自班倢伃已下咸帶玄綬簪佩雖加錦繡更以木蘭紗綃罩之至宵遊宮乃秉燭宴幸旣罷靜鼓自舞而步不揚塵嘗欲與倢伃同輦載〔補注〕沈欽韓曰藝文類聚

引漢官儀曰皇后倢伃乘輦餘皆以茵四人輿以行倢伃辭曰觀古圖畫賢聖之君皆有名臣在側三代末主迺有嬖女師古曰嬖愛也音必計反〔補注〕先謙曰官本無此及下條注南監本同今欲同輦得無近似之乎師古曰近音鉅靳反上善其言而止太后聞之喜曰古有樊姬今有班倢伃張晏曰楚王好田樊姬爲不食禽獸之肉倢伃誦詩及窈窕德象女師之篇師古曰詩謂關雎以下也窈窕德象女師之篇皆古箴戒之書也故傳云誦詩及窈窕以下諸篇明詩外別有此篇耳而說者便謂窈窕等卽是詩篇蓋失之矣〔補注〕王先愼曰續列女傳此下有必三復之四字語意較足每進見上疏依則古禮師古曰則法也〔補注〕先謙曰官本無此注南監本同自鴻嘉後上稍隆於內寵〔補注〕周壽昌曰谷永疏云建始河平之閒許班之貴傾動前朝時尚未逮陽朔至鴻嘉許班皆失寵矣倢伃進侍者李平平得幸立爲倢伃上曰始衞皇后亦從微起迺賜平姓曰衞所謂衞倢伃也其後趙飛燕姊弟亦從自微賤興〔補注〕先謙曰自亦從也疑衍一字隃越禮制寖盛於前師古曰隃與踰同寖漸也班倢伃及許皇后皆失寵稀復進見鴻嘉三年趙飛燕譖告許皇后班倢伃挾媚道祝詛

後宮罷及主上許皇后坐廢考問班倢伃倢伃對曰妾聞死生有
命富貴在天師古曰論語載子夏對司馬牛之言也補注先謙曰官本無此注南監本同修正尚未蒙
福爲邪欲以何望使鬼神有知不受不臣之愬師古曰祝詛主上是不臣也如
其無知愬之何益故不爲也上善其對憐閔之賜黃金百斤趙氏
姊弟驕妬倢伃恐久見危求共養太后長信宮師古曰共音居用反養音弋向反
上許焉倢伃退處東宮作賦自傷悼其辭曰承祖考之遺德兮何
性命之淑靈師古曰何任也負也登薄軀於宮闕兮充下陳於後庭師古曰陳列也
蒙聖皇之渥惠兮當日月之盛明師古曰渥厚也揚光烈之翕赫兮奉隆
寵於增成既過幸於非位兮竊庶幾乎嘉時師古曰嘉善也補注先謙曰官本無此注
南監本同每寤寐而絫息兮申佩離以自思師古曰絫息言懼而喘息也離袿衣之帶也女子適
人父親結其離而戒之故云自思也絫古累字陳女圖以鏡監兮顧女史而問詩悲晨婦
之作戒兮張晏曰書云牝雞之晨惟家之索喻婦人無男事也哀褒閻之爲郵師古曰小雅刺幽王之詩

曰赫赫宗周褒姒滅之閻妻煽方處故云爲郵郵過也美皇英之女虞兮榮任姒之母周師古
曰皇娥皇英女英堯之二女也女妻也虞虞舜也任太任文王之母姒太姒武王之母也女虞女音尼據反雖愚陋其
靡及兮敢舍心而忘茲師古曰舍息也歷年歲而悼懼兮閔蕃華之不滋
師古曰滋益也言時逝不留華色落也蕃音扶元反痛陽祿與柘館兮仍襁褓而離災服虔曰二
館名也生子此館皆失之也師古曰二觀並在上林中仍頻也離遭也補注沈欽韓曰黃圖上林苑有陽祿觀陰德觀柘觀先謙曰
本書館觀通作豈妾人之殃咎兮補注錢大昭曰人閩本作父誤周壽昌曰妾人猶詩云我人也將天命
之不可求白日忽已移光兮遂晻莫而昧幽師古曰晻與暗同又音烏感反莫讀曰暮又
一曰莫靜也讀如本字猶被覆載之厚德兮不廢捐於罪郵師古曰言主上之恩比於天地
雖有罪過不廢棄也被音皮義反奉共養于東宮兮託長信之末流師古曰末流謂恩顧之末
也一曰流謂等列也共音居用反養音弋向反共洒埽於帷幄兮永終死以爲期師古曰共音居
容反洒音灑又所寄反埽音先到反補注先謙曰官本又下有音字南監本同願歸骨於山足兮依松柏
之餘休師古曰山足謂陵下也休蔭也重曰師古曰重者情志未申更作賦也音直用反潛玄宮兮幽

以清應門閉兮禁闥扃師古曰正門謂之應門扃短關也音工熒反補注王念孫曰扃亦閉也淮南主術篇
中扃外閉亦以扃閉對文華殿塵兮玉階菭中庭萋兮綠草生師古曰菭水氣所生也萋萋青
草貌也菭音臺萋音妻補注周壽昌曰本文實作萋兮明注多一萋字廣室陰兮帷幄暗房櫳虛兮
風泠泠師古曰櫳疏檻也音來東反泠音零感帷裳兮發紅羅紛綷縩兮紈素聲師古
曰感動也言風動發帷裳羅綺也綷縩衣聲也綷音千賄反縩音蔡補注王先慎曰文選琴賦李注引綷縩作翠粲列女傳作悴縩
並聲近通用神眇眇兮密靚處君不御兮誰爲榮師古曰靚字與靜同俯視兮丹
墀思君兮履綦孟康曰丹墀赤地也師古曰綦履下飾也言視殿上之地則想君履綦之跡也綦音其仰視
兮雲屋雙涕兮橫流師古曰雲屋言其黮䨴狀若雲也黮音徒感反䨴音徒對反補注沈欽韓曰西京雜記成
帝設雲帳雲幄雲幙於甘泉紫殿世謂三雲殿案與上丹墀皆是思君之處非泛指雲狀顏說非顧左右兮和顏
酌羽觴兮銷憂劉德曰酒行疾如羽也孟康曰羽觴爵也作生爵形有頭尾羽翼如淳曰以瑇瑁覆翠羽於下徹上
見師古曰孟說是也惟人生兮一世忽一過兮若浮已獨享兮高明處生民
兮極休師古曰享當也休美也補注先謙曰謂所享處於生人已爲極美意知足而無怨也勉虞精兮極樂

與福祿兮無期師古曰此虞與娛同綠衣兮白華自古兮有之師古曰綠衣詩鄁風刺妾
上僭夫人失位白華小雅篇周人刺幽王黜申后也補注先謙曰官本考證云案鄁應作邶至成帝崩倢伃充
奉園陵薨因葬園中
孝成趙皇后本長安宮人師古曰本宮人以賜陽阿主家也宮人者省中侍使官婢名曰宮人非天子掖
庭中也事見漢舊儀言長安者以別甘泉等諸宮省也補注沈欽韓曰漢舊儀宮人擇官婢年八歲以上侍皇后以下年三十五出
嫁初生時父母不舉三日不死迺收養之及壯屬陽阿主家師古曰陽
阿平原之縣也今俗書阿字作河又或爲河陽皆後人所妄改耳補注先謙曰官本考證云案五行志作河陽主家荀紀及列女傳
亦作河陽先謙案据地理志陽阿上黨縣平原郡有阿陽無陽阿河陽則屬河內郡此師古偶然誤記後人輒改平原之阿陽爲陽
阿以就顏說謬矣荀紀本亦作陽阿互詳五行地理兩志下學歌舞號曰飛燕師古曰以其體輕故也補注先
謙曰官本無故字南監本同成帝嘗微行出過陽阿主作樂上見飛燕而說之
師古曰說讀曰悅補注先謙曰官本無此注南監本同召入宮大幸有女弟復召入俱爲倢
伃貴傾後宮許后之廢也上欲立趙倢伃皇太后嫌其所出微甚

難之太后姊子淯于長爲侍中數往來傳語得太后指上立封趙
倢伃父臨爲成陽侯後月餘乃立倢伃爲皇后補注沈欽韓曰西京雜記趙飛燕爲
皇后其女弟在昭陽殿遺飛燕書曰今日嘉辰貴姊懋膺洪冊謹上襚三十五條以陳踊躍之心追以長前白罷
昌陵功封爲定陵侯皇后既立後寵少衰而弟絶幸爲昭儀補注沈欽
韓曰西京雜記趙后體輕腰弱善行步進退女弟昭儀不能及也但昭儀弱骨豐肌尤工笑語二人並色如紅玉爲當時第一皆擅
寵後宮居昭陽舍補注沈欽韓曰西京雜記昭陽殿織珠爲簾風至則鳴如珩佩之聲殿上設九金龍皆銜九子金鈴
五色流蘇帶以綠文紫綬金銀花鑷每好風日幡旄光影照耀一殿鈴鑷之聲驚動左右設木畫屏風文如蜘蛛絲縷玉几玉牀白
象牙簟綠熊席毛二尺餘人坐則沒膝其窗扉多是綠琉璃椽桷皆刻作龍蛇縈其間鱗甲分明見者莫不競慄匠人丁緩李菊巧
爲天下第一其中庭彤朱而殿上髹漆師古曰以漆漆物謂之髹音許求反又許昭反今關東俗器物
一再著漆者謂之捎漆捎即髹聲之轉重耳髹字或作髤音義亦與髹同今關西俗云黑髹髹盤朱髹盤其音如此兩義並通補注先
謙曰官本注又下有音字髹作髤南監本同切皆銅沓冒黃金塗師古曰切門限也音千結反沓冒其頭也
塗以金塗銅上也沓音它合反補注王念孫曰冒字涉注文而衍景祐本無冒字是也冒即沓也注訓沓爲冒則正文無冒字明矣

後漢書班固傳注文選西都賦注藝文類聚居處部一御覽皇親部十引此皆無冒字漢紀及續列女傳亦無白玉階師古
曰階所由升殿陛也壁帶往往爲黃金釭函藍田璧明珠翠羽飾之服虔曰釭壁中
之橫帶也晉灼曰以金環飾之也師古曰壁帶壁之橫木露出如帶者也於壁帶之中往往以金爲釭若車釭之形也其釭中著玉
璧明珠翠羽耳藍田山名出美玉釭音工流俗讀之音江非也自後宮未嘗有焉姊弟顓寵十餘
年卒皆無子師古曰顓與專同卒終也補注沈欽韓曰西京雜記慶安世年十五爲成帝侍郎善鼓琴能爲雙鳳離鸞
之曲趙后悅之白上得出入御內絕見愛幸趙后自以無子常託以祈禱別開一室左右侍婢莫得至以輜車載輕薄少年爲女子
服入後宮者日以十數與之淫通無時休息有瘦怠者輒差代之而卒無子末年定陶王來朝王祖母
傳太后私賂遺趙皇后昭儀定陶王竟爲太子明年春成帝崩帝
素彊無疾病是時楚思王衍梁王立來朝明旦當辭去上宿供張
白虎殿師古曰白虎殿在未央宮中供音居用反張音竹亮反又欲拜左將軍孔光爲丞相
已刻侯印書贊師古曰贊謂延拜之文昏夜平善鄉晨傅絝韤應劭曰傅著也師古曰鄉
讀曰嚮傅讀曰附絝古袴字也韤音武伐反欲起因失衣不能言補注周壽昌曰失猶失音之失言不能衣

也晝漏上十刻而崩民間歸罪趙昭儀皇太后詔大司馬莽丞相
大司空曰補注劉敞曰是時孔光爲丞相未拜又無大司空然則衍丞相五字也王鳴盛曰案郎其夜於大行前拜受丞
相博山侯印綬見孔光傳何云未拜皇帝暴崩羣眾讙譁怪之掖庭令輔等在後庭
左右侍燕迫近雜與御史丞相廷尉治問皇帝起居發病狀趙昭
儀自殺哀帝既立尊趙皇后爲皇太后封太后弟侍中駙馬都尉
欽爲新成侯趙氏侯者凡二人後數月司隸解光奏言補注錢大昭曰成帝
元延四年省司隸校尉綏和二年哀帝復置但爲司隸故此不言校尉臣聞許美人及故中宮史曹
宮皆御幸孝成皇帝產子子隱不見臣遣從事掾業史望師古曰業者掾
之名望者史之名也皆不言其姓補注先謙曰官本注在者下驗問知狀者掖庭獄丞籍武故中
黃門王舜吳恭靳嚴官婢曹曉道房張棄故趙昭儀御者于客子
王偏臧兼等補注先謙曰官本偏作偏南監本同據下文客子偏兼此偏傳刻之誤皆曰宮即曉子
女前屬中宮爲學事史補注沈欽韓曰周禮序官女史八人女史女奴曉書者通詩授皇后

房與宮對食應劭曰宮人自相與爲夫婦名對食甚相妒忌也元延元年中宮語房曰陛
下幸宮後數月曉入殿中見宮腹大問宮宮曰御幸有身其十月
中宮乳掖庭牛官令舍師古曰乳產也音而具反下皆類此有婢六人中黃門田客
持詔記補注先謙曰胡注詔記與詔書有別詔記後世謂之手記出於上手故曰詔記若詔書則下爲之以璽爲信耳盛
綠綈方底師古曰綈厚繒也綠其色也方底盛書囊形若今之算幐耳綈音大奚反補注沈欽韓曰御覽八百十六漢舊
儀曰印綬盛以篋篋以綠綈白表赤裏封御史中丞印補注何焯曰御史中丞在殿中蘭臺周禮小宰掌建邦之
宮刑以治王宮之政令凡宮之糾禁鄭氏曰若今御史中丞蓋漢宮中事皆御史中丞所掌故用其印封周壽昌曰據此御史中丞
印當藏殿中與御史大夫別一印也漢凡定著令即制詔御史此益可證予武曰取牛官令舍婦人新
產兒婢六人盡置暴室獄母問兒男女誰兒也補注先謙曰母當作毋各本皆誤
武迎置獄宮曰善臧我兒胞師古曰胞謂胎之衣也音苞丞知是何等兒也師古
曰意言是天子兒耳後三日客持詔記與武問兒死未手書對牘背師古曰牘木簡
也時以爲詔記問之故令於背上書對辭武即書對兒見在未死有頃客出曰上與昭

儀大怒奈何不殺武叩頭啼曰不殺兒自知當死殺之亦死即因客奏封事曰陛下未有繼嗣子無貴賤唯留意奏入客復持詔記予武曰今夜漏上五刻持兒與舜會東交掖門武因問客陛下得武書意何如曰憆也服虔曰憆直視貌也師古曰憆音丑庚反字本作瞠其音同耳武以兒付舜舜受詔內兒殿中為擇乳母告善養兒且有賞毋令漏泄舜擇棄為乳母時兒生八九日後三日客復持詔記封如前予武中有封小綠篋記曰告武以篋中物書予獄中婦人武自臨飲之師古曰飲音於禁反武發篋中有裹藥二枚赫蹏書孟康曰蹏猶地也染紙素令赤而書之若今黃紙也鄧展曰赫音兄弟鬩牆之鬩應劭曰赫蹏薄小紙也晉灼曰今謂薄小物為鬩蹏鄧音應說是也師古曰孟說非也今書本赫字或作擊補注沈欽韓曰玉篇幱㡗赤紙也周壽昌曰據此西漢時已有紙可作書矣赫狀其色赤蹏狀其式小孟說未為非也先謙曰官本注無孟說及鄧音應說是也六字孟說非也四字今下為作謂南監本同裹並作裹是曰告偉能努力飲此藥不可復入女自知之師古曰女讀曰汝偉能即宮補注周壽昌曰宮字偉能宮讀書已

曰果也欲姊弟擅天下我兒男也額上有壯髮類孝元皇帝師古曰壯髮當額前侵下而生今俗呼為圭頭者是也今兒安在危殺之矣師古曰危險也猶今人言險不殺耳補注蘇輿曰續列女傳作已殺之乎先謙曰危猶殆也奈何令長信得聞之師古曰謂太后補注先謙曰顧炎武云謂何道令太后得聞也宮飲藥死後宮婢六人召入出語武曰昭儀言女無過師古曰言我知汝無罪過也女讀曰汝寧自殺邪若外家也晉灼曰寧便自殺出至外舍死也補注先謙曰若猶或也我曹言願自殺師古曰曹輩也即自繆死晉灼曰繆音繆縛之繆鄭氏曰自縊也師古曰繆絞也音居虯反武皆表奏狀補注先謙曰以宮及婢死狀奏棄所養兒十一日師古曰棄謂張棄也宮長李南以詔書取兒去晉灼曰漢儀注有女長御比侍中宮長豈此邪不知所置師古曰終竟不知置何所也許美人前在上林涿沐館補注沈欽韓曰黃圖涿沐觀在上林苑數召入飾室中若舍師古曰或暫入或留止也補注周壽昌曰言入飾室或舍中也下始云留數月或半歲此祇言召入之地耳注誤會本句意與下兩語背觸飾室即下置飾室簾南之飾室舍如增成舍甲舍丙舍之類一歲再三召留數月或半歲御幸元延二年褱子師古曰褱本懷字其十一月乳師古曰乳謂產子也音而樹反其下亦同詔使嚴持乳醫及五種和藥丸三送美人所後客子偏兼聞昭儀謂成帝曰常紿我言從宮中來師古曰紿誑也中宮皇后所居補注先謙曰宮中當作中宮官本南監本不誤即從中宮來許美人兒何從生中許氏竟當復立邪晉灼曰昭儀前要帝不得立許美人為皇后而今有子中許氏竟當復立為皇后邪此前約之言也師古曰此說非也言美人在內中何從得兒而生也故言何從生中次此下乃始言約耳懟以手自擣師古曰懟怨也擣築也懟音直類反以頭擊壁戶柱從牀上自投地啼泣不肯食曰今當安置我欲歸耳帝曰今故告之反怒為師古曰故以許美人產子告汝何為反怒殊不可曉也師古曰言其不可告語也帝亦不食昭儀曰陛下自知是不食為何師古曰何為不食也補注蘇輿曰續列女傳知作如於義為長先謙曰官本為作謂陛下常自言約不負女師古曰女讀曰汝次下亦同今美人有子竟負約謂何帝曰約以趙氏故不立許氏使天下無出趙氏上者毋憂也後詔使嚴持綠囊書予許美人告嚴曰美人當有以予女受來置飾室中簾南師古曰簾戶簾也音廉美人以葦篋一

合盛所生兒緘封及綠囊報書予嚴嚴持篋書置飾室簾南去帝與昭儀坐使客子解篋緘未已師古曰緘束篋之繩也音居咸反帝使客子偏兼皆出自閉戶獨與昭儀在須臾開戶嘑客子偏兼使緘封篋及綠綈方底推置屏風東恭受詔持篋方底予武皆封以御史中丞印曰告武篋中有死兒埋屏處勿令人知武穿獄樓垣下為坎埋其中故長定許貴人補注先謙曰即許后居長定宮後稱之及故成都平阿侯家婢王業任孋公孫習前免為庶人師古曰孋音麗補注先謙曰成都侯王商平阿侯王譚詔召入屬昭儀為私婢成帝崩未幸梓宮師古曰言未入斂也倉卒悲哀之時昭儀自知罪惡大知業等故許氏王氏婢恐事泄而以大婢羊子等賜予業等各且十人以慰其意屬無道我家過失師古曰屬音之欲反元延二年五月故掖庭令吾丘遵謂武曰師古曰姓吾丘名遵掖庭丞吏以下皆與昭儀合通無可與語者獨欲與武有所言我無子武有子是家輕

族人得無不敢乎蘇林曰是家謂成帝也不敢斥故言是家師古曰遵自以無子故無所顧懼武既有子恐禍相及當止不敢言也〔補注〕先謙曰輕治人罪至族滅也是家謂昭儀何敢指帝乎掖庭中御幸生子者輒死又飲藥傷墮者無數欲與武共言之大臣票騎將軍貪耆錢不足計事師古曰耆讀曰嗜〔補注〕錢大昕曰票騎將軍謂曲陽侯王根也奈何令長信得聞之〔補注〕先謙曰句義與上文同遵後病困謂武今我已死前所語事武不能獨爲也愼語師古曰言汝脫不能獨爲勿漏泄其語皆在今年四月丙辰赦令前臣謹案永光三年男子忠等發長陵傅夫人冢事更大赦師古曰吏音工衡反孝元皇帝下詔曰比朕不當所得赦也〔補注〕先謙曰官本比作此是南監本與此同窮治盡伏辜天下吕爲當〔補注〕先謙曰以爲當於理也當音丁浪反魯嚴公夫人殺世子齊桓召而誅焉春秋予之師古曰嚴公夫人謂哀姜也予謂許予之也解具在五行志趙昭儀傾亂聖朝親滅繼嗣家屬當伏天誅前平安剛侯夫人謁坐大逆同產當坐吕棄赦令歸故郡今昭儀所犯尤誖逆罪重於謁而同產親屬皆在

尊貴之位迫近幃幄師古曰近音鉅靳反〔補注〕先謙曰官本無此注羣下寒心非所吕懲惡崇誼示四方也請事窮竟丞相以下議正法哀帝於是免新成侯趙欽欽兄子成陽侯訢皆爲庶人〔補注〕錢大昕曰外戚侯表成陽節侯趙臨以皇后父侯薨子訢嗣新成侯欽以皇太后弟封建平元年皆坐弟昭儀絕繼嗣免表以欽與訢皆爲昭儀之兄傳以訢爲欽兄子必有一誤將家屬徙遼西郡時議郎耿育上疏言臣聞繼嗣失統廢適立庶師古曰適讀曰嫡次下亦同聖人法禁古今至戒然大伯見歷知適逡循固讓師古曰歷謂王季即文王之父也知適謂知其當爲適嗣也委身吳粵權變所設不計常法致位王季吕崇聖嗣卒有天下師古曰卒終也〔補注〕先謙曰官本無此注子孫承業七八百載功冠三王道德最備是吕尊號追及大王故世必有非常之變然後迺有非常之謀孝成皇帝自知繼嗣不吕時立念雖未有皇子萬歲之後未能持國師古曰末晚暮也萬歲言晏駕也權柄之重制於女主女主驕盛則耆欲無極師古曰耆讀曰嗜少主幼弱則大臣不使師古曰不使不可使

從命也〔補注〕王念孫曰注說稍迂爾雅使從也不使即不從也管子小匡篇魯請爲關內之侯而桓公不使也史記龜策傳大將不彊卒不使令春秋繁露五行相勝篇將帥不親士卒不使皆謂不從世無周公抱負之輔恐危社稷傾亂天下知陛下有賢聖通明之德仁孝子愛之恩懷獨見之明內斷於身故廢後宮就館之漸絕微嗣禍亂之根師古曰微嗣者謂幼主也乃欲致位陛下吕安宗廟愚臣既不能深援安危定金匱之計師古曰愚臣謂解光等也援引也金匱言長久之法可藏於金匱石室者也援音爰又不知推演聖德述先帝之志師古曰演廣也音弋善反迺反覆校省內暴露私燕師古曰私燕謂成帝閑宴之私也覆音芳目反誣汙先帝傾惑之過成結寵妾妒媚之誅〔補注〕王念孫曰妒媚二字義不相屬媚當爲媢鄭注大學云媢妒也五行志桓有妒媢之心史記五宗世家王后以妒媢不常侍病黥布傳贊妒媢生患皆其證隸書眉或作蜆漢涼州刺魏元丕碑與冒相似故書傳中媢字或譌作媚顏氏家訓已辯之甚失賢聖遠見之明逆負先帝憂國之意夫論大德不拘俗立大功不合眾此迺孝成皇帝至思所吕萬萬於眾臣陛下聖德盛茂所吕符合於皇天也豈當世

庸庸斗筲之臣所能及哉且褒廣將順君父之美匡捄銷滅既往之過師古曰捄古救字古今通義也事不當時固爭防禍於未然各隨指阿從吕求容媚晏駕之後尊號已定〔補注〕何焯曰謂趙氏已稱太后萬事已訖迺探追不及之事〔補注〕先謙曰不及謂已往訐揚幽昧之過師古曰訐音居謁反此臣所深痛也願下有司議即如臣言宣布天下使咸曉知先帝聖意所起不然空使謗議上及山陵下流後世遠聞百蠻近布海內甚非先帝託後之意也蓋孝子善述父之志善成人之事唯陛下省察哀帝爲太子亦頗得趙太后力遂不竟其事傅太后恩趙太后趙太后亦歸心師古曰恩謂以厚恩接遇之一曰恩謂銜其立哀帝爲嗣之恩也故成帝母及王氏皆怨之哀帝崩王莽白太后詔有司曰前皇太后與昭儀俱侍帷幄姊弟專寵錮寢執賊亂之謀殘滅繼嗣吕危宗廟誖天犯祖師古曰誖違也祖先帝也無爲天下母之義貶皇太后爲孝成皇后晉灼曰使哀帝不母罪之

也徙居北宮後月餘復下詔曰皇后自知罪惡深大朝請希闊師古曰請謁也闊猶闊也失婦道無共養之禮而有狼虎之毒師古曰共讀曰供音居用反養音弋向反其下並同【補注】先謙曰官本注供作恭宗室所怨海內之讎也而尚在小君之位誠非皇天之心夫小不忍亂大謀恩之所不能已者義之所割也師古曰言以義割恩也今廢皇后爲庶人就其園是日自殺凡立十六年而誅先是有童謠曰燕燕尾涎涎師古曰涎涎光澤之貌也音徒見反【補注】沈欽韓曰集韻涎徒鼎切洴涎小水一曰波直貌類篇又堂練切涎涎光直貌案此字從聲當爲涎不當爲涎玉篇亦云涎又徒見切好貌玉篇爲唐人所修此字之誤久矣先謙曰官本涎作涎南監本同張公子時相見木門倉琅根燕飛來啄皇孫皇孫死燕啄矢成帝每微行出常與張放俱而稱富平侯家【補注】王念孫曰家下當有人字富平侯即張放故帝與放俱而稱富平侯家人也脫去人字則文義不明五行志正作稱富平侯家人故曰張公子倉琅根宮門銅鍰也師古曰鍰讀與環同

孝元傅昭儀哀帝祖母也父河內溫人蚤卒母更嫁爲魏郡鄭翁

妻生男惲昭儀少爲上官太后才人【補注】沈欽韓曰蓋伎人之號謝朓集有詠邯鄲才人嫁爲廝養卒婦宋書后妃傳晉武帝置才人爵視千石自元帝爲太子得進幸元帝即位立爲倢伃甚有寵爲人有材略善事人下至宮人左右飲酒酹地皆祝延之師古曰酹以酒沃地也祝延祝之使長年也酹音來外反祝音之受反【補注】沈欽韓曰方言延永長也凡施於年者謂之延論衡解除篇令巫祝延以解土神產一男一女女爲平都公主男爲定陶恭王恭王有材藝尤愛於上元帝既重傅倢伃及馮倢伃亦幸生中山孝王上欲殊之於後宮以二人皆有子爲王上尚在未得稱太后乃更號曰昭儀【補注】沈欽韓曰新唐書后妃傳昭儀在四妃下居九嬪首然漢無妃號故昭儀最尊賜以印綬在倢伃上昭其儀尊之也至成哀時趙昭儀董昭儀皆無子猶稱焉【補注】王先慎曰猶稱言由傳馮沿用之元帝崩傅昭儀隨王歸國稱定陶太后後十年恭王薨子代爲王王母曰丁姬傅太后躬自養視既壯大成帝無繼嗣時中山孝王在元延四年孝王及定陶王皆入朝傅太后多以珍寶賂遺趙昭儀及帝舅票騎將軍王根陰爲王求漢嗣皆見上無子欲豫自結爲久長計更稱譽定陶王師古曰更音工衡反上亦自器之明年遂徵定陶王立爲太子語在哀紀月餘天子立楚孝王孫景爲定陶王奉恭王後太子議欲謝少傅閻崇以爲春秋不以父命廢王父命師古曰王父謂祖也爲人後之禮不得顧私親不當謝太傅趙玄以爲當謝太子從之詔問所以謝狀尚書劾奏玄左遷少府以光祿勳師丹爲太傅詔傅太后與太子母丁姬自居定陶國邸下有司議皇太子得與傅太后丁姬相見不有司奏議不得相見頃之成帝母王太后欲令傅太后丁姬十日一至太子家成帝曰太子丞正統【補注】先謙曰官本丞作承南監本同當共養陛下不得復顧私親王太后曰太子小而傅太后抱養之今至太子家以乳母恩耳不足有所妨於是令傅太后得至太子家丁姬以不小養太子獨不得

成帝崩哀帝即位王太后詔令傅太后丁姬十日一至未央宮【補注】先謙曰據此傳太后得見帝撓政實王太后有以啟之其後何武不從孔光之議令傅太后得居北宮哀帝遂無能自主矣高昌侯董宏希指師古曰希望天子意指也上書言宜立丁姬爲帝太后師丹劾奏宏懷邪誤朝不道上初即位謙讓從師丹言止後迺白令王太后下詔尊定陶恭王爲恭皇哀帝因是曰春秋母以子貴尊傅太后爲恭皇太后丁姬爲恭皇后各置左右詹事食邑如長信宮中宮【補注】先謙曰官本中宮作官南監本同追尊恭皇太后父爲崇祖侯恭皇后父爲褒德侯後歲餘遂下詔曰漢家之制推親親以顯尊尊定陶恭皇之號不宜復稱定陶其尊恭皇太后爲帝太太后丁后爲帝太后後又更號帝太太后爲皇太太后稱永信宮帝太后稱中安宮而成帝母太皇太后本稱長信宮成帝趙后爲皇太后並四太后各置少府太僕秩皆中二千石爲恭皇立寢廟於京師比宣帝父悼

皇考制度序昭穆於前殿如淳曰廟之前曰殿殿半以後曰寢傅太后父同產弟四人曰子孟中叔子元幼君師古曰中讀曰仲子孟子喜至大司馬封高武侯中叔子晏亦大司馬封孔鄉侯幼君子商封汝昌侯爲太后父崇祖侯後更號崇祖曰汝昌哀侯太后同母弟鄭惲前死以惲子業爲陽信侯補注先謙曰官本考證云恩澤侯表作陽新侯案信新同字追尊惲爲陽信節侯鄭氏傅氏侯者凡六人補注王念孫曰六當爲四此涉下文六人而誤四人者一傅喜二傅晏三傅商四鄭業也謚觀五行志注引此正作四人大司馬二人九卿二千石六人侍中諸曹十餘人傅太后既尊後尤驕與成帝母語至謂之嫗與中山孝王母馮太后竝事元帝追怨之陷以祝詛罪令自殺元壽元年崩合葬渭陵稱孝元傅皇后云

定陶丁姬哀帝母也易祖師丁將軍之玄孫師古曰始祖也儒林傳丁寬易家之始師補注周壽昌曰祖師二字亦異稱丁寬爲梁孝王將軍距吳楚故稱將軍先謙曰官本注始祖作祖始是南監本同家在山陽瑕丘父至廬江太守始定陶恭王先爲山陽王而丁氏內其女爲姬王后姓張氏其母鄭禮卽傅太后同母弟也太后以親戚故欲其有子然終無有唯丁姬河平四年生哀帝丁姬爲帝太后兩兄忠明明以帝舅封陽安侯忠蚤死封忠子滿爲平周侯太后叔父憲望望爲左將軍憲爲太僕明爲大司馬票騎將軍輔政丁氏侯者凡二人大司馬一人將軍九卿二千石六人侍中諸曹亦十餘人丁傅以一二年閒暴興尤盛然哀帝不甚假以權埶權埶不如王氏在成帝世也建平二年丁太后崩上曰詩云穀則異室死則同穴師古曰王國大車之詩也穀生也昔季武子成寢杜氏之墓在西階下請合葬而許之師古曰事見禮記附葬之禮自周興焉孝子事亡如事存帝太后宜起陵恭皇之園遣大司馬票騎將軍明東送葬于定陶貴震山東哀帝崩王莽秉政使有司舉奏丁傅罪惡莽以太皇太后

詔皆免官爵丁氏徙歸故郡莽奏貶傅太后號爲定陶共王母丁太后號曰丁姬元始五年莽復言共王母丁姬前不臣妾師古曰不遵臣妾之道至葬渭陵冢高與元帝山齊懷帝太后皇太太后璽綬以葬師古曰懷謂挾之以自隨也不應禮禮有改葬請發共王母及丁姬冢取其璽綬消滅徙共王母及丁姬歸定陶葬共王冢次補注先謙曰顧炎武云丁姬先已葬定陶此及丁姬三字衍而葬丁姬復其故師古曰復音扶目反太后以爲既已之事不須復發葬固爭之補注錢大昭曰葬當作莽先謙曰官本南監本作莽太后詔曰因故棺爲致椁作冢師古曰致謂累也祠以太牢謁者護既發傅太后冢崩壓殺數百人開丁姬椁戶火出炎四五丈師古曰炎音弋贍反吏卒以水沃滅迺得入燒燔椁中器物莽復奏言前共王母生僭居桂宮皇天震怒災其正殿丁姬死葬踰制度今火焚其椁此天見變以告當改如媵妾也臣前奏請葬丁姬復故非是師古曰言尚太優僭也共王母及丁姬棺皆名梓宮珠玉之衣非藩妾服請更以木棺代去珠玉衣葬丁姬媵妾之次奏可既開傅太后棺臭聞數里補注沈欽韓曰論衡死僞篇洛陽丞臨棺聞臭而死多藏食物腐臭猥發人不能堪未爲怪也長安志咸陽縣有漢傅太后廢陵水經注在霸城西北王莽奏毀其陵今其處積土猶高謂之增塚又謂之增阜公卿在位皆阿莽指入錢帛遣子弟及諸生四夷凡十餘萬人操持作具助將作掘平共王母丁姬故冢二旬閒皆平莽又周棘其處以爲世戒云師古曰以棘周繞也時有羣燕數千銜土投丁姬穿中師古曰穿謂壙中也補注沈欽韓曰小宗伯卜葬兆甫竁注鄭大夫讀竁爲穿杜子春讀竁爲毳皆謂葬穿壙也今南陽名穿地爲竁聲如腐脆之脆先謙曰惠士奇云水經注引漢書穿中作竁中則竁讀爲穿信矣說文穿通也竁穿地也文異義同丁傅既敗孔鄉侯晏將家屬徙合浦宗族皆歸故郡唯高武侯喜得全自有傳

孝哀傅皇后定陶太后從弟子也哀帝爲定陶王時傅太后欲重親取以配王王入爲漢太子傅氏女爲妃哀帝卽位成帝大行尚

在前殿而傅太后封傅妃父晏爲孔鄉侯與帝舅陽安侯丁明同日俱封時師丹諫以爲天下自王者所有親戚何患不富貴而倉卒若是其不久長矣晏封後月餘傅妃立爲皇后傅氏既盛晏最尊重哀帝崩王莽白太皇太后下詔曰定陶共王太后與孔鄉侯晏同心合謀背恩忘本專恣不軌與至尊同稱號終沒至迺配食於左坐應劭曰禮以其妃配者也坐於左而並食師古曰坐音材臥反誖逆無道今令孝哀皇后退就桂宮後月餘復與孝成趙皇后俱廢爲庶人就其園自殺

孝元馮昭儀平帝祖母也元帝即位二年以選入後宮時父奉世爲執金吾昭儀始爲長使數月至美人後五年就館生男拜爲倢伃時父奉世爲右將軍光祿勳奉世長男野王爲左馮翊父子竝居朝廷議者以爲器能當其位非用女寵故也而馮倢伃內寵與傅昭儀等建昭中上幸虎圈鬬獸後宮皆坐熊佚出圈師古曰佚字與逸同

攀檻欲上殿左右貴人傅昭儀等皆驚走馮倢伃直前當熊而立左右格殺熊上問人情驚懼何故前當熊倢伃對曰猛獸得人而止妾恐熊至御坐故以身當之元帝嗟嘆以此倍敬重焉傅昭儀等皆慙明年夏馮倢伃男立爲信都王尊倢伃爲昭儀元帝崩爲信都太后與王俱居儲元宮師古曰黃圖在上林苑中河平中隨王之國後徙中山是爲孝王後徵定陶王爲太子封中山王舅參爲宜鄉侯參馮太后少弟也是歲孝王薨有一男嗣爲王時未滿歲有眚病孟康曰災眚之眚謂妖病也服虔曰身盡青也蘇林曰名爲肝厥發時脣口手足十指甲皆青師古曰下云禱祠解舍孟說是也未滿歲者謂爲王未滿歲也眚音所領反字不作青服虔誤也〔補注〕先謙曰官本注脫服虔七字下虔作蘇南監本同太后自養視數禱祠解師古曰解音懈〔補注〕何焯曰解禳而解之也顏音非周壽昌曰案前注師古曰下云禱祠解舍是也據注本文解下脫舍字解舍或祀神解病之舍如幸舍之類哀帝即位遣中郎謁者張由將醫治中山小王〔補注〕先謙曰續志灌謁者郎中比三百石此中郎疑作郎中由素有狂易病師古曰狂易者狂而變易常性也病發怒去西歸長安尚書簿責擅去狀師古曰簿責以文簿一一責問也由恐因誣言中山太后祝詛上及太后太后即傅昭儀也素常怨馮太后因是遣御史丁玄案驗盡收御者官吏及馮氏昆弟在國者百餘人分繫洛陽魏郡鉅鹿數十日無所得更使中謁者令史立師古曰官爲中謁者令姓史名立與丞相長史大鴻臚丞雜治立受傅太后指幾得封侯師古曰幾讀曰冀治馮太后女弟習及寡弟婦君之死者數十人巫劉吾服祝詛醫徐遂成言習君之曰武帝時醫修氏刺治武帝得二千萬耳師古曰刺謂箴之今愈上不得封侯不如殺上令中山王代可得封立等劾奏祝詛謀反大逆責問馮太后無服辭立曰熊之上殿何其勇今何怯也太后還謂左右此乃中語前世事師古曰中語謂宮中之言語也吏何用知之是欲陷我效也師古曰效徵驗也迺飲藥自殺先未死有司請誅之上不忍致法廢爲庶人徙雲陽宮既死有司

復奏太后死在未廢前有詔以諸侯王太后儀葬之宜鄉侯參君之習夫及子當相坐者或自殺或伏法參女弁爲孝王后有兩女有司奏免爲庶人與馮氏宗族徙歸故郡張由以先告賜爵關內侯史立遷中太僕哀帝崩大司徒孔光奏由前誣告骨肉立陷人入大辟爲國家結怨於天下以取秩遷獲爵邑幸蒙赦令請免爲庶人徙合浦云〔補注〕何焯曰但罪由立不追復宜鄉爵邑及孝王后中山太后號以王氏自鳳廢野王與馮氏亦有怨故也使宜鄉侯平帝時尚在必爲莽所深畏亦夷滅之矣

中山衛姬平帝母也父子豪中山盧奴人官至衛尉子豪女弟爲宣帝倢伃生楚孝王長女又爲元帝倢伃生平陽公主成帝時中山孝王無子上以衛氏吉祥以子豪少女配孝王元延四年生平帝年二歲〔補注〕先謙曰官本重平帝二字二作三孝王薨代爲王哀帝崩無嗣太皇太后與新都侯莽迎中山王立爲帝莽欲顓國權懲丁傅行事師古

曰懲創艾也（補注）何焯曰懲丁傅者太后之意假以顯國權者莽之私以帝爲成帝後母衞姬及外
家不當得至京師迺更立宗室桃鄉侯子成都爲中山王奉孝王
後遣少傅左將軍甄豐賜衞姬璽綬即拜爲中山孝王后以苦陘
縣爲湯沐邑又賜帝舅衞寶寶弟玄爵關內侯賜帝三妹謁臣號
修義君哉皮爲承禮君鬲子爲尊德君師古曰鬲音歷食邑各二千戶莽
長子宇非莽隔絕衞氏恐久後受禍即私與衞寶通書記教衞后
上書謝恩因陳丁傅舊惡幾得至京師師古曰幾讀曰冀莽白太皇太后
詔有司曰中山孝王后深分明爲人後之義條陳故定陶傅太后
丁姬誖天逆理上僭位號師古曰誖違也徙定陶王於信都爲共王立廟
於京師如天子制不畏天命侮聖人言師古曰論語稱孔子曰君子有三畏畏天命畏大人畏聖人之言小人不知天命而不畏也狎大人侮聖人之言故此文引之也侮古侮字（補注）先謙曰官本注止有師古曰侮古侮字七字南監本同壞亂法度居非其制稱非其號是以皇天震怒火燒其殿

六年之間大命不遂禍殃仍重師古曰遂猶延也重音直用反竟令孝哀帝受其
餘災大失天心夭命暴崩又令共王祭祀絕廢（補注）何焯曰謂徙定陶王景爲信都王也精魂無所依歸朕惟孝王后深說經義明鏡聖法懼古人之禍
敗近事之咎殃畏天命奉聖言是迺久保一國長獲天祿而令孝
王永享無疆之祀福祥之大者也朕甚嘉之夫襃義賞善聖王之
制其以中山故安戶七千益中山后湯沐邑加賜及中山王黃金
各百斤增傅相以下秩衞后日夜啼泣思見帝而但益戶邑宇復
教令上書求至京師會事發覺莽殺宇盡誅衞氏支屬衞寶女爲
中山王后免后徙合浦師古曰黜其后位而徙也唯衞后在師古曰中山孝王后也王莽
篡國廢爲家人後歲餘卒葬孝王旁

孝平王皇后安漢公太傅大司馬莽女也平帝即位年九歲（補注）劉敞曰衍年字王鳴盛曰案莽傳亦有此一句又元后傳於孺子嬰亦曰年二歲後漢本紀亦云沖帝年三歲質帝年九歲年若干歲人亦自有如此句法未必果是衍字王先慎曰年上脫后字平帝年已見紀矣此處不必補敍續列女傳正作后年九歲成帝
母太皇太后稱制而莽秉政莽欲依霍光故事以女配帝太后意
不欲也莽設變詐令女必入因以自重事在莽傳太后不得已而
許之遣長樂少府夏侯藩宗正劉宏少府宗伯鳳尚書令平晏納
采師古曰官爲少府姓宗伯名鳳也納采者禮記云婚禮納采問名謂采擇其可者太師光大司徒馬宮
大司空甄豐左將軍孫建執金吾尹賞行太常事太中大夫劉歆
及太卜太史令以下四十九人賜皮弁素績師古曰皮弁以鹿皮爲冠形如人手之弁合也素績謂素裳也朱衣而素裳績字或作積積謂襞積之若今之襈爲也（補注）沈欽韓曰續志執事者冠皮弁緇麻衣皁領袖下素裳所謂皮弁素積王先愼曰續列女傳績作積以禮雜卜筮太牢祠宗廟待吉月日明
年春遣大司徒宮大司空豐左將軍建右將軍甄邯光祿大夫歆
奉乘輿法駕迎皇后於安漢公第宮師古曰本自莽第以皇后在是因呼曰宮（補注）董教增曰此當以第爲句宮字連下豐歆讀即前文大司徒宮大司空豐光祿大夫歆二人也顏說失之豐歆授皇后璽紱

師古曰紱所以繫璽音弗登車稱警蹕便時上林延壽門師古曰取時日之便也音頻面反（補注）顏曰漢上林有兩處一在城內一在城外城外之上林武帝時所起所包廣遠在南山之下若城內上林高帝時即有之蕭何所令民入田者也蓋景武以後不以爲豫遊之所而屬大農以鑄錢藏幣平準書楊可告緡錢上林財物重是也后自莽第入宮皆在城內無行至南山下上林之理蓋在城內上林去宮甚近故可便時耳顏注便時不明章懷注楊震傳引此解云待吉時而後入其解似明而實非蓋平后之便時未嘗非欲待吉時而此但言取便停併許時耳此時非指吉時如以此便時爲吉時以解楊震傳尙亦可通而以解魯丕傳之便時不可通矣入未央宮前殿羣臣就位行禮大赦天下益
封父安漢公地滿百里賜迎皇后及行禮者自三公以下至騶宰
執事長樂未央宮安漢公第者皆增秩賜金帛各有差皇后立三
月以禮見高廟尊父安漢公號曰宰衡位在諸侯王上賜公夫人
號曰功顯君（補注）先謙曰夫上脫太字食邑封公子安爲襃新侯臨爲賞都侯
后立歲餘平帝崩莽立孝宣帝玄孫嬰爲孺子莽攝帝位尊皇后
爲皇太后三年莽即眞以嬰爲定安公改皇太后號爲定安公太

后太后時年十八矣爲人婉瘱有節操師古曰婉順也瘱靜也音烏計反自劉氏廢常稱疾不朝會莽敬憚傷哀欲嫁之乃更號爲黃皇室主師古曰莽自謂土德故云黃皇室主者若漢之稱公主令立國將軍成新公孫建世子襐飾將毉往問疾師古曰襐盛飾也音丈又音象一曰襐首飾也在兩耳後刻鏤而爲之補注周壽昌曰急就篇襐飾刻畫無等雙類篇末弁冠者之首飾也此亦漢時語后大怒笞鞭其旁侍御因發病不肯起莽遂不復彊也及漢兵誅莽燔燒未央宮后曰何面目以見漢家自投火中而死

贊曰易著吉凶而言謙盈之效天地鬼神至于人道靡不同之師古曰易謙卦曰天道虧盈而益謙地道變盈而流謙鬼神害盈而福謙人道惡盈而好謙夫女寵之興繇至微而體至尊師古曰繇與由同窮富貴而不以功此固道家所畏禍福之宗也序自漢興終于孝平外戚後庭色寵著聞二十有餘人然其保位全家者唯文景武帝太后及邛成后四人而已至如史良娣王

虛受堂　廿四

悼后許恭哀后身皆夭折不辜而家依託舊恩不敢縱恣是以能全其餘大者夷滅小者放流烏嘑鑒茲行事變亦備矣

外戚傳第六十七下　終　　漢書九十七

元后傳第六十八　　漢書九十八

漢　蘭　臺　令　史班　固　撰

唐正議大夫行祕書少監琅邪縣開國子顏師古注

賜進士出身前翰林院編修國子監祭酒加三級臣王先謙補注

孝元皇后王莽之姑也補注周壽昌曰後書張衡傳永平中爲侍中上疏以爲王莽本傳但應載篡事而已至於編年月紀災祥宜爲元后本紀班氏立元后傳於諸后妃後則當時未用其議也蓋元后殂於莽建國五年越十一年莽乃滅若不於莽傳按年紀事則十數年國統虛懸事無所屬此傳不先敘先世而特書曰王莽之姑明莽之亂后實成之也莽自謂黃帝之後其自本曰師古曰述其本系補注周壽昌曰自本莽自造之本系也黃帝姓姚氏八世生虞舜舜起嬀汭以嬀爲姓師古曰嬀水名也水曲曰汭言因水爲姓也汭音而銳反補注先謙曰官本考證引蕭該音義曰嬀汭字書曰嬀舜姓也該案舜居嬀水因以爲姓先謙案水曲官本南監本作曲水至周武王封舜後嬀滿於陳是爲胡公十三世生完完字敬仲犇齊師古曰犇古奔字齊桓公以爲卿姓田氏十一世田和有齊國三世稱王補注宋祁曰舊本三作二

虛受堂　一

至王建爲秦所滅項羽起封建孫安爲濟北王補注周壽昌曰項籍傳羽方渡河救趙安下濟北數城引兵降羽立安爲濟北王劉昭謂濟北前漢之舊國亦據羽封安事言之至漢興安失國齊人謂之王家因以爲氏文景閒安孫遂字伯紀處東平陵師古曰濟南之地補注先謙曰官本地作縣是生賀字翁孺爲武帝繡衣御史逐捕魏郡羣盜堅盧等黨與及吏畏懦逗遛當坐者師古曰懦音乃喚反逗音住又音豆翁孺皆縱不誅它部御史暴勝之等奏殺二千石誅千石以下師古曰二千石者奏而殺之其千石以下則得專誅及通行飲食坐連及者大部至斬萬餘人語見酷吏傳翁孺以奉使不稱免師古曰不稱謂不副所委嘆曰吾聞活千人有封子孫吾所活者萬餘人後世其興乎翁孺既免而與東平陵終氏爲怨補注沈欽韓曰一統志東平陵故城在濟南府歷城縣東齊乘在濟南東七十五里周二十餘里鄭樵撰氏族略誤斷東平遂以陵終氏爲復姓云見此傳其謬甚矣迺徙魏郡元城委粟里爲三老魏郡人德之元城建公曰服虔曰元城人年老者也昔春秋沙麓崩晉史卜之曰陰爲

陽雄土火相乘李奇曰此龜繇文也陰元后也陽漢也王氏舜後土也漢火也故曰土火相乘陰盛而沙麓崩故有沙麓崩後六百四十五年宜有聖女興其齊田乎張晏曰陰數八八八六十四土數五故六百四十五歲也春秋僖十四年沙麓崩歲在乙亥至哀帝崩元后始攝政歲在庚申沙麓崩後六百四十五歲補注先謙曰官本南監本哀帝下更有元壽二年哀帝六字今王翁孺徙正直其地師古曰直亦當補注宋祁曰注末當有也字日月當之元城郭東有五鹿之虛即沙鹿地也師古曰虛讀曰墟後八十年當有貴女興天下云補注先謙曰官本南監本此下提行無王字案提行非是王字蓋衍王翁孺生禁字稚君少學法律長安為廷尉史本始三年生女政君即元后也禁有大志不修廉隅好酒色多取傍妻凡有四女八男長女君俠次即元后政君次君力次君弟長男鳳孝卿次曼元卿譚子元補注宋祁曰譚字上當有次字先謙曰長男外以一次字統之不當更有次字崇少子商子夏立子叔根稚卿逢時季卿唯鳳崇與元后政君同母母適妻魏郡李氏女也師古曰適讀曰嫡後㠯妒去更嫁為河內苟賓妻初李親任政君在身師古曰任懷任夢月入其懷及壯大婉順得婦人道嘗許嫁未行所許者死後東平王聘政君為姬未入王薨補注錢大昭曰東平王王充論衡作趙王偶會篇云王莽姑正君許嫁二夫二夫死當適趙而王薨氣未相加遙賊三家何其痛也又骨相篇云王莽姑正君許嫁至期當行時夫輒死如此者再乃獻之趙王趙王未娶又薨禁獨怪之使卜數者相政君師古曰數計也若言今之祿命書也數音所具反當大貴不可言禁心以為然迺教書學鼓琴五鳳中獻政君年十八矣補注沈欽韓曰論衡骨相篇清河南宮大有與正君父稺君善者遇相正君曰貴為天下母是時宣帝世元帝為太子稺君乃因魏郡都尉納之太子入掖庭為家人子歲餘會皇太子所愛幸司馬良娣病且死謂太子曰妾死非天命迺諸娣妾良人更祝詛殺我師古曰更音工衡反太子憐之且㠯為然及司馬良娣死太子悲恚發病忽忽不樂因㠯過怒諸娣妾莫得進見者久之補注宋祁曰越本無者字先謙曰過猶責也宣帝聞太子恨過諸娣妾欲順適其意迺令皇后擇後宮家人子可㠯虞侍太子者師古曰此虞與娛同政君與在其中師古

曰與讀曰豫及太子朝皇后迺見政君等五人微令旁長御問知太子所欲補注沈欽韓曰漢舊儀女御長如侍中太子殊無意於五人者不得已於皇后師古曰恐不副皇后意故言不得已彊應曰此中一人可師古曰非其本心故曰彊也是時政君坐近太子補注周壽昌曰時政君方為後宮家人子乃能於皇后太子前坐耶坐疑立字誤又獨衣絳緣諸于師古曰諸于大掖衣即袿衣之類也長御即㠯為補注錢大昭曰為下脫是字閩本不脫先謙曰官本南監本有是字皇后使侍中杜輔掖庭令濁賢交送政君太子宮師古曰濁姓也交送謂侍中掖庭令雜為使見丙殿得御幸有身先是者太子後宮娣妾㠯十數御幸久者七八年莫有子及王妃壹幸而有身甘露三年生成帝於甲館畫堂補注先謙曰官本考證云甲館成紀作甲觀案館觀字同為世適皇孫師古曰適讀曰嫡宣帝愛之自名曰驁字太孫常置左右後三年宣帝崩太子即位是為孝元帝立太孫為太子㠯母王妃為婕妤封父禁為陽平侯後三日婕妤立為皇后禁位特進禁弟弘至長樂衛尉永光二年禁薨謚曰頃侯長子鳳嗣侯補注沈欽韓曰西京雜記王鳳以五月五日生其父欲不舉曰俗諺舉五日子長及戶則自害不則害其父母其叔父曰昔田文以此日生其父曰勿舉其母竊舉之後為孟嘗君號其母為薛公大家以古事推之非不祥也遂舉之為衛尉侍中皇后自有子後希復進見太子壯大寬博恭慎語在成紀其後幸酒樂燕樂師古曰幸酒好酒也樂宴樂好燕私之樂也解具在成紀元帝不㠯為能而傅昭儀有寵於上生定陶共王王多材蓺上甚愛之坐則側席行則同輦師古曰側席謂附近御坐常有意欲廢太子而立共王時鳳在位與皇后太子同心憂懼賴侍中史丹擁右太子師古曰右讀曰佑助也語在丹傳上亦㠯皇后素謹慎而太子先帝所常留意故得不廢元帝崩太子立是為孝成帝尊皇后為皇太后㠯鳳為大司馬大將軍領尚書事益封五千戶王氏之興自鳳始又封太后同母弟崇為安成侯食邑萬戶鳳庶弟譚等皆賜爵關內侯食邑其夏黃霧四塞終日師古曰塞滿也言四方皆滿天子㠯問諫大夫楊興博士

駟勝等對皆吕爲陰盛侵陽之氣也高祖之約也非功臣不侯今太后諸弟皆吕無功爲侯非高祖之約外戚未曾有也故天爲見異師古曰見顯示〔補注〕先謙曰官本南監本無此注言事者多吕爲然鳳於是懼上書辭謝曰陛下即位思慕諒闇師古曰商書云高宗諒闇諒信闇默也言居父喪信默三年不言也〔補注〕先謙曰官本南監本諒信下有也字故詔臣鳳典領尚書事上無吕明聖德下無吕益政治今有茀星天地赤黃之異師古曰茀與孛同咎在臣鳳當伏顯戮吕謝天下今諒闇已畢大義皆舉宜躬親萬機吕承天心因乞骸骨辭職上報曰朕承先帝聖緒涉道未深不明事情是吕陰陽錯繆日月無光赤黃之氣充塞天下咎在朕躬今大將軍迺引過自予欲上尚書事歸大將軍印綬罷大司馬官是明朕之不德也朕委將軍吕事誠欲庶幾有成顯先祖之功德將軍其專心固意輔朕之不逮毋有所疑後五年諸吏散騎安成侯崇薨謚曰共侯有遺腹子奉世嗣侯太后甚哀之明年河平二年上悉封舅譚爲平阿侯商成都侯立紅陽侯根曲陽侯逢時高平侯五人同日封故世謂之五侯太后同產唯曼蚤卒張晏曰同父則爲同產不必同母也上言唯鳳崇同母也餘畢侯矣太后母李親苟氏妻生一男名參寡居頃侯禁在時太后令禁還李親師古曰召還王氏太后憐參欲吕田蚡爲比而封之李奇曰田蚡與孝景王后同母異父得封故也師古曰比例也音必寐反上曰封田氏非正也吕參爲侍中水衡都尉〔補注〕周壽昌曰此太后母再嫁苟賓所生子也參死子伋復爲侍中陳湯傳所云參妻欲爲伋求封吕金賂湯求爲奏者也王氏子弟皆卿大夫侍中諸曹分據勢官滿朝廷大將軍鳳用事上遂謙讓無所顓師古曰顓與專同凡事皆不自專也左右常薦光祿大夫劉向少子歆通達有奇異材〔補注〕先謙曰官本無奇字引宋祁曰舊本異字上有奇字考異無故削之今越本亦無上召見歆誦讀詩賦甚說之師古曰說讀曰悅欲吕爲中常侍召取衣冠臨當拜左右皆曰未曉大將軍師古曰曉猶白上曰此小事何須關大

將軍左右叩頭爭之上於是語鳳鳳吕爲不可迺止其見憚如此上即位數年無繼嗣體常不平師古曰言多疾疢定陶共王來朝太后與上承先帝意遇共王甚厚賞賜十倍於它王不吕往事爲纖介師古曰往事謂先帝時欲以代太子也言無纖介之嫌怨共王之來朝也天子留不遣歸國上謂共王我未有子人命不諱師古曰人命無常不可諱〔補注〕宋祁曰注曰字下當有言字注末當有也字一朝有它且不復相見師古曰它謂晏駕也爾長留侍我矣其後天子疾益有瘳共王因留國邸旦夕侍上上甚親重大將軍鳳心不便共王在京師會日蝕鳳因言日蝕陰盛之象爲非常異定陶王雖親於禮當奉藩在國今留侍京師詭正非常師古曰詭違也故天見戒師古曰見顯示〔補注〕先謙曰官本無注宜遣王之國上不得已於鳳而許之師古曰言迫於鳳不得止共王辭去上與相對泣而決〔補注〕先謙曰官本南監本泣上有涕字京兆尹王章素剛直敢言以爲鳳建遣共王之國非是師古曰建立其議也迺奏封事言日蝕之咎矣天子召見章延問吕事章對曰天道聰明佐善而災惡〔補注〕先謙曰官本南監本佐並作佑吕瑞異爲符效今陛下吕未有繼嗣引近定陶王師古曰近音巨靳反所吕承宗廟重社稷上順天心下安百姓此正義善事當有祥瑞何故致災異災異之發爲大臣顓政者也今聞大將軍猥歸日蝕之咎於定陶王師古曰猥猶曲也建遣之國苟欲使天子孤立於上顓擅朝事吕便其私非忠臣也且日蝕陰侵陽臣顓君之咎今政事大小皆自鳳出天子曾不一舉手〔補注〕先謙曰官本南監本一作壹鳳不內省責〔補注〕宋祁曰省字上當有自字反歸咎善人推遠定陶王師古曰遠音于萬反且鳳誣罔不忠非一事也前丞相樂昌侯商師古曰王商也本吕先帝外屬內行篤有威重位歷將相國家柱石臣也其人守正不肯詘節隨鳳委曲卒用閨門之事爲鳳所罷〔補注〕先謙曰事詳商傳身吕憂死眾庶愍之又鳳知其小婦弟張美人已嘗適人師古曰小婦妾也弟謂女弟即妹也於禮不宜

配御至尊託㠯爲宜子內之後宮苟㠯私其妻弟聞張美人未嘗任身就館也師古曰是則不爲宜子明鳳所言非實且羌胡尚殺首子㠯盪腸正世師古曰盪洗滌也言婦初來所生之子或它姓補注宋祁曰腸當作腹沈欽韓曰列子湯問篇越之東有輒休之國其長子生則鮮而食之謂之宜弟墨翟節葬作輆沐之國況於天子而近已出之女也此三者皆大事陛下所自見足㠯知其餘及它所不見者師古曰以所見者譬之則不見者可知鳳不可令久典事宜退使就第選忠賢以代之自鳳之白罷商後遣定陶王也上不能平及聞章言天子感寤納之謂章曰微京兆尹直言吾不聞社稷計師古曰微無也且唯賢知賢君試爲朕求可㠯自輔者於是章奏封事薦中山孝王舅琅邪太守馮野王先帝時歷二卿忠信質直知謀有餘野王㠯王舅出㠯賢復入明聖主樂進賢也上自爲太子時數聞野王先帝名卿聲譽出鳳遠甚方倚欲㠯代鳳初章每召見上輒辟左右師古曰辟讀曰闢時太后從弟長樂衞尉弘子

侍中音師古曰弘者太后之叔父也音則從父弟獨側聽具知章言㠯語鳳鳳聞之稱病出就第上疏乞骸骨謝上曰臣材駑愚戇得㠯外屬兄弟七人封爲列侯宗族蒙恩賞賜無量輔政出入七年補注周壽昌曰杜欽傳欽說鳳曰將軍深悼輔政十年變異不已鳳自竟寧元年輔政至陽朔初已十年此當陽朔元年奏則七字誤也國家委任臣鳳所言輒聽薦士常用無一功善陰陽不調災異數見咎在臣鳳奉職無狀此臣一當退也五經傳記師所誦說咸㠯日蝕之咎在於大臣非其人易曰折其右肱師古曰豐卦九三爻辭也肱臂也此臣二當退也河平㠯來臣久病連年數出在外曠職素餐此臣三當退也師古曰空廢職任徒受祿秩也陛下㠯皇太后故不忍誅廢臣猶自知當遠流放又重自念師古曰重音直用反兄弟宗族所蒙不測當殺身靡骨死輦轂下師古曰靡碎也音武皮反不當㠯無益之故有離寢門之心誠歲餘㠯來所苦加侵師古曰誠實也日日益甚補注先謙曰官本下日作月引宋祁曰越本月作日先謙案南監本作日月不勝大願

願乞骸骨歸自治養冀賴陛下神靈未埋髮齒期月之閒幸得瘳愈復望帷幄不然必寘溝壑補注先謙曰寘當作寘各本並誤臣㠯非材見私天下知臣受恩深也㠯病得全骸骨歸天下知臣被恩見哀重巍巍也師古曰巍巍高貌重音直用反進退於國爲厚萬無纖介之議師古曰論者不云疏斥外戚也唯陛下哀憐其辭指甚哀太后聞之爲垂涕不御食上少而親倚鳳弗忍廢迺報鳳曰朕秉事不明政事多闕故天變屢臻咸在朕躬補注先謙曰官本屢作婁此下有師古曰婁古屢字七字將軍乃深引過自予欲乞骸骨而退則朕將何嚮焉書不云乎公毋困我師古曰周書洛誥載成王告周公辭也言公必須留京師毋得遠去而令我困務專精神安心自持期於亟瘳稱朕意焉師古曰亟急也瘳差也於是鳳起視事上使尙書劾奏章知野王前㠯王舅出補吏而私薦之欲令在朝阿附諸侯又知張美人體御至尊而妄稱引羌胡殺子蕩腸非所宜言遂下章吏廷尉致其大逆罪㠯爲比上夷狄

欲絕繼嗣之端背畔天子私爲定陶王章死獄中妻子徙合浦自是公卿見鳳側目而視郡國守相刺史皆出其門師古曰言爲其家寮屬者皆得大官又㠯侍中太僕音爲御史大夫列于三公而五侯羣弟爭爲奢侈賂遺珍寶四面而至後庭姬妾各數十人僮奴㠯千百數羅鍾磬舞鄭女作倡優狗馬馳逐大治第室起土山漸臺補注沈欽韓曰列女貞順傳燕昭王出遊留夫人漸臺之上辯通傳齊宣王置酒漸臺則臨水之臺皆名漸臺不專起於漢黃圖云一說漸臺星名法星以爲臺洞門高廊閣道連屬彌望師古曰彌竟也言望之極目也屬音之欲反百姓歌之曰五侯初起曲陽最怒補注宋祁曰怒音暖五反上聲壞決高都連竟外杜服虔曰壞決高都水入長安高都水在長安西也孟康曰杜鄠二縣之閒田畝一金言其境自長安至杜陵也李奇曰長安有高都水杜里既壞決高都作殿復衍及外杜里師古曰成都侯商自擅穿帝城引水耳曲陽無此事又雖大作第宅不得從長安至杜陵也按李說爲近是補注沈欽韓曰渭水注泬水上承皇子陂于樊川西北流逕杜縣之杜京西又北逕下杜城即杜伯國又北逕長安城西與昆明池水合又北流注渭亦謂是水爲潏水亦曰高都水前漢之末王氏五侯大治池宅引泬水入長安城故百姓歌之云云案寰宇記

長安志並云下杜城在長安縣南一十五里民閒多言五家一第宅相連亦不爲過又黃圖長安城南出東頭第一門曰覆盎門一號杜門其南有下杜城漢書集注云䣢離爲故杜陵之下聚落也故曰下杜門所云外杜當在於是顏注不明外杜水經注作五杜先謙曰官本注按李說爲近是無按字是字南監本與此同土山漸臺西白虎師古曰皆放效天子之制也補注宋祁曰浙本西字下有象字王念孫曰西字下當作上案漸本是也顏注放效二字正釋象字且此歌以四字爲句脫去象字則文義不明而句法亦不協矣下文曰園中土山漸臺似類白虎殿似類亦象也渭水注文選西征賦注御覽人事部一百六引此皆作象西白虎漢紀同奢僭如此補注先謙曰官本作其奢侈如此南監本作其奢僭如此然皆通敏人事好士養賢傾財施予㠯相高尚鳳輔政凡十一歲陽朔三年秋鳳病天子數自臨問親執其手涕泣曰將軍病如有不可言平阿侯譚次將軍矣師古曰不可言謂死也不欲斥言之鳳頓首泣曰譚等雖與臣至親行皆奢僭無㠯率導百姓不如御史大夫音謹敕師古曰敕整也臣敢㠯死保之及鳳且死上疏謝上復固薦音自代譚等五人必不可用補注先謙曰官本譚上有言字天子然之初譚倨不肯事鳳師古曰倨慢也音據而音敬鳳

卑恭如子故薦之鳳薨天子臨弔贈寵送㠯輕車介士軍陳自長安至渭陵謚曰敬成侯子襄嗣侯爲衞尉御史大夫音竟代鳳爲大司馬車騎將軍而平阿侯譚位特進領城門兵補注先謙曰官本兵作外谷永說譚令讓不受城門職由是與音不平語在永傳音既㠯從舅越親用事小心親職歲餘上下詔曰車騎將軍音宿衞忠正勤勞國家前爲御史大夫㠯外親宜典兵馬入爲將軍不獲宰相之封朕甚慊焉其封音爲安陽侯食邑與五侯等俱三千戶初成都侯商嘗病欲避暑從上借明光宮師古曰黃圖云明光宮在城內近桂宮也補注沈欽韓曰黃圖明光宮武帝太初四年秋起在長樂宮後南與長樂宮相連屬[illegible]此當是商所借甘泉宮亦有明光宮後又穿長安城引內灃水注第中大陂㠯行船立羽蓋張周帷輯濯越歌師古曰輯與楫同濯與櫂同皆所以行船也令執楫櫂人爲越歌也輯爲櫂之短者也今吳越之人呼爲橈音饒越歌爲越之歌補注沈欽韓曰說苑善說篇鄂君子晳乘青翰之舟越人擁楫而歌先謙曰官本南監本輯爲作楫謂上幸商第見穿城引水意恨內銜之未言後微行出過曲陽侯第又見園中土山漸臺似類白虎殿師古曰黃圖云在未央宮於是上怒㠯讓車騎將軍音補注先謙曰專讓音者以音柄政爲諸舅總領商根兄弟欲自黥劓謝太后上聞之大怒迺使尚書責問司隸校尉京兆尹知成都侯商擅穿帝城決引灃水曲陽侯根驕奢僭上赤墀青瑣孟康曰以青畫戶邊鏤中天子制也如淳曰門楣格再重如人衣領再重裏者青名曰青瑣天子門制也師古曰孟說是青瑣者刻爲連環文而青塗之也補注沈欽韓曰御覽百三十五引漢官儀曰天子朱泥殿上曰丹墀先謙曰官本連環作連瑣而下有以字紅陽侯立父子臧匿姦猾亡命賓客爲羣盜司隸京兆皆阿縱不舉奏正法二人頓首省戶下補注先謙曰顧炎武云省戶卽禁門也蔡邕獨斷曰禁中者門戶有禁非侍御者不得入故曰禁中孝元皇后父陽平侯名禁當時避之故曰省中先謙案上責問者商立根三人下又云商立根皆負斧質謝此不當止有二人明二當爲三之誤又賜車騎將軍音策書曰外家何甘樂禍敗師古曰言此罪過並身自爲之而欲自黥劓相戮辱於太后前傷慈母之心㠯危亂國外家宗族彊上一身寖

弱日久師古曰寖漸也今將一施之師古曰行刑罰君其召諸侯令待府舍師古曰令總集音之府舍待詔命是日詔尚書奏文帝時誅將軍薄昭故事補注周壽昌曰事詳文紀注昭文帝母舅也奏事猶令決大獄定讞必檢成案車騎將軍音藉槀請罪師古曰自坐槀上言就刑戮也補注先謙曰官本南監本藉作籍通用字商立根皆負斧質謝上不忍誅然後得已久之平阿侯譚薨謚曰安侯子仁嗣侯太后憐弟曼蚤死獨不封曼寡婦渠供養東宮子莽幼孤不及等比師古曰比音必寐反補注宋祁曰婦舊本作姊常㠯爲語平阿侯譚成都侯商及在位多稱莽者久之上復下詔追封曼爲新都哀侯而子莽嗣爵爲新都侯後又封太后姊子淳于長爲定陵侯王氏親屬侯者凡十人上悔廢平阿侯譚不輔政而薨也迺復進成都侯商㠯特進領城門兵置幕府得舉吏如將軍杜鄴說車騎將軍音令親附商語在鄴傳王氏爵位日盛唯音爲修整數諫正有忠節輔政八年薨弔贈如大將軍謚曰敬侯子

舜嗣侯爲太僕侍中特進成都侯商代音爲大司馬衞將軍而紅陽侯立位特進領城門兵商輔政四歲病乞骸骨天子憫之更㠯爲大將軍益封二千戶賜錢百萬商薨弔贈如大將軍故事謚曰景成侯子況嗣侯紅陽侯立次當輔政有罪過語在孫寶傳上廼廢立而用光祿勳曲陽侯根爲大司馬票騎將軍歲餘益封千七百戶高平侯逢時無材能名稱是歲薨謚曰戴侯子買之嗣侯綏和元年上卽位二十餘年無繼嗣而定陶共王已薨子嗣立爲王王祖母定陶傅太后重賂遺票騎將軍根爲王求漢嗣根爲言上亦欲立之遂徵定陶王爲太子時根輔政五歲矣乞骸骨上廼益封根五千戶賜安車駟馬黃金五百斤罷就第先是定陵侯淳于長㠯外屬能謀議爲衞尉侍中在輔政之次是歲新都侯莽告長伏罪與紅陽侯立相連（師古曰伏罪謂舊罪陰伏未發者也）長下獄死立就國語在

長傳故曲陽侯根薦莽㠯自代上亦㠯爲莽有忠直節（補注先謙曰官本南監本奪直字）遂擢莽從侍中騎都尉光祿大夫爲大司馬歲餘成帝崩哀帝卽位太后詔莽就第避帝外家哀帝初優莽不聽莽上書固乞骸骨而退上廼下詔曰曲陽侯根前在位建社稷策侍中太僕安陽侯舜往時護太子家導朕忠誠專壹有舊恩新都侯莽憂勞國家執義堅固庶幾與爲治太皇太后詔休就第（補注宋祁曰越本無太皇字）朕甚閔焉其益封根二千戶舜五百戶莽三百五十戶㠯莽爲特進朝朔望又還紅陽侯立京師哀帝少而聞知王氏驕盛心不能善㠯初立故優之後月餘司隸校尉解光奏（補注錢大昭曰校尉二字衍）曲陽侯根宗重身尊三世據權五將秉政天下輻湊自效（師古曰效獻也獻其款誠補注宋祁曰浙本注文獻竝作致）根行貪邪臧累鉅萬縱橫恣意（師古曰橫音胡孟反）大治第宅（補注先謙曰官本南監本第宅作室第）第中起土山立兩市殿上赤墀戶青瑣（補注王念孫曰戶下原有下字起土山立兩市殿上赤墀戶下青瑣皆相對爲文今本脫下字則句法參差矣藝文類聚產業部御覽資產部七引此皆有下字）遊觀射獵使奴從者被甲持弓弩陳爲步兵止宿離宮水衡共張（師古曰共音居用反張音竹亮反）發民治道百姓苦其役內懷姦邪欲筦朝政（師古曰筦與管同）推親近吏主簿張業㠯爲尚書蔽上壅下內塞王路外交藩臣驕奢僭上壞亂制度案根骨肉至親社稷大臣（師古曰至親謂於成帝爲舅）先帝棄天下根不悲哀思慕山陵未成公聘取故掖庭女樂五官殷嚴王飛君等（如淳曰五官官名也外戚傳曰五官視三百石補注周壽昌曰公聘取言公然聘取爲妻無顧忌也）置酒歌舞捐忘先帝厚恩背臣子義及根兄子成都侯況幸得㠯外親繼父爲列侯侍中不思報厚恩亦聘取故掖庭貴人㠯爲妻皆無人臣禮大不敬不道於是天子曰先帝遇根況父子至厚也今廼背忘恩義㠯根嘗建社稷之策（師古曰謂立哀帝爲嗣也）遣就國免況爲庶人歸故郡根及況父商所薦舉爲官者皆罷

後二歲傅太后帝母丁姬皆稱尊號有司奏新都侯莽前爲大司馬貶抑尊號之議虧損孝道及平阿侯仁臧匿趙昭儀親屬皆就國天下多冤王氏諫大夫楊宣上封事言孝成皇帝深惟宗廟之重稱述陛下至德㠯承天序聖策深遠恩德至厚惟念先帝之意豈不欲㠯陛下自代奉承東宮哉（師古曰言供養太后）太皇太后春秋七十數更憂傷（師古曰更經也音工衡反）敕令親屬引領㠯避丁傅（師古曰引領自引首領而退也）行道之人爲之隕涕況於陛下時登高遠望獨不慙於延陵乎哀帝深感其言復封商中子邑爲成都侯元壽元年日蝕賢良對策多訟新都侯莽者上於是徵莽及平阿侯仁還京師侍太后曲陽侯根薨國除明年哀帝崩無子太皇太后㠯莽爲大司馬與共徵立中山王奉哀帝後是爲平帝帝年九歲（補注先謙曰官本無年字）常年被疾太后臨朝委政於莽莽顓威福紅陽侯立莽諸父平阿侯仁素剛

直莽內憚之令大臣目罪過奏遣立仁就國莽日誑燿太后言輔政致太平羣臣奏請尊莽爲安漢公後遂遣使者迫守立仁令自殺賜立謚曰荒侯子柱嗣仁謚曰剌侯子術嗣是歲元始三年也明年莽風羣臣奏立莽女爲皇后師古曰風讀曰諷又奏尊莽爲宰衡莽母及兩子皆封爲列侯語在莽傳莽既外壹羣臣令稱己功德又內媚事旁側長御目下賂遺目千萬數白尊太后姊妹君俠爲廣恩君君力爲廣惠君君弟爲廣施君皆食湯沐邑日夜共譽莽莽又知太后婦人厭居深宮中莽欲虞樂目市其權張晏曰以遊觀之樂易其權若市買師古曰此虞與娛同（補注）先謙曰官本注無此字南監本有迺令太后四時車駕巡狩四郊師古曰邑外謂之郊近二十里也（補注）宋祁曰近字下當有郊字劉奉世曰言郊不必二十里也鄠槐里焉得云近存見孤寡貞婦春幸繭館師古曰漢宮閣疏云上林苑有繭觀蓋蠶繭之所也率皇后列侯夫人桑遵霸水而祓除師古曰桑採桑也遵循也謂緣水邊（補注）先謙曰續志三月皇后帥公卿諸侯夫人蠶祠先蠶禮用

少牢是月上巳官民皆絜於東流水上曰洗濯祓除去宿垢疢爲大絜此祓禊之禮亦緣西漢也夏遊御宿鄠杜之閒師古曰御宿苑在長安城南今之御宿川是也（補注）宋祁曰御一本作御秋歷東館望昆明集黃山宮冬饗飲飛羽師古曰黃山宮在槐里飛羽殿在未央宮中羽字或作雨（補注）沈欽韓曰黃圖豫中觀武帝造在昆明池中亦曰昆明觀郎東館也館觀字通黃圖未央宮有東明飛雨懷字訛引黃圖同正作飛羽蓋據此書改海案西都賦後宮則有鴛鸞飛翔之列西京賦後宮則昭陽飛翔疑翔字損又訛羽爲雨先謙曰槐里縣有黃山宮見地理志校獵上蘭師古曰上蘭觀名也在上林中登長平館師古曰在長平坂也（補注）先謙曰長平觀見宣紀注臨涇水而覽焉太后所至屬縣輒施恩惠賜民錢帛牛酒歲目爲常太后從容言曰師古曰從音千容反我始入太子家時見於丙殿至今五六十歲尚頗識之師古曰識記也音式志反莽因曰太子宮幸近可壹往遊觀不足目爲勞於是太后幸太子宮甚說師古曰說讀曰悅太后旁弄兒病在外舍服虔曰官婢侍史生兒取以作弄兒也（補注）先謙曰官本注官作言莽自親候之其欲得太后意如此平帝崩無子莽徵宣帝玄孫選最少者廣戚侯子劉嬰年二歲託目卜相爲最

吉迺風公卿奏請立嬰爲孺子師古曰風讀曰諷令宰衡安漢公莽踐祚居攝（補注）先謙曰官本祚作阼如周公傅成王故事太后不目爲可力不能禁於是莽遂爲攝皇帝改元稱制焉俄而宗室安眾侯劉崇及東郡太守翟義等惡之更舉兵欲誅莽師古曰更音工衡反太后聞之曰人心不相遠也師古曰言所見者同我雖婦人亦知莽必目是自危不可其後莽遂目符命自立爲眞皇帝先奉諸符瑞目白太后太后大驚初漢高祖入咸陽（補注）王念孫曰高祖上不當有漢字此涉下文漢傳國璽而衍北堂書鈔儀飾部二御覽儀飾部三引此皆無漢字至霸上秦王子嬰降於軹道奉上始皇璽及高祖誅項籍即天子位因御服其璽世世傳受號曰漢傳國璽目孺子未立（補注）宋祁曰別本作未即立或作未即位璽臧長樂宮及莽即位請璽太后不肯授莽莽使安陽侯舜諭指舜素謹敕太后雅愛信之舜既見太后知其爲莽求璽怒罵之曰而屬父子宗族蒙漢家力富貴累世師古曰而汝也既無目

報受人孤寄乘便利時奪取其國師古曰孤寄言以孤寄託之不復顧恩義人如此者狗豬不食其餘師古曰言惡賤天下豈有而兄弟邪且若自目金匱符命爲新皇帝師古曰若亦汝變更正朔服制亦當自更作璽傳之萬世何用此亡國不祥璽爲而欲求之我漢家老寡婦旦暮且死欲與此璽俱葬終不可得太后因涕泣而言旁側長御目下皆垂涕舜亦悲不能自止良久迺仰謂太后臣等已無可言者師古曰言不可諫止莽必欲得傳國璽太后寧能終不與邪太后聞舜語切恐莽欲脅之迺出漢傳國璽投之地（補注）沈欽韓曰玉璽記元后出璽投地璽上螭一角缺後書曹皇后紀魏受禪遣使求璽綬后怒不與如此數輩后乃呼使者入親數讓之以璽抵軒下因涕泣橫流曰天不祚爾與元后事亦相類目授舜曰我老已死知而兄弟今族滅也（補注）宋祁曰知而越本知作如考異更作如先謙曰官本族滅作滅族今猶即也舜既得傳國璽奏之莽大說師古曰說讀曰悅迺爲太后置酒未央宮漸臺大縱眾樂莽又欲改太后漢家舊號易其璽綬恐

不見聽而莽疏屬王諫欲諂莽上書言皇天廢去漢而命立新室太皇太后不宜稱尊號當隨漢廢㠯奉天命莽迺車駕至東宮親㠯其書白太后太后曰此言是也師古曰恚懟之辭也莽因曰此誖德之臣也師古曰誖乖也音布內反罪當誅於是冠軍張永獻符命銅璧文補注先謙曰冠軍南陽縣言太皇太后當爲新室文母太皇太后服虔曰銅璧如璧形以銅爲之也補注劉奉世曰當云新室文母皇太后莽迺下詔曰予視羣公咸曰休哉師古曰視讀曰示休美也其文字非刻非畫厥性自然予伏念皇天命予爲子更命太皇太后爲新室文母太皇太后協于新室補注宋祁曰熙寧監本作協於新湻化本作新室何焯曰案此黃氏麻沙本所載然宋景文公卒於仁宗時遺奏請擇宗室爲匕鬯之主安得見熙寧監本耶但室字疑衍姑存此說以見宋本固有與予意同者矣故交代之際信於漢氏哀帝之代世傳行詔籌爲西王母共具之祥師古曰共音居用反當爲歷代爲母昭然著明予祗畏天命敢不欽承謹㠯令月吉日親率羣公諸侯卿士奉上皇太后璽紱師古曰此紱謂璽之組也補注先謙曰比字誤官本南監本作此並在四海焉下㠯當順天心光于四海焉太后聽許莽於是鴆殺王諫而封張永爲貢符子初莽爲安漢公時又諂太后奏尊元帝廟爲高宗太后晏駕後當㠯禮配食云及莽改太后爲新室文母絕之於漢不令得體元帝墮壞孝元廟師古曰墮毀也音火規反更爲文母太后起廟獨置孝元廟故殿㠯爲文母篹食堂孟康曰篹音撰晉灼曰篹具也既成名曰長壽宮㠯太后在故未謂之廟莽㠯太后好出遊觀迺車駕置酒長壽宮請太后既至見孝元廟廢徹塗地太后驚泣曰此漢家宗廟皆有神靈與何治而壞之師古曰與音曰預言此何罪於汝無所過預何爲毀壞之補注先謙曰官本南監本音下無曰字過作干且使鬼神無知又何用廟爲如令有知我迺人之妃妾豈宜辱帝之堂㠯陳饋食哉私謂左右曰此人嫚神多矣能久得祐乎飲酒不樂而罷自莽篡位後知太后怨恨求所㠯媚太后無不爲然愈不說師古曰說音曰悅莽更漢

家黑貂著黃貂孟康曰侍中所著貂也莽更漢制也師古曰更亦改又改漢正朔伏臘日太后令其官屬黑貂至漢家正臘日補注沈欽韓曰通典高堂隆議王者各以其行之盛而祖以其終而臘火始於寅盛於午終於戌故火行之君以午祖以戌臘宋祝穆事文類聚國朝用漢臘蓋冬至後第三戌大墓日也是爲臘古法遇閏歲則以第四戌爲臘不可在十一月也後書陳寵傳其祖咸於王莽時猶用漢家祖臘曰我先人豈知王氏臘乎獨與其左右相對飲酒食補注王念孫曰御覽服章部五引此食下有肉字於義爲長太后年八十四建國五年二月癸丑崩三月乙酉合葬渭陵莽詔大夫揚雄作誄曰太陰之精沙麓之靈作合於漢配元生成補注王先愼曰揚雄文見類聚十五古文苑二十著其協於元城沙麓泰陰精者補注先謙曰官本南監本泰作太謂夢月也太后崩後十年漢兵誅莽初紅陽侯立就國南陽與諸劉結恩立少子丹爲中山太守補注何焯曰後書王丹別是一人周壽昌曰中山自元帝永元二年復爲國平帝時太皇太后立桃鄉侯爲中山王奉孝王後立之封紅陽在成帝河平二年平帝元始四年于桂嗣侯時中山國未廢不能有太守此或是王莽時然莽已易中山曰常山易太守爲卒正連率大尹之名亦不得稱中山太守矣世祖初起丹降爲將軍戰死上閔之封丹子泓爲武桓侯至今師古曰泓音於宏反補注周壽昌曰表云建武元年泓以父丹爲將軍戰死往與上有舊侯與傳同而後書未載丹事

司徒掾班彪曰三代㠯來補注宋祁曰三代字上當有自字春秋所記王公國君與其失世稀不㠯女寵漢興后妃之家呂霍上官幾危國者數矣師古曰幾音巨依反數音所角反及王莽之興由孝元后歷漢四世爲天下母饗國六十餘載羣弟世權更持國柄師古曰更工衡反補注先謙曰官本注工上有音字五將十侯卒成新都位號已移於天下而元后卷卷猶握一璽師古曰卷音具圓反解在劉向傳不欲㠯授莽婦人之仁悲夫

元后傳第六十八　終　　　　漢書九十八

漢　蘭　臺　令　史班　固　撰

唐正議大夫行祕書少監琅邪縣開國子顏師古　注

賜進士出身前翰林院編修國子監祭酒加三級臣　王先謙補注

王莽字巨君孝元皇后之弟子也元后父及兄弟皆㠯元成世封侯居位輔政家凡九侯五大司馬語在元后傳師古曰外戚傳言十侯此云九侯以鳳本嗣禁爲侯補注齊召南曰案外戚及元后傳言十侯自元后親屬計之并數定陵侯淳于長也此專言王氏故云九侯周壽昌曰外戚傳云家凡十侯此云九侯益知淳于長之不能與也先謙曰官本南監本注九侯作九者唯莽父曼蚤死不侯師古曰蚤古早字莽羣兄弟皆將軍五侯子乘時侈靡師古曰乘因也因貴戚之時補注先謙曰官本注戚作盛是㠯輿馬聲色佚游相高師古曰佚字與逸同莽獨孤貧因折節爲恭儉受禮經師事沛郡陳參勤身博學被服如儒生師古曰被音皮義反事母及寡嫂養孤兄子行甚敕備師古曰敕整也又外交英俊內事諸父曲有禮意陽朔中世父大將軍鳳病師古曰謂伯父也以居長嫡而繼統也莽侍疾親嘗藥亂首垢面不解衣帶連月鳳且死㠯託太后及帝拜爲黃門郎遷射聲校尉久之叔父成都侯商上書願分戶邑㠯封莽及長樂少府戴崇侍中金涉胡騎校尉箕閎上谷都尉陽竝中郎陳湯皆當世名士咸爲莽言上由是賢莽永始元年封莽爲新都侯國南陽新野之都鄉千五百戶遷騎都尉光祿大夫侍中宿衞謹敕爵位益尊節操愈謙散輿馬衣裘振施賓客師古曰振舉也家無所餘收贍名士交結將相卿大夫甚眾故在位更推薦之師古曰更音工衡反游者爲之談說虛譽隆洽傾其諸父矣敢爲激發之行處之不慙恧師古曰激急動也恧愧也激音工歷反恧音女六反莽兄永爲諸曹蚤死有子光莽使學博士門下莽休沐出振車騎師古曰振整也一曰振張起也奉羊酒勞遺其師恩施下竟同學師古曰竟周徧也諸生縱觀長老嘆息光年小於莽子宇

莽使同日內婦賓客滿堂須臾一人言太夫人苦某痛當飲某藥比客罷者數起焉師古曰比音必寐反數音所角反爲私買侍婢補注先謙曰官本南監本爲作當是昆弟或頗聞知莽因曰後將軍朱子元無子師古曰謂朱博莽聞此兒種宜子師古曰此兒謂所買婢也爲買之卽日㠯婢奉子元其匿情求名如此是時太后姊子淳于長㠯材能爲九卿先進在莽右師古曰名位居其右在前也莽陰求其罪過補注先謙曰官本陰作因因大司馬曲陽侯根白之長伏誅莽㠯獲忠直語在長傳根因乞骸骨薦莽自代上遂擢爲大司馬是歲綏和元年也年三十八矣莽既拔出同列繼四父而輔政師古曰鳳商音根四人皆爲大司馬而莽之諸父也欲令名譽過前人遂克己不倦聘諸賢良補注宋祁曰聘諸當作聘請㠯爲掾史賞賜邑錢補注先謙曰邑錢謂國邑賦入悉㠯享士愈爲儉約母病公卿列侯遣夫人問疾莽妻迎之衣不曳地布蔽膝補注沈欽韓曰方言蔽厀江淮之閒謂之褘或謂之袚魏宋南楚之閒謂之大巾自關東西謂之蔽厀齊魯之郊謂之袡釋器衣蔽前謂之襜注今蔽厀陳祥道禮書劉熙曰韠以蔽前婦人蔽厀亦如之唐志婦人蔽膝皆如其夫案隋志乘輿及公卿冕服者韍隨裳色玄衣纁裳則爵韠若通天冠遠遊冠絳紗袍朝服絳紗單衣者並絳紗蔽膝皇后六服俱絳紗蔽膝然則禮服仍存韍韠之名常服則蔽膝也見之者㠯爲僮使問知其夫人皆驚輔政歲餘成帝崩哀帝卽位尊皇太后爲太皇太后太后詔莽就第避帝外家莽上疏乞骸骨哀帝遣尚書令詔莽曰先帝委政於君而棄羣臣朕得奉宗廟誠嘉與君同心合意今君移病求退師古曰移書言病也一曰以病而移居也㠯著朕之不能奉順先帝之意師古曰著明也朕甚悲傷焉已詔尚書待君奏事又遣丞相孔光大司空何武左將軍師丹衞尉傅喜白太后曰皇帝聞太后詔甚悲大司馬卽不起皇帝卽不敢聽政太后復令莽視事時哀帝祖母定陶傅太后母丁姬在高昌侯董宏上書言春秋之義母以子貴丁姬宜上尊號莽與師丹共劾宏誤朝不道語在丹傳後日未央宮置酒內者令爲傅太后張幄坐於太皇太

后坐旁師古曰坐竝音材臥反莽案行責內者令曰定陶太后藩妾何㠯得與至尊竝徹去更設坐傅太后聞之大怒不肯會重怨恚莽師古曰會謂至置酒所也重音直用反莽復乞骸骨哀帝賜莽黃金五百斤安車駟馬罷就第公卿大夫多稱之者上乃加恩寵置使家中黃門蘇林曰使黃門在其家中爲使令〔補注〕沈欽韓曰置專使侯家中黃門爲十日一賜餐也六典凡宦人無官品者稱內給使杜甫詩黃門飛鞚不動塵御廚絡繹送八珍意蓋本此蘇說非十日一賜餐下詔曰新都侯莽憂勞國家執義堅固朕庶幾與爲治太皇太后詔莽就第朕甚閔焉其㠯黃郵聚戶三百五十益封莽服虔曰黃郵在南陽棘陽縣〔補注〕宋祁曰郵說文曰郵境上行書舍也倉頡篇曰郵過書之官也廣雅云驛也益封莽別本無莽字先謙曰黃郵聚見清水注地名也宋釋郵義誤位特進給事中朝朔望見禮如三公師古曰見天子之禮也見音胡電反車駕乘綠車從師古曰綠車皇孫之車天子出行令莽乘之以從所以寵也後二歲傅太后丁姬皆稱尊號丞相朱博奏莽前不廣尊尊之義抑貶尊號虧損孝道當伏顯戮幸蒙赦令不宜有爵土請免爲庶人上曰㠯莽與太皇太后有屬勿免遣就國莽杜門自守其中子獲殺奴師古曰獲者莽子之名也今書本有作護字者流俗所改耳莽切責獲令自殺在國三歲吏上書冤訟莽者㠯百數師古曰言其合管朝政不當就國也〔補注〕宋祁曰吏字下當有民字元壽元年日食賢良周護宋崇等對策深頌莽功德上於是徵莽始莽就國南陽太守㠯莽貴重選門下掾宛孔休守新都相師古曰姓孔名休宛縣人休謁見莽莽盡禮自納休亦聞其名與相答後莽疾休候之莽緣恩意進其玉具寶劒欲㠯爲好師古曰結歡好也音呼到反休不肯受莽因曰誠見君面有瘢師古曰瘢創痕也痕音下恩反美玉可㠯滅瘢欲獻其瑑耳〔補注〕宋祁曰耳字當刪卽解其瑑服虔曰瑑音衞蘇林曰劒鼻也師古曰瑑字本作璏從王彘聲後轉寫者訛也瑑自雕瑑字耳音篆也〔補注〕沈欽韓曰攷工記玉人注瑑文飾也說文璏劒鼻也說苑善說篇襄城君帶玉璏劒案瑑爲文飾若桓圭信圭之類璏劒鼻者卽劒鐔先謙曰官本注作璏作作彘音彖作音瑑南監本作音篆是休復辭讓莽曰君嫌其賈耶師古曰賈讀曰價言其所有價直也遂椎碎之師古曰椎音直追反

其字從木自裹㠯進休休乃受及莽徵去欲見休休稱疾不見〔補注〕沈欽韓曰後書卓茂傳休字子泉王莽秉權休去官歸家及莽簒位遣使齎玄纁束帛請爲國師遂歐血託病杜門自絕案休之高節賴范書甄明之莽還京師歲餘哀帝崩無子而傅太后丁太后皆先薨太皇太后卽日駕之未央宮收取璽綬遣使者馳召莽詔尚書諸發兵符節百官奏事中黃門期門兵皆屬莽莽白大司馬高安侯董賢年少不合眾心收印綬賢卽日自殺太后詔公卿舉可大司馬者大司徒孔光大司空彭宣舉莽前將軍何武後將軍公孫祿互相舉〔補注〕錢大昕曰公卿表何武傳俱云祿爲左將軍此作後將軍誤也太后拜莽爲大司馬與議立嗣安陽侯王舜莽之從弟其人修飭師古曰飭讀與敕同敕整也太后所信愛也莽白㠯舜爲車騎將軍使迎中山王奉成帝後是爲孝平皇帝帝年九歲太后臨朝稱制委政於莽莽白趙氏前害皇子傅氏驕僭遂廢孝成趙皇后孝哀傅皇后皆令自殺語在外戚傳莽以大司徒孔光名儒相三主太后所敬天下信之於是盛尊事光引光女壻甄邯爲侍中奉車都尉諸哀帝外戚及大臣居位素所不說者師古曰說讀曰悅莽皆傅致其罪師古曰傅讀曰附附益而引致之令入罪爲請奏令邯持與光光素畏愼不敢不上之莽白太后輒可其奏於是前將軍何武後將軍公孫祿坐互相舉免丁傅及董賢親屬皆免官爵徙遠方紅陽侯立太后親弟雖不居位莽㠯諸父內敬憚之畏立從容言太后令己不得肆意師古曰肆放也〔補注〕先謙曰官本南監本無此注乃復令光奏立舊惡前知定陵侯淳于長犯大逆罪多受其賂爲言誤朝師古曰妄稱譽之誤惑朝廷也後白㠯官婢楊寄私子爲皇子眾言曰呂氏少帝復出紛紛爲天下所疑難㠯示來世成繈褓之功請遣立就國太后不聽莽曰今漢家衰比世無嗣師古曰比頻也太后獨代幼主統政誠可畏懼力用公正先天下尚恐不從師古曰力勉力今㠯私恩逆大臣議如此羣

下傾邪亂從此起宜可且遣就國安後復徵召之師古曰安猶徐也〔補注〕先謙曰通鑑胡注安定也安後猶言事定後也何焯云安後謂國家少安之後顏注非先謙案二說並通太后不得已遣
立就國莽之所以脅持上下皆此類也於是附順者拔擢忤恨者
誅滅王舜王邑爲腹心甄豐甄邯主擊斷平晏領機事劉歆典文
章孫建爲爪牙〔補注〕周壽昌曰傳介子等傳贊云孫建以威重顯游俠傳王莽素善強弩將軍孫建建匿漕中叔莽性果賊無所容忍然重建竟不問建仕莽至立國將軍成新公莽欲以其女平帝后改稱黃皇室主者嫁建之子其寵任可知豐
子尋歆子棻師古曰棻或作檕字音扶云反涿郡崔發南陽陳崇皆以材能幸於
莽莽色厲而言方師古曰外示凜厲之色而假爲方直之言〔補注〕先謙曰官本方作之引宋祁曰而言之當作而言方先謙案南監本作方欲有所爲微見風采師古曰見音胡電反黨與承其指意而顯
奏之莽稽首涕泣固推讓焉上以惑太后下用示信於眾庶始風
益州令塞外蠻夷獻白雉師古曰風讀曰諷下皆類此元始元年正月莽白太
后下詔以白雉薦宗廟羣臣因奏言太后委任大司馬莽定策安

宗廟故大司馬霍光有安宗廟之功益封三萬戶疇其爵邑比蕭
相國莽宜如光故事太后問公卿曰〔補注〕宋祁曰問字上當有召字誠以大司馬
有大功當著之邪師古曰著明也將以骨肉故欲異之也於是羣臣乃盛
陳莽功德致周成白雉之瑞千載同符聖王之法臣有大功則生
有美號故周公及身在而託號於周〔補注〕先謙曰官本託作記南監本仍作託莽有定
國安漢家之大功宜賜號曰安漢公益戶疇爵邑上應古制下準
行事〔補注〕劉敞曰行事即已行之事先謙曰行事猶言故事古制謂周公故事指霍光以順天心太后詔
尚書具其事莽上書言臣與孔光王舜甄豐甄邯共定策今願獨
條光等功賞寢置臣莽勿隨輩列甄邯白太后下詔曰無偏無黨
王道蕩蕩師古曰尚書洪範之言也蕩蕩廣平之貌也故引之屬有親者義不得阿君有安
宗廟之功不可以骨肉故蔽隱不揚君其勿辭莽復上書讓太后
詔謁者引莽待殿東箱莽稱疾不肯入太后使尚書令恂詔之曰

君以選故而辭以疾師古曰選善也國家欲褒其善加號疇邑乃以疾辭君任重不可闕以
時亟起師古曰亟急也音居力反莽遂固辭〔補注〕先謙曰遂猶竟也太后復使長信太僕
閎承制召莽莽固稱疾左右白太后宜勿奪莽意但條孔光等莽
乃肯起太后下詔曰太傅博山侯光宿衞四世世爲傅相忠孝仁
篤行義顯著建議定策益封萬戶以光爲太師與四輔之政師古曰與讀曰豫車騎將軍安陽侯舜積累仁孝使迎中山王折衝萬里功德
茂著益封萬戶以舜爲太保左將軍光祿勳豐宿衞三世忠信仁
篤師古曰篤厚也使迎中山王輔導共養以安宗廟師古曰共音居用反養音弋亮反封
豐爲廣陽侯食邑五千戶以豐爲少傅皆授四輔之職疇其爵邑
各賜第一區侍中奉車都尉邯宿衞勤勞建議定策封邯爲承陽
侯食邑二千四百戶師古曰承音蒸〔補注〕先謙曰官本二作三四人既受賞莽尚未起
羣臣復上言莽雖克讓朝所宜章以時加賞明重元功無使百僚

元元失望太后乃下詔曰大司馬新都侯莽三世爲三公典周公
之職建萬世策功能爲忠臣宗〔補注〕先謙曰官本南監本能作德化流海內遠人
慕義越裳氏重譯獻白雉〔補注〕宋祁曰熙寧監本越本無裳字其以召陵新息二縣
戶二萬八千益封莽復其後嗣疇其爵邑師古曰復音方目反封功如蕭相
國〔補注〕宋祁曰邵本云封加如蕭相國劉敞曰封字衍以莽爲太傅幹四輔之事號曰安漢
公以故蕭相國甲第爲安漢公第定著於令傳之無窮於是莽爲
惶恐不得已而起受策〔補注〕蘇輿曰爲僞同策曰漢危無嗣而公定之四輔
之職三公之任而公幹之羣僚眾位而公宰之功德茂著宗廟以
安蓋白雉之瑞周成象焉師古曰言莽致白雉之瑞有周公相成王之象故賜嘉號曰安
漢公輔翼于帝期於致平師古曰致太平毋違朕意莽受太傅安漢公號
讓還益封疇爵邑事云願須百姓家給然後加賞師古曰給足也家給家家自足〔補注〕先謙曰官本注自作給羣公復爭太后詔曰公自期百姓家給是以聽之

其令公奉舍人賞賜皆倍故師古曰奉所食之奉也舍人私府吏員也倍故數多於久各一倍也奉音扶用反補注先謙曰官本注於下人作故是百姓家給人足大司徒大司空㠯聞莽復讓不受而建言宜立諸侯王後及高祖㠯來功臣子孫大者封侯或賜爵關內侯食邑然後及諸在位各有第序上尊宗廟增加禮樂下惠士民鰥寡恩澤之政無所不施補注何焯曰上尊宗廟謂奏尊元帝廟爲高宗以詔惑太后下施恩澤以明自言願須百姓家給非空言飾讓示信眾庶也語在平紀莽既說眾庶師古曰說讀曰悅補注錢大昭曰庶南監本閩本作意先謙曰官本作意又欲專斷知太后猒政乃風公卿師古曰風讀曰諷奏言往者吏㠯功次遷至二千石及州部所舉茂材異等吏率多不稱宜皆見安漢公又太后不宜親省小事令太后下詔曰皇帝幼年朕且統政比加元服師古曰比至平帝加元服以來太后且統政也比音必寐反補注宋祁曰元服下當有者字今眾事煩碎朕春秋高精氣不堪殆非所㠯安躬體而育養皇帝者也故選忠賢立四輔羣下勸職永㠯康寧孔

子曰巍巍乎舜禹之有天下而不與焉師古曰論語載孔子之言也巍巍高貌也言舜禹之治天下委任賢臣以成其功而不身親其事也與讀曰豫自今㠯來非封爵乃㠯聞補注先謙曰非字誤官本南監本作惟他事安漢公四輔平決州牧二千石及茂材吏初除奏事者輒引入至近署對安漢公考故官問新職㠯知其稱否於是莽人人延問致密恩意厚加贈送其不合指顯奏免之權與人主侔矣莽欲㠯虛名說太后師古曰說讀曰悅白言親承前孝哀丁傅奢侈之後百姓未贍者多太后宜且衣繒練頗損膳㠯視天下師古曰繒練謂帛無文者視讀曰示莽因上書願出錢百萬獻田三十頃付大司農助給貧民於是公卿皆慕效焉莽帥羣臣奏言陛下春秋尊久衣重練減御膳誠非所㠯輔精氣育皇帝安宗廟也臣莽數叩頭省戶下白爭未見許今幸賴陛下德澤間者風雨時甘露降神芝生蓂莢朱草嘉禾休徵同時竝至師古曰休美也徵證也臣莽等不勝大願願陛下愛

精休神闊略思慮師古曰闊寬也略簡也遵帝王之常服復太官之法膳補注先謙曰官本太作大使臣子各得盡驩心備共養唯哀省察莽又令太后下詔曰蓋聞母后之義思不出乎門閾師古曰閾門梱也音域補注宋祁曰監本無門字沈欽韓曰列女傳孟子母曰婦人有閨內之修而無境外之志國不蒙佑皇帝年在繈褓未任親政戰戰兢兢懼於宗廟之不安國家之大綱微朕孰當統之師古曰微無也是㠯孔子見南子周公居攝蓋權時也師古曰南子衞靈公夫人孔子欲說靈公以治道故見南子也勤身極思憂勞未綏故國奢則視之㠯儉師古曰視讀曰示補注王文彬曰語見禮記檀弓矯枉者過其正而朕不身帥將謂天下何夙夜夢想五穀豐孰百姓家給比皇帝加元服委政而授焉師古曰比音必寐反今誠未皇于輕靡而備味師古曰皇暇也靡細也庶幾與百僚有成其勗之哉師古曰勗勉也每有水旱莽輒素食師古曰素食謂菜食也解在霍光傳左右㠯白太后遣使者詔莽曰聞公菜食憂民深矣今秋幸孰公勤於職㠯時食肉愛身爲

國莽念中國已平唯四夷未有異乃遣使者齎黃金幣帛重賂匈奴單于使上書言聞中國譏二名補注沈欽韓曰公羊定六年傳曷爲謂之仲孫忌譏二名二名非禮也何休云爲其難諱也故名囊知牙斯今更名知慕從聖制又遣王昭君女須卜居次入侍所㠯誑燿媚事太后下至旁側長御方故萬端莽既尊重欲㠯女配帝爲皇后㠯固其權奏言皇帝卽位三年長秋宮未建液廷媵未充師古曰液與掖同音通用補注先謙曰官本通上有古字二字乃者國家之難本從亡嗣配取不正請考論五經定取禮師古曰取皆讀曰娶正十二女之義補注沈欽韓曰列女傳天子十二諸侯九大夫三士二檀弓注舜但三妃夏后氏增以三三而九合十二人春秋說云天子取十二卽夏制也㠯廣繼嗣博采二王後及周公孔子世列侯在長安者適子女師古曰適讀曰嫡謂妻所生也補注先謙曰官本生下有女字事下有司上眾女名王氏女多在選中者莽恐其與己女爭卽上言身亡德子材下不宜與眾女竝采太后㠯爲至誠乃下詔曰王氏女朕之外家其勿采

庶民諸生郎吏以上守闕上書者日千餘人公卿大夫或詣廷中或伏省戶下咸言明詔聖德巍巍如彼安漢公盛勳堂堂若此今當立后獨柰何廢公女天下安所歸命願得公女爲天下母莽遣長吏以下分部曉止公卿及諸生師古曰分音扶問反而上書者愈甚太后不得已聽公卿采莽女莽復自白宜博選衆女公卿爭曰不宜采諸女以貳正統師古曰皇后之位當在莽女也補注先謙曰官本注皇上有言字莽白願見女太后遣長樂少府宗正尚書令納采見女還奏言公女漸漬德化有窈窕之容師古曰窈窕幽閒也宜承大序奉祭祀補注先謙曰官本大作天是有詔遣大司徒大司空策告宗廟雜加卜筮皆曰兆遇金水王相卦遇父母得位孟康曰金水相生也張晏曰金王則水相也遇父母謂泰卦乾下巛上天下於地是配享之卦師古曰王音于放反補注劉攽曰子謂但言父母得位安知是泰卦乎錢大昭曰服虔云卜法橫者爲土立者爲木邪向經者爲金背金者爲火因兆而細曲者爲水所謂康強之占逢吉之符也補注沈欽韓曰洪範正義馬融云逢大也信鄉侯佟

上言師古曰王子侯表清河綱王子豹始封新鄉侯傳爵至曾孫佟王莽篡位賜姓王卽謂此也而此傳作信鄉侯古者新信同音故耳佟音從冬反補注先謙曰官本南監本從作徒春秋天子將娶於紀則褒紀子稱侯師古曰解在外戚恩澤侯表也補注沈欽韓曰公羊隱二年經稱子桓二年稱紀侯何休云稱侯者天子將要于紀與之奉宗廟傳之無窮重莫大焉故封之百里穀梁解云時王所進安漢公國未稱古制師古曰稱副也音尺孕反其下亦同事下有司皆白古者天子封后父百里尊而不臣以重宗廟孝之至也佟言應禮可許請以新野田二萬五千六百頃益封莽滿百里莽謝曰臣莽子女誠不足以配至尊復聽衆議益封臣莽伏自惟念得託肺腑補注先謙曰肺腑當作柹附說詳劉向傳獲爵土如使子女誠能奉稱聖德臣莽國邑足以共朝貢師古曰共讀曰供不須復加益地之寵願歸所益太后許之有司奏故事聘皇后黃金二萬斤補注沈欽韓曰漢官儀皇帝聘皇后黃金萬斤後書梁皇后紀依孝惠皇后故事聘黃金二萬斤案宋書禮志尚書朱整議漢高后制聘后黃金二百斤馬十二匹夫人金五十斤馬四匹宋志所徵是也王莽梁冀之世盈廷讇諛何所不至乎爲錢二萬萬莽深辭讓

受四千萬而以其三千三百萬予十一媵家羣臣復言今皇后受聘踰羣妾亡幾師古曰亡幾不多也亡讀曰無幾音居豈反其下並同有詔復益二千三百萬合爲三千萬莽復以其千萬分予九族貧者陳崇時爲大司徒司直與張竦孫竦相善竦者博通士爲崇草奏稱莽功德師古曰草謂創立其文也崇奏之曰竊見安漢公自初束修師古曰束修謂初學官之時值世俗隆奢麗之時蒙兩宮厚骨肉之寵師古曰兩宮謂成帝及太后被諸父赫赫之光師古曰被音皮義反財饒埶足亡所牾意師古曰牾逆也無人能逆其意也牾音五故反補注先謙曰正文及注牾官本作牾南監本作悟然而折節行仁克心履禮拂世矯俗確然特立師古曰拂違也矯正也拂音佛惡衣惡食陋車駑馬妃匹無二閨門之內孝友之德衆莫不聞清靜樂道溫良下士師古曰下音胡嫁反惠于故舊篤于師友孔子曰未若貧而樂富而好禮師古曰論語云子貢問曰貧而無諂富而無驕何如孔子曰可也未若貧而樂富而好禮者也補注先謙曰官本注無云字南監本無此注公之謂矣及爲侍中故定陵侯

淳于長有大逆罪公不敢私建白誅討師古曰首言其事也周公誅管蔡季子鴆叔牙師古曰解竝在前公之謂矣是以孝成皇帝命公大司馬委以國統孝哀卽位高昌侯董宏希指求美造作二統晉灼曰欲令丁姬爲帝太后也公手劾之以定大綱建白定陶太后不宜在乘輿幄坐師古曰坐音才臥反以明國體詩曰柔亦不茹剛亦不吐不侮鰥寡不畏強圉師古曰大雅蒸人之詩美仲山甫之德茹食也强圉強梁圉扞也補注宋祁曰監本越本無不侮鰥寡四字先謙曰官本南監本蒸人作烝民公之謂矣深執謙退推誠讓位定陶太后欲立僭號憚彼面刺幄坐之義佞惑之雄朱博之疇懲此長宏手劾之事上下壹心讒賊交亂詭辟制度遂成篡號師古曰詭違也辟讀曰僻斥逐仁賢誅殘戚屬而公被胥原之訴遠去就國應劭曰胥原子胥屈原也師古曰遠去朝廷而就其侯國朝政崩壞綱紀廢弛危亡之禍不隧如髮師古曰弛解也音式爾反隧音直類反補注蘇輿曰隧與墜同詩云人之云亡邦國殄顇師古曰大雅瞻仰之詩也殄盡也顇病也言爲政不善賢人奔亡矣天下邦國盡困病也顇與

萃同音才醉反補注先謙曰官本南監本萃作悴是公之謂矣當此之時宮亡儲主董賢據重加㠯傅氏有女之援師古曰謂哀帝傅皇后皆自知得罪天下結讎中山張晏曰傅太后譖中山馮太后昭以祝詛之罪則必同憂斷金相翼師古曰引易繫辭二人同心其利斷金翼助也藉假遺詔頻用賞誅先除所憚急引所附遂誣往冤更徵遠屬事埶張見其不難矣師古曰言哀帝既崩丁傅董賢欲稱遺詔樹立黨親共立幼主以據國權也遠屬國之宗室疏遠者也補注宋祁曰徵字當作懲其字下當有然字矣字當刪何焯曰八句又虛設丁傅董賢不然之罪以張大莽功遂誣往冤者言平帝必因馮太后故不得立也賴公立入即時退賢及其黨親當此之時公運獨見之明奮亡前之威師古曰無前謂無有敢當之者盱衡厲色振揚武怒孟康曰眉上曰衡盱衡舉眉揚目也師古曰盱音許于反乘其未堅厭其未發師古曰厭音一涉反震起機動敵人摧折雖有賁育不及持刺師古曰孟賁夏育皆古勇士也持刺謂持兵力以刺雖有樗里不及回知師古曰樗里子名疾秦惠王之弟也爲秦相時人號曰智囊雖有鬼谷不及造次師古曰鬼谷先生蘇秦之師善談說是故董賢喪其魂魄遂自絞殺人不還踵日

不移晷師古曰還讀曰旋晷景也言其速疾霍然四除更爲寧朝非陛下莫引立公非公莫克此禍詩云惟師尚父時惟鷹揚亮彼武王師古曰大雅大明之詩也師尚父太公也亮助也言太公武毅若鷹之飛揚佐助武王以克殷也補注錢大昭曰韓詩薛君章句亮相也此用韓詩孔子曰敏則有功師古曰論語載孔子對子張之言也敏疾也言應事速疾乃能成功補注先謙曰官本速疾作疾速南監本無此注公之謂矣於是公乃白內故泗水相豐斄令邯師古曰甄豐甄邯也斄讀曰部與大司徒光補注宋祁曰徒當作馬車騎將軍舜建定社稷奉節東迎皆㠯功德受封益土爲國名臣書曰知人則哲師古曰虞書咎繇謨之辭也哲智也公之謂也公卿咸歎公德同盛公勳皆㠯周公爲比師古曰比音必寐反宜賜號安漢公益封二縣公皆不受傳曰申包胥不受存楚之報晏平仲不受輔齊之封師古曰申包胥楚大夫也吳師入郢楚昭王出奔包胥如秦乞師秦出師以救楚昭王反國欲賞包胥辭曰吾爲君也非爲身也遂不受晏平仲齊大夫晏嬰也以道佐齊景公景公欲封之讓而不受補注沈欽韓曰晏子雜篇晏子相齊衣十升之布食脫粟之食五卵苔菜而已左右以告公公爲之封邑使田無宇致臺與無鹽晏子對曰自太公至於公之

身有數十公苟能說其君以取邑不至公之身趣齊搏以求升土不得容足而寓焉遂不受孔子曰能㠯禮讓爲國乎何有師古曰論語載孔子之言也解在董仲舒傳補注先謙曰南監本無此注公之謂也將爲皇帝定立妃后有司上名公女爲首公深辭讓迫不得已然後受詔父子之親天性自然欲其榮貴甚於爲身皇后之尊侔於天子當時之會千載希有然而公惟國家之統揖大福之恩師古曰揖謂讓而不當也事事謙退動而固辭書曰舜讓于德不嗣書曰虞書舜典之辭言舜自讓德薄不足以繼帝堯之事也補注王念孫曰不嗣本作不台古文尚書舜讓于德弗嗣今文作不怡漢書皆用今文故作不台史記五帝紀舜讓于德不懌徐廣曰今文尚書作不怡怡懌也又自序曰唐堯遜位虞舜不台皆用今文也文選典引有于德不台淵穆之讓李善曰尚書曰舜讓于德不嗣漢書音義韋昭曰古文台爲嗣後漢書班固傳注曰前書舜讓于德不台音義台讀曰嗣據此則二李所見漢書皆作不台顏依古文改爲嗣而釋以僞孔傳謬矣朱一新曰注書曰當作師古曰公之謂矣自公受策㠯至于今亹亹翼翼日新其德師古曰亹亹勉也翼翼敬也亹音武匪反增修雅素㠯命下國後儉隆約㠯矯世俗師古曰後退也矯正也後音千句反其字從彳補注王引之曰後儉與隆

約對文則後非退也後讀爲遵遵循也謂循儉尚約以矯世俗之奢侈也遵與後古字通用爾雅遵循也方言遂循也集韻遂亦作後故遵儉之爲後儉亦猶遵循之爲遂循[illegible]割財損家㠯帥羣下彌躬執平㠯逮公卿師古曰彌讀與弭同教子尊學㠯隆國化僮奴衣布補注先謙曰官本作布衣王文彬云左傳魯季文子無衣帛之妾無食粟之馬此衣布與秣穀對文不當作布衣馬不秣穀食飲之用不過凡庶詩云溫溫恭人如集于木師古曰小雅小宛之詩溫溫柔貌也如集于木恐墮墜耳孔子曰食無求飽居無求安師古曰論語載孔子之言也謂君子好學樂道故志不在安飽公之謂矣克身自約糴食逮給師古曰纔得粗及僅足而已物物卬市日闋亡儲師古曰物物卬市言其衣食所須皆買之於市不自營作而不奪工商利也闋盡也日闋言當日即盡不蓄積也卬音牛向反闋音空穴反又上書歸孝哀皇帝所益封邑入錢獻田補注先謙曰官本南監本入下有金字殫盡舊業爲眾倡始師古曰倡音尺尚反於是小大鄉和承風從化師古曰鄉讀曰嚮外則王公列侯內則帷幄侍御翕然同時各竭所有或入金錢或獻田畝㠯振貧窮收贍不足者昔令尹子文朝不及夕

魯公儀子不茹園葵張晏曰令尹子文自毀其家以紓楚國之難仕而逃祿朝不及夕也師古曰子文楚令尹鬭穀於菟也公儀子魯國相公儀休也拔其園葵不奪園夫之利食菜曰茹音人諸反〔補注〕沈欽韓曰楚語鬭且曰成王聞子文之朝不及夕也每朝設脯一束糗一筐以羞子文張泛引左傳非也公之謂矣開門延士下及白屋師古曰白屋謂庶人以白茅覆屋者也婁省朝政綜管眾治師古曰婁古屢字〔補注〕先謙曰官本南監本注在朝政下親見牧守以下考迹雅素〔補注〕先謙曰謂考覈其人生平審知白黑詩云夙夜匪解以事一人師古曰大雅烝人之詩也一人天子也解讀曰懈〔補注〕先謙曰官本注烝人作烝民南監本無此注及下條注易曰終日乾乾夕惕若厲師古曰乾卦九三爻辭也乾乾自強之意惕懼也厲病也公之謂矣比三世爲三公再奉送大行師古曰比頻也秉冢宰職填安國家師古曰填音竹刃反四海輻奏〔補注〕先謙曰奏字誤官本南監本作湊靡不得所書曰納於大麓列風雷雨不迷師古曰虞書舜典敘舜之德麓錄也言堯使舜大錄萬機之政一曰山足曰麓言有聖德雖遇風雷不迷惑也〔補注〕先謙曰官本南監本列作烈南監本無注官本注有上有舜字風雷作雷風公之謂矣此皆上世之所鮮禹稷之所難師古曰鮮音先踐反〔補注〕先謙曰官本注在所鮮下南監本無此及下條注

而公包其終始一以貫之可謂備矣師古曰論語稱孔子謂曾子曰參乎吾道一以貫之謂忠恕〔補注〕先謙曰官本注在貫之下是以三年之間化行如神嘉瑞疊累豈非陛下知人之效得賢之致哉故非獨君之受命也臣之生亦不虛矣是以伯禹賜玄圭周公受郊祀師古曰尚書禹貢云禹錫玄圭告厥成功言賞治水功成也禮記明堂位曰成王幼弱周公踐天子之位以治天下七年乃致政於成王成王以周公爲有勳勞於天下封周公於曲阜地方七百里革車千乘命魯公世世祀周公以天子禮樂是以魯君孟春乘大路旂十有二旒日月之章祀帝于郊配以后稷天子之禮也〔補注〕先謙曰官本注路作輅蓋以達天之使不敢擅天之功也師古曰言天降賢材以助王者王者當申達其用而不敢自專揆公德行爲天下紀師古曰揆度也紀理也〔補注〕先謙曰南監本無此注觀公功勳爲萬世基基成而賞不配紀立而褒不副師古曰配對也誠非所以厚國家順天心也高皇帝褒賞元功相國蕭何邑戶既倍又蒙殊禮奏事不名入殿不趨封其親屬十有餘人樂善無厭班賞亡遴師古曰遴與吝同苟有一策即必爵之是故公孫戎位在充郎選繇旄頭壹明樊噲封二千戶孟康曰公孫戎奴也高帝時爲旄頭郎晉灼曰楚漢春秋上東圍項羽聞樊噲反旄頭公孫戎明之卒不反封戎二千戶師古曰此公孫戎耳非戎奴也戎奴自武帝時人孟說誤矣繇讀與由同孝文皇帝褒賞絳侯益封萬戶賜黃金五千斤孝武皇帝卹錄軍功裂三萬戶以封衛青青子三人或在繦褓皆爲通侯孝宣皇帝顯著霍光增戶命疇封者三人延及兄孫夫絳侯即因漢藩之固杖朱虛之鯁依諸將之遞據相扶之執其事雖醜要不能遂李奇曰言勃之功不遂而霍光據席常任也晉灼曰醜眾也言勃欲誅諸呂其事雖眾要不能以呂后在時而遂意也師古曰二說皆非也遞繞也謂相圍繞也言絳侯之時漢家外有藩屏盤石之固內有朱虛骨鯁之強諸將同心圍繞扶翼呂氏之黨雖欲作亂心懷醜惡事必不成言勃之功不足多也遞音帶〔補注〕先謙曰官本帶作滯郎則字通作下並同霍光即席常任之重乘大勝之威〔補注〕先謙曰官本勝作騰未嘗遭時不行陷假離朝服虔曰言先未嘗陷假不遇而離去朝也莽嘗退就國是陷假也師古曰假升也陷假者被陷害而去所升之位也〔補注〕王念孫曰案師古訓假爲升則陷假二字義不相屬乃云被陷害而去所升之位其鑿也甚矣余謂假讀爲瑕陷瑕離朝謂陷於瑕讁而去其位服說是也瑕與假古字通淮南精神篇審乎無瑕莊子德充符篇瑕作假古今人表公肩瑕檀弓作[illegible][illegible]先謙曰官本注末有韋

昭曰昭隱也假音下下猶瘕也十三字朝之執事亡非同類割斷歷久統政曠世〔補注〕先謙曰天子崩逝更繼新君是謂割斷也此言景帝崩已歷久武帝自統大政又數十年以喻莽當國統三絕所遭倍艱雖曰有功所因亦易然猶有計策不審過徵之累師古曰光謂徵昌邑王不得其人也累音力瑞反及至青戎標末之功服虔曰標音刀末之標謂衛青公孫戎也師古曰標音匹遙反〔補注〕宋祁曰予案字林標刀削末銅也音匹幺反沈欽韓曰淮南修務訓高注標讀刀標之標與服虔同則漢謂刀末爲標續輿服志佩刀皆以白珠鮫爲鐔口之飾注通俗文刀鋒曰劍[illegible]荀子賦篇箴賦云長其尾而銳其剽注剽末也謂箴之鋒也標又劍之借字公羊莊十三年傳曹子標劍何休云標辟也剽劍置地與趙岐孟子注標摩也解同非此義也此指青功下文一言之勞方說戎一言之勞然猶皆蒙丘山之賞課功絳霍造之與因也比於青戎地之與天也而公又有宰治之效乃當上與伯禹周公等盛齊隆兼其褒賞豈特與若云者同日而論哉師古曰若云謂若向者所云絳霍青戎也然曾不得蒙青等之厚臣誠惑之臣聞功亡原者賞不限德亡首者褒不檢師古曰無原謂不可測其本原也無首謂無出其上者也檢局也〔補注〕先謙曰王念孫云

原量也有無量之功故有不限之賞說詳劉向傳顏訓非是故成王之與周公也補注先謙曰官本南監本與作於度百里之限師古曰度亦踰越也越九錫之檢開七百里之宇師古曰解並在前也兼商奄之民師古曰商奄二國名賜以附庸殷民六族師古曰謂條氏徐氏蕭氏索氏長勺氏尾勺氏也大路大旂師古曰解已在前也補注先謙曰官本在作見無也字南監本亦無封父之繁弱夏后之璜師古曰封父古諸侯也繁弱大弓名也半璧曰璜父讀曰甫祝宗卜史師古曰太祝太宗太卜太史凡四官備物典策師古曰既有備物而加之策書也一曰典策春秋之制也官司彝器師古曰官司百官也彝器常用之器也一曰彝祭宗廟酒器也周禮有六彝彝法也言器有所法象之貌耳補注先謙曰自商奄之民至此本左定四年傳白牡之牲師古曰明堂位曰季夏六月以禘禮祀周公於太廟牲用白牡郊望之禮師古曰郊即上祀帝於郊也望謂望山川而祭之也補注先謙曰官本注上祀作祀上是王曰叔父建爾元子師古曰魯頌閟宮之詩曰王曰叔父建爾元子俾侯于魯謂命周公以封伯禽為魯公也補注先謙曰官本南監本為上有而字子父俱延拜而受之師古曰謂周公拜前魯公拜後可謂不檢亡原者矣非特止此六子皆封師古曰周公六子伯禽之弟也補注周壽昌曰凡蔣邢茅胙祭周公之胤也見左傳詩曰亡言不讎亡德

不報師古曰大雅抑之詩也讎用也有善言則用之有德者必報之一曰讎對也賞當其言也報當如之不如非報也服虔曰報賞當如其德不如德者非報也近觀行事高祖之約非劉氏不王然而番君得王長沙下詔稱忠定著於令師古曰謂吳芮也解在芮傳番音蒲河反明有大信不拘於制也春秋晉悼公用魏絳之策諸夏服從鄭伯獻樂悼公於是以半賜之絳深辭讓晉侯曰微子寡人不能濟河夫賞國之典不可廢也子其受之魏絳於是有金石之樂春秋善之師古曰事見左傳襄十一年微無也取其臣竭忠以辭功君知臣以遂賞也補注先謙曰遂成也今陛下既知公有周公功德不行成王之襃賞補注宋祁曰德字下當有而字遂聽公之固辭不顧春秋之明義則民臣何稱萬世何述誠非所以為國也臣愚以為宜恢公國令如周公師古曰恢大也建立公子令如伯禽所賜之品亦皆如之諸子之封皆如六子即羣下較然輸忠黎庶昭然感德師古曰較明貌也補注宋祁曰輸浙本作諭下文輸同臣誠輸忠民誠感德則

於王事何有師古曰言臻其極無闕遺補注先謙曰言王事無不舉也顏訓意隔唯陛下深惟祖宗之重敬畏上天之戒儀形虞周之盛師古曰儀形謂則而象之補注先謙曰官本形作刑南監本與此同敕盡伯禽之賜無遴周公之報師古曰敕備也遴與吝同今天法有設後世有祖師古曰祖始也以此為法之始補注錢大昭曰今當作令先謙曰官本南監本作令天下幸甚太后以視羣公師古曰視讀曰示羣公方議其事會呂寬事起初莽欲擅權白太后前哀帝立背恩義自貴外家丁傅撓亂國家幾危社稷師古曰撓擾也音火高反幾音鉅依反補注先謙曰官本火作女南監本無此注今帝以幼年復奉大宗為成帝後宜明一統之義以戒前事為後代法於是遣甄豐奉璽綬即拜帝母衛姬為中山孝王后賜帝舅衛寶寶弟玄爵關內侯皆留中山不得至京師莽子宇非莽隔絕衛氏恐帝長大後見怨宇即私遣人與寶等通書教令帝母上書求入語在衛后傳莽不聽宇與師吳章及婦兄呂寬議其故補注王先慎曰故事也章以為莽不可諫而

好鬼神可為變怪以驚懼之章因推類說令歸政於衛氏宇即使寬夜持血灑莽第門吏發覺之莽執宇送獄飲藥死宇妻焉懷子師古曰焉其名繫獄須產子已殺之師古曰須待也莽奏言宇為呂寬等所詿誤流言惑眾惡與管蔡同罪補注宋祁曰越本邵本無惡字先謙曰南監本無惡字臣不敢隱其誅甄邯等白太后下詔曰夫唐堯有丹朱周文王有管蔡此皆上聖亡奈下愚子何以其性不可移也公居周公之位輔成王之主而行管蔡之誅不以親親害尊尊朕甚嘉之昔周公誅四國之後大化乃成至於刑錯師古曰四國謂三監及淮夷耳公其專意翼國期於致平師古曰翼助也莽因是誅滅衛氏窮治呂寬之獄連引郡國豪桀素非議己者內及敬武公主師古曰元帝女弟也補注先謙曰詳薛宣傳梁王立紅陽侯立平阿侯仁使者迫守皆自殺死者以百數海內震焉補注何焯曰先以恩結復以威震大司馬護軍襃奏言安漢公遭子宇陷於管蔡之辜子愛至深

爲帝室故不敢顧私惟宇遭辠喟然憤發作書八篇以戒子孫宜班郡國令學官以教授事下羣公請令天下吏能誦公戒者以著官簿比孝經師古曰著官簿言用之得選舉也補注周壽昌曰孝文有孝經博士司隸有孝經師此孝經之著官簿者也蓋立之學官四年春郊祀高祖以配天宗祀孝文皇帝以配上帝四月丁未莽女立爲皇后大赦天下遣大司徒司直陳崇等八人分行天下覽觀風俗師古曰行音下更反補注先謙曰官本考證云恩澤侯表王惲閻遷李翕郝黨陳崇謝殷逯並陳鳳是八人也先謙案官本注在大赦天下下南監本無注太保舜等奏言春秋列功悳之義太上有立德其次有立功其次有立言唯至德大賢然後能之其在人臣則生有大賞終爲宗臣殷之伊尹周之周公是也及民上書者八千餘人咸曰伊尹爲阿衡周公爲太宰周公享七子之封有過上公之賞宜如陳崇言章下有司有司請還前所益二縣及黃郵聚新野田采伊尹周公稱號加公爲宰衡位上公掾史秩六百

石三公言事稱敢言之羣吏毋得與公同名出從期門二十人羽林三十人前後大車十乘賜公太夫人號曰功顯君食邑二千戶黃金印赤韍師古曰此韍印之組也補注先謙曰官本南監本無此字封公子男二人安爲襃新侯臨爲賞都侯加后聘三千七百萬合爲一萬萬以明大禮太后臨前殿親封拜安漢公拜前二子拜後如周公故事莽稽首辭讓出奏封事願獨受母號還安臨印韍及號位戶邑事下太師光等皆曰賞未足以直功師古曰直當也謙約退讓公之常節終不可聽莽求見固讓太后下詔曰公每見叩頭流涕固辭今移病固當聽其讓令眂事邪師古曰眂古視字將當遂行其賞遣歸就第也光等曰安臨親受印韍策號通天其義昭昭黃郵召陵新野之田爲入尤多師古曰召讀邵補注先謙曰官本邵上有曰字是皆止於公公欲自損以成國化宜可聽許治平之化當以時成宰衡之官不可世及納徵錢乃以尊皇后非爲公也功顯君戶止身不傳襃新賞都兩國合三千戶甚少矣忠臣之節亦宜自屈而信主上之義師古曰信讀曰申宜遣大司徒大司空持節承制詔公亟入眂事師古曰亟急也音居力反詔尚書勿復受公之讓奏奏可莽乃起眂事上書言臣以元壽二年六月戊午倉卒之夜以新都侯引入未央宮庚申拜爲大司馬充三公位元始元年正月丙辰拜爲太傅賜號安漢公備四輔官今年四月甲子復拜爲宰衡位上公臣莽伏自惟爵爲新都侯號爲安漢公官爲宰衡太傅大司馬爵貴號尊官重一身蒙大寵者五誠非鄙臣所能堪據元始三年天下歲已復官屬宜皆置如淳曰前時飢省官職今豐宜復之也師古曰復音扶目反穀梁傳曰天子之宰通于四海師古曰宰治也治眾事者謂大臣也臣愚以爲宰衡官以正百僚平海內爲職而無印信名實不副臣莽無兼官之材今聖朝既過誤而用之臣請御史刻宰衡印章曰宰衡太傅大司

馬印成授臣莽上太傅與大司馬之印太后詔曰可韍如相國師古曰韍亦謂組也朕親臨授焉莽乃復以所益納徵錢千萬遺與長樂長御奉供養者師古曰太后之長御也共音居用反養音弋亮反太保舜奏言天下聞公不受千乘之土辭萬金之幣散財施予千萬數莫不鄉化師古曰鄉讀曰嚮蜀郡男子路建等輟訟慙怍而退雖文王卻虞芮何以加師古曰卻退也虞芮二國名也並在河之東二國之君相與爭田久而不平聞文王之德乃往斷焉入周之境則耕者讓畔行者讓路乃相謂曰我小人也不可以履君子之庭遂相讓以其所爭爲閑田而退宜報告天下奏可宰衡出從大車前後各十乘直事尚書郎侍御史謁者中黃門期門羽林師古曰自此以上皆從宰衡出宰衡常持節所止謁者代持之師古曰相代而持也補注先謙曰言莽出所休止則謁者代持宰衡掾史秩六百石三公稱敢言之補注劉攽曰宰衡以下前已有其事此復重出當刪併從上是歲莽奏起明堂辟雍靈臺爲學者築舍萬區作市常滿倉制度甚盛補注沈欽韓曰案御覽五百三十四黃圖曰禮小學在公宮之南太學在城南就陽位也去城七里王莽爲宰

衡起靈臺作長門宮[illegible]常滿倉南去隄三百步起國學于郭內之西南案今本黃圖云在長安西北七里爲博士之官寺門北出正於其中央爲射宮門出殿堂南嚮爲牆選士肄射於此中北之外爲博士舍三十區周環之北之東爲常滿倉倉之北爲會市但列槐樹數百行爲隊藝文類聚作無牆屋諸生朔望會此市各持其郡所出貨物及經書傳記笙磬樂器相與買賣雍容揖讓或論議槐下其東爲太學官寺門南出置令丞吏詰姦宄理詞訟五經博士領弟子員三百六十六經三十博士弟子萬八百人主事高弟侍講各二十四人學士同舍行無遠近皆隨檐雨不塗足暑不暴首今本黃圖誥黔太學不詳立樂經益博士員經各五人徵天下通一藝教授十一人以上及有逸禮古書毛詩周官爾雅天文圖讖鍾律月令兵法史篇文字孟康曰史籀所作十五篇古文書也師古曰周宣王太史史籀所作大篆書也籀音直救反通知其意者皆詣公車網羅天下異能之士至者前後千數皆令記說廷中將令正乖繆壹異說云羣臣奏言昔周公奉繼體之嗣據上公之尊然猶七年制度乃定夫明堂辟雍墮廢千載莫能興師古曰墮毀也音火規反今安漢公起于第家輔翼陛下四年于茲功德爛然師古曰爛然章明之貌公以八月載生魄庚子師古曰載始也魄月魄也奉使

朝用書孟康曰賦功役之書臨賦營築越若翊辛丑師古曰翊明也辛丑者庚子之明日也越發語辭也諸生庶民大和會十萬眾竝集平作二旬大功畢成師古曰平作謂不促遽也平字或作丕丕亦大也補注何焯曰書庶殷丕作字當爲丕也王念孫曰何說是也上文云公以八月載生魄庚子奉使朝用書臨賦營築亦用雒誥文隸書丕字或作平與平相近因譌而爲平後漢書劉元傳右輔都尉嚴本本或作平或作丕耿秉傳太醫令吉平丕或作平皆其證也唐虞發舉成周造業誠亡以加宰衡位宜在諸侯王上賜以束帛加璧大國乘車安車各一服虔曰大國乘車如大國王之乘車也驪馬二駟師古曰驪馬竝駕也詔曰可其議九錫之法冬大風吹長安城東門屋瓦且盡五年正月祫祭明堂諸侯王二十八人列侯百二十人宗室子九百餘人徵助祭補注宋祁曰淳化本祭字下有祀字禮畢封孝宣曾孫信等三十六人爲列侯餘皆益戶賜爵金帛之賞各有數是時吏民以莽不受新野田而上書者前後四十八萬七千五百七十二人及諸侯王公列侯宗室見者皆叩頭言宜亟加賞於安漢公師古曰亟急也於是莽上書曰臣以外屬越次備位未能奉稱師古曰稱音尺證反伏念聖德純茂承天當古制禮以治民作樂以移風四海奔走百蠻竝臻師古曰臻即臻字也辭去之日莫不隕涕非有款誠豈可虛致自諸侯王已下至於吏民咸知臣莽上與陛下有葭莩之故師古曰葭蘆也莩者其筩裏白皮也言其輕薄而附著也故以爲喻葭音加莩音孚又得典職每歸功列德者輒以臣莽爲餘言臣見諸侯面言事於前者未嘗不流汗而慙愧也雖性愚鄙至誠自知德薄位尊力小任大夙夜悼栗常恐污辱聖朝今天下治平風俗齊同百蠻率服皆陛下聖德所自躬親太師光太保舜等輔政佐治羣卿大夫莫不忠良故能以五年之間至致此焉臣莽實無奇策異謀奉承太后聖詔宣之于下不能得什一受羣賢之籌畫而上以聞不能得什伍師古曰言皆不曉又遺忘也當被無益之辜所以敢且保首領須臾者誠上休陛下餘光而下依羣公之故也師古曰休庇廕也補注宋祁曰晉灼音義作庥下休

陛下不忍眾言輒下其章於議者臣莽前欲立奏止恐其遂不肯止今大禮已行助祭者畢辭不勝至願願諸章下議者皆寢勿上使臣莽得盡力畢制禮作樂事事成以傳示天下與海內平之即有所間非則臣莽當被詿上誤朝之罪師古曰間音居莧反如無他譴得全命賜骸骨歸家避賢者路是臣之私願也惟陛下哀憐財幸師古曰此財與裁同通用補注先謙曰官本南監本無此通用三字甄邯等白太后詔曰可唯公功德光於天下是以諸侯王公列侯宗室諸生吏民翕然同辭連守闕庭故下其章諸侯宗室辭去之日復見前重陳師古曰重音直用反補注宋祁曰復見前重陳當依越本作復重見前陳雖曉喻罷遣猶不肯去告以孟夏將行厥賞莫不驩悅稱萬歲而退今公每見輒流涕叩頭言願不受賞賞即加不敢當位方制作未定事須公而決故且聽公制作畢成羣公以聞究于前議師古曰究竟也其九錫禮儀亟奏師古曰亟

急也於是公卿大夫博士議郎列侯富平侯張純等補注宋祁曰越本無富平侯二字九百二人皆曰聖帝明王招賢勸能德盛者位高功大者賞厚故宗臣有九命上公之尊則有九錫登等之寵張晏曰宗臣有勳勞爲上公國所宗者也周禮上公九命九命九賜也師古曰登等謂升於常等也補注先謙曰官本南監本注賜作錫今九族親睦百姓既章萬國和協黎民時雍師古曰章明也時是也雍亦和也自此已上皆取堯典敘堯德之言也補注先謙曰官本無自字聖瑞畢溱太平已洽師古曰溱亦與臻同補注先謙曰官本無亦字帝者之盛莫隆於唐虞而陛下任之忠臣茂功莫著於伊周而宰衡配之所謂異時而興如合符者也謹以六藝通義經文所見周官禮記宜於今者爲九命之錫師古曰禮含文嘉云九錫者車馬衣服樂縣朱戶納陛武賁鈇鉞弓矢秬鬯也臣請命錫奏可策曰惟元始五年五月庚寅太皇太后臨于前殿延登請詔之補注沈欽韓曰請當爲親覲禮侯氏降階東北面再拜稽首擯者延之曰升注云從後詔禮曰延延進也漢舊儀拜丞相皇帝延登親詔之先謙曰官本作親南監本與此同曰公進虛聽朕言師古曰進前虛己而聽也前

公宿衞孝成皇帝十有六年納策盡忠白誅故定陵侯淳于長以彌亂發姦師古曰彌讀曰弭弭止也補注先謙曰官本注不重弭字登大司馬職在內輔孝哀皇帝卽位驕妾窺欲姦臣萌亂公手劾高昌侯董宏改正故定陶共王母之僭坐自是之後朝臣論議靡不據經以病辭位歸于第家爲賊臣所陷就國之後孝哀皇帝覺寤復還公長安臨病加劇猶不忘公復特進位是夜倉卒國無儲主姦臣充朝危殆甚矣朕惟定國之計莫宜于公引納于朝卽日罷退高安侯董賢轉漏之閒補注王先慎曰言不移時刻也忠策輒建綱紀咸張綏和元壽再遭大行萬事畢舉禍亂不作輔朕五年人倫之本正天地之位定張晏曰定冠婚之儀徙南北之郊也欽承神祇經緯四時復千載之廢矯百世之失張晏曰封先代之後立古文經定迭毀之禮也天下和會大眾方輯師古曰輯與集字同補注先謙曰官本無字字詩之靈臺書之作雒鎬京之制商邑之度於今復興師古曰靈臺所以觀氣象者也文王受命作邑于豐始立此臺兆庶自勸就其功作故大雅靈臺之詩曰經始靈臺經之營之庶人攻之不日成之作雒謂周公營洛邑以爲王都所謂成周也周書洛誥曰召公既相宅周公往營成周使來告卜作洛誥豐鎬相近故總曰鎬京成周既成遷殷頑民使居之故云商邑之度也昭章先帝之元功明著祖宗之令德推顯嚴父配天之義修立郊禘宗祀之禮以光大孝是以四海雍雍萬國慕義蠻夷殊俗不召自至漸化端冕奉珍助祭師古曰蠻夷漸染朝化而正衣冠奉其國珍來助祭尋舊本道遵術重古動而有成事得厥中至德要道通於神明祖考嘉享光燿顯章天符仍臻元氣大同麟鳳龜龍眾祥之瑞七百有餘遂制禮作樂有綏靖宗廟社稷之大勳普天之下惟公是賴官在宰衡位在上公補注先謙曰官本位在作位爲今加九命之錫補注周壽昌曰莽九錫一衣服二車馬三弓矢四斧鉞五秬鬯六命珪七朱戶八納陛九虎賁獨無樂縣與公羊緯禮緯及韓詩外傳所言皆不合卽武紀注引應劭說亦異盝皆有樂縣無命珪也此恐出王莽諸臣所臆造而爲之不必應經典其以助祭共文武之職師古曰共讀曰供乃遂及厥祖師古曰榮寵之命上延其先祖也於戲豈不休哉師古曰於戲讀曰嗚

呼休美也於是莽稽首再拜受綠韍袞冕衣裳師古曰此韍謂蔽膝也或謂韍韠韍音弗韠音畢瑒琫瑒珌孟康曰瑒玉名也佩刀之飾上曰琫下曰珌詩云鞞琫有珌是也師古曰瑒音蕩琫音布孔反珌音必補注先謙曰官本瑒作瑒引劉攽曰瑒字宜從易宋祁同蘇輿云說文瑒圭尺二寸有瓚以祠宗廟者也从王昜聲非刀飾案瑒圭卽周禮玉人之祼圭瑒讀如暢故魯語亦作鬯圭从昜得聲不宜从易宋說非也此瑒蓋璗之借字說文璗金之美者與玉同色禮佩刀諸侯璗琫而璆珌案詩毛傳亦云諸侯璗琫而鏐珌與說文同爾雅釋器黃金謂之璗其美者謂之璆是諸侯飾刀上下純用金漢制天子諸侯並飾黃金續志諸侯王黃金錯環挾半孟以瑒爲玉名又非也句履孟康曰今齊祀履舄頭飾也出履一二寸師古曰其形岐頭句音巨俱反補注宋祁曰韋昭曰句履頭飾形如刀鼻音鉤禮記作絇亦是沈欽韓曰句卽絇儀禮七冠禮疏云鄭云狀如刀衣鼻在履頭者此以漢法言之今之履頭見有下鼻似刀衣鼻故以爲況先謙曰官本南監本注無一字鸞路乘馬師古曰鸞路車之施鸞者也解在禮樂志四馬曰乘音食證反其下亦同補注先謙曰官本南監本注無其字龍旂九旒皮弁素積師古曰素積素裳也戎路乘馬師古曰戎路戎車也彤弓矢盧弓矢師古曰彤赤色盧黑色左建朱鉞右建金戚師古曰鉞戚皆斧屬甲冑一具師古曰冑兜鍪秬鬯二卣師古曰秬鬯香酒也卣中樽也音攸又音羊九反補注宋祁曰字書曰秬黑黍一稃二米也圭瓚二師古

曰以圭爲勺末九命青玉珪二師古曰青者春色東方生而長育萬物也朱戶納陛孟康曰納內也謂鑿殿基際爲陛不使露也師古曰孟說是也尊者不欲露而升陛故內之於霤下也諸家之釋文句雖煩義皆不了故無取云補注陳景雲曰宋均禮含文嘉注云動作有禮納陛以安其體文選魏公九錫文納陛以登李周翰注納陛者致于殿兩階之閒便其上殿此蓋漢人相承之說宋史呂端傳眞宗以端軀體洪大宮庭階戺稍峻特令梓人爲納陛是納陛爲安體而設信矣小顏獨采孟解宋均說亦不可廢署宗官祝官卜官史官虎賁三百人家令丞各一人宗祝卜史官皆置嗇夫佐安漢公在中府外第虎賁爲門衞當出入者傅籍師古曰傅猶著也音附自四輔三公有事府第皆用傳孟康曰傳符也師古曰音張戀反補注先謙曰官本注末有韋昭曰傳二封啟也八字以楚王邸爲安漢公第大繕治通周衞祖禰廟及寑皆爲朱戶納陛陳崇又奏安漢公祠祖禰出城門城門校尉宜將騎士從入有門衞出有騎士所以重國也奏可其秋莽以皇后有子孫瑞通子午道張晏曰時年十四始有婦人之道也子水午火也水以天一爲牡火以地二爲牝故火爲水妃今通子午以協之補注沈欽韓曰元和志子午關在長安縣南百里王莽通子午道因置此關

長安志子午鎮去縣南四十里以南山子午谷爲名後書安帝元初二年罷子午道先謙曰官本南監本注令作今是子午道從杜陵直絕南山徑漢中師古曰子北方也午南方也言通南北道相當故謂之子午耳今京城直南山有谷通梁漢道者名子午谷又宜州西界慶州東界有山名子午嶺計南北直相當此則北山者是子南山者是午共爲子午道補注劉奉世曰史文以從杜陵徑漢中爲子午道耳顏之所見非史意也何焯曰通梁漢道者卽莽所爲顏前說是也第不當竝舉在宜慶二州界者耳劉盡非之又誤先謙曰官本道下無者字風俗使者八人還言天下風俗齊同詐爲郡國造歌謠頌功德凡三萬言莽奏定著令補注周壽昌曰漢天子著令藏御史府高祖高后行之成帝令太子得絕馳道亦著令至此莽公然奏請定著令矣又奏爲市無二賈師古曰言純賈也賈音價官無獄訟邑無盜賊野無飢民道不拾遺男女異路之制犯者象刑師古曰象刑解在武紀及刑法志劉歆陳崇等十二人皆以治明堂宣教化封爲列侯補注先謙曰官本考證云陳崇等八人以宣教化封劉歆平晏孔永孫遷以治明堂封莽既致太平北化匈奴東致海外南懷黃支唯西方未有加遣中郎將平憲等多持金幣誘塞外羌使獻地願內屬憲等奏言羌

豪良願等種人口可萬二千人願爲內臣獻鮮水海允谷鹽池補注先謙曰詳地理志平地美草皆予漢民自居險阻處爲藩蔽問良願降意對曰太皇太后聖明安漢公至仁天下太平五穀成孰或禾長丈餘或一粟三米或不種自生或蠒不蠶自成甘露從天下醴泉自地出鳳皇來儀神爵降集從四歲以來羌人無所疾苦故思樂內屬宜以時處業置屬國領護補注先謙曰處業令安處有作業事下莽莽復奏曰太后秉統數年恩澤洋溢和氣四塞絕域殊俗靡不慕義越裳氏重譯獻白雉黃支自三萬里貢生犀東夷王度大海奉國珍匈奴單于順制作去二名今西域良願等復舉地爲臣妾昔唐堯橫被四表補注錢大昭曰橫卽光也後漢書馮異傳亦云橫被四表亦亡以加之今謹案已有東海南海北海郡未有西海郡請受良願等所獻地爲西海郡臣又聞聖王序天文定地理因山川民俗以制州界漢家地廣二帝三王

服虔曰唐虞及周要服之內方七千里夏殷方三千里漢地南北萬三千里也凡十三州州名及界多不應經堯典十有二州後定爲九州漢家廓地遼遠州牧行部遠者三萬餘里不可爲九謹以經義正十二州名分界以應正始奏可又增法五十條犯者徙之西海徙者以千萬數民始怨矣泉陵侯劉慶上書師古曰王子侯年表衆陵節侯賢長沙定王子本始四年戴侯眞定嗣二十二年薨黃龍元年頃侯慶嗣此則是也此傳及翟義傳竝云泉陵地理志泉陵屬零陵郡而表作衆陵表爲誤也言周成王幼少稱孺子周公居攝今帝富於春秋宜令安漢公行天子事如周公羣臣皆曰宜如慶言冬熒惑入月中平帝疾莽作策請命於泰畤戴璧秉圭願以身代藏策金縢置于前殿敕諸公勿敢言師古曰詐依周公爲武王請命作金縢也十二月平帝崩大赦天下莽徵明禮者宗伯鳳等與定天下吏六百石以上皆服喪三年補注何焯曰雖曰欺僞然臣爲君服喪三年唯元始後議行之奏尊孝成廟曰統宗孝平廟曰元宗時元帝世絕而宣帝曾孫有見王五

人師古曰王之見在者補注先謙曰通鑑胡注見在之王五人謂淮陽王縯中山王成都楚王紆信都王景東平王開明也列侯廣戚侯顯等四十八人補注先謙曰胡注謂廣戚侯顯陽興侯寄陵陽侯嘉高樂侯修平邑侯閔平纂侯況合昌侯輔伊鄉侯開就鄉侯不害膠鄉侯武宜鄉侯恢昌城侯豐樂安侯禹陶鄉侯恢釐鄉侯褒昌鄉侯且新鄉侯鯉部鄉侯光新城侯武宜陵侯封堂鄉侯護成陵侯由成陽侯眾復昌侯休安陸侯平梧安侯譽朝鄉侯充扶鄉侯普方城侯宣當陽侯益廣城侯疌春城侯允呂鄉侯尚李鄉侯殷宛鄉侯隆壽泉侯承杏山侯遵嚴鄉侯信武平侯璜陵鄉侯曾武安侯慢富陽侯萌西陽侯偃桃鄉侯立栗鄉侯元成金鄉侯不害平通侯且西安侯漢湖鄉侯開重鄉侯少柏凡五十人而廣戚侯顯孺子之父栗鄉侯元成先已免侯止四十八人耳莽惡其長大曰兄弟不得相爲後迺選玄孫中最幼廣戚侯子嬰年二歲託以爲卜相最吉是月前煇光謝囂奏武功長孟通浚井得白石師古曰浚抒治之也囂音許驕反浚音峻抒音直呂反補注先謙曰胡注武功縣本屬扶風莽分屬前煇光上圓下方有丹書著石師古曰著音直略反文曰告安漢公莽爲皇帝符命之起自此始矣莽使羣公以白太后太后曰此誣罔天下不可施行太保舜謂太后事已如此無可奈何沮之力不能止師古曰沮壞也音才汝反又莽非敢有它但欲稱攝以重其權塡服天下耳師古曰塡音竹刃反補注先謙曰官本稱作居太后聽許舜等卽共令太后下詔曰蓋聞天生眾民不能相治爲之立君以統理之君年幼稚必有寄託而居攝焉然後能奉天施而成地化羣生茂育書不云乎天工人其代之師古曰虞書咎繇謨之辭也言人代天理治工事也補注先謙曰官本南監本注天下有以字朕以孝平皇帝幼年且統國政幾加元服委政而屬之師古曰屬付也幾音曰冀屬音之欲反今短命而崩嗚呼哀哉已使有司徵孝宣皇帝玄孫二十三人差度宜者以嗣孝平皇帝之後師古曰差度謂擇也度音大各反玄孫年在繦褓不得至德君子孰能安之安漢公莽輔政三世比遭際會安光漢室師古曰比頻也遂同殊風至于制作與周公異世同符今前煇光囂武功長通上言丹石之符朕深思厥意云爲皇帝者乃攝行皇帝之事也夫有法成易非聖人者亡法其令安漢公居攝踐祚補注先謙曰官本祚作阼如

周公故事以武功縣爲安漢公采地師古曰采官也以官受地故謂之采名曰漢光邑補注何焯曰漢光邑光武中興之祥先謙曰地理志武功莽曰新光蓋篡後改之具禮儀奏於是羣臣奏言太后聖德昭然深見天意詔令安漢公居攝臣聞周成王幼少周道未成成王不能共事天地修文武之烈師古曰共讀曰恭烈業也周公權而居攝則周道成王室安不居攝則恐周隊失天命師古曰隊音直類反書曰我嗣事子孫大不克共上下遏失前人光在家不知命不易天應棐諶乃亡隊命師古曰周書君奭之篇也邵公爲保周公爲師相成王爲左右邵公不悅周公作君奭以告之奭召公名也尊而呼之故曰君也言我恐後嗣子孫大不能恭承天地絕失先王光大之道不知受命之難天所應輔唯在有誠所以亡失其命也共音恭棐音匪補注先謙曰官本注召作邵說曰師古曰謂說經義也周公服天子之冕南面而朝羣臣發號施令常稱王命召公賢人不知聖人之意故不說也師古曰召讀曰邵說讀曰悅次下竝同禮明堂記曰周公朝諸侯於明堂天子負斧依南面而立師古曰依讀曰扆此下亦同謂周公踐天子位六年朝

諸侯制禮作樂而天下大服也召公不說時武王崩縗麤未除師古曰縗音千回反由是言之周公始攝則居天子之位非乃六年而踐阼也書逸嘉禾篇曰周公奉鬯立于阼階延登贊曰假王莅政勤和天下此周公攝政贊者所稱師古曰贊謂祭祀之辭也成王加元服周公則致政書曰朕復子明辟師古曰周書洛誥載周公告成王之辭言我復還明君之政於子也復音扶目反周公常稱王命專行不報故言我復子明君也臣請安漢公居攝踐祚補注先謙曰官本祚作阼服天子韍冕師古曰此韍亦謂裳韍也背斧依于戶牖之閒補注先謙曰通鑑依下有立字南面朝羣臣聽政事車服出入警蹕民臣稱臣妾皆如天子之制郊祀天地宗祀明堂共祀宗廟享祭羣神贊曰假皇帝師古曰贊謂祭祀之辭也共音恭民臣謂之攝皇帝自稱曰予平決朝事常以皇帝之詔稱制以奉順皇天之心輔翼漢室保安孝平皇帝之幼嗣遂寄託之義隆治平之化師古曰遂成也其朝見太皇太后帝皇后皆復

臣飾補注先謙曰胡注帝皇后謂平帝后復反也還也自施政教於其宮家國采補注先謙曰胡注宮謂以安漢公第爲宮家謂其家國謂其所封新都國采謂以武功縣爲采地如諸侯禮故事補注先謙曰禮下脫儀字官本南監本有臣昧死請太后詔曰可明年改元曰居攝居攝元年正月莽祀上帝於南郊迎春於東郊行大射禮於明堂養三老五更成禮而去師古曰更音工衡反置柱下五史秩如御史聽政事侍旁記疏言行三月己丑立宣帝玄孫嬰爲皇太子號曰孺子補注何焯曰先爲攝皇帝而後立嬰不復令有君臣之分也又止立爲皇太子不正其君之名則予奪惟莽也先謙曰胡注亦因周公輔成王二叔流言公將不利於孺子而爲此號㠯王舜爲太傅左輔甄豐爲太阿右拂師古曰拂讀曰弼甄邯爲太保後承又置四少秩皆二千石補注先謙曰胡注四少少師少傅少阿少保四月安衆侯劉崇與相張紹謀曰師古曰安衆康侯月長沙定王子崇即月之玄孫子也月見王子侯表補注周壽昌曰漢宗室起義誅莽者始崇而嚴鄉侯信武平侯璜繼之徐鄉侯快陵鄉侯曾扶恩侯貴等又繼之王子侯表建武二年劉寵以崇從父弟紹封建武十三年子松嗣侯班氏作表時尚存殆以崇爲宗室起義之最先者也安漢公莽專制朝政必危劉氏天下非之者乃莫敢先舉此宗室恥也吾帥宗族爲先海內必和紹等從者百餘人遂進攻宛不得入而敗紹者張竦之從兄也竦與崇族父劉嘉詣闕自歸莽赦弗罪竦因爲嘉作奏曰建平元壽之間大統幾絕宗室幾弃師古曰幾亦音巨依反補注先謙曰官本無亦字南監本無注賴蒙陛下聖德扶服振救師古曰陛下謂莽也服音蒲北反遮扞匡衞補注先謙曰官本南監本匡字不缺筆此本皆存宋舊國命復延宗室明目臨朝統政發號施令動㠯宗室爲始登用九族爲先竝錄支親建立王侯南面之孤計㠯百數收復絕屬存亡續廢師古曰復音扶目反得比肩首復爲人者嬪然成行師古曰嬪然多貌也行列也嬪音匹人反行音下郎反所㠯藩漢國輔漢宗也建辟雍立明堂班天法流聖化朝羣后昭文德宗室諸侯咸益土地天下喁喁引領而歎師古曰喁喁衆口向上也音顒頌聲洋洋滿耳而入師古曰論語載孔子曰師摯之始關雎之亂洋洋乎盈耳哉故竦引之也洋音羊又音翔補注先謙曰南監本無此注國家所㠯服

此美膺此名饗此福受此榮者豈非太皇太后日昃之思陛下夕惕之念哉何謂師古曰先爲設問復陳其事也亂則統其理危則致其安禍則引其福絕則繼其統幼則代其任晨夜屑屑寒暑勤勤師古曰屑屑猶切切動作之意也補注錢大昭曰方言迹迹屑屑不安也江沅之閒謂之迹迹秦晉謂之屑屑又屑屑往勞也郭注屑屑往來皆劬勞也說文屑動作切切也廣雅屑屑不安也本書董仲舒傳凡所爲屑屑夙興夜寐後漢書王良傳何其往來屑屑不憚煩也崔駰傳吾亦病子屑屑而不已也無時休息孳孳不已者師古曰孳孳不怠之意也音與孜同凡㠯爲天下厚劉氏也師古曰爲音于僞反臣無愚智民無男女皆諭至意師古曰喻曉也而安衆侯崇乃獨懷悖惑之心操畔逆之慮師古曰悖乖也補注先謙曰官本注在之心下南監本無興兵動衆欲危宗廟惡不忍聞罪不容誅誠臣子之仇宗室之讎國家之賊天下之害也是故親屬震落而告其罪民人潰畔而弃其兵進不跬步退伏其殃師古曰半步曰跬謂一舉足也音宗縈反補注先謙曰官本南監本宗作空百歲之母孩提之子師古曰嬰兒始孩人所提挈故曰孩提也孩者小兒笑也補注宋祁曰景本作一百歲

同時斷斬懸頭竿杪師古曰杪末也音莫小反珠珥在耳首飾猶存爲計若此豈不誖哉師古曰誖惑也音布內反臣聞古者畔逆之國既㠯誅討而豬其宮室㠯爲汙池納垢濁焉李奇曰掘其宮以爲池用貯水也師古曰豬謂畜水汙下也汙音烏補注先謙曰官本南監本而作則是名曰凶虛師古曰虛讀曰墟墟故居也言凶人所居也雖生菜茹而人不食師古曰所食之菜曰茹音人庶反四牆其社覆上棧下示不得通師古曰棧謂以簀蔽之也下則棧之上則覆之所以隔塞不通陰陽之氣補注先謙曰官本注末有韋昭曰棧柴也六字辨社諸侯孟康曰辨布也布崇社國國各作一見以爲戒也師古曰辨讀曰班出門見之著㠯爲戒師古曰著明也方今天下聞崇之反也咸欲騖衣手劍而叱之其先至者則拂其頸師古曰拂戾也音佛補注王念孫曰顏說望文生義非其本指也拂讀爲刜刜研也謂以劍研其頸也拂其頸衝其匈刃其軀切其肌皆承上文手劍而言說文刜擊也廣雅刜斫也昭二十六年左傳苑子刜林雍斷其足正義今江南猶謂刀擊爲刜晉語刜令支斬孤竹楚辭九歎執堂谿以刜蓬兮王注亦曰刜斫也作拂者假借字耳說苑雜言篇干將鏌鋣拂鐘不錚亦借拂爲刜也若以拂其頸爲戾其頸則上與手劍不相承下與衝其匈三句皆不相比附矣衝其匈刃其軀切其肌後至者欲撥其

門仆其牆師古曰仆倒也〔補注〕宋祁曰刃其軀舊作扐其禮部展扐音近跳晉灼音扐字林曰扐切也夷其屋焚其器師古曰夷平也〔補注〕先謙曰官本無注應聲滌地則時成創師古曰滌地猶言塗地則時即時也創傷也音初良反〔補注〕先謙曰則即字通而宗室尤甚言必切齒焉何則以其背畔恩義而不知重德之所在也宗室所居或遠嘉幸得先聞不勝憤憤之願願為宗室倡始師古曰倡音先向反父子兄弟負籠荷鍤馳之南陽師古曰籠所以盛土也鍤鍫也〔補注〕先謙曰官本荷作倚引宋祁曰倚當作荷荷鍤或作臿音丈涉反王念孫云倚字古讀阿上聲老子禍兮福所倚福兮禍所伏禍倚為韻福伏為韻覊覌唐是倚字古讀與禍相近故字亦相通說文何儋也是儋何字本作何作荷者借字耳借字本無一定何必荷之是而倚之非乎豬崇宮室令如古制及崇社宜如亳社以賜諸侯用永監戒願下四輔公卿大夫議以明好惡視四方師古曰視讀曰示於是莽大說師古曰說讀曰悅公卿曰皆宜如嘉言〔補注〕蘇輿曰曰皆疑作皆曰莽白太后下詔曰惟嘉父子兄弟雖與崇有屬不敢阿私或見萌牙〔補注〕先謙曰官本南監本牙作芽相率告之及其禍成同共讎之應合古制忠孝著焉其以杜衍戶千封嘉為師禮侯〔補注〕錢大昭曰師當作帥與率同下文作率禮侯王念孫曰御覽封建部四引此正作帥嘉子七人皆賜爵關內侯後又封竦為淑德侯長安謂之語曰〔補注〕先謙曰官本謂作為古字通作欲求封過張伯松師古曰竦之字力戰鬬不如巧為奏莽又封南陽吏民有功者百餘人汙池劉崇室宅後謀反者皆汙池云羣臣復白劉崇等謀逆者以莽權輕也宜尊重以塡海內師古曰塡音竹刃反五月甲辰太后詔莽朝見太后稱假皇帝冬十月丙辰朔日有食之十二月羣臣奏請益安漢公宮及家吏置率更令廟廄廚長丞中庶子虎賁以下百餘人〔補注〕先謙曰率更令廄廚長丞詹事屬官廟長丞奉常屬官中庶子太子太傅少傅屬官虎賁舊名期門屬郎中令元始元年更名虎賁郎令一倣其官制也又置衛士三百人安漢公廬為攝省府為攝殿第為攝宮〔補注〕先謙曰胡注廬殿中止宿之舍府治事之所第所居也奏可莽白太后下詔曰故太師光雖前薨功效已列太保舜大司空豐輕車將軍邯步兵將軍建皆為誘進

單于籌策又典靈臺明堂辟雍四郊定制度開子午道與宰衡同心說德師古曰說音悅次下亦同合意并力功德茂著封舜子匡為同心侯林為說德侯光孫壽為合意侯豐孫匡為并力侯益邯建各三千戶是歲西羌龐恬傅幡等師古曰幡音敷元反其字從巾怨莽奪其地作西海郡反攻西海太守程永永奔走莽誅永遣護羌校尉竇況擊之二年春竇況等擊破西羌五月更造貨錯刀一直五千契刀一直五百大錢一直五十與五銖錢竝行民多盜鑄者禁列侯以下不得挾黃金輸御府受直〔補注〕先謙曰百官表少府有御府令丞然卒不與直九月東郡太守翟義都試勒車騎因發犇命立嚴鄉侯劉信為天子師古曰東平煬王之子移檄郡國言莽毒殺平帝攝天子位欲絕漢室今共行天罰誅莽師古曰共讀作供〔補注〕先謙曰官本作共讀曰恭南監本無曰字郡國疑惑眾十餘萬莽惶懼不能食晝夜抱孺子告禱郊廟放大誥作策師古曰放依也大誥周書篇名周公所作也放音甫往反遣諫大夫桓譚等班於天下諭以攝位當反政孺子之意師古曰諭曉告也〔補注〕先謙曰官本也作之遣王邑孫建等八將軍擊義分屯諸關守阸塞槐里男子趙明霍鴻等起兵以和翟義師古曰和音胡臥反相與謀曰諸將精兵悉東京師空可攻長安眾稍多至且十萬人莽恐遣將軍王奇王級將兵拒之以太保甄邯為大將軍受鉞高廟領天下兵左杖節右把鉞屯城外王舜甄豐晝夜循行殿中師古曰行音下更反十二月王邑等破翟義於圉司威陳崇使監軍師古曰為使而監軍於外〔補注〕先謙曰官本注末有韋昭曰圉故屬淮陽後屬陳留呂靜曰圉音語十八字上書言陛下奉天洪範心合寶龜師古曰心與龜合也膺受元命豫知成敗感應兆占是謂配天配天之主慮則移氣言則動物施則成化臣崇伏讀詔書下日竊計其時聖思始發而反虜仍破師古曰思慮也詔文始書反虜大敗制書始下反虜畢斬眾將未及齊其鋒芒臣崇未及盡其愚慮而事已決矣莽大說

師古曰說讀曰悅 三年春地震大赦天下王邑等還京師西與王級等合擊明鴻皆破滅語在翟義傳莽大置酒未央宮白虎殿勞賜將帥詔陳崇治校軍功第其高下莽乃上奏曰明聖之世國多賢人故唐虞之時可比屋而封至功成事就則加賞焉至於夏后塗山之會執玉帛者萬國諸侯執玉附庸執帛周武王孟津之上尚有八百諸侯周公居攝郊祀后稷以配天宗祀文王於明堂以配上帝是以四海之內各以其職來祭蓋諸侯千八百矣禮記王制千七百餘國是以孔子著孝經曰不敢遺小國之臣而況於公侯伯子男乎故得萬國之歡心以事其先王補注先謙曰官本無其字引宋祁曰邵本先字上有其字此天子之孝也秦為亡道殘滅諸侯以為郡縣欲擅天下之利故二世而亡高皇帝受命除殘考功施賞建國數百後稍衰微其餘僅存太皇太后躬統大綱廣封功德以勸善興滅繼絕以永世是

以大化流通旦暮且成遭羌寇害西海郡反虜流言東郡逆賊惑眾西土忠臣孝子莫不奮怒所征殄滅盡備厥辜補注王念孫曰備讀為伏漢書言伏辜者多矣字或作服服伏備三字古皆讀如匐匐之匐[illegible]故字亦相通趙策今騎射之服史記趙世家服作備是其例[illegible]也天下咸寧今制禮作樂補注宋祁曰越本寧字下無今字實考周爵五等地四等有明文蘇林曰爵五等公侯伯子男也地四等公一等侯伯二等子男三等附庸四等殷爵三等有其說無其文師古曰公一等侯二等伯子男三等補注蘇輿曰白虎通引含文嘉云殷爵三等周爵五等公羊說春秋亦以伯子男統為一等合公與侯為三繁露三代改制篇周爵五等春秋三等蓋今文家說如是而云無其文者詞不見於經也孔子曰周監於二代郁郁乎文哉吾從周師古曰論語載孔子之言也監視也二代夏殷也郁郁文章貌補注先謙曰南監本無注臣請諸將帥當受爵邑者爵五等地四等奏可於是封者高為侯伯次為子男當賜爵關內侯者更名曰附城補注先謙曰項安世家說云漢人蓋以城字解庸也古人庸即墉字後人加土以別之不成國者謂之附城猶今言支郡為屬城也胡注王制不能五十里者不達於天子附於諸侯曰附庸鄭注小城曰附庸附庸者以國事附於大國正義庸城也謂小國之城不能自

通以其國事附於大國故曰附庸項說本此 凡數百人擊西海者以羌為號槐里以武為號翟義以虜為號羣臣復奏言太后修功錄德遠者千載近者當世或以文封或以武爵深淺大小靡不畢舉今攝皇帝背依踐祚宜異於宰國之時制作雖未畢已師古曰已止也宜進二子爵皆為公春秋善善及子孫賢者之後宜有土地成王廣封周公庶子六子皆有茅土及漢家名相大將蕭霍之屬咸及支庶兄子光可先封為列侯諸孫制度畢已大司徒大司空上名如前詔書太后詔曰進攝皇帝子褒新侯安為新舉公賞都侯臨為褒新公封光為衍功侯是時莽還歸新都國羣臣復白以封莽孫宗為新都侯莽既滅翟義自謂威德日盛獲天人助遂謀即眞之事矣九月莽母功顯君死意不在哀令太后詔議其服補注何焯曰權奸貪位奪情自王莽始少阿羲和劉歆與博士諸儒七十八人皆曰居攝之義所以統立天功興

崇帝道成就法度安輯海內也師古曰輯字與集同昔殷成湯既沒而太子蚤夭其子太甲幼少不明伊尹放諸桐宮而居攝以興殷道周武王既沒周道未成成王幼少周公屏成王而居攝以成周道師古曰屏猶擁也補注劉敞曰子謂屏者即荀子所言屏成王而及武王屏猶御也是以殷有翼翼之化師古曰商頌殷武之詩曰商邑翼翼四方之極言商邑禮俗翼翼然可則傚乃四方之中正也周有刑錯之功師古曰謂成康之世囹圄空虛今太皇太后比遭家之不造師古曰比頻也周頌閔予小子之篇曰遭家不造造成也故議者引之委任安漢公宰尹羣僚衡平天下師古曰宰治也尹正也衡平也言如稱之衡遭孺子幼少未能共上下師古曰共讀曰恭上下謂天地皇天降瑞出丹石之符是以太皇太后則天明命詔安漢公居攝踐祚將以成聖漢之業與唐虞三代比隆也攝皇帝遂開祕府會羣儒制禮作樂卒定庶官茂成天功師古曰茂美也聖心周悉卓爾獨見發得周禮以明因監李奇曰殷因於夏禮周監於二代則天稽古而損益焉猶仲尼之聞韶師古曰孔子至齊郭門之外遇

一嬰兒挈一壺相與俱行其視精其心正其行端孔子謂御曰趣驅之趣驅之韶樂方作孔子至彼而及韶聞之三月不知肉味言天縱多能而識徵也故取喻耳日月之不可階師古曰論語載子貢敘孔子德云他人賢者丘陵也猶可踰也仲尼日月也無得而踰焉又曰夫子之不可及猶天之不可階而升也非聖哲之至孰能若茲綱紀咸張成在一匱師古曰論語云孔子曰譬如為山未成一匱止吾止也譬如平地雖覆一匱進吾往也匱者織草為器所以盛土也言人修德行道有若為山雖于平地始覆一匱之土而作不止可以得成故吾欲往觀之今此議者謂莽修行政化致於太平本由一匱也補注劉攽曰予謂此言莽制作已成尚有未足欲留之者也當引書云譬如為山九仞功虧一匱以解之先謙曰官本南監本注謂作云官本注修德行道作修行道德此其所已保佑聖漢安靖元元之效也今功顯君薨禮庶子為後為其母緦傳曰與尊者為體不敢服其私親也攝皇帝已聖德承皇天之命受太后之詔居攝踐祚補注先謙曰官本祚作阼奉漢大宗之後上有天地社稷之重下有元元萬機之憂不得顧其私親故太皇太后建厥元孫俾侯新都師古曰建立也元長也謂立莽孫宗為新都侯也俾使也為哀侯後明攝皇帝與尊者為體承宗廟之祭奉

前漢九十九上　三十三

共養太皇太后不得服其私親也周禮曰王為諸侯緦縗弁而加環絰師古曰於弁上加環絰也謂之環者言其輕細如環之形補注先謙曰胡注記曰緦麻十五升去其半有事其縷無事其布曰緦賈疏云凡五服之絰皆兩股絞之言環絰則與絞絰有異謂以麻為體又以一股麻為糾而橫纏之如環然故謂之環絰同姓則麻異姓則葛攝皇帝當為功顯君緦縗弁而加麻環絰如大子弔諸侯服補注沈欽韓曰前引喪服庶子為後為其母緦是强擠其母為妾不知漢非莽之大宗也此據周官司服王為諸侯緦衰强以其貴壓母不知正統之親非諸侯可比也此奏成於劉歆手中陳咸云三綱絕者當在是矣已應聖制莽遂行焉凡壹弔再會而令新都侯宗為主服喪三年云司威陳崇奏衍功侯光私報執金吾竇況令殺人補注先謙曰官本南監本人作之胡注私報私屬之也霍顯云少夫幸報我以事況為收繫致其法莽大怒切責光光母曰女自眡孰與長孫中孫師古曰長孫中孫莽子宇及獲字也皆為莽所殺故云然中讀曰仲補注先謙曰官本南監本字作衍遂母子自殺及況皆死初莽已事母養嫂撫兄子為名及後悖虐復已示公義焉服虔曰不舍光罪為公義補注劉奉世曰莽不服喪亦以示公義令光

子嘉嗣爵為侯莽下書曰遏密之義訖于季冬張晏曰平帝以元始五年十二月崩至此再朞年也師古曰虞書放勳乃徂百姓如喪考妣三載四海遏密八音遏止也密靜也謂不作樂也故莽引之補注劉奉世曰平帝崩至居攝之年十二月實三朞非再朞也蓋莽自謂義經遏密實非三朞不以二十五月也或曰此事當在三年冬誤記於此年耳正月郊祀八音當奏王公卿士樂凡幾等五聲八音條各云何其與所部儒生各盡精思悉陳其義是歲廣饒侯劉京補注先謙曰地理志齊郡有廣饒縣車騎將軍千人扈雲太保屬臧鴻奏符命師古曰千人官名也屬車騎將軍扈其姓雲其名京言齊郡新井雲言巴郡石牛鴻言扶風雍石莽皆迎受十一月甲子莽上奏太后曰陛下至聖遭家不造遇漢十二世三七之阸承天威命詔臣莽居攝受孺子之託任天下之寄臣莽兢兢業業懼於不稱師古曰兢兢慎也業業危也宗室廣饒侯劉京上書言七月中齊郡臨淄縣昌興亭長辛當一暮數夢曰吾天公使也天公使我告亭長曰攝皇帝當為眞卽不信我此亭中當有新井亭長

前漢九十九上　三十四

晨起視亭中誠有新井師古曰誠實也入地且百尺十一月壬子直建冬至師古曰壬子之日冬至而其日當建巴郡石牛戊午雍石文皆到于未央宮之前殿臣與太保安陽侯舜等視天風起塵冥風止得銅符帛圖於石前文曰天告帝符獻者封侯承天命用神令騎都尉崔發等眡說師古曰眡古視字也視其文而說其意也補注周壽昌曰發涿郡安平人篆之兄駰之叔祖也後書崔駰傳稱其以佞巧幸於莽位至大司空其母師氏能通經學百家之言莽寵以殊禮賜號義成夫人金印紫綬文軒丹轂顯於新世此事莽傳未載及前孝哀皇帝建平二年六月甲子下詔書更為太初元將元年案其本事甘忠可夏賀良讖書臧蘭臺師古曰蘭臺掌圖籍之所臣莽已為元將元年者大將居攝改元之文也於今信矣尚書康誥王若曰孟侯朕其弟小子封師古曰孟長也孟侯者言為諸侯之長也封者衛康叔名此周公居攝稱王之文也補注蘇輿曰此雖莽假借其文蓋今文說㝵如此故其仿大誥文直作攝皇帝若曰觀耀方王肅偽孔以大誥之王為成王不知書凡言周公述王命者上皆言周公以別之如多方多士篇是也大誥康誥不然知王是周公莽故特假引二篇文也莽稱引多

（今文說皆可徵驗）春秋隱公不言卽位攝也此二經周公孔子所定蓋爲後法孔子曰畏天命畏大人畏聖人之言（師古曰論語載孔子之言也已解在上）臣莽敢不承用臣請共事神祇宗廟奏言太皇太后孝平皇后皆稱假皇帝（師古曰共音曰恭）其號令天下天下奏言事毋言攝以居攝三年爲初始元年（補注先謙曰通鑑作始初考異云莽傳作初始荀紀及韋莊美嘉號錄宋庠紀元通譜皆作始初）漏刻以百二十爲度（補注何焯曰用夏賀良僞書）用應天命臣莽夙夜養育隆就孺子（師古曰隆長也成就之使其長大也補注劉奉世曰此居攝二年冬也至此始請以居攝三年爲初始元年似是二年冬事疑傳有差誤）令與周之成王比德宣明太皇太后威德於萬方期於富而教之孺子加元服復子明辟如周公故事奏可衆庶知其奉符命指意羣臣博議別奏以視卽眞之漸矣（師古曰視讀曰示）期門郎張充等六人（補注先謙曰平帝元始元年期門更名虎賁此史駁文）謀共劫莽立楚王（補注先謙曰胡注楚王紆宣帝曾孫）發覺誅死梓潼人哀章（師古曰梓潼廣漢之縣也潼音童補注周壽昌曰後書劉元傳注引風俗通曰哀姓魯哀公之後因謚以爲姓）學問長安素無行好爲大言見莽居攝卽作銅匱爲兩檢（補注先謙曰胡注引毛晃云檢書檢印窠封題也）署其一曰天帝行璽金匱圖其一署曰赤帝行璽某傳予黃帝金策書（補注宋祁曰越本邵本云赤帝璽無一行字先謙曰胡注予讀曰與）某者高皇帝名也書言王莽爲眞天子皇太后如天命圖書皆書莽大臣八人又取令名王興王盛章因自竄姓名（師古曰竄謂廁著也）凡爲十一人皆署官爵爲輔佐章聞齊井石牛事下卽日昏時衣黃衣持匱至高廟以付僕射（補注先謙曰胡注高廟有令有僕射先謙案奉常有高廟令無高廟僕射也）僕射以聞戊辰莽至高廟拜受金匱神嬗（師古曰嬗古禪字言有神命使漢禪位於莽也）御王冠謁太后還坐未央宮前殿下書曰予以不德託于皇初祖考黃帝之後皇始祖考虞帝之苗裔而太皇太后之末屬皇天上帝隆顯大佑成命統序符契圖文金匱策書神明詔告屬予以天下兆民（師古曰屬委付也音之欲反）赤帝漢氏高皇帝之靈承天命傳國金策之書予甚祇畏敢不欽受以戊辰直定（師古曰於建除之次其日當定補注錢大昭曰魏文帝受禪以十月二十九日辛未直成日成皆取吉祥周壽昌曰淮南天文訓云寅爲建卯爲除辰爲滿巳爲平主生午爲定未爲執主陷申爲破主衡酉爲危主杓戌爲成主少德亥爲收主大德子爲開主太歲丑爲閉主太陰今日者書以隨月日爲轉移十二幹無定屬大要以除危定執爲吉建滿平收爲次成開亦吉閉破則凶足知其法自漢已然莽信時日小數故取諸此也上云十一月壬子直建冬至注云其日當建與此同隋律麻志云後魏景明中并州人王顯達獻古銅權一枚上銘八十一字其銘云律權石重四鈞又云黃帝初祖德帀于虞虞帝始祖德帀于辛歲在大梁龍集戊辰直定天命有人據土德受正號卽眞改正建丑長壽隆崇同律度量衡稽當前人龍在己巳歲次實沈初班天下萬國永遵子子孫孫享傳億年是權亦莽此曰所制故有戊辰直定四字也）御王冠卽眞天子位定有天下之號曰新其改正朔易服色變犧牲殊徽幟異器制（師古曰徽幟通謂旌旗之屬也幟音式志反）以十二月朔癸酉爲建國元年正月之朔（補注宋祁曰癸酉字下當有改元二字劉攽曰莽改年爲始建國但云建國者誤也皆當有始字何焯曰魏曹叡景初元年改用建丑之月爲正三年而子芳嗣位改元正始復用建寅之月爲正雖以叡忌日在正月爲辭其亦以莽嘗自謂代漢得地統中覺而改耶）以雞鳴爲時（補注先謙曰胡注以丑時爲十二時之始）服色配德上黃犧牲應正用白（補注先謙曰胡注以土繼火故尚黃萬物紐牙於丑其色白故應正用白）使節之旄旛皆純黃其署曰新使五威節以承皇天上帝威命也

王莽傳第六十九上終　　漢書九十九

王莽傳第六十九中　漢書九十九

漢　蘭　臺　令　史班　固　撰

唐正議大夫行祕書少監琅邪縣開國子顏師古　注

賜進士出身前翰林院編修國子監祭酒加三級臣王先謙補注

始建國元年〔補注〕先謙曰顧炎武云荀悅漢紀記莽事自始建國元年以後則云其二年其三年以至其十五年以別於正統而盡沒其天鳳地皇之號正月朔〔補注〕先謙曰莽以十二月為歲首此不與其改正朔莽帥公侯卿士奉皇太后璽韍師古曰韍謂璽之組音弗〔補注〕王先慎曰元后傳韍作紱字通先謙曰官本南監本注在上太皇太皇下上太皇太后順符命去漢號焉初莽妻宜春侯王氏女立為皇后師古曰王訢為丞相初封宜春侯傳爵至孫咸莽妻咸之女本生四男宇獲安臨二子前誅死安頗荒忽師古曰荒音呼廣反迺㠯臨為皇太子安為新嘉辟師古曰辟君也謂之辟者取為國君之義音壁封宇子六人千為功隆公壽為功明公吉為功成公宗為功崇公世為功昭公利為功著公大赦天下莽迺策命孺

子曰咨爾嬰昔皇天右迺太祖師古曰右讀曰佑佑助也歷世十二享國二百一十載歷數在于予躬詩不云乎侯服于周天命靡常師古曰大雅文王之詩也言殷之後嗣乃為諸侯服事周室是天命無常也謂微子為宋公也封爾為定安公永為新室賓於戲師古曰於戲音曰嗚呼敬天之休師古曰休美也往踐迺位毋廢予命又曰其㠯平原安德漯陰鬲重丘凡戶萬師古曰五縣也漯音它合反鬲音與隔同〔補注〕先謙曰一統志平原故城在今濟南府平原縣南安德故城今陵縣治漯陰故城在臨邑縣西鬲縣故城在德州北重邱故城在德州東官本南監本注在為定安公國下地方百里為定安公國立漢祖宗之廟於其國與周後並〔補注〕先謙曰並謂齊同行其正朔服色〔補注〕先謙曰胡注此皆空言世世㠯事其祖宗永㠯命德茂功享歷代之祀焉〔補注〕先謙曰命名字通命德猶名德與茂功對文㠯孝平皇后為定安太后讀策畢莽親執孺子手流涕歔欷師古曰歔音虛欷音許氣反曰昔周公攝位終得復子明辟今予獨迫皇天威命不得如意哀歎良久中傅將孺子下殿〔補注〕先謙曰官本考證云後書注引前書音義中傅宦者也北面而稱臣百僚陪位莫不感動又按金匱輔臣皆封拜〔補注〕先謙曰哀章所獻金匱圖金策書也㠯太傅左輔驃騎將軍安陽侯王舜為太師封安新公〔補注〕宋祁曰驃字當去旁馬字大司徒就德侯平晏為太傅就新公少阿羲和京兆尹紅休侯劉歆為國師嘉新公〔補注〕宋祁曰少阿晉灼音義作少倚阿訓倚取阿衡一字也音依倚之倚李奇音奇紅休南本作林廣漢梓潼哀章為國將美新公是為四輔位上公太保後承承陽侯甄邯師古曰承陽音烝〔補注〕宋祁曰承南本作烝先謙曰官本南監本後承之承作烝注烝下有陽字竝在承新公下為大司馬承新公丕進侯王尋為大司徒章新公步兵將軍成都侯王邑為大司空隆新公是為三公大阿右拂大司空衞將軍廣陽侯甄豐師古曰拂讀曰弼〔補注〕先謙曰官本南監本注在廣新公下為更始將軍廣新公京兆王興為衞將軍奉新公輕車將軍成武侯孫建為立國將軍成新公京兆王盛為前將軍崇新公是為四將凡十一公〔補注〕先謙曰四輔三公四將為十一公王興者故城門令史〔補注〕先謙曰胡注城門令史事

城門校尉掌文書王盛者賣餅莽按符命求得此姓名十餘人兩人容貌應卜相徑從布衣登用㠯視神焉師古曰視讀曰示餘皆拜為郎是日封拜卿大夫侍中尚書官凡數百人諸劉為郡守〔補注〕先謙曰通鑑守下有者字皆徙為諫大夫改明光宮為定安館定安太后居之㠯故大鴻臚府為定安公第〔補注〕宋祁曰邵本無故字新本添皆置門衞使者監領敕阿乳母不得與語〔補注〕王念孫曰阿下當有保字謂敕阿保及乳母也李尋傳云諸保阿乳母史傳皆以阿保竝言若云敕阿乳母則於文為不詞於事為不備矣漢紀孝平紀正作敕阿保乳母常在四壁中孟康曰令定安公居四壁中不得有所見至於長大不能名六畜後莽㠯女孫宇子妻之莽策羣司曰歲星司肅東獄太師典致時雨應劭曰貌之不恭是謂不肅肅敬也厥罰常雨常雨水也故申戒厥任欲使雨澤以時也晉灼曰眾物生於東方故戒太師也〔補注〕先謙曰典主也獄字誤官本南監本皆作嶽下同青煒登平考景㠯晷服虔曰煒音暉如淳曰青氣之光輝也晉灼曰言青陽之氣始升而上以成萬物也春秋分立表以正東西東日之始出也故考景以晷屬焉熒惑司悊南獄太傅典致時奧應劭曰視之不明是謂不悊悊智也厥罰

常燠燠暑也晉灼曰南方盛陽之位太傅師尊之稱故戒之也師古曰奥音於六反〔補注〕先謙曰官本注盛陽作陽盛末有韋昭曰司悊南方曰視君視明則臣聽悊十六字赤煒頌平考聲以律晉灼曰頌寬頌也夏假也物假大適宣平也六月陰氣之始故爲地統地之中數六六爲律律有形有色色尚黃故考聲以律屬焉師古曰頌讀曰容太白司艾西獄國師典致時陽應劭曰言之不從是謂不艾艾安也厥罰常陽陽旱也師古曰艾讀曰乂白煒象平考量以銓應劭曰量斗斛也銓權衡也晉灼曰象形也萬物無不成形於西方大小輕重皆可知故稱量屬焉辰星司謀北獄國將典致時寒應劭曰聽之不聽是謂不謀謀圖也厥罰常寒晉灼曰北伏也陽氣伏於下陰主殺故戒國將玄煒和平考星以漏應劭曰推五星行度以漏刻也晉灼曰和合也萬物皆合藏於北方水又主平故曰和平歷度起於斗分日月紀於攝提攝提值斗杓所指以建時節故考星屬焉月刑元股左司馬典致武應考方法矩張晏曰月爲刑司馬主武又典天故使主威刑也主司天文欽若昊天敬授民時力來農事以豐年穀師古曰欽敬也若順也力來勸勉之也來音郎代反〔補注〕先謙曰力來猶勞來日德元厷右司徒典致文瑞考圜合規張晏曰日爲陽位晉灼曰肱圜也五教在寬則和氣感物四靈見象故文瑞屬焉師古曰厷古肱字〔補注〕先謙曰官本南監本注圜上肱作厷主司人道五教

是輔師民承上宣美風俗五品迺訓師古曰五教謂父義母慈兄友弟恭子孝也五品即五常謂仁義禮智信斗平元心中司空典致物圖考度以繩張晏曰斗北斗也主齊七政司空主水土土爲中故責之孟康曰易河出圖洛出書司空主水土責以其物也晉灼曰中央爲四季土土者信信者直故爲繩主司地里平治水土掌名山川眾殖鳥獸蕃茂草木〔補注〕先謙曰眾殖猶言繁育各策命以其職如典誥之文〔補注〕先謙曰言其餘眾職皆如之置大司馬司允師古曰允信也〔補注〕先謙曰官本南監本注併入下條在孤卿下大司徒司直大司空司若師古曰若順也位皆孤卿更名大司農曰義和後更爲納言大理曰作士太常曰秩宗大鴻臚曰典樂〔補注〕周壽昌曰桓譚爲莽掌樂大夫殆即此官少府曰共工師古曰共音曰龔〔補注〕先謙曰官本注音作讀水衡都尉曰予虞與三公司卿凡九卿分屬三公每一卿置大夫三人一大夫置元士三人凡二十七大夫八十一元士分主中都官諸職〔補注〕宋祁曰或無官字更名光祿勳曰司中太僕曰太御衞尉曰太衞執金吾曰奮武中尉曰軍正〔補注〕劉攽曰中尉廢久此安得更名蓋是中壘校尉脫兩字周壽昌曰軍正漢有此官但非莽所改耳又置大贅官主乘輿服御物師古曰贅聚也言財物所聚也音之銳反〔補注〕劉奉世曰贅讀如虎賁綴衣之綴沈欽韓曰立政綴衣傳云掌衣服[illegible]古文苑揚雄雍州牧箴牧臣司雍敢告贅衣崔瑗北軍中候箴贅衣近侍常伯之人公羊襄十六年傳君若贅旒然鄭取以解商頌綴旒則綴贅通用顏解爲贅聚謬先謙曰官本注音上有贅字後又典兵秩位皆上卿號曰六監改郡太守曰大尹都尉曰太尉〔補注〕周壽昌曰太尉亦漢舊制但廢置不常此則秩如漢都尉耳縣令長曰宰御史曰執法公車司馬曰王路四門長樂宮曰常樂室未央宮曰壽成室前殿曰王路堂服虔曰如言路寢也長安曰常安更名秩百石曰庶士三百石曰下士四百石曰中士五百石曰命士六百石曰元士千石曰下大夫比二千石曰中大夫二千石曰上大夫中二千石曰卿車服黻冕各有差品師古曰此黻謂衣裳之黻又置司恭司徒〔補注〕劉攽曰徒改從齊召南曰案此司徒當作司從與聽明恭一例舊本別本俱誤耳司明司聰司中大夫及誦詩工徹膳宰以司過策曰予聞上聖欲昭厥德罔不

慎修厥身用綏于遠是用建爾司于五事毋隱尤毋將虛師古曰尤過也將助也虛謂虛美也言勿隱吾過而助爲虛美〔補注〕王先慎曰將順也言毋將順其虛美也好惡不愆立于厥中師古曰愆違也於戲勗哉師古曰於戲讀曰嗚呼勗勉也〔補注〕先謙曰南監本無注令王路設進善之旌非謗之木欲諫之鼓師古曰非音曰誹〔補注〕王念孫曰欲當依景祐本及賈誼傳作敢諫大夫四人常坐王路門受言事者封王氏齊縗之屬爲侯大功爲伯小功爲子緦麻爲男其女皆爲任師古曰任充也男服之義男亦任也音壬男以睦女以隆爲號焉師古曰睦隆皆其受封邑之號取嘉名也皆授印韍師古曰韍亦印之組次下並同令諸侯立太夫人夫人世子亦受印韍又曰天無二日土無二王百王不易之道也漢氏諸侯或稱王至于四夷亦如之違於古典繆於一統〔補注〕先謙曰胡注王大一統王者有天下之號諸侯及四夷稱之非古也其定諸侯王之號皆稱公及四夷僭號稱王者皆更爲侯又曰帝王之道相因而通盛德之祚百世享祀予惟黃帝帝少昊帝顓頊帝嚳帝堯帝舜帝夏禹

皐陶伊尹咸有聖德假于皇天師古曰假至也升也音工雅反功烈巍巍光施于
遠〔補注〕宋祁曰施一本作化予甚嘉之營求其後將祚厥祀惟王氏虞帝之後
也出自帝嚳劉氏堯之後也出自顓頊〔補注〕先謙曰官本考證云案謂舜出于嚳堯出顓頊
莽于是直誣古帝矣於是封姚恂爲初睦侯奉黃帝後服虔曰姚舜姓故封爲黃帝後〔補注〕宋祁
曰字書恂信也音詢梁護爲脩遠伯奉少昊後服虔曰以爲伯益之後故封之皇孫功隆公
千奉帝嚳後劉歆爲祁烈伯奉顓頊後國師劉歆子曅爲伊休侯
奉堯後師古曰上言紅休侯劉歆爲國師嘉新公今此云劉歆爲祁烈伯又言國師劉歆子爲伊休侯是則祁烈伯自別一
劉歆非國師也〔補注〕宋祁曰伊休疑是紅休先謙曰歆是紅休侯此自其子曅別封伊休宋說非嬀昌爲始睦侯
奉虞帝後山遵爲褒謀子奉皐陶後伊玄爲褒衡子奉伊尹後漢
後定安公劉嬰位爲賓周後衞公姬黨更封爲章平公亦爲賓殷
後宋公孔弘運轉次移〔補注〕先謙曰言隨時運而更位次更封爲章昭侯位爲恪
師古曰恪敬也言待之加敬亦如賓也周以舜後并杞宋爲三恪也夏後遼西姒豐封爲章功侯亦

爲恪服虔曰姒夏姓四代古宗宗祀于明堂以配皇始祖考虞帝〔補注〕劉奉世曰
四代以下十七字其義不倫莽方封先聖後未當及此且已有後文此字當衍周公後褒魯子姬就宣尼
公後襃成子孔鈞已前定焉莽又曰予前在攝時建郊宮定祧廟
立社稷師古曰遠祖曰祧音吐堯反神祇報況師古曰況賜也或光自上復于下流爲
烏師古曰復音扶目反或黃氣熏烝昭燿章明㠯著黃虞之烈焉師古曰烈餘業反自
云承黃虞之後〔補注〕先謙曰官本注反作也是自黃帝至于濟南伯王而祖世氏姓有五
矣師古曰濟南伯王莽之高祖〔補注〕周壽昌曰莽自述爲楚項所封濟北王田安之後安失國齊人謂之王家因以爲氏安孫遂
字伯紀處東平陵實濟南之地莽所稱濟南伯王即此人因其字伯紀謂之伯王郊祀志合七十年而伯王出焉史記注伯王指秦
始皇伯讀曰霸莽信符命借此伯王以爲祥也黃帝二十五子分賜厥姓十有二氏虞帝
之先受姓曰姚其在陶唐曰嬀在周曰陳在齊曰田在濟南曰王
予伏念皇初祖考黃帝皇始祖考虞帝㠯宗祀于明堂〔補注〕宋祁曰南本云
皇姓始祖考以當作已宜序於祖宗之親廟其立祖廟五親廟四后夫人皆

配食郊祀黃帝㠯配天黃后㠯配地孟康曰黃帝之后也㠯新都侯東弟爲
大禖歲時㠯祀師古曰禖祀也立此大祠常以歲時祀其先也〔補注〕先謙曰官本弟作第家之所尙種
祀天下師古曰言國已立大禖祠先祖矣其衆庶之家所向者各令傳祀勿絕普天之下同其法〔補注〕劉奉世曰此謂莽家
所尙之種祀示令天下傳以爲種祠不得不奉祀亦猶漢高之枌楡社也姚嬀陳田王氏凡五姓者皆
黃虞苗裔予之同族也書不云乎惇序九族師古曰虞書咎繇謩之辭也惇厚也其
令天下上此五姓名籍于秩宗皆㠯爲宗室世世復無有所與師古
曰復音方目反與讀曰預其元城王氏勿令相嫁娶師古曰元城王氏不得與四姓昏娶以其同祖也餘
宅王氏則不禁焉〔補注〕周壽昌曰特別元城者莽本娶王咸之女爲妻以示他王氏得相嫁娶且明己非婚同姓也先謙曰官本南
監本注在理親爲下㠯別族理親焉封陳崇爲統睦侯奉胡王後孟康曰追王陳胡公
田豐爲世睦侯奉敬王後孟康曰追王陳敬仲天下牧守皆㠯前有翟義趙
明等領州郡懷忠孝封牧爲男守爲附城又封舊恩戴崇金涉箕
閎楊並等子皆爲男〔補注〕先謙曰官本楊作陽案此數人並見上卷作陽是楊傳寫誤也遵騎都尉

㽟等師古曰㽟音許驕反分治黃帝園位於上都橋時師古曰橋山之上故曰橋時也〔補注〕劉攽
曰都當作郡先謙曰橋山黃帝陵見地理志上郡陽周下虞帝於零陵九疑胡王於淮陽陳敬
王於齊臨淄愍王於城陽莒服虔曰齊愍王伯王於濟南東平陵孺王於
魏郡元城師古曰莽之高祖名遂字伯紀曾祖名賀字翁孺故謂之伯王孺王使者四時致祠其廟
當作者㠯天下初定且祫祭於明堂太廟㠯漢高廟爲文祖廟師古
曰欲法舜受終於文祖莽曰予之皇始祖考虞帝受嬗于唐師古曰嬗古禪字漢氏
初祖唐帝世有傳國之象師古曰堯傳舜漢傳莽自以舜後故言有傳國之象予復親受金
策於漢高皇帝之靈惟思襃厚前代何有忘時漢氏祖宗有七蘇林
曰漢本祀祖宗有四莽以元帝成帝平帝爲宗故有七〔補注〕先謙曰官本祖宗作宗祖㠯禮立廟于定安國
其園寢廟在京師者勿罷祠薦如故予㠯秋九月親入漢氏高元
成平之廟諸劉更屬籍京兆大尹〔補注〕先謙曰易代之後不隸於宗正勿解其復各
終厥身師古曰復音方目反州牧數存問勿令有侵冤又曰予前在大麓至

于攝假師古曰大麓者謂爲大司馬宰衡時妄引舜納于大麓烈風雷雨不迷也攝假謂初爲攝皇帝又爲假皇帝深惟漢氏三七之阨赤德氣盡思索廣求師古曰索亦求也音山客反〔補注〕先謙曰官本注客作各是南監本無注所以輔劉延期之述靡所不用以故作金刀之利幾以濟之師古曰幾讀曰冀然自孔子作春秋以爲後王法至于哀之十四而一代畢協之於今亦哀之十四也張晏曰漢哀帝即位六年平帝五年居攝三年凡十四年赤世計盡終不可強濟皇天明威黃德當興隆顯大命屬予以天下師古曰屬音之欲反今百姓咸言皇天革漢而立新師古曰革改也廢劉而興王夫劉之爲字卯金刀也正月剛卯金刀之利皆不得行服虔曰剛卯以正月卯日作佩之長三尺廣一寸四方或用五或用金或用桃著革帶佩之今有五在者銘其一面曰正月剛卯金刀莽所鑄之錢也晉灼曰剛卯長一寸廣五分四方當中央從穿作孔以采絲葺其底如冠纓頭蕤刻其上面作兩行書文曰正月剛卯既央靈殳四方赤青白黃四色是當帝令祝融以教夔龍庶疫剛癉莫我敢當其一銘曰疾日嚴卯帝令夔化順爾固伏化茲靈殳既正既直既觚既方庶疫剛癉莫我敢當師古曰今往往有土中得玉剛卯者案大小及文服說是也莽以劉字上有卯下有金旁又有刀故禁剛卯及

金刀也〔補注〕沈欽韓曰說文毅改大剛卯也以逐精鬼癉與癉同爾雅釋文孫炎云癉疫病也續志以爲雙印蓋剛卯佩兩也長寸二分方六分乘輿諸侯王公侯以白玉其下以黑犀象牙周壽昌曰吳志注虞翻別傳云古大篆卯字讀當爲柳古柳卯同字裴松之謂翻言爲然故劉留聊柳同用此字以從聲故也與日辰卯字字同音異然漢書王莽傳論卯金刀故以日辰之卯今未能詳正據此則裴雖主虞義而亦未廢莽說也先謙曰官本注三尺作三寸用五有五五並作玉茸作葺是吳氏大澂古玉圖攷有玉剛卯四文字相類多減筆假借文云西月剛卯央口四方赤青白黃四色是當帝命執成[illegible]口口口卯庶疫剛癉[illegible]莫我敢當其四文不可識吳云所見玉剛卯從無三寸長一寸廣者似以晉說爲長顏是服不可解博謀卿士僉曰天人同應昭然著明其去剛卯莫以爲佩除刀錢勿以爲利承順天心快百姓意乃更作小錢徑六分重一銖文曰小錢直一與前大錢五十者爲二品並行欲防民盜鑄乃禁不得挾銅炭是歲四月徐鄉侯劉快結黨數千人起兵於其國師古曰快膠東恭王子也而王子侯表作炔字從火與此不同疑表誤〔補注〕宋祁曰越本無是歲二字韋昭云徐鄉東萊縣也沈欽韓曰一統志徐鄉故城在登州府黃縣西南五十里快兄殷故漢膠東王時改爲扶崇公快舉兵攻卽墨殷閉城門自繫獄

吏民距快快敗走至長廣死〔補注〕沈欽韓曰一統志長廣故城在登州府萊陽縣東莽曰昔予之祖濟南愍王困於燕寇自齊臨淄出保于莒宗人田單廣設奇謀獲殺燕將復定齊國今卽墨士大夫復同心殄滅反虜予甚嘉其忠者憐其無辜其赦殷等非快之妻子宅親屬當坐者皆勿治弔問死傷賜亡者葬錢人五萬殷知大命深疾惡快以故輒伏厥辜其滿殷國戶萬地方百里又封符命臣十餘人莽曰古者設廬井八家一夫一婦田百畝什一而稅則國給民富而頌聲作師古曰給足也此唐虞之道三代所遵行也秦爲無道厚賦稅以自供奉罷民力以極欲師古曰罷讀曰疲壞聖制廢井田是以兼并起貪鄙生強者規田以千數弱者曾無立錐之居又置奴婢之市與牛馬同蘭師古曰蘭謂遮蘭之若牛馬蘭圈也〔補注〕先謙曰蘭闌借字制於民臣顓斷其命姦虐之人因緣爲利至略賣人妻子〔補注〕沈欽韓曰方言就室曰搜於道曰略略強取左襄四年傳注不以道取曰略逆

天心詩人倫師古曰詩亂也詩音布內反繆於天地之性人爲貴之義師古曰孝經稱孔子曰天地之性人爲貴故引之性生也書曰予則奴戮女師古曰夏書甘誓之辭也奴戮戮之以爲奴也說書者以爲帑子也戮及妻子此說非也泰誓云四奴正士豈及子之謂乎女讀曰汝〔補注〕先謙曰官本帑作孥唯不用命者然後被此辜矣〔補注〕先謙曰官本辜作辠漢氏減輕田租三十而稅一常有更賦罷癃咸出師古曰更音工衡反罷音疲癃音隆而豪民侵陵分田劫假厥名三十稅一實什稅五也師古曰解並在食貨志父子夫婦終年耕芸師古曰芸字與耘同所得不足以自存故富者犬馬餘菽粟驕而爲邪貧者不厭糟糠窮而爲姦師古曰厭飽也俱陷于辜刑用不錯師古曰錯置也音千故反〔補注〕宋祁曰越本辜作辠予前在大麓始令天下公田口井師古曰計口而爲井田時則有嘉禾之祥遭反虜逆賊且止今更名天下田曰王田奴婢曰私屬皆不得賣買其男口不盈八而田過一井者分餘田予九族鄰里鄉黨故無田今當受田者如制度敢有非井田聖制無法惑衆者投諸四裔

吕禦魑魅師古曰魑山神也魅老物精也魑音螭魅音媚補注先謙曰語本左文十八年傳杜注裔邊也如皇始祖考虞帝故事是時百姓便安漢五銖錢吕莽錢大小兩行難知又數變改不信皆私吕五銖錢市買譌言大錢當罷莫肯挾莽患之復下書諸挾五銖錢言大錢當罷者比非井田制投四裔補注先謙曰非讀曰誹於是農商失業食貨俱廢民人至涕泣於市道及坐賣買田宅奴婢鑄錢自諸侯卿大夫至于庶民抵罪者不可勝數秋遣五威將王奇等十二人班符命四十二篇於天下補注齊召南曰案五威將十二人其將一人各有帥五人故下文云五威將帥七十二人還奏事也德祥五事符命二十五福應十二凡四十二篇其德祥言文宣之世黃龍見於成紀新都補注沈欽韓曰文紀十五年黃龍見於成紀宣紀黃龍元年不言龍見師古引漢注云此年二月黃龍見廣漢郡地理志廣漢郡有新都縣則莽所指新都矣成紀府志故城在今新都縣東二里高祖考王伯墓門梓柱生枝葉之屬補注先謙曰王伯當作伯王符命言井石金匱之屬福應言雌雞化爲雄之屬其文

爾雅依託皆爲作說師古曰爾雅近正也謂近於正經依古義而爲之說大歸言莽當代漢有天下云補注王先慎曰四十二篇書不傳惟五行志中載自說德祥事云初元四年莽生之歲也當漢九世火德之厄而有此祥興於高祖考之門門爲開通梓猶子也言王氏當有賢子開通祖統起於柱石大臣之位受命而王之符也得此可見一班比附時事歸美於己而已總而說之曰帝王受命必有德祥之符瑞協成五命申吕福應師古曰五命謂五行之次相承吕受命也申重也然後能立巍巍之功傳于子孫永享無窮之祚故新室之興也德祥發於漢三七九世之後蘇林曰二百一十歲九天子也補注何焯曰孝惠孝文爲一世哀平爲一世蘇注謂九天子非也肇命於新都受瑞於黃支孟康曰獻生犀補注宋祁曰注文孟康曰下當有黃支二字開王於武功定命於子同孟康曰梓潼縣也莽改也成命於巴宕晉灼曰巴郡宕渠縣也申福於十二應天所吕保祐新室者深矣固矣補注先謙曰官本祐作佑武功丹石出於漢氏平帝末年火德銷盡土德當代皇天眷然去漢與新吕丹石始命於皇帝皇帝謙讓吕攝居之末當天意故其秋七月天重吕三能文馬服虔曰三台星也晉灼曰許慎說文馬縞身金精周成王時犬戎獻之師古曰能音台補注沈欽韓曰晉說有脫誤說文媽馬赤鬣縞身目若黃金名曰媽吉皇之乘周文王時犬戎獻之西伯獻紂以全其身藝文類聚九十三六韜曰商王拘周伯昌于羑里太公與散宜生以金千鎰得犬戎文馬毫毛朱鬛目如黃金名雞斯之乘以獻商王皇帝復謙讓未即位故三吕鐵契四吕石龜五吕虞符六吕文圭七吕玄印八吕茂陵石書九吕玄龍石十吕神井十一吕大神石十二吕銅符帛圖申命之瑞寖吕顯著師古曰寖漸也至于十二吕昭告新皇帝皇帝深惟上天之威不可不畏故去攝號猶尚稱假改元爲初始欲吕承塞天命克厭上帝之心師古曰塞當也厭滿也然非皇天所吕鄭重降符命之意師古曰鄭重猶言頻煩也重音直用反故是日天復決其吕勉書孟康曰哀章所作策書也言數有瑞應莽自謙居攝天復決其疑勸勉令爲眞也晉灼曰勉字當爲龜是日自復有龜書及天下金匱圖策事也師古曰孟說是補注宋祁曰別本無復決其三字邵本無其字先謙曰官本南監本其下有所字又侍郎王盱見人衣白布單衣赤繢方領師古曰繢者會五采也以布爲單衣以赤加繢爲其方領也盱音許于反繢音胡內反補注王引之曰正文明言赤繢則非五采也赤繢方領謂以赤色之組爲方領也說見經義述聞周官繢純下冠小冠立于王路殿前謂

盱曰今日天同色吕天下人民屬皇帝師古曰同色者言五方天神其齊其謀同其顏色也字或作包包者言天總包括天下人眾而與莽也其義兩通屬委也音之欲反盱怪之行十餘步人忽不見至丙寅暮漢氏高廟有金匱圖策高帝承天命吕國傳新皇帝明旦宗伯忠孝侯劉宏吕聞乃召公卿議未決而大神石人談曰趣新皇帝之高廟受命毋留師古曰趣讀曰促於是新皇帝立登車之漢氏高廟受命受命之日丁卯也丁火漢氏之德也卯劉姓所吕爲字也明漢劉火德盡而傳於新室也皇帝謙謙既備固讓十二符應迫著命不可辭師古曰迫促也著明也懼然祇畏葦然閔漢氏之終不可濟師古曰懼音瞿瞿然自失之意也葦然變動之貌也瞿音居具反亹亹在左右之不得從意師古曰亹亹自勉之意左右助也言欲助漢室而迫天命不得從其本意也左右音曰佐佑也補注先謙曰左右音佐佑則不當云在左右在字疑傳寫加之也顏音佐佑所見本亦必無在字爲之三夜不御寢三日不御食延問

公侯卿大夫僉曰宜奉如上天威命於是乃改元定號海內更始〔補注〕先謙曰海內上疑有與字新室既定神祇懽喜申以福應吉瑞累仍師古曰申重也仍頻也詩曰宜民宜人受祿于天保右命之自天申之師古曰大雅假樂之詩也言有功德宜於眾人者則受天之福祿天乃保安而佑助之命以邦國也申謂重其意也右讀曰佑此之謂也五威將奉符命齎印綬王侯以下及吏官名更者師古曰更改也外及匈奴西域徼外蠻夷皆即授新室印綬因收故漢印綬賜吏爵人二級民爵人一級女子百戶羊酒蠻夷幣帛各有差大赦天下五威將乘乾文車鄭氏曰畫天文象於車也駕坤六馬鄭氏曰坤爲牝馬六地數背負鷩鳥之毛服飾甚偉師古曰鷩鳥雉屬即鵔鸃也今俗呼之山雞非也鷩音鼈每一將各置左右前後中帥凡五帥衣冠車服駕馬各如其方面色數師古曰色者東方青南方赤也數者若木數三火數二之類也將持節稱太一之使帥持幢稱五帝之使莽策命曰普天之下迄于四表師古曰迄亦至也靡所不至其東出者至玄菟樂浪高句驪夫餘師古曰夫餘亦東北夷也樂音洛浪音郎夫音扶南出者隃徼外歷益州師古曰隃字與踰同貶句町王爲侯西出者至西域盡改其王爲侯北出者至匈奴庭授單于印改漢印文去璽曰章單于欲求故印陳饒椎破之語在匈奴傳單于大怒而句町西域後卒以此皆畔饒還拜爲大將軍封威德子冬靁師古曰古雷字桐華置五威司命中城四關將軍司命司上公以下中城主十二城門策命統睦侯陳崇曰咨爾崇夫不用命者亂之原也大姦猾者賊之本也鑄偽金錢者妨寶貨之道也驕奢踰制者凶害之端也漏泄省中及尚書事者機事不密則害成也師古曰易上繫之辭曰君不密則失臣臣不密則失身機事不密則害成故引之拜爵王庭謝恩私門者祿去公室政從亡矣〔補注〕何焯曰莽深畏備其下故有第六條凡此六條國之綱紀是用建爾作司命〔補注〕錢大昭曰司命上疑脫五威二字周壽昌曰陳崇本官司直此復作司命即新置之五威司命也柔亦不茹剛亦不吐不侮鰥寡不畏強圉師古曰引詩大雅美仲山甫之

辭其義並解於上帝命帥繇統睦于朝師古曰帥循也繇讀與由同命說符侯崔發曰重門擊柝以待暴客師古曰易下繫之辭也擊柝謂擊木以守夜也暴客謂姦暴之人來爲寇害者也柝音他各反〔補注〕宋祁曰柝亦作柝女作五威中城將軍師古曰女讀曰汝其下並同〔補注〕宋祁曰中或作闕中德既成天下說符師古曰說音悅命明威侯王級曰繞霤之固南當荊楚服虔曰隘險之道師古曰謂之繞霤者言四面塞阸其道屈曲谿谷之水回繞而霤也其處即今商州界七盤十二繞是也霤音力救反〔補注〕沈欽韓曰長安志繹坡在藍田縣東南通典七盤二十繹藍關之險路也注十二繹謂爲十二繞[illegible]商州注文不誤引士喪禮注繹屈也濡水注盧龍之險峻阪縈折故有九繹之名亦取之爲號矣女作五威前關將軍振武奮衞明威于前命尉睦侯王嘉曰羊頭之阸北當燕趙師古曰羊頭山名在上黨壺關縣〔補注〕沈欽韓曰元和志羊頭山在潞州長子縣東五十六里女作五威後關將軍壺口捶阸尉睦于後師古曰壺口亦山名也捶阸謂據險阸而捶擊也捶音之蘂反命堂威侯王奇曰〔補注〕王念孫曰堂威當依下文作掌威後放此隸書掌字或作掌與堂相似而誤肴黽之險東當鄭衞師古曰肴肴山也黽黽池也皆在陝縣之東黽音莫善反女作五威左關將軍函谷批難掌威于左師古曰批謂糾閉之也函谷故關今在桃林縣界批音步結反〔補注〕宋祁曰掌當作堂先謙曰官本考證引蕭該曰案晉灼音義作批難字林云擊也父迷反廣雅曰批擊也釋名曰批兩指相䙝助共擊也先謙案宋說誤見上命懷羌子王福曰汧隴之阻西當戎狄師古曰汧扶風汧縣有吳山汧水之阻隴謂隴阺也汧隴相連汧音苦堅反阺音丁禮反女作五威右關將軍成固據守懷羌于右又遣諫大夫五十人分鑄錢於郡國是歲長安狂女子碧呼道中師古曰碧者女子名也呼叫也音火故反曰高皇帝大怒趣歸我國不者九月必殺汝師古曰趣讀曰促莽收捕殺之治者掌寇大夫陳成自免去官師古曰狂妄之人職在掌寇故云治者眞定劉都等謀舉兵發覺皆誅眞定常山大雨雹師古曰雨音于具反二年二月赦天下五威將帥七十二人還奏事漢諸侯王爲公者悉上璽綬爲民無違命者封將爲子帥爲男初設六筦之令師古曰筦亦管字也管主也〔補注〕先謙曰官本有韋昭曰謂禁地而猶開一路以專之如筦者十七字命縣官酤酒賣鹽鐵器鑄錢諸采取名山大澤眾物者稅之又令市官收賤賣貴賒貸予民收息百月三

如淳曰出百錢與民用月收其息三錢也師古曰貸音吐戴反犧和置酒士郡一人乘傳督酒利
師古曰督視察之傳音張戀反〔補注〕先謙曰官本視作察視是禁民不得挾弩鎧徙西海〔補注〕先謙
曰通鑑作犯者徙西海此疑脫匈奴單于求故璽莽不與遂寇邊郡殺略吏民十
一月立國將軍建奏西域將欽上言師古曰但欽也九月辛巳戊己校尉
史陳良終帶共賊殺校尉刁護師古曰刁音貂〔補注〕宋祁曰刁並注改作刀刧略吏士
自稱廢漢大將軍〔補注〕先謙曰顧炎武云自稱漢大將軍也下文亡漢將軍同此意自莽言謂之廢漢亡漢耳
亡入匈奴又今月癸酉不知何一男子〔補注〕先謙曰不知何謂不知何處言何省文漢鐃歌
艾而張羅夷於何亦謂夷於何所也遮臣建車前自稱漢氏劉子輿成帝下妻子也
師古曰下妻猶言小妻〔補注〕洪頤煊曰小妻妾也下妻非小妻後漢光武紀建武七年詔吏人遭飢死及爲青徐賊所掠爲奴婢下
妻欲去留者恣聽之十三年詔益州民或依託爲下妻欲去者恣聽之說文嫷一曰下妻也下妻非妾王昌傳郎緣是詐稱眞子輿
云母故成帝謳者亦非妾屬先謙曰官本南監本注末有也字劉氏當復師古曰復音扶福反趣空宮師古曰趣
讀曰促收繫男子即常安姓武字仲皆逆天違命〔補注〕宋祁曰男或作妻字一本無違

字大逆無道請論仲及陳良等親屬當坐者奏可〔補注〕先謙曰可孫建所奏此下
當更有又奏二字漢氏高皇帝比著戒云罷吏卒爲賓食師古曰比頻也言高帝頻戒云
勿使吏卒守漢廟欲爲寄食之賓於王氏廟中〔補注〕沈欽韓曰尚書大傳始奏肆夏納以教成舜爲賓客而禹爲主人樂正進贊曰
尚攷太室之義唐爲虞賓至今案此賓食之義也先謙曰官本南監本著作著誠欲承天心全子孫也其
宗廟不當在常安城中及諸劉爲諸侯者當與漢俱廢陛下至仁
久未定前故安衆侯劉崇徐鄉侯劉快師古曰並解於上陵鄉侯劉曾師古
曰楚思王子扶恩侯劉貴等師古曰不知誰子孫〔補注〕周壽昌曰不見王子侯表曾貴起兵誅莽事亦未載傳中
更聚衆謀反師古曰更音工衡反今狂狡之虜或妄自稱亡漢將軍或稱成
帝子子輿至犯夷滅連未止者此聖恩不蚤絕其萌芽故也臣愚
以爲漢高皇帝爲新室賓享食明堂成帝異姓之兄弟平帝壻也
皆不宜復入其廟元帝與皇太后爲體師古曰夫婦一體也聖恩所隆禮亦
宜之臣請漢氏諸廟在京師者皆罷諸劉爲諸侯者以戶多少就

五等之差其爲吏者皆罷待除於家師古曰罷黜其職各使退歸而言在家待遷除上當
天心稱高皇帝神靈師古曰稱音尺孕反塞狂狡之萌莽曰可嘉新公國師
以符命爲予四輔明德侯劉龔率禮侯劉嘉等凡三十二人皆知
天命或獻天符或貢昌言師古曰昌當也〔補注〕先謙曰官本當作善是或捕告反虜厥
功茂焉諸劉與三十二人同宗共祖者勿罷賜姓曰王唯國師以
女配莽子故不賜姓改定安太后號曰黃皇室主絕之於漢也冬
十二月雷更名匈奴單于曰降奴服于莽曰降奴服于知師古曰知者莽
改單于之名也本名囊知牙斯威侮五行師古曰引夏書甘誓之文背畔四條師古曰四條莽所與作制者事
在匈奴傳侵犯西域延及邊垂爲元元害辠當夷滅命遣立國將軍孫
建等凡十二將十道並出共行皇天之威罰于知之身師古曰共讀曰恭
惟知先祖故呼韓邪單于稽侯狦師古曰狦音刪又音先安反〔補注〕先謙曰官本注末有韋昭曰
狦惡健犬也八字累世忠孝保塞守徼不忍以一知之罪滅稽侯狦之世

今分匈奴國土人民以爲十五立稽侯狦子孫十五人爲單于遣
中郎將藺苞戴級馳之塞下召拜當爲單于者諸匈奴人當坐虜
知之法者皆赦除之遣五威將軍苗訢虎賁將軍王況出五原厭
難將軍陳欽震狄將軍王巡出雲中師古曰厭音一涉反振武將軍王嘉平
狄將軍王萌出代郡相威將軍李棽鎮遠將軍李翁出西河師古曰棽
音所林反〔補注〕先謙曰官本注末有韋昭曰棽音疏禁反字林曰棽支條棽麗也十七字誅貉將軍陽俊討穢
將軍嚴尤出漁陽奮武將軍王駿定胡將軍王晏出張掖及偏裨
以下百八十人募天下囚徒丁男甲卒三十萬人轉衆郡委輸五
大夫衣裘兵器糧食長吏送自負海江淮至北邊使者馳傳督趣
以軍興法從事師古曰傳音張戀反趣音促〔補注〕劉奉世曰五大夫不可曉疑衍先謙曰胡注言事誅斬也天
下騷動先至者屯邊郡須畢具乃同時出莽以錢幣訖不行師古曰訖
竟也復下書曰民以食爲命以貨爲資是以八政以食爲首寶貨皆

重則小用不給皆輕則僦載煩費師古曰僦送也一曰賃也音子就反輕重大小各有差品則用便而民樂於是造寶貨五品補注先謙曰謂錢貨銀貨龜貨貝貨布貨共五品語在食貨志百姓不從但行小大錢二品而已盜鑄錢者不可禁迺重其法一家鑄錢五家坐之沒入爲奴婢吏民出入持布錢㠯副符傳師古曰舊法行者持符傳卽不稽留今更令持布錢與符相副乃得過也傳音張戀反其下亦同不持者廚傳勿舍關津苛留師古曰廚行道飲食處傳置驛之舍也苛問也音何補注蘇輿曰苛與何同音通訓周禮射人不敬者苛罰之鄭注苛謂詰問之廣雅釋詁何問也公卿皆持㠯入宮殿門欲㠯重而行之是時爭爲符命封侯其不爲者相戲曰獨無天帝除書乎補注沈欽韓曰除書唐宋謂之除目杜甫集有秦州見除目詩其循例遷換亦曰熟除見六一居士集得熟除詩又張李替如鄰學[illegible]司命陳崇白莽曰此開姦臣作福之路而亂天命宜絕其原莽亦厭之遂使尚書大夫趙並驗治非五威將率所班皆下獄初甄豐劉歆王舜爲莽腹心倡導在位師古曰倡音赤上反補注先謙曰官本引蕭該曰所班舊作所辨案韋昭曰辨布也音班或作班褒揚

功德安漢宰衡之號及封莽母兩子兄子皆豐等所共謀而豐舜歆亦受其賜並富貴矣非復欲令莽居攝也補注宋祁曰或無貴字居攝之萌出於泉陵侯劉慶前煇光謝囂長安令田終術莽羽翼已成意欲稱攝豐等承順其意莽輒復封舜歆兩子及豐孫豐等爵位已盛心意既滿又實畏漢宗室天下豪桀而疏遠欲進者並作符命莽遂據㠯卽眞舜歆內懼而已豐素剛強莽覺其不說師古曰說讀曰悅故從大阿右拂大司空豐託符命文爲更始將軍師古曰拂讀曰弼與賣餠兒王盛同列豐父子默默時子尋爲侍中京兆大尹茂德侯卽作符命言新室當分陝立二伯師古曰分陝者欲依周公召公故事自陝以東周公主之自陝以西召公主之陝卽今陝州是其地也伯長也陝音式冉反㠯豐爲右伯太傅平晏爲左伯如周召故事莽卽從之拜豐爲右伯當述職西出未行尋復作符命言故漢氏平帝后黃皇室主爲尋之妻莽㠯詐立心疑大臣怨謗欲震威㠯懼下因是發怒曰黃皇室主天下母此何謂也收捕尋尋亡豐自殺尋隨方士入華山歲餘捕得辭連國師公歆子侍中東通靈將五司大夫隆威侯棻補注劉奉世曰東通靈將五司大夫亦疑其譌非史本文沈欽韓曰東通靈將蓋五威將職東方者五司大夫郎前司恭等大夫此似五斗米道符籙中結銜莽之妖妄其事當然劉氏疑其譌未審也棻弟右曹長水校尉伐虜侯泳大司空邑弟左關將軍堂威侯奇補注錢大昭曰關當作闕先謙曰官本南監本作闕堂亦當作掌及歆門人侍中騎都尉丁隆等牽引公卿黨親列侯㠯下死者數百人尋手理有天子字莽解其臂入視之曰此一大子也補注先謙曰官本大作天引宋祁曰天或作大或曰一六子也六者戮也明尋父子當戮死也迺流棻于幽州放尋于三危殛隆于羽山師古曰效舜之罰共工等也殛誅也音居力反皆驛車載其屍傳致云莽爲人侈口蹷顄師古曰侈大也蹷短也顄頤也蹷音其月反顄音胡感反補注沈欽韓曰方言頷頤頷也注謂頷車也沈彤釋骨云頷說文作顄與頤同訓蓋從口內言之若從口外言則兩旁爲頷頷前爲頤不容相假故內經無通稱者先謙曰官本南監本無二音字

露眼赤精大聲而嘶師古曰嘶聲破也音先奚反補注沈欽韓曰方言聲散曰嘶說文嘶散聲也徐鍇以馬鳴聲爲嘶嘶嘶通用長七尺五寸好厚履高冠㠯氂裝衣師古曰毛之強曲者曰氂以裝褚衣中令其張起也氂音力之反字或作褩音義同補注沈欽韓曰釋言氂罽也邢疏舍人云氂所謂毛罽也胡人績羊毛而作衣尚書正義引孫炎云毛氂爲罽然則以氂裝衣亦以氊褐爲著耳豈謂長毛強曲使衣張起乎先謙曰官本南監本注褩作氂反膺高視瞰臨左右師古曰瞰謂遠視也音口濫反是時有用方技待詔黃門者或問㠯莽形貌待詔曰莽所謂鴟目虎吻豺狼之聲者也故能食人亦當爲人所食問者告之莽誅滅待詔而封告者後常翳雲母屏面師古曰屏面卽便面蓋扇之類也解在張敞傳非親近莫得見也是歲㠯初睦侯姚恂爲寧始將軍三年莽曰百官改更職事分移律令儀法未及悉定且因漢律令儀法㠯從事令公卿大夫諸侯二千石舉吏民有德行通政事能言語明文學者各一人詣王路四門補注宋祁曰路字下有門字遣尚書大夫趙並使勞北邊還言五原北假膏壤殖穀師古曰北假地名也膏壤

言其土肥美也殖生也異時常置田官乃㠯並爲田禾將軍發戍卒屯田北假㠯助軍糧是時諸將在邊須大衆集師古曰須待也吏士放縱而內郡愁於徵發民棄城郭流亡爲盜賊幷州平州尤甚〔補注〕先謙曰胡注此時未有平州漢末公孫度自稱平州牧魏始分幽州置平州平字誤也錢大昕云路博德傳云西河平州人平州縣名屬西河郡在幷州部內故云幷州平州也地理志作平周蓋古字通用胡注恐未然沈欽韓云平州蓋莽分幽州所置公孫度自立爲平州牧本此錢氏以爲西河之縣在幷州部內故云若僅幷州一縣流亡豈足槪莽之亂莽令七公六卿號皆兼稱將軍〔補注〕先謙曰胡注七公四輔及三公也六卿義和作士秩宗典樂共工予虞遣著武將軍逯並等塡名都師古曰逯音錄塡音竹刃反此下亦同中郎將繡衣執法各五十五人分塡緣邊大郡督大姦猾擅弄兵者皆便爲姦於外撓亂州郡師古曰撓音火高反其字從手貨賂爲市侵漁百姓莽下書曰虜知罪當夷滅故遣猛將分十二部將同時出一舉而決絕之矣內置司命軍正外設軍監十有二人誠欲㠯司不奉命令軍人咸正也今則不然各爲權勢恐猲良民師古曰猲㠯威力脅之也音呼葛反妄封人頸得錢者去如淳曰權臣妄㠯法枉良人爲僮僕封其頸㠯別之也得贖錢乃去封毒蠚並作農民離散師古曰蠚音呼各反司監若此可謂稱不師古曰稱音尺孕反自今㠯來敢犯此者輒捕繫㠯名聞然猶放縱自若而蘭苞戴級到塞下招誘單于弟咸咸子登入塞脅拜咸爲孝單于賜黃金千斤錦繡甚多遣去將登至長安拜爲順單于留邸〔補注〕王先慎曰始拜咸子助爲順單于助病死以登代助爲順單于見匈奴傳太師王舜自莽篡位後病悸寖劇死師古曰心動曰悸寖漸也悸音葵季反〔補注〕宋祁曰悸舊作喘王念孫曰此本作病喘悸舊本新本各脫其一字耳喘悸二形不相似無緣彼此互譌故知原有兩字而新舊本各脫其一也韋昭注酷吏傳云心中喘息曰悸是也見宋祁校本御覽疾病部四引此正作病喘悸莽曰昔齊太公㠯淑德累世爲周氏太師蓋子之所監也師古曰監謂視見也其㠯舜子延襲父爵爲安新公延弟褒新侯匡爲太師將軍永爲新室輔爲太子置師友各四人秩㠯大夫㠯故大司徒馬宮爲師疑故少府宗伯鳳爲傅丞博士袁聖爲阿輔京兆尹王嘉爲保拂師古曰拂讀曰弼是爲四師故尙書令唐林爲胥附〔補注〕周壽昌曰胥附卽疏附胥疏一音博士李充爲奔走師古曰犇古奔字諫大夫趙襄爲先後中郎將廉丹爲禦侮是爲四友又置師友祭酒及侍中諫議六經祭酒各一人凡九祭酒〔補注〕先謙曰師友侍中諫議三祭酒並六經六祭酒爲九祭酒秩上卿琅邪左咸爲講春秋潁川滿昌爲講詩長安國由爲講易平陽唐昌爲講書沛郡陳咸爲講禮崔發爲講樂祭酒遣謁者持安車印綬卽拜楚國龔勝爲太子師友祭酒〔補注〕先謙曰卽就也就家拜之勝不應徵不食而死寧始將軍姚恂免侍中崇祿侯孔永爲寧始將軍是歲池陽縣有小人景長尺餘或乘車馬或步行操持萬物〔補注〕錢大昭曰操南監本閩本作搡先謙曰官本作操是小大各相稱師古曰車馬及物皆稱其人之形三日止瀕河郡蝗生師古曰謂緣河南北諸郡瀕音頻又音賓河決魏郡泛清河㠯東數郡先是莽恐河決爲元城冢墓害〔補注〕先謙曰胡注莽曾祖賀以下冢墓在魏郡元城及決東去元城不憂水故遂不隄塞〔補注〕何焯曰莽事事期以利己故百姓不附

四年二月赦天下夏赤氣出東南竟天厭難將軍陳歆〔補注〕錢大昭曰匈奴傳作陳欽言捕虜生口虜犯邊者皆孝單于咸子角所爲莽怒斬其子登於長安㠯視諸蠻夷師古曰視音曰示大司馬甄邯死寧始將軍孔永爲大司馬侍中大贅侯輔爲寧始將軍莽每當出輒先揬索城中名曰橫揬師古曰索音山各反橫音胡孟反〔補注〕沈欽韓曰案莽出當揬索則官吏入宮殿者亦當露索也漢儀三公領兵入見令虎賁執刀挾之觀書伏后紀三國志魏武紀注唐猶然見唐書王及善傳及文昌雜錄樂記鄭注橫充也釋言桄大也蘇云孫叔然本作光尚書疏引釋言亦作光虞書光被四表莽傳及後書安帝詔馮異傳俱作橫被案光充皆大之通訓此橫揬即乃大揬耳是月橫揬五日莽至明堂授諸侯茅土下書曰予㠯不德襲于聖祖爲萬國主思安黎元在于建侯分州正域㠯美風俗〔補注〕宋祁曰分字下當有九字追監前代爰綱爰紀惟在堯典十有二州衛有五服師古曰並解於上詩國十五拞徧九州師古曰謂周南召南衛王鄭齊魏唐秦陳鄶曹豳魯商凡十五國也一曰周南召南鄁鄘衛王鄭齊魏唐秦陳鄶曹豳是爲十五國拞音普胡反〔補注〕宋祁曰國字當作曰沈欽韓曰廣雅拞布也般頌有奄

有九有之言師古曰商頌玄鳥之詩美湯有功德故能覆有九州禹貢之九州無幷幽周禮司馬則無徐梁〔補注〕宋祁曰湻化本無無幷二字帝王相改各有云爲或昭其事或大其本厥義著明其務一矣昔周二后受命故有東都西都之居予之受命蓋亦如之其以洛陽爲新室東都常安爲新室西都邦畿連體各有采任州從禹貢爲九爵從周氏有五諸侯之員千有八百附城之數亦如之以俟有功諸公一同〔補注〕王文彬曰左襄二十五年傳列國一同自是以衰周官匠人方百里爲同先謙曰官本同作國有眾萬戶土方百里侯伯一國眾戶五千土方七十里子男一則〔補注〕沈欽韓曰大宗伯職注鄭司農云則者法也周書作雒解苴以白茅以爲土封受則土於周室眾戶二千有五百土方五十里附城大者食邑九成眾戶九百土方三十里自九以下降殺以兩師古曰兩兩而降也殺音所例反〔補注〕王文彬曰左襄公二十六年傳自上以下隆殺以兩數相減此自九以下而七而五而三以至於一也顏說未晰至於一成如淳曰十里爲成五差備具合當一則今已受茅土者公十四人〔補注〕錢大昭曰十四人者謂安新公王延就新公平晏嘉新公劉歆美新公哀章承新公甄邯章新公王尋隆新公王邑奉新公王興成新公孫建崇新公王盛章平公姬黨宣威公藺苞揚威公戴級安定公劉嬰也廣新公甄豐有罪國除不在數內莽之宗室公如新舉公安褒新公臨功隆公千功明公壽功成公吉功崇公宗功昭公世功著公利亦不在十四人之內侯九十三人伯二十一人子百七十一人男四百九十七人凡七百九十六人附城千五百一十一人九族之女爲任者八十三人及漢氏女孫中山承禮君遵德君修義君更以爲任十有一公九卿十二大夫二十四元士定諸國邑采之處使侍中講禮大夫孔秉等與州部眾郡曉知地理圖籍者共校治于壽成朱鳥堂予數與羣公祭酒上卿親聽視咸已通矣夫褒德賞功所以顯仁賢也九族和睦所以褒親親也予永惟匪解思稽前人師古曰解音曰懈稽考也〔補注〕先謙曰官本音作讀將章黜陟以明好惡安元元焉以圖簿未定未授國邑且令受奉都內月錢數千師古曰奉音扶用反諸侯皆困乏至有庸作者中郎區博諫

莽曰師古曰區姓也音一侯反井田雖聖王法其廢久矣周道既衰而民不從秦知順民之心可以獲大利也故滅廬井而置阡陌遂王諸夏訖今海內未厭其敝今欲違民心追復千載絕迹師古曰復音扶目反雖堯舜復起而無百年之漸弗能行也天下初定萬民新附誠未可施行莽知民怨〔補注〕王念孫曰通典食貨一作莽知民愁愁者原文作怨者後人不曉古義而改之也愁即怨也說文慍怨也今本說文慍作怒乃後人所改據詩綠衣正義及一切經音義卷五卷九卷十三卷十九引訂正愁恚也後漢書明帝紀云百姓愁怨情無告訴是愁與怨同義秦策云上下相愁民無所聊謂上下相怨也淮南詮言篇云己之所生乃反愁人謂反怨人也下文天下愈愁即承此愁字而言則本作愁明矣又莽知民愁四字食貨志凡兩見迺下書曰諸名食王田皆得賣之勿拘以法犯私買賣庶人者且一切勿治初五威將帥出改句町王以爲侯王邯怨怒不附師古曰邯句町王之名也音下甘反莽諷牂柯大尹周歆詐殺邯邯弟承起兵攻殺歆先是莽發高句驪兵當伐胡不欲行郡強迫之皆亡出塞因犯法爲寇遼西大尹田譚追擊之爲所殺州郡歸咎於高句驪侯騶嚴尤奏言貉人犯法不從騶起正有它心宜令州郡且尉安之師古曰假令騶有惡心亦當且慰安〔補注〕先謙曰正即也解詳終軍傳今猥被以大罪恐其遂畔師古曰猥多也厚也被加也音皮義反〔補注〕先謙曰猥猶猝也說詳文三王傳夫餘之屬必有和者師古曰和應也音胡臥反匈奴未克夫餘穢貉復起此大憂也莽不尉安穢貉遂反詔尤擊之尤誘高句驪侯騶至而斬焉傳首長安莽大說下書曰迺者命遣猛將共行天罰師古曰共讀曰恭誅滅虜知分爲十二部或斷其右臂或斬其左腋或潰其胸腹或紬其兩脅師古曰紬音與抽同今年刑在東方張晏曰是歲在壬申刑在東方誅貉之部先縱焉捕斬虜騶平定東域虜知殄滅在于漏刻此乃天地羣神社稷宗廟佑助之福公卿大夫士民同心將率虓虎之力也師古曰虓音火交反予甚嘉之其更名高句驪爲下句驪布告天下令咸知焉於是貉人愈犯邊東北與西南夷皆亂云莽志方盛以爲四夷不足吞滅專念稽古之

事復下書曰伏念予之皇始祖考虞帝受終文祖在璇璣玉衡吕齊七政〔補注〕先謙曰官本璇作璿遂類于上帝禋于六宗望秩于山川徧于羣神巡狩五嶽羣后四朝敷奏吕言明試吕功師古曰解並在前予之受命即眞到于建國五年已五載矣陽九之阸既度百六之會已過歲在壽星塡在明堂倉龍癸酉德在中宮服虔曰倉龍太歲也張晏曰太歲起於甲寅爲龍東方倉癸德在中宮也晉灼曰壽星角亢也東宮倉龍房心也心爲明堂塡星所在其國昌莽自謂土也土行主塡星癸德在中宮宮又土也觀晉掌歲龜策告從孟康曰觀辰星進退掌主也晉灼曰國語晉文公以卯出西入過五鹿得土歲在壽星其日戌中莽欲法之以爲吉祥正以二月建寅之節東巡狩者取萬物生之始也觀晉識太歲所在宿度所合卜筮皆吉故法之〔補注〕錢大昕曰孟説非也觀晉二卦名易稽覽圖有主歲卦後漢書蘇竟傳今年比卦部歲乾鑿度求卦主歲術常以太歲紀歲七十六爲一紀二十紀爲一部首卽置積部首歲數加所入紀歲數以三十二除之不足除者以乾坤始數二卦而得一歲未算卽主歲之卦也據後漢書黃鑿傳注沈欽韓曰案晉語董因對文公曰歲在大梁將集天行元年始受實沈之星也實沈之虛晉人是居所以興也君之行也歲在大火大火閼伯之星也是謂大辰韋昭云魯語僖二十三年歲星在大梁之次公以辰出而以參入元年謂文公卽位之年魯僖二十四年歲星在實沈案大火於辰在卯大梁於辰在酉故晉灼云卯出酉入也其吕此年二月建寅之節東巡狩具禮儀調度師古曰調音徒釣反羣公奏請募吏民人馬布帛綿〔補注〕先謙曰官本無帛字又請內郡國十二買馬發帛四十五萬匹輸常安前後毋相須師古曰須待也至者過半莽下書曰文母太后體不安其且止待後是歲改十一公號吕新爲心後又改心爲信〔補注〕先謙曰据此知本書信新通作古本通用五年二月文母皇太后崩葬渭陵與元帝合而溝絕之如淳曰葬於司馬門內作溝絕之立廟於長安新室世世獻祭元帝配食坐於牀下莽爲太后服喪三年大司馬孔永乞骸骨賜安車駟馬吕特進就朝位同風侯逯並爲大司馬〔補注〕沈欽韓曰廣韻棣字注云又姓王莽大司馬棣並元和姓纂又作杕云王莽大司馬杕並見姓苑棣杕聲同而異作逯者風俗通云漢有大司空逯並廣韻又引之是時長安民聞莽欲都雒陽不肯繕治室宅師古曰繕補也或頗徹之莽曰玄龍石文曰定帝德國雒陽〔補注〕周壽昌曰此光武建都之兆符命著明敢不欽奉吕始建國八年歲纏星紀孟康曰纏居也星紀在斗牽牛間師古曰纏踐歷也音直連反在雒陽之都其謹繕脩常安之都勿令壞敗敢有犯者輒吕名聞請其罪是歲烏孫大小昆彌遣使貢獻大昆彌者中國外孫也其胡婦子爲小昆彌而烏孫歸附之莽見匈奴諸邊並侵意欲得烏孫心迺遣使者引小昆彌使置大昆彌使上保成師友祭酒滿昌劾奏使者曰夷狄吕中國有禮誼故詘而服從大昆彌君也今序臣使於君使之上非所吕有夷狄也奉使大不敬莽怒免昌官西域諸國吕莽積失恩信焉耆先畔殺都護但欽十一月彗星出二十餘日不見是歲吕犯挾銅炭者多除其法明年改元曰天鳳天鳳元年正月赦天下莽曰予吕二月建寅之節行巡狩之禮太官齎糒乾肉內者行張坐臥師古曰糒乾飯也張坐臥謂帷帳茵席也糒音備〔補注〕宋祁曰湻化本無內字新本內字下去內者行先謙曰胡注內者令時屬共工續漢志內者令掌布張諸衣物所過毋得有所給師古曰言自齎食及帷帳以行在路所經過不須供費也予之東巡必躬載耒每縣則耕吕勸東作師古曰耒耕曲木也音力對反〔補注〕宋祁曰耒字下當有耜字王先愼曰此皆四字句宋説非先謙曰官本南監本注耕作耜予之南巡必躬載耨每縣則薅吕勸南僞師古曰耨鉏也薅耘去草也耨音奴豆反薅音火高反僞讀曰訛訛化也〔補注〕錢大昭曰僞字古亦省作爲史記平秩南譌司馬貞本作南爲淮南天文訓歲大旱禾不爲高誘曰爲成也禾成於夏故云南爲上下文東作西成皆言農事不當訓訛爲化予之西巡必躬載銍每縣則穫吕勸西成予之北巡必躬載拂每縣則粟吕勸蓋藏師古曰拂音佛所以擊治禾者也今謂之連枷粟謂治粟〔補注〕沈欽韓曰方言僉宋魏之間謂之攝郭云今連枷所以打穀者又云殳自關而西或謂之拂案此則枷是打禾麥牀拂是擊豪之杖今田家於牀打不盡者復以竹片削其餘穀明其二物也齊語耒耜枷芟韋昭云枷拂也説文拂擊禾連枷也又枷拂也廣雅拂謂之枷則混言之畢北巡狩之禮卽于土中居雒陽之都焉敢有趨讙犯法輒吕軍法從事劉德曰趨讙走呼也羣公奏言皇帝至孝往年文母聖體不豫躬親供養衣冠稀解因遭棄羣臣悲哀顏色未復飲食損少今一歲四巡道路萬里春秋尊非糒乾肉之所能堪且無巡狩須闋大服吕安聖體師古

曰闕盡也音口決反臣等盡力養牧兆民奉稱明詔師古曰稱副也莽曰羣公羣牧羣司諸侯庶尹願盡力相帥養牧兆民欲以稱予繇此敬聽師古曰繇讀與由同補注先謙曰官本聽作德其勗之哉毋食言焉更以天鳳七年歲在大梁倉龍庚辰行巡狩之禮補注何焯曰莽至明堂猶横捜五日況肯出行萬里耶皆虛爲此文以示墜典無所不舉又借臣下之言輙行仍言天鳳七年當出上下相蒙益彰厥姦僞而乃有愚蔽之甚私喜其術者此南北五代所以多故也明年歲在實沈倉龍辛巳卽土之中雒陽之都迺遣太傅平晏大司空王邑之雒陽營相宅兆圖補注先謙曰胡注相息亮反宅居也壇域塋界皆曰兆起宗廟社稷郊兆云三月壬申晦日有食之大赦天下策大司馬逯並曰日食無光干戈不戢其上大司馬印韍就侯氏朝位補注先謙曰胡注免官以侯爵就朝位太傅平晏勿領尚書事省侍中諸曹兼官者以利苗男訢爲大司馬如淳曰利苗邑名補注沈欽韓曰案訢上脫苗字莽卽眞尤備大臣抑奪下權朝臣有言其過失者輒拔擢孔仁趙博費興等以敢擊大臣故

見信任師古曰費音扶味反擇名官而居之公卿入宮吏有常數太傅平晏從吏過例掖門僕射苛問不遜師古曰僕射苛問平晏其言不遜戊曹士收繫僕射應劭曰莽自以土行故使太傅置戊曹士士掾也蘇林曰士者曹掾屬公府諸曹次第之名也師古曰應說是補注先謙曰官本引蕭該曰戊子案春秋說曰土戊也五行書曰戊己屬土王莽自以土行音懋莽大怒使執法發車騎數百圍太傅府捕士卽時死大司空士夜過奉常亭亭長苛之告以官名亭長醉曰寧有符傳邪師古曰傳音張戀反士以馬箠擊亭長師古曰箠策也音止橤反亭長斬士亡郡縣逐之家上書師古曰亭長家上書自治補注周壽昌曰治當作理言自申理也唐諱治爲理後人回改故此轉誤作治莽曰亭長奉公勿逐大司空邑斥士以謝補注劉攽曰前云斬士後云斥士則非斬也疑是斫字國將哀章頗不清莽爲選置和叔師古曰特爲置此官補注沈欽韓曰莽置國將主北嶽和叔亦宅朔方爲國將之副後有太師義仲景尚太傅義叔士孫喜國師和仲曹放知四輔屬官皆依虞書置之先謙曰胡注莽以國將主冬故置和叔之官敕曰非但保國將閨門當保親屬在西州者諸公皆輕賤而章尤甚補注錢大昭曰哀章廣漢梓潼人故曰西州四月隕霜殺屮木師古曰屮古草字海瀕尤甚師古曰邊海之地也瀕音頻又音賓六月黃霧四塞七月大風拔樹飛北闕直城門屋瓦師古曰北闕直城門瓦皆飛也直城門長安城門名也解在成紀雨雹殺牛羊莽以周官王制之文置卒正連率大尹職如太守屬令屬長職如都尉補注先謙曰胡注王制三十國爲卒卒有正十國爲連連有率置州牧部監二十五人見禮如三公補注王念孫曰此文本作置州牧其禮如三公郡監二十五人監位上大夫各主五郡其禮如三公謂州牧之禮秩如三公也下文云州牧位三公是其證郡監以下謂分天下爲百二十五郡規下郡監二十五人人主五郡也今本其禮誤作見禮郡監誤作部監而部監二十五人又誤在見禮如三公之上遂致文不成義後漢隗囂傳注所引已與今本同漢紀作置州牧其禮如三公郡監二十五人位上大夫各主五郡足正今本之失朱一新曰王以漢紀正今本是也但謂見禮當作其禮殊誤見禮謂朝見之禮本傳中卽己數見何煩改字監位上大夫各主五郡公氏作牧侯氏卒正伯氏連率子氏屬令男氏屬長皆世其官其無爵者爲尹分長安城旁六鄉置帥各一人分三輔爲六尉郡師古曰三輔黃圖云渭城安陵以西北至栒邑義渠十縣屬京尉大夫府居故長安寺高陵以北十縣屬師尉大夫府居故廷

尉府新豐以東至湖十縣屬翊尉大夫府居城東霸陵杜陵東至藍田西至武功郁夷十縣屬光尉大夫府居城南茂陵槐里以西至汧十縣屬扶尉大夫府居城西長陵池陽以北至雲陽祋祤十縣屬列尉大夫府居城北河東河內弘農河南潁川南陽爲六隊郡師古曰隊音遂補注劉奉世曰河南當爲滎陽莽所分以爲六隊之一也下文自有河南大尹更爲保忠信卿周壽昌曰此莽仿周官之制略爲沿革大司徒屬鄉老二鄉則公一人鄉大夫每鄉卿一人疏云司徒掌六鄉者鄭注王置六鄉則公有三人也鄭司農云百里內爲六鄉外爲六遂遂人鄭注六遂之地自遠郊以達於畿中有公邑家邑小都大都焉疏云其以六鄉爲正六遂爲副莽之六隊卽六遂也古遂隊字通易震卦震遂泥釋文荀本作隊書費誓魯人三郊三遂史記作隧隊是隧省文考工記匠人廣二尺深二尺謂之隧釋文隧本作遂知莽以六遂作六隊也置大夫職如太守屬正職如都尉更名河南大尹曰保忠信卿補注先謙曰地理志河南郡下卿誤鄉說詳彼注益河南屬縣滿三十置六郊州長各一人補注劉奉世曰當爲六郊衍州字何焯曰州長準周官與前州牧準虞書者不同劉以爲衍字誤也故下文亦稱六州人主五縣及宅官名悉改大郡至分爲五補注錢大昕曰莽所改郡縣名地理志具書之而郡之分析則不備書攷本傳有翼平連率田況夙夜連率韓博壽良卒正王閎翼平者北海壽光縣也夙夜者東萊不夜縣也壽良者東郡壽良縣也是分北海爲翼平郡

東萊爲夙夜郡東郡爲壽良郡矣後書邳彤傳引東觀記云王莽別鉅鹿爲和成郡居下曲陽志皆未之及也至河南之滎陽別爲祈隧亦見於本傳汝南分爲賞都則地理志已言之郡縣吕亭爲名者三百六十吕應符命文也緣邊又置竟尉吕男爲之師古曰竟音曰境諸侯國閒田爲黜陟增減云師古曰閒音閑吕擬有功封賜有罪黜陟也莽下書曰常安西都曰六鄉衆縣曰六尉義陽東都曰六州補注劉奉世曰州當爲邠錢大昕曰地理志雒陽莽曰宜陽即此義陽也衆縣曰六隊粟米之內曰內郡師古曰禹貢去王城四百里納粟五百里納米皆在甸服之內其外曰近郡有鄣徼者曰邊郡合百二十有五郡九州之內縣二千二百有三公作甸服是爲惟城諸在侯服是爲惟寍在采任諸侯是爲惟翰師古曰采采服也任男服也在賓服是爲惟屏師古曰賓服即古衞服也取諸侯賓服以爲名在揆文教奮武衞是爲惟垣在九州之外是爲惟藩師古曰凡此惟城已下取詩大雅板之篇云价人惟藩大師惟垣大邦惟屏大宗惟翰懷德惟寍宗子惟城以爲名號也解在諸侯王表補注先謙曰官本王下有年字南監本無此句各吕其方爲稱總爲萬國焉其後歲復變更一郡至五易名而還復其故吏民不能紀每下詔書輒繫其故名曰制詔陳留大尹太尉其吕益歲吕南付新平蘇林曰陳留圉縣莽改曰益歲補注錢大昕曰地理志圉縣屬淮陽不屬陳留豈莽時改屬平圉縣莽曰益歲今志亦無之新平故淮陽吕雍丘吕東付陳定陳定故梁郡補注周壽昌曰據此漢梁國至莽時已稱郡矣吕封丘吕東付治亭治亭故東郡吕陳留吕西付祈隧祈隧故滎陽補注劉奉世曰此祈隧即莽六隊之一也莽葢分河南之滎陽置郡陳留已無復有郡矣大尹太尉皆詣行在所其號令變易皆此類也令天下小學戊子代甲子爲六旬首補注周壽昌曰禮郊特牲曰用甲用日之始也古皆以甲子爲六旬首此則莽所造王光厤也冠吕戊子爲元日師古曰冠音工喚反元善也昏吕戊寅之旬爲忌日師古曰昏謂娶妻也補注錢大昕曰戊寅句中無子故忌之何焯曰莽自以土德故改戊子爲六旬首戊寅支剋幹故爲忌日百姓多不從者匈奴單于知死弟咸立爲單于求和親莽遣使者厚賂之詐許還其侍子登因購求陳良終帶等單于即執良等付使者檻車詣長安莽燔燒良等於城北令吏

民會觀之緣邊大飢人相食諫大夫如普行邊兵師古曰行音下更反還言軍士久屯塞苦邊郡無吕相贍今單于新和宜因是罷兵校尉韓威進曰吕新室之威而吞胡虜無異口中蚤蝨臣願得勇敢之士五千人不齎斗糧飢食虜肉渴飲其血可吕橫行莽壯其言吕威爲將軍然采普言徵還諸將在邊者免陳欽等十八人又罷四關塡都尉諸屯兵補注先謙曰胡注莽置四關各有鎭都尉領屯兵會匈奴使還單于知侍子登前誅死發兵寇邊莽復發軍屯於是邊民流入內郡爲人奴婢迺禁吏民敢挾邊民者棄市益州蠻夷殺大尹程隆三邊盡反遣平蠻將軍馮茂將兵擊之補注錢大昭曰當從西南夷傳作馮茂先謙曰官本南監本作馮寍始將軍侯輔免講易祭酒戴參爲寍始將軍二年二月置酒王路堂公卿大夫皆佐酒師古曰助行酒大赦天下是時日中見星大司馬苗訢左遷司命吕延德侯陳茂爲大司馬訟言黃龍墮死黃山宮中補注王念孫曰譌言上脫民字則語意不完漢紀孝平紀通鑑漢紀三十皆有民字或謂民字與下文百姓相複非也古人[illegible]百姓犇走往觀者有萬數莽惡之師古曰莽自謂黃德故有此妖捕繫問語所從起不能得單于咸既和親求其子登屍莽欲遣使送致恐咸怨恨害使者迺收前言當誅侍子者故將軍陳欽吕他辠繫獄欽曰是欲吕我爲說於匈奴也師古曰說解說也託言以其前建議誅侍子今故殺之遂自殺莽選儒生能顓對者師古曰顓與專同專對謂應對無方能專其事濟南王咸爲大使五威將琅邪伏黯等爲帥使送登屍敕令掘單于知墓棘鞭其屍又令匈奴卻塞於漠北責單于馬萬匹牛三萬頭羊十萬頭及稍所略邊民生口在者皆還之補注劉攽曰稍所略非辭當云所鈔略傳寫誤爾周壽昌曰非誤也此正莽大言匈奴未敢恣掠但稍有略於邊民也莽好爲大言如此咸到單于庭陳莽威德責單于背畔之辠應敵從橫單于不能詘遂致命而還之補注劉奉世曰之字衍入塞咸病死封其子爲伯伏黯等皆爲子莽意吕爲制定則天下自

平故銳思於地里制禮作樂講合六經之說公卿旦入暮出論議連年不決〔補注〕先謙曰官本南監本論議作議論不暇省獄訟冤結民之急務縣宰缺者數年守兼師古曰不拜正官權令人守兼一切貪殘日甚〔補注〕宋祁曰甚下當有是時二字中郎將繡衣執法在郡國者並乘權埶傳相舉奏〔補注〕先謙曰官本傳作傳引宋祁曰傳疑作傳周壽昌云傳猶轉也觀下有遞相賕賂語下卷有傳相監趣語則傳字是又十一公士〔補注〕先謙曰胡注漢公府各有掾屬莽置十一公改掾曰士分布勸農桑班時令案諸章冠蓋相望交錯道路召會吏民逮捕證左郡縣賦斂遞相賕賂白黑紛然師古曰白黑謂清濁也紛然亂意也言清濁不分也〔補注〕先謙曰胡注白黑色之易別者且紛然不能分謂繆亂之甚守闕告訴者多莽自見前顓權㠯得漢政故務自攬衆事師古曰攬與擥同其字從手有司受成苟免師古曰莽事事自決成熟乃㠯付吏吏苟免罪責而已諸寶物名帑藏錢穀官皆宦者領之師古曰帑音他莽反又音奴吏民上封事書宦官左右開發尚書不得知〔補注〕先謙曰胡注舊上封事者先由尚書乃奏御莽恐尚書壅蔽令宦官左右發其封自省之其畏備臣下如此又好變改制度政令煩多當奏行者〔補注〕先謙曰奏字誤官本南監本作奏輒質問乃㠯從事師古曰質正也前後相乘憒眊不濼師古曰乘積也登也憒眊不明也濼散也徹也憒音工內反眊音莫報反〔補注〕王念孫曰不散不徹皆與憒眊義不相屬余謂濼者治也言事務煩多故莽憒眊而不能治也井九三井濼不食荀爽曰濼去穢濁清潔之意也釋文引黃穎云濼治也史記屈原傳易曰井濼不食集解引向秀曰濼者浚治去泥濁也皆其證先謙曰胡注前者省決未了而後者復來謂之相乘莽常御燈火至明猶不能勝尚書因是爲姦寢事〔補注〕沈欽韓曰說文寢病臥也案會意病臥則事廢故事不行謂之寢也先謙曰胡注上書者尚書不以聞而竊寢其事上書待報者連年不得去拘繫郡縣者逢赦而後出衛卒不交代三歲矣穀常貴邊兵二十餘萬人仰衣食縣官愁苦師古曰仰音牛向反五原代郡尤被其毒起爲盜賊數千人爲輩轉入旁郡莽遣捕盜將軍孔仁將兵與郡縣合擊歲餘迺定邊郡亦略將盡師古曰言其逃亡結爲盜賊在者少也邯鄲㠯北大雨霧水出深者數丈〔補注〕劉攽曰霧字疑非周壽昌曰謂大雨且大霧也流殺數千人立國將軍孫建死司命趙閎爲立

國將軍寍始將軍戴參歸故官南城將軍廉丹爲寍始將軍三年二月乙酉地震大雨雪師古曰雨音于具反關東尤甚深者一丈竹柏或枯〔補注〕王念孫曰或當爲咸字之誤也漢紀孝平紀北堂書鈔天部四引傳正作咸大司空王邑上書言視事八年功業不效司空之職尤獨廢頓至迺有地震之變願乞骸骨莽曰夫地有動有震震者有害動者不害春秋記地震易繫坤動動靜辟脅萬物生焉師古曰辟音闢闢開也脅收斂也易上繫之辭曰夫坤其動也闢其靜也翕是以廣生焉故莽引之也翕脅之聲相近義則同〔補注〕先謙曰官本音闢作讀曰災異之變各有云爲天地動威㠯戒予躬公何辜焉而乞骸骨非所㠯助予者也使諸吏散騎司祿大衛脩寍男遵諭予意焉五月莽下吏祿制度曰予遭陽九之阸百六之會國用不足民人騷動自公卿㠯下一月之祿十緵布二匹孟康曰緵八十縷也師古曰緵音子公反〔補注〕沈欽韓曰說文綜機縷也字通爲緵總玉篇緵縷也晏子雜下篇十緫之布一豆之食足於中免矣先謙曰八十縷南監本同官本作八十縷是也下有韋昭曰四秉曰莒十莒曰緵十緵爲禾四百秉也十九字或帛一匹予每念之未嘗不戚焉今阸會已度府帑雖未能充略頗稍給〔補注〕周壽昌曰略頗稍三字連文魏其田韓傳贊有云尚猶頗有存者句法相似其㠯六月朔庚寅始賦吏祿皆如制度〔補注〕先謙曰胡注賦布也與也四輔公卿大夫士下至輿僚凡十五等僚祿一歲六十六斛稍㠯差增上至四輔而爲萬斛云莽又曰普天之下莫非王土率土之賓莫非王臣師古曰莽引小雅北山之詩也〔補注〕先謙曰官本賓作濱蓋㠯天下養焉周禮膳羞百有二十品今諸侯各食其同國則師古曰謂公食同侯伯食國子男食則也〔補注〕先謙曰官本今作令辟任附城食其邑師古曰辟君也任公主也辟音壁任音壬〔補注〕宋祁曰如淳曰辟公主也任宗室女也蕭該案爾雅曰皇王后辟君也公卿大夫元士食其采師古曰謂因官職而食地也多少之差咸有條品歲豐穰則充其禮師古曰穰音人掌反有災害則有所損與百姓同憂喜也其用上計時通計天下幸無災害者太官膳羞備其品矣即有災害㠯什率多少而損膳焉〔補注〕宋祁曰什下當有計字周壽昌曰什即十也即所計數也不能再有計字觀下云亦

以十率多少而損其祿可證東岳太師立國將軍保東方三州一部二十五郡補注先謙曰官本岳作嶽與下一律是南嶽太傅前將軍保南方二州一部二十五郡西嶽國師寧始將軍保西方一州二部二十五郡北嶽國將衞將軍保北方二州一部二十五郡大司馬保納卿言卿仕卿作卿京尉扶尉兆隊右隊中部左洎前七部服虔曰大司馬保此官皆如郡守也晉灼曰左與前故特七部師古曰洎亦泉字也泉及也隊音遂此下並同大司徒保樂卿典卿宗卿秩卿翼尉光尉左隊前隊中部右部有五郡大司空保予卿虞卿共卿工卿師尉列尉祈隊後隊中部洎後十郡師古曰共讀曰龔補注劉攽曰此文誤但當云大司馬保納言卿作仕卿大司徒保典樂卿秩宗卿大司空保予虞卿共工卿不合分爲兩也劉奉世曰其言七部亦當云七郡然其有二十二郡尚未及二十五郡疑字當有誤王念孫曰上文七部當爲十郡合五部十郡共二十五郡也先謙曰官本龔作供南監本無注及六司六卿皆隨所屬之公保其災害補注劉奉世曰莽所六司又已有六卿此當但云司卿即所謂三公司卿曰司允司直司若者也後人不曉又妄加兩六字耳先謙曰胡注六司即前所置六監也亦以十率

前漢九十九中　廿九

多少而損其祿郎從官中都官吏食祿都內之委者補注先謙曰胡注委積也以太官膳羞備損而爲節師古曰言隨其多少諸侯辟任附城羣吏亦各保其災害幾上下同心師古曰幾音曰冀勸進農業安元元焉莽之制度煩碎如此課計不可理吏終不得祿各因官職爲姦受取賕賂以自其給師古曰共讀曰供是月戊辰長平館西岸崩邕涇水不流毀而北行師古曰邕讀曰壅補注先謙曰胡注長平館即長平觀在涇水之南涇水東南流入渭爲岸所壅故毀而北行遣大司空王邑行視師古曰行音下更反還奏狀羣臣上壽以爲河圖所謂以土填水師古曰填讀與鎮同匈奴滅亡之祥也乃遣并州牧宋弘游擊都尉任萌等將兵擊匈奴補注先謙曰官本萌作明至邊止屯七月辛酉霸城門災民閒所謂青門也師古曰三輔黃圖云長安城東出南頭名霸城門俗以其色青名曰青門戊子晦日有食之大赦天下復令公卿大夫諸侯二千石舉四行各一人師古曰依漢光祿之四科補注劉奉世曰四行蓋前已舉德行言語政事文學今復令舉之非光祿四行大司馬陳茂以日食免

武建伯嚴尤爲大司馬如淳曰莽之伯子男號也十月戊辰王路朱鳥門鳴晝夜不絕崔發等曰虞帝闢四門通四聰師古曰虞書敘舜之德也闢四門明四目達四聰故引之門鳴者明當修先聖之禮招四方之士也於是令羣臣皆賀所舉四行從朱鳥門入而對策焉平蠻將軍馮茂擊句町士卒疾疫死者什六七賦斂民財什取五益州虛耗而不克徵還下獄死更遣寧始將軍廉丹與庸部牧史熊補注先謙曰胡注莽置州牧部監州自是州部自是部今史熊爲庸部牧則又若州部牧爲一擊句町頗斬首有勝莽徵丹熊丹熊願益調度必克乃還復大賦斂就都大尹馮英不肯給補注錢大昭曰就都故廣漢先謙曰莽於蜀郡廣都縣置就都大尹上言自越巂遂久仇牛同亭邪豆之屬反畔以來積且十年服虔曰遂久縣也仇牛等越巂旁夷補注沈欽韓曰一統志遂久廢縣在寧遠府鹽源縣西郡縣距擊不已續用馮茂苟施一切之政僰道以南山險高深茂多毆眾遠居師古曰毆讀與驅同費以億計吏士離毒氣死者什七師古曰離遭也今丹熊懼於

前漢九十九中　卅

自詭期會師古曰詭責也自以爲憂責調發諸郡兵穀復訾民取其十四師古曰發人訾財十取其四也補注王先慎曰訾量也見齊語高注列子說符張注空破梁州功終不遂師古曰遂成也宜罷兵屯田補注宋祁曰宜或作一旦者非是明設購賞莽怒免英官後頗覺寤曰英亦未可厚非復以英爲長沙連率翟義黨王孫慶捕得莽使太醫尚方與巧屠共刳剝之師古曰刳剖也音口胡反量度五藏師古曰度音徒各反以竹筳導其脈知所終始師古曰筳竹挺也音庭補注先謙曰官本注併入下注爲一云可以治病師古曰以知血脈之原則盡攻療之道也補注宋祁曰蕭該音義鄭氏曰筳音平訂之訂筳草也予案字書曰訂評議也音亭字林曰筳維絲管也大丁反是歲遣大使五威將王駿西域都護李崇將戊己校尉出西域諸國皆郊迎貢獻焉諸國前殺都護但欽駿欲襲之命佐帥何封戊己校尉郭欽別將師古曰別領兵在後也將音子亮反焉耆詐降伏兵擊駿等皆死欽封後到襲擊老弱從車師還入塞莽拜欽爲填外將軍師古曰填音竹刃反封剿胡子師古曰剿音子小反補注先謙曰官本注本有韋昭曰又作剗音芟八字

何封爲集胡男西域自此絕

王莽傳第六十九中終　漢書九十九

虛受堂　卅

王莽傳第六十九下　漢書九十九

漢　蘭　臺　令　史班　固　撰

唐正議大夫行祕書少監琅邪縣開國子顏師古　注

賜進士出身前翰林院編修國子監祭酒加三級臣王先謙補注

四年五月莽曰保成師友祭酒唐林故諫議祭酒琅邪紀逡師古曰逡音千旬反字或從彳其音同耳孝弟忠恕敬上愛下博通舊聞德行醇備至於黃髮靡有愆失師古曰黃髮老稱謂白髮盡落更生黃者其封林爲建德侯逡爲封德侯位皆特進見禮如三公師古曰朝見之禮賜弟一區錢三百萬補注先謙曰官本弟作第授几杖焉六月更授諸侯茅土於明堂曰予制作地理建封五等考之經藝合之傳記通於義理補注宋祁曰考之合之下各當添於字通字下當添之字論之思之至於再三自始建國之元㠯來九年于茲迺今定矣予親設文石之平補注沈欽韓曰後書西都賦左墄右平注引決疑要注曰墄者爲階級平者以文磚相亞次也陳菁茅四色之土師古曰尚書禹貢苞匭菁茅儒者以爲菁菜名也茅三脊茅也而莽此言以菁茅爲一物則是謂善茅爲菁茅也土有五色而此云四者中央之土不以封也菁音精補注沈欽韓曰管子輕重丁篇江淮之間一茅三脊名曰菁茅故書疏引鄭注菁茅茅之有毛刺者周書作洛篇乃建大社于周中其壝東青土南赤土西白土北驪土中央疊以黃土將建諸侯鑿取其方一面之土燾以黃土苴以白茅以爲土封故曰受列土于周室案此則方色土上皆冒黃土僞孔傳大略亦同顏見此云四色之土遂謂黃土不封誤也欽告于岱宗泰社后土先祖先妣㠯班授之師古曰欽敬也班布也各就厥國養牧民人用成功業其在緣邊若江南補注先謙曰若及也非詔所召遣侍于帝城者納言掌貨大夫且調都內故錢予其祿師古曰調謂發取之音徒釣反次下亦同公歲八十萬侯伯四十萬子男二十萬然復不能盡得莽好空言慕古法多封爵人性實遴嗇師古曰遴讀與吝同託㠯地理未定故且先賦茅土用慰喜封者是歲復明六筦之令每一筦下爲設科條防禁犯者罪至死吏民抵罪者浸眾補注先謙曰官本南監本浸作寖又一切調上公㠯下諸有奴婢者率一口出錢三千六百天

虛受堂　一

下愈愁盜賊起（補注宋祁曰起上當有興字）納言馮常以六筦諫（補注周壽昌曰前有納言掌貨大夫後又有納言將軍嚴尤秩宗將軍嚴茂知前之稱納卿言卿秩卿宗卿劉氏以爲誤者洵不虛也）莽大怒免常官置執法左右刺姦選用能吏侯霸等分督六尉六隊（師古曰督察也隊音遂）如漢刺史與三公士郡一人從事臨淮瓜田儀等爲盜賊依阻會稽長州（服虔曰姓瓜田名儀師古曰長州即枚乘所云長州之苑補注先謙曰通鑑胡注今蘇州長洲縣即長州地）琅邪女子呂母亦起初呂母子爲縣吏爲宰所冤殺（師古曰宰縣令補注先謙曰莽改縣令長曰宰）母散家財以酤酒買兵弩（師古曰酤音姑）陰厚貧窮少年得百餘人遂攻海曲縣殺其宰（補注先謙曰李賢云海曲故城在密州莒縣東齊召南云案通鑑郡書新市王匡王鳳南陽馬武潁川王常成丹等南郡張霸江夏羊牧等起兵於呂母之後）以祭子墓引兵入海其衆浸多後皆萬數莽遣使者即赦盜賊（補注先謙曰胡注即就也就其相聚爲盜處而赦之）還言盜賊解輒復合問其故皆曰愁法禁煩苛不得舉手力作所得不足以給貢稅閉門自守又坐鄰伍鑄錢挾銅姦吏因以愁民

（補注王念孫曰愁讀爲揫好由揫斂也言民坐鄰伍鑄錢挾銅姦吏遂借此以斂取民財故下句云民窮悉起爲盜賊也爾雅揫斂聚也鄉飲酒義秋之爲言愁也鄭注愁讀爲揫揫斂也是揫與愁古字通）民窮悉起爲盜賊莽大怒免之其或順指言民驕黠當誅及言時運適然且滅不久莽說輒遷之（師古曰說讀曰悅）是歲八月莽親之南郊鑄作威斗（補注沈欽韓曰南史何承天傳張永嘗開玄武湖遇古冢冢上得一銅斗有柄文帝以訪朝士承天曰此亡新威斗王莽三公亡皆賜之一在冢外一在冢內時三公居江左者惟甄邯爲大司徒必邯之墓俄而永又啓冢內更得一斗復有一石銘大司徒甄邯之墓案莽篡位以太保後承甄邯爲大司馬建國三年邯死鑄威斗在天鳳四年承天言宮位年不符恐涉傳會讖寰宇記魏甄皇后傳中山無極人漢太保甄邯後邯墓在無極縣南三十五里）威斗者以五石銅爲之（李奇曰以五色藥石及銅爲之蘇林曰以五色銅鑛冶之師古曰李說是也若今作鍮石之爲）若北斗長二尺五寸欲以厭勝衆兵（師古曰厭音一葉反）既成令司命負之莽出在前入在御旁（補注王念孫曰此本作莽出則在前入則御旁御侍也猶言侍側也不言出則在前入則侍側也後人不曉御字之義而改入則御旁爲入在御旁又删去上句則字其失甚矣通鑑已與今本同御覽人事部百二十七器物部十引此竝作出則在前入則御旁）鑄斗日大寒百官人馬有凍死者五年正月朔北軍南門災（補注先謙曰胡注北軍壘門之南出者也）以大司馬司允費興爲荊州牧見問到部方略興對曰荊揚之民（補注先謙曰官本南監本楊作揚）率依阻山澤以漁采爲業（師古曰漁謂捕魚也采謂采取蔬果之屬）閒者國張六筦稅山澤妨奪民之利連年久旱百姓飢窮故爲盜賊興到部欲令明曉告盜賊歸田里假貸犂牛種食（師古曰貸音土戴反）闊其租賦（師古曰闊寬也）幾可以解釋安集（師古曰幾讀曰冀）莽怒免興官天下吏以不得奉祿並爲姦利郡尹縣宰家累千金莽下詔曰詳考始建國二年胡虜猾夏以來諸軍吏及緣邊吏大夫以上爲姦利增產致富者收其家所有財產五分之四以助邊急公府士馳傳天下考覆貪饕（師古曰傳音張戀反饕音吐高反）開吏告其將奴婢告其主（補注先謙曰開導使言）幾以禁姦（師古曰幾讀曰冀）姦愈甚皇孫功崇公宗坐自畫容貌被服天子衣冠刻印三一曰維祉冠存已夏處南山臧薄冰（文穎曰祉福祚也冠存已欲襲代也應劭曰夏處南山就陰凉也臧薄冰亦以除暑）

也二曰肅聖寶繼（應劭曰莽自謂承聖舜後能肅敬得天寶龜以立宗欲繼其緒）三曰德封昌圖（蘇林曰宗自言以德見封當遂昌熾受天下圖籍）又宗舅呂寬家前徙合浦私與宗通發覺按驗宗自殺莽曰宗屬爲皇孫爵爲上公知寬等叛逆族類而與交通刻銅印三文意甚害不知厭足窺欲非望春秋之義君親毋將將而誅焉（師古曰春秋公羊傳之辭也以公子牙將爲殺逆而誅之故云然也親謂父母也補注先謙曰官本南監本殺作弒）迷惑失道自取此辜烏呼哀哉宗本名會宗以制作去二名今復名會宗貶厥爵改厥號賜謚爲功崇繆伯以諸伯之禮葬于故同穀城郡（師古曰同者宗所封之地）宗姊妨爲衞將軍王興夫人祝詛姑殺婢以絕口事發覺莽使中常侍𨱏惲責問妨（師古曰𨱏音帶又音徒蓋反）并以責興皆自殺事連及司命孔仁妻亦自殺仁見莽免冠謝莽使尚書劾仁乘乾車駕巛馬（補注錢大昭曰巛古坤字）左蒼龍右白虎前朱雀後玄武右杖威節左負威斗號曰赤星（補注先謙曰官本雀作鳥引宋祁曰鳥當作雀）

（沈欽韓曰熒惑司罰故以號司命之官）非吕驕仁迺吕尊新室之威命也仁擅免天文冠大不敬有詔勿劾更易新冠其奸怪如此（師古曰言莽性好爲鬼神怪異之事）吕直道侯王涉爲衞將軍涉者曲陽侯根子也根成帝世爲大司馬薦莽自代莽恩之（師古曰懷其舊恩也）吕爲曲陽非令稱（師古曰令善也曲陽之名非善稱也）乃追謚根曰直道讓公涉嗣其爵是歲赤眉力子都樊崇等（補注劉攽曰力當作刀齊召南曰案通鑑作刀子都然本文及後書並作力姓譜曰力姓黃帝臣力牧之後似力字不誤）吕饑饉相聚起於琅邪轉鈔掠眾皆萬數遣使者發郡國兵擊之不能克

六年春莽見盜賊多乃令太史推三萬六千歲歷紀六歲一改元布天下下書曰紫閣圖曰太一黃帝皆僊上天（師古曰僊古仙字上升也補注王念孫曰此本作皆僊而上天今本脫而字則句法局促不伸初學記地部上御覽時序部一引此竝作僊而上天）張樂崑崙虔山之上（補注沈欽韓曰穆天子傳吉日辛酉天子升於崑崙之丘以觀黃帝之宮山海經黃帝取峚山之玉榮投之鍾山之陽虔疑峚之訛）後世聖主得瑞者當張樂秦終南山之上（服虔曰長安南山詩所謂終南故秦地故言秦也）

予之不敏奉行未明乃今諭矣復吕竈始將軍爲更始將軍吕順符命易不云乎日新之謂盛德生生之謂易（李奇曰易道生諸當生者也師古曰下繫之辭體化合變故曰日新）予其饗哉欲吕誑燿百姓銷解盜賊眾皆笑之（補注宋祁曰笑當作咲）初獻新樂於明堂太廟（補注先謙曰胡注新樂莽所作）羣臣始冠麟韋之弁（李奇曰鹿皮冠補注沈欽韓曰說文麟大牡鹿也詩正義陸璣疏云并州界有麟大小如鹿非瑞應麟也）或聞其樂聲曰清厲而哀（補注先謙曰官本哀作衰）非興國之聲也是時關東饑旱數年力子都等黨眾寖多（師古曰寖漸也）更始將軍廉丹擊益州不能克徵還更遣復位後大司馬護軍郭興庸部牧李曅擊蠻夷若豆等太傅犧叔士孫喜清潔江湖之盜賊（補注先謙曰胡注莽以太傅主夏故置義叔官案清潔猶言平靖官本犧作義）而匈奴寇邊甚莽乃大募天下丁男及死罪囚吏民奴（補注周壽昌曰凡吏民之奴也）名曰豬突豨勇吕爲銳卒一切稅天下吏民訾三十取一縑帛皆輸長安令公卿吕下至郡縣黃綬皆保養軍馬（師古曰保者言不許其有死失）多少各吕秩爲差又博募有奇技術可吕攻匈奴者將待吕不次之位言便宜者吕萬數或言能度水不用舟楫（師古曰楫所以刺舟也音集其字從木）連馬接騎濟百萬師或言不持斗糧服食藥物三軍不飢或言能飛一日千里可窺匈奴莽輒試之取大鳥翮爲兩翼（師古曰羽本曰翮音胡隔反）頭與身皆著毛通引環紐飛數百步墮莽知其不可用苟欲獲其名皆拜爲理軍賜吕車馬待發初匈奴右骨都侯須卜當其妻王昭君女也嘗內附莽遣昭君兄子和親侯王歙誘呼嘗至塞下（補注先謙曰官本南監本嘗作當是）脅將詣長安強立吕爲須卜善于後安公（師古曰善于者匈奴之號也後安公者中國之爵兩加之）始欲誘迎當大司馬嚴尤諫曰當在匈奴右部兵不侵邊單于動靜輒語中國此方面之大助也于今迎當置長安稾街一胡人耳（師古曰稾街蠻夷館所在也解在陳湯傳稾音工早反）不如在匈奴有益莽不聽既得當欲遣尤與廉丹擊匈

奴皆賜姓徵氏號二徵將軍當誅單于輿而立當代之（師古曰輿者時見爲單于之名）出車城西橫廄（補注先謙曰車疑作軍）未發尤素有智略非莽攻伐西夷（補注先謙曰官本南監本西作四是）數諫不從著古名將樂毅白起不用之意及言邊事凡三篇奏吕風諫莽（師古曰風讀曰諷）及當出廷議尤固言匈奴可且吕爲後先憂山東盜賊莽大怒乃策尤曰視事四年蠻夷猾夏不能遏絕寇賊姦宄不能殄滅不畏天威不用詔命皃佷自臧持必不移（師古曰皃古貌字也皃佷言其佷戾見於容貌也臧善也自以爲善而固持其所見不可移易）懷執異心非沮軍議（師古曰沮壞也音材汝反）未忍致于理其上大司馬武建伯印韍（師古曰韍者印之組）歸故郡吕降符伯董忠爲大司馬翼平連率田況（補注先謙曰胡注據地理志北海壽光縣莽曰翼平）奏郡縣訾民不實（師古曰舉百姓訾財不以實數）莽復三十稅一吕況忠言憂國進爵爲伯賜錢二百萬眾庶皆詈之（補注宋祁曰詈當作罵）青徐民多棄鄉里流亡老弱死道路壯者入賊中夙夜連率

韓博上言補注錢大昕曰地理志不夜縣莽曰夙夜此云連率則莽嘗置爲郡矣有奇士長丈大十圍來至臣府曰欲奮擊胡虜自謂巨毋霸出於蓬萊東南五城西北補注沈欽韓曰元和志登州蓬萊縣漢武帝於此望蓬萊山因築城以蓬萊爲名又大人故城在黃縣東北二十里此因巨毋霸名傳也昭如海瀕師古曰昭如海名也瀕涯也音頻又音賓軺車不能載三馬不能勝即日目大車四馬建虎旗載霸詣闕霸臥則枕鼓目鐵箸食補注宋祁曰南本云臥則枕數尺鐵非是此皇天所目輔新室也願陛下作大甲高車賁育之衣遣大將一人與虎賁百人迎之於道京師門戶不容者開高大之目視百蠻師古曰視音曰示鎮安天下博意欲目風莽晉灼曰諷言毋得篡盜而霸補注周壽昌曰班固幽通賦巨滔天而泯夏兮亦以巨稱莽莽聞惡之留霸在所新豐師古曰在所謂其見到之處更其姓曰巨母氏謂因文母太后而霸王符也師古曰莽字巨君若言文母出此人使我致霸王徵博下獄目非所宜言棄市明年改元曰地皇從三萬六千歲歷號也補注蘇輿曰御覽七十八引項峻始學記云天地立有天皇十二頭號曰天靈治萬八千歲地皇十二頭治萬八千歲此合天地皇歷數之地皇元年正月乙未赦天下下書曰方出軍行師敢有趨讙犯法者輒論斬毋須時師古曰趨讙謂趨走而讙譁也須待也盡歲止師古曰至此歲盡而止於是春夏斬人都市百姓震懼道路目目補注周壽昌曰漢制春夏不決囚也二月壬申日正黑莽惡之下書曰迺者日中見昧陰薄陽黑氣爲變補注宋祁曰蕭該音義曰昧字林云日旁作未言昧爽旦明也日闇昧云昧升勺後星也音芒太反予案易曰日中見沬非音昧也當音芒太反百姓莫不驚怪兆域大將軍王匡補注劉奉世曰兆域二字無理當是北城字衍大字前有南城將軍此王匡又別一王匡也周壽昌曰劉說是也惟云衍大字或不然觀下莽賜諸州牧號爲大將軍是莽有大將軍之制可證遣吏考問上變事者欲蔽上之明是目適見于天師古曰適音讁讁責也音徒厄反見音胡電反目正于理塞大異焉莽見四方盜賊多復欲厭之師古曰厭音一葉反又下書曰予之皇初祖考黃帝定天下將兵爲上將軍建華蓋立斗獻師古曰獻音犧謂斗魁及杓末如勺之形也補注沈欽韓曰崔豹古今注黃帝與蚩尤戰於涿鹿之野常有五色雲飛金枝玉葉止於帝上有花葩之象故因而作華蓋先謙曰官本犧作羲內設

大將外置大司馬五人大將軍二十五人偏將軍百二十五人裨將軍千二百五十人校尉萬二千五百人司馬三萬七千五百人候十一萬二千五百人補注先謙曰官本南監本候作侯當百二十二萬五千人晉灼曰當亦官名也師古曰當百官名百非其數士吏四十五萬人士千三百五十萬人晉灼曰自五大司馬至此皆以五乘之也師古曰晉說非也從上計之或五或十或兩或三應協於易弧矢之利目威天下師古曰易下繫辭曰弦木爲弧剡木爲矢弧矢之利以威天下言所立將率以合此意木弓曰弧予受符命之文稽前人將條備焉師古曰稽考也考法於前人也於是置前後左右中大司馬之位賜諸州牧號爲大將軍郡卒正連帥大尹爲偏將軍屬令長裨將軍補注宋祁曰卒字當作率縣宰爲校尉乘傳使者經歷郡國日且十輩師古曰傳音張戀反次下亦同倉無見穀師古曰見謂見在也目給傳車馬不能足賦取道中車馬師古曰於道中行者即執取之以充事也補注劉攽曰以給當屬上句取辦於民七月大風毀王路堂補注先謙曰未央宮前殿莽改曰王路堂復下書曰乃壬午餔時有列風雷雨發屋折木之變師古曰列風列暴之風補注先謙曰官本南監本列暴作暴烈予甚弁焉予甚栗焉予甚恐焉師古曰弁疾也一曰弁撫手也言驚懼也補注周壽昌曰禮弁行剡剡起屨疏弁急也弁亦同卞集韻卞躁疾貌左傳定三年邾莊公卞急而好潔伏念一句迷迺解矣師古曰先言列風雷雨後言迷迺解矣蓋取舜納于大麓列風雷雨不迷以爲言也昔符命文立安爲新遷王服虔曰安莽第三子也遷音仙莽改汝南新蔡曰新遷師古曰遷猶僊耳不勞假借音補注錢大昕曰予謂遷之讀仙乃是古音律歷志少陰者西方西遷也陰氣遷落物西遷聲相轉猶尚書大傳云西方鮮方也莽稱紫閣圖文太一黃帝皆得瑞以遷於[illegible]或所謂新遷者乃太一新遷之後也諸遷字皆作僊解故知服音爲是臨國雒陽爲統義陽王是時予在攝假謙不敢當而目爲公其後金匱文至議者皆曰臨國雒陽爲統謂據土中爲新室統也宜爲皇太子自此後臨久病雖瘳不平朝見挈茵輿行服虔曰有疾以執茵輿之行也晉灼曰漢儀注皇后婕好乘輦餘者以茵四人舉以行豈今之板輿而鋪茵乎師古曰晉說非也此直謂坐茵褥之上而令四人對舉茵之四角輿而行何謂板輿乎補注先謙曰官本挈作挐見王路堂者張於西廂及後閤更衣中李奇曰張帳也晉灼曰更衣中謂朝賀易衣服處室屋名也補注周

壽昌曰中下疑脫室字下云後閤更衣中室可見又以皇后被疾臨且去本就舍妃妾在東永巷師古曰言臨侍疾故去其本所居而來就此止息是以妃妾在東永巷也壬午列風毀王路西廂及後閤更衣中室昭寧堂池東南榆樹大十圍東僵擊東閤閤即東永巷之西垣也皆破折瓦壞發屋拔木予甚驚焉又候官奏補注先謙曰候官謂候視天文之官月犯心前星厥有占予甚憂之伏念紫閣圖文太一黃帝皆得瑞以僊後世襃主當登終南山李奇曰襃主大主也所謂新遷王者乃太一新遷之後也服虔曰太一黃帝欲令安追繼其後也統義陽王乃用五統以禮義登陽上遷之後也臨有兄而稱太子名不正宣尼公曰名不正則言不順至於刑罰不中民無所錯手足師古曰論語載孔子對子路之言錯安置也音千故反莽追諡孔子爲襃成宣尼公補注先謙曰官本無所字惟即位以來陰陽未和風雨不時數遇枯旱蝗螟爲災穀稼鮮耗百姓苦飢師古曰鮮少也耗虛也鮮音先踐反耗音火到反蠻夷猾夏寇賊姦宄人民正營無所錯手足師古曰正營惶恐不安之意也正音征補注先謙曰通鑑正作征深惟厥咎在名不正焉其立安爲新遷王臨爲統義陽王補注先謙曰言正名以順符命文也幾以保全二子師古曰幾讀曰冀子孫千億外攘四夷內安中國焉是月杜陵便殿乘輿虎文衣補注沈欽韓曰續志虎賁武騎皆鶡冠虎文單衣襄邑歲獻織成虎文蓋送大行者皆藏陵寢也廢藏在室匣中者師古曰匣匱也音狎出自樹立外堂上師古曰樹豎也良久乃委地吏卒見者以聞莽惡之下書曰寶黃廝赤服虔曰以黃爲寶自用其行氣也廝赤廝役賤者皆衣赤賤漢行也其令郎從官皆衣絳望氣爲數者多言有土功象莽又見四方盜賊多欲視爲自安能建萬世之基者師古曰視音示乃下書曰予受命遭陽九之阸百六之會府帑空虛百姓匱乏宗廟未修且祫祭於明堂太廟夙夜永念非敢寧息深惟吉昌莫良於今年予乃卜波水之北郎池之南惟玉食劉德曰長安南也晉灼曰黃圖波浪二水名也在甘泉苑中師古曰晉說非也黃圖有西波池郎池皆在石城南上林中玉食謂龜爲玉兆之文而墨食也波音彼皮反補注沈欽韓曰據黃圖石城當作古城波郎二水名因爲池在

上林苑中晉云在甘泉苑中故誤案池上有郎池觀蘇輿曰語仿洛誥詩王風正義引鄭注云觀召公所卜之處皆可長久居民使服田相食顏以食爲墨食因謂玉爲玉兆與古義不合案洪範云惟辟玉食此語所本言惟此地宜於玉食也先謙曰官本南監本浪作郎波皮之皮作彼是予又卜金水之南明堂之西補注沈欽韓曰渭水注霸水又北會兩川又北故渠右出焉霸水又北逕王莽九廟南又云昆明故渠東逕河池陂北又東合泬水亦曰漕渠又東逕長安縣南東逕明堂南案諸書俱不著金水推其地望疑即昆明渠也黃圖漢明堂在長安西南七里亦惟玉食予將新築焉補注先謙曰官本南監本新作親是於是遂營長安城南師古曰蓋所謂金水之南明堂之西提封百頃九月甲申莽立載行視師古曰立載謂立而乘車也行音下更反親舉築三下司徒王尋大司空王邑持節及侍中常侍執法杜林等數十人將作師古曰將領築作之人崔發張邯說莽曰德盛者文縟師古曰文禮文也縟繁也音辱宜崇其制度宣視海內師古曰視讀曰示且令萬世之後無以復加也莽乃博徵天下工匠諸圖畫以望法度筭補注沈欽韓曰見周髀筭經及吏民以義入錢穀助作者駱驛道路師古曰絡繹言不絕壞徹城西苑中建章承光包陽大臺儲元宮及平樂當路陽祿館凡十餘所師古曰自建章以下至陽祿皆上林苑中館補注劉攽曰建章與宮同名疑當是字誤取其材瓦以起九廟是月大雨六十餘日令民入米六百斛爲郎其郎吏增秩賜爵至附城九廟一曰黃帝太初祖廟二曰帝虞始祖昭廟補注王念孫曰帝虞當爲虞帝三曰陳胡王統祖穆廟四曰齊敬王世祖昭廟五曰濟北愍王王祖穆廟凡五廟不墮云師古曰墮毀也音火規反六曰濟南伯王尊禰昭廟七曰元城孺王尊禰穆廟八曰陽平頃王戚禰昭廟九曰新都顯王戚禰穆廟殿皆重屋太初祖廟東西南北各四十丈高十七丈餘廟半之爲銅薄櫨師古曰薄櫨柱上柎即今所謂楮也櫨音盧飾以金銀琱文師古曰琱字與彫同窮極百工之巧帶高增下師古曰本因高地而建立之其旁下者更增築補注宋祁曰帶當作本王念孫曰因高地而立廟不得謂之帶高帶當爲席劉向傳呂產呂祿席太后之寵藏通傳乘利席勝師古竝云席因也然則席高增下即因高增下故此注云本因高地而建立之其旁下者更增築也隸書席字或作廗見漢司隸從事郭究碑益州太守高朕脩周公禮殿記俗作廗鹽鐵論論功篇廗席爲蓋今本廗作廗顏氏家訓書證篇論俗書云席中加帶正謂此也又脫其广而爲

帶矣功費數百鉅萬卒徒死者萬數鉅鹿男子馬適求等謀舉燕趙兵吕誅莽師古曰馬適姓也求名也大司空士王丹發覺吕聞莽遣三公大夫逮治黨與師古曰逮逮捕之也已解於上連及郡國豪傑數千人皆誅死封丹爲輔國侯自莽爲不順時令百姓怨恨莽猶安之又下書曰惟設此壹切之法吕來常安六鄉巨邑之都枹鼓稀鳴盜賊衰少師古曰巨大也枹所以擊鼓者也音孚其字從木百姓安土歲吕有年此乃立權之力也今胡虜未滅誅蠻僰未絕焚江湖海澤麻沸盜賊未盡破殄師古曰麻沸言如亂麻而沸涌又興奉宗廟社稷之大作民眾動搖今復壹切行此令盡二年止之吕全元元救愚姦是歲罷大小錢更行貨布長二寸五分廣一寸直貨錢二十五【補注】錢大昕曰食貨志作貨泉錢即泉字貨錢徑一寸重五銖枚直一兩品並行敢盜鑄錢及偏行布貨伍人知不發舉皆没入爲官奴婢師古曰伍人同伍之人若今伍保者也【補注】宋祁曰滄化本景本入字下有官字周壽昌曰下犯鑄錢下亦有没入

爲官奴婢語入下並無官字也太傅平晏死吕予虞唐尊爲太傅尊曰國虛民貧咎在奢泰乃身短衣小褎乘牝馬柴車師古曰柴車即棧車【補注】先謙曰胡注漢之盛乘牸牝者禁不得聚會鄉閭阡陌皆然朝市之間從可知矣唐尊爲上公而乘牝馬亦以矯世也藉槀瓦器師古曰藉槀去蒲蒻也瓦器以瓦爲食器又吕歷遺公卿師古曰吕瓦器盛食遺公卿也出見男女不異路者尊自下車吕象刑赭幡汚染其衣師古曰赭幡以赭汁漬巾幡莽聞而說之師古曰說讀曰悅下詔申敕公卿思與厥齊師古曰令與尊同此操行也論語稱孔子曰見賢思齊故莽云然封尊爲平化侯是時南郡張霸江夏羊牧王匡等起雲杜綠林號曰下江兵晉灼曰本起江夏雲杜縣後分西上入南郡藍口故號下江兵也【補注】先謙曰官本口作田是眾皆萬餘人武功中水鄉民三舍墊爲池師古曰墊陷也音丁念反【補注】錢大昭曰中水鄉地理志在右扶風美陽二年正月吕州牧位三公刺舉怠解師古曰解讀曰懈更置牧監副秩元士冠法冠行事如漢刺史是月莽妻死謚曰孝睦皇后葬渭陵長壽園西令永侍文母名陵曰億年初莽妻吕莽數殺其子涕泣失明莽令太子臨居中養焉莽妻旁侍者原碧莽幸之後臨亦通焉恐事泄謀共殺莽臨妻愔國師公女師古曰愔音一尋反能爲星【補注】周壽昌曰爲治也言能治星學也後書廣陵思王荆傳私迎能爲星者與謀議何敞傳敞通經傳能爲天官皆此類語臨宮中且有白衣會【補注】周壽昌曰漢稱未仕之服爲白衣後書崔駰傳憲諫以爲不宜與白衣會是也臨聞而喜者疑白衣爲喪服不知民庶會於宮中爲莽敗亂之兆也先謙曰胡注晉天文志木與金合爲白衣之會土與金合亦爲白衣之會言宮中者以所會之舍占而知之臨喜吕爲所謀且成後貶爲統義陽王出在外第愈憂恐會莽妻病困臨予書曰上於子孫至嚴前長孫中孫年俱三十而死師古曰中讀曰仲今臣臨復適三十誠恐一旦不保中室則不知死命所在李奇曰中室臨之将也晉灼曰長樂宮中殿也師古曰二說皆非也中室室中也臨自言欲於室中自保全不可得耳【補注】周壽昌曰中室當依李訓莽時內宮俱稱室如元后稱新室文母平帝后稱黃皇室主故臨亦稱其母爲中室也莽候妻疾見其書大怒疑臨有惡意不令得會喪既葬收原碧等考問具服姦謀殺狀莽欲祕之使殺案事使者司命從事埋獄

中【補注】先謙曰胡注司命從事司命之屬官家不知所在賜臨藥臨不肯飲自刺死使侍中票騎將軍同說侯林賜魂衣璽韍師古曰說讀曰悅【補注】沈欽韓曰說文褻鬼衣也玉篇褻襚並鬼衣疑鬼當爲魂周禮司服大喪共奠衣服鄭云今坐上魂衣也[illegible]策書曰符命文立臨爲統義陽王此言新室即位三萬六千歲後爲臨之後者乃當龍陽而起前過聽議者吕臨爲太子有列風之變輒順符命立爲統義陽王在此之前自此之後不作信順弗蒙厥佑夭年隕命嗚呼哀哉迹行賜謚謚曰繆王又詔國師公臨本不知星事從愔起愔亦自殺是月新遷王安病死初莽爲侯就國時幸侍者增秩懷能開明懷能生男興增秩生男匡女曅開明生女捷皆留新都國吕其不明故也師古曰言侍者或與外人私通所生子女不可分明【補注】周壽昌曰莽爲侯就國時僞爲謹飭其私幸侍者所生子女未敢顯言於人其不明之故在此若侍者與人私通本文中並無此言莽雖不足道然謂其侍者私通外人自知所生子女不明而故留之莽之很惡未必容此也及安疾甚莽自

病無子爲安作奏使上言興等母雖微賤屬猶皇子不可㠯棄章視羣公師古曰視讀曰示以所上之章徧示之皆曰安友于兄弟師古曰友愛也善兄弟曰友宜及春夏加封爵於是㠯王車遣使者迎興等封興爲功脩公匡爲功建公曅爲睦脩任捷爲睦逮任〔補注〕先謙曰捷後爲匈奴後安公奢妻見匈奴傳據彼傳作陸逯任李奇曰陸逯邑也師古曰逯音錄莽男封皆冠功女皆冠睦彼陸是睦之譌此逮又逯之譌也孫公明公壽病死〔補注〕錢大昭曰公明當作功明壽所封國名旬月四喪焉〔補注〕先謙曰莽妻與臨安壽爲四莽壞漢孝武孝昭廟分莽子孫其中魏成大尹李焉〔補注〕錢大昭曰魏成故魏郡與卜者王況謀況謂焉曰新室即位㠯來民田奴婢不得賣買數改錢貨徵發煩數軍旅騷動四夷並侵百姓怨恨盜賊並起漢家當復興君姓李李者徵徵火也師古曰徵音竹里反〔補注〕先謙曰南監本亦作者官本作是當爲漢輔因爲焉作讖書言文帝發忿居地下趣軍北告匈奴南告越入師古曰趣讀曰促江中劉信執敵報怨復續古先四年當發軍江湖有盜自稱樊王姓爲劉氏萬人成行師古曰行音胡郎反不受赦令欲動秦雒陽十一年當相攻太白揚光歲星入東井其號當行師古曰號謂號令也又言莽大臣吉凶各有日期會合十餘萬言焉令吏寫其書吏亡告之莽遣使者即捕焉獄治皆死三輔盜賊麻起師古曰言起者如亂麻也〔補注〕錢大昭曰麻言多而難理也上云江湖海澤麻沸亦此意乃置捕盜都尉官令執法謁者追擊長安中建鳴鼓攻賊幡〔補注〕周壽昌曰長安莽改常安此又稱長安史臣隨筆書也而使者隨其後遣太師犧仲景尚更始將軍護軍王黨將兵擊青徐國師和仲曹放助郭興擊句町〔補注〕先謙曰胡注莽以太師主春其屬置犧仲官國師主秋故置和仲諸將軍皆置護軍轉天下穀幣詣西河五原朔方漁陽每一郡㠯百萬數欲㠯擊匈奴秋隕霜殺菽關東大饑蝗民犯鑄錢伍人相坐沒入爲官奴婢其男子檻車兒女子步㠯鐵鎖琅當其頸傳詣鍾官㠯十萬數師古曰琅當長鏁也鍾官主鑄錢之官也〔補注〕王念孫曰鎖字後人所加琅當其頸卽鎖其頸不得又加鎖字御覽刑法部十引有鎖字則所見本已誤白帖四十五引作以鐵琅當其頸無鎖字先謙曰以鐵鎖琅當其頸猶言以鐵鎖鎖其頸耳若云以鐵鎖鎖其頸知是何等鐵器乎不詞甚矣到者易其夫婦師古曰改相配匹不依其舊也愁苦死者什六七孫喜景尚曹放等〔補注〕先謙曰汪遠孫云前作士孫喜此脫士字周壽昌云喜宋本作憙先謙案官本作憙擊賊不能克軍師放縱百姓重困師古曰重音直用反莽㠯王況讖言荊楚當興李氏爲輔〔補注〕先謙曰後書李通傳通素聞父守說讖云劉氏復興李氏爲輔蓋況語流傳遂成事實矣亦見光武紀欲厭之師古曰厭音一葉反迺拜侍中掌牧大夫李棽爲大將軍揚州牧賜名聖師古曰改其舊名以聖代讖棽音所林反使將兵奮擊上谷儲夏自請願說瓜田儀服虔曰儲夏人姓也〔補注〕劉奉世曰注脫一名字莽㠯爲中郎使出儀師古曰說之令自出儀文降未出而死師古曰上文書言降而身未出莽求其尸葬之爲起冢祠室謚曰瓜寍殤男幾㠯招來其餘師古曰幾讀曰冀然無肯降者閏月丙辰大赦天下天下大服民私服在詔書前亦釋除張晏曰莽妻本以此歲死天下大服也私服自喪其親皆除之郎陽成脩獻符命言繼立民母又曰黃帝㠯百二十女致神僊

莽於是遣中散大夫謁者各四十五人分行天下師古曰行音下更反〔補注〕先謙曰百官志中散大夫秩六百石時屬司中博采鄉里所高有淑女者上名莽夢長樂宮銅人五枚起立〔補注〕先謙曰史記正義三輔舊事云聚天下兵器鑄銅人十二各重二十四萬斤漢世在長樂宮門水經注後董卓毁其九爲錢其在者三魏明欲徙之洛陽重不可勝停霸水西石虎取置鄴宮苻堅又徙之長安毁二爲錢其一未至而苻堅亂百姓推置陳北河中莽惡之念銅人銘有皇帝初兼天下之文即使尚方工鐫滅所夢銅人膺文師古曰鐫鑿也音子全反〔補注〕先謙曰十二枚鐫其五又感漢高廟神靈師古曰謂夢見譴責〔補注〕周壽昌曰莽建國元年長安狂女子碧呼道中曰高皇帝大怒趣歸我國不者九月必殺女莽感此事也顏謂夢見譴責無據莽果夢譴責肯告人耶遣虎賁武士入高廟拔劍四面提擊師古曰提擲也音徒計反斧壞戶牖師古曰以斧斫壞之桃湯赭鞭鞭灑屋壁師古曰桃湯灑之赭鞭鞭之也赭赤也〔補注〕沈欽韓曰王肅喪服要記孔子語魯哀公曰寍設三桃湯乎公曰桃湯起於衞女嫁楚道聞夫死因進到夫家治三桃湯以沐死者令輕車校尉居其中又令中軍北壘居高寢師古曰從北軍壘之兵士於高廟寢中屯居〔補注〕先謙曰百官表中壘校尉掌北軍壘門內外此當作北軍中壘或言黃帝時建華蓋㠯登僊莽乃造華蓋九重高八

丈一尺金瑵羽葆師古曰瑵讀曰爪謂蓋弓頭爲爪形載以祕機四輪車服虔曰蓋高八丈其杠皆有屈膝可上下屈申也師古曰言潛爲機關不使外見故曰祕機也駕六馬力士三百人黃衣幘補注王念孫曰幘上脫赤字御覽車部引作黃衣赤幘續志云武吏常赤幘成其威也朱一新曰莽賤漢行恐不用赤幘御覽不足據續志乃漢制未可以證莽制車上人擊鼓輓者皆呼登僊莽出令在前百官竊言此似輭車非僊物也師古曰輭車載喪車音而補注沈欽韓曰既夕注載柩車周禮謂之蜃車遂師注蜃車柩路四輪迫地而行有似於蜃因取名焉疏云以二軸而貫四輪此亦四輪故云似輭車先謙曰官本南監本輭作輀是歲南郡秦豐眾且萬人補注先謙曰豐號楚黎王見光武紀平原女子遲昭平能說經博以八投服虔曰博弈經以八箭投之補注王念孫曰經博當爲博經故服注云博弈經以八箭投之弈字疑衍亦聚數千人在河阻中莽召問羣臣禽賊方略皆曰此天囚行尸命在漏刻補注先謙曰胡注言其得罪於天死在須臾其猖狂爲盜特尸行耳故左將軍公孫祿徵來與議師古曰與讀曰豫祿曰太史令宗宣典星歷候氣變以凶爲吉亂天文誤朝廷太傅平化侯飾虛僞以媮名位賊夫人之子師古曰論語稱子路使子羔爲費宰孔子曰賊夫人之子言羔未知政道而使宰邑所以

爲賊害也故祿引此而言補注宋祁曰侯下當有唐尊二字國師嘉信公補注錢大昭曰是劉歆也初封嘉新後改顛倒五經毀師法令學士疑惑明學男張邯地理侯孫陽造井田使民棄土業犧和魯匡設六筦以窮工商說符侯崔發阿諛取容令下情不上通宜誅此數子以慰天下又言匈奴不可攻當與和親臣恐新室憂不在匈奴而在封域之中也莽怒使虎賁扶祿出然頗采其言左遷魯匡爲五原卒正以百姓怨非故補注周壽昌曰非讀曰誹六筦非匡所獨造莽厭眾意而出之師古曰厭滿也音一豔反初四方皆以飢寒窮愁起爲盜賊稍稍羣聚常思歲熟得歸鄉里補注先謙曰官本南監本熟作孰是眾雖萬數亶稱巨人從事三老祭酒師古曰亶讀曰但言不爲大號不敢略有城邑轉掠求食日闋而已師古曰闋盡也隨日而盡也闋音空穴反補注先謙曰胡注言羣盜攻剽所得日給口體而已諸長吏牧守皆自亂鬬中兵而死師古曰中傷也賊非敢欲殺之也而莽終不諭其故師古曰不曉此意也是

歲大司馬士按章豫州師古曰有上章告者就而按治之爲賊所獲賊送付縣士還上書具言狀莽大怒下獄以爲誣罔因下書責七公曰補注先謙曰官本考證云七公四輔三公也夫吏者理也宣德明恩以牧養民仁之道也抑彊督姦捕誅盜賊義之節也師古曰督謂察視也今則不然盜發不輒得至成羣黨遮略乘傳宰士師古曰傳音張戀反士得脫者又妄自言我責數賊何故爲是師古曰數音所具反賊曰以貧窮故耳賊護出我今俗人議者率多若此惟貧困飢寒犯法爲非大者羣盜小者偷穴不過二科師古曰穴謂穿牆爲盜也補注先謙曰惟思也今乃結謀連黨以千百數是逆亂之大者豈飢寒之謂邪七公其嚴敕卿大夫卒正連率庶尹謹牧養善民急捕殄盜賊有不同心并力疾惡黠賊而妄曰飢寒所爲輒捕繫請其罪於是羣下愈恐莫敢言賊情者亦不得擅發兵賊由是遂不制唯翼平連率田況素果敢發民年十八以上四萬餘人授以庫兵

與刻石爲約赤糜聞之不敢入界師古曰糜眉也以朱塗眉故曰赤眉古字通用況自劾奏莽讓況師古曰讓責也未賜虎符而擅發兵此弄兵也厥辠乏興師古曰擅發之罪與乏軍興同科也以況自詭必禽滅賊故且勿治師古曰詭責也自以爲憂責後況自請出界擊賊所嚮皆破莽以璽書令況領青徐二州牧事況上言盜賊始發其原甚微非部吏伍人所能禽也補注先謙曰言盜發雖少亦宜兵力禽捕胡注部吏郡賊曹縣游徼鄉亭長之類是也伍人同伍之人若今伍保者也咎在長吏不爲意縣欺其郡郡欺朝廷實百言十實千言百朝廷忽略不輒督責遂至延曼連州師古曰延音弋戰反曼與蔓同乃遣將率多發使者傳相監趣師古曰趣讀曰促郡縣力事上官應塞詰對師古曰力勤也塞當也共酒食具資用以救斷斬師古曰交懼斬死之刑也共讀曰供補注宋祁曰交懼斷死罪之刑也不給復憂盜賊治官事師古曰給暇也將率又不能躬率吏士戰則爲賊所破吏氣寖傷徒費百姓師古曰寖漸也前幸蒙赦令賊欲解散或反遮擊恐入山谷轉相告語

故郡縣降賊皆更驚駭恐見詐滅因饑饉易動旬日之閒更十餘萬人此盜賊所㠯多之故也今雒陽㠯東米石二千竊見詔書欲遣太師更始將軍二人爪牙重臣多從人衆道上空竭補注先謙曰胡注言牢稟不給也少則亡㠯威視遠方師古曰視讀曰示宜急選牧尹以下明其賞罰收合離鄉小國無城郭者補注先謙曰小國諸列侯國也徙其老弱置大城中積藏穀食并力固守賊來攻城則不能下所過無食埶不得羣聚如此招之必降擊之則滅今空復多出將率郡縣苦之反甚於賊宜盡徵還乘傳諸使者㠯休息郡縣委任臣況㠯二州盜賊必平定之莽畏惡況補注先謙曰畏惡其能陰爲發代遣使者賜況璽書使者至見況因令代監其兵況隨使者西到拜爲師尉大夫況去齊地遂敗三年正月九廟蓋構成納神主莽謁見大駕乘六馬㠯五采毛爲龍文衣著角長三尺師古曰以被馬上也華蓋車元戎十乘在前因賜治廟者司徒大司空錢各千萬侍中中常侍㠯下皆封封都匠仇延爲邯淡里附城師古曰都匠大匠也邯音胡敢反淡音大敢反豐盛之意二月霸橋災數千人㠯水沃救不滅莽惡之下書曰夫三皇象春五帝象夏三王象秋五伯象冬皇王德運也伯者繼空續乏㠯成歷數故其道駮師古曰伯皆讀曰霸補注先謙曰官本無皆字惟常安御道多㠯所近爲名補注先謙曰常安即長安霸水古名茲水秦繆公改名以章霸功莽意取此義也迺二月癸巳之夜甲午之辰火燒霸橋從東方西行至甲午夕橋盡火滅大司空行視考問師古曰行音下更反補注先謙曰官本無注或云寒民舍居橋下師古曰舍止宿也疑㠯火自燎爲此災也師古曰燎謂炙令膲也其明旦即乙未立春之日也予㠯神明聖祖黃虞遺統受命至于地皇四年爲十五年正㠯三年終冬絕滅霸駮之橋欲㠯興成新室統壹長存之道也又戒此橋空東方之道補注先謙曰謂天示鑒戒今東方歲荒民飢道路不通東岳太師亟科條師古曰亟急也音己力反補注

先謙曰官本無注末四字開東方諸倉賑貸窮乏㠯施仁道其更名霸館爲長存館霸橋爲長存橋是月赤眉殺太師犧仲景尚關東人相食四月遣太師王匡更始將軍廉丹東師古曰東謂東出也祖都門外師古曰祖道送匡丹於都門外補注先謙曰官本南監本注無於字天大雨霑衣止補注先謙曰官本止作上南監本與此同長老歎曰是爲泣軍補注沈欽韓曰御覽三百六十八引六韜曰雨霑衣裳者謂之潤兵不霑者謂之泣兵又十一引魏武兵書按要曰大軍將行雨霑衣冠是謂灑兵其師有慶大將始行雨薄不濡衣冠是謂天泣其將大凶其卒敗亡案此傳云天大雨霑衣則與兵書言不符莽曰惟陽九之阸與害氣會究于去年枯旱霜蝗飢饉薦臻師古曰薦讀曰荐荐仍也百姓困乏流離道路于春尤甚予甚悼之今使東嶽太師特進褒新侯開東方諸倉賑貸窮乏太師公所不過道分遣大夫謁者並開諸倉㠯全元元太師公因與廉丹大使五威司命位右大司馬更始將軍平均侯之兗州塡撫所掌師古曰之往也塡音竹刃反補注先謙曰更始將軍即廉丹也疑廉丹二字在侯下及青徐故不軌盜賊未盡解散後復屯聚者皆清潔之期於安兆黎矣師古曰黎衆也太師更始合將銳士十餘萬人所過放縱東方爲之語曰寧逢赤眉不逢太師太師尚可更始殺我卒如田況之言莽又多遣大夫謁者分教民煮草木爲酪酪不可食重爲煩費師古曰重音直用反莽下書曰惟民困乏雖溥開諸倉㠯賑贍之師古曰溥與普同補注先謙曰官本無此注猶恐未足其且開天下山澤之防諸能采取山澤之物而順月令者其恣聽之勿令出稅至地皇三十年如故是王光上戊之六年也孟康曰戊土也莽所作歷名補注錢大昭曰案隸續新莽侯鉦有新始建國地皇上戊二年之文莽自以土行故令太傅府置戊曹以戊子代甲子爲六旬之首冠用戊子爲元日昏以戊寅之旬爲忌日令太史推三萬六千歷紀六歲一改元遂改元爲地皇沈欽韓曰王光不可通當爲天元之訛容齋隨筆云韓莊敏續一銅斗銘云新始建國天鳳上戊六年又紹興中郭金州得一鉦銘云新始建國地皇上戊二年則知莽紀年皆以戊不必循常歲干支之次也如令豪吏猾民辜而攉之小民弗蒙非予意也師古曰辜攉謂獨專其利而令它人犯者得罪辜也易不云乎損上益下民說無疆師古曰益卦彖辭也

言損上以益下則人皆歡悅無窮竟書云言之不從是謂不艾師古曰洪範之言艾讀曰乂乂治也咨
嗟羣公可不憂哉師古曰咨者歎息之言是時下江兵盛新市朱鮪平林陳
牧等皆復聚衆攻擊鄉聚莽遣司命大將軍孔仁部豫州納言大
將軍嚴尤秩宗大將軍陳茂擊荆州各從吏士百餘人乘船從渭
入河補注先謙曰官本船作舡引宋祁曰越本士作七舡當作船至華陰迺出乘傳到部募士
尤謂茂曰遣將不與兵符必先請而後動是猶紲韓盧而責之獲
也師古曰紲繫也韓盧古韓國之名犬也黑色曰盧夏蝗從東方來蜚蔽天師古曰蜚古飛字也補注
先謙曰官本注末無也字至長安入未央宮緣殿閣莽發吏民設購賞捕擊莽
吕天下穀貴欲厭之師古曰厭音一葉反爲大倉置衞交戟名曰政始掖門
流民入關者數十萬人迺置養贍官稟食之師古曰稟給也食讀曰飤使者監
領與小吏共盜其稟飢死者十七八先是莽使中黃門王業領長
安市買補注沈欽韓曰唐德宗宮市之前先有此事賤取於民民甚患之業吕省費爲

前漢九十九下　十八

功賜爵附城莽聞城中飢饉吕問業業曰皆流民也乃市所賣粱
飰肉羹持入視莽師古曰視讀曰示曰居民食咸如此莽信之冬無鹽索
盧恢等舉兵反城師古曰索盧姓也恢名也反城據城以反也一曰反音幡今語賊猶曰幡城索音先各反廉
丹王匡攻拔之斬首萬餘級莽遣中郞將奉璽書勞丹匡進爵爲
公封吏士有功者十餘人赤眉别校董憲等衆數萬人在梁郡王
匡欲進擊之廉丹以爲新拔城罷勞師古曰罷讀曰疲當且休士養威匡
不聽引兵獨進丹隨之合戰成昌師古曰成昌地名也補注先謙曰胡注據後漢書當在無鹽縣
界兵敗匡走丹使吏持其印韍符節付匡曰小兒可走吾不可遂
止戰死校尉汝雲王隆等二十餘人别鬬聞之皆曰廉公已死吾
誰爲生馳犇賊皆戰死師古曰犇古奔字也莽傷之下書曰惟公多擁選士
精兵衆郡駿馬倉穀帑藏皆得自調師古曰謂發取也音徒釣反忽於詔策離
其威節騎馬呵譟師古曰忽謂怠忘也譟羣呼也音先到反爲狂刃所害烏呼哀哉賜

謚曰果公國將哀章謂莽曰皇祖考黃帝之時中黃直爲將破殺
蚩尤補注先謙曰中黃直黃帝將攻破蚩尤見御覽三百二十八引玄女兵法今臣居中黃直之位願
平山東莽遣章馳東與太師匡幷力又遣大將軍陽浚守敖倉補注
錢大昭曰此疑郎誅貉將軍陽俊也浚俊不同未知孰是司徒王尋將十餘萬屯雒陽塡南宮
師古曰塡音竹刃反大司馬董忠養士習射中軍北壘補注先謙曰亦當作北軍中壘大司
空王邑兼三公之職司徒尋初發長安宿霸昌廄師古曰霸昌觀之廄也三輔黃
圖曰在城外也補注沈欽韓曰正義括地志云漢霸昌廄在雍州萬年縣東北三十八里亡其黃鉞尋士房揚
素狂直迺哭曰此經所謂喪其齊斧者也應劭曰齊利也亡其利斧言無以復斷斬也師
古曰此易巽卦上九爻辭補注沈欽韓曰御覽七百六十三志林曰齊當爲齋凡師出必齋戒入廟受斧故云齋也案釋言劑翦齊
也郭云南方人呼翦刀爲劑刀說文翦齊斷也齊斧之字義取斬斷虞喜言齋戒非也錢坫云易資斧子夏作齊斧攷工記通四方
之珍異以資之注故書資作齊是資與齊通自劾去莽擊殺揚四方盜賊往往數萬人
攻城邑殺二千石吕下太師王匡等戰數不利莽知天下潰畔事

前漢九十九下　十九

窮計迫迺議遣風俗大夫司國憲等分行天下師古曰行音下更反除井田
奴婢山澤六筦之禁卽位吕來詔令不便於民者皆收還之待見
未發補注先謙曰待召見未發行會世祖與兄齊武王伯升宛人李通等師古曰世
祖謂光武皇帝補注錢大昕曰伯升光武之兄故字而不名劉聖公光武所事也故亦稱字帥舂陵子弟數千
人招致新市平林朱鮪陳牧等合攻拔棘陽是時嚴尤陳茂破下
江兵成丹王常等數千人别走入南陽界十一月有星孛于張東
南行五日不見莽數召問太史令宗宣諸術數家皆繆對言天文
安善羣賊且滅莽差吕自安四年正月漢兵得下江王常等吕爲
助兵補注先謙曰詳後書常傳擊前隊大夫甄阜屬正梁丘賜皆斬之殺其衆
數萬人初京師聞青徐賊衆數十萬人訖無文號旌旗表識師古曰文
謂文章號謂大位號也一曰號謂號令也識讀與幟同音式志反補注王先愼曰上言旌旗則表識所以題别不當讀爲幟先謙曰
官本注式作式咸怪異之好事者竊言此豈如古三皇無文書號謚邪師古

曰欲其事成故云然也 莽亦心怪㠯問羣臣羣臣莫對唯嚴尤曰此不足怪
也自黃帝湯武行師必待部曲旌旗號令今此無有者直飢寒羣
盜犬羊相聚不知爲之耳莽大說師古曰說讀曰悅羣臣盡服及後漢兵
劉伯升起皆稱將軍攻城略地既殺甄阜移書稱說莽聞之憂懼
漢兵乘勝遂圍宛城初世祖族兄聖公先在平林兵中三月辛巳
朔補注周壽昌曰後書光武紀作二月惠棟以爲後書誤者非也莽改厤以建丑爲正月則莽之三月正漢改夏正後之二月也
下四月後書作三月同 平林新市下江兵將王常朱鮪等共立聖公爲帝改
年爲更始元年拜置百官莽聞之愈恐欲外視自安師古曰視讀曰示迺
染其須髮補注周壽昌曰染須髮見於書者自莽始進所徵天下淑女杜陵史氏女爲
皇后補注王念孫曰杜陵上原有立字謂於所徵淑女中選立史氏女爲后也今本脫立字則文不成義御覽皇王部十四引
此有立字通鑑同 聘黃金三萬斤車馬奴婢雜帛珍寶㠯巨萬計莽親迎
於前殿兩階閒成同牢之禮于上西堂備和嬪美御和人三位視

公嬪人九視卿美人二十七視大夫御人八十一視元士凡百二
十人皆佩印韍執弓韣師古曰禮記月令仲春之月玄鳥至之日以太牢祠于高禖天子親往后妃率九嬪
御乃禮天子所御帶以弓韣授以弓矢于高禖之前韣弓衣也帶之者求男子之祥也故莽依放之焉韣音獨封皇后父
諶爲和平侯拜爲寧始將軍諶子二人皆侍中是日大風發屋折
木羣臣上壽曰迺庚子雨水灑道辛丑清靚無塵師古曰靚卽靜字也其夕
穀風迅疾從東北來師古曰穀風卽谷風辛丑巽之宮日也巽爲風爲順后
誼明母道得溫和慈惠之化也易曰受茲介福于其王母師古曰晉卦六
二爻也介大也王母君母也禮曰承天之慶萬福無疆師古曰禮之祝詞補注沈欽韓曰士冠禮三醮辭惟
萬字爲異諸欲依廢漢火劉皆沃灌雪除殄滅無餘雜矣百穀豐茂庶
草蕃殖師古曰蕃滋也殖生也元元驩喜兆民賴福天下幸甚莽曰與方士
涿郡昭君等於後宮考驗方術縱淫樂焉大赦天下然猶曰故漢
氏舂陵侯羣子劉伯升與其族人婚姻黨與妄流言惑眾悖畔天

命及手害更始將軍廉丹前隊大夫甄阜屬正梁丘賜及北狄胡
虜逆輿洦南僰虜若豆孟遷不用此書師古曰輿匈奴單于名也洦及也若豆孟遷蠻僰之
名也言伯升已下孟遷以上不在赦令之限也補注先謙曰泊字誤官本南監本作洦有能捕得此人者皆
封爲上公食邑萬戶賜寶貨五千萬又詔太師王匡國將哀章司
命孔仁兗州牧壽良卒正王閎揚州牧李聖亟進所部州郡兵師古
曰亟急也凡三十萬眾迫措青徐盜賊師古曰措讀與笮同音莊客反下亦放此納言將軍
嚴尤秩宗將軍陳茂車騎將軍王巡補注宋祁曰車騎監本作車馬劉奉世曰車馬將軍非官
名字之誤也尤茂前云大將軍此云將軍未知孰誤然其它多如此者左隊大夫王吳亟進所部州
郡兵凡十萬眾迫措前隊醜虜補注錢大昕曰莽改南陽爲前隊所云醜虜指光武兄弟也孟堅於
王莽指斥之詞無所隱諱所以著莽之惡於光武盛德初無損也明告㠯生活丹青之信師古曰生活謂
來降者不殺之也丹青之信言明著也復迷惑不解散皆并力合擊殄滅之矣大司
空隆新公宗室戚屬前㠯虎牙將軍東指則反虜破壞西擊則逆

賊靡碎師古曰靡散也音武皮反此迺新室威寶之臣也如黠賊不解散將遣
大司空將百萬之師征伐剿絕之矣師古曰剿截也音子小反補注先謙曰官本南監本注予
作子是遣七公幹士隗囂等七十二人分下赦令曉諭云囂等既出
因逃亡矣補注周壽昌曰隗囂卽隗囂也後書囂傳云國師劉歆引囂爲士歆死囂歸鄉里此云逃亡與後傳異四
月世祖與王常等別攻潁川下昆陽郾定陵師古曰三縣之名也郾音一扇反莽
聞之愈恐遣大司空王邑馳傳之洛陽師古曰傳音張戀反與司徒王尋發
眾郡兵百萬號曰虎牙五威兵平定山東得顓封爵政決於邑除
用徵諸明兵法六十三家術者補注先謙曰藝文志兵書五十三家七百九十篇班自注省十家二
百七十一篇是七略載言兵法者有六十三家也後書光武紀亦云莽徵天下能爲兵法者六十三家數百人並以爲軍吏各
持圖書受器械備軍吏傾府庫㠯遣邑多齎珍寶猛獸欲視饒富
用怖山東師古曰視讀曰示邑至雒陽州郡各選精兵牧守自將定會者
四十二萬人餘在道不絕車甲士馬之盛自古出師未嘗有也六

月邑與司徒尋發雒陽欲至宛道出潁川過昆陽昆陽時已降漢漢兵守之嚴尤陳茂與二公會二公縱兵圍昆陽嚴尤曰稱尊號者在宛下宜亟進師古曰亟急也彼破諸城自定矣邑曰百萬之師所過當滅今屠此城喋血而進師古曰喋音牒前歌後舞顧不快邪遂圍城數十重城中請降不許嚴尤又曰歸師勿遏圍城爲之闕師古曰此兵法之言也遏遮也闕不合也補注沈欽韓曰曹操注軍爭篇司馬法曰圍其三面闕其一面所以示生路也可如兵法使得逸出以怖宛下邑又不聽會世祖悉發郾定陵兵數千人來救昆陽尋邑易之師古曰輕易之也易音亦豉反自將萬餘人行陳師古曰巡行軍陳也行音下更反敕諸營皆按部毋得動獨迎與漢兵戰不利大軍不敢擅相救漢兵乘勝殺尋昆陽中兵出並戰邑走軍亂天風蜚瓦師古曰蜚古飛字補注先謙曰官本天作大是雨如注水大眾崩壞號嘑師古曰嘑音火故反虎豹股栗師古曰言戰懼甚補注周壽昌曰此虎豹皆王邑軍中所有卽前云多齎珍寶猛獸也士卒犇走各還歸其郡邑獨

前漢九十九下　三二

與所將長安勇敢數千人還雒陽關中聞之震恐盜賊並起又聞漢兵言莽鴆殺孝平帝莽迺會公卿以下於王路堂開所爲平帝請命金縢之策泣以視羣臣師古曰視讀曰示命明學男張邯稱說其德及符命事因曰易言伏戎于莽升其高陵三歲不興師古曰同人卦九三爻辭也莽平草也言伏兵戎於草莽之中升高陵而望不敢前進至于三歲不能起也莽皇帝之名升謂劉伯升高陵謂高陵侯子翟義也言劉升翟義爲伏戎之兵於新皇帝世猶殄滅不興也羣臣皆稱萬歲又令東方檻車傳送數人言劉伯升等皆行大戮臣知其詐也補注先謙曰官本南監本臣作民是先是衞將軍王涉素養道士西門君惠補注沈欽韓曰御覽七百二十新論曰曲陽侯王根迎方士西門君惠從其學養生却老之得君惠好天文讖記爲涉言星孛掃宮室劉氏當復興國師公姓名是也涉信其言以語大司馬董忠數俱至國師殿中廬道語星宿師古曰廬者宿止之處道謂說之也國師不應後涉特往對歆涕泣言誠欲與

公共安宗族師古曰誠實也補注宋祁曰族字或作姓奈何不信涉也歆因爲言天文人事東方必成涉曰新都哀侯小被病補注周壽昌曰哀侯卽王曼莽之父也小被病言幼小卽病功顯君素耆酒師古曰耆讀曰嗜疑帝本非我家子也如淳曰言莽母洛薄嗜酒淫逸得莽耳非王氏子也設此詐欲以自別不受誅董公主中軍精兵涉領宮衞伊休侯主殿中如同心合謀共劫持帝東降南陽天子可以全宗族不者俱夷滅矣伊休侯者歆長子也爲侍中五官中郎將莽素愛之歆怨莽殺其三子又畏大禍至遂與涉忠謀欲發歆曰當待太白星出迺可忠以司中大贅起武侯孫伋亦主兵復與伋謀伋歸家顏色變不能食妻怪問之語其狀妻以告弟雲陽陳邯邯欲告之七月伋與邯俱告莽莽遣使者分召忠等時忠方講兵都肄師古曰肄習也大習兵也肄音亦二反護軍王咸謂忠謀久不發恐漏泄不如遂斬使者勒兵入忠不聽遂與歆涉會省戶下莽令䶮惲責問皆服中黃門各拔刃

前漢九十九下　三三

將忠等送廬忠拔劍欲自刎侍中王望傳言大司馬反黃門持劍共格殺之省中相驚傳勒兵至郎署皆拔刃張弩更始將軍史諶行諸署師古曰行音下更反補注劉奉世曰或言更始或言寧始未知孰誤王鳴盛曰攷莽官本有更始將軍但上文言拜諶爲寧始將軍其事已在劉聖公改元爲更始之後當是寧始此作更始并下文更始將軍諶度渭橋恐皆寧字之誤先謙曰官本弩作弓告郎吏曰大司馬有狂病發已誅皆令弛兵師古曰弛放也莽欲以厭凶師古曰厭當也音一葉反使虎賁以斬馬劍挫忠師古曰挫讀曰剉音千臥反盛以竹器傳曰反虜出下書赦大司馬官屬吏士爲忠所詿誤謀反未發覺者收忠宗族以醇醯毒藥尺白刃叢棘并一坎而埋之補注先謙曰官本南監本棘作棘是劉歆王涉皆自殺莽以二人骨肉舊臣惡其內潰師古曰王涉骨肉也劉歆舊臣故隱其誅伊休侯疊又以素謹歆訖不告師古曰訖猶竟也歆竟不以所謀告之但免侍中中郎將更爲中散大夫後日殿中鉤盾土山僊人掌旁有白頭公青衣鄭氏曰僊人以掌承露承盛也補注先謙曰官本南監本作以掌承承露盤是也

郎吏見者私謂之國師公衍功侯喜素善卦補注錢大昭曰當是王光之子莽使筮之曰憂兵火莽曰小兒安得此左道是迺子之皇祖叔父子僑欲來迎我也莽軍師外破大臣內畔左右亡所信不能復遠念郡國欲謼邑與計議師古曰謼音呼補注先謙曰官本作謼古呼字崔發曰邑素小心今失大眾而徵恐其執節引決宜有以大慰其意於是莽遣發馳傳諭邑師古曰謂諭告之傳音張戀反我年老毋適子師古曰適讀曰嫡補注先謙曰官本毋作無欲傳邑以天下敕亡得謝見勿復道補注先謙曰毋謝失師罪相見亦勿道前事也邑到以為大司馬大長秋張邯為大司徒崔發為大司空司中壽容苗訢為國師同說侯林為衞將軍莽憂懣不能食師古曰懣音滿又音悶亶飲酒啗鰒魚師古曰亶音但下亦類此鰒海魚也音雹補注先謙曰曹操亦喜食鰒魚宋蘇軾鰒魚行云兩雄一律盜漢家嗜好亦若肩相差也讀軍書倦因馮几寐不復就枕矣師古曰馮讀曰憑補注宋祁曰枕字當作犾性好時日小數及事迫急亶為厭勝遣使壞渭陵延陵園門罘罳曰毋

使民復思也補注王念孫曰此本作毋使民復思漢也今本脫漢字則文義不明御覽皇王部十四居處部十三引此正作復思漢漢紀孝平紀穀水注竝同又以墨洿色其周垣師古曰洿染之變其舊色也洿音一故反號將至曰歲宿申水為助將軍補注周壽昌曰宋小字本至作軍先謙曰南監本作軍是右庚刻木校尉前丙耀金都尉又曰執大斧伐枯木流大水滅發火如此屬不可勝記秋太白星流入太微燭地如月光成紀隗崔兄弟共劫大尹李育師古曰成紀隴西之縣補注沈欽韓曰成紀屬天水郡顏誤隴西先謙曰據後書隗囂傳崔與兄義也以兄子隗囂為大將軍攻殺雍州牧陳慶安定卒正王旬補注先謙曰囂傳作安定大尹王向并其眾移書郡縣數莽罪惡萬於桀紂是月析人鄧曄于匡起兵南鄉百餘人師古曰析南陽之縣南鄉析縣之鄉名析音先歷反補注沈欽韓曰一統志南鄉故城在南陽府淅川縣東南本漢淅縣及順陽鄉地後漢建武中置縣時析宰將兵數千屯鄡亭備武關師古曰鄡音口堯反曄匡謂宰曰劉帝已立君何不知命也宰請降盡得其眾曄自稱輔漢左將軍匡右將軍拔析丹水攻武關都尉朱萌

降進攻右隊大夫宋綱殺之西拔湖師古曰湖弘農之縣也本屬京兆莽愈憂不知所出崔發言周禮及春秋左氏國有大災則哭以厭之師古曰周禮春官之屬女巫氏之職曰凡邦之大災歌哭而請哭者所以告哀也春秋左氏傳宣十二年楚子圍鄭旬有七日鄭人卜行成不吉卜臨于太宮且巷出車吉國人大臨守陴者皆哭故發引之以為言也厭音一葉反故易稱先號咷而後笑師古曰同人九五爻辭號咷哭也咷音逃宜呼嗟告天以求救莽自知敗迺率羣臣至南郊陳其符命本末仰天曰皇天既命授臣莽何不殄滅眾賊卽令臣莽非是願下雷霆誅臣莽因搏心大哭氣盡伏而叩頭又作告天策自陳功勞千餘言諸生小民會旦夕哭為設飧粥師古曰飧古飡字音千安反甚悲哀及能誦策文者除以為郎至五千餘人䠞惲將領之莽拜將軍九人皆以虎為號號曰九虎將北軍精兵數萬人東內其妻子宮中以為質時省中黃金萬斤者為一匱尚有六十匱黃門鉤盾臧府中尚方處處各有數匱長樂御府中御府及都內

平準帑藏錢帛珠玉財物甚眾師古曰御府有令丞少府之屬官也掌珍物中御府者皇后之府藏也平準令丞屬大司農亦珍貨所在也補注先謙曰官本南監本藏並作臧莽愈愛之補注周壽昌曰愛惜不能舍也孟子百姓皆以王為愛也注愛嗇也魯語人以其子為愛注愛吝也賜九虎士人四千錢眾重怨無鬭意師古曰重音直用反補注先謙曰官本無此注九虎至華陰回谿距隘北從河南至山于匡持數千弩乘堆挑戰補注沈欽韓曰紀要風陵堆在華州潼關衞城東三里黃河北岸鄧曄將二萬餘人從閿鄉南出棗街作姑師古曰閿讀與聞同作姑邪道所由也補注沈欽韓曰一統志棗鄉峪在陝州閿鄉縣西南六十里中山經陽華之山緒姑之水出於其陰緒姑卽作姑也紀要緒姑城括地志在韓城縣北三十五里史記秦靈公十二年城籍姑作藉聲同先謙曰官本注末有韋昭曰閿音旻六字破其一部北出九虎後擊之六虎敗走史熊王況詣闕歸死莽使使責死者安在皆自殺其四虎亡師古曰六人敗走二人詣闕自殺四人亡三虎郭欽陳翬成重收散卒保京師倉師古曰九人之中六人敗走三人保倉也京師倉在華陰灌北渭口也翬音暉補注沈欽韓曰紀要永豐倉在華州華陰縣東北或曰卽渭口倉也本漢置倉之地案水經注小赤水卽山海經之灌水也灌水又北注于渭一統志小赤水

在華州西鄭顏所云灌北渭口也鄧曄開武關迎漢丞相司直李松將二千餘人
至湖與曄等共攻京師倉未下曄以弘農掾王憲爲校尉將數百
人北度渭入左馮翊界降城略地李松遣偏將軍韓臣等徑西至
新豐與莽波水將軍戰波水走補注錢大昕曰攷范史波水將軍卽竇融也孟堅修史時竇氏方貴
盛故隱其名韓臣等追奔遂至長門宮王憲北至頻陽所過迎降師古曰所
至之處人皆來迎而降附也大姓櫟陽申碭下邽王大皆率眾隨憲屬縣蘱嚴
春師古曰屬縣三輔諸縣也蘱屬右扶風蘱讀與郃同其人姓嚴名春茂陵董喜藍田王孟槐里汝
臣盩厔王扶陽陵嚴本杜陵屠門少之屬師古曰姓屠門名少眾皆數千人
假號稱漢將時李松鄧曄以爲京師小小倉尚未可下何況長安
城當須更始帝大兵到卽引軍至華陰治攻具而長安旁兵四會
城下聞天水隗氏兵方到皆爭欲先入城貪立大功鹵掠之利補注
先謙曰胡注言入城誅莽旣立大功又得鹵掠貪二者之利也莽遣使者分赦城中諸獄囚徒皆

授兵殺豨飲其血與誓曰有不爲新室者社鬼記之更始將軍史
諶將度渭橋皆散走諶空還眾兵發掘莽妻子父祖冢燒其棺槨
及九廟明堂辟雍火照城中或謂莽曰城門卒東方人不可信莽
更發越騎士爲衞門置六百人各一校尉十月戊申朔兵從宣平
城門入民閒所謂都門也師古曰長安城東出北頭第一門也補注先謙曰官本注末無也字張
邯行城門逢兵見殺師古曰行音下更反王邑王林王巡䜴惲等分將兵距
擊北闕下漢兵貪莽封力戰者七百餘人師古曰獲莽當得封故貪之而力戰會日
暮官府邸第盡犇亡二日己酉城中少年朱弟張魚等恐見鹵掠
趨讙並和師古曰眾羣行讙而自相和也和音呼臥反燒作室門補注先謙曰程大昌云未央宮西北織室
暴室之類黃圖謂爲尚方工作之所者也作室門則工徒出入之門蓋未央宮之便門也斧敬法闥師古曰敬法殿名也
闥小門也謂斧斫之也譁曰反虜王莽何不出降師古曰譁音火故反其下亦同火及掖廷
承明黃皇室主所居也莽避火宣室前殿火輒隨之宮人婦女謕

曰當奈何時莽紺袀服師古曰謕古啼字也紺深青而揚赤色也袀純也純爲紺服也袀音均又弋旬
反補注先謙曰官本弋作式帶璽韍持虞帝匕首補注先謙曰胡注虞帝安得有匕首蓋莽自爲之以愚人
也天文郎桉栻於前師古曰栻所以占時日天文郎今之用栻者也音式補注沈欽韓曰栻當爲式唐六典太
卜令用式之法其局以楓木爲天棗心爲地刻十二辰下布十二辰以加占爲常以月將加卜時視日辰陰陽以立四課案今六壬
及地師並用式周壽昌曰周禮春官太史太師抱天時與太師同車鄭司農注云大出師則太史主抱式以知天時處吉凶莽篤信
周官故用此制蓋栻卽今之星盤也以木爲之藝文志五行家有羨門式法二十卷羨門式二十卷卽此亦作楬博雅曲道栻楬也
楬有天地所以推陰陽占吉凶也先謙曰官本桉栻作按栻日時加某莽旋席隨斗柄而坐曰
天生德於予漢兵其如予何師古曰論語稱孔子曰天生德於予桓魋其如予何故莽引之以爲言也
莽時不食少氣困矣補注先謙曰少猶稍也三日庚戌晨旦明羣臣扶掖莽
自前殿南下椒除服虔曰椒行閣道下者也師古曰除殿陛之道也椒取芬香之名也西出白虎門
和新公王揖奉車待門外莽就車之漸臺補注先謙曰胡注此未央宮之漸臺也水經未
央宮臺在滄池中建章漸臺在太液池中程大昌云漸者漬也言臺在水中受其漸漬也凡臺之環浸於水者皆可名漸臺漸子廉

反欲阻池水猶抱持符命威斗公卿大夫侍中黃門郎從官尙千
餘人隨之王邑晝夜戰罷極師古曰罷讀曰疲士死傷略盡馳入宮閒關
至漸臺師古曰閒關猶言崎嶇展轉也見其子侍中睦解衣冠欲逃邑叱之令還
父子共守莽軍人入殿中譁曰反虜王莽安在有美人出房曰在
漸臺眾兵追之圍數百重臺上亦弓弩與相射稍稍落去矢盡無
以復射短兵接王邑父平補注先謙曰平字誤官本南監本作子䜴惲王巡戰死莽
入室下餔時眾兵上臺補注先謙曰胡注晡後謂之下晡見天文志王揖趙博苗訢唐
尊王盛中常侍王參等皆死臺上商人杜吳殺莽補注周壽昌曰三輔故事作屠
兒杜虞手殺莽東觀漢記亦作杜虞吳虞古字通取其綬校尉東海公賓就故大行治禮
師古曰公賓姓也就名也以先經治禮故識天子綬也補注錢大昭曰廣韻魯有公賓庚沈欽韓曰續志鴻臚大行令主治禮郎四
十七人見吳問綬主所在曰室中西北陬閒師古曰陬隅也音子侯反又音鄒就識
斬莽首補注沈欽韓曰東觀記杜虞殺莽於漸臺東海公賓就得其首傳詣宛封滑侯軍人分裂莽身支

節肌骨臠分爭相殺者數十人師古曰三輔舊事云臠切千段也補注沈欽韓曰徐陵集與楊僕射書曰四家分蚩尤千刀剸王莽先謙曰官本注末無也字公賓就持莽首詣王憲憲自稱漢大將軍城中兵數十萬皆屬焉舍東宮師古曰舍止宿也妻莽後宮乘其車服六日癸丑李松鄧曄入長安將軍趙萌申屠建亦至補注沈欽韓曰東觀記作申屠志以王憲得璽綬不輒上多挾宮女建天子鼓旗收斬之傳莽首詣更始縣宛市百姓共提擊之師古曰提擲也音徒計反或切食其舌莽揚州牧李聖司命孔仁兵敗山東補注先謙曰官本南監本楊作揚聖格死仁將其衆降已而歎曰吾聞食人食者死其事拔劍自刺死及曹部監杜普陳定大尹沈意九江連率賈萌補注沈欽韓曰寰宇記姑熟州下引輿地志云豫章太守賈萌與安成侯張普興兵誅王莽普乃背約詣莽自陳萌遂伐普於新淦之野案水經注贛水又逕豫章郡北爲津步步有故守賈萌廟萌與安成侯張普爭地爲普所害郎日靈見津渚故民爲立廟寰宇記洪州南昌縣龍沙廟郎西漢末太守賈萌也萌與安成侯張普共謀誅王莽普後反告王莽收萌而殺之時人感歎故爲立廟以祭全祖望云御覽引謝承後漢書謂是討莽而死又引安成紀謂爭地而死王莽傳則是爲莽九江太守拒漢而死其亦異矣豈同時

先後之間有二賈萌又皆爲南州牧守耶皆守郡不降爲漢兵所誅賞都大尹王欽及郭欽守京師倉聞莽死乃降更始義之皆封爲侯太師王匡國將哀章降雒陽傳詣宛斬之嚴尤陳茂敗昆陽下走至沛郡譙自稱漢將召會吏民尤爲稱說王莽簒位天時所亡聖漢復興狀茂伏而涕泣聞故漢鍾武侯劉聖聚衆汝南補注先謙曰通鑑考異云劉聖後書劉元傳作望稱尊號尤茂降之以尤爲大司馬茂爲丞相十餘日敗尤茂并死郡縣皆舉城降天下悉歸漢初申屠建嘗事崔發爲詩師古曰就發學詩建至發降之後復稱說師古曰妄言符命不順漢建令丞相劉賜斬發以徇史諶王延王林王吳趙閎亦降復見殺初諸假號兵人人望封侯申屠建既斬王憲又揚言三輔黠共殺其主吏民惶恐屬縣屯聚建等不能下馳白更始二年二月更始到長安下詔大赦非王莽子他皆除其罪故王氏宗族得全三輔悉平更始都長安居長樂宮府藏完具獨未央宮燒攻莽三日死則案堵復故更始至歲餘政教不行明年夏赤眉樊崇等衆數十萬人入關立劉盆子稱尊號攻更始更始降之赤眉遂燒長安宮室市里害更始民飢餓相食死者數十萬長安爲虛師古曰虛讀曰墟城中無人行宗廟園陵皆發掘唯霸陵杜陵完六月世祖即位然後宗廟社稷復立天下艾安師古曰艾讀曰乂補注劉攽曰王莽三十八爲大司馬五十一居攝五十四即眞六十八誅死居攝三年號初始元年始建國五天鳳六地皇四

贊曰王莽始起外戚折節力行以要名譽宗族稱孝師友歸仁及其居位輔政成哀之際勤勞國家直道而行動見稱述豈所謂在家必聞在國必聞色取仁而行違者邪師古曰論語載孔子對子張之言也不仁之人假仁者之色而所行則違之朋黨比周故能在家在國皆有名譽故贊引之莽既不仁而有佞邪之材又乘四父歷世之權補注先謙曰鳳音商根相繼秉政皆莽諸父遭漢中微國統三絕而

太后壽考爲之宗主故得肆其姦慝以成簒盜之禍師古曰肆放也極也推是言之亦天時非人力之致矣及其竊位南面處非所據顛覆之埶險於桀紂而莽晏然自以黃虞復出也迺始恣睢奮其威詐師古曰睢音呼季反滔天虐民窮凶極惡師古曰滔漫也毒流諸夏亂延蠻貉猶未足逞其欲焉是以四海之內囂然喪其樂生之心師古曰囂然衆口愁貌也音五高反補注先謙曰官本無注末四字中外憤怨遠近俱發城池不守支體分裂遂令天下城邑爲虛師古曰虛讀曰墟丘壠發掘害徧生民辜及朽骨自書傳所載亂臣賊子無道之人考其禍敗未有如莽之甚者也昔秦燔詩書以立私議莽誦六藝以文姦言師古曰以六經之事文飾姦言同歸殊塗俱用滅亡皆炕龍絕氣非命之運服虔曰易曰亢龍有悔謂無德而居高位也蘇林曰非命非天命之命也補注先謙曰炕亢借字官本作亢南監本同此紫色鼃聲餘分閏位應劭曰紫間色鼃邪音也服虔曰言莽不得正王之命如歲月之餘分爲閏也師古曰鼃者樂之淫聲非正曲也近之學者便謂鼃之鳴已失其義又欲改此贊鼃聲爲蠅聲

引詩匪雞則鳴蒼蠅之聲尤穿鑿矣聖王之驅除云爾蘇林曰聖王光武也爲光武驅除也師古曰言驅逐蠲除以待聖人也

王莽傳第六十九下　終

漢書九十九

漢書一百

敘傳第七十上

師古曰自敘漢書以後分爲下卷【補注】齊召南曰案南史蕭琛傳琛爲宣城太守有北僧南渡惟齎一瓠蘆中有漢書序傳僧云三輔舊書相傳以爲班固眞本琛固求得之其中多有異今者而紙墨甚古文字多如龍舉之例非隸非篆琛甚秘之及爲江夏太守以書餉鄱陽王範獻於東宮又劉之遴傳太子以漢書眞本付之遴與張纘到漑陸襄等參校異同之遴錄其異狀數十事其大略云案古本漢書稱永平十六年五月二十一日己酉郎班固上而今本無上書年月日字又案古本敘傳號爲中篇今本稱爲敘傳又今本敘傳載班彪事行而古本云彪自有傳案此說可疑後書固傳固自永平中始受詔潛精積思二十餘年至建初中始成然則永平十六年乃初受詔豈容郎表上於朝乎又其父彪以建武中爲徐令司徒掾望都長自不合列傳於前書所謂眞本必非實也意者好事之徒所爲耶永平中何由有紙卽此足破其妄漢書自初出卽已盛行八表天文志闕曹大家且受詔以完其業然則今本漢書確足據矣稱敘傳爲中篇有何義乎先謙曰官本南監本無顏注十三字

漢　蘭臺令史班固　撰

唐正議大夫行祕書少監琅邪縣開國子顏師古　注

賜進士出身前翰林院編修國子監祭酒加三級臣王先謙補注

班氏之先與楚同姓令尹子文之後也【補注】宋祁曰今越本無之字子文初生棄於瞢中而虎乳之師古曰瞢雲瞢澤也春秋左氏傳曰楚若敖娶於䢵生鬬伯比若敖卒從其母畜於䢵淫於䢵子之女生子文焉䢵夫人使棄諸瞢中獸乳之䢵子田見之懼而歸夫人以告遂使收之瞢與夢同並音莫風反又音莫鳳反楚人謂乳穀謂虎於檡如湻曰穀音構牛羊乳汁曰構師古曰穀讀如本字又音乃苟反於音烏檡字或作菟並音塗【補注】宋祁曰湻化本作楚人謂乳爲穀謂虎爲於檡先謙曰設當作穀說文穀乳也从子𣪊聲左莊三十年釋文穀奴走反漢書作穀音同是唐本亦有作穀者方言虎江淮南楚閒或謂之於䖘左傳䖘作菟省借字本書作檡亦雙聲借字玉篇檡梬棗也故名穀於檡字子文楚人謂虎班其子以爲號師古曰子文之子鬬班亦爲楚令尹【補注】先謙曰通鑑胡注左傳莊三十年申公鬬班殺令尹子元而圖穀於菟爲令尹恐班非子文之子何焯云春秋傳作般與班同非殺令尹子元之申公鬬班也秦之滅楚遷晉代之閒因氏焉師古曰遂以班爲姓始皇之末班壹避墜於樓煩師古曰墜古地字樓煩鴈門之縣致馬牛羊數千羣値漢初定與民無禁當孝惠高后時以財雄邊師古曰國家不設衣服車旗之禁故班氏以多財而爲邊地之雄豪出入弋獵旌旗鼓吹年百餘歲以壽終故北方多以壹

爲字者師古曰馬邑人聶壹之類也今流俗書本多改此傳壹字爲懿非也壹生孺孺爲任俠州郡歌之孺生長官至上谷守長生囘目茂材爲長子令師古曰上黨之縣長讀如本字囘生況舉孝廉爲郎積功勞至上河農都尉師古曰上河地名農都尉者典農事〔補注〕先謙曰此官亦見馮參傳大司農奏課連最入爲左曹越騎校尉〔補注〕先謙曰百官表越騎校尉掌越騎左右曹加官諸曹受尚書事成帝之初女爲倢伃致仕就第貲累千金徙昌陵昌陵後罷〔補注〕先謙曰事詳成紀劉向陳湯諸傳大臣名家皆占數于長安師古曰占度也自隱度家之曰數而著名籍也占音之贍反〔補注〕周壽昌曰後書班彪傳云扶風安陵人先謙曰之下曰字誤官本南監本作口況生三子伯斿稱伯少受詩於師丹〔補注〕周壽昌曰儒林傳師丹傳齊詩學則伯所受者齊詩大將軍王鳳薦伯宜勸學〔補注〕周壽昌曰勸學勸上學也此蓋如後世侍講侍讀之類後書馬嚴傳除子鱄爲郎令勸學省中楊秉傳以明尚書徵入勸講皆是三國志蜀尹默譙周爲勸學從事見本傳晉孟嘉爲勸學從事見嘉傳梁元帝在荊州置勸學從事見玉海蓋州郡則加從事之稱召見宴暱殿張晏曰親戚宴飲會同之殿〔補注〕宋祁曰張晏解與師古同字林暱近也乃吉反容貌甚麗誦說有法拜爲中常侍〔補注〕先謙

曰中常侍加官得入禁中見百官表時上方鄉學師古曰鄉讀曰嚮鄭寬中張禹朝夕入說尚書論語於金華殿中師古曰金華殿在未央宮〔補注〕先謙曰寬中見儒林傳詔伯受焉既通大義又講異同於許商遷奉車都尉數年金華之業絕〔補注〕先謙曰謂輟不講說出與王許子弟爲羣〔補注〕先謙曰王成帝母家許成帝后家在於綺襦紈絝之間非其好也晉灼曰白綺之襦氷紈之絝也師古曰紈素也綺今細綾也並貴戚子弟之服家本北邊志節忼慨數求使匈奴河平中單于來朝上使伯持節迎於塞下會定襄大姓石李羣輩報怨殺追捕吏師古曰報私怨而殺人吏追捕之又殺吏〔補注〕宋祁曰慷字越本作忼石季越本作石李報怨殺滔化本及越本作報怨寇追殺先謙曰官本李作季忼不作慷與宋所見異伯上狀因自請願試守期月師古曰欲守定襄太守期音基上遣侍中中郎將王舜馳傳代伯護單于師古曰傳音張戀反并奉璽書印綬即拜伯爲定襄太守師古曰即就也就其所居而拜定襄聞伯素貴年少自請治劇畏其下車作威吏民竦息伯至請問耆老父祖故人有舊恩者師古曰請召也迎延滿堂日爲供具師古曰酒食之具也供音居用反執子孫禮〔補注〕蘇輿曰執子孫禮極言其敬謹魏志孔融傳注高密鄭玄稱之鄭公執子孫禮郡中益弛師古曰弛解也見伯不用威刑故自解縱〔補注〕先謙曰官本注弛作弛益漸也諸所賓禮皆名豪懷恩醉酒共諫伯宜頗攝錄盜賊具言本謀亡匿處伯曰是所望於父師矣師古曰齒爲諸父尊之如師故曰父師迺召屬縣長吏選精進掾史師古曰精明而進趨也分部收捕師古曰分音扶問反及它隱伏旬日盡得郡中震㮚咸稱神明師古曰㮚古栗字歲餘上徵伯伯上書願過故郡上父祖冢有詔太守都尉已下會師古曰同赴其所因召宗族各以親疏加恩施散數百金北州以爲榮長老紀焉師古曰紀記也道病中風師古曰中傷也爲風所傷既至以侍中光祿大夫養病師古曰受其秩俸而在家自養也賞賜甚厚數年未能起會許皇后廢班倢伃供養東宮李奇曰元后成帝母〔補注〕先謙曰事詳外戚傳進侍者李平爲倢伃而趙飛燕爲皇后伯遂稱篤久之上出過臨候伯伯惶恐起眡事師古曰眡古視字〔補注〕周壽昌曰成帝以微行臨候故伯惶恐也自大將軍薨後

師古曰王鳳富平定陵侯張放淳于長等始愛幸出爲微行行則同輿執轡入侍禁中設宴飲之會及趙李諸侍中皆引滿舉白服虔曰舉滿桮有餘白瀝者罰之也孟康曰舉白見驗飲酒盡不也師古曰謂引取滿觴而飲飲訖舉觴告白盡不也一說白者罰爵之名也飲有不盡者則以此爵罰之魏文侯與大夫飲酒令曰不釂者浮以大白於是公乘不仁舉白浮君是也〔補注〕先謙曰官本注是也作者也談关大噱師古曰关古笑字也噱笑聲也音其略反或曰噱謂膚口之中大笑則見此說非時乘輿幄坐張畫屏風師古曰坐音材臥反畫紂醉踞妲己〔補注〕沈欽韓曰初學記二十五劉向別錄曰臣向與黃門侍郎歆所校列女傳種類相從爲七篇以著禍福榮辱之效是非得失之分畫之於屏風四堵案如言則畫紂醉踞妲己者亦嬖孽傳之一耳作長夜之樂上以伯新起數目禮之師古曰目視而敬之因顧指畫而問伯紂爲無道至於是虖伯對曰書云酒用婦人之言師古曰今文尚書泰誓之辭何有踞肆於朝師古曰肆放也陳也所謂衆惡歸之不如是之甚者也師古曰論語稱孔子曰紂之不善不如是之甚也是以君子惡居下流天下之惡皆歸焉故伯引此爲言上曰苟不若此此圖何戒伯曰沈湎于酒微子所以告去也師古曰微子殷之卿士封於微

爵稱子也殷紂錯亂天命微子作誥告箕子比干而去紂其誥曰用沈酗于酒用亂敗厥德于下我其發出狂吾家耄遜于荒事見尚書微子篇式號式謼大雅所㠯流連也師古曰大雅蕩之詩曰式號式謼俾晝作夜言醉酒號呼以晝爲夜也流連言作詩之人嗟嘆而泣涕流連也而說者乃以流連爲荒亡蓋失之矣大雅所以流連不謂飲酒之人也謼音火故反（補注）何焯曰沈湎二語對引滿舉白式號二語對談笑大噱周壽昌曰謼毛詩作呼伯所引是齊詩說說苑貴德篇詩云式號式呼俾晝作夜言闔行也則魯詩說謼亦作呼流連顏謂不指飲酒說是也然亦無訓爲泣涕者詩泣涕漣漣作漣不作連大雅此篇天不湎爾以酒下專指酒說流連往復以致戒耳先謙曰官本荒作流詩書淫亂之戒其原皆在於酒上迺喟然歎曰吾久不見班生今日復聞讜言師古曰讜言善言也音黨放等不懌師古曰懌悅也音亦稍自引起更衣因罷出時長信庭林表適使來聞見之孟康曰長信太后宮名也庭林表宮中婦人官名也師古曰長信宮庭之林表也林表官名耳庭非官稱也（補注）宋祁曰林表晉灼曰應劭書作材表宮人之有材能者表其師也張晏曰林君也表外也於宮外傳威儀也沈欽韓曰十四等號無林表此蓋給事長信庭之宦者名林表先謙曰沈說是後上朝東宮太后泣曰帝間顏色瘦黑師古曰間謂比日也班侍中本大將軍所舉宜寵異之益求其比㠯輔聖德

師古曰比類也音必寐反宜遣富平侯且就國上曰諾車騎將軍王音聞之㠯風丞相御史師古曰風讀曰諷（補注）先謙曰通鑑考異云案放傳丞相宣御史大夫方進奏放過惡音以正月乙巳薨方進以三月丁酉爲御史大夫然則風丞相御史者疑非音也周壽昌云放傳作上諸舅皆害其寵不專屬音爲是奏富平侯罪過上迺出放爲邊都尉（補注）先謙曰續志云邊郡往往置都尉及屬國都尉稍有分縣治民比郡後復徵入太后與上書曰前所道尚未效張晏曰謂上所言班侍中本大將軍所舉宜寵異之富平侯反復來其能默虖如淳曰富平侯張放復來太后安能默然不以爲言上謝曰請今奉詔（補注）先謙曰今猶卽也是時許商爲少府師丹爲光祿勳上於是引商丹入爲光祿大夫伯遷水衡都尉與兩師並侍中如淳曰兩師許商師丹（補注）錢大昕曰公卿表元延元年侍中光祿大夫趙彪大伯爲侍中水衡都尉三年卒計其年正許商師丹除侍中光祿大夫之時也伯爲水衡都尉表失載疑趙彪卽班伯之譌皆秩中二千石每朝東宮常從及有大政俱使諭指於公卿上亦稍厭游宴復修經書之業太后甚悅丞相方進復奏富平侯竟就國會伯病卒年三十八朝廷愍惜焉斿博

學有俊材左將軍師丹舉賢良方正（補注）先謙曰官本作史丹據公卿表成帝河平三年史丹爲左將軍永始三年薨綏和二年師丹爲左將軍踰年而哀帝卽位則舉斿者蓋史丹非師丹也建始三年詔舉賢良方正在史丹爲左將軍前四年而云左將軍史丹舉者從其後官書之劉向校秘書成紀亦書於河平三年斿由議郎遷至中郎將與向校書自是後數年事若成帝末始對策則不及與向共事矣㠯對策爲議郎遷諫大夫右曹中郎將與劉向校祕書每奏事師古曰斿每奏校書之事斿㠯選受詔進讀羣書師古曰於天子前讀書上器其能賜㠯祕書之副時書不布師古曰謂不出之於羣下自東平思王㠯叔父求太史公諸子書大將軍白不許語在東平王傳師古曰此言東平王求書不得而斿獲賜祕書明見寵異斿亦早卒有子曰嗣顯名當世（補注）先謙曰嗣事見下稺少爲黃門郎中常侍方直自守成帝季年立定陶王爲太子數遣中盾請問近臣師古曰盾讀曰允百官表云詹事之屬官也漢書儀云秩四百石主徼巡宮中（補注）先謙曰官本引蕭該音義曰中盾韋昭曰太子宮中盾長也該案盾音允先謙案郎中允音近字通淮南俶眞訓引楯萬物羣英萌生高誘注楯讀允恭之允與此同官本南監本注書作舊稺獨不敢荅師古曰言其愼哀帝卽位出稺

爲西河屬國都尉遷廣平相王莽少與稺兄弟同列友善兄事斿而弟畜稺師古曰事斿如兄遇稺如弟斿之卒也修緦麻賻賵甚厚師古曰送終者布帛曰賻車馬曰賵賻音附賵音芳鳳反（補注）沈欽韓曰儀禮喪服朋友麻鄭注朋友有同道之恩相爲服緦之經帶平帝卽位太后臨朝莽秉政方欲文致太平師古曰言欲以文教致太平（補注）劉敞曰公羊春秋說文致太平者以春秋亂世但聖人作文致之如太平耳莽政既惡而飾虛以自章大是亦文致也豈謂文教致太平乎沈欽韓曰何休說定六年傳云定哀之間文致太平[illegible]此公羊家例漢人常用使使者分行風俗采頌聲師古曰行音下更反而稺無所上師古曰不稱符瑞及歌頌琅邪太守公孫閎言災害於公府大司空甄豐遣屬馳至兩郡諷吏民師古曰遣言祥應而隱除災害（補注）先謙曰官本注末有也字而劾閎空造不祥稺絕嘉應嫉害聖政皆不道太后曰不宣德美宜與言災害者異罰且後宮賢家我所哀也師古曰班倢伃有賢德故哀閔其家閎獨下獄誅稺懼上書陳恩謝罪願歸相印入補延陵園郎太后許焉食故祿終身由是班氏不顯莽朝亦不罹咎師古曰罹遭也初

成帝性寬進入直言是以王音翟方進等繩法舉過師古曰論天子之過失而劉向杜鄴王章朱雲之徒肆意犯上師古曰肆極也故自帝師安昌侯諸舅大將軍兄弟及公卿大夫後宮外屬史許之家有貴寵者莫不被文傷詆師古曰詆毀也音丁禮反唯谷永嘗言建始河平之際許班之貴傾動前朝熏灼四方賞賜無量空虛內臧女寵至極不可尚矣今之後起天所不饗什倍於前永指以駮譏趙李亦無間云師古曰雖谷永嘗有此言而意專在趙李耳自餘劉向之徒又皆不論班氏也間非也音居莧反穉生彪彪字叔皮幼與從兄嗣共遊學家有賜書內足於財好古之士自遠方至父黨揚子雲以下莫不造門師古曰造至也音千到反〔補注〕先謙曰官本南監本楊作揚嗣雖修儒學然貴老嚴之術師古曰老老子也嚴莊周也桓生欲借其書師古曰桓譚嗣報曰若夫嚴子者絕聖棄智修生保真清虛澹泊歸之自然師古曰澹泊安靜也澹音徒濫反泊音步各反又音魄獨師友造化而不為世俗所役者也漁釣於一壑

則萬物不奸其志師古曰奸犯也音干棲遲於一丘則天下不易其樂不絓聖人之罔師古曰絓讀與挂同聖人謂周孔也不䶊驕君之餌應劭曰䶊音六畜之畜師古曰䶊古嗅字也餌謂爵祿君所以制使其臣亦猶釣魚之設餌也〔補注〕宋祁曰䶊字書火又反注文設一作投沈欽韓曰說文䶊以鼻就臭也讀若畜牲之畜與應劭音同蕩然肆志談者不得而名焉師古曰肆放也故可貴也今吾子已貫仁誼之羈絆繫名聲之韁鎖師古曰韁如馬韁也音薑〔補注〕宋祁曰絆字書音半伏周孔之軌躅鄭氏曰躅迹也三輔謂牛蹄處爲躅師古曰躅音文欲反〔補注〕宋祁曰鄭云躅音拘揭之揭先謙曰官本注無師古曰躅四字疑奪馳顏閔之極摯劉德曰摯至也人行之所極至既繫攣於世教矣〔補注〕錢大昕曰攣古戀字說文無戀何用大道為自眩曜師古曰言用老子莊周之道何為但欲以名自炫曜耳眩音州縣之縣〔補注〕宋祁曰曜字下浙本有也字先謙曰為讀曰偽顏注上屬非昔有學步於邯鄲者曾未得其髣髴又復失其故步遂匍匐而歸耳師古曰匍音扶匐音蒲北反〔補注〕沈欽韓曰莊子秋水篇壽陵餘子學於邯鄲未得國能又失其故行直匍匐而歸耳恐似此類故不進師古曰言不與其書嗣之行己持論如此叔皮唯聖人之道然後盡心焉張晏曰固不欲言父諱舉其字耳〔補注〕周壽昌曰班氏常譏太史公先黃老而後六經故特於嗣論莊子後爲其父表明此語後書云彪性沈重好古年二十遭王莽敗世祖即位於冀州時隗囂據壟擁眾招輯英俊師古曰輯與集同〔補注〕宋祁曰壟字下當有右字周壽昌曰後書作擁眾天水先謙曰壟隴借字而公孫述稱帝於蜀漢天下雲擾師古曰言盜賊擾亂如雲而起大者連州郡小者據縣邑囂問彪曰往者周亡戰國並爭天下分裂數世然後迺定其抑者從橫之事復起於今乎師古曰抑語辭〔補注〕周壽昌曰抑疑辭也左昭十三年傳其抑亦將卒以祚吳乎語義正同亦作意廣雅意疑也韓詩云抑意也先謙曰後書彪傳作意者將承運迭興在於一人也師古曰迭互也音大結反願先生論之對曰周之廢興與漢異昔周立爵五等諸侯從政師古曰言諸侯之國各別爲政〔補注〕先謙曰官本別作分本根既微枝葉強大師古曰本根謂王室也枝葉謂諸侯故其末流有從橫之事其勢然也漢家承秦之制並立郡縣主有專己之威臣無百年之柄至於成帝假借外家師古曰假音工暇反借音子夜反哀平短祚國嗣三絕危自上起傷不及下〔補注〕先謙曰官本考證云後書於此條問

荅字句稍有增損危自上起二句後書倒載於王氏擅朝因竊位號之下又方今雄桀帶州城者皆無七國世業之資下後書節詩云皇矣上帝四句又王命論全文後書但載其目而不述其文也故王氏之貴傾擅朝廷能竊號位而不根於民師古曰言無據援是以即真之後天下莫不引領而歎〔補注〕先謙曰官本歎作數十餘年間外內騷擾遠近俱發假號雲合咸稱劉氏不謀而同辭方今雄桀帶州城者皆無七國世業之資〔補注〕宋祁曰城或作域王念孫曰作域者是也雄桀帶州域者謂雄桀竝立各帶一州之域也周官大司徒九州之地域史記天官書天則有列宿地則有州域漢書食貨志有國疆者兼州域若作州城則非其指矣域與城字形相似而誤管子八觀篇國域大而田野淺狹呂氏春秋勿躬篇平原廣域史記天官書爲其環域千里內占大宛傳漢遣驃騎破匈奴西域今本域字竝誤作城漢紀孝平紀後書班彪傳宋書符瑞志竝作州域詩云皇矣上帝臨下有赫鑒觀四方求民之莫師古曰大雅皇矣之詩也皇大也上帝天也莫定也言大矣天之視下赫然甚明監察眾國求人所定而授之今民皆謳吟思漢鄉仰劉氏已可知矣師古曰鄉讀曰嚮囂曰先生言周漢之勢可也至於但見愚民習識劉氏姓號之故而謂漢家復興疏矣昔秦失其鹿劉季逐而掎之師古曰掎偏持其足也音居蟻反〔補注〕先謙曰謂幸捷而得之故王命論特駁正此語

時民復知漢虖〔補注〕沈欽韓曰漢當作秦先謙曰沈說疑亦有因然後書亦作漢則時民當謂今時之人既感
嚚言又慜狂狡之不息〔補注〕宋祁曰韋昭音義作火旁息音熹既反字林音息是以今漢書止作息字先謙
曰官本慜作愍此沿避唐諱迺著王命論以救時難其辭曰昔在帝堯之禪曰
咨爾舜天之歷數在爾躬舜亦以命禹師古曰事見論語臯于稷契咸佐
唐虞師古曰契讀與禼同字本作偰〔補注〕宋祁曰尚書音巨溢反周壽昌曰臯卽暨史記夏本紀蟣珠臯魚注臯古暨字也
光濟四海奕世載德師古曰載乘也言相因不絕〔補注〕先謙曰官本乘作承南監本與此同至于湯
武而有天下雖其遭遇異時禪代不同至于應天順民其揆一也
師古曰言堯舜以文德相禪湯武以征伐代興各上應天命下順人心是故劉氏承堯之祚氏族之
世著乎春秋師古曰謂士會歸晉其處者爲劉氏〔補注〕顧炎武曰案左昭二十九年傳陶唐氏既衰其後有劉累學
擾龍於豢龍氏以事孔甲如師古注則又其苗裔也蘇輿曰士會二語確是後人增益當引昭二十九年傳爲注文選李注兼引兩
處唐據火德而漢紹之始起沛澤則神母夜號以章赤帝之符由
是言之帝王之祚必有明聖顯懿之德豐功厚利積絫之業師古曰絫

古累字〔補注〕宋祁曰師古曰下當有豐古酆字四字先謙曰宋說不可解當是所見本作酆此文豐酆誤倒耳然後精誠
通於神明流澤加於生民故能爲鬼神所福饗天下所歸往未見
運世無本功德不紀師古曰不紀不爲人所記而得屈起在此位者也師古曰屈起特
起也屈音其勿反〔補注〕先謙曰屈崛借字文選作崛起世俗見高祖興於布衣不達其故以
爲適遭暴亂得奮其劍游說之士至比天下於逐鹿幸捷而得之
不知神器有命不可以智力求也劉德曰神器璽也李奇曰帝王賞罰之柄也師古曰李說是也
〔補注〕劉奉世曰神器者聖人之大寶曰位是也悲夫此世所以多亂臣賊子者也若然者
豈徒闇於天道哉又不覩之於人事矣夫餓饉流隸飢寒道路師古
曰隸賤隸思有裋褐之褻儋石之畜師古曰褻謂親身之衣也音先列反一說云衣破壞之餘曰褻儋石
解在蒯通傳音丁濫反畜讀曰蓄〔補注〕先謙曰官本裋作短注列作到濫作攙引蕭該音義曰字林曰褻衷衣也丈篋反錢大昕云
說文裋豎使布長襦貢禹貨殖傳並有裋褐不完之語作短非王念孫云褻與褻不同字褻親身衣也從衣執聲讀若漏泄之泄私列
反褻重衣也字本作埶從衣執聲讀若重疊之疊丈篋其執字或
在衣中作埶轉寫小異耳與褻衣之褻字從埶者不同此言短褐

之褻謂飢寒之人思得短褐以爲重衣非謂親身之褻衣也漢紀及文選竝作短褐之褻李善注說文曰褻重衣也字林曰褻大篋
反[illegible]此卽褻之借字也何以明之說文褻重衣也從衣執聲一切經音十五褻[illegible]徒俠反引通俗文曰重衣曰
褻宋祁引蕭該音義曰字林曰褻重衣也[illegible]大篋反[illegible]正與李善所引同則褻爲褻
之借字明矣說文以褻爲左袿袍以褻爲重衣今經史中重衣之字皆作褻而褻字遂廢唯此一處作褻[illegible]乃古字之僅存者而
師古云褻謂親身衣也先列反是直不辨褻褻之爲兩字矣廣韻褻在十七薛褻在二十六緝褻在三十帖褻與褻聲相近故漢紀
文選皆作褻若褻與褻則聲遠而不可通矣蘇輿云裋褐短褐原有兩本秦紀寒者利裋褐[illegible]徐廣云一作短索隱裋一音豎短
而且狹故謂之短褐孟嘗君傳士不得短褐索隱短亦音豎[illegible]本案小司馬竝作豎音則所見本作短今刻秦紀索隱譌作裋耳
或謂古無短褐字非也杜甫詩如賜浴皆長纓與宴非短褐諸生舊短褐旅泛一浮萍之類玩其屬對竝作長短之短用必有所本
可見唐時史漢有作短褐之本文選注引韋昭云短謂裋裋襦也短丁管反則韋見本已作短所願不過一金然
終於轉死溝壑何則貧窮亦有命也況虖天子之貴四海之富神
明之祚可得而妄處哉故雖遭罹阸會竊其權柄師古曰罹亦遭也音離勇
如信布彊如梁籍成如王莽然卒潤鑊伏質亨醢分裂師古曰質鍖也伏於

鍖上而斬之也鍖音竹林反又況幺麼尚不及數子鄭氏曰麼音麼小也晉灼曰此骨偏麼之麼也師古
曰鄭音是也幺麼皆微小之稱也幺音一堯反麼音莫可反骨偏麼自音麻與此義不相合晉說失之〔補注〕錢大昕曰說文無麼字
[illegible]等而有𪏺字𪏺瘺病也與麼同幺言其小麼言其病童謠所稱見一蹇人言欲上天隗囂少病蹇以是刺之也晉說得之王念
孫曰錢說非也麼之言靡也[illegible]幺麼二字連文俱是微小之意廣雅紗麼小也紗與幺同漢紀文選竝作幺麼不及數子
李善注引鶡冠子曰無道之君任用幺麼有道之君任用俊雄[illegible]又引通俗文曰不長曰幺細小曰麼作麼者古字假借耳幺麼
不及數子謂[illegible]勇不如信布彊不如梁籍成不如王莽非譏其病塞也若以麼爲病塞則上與幺字不相比附下與不及數子之文
不相連屬矣說文麼瘺病也瘺半枯也此卽今偏枯之病亦非蹇病也顏注自音麻麻當爲摩各本皆譌據說文玉篇廣韻改案鄭
氏曰麼音麼玉篇麼亡可切又亡波切是麼麼古同聲顏必分平上二讀非也沈欽韓曰郭璞爾雅注豕子最後生者俗呼爲幺豚
字林幺小豚隋書律歷志凡日不全爲餘積以成餘者曰秒度不全爲分積以成分者曰蔑其有不成秒曰麼不成蔑曰幺而
欲闇奸天位者虖師古曰奸音干〔補注〕宋祁曰奸字詁古文干字是故駑蹇之乘不騁千
里之塗燕雀之疇不奮六翮之用楶梲之材不荷棟梁之任師古曰楶
卽薄櫨所謂枅也梲梁上短柱也楶音節字亦或作節梲音之說反〔補注〕先謙曰官本引蕭該音義曰韋昭楶音節一名櫺卽杜上

方木也鄭氏棻音贊應劭曰爾雅曰梲朱儒也音之劣反斗筲之子不秉帝王之重師古曰斗筲言小器也解在公孫劉田傳筲音山交反〔補注〕先謙曰官本引蕭該音義曰字林曰筲飯筥也受五升秦云山交反該案籍或作筲論語曰斗筲之人何足算也易曰鼎折足覆公餗師古曰鼎卦九四爻辭也餗食也音速〔補注〕先謙曰官本引蕭該音義曰字林曰餗鼎實也韋昭音義餗字作鬻曰一菜羹曰鬻音速該案字林餗或作鬻字異音訓則一不勝其任也當秦之末豪桀其推陳嬰而王之嬰母止之曰自吾為子家婦而世貧賤師古曰而汝也卒富貴不祥〔補注〕錢大昭曰卒讀與猝同不如以兵屬人師古曰屬委也音之欲反事成少受其利不成禍有所歸嬰從其言而陳氏以寧王陵之母亦見項氏之必亡而劉氏之將興也是時陵為漢將而母獲於楚有漢使來陵母見之謂曰願告吾子漢王長者必得天下子謹事之無有二心遂對漢使伏劍而死以固勉陵其後果定於漢陵為宰相封侯夫以匹婦之明師古曰凡言匹夫匹婦謂凡庶之人一夫一婦當相配匹猶能推事理之致探禍福之機而全宗祀於無窮垂策書於春秋師古曰春秋史書記事之總稱而況大丈夫之事虖是故窮達有命吉凶由人嬰母知

廢陵母知興審此四者帝王之分決矣師古曰分音扶問反〔補注〕蘇輿曰此承興廢言之四當從文選作二蓋在高祖其興也有五師古曰王命論敘高祖之德及班氏漢書敘目所稱引事皆具見本書不須更解以穢篇籍其有辭句隱互尋覽難知者則具釋焉浮汎之說蓋無取也〔補注〕宋祁曰注文汎字浙本作冗字一曰帝堯之苗裔二曰體貌多奇異三曰神武有徵應四曰寬明而仁恕五曰知人善任使加之以信誠好謀達於聽受見善如不及用人如由己從諫如順流趣時如嚮赴師古曰嚮讀曰響如響之赴聲也〔補注〕先謙曰文選作響當食吐哺納子房之策拔足揮洗揖酈生之說寤戍卒之言斷懷土之情師古曰洛陽近沛高祖來都關中故云斷懷土之情也斷音丁喚反〔補注〕周壽昌曰婁敬戍隴西過雒陽見高祖言便宜故稱戍卒高四皓之名割肌膚之愛晉灼曰不立戚夫人子舉韓信於行陳收陳平於亡命英雄陳力羣策畢舉此高祖之大略所以成帝業也若乃靈瑞符應又可略聞矣初劉媼任高祖而夢與神遇師古曰任謂懷任也〔補注〕蘇輿曰任文選作妊字通震電晦冥有龍蛇之怪及其長而多靈有異於眾是以王武感物而折券呂公覩形而進女秦皇東游以厭其氣呂后望雲而知所處師古曰厭音一葉反〔補注〕先謙曰官本引蕭該音義曰韋昭曰厭合也劉氏曰厭當也始受命則白蛇分西入關則五星聚故淮陰留侯謂之天授非人力也歷古今之得失驗行事之成敗稽帝王之世運考五者之所謂取舍不厭斯位符瑞不同斯度劉德曰厭當也師古曰音一涉反〔補注〕朱一新曰厭顏音誤文選李善注音一豔反而苟昧於權利越次妄據師古曰昧貪也〔補注〕王念孫曰於字衍苟昧權利以下句法相同首句多一於字則累於詞矣漢紀文選皆無於字外不量力內不知命則必喪保家之主失天年之壽遇折足之凶伏鈇鉞之誅師古曰鈇音方于反英雄誠知覺寤畏若禍戒師古曰若順也〔補注〕王念孫曰畏順禍戒殊為不詞禍戒可以言畏不可以言順也今案上文云喪保家之主云云所謂禍戒若猶此也言畏此禍戒若字即指上四者而言隱四年公羊傳公子翬恐若其言聞乎桓謂此其言也莊四年傳有明天子則哀公得為若行乎謂此行也論語公冶長篇君子哉若人謂此人也超然遠覽淵然深識收

陵嬰之明分絕信布之覬覦師古曰分音扶問反覬音冀覦音踰〔補注〕先謙曰官本引蕭該音義曰字書曰覬𦘔也覦欲也按𦘔乃幸之誤距逐鹿之瞽說審神器之有授毋貪不可幾為二母之所咲師古曰不可幾謂不可庶幾而望也一說幾讀曰冀〔補注〕朱一新曰幾當讀如後說文選正作冀則福祚流于子孫天祿其永終矣知隗囂終不寤迺避墜於河西師古曰墜古地字〔補注〕先謙曰官本引蕭該音義曰隗囂諸詮上五罪反下許妖反河西大將軍竇融嘉其美德訪問焉師古曰每事皆與謀畢茂材為徐令〔補注〕周壽昌曰後書融還京師光武問融融舉之帝雅聞彪材因召見舉司隸茂材以病去官後數應三公之召仕不為祿所如不合師古曰如往也不苟得祿故所往之處不合其意學不為人博而不俗言不為華述而不作有子曰固弱冠而孤師古曰謂年二十也作幽通之賦以致命遂志劉德曰致極也陳吉凶性命遂明己之意其辭曰系高頊之玄胄兮氏中葉之炳靈應劭曰系連也胄緒也言己高陽顓頊之連緒也顓頊北方水位故稱玄中葉謂令尹子文也虎乳故曰炳靈〔補注〕王先慎曰系本也玄遠也言本高頊之遠胄也應說證玄字太泥颻凱風而蟬蛻兮雄朔野以颺聲應劭曰凱風南風也朔北方也

言先祖自楚遷北若蟬之蛻也師古曰繇讀與由同由從也蛻音稅颺讀與揚同補注先謙曰官本注從上無由字颺下無讀字引宋祁曰注文颺字下當有讀字先謙案文選繇作颻凱作颻同曹大家注飆飄颻也繇通借字顏注非
皇十紀而鴻漸兮有羽儀於上京應劭曰十紀漢十世也張晏曰易曰鴻漸于陸其羽可以為儀成帝時班況女為倢伃父子並在京師為朝臣也晉灼曰皇漢皇也補注先謙曰官本注以作用
巨滔天而泯夏兮考遘愍以行謠應劭曰巨王莽字巨君也張晏曰彪遇王莽之敗憂思歌謠也師古曰滔漫也言不畏天也泯滅也夏諸夏也考班固自言其父也遘遇也愍憂也徒歌曰謠補注沈欽韓曰班彪北征賦云余遭世之顛覆兮罹填塞之阨災李善引流別論曰更始時班彪避難涼州發長安至安定作北征賦即此事也
終保己而貽則兮里上仁之所廬師古曰言其父遭時溷亂已道自安終遺盛法而處仁者所居也論語稱孔子曰里仁為美擇不處仁焉得智故引以為辭補注先謙曰善注引曹大家曰里廬皆居處名也言我父早終遺我善法則也何謂善法則乎言為我擇居處也
懿前烈之純淑兮窮與達其必濟師古曰固自言美前人之餘業窮則獨善達能兼濟也濟合韻音子齊反
咨孤矇之眇眇兮將圮絕而罔階師古曰眇眇細微也圮毀也固自言孤弱懼將毀絕先人之跡無階路以自成補注先謙曰文選矇作蒙此通借字官本引蕭該音義曰韋昭曰圮毀也音數委反字書父已反
豈余身之足殉兮愇世業之可懷師古曰殉營也愇字與韙同韙是也懷思也愇音于匪反補注先謙曰官本引蕭該音義曰字林曰殉殺生送死也說文愇籀文韙是也劉氏及廣雅並云愇恨也先謙案文選愇作違曹大家注違恨也違或作愇愇亦恨也案訓愇為恨施之此文不順仍以訓是為合
靖潛處以永思兮經日月而彌遠匪黨人之敢拾兮庶斯言之不玷師古曰拾音負拾之拾應劭曰拾更也自謙不敢與鄉人更進也師古曰靖古靖字也拾音其業反玷缺也更音工衡反補注先謙曰官本上師古作蘇林是
魂煢煢與神交兮精誠發於宵寐夢登山而迥眺兮覿幽人之髣髴張晏曰幽人神人也師古曰覿見也音迪補注先謙曰官本與作其引宋祁曰其字當作與
攬葛藟而授余兮眷峻谷曰勿隧師古曰攬執取也言入峻谷者當攀葛藟可以免於顛墜猶處時俗者當據道義然後得用自立故設此喻託以夢也葛藟蔓也一說藟葛屬也葛之與藟皆有蔓焉攬音覽其字從手藟音力水反補注先謙曰隧墜借字下同文選作墜官本攀作據無葛藟蔓也四字焉作為引宋祁曰據葛藟當作攀蔓為當作蔓焉
昒昕寤而仰思兮心蒙蒙猶未察孟康曰昒昕早旦也覺寤思念未知其吉凶也師古曰昒音忽昕音欣補注先謙曰官本引蕭該音義曰鄧展昒音昧該案字書昒尚冥也音勿諸詮方昧反劉奉世曰但以察合韻音蔡則協韻矣
黃神邈而靡質兮儀遺讖以臆對應劭曰黃帝善占夢久遠

前漢一百上　十二

無從得問準其讖書以意求其象也賈誼曰讖言其度應劭曰臆胸臆也師古曰對合韻音丁忽反補注周壽昌曰臆對即賈誼鵩賦曰請對以意意亦作臆先謙曰官本引蕭該音義曰蒼頡篇曰讖書河洛書也該案諸詮音楚鴆反先謙案善注淮南子曰黃神嘯吟高誘注黃帝之神也又兩應劭有一誤
曰乘高而遌神兮道遐通而不迷師古曰登山見神故曰乘高也遌遇也音五故反又音五各反
葛緜緜於樛木兮詠南風以為綏應劭曰周南國風其詩曰南有樛木葛藟纍之樂只君子福履綏之師古曰樛木下垂之木也綏安也樛音居虯反纍音力追反補注先謙曰官本引蕭該音義曰樛亦作朻韋昭曰朻下曲也居騶反
盍惴惴之臨深兮乃二雅之所祗師古曰詩小雅小宛之篇曰惴惴小心如臨于谷惴惴恐懼之貌也小旻篇曰戰戰兢兢如臨深淵如履薄冰言恐墜陷也故云二雅之所祗惴音之瑞反補注先謙曰曹大家注祗敬也
既誶爾以吉象兮又申之以炯戒師古曰誶告也炯明也誶音碎炯音公迥反補注先謙曰官本吉作告引宋祁曰告當作吉蕭該音義引說文曰誶讓也息悴反先謙案文選誶作訊字通用詳賈誼傳曹大家注登高為吉象深谷為炯戒也
盍孟晉以迨羣兮辰倏忽其不再服虔曰盍何不也孟勉也晉進也迨及也何不早進仕以及輩也師古曰辰時也倏忽疾也言時疾過不再來也倏音式六反補注宋祁曰晉或作晉亦作晉沈欽韓曰孟勉釋詁文
承靈訓其虛徐兮竚盤桓而且俟孟康曰虛徐懷疑也張晏曰竚久也俟待也
惟天墜之無窮兮鱻生民之晦在晉灼曰鱻古鮮字也應劭曰晦無幾也師古曰墜古地字也鱻少也言天地長久而人壽短促也鱻音先踐反補注先謙曰官本引蕭該音義曰晦韋昭音謀鬼反又音梅字林曰晦微視美目貌先謙案說文晦背脊肉也非此文義文選作晦善注曹大家曰晦亡幾也又引莊子曰天與地無窮人死有時晦則晦為晦傳寫之誤無疑
紛屯亶與蹇連兮何艱多而智寡孟康曰世艱難多智者少故遇禍也師古曰易屯卦六二爻辭曰屯如亶如蹇卦六四爻辭曰往蹇來連皆謂險難之時也亶音竹延反連音力善反補注先謙曰文選亶作邅
上聖寤而後拔兮豈羣黎之所御師古曰黎眾也言上聖之人猶遇紛難觀機能寤然後自拔文王羑里孔子於匡是也至於眾庶豈能豫禦之哉補注先謙曰文選寤作迕曹大家曰迕觸也言觸艱難與顏解異
昔衛叔之御昆兮昆為寇而喪予孟康曰御迎也昆兄也衛叔武迎兄成公成公令前驅射殺之師古曰御音五駕反衛叔解在五行志
管彎弧欲斃讎兮讎作后而成己師古曰謂管仲射桓公中帶鉤桓公反國以為相也
變化故而相詭兮孰云豫其終始師古曰詭違也補注先謙曰曹大家注詭反也事變如此誰能預知其始終吉凶也
雍造怨而先賞兮丁繇惠而被戮師古曰雍雍齒也丁丁公也繇讀與由同
梟取弔于逌吉兮王膺慶於所慼應劭曰栗孝景

前漢一百上　十三

姬也有子而以姊見廢王宣帝王倢伃也以無子爲憂而以謹勑得毋元帝也師古曰逌古攸字也攸亦所也**畔回宂其若兹兮北叟頗識其倚伏**師古曰畔亂貌也回宂轉旋之意也叟老人稱也淮南子曰北塞上之人其馬無故亡入胡中人皆弔之其父曰此何詎不爲福居數月其馬將胡駿馬而歸人皆賀之對曰此何詎不爲禍家富馬良其子好騎墮而折髀人皆弔之對曰此何詎不爲福居一年胡夷大入丁壯者皆控弦而戰塞上之人死者十九此獨以跛之故父子相保老子德經曰禍兮福所倚福兮禍所伏故頗識其倚伏倚音於綺反〔補注〕先謙曰文選畔作叛曹大家注叛亂也迴邪也宂僻也禍福相反韓詩曰謀猶迴宂**單治裏而外凋兮張修襮而內逼**應劭曰單豹也靜居其所以理五內處深山爲虎所食張張毅也外修恭敬斯徒馬園皆與亢禮不勝其勢內熱而死師古曰襮表也單音善襮音布谷反〔補注〕先謙曰官本引蕭該音義曰晉灼曰襮音素衣朱襮之襮該案詩音博字林曰襮黼衿也方沃反先謙案曹大家注治導氣也單張事見莊子**欥中龢爲庶幾兮顏與冉又不得**師古曰欥古聿字也龢古和字也聿曰也曰中和之道可以庶幾免於禍難而顏回早死冉耕惡疾爲善之人又不得其報也〔補注〕錢大昕曰欥從曰不從日詩遹求厥寧說文引作欥先謙曰官本曰皆作由引宋祁曰注文聿由也由中和二由字皆當作曰字**溺招路已從己兮謂孔氏猶未可安慆慆而不葩兮卒隕身虖世既**鄧展曰慆慆亂貌也葩避也師古曰溺桀溺也路子路也論語稱長沮桀溺耦而耕孔子過之使子路問津焉桀溺曰子孔丘之徒歟對曰然曰慆慆者天下皆是也而誰以易之且而與其從避人之士豈若從避世之士哉言天下皆亂汝將用誰變易之乎避人之士謂孔子避世之士溺自謂也而子路安之卒不能避乃遇蒯聵之亂身死敵也慆音土高反葩音扶味反字本作腓其音同〔補注〕先謙曰官本引蕭該音義曰葩牛羊腓字之腓葩假借腓避也韋昭曰葩避也音肥晉灼音義作遯云遯避也曹大家注幽通賦云葩避也**游聖門而靡救兮顧覆醢其何補**師古曰禮記曰孔子哭子路於中庭既哭進使者而問故使者曰醢之矣遂命覆醢賦言子路游於聖人之門而孔子不能救之以免於難雖爲覆醢無所補益〔補注〕王先愼曰顧當作雖文選不課玩顏注正文亦本作雖先謙曰官本注禮記曰作禮記云游下無於字**固行行其必凶兮免盜亂爲賴道**師古曰論語稱閔子侍側閭閭如也子路行行如也子樂曰若由也不得其死然又稱子路曰君子尙勇乎曰君子義以爲上君子有勇而無義爲亂小人有勇而無義爲盜賦言子路稟行行之性其凶必也所以免爲於亂盜者賴聞道於孔子也行行剛強之貌行音胡浪反〔補注〕王先愼曰注免爲於當作免於爲先謙曰官本引蕭該音義曰行行諸詮音胡浪反先謙案官本尙勇作上勇言子路不得其死固由天定僅免於爲亂盜而死爲賴聞道於孔子耳**形氣發于根柢兮柯葉彙而靈茂**師古曰柢本也彙盛也靈善也言草木本根氣強則枝葉盛而善美人之先祖有大功德則胄緒亦蕃昌也柢音丁計反茂合韻音莫口反〔補注〕先謙曰官本

引蕭該音義曰彙服虔曰彙類也音近卉服虔音卉應劭音謂該案字書音謂先謙案文選靈作零善注引曹大家曰零落也明班賦本作零此靈乃零之借字顏釋爲善非也言柯葉或零或茂各從其類皆根柢所發與下文意相應**恐罔蜽之責景兮慶未得其云已**師古曰慶發語辭讀與羌同已止也莊子云罔兩問景曰曩子行今子止曩子坐今子起何其無特操歟景曰吾有待而然吾所待又有待而然賦言景之行止皆隨於形草木枝葉各稟根柢人之餘慶資以積善亦猶此也〔補注〕先謙曰文選慶作羌發語辭也顏復言餘慶積善乃釋其文義或以爲前後異解非也此文謂根本各殊其後之衰盛相因捷效無比恐罔兩之問景羌未足以喩言亦不專屬積善解**黎淳耀于高辛兮芊彊大於南汜**應劭曰黎楚之先也醇美也高辛帝嚳之號芊楚姓汜崖也師古曰言黎在高辛之時爲火正有美光燿故其後嗣霸有楚國於南方也汜江水之別也音祀邵南之詩曰江有汜芊音弭〔補注〕先謙曰官本注醇作淳崖作涯是汜水涯義與張良傳同顏訓失之**嬴取威於百儀兮姜本支虖三止**應劭曰嬴秦姓也伯益之後也伯益爲虞有儀鳥獸百物之功秦所由取威於六國也姜齊姓也止禮也齊伯夷之後伯夷爲秩宗典天地人鬼之禮也〔補注〕劉奉世曰百儀則柏翳也語訛耳王念孫曰廣雅威德也周頌有客篇既有淫威降福孔夷正義言有德故易福風俗通義十反篇書曰天威棐諶言天德輔誠也呂氏春秋應同篇黃帝曰因天之威與元同氣是威與德同義此言伯益有儀百物之德而嬴氏以興故曰嬴取威於百儀非謂取威於六國也劉云百儀卽柏翳不知百儀與三止相對爲文[illegible]以佐堯伯翳能儀百物以佐舜地理志伯翳作伯益[illegible]且儀字古讀俄[illegible]不得與翳通也先謙曰官本引蕭該音義曰止文選作趾先謙案趾蓋止之通借字禮者人所止也故以止爲禮**既仁得其信然兮卬天路而同軌**劉德曰人道既然仰視天道又同法也師古曰仁得謂求仁而得仁卬讀曰仰**東从虛而殲仁兮王合位虖三五**應劭曰東从紂也殲盡也王武王也欲合五位三所卽國語歲月日星辰之所在也師古曰从古鄰字也仁卽三仁也國語稱冷州鳩對景王曰昔武王伐殷歲在鶉火月在天駟日在析木之津辰在斗杓星在天黿星與日辰之位皆在北維顓頊之所建也我姬氏出自天黿又析木者有建星及牽牛焉則我皇妣大姜之姪伯陵之後逢公之所憑神也歲之所在則我有周之分野也月之所在辰馬農祥也我太祖后稷之所經緯也王欲合是五位三所而用之五位謂歲日月星辰也三所謂逢公所憑神周分野所在后稷所經緯也〔補注〕先謙曰官本注上欲合作欲從王上無也字南監本與此同**戎女烈而喪孝兮伯徂歸於龍虎**孟康曰伯晉文公也歲在卯出歷十九年過一周歲在酉入卯爲龍酉爲虎也師古曰戎女驪戎之女謂驪姬也烈酷也孝謂太子申生也伯讀曰霸言文公霸諸侯也徂往也言以龍往出以獸歸入也〔補注〕劉敞曰重耳之出也歲在大火故云龍及其入也在大梁故曰虎非卯酉也先謙曰官本南監本獸作虎**發還師已成性兮重醉行而自耦**師古曰發武王名也性命也武王初觀兵於孟津八百諸侯不期而會皆

曰紂可伐矣武王曰爾未知天性還師二年紂殺比干囚箕子武王乃伐克之於是成天命也重謂重耳晉文公名也耦合也文公初出奔至齊齊桓公妻之有馬二十乘文公欲安之齊姜乃與子犯謀醉而遣之後遂反國與時會也〔補注〕先謙曰此雙承上文言之性文選作命官本注末有應劭曰耦與天時偶會也十字先謙案耦妻也言文公醉行自其妻遣之顏應說非也

震鱗漦于夏庭兮，市三正而滅周。應劭曰易震爲龍鱗蟲之長也漦沫也師古曰謂褒姒也解在五行志三正歷夏殷周也漦音丑之反正音之盈反

巽羽化于宣宮兮，彌五辟而成災。應劭曰易巽爲雞羽蟲也宣帝時未央宮路軨廄中雌雞化爲雄元后統政之祥也至平帝歷五世而王莽篡位〔補注〕宋祁曰注末當有五辟宣元成哀平也八字

道悠長而世短兮，敻冥默而不周。劉德曰敻遠也周至也冥默玄深不可通至也〔補注〕先謙曰官本引蕭該音義曰敻冥晉灼曰敻音目敻敻而喪精呵縣反該案目敻敻而喪精出王延壽靈光殿賦諸詮音呼政反韋昭曰敻遠也呼迥反先謙案文選悠作脩曹大家注言王道長遠人世促短當時冥默不能見微意之所至也

胥仍物而鬼諏兮，迺窮宙而達幽。應劭曰胥須也仍因也諏謀也易曰人謀鬼謀百姓與能往古來今曰宙聖人須因卜筮然後謀鬼神極古今通幽微也〔補注〕先謙曰官本引蕭該音義曰諏字林曰諏聚謀也子于反諸詮祖侯反韋昭曰天宙所愛曰宙曹大家注幽通賦云往古來今謂之宙聖人所以能極數而知來者皆因卜筮謀於鬼神

嬀巢姜於孺筮兮，旦算祀于挈龜。應劭曰嬀陳姓也巢居也姜齊姓也孺少也陳完少時其父厲公使周史卜得居有齊國之卦也李奇曰算數也祀年也周公卜居洛得世三十年七百也師古曰挈刻也詩大雅緜之篇曰爰挈我龜言刻開之灼而卜之挈音口計反〔補注〕劉敞曰算祀挈龜亦言田完耳其兆有五世八世是祀也王念孫曰祀者年也故左傳曰卜年七百宣三又曰載祀六百若五世八世乃父子相傳之代不得謂之祀且旦者周公之名也若謂算祀挈龜指田完言之則旦字當作何解弗思甚矣旦與嫣相對爲文此賦以上下句對文者皆各指一事言之劉調兩句皆指昭一鋭誤先謙曰文選挈作契

宣曹興敗於下夢兮，魯衛名謚於銘謠。應劭曰周宣王牧人夢衆魚與旐旟之祥而中興曹伯陽國人夢衆君子立于社宮謀亡曹而曹亡也孟康曰魯文成之世童謠言稠父喪勞宋父以驕後昭公名稠遂死於野井定公名宋卽位而驕衛靈公掘地得石槨其銘曰靈公遂以爲謚〔補注〕沈欽韓曰衛靈得石槨見莊子則陽篇先謙曰官本注旐作旌

妣聆呱而刻石兮，許相理而鞠條。應劭曰妣叔向之母也石叔向之子也聽其嘷聲知其後必滅羊舌氏許負相周亞夫從理入口當餓死鞠窮也條亞夫所封也師古曰鞠告也〔補注〕先謙曰官本引蕭該音義曰該案曹大家本作劾石注舉罪曰劾先謙案二義並通然應說尤合文選鞠作鞫善注引毛傳曰鞫告也

道混成而自然兮，術同原而分流。師古曰大道混壹歸於自然人之所趨雖有流別本則同耳〔補注〕先謙曰曹大家注大道神明混沌而成言人生而心志在內聲音在外骨體有形事變有會更相爲表裏合成一體此其自然之道至於術學論其成敗考其負勝觀其富貴各取一槩故或聽聲音或見骨體或占色理或觀威儀或察心志或省言行或考卜筮或本先祖如水同原而分流也較顏解爲切

神先心㠯定命兮，命隨行㠯消息。師古曰言神明之道雖在人心之前已定命矣然亦隨其所行以致禍福〔補注〕宋祁曰別本皆無命字

幹流遷其不濟兮，故遭羅而贏縮。師古曰幹轉也言人之生各有遭遇不能三必濟免於困厄各隨其所逢以致贏虧也

欒同於一體兮，雖移盈然不忒。孟康曰晉大夫欒書書子黶黶子盈書賢而覆黶黶惡而害盈也師古曰欒書欒武子也黶欒桓子也盈欒懷子也春秋左氏傳稱秦伯問於士鞅曰晉大夫其誰先亡對曰其欒氏乎欒黶汏虐以甚猶可以免其在盈乎武子之德在人如周人之思邵公愛其甘棠況其子乎欒黶死盈之善未及人武子所施沒矣黶之惡實彰將於是乎在其後至襄公二十一年終爲范宣子所逐而出奔楚自楚適齊二十三年自齊入于晉晉人遂滅欒氏也〔補注〕先謙曰文選作雖移易而不忒

洞參差其紛錯兮，斯衆兆之所惑。師古曰衆兆兆庶也〔補注〕先謙曰洞明也言報應參差紛錯士鞅獨深明之衆人不能無惑

周賈盪而貢憤兮，齊死生與禍福。孟康曰莊周賈誼也貢惑也憤亂也放盪惑亂死生禍福之正也〔補注〕先謙曰官本引蕭該音義曰貢晉灼音義作心旁貢字林曰憒憤也李奇曰憒憺也孟康曰憒惑也該案貢合作心旁貢先謙案此及文選作貢案注皆讀爲憒曹大家注貢憒也

抗爽言㠯矯情兮，信畏犧而忌服。孟康曰莊周不欲爲犧牛賈誼惡忌服鳥也師古曰抗舉也爽差也謂二人雖舉言齊死生壹禍福而心實不然是差謬也〔補注〕先謙曰善注引項岱曰抗極過差之言以矯枉其情耳

所貴聖人之至論兮，順天性而斷誼。師古曰斷誼謂以誼斷之斷音丁喚反

物有欲而不居兮，亦有惡而不避。師古曰言富貴人之所欲不以其道則君子不居死亡人之所惡處得其節則君子不避也

守孔約而不貳兮，迺輶德而無累。師古曰孔甚也輶輕也言守其甚約執心不貳舉德至輕無所累惑斯爲可矣詩大雅烝人之篇曰德輶如毛人鮮克舉之輶音弋九反又音猶〔補注〕先謙曰官本注人作民

三仁殊而一致兮，夷惠舛而齊聲。師古曰三仁紂賢臣也論語稱微子去之箕子爲之奴比干諫而死孔子曰殷有三仁焉夷伯夷也惠柳下惠也論語又稱逸人伯夷叔齊虞仲夷逸朱張柳下惠少連賦言微子箕子比干所行各異而並稱仁伯夷不義武王伐殷至于不食周粟而死柳下惠三黜不去戀父母之邦志執乖舛俱有令名〔補注〕先謙曰官本引蕭該音義曰舛字林充絹反錯也

木偃息㠯蕃魏兮，申重繭㠯存荆。師古曰木段干木也客居魏魏文侯敬而禮之過其閭未嘗不軾也秦欲伐魏或諫曰魏君賢者是禮國人稱人未可圖也秦遂止兵申謂申包胥荆卽楚也繭足下傷起如繭也楚昭王時吳師入郢昭王出奔申包胥如秦乞師踰越險阻曾繭重胝立於秦庭號哭七日秦哀公出師救楚而敗吳師昭王反國將賞包胥

包胥辭曰吾所以重繭爲君耳非爲身也逃不受賞（補注）先謙曰官本注稱人作稱仁眡作眡是引宋祁曰注文眡舊本作眡

紀焚躬以衞上兮皓頤志而弗營師古曰紀紀信也脫漢王於難而爲項羽所燒四皓四皓也處商洛深山高祖求之不得自養其志無所營屈（補注）王引之曰顏說營字之義未當營者惑也[illegible]也言自養其志而不惑於利祿也高誘注呂氏春秋尊師篇淮南原道篇並云營惑也否象傳不可榮以祿虞翻本榮作營營惑也言不可惑以祿也[illegible]大戴禮文王官人篇煩亂以事而志不營又曰臨之以貨色而不可營淮南俶眞篇耳目不燿思慮不營東都賦形神寂漠耳目弗營漢老子銘樂居下位祿執弗營堂邑令費鳳碑退已進弟不營榮祿義並與此同下文云四皓遯秦古之逸民不營不拔嚴平鄭眞卽此所謂皓頤志而弗營也文選弗營作弗傾蓋後人不曉營字之義而改之耳先謙曰官本皓並作晧

侯屮木之區別兮苟能實而必榮要沒世而不朽兮迺先民之所程應劭曰侯維也張晏曰苟能有仁義之道必有榮名也師古曰侯發語辭也爾雅曰伊惟侯也程正也言人之操行所尚不同立德立言期于不朽亦猶蘭蕙松栝各有本性馨烈材榦並擅貞芳此乃古昔賢人以爲正道也論語稱子夏曰君子之道譬諸草木區以別矣故賦引之（補注）宋祁曰侯周詩曰侯文王孫子毛傳曰侯維也先謙曰官本栝作柏

觀天罔之紘覆兮實棐諶而相順應劭曰棐輔也諶誠也相助也師古曰尚書大誥曰天棐諶辭詩大雅蕩之篇曰天生烝人其命匪諶易上繫辭曰

天之所助者順也賦言天道惟誠是輔唯順是助故引以爲辭也棐讀與匪同諶音上林反（補注）先謙曰文選順作訓通用字善注引項岱曰天網大也覆人上非不信也

謨先聖之大繇兮亦从悳而助信劉德曰从近也師古曰謨謀也繇道也从古鄰字詩小雅巧言之篇曰秩秩大繇聖人謨之論語稱孔子曰德不孤必有鄰易上繫辭曰人之所助者信也賦言若能謀聖人之大道有德者必爲同志所依履信者必獲他人之助謨音摹又音莫（補注）先謙曰文選繇作猷

虞韶美而儀鳳兮孔忘味於千載師古曰韶舜樂名也虞書舜典曰簫韶九成鳳皇來儀論語云孔子在齊聞韶三月不知肉味賦言孔子去舜千歲也

素文信而底麟兮漢賓祚于異代應劭曰底致也孔子作春秋素王之文有覩明禮修之信而致麟漢封其後爲褒成又紹嘉公係殷後爲二代之客（補注）先謙曰官本南監本係作孫

精通靈而感物兮神動氣而入微養游睇而猨號兮李虎發而石開師古曰養養由基也楚之善射者游睇流眄也楚王使由基射猨操弓而眄之猨抱木而號知其必見中也李李廣也夜遇石以爲猛獸而射之中石沒羽也（補注）周壽昌曰陳思王集自誡令曰昔雄渠李廣武發石開句本此先謙曰官本微作徹引宋祁曰徹當作微游蕭本作流音義曰該案春秋作養由今漢書作流由與流亦互用先謙案文選作流沈欽韓云事見呂覽博志篇高誘注引此作養流眺

非精誠其焉通兮苟無實其孰信師古曰信合韻音新

操末技猶必然兮矧湛躬於道眞師古曰矧況也湛讀曰耽躬親也射者微技猶能精誠感於猨石況立身種德親耽大道而不倦者乎（補注）先謙曰官本引蕭該音義曰湛文選作酖先謙案今文選作耽湛與沈同

登孔顥而上下兮緯羣龍之所經應劭曰顥太顥也孔孔子也羣龍喻羣聖也自伏羲下訖孔子終始天道備矣孟康曰孔甚也顥大也聖人作經賢者緯之也師古曰應說孔顥是也孟說經緯是也顥音胡老反

朝貞觀而夕化兮猶諠己而遺形應劭曰貞正也觀見也諠忘也易曰天地之道貞觀者也張晏曰言朝觀大道而夕死可也師古曰形己尚可遺忘況外物者哉諠音許元反又音許遠反（補注）先謙曰官本注大作天

若胥彭而偕老兮訴來哲以通情師古曰彭彭祖也老老聃也言有繼續彭祖之志升躡老聃之跡者則可與言至道而通情也（補注）何焯曰謂死而不朽不啻彭祖之壽可以俟百世後之人也注非

亂曰天造屮昧立性命兮應劭曰天道始造萬物草創於冥昧之中皆立其性命也師古曰易屯卦彖辭曰天造草昧故賦引之

復心弘道惟賢聖兮應劭曰易曰復其見天地之心乎論語曰人能弘道師古曰復音扶目反（補注）先謙曰官本引蕭該音義曰復一作腹張晏曰以道爲腹心也弘道達於天地之性命也

渾元運物流不處兮師古曰渾元天地之氣也處止也渾音胡昆反

保身遺名民之表兮舍生取誼亦道用兮應劭曰孟子曰生我所欲也義我所欲也二者不可得兼舍生而取

義也師古曰舍置也（補注）先謙曰言能保身而貽令名固爲民表不幸而舍生取義亦合於道用也

憂傷夭物忝莫痛兮晉灼曰忝沒也言死莫痛於是也師古曰此說非也忝辱也言不違性命自取憂傷爲物所夭既辱且痛莫過於是（補注）先謙曰官本沒作設死下有者字取作與

昊爾太素曷渝色兮服虔曰守死善道不染流俗是爲浩爾太素何有變渝者哉師古曰渝音踰（補注）先謙曰官本爲作謂

尚粵其幾淪神域兮應劭曰尚上也粵於也易曰知幾其神乎淪入也師古曰尚庶幾也願也（補注）先謙曰曹大家注太素不染也不變則庶幾於神道之幾微而入於神明之域矣

永平中爲郎典校祕書專篤志於博學以著述爲業或譏以無功（補注）先謙曰善注引項岱曰譏固無功勢於時仕不富貴也

又感東方朔楊雄自諭以不遭蘇張范蔡之時曾不折之以正道明君子之所守故聊復應焉其辭曰

賓戲主人曰蓋聞聖人有壹定之論列士有不易之分（補注）先謙曰文選列作烈善注淮南子曰士有一定之論女有不易之行

亦云名而已矣如淳曰唯貴得名也

故太上有立德其次有立功夫德不得後身而特盛功不得背時而獨章（補注）先謙曰善注言貴及身與時也

是以聖喆之治棲棲皇皇師古曰不安之意也

孔席不煖墨

突不黔師古曰孔孔子墨墨翟也突竈突也黔黑也言志在明道不暇安居〔補注〕先謙曰官本引蕭該音義曰煖呂靜曰煖溫也乃卯反黔字林曰黧黑也音荅又音匡炎反先謙案善注引文子曰墨子無黔突孔子無煖席由此言之取舍者昔人之上務著作者前列之餘事耳劉德曰取者施行道德舍者守靜無爲也今吾子幸游帝王之世躬帶冕之服師古曰帶大帶也冕冠也浮英華湛道德師古曰湛讀曰沈英華謂名譽也言外則有美名善譽內則履道崇德也矕龍虎之文舊矣孟康曰矕被也易曰大人虎變其文炳也言文章之盛久也晉灼曰矕視也言目厭見其文久矣師古曰尋其下句孟說是也矕音莫限反卒不能攄首尾奮翼鱗振拔洿塗跨騰風雲師古曰攄申也洿停水也塗泥也以龍爲喻也洿音一故反又音烏〔補注〕先謙曰官本引蕭該音義曰攄字林曰攄舒也尹於反又擬也使見之者景駭聞之者嚮震師古曰嚮讀曰響見景則駭聞嚮則震合韻音之人反〔補注〕先謙曰官本嚮作享引宋祁曰享當作嚮注同先謙案善注言見之者雖景而必駭聞之者雖響而必震驚懼之甚不俟形聲也徒樂枕經籍書紆體衡門師古曰紆屈也衡門橫一木於門上〔補注〕先謙曰官本引蕭該音義曰籍才亦反韋昭音義作藉字慈夜反說文曰藉茅藉也從草耤若如韋昭音則漢書本作藉字先謙案籍藉通用字枕藉對文藉薦也上無所蔕下無所根獨攄意虖宇宙之

外銳思於豪芒之內潛神默記恆㠯年歲如淳曰恒音亘竟之亘師古曰宇宙之外言宏廣也豪芒之內喻纖微也恒音工贈反〔補注〕先謙曰文選恒作緪善注引如說亦作緪又引方言曰緪竟也然而器不賈於當己用不效於一世劉德曰賈讎也師古曰當己謂及己身尚在猶言當年也賈音古又音工暇反讎音上究反〔補注〕先謙曰官本作齒九反引宋祁曰詩曰賈用不售賈音古齒九反越本作上究反一本作止九反雖馳辯如濤波摛藻如春華師古曰大波曰濤摛布也藻文辭也猶無益於殿最師古曰殿音丁見反〔補注〕先謙曰文選有也字善注引漢書音義曰上功曰最下功曰殿意者且運朝夕之策定合會之計〔補注〕先謙曰合會猶際會也下文所謂因勢合變偶時之會使存有顯號亡有美謚不亦優虖主人逌爾而咲曰師古曰逌古攸字也攸咲貌也若賓之言斯所謂見埶利之華誾道德之實守突奧之熒燭未卬天庭而覩白日也應劭曰爾雅東南隅謂之突西南隅謂之奧師古曰突奧室中之二隅也熒燭熒小光之燭也卬讀曰仰突音烏了反其字從穴天聲也〔補注〕宋祁曰注文舊無燭熒熒三字浙本添先謙曰官本引蕭該音義曰郭璞曰突音突該謂依儀禮宜音徒骨反曩者王塗蕪穢周失其御侯伯方軌戰國橫騖於是七雄虓闞分裂諸夏應劭曰七

雄秦及六國也師古曰虓音呼交反闞音呼敢反〔補注〕先謙曰官本引蕭該音義曰虓案字林音孝龍戰而虎爭游說之徒風颺電激並起而救之師古曰颺讀與揚同〔補注〕先謙曰官本引蕭該音義曰風颺該案韋昭音義作風颮云颮風之聚隗者也音庖今漢書並作風颺而電激也說文曰颮或作颮颮音甫堯反先謙案文選作颮其餘猋飛景附煜霅其間者蓋不可勝載師古曰猋疾風也煜霅光貌也煜音于及反霅音下甲反煜又音育〔補注〕先謙曰官本引蕭該音義曰煜霅韋昭煜音呼夾反霅音于俠反服虔曰煜音近霍叔音爲育霅音暈運之暈字林曰霅震電也一曰衆言也于甲反煜音弋叔反又于立反當此之時搦朽摩鈍鉛刀皆能壹斷師古曰搦按也音女角反斷音丁煥反〔補注〕先謙曰官本注煥作喚引蕭該音義曰搦韋昭曰搦女擢反說文曰搦按也史記曰搦髓腦湔浣腸胃先謙案善注引韓詩外傳曰陳饒謂宋燕曰鉛刀畜之而干將用之不亦難乎晉書譙王承謂王敦曰鉛刀豈無一割之用語本此是故魯連飛一矢而蹶千金虞卿㠯顧眄而捐相印也應劭曰魯連齊人也齊圍燕燕將保於聊城魯連係帛書於矢射與之爲陳利害燕將得之泣而自殺讖切魏新垣衍使不尊秦爲帝秦時圍邯鄲爲卻五十里趙遂以安趙王以千金爲魯連壽不受魏齊爲秦所購迫急走趙趙相虞卿與齊有故然愍其窮於是解相印間行與奔魏公子無忌也李奇曰蹷躡也距也師古曰蹶音厥又音其月反夫嗽發投曲感耳之聲合

之律度淫繩而不可聽者非韶夏之樂也李奇曰繩不正之音也師古曰嗽發嗽小聲也而發也投曲趣合屈曲也感耳動應衆庶之耳也然而不合律度君子所不聽也淫繩非正之聲也不謂繩黽之鳴也嗽音子由反〔補注〕宋祁曰一本無也字先謙曰官本引蕭該音義曰韋昭曰若繩黽之聲也先謙案善注引項岱曰投曲投合歌曲也文義甚順顏注屈曲蓋寫誤因埶合變偶時之會風移俗易乖忤而不可通者非君子之法也師古曰雖偶當時之會而不可以移風易俗〔補注〕先謙曰文選偶時之會作遇時之容不如本書義長及至從人合之衡人散之師古曰從音子庸反亡命漂說羇旅騁辭師古曰漂浮也音匹遙反〔補注〕先謙曰善注引項岱曰委君之徒謂之亡命商鞅挾三術㠯鑽孝公李斯奮時務而要始皇應劭曰王霸富國強兵爲三術也師古曰王一也霸二也富國強兵三也彼皆躡風雲之會〔補注〕王念孫曰風雲當依文選作風塵此涉上文跨騰風雲而誤風塵之會謂七國兵爭時也商鞅李斯之遇合與下文所稱周望漢良者不同皆不得言風雲之會履顛沛之埶師古曰顛沛僵仆也據徼乘邪㠯求一日之富貴師古曰徼要也據可以要迎之時也徼音工堯反徼字或作微微發也〔補注〕宋祁曰浙本去以字王念孫曰據可以要迎之時不得謂之據要老子釋文云徼小道也古弔反班固西都賦徼道綺錯謂小道相錯也然則據徼乘邪云云猶言據小道乘邪

遂以求富貴耳朝爲榮華夕而焦瘁師古曰焦音在消反瘁與悴同福不盈眦禍益於世李奇曰當富貴之間視不滿目故言不盈眥也〔補注〕先謙曰官本引蕭該音義曰眥字林曰眥目厓也才賜反先謙案官本益作溢文選同益字誤韓愈詩榮華不滿眼咎責塞兩儀卽用此文凶人且已自悔〔補注〕先謙曰商鞅李斯臨死皆自悔歎也況吉士而是賴虖師古曰賴利也且功不可已虛成名不可已僞立韓設辯已徼君〔補注〕先謙曰文選徼作激非呂行詐已賈國師古曰賈市賈也音古說難既酋其身迺囚秦貨既貴厥宗亦隧應劭曰酋音酋豪之酋酋雄也說難韓非書篇名也呂不韋效千金於秦立子楚爲王封十萬戶侯以陰事自殺也師古曰呂不韋初見子楚在趙而云此奇貨可居故班氏謂子楚爲秦貨耳安說效千金乎應說失之矣〔補注〕王先愼曰史記韓非傳非作孤憤五蠹內外儲說林說難十餘萬言秦王見之曰寡人得見此人與遊死不恨矣李斯曰此韓非之所著書也秦因急攻韓韓乃遣非使秦秦王未任用李斯害之下吏治非故云說難既酋其身迺囚也先謙曰官本引蕭該音義曰酋鄭氏曰酋執也韋昭曰酋終也王念孫云酋執也執當作孰與孰同據方言廣雅及月令鄭語注改酋讀爲就就成也言說難之書既成而其身乃囚也太元元文曰酋西方也秋也物皆成彖而就也又曰酋考其就范望曰考成也物威成就也史記魯世家魯公伯禽卒子考公酋立索隱曰酋世本作就就與酋聲近而義同故字亦相通也韋訓酋爲終終與就義相近故爾雅酋就竝訓爲終鄭訓酋爲熟則於義稍疏應訓爲雄則於義甚疏而顏獨取其說誤矣朱一新云酋本有就義不煩改讀王云酋讀爲就亦非先謙案文選善注引應劭曰酋好也與顏引異隧文選亦作墜是故仲尼抗浮雲之志孟軻養浩然之氣張晏曰孔子云不義而富且貴於我如浮雲孟子曰我善養吾浩然之氣而無害則塞乎天地之間也師古曰浩然純壹之氣也彼豈樂爲迂闊哉道不可已貳也師古曰迂遠也音于方今大漢洒埽羣穢夷險芟荒師古曰洒音所蟹反汛也汛音信〔補注〕錢大昕曰選注引晉灼曰發開也今諸本皆作芟字案左隱六年傳芟夷蘊崇之說文引作發云以足蹋夷艸此芟字晉灼本作發亦發字之譌廓帝紘恢皇綱基隆於義農規廣於黃唐其君天下也炎之如日威之如神函之如海養之如春師古曰函容也讀與含同是已六合之內莫不同原共流沐浴玄德師古曰原水泉之本也流者其末流也稟卬太和枝附葉著師古曰卬讀曰仰著音直略反譬猶屮木之殖山林鳥魚之毓川澤得氣者蕃滋失時者苓落師古曰苓與零同〔補注〕沈欽韓曰管子宙合篇苓落也盛而不落者未之有也參天墬而施化豈云人事之厚薄哉師古曰墬古地字今子處皇世而論戰國

耀所聞而疑所覿也師古曰覿見音徒歷反欲從旄敦而度高虖泰山懷氿濫而測深虖重淵亦未至也應劭曰爾雅前高曰旄丘如覆敦者敦丘側出曰氿泉正出曰濫泉師古曰敦音丁回反度音徒各反氿音軌〔補注〕宋祁曰注文前高字下當有後下字正出當作上出字先謙曰官本引蕭該音義曰旄爾雅曰前高後下曰旄丘詩有旄丘篇字林曰前高後下曰嵍音此與爾雅同嵍音毛又亡周反今人呼爲務音乖僻多矣氿濫舊作汎檻韋昭曰水側出曰氿泉音軌溥出曰濫泉音檻賓曰若夫鞅斯之倫衰周之凶人既聞命矣敢問上古之士處身行道輔世成名可述於後者默而已虖主人曰何爲其然也昔咎繇謨虞箕子訪周師古曰訪亦謀言通帝王謀合聖神殷說夢發於傅巖周望兆動於渭濱師古曰說傅說也解已在前望謂太公望卽呂尚也釣於渭水文王將出獵卜之曰所得非龍非螭非豹非羆乃帝王之輔果遇呂尚於渭陽與語大悅曰吾太公望子久矣故號曰太公望齊甯激聲於康衞漢良受書於邳沂鄭氏曰五達曰康四達曰衢晉灼曰沂崖也下邳水之崖也師古曰齊甯甯戚也聲激謂叩角所歌也沂音牛斤反〔補注〕先謙曰官本引蕭該音義曰康韋昭曰五達爲康呼坑反該案事出爾雅該讀康如字未詳韋氏音沂韋昭作恨曰恨限也謂橋也吾恩反王念孫云恨當爲垠文選亦作垠下邳縣名非水名則不得言邳崖韋本作垠而訓爲橋是也良受書於老父本在橋上非在水濱邳垠卽良傳所云下邳汜上也服虔曰汜音頤楚人謂橋曰汜汜垠語之轉作沂者借字耳先謙案晉說是詳在張良傳皆詭命而神交匪詞言之所信師古曰信合韻音新〔補注〕先謙曰官本引蕭該音義曰詞字書曰古辭字故能建必然之策展無窮之勳也近者陸子優繇新語已興鄭氏曰優繇不仕也師古曰繇讀與由同〔補注〕先謙曰繇與游同文選作游董生下帷發藻儒林劉向司籍辯章舊聞〔補注〕先謙曰朱琦云辯章卽平章書平章百姓今文作辯班用今文故文選典引亦作辯章說文辯治也楊雄覃思法言大玄師古曰覃大也深也〔補注〕先謙曰官本南監本大作太皆及皆君之門闈究先聖之壼奧應劭曰宮中門謂之闈宮中巷謂之壼師古曰壼音苦本反婆娑虖術蓺之場休息虖篇籍之囿已全其質而發其文用納虖聖聽〔補注〕先謙曰文選聽作德列炳於後人斯非其亞與師古曰亞次也與讀曰歟若迺夷抗行於首陽惠降志於辱仕師古曰夷伯夷也惠柳下惠也辱仕謂爲士師三黜也顏耽樂於簞瓢孔終篇於西狩師古曰謂作春秋止於獲麟也狩合韻音守〔補注〕先謙曰官本引蕭該音義曰簞瓢字書曰簞笥也一曰小筐丁安反瓢蠡也父幺反聲盈塞於天淵眞吾徒之

師表也且吾聞之壹陰壹陽天墜之方師古曰墜古地字迺文迺質王道之綱有同有異聖喆之常故曰慎修所志守爾天符〔補注〕先謙曰善注文子曰不言之師不通之道若或通焉謂之天符委命共己味道之腴師古曰共讀曰恭腴肥也神之聽之名其舍諸師古曰舍廢也諸之也言修志委命則明神聽之祐以福祿自然有名永不廢也賓又不聞龢氏之璧韞於荊石師古曰龢古和字也韞亦藏也音於粉反隨侯之珠藏於蜂蛤虖師古曰蜂即蚌字也音平項反蛤音工合反〔補注〕先謙曰官本引蕭該音義曰蜂蛤字書蜂蜃厲也步項反蛤燕雀化所作也秦曰牡礪先謙案厲當爲屬項當爲項秦當爲蜂礪當爲蠣歷世莫眂不知其將含景耀吐英精曠千載而流夜光也〔補注〕先謙曰文選無夜字應龍潛於潢汙魚黿媟之師古曰應龍龍有翼者潢汙停水也媟謂侮狎之也潢音黃汙音烏不覿其能奮靈德合風雲超忽荒而躆顥蒼也師古曰躆以足據持也顥顥天也元氣顥汗故曰顥天其色蒼蒼故曰蒼天躆音戟〔補注〕先謙曰官本引蕭該音義曰躆案字書無足旁虡字猶應是踞字字書踞蹲也已怨反顥字林曰顥白貌也音昊楚辭昊白顥顥該案爾雅曰春曰蒼天夏曰昊天今作顥者此古書假借用耳先謙案善注項岱曰忽荒天上也案忽荒猶惚怳謂不可覿聞之境耳故夫泥蟠而天飛者應龍之神也先賤而後貴者龢隨之珍也〔補注〕先謙曰官本隨作隋旹闇而久章者君子之真也師古曰時有時而闇也〔補注〕何焯曰此本禮記中庸篇闇然而日章也注非若迺夷曠清耳於管絃離婁眇目於豪分師古曰夷伯夷也曠師曠也離婁明目者也眇細視也逢蒙絕技於弧矢班輸榷巧於斧斤師古曰逢蒙古善射者也班輸即魯公輸班也一說班魯班也與公輸氏爲二人也皆有巧埶也古樂府云誰能爲此器公輸與魯班榷專也一曰競也榷音角〔補注〕先謙曰官本引蕭該音義曰榷巧韋昭曰榷猶專也該案音較晉灼音義作搉字云劉氏云搉效也咸言極也晉灼曰搉見也盡也良樂軼能於相馭烏獲抗力於千鈞師古曰良王良也樂伯樂也軼與逸同相相馬也馭善馭也烏獲壯士也龢鵲發精於鍼石研桑心計於無垠孟康曰研古之善計也桑桑弘羊也師古曰和秦醫和也鵲扁鵲也研計研也一號計倪亦曰計然垠厓也〔補注〕先謙曰官本引蕭該音義曰鍼字林曰鍼所以縫也之心反先謙案計研詳在貨殖傳僕亦不任廁技於彼列〔補注〕沈欽韓曰僕文選作走服虔曰走孟堅自謂也蓋本作走字故密爾自娛於斯文師古曰密靜也安也

二十四　虛受堂

敘傳第七十上　終　　漢書一百

敘傳第七十下　　漢書一百

漢　蘭　臺　令　史班　固　撰

唐正議大夫行祕書少監琅邪縣開國子顏師古　注

賜進士出身前翰林院編修國子監祭酒加三級臣　王先謙補注

固㠯爲唐虞三代詩書所及世有典籍故雖堯舜之盛必有典謨之篇然後揚名於後世冠德於百王師古曰德爲百王之上也故曰巍巍乎其有成功〔補注〕先謙曰官本句末有也字煥乎其有文章也師古曰此篇論語載孔子美堯舜之言也漢紹堯運㠯建帝業至於六世史臣乃追述功德私作本紀師古曰謂武帝時司馬遷作史記編於百王之末廁於秦項之列太初㠯後闕而不錄故探篹前記綴輯所聞師古曰篹與撰同輯與集同㠯述漢書起元高祖〔補注〕先謙曰官本南監本元作于終于孝平王莽之誅十有二世二百三十年綜其行事旁貫五經上下洽通師古曰固所撰諸表序及志經典之義在於是也爲春秋考紀表志傳凡百篇師古曰春秋考紀謂帝紀也而俗之學者不詳此文乃云漢書一名春秋考紀蓋失之矣〔補注〕劉奉世曰顏說亦非也考成也言以編年之故而後成紀表志傳非止於紀也語兼於下齊召南曰案奉世糾師古之違似非也李賢注後書引前書音義曰春秋考紀謂帝紀也言考覈時事具四時以立言如春秋之經較師古注尤明不必以成訓考也其敘曰師古曰自皇矣漢祖㠯下諸敘皆班固自論撰漢書意此亦依放史記之敘目耳史遷則云爲某事作某本紀某列傳班固謙不言然而改言述蓋避作者之謂聖而取述者之謂明也但後之學者不曉此爲漢書敘目見有述字因謂此文追述漢書之事乃呼爲漢書述失之遠矣摯虞尚有此惑其餘曷足怪乎〔補注〕先謙曰文選目錄於此書紀傳贊稱史述贊善注引皆作漢書述並其證也皇矣漢祖纂堯之緒實天生德聰明神武秦人不綱罔漏于楚師古曰言秦失綱維故高祖因時而起罔漏于楚謂項羽雖有害虐之心終不免於患也一說楚王陳涉初起後又破滅也〔補注〕王念孫曰高祖不爲項羽所害豈得謂之漏罔且與上秦人不綱詞分兩事陳勝破滅尤與罔漏之義無涉二說皆謬罔漏于楚謂陳勝作亂而秦不能制也此但言秦罔漏於陳勝下乃言高祖起兵之事李注文選引項岱曰綱漏於楚謂陳涉反而不能誅是也爰茲發迹斷蛇奮旅神母告符朱旗迺舉粤蹈秦郊嬰來稽首革命創制三章是紀應天順民五星同晷師古曰晷景也〔補注〕王念孫曰五星光不及地則不得有景顏

說非也晉卽軌字軌道也五星同道謂高帝元年五星聚東井也淮南本經篇五星循軌而不失其行高注云軌道也廣雅闕注詁語是其證軌晷聲相同故字相通說文氿水厓枯土也引爾雅水醮曰氿今爾雅作厬氿之通作厬猶軌之通作晷矣御覽天部五引此正作五星同軌

項氏畔換，黜我巴漢。孟康曰畔反也換易也不用義帝要換易與高祖漢中也師古曰此說非也畔換強恣之貌猶言跋扈也詩大雅皇矣篇曰無然畔換〔補注〕蘇輿曰毛作畔援鄭箋畔援猶拔扈也玉篇人部引詩作伴換云伴換猶跋扈也案班用齊詩疑齊作畔換孟爲換字作訓顏本鄭箋爲說釋文援鄭胡喚反是換援聲義竝近伴畔通字先謙曰顏說本韋昭見善注引

西土宅心，戰士憤怨。劉德曰宅居也西方人皆居心於高祖猶係心也書曰惟眾宅心晉灼曰西土關西也高祖入關約法三章秦民大悅皆宅心高祖〔補注〕周壽昌曰宅說文所託也古宅託字同猶言歸心

乘釁而運，席卷三秦，割據河山，保此懷民。師古曰保安也懷人懷德之人也

股肱蕭曹，社稷是經，爪牙信布，腹心良平，龔行天罰，赫赫明明。〔補注〕先謙曰龔恭借字文選作恭

述高紀第一

孝惠短世，高后稱制，罔顧天顯，呂宗以敗。劉德曰罔無也顧念也顯明也言呂氏無念天之明道者徒念王諸呂以至於敗亡〔補注〕何焯曰罔顧天顯謂殺三趙王及燕王也

述惠紀第二高后紀第三

太宗穆穆，允恭玄默，化民以躬，帥下以德。農不供貢，辠不收孥。張晏曰除民田租之稅是不供貢也

宮不新館，陵不崇墓。師古曰墓合韻音謨

我德如風，民應如屮。師古曰論語稱孔子曰君子之德風小人之德屮也故引以爲辭

國富刑清，登我漢道。師古曰登成也

述文紀第四

孝景涖政，諸侯方命，孟康曰尚書云方命圮族言鯀之惡壞其族類吳楚七國亦然〔補注〕王念孫曰正文注文之方命皆本作放命今文尚書作放命本字也古文尚書作方命借字也釋文馬云方放也正義曰鄭王以方爲放謂放棄教命是馳鄭王皆讀方爲放漢書皆用今文孟注所引亦是今文故皆作放命後人見古文而不見今文故皆改爲方命耳文選五等論放命者七臣李善曰班固漢書述曰孝景涖政諸侯放命韋昭曰放命不承天子之制今本李注放命作方命韋昭曰放命皆與正文不合明後人所改御覽皇王部十三引此亦作放命則所見皆是未改之本今據以訂正傅喜傳同心背畔放命圮族朱博傳今晏放命圮族其字皆作放桓九年穀梁傳亦云則是放命也[illegible]周壽昌曰注釋圮族不釋方命於本文無涉

克伐七國，王室以定。匪怠匪荒，務在農桑，著于甲令，民用寧康。師古曰甲令卽景紀令甲也

述景紀第五

世宗曄曄，思弘祖業，師古曰曄曄盛貌也疇咨熙載，髦俊並作。師古曰疇誰也咨謀也熙興也載事也謀於眾賢誰能任用故能興其事業也作起也〔補注〕先謙曰官本南監本誰下能作可是

厥作伊何？百蠻是攘，師古曰攘卻也恢我疆宇，外博四荒。師古曰恢廣也博大也

武功既抗，亦迪斯文，劉德曰迪進也憲章六學，統壹聖真。封禪郊祀，登秩百神；〔補注〕宋祁曰秩當作祭先謙曰官本百作而

協律改正，饗茲永年。張晏曰改正謂從建寅之月也

述武紀第六

孝昭幼沖，冢宰惟忠，燕蓋譸張，實叡實聰，如淳曰譸音輈應劭曰譸張誑也〔補注〕先謙曰蓋蓋主事見燕王旦傳

辠人斯得，邦家和同。述昭紀第七

中宗明明，夤用刑名，鄧展曰夤敬也〔補注〕沈欽韓曰釋詁夤進也玉篇夤進也鄧以爲敬非

時舉傅納，聽斷惟精，李奇曰時是也於是時也選用賢者師古曰傅讀曰敷虞書舜典曰敷納以言敷陳也謂有陳言者則納而用之〔補注〕劉奉世曰時舉謂時而颺之也

柔遠能邇，燀燿威靈，師古曰虞書舜典曰柔遠能邇柔安也能善也故引之云燀熾也音充善反

龍荒幕朔，莫不來庭，孟康曰謂白龍堆荒服沙幕也師古曰龍匈奴祭天龍城非謂白龍堆也朔北方也

丕顯祖烈，尚於有成。師古曰丕大也烈業也

述宣紀第八

孝元翼翼，高明柔克，師古曰翼翼敬也尚書洪範云高明柔克謂人雖有高明之度而當執柔乃能成德也敘言元帝有柔克之姿也

賓禮故老，優繇亮直。師古曰故老謂貢禹薛廣德也優繇謂寬容也亮直謂朱雲也繇讀與由同〔補注〕齊召南曰顏注誤朱雲折檻事在成帝時此言元帝聽貢禹之言外割禁囿內損御服云爾連下二句讀其義自明賓禮故老謂于定國韋元成薛廣德之屬也蘇輿曰優繇卽優游與優容義同先謙曰官本注無讀字

外割禁囿，內損御服，離宮不衛，山陵不邑。張晏曰不徙民著縣也

閹尹之呰，穢我明德。如淳曰任弘恭石顯使爲政以病其治也師古曰謂宦人爲閹者言其精氣奄閉不泄也一曰王奄閉門者尹正也呰與疵同〔補注〕先謙曰官本呰作呰注官作宦王作主是引蕭該音義曰韋昭呰作推字云子爾反劉氏云推效也或言極也晉灼曰推見也盡也使爲政以病其治也今漢書本或誤作疵或作呰字蘇輿曰推與呰疵聲形均別無緣轉誤說文疵病也言惟用閹尹秉政爲國疵病有污主德耳後書左周黃傳贊璅名夙知累章國疵與此同義晉注言使爲政以病其治仍與如合於推義無涉也

述元紀第九

孝成煌煌，臨朝有光，威儀之盛，如圭如璋。〔補注〕何焯曰徒稱其儀貌則爽德可知

壼闈恣趙，朝政在王，師古曰趙謂趙皇后及昭儀王謂外家王鳳王音等炎炎燎火，亦允不

陽張晏曰天子盛威若燎火之陽今委政王氏不炎熾矣師古曰允信也〔補注〕宋祁曰邵本如字作燎亦字作光先謙曰文選亦作光據宋說所見本燎作如 述成紀第十

孝哀彬彬克攬威神師古曰彬彬文質備也言哀帝忿孝成之時權在臣下故自攬持其威神也攬執取也其字從手〔補注〕先謙曰官本此下有如淳曰攬音覽六字 彫落洪支底剧鼎臣服虔曰彫落洪支廢退王氏也底致也周禮有屋誅誅大臣於屋下不露也易曰鼎折足其形渥凶謂誅朱博王嘉之屬也晉灼曰剭刑也師古曰剭者厚刑謂重誅也音握服言屋下失其義也〔補注〕劉奉世曰洪支謂東平王雲非王氏也 婉孌董公惟亮天功大過之困實橈實凶應劭曰以董賢爲三公乃欲共成天功也易大過卦棟橈凶言以小材而爲棟梁不堪其任至於折橈而凶也師古曰婉孌美貌亮助也尚書舜典曰貣亮天功故引之也橈曲也音女教反〔補注〕先謙曰官本南監本橈並作撓 述哀紀第十一

孝平不造新都作宰不周不伊喪我四海師古曰造成也遭家業不成周頌曰閔予小子遭家不造故引之也言其自號寍衡而無周公伊尹之忠也〔補注〕先謙曰官本南監本寍作宰是 述平紀第十二

漢初受命諸侯並政制自項氏十有八姓述異姓諸侯王表第一〔補注〕先謙曰政讀曰征與諸侯力政義同

太祖元勳啓立輔臣支庶藩屏侯王並尊述諸侯王表第二

侯王之祉祚及宗子公族蕃滋支葉碩茂師古曰茂合韻音莫口反 述王子侯表第三

受命之初贊功剖符奕世弘業爵土迺昭師古曰贊佐命之功也奕大也 述高惠高后孝文功臣侯表第四

景征吳楚武興師旅後昆承平亦有紹土師古曰言景武之時以軍功故封侯者多昭宣以後雖承平尚有以勳獲爵土者〔補注〕宋祁曰監本浙本越本作亦猶有紹王念孫曰監本浙本越本是也紹字在小韻楚旅二字在語韻二韻古聲相近故漢人多有通用者下文曰河圖命庖雒書賜禹八卦成列九疇逌敘世代寔寶光演文武春秋之占咎徵是舉告往知來王事之表又曰大上四子伯兮早天仲氏王代旅宅于楚戊實淫歎平陸迺紹又曰宗幽既昏淫于褒女戎敗我驪遂亡豐鄗又曰西戎即序夏后是表周穆觀兵荒服不旅皆以語小二韻通用本傳而外可無須別證也後人不知古音而改爲亦有紹土則文不成義矣據顏注云尚有則正文原有猶字明矣紹繼也原注當云尚有能繼之者而今本云僞亦有以勳獲爵土者蓋既改正文爲亦有紹土遂并改注文耳先謙曰官本注末有也字 述

景武昭宣元成哀功臣侯表第五〔補注〕錢大昭曰哀字衍功臣表至成帝止

亡德不報爰存二代應劭曰二代二王後也師古曰二代謂殷周也言德澤深遠故至漢朝其子孫又受茅土以奉祭祀 宰相外戚昭韙見戒張晏曰韙是也明其是者戒其非也〔補注〕先謙曰官本此下有韋昭曰昭明也韙是也九字 述外戚恩澤侯表第六

漢迪於秦有革有因劉德曰迪至也〔補注〕蘇輿曰如劉說當云秦迪於漢方言由迪正也東齊青徐之間相正謂之由迪然則迪亦正也謂漢正秦之制度 觕舉僚職並列其人晉灼曰觕音麤觕之觕師古曰觕音才戶反謂大略也〔補注〕先謙曰觕舉僚職謂先述百官並列其人後敘公卿大臣姓名也 述百官公卿表第七

篇章博舉通于上下〔補注〕先謙曰上下謂古今 略差名號九品之敘述古今人表第八

元元本本數始於一張晏曰數之元本起於初九之一也 產氣黃鍾造計秒忽劉德曰秒禾芒也忽蜘蛛網細者也師古曰秒音眇其字從禾〔補注〕先謙曰計亦算也 八音七始五聲六律劉德曰七始天地四方人之始也師古曰解在禮樂志 度量權衡歷算逌出師古曰逌古攸字也攸所也 官失學微六家分乖劉德曰六家謂黃帝顓頊夏殷周魯歷也 壹彼壹此庶研其幾述律歷志第一

上天下澤春靁奮作劉德曰兌下乾上履坤下震上豫履禮也豫樂也取易象制禮作樂師古曰易象曰上天下澤履雷出地奮豫故具引其文 先王觀象爰制禮樂厥後崩壞鄭衛荒淫風流民化湎湎紛紛師古曰言上風既流下人則化也湎湎流移也紛紛雜亂也湎音莫踐反〔補注〕錢大昕曰即呂刑泯泯棼棼也湎泯聲相近詩緜緜其麃韓詩作民民 略存大綱㠯統舊文述禮樂志第二

靁電皆至天威震耀五刑之作是則是效劉德曰震下離上噬嗑利用獄雷電取象天威也師古曰易象辭曰雷電噬嗑先王以明罰敕法故引之 威實輔德刑亦助教季世不詳背本爭末師古曰不詳謂不盡用刑之理也周書呂刑曰告爾祥刑〔補注〕周壽昌曰詳與祥同易履上九視履考祥釋文本又作詳左成十六年詳以事神正義詳者祥也古字同耳下述霍金傳亦云漸化不詳詳即祥也先謙曰官本詳作祥刑南監本與此同 吳孫狙詐申商酷烈師古曰狙音千豫反 漢章九法太宗改作張晏曰改除肉刑也 輕重之差世有定籍述刑法志第三

厥初生民食貨惟先〔補注〕錢大昭曰閩本惟作爲割制廬井定爾土田什一供貢下富上尊商㠯足用茂遷有無貨自龜貝至此五銖揚搉古今監世盈虛師古曰揚舉也搉引也揚搉者舉而引之陳其趣也搉音居學反〔補注〕王念孫曰揚搉猶辜搉也廣雅揚搉都凡也揚搉古今猶約略古今非舉而引之之謂也上文曰略存大綱以統舊文述禮樂志第二下文曰略表山川彰其剖判述地理志第八皆是此意莊子徐無鬼篇則可不謂有大揚搉乎淮南俶眞篇作物豈可謂無大揚搉乎高誘注揚搉猶無慮大數名也莊子釋文引許愼注揚搉粗略法度也然則大揚搉者猶言大略也左思蜀都賦請爲左右揚搉而陳之劉逵注韓非有揚搉篇班固曰揚搉古今其義一也然則揚搉而陳之猶言約略而陳之也人表張晏注略舉揚較以起失謬較與搉同或謂之大較史記律書世儒闊於大較索隱較音角大較猶大略耳或但謂之較文選養生論較而論之李善注角較而論之猶言約而論之耳提封無慮辜搉揚搉皆大數之名故廣雅通訓爲都凡也述食貨志第四

昔在上聖昭事百神類帝禋宗望秩山川明德惟馨永世豐秊季末淫祀營信巫史鄧展曰營惑也大夫臚岱侯伯僭時鄭氏曰臚岱季氏旅於太山是也應劭曰僭時秦文公造四時祭天是也師古曰旅陳也臚亦陳也臚旅聲相近其義一耳〔補注〕周壽昌曰史記封禪書襄公造西時文

公造鄜時揚子法言問黎篇昔者襄公始僭西時以祭白帝是造西時爲秦襄公非文公先謙曰官本注四作西是放誕之徒緣閒而起師古曰謂方士言神仙之術也瞻前顧後正其終始述郊祀志第五

炫炫上天縣象著明師古曰炫炫光耀之貌音胡畎反縣古懸字日月周輝星辰垂精百官立法宮室混成張晏曰星辰有宮室百官各應其象以見咎徵也降應王政景㠯燭形張晏曰王政失於此星辰變於彼猶景之象形三季之後厥事放紛師古曰三季三代之末也放失也紛亂也舉其占應覽故考新述天文志第六

河圖命庖洛書賜禹八卦成列九疇逌敘李奇曰河圖卽八卦也洛書卽洪範九疇也師古曰庖庖犧也逌古攸字〔補注〕宋祁曰庖當作宓世代寔寶〔補注〕先謙曰官本南監本世作三光演文武春秋之占咎徵是舉告往知來王事之表述五行志第七

坤作墬埶高下九則張晏曰易曰地埶坤劉德曰九則九州土田上中下九等也師古曰墬古地字易象曰地埶坤君子以厚德載物高下謂地形也一曰地之肥瘠自昔黃唐經略萬國變定東西疆理南北師古曰變和也疆理謂立封疆而統理之〔補注〕錢大昭曰變當作燮注同先謙曰官本南監本並作燮三代損益降及秦漢革剗五等制立郡縣晉灼曰剗音剗削之剗師古曰音初限反〔補注〕先謙曰官本注末有服虔曰剗音剪韋昭曰剗音鏟剗削也十五字略表山川彰其剖判述地理志第八

夏乘四載百川是導師古曰四載解在溝洫志唯河爲蘁災及後代商竭周移秦決南涯服虔曰河竭而商亡移亦河移徙也如淳曰秦始皇本紀決河灌大梁遂滅之通爲溝入淮泗自茲距漢北亡八支服虔曰本有九河今塞餘有一也〔補注〕齊召南曰案此則八支湮塞在秦漢之閒矣緯書謂齊桓公塞八支以自廣終無所據先謙曰官本南監本此作距文陻棗野武作瓠歌服虔曰陻音因文帝塞河於酸棗也張晏曰河決瓠子武帝親臨悼功不成而作歌成有平年後遂滂沱劉德曰成帝治河已平改元曰河平元年〔補注〕先謙曰官本注末有韋昭曰成帝時河復決王延八世塞之河水平因改年曰河平二十四字考證云案舊本誤衍八字當云王延世塞之爰及溝渠利我國家述溝洫志第九

虙羲畫卦書契後作師古曰虙讀與伏同虞夏商周孔纂其業篹書刪詩綴禮正樂師古曰篹與撰同彖系大易因史立法師古曰謂修春秋定帝王之文六學既登遭世罔弘師古曰罔無也無能弘大正道也羣言紛亂諸子相騰師古曰騰馳也秦人是

滅漢修其缺劉向司籍九流㠯別應劭曰儒道陰陽法名墨從橫雜農凡九家爰著目錄略序洪烈師古曰洪大也烈業也述蓺文志第十

上嫚下暴惟盜是伐師古曰易上繫辭云小人而乘君子之器盜思奪之矣上嫚下暴盜思伐之矣引此言者謂秦胡亥之時勝廣熛起梁籍扇烈師古曰飛火曰熛扇熾也烈猛也言陳勝初起而項羽益盛也熛音必遙反〔補注〕先謙曰官本南監本益作烈赫赫炎炎遂焚咸陽宰割諸夏命立侯王誅嬰放懷詐虐㠯亡述陳勝項籍傳第一

張陳之交斿如父子〔補注〕先謙曰斿卽游字竇嬰傳其游如父子然攜手遂秦拊翼俱起應劭曰遂逃也師古曰遂古遯字也拊翼以雞爲喻言知將旦則鼓擊其翼而鳴也據國爭權還爲豺虎師古曰言反相吞噬也耳諫甘公〔補注〕錢大昭曰諫當作謀先謙曰官本南監本作謀古書謀諫字形近相亂甘公事見耳傳作漢藩輔述張耳陳餘傳第二

三枿之起本根既朽劉德曰詩云包有三枿爾雅曰烈枿餘也謂木斫髡而復枿生也喻魏齊韓皆滅而復起若髡木更生也師古曰枿音五葛反〔補注〕錢大昭曰說文巘伐木餘也引商書若槇木之有甹巘重文作櫱梓古文巘又弓部甹木

生條也亦引商書作枿古文言由枿是枿卽梓字隸變爲枿爾枯楊生華曷惟其舊應劭曰易云枯楊生華暫貴之意也曷惟其舊言不能久也師古曰枯楊生華大過卦九五爻辭也舊合韻音臼橫雖雄材伏于海隩沐浴尸鄉北面奉首旅人慕殉義過黃鳥劉德曰黃鳥之詩刺秦穆公要人從死言今橫不要而有從者故曰過之述魏豹田儋韓信傳第三

信惟餓隸布實黥徒越亦狗盜芮尹江湖張晏曰吴芮爲番陽令在江湖之間尹主也雲起龍襄化爲侯王師古曰襄舉也補注齊召南曰劉之遴所校眞本云淮陰毅毅伏劍周章邦之傑兮實維英彭仕爲侯王雲起龍驤與今本大異以理推之邦字是高祖諱又信越布後並誅滅史官安得盛稱其美必好事者爲之也又案之遴言眞本高五子文三王景十三王孝武六子宣元六王悉次外戚下外戚次帝紀下如所云是十二紀紀之後卽次外戚傳諸王傳矣其然其然乎豈其然乎割有齊楚跨制淮梁張晏曰韓信前王齊徙楚英布王淮南彭越王梁也綰自同閈鎭我北疆應劭曰閈音扞盧綰與高祖同里楚名里門爲閈師古曰左氏傳云高其閈閎舊通語耳非專楚也德薄位尊非胙惟殃補注先謙曰胙同祚文選作祚吴克忠信胤嗣迺長述韓彭英盧吴傳第四

賈廑從旅爲鎭淮楚張晏曰劉賈晚乃從軍也晉灼曰廑無幾也師古曰二說皆非也廑古以爲勤字言賈從軍有勤勞也澤王琅邪權激諸呂補注錢大昭曰謂用田生之計先王諸呂而激之幷王澤也濞之受吴疆土踰矩師古曰矩法制也雖戒東南終用齊斧張晏曰齊斧越斧也以整齊天下也晉灼曰雖戒勿反而反竟用此斧於吴也師古曰易云喪其齊斧故引以爲辭補注周壽昌曰戒東南者高祖謂濞曰漢後五十年東南有亂豈若耶述荊燕吴傳第五

太上四子伯兮早夭仲氏王代斿宅于楚師古曰詩衞風云伯兮朅兮鄁風又曰仲氏任只此序方論高祖兄伯及仲故引二句爲之辭也補注錢大昭曰斿與游同楚元王交字也戊實淫軼平陸迺紹師古曰楚王戊爲薄太后服姦削東海郡遂與吴共反而誅景帝更立平陸侯禮續元王之後也補注先謙曰官本景帝作文帝引宋祁曰注文漸本改文帝作景帝其在于京奕世宗正師古曰正合韻音征補注錢大昭曰劉辟彊劉德父子竝爲宗正劬勞王室用侯陽成補注錢大昭曰宣帝以劉德親親行謹厚封爲陽成侯子政博學三世成名師古曰謂劉德向劉歆俱有名聞述楚元王傳第六

季氏之詘辱身毀節信于上將議臣震栗張晏曰申意於上將上將樊噲也欲以十萬衆橫行匈奴中布曰噲可斬也時議臣皆恐師古曰信讀曰申欒公哭梁田叔殉趙見危授命誼動明主布歷燕齊叔亦相魯民思其政或金或社李奇曰魯人愛田叔死送之以金齊貴欒布爲生立社述季布欒布田叔傳第七

高祖八子二帝六王三趙不辜補注周壽昌曰謂隱王如意共王恢幽王友一爲高后所殺二爲高后所逼自殺也淮厲自亡燕靈絕嗣齊悼特昌掩有東土補注先謙曰掩與奄同自岱祖海支庶分王前後九子六國誅斃適齊亡祀城陽濟北後承我國張晏曰濟北王志吴楚反後徙王菑川元朔中齊國絕悼惠王後唯有城陽菑川武帝乃割臨菑環悼惠王冢以與菑川令奉祀也師古曰適讀曰嫡赳赳景王匡漢社稷師古曰赳赳武貌音糾述高五王傳第八

猗與元勳包漢舉信劉德曰包取也師古曰包漢謂勸高祖且王漢中也舉信舉韓信也信合韻音新鎭守關中足食成軍營都立宮定制修文平陽玄默繼而弗革師古曰革改也言曹參爲相守靜無爲一遵蕭何約束不變改也民用作歌化我湻德漢之宗臣是謂相國補注周壽昌曰漢初相國惟此兩人後皆爲丞相述蕭何曹參傳第九

畱侯襲秦作漢腹心劉德曰襲秦椎始皇於博狼沙中圖折武關解阸鴻門師古曰圖折武關謂從沛公入武關說令爲疑兵又啗秦將以利勸因其怠懈擊之類也推齊銷印補注先謙曰推齊謂信欲爲假齊王因而推之後遂奉詔封信也銷印沮酈食其謀封六國後毆致越信師古曰毆與驅同越彭越也信亦韓信也謂於垓下圍項羽時也信合韻音新招賓四老惟甯嗣君陳公擾攘歸漢迺安師古曰攘音人養反斃范亡項走狄擒韓師古曰走狄謂解平城之圍也禽韓僞游雲夢也六奇既設我罔艱難師古曰罔無也安國廷爭致仕杜門絳侯矯矯誅呂尊文亞夫守節吴楚有勳述張陳王周傳第十

舞陽鼓刀滕公廏騶師古曰鼓刀謂屠狗也潁陰商販曲周庸夫攀龍附鳳並乘天衢師古曰乘登也述樊酈滕灌傅靳周傳第十一

北平志古司秦柱下師古曰志記也謂多記古事也司主也定漢章程律度之緒建平質直犯上干色師古曰周昌先封建成侯益謂此也平字當爲成傳寫誤耳廣阿之廑食厥

舊德張晏曰任敖也吏遇呂后不謹敖擊傷主吏也師古曰廑亦勤字也易訟卦六三爻辭曰食舊德食猶饗也故安
執節責通請錯蹇蹇帝臣匪躬之故師古曰易蹇卦六二爻辭曰王臣蹇蹇匪躬之故此言申屠嘉召責鄧通請誅朝錯皆不爲己身實有蹇蹇之節也述張周趙任申屠傳第十二
食其監門長揖漢王畫襲陳畱進收敖倉塞隘杜津王基㠯張師古曰杜亦塞也謂說令塞白馬津
賈作行人百越來賓從容風議博我㠯文李奇曰作新語也師古曰論語稱顏囘喟然歎曰夫子博我以文謂以文章開博我也此言陸賈嘗之越也從音千容反風讀曰諷〔補注〕齊召南曰師古謂從容二句亦指使越非也此二句指賈著新語每奏一篇高祖稱善李說得之敬緐役夫遷京定都師古曰緐讀與由同言劉敬由戍卒而來納說內強關中外和匈奴叔孫奉常與時抑揚
稅介免胄禮義是創師古曰稅舍也介甲也創始造之也創合韻音初良反〔補注〕何焯曰義疑作儀錢大昭曰說文誼人所宜也義己之威儀也漢書仁義作誼威儀作義正與說文同何說非也或悊或謀觀國之光師古曰詩小雅小旻之篇曰或悊或謀言有智者有謀者易觀卦六四爻辭曰觀國之光利用賓于王故合而爲言述酈陸朱
婁叔孫傳第十三師古曰本傳作朱劉終書其賜姓也此言朱婁本其舊族耳

淮南僭狂二子受殃安辯而邪賜頑㠯荒敢行稱亂窘世薦亡師古曰窘仍也薦讀曰荐荐再也長遷死雍其子安又自殺也〔補注〕錢大昭曰小雅正月云又窘陰雨鄭箋窘仍也述淮南衡
山濟北傳第十四
蒯通壹說三雄是敗覆酈驕韓田橫顛沛被之拘係迺成患害師古曰言伍被初不從王反王繫其父母乃進邪謀終以遇害也充躬罔極交亂弘大師古曰小雅青蠅之詩云讒言罔極交亂四國此敘言江充息夫躬之惡引以爲辭也述蒯伍江息夫傳第十五
萬石温温幼寤聖君鄧展曰爾雅寤逢遇也師古曰此說非也言萬石幼而恭謹感寤高祖以見識拔也爾雅云逆遇也非謂寤也詩小雅小宛之篇曰温温恭人〔補注〕先謙曰官本注遇下無之字宋翔鳳云案今爾雅釋詁遘逢遇遻也遘逢遇遻見也蓋鄧氏所據爾雅遻字作寤毛傳晤遇也古晤寤字通詩寤辟有摽說文日部引作晤辟有摽可與晤言列女傳二卷引作可與寤言則毛公時爾雅遻亦作寤也寤亦與遻通遻說文作啎逆也左傳莊公寤生蓋謂逆生此正謂萬石幼遇高祖耳不必言感寤也釋言遻寤也郭注云相干寤音義遻五故反宜爾子孫夭夭伸伸師古曰詩周南螽斯之篇曰宜爾子孫振振兮論語稱孔子燕居伸伸如也夭夭如也謂和舒之貌此言萬石子孫既多又皆和睦故引

以爲辭也夭音於驕反慶社于齊不言動民鄧展曰慶爲齊相齊爲立社也衛直周張淑慎其身師古曰衛詩燕燕之篇曰終温且惠淑愼其身淑善也引此詩言以美四人也述萬石衛直周張傳第十六
孝文三王代孝二梁師古曰代孝王參及梁孝王武梁懷王揖懷折亡嗣孝乃尊光師古曰折謂夭也孝亦謂梁孝王也內爲母弟外扞吳楚怙寵矜功僭欲失所思心既霿牛既告妖師古曰霿瞀霿也音莫候反解在五行志〔補注〕錢大昭曰五行志云思心之不容是謂不聖厥咎霿時則有牛既先謙曰牛既亦見本傳帝庸親親厥國五分師古曰庸用也用親親之道故分梁爲五國立孝王男五人爲王太子買爲梁王次子明爲濟川王彭離爲濟東王定爲山陽王不識爲濟陰王德不堪寵四支不傳晉灼曰子父母之四支也師古曰此說非也謂孝王支子四人封爲王者皆絕於身不傳胄嗣唯梁恭王買有後耳其事具在本傳〔補注〕先謙曰官本注曰下子作支是述文三王傳第十七
賈生嬌嬌弱冠登朝師古曰嬌嬌高舉之貌也合韻音驕遭文叡聖屢抗其疏暴秦之戒三代是據建設藩屏㠯強守圉師古曰圉合韻音御吳楚合從賴誼之

慮師古曰勸文帝大封梁淮陽梁卒距吳楚不得令西也從音子庸反〔補注〕先謙曰得令二字當乙述賈誼傳第十八
子絲慷慨激辭納說師古曰爰盎字絲此加子者子是嘉稱以偶句耳擥轡正席顯陳成敗師古曰擥執取也其字從手亦或作擥〔補注〕錢大昭曰擥轡謂諫帝西馳下峻坂正席謂引却愼夫人坐也錯之瑣材智小謀大師古曰易下繫辭曰德薄而位尊智小而謀大力少而任重鮮不及矣此敘言朝錯所以及既如發機先寇受害師古曰發機言其速也吳楚未敗之前錯已誅死〔補注〕先謙曰官本受作後述爰盎朝錯傳第十九
釋之典刑國憲㠯平馮公矯魏增主之明張晏曰矯辭以免魏尙也師古曰張說非也矯正也正言其事長孺剛直義形於色下折淮南上正元服師古曰淮南王謀反憚黯正直武帝不冠不見黯故云下折淮南上正元服也元首也故謂冠爲元服莊之推賢於茲爲德述張馮汲鄭傳第二十
榮如辱如有機有樞劉德曰易曰樞機之發榮辱之主也張晏曰作榮作辱如辭也自下摩上惟

德之隅師古曰詩大雅抑之篇曰抑抑威儀惟德之隅言有廉隅也此敘言賈山直詞刺上亦爲方正也一曰隅謂得道德之一隅也賴依忠正君子采諸師古曰諸之也述賈鄒枚路傳第二十一

魏其翩翩好節慕聲師古曰翩翩自喜之貌灌夫矜勇武安驕盈凶德相挻旣敗用成師古曰挻謂柔挻也音式延反補注先謙曰官本引蕭該音義曰韋昭曰相挻極也淮南子曰陶人之剋挻植許愼曰挻抑也太玄經曰與陰陽挻其化宋忠曰挻和方言曰挻取也聲類曰挻一曰柔也老子曰挻植以爲器安國壯趾王恢兵首孟康曰易壯于趾征凶安國臨當爲丞相墮車蹇後爲將多所傷失而憂死此爲不宜征行而有凶也師古曰壯于趾大壯初九爻辭也壯傷也趾足也直謂墮車蹇耳不言不宜征行也彼若天命此近人咎師古曰彼韓安國也此王恢也壯趾天命也謀兵人咎也述竇田灌韓傳第二十二

景十三王承文之慶師古曰言景帝庸主耳所以子皆得王者由文帝之德慶流子孫也慶合韻音卿補注何焯曰長沙之後光武中興中山之後昭烈分鼎皆文之慶也朱一新曰言文帝由藩邸而登天位故景帝諸王皆得王封所謂承文之慶耳顏注謀魯恭館室江都訬輕師古曰訬謂輕狡也音初敎反補注先謙曰官本引蕭該音義曰蘇林曰訬音少年輕薄毁鈔息憙之鈔如淯音樵錢大昭云說文訬訬擾也一曰訬獪淮南子脩務訓云越人有重遲者而人謂之訬高誘曰訬輕利急音杪

趙敬險詖中山淫醟師古曰詖辯也一曰佞也醟酗酒也音詠合韻音榮長沙寂漠廣川亡聲膠東不亮常山驕盈師古曰亮信也聞淮南謀反作戰具守備後辭及之發病死是爲不信於漢朝四國絕祀河閒賢明李奇曰臨江哀王閼臨江閔王榮膠西于王端清河哀王乘皆無子國除禮樂是修爲漢宗英述景十三王傳第二十三

李廣恂恂實獲士心控弦貫石威動北鄰師古曰北鄰謂匈奴也躬戰七十遂死于軍敢怨衛青見討去病補注先謙曰李敢陵不引決忝世滅姓師古曰忝辱也蘇武信節不詘王命師古曰信讀曰申述李廣蘇建傳第二十四

長平桓桓上將之元師古曰桓桓武貌也元首也薄伐獫允恢我朔邊師古曰恢廣也戎車七征衝輣閑閑鄧展曰輣兵車名也師古曰輣音彭合圍單于北登闐顏票騎冠軍猋勇紛紜師古曰如猋之勇紛紜然盛也長驅六舉電擊雷震師古曰六舉凡六出擊匈奴也震合韻音之人反飮馬翰海封狼居山西規大河列郡祁連張晏曰置郡至祁連山述衛青霍去病傳第二十五

抑抑仲舒再相諸侯師古曰爾雅云抑抑密也身修國治致仕縣車下帷覃思論道屬書師古曰屬音之欲反讜言訪對爲世純儒師古曰讜善言也訪對謂對所訪也讜音黨述董仲舒傳第二十六

文豔用寡子虛烏有寓言淫麗託風終始師古曰寓寄也風讀曰諷多識博物有可觀采蔚爲辭宗賦頌之首師古曰蔚文綵盛也音鬱補注先謙曰官本綵作采是南監本與此同述司馬相如傳第二十七

平津斤斤晚躋金門師古曰斤斤明察也躋升也金門金馬門也旣登爵位祿賜頤賢師古曰頤養也謂引招賢人而養之補注宋祁曰注末當有也字布衾疏食用儉飭身師古曰飭整也讀與敕同卜式耕牧以求其志忠寤明君迺爵迺試兒生亹亹束髮修學師古曰亹亹勉也偕列名臣從政輔治述公孫弘卜式兒寬傳第二十八

張湯遂達補注先謙曰遂達二字義同猶言貴顯用事任職媚茲一人日旰忘食師古曰詩大雅下武之篇曰媚茲一人應侯愼德一人天子也媚愛也此敘言張湯見愛於武帝補注錢大昭曰湯每朝奏事語國家用日旰天子忘食

旣成寵祿亦羅咎慝安世溫良塞淵其德師古曰詩鄁風燕燕之篇曰仲氏任只其心塞淵淵深也塞實也謂其德旣實且深也此敘言子孫亦有之子孫遵業全祚保國述張湯傳第二十九

杜周治文唯上淺深師古曰言觀天子之意用取世資幸而免身延年寬和列于名臣欽用材謀有異厥倫師古曰倫類也言異其本類述杜周傳第三十

博望杖節收功大夏貳師秉鉞身釁胡社李奇曰李廣利胡殺之以其血塗社也師古曰釁者以血祭耳非塗之血也致死爲福每生作旤師古曰每貪也張騫致死封侯李廣利求生而死也補注錢大昭曰賈誼傳服鳥賦云品庶每生孟康曰每貪也述張騫李廣利傳第三十一

烏呼史遷薰胥以刑晉灼曰齊韓魯詩作薰薰帥也從人得罪相坐之刑也師古曰晉說近是矣詩小雅雨無正之篇曰若此無罪淪胥以鋪胥相也鋪徧也言無罪之人遇於亂政橫相牽率徧得罪也韓詩淪字作薰薰者謂相薰蒸亦漸及之義耳此敘言史遷因坐李陵橫得罪也補注先謙曰官本引蕭該音義曰韋昭曰腐刑必薰之餘殘曰胥王念孫云晉說是也淪薰聲相近故爾雅毛詩訓淪爲率韓詩訓薰爲帥轉腆薰胥以刑謂相率而入於刑也若以薰胥爲相薰蒸則望文生義而失其本

旨矣說詳經義述聞淪胥以鋪下錢大昭云後漢書注引韓詩云薾胥以痡薾帥也胥相也痡病也言此無罪之人而使有罪者相帥而病是其太甚**幽而發憤迺思迺精錯綜羣言古今是經**補注錢大昭曰自序云協六經異傳齊百家雜說是錯綜羣言也**勒成一家**補注錢大昭曰自序云爲太史公書序略以拾遺補藝成一家言叉報任安書云亦欲以究天人之際通古今之變成一家之言**大略孔明**師古曰孔甚也**述司馬遷傳第三十二**

孝武六子昭齊亡嗣如淳曰昭帝及齊王無嗣也師古曰嗣合韻音祚**燕剌謀逆廣陵祝詛昌邑短命昏賀失據**補注錢大昭曰昏謂改封海昏侯失據易繫詞云非所據而據焉身必危**戾園不幸宣承天序**師古曰序合韻音似豫反**述武五子傳第三十三**

六世眈眈其欲瀸瀸師古曰六者謂武帝也易頤卦六四爻辭曰虎視眈眈其欲瀸瀸眈眈威視之貌也瀸瀸欲利之貌也眈音丁含反瀸音滌今易瀸字作逐補注先謙曰官本引蕭該音義曰眈蘇林音潭晉灼音義及今漢書本作悠悠應劭曰易曰虎視眈眈字林曰眈視近而志遠也音大含反應劭曰眈近也悠遠也言武帝內興文學外耀神武眈眈悠悠而盛也余謂眈當音當含反沈欽韓云易釋文逐逐子夏作攸攸志林云攸當爲逐蘇林音迪荀作悠悠劉作跾云遠也說文跾音式六反案

說文跾疾也長也徐鍇以爲倏忽字今此瀸字與蘇林同音蓋攸字變加水先謙案注六者當爲六世**文武方作是庸四克**晉灼曰方並也師古曰言並任文武之臣是用克開四方也補注先謙曰四克謂四征而克之**助偃淮南數子之德不忠其身善謀於國**師古曰淮南謂淮南王安諫武帝不宜興兵討越也**述嚴朱吾丘主父徐嚴終王賈傳第三十四**

東方贍辭詼諧倡優師古曰詼音恢**譏苑扞偃**補注錢大昭曰諫帝起上林苑拒董偃宴宣室**正諫舉郵**師古曰郵與尤同尤過也**懷肉汙殿**補注錢大昭曰懷肉割肉遺細君汙殿當醉入殿中小遺殿上**弛張沈浮述東方朔傳第三十五**

葛繹內寵屈氂王子師古曰公孫賀妻衛皇后姊故云內寵也**千秋時發宜春舊仕**張晏曰千秋訟衛太子冤發言值時也師古曰宜春侯王訢也**敞義依霍庶幾云已**如淳曰若此人等無益於治可爲庶幾而已也師古曰敞楊敞義蔡義**弘惟政事萬年容己咸睡厥誨孰爲不子**補注先謙曰弘鄭弘容己謂阿世取容陳萬年敎戒其子咸咸睡頭觸屏風萬年大怒咸叩頭謝曰具曉所言大要敎咸諂也是萬年先失父道不得以不子責咸**述公孫劉田楊王蔡陳鄭傳第三十六**

王孫贏葬建迺斬將雲廷訐禹福逾刺鳳師古曰逾遠也**是謂狂狷敞近其衷**師古曰衷中也論語稱孔子曰不得中行而與之必也狂狷乎此言朱雲以上蓋狂狷耳云敞之操近於中行也衷音竹仲反補注沈欽韓曰云敞仕王莽世與梅福高蹈不屈者一龍一豬之異乃云敞近中行其是非謬於聖人之旨矣**述楊胡朱梅云傳第三十七**

博陸堂堂受遺武皇師古曰論語稱孔子曰堂堂乎張也蓋美子張儀形盛也故引之**擁毓孝昭末命導揚**劉德曰武帝臨終之命也光能導達顯揚也補注先謙曰官本南監本命下也作霍是**遭家不造立帝廢王權定社稷配忠阿衡懷祿眈寵漸化不詳**補注先謙曰詳與祥同**陰妻之逆至子而亡**師古曰陰謂覆蔽之補注先謙曰官本注末有也字**秺侯狄孥虔恭忠信**師古曰匈奴休屠王之子故曰狄孥秺音妒信合韻音新**奕世載德貤于子孫**師古曰貤延也音弋豉反**述霍光金日磾傳第三十八**

兵家之策惟在不戰營平皤皤立功立論師古曰皤皤白髮貌也音蒲何反補注何焯曰言其言并可爲萬古法也**㠯不濟可上諭其信**師古曰春秋左氏傳晏子對齊景公曰君所謂可而有不焉臣

獻其不以成其可此敘言宣帝令擊西羌充國不從固上屯田之策也**武賢父子虎臣之俊述趙充國辛慶忌傳第三十九**

義陽樓蘭長羅昆彌安遠日逐義成郅支陳湯誕節救在三悊鄭氏曰三悊謂劉向谷永耿育皆訟救湯也師古曰誕節言其放縱不拘也**會宗勤事疆外之桀述傳常鄭甘陳段傳第四十**

不疑膚敏應變當理劉德曰膚美也敏疾也言於闕下卒變定方遂詐非衛太子也師古曰詩大雅文王之篇曰殷士膚敏謂微子也故引以爲辭**辭霍不婚逡遁致仕**師古曰遁讀與巡同**疏克有終散金娛老定國之祚于其仁考廣德當宣近於知恥**晉灼曰當宣帝時始仕至元帝時以歲惡民流便乞骸骨去此爲知恥師古曰此說非也當爲平當也宣彭宣也言廣德平當彭宣三人不苟于祿位並爲知恥也本傳贊曰辭廣德保懸車之榮平當逡巡有恥彭宣見險而止異乎苟患失之者矣**述雋疏于薛平彭傳第四十一**

四皓遯秦古之逸民不營不拔嚴平鄭眞應劭曰爵祿不能營其志威武不能屈其身也

易曰不可榮以祿又曰確乎不可拔也【補注】宋祁曰營當作榮吉困于賀【補注】先謙曰賀謂邑邑、涅而不緇
禹既黃髮以德來仕師古曰論語稱孔子曰不曰白乎涅而不緇涅汙泥也可以染皁緇黑色也言天性潔白
者雖處汙涅之中其色不變也緇合韻音側仕反舍惟正身勝死善道郭欽蔣詡近遯之
好應劭曰易曰好遯君子吉言遭暴亂之世好以和順遯去不離其害也述王貢兩龔鮑傳第四十
二
扶陽濟濟聞詩聞禮玄成退讓仍世作相師古曰仍類也漢之宗廟叔孫
是謨革自孝元諸儒變度如淳曰造迭毀之義也師古曰謨謀也合韻音慕【補注】先謙曰官本義作議是
南監本與此同國之誕章博載其路師古曰誕大也謂憲章之大者故廣載之述韋賢傳第四
十三
高平師師惟辟作威圖黜凶害天子是毗鄧展曰師師相師法也師古曰尚書洪範云惟
辟作威言威權者唯人君得作之耳詩小雅節南山之篇曰尹氏太師惟周之氐秉國之鈞四方是維天子是毗言大臣之職輔佐
天子者也此敘言魏相欲崇君道而黜私權故引書詩以爲言也博陽不伐含弘光大天誘其衷

前漢一百下　十六

慶流苗裔【補注】何焯曰言吉之保全宣帝天啟之也述魏相丙吉傳第四十四
占往知來幽贊神明師古曰易上繫辭曰神以知來知以藏往言蓍卦之德兼神知也說卦曰昔者聖人之作
易也幽贊於神明而生蓍言欲深致神明之道助以成教故爲蓍卜也苟非其人道不虛行師古曰下繫之
辭也言人能弘道非其人則不能傳學微術昧或見仿佛疑殆匪闕違眾迕世師古曰論
語稱孔子曰多聞闕疑慎言其餘則寡尤多見闕殆慎行其餘則寡悔殆危也謂有疑則闕之也此敘言術士不闕疑殆故遭禍難
也淺爲尤悔深作敦害師古曰尤過也敦厚也【補注】周壽昌曰敦憝同說文憝怨也從心憝聲或亦省作敦
述眭兩夏侯京翼李傳第四十五
廣漢尹京克聰克明延壽作翊既和且平矜能訐上俱陷極刑翁
歸承風帝揚厥聲張晏曰受任爲右扶風卒宣帝下詔褒揚賜金百斤敞亦平平文雅自贊
師古曰平讀曰便便辯也贊助也以文雅助治述也一說贊進也以文雅自進也【補注】先謙曰官本南監本述作術是尊實
赳赳邦家之彥師古曰赳赳材勁貌也音糾章死非辜士民所歎述趙尹韓張
兩王傳第四十六

寬饒正色國之司直豐繫好剛輔亦慕直師古曰繫是也音烏奚反皆陷狂狷
不典不式師古曰典經也式法也崇執言責隆持官守如淳曰崇爲尚書僕射是言責之官也哀
帝及傅太后欲封從弟商崇諫不聽也晉灼曰隆諫武庫兵不宜以給董賢家此爲持官守也寶曲定陵並有立
志鄧展曰孫寶曲橈定陵侯淳于長也晉灼曰何並斬侍中王林卿奴是立志也【補注】何焯曰有立志謂不撓於鍾廷尉鍾威不
入闕卒收之非若寶之言及杜穉季而氣索也述蓋諸葛劉鄭毋將孫何傳第四十七師古
曰本傳毋將隆在孫寶下今此敘云毋將孫何是敘誤也
長倩懙懙覿霍不舉蘇林曰懙懙行步安舒也師古曰不肯露索而見霍光故不得大官也懙音弋於反【補注】
錢大昭曰論語與與如也敘傳本此說文懙趣步懙懙也遇宣迺拔傳元作輔不圖不慮見躓
石許師古曰詩小雅雨無正之篇云昊天疾威不慮不圖也慮思也圖謀也言幽王見天之威不思謀也此敘言望之思謀不
詳卒爲石顯及許史所顯躓也躓音竹二反【補注】宋祁曰見字當作顯何焯曰見躓於不顯史高耳許字乃不經校勘之過或本史
字傳寫訛沈欽韓曰五行志爲佞臣石顯許章等所譖述蕭望之傳第四十八
子明光光發迹西疆列於禦侮厥子亦良述馮奉世傳第四十九

前漢一百下　十七

宣之四子淮陽聰敏師古曰敏疾也合韻音美舅氏蘧蒢幾陷大理師古曰蘧蒢口柔觀
人顏色而爲辭佞者也言淮陽憲王舅張博爲諂辭幾陷王於大罪也蘧音渠蒢音除幾音鉅依反楚孝惡疾東平
失軌師古曰惡疾謂眚病也軌法則也【補注】何焯曰馮昭儀傳注中言平帝幼被眚病不謂楚王囂也注非中山凶
短母歸戎里張晏曰戎氏女歸戎氏之里也元之二王孫後大宗孟康曰謂哀平帝【補注】先謙曰
官本哀下有帝字昭而不穆大命更登鄧展曰昭而不穆有父無子張晏曰大命帝位也師古曰更音工衡
反【補注】何焯曰謂哀平皆後成帝不相傳世述宣元六王傳第五十
樂安褏褏古之文學師古曰褏褏盛貌也音弋救反學合韻音下教反【補注】先謙曰官本南監本敘作救是
民具爾瞻困于二司師古曰詩小雅節南山之篇曰赫赫師尹民具爾瞻言師尹之任位尊職重下所瞻望而
乃爲不善乎深責之也此敘言匡衡失德不終相位故引以爲辭耳二司者司隸校尉王尊劾奏衡追奏石顯揚著先帝任用傾覆
之臣司隸校尉王駿劾奏衡專地盜土也司合韻音先寺反安昌貨殖朱雲作娸晉灼曰娸醜也師古曰朱
雲廷言欲斬張禹是爲醜惡之娸音欺合韻音巨吏反【補注】先謙曰官本之娸下更有娸字博山惇慎受莽之
疢師古曰疢病也孔光後更曲意從莽之欲以病其德行也述匡張孔馬傳第五十一

樂昌篤實不橈不詘遘閔既多是用廢黜師古曰詩鄁柏舟曰遘閔既多受侮不少遘遇
也閔病也謂見病害甚衆也此敘言王商深爲王鳳所排陷也（補注）先謙曰官本南監本橈作撓武陽殷勤輔導
副君既忠且謀饗茲舊勳高武守正因用濟身師古曰言傅喜不阿附傅太后故得
免（補注）述王商史丹傅喜傳第五十二
高陽文法揚鄉武略政事之材道德惟薄位過厥任鮮終其祿師古
曰鮮少也音先踐反（補注）先謙曰官本踐作典博之翰音鼓妖先作劉德曰易曰翰音登于天貞凶上九處非
其位亢極故何可長也位在上高故曰翰音博拜時聞有鼓聲也師古曰翰音登于天中孚卦上九爻辭也翰音高飛而且鳴喩居
非其位聲過其實也（補注）先謙曰官本且作自述薛宣朱博傳第五十三
高陵修儒任刑養威用合時宜器周世資義得其勇如虎如貔進
不跬步宗爲鯨鯢師古曰半步曰跬音空橤反述翟方進傳第五十四
統微政缺災眚屢發永陳厥咎戒在三七（補注）蘇輿曰三七取永元延元年對中語鄴
指丁傅略窺占術述谷永杜鄴傳第五十五

哀平之卹丁傅莽賢武嘉戚之乃喪厥身（補注）先謙曰戚憂也高樂廢黜咸
列貞臣述何武王嘉師丹傳第五十六
淵哉若人實好斯文初擬相如獻賦黃門輟而覃思草法篹玄師古
曰輟止也篹與撰同言止不復作賦草創法言及撰太玄經也斟酌六經放易象論師古曰放音甫往反論論
語也（補注）錢大昭曰斟酌二字首見周語云而後王斟酌焉荀子富國篇云節其流開其源而時斟酌焉律歷志云斟酌建指以齊
七政楊雄傳云皆斟酌其本相與放依而馳騁云白虎通云言周公輔成王能斟酌文武之道而成之也後漢書章帝贊云左右蓺
文斟酌律禮班彪傳云因斟酌前史而譏正得失班固兩都賦云騰酒車而斟酌魏志袁渙傳云常談曰世治則禮詳世亂則禮簡
全在斟酌之間耳潛于篇籍以章厥身師古曰章明也述楊雄傳第五十七（補注）先謙
曰官本楊作揚南監本與此同
獷獷亡秦滅我聖文師古曰獷獷麤惡之貌言無親也獷音礦又音九永反（補注）錢大昭曰說文獷犬獷獷不
可附也漢存其業六學析分是綜是理是綱是紀師徒彌散著其經
始師古曰散謂分派也述儒林傳第五十八

誰毀誰譽譽其有試師古曰論語稱孔子曰吾之於人誰毀誰譽如有所譽其有所試此敘言人之從政可試
而知故引已爲辭也泯泯羣黎化成良吏師古曰黎衆也言羣衆無知從吏之化而成俗也（補注）錢大昭曰書
呂刑泯泯棼棼淑人君子時同功異沒世遺愛民有餘思述循吏傳第五
十九
上替下陵姦軌不勝猛政橫作刑罰用興曾是强圉掊克爲雄師古
曰詩大雅蕩之篇曰曾是强圉曾是掊克强圉强梁禦善也掊克好聚斂克害人也言任用此人爲虐於下也掊音平侯反報
虐已威殃亦凶終師古曰尚書呂刑曰皇帝哀矜庶戮之不辜報虐以威言哀閔不辜之人橫被殺戮乃報荅爲
虐者已威而誅絕也述酷吏傳第六十
四民食力罔有兼業（補注）蘇輿曰言專一其業管子所謂四民不得雜處也大不淫侈細不
匱乏蓋均無貧遵王之法師古曰論語稱孔子曰蓋均無貧言爲政平均不相陵奪則無貧匱之人也故
引之（補注）先謙曰官本貧匱作匱乏靡法靡度民肆其詐師古曰肆極也偪上并下荒殖其
貨師古曰荒大也（補注）蘇輿曰言諸侯大夫競爲僭侈其流及於士庶於是商通難得之貨工作亡用之器故云荒殖其貨數語

當與傳序參觀侯服玉食敗俗傷化張晏曰玉食珍食也述貨殖傳第六十一
開國承家有法有制家不臧甲國不專殺師古曰殺合韻音所例反矧乃齊民
作威作惠師古曰矧況也齊人齊等之人也如台不匡禮法是謂如涫曰台我也我國家也師古
曰匡正也台音怡（補注）王念孫曰案台字若訓爲我則如我不匡
禮法是謂二句文意上下不相聯屬矣今案如台猶柰何也言游
俠之徒以齊民而作威作惠如此柰何不匡之以禮法也湯誓夏
罪其如台史記殷本紀作有罪其柰何高宗肜日乃曰其如台史
記作柰何西伯戡黎今王其柰何如台史記作今王其柰何是
古謂柰何爲如台也盤庚卜稽曰其如台亦謂卜問曰其柰何也
法言問道篇莊周申韓不乖寡聖人而漸諸篇則顏氏之子閔氏
之孫其如台言莊周申韓若不詆訾聖人則顏閔之徒其柰之何
也班固典引伊考自遂古乃降戾爰茲作者七十有四人其今其如
台而獨闕也言今其柰何而獨闕也說者皆訓台爲我而其義遂
不可通段玉裁古文尚書撰異辨之詳矣述斿俠傳第六十二（補注）先謙曰官本南監本斿作游
彼何人斯竊此富貴營損高明作戒後世師古曰詩小雅巧言之篇刺讒人也其詩曰彼
何人斯居河之麋職而惡之也此敘亦深疾佞幸之人故引詩文以譏之營惑也述佞幸傳第六十三
於惟帝典戎夷猾夏師古曰於歎辭也帝典虞書舜典也載舜命咎繇作士戒之曰蠻夷猾夏猾亂也夏諸夏

也於讀曰烏周宣攘之亦列風雅師古曰攘卻也宗幽既昏淫於褒女師古曰宗幽幽王居宗周也戎敗我驪遂亡酆鄗張晏曰申侯與戎共伐周敗於驪山下遂殺幽王平王東徙都成周大漢初定匈奴強盛圍我平城寇侵邊境師古曰境合韻音竟至于孝武爰赫斯怒王師雷起霆擊朔野師古曰霆疾雷也音廷宣承其末迺施洪德震我威靈五世來服師古曰自宣至平凡五帝王莽竊命是傾是覆備其變理為世典式述匈奴傳第六十四

西南外夷種別域殊南越尉佗自王番禺攸攸外寓閩越東甌師古曰攸攸遠貌（補注）王念孫曰寓當爲寓字之誤也說文寓籀文宇字閩越東甌皆在漢之南徼外故曰外寓[illegible]猶下文言燕之外區也若作寄寓之寓則義不可通劉逵吳都賦注引此作悠悠外宇故知寓爲寓之譌[illegible]而此字師古無音則所見本已譌作寓矣爰洎朝鮮燕之外區漢興柔遠與爾剖符師古曰柔安也剖符謂封之也皆恃其岨乍臣乍驕孝武行師誅滅海隅述西南夷兩越朝鮮傳第六十五

西戎即序夏后是表張晏曰表外也禹就敘以爲外國也師古曰此說非也表明也明以德化也周穆觀兵荒服不旅張晏曰觀示也旅陳也犬戎終王而朝周穆王以不享征之是以荒服不陳於廷也漢武勞神圖遠甚勤王師驒驒致誅大宛鄭氏曰驒驒盛也師古曰此說非也小雅四牡之詩曰四牡騑騑驒驒駱馬驒驒喘息之貌馬勞則喘此敘言漢遠征西域人馬疲弊也驒音宅丹反婼婼公主迺女烏孫孟康曰婼音題婼婼惕惕愛也師古曰此說非也婼音上支反婼好貌也魏詩葛屨之篇曰好人提提音義同耳女妻也音乃據反言漢以好女配烏孫也（補注）錢大昭曰爾雅釋訓云怟怟惕惕愛也郭璞曰怟怟未詳釋文引李巡云怟怟和適之愛怟本或作婼是婼婼即爾雅之怟怟也孟康注本此說文婼美女也或作娓從氏通作怟說文怟愛也使命迺通條支之瀕師古曰瀕涯也音頻又音賓昭宣承業都護是立總督城郭（補注）何焯曰總督二字本此故前代惟邊境乃稱之三十有六修奉朝貢各以其職述西域傳第六十六

詭矣禍福刑于外戚師古曰詭違也言禍福相違終始不一也高后首命呂宗顛覆薄姬㝅魏宗文產德如淳曰薄姬在魏許負相當生天子魏豹聞負言不與漢遂禽而死也師古曰㝅古繫字竇后違意考盤于代師古曰詩衛風曰考盤在澗考成也盤樂也此敘言竇姬初欲適趙而向代違其本意卒以成樂也王氏仄微世武作嗣子夫既興扇而不終師古曰扇熾也鉤弋憂傷孝昭邑登上官幼尊類禡厥宗應劭曰詩云是類是禡禮將征伐告天而祭謂之類告以事類也至所征伐之地表而祭之謂之禡禡者馬也馬者兵之首故祭其先神也言上官后雖幼尊貴家族以惡逆誅滅也師古曰禡音莫暇反（補注）王先慎曰此言上官宗族賴后得以血食外戚傳桀安宗族既滅皇后母前死追尊曰敬夫人置園邑二百家長丞奉守如法皇后自使私奴婢守桀安冢是也史娣王悼身遇不祥及宣饗國二族後光恭哀產元天而不遂邛成乘序履尊三世張晏曰至成帝乃崩也師古曰乘序謂登至尊之處也飛燕之妖禍成厥妹丁傅僭恣自求凶害中山無辜乃喪馮衛師古曰馮昭儀中山孝王母也爲傅氏所陷衛姬中山孝王后也爲王莽所滅惠張景薄武陳宣霍成許哀傅平王之作事雖歆羨非天所度師古曰作起也度居也言惠帝至平帝王皇后七人時雖處尊位人心羨慕以非天意所居故終用不昌也度音徒各反（補注）王先慎曰事雖歆羨四字與上下文義不貫事疑作人顏注人心羨慕是所見本正作人字先謙曰注惠帝下當脫張皇后三字怨咎若茲如何不恪師古曰恪敬也述外戚傳第六十七

元后娠母月精見表師古曰娠音身遭成之逸政自諸舅師古曰言成帝貪自逸樂而委政於王氏陽平作威誅加卿宰師古曰謂王商及王章也成都煌煌假我明光師古曰煌煌熾貌（補注）先謙曰謂王商從帝借明光宮避暑曲陽歊歊亦朱其堂師古曰歊歊氣盛也音許驕反（補注）錢大昭曰說文歊歊气出兒從欠不從文先謙曰官本南監本歊作歊朱堂謂僭上赤墀新都亢極作亂以亡述元后傳第六十八

咨爾賊臣篡漢滔天行驕夏癸虐烈商辛張晏曰桀名癸紂名辛僞稽黃虞繆稱典文師古曰稽考也眾怨神怒惡復誅臻張晏曰復周也臻至也十二歲歲星一復莽稱帝十三歲而見誅也左氏傳曰美惡周必復師古曰復音扶目反百王之極究其姦昏述王莽傳第六十九

凡漢書敘帝皇張晏曰十二紀也列官司建侯王張晏曰百官表及諸侯王表也準天地統陰陽張晏曰準天地天文志也統陰陽五行志也闡元極步三光張晏曰闡大也元始也極至也三光日月星也大推上極元始以來及星辰度數謂律歷志分州域物土疆張晏曰地理及溝洫志也窮人

理該萬方張晏曰人理古今人表萬方謂郊祀志有日月星辰天下山川人鬼之神緯六經綴道綱張晏曰藝文志也總百氏贊篇章師古曰贊明也函雅故通古今張晏曰包含雅訓之故及古今之語正文字惟學林師古曰信惟文學之林藪也凡此總說帝紀表志列傳備有天地鬼神人事政治道德術藝文章汎而言之盡在漢書耳亦不皆如張氏所說也〔補注〕蘇輿曰班書多存古字已覩學者故云正文字後來史家尠遵斯例以歐宋修唐書猶不免有別俗字吳縝所以有字書非是之糾也述敘傳第七十

敘傳第七十下 終